PROPYLÄEN WELT DER MUSIK

PROPYLÄEN
WELT DER MUSIK
DIE KOMPONISTEN

BAND I
ABBATINI – COOKE

BAND II
COOLS – HAUER

BAND III
HAUFF – MENALT

BAND IV
MENDELSOHN – SARTI

BAND V
SARTORIO – ZWYSSIG
KLEINES SACHLEXIKON

PROPYLÄEN
WELT DER MUSIK
DIE KOMPONISTEN

EIN LEXIKON IN FÜNF BÄNDEN
VON ALFRED BAUMGARTNER

ERSTER BAND
ABBATINI – COOKE

PROPYLÄEN VERLAG
BERLIN · FRANKFURT AM MAIN

Einband: Theodor Bayer-Eynck
unter Verwendung des Gemäldes von Josef Stieler
»Beethoven, die Missa solemnis komponierend«, 1819
Foto: Archiv für Kunst und Geschichte, Berlin

Gesamtherstellung: Franz Spiegel Buch GmbH, Ulm

Printed in Germany 1989

ISBN für diesen Band 3 549 07831 5
ISBN für das Gesamtwerk 3 549 07830 7

Baumgartner, Alfred: Propyläen Welt der Musik:
die Komponisten: ein Lexikon in 5 Bänden /
von Alfred Baumgartner. – Bearb. Ausg. –
Berlin; Frankfurt am Main: Propyläen Verl.
ISBN 3-549-07830-7
NE: HST

Bearb. Ausg.
Bd. 1. Abbatini – Cooke. – 1989
ISBN 3-549-07831-5

ABBATINI – COOKE

VORWORT

Dieses große Lexikon für Musikfreunde bietet einen neuen Weg der Orientierung durch die Welt der Musik. Wir kennen die herkömmlichen, mitunter überfrachteten, auf reine Faktenvermittlung zielenden Musiklexika, zum anderen die zahlreichen Musikgeschichten, in denen häufig genug nur die großen Wegbereiter ins Blickfeld von Entwicklungslinien geraten.
Dieses Nachschlagewerk stellt erstmalig allein die Schöpfer der Musik aus der Alten und der Neuen Welt vor, neben den großen auch die vergessenen, die nicht zur Kenntnis genommenen Komponisten, die Dilettanten und Autodidakten ebenso wie die anerkannten ›Berufskomponisten‹.
Dabei wurde ein Zeitraum von über tausend Jahren des Musikschaffens verarbeitet, ein überwältigendes Quellenmaterial ausgewertet und in einer Weise präsentiert, die dem Leser keinerlei Vorkenntnisse abverlangt. Wo sich Fachbegriffe nicht vermeiden ließen, besonders bei den zahlreichen Benennungen und Charakterisierungen von Werken durch die Komponisten selbst, kann ein kleines Sachlexikon am Ende des fünften Bandes helfen; dort sind alle vorkommenden schwierigen Begriffe aus Musiktheorie, Instrumentenkunde und Musikgeschichte erklärt. Auf Notenbeispiele wurde verzichtet, lediglich zur Illustrierung werden einige Faksimiles von Handschriften oder Erstdrucken gezeigt.
Die biographischen Anmerkungen sind mitunter knapp gehalten, nicht nur wegen der angestrebten Kürze und Prägnanz, auch wegen des Verzichts auf Legenden und Anekdoten. Rein persönliche und familiäre Umstände werden nur dann erwähnt, wenn sie auf die künstlerische Entwicklung des Komponisten in einem besonderen Maße eingewirkt haben.
Bei den Werkangaben hätten detaillierte Werklisten jeden Rahmen gesprengt. Hier finden sich zunächst präzise Zahlenangaben. In einer Auswahl werden bedeutende Werke, Werke, deren bleibenden Wert die Musikgeschichte bestätigt hat, ausführlicher beschrieben und so dem Verständnis des Lesers nähergebracht; gelegentliche enthusiastische Äußerungen mögen dem Autor nachgesehen werden.
Unter dem Stichwort »Zeit/Umwelt« finden sich Hinweise auf historisch-politische Ereignisse, sozialgeschichtliche Zusammenhänge, musikgeschichtliche Hintergründe oder auch spezielle zeitbezogene instrumentenkundliche Informationen – ausschließlich im unmittelbaren Bezug auf den genannten Komponisten.
Zur Handhabung der Bände: Die in der Literatur allgemein feststellbare Uneinheitlichkeit der alphabetischen Einordnung – insbesondere bei Namenszusätzen (wie etwa »d'«, »van« etc.) und/oder auch je nach regionaler oder geschichtlicher Herkunft (bei Namen aus dem Mittelalter ist meist der Vorname entscheidend) – hat auch beim vorliegenden Werk objektive Probleme aufgeworfen. Verwirrende, endlose Querverweise wurden vermieden, dem Benutzer sei empfohlen, in Zweifelsfällen die verschiedenen Möglichkeiten nachzuschlagen.
Dieses große Werk ist all den Interpreten und Dirigenten, Ensembles und Chören gewidmet, die durch ihr engagiertes Eintreten für die Kompositionen der Vergangenheit wie der Gegenwart die Werke so vieler Musikschöpfer für unser Musikleben zum Klingen bringen.

A

Antonio Maria Abbatini
(um 1597 bis um 1679)

Zeit und Umwelt
Breite Prachtentfaltung durch vielstimmige Massenchöre und Instrumentalensembles wurde im 17. Jahrhundert zu einem Merkmal der römischen Barockmusik. Sie ging nicht selten auf Kosten der Musikalität. Die vielen Stimmen sperrten einander akustisch, so daß zuweilen nur hohle Klänge entstanden und das Gepränge auf optische Eindrücke beschränkt blieb.

Leben
Antonio Maria Abbatini wurde um 1597 in Tiferno (Città di Castello) geboren. Er war Schüler von Giovanni Maria und Giovanni Bernardino Nanino und wirkte von 1626 bis 1677 an verschiedenen Kirchen Roms, in Loreto und Orvieto als Kapellmeister. Dann zog er sich an seinen Geburtsort zurück und starb dort um das Jahr 1679.

Werke
Eine sechzehnstimmige Messe, eine Antiphone für zwölf Tenöre und zwölf Bässe sind für den Kolossalstil des italienischen Komponisten Antonio Maria Abbatini typisch. Seine 4 Bücher mit Psalmen sind vier- bis sechzehnstimmig, ebenso seine 3 Bücher mit Messen, nur die Motetten sind bescheidener, haben aber Generalbaß. Mit seiner dramatischen Kantate »Il pianto di Rodomonte« (Die Klage Rodomontes) komponierte er eine Vorform zur Oper. In seiner Oper »Dal male il bene« (Aus dem Schlechten kommt das Gute), dessen Libretto Kardinal Giulio Rospigliosi, der spätere Papst Clemens IX. (1600 bis 1669), verfaßt hatte, gab es zum erstenmal Ensemble-Aktschlüsse. Abbatini war auch Verfasser der ersten komischen Oper.

Literatur
H. Goldschmidt, Studien zur Geschichte der italienischen Oper, Leipzig 1901.

Ludwig Abeille (1761–1832)

Zeit und Umwelt
Der schon im 18. Jahrhundert große Bedarf an Liedern steigerte sich im folgenden um vieles. Die an Musik interessierte Schicht verbreiterte sich von Jahrzehnt zu Jahrzehnt; sie wollte aber nicht nur Musik hören, sondern auch selbst machen. Das Lied war die nächstliegende musikalische Äußerung, weil es Gefühle und Vorstellungen am deutlichsten vermittelte, Poesie und Musik zu einem Ganzen verschmolz und keines Mediums bedurfte, zumal der Sänger Instrument und Interpret zugleich ist.

Leben
Johann Christian Ludwig Abeille wurde am 20.2.1761 in Bayreuth geboren. Er studierte in Stuttgart und wurde 1782 Mitglied der Privatkapelle des Herzogs von Württemberg; 1802 wurde er Konzertmeister und bald darauf Organist der Hofkapelle und Hofmusikdirektor. Nachdem er 50 Jahre lang im Dienst des Stuttgarter Hofes gestanden war, starb er am 2.3.1832 in Stuttgart.

Werke
Von Ludwig Abeille sind zahlreiche Lieder erschienen, die ohne Ausnahme einen beträchtlichen künstlerischen Wert hatten.

Auch seine Konzerte und Trios für Cembalo wurden sehr geschätzt.

Carl Friedrich Abel (1723–87)

ZEIT UND UMWELT
Als Soloinstrument fand die Viola da gamba auch in der zweiten Hälfte des 18. Jahrhunderts ihre Virtuosen. Für das Ensemblespiel war ihr Ton bereits zu schwach, um sich gegen die Instrumente der Violinenfamilie und die Bläser durchzusetzen.

LEBEN
Carl Friedrich Abel wurde am 22. 12. 1723 in Köthen geboren. Er war Schüler seines Vaters und vermutlich Johann Sebastian Bachs an der Thomasschule in Leipzig. Ab dem Jahr 1746 bis 1758 wirkte er als Gambist an der Hofkapelle in Dresden, ging 1759 nach London, wo er Kammermusikus der Königin Charlotte von Mecklenburg-Strelitz wurde und gemeinsam mit Johann Christian Bach 1765 die Abonnementskonzerte (Bach-Abel-Konzerte) leitete. Nachdem Johann Christian Bach (geboren 1735) gestorben war (1782), reiste er einige Jahre als Virtuose durch Europa und ließ sich darauf neuerlich in London nieder, wo er am 20. 6. 1787 starb.
Sein Bruder Leopold August Abel (24. 3. 1718, Köthen, bis 25. 8. 1794, Ludwigslust) war Schüler von František Benda. Er wirkte als Konzertmeister in Braunschweig, Berlin und Schwerin.
Beider Vater, Christian Abel (um 1680, Köthen, bis nach 1737, Köthen), war ab ungefähr 1715 Gambist und Cellist am Hof in Köthen.

WERKE
Von Carl Friedrich Abel sind zahlreiche Sinfonien, eine zwölfstimmige Sinfonia concertante, Cembalosonaten, Streichquartette, Triosonaten, Violinkonzerte mit obligatem Cembalo und viele Gambenstücke bekannt. Sein Stil schloß sich eng an die Mannheimer Schule an, seine Werke klingen aber kräftiger und voller.

Carl Friedrich Abel, aus einem Ölgemälde von T. Gainsborough

Von Leopold August Abel sind 24 kleine Etüden für Violine und eine achtstimmige Sinfonie erhalten.
Von Christian Abel sind keine Werke überliefert.

Clamor Heinrich Abel
(um 1635 bis nach 1687)

ZEIT UND UMWELT
Die Viola da gamba, die in der ersten Hälfte des 17. Jahrhunderts beinahe immer als Continuoinstrument Verwendung fand – zumeist mit Orgel, Cembalo oder Theorbe –, wurde später immer häufiger als Soloinstrument in Tenorlage eingesetzt und leitete damit die Ära des Violoncellos, das sie schließlich ablöste, ein.

LEBEN
Clamor Heinrich Abel wurde um 1635 in Westfalen geboren. Er war 1665 herzoglicher Kammermusiker in Hannover, wo er vermutlich nach 1687 starb.

WERKE

Der deutsche Komponist Clamor Heinrich Abel brachte eine Sammlung Kammersonaten für vier Instrumente und Generalbaß und für Violine, scordierte Gambe und Generalbaß unter dem Titel »Erstlinge musicalischer Blumen« in 3 Teilen heraus.

LITERATUR

A. Moser, Geschichte des Violinspiels, Berlin 1923.

Pierre Abélard (1079–1142)

ZEIT UND UMWELT

Die Ära der Karolinger gestaltete die politisch-religiöse Einheit des lateinisch-mittelalterlichen Abendlandes und brachte den Schulen einen bedeutenden Aufschwung durch die Förderung seitens der weltlichen und geistlichen Fürsten. Die Denker durften über alle bekannten Quellen ungehindert verfügen und darangehen, mit den Mitteln des Verstandes im Rahmen des Christentums ein umfassendes Weltbild zu errichten. Sie gingen von den Autoritäten – Bibel, Kirchenlehrer – aus und bauten darauf logisch mit Bedachtnahme auf die Erkenntnisse anderer Wissenszweige auf. Die Lehrsätze wurden vorwiegend durch Disputation gewonnen. Mit dieser Methode waren zugleich die gefährlichsten Konfliktstoffe in die Welt gesetzt, denn Widersprüche zum Wort der Bibel waren unzulässig, auch wenn diese anderen wissenschaftlichen Erkenntnissen oder streng logischen Denkabläufen entsprangen. Daher wurde die Disputation auch auf die Wertung der Logik und auf rein metaphysische Probleme ausgedehnt, wo jedoch der freien Meinung durch die Dogmatik enge Grenzen gesetzt waren. Der Philosoph und Theologe Abélard kam sehr bald zu einer rationalistisch-kritischen Auslegung christlicher Lehren, was ihm eine Verurteilung wegen Ketzerei einbrachte. Er hatte das Ausmaß des Freiheitsraumes, der damals dem menschlichen Geist gewährt wurde, wie manche seiner Zeitgenossen stark überschätzt.

LEBEN

Pierre Abélard (Petrus Abaelardus) wurde 1079 zu Pallet bei Nantes als Sproß einer adeligen Familie geboren. Er schlug eine wissenschaftliche Laufbahn ein, studierte in Paris und erhielt einen Lehrstuhl für Philosophie und Theologie. Seine rationalistische Einstellung trug ihm nicht wenige Schwierigkeiten ein, aber die größten hatten ihre Ursache in seinem weltberühmten Liebesverhältnis mit Héloise Fulbert, der Nichte eines Kanonikus. Das Mädchen wurde schwanger und floh in die Bretagne, als der Kanonikus von dem Sachverhalt erfuhr. Abélard heiratete Héloise und nahm ihr das Versprechen ab, die Ehe geheimzuhalten, damit sein Ruf als Lehrer nicht litt. Fulbert wollte die Angelegenheit publik machen, worauf die Nichte die Ehe abstritt und sich in ein Kloster begab. Nun ergriff der Kanonikus andere Mittel, um Abélard zu ruinieren; er ließ ihn von gedungenen Verbrechern kastrieren, so daß dieser unfähig wurde, kirchliche Würden zu erlangen. Abélard wurde Mönch der Abtei St. Denis, wo er seine Lehrtätigkeit fortsetzte. Eine Abhandlung über die Trinität wurde als ketzerisch verworfen und er zur Klosterhaft verurteilt. Die Strafe wurde von einem päpstlichen Legaten aufgehoben, so daß er nach St. Denis zurückkehren durfte. Doch neuerliche Schwierigkeiten veranlaßten ihn, sich zurückzuziehen; er baute sich eine Einsiedelei bei Troyes, die allerdings bald zum Wallfahrtsziel seiner Schüler wurde. Er überließ die inzwischen ausgebaute Klause dem Orden, dem seine ehemalige Geliebte nun als Äbtissin angehörte und nahm die Stelle eines Abtes des Klosters St. Gildas de Ruys in der Bretagne an, wo er zehn Jahre blieb. Darauf wurde ihm neuerlich ein Lehrstuhl in Paris übertragen. In den nun folgenden Auseinandersetzungen mit dem Zisterzienser Bernhard von Clairmont zeichnete sich bereits das Bestreben der Scholastiker ab, (damaliges) Wissen mit den Mitteln der Logik auf einen Nenner zu bringen im Kampf gegen die Verfechter des unbedingten Primates des Glaubens vor dem Wissen. Bernhard setzte es durch, daß Abélard neuerlich zum Ketzer erklärt und mit seinen Anhängern exkommuniziert wurde. Abt Peter von Cluny erreichte eine Aufhebung des Urteils. Anderthalb Jahre darauf verstarb Abélard im Kloster St. Marcel bei Châlon-sur-Saône, wohin er sich zurückgezogen hatte, am 21. 4. 1142.

WERKE

Wir wissen aus der umfangreichen Korrespondenz mit Héloise Fulbert, daß Pierre Abélard neben seinen bedeutenden wissenschaftlichen Schriften 133 (lateinische) Hymnen dichtete und komponierte, die ohne Notation erhalten sind, mit Ausnahme der Hymne O quanta qualia, die zum festen Repertoire der Zisterzienserabtei Rheinau wurde. Über den Charakter seiner Musik gab er selbst in einem der Briefe an seine ehemalige Geliebte Auskunft: »Nachdem ich neulich das Buch der Hymnen und Sequenzen auf Deine Bitten vollendet...« Das heißt, daß die Kompositionen die Form des aus der Sequenz entwickelten Lai hatten. Von seinen Planctus (Klagegesänge) sind 6 mit linienlosen Neumen erhalten. Sie behandeln ausschließlich alttestamentarische Themen wie Jakobs Klage über den Bruder Benjamin, der nach Ägypten ging, Klagen der Töchter Israels über das Opfer der Tochter Jephtas, des Volkes Israels über Samsons Tod und die Trauer König Davids über den Tod Sauls, Jonathans und Abners.

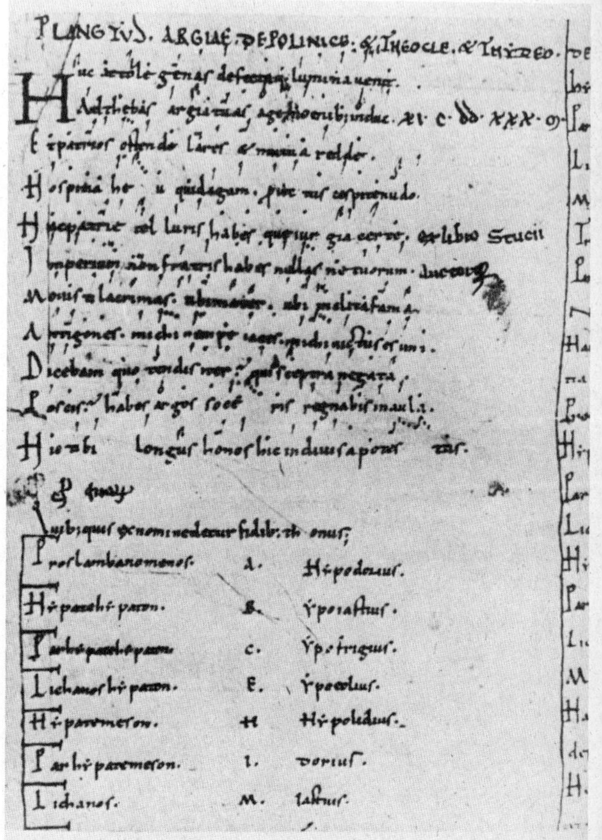

»Planctus Argiae« – französische Noten des 10./11. Jahrhunderts

O quanta qualia, Hymne

Sie gehört zu den bekanntesten des Komponisten und wurde nach Bitten von Äbtissin Héloise so verfaßt, daß sie leicht gelernt und behalten werden konnte. Daher besteht auch ihre Besetzung nur aus zwei Stimmen und aus ein bis zwei Saiteninstrumenten.

Planctus David super Saul et Ionatha (Klage Davids um Saul und Jonathan) für zwei Stimmen und Saiten- und Schlaginstrumente mit Organetto; fünf Strophen verschiedenen Umfanges, zum Teil gereimt

Wir kennen das Stück aus einer Handschrift aus Paris (spätes 12. Jahrhundert) und einer zweiten aus Oxford (13. Jahrhundert), beide mit quadratischer Notation auf vier Linien, so daß uns eine ziemlich genaue Kenntnis der Musik überliefert ist.

Planctus virginum super filia Jepte Galadite (Klage der Mädchen um die Tochter Jephtas des Sohnes Galaads) für Frauenchor, Lyra, Flöte und Tabor

Das Manuskript der Vatikanbibliothek mit allen 6 Planctus Abélards weist nur linienlose Neumen auf, die nicht entziffert werden konnten. Das französische Lai des purcelles aus dem 13. Jahrhundert – mit fünf Linien notiert – weist einige Ähnlichkeit mit diesem Planctus auf, so daß man dessen Melodie einigermaßen erschließen kann.

LITERATUR

Giuseppe Vecchi, Pietro Abelardo »Planctus«, Modena 1951. Leif Grane, Pierre Abélard. Philosophie und Christentum im Mittelalter, Göttingen 1969.

John Abell (um 1652–1724)

Zeit und Umwelt
Als die zweite Gemahlin König Jakobs II. von England, Maria von Modena (1658 bis 1718), Jakob Eduard (1688 – 1766) zur Welt brachte, intensivierte der König seine Rekatholisierungspolitik, weil er nunmehr einen Thronerben hatte, dem er ein katholisches England hinterlassen wollte. Aber ohne ausreichenden Rückhalt bei Volk, Adel und Heer mußte er scheitern. Er verließ das Land und mit ihm zahlreiche Katholiken, die ihres Glaubens wegen ihre Positionen verloren hatten.

Leben
John Abell wurde um 1652 in Aberdeenshire geboren. Er war Chorknabe der Königlichen Kapelle und ab 1679 Gentleman. König Karl II. sandte ihn für ein Jahr auf eine Studienreise nach Italien. Da er inzwischen Katholik geworden war, verließ er England nach der Abdankung König Jakobs II. und hielt sich in den Niederlanden, Deutschland und Polen auf. Von 1698 bis 1699 war er als Intendant in Kassel tätig und kehrte um 1700 nach England zurück. Über seine Tätigkeit bis zu seinem Tod im Jahr 1724 in Cambridge gibt es keine Informationen.

Werke
Der schottische Komponist und Lautenist John Abell veröffentlichte mehrere Liedersammlungen, »Les Airs d'Abell pour le concert«, »A Collection of Songs in Several Languages«, »A Collection of Songs in English« und »A Choice of Italian Ayres«.

Jan Josef Abert (1832–1915)

Zeit und Umwelt
Den Aufstieg vom Orchestermusiker zum Kapellmeister machten in der Regel Violinisten über die Zwischenstation des Konzertmeisters. Von anderen Pulten aus erfolgte er seltener. Kontrabassisten bildeten eine Ausnahme, weil deren Ausbildung sich fast nie auf ihr Instrument beschränkte; sie waren zumeist auch Cellisten oder Violinisten, für die gerade kein Pult frei war.

Leben
Jan Josef Abert wurde am 20.9.1832 in Kochowitz (Kochovice) geboren. Er war am Konservatorium in Prag Schüler von Jan Bedřich Kittl und August Wilhelm Ambros. Im Jahr 1853 trat er der Hofkapelle in Stuttgart als Kontrabassist bei und wirkte von 1867 bis 1888 als ihr Kapellmeister. Er starb am 1.4. 1915 in Stuttgart.

Werke
Von Jan Josef Abert sind 7 Sinfonien – darunter die »Frühlingssinfonie« in C-Dur, die programmatische Sinfonie »Columbus« und die sehr bekannte Sinfonie in c-Moll –, Kammermusikwerke und Lieder bekannt geworden. Er schrieb mehrere erfolgreiche Opern.

Giulio Abondante
(um 1526 bis nach 1587)

Zeit und Umwelt
Das Für und Wider der Kirchenmusik, das im 16. Jahrhundert ausgetragen wurde, berührte zwar Komponisten, Kapellmeister, Sänger und Instrumentalisten – nicht aber die Lautenmusik, die in Kirchen ohnehin nicht zugelassen war. Die Laute erklang – solistisch oder als Gesangbegleitung – in den Palästen der geistlichen und weltlichen Würdenträger, in den Bürgerhäusern, auf Schiffen, in Kneipen oder auf der Straße. Ihr Bereich spannte sich von der ärgsten Trivialität bis zum höchsten Virtuosentum, sie lief neben der anderen Musik einher, unbeschwert von Prinzipienstreit und ideologischer Überlegung, weder beengt noch gelenkt, und durfte sich frei entwickeln.

Leben
Giulio Abondante wurde vermutlich im venezianischen Raum um 1526 geboren. Über sein Leben ist nur bekannt, daß er ein beliebter Lautenist und Lautenkomponist war. Er dürfte in Oberitalien als Lautenist und Lautenlehrer tätig gewesen sein. Seine sämt-

lichen Tabulaturen sind in Venedig erschienen, die letzte im Jahre 1587. Ort und Zeit seines Todes sind nicht feststellbar.

WERKE
Von Giulio Abondante sind zahlreiche Tänze, Madrigale, Motetten, französische Chansons, Fantasien und Ricercari für Laute erschienen, die sehr erfolgreich waren und zum Teil noch heute gespielt werden.

LITERATUR
R. Eitner, Giulio Abondantes Lautenbücher, Monatshefte für Musikgeschichte VIII, 1876.

Girolamo Abos (1715–60)

ZEIT UND UMWELT
Der Ausstoß an Opern in Neapel übertraf in der Mitte des 18. Jahrhunderts nahezu den Venedigs. Komponisten gingen aus den vier Konservatorien in ausreichender Menge hervor, und das Publikum strömte gerne in die Opernhäuser, wenn man ihm nur immer neue Stücke bot und seinen Geschmack beachtete.

LEBEN
Girolamo Abos (Avos) wurde am 16. 11. 1715 in Valetta, Malta, geboren. Er war am Conservatorio Sant'Onofrio in Neapel Schüler von Ignazio Prota und Francesco Feo und 1742/43 dort selbst Lehrer, während er gleichzeitig am Conservatorio dei Poveri di Gesù Cristo unterrichtete. Von 1754 bis 1759 wirkte er als Vizekapellmeister am Conservatorio della Pietà de'Turchini und als Kapellmeister am Dom von Neapel, wo er im Mai 1760 starb.

WERKE
Von Girolamo Abos sind nur 13 Opern bekannt, von denen eine (»Tito Manlio«, Uraufführung 1751 in Neapel) überliefert ist. Er hat vermutlich Kirchenmusik geschrieben, überliefert ist davon nichts.

Harriet Abrams (1760 bis um 1830)

ZEIT UND UMWELT
Berühmte Sängerinnen konnten ohne Schwierigkeit eigene Liedkompositionen bei Verlegern unterbringen, und man erlaubte ihnen, bei Konzerten auch eigene Werke zum besten zu geben. Daß sie komponierten, wurde ihnen eben als liebenswürdige Eigenheit gutgeschrieben. Geschätzt wurden sie selbstverständlich nur wegen ihrer Interpretation. Das kann man zumeist auch daran sehen, daß ihre eigenen Lieder sofort vergessen wurden, sobald sie selbst von der Bühne oder vom Konzertpodium abtraten.

LEBEN
Harriet Abrams wurde 1760 vermutlich in London geboren. Sie war Schülerin von Thomas Augustine Arne und trat zuerst in Stükken ihres Lehrers als Sopran am Drury Lane Theatre auf. Die gefeierte Sängerin zog sich noch vor 1800 in das Privatleben zurück und starb um 1830 in London.

WERKE
Harriet Abrams verfaßte eine Reihe Lieder, von denen einige sehr populär wurden. Im Jahr 1787 brachte sie eine größere Sammlung davon heraus und außerdem eine Sammlung von für drei Stimmen harmonisierte schottische Lieder, die sie mit ihren Schwestern Theodosia Abrams und Eliza Abrams (genaue Lebensdaten sind nicht bekannt) mit Erfolg vortrug.

António Abreu (um 1740 bis vor 1799)

ZEIT UND UMWELT
Auf der Iberischen Halbinsel entwickelte sich die Gitarrenmusik als einzige Instrumentalmusik, außer der Zarzuela und der italienischen Oper, gegen Ende des 18. Jahrhunderts zur Blüte der großen Meister des kommenden, von der ausgehend auch die übrigen Musikgattungen ihre Höhepunkte von heute erreichten.

LEBEN

António Abreu (»El Portugués« genannt) wurde um 1740 vermutlich in Portugal geboren. Er lebte als Gitarrist in Madrid, genoß als Virtuose und Lehrer einen großen Ruf und dürfte dort vor 1799 gestorben sein.

WERKE

Von António Abreu sind ab 1780 zahlreiche ausgezeichnete Gitarrenstücke erschienen, die sein virtuoses Können bezeugen. Im Jahr 1799 erschien seine ausgezeichnete Gitarrenschule vermutlich posthum.

LITERATUR

Sousa Viterbo, Subsidios para a Historia da Música em Portugal, Coimbra 1932.

José Antonio Abreu (geboren 1939)

LEBEN

José Antonio Abreu wurde am 17.5.1939 in Valera, Venezuela, geboren. Er studierte an der Musikhochschule in Caracas und gleichzeitig an der Universität Volkswirtschaft und Jurisprudenz, welche Fächer er später als Universitätsprofessor lehrte. Er trat in Venezuela als Dirigent auf und gab Orgel-, Klavier- und Cembalokonzerte.

WERKE

Für die zahlreichen konservativen Komponisten in Lateinamerika ist José Antonio Abreu mit seinem Festhalten an neuklassizistischen Fakturen mit spätromantischem Einschlag, vollendeter Ausführung und klangvoller Breite typisch. Er schrieb unter anderem 2 Sinfonien, eine »Neuklassische Sinfonie« für kleines Orchester, eine sinfonische Dichtung, zahlreiche Kammermusik jeder Gattung, Klavierwerke, geistliche Chorwerke und Chöre, darunter eine Totenmesse a cappella und 3 Arien für Sopran und kleines Orchester.

Jean Absil (1893–1974)

LEBEN

Jean Absil wurde am 23.10.1893 in Bonsecours, Belgien, geboren. Er studierte am Konservatorium in Brüssel Orgelspiel und Komposition bei Paul Gilson. Ab 1922 wirkte er als Professor für Kontrapunktik am selben Konservatorium bis zu seinem Tod am 2.2. 1974.

WERKE

Mit seiner Publikation »Erfordernisse der zeitgenössischen Musik« trat Jean Absil mit Nachdruck für Polytonalität und Atonalität ein. Selbst machte er von diesen Techniken kaum Gebrauch. Er schrieb neben 3 Bühnenstücken 5 Sinfonien, ein Tongedicht, 3 Klavierkonzerte, eine »Rumänische Rhapsodie« für Violine und Orchester, 4 Streichquartette, ein Klavierquartett, ein Klarinettenquartett und verschiedene Klavierstücke – Sonaten, Impromptus, Sonatinen –, ferner verschiedene Vokalquartette, Chöre, Kantaten, Duette und Lieder, von denen einem Teil Volkslieder zugrunde gelegt sind.

LITERATUR

R. de Guide, Jean Absil, Vie et œuvre, Tournai 1965.

Franz Abt (1819–85)

ZEIT UND UMWELT

Neben dem Liedschaffen der großen Meister kam es im 19. Jahrhundert zu einem starken Absinken des Geschmacks. Auf literarischem Gebiet rückte der Gartenlaubenstil heran und parallel dazu wurden die Lieder immer gemütvoller und rührender, voll Pseudovolkstümlichkeit und unechtem Gefühl. Damit war ungefähr das Niveau der Salonmusik erreicht.

LEBEN

Franz Abt wurde am 22.12.1819 in Eilenburg geboren. An der Thomasschule in Leipzig erhielt er seine musikalische Ausbildung. Im Jahr 1841 wurde er Hofmusikdirektor in

Bernburg und im selben Jahr Dirigent der Allgemeinen Musikgesellschaft in Zürich, wo er als Leiter mehrerer Chorvereinigungen wirkte, bis er 1852 den Ruf als Hofkapellmeister nach Braunschweig erhielt. Seine letzten Jahre lebte er in Wiesbaden, wo er am 31.3.1885 starb.

WERKE
Neben einer Reihe Salonstücke für das Klavier, die bald vergessen waren, schrieb Franz Abt nahezu 400 Lieder aller Art, für eine bis vier Solistimmen, für gemischten Chor, für Frauenchor und besonders für Männerchöre; einige davon werden in Schulen und Chorvereinigungen noch gesungen wie manche seiner profanen Kantaten.

Cesare Accelli (um 1530 bis nach 1586)

ZEIT UND UMWELT
Das Madrigal des 16. Jahrhunderts beließ dem Komponisten alle Freiheiten der Gestaltung. Der in der Regel vier- bis fünfstimmige Satz konnte kontrapunktisch oder als Kanon, schlicht oder stark verziert aufgebaut, jede Modulation versucht, jede Dissonanz gewagt werden. Es waren nirgends Grenzen gesetzt. Und das »neuerungssüchtige« Publikum ließ sich gerne jedes Experiment vorsetzen.

LEBEN
Cesare Accelli wurde um 1530 in Venedig geboren und vermutlich dort ausgebildet. Es ist nicht feststellbar, in welcher Stellung er tätig war. Er wirkte vermutlich an einer der vielen Privatkapellen der Stadt, in der er nach 1586 starb.

WERKE
Von Cesare Accelli ist eine Reihe vorzüglicher fünfstimmiger Madrigale überliefert, die stark dem Volkston angenähert sind. Ihr wiederholter Abdruck läßt auf eine große Beliebtheit der Kompositionen schließen.

Bernardo Alvarez Acero
(um 1750–1821)

ZEIT UND UMWELT
Wie in Italien komponierten Kirchenmusiker in Spanien häufig für die Bühne, ließen jedoch weit seltener beide Stilbereiche ineinanderfließen. Die spanische Kirchenmusik blieb von den profanen Diktionen in der Regel völlig frei; eine Annäherung an die Bühnenmusik war schon wegen der großen Differenz der Entwicklungsstufen nicht leicht möglich.

LEBEN
Bernardo Alvarez Acero wurde um 1750 in Madrid geboren. Er war ab 1787 Kirchenkapellmeister in seiner Geburtsstadt und von 1793 bis 1801 gleichzeitig Dirigent bei Opernaufführungen. Den Kirchendienst versah er bis zu seinem Tod am 21. 1. 1821.

WERKE
Von Bernardo Alvarez Acero sind 7 sehr bekannte Tonadillas erhalten. Er komponierte außerdem Instrumentalmusik für den kirchlichen Gebrauch und für die Bühne.

Ella Adajewski (1846–1926)

ZEIT UND UMWELT
Russische Musiker und andere Künstler, die während eines Auslandsaufenthalts vom Ersten Weltkrieg und der Revolution überrascht wurden, verzichteten in den meisten Fällen auf eine Heimkehr, weil sie damit rechnen mußten, daß vorläufig an eine künstlerische Arbeit in der Heimat nicht gedacht werden konnte. Ein Teil davon blieb bis zum Tod dem Vaterland fern, ein anderer kehrte, als sich dort die Verhältnisse stabilisiert hatten, vom Heimweh getrieben, zurück.

LEBEN
Ella Adajewski (Elisabeth) wurde am 29.1. 1846 in St. Petersburg geboren. Sie war Schülerin von Adolf Henselt, Alexander Dreyschock, Alexandr Famintzin (24.10.1841, Kalúga, bis 24.6.1896, Ligowo bei St. Peters-

burg) und Anton Rubinstein am Konservatorium in St. Petersburg. Sie lebte nach mehrjährigen Konzertreisen als Pianistin von 1882 bis 1909 in Venedig, sodann in Neuwied am Rhein und starb am 26.7.1926 in Bonn.

WERKE
Neben ihrer Konzerttätigkeit sammelte Ella Adajewski italienische Tanzlieder. Sie schrieb 2 Opern, mehrere Vokalwerke und Konzerte für ihr Instrument. Ihre Traktate über antike Musik bewiesen ihre umfangreichen Kenntnisse auf diesem Gebiet.

Marcial del Adalid y Gurréa (1826–81)

ZEIT UND UMWELT
Die spanische Volksmusik wurde im 19. Jahrhundert sehr stark für die vielen Zarzuelas ausgebeutet, die auf die Bühnen kamen. In erster Linie handelte es sich aber um kastilische und andalusische Lieder und Tänze, eventuell noch um Musik aus Katalonien. Die Musik der Provinz Galicia blieb abseits, bis auch sie dem Zug der Zeit folgend gesammelt und aufgezeichnet wurde.

LEBEN
Marcial del Adalid y Gurréa wurde am 24.8. 1826 in La Coruña geboren. Er war in London Schüler von Ignaz Moscheles und kurze Zeit auch von Frédéric Chopin in Paris. Eine musikalische Stellung hatte er nicht. Er starb am 16.10.1881 in Lóngora, Galicia.

WERKE
Von Marcial del Adalid y Gurréa ist eine Anzahl Klavierstücke erschienen, die galizische Volksweisen verarbeiten. Er schrieb außerdem eine Oper, die nie aufgeführt wurde. Überdies veröffentlichte er 4 Hefte mit galizischen Volksliedern.

Adolphe Adam (1803–56)

ZEIT UND UMWELT
Gegen die Mitte des 19. Jahrhunderts kam es zu einer glücklichen Wandlung der Ballettfaktur. Anstelle der reinen Schaustellung der Kunst einzelner Tänzer in zusammenhanglosen Tanzreihen mit einer wenig interessanten Hintergrundmusik trat eine sinnvolle Balletthandlung mit einer entsprechenden, sorgfältig wie bei einer Oper durchkomponierten Musik zur choristischen Darbietung, so daß aus Tanz, mimischer Bewegung und Musik eine künstlerische Einheit wurde, die einer Oper als gleichwertig an die Seite gestellt werden konnte. Hiezu waren neben wirklichen Komponisten auch Tänzer erforderlich, wie zum Beispiel Carlotta Grisi (28.5.1819, Visinada, Istrien, bis 24.5.1899, Genf), die ausreichende schauspielerische Fähigkeiten hatte, um neben ihren Spitzentänzen eine Balletthandlung mimisch zu verdeutlichen.

Adolphe Adam

LEBEN
Adolphe Charles Adam wurde am 24.7.1803 in Paris als Sohn des Louis Adam geboren.

Der Vater erlaubte ihm nur unter der Bedingung den Besuch des Conservatoires, daß er niemals für die Bühne schreiben werde. Zum Glück wurde dieses Verbot mißachtet; Adolphe Adam wurde nach der Ausbildung bei Antonín Rejcha Schüler von François Adrien Boieldieu. Er erhielt den Rompreis. Dann setzte seine besonders auf dem Gebiet der Oper und des Balletts sehr erfolgreiche kompositorische Tätigkeit ein. Im Jahr 1847 gründete er ein eigenes Operntheater, das keine lange Lebensdauer hatte, 1849 wurde er Klavierlehrer am Conservatoire. Er starb am 3.5.1856 in Paris.

WERKE

Von Adolphe Adam sind 53 Bühnenwerke bekannt geworden; davon behaupten sich die Opern »Der Postillon von Lonjumeau« und »Wenn ich König wäre« wie das Ballett »Giselle« noch heute auf den Bühnen. Er schrieb außerdem 2 Messen und andere Kirchenmusik, Klavierstücke, Transkriptionen,

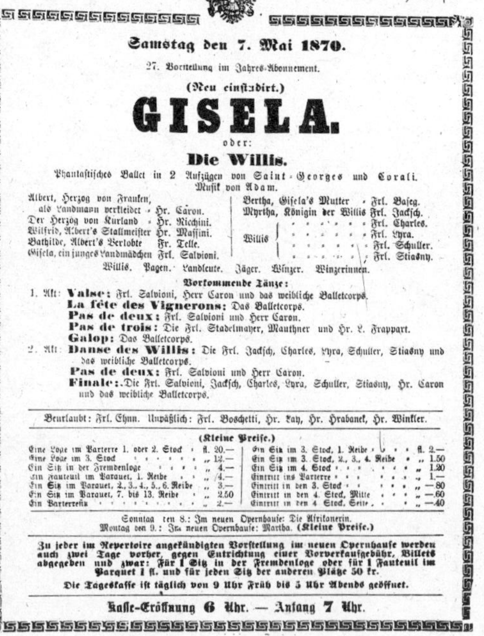
K. K. Hof-Operntheater. Im neuen Hause.

Samstag den 7. Mai 1870.

27. Vorstellung im Jahres-Abonnement.

(Neu einstudirt.)

GISELA.

oder:

Die Willis.

Phantastisches Ballet in 2 Aufzügen von Saint-Georges und Corali.
Musik von Adam.

Albert, Herzog von Franken, als Landmann verkleidet - Hr. Caron.
Der Herzog von Kurland - Hr. Richini.
Wilfrid, Albert's Stallmeister Hr. Massini.
Bathilde, Albert's Verlobte Fr. Telle.
Gisela, ein junges Landmädchen Frl. Salvioni.
Bertha, Gisela's Mutter - Frl. Baseg.
Myrtha, Königin der Willis Frl. Jacksch.
Willis: Frl. Charles. Frl. Lyra. Frl. Schuller. Frl. Stiasny.

Willis. Pagen. Landleute. Jäger. Winzer. Winzerinnen.

Vorkommende Tänze:

1. Akt: Valse: Frl. Salvioni, Herr Caron und das weibliche Balletcorps.
La fête des Vignerons: Das Balletcorps.
Pas de deux: Frl. Salvioni und Herr Caron.
Pas de trois: Die Frl. Stadelmayer, Mauthner und Hr. L. Frappart.
Galop: Das Balletcorps.
2. Akt: Danse des Willis: Die Frl. Jacksch, Charles, Lyra, Schuller, Stiasny und das weibliche Balletcorps.
Pas de deux: Frl. Salvioni und Herr Caron.
Finale: Die Frl. Salvioni, Jacksch, Charles, Lyra, Schuller, Stiasny, Hr. Caron und das weibliche Balletcorps.

Beurlaubt: Frl. Ehnn. Unpäßlich: Frl. Boschetti, Hr. Lay, Hr. Hrabanek, Hr. Winkler.

(Kleine Preise.)

Eine Loge im Parterre 1. oder 2. Stock	fl. 20.—	Ein Sitz im 3. Stock, 1. Reihe	fl. 2.—
Eine Loge im 3. Stock	„ 12.—	Ein Sitz im 3. Stock, 2., 3., 4. Reihe	„ 1.50
Ein Sitz in der Fremdenloge	„ 4.—	Ein Sitz im 4. Stock	„ 1.20
Ein Fauteuil im Parquet, 1. Reihe	„ 4.—	Eintritt ins Parterre	„ 1.—
Ein Sitz im Parquet, 2., 3., 4., 5., 6. Reihe	„ 3.—	Eintritt in den 3. Stock	„ —.80
Ein Sitz im Parquet, 7. bis 13. Reihe	„ 2.50	Eintritt in den 4. Stock, Mitte	„ —.60
Ein Parterresitz	„ 2.—	Eintritt in den 4. Stock, Seite	„ —.40

Sonntag den 8.: Im neuen Opernhause: Die Afrikanerin.
Montag den 9.: Im neuen Opernhause: Martha. (Kleine Preise.)

Zu jeder im Repertoire angekündigten Vorstellung im neuen Opernhause werden auch zwei Tage vorher, gegen Entrichtung einer Vorverkaufsgebühr, Billets abgegeben und zwar: Für 1 Sitz in der Fremdenloge oder für 1 Fauteuil im Parquet 1 fl. und für jeden Sitz der anderen Plätze 50 kr.

Die Tagescasse ist täglich von 9 Uhr Früh bis 5 Uhr Abends geöffnet.

Kasse-Eröffnung 6 Uhr. — Anfang 7 Uhr.

»Giselle von Adolphe Adam« in Wien 1870

Romanzen und Improvisationen für Harmonium und Klavier. Mit Ausnahme einer Bravourvariation für Singstimme, Flöte und Orchester über ein Thema von Mozart und einigen Bühnenstücken kommt den Kompositionen wenig Bedeutung zu.

Giselle, Ballett-Pantomime in zwei Akten, uraufgeführt 1841 in der Opéra in Paris

Personen: Giselle, ein Dorfmädchen; Hilarion, Wildhüter; Herzog Albrecht; Mathilde, Albrechts Braut; Myrtha, Königin der Willi. Handlung: Giselle und Albrecht, der als Bauernbursche verkleidet ist, sind ein Liebespaar. Hilarion, ebenfalls in Giselle verliebt, will die Idylle stören, wird aber verjagt. Er schwört Rache. Mit der Jagdgesellschaft des Herzogs tritt dessen Braut auf. Hilarion macht Giselle darauf aufmerksam, daß ihr Geliebter Adeliger ist und bereits eine Braut – Mathilde – hat. Giselle drückt ihre Verzweiflung in einem ekstatischen Tanz aus, dann tötet sie sich mit dem Degen des Herzogs. Über Giselles Grab schwingt die Königin der Willi (tanzende Geister) ihren Zauberstab. Das Grab gibt Giselle frei, die Tote, die zeit ihres Lebens dem Tanz sehr ergeben war, wird in die Schar der Willi aufgenommen. Albrecht sucht das Grab seiner Geliebten auf; sie erscheint ihm, die Willi drängen sich heran, die soeben Hilarion verfolgt und ins Wasser getrieben haben, damit er ertrinkt. Giselle erhält nun von der Königin den Auftrag, dem Herzog den Totentanz zu tanzen; sie will ihn schonen, muß aber gehorchen und tanzt; auch Albrecht wird von unwiderstehlichem Drang erfaßt zu tanzen. Er stürzt schließlich erschöpft zu Füßen der Königin, deren Macht aber durch die Uhr, die das Ende der Geisterstunde ankündigt, gebrochen wird. Giselle kehrt in ihr Grab zurück, der Herzog bleibt verzweifelt zurück.

Louis Adam (1758–1848)

ZEIT UND UMWELT

Die häufige Behauptung, daß Johann Sebastian Bach nach seinem Tod mit seinem Werk vergessen und erst im 19. Jahrhundert wiederentdeckt worden sei, wird bei näherer Betrachtung der Musikerbiographien aus der Zeit nach dem Wirken des Thomaskantors gründlich widerlegt, weil darin immer wieder der Vermerk auftaucht, der von einem

»gründlichen Studium der Werke von Bach« spricht.

LEBEN
Louis Adam wurde am 3. 12. 1758 in Mutterholtz, Bas-Rhin, geboren. Er begab sich 1775 nach Paris, wo er im Concert spirituel 2 konzertante Sinfonien mit Erfolg herausbrachte. Er wirkte von 1797 bis 1842 als Pianolehrer am Conservatoire und starb am 8. 4. 1848.

WERKE
Der Pianist und Pianolehrer Louis Adam bereitete seine Laufbahn mit einem sehr gründlichen Studium der Werke von Georg Friedrich Händel und Johann Sebastian Bach vor. Neben seinen 2 Sinfonien verfaßte er eine große Anzahl Sonaten und Variationen für sein Instrument. Er brachte auch ein vorzügliches Lehrwerk für Pianisten heraus.

Adam de Givenchi
(um 1220 bis um 1270)

ZEIT UND UMWELT
Der Pui d'Arras bildete bereits in seinen Anfängen neben den häufigen Gedichts- und Liedformen den Jeu parti heraus. Er wurde vielfach von zwei Trouvères verfaßt, von denen jeder Rede oder Gegenrede des »Streitgedichtes« dichtete und komponierte. Aus dem versöhnlichen Abschluß nahezu aller Jeux ersieht man, daß es sich nicht nur um einen Meinungsstreit handelte, sondern mindestens im gleichen Maß um einen künstlerischen Wettstreit, weil es oft weniger wichtig erschien, was gesagt und gesungen wurde, sondern wie sich die Wörter zum Vers fügten und zum Träger des Tones wurden.

LEBEN
Adam de Givenchi ist um 1220 vermutlich in Arras geboren, wo er zeit seines Lebens als Trouvère wirkte und eine maßgebende Stelle im Pui einnahm. Er ist dort um das Jahr 1270 gestorben.

WERKE
Mit Jehan Bretel und Guillaume le Vinier verfaßte Adam de Givenchi mehrere sehr schöne Jeux. Von seinen Liedkompositionen, unter denen sich 2 Descorts befinden, sind 8 mit Melodien erhalten.

LITERATUR
E. Ulrix, Les chansons du trouvère artésien Adam de Givenchi, Liège 1919.

Adam de la Bassée (um 1220–86)

ZEIT UND UMWELT
Der französische König Philipp II. Augustus zerstörte während seines Eroberungsfeldzuges die damals flandrische Stadt Lille (1214). Sie wurde von Johanna von Konstantinopel (1200–24), Tochter des ersten lateinischen Kaisers von Konstantinopel, Graf Baldwin von Hennegau und Flandern (1172–1205), wieder aufgebaut. Das kulturelle Leben der Stadt konnte trotz der andauernden Streitigkeiten um die Herrschaft über Flandern weitergeführt werden.

LEBEN
Adam de la Bassée wurde um 1220 vermutlich in Flandern geboren. Er nahm an St.-Pierre in Lille die Stellung eines Domherrn ein und starb dort am 26. 2. 1286.

WERKE
Neben seiner schriftstellerischen Tätigkeit verfaßte Adam de la Bassée ungefähr 40 einstimmige liturgische Gesänge, die ein instruktives Bild des Sakralgesanges seiner Epoche vermitteln. Ein Vergleich mit dem zeitgenössischen Trouvèregesang ist wegen mancher Parallelen sehr interessant.

Adam de la Halle (um 1237–87)

ZEIT UND UMWELT
Die Ménestrels, die zum Pui d'Arras Zutritt erhalten hatten und auch in ähnlichen Institutionen anderer Städte aufgenommen wurden, traten mit dem Fortschritt der Zeit in den Vordergrund. Sie waren zumeist besser

ausgebildete Musikanten und Sänger, und die Komponisten merkten bald, daß ihre Werke von den Berufsmusikern besser vorgetragen wurden. Zur gleichen Zeit ergab sich allmählich die Trennung von Dichtern und Musikern. Die Ménestrels übernahmen die Funktion des Komponierens der Verse, die die Dichter erzeugten. Zuerst hörte der Adel auf, Lieder zu ersinnen, er wurde zum Auftraggeber und zum Publikum; dann folgten die Bürger, die es immer und überall dem Adel gleichtaten. Als Komponieren und Musizieren zur bezahlten Kunst wurden, ließen Adelige und Großbürger die Hände davon.

LEBEN

Adam de la Halle (Hale) ist um 1237 in Arras geboren. Sein Beiname »Li Bossu« (Der Bucklige) läßt vermuten, daß er verkrüppelt war. Dieser Annahme steht jedoch die Tatsache gegenüber, daß er Kleriker werden wollte und zu diesem Zweck um 1250 die Schule der Zisterzienserabtei Vaucelle besuchte. (Behinderte konnten nach altem Kirchenrecht nicht geweiht werden.) Er gab aber diese Absicht wieder auf, verheiratete sich (1262) und setzte sein Studium an der Pariser Universität fort. Nach seiner Rückkehr nach Arras trat er als Ménestrel in den Dienst bei Robert II. von Artois, den er 1283 nach Neapel begleitete. Dort kam er an den Hof Karls von Anjou, des Königs von Neapel und Sizilien, der 1285 starb. Adam de la Halle überlebte ihn noch um zwei Jahre und starb in Neapel im Jahre 1287.

WERKE

Adam de la Halle wurde oft mit dem Titel »Letzter Trouvère« bedacht. Das entspricht nicht den Tatsachen, weil er nach der Beendigung seines Studiums als Ménestrel im Dienst stand. Daß er selbst komponierte und damit formal und inhaltlich allem weit voranschritt, was seine Zeitgenossen an Musik geschaffen hatten, ändert daran nichts. Er hat am Hof seiner Dienstherren eben seine eigene Musik und sicherlich auch viel fremde vorgetragen.

Seine 36 Lieder sind sehr volkstümlich in Form und Melodie, dürfen aber mit den überlieferten 18 Jeux partis noch als Trouvèrekunst angesehen werden. Dagegen sind seine 16 Rondeaux für drei Singstimmen (oder Instrumente) gesetzt und auch seine 5 Motetten dreistimmig. Diese Mehrstimmigkeit scheidet Adam de la Halle von den Trouvères, die nahezu ausschließlich einstimmige Musik geschrieben haben. Die szenischen Stücke, wie das »Jeu de la Feuillée« (Laubenspiel), das voll Charme und Frechheit die Bürger von Arras verspottet, das »Jeu du Pélerin« (Pilgerspiel), dessen Hintergründigkeit sehr verborgen ist, und das berühmte Singspiel »Le jeu de Robin et Marion« sind vom Schaffen der Trouvères bereits weit entfernt und weisen als neue Musikgattung weit in die Zukunft.

Le jeu de Robin et Marion (Das Spiel von Robin und Marion), dialogisches Singspiel für Stimmen und Instrumente. Es wurde für König Karl von Anjou verfaßt und diente reinen Unterhaltungszwecken

Das Spiel beginnt mit Marions Gesang, die ihre Liebe zu Robin gesteht und besingt. Ein vorbeikommender Ritter hört sie und macht ihr den Hof, wird aber abgewiesen, weil das Mädchen Robin liebt. Das veranlaßt den Ritter, sich zu entfernen. Nach dieser einer Pastourelle ähnlichen Szene tritt Robin auf, singt mit Marion ein Tanzlied und kündigt an, für den Fall der Rückkehr des Ritters, Freunde als Helfer zu holen. Der Ritter tritt während Robins Abwesenheit erneut auf, um sich Marions zu bemächtigen. Da erklingt Robins Silberflöte, und sofort darauf eilt der Mann herbei, um dem Mädchen beizustehen, jedoch der Ritter behält die Oberhand und führt Marion mit sich. Die Freunde kommen zu spät und können keine Hilfe mehr leisten. Inzwischen hat aber Marion den Ritter überredet, sie freizugeben; beide kehren zurück, und der glückliche Ausgang der Geschichte wird fröhlich gefeiert. Einer der Freunde will ein altes, etwas obszönes Lied zum besten geben, wird aber von Robin daran gehindert. Mit einem Tanz schließt das harmlose Spiel ab.

LITERATUR

J. Chailley, La nature musicale du Jeu de Robin et Marion, Paris 1950. J. Maillard, Adam de la Halle et ses Jeux chantés, L'éducation musicale XXI, 1956.

Adam Václav Michna z Otradovic
(1600–76)

Zeit und Umwelt
Der Dreißigjährige Krieg dezimierte die Kirchenchöre derart, daß die vorliegende Musik nicht mehr aufgeführt werden konnte. Es wurde daher nötig, Sammlungen von Kirchenliedern herauszubringen, deren Besetzung von den Kapellmeistern beliebig groß oder klein gehalten werden konnte.

Leben
Adam Václav Michna zu Otradovic wurde 1600 in Neuhaus (Jindřichův Hradec) geboren. Er entstammte dem Rittergeschlecht »z Otradovic«. Er studierte im Jesuitengymnasium seines Geburtsortes. Neben seiner Tätigkeit als Stadtorganist betrieb er eine Gastwirtschaft in Neuhaus bis zu seinem Tod in der zweiten Hälfte des Jahres 1676.

Werke
Der tschechische Dichter, Organist und Komponist Adam Václav Michna z Otradovic brachte 2 Gesangbücher mit Ad-libitum-Besetzung heraus, und zwar: »Česká mariánská muzika« (Tschechische Marienmusik) mit 85 Liedern und »Svatoročnì muzika« (Musik des heiligen Jahres) mit 122 Liedern für vier bis fünf Stimmen in homophoner Faktur. Fallweise sind Generalbaßziffern angebracht. Volkstümlich ist die Sammlung »Loutna česká« (Tschechische Laute), die nur teilweise erhalten ist. Von seinen lateinischen Kirchenkompositionen sind 5 Messen, ein Requiem, 2 Litaneien und ein Te Deum erhalten, die für verschiedene Soli- und Chorbesetzungen und Begleitung mit Orgel oder anderen Instrumenten geschrieben sind. Die Instrumente – zumeist Violinen, Bratschen und Posaunen – können vom Kapellmeister selbst ausgewählt werden. Handschriftlich sind noch ein Magnificat und eine St.-Wenzels-Messe überliefert. Michna hat als erster tschechischer Komponist die italienische Barockmusik mit der polyphonen Tradition seines Landes und der Musikalität seines Volkes zu einem eigenständigen tschechischen Stil verschmolzen.

Missa Sancti Venceslai für Soli, Chor, Orchester und Orgel, entstanden um 1665
In dieser großangelegten Messe sind alter und neuer Stil gemischt. Das Kyrie ist polyphon, statisch, nahezu archaisch. Das Gloria hingegen und das Credo weisen Homophonien und konzertante Solopartien auf, die mit kürzeren polyphonen Abschnitten abwechseln und dramatische Textstellen besonders betonen. Sanctus und Benedictus korrespondieren mit einzelnen Passagen des Credo, während das Agnus zur polyphonen Struktur des Kyrie zurückkehrt. Anklänge an tschechische Volksmusik liegen nicht vor, auch nicht an irgendeines der vielen Wenzel-Lieder.

Literatur
J. Muk, Adam Michna z Otradovic, Jindřichův Hradec 1942.

Adam von Fulda (um 1445–1505)

Zeit und Umwelt
Torgau, die Residenz der sächsischen Kurfürsten, wurde besonders unter Friedrich III. dem Weisen (1463–1525), der 1502 die Universität Wittenberg gegründet hatte, zum kulturellen Zentrum. An seinem Hof wurden vor allem Musiker aufgenommen und gefördert, gleichgültig, ob sie aus dem evangelischen oder katholischen Lager kamen. Der Kurfürst selbst bewies eine sehr liberale Gesinnung, indem er Luther und die Reformation begünstigte, ohne sich der neuen Lehre anzuschließen.

Leben
Adam von Fulda wurde um 1445 in Fulda geboren. Der deutsche Musikwissenschaftler und Musiker stand ab 1490 im Dienst des Kurfürsten Friedrich III. dem Weisen in Torgau, hielt sich jedoch im gleichen Jahr im Benediktinerkloster Vornbach bei Passau auf, wo er sein musiktheoretisches Werk »De musica« verfaßte. Ab 1492 lebte er ständig in Torgau als Hofkomponist und Hofkapellmeister. Im Jahre 1502 wurde er Professor für Musik an der Universität Wittenberg, wo er 1505 starb. 1512 erschien sein Andachtsbuch »Ein ser andechtig Christlich Buchlein aus hailigen schriften und lerern«.

WERKE
Adam von Fulda hinterließ neben seinem Schrifttum eine Messe, 7 Hymnen und weitere Kirchenkompositionen, außerdem etliche Lieder. Sein Stil lehnt sich stark an Busnois und andere Spätburgunder an.

LITERATUR
H. J. Moser, Leben und Lieder des Adam von Fulda, Kassel 1971.

Emil Adamič (1877–1936)

LEBEN
Emil Adamič wurde am 25. 12. 1877 in Dobrova bei Ljubljana geboren. Er erhielt seine Ausbildung an den Konservatorien in Triest und Ljubljana, wo er als Musiklehrer und Komponist bis zu seinem Tod am 6. 12. 1936 lebte.

WERKE
Von den ungefähr 100 Kompositionen sind seine Orchesterwerke »Tatarische Suite«, »Scherzo«, »Aquarelle aus Ljubljana«, die Chorwerke »Die schöne Vida«, »Die Teufelsbraut«, »Kaiser Samuels Tod«, außerdem die Sologesänge »Bauernwinterlied« und »Nachtgesänge« am bemerkenswertesten. Er verwertete häufig slowenische Volksmusik.

LITERATUR
L. M. Škerjanc, Emil Adamič, Ljubljana 1937.

Abraham Adams
(um 1730 bis nach 1790)

ZEIT UND UMWELT
Bücher mit Psalmodien fanden in England zu jeder Zeit guten Absatz, so viele auch geschrieben wurden. Wenn sie dem Zeitgeschmack des Publikums entsprachen, kam es zu vielen Auflagen. Heute ist es unmöglich festzustellen, warum gerade einzelne Psalmmelodien vor allen anderen ankamen.

LEBEN
Abraham Adams wurde um 1730 in England geboren. Er war Organist an der Pfarrkirche von St. Marylebone. Um das Jahr 1760 wirkte er in Shoreham, Kent, und dürfte dort nach 1790 gestorben sein.

WERKE
Von Abraham Adams sind 41 Psalmodien, 21 Anthems und ein Begräbnisgesang erschienen, die in der Sammlung »The Psalmodist's New Companion« (Der neue Freund des Psalmodisten) 12 Auflagen erlebten.

James B. Adams (um 1750 bis um 1810)

ZEIT UND UMWELT
Gegen das Ende des 18. Jahrhunderts wird auch in England Klaviermusik nicht mehr für Cembalo allein geschrieben. Wenn nicht überhaupt das Spiel auf einem Pianoforte verlangt wird, so werden jedenfalls beide Instrumente zur Wahl gestellt. Sehr häufig war die Spielanweisung für Flöte oder Violine, wobei die Flöte primär verlangt und die Violine, mit der ein Flötensatz ohne Schwierigkeit bewältigt werden kann, nur fakultativ vorgeschrieben wurde.

LEBEN
James B. Adams wurde um 1750 in England geboren. Über sein Leben und Wirken ist nur bekannt, daß er an mehreren Singspielen als Komponist mitgewirkt hat. Er dürfte selbst Sänger gewesen sein. Der Ort, wo er um 1810 starb, ist unbekannt.

WERKE
Von James B. Adams sind eine große Anzahl Lieder bekannt geworden. Er verfaßte außerdem 4 Sonaten für Pianoforte oder Cembalo und Flöte oder Violine.

Thomas Julian Adams (1824–87)

ZEIT UND UMWELT
Im englischen Musikbetrieb ist stets ein Stück Kommerzialismus bemerkbar. Das schadete ihm so lange nicht, wie man die Musik nicht zur gewöhnlichen Ware abwertete. Allerdings wirkte auch ein gewisser

Unternehmermut auf die Musikentwicklung belebend, weil dadurch weitere Publikumskreise gewonnen wurden.

LEBEN
Thomas Julian Adams wurde am 28.1.1824 in London geboren. Er war in Paris Schüler von Ignaz Moscheles. Er stellte zweimal ein privates Orchester zusammen, mit denen er in verschiedenen Städten Großbritanniens und in Paris Konzerte gab. Nachdem er in Scarborough, Tynemouth und Buxton als Dirigent gewirkt hatte, ließ er sich als Dirigent der Devonshire Park Concerts in Eastbourne nieder, wo er am 7.5.1887 starb.

WERKE
Von Thomas Julian Adams sind außer zahlreichen Kompositionen für Klavier einige gute Orchesterstücke erschienen, die ihn als fähigen Musiker ausweisen.

John Addison (um 1766–1844)

ZEIT UND UMWELT
Opern mit italienischen Texten wurden um die Wende zum 19. Jahrhundert immer mehr von Stücken in heimatlicher Sprache auf englischen Bühnen verdrängt. Es blieb aber bei der aus Italien importierten Struktur. Die Opern waren in der Regel mit nicht sehr einfallsreichen, oft ähnlich klingenden Melodien ausgestattet.

LEBEN
John Addison wurde um 1766 in London geboren. Er wirkte als Cellist, Kontrabassist und Kapellmeister in den Vauxhall Gardens in London, darauf in Liverpool, Manchester und Dublin und ließ sich schließlich als Gesanglehrer in London nieder, wo er am 30. 1. 1844 starb.

WERKE
Von John Addison wurden einige englische Singspiele mit Erfolg aufgeführt. Er schrieb außerdem eine Reihe von Bühnenmusiken und 6 Sonaten für zwei Violinen oder Querflöten, die der Vorromantik angehören.

August Adelburg (1833 bis nach 1866)

ZEIT UND UMWELT
Der ungarische Nationalheld Miklós Zrínyi (um 1508 – 66), der nach der Legende seine Burg nicht den Türken übergab, sondern sie mit den eindringlichen Feinden und sich selbst in die Luft sprengte, in Wahrheit aber beim letzten Ausfall aus Szigetvár, das er 5 Wochen lang tapfer gehalten hatte, verwundet, gefangen und enthauptet wurde, bildete für die romantische Dichtung und Komposition ein beliebtes Sujet.

LEBEN
August Ritter von Adelburg wurde 1833 in Konstantinopel (Istanbul) geboren. Er war von 1850 bis 1854 Violinschüler von Joseph Mayseder, trat zuerst in Wien auf und machte mehrere Konzertreisen durch Europa. Nach seinem Opernerfolg im Jahr 1866 in Budapest dürfte er sich dort niedergelassen haben und vermutlich auch gestorben sein. Sein Sterbedatum ist nicht feststellbar.

WERKE
Von August Adelburg erfuhren vor allem seine 4 Streichquartette die besondere Wertschätzung seiner Zeitgenossen. Auch die übrige Kammermusik für Streicher war sehr beliebt und hielt sich lang in den Konzertprogrammen. Seine Oper »Zrínyi« wurde in Budapest mit Begeisterung aufgenommen und oft aufgeführt.

Adenez (um 1190 bis um 1260)

ZEIT UND UMWELT
Im Jahre 1190 legte Heinrich I. (regierte 1183 bis 1235) den Titel eines Herzogs von Niederlothringen ab und nannte sich Herzog von Brabant, was den gegebenen Tatsachen entsprach. Die Herzöge hielten in Löwen einen glänzenden Hof, der die kulturelle Funktion des Burgunder Hofes vorausnahm.

LEBEN
Adenez, der als »Adam Le Roy« bekannt war, ist um 1190 vermutlich im Raum von

Brabant geboren. Herzog Heinrich III. von Brabant (regierte 1248–61) ließ ihn zum Musiker ausbilden. Er war zeit seines Lebens dem herzoglichen Hof zu Löwen verpflichtet, wo er als Trouvère seine Lieder dichtete und komponierte, den ganzen Musikbetrieb leitete und selbst die Viole spielte. Er starb dort um 1260.

WERKE
Von Adenez sind eine Reihe von narrativen Romanzen mit Melodien überliefert, die stark psalmodisch wirken. Er war Dichter, Sänger, eine Art Musikdirektor und Instrumentalist, der nach Art der Ménestrels auch fremde Werke zu Gehör brachte.

Luigi Adimari (1644–1708)

ZEIT UND UMWELT
Es war für das ausgehende 17. und das ganze 18. Jahrhundert typisch, daß ein italienischer Komponist wirkliche Popularität nur durch Opernkompositionen erreichen konnte. Die Oper stellte jede andere Musikgattung, ungeachtet ihrer Qualitäten, in den Schatten.

LEBEN
Luigi Adimari wurde am 3. 9. 1644 in Neapel geboren. Er war lyrischer und dramatischer Dichter und Komponist. Welche Stellung er innehatte, ist nicht bekannt. Er ist in Florenz am 22. 6. 1708 gestorben.

WERKE
Der italienische Dichter und Komponist Luigi Adimari verfaßte eine Reihe profaner Instrumental- und Vokalwerke, die sehr beliebt waren. Populär wurde er aber nur durch seine Oper »Roberto«, deren Libretto er selbst geschrieben hat.

Vincent Adler (1826–71)

ZEIT UND UMWELT
Aus Ungarn gingen verhältnismäßig viele Virtuosen und Dirigenten hervor. Da ihnen das Betätigungsfeld in der eigenen Heimat bald zu eng wurde, gingen sie ins Ausland und blieben in vielen Fällen auch dort. Ihre Bindung zu Ungarn blieb zumeist nur lose aufrecht, und die zur ungarischen Musik drückte sich nur in Verzierungen ihrer Kompositionen aus.

LEBEN
Vincent Adler wurde am 3. 4. 1826 in Györ, Ungarn, geboren. Er war Schüler seines Schwagers Ferenc Erkel in Budapest. In Wien vervollkommnete er seine Ausbildung und ließ sich darauf in Paris nieder, von wo er seine zahlreichen Konzertreisen als Pianist unternahm. Schließlich blieb er in Genf, wo er 6 Jahre lang als Lehrer am Konservatorium wirkte und am 4. 1. 1871 starb.

WERKE
Von Vincent Adler sind zahlreiche Klavieretüden und brillante Salonstücke für Klavier bekannt geworden. Ein Teil davon weist ein mehr oder minder ausgeprägtes ungarisches Kolorit auf.

Anton Cajetan Adlgasser
(1729–77)

ZEIT UND UMWELT
In der zweiten Hälfte des 18. Jahrhunderts hatte sich bereits dank dem Wirken von Leopold Mozart, Johann Ernst Eberlin und einer Reihe von weiteren Domkapellmeistern, dem ständigen Einfluß italienischer Stilgattungen und dem Kontakt mit der Mannheimer Schule in Salzburg ein spezifischer Stil entwickelt, der im Rahmen der österreichischen Vorklassik einen breiten Raum und eine maßgebende Stellung einnahm.

LEBEN
Anton Cajetan Adlgasser (Adelgasser) wurde am 1. 10. 1729 in Inzell bei Traunstein, Bayern, geboren. Er war Schüler (und später Schwiegersohn) von Johann Ernst Eberlin. Ab 1750 bis zu seinem Tod am 22. 12. 1777 war er Erster Domorganist in Salzburg, unterbrochen durch eine Italienreise in den Jahren 1764/65.

WERKE

Der zehnjährige Wolfgang Amadeus Mozart, Michael Haydn und Anton Cajetan Adlgasser komponierten 1767 je einen Akt des Schuldramas »Die Schuldigkeit des ersten Gebots«. Adlgasser verfaßte überdies eine Reihe Schuldramen und Oratorien. Seine kirchenmusikalischen Werke standen deutlich unter dem Einfluß seines Lehrers. Auch seine Sinfonien und Klaviersonaten sind sehr konservativ gehalten. Einzig sein Klavierkonzert schlägt modernere Töne an.

Andrea Adolfati (1711 bis nach 1753)

ZEIT UND UMWELT

Herzog Francesco III. d'Este erhielt im Frieden von Aachen 1748 das Herzogtum Modena zurück, das die österreichischen Truppen im Zug des Österreichischen Erbfolgekrieges besetzt hatten. Er versuchte, der kulturellen Tradition seines Hauses auch durch die Kriegswirren des 18. Jahrhunderts hindurch treu zu bleiben. Jedenfalls wurde die Hofkapelle von Modena unter seiner Regierung und der seines Sohnes, Ercole III. d'Este (1727–1803), noch immer mit vorzüglichen Kräften besetzt.

LEBEN

Andrea Adolfati wurde 1711 in Venedig geboren. Er war Schüler von Baldassare Galuppi und sodann bis 1750 Kapellmeister an Santa Maria della Salute in seiner Vaterstadt; darauf übte er die gleiche Tätigkeit an Annunziata in Genua aus. Um 1753 wurde er Kapellmeister am Hof in Modena, wo er in einem der folgenden Jahre starb.

WERKE

Neben einer Reihe von Opern für Venedig, Genua, Rom und Wien verfaßte Andrea Adolfati eine Anzahl Psalmen und andere Kirchenmusik. Er soll für seine Oper »Arianna« eine Arie im fünfschlägigen Takt geschrieben haben.

Emmanuel Adriaensen
(um 1540–1604)

ZEIT UND UMWELT

Die Bezeichnung »Fantasie« entstand im 16. Jahrhundert für Instrumentalstücke ohne Text. Die Vorstellung einer unmittelbaren, frei erfundenen und gestalteten, improvisationsähnlichen Komposition verband sich erst später mit dem Begriff. Man verstand darunter auch Intabulierungen von Vokalwerken, Tänzen und Tanzliedern und Cantus-firmus-Bearbeitungen.

LEBEN

Emmanuel Adriaensen (Hadrianus) wurde um 1540 in Antwerpen geboren. Ob er dort auch sein Leben verbracht und eine Stelle am Hof der Statthalter eingenommen hat, ist ungewiß. Es ist auch unbekannt, wo er im Jahre 1604 gestorben ist.

WERKE

Vom Lautenisten und Komponisten Emmanuel Adriaensen liegen 2 Lautentabulaturen mit eigenen Fantasien und Übertragungen zeitgenössischer Meister sowie Tanzsuiten vor. Der Satz ist sehr kompliziert und erfordert virtuoses Können.

LITERATUR

P. Hamburger, Die Fantasien in Emmanuel Adriaensens Pratum musicum, Zeitschrift für Musikwissenschaft XII, 1929/30.

Francesco Adriani (um 1539–75)

ZEIT UND UMWELT

Die adriatische Hafenstadt Ancona kam 1532 unter die Herrschaft der römischen Kurie, nachdem es schon als halbunabhängige Republik der päpstlichen Oberhoheit unterworfen war. Da es in der Stadt keinen Hof gab, spielte sich das musikalische Geschehen vorwiegend in den Kirchen, vor allem im Dom San Ciriaco, ab, der auf den Resten eines römischen Venustempels und einer frühchristlichen Basilika um 1140 im romanisch-byzantinischen Stil erbaut worden war.

LEBEN
Francesco Adriani (Adrianus) wurde in Santo Severino, Ancona, um 1539 geboren. Er trat der Kapelle des Domes San Ciriaco in Ancona bei, übersiedelte sodann nach Rom, um dort an verschiedenen Kirchen zu wirken, bis er schließlich 1573 Kapellmeister an San Giovanni in Laterano wurde. Am 16. 8. 1575 starb er in Rom.

WERKE
Von Francesco Adriani sind 3 Bücher mit Madrigalen, eine fünfstimmige Kanzone und ein fünfstimmiges Lied überliefert. Von der Kirchenmusik, die er angeblich geschrieben hat, ist nichts erhalten. Seine Madrigale folgen dem römischen Stil. Die Kanzone ist außerordentlich kunstvoll gearbeitet. Adriani wurden seinerzeit fälschlich einige von Willaert stammende Kompositionen zugeschrieben. Das könnte als Bescheinigung für die Wertschätzung gelten, die dem Meister aus Ancona zugebilligt wurde.

Adrien Le Roy (um 1520–98)

ZEIT UND UMWELT
Guillaume le Bé (Le Bec), geboren 1525 in Troyes, gestorben 1598 in Paris, war einer der ersten französischen Typenschneider für den Notendruck. Sein Schwiegersohn Robert Ballard, geboren um 1545 in Montreuil-sur-Mer, gestorben 1588 in Paris, erhielt gemeinsam mit seinem Verwandten Adrien Le Roy im Jahre 1552 von König Heinrich II. das Patent zur Gründung eines Notendruckverlages. Beide Firmen haben sich durch nahezu 200 Jahre um die Publikation von Kompositionen vorwiegend französischer Meister außerordentlich verdient gemacht.

LEBEN
Adrien Le Roy wurde um 1520 in Montreuil-sur-Mer geboren. Er gründete mit seinem Verwandten Robert Ballard den bekannten Pariser Musikverlag Le Roy & Ballard. Neben seiner verlegerischen Tätigkeit wirkte er als Lautenist, Sänger und Komponist. Er starb in Paris im Jahre 1598.

WERKE
Der Musikverleger Adrien Le Roy brachte 3 Bücher mit Lautenstücken heraus, die teils von ihm selbst komponiert, teils für Laute oder Gitarre bearbeitete fremde Kompositionen waren. Sein Satz ist virtuos und nützt die Möglichkeiten des Instrumentes geschickt aus.

LITERATUR
H. Charnassé, Sur la transcription des recueils de cistre éditée par Adrien Le Roy et Robert Ballard, Revue de Musicologie XLIX, 1963.

John Adson (um 1580 bis nach 1634)

ZEIT UND UMWELT
Die englischen Könige hielten sich seit frühen Zeiten neben der Chapel Royal eine Privatkapelle. Schon Edward IV. (1442–83) hatte dreizehn »Ministrels«, die Trompeten, Schalmeien und Pfeifen bliesen. Karl I. hatte nach französischem Muster eine große Kapelle aus Bläsern, Trommlern, Lautenisten, Sängern, Violisten, Harfenisten und Violinisten.

LEBEN
John Adson wurde um 1580 vermutlich in London geboren. Er trat 1625 in die Kapelle König Karls I. ein und wurde 1634 Musiklehrer des königlichen Hofes in London, wo er in einem der folgenden Jahre, vielleicht während des Bürgerkrieges, gestorben sein dürfte.

WERKE
Der englische Instrumentalist und Komponist John Adson verfaßte die Musik zu höfischen Maskenspielen für fünf und sechs Stimmen mit Violinen und Kornetts.

Aegydius de Murino
(um 1320 bis um 1390)

ZEIT UND UMWELT
Von Portugal bis Deutschland, von Italien bis England waren Name und Werk des größten Repräsentanten der französischen Musik des 14. Jahrhunderts, Guillaume de Machaut, bekannt und geschätzt. Das rief überall Bewunderer und Gegner, Nachahmer und Kritiker auf den Plan, aber gleichzeitig auch Persönlichkeiten, die sich zu eigenen Leistungen anregen ließen, die die neuen Ideen und Formen weiterzubilden suchten und damit zum Fortschritt der Entwicklung beitrugen.

LEBEN
Aegydius de Murino (Morino) wurde im französischen Sprachraum um 1320 geboren. Über sein Leben und Wirken ist nichts bekannt, ebensowenig weiß man, wo und wann er gestorben ist.

WERKE
Der Musiktheoretiker und Komponist des 14. Jahrhunderts hat neben seinem Tractat eine Anzahl Motetten komponiert, die handschriftlich überliefert sind. Sie sind interessant, weil sie die Auswirkung des Schaffens von Machaut auf die zeitgenössische Komposition beleuchten.

Egidius Aerts (1822–53)

ZEIT UND UMWELT
Die Flöte gewann im Verlauf des 19. Jahrhunderts im Rahmen der Solistenkonzerte immer mehr Raum. Eine Ursache dafür ist in der entwickelten Didaktik des Flötenunterrichts an den Musikschulen zu suchen. Die neuen Methoden bildete Meister heran, die dem Instrument die verschiedensten Klangfarben abzufordern imstand waren und nicht nur mit Griffgeschwindigkeit brillierten.

LEBEN
Egidius Aerts wurde am 1. 3. 1822 in Boom bei Antwerpen geboren. Er studierte Flötenspiel am Konservatorium in Brüssel und bereiste sodann als Virtuose Frankreich und Italien. Im Jahr 1840 kehrte er nach Brüssel zurück und studierte bei François Joseph Fétis Komposition, 1847 wurde er Flötenlehrer an der Unterrichtsanstalt und Erster Flötist der Oper. Er starb am 9. 6. 1853 in Brüssel.

WERKE
Von Egidius Aerts sind Konzerte und andere Stücke für Flöte erschienen, von denen man den hohen Stand des Flötenspiels seiner Zeit ablesen kann. Er schrieb ferner mehrere Sinfonien und Ouvertüren.

Nikolai Afanasjew (1820–98)

ZEIT UND UMWELT
Die Volksliedersammlungen, die bisher in Rußland erschienen waren, beinhalteten vor allem ukrainisches Liedgut. Sie galten als klangreicher und besser rhythmisiert als die großrussische und bjelorussische Volksmusik. Als man aber begann, sich mit dem reichen Volksmusikschatz des Nordens und des Westens des Reichs zu beschäftigen, wurde man bald inne, welche Kostbarkeiten man vernachlässigt hatte.

LEBEN
Nikolai Jakowljewitsch Afanasjew wurde am 31. 12. 1820 in Tobolsk geboren. Er wirkte von 1838 bis 1841 als Violinist am Bolschoi Teatr in Moskau, sodann bis 1846 als Opernkapellmeister in Wiska, Ural, reiste als Violinvirtuose und wurde 1851 Konzertmeister an der Italienischen Oper in St. Petersburg, wo er am 22. 5. 1898 starb.

WERKE
Von Nikolai Afanasjew sind mehrere Streichquartette, ein Oktett, Klavierstücke und Lieder, ferner eine Kantate und mehrere Opern bekannt geworden. Er schrieb außerdem zahlreiche Violinstücke und brachte als erster eine umfangreiche Sammlung großrussischer Volksmusik heraus.

August Afzelius (1785–1871)

ZEIT UND UMWELT

Volkslied und Volksmusik bildeten einen integrierenden Bestandteil der Musik und der Literatur der Romantik. Ihre Sammlung und Bearbeitung können nicht nur als musik- oder literarhistorische Leistung betrachtet werden, sie waren auch eine musikalische und literarische, also künstlerische Tätigkeit, denn das Einbeziehen der alten und neuen Volkskunst stellte einen wichtigen Teil der Kunst der Romantik dar.

LEBEN

Arvid August Afzelius wurde am 6. 5. 1785 in Hornborga, Schweden, geboren. Er betätigte sich als Pfarrer von Enköping bis zu seinem Tod am 25. 9. 1871 mit der Sammlung und Bearbeitung älteren schwedischen Volksliedgutes.

WERKE

Gemeinsam mit Erik Gustaf Geijer veröffentlichte August Afzelius die erste gedruckte Sammlung schwedischer Volkslieder mit Melodien unter dem Titel »Svenska folk-visor från forntiden« (Schwedische Volksweisen von der Vorzeit) in 3 Bänden, ein grundlegendes Werk, das in der Folgezeit zu vielen weiteren Sammlungen anregte und die Komposition befruchtete.

Mario Agatea (um 1650 bis um 1700)

ZEIT UND UMWELT

Neben der Estensischen Hofkapelle spielte der Dom in Modena eine wichtige Rolle in der Musikentwicklung der Stadt. Die Domkapelle war, wie der Hof, seit je allen neuen Formen gegenüber sehr aufgeschlossen und eine treibende Kraft auf dem Weg der Musik in das 18. Jahrhundert.

LEBEN

Mario Agatea wurde um 1650 in Baini geboren. Er war Augustinermönch und musikalischer Leiter am Dom in Modena, wo er um 1700 gestorben sein dürfte.

WERKE

Der italienische Komponist Mario Agatea schrieb eine Reihe ausgezeichneter Motetten, die in Sammeldrucken erschienen sind, außerdem 4 Kantaten für Sopransolo und 29 Arietten, von denen eine die Verwendung eines Violoncellos vorschreibt, was für jene Zeit noch eine Seltenheit darstellte. Seine gesamte Musik war avantgardistisch.

Agostini Agazzari (1578–1640)

ZEIT UND UMWELT

Die Parallelität des alten und des neuen Stils bildete sich in Rom immer schärfer heraus. Die dem Papst unmittelbar unterstellten Kapellen: Sixtina, San Pietro und Maria Maggiore sowie Collegium Germanicum hielten am Palestrina-Stil und seiner Polyphonie fest, während in den anderen Kirchen bereits die Orgeln klangen und der Einzug anderer Instrumente eine Frage von nur mehr kurzer Zeit war.

LEBEN

Agostini Agazzari wurde am 2. 12. 1578 geboren. Er war vermutlich Schüler von Lodovico Viadana (um 1560–1627). Im Jahr 1602 wurde er als Nachfolger von Giovanni Francesco Anerio (um 1567–1630) Präfekt am Collegium Germanicum in Rom, 1606 trat er in Siena der Accademia degl'Intronati bei und wurde 1630 Domkapellmeister der Stadt. Er starb in Siena am 10. 4. 1640.

WERKE

Der italienische Komponist und Musiktheoretiker Agostini Agazzari hielt seine 4 Messen, seine vielen Motetten, seine geistlichen Konzerte und Madrigale streng im Palestrina-Stil. Dafür stellt sein Traktat »Del suonar sopra il basso con tutti stromenti et uso loro nel conserto« (Über das Spielen mit allen Instrumenten auf Generalbaß und ihren Konzertgebrauch) eine sehr frühe und wichtige Quelle der Generalbaßpraxis dar. Die Monodie übernahm er in seinem »Dramma pastorale Eumelio«, das großen Erfolg aufzuweisen hatte.

LITERATUR

S. A. Lucioni, Agostino Agazzari e l'Orchestrazione del'600, in: Musica d'oggi 1931.

Gaetano Agazzi (um 1730 bis nach 1780)

ZEIT UND UMWELT

Das in allen größeren Städten des musikalischen Europa aufblühende bürgerliche Konzertwesen, wozu noch die Musikveranstaltungen bei privaten Gesellschaften kamen, ermöglichte es den Virtuosen, Erfolg und Lebensunterhalt durch Konzertreisen zu gewinnen und auf feste Anstellungen zu verzichten.

LEBEN

Gaetano Agazzi wurde um 1730 vermutlich in Mailand geboren und zum Cellisten ausgebildet. Er dürfte als reisender Virtuose gewirkt haben und in Amsterdam nach 1780 gestorben sein. Weitere Informationen über sein Leben und Wirken sind nicht eruierbar.

WERKE

Von Gaetano Agazzi sind 10 Cellosonaten im Konservatorium in Mailand handschriftlich aufbewahrt. Im Druck sind 6 Sonaten für Cello und Baß um 1780 in Amsterdam erschienen. Beide Werke weisen auf ein hohes technisches Können und auf eine beachtliche kompositorische Fähigkeit des Virtuosen hin. Sein Stil kam dem Zeitgeschmack sehr entgegen, reichte aber über die übliche Virtuosität weit hinaus.

Klaus Ager (geboren 1946)

Klaus Ager

LEBEN

Klaus Ager wurde am 10.5.1946 in Salzburg geboren. Er studierte bis 1971 Komposition und Dirigieren am »Mozarteum« und Musikwissenschaft an der Universität Salzburg, danach zwei Jahre am Conservatoire National et Superieur in Paris Komposition bei Olivier Messiaen und Elektronische Musik bei Pierre Schäffer, Computermusik in Stockholm und in den USA. Seit 1973 ist er Lehrer für Musiktheorie und Elektronische Musik an der Hochschule »Mozarteum«. Seit 1981 leitet er die Abteilung Komposition am Konservatorium in Bregenz.

WERKE

Als Komponist wurde Klaus Ager besonders durch Kammermusik und elektronische Werke bekannt sowie durch Ballett- und Chorkompositionen. Unter anderem sind zu erwähnen »...sondern die Sterne sinds« für Tonband, »I remember a bird« für Klarinette, Posaune, Gitarre, Klavier, Schlagzeug und Tonband sowie »Metaboles I« für Klarinette, Violine, Cello und Klavier. Sein besonderes Interesse gilt der Entwicklung neuer Klang- und Kompositionsmöglichkeiten mit Hilfe neuer Techniken (Computer etc.) sowie neuer Instrumente.

Salvatore Agnelli (1817–74)

ZEIT UND UMWELT
Wenngleich die Napoleonischen Kriege das französische Volk über 500.000 Menschen gekostet hatten, wurde der Kaiser bald nach seinem Tod zur legendären Gestalt der Nation. Weder Polizeiaktionen noch Verfolgungen konnten die Flut von Bildern, Büchern und Erinnerungsstücken eindämmen, die sich über das Land ergossen; die Bourbonen mußten sich der allgemeinen Stimmung anschließen. Im Jahr 1833 wurde das Standbild des Kaisers erneut auf die Vandôme-Säule gestellt, 1840 holte der Sohn des Königs, Louis Philippe Françoise, prince de Joinville (1818–1900), den Leichnam aus St. Helena nach Paris; er wurde durch den Arc de Triomphe zur Beisetzung unter dem Invalidendom getragen. Erinnerungsfeierlichkeiten zu Ehren Napoleons waren zu Staatsakten geworden.

LEBEN
Salvatore Agnelli (Agnello) wurde 1817 in Palermo geboren. Er war in Neapel Schüler von Giovanni Furno, Nicola Antonio Zingarelli und Gaetano Donizetti. Er wirkte zunächst in Neapel, sodann in Marseille als Bühnenkomponist und begab sich 1856 nach Paris, um dort seine in den Tuillerien aufgeführte Kantate zu Ehren Napoleons zu dirigieren. Er starb im Jahr 1874 in Marseille.

WERKE
Von Salvatore Agnelli sind mehrere italienische und 3 französische Opern aufgeführt worden. Er verfaßte eine Anzahl Ballette, ein Miserere, ein Stabat mater und eine Kantate für Chor und drei Orchester »Apotheose Napoleons I.«

Agostinho da Cruz (um 1590–1633)

ZEIT UND UMWELT
Im Jahr 1537 wurde die portugiesische Universität in Coimbra eingerichtet. Damit wurde die Stadt zu einem geistigen Zentrum des Landes, was eine starke Belebung ihrer Musikpflege zur Folge hatte.

LEBEN
Agostinho da Cruz wurde um 1590 in Braga geboren und trat 1609 in das Kloster Santa Cruz in Coimbra ein, wo er zum Musiker ausgebildet wurde. Um 1625 berief ihn das Kloster San Vicente das Foras in Lissabon auf den Kapellmeisterposten seiner Kirche. Er starb in der Provinz Coimbra am 19. 6. 1633.

WERKE
Der portugiesische Violist, Organist und Komponist Agostinho da Cruz verfaßte eine Violenschule und eine Orgelschule mit Orgelstücken, die seine Virtuosität und sein kompositorisches Können beweisen. Sein Stil ist konservativ.

LITERATUR
S. Kastner, Contribución al estudio de la música Española y Portuguesa, Lissabon 1941.

Lodovico Agostini (1534–90)

ZEIT UND UMWELT
Macht und Glanz des Hauses Este endeten mit dem Tod des fünften Herzogs, Alfonso II., der besonders als Protektor des Dichters Torquato Tasso in die Geschichte eingegangen ist. Er hat Ruhm und Ruf des Hauses d'Este, dessen Herrschaft über Ferrara mit Azzo VII. Novello um 1240 begonnen hatte, auf der Höhe gehalten, zu der seine Vorfahren es gehoben hatten. Eine Fortsetzung der Tradition und ein weiterer Aufstieg hätten sich unbestreitbar eingestellt, wenn der Herzog nicht trotz dreimaliger Heirat ohne männlichen Nachkommen geblieben wäre. Seine Schwester Lucrezia (1536–1598) war gezwungen, das Herzogtum der Kurie zu überantworten.

LEBEN
Lodovico Agostini wurde 1534 in Ferrara geboren. Er war apostolischer Protonotar und Kaplan des Herzogs Alfonso II. Ob er in Ferrara, wo er am 20. 8. 1590 starb, auch musikalische Aufgaben zu erfüllen hatte, ist nicht bekannt.

WERKE

Vom italienischen Komponisten Lodovico Agostini sind 4 Bücher sechsstimmige, 3 Bücher fünfstimmige und 2 Bücher vierstimmige Madrigale, Messen, Motetten und Vespern, neapolitanische Kanzonen und verschiedene geistliche Gesänge überliefert. Es handelt sich um gediegene, mit Meisterhand gearbeitete Musik, deren Stil, abgesehen von den neapolitanischen Kanzonen, sich an den zeitgenössischen venezianischen anlehnt.

LITERATUR

A. Cavicchi, Lettere di musicisti ferraresi: Lodovico Agostini, in: Ferrara viva IV, 1962.

Paolo Agostini (um 1583–1629)

ZEIT UND UMWELT

Der Widerstand gegen die Verwendung von Orgeln in der sakralen Musik reduzierte sich in Rom um die Wende zum 17. Jahrhundert auf die Cappella Sistina, wo auch heute nur a cappella gesungen wird. Auch San Pietro, der päpstlichen Kapelle unmittelbar benachbart und in engstem Kontakt mit ihr, verfügte über eine Orgel und beschäftigte erstklassige Organisten.

LEBEN

Paolo Agostini ist um das Jahr 1583 in Vallerano geboren. Er wurde von seinem Schwiegervater Giovanni Nanino und von Gregorio Allegri zum Musiker ausgebildet. Nachdem er an mehreren Kirchen Roms und in Benevento als Organist und Kapellmeister gewirkt hatte, folgte er seinem Mitschüler Vincenzo Ugolini als Kapellmeister und Organist am Petersdom in Rom nach. Er starb am 3. 10. 1629.

WERKE

Der italienische Komponist Paolo Agostini gehörte mit seinen vielstimmigen und mehrchörigen, groß angelegten Werken zu den ersten Vertretern des römischen Barock. Er galt als vorzüglicher Kontrapunktist. Seine Salmi della Madonna, seine Messen, Motetten und verschiedenen sakralen Gesänge weisen mit ihren breiten Klängen bereits die Struktur der Kirchenmusik auf, die sich in seinem Jahrhundert neben dem Palestrina-Stil ausgebildet hat.

Johan Agrell (1701–65)

ZEIT UND UMWELT

Im 18. Jahrhundert hatte sich in Schweden bereits ein eigenständiges Musikleben gebildet, so daß Schweden zur Ausbildung nicht mehr in das Ausland gehen mußten. Insbesondere die 1477 gegründete Universität in Uppsala bot Musikstudenten ausreichende theoretische und praktische Schulung.

LEBEN

Johan Joachim Agrell (Giovanni Agrelli) wurde am 1. 2. 1701 in Löth, Ostgotland, geboren. Er studierte an der Universität in Uppsala. 1723 war er Kammerviolinist in Kassel, und von 1746 bis zu seinem Tod am 19. 1. 1765 wirkte er als Musikdirektor in Nürnberg.

WERKE

Von dem ersten schwedischen und in Schweden ausgebildeten, in Deutschland wirkenden Musiker Johan Agrell ist eine beträchtliche Anzahl Sonaten für Cembalo – das er virtuos spielte – erhalten. Außerdem schrieb er 10 Konzerte für Cembalo, zwei Violinen, Bratsche und Cello und eines für Pianoforte in G-Dur. Handschriftlich sind ungefähr 10 Sinfonien, verschiedene Sonaten und Konzerte überliefert.

LITERATUR

P. Lindfors, En studie över Johan Agrells liv och musikaliska stil, in: Svensk Tidkrift för Musikforskning XIX, 1937.

Alexander Agricola (um 1446–1506)

ZEIT UND UMWELT

Maximilian I. konnte seinem Sohn Philipp (1478 – 1506) die Niederlande geordnet und befriedet übergeben. Das Land erholte sich von den Wirren der vergangenen Jahre. Der Regent konnte freundliche Beziehungen zu England und auch zu Frankreich herstellen, so daß der Handel mit diesen Ländern bald aufblühte. Diese günstigen politischen und wirtschaftlichen Gegebenheiten bewirkten einen Neuaufstieg des kulturellen Lebens.

LEBEN

Alexander Agricola (Ackermann) wurde um 1446 im heutigen Belgien geboren. Aus einem Brief Karls VIII. von Frankreich geht hervor, daß der Musiker in seinen Diensten gestanden und ohne Erlaubnis 1470 nach Florenz gegangen ist, um in die Dienste der Medici zu treten. Er verlegte aber bereits 1471 seinen Wohnsitz nach Mailand und diente dort bis 1474 den Sforza. Nach einem Aufenthalt am Hof von Mantua wurde er Vicaire an der Kathedrale von Cambrai (1476). Im Jahre 1491 begab er sich nach Brüssel, wo er am 16. 8. 1500 an die Kapelle des Herzogs Philipp berufen wurde. Mit dem Herzog, der 1504 König von Kastilien geworden war, zog er nach Spanien, wo er 1506 in Valladolid starb.

WERKE

Agricolas Musik folgt dem Stil Ockeghems. Er schrieb 9 zumeist vierstimmige Messen, bei 25 Motetten und etwa 100 Chansons auf französische, italienische und niederländische Texte, zum größten Teil für drei Stimmen.

LITERATUR

O. Gombosi, J. Obrecht, Sammlung musikwissenschaftlicher Einzeldarstellungen, 4. Heft, Leipzig 1925. E.R. Lerner, The Sacred Music of Alexander Agricola, 4 Bände, Diss. Yale University 1958.

Georg Ludwig Agricola (1643–76)

ZEIT UND UMWELT

Bei den Streicherensembles des letzten Drittels des 17. Jahrhunderts wurde als Altinstrument noch immer eine Viole (Viola da braccio) verwendet. Für die Bratsche war die endgültige Form noch nicht gefunden; sie war zu groß, um auf ihr in Armhaltung ein bundloses Spiel zu entwickeln. Erst als man ihre Dimension reduzierte, wurde sie schon wegen des stärkeren Klanges bevorzugt.

LEBEN

Georg Ludwig Agricola wurde am 25. 10. 1643 in Großen-Forra bei Sonderhausen geboren. Er studierte in Leipzig und Wittenberg und wurde 1670 Kapellmeister in Gotha, wo er am 20. 2. 1676 starb.

WERKE

Der deutsche Komponist Georg Ludwig Agricola verfaßte Instrumentalstücke für zwei Violinen, zwei Violen und Generalbaß, sakrale Lieder für zwei bis sechs Stimmen, 2 Motetten und eine konzertante Vertonung des 20. Psalms.

Johann Agricola (um 1570 bis um 1605)

ZEIT UND UMWELT

Die im Mittelalter blühende Handelsstadt Erfurt wurde 1521 evangelisch. Dom und Augustinerkirche wurden von der reformierten Kirche übernommen und auch das bekannte Augustinergymnasium unter evangelischer Führung als hochqualifizierte humanistische Lehranstalt weitergeführt.

LEBEN

Johann Agricola wurde um 1570 in Nürnberg geboren und erhielt dort seine Ausbildung zum Gymnasiallehrer. Hernach trat er eine Professorenstelle am Gymnasium in Erfurt an, wo er 1605 starb.

WERKE

Von dem deutschen Komponisten und Musikerzieher Johann Agricola erschien ab 1601 eine Reihe Motetten und Gesänge, die im A-cappella-Stil geschrieben sind und stilistisch voll dem 16. Jahrhundert angehören. Sie fanden in verschiedene Liedersammlungen Eingang.

Johann Friedrich Agricola
(1720–74)

ZEIT UND UMWELT
Ähnlich seinen Söhnen, ergaben sich mehrere der Schüler Johann Sebastian Bachs nach ihrer Ausbildung dem herrschenden Zeitgeschmack. Sie folgten damit einem allgemeinen Trend, der schon lange vor dem Tod des Meisters eingesetzt hatte, und der Notwendigkeit, die Gunst eines breiten Publikums zu gewinnen und zu erhalten.

LEBEN
Johann Friedrich Agricola wurde am 4. 1. 1720 in Dobitschen, Altenburg, geboren. Er studierte von 1738 bis 1741 an der Universität Leipzig und nahm bei Johann Sebastian Bach regelmäßigen Musikunterricht. Darauf wurde er in Berlin Schüler von Johann Joachim Quantz und 1759 als Nachfolger von Carl Heinrich Graun Dirigent der Königlichen Kapelle in Berlin. Den Titel eines Hofkapellmeisters verlieh ihm Friedrich der Große nicht, weil er dessen Ehe mit der berühmten Sängerin an der Berliner Italienischen Oper, Benedetta Emilia Molteni (1722, Modena, bis 1780, Berlin), mißbilligte. Er wirkte außerdem als angesehener Organist, Sänger und Gesanglehrer in Berlin bis zu seinem Tod am 2. 12. 1774.

WERKE
Von den Kompositionen des Johann Friedrich Agricola ist außer 2 Psalmen und einigen Chorälen nichts gedruckt worden. Bekannt wurde seine Kantate auf den Sieg Friedrichs des Großen über die Russen bei Zorndorf (1758). Handschriftlich sind viele kirchenmusikalische Werke und Lieder erhalten, die als wertvoller Beitrag zur Berliner Liederschule gewertet werden müssen.

LITERATUR
H. Wucherpfennig, Johann Friedrich Agricola, Altenburger Heimatblätter, 1932/33. K. Wichmann, Der Ziergesang und die Ausführung der Appoggiatura, Leipzig 1966. H. Löffler, Die Schüler J.S. Bachs, in: Bach-Jahrbuch 40, 1953.

Martin Agricola (1486–1556)

ZEIT UND UMWELT
Magdeburg pflegte früh Handelsbeziehungen von Flandern bis Rußland und war Mitglied der Hanse. Im Jahre 1524 wurde es protestantisch und erhielt eine protestantische Schule. Die Stadt galt während aller folgenden Glaubensstreitigkeiten als Hochburg des Protestantismus und wurde »Unseres Herrgotts Kanzlei« genannt.

LEBEN
Martin Agricola (eigentlich Martin Sore) wurde am 6. 1. 1486 in Schwiebus geboren. Er war als Komponist und Musiktheoretiker Autodidakt, der Sohn eines Bauern und nach seiner eigenen Behauptung »selbstwachsen musicus«. Im Jahre 1520 ließ er sich in Magdeburg nieder und bekam nach der Gründung der protestantischen Schule deren Kantorat, das er bis zu seinem Tod behielt. Freie Kost und Wohnung erhielt er vom Rat der Stadt. Mit G. Rhaw verband ihn eine enge Freundschaft. Er starb in Magdeburg am 10. 6. 1556.

WERKE
Seine musiktheoretischen Werke waren zum Teil für den Unterricht an protestantischen Schulen bestimmt. Von seinen Kompositionen sind 54 »instrumentische gesenge« und vertonte Hymnen von Georg Fabricius (1516–71) und von Aurelius Clemens Prudentius. Die Hymnen sind nach der Art der Odenkompositionen der Humanisten gefaßt.

LITERATUR
H. Funck, Martin Agricola, ein frühprotestantischer Schulmusiker, Wolfsbüttel 1933.

Wolfgang Christoph Agricola
(um 1610 bis um 1650)

ZEIT UND UMWELT
Würzburg war für die katholische deutsche Kirchenmusik eine außerordentlich wichtige Pflegestätte, und zwar nicht nur wegen der

vorzüglichen Kapellen an den verschiedenen Kirchen, sondern auch durch eine umfangreiche verlegerische Tätigkeit. Komponisten konnten hier sehr leicht eine Drucklegung ihrer Werke erreichen, weil die Druckkosten in vielen Fällen von den verschiedenen Orden, von den Kirchen, von geistlichen Würdenträgern oder katholischen Organisationen übernommen wurden.

LEBEN
Wolfgang Christoph Agricola wurde um 1610 in Franken geboren. Er hielt sich in Halle und vermutlich in Würzburg auf. Welche Stelle er bekleidete, ist unbekannt. Auch Ort und Zeit seines Todes sind nicht feststellbar.

WERKE
Der deutsche Komponist Wolfgang Christoph Agricola veröffentlichte in Würzburg 8 Messen und einen Band zwei- bis achtstimmiger Motetten, deren Stil sehr konservativ gehalten ist. Sein geistliches deutsches Liederbuch »Musikalisches Waldvögelein« neigt sehr zum Pietismus.

Karl Christian Agthe (1762–97)

ZEIT UND UMWELT
Das seit 1248 eng mit der Hanse verbundene Reval hatte noch im 18. Jahrhundert viele deutschsprechende Einwohner, so daß es für Singspiele in deutscher Sprache genügend Publikum gab.

LEBEN
Karl Christian Agthe wurde am 16. 1. 1762 in Hettstedt bei Mansfeld geboren. Er war bereits mit 14 Jahren Musikdirektor einer Schauspieltruppe in Reval (Tallinn). Im Jahr 1782 wurde er Hoforganist in Ballenstedt, wo er am 27. 11. 1797 starb.

WERKE
Von Karl Christian Agthe wurden in Reval 4 Singspiele – darunter »Erwin und Elmire« von Johann Wolfgang von Goethe – und ein Ballett; ein weiteres Singspiel wurde 1779 in St. Petersburg, ein sechstes nach 1782 in Ballenstedt aufgeführt. Außerdem veröffentlichte er 2 Hefte mit Liedern und 6 Klaviersonaten, davon eine für vier Hände.

Dionisio Aguado y García (1784–1849)

ZEIT UND UMWELT
Trotz der zu Beginn des 19. Jahrhunderts einsetzenden weiten Verbreitung der Gitarre und der Anzahl der Virtuosen in einzelnen Musikländern blieb Spanien das klassische Land dieses Instruments und der Komposition dafür. Die weit zurückreichende Tradition der spanischen Gitarre machte sich noch für lange Zeit bei spanischen Meistern im Spiel und der Komposition erkennbar. Auch für uns liegen die Begriffe »Gitarre« und »Spanien« nahe beieinander.

LEBEN
Dionisio Aguado y García wurde am 8.4.1784 in Madrid geboren. Er war Schüler von Manuel del Popolo Vicente García. Von 1803 bis 1824 hielt er sich in Aranjuez auf, sodann bis 1838 in Paris. Anschließend verlegte er sein Wirken als Gitarrist und Gitarrenlehrer nach Madrid, wo er am 20.12.1849 starb.

WERKE
Von Dionisio Aguado y García sind 3 »Rondós brillantes«, eine Sammlung von Gitarren-Etüden«, eine Sammlung von »Andantes« (langsamen Stücken) für Gitarre und weitere kleine Kompositionen für das Instrument erschienen, die zum Repertoire der Gitarristen zählen. Er schrieb außerdem eine mehrmals aufgelegte Gitarren-Schule.

Gaspar Agüero y Barreras (1873–1951)

LEBEN
Gaspar Agüero y Barreras wurde am 15.2.1873 in Camagüey, Cuba, geboren. Er studierte an der Universität von Habana und wirkte von 1902 bis 1907 als Professor am Konservatorium der Stadt; er war Leiter des Orfeón Catalán (Katalanischer Gesangverein) in Habana

und trat häufig als Konzertpianist auf. Er starb am 18.5.1951 in Habana.

WERKE
Neben 10 erfolgreichen Zarzuelas schrieb Gaspar Agüero y Barreras eine sinfonische Ballade, eine sinfonische Skizze, Klavierstücke, 2 dreistimmige Messen mit Kinderchor und Orchester. Er integrierte Musik der Schwarzen in seine Kompositionen, die der Spätromantik angehörten.

Emanuel Aguilar (1824–1904)

ZEIT UND UMWELT
Die Klassiknähe, das Ausgeglichene und Verhaltene und die vornehme Eleganz der Musik von Felix Mendelssohn-Bartholdy gewannen in England eine ungeheure Zahl Anhänger. Komponisten, die sich in diesem Rahmen trotz eigenständiger Diktion zu halten verstanden, durften mit sicheren Erfolgen rechnen.

LEBEN
Emanuel Abraham Aguilar wurde am 23.8. 1824 in London geboren. Er wurde Pianist, trat 1848 mit Erfolg mit einigen Konzerten im Gewandhaus auf und lebte sodann in London als angesehener Klavierlehrer und Komponist bis zu seinem Tod am 18.2.1904.

WERKE
Von Emanuel Aguilar sind 2 Opern, 3 Kantaten, 3 Sinfonien, 2 Ouvertüren und eine Anzahl Kammermusikwerke überliefert. Seine Musik bewegte sich in einem nachempfundenen Rahmen von Felix Mendelssohn-Bartholdy und Robert Schumann, ohne diese zu kopieren. Seine spanische Abstammung klingt darin zuweilen mit.

Sebastián Aguilera de Heredia
(um 1565–1627)

ZEIT UND UMWELT
Die Kathedrale La Seo von Zaragoza wurde – an der Stelle einer maurischen Moschee im 12. Jahrhundert erbaut – im 16. Jahrhundert vollendet und mit einer großartigen Orgel ausgestattet. Die Kapelle der Kathedrale hatte bereits zu den Zeiten, in denen die Stadt Residenz der aragonesischen Könige geworden war (1118), einen weitreichenden Ruf. Die Pflege der Kirchenmusik, besonders des Gregorianischen Chorals spanischer Prägung, gehörte zur Tradition der Kathedrale.

LEBEN
Sebastián Aguilera de Heredia wurde um 1565 in Huesca geboren und zum Organisten ausgebildet. Er wirkte in seiner Geburtsstadt von 1585 bis 1603 als Domorganist und kam darauf in gleicher Eigenschaft an die Kathedrale von Zaragoza, La Seo. Er starb in Zaragoza am 15. 12. 1627.

WERKE
Die bekannteste Komposition des spanischen Kirchenmusikers Sebastián Aguilera de Heredia war das durch lange Zeit gesungene Canticum Beatissimae Virginis (Gesang für die seligste Jungfrau) für vier bis acht Stimmen. Die Komposition hält sich ebenso an den Stil von Cabezón wie seine Versetten und Tientos für Orgel.

LITERATUR
H. Anglès, La música en España, Barcelona 1934.

Johann Rudolf Ahle (1625–73)

ZEIT UND UMWELT
Die evangelische Kirchenmusik strebte in der zweiten Hälfte des 17. Jahrhunderts Höhen zu, auf denen sich der Stil des Barock nicht mehr zu überbieten vermochte. Diese Vollendung wurde allerdings erst von Johann Sebastian Bach erreicht. Aber es entstanden bereits vor ihm einzelne Werke, die in der heutigen kirchenmusikalischen Praxis ebenfalls einen festen Platz einnehmen.

LEBEN
Johann Rudolf Ahle wurde am 24. 12. 1625

in Mühlhausen, Thüringen, geboren. Ab 1646 war er Kantor an St. Andreas in Erfurt und ab 1654 Organist an der Blasiuskirche in Mühlhausen, wo er Ratsmitglied und später Bürgermeister wurde und am 9. 7. 1673 starb.
Sein Sohn und Schüler Johann Georg Ahle (getauft 12. 6. 1651, Mühlhausen, bis 2. 12. 1706, Mühlhausen) folgte seinem Vater an St. Blasius nach.

WERKE
Der deutsche Komponist Johann Rudolf Ahle verfaßte an Instrumentalmusik »Dreyfaches Zehn allerhand Sinfonien, Paduanen, Balletten, Allemanden« für drei bis fünf Instrumente, die verschollen sind, und 64 handschriftlich überlieferte Orgelstücke. An Vokalstücken liegen vor: »Himmelsüße Jesusfreude«, »Neue Geistliche Arien«, »Neue Geistliche Andachten«, »Geistliche Dialoge«, »Neue Geistliche Chorstücke«, »Neuverfassete Chormusik«, »Neu gepflanzter Thüringer Lust-Garten«, »Musikalische Frühlingslust«, »Neue geistliche Communio«. Wie bereits die Titel verraten, neigen seine Kirchenlieder zum Pietismus. Er schrieb auch theoretische Werke.
Von Johann Georg Ahle sind bemerkenswerte sakrale Gesänge und Instrumentalmusik erhalten.

LITERATUR
J. Wolf, Johann Rudolf Ahle, in: Sammelbände der Internationalen Musikgesellschaft II, 1900/01.

Jacob Niclas Ahlström (1805–57)

ZEIT UND UMWELT
Von den um die Mitte des 19. Jahrhunderts erschienenen Volksmusiksammlungen in Schweden war »Svenska folksånger, folkdanser och folklekar« (Schwedische Volksgesänge, Volkstänze und Volksspiele) am meisten bekannt und beliebt. Die Sammlung bildete gleichsam die Hauptfundgrube für Komponisten jeder Gattung, die ihre Werke im Sinn der Romantik auf die Volksmusik aufbauten.

LEBEN
Jacob Niclas Ahlström wurde am 5.6.1805 in Visby geboren. Er war von 1832 bis 1842 Domorganist und Musiklehrer in Västerås und anschließend bis zu seinem Tod am 14.5.1857 Organist und Domkapellmeister in Stockholm.

WERKE
Von Niclas Ahlström sind 2 Opern, viele Schauspielmusiken und Lieder überliefert. Er brachte mit Per Conrad Boman eine äußerst beliebte und viel verwendete Volksmusiksammlung heraus.

LITERATUR
E. Sundström, Jacob Niclas Ahlström, biografisk skiss, Svensk Tidkrift för Musikforskning XXI, 1939.

Olof Åhlström (1756–1835)

ZEIT UND UMWELT
Carl Michael Bellman (4. 2. 1740, Stockholm, bis 11. 2. 1795, Stockholm) verwendete für seine Gedichte, die er selbst als Sänger vortrug, Chansons, Opernarien, Volkslieder oder Tanzmelodien und daneben auch Vertonungen zeitgenössischer Komponisten.

LEBEN
Olof Åhlström wurde am 14. 8. 1756 in Vårdinge geboren. Er war Schüler von Ferdinand Zellbell dem Jüngeren. Ab 1792 wirkte er als Organist an St. Jacob in Stockholm und betrieb daneben eine Notendruckerei. Er starb am 11. 8. 1835 in Stockholm.

WERKE
Von Olof Åhlström sind eine Oper, Schauspielmusiken, Klaviersonaten und zahlreiche Lieder erschienen. Er brachte als Musikdrucker zwei große Sammlungen heraus: »Musikaliskt Tidsfördrift« (Musikalischer Zeitvertreib) – Klavierstücke, Lieder und Klavierbearbeitungen aus Opern ausländischer und skandinavischer Komponisten – und »Skaldestycker satte i musik« (Skaldenlieder). Mit August Afzelius (1785–1871) gab

er eine schwedische Volkstanzsammlung heraus und bearbeitete Lieder von Carl Michael Bellman. Von seinen Liedern werden einige noch heute gesungen.

Joseph Ahrens (geboren 1904)

LEBEN
Joseph Johannes Clemens Ahrens wurde am 17.4.1904 in Sommersell, Westfalen, geboren. Er erhielt seine Ausbildung in Münster von Fritz Volbach und an der Akademie für Kirchen- und Schulmusik in Berlin von Alfred Sittard (4.11.1878, Stuttgart, bis 31. 3. 1942, Berlin) und Max Seiffert (9.2.1868, Beeskow an der Spree, bis 13.4.1948, Schleswig). Anschließend wirkte er ab 1928 als Dozent und von 1936 bis 1969 als Professor für Kirchenmusik an der staatlichen Hochschule für Musik in Berlin. Im Jahr 1934 wurde er in Berlin Domorganist an der St. Hedwigskirche und 1945 bis 1957 an der Salvatorkirche.

WERKE
Berühmt geworden ist Joseph Ahrens vor allem durch den virtuosen Stil seiner Orgelkompositionen. Er schreib für Orgel zahlreiche Konzerte, Toccaten, Praeludien, Fugen, Partiten, weiters für Singstimmen und Chöre 2 Passionen, ein Weihnachtsevangelium, Motetten, viele Messen – darunter eine »Missa dodekaphonica« –, den Chorzyklus »Das heilige Jahr«, den A-cappella-Chor »Die deutsche Cantica der Osternacht«, »Aus tiefer Not schrei ich zu Dir«, für Chor und und Orchester. Joseph Ahrens ist zu den ersten Kirchenmusikern unserer Zeit einzureihen.

Toccata eroica für Orgel, ein Satz, entstanden 1934
Dieses an sich kurze Werk ist typisch für den virtuosen Orgelsatz des Komponisten. Es beginnt mit Unisonoläufen im Manual. Vielgestaltige Rhythmen, metrisch freier Aufbau, Läufe und Akkordhäufungen kennzeichnen den zeitgenössischen Toccatenstil. Die Fuge ist regelmäßig gebaut. Darauf rauscht der Schlußteil der Toccata mit sich überstürzenden Klangbildern und aufgetürmten Akkordblöcken in aller Pracht auf.

Johann Kaspar Aiblinger (1779–1867)

ZEIT UND UMWELT
Der Stilbegriff des Klassizismus, der in den bildenden Künsten die betonte Anlehnung an Formen der klassischen Antike bedeutet, bezeichnet in der Musik die mehr oder minder epigonale Ausrichtung nach der Wiener Klassik. Dabei muß allerdings berücksichtigt werden, daß die gesamte Komposition des 19. Jahrhunderts aus Vorklassik und Klassik gewachsen ist und zugleich durch die gerade im Sinn der Romantik intensive Beschäftigung mit älteren Stilformen – Bach, Palestrina – auch Rückgriffe auf das Barock und die Renaissance integriert wurden.

LEBEN
Johann Kaspar Aiblinger wurde am 23.2.1779 in Wasserburg am Inn geboren und zuerst in München und 1802 bei Simon Mayr (1763 bis 1845) in Bergamo ausgebildet. Von 1804 bis 1819 lebte er in Vicenza, Mailand und Venedig, dann wirkte er als Opernkapellmeister und von 1837 bis 1864 als Kapellmeister an der Allerheiligenhofkirche in München, wo er am 6.5.1867 starb.

WERKE
Neben einer Oper, einer »Farsa« für Venedig, und 3 Balletten verfaßte Johann Kaspar Aiblinger nahezu ausschließlich Kirchenmusik: Messen und Requiem mit Orchester, Offertorien, Vespern, Litaneien und Marienlieder für dreistimmigen begleiteten Frauenchor. Sein Stil ist deutlich klassizistisch mit merkbarer Neigung zur Romantik.

Gregor Aichinger (1564–1628)

ZEIT UND UMWELT
Die im Jahre 1472 gegründete Universität in Ingolstadt wurde von Herzog Albrecht V. von Bayern in den Dienst der Gegenreformation gestellt. Das Heranbilden tüchtiger Kirchenmusiker war einer der Programmpunkte dieser Bewegung.

Leben
Gregor Aichinger wurde 1564 in Regensburg geboren. Er studierte ab 1578 in Ingolstadt und erhielt 1584 die Organistenstelle an St. Ulrich in Augsburg. Auf Kosten der Bankiersfamilie Fugger, in deren Dienst er gleichzeitig getreten war, konnte er bis 1587 Studienreisen nach Venedig und Rom unternehmen. Dabei kam er mit einer Reihe namhafter italienischer Komponisten in Berührung, vor allem mit Giovanni Gabrieli. Im Jahre 1600 suchte er Rom als Pilger auf, wurde noch im gleichen Jahr Priester und bald darauf Kanonikus und Domchorvikar an St. Gertrud in Augsburg, wo er am 21. 1. 1628 starb.

Werke
Von dem Kirchenmusiker Gregor Aichinger sind eine große Anzahl sakraler Gesänge – Marienlieder, Lauden, geistliche Madrigale auf lateinischem und deutschem Text – erhalten, die für die Übergangszeit von der motettischen Vokalpolyphonie zum konzertierenden Stil typisch sind. Das gleiche gilt für seine Messen und älteren Motetten. Erst in späterer Zeit verfaßte er auch Werke mit Generalbaß und führte damit den neuen Stil in Deutschland ein. Alle seine Kompositionen sind mehrstimmig. Zur Monodie ist er nicht vorgestoßen. Einige seiner Lieder werden wegen ihrer Klangschönheit heute noch gesungen.

Literatur
W. E. Hettrick, The Thorough-bass in the Works of Gregor Aichinger, University of Michigan, 1968.

Engelbert Aigner (1798–1866)

Zeit und Umwelt
Die Schulung bei Abt Maximilian Stadler (1748–1833) umfaßte alle Musikgattungen, richtete sich aber doch vor allem auf die Kirchenmusik und befähigte seine Schüler auch, kanonische A-cappella-Messen zu komponieren. Opern und leichte Operetten waren jedoch vom Unterricht dieses vielseitigen Meisters nicht ausgeschlossen.

Leben
Engelbert Aigner wurde am 3. 2. 1798 in Wien geboren. Er war Schüler von Maximilian Stadler und anschließend bis 1837 fallweise Ballettdirigent der Hofoper. Darauf war er als Kapellmeister oder Organist an verschiedenen Kirchen Wiens bis zu seinem Tod am 27. 8. 1866 tätig.

Werke
Von Engelbert Aigner sind mehrere Opern, Operetten und Ballette mit durchschnittlichem Erfolg aufgeführt worden. Auch seine Kantaten errangen Achtungserfolge. Wertvoller waren aber seine Messen –, darunter eine vierstimmige kanonische a cappella –, Requiem, Motetten und weitere kirchliche Gesänge.

Aimeric de Péghilhan (1170–1230)

Zeit und Umwelt
Trotz Lehenshoheit, trotz Zentralisierungsbestrebungen der französischen Könige waren die Vizegrafen, Grafen und Herzöge Südfrankreichs nahezu unabhängig und verfügten von ihren Burgen aus ungehindert über Land und Leute in ihrem Herrschaftsbereich. Noch freier waren diese Adeligen, wenn sie ihre Burgen verließen und als fahrende Ritter durch das Land zogen. Es gab keine Burg, auf der sie nicht willkommen waren, denn sie brachten Unterhaltung durch Vers und Gesang und ebenso Neuigkeiten. Sie waren dazu gleichgestellte Adelige, die man zu Tisch laden konnte, um mit ihnen einen Becher zu leeren und über große und kleine Ereignisse zu sprechen. Auch Kirchenfürsten und Klöster öffneten dem Troubadour gerne die Pforten, denn die Kunstliebe und die Freude am Schönen hatten vor den Schwellen sakraler Gebäude nicht haltgemacht. Eine Diskussion mit Männern, die die Welt gesehen hatten, konnte ein üppiges Mahl angenehm würzen. Und wenn die Fahrenden weiterzogen, weil man sie nicht

mehr zu halten vermochte, aus freiem Willen heimatlos, obgleich sie eine Heimat hatten, landlos, obschon zu Hause ein Erbe wartete, dann begleitete sie der Neid der Zurückgebliebenen, die aus persönlichen, familiären oder politischen Gründen eine solche Freiheit des Körpers und des Geistes entbehren mußten.

LEBEN
Aimeric de Péghilhan wurde 1170 in Toulouse geboren. Der provenzalische Troubadour durfte sich in jungen Jahren der Förderung des Grafen Raimond V. erfreuen, der 1194 starb. Der Tod des Gönners und die sich in Toulouse immer mehr zuspitzenden Glaubenskämpfe mit den Albigensern dürften Aimeric bewogen haben, seine Heimat zu verlassen und ein ausgedehntes Wanderleben zu führen, das ihm die Bekanntschaft von vielen kunstliebenden Großen seiner Zeit eintrug. Seine dichterische Tätigkeit fällt in die Zeit zwischen 1195 und 1230. Er starb im Jahre 1230. Der Ort seines Todes ist unbekannt.

WERKE
Von Aimeric de Péghilhan sind 54 Liedtexte und 6 Melodien erhalten geblieben. Seine Musik gehört dem »Leichten Stil« an und steht den katalanischen Cansos sehr nahe.

LITERATUR
W. P. Shepard und F. M. Chambers, The Poems of Aimeric de Péghilhan, Evanstone 1950.

Pamphile Léopold François Aimon
(1779–1866)

ZEIT UND UMWELT
Weder Revolution noch Kaiserzeit noch Restauration hatte die zentrale Stellung der Hauptstadt Paris auf allen kulturellen Gebieten erschüttert. Es hatten sich zwar in den Provinzen einzelne Brennpunkte herausgebildet, aber allem Anschein nach spielten diese zumindest zum Teil die Rolle von Außenstellen, die Paris mit Künstlern versorgten.

LEBEN
Pamphile Léopold François Aimon wurde am 4.10.1779 in L'Isle-sur-la-Sorgue, Vaucluse, geboren. Von seinem 17. Lebensjahr an dirigierte er das Theaterorchester von Marseille. Im Jahr 1817 übersiedelte er nach Paris, brachte dort eine Oper heraus und wurde 1822 Kapellmeister des Théâtre Français. Gleichzeitig widmete er sich der Unterrichtstätigkeit. Er starb am 4.2.1866 in Paris.

WERKE
Neben 4 Opern verfaßte Pamphile Léopold François Aimon zahlreiche Quartette, Trios und Duos, 2 Fagottkonzerte und ein Concertino für Cello. Seine Musik nahm bereits an der französischen Romantik Anteil. Er war auch als Musikschriftsteller tätig.

Jean Florent A'Kempis
(um 1610 bis nach 1657)

ZEIT UND UMWELT
Mit der im Westfälischen Frieden getroffenen Neuordnung der Niederlande wurden neue Grundlagen des kulturellen Lebens geschaffen. Die Musik jedoch, die hier bereits im Verstummen war, als der Freiheits- und Religionskampf begann, setzte nicht wieder ein. Nur in einzelnen Kirchen wurde zum Teil der alte franko-flämische Stil oder der neue, aus Italien übernommene, gepflegt. Die Zeit des Friedens dauerte allerdings auch nicht lang. Im Jahr 1695 schoß die französische Artillerie 16 Kirchen und 4000 Häuser der Stadt Brüssel in Brand.

LEBEN
Jean Florent A'Kempis wurde um 1610 vermutlich in Brüssel geboren. Er wirkte in der Stadt als Kirchenorganist bis zu seinem Tod nach 1657.
Nicholas A'Kempis (um 1590, Brüssel, bis nach 1649, Brüssel) war ungefähr ab 1628 als Organist an Ste-Gundule tätig. Ob zwischen den beiden Meistern eine verwandtschaftliche Beziehung bestand, ist unbekannt.

WERKE

Der flämische Komponist Jean Florent A'Kempis veröffentlichte ein Buch mit »Cantiones« im monodischen Stil, außerdem ein Requiem und eine Sammlung »Missae et motectae«, die den alten Stil in nicht sehr strenger Form anwenden.
Nicholas A'Kempis schrieb 3 Bücher mit »Symphonien« zum Kirchengebrauch im konzertanten Stil.

Samuel Akeroyde
(um 1650 bis um 1700)

ZEIT UND UMWELT

Für die englischen Hofmusiker brachen nach dem Tod Karls II. karge Zeiten an. König Jakob II., der bereits nach vier Jahren Regierungszeit mit seiner Politik gescheitert war, konnte der Hofmusik wenig Aufmerksamkeit zuwenden, die folgenden Herrscher hatten keinerlei Interesse an Kunst und Künstler. Die Hofmusik war für sie nur eine übliche Kulisse.

LEBEN

Samuel Akeroyde wurde um 1650 in Yorkshire geboren. Er war ab 1687 Musiker am englischen Hof und ist vermutlich um 1700 in London gestorben.

WERKE

Der englische Komponist Samuel Akeroyde hat eine große Anzahl Lieder und Arien für eine oder mehrere Stimmen verfaßt, die zum Teil für szenische Aufführungen bestimmt waren. Ein weiterer Teil der viel gesungenen Lieder findet sich in Sammelwerken.

Giovanni Battista Ala
(um 1595 bis um 1627)

ZEIT UND UMWELT

Monza lag nahezu ständig innerhalb des Machtbereiches von Mailand und teilte dessen politisches und kulturelles Leben. Die Domkapelle der kleinen Stadt konnte sich laufend mit Kräften aus Mailand versorgen und die eigenen Musiker dort ausbilden lassen.

LEBEN

Giovanni Battista Ala wurde um 1595 in Monza geboren und in Mailand zum Organisten ausgebildet. Er war sodann Organist an der Servitenkirche in Mailand, wo er um 1627 starb.

WERKE

Von dem italienischen Komponisten Giovanni Battista Ala sind Canzonetten, Madrigale, Kirchenkonzerte und etliche Motetten überliefert, die noch dem alten Stil angehören, aber schon deutliche Anzeichen der neuen Zeit aufweisen.

Nikolai Aladow (1890 – 1973)

LEBEN

Nikolai Iljitsch Aladow wurde am 9.12.1890 in St. Petersburg geboren, wo er am Konservatorium studierte. Seine Spezialausbildung in weißrussischer Volkskunst erhielt er am Staatsinstitut in Moskau. Im Jahr 1924 trat er ein Musiklehramt in Minsk an und wirkte dort als Direktor und Professor am Weißrussischen Konservatorium; 1949 wurde er Vorsitzender des Weißrussischen Komponistenverbands.

WERKE

Neben einer Oper schrieb Nikolai Aladow 8 Sinfonien, ein Violinkonzert, 3 Streichquartette, 2 Klaviertrios, eine Klaviersonate und eine Jubiläumskantate für Chor und Orchester. Sein Stil war sehr folkloristisch und vom Unterricht der Lehrer in St. Petersburg geprägt.

Jehan Alain (1911–40)

LEBEN

Jehan Alain wurde am 3.2.1911 in St-Germain-en-Laye geboren. Er war am Conservatoire in Paris Schüler von Georges Caussade, Paul Dukas, Jean-Jules Roger-Ducasse und Marcel

Dupré. Von 1935 bis 1939 wirkte er als Organist an St-Nicolas in Maisons-Lafitte bei Paris. Er fiel am 20.6.1940 in Petit Puys bei Saumur, Marne-et-Loire.
Sein Vater Albert Alain (1.3.1880, St-Germain-en-Laye, bis 15.10.1971, St-Germain-en-Laye) war bis 1924 Organist in seiner Heimatstadt.
Sein Bruder Olivier Alain (geboren 3.8.1918, St-Germain-en-Laye) war am Conservatoire in Paris Schüler von Tony Aubin und von Olivier Messiaen. Er wirkte als Organist und von 1950 bis 1964 als Leiter des städtischen Konservatoriums in St-Germain-en-Laye; seit 1961 leitet er in Paris die École César Franck.

WERKE
Die Orgelkompositionen fußen auf der traditionellen Kontrapunktik, Farbgebung, Figuration und Rhythmik schlossen sich zeitgenössischen Mustern an. Er brachte in den Jahren 1929 bis 1939 93 Opuszahlen heraus. Den breitesten Raum nehmen neben einigen Chorkompositionen, wie sein vierstimmiges Requiem, seine Messen und Motetten, Stücke für Flöte und Klavier und für Klavier allein sowie seine Lieder, die Orgelwerke ein. Davon sind seine »Litaneien« am berühmtesten geworden. Sie haben den Orgelstil unserer Zeit sehr beeinflußt.
Albert Alain schrieb Motetten und zahlreiche Orgelstücke.
Von Olivier Alain sind das Oratorium »Trauergesang«, Motetten und Orgelstücke bekannt geworden.

Zwei Tänze für Agni Yavisha für Orgel, 2 Teile
Zu Ehren der altindischen Gottheit Agni Yavisha zog Jehan Alain in der Orgelmusik ungewohnte Tanzrhythmen heran. Der 1. Teil zitiert das tänzerische Thema zu gleichbleibender figurativer Begleitung, im 2. Teil wechseln ein rasches und ein langsames Motiv fortwährend ab, was den Eindruck erzeugt, als würde der ruhige Fluß des sakralen Tanzes durch ein ständiges Aufflackern wilder Emotionen unterbrochen.

Litaneien für Orgel, ein Satz
Dieses Stück von Jehan Alain findet sein Vorbild in der ständigen Wiederholung derselben Anrufungen in einer Litanei. Durch die immerwährenden Wiederholungen des Themas, die Steigerungen durch Akkordwechsel auf verschiedenen Manualen und am Ende durch die Übernahme des Themas im Pedal sowie durch die magische Klanglichkeit des Satzes wird eine förmliche Ekstase erzeugt, die mit einer Orgel noch nie erreicht worden ist.

Alamanno de Layolle (um 1520–90)

ZEIT UND UMWELT
Die Glaubenskämpfe in Frankreich brachten auch denen viel Unruhe, die sich auf keiner Seite beteiligten. Das »Wer nicht für mich ist, ist wider mich« galt auch hier. Ein Organist an einer katholischen Kirche in Lyon konnte sich nach der Einnahme der Stadt von Hugenotten (1562) nur durch die Flucht retten.

LEBEN
Alamanno de Layolle (dell' Aiolle, Aiolli, Aiuolla, Ajolle, Aiolle) wurde um 1520 in Lyon als Sohn des aus Florenz eingewanderten François de Layolle geboren. Er wirkte als Organist an der Kirche St. Diçois de Lyon, verließ aber die Stadt nach 1562 und erhielt in Florenz eine Stelle als Komponist, Organist, Cembalist und Musiklehrer. Er starb dort am 19. 9. 1590.

WERKE
Der zum Italiener gewordene Komponist Alamanno de Layolle hinterließ 6 dreistimmige Madrigale. Seine Chansons, die bei den Zeitgenossen sehr beliebt waren, sind verschollen. Außerdem sind Bearbeitungen und Intavolierungen fremder Musik erhalten. Die knappe Hinterlassenschaft reicht zur Feststellung aus, daß Alamanno de Layolle im Gegensatz zu seinem Vater sich rückhaltlos der neuen italienischen Stilrichtung angeschlossen hatte.

LITERATUR
Fr. A. D'Accone, The »Intavolatura di M. A. Aiolli«, Musica Disciplina XX, 1966.

Delphin Jean Alard (1815–88)

ZEIT UND UMWELT
Der eifrige Propagator der Sinfonien von Ludwig van Beethoven in Paris, François Antoine Habeneck, versuchte auch als Violinlehrer am Conservatoire seine Schüler für den klassischen Stil zu begeistern und trug damit einen guten Teil dazu bei, daß im Verlauf der 2. Hälfte des 19. Jahrhunderts die Kluft zwischen dem an der Lehranstalt gepflegten Stil und dem vieler Schüler immer tiefer wurde.

LEBEN
Delphin Jean Alard wurde am 8.3.1815 in Bayonne geboren und war am Conservatoire von Paris Schüler von François Joseph Fétis und François Antoine Habeneck. Von 1843 bis 1875 wirke er dort selbst als Violinlehrer, ab 1831 war er Erster Violinist der Opéra und ab 1858 der Kaiserlichen Kapelle. Er galt als einer der berühmtesten Violinisten Frankreichs. Er starb am 22.2.1888 in Paris. Einer seiner Schüler war Pablo de Sarasate.

WERKE
Von Delphin Jean Alard sind ein Violinkonzert, Etüden und Fantasien für Violine, ein Streichquartett, Duos für Violine und Klavier und didaktische Werke erhalten. Er verfaßte ferner eine vielbenützte Violinschule.

Alard du Gaucquier (um 1540–83)

ZEIT UND UMWELT
Die habsburgischen Hofkapellen in den Niederlanden waren zum größten Teil mit Flamen und Franzosen besetzt. Einzelne von ihnen wurden sodann von Kapellen in Wien, Prag oder Madrid übernommen. Wenn auch die niederländische Schule an Einfluß stark verloren hatte, weil die Musikentwicklung in den einzelnen Ländern über sie hinausgewachsen war, so bot die vorzügliche Ausbildung der jungen Musiker an den einzelnen Musikzentren auch in der 2. Hälfte des 16. Jahrhunderts und noch später die sichere Gewähr, daß nur erste Kräfte daraus hervorgingen, die man in jeder Kapelle aufnehmen konnte.

LEBEN
Alard du Gaucquier (Dunoyer, Nuceus) wurde um 1540 in Lille geboren. Er war von etwa 1558 bis 1578 als Tenorist Mitglied der Hofkapelle Maximilians II. und anschließend Kapellmeister bei Erzherzog Matthias, dem späteren Kaiser. Er starb im Jahre 1583. Der Ort seines Todes ist nicht bekannt.

WERKE
Von Alard du Gaucquier sind vier- bis sechsstimmige Magnificat, 4 mehrstimmige Messen und eine Anzahl sakraler Gesänge erhalten. Sein Stil war wie bei vielen Meistern aus den Niederlanden konservativ, aber klangreich.

Pedro Alba (um 1530 bis nach 1572)

ZEIT UND UMWELT
Die im 12. Jahrhundert begonnene Kathedrale von Oviedo wurde im 16. vollendet. Die alte Bischofsstadt, die vor Zeiten Hauptstadt von Asturien gewesen und von Léon aus dieser Rolle verdrängt worden war und daher etwas am Rand der kulturellen Entwicklung existierte, wurde nunmehr von dem ohnehin nicht starken Aufschwung des sogenannten »Goldenen Jahrhunderts« erfaßt. Die Domkapelle, die schon immer auf hohem Niveau stand, konnte sich durch neue Kräfte in das Musikgeschehen der Zeit einschalten.

LEBEN
Pedro Alba (Alva) wurde vermutlich um 1530 in Asturien geboren. Seine Musikausbildung bekam er wahrscheinlich an der Kathedrale von Oviedo, wo er es zum Domkapellmeister brachte. Im Jahre 1557 bewarb er sich um die gleiche Stelle in Burgos, erhielt sie und versah sie bis 1572. Er dürfte in Burgos in einem der folgenden Jahre gestorben sein.

WERKE

Von dem Kirchenmusiker Pedro Alba ist wenig erhalten. Von seinem kompositorischen Werk kennen wir nur etliche Motetten und Hymnen, die sich stark an den Stil der franko-flämischen Schule anlehnen, aber auf den »spanischen« Klang nicht verzichten.

LITERATUR

G. Bourligueux, Recherches sur la musique à la cathédrale d'Oviedo, in: Mélanges de la Casa de Velázquez, Paris 1967.

Albaneze (um 1729 bis um 1800)

ZEIT UND UMWELT

Eviraten, die im Concert spirituel in Paris anfänglich als Sänger nicht zugelassen waren, obwohl sie in den Opern ungehindert auftreten durften, nahm man in der zweiten Hälfte des 18. Jahrhunderts sogar als fest engagierte Solisten auf.

LEBEN

Albaneze (Albanese) – Vorname ist keiner überliefert – wurde um 1729 in Albano, Apulien, geboren. Er dürfte in Neapel ausgebildet worden und als Sopran aufgetreten sein. Von 1752 bis 1763 wirkte er als Solist der Aufführungen des Concert spirituel in Paris. Dann dürfte er als Gesangslehrer bis zu seinem Tod um 1800 in Paris tätig gewesen sein.

WERKE

Neben den vielen Sammlungen von Liedern, die Albaneze zum eigenen Gebrauch und für das sangeslustige Pariser Publikum veröffentlichte, verfaßte er auch eigene Kompositionen, die ein starkes kompositorisches Talent verrieten.

Marcello Albano
(um 1580 bis nach 1616)

ZEIT UND UMWELT

Die Musikalität der Gesamtbevölkerung in der Stadt und Provinz Neapel, der intensive Unterricht in den ursprünglich als Waisenhäuser gegründeten Musikschulen gewährleisteten eine kontinuierliche und eigenständige, von den Spaniern unabhängige Musikentwicklung, die mehr befähigte Komponisten und Interpreten hervorbrachte als ganz Spanien. Dazu trat noch der ständige Kontakt mit der Musikstadt Rom und den übrigen Musikzentren Italiens.

LEBEN

Marcello Albano wurde um 1580 in oder bei Neapel geboren und erhielt dort vermutlich auch seine Ausbildung. Über seine Lebensumstände ist nichts bekannt, ebensowenig über Ort und Zeit seines Todes.

WERKE

Vom italienischen Komponisten Marcello Albano sind fünfstimmige Madrigale und ein Buch mit drei- und vierstimmigen Kanzonen und Madrigaletten erschienen. Sie bieten echte neapolitanische Musik im polyphonen Stil des 16. Jahrhunderts.

Marcián Albareda
(um 1590 bis nach 1626)

ZEIT UND UMWELT

Die Bischöfe von Urgel sind noch heute gemeinsam mit dem Präsidenten der Republik Frankreich die höchste Behörde der Republik Andorra. Darüber hinaus gab es wenig Kontakt zwischen Urgel und Frankreich, das vielmehr enge Beziehungen zu der katalonischen Hauptstadt Barcelona pflegte.

LEBEN

Marcián Albareda wurde um 1590 in der Diözese Vich in Katalonien geboren und in Barcelona zum Musiker ausgebildet. Von 1622 bis 1626 war er Domkapellmeister an Seo de Urgel, darauf wirkte er bis zu seinem Tod nach 1626 in der gleichen Eigenschaft in Barcelona.

WERKE

Von dem katalonischen Komponisten Marcián Albareda sind vier- bis achtstimmige Messen, Motetten, Responsorien, außerdem

Villancicos und Romanzen, alles a cappella, überliefert. Die Musik gehört stilistisch dem 16. Jahrhundert an und ist von den großen spanischen Meistern jener Zeit beeinflußt.

Isaac Albéniz (1860–1909)

ZEIT UND UMWELT

Die Repräsentanten der spanischen Komposition traten bis in das späte 19. Jahrhundert lediglich in ihrem Land und zuweilen in Portugal und in Lateinamerika in Erscheinung. Virtuosen überschritten schon zuweilen die Grenzen zum übrigen Europa. Die Kompositionen folgten erst später nach, so daß man zumindest in Mitteleuropa originale spanische Musik erst mit Beginn des 20. Jahrhunderts kennenlernte.

LEBEN

Isaac Manuel Francisco Albéniz wurde am 29.5.1860 in Camprodón, Gerona, geboren. Er war als sechsjähriges Wunderkind Klavierschüler von Antoine François Marmontel. Nach längeren Konzertreisen studierte er noch am Konservatorium in Brüssel bei Joseph Dupont und François Auguste Gevaert. Dann setzte er seine Tätigkeit als reisender Virtuose bis zu seinem Tod am 18.5. 1909 in Cambo-les-Bains, Basses-Pyrénées, fort.

WERKE

»Iberia«, 12 Stücke für Klavier, wird für die beste Komposition von Isaac Albéniz gehalten. Aber auch seine übrigen Klavierstücke, die er vorwiegend für den eigenen Konzertgebrauch schrieb, werden hoch geschätzt; sie erscheinen unter den Titeln: Cantos de España, España, Suite española, Seis Danzas Españolas, Piezas caracteristicas, Suite ancienne und anderen. Außerdem schrieb Albéniz, der als einer der ersten spanische Musik im Ausland spielte und von einigen für den Begründer der modernen spanischen Schule gehalten wird, ein Klavierkonzert, ein Orchesterstück, »Catalonia«, das Oratorium »El Cristo« und mehrere Opern und Zarzuelas.

Klavierkonzert Nr. 1, Opus 78, 3 Sätze

Dieses Konzert, eine Jugendarbeit, wurde in Nachfolge von Franz Liszt geschrieben und will keine spanische Musik bringen. Man merkt aber dennoch, daß der Komponist Spanier ist. Es ist wenig durchgearbeitet und will keine Aussage prätendieren, sondern »die Musik für sich selbst sprechen lassen«.

Suite española für Orchester, 8 Teile

Es handelt sich um orchestrierte Klaviermusik, die Tänze von verschiedenen Gebieten Spaniens vorstellt. Es liegt keine Beschreibung der Landschaften vor, dennoch entstehen durch die entsprechende Musik ihre Bilder vor dem geistigen Auge des Zuhörers. Kastilien ist durch Seguidillas charakterisiert, Asturien durch eine Layenda. Aragon stellt sich mit einer Fantasie vor und aus Cadiz erklingt eine Canción. In Sevilla erklingen Sevillanas, in Granada gibt es eine Serenata und in Cataluña eine Corranda. Nur Córdoba entsteht in seiner Schönheit durch deskriptive Musik.

LITERATUR

G. Laplane, Albéniz, Sa vie et son œuvre, Paris 1956.

Mateo Albéniz (um 1755–1831)

ZEIT UND UMWELT

Die Klaviersonate, vorerst noch für das Cembalo geschrieben, aber auch auf dem Pianoforte ausführbar, wurde, wenn auch zögernd, mit Beginn des 19. Jahrhunderts auch in Spanien populär. Ihre Faktur wurde aus dem benachbarten Frankreich entlehnt. Es handelte sich dabei um die ersten Ansätze zur Entwicklung einer profanen Musik neben der Oper und der Zarzuela.

LEBEN

Mateo Antonio Pérez de Albéniz wurde um 1755 an der Biskaya geboren. Er war Kirchenkapellmeister in Logroño und darauf in San Sebastián, wo er am 23. 6. 1831 starb.

WERKE

Von Mateo Albéniz sind zahlreiche Messen, Vespern, Motetten und andere sakrale Gesänge handschriftlich erhalten. Er verfaßte außerdem interessante Klaviersonaten, die als

Einleitung zur Entwicklung der spanischen Klaviermusik angesehen werden können, und eine »Anleitung zum Singen und Spielen alter Musik«.

Pedro Albéniz (1795–1855)

ZEIT UND UMWELT
Durch die Klavierklasse des Real Conservatorio de Música y Declamación, das 1830 in Madrid gegründet wurde, erhielt die Klaviermusik auch in Spanien einen starken Auftrieb, wenn auch öffentliche Konzerte noch selten waren. Die spanische Hausmusik stellte sich bereits zum Teil von der Gitarre zum Klavier um, so daß Komponisten mit ihren Werken steigenden Absatz vorfanden, und die im Konservatorium ausgebildeten Lehrer stark in Anspruch genommen wurden.

LEBEN
Pedro Albéniz y Basanta wurde am 14.4.1795 in Logroño als Sohn des Mateo Albéniz (um 1755–1831) geboren. Er war Schüler seines Vaters, von Henri Herz und Friedrich Kalkbrenner und wurde 1830 Klavierlehrer am neugegründeten Konservatorium von Madrid, 1834 Hoforganist und später auch Musiklehrer der Infantinnen Isabella (1830–1904) und Luisa (1832–97). Er starb am 12.4.1855 in Madrid.

WERKE
Von Pedro Albéniz erschien eine große Anzahl Klaviermusik – Variationen, Rondos, Fantasien, Etüden – im Druck. Mit seinem Unterricht und seinem Lehrbuch des Klavierspiels wurde er zum Begründer der modernen spanischen Klaviermusik.

Albert de Sisteron
(um 1185 bis um 1220)

ZEIT UND UMWELT
Sisteron liegt in einer engen Talschlucht der Durance. Die Stadt ist heute noch sehr klein und war im 12. Jahrhundert gewiß nicht größer. Aber die schöne romanische Kathedrale aus jener Zeit bezeugt den Kunstsinn des damaligen führenden Geschlechtes.

LEBEN
Albert de Sisteron wurde um 1185 in Gapençois geboren. Er wirkte an verschiedenen Orten der Provence, auch südlich der Pyrenäenkette, und zog sich sodann auf den Sitz seiner Familie in Sisteron zurück, wo er um 1220 starb.

WERKE
Von den Liedern dieses zu seinen Zeiten sehr berühmten Troubadours sind ungefähr 20 mit Melodien erhalten. Ein Sirventes ist scharf gegen die Frauen gerichtet. Dafür lobt er die Katalanen wegen ihrer großen Ritterlichkeit und Höflichkeit den Frauen gegenüber in einem Streitgedicht und hält sie den Franzosen als Beispiel vor Augen. Albert de Sisteron verwendete den »Leichten Stil« und vermied komplizierte Anspielungen.

Heinrich Albert (1604–51)

ZEIT UND UMWELT
Nachdem der schwedische König Gustav II. Adolf 1621 Livland und Riga eingenommen hatte, fiel er nach einem dreijährigen Waffenstillstand 1625 in Pommern ein. Es kam erst im Jahr 1629 zu einem neuen Waffenstillstand für sechs Jahre. König Sigismund III. Wasa von Polen mußte seine Aspirationen auf den schwedischen Thron endgültig aufgeben.

LEBEN
Heinrich Albert wurde am 8. 7. 1604 in Lobenstein geboren. Er war ein Cousin von Heinrich Schütz, bei dem er 1622 in Dresden Musikunterricht nahm. Von 1623 bis 1626 studierte er in Leipzig Rechtswissenschaft und vollendete gleichzeitig seine musikalische Ausbildung bei Johann Hermann Schein. Dann ging er nach Königsberg, wobei er auf der Reise in die Gefangenschaft des schwedischen Heeres geriet, das in Pommern einrückte. Erst nach zwei Jahren kam er frei und langte bei Johann Stobaeus ein, bei dem

er weiteren Unterricht nahm. Im Jahr 1630 wurde er Organist des Domes in Königsberg und versah diesen Dienst bis zu seinem Tod am 6. 10. 1651.

WERKE
Der deutsche Komponist Heinrich Albert gehörte zu den großen Vertretern des deutschen Barockliedes. Er verfaßte einen großen Teil seiner Liedtexte selbst, vertonte aber auch viele Texte von seinem Freund, dem Barocklyriker Simon Dach (1605–59). Seine »Arien« – ein- oder mehrstimmige Gesänge, Lieder und Choräle – erschienen in 8 Teilen. Überdies veröffentlichte er noch die »Musicalische Kürbishütte«, einen Zyklus von 12 Tricinien. Von seinen beiden Singspielen, die zu den frühesten deutschen Musikschauspielen zählen, sind uns nur 2 Arien erhalten.

LITERATUR
H. Kretzschmar, Geschichte des neuen deutschen Liedes, Leipzig 1911.

Albert von Sachsen-Coburg-Gotha
(1819–61)

ZEIT UND UMWELT
Die Förderung von Kunst und Wissenschaft war seit jeher in allen sächsischen Linien Familientradition. Einzelne Vertreter des weitverzweigten Hauses überschritten die Grenzen des Mäzenatentums und betätigten sich selbst als Wissenschafter oder Künstler, wobei die Musik vor allem anderen Vorzug genoß.

LEBEN
Franz Karl August Albert Emmanuel von Sachsen-Coburg-Gotha wurde am 26. 8. 1819 in Rosenau bei Gotha geboren. Er zeigte bereits als junger Mann Neigung zur Musik und kompositorisches Talent, das, nachdem er 1840 Prinzgemahl seiner Kusine Victoria, Königin von Großbritannien und Irland, geworden war, zur Entfaltung kam. Er setzte sich tatkräftig für die Hebung des englischen Musiklebens ein und baute die Königliche Kapelle von einer reinen Blaskapelle zu einem vorzüglichen Orchester aus. Er starb am 14. 12. 1861 in Windsor.

WERKE
Von Albert von Sachsen-Coburg-Gotha sind zahlreiche Gesangwerke - Messen, Kantaten, mehrere Services, Anthems, Romanzen, Canzonetten, Lieder - überliefert. Er verfaßte auch eine Oper.

Domenico Alberti
(um 1710 bis um 1740)

ZEIT UND UMWELT
Die Harfenbässe oder Albertibässe, die in ihrer Primitivität den Murkybässen sehr nahekommen, wenn auch anstelle des eintönigen Oktavengeklingels gebrochene Akkorde als Begleitung einfacher Melodien auf dem Cembalo oder Pianoforte verwendet werden, wirken, wenn sie nicht nur kurz und fallweise vorkommen, ebenso monoton und einfallslos.

LEBEN
Domenico Alberti wurde um 1710 in Venedig geboren. Er war Schüler von Antonio Lotti und machte sich als Cembalist und Sänger einen berühmten Namen. Welche musikalischen Stellungen er innehatte, ist nicht bekannt. Er starb um 1740 in Rom.

WERKE
Mit seinen 8 Klaviersonaten ist Domenico Alberti zu den Mitbegründern des vereinfachten homophonen Klavierstils, der seinen Namen trägt, zu rechnen. Daß er den Stil erfunden habe, war eine irrige Annahme. Außerdem schrieb er eine Anzahl Opern, Kantaten und Motetten. Handschriftlich sind noch 21 Sonaten überliefert.

Gasparo Alberti (um 1480 bis um 1562)

ZEIT UND UMWELT
Den Venezianern gelang es in der ersten Hälfte des 15. Jahrhunderts, ihren Macht-

bereich sehr weit in die Lombardei vorzuschieben. Ihr allerdings nie erreichtes Ziel war die verhaßte Konkurrentin Genua, die ihr zu guter Letzt doch noch den Rang ablaufen konnte. Bergamo wurde als Stützpunkt stark befestigt. Als dann wegen des absterbenden Orienthandels und der Entdeckungen die wirtschaftliche und politische Bedeutung von Venedig zurückging und die Republik ihr Bestreben auf die Erhaltung des erreichten Besitzstandes richten mußte, wurde der kulturelle Austausch zwischen den einzelnen Zentren des Landes intensiviert. Dennoch blieb gerade Bergamo zum Teil in kultureller Abhängigkeit des nahen Mailands, wenn auch gerade auf dem Feld der Musik fähige Persönlichkeiten aus Venedig selbst oder den venezianischen Städten wie Verona oder Padua zuströmten.

LEBEN
Gasparo Alberti (Gaspar de Albertis) wurde um 1480 in Padua geboren und dort vermutlich auch ausgebildet. Im Jahr 1508 kam er als Sänger nach Bergamo an Santa Maria Maggiore und blieb in dieser Stellung bis zu seinem Tod um 1562.

WERKE
Von den beiden Chorbüchern, die Gasparo Alberti für Santa Maria Maggiore anlegte, enthielt das erste Motetten, das zweite vier- und fünfstimmige Messen. Außerdem verfaßte er Psalmen, Lamentationen, Magnificat, Litaneien und die Vertonung der Vox Christi und der Turbae (Stimme Christi und Rufe der Volksmenge) für alternierende Doppelchöre zu drei Passionen. Gasparo Alberti vermochte venezianische Fortschrittlichkeit und lombardischen Konservativismus geschickt zu verschmelzen.

LITERATUR
Chr. Scotti, Il pio Istituto Musicale Donizetti in Bergamo, Bergamo 1901.

Giuseppe Matteo Alberti (1685–1751)

ZEIT UND UMWELT
Macht und Glanz der Fürstenhöfe Italiens, die durch Jahrhunderte die Kraftquellen der kulturellen Entwicklung des Landes bildeten, erloschen im 18. Jahrhundert fast vollkommen. Die einzelnen Residenzstädte hielten zwar ihr kulturelles Niveau mehr oder minder aufrecht, die Ausstrahlungskraft einstiger Zeiten war jedoch versiegt. Venedig, Rom und vor allem Bologna konnten jedoch ihre Stellung als Kulturzentren bis zum Ende des Jahrhunderts bewahren.

LEBEN
Giuseppe Matteo Alberti wurde am 20. 9. 1685 in Bologna geboren, dort zum Violinisten und Komponisten ausgebildet und wirkte als Violinist an San Petronio bis zu seinem Tod am 18. 2. 1751.

WERKE
Giuseppe Matteo Alberti, ein ausgezeichneter Violinist, verfaßte 12 Sinfonien für zwei Violinen, Bratsche, Cello und Continuo, 12 Violinsoli mit Generalbaß, eine Reihe von Vokalwerken und das Oratorium »La Vergine annunziata« (Mariae Verkündigung). Sein Stil gehört dem Spätbarock an.

Innocenzo Alberti (1535 – 1615)

ZEIT UND UMWELT
Henry Fitzalan, 12. Earl von Arundel (1512 bis 1580), bekleidete von der Regierungszeit Heinrichs VIII. bis zu Elisabeth I. hohe Hofämter. Als Exponent des katholischen Adels wurde er mehrmals gefangengesetzt, kam aber immer wieder frei im Gegensatz zu mehreren Angehörigen seines Geschlechtes, die wegen ihrer politischen Ambitionen auf dem Schafott endeten.

LEBEN
Innocenzo Alberti wurde 1535 in Treviso geboren. Nach seiner Ausbildung trat er in die Dienste des letzten Herzogs von Ferrara aus dem Hause Este, Alfonso II. Er blieb auch

nach dem Tod des Herzogs (1597) und der Annexion des Herzogtumes durch die Kurie in Ferrara, wo er am 15. 6. 1615 starb.

WERKE
Von Alberti sind ein Buch Bußpsalmen und eines mit Motetten – beides sechsstimmig –, weiters 4 Bücher mit vierstimmigen Madrigalen erhalten. Eine Anzahl Vokalkompositionen befinden sich in verschiedenen Sammeldrucken. Der Stil dieser Kompositionen entspricht dem zeitgenössischen von Venedig. 46 fünfstimmige Madrigale widmete der Komponist im Jahre 1568 dem 12. Earl von Arundel, Henry Fitzalan, der 1564 bei Königin Elisabeth I. in Ungnade gefallen war und sich auf eine Europareise begeben hatte.

Johann Friedrich Alberti
(1642 – 1710)

ZEIT UND UMWELT
Die beiden Städte Dresden und Leipzig waren bereits im 16. Jahrhundert beliebte Ausbildungsorte für Musiker, besonders aus dem nördlichen Raum. Diese Rolle im deutschen Musikgeschehen intensivierte sich im folgenden Jahrhundert und blieb bis weit in das 19. Jahrhundert hinein erhalten.

LEBEN
Johann Friedrich Alberti wurde am 11. 1. 1642 in Tönning, Schleswig, geboren. Er wurde in Leipzig von Werner Fabricius und in Dresden von Vincenzo Albrici ausgebildet. Dann erhielt er die Domorganistenstelle in Merseburg, die er 1698 wegen einer Erkrankung aufgab. Er starb in Merseburg am 14. 6. 1710.

WERKE
Der deutsche Komponist und Organist Johann Friedrich Alberti genoß als Kirchenkomponist beachtliches Ansehen. Vor allem wegen seiner Kontrapunktik wurde er außerordentlich geschätzt. Er brachte eine Sammlung Choralvorspiele und Choralbearbeitungen heraus. Unter seinen sakralen Gesängen ist ein Te Deum laudamus besonders bemerkenswert.

Alberto da Ripa (um 1480 – 1551)

ZEIT UND UMWELT
Franz I., König von Frankreich, war ein großer Förderer aller humanistischen Bestrebungen, und im Sinn der von ihm unterstützten Ideen übte er auch gegen alle religiösen Reformbewegungen, einschließlich der Lutheraner, die ab 1526 immer zahlreicher wurden, weitgehende Toleranz. Die Plakataktion vom Oktober 1534 mit ihren hemmungslosen Angriffen gegen den Katholizismus führte eine Änderung der Haltung des Königs herbei. Er ging mit einer Reihe von Edikten gegen die neue Lehre vor. Eine heftige Verfolgung aller Häretiker setzte ein. So wurde eine Reihe von Lutheranern justifiziert (1546). Sein Sohn und Nachfolger Heinrich II. (1519 – 1559), ein strenger Katholik, verschärfte diese Politik, seine Gemahlin Cattarina de'Medici (1519 – 1589), die ein humanistisches Weltbild aus ihrer Heimat mitgebracht hatte, war außerstande, hindernd einzugreifen. Aber trotz dieses Abrückens von den humanistischen Idealen wurden am französischen Hof Künste und Künstler gefördert, und nahezu jeder Musiker war willkommen geheißen, der der Hofkapelle beitreten wollte.

LEBEN
Alberto da Ripa (Albert de Rippe, Alberto Mantovano, Albert de Mantoue), Seigneur de Carrois, ist um 1480 in Mantua geboren. Wo er seine Ausbildung zu einem der besten Lautenisten seiner Zeit erhielt, ist unbekannt. Um 1525 war er als Lautenist erster Ordnung bereits bekannt und wurde gerne in den Dienst des französischen Hofes gestellt, als er darum ansuchte. Er ist 1551 in Paris gestorben.

WERKE
Alberto da Ripa wurde durch sein großes Lautenwerk »Tabulature de luth« in 6 Büchern, die von seinem Schüler Guillaume de

Morlaye veröffentlicht wurden, berühmt. Daraus läßt sich ermessen, auf welch hohen Stand der Meister die Lautenmusik bereits gebracht hatte. Weitere Stücke von Ripa finden sich in anderen Drucken des Jahrhunderts. Sie waren offenbar sehr beliebt und wurden oft gespielt und auch nachgeahmt.

LITERATUR

R. W. Buggert, Alberto da Ripa, Lutanist and Composer, Michigan 1956.

Alberto di Malaspina

(um 1160 bis um 1210)

ZEIT UND UMWELT

Im 11. Jahrhundert war die Macht der Städte in Italien stark angestiegen. Die wirtschaftliche Kraft des Bürgertums legitimierte seinen Führungsanspruch. Überall traten einzelne Familien in den Vordergrund, die ihre Machtstellung weitervererbten. Kämpfe rivalisierender Familien, Gebietsstreitigkeiten der verschiedenen Städte, Verträge, Heiraten, Überfälle und Morde veränderten die Besitz- und Herrschaftsverhältnisse in kurzen Fristen. Eine Zentralgewalt gab es praktisch nicht, es herrschte das Gesetz des Stärkeren. Auch Päpste und Bischöfe standen zumeist auf einer Seite der Streitenden und konnten daher selten ausgleichend wirken. Auf der anderen Seite sind aus diesen Familien bedeutende Persönlichkeiten hervorgegangen, die, abgesehen von ihren Leistungen als Regenten, der Wissenschaft und Kunst Wege zur Entfaltung ermöglichten oder sich sogar selbst als Gelehrte oder Künstler einen Namen machten.

LEBEN

Alberto, Margravio di Malaspina, ist um 1160 im westlichen Oberitalien geboren. Er scheint innerhalb seiner Familie keine politische Stellung eingenommen zu haben, beteiligte sich jedoch zweifellos an ihren verschiedenen kriegerischen Auseinandersetzungen. Sein Wirken als Trovatore fiel in die Zeit zwischen 1180 bis 1210. Ort und Zeit seines Todes sind unbekannt.

WERKE

Alberto di Malaspina hat ein Liebeslied und ein an Raimbaud de Vaqueiras gerichtetes Streitgedicht hinterlassen, in dem er sich rühmt, dessen Geliebte gewonnen zu haben, und das von den Überfällen und Räubereien bei den Kämpfen der lombardischen Stadtrepubliken berichtet. Der Stil der Musik ist stark italienisch und nähert sich der Troubadourschule in Genua.

Henrico Albicastro

(um 1670 bis um 1738)

ZEIT UND UMWELT

Der Spanischer Erbfolgekrieg, der zu einem Teil auf holländischem Gebiet ausgefochten wurde, unterbrach das gesellschaftliche Leben der wohlhabenden Bürger der Generalstaaten. Der Friede von Utrecht jedoch ließ alles wieder wenigstens für einige Zeit zur Ruhe kommen.

LEBEN

Henrico (Henricus) Albicastro (Heinrich Weißenburg von Biswang) wurde um 1670 in der Schweiz geboren. Er kam 1686 als Student an die Universität Leiden, nahm am Spanischen Erbfolgekrieg (1701–13) teil und hielt sich hernach vermutlich in Amsterdam auf. In welchem Rahmen er als Musiker tätig war, ist nicht feststellbar. Er starb um 1738 in Holland.

WERKE

Vom Schweizer Violinisten und Komponisten Henrico Albicastro sind Sonaten für eine und für zwei Violinen mit Generalbaß, 12 vierstimmige Sonaten und eine Kantate »Coelestes angelici chori« (Himmlische Engelschöre) für Sopran, Streicher und Generalbaß erhalten.

LITERATUR

J. Zwart, Albicastro in Nederlanden, in: De Muziek, 1928.

Filippo Albini (um 1580 bis nach 1626)

ZEIT UND UMWELT

Sardinien kam nach langen Kämpfen um die Bewahrung der Unabhängigkeit 1478 endgültig in die Hand der Könige von Aragón und wurde daher mit dem Tod des letzten Königs Juan II. (1398–1479) kastilisch. Der starke Steuerdruck führte zum wirtschaftlichen Ruin der Insel, wozu im 16. Jahrhundert noch zahlreiche Pirateneinfälle beitrugen. Wer konnte, wanderte aus und suchte anderswo sein Auskommen.

LEBEN

Filippo Albini wurde um 1580 in Moncalieri von sardinischen Eltern geboren, im nahen Turin zum Musiker ausgebildet und als Kammermusiker am Turiner Hof aufgenommen. Er dürfte in dieser Stelle bis zu seinem Tod nach 1626 verblieben sein.

WERKE

Der italienische Komponist Filippo Albini veröffentlichte 2 Bücher mit Gesängen für eine, zwei und vier Stimmen und ein- und zweistimmige Stücke zur Begleitung von Cembalo, Theorbe oder Doppelharfe. Er hat damit den Übergang zum monodischen Stil nahezu ganz vollzogen.

Tomaso Albinoni (1671–1750)

ZEIT UND UMWELT

Bis über das 18. Jahrhundert hinaus suchten Musiker jeder Art ihr Auskommen in einem Dienstverhältnis mit einer Kirche, einem Adelshaus oder Fürstenhof oder einer Stadtverwaltung. Die »freien« Musiker waren ohne Ausnahme Instrumentalisten, wie Lautenisten, Violinisten oder Cembalisten, die zumeist als Lehrer ihres Instruments wirkten. »Freie« Komponisten, die nur vom Ertrag ihrer Werke lebten, waren am Beginn des 18. Jahrhunderts und auch später eine äußerst seltene Erscheinung.

LEBEN

Tomaso (Tommaso) Albinoni wurde am 8. 6. 1671 in Venedig geboren. Er war vermutlich Schüler von Giovanni Legrenzi. Dann wirkte er nur mehr als Komponist von Opern, Kantaten und Instrumentalwerken. Er starb in Venedig, das er kaum verlassen hatte, am 17. 1. 1750.

WERKE

Der italienische Komponist Tomaso Albinoni verfaßte Triosonaten, zweistimmige Sonaten, zahlreiche fünfstimmige Konzerte, zweistimmige Kammermusik, dreistimmige Ballette und 5 Sonaten für Violine, Violone und Generalbaß, außerdem 55 Opern, die in Venedig aufgeführt wurden.

Sonate in C-Dur, 4 Sätze

Bei Albinoni gibt es keine Abgrenzung mehr zwischen Kammer- und Kirchensonate. Auch die bisher übliche Anlehnung an Tanzformen – Menuett, Gigue usw. – ist aufgegeben. Es handelt sich um absolute Spielmusik ohne Zweckrichtung. Die Violine dominiert, die anderen Stimmen ordnen sich polyphon ein, aber nicht kontrapunktisch, sondern begleitend und farbgebend.

Tomaso Albinoni (links)

Dem ersten Satz – Grave – folgen ein Adagio und ein Larghetto. Das Finale ist ein Allegro und der einzige rasche Satz; es betont die festliche Stimmung des ganzen Werks.

Sonate A-Dur, 4 Sätze

Das Werk ist rhythmisch zügig, voll schöner Klänge und ungeheuer frisch. Es setzt mit einem Grave ein, das aber ganz und gar nicht »schwer« wirkt, sondern einen ruhigen Fluß der musikalischen Gedanken bringt. Der dritte Satz – Adagio – ist eine zarte Kantilene, das Allegro des Finales nimmt die Stimmung der vorangehenden Sätze erneut auf und führt sein Thema über mehrere, von Doppelgriffen der Violine klangvoll unterstrichene Höhepunkte zu einem farbigen Ende.

Sonate für Flöte und Generalbaß (Cembalo und Cello) in a-Moll, 4 Sätze

Die ersten 2 Sätze führen aus der trüben a-Moll-Stimmung zu einem tröstlichen Dur-Ausklang. Im 3. Satz, der in C-Dur anfängt und den lieblichen Klang der Flöte besonders ausnützt, kommt es zu einem a-Moll-Ende, an das der 4. sofort in gleicher Tonart anschließt und mit breiten Klangflächen das Werk abschließt.

Triosonate A-Dur für zwei Violinen und Generalbaß, 3 Sätze

Den zweiten Satz dieses Jugendwerkes des Meisters hat Johann Sebastian Bach zur Grundlage einer Fuge verwendet. Er selbst führt die Fuge sehr frei aus und zieht streckenweise eine schöne Begleitung vor, wie überhaupt das gesamte Werk auf heiteren Schönklang gerichtet ist. Auch das Allegro ist nur frei fugiert.

LITERATUR

R. Giazotto, Tomaso Albinoni, Mailand 1945.

Mario Albioso (um 1620–86)

ZEIT UND UMWELT

Der wiegende langsame Rhythmus der Siciliana, ihre weichen Melodien haben diese Volksliedgattung schon früh in ganz Europa beliebt gemacht. Sie wurde – nachgebildet und verfeinert – auch in die Kunstmusik aufgenommen. Daher griff man gerne nach Sammlungen sizilianischer Melodien, ob sie nun Originale waren oder Nachahmungen.

LEBEN

Marco Albioso wurde um 1620 in Nasi auf Sizilien geboren. Er war Mitglied des Heiligengeistordens, lebte in Palermo und starb dort im Jahr 1686. Welchen Wirkungskreis als Musiker er ausgefüllt hat, ist unbekannt.

WERKE

Der italienische Komponist Marco Albioso veröffentlichte eine »Selva di canzoni siciliani« (Wald sizilianischer Lieder) mit gesammelten echten Volksliedern und selbstkomponierten Nachahmungen, die starke Verbreitung fanden.

Karl Albrecht (1807–63)

ZEIT UND UMWELT

Der seit Michail Glinka endgültig etablierten eigenständigen russischen Musik fehlte es noch an Dirigenten, die daher noch aus dem Ausland bestellt werden mußten. Aber auch diese Lücken wurden in den folgenden Jahrzehnten geschlossen.

LEBEN

Karl Franzewitsch Albrecht wurde am 27.8. 1807 in Poznan (Posen) geboren und bei Joseph Schnabel (1767–1831) in Breslau (Wrocław) ausgebildet. Er wirkte anschließend als Dirigent in Breslau und Düsseldorf und wurde 1838 nach St. Petersburg als Dirigent der Oper und der Philharmonischen Konzerte berufen. Von 1850 bis zu seinem Tod am 24.2.1863 wirkte er als Gesanglehrer an der Waisenanstalt in Gatschina bei St. Petersburg.

Sein Sohn Konstantin Karlowitsch Albrecht (4.10.1836, Elberfeld, bis 26.6.1893, Moskau) war ab 1854 Cellist im Orchester des Kaiserlichen Theaters in Moskau, ab 1860 gleichzeitig Hilfslehrer am Konservatorium und von 1866 bis 1889 Inspektor sowie Lehrer für Solo- und Chorgesang.

WERKE

Von Karl Albrecht sind eine Messe, ein Ballett und 3 Streichquartette bekannt geworden.

Seine weiteren angeblich zahlreichen Kompositionen sind verschollen.
Konstantin Albrecht schrieb außer Unterrichtswerken für den Gesangunterricht Klavierstücke, Chöre und Lieder.

Johann Georg Albrechtsberger
(1736–1809)

Johann Georg Albrechtsberger, Stich von J. J. Neidl

Zeit und Umwelt
Daraus, daß die Kenntnis des Kontrapunktes bei einzelnen Komponisten besonders hervorgehoben wurde, läßt sich schließen, wie selten diese Kunst im 18. Jahrhundert geworden war, während sie doch in früheren Stilepochen eine Selbstverständlichkeit darstellte, ohne die ein kompositorisches Schaffen unmöglich gewesen wäre. Die Kontrapunktik war zwar auch im 18. Jahrhundert ein unerläßlicher Gegenstand des Musikunterrichts, aber echte Kontrapunktiker gingen dennoch nur wenige aus den Schulen hervor.

Leben
Johann Georg Albrechtsberger wurde am 3. 2. 1736 in Klosterneuburg, Niederösterreich, geboren und vermutlich auch dort zum Organisten ausgebildet. Darauf versah er ab 1755 den Organistendienst in Györ, Ungarn, in Maria Taferl, Niederösterreich, und in Melk, Niederösterreich, bis er 1766 die Stelle des Regens chori am Karmeliterkloster in Wien erhielt. Im Jahr 1772 wurde er Hoforganist und 1792 Kapellmeister am Stephansdom in Wien. Er starb in Wien am 7. 3. 1809.

Werke
Das Hauptverdienst Johann Georg Albrechtsbergers beruhte auf dem Feld der Musiktheorie. Er war ein geschätzter Lehrer des Kontrapunkts und des Generalbasses; seine Schulwerke wurden mehrfach aufgelegt und übersetzt. Von seinem kompositorischen Werk kamen seine Zwischenaktmusik zu »Heinrich IV.« (Shakespeare), eine Anzahl Orgelpräludien und Orgelfugen, Klavierfugen, ein Streichquintett, 6 Quartettfugen, 18 Streichquartette, 3 Doppelquartette, ein Klavierquartett und 6 Streichtrios im Druck heraus. Als Manuskript sind überliefert: 26 Messen, 6 Oratorien, 4 große Sinfonien, 42 Streichquartette, 38 Quintette, 28 Streichtrios, zahlreiche Hymnen, Offertorien, Gradualien und andere sakrale Gesänge, außerdem Orgelkonzerte und andere Instrumentalkonzerte. Hervorzuheben aus diesem umfangreichen Werk, das neben denen der Zeitgenossen Joseph Haydn und Wolfgang Amadeus Mozart nicht bestehen konnte, sind sein Orgelkonzert in B-Dur und das Harfenkonzert in C-Dur.

Literatur
R. Oppel, Albrechtsberger als Bindeglied zwischen Bach und Beethoven, in: Neue Zeitschrift für Musik LXXVIII, 1911.

Vincenzo Albrici (1631–96)

Zeit und Umwelt

Die italienischen Mitglieder der kurfürstlichen Kapelle in Dresden waren ungefähr doppelt so hoch honoriert wie die anderen. Das war zum Teil wenigstens berechtigt, weil die Italiener wegen ihrer umfassenden Ausbildung als Sänger und Instrumentalisten vielseitiger verwendet werden konnten. Dies stellte jedoch eine schwere finanzielle Belastung für den Hof dar. Die Nachwehen des Dreißigjährigen Krieges und die sich ständig verstärkende Rivalität Brandenburgs hatten Sachsen wirtschaftlich sehr geschwächt, so daß Kurfürst Johann Georg III. bei seinem Regierungsantritt (1680) die Ausgaben für seine Hofkapelle einschränken mußte und daher alle Italiener verabschiedete.

Leben

Vincenzo Albrici wurde am 26. 6. 1631 in Rom geboren und dort ausgebildet. Er kam mit einem von ihm geleiteten italienischen Ensemble in den Dienst der Königin Christiana von Schweden, die er nach Stralsund begleitete. 1654 wechselte er, nachdem die Königin abgedankt hatte, nach Dresden in den Dienst des Erbprinzen Johann Georg (Kurfürst Johann Georg II.) über. Im Jahr 1662 hielt er sich einige Zeit am pfalzgräflichen Hof in Neuburg auf, 1663 wurde er Kapellmeister in Dresden, erhielt aber die Erlaubnis zu einer Reise nach England zu König Karl II., von der er 1667 zurückkehrte. Nachdem er die Kapellmeisterstelle 1680 wegen Restriktionen der Hofkapelle verloren hatte, wirkte er ein Jahr als Organist an der Thomaskirche in Leipzig und ließ sich daraufhin in Prag als Kapellmeister an der Augustinerkirche nieder. Er starb in Prag am 6. 6. 1696.

Werke

Der italienische Komponist Vincenzo Albrici verfaßte zahlreiche kirchliche Kompositionen, Instrumentalsinfonien, von denen die für Streicher mit Orgel- oder Cembalobegleitung bemerkenswert sind, außerdem Kammersonaten, von denen die fünfstimmige für zwei Violinen, zwei Trompeten, Fagott sowie Generalbaß am bekanntesten geworden ist.

Giovanni Francesco Alcarotti (1535–96)

Zeit und Umwelt

Aurelius Ambrosius gründete die Diözese Como im Jahre 379. Der Ambrosianische Kirchengesang wurde dort anstelle des römischen durch Jahrhunderte gepflegt. San Carpoforo gilt als eine der ältesten christlichen Kirchen überhaupt (5. Jahrhundert), San Abbondio (1005) diente als Hauptkirche, bis der Dom Santa Maria Maggiore (14. bis 16. Jahrhundert) erbaut und mit Bildern von Bernardino Luini (1485–1532) und Gaudenzio Ferrari (1475–1546) ausgeschmückt war. Wie der einstimmige Choralgesang war auch die übrige Kirchenmusik von Mailand abhängig. Kapellmeister und Organisten holten sich dort ihre Ausbildung für die Musik, die der Schönheit der Stadt und dem Glanz des Domes entsprach.

Leben

Giovanni Francesco Alcarotti (Algarotti, Alcharotto) wurde 1535 in Novarra geboren und erhielt dort und in Mailand seine Ausbildung zum Organisten. Er wurde um 1555 an Santa Maria Maggiore in Como als Organist eingestellt und blieb bis zum Beginn der neunziger Jahre in dieser Position. Er starb in Novarra am 8. 5. 1596.

Werke

Der italienische Organist und Komponist gab 2 Bücher mit fünf- und sechsstimmigen Madrigalen und eines mit fünfstimmigen Lamentationen heraus. Diese Kompositionen können als vorzügliche Werksarbeit mit durchschnittlichem künstlerischem Gehalt bezeichnet werden. In den Lamentationen klingen einzelne ambrosianische Wendungen mit.

José Bernardo Alcedo (1780–1878)

ZEIT UND UMWELT
Vom Vizekönigreich Peru, das außer Brasilien nahezu ganz Südamerika umfaßte, wurden 1739 das Vizekönigreich Neugranada und 1776 das Vizekönigreich Río de la Plata abgetrennt; das chilenische Gebiet wurde 1778 in ein selbständiges Generalkapitanat verwandelt. Chile wurde 1818 unabhängige Republik, Peru 1820.

LEBEN
José Bernardo Alcedo wurde 1780 in Lima geboren. Im Jahr 1822 trat er der chilenischen Armee als Leiter der Militärkapellen bei, 1846 wurde er Kapellmeister an der Kathedrale in Santiago de Chile. Als er 1864 nach Peru zurückkehrte, bestellte man ihn zum Generaldirektor der peruanischen Militärkapellen und zum Präsidenten der Philharmonischen Gesellschaft. Er starb am 28.12.1878 in Lima.

WERKE
Die Nationalhymne der Republik Peru wurde von José Bernardo Alcedo komponiert. Außerdem verfaßte er neben viel Militärmusik zahlreiche sakrale Musik – Messen, Proprien, Hymnen, Litaneien –, die stark vom spanischen Kirchenmusikstil des 18. Jahrhunderts abhängig ist.

John Alcock (1715–1806)

ZEIT UND UMWELT
Popularität konnte ein englischer Komponist auf jeden Fall erreichen, wenn er dem Publikum eingängige Glees lieferte. Er wurde für diese zur Not am Rand der Kunst anzusiedelnden Erzeugnisse mit Preisen ausgezeichnet, während sein übriges seriöses Werk wohl in den Kirchen gesungen und in Konzerten gespielt, aber wenig beachtet wurde.

LEBEN
John Alcock wurde am 11. 4. 1715 in London geboren und im Alter von 7 Jahren als Chorknabe an St. Paul's aufgenommen; mit 14 Jahren war er Schüler des blinden Organisten Charles John Stanley und darauf ab 1737 Organist an St. Andrew's in Plymouth, ab 1742 an St. Lawrence's in Reading, von 1750 bis 1760 Organist und Chorleiter an der Kathedrale von Lichfield, 1761 bis 1766 in Sutton (Groß-London) und von 1766 bis 1790 an St. Editha's in Tamworth. Anschließend wirkte er bis zu seinem Tod am 23. 2. 1806 als Layvicar in Lichfield.
Sein Sohn John Alcock (um 1740, Plymouth, bis 30. 3. 1791, Walsall, Staffordshire) war von 1758 bis 1768 Organist an St. Mary Magdalen's in Newark-on-Trent und von 1773 bis zu seinem Tod an der Pfarrkirche in Walsall.

WERKE
An Kirchenmusik verfaßte John Alcock ein Morgen- und Abendservice in e-Moll, ein Beerdigungsservice, zahlreiche Anthems, Hymnen und Psalmen, an weiterer Vokalmusik eine Anzahl Glees, für die er vom Catch Club mehrmals mit Preisen ausgezeichnet wurde. Bemerkenswerter sind jedoch seine 6 Cembalosuiten, seine 6 Konzerte und seine Lieder.
Von seinem Sohn sind einige Sammlungen mit Anthems, Kantaten, Liedern und vielen Glees überliefert.

Cosmas Alder (um 1497 – 1550)

ZEIT UND UMWELT
Die Kirchenmusiker der Schweiz verloren ihre Stellungen, auch wenn sie den Bekenntniswandel mitmachten. Zwingli duldete weder Instrumente noch mehrstimmigen Gesang in den Kirchen. Man benötigte daher keine Organisten und Kantoren. Es gab auch keine Aufträge für Komponisten. Die Künstler mußten sich als Stadtschreiber oder Schulmeister durchbringen.

LEBEN
Cosmas Alder ist um 1497 in Baden (Aargau) geboren. Er begann seine musikalische Laufbahn als Chorknabe am Münster in Bern (1511), wo er 1524 Kantor wurde. Nach der

Reformation blieb er in Bern als Stadtschreiber und starb am 7. 11. 1550.

WERKE
Vom kompositorischen Werk Alders sind dreistimmige Hymnen, Motetten und deutsche Lieder überliefert. Eine Hymne ist auf den Tod Zwinglis verfaßt – »Inclytus antistes«. Cosmas Alder ist einer der wenigen Vertreter mehrstimmiger Musik in der reformierten Schweiz.

LITERATUR
A. Geering, Die Volksmusik in der Schweiz, Schweizerisches Jahrbuch der Musikwissenschaft VI, 1933.

Dante Alderighi (1898–1968)

LEBEN
Dante Alderighi wurde am 7.7.1898 in Taranto geboren. Nach zwei Jahren Studium bei Giovanni Sgambati in Rom und weiteren zwei in Leipzig bei Robert Teichmüller und Stephan Krehl war er neuerlich in Rom und Schüler von Giacomo Setaccioli und Gian Francesco Malipiero. Anschließend unternahm er Konzertreisen als Pianist durch Europa, bis er Klavierlehrer an der Accademia di Santa Cecilia in Rom wurde, wo er am 12.12.1968 starb.

WERKE
Von Dante Alderighi sind ein Konzert für Streichorchester, 2 Klavierkonzerte, ein Streichquartett, eine Suite für Cello und Klavier, mehrere Violinsonaten und Klavierstücke, außerdem ein Oratorium und eine Kantate bekannt geworden. Sein Stil hatte sich von der italienischen Spätromantik nicht endgültig gelöst, tendierte aber stark zum Neuklassizismus.

Aldomar (um 1470 bis um 1530)

ZEIT UND UMWELT
Die Katholischen Könige Ferdinand und Isabella faßten alle militärischen Kräfte zusammen, um die letzte Bastion der Mauern in Spanien, das Königreich Granada, zu zerschlagen. Im Jahre 1492 wurde es eingenommen. Dieser Sieg der Christenheit über den Unglauben wurde von Schriftstellern, Dichtern und Musikern gewürdigt.

LEBEN
Der spanische Komponist Aldomar wurde um 1470 geboren. Über seine Persönlichkeit ist nichts bekannt, außer daß er vermutlich der Königlichen Kapelle angehört hatte. Ort und Zeit seines Todes sind nicht feststellbar.

WERKE
Aldomar soll umfangreiche Kirchenmusik geschrieben haben. Es ist davon nichts erhalten. Überliefert ist nur eine Anzahl mehrstimmiger Villancicos, die sehr beliebt waren und viel gesungen wurden. Bemerkenswert ist sein Jubellied über den Sieg der Katholischen Könige über die Ungläubigen von Granada im Jahre 1492. Es dürfte sich um ein Auftragswerk gehandelt haben.

Henry Aldrich (1648 – 1710)

ZEIT UND UMWELT
Die Rekatholisierungspolitik König Jakobs II. von England war sehr geschickt angelegt. Er besetzte einige Schlüsselstellungen im Reich mit Katholiken, enthielt sich aber vorläufig jeder Gewaltmaßnahme. Er trachtete auch, sich eine katholische Intellektuellenschicht heranzuziehen, und wollte zu diesem Zweck die Universitäten erobern; er ernannte einen Katholiken zum Dekan von Oxford. Das war vermutlich zu voreilig und hat zum raschen Sturz des Königs einiges beigetragen.

LEBEN
Henry Aldrich wurde am 22. 1. 1648 in Westminster getauft. Im Jahr 1662 begann er sein Studium in Oxford, bildete sich zum vielseitigen Gelehrten aus und wurde 1689 anstelle des von König Jakob II. eingesetzten Katholiken Dekan. Von 1692 bis 1695 war er Vizekanzler der Universität und starb in Oxford am 14. 12. 1710.

WERKE

Der englische Komponist Henry Aldrich schrieb eine Anzahl Anthems, Catches, die heute noch gesungen werden, und Services, die noch in englischen Kirchen in Gebrauch stehen, wie das bekannte Service in G-Dur. Er hat auch Bühnenmusik geschrieben. Seine Kompositionen sind in verschiedenen zeitgenössischen Sammelwerken zu finden. Die von ihm gesammelte Musikbibliothek ist noch heute eine der reichhaltigsten Englands.

Giuseppe Aldrovandini
(um 1673–1708)

ZEIT UND UMWELT

Karl Ferdinand Gonzaga (1650–1708) ergriff im Spanischen Erbfolgekrieg die Partei Frankreichs. Die österreichischen Truppen marschierten 1707 in sein Herzogtum Mantua ein, der Herzog wurde wegen seiner politischen Haltung entthront. Mantua wurde zum Reichslehen.

LEBEN

Giuseppe Antonio Vincenzo Aldrovandini (Aldovrandini) wurde um 1673 in Bologna geboren und an der Musikschule der Stadt ausgebildet. Er war ab 1695 Mitglied der Accademia Filarmonica und ab 1702 Kapellmeister des Herzogs von Mantua. Vor dem Einmarsch der österreichischen Truppen floh er nach Bologna, wo er am 9. 2. 1708 starb.

WERKE

Der italienische Komponist Giuseppe Aldrovandini schrieb zwei- bis dreistimmige konzertante Motetten, geistliche Konzerte für eine Stimme, Kantaten für eine Stimme, Triosonaten, 5 Oratorien und bei 20 Opern, außerdem einige Kirchenmusik.

Aleksandr Aleksandrow (1883–1946)

LEBEN

Aleksandr Wasilijewitsch Aleksandrow wurde am 1.4.1883 in Plachino bei Rjasan, Rußland, geboren. Er war Schüler des Konservatoriums in St. Petersburg unter Anatoli Ljadow und Aleksandr Glasunow und studierte in Moskau bei Sergei Wasilenko. Er wirkte zunächst als Musiklehrer in Twer (jetzt Kalinin), darauf am Konservatorium in Moskau; ab 1928 oblag ihm die Leitung des Gesang- und Tanzensembles der Roten Armee. Er starb am 8.7.1946 in Berlin.

WERKE

Von Aleksandr Aleksandrow sind eine Oper, eine Sinfonie, eine sinfonische Dichtung, kleinere Instrumentalstücke, Chorwerke und Volksliedbearbeitungen bekannt geworden. Sein Stil wurde von seinen Lehrern geprägt.

Anatoli Aleksandrow (1888–1982)

LEBEN

Anatoli Nikolajewitsch Aleksandrow wurde am 13.5.1888 in Moskau geboren. Er war Schüler von Karl Klindworth, Nikolai Sergejewitsch Schiljajew (6.10.1881, Kursk, bis 28.1.1938, Sterbeort unbekannt), Sergei Tanejew, Sergei Wasilenko und Konstantin Nikolajewitsch Igumnow (19.4.1873, Lebedjana, bis 24.3.1948, Moskau) am Konservatorium in Moskau, an dem er von 1923 bis 1964 selbst als Lehrer wirkte.

WERKE

Außer 4 Opern, Bühnen- und Filmmusiken schrieb Anatoli Aleksandrow eine Sinfonie, sinfonische Dichtungen, 7 Suiten, eine Ouvertüre, 4 Streichquartette, 13 Klaviersonaten und zahlreiche andere Klavierstücke sowie Lieder. Er war stark von Aleksandr Skrjabin und Nikolai Medtner beeinflußt.

Vittoria Aleotti (1570 bis nach 1593)

ZEIT UND UMWELT

Die Schulen der Nonnenklöster Italiens waren dafür bekannt, daß sie einen ebenso gediegenen Musikunterricht vermittelten wie die Mönchsklöster. Sie bildeten jedoch in erster Linie Interpretinnen heran. Aus der

Renaissance- und der Barockzeit sind sehr wenige Komponistinnen namentlich überliefert, vermutlich, weil ihnen von den Zeitgenossen nicht genügend Beachtung geschenkt worden ist.

LEBEN
Vittoria Aleotti (Raffaela Aleotta) wurde 1570 in Ferrara geboren. Ihren ersten Musikunterricht erhielt sie von dem Komponisten, Organisten und Musiklehrer Ercole Pasquini (um 1555 bis nach 1608). Die weitere Ausbildung vermittelte ihr die Musikschule des Nonnenklosters San Vitto. Sie trat dem Orden bei und dürfte in Ferrara gestorben sein. Die Zeit ihres Todes ist unbekannt.

WERKE
Von der italienischen Komponistin Vittoria Aleotti ist 1593 in Venedig eine Sammlung mit Madrigalen erschienen, die wohl die Hand des Lehrers Ercole Pasquini erkennen lassen, aber dennoch als selbständige Arbeiten anzuerkennen sind. Sie fallen durch weiche Klangschönheit auf.

Caterina Alessandra
(um 1570 bis nach 1609)

ZEIT UND UMWELT
In den Nonnenklöstern war es von jeher Tradition, die Musik zu pflegen. Voraussetzung dazu war eine gründliche musikalische Ausbildung, durch die sich jedes Kloster seine Sängerinnen und Instrumentalistinnen selbst erzog. Es muß mit Gewißheit angenommen werden, daß sich unter den vielen Interpretinnen immer auch Komponistinnen befanden. Daß aber sehr wenig von diesen Kompositionen bekannt ist, kommt daher, daß sie nur selten veröffentlicht, in den meisten Fällen nicht signiert und archiviert wurden.

LEBEN
Caterina Alessandra wurde vermutlich um 1570 in Pavia geboren. Über ihr Leben ist nichts bekannt. Sie dürfte sich als Nonne in Mailand aufgehalten haben und nach 1609 gestorben sein.

WERKE
Von der italienischen Komponistin Caterina Alessandra ist ein Buch mit Motetten im polyphonen Stil erschienen. Alle ihre weiteren Kompositionen sind verschollen.

Felice Alessandri (1747–98)

ZEIT UND UMWELT
Neben einer Persönlichkeit wie Johann Friedrich Reichardt als Zweiter Kapellmeister der Berliner Königlichen Oper zu bestehen, erforderte ein beträchtliches Maß von Fähigkeiten, auch wenn Reichardt wegen seiner offen bekundeten Sympathie für die Französische Revolution in seiner Stellung selbst gefährdet war, denn das Recht auf freie Meinungsäußerung gab es nur in den Schriften der Aufklärung.

LEBEN
Felice Alessandri wurde am 24. 11. 1747 in Rom geboren. Er war Schüler eines der Konservatorien in Neapel und wurde darauf Kapellmeister in Turin. Anschließend wirkte er in Paris, London, St. Petersburg und dann wieder in Italien als Opernkapellmeister. Von 1789 bis 1792 war er Zweiter Kapellmeister der Berliner Königlichen Oper unter Johann Friedrich Reichardt. Er starb am 15. 8. 1798 in Casinalbo.

WERKE
Außer 33 Opern, die sich nur kurz auf den Bühnen hielten, schrieb Felice Alessandri ein Ballett, ein Oratorium, 6 Sinfonien, 6 Cembalokonzerte, 6 Trios für zwei Violinen und Baß; schließlich sind zahlreiche Cembalosonaten von ihm bekannt.

Alexander Friedrich von Hessen
(1863–1945)

LEBEN
Alexander Friedrich Landgraf von Hessen wurde am 25. 1. 1863 in Kopenhagen geboren. Obwohl er 1888 Chef seines Hauses wurde, setzte er seine in Frankfurt am Main begonne-

nen Musikstudien bei Heinrich Herzogenberg, Joseph Joachim, Max Bruch (1838–1920), Felix Weingartner, Felix Draeseke und Gabriel Fauré (1845–1924) fort. Er war von Kindheit an blind, bildete sich aber mit zähem Fleiß zu einem Komponisten von Rang aus. Er starb am 26. 3. 1945 in Fronhausen an der Lahn.

WERKE
Von Alexander Friedrich von Hessen sind eine Sinfonie in C-Dur, ein Klavierkonzert, eine Große Messe für Chor und Orgel, ein Quintett für Klavier, Violine, Bratsche, Cello und Horn, mehrere Streichquartette, Trios mit verschiedener Besetzung, viele Chöre und Lieder aufgeführt worden. Die Kompositionen sind trotz eines gewissen Eklektizismus sehr originell.

Alexandre de Aguilar (um 1540–1605)

ZEIT UND UMWELT
Als König Sebastião seinem Vater João III. auf den Thron Portugals folgte, war er noch minderjährig; seine Mutter Catalina (1507 bis 1578) führte die Regentschaft bis 1562 und nach ihr der Bruder des Vaters, Kardinal Enrique (1512–80), bis 1568. Der junge König verfolgte fanatisch die Idee eines Kreuzzuges gegen Marokko und traf 1574 die ersten Vorbereitungen. Der spanische König Philipp II. versuchte bei einem Zusammentreffen in Guadelupe (1576) vergeblich, Sebastião zu überreden, die Politik einer behutsamen Durchdringung vorzuziehen, die João III. eingeschlagen hatte. Im Jahre 1578 kam es zum geplanten Unternehmen, das noch im selben Jahr mit einer vernichtenden Niederlage bei Alcazarquivir und dem Tod des Königs endete. Portugal wurde noch bis 1580 von Kardinal Enrique regiert, dann machte Philipp II. Erbansprüche geltend, rückte in Portugal ein und vereinigte es mit seinem Reich.

LEBEN
Alexandre de Aguilar wurde um 1540 in Oporto geboren. Der portugiesische Lautenist und Schriftsteller nahm am Treffen der Könige Sebastião und Philipp II. zu Weihnachten 1576 in Guadelupe teil und schrieb einen interessanten Bericht über Musik und Musiker bei dieser Begegnung. Nach dem Anschluß Portugals an Spanien trat er in die Dienste des spanischen Königs. Er starb am 12. 12. 1605 in Talavera la Real.

WERKE
Von Alexandre de Aquilar ist keinerlei Lautenmusik erhalten, dafür aber Lamentationen, die seinerzeit in Lissabon jährlich während der Karwoche gesungen wurden.

Alexandre de Villeneuve
(1677–1756)

ZEIT UND UMWELT
Arles war bereits im 1. Jahrhundert Bischofssitz und in der Folgezeit Tagungsort vieler Synoden. Es spielte im politischen und kirchlichen Leben des Mittelalters als Erzbischofssitz und Hauptstadt des Königreiches Arles und später der Provence eine bedeutende Rolle. Die Bauten der Stadt, unter vielen anderen St-Trophime, legen davon Zeugnis ab.

LEBEN
Alexandre de Villeneuve wurde am 24. 5. 1677 in Hyères geboren. Er war ab 1697 Chorsänger an St-Trophime in Arles und ab 1701 musikalischer Leiter. Im Jahr 1719 kam er als Kapellmeister der Jesuiten der Rue St-Jacques nach Paris, wo er um 1756 starb.

WERKE
Der provenzalische Komponist Alexandre de Villeneuve schrieb »Conversations en manière de sonates pour la flûte ou le violon« (Gespräche in Sonatenform für Flöte oder Violine) mit Generalbaß, Airs, eine Kantate, 9 Karwochenlesungen, ein Miserere, 6 Sakramentmotetten, geistliche Konzerte für eine bis vier Stimmen mit Orchester auf Psalmentexten und ein Ballett. Er war auch als Musikschriftsteller tätig. Sein Stil ist italienisch beeinflußt.

Franco Alfano (1876–1954)

LEBEN
Franco Alfano wurde am 8.3.1876 in Posilipo bei Neapel geboren. Er war am Konservatorium in Neapel Schüler von Camillo De Nardis (26.5.1857, Orsogna bei Lanciano, bis 5.8. 1951, Neapel) und Paolo Serrao; darauf studierte er in Leipzig unter Salomon Jadassohn und Hans Sitt. Nach Aufenthalten in Leipzig und Paris wurde er Kompositionslehrer und Direktor am Liceo musicale in Bologna, sodann 1923 Direktor des Liceo musicale in Turin. Von 1939 bis 1942 war er Intendant des Teatro Massimo in Palermo; von 1947 bis 1950 leitete er das Konservatorium in Pesaro. Er starb am 27.10.1954 in San Remo.

WERKE
Außer 9 Opern schrieb Franco Alfano eine Funkoper und vollendete die Oper »Turandot« von Giacomo Puccini (1858–1924), ferner mehrere Ballettpantomimen für die Folies-Bergère in Paris. Er verfaßte weiters 3 Sinfonien, 2 Streichquartette, eine Violinsonate, eine Cellosonate und Klavierlieder. Sein Stil befand sich noch im Rahmen der italienischen Spätromantik.

Pietro Alfieri (1801–63)

ZEIT UND UMWELT
Auch in Italien mehrten sich im 19. Jahrhundert die Anhänger alter Kirchenmusik, die sich für den Palestrina-Stil einerseits und andererseits für die Gregorianischen Choräle einsetzten, Neuausgaben redigierten, ihre Einstudierungen leiteten und zugleich bei den eigenen Kompositionen nachahmten. Ihre musikhistorische Tätigkeit brachte für die Kenntnis der alten Musik wertvolle Entdeckungen ans Licht; nicht so wertvoll waren die Kompositionen, die sie selbst schrieben; die epigonalen Fakturen sind zu deutlich sichtbar.

LEBEN
Pietro Alfieri wurde am 29.6.1801 in Rom geboren. Er war Gesanglehrer und trat für die Wiederbelebung des Gregorianischen Chorals und die fünfstimmige Polyphonie der Renaissance ein. Er starb am 12.6.1863 in Rom.

WERKE
Neben seinen biographischen und musikästhetischen Abhandlungen und Ausgaben älterer Musiker verfaßte Pietro Alfieri eine Anzahl kirchenmusikalischer Werke, für die er den Palestrina-Stil nachahmte. Sie erhielten dadurch einen doktrinären Charakter.

Alfonso X. el Sabio (1221–84)

ZEIT UND UMWELT
Am Hof des Königs von Kastilien und Leon (von Fernando III. vereinigt) lebte die Hochkultur des Kalifates von Cordoba noch einmal auf. Er wurde unter Alfonso X. zu einem neuen Brennpunkt geistigen Lebens. Gelehrte und Künstler fanden sich ein, ob sie nun Juden, Christen oder Moslems waren, lehrten und lernten, schrieben, dichteten, komponierten, sangen und spielten, sammelten und bewahrten das Kulturgut des Südens und des Nordens Iberiens. Neben den Errungenschaften der Araber in der Mathematik, neben Astronomie, Kartographie, Geschichtswissenschaft und Jurisprudenz, neben der Philosophie, mit der islamische, jüdische und christliche Denker ein neues Weltbild zu bauen versuchten, erklangen die Lieder der ständig eingeladenen Troubadours und Trobairitz aus Südfrankreich und aus dem Norden Spaniens, die mit ihren Werken mit dem Trouvère Thibaut I. auf dem Thron von Navarra in Wettstreit traten.

LEBEN
Alfonso X. el Sabio (der Weise) wurde am 23. 11. 1221 in Toledo als Sohn des Königs Fernando III. (um 1200–52) geboren. Zwischen 1242 und 1244 eroberte er Murcia für das Reich seines Vaters, dem er 1252 nachfolgte. Er umgab sich mit zahlreichen Wissenschaftlern, die eine Gesetzessammlung, eine Übersetzung des Alten Testamentes in das Spanische, eine Geschichte seines Rei-

ches und eine Verbesserung der bisher verwendeten planetarischen Karten erarbeiteten. Neben der Wissenschaft galt sein Hauptinteresse der Dichtkunst und der Musik. Troubadours und fahrende Sänger (Frauen und Männer, Christen, Araber und Juden) bevölkerten seinen Hof. Guiraut Riquier zum Beispiel verbrachte dort 10 Jahre seines Lebens. Im Jahre 1254 schuf er an der Universität von Salamanca einen Lehrstuhl für Musik. Seine eigenen dichterischen und kompositorischen Schöpfungen stellen ihn an die Spitze der Kulturträger seiner Zeit. Er starb in Sevilla am 4. 4. 1284.

WERKE

Von Alfonso el Sabio sind über 400 Cantigas (Gesänge) teils mit, teils ohne Gesang für verschiedene Instrumente seiner Zeit erhalten. Alle anderen Dichtungen und Kompositionen sind verlorengegangen. Aber »wenn Spanien keine anderen Werke zur europäischen Musik beigetragen hätte, wäre es durch die Cantigas allein in die erste Reihe der Musik schaffenden Völker des Mittelalters gerückt«.

Les Cantigas de Santa Maria (Die Gesänge für die heilige Maria)

In der Vorrede zu seinen Cantigas bittet der Komponist die »schöne Dame Maria«, ihn als ihren Troubadour anzuerkennen. Die Texte bringen Lobpreisungen, Bitten, Danksagungen, aber auch Legenden um die Gottesmutter, die in allen Lebenslagen als Helferin und Beschützerin, in manchen Fällen jedoch strafend und rächend eingreift. Viele Gesänge weisen einen Refrain auf und ähneln dem französischen Virelais. Die Musik ist sehr volkstümlich gehalten und erhebt sich nur bei den Lobpreisungen zu hymnischen Formen (Cantigas de Loor). Alle Gesänge sind von Instrumenten begleitet und werden von Solisten (Sopran, Kontratenor und Bariton) mit oder ohne Frauen- oder Männerchor gesungen. Die reinen Instrumentalstücke verarbeiten zuweilen Melodien von Gesängen. Das Aufgebot von Instrumenten ist äußerst verschiedenartig und entspricht der Vielfalt der europäischen und arabischen Musikanten, die am Hof des Komponisten tätig waren; es wurden nahezu alle Musikinstrumente des dreizehnten Jahrhunderts herangezogen. Der arabische Einfluß auf die Musik ist unverkennbar; jüdische und berberische Anregungen zu einzelnen melodischen Wendungen sind nicht selten. Das meiste des melodischen Materials ist der Volksmusik entnommen. Die Sprache der Cantigas ist das Galicische (Galego), ein spanisch-portugiesischer Mischdialekt der Provinz Galicia.

LITERATUR

H. Anglès, La música de las cantigas de Santa Maria del Rey Alfonso el Sabio, 3 Bände, Barcelona 1964.

Alfonso della Viola (um 1508–70)

ZEIT UND UMWELT

Ercole II. d'Este folgte 1534 seinem Vater Alfonso I. in die Regierung des Herzogtums Ferrara nach. Er und sein Bruder, Kardinal Ippolito, waren als Literatur- und Kunstfreunde berühmt. Sie folgten darin der Tradition ihres Hauses.

LEBEN

Alfonso della Viola, wahrscheinlich ein Verwandter Francescos della Viola, ist um 1508 vermutlich in Ferrara geboren. Er kam als Instrumentalist zur Hofkapelle des Herzogs von Ferrara. Im Jahre 1534 war er bereits Hofkapellmeister, wurde aber ein Jahr darauf von Maistre Jhan abgelöst. Ob er hernach noch eine Stelle annahm, ist unbekannt. Er starb in Ferrara im Jahre 1570.

WERKE

Von Alfonso della Viola sind 2 Bücher mit vierstimmigen Madrigalen erhalten. Von seinen Bühnenmusiken im Madrigalstil ist lediglich eine rezitativartige Szene mit Chor des Stückes »Il Sacrificio« (Das Opfer) überliefert. Alle anderen sind verschollen. Der Stil seiner Kompositionen unterscheidet sich grundlegend von dem seines Namensvetters Francesco. Er ist durch und durch italienisch und nähert sich dem der Frottola.

LITERATUR

A. Einstein, The Italian Madrigal I, Princeton 1949.

Hugo Alfvén (1872–1960)

LEBEN

Hugo Emil Alfvén wurde am 1.5.1872 in Stockholm geboren, wo er von 1887 bis 1891 am Konservatorium und später bei Karl Adolf Lingren (14.3.1846, Trosa, bis 8.2.1905, Stockholm) studierte. Er ergänzte seine Ausbildung in Deutschland, Frankreich und schließlich bei César Thomson (17.3.1857, Lüttich, bis 21.8.1931, Lugano) in Brüssel. Nach seiner Kapellmeistertätigkeit in Dresden wurde er Kompositionslehrer am Konservatorium in Stockholm und war von 1910 bis 1939 Director musices der Universität Uppsala und zugleich bis 1947 Dirigent des Studentenchors. Er starb am 8.5.1960 in Falun.

WERKE

Der Spätromantiker blieb während seiner langen Schaffenszeit vom stetigen Wechsel der Musikstile des 20. Jahrhunderts unbeeinflußt. Daher ließ das Interesse an seinen Kompositionen, obwohl er zu den führenden schöpferischen Musikern seines Landes gezählt hatte, immer mehr nach. Allgemein gespielt wird eigentlich nur mehr seine Orchestersuite »Midsommarvaka«. Er schrieb außerdem 5 Sinfonien, mehrere sinfonische Dichtungen, Rhapsodien, Kantaten, Gesänge für Singstimme und Orchester, eine Violinsonate, eine Violinromanze, eine Elegie für Horn und Orgel, Klavierwerke verschiedener Art, viele Lieder und Schauspielmusiken.

»Midsommarvaka« (Sonnwendnacht), Orchesterfantasie, Opus 45, ein Satz, entstanden 1904

Mit ungeheurer Farbigkeit und nordischen Tanzrhythmen wird das schwedische Fest der Sonnenwende und die unbändige Freude des Volkes über den Beginn des Sommers plastisch dargestellt.

LITERATUR

S.E. Svensson, Hugo Alfvén, som människa och konstnär. Uppsala 1946. Autobiographie, Bd. 1 – 4: Första satsen, Stockholm 1946. Tempo furioso, Stockholm 1948. I Dur och moll, Stockholm 1949. Final, Stockholm 1952.

Léon Algazi (1890–1971)

LEBEN

Léon Algazi wurde am 19.2.1890 in Epureşti, Rumänien, geboren. Nach seiner Ausbildung in Wien wurde er in Paris Schüler von André Gédalge, Raoul Laparra und Charles Koechlin. Er wurde Lehrer für hebräischen Gesang an der Schola Cantorum und für Liturgie an der Israelitischen Schule. Ab 1936 war er Leiter des israelitischen Tempelgesangs und Kapellmeister der Großen Synagoge in Paris, wo er am 28.2.1971 starb.

WERKE

Für Orchester schrieb Léon Algazi ein »Largo« und eine »Chassidische Suite«, für Gesang und Klavier »Volkslieder«, »4 Judenspanische Lieder«, »3 Traditionelle hebräische Lieder«, für Gesang und Orchester »Psalm 27, 137, 144«, für gemischten Chor »Liturgische Gesänge«, »Wiegenlied«, für Männerchor »3 Jüdische Lieder«, außerdem ein Oratorium für Bariton, Chor und Orchester und eine Reihe kleiner lyrischer Dramen.

Paris Francesco Alghisi (1666 – 1733)

ZEIT UND UMWELT

August II. der Starke, Kurfürst von Sachsen, wurde 1694 als Friedrich August I. König von Polen. Er gründete in Dresden eine polnische Hofkapelle, zu der er den Großteil der Hofkapelle von Warschau übernahm. Da dort sehr viele Italiener beschäftigt waren, bestand diese zweite Dresdner Hofkapelle ebenso zu einem guten Teil aus Italienern wie die schon früher bestehende deutsche.

LEBEN

Paris Francesco Alghisi wurde am 19. 6. 1666 in Brescia geboren. Er war Schüler von Carlo Francesco Pollarolo. Nach 1690 begab er sich in die Dienste des polnischen Hofes in Warschau, kam mit den übrigen Mitgliedern der polnischen Hofkapelle zur neuerrichteten Kapelle der Polen in Dresden, kehrte aber bald nach Brescia zurück und trat in den Minoritenorden ein. Es ist nicht feststellbar, welche musikalische Stelle er in seiner Vaterstadt einnahm, in der er am 30. 6. 1733 starb.

WERKE
Der italienische Komponist Paris Francesco Alghisi verfaßte 2 Oratorien, eine Kantate, eine Sonate und weitere sakrale Musik, außerdem 5 Opern, die in Venedig und Bologna aufgeführt wurden.

Bernardo Aliprandi
(um 1710 bis um 1792)

ZEIT UND UMWELT
Die Münchner Hofkapelle erfuhr unter Kaiser Karl VII. und dessen Nachfolger, Kurfürst Maximilian III. Joseph, eine beträchtliche Ausweitung durch eine Reihe von Musikern ersten Ranges aus Italien.

LEBEN
Bernardo Aliprandi wurde um 1710 in Mailand geboren. Er trat 1732 der Münchner Hofkapelle als Cellist bei und wurde dort 1737 Kammerkomponist und 1750 Konzertmeister. Im Jahr 1780 wurde er pensioniert und begab sich nach Frankfurt am Main, wo er um 1792 starb.
Sein Sohn Bernhard Aliprandi (5. 2. 1747, München, bis 19. 2. 1801, München) war ab 1762 Cellist des Münchner Hoforchesters.

WERKE
Neben einigen Opern verfaßte Bernardo Aliprandi ein sehr bemerkenswertes Stabat mater mit Instrumenten, das sehr oft aufgeführt wurde. Über weitere Kompositionen ist nichts bekannt.
Bernhard Aliprandi trat mit einigen Cellostücken hervor.

Richard Alison (um 1540 bis vor 1609)

ZEIT UND UMWELT
Die Vertonung von Psalmen, die auf dem Kontinent, vor allem in Frankreich, im 16. Jahrhundert sehr häufig vorgenommen wurde, regte auch die englischen Komponisten an, neben den Hymnen auch in die Volkssprache übersetzte Psalmentexte für mehrere Stimmen zu komponieren. Dem Geschmack des Publikums entsprechend wurden sie nicht selten mit instrumentalen Begleitstimmen versehen.

LEBEN
Richard Alison (Allison) wurde um 1540 vermutlich in London geboren. Über sein Leben und Wirken ist nur bekannt, daß er sich in London als Musiklehrer betätigte. Sein Verwandter Robert Alison war ungefähr von 1590 bis 1610 Gentleman der Chapel Royal. Richard Alison, der sich in jener Zeit in London aufgehalten hatte, ist dort noch vor 1609 gestorben.

WERKE
Von Richard Alison ist eine auf eigene Rechnung herausgegebene Vertonung von »The Psalmes of David in Meter« (Psalmen Davids im Versmaß) erhalten. Die vierstimmige Komposition ist stark homophon und homorhythmisch und wird von Laute, Gittern und Baßviole begleitet. Weiters brachte er eine »Musicke apt for Instruments and Voyces« (Musik geeignet für Instrumente und Stimmen) mit 24 mehrstimmigen Gesängen heraus, außerdem etliche Lautenstücke. Alle diese Kompositionen müssen als guter Durchschnitt bezeichnet werden.

Aleksandr Aljabjew (1787–1851)

ZEIT UND UMWELT
Der russische Adel des 19. Jahrhunderts richtete sein gesellschaftliches Leben nach dem französischen aus. Man sprach und las vorwiegend Französisch, man kleidete und benahm sich französisch, man begeisterte sich daher auch für sentimentale Lieder und Romanzen wie in den Pariser Salons. Die Anklänge der Kompositionen an russische Volksmusik empfand man als reizende, interessante Würze. Das Volk selbst interessierte niemanden.

LEBEN
Aleksandr Aleksandrowitsch Aljabjew (Ala-

biew) wurde am 4. 8. 1787 in Tobolsk geboren. Er diente von 1812 bis 1823 als Offizier, war von 1825 bis 1831 wegen Mordverdachtes nach Sibirien verbannt, lebte sodann bis zu seinem Tod am 22. 2. 1851 als Musiker und Komponist in Moskau.

WERKE
Von Aleksandr Aljabjew wurden mehrere sehr beliebte Singspiele und Opern aufgeführt. Er verfaßte außerdem 3 Streichquartette und eine Sinfonie. Berühmt wurde er aber durch seine über 100 Lieder und Romanzen im französischen Geschmack, dem er zuweilen etwas russische Folklore beimischte. Sein »Solowei« (Nachtigall) wurde oft in die Gesangunterrichtsszene des »Barbier von Sevilla« von Gioacchino Rossini eingefügt.

Charles Alkan (1813–88)

ZEIT UND UMWELT
Die pianistische Technik von Frédéric Chopin hat besonders in Frankreich viele Nachahmer gefunden, deren Wirken sowohl als Interpreten wie als Komponisten über ein gewisses Epigonentum nicht hinaus kam. Nur einige wenige entwickelten sich selbständig weiter und schufen sich einen Stil, der zwar auf Chopin fußte, aber trotzdem eigenständig war.

LEBEN
Charles Henri Valentin Morhange, genannt Alkan, wurde am 30. 11. 1813 in Paris geboren. Er war am Conservatoire Schüler von Pierre Zimmermann und Victor Dourlen. In seiner Geburtsstadt wirkte er als Pianist und Klavierlehrer bis zu seinem Tod am 29. 3. 1888.
Sein Bruder Napoléon Morhange Alkan (2. 2. 1826, Paris, bis März 1888, Paris) war Pianist und Klavierlehrer in Paris.

WERKE
Von Charles Alkan sind zahlreiche technisch äußerst schwierige Klavierstücke voll an Exzentrizität grenzender Originalität, die an Frédéric Chopin erinnern, aber diesen keinesfalls nachahmen, überliefert. Er schrieb Konzertetüden, Präludien, zahlreiche Suiten, eine Sonate für Klavier, eine für Cello und Klavier, ein Klaviertrio, ein Kammerkonzert mit Klavier, ein Klavierkonzert, Nokturnen, Märsche, Tänze, weiters Werke für das damals gerade erfundene Pedal-Klavier. Einzelne Kompositionen von ihm standen noch in unserem Jahrhundert auf den Konzertprogrammen der Virtuosen, die dabei Gelegenheit fanden, ihre hochentwickelte Technik und ihre Ausdrucksfähigkeit zu beweisen.
Napoléon Morhange Alkan schrieb vorzügliche Klavierstücke und Übungen.

Große Sonate »Die vier Lebensalter«, Opus 33, 3 Sätze
Die Programmabhängigkeit dieses allgemein geschätzten Werks geht bis zu den einzelnen Sätzen. Der 2. Satz, der dem mehr ruhig und konventionell gehaltenen 1. folgt, trägt die Aufschrift »Quasi Faust« und zeichnet das Vorwärtsstürmen eines Mannes, der zum Höchsten drängt, in einem virtuosen-symphonischen Stil mit Dezimenspannungen. Der 3. Satz beginnt mit einer vollgriffigen, klangmassierten Stretta und einer siebenstimmigen Fuge, mit der nur wenige Virtuosen technisch fertigwerden.

Allanus de Groote (um 1445–1501)

ZEIT UND UMWELT
Die ursprünglich untrennbare Verbindung von Musik, Wort und Gestik wurde zwar im Ablauf der Musikgeschichte stark zurückgedrängt, geriet aber nie außerhalb des Interessenkreises musikalischer Menschen. In einer Zeit, in der Musik in erster Linie gesungene Musik war, wollte man auf keinen Fall darauf verzichten, die Bedeutung des gesungenen Wortes durch entsprechende Gestik zu unterstreichen. Die theatralische Darstellung von sakralen oder profanen Szenen war im Rahmen der Volksmusik stets lebendig geblieben und fand gegen Ende des Mittelalters auch die Aufmerksamkeit der Komponisten, die sich im Verlauf der nächsten Zeitepoche immer mehr steigerte, so daß es zur Ausformung der ersten Opern kam.

LEBEN
Allanus de Groote, geboren um 1445 in den

Niederlanden, war ab 1475 Sänger an St. Donatian zu Brügge und ab 1480 Vize-Kapellmeister. Er starb in Brügge am 28. 4. 1501.

WERKE
Der Dichter und Komponist Allanus de Groote verfaßte Text und Musik zu einer Reihe von sakralen Spielen, die sich großer Beliebtheit erfreuten. Damit war der Anfang einer Art Kirchentheatralik gesetzt, die sich im folgenden Jahrhundert sehr verbreitete.

Alejandro Núñez Allauca
(geboren 1943)

LEBEN
Alejandro Núñez Allauca wurde am 1.4.1943 in Moquegua, Peru, geboren. Er studierte am Konservatorium in Lima und anschließend bei Andrés Sás Orchassal sowie bei Francisco Kröpfl, Gabriel Brnčić und Gerardo Gandini in Buenos Aires. Nach seiner Rückkehr nach Peru lebt er als freischaffender Komponist in Lima.

WERKE
Die von Alejandro Núñez Allauca entwickelte »Ornamenttheorie« systematisiert eine harmonische und kontrapunktische Verbindung gleicher oder ungleicher Ornamente und bietet dadurch für die Komposition unendlich viele Kombinationsmöglichkeiten. Er schrieb mit dieser Methode »Variables« für sechs Instrumente und Tonband, ein Orchesterkonzert, eine »Sinfonía ornamental«, ein »Concierto ornamental« für Klavier und Orchester, einen 100. Psalm für vierstimmigen Chor und für achtstimmigen Chor, »Diferenciales I und II« für Klavier, ein »Moto ornamentale e perpetuo« (Ornamentale und ewige Bewegung) für Klavier und »Gravitación humana« (Gravitation des Menschen) für Tonband sowie ein Streichquartett.

Giovanni Battista Allegri
(um 1686 bis nach 1730)

ZEIT UND UMWELT
Motetten für Solostimme mit Instrumenten unterschieden sich am Ende der Barockzeit von der Solokantate fast nur durch den nahezu ausschließlich sakralen Text und ihre liturgische Verwendung, wodurch ihr alter Nimbus der Erhabenheit über die Kantate gewahrt wurde.

LEBEN
Giovanni Battista Allegri wurde um 1686 vermutlich in oder bei Venedig geboren. Er war Kapellmeister und Organist in Argignano bei Vicenza und dürfte dort nach 1730 gestorben sein.

WERKE
Außer einer Sammlung Motetten für Solostimme, zwei Violinen, Cello und Orgel als Generalbaß sind alle kompositorischen Werke von Giovanni Battista Allegri verlorengegangen. Die Motetten verdienen durch den Instrumentalsatz, der dem Cello neben dem Generalbaß eine gesonderte Stimme zuweist, Beachtung.

Gregorio Allegri (1582–1652)

ZEIT UND UMWELT
Die Tradition der Cappella Sistina blieb von den neuen Tendenzen der Musikentwicklung unangetastet. Ihre Aufführungen, vor allem ihre Karwochengesänge, genossen weiterhin höchstes Ansehen. Ihre Palestrina-Pflege und die ausschließlich vokale Aufführungspraxis wurden zum Muster aller A-cappella-Musik.

LEBEN
Gregorio Allegri wurde 1582 in Rom geboren und war von 1591 bis 1596 Chorknabe an San Luigi de'Francesi unter Giovanni Bernardino Nanino. Er war vermutlich auch Schüler von Giovanni Maria Nanino. Von 1607 bis 1621 wirkte er als Kapellmeister am Dom zu Fermo. Im Jahr 1629 berief ihn Papst Urban VIII. an die päpstliche Kapelle,

der er als Sänger und Komponist bis zu seinem Tod am 17. 2. 1652 angehörte.

WERKE
Seine Berühmtheit verdankt der italienische Komponist Gregorio Allegri in erster Linie seinem neunstimmigen Miserere, das er ausschließlich für die Sixtinische Kapelle schrieb. Es durfte lange Zeit nicht kopiert werden. Es kommt auch, von anderen Ensembles gesungen, die die Vortragspraxis und Verzierkunst der Sistina nicht beherrschen, kaum zur Geltung. Außerdem sind von Allegri 2 Bücher Concertini, 2 Bücher Motetten und eine vierstimmige Sonate für Streicher erhalten. Viele seiner sakralen Werke, nämlich Messen, Motetten, Lamentationen, Improperien, Magnificat und Te Deum sind handschriftlich überliefert, einiges findet sich in Sammelwerken.

LITERATUR
J. Amann, Allegris Miserere und die Aufführungspraxis in der Sixtina, in: Freiburger Studien zur Musikwissenschaft IV, Regensburg 1935.

Lorenzo Allegri (um 1573–1648)

ZEIT UND UMWELT
Unter den Großherzogen Ferdinando I. (1549–1609) und Cosimo II. (1590–1621) de'Medici erreichte das Musikleben am Hof zu Florenz seinen Höhepunkt. Was an Talenten herangezogen werden konnte, erfuhr bestmögliche Förderung und Ansporn zu Höchstleistungen.

LEBEN
Lorenzo Allegri (Il Tedesco) wurde um 1573 in Florenz geboren. Er war wahrscheinlich deutscher Abkunft. Im Jahr 1604 nahm man ihn in die Florentiner Hofkapelle als Lautenisten und Lautenlehrer auf, zog ihn aber bereits ab 1589 fallweise zu Intermedienaufführungen heran. Mit seinem Vorgesetzten Jacopo Peri (1561–1633), der am Hof der Medici »Principale direttore della musica e dei musici« (Erster Leiter der Musik und der Musiker) war, arbeitete er eng zusammen. Er starb in Florenz am 16. 7. 1648.

WERKE
Der italienische Komponist und Lautenist Lorenzo Allegri komponierte in Zusammenarbeit mit dem Komponisten der ersten Oper Jacopo Peri zahlreiche Ballette, die für die Entwicklung dieser Musikgattung von entscheidender Bedeutung waren. Davon ist aber nichts erhalten. Überliefert ist nur ein »Primo Libro delle Musiche« (Erstes Musikbuch), das ein-bis sechsstimmige Madrigale und fünf- bis sechsstimmige Ballettsuiten mit Generalbaß enthält, sowie eine Sinfonia, die als Vorstufe für die in der zweiten Hälfte des 17. Jahrhunderts entwickelte »Französische Sinfonie« angesehen wird. Auch seine Lautenkompositionen sind verschollen.

LITERATUR
A. Solerti, Musica, ballo e drammatica alla Corte Medicea, Florenz 1905.

Benjamin Dwight Allen (1831–1914)

ZEIT UND UMWELT
Massachusetts nahm besonders nach dem Bürgerkrieg einen ungeheuren wirtschaftlichen Aufschwung, mit dem ein kultureller einherging. Boston wurde zu einem allgemein anerkannten Kulturzentrum der USA. Auch Worcester entwickelte bald ein intensives Kulturleben mit Gründung einer Universität, von Museen und anderen Instituten. Die Musikpflege wurde sehr intensiv betrieben.

LEBEN
Benjamin Dwight Allen wurde am 16.2.1831 in Sturbridge, Mass., geboren und in Worcester, Mass., ausgebildet, wo er ab 1845 als Lehrer und Organist und ab 1857 durch 37 Jahre als Organist und Chorleiter an der Union Congregational Church wirkte. Im Jahr 1858 war er Mitbegründer der Festivals in Worcester, von 1871 bis 1876 gab er am Konservatorium in Boston und an der Universität Unterricht. Ab 1894 war er Leiter der Musikabteilung des College in Wisconsin, von 1902

bis 1905 Organist in New York. Dann zog er sich nach Wellesley, Mass., zurück, wo er am 4.3.1914 starb.

WERKE
Von den vielen Anthems und Liedern, die Benjamin Dwight Allen verfaßte, ist nur wenig im Druck erschienen. Sie weisen ein ausgezeichnetes kompositorisches Talent aus, das sich zugunsten des Ausdrucks über traditionelle Regeln hinwegsetzt. Sein Hauptverdienst lag jedoch auf dem Gebiet der Organisation und Lehrtätigkeit, womit er an der Entwicklung des Musiklebens in den USA starken Anteil nahm.

Henry Robinson Allen (1809–76)

ZEIT UND UMWELT
Balladen, deren Stoff und nicht selten auch Melodie in der Regel dem irischen oder schottischen Volksgut entnommen wurden, erfreuten sich in England einer ständig uneingeschränkten Beliebtheit als Hausmusik und Konzertnummern. Opernsänger traten daher häufig als Interpreten von Balladen auf, die sie zuweilen selbst für die eigene Stimme komponierten. Daß sie irischen Meistern besonders gut gelangen, liegt in der Tradition dieses Volkes.

LEBEN
Henry Robinson Allen wurde 1809 in Cork, Irland, geboren. Er war Gesangschüler der Royal Academy of Music und machte anschließend eine glänzende Karriere als Opernbariton in London, zog sich aber bald davon zurück und wirkte bis zu seinem Tod am 27.11.1876 als Gesanglehrer und Balladenkomponist.

WERKE
Von den vielen Balladen, die Henry Robinson Allen komponierte und selbst vortrug, sind einzelne besonders populär geworden, weil sie an irische Volkslieder anklangen, die der Engländer vor allen anderen liebt.

Juan Allende-Blin (geboren 1928)

LEBEN
Juan Allende-Blin wurde am 24.2.1928 in Santiago de Chile geboren. Er studierte zunächst bei seinem Onkel Adolfo Allende Sarón (29.8.1890, Santiago de Chile, bis 9.10.1966, Santiago), sodann an der Universität seiner Geburtsstadt und besuchte Kurse bei Olivier Messiaen. Er kam 1957 in die Bundesrepublik Deutschland. Im Jahr 1962 wurde er in Hamburg Mitarbeiter des Norddeutschen Rundfunks. Er lebt heute in Essen als freischaffender Komponist.

WERKE
Neben 2 Balletten schrieb Juan Allende-Blin unter anderem »Transformationen« für Bläser, Schlagzeug, Celesta und Klavier, »Transformationen« für Schlagzeug, »Transformationen« für Orgel, »Profile« für Klarinette, Trompete, Posaune, Cello und Schlagzeug, »Magnetfelder« für Klavier, Klarinette, Kontrabaß und Tonband, »Unterbrochenes Schweigen« für Klarinette, Kontrabaß und Klavier, ein Orgelstück und Chansons, außerdem weitere Musik für Tonband. Konzertante Bearbeitung und Einrichtung von Claude Debussys unvollendeter Oper »La chute de la maison Usher« (Text nach Edgar Allan Poe), 1977.

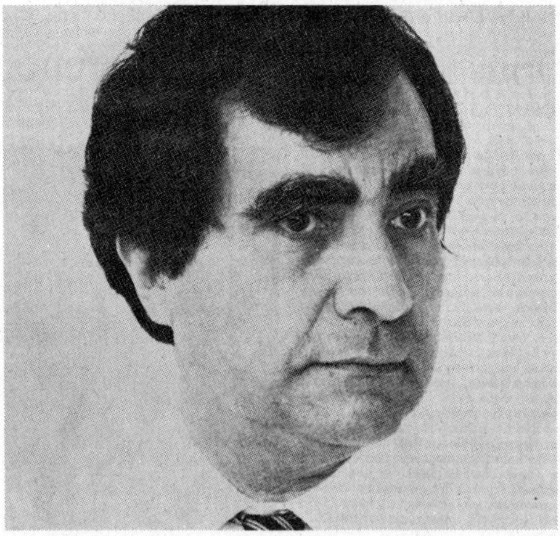

Juan Allende-Blin

Francisco António de Almeida
(um 1700–55)

Zeit und Umwelt

Endogen war die Oper in keinem Land, Italien ausgenommen, wo die ersten Opern entstanden waren. In die anderen Länder wurde sie importiert, und zwar zuerst von italienischen Operntrupps mit eigenem Orchester, die für einige Zeit seßhaft blieben, einheimische Kräfte aufnahmen und ausbildeten, bis sich im Land selbst Opernensembles bildeten. Die Opern wurden vorerst aus Italien bezogen oder von italienischen Meistern an Ort und Stelle geschaffen. Die nächste Stufe war die Komposition einheimischer Meister von Opern im italienischen Stil auf italienische Libretti und später auf Texte in der Landessprache. Hand in Hand damit ging die Übersetzung italienischer Texte. Bis zur Endphase, zur Komposition von Opern im eigenständigen Stil, konnte es allerdings erst kommen, sobald dieser Stil auch in anderen Musikgattungen gebildet war. Die Vorstellung, daß »Oper« gleichbedeutend sei mit »Oper im italienischen Stil«, herrschte in manchen Ländern noch lange vor.

Leben

Francisco António de Almeida wurde um 1700 vermutlich in Lissabon geboren. Er dürfte neben seiner Opernkomposition als Kapellmeister oder Organist an einer Kirche der Stadt gewirkt haben und im Jahr 1755 in Lissabon gestorben sein.

Werke

Von Francisco António de Almeida sind 4 Opern teilweise erhalten. Er war der erste portugiesische Komponist, der neben den aus Italien bezogenen eigene Kompositionen auf die Bühne brachte, die jedoch im italienischen Stil auf italienische Libretti komponiert waren. Seine Oper »La Pacienza di Socrate«, 1733 in Lissabon uraufgeführt, gilt als erste eigenständige portugiesische Oper. Nur der 3. Akt ist noch vollständig erhalten. Er schrieb auch Kirchenmusik, die aber nicht erhalten geblieben ist.

Karl Almenräder (1786–1843)

Zeit und Umwelt

Das Fagott, das bereits um 1800 durch Vermehrung der Grifflöcher und Klappen alle Töne der chromatischen Skala wiedergeben konnte, erhielt im 19. Jahrhundert in Frankreich 22 Klappen und 6 Grifflöcher, in Deutschland durch das vom Instrumentenbauer Johann Adam Heckel (14.7.1812, Adorf, Vogtland, bis 13.4.1877, Biebrich) entwickelte System 24 Klappen und 5 Grifflöcher.

Leben

Karl Almenräder wurde am 3.10.1786 in Ronsdorf bei Düsseldorf geboren. Er war Instrumentenmacher und Fagottvirtuose, wirkte ab 1810 als Lehrer an der Musikschule in Köln, 1812 im Theaterorchester von Frankfurt am Main, von 1815 bis 1816 als Militärkapellmeister, betrieb von 1810 bis 1822 eine Musikinstrumentenerzeugung in Köln und trat darauf in die Hofkapelle in Biebrich ein. Er arbeitete dort mit Johann Adam Heckel an Verbesserungen des Fagotts bis zu seinem Tod am 14.9.1843.

Werke

Von Karl Almenräder sind Konzerte und Fantasien für Fagott mit Streichinstrumenten und eine Anzahl Lieder überliefert, darunter die populäre Ballade »Des Hauses letzte Stunde«.

Carlos Francisco de Almeyda
(um 1765 bis nach 1800)

Zeit und Umwelt

Mit »Violetta« wurden verschiedene Streichinstrumente der Violen- und der Violinenfamilie bezeichnet. Im 18. Jahrhundert wurde zuweilen die Bratsche schlechthin so benannt, oft aber auch eine Diskantgambe.

Leben

Carlos Francisco de Almeyda wurde um 1765 in Burgos geboren. Er stand als Violinist und Komponist im Dienst des Hofes und starb im ersten Jahrzehnt des 19. Jahrhunderts in Madrid.

Werke
Von Carlos Francisco de Almeyda sind 6 Streichquartette im Druck erschienen. Eine »Sinfonia» für zwei Bratschen, Violetta, zwei Oboen, zwei Jagdhörner und Generalbaß ist handschriftlich überliefert. Seine Musik ist sehr konservativ.

Carlos Francisco de Almeyda
(um 1775 bis nach 1800)

Zeit und Umwelt
Der spanische König Karl IV. (1748–1819) hatte von seinem Vater Karl III. (1716–88) genügend musischen Sinn und musikalisches Verständnis geerbt, daß er außer den Zarzuelas und den italienischen Opern auch andere Musik zur Kenntnis nahm und schätzte. Er nahm sich der Kompositionen seiner Kammerviolinisten an und veranlaßte ihren Druck.

Leben
Carlos Francisco de Almeyda wurde um 1775 in Burgos geboren und wirkte am Königlichen Hof als Kammerviolinist. Nach 1800 verliert sich seine Spur. Er dürfte Opfer der Kämpfe in der Napoleonzeit geworden sein.

Werke
Von Carlos Francisco de Almeyda sind 1798 6 Streichquartette erschienen. Handschriftlich hinterließ er eine Sinfonia für zwei Bratschen, eine Violetta, zwei Oboen, zwei Jagdhörner und Baß.

Juan Almoroz (um 1480 bis um 1530)

Zeit und Umwelt
Die Villancicos, ursprünglich vulgärsprachliche Bauernlieder, waren die beliebteste musikalische Form der spanischen Renaissance. Die Benennung wurde allerdings so vieldeutig, daß man schließlich jedes Lied darunter verstehen konnte, das nicht ausgesprochen narrativer Natur war. Sie waren in den Anfängen einstimmig, wurden sodann häufig für mehrere Stimmen gesetzt; beliebt war die Zweistimmigkeit.

Leben
Juan Almoroz ist um 1480 in Spanien geboren. Er dürfte Kleriker gewesen und in enger Verbindung mit dem Königshof gestanden sein. Wahrscheinlich war er Mitglied der Hofkapelle. Über Ort und Zeit seines Todes ist nichts bekannt.

Werke
Neben einer Reihe sakraler Musik – Messen, Motetten, Lamentationen –, die einen starken Einfluß des franko-flämischen Stils aufweist, sind von Almoroz mehrere vierstimmige Villancicos überliefert. Eines ist anläßlich der Eroberung von Gaeta (1504) geschrieben und sehr beliebt geworden.

Love Almquist (1793–1866)

Zeit und Umwelt
Lieddichtung und Liedkomposition in Schweden lehnten sich wie in den anderen skandinavischen Ländern an das Volksgut an. Es gab aber auch eine divergierende Strömung, die sich die deutsche Klassik für das Wort und die »Wiener Klassik« für die Vertonung zum Vorbild nahm und Erhebliches leistete, aber nur wenige Interessenten ansprach und daher ihr Publikum im »Land der Klassik«, also im deutschen Sprachraum, mit mehr oder weniger Erfolg suchte.

Leben
Love (Karl Jonas Lovis) Almquist wurde am 28.11.1793 in Stockholm geboren. Er wirkte als Pianist und erregte durch seine freien Fantasien am Klavier Aufsehen, verlegte aber im Verlauf seines Lebens sein Tätigkeitsfeld nach Bremen, wo er am 26.9.1866 starb.

Werke
Von Love Almquist sind neben einer Anzahl Klavierfantasien, die viel Beachtung fanden und verdienten, eine große Menge Lieder bekannt geworden, deren Texte auch von ihm

stammten. Sie neigten zum Teil zu einer kühlen, klassizistischen Faktur, die sehr steif wirkte; ein anderer Teil seiner Werke brachte tief empfundene Worte mit adäquater Vertonung. Manches davon behandelte Märchenstoffe und folgte der romantischen Tendenz der Zeit.

Eyvind Alnaes (1872–1932)

LEBEN
Eyvind Alnaes wurde am 29.4.1872 in Fredriksstad, Norwegen, geboren. Er war in Oslo Schüler von Iver Holter und in Leipzig von Carl Reinecke. Von 1895 bis 1907 wirkte er als Organist in Drammen und lebte darauf als Organist und Chordirigent in Oslo, wo er am 24.12.1932 starb.

WERKE
Von Eyvind Alnaes sind 2 Sinfonien, »Variations symphoniques«, ein Klavierkonzert, Klavierstücke, Chöre und Lieder, alles im Rahmen der nordischen Spätromantik, bekannt geworden.

Ferid Alnar (geboren 1906)

LEBEN
Ferid Alnar wurde am 11.3.1906 in Istanbul geboren. Er studierte in Wien bei Joseph Marx und Oswald Kabasta (29.2.1896, Mistelbach, Niederösterreich, bis 6.2.1946, Kufstein, Tirol) von 1927 bis 1932. Nach seiner Rückkehr nach Istanbul wirkte er als Theaterdirigent und als Musikgeschichtslehrer am Konservatorium, von 1937 bis 1946 als Kompositionslehrer und sodann bis 1953 als Chefdirigent des Philharmonischen Orchesters. Von 1954 bis 1960 war er Generalmusikdirektor der Staatsoper in Ankara, wo er anschließend als Gastdirigent tätig ist.

WERKE
Von Ferid Alnar sind eine Anzahl Opern, Bühnenmusiken und Filmmusiken aufgeführt worden. Er schrieb ferner 2 Suiten, ein Cellokonzert, ein Konzert für Türkische Zither und Streicher, ein Streichquartett, ein Klaviertrio, eine Suite für Violine und Klavier, Volksliedbearbeitungen, zahlreiche Klavierstücke und Lieder. Seine Musik fußt auf der Folklore seiner Heimat.

Giovanni Battista Aloisi
(um 1565 bis um 1630)

ZEIT UND UMWELT
Bologna, das im Jahre 1506 endgültig dem Kirchenstaat einverleibt wurde, hatte keinen Hof und keine Hofkapelle. Somit konzentrierte sich das Musikgeschehen auf die Kirchen, in denen überall Kapellen gegründet wurden. Eine der ältesten war die an San Francesco aus dem Jahre 1537, der andere gut ausgestattete und geleitete Kapellen folgten, so daß für das 16. Jahrhundert ein starkes Aufblühen der Kirchenmusik feststellbar ist.

LEBEN
Giovanni Battista Aloisi wurde in Bologna um 1565 geboren. Er studierte in seiner Geburtsstadt Theologie und Musik, trat in den Minoritenorden ein, wirkte als Kapellsänger und schließlich als Kapellmeister an der Kirche seines Klosters bis zu seinem Tod um 1630.

WERKE
Von dem italienischen Kirchenmusiker Giovanni Battista Aloisi sind mehrstimmige Messen, Kirchenkonzerte, vier- bis achtstimmige Litaneien und eine Anzahl verschiedener sakraler Gesänge erhalten. Er folgte dem römischen Stil mit den Konzessionen, die Klostermusiker dem Ausdruck der Lebensfreude gerne machen.

Alonso de Mudarra (um 1508–80)

ZEIT UND UMWELT
Die Dichtungen der Italiener Petrarca und Jacopo Sannazzaro (1456–1530), des Katalanen Joan Boscà Almugàver (1490–1542) und der Spanier Jorge Manrique (1440–79) und Gacilaso de la Vega (1501–36) waren neben

Stellen aus Vergil und Ovid beliebte Texte der spanischen Vihuelisten der Renaissance. Ebenso gerne wurden spanische Volksballaden und Romanzen gesungen und gehört.

LEBEN
Alonso de Mudarra ist um 1508 vermutlich in Sevilla geboren. Er wurde am Hof der Herzöge del Infantado in Guadalajara erzogen und ausgebildet. Dann reiste er als Vihuelist durch Italien und Spanien und ließ sich schließlich als Kanonikus in Sevilla nieder, wo er 1580 starb.

WERKE
Alonso de Mudarra veröffentlichte 3 Bücher mit Vihuela-Musik, in denen er ihre sämtlichen Formen durch Beispiele aus seinem eigenen Repertoire darstellte. Im dritten Buch brachte er neben Vertonungen von italienischen und spanischen Gedichten sowie antiken Texten Balladen und Romanzen. Die Melodien sind einfach und volksliedhaft, die Begleitung ist aber sehr kompliziert gesetzt.

LITERATUR
J. M. Ward, The Vihuela de Mano and Its Music (1536–76), New York 1953.

Anglus Aloyson
(um 1565 bis nach 1615)

ZEIT UND UMWELT
Georg Leopold Fuhrmann (um 1570 bis um 1630), Lautenist, Kupferstecher und Buchhändler in Nürnberg, brachte 1615 ein Lautenwerk in deutscher und französischer Tabulatur unter dem Titel »Testudo Gallo-Germanica« (Französisch-deutsche Laute) heraus, in das er auch englische Stücke aufnahm. Seinem Sammlerfleiß verdanken wir in manchen Fällen die Kenntnis, die wir über einzelne Lautenkomponisten haben.

LEBEN
Anglus Aloyson (Fuhrmann nennt ihn M. Anglus, wobei offenbleibt, ob das M. ein abgekürzter Vorname oder ein Titel ist) wurde um 1565 vermutlich in London geboren. Im Zeitalter der Königin Elisabeth I. und des Königs Jakob I. gab es in London eine große Anzahl Lautenisten und Lautenlehrer, von denen wir bei weitem nicht alle kennen. Einzelheiten über ihr Leben und Wirken sind nur in seltenen Fällen feststellbar. Anglus Aloyson dürfte im ersten Drittel des 17. Jahrhunderts in London gestorben sein.

WERKE
Fuhrmann nahm in sein Lautenwerk eine Pavane von dem englischen Lautenisten Anglus Aloyson auf, die vorzüglich ist und eine große Virtuosität des Komponisten verrät, so daß man bedauern muß, daß alle anderen Werke dieses Komponisten verlorengegangen sind.

Flor Alpaerts (1876–1954)

LEBEN
Flor (Florent) Alpaerts wurde am 12. 9. 1876 in Antwerpen geboren. Er studierte am Konservatorium seiner Vaterstadt bei Jan Blockx (25. 1. 1851, Antwerpen, bis 26. 5. 1912, Antwerpen) und wurde an dieser Anstalt 1903 Lehrer für Solfège und 1924 für Kontrapunktik und Fuge; von 1919 bis 1951 wirkte er daneben als Konzertdirigent und Leiter der Symphonie-Konzerte der Zoologischen Gesellschaft in Antwerpen. Von 1933 bis 1941 hatte er die Leitung des Konservatoriums inne. Er starb am 5. 10. 1954 in Antwerpen.

WERKE
Das bedeutendste Werk von Flor Alpaerts ist unbestritten seine James-Ensor-Suite, bei der es ihm gelungen ist, die expressiv-visionäre grelle Farbgebung des belgischen Malers James Ensor (1860–1949) in Töne zu übersetzen. Er schrieb eine weitere vom Schriftsteller Stijn Streuvels (1871–1969) inspirierte Suite, 4 sinfonische Gedichte, ein sinfonisches »Poème« für Flöte und Orchester, Kantaten, Klavierwerke und Lieder, außerdem 2 Bühnenmusiken und eine Oper. Sein Stil näherte sich dem Expressionismus.

Alphonse d'Eve (1666–1727)

ZEIT UND UMWELT
Die Brüsseler Hofkapelle und die Kirchenkapellen im niederländischen Raum hielten an der alten Tradition der intensiven Musikpflege fest, soweit nicht politische Umwälzungen störend auftraten. Die Komposition war zum Großteil von Paris abhängig. Zur Bildung eines eigenen Stils kam es nicht.

LEBEN
Alphonse d'Eve wurde am 20. 8. 1666 in Brüssel getauft. Er wurde von seinem Vater ausgebildet und wirkte in Courtrai und Audenarde, dann von 1708 bis 1725 als Kapellmeister der Kathedrale in Antwerpen, wo er 1727 starb und am 10. 10. begraben wurde. Sein Vater Honoré Eugène d'Eve (um 1630, Brüssel, bis nach 1690, Brüssel) war ab 1652 Sänger an der Hofkapelle zu Brüssel und ab 1666 Hofkapellmeister.

WERKE
Vom niederländischen Komponisten Alphonse d'Eve sind 2 Bücher Kirchenmusik unter den Titeln »Concentus musicus« und »Philomela delectans« mit Messen und anderen sakralen Gesängen erhalten. Unter den zahlreichen, handschriftlich überlieferten Kirchenkompositionen befinden sich vermutlich auch Werke seines Vaters Honoré Eugène d'Eve.

LITERATUR
A. E. Schroeder, Medeling over Alphonse d'Eve, in: Revue Belge de Musicologie I., 1946/47.

Carlos Roqué Alsina (geboren 1941)

LEBEN
Carlos Roqué Alsina wurde am 19.2.1941 in Buenos Aires geboren. Von 1952 bis 1960 studierte er in seiner Vaterstadt Musiktheorie, Klavier und bei Teodoro Fuchs Dirigieren. Von 1959 bis 1964 nahm er an der Agrupación Nueva Música teil, hielt sich sodann bis 1966 in Berlin auf, wirkte in den folgenden zwei Jahren als Mitglied des Center of the Creative and Performing Arts an der Universität in Buffalo, N. J., darauf lebte er vier Jahre in Berlin und ließ sich dann in Paris nieder. Seine Konzertreisen als Dirigent und Pianist führen ihn durch Europa, Nord- und Südamerika.

WERKE
Von Carlos Roqué Alsina sind mehrere Stücke für Orchester, ein Holzbläserquintett, ein Trio für Cello, Posaune und Schlagzeug und weitere Stücke für Kammerensemble mit verschiedener Besetzung, Klavierwerke, ein Oratorium für drei Solisten, vier Schauspieler und drei kleine Instrumentalensembles, ein Requiem für Sopran, fünf Instrumente und zehn Schlagzeuger, Chöre und Gesänge mit Instrumentalbegleitung bekannt geworden.

Johann Ernst Altenburg (1734–1801)

ZEIT UND UMWELT
Durch zahlreiche Erfindungen wurde ab der Mitte des 18. Jahrhunders der Tonvorrat der Trompete chromatisch erweitert. Setzstücke, Klappen, Züge und zuletzt die Ventile ermöglichten das Hervorbringen jedes Tones der chromatischen Skala. Damit war dem Clarinblasen und der »heroisch-musikalischen Trompeter- und Pauker-Kunst« ein Ende gesetzt. Das Privileg der angesehenen Trompeterzunft erlosch.

LEBEN
Johann Ernst Altenburg wurde am 15. 6. 1734 in Weißenfels, Thüringen, als Sohn des Hoftrompeters Kaspar Altenburg (1688, Weißenfels, bis 1761, Weißenfels) geboren. Er war Schüler von Johann Theodor Römhild (1684–1756) in Merseburg und von Johann Christoph Altnikol in Naumburg. Er wirkte als Organist ab 1767 in Landsberg bei Halle und ab 1769 in Bitterfeld, wo er am 14. 5. 1801 starb.

WERKE
Johann Ernst Altenburg, der Enkelschüler Johann Sebastian Bachs, veröffentlichte eine Reihe von Stücken für Orgel und für Cem-

balo, bei denen das didaktische Wirken des Thomaskantors deutlich spürbar war. Altenburg ist Autor einer der wichtigsten Quellenschriften der neuzeitlichen Instrumentenkunde: »Versuch einer Anleitung zur historisch-musikalischen Trompeter- und Pauker-Kunst«, Halle/Saale 1795, Amsterdam 1966.

LITERATUR

A. Werner, Die Thüringer Musikerfamilie Altenburg, in: Sammelbände der internationalen Musikgesellschaft VII, 1905/06. D. Altenburg, Untersuchungen zur Geschichte der Trompeten im Zeitalter der Clarinblaskunst (1500 – 1800), 3 Bände, Regensburg 1973.

Michael Altenburg (1584–1640)

ZEIT UND UMWELT

Im Jahr 1635 wurde zwischen dem Kaiser Ferdinand II. und Sachsen der Friede von Prag geschlossen. Wieder einmal wechselten im Dreißigjährigen Krieg die Fronten, die Kriegsziele und die Kriegsvorwände. Gemeinsam sollte nun gegen die Schweden gekämpft werden, aber das katholische Frankreich griff an schwedischer Seite in den Krieg ein, stellte sich also auf die protestantische Seite, während protestantische Fürsten sich mit dem katholischen Österreich verbündeten. Für Deutschland gingen aber die Verwüstung großer Gebiete, die Bevölkerungsverluste und die Verarmung von Stadt und Land weiter, und der Niedergang des gesamten kulturellen und gesellschaftlichen Lebens dauerte an.

LEBEN

Michael Altenburg wurde am 27. 5. 1584 in Alach bei Erfurt geboren und studierte an der Universität von Erfurt. Im Jahr 1601 erhielt er die Kantorenstelle an der Andreaskirche der Stadt. Von 1610 bis 1621 war er Pastor in Tröchtelborn und sodann bis 1637 in Sömmerda. Er flüchtete vor den Kriegsereignissen nach Erfurt, wo er Pastor an der Andreaskirche wurde und am 12. 2. 1640 starb.

WERKE

Im Gegensatz zu einer Reihe von zeitgenössischen Musikern bediente sich der deutsche Komponist Michael Altenburg des polyphonen Stils des 16. Jahrhunderts. Er brachte das 53. Kapitel des Jesaia für sechs Stimmen, »Gaudium Christianum« (sakrale Gesänge) für fünf bis achtzehn Stimmen, den 55. Psalm für sechs Stimmen, Adventlieder, deutsche und lateinische Motetten, Weihnachts- und Neujahrsgesänge und ähnliches heraus. Seine Gesänge fanden weite Verbreitung.

LITERATUR

A. Auberlin, Michael Altenburg, in: Monatshefte für Musikgeschichte XI, 1879.

Ernest Eugène Altès (1830–99)

LEBEN

Ernest Eugène Altès wurde am 28.3.1830 in Paris geboren. Er war am Conservatoire Violinschüler von François Antoine Habeneck und spielte ab 1846 im Opernorchester und ab 1847 im Orchester des Conservatoires, dessen Zweiter Dirigent er 1870 wurde. Ab 1877 wirkte er als Zweiter Dirigent des Orchesters der Opéra und von 1880 bis 1887 als Erster Dirigent. Er starb am 2.7.1899 in Saint-Dyé-sur-Loire.

WERKE

Von Ernest Eugène Altès ist vorzügliche Kammermusik überliefert, die mit Unrecht vergessen ist. Das gleiche gilt für seine Sinfonie. Außerdem schrieb er ein Divertissement mit Ballettmelodien von François Auber zu dessen hundertstem Geburtstag (1882) und eine Reihe Opernfantasien.

Johann Christoph Altnikol (1720–59)

ZEIT UND UMWELT

Johann Sebastian Bach erblickte in seinem Schaffen weniger eine persönliche Leistung als das Ergebnis geduldigen Fleißes, Lernens und Einübens. Gefragt, wie es ihm gelungen sei, zu einer solchen Höhe seiner Kunst zu gelangen, antwortete er gewöhnlich, daß er eben fleißig habe sein müssen, und jeder, der ebenso fleißig sei, es ebenso weit bringen könne. Diese Lehre gab der Meister, der wohl weniger von angeborenen Fähigkeiten hielt, Söhnen und Schülern mit auf den Weg.

LEBEN

Johann Christoph Altnikol wurde am 1. 1. 1720 in Berna, Schlesien, geboren. Er war Sänger an St. Maria Magdalena in Breslau (Wrocław), studierte ab 1744 in Leipzig und war zugleich Bassist an St. Thomas und St. Nikolaus bis 1747 und sodann Schüler von Johann Sebastian Bach, dessen Tocher, Elisabeth Juliane Friederike (1726–81), er heiratete (20. 1. 1749). Er wirkte kurze Zeit als Organist in Niederwies, Greifenberg, und sodann von 1748 bis zu seinem Tod im Jahr 1759 in Naumburg und wurde dort am 25. 7. begraben.

WERKE

Von Johann Christoph Altnikol erschien nichts im Druck. Handschriftlich erhalten sind 2 Cembalosonaten, eine Kirchenkantate, eine fünfstimmige Motette, ein vierstimmiges Ricercar, ein Magnificat und Meßteile. Er befolgte den Rat des Schwiegervaters, fleißig zu sein, sicherlich getreu, erreichte aber dennoch nie dessen Höhe.

LITERATUR

H. Löffler, Die Schüler J. S. Bachs, Bachjahrbuch XL, 1953.

Fermin Maria Alvarez (um 1820–98)

ZEIT UND UMWELT

Neben der Vielzahl an Zarzuelas, die die spanischen Komponisten des 19. Jahrhunderts verfaßten, wurden ungeheuer viele Lieder geschrieben. Ihre Melodien sind entweder der Volksmusik entnommen oder zumindest ihr nachgebildet. In den Zeiten der verschiedenen innenpolitischen Wirren stieg der Bedarf an Liedern sogar sehr an, weil die Theater zeitweilig geschlossen gehalten wurden.

LEBEN

Fermin Maria Alvarez wurde um 1820 in Zaragoza geboren. Er war ein sehr populärer Liederkomponist und Klavierlehrer in Barcelona, wo er im Jahr 1898 starb.

WERKE

Von Fermin Maria Alvarez sind über 100 Lieder bekannt geworden, die den Volkston gut trafen und daher eine weite Verbreitung erfuhren. Er verfaßte ferner zahlreiche Klavierwerke, die zum Teil Übungszwecken dienten.

Alvaro (um 1425 bis um 1485)

ZEIT UND UMWELT

Alfonso V., der als König von Portugal von 1438 bis 1481 regierte, war beim Tod seines Vaters Duarte (regierte von 1433 bis 1438) noch ein Kind. Die Regentschaft maßte sich sein Onkel Pedro, Herzog von Coimbra, an, mußte aber schließlich dem Druck der schon zu jener Zeit mächtigen Familie Braganza weichen. Als der König die Regierung selbst übernehmen konnte, gelang es ihm ebensowenig, den Einfluß dieser Familie einzudämmen. Auch seine kriegerischen Unternehmungen waren wenig glücklich. Sein Feldzug gegen die Katholischen Könige, um Erbschaftsansprüche auf Kastilien durchzusetzen, endete mit einer Niederlage. Die Expansionsversuche in Afrika brachten ebenfalls keinen Erfolg.

LEBEN

Alvaro, einer der frühesten bekannten Komponisten Portugals, ist um 1425 in Portugal geboren. Er dürfte am Hof des Königs gelebt und gewirkt haben und dort um 1485 gestorben sein.

WERKE

Wir kennen eine einzige Komposition von Alvaro: Vesperae, matutinum et laudes cum antiphonis et figuris musicis de inclyta ac miraculosa victoria in Africa parte ad Arzillam (Vesper, Matutin und Laudes mit Antiphonen und musikalischer Ausschmückung über den berühmten und wunderbaren Sieg in Afrika bei Asilah) aus dem Jahr 1472. Das Werk besteht zu einem großen Teil aus einstimmigem Choralgesang, der von Fall zu Fall sequenzartige, weit gespannte Tonfolgen aufweist.

Alvaro de Los Rios (um 1560–1623)

Zeit und Umwelt

Der spanische Dramatiker Tirso de Molina (1584–1648), der eigentlich Gabriel Téllez hieß und als erster das Don-Juan-Sujet dramatisch verwertet hat, verfaßte eine Reihe von Schauspielen mit starker Ausdruckskraft und Bühnenwirksamkeit, die mehrere Komponisten zur Vertonung anregten.

Leben

Alvaro de Los Rios wurde um 1560 vermutlich in Madrid geboren. Über sein Leben und Wirken ist wenig bekannt. Er dürfte Mitglied der Königlichen Kapelle geworden sein, von der er sodann 1607 als Kammermusiker in die Dienste der Königin Margarete von Österreich (Gemahlin König Philipps III., 1584–1611) kam. Ob er nach dem Tod der Königin wieder zur Hofkapelle zurückgegangen ist, läßt sich nicht feststellen. Er starb in Madrid im Jahre 1623.

Werke

Von dem spanischen Komponisten Alvaro de Los Rios sind in einem Sammelwerk 8 Kompositionen aufgenommen. Bekannt wurde er aber durch seine Beiträge zur Vertonung des Schauspieles von Tirso de Molina »Der Schamhafte im Palast«, eine der ältesten bekannten Dramenvertonungen in Spanien. Es handelte sich dabei um chorale Vertonungen und instrumentale Zwischenmusik; eine rezitative Dialogvertonung liegt nicht vor.

Richard Alwood (um 1530 bis um 1585)

Zeit und Umwelt

Die Umgestaltung des Gottesdienstes in der englischen Reformation war nicht so radikal wie auf dem Kontinent. Jedenfalls wurde der Musik ebensoviel Entfaltungsraum gewährt wie vor dem Umbruch des Bekenntnisses. Es ist sogar ein starker Aufschwung der Kirchenmusik feststellbar, weil dem Konzertanten der Musik erhöhte Aufmerksamkeit zugewandt wurde. Der bald hereinbrechende Puritanismus allerdings setzte diesem Entwicklungsgang ein vorläufiges Ende, wie er überhaupt die Musen zum Schweigen verurteilen wollte.

Leben

Richard Alwood wurde um 1530 in England geboren. Über sein Leben ist nur bekannt, daß er Organist, Komponist und Kleriker war. Wo er gewirkt hat, läßt sich nicht feststellen. Auch Ort und Zeit seines Todes sind nirgends verzeichnet.

Werke

Von den Kompositionen Richard Alwoods sind nur eine sechsstimmige Messe und 7 Orgelstücke überliefert, die aber einen interessanten Einblick in die Kirchenkomposition nach der Reformation bieten.

Filippo Amadei
(um 1683 bis nach 1722)

Zeit und Umwelt

Die italienischen Opern, die in Deutschland aufgeführt wurden, wiesen zumeist ein übersetztes Libretto auf, denn das Publikum wünschte, die Handlung verfolgen zu können. Im Gegensatz dazu wurden in Wien diese Opern zumeist in der Originalsprache aufgeführt, weil zumindest ein Teil des Publikums Italienisch verstand. Außerdem galt das Hauptinteresse den Sängern und der Musik; die Texte fanden erst in zweiter Linie Beachtung.

Leben
Filippo Amadei wurde um 1683 in Reggio Emilia geboren. Er dürfte als Musiker in Rom gewirkt haben, wo er auch seine erste Oper 1711 herausbrachte. Eine zweite wurde 1722 in deutscher Übersetzung in Hamburg gegeben. Ort und Zeit seines Todes sind nicht bekannt.

Werke
Vom italienischen Komponisten Filippo Amadei sind außer 2 Opern mehrere Lieder überliefert, die Opernarien gleichen.

Michaele Angelo Amadei
(um 1570 bis nach 1615)

Zeit und Umwelt
Daß die Beurteilung, die von Zeitgenossen über Komponisten vorgenommen wird, häufig von jener späterer Zeit differiert, dürfte auch auf die beschränkten Vergleichsmöglichkeiten zurückzuführen sein. Der damalige Musiksachverständige erhielt nur einen kleinen Teil der Musik zur Kenntnis, so daß er nur selten eine erschöpfende Übersicht gewinnen konnte und daher leicht zu einer Fehleinschätzung kam.

Leben
Michaele Angelo Amadei wurde um 1570 in oder bei Venedig geboren. Er dürfte an einer Kirche der Stadt als Musiker beschäftigt gewesen und dort nach 1615 gestorben sein.

Werke
Michael Praetorius zählte den italienischen Komponisten Michaele Angelo Amadei zu den bedeutendsten Meistern seiner Zeit. Die 2 Bücher mit Motetten, die er veröffentlicht hat, enthalten ohne Zweifel künstlerisch wertvolle Leistungen; man kann sie dennoch höchstens als guten Durchschnitt einstufen. Ob er noch weitere Musik geschrieben hat, wissen wir nicht, ebensowenig, ob vielleicht diese das von Praetorius ausgesprochene Lob rechtfertigen.

Amalia von Sachsen (1794–1870)

Zeit und Umwelt
König Johann von Sachsen (1801–73), Neffe des Königs Friedrich August I. und Sohn dessen Bruders Maximilian (1759–1838), kam nach dem Tod seines Bruders Friedrich August II. (1797–1854) auf den sächsischen Königsthron. Er war Dichter, veröffentlichte unter dem Pseudonym Philalethes eine Übersetzung der »Göttlichen Komödie« von Dante Alighieri mit kritischen und historischen Anmerkungen in 3 Bänden in den Jahren 1839 bis 1849. Er bemühte sich stark um die wirtschaftliche und kulturelle Hebung seines Landes, das durch die großen Gebietsverluste und die sozialen Erschütterungen sehr gelitten hatte.

Leben
Maria Amalia Friederike, Prinzessin von Sachsen, wurde am 10. 8. 1794 in Dresden geboren. Sie war eine Schwester des Königs Johann von Sachsen und unterstützte ihren Bruder in allen seinen kulturellen Bestrebungen. Sie starb am 18. 9. 1870 in Dresden.

Werke
Als Dichterin schrieb Amalia von Sachsen unter dem Pseudonym Amalie Heiter eine Reihe von Lustspielen. Ihre Kompositionen – mehrere Opern, deren Texte sie selbst verfaßte, und sakrale Werke, die einen dem Klassizismus angenäherten Stil verfolgten – wurden mit der Signatur »Amalia« bekannt.

José Amat (um 1815 bis nach 1863)

Zeit und Umwelt
Der erste Karlistenkrieg (1834–39) hob alle Möglichkeiten für einen Musiker auf. Weder Hof noch Publikum hatten in Spanien Interesse an musikalischen Darbietungen. Der Bürgerkrieg beherrschte das tägliche Leben.

Leben
José Amat wurde um 1815 vermutlich in Katalonien geboren. Seine Hoffnung, nach der Ausbildung in Spanien ein Betätigungsfeld zu

finden, wurde durch den Ausbruch des Karlistenaufstandes vereitelt. Daher wanderte er nach Rio de Janeiro aus, wo er die spanische Zarzuela in portugiesischer Sprache mit großem Erfolg einführte. Er gewann dadurch bedeutenden Einfluß, auf den die Gründung der Oper in Rio de Janeiro zurückzuführen ist. Bis 1863 konnte er noch die Aufführung von brasilianischen Opern veranlassen, dann verschwand sein Name spurlos.

WERKE
Von José Amat sind zahlreiche Gesangstücke, darunter viele Modinhas, die er selbst mit Klavier- oder Gitarrenbegleitung vortrug, überliefert. Sie regten brasilianische Komponisten an, diese Volksmelodien in ihre Zarzuelas aufzunehmen.

Vincenzo Amato (1629–70)

ZEIT UND UMWELT
Das Verlangen nach Opernaufführungen sprang von Neapel bald auch nach Sizilien über. Zuerst wurden neapolitanische Werke aufgeführt, aber im Jahr 1664 konnte Palermo bereits die Oper eines Sizilianers vorstellen.

LEBEN
Vincenzo Amato (Vincentius Amatus, Amati) wurde am 6. 1. 1629 in Cimmina, Sizilien, geboren. Er studierte in Palermo Theologie und war von 1665 bis zu seinem Tod am 29. 7. 1670 Kapellmeister am Dom der Stadt.

WERKE
Der italienische Komponist Vincenzo Amato veröffentlichte einen Band sakraler Gesänge für zwei bis fünf Stimmen und einen weiteren mit Messen, Psalmen und Kompletorien für vier Stimmen. Beide Sammlungen sind konzertant und zum Teil monodisch. Er schrieb eine Matthäus- und eine Johannes-Passion, die Übergangsformen von der Choralpassion zur dialogischen Fassung bildeten, und außerdem eine Oper, die in Palermo aufgeführt wurde.

August Wilhelm Ambros (1816–76)

ZEIT UND UMWELT
Raphael Georg Kiesewetter Edler von Wiesenbrunn (29.8.1773, Holleschau, Holešov, bis 1.1.1850, Wien) war einer der bedeutendsten österreichischen Musikhistoriker, dessen Traktate über antike und mittelalterliche Musik eine wertvolle Grundlage für spätere Forschungen wurden.

LEBEN
August Wilhelm Ambros wurde am 17.11. 1816 in Mauth bei Prag geboren. Er war Neffe von Raphael Georg Kiesewetter und setzte dessen musikhistorische Forschungen fort, wirkte neben seiner Stellung als Staatsbeamter als Musikkritiker, Mitarbeiter der Neuen Zeitschrift für Musik und Lehrer am Konservatorium in Prag. Im Jahr 1872 erhielt er eine Stelle im Wiener Justizministerium und einen Lehrstuhl am Konservatorium. Er starb am 28.6.1876 in Wien.

WERKE
Die Bedeutung von August Wilhelm Ambros liegt auf dem Gebiet der Musikwissenschaft. Er komponierte eine Oper, eine Sinfonie, Kammermusik, Klavierstücke und Lieder. Seine »Geschichte der Musik« ist für die Erforschung der Renaissance- und Barockmusik noch heute grundlegend.

Vladimír Ambros (1890–1956)

LEBEN
Vladimír Ambros wurde am 18.9.1890 in Proßnitz (Prostějov), Mähren, geboren. Er studierte bei Leoš Janáček in Brünn und bei Iwan Knorr in Frankfurt am Main. Von 1914 bis 1921 wirkte er als Opernkapellmeister in London und sodann als Musiklehrer, Dirigent und freischaffender Komponist in der ČSSR. Er starb am 12.5.1956 in Prostějov.

WERKE
Anfänglich standen die Werke von Vladimír Ambros denen von Alban Berg sehr nahe, im späteren Verlauf nahm er sich die Romantiker

seiner Heimat zum Vorbild. Außer 2 Opern schrieb er 3 Sinfonien, 3 sinfonische Dichtungen, eine Sinfonietta, 4 »Exotische Tänze« für Kammerorchester, 2 Nonette, ein Bläserquintett, 3 Streichquartette, mehrere Klaviertrios, Werke für Cello, für Violine, für Klavier, Lieder und Chöre.

Josef Karel Ambrož (1754–1822)

ZEIT UND UMWELT
Der deutsche Schauspieler und Sänger Joseph Michael Böheim (um 1748, Prag, bis 4. 7. 1811, Berlin) brachte eine Sammlung »Freymäurer Lieder« in drei Teilen heraus – später erschienen unter dem Titel »Auswahl von Maurer-Gesängen« –, die Kompositionen zahlreicher bedeutender Komponisten seiner Zeit beinhaltet, darunter auch vom Mitherausgeber der ersten zwei Teile, Josef Karel Ambrož.

LEBEN
Josef Karel Ambrož (Joseph Karl Ambrosch) wurde am 26. 2. 1754 in Krumau an der Moldau (Český Krumlov) geboren. Er war Schüler von Jan Koželuh und wirkte ab 1791 als Operntenor in Berlin, wo er am 8. 9. 1822 starb.

WERKE
Von den zahlreichen, zu ihrer Zeit sehr beliebten Liedern von Josef Karel Ambrož, die dem Berliner Stil folgten, ist ein großer Teil in der Sammlung von Joseph Michael Böheim, an deren Herausgabe der Komponist maßgebend beteiligt war, erschienen.

Juan Amenábar (geboren 1922)

LEBEN
Juan Amenábar wurde am 22. 6. 1922 in Santiago de Chile geboren. Er war am Konservatorium seiner Geburtsstadt Schüler von Jorge Urrutia Blondel (geboren 17. 9. 1905, La Serena, Chile) und widmete sich sodann der Forschung auf dem Gebiet der musikalischen Elektroakustik.

WERKE
Von Juan Amenábar sind ein Konzert für Blockflöte, Cembalo und Streichsextett, ein Quartett für Flöte, Cello, Klavier und Schlagzeug, ein Duo für Flöte und Violine, ein Stück für Frauenstimme und Jazzensemble, Stücke für Soloklavier und für Solovioline, eine Toccata für Orgel, mehrere Chorwerke mit Instrumenten und a cappella, »Los peces« (Die Fische), elektronische Studie über die »Fibonacci-Reihe« und weitere Werke für Elektronische Musik sowie Bühnen- und Filmmusik bekannt geworden.

René Amengual Astaburuaga (1911–54)

LEBEN
René Amengual Astaburuaga wurde am 2. 9. 1911 in Santiago de Chile geboren, wo er am Konservatorium unter Pedro Umberto Allende Sarón studierte. Er wirkte ab 1935 als Lehrer und ab 1947 als Direktor am selben Institut bis zu seinem Tod am 2. 8. 1954.

WERKE
Von René Amengual Astaburuaga sind eine Anzahl Orchesterwerke im neuklassizistischen Stil bekannt geworden. Er schrieb ferner ein Klavierkonzert, ein Harfenkonzert, 2 Streichquartette, eine Violinsonate, eine Suite für Flöte und Klavier, Klavierstücke, Motetten und Madrigale. Im späteren Verlauf seiner Schaffenszeit wandte er sich immer mehr dem Impressionismus zu. Von der heimischen Folklore war er nicht beeinflußt.

Bernhard Amenreich (um 1538 bis um 1580)

ZEIT UND UMWELT
Philipp der Großmütige, Landgraf von Hessen, teilte das Land unter seinen vier Söhnen, von denen der dritte, Philipp der Jüngere (1532–83), Hessen-Rheinfels als Erbe erhielt und seine Residenz auf Schloß Rheinfels aufschlug. Seine Kapelle besorgte auch die Kirchenmusik im nahen Sankt Goar.

Leben
Bernhard Amenreich (Armenreich) wurde um 1538 in Heilbronn geboren. Er studierte in Heidelberg und erhielt 1557 durch Vermittlung von Sebald Heyden die Kantorenstelle in Hipoldstein, Mittelfranken, wurde 1560 Stiftsorganist in Feuchtwangen, 1563 Schulmeister in Windsheim und 1565 Hofmusikus in Ansbach bei Kurfürst Johann Georg (1525–98), ging 1568 nach Heidelberg zurück, um evangelischen Kirchengesang zu studieren und erhielt schließlich die Stelle eines Hoforganisten und Kapellmeisters bei Landgraf Philipp dem Jüngeren von Hessen-Rheinfels auf Schloß Rheinfels und zugleich die Organistenstelle am Stift Sankt Goar. Er starb um 1580. Sein Sterbeort ist unbekannt.

Werke
Der deutsche Organist und Komponist Bernhard Amenreich hinterließ ein Magnificat für Orgel und eine Anzahl mehrstimmiger Lieder, Orgelstücke und verschiedene Gelegenheitskompositionen. Der Großteil seiner Werke ist verlorengegangen. Das Magnificat weist ihn als fähigen Orgelkomponisten aus. Der Satz der überlieferten Lieder ist auf Klangwirkung gezielt.

Literatur
Orgelbauer, Organisten und Orgelspiel in Deutschland bis zum Ende des 16. Jahrhunderts, Die Musikforschung XI, 1958.

Christian Ameyden (um 1534–1605)

Zeit und Umwelt
Papst Pius IV. erblickte in der strikten Durchführung der Beschlüsse des Konzils von Trient die Garantie für den Erfolg der Gegenreformation und die Rückführung der abgefallenen Völker zur römischen Kirche. In diese Linie fiel die Entlassung von 14 Sängern der päpstlichen Kapelle im Jahre 1565. Dadurch wurde das Ensemble verkleinert und straffer gefaßt und jeder entfernt, der Neigung zeigte, sich den Weisungen auf dem Gebiet der Kirchenmusik nicht voll zu unterwerfen.

Leben
Christian Ameyden wurde um 1534 in Brabant geboren und an der Kathedrale von Antwerpen als Sängerknabe ausgebildet. Er blieb an der Kathedrale als Sänger, bis er 1564 nach Rom ging und dort in die päpstliche Kapelle aufgenommen wurde. Bereits ein Jahr später verlor er mit dreizehn anderen die Stelle wegen Unbotmäßigkeit. Im Jahre 1568 wurde er Sänger und Kanonikus an der Cappella Pauliniana und durfte 1572 zur päpstlichen Kapelle zurückkehren, wo er 1593 Kapellmeister wurde. Nachdem er 1594 in den Ruhestand getreten war, starb er in Rom am 20. 11. 1605.

Werke
Von dem franko-flämischen Komponisten Christian Ameyden sind eine fünfstimmige Messe, ein vierstimmiges Magnificat und ein Madrigal erhalten. Alle anderen Werke dieses angeblich produktiven Kirchenmusikers sind verschollen. Seine Kompositionen folgen sehr streng dem sogenannten Palestrina-Stil und zeigen wenig Eigenständigkeit.

Fikret Amirow (1922–83)

Leben
Fikret Meschadi Dschamil-ogly Amirow wurde am 22. 11. 1922 in Gandscha (heute Kirowabad, Aserbeidschan) geboren. Er lebte bis zu seinem Tod 1983 in Baku als Sekretär des aserbeidschanischen Komponistenverbandes und Direktor des Opernhauses.

Werke
Von Fikret Amirow sind 2 Opern und 2 Operetten aufgeführt worden. Er schrieb außerdem ein Tongedicht, eine Hymne, eine Sinfonie für Streicher, 2 sinfonische Maqāmāt, ein Doppelkonzert für Violine und Klavier, ein Konzert für Klavier und Volksinstrumente, ein Klavierkonzert mit arabischen Themen, 5 Stücke für Bläsersextett, Klavierwerke, Bear-

beitungen aserbeidschanischer Volkslieder und Bühnenmusiken. Seine Musik ist national gefärbt.

Elias Nicolaus Ammerbach
(um 1530–97)

Zeit und Umwelt
Zu Beginn des 16. Jahrhunderts waren alle Pfeifenarten der Orgel, die heute verwendet werden, vorhanden. Es gab große Instrumente mit vier Manualen und über 50 Register. Sofern sie bereits zum gottesdienstlichen Gebrauch zugelassen und nicht wie in Rom und Spanien aus den Kirchen verbannt war, bildete die Orgel Begleitinstrument und Verstärker der Singstimmen oder Basso continuo bei Instrumentalstücken. Solistisch wurde die Orgel zuerst vorwiegend für Prä-, Inter- und Postludien verwendet. Bald jedoch stellte sich das Bedürfnis nach längeren, unabhängigen Orgelstücken ein.

Leben
Elias Nicolaus Ammerbach (Amerbach) wurde um 1530 in Naumburg geboren. Der deutsche Organist studierte in den Jahren 1548 und 1549 in Leipzig und erhielt 1561 die Organistenstelle an der Leipziger Thomaskirche, die er bis 1595 versah. Er starb in Leipzig und wurde am 29. 1. 1597 begraben.

Werke
Von Elias Nicolaus Ammerbach sind eine »Orgel- und Instrument Tabulatur« und »Ein new kvnstlich Tabulaturbuch« erhalten, in denen Eigenes und Fremdes enthalten ist. Die Kompositionen von Ammerbach selbst zeichnen sich durch exakten Kontrapunkt aus.

Literatur
R. Wustmann, Elias Ammerbach, in: Sammelbände der internationalen Musikgeschichte 11, 1909/10.

John Amner (1579–1641)

Zeit und Umwelt
Ähnlich dem deutschen protestantischen Kirchenlied behielt das englische Anthem lange Zeit seine konservative Struktur bei. Eine kompliziertere Anlage wäre für seinen Gebrauch als Volksgesang unmöglich gewesen. Monorhythmik, gemächliche Progression der Melodik, einfache, klangvolle, dissonanzfreie Harmonik waren Voraussetzungen der Sangbarkeit für die Kirchengemeinden.

Leben
John Amner wurde 1579 vermutlich in Mittelengland geboren. Im Jahr 1610 übertrug man ihm die Stelle eines Organisten und Chormeisters an der Kathedrale von Ely, die er bis zu seinem Tod im Jahr 1641 versah.

Werke
Von dem englischen Kirchenkomponisten John Amner ist eine Sammlung von 26 »Sacred Hymns« (Sakrale Gesänge) für drei bis sechs Stimmen und Violenbegleitung erhalten. Sie sind sehr einfach gebaut, jede Textsilbe entspricht einem einzigen Ton, die kontrapunktische Arbeit ist dürftig. Das gleiche gilt für seine etwa 15 Anthems. Komplizierter und kunstvoller sind seine Services und Preces, die von Chören vorgetragen werden.

Blasius Amon (um 1558–90)

Zeit und Umwelt
Erzherzog Ferdinand von Tirol und Vorderösterreich hatte in Innsbruck eine leistungsstarke Hofkapelle aufgebaut. Die engen Beziehungen zu den Hofkapellen in Wien, Graz und Prag ermöglichten einen vorteilhaften Kräfteaustausch. Die nahen oberitalienischen Musikzentren boten dazu die Gelegenheit, einzelne Schüler der Kapelle mit guten Anlagen ausbilden zu lassen.

Leben
Blasius Amon wurde um 1558 in Hall in Tirol geboren. Er war zunächst Sängerknabe an der Hofkapelle in Innsbruck und wurde nach einem Aufenthalt in Brixen 1577 zur Ausbildung nach Venedig gesandt. Nach seiner Rückkehr wirkte er als Sänger an der Innsbrucker Kapelle bis 1587, in welchem Jahr er Franziskaner wurde und nach Wien ging, wo er im Juni 1590 starb.

Werke
Der Österreicher Blasius Amon war der erste Komponist seines Landes, der die venezianische Doppelchörigkeit anwendete. Er hinterließ fünfstimmige Introitus für das gesamte Kirchenjahr, eine Anzahl vierstimmiger Messen, vier- bis sechsstimmige Motetten und vier- bis achtstimmige geistliche Lieder. Der venezianische Einfluß auf sein Schaffen wird nicht nur durch die Mehrchörigkeit, sondern auch bei den Modulationen erkennbar.

Literatur
C. Huigens, Blasius Amon, Studien zur Musikwissenschaft XVIII, 1931.

Johann Andreas Amon (1763–1825)

Zeit und Umwelt
Seine heute gültige Gestalt erhielt das Horn erst im zweiten Drittel des 19. Jahrhunderts. Das um 1800 noch verwendete Horn ohne Ventile, ohne Grifflöcher und ohne Klappen erforderte eine außerordentliche Geschicklichkeit, die besonders bei deutschen und tschechischen Meistern entwickelt wurde.

Leben
Johann Andreas Amon wurde 1763 in Bamberg geboren und von Jan Václav Stich zum Hornisten ausgebildet. In Paris, wohin ihn sein Lehrer mitgenommen hatte, erhielt er von Antonio Sacchini Kompositionsunterricht. Er unternahm mit Stich ausgedehnte Konzertreisen, ließ sich aber 1789 als städtischer Musikdirektor und Musikverleger in Heilbronn nieder. Im Jahr 1817 wurde er Kapellmeister des Fürstenhauses Oettingen-Wallerstein. Er starb am 29. 3. 1825 in Wallerstein, Bayern.

Werke
Von Johann Andreas Amon wurden Sonaten für verschiedene Instrumente, Trios, Quartette, Quintette, Konzerte, eine Sinfonie und Lieder – insgesamt ungefähr 100 Opuszahlen – gedruckt. Handschriftlich sind 2 Messen, ein Requiem und 2 Singspiele erhalten.

Simon Amorosius
(um 1550 bis nach 1604)

Zeit und Umwelt
Der Schwede auf dem polnischen Königsthron, Sigismund III., war ein eifriger Verfechter des Katholizismus. Toleranz gegen Andersdenkende war ihm fremd. Daher säuberte er auch seine Hofkapelle von Anhängern der Reformation und setzte Katholiken an ihre Stellen.

Leben
Simon Amorosius wurde vermutlich in oder bei Krakau um 1550 geboren. Über seine Ausbildung, sein Leben und Wirken steht nur fest, daß er Mitglied der Hofkapelle König Sigismunds III. von Polen war und bis zu seinem Tod nach 1604 blieb.

Werke
Von Simon Amorosius ist nur eine achtstimmige Motette »Cantabant sancti canticum« (Die Heiligen sangen ein Lied) in dem Sammelwerk »Melodiae sacrae« (Sakrale Melodien) erhalten. Alles andere von dem angeblich sehr vielseitigen Musiker ist nicht erhalten. Die Motette beweist eine hochentwickelte Satzkunst.

Gilbert Amy (geboren 1936)

Leben
Gilbert Amy wurde am 29. 8. 1936 in Paris geboren. Er war am Conservatoire seiner Geburtsstadt Schüler von Simone Plé-Caussade,

Olivier Messiaen, Darius Milhaud und Yvonne Loriod (geboren 20. 1. 1924, Houilles, Seine-et-Oise). Von 1959 bis 1961 nahm er an den Ferienkursen für Neue Musik in Darmstadt teil; 1965 studierte er bei Pierre Boulez, als dessen Nachfolger er von 1967 bis 1973 das Domaine Musical in Paris leitete. Von 1976 bis 1981 dirigierte er das von ihm gegründete Neue Philharmonische Orchester des Französischen Rundfunks. Neben seinem kompositorischen Schaffen wirkt er häufig als Dirigent.

WERKE

Von Gilbert Amy sind »Sätze« für 17 Instrumente, »Diaphonien« für ein Doppelensemble von zwölf Instrumenten, »Antiphonien« für zwei Orchester, »Triade« für Orchester, »Chant« für Orchester, »Adagio e Stretto« für Orchester, »Inventionen I und II« für Klavier bzw. Celesta, Flöte, Harfe und Vibraphon bzw. Marimba, ein Stück für sechs Blasinstrumente und eines für sechs Schlaginstrumente, ein Violinkonzert, ein Streichquintett, ein Klavierstück, ein Orgelstück, ein Stück für Cello solo, eine Kantate für Sopran und drei Instrumente, »Strophe« für Sopran und Orchester und »Eine Saison in der Hölle« für Tonband, Klavier, Schlagzeug und Sopran bekannt geworden.

Gilbert Amy

Hartmann An der Lan-Hochbrunn
(1863–1914)

LEBEN

Hartmann (Paul) von An der Lan-Hochbrunn wurde am 21. 12. 1863 in Salurn geboren. Er war in Innsbruck Schüler von Joseph Pembaur. Im Jahr 1893 wurde er Organist in Jerusalem und 1895 in Rom, wo er die Scuola musicale cooperativa leitete. Von 1906 bis zu seinem Tod am 5. 12. 1914 lebte und wirkte er als Kirchenmusiker, unterbrochen durch einen einjährigen Aufenthalt in New York, in München.

WERKE

Von Hartmann An der Lan-Hochbrunn sind ein Te Deum, mehrere Messen, Orgelstücke, Kammermusik und Lieder bekannt geworden. Aufsehen erregten seine vorzüglichen Oratorien »St. Petrus«, »St. Franciscus«, »Das letzte Abendmahl«, »Der Tod des Herrn« und »Die letzten sieben Worte Christi am Kreuz«. Sein Stil war konservativ, aber von prächtiger Klangwirkung.

Giovenale Ancina (1545 – 1604)

ZEIT UND UMWELT

Filippo Neri, der Begründer der von Papst Gregor 1575 bestätigten Congregatio Oratorii, schloß an diese außerliturgische Bet- und Singgemeinschaft eine Musikschule an, in der die musikalische Gestaltung der Lauden und ihre Textierung gelehrt wurden. Die ungeheure Popularität dieser Institution, die in vielen italienischen Städten Nachahmung fand, zog zahlreiche Schüler an, zumal sich unter den Komponisten, die dafür tätig waren, die ersten Musiker Roms befanden, wie Palestrina, Animuccia und Soto de Langa.

LEBEN

Giovenale Ancina wurde am 19. 10. 1545 in Fossano, Piemont, geboren. Er studierte Medizin und Theologie und trat in Rom der von Filippo Neri begründeten Congregatio Oratorii zuerst als Schüler, sodann als Komponist und Dichter bei. Im Jahre 1602 wurde er Bischof von Saluzzo und starb dort 1604.

WERKE
Das kompositorische und dichterische Werk des Klerikers Giovenale Ancina war eng mit dem Wirken von Filippo Neri verknüpft. Er veröffentlichte 1599 den »Tempio armonico della beata Vergine« (Harmonischer Tempel der seligen Jungfrau), eine Sammlung von Gesängen, von denen ein großer Teil von ihm gedichtet und komponiert wurde.

Jean Ancot (1799–1829)

ZEIT UND UMWELT
An dem 1824 in London von Thomas Moore (1779–1852) und Walter Scott gegründeten Athenäum wurde neben geisteswissenschaftlichen Fächern auch Musik unterrichtet. Die Schule war sehr geschätzt.

LEBEN
Jean Ancot wurde am 6.6.1799 in Brügge geboren und in Paris am Conservatoire zum Pianisten ausgebildet; er nahm auch bei Louis Barthélemy Pradher und Henri-Montan Berton Unterricht in Kompositionslehre. Von 1823 bis 1825 wirkte er in London als Lehrer am Athenäum und als Pianist der Herzogin von Kent, Victoria von Sachsen-Coburg-Gotha (1792–1849). Dann unternahm er Konzertreisen in Belgien und ließ sich darauf in Boulogne nieder, wo er am 5.7.1829 starb.
Sein Vater Jean Ancot (1779, Brügge, bis 1848, vermutlich Paris) war Violinschüler von Rodolphe Kreutzer und François de Sales Baillot. Er wirkte als Violinvirtuose und Violinlehrer.

WERKE
Von Jean Ancot sind zahlreiche Werke bekannt geworden: ein Konzert, Variationen, Sonaten, Fugen, Etüden und vierhändige Fantasien für Klavier, Violinkonzerte, Kantaten mit Orchester und Ouvertüren. Seine hochromantischen Kompositionen mit schönen Melodien waren sehr beliebt.
Jean Ancot der Ältere schrieb wirkungsvolle Violinkonzerte.

Anton Jörgen Andersen (1845–1926)

ZEIT UND UMWELT
Es lag ganz im Sinn der Hochromantik, daß man sehr groß instrumentierte Ensembles zusammenstellte, die in der Regel nur solistisch oder im Rahmen gemischter Orchester auftraten, wie Posaunen- oder Trompetenchöre, um möglichst breite Klänge zu erzielen. Auch Ensembles aus vielen Bratschen, Celli oder Kontrabässen lagen, wie die beliebten Massenchöre, auf dieser Linie. Das Publikumsinteresse für solche Experimente hielt nie lange an, weil Klangballungen in den meisten Fällen nicht zu Klangverstärkungen führten.

LEBEN
Anton Jörgen Andersen wurde am 10.10.1845 in Kristiansand, Norwegen, geboren. Er war anfänglich Cellist an den Theaterorchestern von Trondhjem und Kristiania (Oslo). Von 1876 bis 1911 wirkte er als Lehrer für Cello und Kontrabaß am Konservatorium in Stockholm, wo er am 9.9.1926 starb.

WERKE
Von Anton Jörgen Andersen sind 5 Sinfonien überliefert, von denen eine für vierzehn Celli und drei Kontrabässe geschrieben ist, eine zweite eine Rezitation bringt. Er verfaßte außerdem ein Konzertstück für fünf Celli und drei Kontrabässe, Männerchöre und Klavierlieder.

Alfred Andersen-Wingar (1869–1952)

LEBEN
Alfred Nikolai Andersen-Wingar wurde am 15.10.1869 in Kristiania (Oslo) geboren. Er war Schüler von Johannes Hårklou (1847 bis 1925) in seinem Geburtsort sowie von Jules Massenet und André Gédalge in Paris. Er wirkte anfangs als Violinist, sodann als Bratschist. Von 1911 bis 1918 war er Dirigent der

Volkssinfoniekonzerte und 1921/22 Bratschist im Philharmonischen Orchester in Kristiania. Er starb am 21.4.1952 in Oslo.

WERKE
Neben mehreren Opern und Operetten schrieb Alfred Andersen-Wingar 3 Sinfonien, 2 Violinkonzerte, Ouvertüren, Bühnenmusiken, Orchesterfantasien, Orchestersuiten und Lieder. Er gehörte zu den norwegischen Spätromantikern.

Anton André (1775–1842)

ZEIT UND UMWELT
Die breite Klaviatur der im 19. Jahrhundert gebauten Klaviere bot dem vierhändigen Spiel größere Möglichkeiten. Die Folge davon war, daß eine Anzahl Komponisten Klaviermusik für vier Hände schrieben und auch viele Arrangements und Klavierauszüge für ein Vierhändigspiel eingerichtet wurden. Es handelte sich in den meisten Fällen um Hausmusik, weil die Konzertpianisten sich nicht gerne mit einer halbierten Klaviatur zufriedengaben.

LEBEN
Johann Anton André wurde am 6.10.1775 in Offenbach als Sohn des Johann André (1741 bis 1799) geboren. Er war Schüler des Violinisten und Komponisten Ferdinand Fränzl (24.5.1770, Schwetzingen, bis 19.11.1833, München, 9 Violinkonzerte, Kammermusik, Klavierlieder) und des Musikpädagogen Georg Jakob Vollweiler, studierte in Jena und übernahm nach ausgedehnten Reisen das Verlagsgeschäft seines Vaters in seiner Geburtsstadt, wo er am 6.4.1842 starb.
Sein Sohn Julius André (2.3.1817, Offenbach, bis 17.4.1880, Frankfurt am Main) war Organist und Pianist.

WERKE
Die zahlreichen Klavierkompositionen von Anton André waren zum größten Teil für vier Hände geschrieben. Er verfaßte außer 2 Opern eine Anzahl Sinfonien, Ouvertüren, Konzerte, Kammermusikwerke und Chöre. Sein Stil war klassizistisch, mit Konzessionen an den romantischen Geschmack.
Julius André schrieb eine Anzahl vorzüglicher Orgelwerke.

André de Rosiers
(um 1600 bis nach 1672)

ZEIT UND UMWELT
Die Chanson à boire oder der Air à boire war ein der Volksmusik angenähertes Lied, das nicht unbedingt ein »Trinklied« sein mußte, sondern allgemein der Geselligkeit diente und textlich und musikalisch nicht sehr anspruchsvoll und sangbar war. Der steife Air de cour wurde wohl wegen der geschliffenen Sprache und seiner verhaltenen musikalischen Ausdeutung sehr bewundert, vermochte das Unterhaltungsbedürfnis aber doch nicht in jedem Fall zu befriedigen.

LEBEN
André de Rosiers (Roziers), sieur de Beaulieu, wurde um 1600 in Beaulieu geboren. Er lebte in Paris und war vermutlich kein Berufsmusiker, nahm aber am Musikleben der Stadt, in der er nach 1672 starb, regen Anteil.

WERKE
Der französische Komponist André de Rosiers verfaßte 2 Bücher mit vierstimmigen und 16 Bücher mit ein- und zweistimmigen Chansons à boire, »Libertez« betitelt, und ein »Alphabet des Chansons pour danser et pour boire« (Alphabet der Tanz- und Trinklieder), deren Textanfänge alphabetisch geordnet waren. Er trug zur Entwicklung des französischen Geselligkeitsliedes Entscheidendes bei.

Johann André (1741–99)

ZEIT UND UMWELT
Johann Adam Hiller schuf den aus der italienischen Opera buffa und der französischen Opéra comique entwickelten Typus des deutschen Singspiels, das man damals auch Operette nannte. Es bildete mit seinen Gesangseinlagen und Instrumentalintermezzi

die Grundlage, von der aus sich einerseits die deutsche romantische Oper, andererseits die leichte Operette formte. Die Gesänge waren zu jener Zeit selten handlungsfördernd, sondern unterbrachen den Fortgang des Schauspieles, waren dafür aber stark stimmungsmalend.

LEBEN

Johann André wurde am 28. 3. 1741 in Offenbach geboren. Über seine Ausbildung ist nichts bekannt. Er machte sich mit seinen Singspielen bald einen Namen und wirkte von 1777 bis 1784 als Kapellmeister einer Theatergruppe in Berlin. Darauf eröffnete er in Offenbach eine Notenstecherei, die bald zu einem großen Verlag anwuchs. Er starb am 18. 6. 1799 in Offenbach.

WERKE

Neben seinen zahlreichen Singspielen und Schauspielmusiken, die beispielgebend wirkten, veröffentlichte Johann André mehrere Liedersammlungen, die eine große Verbreitung erfuhren. Er vertonte unter anderem auch die Ballade »Leonore« von Gottfried August Bürger (1747–94). Sowohl die Bühnenmusik wie auch die Lieder müssen als vorromantisch eingereiht werden.

Andreas de Florentia

(nach 1350–1415)

ZEIT UND UMWELT

Mit der sich anbahnenden Konsolidierung der politischen Verhältnisse in Florenz kehrte der Geist der Renaissance und des Humanismus auch in die Klöster und deren Bibliotheken ein. Die Humanisten Coluccio Salutati, Poggio Bracciolini, Niccolò Niccoli sind in diesem Zusammenhang zu nennen und besonders der spätere Marsilio Ficino (1433–99), Philosoph und Theologe. Damit erschlossen sich auch die Kirchenmusik und die Kompositionen aus Ordenskreisen der neuen Musik.

LEBEN

Andreas de Florentia (Magister Frater Andreas Horganista de Florentia) wurde nach 1350 geboren, trat 1375 in das Servitenkloster SS. Annuntiata als Novize ein, wurde dort 1378 Organist, 1379 Novizenmeister und 1380, 1387/88, 1390–92 und 1395 bis 1397 Prior; 1393 war er Prior eines Klosters in Pistoia, 1402/03 Berater des Ordensgenerals, 1406 Vikar und 1407–10 Provinzial der Ordensprovinz Toskana. Er starb vermutlich in Florenz im Jahre 1415.

WERKE

Von Andreas de Florentia sind 30 italienische Ballate zumeist amourösen Inhaltes (18 zweistimmige und 12 dreistimmige) erhalten, wozu noch eine zweistimmige französische kommt. Bei seinen rein vokalen Kompositionen (16 für zwei und 3 für drei Stimmen) finden sich häufig Textrezitationen mit ausgedehnten melismatischen Abschlüssen. Neue Stilmittel sind ostinate Rhythmen und Stimmenaustausch.

LITERATUR

A. v. Königslöw, Die italienischen Madrigalisten des Trecento, Würzburg 1940.

Andreas de Silva

(um 1477 bis um 1540)

ZEIT UND UMWELT

Nicht nur die führenden Kapellen Roms wie die päpstliche oder die am Petersdom waren aus dem Ausland zugewanderten Musikern gegenüber sehr aufnahmebereit; auch an den übrigen Kirchen, besonders an denen der verschiedenen Kardinäle, gab es für gute Sänger Stellen genug. Viele, die aus den Niederlanden, aus Frankreich oder Spanien kamen, wirkten anfänglich an den Kirchen der Kardinäle aus ihrer Heimat, bis es ihnen gelang, das Ziel aller zu erreichen und bei der Sistina unterzukommen.

LEBEN

Andreas de Silva wurde um 1477 in Spanien geboren. Er begab sich zwischen 1510 und 1514 nach Rom. Über seine Ausbildung und Tätigkeit in der Heimat ist nichts bekannt;

ebensowenig ist feststellbar, welche Stellung er in Rom innehatte, ehe er im Jahre 1519 in die päpstliche Kapelle eintrat. Unter den Musikern am Hof zu Mantua scheint er 1522 auf. Er dürfte aber nach etlichen Jahren wieder nach Rom zurückgekehrt und dort um 1540 gestorben sein.

WERKE
Von Andreas de Silva sind 3 Messen und 35 Motetten erhalten, die eine beachtliche Meisterschaft ausweisen. In Sammelwerken seiner Zeit finden sich noch ein Te Deum und etliche profane Stücke, die von den Zeitgenossen sehr geschätzt wurden.

LITERATUR
W. Kirsch, Andreas de Silva, ein Meister aus der ersten Hälfte des 16. Jahrhunderts, in: Analecta musicologica II, 1965.

Elfrida Andrée (1841–1929)

ZEIT UND UMWELT
Während in Paris Organistinnen schon zu Beginn des 19. Jahrhunderts keine Seltenheit waren, eroberten in Nordeuropa Frauen erst gegen Ende dieses Jahrhunderts die Orgelbänke der Kirchen; dann wurde der Zustrom zu diesem Beruf allerdings immer stärker.

LEBEN
Elfrida Andrée wurde am 19.2.1841 in Visby geboren. Sie war Schülerin von Niels Wilhelm Gade und wirkte ab 1861 als Organistin in Stockholm und ab 1867 in Göteborg, wo sie am 11.1.1929 starb.

WERKE
Von Elfrida Andrée sind ein Klavierquintett in e-Moll, ein Klaviertrio in g-Moll und ein Chorwerk erschienen. Sie verfaßte außerdem mehrere Orchesterwerke, Orgelsinfonien, Violin- und Klavierstücke und Lieder. Ihre Orgelwerke werden noch heute gespielt.

Gaetano Andreozzi (1755–1826)

LEBEN
Gaetano Andreozzi (als Enkel von Niccolò Jommelli Jommellino genannt) wurde am 22. 5. 1755 in Aversa, Neapel, geboren. Er wurde in Neapel am Conservatorio Santa Maria di Loreto ausgebildet und stand vor einer glänzenden Karriere in Italien; aber er ging 1784 nach Rußland, wo er kein Glück hatte. Nach Italien zurückgekehrt, brachte er in Pisa, Neapel und Florenz Opern mit gutem Erfolg heraus und erhielt eine Stelle am Teatro San Carlo in Neapel, die er durch den Einmarsch der Franzosen verlor. Er versuchte es nun in Paris, aber vergebens, und mußte sich dort bis zu seinem Tod am 21. 12. 1826 als Musiklehrer durchbringen. Seine Werke sollten bis heute weitgehend unbekannt und unbeachtet bleiben.

WERKE
Mit seinen 50 Opern, die Gaetano Andreozzi für Italien, Madrid, St. Petersburg und Paris schrieb, hatte er wenig Glück. Dazu gehörten »L'Equivoco«, uraufgeführt 1781 in Florenz, »L'Arbace«, uraufgeführt 1781 in Livorno, »Bajazet«, uraufgeführt 1783 in Florenz, »La Vergine del Sole«, uraufgeführt 1783 in Genua, »Agesilao re di Sparta«, uraufgeführt 1787 in Venedig, »Sesostri«, uraufgeführt 1789 in Neapel, »Sofronia ed Olindo«, uraufgeführt 1793 in Neapel, »La principesa filosofa«, uraufgeführt 1794 in Venedig, »Arsinoe«, uraufgeführt 1795 in Neapel, »Il trionfo d'Arsace«, uraufgeführt 1795 in Rom, »Pamela nubile«, uraufgeführt 1800 in Parma, »Armida e Rinaldo«, uraufgeführt 1802 in Neapel. Er schrieb außerdem 6 Streichquartette im Stil von Joseph Haydn und 4 Oratorien, die das Schicksal seiner Opern erlebten.

Andrés de Torrentes (um 1510–80)

ZEIT UND UMWELT
Durch Verlagerung der wirtschaftlichen Verkehrswege, durch politische Verschiebungen, durch den Wechsel der Bekenntnis-

se und aus vielen anderen Ursachen verloren im Verlauf der Geschichte einst wichtige, blühende Städte ihre Bedeutung, ihren Reichtum und ihre Ausstrahlung. Die kulturellen Leistungen blieben in den meisten Fällen erhalten, wenn es sich nicht gerade um eine völlige Vernichtung der Siedlung handelte. Auch das Kulturniveau und der Nimbus überlebten den Abstieg oft um mehrere Generationen. Auch Toledo, das einmal ein geistiger Brennpunkt der Iberischen Halbinsel war, sank während des 16. Jahrhunderts unaufhaltsam zur Bedeutungslosigkeit herab. Doch in den Kirchen der Stadt wurde weiterhin edelste Musik gepflegt, als hätte sich vor ihren Toren nichts verändert.

LEBEN
Andrés de Torrentes wurde um 1510 vermutlich in Toledo geboren und dort ausgebildet. Der spanische Komponist war in seiner Vaterstadt von 1539 bis 1545, von 1547 bis 1553 und von 1571 bis zu seinem Tod am 4. 9. 1580 Kapellmeister an der Kathedrale. Über sein Leben in den Zwischenzeiten ist nichts bekannt.

WERKE
Es sind nur kirchenmusikalische Werke, die Andrés de Torrentes hinterlassen hat. Er dürfte auch nichts anderes geschrieben haben. Neben seinen Motetten, Psalmen, Hymnen und Magnificat, die einen guten Durchschnitt bieten, sticht seine Missa de Nuestra Señora als Meisterwerk spanischer Klangkunst hervor.

LITERATUR
R. Stevenson, Spanish Cathedral Music in the Golden Age, London 1962.

Francisco Andreví (1786–1853)

ZEIT UND UMWELT
Der Krieg der »Carlisten« und »Isabellinen« um den spanischen Thron, der wegen der von König Fernando VII. vorgenommenen Änderung des Erbfolgerechts nicht an dessen Bruder Carlo (1788–1855), sondern an dessen Tochter Isabella II. (1830–1904) vererbt wurde, brach 1834 aus und endete 1839 mit einer Niederlage des Thronanwärters. Isabella II. blieb Königin bis 1868.

LEBEN
Francisco Andreví wurde am 16.11.1786 in Sanahuja, Lérida, geboren. Er war Chorknabe an der Kathedrale von Urgel und ab 1818 Kapellmeister in Tarragona, sodann an der Kathedrale María del Mar in Barcelona, in Valencia und ab 1830 an der Königlichen Kapelle. Im Jahr 1836 wanderte er wegen des Karlistenkrieges nach Bordeaux aus, wo er eine Kapellmeisterstelle erhielt, lebte von 1845 bis 1849 in Paris und wirkte darauf in Barcelona als Kapellmeister an Nuestra Señora de la Merced bis zu seinem Tod am 23.11.1853.

WERKE
Die bedeutendsten Kompositionen von Francisco Andreví waren ein Stabat mater, ein Requiem zum Tod des Königs Fernando VII., ein Oratorium »Das Jüngste Gericht«, ein »Nunc dimittis« und ein »Salve regina« mit Orchester. Er schrieb auch eine Kompositionslehre.

Hendrik Franciscus Andriessen
(1892–1981)

LEBEN
Hendrik Franciscus Andriessen wurde am 17.9.1892 in Haarlem geboren. Er war Schüler von Bernard Zweers am Konservatorium in Amsterdam. Nach seinem Wirken als Organist in Haarlem erhielt er den Organistendienst an der Kathedrale in Utrecht und wurde 1937 dort Direktor des Konservatoriums. Ab 1949 leitete er das Konservatorium in Den Haag und wirkte daneben ab 1952 als Professor an der Universität in Nijmegen. Er starb am 12.4.1981 in Haarlem.
Sein Bruder Willem Christian Nicolaas Andriessen (25.10.1887, Haarlem, bis 29.3. 1964, Amsterdam) studierte von 1903 bis 1908 am Konservatorium in Amsterdam bei Bernard Zweers, wirkte von 1910 bis 1917 als Klavierlehrer am Konservatorium in Den Haag

und von 1937 bis 1953 als Direktor des Konservatoriums in Amsterdam.

WERKE
Neben 2 Opern schrieb Hendrik Franciscus Andriessen 5 Sinfonien und eine Anzahl anderer Orchesterstücke, Variationen für Flöte, Harfe und Streicher, 2 Streichquartette, 2 Blastrios, ein Stück für Orgel, zwei Trompeten und zwei Posaunen, 3 Inventionen für Violine und Cello, »Drei Stücke« für Flöte und Harfe, eine Sonate für Bratsche und Klavier, Variationen für Englischhorn und Klavier, mehrere Messen und andere Chorwerke, Orgelstücke, Lieder mit Instrumentalbegleitung.
Willem Andriessen schrieb ein Klavierkonzert, eine Messe für Soli, Chor und Orchester und zahlreiche Lieder.

Jurriaan Andriessen (geboren 1925)

LEBEN
Jurriaan Andriessen wurde am 15.11.1925 in Haarlem als Sohn des Hendrik Franciscus Andriessen geboren. Er war von 1942 bis 1948 Schüler seines Vaters am Konservatorium in Utrecht, studierte dazwischen in Paris Filmmusik und nahm von 1949 bis 1950 an den Sommerkursen in Tanglewood, Mass., als Schüler von Aaron Copland und Sergei Kusewitzki teil. Seit 1957 wirkt er als Hauskomponist der Schauspielgesellschaft »De Haagse Comedie« in Den Haag.

WERKE
Mit seinen zahlreichen Kompositionen hat sich Jurriaan Andriessen zwar von den spätromantischen Fakturen seines Vaters weit entfernt, blieb aber in seiner Entwicklung im Neuklassizismus stehen. Seine Kompositionen sind wegen ihrer breiten Klangwirkung sehr beliebt. Er schrieb 3 Opern, 5 Sinfonien, eine konzertante Sinfonietta für vier Trompeten und Orchester, eine sinfonische Rhapsodie, ein Concertino für Fagott und Orchester, eine konzertante Sinfonie, »Sätze« für Trompete, Horn, Posaune, Streicher und Pauken, ein »Concerto Rotterdam« für Jazzcombo und Orchester, ein Concertino für Sousaphon und Orchester, ein Concerto für Cembalo und drei Instrumentalgruppen, ein Stück für Cembalo und 24 Streicher, Stücke für Blechbläser, Tänze für sieben Schlagzeuger, Harfe und Gitarre, ein Stück für elf Instrumente, ein Oktett für Bläser, 5 Trios mit verschiedener Besetzung, verschiedene Duos, Klavierstücke, Orgelstücke, Harfenstücke, Stücke für Glockenspiel, 2 Messen und ein Magnificat für Soli, Chor und Orchester, Lieder und zahlreiche Bühnen- und Filmmusiken.

Andrieu Contredit d'Arras
(um 1180–1248)

ZEIT UND UMWELT
In den Städten Abbeville, Amiens, Caen, Cambrai, Douai, Le Mans, Lille, Rouen, Tournai, Valenciennes gab es ab dem Ende des 13. Jahrhunderts Foren für Dichter- und Sängerwettstreite, die zumeist mit den von den Troubadours übernommenen Jeux partis (Wechselgesänge) durchgeführt wurden. In manchen Orten waren reguläre Sänger- und Dichterschulen angeschlossen, wie zum Beispiel beim Pui d'Arras, dem viele bekannte Trouvères angehörten, sei es, daß sie sich dort ihre Ausbildung holten oder nur an den »Sängerkriegen« teilnahmen. Auf alle Fälle galt die Zugehörigkeit zum Pui d'Arras als große Empfehlung.

LEBEN
Messire Andrieu Contredit d'Arras wurde um 1180 in Arras in ritterlicher Familie geboren. Über sein Leben ist nur bekannt, daß er ein sehr tätiges Mitglied des Pui war und sich des öfteren an Wettstreiten beteiligte. Ein Jeu parti zwischen ihm und Guillaume le Vinier ist erhalten. Er starb vermutlich in Arras im Jahre 1248.

WERKE
Von Andrieu Contredit d'Arras sind 18 Lieder erhalten, 15 davon mit Melodien. Sie gehören verschiedenen Liedgattungen an.

LITERATUR

R. Schmidt, Die Lieder des Andrieu Contredit d'Arras, Halle 1903.

José Escolástico Andrino (1837–62)

ZEIT UND UMWELT

Der mittelamerikanische Staat El Salvador wurde 1821 unabhängig, war bis 1839 Mitglied der Zentralamerikanischen Konföderation und ist seitdem selbständige Republik. Ein eigenständiges Musikleben ist erst seit der Mitte des 19. Jahrhunderts zu verzeichnen.

LEBEN

José Escolástico Andrino wurde 1837 in Ciudad de Guatemala geboren. Er lebte in San Salvador als Musiklehrer und Komponist und kann als Begründer des Musiklebens in El Salvador angesehen werden. Er starb am 14.7. 1862 in San Salvador.

WERKE

Von José Escolástico Andrino sind 2 Sinfonien, 3 Messen und eine Oper überliefert. Sein Stil lehnte sich an den südamerikanischen seiner Zeit an.

Albert Auguste Androt (1781–1804)

ZEIT UND UMWELT

Der Rompreis war bis 1968 die älteste und bedeutendste französische Auszeichnung für Komponisten. Sie bestand aus einem Staatsstipendium für 5 Jahre, eingeschlossen ein zweijähriger Studienaufenthalt in der Villa Medici in Rom, und wurde nur an Studierende des Pariser Conservatoire unter 30 Jahren vergeben.

LEBEN

Albert Auguste Androt wurde 1781 in Paris geboren und mit 15 Jahren vom Conservatoire aufgenommen. Im Jahr 1803 erhielt er den Rompreis; er starb bereits am 19.8.1804 in Rom.

WERKE

Während seiner kurzen Schaffenszeit verfaßte Albert Auguste Androt ein Requiem und mehrere sakrale Gesänge, darunter ein schönes De profundis. Er schrieb außerdem eine Oper. Seine wenigen Werke weisen auf ein bedeutendes Talent, das allerdings nicht ausreifen konnte.

Felice Anerio (um 1560–1614)

ZEIT UND UMWELT

Nach dem Fehlschlag der Kreuzzüge und nach der großen Kirchenspaltung bildete die Reformation den größten Terrainverlust für die geistige und politische Macht Roms. Um noch weitere Verringerungen ihres Wirkungsbereiches zu verhindern, fand bekanntlich neben dem rigorosen unmittelbaren und mittelbaren Einsatz aller verfügbaren materiellen und spirituellen gegenreformatorischen Maßnahmen eine durchgreifende Reorganisation eigenen Verhaltens statt. Die Fesseln, die dabei der Kirchenmusik angelegt wurden, führten zu einer Petrifizierung des sogenannten Palestrinastiles, die alle Nachfolger des großen Meisters zum Epigonentum verurteilte.

LEBEN

Felice Anerio wurde um 1560 in Rom geboren. Sein Vater Maurizio Anerio (um 1530, Borgaria di Narni, bis 28. 1. 1593, Rom), Musiker an der Engelsburg zu Rom, Sänger der Sistina und Posaunist an San Luigi de'Francesi, war sein erster Lehrer. Der Unterricht wurde durch Giovanni Maria Nanino fortgesetzt, unter dem er 1568 bis 1574 an Santa Maria Maggiore als Sängerknabe wirkte. Im Jahre 1575 wurde er Sopranist an der Cappella Giulia unter Palestrina, 1585 Lehrer am Collegio degli Inglesi und schließlich am 3. 4. 1594 Nachfolger Palestrinas als Komponist der päpstlichen Kapelle; der Kapellmeisterposten ging an Ruggiero Giovanelli. Im päpstlichen Auftrag besorgte er gemeinsam mit Francesco Suriano die endgültige Revision des gregorianischen Gesanges

(Editio Medicaea), die Palestrina über Einspruch des spanischen Königs Philipp II. hatte unterbrechen müssen. Er starb in Rom am 27. 9. 1614.

WERKE
Die Kirchenmusik von Felice Anerio folgt der Tradition Palestrinas und kann für die Vokalpolyphonie des 16. Jahrhunderts als typisch angesehen werden. Einzelne seiner Kompositionen wurden lange Palestrina zugeschrieben wie das dreichörige Stabat Mater. Im Druck sind 2 Bücher Hymnen, ein Buch mit Responsorien, mehrere Bücher mit Madrigalien für drei, vier, fünf und sechs Stimmen, vierstimmige Canzonetten und Concerti spirituali erschienen. Handschriftlich ist eine Anzahl Messen und Motetten überliefert. Seine Musik ist stilecht und stilrein gekonnt, erhebt sich aber zuweilen zu erstaunlicher Ausdruckskraft, wie gerade in dem Stabat Mater für zwölf Stimmen, die in drei Chöre aufgeteilt sind.

Giovanni Francesco Anerio
(um 1567–1630)

ZEIT UND UMWELT
Das Diktat des Konzils von Trient wurde in den der Kurie unmittelbar unterstellten Kapellen Sistina, Giulia, Laterano, Santa Maria Maggiore und auch in vielen anderen bis weit in das 17. Jahrhundert hinein streng befolgt. Außerhalb Roms jedoch sickerten neue Stilelemente unaufhaltsam trotz aller konservativer Tendenzen ein, und das sogar auch bei Komponisten, die aus Rom kamen.

LEBEN
Giovanni Francesco Anerio wurde um 1567 in Rom geboren. Im Jahr 1575 trat er gleichzeitig mit seinem Bruder Felice Anerio der von Palestrina geleiteten Cappella Giulia als Chorknabe bei und verblieb dort bis 1579. Über seine Tätigkeit bis zum Jahr 1600, in dem er die Kapellmeisterstelle an San Giovanni in Laterano erhielt, gibt es keine Informationen. Er verließ diese Stelle 1603. Von 1609 bis 1611 wirkte er als Kapellmeister am Dom in Verona. Von 1613 bis 1620 war er Kapellmeister an Santa Maria ai Monti in Rom. In den folgenden Jahren betreute er eine leitende Stelle am Hof des polnischen Königs Sigismund III. in Krakau. Am 11. 6. 1630 starb er in Graz, vermutlich auf seiner Rückreise aus Polen.

WERKE
Sein erstes Werk dürfte eine Klavier- und Lautentabulatur von vierstimmigen Gallarden sein; 1599 brachte er in Venedig ein Buch Madrigale heraus, denen weitere folgten; das wichtigste davon ist sein Teatro armonico teatrale mit seinen Dialogen in Madrigalform als Vorform zum italienischen Oratorium. Weitere profane Werke enthalten die Bücher mit Motetten, Madrigalen, Canzonetten und Arien. Die Kirchenmusik ist mit Messen, einem Requiem, Litaneien, geistlichen Liedern, Vespern, Responsorien und Antiphonen vertreten, die zu einem größeren Teil Generalbaß aufweisen. Er bearbeitete die Marcellusmesse von Palestrina für vier Stimmen.

LITERATUR
F. Haberl, Felice und Giovanni Francesco Anerio in: Zeitschrift für Kirchenmusik 74, 1954.

Jean-Baptiste Anet (1676–1755)

ZEIT UND UMWELT
Stanisław I. Leszczyński (1677–1766) wurde 1704 zum polnischen König gewählt, nachdem König August II. vom Schwedenkönig Karl XII. entthront worden war. Er verlor den Thron, als der Schwede bei Poltava geschlagen wurde (1709), wieder an August II. Nach dessen Tod im Jahr 1733 wurde er zum zweiten Mal gewählt. Die Wahl wurde jedoch unter dem Druck Rußlands zugunsten des Sachsen August III. (1696–1763) annulliert. Stanisław erhielt im Frieden von Wien (1738) die Herzogtümer Lothringen und Bar auf Lebenszeit, die sodann an seinen Schwiegersohn König Ludwig XV. fallen sollten.

Leben
Jean-Baptiste Anet (genannt »Petit Baptiste«) wurde am 2. 1. 1676 in Paris als Sohn des Violinisten und (ab 1699) Mitglied der »24 Violons du roy« Jean-Baptiste Anet (um 1651, Paris, bis 28. 4. 1710, Paris) geboren. Er war in seiner Jugend 3 bis 4 Jahre Schüler von Arcangelo Corelli in Rom. Nach seiner Rückkehr nach Frankreich wurde er Mitglied der Kapelle des Herzogs von Orléans und der Königlichen Kapelle. Im Jahr 1725 trat er mit viel Erfolg im Pariser Concert spirituel auf; 1736 begab er sich an den Hof des ehemaligen Königs von Polen, Stanisław Leszczyński. Er starb in Paris am 14. 8. 1755.

Werke
Der französische Violinist Jean-Baptiste Anet schrieb 2 Bücher mit Sonaten für Violine und Generalbaß und 3 Bücher mit Stücken für zwei Musetten. Seine Violinmusik ist sehr von seinem römischen Lehrer beeinflußt.

Pasquale Anfossi (1727–97)

Zeit und Umwelt
Da ein Großteil der in Italien im 18. Jahrhundert komponierten Musik für die Opernbühne bestimmt war und auch die Oratorien in der Regel der Opernfaktur folgten, da weiters die Kirchenmusik, wenn sie nicht die gleiche Richtung einschlug, äußerst konservativ gehalten wurde, ist eine parallele Stilentwicklung zu der in Deutschland, Wien und Paris nur fragmentarisch feststellbar. In einzelnen ernsten Opern findet man dennoch Ansätze einer Weiterentwicklung.

Leben
Pasquale Anfossi wurde am 25. 4. 1727 in Taggia bei Neapel geboren. Er war von 1737 bis 1747 Schüler des Conservatorio Santa Maria di Loreto, wo er von Francesco Durante in Violinspiel und Komposition ausgebildet und einige Zeit als Hilfslehrer beschäftigt wurde. Im Jahr 1763 brachte er in Rom mit großem Erfolg seine erste Oper heraus und widmete sich in den folgenden Jahren nahezu ausschließlich der Opernkomposition und der Leitung der Aufführung. Er wurde sodann vom Conservatorio dell'Ospedaletto in Venedig als Lehrer bestellt, unterbrach aber diese Tätigkeit häufig durch Reisen nach Paris, London, Prag, Berlin, Florenz und Rom; 1792 übernahm er die Kapellmeisterstelle an San Giovanni in Laterano in Rom, wo er im Februar 1797 starb.

Werke
Ehe sich Pasquale Anfossi in Rom völlig der Kirchenmusik widmete, verfaßte er 76 Opern, von denen die meisten erfolgreich waren. Als Kirchenkapellmeister schrieb er 12 Oratorien, 2 Kantaten, Messen, Psalmen und kleinere Gesänge. Er muß ein guter Kenner der Musik seiner Zeit gewesen sein, denn er verwendete sowohl in den Opern wie in der Kirchenmusik eine Reihe von »unitalienischen« Wendungen, die als Ansätze für eine Weiterentwicklung der italienischen Musik gewertet werden dürfen. Es ist bezeichnend, daß sich Wolfgang Amadeus Mozart sehr für das kompositorische Werk von Pasquale Anfossi interessierte.

Paul Angerer (geboren 1927)

Leben
Paul Angerer wurde am 16. 5. 1927 in Wien geboren. Er studierte an der Akademie für Musik und darstellende Kunst seines Geburtsorts und wurde Erster Solobratschist der Wiener Sinfoniker. Von 1956 bis 1963 leitete er das Wiener Kammerorchester, anschließend wirkte er als Kapellmeister am Theater der Stadt Bonn bis 1966, darauf als musikalischer Leiter in Ulm. Von 1966 bis 1972 war er Kapellmeister am Landestheater in Salzburg, dann bis 1982 beim Südwestdeutschen Kammerorchester in Pforzheim. Er lebt heute in Unteralb, Niederösterreich.

Werke
Außer einer Oper und einem Musical schrieb Paul Angerer unter anderem eine Sinfonie, 2 weitere Orchesterstücke, ein Konzert für Violine und Kammerorchester, ein Stück für Violine, Bratsche, Cello, Kontrabaß, Streicher

und Schlagzeug, einen Dialog zweier Celli mit begleitendem Kammerorchester, ein Konzert für Kontrabaß und Kammerorchester, ein Konzert für Cembalo, Streicher und Schlagzeug, eines für Klavier und Streicher, ein Konzert für Viola da gamba, Streicher und Schlagzeug, Musik für 15 Streicher, ein Konzert für Bratsche und Streichorchester, eines für Klavier und Streicher, ein Stück für neun Instrumente, ein Oktett, ein Bläsersextett, 2 Bläserquintette, ein Streichquintett, ein Quartett für vier Hörner, ein Quartett für Violine, Bratsche, Horn und Fagott, eines für Oboe, Horn, Bratsche und Cello, ein Streichquartett, ein Streichtrio, ein Klaviertrio, ein Duo für Flöte und Horn, eines für Cello und Klavier, Klaviermusik, eine Kantate und Lieder.

Gasparo Angiolini (1731–1803)

ZEIT UND UMWELT

Das pantomimische Ballett d'action »Don Juan« von Christoph Willibald Gluck (1761) bildete einen Wendepunkt in der Entwicklung des Balletts, der auf eine klassizistische Renaissance der choristischen Präsentation tragischer Stoffe zielte und somit eine Balletthandlung bot.

LEBEN

Domenico Maria Gasparo Angiolini wurde am 9. 2. 1731 in Florenz geboren. Er war von 1747 bis 1750 Tänzer in Venedig und ab 1754 in Wien. Dann wandte er sich der Choreographie zu und trat damit 1757 in Turin zum ersten Mal vor ein Publikum. Ein Jahr darauf war er erneut in Wien, wo er Balletteinlagen für Opern entwarf. In Zusammenarbeit mit Christoph Willibald Gluck brachte er das richtungweisende Ballett »Don Juan« heraus und entwarf die Choreographie der Tänze für mehrere Opern des Komponisten. Von 1782 bis 1786 wirkte er in St. Petersburg als Choreograph und Ballettkomponist, ging darauf nach Venedig und Mailand, wo er am 5. 2. 1803 starb.

WERKE

Das Hauptverdienst von Gasparo Angiolini lag im Bereich der Choreographie. Seine Ballettkompositionen stellten keine besonders wertvollen Leistungen dar, sie reichten aber aus, die choristisch dargestellte Handlung zu illustrieren. Sein russisches »Weihnachtsfestballett« erreichte durch die Verwendung russischer Volkslieder einen hohen Beliebtheitsgrad und nahm die Faktur der großen Ballettkompositionen Rußlands des 19. Jahrhunderts voraus.

Rafael Anglés (um 1735–1816)

ZEIT UND UMWELT

Daß Stil und Faktur Haydns gerade in Spanien Anklang und Nachahmung gefunden haben, ist auf den ersten Blick erstaunlich. Aber es lebten auch zu jenen Zeiten neben dem breiten Publikum, das sich mit Zarzuelas, Villancicos und Tanzrhythmen zufriedengab, Kenner, die Formstrenge, Klarheit der Diktion und Ehrlichkeit des Ausdrucks des französischen Barock in der Klassik Joseph Haydns wiederfanden und hochschätzten. Und für die schrieben die spanischen »Klassiker«.

LEBEN

Rafael Anglés wurde um 1735 in Rafales, Teruel, geboren. Über sein Leben ist nur bekannt, daß er von 1762 bis zu seinem Tod am 19. 2. 1816 Organist an der Kathedrale von Valencia war.

WERKE

Von Rafael Anglés sind zahlreiche Klaviersonaten im Stil Joseph Haydns überliefert. Außerdem schrieb er Sonaten für Orgel und Klavier, 2 Hefte mit Pasos und ein Villancico für acht Stimmen, Violine und Generalbaß. Trotz der Nähe Haydns war Anglés kein »Klassiker«, sondern muß der Vorklassik zugereiht werden.

LITERATUR

J. Climent, Organistas valencianos de los siglos XVII y XVIII, Anuario musical XVII, 1962.

Carlo Angrisani (um 1760 bis nach 1817)

ZEIT UND UMWELT
Das Notturno (Nocturne) war im 18. und in der ersten Hälfte des 19. Jahrhunderts ein Divertimento beliebiger Besetzung, das zur Aufführung im Freien geschrieben war. Man verstand darunter auch ein einsätziges Stück für eine oder mehrere Singstimmen, begleitet oder unbegleitet, mit Ständchencharakter. Die Nocturne als elegisches, träumerisches Klavierstück kennt man erst seit John Field (1782–1837).

LEBEN
Carlo Angrisani wurde um 1760 in Reggio Emilia geboren. Er war Bassist, der an verschiedenen italienischen Häusern, in Wien und schließlich noch 1817 am King's Theatre in London in großen Rollen auftrat. Er dürfte einige Jahre nach 1817 gestorben sein. Sein Sterbeort ist unbekannt.

WERKE
Von Carlo Angrisani sind 2 Sammlungen Notturni für drei Singstimmen erschienen, die lange beliebt waren. Sie gehörten bereits der Vorromantik an.

Giovanni Animuccia (um 1514–71)

ZEIT UND UMWELT
Der am 21. 7. 1515 in Florenz geborene Filippo Neri (gestorben am 16. 5. 1595 in Rom) kam 1533 nach Rom, um Philosophie und Theologie zu studieren. Als Priester richtete er außerliturgische Abendandachten ein, die sehr populär wurden. Diese Versammlungen wurden ab 1558 im Oratorium des Klosters San Girolamo della Carità und ab 1575 in dem von Santa Maria in Vallicella abgehalten, nahmen rasch an Umfang zu und wurden in anderen Städten nachgeahmt. Für die Musik bei diesen Versammlungen wurden in der Regel mehrstimmige Laudi spirituali (geistliche Lobgesänge) verwendet. Anfänglich zog Neri einfache Volksmelodien im einfachen homophonen Stil heran, dann erhielt er Kompositionen namhafter römischer Meister.

LEBEN
Giovanni Animuccia wurde um 1514 in Florenz geboren. Um 1550 kam er im Dienst des Kardinals Guido Ascanio Sforza nach Rom, löste Palestrina als Kapellmeister der Cappella Giulia (Petersdom) 1555 ab und blieb in dieser Stellung bis zu seinem Tod am 25. 3. 1571.
Sein Bruder Paolo Animuccia, geboren um 1500 in Florenz, war von 1550 bis 1552 Kapellmeister am Lateran. Über sein weiteres Wirken ist nichts bekannt. Er starb in Rom um 1570.

WERKE
Wie Palestrina bemühte sich Giovanni Animuccia im Sinn der neuen kirchenmusikalischen Tendenzen um eine Reinigung des Stiles von an Instrumentalmusik erinnernden Passagen und Verzierungen, um die Verständlichkeit des Textes zu sichern. Von seinen Werken sind 6 Bücher mit drei- bis sechsstimmigen Madrigalen überliefert, deren Stil den neuen Erfordernissen entsprach. Bemerkenswert sind seine für das Oratorium seines Freundes Filippo Neri komponierten Laudi spirituali, die eine Vorform unseres Oratoriums waren.
Von Paolo Animuccia sind nur wenige Kompositionen erhalten. In mehreren Sammlungen sind einige Madrigale und Motetten überliefert, die beachtliche kompositorische Leistungen darstellen. Ihr Stil folgt nicht in allem den strengen Grundsätzen seines Bruders.

LITERATUR
L. Cervelli, Le laudi spirituali di Giovanni Animuccia e le origini dell' oratorio musicale a Roma, in: Rassegna Musicale 20, 1950.

Anna Amalia von Preußen (1723–87)

ZEIT UND UMWELT
Den Soldatenkönig Friedrich Wilhelm I. als Vater, den General Prinz August Wilhelm

von Preußen (1722–58), den Diplomaten Prinz Heinrich von Preußen (1726–1802), den König Friedrich den Großen als Brüder, Wissenschafter, Literaten und Künstler, vor allem Musiker aus der Umgebung des königlichen Bruders, Hofkapelle, Oper und Domchor in Berlin, die militärischen und politischen Erfolge des großen Bruders, dazu die eigene Hofhaltung und schließlich die Stille der Reichsabtei in Quedlinburg: Das war die Zeit und Umwelt der preußischen Prinzessin.

LEBEN
Anna Amalia, Prinzessin von Preußen, wurde am 9. 11. 1723 in Berlin geboren. Sie war Schülerin von Johann Philipp Kirnberger. Sie starb als Äbtissin von Quedlinburg am 30. 9. 1787 in Berlin.

WERKE
Von Anna Amalia von Preußen wurde noch vor Carl Heinrich Graun eine Musik zum Oratorientext »Der Tod Jesu« von Karl Wilhelm Ramler verfaßt, die zu ihrer Zeit nicht nur wegen der Persönlichkeit der Komponistin sehr gefiel. Außerdem schrieb sie einige Choräle, etwas Kammermusik und Märsche. Daß ihre Werke stilistisch der Berliner Schule folgten, ist selbstverständlich.

LITERATUR
C. Sachs, Prinzessin Anna von Preußen als Musikerin, in: Hohenzollernjahrbuch 1910.

Anna Amalia von Sachsen-Weimar
(1739–1807)

ZEIT UND UMWELT
Christoph Martin Wieland, Johann Gottfried von Herder, Friedrich von Schiller (1759–1805) und vor allem Johann Wolfgang von Goethe, der gesamte geistige Kreis der Weimarer Residenz, bildeten für die weltaufgeschlossene hochbegabte Herzogin die Umwelt in der Zeit der Aufklärung, der Gründung der Republiken Frankreich und USA, der Napoleonischen Kriege und des Befreiungskampfes. Ihr Sohn, Großherzog Karl August (1757–1828), setzte ihre der Zeit vorauseilenden Ideen in die Tat um, indem er der Universität Jena Lehr- und Lernfreiheit und seinem Land die Pressefreiheit schenkte.

LEBEN
Anna Amalia, Herzogin von Sachsen-Weimar, wurde am 24. 10. 1739 in Wolfenbüttel als Tochter des Herzogs von Braunschweig Karl I. (1713–80) und Nichte Friedrichs des Großen geboren. Sie heiratete Ernst August II. Konstantin von Sachsen-Weimar (1737–58) und führte für ihren minderjährigen Sohn Karl August von 1758 bis 1775 die Regentschaft. Ihre musikalische Ausbildung erhielt sie in ihrer frühesten Jugend von Friedrich Gottlob Fleischer und in Weimar von Ernst Wilhelm Wolf. Sie trug zur Hebung des Musiklebens ihres Hofes durch persönliche Beteiligung viel bei. Sie starb am 10. 4. 1807 in Weimar.

WERKE
Von Anna Amalia von Sachsen-Weimar sind ein Divertimento für Cembalo, Klarinette, Bratsche und Cello, 2 Sonatinen für Cembalo, zwei Hörner, zwei Flöten, ein Fagott, zwei Violinen, Bratsche und Baß überliefert. Sie verfaßte außerdem die »Musik zu Goethes Erwin und Elmire« und »Komposition zu Goethes Jahrmarktsfest von Plundersweilern«. Ihre musiktheoretischen Schriften sind verlorengegangen. Ihr Stil war von ihrem Lehrer Ernst Wilhelm Wolf geprägt und daher empfindsam im Sinn der Berliner Schule.

LITERATUR
O. Heuschele, Herzogin Anna Amalia, München 1947.

Peter van Anrooij (1879–1954)

LEBEN
Peter Gijsbert van Anrooij wurde am 13. 10. 1879 in Zaltbommel, Niederlande, geboren. Er studierte in Utrecht bei Johan Wagenaar, in Moskau bei Willem Kes (16. 2. 1856, Dordrecht, bis 22. 2. 1934, München) und Sergei Tanejew. Im Jahr 1901 wirkte er als Violinist

in Glasgow, ab 1902 als Zweiter Dirigent in Amsterdam, ab 1905 als Dirigent in Groningen, ab 1910 in Arnhem, ab 1917 leitete er das Residentie-Orkest in Den Haag bis 1935. Er starb am 31.12.1954 in Den Haag.

WERKE
Von Peter van Anrooij sind eine Rhapsodie für Orchester, 3 Ouvertüren, eine Ballade für Violine und Orchester, ein Klavierquintett und 2 Kantaten bekannt geworden. Er war Spätromantiker.

Anselme de Reulx
(um 1505 bis nach 1546)

ZEIT UND UMWELT
Kaiser Karl V., in dessen Reich »die Sonne nie unterging«, hielt zwei Kapellen, eine niederländische und eine spanische. An beiden wirkten Musiker ersten Ranges. Abgesehen von oftmals vorkommender künstlerischer Rivalität arbeiteten die Kapellen einander in die Hände. Der Ideenaustausch und die gegenseitige Beeinflussung waren für beide Teile förderlich. Philipp II. von Spanien setzte diese Methode, Talente auf breiter Basis zu sammeln, fort.

LEBEN
Anselme de Reulx (Rieu, Reux) ist um 1505 in Südfrankreich geboren. Er war vermutlich Provenzale oder Katalane. Wo er seine Ausbildung erhalten hat und wie er zur spanischen Kapelle Kaiser Karls V. geraten ist, kann nicht festgestellt werden. Er starb wahrscheinlich in Spanien nach dem Jahr 1546.

WERKE
Von Anselme de Reulx sind 2 Bücher Madrigale erhalten, die stark dem franko-flämischen Stil angenähert sind. Auch die einzelnen Stücke in Sammelausgaben halten die gleiche Richtung ein. Ihre Qualität muß als sehr gut bezeichnet werden. Ihr Reiz besteht darin, daß der niederländischen Diktion spanische Farben beigemengt sind.

Costanzo Antegnati (1549–1624)

ZEIT UND UMWELT
Die berühmte italienische Orgelbauerfamilie Antegnati nahm in der kleinen Stadt Antegnate bei Cremona ihren Ausgang. Der älteste war Giovanni Antegnati, der 1436 das Bürgerrecht von Brescia verliehen erhielt. Sein Sohn Bartolomeo Antegnati baute 1481 die Orgel des Domes in Brescia und wunderbare Instrumente in den Domen von Bergamo, Como, Mantua, Mailand und Lodi. Dessen Sohn Giovanni Battista Antegnati (um 1500 bis um 1559) baute und betreute Orgeln in Padua und Lodi, wo er auch als Organist wirkte. Dessen Bruder Gian Giacomo (1501 bis nach 1552) stellte 1533 die Orgel für Santa Maria delle Grazie in Brescia auf und arbeitete ab 1552 an den Domorgeln von Mailand. Und Graziado Antegnati (1525 bis nach 1581), Sohn des Giovanni Battista, der als bester Orgelbauer seiner Zeit galt, baute die berühmte Orgel für San Giuseppe in Brescia als Muster italienischer Orgelbaukunst, ein Werk homogener Klangfarbe und silberner Klarheit, und als Beispiel, daß Italien auch im Orgelbau Frankreich, Spanien oder Deutschland nicht nachstand.

LEBEN
Costanzo Antegnati wurde am 9. 12. 1549 in Brescia getauft. Er entstammte einer der berühmtesten und ältesten italienischen Orgelbauerfamilien. Sein Vater war der anerkannt bedeutendste Orgelbauer seines Jahrhunderts. Er wirkte selbst als Orgelbauer, aber auch als Organist und Komponist; von 1584 bis 1619 spielte er die Orgel im Dom zu Brescia, wo er am 16. 11. 1624 starb.

WERKE
Orgelbau, Orgelspiel und Orgelkomposition sowie die vielen von seiner Familie in Oberitalien errichteten Instrumente waren die Umwelt des Komponisten Costanzo Antegnati. Er hat 2 Bücher mit sechs- bis achtstimmigen Messen, eines mit achtstimmigen Psalmen, 2 mit geistlichen Liedern, eines mit Madrigalen und ein weiteres mit Orgelricercari und einem Traktat über

Orgeln und Orgelspiel herausgebracht. Von seiner Orgelmusik scheint viel verlorengegangen zu sein. Überliefert sind nur 15 französische Kanzonen in Tabulatur. Antegnati nimmt in der Geschichte des italienischen Orgelspieles einen wichtigen Platz ein.

LITERATUR
D. Muoni, Gli Antegnati, Mailand 1883.

Antheaume dit l'Aîné
(um 1710 bis nach 1762)

ZEIT UND UMWELT
Die Ste-Chapelle bildete nach wie vor einen bedeutenden Klangkörper innerhalb der dem französischen Hof unterstellten Instrumental- und Vokalensembles, deren Schwerpunkt in der Residenz von Versailles verankert war. Ihr hohes künstlerisches Niveau wurde einerseits durch die traditionellen rigorosen Aufnahmebedingungen, andererseits durch sorgfältige Auswahl der leitenden Persönlichkeiten gewahrt.

LEBEN
Antheaume dit l'Aîné – Vorname ist keiner überliefert – wurde um 1710 in Paris als Sohn des Sängers der Ste-Chapelle, Éloi Augustin Antheaume (um 1670, Paris, bis nach 1710, Paris), geboren. Er war ab 1748 Kapellmeister an der Kathedrale in Senlis und wurde 1762 Mitglied der Académie Royale de Musique. Es ist nicht feststellbar, in welchem der folgenden Jahre er gestorben ist.

WERKE
Das kompositorische Werk von Antheaume dit l'Aîné umfaßt 6 Konzerte für Cello, Violine und Baß, 45 Motetten für eine bis drei Stimmen und Orgel, 9 Leçons de Ténèbres, 8 Duette für Sopran und Baß, eine Kantate für Tenor und Orchester, 6 Airs für eine und zwei Stimmen ohne Baß und eine Anzahl Arietten.

LITERATUR
M. Brenet, Musiciens de la Ste-Chapelle du Palais, Paris 1900.

George Antheil (1900–59)

LEBEN
George Antheil wurde am 8.7.1900 in Trenton, N. J., geboren. Er studierte von 1919 bis 1921 in Philadelphia bei Ernest Bloch. Anschließend reiste er als Klaviervirtuose in den USA und nach Europa, bis er sich als freischaffender Komponist in New York niederließ, wo er am 12.2.1959 starb.

WERKE
Außer 7 Opern und 3 Balletten schrieb George Antheil 6 Sinfonien, eine Jazzsinfonie, ein weiteres Orchesterstück und ein Stück für Streicher, ein Klavierkonzert, ein Violinkonzert, ein Kammerkonzert, ein Quintett, 2 Streichquartette, 3 Violinsonaten, eine Flötensonate, eine Trompetensonate, 4 Sonaten, Toccaten, Etüden für Klavier und Lieder. Anfangs war sein Stil stark von Igor Strawinsky und vom Jazz beeinflußt, später bildete er einen persönlichen, sehr freien Stil heraus, der ihn in die Avantgarde des Jahrhunderts einreihte.

Anthoine de Bertrand (um 1540–81)

ZEIT UND UMWELT
Pierre de Ronsard, der »Fürst der Poeten und der Poet der Fürsten«, stellte klassische Schönheit und Kraft seiner Verse in den Dienst der Krone und der überkommenen Konfession. Die gleiche Linie hielt – politisch und künstlerisch – Robert Garnier (um 1545–90), ein Jurist und feinsinniger Poet. Ihre Verse regten mehrere zeitgenössische Komponisten zur Vertonung an, die dem gleichen Ästhetizismus huldigten.

LEBEN
Anthoine de Bertrand wurde um 1540 in Fontange, Cantal, geboren. Er lebte in Toulouse und wurde von einigen Mitgliedern des Herrscherhauses gefördert, weil er sich dezidiert gegen die Reformation einsetzte. Als er sich persönlich an den Religionskämpfen in der Folge der Bartholomäusnacht beteiligte, fiel er 1581 in Toulouse.

Werke
Der französische Komponist Anthoine de Bertrand war einer der ersten, der zur Verstärkung der Ausdruckskraft seiner Harmonik die Chromatik einsetzte. Er erreichte damit eine sehr enge Wort-Ton-Verbindung und eine subtile Phrasierung der Melodien. Seine Kompositionen waren nahezu ausschließlich Vertonungen von Dichtungen Pierre de Ronsards. Man kann ohne Übertreibung feststellen, daß sie unter den anderen Vertonungen dieser Texte einen singulären Rang einnehmen. Seine »Amours de Pierre de Ronsard«, 3 Bücher und die »Airs spirituels« zählen zu den Kostbarkeiten der französischen Musikgeschichte.

Literatur
J. M. Vaccaro, Anthoine de Bertrand, Tours 1965.

Anthonello da Caserta
(um 1380 bis um 1440)

Zeit und Umwelt
Das Königreich Neapel war lange Zeit von Königen aus dem weitverzweigten Haus Anjou beherrscht, bis es 1458 wieder mit dem Königreich Sizilien vereinigt wurde. Dies bedeutete für jene Zeit einen regen Kulturaustausch zwischen Süditalien und Frankreich, aus dem ein Teil der Höflinge der Könige kamen. Daher ist es nicht auffällig, wenn sich ein bei Neapel geborener Komponist für einige seiner Lieder der französischen Sprache bediente.

Leben
Anthonello (Antonellus) da Caserta wurde in der zweiten Hälfte des 14. Jahrhunderts bei Neapel geboren. Er dürfte sich im späten 14. und frühen 15. Jahrhundert in Oberitalien aufgehalten haben. Er starb um 1440.

Werke
Anthonello da Caserta, vermutlich mit Antonellus Marot de Caserta ident, hat 8 dreistimmige Lieder mit französischen und 8 mit italienischen Texten hinterlassen, die alle im typischen französischen Stil gehalten sind.

Literatur
K. v. Fischer, Studien zur italienischen Musik des Trecento und des frühen Quattrocento, Bern 1956.

Anthoni van Noordt (um 1620–75)

Zeit und Umwelt
Unter den bekanntesten Schülern des Amsterdamer Organisten Jan Pieterszoon Sweelinck figurieren hauptsächlich deutsche Meister. Selbstverständlich haben sich unter den Orgelschülern in Amsterdam auch eine Reihe von Landsleuten befunden, von denen nur wenige Namen überliefert sind. Das hat seinen Grund darin, daß lediglich einige als Komponisten hervorgetreten sind.

Leben
Anthoni van Noordt wurde um 1620 in Amsterdam geboren. Er gilt als bedeutendster niederländischer Schüler von Jan Pieterszoon Sweelinck. Von 1638 bis ungefähr 1664 wirkte er als Organist an Nieuwezijds Kapel, sodann an Nieuwe Kerk in Amsterdam, wo er im Jahr 1675 starb und am 23. 3. begraben wurde.
Jacob van Noordt (1619, Amsterdam, bis Dezember 1680, Amsterdam) war Organist und Glockenmeister an Oude Kerk in Amsterdam.
Beide waren vermutlich Brüder und Söhne des Glockenmeisters von Amsterdam Sybrandt van Noordt »Le Vieux« (um 1590, Amsterdam, bis Dezember 1654, Amsterdam).

Werke
Der niederländische Komponist und Organist Anthoni van Noordt galt als einer der bedeutendsten Orgelkontrapunktisten seiner Zeit. Diesen Ruf brachte ihm vor allem sein »Tabulatuur-Boek van Psalmen en Fantasien« ein. Weitere Kompositionen des Meisters sind nicht erhalten.

Von Jacob van Noordt sind 7 Instrumentalstücke erhalten.

Andrea Antico (um 1475 bis nach 1530)

ZEIT UND UMWELT
Die ältesten Notendrucke im Typendruckverfahren stellte Ulrich Hahn (1425–78) in Rom 1476 her. Gleichzeitig wurde gerade in Rom noch jahrzehntelang mühsam mittels Holzplatten gedruckt und auf die bequemeren beweglichen Lettern verzichtet. Man zog offenbar die riesigen Folianten, die mit dieser Methode entstanden, den neuen Drucken eines Petrucci vor, weil sie dem Konservativismus der päpstlichen Kapelle mehr entsprachen.

LEBEN
Andrea Antico (Antigo, Anticho, Antiquus, De Antiquis, De Montona) wurde um 1475 in Montona (Istrien) geboren. Seine kompositorische Tätigkeit, die er anfänglich in Venedig ausgeübt hatte, gab er um das Jahr 1510 auf, ging nach Rom und widmete sich fortan dem Notendruck und dem Musikverlag. Papst Leo X. gab ihm 1516 eine Anstellung als Drucker für zehn Jahre. Er arbeitete in Rom mit dem zu jener Zeit bereits überholten Verfahren des Holzdruckes. Nach Venedig zurückgekehrt, tat er sich mit Petrucci und dem Musikverleger Luca Antonio Junta (1457–1538) aus Florenz zu gemeinsamer Herstellung und Veröffentlichung zeitgenössischer Musik zusammen. Er starb vermutlich in Venedig nach 1530.

WERKE
Die kompositorische Tätigkeit von Andrea Antico erstreckte sich auf mehrere Sammlungen von Frottole in der Mantuaner Art. Hernach widmete sich der Meister nur mehr dem Notendruck und Musikverlag. Er brachte in Rom den Liber quindecim missarum electarum (Buch mit 15 ausgewählten Messen) heraus. Aus seiner Zusammenarbeit mit Petrucci und Junta entstand ein Buch mit Kompositionen von Févin, Penet und Mouton, bei denen die Stimmen gesondert notiert wurden (Chansons à troys).

LITERATUR
A. Zenati, Andrea Antico da Montona, in: Archivio storico per Trieste, Rom 1881.

John Antill (geboren 1904)

LEBEN
John Henry Antill wurde am 8.4.1904 in Sydney geboren. Er war viele Jahre hindurch Sänger, Bläser, Korrepetitor und Hilfsdirigent einer reisenden Operntruppe, dann wurde er Mitglied des Orchesters in Sydney und schließlich Leiter des Rundfunkchors.

WERKE
John Antill brachte 3 Opern auf die Bühnen. Er schrieb ferner 6 erfolgreiche Ballette, eine Sinfonie und weitere Orchesterstücke, ein Konzert für Harmonika und Orchester, eine Kantate und Liederzyklen. Seine organisatorische Tätigkeit war für die Musikentwicklung in Sydney sehr förderlich.

Antoine de Fevin (um 1473–1512)

ZEIT UND UMWELT
König Ludwig XII. von Frankreich war in seiner kriegerischen wie diplomatischen Außenpolitik völlig glücklos. Bei seinem eigenen Volk hingegen erfreute er sich als »Landesvater« hoher Wertschätzung wegen seiner Justizreform, den erträglichen Steuern, der Wahrung des inneren Friedens und nicht zuletzt der Förderung des geistigen Lebens, worin er von seiner Gemahlin Anne (1477–1514) stark unterstützt wurde. Musiker fanden bei dem musischen Königspaar bereitwillige Aufnahme.

LEBEN
Antoine de Fevin (Févin) wurde um 1473 vermutlich in Arras geboren. Über sein Leben und Wirken ist wenig bekannt, außer daß er einen Teil seines kurzen Lebens im

Dienst des französischen Königspaares Ludwig XII. von Blois und Orléans und Anne, Duchesse de la Bretagne, stand. Er ist am Beginn des Jahres 1512 in Blois gestorben.

WERKE

Antoine de Fevin war ein jüngerer Zeitgenosse Josquins, seine Kompositionen stehen denen des großen Meisters sehr nahe; fallweise wurden ganze Partien notengetreu übernommen. Eine persönliche Beziehung der beiden Meister ist nicht feststellbar. Jedoch liegt eine gewisse Eigenständigkeit Fevins vor, besonders in einigen Motetten. Erhalten sind von seinem kompositorischen Werk 9 Messen, mehrere Messeteile, ein Requiem, Magnificat, Lamentationen, Chansons und etwa 20 Motetten. Trotz der starken Anlehnungen an Josquin war er von seinen Zeitgenossen sehr geschätzt. Der Stil dieses französischen Komponisten ist durch sein Vorbild geprägt.

LITERATUR

B. Kahmann, Antoine de Fevin, Musica Disciplina IV, 1950, V, 1951.

Antoine de Hauville

(um 1525 bis um 1580)

ZEIT UND UMWELT

Théodore de Bèze, der calvinistische Theologe und Dichter, brachte 1560 unter dem Titel »Die christliche Lyra« mit Gleichgesinnten eine Sammlung sakraler Gedichte heraus, die einige Komponisten zur Vertonung anregte.

LEBEN

Antoine de Hauville wurde um 1525 in Nordfrankreich geboren und hielt sich bis um 1570 in Lyon auf. Dann dürfte er vor den Verfolgungen nach Genf ausgewichen und dort auch um 1580 gestorben sein.

WERKE

Der französische Komponist Antoine de Hauville vertonte eine Reihe von Gedichten aus der »Christlichen Lyra« von Théodore de Bèze, außerdem zweistimmige Tischgebete, die in die 150 Psalmen Davids eingestreut wurden. An profaner Musik liegen nur 2 Chansons vor.

Antoine de Mornable

(um 1510 bis um 1550)

ZEIT UND UMWELT

Die calvinistische Musik für den Gottesdienst war einstimmig und nahezu ausschließlich an die Psalmen gebunden. Es wurden nur Bibeltexte verwendet, die Clément Marot und Théodore de Bèze in Versform gebracht hatten. Die Vertonungen waren rein syllabisch deklamatorisch. Mehrstimmige Vertonungen waren lediglich für den privaten Gebrauch zugelassen.

LEBEN

Antoine de Mornable wurde um 1510 vermutlich in Paris geboren. Er war Chorknabe der Sainte-Chapelle von Paris und wurde dort 1546 Kapellmeister. Er dürfte in Paris um 1550 gestorben sein.

WERKE

Antoine de Mornable vertonte Psalmen für mehrere Stimmen, die neben den Kompositionen von Certon und Bourgeois zur ältesten mehrstimmigen calvinistischen Musik gehören. Außerdem schrieb er Motetten, ein Magnificat und eine Anzahl Chansons. Seine Psalmenvertonungen wurden auch für Laute und Gesang herausgebracht und in dieser Form stark verbreitet. Auch die anderen Kompositionen zeichnen sich nicht durch Formenreichtum aus, wirken jedoch durch ihre ernste Einfachheit.

LITERATUR

P. Bidoux, Le psautier huguenot du XVIe siècle, Band II, Basel 1962.

Antonio d'Almeida
(um 1510 bis nach 1550)

ZEIT UND UMWELT
Portugal war im 16. Jahrhundert damit beschäftigt, im Wettlauf mit den anderen Nationen ein möglichst großes Kolonialreich aufzubauen. Oporto wurde zum wichtigsten Überseehafen des Landes und eine starke Konkurrenz für Sevilla, bis König Philipp II. von Spanien sich des Nachbarreiches bemächtigte.

LEBEN
Antonio d'Almeida ist vermutlich um 1510 in Oporto geboren. Er wurde in dieser Stadt zum Musiker ausgebildet und erhielt um 1550 die Stelle des Domkapellmeisters. Er dürfte in Oporto nach 1550 gestorben sein.

WERKE
Der Komponist und Dichter Antonio d'Almeida verfaßte eine Anzahl Kirchenmusik, von der wenig erhalten geblieben ist. Sie folgte ohne Einschränkung dem spanischen Stil der Zeit. Außerdem dichtete und komponierte er Komödien und ein Oratorium.

Antonio de Belem (1620–1700)

ZEIT UND UMWELT
Die Hieronymiten sind Eremitengemeinschaften, die nach den Regeln des Kirchenlehrers Augustinus leben und sich besonders der Wissenschaftspflege widmen. Die Kirchenmusik gehört ebenfalls zu den Hauptanliegen dieses Ordens.

LEBEN
Antonio de Belem wurde 1620 in Évora geboren und vermutlich dort ausgebildet. Er trat in die Ordensgemeinschaft der Hieronymiten in Espinherro ein und wurde Kapellmeister an der Klosterkirche in Belem. Ab 1667 war er Prior der Ordensgemeinschaft und starb in Belem im Jahr 1700.

WERKE
Von dem portugiesischen Komponisten Antonio de Belem ist eine beträchtliche Anzahl Messen, Psalmen, Lamentationen und Villancicos, die zum Großteil vielstimmig gesetzt sind, erhalten. Die barocke Vielstimmigkeit hat um die Mitte des 17. Jahrhunderts von der gesamten Musik der Iberischen Halbinsel Besitz ergriffen. Die Faktur der Werke Belems ist aber konservativ.

Antonio de Cabezón (1510–66)

ZEIT UND UMWELT
Für die spanische profane Musik der Renaissance war der große Aufwand an Instrumenten bezeichnend. Die »Ministrels« hatten als Instrumentalisten für die Música da camera zu sorgen, die bei höfischen und bürgerlichen Festen eingesetzt wurde. Die Archive und die überlieferten Handschriften geben zwar keine Auskunft darüber, welche Instrumente im einzelnen Fall verwendet wurden, daß es sich stets um eine Fülle von Streich-, Zupf- und Blasinstrumenten handelte, geht aus den Listen der Instrumentensammlungen anderer Fürstenhöfe hervor.
Der massierte Einsatz von Instrumenten war in Spanien Tradition. Es ist bekannt, daß bereits am Hof des Königs Alfonso des Weisen eine Schar verschiedenartiger Instrumentalisten beschäftigt war. Daher konnte nahezu jeder Komponist von Profanmusik damit rechnen, daß sein Werk von einer Mehrzahl von Instrumenten gespielt oder zumindest begleitet wurde.
Die Neigung der Spanier zur Instrumentalmusik machte auch vor den Kirchentoren nicht halt. Erst König Philipp II. verbot plötzlich 1572 ihre Verwendung.

LEBEN
Antonio de Cabezón (Cabeçon) wurde wahrscheinlich am 3. 5. 1510 in Castrillo de Matajudios bei Castrojeriz (Burgos) blind geboren. Sein erster Dienstplatz war beim Bischof von Palencia, dann trat er 1526 in den Dienst der Kaiserin Isabella und wurde nach ihrem Tod Músico de camera y capilla bei Kaiser Karl V. (1539) und dessen Nachfolger König Philipp II. Im Gefolge des

Königs verbrachte er die Jahre 1554 bis 1556 in England. Er starb in Madrid am 25. 3. 1566.
Sein Sohn Hernando (7. 9. 1541, Madrid, bis 1602, Valladolid) folgte ihm in seine Hofstellung nach und brachte die Werke des Vaters mit einigen Werken von dessen jüngerem Bruder Juán (Lebensdaten unbekannt) heraus.

WERKE
Wie in Cristóbal Morales der Begründer der Renaissance-Kirchenmusik Spaniens gesehen wird, muß Antonio de Cabezón der gleiche Rang auf dem Gebiet der Profanmusik dieses Landes zuerkannt werden. Der blinde Cembalist, Organist und Komponist hat der Musikwelt Spaniens und damit ganz Europas einen überraschend fortgeschrittenen Stil geschenkt, der erst nach Jahrzehnten eingeholt wurde. In der Kunst der Variation war er für seine Zeit alleinstehend. Er ging damit den englischen Virginalisten weit voraus, deren Kompositionstechnik er bei seinem Englandaufenthalt erst anregte. Von ihm stammt die erste Variation für Tasteninstrument über tanz- und volksliedhafte Themen in hochentwickelter Form. Von den zu seinen Lebzeiten herausgebrachten Kompositionen sind in einem Sammelwerk über 40 Stücke für Tasteninstrumente, Harfe und Vihuela erhalten; 2 Bücher mit Tabulaturen sind verlorengegangen.
Nach dem Tod des Meisters veröffentlichte sein Sohn Hernando den umfangreichen Nachlaß des Vaters unter dem Titel: »Musikstücke für Tasteninstrument, Harfe und Vihuela von Antonio de Cabeçon, Kammer- und Kapellmusiker des Königs Don Philippe, unseres Herrn«. Darin befinden sich eine große Zahl vierstimmiger Tientos (dem Ricercar nahestehend) und Diferencias (Variationensätze), die in großem Maß eigenständige Züge tragen. Die Sammlung ist als Schulwerk angelegt und bringt progressiv geordnet zwei- bis dreistimmige Übungen und Hymnenbearbeitungen und neben den bereits erwähnten Originalstücken auch Bearbeitungen von Motetten Josquins und anderer Niederländer.
Außerdem beinhaltet die Sammlung ein Ave Maris Stella und vier andere Kompositionen von Hernando Cabezón selbst und schließlich auch noch eine von Juán Cabezón, dem jüngeren Bruder, die eine gewisse Wertschätzung verdient.

LITERATUR
H. Anglès, La música en la corte de Carlos V, Barcelona 1966. S. Kastner, Antonio de Cabezón, Barcelona 1952.

Antonio de Ribera
(um 1480 bis nach 1522)

ZEIT UND UMWELT
Das Pontifikat des Mediceers Leo X. hob Rom in den Rang eines europäischen Kulturzentrums. Bedeutende Architekten erhielten großzügige Aufträge, zu denen natürlich auch Bildhauer und Maler herangezogen wurden. Gelehrte wurden in die Stadt gerufen wie der Grieche Johannes Laskaris (um 1445 bis um 1535), der den ersten Unterricht in Altgriechisch erteilte und für Rom die erste griechische Druckerei gründete. Raphael wurde Kustos für die Antiquitäten Roms und seiner Umgebung. Der päpstlichen Kapelle wandte der Papst besondere Aufmerksamkeit zu und besetzte sie mit hochqualifizierten Musikern.

LEBEN
Antonio de Ribera wurde um 1480 vermutlich in oder bei Elche, Alicante, geboren. Er dürfte in Elche oder in Alicante zum Musiker ausgebildet worden sein und bereits dort als Komponist gewirkt haben. Im Jahre 1514 wurde er in die päpstliche Kapelle unter Leo X. aufgenommen und blieb in dieser Stellung bis zum Tod des großen Renaissancepapstes (1521). Über sein weiteres Leben und über Ort und Zeit seines Todes gibt es keine Informationen.

WERKE
Am bekanntesten wurde Antonio de Ribera durch seine Vertonung der Texte der Mysterienspiele, die alljährlich in Elche aufgeführt

wurden (Misterio de Elche). Darüber hinaus ist von seiner Kirchenmusik, die sehr gerühmt wurde, wenig erhalten. Jedenfalls ist er als Komponist seinen spanischen Zeitgenossen an die Seite zu stellen.

Antonio de Yanguas (1682–1754)

ZEIT UND UMWELT
Die im Jahr 1508 gegründete Universität von Alcalá de Henares war vor allem der Theologie, Philosophie und Sprachwissenschaft gewidmet. Es wurden aber auch Literatur und Musik gelehrt, wenngleich darin die Universität von Salamanca die Führungsrolle von Beginn an innehatte und nie abgab.

LEBEN
Antonio de Yanguas wurde 1682 in Madinaceli geboren und als Chorknabe an der Kollegialkirche ausgebildet. Er studierte in Alcalá de Henares und wurde dort Kaplan und Sänger, sodann Kapellmeister an San Cayetano in Madrid, an der Basilika von Santiago de Compostela und schließlich an der Kathedrale von Salamanca, wo er zugleich als Professor für Musik an der Universität bis zu seinem Tod im Jahr 1754 wirkte.

WERKE
Vom spanischen Komponisten Antonio de Yanguas sind zahlreiche kirchenmusikalische Werke – Messen, Litaneien, Responsorien, Hymnen – handschriftlich erhalten. Sie sind sehr konservativ gehalten.

Antonio il Verso
(um 1565 bis nach 1619)

ZEIT UND UMWELT
Obschon Sizilien und Neapel im 16. und 17. Jahrhundert mehr oder weniger gleichgeschaltet waren und von den spanischen Königen in gleicher Weise wie eine Kolonie ausgebeutet wurden, lagen auf kultureller Ebene auffällige Unterschiede vor. Neapel führte ein kulturelles Eigenleben auf hohem Niveau, während Palermo wenig rührig war. Auch das Musikgeschehen der Stadt muß als bescheiden bezeichnet werden, denn die wenigen Meister, die das Land hervorbrachte und halten konnte, waren nicht imstande, einen Stil für ihre Musiklandschaft herauszubilden. Es fehlte an Förderung für die Künstler, es mangelte auch an Widerhall für ihre Kunst.

LEBEN
Antonio il Verso wurde um 1565 in Piazza Armerina, Sizilien, geboren und kam schon in jungen Jahren nach Palermo, wo er Schüler von Pietro Vinci wurde. Er wirkte am Dom von Palermo als Sänger und vermutlich auch als Organist bis zu seinem Tod nach dem Jahr 1619.

WERKE
Von dem sizilianischen Musiker sind 15 Bücher drei- bis sechsstimmige Madrigale, ein Buch Motetten, 4 Bücher kirchliche Gesänge, eines mit Villanellen und mehrere mit Responsorien erhalten. Das meiste von dieser Musik enthält Generalbaß. Bis zur Monodie war der Komponist nicht vorgedrungen, doch streckenweise ist der Kontrapunkt durch akkordische Strukturen ersetzt. Sein Stil ist wenig einheitlich, ergibt aber doch ein interessantes Gesamtbild.

Giorgio Antoniotto
(um 1692 bis nach 1776)

ZEIT UND UMWELT
Das ab 1540 von Spanien beherrschte Mailand wurde 1706 im Verlauf des Spanischen Erbfolgekrieges von österreichischen Truppen besetzt. Im Polnischen Erbfolgekrieg wurde es von Savoyen annektiert und im Österreichischen Erbfolgekrieg von französischen und spanischen Truppen erobert; 1748 gelangte es neuerlich in österreichische Hand. Dadurch kam es zu einem starken Absinken des wirtschaftlichen und kulturellen Niveaus Mailands. Erst in der zweiten Hälfte des Jahrhunderts konnte sich die Stadt erholen.

LEBEN

Giorgio Antoniotto (Antonietti) wurde um 1692 in Mailand geboren. Über sein Leben und Wirken gibt es keine Informationen. Er dürfte sich zwischen 1760 und 1770 in London aufgehalten haben, dann nach Mailand zurückgekehrt und nach 1776 gestorben sein.

WERKE

Von Giorgio Antoniotto sind 12 Sonaten – Nummern 1 bis 5 für Cello und Generalbaß, 6 bis 12 für zwei Celli oder Gamben – überliefert, deren Faktur dem Spätbarock entspricht. Er verfaßte auch eine dreibändige Kompositionslehre.

Antonius de Civitate
(nach 1380 bis nach 1423)

ZEIT UND UMWELT

Im Jahre 1077 kam Friaul mit seiner damals noch wichtigen Stadt Cividale unter die Herrschaft des Patriarchen von Aquileia. Wenn es dadurch auch stark unter römischem Einfluß stand, so machte sich doch das Wirken der oberitalienischen Komponisten in der profanen und auch der kirchlichen Musik sehr bemerkbar. Außerdem lagen Venedig und Padua nicht weit entfernt, wo sich die frühe Renaissance parallel mit dem Auslaufen der Gotik bereits ankündigte.

LEBEN

Antonius de Civitate (Antonio da Cividale) wurde im letzten Drittel des 14. Jahrhunderts vermutlich in Cividale in Friaul geboren. Er wurde Mitglied des Dominikanerordens. Seine Kompositionen, die erhalten geblieben sind, stammen aus den Jahren 1422 und 1423. Über sein Leben und Wirken ist sonst nichts bekannt. Er ist nach dem Jahr 1423 gestorben.

WERKE

Von den Werken des Antonius de Civitate liegen uns 2 Gloria und ein Credo, 5 Motetten und 5 mehrstimmige profane Lieder vor. Seine Musik stellt eine deutliche Nachfolge von Johannes Ciconia dar.

LITERATUR

W. Korte, Studie zur Geschichte der Musik in Italien im ersten Viertel des 15. Jahrhunderts, Kassel 1933. G. de Van, Inventory of manuscripts Bologna in: Musica Disciplina 2, 1948. E. Li Gotti, Il Codice di Lucca I – III, in: Musica Disciplina 3 – 5, 1949 – 51.

David August Apell (1754–1832)

LEBEN

David August von Apell wurde am 23. 2. 1754 in Kassel geboren. Er erhielt neben seinem Studium geregelten Musikunterricht, schlug aber eine Beamtenlaufbahn ein und wurde Kammerrat am kurhessischen Hof. Von 1792 bis 1821 – unterbrochen von der Regierungszeit des Königs Jerôme Bonaparte (1807 – 13) – leitete er das Schauspielhaus in seiner Heimatstadt Kassel, wo er am 23. 1. 1832 starb.

WERKE

Von David August Apell ist eine große Anzahl oft aufgeführter lateinischer und deutscher Kirchenmusik – 2 Messen, 8 Psalmen, ein Oratorium, ein Magnificat, ein Salve regina und verschiedene Proprien und Gesänge – erhalten. Außerdem schrieb er Opern und Schauspielmusiken, Ballette, Arien, Kantaten, Canzonetten, Sinfonien, Kammermusikwerke für verschiedene Instrumente, Polonaisen und andere Tänze und Märsche. Seine dem Mannheimer Stil angenäherte Musik wurde von den Zeitgenossen sehr geschätzt.

Matthäus Apelles von Loewenstern (1594–1648)

Zeit und Umwelt

Der frühzeitig gealterte Kaiser Ferdinand II. hatte die Rekatholisierung seiner Länder und ganz Deutschlands mit unbeirrbarer Zielsicherheit betrieben. Es war das Werk seines Sohnes und Nachfolgers Ferdinand III. (1608 bis 1657), daß 1635 mit dem evangelischen Sachsen der Friede von Prag geschlossen und eine konziliantere Haltung den Protestanten gegenüber eingenommen wurde. Die Staatsräson mußte über Ideologien gestellt werden.

Leben

Matthäus Apelles von Loewenstern (Matthäus Leonastro de Longueville Napolitanus, eigentlich Matthäus Appelt) wurde am 20. 4. 1594 in Prudnik (Neustadt) geboren. 1613 kam er als Lehrer und Kantor nach Leonschütz (Głubczyce), dann wurde er in Bernstadt (Bierutów) Musikdirektor und Staatsrat. Im Jahr 1634 wurde er von Kaiser Ferdinand II. geadelt. Ab 1639 lebte er vorwiegend in Breslau (Wrocław), wo er am 11. 4. 1648 starb.

Werke

Die geistlichen Lieder des deutschen Komponisten Matthäus Apelles von Loewenstern, bei denen er zuweilen klassische Metren und strophische Formen verwendete, wurden sehr bald bei einem breiten Publikum beliebt. Seine »Früelings-Mayen« – 30 geistliche Lieder mit 24 ein- bis vierstimmigen Sätzen und Generalbaß –, erlebten mehrere Auflagen. Handschriftlich erhalten sind 11 drei- bis vierstimmige Chöre mit Generalbaß zum Drama »Judith« von Martin Opitz (1597 bis 1639), vier- bis zwölfstimmige Motetten, geistliche Konzerte und weitere Lieder.

Literatur

H. Steinitz, Über das Leben und die Compositionen des Matthäus Apelles von Loewenstern, Breslau 1892.

Hans Erich Apostel (1901–72)

Leben

Hans Erich Apostel wurde am 22. 1. 1901 in Karlsruhe geboren. Nach seinem Studium am Konservatorium und kurzer Kapellmeistertätigkeit in seiner Geburtsstadt kam er nach Wien, wo er ab 1921 bei Arnold Schönberg und Alban Berg studierte, gleichzeitig Klavierunterricht erteilte und als Konzertbegleiter tätig war. Er trat in den dreißiger Jahren mit mehreren Kompositionen hervor, schwieg aber dann bis zum Kriegsende. Im Jahr 1946 wurde er Präsident der österreichischen Sektion der IGNM und Lektor an der Akademie der darstellenden Kunst und Musik in Wien, wo er am 30. 11. 1972 starb.

Werke

Selbst nannte sich Hans Erich Apostel gelegentlich einen »konservativen Radikalen«. Er wandte freie Atonalität und Dodekaphonik nach Belieben an, es blieb aber immer hör-

Hans Erich Apostel

bare Musik. Seine Kompositionen aus der Zeit vor dem Zweiten Weltkrieg weisen teilweise eine tonal-romantische oder expressionistische Struktur auf, dann wandte er sich rasch der Zwölftontechnik zu, bei der er aber tonale Anklänge nie vermied. Er schrieb eine Kammersinfonie, eine Ballade, ein »Rondo ritmico«, eine Intrada für Bläser und Schlagwerk, »Variationen über ein Thema von Joseph Haydn« (unter dem Titel Paralipomena dodekaphonica), eine Passacaglia, ein Adagio, ein Klavierkonzert, ein Bläserquartett, »6 Epigramme für Streichquartett«, 2 Streichquartette, ein Bläserquartett, ein Kammerkonzert für Flöte, Bratsche und Gitarre, »5 Bagatellen« für Bläsertrio, eine Sonate für Cello und Klavier, Sonatinen für Flöte, für Klarinette, für Fagott, für Horn, für Oboe, eine Suite, eine Sonate und andere Stücke für Klavier, ferner ein Requiem für Chor und Orchester, eine Ode für Alt und Orchester und eine Anzahl Klavierlieder.

Kammersinfonie, Opus 41, 5 Sätze, entstanden 1967
Alle Sätze sind auf der gleichen Zwölftonreihe aufgebaut. Der 1. Satz formt sich symmetrisch um eine Kadenz; in bogenförmiger Anordnung reihen sich Hauptsatz, Überleitung und Seitensatz um den Kern; eine ruhige Coda schließt den Satz ab. Als fünfteiliger Variationensatz – Thema, drei Variationen, Coda – stellt sich der 2. Satz vor. Der 3. Satz ist ein Intermezzo mit Scherzocharakter. Der 4. Satz ist pastoral mit Vogelzitaten und Herdenglocken. Der 5. Satz bringt das Material der Vorangehenden als Quodlibet.

Quartett für Flöte, Klarinette, Horn und Fagott, Opus 14, 5 Sätze, entstanden 1949
Das Werk ist dodekaphonisch. Der 1. Satz bringt ein kontrapunktisches Allegro über die »Reihe«, der 2. Satz ein rhapsodisches Adagio. Der 3. Satz besteht aus einem Thema mit sechs Variationen. Der 4. Satz ist stark figuriert und episch breit. Mit einer Stretta schließt das Finale das Quartett ab.

Paralipomena dodekaphonica (Variationen über ein Thema von Joseph Haydn), Opus 44, entstanden 1969
Die aus einem Haydn-Thema gebildete Reihe wird in sechs Variationen und Charakteren abgewandelt, das lebenswichtige Element der künstlerischen Aussage jedoch nicht verändert, sondern nur verstärkt. Das Stück ist unbedingt als absolute Musik ohne spekulative Klangäquilibristik zu verstehen.

LITERATUR

H. Kaufmann, Hans Erich Apostel, Wien 1965.

Benedictus Appenzeller
(um 1500 bis nach 1551)

ZEIT UND UMWELT

Kaiser Karl V. ernannte seine Schwester Maria (1505–58, als Gemahlin Ludwigs II. 1522–26 Königin von Ungarn) 1530 zur Regentin der Niederlande. Die Regentin setzte an ihrem Hof in Brüssel die kulturelle Tradition der burgundischen Herzöge fort. Der Ausgestaltung ihrer Kapelle widmete sie wie bereits in Ungarn erhöhte Aufmerksamkeit, besonders der Nachwuchspflege, indem sie für den Knabenchor fähige Musikpädagogen heranzog.

LEBEN

Benedictus Appenzeller (Appenzelders) wurde um 1500 in den Niederlanden, vermutlich in Audenarde, geboren. Um 1539 wurde er zum Maître des enfants de chœur der Hofkapelle der Statthalterin Maria von Ungarn bestellt. Er begleitete sie 1551 auf ihrer Reise nach Spanien. Wie lange er darüber hinaus im Dienst der Regentin geblieben und wann und wo er verstorben ist, kann nicht festgestellt werden.

WERKE

Es ist unbekannt, ob Benedictus Appenzeller Schüler Josquins war. Sein vierstimmiger Klagegesang auf dessen Tod läßt die Vermutung zu. Außerdem sind eine Reihe von mehrstimmigen Vokalkompositionen von ihm erhalten. Von seinen 23 Chansons ist nur eine Stimme überliefert. Der Stil des Trauergesanges (Musae Jovis – Die Musen Jupiters) folgt Josquin.

LITERATUR

M. Martens, Musae Jovis, New York 1959.

Thomas Appleby (um 1505 bis um 1562)

Zeit und Umwelt

Für die erst nach der Jahrhundertwende Geborenen brachte der endgültige Bruch Englands mit dem Papst (1534) nicht mehr die Schwierigkeiten der Älteren, weil sie in die neue Zeit hineingewachsen waren und keinen Wechsel der religiösen Anschauungen miterleben mußten. Die Toleranz unter der Regierung des minderjährigen Königs Edward VI. (1537–53) und die Restaurationsversuche der Königin Maria I. (1516 bis 1558) waren auf die Stellung vieler Kirchenmusiker einflußlos.

Leben

Thomas Appleby wurde um 1505 vermutlich in Lincoln geboren und ausgebildet. Im Jahre 1536 erhielt er die Organistenstelle an der Kathedrale von Lincoln und im folgenden Jahr auch die des Chormeisters. Er behielt diese Stelle, durch eine zweijährige Tätigkeit am Magdalen College in Oxford unterbrochen (1539–41), bis zu seinem Tod um das Jahr 1562 bei.

Werke

Vom kompositorischen Werk des Kirchenmusikers Appleby ist das meiste verlorengegangen. Nur 2 Messen und ein Magnificat sind erhalten, die beweisen, daß sich der englische Renaissancestil bereits voll durchgesetzt hatte. Die Messen zeichnen sich durch einzelne kühne Wendungen aus, die den elisabethanischen Stil vorausnehmen.

Giuseppe Aprile (1731–1813)

Zeit und Umwelt

Die Anzahl der Eviraten nahm gegen Ende des 18. Jahrhunderts stark ab, besonders die der Soprane. Die Bühnen stellten Sängerinnen ein, denen sich das Publikumsinteresse mehr zuneigte als den Verschnittenen. Altisten waren noch immer willkommen, weil dieses Fach von den Sängerinnen wegen seiner doch immer zweitrangigen Stellung auf der Bühne seltener ergriffen wurde und die Zeit der Kontratenöre endgültig vorbei war.

Leben

Giuseppe Aprile wurde am 28. 10. 1731 in Martina Franca, Apulien, geboren. Er war ein berühmter Altist und sang mit großem Erfolg auf vielen Bühnen. Später ließ er sich als gesuchter Gesanglehrer in Venedig nieder. Er starb in seinem Geburtsort am 11. 1. 1813.

Werke

Von Giuseppe Aprile ist eine Gesangschule mit 36 Solfeggien herausgekommen, die wegen ihres didaktischen Wertes und ihres musikalischen Gehaltes noch im 19. Jahrhundert viel verwendet wurden.

Francesco Araja (1709 bis um 1770)

Zeit und Umwelt

Nach dem Tod der Zarin Elisabeth Petrowna kam der Sohn ihrer Schwester Anna (1708 bis 1728) als Peter III. (1728–62) zur Regierung, wurde aber noch im selben Jahr auf Veranlassung seiner Gemahlin Sophie von Anhalt-Zerbst (1729–96), die ihm als Zarin Katharina II. auf den Thron folgte, ermordet.

Leben

Francesco Araja wurde am 25. 6. 1709 in Neapel geboren. Nachdem er in seiner Vaterstadt und in Florenz je eine Oper herausgebracht hatte, ging er 1735 mit einer Operntruppe an den Hof der Zarin Elisabeth in St. Petersburg. Er kehrte 1759 nach Italien zurück, unternahm 1761 eine zweite Rußlandreise, verließ jedoch, durch den Mord an Zar Peter III. erschreckt, St. Petersburg im folgenden Jahr. Er kehrte nach Italien zurück und starb um 1770 in Bologna.

Werke

Neben seinen 22 Opern verfaßte Francesco Araja ein Weihnachtsoratorium, Lieder und Klavierstücke. Er brachte 1755 mit »Zefal i Prokris« (Kephalos und Prokris) die erste auf russischen Text komponierte Oper heraus und setzte damit der Entwicklung der russischen Oper ihren Anfang.

Pedro Aranaz y Vides (um 1742–1821)

ZEIT UND UMWELT
Barocke Vielstimmigkeit war in der spanischen Kirchenmusik der zweiten Hälfte des 18. Jahrhunderts noch immer vorherrschend. Man wollte auf die breite Klangwirkung ebensowenig verzichten wie auf die Plastik einer gut ausgearbeiteten Kontrapunktik, die durch Häufung tiefer Stimmen die typische düstere Musik spanischer Kirchen erzeugte.

LEBEN
Pedro Aranaz y Vides wurde um 1742 in Tudela, Navarra, geboren. Er war ab 1763 Kapellmeister an Santo Domingo de la Calzada in Zamora, Léon, und von 1769 bis zu seinem Tod am 23. 9. 1821 an der Kathedrale von Cuenca.

WERKE
Von Pedro Aranaz y Vides sind achtstimmige Messen, Offertorien, Psalmen, Antiphonen und Motetten sowie Tonadillas überliefert. Ihr Stil gehört dem Barock an. Er war auch als Musikschriftsteller tätig.

LITERATUR
F. Pedrell, Los músicos españoles en sus libros, Barcelona 1888.

Juan Aranies (um 1565 bis nach 1624)

ZEIT UND UMWELT
Die fünfsaitige Gitarre verdrängte in Spanien sehr bald die Laute auch auf dem Gebiet der Hausmusik, denn der Spanier hat von jeher eine kräftige, volltönende Musik vorgezogen. Es waren auch Spanier, die die ersten Tabulaturen für Gitarren anlegten.

LEBEN
Juan Aranies wurde um 1565 in Alcalá de Henares geboren und vermutlich im nahen Madrid zum Musiker und Kleriker ausgebildet. Über seine Tätigkeit in Spanien ist nichts bekannt, bis er Kaplan und Kapellmeister der spanischen Gesandtschaft in Rom wurde. Er dürfte in Rom nach 1624 gestorben sein.

WERKE
Mit der als Partitur angelegten Tabulatur für Gitarre, die Juan Aranies in Rom 1624 herausbrachte, hatte er eines der ersten Werke der im Verlauf der kommenden Zeiten stark anwachsenden Literatur für Gitarre geschaffen. Das Werk beinhaltet 23 Villancicos für eine bis vier Stimmen und bezifferte Gitarrenstimme. Es wird als »zweites« Buch bezeichnet, so daß man annehmen muß, daß ihm eine ähnliche Publikation vorausgegangen ist.

István Arató (1910–80)

LEBEN
István Arató wurde am 9.2.1910 in Zagreb geboren. Er war in Budapest Schüler von Zoltán Kodály und studierte zusätzlich in Berlin und Salzburg. Nach ausgedehnten Studienreisen und einer kurzen Tätigkeit als Direktor des Konservatoriums in Algier ließ er sich in Zürich nieder und gründete dort das Improvisationsensemble »Inspirati« (Die Inspirierten), mit dem er Konzerte mit »freien und konditionierten – individuellen und kollektiven – Improvisationen« veranstaltete. Er starb am 8.3.1980 in Leimbach, Schweiz.

WERKE
Seit 1954 widmete sich István Arató dem Problem improvisatorischen Gestaltens. Bei den meisten seiner Kompositionen können alle Ausführenden selbständig in den Ablauf der Stücke eingreifen, so daß eine kollektive Aleatorik zustande kommt. Er schrieb unter anderem ein Konzert für Zimbal, Instrumente und Singstimmen, ein Konzert für Zimbal und doppeltes Streichorchester, Transmutationen des sechsten Praeludiums von François Couperin für mehrere Ensembles, eine »Musik« für Streichquartett und Zimbal, Variationen

für Zimbal, Klarinette, Streichquintett und Streichorchester, wobei die einzelnen Klanggruppen improvisatorisch variieren, die Ensembleimprovisation »Struktur« für 28 Musiker mit beliebigen Instrumenten, Klavier-und Violinstücke, Instrumentalduos, 7 »Urgedichte« für Solostimme, Psalmen nach liturgischen Texten für beliebige Ausführende. Die Entwicklung der experimentellen Musik erhielt durch die originellen Einfälle des Komponisten wirksame Impulse.

John Arbuthnot (1667–1735)

Zeit und Umwelt
Die Zeit der Hochblüte der italienischen Oper in London war erfüllt mit Intrigen der Komponisten und Interpreten, an denen sich auch Persönlichkeiten des Hofes beteiligten. Die Konkurrenzmanöver wurden weitab vom Feld der Musik ausgefochten, denn die Oper war zur Ware geworden.

Leben
John Arbuthnot wurde 1667 in Arbuthnot, Schottland, geboren. Er war Leibarzt der Königin Anne und zugleich Musiker und Komponist. Bei den Streitigkeiten Georg Friedrich Händels mit Konkurrenzunternehmen und mit seinen Sängern trat er lebhaft für diesen ein. Er starb am 27. 5. 1735 in London.

Werke
Der englische Komponist John Arbuthnot schrieb eine Reihe Anthems, die viel gesungen wurden. Er nützte seinen Einfluß beim englischen Hof zugunsten Georg Friedrich Händels und hat dadurch vielleicht zur Entwicklung der englischen Musik mehr beigetragen als durch seine Kompositionen.

Jakob Arcadelt (um 1500–68)

Zeit und Umwelt
Die franko-flämischen Musiker waren in beinahe allen Ländern Europas führend. Da trotz des Vordringens der Instrumentalmusik das Singen noch immer dominierend war, gab die ausgezeichnete Gesangsschulung der Niederländer den Ausschlag. Als Leiter von Kapellen waren sie konkurrenzlos und überall begehrt. Auch ihre starke Anpassungsfähigkeit an fremde Stileigentümlichkeiten ist erstaunlich. Adrian Willaert wurde – musikalisch – zum Venezianer wie manch anderer, der nach Italien kam, um im Stammland der Renaissance selbst zu leben und zu wirken.

Leben
Jakob Arcadelt (Jachet Arkadelt, Archadet, Harcadelt, Arcadet, Arcadente) ist um 1500 im franko-flämischen Raum geboren. Er war möglicherweise Schüler Josquins oder Verdelots. Im Jahre 1530 ist er in Florenz als Tenorist nachweisbar. Bald darauf dürfte er wegen kriegerischer Ereignisse Florenz (zugleich mit Philippe Verdelot) verlassen und sich nach Lyon begeben haben. 1532 kehrte er, nachdem Alessandro de'Medici (1511 bis 1537) von Karl V. als Regent von Florenz eingesetzt worden war, wieder zurück, blieb aber nur bis 1537, um den Wirren nach der Ermordung des Herzogs auszuweichen, und ging vermutlich nach Venedig, um seine ersten Veröffentlichungen vorzubereiten. Am 30. 12. 1540 kam er als Kapellmeister an die Sixtinische Kapelle in Rom, wo er bis 1551, unterbrochen durch ein Jahr Frankreichaufenthalt (1546/47), blieb. Im Jahre 1555 begab er sich nach Paris und verbrachte dort den Rest seines Lebens. Er starb in Paris am 14. 10. 1568 als ernannter Regius musicus (Königlicher Musiker).

Werke
Der Ruhm Arcadelts beruht auf seinen Madrigalen, die zu den besten ihrer Art gezählt werden. Er brachte 5 Bücher mit vierstimmigen und eines mit dreistimmigen Madrigalen heraus, die eine Vielzahl an Auflagen erreichten. Weiters erschienen ein Buch mit vier- und fünfstimmigen Messen und ein Buch mit vierstimmigen Motetten. In Sammeldrucken der Zeit werden viele Madrigale, Chansons, Motetten und Villanellen gebracht, einige Werke liegen nur

handschriftlich vor. Jakob Arcadelt gehörte zu den Größen der Renaissancemusik. Seine Wertschätzung erlitt durch den Zeitablauf seit seinem Tod bis heute keine Minderung.

LITERATUR

A.-M. Bragard, Jacques Arcadelt, Lüttich 1956.

Antonio Archilei
(um 1550 bis nach 1590)

ZEIT UND UMWELT

Als Kardinal zeichnete sich Ferdinando de'Medici als Erbauer der Villa Medici und Förderer der Mitglieder der Camerata in Florenz aus. Als er nach dem Tod seines Bruders Francesco (1587) als Ferdinando I. Großherzog der Toskana wurde und 1589 auf die Kardinalswürde verzichtete und heiratete, erwies er sich als geschickter Staatsmann im Spiel der europäischen Mächte.

LEBEN

Antonio Archilei wurde um 1550 vermutlich in Rom geboren. Der italienische Komponist, Sänger und Lautenist trat in die Dienste des damaligen Kardinals Ferdinando de'Medici und blieb in dessen Kapelle, als dieser als Großherzog der Toskana in Florenz residierte. Er ist nach 1590 in Florenz gestorben.
Seine Frau Vittoria Archilei, geborene Concarini (1550, Rom, bis nach 1618, Florenz), trat anläßlich der Vermählung von Vincenzo Gonzaga und Eleonora de'Medici im Jahre 1584 und des Großherzogs Ferdinando I. mit Christine de Lorrain (1589) neben ihrem Mann als Sängerin und Lautenistin auf.

WERKE

Der Lautenist Antonio Archilei hinterließ etliche Lautentabulaturen fremder und eigener Werke. Bei der Hochzeit seines Dienstherrn wurde sein Madrigal für Singstimme und zwei Chitarroni »Dalle più alte sfere« (Von den höchsten Sphären) vorgetragen. Es ist eines der ältesten Madrigale für Solostimme und Instrumentalbegleitung.

Pedro Ardanaz (um 1640–1706)

ZEIT UND UMWELT

Die Musik von Toledo war wegen der starken Eigentradition der ehemaligen Hauptstadt dem italienischen Einfluß kaum ausgesetzt. Nur der pompöse Aufführungsstil Roms wurde übernommen, denn prunkreiche Musikdarbietungen waren in Toledo ohnehin gang und gäbe. Es wurde einem schon seit langem gewohnten Inhalt sozusagen nur der Mantel der konzertanten Faktur umgehängt.

LEBEN

Pedro Ardanaz wurde um 1640 in oder bei Toledo geboren. Er war von 1674 bis zu seinem Tod am 11. 12. 1706 musikalischer Leiter an der Kathedrale von Toledo.

WERKE

Vom spanischen Kirchenkomponisten Pedro Ardanaz sind eine Anzahl Gesänge, Messen und Litaneien erhalten. Sie sind zum Teil für viele Stimmen und Instrumente geschrieben.

Giulio Cesare Ardemanio
(um 1590–1650)

ZEIT UND UMWELT

Der konzertante Stil, die Monodie und der Generalbaß haben sich auch in Mailand in der ersten Hälfte des 17. Jahrhunderts an allen Kirchen durchgesetzt, die Polyphonie aber nicht verdrängt, weil einzelne Komponisten immer wieder darauf zurückgriffen und sie auch zu handhaben wußten. Die meisten davon scheinen den Ehrgeiz gehabt zu haben, auch den Kompositionsstil der alten Meister formvollendet anzuwenden.

LEBEN

Giulio Cesare Ardemanio wurde um 1590 vermutlich in Mailand geboren und dort ausgebildet. Er war Organist und Kapellmeister an den Mailänder Kirchen Della Scala und San Fedele und versah diese Stellen bis zu seinem Tod im Jahr 1650.

Werke
Der italienische Kirchenkomponist Giulio Cesare Ardemanio veröffentlichte ein Buch mit Motetten und eines mit mehrstimmigen Gesängen. Er war als Kontrapunktiker berühmt und beliebt. Einige seiner Werke, die in Sammelpublikationen aufgenommen wurden, bestätigen den Ruf des Meisters.

José Ardévol (1911 – 81)

Leben
José Ardévol wurde am 13.3.1911 in Barcelona geboren. Er kam 1930 nach Habana und wurde dort ausgebildet. Von 1934 bis 1952 wirkte er als Dirigent des Kammerorchesters in Habana; er war Mitbegründer dieses Klangkörpers wie auch des Sinfonieorchesters und des städtischen Konservatoriums, an dem er bis 1968 Komposition unterrichtete. Danach lehrte er an der Escuela Nacional de Música. Er starb am 9.1.1981 in Habana.

Werke
Außer einem Ballett, von dem auch eine Konzertfassung vorliegt, schrieb José Ardévol 3 Sinfonien, 2 Triptycha, einen sinfonischen Satz, 3 Concerti grossi für verschiedene Besetzungen, ein Konzert für drei Klaviere und Orchester, ein Konzert für Klavier und Holzbläser, ein Kammerkonzert für sechs Streicher, ein Kammerkonzert für sechs Instrumente, ein Bläserquintett, 3 Streichquartette, 6 Triosonaten mit verschiedenen Besetzungen, Sonaten für verschiedene Instrumente, Klavierstücke, mehrere Chorwerke a cappella und mit Orchester sowie Filmmusik. Er nimmt in der Musik in Kuba eine führende Stellung ein.

Luigi Arditi (1822–1903)

Zeit und Umwelt
Gesungene Tänze, zu denen man wirklich tanzen konnte, waren ein Beitrag Italiens zur Romantik. Diese reizende Musikgattung fand wohl ein aufnahmebereites Publikum, aber nur wenige Komponisten, die Lieder mit echten Tanzmelodien versehen konnten. Die Operetten brachten zwar zahlreiche Tanzlieder, diese standen aber stets in irgendeinem Zusammenhang zum Bühnengeschehen, und die Tänze waren Bühnentänze und keine Gesellschaftstänze. Nachträglich berühmten Tänzen unterlegte Texte konnten kein wirkliches Tanzlied hervorbringen.

Leben
Luigi Arditi wurde am 22.7.1822 in Crescentino, Vercelli, geboren. Er studierte am Konservatorium in Mailand Komposition und Violine und wirkte sodann als Kapellmeister in Vercelli, Mailand und Turin, anschließend in La Habana, New York, Konstantinopel, St. Petersburg und London, wo er durch mehrere Jahre das Orchester der Italienischen Oper dirigierte und Musikunterricht gab. Er starb am 1.5.1903 in Hove bei Brighton.

Werke
Von Luigi Arditi sind 3 Opern aufgeführt worden. Er komponierte mehrere Klavierfantasien und ein Scherzo für zwei Violinen. Berühmt wurde er durch seine gesungenen Tänze, von denen »Il bacio« (Kußwalzer) um die Welt ging.

Carlo Aredesi (um 1555 bis nach 1612)

Zeit und Umwelt
Der Träumer auf dem Kaiserthron, Rudolf II., schuf sich, von tiefem Mißtrauen gegen die Realität beseelt, eine zweite Welt in seiner lebensabgewandten Phantasie. Künstlern und ihrer Kunst war darin bereitwillig Raum gewährt; ihnen fühlte sich der Kaiser verbunden.

Leben
Carlo Aredesi (Ardasi, Arthesi) wurde in Cremona um 1555 geboren. Über sein Leben und Wirken bis zum Jahr 1582, in dem er als

Kammermusiker am Kaiserhof in Prag aufgenommen wurde, ist nichts bekannt. Er blieb in dieser Stellung bis zum Tod Kaiser Rudolfs II. im Jahre 1612. Über Ort und Zeit seines Todes gibt es keine Aufzeichnungen.
Zur gleichen Zeit war am kaiserlichen Hof in Prag Giovanni Paolo Aredesi (um 1555, Cremona, bis nach 1612, Prag) als Kammermusiker und Komponist tätig. Es ist unbekannt, in welchem Verwandtschaftsverhältnis er zu Carlo Aredesi stand.
Am Wiener Hof wirkte ab 1566 Alberto Aredesi (um 1520, Cremona, bis 30. 5. 1580, Wien) als Hofmusiker. Er dürfte ein älterer Verwandter der beiden Vorgenannten gewesen sein.

WERKE

Von Carlo Aredesi ist 1597 ein Buch mit vierstimmigen Madrigalen erschienen, in das auch 4 Madrigale von Giovanni Paolo Aredesi aufgenommen wurden. Die Kompositionen beider Musiker sind im konzertanten Stil Venedigs gehalten und sehr repräsentativ.

Antoni Arenski (1861–1906)

LEBEN

Antoni Stepanowitsch Arenski wurde am 30.6. 1861 in Nowgorod geboren. Er studierte von 1879 bis 1882 am Konservatorium in St. Petersburg unter Nikolai Rimski-Korsakow (1844–1908) und wurde anschließend Kompositionslehrer am Konservatorium in Moskau. Im Jahr 1895 erhielt er die Leitung der Hofsängerkapelle in St. Petersburg. Er starb am 12.2.1906 in Terioki, Finnland (heute Zelenogorsk, UdSSR).

WERKE

Obschon Antoni Arenski Schüler des nationalrussischen Nikolai Rimski-Korsakow war und damit dem von diesem Meister, von Mili Balakirew (1836–1910), Aleksandr Borodin (1833–87), Zesar Kjui (1835–1918) und Modest Mussorgski (1839–81) vertretenen »Mächtigen Häuflein« nahestand, entfernte er sich bald von den Idealen dieser »Jungrussen« und schloß sich immer mehr dem Stil von Pjotr Tschaikowski, Anton Rubinstein (1829–94) und den Vertretern der deutschen Romantik an. Das russische Element verwendete er in seiner Komposition sehr oberflächlich, um ihnen Farbe zu verleihen; in Wahrheit war er »westlich« orientiert. Seine Werke: 3 Opern, ein Ballett, 2 Sinfonien, ein Intermezzo für Streichorchester, ein Klavierkonzert, ein Violinkonzert, eine Fantasie über russische Themen für Klavier und Orchester, ein Klavierquintett, 2 Streichquartette, ein Klaviertrio, mehrere Kantaten, Chöre und Lieder und über 100 Klavierstücke sind stark eklektisch, aber sehr liebenswürdig und klangreich und erhalten sich zum Teil deswegen noch auf Spielplänen, denn sie bieten Musik, die man gerne hört.

Fantasie über russische Themen für Klavier und Orchester, Opus 48, entstanden 1900

Das Hauptthema dieses Stückes verwendete der Komponist bereits in allen drei Sätzen seines Klavierkonzertes Opus 2. Es wird jedoch hier eindringlicher, färbiger und reicher variiert vorgetragen und fasziniert vor allem durch seine frische Melodik und ausdrucksvolle Harmonik, so daß die Fantasie allenthalben immer noch besonders in Osteuropa gespielt wird.

Trio für Klavier, Violine und Cello in d-Moll, Opus 32, 4 Sätze, entstanden 1894

Faktur, Form und die Art des Scherzos sind von Felix Mendelssohn-Bartholdy (1809–47) bezogen. Schon der 1. Satz dieses noch in unseren Tagen nicht selten aufgeführten Stücks bringt das »russische Thema«, das bereits das Klavierkonzert beherrscht, wenn auch hier weniger ausgeführt. Der 3. Satz ist das Herzstück; seine schöne Kantilene wird von Musikern und Publikum unvermindert hochgeschätzt. Das Finale ist äußerst einfallsreich und originell.

LITERATUR

G. M. Tsipin, Antoni Stepanowitsch Arenski, Moskau 1966.

Floriano Aresti (um 1670 bis um 1719)

ZEIT UND UMWELT

Die Opern, die um die Jahrhundertwende in

Bologna entstanden, wiesen noch keinen nennenswerten neapolitanischen »Einschlag« auf, wie überhaupt der in der Accademia Filarmonica gebildete Stil fremden Einflüssen wenig ausgesetzt war.

LEBEN
Floriano Aresti (Arresti) wurde um 1670 in Bologna geboren. Er war Organist an San Petronio und Mitglied der Accademia Filarmonica in seiner Vaterstadt, in der er um 1719 starb.

WERKE
Der italienische Komponist Floriano Aresti verfaßte einige Kanons und Gesänge. Bei den 2 mit Aresti signierten Orgelsonaten ist es unsicher, ob sie von ihm oder von Giulio Cesare Arresti stammen. Er schrieb auch 5 Opern für Ferrara, Bologna und Venedig.

Attilio Ariosti (1666 bis um 1740)

ZEIT UND UMWELT
Der neapolitanische Opernstil, bei dem Wort und Wortbedeutung weit hinter die Musik zurücktraten, verdrängte nach 1700 immer mehr die künstlerisch wertvollere Oper, wie sie Jean-Baptiste Lully geschaffen hatte. Aber die neapolitanische Faktur war für das Publikum eingängiger; die volksliedartigen, gut rhythmisierten Melodien, die unkomplizier-

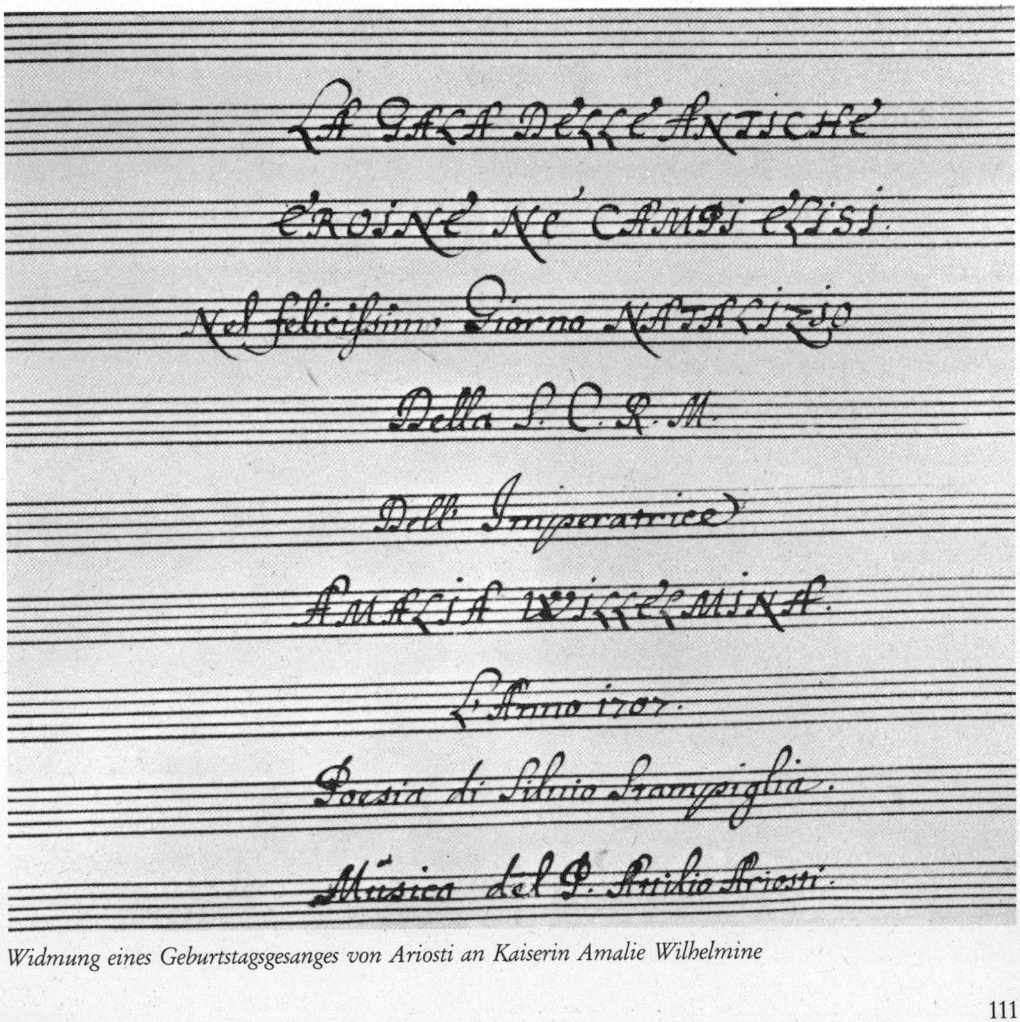

Widmung eines Geburtstagsgesanges von Ariosti an Kaiserin Amalie Wilhelmine

ten Arien und die sangbaren Rezitative gefielen mehr als die zuweilen trockene, klassische französische Fassung.

LEBEN
Attilio Malachia Ariosti wurde am 5. 11. 1666 in Bologna geboren. Er trat 1688 als Frate Ottavio in den Servitenorden ein und wirkte als Organist an Santa Maria in Bologna. Um 1695 wurde er mit Erlaubnis seines Ordens Musiker am Mantuaner und darauf am Florentiner Hof und von 1697 bis 1703 Hofkomponist der Königin Sophie Charlotte in Berlin. Im Jahr 1712 kehrte er in sein Kloster zurück, reiste aber in den Jahren 1715 und 1716 nach Süddeutschland, Paris und London. Er ist 1728 noch in London feststellbar, aber ab diesem Zeitpunkt verliert sich seine Spur. Er ist vermutlich nach Spanien gegangen und dort um das Jahr 1740 gestorben.

WERKE
Der italienische Komponist Attilio Ariosti verfaßte außer ungefähr 25 Opern mehrere Oratorien und Passionen, zahlreiche Kantaten und Divertimenti für Violine und Generalbaß, außerdem eine Schule für das Spiel der Viola d'amore. Sein Opernschaffen zeigt ein deutliches Abrücken vom französischen Stil zu dem von Alessandro Scarlatti.

Attilio Ariosti

Aristote (um 1220 bis um 1280)

ZEIT UND UMWELT
Die englischen Komponisten beherrschten als erste den mehrstimmigen Satz. Die vermutlich vom Festland übernommenen Formen, Motetten mit Cantus firmus, Conductus, Tropus und Sequenz, wurden von vorneherein mehrstimmig angelegt. Es scheint, daß die echte Mehrstimmigkeit, die besonders häufig durch Terzenparallelen entstand, tatsächlich auf den britischen Inseln ihren Ursprung hatte.

LEBEN
Aristote, sein Vorname ist nicht überliefert, ist um 1220 in England geboren. Über sein Leben und Wirken ist ebensowenig bekannt wie über Ort und Zeit seines Todes. Er dürfte als Musiker und Komponist eine geachtete Stellung eingenommen haben.

WERKE
Von dem englischen Komponisten Aristote sind 4 drei- und vierstimmige Stücke überliefert, die zeigen, wie im England des 13. Jahrhunderts die Mehrstimmigkeit gehandhabt wurde. Sie sind auch ein Beweis für die absolute Eigenständigkeit der Musik auf den britischen Inseln.

Andreas Armsdorf (1670–99)

ZEIT UND UMWELT
Der mittelalterliche Bischofssitz Erfurt unterstand bis 1802 dem Erzbischof von Mainz. Der gotische Dom (vollendet 1450) und die prächtigen Renaissance- und Barockbauten zeugen für die wirtschaftliche und kulturelle Bedeutung der Stadt, deren Musikpflege sich vorwiegend auf Orgelspiel und Orgelkomposition erstreckte.

LEBEN

Andreas Armsdorf (Armsdorff, Armstorff) wurde am 9. 9. 1670 in Mühlberg bei Gotha geboren. Er dürfte von Johann Pachelbel zum Komponisten und Organisten ausgebildet worden sein und wirkte als Organist an der Regler-, der St.-Andreas- und der Kaufmannskirche in Erfurt bis zu seinem Tod am 31. 12. 1699.

WERKE

Der deutsche Organist und Komponist Andreas Armsdorf verfaßte eine Reihe ausgezeichneter Orgelchoräle, die zwar im Schatten von Johann Pachelbel stehen, aber dennoch viel Eigenständigkeit aufweisen.

LITERATUR

Geschichte der Orgel- und Klaviermusik bis 1700, Kassel 1967.

Arnaut de Mareuil
(um 1150 bis nach 1200)

ZEIT UND UMWELT

Die Entfernungen von Stadt zu Stadt, von Land zu Land waren bei den Verkehrsmöglichkeiten des 12. Jahrhunderts und noch lange danach sehr groß. Es ist daher erstaunlich, wie rasch Gedichte und Lieder sich verbreiteten und, falls neue Formen auftauchten, nahezu simultan ihre Nachahmer fanden. Das »Ensenhamen« (Lehrgedicht) ist in der zweiten Hälfte des 12. Jahrhunderts entstanden und vielleicht von Arnaut de Mareuil erfunden worden. Sehr bald bemächtigten sich Trouvères dieser Kunstform, und wenig später kehrte sie bei den deutschen Minnesängern ein.

LEBEN

Arnaut de Mareuil (Maroill) wurde um 1150 in Mareuil-sur-Belle (Dordogne) geboren. Über seinen Lebenslauf wissen wir nichts. Sein Wirken fiel in die letzten drei Jahrzehnte des 12. Jahrhunderts, dessen Ende er überlebt haben dürfte. Näheres über Zeit und Ort seines Todes ist nicht feststellbar.

WERKE

Von Arnaut de Mareuil stammt das älteste bekannte Ensenhamen, eine Lehrgedichtsform mit sozialkritischen Tendenzen. Überliefert sind von ihm 26 Liedertexte (Kanzonen, Liebeslieder, ein Ensenhamen) mit 6 Melodien im »Leichten Stil« (Trobar leu), was besagt, daß sie leicht faßlich und sangbar sind.

LITERATUR

R. C. Johnston, Les poésies lyriques du troubadour Arnaut de Mareuil.

Thomas Augustine Arne (1710–78)

ZEIT UND UMWELT

Die britische Hymne »Rule, Britannia, rule the waves!« (Beherrsche, Britannien, beherrsche die Wellen) wurde am 1. 8. 1740 im Cliefden House, Maidenhead, der damaligen Residenz des Prince of Wales Frederick Louis, zum Geburtstag seiner Frau, der Prinzessin Augusta von Sachsen-Gotha, zum ersten Mal gesungen.

LEBEN

Thomas Augustine Arne wurde am 12. 3. 1710 in London geboren. Er lebte in London als Komponist ohne feste Bindung und starb am 5. 3. 1778.

Sein Sohn Michael Arne (1741, London, bis 14. 1. 1786, London) lebte als Sänger und Komponist in London.

WERKE

Von Thomas Augustine Arne wurden in London ungefähr 30 Opern aufgeführt, darunter die Oper »Alfred«, für die er die Hymne »Rule, Britannia…« komponierte. Eine Reihe von Arien aus seinen Opern sind sehr populär geworden, wie einzelne Vertonungen für Schauspiele einen festen Platz auf den Bühnen erhielten (zum Beispiel einzelne Lieder in »Was ihr wollt« von William Shakespeare). Außerdem verfaßte er 2 Oratorien – Abel, Judith –, Kantaten, Lieder, Glees, Catches, Klaviersonaten, 8 Sinfonien,

7 Triosonaten und mehrere Orgelkonzerte. Seine Berühmtheit verdankte er seinem Opernschaffen. Er übersetzte italienische Libretti in das Englische, komponierte aber auch einige Opern im italienischen Original. Michael Arne brachte mehrere Opern mit Erfolg heraus und verfaßte in späteren Jahren kleinere Stücke für Londoner Theater.

LITERATUR
W. H. Cummings, Dr. Arne and Rule Britannia, London 1912.

Richard Arnell (geboren 1917)

LEBEN
Richard Anthony Sayer Arnell wurde am 15.9.1917 in London geboren. Ab 1935 studierte er am Royal College of Music unter John Ireland, siedelte 1939 nach New York über, wo er bis 1946 als Musikberater im Nordamerikadienst der BBC tätig war. Im Jahr 1948 erhielt er eine Kompositionsklasse am Trinity College of Music in London. Von 1967 bis 1969 wirkte er als Gastprofessor in New York. Er tritt häufig als Dirigent eigener Werke auf.

WERKE
Außer 3 Opern und 4 Balletten schrieb Richard Arnell 5 Sinfonien, eine Impression für Orchester, ein Violinkonzert, 2 Klavierkonzerte, ein Cembalokonzert, Divertimenti und Variationen für Kammerorchester, eine Ouvertüre, ein »Multi-Media-Werk« für zwei Sprecher, Sopran, Bariton, Chor, Blechbläser, Jazzgruppe, Tonband und Film. Er verfaßte auch Filmmusik.

Georg Arnold (um 1620–76)

ZEIT UND UMWELT
Die Hofkapelle in Innsbruck war wegen der erstklassigen Kräfte, die aus dem nahen Italien kamen, und der Möglichkeit, von den anderen habsburgischen Hofkapellen in Graz, Prag und Wien zumindest für einige Zeit Musiker zu gewinnen, eine vorzügliche Ausbildungsstätte. Sie war auch allgemein geschätzt und galt als gute Empfehlung, wie die häufigen Berufungen von Kräften aus Innsbruck an verschiedene bischöfliche Domkapellen Deutschlands zeigen.

LEBEN
Georg Arnold wurde um 1620 in Feldsberg, Österreich, geboren, hielt sich lange Zeit als Schüler und sodann als Organist in Innsbruck auf, bis er um 1672 in die Dienste des Fürstbischofs von Bamberg trat. Er starb in Bamberg am 16. 1. 1676.

WERKE
Der österreichische Komponist Georg Arnold brachte zwei- bis fünfstimmige und vier- bis siebenstimmige geistliche Gesänge, fünfstimmige Messen, zwei- und dreistimmige Psalmen mit Instrumentalbegleitung, weiters 4 Messen, 3 Requiem und 13 Motetten ohne Begleitung, außerdem ein Buch »Canzoni, Ariae et Sonatae 1–4 Violis cum Basso generali« heraus. Die Instrumente dienen freilich vorwiegend als Stimmverstärker, der Generalbaß ist aber rein akkordisch angelegt.

Juri Arnold (1811–98)

ZEIT UND UMWELT
Die russische Musikkultur war Anfang des 19. Jahrhunderts eine Angelegenheit der Weißrussen und drang über aristokratische Kreise kaum hinaus. Das Volk besaß einen reichen Schatz von Liedern. Steppenmelancholie wechselt mit dem Ausdruck unbändiger Heiterkeit. Die Lieder des Volkes blieben stark mit dem Volkstanz verbunden.

LEBEN
Juri Arnold wurde am 13.11.1811 in St. Petersburg geboren. Er studierte in Tartu (Dorpat), trat sodann der Armee bei, nahm 1838 seinen Abschied und widmete sich der Musik. Von 1863 bis 1870 war er als Musikjournalist in Leipzig tätig, von 1870 bis 1894 leitete er in Moskau eine von ihm gegründete Privatmusikschule. Für seine kirchenmusikalischen For-

schungen unternahm er weite Reisen durch Rußland. Er starb am 20.7.1898 in Karakasch, Krim.

WERKE
Von Juri Arnold sind eine Oper, eine Operette, 2 Ouvertüren und eine preisgekrönte Operette bekannt geworden. Seine Bedeutung beruht jedoch auf seinen Publikationen über verschiedene musikologische Probleme, vor allem über russische Kirchenmusik.

Karl Arnold (1794–1873)

ZEIT UND UMWELT
Im Frieden von Kiel (1814) mußte der dänische König Friedrich VI. (1768–1839) Norwegen an Schweden abtreten. Die Norweger strebten ihre Unabhängigkeit an, gaben sich eine liberale Verfassung und wählten den dänischen Prinzen Christian (1786–1848), den nachmaligen König Christian VIII. von Dänemark, zum norwegischen König, mußten aber noch im selben Jahr die erzwungene Union mit Schweden anerkennen. Waren bislang Verwaltung, Wirtschaft und Kultur nahezu völlig von Dänemark abhängig, so ergab sich unter den neuen politischen Verhältnissen eine größere kulturelle Selbständigkeit. Ansätze hierzu zeigten sich bald; die Gründung einer Philharmonischen Gesellschaft in Kristiania (Oslo) war einer davon.

LEBEN
Karl Arnold wurde am 6.3.1794 in Neuenkirchen bei Mergentheim geboren. Seine Ausbildung zum Pianisten, Dirigenten und Komponisten erhielt er in Offenbach von Aloys Schmitt, Georg Johann Vollweiler und Anton André. Er wirkte ab 1818 in St. Petersburg als Pianist und Dirigent und ab 1847 in Kristiania als Dirigent der Philharmonischen Gesellschaft sowie (ab 1857) als Kirchenorganist. Er starb am 11.11.1873 in Kristiania.
Sein Vater Johann Gottfried Arnold (15.2. 1773, Nierhall bei Öhringen, bis 26.7.1806, Frankfurt am Main) war Schüler des Cellolehrers Max Heinrich Willmann (1768, Forchtenberg, bis 7.3.1813, Wien) und von Bernhard Romberg. Nach Konzertreisen in Deutschland und in der Schweiz wurde er 1797 Erster Cellist am Theater in Frankfurt am Main.

WERKE
Neben einer in Berlin aufgeführten Oper schrieb Karl Arnold ein Sextett und weitere Kammermusik, ferner Sonaten, Fantasien und Variationen für Klavier, die vor allem dem eigenen Konzertgebrauch dienten.
Johann Gottfried Arnold veröffentlichte einige gute Cellokonzerte, die er auch für Bratsche einrichtete. Sein Konzert in F-Dur wurde gegen Ende des Jahrhunderts ein zweites Mal aufgelegt.

Malcolm Arnold (geboren 1921)

LEBEN
Malcolm Henry Arnold wurde am 21.10.1921 in Northampton geboren. Er wurde am Royal College of Music in London ausgebildet und wirkte anschließend bis 1948 – von seinem Kriegsdienst unterbrochen – als Erster Solotrompeter bei den Londoner Philharmonikern. Nach einem Studienjahr in Italien wurde er Vorstand des Englischen Nationalen Jugendorchesters, für das er eine große Reihe kammermusikalischer Werke schuf.

WERKE
Außer 2 Opern, 3 Balletten und einer Bühnenmusik schrieb Malcolm Arnold 6 Sinfonien, 4 Schottische Tänze für Orchester, eine große Ouvertüre für drei Vacuum-Cleaners, eine Bodenbürste, vier Raspeln und volles Orchester, ein Konzert für zwei Violinen und Streicher, 4 Cornische Tänze und eine Ouvertüre für Orchester, ein Oboenquartett, 8 Solofantasien für Blasinstrumente – Fagott, Klarinette, Horn, Flöte, Oboe, Trompete, Posaune, Tuba –, außerdem eine Vertonung des Psalms 150, Orgelsonaten, Musik für Film, Funk und Fernsehen. Er baute viele seiner leichten, für sein Orchester bestimmten Werke zu Konzertstücken aus.

Samuel Arnold (1740–1802)

Zeit und Umwelt

Die Marylebone Gardens wurden in der Mitte des 17. Jahrhunderts neben einer Taverne als Ausflugs- und Vergnügungsort für das Londoner Publikum errichtet, dem fallweise neben anderen Belustigungen, wie Feuerwerke, Auftritte von Kuriositäten geboten wurden, bald jedoch auch Konzerte von Virtuosen und Sängern. Im 18. Jahrhundert wurden die musikalischen Darbietungen häufiger, bis sich ein regelmäßiger Konzertbetrieb mit fest angestellten Musikern herausbildete und die Marylebone Gardens in die Hände von Konzertunternehmern kamen.

Leben

Samuel Arnold wurde am 10. 8. 1740 in London geboren und an der Chapel Royal unter Bernard Gates und James Nares ausgebildet. Der berühmte Tenor und Inhaber des Covent Garden Theatre, John Beard (um 1717, London, bis 5. 2. 1791, London), engagierte ihn als Komponisten. Dort brachte er auch seine erste Oper, »The Maid of the Mill« (Das Müllermädchen), heraus, die seit Henry Purcell zum ersten Male musikalische Stellen handlungsfördernd einsetzte. Im Jahr 1769 pachtete er die Marylebone Gardens und gestaltete ihren Konzertbetrieb mit der Aufführung von Burlettas, dem Auftritt bedeutender Kräfte und von seriösen Konzerten aus. Er mußte das Unternehmen nach etlichen Jahren mit Verlust aufgeben, weil er dem Geschmack des Publikums nicht entgegengekommen war. Er brachte in Oxford ein Oratorium heraus und wurde 1783 Organist und Komponist der Chapel Royal. Nach der Gründung einer Musikgesellschaft und des Glee Club wurde er Dirigent der Academy of Ancient Music (Akademie für Alte Musik) und übernahm die Aufführung von Oratorien am Drury Lane Theatre, wovon er bald zurücktrat, weil er der Forderung der Direktion, nur »leichte« Musik aufzuführen, nicht nachkommen wollte. 1793 wurde er noch Organist an Westminster Abbey. Er starb am 22. 10. 1802 in London.

Werke

Von Samuel Arnold sind 43 Opern, Unterhaltungsstücke und Pantomimen aufgeführt worden. Er verfaßte einige sehr geschätzte Oratorien, mehrere Services und Anthems, Kantaten und Oden. Er setzte die von William Boyce herausgegebene »Cathedral Music« in 4 Bänden fort und brachte eine, allerdings unvollständige, Ausgabe der Werke von Georg Friedrich Händel heraus.

Arnold von Bruck (um 1490 – 1554)

Zeit und Umwelt

Ferdinand I. wurde 1521 und 1522 von seinem Bruder Karl V. die Regentschaft der österreichischen Erblande und der süddeutschen Besitzungen übertragen. Durch Heirat gewann er die Königskronen Böhmens und Ungarns, so daß seine Hofhaltung und damit auch die Hofkapelle eine starke Erweiterung erfuhren.

Leben

Arnold von Bruck (Arnoldus Brugensis, Arnoldus de Bruck, Arnoldo Fiamenco, Arnoldo de Ponte) wurde um 1490 in Brügge geboren. Ob Heinrich Finck jemals sein Lehrer war, ist ungeklärt. Wahrscheinlicher

Gedenkmünze für Arnold von Bruck

ist, daß er seine Ausbildung in seiner Heimat erhalten hat. Er kam ziemlich früh zur Kapelle Ferdinands I., wurde 1527 ihr Kapellmeister und blieb in dieser Stelle bis 1546. Im Jahre 1536 wurde in Wien auf ihn eine Medaille geprägt. Er starb in Linz an der Donau am 6. 2. 1554.

WERKE
Arnold von Bruck galt als einer der besten Komponisten der ersten Hälfte des 16. Jahrhunderts. Er war katholisch, schuf aber eine Anzahl von Bearbeitungen lutherischer Lieder. Das Schwergewicht seines kompositorischen Schaffens liegt jedoch auf dem Gebiet des mehrstimmigen sakralen oder profanen Liedes, der Motette und der Hymne, die in beträchtlicher Anzahl überliefert sind. Der Meister hat erheblichen Anteil an der Entwicklung des deutschen Liedes.

LITERATUR
O. Wessely, Arnold von Bruck, Köln 1968.

Arnoldus de Lantins
(nach 1380 bis vor 1450)

ZEIT UND UMWELT
Für die vielen Musiker, die mit einem Mal im franko-flämischen Raum heranwuchsen oder dorthin zuwanderten, gab es zu wenig Entfaltungsmöglichkeiten. Paris hatte nur schwachen Anreiz, dafür war bei den zahlreichen italienischen Fürstenhöfen Ehre und Münze zu erwarten. Florenz, Mailand, Rom hatten eigene Musiker in Fülle, aber der Adriaraum, vor allem das reiche, glanzvolle Venedig und die Städte seines Machtbereiches, boten zuwandernden Talenten ein breites Betätigungsfeld.

LEBEN
Arnoldus de Lantins (Arnolt de Lantins) stammte aus dem nordwestlich von Lüttich gelegenen Dorf Lantins und wurde zwischen 1380 und 1400 geboren. Was über sein Leben bekannt geworden ist, besteht aus zwei Daten. Er hat sich 1428 in Venedig aufgehalten und dort zwei Chansons geschrieben, die erhalten sind. In den Jahren 1431 und 1432 war er am Vatikan als päpstlicher Sänger tätig. Man darf daraus vielleicht schließen, daß er Kleriker war, wenngleich zu jener Zeit auch Laien diese Stelle innehatten. Er ist vor 1450 gestorben.

WERKE
Arnoldus de Lantins ist in verschiedenen Handschriften mit ungefähr 14 französischen Chansons und 17 lateinischen Stücken vertreten. Dazu kommen eine lateinische Motette und eine fünfteilige Messe Verbum incarnatum, die durch die ständige Wiederkehr des gleichen Kopfmotives bei den einzelnen Sätzen und die so gewonnene Einheitlichkeit eine neue Kompositionstechnik bringt. Alle Chansons weisen den neuen Stil des Herkunftslandes des Meisters auf.

LITERATUR
Ch. van den Borren, Hugo et Arnoldus de Lantins, in: Féderation archéologique et historique de Belgique, XXIXme Session, 1932.

Giulio Cesare Arresti (1619–1701)

ZEIT UND UMWELT
In die 1666 in Bologna gegründete Accademia Filarmonica wurde man nur nach einer gründlichen Prüfung in Kontrapunktik aufgenommen. Trotz dieser strengen Aufnahmebedingungen verfügte die Accademia laufend über eine große Mitgliederzahl, unter denen sich nicht wenige bedeutende Musiker befanden.

LEBEN
Giulio Cesare Arresti wurde am 26. 2. 1619 in Bologna geboren. Er war Schüler von Ottavio Vernizzi und wurde 1668 Kapellmeister an San Salvatore. Ab 1685 war er Organist an San Petronio in Bologna, wo er am 17. 7. 1701 starb. Er war Mitbegründer der Accademia Filarmonica, deren Vorsitz er mehrmals führte.
Sein Sohn Floriano Aresti (1650, Bologna, bis 1719, Bologna) folgte dem Vater auf den Organistenposten an San Petronio nach.

Werke

Der italienische Komponist Giulio Cesare Arresti verfaßte 2 Messen, 12 zwei- und dreistimmige Sonaten für zwei Violinen und Cello, Orgelsonaten, eine einstimmige Kantate, Psalmen für mehrere Stimmen und mehrere Oratorien: »Der Garten Gethsemane«, »Abschied Jesu von Maria«, »Die Hochzeit Rebekkas«, »Die Enthauptung des heiligen Johannes«.
Floriano Aresti hat etliche Orgelwerke, Oratorien und 5 Opern verfaßt.

Juan Crisóstomo Arriaga y Balzola (1806–26)

Leben

Juan Crisóstomo Jacobo Antonio de Arriaga y Balzola wurde am 27.1.1806 in Bilbao geboren. Ohne eine systematische Ausbildung schrieb er als Dreizehnjähriger eine Oper, die in seinem Geburtsort mit Erfolg aufgeführt wurde. Er kam nun nach Paris, wo er am Conservatoire Schüler von François de Sales Baillot und François Joseph Fétis wurde. Im Alter von 17 Jahren zog ihn Luigi Cherubini als Hilfslehrer am Conservatoire heran. Er starb am 17.1.1826 in Paris.

Werke

Außer 2 Opern schrieb Juan Crisóstomo Arriaga y Balzola eine Sinfonie in D-Dur, eine Ouvertüre, eine Messe, ein Stabat mater, mehrere Kantaten und Romanzen und 3 Streichquartette, die als einzige Komposition zu seinen Lebzeiten gedruckt wurden.

Sinfonie in D-Dur, 4 Sätze, entstanden 1826

Der 1. Satz beginnt langsam und feierlich und ist im ersten Teil reich mit Flötenpassagen ausgeziert; der zweite Teil bringt viel Bewegung und überraschende Modulationen. Der 2., kantable, Satz ist von Soli der Holzbläser beherrscht. Das folgende Scherzo hat im Trio ein reizendes Flötensolo, während das Finale zumeist in Moll versetzt ist und eine sorgenvolle Stimmung erzeugt, die auch der Abschluß nicht aufheitert.

Literatur

A. Sagardía, El compositor Juan Crisóstomo de Arriaga, Bilbao 1956.

Emilio Arrieta y Corera (1823–94)

Zeit und Umwelt

Die Versuche, echte spanische Opern auf die Bühnen zu bringen, mehrten sich nach der Mitte des 19. Jahrhunderts. Das Publikum reagierte noch immer ablehnend, auch wenn ihm der Name des Komponisten als Schöpfer beliebter Zarzuelas geläufig war. Auch eine königliche Protektion konnte bei den damaligen unstabilen politischen Verhältnissen wenig daran ändern.

Leben

Pascual Juan Emilio Arrieta y Corera wurde am 21.10.1823 in Puente la Reina, Navarra, geboren. Er war von 1839 bis 1846 Schüler von Nicola Vaccai am Konservatorium in Mailand, wo er eine (italienische) Oper herausbrachte und dafür den Ersten Kompositionspreis der Scala erhielt. Nach seiner Rückkehr nach Spanien verschaffte ihm die Protektion der Königin Isabella II. die Gesanglehrer- und Direktorenstelle am Teatro del Real Palacio, wo er eine spanische Oper auf die Bühne brachte. Er wirkte in der Folge als Kompositionslehrer am Konservatorium und ab 1868 als dessen Leiter bis zu seinem Tod am 11.2. 1894.

Werke

Außer seinen 2 Opern, von denen die zweite (spanische) keinen Erfolg brachte, verfaßte Emilio Arrieta y Corera über 50 äußerst erfolgreiche Zarzuelas und einige Kantaten. Auch er verfocht eifrig eine seriöse nationalspanische Musik in Konzertsaal und Theater. Er versuchte sogar, eine seiner Zarzuelas (»Marina«) als Oper herauszubringen, stieß aber auf allgemeine Ablehnung.

Claude Arrieu (geboren 1903)

Leben

Claude Arrieu wurde am 30.11.1903 in Paris geboren. Sie war am Conservatoire Schülerin von Paul Dukas, Georges Caussade, Jean-Jules Roger-Ducasse (18.4.1873, Bordeaux, bis 19.7. 1954, Taillan-Médoc, Gironde), Noël Gallon und Marguérite Long (13. 11. 1874, Nîmes, bis 13. 2. 1966, Paris). Sie erhielt 1932 den Ersten Kompositionspreis des Conservatoires in Paris, wirkte von 1929 bis 1933 als Professorin für Kontrapunktik, Fuge, Komposition und Harmonielehre und war anschließend als musikalische Leiterin am Rundfunk tätig.

WERKE
Neben 11 Opern und mehreren Balletten schrieb Claude Arrieu eine Anzahl sinfonische Werke, ein Klavierkonzert, ein Flötenkonzert, 2 Violinkonzerte und ein Konzert für zwei Klaviere, ein Bläserquintett, ein Bläsertrio, ein Klaviertrio, eine Sonate für Violine und Klavier, zahlreiche Stücke für Klavier und für Cembalo sowie Radio- und Filmmusik.

Carlo Arrigoni (1697–1744)

ZEIT UND UMWELT
Hickford's Room war einer der ersten öffentlichen Konzertsäle mit regelmäßigen Aufführungen in London. Er war von Thomas Hickford am Ende des 17. Jahrhunderts als Tanzschule und -saal eröffnet und ab 1697 als Konzertsaal verwendet worden. Die letzte Konzertaufführung fand 1779 statt. Dann wurden die neuen Säle am Hanover Square vorgezogen. Die Konzerte wurden in der Regel von namhaften Dirigenten geleitet.

LEBEN
Carlo Arrigoni wurde am 5. 12. 1697 in Florenz geboren, dürfte aber sehr früh Italien verlassen haben. Nach einem Aufenthalt in Brüssel dirigierte er ab 1734 mit Giuseppe Sammartini abwechselnd die Donnerstagkonzerte im Hickford's Room in London. Er dürfte um 1739 nach Florenz zurückgekehrt sein, wo er am 19. 8. 1744 starb.

WERKE
Außer einer Oper für London und 2 für Florenz verfaßte Carlo Arrigoni 3 Oratorien, 10 Kammerkantaten mit Generalbaß und 6 Kantaten mit Instrumenten, außerdem eine Anzahl Arien. Seine Kompositionen fanden wenig Anklang.

Giovanni Giacomo Arrigoni
(um 1600 bis nach 1663)

ZEIT UND UMWELT
Im 17. Jahrhundert wurde jede höfische Musikform zur Kammermusik gezählt. Ausschlaggebend für die Benennung war der Ort, wo die Musik aufgeführt wurde oder werden konnte. Sie wurde vielfach der Kirchenmusik gegenübergestellt. Daraus ergab sich naturgemäß bald ein Unterschied im Charakter der Kompositionen, der eben dem Aufführungsort entsprach. Die Kammermusik war weder textlich noch musikalisch in irgendeiner Weise von einem sakralen Ort und einer sakralen Zweckrichtung abhängig.

LEBEN
Giovanni Giacomo Arrigoni (Arigoni) wurde um 1600 in Mailand geboren. Er war einige Zeit bis 1637 Organist Kaiser Ferdinands II. in Wien. Sodann kehrte er nach Mailand zurück, wo er bis zu seinem Tod nach 1663 eine nicht näher bestimmbare musikalische Tätigkeit ausübte.

WERKE
Der italienische Komponist Giovanni Giacomo Arrigoni war einer der ersten, der vokale Stücke für Kammerkonzerte verfaßte. Er brachte ein Buch mit dreistimmigen Psalmen und einem fünfstimmigen Magnificat, 3 Motetten und ein- bis neunstimmige vokale Kammerkonzerte heraus. Ein weiteres Magnificat entstand 1663. Er schrieb für Wien eine Oper, die oft aufgeführt wurde.

João Arroyo (1861 – 1930)

LEBEN
João Marcellino Arroyo wurde am 4. 10. 1861 in Lissabon geboren. Er war ab 1885 Universitätsprofessor für Rechtswissenschaft, ab 1890 Unterrichtsminister von Portugal und später Außenminister. Daneben war er nicht nur selbst musikalisch tätig, sondern kümmerte sich auch um das Musikgeschehen sei-

ner Heimat. Er starb am 18. 5. 1930 in Colares bei Lissabon.

WERKE

Die stark unter dem Einfluß Richard Wagners stehende Oper von João Arroyo ist auch in deutscher Sprache in Hamburg herausgebracht worden. Er verfaßte außerdem eine zweite Oper, 4 sinfonische Orchestersuiten, die wohl konservativ, aber sehr ansprechend sind, einige Klavierwerke und Lieder. Sein gesamtes Werk schließt sich an die deutsche Romantik an.

Balthasar Arthopius
(um 1480 – 1534)

ZEIT UND UMWELT

Im Dom zu Speyer, den der erste Salier-Kaiser Konrad II. (990 – 1039) erbaut hatte, liegen acht deutsche Kaiser und Könige, drei Kaiserinnen und eine Prinzessin begraben. Die freie Reichsstadt war viele Male Schauplatz von Reichstagen. Daß Orgel und Domkapelle des Domes stets mit ersten Kräften besetzt waren, ergab sich daraus zwangsläufig.

LEBEN

Balthasar Arthopius (Artocopius) wurde um 1480 vermutlich in der Rheinpfalz geboren. Seine Ausbildung erhielt er wahrscheinlich von Arnolt Schlick. Über Leben und Wirken dieses deutschen Komponisten ist wenig bekannt. Er dürfte Organist oder Kapellmeister oder beides am Dom zu Speyer gewesen sein, der Stadt, in der er am 6. 8. 1534 starb.

WERKE

Von Balthasar Arthopius sind 5 lateinische Psalmen, 2 lateinische Motetten und 4 deutsche mehrstimmige Lieder erhalten. Alle diese Kompositionen lehnen sich stark an Schlick an.

Alexandre Joseph Montagney Artôt
(1815–45)

ZEIT UND UMWELT

Konzertreisen europäischer Virtuosen in die USA waren um die Mitte des 19. Jahrhunderts bereits gang und gäbe. Die rasch aufstrebenden amerikanischen Städte empfingen die Gäste sehr gern, weil es noch zu wenig einheimische Kräfte gab; sie wirkten schließlich auch wie ein Gruß aus der alten Heimat und bekräftigten den engen Zusammenhang der Neuen Welt mit der Alten.

LEBEN

Alexandre Joseph Montagney Artôt wurde am 25. 1. 1815 in Brüssel als Sohn des Ersten Hornisten der Brüsseler Oper, Gitarren- und Violinvirtuosen und Gesanglehrer Maurice Montagney, genannt Artôt (3. 2. 1772, Gray, Haute-Saône, bis 8. 1. 1829, Brüssel), geboren. Er war am Pariser Conservatoire Violinschüler von Rodolphe und Auguste Kreutzer. Anschließend absolvierte er ausgedehnte Konzertreisen durch Europa und die USA. Er starb am 20. 7. 1845 in Ville-d'Avray, Paris.
Sein Bruder Jean Désiré Montagney Artôt (23. 9. 1803, Paris, bis 25. 3. 1887, St. Josse ten Noode bei Brüssel) war als Hornist Schüler seines Vaters, dem er nachfolgte. Im Jahr 1843 wurde er Hornlehrer am Konservatorium in Brüssel und 1849 Erster Hornist der Privatkapelle des Königs der Belgier.

WERKE

Von Alexandre Joseph Montagney Artôt sind ein Violinkonzert in a-Moll, Fantasien und Variationen mit Klavier oder Orchesterbegleitung, Etüden, Streichquartette, ein Klavierquintett und weitere Violinstücke überliefert.
Jean Désiré Montagney Artôt schrieb 24 Etüden für Horn, Fantasien und Quartette für 4 chromatische Hörner oder Cornets à pistons.

Giovanni Maria Artusi
(um 1540–1613)

ZEIT UND UMWELT
Die Eingliederung der Stadt Bologna in das päpstliche Territorium wirkte sich außerordentlich positiv aus. Die Familienfehden um die Vorherrschaft hörten auf, und in der politischen Ruhe konnte die Stadt aufblühen, denn sie lag außerhalb der Ziellinien der päpstlichen Politik. Wie die Bologneser Malerschule entstanden Vereinigungen von Musikern. In beiden Kunstgattungen wurden gegen Ende des 16. Jahrhunderts und im folgenden hervorragende Leistungen erbracht, die die Stadt in den Rang einer der ersten Kulturstädte rückten. Einzelne rückschrittliche Bestrebungen konnten diesen Aufschwung weder verhindern noch verzögern.

LEBEN
Giovanni Maria Artusi wurde um 1540 in Bologna geboren. Der italienische Musiktheoretiker und Komponist gehörte ab 1562 als ordinierter Kanonikus der Congregazione del Salvatore an. Als Musikschriftsteller verfaßte er eine Kontrapunktlehre, die sich lange großen Ansehens erfreuen durfte. Weniger Ehre legte er mit seinen reaktionären Angriffen auf jede Neuerung in der Musik ein. Er war gegen Monteverdi, gegen Gesualdo, er verdammte Vicentino, de Rore und Andrea Gabrieli und forderte die Rückkehr zu alten Formen. Aber er blieb ein Prediger in der Wüste, bis er am 18. 8. 1613 in Bologna starb.

WERKE
Neben seinen schriftstellerischen Werken verfaßte Giovanni Maria Artusi ein Buch vierstimmige Canzonetten, die trotz ihres veralteten Stiles vorzüglich sind. Auch sein »Cantate Domino« (Singet dem Herrn) hat eleganten Satz und zeigt, daß der Komponist ein Schüler von Zarlino war.

LITERATUR
L. Schrade, Monteverdi, New York 1950.

Aleksandr Arutjunjan (geboren 1920)

LEBEN
Aleksandr Arutjunjan wurde am 23.9.1920 in Jerewan geboren. Er studierte am Konservatorium seiner Geburtsstadt und wirkt seit 1954 als Leiter der Armenischen Staatsphilharmonie.

WERKE
Neben einer Oper schrieb Aleksandr Arutjunjan unter anderem eine Sinfonie, eine sinfonische Dichtung, ein Klavierkonzert, ein Trompetenkonzert, ein Bläserquintett, eine Rhapsodie für zwei Klaviere, ein Concertino für Klavier, eine Kantate, ein Konzert für Koloratursopran und Orchester, Lieder, Theater- und Filmmusik. Sein Stil ist folkloristisch-spätromantisch. Aleksandr Arutjunjan orientierte sich wesentlich an der russischen Musiktradition. Mit seiner 1969 in Eriwan uraufgeführten Oper »Saján Nowá« ehrte er die Aschugen, jene Begründer der armenischen weltlichen Musik, die seit dem Mittelalter auf ihren Wanderungen durch den Kaukasus auf den Märkten ihre Lieder vortrugen. Zu ihren Gesängen spielten sie auf traditionellen Instrumenten wie dem Zupfinstrument Tar, der einer Mandoline ähnlichen Sas oder der Kemantscha.

Edgar Valcárcel Arze (geboren 1932)

LEBEN
Edgar Valcárcel Arze, Neffe des Teodoro Valcárcel, wurde am 4.12.1932 in Puno, Peru, geboren. Er studierte an der Musikakademie in Lima bei Andrés Sás Orchassal, am Hunter College in New York unter Donald Lybbert (geboren 19.2.1923, Creso, Ia.), am lateinamerikanischen Zentrum für höhere musikalische Studien in Buenos Aires und am Electronic Music Center der Columbia University in New York unter Vladimir Ussachevsky und Alcides Lanza (geboren 2.6.1929, Rosario, Argentinien). Er wirkt als Professor für Komposition am Konservatorium in Lima.

WERKE

Neben mehreren sinfonischen Orchesterwerken schrieb Edgar Valcárcel Arze ein Klavierkonzert, ein Konzert für Klarinette und Streichorchester, 2 Streichquartette, ein Trio für Flöte, Bratsche und Klavier und eines für Horn, Cello und Klavier, ein Stück für zwölf Instrumente, eines für sechs Instrumente und eines für 19 Instrumente, 2 Sonaten und weitere Werke für Klavier, ferner Chorwerke, Lieder, Bühnenmusik und Elektronische Musik.

Boris Asafjew (1884–1949)

LEBEN

Boris Wladimirowitsch Asafjew (Pseudonym Igor Globow) wurde am 17.7.1884 in St. Petersburg geboren. Er war am Konservatorium seiner Geburtsstadt Kompositionsschüler von Anatoli Ljadow. Im Jahr 1910 wurde er Ballettkorrepetitor, ab 1921 führte er die Musikabteilung des Staatlichen Instituts für Kunstgeschichte, 1925 gründete er die Musikwissenschaftliche Fakultät des Konservatoriums in Leningrad, 1943 wurde er Leiter des Kunsthistorischen Institus in Moskau, wo er am 27.1.1949 starb.

WERKE

Von Boris Asafjew sind 10 Opern und 21 Ballette aufgeführt worden. Er schrieb außerdem 3 Sinfonien, 2 Kantaten und etliche Lieder. Er publizierte auch zahlreiche musikhistorische, musiktheoretische und kunstwissenschaftliche Werke.

Hugh Ashton (um 1480–1522)

ZEIT UND UMWELT

Bis weit in das 16. Jahrhundert hinein war Musik nahezu ausschließlich oder zumindest in erster Linie Vokalmusik. Das Wort war prädominierend; man erwartete von der Musik, daß sie etwas aussagt und mitteilt. Instrumentalmusik tat das nur, wenn sie ein bekanntes Lied imitierte und in das Gedächtnis des Publikums rief, ein Stück einleitete oder abschloß, sie entfernte sich also nie weit vom verständlichen Wort. Das war seit der Antike ungefähr so, wie die Stellung des Publikums zum Bild oder der Skulptur, die sich als abstrakte Kunst nur schwer durchsetzen, weil die Beschauer eine deutliche Darstellung wünschen. Daher wurde der Schritt zur reinen Instrumentalmusik nur zögernd getan. Das Publikum war nur allmählich bereit, sich den Vorstellungs- und Gefühlsgehalt allein durch Klänge und Rhythmen vermitteln zu lassen und auf das Wort zu verzichten, auch wenn kein Ersatz dafür, wie Tanz oder Gestik, geboten wurde.

Ansätze für Musik ohne Wort waren schon sehr früh gesetzt worden, allgemein wurden sie erst, als das Instrumentenspiel der Amateure sich ausweitete, weil leicht handliche Musikinstrumente – Laute, Virginal usw. – zu Hausinstrumenten wurden. Durch die häufigen Versuche, eigene Vorstellungen und Gefühle instrumental auszudrücken, erhöhte sich die Bereitschaft, diese sich auch von anderen übermitteln zu lassen.

LEBEN

Hugh Ashton (Aston, Aystoun, Austen) wurde um 1480 in der englischen Grafschaft Lancashire geboren. Er studierte in Cambridge, wurde dort 1505 Magister Artium und 1509 Kanonikus an St. Stephen's in Westminster. Er starb am 9. 12. 1522 in York.

WERKE

Hugh Ashton nimmt in der englischen Musikgeschichte als Komponist der ältesten Virginalmusik einen bedeutenden Rang ein. Er wurde sogar »Erfinder der englischen Instrumentalmusik« genannt, was an den Tatsachen vorbeigeht. Jedenfalls sind jedoch sein »Hornpipe« und »Lady Carey's Dompe« für Virginal und etliche andere Stücke um gut hundert Jahre älter als die ersten Kompositionen von Byrd, der die englische Virginalmusik einleitete.

Neben den Virginalstücken verfaßte Ashton 2 Messen und ungefähr 10 Motetten, die nur unvollständig überliefert sind. Alles andere von seinem angeblich umfangreichen kompositorischen Werk ist verloren.

LITERATUR

Fr. Ll. Harrison, Music in Medieval Britain, New York 1959.

Thomas Ashwell (um 1485 bis um 1530)

ZEIT UND UMWELT

Die vorreformatorischen Kirchenkomponisten Englands durften sich des größten Verständnisses und der tatkräftigen Förderung des Hofes erfreuen. Man hatte dort eine offene Hand nicht nur für die eigene Kapelle, sondern in gleicher Weise für die an den Kathedralen, die den Auftrag hatten, die besten Kräfte anzuwerben und junge Musiker heranzuziehen. Die Chorleiter wurden als wichtige Kulturträger betrachtet und behandelt.

LEBEN

Thomas Ashwell wurde um 1485 in England geboren und wirkte von 1508 bis 1518 als Chorleiter an der Kathedrale von Lincoln, wo er um 1530 gestorben sein dürfte.

WERKE

Der Chordirigent Thomas Ashwell dürfte in erster Linie ausübender Musiker gewesen sein. Seine 4 Messen zeigen jedoch, daß er ein Komponist mit guter Durchschnittsleistung war. Seine Motetten sind allerdings nur mit einigen Stimmen überliefert, so daß sie schwer beurteilt werden können. Sein Lied »She may be called« ist jedenfalls reizend.

Bonifazio Asioli (1769–1832)

ZEIT UND UMWELT

Das 1808 in Mailand errichtete Konservatorium, für das Simon Mayr einen Großteil der Vorarbeiten erledigte – Unterrichtsplan, Auswahl der Lehrkräfte und organisatorische Einrichtungen –, bot einer stattlichen Reihe Musikologen und Musiker eine ehrenvolle Stelle. Die Anforderungen an Lehrer und Schüler wurden vom Anfang an hoch angesetzt und sind bis heute auf dem gleichen Niveau geblieben.

LEBEN

Bonifazio Asioli wurde am 30. 8. 1769 in Correggio geboren. Er studierte in Parma und wurde darauf Kapellmeister in seiner Geburtsstadt. Von 1787 bis 1796 lebte er als Dirigent in Turin und ließ sich nach einem Zwischenaufenthalt in Venedig in Mailand nieder, wo er 1808 zum Studiendirektor des neuerrichteten Konservatoriums ernannt wurde. Im Jahr 1813 zog er sich nach Correggio zurück, wo er am 18. 5. 1832 starb.

WERKE

Neben 7 Opern und einem Oratorium schrieb Bonifazio Asioli Messen, Motetten, Kantaten, Quintette, Duette und Nokturnen für Singstimmen und Sonaten für Cembalo und Pianoforte. Bedeutender als seine Kompositionen sind seine pädagogischen und theoretischen Werke.

Giovanni Matteo Asola
(um 1524–1609)

ZEIT UND UMWELT

Bezifferter Baß (Generalbaß, Basso continuo) ist die instrumentale Baßstimme bei mehrstimmiger Musik, auf der die harmonische Begleitung mit Ziffern vorgeschrieben wird. Der Dreiklang ist die Norm des Zusammenklanges. Abweichungen werden durch besondere Zeichen angemerkt. Bei der Kirchenmusik ist die Orgel das wichtigste Continuoinstrument.

LEBEN

Giovanni Matteo Asola wurde um 1524 in Verona geboren. Er war Kleriker und wirkte in den Jahren 1577 und 1578 als Kapellmeister in Treviso, dann bis 1582 in Vicenza und schließlich von 1590 bis 1591 in Verona. Es ist nicht feststellbar, wann er seinen Wohnsitz nach Venedig, wo er am 1. 10. 1609 starb, verlegt hat.

WERKE
Der Kirchenkomponist Giovanni Matteo Asola war einer der frühesten Komponisten, der bezifferte Bässe anwendete. Seine kompositorische Hinterlassenschaft ist außerordentlich umfangreich. Er verfaßte eine große Anzahl vierstimmiger Messen, Motetten, Psalmen, Hymnen, Lauden, Lamentationen, Passionen und geistliche Gesänge verschiedenster Art, außerdem 2 Bücher mit dreistimmigen, ein Buch mit zweistimmigen und eines mit sechsstimmigen Madrigalen. Er gehörte zu den Repräsentanten der venezianischen Kirchenmusik des späten 16. Jahrhunderts, ohne an die großen Meister seiner Zeit heranzureichen. Aber eine starke Färbigkeit kann seinen Werken nicht abgesprochen werden. Daß ihre Fülle eine gewisse Gleichartigkeit zur Folge hatte, lag in der Natur der Sache.

LITERATUR
E. Paganuzzi, Notizie biografiche sul primo periodo veronese di Giovanni Matteo Asola, in: Vita veronese XXI, 1968.

Franz Aspelmayr (um 1728–86)

ZEIT UND UMWELT
Der Stil der Wiener Vorklassik bis zu seiner Ausprägung in der Hochklassik profilierte sich vor allem in der neuen Sonatenform und in der Struktur der Kammermusik. Eine stattliche Anzahl Musiker schwenkte mit ihrem Werk mehr oder minder deutlich in diesen Entwicklungsstrom ein, gleichsam als Wegbereiter für die großen Vertreter der Klassik oder als flankierende Begleiter ihrer Entwicklung.

LEBEN
Franz Aspelmayr (Asplmayr, Appelmeyer) wurde um 1728 in Linz geboren. Er brachte als Hofmusiker und Ballettkomponist für die italienische Oper in Wien einige Singspiele und Ballett-Divertissements heraus und wirkte als Dirigent und Musiklehrer in Wien bis zu seinem Tod am 29. 7. 1786.

WERKE
Neben seiner Bühnenmusik verfaßte Franz Aspelmayr 6 Serenaden, 6 konzertante Quartette für zwei Violinen, Viola und Cello, 6 weitere Quartette mit gleicher Besetzung und 6 Streichtrios. Mit diesen Kompositionen reihte er sich zu den ersten Wiener Musikern ein, die Orchester- und Kammermusik im neuen Wiener Stil komponierten.

George Aspull (1813–32)

ZEIT UND UMWELT
Britische Musik, von Briten komponiert und von Briten für Briten vorgetragen, nahm in der Epoche der Romantik allmählich zu. Britische Pianisten mußten nicht ins Ausland gehen, um sich zu entfalten. Es fanden sich sogar britische Verleger, die gewillt waren, britische Werke herauszubringen.

LEBEN
George Aspull wurde im Juni 1813 in Manchester geboren. Er war Klaviervirtuose. Nach einem Auftreten in Paris absolvierte er eine erfolgreiche Konzertreise durch Großbritannien und Irland. Er starb bereits am 19. 8. 1832 in Leamington.

WERKE
Die von George Aspull handschriftlich hinterlassenen Klavierkompositionen – Sonaten, Fantasien, Etüden und andere Stücke – wurden posthum veröffentlicht. Sie bezeugen eine außerordentlich kompositorische Fähigkeit und erstaunliche Ausdruckskraft.

Ignaz Aßmayer (1790–1862)

ZEIT UND UMWELT
Die Schüler Michael Haydns, der sich in seinem Kompositionsstil ganz bewußt von dem seines Bruders abhob, hielten sich von den Fakturen der Wiener Klassik fern und folgten zum Teil dem Mannheimer Stil und auch der norddeutschen Empfindsamkeit. Beides leitete sich, dem Zug der Zeit entsprechend, zur Vorromantik über.

LEBEN
Ignaz Aßmayer wurde am 11. 2. 1790 in Salzburg geboren. Er war dort Schüler von Michael Haydn und wirkte ab 1808 als Organist an St. Peter. Im Jahr 1815 kam er nach Wien und nahm bei Joseph Leopold Eybler (1765–1846) Unterricht; 1824 wurde er Kapellmeister am Schottenstift, 1825 Hoforganist, und 1846 stieg er zum Zweiten Hofkapellmeister auf. Er starb am 31. 8. 1862 in Wien.

WERKE
Eine Messe, einige Gradualien und Offertorien erschienen von den zahlreichen Kirchenkompositionen von Ignaz Aßmayer (darunter 15 Messen) im Druck. Er verfaßte außerdem 2 Oratorien (»Sauls Tod«, »Saul und David«) und eine Sinfonie in B-Dur. Seine Musik stand im Schatten seiner beiden Lehrer.

Gennaro Astaritta
(um 1745 bis nach 1803)

ZEIT UND UMWELT
Die italienischen Opernkomponisten pflegten sich jeweils dort aufzuhalten, wo ihre Opern zum ersten Mal über die Bühne gingen. Das war in vielen Fällen nötig, weil bis zur Aufführung zahlreiche Änderungen vorgenommen werden mußten, die von den Sängern gewünscht wurden, damit diese sich besser in Szene setzen konnten. Nicht selten wurden auch nach der Erstaufführung noch Korrekturen angebracht, falls einzelne Szenen oder Arien nicht den Beifall des Publikums fanden.

LEBEN
Gennaro Astaritta (Astarita, Asterita) wurde um 1745 in Neapel geboren und dort ausgebildet. Er widmete sich ausschließlich der komischen Oper. Er starb nach 1803; der Sterbeort ist nicht feststellbar.

WERKE
Von den 36 Opern von Gennaro Astaritta wurden 18 für Venedig geschrieben, der Rest für Neapel, Turin, Rom, Livorno, Reggio, Ferrara, Preßburg und St. Petersburg. Daß er auch Kirchenmusik verfaßte, ist für einen Schüler eines neapolitanischen Konservatoriums nahezu selbstverständlich. Überliefert ist davon nichts.

Emanuele Astorga (1680–1757)

ZEIT UND UMWELT
Im Frieden zu Rastatt, der dem Spanischen Erbfolgekrieg ein Ende setzte, wurden Österreich Neapel und Sardinien zugeteilt. Spanien, das am Friedensschluß nicht beteiligt war, besetzte 1718 Sizilien, das Victor Amadeus II. von Savoyen (1666–1732) zugesprochen war. Der Streit, an dem die Großmächte beteiligt waren, führte zum Frieden von Den Haag, in dem Österreich anstelle Sardiniens Sizilien erhielt. Dieser Zustand währte nur bis zum Jahr 1735, in welchem im Zuge des Polnischen Erbfolgekrieges der spanische Infant Carlos (nachmaliger König Karl III., 1716–88) Sizilien besetzte und in Palermo zum König von Sizilien gekrönt wurde.

LEBEN
Emanuele Gioacchino Cesare Rincón Baron d'Astorga wurde am 20. März 1680 in Augusta, Sizilien, in einer spanischen Adelsfamilie geboren. Er erhielt in Palermo und anderen italienischen Städten die Erziehung eines sizilianischen Adeligen. Dann hielt er sich in Genua, Mantua, Venedig und Wien auf, wo er vom Kaiser für seine Dienste eine Pension erhielt. Trotzdem verschwand er 1714 wegen hoher Schulden aus Österreich, ging nach London und sodann nach Palermo, wo er zum Senator gewählt wurde. Vom Jahr 1718 lebte er abwechselnd in Madrid und Lissabon und starb 1757 in einer der beiden Städte.

WERKE
Der spanische Komponist Emanuele Astorga verfaßte eine Anzahl Kammerkantaten (Cantatas humanas), die seinen Ruf als fähigen Komponisten begründeten, eine Oper und ein sehr bekanntes Stabat mater. Er war als Sänger und Cembalist geschätzt.

Jean Oliver Astorga
(um 1730 bis nach 1769)

ZEIT UND UMWELT
Spanische Musiker traten im Ausland wenig in Erscheinung, weil die wenigen, die im 18. Jahrhundert ausgebildet wurden, ihr Betätigungsfeld in der Heimat fanden und außer Kirchenmusik und Zarzuelas nahezu nichts schrieben. Es gab auch keine Virtuosen, die einer internationalen Konkurrenz standhalten hätten können. Spanier, die in England wirkten, waren entweder bereits dort geboren oder außerhalb Spaniens ausgebildet worden.

LEBEN
Jean Oliver Astorga wurde um 1730 vermutlich in London in einer aus Spanien eingewanderten Familie geboren. Über sein Leben und Wirken außer der Komposition ist nur bekannt, daß er in Diensten des vierten Earl of Abington (1740–99) stand und wahrscheinlich nach 1769 in London gestorben ist.

WERKE
Von Jean Oliver Astorga sind 6 Triosonaten für zwei Violinen mit Generalbaß, 12 italienische Lieder und Duette mit Klavier, 2 Sonaten für zwei Querflöten und Generalbaß und 3 Kantaten handschriftlich erhalten. Sein Stil näherte sich der vorklassischen Faktur.

José Vicente Asuar (geboren 1933)

LEBEN
José Vicente Asuar wurde am 20.7.1933 in Santiago de Chile geboren. Er studierte am Konservatorium und an der katholischen Universität in seiner Geburtsstadt und darauf in Berlin bei Boris Blacher und Josef Rufer. Seit 1962 wirkt er als Professor für Akustik an der Universität in Santiago, 1965 errichtete er in Caracas, Venezuela, ein Studio für Elektronische Musik, das er bis 1968 leitete.

WERKE
Neben der Musik zu »Imágen de Caracas« (Gemälde von Caracas), das in einem für 1200 Personen erbauten Theater mit wandelbarer Architektur, gleichzeitiger Projektion von acht Film- und 45 Diaprojektoren, dirigier-, verschwemm- und synchronisierbaren Musikkanälen und der Teilnahme vokaler und instrumentaler Mittel aufgeführt wurde, schrieb José Vicente Asuar eine größere Anzahl elektronischer Kompositionen, ein Stück für Kammerorchester und eines für großes Orchester, außerdem ein Oktett für vier Flöten und vier Schlagzeuger.

John Atfield (um 1710 bis nach 1750)

ZEIT UND UMWELT
Das Lied, eine der ursprünglichsten Musikausübungen, bei der der Mensch Interpret und Musikinstrument, in vielen Fällen auch Publikum zugleich ist, entstand aus Gottesanbetung, bei der Arbeit, beim Tanz oder beim Ablauf des Alltages; durch alle Epochen der Musikgeschichte blieb es die Grundgeschichte des Musiklebens.

LEBEN
John Atfield wurde um 1710 vermutlich in London geboren. Welche musikalische Tätigkeit er neben seiner Liedkomposition ausübte, ist nicht feststellbar. Seine letzte Publikation ist mit 1750 datiert, so daß man annehmen kann, daß er in einem der folgenden Jahre – wahrscheinlich in London – gestorben ist.

WERKE
Von den vielen Liedern, die John Atfield zwischen 1735 und 1750 in London veröffentlichte, trafen einige den Volkston so gut, daß sie lange als Volkslieder weiterlebten. Auch seine Geselligkeitslieder waren lange sehr populär.

Karl Attenhofer (1837–1914)

ZEIT UND UMWELT
Obschon in der zweiten Hälfte des 19. Jahrhunderts in der Schweiz auch der Instrumen-

talmusik mehr Beachtung geschenkt wurde, lag das Schwergewicht der Musikentwicklung dennoch auf dem Gebiet der Vokalmusik und vor allem auf dem Chorgesang. Es ist dafür bezeichnend, daß am Konservatorium in Zürich erst 1898 eine Orchesterklasse eingerichtet wurde.

LEBEN

Karl Attenhofer wurde am 5.5.1837 in Wettingen, Aargau, geboren. Er war Schüler von Daniel Elster (1796–1857) und studierte sodann am Konservatorium in Leipzig bei Ernst Friedrich Richter. Er wurde 1859 Gesang- und Musiklehrer in Muri, 1863 Dirigent des Männergesangvereins in Rapperswil und leitete ab 1867 mehrere Chorvereine in Zürich. Im Jahr 1870 wurde er Musikdirektor der Universität in Zürich und 1896 dort Zweiter Direktor des Konservatoriums. Er starb am 22.5. 1914 in Zürich.

WERKE

Von Karl Attenhofer sind einige Klavierstücke, einige Kirchenmusik und zahlreiche Chorlieder und Chorkantaten überliefert. Seine Chorkompositionen waren vorwiegend für die von ihm geleiteten Vereine bestimmt und werden zum Teil noch heute gesungen.

Kurt Atterberg (1887–1974)

LEBEN

Kurt Magnus Atterberg wurde am 12.12.1887 in Göteborg geboren. Er studierte an der Technischen Hochschule und darauf am Konservatorium unter Johan Andreas Hallén in Stockholm. Nach einem Studienaufenthalt in Deutschland trat er als Beamter in das schwedische Patentamt ein und nahm seine Dirigententätigkeit am Dramatischen Theater in Stockholm auf, von der er 1923 wieder zurücktrat. Von 1924 bis 1947 war er Präsident der Vereinigung schwedischer Komponisten. Er starb am 15.2.1974 in Stockholm.

WERKE

Von Kurt Atterberg sind 5 Opern und 2 Ballette aufgeführt worden. Er schrieb weiters 9 Sinfonien mit zum Teil programmatischen Titeln, 10 Suiten, ein Klavierkonzert, ein Violinkonzert, ein Cellokonzert, ein Hornkonzert, eine Rhapsodie für Klavier und Orchester, ein Konzert für Violine, Cello und Orchester, ein sinfonisches Stück, eine Ballade, ein Klavierquintett, 3 Streichquartette, »Variationen und Fuge« für Streichquartett, eine Cellosonate, Chorwerke und Schauspielmusiken. Er gehörte zu den bedeutendsten Vertretern der modernen schwedischen Musik.

John Attey
(um 1590 bis um 1640)

ZEIT UND UMWELT

Das Virginal, dessen Anschaffungspreis sich durch die erhöhte Nachfrage senkte, wurde im England des 17. Jahrhunderts anstelle der Laute zum allgemeinen Hausinstrument. Das Tasteninstrument war um vieles leichter zu erlernen als das Saiteninstrument, auf dem bereits die einfachste Akkordfolge mühevolles Üben voraussetzte.

LEBEN

John Attey dürfte um 1590 in Wales geboren worden sein und dort auf Adelsschlössern als Lautenist gewirkt haben. Er starb um 1640 in Ross-on-Wye.

WERKE

Die letzten englischen Lieder zur Laute waren bereits wenigstens zehn Jahre früher erschienen, als der englische Komponist John Attey aus Wales 1622 mit seinem »First Booke of Ayres of Foure Parts, with Tableture for the Lute« herauskam. Es dürfte sich dabei tatsächlich um die allerletzte Komposition dieser Art gehandelt haben. Die darin enthaltenen 14 Lieder können solistisch mit Lautenbegleitung oder mit Laute und Baßviole oder auch vierstimmig ohne Begleitung gesungen werden. Sie haben einen hohen Beliebtheitsgrad erreicht.

Thomas Attwood (1765–1838)

ZEIT UND UMWELT

Der Niederschlag der Vorklassik und Klassik in England war gering. Soweit im 18. Jahrhundert überhaupt eine kompositorische Tätigkeit außerhalb der Musik für die Bühne, des leichten Liedes und der Kirchenmusik geleistet wurde, folgte sie französischen Vorbildern, weil es sich vorwiegend um Klaviermusik handelte, deren große Vertreter eben in Frankreich gewirkt hatten. Die einzelnen Schüler der Klassiker jedoch schlossen sich bereits zu Beginn des 19. Jahrhunderts der Romantik an.

LEBEN

Thomas Attwood wurde am 23. 11. 1765 in London geboren. Bereits mit 9 Jahren wurde er Chorknabe der Chapel Royal unter James Nares und Edmund Ayrton. Mit 17 Jahren fiel er dem Prince of Wales George (König Georg IV.) auf, der ihn zur Ausbildung nach Italien sandte. In Neapel wurde er Schüler von Gaetano Latilla und darauf in Wien von Wolfgang Amadeus Mozart. Nach seiner Rückkehr nach London wurde er neben Frederik Charles Reinhold Organist an St. George the Martyr und Mitglied der Kammermusik des Kronprinzen, außerdem Musiklehrer der Herzogin von York Friederike (1767–1820) und der Prinzessin von Wales Karoline (1768–1821). Im Jahr 1796 erhielt er die Organistenstelle an St. Paul's in London, 1821 ernannte ihn König Georg IV. zum Organisten seiner Privatkapelle in Brighton. Er war eines der ersten Mitglieder der Philharmonic Society und Gründungsmitglied der Royal Academie of Music (1823), 1836 wurde er noch Organist der Chapel Royal. Er starb am 28. 3. 1838 in London.

WERKE

Obwohl Thomas Attwood Mozarts Schüler war, wurde kein Klassiker aus ihm. Seine 19 Opern wurden zwar auf englische Libretti geschrieben, verließen aber die in England übliche italienische Faktur kaum. Seine zahlreiche Kirchenmusik – Anthems, Services, Chants und weitere Gesänge – bildet durch ihre starke Ausdruckskraft zweifellos einen merklichen Fortschritt der englischen Musik. Das gleiche gilt von seinen Klaviersonaten im erhöhten Maß.

François Auber (1782–1871)

ZEIT UND UMWELT

Im September 1830 wurde im Théâtre de la Monnaie in Brüssel die Oper »Die Stumme von Portici« aufgeführt, die eine wahre Begebenheit des Volksaufstandes in Neapel vom Jahr 1647 wiedergab. Der revolutionäre Charakter der Handlung und der Musik sollte dem Publikum den Aufstand zeigen, der zur Abtrennung der belgischen Provinzen von Holland und zur Bildung eines selbständigen Königreichs der Belgier führte. Der Komponist, der alle Veränderungen in seiner französischen Heimat bis Napoleon III. (1808–73) an sich vorüberziehen sah, ohne daß sich sein Leben wesentlich veränderte, hatte eine solche Wirkung sicherlich nicht beabsichtigt.

LEBEN

Daniel François Esprit Auber wurde am 29. 1. 1782 in Caen geboren. Obwohl er schon mit 11 Jahren vielversprechende kompositorische Arbeiten aufweisen konnte, wurde er dennoch nach England geschickt, um dort einen kaufmännischen Beruf zu erlernen. Im Jahr 1804 kehrte er nach Paris zurück und zog mit seinen Kompositionen bald das allgemeine Interesse auf sich; Luigi Cherubini erteilte ihm Unterricht. Seine Opern setzten sich durch. Er wurde 1839 Dirigent der Hofkonzerte, 1842 Direktor des Konservatoriums und 1857 Kaiserlicher Hofkapellmeister. Er starb als einer der Großen der französischen Operngeschichte am 12. 5. 1871 in Paris.

WERKE

Von den ungefähr 70 Opern von François Auber scheinen einige, wie »Maurer und Schlosser«, »Die Stumme von Portici« und »Fra Diavolo«, noch in Opernspielplänen auf; ihre Ouvertüren sind wegen ihrer einfachen

Harmonik, eingängigen Melodik und Komplikationslosigkeit des Orchestersatzes ein fester Programmpunkt der gehobenen Unterhaltungsmusik. Er verfaßte außerdem ein Violinkonzert, 4 Streichquartette, 4 Cellokonzerte, ein Klaviertrio, eine Messe, die nur teilweise erhalten ist, einige Kantaten und Romanzen. Diese Kompositionen erfuhren wenig Verbreitung.

LITERATUR

Richard Wagner, Erinnerung an Auber, Leipzig 1873. J. W. Klein, Daniel François Auber (1782–1871), in: Opéra XXII, August 1971.

Samuel Gottlob Auberlen
(1758–1829)

ZEIT UND UMWELT

Die vom Dichter Christian Fürchtegott Gellert vertretene pietistische Aufklärung und seine volkstümliche und dennoch geschliffene Sprache regten viele Komponisten zur Vertonung an. Wurde sie den Texten auch nur einigermaßen gerecht, konnten sie mit begeisterter Aufnahme der Lieder rechnen.

LEBEN

Samuel Gottlob Auberlen wurde am 23. 11. 1758 in Fellbach bei Stuttgart geboren. Er wirkte ab 1783 als Musiklehrer in Zürich, 1791 als Musikdirektor in Zofingen, darauf in Winterthur und ab 1807 in Schaffhausen. Im Jahr 1817 wurde er Domorganist und Musikdirektor in Ulm, wo er am 23. 8. 1829 starb.

WERKE

»Gellerts Geistliche Lieder und Oden« für vier Stimmen ist das Hauptwerk von Samuel Gottlob Auberlen. Er verfaßte außerdem zwei Liedersammlungen. Seine Instrumentalwerke sind unbedeutend. Er schrieb auch eine Choralgesangschule.

Jacques Aubert (1689–1753)

ZEIT UND UMWELT

Als Ludwig XIV. (1638–1715) starb, war sein Nachfolger Ludwig XV. (1710–74) erst fünf Jahre alt. Die Regentschaft für den minderjährigen König führte Philippe II., duc d'Orléans (1674–1723). Louis Henri, duc de Bourbon-Condé (1692–1740), kam an die Spitze des Regentschaftsrates und wurde nach dem Tod des Regenten Premierminister. Die Lebensumstände in Frankreich, die bereits unter Ludwig XIV. unerträglich geworden waren, verschlimmerten sich unter dessen Nachfolger und den Ministern noch mehr; die ständige Mißwirtschaft, Steuererhöhungen, diktatorische Maßnahmen und Korruption stellten die Weichen für die Ereignisse, die am Ende des Jahrhunderts das Land erschütterten.

LEBEN

Jacques Aubert wurde am 30. 9. 1689 in Belleville, Paris, geboren. Mit königlichem Dekret wurde er 1719 zum Konzertmeister des duc de Condé ernannt. Im Jahr 1727 wurde er Mitglied der »24 violons du roy« und 1728 Violinist im Pariser Opernorchester; 1752 zog er sich von seinen Verpflichtungen zurück und starb in Paris am 18. 5. 1753.

WERKE

Die Mehrzahl seiner Kompositionen präsentierte Jacques Aubert im Concert spirituel. Neben 3 Balletten und mehreren Divertissements verfaßte er an Instrumentalmusik 5 Bücher für Soloviolinе und Generalbaß, die mehrere Auflagen erlebten, Stücke für Violen, Musetten, Violinen, Flöten und Oboen, 6 Suiten von Konzerten für Violinen, Flöten und Oboen, Stücke für zwei Violinen oder Flöten, Duos für Musetten, Violen, Violinen, Flöten und Oboen, 2 Bücher mit Konzerten für vier Violinen, Cello und Generalbaß und 6 Bücher mit für zwei Violinen arrangierten Airs; an Vokalmusik ist nur eine einzige Kantate überliefert.

Der Komponist hat als erster das Violinkonzert in Frankreich eingeführt. Es war zumeist dreiteilig – schnell, langsam, schnell –, seine Instrumentation wurde den Italienern entlehnt (vier hohe Stimmen ohne Alt und Generalbaß), seine Faktur ist zumeist leicht faßlich und graziös, gemäß dem Stil der Zeit.

LITERATUR

M. Brenet, Les concerts en France sous l'Ancien Régime, Paris 1900.

Louis Aubert (1720 bis um 1800)

ZEIT UND UMWELT

Mit der Einführung des Violinkonzerts nach italienischem Muster eröffnete Jacques Aubert für Frankreich eine Musikgattung, die in wenigen Jahren aufblühte. Es wurde rasch zu einer der beliebtesten Nummern auf den Konzertprogrammen und mußte, wie auch in allen anderen Musikländern, diese Vorzugsstellung nie mehr abgeben.

LEBEN

Louis Aubert wurde am 15. 5. 1720 in Paris als Sohn des Violinisten Jacques Aubert geboren und vom Vater ausgebildet. Im Alter von 11 Jahren trat er dem Opernorchester bei, in dem er im Verlauf der Zeit als erster Violinist und schließlich von 1755 bis 1771 als Konzertmeister wirkte. Er starb um 1800 in Paris.

WERKE

Von Louis Aubert sind 5 Bücher mit Sonaten für Solovioline und Generalbaß, 6 Trios für zwei Violinen mit obligatem Cello, womit die endgültige Form des Streichtrios erreicht war, und 5 vierstimmige Sinfonien erhalten. Seine Sinfonie in F-Dur hat sich am längsten auf den Programmen erhalten.

LITERATUR

A. Moser, Geschichte des Violinspiels, Berlin 1923.

Louis Aubert (1877–1968)

LEBEN

Louis François Marie Aubert wurde am 12.2. 1877 in Paramé, Ille-et-Vilaine, geboren. Er studierte am Conservatoire in Paris bei Alexandre Jean Albert Lavignac, Louis Diémer, Paul Vidal (16.4.1863, Toulouse, bis 9.4.1931, Paris) und Gabriel Fauré. Im Jahr 1956 wurde er Mitglied des Institut de France. Er starb am 10.1.1968 in Paris.

WERKE

Einen Namen machte sich Louis Aubert bereits durch seine kongeniale Instrumentation von Werken von Gabriel Fauré, Claude Debussy und Frédéric Chopin. Auch seine eigenen Kompositionen sind impressionistisch. Er schrieb für Orchester: »Suite brève« (Kurze Suite), »Habanera«, »Dryade«, »Feuilles d'images« (Porträts), »Offrande« (Gabe), »Le Tombeau de Chateaubriand« (Das Grabmal Chateaubriands), ferner Fantasie für Klavier und Orchester und Caprice für Violine und Orchester; für Klavier: 3 Skizzen, 2 Mazurkas, eine Sonate und weitere Stücke; außerdem zahlreiche Lieder und Chansons, eine Kantate für Solo, Chor und Orchester und eine für Jazzkapelle, Chöre und Sinfonieorchester.

Olivier Aubert (1763–1830)

ZEIT UND UMWELT

Um 1800 war die Technik des Cellospiels nahezu auf dem heute gültigen Stand angelangt. Die Verbesserungen betrafen vor allem den Neigungswinkel des Instruments zum Spieler. Es handelte sich aber dabei um individuelle Vorlieben, aber auch um neue Fingersatzmethoden, Lagenspiel auf tieferen Saiten, Mehrfachgriffe, Pizzicati der linken Hand und ähnliches, das sich von Jahrzehnt zu Jahrzehnt vervollkommnete. Der Stachel kam erst in der zweiten Hälfte des 19. Jahrhunderts in Gebrauch.

LEBEN

Pierre François Olivier Aubert wurde 1763 in Amiens geboren und an der Maîtrise der

Kathedrale seiner Geburtsstadt ausgebildet. Er trat in Paris als Cellist in das Orchester der Opéra Comique ein und wirkte dort durch 25 Jahre. Daneben gab er Cellounterricht. Er starb im Jahr 1830 in Paris.

WERKE
Von Olivier Aubert sind 8 Bücher mit Cellosonaten, 12 Duos für zwei Celli und 3 Streichquartette erhalten. Sein Spiel wurde wegen seiner außerordentlichen Brillanz sehr geschätzt.

Prudent Louis Aubéry du Boulley
(1796–1870)

ZEIT UND UMWELT
Die Gitarre bürgerte sich in Frankreich um einiges später ein als in Österreich und Deutschland und wurde auch dann anfänglich vorwiegend zur Liedbegleitung und nur zögernd solistisch eingesetzt. Als Kammermusikinstrument in Verbindung mit anderen taucht sie erst in der Mitte des 19. Jahrhunderts und auch dann nur selten auf, also zu einer Zeit, als sie in anderen Ländern schon wieder eine geringere Rolle spielte.

LEBEN
Prudent Louis Aubéry du Boulley wurde am 9. 12. 1796 in Verneuil, Eure, geboren. Er war bis 1815 Schüler von Pierre Alexandre Monsigny (1729–1817), Étienne Nicolas Méhul und Luigi Cherubini am Pariser Conservatoire. Er betrieb Musik und Komposition wie seine Musikschriftstellerei als Liebhaberei. Er starb am 26. 1. 1870 in Verneuil.

WERKE
Von Prudent Louis Aubéry sind 156 kompositorische Werke bekannt geworden – Sinfonien, Konzerte, zahlreiche Kammermusikwerke und Vokalkompositionen. Unter den Kammermusikwerken sind viele, bei denen eine Gitarre herangezogen wurde. Die Kompositionen von Niccolò Paganini für Gitarre mit Streicher scheinen hiefür teilweise als Vorbild gedient zu haben.

LITERATUR
J. de l'Avre, Aubéry du Boulley, Verneuil 1896.

Tony Aubin (1907–81)

LEBEN
Tony Louis Alexandre Aubin wurde am 8. 12. 1907 in Paris geboren. Er war am Conservatoire in Paris Schüler von Noël Gallon, Philippe Gaubert und Paul Dukas. Im Jahr 1930 erhielt er den Rompreis. Von 1944 bis 1977 wirkte er am Conservatoire in Paris als Professor für Komposition. Er starb 1981 in Paris.

WERKE
Außer einem eigenen Ballett hat Tony Aubin solche mit von anderen Komponisten entlehnten Werken Tanzabende zusammengestellt; er verfaßte auch eine Reihe von Schauspiel-, Film- und Radiomusiken. Weiters schrieb er 2 Sinfonien, ein sinfonisches Scherzo, mehrere Suiten, ein sinfonisches Bild, ein Cellokonzert, ein Streichquartett, Duette für Klavier und Fagott, für Klarinette und Klavier, für Flöte und Klavier, für Violine und Klavier, eine Sonate und andere Stücke für Klavier, Chöre und Lieder. Stilistisch stehen diese Werke im Schatten von Paul Dukas und Maurice Ravel, sind aber wegen ihres sonoren Klanges sehr schätzenswert.

Audefroi le Bastart
(um 1180 bis um 1250)

ZEIT UND UMWELT
Alten Publikationen von Gedichten oder Liedern des Mittelalters ist nicht selten eine umfangreiche Biographie der Autoren angefügt. Das hat sogar zu großen Biographiensammlungen geführt, die aber samt und sonders den Fehler haben, daß sie unverwendbar sind, weil nahezu nichts davon, was erzählt wird, den Tatsachen entspricht; es ist der Phantasie entsprungen. In Wahrheit wissen wir über das Leben der süd- und nordfranzösischen Meister sehr wenig oder gar nichts. Geburts- und Sterbedaten, Her-

kunft, Aufenthaltsorte bleiben unbekannt oder müssen mühsam nach irgendwelchen Aufzeichnungen erschlossen werden. Ebenso schwierig ist es, Melodien oder Verse einer bestimmten Persönlichkeit zuzuschreiben, weil Fehlerquellen nicht immer völlig ausgeschaltet werden können. Darüber hinaus bleiben noch genug Gedichte und Melodien übrig, deren Urheber wir überhaupt nicht kennen; sie sind auch nur ein Bruchteil dessen, was gedichtet, gesungen, nachgedichtet, nachgeahmt und eine Zeitlang von Mund zu Mund gegangen und schließlich verklungen ist. Die Annahme, daß das Beste davon aufgezeichnet und überliefert wurde, ist willkürlich. Ob ein Name bekannt, ob ein Werk erhalten geblieben, eine Handschrift nicht zugrunde gegangen ist, hing zweifellos zumeist vom Zufall oder außerkünstlerischen Umständen ab. War der Künstler Träger eines politisch wichtigen Namens, gehörte er dem höheren Klerus an, so lebte er in Chroniken weiter, sonst jedoch wurde er oft bald vergessen, während seine Verse vielleicht als Kinderreime und seine Melodien als Volkslieder unerkannt ihr Dasein fristen. Vieles ist sicherlich ganz verschollen und unwiederbringlich.

Leben

Audefroi le Bastart dürfte um 1180 vermutlich in Arras geboren sein, jedenfalls gehörte er dem Pui d'Arras an. Über seine (uneheliche) Herkunft ist nichts bekannt. Es ist nur gesichert, daß er seine künstlerische Tätigkeit im 12. Jahrhundert aufgenommen hat. Auch die Zeit und den Ort seines Todes kennt man nicht.

Werke

Von Audefroi le Bastart sind uns 10 Liebeslieder und 6 Romanzen (Chansons d'histoire) mit der Musik überliefert. Die Beliebtheit gerade dieser Romanzen kann man daran ermessen, daß sie mehrfach in literarischen Werken zitiert wurden.

Literatur

A. Cullmann, Die Lieder und Romanzen des Audefroi le Bastart, Halle 1914.

Benedict Anton Auffschnaidter

(1665–1742)

Zeit und Umwelt

Der aus dem 8. Jahrhundert stammende Bischofssitz Passau war während seiner ganzen Geschichte wegen seiner intensiven Musikpflege bekannt. Bekanntlich wurde auch Walther von der Vogelweide in Passau willkommen geheißen. Dem Domchor widmeten die Fürstbischöfe ständig ihre höchste Aufmerksamkeit. Der Kräfteaustausch mit den süddeutschen und österreichischen Musikzentren ermöglichte es, das Niveau auf unveränderter Höhe zu halten.

Leben

Benedict Anton Auffschnaidter (Aufschnaiter) wurde am 21. 2. 1665 in Kitzbühel, Tirol, getauft. Er studierte in Wien und wurde 1705 als Nachfolger Georg Muffats Dom- und Hofkapellmeister am Fürstbischofssitz Passau, wo er am 21. 1. 1742 starb.

Werke

Vom österreichischen Komponisten Benedict Anton Auffschnaidter sind vierstimmige Vesperpsalmen mit Streicherbegleitung »Cymbalum Davidis«, »Aquila clangens« (vierstimmige Offertorien mit Streichern), Messen, Kirchenkonzerte, »Concors discordia« (fünfstimmige Streichersuiten), Kirchensonaten für zwei Violinen, zwei Bratschen und Cello und 6 Ouvertüren erhalten.

Literatur

F. Lehndorfer, Benedict Aufschnaiter, in: Die ostbairischen Grenzmarken 19, Passau 1930.

Paul Auger (um 1592–1660)

Zeit und Umwelt

Das Ballet de cour erstarrte bald in eine bis in das einzelne festgelegte Formelhaftigkeit, wie alles, was am Hof der Könige von Frankreich geschah. Die steife Hofunterhaltung, die volle Aufmerksamkeit erforderte, damit keine der vielen Vorschriften übertreten, kein Schritt und keine Bewegung regelwidrig durchgeführt wurden, konnte wohl nur das Vergnügen bringen, daß man alles klaglos hinter sich gebracht hatte. Es ist erstaunlich, daß es den Komponisten gelang, trotz der vielen Zwänge eine Musik zu diesen Balletts zu schaffen, die ihren Namen verdient.

LEBEN
Paul Auger (Auget) wurde um 1592 in Pontoise geboren. Er war Musikmeister der französischen Königin und von 1625 bis zu seinem Tod im Jahr 1660 Vizeintendant der Musik des Königs. Als solcher wirkte er an den Ballettaufführungen König Ludwigs XIII. mit.

WERKE
Vom französischen Komponisten Paul Auger sind mehrere Airs de cour in Sammelwerken für Laute intabuliert aufgenommen worden. Sie sind trotz der Formelhaftigkeit ihrer Anlage echte, klangreiche Musik.

LITERATUR
M. Le Moel, Paul Auger, surintendant de la Musique du roi, in: Recherches VIII, Paris 1968.

Torgeir Augundsson (1801–72)

ZEIT UND UMWELT
Die Hardanger Fidel (Hardangerfele), ein norwegisches volkstümliches Streichinstrument, hat die Form einer Violine, ist aber kürzer; Griffbrett und Steg sind niedriger, die Saiten dünner. Unter ihren 4 Spielsaiten laufen 4 Resonanzsaiten. Ihr Bau läßt eine enorme Geläufigkeit zu.

LEBEN
Torgeir Augundsson wurde 1801 in Sauherad geboren. Er trat bereits mit acht Jahren mit der Hardanger Fidel auf und reiste Zeit seines Lebens als Virtuose seines Instruments in Norwegen, Schweden und Dänemark umher. Er starb am 21. 11. 1872 in Rauland.

WERKE
Die Konzertstücke von Torgeir Augundsson für seine Fidel – begleitet oder unbegleitet – sind auf norwegische Tanzweisen aufgebaut. Einzelne wie »Den bergtekne« (Der Verzauberte), »Myllargutens bruremars« (Der Müllergesellen Brautmarsch) oder »Kjerinigi på Tinn« (Die Weiber zu Tinn) sind heute noch lebendig und beliebt. Die Stücke nähern sich sehr der Programmusik.

Johannes Aulen (um 1450 bis um 1500)

ZEIT UND UMWELT
Die Aufnahme der franko-flämischen Musik in Deutschland ging im 15. Jahrhundert nur zögernd vor sich. Die Einstimmigkeit beherrschte weit länger das Feld als im Westen oder in Italien. Jedoch einzelne Meister bedienten sich schon des neues Stiles, der bereits fünfzig Jahre darauf seinen vollen Durchbruch erlebte.

LEBEN
Johannes Aulen wurde vermutlich um 1450 geboren. Er war Deutscher und hat sich wahrscheinlich zumindest einige Zeit im franko-flämischen Raum aufgehalten. Über sein Leben und Wirken sind keine Einzelheiten bekannt. Auch Ort und Zeit seines Todes konnten nicht festgestellt werden.

WERKE
Als sichere Hinterlassenschaft von Johannes Aulen gilt eine dreistimmige Messe, von der es sogar fünf Handschriften gibt. Die Zuschreibung der Motette Salve virgo virginum (Sei gegrüßt, Jungfrau der Jungfrauen) ist strittig. Sein Kompositionsstil entstammt der Zeit vor Dufay.

LITERATUR
E. Reeser, Een isomelische mis uit den tijd van Dufay, Tijdschrift der Vereeniging vor Nederlandse Muziekgeschiedenis XVI, 1946.

Pietro Auletta (1698–1771)

ZEIT UND UMWELT
Der Ruf der neapolitanischen Oper verbreitete sich in ganz Italien und jenseits der Alpen im 18. Jahrhundert sehr stürmisch. Sie wurde manchmal sogar der venezianischen vorgezogen, so daß der Bedarf an Opern neapolitanischer Meister ständig stieg; auch Kirchenmusiker widmeten in manchen Fällen ihre ganze kompositorische Tätigkeit jener Musikgattung.

LEBEN
Pietro Auletta wurde 1698 in Sant'Angelo a Scala bei Avellino geboren. Er war am Conservatorio Sant'Onofrio in Neapel Schüler von Nicola Antonio Giacinto Porpora. 1724 wurde er Kapellmeister an Santa Maria la Nova in Neapel, wo er 1771 starb.

WERKE
Es ist nicht bekannt, ob Pietro Auletta außer seinen etwa 12 Opern, die sehr erfolgreich waren, auch weitere Kompositionen verfaßte, obwohl man annehmen müßte, daß er als Kirchenkapellmeister auch sakrale Musik geschrieben hat.

Juan Aulí (1797–1867)

ZEIT UND UMWELT
Durch die politischen Wirren in Spanien während der Regierungszeit König Fernandos VII. wurde eine kulturelle Tätigkeit nahezu unmöglich. Die Unruhen und ihre Unterdrückung machten zwar vor den Kirchentüren halt, einzelne Organisten fühlten sich jedoch zu mehrmaligem Wechsel ihres Betätigungsfeldes gedrängt.

LEBEN
Juan Aulí wurde 1797 in Felanitx, Mallorca, geboren. Er zeigte früh starke Anlagen zum Musiker und Orgelspieler. Im Jahr 1823 wurde er Organist an Nuestra Señora de Atocha in Madrid, kehrte aber bald wieder nach Mallorca zurück; 1835 übernahm er einen Organistendienst in Gibraltar, um den unruhigen Zuständen in seinem Vaterland auszuweichen. Erst in den sechziger Jahren ließ er sich erneut in Felanitx nieder, wo er im Jahr 1867 starb.

WERKE
Von Juan Aulí sind nur 2, nie aufgeführte Opern und ein »Misa de Coro« für Chor und Orgel, die als bedeutender Versuch, den polyphonen Satz neu aufleben zu lassen, angesehen wurde, erhalten. Alles andere seines angeblich umfangreichen kirchenmusikalischen Werks ist nicht überliefert.

Tor Aulin (1866–1914)

LEBEN
Tor Aulin wurde am 10.9.1866 in Stockholm geboren. Er war in Berlin Schüler von Emile Sauret (1852–1920) und Ludwig Philipp Scharwenka (1847–1917). Von 1889 bis 1902 wirkte er als Konzertmeister an der Oper seines Geburtsorts, ab 1902 dirigierte er den Stockholmer Konzertverein und ab 1909 das Sinfonieorchester in Göteborg. Er gründete ein geschätztes Streichquartett (»Streichquartett Aulin«) und trat häufig als Violinvirtuose auf. Er starb am 1.3.1914 in Saltsjöbaden bei Stockholm.
Seine Schwester Laura Valborg (9.1.1860, Gävle, bis 11.1.1928, Örebro) war Pianistin und Komponistin.

WERKE
Von Tor Aulin sind 3 Violinkonzerte, eine Orchestersuite, eine vorzügliche Violinsonate und zahlreiche kleinere Violinstücke – Suiten, Idyllen, Romanzen – bekannt geworden.
Laura Valborg trat mit reizenden Klavierstücken und Klavierliedern hervor.
Beider Stil gehörte der schwedischen Spätromantik an.

Franz Josef Aumann (1728–97)

ZEIT UND UMWELT
Das Augustiner-Chorherrenstift in St. Florian, Oberösterreich, aus dem 17. Jahrhundert mit seiner berühmten Galerie mit Wer-

ken der Donauschule gestaltete sich im 18. Jahrhundert zu einer bedeutenden Pflegestätte österreichischer Kirchenmusik.

LEBEN

Franz Josef Aumann (Aumonn, Aumon, Auman, auch Franz Seraph, Johann, Leopold) wurde am 24. 2. 1728 in Traismauer, Niederösterreich, geboren. Er war Singknabe am Jesuitenkonvikt in Wien, wurde Augustiner und studierte in Wien. Von 1755 bis zu seinem Tod am 30. 3. 1797 wirkte er als Regens chori in St. Florian, Oberösterreich.

WERKE

Das umfangreiche kompositorische Werk von Franz Josef Aumann wurde handschriftlich weit über Österreich, Süddeutschland, Böhmen, Mähren bis nach Ungarn und dem Gebiet des heutigen Jugoslawien verbreitet, war selbst von der venezianischen und neapolitanischen Schule wie vom Wiener und Salzburger Lokalstil beeinflußt und geprägt und wirkte auf die Kirchenmusik dieses Raumes maßgebend ein. Er schrieb 40 lateinische Orchestermessen, eine deutsche Messe, zahlreiche Exemplare der Missa brevis, 12 Requiem, 22 Offertorien, ein Graduale, 7 Sequenzen, 7 Veni sancte spiritus, 2 Regnum mundi, Christnachtresponsorien, von denen eines noch heute in St. Florian gesungen wird, Responsorien zur Osternacht und zur Karwoche, Exequien, 7 Vespern, 29 Psalmen, 25 Magnificat, 10 Litaneien, ein Exaudi, 4 Te Deum, 8 Hymnen, 4 lateinische Duettarien, eine Baßarie, 4 deutsche Passionen, 6 Arien und 2 Lieder mit Orchester, eine »Spottmesse um Stottern, schlechtes Singen und das mühselige Amt des Schulmeisters« (Faschingsmesse) nachzuahmen, 2 Singspiele, 5 Couplets, einen Kanon für Männerstimmen, »Bäurische Lieder«, musikalische Scherzrätsel, 9 Divertimenti, 9 Kassationen, 7 Partiten, eine Serenade und 3 Sinfonien. Das meiste davon ist erhalten.

LITERATUR

O. Wessely, Musik in Oberösterreich, Linz 1951.

Georges Auric (1899–1983)

LEBEN

Georges Auric wurde am 15.2.1899 in Lodève, Hérault, geboren. Er war am Conservatoire und an der Schola Cantorum in Paris Schüler von Vincent d'Indy und wurde Angehöriger der »Six«. Neben der Komposition war er als Musikkritiker tätig. Von 1962 bis 1968 wirkte er als Generaladministrator der staatlichen Musiktheater. Er starb am 23.7.1983 in Paris.

WERKE

Das Programm der Gruppe der »Six« war für Georges Auric bestimmend; er wandte sich von Richard Wagner und den Impressionisten entschieden ab. Sein Stil ist von zwei gegensätzlichen Tendenzen beherrscht, auf der einen Seite zeichnete er sich durch eine knappe, ironische Tonsprache aus, auf der anderen kommt es zu einem breiten, romantiknahen Fluß des musikalischen Geschehens. Für Orchester schrieb er eine Ouvertüre, ein Notturno, eine Suite, sodann eine Sonate für Violine und Klavier, 3 Pastorale, eine Sonate und 4 Impromptus für Klavier, weiters mehrere Gesänge, außerdem 6 Ballette, 2 Opern, viele Bühnenmusiken und zahlreiche Filmmusiken.

Artus Auxcousteaux
(um 1600 bis um 1656)

ZEIT UND UMWELT

Nicht nur in Rom, sondern auch in Frankreich wurde der alte polyphone Stil in der Kirchenmusik auch im 17. Jahrhundert gepflegt. Daß er Elemente der Gegenwartsmusik aufnahm, war unvermeidlich, denn so sehr sich die einzelnen Meister bemühten, die Tradition zu wahren, so wenig konnten sie den Zeitströmungen völlig entrinnen.

LEBEN

Artus Auxcousteaux wurde um 1600 in St-Quentin geboren und war an der Kathedrale der Stadt Schüler von Jean de Bournonville. Im Jahr 1627 war er Sänger in Noyon und wurde 1633 Leiter des Knabenchores an der Kathedrale von Amiens. 1634 wirkte er als Sänger an der Ste-Chapelle in Paris, wo er 1642 zum Kapellmeister bestellt wurde, was er praktisch bereits ab 1639 gewesen war; 1650 zog er sich von seinen Pflichten zurück und starb in Paris um 1656.

WERKE
Der französische Komponist Artus Auxcousteaux war ein Verfechter eines traditionellen Stils ohne Generalbaß und nahm dadurch eine Mittelstellung zwischen dem Stil des 16. und dem des 17. Jahrhunderts ein. Seine lateinischen liturgischen Kompositionen – 8 vier- bis sechsstimmige Messen, Psalmen und andere sakrale Gesänge wie Magnificat und Marienlieder – weisen eine sehr elegante Struktur auf, seine französischen Lieder – ebenso sakral oder parasakral – nähern sich dem Air de cour. Die von Antoine Godeau (24. 9. 1605, Dreux, bis 21. 4. 1672, Vence) gedichteten »Paraphrases des psaumes de David« sind der humanistischen Forderung entsprechend mit versgerechter Homorhythmik vertont und nach dem Tod des Komponisten von Thomas Gobert vollendet worden.

LITERATUR
Th. Gérold, L'art du chant en France, Straßburg 1921.

Anton Averkamp (1861–1934)

LEBEN
Anton (Anthonius Josephus) Averkamp wurde am 18.2.1861 in Langerak, Niederlande, geboren. Er war in Amsterdam Schüler von Daniel de Lange (1841–1918), in Berlin von Friedrich Kiel und in München von Joseph Rheinberger und wiederum in Amsterdam Schüler des Sängers und Gesangspädagogen Johannes Martinus Messchaert (22.8.1857, Hoorn, bis 9.9.1922, Zürich). Er wirkte als Chordirigent und ab 1919 als Direktor der Musikschule der Maatschappij tot Bevordering der Toonkunst (Gesellschaft zur Förderung der Tonkunst) in Utrecht. Er starb am 1.6.1934 in Bussum.

WERKE
Von Anton Averkamp sind eine einsätzige Sinfonie in F-Dur, eine sinfonische Dichtung »Elaine und Lancelot«, eine Violinsonate in D-Dur, Chorwerke mit Orchester und a cappella sowie Lieder erschienen. Seine Oper blieb unaufgeführt. Er bewegte sich mit seinen Kompositionen noch im Rahmen der deutschen Romantik.

Menahem Avidom (geboren 1908)

LEBEN
Menahem Avidom wurde am 6.1.1908 in Iwano-Frankowsk, Galizien (heute Ukraine), geboren. Er studierte in Beirut, dann in Paris bei Henri Rabaud und, nach einer Tätigkeit als Lehrer in Alexandria und Kairo, am Konservatorium in Tel Aviv. Im Jahr 1946 wurde er Generalsekretär des Israelischen Philharmonischen Orchesters. Er lebt als freier Komponist in Ramat Gan, Israel.

WERKE
Außer 5 Opern schrieb Menahem Avidom 9 Sinfonien, eine Sinfonietta, ein Stück für Streicher, 2 Suiten, ein sinfonisches Triptychon, ein Flötenkonzert, ein Concertino für Violine und Orchester, 2 Streichquartette, ein Blechbläserquartett, ein Stück für fünf Bläser, Schlagzeug und Klavier, ein Triptychon für Soloviolinee, ein Stück für zwei Flöten und 12 Praeludien für Klavier.

Charles Avison (1709–70)

ZEIT UND UMWELT
Francesco Geminiani übte als Violinlehrer in London einen nachhaltigen Einfluß auf die englische Musikentwicklung aus. Auch seine Forderung nach einer expressiven Dynamik wurde immer häufiger befolgt, weil man begann, die gleichbleibende Spielstärke eines ganzen Satzes als unbefriedigend zu empfinden. Das Publikum gewöhnte sich an die Vielfalt der Ausdrucksmittel, die das 18. Jahrhundert brachte.

LEBEN
Charles Avison wurde am 16. 2. 1709 in Newcastle-upon-Tyne getauft. Er war Schüler von Francesco Geminiani und wurde nach seiner Ausbildung 1736 Organist in seiner Vaterstadt, in der er am 10. 5. 1770 starb.

WERKE
Neben einer Abhandlung über den »Musikalischen Ausdruck«, die heftige Kontroversen hervorrief, brachte Charles Avison 26 siebenstimmige Konzerte, 12 Klavierkonzerte mit Streichquartett und 18 Klavierquartette, weiters 3 Bücher mit Sonaten für Cembalo und zwei Violinen und etliche Lieder heraus. Die Besetzung mit Cembalo und zwei Violinen war für England verhältnismäßig neu.

Pedro António de Avondano
(1714–82)

ZEIT UND UMWELT
Die Irmandade de Santa Cecília wurde als Musikervereinigung um 1688 in Lissabon gegründet. Der Strömung der Zeit in Portugal entsprechend, waren nahezu alle Mitglieder Kirchenmusiker, von denen einige fallweise profane Musik schrieben, der Rest waren Komponisten von Opern – eingewanderte Italiener oder Portugiesen, die italienische Opern komponierten – oder von Zarzuelas nach spanischem Muster. Die Vereinigung bildete aber trotz aller Einseitigkeit eine Plattform für eine eigenständige portugiesische Musikentwicklung.

LEBEN
Pedro António de Avondano wurde 1714 in Lissabon von genuesischen Eltern geboren. Er war als Violinist Mitglied der Königlichen Kapelle. Nach dem Erdbeben des Jahres 1755, bei dem ein Großteil der in der Stadt archivierten Musik verlorenging, bemühte er sich sehr um den Wiederaufbau der Musikarchive und gleichzeitig um die Reorganisation der Irmandade de Santa Cecília. Er starb 1782 in Lissabon.

WERKE
Von Pedro António de Avondano sind mehrere Opern, 2 geistliche Dramen, eine Sinfonie für zwei Violinen, Bratsche und Cello und einige kirchenmusikalische Stücke erhalten. Seine Bühnenmusik ist italienisch.

Theodore Aylward (1730–1801)

ZEIT UND UMWELT
Lieder und Liederkomponisten erfreuten sich in England im 18. Jahrhundert steigender Beliebtheit. Die Gründung des Catch Clubs und die lange Liste seiner prominenten Mitglieder bezeugen, welch weitgehendes Interesse dieser Kompositionsgattung entgegengebracht wurde. Dabei handelte es sich zum Großteil um sehr leichte, nicht selten um triviale Ware, die gefördert und ernsteren Kompositionen vorgezogen wurde.

LEBEN
Theodore Aylward wurde 1730 in London geboren. Er war ungefähr ab 1760 Organist an Oxford Chapel in London, ab 1762 an St. Lawrence, Jewry, und ab 1768 an St. Michael's in Cornhill. Im Jahr 1769 erhielt er vom Catch Club einen Preis für ein Glee. Nachdem er ab 1771 als Musiklehrer am Gresham College gewirkt hatte, wurde er 1788 an St. George's Chapel in Windsor Organist und Chorleiter und betreute diese Stelle bis zu seinem Tod am 27. 2. 1801.

WERKE
Außer seinen 6 Orgelübungen brachte Theodore Aylward nur Vokalmusik heraus: Glees, Elegien, Canzonetten, Lieder und Catches. Sie waren durchwegs textlich seriös und entsprachen mit ihrer Schlichtheit und leichten Faßlichkeit dem Geschmack und dem Musikbedürfnis der großen Masse der »Catch-Freunde« Englands.

Edmund Ayrton (1734–1808)

ZEIT UND UMWELT
Beim Rückverfolgen der »musikalischen Abstammung« bedeutender englischer Kirchenmusiker des 18. Jahrhunderts stößt man nahezu immer auf die gleiche Genealogie; man landet bei Maurice Greene, Bernhard Gates, William Croft oder Johann Christoph Pepusch. Die Traditionslinien waren jedenfalls zu dünn und zu schwach, um eine breitere Entwicklung zu erzeugen. Das Erbe konnte immer nur an wenige weitergegeben werden, so daß die Musiktradition zwar nie erlosch, sich aber mitunter auch nur spärlich entfaltete.

LEBEN
Edmund Ayrton wurde am 19. 11. 1734 in Ripon getauft. Er war Schüler von William Nares in York, sodann Organist und Chordirigent der Kollegialkirche in Southwell, wo er bis zu seiner Ernennung zum Gentleman der Chapel Royal 1764 blieb. Im Jahr 1767 wurde er Chorleiter an St. Paul's in London und 1780 Mitglied der Kapelle, an Westminster und Leiter des Knabenchors der Chapel Royal. Er starb am 22. 5. 1808 in London.

WERKE
Der kompositorische Beitrag von Edmund Ayrton zur englischen Kirchenmusik bestand aus 2 vollständigen Morgen- und Abendservices und einer Anzahl sehr beliebter Anthems. Stilistische Neuigkeiten sind dabei nicht feststellbar.

Azalais de Porcairagas
(um 1150 bis um 1200)

ZEIT UND UMWELT
Aus der 2. Hälfte des 12. Jahrhunderts sind die meisten der Trobairitz überliefert. Das hängt vermutlich damit zusammen, daß die kulturelle Entwicklung Südfrankreichs noch einigermaßen störungslos verlaufen konnte. Es war auch die Zeit der Hochblüte der Troubadourkunst überhaupt. Erst das folgende Jahrhundert brachte die Katastrophe, die alles beendete.

LEBEN
Azalais de Porcairagas (Porcauragues) wurde um 1150 vermutlich bei Montpellier geboren und wirkte zumindest zeitweise am Hof des Grafen von Montpellier. Sie dürfte in dieser Stadt auch um die Wende zum folgenden Jahrhundert gestorben sein.

WERKE
Es sind nur wenige Lieder von Azalais de Porcairagas überliefert, die aber die hohen Fähigkeiten dieser Dichterin und Komponistin deutlich werden lassen. Ihre Verse sind von einer auffallenden Schönheit, so daß sie bereits für sich allein wie Musik klingen.

Vida de Azalais de Porcairagas (Biographie von Azalais de Porcairagas)
Azalais de Porcairagas war eine edle und gelehrte Dame aus der Gegend von Montpellier. Sie verliebte sich in Gui Guerrejat, den Bruder von Guilhem de Montpellier. Und die Dame, die eine Trobairitz war, fand für ihn viele Chansons von Wert.

Nun ist die Zeit der Kälte gekommen
Nun ist die Zeit der Kälte gekommen, des Frostes, des Schnees und des Morastes. Die Vögel sind verstummt, keiner mehr versucht zu singen. Die Zweige hängen dürr von den Bäumen, an denen es weder Blätter noch Blüten gibt. Auch die Nachtigall schlägt nicht mehr, die uns jedes Jahr im Mai den Frühling verkündete.
Nun geht das Gedicht in die Klage um den Verlust des Geliebten über:
Mein Herz ist so enttäuscht, daß mich nichts mehr berührt. Ich weiß, daß ich den Mann verlor, rascher als ich ihn gewann ... Eine Frau, die ihre Liebe einem reichen Mann, der mehr ist als ein Vasall, anvertraut, ist dumm.
Sie verläßt Orange.
Hier verlor ich den Mann meines Lebens. Ich werde immer in Trauer daran denken.

Francesco Azopardi (1748–1809)

ZEIT UND UMWELT
Kaiser Karl V. (1500–58) verlieh Malta 1530 dem Johanniterorden als Lehen. Im Jahr 1814 wurde die Inselgruppe Großbritannien

als Kolonie zugesprochen. Ihre Musikentwicklung war von der italienischen abhängig.

LEBEN
Francesco Azopardi (Azzopardi) wurde am 5. 5. 1748 in Notabile (Mdina), Malta, geboren. Er dürfte als Kirchenmusiker tätig gewesen sein und starb am 6. 2. 1809 in Rabat, Malta.

WERKE
Von Francesco Azopardi sind ein Oratorium »La passione di Cristo« (Das Leiden Christi) und einige kirchenmusikalische Werke – Messen, Oratorien – bekannt geworden. Ihr Stil leitete sich vom neapolitanischen ab.

LITERATUR
P. Pullicino, Notizia biografica di Francesco Azopardi, La Valetta 1876.

Filippo Azzaiolo
(um 1535 bis nach 1569)

ZEIT UND UMWELT
Die Villotta war ein vierzeiliges, durchkomponiertes Tanzlied des 16. Jahrhunderts in Oberitalien. Der Begriff vermengte sich bald mit dem der neapolitanischen Villanella. Es wurde später darunter das venezianische volkstümliche Tanzlied verstanden, das mit einem achttaktigen, instrumental begleiteten Refrain gesungen wurde.

LEBEN
Filippo Azzaiolo (Azzajuolo) wurde um 1535 in Bologna geboren, wo er als Kirchensänger wirkte. Er dürfte seinen Geburtsort, wo er als Musiker und Komponist lebte, nie verlassen haben und dort nach 1569 gestorben sein.

WERKE
Von Filippo Azzaiolo sind 3 Bücher mit äußerst volkstümlichen, sehr liebenswürdigen »Villote alla Padoana« erschienen, die der venezianischen Villotta völlig gleichen, außerdem ein Buch »Villote del fiore« (Schöne Villotte) mit einigen Neapolitanen (Villanellen), Madrigalen und Liedern. Er war einer der wenigen Musiker des 16. Jahrhunderts, die sich mit dieser Musikgattung befaßten.

B

Kees van Baaren (1906–70)

Leben
Kees van Baaren wurde am 22.10.1906 in Enschede, Niederlande, geboren. Er war in Berlin Schüler von Friedrich E. Koch, Rudolf Breithaupt, Alexander Fielitz und in Rotterdam von Willem Pijper. Von 1942 bis 1948 wirkte er als Theorielehrer am Musiklyzeum in Amsterdam und anschließend bis 1953 als Direktor dieser Schule, sodann bis 1958 als Leiter des Konservatoriums in Utrecht und darauf des Konservatoriums in Den Haag. Er starb am 2.9.1970 in Oegstgeest.

Werke
Neben einer Sinfonie schrieb Kees van Baaren Variationen und weitere Stücke für Orchester, ein Klavierkonzert, ein Concertino für Klavier und Orchester, ein Septett für Violine mit Flöte, Oboe, Klarinette, Fagott, Horn und Kontrabaß, ein Bläserquintett, ein Streichquartett, ein Trio für Flöte, Klarinette und Fagott, Stücke für Klavier, für Soloflöte und für Glocken, Kantaten, Chöre und Lieder, außerdem Stücke für Schul- und Harmonieorchester. Sein Stil ist seinem Lehrer Willem Pijper verpflichtet.

Arno Babadschanjan (geboren 1921)

Leben
Arno Arutjunowitsch Babadschanjan wurde am 22.1.1921 in Jerewan geboren. Nach seiner Ausbildung in seiner Geburtsstadt studierte er in Moskau bei Genrich Litinski.

Werke
Die Werke von Arno Babadschanjan fußen zum Großteil auf der armenischen Folklore. Er schrieb unter anderem eine Rhapsodie für Orchester, ein Violinkonzert, ein Klavierkonzert, ein Cellokonzert, 2 Streichquartette, eine Sonate für Violine und Klavier, weitere Klavierstücke, mehrere Lieder und Filmmusik.

Andrei Babajew (1923–64)

Leben
Andrei Awanesowitsch Babajew wurde am 27.12.1923 in Msmna, Aserbeidschan, geboren. Er studierte am Konservatorium in Baku bei Kara Karajew und am Konservatorium in Moskau bei Juri Schaporin. Er starb am 21.10. 1964 in Moskau.

Werke
Neben 2 Opern schrieb Andrei Babajew unter anderem eine Ouvertüre, eine Sinfonie, eine »Indische Fantasie«, ein Klavierkonzert, ein Klaviertrio, eine Sonatine für Klavier, Lieder, Bühnen- und Filmmusik. Seine Kompositionen sind der armenischen und aserbeidschanischen Folklore verpflichtet.

Gracián Babán (um 1620–75)

Zeit und Umwelt
Breite Vielstimmigkeit fand um die Mitte des 17. Jahrhunderts auch in einzelne spanische Kathedralen Eingang. Man ging dazu über, die Pracht der Festtagsgottesdienste durch das Aufgebot vieler verschiedener Stimmen zu erhöhen, was nicht immer gelang. Die erhöhte Mehrstimmigkeit erforderte in vielen Fällen Engführungen, die die Klänge verdunkelten; das Aufeinanderprallen mehrerer

Klanggruppen erzeugte keine klaren Klangflächen, sondern Zersplitterungen. Und nicht selten reichte das kompositorische Konzept nicht aus, die vielen zur Verfügung stehenden Stimmen wirkungsvoll einzusetzen.

LEBEN
Gracián Babán wurde um 1620 vermutlich in oder bei Valencia geboren. Er war von 1657 bis 1675 Kapellmeister an der Kathedrale von Valencia, wo er in den nächstfolgenden Jahren gestorben ist.

WERKE
Der spanische Komponist Gracián Babán war einer der bedeutendsten Meister der barocken Kirchenmusik in Spanien. Gedruckt ist nur ein achtstimmiger Psalm mit Generalbaß herausgekommen. Als Manuskript liegen eine Anzahl Messen, Requiem, Motetten, Psalmen, Magnificat, Karfreitaglamentationen, Karwochengesänge und viele andere kirchliche Gesänge für vier bis vierzehn Stimmen, zumeist mit Orgel und Continuo, in einigen Fällen auch mehrchörig, vor. Außer der Orgel kommen keine Instrumente in Verwendung. Die Musik ist auf Breitenwirkung abgestellt. Klangarme Passagen wechseln sich mit geballtem Chorklang ab.

Cristoforo Babbi (1748–1814)

ZEIT UND UMWELT
Das Teatro Comunale (Städtisches Theater) in Bologna wurde von Antonio Galli da Bibiena (1700–74) erbaut. Es ist bezeichnend, daß es 1763 mit der Oper von Christoph Willibald Gluck »Il Trionfo di Clelia« (Triumph der Clelia) eröffnet wurde, denn damit dokumentierte es seine Stellungnahme für die damals fortschrittlichste Faktur des Musikbühnenstückes.

LEBEN
Cristoforo Babbi wurde 1748 in Cesena geboren. Er war von 1775 bis 1778 Dirigent des Orchesters des Teatro Comunale in Bologna und von 1781 bis zu seinem Tod im Jahr 1814 Konzertmeister am Hof in Dresden.

WERKE
Von Cristoforo Babbi sind eine Reihe Violinkonzerte und Sinfonien bekannt geworden. Ihr Stil gehörte der italienischen Vorklassik an.

Milton Babbitt (geboren 1916)

LEBEN
Milton Byron Babbitt wurde am 10.5.1916 in Philadelphia, Pa., geboren. Er studierte an den Universitäten in New York und in Princeton, wo er auf Grund seiner Ausbildung Mitglied des Departements für Mathematik und des Departements für Musik wurde. Er gehört zu den führenden Komponisten auf dem Gebiet der Elektronischen Musik.

WERKE
Für Ensembles mit Synthesizer schrieb Milton Babbitt, der als Vorstand des Electronic Music Center der Columbia und der Princeton University an der Erforschung der musikalischen Mittel dieses Instruments maßgebenden Anteil hat, unter anderen »Komposition für Synthesizer«, »Vision und Gebet für Sopran und Synthesizer«, »Gesang für auf Tonband aufgenommenen Sopran und Synthesizer«, »Ensembles für Synthesizer«, »Übereinstimmungen für Streichorchester und Synthesizer«; außerdem sind von seinen Werken bemerkenswert: »Drei Kompositionen für Klavier«, »Komposition für vier Instrumente«, »Komposition für zwölf Instrumente«, »Komposition für Bratsche und Klavier«, ein Bläserquartett, 2 Streichquartette, ein Konzert für Altsaxophon, Tenorsaxophon, Trompete, Posaune, Kontrabaß, Schlagzeug, Vibraphon und Klavier, »Mitteilungen I.« für Bläser, Xylophon, Marimba, Vibraphon, Celesta, Harfe, Klavier und Streicher und »Mitteilungen II.« für großes Orchester, zahlreiche Klavierstücke und Kombinationen von Singstimmen, Chöre mit Instrumenten.

William Babell (um 1690–1723)

LEBEN

William Babell wurde um 1690 in London geboren. Sein Lehrer im Cembalo-, Orgel- und Violinspiel wie in der Komposition war Johann Christoph Pepusch (1667–1752). Babell war Mitglied der Königlichen Musikkapelle (Royal band) und einige Zeit Organist an All Hallows in London, wo er am 23. 9. 1723 starb.

WERKE

Der vielseitige Instrumentalist William Babell machte sich vor allem durch seine Cembaloarrangements von Arien beliebter Opern einen großen Namen. Sie fanden bis nach Frankreich und Deutschland weite Verbreitung. Außerdem verfaßte er mehrere Suiten beliebter Cembaloübungen, Konzerte für Violine, Flöte, Oboe und Generalbaß, 6 Konzerte für Flöten und Violinen und ein Concerto grosso für zwei Violinen und Streicher. Sein Stil gehörte noch dem späten Barock an.

Salvador Bacarisse (1898–1963)

LEBEN

Salvador Bacarisse wurde am 12.9.1898 in Madrid geboren. Er war am Konservatorium in Madrid Schüler von Conrado del Campo y Zabaleta. Nach längerer Tätigkeit als Musikkritiker wirkte er von 1925 bis 1936 als künstlerischer Leiter bei Radio Madrid, dann wich er dem Bürgerkrieg nach Frankreich aus und ließ sich als freier Komponist in Paris nieder, wo er am 7.8.1963 starb.

WERKE

Von Salvador Bacarisse sind eine Oper, ein Ballett und mehrere Schauspielmusiken aufgeführt worden. Er schrieb ferner 4 sinfonische Bilder, ein Concerto grosso, eine Sinfonietta für achtzehn Bläser und Harfe, »Drei konzertante Sätze« für Violine, Bratsche, Cello und Orchester, ein Cellokonzert, eine sinfonische Dichtung für Frauenchor und Orchester, Klavierstücke und Lieder. Sein Stil war noch teilweise der Spätromantik verhaftet.

Ippolito Baccusi (um 1530–1608)

ZEIT UND UMWELT

Obwohl auch in Italien Instrumentalbegleitung schon seit frühen Zeiten zumindest außerhalb der Kirchen Verwendung fand, wurde sie weder in Handschriften noch in Drucken vermerkt, abgesehen von wenigen Ausnahmen. In der zweiten Hälfte des 16. Jahrhunderts hingegen trat hier eine Änderung ein. Die Instrumente wurden immer häufiger von den Komponisten vorgeschrieben. Das war zwar keine Instrumentierung im heutigen Sinn, weil Art und Zahl der Instrumente noch nicht festgelegt und dem Kapellmeister zur Entscheidung überlassen wurden, aber doch ein weiterer Schritt dazu.

LEBEN

Ippolito Baccusi (Baccusio, Bacchusi) wurde um 1530 in Mantua geboren. Zum Musiker wurde der italienische Komponist vermutlich in Venedig ausgebildet, wo er zum Vizekapellmeister an San Marco aufstieg. Im Jahre 1570 übernahm er einen ähnlichen Wirkungskreis in Ravenna und erhielt 1582 die Kapellmeisterstelle an Sant' Eufemia in Verona. Ab 1584 bekleidete er die gleiche Stelle am Dom in Mantua und ab 1592 bis zu seinem Tod am 2. 9. 1608 am Dom zu Verona.

WERKE

Ippolito Baccusi war einer der ersten Komponisten, der in seinen Veröffentlichungen eine Instrumentalbegleitung der Singstimmen vorschrieb. Etwa bei seinen 3 achtstimmigen Messen verlangte er zur »lebenden Stimme alle Instrumentengattungen, die sich zum Gesang fügten«. Es sind weitere Messen für vier, fünf und sechs Stimmen überliefert, dazu 4 Bücher mit fünf- bis sechsstimmigen und 2 mit dreistimmigen Madrigalen, ein weiteres Buch mit fünf-, sechs- und achtstimmigen Motetten, mehrere Bücher mit vier-, fünf- und achtstimmigen Psalmen und 2

Magnificat. Einzelnes ist sehr wertvoll, besonders die Madrigale. Manche Kompositionen finden sich in verschiedenen Sammelpublikationen seiner Zeit. Die interessanteste Arbeit dürfte sein Beitrag zu dem von 14 verschiedenen italienischen Komponisten ihrem großen Zeitgenossen Palestrina gewidmeten Band sein.

Grażyna Bacewicz (1913–69)

LEBEN

Grażyna Bacewicz wurde am 5.5.1913 in Łodż geboren. Nach Studien in ihrem Geburtsort und in Warschau setzte sie ihre Ausbildung in Paris bei Nadia Boulanger und Carl Flesch (9.10.1873, Mosonmagyaróvár, Ungarn, bis 15.11.1944, Luzern) fort. Sie ließ sich darauf in Warschau als Violinistin, Komponistin und Lehrerin nieder und konzertierte oft im Ausland. Im Jahr 1960 erhielt sie den UNESCO-Preis. Sie starb am 17.1.1969 in Warschau.

WERKE

Neben einer Funkoper und 3 Balletten schrieb Grażyna Bacewicz 6 Sinfonien, eine Sinfonietta, Orchestervariationen und mehrere weitere Orchesterstücke, ein Konzert für Streicher, 7 Violinkonzerte, 2 Cellokonzerte, ein Bratschenkonzert, ein Klavierkonzert, ein Doppelkonzert für zwei Klaviere, eine »Musik« für Streicher, fünf Trompeten und Schlagzeug, ein Notturno für 24 Instrumente, ein Divertimento für Streicher, ein Stück für Kammerorchester und Tonband, 2 Klavierquintette, ein Bläserquintett, 7 Streichquartette, ein Quartett für vier Celli, ein Klaviertrio, ein Trio für Oboe, Harfe und Schlagzeug, Violinsonaten, Klavierwerke, Stücke für Solovioline, eine Kantate und Lieder. Die Komponistin war sehr stark vom französischen Neuklassizismus beeinflußt, wandte sich aber später seriellen Techniken zu. Ihre Werke zeichnen sich durch meisterliche Instrumentation aus. Sie gehörte zu den bedeutendsten Kräften der modernen Musik in Polen.

Musik für Streicher, fünf Trompeten und Schlagzeug, 3 Sätze, entstanden 1958

Der 1. Satz ist in freier Sonatenform angelegt und auch harmonisch frei entwickelt. Den stürmisch drängenden Bewegungen der Streicher steht ein harmonisch scharf kontrastierender Bläserchor gegenüber. Den 2. Satz beginnen die Streicher mit hämmernden rhythmischen Impulsen, Bratschen und Kontrabässe entwickeln ein reizvolles Thema. Das Finale ist musikantisch tänzerisch, gehäufte Glissandi und Synkopen erinnern an die Volkstänze der Heimat der Komponistin.

Doppelkonzert für zwei Klaviere, 3 Sätze, entstanden 1966

In der Menge der Klänge und Rhythmen des Werks entwickelt sich keine Melodie, es gibt nur Akkordschläge und freie Passagen. Trotzdem wirkt das Konzert einfach, klar und nahezu klassisch. Der 1. Satz klingt wie ein Sonatenallegro, obwohl es keine Themen enthält. Harte Akkorde stehen gegen einzelne ostinat wiederholte Töne. Im 2. Satz meint man eine melodische Entwicklung zu hören, es handelt sich aber nur um völlig unregelmäßige Tonfolgen, deren Zusammenhang nur scheinbar ist. Das Finale bringt einen interessanten Dialog der Klaviere, der den scharfen rhythmischen und klanglichen Charakter des Konzerts betont.

Bratschenkonzert, 3 Sätze, entstanden 1968

Dieses virtuose Stück ist durch und durch atonal und vermeidet jede traditionelle Struktur, wirkt aber dennoch sehr melodiös. Schon im 1. Satz erzeugen die lebhaft pulsierenden Rhythmen den Eindruck einer Kantilene. Im 2. Satz trägt der Solist eine lyrisch wirkende Tonfolge vor, die vom Orchester mit phantastischen Wendungen begleitet wird. Das Finale ist voll sonorer Klänge, sein Rhythmus nähert sich einem Tanz.

August Wilhelm Bach (1796–1869)

ZEIT UND UMWELT

Der Theologe und Philosoph Friedrich Ernst Daniel Schleiermacher (1768–1834) war einer der bedeutendsten Vertreter des »deutschen Idealismus« als Gegengewicht zur Aufklärung, dessen Rationalismus im 18. und beginnenden 19. Jahrhundert zu einer Profanierung der Kirchenmusik führte. Er forderte eine Kirchenmusik der religiösen Selbstdarstellung und Erweckung frommer Gefühle. So orientierte sich die romantische Restauration der Kirchenmusik an einem feierlich-getragenen, an Pierluigi da Palestrina und an Johannes Eccard (1553–1611) angelehnten Stil. Zu einer völligen Neuorientierung kam es erst im folgenden Jahrhundert. Auch die verschiedentlich gegründeten Institute für Kirchenmusik vermochten den Entwicklungsgang nicht zu beschleunigen.

LEBEN

August Wilhelm Bach (der mit der Familie des Johann Sebastian Bach nicht verwandt war) wurde am 4.10.1796 in Berlin geboren. Er war zunächst Organist an verschiedenen Berliner Kirchen, sodann ab 1822 Lehrer am Königlichen Institut für Kirchenmusik, das er ab 1832 als Direktor und ab 1858 als Professor leitete. Er starb am 15.4.1869 in Berlin. Er war Orgellehrer von Felix Mendelssohn-Bartholdy.

WERKE

Von August Wilhelm Bach sind das Oratorium »Bonifacius«, ein 100. Psalm, ein Choralbuch, Klavierstücke und Lieder überliefert. Er verfaßte das Lehrbuch »Der praktische Organist«. Sein Stil stellt sich als klassizistische Romantik dar.

Carl Philipp Emanuel Bach (1714–88)

ZEIT UND UMWELT

Als Friedrich II. den für seine Zeit sensationellen Satz niederschrieb, daß er sich als den ersten Diener des Staates betrachte, lag der Ton auf dem Wort »ersten«, denn es hing von ihm ab, wie er dem preußischen Ordnungsstaat dienen wollte. Die idealen Ziele der Aufklärung blieben trotz mancher rührender Beispiele einer gewissen Rechtsstaatlichkeit ein interessantes Diskussionsthema. Entscheidende Wirkung hatte durchweg immer das Wort des »ersten« Dieners. Daher hatte der angebliche Ausspruch Ludwigs XIV., »L'état, c'est moi« (Der Staat, das bin ich), in der Praxis nicht so viel Gewicht, wie es scheinen mag. Das absolute oder, wenn man so will, »aufgeklärt« absolute Führungsprinzip wurde bei jeder Gelegenheit deutlich und somit auch bei der »Hausmusik« des Königs, der sich als »Primus inter pares« (Erster unter Gleichen) gab, aber jederzeit Primus blieb. Der Stil richtete sich nach seinem empfindsamen, liebenswürdigen Geschmack, und die gespielten Stücke durften seine technischen Möglichkeiten nicht überschreiten, so daß eine gewisse Sterilität der preußischen Hofmusik in Berlin und Potsdam unvermeidlich war und zum Kennzeichen der sogenannten Berliner Schule wurde. Der Schritt zur Hochklassik wurde auch nicht von dort aus gemacht, sondern von Mannheim aus und von den Persönlichkeiten, die die Enge Berlins verließen.

LEBEN

Carl Philipp Emanuel Bach, zweiter Sohn des Johann Sebastian Bach, genannt der Berliner oder der Hamburger Bach, wurde am 8. 3. 1714 in Weimar geboren, an der Leipziger Thomasschule erzogen und von seinem Vater im Spiel der Tasteninstrumente (andere kamen wegen seiner Linkshändigkeit nicht in Betracht) und Komposition unterrichtet. Im Jahr 1731 begann er an der Leipziger Universität das Studium der Jurisprudenz und setzte es 1734 an der Universität in Frankfurt an der Oder fort, wo er reichliche Gelegenheit fand, sich als Cembalist und Cembalolehrer zu betätigen. Nach abgeschlossenem Studium begleitete er 1738 Reichsgraf Hermann Carl von Keyserling (1696–1764) als Hofmeister auf Studienreisen in das Ausland, sodann berief ihn der preußische Kronprinz Friedrich an seine Kapelle; nach dessen Thronbesteigung wurde er Kammercembalist des Königs. Daneben hatte er Cembalounterricht zu geben; einer seiner Schüler war der Herzog von Württemberg, Karl Eugen, der am preußischen Hof erzogen wurde. Neben den Mitgliedern der Hofkapelle, mit denen er enge Kontakte pflegte und befreundet war, verkehrte er auch im musikalischen Kreis um Anna Amalia von Preußen (1723–87), der Schwester Friedrichs des Großen, und deren Musiklehrer Johann Philipp Kirnberger und den Berliner literarischen Zirkeln um Karl Wilhelm Ramler (1725–98), Johann Wilhelm Ludwig Gleim

(1719–1803) und Gotthold Ephraim Lessing (1729–81).

Da der Hofdienst aber nicht erfüllte, was er sich erhofft hatte, bewarb er sich 1750 um die Nachfolge seines Vaters als Thomaskantor in Leipzig, wurde aber abgewiesen. Auch andere Versuche, dem preußischen Königshof zu entkommen, scheiterten. Dazu trat, daß ihn der König als sächsischen Untertanen zwar nicht zurückhalten konnte, wohl aber dessen Frau, die Preußin war. Wenn auch Carl Friedrich Fasch, der ab 1756 als zweiter Cembalist an den Hof kam, vom König oft vorgezogen wurde, weil dieser nachgiebiger war, so war Friedrich II. doch ein zu guter Fachmann, um nicht die Bedeutung Bachs zu erkennen, obwohl er sich oft über dessen Unduldsamkeit in Fragen der Wiedergabe von Komponisten ärgerte. Als jedoch Georg Philipp Telemann 1767 starb, setzte er es über die Prinzessin Maria Amalia doch durch, daß ihn der König ziehen und die Positionen des Verstorbenen als Musikdirektor an den fünf Hauptkirchen und als Kantor am Gymnasium Johanneum in Hamburg übernehmen ließ. Er gab in Hamburg am 28.4. 1768 sein erstes öffentliches Konzert, dem zahlreiche in dem neuen Konzertsaal, »Auf dem Kamp«, einem der ersten Konzerträume Deutschlands, folgten. Zu seinem neuen Freundeskreis in Hamburg zählten wiederum die Dichter Gotthold Ephraim Lessing, Friedrich Gottlieb Klopstock, Heinrich Wilhelm von Gerstenberg (1737–1823), Matthias Claudius (1740–1815) und Johann Heinrich Voß (1751–1826). Bach starb in Hamburg am 14. 12. 1788 als allgemein bekannte Erscheinung des Hamburger kulturellen Lebens und berühmter, als es sein Vater jemals war. Klopstock rühmte ihm nach: »Carl Philipp Emanuel Bach, der tiefsinnige Harmonist, vereinte die Neuheit mit der Schönheit, war groß in der vom Wort geleiteten, noch größer in der kühnen sprachlosen Musik.«

Werke

Johann Sebastian Bach war der einzige Musiklehrer von Carl Philipp Emanuel Bach, der von seinem Vater zwar stets mit Ausdrücken größter Bewunderung sprach, dessen Musikstruktur er jedoch völlig den Rücken kehrte. Beim Sohn folgte die Musik nicht mehr irgendwelchen festen Regeln, sondern entsprach monodisch den Vorstellungen und Gefühlen , von Akkorden begleitet und unterstützt. Ungehemmt entwickeln konnte er seine künstlerischen Vorstellungen erst in Hamburg, wo er für seine Musikauffassung als »singende Poesie« und nicht als »gesungene« echtes Verständnis fand.

Er hat 19 Sinfonien geschrieben, darunter 6 für Streicher mit beziffertem Baß, die der österreichische Gesandte Baron Bernhard Gottfried van Swieten (1733–1803) bestellt hatte. Im Mittelpunkt seines kompositorischen Schaffens aber stehen seine Werke für Cembalo, dessen letzter großer Meister und bedeutender Theoretiker er war. Er machte es zum Mittelpunkt von über 50 Konzerten, in denen er, wie in allen seinen Kompositionen, die Musik zur Sprache der Empfindung oder zum Ausdruck einer poetischen Idee formte, so daß sie ohne das Mittel der gesprochenen Sprache von sich aus »die Leidenschaften erregen und wieder stillen konnte und so stark von der Vorstellung und dem Fluß der wechselnden Gedanken und Gefühle inspiriert wurde, daß sich Dichter einzelnen dieser Werke nachträglich Texte zu unterlegen gedrängt fühlten«. Er verfaßte für das Instrument ungefähr 200 Sonaten, Sonatinen, Rondos, Fantasien, dazu 12 Cembalovariationen, 2 Konzerte für zwei Cembali, 9 Konzerte für Orchsterinstrumente, bei 60 instrumentale Duos, 30 Triosonaten, einige Quartette, mehrere Orgelsonaten, 30 Motetten, Psalmen, Chöre, Kantaten, ein Magnificat, 20 Passionsmusiken und 2 Oratorien: »Die letzten Leiden des Erlösers« und »Auferstehung und Himmelfahrt Jesu«, überaus viele geistliche und weltliche Lieder, Oden, Gesänge und Arien, darunter »Gellerts geistliche Oden«.

Sein theoretisches Werk »Versuch über die wahre Art, das Clavier zu spielen« nennt deutlich das Ziel eines guten Spiels: »... musikalische Gedanken nach ihrem wahren Inhalte und Affect singend oder spielend dem Gehör empfindlich zu machen.« Er erblickte als Endzweck seiner gesamten Kunst »das

Herz zu rühren und den Verstand zu beschäftigen, um so die Kenner und Liebhaber der Musik zu vergnügen«.

Sinfonie Nr. 2 für Streichorchester mit beziffertem Baß, 3 Sätze

Der 1. und der letzte Satz bringen grandiose Unisonopassagen, die kurz imitiert werden; ein feines Seitenthema tritt kontrastierend auf. Im 2. Satz wird von den ersten Violinen eine ariose Melodie vorgetragen, die ganz filigran ohne Cembalo begleitet ist.

Sinfonie Nr. 3 für Streichorchester mit beziffertem Baß, 3 Sätze

Im Allegro assai sind die Violinen unisono oder in Terzabständen den tiefen Streichern entgegengestellt, was eine stimmungsvolle Wirkung erzeugt. Das Adagio bringt klangvolle Akkorde, während im Baß das B-A-C-H-Thema eindrucksvoll erklingt. Der letzte Satz ist ähnlich dem 1. ausgebaut, außer daß der Streicherklang noch stärker intensiviert ist.

Sinfonie Nr. 1 in D-Dur für zwölf Stimmen, 3 Sätze

Diese Sinfonie und die drei folgenden wurden dem Prinzen Friedrich Wilhelm von Preußen (1744–97), dem Neffen und Nachfolger Friedrichs II., gewidmet. Ihr Wechsel zwischen kleineren Instrumentengruppen und dem vollen Orchester erinnert an die barocke Concerto-grosso-Technik. Das Thema des 1. Satzes wird von den Streichern energisch vorgetragen, während die Bläser eine betont lyrische Linie einhalten. Mit tiefen Streichern und den Flöten setzt das Largo eindrucksvoll ein, und das Finale führt zügig zu einem strahlenden Schluß.

Sinfonie Nr. 2 in Es-Dur für zwölf Stimmen, 3 Sätze

Nach einer nahezu tänzerischen Abwärtsbewegung steigt die Melodie des 1. Satzes in langen Trillerketten an. Das Larghetto des 2. Satzes fällt durch seinen leidenschaftlichen Ausdruck auf. Das Finale bringt herbe Figuren und eine außerordentlich dichte Führung der Stimmen.

Sinfonie Nr. 3 in F-Dur für zwölf Stimmen, 3 Sätze

Prägnant stellt sich das energische Hauptthema vor. Es entwickeln sich schnelle, drängende Figuren. Auch die kurzen Solostellen sind rasch gehalten. Im anschließenden Larghetto stimmen die Bratschen das Thema an, das nahezu »sprechend« wirkt und weit ausholt. Ein kompaktes Presto schließt das Werk ab.

Sinfonie Nr. 4 in G-Dur für zwölf Stimmen, 3 Sätze

Vollgriffige Akkorde der Violinen eröffnen das Allegro des 1. Satzes. Der Concerto-grosso-Stil kommt darin sehr zur Geltung. Das Andante beginnt mit einem Trillermotiv; sein satter Streicher- und Bläserklang erhebt es zum Hauptsatz der Sinfonie. Das Presto gleicht einer Gigue von Johann Sebastian Bach.

Klavierkonzert d-Moll, 3 Sätze

Motivik und Charakter des 1. Satzes, in dem der Wechsel von Solo und Tutti sehr streng gehandhabt wird, erinnern an die französischen Ouvertüren von Johann Sebastian Bach. Auch der 2. Satz hat dasselbe Vorbild, obwohl er strukturell bereits auf die Klassik hinweist wie der dritte, dessen melodische Entwicklung künftige Zeiten vorausnimmt.

Doppelkonzert in Es-Dur für Cembalo, Fortepiano und Orchester, 3 Sätze

In diesem Konzert schreibt der Komponist ausdrücklich die Verwendung eines Hammerklaviers vor. Er gewinnt aus der Klangverschiedenheit der beiden Tasteninstrumente ein so reizendes Klangbild, daß man sich fragt, warum weder er noch andere Komponisten auf diese kammer-

Carl Philipp Emanuel Bach

musikalische Besetzung je zurückgegriffen haben. Schon dem 1. Satz verleihen die imitatorischen Responsorien der beiden Solisten eine aparte Wirkung. Nach dem Cembalosolo im langsamen Mittelsatz, in dem das Instrument seine gesamten Klangmöglichkeiten ausbreitet, kommt es zu einem stürmischen Finale, in dem Cembalo und Pianoforte in rasantem Lauf und glänzender Auszierung miteinander wetteifern. Ein Konzertstück im wahren Sinne des Wortes.

Oboenkonzert B-Dur, 3 Sätze

Der 1. Satz dieses für Solisten dankbare Werk bringt bereits an seinem Beginn eine pastorale Stimmung, die Quinten lösen sich in Seufzervorhalte auf, die Melodie erstreckt sich in elegantem Bogen über den gesamten Oktavenraum. Der Mittelsatz klingt elegisch verhalten, das Thema bewegt sich in kleinen Intervallen schlicht und ohne Pathos. Das Finale hingegen zeigt sich schwungvoll und sehr bewegt.

Triosonate in h-Moll für Flöte, Violine und Generalbaß, 3 Sätze

Schon in diesem Frühwerk machte sich der Komponist von den Regeln seines Vaters frei und tendierte offensichtlich zu Telemann. Nach einem sehr traditionellen Allegro bricht sich im Adagio die schwermütige Lyrik des »empfindsamen« Sohnes Bahn, als hätte er damit in der Melodik eben erst das zentrale Ausdrucksmittel der Musik entdeckt. Das Finale – ein Presto – huldigt ebenso der Konvention wie der 1. Satz, die musikantische Ader des jungen Meisters ist aber deutlich erkennbar.

Triosonate in G-Dur für zwei Violinen und Generalbaß, 3 Sätze

Dieses in Potsdam entstandene Werk hat sich von der Tradition schon weit entfernt und beschreitet die Wege, auf denen die Mannheimer bereits der Zukunft entgegengingen. Der 1. Satz – Allegretto – beginnt mit einem schwungvollen Thema, das besinnlich fortfährt, lyrisch wird und mit einer deutlichen Frage endet. Ein zweites Thema tritt hinzu und erzeugt viel Belebung. Das Thema des Mittelsatzes ist äußerst wandlungsfähig und wird zu einer langen homophonen Phrase ausgebaut. Das Finale bringt zahlreiche Vorhalte, die seinen Schwung etwas hemmen und damit eine interessante Wirkung erzeugen.

Triosonate in F-Dur für zwei Violinen und Generalbaß, 3 Sätze

Der 1. Satz, ein Allegro moderato, bringt ein arioses einfaches Thema und ist ein schönes Beispiel der »singenden Musik« des Komponisten. Das Andante in melancholischem a-Moll wird zu einer Elegie, wie sie sonst nur die Romantik kennt. Das Finale ist energisch und großräumig.

Triosonate in E-Dur für zwei Flöten oder Flöte und Violine und Generalbaß, 3 Sätze

Ein zartes Flötenthema bildet den 1. Satz. Der Mittelsatz bringt mit äußerst kühner Harmonik eine tiefempfundene Kantilene. Und im Finale erzeugen die Flötenpassagen einen seltenen Liebreiz.

Triosonate in B-Dur für zwei Violinen und Generalbaß, 3 Sätze

Es liegt hier eine der ältesten Kompositionen mit gedämpften Violinen vor, die dem Mittelsatz nach einem eleganten tänzerischen Allegro eine dunkle, verschleierte Klangfarbe verleihen. Das Finale ist im Stil der Mannheimer gehalten.

Triosonate in d-Moll für zwei Violinen und Generalbaß, 3 Sätze

Der 1. Satz – Allegro quasi Andante – ist durchwegs lyrisch verhalten. Dem schließt sich eine Pastorale in Dur an, die idyllische Vorstellungen weckt. Ein Menuett, wieder in Moll, beendet das Werk mit Glanz.

Triosonate in C-Dur für Cembalo, Violine und Cello, 3 Sätze

Dem Cembalo fällt die führende Rolle zu, während die Streicher begleiten. Der 1. Satz weist bereits das Sonatenschema der Klassik auf – Exposition mit zwei Themen, Durchführung und Reprise. Der Mittelsatz, ein Larghetto, wirkt frisch und bewegt, während das Finale das Werk ohne Überraschungen abschließt.

Quartett in C-Dur für Cembalo, Flöte, Bratsche und Cello, 3 Sätze

Das Thema des 1. Satzes beginnt in der Paralleltonart a-Moll, läuft aber durch verschiedene Tonarten. Daraus spalten sich weitere Themen ab, die dagegengeführt werden und »klassische« dramatische Spannungen erzeugen. Der Mittelsatz nimmt das C-Dur auf und bringt abrupte dynamische Kontraste. Das Finale greift erneut zum a-Moll zurück, weicht in der Durchführung zu e-Moll aus und schließt energisch, zu a-Moll zurückkehrend, das Werk ab.

Quartett in D-Dur für Cembalo, Flöte, Bratsche und Cello, 3 Sätze

Dem Charakter des gesamten Werks entsprechend setzt der 1. Satz mit einem heiteren Motiv ein, dem drei weitere folgen. Dieses Material baut einen spannungsvollen Satz auf, der zum Adagio führt, das in G-Dur gehalten ist und einem schwerfälligen Menuett gleicht. Fröhlich musizierend beendet das Finale im klassischen Sonatensatzschema das Stück.

Quartett in G-Dur für Cembalo, Violine, Bratsche und Cello, 3 Sätze

Das Allegro des 1. Satzes ist voll mit Trillern und Läufen der hohen Streicher. Das Adagio setzt mit einer kantablen Elegie der Violine und der Bratsche ein, die am Ende zart verklingt; das Finale weist echte Sonatenform auf, die in eine strahlende Coda mündet.

Württembergische Sonate für Cembalo Nr. 6 in h-Moll, 3 Sätze

Wild und kapriziös setzt der 1. Satz ein, die Motive sind eng aneinandergereiht und brechen von Fall zu Fall zu überraschenden Abschweifungen aus. Das Adagio in H-Dur ist stark lyrisch, wird aber von leidenschaftlichen Passagen begleitet. Das Finale ist zweistimmig und geistvoll kontrapunktiert.

Sonate in g-Moll für Orgel, 3 Sätze

Der erste Satz – Allegro moderato – ist homophon, wenn auch fallweise mehrstimmige Episoden eingestreut sind. Die klassische Sonatenform ist dabei nicht angewendet. Das Adagio bringt kantable Solostimmen über einer einfachen Begleitung. Das Finale beginnt zwar zweistimmig, wird aber bald einstimmig und bringt neben Tonleiterläufen und Arpeggien kurz eingeschobene neue Motive.

LITERATUR

O. Vriesländer, Carl Philipp Emanuel Bach, München 1923. Ph. Barford, The Keyboard Music of C.Ph.E. Bach, London 1965. E. Suchalla, Die Orchestersinfonien C.Ph.E. Bachs, Augsburg 1968.

Heinrich Bach (1615–92)

ZEIT UND UMWELT

Das Choralpräludium, aus dem später die Choralbearbeitung und die Choralvariation hervorgegangen sind, hatte bereits in der Mitte des 17. Jahrhunderts einen beträchtlichen Umfang. Die Choralmelodie wurde antizipierend wiedergegeben, leicht verändert und leicht verziert, aber immer deutlich erkennbar, so daß die Sänger sozusagen in die Stimmung des Chorals eingeführt wurden.

LEBEN

Heinrich Bach wurde am 16. 9. 1615 in Wechmar als dritter Sohn des Johannes Bach geboren. Er war Mitglied der Stadtmusikkapelle in Erfurt und ab 1641 Organist an der Liebfrauenkirche und der Oberkirche in Arnstadt, wo er am 10. 7. 1692 gestorben ist. Sein Vater Johannes Bach (um 1580, Wechmar, bis 1626, Wechmar) war Enkel des Begründers der Familie Bach, Veit Bach (um 1550, Wechmar, bis 8. 3. 1619, Wechmar), und Sohn des Hans Bach (um 1520, Wechmar, bis nach 1580, Wechmar). Er hatte neben Heinrich Bach zwei weitere Söhne: Johann Bach (1604, Wechmar, bis 1673, Erfurt), der Heinrich Bach nach dem Tod des Vaters aufzog, und Christoph Bach (1613, Wechmar, bis 1661, Arnstadt).

WERKE

Der deutsche Organist und Komponist Heinrich Bach verfaßte Motetten, Choräle, 2 Choralpräludien und 2 Kantaten, von denen eine verlorengegangen ist wie seine Kirchenkonzerte.

Johann Bernhard Bach (1676–1749)

LEBEN

Johann Bernhard Bach, Neffe des Johann Christian Bach, wurde am 23. 5. 1676 in Erfurt geboren. Er war Organist in Erfurt, Magdeburg und ab 1703 in Eisenach, wo er herzoglicher Kammermusiker wurde und am 11. 6. 1749 starb.

WERKE

Von den Werken des deutschen Organisten und Komponisten Johann Bernhard Bach sind 4 Orchestersuiten, Orgel- und Cembalostücke und Choralkantaten überliefert, deren musikalischer Wert nicht gering ist.

Johann Bernhard Bach (1700–43)

LEBEN

Johann Bernhard Bach wurde am 24. 11. 1700 in Ohrdruf als Sohn des Johann Christoph Bach (16. 6. 1671, Erfurt, bis 22. 2.

1721, Ohrdruf), ältester Bruder von Johann Sebastian Bach, geboren. Er leistete seinem Onkel in Weimar ab dem 15. Lebensjahr Kopistendienste. 1721 folgte er seinem Vater in das Organistenamt an St. Michael in Ohrdruf nach und versah es bis zu seinem Tod am 12. 6. 1743.

WERKE
Von Johann Bernhard Bach, Neffe und Schüler Johann Sebastian Bachs, sind einige Klavierstücke überliefert. Alles andere, insbesondere die Orgelstücke, die er geschrieben haben soll, ist verschollen.

LITERATUR
C. Freyse, Die Ohrdrufer Bache, Kassel 1957.

Johann Christian Bach (1735–82)

ZEIT UND UMWELT
»Inter nos (Unter uns)«, bemerkt die Chronik der Familie Bach, »er machte es anders als der ehrliche Veit.« Damit wurde der Übertritt Johann Christian Bachs zum Katholizismus glossiert und zugleich auf den Ahnherrn Veit Bach (gestorben 1619) hingewiesen, der wegen seines evangelischen Bekenntnisses unter dem Druck der Gegenreformation unter Kaiser Rudolf II. (1552–1612) Ungarn verließ und sich in Wechmar niederließ. Die streng evangelische Familie Bach hatte die Konversion aus praktischen Gründen nicht verstanden, weil doch ein Großteil ihres musikalischen Wirkens mit ihrer Konfession eng verknüpft war.

LEBEN
Johann Christian Bach wurde am 5. 9. 1735 als jüngster Sohn des Johann Sebastian Bach in Leipzig geboren. Unter der Obhut seines Vaters erhielt er von dessen Schülern Johann Schneider und Johann Christoph Altnikol die erste musikalische Ausbildung, die nach dem Tod des Vaters von den Brüdern Wilhelm Friedemann Bach und Carl Philipp Emanuel Bach in Berlin fortgesetzt wurde. Durch die Brüder kam er mit Johann Gottlieb und Carl Heinrich Graun, mit František Benda, Johann Joachim Quantz, Johann Friedrich Agricola und Johann Philipp Kirnberger in Verbindung, außerdem mit dem Komponisten italienischer Opern Johann Adolf Hasse, der in ihm das Interesse für die Opernwelt Italiens weckte. Er ging 1756 selbst nach Italien und vervollständigte seine Ausbildung bei Padre Martini. Um die ihm angebotene Stelle eines Organisten am Mailänder Dom übernehmen zu können, konvertierte er zum Katholizismus. In jene Zeit fielen seine ersten Opernerfolge, die ihm den Ruf nach London eintrugen. Dort wurde er ständiger Komponist am King's Theatre und an anderen Bühnen der Stadt. Im Jahr 1764 gründete er gemeinsam mit Carl Friedrich Abel die »Bach-Abel-Concerts«, eine der ersten Abonnement-Konzertreihen, die bis 1781 regelmäßig veranstaltet wurden. Er verfaßte auch Opern für Mannheim und Paris und reiste zu den Erstaufführungen. Trotz

Johann Christian Bach

seiner großen Erfolge starb er am 1. 1. 1782 in Armut in London.

Werke

Neben 12 Opern und mehreren Stücken für italienische und englische Pasticcios, zahlreichen Kantaten, Arien, Canzonetten und 2 Oratorien verfaßte Johann Christian Bach ungefähr 90 Sinfonien und Ouvertüren, 35 Klavierkonzerte, ein Flötenkonzert, 2 Oboenkonzerte, 2 Bratschenkonzerte, bei 20 Konzerte für Pianoforte, außerdem ungefähr 50 Sonaten für Cembalo oder Pianoforte, mehrere Duos für Klavier und Violine, ungefähr 30 Trios, 20 Quartette, 9 Quintette, ein Sextett für Pianoforte, Oboe, Violine, Cello und zwei Hörner. Handschriftlich erhalten sind seine kirchenmusikalischen Werke: Messe, Requiem, Te Deum, Magnificat, Salve regina, Dies irae, Antiphonen, Motetten, von denen das Requiem in c-Moll, ein Gloria in G-Dur und ein Confiteor in Es-Dur besonders bekannt geworden sind.

Die Bedeutung dieses Bach-Sohnes als Vorgänger und Vorbild Mozarts und als Mitschöpfer eines neuen, empfindsamen Stils der Instrumentalmusik wurde erst spät erkannt.

Sinfonie in Es-Dur, Opus 9/2, 3 Sätze, entstanden 1765/70

Der Einfluß der Mannheimer Schule wird bereits am Beginn des 1. Satzes durch das großangelegte Crescendo deutlich. Die Violinen tragen das kantable 2. Thema vor, in dessen Durchführung das Tutti wie bei einem Concerto grosso ständig einfällt. Das Andante ist dreiteilig. Im Mittelteil wird die c-Moll-Kantilene der Violinen serenadenhaft pizzicato begleitet. Das Finale mit seiner derben Ländlerfaktur erinnert an Joseph Haydn.

Sinfonia concertante Es-Dur, 3 Sätze, entstanden 1770

In der im 18. Jahrhundert aus dem Solokonzert entwickelten Form der Sinfonia concertante wurde die Form des Concerto grosso in das Sinfonische übertragen, indem zwei oder mehrere Soloinstrumente dem Orchester gegenübergestellt werden. Der 1. Satz ist dreiteilig und beginnt mit einem Tutti, in das Hörner und Flöten solistisch einfallen. Hernach fällt die Solistenrolle den Violinen zu, die ein kantables Thema bringen; aus dem Orchesterritornell entwickelt sich darauf ein einfallsreiches Spiel. Im 2. Satz ist die Oboe neben den Violinen Solistin in einem melodischen schwärmerischen Spiel. Das Finale weitet sich durch die zweimalige Wiederkehr des ersten Solo der Violinen zu einem großartigen Rondo aus.

Klavierkonzert in D-Dur, Opus 13/2, 3 Sätze, entstanden 1777

Ein prächtig einsetzendes Thema eröffnet den 1. Satz, dann folgt ein Gesangsthema mit polyphoner Begleitung. Die Durchführung weicht nach H-Dur und e-Moll aus. Die Reprise verwendet den Kopf des Hauptthemas in Engführung. Das Andante bringt ein balladeskes Hauptthema, das variiert und von einem unbegleiteten kantablen Klaviersatz unterbrochen wird. Dann klingt das Hauptthema wieder auf und schließt den Satz mit neuen Variationen ab. Das Finale ist ein flüssiges melodisches Stück gesellig angeregten Konzertierens, das eine liebenswürdige d-Moll-Episode einschließt.

Literatur

Ch. S. Terry, Johann Christian Bach, London 1929.

Johann Christoph Bach (1642–1703)

Zeit und Umwelt

Im mitteldeutschen Raum stießen die zwei Orgeltraditionen – die norddeutsche, von Jan Pieterszoon Sweelinck beeinflußte, und die süddeutsche, deren Ahnherr Girolamo Frescobaldi war – aufeinander und verschmolzen zum deutschen Stil für Tasteninstrumente des ausgehenden 17. Jahrhunderts.

Leben

Johann Christoph Bach wurde am 8. 12. 1642 in Arnstadt als Sohn des Heinrich Bach (1615 bis 1692) geboren. Er wurde Organist der Schloßkapelle in Arnstadt (1663) und 1665 an der Georgenkirche in Eisenach, wo er zugleich als Cembalist der Hofkapelle wirkte. Im Jahr 1700 wurde er Kammermusiker. Er starb in Eisenach am 31. 3. 1703.

Werke

Der deutsche Komponist Johann Christoph Bach war zweifellos die überragende Gestalt der Bachfamilie in seiner Generation. Auch die Familienchronik der Familie Bach nannte ihn den »großen und ausdrückenden Componisten«. Er verfaßte Stücke für Tasteninstrumente, darunter eine Sarabande mit 12 Variationen, 44 Choräle, eine beträchtliche Anzahl von Kantaten für vier bis acht Stimmen, Orgelchoräle, Motetten und eine heilige Geschichte: »Es erhub sich ein Streit« mit Oratoriumcharakter.

Johann Christoph Friedrich Bach
(1732–95)

ZEIT UND UMWELT
Johann Gottfried von Herder (1744–1803), deutscher Dichter und Philosoph, war von 1771 bis 1776 Hofprediger der Grafen von Schaumburg-Lippe in Bückeburg. Er verfaßte neben seinen dichterischen und philosophischen Werken eine Reihe Kantaten-, Oratorien- und Operntexte. Sein Einfluß auf das Geistes- und Kunstleben Deutschlands wirkte weit über das 19. Jahrhundert hinaus.

LEBEN
Johann Christoph Friedrich Bach wurde am 21. 6. 1732 als zweitjüngster Sohn des Johann Sebastian Bach in Leipzig geboren. Er besuchte die Thomasschule seiner Geburtsstadt, war Musikschüler seines Vaters und studierte an der Universität Jurisprudenz. Nach dem Tod des Vaters wurde er zunächst als Kammermusiker in die Bückeburger Hofkapelle aufgenommen, ab 1758 wirkte er dort, von mehreren Reisen unterbrochen, darunter zu seinen Brüdern in Hamburg und London, bis zu seinem Tod am 26. 1. 1795 als Konzert- und Kapellmeister. Er kam in den Jahren 1771 bis 1776 mit Johann Gottfried von Herder in enge persönliche Beziehungen, der für ihn einige Texte schrieb.

WERKE
An Instrumentalmusik von Johann Christoph Friedrich Bach liegen 7 Klaviersonaten, 9 Klaviersonatinen, verschiedene andere Klavierstücke (Fantasien, Variationen), eine Triosonate, mehrere Sonaten für Violine und für Cello mit Klavierbegleitung, 7 Trio, 6 Quartette für Flöte und Streicher, ein Septett, ein Sextett, 14 Sinfonien und 8 Klavierkonzerte vor. Die Vokalmusik ist durch 9 geistliche Lieder, 16 profane Lieder, 2 Motetten, 5 Kirchenkantaten, mehrere profane Kantaten zum Teil auf Texte von Johann Gottfried von Herder vertreten, sodann durch zwei erhaltene Oratorien auf Herder-Texte: »Die Kindheit Jesu« und »Die Auferstehung des Lazarus«; weitere Oratorien auf Texte von Herder und von Karl Wilhelm Ramler sind verlorengegangen. Auch seine Opern – davon zwei mit Libretti von Herder – sind ebenfalls verschollen. Alle diese Werke blieben etwas hinter den Leistungen seiner Brüder zurück, wurden aber von den Zeitgenossen sehr geschätzt.

LITERATUR
G. Schünemann, Johann Christoph Friedrich Bach, in: Bach-Jahrbuch XI, 1914.

Johann Elias Bach (1705–55)

LEBEN
Johann Elias Bach wurde am 12. 2. 1705 in Schweinfurt als Sohn des Johann Valentin Bach geboren. Er studierte Theologie in Jena und dann während seines vierjährigen Aufenthaltes in Leipzig bei Johann Sebastian Bach Musik. Ab 1743 bis zu seinem Tod am 30. 11. 1755 war er Kantor in Schweinfurt.

WERKE
Die Kirchenkantaten für 2 Jahre von Johann Elias Bach, die von Zeitgenossen gerühmt wurden, sind bisher nicht aufgefunden worden.

Johann Ernst Bach (1722–77)

ZEIT UND UMWELT
»Eine Musik zu schreiben, damit einmal das Schreiende, das Lärmende, das Brausende aus den Tempeln verdrängt werden möge«, lautete die Forderung in der Vorrede zum Eisenacher Kirchengesangbuch von 1776. Galanter oder empfindsamer Stil ohne Tiefgang, ohne

Ernst, ohne Konflikte wurde verlangt und von der Generation nach Johann Sebastian Bach geboten.

LEBEN

Johann Ernst Bach wurde am 28. 1. 1722 in Eisenach als Sohn des Kantors und Organisten Johann Bernhard Bach (1676–1749) geboren. Nach dem Besuch der Lateinschule in Eisenach und der Thomasschule in Leipzig studierte er Rechtswissenschaft und fand beim Patenonkel Johann Sebastian Bach »manches Jahr liebevolle Aufnahme«. Ab 1742 wirkte er in Eisenach als Amtsadvokat, dann als Organist in Vertretung des Vaters und nach dessen Tod als sein Nachfolger in der Georgskirche in Eisenach, wo von 1685 bis 1797 Angehörige der Familie Bach die Orgel spielten. Im Jahr 1756 wurde er Hofkapellmeister des Herzogs Ernst August von Sachsen-Weimar, mit dessen Tod die Kapelle allerdings ihre Tätigkeit einstellte. Johann Ernst Bach starb am 1. 9. 1777 in Eisenach.

WERKE

Das Passionsoratorium »O Seele, deren Sehnen« von Johann Ernst Bach, das noch heute oft gespielt wird, stellt eines der ersten klassischen Oratorien dar. Der Klassik sehr nahe standen seine Klavierfantasien und Klaviersonaten wie auch seine Sonaten für Klavier und Violine. Die Orgelstücke und Kirchenkantaten erfüllen die Forderung nach leichter, zierlicher, eingängiger Musik. Seine »Sammlung auserlesener Fabeln« (nach Christian Fürchtegott Gellert) können als Vorstufe zur Ballade des 19. Jahrhunderts angesehen werden.

LITERATUR

H. Kuhn, Vier Organisten Eisenachs aus Bachischem Geschlecht, in: Bach in Thüringen, Berlin 1950.

Johann Lorenz Bach (1695–1773)

ZEIT UND UMWELT

Georg Christoph Bach (6. 9. 1642, Erfurt, bis 24. 4. 1697, Schweinfurt), Onkel des Johann Sebastian Bach, kam 1654 mit seinem Vater Christoph Bach (1613, Wechmar, bis 1661, Arnstadt) nach Arnstadt, ging aber nach dem Tod des Vaters als Schuldiener nach Heinrichs bei Suhl und wurde 1668 Kantor in Themar und 1688 in Schweinfurt. Sein Sohn Johann Valentin Bach (6. 1. 1669, Themar, bis 12. 8. 1720, Schweinfurt) war ab 1694 Stadtmusikus in Schweinfurt.

LEBEN

Johann Lorenz Bach wurde am 10. 9. 1695 in Schweinfurt geboren. Er wurde von seinem Vater Johann Valentin Bach und in Weimar von Johann Sebastian Bach ausgebildet. Von 1718 bis zu seinem Tod am 14. 12. 1773 wirkte er als Schulmeister, Organist und Kantor in der Freiherrlich Lichtensteinischen Residenz Lahm.

WERKE

Von den Werken von Johann Lorenz Bach ist nur ein Präludium mit Fuge in D-Dur erhalten. Alles andere ist verschollen.

Johann Ludwig Bach (1677–1731)

ZEIT UND UMWELT

Nach der Wittenberger Kapitulation im Jahr 1547 entstanden die sogenannten Sächsischen Herzogtümer, die im 17. Jahrhundert noch wiederholt geteilt wurden, so daß mehrere sächsische Linien begründet wurden. Zuletzt bestanden neben Sachsen-Weimar-Eisenach (ab 1603) die Herzogtümer Sachsen-Gotha (ab 1625), Sachsen-Coburg (ab 1672) und Sachsen-Meiningen (ab 1683).

LEBEN

Johann Ludwig Bach (»Meininger Bach«) wurde am 4. 2. 1677 in Thal geboren. Er war Hofkantor und Leiter der Hofkapelle in Meiningen bis zu seinem Tod am 1. 5. 1731.

WERKE

Der deutsche Kantor und Komponist Johann Ludwig Bach hinterließ 18 Kantaten, 15 Motetten, eine Passion und eine Orchestersuite in G-Dur. Der größte Teil seiner Kompositionen, die von seinem Vetter Johann Sebastian Bach sehr geschätzt wurden, scheint verlorengegangen zu sein.

LITERATUR

P. Bach, Die Meininger Bache, in: Johann Sebastian Bach in Thüringen, Weimar 1950.

Johann Michael Bach (1648–94)

LEBEN

Johann Michael Bach wurde am 9. 8. 1648 in Arnstadt als zweiter Sohn des Heinrich Bach geboren. Er war Kantor in Arnstadt und ab 1673 Organist in Gehren, wo er am 17. 5. 1694 starb.
Seine Tochter war Maria Barbara Bach (1684, Gehren, bis 1720, Leipzig), die erste Frau von Johann Sebastian Bach.

WERKE

Vom deutschen Komponisten Johann Michael Bach sind 5 Kantaten, 11 Motetten und mehrere Orgelchoräle erhalten.

Johann Michael Bach
(1754 bis nach 1780)

LEBEN

Johann Michael Bach, Sohn des Johann Elias Bach, wurde 1754 vermutlich in Leipzig geboren. Über sein Leben ist wenig bekannt, außer daß er als Kantor tätig war, in Jena studierte, Reisen nach England und Holland unternahm und sich 1780 in Güstrow, Mecklenburg, niederließ. Ab diesem Jahr ist kein weiteres Datum aus seinem Leben eruierbar. Er dürfte in einem der folgenden Jahre in Güstrow gestorben sein.

WERKE

Von Johann Michael Bach sind 6 Cembalokonzerte, 6 Konzerte für zwei Cembali und 3 Kantaten erhalten. Nach eigenen Angaben schrieb er ein Melodrama »Cephalus und Procris«.

Johann Nikolaus Bach (1669–1753)

ZEIT UND UMWELT

Produktive und reproduktive Musikausübung, vor allem der Dienst an der Orgel, ging in der großen Familie Bach von einem Mitglied auf das andere über wie ein zunftmäßiges Handwerk. Sie wurde auch kaum anders betrachtet. Gut Orgel zu spielen, richtig und bestens zu komponieren, war ein Können, das sich von dem eines Handwerkes nur graduell und nicht grundsätzlich unterschied.

LEBEN

Johann Nikolaus Bach (Jenaer Bach), Sohn des Johann Christoph Bach, wurde am 10. 10. 1669 in Eisenach geboren und von seinem Vater unterrichtet. Er war nach einer Italienreise ab 1696 Organist an der Stadtkirche und zugleich an der Kollegiatkirche in Jena, wo er am 4. 11. 1753 starb.

WERKE

Vom deutschen Organisten und Komponisten Johann Nikolaus Bach sind eine Kurzmesse, 2 Bearbeitungen des Chorals »Nun freut euch lieben Christen G'mein« und das Singspiel in Form eines Quodlibet »Der jenaische Wein- und Bierrufer« über Jenaer Studentenbräuche erhalten.

Johann Sebastian Bach (1685–1750)

ZEIT UND UMWELT

In die geistige Landschaft des deutschen Sprachraumes zog in der ersten Hälfte des 18. Jahrhunderts die Aufklärung ein, deren Gedankengut in England entstanden war, wo das Großbürgertum Krone, Adel und Kirche gegenüber eine gewisse politische und gesellschaftliche Machtstellung erobern konnte und die Lehren eines John Locke (1632 bis 1704), William Shaftsbury (1671–1713) und David Hume (1711–1776) nicht nur bereitwillig aufnahm, sondern auch in die Praxis umzusetzen bemüht war. Auch in Deutschland zeigten sich, vorwiegend in den Handelsmetropolen, Ansätze zu einer Verbürgerlichung des Lebens und eine Abkehr von traditionellen Denkschemata. Man begann, die bisher eher statisch aufgefaßte Welt als dynamisches Konglomerat aus Substanzen und Kräften zu sehen, als selbsttätige, gesetzmäßig funktionierende, berechenbare Maschine. Für jede Existenz und jedes Geschehen wurde der vernünftige Grund gesucht und auch gefunden, denn alles wurde als natürliche Folge natürlicher Tatbestände angesehen. Die neue Maxime des Denkens lautete: »Alles entsteht, besteht und vergeht nach logischen Gesetzen.« Man bezog alle Dinge und Vorgänge auf den Menschen, der sein Verhalten von der Natur vorgeschrieben erhielt. Die Vernunft wurde zum Prinzip der Wissenschaft wie aller Lebensäußerungen.

Die neuen Denkweisen blieben jedoch vorerst im Theoretischen hängen. Praktische Folgen zeigten sich nur in der Literatur, in der Epik und Dramatik vor allem, wo sich ein Wechsel in der Stoffwahl vollzog.

Die von Philosophie und Literatur angefochtenen Traditionen blieben erhalten. Es wurden weiterhin Hexen verbrannt, Delinquenten gefoltert und Menschen versklavt. Die Länder wurden ausnahmslos absolutistisch regiert wie vordem. Der Landesfürst besaß unbeschränkte Macht, gegen die jeder Einspruch, jede Aktivität dem Untertanen, der nur Befehle auszuführen hatte, verwehrt waren. Davon gab es auch für den Kulturträger mit anerkannten Leistungen keine Ausnahme. Er war und blieb auch im Zeitalter der Aufklärung, falls er der bürgerlichen Klasse entstammte, ein Lakai.

Leben

Johann Sebastian Bach wurde am 21. 3. 1685 in Eisenach geboren. Sein Vater, Johann Ambrosius Bach (22. 2. 1645, Erfurt, bis 28. 1. 1695, Eisenach), kam 1667 zur Erfurter Ratsmusik und wurde 1671 Stadt- und Hofmusiker in Eisenach. Er heiratete am 8. 4. 1668 Elisabeth Lämmerhirt (24. 2. 1644, Erfurt, bis 3. 5. 1694, Eisenach). Die Grundbegriffe der Musik und des Kirchengesanges lernte Johann Sebastian von seinem Vater und an der Schulkantorei der Stadt. Die ersten Eindrücke großer Kirchenmusik und Orgelkunst empfing er vom Cousin seines Vaters, Johann Christoph Bach, der Organist an der Georgenkirche der Stadt war. Mit neun Jahren verlor er die Mutter, ein Jahr darauf den Vater und kam, weil sich die Familie aufgelöst hatte, zu seinem Bruder Johann Christoph (16. 1. 1671, Erfurt, bis 22. 2. 1721, Ohrdruf), Schüler von Johann Pachelbel, Kantor in Ohrdruf, und wurde dort in die Kantorei aufgenommen. Er konnte nun seine Kenntnisse im Orgel- und Cembalospiel vervollständigen. Im Jahr 1700 nahm ihn das Michaeliskloster in Lüneburg als Alumnus auf. Dort waren Georg Böhm und Johann Jakob Löwe seine Lehrer. Überdies unternahm er von Lüneburg aus mehrmalige Ausflüge nach Hamburg, der Hochburg des norddeutschen Orgelspiels, und kam mit dem bedeutenden Vertreter der Niederländischen Schule Jan Adams Reinken in Fühlung. Er erhielt auch Gelegenheit, die Cem-

Johann Sebastian Bach

balostücke und Kirchenkantaten des kurz zuvor verstorbenen Nicolaus Bruhns kennenzulernen. Ein französischer Tanzmeister und ehemaliger Violinist an der Hofkapelle in Celle vermittelte ihm die Kenntnis der französischen Ballett- und Opernkomposition und Instrumentalmusik. Seine erste Stelle erhielt er 1703 an der Privatkapelle des Herzogs Ernst August von Weimar. Noch im selben Jahr trat er jedoch die Organistenstelle an der Neuen Kirche in Arnstadt an, von wo er nach Lübeck wanderte, um Orgelkonzerte von Dietrich Buxtehude zu hören; er überzog seinen zu diesem Zweck erbetenen Urlaub und mußte sich deswegen vor dem Konsistorium rechtfertigen. Er dürfte bei Buxtehude auch Orgelstunden genommen und über eine Nachfolge an der Orgel verhandelt haben. Da der alte Meister die Nachfolge von der Heirat mit seiner Tochter abhängig machte, verzichtete der junge Bach ebenso wie vor ihm Georg Philipp Telemann. Er heiratete am 17. 10. 1707 seine Kusine zweiten Grades, Maria Barbara Bach (1684–1720), Tochter des Johann Michael Bach aus Arnstadt, nachdem er seine Stellung in Arnstadt seinem Cousin, Johann Ernst Bach (8. 8. 1683, Arnstadt, bis 21. 3. 1739, Arnstadt), Sohn des Johann Christoph Bach (22. 2. 1645, Arnstadt, bis 25. 8. 1693, Arnstadt), überlassen und die vakante Organistenstelle an St. Blasius in Mühlhausen nach Johann Georg Ahle angetreten hatte. Aber schon ein Jahr darauf ging er nach Weimar zurück, um die Stelle eines Hoforganisten und Kammermusikers zu übernehmen. Als er bei der Neubesetzung der Hofkapellmeisterstelle übergangen wurde, verlangte er vom Herzog seine Enthebung. Er wurde festgenommen, vier Wochen in Haft gehalten und sodann mit allen Zeichen der Ungnade entlassen. Durch dieses Vorgehen hatte der Herzog seinem Namen einen Platz in der Musikgeschichte gesichert. Johann Sebastian Bach ging als Hofkapellmeister nach Köthen, wo es allerdings keine Kirchenmusik gab, weil der Hof calvinistisch war. Im Sommer 1720 mußte er seinen Dienstgeber, Fürst Leopold von Anhalt (1676–1747), mit einigen Orchestermitgliedern nach Karlsbad begleiten. Während seiner Abwesenheit starb seine Frau. Er heiratete am 3. 12. 1721 zum zweiten Mal, und zwar Anna Magdalena Wilken (Wülken, 1701–60), Tochter eines Hoftrompeters. Inzwischen waren auch die Zustände in Köthen unhaltbar geworden. Der Fürst heiratete eine Frau, die der Musik andere Vergnügungen vorzog. Dadurch engte sich das Betätigungsfeld des Hofkapellmeisters sehr ein. Überdies wollte der Komponist seine heranwachsenden Kinder in keine calvinistische Schule geben. Er bewarb sich um die durch den Tod Johann Kuhnaus frei gewordene Stelle des Thomaskantors in Leipzig. Er bekam sie als Lückenbüßer, weil die Leipziger Georg Philipp Telemann, Johann Friedrich Fasch (1688 bis 1758) oder Christoph Graupner, die als Vertreter des neuen galanten Stils vorgezogen worden wären, abgelehnt hatten. Trotz des Abstieges vom Hofkapellmeister zum Kantor, trotz der Ver-

Leopold, Fürst von Anhalt-Köthen

Stadt Köthen in Anhalt, 17. Jahrhundert

pflichtung, Lateinunterricht zu geben, trotz der vielen sinnfremden Vorschriften, die ihm seine Vorgesetzten machten, übernahm er das Amt, weil es für seine Familie eine sichere, wenn auch knappe Einnahmequelle und für ihn selbst die Möglichkeit brachte, als Kirchenmusiker und Kirchenkomponist den künstlerischen Auftrag, den er in sich fühlte, zu erfüllen. Er wollte Musik und Musizieren in den Mittelpunkt der Erziehung und des Unterrichts stellen, aber das aufkommende neuhumanistische Bildungsziel mit seinen aufklärerischen Methoden ließ der Musik in der Schule wenig Raum. Aus dieser gegensätzlichen Auffassung kamen die dauernden Zwistigkeiten mit dem Rektor der Thomasschule, der einen guten Teil der Stadtbürgerschaft hinter sich hatte. Die musikliebenden Kreise des kursächsischen Adels in Leipzig und Dresden brachten hingegen Johann Sebastian Bach volle Anerkennung entgegen und gehörten zu seinen Gönnern. Dieser Rückhalt wurde allerdings mit dem Aufstieg des Machtstaates Brandenburg-Preußen und der Schwächung Kursachsens unsicherer. Er trug aber dem Thomaskantor für die zur Huldigung der neuen Kurfürsten nach dem Tod Augusts des Starken (1733) überreichte h-Moll-Messe doch den Titel eines königlichen polnischen und kursächsischen Hofkomponisten und Kapellmeisters ein. Auch sein Besuch bei Friedrich dem Großen und dessen Ehrung des »Alten Bach« wurde durch jene Adelskreise vermittelt.

In den letzten Jahren seines Lebens laborierte der Meister am grauen Star, der durch Operationen nicht beseitigt werden konnte; er erblindete. Am 28. 7. 1750 starb er und wurde an der Südmauer der Johanniskirche in Leipzig begraben. Seine Frau Anna Magdalena, die als Witwe in großer Armut leben mußte, folgte ihm am 27. 2. 1760. Seine Grabstätte wurde bald vergessen. Erst am 28. 7. 1949 wurde der Sarg mit seinen Gebeinen in den Chorraum der Thomaskirche übergeführt.

Werke

Johann Sebastian Bach war der erste deutsche Komponist von unbestrittener, europäischer Geltung. Kein anderer aus der Zeit vor der Klassik wirkte stärker auf die Musik der gesamten Welt. Seiner universellen Bedeutung als Vollender des Formenreichtums und der Ausdruckskraft der Barockmusik wurde die musikalische Welt allerdings erst Jahrzehnte nach seinem Tod inne. Zu seiner Zeit war er wenig bekannt und in seiner eigenen Heimat kaum richtig eingeschätzt. Seine Improvisationskunst und sein Spiel wurden bewundert, die schöpferische Kraft seines kompositorischen Werkes jedoch weder geachtet noch verstanden. Sein Schaffen war auf eine eigentümliche Art nicht zeitgemäß, weil er sich traditioneller Formen bediente. Er war nicht »modern«, wenngleich er neue Stilmittel häufig verwendete. Sein Anteil an der Bildung des galanten und empfindsamen Stils wurde übersehen. Seine großen Zeitgenossen Vivaldi, Rameau, Telemann und Händel waren alle älter als er, wirkten aber auf die Zeitgenossen um vieles moderner. Er wurde von den knapp nach ihm wirkenden Komponisten als Vertreter einer verflossenen Epoche streng abgetrennt. Was ihn aber von ihnen unterschied, war weniger der »alte Stil«, sondern der tiefe Ernst, die nicht leichte Verständlichkeit, die sich nur dem Kenner erschloß, und sein Verzicht auf seichte Gefälligkeit und Oberflächlichkeit, eben die Merkmale, derentwegen die Nachwelt ihn über alle anderen stellte. Es ist richtig, daß er keine neuen Formen erfunden hat, aber er faßte alle Musik, die es vor ihm gegeben hatte und die neben ihm entstanden war, zusammen und führte sie zur höchsten Vollendung. Wenn ihn die Musikgeschichte an das Ende des Barock stellt, so war dieser Ausklang einer Epoche zugleich ihr Höhepunkt geworden. Sein Werk darf aber nicht unbedingt dem Barock zugeordnet werden. Neben den Elementen älterer Zeitläufte ist auch die Hinneigung zum Rokoko nicht zu übersehen. Eine eindeutige Einordnung ist wegen der Eigenständigkeit seines Schaffens überhaupt undurchführbar. Eines allerdings ist klar erkennbar: sein gesamtes Werk bildete als endgültige Zusammenfassung aller europäischen Musik die Plattform, von der aus über die Phasen des Rokoko hinweg die Weiterentwicklung zu den Höhen der Klassik möglich wurde.

Vom Gesamtwerk Johann Sebastian Bachs ist nur ungefähr die Hälfte erhalten; von den weit über 300 Kirchenkantaten kennen wir nicht einmal 200, von den 4 (oder 5) Passionen nur 2, von der Fülle der profanen Kom-

Thomaskirche, Thomasschule und Bach-Denkmal (Bleistiftzeichnung von Felix Mendelssohn-Bartholdy)

positionen ist noch mehr verlorengegangen. Dafür liegen viele Stücke vor, die ihm zu Unrecht zugeschrieben worden sind. Eine große Anzahl seiner Werke ist in mehreren Fassungen überliefert, die von seiner eigenen Hand stammen. Er hielt seine Stücke nie für etwas endgültig Fertiges und Unabänderliches und ebensowenig für die Materialisation einer Eingebung, die unantastbar ist. Denn nach seiner Anschauung war die Kunst etwas Lehrbares und Erlernbares wie jedes andere Handwerk. Daher baute er seine Stücke oft je nach Bedarf mehrmals um, verwendete sie in einem veränderten Rahmen oder entnahm ihnen Teile zur Verarbeitung. Daß er dies mit höchster Kunstfertigkeit vornahm, war für ihn eine Selbstverständlichkeit, daß er damit neue geniale Kunstwerke schuf, lag vermutlich außerhalb seiner Vorstellung.

Von den Vokalwerken ist als erstes die »Hohe Messe in h-Moll«, verfaßt für den katholischen Hof in Dresden, zu nennen, sodann reihen sich an: Lutherische Messen (Kyrie und Gloria) in F-Dur, A-Dur, g-Moll, G-Dur, 4 Sanctus, ein Christe eleison, 8 Motetten, 192 Kirchenkantaten, 30 weltliche Kantaten (viele weitere sind verschollen, einzelne können über Parodien rekonstruiert werden), weiters 2 Passionen: Matthäus-Passion und Johannes-Passion (von der Markus-Passion sind nur Bruchstücke bekannt, eine Lukas-Passion wurde ihm fälschlich zugeschrieben, eine oder 2 weitere Passionen sind verschollen), 3 Oratorien: Weihnachtsoratorium (von Bach selbst so benannt, obwohl kein echtes Oratorium vorliegt, sondern eine Folge aus Weihnachtskantaten), Osteroratorium (in Wirklichkeit eine Kantate), Pfingstoratorium (Kantate), außerdem einige Lieder und 348 vierstimmige Choralsätze, von denen 162 aus überlieferten Vokalwerken entnommen sind, der Rest stammt vermutlich aus verlorenen Werken, dazu 3 Trauungschoräle.

An die Spitze der Orchesterwerke sind die 6 Brandenburgischen Konzerte zu stellen; es folgen 4 Ouvertüren (Orchestersuiten), 2 Konzerte für Violine, Streicher und Generalbaß, ein Konzert für zwei Violinen, Streicher und Generalbaß, 3 Konzerte für zwei Cembali, Streicher und Generalbaß, 2 Konzerte für drei Cembali, Streicher und Generalbaß, ein Konzert für vier Cembali, Streicher und Generalbaß, 7 Konzerte für Cembalo, Streicher und Generalbaß. (Weitere Violin- und Bläserkonzerte sind verloren.) Dazu sind zu rechnen: 5 Widmungskanons, 14 Kanons über eine Aria der Goldberg-Variationen, »Das Musikalische Opfer« und »Die Kunst der Fuge«.

Die Orgelwerke gliedern sich in Orgelchoräle: 3 Choralpartiten, 46 Choräle im »Orgelbüchlein«, 21 Choräle in »Dritter Teil der Clavierübung«, 6 Choräle verschiedener Art (»Schübler-Choräle«), 18 Choräle im Leipziger Autograph, »Einige canonische Veränderungen über das Weynacht-Lied: Vom Himmel hoch da komm ich her« (6 Variationen) und 51 Choräle verschiedener Art, deren Zuschreibung in manchen Fällen nicht gesichert ist, und in freie Orgelwerke: 22 Präludien (Toccaten, Fugen), 6 Triosonaten, 4 Duette

Die katholische Hofkirche in Dresden

(in: »Dritter Teil der Clavierübung«), 5 Konzerte nach Vivaldi, Passacaglia a-Moll; im ganzen ungefähr 250 Werke.
Die Klavierwerke bestehen aus: »Das Wohltemperierte Clavier«, ein Lehrwerk von höchstem musikalischem Wert, Suiten, Partiten, Präludien, Fugen, Fantasien, Toccaten, Inventionen, Sonaten, 5 italienischen und 6 französischen Suiten, Italienischem Konzert und die »Goldberg-Variationen«.
Die Lautenwerke bestehen aus: 4 Suiten, Präludium, Fuge und Allegro Es-Dur, Fuge g-Moll.
An Kammermusik sind überliefert: 3 Sonaten und 3 Partiten für Violine solo, 6 Suiten für Cello solo, Partita für Querflöte solo, 2 Sonaten für zwei Violinen und Generalbaß, 2 Sonaten für Querflöte und Generalbaß, 3 Sonaten für Cembalo und Viola da gamba, 2 Sonaten für Cembalo und Querflöte, 3 Sonaten für Querflöte und Generalbaß.

Thomaskirche in Leipzig

Hohe Messe in h-Moll für Soli, Chor, Orchester, Cembalo, Orgel, verfaßt 1733–38

Das breit, mit großem polyphonem Aufwand und reicher Orchesterbesetzung angelegte Werk besteht aus 15 Chorsätzen und 9 Solostücken – Arien und Duette –, die sich mit archaischen Elementen (gregorianische Intonation des Credo) zu einem majestätischen Bau fügen und nur mehr in Beethovens Missa solemnis ein Gegenstück finden. Diese Messe ist neben der Matthäus-Passion die bedeutendste Leistung des Komponisten. Das Kyrie beginnt mit einer eindringlichen rhetorischen Bittgeste, ein inniges Duett der Soprane schließt sich an, worauf ein vierstimmiger, fugierter Chorsatz im niederländischen »alten« Stil folgt. Das umfangreiche Gloria setzt mit einem von drei Trompeten begleiteten, fünfstimmigen Chor in lebhaftem Rhythmus ein. Das »Et in terra pax« bildet mit seiner pastoralen Stimmung und seiner Holzbläserbegleitung einen eindrucksvollen Kontrast; sein Thema verlängert sich zu einer Fuge. Nach dem ariosen »Laudamus te« singt der Chor in vierstimmigem, strengem Satz das »Gratias«. Ein Duett, ein weiterer Chorsatz und eine Altarie führen zu der von einem Horn und zwei Fagotten begleiteten feierlichen Baßarie: »Quoniam tu solus sanctus«; dann setzt nach einer hymnischen Einleitung die Endfuge ein, deren zweite Durchführung glanzvoll verklingt. Das Credo wird gregorianisch intoniert. Der Chor setzt mit einem kraftvollen »Patrem« fort. Wieder wechseln Solisten und Chor ab, bis das »Incarnatus« in nahezu mystischer Färbung erklingt. Das »Crucifixus« gehört zu den bedeutendsten Vertonungen dieses Textes überhaupt. In diese Grabmusik klingt das volle Orchester mit einem fröhlichen »Resurrexit«, dessen Fortsetzung immer mehr Festklang gewinnt. Das »Confiteor« nähert sich wieder der archaischen Intonation, das »Expecto« ist zuerst ernst und nachdenklich, dann bricht der Auferstehungsjubel erneut los und klingt breit aus. Majestätisch ertönen die Sanctusrufe, denen fugierte Chorsätze folgen. Eine Tenorarie bringt das Benedictus, das Agnus ist eine rührende Bitte um Frieden, dann schließt die Messe mit dem »Gratias« im großen Kirchenstil ab.

Magnificat in Es-Dur für Soli, Chor und Orchester, entstanden 1723 für die Weihnachtsvesper, 1730 neu gefaßt und in D-Dur transponiert

Der Eingangschor »Magnificat anima mea« ist ein brausender Jubel der Singstimmen und Instrumente, die anschließende Mezzosopranarie »Et exultavit spiritus meus« behält die freudige Stimmung bei, bis der Sopran das »Quia respexit« demütig-gläubig vorträgt. Darauf fällt der Chor mit dem »Omnes generationes« bläserbegleitet ein. Nach einer Baßarie und einem Alt-

Tenor-Duett ergreift der Chor zum herrlich kolorierten »Fecit potentiam« das Wort. Eine Tenor- und eine Altarie folgen, sodann verkündet ein Frauenterzett »Suscepit Israel puerum tuum«. Anschließend erklingt würdevoll das »Sicut locutus est«. Ein ekstatisches fünfstimmiges Gloria führt zum Schluß, der das Thema des Anfangs aufnimmt.

Johannes-Passion für Soli, Chor, Orchester, Cembalo, Orgel, 2 Teile, entstanden 1723, im selben Jahr als Antrittsarbeit für Bachs Kantorenstelle an der Leipziger Thomaskirche am Karfreitag uraufgeführt

Es handelt sich um eine Oratoriumspassion auf Bibelworten, die mit lyrischen Einschüben, Arien und Chören bereichert sind. Opernformen sind mit sakraler Tradition vermengt. Arie und Rezitativ erhalten viel Raum. Das Orchester ist stark besetzt und erhält durch verschiedene Oboen, zwei Viole d'amore und eine Viola da gamba ein schönes Kolorit. Wegen des strengen Chorsatzes und des protestantischen Chorals ist dem Werk die liturgische Verwendbarkeit gesichert.

Der 1. Teil, der bis zur Verleugnung Petri reicht, beginnt programmatisch: »Herr, unser Herrscher, dessen Ruhm in allen Landen herrlich ist! Zeig uns durch deine Passion, daß du, der wahre Gottessohn, zu aller Zeit, auch in der größten Niedrigkeit, verherrlicht worden bist.« Der Bericht setzt mit der Szene im Garten Gethsemane fort. Nur drei Chorsätze unterbrechen den Evangelisten. Im 2. Teil werden die Massenszenen mit dissonanten Durchgängen geschildert, Kreuzigung, Erdbeben und Auferstehung mit pastoser Tonmalerei dargestellt. Zwölf Choralstrophen unterstreichen das liturgische Element, das Lyrisch-Meditative drückt sich in 8 Arien und 2 ariosen Solosätzen aus. Im Abschluß klingt das durchgehend in düsteren Farben gehaltene Werk beruhigend und besänftigend aus.

Matthäus-Passion für Soli, Chor, Orchester, Cembalo, Orgel, 2 Teile, begonnen 1728, uraufgeführt am Karfreitag des Jahres 1729

Diese Passion nimmt nicht nur im Schaffen Bachs eine zentrale Stellung ein, sondern in unserem Kulturbewußtsein schlechthin. Es sind darin alle erdenklichen musikalischen Formen, die

Autograph des Schlusses des Chores aus der Matthäus-Passion, »Herr, wir haben gedacht«

sich in der Renaissance und im Barock entwickelt haben, eingefangen, breit gegliedert und doch in sich geschlossen zusammengefaßt. Die musikgeschichtliche Stellung des Komponisten als Vollender aller Musik vor und neben ihm auf höchstmöglicher Ebene prägt sich gerade in der Matthäus-Passion mit aller Deutlichkeit aus. Der Text stammt von Christian Friedrich Henrici (Pseudonym: Picander, 1700–64), kam aber unter der Leitung des Komponisten zustande. Zu den Personen der Passion tritt die Gestalt der Tochter Zions als Personifikation der reuigen Menschheit, die durch den Heiland erlöst wird. Zwei respondierende Chöre, zwei Orchestergruppen und zwei Orgeln werden aufgeboten, um durch reichen Aufwand künstlerischer Mittel alle Begebenheiten mit den handelnden Personen, alle Gefühle und Affekte plastisch zum Ausdruck zu bringen. Über den Evangelienbericht hinaus enthält das Werk 30 lyrische Musikstücke, von denen ein Teil Accompagnato-Rezitative sind.

Der 1. Teil reicht bis zur Gefangennahme Jesu. In der Gethsemane-Szene klingt zum ersten Mal der Choral »O Haupt voll Blut und Wunden« nach der von Hans Leo Haßler übernommenen Melodie auf. Die Musik folgt dem dramatischen Ablauf – Erscheinen der Soldaten, Verrat Judas', Gefangennahme – mit verinnerlichter Ausdeutung des Wortsinnes. Dann kehrt sie zum liturgischen Stil zurück und schließt mit einer langen, kompliziert angelegten Fantasie über den Choral: »O Mensch, bewein dein Sünde groß!« Der 2. Teil ist naturgemäß mit mehr Handlung ausgefüllt, deren Ablauf bis zum Urteil immer drängender wird; die scharf akzentuierten Schreie des Volkes und der Choral, der bereits während des Verhörs gesungen wird, leiten auch die Kreuzigungsszene ein. Den Tod am Kreuz beklagt das Passionslied: »Wenn ich einmal soll scheiden, so scheide nicht von mir.« Das Werk schließt ohne die bei Passionen übliche Danksagung. Dafür erklingt ein Wechselgesang der Solostimmen und des Chores. »Nun ist der Herr zur Ruh gebracht«, beginnt der Baß, die anderen Stimmen folgen nacheinander rezitativisch, als spräche jeder für sich sein Abschiedswort über das Grab. Jedem antwortet der Chor: »Mein Jesu, gute Nacht.« Dann schließt sich eine Totenklage an, die dem Schmerz rückhaltlos Ausdruck verleiht. In tiefer Trauer klingt die Passion aus.

Oratorium Tempore Nativitatis Christi, Weihnachtsoratorium für Soli, Chor, Orchester und Generalbaß, 6 Teile, entstanden 1734

Es handelt sich um kein echtes Oratorium, sondern um die Aneinanderreihung von 6 Kantaten, die wohl eine liturgische, aber keine künstlerische Einheit bilden. Anstelle einer dramatischen Wiedergabe wird die Geburt Christi nach dem Text des Lukas-Evangeliums episch mit lyrischen Meditationen geboten. Ein nicht kleiner Teil der Musik ist älteren, profanen Werken – Festkantaten zu verschiedenen Anlässen – entnommen.

I. Teil: Am ersten Weihnachtstag

»Jauchzet, frohlocket, auf, preiset die Tage«, beginnt die erste Kantate; sie berichtet von Joseph und Maria, die nach Bethlehem zogen, und von der Geburt des Kindes mit einem dreiteiligen Chorlied. Dann folgt das Rezitativ des Evangelisten, dem sich der Alt mit Rezitativ und Arie anschließt. Das Adventlied wird vom Chor auf der Melodie »O Haupt voll Blut und Wunden« vorgetragen, so daß der Gedanke an den Kreuzestod des Geborenen bereits wach wird. Die Geburt wird von einem Sopranchor mit Pastoralmusik gefeiert. Nach der Huldigung des Basses für den großen Herrn und starken König erklingt der Schlußchoral nach der Melodie: »Vom Himmel hoch da komm ich her«.

II. Teil: Am zweiten Weihnachtstag

Diese Kantate wird von einer schönen Sinfonia eingeleitet, die die Begegnung der Hirten und der Engel auf dem Felde von Bethlehem mit plastischer Deutlichkeit darstellt. Anschließend erzählt der Baß die Szene. Im Wechsel von Rezitativen, Chören und Arien werden das Jesukind und der Stall zu Bethlehem dargestellt. Der Alt singt ein Wiegenlied. Bei den Hirten auf dem Feld erscheinen nun die himmlischen Heerscharen und singen im Chor das »Ehre sei Gott in der Höhe«, und zum Schluß erklingt neuerlich die Choralmelodie »Vom Himmel hoch...«

III. Teil: Am dritten Weihnachtstag

»Und da die Engel von ihnen gen Himmel fuhren«, fährt der Evangelist in seinem Bericht fort, und der Chor fällt mit der Aufforderung ein: »Lasset uns nun gehen gen Bethlehem«. Der Solobaß erklärt den Hirten, was geschehen ist, und der Chor setzt fort: »Dies hat er alles für uns getan.« Der Alt singt eine Marienarie, der Chor schließt sich mit einem Choral an. Die Hirten kehren heim, dann schließt der Chor mit »Herrscher des Himmels« die Kantate ab.

IV. Teil: Am Fest der Beschneidung Christi

Der Eingangschor ist nahezu homophon und nur von Hörnern begleitet. Das folgende Rezitativ des Evangelisten stellt Betrachtungen an, die den Namen Jesu verherrlichen, ein Duett betont die Liebe zu Jesus, eine Sopranarie wendet sich als menschliche Seele unmittelbar an Jesus, der tröstend antwortet. Der Tenor versichert: »Ich will nur dir zu Ehren leben«, und der Schlußchoral gleicht einer von Ritornellen unterbrochenen Chorarie mit fast opernhaftem Charakter.

V. Teil: Am Sonntag nach Neujahr

Mit einem strahlenden: »Ehre sei dir, Gott, gesungen« beginnt die Kantate. Der Evangelist berichtet von der Ankunft der Weisen aus dem Morgenland, die im Chor fragen, wo sie das Kind finden können. Nun werden die Nachstellungen des Herodes geschildert. Ein Solistenterzett fragt: »Ach, wann wird die Zeit erscheinen?«, und wird vom Alt energisch zurechtgewiesen: »Still, er ist schon wirklich hier.« Ein einfacher, vierstimmiger Choral schließt die Kantate ab.

VI. Teil: Am Epiphaniasfest

Die Bemühungen des Herodes, das geborene Kind in seine Gewalt zu bekommen, setzen sich fort. Er ruft die Weisen zu sich. Ein Rezitativ des Sopran ereifert sich über die ohnmächtige Bosheit des Königs. Eine folgende Arie preist die Übermacht Gottes. Die Weisen sind bei der Krippe, ein Traum heißt sie, einen anderen Weg zur Heimkehr zu benützen, damit sie Herodes nicht begegnen. Eine Tenorarie feiert den Triumph über das Böse, und ein Soloquartett erklärt: »Was will der Hölle Schrecken nun, da wir in Jesu Händen ruhn.« Eine Choralfantasie mit der Melodie von »O Haupt voll Blut und Wunden« beendet die Weihnachtsgeschichte mit der Mahnung an den Kreuzestod.

Das Kantatenwerk

Die Kirchenkantaten umfassen das gesamte Kirchenjahr. Sie bestehen aus Chorälen, aus Stücken mit Cantus firmus, mit komplizierter Satzform oder einfach harmonisiert, fugiert oder als Arie und Rezitativ, als Sologesang ohne Chor, aber stets mit Instrumentalbegleitung – Orgel, Streicher, Bläser und Pauken. Die Texte entstammen der Bibel oder dem Gesangbuch oder der religiösen Dichtung und entsprechen der Zweckbestimmung der jeweiligen Kantate. Es liegt in ihrer Natur, daß dabei dem Wort die dominierende Stellung zugebilligt wird und die Musik es auszudeuten hat und sich nicht davon entfernen darf; die Kantate lebt und steht nur mit ihrem Text und kann nicht, wie etwa eine Opernarie, davon getrennt wiedergegeben werden, indem Instrumente anstelle der Singstimmen gesetzt werden.

Kantate Nr. 1 »Wie schön leuchtet der Morgenstern«

Diese festlich instrumentierte Kantate setzt mit einem majestätischen Chor ein. Der Cantus firmus ist dem Sopran zugewiesen. Die Arien sind voll schöner Wendungen. Der Chor bringt einen strahlenden Ausklang.

Kantate Nr. 4 »Christ lag in Todesbanden«

Diese siebensätzige Osterkantate atmet den Hauch mittelalterliche Frömmigkeit. Die Thematik ist nur aus der Choralmelodie entwickelt, es fehlen Rezitative und Arien, Ernst und Einfachheit der Liturgie beherrschen das ganze Stück. Auch der Schlußchor bringt nur den reinen Choral ohne Schnörkel in vierstimmigem Satz.

Kantate Nr. 6 »Bleib bei uns, denn es will Abend werden«

Die Abendstimmung dieser für den zweiten Osterfesttag bestimmten Kantate bleibt durchwegs anschaulich. Die Bitte der Jünger in Emmaus an den Auferstandenen wird von allen Stimmen mehrmals alternierend wiederholt und mündet in die zweite: »Beschirm dein arme Christenheit«.

Kantate Nr. 10 »Meine Seel erhebet den Herrn«

Diese Vertonung des deutschen Magnificat bringt den Lobgesang Marias mit besonderer Kraft. Festesfreude beherrscht sie bis zum Duett »Er denket der Barmherzigkeit«, wobei das liturgische Magnificat als Cantus firmus auftritt. Ein klangvoll begleitetes Tenorrezitativ folgt, dann stimmt der Chor einen vierstimmigen Choral als Lobpreisung Gottes an.

Kantate Nr. 11 »Lobet Gott in seinen Reichen«

Diese Himmelfahrtskantate wurde von vielen Seiten als Himmelfahrts-Oratorium bezeichnet. Sie entnimmt ihre Erzählung den Evangelien Markus und Lukas und der Apostelgeschichte. Die Rezitative sind von Melodieinstrumenten begleitet. Das ganze Werk ist von einem lobpreisenden Chorsatz und einem Choral mit instrumentalem Vor- und Nachspiel umrahmt. Die biblischen Berichte werden von verschiedenen Stimmen gebracht, was dem Stück den Charakter eines Oratoriums verleiht. Der Schlußchoral ist ein Abschiedslied für den Heiland, der in den Himmel auffährt.

Kantate Nr. 12 »Weinen, Klagen, Sorgen, Zagen«

Der Eingangschor dieser Kantate zum Sonntag Jubilate drückt durch seine absteigende Melodielinie und der konzertierenden Oboe eine stark elegische Stimmung aus. Drei Arien für Alt, Baß und Tenor unterstreichen sie. Erst der Schlußchoral: »Was Gott tut, das ist wohlgetan« klingt tröstlich aus.

Kantate Nr. 21 »Ich hatte viel Bekümmernis«
Dieser Kantate für den 3. Sonntag nach Trinitatis liegt kein Bibelwort zugrunde, sondern eine Dichtung. Die Anlage folgt dem Formschema der Oper. Sie dürfte auch als Begräbnisgesang verwendet worden sein. Sie beginnt mit einer Sinfonia, die Trauer und Ratlosigkeit verdeutlicht. Chöre, Rezitative und Arien spenden Trost und Zuversicht, bis sich mit einer glänzenden Endfuge das unbedingte Gottvertrauen sieghaft durchsetzt.

Kantate Nr. 24 »Ein ungefärbt Gemüte«
Der Kernsatz dieser Kantate für den 4. Sonntag nach Trinitatis ist der Bergpredigt entnommen. Ihre etwas ungewöhnliche Satzfolge: Arie – Rezitativ – Chor – Rezitativ – Arie verleiht ihr eine strenge Symmetrie, in deren Mittelpunkt das Bibelwort steht. Am Ende folgt noch ein Choralsatz mit selbständigem Instrumentalpart.

Kantate Nr. 30 »Freue dich, erlöste Schar«
Diese ungewöhnlich lange Kantate handelt von Johannes dem Täufer, bringt aber keine Evangelienstelle über sein Leben, sondern zeichnet ihn als Herold und Vorläufer des Herrn. Sie ist eine Huldigungsmusik mit wenigen Chorstellen. Rezitative und Arien wechseln ab, die Chöre haben rein meditativen Charakter.

Kantate Nr. 34 »O ewiges Feuer, o Ursprung der Liebe«
Diese Kantate zum ersten Pfingsttag trägt aus dem Johannes-Evangelium die Verheißung Jesu vor, bei denen einzukehren, die sein Wort in Ehren halten. Die Pfingstverkündigung von der lehrenden Kraft des Heiligen Geistes und der Gabe des göttlichen Friedens ist von drei Trompeten begleitet, die sozusagen die überirdische Welt repräsentieren.

Kantate Nr. 39 »Brich dem Hungrigen dein Brot«
Der 1. Teil dieser langen Kantate zum ersten Sonntag nach Trinitatis bringt mit ausgewogener musikalischer Vielfalt die Erzählung vom Reichen Mann und dem Armen Lazarus. Der 2. Teil hat die Mahnung zur Nächstenliebe aus dem Hebräerbrief zum Inhalt. Sie schließt mit dem Chor »Selig sind die, die aus Erbarmen sich annehmen fremder Not«.

Kantate Nr. 43 »Gott fähret auf«
Diese Himmelfahrtskantate beginnt mit einem Orchesteradagio, dem sich ein festlicher Chor anschließt. Die Trompete schildert das »Auffahren in den Himmel«. Tausend himmlische Heerscharen begleiten den Wagen des auffahrenden Königs und seine Heimkehr, »nachdem das Werk vollendet worden war«. Eine Altarie drückt den Schmerz der erdgebundenen menschlichen Seele aus: »Ich stehe hier am Weg und schau ihm sehnlich nach.« Der Schlußchoral feiert das festliche Ereignis.

Kantate Nr. 44 »Sie werden euch in den Bann tun«
Zum Sonntag Exaudi wird die Ankündigung Jesu an seine Jünger behandelt, daß sie Verfolgungen erleiden werden. Die Kantate ist nach dem Schema: Eingangschor – Arie – Choralbearbeitung – Rezitativ – Arie – Choral angelegt. Der ernste Charakter des Stückes wird im weiteren Verlauf von tröstlichen Tönen abgelöst und mündet in den Schlußchoral: »So sei nun, Seele, deine und traue dem alleine, der sie erschaffen hat«.

Kantate Nr. 50 »Nun ist das Heil und die Kraft«
Von dieser Kantate zu Ehren Michaelis ist nur der einleitende, achtstimmige Doppelchor erhalten, der eine der bedeutendsten polyphonen Schöpfungen des Komponisten darstellt. Seine von einer reichen Instrumentierung unterstützte Ausdruckskraft, sein Umfang und seine innere Geschlossenheit verleihen ihm den Charakter einer selbständigen Komposition, die keiner Fortsetzung bedarf.

Kantate Nr. 61 »Nun komm, der Heiden Heiland«
Der Anfangschor dieser Adventskantate hat die Form einer französischen Ouvertüre. Die Evangelienworte: »Siehe, ich stehe vor der Tür und klopfe an«, werden von Pizzicatoakkorden begleitet. Einer schönen Sopranarie folgt ein freudiger Schlußchoral.

Kantate Nr. 62 »Nun komm, der Heiden Heiland«
Diese Kantate verarbeitet den gleichen Choral zum zweiten Mal. Hier ist der Anfangschor von einem breiten Orchestersatz begleitet. Die große Baßarie: »Streite, siege, starker Held« ist zum gesonderten Konzertstück geworden.

Kantate Nr. 64 »Sehet! Welch eine Liebe hat uns der Vater erzeiget«
Es handelt sich um eine Weihnachtskantate, die mit einer großartigen, vierstimmigen Vokalfuge beginnt. Eine Sopranarie, ein Baßrezitativ und eine Altarie singen von der Nichtigkeit der Welt. Mit dem Choral: »Gute Nacht, o Wesen, das die Welt erlesen« schließt das stimmungsvolle Werk ab.

Kantate Nr. 68 »Also hat Gott die Welt geliebt«
Diese für den 2. Pfingsttag geschriebene Kantate ist reich an Chören, weist aber keinen Choral auf. Der Text gibt das im Evangelium Johannis

zitierte Gespräch Christi mit Nikodemus wieder. Der erste Chor ist im Sizilianorhythmus gefaßt. Die Sopranarie »Mein gläubiges Herze, frohlocke, sing, scherze« ist zur Konzertarie geworden. Der Schlußchor bringt den Evangelientext mit der Mahnung: »...wer aber nicht glaubet, der ist schon gerichtet«.

Kantate Nr. 71 »Gott ist mein König«

Die Kantate wurde zum Ratswechsel in Mühlhausen aufgeführt. Ihr Text besteht aus Psalmenworten und anderen Zitaten aus dem Alten Testament. Von ihren 7 Teilen sind 4 dem Chor zugewiesen, 3 den Solisten. Dem Anlaß entsprechend ist ein großes Orchester aufgeboten, das an mehreren Stellen einen gut ausgewogenen Echoeffekt erzeugt. Das Stück endet mit festlichem Segenswunsch für die neue Regierung.

Kantate Nr. 75 »Die Elenden sollen essen«

Mit dieser für den ersten Sonntag nach Trinitatis geschriebenen Kantate trat Johann Sebastian Bach sein Amt als Thomaskantor an. Sie wurde mit großem Applaus aufgenommen. Sie ist reich an kontrapunktischer Arbeit und anderen Formen und klingt mit einem vom Orchester getragenen Choralsatz aus.

Kantate Nr. 76 »Die Himmel erzählen die Ehre Gottes«

Diese Kantate wurde für den 2. Sonntag nach Trinitatis geschrieben und ist von der Stimmung des 19. Psalm: »Es woll Gott uns gnädig sein« erfüllt. Eine von der Solovioline begleitete Sopranarie und die von Trompeten begleitete des Basses stechen aus der etwas weltflüchtigen Haltung des Stückes hervor.

Kantate Nr. 78 »Jesu, der du meine Seele«

Der Einleitungschor setzt mit elegischer Melodieführung ein, ein Duett von Sopran und Alt spricht von Zuversicht, doch die Stimmung hellt sich nur wenig auf, und der Schlußchor bittet: »Herr, ich glaube, hilf mir Schwachen, laß mich ja verzagen nicht«.

Kantate Nr. 80 »Ein feste Burg ist unser Gott«

Die Kantate wurde vermutlich zum Reformationsfest 1730 komponiert. Das Reformationslied wird vom Chor mit pathetischer Breite gebracht, die Solostimmen mischen freie Betrachtungen ein. Der gewaltige Ausdruck, den die Worte des Chorals an sich schon aufweisen, erfährt durch die Musik eine ungeheure Steigerung. Der Choral klingt mit dem monumentalen Vers aus: »Das Wort sie sollen lassen stahn«.

Kantate Nr. 93 »Wer nur den lieben Gott läßt walten«

Statt Bibel- oder Psalmenworten verwendet diese Kantate eine freie Dichtung. Der Anfangschor verschmilzt freie und choralgebundene Thematik; zwei Solostimmen singen eine Choralzeile figuriert voran, der Chor wiederholt sie vierstimmig harmonisiert. Dadurch gewinnt das Werk einen freien Charakter. Die Stimmung des volkstümlichen Trostliedes wird glänzend profiliert.

Kantate Nr. 103 »Ihr werdet weinen und heulen«

Der Text dieser Kantate bezieht sich auf die Leidensverkündigung im Johannes-Evangelium. Jesus sagt den Jüngern die Passion voraus, aber auch den Triumph. Freude und Schmerz wechseln während des gesamten Stückes ab, bis eine Tenorarie freudig verkündet: »Mein Jesus läßt sich wieder sehen«, und der Schlußchor erklingt: »Dein kurzes Leid soll sich in Freud und ewig Wohl verkehren«.

Kantate Nr. 106 »Gottes Zeit ist die allerbeste Zeit«

Sterbekantate, deren Text mit Bibelstellen Todesangst und Jenseitsverheißung einander gegenüberstellt. Die Einleitung bringt eine elegische Sonatine. Chöre und Arien singen trostvolle Worte, die auf den unvermeidlichen Tod jedes Menschen und die Ergebung in Gottes Willen und schließlich auf die Verheißung »Heute wirst du mit mir im Paradiese sein« hinweisen, bis nach einem Orchesterritornell der Schlußchoral erklingt: »Glorie, Lob, Ehr und Herrlichkeit«.

Kantate Nr. 115 »Mache mich, mein Geist bereit«

Choralkantate für den 22. Sonntag nach Trinitatis. Sie beginnt mit einer Choralfantasie, die ein reicher Orchestersatz begleitet. 2 Arien schmücken das Werk, eine Wiegenliedmelodie des Alt und eine von Flöte und Cello begleitete Tenorarie, die den Richter um Reinigung von der Sünde bittet. Der Choral droht am Ende: »Denn die Zeit ist nicht weit, daß uns Gott wird richten und die Welt vernichten«.

Kantate Nr. 116 »Du Friedefürst, Herr Jesu Christ«

Diese Kantate ist wahrscheinlich 1744 unter dem Eindruck des Einmarsches der Preußen in Sachsen geschrieben worden. Im Rezitativ wird an das »erschreckt geplagte Land« angespielt. Die Choralmelodie wird – vom Horn begleitet – vom Sopran vorgetragen. Die Unterstimmen erzeugen mit dem Orchester ein bewegtes, stark imitatorisches Klangbild. Ein ausgedehntes Orchesternachspiel schließt mit vielen Modulationen den Chorsatz ab. Eine Altarie klagt: »Ach, unaussprechlich ist die Not.« Ein Terzett mit Continuo bildet den Abschluß des Stückes.

Kantate Nr. 119 »Preise, Jerusalem, den Herrn«

Diese Kantate wurde 1723 zur Feier der Ratswahl in Leipzig komponiert. Der Ton der weltlichen Feierlichkeit klingt durch das ganze Werk. Die Kantate beginnt mit einer französischen Ouvertüre, deren Mittelsatz vom Chor gesungen wird. Eine Arie preist die Obrigkeit als Gottes Ebenbild, dann singt der Chor, reich figuriert: »Der Herr hat Gutes an uns getan, des sind wir alle fröhlich.« Auch der Schlußchoral unterstreicht nochmals den festlichen Anlaß.

Kantate Nr. 123 »Liebster Immanuel, Herzog der Frommen«

Diese Epiphanias-Kantate ist hymnisch und zugleich volkstümlich-liedhaft. Der Ruf nach dem Heiland wird zuerst von den Solisten erhoben, dann vom ganzen Chor übernommen. Eine Tenorarie beklagt die »harte Kreuzesreise«, die Jesus bevorsteht. Die Sopranarie verkündet gelassene Weltfluchtgedanken, und ein homophoner Schlußchoral beendet das Werk.

Kantate Nr. 129 »Gelobet sei der Herr«

Der Chor stimmt den Choral dieser Kantate feierlich an und lobt Gott den Schöpfer, eine Baßarie Gott den Sohn und eine reichkolorierte Sopranarie den Heiligen Geist. Den Schluß bildet ein von prächtiger Instrumentation untermalter Choral.

Kantate Nr. 140 »Wachet auf, ruft uns die Stimme«

Diese Choralkantate behandelt die Töchter Zion, die auf den Bräutigam harren. Der Eingangschor drückt die bangende Erwartung aus. Der Sopran stimmt nun die Choralweise an: »Wachet auf.« Ein Horn klingt auf wie ein Wächterruf. Der Tenor kündigt das Nahen des Bräutigams an, der kommt und die auserwählte Braut begrüßt. Die 3. Choralstrophe erklingt im vierstimmigen Satz: »Gloria sei dir gesungen mit Menschen- und mit Engelszungen, mit Harfen und mit Zymbelm schön«.

Kantate Nr. 175 »Er rufet seinen Schafen mit Namen«

Diese Kantate zum 3. Pfingsttag bringt das Evangelium vom Guten Hirten und entsprechende pastorale Musik. Mit den Worten: »Jesus hat euch zugeschworen, daß er den Teufel, den Tod erlegt« wird auf die Feinde der Herde angespielt. Der Text stammt von der Leipziger Dichterin Christiane Marianne von Ziegler (1695–1760).

Die fünf Großen Motetten

Von den 8 überlieferten Motetten Bachs ist lediglich von 5 die Zuschreibung gesichert. Sie sind Gedächtnis- oder Begräbnisgesänge. Obwohl sie einen vollendeten polyphonen Satz aufweisen, sind sie als Höhepunkt barocker Motettenkunst anzusehen, stehen aber doch der Kantatenform nahe. Alle Motetten sind von Instrumenten begleitet: Orgel, Streicher und Bläser.

»Singet dem Herrn ein neues Lied«, 3 Sätze

Den Text der Motette bilden Psalm 149 und 150, deren freudige Stimmung durch die Komposition noch unterstrichen wird. Der achtstimmige Doppelchor bricht im ersten Takt in Begeisterung aus wie eine erregte Volksmenge. Die weit ausgesponnenen Melismen des ersten Chores werden durch akkordische Rufe: »Singet« sozusagen angefeuert. Dann treten die Chöre zur Achtstimmigkeit zusammen, und es entwickelt sich eine große Fuge mit einer prächtigen Coda. Im 2. Satz singt der zweite Chor eine Choralmelodie, der erste sekundiert mit Zwischenrufen. Der 3. Satz beginnt mit einem Wechselgesang, der in eine vierstimmige Fuge mündet.

»Der Geist hilft unsrer Schwachheit auf«, 3 Sätze

Es handelt sich um eine Begräbnismotette nach Worten des Römerbriefes mit dem Lutherchoral

Autographe Partitur des Beginnes der Motette »Singet dem Herrn ein neues Lied« von Johann Sebastian Bach

»Du heilig Brunst, süßer Trost«. Der Satz ist achtstimmig, in der Fuge und im Schlußchoral vierstimmig. Das Allegro des ersten Satzes bringt ein reich figuriertes Thema. Der langsame Satz verarbeitet ein synkopisches Thema, und die Schlußfuge ist markant und klar vierstimmig.

»Jesu, meine Freude«, 3 Sätze

Der Text dieser Motette ist dem Römerbrief und der religiösen Dichtung entnommen und stellt nachgerade die Quintessenz des Protestantismus dar. Das Werk besteht aus einer Reihe von Choralvariationen, deren Technik sehr wechselt und von einfacher Harmonisierung der Melodie bis zur Auflösung ihrer thematischen Teile reicht.

Fürchte dich nicht, ich bin bei dir«, 3 Sätze

Der Text der Motette ist den Worten des Propheten Jesaja entnommen. Sie ist ein Trostgesang, der vom achtstimmigen Doppelchor ohne Pause durchgesungen wird, bis die vierstimmige Coda erklingt.

»Komm, Jesu, komm«, 3 Sätze

Der Text dieser Motette ist ein freies, sakrales Gedicht, in dem Lebensmüdigkeit und Christusglaube gegenübergestellt werden. Der 1. Satz – ein Lento – stellt die Sehnsucht nach Ruhe und Frieden dar. Der 2. ruft leidenschaftlich Jesus als Retter herbei, und der 3. bringt die Erfüllung: »Drauf schließ ich mich in deine Hände«.

Brandenburgische Konzerte

Diese 6 Konzerte mit verschiedener Besetzung folgen dem Typus des Concerto grosso. Sie sind stilistisch voneinander verschieden. Ihre Entstehungszeit muß zwischen 1718 und 1721 datiert werden. Sie wurden Markgraf Christian Ludwig von Brandenburg gewidmet.

Konzert Nr. 1 in F-Dur, 3 Sätze und Menuettzyklus aus 7 Teilen.

Im 1., sechsteiligen Satz trägt das Violino piccolo als Soloinstrument ein Dreiklangthema vor, das von einem fröhlichen Seitenthema begleitet wird; die Oboe bringt einen dritten Gedanken, so daß drei Themen für eine abwechslungsreiche Durchführung zur Verfügung stehen. Das Adagio ist ernst gehalten. Oboe und Violino piccolo intonieren eine elegische Kantilene, das Finale wird von einer Oboenkadenz vorbereitet. Der 3. Satz ist heiter und tänzerisch, 4 Tutti und 4 Soli wechseln ab. Angehängt ist ein rondoartiger Menuettzyklus, bestehend aus Menuett, Trio, Menuettwiederholung, Polonaise, Menuettwiederholung, Trio und Menuettwiederholung.

Konzert Nr. 2 in F-Dur, 3 Sätze

Im 1. Satz dieses echten Concerto grosso treten die Soloinstrumente als Concertino in einen interessanten Dialog mit dem Tutti. Der 2., kantable Satz bringt innige Melodik der Solisten, der

Autograph: Beginn des 1. Brandenburgischen Konzerts, F-Dur

3. eine freie Fuge, bei der die Streicher nur begleitende Funktion ausüben. Das Thema wird von der Trompete intoniert.

Konzert Nr. 3 in G-Dur, 2 Sätze

Im 1. Satz spielen die drei Streichergruppen – erste, zweite, dritte Violinen, erste, zweite, dritte Bratschen, erste, zweite, dritte Celli – die Themen kunstvoll verwoben einander zu. Der 2. Satz hat Rondoform und vorklassische Sonatenstruktur. Das Stück ist unbeschwerte Spielmusik mit geistvoller Kontrapunktik.

Konzert Nr. 4 in G-Dur, 3 Sätze

Im 1. Teil des 1. Satzes intonieren die Blockflöten eine wiegende Melodie, im Mittelteil herrscht die Violine vor, der 3. Teil wiederholt den ersten. Der 2. Satz ist ein ernstes Andante, in dem die Flöten mit dem Tutti gemeinsam konzertieren und die Kadenz der ersten Flöte zum Schlußakkord führt. Der 3. Satz besteht aus einer Fuge auf einem heiteren Thema; zwischen den Fugenteilen fügen die Soloinstrumente Intermezzi ein.

Konzert Nr. 5 in D-Dur, 3 Sätze

Der 1. Satz bringt ein »Ineinanderweben von Soloinstrumenten und Streichorchester mit einem Klangspiel von überwältigender Schönheit«, mit einer großen, virtuosen Cembalokadenz. Im 2. Satz wird von Flöte, Violine und Cembalo eine unbegleitete, empfindsame Kantilene vorgetragen. Im letzten Satz gibt es eine Fuge auf einem Thema mit Gigue-Charakter.

Konzert Nr. 6 in B-Dur, 3 Sätze

In diesem Konzert ist die Streicherbesetzung auf zwei Viole da gamba erweitert. Alle Stimmen sind solistisch besetzt. Der 1. Satz hat 6 Tutti- und 5 Soloteile, die einander ablösen. Im 2. tragen die Bratschen ein Duett vor, das vom Cello und dem Continuo gestützt wird. Das Finale ist heiter, der Moll-Mittelteil ausgenommen.

Orchestersuiten (Ouvertüren)

Es handelt sich um Unterhaltungsmusik in gehobener Form, die aus stilisierten Tänzen besteht, denen eine Ouvertüre vorangeht.

Suite Nr. 1 in C-Dur

Nach einer vierstimmigen Ouvertüre mit fugiertem Mittelteil folgen, von Bläserepisoden unterbrochen, die Tänze: Courante, Gavotte I, II und wiederum I, dann ein Forlane, die Menuette I (mit vollem Orchester) und II (mit den Streichern), darauf Bourrée I und II (in Moll), Passepied I und II (eine Oktave tiefer) und wiederum I.

Suite Nr. 2 in h-Moll

Nach einer langsamen Ouvertüre mit vielen Trillerfiguren folgen ein Fugato und eine Wiederholung des ersten Teiles. Die anschließende Sarabande ist langsam und lyrisch betont, von den zwei Bourrée-Sätzen wird der erste wiederholt. Die folgende Polonaise bringt eine schöne Echowirkung. Nach einem würdevollen Menuett schließt eine muntere Badinerie das Stück ab.

Suite Nr. 3 in D-Dur

Die langsame Einleitung dieses glanzvollen und außerordentlich beliebten Orchesterstücks des Komponisten bringt eine starke Spannung, der ein langes Fugato mit straffem Thema folgt. Der Air des 2. Satzes hat das Werk durch seinen innigen Ausdruck berühmt gemacht. Die darauf folgenden Gavotten werden von Pauken und Trompeten scharf rhythmisiert. Nach einer gravitätischen Bourrée beendet eine weit ausladende Gigue das Stück mit hellem Trompetenschall.

Suite Nr. 4 in D-Dur

Das Werk setzt mit einer Allegrofuge ein, Bourrée I und Bourrée II und eine Gavotte folgen. Nach zwei Menuetten, von denen das erste wiederholt wird, schließt das Stück mit einer lustigen Réjouissance klangvoll ab.

Violinkonzerte

Die Violinkonzerte von Johann Sebastian Bach übernahmen die von den Italienern geschaffene Form, gingen aber in Gedankentiefe und Phantasiereichtum darüber weit hinaus. Ihre Art des Konzertierens erschöpfte sich nicht mehr in Dialogen von Solo und Tutti, es kam zu einem gemeinsamen Spiel, so daß eine neue Konzertform auf höherer Ebene entstand.

Violinkonzert in a-Moll, 3 Sätze, entstanden um 1720

Der 1. Satz bringt ein zweiteiliges Thema, das mit einer Dreiklangmelodik beginnt und sodann in einen Tanzrhythmus mündet. Der Mittelteil des Satzes ist eine echte Durchführung und endet mit einer Kadenz. Der 2. Satz läßt ein inniges, aber ernstes Thema über einem Basso ostinato erklingen. Der freudige Schlußsatz fordert vom Violinisten ein virtuoses Spiel.

Violinkonzert in E-Dur, 3 Sätze, entstanden um 1720

Im 1. Satz kommt es durch die Violine zu einer starken Dynamisierung der Musik. Die Konzerte der Klassik künden sich schon sehr deutlich an, weil das herkömmliche Nacheinander von Solo und Tutti weitgehend zu einem »Miteinander« umgeformt ist. Dadurch wird auch eine ungewöhnliche Tiefe des Ausdrucks erzielt. Nach einem Rondofinale schließt der 2. Satz sanglich und stimmungsvoll, aber doch ernst und getra-

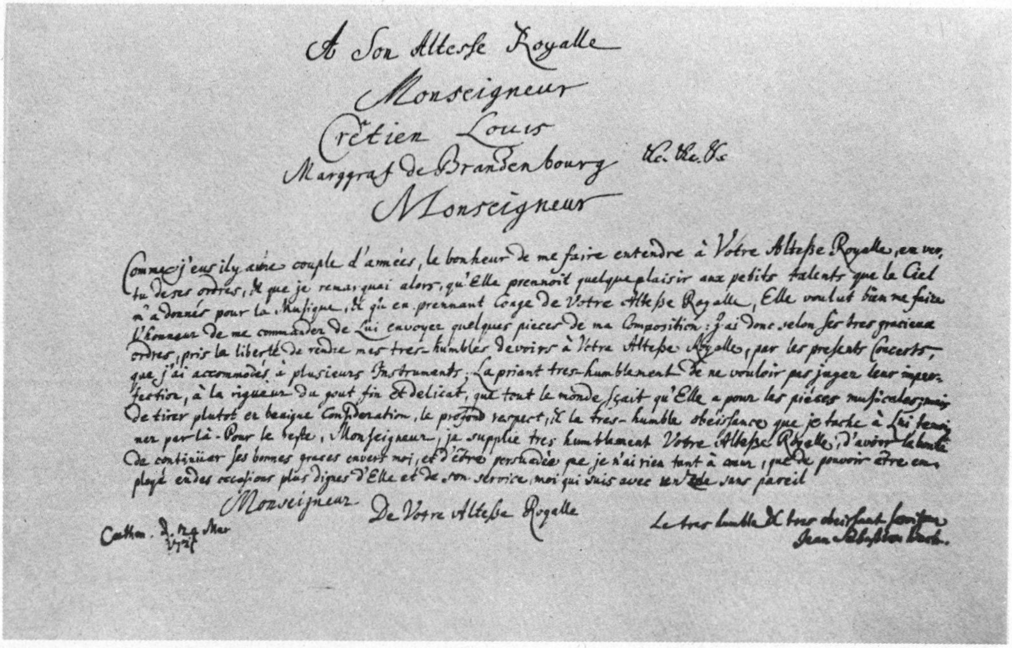
A Son Altesse Royalle
Monseigneur
Cretien Louis
Marggraf de Brandenbourg &c. &c. &c.
Monseigneur

Comme j'eus il y a une couple d'années, le bonheur de me faire entendre à Votre Altesse Royalle, en vertu de ses ordres, & que je remarquai alors, qu'Elle prennoit quelque plaisir aux petits talents que le Ciel m'a donnés pour la Musique, & qu'en prennant Congé de Votre Altesse Royalle, Elle voulut bien me faire l'honneur de me commander de Lui envoyer quelques pieces de ma Composition: j'ai donc selon ses tres gracieux ordres, pris la liberté de rendre mes tres-humbles devoirs à Votre Altesse Royalle, par les presents Concerts, que j'ai accommodés à plusieurs Instruments; La priant tres-humblement de ne vouloir pas juger leur imperfection, à la rigueur du gout fin et delicat, que tout le monde sçait qu'Elle a pour les pieces musicales; mais de tirer plutot en benigne Consideration, le profond respect, & la tres-humble obeissance que je tache à Lui temoigner par là. Pour le reste, Monseigneur, je supplie tres humblement Votre Altesse Royalle, d'avoir la bonté de continuer ses bonnes graces envers moi, et d'etre persuadée que je n'ai rien tant à coeur, que de pouvoir etre employé en des occasions plus dignes d'Elle et de son service, moi qui suis avec un zele sans pareil

Monseigneur
De Votre Altesse Royalle
le tres humble et tres obeissant serviteur
Jean Sebastien Bach.

Coethen. d. 24 Mar. 1721

Autograph der Widmung der Brandenburgischen Konzerte

gen ab. Im 3. Satz entfaltet das Soloinstrument all seinen Klangreichtum. Das abschließende Rondo bringt übermütige Stimmung.

Konzert für zwei Violinen in d-Moll, 3 Sätze, entstanden um 1718

Der 1. Satz beginnt mit einem schwungvollen Fugenthema; er wird von den duettierenden Violinen beherrscht, dem Orchester fällt fast nur begleitende Funktion zu. Der 2. Satz ist einer der schönsten langsamen Sätze, die Bach je geschrieben hat. Das Duett der beiden Violinen bringt eine Fülle tiefer melodischer Gedanken, die imitierend, figuriert und innig lückenlos weiterfließen. Im Schlußsatz sind Soli und Tutti eng ineinander verwoben. Die Soli bringen ein glänzendes Akkordspiel mittels kühner Doppelgriffe.

Cembalokonzerte

Johann Sebastian Bach war der erste, der das Cembalo von seiner Generalbaßrolle befreite und ihm solistische Partien zuwies. Er muß somit als Schöpfer des Klavierkonzertes überhaupt angesehen werden. Der Spielmöglichkeit des Tasteninstruments entsprechend ist dabei die Dialogform noch schärfer ausgeprägt; das Cembalo tritt an die Stelle eines Concertino.

Cembalokonzert in d-Moll, 3 Sätze

Im 1. Satz bringen die Streicher ein scharf rhythmisiertes Thema, das vom Tutti achtmal wiederholt wird. Das Adagio des 2. Satzes ist von einem reich ornamentalen Cembalo-Solo gekennzeichnet. Der letzte Satz ist heiter und tänzerisch und bringt kontrastreiche Klangbilder voll inniger Poesie.

Cembalokonzert in A-Dur, 3 Sätze

Der 1. Satz ist reich an Arpeggien und wirkt sehr heiter. Das Larghetto ist kantabel, zart und überaus poetisch. Ausgelassen und übersprudelnd heiter kontrastiert dazu das Finale.

Konzert in C-Dur für zwei Cembali, 3 Sätze

Der 1. Satz dieses zwischen 1727 und 1730 entstandenen Doppelkonzertes hat toccatenartiges Gepräge. Dem Orchester fällt lediglich eine begleitende Funktion neben den zwei Soloinstrumenten zu. Der 2. Satz ist eine lange Siciliana, bei dem das Orchester ganz schweigt. Das Finale bringt eine frei gestaltete Fuge.

Konzert in C-Dur für drei Cembali, 3 Sätze

Die drei Solisten eröffnen den 1. Satz, die Streicher sind auf begleitende Tätigkeit beschränkt. Im Adagio bringen die Cembali eine Ostinatofigur, über die die Violinen eine kantable Melodie spannen. Das Finale ist voll Schwung und kontrapunktischer Kleinarbeit.

Tripelkonzert in a-Moll für Flöte, Violine und Cembalo, 3 Sätze, entstanden nach 1730

Alle 3 Sätze sind Bearbeitungen früherer Werke des Komponisten. Der 1. Satz geht wie der 3. auf die Cembalokomposition Präludium und

Fuge in a-Moll BWV 894 zurück und bringt ein von der Violine vorgetragenes Thema im Triolenrhythmus. Den aus dem Adagio der Orgelsonate d-Moll BWV 527 umgestalteten 2. Satz spielen die drei Solisten allein ohne Orchester. Das Finale erzeugt mit kühner, polyphoner Kombinatorik eine prächtige Wirkung und schließt mit einer großen Cembalokadenz vor der Schlußphase den Satz ab.

Triosonate in C-Dur für zwei Violinen und Generalbaß, 4 Sätze

Der erste Satz ist ein Adagio mit barocker Klangpracht, der folgende – Alla breve – mit freier Doppelfuge, deren Themen gleichzeitig eingeführt werden. Ein kanonisch gehaltenes Largo folgt. Dann schließt eine glänzende Gigue das Werk ab.

Triosonate in c-Moll für Violine, Flöte und Generalbaß, 4 Sätze

Diese Sonate aus dem »Musikalischen Opfer« beginnt mit einem Largo, in dem in einem kurzen Motiv jenes Thema, das Bach von Friedrich dem Großen vorgeschlagen wurde, angedeutet wird. Der 2. Satz – Allegro – bringt eine Doppelfuge, in der das »königliche Thema« frei variiert wird. Es wird sodann in seiner Originalgestalt als 2. Thema in den Baß eingebaut und fungiert ab da als Cantus firmus. Im folgenden Andante ist das Thema wieder nur angedeutet. Das beschwingte Finale lockert es zu einem poetischen Abschluß auf.

Johann Georg Pisendel, Violinist, für den Johann Sebastian Bach seine Partiten für Solovioline schrieb

Violinsonaten

Für die Violinsonaten von Johann Sebastian Bach war die Stellung des Cembalo als konzertierender Partner der Violine neu, weil damit das Tasteninstrument von seiner Rolle als Continuo-Instrument befreit wurde. Sein Part wurde voll ausgeschrieben und nicht mehr, wie früher, beziffert und vom Cembalisten ausgeführt. Im Gegensatz zur Barocksonate erhielt hier das Cembalo die Rolle eines zweiten Melodieinstruments und auch die des Basses. Ein Generalbaß wurde nur fallweise aus klanglichen Gründen herangezogen.

Sonate in h-Moll für Violine und Cembalo, 4 Sätze

Die Sonate hat die Struktur der älteren Kirchensonaten. Im ersten Satz – Adagio – trägt die Violine das Thema vor und wird dabei vom Cembalo umspielt, bis die Instrumente ihre Rollen tauschen und die Violine zweistimmig geführt wird. Das Thema des folgenden Allegro ist tänzerisch und frei fugiert. Das Andante bringt eine sangliche Kantilene mit feiner Ornamentik. Sodann beendet der letzte Satz schwungvoll das Werk.

Sonate in A-Dur für Violine und Cembalo, 4 Sätze

Das Werk beginnt mit einem graziösen Andante, in dem beide Instrumente die schön verzierte Melodie führen. Im folgenden Allegro assai herrscht übermütige Fröhlichkeit. Im Andante un poco wandert ein schwermütiges Thema kanonisch von Stimme zu Stimme, ein heiteres Presto zerstreut alle trüben Gedanken.

Gambensonaten

Auch bei den Gambensonaten, die Johann Sebastian Bach für den Gambisten und Cellisten am Hof zu Köthen, Christian Ferdinand Abel (um 1695–1737), schrieb, tritt das Cembalo als konzertierender Partner auf.

Sonate in G-Dur für Viola da gamba und Cembalo, 4 Sätze

Pastorale Stimmung herrscht im 1. Satz vor. Im anschließenden 2. kommt Bewegung in den schweren Fluß der Töne. Der 3. Satz ist ein arioses Andante und der 4. eine prächtige Fuge.

Sonate in g-Moll für Viola da gamba und Cembalo, 3 Sätze
Der erste Satz – Vivace – bringt ein grandioses Thema, der 2. ein Liedthema, das sich hymnisch steigert, und der 3. ein großangelegtes polyphones Finale.

Flötensonaten

Johann Sebastian Bach zog für seine Sonaten die Querflöte der Blockflöte wegen ihres »panischen« Klanges und der breiteren Tonfarbenmodulation vor. Die Blockflöte verwendete er als Orchesterinstrument.

Sonate in g-Moll für obligates Cembalo und Flöte, 3 Sätze
Der 1. Satz beginnt mit einem Cembalospiel, dann setzt die Flöte ein, und das Tasteninstrument wird zum Generalbaßinstrument. Dieser Funktionswechsel des Cembalo geht mehrmals vor sich. Im Adagio entfaltet sich das Cembalo dreistimmig und im letzten Satz zweistimmig. Die Überwindung der Generalbaßpraxis und damit der barocken Kompositionsform wird bei dieser Sonate besonders deutlich.

Sonaten und Suiten für Solovioline

Johann Sebastian Bach war einer der ersten, der für Violine »allein« schrieb. Seine drei- und vierstimmigen Akkorde verlangten den Violinisten seiner Zeit höchste technische Ausbildung ab und sind mit den heutigen Instrumenten und Bogen nicht mehr exakt spielbar; man behilft sich mit Arpeggiostrichen, falls man nicht auf alte Instrumente mit flacheren Stegen und auf weicheren Bogen zurückgreifen oder einen zu unserer Zeit konstruierten Rundbogen (Bach-Bogen) verwenden kann.

Sonate für Violine solo in g-Moll, 4 Sätze
Das Präludium beginnt mit einer Einleitungskadenz, dann kommt es zur mehrstimmigen Fuge. Die Siciliana des 2. Satzes ist zwar sehr schlicht, wird aber von einer warmen Harmonik begleitet. Das Finale vermittelt den Eindruck eines rhapsodischen Phantasierens.

Sonate für Violine solo in a-Moll, 4 Sätze
Das Präludium ist ein reich figuriertes Largo, eine ausgedehnte Fuge folgt und wird sodann von einem stillen Andante mit schwierigen Mehrfachgriffen abgelöst. Das Werk endet mit einem schwungvollen Allegro.

Sonate für Violine solo in C-Dur, 4 Sätze
Der erste Satz ist ein thematisches Präludium zum 2., der eine großartige Fuge mit reichem, polyphonem Spiel bringt. Das folgende melodische Largo bietet idyllische Ruhe nach dem vorangegangenen Furioso. Das abschließende Allegro läuft zügig ab.

Suite für Violine solo in h-Moll, 4 Sätze
Die 4 Sätze: Allemande, Courante, Sarabande, Bourrée sind Varianten desselben Themas, außerdem wird jeder Satz in einer kontrastierenden Variation wiederholt, so daß eine achtteilige, in sich geschlossene Suite entsteht.

Suite für Violine solo in d-Moll, 4 Sätze und Chaconne
Der Chaconne gehen 4 Tanzsätze voraus: eine lebhafte Allemande, eine Courante mit überraschenden Wendungen, eine gravitätische Sarabande und eine fröhliche Gigue. Dann schließt sich eine Chaconne mit 30 Variationen an, die an Konzentration und Empfindungstiefe ihresgleichen in der gesamten Musikgeschichte kaum findet. Die Anforderungen an den Violinisten sind sehr hoch.

Suite für Violine solo in E-Dur
Diese Suite besteht aus 6 Tanzsätzen. Nach einem heiteren Präludium reiht sich eine schwerfällige Loure an, eine volkstümliche Gavotte en Rondeau folgt, sodann kommen 2 Menuette, von denen das 2. als Trio auftritt, hernach eine Bourrée und am Ende eine fröhliche Gigue. Das gesamte Werk ist von feinem Humor überstrahlt.

Das Wohltemperierte Clavier

Es besteht aus 2 Teilen mit je 24 »Praeludium und Fuge« auf allen Dur- und Molltonarten von C aufsteigend. Jede der 48 Fugen hat einen spezifischen Ablauf, das entsprechende Präludium weist darauf hin. Es wurde als Lehrwerk angelegt, gehört aber wegen seines künstlerischen Gehaltes zu den bedeutendsten Tonschöpfungen der Musikgeschichte. Es wurde das »Alte Testament« der Musikgeschichte genannt, im Gegensatz zu Beethovens Klaviersonaten als »Neues Testament«.

Die Bezeichnung »wohltemperiert« besagt, daß den einzelnen Stücken das neue Stimmungssystem zugrunde gelegt wurde, das die Oktave physikalisch rein beließ, ihre Halbtöne jedoch im gleichen Abstand voneinander hielt, wodurch zwar kein Ton völlig rein klang, aber die Möglichkeit bot, ihn beliebig umzudeuten, jede Tonart zu benützen und von jeder Tonart zur anderen überzugehen.

Die Koppelung von Präludium und Fuge ist jener von Rezitativ und Arie in Oper und Kantate nachgebildet und wurde bereits vor Bach besonders in der Orgelkomposition häufig verwendet.

Italienisches Konzert für Cembalo, 3 Sätze
Das Konzert ahmt ein Konzert mit Orchester

nach; der Wechsel von Solo und Tutti wird durch Manualwechsel bewerkstelligt.
Der 1. Satz setzt wie ein Tutti markant mit dem Kopfthema ein, der 1. Seitensatz ist ein Solothema. Nach der Wiederholung des Kopfthemas tritt ein 2. Nebenthema dazu, dann kommt es zur Durchführung. Die Reprise des Kopfthemas schließt den Satz ab. Im 2. Satz – Andante – spielt die linke Hand eine Ostinatofigur, über der sich eine reichverzierte, ausdrucksvolle Kantilene entwickelt. Der Satz enthält zwei symmetrische Liedstrophen mit einer Coda. Der 3. Satz ist ein Presto und beginnt mit einem scharf profilierten Kopfthema, das mit dem figurierten Seitensatz alterniert.

Suiten für Cembalo

Johann Sebastian Bach hat 3 Reihen zu je 6 Suiten verfaßt, die Französischen Suiten, die Englischen Suiten und die Partiten, außerdem noch einige einzelne. Es ist nicht bekannt, woher die Titelbezeichnungen stammen. Die Französischen Suiten und die Englischen Suiten unterscheiden sich deutlich voneinander. Die Erstgenannten sind kurz und knapp formuliert mit variabler Satzfolge, die anderen breit, regelmäßig in der Form und umfangreicher.
Französische Suite in d-Moll für Cembalo
Eine Allemande und eine Courante bilden die Anfangssätze. Die folgende Sarabande weist archaische Züge auf. Darauf kommen breit ausgeführte Menuette und schließlich eine scharf rhythmisierte, dreistimmige Gigue, die an die Allemande anklingt.
Französische Suite in E-Dur für Cembalo
Eine Allemande fungiert als Präludium, ihr folgt eine lockere, leichte Courante. Anschließend erklingen eine feierliche Sarabande, eine etwas steife Gavotte, eine repräsentative Polonaise, sodann ein sehr zartes Menuett und eine lustige Bourrée. Eine brillante Gigue bildet den Abschluß.
Englische Suite in g-Moll für Cembalo
Das Präludium dieser breitangelegten Suite fällt durch seine Impulsivität auf, in der Sarabande liegt eine elegische Melodie über ruhigen Harmonien, das Double wird durch rasche Baßbewegungen belebt, der Gavotte folgt eine Musette über einen gleichbleibenden Grundton, das Finale bringt eine fugierte Gigue.
Englische Suite in c-Moll für Cembalo
Das Präludium gleicht einem großen Orgelpräludium der norddeutschen Schule. Auch die Tanzstücke sind ernst und getragen. Erst Passepied I und II hellen die Stimmung auf. Eine äußerst originelle Gigue schließt das interessante Werk ab.
Englische Suite in d-Moll für Cembalo
Das 2teilige Präludium ist eine vollständige Sonate, die aus einem drängenden Hauptthema und einem pastoralen Seitenthema besteht. An die kraftvolle Sarabande schließt sich ein reich figuriertes Double. Unbeschwert und heiter sind die beiden folgenden Gavotten. Die abschließende Gigue weist eine komplizierte Thematik auf.

Partita in B-Dur für Cembalo
Ein klares, festliches, stark moduliertes Präludium eröffnet das Werk. Die Allemande ist locker gehalten, teils linear, teils arpeggiert, die Courante reich figuriert. Sarabande und 2 Menuette schließen sich an, und eine glänzende Gigue bringt einen rauschenden Abschluß.
Partita in D-Dur für Cembalo
Das Stück beginnt mit einer feierlichen Ouvertüre, die Allemande bringt ein kantables Thema, und die Courante ist durch fanfarenähnliche Dreiklangthematik charakterisiert. Eine überreich figurierte Sarabande erklingt nach einer Aria voll melodischer Überraschungen. Ein zierliches Menuett und eine sehr belebte Gigue bilden den Schluß des Werkes.

Partita in e-Moll für Cembalo
Eine Toccata leitet das Stück ein. Die Allemande ist frei polyphonisch gehalten. Courante und Gavotte, die darauf folgen, deuten den Tanzcharakter nur an, aber der folgende Air weist ausgeprägte Gavotte-Form auf. Mit schwerer Rhythmik schließt sich die Sarabande an, und eine kunstvoll kontrapunktierte Gigue bildet den Abschluß.

Suite in c-Moll für Cembalo
Diese außer der Reihe zu stellende Suite fällt durch einen etwas dürftigen Satz auf. Sie hält die Mitte zwischen Suite und Sonate. Wegen ihrer ungewöhnlichen Fuge verdient sie besondere Beachtung. Sie wird nach einem konzertierenden Teil wiederholt, so daß sie ein Stück für sich bildet. Eine Sarabande mit viel Ausdruck und eine prächtige Gigue schließen das Werk ab.
Ouvertüre nach französischer Art für Cembalo
Abgesehen von der Sarabande sind nur französische Tänze verwendet. Die Einleitung ist dreiteilig. Der Manualwechsel vertritt den Abtausch von Solo und Tutti. Die Tänze beginnen mit einer Courante, der zwei Gavotten und zwei Passepieds folgen. Mit reicher chromatischer Harmonik präsentiert sich die Sarabande. Dann kommen, einfach gehalten, Bourrée I und II und eine Gigue. Ein »Echo« benanntes Stück, das

wohl eine Huldigung für die französische Cembalomusik sein soll, beendet das Werk.

Toccaten für Cembalo

Seine 7 Toccaten beweisen, daß sich Johann Sebastian Bach um eine mehrsätzige, von Sonate und Suite unabhängige Form bemühte. Er übernahm die Form der Orgeltoccata und transponierte sie zu kammermusikalischem Format, wobei er auf die Stilelemente der profanen Kammermusik verzichtete.

Toccata in d-Moll für Cembalo

Das Stück beginnt präludierend in der linken Hand, sodann setzt nach einem Andanteteil die 1. Fuge mit einem einfachen Thema ein. Das 2. Thema – ein Adagio – bringt ein elegisches Terzenmotiv. Der Schlußsatz verarbeitet ein dem Thema des 1. Satzes ähnliches Motiv und führt das Werk zu einem eindrucksvollen Ende.

Toccata in fis-Moll für Cembalo

Dieses eindrucksvollste Werk der Reihe bringt schon mit der Einleitung ein prächtiges Klangbild. Das Adagio verarbeitet ein chromatisches Thema polyphon. Nach dem flüssigen Presto läßt das 2. Adagio den Strom der Musik stagnieren. Nur die Akkorde fließen behutsam weiter und leiten zur Schlußfuge über, die ihr Material dem ersten Adagio entnimmt.

Toccata in c-Moll für Cembalo

Diese Toccata ist 3teilig. Nach einem kurzen, feierlichen Adagio setzt eine dreistimmige Fuge ein. Ein 2. Thema stößt bald hinzu, dann entsteht ein weitgespannter Satz, der in ein Adagio mündet. Durch eine überraschende Modulation ergibt sich eine nahezu gespenstische Schlußstimmung.

Capriccio in E-Dur für Cembalo

Diese einsätzige Komposition verfaßte der achtzehnjährige Johann Sebastian Bach »In honorem Johann Christoph Bachii« (seinem älteren Bruder). Das Thema wird zu einer langen, dreistimmigen Fuge verarbeitet, die fallweise Zwischenspiele unterbrechen. Durch fröhliche Motive wird die Durchführung eingeschränkt, der Satz wird homophon und akkordisch und löst sich in der Coda in Arpeggien auf.

Capriccio in B-Dur für Cembalo

Das Stück trägt die Überschrift: »Auf die Abreise seines geliebten Bruders« (Johann Jakob Bach, 9. 2. 1682, Eisenach, bis 1722, Stockholm), der sich 1706 als Trompeter in schwedische Dienste anwerben ließ, und ist eine Programmusik aus 6 Genrebildern. Der 1. Satz ist eine Aria: »Schmeichelung der Freunde, um den Bruder von seiner Reise abzuhalten«, mit der wiederholten Bitte »Bleibe doch«. Der 2. Satz, ein Fugato, »ist eine Vorstellung unterschiedlicher Casuum, die ihm in der Fremde könnten vorfallen«, und bringt eine Reihe musikalischer Schauermärchen, die mit einem allgemeinen Aufschrei enden. Der 3. Satz ist ein »allgemeines Lamento der Freunde«, der 4. besagt: »Allhier kommen die Freunde, weil sie doch sehen, daß es anders nicht sein kann, und nehmen Abschied.« Kräftige Akkorde machen deutlich, wie sich die Freunde von ihrem Schmerz losreißen; sie sammeln sich um den Reisenden, dann erklingt die »Aria di Postiglione«, und eine imitative Fuge schließt sich dem Lied des Postillons an.

Goldberg-Variationen

30 Variationen einer Aria, wobei weniger die Melodie, sondern Baß und Harmonie in jedem einzelnen Teil verändert wird. Nach der 15. Variation kommt es zu einem Einschnitt. In der 16. wird der 2. Teil des Werkes in der Form einer französischen Opernouvertüre eingeleitet. Die 30. ist ein Quodlibet über Volksliedmelodien. Die Variationen wurden über Auftrag des Grafen Hermann Carl von Keyserling, der russischer Gesandter am kursächsischen Hof in Dresden war, für dessen Hauscembalisten Johann Theophilus Goldberg (1727–56) verfaßt.

Orgelmesse mit Präludium und Fuge in Es-Dur

Das Präludium ist eine strahlende Festmusik der vollen Orgel in Concerto-grosso-Form, dreiteilig mit 3 Themen. Kyrie – Christe – Kyrie sind kontrapunktisch reichhaltige Choralbearbeitungen. Das Gloria wurde dreifach bearbeitet, nämlich als Manualstück mit Vorimitationen, wobei der Cantus firmus im Alt liegt, als Trio mit freien Stimmen über den Choralzeilen und als dreistimmige Fughetta. Daran schließt sich »Die zehn heil'gen Gebot« mixolydisch für zwei Manuale und Pedal. Das Credo bringt einen fugierten Satz für drei Stimmen. Das Vaterunser erklingt im Quartettsatz. »Die Taufe« hat den Cantus firmus Zeile für Zeile im Tenor. Das Deprofundis wird sechsstimmig phrygisch vorgetragen und enthält eine ausgedehnte Vorimitation. Das »Abendmahl« ist ein Trio mit kanonischen Oberstimmen; der Cantus firmus liegt im Tenor. Das Werk wird von einer vierstimmigen Fuge in E-Dur, die dreiteilig angelegt ist, abgeschlossen.

Das Orgelbüchlein

Es enthält 46 Orgelchoräle in der Ordnung de Kirchenjahres, die jeweils nur aus einem Moti gestaltet wurden.

Die Kunst der Fuge

Angaben über die Besetzung dieses monumentalen Werkes fehlen. Es wurde später von verschiedenen Musikern für Streichorchester oder für verschiedene Besetzungen bearbeitet. Das Werk besteht aus Musterbeispielen für die Kunst, Kanons und Fugen aller nur denkbarer Art zu verfassen und zu variieren. Es werden auch Künstlichkeiten wie Krebs- und Spiegelfuge vorgeführt. Trotz der streng mathematischen Konstruktion liegen Kompositionen von höchstem musikalischem Wert vor. Am Ende der 19. Fuge klingt das Motiv b-a-c-h auf.

Das musikalische Opfer

Johann Sebastian Bach wurde 1747 bei seinem Besuch in Potsdam von König Friedrich dem Großen ein Thema gestellt, das er stegreif als sechsstimmige Fuge spielen sollte. Bach fand das Thema nicht geeignet und führte den Auftrag mit einem anderen Thema aus. Nach seiner Heimkehr verfaßte er über das »königliche Thema« 5 Kanons mit Cantus firmus, 5 Kanons ohne Cantus firmus, ein dreistimmiges Ricercare, ein großartiges, sechsstimmiges Ricercare und eine Triosonate in c-Moll (Largo – Allegro – Andante – Allegro assai) und übersandte die Kompositionen als »Musikalisches Opfer« dem preußischen König.

Literatur

P. Hindemith, J. S. Bach, Mainz 1950. W. Gurlitt, J.S. Bach, 1959. Lübbes Bach-Lexikon, 1982. H. Kühn, J.S. Bach, Musik an der Wende der Zeit, Berlin 1984. W. Kolneder, J.S. Bach, 1987.

Wilhelm Friedemann Bach (1710–84)

Leben

Wilhelm Friedemann Bach wurde am 22. 11. 1710 als ältester Sohn des Johann Sebastian Bach und dessen erster Frau, Maria Barbara Bach (1684–1720), in Weimar geboren. Er war Schüler seines Vaters, der für ihn das »Clavierbüchlein« mit eigenen Kompositionen und Werken von Georg Philipp Telemann und Gottfried Heinrich Stölzel verfaßte. In den Jahren 1726 und 1727 nahm er bei Johann Gottlieb Graun Violinunterricht, an der Universität Leipzig studierte er Rechtswissenschaft, Philosophie und Mathematik. Seine erste Stellung erhielt er 1733 als Organist an der Sophienkirche in Dresden, 1746 wurde er Organist an der Marktkirche und Director Musices in Halle, 1747 begleitete er seinen Vater nach Potsdam zu König Friedrich II., 1764 gab er seine Stellung wegen Mißhelligkeiten mit der Kirchenbehörde von Halle auf und lebte weiterhin »ohne engagements« als freier Komponist, Konzertmusiker und Musiklehrer in Leipzig, Berlin, Braunschweig und Göttingen. Ab 1770 wirkte er neuerlich in Braunschweig und schließlich ab 1774 in Berlin, wo er seine letzten Jahre in dürftigen Verhältnissen verbrachte und am 1. 7. 1784 starb.

Werke

Das Bewußtsein seiner Originalität gefährdete den Lebensweg von Wilhelm Friedemann Bach, verschaffte aber seinen Werken die Geltung, die sie heute noch haben. In seiner Instrumentalmusik wird der empfindsame Stil der »Sturm-und-Drang-Zeit« des Jahrhunderts deutlich, einzelnes kommt der Wiener Klassik sehr nahe oder stößt sogar bis zur Frühromantik vor.

Sein kompositorisches Schaffen besteht aus 9 Klaviersonaten mit klassischen Zügen, 10 Klavierfantasien, 12 Klavierpolonaisen, 12 Fugen für Orgel oder Klavier, 7 Orgelchorälen, 9 Sinfonien, 5 Klavierkonzerten, einem Konzert für zwei Klaviere, 6 Sonaten für zwei Flöten, 3 Sonaten für drei Bratschen, 4 Triosonaten, einer großen Anzahl Kirchen-und Kammerkantaten, Messensätzen, Kanons und verschiedenen Klavierstücken. Seine Oper ist verlorengegangen.

Sonate in Es-Dur für zwei Flöten, 3 Sätze

Der 1. Satz, ein Allegro, verrät die Schule des Vaters Johann Sebastian Bach. Die beiden Flöten bringen ein frisches elegantes Spiel, dessen melodische Gestaltung erst im Zusammenklang beider Instrumente entsteht. Der ganze Satz ist polyphon angelegt und bleibt im Rahmen der Konvention. Der 2. Satz ist voll romantischer Lyrik. Die Melodie bringt harmonische Kühnheiten und effektvolle Kadenzen. Dennoch ist der Überschwang gebändigt, als hemmten verschiedene widersprechende Gefühle einander am Ausdruck. Das Finale gibt sich wiederum konventionell, wenn auch der Fluß der melodischen Linien durch Stauungen und Störungen beeinträchtigt wird. Am Ende löst sich alles in Wohlgefallen auf.

Sonate in f-Moll für zwei Flöten, 3 Sätze

Das un poco Allegro des 1. Satzes ist von Leidenschaft geradezu durchtobt und weist weit in die Klassik hinein. Mit einem Largo voll Ausdruck leitet der 2. Satz zum Finale, einem stürmischen Vivace mit vielen schmückenden Triolen, über.

Triosonate in B-Dur für Flöte, Violine und Continuo, 3 Sätze

Die Sonate beginnt mit einem Largo, dessen weitgespannte melodische Bogen überraschend dichte Steigerungen des Gefühlsausdrucks bringen. Ein erregtes Allegro schließt sich an und mündet in ein bizarres, sprunghaftes Vivace.

Sonate in H-Dur für Violine und Klavier, 3 Sätze

Hier ist das Cembalo als zweites Melodieinstrument »ausgeschrieben«. Das Trio ist thematisch vereinheitlicht durch Funktion der 3 Sätze als Spannung, Entspannung und Lösung. Das Allegro reißt die Spannung auf, ein lyrisches Adagio bringt die Beruhigung, und das Finale mit seinen rhythmisch energischen Motiven bringt gleichsam die Aufklärung des Konflikts.

Sextett in Es-Dur für Klarinette, zwei Waldhörner, Violine, Bratsche, Cello, 3 Sätze

Das Sextett gleicht einer Tanzsuite. Der 1. Satz bringt lebhafte Tanzrhythmen, der 2. ein tänzerisches Thema mit Variationen und der 3. ein Rondo. Die Hörner sind für die damaligen ventillosen Instrumente virtuos eingesetzt.

Sonate in D-Dur für Cembalo, 3 Sätze

Das Motiv des 1. Satzes beginnt liebenswürdig galant, aber voll kapriziöser Unregelmäßigkeit. Ein lyrisches Seitenthema erscheint, worauf das erste Thema vom Baß übernommen wird. Der folgende Mittelteil ist eine echte Durchführung, die dramatisch endet, worauf die Reprise einsetzt. Der 2. Satz besteht aus einem herben Adagio in h-Moll, und das Finale gleicht einer großartigen Gigue.

Sonate in Es-Dur für Cembalo, 3 Sätze

Schon die Themenbildung des 1. Satzes weist auf Haydn hin; er steht zwischen Vorklassik und Klassik. Das Largo des Mittelsatzes gleicht einem ernsten Orgeltrio. Es gilt als einer der schönsten Sätze des Komponisten. Das Finale bringt Effekte, die Domenico Scarlatti bevorzugte, wie Übergreifen der Hände und Ähnliches.

Literatur

M. Falck, Wilhelm Friedemann Bach, Leipzig 1913.

Wilhelm Friedrich Ernst Bach

(1759–1845)

Zeit und Umwelt

Durch rund 250 Jahre war die Musikerdynastie Bach ein wesentlicher Faktor der abendländischen Musik. Mehr als 50 Mitglieder der weitverzweigten Familie hatten als Stadtpfeifer, Organisten, Kantoren, Cembalisten, Komponisten und Lehrer die Bezeichnung »Bach« und »Musiker« zum Synonym geprägt, bis der mit Abstand bedeutendste Namensträger die Musik des Barock zur Vollendung führte und abschloß. Ihm folgten die Söhne, deren Genialität wesentlichen Anteil an der Weiterentwicklung der Musik bis zur Höhe der Klassik nahm. Und die nächste Generation hatte sich mit der Last dieser Tradition auseinanderzusetzen.

Leben

Wilhelm Friedrich Ernst Bach wurde am 24. 5. 1759 in Bückeburg als Sohn des Johann Christoph Friedrich Bach (Bückeburger Bach) und Enkel des Johann Sebastian Bach getauft. Er war zunächst Schüler seines Vaters, der ihn 1778 zu dessen Onkel, Johann Christian Bach, nach London mitnahm und bei ihm beließ, so daß er seine Ausbildung vollenden konnte. In der Zeit bis zum Tod des Onkels (1782) trat er in London mehrmals mit Erfolg auf und machte sich als Klavierlehrer einen Namen. Sodann begab er sich nach Paris und den Niederlanden, wo er konzertierte, und ließ sich dann in Minden als Musikdirektor nieder. Den preußischen König Friedrich Wilhelm II., der nach seiner Thronbesteigung (1786) Minden besuchte, begrüßte er mit einer Kantate. Der König rief ihn 1789 nach Berlin und übertrug ihm die Funktion eines Cembalisten der Königin Friederike von Hessen-Darmstadt (1751 bis 1805); nach deren Tod wurde er Cembalist und Hofkapellmeister der Königin Luise von Mecklenburg-Strelitz (1776–1810) und Musiklehrer der preußischen Prinzen. Im Jahr 1811 zog er sich von allen Tätigkeiten zurück und starb am 25. 12. 1845 in Berlin als letzter männlicher Nachkomme Johann Sebastian Bachs.

WERKE
Von Wilhelm Friedrich Ernst Bach sind Klavierstücke, 3 Kavierkonzerte, ein Konzert für zwei Klaviere, ein Divertimento, ein Sextett, 2 Orchestersuiten, 2 Sinfonien, ein »Dreyblatt« – Pianofortestück für 6 Hände –, eine Anzahl Lieder und mehrere Kantaten, zumeist handschriftlich, erhalten.

LITERATUR
K. Geiringer, The Bach Family, London 1954.

Alfred Bachelet (1864–1944)

LEBEN
Alfred Georges Bachelet wurde am 26.2.1864 in Paris geboren. Er war am Conservatoire in Paris Schüler von Ernest Guiraud und erhielt den Rompreis. Er wirkte als Chordirigent und von 1914 bis 1918 als Kapellmeister an der Opéra und ab 1919 als Direktor des Konservatoriums in Nancy, wo er am 10.2.1944 starb.

WERKE
Stilistisch stand Alfred Bachelet zwischen Spätromantik und Impressionismus. Er verfaßte 4 Opern, ein lyrisches Gedicht »Sûryâ« für Tenor und Orchester, eine vedische Hymne für Soli, Chor und Orchester, die lyrische Szene »Der Traum der Sulamith«, ein sinfonisches Gedicht für Tenor, Frauenchor und Orchester, »Noël« (Weihnachten) für zwei Frauenstimmen und Orchester, eine Ballade für Violine und Orchester, ein »Lamento« für Cello und Streichorchester.

Gottlob Bachmann (1763–1840)

ZEIT UND UMWELT
Da Singspiele nicht selten lokale Anspielungen beinhalteten, war ihr Unterhaltungswert sehr hoch, wenn sie von einem Ortskundigen hergestellt wurden.

LEBEN
Gottlob Bachmann wurde am 28. 3. 1763 in Bornitz bei Zeitz geboren. Er war ab 1791 Organist an der Nikolaikirche in Zeitz, wo er am 10. 4. 1840 starb.

WERKE
Von Gottlob Bachmann sind Lieder und Balladen, etwas Kammermusik sowie Klavier- und Orgelstücke erhalten. Er verfaßte auch 2 Singspiele mit großem lokalem Erfolg.

Sixtus Bachmann (1754–1818)

ZEIT UND UMWELT
Auf ihrer Rückreise von Paris im Jahr 1766 suchten Leopold und Wolfgang Amadeus Mozart den Markt Biberach, Baden-Württemberg, auf, wo es zwischen dem jungen Mozart und dem »Wunderkind« Joseph Sigmund Eugen Bachmann (Sixtus war sein späterer Ordensname) zu einem Wettstreit im Orgelspiel kam. »Jeder tat sein Äußerstes, um dem andern den Vorzug streitig zu machen, und für beide fiel der angestellte Wettstreit sehr rühmlich aus.« Später allerdings wurde Bachmann von Mozart überholt, was er stets neidlos anerkannte. Dieses Kindheitserlebnis blieb für ihn eine wertvolle Erinnerung und ein ständiger Ansporn für sein Schaffen.

LEBEN
Sixtus Bachmann (Taufname: Joseph Sigmund Eugen) wurde am 18. 7. 1754 in Kettershausen geboren. Er war ein »Wunderkind«, das bereits mit 9 Jahren mehr als 200 Musikstücke auswendig kannte. Er erhielt seine Ausbildung in den Klöstern Elchingen und Obermarchtal an der Donau. Er lebte einige Zeit in Württemberg, arbeitete dann bei Franz Anton Hoffmeister in Wien, zog sich aber bald in das Praemonstratenserkloster Obermarchtal, dem er angehörte, zurück, wo er 1818 starb.

WERKE
Von Sixtus Bachmann ist eine große Anzahl Messen, Kantaten, Sinfonien, Quartette, Trios und Gesänge handschriftlich erhalten.

Über seinen Wunsch wurde davon nichts veröffentlicht.

Johann Caspar Bachofen (1695–1755)

ZEIT UND UMWELT
Barthold Hinrich Brockes (1680–1747) verließ unter englischem Einfluß die Barocklyrik und wandte sich religiös-philosophischer Naturdichtung zu, die stark pietistisch gefärbt ist und dadurch den Tendenzen seiner Zeit entsprach.

LEBEN
Johann Caspar Bachofen wurde am 26. 12. 1695 in Zürich geboren. Er war nach seinem Theologiestudium ab 1720 Kantor an der Lateinschule und ab 1742 am Großmünster seiner Vaterstadt, wo er am 23. 6. 1755 starb.

WERKE
Die Sammlung von 600 Liedern für zwei und drei Stimmen mit Orgel und Generalbaß: »Musikalisches Halleluja oder schöne und geistreiche Gesänge« von Johann Caspar Bachofen erlebte mehr als 10 Auflagen. Er schrieb weiters: »Psalmen Davids samt Fest- und Kirchengesängen«, »Vermehrte Zusatz von Morgen, Abend Gesängen«, 12 Hefte mit im Konzertstil arrangierten sakralen Liedern für zwei und drei Stimmen, die Vertonung des Hauptwerkes des Lyrikers Barthold Hinrich Brockes »Irdisches Vergnügen in Gott« und seiner Passion »Der für die Sünden der Welt gemarterte und sterbende Jesus«.

LITERATUR
M. Menge, Über Brockes und Bachofen, in: Schweizerische Musikzeitung LXXIX, 1939.

Giovanni Bacilieri
(um 1580 bis nach 1619)

ZEIT UND UMWELT
Ferrara wurde 1598 dem Kirchenstaat einverleibt und kam dadurch nicht nur hierarchisch, sondern auch politisch unter die Herrschaft Roms. Das war ein Grund mehr, die Vorschriften des Konzils von Trient über die Kirchenmusik genau einzuhalten.

LEBEN
Giovanni Bacilieri (Bacilerius) wurde um 1580 vermutlich im Bereich des Kirchenstaates geboren. Es ist nicht bekannt, wo er seine Ausbildung zum Musiker und Kleriker erhalten hat. Bald nach 1600 erhielt er eine Stelle als Priester in Ferrara, dort dürfte er nach 1619 gestorben sein.

WERKE
Der italienische Komponist Giovanni Bacilieri veröffentlichte Lamentationes, Benedictus et Evangelia für fünf Stimmen, Vesperae für acht Stimmen und ein fünfstimmiges Totenoffizium. Seine Musik ist polyphon und folgt dem Palestrina-Stil, besonders hinsichtlich der genauen Textverständlichkeit.

Bénigne de Bacily (um 1625–90)

ZEIT UND UMWELT
Nachdem der italienische Gesangstil in Paris heimisch geworden war, setzte dort eine eigene Entwicklung des Gesanges ein. Sie führte neben der Verfeinerung des gesanglichen Ausdrucks auch die Sprachpflege zu neuen Höhepunkten.

LEBEN
Bénigne de Bacily (Basilly, Bassilly) wurde um 1625 in der Basse Normandie geboren. Er war Kleriker und ein gesuchter und geschätzter Gesanglehrer in Paris, wo er am 27. 9. 1690 starb.

WERKE
Der französische Komponist und Gesangmeister Bénigne de Bacily brachte neben theoretischen Abhandlungen über die Kunst des Singens mehrere Sammlungen von Airs heraus: 3 Bücher »Airs«, sodann 2 Bände zweistimmiger Chansons, »Airs bachiques« und »Airs spirituels«. Er verfaßte einen Teil der Liedtexte selbst. Sein Einfluß auf die französische Gesangskunst war sehr groß.

LITERATUR
H. Prunières, Un maître de chant au XVIIe siècle, Bénigne de Bacily, in: Revue de musicologie VII, 1923.

Carlo Agostino Badia
(um 1672–1738)

ZEIT UND UMWELT
Erzherzogin Eleonore (1653–97), Tochter Kaiser Ferdinands III., war in zweiter Ehe mit Herzog Karl V. Leopold von Lothringen (1643–90) verheiratet und residierte nach dessen Tod in Innsbruck.

LEBEN
Carlo Agostino Badia wurde um 1672 in Venedig geboren. Er war ab 1690 Hofkomponist der Erzherzogin Eleonore, Witwe nach Karl V. Leopold von Lothringen, in Innsbruck und ab 1694 bis zu seinem Tod am 24. 9. 1738 kaiserlicher Hofkomponist in Wien.

WERKE
Der italienische Komponist Carlo Agostino Badia verfaßte 27 Opern, 21 Oratorien, Serenaten und über 30 Kantaten für eine Singstimme und Generalbaß, von denen 12 unter dem Titel »Tributi armonici« (Harmonische Beiträge) veröffentlicht wurden.

LITERATUR
L. von Köchel, Die kaiserliche Hofmusikkapelle in Wien von 1543–1867, Wien 1869.

Henk Badings (1907–87)

LEBEN
Henk Herman Badings wurde am 17. 1. 1907, Java (heute Indonesien), geboren. Er studierte an der Technischen Hochschule in Delft, an der er Dozent für Paläontologie wurde. Dann nahm er bei Willem Pijper Kompositionsunterricht. Im Jahr 1934 wurde er Kompositionslehrer am Konservatorium in Rotterdam, unterrichtete ab 1935 am Musiklyzeum in Amsterdam und leitete von 1941 bis 1945 das Konservatorium in Den Haag. Seit 1961 war er Dozent für Akustik an der Universität Utrecht, 1962 – 1971 Professor für Komposition an der Musikhochschule in Stuttgart. Er starb am 26. 6. 1987.

WERKE
Von Henk Badings sind 3 Opern und 3 Ballette aufgeführt worden. Er schrieb ferner 15 Sinfonien, 4 Violinkonzerte, ein Doppelkonzert, 2 Klavierkonzerte, 2 Cellokonzerte, 2 Flötenkonzerte, ein Saxophonkonzert und zahlreiche weitere Solokonzerte und Doppelkonzerte mit Orchester, Orgelmusik, Carillonmusik, 12 Praeludien für Gitarre, ein Trio für Flöte, Bratsche und Gitarre, 5 Sonaten für Violine und Klavier, 6 Kantaten, Chöre, Lieder für Vokalquartett mit Klavier und Sololieder. Der Komponist hatte sich als einer der ersten seines Landes von der französischen Spätromantik abgewendet und Elemente modaler und polytonaler Harmonik verarbeitet. In Erinnerung an die franko-flämische Polyphonie schachtelte er die Tonreihen. Seine akustischen Studien führten ihn zu einer Skala aus 31 Tönen, die er bei einigen seiner Kompositionen gebrauchte und damit äußerst differenzierte Klangeffekte erzielte.

Henk Badings

Sven-Erik Bäck (geboren 1919)

Leben

Sven-Erik Bäck wurde am 16.9.1919 in Stockholm geboren. Von 1940 bis 1945 war er Kompositionsschüler von Hilding Rosenberg in seiner Geburtsstadt und nach zweijährigem Studium an der Schola Cantorum in Paris Schüler von Goffredo Petrassi in Rom. Seit 1953 leitet er das Kammerorchester des schwedischen Rundfunks und ab 1959 daneben dessen Musikschule auf Schloß Edsberg.

Werke

Außer 3 Opern und 5 Ballettmusiken schrieb Sven-Erik Bäck eine Orchesterfantasie, ein Konzert für Streicher und Schlagzeug, »Movimento I und II« für Orchester, eine Kammersinfonie, ein Konzert für Streichorchester und Schlagzeug, ein Cellokonzert, ein Konzert für Klarinette und Großes Schlagzeug, ein Streichquintett, 2 Streichquartette, ein Trio für Flöte, Cello und Prepared piano, ein Trio für Bratsche, Cello und Kontrabaß, mehrere elektronische Kompositionen, ein Oratorium, zahlreiche Kantaten und Chöre mit verschiedener Instrumentalbegleitung, Lieder und Gesänge, viele Motetten a cappella und Musiken für Bühne, Film, Rundfunk und Fernsehen. Sein umfangreiches Schaffen neigt trotz Verwendung älterer Stilelemente verschiedenen Richtungen der zeitgenössischen Musik zu.

Karl Bärmann (1810–85)

Zeit und Umwelt

Technische Veränderungen an Musikinstrumenten, die Klang und Spielmöglichkeit verbessern, sind jederzeit von Komponisten und Publikum begrüßt worden. Zurückhaltender waren Virtuosen und Lehrer, deren Stellung dadurch gefährdet wurde, deren mühsam erlernte Spieltechnik durch eine neue ersetzt und daher neu erarbeitet werden mußte. Der Widerstand gegen die Doppelpedalharfe und gegen die Perfektion der Klarinette war dafür ein bezeichnendes Beispiel.

Leben

Karl Bärmann wurde am 24.10.1810 in München geboren. Er wurde Klarinettist und Bassetthornist und folgte seinem Vater als Hofmusikus in München nach. Er starb am 24.5.1885 in München.

Sein Vater Heinrich Joseph Bärmann (14.2. 1784, Potsdam, bis 11.6.1847, München) war Schüler von Josef Beer (1744–1812) und wirkte von 1798 bis 1806 als Klarinettist eines Berliner Garderegiments. Im Jahr 1807 wurde er Hofmusikus in München. Ab 1809 unternahm er mehrere Konzertreisen mit Carl Maria von Weber, der für ihn seine Klarinettenkompositionen schrieb. Er brachte an der Neukonstruktion, die Iwan Müller für die Klarinette erfunden hatte, noch weitere Verbesserungen an, die allerdings von allen vom Conservatoire in Paris abgelehnt wurden. Dafür konnte er sich mit dem Böhmschen Ringklappensystem, das Hyacinthe Eléonore Klosé auf das Instrument übertragen hatte, ebensowenig befreunden wie eine Reihe anderer deutscher Klarinettisten.

Sein Bruder Karl Bärmann (um 1782, Potsdam, bis 30.3.1842, Berlin) war als Fagottist Militärmusiker und ab 1803 Kammermusikus in Berlin.

Sein Sohn Karl Bärmann (9.7.1839, München, bis 17.1.1913, Newton, Boston) war Schüler von Franz Liszt und Franz Lachner. Er wirkte ab 1881 als Pianist in Boston, Mass.

Werke

Von Karl Bärmann sind zahlreiche Klarinettenstücke bekannt geworden. Sein bedeutendstes Werk ist seine »Vollständige Clarinett-Schule«, die vielfach aufgelegt wurde und noch heute in Verwendung steht.

Heinrich Joseph Bärmann schrieb eine Anzahl von Stücken für die Klarinette, vorwiegend zum eigenen Konzertgebrauch.

Karl Bärmann (dessen Bruder) komponierte ein Fagottkonzert.

Karl Bärmann (Sohn) veröffentlichte eine Reihe von ansprechenden Klavierkompositionen.

August Baeyens (1895–1966)

LEBEN
August Louis Baeyens wurde am 5. 6. 1895 in Antwerpen geboren, wo er Schüler des Konservatoriums wurde. Von 1918 bis 1932 wirkte er als Solobratschist am Französischen Theater der Stadt; sodann wurde er Verwaltungsmitglied der Flämischen Oper und 1944 deren Direktor. Er starb am 17. 7. 1966 in Antwerpen.

WERKE
Von August Baeyens wurden 3 Opern, eine Bühnenmusik und ein Ballett aufgeführt. Er schrieb ferner 8 Sinfonien, eine Sinfonia breve und eine Kammersinfonie, ein Bratschenkonzert, ein Trompetenkonzert, eine Rhapsodie für Klarinette mit Orchester, 6 Streichquartette, ein Bläserquintett, ein Bläserterzett, eine Kantate, Orchester- und Klavierlieder.

Selmar Bagge (1823–96)

LEBEN
Selmar Bagge wurde am 30. 6. 1823 in Coburg geboren. Er studierte bei Dionys Weber in Prag und bei Simon Sechter in Wien. Von 1851 bis 1855 war er Kompositionslehrer am Konservatorium in Wien, wirkte sodann als Musikkritiker und Musikjournalist. Ab 1868 war er Direktor der Allgemeinen Musikschule in Basel und hielt ab 1876 musikwissenschaftliche Vorlesungen an der Universität. Er starb am 16. 7. 1896 in Basel.

WERKE
Als Musiker und als Kritiker war Selmar Bagge ein unbedingter Anhänger von Ludwig van Beethoven und Robert Schumann. Alles, was von diesen Vorbildern abwich, insbesondere die Meister der Neudeutschen Schule, verwarf er. Da seine eigenen Kompositionen auch dieser Tendenz folgen, waren sie zwar korrekt und »richtig«, aber einfallsarm und wenig melodiös. Er schuf 4 Sinfonien, ein Klavierkonzert, eine Vertonung des 139. Psalms, 2 Messen, eine Anzahl Chorwerke, Lieder, Kammermusik und Klavierstücke. Als Musikschriftsteller verfaßte er unter anderem ein »Lehrbuch der Tonkunst«, worin er die strengen Grundsätze darlegte, nach denen er seine Kritiken und seine Kompositionen ausrichtete.

Johann Bahr (um 1610 bis um 1670)

ZEIT UND UMWELT
Daß deutsche Musiker für kürzere oder längere Zeit an den Höfen Dänemarks oder Schwedens wirkten, ist in der ersten Hälfte des 17. Jahrhunderts zu einer häufigen Erscheinung geworden. Auch die Organistenstellen waren oft mit eingewanderten Deutschen oder deren Nachkommen besetzt.

LEBEN
Johann Bahr (Bähr) wurde um 1610 vermutlich in oder bei Hamburg geboren. Er war in Hamburg Orgelschüler von Jakob Praetorius dem Jüngeren und erhielt 1633 die Organistenstelle an der Kathedrale von Visby, Gotland, wo er um 1670 gestorben ist.

WERKE
Der schwedische Komponist und Organist deutscher Abkunft Johann Bahr verfaßte eine Reihe von Orgelstücken, die sich in der Gefolgschaft Praetorius' und Sweelincks bewegen, und etliche Vokalstücke mit monodischen Passagen.

LITERATUR
B. Anrep-Nordin, Johann Bahr, in: Musiktidningen 1914.

Tommaso Bai (um 1650–1714)

LEBEN
Tommaso Bai wurde um 1650 in Crevalcuore, Bologna, geboren. Er wirkte an der Cappella Sistina zunächst als Sänger und ab 1713 als Kapellmeister und starb in Rom am 22. 12. 1714.

WERKE
Der italienische Komponist Tommaso Bai

verfaßte zahlreiche sakrale Vokalwerke im alten Stil. Am bekanntesten davon wurde sein Miserere, das in der päpstlichen Kapelle lange während der Karwoche gesungen wurde und sehr gefiel, weil es den alten Falso-bordone-Stil nachahmte. Auch seine Messen und Motetten mit fünfstimmiger Polyphonie klingen gut, weil sie in ihrer Kontrapunktik die Harmonik berücksichtigen.

Joseph Baildon (um 1727–74)

ZEIT UND UMWELT
Wie sich italienische Kleriker ungehindert der Komposition von Opern widmen durften, deren Texte nicht immer erbauend und erhaben waren, so fand man in England nichts daran, wenn Kirchendiener Catches und Glees veröffentlichten, die vorwiegend in Männerrunden gesungen wurden.

LEBEN
Joseph Baildon wurde um 1727 vermutlich in London geboren. Er war Chorleiter an Westminster Abbey und ab 1762 Organist an St. Luke und All Saints. Später dürfte er an St. Paul's gewirkt haben, weil dort seine Beerdigung mit 2. 5. 1774 registriert wurde.

WERKE
Die zweibändige Liedersammlung von Joseph Baildon wurde viel benützt. Für seine Glees und Catches erhielt er mehrere Preise. Sie wurden in verschiedene Sammelwerke aufgenommen.

Antoine Bailleux (um 1720–91)

LEBEN
Antoine Bailleux wurde um 1720 in Frankreich geboren. Er ließ sich in Paris als Musikverleger nieder und brachte eine große Anzahl französischer, italienischer und österreichischer Komponisten seiner Zeit oder der jüngsten Vergangenheit heraus, außerdem mehrere wichtige musiktheoretische Publikationen. Er starb 1791 in Paris.

WERKE
Die kompositorische Tätigkeit von Antoine Bailleux umfaßte 12 Sinfonien, von denen 6 überliefert sind, 6 kleine Kantaten in italienischem Geschmack und ein- bis dreistimmige Airs mit Instrumentalbegleitung. Sein Stil folgte italienischen Vorbildern. Er verfaßte außerdem etliche wichtige Lehrwerke.

Giuseppe Baini (1775–1844)

LEBEN
Giuseppe Giacobbe Baldassare Baini wurde am 21.10.1775 in Rom geboren. Er war Schüler von Giuseppe Jannaconi (1741–1816), wurde Bassist der päpstlichen Kapelle und fungierte von 1818 als Camerlengo der Kapelle bis zu seinem Tod am 21.5.1844 in Rom.

WERKE
Von den zahlreichen sakralen Werken im Palestrina-Stil von Giuseppe Baini ragt sein zehnstimmiges Miserere durch Schönheit und kunstvolle Faktur hervor. Es wurde in das Karwochenrepertoire der Sistina aufgenommen. Musikgeschichtlich wichtig sind seine Publikationen über Palestrina und die Renaissancemusik.

LITERATUR
G. Stranghetti, Nota biografica su Giuseppe Baini, in: Note d'archivio, 1924.

Tadeusz Baird (1928 – 81)

LEBEN
Tadeusz Baird wurde am 26.7.1928 in Grodzisk Mazowiecki geboren. Er studierte bei Kazimierz Sikorski in Lódź und in Warschau, wo er danach als Musiklehrer und Komponist lebte. Er starb dort am 2.9.1981.

WERKE
Drei Auszeichnungen von der UNESCO und weitere Anerkennungen bestätigten den Rang von Tadeusz Baird als einen der führenden Komponisten Polens. Neben einer Oper schrieb er 3 Sinfonien, eine Ouvertüre für

Kammerorchester, eine »Kurze Sinfonie«, ein Orchesterkonzert, eine Kassation für Orchester, ein Klavierkonzert, eine Suite für Flöte und Streichorchester, eine Etüde für Vokalorchester, Schlagzeug und Klavier, Variationen für Orchester, Variationen für Violine und Orchester, Dialoge für Solooboe und Kammerorchester, eine Musik für Flöte, Klarinette, Cello und Orchester, Trouvères-Lieder für Alt, zwei Flöten und Cello, 5 Lieder für Mezzosopran und Kammerorchester und eine Kantate für Bariton, gemischten Chor und Orchester.

Sinfonie Nr. 3, 4 Sätze, entstanden 1969

Das Werk ist expressionistisch, mit Anspielungen auf typisch polnische Passagen. Die Satzeinteilung entspricht nur nominell der alten Sinfonienorm, in Wirklichkeit zerfällt die Komposition in viele kleine Abschnitte, in denen harte Dissonanzen und weiche Lyrik abrupt abwechseln. Im 1. und 4. Satz sind diese Kontraste am heftigsten, der 2. Satz bringt die meisten lyrischen Stellen, und der 3. Satz erinnert entfernt an das traditionelle Scherzo. Der rasche Ablauf einer Fülle von musikalischen Ereignissen ist sehr beeindruckend.

LITERATUR

T. Zieliński, Tadeusz Baird, Krakau 1966.

Benjamin Franklin Baker (1811–89)

ZEIT UND UMWELT

Das Musikleben in den USA entfaltete sich um die Mitte des 19. Jahrhunderts bereits zu einer beachtlichen Blüte. Bezeichnend dafür war, daß es schon zu einem Teil von Kräften bestritten wurde, die im Land geboren und ausgebildet wurden. Von dieser Basis ausgehend, konnte sich in der Folge die Musikentwicklung zum hohen Niveau des nächsten Jahrhunderts erheben.

LEBEN

Benjamin Franklin Baker wurde am 16.7.1811 in Wenham, Mass., geboren. Nach einer Chorpraxis an Kirchen in Salem und Boston löste er Lowell Mason (24.1.1792, Medfield, Mass., bis 11.8.1872, Orange, N. J.) 1841 als Musiklehrer an den öffentlichen Schulen in Boston ab. Er leitete dort auch die Händel- und Haydn-Gesellschaft und gründete 1851 in Boston eine Musikschule, an der ihm bis 1868 die Vokalklassen anvertraut waren. Er starb am 11.3.1889 in Boston.

WERKE

Neben mehreren Bänden mit Glees und Anthems verfaßte Benjamin Franklin Baker 3 große Kantanten – »Der Sturm-König«, »Das brennende Schiff«, »Camillus, der römische Eroberer« – und weitere Vokalstücke.

George Baker (um 1773–1847)

ZEIT UND UMWELT

Charles Benjamin Incledon (getauft 5.2.1763, St. Kevern, Cornwall, bis 11.2.1826, Worcester), einer der meist geschätzten Tenöre seiner Zeit in England, sang 1800 bei der Erstaufführung der Schöpfung von Joseph Haydn am Covent Garden Theatre in London. Er war in erster Linie Sänger von Liedern, von denen zahlreiche von zeitgenössischen Komponisten speziell für ihn geschrieben wurden.

LEBEN

George Baker wurde um 1773 in Exeter geboren. Er war Schüler von William Jackson (1730–1803) und wirkte als Organist an All Saints in Derby, ab 1810 und von 1824 bis zu seinem Tod am 19.2.1847 in Rugeley.

WERKE

Von George Baker sind Anthems, Glees, Voluntaries für Orgel, Klaviersonaten und viele Lieder für den Tenor Charles Benjamin Incledon bekannt geworden. Die Orgel- und Vokalmusik hielt sich an die zeitgenössischen Stilformen Englands; die Klaviermusik lehnte sich an französische Fakturen an.

Bálint Bakfark (1507–76)

LEBEN

Bálint Bakfark (Valentinus Greff Bakfark) ist 1507 in Brassó (heute Brasov, Siebenbürgen) geboren. Seine Jugend verbrachte der ungarische Lautenist am Hof des damaligen Wojwoden von Siebenbürgen, des späteren Königs von Ungarn, János Zápolya, der ihn unterrichten ließ und in den Adelsstand erhob. Nach dem Tod des Königs ging er nach Italien und darauf an den französischen Hof. Von 1549 bis 1566 war er in Vilnius am Hof des polnischen Königs Zygmunt August (1520–72) als Lautenist tätig und reiste von dort nach Danzig, Augsburg, Lyon, Venedig und Königsberg. Im Jahre 1566 trat er in Wien als Hoflautenist in kaiserliche Dienste, kehrte jedoch schon nach zwei Jahren nach Siebenbürgen zu János Zsigmond Zápolya zurück. Nach dem Ableben seines Gönners übersiedelte er nach Venedig, wo er am 15. 8. 1576 der Pest erlag. Er soll vor seinem Tod alle seine unveröffentlichten Manuskripte verbrannt haben.

Werke

Bálint Bakfark wird als einer der bedeutendsten Meister der Instrumentalmusik der Renaissance angesehen. Seine Werke stellen eine hochkünstlerische Synthese der Polyphonie der Zeit und instrumentaler Technik dar, deren Ausdruckskraft mit reich ornamentierten Melodien erreicht wird. Er veröffentlichte 2 Sammlungen von Lautenmusik, die Bearbeitungen von Motetten, Madrigalen, Chansons und Tänzen von Meistern des 15. und 16. Jahrhunderts oder von Volksmusik sind und die Polyphonie der Originale mit außergewöhnlicher Treue wiedergeben. Auch seine eigenen Kompositionen, 10 Fantasien und ein Passamezzo, weisen den gleichen polyphonen Stil auf.

Literatur

O. Gombosi, Der Lautenist Valentinus Bakfark, Musicologia Hungarica, Neue Folge I, Kassel 1967.

Mili Balakirew (1836–1910)

Zeit und Umwelt

Der russische Kunst- und Musikkritiker Wladimir Wasiljewitsch Stassow (2. 1. 1824, St. Petersburg, bis 20. 10. 1906, St. Petersburg) war ein engagierter Vorkämpfer der nationalrussischen Musik; er setzte sich vor allem für das Werk von Michail Glinka ein. Er hatte dem »Mächtigen Häuflein« den Namen verliehen und förderte es als Kaiserlicher Bibliothekar und Direktor der Kunstabteilung der Kaiserlichen Öffentlichen Bibliothek in St. Petersburg nach Kräften. Es sollte auch Piotr Tschaikowski dafür gewonnen werden, der sich jedoch an keine Ideologie binden ließ und daher von den »Jungrussen« als »Westler« angefeindet wurde, obwohl in seiner Musik viel Bodenständiges mitklingt und in den Kompositionen der streng Nationalen westliche Einflüsse auf Schritt und Tritt deutlich werden.

Leben

Mili Aleksejewitsch Balakirew wurde am 21. 12. 1836 in Nischni Nowgorod (Gorki) geboren. Er kam dort in früher Jugend mit dem hoch musikalischen Dilettanten und Musikhistoriker Aleksandr Dmitrijewitsch Ulibischew (2. 4. 1794, Dresden, bis 2. 8. 1858, Nischni Nowgorod) in Verbindung, der ihm Unterricht erteilte und auf das Volksliedgut des von der Hauptstadt weit entfernten und von jedem westlichen Einfluß verschonten Landesteils aufmerksam machte. Nachdem er 2 Jahre in Kasan Mathematik studiert hatte, ging er mit Ulibischew nach St. Petersburg, wo er als Pianist und Klavierlehrer lebte. Er fand Verbindung mit Michail Glinka, der ihn förderte, und schloß sich mit Modest Mussorgski, Nikolai Rimski-Korsakow, Aleksandr Borodin und Zesar Kjui zum »Mächtigen Häuflein« mit dem Ziel zusammen, aus der Musik in Rußland eine wirklich »russische Musik« zu gestalten und dabei westliche Einflüsse nach Möglichkeit auszuschalten. Der gleichen Absicht diente die Gründung der »Musikalischen Freischule« mit tatkräftiger Unterstützung und sachkundiger Beratung seitens Wladimir Stassows und Gawrjil Lomakins, deren Konzerte er bis 1866 dirigierte; 1867 wurde er außerdem Dirigent der Kaiserlichen Russischen Musikgesellschaft. Nach einer Schaffenspause übernahm er 1881 neuerlich die Leitung der Schule und ihrer Konzerte und wirkte von 1883 bis 1894 als

Direktor der Hofsängerkapelle. Er starb am 16.5.1910 in St. Petersburg.

WERKE

An Orchesterwerken von Mili Balakirew liegen vor: 2 Sinfonien in C-Dur und d-Moll, von denen Nr. 1 häufiger gespielt wird, eine Ouvertüre über ein spanisches Marschthema, eine Ouvertüre über drei russische Volkslieder, die sinfonischen Dichtungen »Tamara«, »Rossija« und »In Böhmen«, 2 Klavierkonzerte und weitere Ouvertüren über tschechische und russische Themen. Für Klavier schrieb er die orientalische Fantasie »Islamey«, eine Sonate, ein Toccata und zahlreiche Walzer, Mazurkas, Nokturnen, Scherzi und andere Stücke. Für die Bühne verfaßte er eine Schauspielmusik zu »König Lear« von William Shakespeare. Außerdem schrieb er eine Kantate zum 100. Geburtstag Michail Glinkas. Die Kammermusik ist durch ein Septett für Flöte, Klarinette, Streicher und Klavier und ein Streichquartett vertreten. Er veröffentlichte Sammlungen russischer Volkslieder und verfaßte für 30 davon die Klavierbegleitung für zwei oder vier Hände.

Rossija, Sinfonisches Gedicht, entstanden 1862

In dem Stück sind drei Volksliedthemen verarbeitet, mit denen drei Phasen der russischen Geschichte charakterisiert werden sollen: »Das Heidentum, Moskau und das spezifisch altslawische Element, wie es im Kosakentum ausgeprägt ist.« Eine Reigenmelodie des Komponisten selbst tritt hinzu. Die Komposition wurde zur Enthüllung des Denkmals zur Tausendjahrfeier Rußlands verfaßt und trug ursprünglich den Titel »Tausend Jahre«.

Tamara, Sinfonisches Gedicht, entstanden 1882

Diesem Stück liegt das gleichnamige Gedicht von Michail Lermontow (1814–41) zugrunde, das die Legende von der schönen, aber tückischen Königstochter Tamara verarbeitet, die die Wanderer in ihr Schloß lockt, um sie am folgenden Morgen zu töten. Das erste Thema schildert die Gebirgslandschaft des Kaukasus und die verführerische Gestalt des Mädchens, das zweite ist der orientalischen Volksmusik entnommen und stellt das nächtliche Fest auf dem Schloß dar, das dritte wandelt das erste zu einer leidenschaftlich lockenden Melodie mit unheilvoller Färbung um und mündet in einen wehmütigen, sehnsuchtsvollen Ausklang.

Klaviersonate in b-Moll, 4 Sätze, entstanden 1905

Alle 4 Sätze sind ohne Zwischenpausen vorzutragen. Der 1. Satz bringt eine Kombination von Fugen- und Sonatenform. Das Hauptthema besteht aus einer schönen Kantilene, deren Auszierungen typisch russische Wendungen sind. Die als 2. Satz folgende Mazurka ist energisch und elegant. Thema und Verarbeitung gehören dem russischen Stil an. Ein gedankenschweres Intermezzo leitet zum Finale, das mit rauschenden Arpeggi und Läufen das Werk grandios abschließt.

LITERATUR

G. Federowa, Mili Aleksejewitsch Balakirew, Moskau 1951.

Andrei Balantschiwadse (geboren 1906)

LEBEN

Andrei Melitonowitsch Balantschiwadse wurde am 19.5.1906 in St. Petersburg als Sohn des Begründers der grusinischen Musikentwicklung unseres Jahrhunderts und Komponisten Meliton Antonowitsch Balantschiwadse (24.12.1862, Banodscha, Grusinien, bis 21.11. 1937, Kutaissi) geboren. Er studierte in Tbilisi unter Nikolai Tscherepnin und Michail Ippolitow-Iwanow bis 1926 und anschließend am Konservatorium in Leningrad bei Aleksandr Schitomirski. Ab 1935 unterrichtet er am Konservatorium in Tbilisi; die gesamte junge Komponistengeneration der Gegenwart gehört zu seinen Schülern.

WERKE

Neben einer Oper und 3 Balletten schrieb Andrei Balantschiwadse 2 Sinfonien, »Sinfonische Bilder«, 3 Klavierkonzerte, Klavierstücke, A-cappella-Chöre, Lieder, Bühnen- und Filmmusik. Seine Musik entfernt sich noch sehr wenig von der Folklore.

LITERATUR

G. Ordschonikidse, Andrei M. Balantschiwadse, Moskau 1959.

Sergei Balassanjan (1902 – 82)

LEBEN

Sergei Artemjewitsch Balassanjan wurde am 13.8.1902 in Aschchabad (Turkmenien) geboren. Er studierte in Tbilisi, Leningrad und Moskau. Von 1932 bis 1936 wirkte er als Musikreferent beim Rundfunk und ab 1948 als Kompositionslehrer am Konservatorium in Moskau, wo er am 3.6.1982 starb.

WERKE

Die Kompositionen von Sergei Balassanjan fußen auf ethnographischem – tadschikischem, armenischem, indischem, indonesischem, afghanischem – Material. Er verfaßte 4 Opern und 2 Ballette, verschiedene Orchesterwerke, wie »Tadschikische Suite«, »Armenische Rhapsodie«, »Pamir« (Stimmungsbild), »Ballettsuite«, »Tongedicht«, »Armenische Lieder«, »Sinfonische Bilder aus Indonesien«, »Chorsinfonie«, weiters eine Sonatine für Violine und Klavier, Klavierwerke, Chöre, Romanzen und Lieder, Bühnen- und Filmmusiken.

Jan Balatka (1825–99)

ZEIT UND UMWELT

Wenn ein junger Musiker in Olmütz in der ersten Hälfte des 19. Jahrhunderts nicht in die Erzbischöfliche Kapelle aufgenommen wurde, konnte er sich nur in Brünn oder Prag ausbilden. Viele zogen es vor, nach Wien zu gehen, wo eine große Auswahl an Lehrern zur Verfügung stand.

LEBEN

Jan Balatka (Hans) wurde am 26.2.1825 bei Olmütz (Olomouc) geboren. Er war in Wien Schüler von Simon Sechter und Heinrich Proch. Im Jahr 1849 wanderte er nach Milwaukee aus, wo er den Musikverein gründete und von 1851 bis 1860 dirigierte. Darauf ging er nach Chicago, wo ihm die Leitung der Philharmonic Society und der Musical Union übertragen wurde. Er dirigierte in den folgenden Jahren auch noch andere musikalische Organisationen und starb am 17.4.1899 in Chicago.

WERKE

Von Jan Balatka sind eine Kantate, zahlreiche Chöre für die von ihm geleiteten Gesangvereine, einige Lieder und mehrere Fantasien für Orchester erhalten.

Claude Balbastre (1727–99)

LEBEN

Claude-Bénigne Balbastre (Balbâtre) wurde am 22. 1. 1727 in Dijon geboren. Er war Schüler von Claude Rameau (1690–1761) und sodann Organist an St-Étienne in seiner Geburtsstadt. 1750 ließ er sich in Paris nieder und wurde 1756 Organist an St-Roch, sodann an der Abtei von Panthémont und schließlich 1760 an Notre-Dame. Ab 1766 war er Organist des Bruders des Königs, des späteren Königs Ludwig XVIII., Cembalist der Königin Marie Antoinette und Organist der Königlichen Kapelle. Nach Beendigung des Königtums komponierte er Gelegenheitsstücke für revolutionäre Festlichkeiten. Er starb am 9. 5. 1799 in Paris.

WERKE

Von Claude Balbastre sind Cembalostücke, für Cembalo arrangierte Opernarien, für Pianoforte eingerichtete Weihnachtslieder, 4 Sonaten für Pianoforte, zwei Violinen, Baß und zwei Hörner, 14 Orgelkonzerte, die verlorengingen, für Klavier arrangierte Revolutionslieder und eine Ariensammlung erschienen. Sein Stil paßte sich dem jeweiligen Geschmack an.

LITERATUR

Ch. Poisot, Essai sur les musiciens bourguignons, Dijon 1854.

Ludovico Balbi (1545 – 1604)

ZEIT UND UMWELT

Der Markusdom war nicht die einzige Kirche Venedigs mit einer ausgezeichneten Kapelle. Besonders die von den verschiedenen Orden betreuten Kirchen verfügten über ein ausreichendes Musikerreservoir. In den zum

Orden gehörenden Klöstern in ganz Italien gab es genügend ausgebildete Kräfte, die herangezogen werden konnten. Die Santa Maria Gloriosa dei Frari, die von den Franziskanern erbaut worden war, genoß wegen ihrer Kapelle einen guten Ruf.

LEBEN
Ludovico Balbi (Ludovicus Balbus) wurde 1545 in Venedig geboren und war Schüler von Costanzo Porta. Er gehörte dem Chor des Domes von Venedig zuerst als Chorknabe, sodann ab 1570 als Sänger an. Im Jahre 1578 wurde er Kapellmeister an der Frari-Kirche. Von 1585 bis 1591 wirkte er in gleicher Eigenschaft an Sant' Antonio in Padua, ab 1594 am Dom von Feltre und in den Jahren 1597 und 1598 am Dom in Treviso. Dann kehrte er nach Vendig zurück und starb dort 1604.
Sein Neffe und Schüler Luigi Balbi (Aloysius Balbus) wurde um 1565 in Venedig geboren. Er war Sänger an Sant' Antonio und ab 1587 Kapellmeister an Santa Maria della Carità in Venedig. Im Jahre 1590 wirkte er in gleicher Eigenschaft in Zara (Zadar), 1606 an Ca'Grande in Venedig und von 1615 bis 1621 an Sant' Antonio in Padua, wo er bald darauf starb.

WERKE
Von Ludovico Balbi sind in Venedig fünfstimmige Messen, vierstimmige Kirchengesänge, ein zwölfstimmiges Completorium für drei Chöre, sieben- und achtstimmige Motetten und ein achtstimmiges Te Deum erschienen. Mit Giovanni Gabrieli und Orazio Vecchi brachte er ein Graduale und Antiphonarium heraus.
Von Luigi Balbi sind Concerti ecclesiastici (Kirchenkonzerte) für acht Stimmen und drei Chöre überliefert. Dieses großangelegte Werk folgt wie auch alle Musik von Ludovico Balbi dem Spätrenaissancestil Venedigs, läßt aber den kommenden Stilwandel deutlich spüren.

LITERATUR
G. Tebaldini, L'archivio musicale della Cappella Antoniana, Padua 1895.

Melchiorre Balbi (1796–1879)

LEBEN
Melchiorre Balbi wurde am 4.6.1796 in Venedig geboren. Er war Schüler von Antonio Calegari. Von 1818 bis 1853 wirkte er als Konzertmeister an beiden Theatern von Padua und anschließend bis zu seinem Tod am 21.6. 1879 als Kapellmeister an Sant'Antonio.

WERKE
Von Melchiorre Balbi wurden in Padua 3 Opern aufgeführt. Er schrieb außerdem 11 Messen, ein Requiem (für Gioacchino Rossini), Offertorien, Psalmen, Magnificat. Er war auch als Musikschriftsteller tätig. Seine Musik bewegte sich im Rahmen der Romantik.

Guglielmo Baldini
(um 1540 bis nach 1580)

ZEIT UND UMWELT
Giovanni Antonio Facchinetti (1519–91) war, ehe er von Papst Gregor XIII. 1583 zum Kardinal ernannt wurde, Nuntius in Venedig. Er kam am 29. 10. 1591 als Innozenz IX. selbst auf den päpstlichen Thron, starb aber am 30. 12. desselben Jahres. In Venedig galt er als Förderer der Musik.

LEBEN
Guglielmo Baldini wurde um 1540 in Ferrara geboren, wo er seine Ausbildung zum Musiker erhielt. Es ist unbekannt, welche Stelle er versah. Er dürfte mit dem Hofdrucker von Ferrara, Vittorio Baldini (um 1530 bis um 1580), verwandt gewesen sein. Ort und Zeit seines Todes sind nicht feststellbar.

WERKE
Der italienische Komponist Guglielmo Baldini widmete dem päpstlichen Nuntius in Venedig, Antonio Facchinetti, ein Buch mit fünf- und sechsstimmigen Madrigalen, die stark mit homophonen Partien durchsetzt sind und sich stilistisch der Villanella nähern. Er hat angeblich ein zweites Buch mit der gleichen Widmung herausgebracht,

das jedoch verschollen ist. Von anderen Kompositionen gibt es keine Berichte.

John Baldwin (um 1560–1615)

ZEIT UND UMWELT

Notenkopisten waren auch im 17. Jahrhundert selten, weil die Notationsmethode noch nicht sehr weit entwickelt war. Der Kopist mußte unbedingt in irgendeiner Art Musiker sein, um Musik niederschreiben zu können. Kapellmeister, Instrumentalisten, Sänger, Musiklehrer legten sich Niederschriften an, die sie beruflich benötigten. Drucke waren teuer; außerdem wurde zu jenen Zeiten nur ein kleiner Teil der vorhandenen Musik gedruckt. Kapellen an Höfen und Domen hielten sich oft eigene Kopisten, die das Repertoire aufzeichneten.

LEBEN

John Baldwin wurde um 1560 vermutlich in Windsor geboren. Er erhielt nach einer Tätigkeit an der Kapelle in Windsor die Ernennung zum Gentleman der Chapel Royal und wirkte dort als Sänger und Komponist. Bei seinen Zeitgenossen war er vor allem als Kopist berühmt. Er starb in London am 28. 8. 1615.

WERKE

In den Jahren 1581 bis 1606 legte John Baldwin eine umfangreiche Sammlung von Motetten englischer und ausländischer Komponisten des 15. und 16. Jahrhunderts an. Darunter befinden sich auch Kompositionen von ihm selbst: Motetten und Anthems. Ein Magnificat und mehrere Vokalstücke stehen in anderen Sammlungen. Seine Kompositionen sind sehr konservativ und vermeiden jedes Experiment.

LITERATUR

E. Brennecke, A singing Man of Windsor, Music & Letters XXXIII, 1952.

Michael Balfe (1808–70)

LEBEN

Michael William Balfe wurde am 15. 5. 1808 in Dublin geboren und dort vorerst zum Violinisten ausgebildet. Er trat bereits als Kind in seiner Geburtsstadt auf. Dann kam er 1823 nach London, spielte im Orchester des Drury Lane Theatre und versuchte sich als Opernsänger, aber zunächst ohne Erfolg. Erst nach einem Studienaufenthalt in Italien glückte es ihm in Paris, als Opernbariton anzukommen. Er sang anschließend in Palermo und in Mailand und schließlich in London. Nachdem er bereits in Palermo mit seiner ersten Oper Erfolg hatte, wandte er sich vollends der Komposition zu und verfaßte über 30 vorwiegend englische Opern mit durchschnittlich gutem Erfolg. Auf seinen Reisen auf dem Kontinent – Paris, Berlin, St. Petersburg usw. – wurde er wegen seiner Bühnenwerke ausgezeichnet, in London stand er als Komponist, Sänger und Dirigent in hohem Ansehen. Er starb am 20. 10. 1870 in Rowney Abbey, Hertfordshire.

WERKE

Neben seinen zahlreichen Opern, von denen »Das Zigeunermädchen« internationale Erfolge erreichte, schrieb Michael Balfe Kantaten, zahlreiche Balladen und einige Violinstücke. Alle seine Vokalkompositionen waren außerordentlich eingängig; er wußte als Sänger, was gefiel.

Jaime Balius y Vila (um 1775–1822)

LEBEN

Jaime Balius y Vila wurde um 1775 vermutlich in Gerona geboren, wo er Kirchenkapellmeister wurde. Er wirkte dann in Córdoba und in Madrid. Er starb am 3. 11. 1822 in Córdoba.

WERKE

Von Jaime Balius y Vila sind zahlreiche sakrale Gesänge jeder Art – Messen, Offertorien, Psalmen, Litaneien, Magnificat – in verschiedenen Kathedralen Spaniens aufbewahrt. Er schrieb auch 3 Rondos und eine Sonate für Cembalo. Gedruckt wurde davon nichts.

Gregorio Ballabene (1720 bis um 1803)

ZEIT UND UMWELT
Der von der katholischen Kirche zeitweise für den sakralen Gebrauch sehr geförderte A-cappella-Stil bildete ab dem 17. Jahrhundert einen Sonderfall in der allgemeinen Musikentwicklung. Melodische Sangbarkeit und Selbständigkeit aller Stimmen, Vermeidung von Dissonanzen, ebenmäßiger Rhythmus, häufige Imitationen und Verzicht auf Instrumentalbegleitung oder deren Einsatz lediglich zur Stimmverstärkung waren seine Hauptmerkmale, ob es sich um reine Palestrina-Kopien handelte oder um dem Zeitstil angepaßte Diktionen. Die Stimmen wurden oft chorisch besetzt und streng kontrapunktisch geführt.

LEBEN
Gregorio Ballabene wurde 1720 in Rom geboren. Er lebte vollkommen zurückgezogen und seinen Studien ergeben, so daß bis zu seinem 50. Lebensjahr nur seine engsten Freunde wußten, daß er einer der größten Kontrapunktiker und der einfallsreichsten Vokalkomponisten des 18. Jahrhunderts war. Als er sich bei mehreren Domen um eine Kapellmeisterstelle bewarb, wurde er abgewiesen. Er wurde wohl Mitglied der Accademia dei Filarmonici in Bologna und Mitglied der Prüfungskommission der Congregazione dei Musici in Rom, blieb aber sonst völlig unbeachtet. Er starb um 1803 in Rom.

WERKE
Von dem Meister des A-cappella-Stils Gregorio Ballabene sind eine Messe für achtundvierzig Stimmen, in zwölf Chören aufgeteilt, je ein Dixit für sechzehn und für acht Stimmen, fünfstimmige Messen und Motetten, vierstimmige Sequenzen und Amen, ein Magnificat für vier Chöre und ein vierstimmiges Compieta mit Orgel bekannt geworden.

Robert Ballard (um 1575 bis um 1645)

ZEIT UND UMWELT
Robert Ballard (um 1530–88) gründete 1551 mit seinem Cousin Andrian Le Roy (um 1520–98) in Paris einen Musikverlag, der von den Nachkommen bis zum Beginn des 19. Jahrhunderts weitergeführt wurde. Der Verlag spielte im französischen Musikleben eine entscheidende Rolle.

LEBEN
Robert Ballard wurde um 1575 in Paris als Sohn des Musikverlegers Robert Ballard geboren und war Schüler von Andrian Le Roy. Ab 1598 übte er den Beruf eines Lautenisten und Lautenlehrers aus. Er wurde 1612 Lautenist der Königinmutter Maria de'Medici und Musiklehrer des jungen Königs Ludwig XIII. Die Stellung als königlicher Kammerlautenist hatte er bis zu seinem Tod um 1645 inne.

WERKE
Der französische Lautenist und Komponist Robert Ballard brachte 2 Bücher mit verschiedenen Stücken für die Laute heraus, die vor allem Airs de ballet und Tänze enthalten und musikgeschichtlich sehr interessant sind.

LITERATUR
F. Lesure, Les luthistes parisiens à l'époque de Louis XIII, in: Le luth et sa musique, Paris 1938.

Thomas Baltzar (um 1630–63)

ZEIT UND UMWELT
Der Generalbaß wurde in England vorerst mit großer Zurückhaltung aufgenommen. Er kam erst nach der Restauration (1660) in allgemeinen Gebrauch. Diese Verzögerung ist zum Teil wenigstens auch aus dem völligen Stillstand der Musikentwicklung in den Jahren des Bürgerkrieges und der Cromwell-Herrschaft erklärbar. Mehr als zwanzig Jahre lang nahm ja das Land an der allgemeinen Kulturentwicklung kaum Anteil.

LEBEN

Thomas Baltzar (Baltzer, Balzer, Balthasar, Balshar) wurde um 1630 in Lübeck geboren. Er war ab 1653 Kammerviolinist der Königin Christiana von Schweden, die 1654 abdankte und ihr Land verließ. Er begab sich nach London, wo sein Violinspiel bald auffiel, so daß er 1661 zum ersten Violinisten der Musik des Königs ernannt wurde. Er starb am 24. 7. 1663 in London.

WERKE

Der deutsche Violinvirtuose und Komponist Thomas Baltzar brachte 12 Präludien und Allemanden, eine Sammlung Triosonaten für Lyraviole, Violine und Baßviole, 4 Suiten für Streicher und eine Anzahl Violinsoli heraus. Baltzar war einer der frühesten Komponisten in England, die den Generalbaß anwendeten.

LITERATUR

A. Moser, Geschichte des Violinspiels, Berlin 1923.

Alfred Bamer (1917–82)

LEBEN

Alfred Bamer wurde am 11. 1. 1917 in St. Marien bei Neuhofen an der Krems, Oberösterreich, geboren. Er studierte in Innsbruck und Linz und war Schüler von Franz Xaver Müller und Joseph Kronsteiner. Ab 1948 wirkte er als Sekretär der Diözesankommission für Kirchenmusik, des heutigen Amtes für Kirchenmusik, in Wien, dem die Kirchenmusikschule – heute Diözesankonservatorium für Kirchenmusik – unterstand. Gleichzeitig war er bis 1971 als Chordirektor und Organist tätig und dirigierte zahlreiche Aufführungen in anderen Kirchen Wiens. Er starb am 15. 12. 1982 in Salzburg.

WERKE

Neben einer umfangreichen organisatorischen und schriftstellerischen Tätigkeit verfaßte Alfred Bamer 6 lateinische und 6 deutsche Messen a cappella oder mit Orgel und Instrumenten, 49 Offertorien, zahlreiche Motetten und Chöre, Kirchenlieder, profane und sakrale Chorlieder a cappella und Sololieder mit Klavier, 16 Orgelsätze und 13 Praeludien, Interludien und Postludien. Sein Stil ist zwar von caecilianischer Bewegung beeinflußt, bringt aber die Klangfülle, die gerade die oberösterreichische Kirchenmusik auszeichnet, voll zur Geltung.

Kazys Viktoras Banaitis (1896–1963)

LEBEN

Kazys Viktoras Banaitis wurde am 21. 2. 1896 in Vaitekupiai, Litauen, geboren. Er studierte in Prag und sodann von 1922 bis 1928 in Leipzig bei Sigfrid Karg-Elert. Anschließend unterrichtete er bis 1940 am Konservatorium in Kaunas, das er ab 1937 leitete. Von 1945 bis 1949 hielt er sich in Deutschland auf, dann übersiedelte er nach New York, wo er am 25. 12. 1963 starb.

WERKE

Neben einer Oper verfaßte Kazys Viktoras Banaitis ungefähr 400 Lieder und Volksliedharmonisierungen für Solostimmen und für Chöre, 2 Kantaten, eine »Rhapsodische Sonate« für Cello und Klavier, eine Suite für Harfe, Klarinette und Violine, einen »Praeludienzyklus« für Violine, Klarinette und Klavier, eine Sonate für Violine und Klavier und Klavierwerke. Er war Spätromantiker.

Gilbert Banaster (um 1445–87)

ZEIT UND UMWELT

König Edward IV. von England (1442–83) fand neben den gewaltigen Schwierigkeiten seiner Regierungszeit – Rebellionen, Thronkämpfe, Krieg in Frankreich und vieles andere – die Zeit, sich künstlerischen Aufgaben zu widmen; er ließ die Kapelle zu Windsor neu bauen, er gründete die Königliche Bibliothek und förderte die Musik der Königlichen Kapelle, indem er für die ständige Ausbildung neuer Kräfte vorsorgte.

LEBEN

Gilbert Banaster (Banestre, Banastir, Banister) wurde um 1445 vermutlich in London geboren. Er gehörte ab 1475 der Königlichen Kapelle an und löste 1482 den bisherigen Master of the Children (Kinderchordirigent) Henry Abyngdon (um 1418–97) ab. Sein Ableben erfolgte zwischen 18. 8. und 1. 9. 1487 in London.

WERKE

Von Banaster sind 4 Motetten für drei bis fünf Stimmen erhalten. Diese wenigen Beispiele seines Schaffens bezeugen jedoch, daß die Musik aus dem franko-flämischen Raum den Kanal bereits überquert und auch in England Beachtung gefunden hatte.

LITERATUR

W. H. Grattan Flood, Early Tudor Composers, Oxford 1925.

Adriano Banchieri (1568–1634)

ZEIT UND UMWELT

Die unzähligen Akademien, die in den italienischen Städten im 16. und 17. Jahrhundert gegründet wurden und mit beachtlichem Aufwand kulturelle Leistungen erbrachten oder unterstützten, pflegten zwar in erster Linie einander nachzuahmen und zu übertrumpfen, sie waren aber doch ein deutlicher Ausdruck einer starken Kulturgesinnung des Bürgertums und des Adels. Bologna hatte im ersten Drittel des 17. Jahrhunderts über vierzig verschiedene Akademien, davon fünf, die sich der Musik widmeten. Unter den Mitgliedern wirkten namhafte Komponisten und Interpreten, die für das Musikleben der Stadt maßgebend waren.

LEBEN

Adriano Banchieri (Adriano di Bologna, eigentlicher Taufname war Tommaso) wurde am 3. 9. 1568 in Bologna geboren. Er trat 1587 in das Kloster San Michele in Bosco bei Bologna (bekannt als Mons Oliveti) ein und wurde bald darauf in Lucca Schüler des Organisten und Komponisten Gioseffo Guami (um 1535–1612). Danach wirkte er als Organist an der Kirche seines Ordens von 1596 bis 1600, nachdem er bereits vorher (1593) an San Benedetto in Siena tätig gewesen war; 1600 spielte er in Imola die Orgel, 1604 in Gubbio, 1605 in Venedig und Verona, 1608 in Mailand. Darauf kehrte er nach Bologna zurück und wurde dort zu einer zentralen Musikerpersönlichkeit der Stadt. Im Jahr 1614 gründete er die Accademia dei Floridi zur Pflege und Förderung der Musik. Er starb als Abt seines Klosters im Jahr 1634; das Datum seines Todestages ist nicht bekannt.

WERKE

Der italienische Komponist und Musiktheoretiker Adriano Banchieri hat alle Neuerungen bereitwillig übernommen und einige selbst eingeführt, wie die Bezeichnungen piano (p) und forte (f), die Verwendung von Taktstrichen bei Orgelpartituren, die genauen Registrierungsvorschriften für den Organisten, die streng durchgeführte Bezifferung des Generalbasses, spezielle Vortragsanweisungen für die Interpreten; er dürfte auch als erster zum Dirigieren einen Taktstock verwendet haben. Sein kompositorisches Werk ist sehr umfangreich und noch nicht endgültig erarbeitet. An profanen Werken liegen mehrere Instrumentalstücke vor: »Canzoni alla francese« (die nichts Französisches an sich haben, sondern nur sehr frei gesetzt sind), »Armonia di Canzoni alla francese«, sodann verschiedene Orgelstücke und Konzerte; an Vokalstücken fünfstimmige Madrigale, vierstimmige Canzonetten, Duette und Kantaten. Die sakrale Musik ist mit Kirchenkonzerten für zwei Chöre, fünfstimmigen Vespern, einer achtstimmigen Missa solemnis und weiteren mehrstimmigen Messen, Psalmen, Litaneien, Motetten und anderen Gesängen und Kirchensinfonien vertreten. Breiten Raum nehmen die Intermedien und die Madrigalkomödien ein, von denen »La Barca da Venezia per Padua« (Das Schiff von Venedig nach Padua) und »Il festino nella sera del Giovedì grasso avanti cena« (Fest am Abend des unsinnigen Donnerstags vor dem Abendessen) am bekanntesten geblieben sind. Eine Reihe seiner musiktheoretischen Werke war für die Musik seines Jahrhunderts richtunggebend.

LITERATUR

O. Mischiati, Adriano Banchieri, Profilo biografico e bibliografia delle opere, in: Annuario 1965–70 del conservatorio di musica, G. B. Martini di Bologna.

Jovan Bandur (1899–1956)

LEBEN

Jovan Bandur wurde am 24.9.1899 in Javnici bei Dvor, Kroatien, geboren. Er studierte an der Musikakademie in Wien unter Joseph Marx und am Konservatorium in Prag unter Jaroslav Křička. Von 1931 bis 1937 war er Dirigent der Oper in Belgrad, anschließend Direktor und ab 1945 auch Professor an der Musikakademie. Er starb am 14.5.1956 in Belgrad.

WERKE

Neben einer unvollendeten Sinfonie schrieb Jovan Bandur ein Violinkonzert, ein Streichquartett, kleinere Violin- und Klavierstücke, 2 Kantaten und andere Chorwerke mit Orchester, Chöre a cappella und Lieder. Er zählte zu den führenden Persönlichkeiten der serbischen Musikentwicklung, sein Stil war noch stark der Folklore verhaftet.

Henry Charles Banister (1831–97)

LEBEN

Henry Charles Banister wurde am 13.6.1831 in London geboren. Er wirkte ab 1851 als Harmonielehrer an der Royal Academy of Music und ab 1880 in gleicher Eigenschaft an der Guildhall School of Music. Daneben unterrichtete er ab 1881 auch am Royal Normal College for the Blind. Er starb am 20.11.1897 in Streatham bei London.

WERKE

Von Henry Charles Banister sind 4 Sinfonien, 5 Ouvertüren und eine Anzahl Kammermusik, Klavierstücke und Lieder überliefert. Seine Musik steht eindeutig im Zeichen der Hochromantik, ist aber von der zeitgenössischen englischen Kirchenmusik stark beeinflußt. Choralähnliche Passagen sind darin sehr häufig. Er veröffentlichte auch einige musiktheoretische Werke.

John Banister (1630–79)

ZEIT UND UMWELT

»Damit wird bekannt gemacht, daß im Haus Mr. John Banisters, jetzt Musikschule genannt, in White Friars diesen Montag Musik von ausgezeichneten Meistern um Punkt vier Uhr Nachmittag und ab nun jeden Nachmittag zur gleichen Zeit gespielt wird.« Mit dieser Anzeige vom 30. 12. 1672 in der London Gazette begann das Zeitalter der öffentlichen Konzerte gegen Eintrittsgeld.

LEBEN

John Banister wurde 1630 vermutlich in London geboren. Er trat 1660 als Violinist in die Dienste König Karls II. und wurde von ihm ein Jahr darauf zur weiteren Ausbildung nach Frankreich gesandt. Von 1662 bis 1666 leitete er die King's Band und verblieb auch nach seiner Ablöse durch Louis Grabut im Dienst des Hofes als Komponist von Schauspielmusiken. Ab 1677 war er Musiklehrer der nachmaligen Königin Anne (1665–1714), der Tochter Jakobs II. (1633–1701). Von 1672 bis 1678 veranstaltete er in seinem Haus ständige Konzerte, die gegen Eintrittsgeld für jedermann zugänglich waren. Er starb am 3. 10. 1679 in London.

Sein Sohn John Banister der Jüngere (um 1660, London, bis 1735, London), Schüler seines Vaters, Violinvirtuose, war Musiker unter den Königen Karl II., Jakob II., Wilhelm III. und den Königinnen Mary II. und Anne. Er war erster Violinist im Orchester des Queen's Theatre.

WERKE

Der englische Violinvirtuose und Komponist John Banister verfaßte zahlreiche Schauspielmusiken. Seine Lieder und Instrumentalsätze sind in Sammelwerke aufgenommen worden.

John Banister der Jüngere schrieb Bühnenmusik und eine Anzahl Stücke für die Violine.

Granville Bantock (1868–1946)

LEBEN
Granville Bantock wurde am 7. 8. 1868 in London geboren. Er studierte an der Royal Academy of Music bei Frederick Corder. Anschließend war er journalistisch und als Kapellmeister an verschiedenen Theatern in London und in der Provinz tätig. Im Jahr 1897 wurde er Leiter der Birmingham and Midland Institute School of Music, 1907 wurde er Professor an der Universität Birmingham. Er starb am 16. 10. 1946 in London.

WERKE
Die Werke von Granville Bantock sind äußerst farbig und lehnen sich an Hector Berlioz, Pjotr Tschaikowski und Edvard Grieg an. Als Themen für seine programmatische Musik wählte er mit Vorliebe keltische oder exotische Stoffe. Das trifft auch für seine 3 Opern und 2 Ballette (eines davon ist ein Chorballett) zu. Er verfaßte 3 Sinfonien, davon eine »keltische« für Streicher und sechs Harfen, 6 Tondichtungen, 3 Suiten, 2 Ouvertüren und kleinere Orchesterstücke, Schauspielmusiken, 2 Melodramen, Kammermusik, Klavierstücke und viele Lieder. Das Hauptgewicht seines Schaffens lag auf breit angelegten Chorwerken mit Orchester. Er schrieb auch 3 »Chorsinfonien« a cappella, deren Harmonik besonders interessant ist, weil sie sich von romantischen Fakturen deutlich abheben, und mehrere Suiten für Männerchor.

Jakob Banwart (1609 bis um 1657)

ZEIT UND UMWELT
Nach der Eroberung des protestantischen Konstanz durch Kaiser Karl V. (1500–58) im Jahr 1547 verlor die Stadt ihre Sonderrechte als freie Reichsstadt und wurde habsburgisch. Der Bischofssitz war 1526 nach Meersburg verlegt worden und blieb dort bis 1803.

LEBEN
Jakob Banwart (Pseudonym Jakob Avia) wurde am 19. 5. 1609 in Sigmaringen geboren. Er war Kleriker und ab 1641 bis zu seinem Tod um 1657 Kapellmeister am Münster in Konstanz.

WERKE
Vom deutschen Komponisten Jakob Banwart sind ein Buch mit Messen für zwei bis vier Stimmen und Generalbaß, 2 Bücher mit vier- bis fünfstimmigen Messen überliefert – eine davon für drei Chöre und achtzehn Stimmen sowie eine fünfstimmige mit zwei Violinen, weiters drei- bis elfstimmige Motetten und eine »Teutsche kurzweilige Tafel Music«. Die barocke Vielstimmigkeit wurde auch von Banwart zur Erhöhung der Festlichkeit seiner Musik angewendet.

Carl Barbant (um 1715 bis nach 1766)

ZEIT UND UMWELT
Die Ablösung des höfischen und adeligen Mäzenatentums durch ein zahlendes Publikum hatte eine gewisse Kommerzialisierung des Musiklebens zur Folge. Um das Kostenrisiko einer Konzertaufführung zu verringern oder zu vermeiden, wurden nicht selten Subskriptionen ganzer Serien aufgelegt, die einerseits ihren wirtschaftlichen Erfolg absicherten und auf der anderen Seite den Besuch der einzelnen Konzerte verbilligten. Diese Subskriptionen wurden entweder vom Konzertunternehmer oder vom Komponisten der aufgeführten Musik selbst veranstaltet.

LEBEN
Carl Barbant wurde um 1715 vermutlich in Deutschland geboren. Über sein Leben, bis er sich ungefähr 1750 in London niederließ, ist nichts bekannt. Er trat als Klarinetten- und Oboenvirtuose auf, wirkte ab 1764 als Organist an der Kapelle des bayrischen Gesandten, nachdem er durch 10 Jahre auf dem Haymarket öffentliche Konzerte gegen Subskription gegeben hatte. Seine letzte Publikation erschien im Jahr 1766. Er dürfte in den folgenden Jahren gestorben sein.

Werke

Um 1755 veröffentlichte Carl Barbant 6 Sonaten für je zwei Violinen, Querflöten und Oboen. Bei seinen Subskriptionskonzerten wurden 2 Oratorien von ihm aufgeführt. Außerdem schrieb er eine Anzahl Sonaten, Duette und Trios für verschiedene Instrumente, sakrale Hymnen, Antiphonen und 4 beliebte italienische Lieder. Sein Stil war dem zeitgenössischen deutschen angenähert.

Bartolomeo Barbarino

(um 1555 bis nach 1617)

Zeit und Umwelt

Der Sologesang bildete um die Wende vom 16. zum 17. Jahrhundert zwei Formen aus, den Rezitativgesang, der das Wort ganz in den Vordergrund schob, und den ariosen Gesang, der der Musik die Funktion als überwiegendes Ausdrucksmittel beließ. Die Begleitung wurde in beiden Fällen weiteren Stimmen oder Instrumenten überlassen, die allerdings beim Rezitativ außer einer fallweisen Tonhöhenstützung keine Beziehung zum Gesang übernahmen, beim ariosen Gesang jedoch diesen kontrapunktisch oder akkordisch, zuweilen auch imitierend im wahren Sinn des Wortes begleiteten, den Gesangsausdruck unterstrichen und verstärkten und fallweise mit der Solostimme zu einem Ganzen zusammenwuchsen.

Leben

Bartolomeo Barbarino (Bartholomeo Barberino) wurde um 1555 in Fabriano, Ancona, geboren, in Ancona ausgebildet und dort an einer Kirche beschäftigt, bis er 1593 in die Kapelle der Santa Casa in Loreto als Sänger eintrat. Ab 1594 wirkte er in Urbino und von 1602 bis 1605 als Kapellmeister in Pesaro, was ihm den Beinamen »Il Pesarino« eintrug. Anschließend erhielt er die Kapellmeisterstelle am Dom in Padua, die er 1614 aufgab, um nach Pesaro in seine alte Stellung zurückzukehren. Er starb in Pesaro kurz nach 1617.

Werke

Bartolomeo Barbarino war einer der ersten, der Solomotetten und Solomadrigale in größerem Umfang verfaßt hat. Er arbeitete für die Solosänger in manchen Fällen sogar die Verzierungen aus und veröffentlichte einzelne Motetten in zwei Fassungen, nämlich mit Verzierungen und ohne. Er brachte 4 Bücher Solomadrigale mit Instrumentenbegleitung (Chitarrone, Theorbe, Cembalo oder andere) zum Singen heraus, weitere dreistimmige Madrigale mit drei gleichzeitig zu spielenden Basso-continuo-Stimmen und 2 Bücher Motetten. Die Texte verfaßte der Komponist zum großen Teil selbst. Diese Kompositionen hatten den a-cappella-Gesang des 16. Jahrhunderts bereits weit zurückgelassen.

Literatur

N. Fortune, Italian Secular Monody from 1600 to 1663, Musical Quarterly XXXIX, 1935.

Lupus Manfredus Barbarinus

(um 1515 bis nach 1560)

Zeit und Umwelt

In der Mitte des 16. Jahrhunderts war Sankt Gallen zwar wieder katholisch, aber die Fürstenwürde der Äbte des Stiftes, die ihnen 1206 verliehen worden war, wurde nicht mehr erneuert. Dennoch blieb das Stift, das in der Entwicklung der abendländischen Musik sehr früh eine große Rolle gespielt hatte, seiner Tradition als Pflegestätte der Kirchenmusik treu.

Leben

Lupus Manfredus Barbarinus (Barberini) wurde um 1515 in Correggio geboren. Über seine Ausbildung und sein Wirken in Italien gibt es keine Informationen. Um das Jahr 1550 ließ er sich auf Einladung des kunstliebenden Abtes Diethelm Blarer in Sankt Gallen nieder. Es ist unsicher, ob er dort nur als Komponist oder auch als ausübender Musiker tätig gewesen ist. Er dürfte in Sankt Gallen nach 1560 gestorben sein.

WERKE

Von Lupus Manfredus Barbarinus sind 204 Lieder in zwei prächtigen Pergamentcodices erhalten. Er schrieb außerdem 13 fünfstimmige Sätze und mehrere vierstimmige sakrale Gesänge.

Antoine Barbé (um 1500–64)

ZEIT UND UMWELT

In der 1. Hälfte des 16. Jahrhunderts stand Antwerpen auf einem wirtschaftlichen und kulturellen Höhepunkt. Quentin Massys (1465–1530) war Hauptbegründer der Antwerpener Malerschule, der in der Folgezeit Namen wie Peter Paul Rubens, Jakob Jordaens und Pieter Breugel angehörten. Die Religionskämpfe der zweiten Jahrhunderthälfte brachten starke Rückschläge, von denen sich die Stadt nur nach langer Frist erholen konnte.

LEBEN

Antoine Barbé (Barbe) wurde um 1500 in Antwerpen geboren und ausgebildet. Er war von 1527 bis 1562 Kapellmeister der Kathedrale der Stadt und starb am 2. 12. 1564.
Sein Sohn Antoine Barbé (vor 1548, Antwerpen, bis 10. 2. 1604, Antwerpen) wirkte in seiner Geburtsstadt als Organist und Komponist.
Dessen Sohn Antoine Barbé (um 1578, Antwerpen, bis 15. 3. 1626, Antwerpen) wurde 1596 Organist an der Jakobskirche der Stadt und war als Musiklehrer tätig.

WERKE

Von Antoine Barbé sind eine vierstimmige Messe, mehrere Motetten und Chansons erhalten, die dem Stil der letzten niederländischen Schule folgen.
Von seinem Sohn sind einige Tänze für Instrumentalmusik überliefert.

Antoine Barbé (um 1575–1626)

LEBEN

Antoine Barbé wurde um 1575 in Antwerpen geboren. Ab 1596 war er Organist an der Jakobskirche in Antwerpen und zugleich Musiklehrer. Er starb in Antwerpen am 15. 3. 1626.
Sein Vater Antoine Barbé (um 1548, Antwerpen, bis 10. 2. 1604, Antwerpen) war Organist der Walburgiskirche in Antwerpen.
Dessen Vater Antoine Barbé (um 1500, Antwerpen, bis 2. 12. 1564, Antwerpen) war Kapellmeister der Kathedrale seiner Vaterstadt.

WERKE

Der wallonische Komponist Antoine Barbé (der Jüngere) verfaßte neben einigen unbedeutenden Stücken für Orgel das Traktat »Exemplaire de douze tons de la musique« (Darstellung der zwölf Töne der Musik) mit vielen selbstkomponierten Beispielen.
Antoine Barbé (der Mittlere) hat einige Tänze komponiert, die nicht erhalten sind.
Antoine Barbé (der Ältere) hinterließ eine vierstimmige Messe im polyphonen Stil, 3 Motetten, 4 Chansons und ein Lied.

Emanuele Barbella
(1718–77)

ZEIT UND UMWELT

Der Stilwandel, der in Deutschland vor sich ging und auch auf Frankreich übergriff, blieb in der Mitte des 18. Jahrhunderts in Italien noch nahezu unbeachtet. Niccolò Jommelli, der aus Deutschland nach Neapel heimkehrte und Mannheimer Stilelemente in seine Opern aufnahm, erlebte einen Mißerfolg. Die Neapolitaner wünschten ihre gewohnte Musik zu hören.

LEBEN

Emanuele Barbella wurde am 14. 4. 1718 in Neapel geboren. Er war Schüler von Leonardo Leo und später von Padre Martini. Es ist unbekannt, welche musikalische Tätigkeit er außer der Komposition und dem Violinspiel ausgeübt hat. Er ist am 1. 1. 1777 in Neapel gestorben.

Werke

Von Emanuele Barbella sind 9 Trios für zwei Violinen und Cello, 6 Duette für Violine und Cello, einige Bücher mit Duetten für zwei Violinen, 6 Violinsonaten und 6 Duos für Violine und Baß bekannt. Sein Stil lehnte sich stark an Giuseppe Tartini an. Er war auch an der Komposition einer Oper beteiligt.

Literatur

A. Moser, Geschichte des Violinspiels, Berlin 1923.

Samuel Barber (1910 – 81)

Leben

Samuel Barber wurde am 9.3.1910 in West Chester, Pa., geboren. Vom 14. bis 21. Lebensjahr war er Schüler des Curtis Instituts in Philadelphia bei Fritz Reiner (19.12.1888, Budapest, bis 15.11.1963, New York) und Rosario Scalero (24.12.1870, Moncalieri, Turin, bis 25.12.1954, Settimo Vittone, Turin). Bereits während der Ausbildung wurde ihm von der Columbia University der Bearus-Preis verliehen, dem eine Reihe hoher Auszeichnungen folgte. Er widmete sich allein der Komposition und der Interpretation, wobei er sich vorwiegend in New York aufhielt, wo er am 24.1.1981 starb.

Werke

Die Stilfindung der vitalistischen amerikanischen Musik unseres Jahrhunderts, vertreten besonders von den in den USA geborenen und zum größten Teil dort ausgebildeten Komponisten Virgil Thomson, Aaron Copland, William Schuman und Samuel Barber, ist stark von Igor Strawinsky und dem amerikanischen Jazz beeinflußt. Jeder einzelne von den Genannten bildete im angedeuteten Rahmen seinen persönlichen Stil, der bei Barber trotz seines Europaaufenthalts am deutlichsten als »amerikanischer« zutage tritt. Er schrieb eine Oper, eine Kurzoper, 2 Sinfonien, ein »Capricorn Concerto«, ein Cellokonzert, ein Klavierkonzert, ein Violinkonzert, eine Toccata für Orgel und Orchester, »Essay I«, »Essay II«, »Essay III«, und weitere Orchesterstücke, ein Bläserquintett, ein Streichquartett, eine Klaviersonate, außerdem mehrere Kantaten, Liederzyklen und einzelne Lieder mit Klavier.

Sinfonie Nr. 2, Opus 19, 3 Sätze, entstanden 1944

Die zeitgenössische Kritik betont die starke Aussagekraft des Werks, das sich jedoch als absolute Musik ohne programmatische Ziele darbietet. Der 1. Satz beginnt mit dramatischen Motiven. Obwohl er Sonatenform aufweist, ist seine Tonsprache durchwegs modern. Diese Mischung traditioneller Form mit modernen Fakturen ist außerordentlich wirkungsvoll. Der 2. Satz bringt ein Notturno voll resignierender Trauer mit überraschenden Modulationen. Das Finale beginnt mit seltsamen melodischen Figuren; dann erklingt ein hinreißendes Thema, das mehrmals variiert und am Ende zur Grundlage eines resoluten Fugatos gemacht wird.

Capricorn Concerto für Flöte, Oboe, Trompete und Kammerorchester, Opus 21, 3 Sätze, entstanden 1944

Der Titel des Stücks leitete sich von der Villa »Capricorn« (Steinbock) nahe von New York ab, in der der Komponist es verfaßte. Es handelt sich um eine Formstudie und ein Experiment mit Rhythmen und Klangfarben. Die Flöte erklingt in ihren tiefsten Registern, hohl und düster, die Oboe in ihren ausdrucksreichsten Tonlagen, und die Trompete ist im 1. Satz wie ein drittes Holzblasinstrument kantabel eingesetzt. Nach einer

Samuel Barber

Streichereinleitung werden die Solisten in einem langen Abschnitt vorgeführt, dann folgt ein bewegtes Allegro aller Instrumente. Der 2. Satz ist ein Scherzo, in dem die Trompete aus ihrer Reserve mit gedämpften Staccati hervortritt. Sie trägt auch, dieses Mal ohne Dämpfer, das Hauptmotiv des Finales vor, das Rondoform und Variationenform kombiniert und eine fröhliche Karnevalsatmosphäre erzeugt.

Adagio für Streicher, Opus 11, ein Satz, entstanden 1936

Dieses Stück war anfänglich als langsamer Satz eines Streichquartetts gedacht, wurde aber wegen seiner künstlerischen Geschlossenheit als selbständiges Werk belassen. Nachdem es Arturo Toscanini 1938 mit großem Erfolg aufgeführt hatte, blieb es mit seiner brillanten virtuosen Führung der einzelnen Stimmen eine der in Amerika beliebtesten Kompositionen seiner Art.

Giulio Cesare Barbetta

(um 1540 bis nach 1603)

ZEIT UND UMWELT

Die Laute war das typische Instrument der Renaissance, wie das Cembalo das folgende Jahrhundert beherrschte, bis es vom Klavier abgelöst wurde. Die älteren Lauten hatten vier Saiten, die bald auf sechs erweitert wurden, um ein echtes Akkordspiel zu ermöglichen. Elf- bis dreizehnsaitige Instrumente waren ebenfalls in Gebrauch; dabei wurden die tiefen, zumeist nur ungegriffenen Saiten als Bässe angeschlagen. Zum Duospiel wurden häufig in einem Abstand einer Quart verschieden gestimmte Lauten verwendet, um einen Vollklang der Akkorde zu erzielen. Aus den überlieferten Tabulaturen muß man schließen, daß die Lautenisten des 16. Jahrhunderts über eine erstaunlich ausgebildete Grifftechnik verfügten.

LEBEN

Giulio Cesare Barbetta (Barbetti) wurde um 1540 in Padua geboren. Der italienische Lautenist empfing seine Ausbildung vermutlich in seiner Geburtsstadt, die er anschließend nie verlassen hat. Seinen Lebensunterhalt bestritt er durch Lautenunterricht, Lautenspiel in den Palästen des Adels und den Häusern der Bürger und durch die Publikation von Lautentabulaturen. Er starb in Padua nach 1603.

WERKE

Die von Giulio Cesare Barbetta erschienenen 4 Lautentabulaturen sind zum Großteil Bearbeitungen zeitgenössischer Kompositionen, wie zum Beispiel von Arcadelt, de Berchem, Lasso, Janequin, Maurenzio, und von Tanzstücken, von denen ein Teil vom Komponisten stammt. Sie gewähren einen instruktiven Einblick in die solistische Lautenpraxis der Zeit.

LITERATUR

W. Boetticher, Studien zur solistischen Lautenpraxis, Berlin 1943.

Frédéric-Étienne Barbier (1829–89)

ZEIT UND UMWELT

Die französische Operette entwickelte sich in der zweiten Hälfte des 19. Jahrhunderts zum Genre der Buffooperette, deren Libretti Schwank-Charakter aufwiesen. Die Musik mußte dementsprechend leicht gehalten sein; lyrische Passagen wurden sehr selten aufgenommen. Neben Text und Musik trat der Bühnentanz als drittes Element hinzu, der sich vom Ballett dadurch unterschied, daß er keinerlei Mimik kannte und von den Sängern mitten im Handlungsablauf bestritten wurde.

LEBEN

Frédéric-Étienne Barbier wurde am 15. 11. 1829 in Metz geboren. Er studierte in Bourges, wo er seine erste Operette herausbrachte. Im Jahr 1855 ging er nach Paris und wirkte dort als Bühnenkomponist bis zu seinem Tod am 12. 2. 1889.

WERKE

Von Frédéric-Étienne Barbier sind mehr als 60 Operetten und Ballette aufgeführt worden. Einzelnes hielt sich sehr lange auf den französischen Bühnen. Seine Faktur näherte sich sehr stark der Buffooperette.

Carlo Emanuele di Barbieri
(1822–67)

LEBEN
Carlo Emanuele di Barbieri wurde am 22.10. 1822 in Genua geboren. Er war Schüler von Saverio Mercadante und Giorolamo Crescentini und wirkte als Theaterkapellmeister an verschiedenen italienischen Opernhäusern, ab 1845 am Kärntnertortheater in Wien, ab 1847 am Königstädtischen Theater in Berlin, sodann in Hamburg, in Rio de Janeiro und schließlich ab 1862 am Nationaltheater in Budapest, wo er am 28.9.1867 starb.

WERKE
Als Theaterkapellmeister konnte Carlo Emanuele di Barbieri seine Opern für einige Aufführungen unterbringen. Sie hielten sich aber nirgends lange auf den Spielplänen. Er verfaßte außerdem Klavierstücke und Lieder und sakrale Musik – Messen, Proprien –, die seine Opern musikalisch weit überragten.

Francisco Barbieri (1823–94)

ZEIT UND UMWELT
Der Cancionero musical de Palacio mit 551 Stücken wurde vermutlich um 1500 für die Musiker des Königs Ferdinand des Katholischen (1452–1516) geschrieben. Erhalten sind davon 459 Stücke. Die Texte sind zumeist kastilisch, aber auch italienisch, portugiesisch und französisch. Er enthält weltliche und geistliche Villancicos, Estranbotes, Romances, Frottole und Instrumentalstücke. Es handelt sich um die umfangreichste und bedeutendste Quelle spanischer Mehrstimmigkeit des frühen 16. Jahrhunderts.

LEBEN
Francisco Asenjo Barbieri wurde am 3.8.1823 in Madrid geboren. Er studierte am Konservatorium in Madrid Klarinette und Gesang, ferner bei Ramón Carnicer Komposition. Er war zunächst Klarinettist in der Milicia Nacional, dann brachte er sich als Kaffeehauspianist, Klavierlehrer, Kopist und Chorregent durch. Im Jahr 1850 schrieb er seine erste Zarzuela, der eine große Erfolgsserie folgte. Im Jahr 1868 wurde er Professor für Harmonielehre und Musikgeschichte am Konservatorium von Madrid. Er setzte sich als Dirigent und Kritiker stark für nationalspanische Musik ein. Er starb am 17.2.1894 in Madrid.

WERKE
Die Oper, die Francisco Barbieri 1847 schrieb, wurde nie aufgeführt, seiner ersten Zarzuela folgten 76 weitere mit meist gutem Erfolg. Er veröffentlichte eine Reihe Arbeiten über spanische Musikgeschichte und gab 1890 den »Cancionero musical de Palacio« heraus.

LITERATUR
A. Martinez Olmedilla, El maestro Barbieri, Madrid 1941.

Eustache Barbion (um 1500–56)

LEBEN
Eustache Barbion wurde um 1500 vermutlich in Cambrai geboren. Ab 1543 war er Chormeister an Notre-Dame in seiner Geburtsstadt, in der er im Juli 1556 gestorben ist.

WERKE
Von dem franko-flämischen Komponisten Eustache Barbion sind fünf- bis sechsstimmige Motetten und etliche vier- bis fünfstimmige Chansons überliefert. Sie folgen dem Stil der letzten franko-flämischen Schule, sind aber voll origineller melodischer Einfälle.

LITERATUR
J. Schmidt-Görg, Die Acta capitularia der Notre-Dame-Kirche zu Kortrijk, Vlaamsch Jaarboek voor Muziekgeschiedenis I, 1939.

Jacques Barbireau (um 1408–91)

ZEIT UND UMWELT
Im Verlauf des 15. Jahrhunderts stieg Antwerpen zur ersten Handelsstadt Europas auf und drohte sogar Venedig den Rang abzulau-

fen. Der Reichtum der Stadt ermöglichte die profanen und sakralen Prachtbauten und eine umfassende Förderung der Kultur, vor allem der Musik.

LEBEN
Jacques Barbireau (Barbirian, Barnicola, Barwyrianus, Baringant) wurde um 1408 in Mons geboren. Im Jahre 1447 wurde er Kapellmeister des Knabenchores an Notre-Dame in Antwerpen, wo er am 8. 8. 1491 starb. Aus seiner Schule sind namhafte franko-flämische Komponisten hervorgegangen.

WERKE
Vom Schaffen des franko-flämischen Meisters Jacques Barbireau blieben eine drei-, eine vier- und eine fünfstimmige Messe (mit Cantus firmus) erhalten, außerdem ein Oster-Kyrie und eine Motette, beides für vier Stimmen, sowie 7 Chansons, die mit Ausnahme einer vierstimmigen Chanson (Der pfoben swancz) dreistimmig sind. Die Messen fallen durch besondere Festlichkeit im Gloria und Sanctus auf.

LITERATUR
J. du Saar, Het Leven en de Composities van Jacobus Barbireau, Utrecht 1946.

Thomas Barcroft (um 1505 bis um 1579)

ZEIT UND UMWELT
Das kleine Ely in Cambridgeshire, das in Wahrheit nur aus der vom normannischen Abt Simeon (1081–94) begonnenen Dreifaltigkeitskirche bestand, hat seine kirchliche Sonderstellung durch alle Fährnisse der Zeiten erhalten, bis Heinrich VIII. 1541 die Kirche zur Kathedrale erhob und ihre Sonderrechte bestätigte. Neben Cambridge war Ely stets eine wichtige Pflegestätte englischer Kirchenmusik, die mit der Chapel Royal in London engen Kontakt hielt.

LEBEN
Thomas Barcroft wurde um 1505 vermutlich in Cambridgeshire geboren. Im Jahre 1535 war er »Organist in Ely«. Wann er diese Stelle angetreten hatte, ist nicht feststellbar. Er dürfte um 1579 in Ely gestorben sein. Sein Nachfolger war sein Sohn George Barcroft (um 1555 bis um 1610), der die Organistenstelle 1579 übernahm und bis zu seinem Tod innehatte.

WERKE
Von den Werken des englischen Organisten Thomas Barcroft sind ein Anthem, ein Te Deum und ein Benedictus erhalten. Weitere ihm zugeschriebene Anthems dürften von George Barcroft stammen. Der kompositorische Stil beider Orgelmeister ist sehr ähnlich und entspricht dem zeitgenössischen. Sie müssen als Musiker einen beträchtlichen Ruf gehabt haben, denn Ely war bei der Anstellung seiner Kräfte stets sehr wählerisch.

Antonio Naldi Bardella
(um 1570 bis um 1620)

ZEIT UND UMWELT
Die vom 16. bis zum Ende des 18. Jahrhunderts gebräuchliche Baßlaute mit doppeltem Wirbelkasten hieß Theorbe. Sie hatte in der Regel 8 Griffsaiten, die über Bünde liefen, und 8 Bordunsaiten im Gegensatz zum 14saitigen Chitarrone, der auch Romanische Theorbe genannt wurde. Die Bespannung war einchörig, der Klang stark sonor.

LEBEN
Antonio Naldi Bardella wurde um 1570 in der Toskana geboren und wurde Kammermusiker des Großherzogs in Florenz, wo er um 1620 gestorben sein dürfte.

WERKE
Der italienische Theorbist Antonio Naldi Bardella hat etliche interessante Stücke für sein Instrument komponiert, die zeigen, was ein Virtuose seines Ranges aus diesem Instrument herausbringen konnte. Er soll auch Lautenmusik für Solisten und als Begleitung monodischen Gesanges im Sinn der Camerata Florentina geschrieben haben. Erhalten ist davon nichts. Daß er die Theorbe erfun-

den habe, wie behauptet wurde, ist nicht bewiesen.

Giovanni Bardi (1534–1612)

ZEIT UND UMWELT
Der Wunsch, die Antike auf allen Gebieten der Kultur wiederzubeleben, wurde weiter gehegt und gepflegt. In Florenz traten Männer der Kunst und der Wissenschaft zu einer Camerata zusammen, um den Schatz der antiken Musik zu heben, zu gestalten und zu propagieren; sie wollten auch das antike Drama in der Form, wie sie es sich vorstellten, zum Leben erwecken. Davon, was Calvin, Luther oder die Kurie von der Musik forderten, war dabei nicht die Rede.

LEBEN
Giovanni Maria dei Conti di Vernico Bardi wurde am 5. 2. 1534 in Florenz geboren. Der italienische Schriftsteller, Humanist und Musiker war Mitglied der Accademia della Crusca und der Accademia degli Alterati. Etwa ab 1580 versammelte er regelmäßig Gelehrte, Künstler und Musiker zu einer Camerata, die neben vielen anderen zeitgenössischen Problemen die Wiederbelebung der antiken Musik im Sinn des Renaissancegedankens erörterten. Im Jahre 1592 übersiedelte Bardi nach Rom, wo er auch als Kammerherr und Offizier der päpstlichen Garde sein Wirken als Mäzen fortsetzte. Er ist in Rom 1612 gestorben. Seine Camerata setzte ihre Tätigkeit im Haus des Komponisten Jacopo Corsi fort.

WERKE
Der Florentiner Adelige Giovanni Bardi hat durch die Gründung und Leitung der Camerata Florentina den Anstoß zur Entwicklung unserer Oper gegeben, wenn er dies auch nicht beabsichtigt hatte, denn zu den ersten Versuchen, aus denen sodann die Oper entstand, kam es erst nach der Übersiedlung Bardis nach Rom. Von seinem kompositorischen Werk sind nur 2 Madrigale überliefert, die ihn als hervorragenden Komponisten ausweisen. Er wandte dabei allerdings die von der Camerata ausgearbeiteten Richtlinien ebensowenig an wie andere Komponisten, die der Vereinigung angehörten. Auch bei ihm hatte der Musiker über den Denker die Oberhand gewonnen. Inwieweit er an der Dichtung und Komposition der von Mitgliedern der Camerata geschaffenen Intermedien beteiligt war, ist nicht geklärt.

LITERATUR
H. Martin, La »Camerata« du Comte Bardi et la musique florentine du XVIe siècle, Revue de Musicologie XVI, 1932.

Scipione Bargaglia
(um 1550 bis um 1600)

ZEIT UND UMWELT
In der Bezeichnung Konzert sind zwei Begriffsbestimmungen enthalten. Es kann damit das Zusammenwirken verschiedener Musikträger – Einzelstimmen, Chöre, Instrumente – bezeichnet werden, zugleich aber das im Wettstreit gegeneinander Spielen. Das Wort tauchte gegen Ende des 16. Jahrhunderts auf und wurde bald zur Kollektivbenennung verschiedenartiger Formen, die sich in der Folge herausbildeten und für kommende Musikepochen typisch wurden.

LEBEN
Scipione Bargaglia wurde um 1550 in oder bei Neapel geboren und in einer der Musikschulen jener Stadt ausgebildet. In welcher Stellung der Musiker tätig war, ist nicht bekannt. Man kennt nur sein Wirken als Komponist. Er dürfte um 1600 in Neapel gestorben sein.

WERKE
Die Bezeichnung »Concerto« wurde angeblich von Scipione Bargaglia zum ersten Mal gebraucht. Er verwendete sie für seine Instrumentalstücke, die wegen der fehlenden Texte und des geforderten Stimmumfanges von Singstimmen nicht ausgeführt werden konnten. Die Stücke sind streng kontrapunktisch gehalten und über einen General-

baß aufgebaut. Sie gehören zu den Vorläufern des Stils des kommenden Jahrhunderts.

Woldemar Bargiel (1828–97)

LEBEN
Woldemar Bargiel wurde am 3.10.1828 in Berlin als Stiefbruder von Clara Schumann geboren. Nach seinem ersten Theorieunterricht bei Siegfried Wilhelm Dehn war er am Konservatorium in Leipzig Schüler von Moritz Hauptmann, Ignaz Moscheles, Julius Rietz und Niels Wilhelm Gade. Anschließend wirkte er als Musiklehrer in Berlin und ab 1859 als Theorielehrer am Konservatorium in Köln. Im Jahr 1864 wurde er Kapellmeister und Leiter der Musikschule der »Maatschappij tot bevordering der Toonkunst« in Rotterdam und 1874 Professor an der Musikhochschule in Berlin, wo er am 23.2.1897 starb.

WERKE
Von Woldemar Bargiel sind eine Sinfonie in C-Dur, 3 Ouvertüren, ein Streichoktett, 4 Streichquartette, 3 Klaviertrios, eine Sonate für Violine und Klavier, eine Suite für Klavier und Violine, eine vierhändige Klaviersonate, ferner 2 Suiten, eine Sonate, Fantasien und andere Stücke für Klavier, außerdem Psalmenvertonungen für Chor und Orchester erhalten.

Vitautas Barkauskas

Vitautas Barkauskas (geboren 1931)

LEBEN
Vitautas Barkauskas wurde am 25.3.1931 in Kaunas geboren. Er studierte an der Musikschule seiner Geburtsstadt und am Konservatorium in Vilnius, an dem er seit 1961 einen Lehrstuhl für Musiktheorie inne hat.

WERKE
Von der Neuen Musik hat Vitautas Barkauskas vor allem expressionistische und bruitistische Elemente übernommen; seine Musik bleibt jedoch tonal. Er schrieb außer einer Oper 2 Sinfonien, »Choreographische Miniaturen« für Orchester, »Drei Aspekte« für Orchester, eine Komposition für zwölf Streicher und Oboe, ein »Poem« für Klavier und Orchester, ein Stück für Flöte, Baßklarinette, Cembalo und fünf Schlagzeuger, ein Streichquartett, eine Sonate für Violine und Klavier, Variationen für zwei Klaviere, ein Orgelkonzert, eine Partita für Violine solo, eine Klaviersonate, ein Stück für Kammerchor und Streichquintett.

Sinfonie Nr. 2, 4 Sätze, entstanden 1971
Der 1. Satz beginnt mit Flageoletts der Soloviolinen, aus einem Ostinatothema des Fagotts entwickelt sich ein Crescendo des Orchesters, das von zwei Schlagzeugepisoden unterbrochen wird. Das Flageoletthema der Violinen kehrt wieder und wird von vierundzwanzigstimmigen Cluster der anderen Streicher begleitet; parallel geführte akkordische Klangflächen werden durch einen Fortissimocluster der Streicher beendet. Der 2. Satz wird von Flötentrillern in höchster Lage eröffnet; dem schließt sich ein impressionistisches Schwirren aller Holzbläser an. Harfe, Celesta, Glocken, Pauken, Becken und Tomtoms bringen eine Episode als Mittelteil, dann erklingt ein neuer Trillerabschnitt, dem sich Glissandi und flatternde Bläser zugesellen. Im 3. Satz steht eine Violinkantilene gegen dissonante Bläserakkorde, vier Soloviolinen und die Solooboe tragen ein Pianissimo vor, dann beenden chaotische Bläserakkorde den Satz. Im Finale treiben die Streicher mit Klavier und Schlagzeug die nervöse Unruhe vorwärts.

Nach einem kurzen Stillstand übernehmen Bläser und Pauken die Motorik, Clusterfelder der Streicher gehen auf das gesamte Orchester über, bis eine letzte Steigerung das Werk mit einem Klangexzeß abschließt.

Charlotte Alington Barnard (1830–69)

ZEIT UND UMWELT
Balladendichtung und Balladenkomposition durften in England immer eine günstige Aufnahme erwarten. Die vielen alten Lieder der eigenen Tradition, die schottischen, kymrischen und irischen Bardengesänge waren zum großen Teil Balladen von historischen oder legendären Begebenheiten der Vorzeit. Wer ihren Ton und ihre Stimmung gut traf, gewann ein breites Publikum.

LEBEN
Charlotte Alington Barnard (Pseudonym: Claribel) wurde am 23. 12. 1830 in Dover geboren. Sie war Schülerin von William Henry Holmes und trat ab 1858 als Volkslied- und Balladensängerin auf. Sie starb am 30. 1. 1869 in Dover.

WERKE
Von Charlotte Alington Barnard sind über 100 volkstümliche Balladen bekannt und beliebt geworden. Einzelne davon sind in den Volksliedschatz Englands übergegangen.

John Barnett (1802–90)

ZEIT UND UMWELT
Der Anschluß der Musik Englands an die stürmisch sich weiterentwickelnde auf dem Kontinent – getragen von einer stattlichen Reihe überragender Meister – vollzog sich mit raschen Schritten, und zwar auf dem Weg der Heranbildung eines eigenständigen englischen Stils. In der Oper blieb es bei der Prävalenz der dramatischen oder komischen Handlung und des entsprechenden Textes neben der Musik, die jedoch ihre deskriptive Rolle verließ und zur selbständigen sinfonischen Ausdeutung des Bühnengeschehens gehoben wurde. In die sinfonische Musik fand der Klang der Anthems und Hymnen Eingang, an die der Engländer von Kindheit an gewöhnt war. Daraus ergaben sich Fakturen typisch englischer Natur, die sich ebenbürtig neben die der anderen Musikländer stellen konnten.

LEBEN
John Barnett wurde am 15. 7. 1802 in Bedford geboren. Sein Vater, der Bernhard Beer hieß und mit Giacomo Meyerbeer nahe verwandt war, ließ ihm frühzeitig eine gründliche musikalische Ausbildung zukommen. Er trat bereits 1813 auf der Opernbühne des Lyceumsin London als Altsänger auf, wo 1825 sein erstes Bühnenstück aufgeführt wurde. Es folgte eine Serie von dramatischen Stücken, bis er mit seiner Oper »The Mountain Sylph« (Die Bergnymphe) einen durchschlagenden Erfolg erreichte. Im Jahr 1837 ging er nach Frankfurt am Main, um bei Georg Joseph Vogler und Xaver Schnyder von Wartensee weiteren Kompositionsunterricht zu nehmen, gründete sodann in London ein Opernhaus, das mangels geeigneter Kräfte bald scheiterte. Er verließ nun 1841 die Stadt, um sich in Cheltenham als Gesanglehrer niederzulassen. Im vorgerückten Alter hielt er sich einige Jahre in Deutschland und Italien auf. Er starb am 17. 4. 1890 in Cheltenham.

WERKE
Nach zeitgenössischen Äußerungen »eröffnete John Barnett eine neue Periode der englischen Musik«. Seine Opern wurden wie die von Henry Purcell (1659–95) als epochemachend bezeichnend; sie sind aus den Spielplänen von den Werken der Entwicklungslinie, deren Beginn sie gesetzt hatten, verdrängt worden. Die Anzahl seiner Bühnenwerke wird mit ungefähr 25 angegeben. Er schrieb außerdem mehrere Oratorien und Kantaten, Sinfonien und Streichquartette. Die Behauptung, er habe gegen 4000 Lieder komponiert, ist ohne Zweifel sehr übertrieben, aber es handelt sich sicherlich um eine überdurchschnittlich hohe Anzahl. Alle seine Kompositionen sind ohne Einschränkung als romantisch einzustufen;

man darf vielleicht den Komponisten als den ersten echten Romantiker der englischen Musik bezeichnen.

Ernst Gottlieb Baron (1696–1760)

ZEIT UND UMWELT
Der Kronprinzensitz des nachmaligen preußischen Königs Friedrich des Großen im Rokoko-Wasserschloß in Rheinsberg war Treffpunkt einer wissenschaftlichen und künstlerischen Elite, die der geistig vielseitig interessierte, musikliebende und selbst Musik schaffende Kronprinz um sich versammelte.

LEBEN
Ernst Gottlieb Baron wurde am 17. 1. 1696 in Breslau (Wrocław) geboren. Er studierte in Leipzig Rechtswissenschaft und Philosophie, wirkte von 1720 bis 1722 als Lautenist in Jena, hielt sich in der Folge in Nürnberg, Gotha und Eisenach auf, bis er 1735 vom preußischen Kronprinzen Friedrich nach Rheinsberg als Kammertheorbist berufen wurde. Als der Kronprinz 1740 als Friedrich II. den preußischen Thron bestieg, folgte ihm Baron nach Berlin, wo er am 12. 4. 1760 starb.

Ernst Gottlieb Baron

WERKE
Außer seinen musiktheoretischen Werken veröffentlichte der Lautenist Ernst Gottlieb Baron einige Kammermusik, Lautenstücke und 2 Lautenkonzerte, die voll dem Rokokozeitalter entsprechen.

LITERATUR
A. Koczirz, Verschollene neudeutsche Lautenisten, in: Archiv für Musikwissenschaft IX, 1926/27.

Jean Barraqué (1928–73)

LEBEN
Jean Barraqué wurde am 17. 1. 1928 in Paris geboren. Er studierte am Conservatoire in Paris bei Jean Langlais und privat bei Olivier Messiaen. Bis 1954 arbeitete er bei der Groupe de Recherches Musicales des französischen Rundfunks. Dann widmete er sich neben seinem kompositorischen Schaffen vorwiegend musiktheoretischen Problemen, insbesondere der Forschung über Claude Debussy und sein Werk.

WERKE
Das Œuvre von Jean Barraqué ist nicht umfangreich. Er schrieb seine ersten Werke dodekaphonisch, dann wandte er sich der Elektronik zu. Im einzelnen sind von seinen Kompositionen zu nennen: »Etude«, Musik auf Tonband, »Séquence« für Singstimme, Schlagzeug und verschiedene Instrumente, »Chant après chant« für Singstimme, Schlagzeug und Klavier, »Concerto« für sechs Instrumentalformationen, Vibraphon und Soloklarinette, eine Klaviersonate, die wegen ihrer extremen technischen Schwierigkeit nur selten gespielt wird, außerdem der unvollendete Zyklus »Der Tod des Vergil« von Hermann Broch (1886–1951), von dem nur »Le temps restitué« (Die zurückerstattete Zeit) für Solo, Chor und Orchester, »Au delà du hasard« (Jenseits des Zufalls) für

Jean Barraqué

vier Instrumentalformationen und eine Vokalformation erschienen sind.

Henry Barraud (geboren 1900)

LEBEN
Henry Barraud wurde am 23.4.1900 in Bordeaux geboren. Er war dort Schüler von Julien Fernand Vaubourgoin (29.12.1880, Bordeaux, bis 25.11.1952, Bordeaux), sodann in Paris von Georges Caussade, Paul Dukas und Louis Aubert. Er war Mitglied der Vereinigung »Triton« und nahm am musikalischen Sektor der Weltausstellung des Jahres 1937 teil. Von 1944 bis 1948 war er Musikdirektor des Rundfunks und anschließend bis 1966 Direktor der französischen Rundfunk- und Fernsehstationen.

WERKE
Von Henry Barraud sind 3 Sinfonien, 2 Rhapsodien, ein Divertimento, 3 Orchesteretüden, 4 weitere sinfonische Stücke, ein Klavierkonzert, ein Trompetenkonzert, ein Konzert für Flöte und Streicher, ein Concertino für Klavier, Flöte, Klarinette, Horn, Fagott und Kammerorchester, ein Tongedicht und 4 Praeludien für Streicher, ein Streichquartett, ein Streichtrio, ein Bläsertrio, eine Sonatine für Violine und Klavier sowie 10 Impromptus für Klavier bekannt geworden, weiters 3 Opern, 2 Ballette, ein Oratorium, mehrere Kantaten und Motetten, ein Pange lingus, ein Te Deum, Chöre und Lieder.

Antonio Barré (um 1510 bis um 1579)

ZEIT UND UMWELT
Die Cappella Giulia am Petersdom in Rom konnte der Sistina und der Kapelle am Lateran als gleichwertig an die Seite gestellt werden. Auch sie nahm ständig Sänger aus dem franko-flämischen Raum und aus Frankreich oder Spanien auf, die entweder für immer in Rom blieben oder in ihre Heimat zurückkehrten. Der ständige Zufluß neuer Kräfte, die nach strengen Maßstäben ausgewählt wurden, hielt die Kapelle gleichbleibend auf einem hohen Niveau. Dazu kam, daß die »Giulia« nicht so stark zum Konservativismus neigte wie die päpstliche Kapelle.

LEBEN
Antonio Barré wurde um 1510 in Langres geboren. Über sein Leben und seine Tätigkeit in der Zeit bis zum Jahr 1552, in dem er als Altist der Cappella Giulia am Petersdom in Rom wirkte und durch die Veröffentlichung einer Sammlung Madrigale berühmt wurde, ist nichts bekannt. Im Jahre 1555 gründete er einen Musikverlag in Rom und 1564 in Mailand. Er ist um 1579 in Rom gestorben.

WERKE
Antonio Barré wurde durch seine erste Veröffentlichung zum angesehenen Madrigalisten. Auch in den Sammlungen, die er als Verleger herausbrachte – Madrigale und Motetten –, stammen viele Stücke von ihm selbst.

Literatur

A. Einstein, The Italian Madrigal, Oxford 1949.

Leonardo Barré (um 1510 bis nach 1555)

Zeit und Umwelt

Schüler des Meisters Adrian Willaert waren bei den Kapellen Roms stets willkommen. Unter gleichwertigen Musikern wurden von der päpstlichen Kapelle Kleriker vorgezogen, wenn man auch bis zur Mitte des Jahrhunderts Laien aufnahm, die verheiratet waren. Später wurden die Anforderungen verschärft.

Leben

Leonardo Barré (Barrae, Barret, Barri) wurde um 1510 in Limoge geboren. Er kam als Kleriker nach Venedig und wurde Schüler Willaerts. Im Jahre 1537 nahm ihn die päpstliche Kapelle als Sänger auf. In dieser Stellung blieb er bis 1555. Danach wurde er zum Kapellmeister an San Lorenzo bestellt. Er starb in Rom nach 1555. Es wird vermutet, daß er mit Antonio Barré verwandt war.

Werke

Von Leonardo Barré sind 6 vier- bis fünfstimmige Motetten und 9 Madrigale für vier bis fünf Stimmen überliefert. Sie lassen die Schulung Willaerts erkennen, sind aber vom Konservativismus der Sistina beeinflußt.

Literatur

K. Weinmann, Die päpstliche Kapelle unter Paul IV., Archiv für Musikwissenschaft II, 1919/20.

Apollon Barret (1808–79)

Zeit und Umwelt

Das von Antoine Sallantin und dessen Schüler Gustave Vogt erarbeitete Niveau des Oboenspiels in Frankreich war auch für England und das übrige Ausland richtunggebend geworden. Die inzwischen verbesserten Instrumente ermöglichten eine Vielseitigkeit ihrer Verwendung im Solo- und Ensemblespiel, so daß sie von ihrer Position im Konzert der Tonträger nicht mehr verdrängt werden konnten.

Leben

Apollon Marie-Rose Barret wurde 1808 in Paris geboren. Er war am Conservatoire in Paris Schüler des Oboisten Gustave Vogt. Anschließend wirkte er selbst als Oboist am Odéontheater und an der Opéra Comique in Paris, sodann an der Italienischen Oper in London, wo er am 8.3.1879 starb.

Werke

Apollon Barret verfaßte eine Oboenschule; er schloß ihr eine Reihe ausgezeichneter Sonaten und Etüden für Oboe an, die weit über ihren didaktischen Wert hinaus gehaltvolle Konzertstücke darstellten. Weitere Kompositionen für das Instrument, die er angeblich geschrieben hat, sind verlorengegangen.

John Barrett (um 1674 bis um 1735)

Zeit und Umwelt

Liederkomponisten steuerten nicht selten einzelne Arien zu Schauspielmusiken und zu Opern anderer Komponisten bei, die bekannter wurden als das Werk selbst. Die Zusammenarbeit mehrerer Meister bei Opern war sehr häufig, wie auch oft die Zwischenaktmusiken eines Schauspiels von verschiedenen Komponisten geliefert wurden.

Leben

John Barrett wurde um 1674 vermutlich in London geboren. Er war Schüler von John Blow, anschließend Musiklehrer im Christ's Hospital und ab 1710 Organist an St. Mary-at-Hill bis zu seinem Tod um 1735.

Werke

Vom englischen Komponisten John Barrett wurden viele Lieder in zeitgenössische Sammelwerke aufgenommen. Er schrieb Arien für Schauspielmusiken. Seine Jubiläumsode für die »Gentlemen of Kent« ist berühmt geworden.

Étienne Bernard Joseph Barrière
(1748 bis nach 1810)

LEBEN
Étienne Bernard Joseph Barrière wurde am 7. 10. 1748 in Valenciennes geboren und in Paris von Nicolas Philidor und André Noël Pagin ausgebildet. Er trat um 1767 mit großem Erfolg im Concert spirituel als Violinist auf. Nach einer ständigen Tätigkeit im Rahmen der Loge Olympique und anderer Konzertvereinigungen starb er nach 1810 in Paris.

WERKE
Von Étienne Bernard Joseph Barrière sind 3 Bücher mit je 6 konzertanten Quartetten, 5 Sinfonien, ein Violinkonzert, 3 Duos für zwei Violinen und 3 Duos für Violine und Bratsche erschienen. Seine Musik nimmt viele vorromantische Wendungen voraus.

Jean Barrière (um 1705–47)

ZEIT UND UMWELT
Der Gebrauch des Cello als Soloinstrument setzte in Frankreich um einiges später ein als in Deutschland oder Italien. Die Viola da gamba, deren Spiel um das Ende des 17. Jahrhunderts seine höchste Vollendung erfuhr, entsprach mit ihrem leichten Klang sowohl der barocken Welt wie dem Rokoko. Erst durch das Vorbild einiger Cellovirtuosen aus dem Ausland bürgerte sich das neue Instrument ein.

LEBEN
Jean Barrière wurde um 1705 in Bordeaux geboren. Er wurde in Paris von den Brüdern Pierre Philippe Saint-Sevin (um 1700, Agen, bis 15. 5. 1768, Paris) und Pierre Saint-Sevin (um 1700, Agen, bis März 1777, Paris) zum Musiker, besonders zum Cellisten ausgebildet. Von 1736 bis 1739 vervollständigte er seine Ausbildung in Rom. Sodann ließ er sich als Cellist und Cellolehrer in Paris nieder, wo er am 6. 6. 1747 starb. Er hatte als einer der ersten Franzosen das Cello als Soloinstrument anstelle der Gambe eingesetzt.

WERKE
Von Jean Barrière sind 4 Bücher Sonaten für Cello und Generalbaß erschienen, außerdem Sonaten für Diskantviole mit Continuo und eine Sammlung Cembalostücke. Stilistisch fügte sich diese Musik dem zeitgenössischen Rokoko ein.

Enrique Soro Barriga (1884–1954)

LEBEN
Enrique Soro Barriga wurde am 15.7.1884 in Concepción, Chile, geboren. Seine Ausbildung erhielt er von 1898 bis 1904 in Mailand. Er wirkte sodann am Conservatorio Nacional, dessen Leitung er von 1919 bis 1928 hatte, in Santiago de Chile, wo er am 2.12.1954 starb.

WERKE
Von Enrique Soro Barriga sind eine Sinfonía romántica, 2 sinfonische Suiten, »Danza fantástica«, »Andante appassionato«, sinfonische Variationen, 3 sinfonische Praeludien, »Drei chilenische Lieder«, eine »Suite im alten Stil«, 2 Klavierkonzerte, Kammermusik, Klavierstücke, Chöre und Lieder bekannt geworden. Er bewegte sich noch im Rahmen der Spätromantik.

Sergio Fernández Barroso
(geboren 1946)

LEBEN
Sergio Fernández Barroso wurde am 4.3.1946 in Habana geboren. Er war am Konservatorium seiner Geburtsstadt Schüler von César Pérez Sentenat, Leo Brouwer und Edgardo Martín und ab 1966 an der Musikakademie in Prag von Václav Dobiaš und Karel Janeček. Seit 1968 wirkt er als Lehrer für Harmonielehre und Kontrapunktik am Conservatorio Amadeo Roldán in Habana.

WERKE
Neben einer Oper für drei Solisten, Männersprechchor, gemischten Sprechchor im Publikum, Orchester, Tonband und Publikum,

einem Ballett für Tonband mit instrumentalen konkreten und elektronischen Collagen und einem weiteren für Blasorchester, Schlagzeugorchester, Sprechchor und Tonband schrieb Sergio Fernández Barroso eine Orchesterode, ein Oboenkonzert, ein Streichquartett, eine Violinsonate, eine Klaviersuite, eine Sonate für Prepared piano, ein Konzert für zwei Klaviere, Schlagzeug und Publikum sowie zahlreiche Lieder.

Francesco Barsanti (um 1690–1772)

ZEIT UND UMWELT
Der scharfe Konkurrenzkampf, den Georg Friedrich Händel auf dem Feld der Oper in London auszufechten hatte und schließlich ebenso verlor wie seine Gegner, weil das Opernpublikum der italienischen Oper überdrüssig geworden war, brachte viele der vom Kontinent zugewanderten Musiker um ihre Position. Diese konnten zumindest zum Teil in anderen englischen Städten, in Irland oder Schottland unterkommen, wo die Musikentwicklung etwas langsamer ablief als in London selbst.

LEBEN
Francesco Barsanti wurde um 1690 in Lucca geboren. Er studierte in Padua Rechtswissenschaft und ging darauf 1714 mit Francesco Geminiani (1680–1762), dem er vermutlich seine Ausbildung zum Musiker verdankte, nach London, wo er an der Italienischen Oper Flöte und Oboe spielte. Als die italienischen Opern in London ihre Zugkraft einbüßten, begab er sich nach Schottland und wirkte dort als Instrumentalist, Komponist und Lehrer. Um 1750 kehrte er nach London zurück und betätigte sich als Bratschist bis zu seinem Tod im Jahr 1772.

WERKE
Den Aufenthalt in Schottland verwendete Francesco Barsanti zur Sammlung schottischer Lieder, die er mit viel Erfolg herausgab. Außerdem schrieb er vierstimmige Ouvertüren, Soli und Sonaten für Quer- und Längsflöte, Triosonaten, Concerti grossi und 6 Antiphonen im Palestrina-Stil. Sein Stil hing deutlich von Geminiani ab, ließ aber die barocke Faktur bereits hinter sich. Bei den Antiphonen bemühte er sich, den archaischen Stil zu treffen.

Tommaso Barsotti (1786–1868)

ZEIT UND UMWELT
Nach der Revolution hatte das Musikleben in den Städten der französischen Provinzen auch außerhalb der Kathedralen eingesetzt, weil auch dort das Bürgertum seine erhobene Forderung nach Mitwirkung und Anteilnahme am politischen, ökonomischen und kulturellen Leben nicht mehr zurückgenommen hatte.

LEBEN
Tommaso Gasparo Fortunato Barsotti wurde am 4.4.1786 in Florenz geboren. Er war Pianist und leitete von 1821 bis 1852 eine Musikschule in Marseille, wo er im April 1868 starb.

WERKE
Von Tommaso Barsotti sind zahlreiche Klavierkompositionen, vor allem Variationen und Lehrwerke, erschienen. Er verfaßte eine sehr bekannte Kantate »Domine salvum fac regem« für 2 Solostimmen, Chor und Orchester, die deutlich romantische Züge aufweist.

Josef Bárta (1744–87)

ZEIT UND UMWELT
Abgesehen von den zahlreichen Schuldramen entstanden außerhalb Italiens zuweilen auch Opern und Singspiele von Klerikern. Am ehesten war das in Wien möglich, wo der Musikbetrieb seine italienischen Strukturen auch in der zweiten Hälfte des 18. Jahrhunderts nicht abgelegt hatte.

LEBEN
Josef Bárta (Bartha) wurde 1744 in Prag geboren und lebte dort bis 1770 als Priester und Organist der Salvatorkirche. Dann ließ er sich in Wien nieder, wo er am 13. 6. 1787

starb. Ob er in Wien eine kirchenmusikalische Stellung betreute, ist nicht bekannt.

WERKE
Von Josef Bárta sind 6 Klaviersonaten und 6 Streichquartette erschienen. Er schrieb außerdem 2 Opern und ein Singspiel für Wiener Bühnen. Seine weiteren Werke, die er angeblich geschrieben hat, sind verlorengegangen.

Lubor Bárta (1928–72)

LEBEN
Lubor Bárta wurde am 8.8.1928 in Lubná, Böhmen, geboren. Er war an der Musikakademie in Prag Schüler von Jaroslav Řídký. Er lebte bis zu seinem Tod am 5.11.1972 als Lehrer und freier Komponist in Prag.

WERKE
Die frühen Kompositionen von Lubor Bárta sind traditionsgebunden wie seine Sinfonie, das Violinkonzert, das Klavierkonzert, das Bratschenkonzert, das Konzert für Kammerorchester. Dann bildete er sich einen persönlichen Stil durch Annäherung an den zeitgenössischen Stil. Er schrieb 3 Streichquartette, ein Orchesterstück, ein Duo für Klarinette und Klavier, eine Gitarrensonate, eine Flötensonate, eine Cembalosonate und 8 Klavierstücke.

András Bartay (1799--1854)

ZEIT UND UMWELT
Ungarische Musiker der ersten Hälfte des 19. Jahrhunderts verließen ihre Heimat sehr häufig für einen Teil ihres Lebens. Ungarn selbst bot noch ein enges Betätigungsfeld. Die Entwicklung der ungarischen Städte setzte, abgesehen von Budapest, anfangs nur zögernd ein.

LEBEN
András (Andreas) Bartay wurde 1799 in Széplak, Ungarn, geboren. Er war von 1843 bis 1844 Direktor des ungarischen Nationaltheaters. Dem Aufstand des Landes gegen Österreich wich er aus, ging nach Paris und später nach Hamburg, wo er als Konzertdirigent auftrat. Er starb am 4.10.1854 in Mainz.

WERKE
Von András Bartay sind 3 ungarische Opern, ein Melodrama, ein Oratorium, Ballette und mehrere Messen bekannt geworden. Seine Opern können als Vorläufer der bald nach ihm einsetzenden Entwicklung einer nationalungarischen Oper gelten.

Girolamo Bartei
(um 1570 bis nach 1618)

ZEIT UND UMWELT
Da sich der Augustinerorden neben der Missionstätigkeit besonders der Jugenderziehung widmete, mußte er zwangsläufig eine intensive Musikpflege betreiben, weil diese als eines der wichtigsten pädagogischen Mittel angesehen wurde. Daher sind nicht wenige tüchtige Musiker aus diesem Orden hervorgegangen.

LEBEN
Girolamo Bartei wurde um 1570 in Arezzo geboren, trat dem Augustinerorden bei und wurde Ordensgeneral, nachdem er 1607 als Kapellmeister in Volterra tätig gewesen war. Er starb nach 1618 in Rom.

WERKE
Von dem italienischen Komponisten Girolamo Bartei sind eine Serie Responsorien für vier gleiche Stimmen, einige achtstimmige Messen, ein Buch mit zweistimmigen Motetten und etliche Konzerte und Ricercari für zwei Stimmen erschienen. Diese Musik ist streng polyphon, auch die zweistimmige ist kontrapunktisch geführt.

Christian Samuel Barth (1735–1809)

ZEIT UND UMWELT
Die beiden nordischen Hauptstädte Stock-

holm und Kopenhagen mit ihrem erst vor Jahrzehnten erwachten Musikleben bildeten einen ständigen Anziehungspunkt für deutsche Musiker. Sie erhielten leicht Stellungen, weil in beiden Städten noch zu wenig ausgebildete Kräfte verfügbar waren; und falls einer sich als Schüler von Johann Sebastian Bach ausweisen konnte, mußte er nicht besorgt sein, abgewiesen zu werden.

LEBEN
Christian Samuel Barth wurde am 11. 1. 1735 in Glachau, Sachsen, geboren. Er war Schüler von Johann Sebastian Bach an der Thomasschule in Leipzig und wirkte an den Orchestern von Rudolstadt, Weimar, Hannover und Kassel als Oboist. Im Jahr 1785 ging er in gleicher Eigenschaft nach Kopenhagen, wo er am 8. 7. 1809 starb.

WERKE
Der Oboist Christian Samuel Barth verfaßte eine Anzahl Sonaten und Konzerte für Oboe, außerdem einige Sinfonien und Ouvertüren, die dem empfindsamen Stil nahestehen.

Hans Barth (1897–1956)

LEBEN
Hans Barth wurde am 25.6.1897 in Leipzig geboren. Er kam im Jahr 1907 in die USA, wurde dort zum Pianisten ausgebildet und unterrichtete an mehreren Lehranstalten, bis er Leiter der National School for Musical Culture in New York wurde. Er starb am 9.12.1956 in Jacksonville, Fla.

WERKE
Für das Viertelton-Klavier, das Hans Barth konstruierte, schrieb er das zweite seiner 2 Klavierkonzerte, dem er ein Viertelton-Streichorchester beigab, weiters verfaßte er eine Suite für Viertelton-Streicher, Blechbläser und Pauken, ein Quintett mit Viertelton-Klavier, kleinere Vokalstücke und eine Operette.

François Hippolyte Barthélemon
(1741–1808)

ZEIT UND UMWELT
Die in London verlegte Violinmusik stammte auch im letzten Drittel des 18. Jahrhunderts nahezu ausschließlich von ausländischen Virtuosen, die in England auftraten. Das erweckt den Eindruck, daß die Verleger des sicheren Absatzes wegen englische Kompositionen dem Publikum nicht zur Kenntnis brachten und dies wiederum auf englische Komponisten entmutigend wirkte. Diese einseitige »geschmackbildende« Haltung der Verleger war vielleicht auch eine Ursache dafür, daß es noch immer zu keinem Aufschwung der eigenständigen Musik kommen konnte.

LEBEN
François Hippolyte Barthélemon wurde am 27. 7. 1741 in Bordeaux geboren. Als junger Mann ging er nach Irland und wollte eine militärische Laufbahn einschlagen. Er kam mit dem Komponisten Thomas Alexander Erskine Earl of Kellie in Verbindung, der ihn ermutigte, Musiker zu werden. Schon 1764 konnte er in London die Leitung des Opernorchesters übernehmen, 1766 brachte er am King's Theatre seine erste Oper heraus; 1767 trat er in Paris als Violinist im Concert spirituel auf. Nachdem er auch dort eine Oper aufgeführt hatte, kehrte er nach London zurück und wurde erster Violinist und 1770 Dirigent an Marylebone Gardens. Von 1771 bis 1773 wirkte er in Dublin, sodann unternahm er bis 1777 eine Konzertreise durch Deutschland, Frankreich und Italien. Nach seiner Rückkehr nach London nahm er als Komponist und Violinist am Musikleben der Stadt bis zu seinem Tod am 23. 7. 1808 lebhaften Anteil.

WERKE
Von François Hippolyte Barthélemon sind 6 Sonaten für zwei Violinen und Generalbaß, 6 Sonaten für Solovioline und Generalbaß, 6 Konzerte für drei Violinen, 6 Ouvertüren für zwei Violinen, zwei Oboen, zwei Hörner und 6 Streichquartette erhalten. Von seiner

Vokalmusik sind außer seinen Opern, Schauspielmusiken und Balletten das in Rom verfaßte Oratorium »Jefte in Masfa« und der Hymnus »Awake my soul« (Erwache, meine Seele) sehr bekannt geworden.

Bartholomeo Le Roy
(um 1550 bis vor 1600)

ZEIT UND UMWELT
Die französische Kolonie in Rom war immer sehr stark. Die aus Frankreich stammenden Kardinäle holten sich ihre Kleriker, Bediensteten und zum Teil auch ihre Privatkapelle aus Frankreich. Die französische Kirche San Luigi de'Francesi wurde vorwiegend von Franzosen betreut. Hinzu kamen die Vertreter französischer Orden und die französischen Diplomaten am Vatikan. Daher war es für französische Musiker verhältnismäßig leicht, in Rom irgendwo unterzukommen.

LEBEN
Bartholomeo Le Roy wurde um 1550 in Frankreich geboren und ausgebildet. Um das Jahr 1582 kam er nach Rom. Welche Stellung er dort bekleidete, ist nicht bekannt. Er muß aber als Musiker aufgefallen sein, weil er bereits 1585 als Kapellmeister des Vizekönigs nach Neapel berufen wurde, wo er noch vor 1600 starb.

WERKE
Von dem französischen Komponisten Bartholomeo Le Roy sind nur eine Messe, eine Anzahl Madrigale und Lieder und dazu ein Instrumentalsatz erhalten. Die Kirchenmusik ist dem zeitgenössischen französischen Stil angepaßt. Das Stück für Instrumente ist zwar kontrapunktisch, aber sehr dicht gesetzt.

John Bartlet (um 1575 bis nach 1610)

ZEIT UND UMWELT
Edward Seymour (1537–1621) erhielt 1559 den Titel eines Earl of Hertford, fiel aber wegen seiner heimlichen Ehe mit einer Verwandten des Königshauses bei Königin Elisabeth in Ungnade und wurde einige Zeit in Haft gehalten. Nach dem Tod seiner Frau (1568) erhielt er seinen Titel wieder. Gemäß der Tradition seiner und vieler anderer englischer Adelsfamilien hielt er in seinem Haushalt Musiker, die auf diese Weise einigermaßen sorgenfrei ihre Kunst ausüben konnten.

LEBEN
John Bartlet (Bartlett) wurde um 1575 in England geboren. Über sein Leben ist nur bekannt, daß er es als Hausmusiker bei dem Earl of Hertford verbrachte und vermutlich noch jung nach 1610 gestorben ist.

WERKE
Der englische Komponist und Lautenist John Bartlet brachte einen Band Lieder mit Lauten- und Gambenbegleitung und reine Instrumentalstücke heraus. Die Lieder sind so gesetzt, daß sie vierstimmig und einstimmig, wobei die anderen Stimmen von den Instrumenten übernommen werden, gesungen werden können.

Béla Bartók (1881–1945)

LEBEN
Béla Victor János Bartók wurde am 25.3.1881 in Nagy Szent-Miklós, Ungarn (heute Sinnicolau, Rumänien) geboren. Nach einer Grundausbildung durch seine Mutter erhielt er in Preßburg von László Erkel (1844–96) Kompositionsunterricht. An der Musikakademie in Budapest war er Klavierschüler von István Thomán und Kompositionsschüler von Hans Koessler; er entwickelte sich zum Klaviervirtuosen. Seine kompositorische Tätigkeit, die er bereits in Preßburg aufgenommen hatte, intensivierte sich um das Jahr 1905. Er orientierte sich anfänglich an Franz Liszt, verließ aber bald die Tonalität, so daß scharfe Gegensätze zu Kritik und Publikum nicht ausblieben. Er erhielt zwar 1907 eine Klavierprofessur, die Aufführung seiner Kompositio-

nen wurde aber verhindert. Sein Plan, mit einigen jungen Komponisten eine neue Musikgesellschaft zu gründen, verwirklichte sich nicht, daher zog er sich 1912 von jeder öffentlichen Tätigkeit zurück und widmete sich neben seinen Konzertreisen als Pianist nur mehr der Komposition und der Volksliedforschung, indem er echtes ungarisches Volksgut sammelte und bearbeitete – was bisher als »ungarisch« angesehen wurde, waren zumeist rumänische oder slawische Weisen, die die Zigeuner spielten. Seinen Wohnsitz in Budapest behielt er vorläufig bei; im Herbst 1940 emigrierte er unter dem Eindruck des wachsenden Einflußes und der Gefahr durch den deutschen Nationalsozialismus in die USA. Es fiel ihm schwer, sich in der neuen Heimat durchzusetzen, weil er zu stark in der alten verwurzelt war, um sich neuen Verhältnissen anzupassen. Er erhielt einige Konzert-, Kompositions- und Forschungsaufträge, aber sein Gesundheitszustand hinderte ihn an einer intensiven Arbeit. Er starb am 26.9.1945 in New York als eine der größten Gestalten der Musik des 20. Jahrhunderts.

Béla Bartók

WERKE

Es war zum „Qualitätskriterium" geworden, ob ein Kunstschaffender von den Machthabern geduldet wurde oder nicht. Das sah auch Béla Bartók. Er schrieb, als man in Berlin offenbar zögerte, ihn zu verbieten, zumal er doch kein Jude und Angehöriger des mehr oder weniger freiwillig befreundeten Ungarns war, daß er es als Diskriminierung empfände, nicht unter die »Entarteten« eingereiht zu werden. Das Verbot, seine Werke in nationalsozialistischen Ländern aufzuführen, sprach er selbst aus.

Das Lebenswerk Bartóks gliedert sich in drei Stilphasen. Die spätromantisch-impressionistische Phase endete mit seiner einzigen Oper »Herzog Blaubarts Burg« im Jahr 1911; sie lag auf der Linie Franz Liszt–Richard Strauss–Claude Debussy. Die folgende expressionistische Phase reichte ungefähr bis zum Jahr 1930 und zeichnete sich durch die Verwendung vielfältiger Stilmittel aus: Kirchentonarten, Pentatonik, Bitonalität, Chromatik, kontrapunktische Imitation neben völliger Atonalität, höchst vitale und an östlichen Metren orientierte Rhythmen, explosive Klangschichtungen, die eine Brücke zu Arnold Schönberg und Igor Strawinsky darstellten. In der letzten Phase zogen wieder eindeutigere Dur-Moll-Beziehungen ein, die Musik wurde klassizistisch und verlor ihren aggressiven Charakter, blieb jedoch unverkennbar auf der Linie des vom Komponisten eingeschlagenen künstlerischen Wegs. Die Tondichtung »Kossuth-Sinfonie«, die »Rhapsodie für Klavier und Orchester«, die 2 Orchestersuiten, das Violinkonzert Nr. 1 gehören der romantischen Epoche an wie die »Zwei Porträts«, die »Zwei Bilder«. Diese klangvollen, farbenprächtigen Stücke zog der Komponist später zurück, weil sie seinen künstlerischen Vorstellungen nicht mehr entsprachen. Mit den »Vier Orchesterstücken« setzte der »echte« Bartók ein. Die Oper war bereits stark expressionistisch. Die Pantomimen »Der holzgeschnitzte Prinz« und »Der wunderbare Mandarin«, die »Tanzsuite«, die »Musik für Saiteninstrumente, Schlagzeug und

Celesta« vertieften diesen Stil, während das »Divertimento für Streichorchester«, das »Konzert für Orchester«, bereits dem Spätstil angehörten. Von den 3 Klavierkonzerten sind die ersten zwei hochexpressiv, das dritte (nachgelassene) bewegte sich in ruhigeren Bahnen wie das ebenfalls posthume Bratschenkonzert. Das Violinkonzert Nr. 2 wurde als das beste seit Johannes Brahms angesehen. Die Kammermusik verteilte sich auf alle Schaffensperioden des Komponisten. Das Klavierquintett bewegte sich im Stilbereich von Johannes Brahms. Seine 6 Streichquartette sind in der Zeit zwischen 1908 und 1937 entstanden. Er verfaßte weiters 2 Sonaten und 2 Rhapsodien für Violine und Klavier, 44 Duos für zwei Violinen, eine Sonate für zwei Klaviere und Schlagzeug, »Kontraste für Violine, Klarinette und Klavier«, eine Anzahl Chorlieder. Vom Klavierwerk war das »Allegro barbaro« mit seinen maschinenartig geschlagenen Oktaven und Akkorden zu seiner Zeit eine Sensation (1911). Die dreisätzige Sonate ist noch heute ein beliebtes Konzertstück. Volkstänze, Variationen über Bauernlieder, Rondos, eine Sonatine bilden nur eine Auswahl seiner vielen Klavierstücke. Der »Mikrokosmos« stellte mit seinen 153 Stücken ein Lehrwerk dar, enthält aber eine Reihe pianistischer Kostbarkeiten, die daran erinnern, daß Béla Bartók selbst ein hervorragender Klaviervirtuose war. Seine Gesangwerke bestehen aus Klavierliedern, zahlreichen ungarischen Volksliedern; die »Fünf Dorfszenen« sind für Gesang und Klavier oder Frauenchor und Kammerorchester erschienen. Dazu kommt eine Fülle von Bearbeitungen von ungarischen, slowakischen, rumänischen und auch arabischen Volksliedern. Er veröffentlichte eine große Anzahl Abhandlungen, die sich vorwiegend mit Volksmusik beschäftigten.

Cantata profana für Tenor, Bariton, Chor und Orchester, 3 Teile, entstanden 1930

Die Kantate erzählt von einem Vater, der seine neun Söhne ausschließlich für die Jagd in den Bergen erzog. Eines Tages verfolgten die Söhne ein »wundersames Tier«, verirrten sich in einem dunklen Wald und wurden selbst in Hirsche verwandelt. Als ihr Vater, der ihnen nachging, die neun Hirsche bei einer Quelle sichtete, wollte er auf sie schießen. Der älteste der Brüder begann zu sprechen und warnte den Vater, auf sie zu schießen, weil er mit den Brüdern ihn mit den Geweihen an der Felswand zerschmettern würde. Der Vater bat sie, nach Hause zur beladenen Tafel und zu den gefüllten Gläsern zu kommen, wo sie von der Mutter angstvoll erwartet würden. Aber der älteste Sohn erklärte ungerührt, sie würden nicht heimkehren, weil sie mit den Geweihen nicht durch das Tor kämen und ihre Körper keine Kleider tragen könnten, sondern nur grünes Waldlaub, und sie nur klares Wasser von der Quelle trinken wollten. Der Komponist wollte mit dieser Geschichte seinen Drang nach unbedingter Freiheit kundgeben. Die 3 Teile gehen ineinander über. Die Musik folgt der Handlung mehr deliberativ als deskriptiv, nur die Jagdszene ist mit aller Farbenpracht dargestellt.

Der wunderbare Mandarin, Pantomime, Opus 19, 6 Teile, entstanden 1925

Die Premiere dieses Stücks 1926 in Köln war einer der lärmendsten Skandale im Leben des Komponisten. Konservative Kreise mit kirchlichen Würdenträgern an der Spitze richteten scharfe Angriffe gegen das »unsittliche« Werk, der Oberbürgermeister verbot weitere Aufführungen. Die Handlung der Pantomime gab Bartók wie folgt wieder: »In einer Apachenbehausung zwingen drei Strolche ein schönes junges Mädchen, Männer an sich zu locken, die diese dann ausrauben wollen. Der erste Gast ist ein armer Junge, der zweite ebenso, nur der dritte ein reicher Chinese. Dieser Fang scheint vorteilhaft zu sein; das Mädchen unterhält den Mandarin durch Tänze, erweckt in ihm eine heftige Liebe. Dem Mädchen graut aber vor dem Mann. Die Strolche überfallen, plündern, würgen ihn mit dem Bettzeug und durchstechen ihn mit einem Säbel, doch vergebens, sie vermögen dem Mann nichts anzutun, der verliebt und sehnsuchtsvoll das Mädchen anblickt. Die weibliche Invention kommt zu Hilfe: Das Mädchen erfüllt den Wunsch des Mandarin, der darauf tot hinstürzt.« Der Gestenreichtum der Musik Bartóks entfaltet sich in diesem Werk mit seiner ganzen Pracht, er ist aber nicht begleitend, sondern erklärend und beurteilend. Das Grundmotiv, das sich durch das ganze Ballett zieht, stellt die Stadt und den sozialen Kreis dar, in dem die Szenen ablaufen. Man könnte sagen, daß hier der Komponist mit seiner Musik die Gesellschaftskritik des Werks zum Ausdruck bringt.

Der holzgeschnitzte Prinz, Pantomime, entstanden 1916

Die Handlung spielt im Märchenland, in dem es

zwei Hügel mit zwei kleinen Schlössern, einen Wald und einen Fluß gibt. Die Prinzessin aus dem einen Schloß spielt und tanzt unter der Aufsicht der Feen im Wald. Der Prinz aus dem zweiten Schloß versucht, das Mädchen zu erreichen, doch die Feen wollen das verhindern, indem sie die Bäume beleben, die ihn abhalten, sodann den Fluß anschwellen lassen, doch der Prinz läßt von seinem Vorhaben nicht ab. Um die Aufmerksamkeit der Prinzessin auf sich zu lenken, verfertigt er eine hölzerne Puppe, die er mit seinen Kleidern und Haaren ausstattet. Die Prinzessin hat nur für den Prinzen aus Holz Interesse und beachtet den wirklichen Prinzen überhaupt nicht. Nun greifen die Feen zu seinen Gunsten ein, statten den Prinzen wieder mit seinen Kleidern und Haaren aus, so daß die Prinzessin sich wieder ihm zuwendet und mit ihm tanzt. Der Komponist drückt mit seiner Musik den Sinn des Stückes aus, das zeigen will, daß die Menschen alles nur nach dem Äußeren beurteilen, wenn ihnen keine Feenhand die Augen für tiefere Erkenntnisse öffnet. Bartók formte aus der Musik der Pantomime eine Suite.

Zwei Porträts für großes Orchester, Opus 5, 2 Teile, entstanden 1908

Beide Teile stellen dieselbe Persönlichkeit dar, ideal und verzerrt. Der 1. Teil besteht aus einer Umarbeitung des Violinkonzerts Nr. 1, das erst posthum bekannt wurde. Der 2. Teil ist ein rascher, aufgepeitschter Tanz mit grotesken und schrillen Farben.

Zwei Bilder für großes Orchester, Opus 10, 2 Teile, entstanden 1910

Es werden zwei Landschaften gegeneinandergestellt. Im 1. Teil »In voller Blüte« wird ein zartes, poetisches Klangbild vermittelt, im 2. Teil »Dorftanz« gibt es Freude und Lustbarkeit, die mit steigendem instrumentalem Glanz den Menschen in der Landschaft verdeutlicht.

Bilder aus Ungarn für mittleres Orchester, 5 Sätze, entstanden 1931

Die 5 Sätze verarbeiten 5 ältere kleine Klavierstücke: Der 1. Satz, »Abend auf dem Lande«, entstammt den »10 leichten Klavierstücken« aus 1908 und ist eine ländliche Idylle. Der 2. Satz, »Bärentanz«, ist derselben Sammlung entnommen und bringt fünfmal eine alte Volksweise; eine ostinate Rhythmik, Dissonanzen und bitonale Führung verleihen dem Satz das »Bärenhafte«. Der 3. Satz, »Melodie« – den »Vier Klageliedern« aus 1909 entnommen –, bringt eine verhaltene, elegische Melodie in dynamischer und instrumentaler Verstärkung. Eine Gegenstimme drängt sich dagegen, dann führt das Hauptthema zum Höhepunkt, wonach der Satz leise verklingt. Der 4. Satz, »Etwas angeheitert«, stammt aus »Drei Burlesken«, 1911, und schildert das Selbstbewußtsein eines betrunkenen Bauern, das in Traurigkeit umschlägt. Der 5. Satz, »Üröger Hirtentanz«, ist der Reihe »Für Kinder« aus 1908 entnommen und bringt eine alte Volksmelodie für Dudelsack (»Grillenhochzeit«), der mit Orgelpunkt und Quintenklängen nachgeahmt wird.

Tanz-Suite für großes Orchester, 6 Teile, entstanden 1923

Das Stück wurde anläßlich des Jubiläums der Vereinigung der Städte Buda und Pest uraufgeführt und trägt daher stark nationalen Charakter. Der 1. Teil beginnt mit einem Fagotthema, von dem eine elegische Melodie (»Ritornell«) zum stampfenden 2. Teil führt, in dem die Klarinette das Ritornell wiederholt. Mit einem heiteren ungarischen Thema folgt der 3. Teil. Der 4. Teil ist eine lyrische Episode. Darauf leitet der 5. Teil tänzerisch zu einem lebhaften Finale mit einem Zitat aus dem Ritornell, ehe das Stück mit einem hinreißenden Wirbel fröhlicher Klänge endet.

Musik für Saiteninstrumente, Schlagzeug und Celesta mit zwei Streichergruppen, zwei Kleinen Trommeln (eine mit Schnarrsaite), zwei normalen und zwei kleinen Becken, Tamtam, Großer Trommel, Pauken, Xylophon, Celesta, Harfe, Klavier, 4 Sätze, entstanden 1936

Der 1. Satz bringt eine Fächerfuge (ein von einem Ton sich nach oben und nach unten bis zum entferntesten Ton ausbreitendes Stimmengewebe) mit starker dynamischer Steigerung, die wie ein Schmerzensschrei klingt. Dann wird die Fuge rückläufig und verklingt. Das Hauptthema des 2. Satzes geht auf ungarische Volksmusik zurück. In der Durchführung kehrt das eigentümlich zerrissene Fugenthema wieder. Im 3. Satz klingt der klagende Ton des 1. Satzes erneut auf. Drei Themen werden nacheinander vorgeführt und wieder verabschiedet. Der 4. Satz bringt einen Tanz mit kinderliedartigen Seitenthemen.

Divertimento für Streicher, 3 Sätze, entstanden 1939

Der 1. Satz dieses relativ leicht zugänglichen Werks bringt Tanzrhythmen; drohende Dissonanzen schalten sich ein, und ein warnendes Signalmotiv weist auf den 2. Satz, in dem sich eine schmerzliche Klage über einer schweren, harten Klangvision, gleich einem bösen Traum, erhebt. Der 3. Satz verscheucht diese Stimmung mit packenden Tänzen.

Skizzen zur Rhapsodie Nr. 1 von Béla Bartók, Autograph

Konzert für Orchester, 5 Sätze, entstanden 1943
Der 1. Satz (Introduzione) beginnt mit einem pentatonischen Quartenmotiv, eine Flöte bringt einen elegischen Einwurf, dann setzt das Hauptthema mit einem Sonatenallegro ein, aus dem ein Posaunenruf hervorsteigt. Nach einer breiten polyphonen Durchführung, die mit einem Blechbläserchor ihren Höhepunkt erreicht, und einer gekürzten Reprise schließt der Satz mit einer Wiederholung des Posaunenthemas. Im 2. Satz (Spiel der Paare) stellen sich je zwei Bläser in verschiedenen Intervallen gekoppelt im lustigen Spiel vor. Der Choral der Posaunen klingt wie Hochzeitsmusik. Der 3. Satz (Elegia) bringt ein Klagelied der Oboe über ein düsteres Quartenmotiv. Das Thema breitet sich variiert über das ganze Orchester aus. Aber es kommt zu keiner Aufhellung. Der Satz beharrt auch an seinem Ende in seiner traurigen Stimmung. Im 4. Satz (Unterbrochenes Zwischenspiel) wagen sich hinkende Tanzweisen vor, ein Gassenhauer der Klarinette erklingt, aber alles wird hart unterbrochen. Es kann keine Fröhlichkeit aufkommen. Erst im Finale kommt es zu einem großen abschließenden Tanzbild. Das Werk klingt wie ein lebensfrohes Volksfest aus.

Klavierkonzert Nr. 1, 3 Sätze, entstanden 1926
In diesem Konzert fällt dem Klavier eine doppelte Funktion zu, es ist Melodie- und Schlaginstrument. Der 1. Satz ist voll Spannung und Bewegung, die Rhythmen sind der Volksmusik abgelauscht. Der langsame 2. Satz wird vom Klavier und den Schlaginstrumenten bestritten; die Bläser setzen erst später ein; das Klavier dient nahezu nur als Schlaginstrument und trägt nur einmal überraschend eine weiche Melodie vor; dann verstummen die Bläser, das Schlagzeug beschließt den Satz. Im 3. Satz herrschen ostinate, gehämmerte Töne vor und zeichnen ein Tanzthema; ein zweites Thema ist volksliedhaft, einzelne Rhythmen sind Volkstänzen entnommen; am Ende kommt es zu einem breiten polyphonen Anschluß.

Klavierkonzert Nr. 2, 3 Sätze, entstanden 1931
»Mein zweites Klavierkonzert ist in der klassischen Sonatenform gehalten«, schreibt der Komponist. »Erster Satz: Exposition, Durchführung, Reprise, dritter Satz: Rondo, wobei nur die Durchführung dem Rondomuster folgt . . . Der zweite Satz ist ein in ein Adagio eingebautes Scherzo . . . Ich möchte noch bemerken, daß das Konzert nicht für Klavier mit Orchesterbegleitung geschrieben ist, sondern für Klavier und Orchester. Ich wollte den Solisten mit dem Orchester völlig gleichstellen.«

Klavierkonzert Nr. 3, 3 Sätze, entstanden 1945
Dieses Konzert ist ein Musterbeispiel klassischer Einfachheit und Klarheit. Im 1. Satz bringt das Soloinstrument das Hauptthema, das Seitenthema klingt heiter und spielerisch aus dem Orchester. Es kommt zu keiner Auseinandersetzung, sondern zu einer einheitlichen Steigerung des Materials. Der 2. Satz hat Choralcharakter; in der Satzmitte dringt ein geheimnisvolles Notturno ein, der Choral kehrt zwar wieder, führt aber zu keinem Ruhepunkt. Dann braust das Klavier auf und beginnt das Finale, das mit einer schwungvollen Tanzmelodie einsetzt und mit ungebrochener Lebensbejahung abschließt.

Konzert für zwei Klaviere und Orchester, 3 Sätze, entstanden 1940
Das Werk ist eine vom Komponisten selbst vorgenommene Bearbeitung seiner Sonate für zwei Klaviere und Schlagzeug aus 1937. Der 1. Satz ist der längste des Konzerts und entwickelt sich in der Einleitung im gewaltigen Crescendo, dann setzt ein rhythmisch markantes Thema ein; ein Zwischenspiel führt zum nächsten Themenkomplex, der in der Reprise neben dem Hauptthema variiert wird; schließlich wird in der Coda das Zwischenspielthema fugiert. Der 2. Satz ist in Liedform angelegt. Im Mittelteil stören Sechzehntelquintolen die Idylle, dann klingt die Kantilene, vom Klavier vorgetragen, aus. Der 3. Satz ist nach Bartók »eine Verbindung von Rondo- mit Sonatenform«. Die Schlaginstrumente werden konzertant eingesetzt, der kecke Tanz löst sich am Ende in verklingende Trommelrhythmen auf.

Violinkonzert Nr. 1, 2 Sätze, entstanden 1907
Der Komponist widmete und schenkte dieses Konzert der Violinistin Stefi Geyer (23.6.1888, Budapest, bis 11.12.1956, Zürich), so daß es für die Öffentlichkeit bis zu seiner Erstaufführung im Jahr 1956 in Basel verschollen war. Der 1. Satz ist offenbar ein Porträt der Widmungsträgerin; der Komponist selbst nannte dieses Thema »Geyer-Motiv«. Der 2. Satz ist ein romantisches, etwas ironisches Selbstporträt, zum Teil grotesk und doch voll ansprechender Lyrismen.

Violinkonzert Nr. 2, 3 Sätze, entstanden 1939
Das energische Hauptthema des 1. Satzes steht im scharfen Gegensatz zu den anderen Motiven. In der Kadenz sind vierteltönige Leittonschritte vorgeschrieben. Der 2. Satz bringt ein zartes Gesangthema, aus dem in sechs freien Variationen starke Kontraste gewonnen werden. Im Schlußsatz ist das Thema des 1. Satzes umgeformt. Es endet im virtuosen Glanz der Blechbläser.

Bratschenkonzert, 3 Sätze, posthum, uraufgeführt 1949

Der Komponist hat das Werk unvollendet hinterlassen, es wurde vom ungarischen Dirigenten und Komponisten Tibor Serly nach Skizzen Bartóks vollendet. Der 1. Satz hat Sonatenform. Der Solist setzt in der Durchführung improvisatorisch ein; eine Kadenz folgt; in der Reprise werden Gedanken der folgenden Sätze vorausgenommen. Eine rezitierende Überleitung führt zum Adagio religioso des 2. Satzes, dessen Stimmung ängstlich und resignierend wirkt. Das Hauptmotiv des 1. Satzes klingt erneut auf und führt zum 3. Satz, der an folkloristische Tanzmelodik erinnert. Als zweites Thema tritt eine Dudelsackmelodie auf, dann setzt das Hauptthema wieder mit siegender Macht ein und führt den Satz, der an den Solisten beträchtliche Anforderungen stellt, zum Schluß.

Quintett für Streichquartett und Klavier, 4 Sätze, entstanden 1904

Das Werk gehört noch der spätromantischen Schaffensperiode des Komponisten an. Die langsame Einleitung des 1. Satzes bringt eine thematische Disposition des ganzen Werks. Zwei Themen bestreiten den Satz: das energische Hauptthema klingt an die Faust-Sinfonie von Franz Liszt an, das liebliche Klarinettenthema erinnert an die Werbungsmusik der Romantik. Der 2. Satz bringt ein orientalisches, dann ein lebhaftes Scherzo und darauf einen Walzer. Der 3. Satz wiederholt das Thema des 1. Satzes im Ganztonsystem. Anschließend erklingen erneut Werbungsmusik und Cymbalmusik im Klaviersolo. Der ohne Pause angehängte 4. Satz ist vom Feuer der Werbungsmusik erfüllt und sprüht im abschließenden Teil wie eine Rhapsodie von Liszt.

Streichquartett Nr. 1 in a-Moll, Opus 7, 3 Sätze, entstanden 1908

In diesem Werk gibt es zwar noch Zusammenklänge in herkömmlicher Art, aber die lineare Polyphonie setzt sich bereits unbekümmert um Härten durch. Der 1. Satz ist als Fuge angelegt, mündet aber in einen synkopierten Nachsatz. Der zweite Teil bringt ein leidenschaftliches Bratschensolo. Die Fuge wird rekapituliert, darauf schließt der 2. Satz unmittelbar an, dessen erstes Thema aus drei Motiven besteht. Das lyrische Seitenthema wird von der Zweiten Violine und der Bratsche eingeführt. Die Durchführung verarbeitet alle Themengruppen, und ein breites Ritardando schließt den Satz ab. Das erste Thema des Finales ist ungarisch gefärbt. Ein ausdrucksvolles Adagio unterbricht den melodischen Fluß. Nach einem graziösen Bratschenthema entwickelt sich eine Fuge, deren Tempo sich zum Presto steigert.

Streichquartett Nr. 2 in a-Moll, Opus 17, 3 Sätze, entstanden 1917

Der 1. Satz ist lyrisch-kantabel und hat Sonatenform. Die vom Komponisten häufig angewendete reine Quart in Harmonik und Melodik setzt sich auch hier durch. Der 2. Satz ist ein Rondo und stellt eine Quartettvariante des Allegro barbaro aus dem Klavierwerk des Meisters dar. Mit harten Sekundenreibungen beginnt der 3. Satz. Im gedämpften Streicherton und mit durchsichtiger Linienführung wird das Stück – von auswegloser Melancholie überschattet – zu Ende geführt.

Streichquartett Nr. 3, 2 Sätze, entstanden 1927

Eine Tonart ist nicht mehr angegeben, weil der Komponist in diesem Stück die Tonalität verlassen hat. Auch die Opuszahl fehlt; Bartók war von der Zählung seiner Werke abgekommen, und eine Neuregistrierung hat sich noch nicht durchgesetzt. Die reine Quart als bevorzugtes Intervall beherrscht das ganze Stück. Die beiden Sätze gehen unmittelbar ineinander über. Das Hauptthema des 1. Satzes setzt mit einem verhaltenen Akkord ein. Es wird in linear polyphoner Struktur verarbeitet. Nach einer Generalpause erklingt das zweite Thema über polytonalen Bässen. Ein Quartenmotiv leitet zum Satzende. Der 2. Satz basiert auf einem in Dreiklangreihen harmonisierten Cellothema, das von der Ersten Violine rhapsodisch ungarisierend umgeformt wird. Dann kommt es zu einer Rekapitulation des 1. Satzes, die derart verändert ist, daß man von einem 3. Satz sprechen könnte. Eine virtuose Stretta mit Doppelgriffen, Tremoli, Glissandi und gehämmerten Fortissimo-Akkorden beschließt das Werk.

Streichquartett Nr. 4, 5 Sätze, entstanden 1928

Das Stück hat zyklische Form; der 1. Satz entspricht dem 5. Satz, der 2. dem 4., und um den 3. Satz gruppiert sich das ganze Geschehen. Im 1. Satz stehen zwei kontrastierende Themen einander gegenüber, in der Durchführung werden zuerst das erste, sodann das zweite Thema verwendet. Nach der Reprise beendet eine ausgedehnte Coda den Satz. Der mit Dämpfern gespielte 2. Satz entwickelt sich von Sekundenreibungen kontrapunktiert vom Baß aufwärts. Nach einem ausgedehnten Trio wird der Hauptsatz wiederholt. Der 3. Satz beginnt mit einer ungarisch-rhapsodischen Cellofigur. Eine flimmernde Wendung der Ersten Violine schließt sich an, dann erklingt das erste Thema erneut. Der Satz endet mit einer Coda. Im 4. Satz sind durchwegs Pizzicati verwendet.

Anstelle der chromatischen Tonleiterpassage erscheint eine diatonische; auch das Trio bezieht sich auf den 2. Satz. Im Finale erklingen asymmetrisch akzentuierte Achtel. Das Trio ist graziös. Der Satz schließt nach der Rekapitulation mit Varianten des ersten Themas des 1. Satzes.

Streichquartett Nr. 5, 5 Sätze, entstanden 1934
Der 1. Satz bringt ein aus drei Elementen bestehendes Thema, ein lyrisches Seitenthema tritt hinzu. Die Durchführung verarbeitet das Hauptthema und die Überleitung, die Reprise das Seitenthema. Eine stürmische Stretta beendet den Satz fortissimo. Ein polytonales Thema über leisen Akkorden beginnt den 2. Satz und wird von einer ausdrucksstarken Kantilene abgelöst. Die Wiederholung reiht die Themen umgekehrt. Bulgarische Rhythmen erklingen im 3. Satz. Der 4. Satz ähnelt dem 2. in Thematik und Form. Im Finale entsteht aus dem Einleitungsmotiv des 1. Satzes ein Fugenthema. Es schließt mit grotesk mechanischen Akkorden ab.

Streichquartett Nr. 6, 4 Sätze, entstanden 1939
Das Hauptthema des 1. Satzes bildet das Kopfthema aller Quartettsätze; es wird von der Bratsche solistisch vorgetragen. Im 2. Satz erscheint das Thema zweistimmig und im 3. Satz dreistimmig als »Burletta«, deren Humoristik durch die Verwendung von Vierteltönen erhöht wird. Vierstimmig erklingt das Thema im 4. Satz, der gelassen ausklingt.

»Im Freien«, Suite für Klavier, 5 Sätze, entstanden 1926
Dieses Juwel der Klavierkompositionen Bartóks beginnt mit einem rein rhythmischen Spiel »Mit Trommeln und Pfeife«. Eine poetische Barcarolle folgt. Die »Musette« bringt eine überraschende melodische Ornamentik. Der 4. Satz »Die Nachtmusik« bringt ein Notturno mit seltsamen Vogelschreien, Flügelschlagen und Rascheln dürren Laubes. Und der 5. Satz »Die Jagd« stürmt geradezu panisch über die Tasten.

Literatur

B. Szabolcsi, Béla Bartók, Budapest 1946. L. Lesznai, Béla Bartók, Leipzig 1961. E. Helm, Béla Bartók, Reinbek 1965. H.K. Metzger/ R. Riehn (Hrsg.), Béla Bartók, München 1981.

Bartolino da Padua

(nach 1350 bis nach 1405)

Zeit und Umwelt

Padua entwickelte sich vom 12. bis zum 14. Jahrhundert zu einer führenden oberitalienischen Stadt. Seit 1307 wölbte sich die romanisch-gotische Basilika mit ihrem orientalischen Gepräge über dem Grabmal des portugiesischen Mönches Antonius, namhafte Baumeister, Bildhauer und Maler des 13. Jahrhunderts haben die Stadt mit Kunstwerken geschmückt. Dante hat hier gelebt. Unter der Führung der Familie Carrara blühte die Stadt auf, und seit sie unter die Macht der Dogen von Venedig gekommen war, nahm sie im größeren Rahmen am kulturellen Leben Venedigs teil.

Leben

Bartolino da Padua wurde nach 1350 vermutlich in Padua geboren. Er wurde Karmelitermönch und Magister und um 1380 Prior des Karmeliterkonventes zu Padua. Im Jahre 1405 folgte er der bisher regierenden Familie Carrara in die Verbannung nach Florenz, wo er wahrscheinlich in der ersten Hälfte des 15. Jahrhunderts gestorben ist.

Werke

Bartolino vertonte vorwiegend zeitbezogene Themen, zum größeren Teil in der traditionellen Zweistimmigkeit, aber auch dreistimmig. Erhalten davon sind 11 Madrigale und 27 Ballate. Einzelne davon sind den Familien Carrara und Visconti (in Mailand) gewidmet.

Literatur

P. Petrobelli, Some Dates from Bartolino da Padua, Princeton 1968.

Bartolomeo da Bologna

(um 1380 bis um 1440)

Zeit und Umwelt

Die blutigen Streitigkeiten um die Macht über Bologna, die einige Familien während des 15. Jahrhunderts ausfochten, hinderten weder die Errichtung von Prachtbauten noch die Entwicklung von Malerei, Dichtung und Musik. Die Namen der einander bekämpfenden Familien sind zwar noch bekannt, werden jedoch von denen der zeitgenössischen Künstler im Gedenken der Menschen stark verdrängt.

LEBEN
Bartolomeo da Bologna (Frater Bartholomaeus de Bolonia) wurde um 1380 in oder bei Bologna geboren. Von seinem Leben ist nur bekannt, daß er Benediktinermönch wurde und im Rahmen seines Ordens als Komponist, Organist und Sänger wirkte. Er starb in Bologna um 1440.

WERKE
Von Bartolomeo da Bologna sind mehrere dreistimmige Kompositionen erhalten: ein Gloria und ein Credo, von denen jedes eine Paraphrase über je eine Ballata von seiner Hand darstellt, weiters ein Rondeau auf italienischem und eines auf lateinischem Text, schließlich eine lateinische Ballade. Der Stil dieser Werke ist dem zeitgenössischen französischen angeglichen, weist jedoch interessante Eigenständigkeiten auf.

LITERATUR
W. Korte, Studien zur Geschichte der Musik in Italien im 1. Viertel des 15. Jahrhunderts, Kassel 1933.

Angelo Michele Bartolotti
(um 1615 bis um 1681)

ZEIT UND UMWELT
Königin Christiana von Schweden (1626–89) dankte 1654 ab und begab sich nach Rom, wo sie neben einer intensiven politischen Tätigkeit in ihrem Palast ein kulturelles Zentrum schuf, das die geistige Entwicklung ganz Europas beeinflußte.

LEBEN
Angelo Michele Bartolotti wurde um 1615 in Bologna geboren. Er war ab 1655 Gitarrist und Theorbist der Königin Christiana von Schweden, ging 1664 nach Paris, wo er zum Kammermusiker des Königs wurde. Er starb um 1681 in Bologna.

WERKE
Der italienische Gitarrist und Theorbist Angelo Michele Bartolotti schrieb eine Reihe vorzüglicher Gitarrenstücke und eine Theorbenschule, in die er eine Anzahl Übungsbeispiele einstreute. Sein Satz beweist große Virtuosität auf seinem Instrument, das im 17. Jahrhundert wegen seines stärkeren Klanges der Laute immer mehr vorgezogen wurde.

Bruno Bartolozzi (1911 – 80)

LEBEN
Bruno Bartolozzi wurde am 8.6.1911 in Florenz geboren. Er studierte am Konservatorium seiner Geburtsstadt und an der Musikakademie in Siena. Seitdem unterrichtete er am erstgenannten Konservatorium Orchesterspiel und wirkte als Herausgeber einer Serie Lehrhefte für die Spielmethode der Holzblasinstrumente. Er erfand für diese Instrumente neue Techniken und Anblasmethoden, die ihre kompositorischen Verwendungsmöglichkeiten erweitern. Er starb am 12.12.1980 in Fiesole.

WERKE
Von Bruno Bartolozzi wurden ein Orchesterkonzert, ein Divertimento für Kammerorchester, ein Konzert für Violine, Streicher und Cembalo, ein Konzert für Fagott, Streicher und Schlagzeug, ein Konzert für Oboe und einige Instrumente, ein Quartett für Holzbläser und eines für vier Flöten, ein Streichquartett, Solostücke für Flöte, Fagott, Bratsche, Gitarre und weitere Instrumente, ein Konzert für Sopran und Orchester, eine Serenade für Violine und Gitarre und ein Konzert für Sopran und 17 Instrumentalisten bekannt.

František Bartoš (1905–73)

LEBEN
František Bartoš wurde am 13.6.1905 in Brněnec bei Polička, Böhmen, geboren. Er war von

1921 bis 1928 am Konservatorium in Prag Schüler von Karel Boleslav Jirák, Jaroslav Křička und Josef Bohuslav Foerster und wirkte von 1929 bis 1931 am selben Institut als Lehrer. Anschließend widmete er sich neben seiner organisatorischen Tätigkeit für das tschechische Musikleben nur mehr der Komposition. Er starb am 21.5.1973 in Prag.

WERKE
Aus dem umfangreichen kompositorischen Werk von František Bartoš sind ein Melodram und eine Suite für Orchester bemerkenswert. Er schrieb außerdem ein Streichsextett, ein Bläserquintett, 2 Streichquartette, ein Bläsertrio, ein Duo für Violine und Bratsche, Klavierstücke, Chöre, Lieder und Bühnenmusik. Sein Stil neigt zur Neuklassik. Er publizierte eine Reihe musikhistorischer Werke.

Jan Zdeněk Bartǒs (1908 – 81)

LEBEN
Jan Zdeněk Bartǒs wurde am 4.6.1908 in Dvůr Králové, Böhmen, geboren. Er studierte von 1935 bis 1939 in Prag bei Otakar Šin und anschließend bei Jaroslav Křička. Seit 1956 leitete er die Musikabteilung des tschechoslowakischen Schul- und Unterrichtsministeriums und unterrichtete am Konservatorium Komposition und Theorie. Er starb am 1.6.1981.

WERKE
Von Jan Zdeněk Bartoš wurden 2 Opern, eine Operette und 3 Ballette aufgeführt. Er schrieb außerdem 4 Sinfonien, eine Kammersinfonie, ein Divertimento für neun Bläser, ein Kammerkonzert für Oboe und Streicher, ein Bratschenkonzert, eine Suite für Bratsche, Kontrabaß und neun Bläser, ein Capriccio für Cello und Orchester, ein Hornkonzert, Konzertouvertüren, 8 Divertimenti für Bläser, 3 Bläserquintette, 9 Streichquartette, 2 Klaviertrios, ein Streichtrio, eine Fantasie für Violine und Klavier, Klavierwerke, Kantaten, Liederzyklen, Chöre und Bühnenmusiken.

Henricus Baryphonus
(1581–1655)

ZEIT UND UMWELT
Die Stadt Quedlinburg, Hansestadt bis 1477, war bereits im 10. und 11. Jahrhundert ein bedeutendes Kulturzentrum. König Heinrich I. (um 875–936) aus dem Geschlecht der Liudolfinger erbaute sich dort die Fliehburg Quittlingen, die sein Nachfolger Kaiser Otto der Große (912–973) in ein Stift umwandelte. Friedrich Gottlieb Klopstock (1724–1803) ist in der Stadt geboren. Im romanischen Heinrichsdom versahen stets ausgezeichnete Organisten und Kantoren ihr Amt.

LEBEN
Henricus Baryphonus (Heinrich Pipegrop) wurde am 17. 9. 1581 in Wernigerode geboren und zum Organisten ausgebildet. Nach seinem Studium in Helmstedt trat er die Stelle eines Stadtkantors in Quedlinburg an und wirkte auch als Lehrer am Gymnasium der Stadt, in der er am 13. 1. 1655 starb.

WERKE
Von dem deutschen Musiktheoretiker und Komponisten Henricus Baryphonus sind nur ein »Melos genethliacum oder Weihenacht Gesang« für sechs Stimmen und ein Choralkonzert »Wir glauben an einen Gott« für eine Stimme und Generalbaß erhalten. Alles andere ist wie der Großteil seiner theoretischen Werke verlorengegangen, aber auch diese geringe Hinterlassenschaft zeigt, wie bald Monodie und Basso continuo in die deutsche Kantorenmusik Eingang gefunden haben.

LITERATUR
E. Jacobs, Heinrich Pipegrop, in: Vierteljahresschrift für Musikwissenschaft VII, 1891.

Andrea Basili (1705–77)

LEBEN
Andrea Basili wurde am 16. 12. 1705 in Città della Pieve geboren. Er war ab 1729 Kapell-

meister am Dom in Tivoli und von 1740 bis zu seinem Tod am 28. 8. 1777 an Santa Casa di Loreto.
Sein Sohn Pasquale Antonio Basili (um 1730, Tivoli, bis nach 1776, Narni) war Organist in Ancona, dann bis 1776 Kapellmeister am Dom in Tivoli und anschließend am Dom von Narni.

WERKE
Neben didaktischen Werken verfaßte Andrea Basili das Oratorium »Il Martirio di Santa Sinforosa« (Das Martyrium der heiligen Sinforosa) und eine Anzahl kirchlicher Werke – Messen, Responsorien, Proprien. Der Stil dieser Musik erinnert an das Barock.
Pasquale Antonio Basili beschränkte seine kompositorische Tätigkeit auf Kirchenmusik allein. Seine Messen wurden sehr konservativ gehalten.

Basilio Basili (1803 bis um 1895)

ZEIT UND UMWELT
Die Zarzuela, die im 18. Jahrhundert, durch die italienische Oper verdrängt, zur Unterhaltung der unteren Volksschichten geworden war, erhielt gegen Mitte des 19. Jahrhunderts erneuten Aufschwung. Sie wurde zur dreiaktigen »Zarzuela grande« erweitert und bezog die spanische Folklore als fundamentales Element ein. Es wurde in Madrid ein neues Teatro de la Zarzuela eröffnet, dem eine Reihe weiterer ähnlicher Bühnen in Spanien und Portugal folgten.

LEBEN
Basilio Basili wurde 1803 in Macerata als Sohn des Francesco Basili (1767–1850) geboren. Er trat 1826 zum ersten Mal in Ferrara als Tenor auf und ging ein Jahr darauf nach Madrid, wo er Orchesterdirigent und Gesanglehrer wurde. Er starb in New York um 1895.

WERKE
Von Basilio Basili sind in Madrid 2 Zarzuelas im neuen Stil und 6 Opern aufgeführt worden. Er schrieb außerdem einige Orchestermusik und folgte stilistisch den bereits in ganz Europa eingebürgerten romantischen Fakturen.

Francesco Basili (1767–1850)

ZEIT UND UMWELT
Die Musik der Kapellen des Kirchenstaates war auch nach 1800 weniger von der Oper beeinflußt als die im übrigen Italien. Der altrömische Stil war zwar nirgends obligatorisch, galt aber doch stets als ehrwürdig und bestimmten religiösen Zeremonien angemessen, so daß er nie vergessen wurde. Es wurde immer viel a cappella komponiert und gesungen, und gregorianische Passagen fanden sich, wenn auch oft nur angedeutet, in nahezu jedem sakralen Werk, das auf dem Boden des Papststaates entstand.

LEBEN
Francesco Basili wurde am 31. 1. 1767 in Loreto als Sohn des Kapellmeisters Andrea Basili und Bruder des Organisten Pasquale Antonio Basili geboren und vom Vater, sodann von Giovanni Battista Borghi und Giuseppe Jannaconi in Rom ausgebildet. Er wirkte von 1809 bis 1827 als Kapellmeister in Foligno, dann in Macerata und schließlich in Loreto, war anschließend bis 1837 Zensor des Konservatoriums in Mailand und darauf bis zu seinem Tod am 25. 3. 1850 Kapellmeister an San Pietro in Rom.

WERKE
Von Francesco Basili wurden 14 Opern aufgeführt. Er schrieb außerdem Sinfonien, 3 Streichquartette, ein Klavierkonzert, zahlreiche Kirchenmusik, darunter ein Requiem und ein Oratorium. Obwohl Leben und Wirken des Komponisten weit in das Zeitalter der Romantik reichten, gehörte sein Stil dem frühen 18. Jahrhundert an.

Giovanni Bassani (um 1560 – 1617)

ZEIT UND UMWELT
Mit Kapellmeister bezeichnete man im Mit-

telalter den obersten Hofgeistlichen. Erst später bezog sich der Titel auf die Kirchenmusik allein. Ab dem 16. Jahrhundert erweiterte sich der Titel auf den Leiter der Hofkapelle. Der Kapellmeister dirigierte allerdings nicht, sondern stimmte nur an. Außerdem leitete er die Proben und vertrat die Kapelle nach außen. Mit der Verschiebung des Schwergewichtes der Musik auf Instrumentalmusik wurden eigene Leiter der Instrumentalisten bestellt, die Konzertmeister hießen. Ihnen oblag die Einstudierung und das Einstimmen des Instrumentalpartes, an dem sie aber wie heutige Konzertmeister als Instrumentalisten teilnahmen.

LEBEN
Giovanni Bassani (Bassano) wurde um 1560 in Venedig geboren und dort vermutlich auch ausgebildet. Er war 1585 Sänger und 1595 Gesanglehrer an der Gesangschule des Markusdomes; im Jahre 1615 wurde er Konzertmeister an San Marco und starb in Venedig im Spätsommer des Jahres 1617. Ihm wurde die Erfindung des Doppelrohrblattinstrumentes Bassanello zugeschrieben, das wegen seines weichen Klanges sehr beliebt war.

WERKE
Von dem italienischen Komponisten Giovanni Bassani sind dreistimmige Fantasien »zum Singen und Spielen«, Ricercate für Tasteninstrumente, vierstimmige Capricci musicali, Kirchenkonzerte und konzertante Madrigale überliefert. Eine Messe, Motetten und Canzonetten wurden in Sammelwerken aufgenommen. Er gab einen Band mit Motetten, Chansons und Madrigalen von Meistern des 16. Jahrhunderts für fünf und sechs Stimmen oder für Solostimme mit Orgelbegleitung heraus. Der Komponist hat stilistisch die Renaissance schon beinahe verlassen. Er genoß einen großen Ruf als Improvisator an der Orgel.

LITERATUR
E. T. Ferrant, Die »Motetti, madrigali e canzoni francesi di Giovanni Bassano«, Tutzing 1961.

Giovanni Battista Bassani
(um 1647–1716)

LEBEN
Giovanni Battista Bassani wurde um 1647 in Padua geboren. Er war in Venedig Schüler von Giovanni Legrenzi. Nach seinen ersten Publikationen (1677) wurde er in die Accademia Filarmonica in Bologna aufgenommen und zum Organisten und Musiklehrer der Accademia della Morte in Ferrara ernannt. Im Jahr 1682 wurde er zum »Fürsten« der Akademie in Bologna und 1683 zum Kapellmeister der Akademie und am Dom in Ferrara bestellt, 1692 übernahm er die Kapellmeisterstelle an Santa Maria Maggiore in Bergamo, wo er bis zu seinem Tod am 1. 10. 1716 verblieb.

WERKE
Der italienische Violinvirtuose und Komponist Giovanni Battista Bassani schrieb 11 Opern und 12 Oratorien, außerdem Tänze für zwei Violinen und Generalbaß, 12 Triosonaten, die besonders geschätzt wurden, zwei- bis vierstimmige Psalmen mit Generalbaß, zahlreiche Solomotetten, konzertante Messen und Requiem, Kompletorien, Antiphonen, Kantaten, Arien. Sein umfangreiches kompositorisches Werk macht bereits einen sehr modernen Eindruck. Er dokumentierte sich damit als typischer Vertreter des italienischen Hochbarock.

LITERATUR
R. Haselbach, Giovanni Battista Bassani, Kassel 1955.

Jehan Basset (um 1580–1636)

ZEIT UND UMWELT
Der französische Musikwissenschaftler Marin Mersenne (8. 9. 1588, La Soultière, bis 1. 9. 1648, Paris) beschäftigte sich eingehend mit nahezu allen Disziplinen der heutigen Musikwissenschaft und bildet für uns eine unerschöpfliche Quelle für die Kenntnis der Musik des 16. und 17. Jahrhunderts. Die Wertschätzung, die er einzelnen Musikern

entgegenbrachte, drückte sich zuweilen dadurch aus, daß er Beispiele ihres Schaffens und ihre theoretischen Äußerungen in seine Publikationen aufnahm.

LEBEN
Jehan Basset wurde um 1580 vermutlich in oder bei Paris geboren. Über sein Leben und Wirken ist bis zum Jahr 1629, in dem er Lautenlehrer der Kammerpagen des Königs wurde, nichts bekannt. Er starb im Jahr 1636 in Paris.

WERKE
Von den angeblich vielen Kompositionen für Laute sowie für Laute und Singstimme des französischen Komponisten Jehan Basset ist nur die Allemande überliefert, die Marin Mersenne neben der vom Komponisten verfaßten Anleitung zum Lautenspiel in das Buch II. seiner »Harmonie Universelle« aufgenommen hat.

LITERATUR
La Laurencie, Un maître de luth au XVIIe siècle: Jehan Basset, in Revue Musicale, Juli 1923.

Johannes Gijsbertus Bastiaans
(1812–75)

ZEIT UND UMWELT
Seit dem großen niederländischen Orgelmeister Jan Pieterzoon Sweelinck (1562–1621) hat die Orgeltradition von Amsterdam keine Unterbrechung erlitten, wenn auch zu seiner Zeit die deutschen Orgelschüler nach den Niederlanden pilgerten und im 19. Jahrhundert die Niederländer ihre Ausbildung in Deutschland suchten.

LEBEN
Johannes Gijsbertus Gerardszoon Bastiaans wurde am 31.10.1812 in Voorst geboren. Er studierte Musik in Dessau und bei Felix Mendelssohn-Bartholdy in Leipzig und ließ sich darauf in Amsterdam nieder, wo er 1839 Organist der Zuiderkerk und Orgellehrer am Blindeninstitut wurde. Im Jahr 1858 ernannte man ihn zum Organisten der Grote Kerk in Haarlem an der berühmten Orgel aus dem 18. Jahrhundert, die mit 5.000 Pfeifen zu den größten der Welt zählt. Er starb am 16.2.1875 in Haarlem als hochgeachteter Organist und Orgellehrer.

WERKE
Von Johannes Gijsbertus Bastiaans sind ein Choralbuch und eine Anzahl vorzüglicher Orgelstücke – darunter seine bekannte Fantasiesonate –, mehrere Psalmenkompositionen und einige Lieder überliefert. Er verfaßte auch einige theoretische Abhandlungen über das Orgelspiel.

Josquin Baston (um 1520 bis um 1570)

ZEIT UND UMWELT
Der polnische König Zygmunt II. August setzte die Kulturpolitik seines Vaters Zygmunt I. und der Mutter Bona Sforza fort. Trotz der innenpolitischen Schwierigkeiten war er an der Pflege seiner Hofkapelle in Krakau höchst interessiert und nahm gerne italienische Musiker auf, auch wenn diese ursprünglich aus den Niederlanden kamen.

LEBEN
Josquin Baston dürfte um 1520 im frankoflämischen Raum geboren und irgendwann nach Italien gekommen sein, denn sein Stil weist deutlich auf italienische Schulung hin. Im Jahre 1552 trat er in die Kapelle des polnischen Königs Zygmunt II. August in Krakau ein und war höchstwahrscheinlich mit Johan Paston, der von 1559 bis 1566 an den Höfen von Kopenhagen und Stockholm tätig war, identisch. Ort und Zeit seines Todes sind unbekannt.

WERKE
Von Josquin Baston sind in Sammelwerken, die in Antwerpen, Löwen und Augsburg erschienen sind, ungefähr 45 Chansons und Motetten erhalten. Der Stil dieser Kompositionen kommt dem von Willaert und Arcadelt nahe, indem er auf italienische Art dem schönen, farbigen Klang vor den strengen

Regeln des Kontrapunktes den Vorrang gab. Daraus wird auf ein längeres Wirken des Komponisten in Italien geschlossen.

Gabriel Bataille (1575–1630)

Zeit und Umwelt

Als Heinrich IV., König von Frankreich (1553–1610), ermordet wurde, war sein Sohn und Nachfolger Ludwig XIII. (1601 bis 1643) zu jung, um die Regierung zu übernehmen. Die Regentschaft führte seine Mutter Maria de'Medici (1573–1642), bis ihr Sohn, der sich 1615 mit Anna von Österreich (1601–66) vermählte, die Regierungsgeschäfte 1617 selbst in die Hand nahm.

Leben

Gabriel Bataille wurde um 1575 vermutlich in Paris geboren. Er war Musiker und wurde sehr bald Musikmeister der Königinnen Maria de'Medici und Anna von Österreich. Dieses Amt übte er aus, bis er am 17. 12. 1630 in Paris starb.

Werke

Der französische Lautenist und Komponist Gabriel Bataille gab 9 Bücher mit Airs für eine Singstimme und Laute heraus und eines mit Airs verschiedener Komponisten für vier Stimmen und Laute bearbeitet. In allen diesen Sammlungen finden sich Originalkompositionen des Herausgebers, die durch ihre Eleganz auffallen. Weitere Stücke von Bataille sind in andere zeitgenössische Sammlungen aufgenommen worden.

Literatur

A. Verchaly, Gabriel Bataille et son œuvre personelle pour chant et luth, in: Revue de Musicologie XXVI, 1947.

William Bates (um 1720–90)

Zeit und Umwelt

In der zweiten Hälfte des 18. Jahrhunderts machten mehrere englische Komponisten den Versuch, englische Opern auf die Bühne zu bringen. Es wurden aber nur mehr oder minder genau kopierte italienische auf englischen Text daraus, die sich von den Originalen aus Italien dadurch unterschieden, daß ihnen Schwung, Witz, Melodiösität, also alles, was die italienische Oper überall beliebt machte, abgingen.

Leben

William Bates wurde um 1720 vermutlich in London geboren, wo er als Komponist lebte. Er war wahrscheinlich an einem der Musiktheater als Instrumentalist tätig. Nähere Informationen darüber gibt es aber nicht. Er starb in London im Jahr 1790.

Werke

Die meisten Opern von William Bates waren schwache Nachahmungen der italienischen. Eine Ausnahme bildete die Balladenoper »Flora«, bei der der Liederkomponist englische Musik schrieb. Er verfaßte außerdem eine Serie beliebter Lieder, Glees, Catches und Kanons.

Thomas Bateson (um 1570–1630)

Zeit und Umwelt

Die protestantische Kathedrale zur Dreieinigkeit von Chester geht auf eine normannische Gründung aus dem Jahr 1038 zurück. Sie nahm und nimmt auch heute noch in der Kirchenmusik Irlands und ganz Großbritanniens eine zentrale Stellung ein. Ihr Chor zählt stets zu den besten des ganzen Königreiches.

Leben

Thomas Bateson wurde um 1570 in Cheshire geboren und war ab 1599 Organist in Chester. Im Jahr 1609 ging er als Chorvikar und Organist an die Kathedrale von Dublin und wurde 1618 Direktor des dortigen Knabenchors, dessen Leistungen unter seiner Führung beachtlich stiegen. Er starb in Dublin im März oder April 1630.

Werke

Von dem englischen Komponisten Thomas

Bateson sind 2 Bücher mit drei- bis sechsstimmigen Madrigalen erhalten, die zu den besten seiner Zeit zählten. Zwei davon wurden in das Sammelwerk »The Triumphes of Oriana« aufgenommen. Außerdem ist ein Anthem des Komponisten, überliefert.

LITERATUR

E. H. Followes, English Madrigal Composers, London 1921.

Luca Bati (um 1550–1608)

ZEIT UND UMWELT

Der italienische Bühnendichter Giovanni Maria Cecchi (1518–87) gilt als Erneuerer des Theaters seiner Zeit. Seine geistlichen Spiele und Komödien gaben der althergebrachten Farce ihre literarische Form. Dem Zeitgeschmack entsprechend wurden einzelne mit Intermedien aufgeführt.

LEBEN

Luca Bati wurde um 1550 in Florenz geboren und zum Musiker und Kleriker ausgebildet. Er war Schüler von Francesco Corteccia und gehörte zum Kreis der Camerata Florentina um Conte Bardi. Im Jahre 1598 folgte er Cristoforo Malvezzi auf den Posten des Kapellmeisters am Florentiner Dom und am Hof der Medici nach und wirkte ab 1600 bis zu seinem Tod am 17. 10. 1608 als Kapellmeister an San Lorenzo in Florenz.

WERKE

Von Luca Bati sind 2 Bücher mit fünfstimmigen Madrigalen erschienen, außerdem eine Anzahl Kirchenmusik: eine Messe für sechs Stimmen, Psalmen, Magnificat, Motetten. Bekannt wurde der Komponist durch seine Intermedien zum geistlichen Spiel »Die Kreuzerhöhung« von Giovanni Maria Cecchi; er war neben Giulio Caccini an der Vertonung des Melodramas »Der Raub des Kephalos« von Gabriello Chiabrera (1552 bis 1638) beteiligt. Alle Kompositionen von Bati weisen auf das Ende der Renaissancemusik; sie sind voll schönen Klanges, als wären sie ein Abschied von einer glänzenden Epoche

LITERATUR

F. Ghisi, Luca Bati, maestro di cappella granducale di Firenze, Revue belge de Musicologie VIII, 1954.

Antoine Edouard Batiste (1820–76)

ZEIT UND UMWELT

Orgelspiel und Orgelkompositionen wurden im Frankreich des 19. Jahrhunderts intensiv gepflegt und gelehrt, so daß die Tradition der großen Organisten der Vergangenheit nicht zum Versiegen kommen konnte, sondern sich vielmehr verstärkte und zu den großen Orgelmeistern des Jahrhunderts leitete.

LEBEN

Antoine Edouard Batiste wurde am 28. 3. 1820 in Paris geboren. Er war am Conservatoire von Paris Schüler von Fromental Halévy und später selbst Lehrer für Chorgesang, Harmonie und Akkompagnement. Er wirkte außerdem als Organist an St-Nicolas-des-Champs und darauf an St-Eustache. Er starb am 9. 11. 1876 in Paris.

WERKE

Von Antoine Edouard Batiste sind zahlreiche ausgezeichnete Orgelstücke erschienen, die zum Teil in unserer Zeit neu herausgebracht wurden. Er veröffentlichte auch Unterrichtsliteratur.

Charles Baton (um 1700–58)

ZEIT UND UMWELT

Die im Mittelalter und in früher Neuzeit häufig verwendete Drehleier erlebte am Beginn des 18. Jahrhunderts in der im Rokoko aufkommenden französischen Schäfermode jenes spielerische, unernste und nur vorgegebene Besinnen auf die Natur, eine Nachblüte wie die Musette. Beide Instrumente waren, im Vergleich zu den älteren, sehr verbessert.

LEBEN

Charles Baton wurde um 1700 vermutlich in Paris geboren. Er war ein virtuoser Drehleierspieler. Ob er eine musikalische Stellung innehatte, ist nicht bekannt. Er starb 1758 in Paris.

WERKE

Von Charles Baton sind eine Suite und die Stücke »La Vielle amusante« und »Amusements d'une heure«, alle für zwei Drehleiern oder zwei Musetten gesetzt, überliefert. Sie treffen gut die bukolische Stimmung von Rokokoparks.

Adrian Batten (1591 – 1637)

ZEIT UND UMWELT

Der englische Bürgerkrieg hat so viel Kulturgut, darunter Massen von Manuskripten, in den verschiedenen Kathedralen des Landes zerstört, daß wir kaum mehr beurteilen können, wieviel die einzelnen Kirchenkomponisten komponiert haben.

LEBEN

Adrian Batten wurde am 1. 3. 1591 in Salisbury getauft. Er war ab 1614 Chorleiter der Westminster Abbey, ab 1624 Organist an der St. Paul's Cathedral, London, wo er 1637 starb.

WERKE

Vom englischen Kirchenkomponisten Adrian Batten ist ein umfangreiches Werk erhalten, das nahezu ausschließlich aus Anthems und Services besteht. Einiges davon ist in Sammelwerken erschienen, das meiste aber Manuskript geblieben. Der musikalische Wert der Kompositionen ist sehr verschieden. Vieles wiederholt sich. Die Anthems »Hear my Prayer« und »Deliver us, o Lord« (Höre mein Flehen – Erlöse uns, o Herr) sind sehr schön und werden heute noch gesungen. Die Anlage der gesamten Musik ist stark konservativ. Batten brachte ein umfangreiches Orgelbuch heraus, in dem er eine Menge Kirchenmusik des 16. Jahrhunderts für Orgel arrangierte. Die Publikation ist musikgeschichtlich äußerst wertvoll, weil manches davon nur auf diesem Weg erhalten ist.

Jonathan Battishill (1738–1801)

ZEIT UND UMWELT

John Immyns (um 1700, London, bis 15.4. 1764, Cold Bath Fields), Sänger und Instrumentalist, Lautenist der Chapel Royal, gründete 1741 in London die Madrigal Society als älteste musikalische Vereinigung von Berufsmusikern und Dilettanten, die sich als Sänger bewährten. Der ursprüngliche Zweck der Pflege des englischen und italienischen Madrigals wurde bald auf sämtliche Liedgattungen erweitert. Von Zeit zu Zeit wurden Preise für Vokalkompositionen ausgesetzt und die Leitung der Vereinigung Berufsmusikern anvertraut. Ihr gesellschaftlicher Charakter wurde jedoch neben intensiver künstlerischer Betätigung nie aufgegeben.

LEBEN

Jonathan Battishill wurde im Mai 1738 in London geboren. Er war Chorknabe an St. Paul's unter William Savage, sodann stellvertretender Organist an der Chapel Royal bei William Boyce und zugleich Cembalist am Covent Garden Theatre, an dem er gemeinsam mit Michael Arne als Komponist wirkte. Im Jahr 1758 wurde er Mitglied der Madrigal Society und der Royal Society of Musicians. Er starb am 10. 12. 1801 in Islington.

WERKE

Von Jonathan Battishill sind 2 Hefte mit Liedern erschienen, die sehr geschätzt worden sind, außerdem eine Anzahl Anthems und Hymnen, deren Harmonisierung einen gewissen Stilfortschritt darstellt. Weitere Glees, Anthems und Cembalofugen fanden in Sammelwerken Aufnahme.

Désiré Alexandre Batton (1798–1855)

ZEIT UND UMWELT

Viele ausgezeichnete Opernmusik ging verloren, weil die Werke an der Dürftigkeit ihrer Libretti krankten und daher beim Publikum nicht ankamen. Die Folge war in den meisten Fällen, daß auch ihre an sich gute Musik vergessen wurde und höchstens wieder auftauchte, wenn ein Komponist in Archiven nach Themen für Variationen suchte. Das trat jedoch auch nur selten ein, denn noch im 19. Jahrhundert war es geradezu unerläßlich, daß man Variationen bekannter Melodien verarbeitete, weil es das Publikum liebte, die variierte Musik zu erkennen.

LEBEN
Désiré Alexandre Batton wurde am 2.1.1798 in Paris geboren. Er studierte unter Luigi Cherubini, erhielt den Rompreis und hielt sich durch 5 Jahre zu weiteren Studien in Deutschland und Italien auf, wo er auch eine Reihe ausgezeichneter Werke schrieb. Seine Opern, die er nach seiner Heimkehr verfaßte, blieben hauptsächlich wegen ihrer ärmlichen Libretti erfolglos. Im Jahr 1849 wurde er Lehrer für Chorgesang am Pariser Conservatoire und 1851 Inspektor der Zweigstellen dieses Instituts. Er starb am 15.10.1855 in Versailles.

WERKE
Außer seinen Opern verfaßte Désiré Alexandre Batton eine Sinfonie, mehrere Kantaten und zahlreiche Kirchenmusik – Messen, Proprien. Sein Chorsatz war meisterhaft und so vollklingend, wie es die Romantik erforderte.

Pantaléon Battu (1799 – 1870)

ZEIT UND UMWELT
Die Schüler des Violinvirtuosen Rodolphe Kreutzer brachten es durchweg zu bedeutenden Stellungen. Aus vielen wurden auch Komponisten oder Dirigenten, weil sich ihr Unterricht nicht auf die Violine allein bezog. Sie wurden bei ihm zu voll ausgebildeten Musikern erzogen, wie er es selbst war.

LEBEN
Pantaléon Battu wurde 1799 in Paris geboren. Er war Schüler von Rodolphe Kreutzer, der ihn nach seiner Ausbildung in das Orchester der Opéra übernahm. Ab 1846 wirkte er als Zweiter Kapellmeister am Opernorchester bis zu seinem Tod am 17.1.1870.

WERKE
Von Pantaléon Battu sind 2 Violinkonzerte, einige Violinromanzen, Variationen und 3 konzertante Duos erschienen. Sein Stil gehörte bereits ganz der französischen Romantik an.

Charles Nicolas Baudiot (1773–1849)

ZEIT UND UMWELT
Das Cello genoß schon in der Epoche des Rokoko in Frankreich große Beliebtheit. Seine vielseitigen Ausdrucksmöglichkeiten wurden auch in der folgenden Romantik sehr geschätzt. Zudem setzte sich auch immer mehr das Quartettspiel durch, bei dem diesem Instrument die Rolle eines Basses zufiel, der weit in die Tenorlage hinaufreicht. Daher stieg der Bedarf an Cellisten, Cellolehrern und Celloschulen ständig an.

LEBEN
Charles Nicolas Baudiot wurde am 29.3.1773 in Nancy geboren. Er war Schüler von Jean-Baptiste Janson, den er 1802 als Cellolehrer am Conservatoire in Paris ablöste. Von 1816 bis 1832 wirkte er zugleich als Erster Cellist in der Königlichen Kapelle. Er starb am 26.9. 1849 in Paris.

WERKE
Von Charles Nicolas Baudiot sind zahlreiche Stücke für sein Instrument, außerdem 4 Cellokonzerte, 3 Streichquintette und mehrere Lehrwerke über das Cellospiel erschienen. Sein Stil neigte schon stark der Romantik zu.

Philipp Jacob Baudrexel
(1627–91)

ZEIT UND UMWELT
Für die Fuggerstadt Augsburg war Italien

auch um die Mitte des 17. Jahrhunderts das Mekka aller, die sich in Musik ausbilden wollten. Ein Studium bei einem italienischen Meister war nachgerade eine Aufnahmebedingung der Domkapelle. Selten wurden aber, wie an den verschiedenen süddeutschen Fürstenhöfen oder in Österreich, Italiener eingestellt. Landeskinder wurden offensichtlich vorgezogen und diesen in manchen Fällen sogar ein Aufenthalt in einem italienischen Musikzentrum bezahlt.

LEBEN
Philipp Jacob Baudrexel wurde am 2. 5. 1627 in Füssen, Allgäu, geboren. Er studierte an der Gregoriane in Rom Theologie und bei Giacomo Carissimi Musik und wurde 1651 in die Kapelle des Domes in Augsburg als Musiker aufgenommen. Von 1654 bis 1672 war er Pfarrer in Kaufbeuren und leitete dort die Kirchenmusik. Darauf wurde er Hofkaplan der Abtei in Fulda und 1679 Hofkapellmeister und 1684 Domkapellmeister in Mainz, wo er am 23. 3. 1691 starb.

WERKE
Der deutsche Komponist Philipp Jacob Baudrexel hat Messen, Te Deum, Motetten, Psalmen, Hymnen, Vespern und Antiphonen für fünf bis acht Stimmen, zum Teil doppelchörig und mit Violinen, verfaßt, die die Klangbreite des römischen Barock als Vorbild nicht verleugnen.

Joseph Anton Bauer (1725–1808)

ZEIT UND UMWELT
Die klassische Standardbesetzung des Klavierquartetts bestand aus Klavier, Violine, Viola und Cello. Die ersten Quartette (oder Quatuors, wie man damals noch sagte) entstanden in der zweiten Hälfte des 18. Jahrhunderts und entwickelten sich erst, als das Pianoforte dafür verwendet wurde, denn weder das Cembalo noch das Clavichord vermochte mit der Klangfülle der drei Streichinstrumente Schritt zu halten.

LEBEN
Joseph Anton Bauer wurde am 17. 6. 1725 in Elbogen (Loket), Böhmen, geboren. Er war von 1764 bis zu seinem Tod am 30. 8. 1808 Hofkapellmeister in Würzburg und wirkte gleichzeitig als beliebter Klavierlehrer.

WERKE
Von Joseph Anton Bauer erschienen 5 Serien mit Klavierquartetten, mit denen er sich zu den Begründern dieser in der Folgezeit sehr beliebten Kompositionsart einreihte.

LITERATUR
J. Saam, Zur Geschichte des Klavierquartetts bis in die Romantik, Straßburg 1933.

Marion Bauer (1887–1955)

LEBEN
Marion Eugenie Bauer wurde am 15. 8. 1887 in Walla Walla, Wash., geboren. Sie war Schülerin von Stéphane Raoul Pugno, André Gédalge, Jean Paul Ertel und Nadia Boulanger. Ab 1926 unterrichtete sie an der Musikabteilung der Universität von New York und daneben an der Juilliard School of Music und an anderen Schulen. Sie starb am 9. 8. 1955 in South Hadley, Mass.

WERKE
Neben zahlreichen Bühnen- und Filmmusiken schrieb Marion Bauer eine choreographische Skizze für acht Instrumente und Ballett, eine Musik für Streicher, Orchesterstücke, ein Klavierkonzert, 2 Chorwerke, ein Streichquartett, eine Suite für Sopran und Streichquartett, ein Concertino für Oboe, Klarinette und Streichquartett, eine Triosonate für Flöte, Cello und Klavier, 5 Stücke für Streichquartett, ein Stück für zehn Blasinstrumente, 2 Violinsonaten, eine Fantasie für Violine und Klavier, eine Oboensonate und zahlreiche Kompositionen für Singstimme und Klavier. Sie veröffentlichte mehrere musiktheoretische Werke. Ihr Stil gehört der Neuen Musik Amerikas an.

Noel Bauldewijn (um 1480–1529)

Zeit und Umwelt
Mit dem steilen wirtschaftlichen Aufstieg von Antwerpen setzte ein kultureller ein. Brügge wurde auch als Zentrum flämischer Kunst abgelöst. Quentin Massys (1466 bis 1535) war der erste bedeutende Vertreter der Antwerpener Malerschule, der in der Folgezeit eine stolze Reihe berühmter Persönlichkeiten angehörten.

Leben
Noel Bauldewijn (Baldewin, Balduin, Baudoin, Noeweelen, Natalis) wurde um 1480 in Flandern geboren. Im Jahre 1509 erhielt er die Stelle eines Gesangmeisters an St. Rombaut in Mechelen, und 1513 wurde er Kapellmeister an Notre-Dame zu Antwerpen, wo er 1529 starb.

Werke
Vom kompositorischen Werk des franko-flämischen Meisters Noel Bauldewijn sind 6 Messen für vier oder fünf Stimmen und eine Anzahl Motetten überliefert, dazu eine fünfstimmige französische Chanson. Die Veröffentlichung von 2 seiner Motetten in Venedig legt die Annahme nahe, daß sich der Meister eine Zeitlang in Italien aufgehalten hat; sie könnte aber auch nur ein Beweis für seinen Bekanntheitsgrad sein.

Literatur
G. van Doorslaer, Noel Baudouin, Antwerpen 1930.

Friedrich August Baumbach (1753–1813)

Zeit und Umwelt
In der Regel wurden Komponisten mit Kapellmeisterstellen betraut. Die Wende zum 19. Jahrhundert brachte aber den Berufskapellmeister, der auch komponierte. Daraus entstand die Kapellmeistermusik, die in vielen Fällen ein Konglomerat der gehörten und dirigierten fremden Musik war und an musikalischem Wert der Virtuosenmusik ungefähr die Waage hielt.

Leben
Friedrich August Baumbach wurde 1753 in Leipzig geboren. Er wirkte von 1778 bis 1789 als Kapellmeister der Oper in Hamburg, ging sodann in seine Geburtsstadt zurück, wo er als Lehrer und Komponist lebte und am 30. 11. 1813 starb.

Werke
Von Friedrich August Baumbach sind zahlreiche Vokalwerke erschienen. Er schrieb außerdem Stücke für Cembalo, Violine, Gitarre und Gesänge mit Klavierbegleitung. Seine Musik folgte stark konventionellen Bahnen.

Gotthilf von Baumgarten (1741–1813)

Zeit und Umwelt
Unter Melodrama verstand man ursprünglich ein gesprochenes Bühnenstück mit Musikbegleitung, während man Sprechen oder Deklamieren zu Musik mit Melodram bezeichnete. Beide Benennungen wurden sehr bald verwechselt; seit dem ausgehenden 18. Jahrhundert heißt jedes Zusammenwirken von gesprochenem Wort und Musikbegleitung Melodram, ob es sich nun um ganze Stücke oder einzelne Szenen oder um Deklamationen handelt.

Leben
Gotthilf von Baumgarten wurde am 12. 1. 1741 in Berlin geboren. Er war in Breslau (Wrocław) Offizier, sodann Landrat in Großstrehlitz (Strzelce Opolskie), wo er am 1. 10. 1813 starb.

Werke
Von Gotthilf von Baumgarten sind drei Opern auf deutschen Text mit Erfolg aufgeführt worden. Ihre Musik lehnte sich allerdings sehr stark an italienische Vorbilder an. Sein Melodram Andromeda, eines der wenigen voll durchkomponierten Stücke seiner Zeit, folgte stilistisch der Berliner Schule. Die

übrigen Kompositionen dieses befähigten Amateurs waren unbedeutend.

Karl Friedrich Baumgarten
(um 1740–1824)

ZEIT UND UMWELT
Das erwachende englische Opernleben wandte sich zusehends von den Stoffen der Italiener ab und verwendete immer häufiger englische Themen. Das wirkte sich zweifellos vorteilhaft aus. Ein englischer Opernstil wurde damit aber nicht gefunden, denn zwischen der Balladenoper und dem Schauspiel mit Musikeinlagen gab es keinen Entwicklungsraum. Es fehlte der Meister eines englischen Musikstils, der das Publikum angezogen und ihm bewiesen hätte, daß es außer eingängigen Liedern und volkstümlichen Tänzen noch den weiten Raum der Sinfonik gab, der eine Bühnenhandlung profilieren und vertiefen konnte.

LEBEN
Karl Friedrich Baumgarten wurde um 1740 in Lübeck geboren. Er war dort Schüler von Johann Paul Kunzen. Um das Jahr 1758 kam er nach London und wurde dort Organist an Savoy Chapel und 1780 Konzertmeister am Covent Garden Theatre und zugleich an der Parkkapelle des Herzogs von Cumberland Henry Frederick (1745–90). In den neunziger Jahren zog er sich von diesen Verpflichtungen zurück und widmete sich bis zu seinem Tod im Jahr 1824 nur mehr seinen zahlreichen Schülern.

WERKE
Neben einer Anzahl Opern und Pantomimen verfaßte Karl Friedrich Baumgarten Orchesterstücke, Quartette, Klavierstücke, Violinsonaten und Fugen im Stil der norddeutschen Schule.

Johann Baumgartner (1723–82)

ZEIT UND UMWELT
Das Cello war im 18. Jahrhundert ein der Violine gleichwertiges Virtuoseninstrument geworden. Cellokonzerte waren sehr beliebt. Wenn auch der Ton des Cello nicht so sanft und warm werden konnte wie auf der Gambe, sein fester, klarer Klang in der Tenorlage und der sonore in der Baßlage machten es zu einem der am meisten ausdrucksvollen Instrumente.

LEBEN
Johann Baptist Baumgartner wurde 1723 in Augsburg geboren, wo er bis 1768 als Cellist in der Fürstbischöflichen Kapelle wirkte. Konzertreisen nach England, Holland, Schweden und Dänemark folgten. Dann ließ er sich in Amsterdam nieder, bis er schließlich als Kammervirtuose an die Fürstbischöfliche Kapelle in Eichstätt berufen wurde. Er starb am 18. 5. 1782 in Eichstätt.

WERKE
Im Druck erschien von Johann Baumgartner nur seine Celloschule. Seine Cellokonzerte blieben Manuskript. Weitere Cellowerke, die er angeblich verfaßt hat, sind nicht bekannt geworden.

Wilhelm Baumgartner (1820–67)

ZEIT UND UMWELT
Obwohl auch die Schweizer Städte im 19. Jahrhundert laufend Konzerte veranstalteten, lag das Hauptgewicht des allgemeinen Musikinteresses noch immer auf der Vokalmusik. Das Singen im Chorverband hatte seinen sakralen Erlebnischarakter noch nicht abgestreift, weder für die Sänger selbst noch für das Publikum. Daher zogen Komponisten Vokalstücke der Instrumentalmusik vor.

LEBEN
Wilhelm Baumgartner wurde am 15. 11. 1820 in Rorschach geboren. Er wirkte von 1842 bis 1844 als Klavierlehrer in St. Gallen, nahm darauf kurze Zeit in Berlin bei Wilhelm Taubert Unterricht und lebte sodann bis zu seinem Tod am 17. 3. 1867 in Zürich als Klavierlehrer, Chordirigent und ab 1859 auch als Universitätsmusikdirektor.

Werke

Von den 100 Liedern in der »Liedersammlung Schweizerischer Männerchöre«, die Wilhelm Baumgartner herausbrachte, sind 31 von ihm selbst komponiert. Er vertonte auch das Gedicht »An mein Vaterland« von Gottfried Keller (1819–90), das zu einem schweizerischen Vaterlandslied wurde.

Literatur

R. Wagner, Wilhelm Baumgartners Lieder (1852), in: Sämtliche Schriften, Band 12. L. Gros, Wilhelm Baumgartner, München 1930.

Jean Baur (um 1719 bis nach 1773)

Zeit und Umwelt

Der Instrumentenbauer Georg Hochbrucker (um 1670, Augsburg, bis 1763, Donauwörth) war Erfinder der Pedalharfe, die das Transponieren in die gebräuchlichsten Tonarten ermöglichte. Die von ihm um 1720 gebaute Harfe hatte allerdings noch einen beschränkten Tonumfang. Sie verbreitete sich besonders rasch in Frankreich und wurde von Jacques Georges Cousineau verbessert. Johann Baptiste Krumpholtz entwickelte das Instrument weiter, und Sébastien Érard (5. 4. 1752, Straßburg, bis 5. 8. 1831, La Muette, Passy) schuf 1810 die heute gültige Form der Doppelpedalharfe.

Leben

Jean Baur wurde um 1719 in Bouzonville, Metz, geboren. Außer seiner Tätigkeit als Harfenist und Komponist für Harfe ist über seine Lebensumstände und seinen Aufenthaltsort nichts bekannt. Seine letzte Publikation erschien 1773. Er dürfte in den folgenden Jahren gestorben sein, der Ort seines Todes ist nicht überliefert.

Werke

Von Jean Baur sind 2 Sammlungen von Sonaten für Cello und Generalbaß, ein Quartett für Flöte, Violine, Baß und Harfe, 6 Sonaten für Harfe mit Cembalobegleitung, 6 Sonaten für Violine und Harfe und etliche Sammlungen von für die Harfe arrangierten Liedern erschienen. Er zählte zu den ältesten Komponisten von Kammermusik für Harfe.

Waldemar Bausznern (1866–1931)

Leben

Waldemar Edler von Bausznern (Baußnern) wurde am 29. 11. 1866 in Berlin geboren. Er studierte an der Hochschule seiner Geburtsstadt bei Friedrich Kiel und Woldemar Bargiel. Im Jahr 1891 wurde er Dirigent des Musikvereins und des Lehrergesangvereins in Mannheim, 1895 der Liedertafel in Dresden, 1896 daneben des Bach-Vereins und später des Chorvereins, 1903 Lehrer am Konservatorium in Köln, 1908 Direktor der Musikschule in Weimar und 1916 des Hochschen Konservatoriums in Frankfurt am Main; 1923 erhielt er ein Lehramt an der Akademie für Kirchen- und Schulmusik in Berlin. Er starb am 20. 8. 1931 in Potsdam.

Sein Enkel Dietrich Edler von Bausznern (19. 3. 1928, Rastenburg, Ostpreußen [Kętrzyn], bis 20. 1. 1980, Kirchzarten), war Schüler von Ottmar Gerster und von Harald Genzmer, wo er von 1963 bis 1969 als Musiklehrer wirkte. Anschließend wurde er Dozent am Richard-Strauss-Konservatorium in München.

Werke

Die Vielfalt der einander folgenden oder auch nebeneinander gepflegten Stilgattungen der Jahrhundertwende spaltete sich zwar in Gruppen gleichgesinnter Meister, einzelne scherten aber aus, verfolgten ihre eigene Linie, die in den meisten Fällen nicht wiederholbar und ebensowenig weiterführbar war. Diese zumeist interessanten Außenseiter lassen sich schwer registrieren, so daß sie nicht immer korrekt eingeordnet wurden. So auch Waldemar Bausznern, der als Programmusiker abgestempelt wurde, weil er seinen Sinfonien Titel voranstellte, und zum Spätromantiker, weil er dem Klassizismus und der Dodekaphonik auswich. Seine Kompositionen sind in einem schwer analysierbaren polyphonen Stil gehalten, der von der Romantik sehr weit entfernt stand. Es ist alles tonal, was er schrieb, aber in

einer Form und mit einer Klangwirkung, die eine polytonale Konzeption vortäuscht. Daher klingt alles sehr zeitnah. Seine 9 Sinfonien tragen Titel wie »Jugend«, »Leben«, »Heldensinfonie«, Himmlische Idyllen«, die eine Kammersinfonie ist. Es handelt sich aber um echte Sinfonien und keine Tongedichte. Auf Konzertprogrammen erscheinen sie allerdings nur mehr selten. Er schrieb ferner »Passacaglia und Fuge« für Orchester, die Orchestersuite »Dem Land meiner Kindheit«, die Ouvertüre »Champagner«, 4 Kantaten, 2 Motetten, 4 Streichquartette, 3 Fugen für Streichquartett, 2 Klavierquintette, ein Streichsextett, ein Quintett für zwei Violinen, zwei Celli und Harfe, ein Quintett für zwei Violinen, Flöte, Oboe und Harfe, 2 Klaviertrios, 3 Triosonaten, 2 Violinsonaten, eine Cellosonate, mehrere Suiten mit verschiedener Besetzung, Klavierstücke, Orgelwerke, Lieder und Chöre, außerdem 5 Opern.
Dietrich Bausznern schrieb 2 Opern, ein Concertino, 7 geistliche Konzerte, mehrere Kantaten und Motetten, Variationen für Streichquartett, Orgelwerke, Chöre und Choräle.

LITERATUR

G. F. Wehle, Waldemar von Bausznerns sinfonisches Schaffen, Regensburg 1931. G. F. Wehle, Zum 80. Geburtstag von Waldemar von Bausznern: Neue Zeitschrift für Musik, 68, 1947.

Arnold Bax (1883–1953)

LEBEN

Arnold Edward Trevor Bax wurde am 8. 11. 1883 in London geboren. Er war an der Royal Academy of Music Klavierschüler von Tobias Augustus Matthay und Kompositionsschüler von Frederick Corder. Er lebte darauf als freier Komponist und gelegentlicher Dirigent in London. Er starb am 3. 10. 1953 in Cork, Irland.

WERKE

Neben 2 Balletten und 2 Filmmusiken schrieb Arnold Bax 7 Sinfonien, zahlreiche sinfonische Dichtungen, Ouvertüren und kleinere Orchesterstücke, ein Cellokonzert, ein Violinkonzert, ferner ein Nonett für Bläser, Harfe und Streicher, ein Oktett für Horn, Streicher und Klavier, mehrere Quintette mit verschiedener Besetzung, 3 Streichquartette, ein Trio für Flöte, Bratsche und Harfe, ein Concerto für Fagott, Harfe und Streicher, 4 Klaviersonaten und mehrere andere Klavierstücke, 3 Violinsonaten, eine Cellosonate, eine Harfensonate, eine Bratschensonate, eine Klarinettensonate und mehrere Stücke für Klarinette und Klavier, eine Reihe Chorwerke, Carols und Motetten, Sologesänge mit Orchester und zahlreiche Lieder. Sein Stil war spätromantisch. Er verwendete viele irische Motive in seinen Kompositionen.

Rudolph Bay (1791–1856)

ZEIT UND UMWELT

Der Einstieg der dänischen Komponisten in den Entwicklungsgang der abendländischen Musik erfolgte trotz aller früheren kompositorischen Leistungen rückhaltlos erst in der Romantik, weil ihre Eigenständigkeit durch die Aufnahme des Volksliedgutes eindeutig profiliert wurde und dadurch der Typus »Dänische Musik« erst entstand.

LEBEN

David Vilhelm Rudolph Bay wurde am 9. 7. 1791 in Kopenhagen geboren. Er diente von 1813 bis 1831 als Konsulatssekretär in Algier und wurde nach seiner Rückkehr nach Kopenhagen Königlicher Kammermusiker und 1834 Kantor. Er starb am 25. 5. 1856 in Kopenhagen.

WERKE

Von Rudolph Bay sind ein dänisches Singspiel und zahlreiche sehr beliebte Lieder und Romanzen bekannt geworden. Sein Liedschaffen lehnte sich stark an die dänische Volksmusik an, so daß einzelne Lieder Volksliedcharakter annahmen.

Josef Bayer (1852–1913)

ZEIT UND UMWELT
Die Ballettkomposition der österreichischen Musikgeschichte brachte trotz vieler Werke nichts hervor, was einen mittleren Qualitätsdurchschnitt überragte. Nur ganz wenige davon erreichten einen gewissen Weltruf.

LEBEN
Josef Bayer wurde am 6.3.1852 in Wien geboren. Er wirkte ab 1870 als Violinist im Hoforchester und ab 1885 als Ballettkapellmeister der Hofoper in Wien, wo er am 12.3.1913 starb.

WERKE
Von Josef Bayer sind einige Operetten und 22 Ballette aufgeführt worden. Das Ballett »Die Puppenfee« wurde wegen seiner Beliebtheit weit verbreitet und bis in die Mitte des 20. Jahrhunderts aufgeführt.

Emmanuelle Bayon
(um 1730 bis nach 1776)

ZEIT UND UMWELT
Musikerinnen wandten sich im 18. Jahrhundert dem Gesang oder dem Cembalospiel zu; die Violine war vorläufig noch eine Domäne der Männer. In den Salons von Paris, in denen begabte Frauen eine wichtige Rolle spielten, waren Cembalistinnen sehr willkommen, und es gab keine Schwierigkeiten, auch Kompositionen jeder Art von ihnen in Konzerten oder auf Bühnen aufzuführen.

LEBEN
Emmanuelle Bayon (Baion) wurde um 1730 vermutlich in Paris geboren. Sie war eine geschätzte Cembalistin und Cembalolehrerin, der sogar Denis Diderot seine Tochter als Schülerin anvertraute. Sie starb nach 1776 in Paris.

WERKE
Von Emmanuelle Bayon sind 6 Cembalosonaten – 3 davon mit Violinbegleitung – und eine Sammlung Arietten bekannt geworden; außerdem eine komische Oper, die 1776 über die Bühne ging.

François Bazin (1816–78)

ZEIT UND UMWELT
Es war in Frankreich im 19. Jahrhundert keine Seltenheit, daß Kirchenmusik von Komponisten geschrieben wurde, die keine kirchenmusikalische Stelle betreuten. In der Romantik waren sakrale und profane Musik einander sehr nahegekommen.

LEBEN
François Emmanuel Joseph Bazin wurde am 4.9.1816 in Marseille geboren. Nach seiner Ausbildung am Conservatoire in Paris erhielt er den Rompreis und wurde nach seiner Rückkehr aus Italien Gesanglehrer, 1849 Harmonie- und 1871 Kompositionslehrer am Conservatoire. Er starb am 2.7.1878 in Paris.

WERKE
Die 9 komischen Opern von François Bazin haben sich nicht auf den Spielplänen gehalten. Seine Kirchenmusik – ein Oratorium, eine Messe, verschiedene Chöre und Lieder – standen lang in Verwendung. Es handelte sich dabei um typische romantische Musik.

Cyprian Bazylik (um 1535 bis um 1600)

ZEIT UND UMWELT
Mikołaj der Schwarze erhielt 1547 nach dem Tod seines Onkels Mikołaj I. Radziwill dessen Fürstenwürde von Kaiser Karl V. übertragen. Er wurde Calvinist und förderte die Reformation in Litauen. In seiner Residenzstadt Vilnius wurde die erste Übersetzung der Bibel in das Polnische publiziert. Damit standen den polnischen Komponisten auch die Psalmen in ihrer Muttersprache zur Verfügung.

LEBEN
Cyprian Bazylik wurde um 1535 in Sieradz (an der Warta) geboren. Er studierte in

Krakau Theologie und Musik. Im Jahre 1556 trat er in die Dienste des Fürsten Mikołaj des Schwarzen, des polnischen Statthalters in Vilnius. Später, vermutlich nach dem Tod des Fürsten, fand er am Hof des Königs Zygmunt II. August Aufnahme und wirkte in dessen Kapelle bis zu seinem Tod um 1600.

WERKE
Von dem polnischen Komponisten sind zahlreiche mehrstimmige Vokalwerke erhalten, vor allem Psalmen in lateinischer und in polnischer Sprache. Der Satz dieser Werke bewegt sich von kontrapunktischer Verarbeitung bis zu strenger Homophonie.

LITERATUR
H. Hławiczka, Pieśni Cypriana z Sieradza, in: Muzyka Nr. 9, Warschau 1959.

Francesco Maria Bazzani
(um 1640 bis nach 1698)

ZEIT UND UMWELT
Piacenza wurde von 1545 bis 1731 von der Adelsfamilie Farnese regiert. Ranuccio II. Farnese (1630–94), der 1646 die Regierung angetreten hatte, mußte alle Geschicklichkeit aufwenden, um die Unabhängigkeit der Stadt vor dem Zugriff des Kirchenstaates, Frankreichs und Spaniens zu schützen. Außerdem hatte die Stadt durch den ständigen Durchmarsch der am spanischen Erbfolgekrieg beteiligten Truppen schwer zu leiden.

LEBEN
Francesco Maria Bazzani wurde um 1640 in Piacenza geboren. Er war von 1679 bis 1698 Kapellmeister am Dom seiner Vaterstadt und starb dort in einem der folgenden Jahre.

WERKE
Der italienische Komponist Francesco Maria Bazzani hat mehrere Opern und 2 Oratorien geschrieben, die stilistisch der Oper nahekommen. Seine Kirchenmusik ist verschollen.

Antonio Bazzini (1818–97)

ZEIT UND UMWELT
In der zweiten Hälfte des 19. Jahrhunderts, jener Zeit der Hochblüte des Virtuosentums, war es selten geworden, daß Virtuosen sich als Komponisten nicht ihrem eigenen Instrument allein widmeten, sondern auch sinfonische Musik und Vokalstücke verfaßten, die in keiner Beziehung zu ihrer Tätigkeit als Instrumentalisten standen. In einzelnen Fällen wirkte diese Doppelbegabung nach beiden Richtungen sehr befruchtend.

LEBEN
Antonio Bazzani wurde am 11.3.1818 in Brescia geboren, wo er ursprünglich als Kirchenkapellmeister wirkte. Im Jahr 1837 ging er auf Anraten von Niccolò Paganini als Violinist auf Reisen, lebte von 1848 bis 1852 in Paris und ab 1864, nachdem er in den größeren Städten Italiens, Deutschlands, Frankreichs und Belgiens mit viel Erfolg aufgetreten war, wieder in Brescia, bis er 1873 Kompositionsprofessor am Konservatorium in Mailand wurde; 1882 erhielt er die Leitung der Lehranstalt, die er bis zu seinem Tod am 10.2.1897 innehatte.

WERKE
Die Oper von Antonio Bazzini blieb erfolglos. Er schrieb ferner 2 religiöse Kantaten, Psalmenvertonungen, sinfonische Ouvertüren zu 2 Schauspielen, Kammermusik, von der 6 Streichquartette und ein Streichquintett zu nennen sind, verschiedene Kirchenmusik und Lieder, außerdem eine Anzahl Violinstücke, darunter das sehr bekannt gewordene Scherzo fantastique »La Ronde des Lutins« (Heinzelmännchens Wachparade).

Francesco Maria Bazzini (1593–1660)

ZEIT UND UMWELT
Die Rappresentazione, die zu den Vorformen der Oper und des Oratoriums gerechnet wird und als musikalische Theatralik oder Dramatik bezeichnet werden muß, wurde wegen ihrer weiten Beliebtheit neben Oper

und Oratorium auch im 17. Jahrhundert gepflegt.

LEBEN
Francesco Maria Bazzini (Bazzino) wurde 1593 in Lovere geboren. Er war Organist am Dom in Bergamo, sodann Theorbist an den Höfen von Modena und Wien. Im Alter kehrte er nach Bergamo zurück, wo er am 15. 4. 1660 starb.
Sein Bruder Natale Bazzini (um 1590, Lovere, bis 1639, Bergamo) war ebenfalls am Dom zu Bergamo in nicht näher bekannter Funktion als Musiker tätig.

WERKE
Der italienische Organist, Theorbist und Komponist Francesco Maria Bazzini hat einstimmige Canzonetten, Sonaten für die Theorbe und eine »Rappresentazione di Sant'Orsola« verfaßt, wovon nahezu nichts erhalten ist.
Von Natale Bazzini sind Messen, Motetten und konzertante fünfstimmige Dialoge, die sich stark der Oratorienform nähern, überliefert.

Höfisches Musizieren – Miniatur aus dem 12. Jahrhundert

Beatrix Comtessa de Dia
(um 1150 bis nach 1200)

LEBEN
Beatrix Comtessa de Dia wurde um 1150 vermutlich im Bereich von Toulouse geboren. Über ihr Leben ist nur bekannt, daß sie als Persönlichkeit und als Dichterin und Komponistin allgemein hochgeschätzt wurde. Sie dürfte erst nach 1200 gestorben sein.

WERKE
Von Comtessa de Dia sind mehrere Texte überliefert, die von verschiedenen Troubadours in Musik gesetzt wurden, außerdem eine Reihe von Liedern (Cansós), bei denen Text und Musik von ihr selbst verfaßt wurden.

Vida de Comtessa de Dia (Biographie der Comtessa de Dia)

Dem Vortrag von Troubadourliedern wurde oft vom Verfasser selbst oder von einem Ménestrel als Einleitung eine Biographie vorangestellt, in der Dichtung und Wahrheit gemischt waren, und zwar in den meisten Fällen in einem Verhältnis, daß für Wahrheiten kaum Raum blieb. Auch die Vida wurde in der Regel gesungen oder mindestens zur Instrumentalmusik deklamiert.
Beatrix, Comtessa de Dia, eine schöne und edle Dame, war die Frau des Guilhem de Peiteus. Sie verliebte sich in Raimbaud d'Orange und dichtete für ihn viele vorzügliche und schöne Chansons, die Sie nun hier hören können.

Ich muß singen, obwohl ich nicht will. Text und Musik von Comtessa de Dia

Ich muß davon singen, obwohl ich nicht will, so sehr sehne ich mich nach dem, dessen Liebste ich bin, denn ich liebe ihn mehr als alles, das es gibt. Bei ihm gelten aber Zuneigung und Höflichkeit, meine Schönheit, meine Tugend und mein Verstand nichts. Ich werde im Gegenteil

hintergangen und betrogen, was ich doch nur verdiente, wenn ich abweisend wäre.
Ich muß mich damit trösten, daß ich es Euch gegenüber nie an etwas fehlen habe lassen, lieber Freund, denn ich liebe Euch mehr als Seguis seine Valensa. Ich freue mich, daß ich Euch in der Liebe übertreffe, mein Freund, denn Ihr seid der Tapferste. Mir gegenüber seid Ihr in Wort und Tat stolz und doch großmütig zu allen anderen Leuten.
Ich verwundere mich über Euren Stolz gegen mich, mein Freund, ich habe Grund, mich zu beklagen. Es ist nicht recht, daß eine andere Liebe Euch mir raubt, gleichgültig, was ich sage und gewähre. Erinnert Euch, wie unsere Liebe begann. Gott soll nicht zulassen, daß ich Schuld an unserer Trennung sei!

Barthélemy Beaulaigue
(um 1544 bis um 1570)

ZEIT UND UMWELT
Die Kathedrale Sainte-Marie-Majeure in Marseille wurde im 12. Jahrhundert erbaut. Die Lazaruskapelle im linken Schiff stammt aus der Frührenaissance. Adel und Großbürgertum der reichen Hafenstadt haben bereits in den Zeiten der Eigenständigkeit große Anstrengungen gemacht, das kulturelle Niveau hochzuhalten. Dazu gehörte auch die Ausgestaltung der Kapelle an der Kathedrale.

LEBEN
Barthélemy Beaulaigue wurde vermutlich in Marseille um 1544 geboren. Er trat sehr früh in die Kathedrale der Stadt als Chorknabe ein und erhielt dort seine musikalische Ausbildung. Seine ersten Kompositionen veröffentlichte er im Alter von 15 Jahren. Es ist unbekannt, ob er im Dienst der Kathedrale geblieben und wie sein weiteres Leben verlaufen ist. Er starb um 1570. Der Ort seines Ablebens ist nicht feststellbar.

WERKE
Von dem fünfzehnjährigen Wunderkind Barthélemy Beaulaigue sind 1559 in Lyon 13 Chansons und 13 vier- bis achtstimmige Motetten erschienen, zu denen er auch die Texte verfaßt hatte. Die Qualität dieser Kompositionen muß als überdurchschnittlich bezeichnet werden.

LITERATUR
H. Chevolleau, Un petit chanteur du XVIe siècle, poète et musicien prodige, in: Musique sacrée 56, 1962.

Marie-Désiré Beaulieu (1791 – 1863)

ZEIT UND UMWELT
Die Association musicale de l'Ouest, die aus einem kleinen Musikverein in Nirot hervorgegangen war, veranstaltete ab 1835 große Musikfeste mit verschiedenen Standorten, wie solche im 19. Jahrhundert in England und auf dem europäischen Kontinent vielfach abgehalten wurden. Es handelte sich zwar um Vorläufer unserer Festspiele, sie dienten aber zumindest nicht unmittelbar als Fremdenverkehrsattraktion kommerziellen Zielen, sondern dem Musikinteresse des Publikums, das keine Möglichkeit hatte, die Aufführungen in den großen Städten zu hören.

LEBEN
Marie-Désiré Martin Beaulieu wurde am 11.4.1791 in Paris geboren. Er war am Conservatoire Schüler von Étienne Nicolas Méhul und erhielt den Rompreis, den er nicht ausnützte. Er zog sich nach Niort zurück, wo er als Komponist, Musikschriftsteller und Initiator musikalischer Gesellschaften und großer Musikfeste bis zu seinem Tod am 21.2. 1863 verblieb.

WERKE
Außer einer Reihe von Bühnenstücken – Opern, lyrische Szenen – schrieb Marie-Désiré Beaulieu mehrere Oratorien, Messen, Hymnen, verschiedene Orchesterstücke, Violinfantasien und Sologesänge. Seine Kompositionen gehörten der Hochromantik an, waren aber formal klassizistisch.

Jacques-Marie Beauvarlet-Charpentier (1766–1834)

LEBEN
Jacques-Marie Beauvarlet-Charpentier wurde am 31. 7. 1766 in Lyon als Sohn des Organisten Jean-Jacques Beauvarlet-Charpentier geboren. Er folgte 1794 seinem Vater an der Orgel von St-Paul in Paris, erhielt nach der Revolution den Organistenposten an St-Germain-des-Prés und im Jahr 1815 an St-Eustache, den er bis zu seinem Tod am 7. 9. 1834 betreute.

WERKE
Von Jacques-Marie Beauvarlet-Charpentier sind zahlreiche Pianostücke, Romanzen, 6 Magnificat, 15 Noëls, Orgelmessen, 2 Te Deum, 6 Hymnen für die Hauptfeste des Kirchenjahrs und jährlich ab 1822 bis 1834 fortlaufende Hefte mit Orgelstücken erhalten. Er zählte zu den bedeutenden Organisten seiner Zeit.

Jean-Jacques Beauvarlet-Charpentier (1734–94)

ZEIT UND UMWELT
Die französische Orgeltradition beschränkte sich keineswegs nur auf Paris. In allen größeren Städten des Landes standen vorzügliche Instrumente, die von gut ausgebildeten Organisten bedient wurden. Der Zug zur Hauptstadt grassierte aber auch bei ihnen. Wenn sich eine Möglichkeit ergab, bei einer der vielen Kirchen in Paris unterzukommen, wurde sie ergriffen.

LEBEN
Jean-Jacques Beauvarlet-Charpentier wurde am 28. 6. 1734 in Abbeville geboren. Er war zunächst Organist an St-Paul in Lyon, sodann ab 1771 an St-Victor und ab 1772 an St-Paul in Paris, wo er auch an St-Éloi-des-Orfèvres und an Notre-Dame als einer der 4 Organisten wirkte. Er starb am 6. 5. 1794 in Paris.

WERKE
An Orgelstücken schrieb Jean-Jacques Beauvarlet-Charpentier mehrere Fugen, 12 »Noëls variés pour l'orgue«, 3 Magnificat und 12 Hefte Orgelstücke zum Gebrauch für Pfarreien und religiöse Vereinigungen. Außerdem verfaßte er mehrere Sammlungen Cembalosonaten und 2 Sammlungen mit für Cembalo, Violine und zwei Hörner arrangierten Opernarietten. Eine Orgelfuge in g-Moll und seine Sonate Nr. 1/6 wurden im 20. Jahrhundert herausgebracht.

Ambrosius Beber
(um 1585 bis nach 1620)

ZEIT UND UMWELT
Die deutsche Johannes-Passion des Kapellmeisters der Dresdner Hofkapelle Antonio Scandello (1517–80) wirkte bis in das folgende Jahrhundert beispielgebend und regte gerade im sächsischen Raum zu einer vermehrten Pflege des Oratoriums an, besonders im kirchenmusikalischen Zentrum Delitzsch.

LEBEN
Ambrosius Beber wurde um 1585 vermutlich in Naumburg geboren. Es ist unbekannt, in welcher Stellung er dort als Musiker wirkte. Er dürfte nach 1620 auch dort gestorben sein.

WERKE
Von dem deutschen Komponisten Ambrosius Beber ist eine Lukas-Passion erhalten, die durch zweichörige Anlage, zwei- bis vierstimmige Soliloquenten, vierstimmiges Exordium und fünfstimmige Turbae für die Geschichte dieser Kompositionsgattung bemerkenswert ist. Der chorale Evangelistenton ist dorisch gehalten, wofür es in der gesamten Musikgeschichte kein zweites Beispiel gibt. Eine angeblich geschriebene Geschichte Johannes des Täufers ist verschollen.

LITERATUR
P. Epstein, Zur Geschichte der deutschen Choralpassion, in: Jahrbuch der Musikbibliothek Peters XXXVI, 1929.

Alfred Becher (1803–48)

ZEIT UND UMWELT
Ausgelöst durch die erfolgreiche Februarrevolution im Jahr 1848 in Frankreich, kam es in den meisten deutschen Staaten und in Österreich zu Erhebungen, den Märzrevolutionen, von denen die Kämpfe in Berlin, in Sachsen und in Wien die wichtigsten waren. In Wien brachen die Aufstände am 13.3.1848 aus, die Feldmarschall Alfred Fürst Windischgrätz (1787–1862) niederschlug. Eine Reihe Aufständischer wurde standrechtlich erschossen. Kaiser Ferdinand I. (1793–1875) dankte ab, sein Neffe Franz Joseph I. (1830–1916) wurde sein Nachfolger.

LEBEN
Alfred Julius Becher wurde am 27.4.1803 in Manchester geboren. Er kam in jungen Jahren nach Deutschland, studierte Rechtswissenschaft und wirkte einige Zeit als Rechtsanwalt in Elberfeld. Dann studierte er Musik und wurde 1840 in London Harmonielehrer an der Königlichen Musikakademie. Im Jahr 1841 ging er als Musikkritiker nach Wien, nahm 1848 an der Erhebung teil, wurde verurteilt und am 23.11.1848 exekutiert.

WERKE
Von Alfred Becher sind eine große Anzahl Lieder und Klavierkompositionen veröffentlicht worden. Außerdem schrieb er eine Sinfonie und ein Streichquartett, die nicht gedruckt wurden. Er war auch als Musikschriftsteller tätig.

Josef Becher (1821–88)

ZEIT UND UMWELT
Obgleich der Caecilianismus in Bayern seinen Ausgang genommen hatte, gab es dort eine Reihe Kirchenmusiker, die volksnahe Kompositionen vorzogen, weil sie den Kirchgängern Musik bieten wollten, die diesen geläufig war.

LEBEN
Josef Becher wurde am 1.8.1821 in Neukirchen, Bayern, geboren. Er wirkte als Seminarpräfekt und Chorregent in Amberg und ab 1878 als Pfarrer in Mintrachting bei Regensburg, wo er am 23.9.1888 starb.

WERKE
Von Josef Becher ist eine große Anzahl kirchlicher Werke bekannt geworden, darunter über 60 Messen. Sie waren in den Kirchen der süddeutschen Landgemeinden wegen ihres volkstümlichen Klangs und ihrer leichten Aufführbarkeit sehr beliebt.

Conrad Beck (geboren 1901)

LEBEN
Conrad Beck wurde am 16.6.1901 in Lohn, Schaffhausen, geboren und kam im Alter von elf Jahren nach Paris, wo er in den Einflußkreis der zeitgenössischen französischen Musik geriet. Im Jahr 1933 ging er nach Basel, wo er zunächst als freischaffender Komponist, sodann ab 1938 als Leiter der Musikabteilung des Schweizerischen Landessenders Beromünster wirkte, von welcher Stellung er 1966 zurücktrat.

WERKE
Die Kompositionen von Conrad Beck fallen durch formstrenge Polyphonie und durch ihren spröden, aber doch reizvollen Klang auf, obwohl die Diatonik nirgends verlassen wird. Spätromantische Passagen sind dabei selten, avantgardistische fehlen vollends. Er schrieb ein Ballett, 7 Sinfonien, 2 Suiten, 2 Klavierkonzerte, Konzerte für Streichorchester mit Oboe, mit Flöte, mit Bratsche, für Klarinette und Fagott, für Bläserquintett, eine konzertante Suite für Blechbläser, Schlagzeug und Kontrabaß, eine Sinfonietta, ein Kammerkonzert, 5 Streichquartette, ein Bläserquartett, 2 Sonatinen für Violine und Klavier, 2 Sonaten für Cello und Klavier, eine Sonate für Altsaxophon und Klavier, ein Stück für Flöte und eines für Klarinette und Klavier, Klavier- und Cembalostücke, mehrere äußerst beliebte Kantaten, ein Oratorium sowie Lieder.

Sinfonie Nr. 6, Aeneas-Silvius-Sinfonie, 3 Sätze, entstanden 1957

Die Sinfonie stellt eine Huldigung für den großen Humanisten Aeneas Silvius (Piccolomini, Papst Pius II., 1405–64), den Gründer der ältesten Universität in Basel (1460), dar. Der 1., lang ausholende Satz nimmt die Hälfte des Werks ein. Dafür fehlt ein langsamer Satz, denn der 2. Satz ist leicht bewegt und führt rasch zum Finale, einem Variationensatz, den der Komponist als »sinfonische Abwandlung« des Themas verstanden wissen will, weil er weit über den Rahmen der Variationsform ausufert. Das Schlußfugato entfernt sich völlig vom variierten Thema.

Franz Beck (1734–1809)

LEBEN

Franz Beck wurde am 10. 1. 1734 in Mannheim getauft. Er war nach 1741 Schüler von Jan Stamic und soll bereits mit 9 Jahren die ersten Sinfonien komponiert haben. Wegen eines Duells mußte er fliehen und begab sich nach Venedig, wo er mit Baldassare Galuppi zusammenarbeitete. Dann trat er um 1760 in Paris im Concert spirituel auf. Schließlich wirkte er als Dirigent in Marseille und am Theater in Bordeaux, wo er am 31. 12. 1809 starb.

WERKE

Vom kompositorischen Werk von Franz Beck, das an Qualität an das von Jan Stamic heranreicht, sind gegen 30 Sinfonien, 2 Divertimenti, 12 Klaviersonaten, verschiedene Klavierstücke, außerdem ein Gloria, ein Credo und 2 Hymnen erhalten, außerdem ein Stabat mater, ein Melodram und 2 Opern.

Gottfried Joseph Beck (1723–87)

ZEIT UND UMWELT

Parallel zur von Bohuslav Černohorský begründeten Altböhmischen Schule der Kirchenmusik entwickelte sich im Rahmen verschiedener Orden ein gesonderter Stil, der jedoch davon nur wenig differierte, weil die Impulse hiezu in den meisten Fällen aus gleichen italienischen Quellen stammten.

LEBEN

Gottfried Joseph Beck wurde am 15. 11. 1723 in Podiebrad (Poděbrady), Böhmen, geboren. Er war Organist an der Kirche des Augustinerordens, dem er selbst angehörte. Nach einem mehrjährigen Aufenthalt in Bologna und ab 1752 in Rom wurde er Professor der Philosophie und Provinzial seines Ordens in Prag, wo er am 8. 4. 1787 starb.

WERKE

Von Gottfried Joseph Beck sind eine Anzahl kirchenmusikalischer Werke und eine Sinfonie erhalten. Er gehörte nicht der Altböhmischen Schule an, sondern stand unter unmittelbarem Einfluß der zeitgenössischen Kirchenmusik in Italien.

Heinrich Valentin Beck (1698–1758)

ZEIT UND UMWELT

Der Stadtschultheiß Johann Wolfgang Textor, Goethes Großvater, und dessen Tochter Katharina Elisabeth (1731–1808), Goethes Mutter, förderten nach Kräften Künstler in Frankfurt, vor allem aber, ihrer Neigung entsprechend, Musiker.

LEBEN

Heinrich Valentin Beck wurde am 4. 4. 1698 in Maar, Oberhessen, geboren. Er war von 1718 bis 1734 Kantor in Lauterbach, sodann bis 1737 in Hanau in gleicher Eigenschaft tätig, und ab 1738 bis zu seinem Tod am 15. 4. 1758 in Frankfurt am Main Vizekapelldirektor. Bis 1755 war er Klavierlehrer der Mutter Goethes, deren Vater Johann Wolfgang Textor zu seinen Gönnern zählte.

WERKE

Neben seiner Kapellmeister- und Lehrtätigkeit verfaßte Heinrich Valentin Beck eine Anzahl Kantaten, die zu seiner Zeit sehr geschätzt wurden, weil er den empfindsamen Stil gut getroffen hatte.

Johann Hektor Beck
(um 1620 bis nach 1670)

ZEIT UND UMWELT

Tanzsuiten waren im 17. Jahrhundert und später als gehobene Unterhaltungsmusik sehr beliebt. Die Tanzstücke wurden entweder ohne inneren Zusammenhang locker aneinandergereiht oder, nach einem bestimmten Rhythmusschema – »schnell« und »langsam« abwechselnd oder von »langsam« zu »schnell« anwachsend – geordnet, oft in einem aus Ouvertüre und Finale bestehenden Rahmen gefaßt.

LEBEN

Johann Hektor Beck wurde um 1620 vermutlich in Frankfurt am Main geboren. Über sein Leben und Wirken gibt es keine Informationen. Er ist nach 1670 gestorben; der Ort seines Todes ist unbekannt.
Pleickard Carl Beck (um 1630, Elsaß, bis nach 1654, vermutlich Straßburg) lebte in Straßburg. Es ist nicht bekannt, welchen Wirkungskreis er hatte.
Johann Philipp Beck (um 1650, Straßburg, bis 17. 2. 1693, Straßburg) lebte als Gambist und ab 1684 als Organist an St-Guillaume in Straßburg.
Es ist ungeklärt, ob die drei Komponisten untereinander in verwandtschaftlicher Beziehung standen.

WERKE

Der deutsche Komponist Johann Hektor Beck veröffentlichte 2 Bücher mit fünfstimmigen Tanzsuiten unter dem Titel »Exercitium musicum bestehend in Allemanden, Balletten, Gavotten«.
Peickard Carl Beck schrieb »Neue Allemanden, Balletten, Arien, Giguen, Couranten, Sarabanden für zwei Violinen und Baß«.
Johann Philipp Beck verfaßte eine Sammlung »Allemanden, Giguen, Couranten und Sarabanden auf der Violadigamba zu streichen«.

Albert Becker (1834–99)

ZEIT UND UMWELT

Die Jenaer Liederhandschrift aus der Mitte des 14. Jahrhunderts enthält 91 Melodien und ist eine der wichtigsten Quellen des mittelhochdeutschen Liedes im Übergang von Minnesang zu Meistergesang. Sie wurde seit dem 19. Jahrhundert vielfach bearbeitet und neu herausgebracht.

LEBEN

Albert Ernst Anton Becker wurde am 13.6. 1834 in Quedlinburg geboren. Er war Schüler von Siegfried Wilhelm Dehn und wirkte ab 1881 als Kompositionslehrer am Konservatorium Xaver Schwarwenkas und ab 1891 als Dirigent des Berliner Domchors. Er starb am 10. 1. 1899 in Berlin.

WERKE

Von Albert Becker sind vor allem Kirchenkompositionen überliefert: eine Messe in b-Moll, eine Reformationskantate, ein Oratorium, »Selig aus Gnade«, Motetten und Psalmen. Er schrieb ferner weitere Chorwerke, eine Sinfonie in g-Moll, ein Konzertstück für Violine und Orgel, ein Klavierquintett, ein Klavierquartett, mehrere Orgelstücke, Lieder und eine Oper. Außerdem bearbeitete er Melodien aus der Jenaer Liederhandschrift.

Carl Ferdinand Becker (1804–77)

ZEIT UND UMWELT

Seitdem gegen die Mitte des 19. Jahrhunderts die Bach-Pflege zu einem wichtigen Anliegen aller musikalischen Institutionen geworden war, fühlten sich besonders die in Leipzig lebenden Musiker verpflichtet, Wesentliches dazu beizutragen, weil eben Leipzig wieder zur »Bach-Stadt« geworden war, und man sich vermutlich genötigt sah, an dem Thomaskantor etwas gutzumachen.

LEBEN

Carl Ferdinand Becker wurde am 17.7.1804 in Leipzig geboren. Er wirkte dort zunächst als Organist und sodann von 1843 bis 1856 als

Orgellehrer am Konservatorium. Darauf zog er sich nach Plagwitz bei Leipzig zurück. Er starb als angesehener Musikschriftsteller und Bach-Kenner am 26.10.1877 in Leipzig.

WERKE
Das kompositorische Werk von Carl Ferdinand Becker ist nicht umfangreich. Es besteht aus einer Anzahl Klavier- und Orgelstücken in sehr konservativem Stil. Er gab außerdem »Johann Sebastian Bachs vierstimmige Kirchengesänge« und ein Evangelisches Choralbuch heraus. Seine Bedeutung lag auf dem Gebiet der Musikgeschichte, der Bach-Forschung und der Sammlung wichtiger Quellenwerke hiezu.

Diedrich Becker (1623–79)

ZEIT UND UMWELT
Im alpenländischen und oberitalienischen Raum wurde im 17. Jahrhundert der Bau der Violine zum Höhepunkt gebracht. Die Meister dieses Instruments wirkten an allen Kapellen Süddeutschlands, Österreichs und Italiens, am Pariser Hof gab es Violinenensembles zur besonderen Pflege dieses Instruments. In Norddeutschland und in England drang die Violine nur zögernd vor; der sanfte Ton der Violenfamilie wurde von vielen ebenso vorgezogen wie der Klang der Laute dem der lauteren Gitarre.

LEBEN
Diedrich Becker (Bäkker) wurde 1623 in Hamburg geboren und dort auch ausgebildet. Er war ab 1645 Organist in Ahrensburg, Holstein, ab 1658 Mitglied der Hofkapelle in Celle, ab 1662 Ratsviolist in Hamburg, sodann ab 1667 Direktor der Hamburger Ratsmusik und ab 1674 Director Musices am Dom der Stadt, in der er am 12. 5. 1679 starb.

WERKE
Vom deutschen Violisten, Organisten und Komponisten Diedrich Becker sind unter dem Titel »Musicalische Frühlings-Früchte« drei- bis fünfstimmige Kammersonaten mit Generalbaß, 2 Hefte mit zweistimmigen Sonaten und Suiten mit doppeltem Generalbaß und Lieder auf Texten von Philipp von Zesen aus »Dichterisches Rosen- und Lilienthal« überliefert, außerdem einzelne geistliche Kantaten im Manuskript.

LITERATUR
A. Einstein, Die mehrstimmige Spielmusik des 17. Jahrhunderts, Heidelberger Studien zur Musikwissenschaft, Kassel 1934.

John J. Becker (1886–1961)

LEBEN
John J. Becker wurde am 22.1.1886 in Henderson, Ky., geboren. Er studierte am Wisconsin Conservatory in Milwaukee, Wis., unter Wilhelm Middelschulte und Alexander Fielitz. Er wirkte an verschiedenen Colleges, leitete mehrere Chorvereinigungen und Kammerorchester und starb am 21.1.1961 in Wilmette, Ill.

WERKE
Von John J. Becker sind 3 Opern aufgeführt worden. Er schrieb ein Ballett, eine Bühnenmusik, mehrere Sinfonien, eine Chorsinfonie, ein Klavierkonzert, ein Konzert für zwei Flöten und Orchester, ein Violinkonzert, einige Kammermusik, 2 Chormessen und eine Passionsmusik. Sein an sich spätromantischer Stil enthält viele folkloristische Wendungen.

Julius Becker (1811–59)

ZEIT UND UMWELT
Literarische Betätigung als Romanschriftsteller und Essayist, wissenschaftliche als Verfasser von Lehrwerken und Kompositionen fanden sich in der romantischen Epoche sehr häufig in einer Hand. Es waren doch gerade diese mehrfach begabten Künstler, die den ideologischen und künstlerischen Forderungen, die an die Romantik gestellt wurden, am meisten entsprachen.

LEBEN
Konstantin Julius Becker wurde am 3.2.1811

in Freiberg, Sachsen, geboren. Er war Schüler von Carl Ferdinand Becker in Leipzig und etablierte sich 1843 als Musiklehrer in Dresden. Ab 1846 lebte er in Oberlößnitz bei Dresden, wo er am 26.2.1859 starb.

WERKE
Neben einer Oper, die in Leipzig mit Erfolg aufgeführt wurde, schrieb Julius Becker eine Anzahl ausgezeichneter Instrumentalwerke und Männerchöre. Er veröffentlichte eine »Männergesangschule«, die viel benützt wurde, und einige weitere didaktische Werke.

Valentin Eduard Becker (1814 – 90)

ZEIT UND UMWELT
Die nahezu in allen größeren Orten Deutschlands im Verlauf des 19. Jahrhunderts gegründeten musikalischen Laienvereine weckten manches Talent, so daß zuweilen Interpreten und Komponisten auftraten, die neben ihrem regulären Beruf beachtliche musikalische Leistungen erbrachten.

LEBEN
Valentin Eduard Becker wurde am 20.11.1814 in Würzburg geboren, wo er ab 1833 als städtischer Beamter wirkte. Daneben war er im musikalischen Vereinswesen der Stadt eifrig tätig. Es ist nicht bekannt, wo und von wem er zum Komponisten ausgebildet wurde. Er starb am 25.1.1890 in Würzburg.

WERKE
Von Valentin Eduard Becker sind mehrere Opern mit guten Erfolgen aufgeführt worden. Er schrieb außerdem Messen, Lieder, etliche Instrumentalwerke und verfaßte allseitig beliebte Männerchöre.

Bror Beckman (1866–1929)

LEBEN
Bror Beckman wurde am 10.2.1866 in Kristinehamn, Schweden, geboren. Er studierte in Stockholm, wurde dort 1904 Mitglied der Musikakademie, 1910 Direktor des Konservatoriums und wirkte von 1915 bis 1923 als Inspektor des Schulmusikunterrichts. Er starb am 22.7.1929 in Ljungskile.

WERKE
Der Spätromantiker Bror Beckman verfaßte eine Sinfonie in F-Dur, die sinfonischen Dichtungen für Streichorchester »Vom Glück« und »Sommernächte«, »Flußlieder« für Singstimme und Orchester, eine Ballade für Bariton und Orchester, eine Sonate für Violine und Klavier, Klavierstücke und Lieder.

John Beckwith (1750–1809)

ZEIT UND UMWELT
Neben der prächtigen Kathedrale in Norwich, die zum großen Teil aus dem 12. Jahrhundert stammt, war St. Peter's eine wichtige Pflegestätte der Orgelmusik. Es wurden darin um die Jahrhundertwende auch Orgelkonzerte veranstaltet. Heute ist das Gotteshaus ein kirchliches Museum.

LEBEN
John Christmas Beckwith wurde am 25. 12. 1750 in Norwich geboren. Er war ab 1794 Organist an St. Peter's und ab 1808 an der Kathedrale seines Geburtsortes, in dem er am 3. 6. 1809 starb.

WERKE
Von John Beckwith sind Cembalosonaten, Anthems, Glees und Lieder herausgekommen, außerdem ein Orgelkonzert, das mehrmals in St. Peter's gespielt wurde.

A. Becquié (um 1800–25)

ZEIT UND UMWELT
Obschon die Querflöte im ersten Drittel des 19. Jahrhunderts noch nicht die heutige perfekte Struktur aufwies, so hat doch die Vermehrung ihrer Klappen durch Johann Georg Tromlitz (1725–1805) ihre Spielmöglichkeiten erheblich verbessert, so daß dieses in der Zeit zuvor einigermaßen in den Hintergrund geschobene Instrument eine echte Renaissance

erlebte und eine Reihe von Virtuosen auftraten, die im Solospiel Bedeutendes leisteten.

LEBEN
A. Becquié (der Vorname André ist nicht gesichert) wurde um 1800 in Toulouse geboren und am Conservatoire in Paris zum Flötisten ausgebildet. Er wirkte anschließend bis zu seinem frühen Tod am 10.11.1825 als Erster Flötist der Opéra Comique.
Sein Bruder Jean-Marie Becquié (28.4.1795, Toulouse, bis Januar 1876, Paris) war Violinschüler von Rodolphe Kreutzer und anschließend durch viele Jahre Orchestermitglied des Théâtre italien in Paris.

WERKE
Von A. Becquié sind eine Anzahl brillanter Rondos, Variationen und Fantasien für Flöte mit verschiedenen Instrumenten überliefert. Jean-Marie Becquié schrieb einige sehr ansprechende Kompositionen für Violine, die den Einfluß seines großen Lehrers verraten.

Antonín František Bečvařovský
(1754–1823)

ZEIT UND UMWELT
Der patriotische Liederkranz »Leyer und Schwerdt« von Theodor Körner (1791 bis 1813), ein typisches Werk der literarischen Romantik, wurde mehrfach vertont. Die erste Vertonung wurde schon wegen der zeitgemäßen Dichtungen zum Freiheitskampf der Deutschen gegen Napoleon begeistert aufgenommen.

LEBEN
Antonín František Bečvařovský (Anton Franz Beczwarzowsky) wurde am 9. 4. 1754 in Jungbunzlau (Mladá Boleslav) geboren. Er war Schüler von Jan Křtitel Kuharz. Ab 1777 wirkte er als Organist an der Jakobikirche in Prag, ab 1779 an der Hauptkirche in Braunschweig, zog 1796 nach Bamberg und 1800 nach Berlin, wo er als Musiklehrer und in verschiedenen musikalischen Stellungen tätig war. Er starb am 15. 5. 1823 in Berlin.

WERKE
Von Antonín František Bečvařovský sind zahlreiche Lieder und Gesänge veröffentlicht worden, darunter seine erste Vertonung der Gedichtsammlung von Theodor Körners »Leyer und Schwerdt«. Außerdem schrieb er Konzerte und Sonaten für Klavier, die weniger beachtet wurden. Er stand voll im beginnenden romantischen Zeitalter. Einige von seinen Kompositionen wurden in unserer Zeit neu aufgelegt.

LITERATUR
O. Kadlec, Antonín František Bečvařovský, Prag 1969.

Jean Baptiste Bédard
(um 1765 bis um 1815)

ZEIT UND UMWELT
Während des 18. Jahrhunderts kam es in allen französischen Städten zur Errichtung von ständig bespielten Bühnen. Da mindestens die Hälfte der gegebenen Stücke Opern waren, mußten ständige Theaterorchester gehalten werden, so daß auch Musiker außerhalb der Kirchenkapellen Beschäftigung fanden.

LEBEN
Jean Baptiste Bédard wurde um 1765 in Rennes geboren. Er war Violinist und später Dirigent am Theater seiner Geburtsstadt. Im Jahr 1796 kam er nach Paris, wo er um 1815 starb. Welche Stelle er in der französischen Hauptstadt innehatte, ist nicht bekannt.

WERKE
Von Jean Baptiste Bédard sind 2 Sinfonien, mehrere Sonaten für Violine und Harfe und Duos und Soli für Violinen erhalten. Seine Kompositionen folgten noch Vorbildern des 18. Jahrhunderts.

Herbert Bedford (1867–1945)

LEBEN
Herbert Bedford wurde am 23.1.1867 in Lon-

don geboren. Er erhielt seine musikalische Ausbildung an der 1879 in London gegründeten Guildhall School of Music. Anschließend lebte er in seiner Geburtsstadt ohne berufliche Bindung als freier Komponist und als gesuchter Miniaturenmaler. Er starb am 13.3.1945 in London.

WERKE
Neben einer Oper schrieb Herbert Bedford eine Ouvertüre, eine Orchestersuite, eine sinfonische Fantasie, ein konzertantes Intermezzo für Violine und Orchester, ein Divertimento für Klavier und Streichorchester, eine Szene für Sopran und Orchester, 6 Gesänge mit Steichquartett, 8 unbegleitete Gesänge, ein Klavierquintett, ein Notturno für Horn und kleines Orchester und ein Wiegenlied für kleines Orchester. Sein Chorsatz fiel durch starke deklamatorische Wirkung auf.

John Bedingham
(um 1400 bis um 1455)

ZEIT UND UMWELT
John Dunstable war wohl der prominenteste englische Komponist seiner Zeit, der nach Frankreich ging und enge Beziehungen zu Italien aufrechterhielt, aber nicht der einzige. Auch andere Vertreter seines Stiles gingen gleiche Wege. Ihre Werke finden sich vorwiegend in italienischen Handschriften. Es ist für diese Meister auch typisch, daß sie, wenn sie keine traditionellen lateinischen Texte verwendeten, das Französische oder Italienische bevorzugten, so daß man annehmen muß, daß sie nicht für ein englisches Publikum komponierten.

LEBEN
John Bedingham (Bedyngham de Anglia, Bedingsham Langensteiß) wurde in England um 1400 geboren. Über sein Leben ist nichts bekannt. Sicher ist nur, daß er sich längere Zeit in Frankreich und Italien aufgehalten und dort als Musiker gewirkt hat. Er dürfte aber um 1455 in England verstorben sein.

WERKE
Von Bedingham sind 2 Messen überliefert. Eine davon – Deuil angoisseux – verwendet eine Ballade von Binchois und stellt ein sehr frühes Beispiel einer Parodiemesse dar. Sie ist wie alle Stücke des Komponisten dreistimmig. Außerdem sind 4 sehr beliebte und viel gesungene Chansons mit französischem Text und 3 lateinische Motetten erhalten. Zu Dunstables »O rosa bella« verfaßte Bedingham drei Konkordanzstimmen.

LITERATUR
Fr. Ll. Harrison, Music in Medieval Britain, London 1958.

Ignaz von Beecke (1733 – 1803)

ZEIT UND UMWELT
Die kulturelle Funktion der zahlreichen kleinen deutschen Fürstentümer war in nicht wenigen Fällen sehr beachtlich. In vielen Schlössern dieser Duodezstaaten finden sich oft wertvolle Bibliotheken und Sammlungen, die von einzelnen Fürsten, deren politische Geschäfte wenig zeitraubend waren, angelegt wurden; in anderen wurden Kapellen gehalten, die einen Wettbewerb mit denen der großen Hauptstädte leicht bestanden hätten, weil der Fürst musikliebend war und durch sein Mäzenatentum seinen Namen der Nachwelt erhalten wollte.

LEBEN
Notker Ignaz Franz von Beecke (Becké) wurde am 28. 10. 1733 in Wimpfen im Tal, Neckar, geboren. Er ergriff die Offizierslaufbahn und nahm 1792 seinen Abschied. Als Pianist und Komponist erhielt er seine Ausbildung von Niccolò Jommelli. Er hielt sich oft in Paris und Wien auf, um sich Anregungen für sein Schaffen zu holen. Mit Christoph Willibald Gluck, mit Wolfgang Amadeus Mozart und Joseph Haydn pflegte er ständige Verbindung. Ab 1773 wirkte er als Musikintendant des Fürsten Ernst Kraft von Oettingen-Wallerstein (1748–1802), dessen militärischer Adjutant er war. Er starb in Wallerstein am 2. 1. 1803.

WERKE

Die Bedeutung des kompositorischen Werkes von Ignaz von Beecke beruht vor allem auf seinen 6 Sinfonien für großes Orchester, die Haydn sehr nahekommen. Auch seine 6 Quartette für Flöte, Violine, Bratsche und Cello, seine 4 Duos für Cembalo und Violine und die 6 Cembalosonaten müssen der Klassik zugerechnet werden wie zumindest annähernd auch seine 10 Cembalostücke; mit seiner »Arie mit 10 Variationen« für Pianoforte leistete er zur Bildung des klassischen Klavierstils einen wertvollen Beitrag – er selbst genoß als Pianist einen geradezu legendären Ruf. An Vokalwerken liegen das Oratorium »Die Auferstehung«, mehrere klangvolle Kantaten, 4 Sammlungen von Liedern verschiedener Dichter und »Six airs françois« für Singstimme und Klavier vor. Seine Singspiele, darunter eine Vertonung von Goethes »Claudine von Villa Bella«, sind nicht erhalten.

LITERATUR

E. F. Schmid, Ignaz von Beecke, in: Lebensbilder aus dem Bayrischen Schwaben, München 1951.

Johann Beer (1655–1700)

ZEIT UND UMWELT

In Österreich und dem katholischen Teil Deutschlands waren es vorwiegend die Benediktinerstifte, die neben den höfischen und bischöflichen Kapellen das Musikleben förderten. Auf dem Feld des Musikunterrichts leisteten sie Beachtliches und bildeten eine Reihe bedeutender Musikerpersönlichkeiten heran.

LEBEN

Johann Beer (Bähr, Baer, Behr, Ursus, Ursinus) wurde am 28. 2. 1655 in St. Georgen, Oberösterreich, geboren und in den Benediktinerstiften Lambach (Oberösterreich) und Regensburg erzogen und ausgebildet. Im Jahr 1677 ging er nach Leipzig, um Theologie zu studieren und trat darauf als Violinist in die Hofkapelle von Halle ein. Nach der Übersiedlung der Kapelle nach Weißenfels (1680) wirkte er als ihr Konzertmeister. Er starb in Weißenfels am 6. 8. 1700.

WERKE

Der österreichische Komponist, Violinist und Schriftsteller Johann Beer verfaßte in seiner Jugend Schuldramen und 4 Trauerarien. Weitere Kompositionen schrieb er als Mitglied der herzoglichen Kapelle in Halle und Weißenfels. Seine Bedeutung für die Musikentwicklung lag auf dem Gebiet der Kritik der musikalischen Institutionen und Regeln der Barockzeit vom Standpunkt des Praktikers.

LITERATUR

A. Werner, Städtische und fürstliche Musikpflege in Weißenfels, Leipzig 1911.

Josef Beer (1744–1812)

ZEIT UND UMWELT

Während die Klarinetten in der ersten Hälfte des 18. Jahrhunderts als Nebeninstrumente zu Oboen und Flöten geblasen wurden, setzte man sie ab 1750 immer häufiger als Hauptinstrumente ein. Durch die Vermehrung der Klappen von 4 auf 6 und der Ausnutzung des nicht überblasenen Chalumeauregisters erhielt das Instrument den ihm eigenen Klang, der dem der menschlichen Stimme nahekommt. Obschon sie in der Klassik viel verwendet wurde, erlebte die Klarinette als »romantisches« Instrument ihre Hochblüte erst im folgenden Jahrhundert.

LEBEN

Jan Josef Beer wurde am 18. 5. 1744 in Böhmen geboren. Er war Trompeter in österreichischen, später in französischen Diensten, erlernte in Paris das Klarinettenspiel und machte als Virtuose Konzertreisen durch ganz Europa. Nachdem er von 1780 bis 1792 in St. Petersburg gewirkt hatte, wurde er königlicher Hofkapellmeister in Potsdam und betreute diese Stelle bis 1808. Er starb am 28. 10. 1812 in Berlin.

WERKE

Von Josef Beer ist eine Anzahl Klarinettenkonzerte erhalten, die die Reihe dieser Musikgattung eröffneten.

Anton Beer-Walbrunn (1864–1929)

LEBEN

Anton Beer-Walbrunn wurde am 29.6 1864 in Kohlberg, Pfalz, geboren. Er wirkte zunächst als Lehrer und Domorganist in Eichstätt, war sodann von 1888 bis 1891 Schüler von Joseph Rheinberger, Hans Bußmeyer und Ludwig Abel in München und wurde 1901 Lehrer für Kontrapunktik, Komposition, Harmonielehre und Klavier an der Akademie in München, wo er am 22.3.1929 starb.

WERKE

Anton Beer-Waldbrunn, dessen auf Robert Schumann zurückgehender und von seinen Lehrern vertretener Stil sich dem der Münchner Schule näherte, schrieb 4 Opern, 2 Schauspielmusiken, eine Sinfonie in E-Dur, die Orchesterfantasie »Künstlerleben«, 3 Burlesken für Orchester »Wolkenkuckucksheim«, eine Lustspielouvertüre, ein Violinkonzert, ein Klavierquintett, ein Klavierquartett, 5 Streichquartette, eine Violinsonate, eine Violinfantasie, eine Cellosonate, eine Ode für Cello und Klavier, eine Orgelsonate, 5 Orgelfugen, eine »Fantasie-Sonate« und »Reisebilder« für Klavier, eine »Deutsche Suite« für Klavier vierhändig, 2 Kantaten für Chor und Orchester und eine für Bariton und Orchester, 10 Sonette nach Shakespeare und Lieder. Seine elegante, klangreiche Musik ist zu Unrecht vergessen.

Ludwig van Beethoven (1770 – 1827)

ZEIT UND UMWELT

Der franko-flämische Raum, der ab 1400 durch mehr als 2 Jahrhunderte die Kraftquelle der europäischen Musikentwicklung bildete und in vier Phasen seine Meister nach Frankreich, nach Italien, nach Deutschland und Österreich sandte, wo diese im Zusammenwirken mit den heimischen Kräften neue Zentren der Tonkunst ins Leben riefen, erlahmte bald, doch er versiegte nicht. In Flandern gab es auch in jener stilleren Zeit immer wieder Meister, denen der Klangraum der Kirchenemporen und Hofkapellen zu eng war. Sie suchten und fanden weite Wirkungsfelder im Ausland, vor allem in Paris, wo ein neues Kraftzentrum der europäischen Musik entstanden war, auf das sich die Blicke des gesamten Kontinents richteten; sie integrierten sich aber dem neuen Betätigungsfeld, sie brachten keine »flämische Schule« mit. Erst im 18. Jahrhundert wanderte der Chorsänger Ludwig van Beethoven aus der Stadt der Türme und Glocken, Mechelen, bis nach Bonn, um dort als Kapellmeister zu wirken und brachte das gesamte reiche musikalische Erbe seiner Heimat mit, allerdings nur als Erbgut, das er nicht selbst auswertete, sondern weitergab an seinen Sohn, der damit nichts zu beginnen wußte und es nur in die Hand des Enkels weiterreichte. Den Raum allerdings, in dem dieser Enkel sein gewaltiges Erbgut wirksam machen konnte, brachten die für diesen Fall glücklichen Zeitverhältnisse. Bonn wäre zu schmal gewesen; dort hätte sich kein Ludwig van Beethoven zu dem Titanen der Musik entwickeln können, der er wurde. Man sandte ihn nach Wien, damit er sich von Mozart ausbilden ließ, und er konnte nicht mehr nach Bonn zurück, weil die politischen und militärischen Ereignisse der Zeit das Kurfürstentum annullierten. Daher mußte er in Wien verbleiben, wo Joseph Haydn und Wolfgang Amadeus Mozart die »Wiener Klassik«, durch eine Fülle von Meistern der Vorklassik vorbereitet, begründeten, wo das Musikleben schon seit Jahrzehnten aus dem Schatten des Hofes herausgetreten war und von einem musischen Adel und einem geistig aufstrebenden Bürgertum getragen wurde, wo allen Widrigkeiten zum Trotz das flandrische Erbe, durch Entwicklungsergebnisse der gesamten europäischen Tonkunst bereichert, seine Blüte entfalten konnte. Die vergeblichen Bemühungen des Vaters, aus dem Sohn ein gut verdienendes Wunderkind zu formen, die mehr als tristen Familienverhältnisse konnten nur hemmend und lebensverkürzend, aber nie verhindernd,

Ludwig van Beethoven, Lithographie von Kriehuber, 1865

die Zeitereignisse – Revolution in Frankreich und ihre Folgen – sogar fördernd wirken. Zeitweilige Not und Krankheit – auch die Ertaubung nicht, die für einen Musiker wohl das Schlimmste ist – vermochten die vorhandene künstlerische Ausdrucksfähigkeit und den unzähmbaren Willen hierzu nicht zu lähmen.

LEBEN

Beethovens Vorfahren waren Handwerker und Bauern in der Gegend von Lüttich und Mechelen im heutigen Belgien. Sein Großvater, der ebenfalls Ludwig hieß, war am 4. Januar 1712 in Mechelen geboren, wurde in Löwen und Lüttich Chorsänger, kam 1733 nach Bonn und amtierte ab 1771 als kurfürstlicher Kapellmeister. Er starb in Bonn am 24. Dezember 1773. Sein Sohn Johann (um 1740, vermutlich in Mechelen, bis 18. 12. 1792, Bonn) wurde am 27. März 1756 Tenorsänger in derselben Kapelle und heiratete am 12. November 1767 Maria Magdalena Keverich, Witwe des Kammerdieners Leym, Tochter eines Kochs. Beider Sohn Ludwig wurde vermutlich am 16. Dezember (getauft am 17. Dezember) 1770 in Bonn als zweitältestes von 7 Kindern geboren. Es zeigte sich bei ihm frühzeitig eine starke musikalische Veranlagung, so daß der Vater sofort daranging, Ludwig im Rahmen seiner Möglichkeiten auszubilden. Einem Zug der damaligen Zeit folgend, sah er als Musiker die Chance, aus seinem Sohn ein Wunderkind zu machen. Mit höchster Strenge trieb er den jungen Ludwig an das Cembalo. Der Hoforganist Gilles van den Eeden (um 1710, Niederlande, begraben 20.6.1782, Bonn) gab dem Knaben einigen Unterricht. Mit acht Jahren stellte ihn der Vater als »Sechsjährigen« dem Publikum vor, erreichte aber keinen praktischen Erfolg, weil sich der Sohn nicht drillen ließ. Ludwig wurde oder war bereits Musiker und kein Musikautomat. Am 15. Februar 1781 wurde Christian Gottlob Neefe Vize-Hoforganist in Bonn, nahm sich des jungen Ludwigs an und brachte ihn so weit, daß dieser ihn ein Jahr später an der Orgel vertreten konnte und an der Hofkapelle als Hilfscembalist angestellt wurde. Neefe vermittelte Ludwig die Kenntnis des »Wohltemperierten Claviers« und der Klavierwerke Carl Philipp Emanuel Bachs. Ein mißglückter Versuch der Mutter, Ludwig den Niederländern als Wunderkind anzupreisen, war dem allen vorangegangen (1781) wie der von Neefe vermittelte Druck der dem Kurfürsten gewidmeten Klavierstücke. Der Dienst in der von Andrea Lucchesi geleiteten Kapelle machte Beethoven mit vielen Werken der Gegenwart und der Vergangenheit vertraut. Sein regulärer Schulunterricht nahm allerdings 1783 sein Ende, Beethoven mußte sich als Autodidakt weiterbilden. Dabei war ihm der häufige Aufenthalt im Haus der Familie von Breuning, wo er nicht nur Musikunterricht erteilte, sondern darüber hinaus als gern gesehener Gast galt, sehr förderlich. Über diese Familie lernte er auch den Geiger Franz Anton Ries (10. 11. 1750, Bonn, bis 1. 11. 1846, Godesberg) kennen, der ihm Violinstunden gab. Beethoven fand in Wien Gelegenheit, diese Freundlichkeit dadurch zu vergelten, daß er dessen Sohn Ferdinand Ries (1784–1838) seinerseits unterrichtete. Ferner freundete er sich mit Graf Ferdinand Ernst von Waldstein an, der es beim Kurfürsten Maximilian Franz (1756–1801), dem Bruder Kaiser Josephs II., gemeinsam mit Neefe durchsetzte, daß Beethoven nach Wien geschickt wurde, um bei Mozart Unterricht zu nehmen. Es kam zu einer kurzen Begegnung mit Mozart, jedoch dann erhielt Beethoven die Verständigung, daß seine Mutter im Sterben lag. Sie war aber schon tot (17. Juli 1787), als ihr Sohn anlangte, der nun die Führung der Familie zu übernehmen hatte. Er begann wieder den Dienst im Hoforchester, in der Kirche und bei den musikalischen Akademien der Stadt, erweiterte seinen Horizont durch Lektüre und Vorlesungen an der Universität und komponierte eifrig. Im Jahr 1792 kam Joseph Haydn auf seiner Reise nach London durch Bonn, Beethoven wurde ihm vorgestellt; der Meister sagte ihm zu, ihn nach seiner Rückkehr in Wien zu unterrichten. Vermutlich auf eine Intervention Waldsteins erhielt Beethoven abermals die Möglichkeit, im Dezember des Jahres auf Kosten des Kurfürsten nach Wien zu gehen. Es war geplant, daß er nach beendeter Ausbildung nach Bonn auf einen leitenden Posten zurückkehren solle. Der spätere Einmarsch der Franzosen in das Rheinland vereitelte diese Absicht. Das beabsichtigte Studium bei Haydn ließ sich nicht sehr glücklich an, Beethovens Vorstellung von musikalischer Diktion hatte bereits so viel Eigenständigkeit angenommen, daß er sich den strengen von Haydn gelehrten Regeln schwer einordnen konnte. Ohne Haydns Wissen pflegte der junge Mann aus Bonn Beziehungen zu Johann Schenk, dessen Unterweisungen ihm mehr zusagten. Als Haydn Wien zu seiner zweiten Londoner Reise verließ, nahm Beethoven bei Albrechtsberger Unterricht im Kontrapunkt, was ihm bei seinem Widerstand gegen die Fesseln starrer Regeln auf viele Jahre hinaus eine Abneigung gegen die Fuge einbrachte. Von Antonio Salieri ließ er sich in die Welt des italienischen Gesangs einführen, kammermusikalische Formen lernte er bei Emanuel Aloys Förster.

Erzherzog Maximilian Franz

Waldsteins Empfehlungen öffneten Beethoven die Türen zu den musikinteressierten Adelshäusern Wiens. Als 1794 das Kurfürstentum Köln aufgehoben wurde und die Zahlungen für Beethoven ausblieben, geriet er nicht in Verlegenheit, weil er inzwischen in Wien genügend Gönner und Bewunderer gefunden hatte, in deren Häusern er konzertieren und unterrichten konnte. Er wohnte im Palais des Fürsten Lichnowsky (1706–96), später bei Graf Erdödy. Zu den weiteren Bewunderern gehörten der russische Botschafter Graf Rasumowsky, dem er drei Streichquartette (op. 59) widmete, Fürst Nikolaus Esterházy, für den er die Messe in C-Dur (op. 86) komponierte, Erzherzog Rudolf, dem er durch Jahre Musikunterricht erteilte und zu dessen Inthronisation als Erzbischof von Olmütz er die Missa solemnis komponierte, Graf Moritz von Lichnowsky, Bruder des Fürsten, Freiherr Ignaz von Gleichenstein, der Tuchhändler Johann Nepomuk Wolfmayer sowie viele andere Adelige und reiche Bürger versorgten ihn mit Kompositions- und Konzertaufträgen.

Beethovens Ruf hatte sich rasch verbreitet, die Wiener Gesellschaft schätzte diesen Musiker aus Bonn hoch, der des »Jakobinismus«

verdächtig war und gleichzeitig ein imponierend sicheres Auftreten hatte. Sein Klavierspiel riß alle hin, besonders seine abrupten Kontraste, die er dem Mannheimer Orchester abgelauscht hatte. Es gehörte zum guten Ton, die Kammermusikabende Beethovens bei Lichnowsky aufzusuchen, an denen außer Ferdinand Ries der Violinist Ignaz Schuppanzigh mitwirkte (1776 – 1830). Freunde, Gönner, Bewunderer, Förderer ebneten Beethoven alle Wege, er konnte komponieren, was er wollte, die Verleger zahlten dafür gerne hohe Preise, er durfte konzertieren, wo er wollte, er fand mehr Zuhörer, als die Säle faßten, und falls er Unterricht zu geben Lust hatte, kamen die Schüler aus den ersten Kreisen der Stadt. Aber schon 1796 stellten sich die ersten Zeichen der Schwerhörigkeit, jenes »Sausen und Brausen im Ohr« ein, das sein Leben verbitterte. Es war noch nicht so weit, daß es Beethoven in seinem künstlerischen Wirken störte, es war auch noch nicht bekannt, daß dieses Leiden nicht geheilt werden konnte, noch gaben die Ärzte den üblichen Trost und konnten ihre Ohnmacht verheimlichen. 1795 kamen Beethovens Brüder nach Wien: Kaspar Anton Karl (1774 bis 1815), der Kassenbeamter wurde, und Nikolaus Johann (1776–1848), der es vom Lehrling zum Apotheker in Linz und Gutsbesitzer in Gneixendorf bei Krems brachte. Die Taubheit verschärfte sich um 1808. Er mußte das Konzertieren aufgeben und wurde immer mehr zum zurückgezogenen Sonderling. Seiner Verzweiflung hatte er bereits 1802 im sogenannten »Heiligenstädter Testament« Ausdruck verliehen, mit dem er von seinen Brüdern Abschied nahm. Er wechselte häufig seine Wohnung (ungefähr fünfzigmal), geriet durch seine schlechte Laune überall in Streitereien, er stieß mit seinem Mißtrauen seine besten Freunde zurück. Sein kompositorisches Schaffen blieb jedoch ungebrochen, sein »inneres Ohr«, sein Tonbewußtsein hatte das Leiden nicht angegriffen. Seine beiden größten Werke, die Missa solemnis und die Neunte Sinfonie, hat er mit eigenen Ohren nie gehört, aber jeden Ton erlebt. 1819 kam es zu einer völligen Ertaubung, er konnte sich nur mehr schriftlich mit der Umwelt verständigen, fuhr aber trotz seiner hoffnungslosen Lage fort zu komponieren und sich mit Werken anderer Komponisten zu beschäftigen. Seine Gesundheit blieb, abgesehen vom Ohrenleiden, bis zum Jahr 1825 im großen und ganzen ungetrübt. Dann aber kam es zu schweren Erkrankungen, von denen er sich kaum mehr richtig erholte. Am 26. März 1827 starb Ludwig van Beethoven. Viele Tausende folgten seinem Sarg. Franz Grillparzer verfaßte die Grabrede. Unter den Fackelträgern war auch Franz Schubert.

Fürst Andreas Cyrillowitsch Rasumowsky

Werke

Als Beethoven zu komponieren begann, strebte die Klassik bereits ihrem Höhepunkt zu. Haydn und auch Mozart mußten durch die vorangegangenen Stilrichtungen schreiten und am Aufbau der neuen Ausdrucksmöglichkeiten mitwirken – Beethoven blieb es vorbehalten, sie zu ihrer Vollendung und darüber hinaus zu führen. Er fand den hochentwickelten und bereits zur Manieriertheit erstarrten Mannheimer Stil vor, eine durchdachte und architektonisch ausgemessene erprobte Form der Sinfonie und des Streich-

Trauerzug Beethovens in Wien, Lithographie von F. Stöber

quartettes, eine von vielen Virtuosen des endenden Jahrhunderts durchgebildete Instrumentaltechnik, eine bis zur letzten Möglichkeit errechnete Kontrapunktik, die theoretisch unterbauten und praktisch erreichten Höchstleistungen der Orgelmeister und großen Cembalisten, die Chorführung, Rezitativgestaltung und den Solisteneinsatz des Oratoriums, die Ouvertüre, die Arie und den Ensemblebau der Oper, kurz alle Musikformen in weit vorangetriebenen Entwicklungsphasen. Beethoven verwendete die Fülle von zeitgenössischen und alten, von deutschen, englischen, französischen und italienischen Formen, vom Volksliedgut ganz Europas als Baumaterial und einte alles in einer Synthese, die zugleich sein ureigener Stil wurde. Hier zeigte sich der Gipfel der Klassik, der sich schon der kommenden Romantik zuneigte. Es ist unmöglich, historische oder ideologische Grenzen zwischen den Musikepochen zu ziehen, weil jede etwas von den anderen in sich trägt. Sie dürfen nur von Zentralpunkten aus betrachtet werden, indem man nach vorne und rückwärts sieht bis zu den verschwimmenden, sich überschneidenden Grenzen. Und für die Klassik in der Musik ist Beethoven dieser Gipfelpunkt, wie es Goethe im Reich der Dichtung ist; auch bei ihm findet man archaische, barocke, galante wie romantische Züge. Beethoven war Höhe- und Wendepunkt zugleich, er brachte die Klassik nicht nur zum Höchststand ihrer Entwicklung, er beschloß sie auch und öffnete die Tore zur Romantik der künstlerischen Subjektivierung. Mit ihm hat die Musik endgültig aufgehört, eine Sammlung schöner, nach irgendwelchen Regeln geordneter Klänge zu sein, sie wurde nun zum Ausdruck des Menschen für Menschen. In seiner Hand steigerte sich die Musik, fußend auf Bachs Stimmführung, der Weiträumigkeit Händels, der strengen Thematik Haydns und Klarheit eines Gluck, geschmückt mit der Melodik Mozarts und dessen Nachahmern, zur gewaltigen Architektonik, vielgestaltig und dennoch einheitlich ausgerichtet, deren Formgebung durch das gesamte 19. Jahrhundert bis zu Gustav Mahler (1860–1911) und Arnold Schönberg (1874–1951) wirksam und gültig war. Beethoven war auch einer der ersten, die sich von der Massenproduktion der älteren Komponisten und vieler zeitgenössischer losgesagt haben. Seine Werke reiften langsam nach vielen Skizzen aus und wurden auch dann noch bearbeitet, neu gestaltet und umgeformt. Diese unbedingte Konzentration auf jedes geplante und ausgeführte Stück, sei es klein und im Rahmen des Ganzen unbedeutend oder wichtig wie die mehrmals umgearbeitete Oper »Fidelio«, hatte zur Folge, daß seine Opuszahlen bei weitem nicht an die von Haydn oder Mozart heranreichen. Obwohl seine erste und seine letzte Komposition Kammermusik sind, nehmen seine neun Sinfonien - in der Zeit eines Vierteljahrhunderts geschrieben - in seinem Schaffen eine zentrale Stellung ein. Sie gehören zum Hauptrepertoire unseres Musiklebens. Die sogenannte »Jenaer Sinfonie« in C-Dur, die ihm eine Zeitlang als 10. Sinfonie zugeschrieben worden ist, stammt allerdings von Friedrich Witt. »Wellingtons Sieg oder Die Schlacht bei Vittoria«, op. 91 (1813) muß zu den Sinfonien gestellt werden. Die 9 Ouvertüren sind sinfonische Werke, die weit über die üblichen Opern- oder Ballettouvertüren hinausragen: die Erste, Zweite und Dritte Leonoren-Ouvertüre, alle C-Dur (1805 und 1806); »Coriolan«, c-Moll (1897); »Egmont«, f-Moll (1810); »König Stephan«, Es-Dur (1811); »Die Ruinen von Athen«, C-Dur (1811); »Zur Namensfeier«, C-Dur (1815), »Zur Weihe des Hauses«, C-Dur (1822). Von den zwei Balletten, »Ritterballett«, D-Dur (1791), und »Die Geschöpfe des Prometheus« (1801), behauptet sich das zweite noch heute auf den Bühnen. Auch die kleineren Orchesterwerke, Menuette, Tänze, Märsche, Escossaisen, werden ständig gespielt. Zu den Standardkonzerten für Solisten zählen die 5 Klavierkonzerte, das Tripelkonzert, das Violinkonzert und die 2 Violinromanzen. Als völlig gleichrangig mit den sinfonischen Kompositionen muß die Kammermusik eingestuft werden. Das Oktett für Bläser Es-Dur wurde noch in Bonn (1892) geschrieben und von Beethoven selbst zum Streichquintett op. 4 umgearbeitet. Weitere Bläsermusik sind ein Septett, 2 Sextette, 1 Quintett, ein Rondo für acht Bläser, 2 Bläsertrios. Die 3 Streichquintette, die Fuge für

Wohnzimmer Beethovens im Hause des Freiherrn von Pasqualati

fünf Streicher und vor allem die 16 Streichquartette erklingen noch heute in allen Kammermusiksälen sowie die 10 Violinsonaten, die 5 Cellosonaten, die 3 Klavierquartette, die Trios und verschiedenen Duos. Die Klaviermusik, besonders die 32 Sonaten, gehört zu den Kostbarkeiten der gesamten Tonkunst und ist zum Prüfstein jedes Pianisten geworden. Die Missa solemnis und die C-Dur-Messe gehen weit über den Rahmen sakraler Musik hinaus. Das Oratorium »Christus am Ölberge« nähert sich stark einer opernhaften Chorfantasie und ist noch immer sehr beliebt. Die Oper »Fidelio«, eine der ersten bedeutenden »Rettungsopern«, gehört zu den meistaufgeführten Werken aller Opernhäuser. Dazu kommen noch verschiedene Vokalwerke, 91 Klavierlieder, 2 Kaiserkantaten, 44 Kanons und verschiedene Volksliederbearbeitungen.

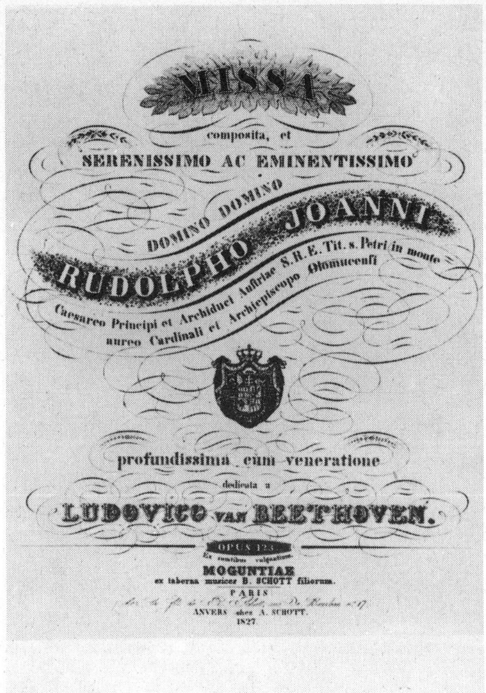

Titelblatt der »Missa solemnis« mit Widmung an Erzherzog Rudolf

Messe D-Dur »Missa solemnis« op. 123, für Soli, Chor und Orchester, gewidmet Erzherzog Rudolf, vollendet 1823, uraufgeführt 1824

Die Messe sprengt den sakralen Rahmen und stellt eine der großartigsten Konzertkantaten der Musikgeschichte dar. Sie folgt dem kanonischen Text, weitet ihn jedoch gedanklich im Sinn einer seiner Zeit entsprechenden Religiosität aus. Das Credo ist geradezu visionär gehalten. Der letzte Satz schließt mit der »Bitte um inneren und äußeren Frieden«, aber in diese Bitte tönt Kriegsmusik und läßt Zweifel an der Erfüllung aufkommen.

Christus am Ölberge, Oratorium op. 85, für Sopran, Tenor, Baß, gemischten Chor, Orchester. Entstanden 1801/02, uraufgeführt am 5. April 1803 in Wien, Text von Franz Xaver Huber

Opernnahe Ausdeutung des Passionsgeschehens, voll von prächtigen Chören und Arien.

Fantasie für Klavier, Chor und Orchester, c-Moll op. 80, gewidmet Maximilian Joseph, König von Bayern, uraufgeführt am 22. Dezember 1808 in Wien mit Beethoven am Klavier und Ignaz Xaver Ritter von Seyfried (1776–1841) am Dirigentenpult

Der Text ist ein dreistrophiges Gedicht, das die Kernidee des klassischen Humanismus besingt (angeblich von Christoph Kuffner). Da das Klavier als Soloinstrument dem Orchester mit Chor gegenübergestellt ist, muß das Stück zu den Klavierkonzerten gezählt werden. Der Solist beginnt mit einem improvisatorischen Präludium, das Orchester fällt mit einer Marschmelodie ein, daran schließt die Weise der »Gegenliebe« auf dem Klavier mit Hörnerbegleitung an, darauf variiert das Orchester das Thema mit verschiedenen Instrumentenkombinationen, am Ende kommt der Chor (»Schmeichelnd hold und lieblich klingen unseres Lebens Harmonien…«) zu Wort. Das abschließende Presto bekräftigt mit Klavier und farbigem Orchesterklang das humanistische Bekenntnis.

1. Sinfonie in C-Dur op. 21, gewidmet Freiherr van Swieten, entstanden 1799, uraufgeführt unter der Leitung des Komponisten am 2. April 1800 im Wiener Hofburgtheater, 4 Sätze

Die Besetzung der Sinfonie gleicht der von Mozarts Haffner-Sinfonie; sie steht deutlich unter dem Einfluß von Haydn und Mozart, läßt jedoch den dem Komponisten eigenen Stil erkennen. Der 1. Satz beginnt für die damalige Zeit überraschend mit einem Dominantseptimakkord, dann gleitet die Musik zum Hauptthema, das ebenso leichtbeschwingt ist wie das Seitenthema. Die Durchführung ist kurz wie bei Mozart. Die Coda klingt marschähnlich aus. Der 2. Satz bringt ein liedhaftes Thema im Volkston, in einem zweiten erklingen Geigen und Flöten in Tanzrhythmen, die Durchführung ist voll Kontraste und Spannung. In der Reprise gibt es eine Gegenstimme zum Liedthema im Baß. Der 3. Satz heißt noch Menuetto, obschon es sich um ein humorvolles Scherzo handelt. Der 4. Satz hat Rondoform und klingt nach einem fröhlichen Verlauf mit marschartigen Signalen der Blechinstrumente aus.

2. Sinfonie in D-Dur op. 36, gewidmet Fürst Karl von Lichnowsky, entstanden 1802/03, uraufgeführt unter der Leitung des Komponisten im Theater an der Wien in Wien am 5. April 1803, 4 Sätze

Mit dieser Sinfonie hat sich Beethoven schon ein gutes Stück von seinen Vorbildern entfernt. Viele Zeitgenossen sind durch das »übertriebene Streben nach dem Neuen und Auffallenden« erschreckt, nur einer prophezeit: »Wenn tausend jetzt gefeierte Modesachen längst zu Grabe getragen sind, wird dieses Werk noch leben.« Er hat vielleicht begriffen, daß hier eine neue Stufe der künstlerischen Qualität erreicht wurde, auf der die Intensität und Individualisierung der Tonsprache das heroische Pathos verstärkt und die Form vergrößert. Die strahlende Lebensfreude der 1. Sinfonie ist beibehalten, jedoch in eine ernstere Sphäre gerückt. Subjektiviert ist dabei nur der Kampfeswillen um ein humanistisches Weltbild, nicht aber das persönliche Schicksal des Komponisten selbst, der gerade um die Zeit der Entstehung der Sinfonie wegen der fortschreitenden Ertaubung in eine schwere psychische Krise geraten war. Der 1. Satz beginnt mit einem gewichtigen Adagio. Die Kantilene des ersten Themas wird stark eingetrübt, erhebt sich aber sieghaft zum Hauptthema, dem ein zweites Thema energisch entgegengeführt wird. Die Durchführung verarbeitet vorwiegend das erste Thema, es bleibt jedoch die klassische Forderung des Themendualismus gewahrt. Im 2. Satz wird eine friedliche Melodie in ständig wechselnder Instrumentation vorgetragen, ein zweites Thema sekundiert, dann schließt sich eine ländliche Tanzweise an. Der 3. Satz ist zum ersten Mal von Beethoven mit Scherzo bezeichnet. Die Stimmung ist ausgelassen, der Wechsel von Bläsern und Streichern, von Forte und Piano drückt ungehemmt Fröhlichkeit aus, die in das Finale hinübergenommen wird. Nur vorübergehend kommt es zu besinnlichen Passagen. Die Rondoform wird von der Durchführung überschritten. Der Satz endet mit nahezu hymnischen Klängen.

3. Sinfonie in Es-Dur »Sinfonia Eroica« op. 55, gewidmet Fürst Franz Joseph von Lobkowitz, beendet 1804, uraufgeführt am 7. April 1805 im Theater an der Wien in Wien unter der Leitung des Komponisten, 4 Sätze

Diese Sinfonie beschreitet völlig neue Wege der Instrumentation und kompositorischen Technik: durch Individualisierung der Instrumente und Entwicklung des Materials werden aus Grundmotiven und ihrer Verteilung auf selbständige Linien neue, entgegengesetzte Themen geschaffen und auf weite Räume entfaltet. So gewinnt die Durchführung bisher unbekannte Dimensionen, wodurch sich die Aussagekraft gewaltig steigert. Von den Zeitgenossen kaum begriffen und dann fälschlich als Programmusik aufgefaßt, wird sie, des Komponisten »beste und liebste Sinfonie«, zum Standardwerk aller Konzertsäle. Sie ist »geschrieben auf Bonaparte«. Als sich dieser zum Kaiser macht, tilgt Beethoven, der Republikaner, enttäuscht die Widmung und setzt an ihre Stelle den Vermerk: »Heroische Sinfonie, komponiert, um das Andenken eines großen Mannes zu feiern.« Der 1. Satz, Allegro con brio, zieht bereits mit den ersten zwei Introduktionsakkorden und dem Kernmotiv in den Celli die Aufmerksamkeit auf sich. Nach mehreren Abwandlungen des Motivs steigt daraus eine anmutige Melodie der Holzbläser und Violinen

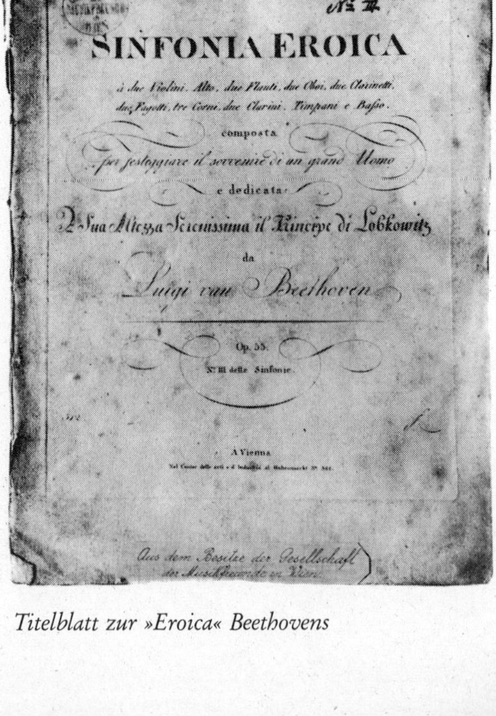

Titelblatt zur »Eroica« Beethovens

hervor. Dann klingt ein entgegengeführtes Seitenthema auf, die Auseinandersetzung kulminiert mit schrillen Synkopen und mündet in eine sangbare Marschmelodie der Oboen, der die Streicher eine elegische Gegenlinie entgegensetzen. Darauf tritt das Hauptthema wieder auf den Plan, zuerst in veränderter Tonart, dann in kühner Modulation zum ursprünglichen Es-Dur geführt, und klingt triumphierend in einer breiten Coda aus. Der 2. Satz (Adagio assai) ist ein Trauermarsch (vielfach einzeln als solcher verwendet). Streicher und Oboen singen das Grablied in c-Moll. Das Trio wechselt wie ein Trost zum C-Dur. Hernach setzt die Totenklage erneut ein und entwickelt sich in Sonatenform zur schmerzlichen Anklage, die erst in der Coda versöhnend verhallt. Das Scherzo als 3. Satz wirkt mit seinen unruhigen Streichern, den hastenden Staccati nahezu dämonisch. Sein Trio erweckt mit schmetternden Hörnerdreiklängen die Vorstellung von Natur, Wald und Jagd. Die Reprise des Hauptteils führt wiederum die Turbulenz des pulsierenden Lebens vor Augen. Der 4. Satz verarbeitet das Thema eines Contretanzes (das auch im Ballett »Die Geschöpfe des Prometheus« verwendet wird) in acht Variationen mit einer Doppelfuge über ein Baßthema; ihnen schließt sich als Coda eine stürmische Stretta im Presto an und endet mit Fanfarenklängen.

4. Sinfonie in B-Dur op. 60, gewidmet Graf Oppersdorf, fertiggestellt 1806, uraufgeführt März 1807 im Palais des Fürsten Lobkowitz in Wien unter der Leitung des Komponisten, 4 Sätze

Im 1. Satz entwickelt sich das muntere Hauptthema aus einem feierlichen Adagio. Das zweite kantable Thema wird zwar entgegengeführt, aber es kommt zu keiner Auseinandersetzung. Das fröhliche Musizieren ermattet allmählich, bis die Pauke wie eine Wecktrommel die Instrumente zu neuer Tätigkeit in der Reprise ruft. Der 2. Satz bringt zwei Adagiothemen, das erste spielen die Violinen, das zweite übernehmen die Holzbläser. Der 3. Satz ist in einigen Partiturnachdrucken mit Menuett überschrieben. Die Benennung stammt nicht von Beethoven. In Wahrheit handelt es sich auch um ein Scherzo, dessen Hauptthema an den 1. Satz erinnert und auf seine derbe Art das Geschehen beherrscht. Das Trio klingt volkstümlich. Das Finale drückt trotz der schroffen Gegensätze der beiden Themen und der dramatischen Zuspitzung graziös und verspielt untrübbare Lebensfreude aus.

5. Sinfonie in c-Moll op. 67, gewidmet Fürst Lobkowitz und Graf Rasumowsky, entstanden zwischen 1804 und 1808, uraufgeführt am 22. Dezember 1808 im Theater an der Wien in Wien unter der Leitung des Komponisten, genannt »Schicksals-Sinfonie«, 4 Sätze

Angeblich hat Beethoven dem 1. Satz das Motto vorangestellt: »So pocht das Schicksal an die Pforten.« Ob das richtig oder erfunden ist, es darf auf keinen Fall als Programm verstanden werden. Auch diese Sinfonie ist absolute Musik, in die nur ein poetisches Element, eine allgemeine Aussage, eingeführt wird. Das aus vier Tönen bestehende, dramatische »Schicksalsmotiv« beherrscht den gesamten 1. Satz. Es gibt ein zweites Thema, aber es wird vom ersten ständig zurückgedrängt, das sich mit seinem drohenden Pochen kennzeichnet. Bratschen und Celli nehmen im 2. Satz den Kampf gegen das Schicksal auf. Das Thema hat Marschcharakter. Schon hört man den Siegesjubel der Trompeten, aber mahnende Einwürfe der Begleitstimmen wirken dämpfend und hemmend, der Rhythmus des Schicksalsmotivs wird vernehmbar. Der Kampf ist noch nicht zu Ende. Der 3. Satz kann in dieser Stimmung kein Scherzo bringen. Das Hauptthema ist dem Schicksalsmotiv verwandt und erinnert an die Tragik des 1. Satzes. Das Trio bringt etwas Heiterkeit, aber keine Befreiung. Dann vereinen sich im plötzlichen Umschwung alle Instrumente zum 4., eng angeschlossenen Satz. Mehrere Themen steigen auf, alle sieghaft und zuversichtlich. Es gibt einen kurzen Rückblick auf die Trostlosigkeit des 3. Satzes, dann bricht ungehemmter Jubel aus, weil die Schicksalsdrohung endgültig überwunden ist.

6. Sinfonie in F-Dur »Sinfonia pastorale« op. 68, Fürst Lobkowitz und Graf Rasumowsky gewidmet, verfaßt 1807/08 in Heiligenstadt, uraufgeführt am 22. Dezember 1808 im Theater an der Wien in Wien unter der Leitung des Komponisten zugleich mit der 5. Sinfonie, 4 Sätze

Die »Pastorale« nimmt eine Ausnahmestellung unter den Sinfonien Beethovens ein, weil ihre Sätze programmatische Überschriften tragen, vor deren wörtlicher Ausdeutung er aber selbst warnt: »Man überläßt es dem Zuhörer, die Situationen ausfindig zu machen. Sinfonia caracteristica oder eine Erinnerung an das Landleben. Jede Malerei, nachdem sie in der Instrumentalmusik zu weit getrieben, verliert. Wer auch nur je eine Idee vom Landleben erhalten, kann sich ohne viel Überschriften selbst denken, was der Autor will. Auch ohne Beschreibung wird man das Ganze, welches mehr Empfindung als Tongemälde, erkennen.« Das ist eine deutliche Absage an die Programmusik. Beethoven kommt es

Wohnhaus Beethovens in Bonn

auf die »Idee vom Landleben« an, was keineswegs tonmalerische Mittel ausschließt. Er vollzieht eine Synthese von klassischer Sinfonie und Naturschilderung, stellt jedoch mehr seine Liebe zum Landleben dar als dieses selbst. Der 1. Satz trägt die Aufschrift: »Erwachen heiterer Gefühle bei der Ankunft auf dem Lande.« Damit ist die Stimmung des Satzes umschrieben. Die beiden wenig gegensätzlichen lieblichen Themen malen die ungetrübte Freude über die ländliche Szene. Der 2. Satz heißt »Szene am Bach« und bringt eine lyrische Idylle, aus der man die Geräusche eines friedlichen, von einem Bach durchflossenen Tales heraushören kann. Deutlich werden am Ende der Gesang der Nachtigall (Flöte), der Wachtelruf (Oboe) und der Kuckuck (Klarinette). Der 3. Satz, »Lustiges Zusammensein der Landleute«, ist den Tänzen der Dorfgemeinschaft gewidmet; auf einmal zieht ein Sommergewitter auf, dann vertreiben Sturm, Donner, Blitze und peitschende Regengüsse die fröhlichen Tänzer, bis das Unwetter abebbt. »Frohe, dankbare Gefühle nach dem Sturm«, ist das Motto des 4. Satzes. Der »Hirtengesang« erklingt, eine schöne Melodie löst ihn ab, aber er kehrt variiert wieder. Endlich schließt die Sinfonie mit einem Hymnus auf die Natur.

7. Sinfonie in A-Dur op. 92, Graf von Fried und der Kaiserin von Rußland gewidmet, vollendet zwischen 1809 und 1812, uraufgeführt am 8. Dezember 1813 im Akademiesaal in Wien unter der Leitung des Komponisten, 4 Sätze

Die Sinfonie verfolgt keine programmatische Absicht, obwohl man darin Anspielungen der politischen Ereignisse (Niederlage Napoleons in Rußland) hat sehen wollen. Das Werk ist absolute Musik, in der Richard Wagner eine »Apotheose des Tanzes« erblickt, weil rhythmischer Schwung ihr Hauptmerkmal darstellt. Nach der breiten Einleitung zum 1. Satz entwickeln sich zwei helle Themen, schwärmerisch und romantisch, dann setzt das Hauptthema des Satzes mit tänzerischem Rhythmus ein. In den Übermut klingen zwar einige ernstere Wendungen hinein, können aber die heitere Laune der Musik nicht stören. Der 2. Satz, ein Allegretto, ist anfänglich ernst und etwas traurig, die Violinen bringen aber bald eine leidenschaftliche Melodie zu Gehör. Doch die nachdenklichen Akkorde kehren wieder, obwohl ihnen ein tröstlicher Klarinettengesang vorausgegangen ist. Im 3. Satz tritt die überschäumende Lebensfreude des 1. Satzes wieder in Kraft. Das Trio klingt an ein österreichisches Wallfahrerlied an, das nach dem wiederholten Hauptsatz ein zweites Mal auftaucht und neuerlich vom ersten Thema abgelöst wird. Dann aber kommt es zum hinreißenden Finale, das bacchantisch alle Grenzen des Herkömmlichen überschreitet und in einer glänzenden Coda ausklingt.

8. Sinfonie in D-Dur op. 93, vollendet in Linz im Oktober 1812, uraufgeführt am 27. Februar 1814 im Redoutensaal der Wiener Hofburg unter der Leitung des Komponisten zugleich mit der 7. Sinfonie, einem Vokalterzett und der Schlacht-Sinfonie, 4 Sätze

Den Plan, dem 1. Satz eine Einleitung voranzustellen, läßt Beethoven fallen und beginnt mit einem freudigen Hauptthema. Eine besinnliche Weise schließt sich an, seine Begegnung mit dem ersten Thema ist keine Auseinandersetzung, sondern ein lustiges Spiel, das friedlich endet. Der 2. Satz, ein Allegretto scherzando, besteht nur aus einem Thema, das sehr graziös ist und nicht mehr sein will. Der 3. Satz bringt ein Menuett im Sinn Haydns. Das Trio atmet behagliche Biedermeierluft. Das Finale wird zum Höhepunkt, in dem die Fröhlichkeit wild ausartet. Ein ruhiges Motiv – die einzige Kantilene der Sinfonie – wirkt besänftigend, wird aber im rasch dahinstürmenden Schlußteil mitgerissen.

9. Sinfonie in d-Moll op. 125, für großes Orchester, im 4. Satz außerdem für Vokalsolisten (Sopran, Alt, Tenor, Baß) und vierstimmigen gemischten

Chor, dem preußischen König gewidmet, verfaßt zwischen den Jahren 1817 und 1823, uraufgeführt am 7. Mai 1824 im Kärntnertor-Theater in Wien unter der Leitung des Kapellmeisters Michael Umlauff (1781 bis 1842), 4 Sätze

»Herr Ludwig van Beethoven selbst wird an der Leitung des Ganzen Antheil nehmen«, heißt es auf den Anschlägen. Die Aufnahme der Sinfonie beim Publikum ist enthusiastisch, die Meinung der Fachleute dagegen geteilt. Mehrere wenden sich scharf gegen die Verwendung von Singstimmen in einer Sinfonie. Dabei hat eine »Schlacht-Sinfonie« von Peter Winter allgemeine Zustimmung gefunden, obwohl sie am Schluß auch die Grenzen zwischen Sinfonie und Kantate verwischt. Trotzdem hat mit der Premiere der Siegeslauf dieses größten Werkes Beethoven seinen Anfang genommen und es zum festen Kulturbesitz der gesamten Menschheit gemacht. Dazu trägt neben der gewaltigen kompositorischen Leistung die humanistische Botschaft der Tondichtung von der Brüderlichkeit aller Menschen, der Aufruf zur Besinnung auf die höchsten menschlichen Ideale bei. Die Absicht, Schillers »Ode an die Freude« zu vertonen, hatte Beethoven bereits als junger Mann gefaßt, weil er die Kernidee dieses Gedichtes zum weltanschaulichen Leitgedanken seines Lebens gemacht hat. 1812 wollte er die Ouvertüre mit Chor über die Ode komponieren, schließlich verwendete er das damals notierte Thema für den Chorsatz seiner Sinfonie. Der 1. Satz beginnt mit leeren Quinten, die nach Wagner die »Welt ohne Freude« symbolisieren. Daraus entwickelt sich das weitgespannte Hauptthema, nimmt den Kampf gegen die bedrückte Stimmung auf, dringt aber nicht durch. Ein zweites Thema erleidet das gleiche Schicksal, es bringt in die Durchführung auch keine Aufhellung, vielmehr wird die harte Auseinandersetzung in die Reprise getragen. Erst in der Coda wird das Thema in Dur transponiert. Es kommt aber zu keinem sieghaften Ende. Der 2. Satz ist ein Scherzo im großen Format, obwohl es von Beethoven nicht ausdrücklich so bezeichnet wird. Ein derbes Tanzthema wird mehrmals von einer besinnlichen Melodie unterbrochen, aber das sprunghafte zweite Thema reißt die Aufmerksamkeit an sich. Der Mittelteil bringt eine fröhliche Tanzmelodie. Dann kommt es im Schlußteil zu einer kunstvoll kontrapunktischen Verarbeitung beider Themen. In die »Welt ohne Freude« kehrt die schlichte Weise des Mittelteiles, hymnisch erhoben, ein. Im 3. Satz deuten zwei kantable Themen den Frieden der Welt an, den die Menschen ersehnen, gleichsam als Ziel, um das in den beiden vorangegangenen Sätzen gekämpft wurde. Doch dieser erträumte Sieg des Guten genügt nicht, der Komponist bleibt nicht dabei, zu den Menschen zu sprechen, sondern läßt im 4. Satz Singstimmen selbst daran teilnehmen, nachdem er sie mittels eines Baritonrezitativs aufgefordert hat. Die Sinfonie wird zur Kantate, die Kantate zur Hymne der Menschheitsverbrüderung. Der grandiose Ausklang läßt die textliche Peinlichkeit des Rezitatives vergessen.

»Wellingtons Sieg oder Die Schlacht bei Vittoria« op. 91, für Pikkolo, zwei Flöten, zwei Oboen, zwei Klarinetten, zwei Fagotte, vier Hörner, sechs Trompeten, drei Posaunen, Pauken, Kleine Trommel, Große Trommel, Triangel, Becken, Ratschen, Donnermaschine, Streicher, entstanden 1813, uraufgeführt am 8. Dezember 1813 im Akademiesaal in Wien unter der Gesamtleitung des

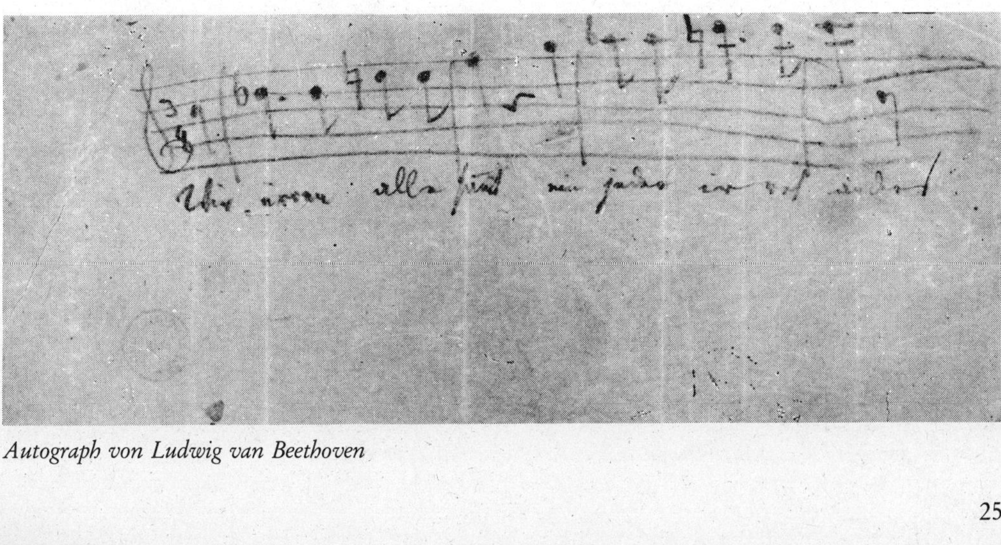

Autograph von Ludwig van Beethoven

Komponisten (Joseph Weigl und Antonio Salieri dirigierten die auf den gegenüberliegenden Galerien aufgestellten Schlachtenmusiken, Jacques Meyerbeer saß bei den Pauken und Ignaz Moscheles schlug die Becken), Programmsinfonie, darstellend den Sieg der Engländer über Napoleon bei Vittoria am 21. Juni 1813, 2 Teile

Im ersten Teil wird die Schlacht naturalistisch mittels Donnermaschine, Ratschen und Trommeln geschildert. Eine Hälfte des geteilten Orchesters stellt mit dem Spottlied auf den englischen General Marlborough das französische Heer, die andere mit dem Marsch »Rule Britannia« das englische Heer dar. Der zweite Teil, »Siegessymphonie« betitelt, ist ein rein instrumentaler Satz, mit »türkischer Musik (Pikkolo, Triangel, Becken, Große Trommel)« verstärkt, der im Allegro einige Verwandtschaft mit der 7. Sinfonie aufweist. Der Andantesatz bringt die englische Hymne »God save the King«. Nach einer Fuge verschmelzen Hymne und Siegesmarsch zum triumphalen Ende.

Die Geschöpfe des Prometheus, Ballettmusik op. 43, bestehend aus einer Ouvertüre und 16 Nummern, entstanden 1800/01, uraufgeführt am 28. März 1801 im Wiener Hofburgtheater

Das Ballett schildert den Raub des Feuers für die Menschengeschöpfe, der ihre geistige Erhebung zur Sphäre der Götter ermöglichen soll. Heute wird die Ouvertüre häufig in Konzertsälen gespielt. Wie die meisten Ouvertüren des Komponisten besteht sie aus einer langsamen Einleitung und einem Allegro-Hauptthema. Ein zweites Thema wird von den Flöten gebracht. Nach knapper Durchführung und Reprise folgt eine freudige Coda.

Leonoren-Ouvertüre Nr. 1 C-Dur op. 138, entstanden um 1804

Die Ouvertüre, die ursprünglich für den »Fidelio« geschrieben ist (die Oper hat anfänglich den Titel »Leonore« getragen), folgt dem Vorbild von Cherubini und gibt einen nur allgemeinen Umriß des Operngeschehens. Sie wird selten gespielt.

Leonoren-Ouvertüre Nr. 2 C-Dur op. 72, erstmals gespielt am 20. November 1805 bei der Opernuraufführung im Theater an der Wien in Wien

Der Ideengehalt der Oper »Fidelio«, Kerkerszene, Leonores Heroismus, das rettende Trompetensignal, die Freude der Befreiten und der Sieg der Gerechtigkeit werden sinfonisch dargestellt. Die Themen der Oper sind nacheinander verarbeitet, das Trompetensignal erklingt zuerst aus der Ferne, das zweite schon aus der Nähe und löst ein von den Holzbläsern gespieltes Dankgebet aus, dann bricht ein überschäumender Jubel über die Rettung in höchster Not aus, der in einem Triumphmarsch kulminiert.

Leonoren-Ouvertüre Nr. 3 C-Dur op. 72a, für die Aufführung der zweiten Fidelio-Fassung am 29. März 1806 im Theater an der Wien in Wien

Hier sind die Grenzen der Opernouvertüre gesprengt, so daß aus dem Werk eine selbständige sinfonische Tondichtung wird. Die Handlung der Oper wird nicht wie in der Ouvertüre Nr. 2 der Reihe nach vorgestellt, sondern ein Bild ihrer Dramatik und ihres tieferen Sinnes wiedergegeben. Der Konflikt wird von den einzelnen, den Handlungspersonen zugeordneten Themen ausgetragen. Das ferne, erregende Trompetensignal erklingt auch hier zweimal, erinnert aber weniger an die Opernhandlung, sondern erweckt die Hoffnung, daß in jeder menschlichen Not die Rettung durch die Gerechtigkeit kommt. Und der Triumphmarsch am Ende verkündet diesen Sieg. Beethoven selbst hat erkannt, daß alle drei Ouvertüren in den Konzertsaal gehören. Er verfaßte daher für die Aufführung der endgültigen Opernfassung die Fidelio-Ouvertüre E-Dur op. 72, die einer Opserneinleitung mehr entspricht. Seit Gustav Mahler ist es

Anna Pauline Milder sang als erste die »Leonore« in Beethovens »Fidelio«

Wilhelmine Schroeder-Devrient sang bei der Wiederaufführung von Beethovens »Fidelio« (1822) die Titelrolle

üblich, die 3. Leonoren-Ouvertüre vor dem letzten Bild der Oper zu spielen, weil diese den geistigen Gehalt der Opernhandlung vertieft und profiliert.

Coriolan-Ouvertüre in c-Moll op. 62, 1807 für das Drama »Coriolan« von Heinrich Joseph von Collins komponiert und zum Bestandteil des Konzertrepertoires geworden

Die als sinfonisches Tongemälde angelegte Ouvertüre schildert den Kampf der Plebejer gegen die Patrizier des alten Rom, den Gewissenskonflikt des zum Vaterlandsverräter gewordenen Coriolan, der sich von seinen Gegnern töten läßt. Das Kopfthema charakterisiert den Helden, das kantable zweite Thema drückt die Bitte der patriotischen Mutter aus, die ihn zurückhalten will. Das Ende zeichnet den selbstverschuldeten Untergang Coriolans.

Egmont-Ouvertüre in f-Moll op. 84, geschrieben zur »Egmont-Musik« für Goethes Trauerspiel, uraufgeführt am 15. Juni 1810

»Beethoven ist mit bewundernswertem Genie in meine Intentionen eingegangen«, urteilt Goethe darüber. Die Ouvertüre ist zum selbständigen Konzertstück geworden. Wuchtige Akkorde stellen den Unterdrücker Alba vor. Die klagenden Stimmen der Niederländer drängen sich vor, dann kommt aus einem Motiv Hoffnung auf Befreiung. Der Kampf beginnt. Egmont fällt. Doch der Freiheitswille des Volkes ist ungebrochen. Mit Siegesfanfaren, die auch die Bühnenmusik des Dramas abschließen, endet die Ouvertüre.

Ouvertüre zu »König Stephan« in Es-Dur op. 117, entstanden in Bad Teplitz 1811, uraufgeführt am 9. Februar in Pest zum gleichnamigen Stück von August von Kotzebue

Der Chronikform des Stückes entsprechend, das die Uranfänge und den Aufstieg des ungarischen Volkes darstellt, hat die Ouvertüre episch-rhapsodische Gestalt und ist von ungarischer Volksmusik inspiriert.

Ouvertüre zu »Die Ruinen von Athen« in G-Dur op. 113, zugleich mit »König Stephan« entstanden und uraufgeführt

In dem opernhaften Stück belauscht die Göttin Minerva ein griechisches Paar, das über die Not des Türkenjoches klagt, und fordert es zur Rache auf. Merkur geleitet Minerva nach Pest, beide werden bei der Einweihung des Theaters begrüßt. Diese gezwungene Handlung übernimmt Beethoven in die Ouvertüre. Die Reprise ist verkürzt und geht ohne zweites Thema zur Coda über, die festlich ausklingt.

Ouvertüre in C-Dur »Zur Namensfeier« op. 115, bestimmt zur Namensfeier des Kaisers Franz I., wurde aber erst im Oktober 1814 fertig und am 25. Dezember 1815 im Wiener Redoutensaal uraufgeführt

Ein marschartiges Maestoso entwickelt sich über ein etwas bizarres Thema zu einem polyphonen festlichen Allegro.

Ouvertüre in C-Dur »Zur Weihe des Hauses« op. 124, Fürst Galitzin gewidmet, Konzertouvertüre ohne Programm, uraufgeführt am 3. Oktober 1822 gemeinsam mit dem gleichnamigen Festspiel von Carl Meisl zur Eröffnung des Theaters in der Josefstadt in Wien

Festlicher Bläserklang bildet das Präludium des Werkes. Das Mittelstück ist rastlos bewegt, anfänglich fugiert, dann frei geformt. Der Hauptsatz bringt eine große Doppelfuge, die an den Stil Georg Friedrich Händels erinnert. Der Schluß entfaltet die ganze Pracht des Orchesterklanges.

1. Klavierkonzert in C-Dur op. 15, gewidmet Prinzessin Odescalchi, uraufgeführt vermutlich am 2. April 1800, 3 Sätze

Der 1. Satz beginnt mit einer Orchestereinleitung; ein Marschthema setzt dann leise ein und steigert sich zu festlichem Klang. Das zweite Thema ist kantabel; in der Durchführung erscheint das Hauptthema neuerlich. Nach einer

Überleitung fällt das Klavier ein und beherrscht von nun an den Satz, in dem aber das Orchester nicht auf eine Begleiterrolle beschränkt ist, sondern gleichberechtigt an der Entwicklung teilnimmt. Der Satz schließt mit einer Solokadenz. Der 2. Satz bringt ein intimes, stimmungsreiches Largo, dessen Thema vom Klavier virtuos variiert und verziert wird. Das Rondofinale hat Tanzform und ist humorvoll wie ein Stück von Haydn.

2. Klavierkonzert in B-Dur op. 19, Karl Nikl, Edlem von Nikelsberg, gewidmet, entstanden 1795, umgearbeitet 1798, 3 Sätze (in der Urfassung vor dem 1. Klavierkonzert entstanden)

Im 1. Satz ist Mozarts Einfluß deutlich merkbar. Das Hauptthema, das die Orchestereinleitung bringt, zerfällt in zwei Motive, die einander entgegengeführt werden. Ein kantables Thema geht davon aus und wird vom Klavier lyrisch weitergetragen. Der 2. Satz mit seinen üppigen Variationen enthält eine Reihe von poetischen Bildern. Das Rondofinale ist energisch und brillant.

3. Klavierkonzert in c-Moll op. 37, gewidmet Fürst Ludwig Ferdinand, endgültig gestaltet 1802, am 5. November 1805 vom Komponisten im Theater an der Wien in Wien gespielt, 3 Sätze

Es handelt sich nicht mehr um virtuoses Klavierspiel vor einem Hintergrund, die thematische Entwicklung wird von sinfonischen Prinzipien bestimmt. Dieses neue Pathos prägt sich schon im Hauptthema des 1. Satzes aus, dessen Entwicklung sofort beginnt. Das Klavier setzt erst ein, als schon das zweite Thema aufgerissen ist, und beteiligt sich an der Durchführung und an der Coda. Der 2. Satz wird vom Solisten eröffnet, der sich in Klangregionen begibt, die Schumann oder Chopin vorausahnen lassen. Die Melodien der Flöten und Fagotte sind von großartigen Arpeggien des Klaviers umrahmt. Die Reprise mündet in eine große Kadenz. Der 3. Satz stellt auch das Klavier voran, das ein Rondothema vorträgt. Das Orchester greift ein, es entwickelt sich ein interessantes Wechselspiel zwischen den Partnern. Zwei kurze Kadenzen folgen und darauf die Coda, die aus dem Kopfthema entwickelt ist. Im schönen Zusammenklang endigt der Satz.

4. Klavierkonzert in D-Dur op. 58, gewidmet Erzherzog Rudolf, entstanden zwischen 1804 und 1806, im März 1807 vom Komponisten im Palais Lobkowitz in Wien uraufgeführt, 3 Sätze

In diesem stark lyrisch gehaltenen Konzert ist die Verschmelzung des Solos mit dem Orchester zur einheitlichen sinfonischen Form und die innere Verkettung aller drei Sätze bis zur Vollendung durchgeführt, so daß man von einer Tondichtung für Klavier mit Orchester sprechen kann. Fein und zurückhaltend eröffnet das Klavier den 1. Satz. Das Orchester spinnt die idyllische Stimmung im Durchführungsteil weiter. Das zweite Thema ist energischer, es bleibt jedoch bei den schwärmerischen Klängen des Soloinstrumentes und des Orchesters. Über ausdrucksreiches Figurenwerk kommt das Klavier zur Kadenz (von der Beethoven zwei Fassungen komponiert hat). Der lyrische Teil des Satzes erklingt sodann erneut bis zum strahlenden Ende. Der langsame 2. Satz soll von der Orpheussage inspiriert sein. Das Klavier repräsentiert den Sänger der Liebe, der die finsteren Mächte der Unterwelt bezwingt, indem er sein Melos unbeirrt den widerstrebenden Themen so lange entgegenhält, bis der Gegner durch die Macht des Gesanges und der Liebe überwältigt ist. Ebenso leise, wie der 2. Satz ausklingt, hebt der 3. an. Das Rondo entwickelt sich nur langsam und zaghaft, als könne man sich des errungenen Sieges noch nicht erfreuen. Endlich ist jede Furcht abgeschüttelt, mit zarten Tönen kommen die Zwischenthemen an, eine Kadenz imitiert das Rondothema und mündet in eine Prestostretta.

5. Klavierkonzert in Es-Dur op. 73, gewidmet Erzherzog Rudolf, entstanden 1809, uraufgeführt im November 1810 in einem Leipziger Gewandhauskonzert mit Friedrich Schneider (1786–1853), 3 Sätze

Das Werk wurde wegen seiner Länge 1812 in Wien abgelehnt. Der 1. Satz ist tatsächlich breit angelegt (582 Takte), benötigt aber diese Ausdehnung, um den improvisatorisch gestalteten Klavierpart voll zu entfalten. Das Soloinstrument setzt gleich zu Beginn mit einer weit ausladenden Kadenz ein, nach der das Hauptthema gebracht wird, dem sich ein zweites marschähnliches zugesellt. Die Durchführung wirkt dramatisch, was im 19. Jahrhundert zu überflüssigen programmatischen Deutungen führte. Der Mittelsatz ist ein Adagio un poco moto, besinnlich und ernst, ein choralartiges Liedthema ohne Blech und Pauken. Das Klavier figuriert und verziert die Melodie virtuos, übernimmt es dann vollgriffig, um es gemeinsam mit dem Orchester ausklingen zu lassen. Das Finale schließt unmittelbar an, verbindet die Rondo- mit der Sonatenform und entwickelt den Satz als vollwertiges Gegengewicht zum Kopfsatz. Vor der Coda kommt es zu einem Duo zwischen Klavier und Pauke, das von triumphierenden Oktavskalen des Tasteninstrumentes abgeschlossen wird.

Violinkonzert D-Dur op. 61, gewidmet Stephen von Breuning, entstanden 1806, uraufgeführt am 23. Dezember 1806 im Theater an der Wien in Wien mit Franz Clement (1780–1842), 3 Sätze

Dieses Werk gilt als bedeutendstes Konzert der Violinliteratur und ist Prüfstein für jeden Violinisten. Der Charakter des Soloinstrumentes ist entsprechend vorwiegend lyrisch und gefühlsbetont mit unübertrefflicher Synthese des Solos mit dem Orchester. Nach der Einleitung und Themenaufstellung des Orchesters im 1. Satz meldet sich das Soloinstrument mit einer virtuosen Kadenz und nimmt das Hauptthema auf. Im blendenden Zusammenspiel wird das thematische Material ausgewertet. Eine Idee leitet zur Reprise über, in der die Themen noch reicher ausgestaltet werden. Dann kommt es zur großen Kadenz, die über das zweite lyrische Thema in den glänzenden Abschluß fließt. Der 2. Satz gleicht einer zärtlichen Romanze, die mit einer Kadenz zum Rondofinale führt. Sofort übernimmt die Violine in diesem technisch anspruchsvollen 3. Satz die Führung. Der sinfonische Gedankenaustausch entwickelt sich im tänzerischen Rhythmus, ein Moll-Thema legt eine lyrische Episode ein, dann gelangt das Rondo-Thema wieder zu seinem Recht und entfaltet alle Facetten der singenden und jubelnden Violine.

Romanze für Violine und Orchester in G-Dur op. 40, entstanden 1802

Die Romanze bietet ein ausgeprägtes Wechselspiel der Violine und des Orchesters, nachdem der Solist sofort beim Beginn mit virtuosen Doppelgriffen das Hauptthema vorgetragen hat. Die thematische Entwicklung ist etwas spröde, aber trotzdem sehr expressiv.

Romanze für Violine und Orchester in F-Dur op. 50, entstanden vermutlich 1798/99

Ihr kantables Thema ist sehr ausdrucksreich, virtuos verziert und einschmeichelnd romantisch.

Konzert für Klavier, Violine und Violoncello in D-Dur »Tripelkonzert« op. 56, gewidmet Fürst Lobkowitz, entstanden 1804, uraufgeführt im Mai 1808 im Wiener Augarten mit Ignaz Schuppanzigh, 3 Sätze

Beethoven nennt dieses Werk selbst »Grand

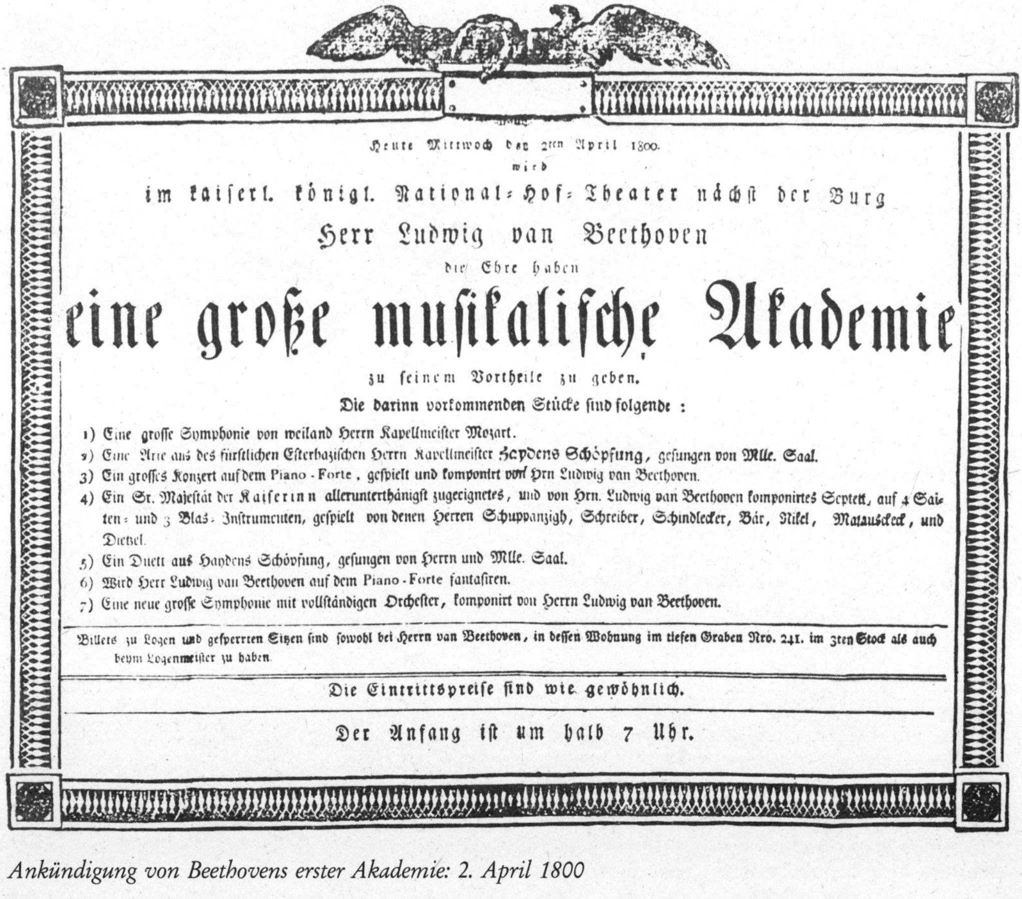

Heute Mittwoch den 2ten April 1800.
wird
im kaiserl. königl. National-Hof-Theater nächst der Burg
Herr Ludwig van Beethoven
die Ehre haben
eine große musikalische Akademie
zu seinem Vortheile zu geben.
Die darinn vorkommenden Stücke sind folgende:

1) Eine grosse Symphonie von weiland Herrn Kapellmeister Mozart.
2) Eine Arie aus des fürstlichen Esterhazischen Herrn Kapellmeister Haydens Schöpfung, gesungen von Mlle. Saal.
3) Ein grosses Konzert auf dem Piano-Forte, gespielt und komponirt von Hrn Ludwig van Beethoven.
4) Ein Sr. Majestät der Kaiserinn allerunterthänigst zugeeignetes, und von Hrn. Ludwig van Beethoven komponirtes Septett, auf 4 Saiten- und 3 Blas-Instrumenten, gespielt von denen Herren Schuppanzigh, Schreiber, Schindlecker, Bär, Nikel, Matauscheck, und Dietzel.
5) Ein Duett aus Haydens Schöpfung, gesungen von Herrn und Mlle. Saal.
6) Wird Herr Ludwig van Beethoven auf dem Piano-Forte fantasiren.
7) Eine neue grosse Symphonie mit vollständigen Orchester, komponirt von Herrn Ludwig van Beethoven.

Billets zu Logen und gesperrten Sitzen sind sowohl bei Herrn van Beethoven, in dessen Wohnung im tiefen Graben Nro. 241. im 3ten Stock als auch beym Logenmeister zu haben.

Die Eintrittspreise sind wie gewöhnlich.

Der Anfang ist um halb 7 Uhr.

Ankündigung von Beethovens erster Akademie: 2. April 1800

Concerto Concertante« und will damit auf die klassische Konzertform und gleichzeitig auf die Spielfreudigkeit des Stückes hinweisen. Der Klaviersatz ist einfacher behandelt als der Part für die Streicher, weil er Erzherzog Rudolf und dessen pianistischen Möglichkeiten zugedacht war. Der 1. Satz ist großförmig angelegt und mit frischer, melodiöser Musik erfüllt, es kommt jedoch zu keiner thematischen Auseinandersetzung. Der 2. Satz bringt im Largo eine weitgespannte Gesangsmelodie mit reichen Verzierungen. Das Solocello führt zum Finale mit seinem prächtigen »Rondo alla Polacca«.

Streichquartett Nr. 7 in F-Dur »1. Rasumowsky-Quartett« op. 59,1, gewidmet Fürst Rasumowsky, entstanden 1806, 4 Sätze

Das unverhältnismäßig lange Quartett trägt sinfonischen Charakter, seine Sätze haben Sonatenformen, das Prinzip des Themendualismus ist überall durchgeführt. Dem Kopfthema des 1. Satzes gesellen sich drei weitere Themen zu, die alle in der Durchführung verarbeitet werden. In der Coda tritt das erste Thema wieder in den Vordergrund. Auch im 2. Satz ballt sich eine Themengruppe, der das Gegenthema spät gegenübergestellt wird. Nach einer stark verdichteten Durchführung schließt der Satz in heiterer Stimmung. Das Adagio ist eine Trauermusik, ähnlich den langsamen Sätzen der Eroica oder der Fünften. Das Finale schließt unmittelbar an, das »Thème russe« klingt auf, die Rasumowsky zu Ehren eingebaute russische Volksweise, und beherrscht den Rest des Satzes.

Streichquartett Nr. 8 in e-Moll »2. Rasumowsky-Quartett« op. 59,2, gewidmet Fürst Rasumowsky, entstanden 1806, 4 Sätze

Es weicht nicht so stark vom Herkömmlichen ab wie das 1. Rasumowsky-Quartett, ist aber von starker persönlicher Aussage beherrscht. Das Hauptthema des 1. Satzes setzt nach zwei Akkordschlägen ein; es besteht aus zerlegten Akkorden, Seitengedanken werden herangezogen und verarbeitet, dennoch bleibt noch unklar, wohin das Ganze zielt. Für den 2. Satz verlangt Beethoven »Molto di sentimento« (Viel Gefühl). Nach dem Bericht seines Freundes Karl Holz (1798–1858) hat Beethoven diesen Satz komponiert »nachts auf einem Spaziergang bei Baden bei Wien beim Anblick des Sternenhimmels«. Der 3. Satz, Allegretto, nimmt mit seiner Grazie die Sentimentalität einer Mazurka von Frédéric Chopin voraus. Das zweite Thema ist eine russische Weise, die auch Modest Mussorgski und Nikolai Rimski-Korsakow verwenden. Das Finale ist ein rauschendes Bacchanal.

Streichquartett Nr. 9 in C-Dur »3. Rasumowsky-Quartett« op. 39,3, gewidmet Fürst Rasumowsky, entstanden 1806, 4 Sätze

Wegen des rhythmischen Schwunges des Kopfthemas und der heroischen Struktur des Finales wird dieses Stück »Heldenquartett« genannt. Der 1. Satz beginnt wie eine Sinfonie mit einem Andante con moto, das von einem tänzerischen Allegrothema abgelöst wird. Eine Stretta beschließt den Satz. Der 2. Satz bringt ein melancholisches Thema, das aus Rußland stammen könnte. Das Menuett klingt an das Rokoko an. Das unmittelbar angehängte Finale bringt eine großangelegte Fuge, die mit einer prächtigen Coda endet.

Streichquartett Nr. 10 in Es-Dur »Harfenquartett« op. 74, gewidmet Fürst Lobkowitz, entstanden 1809, 4 Sätze

Seinen Namen hat das Quartett wegen der arpeggierenden Pizzicati erhalten, mit denen die Reprise des 1. Satzes begleitet wird. Die ersten beiden Sätze folgen der üblichen Norm, außer daß der Komponist im 1. Satz sofort das thematische Material ausbreitet und durchführt. Der 2. Satz stellt jene Art von »endloser Melodie« vor, die für die letzten Adagios Beethovens charakteristisch ist. Er ist voll Traurigkeit. »Jede Note ist

Ignaz Schuppanzigh, Bleistiftzeichnung von J. Danhauser

eine Träne.« Das Prestomotiv des 3. Satzes ähnelt dem der Fünften, sein Trio ist eine Art von Cantus firmus. Der 4. Satz erinnert an die Sechste. Einfache Melodik und friedliche Variationen drücken die Freude an ruhigem Genuß der Natur aus.

Streichquartett Nr. 11 in f-Moll op. 95, vom Komponisten selbst »Quartetto serioso« benannt, gewidmet Zmeskall von Domanowetz, entstanden 1810, 4 Sätze

Das Grundmotiv des 1. Satzes ist düster. Weichere Melodien führen das zweite Thema heran, können sich aber nicht durchsetzen. Der 2. Satz hat dreiteilige Liedform, deren zweiter Teil ein freies Fugato bringt. Der anschließende nächste Satz ist ein Scherzo, dessen Trio choralartig klingt, der 4. Satz ist ein rasches Rondo.

Streichquartett Nr. 12 in Es-Dur op. 127, gewidmet Fürst Galitzin, entstanden 1824, uraufgeführt am 6. März 1825 vom Schuppanzigh-Quartett in Wien, 4 Sätze

Der 1. Satz wird vom Gegensatz einer Serie robuster, synkopierter Akkorde zu einer anmutigen melodischen Linie beherrscht. Der 2. Satz setzt die kantable Linie fort, variiert sie fünfmal und schließt mit einer träumerischen Coda. Das Scherzando vivace des 3. Satzes zählt zu den besten Scherzi des Komponisten; witzige Staccati, energische Engführungen und Ostinati erzeugen Schwung und Bewegung. Das Rondofinale klingt romantisch-verspielt.

Streichquartett Nr. 13 in B-Dur op. 130, gewidmet Fürst Galitzin, entstanden 1826, uraufgeführt am 21. März 1826 in Wien, 6 Sätze

Der 1. Satz mit einem Adagio als Einleitung, das im Mittelteil ein zweites Motiv aufnimmt und sich zu einem Allegro entwickelt. Der 2., Presto genannte Satz ist ein Scherzo im wahrsten Sinne des Wortes. Er huscht wie ein Feentanz dahin. Den 3. Satz hat Robert Schumann »Intermezzo« benannt, er ist ein Zeugnis des großen Variationsstils des Komponisten, leicht hingeworfen, aber doch solid durchgearbeitet. Im 4. Satz klingt ein »Deutscher Walzer« auf (alla danza tedesca), volkstümlich und lustig. Die »Cavatina« des 5. Satzes ist ein nahezu überirdischer Gesang, geschrieben »in Schmerz und Tränen«. Auch das Finale ist »unter sehr schmerzlichen Umständen« geschrieben, aber dennoch tänzerisch beschwingt.

Streichquartett Nr. 14 in cis-Moll op. 131, gewidmet Fürst Galitzin, entstanden 1826, aufgeführt erst nach dem Tod des Komponisten, 7 Sätze

Die Sätze gehen ineinander über, vier Hauptsätze heben sich heraus, die restlichen drei fungieren zwischen ihnen als Überleitung. Der 1. Satz bringt eine Fuge mit drei Zwischenspielen, die in einen Trauermarsch mündet. Der 2. Satz, einen Halbton höher, ist eine fein gezeichnete Melodie der ersten Violine, wie »eine sanfte Erinnerung«. Der 3. Satz beginnt mit zwei schweren Akkorden. Dann entwickelt sich das Thema. Das folgende Adagio bildet den Mittelpunkt des Quartettes und ist »wohl das Schwermütigste, was je in Tönen ausgesagt worden ist« (Richard Wagner). Mit dem Andante im 4. Satz bringt uns Beethoven eine große Variation, wie er sie schon im Quartett Nr. 12 geschaffen hat; er geht dabei über die Variation zur Transformation des Themas über, um ihm neue Ausdruckskraft zu verleihen. Das Presto des 5. Satzes besteht aus einer einzigen melodischen Linie. Und in den letzten beiden Sätzen hören wir »den Tanz der Welt selbst: wilde Lust, schmerzliche Klage, Wollust und Leid« (Richard Wagner).

Streichquartett Nr. 15 in a-Moll op. 132, gewidmet Fürst Galitzin, entstanden 1825, privat uraufgeführt vom Schuppanzigh-Quartett am 9. September 1825 in Wien, 5 Sätze

Da die Arbeit an diesem Quartett in die Zeit fiel, in der Beethoven erkrankte, will man aus der Musik ein Programm, nämlich »Musikalische Beschreibung von Krankheit und Genesung«, herauslesen. Das ist eine Verkennung. Das Stück stellt nur allgemein den Kampf gegen widriges Schicksal und den Sieg der Freude über den Schmerz dar wie viele Werke Beethovens. Der 1. Satz ist, vom formalen Gesichtspunkt aus gesehen, der originellste, weil er die Gesetze des Sonaten-Allegro sehr oft durchbricht. Nach der langsamen Einleitung setzt ein Allegro ein, dessen thematisches Material während des ganzen Satzes durchgeführt wird. Ein zweites, ruhigeres Thema kommt dazu, aber das erste bleibt Sieger. Im 2. Satz klingen vierstimmige Tanzrhythmen, bald lustig, bald traurig. Der 3. Satz ist vom Komponisten überschrieben: »Heiliger Dankgesang eines Genesenen an die Gottheit, in der lydischen Tonart.« Im 4. Satz kommt ein klassisches Marschthema, das einen Abschluß des Quartettes vortäuscht, es führt aber zum 5. Satz, in dem der Sieg des Menschen über den Schmerz tiefer und leidenschaftlicher dargestellt wird, als ein Marsch es könnte.

Streichquartett Nr. 16 in F-Dur op. 135, entstanden 1826 in Gneixendorf, uraufgeführt im März 1828 in Wien, letztes Quartett des Komponisten, das er selbst nie gehört hat, 4 Sätze

Der 1. Satz ist eine reine Quartettarbeit, geschrieben in einem Zug ohne ein Zeichen des

Nachlassens der Schöpferkraft. Die Tonsprache ist einfach, klar und problemlos. Das Vivace des 2. Satzes ist ein Scherzo, das keinerlei Anzeichen der persönlichen Lage Beethovens aufweist. Edel und schön erklingen die freien Variationen des 3. Satzes, und auch der 4. bringt reine Unterhaltung. Textunterlegungen, um eine programmatische Deutung zu gewinnen, mußten scheitern.

Große Fuge in B-Dur op. 133, gewidmet Erzherzog Rudolf, entstanden 1824, ursprünglich als Finale zu op. 130 geschrieben

Sie ist von einer Ouvertüre eingeleitet, in der das Thema in vier Varianten vorgestellt wird. Dann setzt eine Fuge mit zwei Themen und einer Variation ein, die zu einem grandiosen Schluß führt.

Streichtrio G-Dur op. 9,1, gewidmet Graf von Browne, entstanden 1798, 4 Sätze

Der 1. Satz ist von einem kurzen Adagio eingeleitet, dem im folgenden Allegro das erste Motiv folgt, welches das ganze Werk beherrscht. Ein lyrisches zweites Thema klingt auf, aber es kommt zu keiner Auseinandersetzung. Es bleibt ein Spiel, der Unterhaltungszweck ist die Devise dieses Stückes. Das Adagio ist einem Andante angenähert. Die friedliche Stimmung wird nicht gestört; schöner Klang, reiche Farben erfreuen das Ohr. Das Scherzo ist schlicht und reizvoll, und im Finale-Presto entwickelt sich der Widerstreit der zwei Themen mit geselliger Musik. Die Coda ist ein sprühendes Feuerwerk.

Streichtrio D-Dur op. 9,2, gewidmet Graf von Browne, entstanden 1798, 4 Sätze

Zwei lyrische Themen bestreiten den 1. Satz. Das Andante bringt eine sonore Romanze. Das Menuett ist ganz zart mit einem ebensolchen Staccato-Trio. Das Rondo-Allegro bringt echten Musikantenstil.

Streichtrio c-Moll op. 9,3, gewidmet Graf von Browne, entstanden 1798, 4 Sätze

Der 1. Satz beginnt mit einem düsteren Allegro con spirito. Das Kopfthema ist weit ausgreifend, Gegenstimmen bringen scharfe Auseinandersetzungen. Nach einer Generalpause kommen lyrische Harmonien zu Wort. Doch die Durchführung vertieft die Konflikte, und die Coda schließt pessimistisch. Der Komponist ist vom

Streichinstrumente, die 1802 Karl Fürst Lichnowsky Beethoven schenkte

Unterhaltungszweck schon weit abgekommen. Die Spannungen des Andante sind von den Gegenstimmen zum Hauptthema verursacht. Erst nach der melodischen Kadenz tritt Beruhigung ein. Das Scherzo ist nervös und wenig lustig. Im Prestofinale wird die Rondoform überspielt, in Sonatenform treibt die Musik auf eine Coda zu, die alle düsteren Gedanken verscheucht.

Klaviertrio in D-Dur »Geistertrio« op. 70,1, gewidmet Gräfin Marie von Erdödy, entstanden 1808, 3 Sätze

Die Bezeichnung hat das Trio wegen der gespenstigen Stimmung des Largosatzes erhalten. Kraftvoll beginnt der 1. Satz mit einem Allegro vivace e con brio unisono. Dann trägt das Cello das Thema vor. In die Entwicklung tritt ein selbständiges Seitenthema. Die Durchführung bringt starke Spannungen, die sich jedoch lösen. Das Kopfmotiv erklingt noch einmal in der Coda. Das Largo espressivo ist ein Nachtstück, mehr noch, es scheint unserer Welt entrückt zu sein und nur fahl aus anderen Regionen herüberzuleuchten. Die Harmonik wirkt impressionistisch. Im Prestofinale ist es wieder taghell. In fließendem Vorwärtsdrängen zielt die Musik auf einen versöhnlichen Schluß hin.

Klaviertrio in Es-Dur op. 70,2, gewidmet Gräfin Marie von Erdödy, entstanden 1808, 3 Sätze

Eingangs des 1. Satzes steht ein Poco sostenuto; während es sich zum Allegro ma non troppo bewegt, klingt ein Seitenthema auf. Nach der Reprise kommt die Einleitung ein zweites Mal, eine liebenswürdige Coda schließt den Satz ab. Das Allegretto des 2. Satzes hat zwei Teile, die variiert werden. Zwei Kantilenen schließen sich an, von denen sich die erste ausbreitet wie ein Menuett. Nach etlichen Modulationen kommt es zum Allegrofinale, das heiter weiterläuft und so ausklingt.

Klaviertrio in B-Dur op. 97, gewidmet Erzherzog Rudolf, entstanden 1811, 3 Sätze

Im 1. Satz wird das Hauptthema vom Klavier gespielt. Die Streicher bringen das Gegenthema. Dann entwickelt sich das Allegro zum Scherzo mit einfachem Thema, dessen Trio mit fanfarenartigem Klang dynamische Gegensätze profiliert. Der 2. Satz, Andante cantabile però con moto, bringt ein schlichtes Thema, das variiert wird. Das Finale beginnt im Ton des Scherzos, entwickelt sich aber zu einem vom Klavier graziös begleiteten Presto, das befreit ausklingt.

Sonate für Cello und Klavier in A-Dur op. 69, gewidmet Baron von Gleichenstein, entstanden 1809, 4 Sätze

Das Cello beginnt den 1. Satz mit einer kantablen Melodie solo, das Klavier übernimmt das Thema, dann werden die Rollen vertauscht. Im Scherzo kommt es ohne Wiederholung zum Trio. Nun erscheint der Vordersatz zum zweitenmal und nach neuerlicher Wiedergabe des pastoralen Trios zum drittenmal. Vor das melodische Finale ist ein kurzes Adagio cantabile gestellt.

Sonate für Violine und Klavier in a-Moll op. 23, gewidmet Graf von Fries, entstanden 1801, 3 Sätze

Wie beinahe alle Sätze beherrscht auch diesen 1. ein rasches Tempo. Zwei Themen jagen und lösen einander dabei mehrmals ab. Die Violine bringt eine sangliche Melodie, kann sich aber nicht durchsetzen. Erst im 2. Satz breitet sich die Kantilene friedlich aus. Dann setzt das Presto erneut ein. Das Allegro molto des Finales setzt die dramatischen Vorgänge fort, bis ein Cantus firmus den Satz mit einer knappen Coda abschließt.

Sonate für Violine und Klavier in F-Dur »Frühlingssonate« op. 24, gewidmet Graf von Fries, entstanden 1801, 3 Sätze

Ihre Bezeichnung erhält die Sonate von den heiteren Stimmungsbildern, die von den Lyrismen beider Instrumente beschworen werden. Die Melodien bewegen sich mit großen Gesten, eigenwilligen Rhythmen und malerischen Klangflächen. Ein starkes Pathos zieht durch die ganze Sonate, die nur positive, erfreuliche Gedanken bringt und weckt.

Sonate für Violine und Klavier in A-Dur op. 30,1, gewidmet Zar Alexander I., entstanden 1810, 3 Sätze

Helle, sangliche Motive kennzeichnen das Werk. Der Mittelsatz hat Liedform, das Finale beinhaltet 6 Variationen, die allerdings sehr frei sind und das Thema nicht sklavisch nachzeichnen.

Sonate für Violine und Klavier in c-Moll op. 30,2, gewidmet Zar Alexander I., entstanden 1810, 4 Sätze

Der 1. Satz ist leidenschaftlich und dramatisch. Im Adagio kommt die Kantilene zu Wort, wird aber zweimal von stürmischen Einbrüchen gestört, bis sie ihre liebliche Weise weitersingen kann. Ein keckes Scherzo schließt sich an, dann nimmt das Finale die Auseinandersetzungen wieder auf, die von einer Presto-Coda beendet werden.

Sonate für Violine und Klavier in G-Dur op. 30,3, gewidmet Zar Alexander I., entstanden 1810, 3 Sätze

Unbeschwertes, fröhliches Konzertieren ist der Sinn dieser Sonate. Ihr Menuett ist besonders graziös, die Themen sind nicht gegeneinander, sondern einander begleitend und ausschmükkend geführt.

Sonate für Violine und Klavier in A-Dur »Kreutzer-Sonate« op. 47, gewidmet Rodolphe Kreutzer, entstanden 1803, 3 Sätze. Die Sonate wurde ursprünglich für den Virtuosen George Bridgetower (1779–1860) geschrieben, mit dem Beethoven die Sonate zweimal im Entstehungsjahr spielte; 1805 widmete der Komponist sie Rodolphe Kreutzer

Der 1. Satz beginnt mit einem virtuosen mehrstimmigen Violinsolo, womit der repräsentative Konzertcharakter der Sonate festgelegt ist. Virtuosität, Klangfülle, überraschende Modulationen, weite melodische Gesten sind die Gründe für die Beliebtheit des Werkes.

Sonate für Violine und Klavier in G-Dur op. 96, Erzherzog Rudolf gewidmet, entstanden 1812, 4 Sätze

Ruhige Besinnlichkeit, leicht eingängliche schöne Melodien, ausdrucksvolle Harmonik kennzeichnen diese Spielmusik, die wenig technische Anforderungen stellt.

Klaviersonate in Es-Dur »Grande Sonate« op. 7, gewidmet Comtesse Babette von Keglevics, entstanden 1797, 4 Sätze

Mit dieser Sonate emanzipiert sich Beethoven vom Einfluß Haydns. Schon der 1. Satz ist von elementaren Klanggebilden erfüllt, die gegeneinander geführt werden. Das Largo des 2. Satzes klagt über Einsamkeit und Sehnsucht. Der 3. Satz ist ein Scherzo, aber dennoch ernst und zurückhaltend. Erst im 4. Satz wird offenbar, welche tiefe Zuneigung Beethoven zu seiner Schülerin Babette von Keglevics gefaßt hatte.

Klaviersonate in c-Moll »Grande Sonate Pathétique« op. 13, gewidmet Karl Fürst von Lichnowsky, entstanden 1799, 3 Sätze

Die Sonate ist aus der Gewißheit, taub zu werden, und dem Entschluß, diesem Schicksal zu trotzen, entstanden, »obwohl es Augenblicke in meinem Leben geben wird, wo ich das unglücklichste Geschöpf Gottes sein werde« (Brief an Beethovens Freund Wegeler). Die unübertroffene Ausdruckskraft, mit der tiefes Leid und mannhafter Entschluß dargestellt ist, hat die Sonate populär gemacht. Die tragische Stimmung des 1. Satzes beherrscht die ganze Sonate.

Seite der Klaviersonate op. 81 von Ludwig van Beethoven

Klaviersonate in As-Dur op. 26, gewidmet Carl Fürst von Lichnowsky, entstanden 1802, 4 Sätze

Der 1. Satz bringt fünf Variationen im freien Stil. Die sonst in der ersten Sätzen üblichen Allegrobewegungen scheinen hier im Scherzo des 2. Satzes auf. Berühmt gemacht hat diese Sonate vor allem der 3. Satz mit der Überschrift: »Trauermarsch zum Tod eines Helden.« Es ist die Musik eines langsamen, von Bläsern begleiteten Konduktes. Der 4. Satz ist reine Spielmusik, die von der tiefen Trauer des vorangehenden Satzes ablenken will.

Klaviersonate in cis-Moll »Mondscheinsonate« op. 27,2, gewidmet Gräfin Giulietta Guicciardi, entstanden 1802, 3 Sätze

Die Benennung ist sehr willkürlich, der grandiose 1. Satz läßt sich nicht programmatisch deuten. Das anschließende Scherzo ist lyrisch und lieblich. Im Schlußsatz kommt die schmerzliche Stimmung des Komponisten deutlich hervor.

Klaviersonate in C-Dur »Waldstein-Sonate« op. 53, gewidmet Graf von Waldstein, entstanden 1804, 4 Sätze

Diese Sonate wird als Höhepunkt des klassischen Schaffens Beethovens bezeichnet, völlig frei von Gefühlseinflüssen und persönlichen Ideen. In Frankreich erhält sie den Namen »L'aurore« (Morgenröte) wegen des Beginns des 1. Satzes, dessen Crescendo einem Tagesanbruch gleicht. Das Adagio stellt nur eine Einleitung zum Finale dar, das an den Pianisten bisher unbekannte technische Höchstforderungen stellt.

Klaviersonate in f-Moll »Appassionata« op. 57, gewidmet Graf Franz von Brunswick, entstanden 1804, 3 Sätze

Sie zählt zu den berühmtesten Sonaten Beethovens, weil in keiner anderen die unheimliche Gewalt der Natur so plastisch, aber ohne Tonmalerei, sondern sozusagen mit gleichgestimmtem Herzen zum Ausdruck kommt. Der Komponist scheint sich mit der Natur zu identifizieren, man sieht ihn selbst im Sturm mittoben, weil er selbst zum Ungewitter geworden ist. Fahl und gespenstisch kommt das Hauptthema des 1. Satzes aus dem Klavier, es zieht sich zurück, droht von ferne, dann prasselt hereinstürzend der Sturm nieder. Die Durchführung schildert nicht das Unwetter, sondern seine dämonische Gewalt. Das Andante stellt eine Gespensterprozession dar und das Finale einen infernalischen Tanz von Gestalten aus dem Jenseits.

Klaviersonate in Es-Dur »Das Lebewohl« op. 81a, gewidmet Erzherzog Rudolf, entstanden 1809/10, 2 Sätze

Einzige Programmsonate Beethovens, mit der er die Abreise seines Schülers und Freundes Erzherzog Rudolf nach Budapest und dessen Rückkehr nach Wien darstellt. Der 1. Satz endet mit dem Blasen des Postillions, im 2. klingt die Klage über die Abwesenheit des geliebten Freundes auf und dann der Jubel über dessen glückliche Heimkehr.

Klaviersonate in B-Dur »Große Sonate für das Hammerklavier« op. 106, gewidmet Erzherzog Rudolf, entstanden 1818/19, 4 Sätze

Diese Sonate hat lange Zeit für unspielbar gegolten. Liszt spielte sie zwar schon als Zehnjähriger, fand aber keine unmittelbaren Nachfolger. Erst am Ende des 19. Jahrhunderts wurde sie von den Klaviervirtuosen bewältigt. Schon der Beginn des 1. Satzes zeigt den großen pianistischen Stil des Werkes. Eine Fülle von Effekten melodischer, modulatorischer und rhythmischer Natur bringt die Durchführung der beiden Themen und verlangt zugleich ungeheures pianistisches Können. Das Scherzo ist leicht und zart. Als Höhepunkt der Sonate wird das Adagio angesehen, das als »Mausoleum des Kollektivleides der Welt« bezeichnet worden ist. Die das Werk abschließende Fuge übertrifft kompositorisch und pianistisch alles Vorausgehende.

Literatur

F. Zobeley, L. van Beethoven, Reinbek 1965.
R. Rolland, L. van Beethoven, Zürich 1969.
B.W. Wessling, Beethoven, München 1977.
D. Rexroth, Beethoven, 1982.

Louis Abel Beffroy de Reigny

(1757–1811)

Leben

Louis Abel Beffroy de Reigny (Pseudonym Jacques Cousin) wurde am 6. 11. 1757 in Laon geboren. Er lebte als Literat und Komponist in Paris, wo er am 18. 12. 1811 starb.

Werke

Von Louis Abel Beffroy de Reigny sind 2 Opern, die die politische Umwälzung verherrlichten, vielfach aufgeführt worden. Auch das Libretto stammte in beiden Fällen vom Komponisten. Außerdem veröffentlichte er eine dreibändige Sammlung seiner Gesänge, die die gleiche Tendenz aufwiesen.

LITERATUR
C. Westercamp, Beffroy de Reigny, Paris 1930.

Michel Behaim (1416–74)

ZEIT UND UMWELT
Es ist auffallend, daß sich die bedeutendsten Vertreter des Meistergesanges, jener durch Regeln der Dichtung hochgeschraubten Amateurkunst, die künstlerisches Schaffen mit handwerklichem Können verwechselte und sich gegen Spielleute, also freie Künstler, hermetisch abschloß, nicht oder sehr wenig diesem starren Rahmen einfügten. Sie erfanden zwar neue Weisen (»Töne«) und Melismen (»Blumen«), beachteten jedoch die Bewertung und Überwachung ihrer Kompositionen durch die in der »Tabulatur« tyrannisch festgelegten Gesetze und den »Merkern« nur selten.

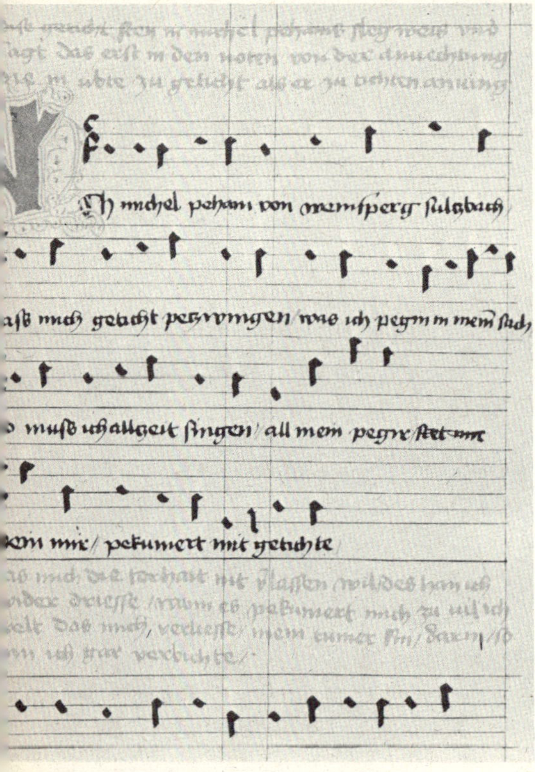

Lieder- und Gedichtsammlung Michel Behaims, 15. Jahrhundert

LEBEN
Michel Behaim (Beheim) wurde am 27. 9. 1416 in Sulzbach bei Weinsberg geboren. Als Weber erfüllte er die Aufnahmeregel der Meisterschule seiner Heimat, die nur Handwerker zuließ. Ab dem Jahr 1439 verdingte er sich bei verschiedenen deutschen, dänischen und ungarischen Adeligen als Soldat und Sänger, ähnlich einem Ménestrel. Im Jahre 1472 kehrte er in seine Heimat zurück, wo er um 1474 ermordet wurde.

WERKE
Michel Behaim gehörte zu den älteren Vertretern des Meistergesanges, die den Minnesängern noch nahestanden. Von seinem Schaffen sind 11 Lieder mit Melodien überliefert. Auch seine Reimchroniken, wie das »Buch von den Wienern«, waren vermutlich zum gesungenen Vortrag bestimmt.

LITERATUR
A. Kühn, Rhythmik und Melodik Michel Behaims, Bonn 1907.

Eduard Behm (1862–1946)

LEBEN
Eduard Behm wurde am 8.4.1862 in Stettin (Szczecin) geboren. Er war dort Schüler von Carl Adolf Lorenz (1837–1923), in Leipzig von Carl Reinecke und in Berlin von Friedrich Kiel. Anschließend erhielt er die Direktion des Schwantzerschen Konservatoriums in Berlin. Ab 1901 war er als Lehrer und Begleiter tätig. Er starb am 6.2.1946 in Bad Harzburg.

WERKE
Von Eduard Behm sind eine Sinfonie, ein Klavierkonzert, ein Violinkonzert, ein Streichsextett mit Violotta, ein Klarinettenquintett, ein Klaviertrio, 3 Violinsonaten, Männerchöre und Lieder aufgeführt worden. Er schrieb außerdem 3 Opern. Sein Stil gehörte der deutschen Romantik an.

Fritz Behrend (1889–1972)

Leben
Gustav Fritz Behrend wurde am 3.3.1889 in Berlin geboren. Er war Schüler von Heinrich van Eyken, Engelbert Humperdinck und Rudolf Breithaupt (11.8.1873, Braunschweig, bis 2.4.1945, Ballenstedt) in Berlin. Ab 1911 wirkte er als Korrepetitor am Hoftheater in Braunschweig, ab 1919 kurz als Lehrer am Eichelbergschen Konservatorium und sodann bis 1949 am Klindworth-Scharwenka-Konservatorium in Berlin, wo er am 29.12.1972 starb.

Werke
Neben 7 Opern, 3 Fastnachtsspielen und einer Pantomime schrieb Fritz Behrend 7 Sinfonien, mehrere Ouvertüren und Suiten, eine Suite für Bläseroktett, ein Bläserquintett, 7 Streichquartette, 2 Trios, je eine Sonate für Violine und für Cello und Klavier, Klavierstücke und 110 Klavierlieder. Sein Stil neigte noch zur Romantik.

Julien Belin (um 1530–84)

Zeit und Umwelt
Im Verlauf des 16. Jahrhunderts wurde auch in Frankreich die Laute als Hausinstrument immer populärer. Daher fanden Lautenlehrer genügend Schüler, um vom Unterrichten leben zu können. Da außerdem viele Lautenisten zugleich Organisten und Sänger waren, fanden sie ein weites Betätigungsfeld. Lautentabulaturen waren sehr begehrt. Die Musikverleger gaben sich auch mit Arrangements von Vokalmusik und Orgelstücken zufrieden, zogen aber Originalkompositionen vor.

Leben
Julien Belin (Bellin) wurde um 1530 in Le Mans geboren. Er ging nach Paris und lebte dort als Musiker, Lautenlehrer und Komponist. Ob er eine feste Stellung hatte, ist nicht bekannt. Er ist im April 1584 in Paris gestorben.

Werke
Von Julien Belin sind ein Buch Motetten, Chansons und Fantasien tabuliert erhalten.

William Henry Bell (1873–1946)

Leben
William Henry Bell wurde am 20.8.1873 in London geboren. Er studierte an der Royal Academy of Music und wirkte von 1903 bis 1912 am selben Institut als Professor für Harmonielehre. Anschließend wurde er Leiter des Konservatoriums in Kapstadt und 1919 Professor für Musik an der Universität der Stadt. Er starb am 13.4.1946 in Gordonsbaai.

Werke
Von William Henry Bell sind 6 Opern, die Musik zu 5 japanischen Nô-Spielen und eine Schauspielmusik aufgeführt worden. Er schrieb 5 Sinfonien, sinfonische Variationen und Dichtungen. »Arcadian Suite« für kleines Orchester, »Maria Assumpta« für Singstimmen, Doppelchor, Knabenchor und Orchester (sein bedeutendstes Werk), weitere Chorwerke, ein Bratschenkonzert, 3 Violinsonaten, eine Bratschensonate, Gesänge und Lieder. Sein Stil muß trotz mancher moderner Wendungen der Spätromantik zugerechnet werden.

Rudolf Bella (1890–1973)

Leben
Rudolf Friedrich Martin Bella wurde am 7.12. 1890 in Nagyszeben (Hermannstadt), Ungarn (heute Sibiu, Rumänien), geboren. Er studierte in Wien bei Eusebius Mandyczewski. Von 1921 bis 1924 wirkte er als Dirigent in Cernăuti (damals Rumänien, heute Tschernowci, Ukraine) und sodann in Ravensburg und Romanshorn, Thurgau, wo er am 14.7. 1973 starb.
Sein Vater Ján Levoslav Bella (4.9.1843, Szent Miklós, Ungarn [heute Liptoský-Mikuláš, Slowakei], bis 25.5.1936, Preßburg) studierte Theologie und Musik in Wien, wurde Staatskapellmeister in Kremnitz (Kremnica), Mähren, und Dompräbendar in Neusohl (Banská-

Bystrica), Slowakei. Von 1881 bis 1921 wirkte er als Stadtkantor und Musikvereinsdirigent in Nagyszeben.

WERKE
Außer 3 Opern schrieb Rudolf Bella eine Sinfonie, eine Fantasie für Streichorchester, ein Oktett, ein Quintett, eine Fantasie für zwei Hörner und Harfe, ein Oratorium, ein Requiem, zahlreiche Chorwerke und Lieder, Orgel- und Klavierstücke.
Ján Levoslav Bella schrieb eine Oper, eine sinfonische Dichtung, ein Streichquintett, 6 Streichquartette, Klavier- und Violinstücke sowie Lieder, zahlreiche Messen und andere sakrale Werke.

Ludovico Bellanda
(um 1565 bis nach 1613)

ZEIT UND UMWELT
Die Monodie, die in der Camerata Florentina zum Zweck der musikalischen Darstellung von dramatischen Dialogen »erfunden« wurde, fand eine rasche Verbreitung, besonders in ihrer ariosen Ausprägung. Sie ermöglichte das Sololied zur Instrumentalbegleitung, das in der Volksmusik schon längst gepflegt wurde und nur eine Wiederkehr der Liedform war, die von den Sängern und Dichtern des Mittelalters verwendet wurde.

LEBEN
Ludovico Bellanda wurde um 1565 in Verona geboren. Er lebte als Komponist in Venedig. Welche Tätigkeit er außerdem ausübte, ist unbekannt. Er dürfte bald nach 1613 dort gestorben sein.

WERKE
Von Ludovico Bellanda sind 1593 dreistimmige Canzonetten erschienen, die noch die polyphone Struktur des 16. Jahrhunderts aufweisen. Auch seine fünfstimmigen Madrigale und geistlichen Gesänge bleiben bei der überkommenen Form. Den Liedern (25 aus 1607 und 23 aus 1610) für eine bis vier Stimmen legte er bereits einen Generalbaß zugrunde. Und die »Sacre laudi« (Geistliche Lobgesänge) aus dem Jahr 1613 sind für eine Stimme und Generalbaß völlig im Stil des 17. Jahrhunderts geschrieben. Bellanda zählt zu den frühesten Komponisten des monodischen Stiles. Seine Lieder waren sehr beliebt und wurden noch lange nach seinem Tod gesungen.

Paolo Bellasio (1554–94)

ZEIT UND UMWELT
Die stürmische Entwicklung des Orgelbaues, die bereits mit dem 15. Jahrhundert einsetzte und im folgenden zur Errichtung von Prachtinstrumenten wie, um nur ein Beispiel zu nennen, der Orgel für die Kathedrale von Toledo führte, stand im Gegensatz zu Bestrebungen, jede Instrumentalmusik aus der Kirche zu verbannen. Konzilsbeschlüsse und gnostische Ideen vertretende Reformatoren konnten jedoch nur lokal und zeitlich beschränkte Erfolge verzeichnen. In die reformierten Kirchen jeder Schattierung und die vor den Toren des Vatikans zog die Mehrstimmigkeit ein wie der Orgelklang. In den Kirchen der Kardinäle wurden die Orgelbänke mit besten Kräften besetzt, wie jede evangelische Kirche, gleichgültig, welcher Richtung sie angehörte, nach Kantoren suchte, die Orgel spielen konnten.

LEBEN
Paolo Bellasio wurde am 20. 5. 1554 in Verona geboren und vermutlich dort auch ausgebildet. Er dürfte an einer der Kirchen der Stadt als Organist oder Sänger gewirkt haben, bis er 1582 nach Rom ging und im Dienst verschiedener Kardinäle in deren Kirchen als Organist tätig war. Im Jahre 1587 wurde er Organist am Dom in Orvieto, 1591 kehrte er nach Verona zurück und übernahm die musikalische Leitung der Accademia Filarmonica. Er starb in Verona am 10. 7. 1594.

WERKE
Von Paolo Bellasio sind 5 Bücher mit drei- bis achtstimmigen Madrigalen und ein Buch mit dreistimmigen Villanellen erschienen. In

Sammelwerken und Lautenbüchern finden sich weitere Werke des Komponisten, dessen Stil stark dem römischen ähnelt, aber in Modulation und Auszierung sehr fortschrittlich ist.

Francesco Bellazzi
(um 1575 bis nach 1628)

ZEIT UND UMWELT

Claudio Monteverdi war mit seiner Seconda Prattica (Neuer Stil) etwas völlig Neues, noch nie Dagewesenes gelungen, dem sich die Zeitgenossen mit Rücksicht auf die ihnen gesetzten Vorschriften jedoch nicht anzuschließen vermochten. In dieser Hinsicht waren Klostermusiker freier und unabhängiger, denn sie übten die Musik nicht aus, um davon ihren Lebensunterhalt zu bestreiten. Wenn sie die ordenseigenen Richtlinien für die Kirchenmusik beachteten, mußten sie die Abneigung irgendwelcher maßgebender Stellen gegen Neuerungen nicht berücksichtigen.

LEBEN

Francesco Bellazzi (Belatius) wurde um 1575 in Vicevano geboren. Er war Schüler von Giovanni Gabrieli (1557–1613). Als Mitglied des Franziskanerordens erhielt er die Kapellmeisterstelle an der ordenseigenen Kirche San Francesco in Mailand, wo er nach 1628 starb.

WERKE

Trotz seiner Schulung durch den konservativen Giovanni Gabrieli verschrieb sich der italienische Komponist Francesco Bellazzi dem Monteverdi-Stil. Von seinen Kompositionen sind 6 Bücher mit Messen, Motetten, Psalmen und Litaneien im konzertanten Stil erhalten. Die Messen sind im alten Stil gemäß römischer Vorschrift gehalten, den auch Monteverdi in seiner Messekomposition beachtet hatte.

Heinrich Bellermann (1832–1903)

ZEIT UND UMWELT

Mit den erst in der zweiten Hälfte des 19. Jahrhunderts erarbeiteten Methoden einer exakten historischen Forschung wurde es möglich, auch der Musikgeschichte ein neues Profil zu verleihen. Aus der deskriptiven Aneinanderreihung von oft wenig verbürgten Fakten wurde eine analytische Klarstellung der Zusammenhänge und Entwicklungsgänge.

LEBEN

Johann Gottfried Heinrich Bellermann wurde am 10. 3. 1832 in Berlin als Sohn des Musikforschers und Musiklehrers Johann Friedrich Bellermann (8. 3. 1795, Erfurt, bis 5. 2. 1874, Berlin) geboren. Er war Schüler seines Vaters, der sich vorwiegend mit dem Notationssystem des alten Griechenland beschäftigte, und von Eduard Grell. Im Jahr 1866 wurde er nach seiner Ausbildung am Institut für Kirchenmusik in Berlin Professor für Musikgeschichte an der Universität Berlin. Er starb am 10. 4. 1903 in Potsdam.

WERKE

Von Heinrich Bellermann ist außer einigen Klavierstücken und dem Chorwerk mit Orchester »Gesang der Geister über dem Wasser« nur A-cappella-Musik erschienen: Motetten, Psalmen, Chorlieder, Chöre und Melodramen zu »Ajax«, »König Oidipus« und »Oidipus auf Kolonos«. Seine einzige Oper blieb Manuskript. Seine Bedeutung beruht vorwiegend auf seinen musikhistorischen Forschungen und Publikationen.

Vincenzo Bell'Haver (um 1530–87)

ZEIT UND UMWELT

Die politische und wirtschaftliche Stagnation Venedigs in der 2. Hälfte des 16. Jahrhunderts hatte keinen Einfluß auf das gesellschaftliche und künstlerische Leben der Stadt. Es war, als wollte der Venezianer nun die Früchte der Anstrengungen der verflossenen Jahrhunderte genießen. Mit Recht wurde diese Epoche die »goldene« genannt.

Die Maler Tizian, Tintoretto und Veronese schmückten Paläste und Kirchen, Jacopo Sansovino schuf seine Prachtbauten, in den Kirchen, vor allem im Dom, wurde der Musikstil gepflegt, der dem Prunk der Stadt entsprach.

LEBEN
Vincenzo Bell'Haver wurde um 1530 in Venedig geboren. Er war Chorknabe an San Marco und Schüler von Andrea Gabrieli. Nach verschiedenen Stellungen im Raum der Republik Venedig wurde er Organist am Dom zu Padua (1584) und sodann (1586) an San Marco als Nachfolger seines Lehrers, starb aber bereits im September 1587 an seinem Geburtsort.

WERKE
Von den in Venedig erschienenen Madrigalen des Organisten Vincenzo Bell'Haver ist nur das 2. Buch erhalten. Außerdem enthalten verschiedene Sammelwerke weitere Madrigale, Canzonetten, Motetten und Magnificat. Von seinen Orgelwerken ist nur eine einzige Toccata überliefert. Der venezianische Komponist zeigt sich in allen seinen überlieferten Werken als Schüler seines Lehrers Andrea Gabrieli, dessen Niveau er nicht erreicht hat.

LITERATUR
S. Dalla Libera, Cronologia musicale della Basilica di San Marco in Venezia, in: Musica sacra Nr. 2, Mailand 1961.

Domenico Belli (um 1560 bis nach 1619)

ZEIT UND UMWELT
Der von Mitgliedern der Camerata Florentina entwickelte monodische Gesangstil ermöglichte erst eine dramatisch verwertbare Dialogvertonung, sei es in der Form von Arien oder von Rezitativgesang. Aus dialogischen Arien wurden bald Duette, die so weit zulässig waren, wie sie die Wortverständlichkeit nicht beeinträchtigten. Die eingestreuten Chöre waren zumeist monophon.

LEBEN
Domenico Belli wurde um 1560 angeblich in oder bei Parma geboren. Er soll in Diensten des Herzogs von Parma gewesen sein, ehe er 1610 an San Lorenzo in Florenz Gesanglehrer wurde. Im Jahre 1619 trat er in die Dienste der Großherzöge de'Medici. Er dürfte in einem der folgenden Jahre in Florenz gestorben sein.

WERKE
Der italienische Komponist Domenico Belli war einer der frühesten Vertreter des monodischen Stiles. Von ihm sind einstimmige und zweistimmige Arien zur Chitarronebegleitung und 2 kleine Opern – »Orfeo dolente« (Orpheus im Schmerz) und »Andromeda« – erhalten.

LITERATUR
N. Fortune, Italian Secular Monody from 1600 to 1635, Musical Quarterly XXXIX, 1953.

Girolamo Belli (1552 bis um 1618)

ZEIT UND UMWELT
Die Verwendung des Basso continuo setzte sich um 1600 immer stärker durch, während gleichzeitig der A-cappella-Gesang von der Instrumentalmusik – als Gesangsbegleitung oder ohne Sänger – verdrängt wurde. Die Möglichkeit, die führende Melodie nahezu improvisatorisch zu begleiten und zu stützen, eröffnete der Musik neue Räume, um so mehr, als es bald nicht mehr um die Textverständlichkeit ging, sondern um den Sinnausdruck des Wortes durch die Musik. Zum Nebeneinander von Wort und Ton trat als drittes Element der Wortsinn, der Wortbedeutung und den Gefühlsinhalt umfaßte und nur durch enge Verknüpfung von Sprache und Musik verständlich gemacht werden kann.

LEBEN
Girolamo Belli wurde 1552 in Argenta, Ferrara, geboren, wo er Schüler von Luzzasco Luzzaschi war. Er trat um 1570 der Hof-

kapelle von Mantua als Sänger bei. In den achtziger Jahren hat er sich angeblich in Rom aufgehalten und darauf in Venedig, wo er den größten Teil seiner Kompositionen herausbrachte. Um 1610 ging er nach Ferrara, wo er um das Jahr 1618 starb.

WERKE
Der italienische Komponist Girolamo Belli brachte 12 mehrstimmige Madrigale heraus, die mehrere Auflagen erlebten, außerdem Canzonetten und Psalmen, geistliche Gesänge für sechs bis zehn Stimmen und eine achtstimmige Messe. Einzelne Madrigale können auch mit Instrumenten gespielt werden; die Psalmen weisen Basso continuo auf und bringen einen starken Sinnausdruck des Textes. Girolamo Belli nimmt eine Zwischenstellung zwischen dem alten und dem neuen Stil ein.

Giulio Belli (um 1560–1621)

ZEIT UND UMWELT
Wie man im Zug der Gegenreformation besonders gotische Bauten, aber auch ältere und jüngere dem Zeitgeschmack anpaßte, indem man sie umbaute oder auszierte, weil man das Barock als Triumph über das Ketzertum verstand, so wurden auch Kompositionen der Renaissance »barockisiert« und nachträglich mit Generalbaß versehen.

LEBEN
Giulio Belli wurde um 1560 in Longiano geboren und war bereits 1582 Kapellmeister am Dom in Imola. Er trat dem Franziskanerorden bei und wurde 1592 Kapellmeister im Kloster Santa Maria in Cerpi. Wie es bei Klostermusikern häufig war, wechselte er sehr oft seine Stellungen als Kirchenkapellmeister und wirkte in Ferrara (1592), Venedig (1595), Montagnana (1597), Osimo (1599), Ravenna (1601), Forlì (1604), neuerlich in Venedig (1606), Padua (1607) und zuletzt wieder in Imola, wo er 1621 starb.

WERKE
Von dem Kirchenmusiker Giulio Belli sind in Venedig 4 Bücher mit Messen, 3 mit Psalmen, 2 mit Madrigalen, dann geistliche Lieder, Canzonetten und Kirchenkonzerte, darunter eine Kanzone für zwei Cornetti, erschienen. Das meiste davon kam in mehreren Auflagen heraus; in den späteren Ausgaben wurde häufig ein Generalbaß hinzugefügt. Die Auffrischung der Kompositionen mittels eines Basso continuo ist für den Zug der Zeit zu Barockformen bezeichnend.

Guillaume Bellin (um 1510–68)

ZEIT UND UMWELT
Der Tod des französischen Renaissancefürsten Franz I., die militärischen Erfolge des Nachfolgers Heinrich II. und das Erstarken der Reformation, das Regierungsjahr des jungen Franz II. und der Kampf der Konfessionen, die Zeit Karls IX., in der das erste Hugenottenmassaker den Religionskrieg einleitete – das alles spielte sich sozusagen vor den Fenstern der Königlichen Kapelle ab, die davon wenig berührt ihr Programm absolvierte, Sänger aufnahm, einzelne verlor, junge selbst ausbildete, Kompositionen annahm, prüfte und aufführte und streng darauf achtete, daß das Niveau des Chores auf seiner Höhe blieb.

LEBEN
Guillaume Bellin wurde in Paris um 1510 geboren. Er trat 1546 in die Königliche Kapelle als Tenorist ein, wurde 1550 Kanonikus der Sainte-Chapelle und 1565 Kantor. Er starb am 3. 12. 1568 in Paris.

WERKE
Von Guillaume Bellin sind eine Anzahl »Cantiques de la Bible« für vier Stimmen und Chansons erhalten. Die Bibelgesänge haben eine starke Ähnlichkeit mit denen der Calvinisten, wie überhaupt trotz Meinungsstreit und Waffenlärm der Kirchengesang beider Konfessionen sich gegenseitig stark beeinflußte. Die Chansons folgen dem Pariser Stil. Es scheint, daß es zu jener Zeit überhaupt keinen Pariser Komponisten gab, der sich nicht bewogen fühlte, sich mit dieser

beliebtesten Musikgattung zu beschäftigen, die offensichtlich am ertragreichsten war.

Vincenzo Bellini (1801 – 35)

Zeit und Umwelt
Auch in den Zeiten, in denen die italienische Oper den nationalen in ganz Europa ihren dominierenden Raum auf den Spielplänen einräumen mußte, blieb den Bühnenwerken aus Italien, die den Sängern Gelegenheit boten, mit ihrem Belcanto zu brillieren, die Publikumsgunst erhalten. Wenn auch die Harmonisierung schwach ausfiel und das Libretto zu wünschen übrig ließ, der Fluß der großartigen Melodien garantierte den Erfolg.

Leben
Vincenzo Bellini wurde am 3.11.1801 in Catania, Sizilien, geboren. Noch ehe er seine Ausbildung am Konservatorium von Neapel bei Giovanni Furno, Giacomo Tritto und Nicola Antonio Zingarelli abgeschlossen hatte, komponierte er eine Kantate, eine Sinfonie und Kirchenmusik. Seine erste Oper verfaßte er 1826 für das Teatro San Carlo in Neapel. Mit den folgenden rückte er bereits zu den ersten Opernkomponisten vor. Ab 1833 lebte er in Paris, wo er seine letzte Oper auf die Bühne brachte. Er starb am 24.9.1835 in Puteaux bei Paris.

Werke
Neben seinen 12 Opern, von denen mehrere zum festen Repertoire unserer Opernbühnen zählen, weil ihre innigen, ausdrucksstarken lyrischen Arien noch immer das Publikum begeistern, verfaßte Vincenzo Bellini 6 Sinfonien, ein berühmtes Oboenkonzert, Arien und Arietten mit Klavierbegleitung oder Orchester und eine Reihe kirchenmusikalischer Werke. Seine Sinfonien in c-Moll, in Es-Dur und in D-Dur wurden in unserem Jahrhundert neu herausgebracht; auch das Oboenkonzert wird zuweilen gespielt.

Literatur
O. Tiby, Vincenzo Bellini, Turin 1938.

Paolo Benedetto Bellinzani
(um 1690–1757)

Zeit und Umwelt
Nicht alle Komponisten Italiens unterwarfen sich im 18. Jahrhundert dem Diktat der virtuosen Sänger und des Opernpublikums. Das Erbe von Arcangelo Corelli war noch sehr lebendig und regte manchen, der bestrebt war, ehrliche Musik zu schreiben, zur Nachahmung und Weiterbildung an.

Leben
Paolo Benedetto Bellinzani wurde um 1690 in Mantua geboren. Er war Kleriker und Kapellmeister in verschiedenen Städten Italiens, und zwar ab 1717 in Udine, ab 1722 in Ferrara, ab 1724 in Pesaro, ab 1730 in Urbino, ab 1734 in Fano, ab 1735 in Orvieto und ab 1737 bis zu seinem Tod am 25. 2. 1757 in Recanati.
Sein Neffe Antonio Bellinzani (um 1700, Ferrara, bis um 1767, Pesaro) war Kirchenmusiker in Urbino, Recanati und Pesaro.

Werke
Die 12 Kirchensonaten für zwei Violinen und Generalbaß bezeichnete Paolo Benedetto Bellinzani selbst als Nachahmungen der Sonaten von Arcangelo Corelli. Das gleiche Vorbild wird auch bei den 12 Kammerduetten und den Sonaten für Flöte und Generalbaß deutlich. Weiter zurück greifen seine 4 Messen für vier Stimmen und Orgel, die Psalmen für acht Stimmen und Instrumente, die zweistimmigen Offertorien und noch mehr die zwei- bis fünfstimmigen Madrigale. All diese Musik ist klangvoll und ihrem Stil gemäß gearbeitet.
Von Antonio Bellinzani ist eine Anzahl Kirchenmusik im Manuskript erhalten.

Gioseffo Belloni
(um 1565 bis nach 1612)

Zeit und Umwelt
Die Domkapelle in Lodi konnte wegen der Nähe des musikalischen Zentrums Mailand ihren hohen Stand unverändert halten. Daß

sie sich stilistisch nur zögernd dem allgemein um sich greifenden Stilwandel anschloß, war eine natürliche Folge des Einflusses, den die in Mailand wirkenden Meister auf die gesamte Lombardei und darüber hinaus ausübten.

LEBEN
Der italienische Kirchenkomponist Gioseffo Belloni wurde um 1565 in Lodi geboren. Daß er sein ganzes Leben in seiner Geburtsstadt verbracht hat, ist wahrscheinlich, aber nicht belegt. Es ist auch nicht festzustellen, in welcher Tätigkeit er an der Domkapelle mitgewirkt hat. Er war vermutlich Organist. Er dürfte auch in Lodi in den Jahren nach 1612 gestorben sein.

WERKE
Von dem italienischen Kirchenkomponisten Gioseffo Belloni sind eine Anzahl fünfstimmiger Messen, fünfstimmige Vespern, sodann Psalmen und 2 Magnificat erhalten, dazu mehrere Motetten, von denen einige interessanterweise bereits einen Basso continuo aufweisen.

Pietro Belloni (um 1760 bis nach 1822)

ZEIT UND UMWELT
Die Konservatorien Neapels hatten zu ihrer Zeit in der gesamten musikalischen Welt einen hervorragenden Ruf. Für Musiker, die dort ausgebildet wurden, bildete dies von vornherein eine starke Empfehlung. Das gleiche galt im erhöhten Maß für ehemalige Lehrer jener Schulen.

LEBEN
Pietro Belloni wurde um 1760 in Mailand geboren. Er war Gesanglehrer am Conservatorio Sant'Onofrio in Neapel, ehe er um 1800 nach Paris ging, wo er als Komponist und gesuchter Gesanglehrer bis zu seinem Tod nach 1822 tätig war.

WERKE
Von Pietro Belloni wurden zwischen 1801 und 1804 mehrere Ballette aufgeführt. Bellonis Bedeutung begründete aber seine Gesangschule, die 1822 erschien und noch lange im Gebrauch war.

Timofei Belogradski
(um 1700 bis nach 1762)

ZEIT UND UMWELT
Die Nichte des Zaren Peter I., Anna Iwanowna (1693–1740), wurde 1730 Zarin. So schlimm ihre Regierungszeit für die wirtschaftlichen und sozialen Zustände Rußlands war, die Kulturpolitik ihres Onkels setzte die Zarin entgegen allen konservativen Strömungen fort.

LEBEN
Timofei Belogradski wurde um 1700 in der Ukraine geboren. Er kam 1733 nach Dresden, wo er bei Silvius Leopold Weiß Lautenunterricht erhielt. Im Jahr 1737 wurde er Lautenspieler der Zarin Anna Iwanowna und reiste nach deren Tod erneut nach Dresden, wo er in die Dienste des sächsischen Ministers Reichsgraf Heinrich von Brühl (1700 bis 1763) trat. Einige Jahre, nachdem Zarin Elisabeth 1741 den Thron bestiegen hatte, kehrte er nach St. Petersburg zurück, um wieder als Lautenspieler zu wirken. Er dürfte erst unter Katharina II. gestorben sein.

WERKE
Der Lautenspieler Timofei Belogradski komponierte russische Lautenlieder auf Gedichte des zeitgenössischen Dichters Aleksandr Petrowitsch Sumarokow (1718–77), die als erste Ansätze zu einer eigenständigen russischen Musikentwicklung angesehen werden dürfen.

Antonia Bembo
(um 1670 bis nach 1707)

ZEIT UND UMWELT
Der Hof zu Versailles zog die Augen ganz Europas auf sich. Kunstförderung gab es im größeren oder geringeren Ausmaß nahezu an allen Fürstenhöfen, die Großzügigkeit eines

Ludwigs XIV. wurde aber nirgends erreicht, weil nirgends mehr das Mäzenatentum der Renaissance in dem Umfang erhalten geblieben war wie in Frankreich und weil nirgends neben der traditionellen Verpflichtung das künstlerische Ziel so ernst genommen wurde.

LEBEN

Antonia Bembo (vielleicht ein spätes Mitglied der venezianischen Patrizierfamilie, der der italienische Dichter und Historiograph Kardinal Pietro Bembo, 20. 5. 1470, Venedig, bis 18. 1. 1547, Rom, entstammte) wurde um 1670 in Venedig geboren. Sie kam zwischen 1690 und 1695 als Sängerin an den Hof von Versailles. König Ludwig XIV. setzte sie finanziell in die Lage, sich der Komposition zu widmen. Sie starb nach 1707 vermutlich in Paris.

WERKE

Die italienische Sängerin und Komponistin Antonia Bembo brachte unter dem Titel »Produzioni armoniche« 40 geistliche Kompositionen auf lateinischen, französischen und italienischen Texten mit Instrumentalbegleitung heraus, außerdem 2 Te Deum, eine Vertonung der 7 Bußpsalmen und eine Oper.

LITERATUR

Y. Rokseth, Antonia Bembo, Composer to Louis XIV., in: Monthly Quarterly XXIII, 1937.

Benaut (um 1740 bis um 1800)

ZEIT UND UMWELT

Die Cembalo- und Orgelmeister des letzten Drittels des 18. Jahrhunderts stellten sich nacheinander auf das neue Pianoforte um, weil sie die erweiterten Ausdrucksmöglichkeiten des Instruments ebensowenig entbehren wollten wie ihr Publikum. Es war zwar noch nicht die vielgestaltige Färbung der Musik, die angestrebt wurde, aber die erzielbaren Kontraste von Hell und Dunkel und alle Zwischenstadien profilierten jeden musikalischen Gedanken wie nie zuvor.

LEBEN

Benaut (Benault) – der Vorname ist nicht überliefert – wurde um 1740 vermutlich in Paris geboren. Er war Cembalolehrer an der Abtei des Montmartre, dürfte dort auch als Organist tätig gewesen sein und diesen Dienst, von den politischen Wirren unbehelligt, bis zu seinem Tod um 1800 versehen haben.

Seine früh verstorbene Tochter Mademoiselle Benaut – ihr Name ist nicht bekannt – (um 1776, Paris, bis nach 1800, Paris) trat bereits mit neun Jahren als Pianistin und mit Kompositionen an die Öffentlichkeit.

WERKE

Von dem Organisten und Cembalisten Benaut sind zahlreiche Klaviermusiksammlungen (für Cembalo und Pianoforte) mit ariosen Stücken und Tänzen, 9 Bücher mit Orgelstücken, außerdem ein Cembalokonzert, mehreren Messen, Motetten und Hymnen erschienen. Er richtete zahlreiche Opernouvertüren und Vaudevilles für das Spiel auf dem Pianoforte ein. Durch seine Kompositionen, Transkriptionen und Arrangements wurde er zu einem der Wegbereiter der Pianofortemusik.

Mademoiselle Benaut brachte um 1785 vier Sammlungen von Arien mit Variationen für Cembalo oder Pianoforte und in der Folge 3 Sonaten, ein Konzert und ein Buch mit Stücken für Cembalo oder Pianoforte heraus. Weitere Kompositionen der talentierten Pianistin sind verlorengegangen.

Joseffo Bencini (um 1686 bis nach 1730)

ZEIT UND UMWELT

Da noch im 18. Jahrhundert kleine Orgelwerke – Positive, Regale, Portative – sehr häufig verwendet wurden, fand profane Musik für dieses Instrument mehr Publikum als etwa im nächsten Jahrhundert, in dem fast ausschließlich auf den großen Kirchenorgeln gespielt und alle Musik für Tasteninstrumente für das Klavier geschrieben wurde. Damit verschwand auch die Orgelsonate aus dem Programm der Komponisten.

Leben

Joseffo Bencini wurde um 1686 in Oberitalien geboren. Über sein Leben und Wirken ist nichts bekannt. Er dürfte nach 1730 gestorben sein; der Ort seines Todes ist nicht feststellbar.

Werke

Die Kammersonaten von Joseffo Bencini sind zusammen mit Werken von Giovanni Carlo Maria Clari (1677–1754) erschienen. Handschriftlich ist von ihm eine Anzahl vorzüglicher Orgelsonaten überliefert, die auch auf dem Cembalo gespielt werden können.

Felix Benda (1708–68)

Zeit und Umwelt

Die »Altböhmische Meisterschule« hatte durch die zahlreichen Schüler des Begründers Bohuslav Černohorský einen nachhaltigen Einfluß auf den deutschsprachigen Raum und auch Italien, weil diese in den verschiedensten Musikmetropolen wirkten und ihren Stil verbreiteten, oder zwar in Böhmen blieben, aber ihrerseits Schüler in andere Länder abgaben.

Leben

Felix Benda wurde am 25. 2. 1708 in Skalsko, Böhmen, geboren. Er zählte zu den Schülern von Bohuslav Černohorský und wirkte als Organist an der Michaelskirche in Prag, wo er 1768 starb.

Werke

Von den Werken Felix Bendas sind 2 Oratorien, eine Anzahl Messen, ferner Kirchenmusik und Orgelstücke bekannt geworden.

František Benda (1709–86)

Leben

František (Franz) Benda wurde am 22. 11. 1709 in Neu-Benatek (Nové Benatky) getauft. Er war der älteste Sohn des Webers und Spielmannes Jan Jiří Benda (1686–1757). Seine Ausbildung zum Violinisten erhielt er von seinem Vater, zum Musiker als Chorknabe in Prag und in Dresden. Hernach hielt er sich in Wien, in Breslau (Wrocław) und in Warschau auf und wurde 1732 Mitglied der Königlichen Kapelle in Dresden. 1733 trat er in die Dienste des preußischen Erbprinzen Friedrich in Neuruppin, der ihn nach seiner Thronbesteigung zum »Primarius« und 1771 zum Konzertmeister der Königlichen Kapelle ernannte. Neben seiner Tätigkeit im Dienst des Königs wirkte er als gesuchter Violinlehrer. Er starb am 7. 3. 1786 in Neuendorf bei Potsdam.

Werke

Wie Johann Joachim Quantz und die Brüder Graun gehörte František Benda der empfindsamen Berliner Schule an, die er jedoch durch kantable Melodien und dramatische Akzentuierung bereicherte. Er verfaßte 15 Violinsonaten, etwa 100 Violin- und Triosonaten, 22 Duos für Violinen, 127 Capricen für Soloviolinе und zahlreiche Lieder (Oden). Bei den späteren Violinsonaten überwiegt das melodische Element das virtuose, so daß eine Annäherung an klassische Konzeptionen unverkennbar wird.

Flötenkonzert in e-Moll, 3 Sätze, entstanden um 1762

Der 1. Satz exponiert im einleitenden Tutti drei

František Benda, Radierung von F. W. Sherl, 1783

thematische Gedanken mit weiten Intervallsprüngen und energischen Passagen. Dann trägt die Flöte ein ruhiges, besänftigendes Motiv vor, doch das Orchester bringt neue Spannung, so daß es zur Auseinandersetzung zwischen Soloinstrument und dem Tutti kommt und sich das Konzept dem Sonatensatzschema der Klassik nähert. Im langsamen 2. Satz erklingen böhmische Volksweisen mit Sextenketten. Das Finale ist ein Rondo im Sinn von Antonio Vivaldi. Der dramatische Dialog zwischen Flöte und Tutti des 1. Satzes wird in immer rascherem Wechsel erneuert.

Literatur

F. Lorenz, Franz Benda und seine Nachkommen, Berlin 1967.

Friedrich Benda (1745–1814)

Zeit und Umwelt

Die von den Musikern Friedrichs des Großen ausgestaltete Königliche Kapelle behielt nach dessen Tod unter den Königen Friedrich Wilhelm II. und Friedrich Wilhelm III. (1770–1840), von beiden Herrschern kräftig und großzügig gefördert, ihr hohes Niveau bei, wie das Berliner Musikleben überhaupt seit der Wende zum 19. Jahrhundert einen ungeheuren Aufschwung nahm.

Leben

Friedrich Wilhelm Heinrich Benda wurde am 15. 7. 1745 als ältester Sohn des František Benda in Potsdam geboren. Er war von 1765 bis 1810 als Violinist Königlicher Kammermusikus in Potsdam. Darauf betätigte er sich als Musiklehrer bis zu seinem Tod am 19. 6. 1814 in Potsdam.

Werke

Von Friedrich Benda sind 6 Trios für zwei Violinen und Generalbaß, 2 Violinkonzerte, 3 Sonaten für Cembalo und Flöte, 3 Flötenkonzerte und eine Sonate für Cembalo vierhändig gedruckt worden; außerdem schrieb er 2 Oratorien, mehrere Kantaten und 3 Opern. Sein Stil bildet einen Übergang von der Empfindsamkeit zur Romantik.

Friedrich Ludwig Benda (1752–92)

Leben

Friedrich Ludwig Benda wurde am 4. 9. 1752 in Gotha als Sohn des Georg Anton (Jiří Antonín) Benda geboren. Er war ab 1775 Violinist am Gothaer Hoftheater, ab 1780 Musikdirektor in Hamburg, ab 1782 Violinist und Hofkomponist in Ludwigslust und von 1789 bis zu seinem Tod am 20. 3. 1792 Konzertmeister in Königsberg (Kaliningrad).

Werke

Außer einer komischen Oper, einigen Singspielen und Schauspielmusiken schrieb Friedrich Ludwig Benda 3 Oratorien und mehrere große Kantaten – darunter die bekannte Weihnachtskantate »Gott steig herab«. Seine Musik folgte dem norddeutschen Stil.

Georg Anton Benda (1722–95)

Leben

Georg Anton (Jiří Antonín) Benda wurde am 30. 6. 1722 in Neubenatek (Nové Benatky) getauft. Nach einer Ausbildung im Jesuiten-

Georg Anton Benda, Stich von C. G. Geyser

kolleg in Jičin wurde er 1742 königlicher Kammermusikus in Berlin, 1750 Hofkapellmeister in Gotha, wo er mit einer sechsmonatigen Unterbrechung wegen einer Studienreise nach Italien 1778 blieb. Sodann legte er seine Kapellmeisterstelle nieder und übersiedelte nach Hamburg. Nach einer Reise nach Wien und Paris, um Bühnenstücke aufzuführen, zog er sich nach Georgenthal bei Gotha, dann nach Ohrdruf und schließlich nach Köstritz in Thüringen zurück, wo er am 6. 11. 1795 starb.

Werke

Internationales Aufsehen erregte Georg Anton Benda mit seinen nach Anweisungen von Jean-Jacques Rousseau gearbeiteten Melodramen, mit ihren tonmalerischen Schilderungen und raschen Affektwechseln. Außer den Melodramen verfaßte er eine Reihe von Singspielen und mehrere Kantaten. Im Druck erschienen noch 6 Hefte Cembalo- und Gesangstücke, Cembalosonaten und 3 Cembalokonzerte. Zahlreiche Kompositionen sind handschriftlich erhalten, wie 8 Sinfonien, weitere Cembalokonzerte, Violinkonzerte, Cembalosonaten, Trios und verschiedene Cembalostücke. Seine Musik stand sozusagen an der Schwelle der Klassik. Der Generalbaß wurde nur mehr fragmentarisch verwendet. Einige Werke wie eine Sinfonie in B-Dur und mehrere Cembalokonzerte stehen noch heute auf den Konzertprogrammen.

Cembalokonzert in g-Moll, 3 Sätze

Der 1. Satz ist am meisten traditionsverbunden. Nach einer langen Orchestereinleitung wird das Themenmaterial exponiert. Zwei kontrastierende Perioden bestreiten den Kern des Satzes, der dunkel und energisch wirkt und sich voll melodischer Kontraste darbietet. Der 2. Satz ist heiter und lyrisch. Die Streicher spielen sordiniert. Die melodische Linie ist sehr weit gespannt und stark differenziert. Das Presto des Finalsatzes ist sonatenähnlich angelegt. Die Solopartie ist zwar virtuos ausgestaltet, der gesamte Ausdruck bleibt jedoch ernst.

Literatur

R. Hodermann, Georg Benda, Coburg 1895.

Jan Jiří Benda (1713–52)

Zeit und Umwelt

Man stößt immer wieder auf entrüstete Äußerungen über die Großzügigkeit, mit der bis in das 19. Jahrhundert Komponisten fremde Musik adoptierten. Da dies allseitig geübt wurde und die »Plagiatoren« in vielen Fällen selbst auch zum Opfer solcher Zugriffe wurden, ist das gesamte Problem als Zeiterscheinung zu werten und darf nicht unseren Maßstäben unterworfen werden. Anders verhält es sich beim Verlegerplagiat, das man schlicht als geistigen Diebstahl und Betrug bezeichnen muß. Sobald ein Komponist im Ansehen des Publikums gestiegen war, mehrten sich die Stücke, die unter seinem Namen in den Handel gebracht wurden. Gesetze, die diesem kriminellen Vorgehen Schranken gesetzt hätten, gab es in ausreichendem Maß noch nicht.

Leben

Jan Jiří Benda (Johann Georg) wurde am 30. 8. 1713 in Neu-Benatek (Nové Benatky) getauft. Er ging mit seinem Bruder František Benda 1733 als Violinist nach Dresden und nach Berlin, wo er als Kammermusiker am preußischen Hof bis zu seinem Tod im Jahr 1752 wirkte.

Werke

Von Jan Jiří Benda sind 11 Flötensonaten, 10 Capricen für Violine, eine Triosonate und ein Violinkonzert in G-Dur, dessen Echtheit nicht feststeht, überliefert. Außerdem sind unter seinem Namen eine Anzahl Unterschiebungen in Umlauf gesetzt worden.

Literatur

W. Lebermann, Apokryph, Plagiat, Korruptel oder Falsifikat? Die Musikforschung XX, 1967.

Victor Bendix (1851–1926)

Zeit und Umwelt

Die Romantik beherrschte um die Wende zum 20. Jahrhundert noch nahezu unbestritten die dänische Musiklandschaft, war aber selbst einer gewissen Veränderung ausgesetzt; das folkloristische Element trat immer mehr zurück, so daß die Kompositionen den Charakter einer typischen Nationalmusik einbüßten. Damit legte sie eines der Hauptmerkmale der romantischen Musik ab, so daß der spätere Übergang zur »Neuen Musik« sich ohne abrupte Brüche vollziehen konnte.

Leben
Victor Emanuel Bendix wurde am 17.5.1851 in Kopenhagen geboren. Er studierte am Konservatorium seiner Geburtsstadt bei Niels Wilhelm Gade und darauf kurze Zeit in Deutschland. Er wirkte als Dirigent von Chorvereinigungen und dirigierte die Philharmonischen Konzerte und die Volkskonzerte durch mehrere Jahre. Er starb am 5.1.1926 in Kopenhagen.

Werke
Von Victor Bendix sind 4 programmatische Sinfonien in C-Dur (»Zur Höhe«), D-Dur (»Sommerklänge aus Südrußland«), a-Moll und d-Moll überliefert, die mehr darstellend als erzählend sind. Er schrieb ferner eine Orchesterserenade, eine Lustspielouvertüre, ein Klavierkonzert in g-Moll, ein Klaviertrio, eine Tanzimprovisation für Klavier zu vier Händen, Klavierstücke, zahlreiche Chorwerke und Lieder.

Julius Benedict (1804–85)

Zeit und Umwelt
»The Harmonic Union« war eine der vielen Gründungen des privaten Konzertunternehmertums in England, die mit Subskriptionen und Abonnements das Publikum an geplante Konzertreihen binden wollten. Sie waren zumeist kurzlebig, weil die Mitgliederzahl nicht die erhoffte Höhe erreichte, so daß billigere Kräfte engagiert werden mußten, was den Zuspruch weiter herabsetzte, bis das Ende erreicht war und eine neue Gesellschaft ähnlicher oder gleicher Art entstand, so daß nie ein Mangel an Konzerten eintrat.

Leben
Julius Benedict wurde am 27.11.1804 in Stuttgart geboren. Er war Schüler von Ludwig Abeille (1761–1832), Johann Nepomuk Hummel und Carl Maria von Weber. Im Jahr 1823 wurde er Kapellmeister am Kärntnertortheater in Wien, 1825 an San Carlo in Neapel, wo er am Teatro del Fondo seine erste Oper herausbrachte, die durchfiel, wei sie »zu deutsch« war; seine zweite Oper fiel in Stuttgart durch, weil sie »zu italienisch« war, hatte aber an San Carlo in Neapel Erfolg. Dann begab er sich nach Paris, wo Gioacchino Rossini und Giacomo Meyerbeer die Opernbühne beherrschten, so daß er für sich wenig erhoffen konnte. Er lernte aber dort die berühmte Sängerin Maria Felicita Malibran (24.3.1808, Paris, bis 23.9.1836, Manchester) kennen, die ihm riet, nach London zu gehen, wo er 1836 zuerst eine italienische und 1838 am Drury Lane Theatre, dessen Kapellmeister er geworden war, seine erste englische Oper mit Erfolg herausbrachte, der zwei weitere folgten. Anschließend dirigierte er in den USA eine Reihe von Konzerten, die Jenny Lind gab, wirkte erneut am Drury Lane Theatre, übernahm 1859 die Leitung der sehr beliebten Montagskonzerte in London, dirigierte mehrere Musikfeste in Norwich, wurde schließlich Kapellmeister an Covent Garden und wirkte von 1876 bis 1880 als Dirigent der Philharmonischen Gesellschaft in Liverpool. Er starb am 5.6.1885 in London, nachdem er 1881 geadelt worden war und von verschiedenen Seiten zahlreiche Ehrungen erhalten hatte.

Werke
Neben seinen Opern in italienischer, deutscher und englischer Sprache schrieb Julius Benedict 5 Oratorien (»St. Cecilia«, »Undine«, »Richard Löwenherz«, »St. Peter« und »Graziella«), 2 Sinfonien, 2 Klavierkonzerte und eine Reihe kleinerer Instrumentalstücke.

Benedictus de Drusina
(um 1520 bis um 1580)

Zeit und Umwelt
Wenn Chor- oder Instrumentalmusik auf

Tasteninstrumente übertragen wird, so kann bei den vielseitigen Möglichkeiten dieser Instrumente bei einiger Geschicklichkeit die gleiche, in manchen Fällen eine erhöhte Klangwirkung erzielt werden. Die kurze Klangdauer der Laute jedoch, die technische Schwierigkeit, Akkordfolgen und fugierte Mehrstimmigkeit wiederzugeben, lassen ein einfaches »Arrangieren« nicht zu. Der Lautenist muß befähigt sein, die übertragenen Stücke neu zu schöpfen, um zur gleichen oder zumindest ähnlichen musikalischen Aussage zu gelangen, und das darf einer kompositorischen Leistung zweifellos gleichgehalten werden.

LEBEN
Benedictus de Drusina wurde um 1520 in Drausen bei Elbing geboren. Er studierte an der Universität in Frankfurt an der Oder. Nach mehreren Studienreisen nach Italien ließ er sich in Wittenberg als Lautenist nieder und dürfte dort um 1580 gestorben sein.

WERKE
Von dem deutschen Lautenisten Benedictus de Drusina liegen eine Lautentabulatur mit eigenen Tanzsätzen und Fantasien sowie Übertragungen profaner und sakraler Gesänge bekannter Meister wie Josquin und Clemens non Papa vor. Die Übertragungen sind mit erstaunlicher Einfühlungskraft und Ausnützung der letzten Möglichkeiten seines Instruments gearbeitet und erfordern ein virtuoses Spiel. Außerdem hat er die beiden italienischen Tabulaturbücher von Newsidler ins Deutsche übersetzt.

Benedictus de Opitiis
(um 1480 bis nach 1522)

ZEIT UND UMWELT
Am Beginn des 16. Jahrhunderts stand Antwerpen auf der Höhe seiner Blüte. Das wirtschaftliche und kulturelle Leben der Stadt wirkte als Magnet für Tausende Zuwanderer, die daran teilnehmen wollten. Die Pflege der Kunst und vor allem der Musik intensivierte sich durch den starken Zustrom von Künstlern. Die Fülle der Kräfte, die sich anboten, ermöglichte eine Auswahl der besten.

LEBEN
Benedictus de Opitiis (Meester Benedictus) wurde um 1480 vermutlich in oder bei Antwerpen geboren und dort zum Organisten ausgebildet. Um 1514 erhielt er die Stelle des Organisten an der Kathedrale der Stadt. Im Jahre 1516 wurde er an den Hof König Heinrichs VIII. von England berufen und wirkte dort bis 1522. Er dürfte in einem der folgenden Jahre in London gestorben sein.

WERKE
Von dem angeblich umfangreichen kompositorischen Werk des Organisten Benedictus de Opitiis sind nur 2 lateinische Gesänge zu Ehren Kaiser Maximilians I. und dessen Sohnes Karl überliefert. Sie sind im Stil der franko-flämischen Schule gehalten.

Friedrich Burchard Beneken
(1760–1818)

ZEIT UND UMWELT
Die Aufklärung vermochte den Pietismus nicht zurückzudrängen, sondern verstärkte ihn bei manchen Kreisen. Die um die Wende zum 19. Jahrhundert einsetzende Vorromantik, die in gewissen Maßen ideologisch dem Pietismus nahestand, wirkte sich ebenso begünstigend darauf aus.

LEBEN
Friedrich Burchard Beneken (Benecken) wurde am 13. 8. 1760 in Kloster Wennigsen bei Hannover geboren. Er war Pastor in Wülfinghausen, wo er am 22. 9. 1818 starb.

WERKE
Von Friedrich Burchard Beneken kamen heraus: »Lieder der Unschuld und Liebe«, »Lieder und Gesänge für fühlende Seelen«, »Lieder und kleine Klavierstücke für gute Menschen«, »Lieder der Religion, der Freundschaft und der Liebe«. Die Titel der Sammlungen charakterisieren sie eindeutig. Sie wurden sehr viel in Kirchen und Schulen

gesungen. Bekannt geworden ist der Komponist aber durch seine Choralmelodie »Wie sie so sanft ruhn«.

Johannes Benet (nach 1380 bis um 1450)

ZEIT UND UMWELT
Die Musik, die uns aus der Wende vom 14. zum 15. Jahrhundert überliefert ist, gehört nahezu ausschließlich dem sakralen Bereich an, und die Komponisten, die wir kennen, sind vorwiegend Kleriker. Das besagt sicherlich nicht, daß es keine profane Musik gegeben hat, sondern höchstens, daß man sie nicht wert fand aufzuzeichnen und daß sie nur vom Volk gepflegt wurde und nicht von den Kreisen, die Musik schriftlich niederlegten.

LEBEN
Johannes Benet wurde zwischen 1380 und 1400 geboren. Über seine Herkunft und sein Leben ist nichts bekannt. Aus den Werken, die erhalten geblieben sind, darf man vielleicht schließen, daß er dem Klerus angehörte. Er dürfte um 1450 gestorben sein.

WERKE
Von Benet liegen uns ein vierstimmiges Kyrie, 2 Gloria, 3 Sanctus und ein Agnus, alles dreistimmig, und 2 dreistimmige Motetten vor. Seine Musik steht unzweifelhaft im Schatten von Dunstable.

Orazio Benevoli (1605–72)

LEBEN
Orazio Benevoli wurde am 19. 4. 1605 in Rom geboren und sang im Knabenchor an San Luigi de'Francesi. Seine musikalische Ausbildung erhielt er von Vincenzo Ugolino. Er war, mit Ausnahme eines Aufenthaltes in Österreich von 1644 bis 1646, ab 1624 bis zu seinem Tod am 17. 6. 1672 in Rom. Dort wirkte er an verschiedenen Kirchen als Kapellmeister, zuletzt an Santa Maria Maggiore.

WERKE
Der italienische Komponist Orazio Benevoli war der bedeutendste Vertreter des römischen Kolossalbarock. Von ihm sind etwa 20 Messen und viele Motetten und Psalmen für drei bis vierundzwanzig und achtundvierzig Stimmen, zumeist mit Generalbaß, erhalten. Ob die zur Einweihung des Domes in Salzburg (1628) verfaßte Festmesse für dreiundfünfzig Stimmen ihm zugeschrieben werden kann, ist ungeklärt. Benevoli hat darüber hinaus zahlreiche geringstimmige Motetten mit Generalbaß verfaßt, die in Sammelwerken Aufnahme fanden und mehr Musikalität bieten als seine Kolossalwerke.

LITERATUR
L. Feininger, La scuola policorale romana del Sei- e Settecento, in: Collectanea Historiae Musicae, Florenz 1956.

Gustaf Bengtsson (1886–1964)

LEBEN
Gustaf Adolf Tiburtius Bengtsson wurde am 29. 3. 1886 in Vadstena, Schweden, geboren. Er war von 1905 bis 1908 am Konservatorium in Stockholm Schüler von Johan Lindegren und studierte noch von 1909 bis 1912 in Berlin, Leipzig und Paris. Er wirkte von 1921 bis 1942 als Musiklehrer in Karlstad und anschließend in Linköping. Er starb am 28. 11. 1964 in Vadstena.

WERKE
Von Gustaf Bengtsson sind 3 Sinfonien, Orchestersuiten, ein Violinkonzert, ein Cellokonzert, eine Sinfonietta für Violine, Bratsche und Kammerorchester bekannt geworden. Er schrieb ferner ein Streichquintett, ein Streichquartett, ein Klaviertrio, eine Violinsonate, Klavierwerke, Männerchöre und Lieder. Sein Stil näherte sich der Modernen nur zögernd.

Paul Ben-Haim (1897–1984)

LEBEN
Paul Ben-Haim wurde am 5. 7. 1897 in Mün-

chen geboren. Er studierte bis 1920 an der Akademie der Tonkunst in seiner Geburtsstadt. Anschließend assistierte er als Theaterkapellmeister bei Bruno Walter (15.9.1876, Berlin, bis 17.2.1962, Beverly Hills, Calif.) und Hans Knappertsbusch (12.3.1888, Elberfeld, bis 25.10.1965, München); von 1924 bis 1931 wirkte er als Kapellmeister in Augsburg. Im Jahr 1933 mußte er emigrieren und ließ sich in Tel Aviv als Komponist, Musikpädagoge und Dirigent nieder. Er starb am 14.1. 1984 in Tel Aviv.

WERKE
Die systematische Sammlung und Erforschung der Folklore der orientalischen Juden, denen sich Paul Ben-Haim seit den dreißiger Jahren des 20. Jahrhunderts widmete, fand in seinem kompositorischen Schaffen ihren Niederschlag. Das melodisch-thematische Material entnahm er dieser Volksmusik. Er schrieb 2 Sinfonien, ein Konzert für Streicher, Metamorphosen und Variationen für Orchester, ein Klavierkonzert, ein Capriccio für Klavier und Orchester, ein Violinkonzert, ein Cellokonzert und weitere Stücke für Orchester, eine Sonate für zwei Mandolinen, Gitarre, Cembalo, Harfe und zwei Streichorchester, 3 sinfonische Sätze für Solisten und Orchester, zahlreiche Chöre mit Ensembles verschiedener Art, Sonaten für Violine, liturgische Musik und Lieder.

Variationen über ein Pastorale für Soloklarinette, Harfe und Streichorchester, Opus 31,6, 6 Variationen, entstanden 1945

Das Grundthema und mehrere Variationen lehnen sich deutlich dem Hirtengesang des Nahen Ostens an, obwohl kein bestimmtes Hirtenlied verwendet wurde. Die Variationen bringen das Thema mit verschiedenem Ausdruck, nur in der letzten wird es frei paraphrasiert. Eine kurze Kadenz der Klarinette schließt das Stück ab.

Angelo Maria Benincori (1779–1821)

ZEIT UND UMWELT
Wenn auch zögernd, so näherte sich auch in Frankreich die Kirchenmusik der Profanmusik. Die Annäherung erfolgte aber von beiden Seiten, weil im Zeitalter der Romantik auch für die profane Komposition auf frühere Stilelemente zurückgegriffen wurde, wie es bei der Kirchenmusik von jeher üblich war. Beide Musikgattungen bemühten sich um eine Verstärkung des Sinn- und Gefühlsausdrucks, woraus sich ein deutlicher Parallelismus ergab.

LEBEN
Angelo Maria Benincori wurde am 28.3.1779 in Brescia geboren. Er war Schüler von Alessandro Rolla (1757–1841) in Parma und ließ sich 1803 nach einem Aufenthalt in Spanien und Wien in Paris als Violinvirtuose und Violinlehrer nieder, wo er am 30.12.1821 starb.

WERKE
Außer seinen komischen Opern, die mit einigem Erfolg aufgeführt wurden, verfaßte Angelo Maria Benincori Streichquintette, Streichquartette und Klaviertrios, die eigentlich virtuose Violinsoli mit Begleitung waren. Seine Kirchenmusik – Messen, Proprien – bediente sich vielfach der Fakturen des 18. Jahrhunderts, betonte aber stark jeden Gefühlsausdruck.

Arthur Benjamin (1893–1960)

LEBEN
Arthur L. Benjamin wurde am 18.9.1893 in Sydney geboren. Von 1911 bis 1914 studierte er am Royal College of Music in London. Von 1919 bis 1921 wirkte er als Klavierlehrer am Konservatorium in Sydney. Ab 1926 war er Lehrer am Royal College of Music in London, wo er am 9.4.1960 starb.

WERKE
Von Arthur Benjamin sind 5 Opern aufgeführt worden. Außer einem Ballett schrieb er eine Sinfonie, 2 Suiten und andere Orchesterwerke, eine Sonatine für Kammerorchester, eine Ballade für Streicher, ein Violinkonzert, eine Fantasie für Violine, Bratsche und Orchester, ein Konzert für Oboe und Streicher, ein Klavierkonzert, ein Konzert für Mundharmo-

nika und Orchester, 2 Streichquartette, Werke für Klavier, Chorkompositionen und viele Lieder. Sein Stil war wenig fortschrittlich.

Paul Benner (1877-1953)

LEBEN

Paul Benner wurde am 7.11.1877 in Neuchâtel, Schweiz, geboren. Er war am Konservatorium in Frankfurt am Main Schüler von Iwan Knorr und Bernhard Ernst Scholz (1835 bis 1916) und wirkte darauf in seiner Heimatstadt als Organist, Chordirigent und Kompositionslehrer am Konservatorium bis zu seinem Tod am 29.3.1953.

WERKE

Außer einiger Kammermusik schrieb Paul Benner ausschließlich Chorwerke, die einen hohen Beliebtheitsgrad erreichten. »Die Erlösung«, »Requiem«, »Gedichte des Meeres«, »Die Taufe von Bourdon«, eine Messe in d-Moll, ein Te Deum und zahlreiche A-cappella-Chöre zählen zum festen Programm schweizerischer Chorvereinigungen.

John Bennet (um 1570 bis nach 1614)

ZEIT UND UMWELT

Thomas Morley (1557–1602) veröffentlichte 1601 eine Zusammenstellung von Madrigalen zeitgenössischer englischer Komponisten unter dem Titel »The Triumphes of Oriana«. Mit diesem Namen, der dem spanischen Ritterroman aus dem 14. Jahrhundert »Amadís de Gaula« entnommen ist, sollte hier offenbar Königin Elisabeth I. angesprochen werden. Als Vorbild dienten die von Nicholas Yonge (um 1550–1619) unter dem Titel Musica Transalpina herausgebrachten zwei Sammlungen in die englische Sprache übersetzter italienischer Madrigale (1588 und 1597).

LEBEN

John Bennet (Benet, Bonet) wurde um 1570 in Lancashire geboren. Über seine persönlichen Lebensumstände ist nichts bekannt. Er dürfte sich in London aufgehalten haben, dort im Dienst einer Kirche gestanden und nach 1614 gestorben sein.

WERKE

Neben den sakralen Werken, 5 Hymnen, Anthems für Stimmen und Instrumente hinterließ John Bennet weltliche Gesänge mit Instrumentalbegleitung, außerdem eine Reihe Madrigale, die als seine besten Leistungen anerkannt wurden, darunter »All creatures now are merry« (Alle Geschöpfe sind jetzt fröhlich), das Thomas Morley in »The Triumphes of Oriana« aufnahm. Es liegen auch etliche Instrumentalfantasien vor. In den Madrigalen gibt es mehrere monodische Passagen, die schon als Vorboten eines neuen Gesangstiles aufgefaßt werden können.

LITERATUR

J. Kerman, The Elisabethan Madrigal, New York 1962.

George John Bennett (1863-1930)

LEBEN

George John Bennett wurde am 5.5.1863 in Andover, Hampshire, geboren. Er studierte von 1879 bis 1884 an der Royal Academy of Music in London bei Charles Steggall (3.6. 1826, London, bis 7.6.1905, London) und George Alexander Macfarren (1813-87). Darauf nahm er in Berlin bei dem Pianisten Heinrich Barth (12.7.1847, Pillau bei Königsberg [Baltisk, UdSSR], bis 23.12.1922, Berlin) und Friedrich Kiel und in München bei Joseph Rheinberger und Hans Bußmeyer Unterricht. Im Jahr 1888 wurde er Lehrer für Harmonielehre und Kontrapunktik an der Royal Academy of Music, ab 1890 übernahm er zugleich mehrere Organistendienste, bis er 1895 Organist und Chordirektor der Kathedrale, 1896 Dirigent der Musical Society und der Orchestral Society in Lincoln wurde, wo er am 20.8.1930 starb.

WERKE

Von George John Bennett sind eine Orchestersuite in d-Moll, 2 Ouvertüren »Jugendträume« und »Cymbeline«, ein Klaviertrio in E-Dur, zahlreiche Klavier- und Orgelstücke, Lieder und Chöre, außerdem eine Messe in b-Moll, ein »Festliches Abendservice«, ein Te Deum und eine Osterhymne bekannt geworden. Sein Stil war von der deutschen Romantik abhängig.

Robert Russell Bennett (1894–1981)

LEBEN

Robert Russell Bennett wurde am 15.6.1894 in Kansas City, Mo., geboren. Er war Schüler von Carl Busch und ab 1926 von Nadia Boulanger in Paris; er studierte noch in Berlin und London. Ab 1930 wirkte er in den Filmstudios in Hollywood und ab 1941 als Kapellmeister bei verschiedenen Rundfunk- und Fernsehstationen. Er starb am 18.8.1981 in New York.

WERKE

Neben 3 Opern und einer Ballettoperette schrieb Robert Russell Bennett 6 Sinfonien, mehrere Werke für Kammerorchester, Chorwerke, ein Konzert für Violine, Klavier und Orchester, ein Gitarrenkonzert, eine »Water Music« für Streichquartett und weitere Kammermusik sowie eine Orgelsonate.

William Sterndale Bennett (1816–75)

ZEIT UND UMWELT

Das Viktorianische Zeitalter mit seinem festgefügten, an den Moralprinzipien des englischen Mittel- und Großbürgertums ausgerichteten Gesellschaftsbild war ein schlechter Nährboden für die Romantik. Da der Engländer jener Zeit seinen wirtschaftlichen Aufschwung als Belohnung für sein Wohlverhalten ansah, war auch die Kunst diesem Kontrakt mit dem Himmel integriert und hatte sich an die überkommenen, für richtig befundenen Regeln zu halten.

LEBEN

William Sterndale Bennett wurde am 13.4. 1816 in Sheffield geboren. Vor seinem 8. Lebensjahr kam er zum Chor des King's College in Cambridge und mit 10 Jahren an die Royal Academy of Music, wo die berühmten Violinisten und Violinlehrer Antonio James Oury (1800, vermutlich London, bis 25.7.1883, Norwich) und Paolo Spagnoletti (1768, Cremona, bis 23.9.1834, London) unterrichteten; Komposition lernte er bei William Crotch und Cipriani Potter. Im Jahr 1832 führte er in London sein erstes Klavierkonzert in d-Moll auf und wiederholte es ein Jahr darauf in Gegenwart von Felix Mendelssohn-Bartholdy, der ihn nach Deutschland einlud. Er leistete dieser Einladung 1836 in Gesellschaft des Musikschriftstellers und Kritikers James William Davison (5.10.1813, London, bis 24.3.1885, London) anläßlich der Niederrheinischen Festspiele Folge. In Leipzig lernte er Robert Schumann kennen und trat als Dirigent eigener Werke und als Pianist auf. Nach London zurückgekehrt, begann er an der Academy zu unterrichten und gründete 1849 die Londoner Bach Society, die 1854 die

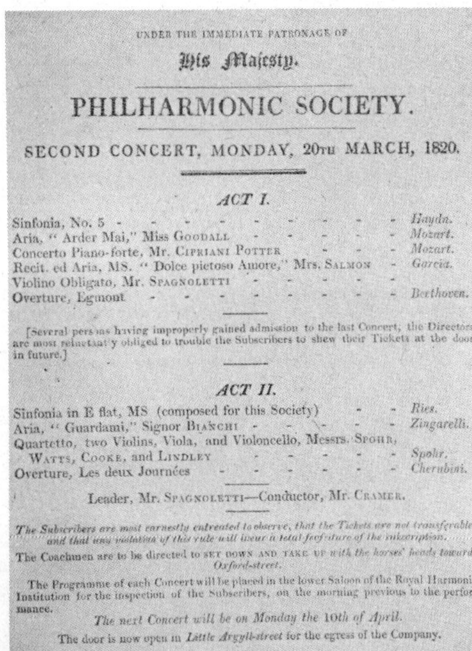
UNDER THE IMMEDIATE PATRONAGE OF

His Majesty.

PHILHARMONIC SOCIETY.

SECOND CONCERT, MONDAY, 20TH MARCH, 1820.

ACT I.

Sinfonia, No. 5 - - - - - - - - - - *Haydn.*
Aria, "Arder Mai," Miss GOODALL - - - - - - *Mozart.*
Concerto Piano-forte, Mr. CIPRIANI POTTER - - - *Mozart.*
Recit. ed Aria, MS. "Dolce pietoso Amore," Mrs. SALMON - *Garcia.*
Violino Obligato, Mr. SPAGNOLETTI - - - - - -
Overture, Egmont - - - - - - - - - *Beethoven.*

[Several persons having improperly gained admission to the last Concert, the Directors are most reluctantly obliged to trouble the Subscribers to shew their Tickets at the door in future.]

ACT II.

Sinfonia in E flat, MS (composed for this Society) - - *Ries.*
Aria, "Guardami," Signor BIANCHI - - - - - *Zingarelli.*
Quartetto, two Violins, Viola, and Violoncello, Messrs. SPOHR, WATTS, COOKE, and LINDLEY - - - - - - *Spohr.*
Overture, Les deux Journées - - - - - - - *Cherubini.*

Leader, Mr. SPAGNOLETTI—Conductor, Mr. CRAMER.

The Subscribers are most earnestly entreated to observe, that the Tickets are not transferable, and that any violation of this rule will incur a total forfeiture of the subscription.

The Coachmen are to be directed to SET DOWN AND TAKE UP *with the horses' heads towards Oxford-street.*

The Programme of each Concert will be placed in the lower Saloon of the Royal Harmonic Institution for the inspection of the Subscribers, on the morning previous to the performance.

The next Concert will be on Monday the 10th of April.

The door is now open in *Little Argyll-street* for the egress of the Company.

Konzertprogramm der Londoner Philharmonic Society von 1820

Matthäus-Passion in England zum ersten Mal aufführte. Nachdem er 1856 Kapellmeister der Philharmonic Society und Musikprofessor an der Universität Cambridge geworden war, erhielt er 1866 die Ernennung zum Direktor der Royal Academy of Music. Er starb am 1.2. 1875 in London.

WERKE
Man nannte William Sterndale Bennett mit Recht den Vorläufer der modernen englischen Musik; auf jeden Fall war er einer der wenigen Romantiker der englischen Musikgeschichte. Obwohl seine Kompositionen die Anregungen von Felix Mendelssohn-Bartholdy erkennen lassen, weisen sie einen unbedingt selbständigen Stil auf. Er schrieb 4 Klavierkonzerte (d-Moll, Es-Dur, C-Dur, f-Moll), 2 Ouvertüren, eine Sinfonie in g-Moll, eine Kantate, ein Oratorium (»Die Frau aus Samaria«), Bühnenmusik, Klavierwerke, Kammermusik und Lieder. Seine Konzerte und Sinfonien werden heute noch zuweilen gespielt, von den Klaviersonaten hat sich die programmatische »Die Jungfrau von Orleans« lange auf den Programmen gehalten; sie weist ihn als echten Romantiker aus.

LITERATUR
Ch. V. Stanforu, William Sterndale Bennett, in: Interludes, London 1922.

François Benoist (1794–1878)

ZEIT UND UMWELT
Unter dem Eindruck der großen französischen Opern neigte auch in Frankreich das Publikum in der ersten Hälfte des 19. Jahrhunderts und darüber hinaus dazu, einen Komponisten nur dann anzuerkennen, wenn er sich auch auf der Musikbühne bewährte. Reine Sinfoniker hatten es schwerer, ihre Werke zur Aufführung zu bringen und als Lehrer genügend Schüler zu erhalten. Auch Orgelmeister taten gut daran, Opern und Ballette zu schreiben, um ihren Ruf als Musiker zu wahren.

LEBEN
François Benoist wurde am 10.9.1794 in Nantes geboren. Er war ab 1811 Schüler des Conservatoires in Paris und erhielt 1815 den Rompreis. Nach seiner Rückkehr aus Italien wurde er 1819 Erster Königlicher Hoforganist und Orgellehrer am Conservatoire. Er starb am 6.5.1878 in Paris. César Franck war sein Schüler.

WERKE
Von François Benoist sind 2 Opern und Ballette mit mittlerem Erfolg aufgeführt worden. Außerdem sind von ihm eine sehr schöne dreistimmige Messe mit Orgel und eine große Anzahl Orgelstücke erhalten. Sein fortgeschrittener Orgelstil war für viele jüngere französische Organisten richtunggebend.

Benoit (um 1390 bis nach 1440)

ZEIT UND UMWELT
Der Übergang der Musik des 14. zum 15. Jahrhundert kennzeichnet sich bei der Motette durch die Imitation und den Ersatz des Cantus firmus durch einen freien Harmonieträger in der untersten Stimme. Die Beziehung zwischen Tonika und Dominante prägt sich klar aus.

LEBEN
Benoit (auch Benenoit), Vorname nicht überliefert, ist um 1390 in Frankreich geboren. Es wird vermutet, daß er Sänger an Notre-Dame in Paris war. Darüber hinaus ist über sein Leben und Wirken nichts feststellbar. Er dürfte in Paris nach 1440 gestorben sein.

WERKE
Von Benoit sind 2 Antiphone, 2 Hymnen, ein Rondeau und eine Motette erhalten. Der Stil ähnelt dem von Dufay. Das Rondeau weist einen instrumentalen Contratenor auf, die Motette (auf Johannes den Täufer) einen isorhythmischen Tenor und Contratenor, die Antiphone und Hymnen sind dreistimmig mit textiertem Cantus firmus.

Peter Benoît (1834–1901)

ZEIT UND UMWELT

Wie in den Niederlanden wurden im 19. Jahrhundert auch in Belgien von einzelnen Musikern große Anstrengungen gemacht, ihrem Land die führende Rolle in der abendländischen Musik erneut zu erobern, die es im Mittelalter innehatte. Es wurden Opern, Oratorien, Kantaten, Chöre und Lieder auf flämische Texte komponiert, flämische Musikschulen ins Leben gerufen und musikwissenschaftliche Werke in flämischer Sprache publiziert. Der angestrebte Erfolg blieb aus, weil einerseits der Widerhall dieser Bestrebungen im eigenen Volk zu gering ausfiel und andererseits die kompositorischen Leistungen der »flämischen« Meister wohl zum Großteil sehr beachtlich waren, aber im Vergleich zur Fülle des gleichzeitig in anderen Musikländern Geleisteten doch zuwenig Durchschlagskraft hatten.

LEBEN

Peter Léonard Léopold Benoît wurde am 17.8.1834 in Harelbeke, Flandern, geboren. Er war Schüler des Konservatoriums in Brüssel und wurde 1856 Kapellmeister des Parktheaters, für das er Musik zu flämischen Dramen verfaßt hatte. Nach einer umfangreichen Studienreise durch Deutschland ging er nach Paris, wo er durch einige Zeit die Bouffes-Parisiens dirigierte. Ab 1867 wirkte er als Direktor der Flämischen Musikschule in Antwerpen, wo er am 8.3.1901 starb.

WERKE

Neben seinen 4 Opern und den 3 Oratorien auf flämische Texte verfaßte Peter Benoît die französische Kantate »Der Mord an Abel«, die flämische »De Oorlog« (Der Krieg), eine Kinderkantate und eine Chorsinfonie, ferner eine Rubens-Kantate, Schauspielmusiken, den Männerchor »Aan Antwerpen« und weitere Chöre mit Orchester, Lieder mit flämischen Texten, Motetten mit Orgel, Stücke für Oboe und für Klarinette, eine Messe solenelle, ein Te Deum, ein Requiem, ferner noch ein sinfonisches Gedicht für Klavier und Orchester. Er brachte eine Reihe musikwissenschaftlicher Werke in flämischer Sprache heraus.

LITERATUR

F. van der Mueren, Peter Benoît, zijn Leven en Werk, Löwen 1935.

J. D. Benser (um 1760 bis nach 1790)

LEBEN

J. D. Benser – die Vornamen sind unbekannt – wurde um 1760 vermutlich in London geboren. Er lebte als Cembalist und Pianist in seiner Geburtsstadt und wirkte vermutlich auch als Lehrer. Es ist unsicher, wann er nach 1790 gestorben ist. Der Ort seines Todes ist nicht feststellbar.

WERKE

Von J. D. Benser sind Sonaten für Pianoforte und Violine, für Pianoforte allein und Übungsstücke für Pianoforte erhalten, außerdem 5 Sonaten für Pianoforte oder Cembalo mit Violine oder Querflöte.

Jørgen Bentzon (1897–1951)

LEBEN

Jørgen Liebenberg Bentzon wurde am 14.2.1897 in Kopenhagen geboren. Er war in seiner Heimat Schüler von Carl Nielsen und in Leipzig von Sigfrid Karg-Elert. Anschließend lebte er als juristischer Beamter in Kopenhagen, wo er 1931 an der Gründung einer Volksmusikschule beteiligt war. Er starb am 9.7.1951 in Hørsholm.

WERKE

Von Jørgen Bentzon sind 4 Sinfonien, 2 Ouvertüren, 2 Orchestervariationen, ein sinfonisches Trio für drei Instrumentengruppen, ein Klarinettenkonzert, 5 Streichquartette, 6 »Racconti« (Erzählungen) mit verschiedener Besetzung, ein Streichtrio, ein Bläsertrio, ein Duo für Violine und Cello, ein Intermezzo für Violine und Klarinette, Solostücke für Bratsche, für Englischhorn, für Klarinette, für Fagott, verschiedene Klavierstücke, eine Kantate, Chöre und Lieder bekannt geworden. Sein Stil stand dem Neuklassizismus nahe. Ein Teil seiner Werke war für Schulorchester bestimmt.

Niels Viggo Bentzon (geboren 1919)

Leben

Niels Viggo Bentzon wurde am 24.8.1919 als Vetter von Jørgen Bentzon in Kopenhagen geboren. Von 1938 bis 1942 studierte er am Konservatorium in Kopenhagen Komposition, Klavier und Orgel. Er ist in seiner Heimat ein eifriger Verfechter der zeitgenössischen Musik. Ab 1947 unterrichtete er in Århus, seit 1949 wirkt er als Lehrer in Kopenhagen.

Werke

Neben einer Oper und 6 Balletten schrieb Niels Viggo Bentzon 14 Sinfonien, »Kurze Variationen«, »Sinfonische Variationen«, »Sinfonische Stücke«, 5 Mobiles, ein »Ostinato«, 2 »Konzerte«, ein Konzert für Streicher, eine Kammersinfonie für 17 Instrumente, ein Konzert für zwölf Instrumente, ein Tripelkonzert für Flöte, Oboe und Fagott mit Streicher, eine sinfonische Fantasie für zwei Klaviere, ein Doppelkonzert für Violine, Klavier und Schlagzeug, 7 Klavierkonzerte, ein kleines Konzert für Klavier und Streicher, 2 Violinkonzerte, ein Cellokonzert, ein Akkordeonkonzert, ein Flötenkonzert, ein Konzert für Oboe und Streicher, eine konzertante Sinfonie für acht Bratschen, acht Celli, sieben Blechbläser und Pauke mit Violine oder mit Klarinette, ein Konzert für Akkordeonensemble und Orchester, ein Konzert für sechs Janitscharenmusiker, 9 Streichquartette, ein Quartett für Flöte, Oboe, Fagott und Klavier, 5 Violinsonaten, 2 Cellosonaten, eine Sonate für Klavier mit Horn, mit Klarinette, mit Englischhorn, mit Trompete, Solostücke für verschiedene Instrumente, 11 Sonaten und zahlreiche andere Werke für Klavier, Passacaglie, Etüden, Partita, Tänze, Variationen, Bilder, Improvisationen, Stücke für Prepared piano, Stücke für Spinett und für Orgel, ein Oratorium, Kantaten für Solisten und Chöre mit verschiedener Begleitung, Psalmvertonungen mit Rezitation, Lieder, Werke für Fluxus und Happening – »Erstarrte Erfahrungen«, »Chemische Madrigale« für Doppelchor, »Soziologische Oratorien« –, ferner eine Anzahl »Kompendien«, in denen er die Ausdrucksweise älterer Meister – Johann Sebastian Bach, Frédéric Chopin, Robert Schumann, Manuel de Falla, Camille Saint-Saëns und andere – in neuklassizistischer Art mit seiner eigenen verbindet, außerdem noch »Musik zu einer Radiomontage« für verstimmtes Klavier, Cembalo und Prepared piano, 2 Suiten für Beatensemble, dazu viele Film-, Fernseh- und Bühnenmusiken. Es gibt nahezu keine stilistische oder technische Neuerung, die der Komponist nicht aufgriff und verwendete.

Carol Bérard (1881–1942)

Leben

Carol Bérard wurde am 5.4.1881 in Marseille geboren und war in Barcelona Schüler von Isaac Albéniz. Er befaßte sich mit chinesischer, arabischer und afrikanischer Musik und versuchte, Geräusche des täglichen Lebens für die Musik zu verwerten. Er starb am 23.6. 1942 in Paris.

Werke

Vom Schaffen des Carol Bérard ist nahezu nichts veröffentlicht worden. Er schrieb eine »Tanzsinfonie«, eine »Sinfonie mechanischer Kräfte«, 4 Suiten, Bühnenmusik, ein Ballett »Die Liebenden von Tong-ho«, Klavierstücke und Lieder. Er verteidigte seine Theorien über Geräuschmusik in mehreren Abhandlungen.

Angelo Berardi (um 1630–94)

Zeit und Umwelt

Marco Scacchi war ein eifriger Verfechter des barocken Stils, und auch arrivierte Komponisten ließen sich, obwohl sie deswegen manche Anfeindung hinnehmen mußten, von ihm in der neuen Technik unterrichten. Es war inzwischen klargeworden, welche Stilrichtung ein Publikum, das den Klang der

Opernarien im Ohr hatte, auch in der Kirche bevorzugte.

LEBEN
Angelo Berardi wurde um 1630 in Sant'Agata geboren. Er war ab 1662 Kapellmeister in Montefiascone, ab 1668 in Viterbo, von 1673 bis 1679 in Spoleto und von 1693 an Santa Maria in Trastevere. Er starb am 9. 4. 1694 in Rom. Obschon er bereits Kirchenkapellmeister war, nahm er Kompositionsunterricht bei Marco Scacchi.

WERKE
Der italienische Komponist Angelo Berardi hat an Kirchenmusik ein fünfstimmiges Requiem, 2 Bücher sakrale Gesänge für zwei bis fünf Stimmen und Generalbaß, 4 Bücher Vesperpsalmen für drei bis sechs Stimmen und fallweisen Generalbaß im konzertanten Stil, ungefähr 20 zum Teil vielstimmige Messen und andere sakrale Werke geschrieben. An Kammermusik liegen verschiedene Konzerte mit Generalbaß und mehrere Violinsolosonaten vor. Er hat eine Reihe musiktheoretischer Werke veröffentlicht.

LITERATUR
B. C. Cannon, Music in the Archives of the Basilica in Trastevere, in: Acta Musicologica 41, 1969.

Berenguier de Palazol
(um 1140–1208)

ZEIT UND UMWELT
Vom ältesten namentlich bekannten katalanischen Troubadour Guilhem de Berguedan (vor 1140 bis nach 1192) aus Berga sind nur Texte (22 Lieder), aber keine Musik erhalten geblieben. Sie beweisen jedoch, daß die Troubadourkunst sehr früh, aus Südfrankreich kommend, auf die Reiche südlich der Pyrenäen übergegriffen hat. Katalonien spielte nie eine so dominierende Rolle wie etwa Aragon, doch auf kulturellem Feld stand es keineswegs hinter den Nachbarreichen zurück.

LEBEN
Berenguier de Palazol ist um 1140 zu Palol bei Elne geboren. Er war ungefähr zwischen 1160 bis nach 1180 im Hofdienst in Avignon tätig. Er starb 1208. Der Ort seines Todes ist nicht bekannt.

WERKE
Von dem katalanischen Troubadour Berenguier de Palazol sind 12 Liedtexte und 8 Melodien erhalten, die einen stark pathetischen Eindruck machen. Diktion und Aussage decken sich mit der zeitgenössischen Troubadourkunst der Provenzalen.

LITERATUR
H. Anglès, La música a Catalunya fins al segle XIII, Barcelona 1935.

Hermann Berens (1826–80)

ZEIT UND UMWELT
Die berühmte italienische Altistin Marietta Alboni (6.3.1823, Cesena, Romagna, bis 23.6. 1894, Ville d'Avray bei Paris) feierte 1847 in London und Paris triumphale Erfolge und ebenso auf einer Tournee durch Nord- und Südamerika.

LEBEN
Hermann Berens wurde am 7. 4. 1826 in Hamburg geboren. Er war in Dresden Schüler von Carl Gottlieb Reißiger, führte anschließend mit der Sängerin Marietta Alboni in seinem Geburtsort eine Lebensgemeinschaft, begleitete sie aber, als sie als Berühmtheit durch Europa und Amerika reiste, nicht, sondern ging nach Stockholm, wo er 1849 Kapellmeister am Mindretheater wurde. Im Verlauf der sechziger Jahre erhielt er die Ernennung zum Hofkapellmeister. Er starb am 9.5.1880 in Stockholm.

WERKE
Von Hermann Berens sind eine Oper, 3 Operetten und eine Bühnenmusik mit großem Erfolg aufgeführt worden. Er schrieb weiters einige Klavier- und Kammermusikwerke. Sein Stil spiegelt den seines Lehrers Reißiger wider.

Maxim Beresowski (1745–77)

Zeit und Umwelt

Die Unberechenbarkeit der Auftraggeber und des Publikums haben sowohl Musiker aus West- und Südeuropa wie aus Rußland selbst zu spüren bekommen. Sie waren voll Hoffnung auf ein reiches Betätigungsfeld nach St. Petersburg gekommen und standen vor verschlossenen Türen, obwohl sie nicht weniger konnten als die anderen, die ihr Glück machten; sie hatten die Aufführung einer Oper durchgesetzt und mußten einen Mißerfolg hinnehmen, wenngleich dasselbe Publikum eine weit schlechtere bejubelte.

Leben

Maxim Sosonowitsch Beresowski wurde am 16. 10. 1745 in Glochowo, Ukraine, geboren. Er erhielt seine Ausbildung in Kiew und vollendete sie in Bologna bei Padre Martini in den Jahren 1765 bis 1773. Dann kehrte er nach Rußland zurück, konnte aber dort kein Betätigungsfeld erhalten, so daß er am 22. 3. 1777 in St. Petersburg Hand an sich legte.

Werke

Von den Chorkompositionen von Maxim Beresowski, die später sehr geschätzt wurden, sind nur wenige erhalten. Auch von seinen Instrumentalwerken ist wenig bekannt geworden. Er scheint seiner Zeit stilistisch vorausgeeilt zu sein und daher zuwenig Beachtung gefunden zu haben. Sein Chor »Verlaß mich nicht in meinem Alter« wird heute viel gesungen. Als Opernkomponist hatte er mit einem Bühnenstück in Livorno großen Erfolg.

Konzert in g-Moll für vier Instrumente und Cembalo, 4 Sätze

Es handelt sich um ein ursprünglich für Singstimmen gearbeitetes Werk, das von Bläsern oder Streichern gespielt werden kann. Die ersten 3 Sätze verraten die italienische Schule sehr deutlich, obwohl der akkordische Vollklang russischen Ursprungs ist. Die Anlage der Fuge im 4. Satz nimmt jedoch das Ideengut der russischen Romantik voraus. Das Fugenthema scheint ukrainischer Volksmusik entnommen zu sein.

Nikolai Berezowski (1900–53)

Leben

Nikolai Berezowski wurde am 17.5.1900 in St. Petersburg geboren. Er wurde an der Kaiserlichen Kapelle in St. Petersburg ausgebildet und wirkte anschließend als Konzertmeister an der Oper in Saratow und darauf als Erster Violinist am Bolschoi-Theater in Moskau. Im Jahr 1922 trat er dem Philharmonischen Orchester in New York bei, wo er am 27.8.1953 starb.

Werke

Von Nikolai Berezowski sind 4 Sinfonien, eine Sinfonietta, eine »Toccata, Variationen und Finale« für Streichquartett und Orchester, ein Violinkonzert, ein Cellokonzert, ein Bratschenkonzert, ein Sextett für Streicher, Klarinette und Klavier, 2 Bläserquintette, 2 Streichquartette, ein Poem für elf Instrumente bekannt geworden. Sein Stil ist von der russischen Spätromantik beeinflußt.

Alban Berg (1885–1935)

Leben

Alban Maria Johannes Berg wurde am 9.2. 1885 in Wien geboren. Er war für die Beamtenlaufbahn bestimmt, gab diese aber auf, als er 1904 Schüler und bald auch Freund von Arnold Schönberg wurde. Im Jahr 1910 schloß er seine Lehrzeit ab und bestritt seinen Lebensunterhalt durch Anfertigung von Klavierauszügen und durch Privatunterricht. Seine kompositorische Tätigkeit war vorerst unergiebig. Den Krieg 1914–1918 verbrachte er als Soldat in Ungarn. Im Jahr 1924 zog er durch eine Aufführung von Bruchstücken seiner Oper »Wozzeck« und ein Jahr darauf durch eine vollständige Wiedergabe des Werks in Berlin die Aufmerksamkeit der Musikwelt auf sich. Die Oper wurde bis Ende 1936 in 29 Städten 166mal gegeben. Berg selbst lebte sehr zurückgezogen in Wien ohne feste Stellung und widmete sich der Komposition und dem Musikunterricht, bis er am 14.12.1935 starb. Seine überragende Bedeutung für die Musik unseres Jahrhunderts, die man im Ausland bereits in den letzten Jahren seines Lebens vielfach erkannt hatte, wurde nach dem Zweiten Weltkrieg weltweit und auch in seiner Heimat gewürdigt.

WERKE

»In vielen musikalischen Kreisen, die der Zweiten Wiener Schule im allgemeinen und besonders ihrem theoretischen Denken widerstrebend entgegenstehen, hat man Berg als das einzige Genie betrachtet, das genügend ›Musiker‹ war, um ›Musik‹ zu schreiben«, erklärte Pierre Boulez. »Das scheinbar Traditionelle in Bergs Partituren ist jedoch, wie eine genaue Werkanalyse ergibt, nur ein jeweiliger Kontrapunkt zu den musikalischen Bildern des Entsetzens, auf dessen Darstellung der Komponist nie verzichtete, wie nahezu bei allen seinen Opusnummern feststellbar ist.« Er ist zwar bereits im zweiten Jahr der diktatorischen Regierung in seiner Heimat gestorben, wurde aber durch die Verfehmung seiner Musik hart getroffen. »Es geht mir nicht gut«, schrieb er an Schönberg. »Pekuniär nicht, gesundheitlich nicht. Schließlich geht es mir auch moralisch nicht gut, was sich von einem, der plötzlich entdecken mußte, daß er in seinem Vaterland nicht bodenständig ist, nicht wunder nehmen wird.« Seinen Ausschluß aus der Berliner Akademie der Kunst und das Verbot seines Werks, die ein Beweis für den hohen Wert seiner Leistungen waren, faßte er noch als Kränkung auf, weil er nicht erleben mußte, was in den Jahren nach seinem Tod vor sich ging. Das Gesamtwerk Alban Bergs ist nicht umfangreich, weil er sehr langsam und sorgfältig arbeitete, dennoch erreichte er, in absoluten Zahlen berechnet, bis heute von den drei Hauptvertretern der Zweiten Wiener Schule – Schönberg, Webern, Berg – die höchste Aufführungszahl, weil er einer »überströmenden Wärme des Fühlens Ausdruck verleihen konnte« (Theodor Adorno). Neben seinen beiden Opern, »Wozzeck« und »Lulu« (unvollendet und von Friedrich Cerha kongenial ergänzt), von denen aus Bruchstücken je ein Konzertstück hergestellt wurde, die »3 Orchesterstücke«, das Kammerkonzert für Violine und Klavier mit dreizehn Bläsern, die »Lyrische Suite für Streichquartett«, aus der 3 Sätze für Streichorchester gearbeitet wurden, die Konzertarie »Der Wein« für Sopran und Orchester und besonders das »Violinkonzert« stehen ständig auf den Spielplänen Europas und Amerikas, weil dem Meister der vom Musikologen Willi Reich (27. 5. 1898, Wien, bis 1. 5. 1980, Zürich) verliehene Titel »Klassiker der Modernen Musik« in voller Bedeutung des Worts zukommt. Weniger häufig werden »4 Stücke für Klarinette und Klavier«, seine Klaviersonate, die »5 Orchesterlieder«, die »2 Lieder«, die »4 Lieder« und das Streichquartett gegeben. Er hinterließ eine Menge musikliterarische Arbeiten.

Alban Berg

Drei Orchesterstücke, Opus 6, entstanden 1914, überarbeitet 1929

Stück 1, Praeludium, steigert sich von geräuschhaften Anfängen zu gewaltiger Ballung und fällt sodann symmetrisch zurück. Stück 2, Reigen, gruppiert symmetrisch verschiedene Walzerfragmente. Stück 3, Marsch, ist außerordentlich kompliziert, weil die einzelnen Anfangselemente ständig ruhelos, oft heftig oszillierend transformieren.

Lyrische Suite für Streichorchester, 3 Sätze, entstanden 1928

Es handelt sich um eine Bearbeitung für Streichorchester des 2., 3. und 4. Satzes der sechssätzigen »Lyrischen Suite« aus 1926. Der 1. Satz verbindet Rondo- mit Sonatenform. Ihm ist eine Allintervallreihe zugrunde gelegt (bei der nicht nur die 12 Töne der Reihe, sondern auch alle 11 Intervalle der Reihe einmal vorkommen). Der 2. Satz hat aggressiven Charakter. Der Mittelteil bringt heftige Ausbrüche. Der letzte Teil bringt das Thema des ersten im Krebsgang. Der 3. Satz bringt ein Thema des Widmungsträgers Alexander Zemlinsky und ist expressiv und kompliziert angelegt.

Kammerkonzert für Soloklavier, Solovioline und 13 Bläser, 3 Sätze, entstanden 1925

Der 1. Satz bringt ein langes Thema mit fünf Variationen, von denen die erste das Thema vorträgt, worauf Krebs, Umkehrung und Krebsumkehrung folgen, während die fünfte Variation das Thema in seiner Grundgestalt wiederholt. Im 2. Satz wird der Vorderteil in gleicher Ausdehnung in seiner rückläufigen Version wiederholt. Am Beginn des 3. Satzes begegnen die beiden Soloinstrumente einander. Dann folgt ein Rondo ritmico mit Coda und Stretta, worin die vorangehenden Sätze im Übereinander und im Nacheinander kunstvoll geführt gebracht werden.

Violinkonzert, 2 Sätze, entstanden 1935

Das »Dem Andenken eines Engels« gewidmete Werk, das den Tod der achtzehnjährigen Manon Gropius, Tochter Alma Mahlers, betrauert, wird im 1. Satz von einem Quintenmotiv eingeleitet. Dies und die ansteigende Terzenkette der Zwölftonreihe sind für den ersten Teil des Satzes bestimmend; im zweiten klingt eine Kärntner Volksweise in Ländlermelodik an. Der 2. Satz ist hochdramatisch und schließt mit dem Choral von Johann Sebastian Bachs »Es ist genug…« aus der Kantate »O Ewigkeit, du Donnerwort« (BWV 60).

Alban-Berg-Quartett

Fünf Orchesterlieder für Sopran und Orchester, Opus 4, entstanden 1912

In 5 Sätzen werden aphoristische Impressionen von Peter Altenberg (1859–1919) als Liedzyklus präsentiert. Lied 1 wird figurativ expandiert, Lied 2 hat Intermezzoform. Aufgefächerte Klangfarben bringt Lied 3. Nach dem Intermezzo des Liedes 4 bringt Lied 5 eine Passacaglia mit variativer Reihung.

»Der Wein«, Konzertarie für Singstimme und Orchester, 3 Teile, entstanden 1929

Dem Werk liegen 3 Gedichte aus der Gruppe »Le vin« – Bestandteil der »Fleurs du mal« (Blumen des Bösen) von Charles Baudelaire in freier Nachdichtung von Stefan George zugrunde, und zwar: »Die Seele des Weines«, »Der Wein der Liebenden«, »Der Wein der Einsamen«. Die beiden Ecksätze sind langsam mit Tangoeinschüben, der Mittelabschnitt ist leicht bewegt und läuft in sich symmetrisch ab.

Lyrische Suite für Streichquartett, 6 Sätze, entstanden 1926

Der 1. Satz ist eine leichte heitere Intrada. Seine Reihe wird auch in den folgenden Sätzen mit leichten Veränderungen verwendet. Der idyllische 2. Satz ist ein Rondo mit drei Themen, von denen das erste behaglich, das zweite tänzerisch und das dritte leicht drohend klingt. Der 3. Satz weist Scherzocharakter auf, der durch die Verwendung von Dämpfern und col-legno-Spiel eine gespenstige Stimmung erzeugt. Die Mittelpartie ist voll Ausdruckskraft. Im 4. Satz erklingt eine breite, sehr expressive Kantilene. Im 5. Satz kommt es erneut zu einem etwas spukhaften Scherzo, dessen Mittelteil sehr dunkle Töne anschlägt. Der 6. Satz beginnt pizzicato, dann trägt die Erste Violine einen Trauergesang vor. Die Stimmung des Satzes schwingt zwischen tiefer Verzweiflung und Resignation. Am Ende verstummen die Instrumente nacheinander, die letzten trostverheißenden Töne spielt die Bratsche.

Streichquartett, Opus 3, 2 Sätze, entstanden 1910

Der 1. Satz hat Sonatenform, der 2. Satz Rondoform. Die Haltung des Werks ist stark expressionistisch mit lebhaften Ausbrüchen und Stellen voll inniger Lyrik. Die Dissonanzenhäufung weist auf spätere Stücke des Komponisten hin. Schon die Sextolen, mit dem das Kopfthema einsetzt, prophezeien den stilistischen Entwicklungsgang Bergs. Das Quartett wird zu Unrecht stark vernachlässigt.

Klaviersonate, Opus 1, ein Satz, entstanden 1908, umgearbeitet 1920

Das Werk weist die Form eines Sonatensatzes mit Exposition, Durchführung, Reprise und Coda auf. Es ist trotz der ausgewiesenen Tonart h-Moll panchromatisch und von einer Fülle von chromatischen Schritten und Quartenakkorden durchsetzt; enharmonische Verwechslungen und Alterationen lösen einander ständig ab. Dieses Erstlingswerk erweckt bereits die eigentümliche Ausdruckskraft, die im Gesamtwerk Bergs gegenwärtig ist.

LITERATUR

W. Reich, Alban Berg, Wien 1937. H. F. Redlich, Alban Berg, Wien 1957. V. Scherliess, Alban Berg, Reinbek 1975. Erich Alban Berg, Alban Berg, Frankfurt/M. 1976. Karen Monson, Alban Berg, Berlin 1989.

Natanael Berg (1879–1957)

LEBEN

Carl Natanael Berg wurde am 9. 2. 1879 in Stockholm geboren. Er bildete sich zunächst als Autodidakt aus, sodann am Konservatorium in Stockholm und bei Johan Lindegren (7. 1. 1842, Ullared, bis 8. 6. 1908, Stockholm). Seine kompositorische Tätigkeit entfaltete er neben seinem Hauptberuf als Tierarzt bis 1939 und widmete sich ihr erst dann ausschließlich. Er starb am 14. 10. 1957 in Stockholm.

WERKE

Neben 5 Opern und 3 Balletten verfaßte Natanael Berg 5 Sinfonien, mehrere sinfonische Dichtungen, ein Klavierkonzert, ein Violinkonzert, eine Serenade für Violine und Orchester, ein Klavierquintett, 3 Chorwerke mit Orchester, Balladen für Singstimme und Orchester, Klavierlieder und Klavierstücke. Sein Stil war spätromantisch.

Francesco Berger (1834–1933)

ZEIT UND UMWELT

Trotz ausgezeichneter Musikschulen jeder Art mangelte es England bis in das 20. Jahrhundert an ausreichenden Spitzenkräften. Es gab zu wenig Sänger und zu wenig Instrumentalisten von Rang. Daher konnten zugewanderte Virtuosen genügend Betätigungsmöglichkeiten finden. Sie wurden außerdem nach Möglichkeit als Lehrer herangezogen.

LEBEN

Francesco Berger wurde am 10. 6. 1834 in London geboren. Er war in Triest Schüler von Luigi Ricci und von Ägydius Ferdinand Karl Lickl (1. 9. 1803, Wien, bis 22. 7. 1864, Triest), Sohn des Johann Georg Lickl (1769–1843), und in Leipzig von Ignaz Moscheles, Louis Plaidy und Moritz Hauptmann. Er wurde Klavierlehrer an der Royal Academy of Music und der Guildhall School of Music in London, wo er am 26. 4. 1933 starb.

WERKE

Von Francesco Berger sind 2 Bühnenmusiken, ferner über 100 Klavierstücke und ungefähr 100 Lieder, Duette, Terzette und Chöre auf englische, deutsche, französische oder italienische Texte überliefert. Seine Kompositionen sind vorbehaltlos der Romantik zuzureihen.

Ludwig Berger (1777–1839)

ZEIT UND UMWELT

Im Jahr 1809 gründete Carl Friedrich Zelter die erste Berliner Liedertafel. Eine zweite wurde 1819 in Berlin ins Leben gerufen. Beide Institutionen waren Beispiele und Vorbilder für zahlreiche Männergesangvereine.

LEBEN

Ludwig Berger wurde am 18. 4. 1777 in Berlin geboren, wuchs aber in Templin und Frankfurt an der Oder auf. Er studierte ab 1799 in Berlin Harmonie und Kontrapunktik und ging 1804 mit Muzio Clementi als dessen Schüler nach St. Petersburg, 1812 nach Stockholm und darauf nach London. Von dort kehrte er nach Berlin zurück, wo er bis zu seinem Tod am 16. 2. 1839 als Musiklehrer wirkte. Er war Mitbegründer der zweiten Berliner Liedertafel (1819).

WERKE

Die Klaviersonaten und Klavieretüden von Ludwig Berger übersteigen den Rahmen des Konventionellen nicht. Dafür war er mit Recht als Liederkomponist sehr geschätzt. Er verfaßte bei 160 Lieder, darunter 10 Gesänge aus einem gesellschaftlichen Liederspiel »Die schöne Müllerin«. Seine Musik steht voll im Zeichen der Romantik.

Theodor Berger (geboren 1905)

LEBEN

Theodor Berger wurde am 18.5.1905 in Traismauer, Niederösterreich, geboren. Er war von 1926 bis 1932 an der Musikakademie in Wien Schüler von Franz Schmidt. Anschließend lebte er als freier Komponist bis 1939 in Berlin und darauf in Wien, wo er mehrfach ausgezeichnet wurde.

WERKE

Neben mehreren Balletten schrieb Theodor Berger 4 Sinfonien – darunter die Sinfonia macchinale, die Maschinengetöse wiedergibt –, eine Tondichtung »Malinconia«, das Konzert »Musikalischer Nachtdienst«, ein Violinkonzert, »Frauenstimmen im Orchester« für sechsstimmigen Frauenchor, Harfen und Streicher, ein Divertimento für sechsstimmigen Männerchor, sieben Bläser und Schlagzeug, »Musik zu Goethes Faust, II. Teil« für Chor und Orchester, eine Tondichtung für Streicher, ein »Concerto manuale« mit handgespielten Instrumenten, 2 Streichquartette, Musiken für Film, Radio und Fernsehen.

Concerto manuale (Handgespieltes Konzert) für Streicher, zwei Klaviere, Marimbaphon, Metallophon und Schlagzeug, ein Satz, entstanden 1951

»Die Komposition bewegt sich zur Gänze in den Bereichen der manuellen Tonerzeugung (Streichen, Zupfen, Schlagen, Klopfen). Dabei ist das musikalische Material streng verteilt nach der harten Regel, daß jeder Gruppe des Spielkörpers nur die spieltechnisch passenden Strukturen zugeteilt sind. Das ganze Stück ist in drei achtstufigen Tonalitäten gesetzt; innerhalb einer strukturellen Einheit erfolgt kein Wechsel der Tonalität. Dieser ad hoc entwickelte Tonalitätenkreis und das Instrumentarium bestimmen zusammen die musikalische Erfindung und Formgestaltung und erzwingen den Typus der Strukturen, erstellen zentrales Thema und gestaltendes Prinzip. Die künstlerische Botschaft kommt also nicht durch, sondern aus den Darstellungsmitteln.« (Th. Berger)

Malinconia, Tondichtung für vielstimmiges Streichorchester, ein Satz, entstanden 1933

»Drei Elemente bestimmen den Vorstellungsgehalt des Werks: Das weite Flachland der Puszta, eine südländische Parkszenerie mit üppigen Wasserspielen und ein Hochgebirgsland mit Panoramen und Akustiken der Berggipfel. Als viertes kommt hinzu: Die jahreszeitliche Überhauchung des späten Sommers und des frühen Herbstes. Das fünfte Element ist immanent und drückt sich in den Kantilenen aus: Die Freude an der Natur in jeder Gestalt und die Trauer über das sinkende Jahr.« (Th. Berger)

Wilhelm Berger (1861–1911)

LEBEN

Wilhelm Reinhard Berger wurde am 9.8.1861 in Boston geboren und ab 1878 in Berlin von Friedrich Kiel und Ernst Rudorff (1840–1916) ausgebildet. Er war ab 1888 Lehrer am Klindworth-Scharwenka-Konservatorium und ab 1903 bis zu seinem Tod am 15.1.1911 in Jena Hofkapellmeister in Meiningen.

WERKE

Von Wilhelm Berger sind 2 Sinfonien in B-Dur und h-Moll, Variationen und Fuge für Orchester, »Sonnenhymnus« für Bariton, Chor und Orchester, »Meine Göttin« für Männerchor und Orchester, »3 Balladen« für Bariton und Orchester, ein Klavierquintett, ein Streichquintett, ein Klavierquartett, ein Klaviertrio, ein Streichtrio, 3 Violinsonaten, eine Klaviersonate und weitere Chöre, Lieder und Klavierstücke erschienen. Seine Musik bewegt sich im Fahrwasser der Romantik.

LITERATUR

G. Ernest, Wilhelm Berger, Berlin 1931.

Anfang eines unvollendeten Requiems von Wilhelm Berger, Autograph

Andreas Peter Berggreen (1801–80)

Zeit und Umwelt

Nach deutschem Muster wurde auch in Dänemark an allen öffentlichen Lehranstalten der regelmäßige Gesangunterricht eingeführt und einer zentralen Aufsicht unterstellt. Das Singen wurde zu einem Teil der staatsbürgerlichen Erziehung.

Leben

Andreas Peter Berggreen wurde am 2.3.1801 in Kopenhagen geboren. Er kam erst nach absolviertem rechtswissenschaftlichem Studium zur Musik und wurde Organist an Treenighed-Kirken, 1843 Gesanglehrer an der Metropolitanschule in Kopenhagen und 1859 Gesanginspektor der öffentlichen dänischen Lehranstalten. Er starb am 9.11.1880 in Kopenhagen.

Werke

Von Andreas Peter Berggreen sind die Musik zu mehreren Schauspielen und eine Kantate, ferner Klavierstücke und Lieder erhalten. Er veröffentlichte 11 Hefte mit »Folke-Sange og Melodier«.

Rudolph Bergh (1859–1924)

Zeit und Umwelt

Die dänischen Komponisten haben ihre Verbindung zur deutschen Musik nie aufgegeben; die meisten holten sich nach wie vor ihre Ausbildung zumindest teilweise in Leipzig, Dresden oder Berlin. Als man im Zeichen des anbrechenden Naturalismus von der Folklore abrückte, fiel auch das Unterscheidungsmerkmal, das dänische und deutsche Musik trennte, fort. Zu einem eigenständigen dänischen Stil ohne Anklänge an das Volkslied war es noch nicht gekommen.

Leben

Rudolph Bergh wurde am 22.9.1859 in Kopenhagen geboren. Nach Studien in der Heimat wurde er in Berlin Schüler von Heinrich Herzogenberg und Heinrich van Eyken (1861–1908). Er lebte bis 1919 in Berlin und in Godesberg, kehrte sodann nach Kopenhagen zurück und wurde dort 1922 Direktionsmitglied des Konservatoriums. Er starb am 7.12.1924 in Davos.

Werke

Von Rudolph Bergh sind ein Streichquartett, eine Violinsonate, mehrere gemischte Chöre a cappella, Frauenchöre, »Requiem für Werther« für gemischten Chor, Altsolo und Orchester, »Geister der Windstille« für gemischten Chor, Alt- und Tenorsolo und Orchester, zahlreiche Klavierstücke und ungefähr 150 Lieder im Druck erschienen. Seine Musik hatte die Romantik deutlich verlassen und weist viele naturalistische Züge auf.

Nicolas-Antoine Bergiron de Brion
(1690–1768)

ZEIT UND UMWELT
Im Verlauf des 18. Jahrhunderts begann sich die absolute Vormachtstellung, die Paris in der Entwicklung der französischen Musik einnahm, etwas zu entschärfen, weil, sozusagen im Schatten, auch in den größeren Städten des Landes Musikzentren außerhalb der Kathedralen, in denen die Musik immer intensiv gepflegt wurde, entstanden. Lyon zum Beispiel, das sein hohes wirtschaftliches und kulturelles Niveau in der Zeit vor den Religionskriegen zwar nie wieder erreichen konnte, schuf mit einer Konzertgesellschaft ein von Paris unabhängiges Musikleben.

LEBEN
Nicolas-Antoine Bergiron de Brion wurde 1690 in Lyon geboren. Er gründete in seiner Geburtsstadt 1713 die Académie des Beaux-Arts, eine Konzertgesellschaft, die wöchentlich ein Konzert gab. Ab 1739 war er auch Mitdirektor und Kapellmeister der Oper der Stadt, in der er 1768 starb.

WERKE
Von den zahlreichen Motetten, Kantaten und Gelegenheitskompositionen, die Nicolas-Antoine Bergiron de Brion für die von ihm gegründete Akademie schrieb, wurde nur ein Buch Kantaten veröffentlicht, die sehr konservativ gehalten sind.

Lucas Bergkholtz
(um 1520 bis nach 1561)

ZEIT UND UMWELT
Martin Luther hat der Kirchenmusik keinen Zwang auferlegt und forderte nur, daß sie textlich und musikalisch seinem religiösen Ziel diente. Ob sie einstimmig oder mehrstimmig war, rein vokal oder von Instrumenten begleitet, überließ er den Komponisten und Kantoren. Dennoch waren anfänglich mehrstimmige Vertonungen von Psalmen im Bereich des Calvinismus, der die Einstimmigkeit forderte, häufiger als bei den Protestanten Mitteleuropas.

LEBEN
Lucas Bergkholtz wurde um 1520 in Plauen geboren und studierte an der Universität in Wittenberg ab 1539. Er dürfte dort auch nach 1561 gestorben sein. Es ist nicht feststellbar, ob er ein Lehramt oder ein Kirchenamt ausübte.

WERKE
Der Wittenberger Komponist verfaßte deutsche Psalmentexte für vier Stimmen. 2 davon und eine sechsstimmige Motette sind überliefert. Seine Vertonungen wurden viel beim evangelischen Gottesdienst verwendet, weil sie mit ihrer stark homorhythmischen Struktur die Texte sehr transparent machten.

LITERATUR
G. Pietzsch, Zur Pflege der Musik an den deutschen Universitäten, Archiv für Musikforschung VII, 1942.

Erik Bergman (geboren 1911)

LEBEN
Erik Valdemar Bergman wurde am 24.11. 1911 in Uusikaarlepyy (Nykarleby), Finnland, geboren. Nach seiner Ausbildung an der Sibelius-Akademie in Helsinki setzte er seine Ausbildung bei Heinz Tiessen in Berlin und bei Wladimir Vogel in Ascona fort. Er wurde 1963 Professor für Komposition an der Sibelius-Akademie in Helsinki.

WERKE
Für Orchester schrieb Erik Bergman »Drei Aspekte einer dodekaphonischen Reihe«, eine »Aubade« und 2 weitere Stücke – »Symbol« und »Circulus«, – für Kammerensemble ein Kammerkonzert für Flöte, Klarinette, Baßklarinette, Violine, Bratsche, Cello, Schlagzeug und Klavier, »3 Fantasien« für Klarinette und Klavier, außerdem eine Suite für Gitarre, eine Suite und eine Sonatine für Klavier, ein Orgelstück, ferner zahlreiche Kantaten für Soli,

Chor, zum Teil mit Sprecher und Instrumenten oder a cappella, Liederzyklen und zahlreiche einzelne Gesänge sowie Chöre. Er ist einer der bedeutendsten Repräsentanten moderner Musik in Skandinavien.

William Bergsma (geboren 1921)

LEBEN
William Bergsma wurde am 1.4.1921 in Oakland, Calif., geboren. Er studierte von 1938 bis 1940 an der Stanford University und sodann bis 1944 an der Eastman School of Music. Anschließend lehrte er an der Juilliard School of Music in New York Komposition. Seit 1963 wirkt er als Direktor der School of Music an der Universität in Seattle, Wash.

WERKE
Neben einer Oper und 2 Balletten schrieb William Bergsma Variationen, eine Toccata, 2 Suiten, ein Violinkonzert, ein Bläserquintett, Variationen für Bratsche und Klavier, Klavierstücke, Chormusik, Lieder und Filmmusik. Sein Stil ist der Neuklassizismus seiner Zeitgenossen.

August Bergt (1771–1837)

ZEIT UND UMWELT
Die schöne mittelalterliche Stadt Bautzen in der sächsischen Oberlausitz, kulturelles Zentrum der Lausitzer Sorben, verfügte von alters her über eine vorzügliche, traditionsreiche Kantorei, deren Leitung stets ausgezeichneten Kräften anvertraut wurde.

LEBEN
Christian Gottlob August Bergt wurde am 17.6.1771 in Oederan bei Freiberg geboren. Er wirkte von 1802 bis zu seinem Tod am 10.2.1837 in Bautzen als Organist, Musiklehrer und Dirigent.

WERKE
Von August Bergt sind außer einigen Opern ein Passionsoratorium, ein Te Deum, Kantaten und andere Kirchenwerke, weiters mehrere Sinfonien, Quartette, Trios, Klaviervariationen, Duette, Balladen und kleinere Lieder bekannt geworden. Sein Stil war sehr eklektisch.

Luciano Berio (geboren 1925)

LEBEN
Luciano Berio wurde am 24.10.1925 in Oneglia, Ligurien, geboren. Er studierte am Konservatorium in Mailand bei Federico Ghedini und in Tanglewood, Mass., bei Luigi Dallapiccola. Im Jahr 1953 gründete er beim italienischen Rundfunk ein Studio für Phonologie und leitete es. Ab 1960 unterrichtete er in Tanglewood, in Darlington, in Darmstadt und Köln Komposition, weiters in Oakland, Calif. Ab 1965 wirkte er als Lehrer an der Juilliard School of Music in New York, wo er ein Ensemble für Neue Musik gegründet hatte. Pierre Boulez berief ihn 1977 zum Leiter der elektroakustischen Abteilung des Zentrums für Musikforschung in Paris.

WERKE
An der Entwicklung der elektronischen Musik und der Entdeckung neuer Klänge in der Instrumental- und Vokalmusik hat Luciano Berio maßgeblichen Anteil. Er zählt zu den prominentesten Vertretern der Neuen Musik. Er schrieb »Allelujah I und II«, »Sequenza I« für Flöte, »II« für Harfe, »III« für Solostimmen, »IV« für Klavier, »V« für Posaune, »VI« für Bratsche, »VII« für Oboe, »VIII« für Schlagzeug, »IX« für Violine, »Quaderni I« für Bläser, Schlagzeug, zwei Harfen und Celesta, »II« für Orchester, »III« für Orchester, »Mimusique« und »Perspectives« für elektronische Musik, eine Sinfonia, »Chemins I, II, IIB, IIC, III, IV«, die die Sequenzen weiterentwickeln, ein Streichquartett, eine Serenata für Flöte und 14 Instrumente, ein Stück für Klavier und 23 Instrumente, einen Chor für 40 Singstimmen und 40 Instrumente, ein Konzert für Cello und Kammerorchester, zahlreiche Gesänge mit verschiedener Instrumentalbegleitung, »Visage« für Tonband und weitere Elektronische Musik und Musique concrète.

Sinfonia für acht Solostimmen und großes Orchester mit elektronischer Orgel, 5 Sätze, entstanden 1968

Das Werk wurde von der Kritik als »eines der gehaltvollsten, ergiebigsten Orchesterwerke der jüngsten Zeit« bezeichnet; es war dem Komponisten geglückt, einen großen Publikumskreis zu interessieren, indem er den »schönen Klang« des 19. Jahrhunderts durch geistreiche Collagen mitschwingen ließ. Vokal- und Instrumentalklang halten eine genaue Balance, Musik und Sprache stehen zueinander in einem geradezu osmotischen Konnex. Die nicht überall unmittelbar verständlichen Texte im 1. und im 5. Satz sind einer ethnologischen Abhandlung von Paolo Levi (geboren 1919) entnommen, im 3. Satz sind Textstellen eines Romans von Samuel Beckett (geboren 1906) verknüpft, der 2. und der 4. Satz verwenden einzelne Wörter als phonetisches Material. Im 3. Satz erklingen Zitate aus dem 3. Satz der Sinfonie Nr. 2 von Gustav Mahler mit Anspielung auf Musik von Johann Sebastian Bach bis Karlheinz Stockhausen.

Allelujah II für fünf räumlich getrennte Instrumentalgruppen, entstanden 1958

Die Gruppen werden auf verschiedene Weise um das Publikum herum gestellt, so daß das Klangmaterial als eine ständig aus allen Seiten tönende Jubilatio verstanden werden kann. Sie stellt eine Gedankenverbindung zu gregorianischen Choralformen her, ohne Choralmelodien zu integrieren. Die flächig bewegte Musik ist von starken Eruptionen akzentuiert, nur das Strukturprinzip permanenter Variationen innerhalb enger Grenzen bringt sie der Gregorianik nahe.

Epifanie für sehr großes Orchester und Frauenstimmen, 3 Teile, entstanden 1965

Es handelt sich um eine Vokalfassung von Quaderni I, II, III, mit denen die kompositorische Hauptschicht in Form von genau notierten Orchesterstücken vorgegeben ist; sie können jedoch vom Dirigenten ausgetauscht werden. Die zusätzlichen vokalen Abschnitte ergeben weitere mobile Faktoren, weil die Textzitate durch das gleichzeitig erklingende Orchester eine jeweils verschiedene Beleuchtung erhalten. Als weitere Reihungsmöglichkeit können »einige dieser Texte, die der zeitgenössischen Literatur entnommen sind, nach Wahl des Interpreten an verschiedenen Stellen mit instrumentalen Entwicklungen synchronisiert werden«.

Chemins I su Sequenza II für Harfe und großes Orchester, entstanden 1965

Zu den einzelnen »Sequenzen« verfaßte der Komponist Erweiterungen – »Chemins« (Wege) – mit kommentierender und alterierender Funktion. Hier spielt die Harfe die Einleitung, die von in einiger Entfernung aufgestellten Orchesterharfen respondiert wird, dann kommen außer den um einen Block gruppierten Streichern Klavier, Celesta und Cembalo hinzu und schließlich die Bläser; die Musik drängt zu einem außergewöhnlich heftigen Höhepunkt, dann spielt die Harfe den Epilog.

Chemins II su Sequenza VI für Bratsche und neun Instrumente, entstanden 1967

Der Solopart der Bratsche von Sequenza VI ist beibehalten und wird nur von einer Klangwolke flirrender und tremolierender Resonanzen umgeben.

Chemins IIB su Sequenza VI, entstanden 1970

Hier ist die Farbenpalette von Chemins II stark ausgeweitet; das Orchester absorbiert jedoch die Solopartie.

Chemins IIC su Sequenza VI, entstanden 1972

Zum Werk IIB tritt eine neue Solopartie, gespielt von einer elektrisch verstärkten Baßklarinette, profiliert sich aber innerhalb der anderen Linien des Orchesters wenig markant.

Chemins III su Sequenza VI, entstanden 1968

Es handelt sich eigentlich um Chemins auf Chemins II. »In Chemins III sind der Grundtext und sein Kommentar als Folge eines ständigen Austausches von Elementen eng miteinander verzahnt. Der eine verhält sich zum andern so wie Figur, Zeichnung oder Modell zu Farbe und Schatten, wie alles, was wir gestalten, zugleich etwas anderes in sich birgt, darin einer Veräste-

Luciano Berio

lung von Wegen vergleichbar, die wieder auf neue Wege treffen werden.«

Charles Auguste de Bériot (1802–70)

ZEIT UND UMWELT
Die französische Violinistenschule begab sich in der ersten Hälfte des 19. Jahrhunderts in ein äußerst seriöses Fahrwasser und hob sich merklich von den Italienern ab. Technik um ihrer selbst willen war verpönt, aber ebenso die Verwendung leichter, an die Opernarie angelehnte Melodien. Wie sich mit der staatlichen Konsolidierung Belgiens der Auftrieb einer eigenständigen Musikentwicklung immer deutlicher abzeichnete, so bildete sich auch dort parallel zum französischen ein eigener Violinstil, der zwar lockerer, eingängiger war, aber dennoch die Musikalität nicht verließ.

LEBEN
Charles August de Bériot wurde am 20.2.1802 in Löwen geboren. Er war Schüler von François de Sales Baillot und Giovanni Battista Viotti. Nach seinem ersten Auftreten als Violinist in Paris konnte er sofort eine Konzertreise nach England antreten und feierte bis zu seiner Erblindung ungeheuere Triumphe als Virtuose. Von 1843 bis 1852 wirkte er in Brüssel als Erster Violinlehrer des Konservatoriums. Er starb am 8.4.1870 in Brüssel.
Sein Sohn Charles Wilfrid de Bériot (21.2. 1833, Paris, bis 22.10.1914, Sceaux-du-Gâtinais) war Pianist und ab 1887 Klavierlehrer am Conservatoire in Paris.

WERKE
Von Charles Auguste de Bériot sind 10 Violinkonzerte, von denen 3 (Nr. 3, 7, 9) heute noch gespielt werden, 3 Klaviertrios, viele Sonaten für Klavier und Violine, 11 Variationen, Duos und 5 Etüdensammlungen neben einer Violinschule erschienen. Sein Stil unterscheidet sich auffällig von dem zeitgenössischen französischen. Er ist liebenswürdiger, eleganter, zierlicher und auch virtuoser, ohne die Technik in den Vordergrund zu stellen.
Charles Wilfrid de Bériot schrieb »Opéras sans Paroles« für Klavier und Violine (Werke ohne Worte), 3 Klavierkonzerte, eine sinfonische Dichtung (»Fernando Cortez«), Ouvertüren, ein Septett, 2 Klavierquartette, ein Klaviertrio und eine Sonate für Flöte und Klavier. Sein Stil gehört bereits der Spätromantik an.

Anton Berlijn (1817–70)

ZEIT UND UMWELT
Niederländische Musiker, die in Deutschland oder Frankreich studierten, kamen zumeist mit einer vorzüglichen Ausbildung zurück; man konnte ihnen jede Dirigenten- und Chorleiterstelle anvertrauen – es waren jedoch aus ihnen deutsche oder französische Musiker geworden. Zur Bildung einer eigenständigen niederländischen Musik konnten sie wenig beitragen, weil sie ihre Melodik nicht aus dem Volksliedgut schöpften.

LEBEN
Anton Berlijn (Aaron Wolff Berlijn) wurde am 2.5.1817 in Amsterdam geboren. Er war in Berlin Schüler von Ludwig Erk. Nach seiner Rückkehr nach den Niederlanden wirkte er von 1846 bis zu seinem Tod am 18.1.1870 als Musikdirektor des Theaters in Amsterdam.

WERKE
Von Anton Berlijn sind 9 Opern, 7 Ballette und ein Oratorium (»Moses«) aufgeführt worden. Er verfaßte ferner eine Anzahl Sinfonien, und zahlreiche andere Orchesterwerke und Vokalstücke.

Hector Berlioz (1803–69)

ZEIT UND UMWELT
Während in Frankreich auf politischem Gebiet die vorrevolutionäre Situation wieder hergestellt wurde, ist im Bereich der Kunst wie in manchen anderen der Fortschrittsgedanke lebendig geblieben; die Lehre, daß das Alte stürzen muß, damit sich neues Leben aus den Ruinen erhebe, wurde nicht vergessen, aber als erfüllt angesehen. Im Pariser Conservatoire

Hector Berlioz

wurde die Musik von den Fortschrittlichen von gestern und vorgestern verwaltet; man versuchte zu verhindern, daß sich das Räderwerk der Welt weiterdrehte, man wollte den Jungen nicht zubilligen, weiterzuschreiten, wie sie es selbst taten, man versuchte die einmal erkämpften Ziele zu verteidigen. Der Bürger, der durch die bürgerliche Revolution zu Reichtum und Macht gelangt war, wünschte keine Veränderung mehr, die sich gegen ihn gerichtet hätte. Die neuen Formen waren zu Formeln erstarrt. Wie vordem für den Adel war die Kunst zum Vergnügen der neuen Klasse, die aus dem zurückgekehrten Adel und dem emporgekommenen Großbürgertum bestand, geworden. Und diese neue Klasse ließ als Musikgattung lediglich die Oper gelten – die Beachtung, die man der Sinfonie schenkte, war gering –, und diese Oper mußte nach festgefahrenen Regeln ablaufen. Ein »Freischütz« konnte nur mit einer Balletteinlage auf die Bühne kommen, die Premiere des »Tannhäuser« verursachte einen Theaterskandal, weil das Ballett nicht in den zweiten Akt eingefügt war, sondern in den ersten, den das »vornehme« Publikum zu versäumen pflegte. Für einen Meister der Tonkunst, der keine Oper in der von dieser herrschenden Klasse verlangten Form auf die Bühnen brachte, bestand daher keine Möglichkeit, die Mauer der Ablehnung zu durchbrechen.

Leben

Louis Hector Berlioz wurde am 11.12.1803 in La Côte-Saint-André, Isère, geboren. Sein Vater, ein Landarzt, bestimmte ihn zum Medizinstudium. Er ging aber gegen den Willen seiner Eltern von der Universität zum Conservatoire über, wo er Schüler von Jean-François Lesueur, Luigi Cherubini und Antonín Rejcha wurde. Seinen Lebensunterhalt verdiente er als Chorist am Théâtre de Nouveautés. Er war bereits mit einigen Kompositionen hervorgetreten, als er den Rompreis erhielt, der ihm einen Studienaufenthalt in Italien ermöglichte. Nach 18 Monaten kehrte er wieder nach Paris zurück und begann, da er mit seinen Kompositionen wenig Anklang fand, sich mit Erfolg als Musikschriftsteller und Kritiker zu betätigen. Er trat mit Eifer für die Programmusik ein, die bereits sein Lehrer Lesueur – dem einzigen, mit dem er sich vertrug, während es mit den konservativen Lehrern, Cherubini und Rejcha, stets zu Konflikten kam – befürwortete. Seine Oper »Benvenuto Cellini« fiel durch. Das großzügige Honorar von 20.000 Franken, das ihm Niccolò Paganini für den »Harold in Italien« bezahlte, obwohl er ein Violinkonzert bestellt hatte und ein Bratschenkonzert geliefert erhielt, ermöglichte es ihm 1840, Konzertreisen zu unternehmen. In Deutschland, England und Rußland wurde er sehr entgegenkommend aufgenommen, jedenfalls besser als in seiner Heimatstadt Paris. Überall fand er, der gigantische Orchester- und Chormassen forderte, begeisterte Anerkennung. Die Stelle eines Kompositionslehrers am Conservatoire, die er anstrebte, erhielt er nicht. Er mußte sich mit der Ernennung als Bibliothekar des Pariser Instituts begnügen, die er bis zu seinem Tod am 8.3.1869 betreute.

Werke

Zu seinen Lebzeiten hatte Hector Berlioz nur wenig Erfolg. Erst Jahrzehnte nach seinem

Tod fand die Genialität dieser bedeutenden Gestalt der französischen Musikgeschichte wachsenden Anhang. Man erkannte endlich, daß er einer der großen Wegbereiter und Vertreter der romantischen Musik war und einer der originellsten Komponisten überhaupt. Mit ihm begann die Epoche der echten Romantik, die das »Ich« des Komponisten, dessen Gefühle, dessen Vorstellungen und Gedanken unmittelbar und nicht über den Umweg historischer Reminiszenzen oder Märchenträume in den Mittelpunkt des künstlerischen Geschehens stellte; mit ihm begann die Programmusik, die literarischen Vorlagen folgt und deren Vorgänge umwegfrei, real und wahrhaftig ohne irgendwelche Regelzwänge darstellt, ob sie nun burlesk, schrecklich, leidenschaftlich, melancholisch, anmutig oder vernichtend sind; mit ihm begann auch ein neuer Orchesterklang, weil er die Möglichkeiten der einzelnen Instrumente und deren Kombinationen voll ausschöpfte. Man kann vielleicht auch behaupten, daß mit ihm die Musik der Gegenwart ihren Anfang nahm. Jedenfalls wirkte sein Einfluß auf das Schaffen des gesamten Jahrhunderts und weit hinaus. Die dramatische Kraft seiner Werke hat zahlreiche spätere Komponisten angeregt. Dabei muß beachtet werden, daß diese vor allem auf der melodischen Idee fußt, die das Werk beherrscht, auf seinem rhythmischen Erfindungsvermögen und nicht zuletzt auf der Klangfarbe, die einen essentiellen Bestandteil seiner Musik darstellt.

Sein Werk umfaßt 4 Sinfonien: »Symphonie Fantastique«, »Harold in Italien«, »Romeo und Julia« und »Trauer- und Triumphsinfonie«. Sie scheinen noch heute auf den Konzertprogrammen auf. Die Ouvertüren »Waverley«, »König Lear«, »Benvenuto Cellini«, »Römischer Karneval« und »Der Korsar« sind nur mehr auf Schallplatten zu hören. Seine großen Chorwerke »Requiem«, »Te Deum« und »Fausts Verdammung« werden wegen ihres gewaltigen Klangapparats selten aufgeführt, fesseln aber das Publikum heute immer noch durch ihre Großartigkeit. Sein Oratorium »Die Kindheit Jesu« gerät immer mehr in Vergessenheit. Auch seine Lieder (Chor- und Sologesänge) werden nur mehr wenig gesungen, waren aber bis zum Ende des 19. Jahrhunderts richtunggebend. Von seinen 3 Opern, »Die Trojaner«, »Benvenuto Cellini« und »Beatrice und Benedikt« wird heute nur noch die erstgenannte – zumeist gekürzt – aufgeführt. Eine Orchestermesse, mehrere Kantaten und andere Jugendwerke sind zum Teil verschollen. Alles in allem: ein Meisterwerk, das aus Meisterwerken besteht, wie César Franck sagte.

Von seinen sehr interessanten schriftstellerischen Werken ragt seine »Abhandlung über Instrumentation und Orchestrierung« hervor, mit dem er der Klangfarbe ihren Platz in der Komposition einräumte, der ihr heute zukommt. Nahezu ein Jahrhundert war sie grundlegend für jeden Komponisten und wurde daher oftmals aufgelegt und in mehreren Sprachen übersetzt.

Symphonie Fantastique – Episode im Leben eines Künstlers –, Opus 14, 5 Teile, uraufgeführt 1830

Die Form des Werks ist streng sinfonisch nach dem Vorbild Ludwig van Beethovens, den fortzusetzen nach seiner Aussage das Ziel des Komponisten war. Der Inhalt jedoch ist programmatisch und schildert das Traumerlebnis eines Künstlers, der aus unglücklicher Liebe Opium genommen hat. Berlioz stellt die Liebe zu seiner späteren Frau Harriet Smithson, einer damals in Paris berühmten Darstellerin von Frauengestalten in Shakespeare-Dramen (Julia, Ophelia usw.), die ihn nicht erhören wollte, dar. Das musikalische Hauptthema erscheint in jedem Satz als »Idée fixe« und charakterisiert leitmotivisch die spröde Geliebte. Im 1. Satz werden die Einsamkeit des jungen Musikers geschildert, seine Melancholie, seine Begegnung mit der Geliebten, seine Leidenschaft und Eifersucht. Im 2. Satz geht der Musiker mit seiner Angebeteten auf einen Ball. »Szenen auf dem Land« heißt der 3. Satz; Oboe und Englischhorn blasen für den Musiker ein Hirtenlied. Die Geliebte erscheint. Mit einem Mal steigt ahnungsvolle Eifersucht in dem Mann auf. Das Hirtenlied erklingt erneut. Die Sonne sinkt. Ferne Donner kündigen kommendes Unglück an. Im 4. Satz hat der Mann die Geliebte ermordet, wird hiefür zum Tod verurteilt, zum Richtplatz geführt und beim Wirbel der Trommeln und Pauken enthauptet. Der »Traum in der Walpurgisnacht« des 5. Satzes bringt einen dämonischen Klangrausch. Der hingerichtete Mörder wird von Hexen und Gespenstern begraben. Die Geliebte erscheint als grausiger Dämon und nimmt an der Bestattung ihres Mörders hohngrinsend teil. Die Hexen tanzen um sein Grab.

Lelio oder die Rückkehr zum Leben, Lyrisches Monodrama, Opus 14B, 2. Teil zur »Symphonie Fantastique«, 6 Teile, uraufgeführt 1832

Der Musiker ist von seinem Opiumtraum erwacht und fährt mit seinen Gedanken fort. Orchester, Chor und Sänger sind hinter einem Vorhang verborgen, Lelio spricht auf dem Podium. Im 1. Teil wird »Der Fischer« von Wolfgang von Goethe (1749–1832) deutsch gesungen und von Lelio monodramatisch kommentiert, im 2. Teil singen die Geister von Tod und Grab. Lelio verkleidet sich in einen Briganten und vernimmt im 3. Teil den Gesang der Räuber, die ihr freies Leben preisen. Lelio ist gerührt und weint, darauf hört er sich selbst im 4. Teil einen Freudengesang anstimmen. Dann verfällt er erneut in Melancholie. Der 5. Teil bringt wehmütige Erinnerungen; das Orchester – jetzt sichtbar – gibt dieser Stimmung Ausdruck. Im 6. Teil singt der Chor (italienisch) eine Paraphrase zu Shakespeares »Sturm«. Dann bittet Lelio das Publikum, ihn nun allein zu lassen. Die »Idée fixe« klingt auf; mit schmerzlicher Gebärde verabschiedet sich Lelio.

Harold in Italien, Opus 16, 4 Sätze, uraufgeführt 1834

Die Sinfonie ist aus dem von Niccolò Paganini bestellten Violinkonzert entstanden, das der Virtuose dann ablehnte, weil es zu wenig Gelegenheit bot, seine Virtuosität zu zeigen. Die musikalische Szene schildert in Anlehnung an »Child Harold's Pilgrimage« von Lord Byron im 1. Satz »Harold in den Bergen«. Die Bratsche, nur von Harfen begleitet, stimmt das Harold-Thema an und führt die Schönheit der Natur vor Augen. Landleute erscheinen und singen ein Loblied auf die Berge; Harold stimmt nach einigem Zögern ein. Auch der 2. Satz spielt in Italien. Pilger ziehen vorüber und singen ein Wallfahrerlied. Harold beteiligt sich am frommen Gesang. Die Pilger ziehen weiter. Von der Ferne klingen Abendglocken. Der 3. Satz verlegt die Szene in die Abruzzen. Das Englischhorn imitiert mit gezupften Streichern das Ständchen eines verliebten Dorfbewohners. Harold wird von der Idylle so ergriffen, daß er das Lied nachsingt, obschon der Liebhaber mit seinen Freunden bereits verschwunden ist. Im 4. Satz gerät Harold in eine Räuberkneipe mit ihrem wüsten Lärm. Er versucht, sich an die erlebten Idylle zu erinnern, wird aber vom Räuberchor daran gehindert.

Romeo und Julia, Dramatische Sinfonie, Opus 17, 4 Teile, uraufgeführt 1839

Diese im Ausland begeistert aufgenommene, in Paris abgelehnte Sinfonie, die einem Oratorium sehr nahekommt, beginnt mit einer Fuge der Streicher, die einen tumultuösen Streit der Capulets und Montagues schildert; eine lapidare Melodie kündigt den Auftritt des Fürsten an, der den Aufruhr beendet. Dann setzt der Prolog ein, der mit den zwei Solostimmen, einem dreistimmigen Chor und Orchester den Inhalt des Stücks andeutet. Im 2. Teil feiern die Capulets ein rauschendes Ballfest, bei dem Romeo und Julia einander begegnen. Im Garten trauert Romeo wegen seiner hoffnungslosen Liebe, von Ferne klingt die Ballmusik, dann verlassen die jungen Capulets den Palast und ziehen singend vorüber. Julia erscheint. Ein Adagio des Orchesters schildert die Liebesszene. Die Fee Mab tritt auf und prophezeit das bittere Ende des Dramas. Der 3. Teil beginnt mit dem Begräbnis Julias; Romeo begibt sich in die Familiengruft. Julia erwacht. Ergreifend stellt das Orchester die unendliche Freude, dann die Verzweiflung, Angst und Tod des Liebespaares dar. Im Finale beschwört Bruder Lorenzo die feindlichen Familien, vom Kampf abzulassen; sie leisten den Versöhnungsschwur mit geteiltem Chorgesang.

Symphonie funèbre et triomphale für große Militärkapelle mit Streichinstrumenten und Chor, Opus 15, 3 Sätze, komponiert zur Zehnjahresfeier der Julirevolution 1840

Der 1. Satz ist ein Trauermarsch als Kondukt der durch die Straßen von Paris getragenen Asche der Toten der Revolution. Düstere Tonfarben, krasse Harmoniewechsel, rhythmische Einfachheit und massive Orchestrierung zeichnen ihn aus. Über einem gleichbleibenden Rhythmus der Blechbläser tragen Klarinetten und Flöten eine lange, außerordentlich traurige und eindrucksvolle Melodie vor, deren dunkle Feierlichkeit von kurzen deklamatorischen Passagen mehrmals unterbrochen wird. Der 2. Satz, »Die Leichenrede«, überläßt der Soloposaune die Melodie, die rezitativisch beginnt, in ein Arioso übergeht und sich zu einer Arie weiterentwickelt. Das Orchester respondiert dem Solisten wie ein Chor. Der 3. Satz bringt nach einem Trommelwirbel und einer Fanfare ein brausendes Marschthema des vollen Orchesters. Es handelt sich um Militärkapellenmusik von impulsiver Kraft auf hohem Niveau. Zu den Schlaginstrumenten tritt ein Schellenbaum. Gegen das Ende setzt der Chor ein, anfänglich in tiefen Registern wie ein fernes Volksgemurmel, dann mit einem hinreißenden, vom gesamten Orchester begleiteten Hymnus zum Ruhm der beigesetzten Toten und des Landes.

Hector Berlioz
Lithographie von Prinzhofer, 1846

Grande Messe des Morts (Requiem), Opus 5, 10 Sätze, zu Ehren eines im Kolonialdienst gefallenen Generals im Invalidendom, mit ungeheurem Klangapparat – 100 Streicher, 4 an den Ecken des Doms aufgestellte Blasorchester, 200 Choristen, insgesamt 600 Mitwirkende – uraufgeführt 1837

Das Requiem trägt militärischen Charakter. Wenn auch die hereinstürzenden Klangorkane die Majestät des Weltenrichters ankündigen sollen, so sind es unverkennbar militärische Signale, rollende Geschützlafetten und Salutschüsse, die zu Ehren des toten Generals (oder der Toten der Julirevolution, für die das Requiem ursprünglich bestellt war) klingen und dröhnen. Das einleitende Requiem in aeternam und das Kyrie sind ein düsterer Trauergesang der Solisten und Choristen. Das Dies irae verzichtet auf die übliche Klangmalerei des Schreckens des Jüngsten Tages, dessen Anbruch nahezu referierend angezeigt wird. Dann aber ertönen von allen Seiten des Raumes die Weckrufe, die die Toten vor das Letzte Gericht befehlen wie ein Alarm für ein tief in Schlaf versunkenes Heerlager. Die erregende Wirkung einfacher Dreiklangmotive verleiht dem Requiem einen weit vom liturgischen Text entferntes Programm. Das Quid sum miser ist weniger ein Ausdruck verzagter Seelen als die gehorsame Antwort auf den Befehl. Noch einmal schmettern die Signale im Rex tremendae, als die Aufgerufenen befehlsgemäß vor dem Richter angetreten sind. Die letzte Heerschau wickelt sich ab, der himmlische General Michael führt sie vor; tapfere Soldaten, die für ihr Vaterland gestorben sind, müssen sich nicht fürchten, sie ziehen mit einer Hosianna-Fuge in das himmlische Reich ein. Dieses Requiem, das denen von Wolfgang Amadeus Mozart und Giuseppe Verdi an die Seite zu stellen ist, wird den Darstellungen des Jüngsten Gerichts großer Maler gleichgehalten, dabei aber übersehen, daß es nicht so sehr auf die Trauer um die toten Soldaten und noch weniger auf ihre Furcht vor dem Weltgericht, sondern auf deren letzte Ehrung abzielt.

Te Deum für Tenor, Chöre, Orchester und Orgel, Opus 22, 6 Sätze, uraufgeführt 1855 in St-Eustache in Paris am Tag vor der Eröffnung der Weltausstellung mit einem Aufgebot von 900 Mitwirkenden

Der Komponist schreibt über sein Werk: »Im Te Deum respondiert die Orgel mit dem Orchester und zwei Chören, während ein dritter großer Chor, die Volksmenge darstellend, von Zeit zu Zeit einfällt.« Der sakrale Text ist zum Teil nur Grundlage zu kolossalen Schilderungen des für Paris großen Ereignisses, für das die Kantate geschrieben ist.

Fausts Verdammung, Dramatische Legende, Opus 24, 4 Teile, entstanden 1846

Obwohl das Stück 1893 in Monte Carlo als Oper aufgeführt wurde und bis heute die Opernhäuser dieses Beispiel nachahmen, handelt es sich um keine Oper, sondern um ein Oratorium. Der Faust-Stoff ist nicht dramatisch, sondern lyrisch-episch in einzelnen Bildern dargestellt. Schon 1829 behandelte der Komponist diesen Stoff in seinen »Acht Szenen aus Goethes Faust«. Das Oratorium ist eine Erweiterung jenes Werkes auf 4 Teile mit 20 Bildern, von denen einige – Rákóczi-Marsch, Sylphidenballett, Tanz der Irrlichter – auch gesondert gespielt werden. Teil 1 spielt in Ungarn und bietet ein idyllisches, friedliches Stimmungsbild; ein Heer zieht vorbei, begleitet vom Rákóczi-Marsch, der (auf einer ungarischen Volksmeldie basierend) zur Nationalhymne Ungarns geworden ist. Teil 2 nähert sich inhaltlich der Dichtung Goethes: Studierstube, Osterhymne, Erscheinen des Mephistopheles, der Faust in Auerbachs Keller führt, das reizende Rattenlied, das Flohlied, Szene am Elbufer, wo Erd- und Luftgeister Fausts Schlaf bewachen und umgaukeln. Margarete erscheint Faust im Traum, Sylphidentanz. Im Teil 3 begegnen Faust und Margarete einander. Margarete singt das Lied »König von Thule«, Mephistopheles ein »ehrbares« Ständchen, Irrlichter tanzen ein zeremonielles Menuett. Abend in Margaretes Kammer, Mephistopheles unterbricht das Zusammensein der Liebenden und mahnt zum Aufbruch. Der 4. Teil beginnt mit einer von Margarete gesungenen wehmütigen Romanze; man vernimmt aus der Ferne den Chor der Soldaten und Studenten – Faust, den Margarete sehnlich erwartet, kommt nicht. Die Szene wechselt: Faust meditiert in der Mondnacht im Wald, Mephistopheles mahnt ihn an Margarete, die wegen Ermordung der Mutter verurteilt im Kerker liegt. Faust liefert seine Seele Mephistopheles aus, um das Mädchen zu retten. Der Pakt wird geschlossen. Mephistopheles, der zugesagt hat, Faust zu Margarete in den Kerker zu führen, bringt ihn unmittelbar zur Hölle, die sich auftut und ihn unter dem Triumphgesang der Höllengeister verschlingt. Margaretes Seele schwebt in den Himmel, seraphische Chöre verkünden ihre Verklärung.

Die Kindheit Christi, heilige Trilogie, Opus 25, 3 Teile, uraufgeführt 1854
Dieses Oratorium verzichtet auf großes Orchester und hat stellenweise sogar kammermusikalischen Charakter. Der 1. Teil, »Traum des Herodes«, kündigt mit einem Rezitativ des »Erzählers« die kommende Handlung an. Römische Wachen berichten von der Furcht des Königs Herodes vor Verrätern. Im Königspalast schreckt Herodes aus seinen Angstträumen: »Schon wieder dieses Kind, das mich entthronen will!« Schriftgelehrte werden gerufen, die den Traum deuten sollen. Sie raten, alles Neugeborene zu töten. Im Stall zu Bethlehem singen Joseph und Maria ein geistliches Pastorale. Dann ertönt der Ruf des Engels, der Maria aufträgt, nach Ägypten zu fliehen. Das von der Orgel und einigen Instrumenten begleitete Hosianna beschließt den Teil. Der 2. Teil, »Die Flucht nach Ägypten«, wird von einem Hirtenchor eingeleitet. Die Heilige Familie hält Rast, ein kleiner pastoraler Sinfoniesatz schildert die idyllische Landschaft. Der Erzähler berichtet, daß die Flüchtenden vom Engel beschützt werden. Der 3. Teil, »Ankunft in Saïs«, läßt erneut den Erzähler zu Wort kommen; er berichtet vom Ritt durch die heiße Wüste, von der Hartherzigkeit der Bewohner in Saïs, die die Familie nicht aufnahmen. Die erste Szene stellt die vergebliche Herbergsuche in Saïs dar, in der zweiten tut sich die Hütte eines Ismaeliten auf, der die Flüchtenden einläßt. Fröhlich klingt der Tag bei der Musik der jungen Ismaeliten aus. Dann spricht der Erzähler das Schlußwort: »So wurde der Erlöser von einem Ungläubigen gerettet.«

LITERATUR
S. Demarquez, Hector Berlioz, Paris 1969. R. Bockholdt, Berlioz-Studien, München 1970. M. Guiomar, Le masque et le fantasme, La pensée musicale de Berlioz, Paris 1970.

Juan Bermudo (um 1510 bis um 1565)

ZEIT UND UMWELT
Morales war in der 1. Hälfte des 16. Jahrhunderts die Zentralgestalt des Musikgeschehens in Spanien. Sein Stil, sein Klang und sein Spiel waren beispielgebend, seine Empfehlung und seine Freundschaft waren bei Anstellungen entscheidend.

LEBEN
Der Musikwissenschaftler und Kirchenkomponist Juan Bermudo wurde um 1510 in Écija (Andalusien) geboren. Seine Studien betrieb er in Alcalá de Henares. Im Jahre 1549 ist er in Marchena am Herzoghof von Arcos nachweisbar, wo er offensichtlich als Musiker wirkte. Er ist um das Jahr 1565 vermutlich in Marchena verstorben. Ob er jemals im Dienst des Erzbischofs von Andalusien stand, ist unsicher. Belegt ist nur, daß er mit Morales in Verbindung stand und mit ihm befreundet war.

WERKE
Für die Musikgeschichte ist vor allem das fünfbändige Werk von Juan Bermudo über die spanischen Musikinstrumente wichtig. Seine Orgelstücke und seine wenigen erhaltenen sakralen Kompositionen sind nur interessant, weil sie beweisen, wie stark der Einfluß von Morales auf seine Zeitgenossen gewesen ist.

LITERATUR
O. Kinkeldey, Orgel und Klavier, Leipzig 1910.

Ercole Bernabei (um 1622–87)

ZEIT UND UMWELT
Die römische Schule des 17. Jahrhunderts

zeigte zwei Richtungen, die von einzelnen Komponisten zuweilen gleichzeitig gepflegt wurden. Auf der einen Seite artete das römische Barock zu einer gigantischen Vielstimmigkeit aus, die zugleich musikalisch verflachte, andererseits wurde der Geist Palestrinas neu beschworen, was zur sogenannten Palestrina-Renaissance führte.

LEBEN
Ercole Bernabei wurde um 1622 in Caprarola geboren. Er war Schüler von Orazio Benevoli. Von 1653 bis 1656 war er Organist an San Luigi de'Francesi, von 1665 bis 1667 an San Giovanni in Laterano und dann erneut an der Französischen Kirche, bis er 1672 Orazio Benevoli an San Pietro nachfolgte. Im Jahr 1674 wurde er Hofkapellmeister in München, wo er am 5. 12. 1687 starb.

WERKE
Der italienische Komponist Ercole Bernabei war ein Verfechter der sogenannten Palestrina-Renaissance der römischen Schule. Er verfaßte Messen, Motetten, Psalmen, Hymnen und Te Deum für vier bis acht Stimmen und eine Reihe Kammerkantaten. Seine fünfstimmigen Motetten werden von zwei Violinen und Generalbaß begleitet und entsprechen der konservativen Tendenz, der er sonst huldigte, nicht. Die dreistimmigen Madrigale sind kontrapunktisch gesetzt. Er schrieb auch 5 Opern für München.

LITERATUR
R. de Rensis, Ercole Bernabei, in: Musica d'oggi 1920.

Giuseppe Antonio Bernabei
(1649–1732)

ZEIT UND UMWELT
Maximilian II. Emanuel (1662–1726), Kurfürst von Bayern, verband sich im Spanischen Erbfolgekrieg mit Frankreich, weil er anstelle der Habsburger die Führungsrolle in Deutschland übernehmen wollte. Dies wurde in der Schlacht bei Blenheim (1704) vereitelt. Der Kurfürst wurde 1706 aus den Niederlanden, wo er seine Regentschaft in eine volle Souveränität zu verwandeln suchte, vertrieben und verlor sein eigenes Land, so daß er nach Paris flüchten mußte und erst nach dem Friedensschluß wieder nach München zurückkehren durfte. München selbst war davon nicht stark berührt. Die Hofkapelle und der Opernbetrieb blieben ungestört.

LEBEN
Giuseppe Antonio Bernabei wurde 1649 in Rom geboren und von seinem Vater Ercole Bernabei ausgebildet. Er übersiedelte mit dem Vater nach München und wurde dort als dessen Nachfolger 1688 Hofkapellmeister, nachdem er ab 1677 die Stelle des Vizekapellmeisters bekleidet hatte. Er starb in München am 9. 3. 1732.

WERKE
Der italienische Komponist Giuseppe Antonio Bernabei schrieb neben 15 Opern eine Anzahl Kirchenmusik im polyphonen Stil: Messen, Magnificat, Motetten, Hymnen. Besonders bemerkenswert sind seine Messen in D-Dur und G-Dur und die Missa Veni Creator Spiritus wegen ihrer feinen Kontrapunktik. Er war einer der wenigen Kirchenkomponisten der Zeit, bei dem die gleichzeitige Opernkomposition nicht durchschlug.

LITERATUR
K. Forster, Über das Leben und die kirchenmusikalischen Werke des Giuseppe Antonio Bernabei, München 1933.

Antonio Bernacchi (1685–1756)

LEBEN
Antonio Maria Bernacchi wurde am 23. 6. 1685 in Bologna getauft. Er war dort Schüler von Francesco Antonio Pistocchi (1659 bis 1726), der ihn zum Kastratensänger ausbildete. Kurfürst Johann Wilhelm von der Pfalz (1658–1716) zog ihn 1701 nach Düsseldorf. Nach seinem Auftreten in den Jahren 1716/17 in London sang er mit größtem Erfolg in Venedig, Mailand, Bologna, Turin

und München, wo er bei Giuseppe Antonio Bernabei (um 1649–1732) Kompositionsunterricht nahm. Von 1720 bis 1727 wirkte er in Wien und wurde 1729 von Händel neuerlich nach London verpflichtet. Im Jahr 1736 ging er in seine Heimatstadt Bologna zurück und gründete dort eine Gesangschule, die er bis zu seinem Tod am 16. 3. 1756 leitete.

WERKE

Ruf und Ruhm errang der italienische Evirat Antonio Bernacchi durch seine außerordentliche Gesangskunst. Seine kompositorischen Leistungen, Soli und Duette mit sakralen und profanen Texten, vorwiegend zum eigenen Gebrauch, traten dagegen zurück. Es handelte sich um Virtuosenmusik, die aber sehr ansprechend war und stilistisch ihrer Zeit entsprach.

LITERATUR

Antonio Bernacchi e la sua scuola di canto, Rivista Musicale Italiana XXIX, 1922.

Antonio Bernal (um 1505 bis nach 1554)

ZEIT UND UMWELT

In der ersten Hälfte des 16. Jahrhunderts hatte sich der typische sevillanische Stil mit seinen dicht geführten tiefen Stimmen herausgebildet. Sein Hauptmeister war unzweifelhaft Christobal Morales, dessen Einfluß für die spanischen Musiker für lange Zeit wirksam blieb.

LEBEN

Antonio Bernal wurde um 1505 in Sevilla geboren. Er wurde Chordirigent der Erlöserkirche der Stadt, die er augenscheinlich bis zu seinem Tod nach 1554 nicht verlassen hat. Eine Identität mit dem Zeitgenossen José Bernal, der in der Sängerliste der Kapelle von Kaiser Karl V. aufscheint, liegt nicht vor. Es ist aber möglich, daß dieser mit Gonzales Bernal, von dem etliche Kompositionen überliefert sind, identisch ist.

WERKE

Von Antonio Bernal ist einige Kirchenmusik, ein Madrigal und eine Neufassung einer altspanischen Ballade von Miguel de Fuenllana überliefert. Seine Musik verläßt die von Morales beschrittenen Wege nicht, bleibt aber hinter ihr um einiges zurück.

Bartolomeo Bernardi

(um 1660 – 1732)

ZEIT UND UMWELT

Revolutionen, Kriege, Erdbeben, Überschwemmungen und Brände zerstörten im Verlauf der Geschichte nicht nur Sachwerte, die ersetzbar waren, sondern auch Kulturdenkmale wie Baulichkeiten, Bildergalerien, Bibliotheken und Handschriftensammlungen, die unwiederbringlich sind. Das Erdbeben von Lissabon, der große Brand von London, die Plünderung Roms im Jahr 1527 durch die Truppen Kaiser Karls V. waren ebenso verheerend wie die Brände von Kopenhagen im 18. Jahrhundert.

LEBEN

Bartolomeo Bernardi wurde um 1660 in Bologna geboren. Er gehörte der Accademia Filarmonica seiner Vaterstadt an und stand ab 1700 bis zu seinem Tod als Kapellmeister im Dienst der dänischen Könige Friedrich IV. (1671 – 1730) und Christian VI. (1699 bis 1746). Er wurde am 23. 5. 1732 in Kopenhagen begraben.

WERKE

Der italienische Violinist und Komponist Bartolomeo Bernardi brachte 22 dreistimmige Kammersonaten, Violinsonaten, außerdem 3 Opern für Kopenhagen heraus. Sein umfangreicher handschriftlicher Nachlaß ist bei einem der Großbrände von Kopenhagen vernichtet worden.

LITERATUR

W. S. Newman, The Sonata in the Baroque Era, Chapel Hill 1959.

Steffano Bernardi
(um 1575 bis um 1637)

Zeit und Umwelt
Mit Santino Solari (1576–1646), der 1612 Dombaumeister von Salzburg wurde, ist das Barock in die fürsterzbischöfliche Stadt eingezogen. Er wirkte am Bau des Domes mit und erbaute das Schloß Hellbrunn (1613 bis 1619). Gleichzeitig fand die italienische Musik Eingang in die Stadt, vorerst allerdings im Nebeneinander des alten und des neuen Stils.

Leben
Steffano Bernardi wurde um 1575 in Verona geboren. Im Jahr 1611 wurde er am Dom seiner Geburtsstadt Kapellmeister, nachdem er ein Jahr vorher an Madonna dei Monti in Rom in gleicher Eigenschaft tätig gewesen war; 1627 wurde er Domkapellmeister in Salzburg und versah dieses Amt bis zu seinem Tod um 1637.

Werke
Von dem italienischen Komponisten Steffano Bernardi sind mehrstimmige Messen, Motetten und andere Gesänge im alten Stil erhalten. Seine achtstimmigen Psalmen haben Generalbaß, und seine Madrigale neigen zum neuen Stil. Am interessantesten sind seine Instrumentalkompositionen, die dem neuen venezianischen Stil folgen.

Literatur
C. Schneider, Geschichte der Musik in Salzburg, Salzburg 1935.

Marcello Bernardini
(um 1740 bis nach 1804)

Zeit und Umwelt
Während die in Frankreich wirkenden Opernkomponisten nahezu immer auch Konzertmusik komponierten, weil diese auch aufgeführt wurde, beschäftigten sich die Komponisten für die italienischen Opern nur mit Kirchenmusik, die sie zumeist in ihrer Eigenschaft als Organisten oder Kapellmeister an einer Kirche verfaßten, denn es gab auch im 18. Jahrhundert in Italien fast kein Konzertleben. Neben den Kirchen befriedigten die Opernhäuser das Musikbedürfnis des italienischen Publikums vollkommen.

Leben
Marcello Bernardini (Marcello di Capua) wurde um 1740 vermutlich in Capua geboren. Er hielt sich vorwiegend in Rom als Kirchenmusiker, Opernkomponist und Librettist auf und starb dort nach 1804.

Werke
Außer seinen zahlreichen Opern, für die er zumeist auch selbst die Texte verfaßte, schrieb Marcello Bernardini sakrale Musik – Messen, Offertorien –, ein Oratorium und mehrere Kantaten. Sein Stil ist in allen seinen Werken arios und gut rhythmisiert.

Bernardino de Ribera (um 1520–71)

Zeit und Umwelt
Toledo, einst Schauplatz der friedlichen Begegnung der jüdischen, arabischen und abendländischen Kultur, erlebte im 16. Jahrhundert seinen Niedergang. Im Jahre 1492 wurde es von allen Juden gesäubert, und die Moslems erlitten das gleiche Schicksal; im Jahre 1560 verlegte König Philipp II. seine Residenz nach Madrid. Damit war die kulturelle Funktion der Stadt beendet.

Leben
Bernardino de Ribera wurde um 1520 in Játiva, Valencia, geboren. Über sein Leben und Wirken bis zum Jahr 1559, in dem er Kapellmeister an der Kathedrale von Ávila wurde, ist nichts bekannt. Im Jahre 1563 erhielt er die Kapellmeisterstelle an der Kathedrale von Toledo, das der Hof bereits drei Jahre zuvor verlassen hatte, so daß das Musikleben der Stadt nur von dieser Kapelle bestritten wurde. Er starb 1571 in Toledo.

Werke
Von Bernardino de Ribera sind zahlreiche kirchenmusikalische Werke erhalten, wie

vier- und fünfstimmige Messen, fünf-, sechs- und achtstimmige Magnificat und eine Anzahl fünf- und sechsstimmiger Motetten. Diese Werke zeigen den Meister als Anhänger der französischen Schule, die klare Textdeutlichkeit und Textausdeutung stark betonte. Seine Messen »De beata virgine« und »Beata virgo« werden in Spanien noch gesungen.

LITERATUR
F. Rubio Piqueras, Música y músicos toledanos, Toledo 1923.

Bernart de Ventadorn (um 1125–95)

ZEIT UND UMWELT
Die Enkelin Guillaumes IX. von Aquitanien war von 1137 bis 1152 mit dem französischen König Ludwig VII. und dann mit dem englischen König Heinrich II. verheiratet; ihre Tochter Marie wurde die Frau Heinrichs I. von Champagne, deren Schwester Aëlis heiratete den Grafen Thibaut V. von Blois. Damit wurden Gesang und Dichtung der Troubadours, die in Aquitanien ihren Ausgang genommen hatten, an die Höfe Englands, Frankreichs und Nordspaniens verpflanzt. Wenn auch hierbei wie bei der sakralen Musik der Zeit das Wort und die Dichtung dominierten, die verschiedenartigen Begleitinstrumente legten bald den Versuch nahe, auch ohne Rezitation und Gesang zu konzertieren.

LEBEN
Bernart de Ventadorn (Ventadour) ist um 1125 auf Schloß Ventadorn geboren. Er wirkte von 1135 bis 1155 am Hof Eleanores von Aquitanien und Heinrichs II. von England, später bei Raimond V. von Toulouse. Im Alter trat er in das Kloster Dalon bei Périgueux ein, wo er 1195 starb.

WERKE
Man nennt Guilhem de Peiteus den ältesten und Bernart de Ventadorn den bedeutendsten der Troubadours. Von ihm sind ungefähr 45 Liedtexte und 19 Melodien erhalten. Seine Lieder sind nahezu ganz auf das Thema des Minnedienstes abgestimmt, in Sprache und Melodie sehr fein und ausdrucksvoll gehalten. Sein künstlerisches Ziel steckte er sich selbst: »Ein Singen nur, das wenig frommt, ist Sang, der nicht vom Herzen quillt.« Am berühmtesten wurde sein Lerchenlied: »Quan vei l'alauzeta mover« (Wann sich die Lerche erhebt). Durch den Aufenthalt des Troubadours beim englischen König wurden seine Lieder auch in Nordfrankreich bekannt und regten dort Dichtung und Lied an. Einzelne seiner Melodien wurden von den deutschen Minnesängern Dietmar von Aist, Rudolf von Fenis-Neuenburg und Friedrich von Hausen übernommen.

Wenn ich sehe, wie die Lerche ihre Flügel hebt
Wenn ich sehe, wie die Lerche ihre Flügel hebt voll Freude im Sonnenlicht und sich dann selbstvergessend fallen läßt, weil ihr Herz das Gefühl überwältigt, ach, wie beneide ich alle, die sich so freuen dürfen, und wundere mich, daß mein Herz vor Verlangen nicht bricht.
Es folgt eine bewegte Klage wegen des Verlustes einer Frau, die der Sänger liebte. Er resigniert. Ich gehe fort, weiß nur nicht, wohin. Ich singe nicht mehr. Es ist vorbei. Ohne Freude und ohne Liebe verberge ich mich in der Erde.

LITERATUR
E. Lommatzsch, Leben und Lieder der provenzalischen Troubadours I, Berlin 1957.

Andrea Bernasconi (1706–84)

ZEIT UND UMWELT
Maximilian III. Joseph, Kurfürst von Bayern, mußte 1745 im Frieden zu Füssen auf alle Ansprüche auf österreichisches Gebiet verzichten, die sein Vater Kaiser Karl VII. (1697 bis 1745) im Österreichischen Erbfolgekrieg gestellt hatte. Er wandte sich der wirtschaftlichen und kulturellen Förderung des Kurfürstentums zu, gründete 1759 die Akademie der Wissenschaften in München, verbot den Jesuitenorden, erlaubte den evangelischen Gottesdienst und bemühte sich um das Niveau von Hofkapelle und Hofoper.

LEBEN
Andrea Bernasconi wurde 1706 in Parma – oder in Mailand – geboren, erhielt seine Ausbildung in Parma, hielt sich darauf in Mailand, Verona und Venedig auf und folgte 1753 einem Ruf an den kurfürstlichen Hof in München, wo er zunächst als Vizekapellmeister und von 1755 bis zu seinem Tod am 29. 1. 1784 als Hofkapellmeister wirkte.

WERKE
Außer 25 Opern und mehreren kleineren Bühnenwerken für Wien, Venedig, Turin und München verfaßte Andrea Bernasconi ein Oratorium, eine größere Anzahl Messen, Requiem, Motetten, Psalmen, Magnificat. Alle diese Kompositionen sind sehr opernhaft gehalten. Ein von der Oper unabhängiger Stil wurde bei den Sinfonien, die handschriftlich erhalten sind, angewendet.

LITERATUR
M. Zenger, Geschichte der Münchener Oper, München 1923.

Friedrich Wilhelm Berner (1780–1827)

ZEIT UND UMWELT
Die Romantik des 19. Jahrhunderts forderte in der Kirchenmusik eine Rückkehr zur Überlieferung und den illusionistischen Versuch, Verflossenes wiederzuerwecken. Die Folge war eine gewisse absichtliche Abseitsstellung der Kirchenmusik von der allgemeinen Entwicklung, die nur zu einer zu selten durchbrochenen Sterilität führte.

LEBEN
Friedrich Wilhelm Berner wurde am 16. 5. 1780 in Breslau (Wrocław) geboren. Er wirkte zunächst als Organist an der Elisabethkirche und gleichzeitig als Musiklehrer am Seminar und sodann als Direktor des Königlichen Akademischen Instituts für Kirchenmusik in Breslau, wo er am 9. 5. 1827 starb.

WERKE
Von Friedrich Wilhelm Berner sind zahlreiche sakrale Gesänge und eine Anzahl Choralzwischenspiele, die die Virtuosität des Komponisten auf der Orgel verraten, erhalten. Sein Stil folgte der Romantik der Profanmusik.

Berngêr von Horheim
(um 1145 bis nach 1196)

ZEIT UND UMWELT
Der Babenberger Hof zu Wien war eine der ersten Stätten der Pflege des deutschen Minnesanges. Auch an den staufischen Höfen der Herzogtümer Franken und Schwaben fanden sich die Meister gerne ein. Aber nicht nur der Adel hatte eine offene Hand für die Fahrenden. Das Großbürgertum der Städte, wie Straßburg, Augsburg und vor allem Zürich, bemühte sich, es den Adeligen gleichzutun.

LEBEN
Berngêr von Horheim wurde um 1145 in Schwaben geboren und dürfte auch dort als Minnesänger gewirkt haben. Er kam auf seinen Fahrten bis nach Italien, wo sein Aufenthalt von 1194 bis 1196 verbürgt ist. Er dürfte dort noch im 12. Jahrhundert gestorben sein.

WERKE
Von Berngêr von Horheim sind 6 Lieder erhalten, die unbestreitbar eine Übernahme der Kompositionstechnik Friedrich von Hausens zeigen. Eine starke Beziehung des Meisters zur nordfranzösischen Trouvèrekunst ist ebenso deutlich erkennbar.

LITERATUR
I. Frank und W. Müller-Blattau, Trouvères und Minnesänger, Saarbrücken 1956.

Christoph Bernhard (1628–92)

ZEIT UND UMWELT
Die Musiker aus Italien bildeten in den österreichischen und deutschen Hofkapellen eine Macht, gegen die ein Kapellmeister, der nicht aus Italien gekommen war, zuweilen einen schweren Stand hatte. Sie betrachteten diese

Kapellen als ihre Domäne und suchten freigewordene Stellen stets mit Landsleuten zu besetzen. Daß die Kapellmeisterstellen nach und nach doch einheimischen Kräften zugeteilt wurden, war zuweilen Anlaß zu den schlimmsten Intrigen.

LEBEN

Christoph Bernhard wurde am 1. 1. 1628 in Danzig (Gdańsk) geboren. Er war an seinem Geburtsort Schüler von Paul Siefert und nahm in Dresden bei Heinrich Schütz Unterricht. Dort wurde er 1649 Kapellsänger und 1655 Vizekapellmeister. Das ständige Intrigenspiel der italienischen Mitglieder der Kapelle vertrieb ihn, er wirkte von 1664 bis 1674 als Kantor an der Jakobikirche in Hamburg. Dann kehrte er nach Dresden zurück, wo er als Musiklehrer der kurfürstlichen Prinzen, als Vizekapellmeister und ab 1681 als Kapellmeister wirkte. Im Jahr 1688 trat er in den Ruhestand und starb am 14. 11. 1692.

WERKE

Der deutsche Komponist Christoph Bernhard verfaßte unter dem Titel »Geistliche Harmonien« Messen, verschiedene sakrale Gesänge, weiters einen Begräbnisgesang für Johann Rist und eine »Trauermusik«, die viel gespielt wurde. Von den »Harmonien« sind besonders die Konzerte »Aus den Tiefen rufe ich« und »Was betrübst du dich« sehr bekannt geworden. Er war auch als Musiktheoretiker tätig.

Nicolas Bernier (1664 – 1734)

ZEIT UND UMWELT

Philippe II., duc d'Orléans (1674 – 1723), war nach dem Tod König Ludwigs XIV. (1715) für den jungen Nachfolger Ludwig XV. Regent von Frankreich. Er war ein großer Musikliebhaber, nahm selbst ständig Musik- und besonders Kompositionsunterricht und versuchte auch zu komponieren. Es entstanden so zahlreiche Motetten und Opern.

LEBEN

Nicolas Bernier wurde am 28. 6. 1664 in Mantes, Yvelines, geboren. Er sang als Knabe an der Kollegialkirche seines Geburtsortes im Chor und zeigte schon früh beachtliche musikalische Anlagen. Er ging darauf nach Rom, wo er bei dem um sechs Jahre jüngeren Antonio Caldara Musikunterricht nahm. Im Jahr 1694 wurde er Kapellmeister in Chartres, 1798 an St-Germain l'Auxerrois, 1704 Musikleiter der Ste-Chapelle in Paris und 1723 zugleich Unterkapellmeister der Kapelle. Er starb am 5. 9. 1734. Er war Musiklehrer des Herzogs von Orléans, Philippe II.

WERKE

Der französische Komponist Nicolas Bernier heiratete eine Tochter des berühmten Gambisten Marin Marais und war mit Michel-Richard Delalande eng befreundet. Damit ist sein Stil bereits gekennzeichnet. Er verdichtete die Verschmelzung der italienischen mit der französischen Musik noch mehr als seine Vorgänger, zog auch den fugierten Stil heran und bemühte sich um eine enge Verknüpfung von Wort und Ton, wie seine 8 Bücher mit ein- und zweistimmigen Kantaten mit Generalbaß, denen zum Teil ein Ritornell angefügt wurde, beweisen. Er gehörte zu den ersten französischen Komponisten, die die Bezeichnung Kantate verwendeten. Auch seine 3 Bücher mit ein- bis dreistimmigen Motetten mit Cembalobegleitung stellten eine stilistische Neuerung dar. Einzelne Airs sind in Sammelwerke aufgenommen worden, mehrere große Motetten und dramatische Divertissements sind handschriftlich überliefert.

LITERATUR

Ph. Nelson, Nicolas Bernier, in: Recherches I., Paris 1960.

Leonard Bernstein (geboren 1918)

LEBEN

Leonard Bernstein wurde am 25.8.1918 in Lawrence, Mass., geboren. Er studierte an der Harvard University bei Walter Piston, Edward Burlingame Hill und Heinrich Gebhard (25.7.1878, Sobernheim an der Nahe, bis 5.5.

1963, North Arlington, N. J.), sodann am Curtis Institute in Philadelphia bei Randall Thompson (geboren 21.4.1899, New York) und Fritz Reiner. Während der Sommermonate famulierte er bei den Berkshire Festivals in Tanglewood unter Sergei Kusewitzki. Im Jahr 1943 berief ihn Artur Rodzinski (1.1. 1892, Split, Dalmatien, bis 27.11.1958, Boston) als Hilfskapellmeister an das New York Philharmonic Symphony Orchestra. Noch im selben Jahr sprang er für den plötzlich erkrankten Bruno Walter ein und bewährte sich so glänzend, daß seine Karriere steil anstieg. Er wurde Leiter des New York City Symphony Orchestra und des Tanglewood Festival Orchestra, 1951 Professor an der Brandeis University, Mass., 1957 neben Dimitri Mitropoulos musikalischer Leiter des New York Philharmonic Symphony Orchestra und ein Jahr darauf als dessen Nachfolger Chefdirigent. Er unternahm mit diesem Orchester Konzertreisen in den USA, Mittel- und Südamerika, nach Europa einschließlich der UdSSR, nach Israel und Japan; er trat auch häufig als Gastdirigent der meisten namhaften Orchester der Welt und als erster Amerikaner in europäischen Opernhäusern - Mailand, Rom, Wien - auf. Von seiner Dirigentenstelle bei den New Yorker Philharmonikern trat er 1969 zurück, um sich der Komposition zu widmen, verblieb aber als ihr »Ehrendirigent«. Ab 1955 dirigierte und kommentierte er zahlreiche Fernsehkonzerte, was wesentlich zum Musikverständnis breiter Schichten in den USA beitrug. Er trat auch häufig als Konzertpianist und Liedbegleiter mit großem Erfolg auf und nahm sich stark um die Musikerziehung der Jugend an.

Leonard Bernstein

WERKE

Wie nicht wenige andere Komponisten der USA, wird Leonard Bernstein als typischer amerikanischer Musiker bezeichnet, und auf ihn trifft diese Bezeichnung auf jeden Fall uneingeschränkt zu, denn seine Vielseitigkeit, die von der Sinfonie über Oper, Operette, Ballett bis zum Musical und dem Lied reicht, seine Meisterschaft, verschiedene Stile und Techniken vom Neuklassizismus bis zum symphonischen Jazz zu adaptieren und zu integrieren und daraus eine Musik zu formen, die bei vielen seinen Werken auf den ersten Blick problemlos dahinfließt, weil die verdrängten Ängste, die Ziellosigkeit des Daseins und die Brüchigkeit aller Lebenssicherheit erst deutlich werden, wenn man durch die glänzende Oberfläche hindurchsieht, und somit die seelische Situation zahlreicher Zeitgenossen in seinem Land scharf profilieren, sind außergewöhnlich. In seinen 3 Sinfonien und in »Chichester Psalms« werden diese amerikanischen Probleme sogar hart in den Vordergrund gestellt, die 6 Ballette erzeugen trotz tänzerischer Rhythmen und aller Fröhlichkeit Nachdenklichkeit beim Zuhörer; auch seine erfolgreichen Musicals »On the Town«, »Candide«, »The Lark«, »Trouble in Tahiti«, das als Oper bezeichnet ist, und besonders der Weltschlager auf Bühne und Leinwand »West Side Story« beschäftigen sich mit für den Amerikaner typischen Ängsten und Zwängen. Seine 2 Suiten, seine Serenade für Solovioline, Streicher und Schlagzeug und auch sein Stück für Jazzorchester und seine Lieder bleiben, wenn auch mehr verborgen, bei der gleichen Thematik, und nicht weniger die vorläufige Krönung seines Schaffens, die für das Kennedy Center in Washington geschriebene und dort am 8.9. 1971 uraufgeführte »Mass«, ein Multimedienwerk von einmaliger Ausdruckskraft.

Mass, ein Stück für Sänger, Spieler und Tänzer, 17 Teile, entstanden 1971

Es handelt sich um ein Werk mit kolossalem Aufwand an Solisten, Chören, Instrumentalisten und Tänzern, eine Synthese von Ballett und Oratorium auf der Basis der römisch-katholischen Messe mit zusätzlichen Texten. Die Fragwürdigkeit des durch die Sakralhandlung erreichten Trostes begleitet zum Teil offen, teilweise unterschwellig ihren hinreißenden Prunk.

Dybbuk, Ballett, 3 Teile, entstanden 1974

Dem Ballett liegt die Dybbuk-Sage der europäischen Juden zugrunde, nach der der arme Rabbinerschüler Channon auf seine geliebte Braut Lea verzichten muß, weil ihre reichen Eltern eine standesgemäße Ehe des Mädchens ausgerichtet hatten. Channon durchforscht die Kabala nach einer Beschwörung überirdischer Kräfte, die ihm zu seinem Glück verhelfen sollen. Er entdeckt die Zauberformel, die die dunklen Kräfte ruft, aber er stirbt, überwältigt von der Macht des Spruchs. Zur Hochzeit des Mädchens erscheint er als Dybbuk, um seine Rechte an Lea geltend zu machen. Die Eltern und alle Freunde bemühen sich, das Gespenst zu bannen, aber Lea kann ohne ihren Geliebten Channon nicht leben; sie stirbt, um sich mit ihm zu vereinen. Der Komponist hat für dieses Werk kabalistische Studien angestellt und daraus seine Inspiration gewonnen. Er setzte die Buchstaben der Namen der handelnden Personen in Zahlen um und diese in Töne der Skala, was eine seltsame melodische Thematik ergab.

Fancy Free, Ballett, 7 Teile, entstanden 1944

Eine »freie Phantasie« läßt drei Matrosen eine Bar betreten, um ein Bier zu trinken. Dort treffen sie zwei Mädchen, um die sie mit verschiedenen Tänzen rivalisierend werben. Sie bleiben erfolglos, nach den Tänzen verlassen die Mädchen die Bar. Die Männer trösten sich mit einem weiteren Bier und gehen dann auf die Straße, wo ihnen eine Blondine entgegenkommt. Sie beschließen anfänglich, von weiteren Werbungen abzusehen, dann machen sie sich auf, ihr Glück nochmals zu versuchen.

Sinfonie Nr. 1 »Jeremiah Symphony« für Mezzosopran und Orchester, 3 Sätze, entstanden 1942

Das Hauptthema des 1. Satzes »Prophezeiung«, den ein Hornruf einleitet, ist dem liturgischen »Amidah« (Festtagsmorgengebet) und dessen poetischer und musikalischer sequenzähnlicher Ausweitung entnommen. Im 2. Satz »Profanierung« macht sich eine korrupte Priesterschaft über die Worte des Propheten mit Tanz- und Jazzrhythmen lustig. Als Motive des 3. Satzes werden den »Lamantationen« in ihrer aschkenazischen Kantilation entnommene und andere liturgische Weisen verwendet.

Sinfonie Nr. 2 »The Age of Anxiety« (Zeitalter der Angst) für Klavier und Orchester, 6 Sätze, entstanden 1947

Das Werk beruht auf dem gleichnamigen Gedicht von Wystan Hugh Auden (1907–73) und ist in einem gewissen gehobenen Sinn Programmusik. Im 1. Satz »Prolog« sitzen ein Mädchen und drei Männer in einer Bar und trinken, um ihren Konflikten zu entrinnen. Im 2. Satz »Die sieben Zeitalter« wird das menschliche Leben von vier persönlichen Standpunkten betrachtet. Sieben sehr frei gehaltene Variationen stellen die Phasen der Diskussion über das Thema Mensch dar. Mit sieben weiteren Variationen werden im 3. Satz »Die sieben Schauplätze« verschiedene Situationen geschildert, in die sich die vier Personen hineinträumen, ohne darin Ruhe und Sicherheit zu gewinnen. Im 4. Satz »Trauergesang« beklagen die vier, die in einem Wagen zur Wohnung des Mädchens fahren, den Tod des »Großen Vaters«, des Lenkers des Lebens, der stets die richtigen Anweisungen gibt und die Lösung aller Konflikte bietet. Im 5. Satz »Masken« ist die Gruppe in der Wohnung des Mädchens angelangt. Die Trauer ist zwar verflogen, aber es kann keine Fröhlichkeit aufkommen. Der 6. Satz »Epilog« stellt fest, daß die Leere in den Menschen nur besiegt werden kann, wenn man an den »Großen Vater« glaubt.

Sinfonie Nr. 3 »Kaddish« (Segnung) für Sprecher, Mezzosopran, zwei Chöre und Orchester, 3 Sätze, entstanden 1963

Der 1. Satz beginnt mit der Anrufung des Sprechers vor einem Chor- und Orchesterhintergrund. Dann setzt mit unregelmäßigen Rhythmen im furiosen Allegro das Kaddish I ein, das hier in seiner ursprünglichen liturgischen Funktion als Lobpreisung Gottes gesungen wird. Im 2. Satz setzt das »Din-Torah« (Die Anklage) mit Soli der Schlagzeuge und einem Summchor ein. Gott wird vom Sprecher beschuldigt, seinen Bund mit den Menschen gebrochen zu haben. Doch sofort lenkt der Sprecher ein, bittet Gott um Verzeihung; das Kaddish II wird vom Sopran und dem Frauenchor tonal mit schönen Modulationen zur Versöhnung Gottes gesungen. Das Kaddish III bildet, kompliziert variiert und verarbeitet, den 1. Teil des 3. Satzes; es wird zum Totengesang. Darauf kommt es zu einer orchestralen Medidation, die das Kaddish-Thema ruhig und diatonisch wiedergibt. Dem schließt sich eine Schlußfuge triumphierend und jubelnd zum Preis Gottes an.

»Chichester Psalms« für Chor und Orchester, 3 Teile, entstanden 1965

Diese Chorsinfonie wurde für das alljährliche Chor-Festival in der Kathedrale in Chichester, Sussex, verfaßt. Ihr liegt der hebräische Text nach Psalm 108, Vers 2, Psalm 100, Psalm 23, Psalm 2, Verse 2 bis 4, Psalm 131 und Psalm 133, Vers 1, zugrunde. Das Orchester ist mit Streichern, drei Trompeten, drei Posaunen, zwei Harfen und viel Schlagzeug besetzt und erzeugt mit den ekstatischen Chorpassagen die Stimmung altjüdischer Tempelmusik.

Serenade für Solovioline, Streichorchester, Harfe und Schlagzeug, 5 Sätze, entstanden 1954

Das »Programm« des Werks ist dem »Symposion« von Plato entnommen. Der 1. Satz »Phaidros-Pausanias« beginnt mit einer lyrischen Lobpreisung des Gottes Eros; Pausanias weist auf die Dualität des Liebenden und des Geliebten. Ein Fugato des Solisten leitet den Satz ein, dessen Material für das folgende Sonaten-Allegro verwendet wird. Im 2. Satz erinnert Aristophanes an die mythologischen Liebesgeschichten. Der Arzt Erixymachos äußert sich in einem fugato presto über die körperliche Harmonie als wissenschaftliche Grundlage für Erörterungen über die Liebe. Im 4. Satz zeigt Agathon alle Aspekte panegyrisch auf. Im 5. Satz »Sokrates-Alkibiades« berichtet der Philosoph über seinen Besuch bei der Seherin Diotima und ihre Dämonologie der Liebe. In das Gespräch bricht Alkibiades mit einer Rotte betrunkener Freunde ein, die mit einem Tanz zeigen, daß die Liebe einfach eine trunkene Freude ist.

Prelude, Fugue und Riffs für Jazzkombo, 3 Teile, entstanden 1955

Es handelt sich um kein vom Jazz beeinflußtes Werk, das ihm die Technik entlehnt, sondern um komponierten Jazz. Im 1. Teil wird ein exakt rhythmisierter Tanz vorgetragen, dem ein zweiter rubato wie eine Improvisation folgt – eine Gegenüberstellung von »hit« und »blue«. Die Spontaneität tritt im 2. Teil noch deutlicher hervor. Der 3. Teil »Riffs« (Improvisationen) klingt wie eine notierte Improvisation.

LITERATUR

A. Holde, Leonard Bernstein, Berlin 1961. M. Cone, Leonard Bernstein, New York 1970. P. Gradenwitz, Leonard Bernstein, 1984. J. Peyser, Leonard Bernstein, 1988. Michael Freedland, Leonard Bernstein, London 1987.

Blagoje Bersa (1873–1934)

LEBEN

Blagoje Bersa wurde am 21. 12. 1873 in Dubrovnik (Kroatien) geboren. Er studierte in Zagreb und Wien und wirkte anschließend als Kompositionslehrer an der Musikakademie in Zagreb, wo er am 1. 1. 1934 starb.

WERKE

Aus dem kompositorischen Schaffen von Blagoje Bersa sind die sinfonischen Dichtungen »Die Sonnenfelder« und »Die Gespenster«, ein Klaviertrio, eine Ballade in d-Moll besonders bemerkenswert. Er verfaßte auch eine Anzahl Sologesänge. Sein Stil gehörte der Spätromantik an.

LITERATUR

M. Kuntarić, Blagoje Bersa, Zagreb 1959.

Antonio Bertali (1605–69)

ZEIT UND UMWELT

Die habsburgischen Kapellen unterstanden dem Hofprediger als oberstem Leiter, der noch um 1300 alle Vorgänge der Hofkapelle (Sakraldienst, Ausgestaltung, Musik usw.) lenkte. Als die musikalische Direktion der Kapellen später auf Kapellmeister überging, die Musiker waren, verblieb an vielen Höfen die Leitung der Hofmusik in den Händen des obersten Hofgeistlichen. Diesem waren mehrere Kapläne unterstellt, von denen zumindest einer für die Kapelle zuständig war. Dann folgte in Rang erst der Kapellmeister, der auch wirtschaftlich bei weitem schlechter gestellt war als die Kleriker, von denen er abhängig war.

LEBEN

Antonio Bertali wurde am 11. 3. 1605 in Verona geboren. Er kam vermutlich bereits 1623 nach Wien, wo er Hofmusiker wurde.

Im Jahr 1649 erhielt er die Stelle des Hofkapellmeisters, die er bis zu seinem Tod am 1. 4. 1669 versah.

WERKE

Der Italiener Antonio Bertali hat nahezu sein ganzes Leben in Wien verbracht und am österreichischen Musikgeschehen Anteil genommen. Durch seine Opern, Oratorien und Kantaten machte er den modernen venezianischen Stil erst populär, seine sakrale Musik mit ihren breiten Klangeffekten war für die Musikentwicklung in Österreich ebenso bestimmend wie die Faktur seiner Instrumentalmusik, die von der Orchesterkanzone zur Triosonate führte.
Von seinen 33 Messen, 10 Requiem, den vielen Motetten, Litaneien, Psalmen, Kammer- und Kirchensonaten, sakralen und profanen Kantaten, Oratorien und Opern sind nur wenige Messen und Motetten, 2 Introitus, 2 Oratorien – »Maria Maddalena« und »Le strage degl'innocenti« (Mord der unschuldigen Kinder) – und einige Opern erhalten.

LITERATUR

Chr. Laroche, Antonio Bertali als Opern- und Oratorienkomponist, Wien 1919.

Angelo Bertalotti (1666–1747)

ZEIT UND UMWELT

Solfeggien können in Form von ausdruckslosen, trockenen Gesangsübungen erstellt sein, wie Fingerübungen für ein Instrument, oder aber Kompositionen darstellen, die auch über ihre didaktische Zielsetzung hinaus als Konzertstücke Verwendung finden.

LEBEN

Angelo Bertalotti wurde am 8. 4. 1666 in Bologna geboren. Er studierte von 1687 bis 1690 in Rom und wirkte darauf in Bologna als Gesanglehrer. Im Jahr 1703 wurde er in die Accademia Filarmonica als Mitglied aufgenommen. Er starb in Bologna am 30. 3. 1747.

WERKE

Der italienische Sänger und Komponist Angelo Bertalotti gab 50 Solfeggien heraus, die neben ihrer vorzüglichen Eignung als Übungsmaterial für Gesangschüler als vollendete Musikstücke gewertet werden müssen. Sie wurden bis in unsere Zeit mehrmals nachgedruckt.

Martin Berteau (um 1700–71)

ZEIT UND UMWELT

Obschon das Cello nahezu gleichzeitig mit der Violine und der Bratsche entwickelt wurde, verging nahezu ein Jahrhundert, bis es seinen Rang in der Violinenfamilie einnehmen konnte. Grund dafür waren die Beliebtheit der Viola da gamba und die anfänglich schlechte Handlichkeit des neuen Instruments. Zu einem ständigen solistischen Einsatz des Cello kam es erst im 18. Jahrhundert; dann allerdings war sein Siegeszug als eines der wichtigsten Mitglieder der gesamten Instrumentenfamilie nicht mehr aufzuhalten.

LEBEN

Martin Berteau (Berteaud, Berthau) wurde um 1700 in Valenciennes geboren. Er dürfte in Böhmen zum Gambisten ausgebildet worden sein, wechselte aber nach seiner Rückkehr nach Frankreich zum Cello über. In Paris trat er ab 1739 im Concert spirituel auf und wirkte als Cellolehrer, bis er seine Tätigkeit nach Angers verlegte, wo er am 23. 1. 1771 starb.

WERKE

Vom kompositorischen Schaffen von Martin Berteau ist eine Reihe von Konzerten und Sonaten für Cello und Baß erhalten, die eine hochentwickelte Virtuosität erfordern und auf die Cellomusik der folgenden Zeitläufte starken Einfluß ausübten.

Jan Georg Bertelman (1782–1854)

ZEIT UND UMWELT

Das Musikleben der niederländischen Städte wurde auch in der ersten Hälfte des 19. Jahrhunderts von den abendländischen Musikländern mit Kompositionen versorgt. Landeseigene Komponisten gab es verhältnismäßig nur wenige, von denen ein beträchtlicher Teil noch dazu sein Betätigungsfeld im Ausland suchte.

LEBEN
Jan Georg Bertelman wurde am 21. 1. 1782 in Amsterdam geboren und dort ausgebildet. Welche Stellung er selbst als Musiker dort einnahm, ist nicht bekannt. Er dürfte jedenfalls als Musiklehrer tätig gewesen sein. Er starb am 25. 1. 1854 in Amsterdam.

WERKE
Von Jan Georg Bertelman sind ein Requiem, eine Messe, ein Streichquartett und mehrere Klavier- und Violinkompositionen erschienen. Als Manuskript sind verschiedene Kantaten, einzelne Orchesterwerke, Chöre und Violinetüden überliefert. Er schrieb auch ein Lehrwerk. Sein Stil lehnte sich an die Frühromantik in Deutschland an.

Julien Bertheaume (um 1751–1802)

ZEIT UND UMWELT
Der bizarre, rein auf Effekt abgestellte Stil von Antonio Lolli färbte auf viele Virtuosen seiner Zeit ab, denn das Publikum konnte durch Akrobatik mehr begeistert werden als durch echte Musik. Es bereitete sich bereits das »Jahrhundert der Virtuosen« vor, die Zeit der Romantik, in der neben musikalischen Höchstleistungen auch seelenlose Technik als Kunst gewertet wurde.

LEBEN
Julien Bertheaume (auch Isidore) wurde um 1751 in Paris geboren. Er war Schüler von Felice de Giardini und trat bereits mit neun Jahren im Concert spirituel mit großem Erfolg auf. Im Jahr 1767 wurde er Mitglied des Opernorchesters und 1789 Orchesterleiter des Concert spirituel, in dem er ständig konzertierte. Im selben Jahr ging er wegen der ausgebrochenen Revolution nach Deutschland und sodann nach St. Petersburg, wo er am 19. 3. 1802 starb.

WERKE
Von Julien Bertheaume sind 6 Solosonaten mit Generalbaß, 6 Duos für zwei Violinen, 2 Violinsonaten ohne Generalbaß, 2 Violinkonzerte, 3 konzertante Sinfonien, 3 Sonaten für Cembalo und Violine erhalten, außerdem »Sonate pour le violon dans le style de Lolli«, mit der er den Stil des exzentrischen Virtuosen – zum Beispiel das Skordieren der G-Saite auf eine Quart tiefer – nachahmt. Sein Stil ist rein italienisch.

LITERATUR
L. de la Laurencie, L'école française de Violon, Paris 1923.

François Berthod
(um 1630 bis nach 1665)

ZEIT UND UMWELT
Einen Urheberrechtsschutz kannte das 17. Jahrhundert noch nicht. Es war durchwegs legitim, Melodien anderer Komponisten zu verwenden. Das beruhte oft auf Gegenseitigkeit; man bediente sich voneinander. So weit wie Nicolas Goupillet (um 1630, Paris, bis nach 1692, Paris), der fremde Motetten als eigene ausgab, durfte man doch nicht gehen; er verlor seine Kapellmeisterstelle an der Königlichen Kapelle. Aber gegen Kontrafakturen und Parodien wurde nichts eingewendet.

LEBEN
François Berthod wurde um 1630 vermutlich in Paris geboren. Über sein Leben ist nur bekannt, daß er Barfüßermönch war und vermutlich im eigenen Kloster als Musiker wirkte. Er dürfte in den Jahren nach 1665 in Paris gestorben sein.

WERKE
Der französische Komponist François Berthod parodierte berühmte zeitgenössische Airs de cour. Außerdem brachte er eine Sammlung einstimmiger Kompositionen auf

lateinischen Texten mit Generalbaß unter dem Titel »Paroles très dévotes mises en chant« (Fromme Worte als Lied vertont) heraus.

Theodor Berthold (1815–82)

ZEIT UND UMWELT
Der St. Annenverein wurde um die Mitte des 19. Jahrhunderts in St. Petersburg zur Aufführung von Oratorien gegründet. Ausführende und Publikum bestanden vorwiegend aus Deutschen, von denen zu jener Zeit noch eine beträchtliche Anzahl in den verschiedensten Berufen in Rußland lebten und ihre heimischen Gewohnheiten nicht abzulegen gewillt waren.

LEBEN
K. Fr. Theodor Berthold (die ersten beiden Vornamen sind nicht genau festzustellen) wurde am 18.12.1815 in Dresden geboren. Er war Schüler von Johann Gottlob Schneider und Julius Otto. Von 1840 bis 1864 wirkte er in St. Petersburg als Organist und Dirigent; er gründete dort mit deutschen Musikern den St. Annenverein. Nach seiner Rückkehr nach Dresden wurde er dort Hoforganist und starb am 28.4.1882.
Sein Bruder Hermann Berthold (14.4.1819, Dresden, bis 20.3.1879, Breslau) war Kantor an St. Bernhardin in Breslau.

WERKE
Von Theodor Berthold sind besonders seine Missa solemnis, das Oratorium »Petrus« und seine Sinfonien bekannt geworden. Er war auch als Musikschriftsteller tätig.
Hermann Berthold schrieb sakrale Gesänge, verschiedene Orchesterstücke und Klavierkompositionen.

Louise Angélique Bertin (1805–77)

ZEIT UND UMWELT
Romane, Novellen und Gedichte der Literaten der Hochromantik bildeten für die zeitgenössischen Komponisten die Texte für ihre adäquaten Werke. Daß der Roman »Notre Dame« von Victor Hugo zum Libretto einer romantischen Oper wurde, lag auf dieser Linie.

LEBEN
Louise Angélique Bertin wurde am 15.2.1805 in Les Roches bei Bièvre geboren. Sie war Sängerin und Gesanglehrerin und starb am 26.4.1877 in Paris.

WERKE
Von Louise Angélique Bertin sind 3 Opern aufgeführt worden, darunter »Esmeralda« nach dem Roman »Notre-Dame de Paris« von Victor Hugo, die schon wegen des Librettos zum großen Erfolg wurde. Sie verfaßte außerdem Streichquartette, Chöre und Lieder.

Thomas Bertin de la Doué
(um 1680 bis um 1745)

ZEIT UND UMWELT
Die jungen Mädchen der Adelshäuser und wohlhabenden Bürgerfamilien wurden bis zur Mitte des 18. Jahrhunderts im Cembalospiel ausgebildet, wie später im Klavierspiel oder früher im Lautenspiel. Der große Bedarf an Lehrern bewog viele Organisten, sich diesem Nebenerwerb zu widmen.

LEBEN
Thomas Bertin de la Doué wurde um 1680 in Paris geboren. Er war Cembalolehrer der Prinzessinnen von Orléans. Von 1714 bis 1734 wirkte er als Organist an der Theatinerkirche in Paris, wo er um 1745 starb.

WERKE
Der französische Cembalist, Organist und Komponist Thomas Bertin de la Doué verfaßte 3 Bücher mit Trios für zwei Violinen und Generalbaß, eine Reihe in Sammelwerken erschienene Airs sérieux et à boire und 5 Opern.

Giuseppe Bertini
(um 1756 bis nach 1847)

ZEIT UND UMWELT
Obwohl in Palermo seit je eine Hofkapelle gehalten, im Dom und anderen Kirchen alte und zeitgenössische Musik gepflegt und ein mit guten Lehrern versehenes Konservatorium gegründet wurden, kam es zu keiner sizilianischen Musikentwicklung. Die wenigen Musiker, die die Insel hervorbrachte, verließen sie sehr bald, um in Neapel oder sonstwo zu wirken. Und die einzelnen, die bleiben, konnten dem Mangel nicht abhelfen.

LEBEN
Giuseppe Bertini wurde um 1756 als Sohn des Musikers Salvatore Bertini (1721, Palermo, bis 1794, Palermo) in Palermo geboren. Er wirkte als Königlicher Hofkapellmeister in seiner Geburtsstadt, wo er nach 1847 starb.

WERKE
Von Giuseppe Bertini ist eine Anzahl Kirchenmusik – Messen, Proprien, Gesänge – handschriftlich erhalten. Er veröffentlichte auch ein Lexikon von Komponisten und Interpreten, das sehr wichtige Details enthält.

Henri Bertini (1798–1876)

ZEIT UND UMWELT
Die Massen, die im 19. Jahrhundert das Klavierspiel erlernen wollten, um sich damit einen Beruf aufzubauen, oder auch nur, um für sich und Bekannte Musik zu machen, waren sichere Abnehmer von Klavierschulen, Geläufigkeitsübungen und Etüden jeder Art. Wenn dieses Schulungsmaterial noch dazu echte Musik bot, die dem Schüler über die Anstrengung der Fingerübungen hinweghalf, wurde es umso lieber angenommen.

LEBEN
Henri Jerôme Bertini wurde am 28.10.1798 in London geboren. Er wurde vom Vater und Bruder zum Pianisten ausgebildet, kam früh nach Paris, wo er sich als Virtuose und Lehrer bald einen Namen machte. Er absolvierte einige erfolgreiche Konzertreisen. Im Jahr 1859 zog er sich nach Meylan bei Grenoble zurück, wo er am 1.10.1876 starb.
Sein Bruder Benoît Auguste Bertini (5.6.1780, Lyon, bis nach 1830, vermutlich London) war Schüler von Muzio Clementi in London. Er lebte als Virtuose und Lehrer in Paris, Neapel und London.
Beider Vater, Bertini – der Vorname ist nicht überliefert – (um 1750, Tours, bis nach 1811, vermutlich Paris), war Kapellmeister an der Kollegialkirche in Mans und lebte anschließend als Klavierlehrer in Lyon, London und Paris.

WERKE
Von Henri Bertini ist vor allem Klaviermusik überliefert: Trios, Quartette, Sextette, Nonette und zahlreiche Etüden, die sich neben ihrem außerordentlichen didaktischen Wert durch elegante Harmonik und interessante Melodik auszeichnen; einzelne davon haben deskriptiven oder programmatischen Charakter. Er verfaßte auch eine Klavierschule.
Benoît Auguste Bertini verfaßte eine Oper und zahlreiche Klavierstücke: Sonaten, Fantasien, Variationen, Capricen und einige Lehrwerke.
Von Bertini, dem Vater, sind mehrere Messen und Motetten überliefert.

Sper'in Dio Bertoldo
(um 1530 bis um 1590)

ZEIT UND UMWELT
Der Begriff der Toccata hat im Verlauf ihrer Entwicklung eine starke Änderung erfahren. Es wurden anfänglich darunter Instrumentalstücke schlechthin verstanden. Dann schränkte sich die Bezeichnung auf Musik mit Tasteninstrumenten ein. Immer jedoch handelte es sich um frei angelegte Kompositionen, die oft der Improvisation sehr nahe kamen. Das Erscheinen von Orgeltoccaten signalisierte die Selbständigkeit dieses Instrumentes, dessen Aufgaben sich nicht mehr im Begleiten und Unterstützen von vokalen oder gemischten Sätzen erschöpften.

LEBEN
Sper'in Dio Bertoldo ist um 1530 in Modena geboren. Er wurde Domorganist in Padua, wo er um 1590 starb. Von einer Tätigkeit des italienischen Musikers in anderen Städten ist nichts bekannt.

WERKE
Von Sper'in Dio Bertoldo sind 2 Bücher mit fünfstimmigen Madrigalen, Toccaten, Ricercari und Liedern, außerdem Orgelfassungen von französischen Chansons überliefert. Der Orgelsatz ist schon sehr kompliziert und verrät einen hohen Stand der Spieltechnik des Komponisten.

LITERATUR
Kl. Speer, Annibale Padovano und Sper'in Dio Bertoldo, Keyboard Compositions, Rom 1970.

Henri-Montan Berton (1767–1844)

ZEIT UND UMWELT
Schon während des Ersten Kaiserreiches, aber noch mehr nach der Restauration stand die komische Oper hoch in der Gunst des französischen Publikums, das in der heiteren Atmosphäre dieser Bühnenstückgattung Ablenkung von den Zeitereignissen suchte.

LEBEN
Henri-Montan Berton wurde am 17. 9. 1767 als Sohn des Direktors der Opéra, Pierre-Montan Berton (7. 1. 1727, Maubert-Fontaines, Ardennen, bis 14. 5. 1780, Paris), der selbst einige Opern schrieb, geboren. Er war ab 1795 Harmonielehrer und ab 1817 Kompositionslehrer am Conservatoire, ab 1807 Kapellmeister der Opéra Comique und ab 1809 Chorleiter der Großen Oper. Er starb am 22. 4. 1844 in Paris.

WERKE
Neben 48 Opern und 4 Balletten schrieb Henri-Montan Berton 5 Oratorien, Messen, Kantaten, Kanons, Lieder und einige Instrumentalwerke. Er stand mit seinem Werk an der Schwelle der Romantik.

Ferdinando Bertoni (1725–1813)

ZEIT UND UMWELT
Venedig war auch im 18. Jahrhundert eine wichtige Pflegestätte der Kirchenmusik geblieben, und unter den vielen Kirchenchören nahm der von San Marco immer noch den ersten Platz ein. Daher war die Stelle eines Domkapellmeisters zumindest so hochgeschätzt wie die am Mailänder Dom oder an San Pietro in Rom.

LEBEN
Ferdinando Gasparo Bertoni wurde am 15. 8. 1725 in Salò geboren. Er war Schüler von Padre Martini in Bologna und sodann 1752 Erster Organist an San Marco in Venedig, ab 1757 zugleich Leiter des Conservatorio dei Mendicanti und von 1785 bis 1810 Erster Kapellmeister des Domes. Dann lebte er in Desenzano, wo er am 1. 12. 1813 starb.

WERKE
Außer 48 Opern verfaßte Ferdinando Bertoni 15 Oratorien, zahlreiche Kantaten auf lateinischen und italienischen Text, viele Kirchenmusikwerke, 6 Sonaten für Pianoforte und 6 Streichquartette. Seine kompositorische Technik läßt die Schule bei Padre Martini deutlich erkennen.

LITERATUR
E. Arditi, Ferdinando Bertoni, in: Musica d'oggi IX, 1927.

Bertran de Born (um 1140 bis vor 1215)

ZEIT UND UMWELT
Die Söhne König Heinrichs II. von England wandten sich gegen den Vater, weil sie sich ihre Anteile an dem Reich sichern wollten, das durch ihre Mutter Eleanore, Herzogin von Aquitanien, dem König zugefallen war. Eleanore stand auf der Seite ihrer Söhne. Damit war für Bertran de Born als provenzalischer Ritter die Stellungnahme gegen den Engländer vorgezeichnet.

LEBEN

Bertran (Bertrand) de Born wurde um 1140 auf Schloß Périgord (Born) geboren. Im Streit Heinrichs II. von England mit seinen Söhnen Richard und Heinrich stand Bertran de Born auf deren Seite und wurde dafür zum Vicomte d'Hautefort (Altafort) ernannt. Dante setzte ihn in seiner »Göttlichen Komödie« in die Hölle unter die Zwietrachtstifter. Im Jahre 1195 trat er in das Zisterzienserkloster Dalon bei Périgueux (Dordogne) ein, wo er vor 1215 starb.

WERKE

Von Bertran de Born sind 45 Lieder überliefert, die größtenteils zur Gattung der Sirventes (politische Kampflieder) gehören; die Liebeslieder sind sehr kunstvoll und leidenschaftlich. Melodie ist nur eine einzige erhalten.

LITERATUR

C. Appel, Die Lieder Bertrans von Born, Halle 1932.

Franz Berwald (1796–1868)

ZEIT UND UMWELT

Sechs der Kinder des Flötisten Johann Friedrich Berwald (22.3.1711, Königsberg, Neumark, bis 11.6.1789, Ludwigslust) waren Musiker. Johann Gottfried Berwald (6.9.1737, Kopenhagen, bis 1786, Dömitz) war Violinist in der Hofkapelle in Ludwigslust; Christian Friedrich Georg Berwald (getauft 16.8.1740, Hohenaspe, Itzehoe, bis 23.2.1825, Stockholm), Schüler von František Benda (1709–86) in Berlin, 1773 bis 1806 Violinist der Hofkapelle in Stockholm; Christine Sophie Louyse Berwald (getauft 24.7.1746, Hohenaspe, bis nach 1779, Ludwigslust), Sopranistin der Hofkapelle in Ludwigslust; Friedrich Adolf Berwald (1748, Schleswig, bis nach 1778, Schleswig) ab 1778 Stadtmusikus in Schleswig; Georg Johann Abraham Berwald (29.6.1758, Schleswig, bis 27.1.1825, St. Petersburg), ab 1782 Fagottist der Hofkapelle in Stockholm und von 1803 bis zu seinem Tod Mitglied der Kaiserlichen Kapelle in St. Petersburg als Violinist und Fagottist; Friedrich Carl Wilhelm Berwald (28.2.1776, Ludwigslust, bis 23.9.1798, Ludwigslust), Schüler von Johannes Matthias Sperger (1750–1812), Oboist und Fagottist.

In der nächsten Generation erhoben sich Mitglieder dieser musikalischen Familie zur Weltgeltung; Christian August Berwald (28.8.1798, Stockholm, bis 13.11.1869, Stockholm), Violinist in der Hofkapelle in Stockholm; Johan Frederik Berwald und Franz Berwald. Mit den beiden Letztgenannten versiegte die musikalische Begabung der Familie und damit auch die musikalische Tradition.

LEBEN

Franz Adolf Berwald wurde am 23.7.1796 in Stockholm als Sohn des Christian Friedrich Georg Berwald und Abkömmling einer großen höchstmusikalischen Familie aus Bärwalde (Bińcze), Neumark, geboren. Er war ab 1811 Schüler von Édouard Dupuy (1771–1822) und ließ sich 1829 in Berlin als Violinist nieder. Nach mehreren Konzertreisen kehrte er 1842 nach Stockholm zurück, wo er 1849 Director musices der Universität und Hofkapellmeister und 1867 Kompositionslehrer am Konservatorium wurde. Er starb am 3.4.1868 in Stockholm.

WERKE

Von Franz Berwald sind 6 Sinfonien, ein »Thema mit Variationen« für Violine und Orchester, ein Violinkonzert, ein Doppelkonzert für zwei Violinen und Orchester, ein Klavierkonzert und weitere Orchesterstücke, ein Tongemälde »Erinnerungen an die norwegischen Alpen«, ein Quartett für Klavier, Klarinette, Horn und Fagott, 5 Klaviertrios, 3 Streichquartette, 2 Klavierquintette, ein Septett, mehrere Duos, ferner Arien, Kantaten für Soli, Chor und Orchester, 6 Opern und 2 Operetten erhalten. Seine Musik muß als klassizistisch-romantisch angesprochen werden, mit Ausnahme des »Tongemäldes«, das völlig der Romantik angehört. Er gilt als Begründer der schwedischen Sinfonik.

Sinfonie Nr. 4 in C-Dur, Symphonie singulière,
3 Sätze, entstanden 1845, uraufgeführt 1905

Dem sinfonischen Schaffen des Komponisten wandte sich das Interesse erst in unserem Jahrhundert zu. Dies gilt für diese wie für die vorausgegangenen in A-Dur (1820), g-Moll »Sérieuse« (1841) und D-Dur »Capricieuse« (1842). Sie ist teilweise von Felix Mendelssohn-Bartholdy abhängig, nimmt aber deutlich den Melos der nordischen Landschaft darin auf. Im 1. Satz erhält bereits die Exposition des Sonatensatzes den Charakter einer Durchführung. Dem kantablen Hauptthema wird eine elegante Linie entgegengeführt; das thematische Material wird zu dramatischen Höhepunkten gesteigert, die jedoch die heitere Stimmung der Musik nicht stören. Ein langsames Thema und ein Scherzo schließen den Satz ab. Der 2. Satz bringt eine schöne breite Kantilene, ein zweites elegisches Thema tritt hinzu. Darauf folgt ein Scherzo mit folkloristischen Wendungen. Anstelle des Trios steht ein kontrapunktischer Abschnitt, dann folgen die Scherzoreprise und am Ende ein rührendes Adagio. Das Finale ist furios und scharf akzentuiert, löst sich dann tänzerisch auf, Themen der früheren Sätze melden sich, eine Violinkantilene erklingt; schließlich drängt alles über starke Kontraste hinweg dem hell strahlenden Ende zu.

LITERATUR

R. Layton, Berwald, Stockholm 1956.

Johan Fredrik Berwald (1787–1861)

ZEIT UND UMWELT

Schwedische Komponisten der ersten Hälfte des 19. Jahrhunderts beklagten sich darüber, daß man ihnen nur die offiziellen Stellen überließ, das Publikum nach wie vor die Werke ausländischer Musiker aber vorzog. Diese Erscheinung war nicht typisch schwedisch, sondern in vielen Ländern zu beobachten, vor allem in England. Es dauerte eben überall lange, bis der »Prophet im eigenen Lande etwas galt«. In einzelnen Fällen traf es sogar solche, deren Väter eingewandert waren und als Ausländer Erfolg hatten, während die Nachkommen als Nationalisierte bereits die Nachteile des heimischen Künstlers zu verspüren bekamen.

LEBEN

Johan Fredrik Berwald wurde am 4.12.1787 in Stockholm als Cousin des Franz Berwald geboren. Er reiste viel als Violinvirtuose und hielt sich von 1803 bis 1812 – ab 1808 als Konzertmeister der Kaiserlichen Hofkapelle – in St. Petersburg auf. Im Jahr 1815 wurde er Konzertmeister und 1823 Hofkapellmeister in Stockholm. Er betreute diese Stelle bis zu seinem Tod am 26.8.1861.

WERKE

Von Johan Fredrik Berwald sind mehrere Streichquartette, ein Streichquintett, Violinkonzerte, Violinsonaten, verschiedene Orchesterwerke, Kantaten und Romanzen im französischen Stil im Druck erschienen. Eine Reihe weiterer Kompositionen ist nicht überliefert.

Jean-Baptiste Besard

(um 1567 bis um 1625)

ZEIT UND UMWELT

Obwohl die Laute in Spanien bereits immer stärker von der Gitarre verdrängt wurde, standen Lautenspiel und Lautenkomposition in Deutschland, Frankreich und Italien noch sehr im Vordergrund. Schulwerke und Sammlungen von Lautenstücken waren stark begehrt.

LEBEN

Jean-Baptiste Besard (Besardus) wurde um 1567 in Besançon geboren. Er studierte an der Universität von Dole Jurisprudenz, beschäftigte sich mit Physik, Medizin und Alchimie und bereiste Deutschland und Italien. In Rom nahm er Lautenunterricht. Dann ließ er sich in Augsburg nieder, wo er um 1625 starb.

WERKE

Neben seinen wissenschaftlichen Veröffentlichungen brachte Jean-Baptiste Besard eine umfangreiche Sammlung von 403 Stücken für Laute heraus (Präludien, Fantasien, Tänze, Chansons, Airs de cour, Villanellen), von denen er 38 selbst komponiert hatte. Die Publikation, die Kompositionen von deutschen, französischen, italienischen und polnischen Meistern brachte, gewährt einen aufschlußreichen Einblick in die solistische Lautenpraxis der Zeit.

LITERATUR

W. Boetticher, Studien zur solistischen Lautenpraxis, Berlin 1943.

Samuel Besler (1574–1625)

ZEIT UND UMWELT

Breslau (Wrocław) kam 1335 unter die böhmische Krone und 1526 mit Böhmen in die Hand Habsburgs. Dadurch hatte die Stadt sehr früh den Kontakt mit dem polnischen Kulturkreis verloren und mußte sich nach Prag orientieren. Breslau war bereits im Begriff, eine deutsche Stadt zu werden.

LEBEN

Samuel Besler wurde am 15. 12. 1574 in Brig (Brzeg), Schlesien, geboren und erhielt 1602 die Kantorenstelle an St. Berhardin in Breslau. Im Jahr 1605 wurde er Schulmeister an der Heiligengeistschule in Breslau, wo er am 19. 7. 1625 starb.
Sein Bruder Simon Besler (27. 8. 1583, Brig, bis 12. 7. 1633, Breslau) studierte an der Universität Frankfurt an der Oder, wurde Kantor in Striegau (Strzegom) und wirkte in gleicher Eigenschaft von 1610 bis 1620 in Breslau, dann in Liegnitz (Legnica), kehrte aber um 1630 nach Breslau zurück.

WERKE

Von dem deutschen Kantor Samuel Besler erschienen zwischen 1602 und 1624 mehrstimmige Weihnachtslieder, Passions- und Ostergesänge, sakrale Lieder und etliche Motetten. Gegen das Ende seiner Schaffenszeit verwendete er den Generalbaß. Die Gesänge weisen durchwegs Kantionalsatz auf.
Von Simon Besler sind mehrstimmige Lieder und eine Hochzeitsmotette erhalten.

LITERATUR

O. Kade, Die ältere Passionskomposition bis zum Jahr 1631, Gütersloh 1893.

Alessandro Besozzi (1702–93)

ZEIT UND UMWELT

Für Musiker, die im ersten Viertel des 18. Jahrhunderts in die Dienste des Herzogs von Parma, Antonio Farnese, traten, dauerte es nur einige Jahre, bis sie sich nach einem anderen Betätigungsfeld umsehen mußten, denn sowohl die Hofkapelle wie die Gardemusik wurden nach dem Tod des Herzogs (1731) aufgelöst, weil das Herzogtum in die Hände des spanischen Königshauses geriet und die Kapellen neu besetzt wurden.

LEBEN

Alessandro Besozzi wurde am 22. 7. 1702 in Parma als Sohn des Oboisten Cristoforo Besozzi (1661, Mailand, bis 11. 10. 1725, Piacenza) geboren. 1728 trat er wie seine Brüder Giuseppe Besozzi (1686, Mailand, bis 22. 12. 1760, Turin) und Paolo Girolamo Besozzi (17. 4. 1704, Parma, bis 26. 7. 1778, Turin) als Oboist in den Dienst des Großherzogs von Parma. Nach dessen Tod kamen alle drei Brüder an die Hofkapelle in Turin, wo Alessandro Kammervirtuose wurde. Er unternahm mit den Brüdern ausgedehnte Konzertreisen; sie traten auch in Paris im Concert spirituel auf. Alessandro Besozzi starb am 26. 7. 1793 in Turin.
Die Söhne von Giuseppe Besozzi, Antonio Besozzi (1714, Parma, bis 1781, Turin) – Oboist an der Dresdner Hofkapelle – und Gaetano Besozzi (25. 2. 1725, Piacenza, bis 1798, London), waren weltbekannte Oboisten und Fagottisten.

WERKE

Von Alessandro Besozzi sind etwa 100 Kammermusikwerke für ein, zwei und drei Instrumente – zumeist mit Oboe oder Fagott – erschienen, die der Entwicklung der Bläsermusik starke Impulse verliehen.

Carlo Besozzi (um 1738–91)

ZEIT UND UMWELT

Als Folge des Erlöschens der italienischen Fürstenhäuser trat eine starke Abwertung der einzelnen Hofkapellen ein, die zwar in den meisten Fällen beibehalten wurden, aber nur reine Repräsentationsaufgaben erhielten. Dabei war die Qualität der einzelnen Musiker und Kapellmeister weniger wichtig. Die neuen Herren waren auch außerstande, Qualität von Mittelmäßigkeit zu unterscheiden, und daran auch nicht interessiert. Neben dem Hof in Versailles, dessen Kapellen ihr altes Niveau nahezu bis zum ersten Tag der Revolution hielten, hatten sich bereits lange Zeit vorher neue Zentren gebildet, die die Führung der europäischen Musik übernahmen: Dresden, Mannheim, München und vor allem Wien.

LEBEN

Carlo Besozzi wurde um 1738 in Dresden als Sohn des Oboisten Antonio Besozzi geboren. Er trat als Oboist 1755 in die Dresdener Hofkapelle ein und wirkte dort bis zu seinem Tod am 22. 3. 1791.

WERKE

Von Carlo Besozzi sind mehrere Konzerte für Oboe und Orchester und 24 Sonaten für zwei Oboen, zwei Hörner und Fagott überliefert. Ihr Stil gehörte noch dem Rokoko an, trug aber Züge der Vorklassik.

Antoine Bessems (1809–68)

ZEIT UND UMWELT

Der erfolgreiche Kampf der Belgier um ihre Eigenstaatlichkeit im Jahr 1830 hatte zur Folge, daß zahlreiche Künstler, die sich im Ausland aufhielten, in ihre Heimat zurückkamen, weil sie erwarteten, daß die neue Regierung der geistigen Entwicklung des jungen Staatswesens erhöhte Aufmerksamkeit zuwenden würde. Diese Hoffnung wurde nicht enttäuscht. Es setzte auf allen Gebieten der Kunst und der Wissenschaft ein starker Auftrieb ein.

LEBEN

Antoine Bessems wurde am 6. 4. 1809 in Antwerpen geboren. Er begann bereits früh zu komponieren. In Paris, wohin er sich 1826 begeben hatte, war er Violinschüler von François de Sales Baillot und wirkte ab 1829 als Erster Violinist am Théâtre italien. Dann kehrte er nach Antwerpen zurück, wo er als Musiklehrer tätig war, wirkte um 1850 wiederum für einige Zeit in Paris und sodann neuerlich in seinem Geburtsort bis zu seinem Tod am 19. 10. 1868.

WERKE

Von Antoine Bessems sind einige Motetten und andere sakrale Gesänge, zahlreiche profane Lieder für Solostimme und für Chöre sowie eine Anzahl Violinstücke bekannt geworden. Seine Kompositionen bewegten sich in den Bahnen der französischen Hochromantik.

Gabriel Louis Besson (1733–85)

ZEIT UND UMWELT

Das Décachorde war eine um 1780 entwickelte Gitarre mit 6 Melodie- und 4 Bordunsaiten. Der Resonanzkörper ähnelte dem der Laute. Saiten endeten in zwei übereinander angeordneten Wirbelkasten. Mittels eines Metallhebels konnten die Bordunsaiten höher oder tiefer gestimmt werden. Das Instrument wurde häufig für volkstümliche Musik und zur Liedbegleitung verwendet.

LEBEN

Gabriel Louis Besson wurde am 10. 4. 1733 in Versailles geboren. Er folgte 1746 seinem Vater als Musette- und Flötenspieler in der Königlichen Kapelle nach und löste ihn nach dessen Tod auch als »violon du roy« ab. Als Décachordespieler war er sehr bekannt. Er starb am 23. 8. 1785 in Versailles.
Sein Vater Michel Gabriel Besson (um 1689, vermutlich Paris, bis 22. 8. 1765, Versailles) war ab 1722 Mitglied der Königlichen Kapelle und ab 1728 Mitglied der 24 violons du roy.

WERKE

Von Gabriel Louis Besson erschienen 2 Bücher mit Airs, die für Décachorde arrangiert sind. Es handelt sich um gehobene höfische Unterhaltungsmusik.

Michel Gabriel Besson schrieb 6 Sonaten für Solovioline und Generalbaß, deren melodische Linien zerklüftet und kapriziös sind.

Michel Gabriel Besson (um 1689–1765)

Zeit und Umwelt
Die Musette zu spielen, war im 18. Jahrhundert auf keinen Fall eine Deklassierung wie etwa ein Jahrhundert später, weil dieses Instrument dem sentimentalen Hang zur ländlichen Idylle, der in Frankreich Mode geworden war, sehr entgegenkam.

Leben
Michel Gabriel Besson wurde um 1689 vermutlich in Paris geboren. Er war ungefähr seit 1722 als Flötist und Musettespieler Mitglied der Königlichen Kapelle und wurde 1728 zu den »24 violons du roy« übernommen, wo er bis zu seinem Tod am 22. 8. 1765 in Versailles wirkte.

Werke
Von Michel Gabriel Besson sind 6 viersätzige Sonaten für Solovioline mit Generalbaß erschienen. Sie fallen durch kapriziöse und nervöse melodische Linien und durch außergewöhnliche Breite der langsamen Sätze auf. Über weitere Werke gibt es keine Informationen.

Literatur
W. Newman, The Sonata in the Baroque Era, Chapel Hill 1959.

William Thomas Best (1826–97)

Zeit und Umwelt
In der zweiten Hälfte des 19. Jahrhunderts wurden in Großbritannien auch in Konzertsälen Orgeln aufgestellt und profane Orgelkonzerte veranstaltet, in denen nicht nur die gesamte verfügbare Orgelliteratur zur Aufführung kam, sondern alle Musik, die sich irgendwie arrangieren ließ, Opernmelodien nicht ausgenommen.

Leben
William Thomas Best wurde am 13. 8. 1826 in Carlisle geboren. Er erhielt seinen ersten Orgelunterricht an der Kathedrale seines Geburtsortes, kam aber nicht weit, weil die Orgel wie damals die meisten des Landes zu wenig Möglichkeiten bot. Erst als er die Organistenstelle an der Pembroke Road Church in Liverpool erhielt, erzielte er bedeutende Fortschritte. Im Jahr 1847 wurde er Organist an der Blindenkirche, ein Jahr darauf bei der Philharmonischen Gesellschaft und 1854 in London. Ab 1855 konzertierte er bis 1894 jeden Donnerstag und Samstag in der St. Georg's Hall in Liverpool populäre Musik, daneben wirkte er als Organist der Musical Society und der Philharmonic Society. Er starb am 10. 5. 1897 in Liverpool.

Werke
Von William Thomas Best sind 2 Ouvertüren, Anthems, Klavierstücke und viele Orgelstücke überliefert. Er veröffentlichte viele Bearbeitungen von Sinfonien und Kammermusik für Orgel, auch von Opernouvertüren und Chören, die er selbst bei seinen populären Konzerten vortrug.

Jean Laurent de Béthizy (1702–81)

Zeit und Umwelt
Das bereits im 17. Jahrhundert sehr intensive Musikleben von Paris erfuhr im 18. Jahrhundert eine weitere Verstärkung. Die Tätigkeit der öffentlichen Musiktheater und die allgemein zugänglichen Konzerte trugen die Musik in die breiten Massen und erweckten ein steigendes Interesse, selbst zu musizieren. Daher fanden Musiklehrer jeder Art Schüler genug.

Leben
Jean Laurent de Béthizy (Béthisy) wurde am 1. 11. 1702 in Dijon geboren. Er ließ sich in Paris als Musiklehrer nieder und erfreute sich wegen seiner Vielseitigkeit großen Zuspruchs. Es ist unbekannt, ob er auch als ausübender Musiker tätig war. Er starb am 19. 10. 1781 in Paris.

Werke

Neben einem von Johann Mattheson (1681 bis 1764) heftig angegriffenen musiktheoretischen Werk sind von Jean Laurent de Béthizy 2 Kantaten überliefert, die viel gesungen wurden. Über weitere Kompositionen ist nichts bekannt.

Elway Bevin (um 1550 bis nach 1637)

Zeit und Umwelt

Trotz des immer stärker um sich greifenden Puritanismus konnten sich um die Wende zum 17. Jahrhundert und weit darüber hinaus Katholiken in England unbehelligt halten, falls sie sich auf die Ausübung ihrer Konfession beschränkten und sich an keiner der vielen Verschwörungen beteiligten, die gegen Regenten oder hohe Ämter gerichtet waren. Die ständigen Versuche, die Reformation und ihre Träger zu beseitigen, die von ausländischen Kräften angezettelt und finanziert wurden, führten allerdings dazu, daß Anhänger des Katholizismus immer mehr verdrängt wurden.

Leben

Elway Bevin wurde um 1550 vermutlich in oder bei Wells in einer aus Wales stammenden Familie geboren. Es ist gesichert, daß er Schüler von Thomas Tallis war, obwohl nicht feststellbar ist, wo und wann dieser Unterricht stattgefunden hat. Im Jahre 1575 wurde er Chorvikar an der Kathedrale von Wells. Er verlor diese Stelle 1584 wegen zu langer Abwesenheit, wurde aber als Organist an der Kathedrale in Bristol eingestellt. Seine Ernennung zum Außerordentlichen Gentleman der Chapel Royal (1605) wurde 1637 rückgängig gemacht, weil bekannt wurde, daß er Katholik war. Bald darauf beschloß er sein langes Leben in Bristol.

Werke

Von dem englischen Komponisten sind 3 Services (Gottesdienstvertonungen), 6 Anthems, mehrere Kanons erhalten, außerdem eine Anzahl Instrumentalstücke für Violen, die für den Fortschritt der Instrumentalkomposition in England bezeichnend sind. Die Orgelkompositionen sind nicht überliefert.

William Richard Bexfield (1824–53)

Zeit und Umwelt

Bei manchen Frühverstorbenen, die aus ihrer ersten Entfaltung herausgerissen wurden, kann man nicht selten bei ihren Erstlingswerken, die auch ihre letzten waren, eine erstaunliche Reife feststellen, als wollte der Künstler seine gesamte Kraft verströmen, ehe sie erlosch.

Leben

William Richard Bexfield wurde am 27.4.1824 in Norwich geboren und an der Kathedrale seines Geburtsortes als Chorknabe ausgebildet. Im Jahr 1846 wurde er Organist in Boston, Lincolnshire, und 1848 an St. Helen's in London, wo er am 29.10.1853 starb.

Werke

Von William Richard Bexfield wurde bei den Musikfesten in Norwich 1852 sein Oratorium »Wiederentstandenes Israel« mit großem Erfolg aufgeführt. Er hinterließ auch eine Sammlung Orgelfugen und Anthems.

Johann Samuel Beyer (um 1669–1744)

Zeit und Umwelt

Trotz starker Widerstände näherte sich um die Jahrhundertwende in Mitteldeutschland der Kirchengesang deutlich profanen Fakturen. Der sakrale Text konnte nicht darüber hinwegtäuschen, daß der musikalische Genuß vor die Erbauung gestellt wurde.

Leben

Johann Samuel Beyer wurde um 1669 in Gotha geboren. Er war von 1693 bis 1699 Kantor in Freiberg, Sachsen, und ab 1722 in Weißenfels. Im Jahr 1728 wurde er Musikdirektor in Freiberg. Er starb am 9. 5. 1744 in Karlsbad (Karlovy Vary).

WERKE

Der deutsche Kantor und Komponist Johann Samuel Beyer veröffentlichte neben einer Elementargesangschule »Neu variierte Fest-Choral-Gesänge« und »Geistliche-musikalische Seelenfreude in 72 Concert-Arien bestehend«. Die Arien haben an die Oper angelehnten Charakter.

Günter Bialas (geboren 1907)

LEBEN

Günther Bialas wurde am 19.7.1907 in Bielschowitz, Oberschlesien (Bielszowice, Polen), geboren. Seine erste musikalische Ausbildung erhielt er in Breslau (Wrocław), anschließend studierte er in Berlin bei Fritz Lubrich (21.6. 1888, Neustädtel [Nowe Miasteczko], bis 15.4.1971, Hamburg) und Max Trapp. Er leitete von 1945 bis 1947 den Bach-Verein in München und wurde darauf an die Musikhochschule in Detmold als Leiter einer Kompositionsklasse berufen. Von 1959 bis 1973 wirkte er in gleicher Eigenschaft an der Musikhochschule in München.

WERKE

Die Kompositionen von Günter Bialas standen bis zur Mitte des Jahrhunderts unter dem Einfluß von Paul Hindemith, Igor Strawinsky und Béla Bartók. Dann verband er die überkommenen Stilelemente mit den modernen Techniken. »Ich glaube schon, daß der Gebrauch der zwölf Töne heute unumgänglich ist; es gibt keine Musik mehr von Gewicht, die noch im Dur-Moll-System geschrieben wurde«, erklärte er und setzte fort: »Ich habe mich neben den Zwölftonstudien auch mit alter und primitiver Musik beschäftigt.« Sein Schaffen ist sehr vielgestaltig und umfaßt einen breiten Sektor der Musikgattungen. Für die Bühne schrieb er 4 Spiele und ein Ballett, zahlreiche Werke für Orchester, darunter: »Romanzero«, »Invokationen«, »Kleine Sinfonie« für Flöte, Oboe, Klarinette und Streichorchester, ein Bratschenkonzert, ein Flötenkonzert, ein Klavierkonzert, ein Orgelkonzert mit Orchester, ein Violinkonzert, ein Cellokonzert, ein Klarinettenkonzert, »Jazz-Promenade« für Klavier und Orchester, Musik für Harfe und Streicher, »Drei Moments Musicaux« für Klarinette, Cello und Orchester, eine Partita für zehn Instrumente, ein Pastorale für neun Instrumente; an Kammermusik liegen außerdem vor: »Quodlibet« für sieben Instrumente und Schlagzeug, 4 Impromptus für Cello und Klavier, Moments Musicaux für Cello und Harfe und eines für Klavier, 3 Streichquartette, Trios, Sonaten und Orgelmusik. Von seinen Kantaten sind die berühmtesten: »Gesang von den Tieren«, »Indianische Kantate«, »Oraculum«, »Im Anfang«, »Symbolum«. Er verfaßte eine Anzahl Lieder und Liederzyklen und ein »Eichendorff-Liederbuch« für gemischten Chor und zwei Gitarren.

Indianische Kantate für Bariton, Kammerchor, acht Instrumente und Schlagzeug, 4 Teile, entstanden 1949

»Nichts lag mir ferner, als etwa eine Kopie der Eingeborenenmusik erreichen zu wollen. Es handelt sich nur um Anregungen aus diesem Bereich, die in dem Werk zeitgemäß umgesetzt werden und ihre Berechtigung aus der gegebenen Textvorlage herleiten.« Damit tritt der Komponist der Meinung entgegen, er habe Motive aus der indianischen Volksmusik verwendet. »Mir ging es mehr darum, die starken Impulse aufzufangen, die von der Musik der Primitiven ganz ohne Zweifel ausgehen. Sie liegen vor allem in der Art des Musizierens begründet, die auf einem direkt aus der Improvisation gezeugten Klangsatz beruht. Der Chorsatz der Kantate ist seiner Anlage nach weder polyphon noch homophon, sondern heterophon.« Der 1. Teil, »Introduktion«, ist zwölftönig. Das Material ist in zwei Sechstongruppen aufgeteilt, die entweder alternierend eingesetzt werden oder übereinandergeschichtet sich zum Zwölftonkomplex ergänzen. Im 2. Teil, »Allvater«, wird der Gott des Donners und des Krieges aufgerufen, der im 3. Teil antwortet: »Zur Zeit, wann ich will, nur dann, nur dann, liegt tot der Mann.« Im 4. Teil ziehen die Sterne singend ihre Bahn, der Gesang des Windes wird zum Symbol für das »Brüllende Land«.

Francesco Bianchi
(1752–1810)

ZEIT UND UMWELT
Die zuweilen befremdende Leichtigkeit, mit der italienische Musiker von der Oper zur Kirche und umgekehrt wechselten oder beide Musikbereiche gleichzeitig betreuten, hatte ihre Ursache nicht nur in der vielseitigen Ausbildung, die die italienischen Konservatorien ihren Schülern boten, sondern auch in der in Italien heute noch gültigen Einstellung zur Musik, die wenig danach fragt, wo und von wem die Musik gemacht wird, sondern nur, wie sie ist.

LEBEN
Francesco Bianchi wurde 1752 in Cremona geboren. Er war Schüler von Niccolò Jommelli in Neapel. Nachdem er in Florenz und in Pavia je eine Oper herausgebracht hatte, wirkte er von 1775 bis 1778 als Cembalist an der Comédie Italienne in Paris. Dann ging er nach Florenz zurück. Im Jahr 1783 wurde er Vizekapellmeister am Mailänder Dom, 1785 Zweiter Organist am Markusdom in Venedig, 1795 Kapellmeister am King's Theatre in London; er war ab 1798 als Dirigent in Dublin tätig und kehrte aber 1801 in seinen alten Wirkungskreis in London zurück, wo er am 27. 11. 1810 starb.

WERKE
Neben ungefähr 70 Opern schrieb Francesco Bianchi Sinfonien, 6 Triosonaten und ein vierstimmiges Domine ad adiuvandum. Er war auch als Musikschriftsteller tätig.

Giovanni Bianchi
(um 1660 bis um 1720)

ZEIT UND UMWELT
Die Triosonate des italienischen Barock bestand aus zwei gleichberechtigten Oberstimmen – Violinen, Flöten, Oboen usw. – und einem Melodieinstrument in Baßlage als Generalbaß, wozu zur Akkordausfüllung noch ein Tasteninstrument oder eine Laute trat. Die Füllung fiel im Laufe der Entwicklung fort, so daß daraus ein echtes Trio, also ein Terzett aus drei Stimmen – vokal oder instrumental –, entstand, eine für das 18. und 19. Jahrhundert typische Kompositionsform.

LEBEN
Giovanni Bianchi wurde um 1660 in Ferrara geboren. Er wirkte in Mailand in nicht näher feststellbarer Stellung als Musiker bis weit über das Jahr 1710 hinaus und starb dort um 1720.

WERKE
Vom italienischen Komponisten Giovanni Bianchi sind 12 Triosonaten von beachtlichem musikalischem Wert erschienen. Über weitere Werke des Musikers ist nichts bekannt.

Pietro Antonio Bianchi
(um 1545 bis nach 1609)

ZEIT UND UMWELT
Erzherzog Ferdinand von Österreich folgte 1590 seinem Vater Karl von Innerösterreich nach und residierte in Graz, ehe er als Ferdinand II. Kaiser und König von Böhmen und Ungarn wurde. Er zog für seine Hofkapelle vorwiegend Italiener heran und holte sie aus dem nahen Venedig.

LEBEN
Pietro Antonio Bianchi (Bianco, Blanchis) wurde um 1545 in Venedig geboren und zum Musiker und Priester ausgebildet. Er dürfte anschließend an San Salvatore in seinem Geburtsort als Sänger und Organist gewirkt haben. Im Jahre 1597 verpflichtete ihn Erzherzog Ferdinand von Österreich an seine Residenz in Graz als Kapellmeister und Almosenier. Er kehrte 1609 nach Venedig zurück, weil er zum Kanonikus an San Salvatore ernannt wurde, und starb in einem der folgenden Jahre.

WERKE
Auch Pietro Antonio Bianchi machte sich den venezianischen konzertanten Stil zu eigen und brachte achtstimmige »Geistliche

Konzerte« heraus, die, ohne ihren sakralen Charakter zu verfehlen, dem Publikumsbedürfnis nach Kunstgenuß entgegenkamen. Auch seine »Neapolitanischen Kanzonen« und Madrigale wurden auf Publikumswirksamkeit abgestellt und haben dadurch sichtlich gewonnen. Weitere Werke scheinen in verschiedenen Sammelwerken auf.

Francesco Bianciardi (um 1572–1607)

Zeit und Umwelt

Als durch die Eroberung Sienas und die Übergabe der Stadt an das Großherzogtum Toskana ihr politisches Eigenleben in der Mitte des 16. Jahrhunderts zu Ende ging, hörte auch ihre künstlerische Entwicklung auf. Die Maler Giovanni Antonio de'Bazzi (1477–1549) und Domenico Beccafumi (1486 bis 1551) gaben zwar der einst blühenden Stadt neuen kulturellen Anstoß, doch mit ihrem Ableben war auch die künstlerische Tradition der Stadt beendet. Die Musik allerdings, die schon bislang stark mit der aller anderen Zentren Mittel- und Oberitaliens kommuniziert hatte, setzte ihren Entwicklungsgang fort.

Leben

Francesco Bianciardi wurde um 1572 in Casole d'Elba bei Siena geboren. Im Jahr 1596 erhielt er die Organistenstelle am Dom von Siena, ab 1597 wirkte er als Kapellmeister des Domes bis zu seinem Tod im Jahr 1607.

Werke

Der italienische Komponist und Organist Francesco Bianciardi gehörte zu den ersten Musikern, die sich des bezifferten Basses bedienten. Von seinen Werken sind ein Buch Messen für vier bis acht Stimmen, 4 Bücher mit kirchlichen Gesängen, ein Buch mit vierstimmigen Vespern, weiteres Madrigale und geistliche Canzonetten überliefert. In Sammelwerken seiner Zeit scheinen noch weitere kirchliche Kompositionen auf. Alle seine Werke gehören stilistisch bereits dem 17. Jahrhundert an.

Heinrich Ignaz Franz Biber
(1644–1704)

Zeit und Umwelt

Die Einstellung des Publikums zur Virtuosität der Instrumentalisten war bis in das 19. Jahrhundert völlig von der heutigen verschieden. Technische Meisterleistungen wurden sehr hoch geschätzt. Dabei waren diese im Verhältnis zur heutigen Spieltechnik zumeist nicht sehr großartig. Im 17. Jahrhundert wurden Doppelgriffe, Scordaturen und höhere Lagen bereits zum Gegenstand hoher Bewunderung. Unsere Vorstellung, daß eine vollendete Technik nur die selbstverständliche Voraussetzung der Virtuosität bildet, war früheren, genügsameren Zeitläuften fremd.

Leben

Heinrich Ignaz Franz Biber von Bibern wurde am 12. 8. 1644 in Wartenberg (Stráž pod Ralskem) geboren. Er war bis 1670 Vio-

Heinrich Ignaz Franz Biber

linist in der erzbischöflichen Hofkapelle in Olmütz (Olomouc), ab 1673 am Hof des Fürsterzbischofs von Salzburg, 1679 dort Vizekapellmeister und ab 1684 Kapellmeister. Im Jahr 1690 wurde er von Kaiser Leopold I. geadelt. Er starb in Salzburg am 3. 5. 1704.

WERKE

Der österreichische Violinist und Komponist Heinrich Ignaz Franz Biber galt als der bedeutendste Violinvirtuose seines Jahrhunderts. Er beherrschte das Instrument bis zur 7. Lage. Die Behauptung, daß er die Doppelgriffe und die Scordatur erfunden habe, ist übertrieben, aber er hat beide technischen Mittel weit häufiger und komplizierter angewendet, als es bisher geschehen war. Seine kompositorische Tätigkeit war zum großen Teil der Violine gewidmet. Voranzustellen sind seine 16 Violinsonaten zur Verherrlichung von 15 Mysterien aus dem Leben Mariae, seine fünfstimmige Serenade mit dem »Nachtwächterruf«, seine 8 Soloviolinsonaten mit Generalbaß, seine zahlreichen Sonaten zum sakralen und profanen Gebrauch und seine 7 Partiten mit Doppelgriffen. Die Vokalmusik ist durch Messen, Requiem, Offertorien, Vespern und Litaneien vertreten. Von seinen 3 Opern ist nur eine erhalten.

Der Komponist nahm zwar italienische Einflüsse auf, verarbeitete sie aber zu einem deutlich profilierten, eigenständigen Stil, der jene Elemente aufweist, aus denen in folgenden Perioden die Wiener Schule herauswuchs.

16 Violinsonaten zur Verherrlichung von 15 Mysterien aus dem Leben Mariae – Rosenkranzsonaten
für Violine und Generalbaß, entstanden 1674

Es handelt sich – genau gesagt – um 15 Sonaten und eine Passacaglia ohne Generalbaß. Der Komponist wurde durch eine Serie Kupferstichvignetten angeregt, die die Themen des Rosenkranzes – je fünf freudenreiche, schmerzensreiche und glorreiche Ereignisse aus dem Leben Marias – behandeln. Die Passacaglia ist dem Schutzengelfest gewidmet. Der Komponist bedient sich bei den meisten Teilen der Scordatur und erzielt damit eine stärkere Spielgeschwindigkeit und interessante Klangeffekte, die die jeweilige Stimmung plastisch zum Ausdruck bringen. Die Sonaten gehören zu den bedeutendsten Werken der Violinliteratur des 17. Jahrhunderts.

LITERATUR

E. Luntz, Heinrich Ignaz Franz Biber, Wien 1906.

Rudolf Bibl (1832–1902)

ZEIT UND UMWELT

Die Orgeltradition in Wien wurde von einigen Kirchen getragen, deren musikalische Leistungen durchwegs auf sehr hohem Niveau standen. Dominierend war jedoch stets der Stephansdom, dessen Orgel von alters her mit vorzüglichen Kräften besetzt wurde.

LEBEN

Rudolf Bibl wurde am 6.1.1832 in Wien als Sohn des Domorganisten Andreas Bibl (8.4. 1807, Wien, bis 30.4.1878, Wien) geboren. Er war Kompositionsschüler von Simon Sechter. Im Jahr 1850 wurde er Organist an St. Peter, 1859 am Stephansdom, 1863 erhielt er die Ernennung zum Hoforganisten und 1897 zum Hofkapellmeister. Er starb am 2.8.1902 in Wien.

WERKE

Von Rudolf Bibl sind 4 Instrumentalmessen und eine A-cappella-Messe erhalten; er schrieb ferner 2 Requiem, ein Orgelkonzert, eine Orgelsonate, Präludien und Fugen für Orgel, eine Violinsonate und Klavierstücke, außerdem eine Orgelschule. Sein Stil ist stark traditionsverhaftet.

Matthias Sigmund Biechteler von Greiffenthal (um 1668–1743)

ZEIT UND UMWELT

Durch das Erlöschen der habsburgischen Seitenlinien verloren die Kapellen in Innsbruck und Graz an Bedeutung. Im österreichischen Raum außerhalb Wiens behielt nur die fürsterzbischöfliche Kapelle in Salzburg ihren Rang, erhöhte ihn von Jahrzehnt zu Jahrzehnt und trug zur Ausprägung der Wiener Klassik Entscheidendes bei.

LEBEN
Matthias Sigmund Biechteler von Greiffenthal wurde um 1668 in Leibnitz, Steiermark, geboren. Er studierte ab 1684 an der Universität Graz, wurde 1687 Kammerdiener und Hofmusikus des Fürsterzbischofs von Salzburg und Lehrer der Kapellknaben, 1703 Vizekapellmeister und 1706 Kapellmeister. Er starb in Salzburg am 27. 8. 1743, nachdem er 1723 von Kaiser Karl VI. geadelt worden war.

WERKE
Der österreichische Komponist Matthias Sigmund Biechteler von Greiffenthal verfaßte 19 Messen, 4 Requiem, Litaneien, Hymnen und Offertorien, außerdem 9 Kirchensonaten. Seine Musik zu Schuldramen ist verschollen.

Gottlob Benedikt Bierey (1772–1840)

LEBEN
Gottlob Benedikt Bierey wurde am 25.7.1772 in Dresden geboren. Er war Schüler von Christian Ehregott Weinlig (1743–1813) und wirkte sodann als Musikdirektor verschiedener Operntruppen. Im Jahr 1808 wurde er als Nachfolger von Carl Maria von Weber Theaterkapellmeister in Breslau (Wrocław), wo er am 5.5.1840 starb.

WERKE
Von Gottlob Benedikt Bierey sind außer einer deutschen Oper und mehreren Singspielen Kantaten, eine Messe und verschiedene Klavierstücke bekannt geworden. Seine Musik gehörte bereits voll der Romantik an.

Diogenio Bigaglia
(um 1686 bis um 1745)

ZEIT UND UMWELT
Das italienische Barock, das nie in einen solchen Formenzwang gepreßt wurde wie das französische und dadurch vielleicht seinem Begriff näherkam, hielt sich um einiges länger als anderswo. Der galante Stil entsprach dem Volkscharakter ebensowenig wie der empfindsame Stil; wie die Musikentwicklung in Italien überhaupt ab 1700 die in Frankreich und Deutschland eingehaltene Linie nur teilweise mitvollzog.

LEBEN
Diogenio Bigaglia wurde um 1686 in Murano, Venedig, geboren. Er war Benediktiner im Kloster San Giorgio Maggiore in Venedig, wo er um 1745 starb. Welche musikalische Tätigkeit er im Rahmen seines Ordens ausübte, ist nicht bekannt.

WERKE
Von Diogenio Bigaglia sind 12 Violinsonaten mit Generalbaß erschienen. Handschriftlich überliefert sind einige Concerti grossi, Cembalokonzerte und sakrale Gesänge mit Instrumentalbegleitung. Seine Musik gehört dem Spätbarock an.

Marie Bigot de Morogues (1786–1820)

ZEIT UND UMWELT
Neben dem Bühnen- und Konzertgesang, von dem sie nur eine gewisse Zeit lang von Kastraten verdrängt waren, bildeten die Tasteninstrumente eine Domäne für Musikerinnen. Sie eroberten im 19. Jahrhundert besonders die Pianistik als ihr Tätigkeitsfeld. Pianistinnen von hervorragender Qualität traten immer mehr in Erscheinung und gewannen die Vorliebe der Tondichter, deren Werke sie spielten, und des Publikums.

LEBEN
Marie Bigot de Morogues, geborene Kuéné, wurde am 3.3.1786 in Colmar geboren. Sie hielt sich ab 1804 in Paris auf und wurde von Joseph Haydn, Ludwig van Beethoven und Antonio Salieri als Interpretin ihrer Werke sehr geschätzt. Beethoven schenkte ihr das Manuskript seiner Appassionata. Im Jahr 1809 siedelte sie nach Paris über, wo sie als Interpretin und Begleiterin namhafter Kom-

ponisten und Instrumentalisten tätig war. Sie wirkte zugleich als gesuchte Klavierlehrerin, bei der auch Felix Mendelssohn-Bartholdy 1816 einmal Unterricht nahm. Sie starb am 16. 9. 1820 in Paris.

WERKE
Von Marie Bigot de Morogues ist eine Anzahl vorzüglicher Klavierkompositionen erschienen: eine Sonate, ein »Andante varié«, eine »Suite d'études« und ein »Rondo«. Ihre weiteren ungedruckten Werke sind verschollen. Ihr Stil fügte sich der französischen Romantik gut ein, ihre Tätigkeit für die Wiener Komponisten hat aber darin einige Spuren hinterlassen.

János Bihari (1764–1827)

ZEIT UND UMWELT
Bis zum Ende des 19. Jahrhunderts hielt man die Zigeunermusik für echte ungarische Volksmusik. Dann erst gelang es klarzustellen, daß sie zwar Elemente ungarischer Musik enthält, aber ebensoviel von den Nachbarvölkern, wie Slowaken, Ukrainer, Rumänen, Serben, Kroaten. Auch die sogenannte ungarische Skala ist eine Zigeunertonleiter.

LEBEN
János Bihari wurde am 21. 10. 1764 in Nagyabony geboren. Er war Violinvirtuose und Vertreter der Zigeunermusik. Als Achtzehnjähriger gründete er eine Kapelle und bereiste mit ihr Ungarn und das Ausland. Er starb am 26. 4. 1827 in Budapest.

WERKE
Von János Bihari sind zahlreiche Zigeunerweisen – Verbunkos, Csárdás – erhalten, von denen viele heute noch von den Zigeunerkapellen gespielt werden. Nicht wenige seiner Stücke haben in die Musik des 19. Jahrhunderts Eingang gefunden.

LITERATUR
E. Major, Bihari János élete és müvei, in: Éneklö Ifjuság, Budapest 1944.

Hieronymus Bildstein
(um 1580 bis nach 1626)

ZEIT UND UMWELT
Als Konstanz 1526 protestantisch wurde, verlegte man den Sitz des Fürstbischofs nach Meersburg. Obwohl 1547 die kaiserlichen Truppen Konstanz eroberten und die Stadt rekatholisiert wurde, verblieben die Fürstbischöfe bis zum Jahr 1803 in ihrer neuen Residenz.

LEBEN
Hieronymus Bildstein wurde um 1580 in Bregenz, Vorarlberg, geboren. Im Jahr 1604 trat er die Stelle des Hoforganisten an der Residenz der Fürstbischöfe von Konstanz in Meersburg an, wo er in einem der Jahre nach 1626 starb.

WERKE
Der österreichische Komponist Hieronymus Bildstein hat eine Sammlung fünf- bis achtstimmiger Motetten und ein fünfstimmiges Marienlied hinterlassen. Der Stil dieser Werke ist polyphon.

William Billings (1746–1800)

ZEIT UND UMWELT
Es sind ungefähr 500 Musiker aus der Zeit vor der nordamerikanischen Revolution und den zwei folgenden Dekaden bekannt. Der größte Teil davon waren lediglich Besucher aus Europa, die in den neuen Städten auftraten. Sie brachten ein großes Repertoire zu Gehör – darunter bei 200 Opern –, so daß die Siedler der Neuen Welt in ständigem Kontakt mit dem europäischen Musikgeschehen blieben. In Nordamerika geborene Komponisten aus der vorrevolutionären Zeit traten nur vereinzelt auf und wirkten nahezu ausschließlich auf dem Gebiet des Kirchengesangs.

LEBEN
William Billings wurde am 7. 10. 1746 in Boston geboren. Er erhielt nie eine musikalische Ausbildung, setzte sich aber mit großem

Eifer für die Erneuerung des Kirchengesangs ein. Er starb am 26. 9. 1800 in Boston.

WERKE

Von William Billings erschienen »The New England Psalm Singer«, »The Singing Master's Assistant«, »The Psalm Singer's Amusement« (Der Psalmsänger in Neuengland – Hilfe für Gesanglehrer – Zum Vergnügen des Psalmsängers) und 3 weitere Sammlungen Kirchenlieder. Die Gesänge erfuhren bald eine weite Verbreitung.

LITERATUR

M. Barbour, The Church Music of William Billings, East Lansing, Michigan 1960.

Thomas Billington (um 1754–1832)

ZEIT UND UMWELT

Komponisten, deren Werke nicht hauptsächlich dem Sakraldienst oder der Erzeugung von Catches und Glees gewidmet waren, fanden sich auch in den ersten Jahrzehnten des 19. Jahrhunderts in England noch selten. Aber die einzelnen, die Cembalo- und Pianofortemusik zum Mittelpunkt ihres Schaffens machten, bildeten die Grundlage für den Aufschwung der englischen Musik am Ende des 19. Jahrhunderts.

LEBEN

Thomas Billington wurde um 1754 in Exeter geboren. Er war Harfenist und Pianist. Über sein Leben ist nichts bekannt. Er starb im Jahr 1832 in Tunis.
Seine Schwägerin Elizabeth Billington (um 1768, London, bis 25. 8. 1818, bei Venedig) war eine bedeutende Sängerin auf englischen und italienischen Opernbühnen und Pianistin.

WERKE

Von Thomas Billington ist ein Service für drei Stimmen überliefert. Er schrieb außerdem 24 Balladen, eine Reihe großer Kantaten, zahlreiche Lieder und Cembalosonaten.
Elizabeth Billington verfaßte, ehe sie ihre Laufbahn als gefeierte Sängerin einschlug, 2 Reihen Pianofortesonaten.

Gilles Binchois (um 1400–60)

ZEIT UND UMWELT

Die politische Vormachtstellung des Herzogtums Burgund weitete sich unter Herzog Philipp III. dem Guten (1396–1467) durch bedeutenden Landerwerb (Hennegau, Picardie, Brabant, Holland) und geschickte Politik ungeheuer aus; es wurde damit zum wichtigen europäischen Wirtschafts- und Kulturzentrum, das künstlerisches Schaffen in einem Höchstmaß förderte wie kaum ein anderes Land in jener Zeit.

LEBEN

Gilles Binchois (Gilles de Binch) wurde um 1400 in Mons (Hennegau) geboren. Er war in jungen Jahren Soldat und stand in den Jahren 1424/25 im Dienst des Grafen von Suffolk, dem er vermutlich nach England gefolgt war. Bald darauf verließ er diese Laufbahn und wurde Kleriker. In den Listen der burgundischen Hofkapelle scheint er bereits ab 1430 als Kaplan auf. Bis mindestens 1456 verblieb er in dieser Position, wurde aber im Verlauf jener Zeit Kanonikus an mehreren Kirchen. Seine engen Beziehungen zu Dufay dürften schon sehr früh begonnen haben. Obwohl die Listen der Hofkapelle der Jahre 1457 bis 1460 nicht verfügbar sind, kann man annehmen, daß Binchois auch über 1456 hinaus Hofkaplan geblieben ist. Er starb am 20. 9. 1460 in Soignies (Hennegau), wo er wie in anderen Orten Kanonikus gewesen war.

WERKE

Nach den Aussagen zeitgenössischer Musikschriftsteller wurde Binchois zu den ersten Komponisten seiner Zeit gezählt. Unter seinen erhaltenen Werken befindet sich keine ganze Messe, dafür eine beträchtliche Reihe von einzelnen Messesätzen: 6 Kyrie, 7 Gloria, 5 Credo, 5 Sanctus, 5 Agnus, außerdem 4 Magnificat und ungefähr 30 Kompositionen zu lateinischen Texten (Hymnen, Motetten). An profaner Musik liegen mehr als 50 Kompositionen französischer Texte vor (Chansons). Es ist nichts darüber bekannt, daß er jemals italienische Texte komponiert hat. Er dürfte auch nie in Italien gewesen sein. Die Kompositionen sind durchweg dreistimmig, nur einzelne sind vierstimmig.

LITERATUR

J. A. Boucher, The Religious Music of Gilles Binchois, Boston 1963. W. Rehm, Das Chansonwerk von Gilles Binchois, Freiburg i. Br. 1952.

Abraham Binder (1895–1966)

LEBEN

Abraham Wolfe Binder wurde am 13.1.1895 in New York geboren. Er studierte dort an der Columbia University und reiste mehrmals zum Studium jüdischer Musik nach Palästina. Ab 1918 leitete er verschiedene Chorvereinigungen und wurde 1921 Lehrer und 1937 Professor am Jewish Institute of Religion in New York, wo er am 9.10.1966 starb.

WERKE

Neben einer Oper schrieb Abraham Binder eine Anzahl sinfonischer Orchestersuiten und andere Werke, zumeist mit biblischen Themen, die auch seinen vielen Chorwerken zugrunde liegen. Er sammelte und bearbeitete eine große Zahl jüdischer Volkslieder und verwendete deren Melodien häufig bei seinen Kompositionen. Man muß ihn als Neuromantiker bezeichnen.

Christlieb Sigmund Binder (1723–89)

ZEIT UND UMWELT

Die norddeutsche Schule, die den empfindsamen Stil pflegte, hatte eine ebensostarke Anhängerschaft wie die fortschrittlicheren Mannheimer. Die überragende Gestalt eines Carl Philipp Emanuel Bach regte manchen zu fleißigem Komponieren an. Die Quantität der von dem Vorbild geschaffenen Werke konnte zwar erreicht werden, zur Qualität reichte der Fleiß allein jedoch nicht aus, wenn auch Johann Sebastian Bach diese Meinung vertrat, weil er seine eigene Genialität nicht einzuschätzen in der Lage war.

LEBEN

Christlieb Sigmund Binder wurde am 28. 7. 1723 in Dresden geboren. Er war Schüler von Pantaleon Hebenstreit (1667–1750). Er wurde 1751 in die sächsische Hofkapelle aufgenommen und 1764 zum Organisten der Dresdner Hofkirche bestellt. Er versah beide Funktionen bis zu seinem Tod am 1. 1. 1789.

WERKE

Als einer der fruchtbarsten Klavierkomponisten um 1750 verfaßte Christlieb Sigmund Binder zahlreiche Cembalosonaten, Trios für Flöte oder Violine, Cello und Cembalo, also in der Form des klassischen Trios, Quartette für zwei Violinen, Cello oder Cembalo, Cembalo- und Orgelstücke und Orchesterstücke. Sein Stil lehnte sich an Carl Philipp Emanuel Bach an

Janko Binenbaum (1880–1956)

LEBEN

Janko Binenbaum wurde am 28.12.1880 in Adrianopel (heute Edirne, Türkei) geboren. Er war in München Schüler von Joseph Rheinberger und wurde 1903 Opernkapellmeister in Regensburg, sodann in Hamburg und in Berlin. Er starb am 4.2.1956 in Chevreuse, Seine-et-Oise.

WERKE

Das Komponieren sah Janko Binenbaum als eine rein private Tätigkeit an und trat mit seinen Werken äußerst selten an die Öffentlichkeit. Er schrieb eine Oper, ein Ballett, 3 Sinfonien, 2 Ouvertüren, 2 Violinkonzerte, ein Streichoktett, ein Klavierquintett, 5 Streichquartette, ein Klaviertrio, 2 Violinsonaten, eine Klaviersonate, Chöre und Lieder. Der Konservativismus seines Lehrers prägte sich auch in seinen Werken aus.

Pasqualino Bini (um 1720 bis nach 1754)

ZEIT UND UMWELT

Es gab kaum eine berühmte Persönlichkeit der Geschichte, um die sich keine der vielen sonderbaren, zumeist aller Wahrscheinlichkeit widersprechenden Legenden gebildet hätten. Der Komponist des Teufelstrillers, Giuseppe Tartini, wurde damit sehr reichlich bedacht. Er hat allerdings durch eigene Erfindungen erheblich dazu beigetragen. Daß auch seine Schüler zum Objekt legendärer Erzählungen wurden, ergab sich daraus von selbst.

LEBEN

Pasqualino Bini wurde um 1720 in Pesaro geboren. Er war Schüler von Giuseppe Tartini und trat bereits mit 15 Jahren in Rom als Violinist mit großem Erfolg auf. Daß der erste Violinist des Petersdomes, Francesco Montanari (um 1680–1730), an gebrochenem Herzen gestorben sei, weil ihm Bini den Rang abgelaufen hatte, ist ein offensichtliches Märchen. Außerdem dürfte der Fünfzehnjährige damals kaum der beste Violinist in Rom gewesen sein, sonst hätte er es nicht für nötig befunden, Jahre darauf bei Tartini in Padua neuerlichen Unterricht zu nehmen. 1754 wurde Bini zum Leiter der Hofkapelle in Stuttgart bestellt, wo er in der Folgezeit gestorben sein dürfte.

WERKE

Vom angeblich umfangreichen kompositorischen Werk von Pasqualino Bini sind nur eine Violinsonate und ein Violinkonzert erhalten, die ihn als großen Meister der Violine kennzeichnen.

Giovanni Battista Biondi
(um 1580 bis nach 1630)

ZEIT UND UMWELT

In der ersten Hälfte des 17. Jahrhunderts hat der Generalbaß die gesamte sakrale Musik erobert. Man kam von der römischen Ansicht, daß die Musik der Kirche unbedingt polyphon gehalten sein müsse, ab und konnte sich darauf berufen, daß die Beschlüsse des Konzils, das zum größten Teil eben in Bologna abgehalten worden war, in erster Linie die Textverständlichkeit gefordert hatten. Dies konnte auch im neuen Stil gewahrt werden.

LEBEN

Giovanni Battista Biondi (Gianbattista de Cesena, Il Cesenate) wurde um 1580 in Cesena geboren. Er trat dem Minoritenorden bei und dürfte ziemlich früh nach Bologna gekommen sein. Die Ausbildung zum Musiker hat er zweifellos in seinem Orden erhalten. Ebenso wahrscheinlich ist, daß er an der Kirche seines Ordens als Musiker wirkte. Er ist vermutlich in Bologna nach 1630 gestorben.

WERKE

Die Werke des italienischen Komponisten Giovanni Battista Biondi sind nahezu ausschließlich auf Generalbaß aufgebaut. Von ihm sind drei- und fünfstimmige Messen – darunter ein Requiem –, Motetten, Litaneien, Vesperpsalmen, außerdem 5 Bücher mit Concerti für eine bis fünf Stimmen mit monodischen Passagen erhalten.

Antonio Bioni (um 1698 bis nach 1739)

ZEIT UND UMWELT

Gastspielreisen italienischer Operntruppen, bestehend aus Sängern, Instrumentalisten und allem Personal, das dabei benötigt wurde, nahmen im 18. Jahrhundert an Häufigkeit zusehends zu. Sie verfügten zumeist über ein kleines Repertoire, das sie in einer Stadt abspielten und in der nächsten wiederholten. Der finanzielle Erfolg dürfte zumeist befriedigend gewesen sein, besonders in Deutschland, wo italienische Opernleute sehr bereitwillig aufgenommen wurden. Nicht selten blieben einzelne Teilnehmer irgendwo zurück, weil sie eine feste Anstellung annahmen; zuweilen fand die gesamte Truppe für mehrere Jahre ein bleibendes Betätigungsfeld.

LEBEN

Antonio Bioni wurde um 1698 in Venedig geboren. Er war Schüler von Giovanni Porta. 1724 ging er als Dirigent einer italienischen Operntruppe nach Prag und 1726 nach Breslau (Wrocław); 1731 ernannte ihn der Kurfürst von Mainz zu seinem Hofkomponisten; 1739 führte er in Wien eine seiner Opern auf. Es ist nicht bekannt, wann und wo er gestorben ist.

WERKE

Außer 26 Opern, von denen nur 2 überliefert sind, verfaßte der Operndirigent Antonio Bioni mehrere sakrale Werke, darunter eine vierstimmige Messe.

Johann Adam Birckenstock (1687–1733)

ZEIT UND UMWELT

Die Violine, die um die Wende zum 18. Jahrhundert ihren dominierenden Rang im Konzert der Instrumente bereits fest eingenommen hatte, war in Deutschland noch zu einem großen Teil in den Händen der Italiener. Aber da diese Violinisten der verschiedenen Kapellen sehr häufig auch als Lehrer ihres Instrumentes wirkten, fanden sich sehr bald einheimische Kräfte mit gleichem Können.

LEBEN

Johann Adam Birckenstock wurde am 19. 2. 1687 in Alsfeld, Hessen, geboren. Er bildete sich bei verschiedenen Virtuosen zum Violinisten aus und wirkte ab 1709 in der Kapelle in Kassel. Nach mehreren Konzertreisen war er in Eisenach ab 1725 als Konzertmeister und ab 1730 bis zu seinem Tod am 26. 2. 1733 als Kapellmeister tätig.

WERKE

Johann Adam Birckenstock zählte zu den bedeutendsten älteren Violinkomponisten Deutschlands, verfaßte 2 Bücher mit Violinsonaten mit Generalbaß, 6 Triosonaten für zwei Violinen und Generalbaß und 12 sechsstimmige Konzerte, außerdem eine Sinfonie mit Oboen und Hörnern.

LITERATUR

Chr. Engelbrecht, Die Hofkapelle des Landgrafen Carl von Hessen-Kassel, Zeitschrift der Vereinigung für hessische Geschichte und Landeskunde LXVIII, 1957.

Karl Joseph Birnbach (1751–1805)

ZEIT UND UMWELT

Obwohl Warschau ab 1795 unter russischer Oberhoheit stand, gab es in der ehemaligen polnischen Hauptstadt genügend Publikum für ein deutsches Theater, an dem vorwiegend deutsche Singspiele aufgeführt wurden und deutsche Musiker beschäftigt waren.

LEBEN

Karl Joseph Birnbach wurde 1751 bei Neiße (Nyssa) geboren. Er wirkte als Violinist in Breslau (Wrocław) und Berlin und ab 1803 als Kapellmeister am Deutschen Theater in Warschau, wo er 1805 starb.

WERKE

Von Karl Joseph Birnbach sind 2 deutsche Opern erhalten. Er schrieb außerdem Klavierkonzerte, Violinsonaten und zahlreiche kleinere Stücke. Seine Musik gehörte dem norddeutschen Stil an.

Hermann Bischoff (1868–1936)

LEBEN

Hermann Bischoff wurde am 7. 1. 1868 in Duisburg geboren. Er war am Konservatorium in Leipzig Schüler von Salomon Jadassohn und wirkte anschließend als Komponist und Musiklehrer in München und Berlin, wo er am 25. 1. 1936 starb.

WERKE

Der Einfluß, den Richard Strauss auf Hermann Bischoff ausübte, ist bei allen seinen Kompositionen, die rückhaltlos der Spätromantik zuzuschreiben sind, deutlich merkbar. Er schrieb 2 Sinfonien, eine sinfonische Dichtung »Pan«, eine »Introduktion und Rondo« für Orchester und Lieder.

Kaspar Jakob Bischoff (1823-93)

Zeit und Umwelt

Im späten 18. und im 19. Jahrhundert wurde die Frage aktuell, welche Bedeutung dem evangelischen Kirchengesang im Gottesdienst zukomme. Sie wurde dahingehend beantwortet, daß die Kirchenmusik der religiösen Selbstdarstellung und Erweckung frommer Gefühle zu dienen habe. Diese Auffassung hatte bis zu den Erneuerungsbestrebungen des 20. Jahrhunderts Geltung und wurde besonders in den Kirchengesangvereinen gepflegt.

Leben

Kaspar Jakob Bischoff wurde am 7.4.1823 in Ansbach geboren. Er war Chordirigent und gründete 1850 in Frankfurt am Main, wo er als Gesanglehrer lebte, einen evangelischen Kirchengesangverein. Er starb am 26.10.1893 in München.

Werke

Von Kaspar Jakob Bischoff sind zahlreiche kirchliche Kompositionen, ferner mehrere Sinfonien und andere Orchesterwerke überliefert. Seine Werke wirken stark lehrhaft.

Henry Bishop (1786–1855)

Zeit und Umwelt

In den ersten Jahrzehnten des 19. Jahrhunderts kam es auch in England zu einer Loslösung von der italienischen Oper. Mit den englischen Texten machten sich auch Fakturen breit, die sich, wenn auch zögernd, dem englischen Singspiel näherten und – dem englischen Geschmack entsprechend – das Theatralische der Oper stark in den Vordergrund rückten. Die Oper als Schauspiel mit Musik profilierte sich mit aller Deutlichkeit.

Leben

Henry Rowley Bishop wurde am 18.11.1786 in London geboren. Er war Schüler von Francesco Bianchi (1752–1810) und hatte bereits mit seiner ersten Oper im Jahr 1809 einen namhaften Erfolg. 1810 wurde er Komponist und Musikdirektor des Covent Garden Theatre, 1813 Leiter der Philharmonischen Gesellschaft, 1819 Dirigent der Oratorien-Konzerte des Covent Garden, 1830 Musikdirektor an Vauxhall, 1841 Musikprofessor in Edinburgh und 1848 in Oxford. Er starb am 30.4.1855 in London.

Werke

Schon mit seinen 110 Bühnenwerken wurde Henry Bishop zum fruchtbarsten Komponisten Englands. Außer diesen Opern, Singspielen und Balletten schrieb er das Oratorium »Der gefallene Engel«, mehrere eindrucksvolle Kantaten und eine Triumphode, ferner veröffentlichte er einen Band »Melodien verschiedener Nationen« und mit John Andrew Stevenson (1761–1833) 8 Bände nationaler irischer Melodien. Seine Kompositionen weisen romantische Züge auf, und seine intensive Beschäftigung mit Volksmusik beweist, daß er Romantiker war.

Literatur

R. Northcott, The Life of Sir Henry Rowley Bishop, London 1920.

John Bishop (1665–1737)

Zeit und Umwelt

Die kompositorischen Leistungen ließen in England um 1700 merklich nach. Dem eben verstorbenen Henry Purcell war niemand ebenbürtig, und niemand war imstande, das Vakuum, das er hinterließ, einigermaßen auszufüllen. Die Interesselosigkeit des Königshauses und die weitverbreitete puritanische Einstellung zur Musik wirkten sich sehr nachteilig aus. Einzig in den Kathedralen und in den Universitätsstädten wurde die musikalische Tradition weitergepflegt, aber es war in den meisten Fällen nicht mehr als Traditionspflege.

LEBEN

John Bishop wurde 1665 vermutlich in Winchester geboren. Er dürfte von Daniel Roseingrave ausgebildet worden sein. Im Jahr 1687 war er Sänger am King's College in Cambridge und wurde darauf Chorlehrer des College, ab 1695 wirkte er als Organist am Winchester College, war sodann Sänger an der Kathedrale der Stadt und schließlich ab 1729 Organist. Er starb in Winchester am 19. 12. 1737.

WERKE

Vom englischen Komponisten John Bishop sind nur etliche Anthems und Services in Sammelwerken erhalten. Sein handschriftlicher Nachlaß ist verlorengegangen.

Prospero Bisquertt (1881–1959)

LEBEN

Prospero Bisquertt wurde am 8.6.1881 in Santiago de Chile geboren. Er war von 1940 bis 1945 Leiter des Instituto de Extensión Musical der Universität der chilenischen Hauptstadt und nahm als Komponist, Dirigent, Pianist und Lehrer am chilenischen Musikleben intensiv teil. Er starb am 8.2.1959 in Santiago de Chile.

WERKE

Von Prospero Bisquertt sind eine Zarzuela und eine lyrische Komödie aufgeführt worden. Er verfaßte eine Reihe von programmatischen Orchesterwerken. Auch seine Klavierkompositionen waren Programmusik, aber – wie die Instrumentalmusik – nicht episch berichtend, sondern bildhaft schildernd.

Martino Bitti (um 1686 bis um 1728)

ZEIT UND UMWELT

Für den Fall der voraussichtlichen Kinderlosigkeit seiner Söhne Ferdinando (1663 bis 1713) und Gian Gastone (1671–1737) sowie seines Bruders Kardinal Francesco Maria wollte Großherzog der Toskana, Cosimo III. de'Medici (1642–1723), aus seinem Reich eine Republik bilden. Die Quadrupelallianz, bestehend aus Großbritannien, den Vereinigten Provinzen der Niederlande, Frankreich und Kaiser Karl VI., nominierte jedoch als Nachfolger Cosimos den spanischen König Karl III. Obwohl das Großherzogtum unter Cosimo III. und seinem Sohn Gian Gastone politisch und wirtschaftlich rasch abfiel, setzten die letzten beiden Großherzoge Kunst- und Musikpflege mit Intensität fort.

LEBEN

Martino Bitti (Martinetto) wurde um 1686 in Genua geboren und dort ausgebildet. Er kam über seinen Landsmann Giovanni Maria Pagliardi (1637–1702) bereits um 1700 als Violinist und Flötist an den großherzoglichen Hof in Florenz, wo er um 1728 starb.

WERKE

Von Martino Bitti sind Flötensonaten mit Generalbaß, Triosonaten für Flöte, Violine und Generalbaß, ein Violinkonzert und eine Solokantate erhalten, deren Faktur noch dem Spätbarock angehört.

LITERATUR

M. Fabbri, Due musicisti genovesi alla corte granducale medicea, Giovanni Maria Pagliardi e Martino Bitti, in: Musicisti piemontesi e liguri, Siena 1959.

Julius Bittner (1874–1939)

LEBEN

Julius Bittner wurde am 9.4.1874 in Wien geboren. Er war Schüler von Josef Labor (29.6.1842, Hořovice, Böhmen, bis 26.4.1924, Wien) und wirkte zugleich bis 1920 als Richter in Wien, wo er am 9.1.1939 starb.

WERKE

Von Julius Bittner sind 9 Opern mit durchschnittlich gutem Erfolg aufgeführt worden. Außerdem schrieb er 2 Sinfonien, 2 sinfonische Dichtungen, 2 Streichquartette, eine Cellosonate, Klavierstücke und Lieder. Seine Musik war romantisch mit einzelnen expressionistischen Passagen.

Bernardo Bittoni (1756–1829)

ZEIT UND UMWELT
In den kleineren italienischen Städten wirkten öfter reine Kirchenmusiker, die von den Opern unabhängig blieben, als in größeren. Sie hielten die Grenze zwischen sakraler und profaner Musik streng ein, ohne auf zeitgenössische Melodieführung und Harmonik zu verzichten, machten aber die Komposition vom Wort und von der sakralen Situation abhängig und wurden damit dem Begriff Kirchenmusik in jeder Beziehung gerecht.

LEBEN
Bernardo Bittoni wurde am 20. 8. 1756 in Fabriano geboren. Er war ab 1779 Domkapellmeister in Rieti, ging 1798 in gleicher Eigenschaft nach Fabriano, kehrte aber 1815 wieder nach Rieti zurück und wirkte dort neuerlich einige Jahre als Kapellmeister. Er starb am 18. 5. 1829 in Fabriano.

WERKE
Von Bernardo Bittoni sind 2 Messen, mehrere Motetten und weitere kirchliche Gesänge bekannt geworden, die zwar einen zeitgenössischen, aber von der Oper unbeeinflußten Stil einhielten.

Paolo Antonio Bivi (1507–84)

ZEIT UND UMWELT
Die Kirche auf der Piazza Grande von Arezzo Santa Maria della Pieve stammt aus dem 12. und dem 13. Jahrhundert. Ihr Campanile heißt wegen seiner zahlreichen romanischen Bogenfenster »Glockenturm der 100 Löcher«. Die Stadt selbst war Geburtsort mehrerer bedeutender Männer wie des römischen Förderers der Künste Gaius Mecaenas (um 69 v. Chr. bis 8 v. Chr.), Guido von Arezzo, Petrarca, Giorgio Vasari, Baumeister, Maler und Schriftsteller, Pietro Aretino, Schriftsteller, und anderer mehr.

LEBEN
Paolo Antonio Bivi wurde am 1. 3. 1507 in Arezzo getauft und dort ausgebildet. Er war Kapellmeister und Kanonikus an Santa Maria della Pieve und von 1538 bis 1544 am Dom der Stadt. Über sein weiteres Wirken gibt es keine Informationen. Er stand als Kapellmeister und Komponist bei den in Florenz regierenden Medici (denen auch Arezzo unterstand) in hohem Ansehen. Am 10. 7. 1584 starb er in Arezzo.

WERKE
Von dem italienischen Komponisten Paolo Antonio Bivi sind Lamentationen, Responsorien für die Karwoche, Hymnen für das ganze Jahr, mehrere Magnificat, eine Passion nach Johannes für zwei bis sieben Stimmen (Motetten-Passion) und 2 Bücher mit mehrstimmigen Madrigalen überliefert. Alle diese Musik muß als guter Durchschnitt bezeichnet werden.

Georges Bizet (1838–75)

ZEIT UND UMWELT
In der zweiten Hälfte des 19. Jahrhunderts waren in die lyrische Oper ein feiner distinguierter Ton eingekehrt, die technisch ausgeklügelte kühle Schönheit mit einer Instrumentation, deren Farbigkeit genau berechnet und meisterhaft gemischt wurde, und die Grazie einer etwas verzärtelten Romantik, die höflich und elegant auftrat. Emotionen wurden nur diskret angedeutet, aus der Lyrik waren Lyrismen geworden; die leidenden Helden starben in Schönheit. Die starken Erlebnisse blieben der großen Oper vorbehalten, wo die Tragik in satten Farben prunkte, ebenso oberflächlich, ebenso auf Wirkung berechnet, ebenso unwahr wie die lyrische Oper. Falls dann jemand mit einer exzessiv volkstümlichen Musik auftrat, falls er echte Menschen über die Bühne gehen ließ, die erlebten, was viele Male schon geschehen war, wurde er abgelehnt, denn das grenzte zu deutlich an die Wirklichkeit und war dem Publikum, das die Wahrheit weder sehen noch hören wollte, zu direkt.

LEBEN
Georges (Alexandre César Léopold) Bizet

wurde am 24.10.1838 in Paris geboren. Er trat 1849 in das Conservatoire ein, wo er von François Benoist im Orgelspiel, von Pierre Zimmermann in Harmonielehre, von Antoine François Marmontel im Klavierspiel und von seinem zukünftigen Schwiegervater Fromental Halévy in Kompositionslehre unterrichtet wurde und 1857 den Rompreis erhielt. Nach Paris zurückgekehrt, verfaßte er eine Reihe Bühnenstücke, denen nur geringe Erfolge beschieden waren. Auch sein Hauptwerk »Carmen« fiel bei der Premiere als zu »brutal« durch. Den Welterfolg erlebte er nicht mehr. Er starb 3 Monate nach der Erstaufführung am 3.6.1875 in Bougival bei Paris.

Georges Bizet

WERKE

Von den ungefähr 10 Bühnenwerken steht »Carmen« noch heute auf dem Repertoire jeder Oper; auch »Die Perlenfischer« wird zuweilen noch gegeben. Für Orchester schrieb er eine Sinfonie in C-Dur, eine programmatische Sinfonie, »Roma«, einen Trauermarsch, eine »Kleine Orchestersuite«, eine Ouvertüre, »Patrie«, die »Arlésienne-Suite«, weiters für Klavier 6 »Rheinlieder«, 3 Skizzen, »Chromatische Variationen«, eine »Nocturne« und »Jeux d'enfants« (Kinderspiele) für vier Hände, die er auch orchestrierte. Sein Opernschaffen trägt bereits Züge des Verismus in sich, seine Instrumentalmusik neigt teilweise zum Klassizismus.

Sinfonie Nr. 1 in C-Dur, 4 Sätze, entstanden 1855
Obwohl der Komponist diese Sinfonie, die mit Nr. 1 bezeichnet wurde, obwohl keine weitere folgte, mit 17 Jahren verfaßt hat, geht sie weit über eine Schülerarbeit hinaus. Ihre Struktur lehnt sich an die Klassik an. Der Reichtum ihrer melodischen Einfälle verleiht ihr aber den Rang einer ursprünglichen Schöpfung. Der 1. Satz ist lebhaft und fröhlich, der 2. läßt bereits die herrliche Melodik der späteren Werke des Meisters vorausahnen. Das Scherzo im 3. Satz und das Allegro vivace des Finales sind brillante Spielmusik.

L'Arlésienne-Suite Nr. 1 und 2, je 4 Sätze, entstanden 1872
Es handelt sich um eine ursprüngliche Bühnenmusik zu »L'Arlésienne« von Adolphe Daudet (1840–97) in Konzertfassung, die schließlich zum Welterfolg wurde. Die Suite Nr. 1 beginnt mit einem feierlichen Präludium, dessen Melodie einem alten provenzalischen Volkslied entnommen ist und die Liebe des jungen Fédéri zu dem Mädchen aus Arles schildert. Das folgende Menuett im Stil des 18. Jahrhunderts ähnelt einem ländlichen Reigen. Das Adagietto für Streicher stellt die Liebe des Schäfers Balthasar und der Mutter Renaude dar, die aufeinander aus Pflichtgefühl verzichtet hatten. Der 4. Satz, »Carillon«, verdeutlicht mit imitierten Dorfglocken und einer Volksweise die Verlobung des jungen Paares. Die Suite Nr. 2, die erst nach dem Tod des Komponisten von Ernest Guiraud zusammengestellt wurde, beginnt mit einer Pastorale, die ein Stimmungsbild der provenzalischen Landschaft malt, und – als Mittelstück – einen lebhaften Tanz bringt. Das anschließende Intermezzo ist mit seiner leidenschaftlichen Musik dem Verzicht des Mannes auf die Braut und seiner Einwilligung, Vivette zu heiraten, gewidmet. Das folgende Menuett – Flöte mit begleitender Harfe – drückt die Freude Vivettes über die in Aussicht stehende Hochzeit aus. Die Suite verzichtet darauf, das tragische Ende des jungen Mannes, der auf das Mädchen aus Arles nicht verzichten kann und sich tötet, darzustellen; sie schließt im Finale mit einer feurigen Farandole ab.

LITERATUR

M. Delmas, Georges Bizet, Paris 1930. P. Stefan, Georges Bizet, 1952.

Bruno Bjelinski (geboren 1909)

LEBEN

Bruno Bjelinski wurde am 1. 11. 1909 in Triest geboren. Nach seinem Studium an der Universität und an der Musikakademie in Zagreb wurde er an derselben Musikschule 1945 Lehrer für Kontrapunktik und Fuge.

WERKE

Neben einer Kinderoper schrieb Bruno Bjelinski 2 Ballette, 5 Sinfonien, 3 Sinfonietten, ein Divertimento für Kammerorchester, 2 Cellokonzerte, ein Klavierkonzert, ein Concertino für Violine, eines für Bratsche, eines für Horn mit Orchester, eine Serenade für Trompete, Klavier, Streicher und Schlagzeug, Konzerte für Klarinette, für Oboe, für Flöte, für Fagott und Kammerorchester, 2 Streichquartette, ein Trio, 3 Violinsonaten, eine Sonate für Klarinette und Klavier, Klaviermusik, eine Kantate, 5 Liederzyklen und Einzellieder.

Boris Blacher (1903–75)

LEBEN

Boris Blacher wurde am 6. 1. 1903 in Newchwang, China, geboren. Als Neunzehnjähriger kam er nach Berlin und studierte dort zunächst Mathematik und Architektur, sodann ab 1924 an der Musikhochschule bei Friedrich Ernst Koch und Arnold Schering (1. 4. 1877, Breslau [Wrocław], bis 7. 3. 1941, Berlin) Komposition und Musikwissenschaft. Von 1938 bis 1939 war er Lehrer am Konservatorium in Dresden, im Jahr 1948 wurde er Lehrer an der Musikhochschule in Berlin und 1953 deren Direktor, 1960 übernahm er einen Lehrstuhl für elektronische Komposition an der Technischen Hochschule, 1970 wurde er Direktor der Hochschule für Musik in Berlin, wo er am 10. 1. 1975 als eine der bedeutendsten Persönlichkeiten der Gegenwartsmusik, die wie viele erst seit 1945 in ihrer wahren Gestalt hervortreten konnten, starb.

WERKE

»Ich glaube nicht, daß wir auf dem Weg der Harmonik, zumindest auf dem Weg der Dissonanz, heute weiterkommen«, sagte Boris Blacher. »Daher habe ich das Harmonische mit Absicht konventioneller gehalten, um einmal andere Wege zu erproben. Die Zahl 2 wird seit langem als Basis der musikalischen Gestaltung angesehen. Tendenz der letzten 50 Jahre Musikentwicklung war es, diese Symmetrie mit vielen Taktwechseln zu durchbrechen. Ich habe im Grunde nur das Zufällige, das andere nur gemacht haben, in ein System gebracht, um aus dem Rhythmus die Form zu gewinnen. Ausgehend von der Erkenntnis, daß der Taktwechsel den Formverlauf intensiviert, ist die Idee entstanden, den metrischen Verlauf derart zu gestalten, daß jedem Takt eine andere metrische Struktur zu unterliegen hat.« Seine Technik der »variablen Metren« bildete einen wichtigen Beitrag zur seriellen Musik. Von seinen 8 Opern wurde die grimmige Persiflage »Abstrakte Oper

Boris Blacher

Nr. 1« aus 1953 allen anderen vorgezogen; es handelt sich dabei um eine »absolute« Oper ohne artikulierten Text, die den üblichen Handlungsablauf einer Oper plastisch wiedergibt. Er schrieb ferner 8 Ballette, die gerade wegen ihrer eigenwilligen Rhythmen sehr erfolgreich waren. Für Orchester verfaßte er »Concertante Musik«, »Paganini-Variationen«, »Musica giocosa« und eine Reihe weiterer Stücke, 2 Klavierkonzerte, ein Violinkonzert, ein Bratschenkonzert, ein Cellokonzert, ein Trompetenkonzert, ein »Konzert für Jazzorchester«, ein Konzert für Jazzensemble und Streicher; an Kammermusik liegen vor: 5 Streichquartette und weitere Stücke für Bläser und Streicher, »Multiple Raumperspektiven« für Klavier und drei Klangerzeuger, »Ornamente« für Violine und Klavier, »Sieben Studien über variable Metren«, 2 Sonatinen und viele andere Werke für Klavier, eine Sonate für Violine, ferner eine Serie elektronischer Musik, außerdem ein Oratorium, Kantaten, Spirituals, Chorwerke, darunter ein Requiem, Lieder und Liederzyklen mit verschiedener Begleitung.

Requiem für Sopran, Bariton, gemischten Chor und Orchester, Opus 58, 7 Sätze, entstanden 1959

Solovioline und gedämpftes Horn eröffnen den 1. Satz. Das »Kyrie« ist ein fugierter Satz, dessen Thema mit Umkehrung und Krebs durchgeführt ist. Das »Dies irae« ist voll naturalistischer Effekte. Nach einem Solistenduett und einem Sopransolo setzt erneut der Chor zum »Lacrymosa« ein, dem ein sechsstimmiges Amen folgt. Auf das psalmodierend vorgebrachte »Domine Jesu« erklingt ein breites doppelchöriges »Sanctus«. Das »Agnus« bringt ein reizvolles Flötenduett, das »Lux aeterna« ein expressives Sopransolo. Das »Libera« ist von einem zwölftönigen Orchestersatz eingeleitet, darauf ertönen abwechselnd Bittrufe der Solisten und der Chorstimmen; Stimmen und Orchester steigern sich zu einer Klimax, dann reißt alles plötzlich ab. Nach einer Generalpause wiederholen die Solostimmen die Bitte um ewige Ruhe. Das gesamte Werk ist eine transparente Konstruktion feingezogener Linien, harter Akkorde und scharfer rhythmischer Gestalten.

Concertante Musik, Opus 10, 3 Teile, entstanden 1937

Dieses Stück war der erste Erfolg des Komponisten. Die mathematisch aufgebauten metrischen Reihen wurden von den damaligen Machthabern nicht als moderne Musik erkannt und daher nicht verboten. Der 1. Teil ist durch einen dreifachen Wechsel der drei Sologruppen – Holzbläser, Streicher, Blechbläser – und dem Tutti charakterisiert und wird von südamerikanischen Synkopen rhythmisiert. Die Kantilene des Mittelteils bildet dazu einen wirkungsvollen Kontrast. Das Finale bringt das Thema des 1. Teils im Original und in der Umkehr und darauf die Umkehrgestalt der Kantilene.

Klavierkonzert Nr. 1, Opus 28, 3 Sätze, entstanden 1947

Der virtuose Klaviersatz ist kein Selbstzweck, sondern wächst thematisch aus dem Material, das bereits in der langsamen Orchestereinleitung vorliegt. Der 1. Satz – Presto – ist ein freier Sonatensatz mit Spiegelreprise. Der 2. Satz hat dreiteilige Liedform. Das Finale ist ein Rondo.

Cellokonzert für kleines Orchester, 4 Sätze, entstanden 1964

Die serielle Form des Konzerts fußt auf den Grundsätzen der Umkehrung, des Krebses und der variablen Dehnung und Straffung des Materials. Diese komplizierte Durchführung ist aber nirgends merkbar. Die Aufgliederung in Introduktion, Scherzo, Intermezzo und Variationen mit Solokadenz ist konventionell. Das Soloinstrument ist sehr schwierig und herrscht mit vielen Kantilenen vor.

LITERATUR

H. H. Stuckenschmidt, Boris Blacher, Berlin 1963.

Joseph Blahag (1780–1846)

ZEIT UND UMWELT

Im 19. Jahrhundert, in dem bereits eine stattliche Reihe von Musikern – freiwillig oder durch Umstände genötigt – das Dasein eines freischaffenden Künstlers führte, zeigte sich auch die Kehrseite dieser »Freiheit«. Sänger und Musiker an den Theatern mußten oft nach jeder Saison bangend hoffen, daß ihnen der Vertrag erneuert werde, und mit großen Schwierigkeiten kämpfen, um die spielfreien Zeiten zu überdauern. Sie griffen daher nicht selten gern nach den Kapellmeister-, Organisten- und Sängerstellen, die in einzelnen Kirchen frei wurden, denn wenn der Verdienst auch nicht sehr hoch war, bannte er doch die Sorge um das tägliche Leben.

LEBEN
Joseph Wenzel Jakob Blahag wurde am 19.7. 1780 in Raggendorf, Niederösterreich, geboren. Er war zunächst Schullehrer, dann ab 1802 Sänger am Leopoldstädter Theater in Wien und schließlich Kapellmeister an der Wiener Peterskirche. Er starb am 15.12.1846 in Wien.

WERKE
Von Joseph Blahag sind 11 Messen, mehrere Oratorien und andere sakrale Gesänge im klassizistischen Stil bekannt geworden. Außerdem verfaßte er eine Partita in der zu ihrer Zeit bereits seltenen Besetzung mit Cembalo, zwei Violinen und Cello.

Leopoldine Blahetka (1811–87)

ZEIT UND UMWELT
Joseph Czerny (17.6.1785, Horwitz, [Hořovice], bis 7.1.1842, Wien), der offenbar kein Verwandter des berühmten Carl Czerny war, genoß als Klavierpädagoge in Wien nahezu gleichen Ruf wie sein Namensvetter. Auch aus seinem Unterricht gingen einige bedeutende Pianisten hervor.

LEBEN
Marie Leopoldine Blahetka wurde am 15.1. 1811 in Guntramsdorf, Niederösterreich, geboren. Sie war Schülerin von Friedrich Kalkbrenner, Ignaz Moscheles und vor allem von Joseph Czerny im Klavierspiel und von Simon Sechter in Kompositionslehre. Nach zahlreichen erfolgreichen Auftritten als Pianistin in Wien und in ganz Europa starb sie am 12.1. 1887 in Boulogne-sur-Mer.

WERKE
Von Leopoldine Blahetka sind zahlreiche Sonaten, Rondos und andere sehr gute Stücke für Klavier bekannt geworden, die sie vorwiegend für den eigenen Konzertgebrauch verfaßt hatte. Sie hatte außerdem mit einer Oper Erfolg.

Jan Blahoslav (1523–71)

ZEIT UND UMWELT
Die »Böhmischen Brüder« waren eine 1467 in Böhmen gegründete Gemeinschaft, die aus Hussiten und Waldensern bestand. Ihr Ziel war echte Brüderlichkeit und schlichtes, zurückgezogenes Leben. Sie lehnten Kriegsdienst, die Annahme öffentlicher Ämter und die Eidesleistung ab. Sie wurden während der Gegenreformation vertrieben und fanden in Preußen und Polen Asyl, wo sie in der Brüdergemeinde (Herrnhuter) aufgingen.

LEBEN
Jan Blahoslav wurde am 20. 2. 1523 in Přerov geboren. Er war Bischof der »Böhmischen Brüder« und Verfasser des ältesten musiktheoretischen Werkes in tschechischer Sprache »Musica«. Seine Studienorte waren Wittenberg, Königsberg und Basel. Dann ließ er sich in Prostějov als Lehrer, Schriftsteller und Komponist nieder. Er starb in Moravský Krumlov am 24. 11. 1571.

WERKE
Von Bischof Jan Blahoslav stehen im Cancional »Písně chval božských« (Lieder zum Preise Gottes) unter den 774 gesammelten Liedern bei 50 Eigenkompositionen, von denen einige heute noch in seiner Heimat gesungen werden. Sie sind wie alle anderen Lieder der Sammlung stark volksliedhaft, lassen aber die Hand des ausgebildeten Komponisten erkennen.

LITERATUR
J. Janáček, Jan Blahoslav, Prag 1966.

Charles Henri de Blainville
(um 1710 bis nach 1771)

ZEIT UND UMWELT
Die Umgestaltung der Kirchentöne in die zwei neuzeitlichen Tongeschlechter bedeutete für nicht wenige Komponisten eine Beengung, der sie zu entrinnen suchten. Die Bestrebungen, die alten griechischen Ton-

geschlechter wieder aufleben zu lassen, blieben stets in der Theorie stecken. Auch die Versuche, die Skala in mehr als acht Töne aufzuteilen, scheiterten schließlich. Ein gewisser Erfolg war der Methode beschieden, der Dur-Moll-Tonalität ein drittes Tongeschlecht beizugeben, das auf der natürlichen Mollskala aufgebaut wurde und auf die Modifikation des harmonischen und des melodischen Moll verzichtete. Ein wirklicher Ausweg aber fand sich erst, als man die Dur-Moll-Tonalität aufgab.

LEBEN
Charles Henri de Blainville wurde um 1710 in Rouen geboren, lebte in Paris als Cellist, Musiklehrer, Musikwissenschafter und Komponist und starb dort nach 1771.

WERKE
Das umfangreiche kompositorische Werk von Charles Henri de Blainville besteht aus 6 Sonaten für zwei Celli, einem Buch Sonaten für Diskantviole und Generalbaß, 6 Triosonaten, 6 Sinfonien, 5 Chansons, einer Anzahl Kantaten, Romanzen und Arietten und mehreren Schuldramen, außerdem aus einer Sinfonie »dans le mode mixte« (im gemischten Tongeschlecht), womit er seine theoretischen Überlegungen über ein drittes Tongeschlecht, wofür er die natürliche Mollskala heranzog, in die Praxis umsetzte. Jean-Jacques Rousseau und die französische Akademie der Wissenschaften äußerten sich rückhaltlos zustimmend zu diesem Experiment, der Schweizer Musikwissenschafter Jean Adam Serre (14. 11. 1704, Genf, bis 22. 3. 1788, Genf) wandte sich dagegen. Rückblickend kann man darin einen der ersten Versuche sehen, die Tyrannei der Dur-Moll-Tonalität, die allerdings nahezu zwei Jahrhunderte andauerte, zu durchbrechen.

LITERATUR
J. Peyrot, Une tentative pour créer un nouveau mode au XVIIIe siècle, in: Tribune de St-Gervais, 1911.

Adolphe Blanc (1828–85)

ZEIT UND UMWELT
Kammermusik wurde in der zweiten Hälfte des 19. Jahrhunderts in Frankreich wenig komponiert und wenig gespielt. Es gab natürlich in Paris und in den Provinzen Kammermusikensembles. Diese spielten vor allem Werke der Wiener Klassik, Schubert, Schumann und Mendelssohn-Bartholdy. Wenn sich ein französischer Komponist jener Zeit mit der Komposition von Kammermusik beschäftigte, mußte er gewärtigen, daß seine Werke an den aus Österreich oder Deutschland importierten gemessen wurden.

LEBEN
Adolphe Blanc wurde am 24.6.1828 in Manosque, Basses-Alpes, geboren. Er war Schüler von Fromental Halévy und widmete sich vor allem der Pflege der Kammermusik. Er starb im Mai 1885 in Paris.

WERKE
Von Adolphe Blanc sind 2 Operetten und eine komische Oper aufgeführt worden. Er verfaßte einige Sinfonien, Quintette, Quartette, Trios, Sonaten und Lieder. Seine Musik wurde sehr gelobt, erfaßte aber doch nur einen kleinen Publikumskreis.

Esprit Blanchard (1696–1770)

ZEIT UND UMWELT
Die vom Instrumentenmacher Johann Christoph Denner (13. 8. 1655, Leipzig, bis 20. 4. 1707, Nürnberg) erfundene Klarinette wurde in der ersten Hälfte des 18. Jahrhunderts vorwiegend als Nebeninstrument – von Oboisten oder Flötisten geblasen – eingesetzt, schwang sich aber bald zu einem Hauptinstrument des Orchesters auf, das schon 1738 mit der menschlichen Stimme verglichen und gerade deswegen melodieführend eingesetzt wurde.

LEBEN
Esprit Joseph Antoine Blanchard wurde am 29. 2. 1696 in Pernes, Vaucluse, geboren. Er

war Schüler von Guillaume Poitevin in Aix-en-Provence und anschließend Kapellmeister an St-Victor in Marseille und an den Kathedralen in Toulon, Besançon und Amiens. 1738 wurde er Vizekapellmeister an der Chapelle Royale in Versailles und Direkor der Musikpagen, verkaufte aber 1759 diese Stelle. Er starb am 19. 4. 1770 in Versailles.

WERKE
Vom Kirchenmusiker Esprit Blanchard sind lediglich einige festliche Motetten für Soli, Chor, Orchester und Orgel überliefert, die noch Vater und Sohn Mozart 1763 in der Kapelle von Versailles bewunderten. Er führte als erster die Klarinette als Hauptinstrument in das Orchester der Königlichen Kapelle ein.

Henri Louis Blanchard (1778–1858)

ZEIT UND UMWELT
Die Restauration, die Ludwig XVIII. auf den französischen Thron brachte, aber die innenpolitischen Wirren nicht beendete, die Regierung des Nachfolgers, Karl X., der mit seiner reaktionären Politik seinen Sturz im Jahr 1830 herbeiführte, die Versuche des Bürgerkönigs Louis-Philippe, ein liberales Regime aufzubauen, die wegen der Haltung seines Kabinetts 1848 scheiterten, und die folgende Zweite Republik vermochten den steilen Entwicklungsgang des französischen Musik- und Theaterlebens nicht zu hemmen.

LEBEN
Henri Louis Blanchard wurde am 7. 2. 1778 in Bordeaux geboren. Er war Schüler von Rodolphe Kreutzer im Violinspiel, von Franz Beck (1734–1809) in Harmonielehre, von Étienne Nicolas Méhul (1763–1817) und Antonín Rejcha in Komposition. Er war in Paris von 1818 bis 1829 Dirigent des Théâtre des Variétés und von 1830 bis zu seinem Tod am 18. 12. 1858 des Théâtre Molière.

WERKE
Neben 3 Opern verfaßte Henri Louis Blanchard Quartette für vier Violinen und Vokalmusik – Romanzen, Duette und Schlager – für das Vaudeville-Theater. Seine Musik gehörte der Romantik an. Er war außerdem als Musikschriftsteller tätig.

Edward Blancks
(um 1565 bis nach 1621)

ZEIT UND UMWELT
Der Musikdrucker und Verleger Thomas East (1535–1608) brachte 1592 im Partiturdruck »The Whole Booke of Psalmes« (Das ganze Psalmenbuch) mit Harmonisierungen vieler zeitgenössischer Komponisten heraus. Es wurde mehrmals aufgelegt und dabei verbessert. Da East eine strenge Auswahl unter den zur Verfügung stehenden Komponisten traf, galt und gilt heute noch die Einladung, an dieser Publikation mitzuarbeiten, als Gütezeichen.

LEBEN
Edward Blancks wurde um 1565 vermutlich in London geboren. Er war Kirchenmusiker, aber es ist nicht feststellbar, an welcher Kirche er gewirkt hat. Gesichert ist nur, daß er in London gelebt hat und dort auch in den Jahren nach 1621 gestorben ist.

WERKE
Von dem Kirchenkomponisten Edward Blancks sind nur wenige Werke erhalten. Er wirkte an den Psalmen, die Thomas East herausbrachte, mit. Auch im Psalter von Thomas Ravenscroft (1621) scheinen Beiträge von ihm auf. Außerdem sind ein fünfstimmiger Chor, ein Anthem, eine Motette und Teile eines Service überliefert. Schon diese kleine Hinterlassenschaft stuft Blancks zu den äußerst befähigten Kirchenkomponisten ein.

Juan Blanco (geboren 1920)

LEBEN
Juan Blanco wurde am 29. 6. 1920 in Mariel, Kuba, geboren. Er studierte am Konservatorium in Habana bei Harold Gramatges und José Ardévol. Er war Sekretär der Kammer-

musikvereinigung und wirkt als Präsident der Sinfonischen Gesellschaft in Habana.

WERKE
In seiner Schaffensperiode schrieb Juan Blanco eine Sinfonie, ein Praeludium für Streich orchester, 2 Ricercari mit kammermusikalischer Besetzung, ein Quintett für Bläser und Cello, ein Concertino für Alt, Oboe, Horn und Streicher, ein Triptychon für gemischten Chor, Soli, Trompete, zwei Kontrabässe und Schlagzeug, einen A-cappella-Chor, Gesangstücke mit Klavier, Klavierstücke, Bühnen- und Filmmusik. Nach autodidaktischer Ausbildung wurde er zum führenden Komponisten Elektronischer Musik in Kuba und verfaßte unter anderem die Musik für die Pavillons der Weltausstellung in Kanada und in Tokio: »Raummusik« mit Lichteffekten für vier Kanäle und zehn Lautsprechergruppen, für vier Kanäle und 37 Lautsprechergruppen, für drei Kanäle und 60 Streichinstrumente, fünf Schlagzeuggruppen, Gitarre und Altsaxophon und für fünf Instrumentalgruppen, Tonband und zehn Darsteller.

Giuseppe Blangini (1781–1841)

ZEIT UND UMWELT
Napoleons Schwester Marie Pauline (1780 bis 1825), vermählte sich in zweiter Ehe mit dem Fürsten Camillo Filippo Ludovico Borghese (1775–1832), der von 1806 bis 1809 als Gouverneur der piemontesischen und Genueser Provinzen eingesetzt war. Die Prinzessin hielt sich in jener Zeit eine Kapelle, trat später eine Reihe Musiker ihrem Bruder Jerôme, König von Westfalen in Kassel, ab.

LEBEN
Giuseppe Marco Maria Felice Blangini wurde am 18.11.1781 in Turin geboren und mit 9 Jahren an der Domchorschule ausgebildet. Im Jahr 1799 ging er nach Paris, wo er sich bald als Liederkomponist und Gesanglehrer einen Namen machte und seine ersten Bühnenstücke mit mäßigem Erfolg herausbrachte. Nach einem kurzen Aufenthalt in München wurde er 1806 mit der Kapellmeisterstelle bei der Prinzessin Marie Pauline Borghese betraut und 1809 zum Generalmusikdirektor bei König Jerôme in Kassel ernannt. Nachdem er 1814 nach Paris zurückgekehrt war, wurde er Gesanglehrer am Conservatoire und 1817 Leiter der Königlichen Kapelle. Als Gesanglehrer erreichte er einen ungeheuren Ruf, zu seinen Schülerinnen zählten 3 Königinnen, 12 Prinzessinnen, 25 Gräfinnen und viele andere Damen der höchsten Gesellschaft von Paris. Er starb am 18.12.1841 in Paris.

WERKE
Von den zahlreichen Opern von Giuseppe Blangini wurden nur einige aufgeführt, und auch die fanden wenig Beifall. Dafür wurden seine 174 Romanzen mit Begeisterung aufgenommen und in allen Salons von Paris vorgetragen. Es war ihm gelungen, mit seiner leichten Sentimentalität ohne belastende Gedankentiefe den Geschmack der Zeit zu treffen.

Ambrosius Blarer (1492–1564)

ZEIT UND UMWELT
Unter dem Einfluß des Reformators Zwingli wurde Konstanz sehr früh protestantisch. Der Bischof wurde vertrieben und verlegte seinen Sitz nach Meersburg an der Nordküste des Bodensees. Doch 1548 wurde die Stadt vom Katholizismus zurückgewonnen, so daß die Protestanten flüchten mußten.

LEBEN
Ambrosius Blarer wurde in Konstanz am 4. 4. 1492 geboren. Er trat dem Benediktinerorden bei, schloß sich aber dann der Reformation als eifriger Verfechter der neuen Lehre an. Als Konstanz rekatholisiert wurde, floh er in die Schweiz und wurde 1551 Pastor in Biel und 1559 in Winterthur, wo er am 6. 12. 1564 starb.

WERKE
Von Ambrosius Blarer ist eine umfangreiche Sammlung geistlicher Lieder erhalten, zu der er selbst eigene Dichtungen und Kompositionen beitrug. Sein »Wie's Gott gefällt, so

gefällt's mir auch« wird noch heute gesungen.

LITERATUR

M. Jenny, Geschichte des deutsch-schweizerischen Gesangbuches im 16. Jahrhundert, Kassel 1962.

Juan Blas de Castro (1562–1634)

LEBEN

Juan Blas de Castro wurde 1562 in Barrachina geboren. Bei seinem Studienaufenthalt in Salamanca lernte er den spanischen Dramatiker Lope de Vega kennen, dessen ständiger Mitarbeiter er für sein weiteres Leben blieb. Im Jahre 1605 wurde er Hofmusiker bei König Philipp III. und blieb in dieser Stellung auch bei dessen Nachfolger Philipp IV. (1605–65), der den Komponisten, Vihuelisten und Gitarristen so sehr bewunderte, daß er alle seine Werke sammeln ließ. Juan Blas de Castro erblindete im Alter, konnte jedoch am Hof des Königs bis zu seinem Tod am 6. 8. 1634 in Madrid bleiben.

WERKE

Die von König Philipp von Spanien gesammelten Werke des Komponisten Juan Blas de Castro gingen bei einem Brand des Madrider Schloßarchivs (1734) zugrunde. Daher steht uns kein einziges seiner sakralen Werke zur Verfügung. Ungefähr 20 profane Stücke, hauptsächlich Romanzen, sind in verschiedenen Sammelwerken und in Archiven von spanischen Kathedralen erhalten. Das wenige jedoch beweist die Berechtigung des Rufes, in dem der spanische Komponist bei seinen Zeitgenossen stand. Es zeigt auch, daß in Spanien die neue Stilepoche noch nicht angebrochen war.

LITERATUR

J. Barbazán, Tricentenario de Lope de Vega: Elogio en la muerte de Juan Blas de Castro, Madrid 1935.

Manuel Blasco de Nebra
(um 1720 bis nach 1784)

ZEIT UND UMWELT

Die Auswirkung der Kompositionen von Domenico Scarlatti machte sich in Spanien nur langsam bemerkbar. Die Meister der Iberischen Halbinsel mußten sich erst durch eine lange Strecke eigener Tradition durcharbeiten, ehe sie für die neue Faktur des italienischen Cembalomeisters empfänglich wurden. Waren sie aber einmal auf die neue Linie eingeschwenkt, wirkten sie auch fruchtbar an ihrer Weiterentwicklung mit.

LEBEN

Manuel Blasco de Nebra wurde um 1720 in Andalusien geboren. Er war von 1750 bis 1784 Organist an der Kathedrale von Sevilla und dürfte dort in den folgenden Jahren gestorben sein.

WERKE

Mit seinen »Seis sonatas para clave, y fuerte piano« (6 Sonaten für Cembalo und Pianoforte) aus 1780 dokumentierte sich Manuel Blasco de Nebra eindeutig als Nachfolger von Domenico Scarlatti, der dessen Faktur mit kühnem Klangsinn weiterentwickelte und dadurch einen eigenen Beitrag zur Ausbildung der Sonatenform leistete. Weitere Kompositionen des Meisters sind nicht bekannt.

Francesco Antonio de Blasis
(1765–1851)

ZEIT UND UMWELT

Instrumentalkonzerte der Virtuosen, Kirchen- und Bühnenmusik waren die Musikgattungen, die im 18. Jahrhundert und in einem Teil des 19. von italienischen Komponisten in der Regel geschaffen wurden. Musik für den Konzertsaal war noch verhältnismäßig selten; es wurden auch weit weniger Konzerte veranstaltet als in anderen Ländern. Es gab zuwenig Publikum, das danach verlangte.

Leben
Francesco Antonio de Blasis wurde 1765 in Neapel geboren. Er war Schüler von Fedele Fenaroli, sodann Lehrer an den Konservatorien in Neapel und in Venedig und starb am 22. 10. 1851 in Florenz.

Werke
Von Francesco Antonio de Blasis sind einige Opern, mehrere Oratorien und verschiedene Orchester- und Kammermusik bekannt geworden. Seine Musik war lehrhaft und wirkte wie Beispiele aus musikwissenschaftlichen Werken. Ihr Erfolg war sehr mittelmäßig, abgesehen davon, daß damals in Italien Konzertmusik überhaupt wenig Publikum ansprach.

Matthieu-Frédéric Blasius
(1758–1829)

Zeit und Umwelt
Um 1800 wurden Grifflöcher und Klappen des Fagotts so weit vermehrt, daß darauf eine volle chromatische Skala spielbar und auch der Tonumfang vergrößert wurde. Damit rückte das Instrument endgültig in die Reihe der Soloinstrumente. Fagottkonzerte wurden bereits früher komponiert, diese waren aber dadurch beengt, daß nicht alle Töne der Skala wiedergegeben werden konnten.

Leben
Matthieu-Frédéric Blasius wurde am 24. 4. 1758 in Lauterbourg, Bas-Rhin, geboren. Er war ab 1790 Dirigent an der Comédie Italienne, ab 1795 Lehrer für Blasinstrumente am Pariser Conservatoire und wirkte von 1802 bis 1816 als Kapellmeister an der Opéra Comique. Er starb 1829 in Versailles.

Werke
Von Matthieu-Frédéric Blasius sind Trios und Quartette für Blasinstrumente, zahlreiche Klarinetten- und Fagottkonzerte, außerdem 3 Violinkonzerte, 12 Streichquartette, Triosonaten, Violinduos und Opern erhalten. Er zählte zu den besten Fagottisten seiner Zeit.

Josef Blatný (geboren 1891)

Leben
Josef Blatný wurde am 19. 3. 1891 in Brünn als Sohn des Chordirigenten Vojtěch Blatný (24. 4. 1864, Lovčice, bis 16. 2. 1954, Brünn) geboren. Er studierte bei Leoš Janáček und war ab 1912 als Lehrer an der Orgelschule, ab 1928 am Konservatorium für Orgelspiel seines Geburtsorts tätig.

Werke
Von Josef Blatný sind eine Sinfonie brevis für Streichorchester, 3 Streichquartette, zahlreiche Klavier- und Orgelwerke, ein Oratorium, eine Kantate und etliche Chöre und Lieder bekannt geworden. Bei ihm finden sich viele Ansätze zu Entwicklungen moderner Stile.

Pavel Blatný (geboren 1931)

Leben
Pavel Blatný wurde am 14. 9. 1931 in Brünn als Sohn des Josef Blatný geboren. Er studierte an der Universität in Brünn bei Pavel Bořkovec (10. 6. 1894, Prag, bis 22. 7. 1972, Prag). Er lebt als freischaffender Komponist in Brünn.

Werke
Der vielseitige Avantgardist Pavel Blatný ist auch als Vertreter seriöser Jazzkomposition bekannt geworden. Er schrieb unter anderem eine Studie für Vierteltontrompete, ein Konzert für Jazzorchester, eine »Coda« für Flöte, Kontrabaß, Klavier und Schlagzeug, ein Stück für Jazzband und Kammerensemble, ein Jazznonett, ein Konzert für Kammerorchester, eine Suite für Bläser und Klavier, »Musik« für zwei und vier Klaviere, ein Stück für großes Orchester, eine Passacaglia, 3 Sätze für Flöte, Klarinette und Baßklarinette, Meditation für Klavier, eine Sonate für Flöte und Klavier, »Drei Skizzen« für Orchester, eine Suite für Baßklarinette und Klavier, einen Dialog für zwei Klaviere und Schlagzeug, Vokalwerke für Rezitator und Baßklarinette sowie eine Kinderoper.

Michel Blavet (1700–68)

ZEIT UND UMWELT

Durch den Musikerkreis, mit dem sich der preußische Kronprinz Friedrich in Rheinsberg und später als Friedrich der Große (1712 bis 1786) in seinen Residenzen umgab, wurde die Querflöte zum »königlichen Instrument«, das nicht nur in den deutschen Ländern eine intensive Pflege erfuhr – auch Franzosen nahmen sich der »Deutschen Flöte« gerne an, weil ihr perlender Klang dem Zeitgeschmack wie kaum ein anderes Instrument entsprach.

LEBEN

Michel Blavet wurde am 13. 3. 1700 in Besançon geboren. Er ging nach seiner Ausbildung zum Flötisten nach Paris, wo sein Spiel und seine Kompositionen im Concert spirituel mit Begeisterung aufgenommen wurden. Er hielt sich zeitweilig bei Friedrich II. in Preußen auf, schlug aber ein Angebot, ständig am preußischen Hof zu bleiben, aus. Im Jahr 1738 wurde er Mitglied der Königlichen Kapelle in Versailles und 1740 des Orchesters der Oper von Paris, wo er am 28. 10. 1768 starb.

WERKE

Die Instrumentalkompositionen von Michel Blavet sind der Flöte gewidmet. Er schrieb 6 Sonaten für zwei Flöten und 12 für eine Flöte mit Generalbaß, ein vierstimmiges Konzert für Flöte, zwei Violinen und Baß, außerdem mehrere Opern. Seine berühmten Quartette für Flöte, Violine, Gambe und Cello sind nicht überliefert. Er verfaßte als einer der ersten eine französische komische Oper.

François Henri Joseph Blaze (1784–1857)

ZEIT UND UMWELT

Man könnte die romantische Epoche auch mit »Ära der literarischen Musik« bezeichnen, denn das Musikschrifttum schwoll ab 1800 stark an. Abgesehen von den vielen Lehrwerken, die von Musiklehrern, Virtuosen und Kapellmeistern verfaßt wurden, fühlte sich eine Anzahl Meister bewogen, kritische, aber auch philosophische Abhandlungen in Buchform oder als Beiträge zu Musikzeitschriften zu veröffentlichen. Dazu mehrten sich auch die biographischen Werke, Monographien und Lexika. Außerdem griffen nicht wenige Komponisten zur Feder, weil es ihnen nicht genügte, mit Tönen allein ihre Vorstellungen und Gefühle dem Publikum zu vermitteln.

LEBEN

François Henri Joseph Blaze, genannt Castil-Blaze, wurde am 1. 12. 1784 in Cavaillon, Vaucluse, geboren. Er studierte Jurisprudenz und zugleich Musik bei François Louis Perne, wurde Advokat, wechselte jedoch 1820 in Paris zur Musikschriftstellerei und zur Musik über und machte sich auf diesem Gebiet bald einen Namen. Er starb am 11. 12. 1857 in Paris.
Sein Vater, Henri Sébastien Blaze (1763, Cavaillon, bis 1833, Paris), war Notar, Dichter und Komponist.

WERKE

Die Bedeutung von François Henri Joseph Blaze lag auf dem Gebiet der Musikwissenschaft und Musikkritik. Er komponierte 3 Opern, 12 Romanzen, Pasticcios, Messen, Gesänge, sehr beliebte Melodramen und Kammermusik.
Henri Sébastien Blaze hinterließ einige Opern, Klaviersonaten und verschiedene Kirchenmusik, deren Wert für einen Dilettanten beachtlich ist.

Leo Blech (1871–1958)

LEBEN

Leo Blech wurde am 21. 4. 1871 in Aachen geboren. Er war in Berlin Schüler von Ernst Rudorff und Woldemar Bargiel. Von 1893 bis 1899 wirkte er als Theaterkapellmeister in Aachen, sodann in Prag und ab 1906 an Berliner Opernhäusern. Als Emigrant ging er nach Riga und von dort als Hofkapellmeister an die Oper in Stockholm. Von 1949 bis 1953 war er Generalmusikdirektor in Berlin, wo er am 24. 8. 1958 starb.

Leo Blech

WERKE

Mit seinen 6 Opern und einer Operette erwies sich Leo Blech als Nachfolger von Engelbert Humperdinck, dessen Schüler er zeitweilig war. Er schrieb außerdem 3 Tondichtungen, 2 Streichquartette, Klavierstücke, Chöre und Lieder. Er war Spätromantiker.

Georg Bleyer
(1647 bis nach 1683)

ZEIT UND UMWELT

Der französische, wohl schon etwas empfindsame Stil fand gegen das Ende des 17. Jahrhunderts viele Freunde, und deutsche Komponisten, die ihn sich aneigneten, durften mit einem geneigten Publikum rechnen. Es rückte bald die Zeit heran, in der französisches Wesen, Schrifttum, Lebensführung und Denkungsart in Deutschland immer mehr Liebhaber fanden.

LEBEN

Georg Bleyer wurde am 18. 10. 1647 in Tiefurt, Thüringen, geboren. Er wurde in Deutschland ausgebildet, dürfte aber in Italien und Frankreich studiert haben. Um 1670 wirkte er als Musiker am Hof zu Rudolstadt, Thüringen, lebte um 1676 in Dresden und 1680 in Frankfurt am Main. Darauf dürfte er sich nach Brabant begeben haben und dort in den Jahren nach 1683 gestorben sein.

WERKE

Der deutsche Komponist Georg Bleyer hat eine Anzahl Vokalmusik veröffentlicht, die verlorengegangen ist; eine Vertonung des 100. Psalms ist im Manuskript überliefert. Seine 2 Sammlungen Instrumentalmusik für vier und fünf Instrumente: »Lust-Music, nach ietziger Frantzösischer Manier gesetzet, bestehend von unterschiedlichen Airn, Bourreen, Gavotten, Gagliarden, Giguen, Chanson, Allemanden, Sarrabanden, Couranden« sind sehr interessant und auch sehr ansprechend.

Nikolaus Bleyer (1591–1658)

ZEIT UND UMWELT

Ratsmusiker gewannen in Städten, in denen es keine Fürstenhöfe gab, zumeist große Bedeutung. Sie waren entweder zunftmäßig erfaßt wie alle Gewerbetreibenden oder standen im Dienst der Stadtregierung. Es handelte sich in den meisten Fällen um Instrumentalisten, weit seltener um Sänger; manche wirkten gleichzeitig ständig oder fallweise an den Kirchenkapellen mit. Aus ihren Reihen sind einige bedeutende Virtuosen und Komponisten hervorgegangen.

LEBEN

Nikolaus Bleyer (Bleier, Bleir) wurde am 2. 2. 1591 in Stolzenau geboren. Bis 1617 war er am Hof zu Gottorf Schüler des Engländers William Brade. Im Jahr 1621 wurde er Ratsmusiker in Lübeck, wo er am 3. 5. 1658 starb.

WERKE

Der deutsche Komponist und Kornettist Nikolaus Bleyer hinterließ eine beträchtliche Anzahl von Tänzen aller Art, ein Ballett, ein

Maskenspiel, Sinfonien und Vokalstücke. Einige davon übernahm Thomas Simpson, der sich um 1620 in Norddeutschland aufhielt, in sein Sammelwerk. Bleyer war ein Wegbereiter des Kulturaustausches zwischen England und Deutschland. Er pflegte viel Kontakt mit Musikern aus den nordischen Ländern und machte sie in Deutschland bekannt.

Literatur

J. Hennings und W. Stahl, Musikgeschichte Lübecks, Kassel 1951.

Karl Bleyle (1880–1969)

Leben

Karl Bleyle wurde am 7.5.1880 in Feldkirch, Vorarlberg, geboren. Er war Schüler von Samuel de Lange in Stuttgart und von Ludwig Thuille in München. Von 1923 bis zu seinem Tod am 5.6.1969 lebte er als freier Komponist in Stuttgart.

Werke

Von Karl Bleyle sind 2 Opern aufgeführt worden. Er schrieb ferner 2 Sinfonien, ein Cellokonzert, eine Suite, eine Ouvertüre, ein sinfonisches Gedicht »Der Taucher« für Vierteltonharmonium und Orchester, 2 Streichquartette, 2 Violinsonaten, 2 Partiten für Solovioline, eine Kantate für Männerchor und Orchester, 4 Lieder mit Streichquartett und weitere Orchester-, Kammer- und Chorwerke sowie Lieder. Er hielt eine volkstümliche Diktion ein und gewann ein breites Publikum durch die Frische seiner Kompositionen.

Adolf Blindhamer
(um 1475 bis vor 1532)

Zeit und Umwelt

Die Laute ist zwar schon im 15. Jahrhundert von Spanien nach Europa gekommen, allgemeine Verbreitung erfuhr das Instrument aber erst im folgenden Jahrhundert. Im deutschen Sprachgebiet ist sie verhältnismäßig spät eingeführt worden. Daß sie sehr früh in der Kapelle Maximilians I. Verwendung fand, war bei der bekannten Aufgeschlossenheit des Kaisers selbstverständlich.

Leben

Adolf Blindhamer (Blindhomer, Blinthaimer, Blyndhamer, Plindthamer) wurde um 1475 in Bayern geboren. Er stand von 1503 bis 1518 im Dienst Maximilians I. und ließ sich 1514 in Nürnberg nieder, wo er vermutlich noch vor 1532 gestorben ist.

Werke

Albrecht Dürer zählte Blindhamer zu den besten Lautenisten seiner Zeit. Hans Gerle, der vermutlich sein Schüler war, beruft sich auf den »weitberümpten meister«. In der ältesten deutschen Lautentabulatur (um 1525) befinden sich 5 Stücke, die Blindhamer zuzuschreiben sind, darunter das sehr bekannt gewordene dreistimmige »Christ ist erstanden«, das einen zeilenweise von Stimme zu Stimme wandernden Cantus firmus aufweist.

Literatur

R. Wagner, W. Breitengraser und die Nürnberger Kirchen- und Schulmusik seiner Zeit, Die Musikforschung II, 1949.

Arthur Bliss (1891–1975)

Leben

Arthur Edward Drummond Bliss wurde am 2.8.1891 in London geboren. Er war in Cambridge Schüler von Charles Wood und in London am Royal College of Music von Charles Stanford und Gustav Holst. Im Jahr 1921 wurde er Professor am Royal College of Music, von 1923 bis 1925 wirkte er als Schauspieler in Santa Barbara, Calif., dann lebte er vorwiegend seinem kompositorischen Schaffen in London. Von 1942 bis 1944 leitete er die Musikabteilung der BBC. Er starb am 27.3.1975 in London.

Werke

Die Kompositionen von Arthur Bliss standen anfänglich unter dem Einfluß von Maurice

Ravel und Igor Strawinsky, dann knüpfte er an die Tradition Edward Elgars und der Spätromantiker an. Er schrieb die berühmte »A Colour Symphony«, ein Klavierkonzert, ein Violinkonzert, ein Cellokonzert, »Introduktion und Allegro« und »Hymn to Apollo«, »Meditationen«, Variationen für Orchester, ein Klarinettenquintett, 2 Streichquartette, eine Bratschensonate, zahlreiche Kantaten und Chorwerke mit verschiedener Besetzung, Anthems, Märsche, Fanfaren, 2 Opern, 4 Ballette und Filmmusik.

A Colour Symphony (Eine Farbensinfonie), 4 Sätze, entstanden 1921

Angeregt von einem Werk über Heraldik schrieb der Komponist vier Sätze, die vier verschiedene Farben und deren Bedeutung und Beziehung repräsentieren. Im 1. Satz wird der »Purpur, die Farbe des Amethysts, des Prunks, der Königlichkeit und des Todes«, durch ruhige zeremonielle Musik dargestellt. Im 2. Satz wird das »Rot, die Farbe der Rubine, des Weines, der Festlichkeit, der Hochöfen, des Mutes und der Magie«, mit einem glitzernden, fröhlichen Scherzo gekennzeichnet. Im 3. Satz stellt sich das »Blau, die Farbe der Saphire, des tiefen Wassers, des Himmels, der Ehrlichkeit und der Melancholie«, mit wogenden Rhythmen vor. Im 4. Satz beschreibt eine Doppelfuge das »Grün, die Farbe der Smaragde, der Hoffnung, der Jugend, der Freude, des Frühlings und des Sieges«. Das erste Fugenthema wird von den Bratschen vorgetragen und von den Streichern allein exponiert, das zweite beginnt die Klarinette und wird von den Holzbläsern ausgeführt. Beide Themen vereinen sich und werden zum Rhythmus von sechs Pauken zur Klimax der Sinfonie geführt.

William Blitheman (um 1525–91)

Zeit und Umwelt

Viscount Richard Fitzwilliam (1745–1816) hinterließ der Universität Cambridge neben einer hohen Rente seine Bibliothek und eine große Anzahl Bilder und andere Kunstgegenstände, darunter eine wertvolle Musiksammlung, die unter dem Namen Fitzwilliam Virginal Book bekannt geworden ist. Es handelt sich dabei um nahezu 300 Stücke von Komponisten des 16. und 17. Jahrhunderts, gesetzt für das Virginal, die englische Form des Cembalo.

Leben

William Blitheman wurde um 1525 vermutlich in London geboren. Seine Ausbildung dürfte der englische Komponist an der Christ Church in Oxford erhalten haben, wo er 1564 Master of the choristers (Chorleiter) wurde. Im Jahre 1585 nahm ihn die Chapel Royal als Organisten auf. Er versah diese Stelle bis zu seinem Tod im Jahre 1591.

Werke

Von William Blitheman sind 2 vierstimmige Motetten und 14 Orgelsätze, von denen einer im Fitzwilliam Virginal Book, ein zweiter im Mulliner Book aufscheinen, erhalten. Bei 2 weiteren Orgelkompositionen ist die Zuschreibung unsicher. Außerdem liegen 2 Choralvariationszyklen für Orgel über eine Antiphon und einen Hymnus vor, die von John Bull und Sweelinck als Vorbild ihrer entsprechenden Zyklen gewählt wurden. Sie waren für spätere Orgelkomponisten instruktive Muster der freien Orgelvariation. Blitheman war für die englische Orgelmusik epochemachend.

Literatur

D. Steven, Tudor Church Music, London 1966.

Ernest Bloch (1880–1959)

Leben

Ernest Bloch wurde am 24.7.1880 in Genf geboren, wo er Schüler von Émile Jaques-Dalcroze (6.7.1865, Wien, bis 1.7.1950, Genf) war. Anschließend studierte er bei Eugène Auguste Ysaye und François Rasse in Brüssel und sodann bei Iwan Knorr in Frankfurt am Main und Ludwig Thuille in München. Nach mehrjährigem Aufenthalt in Paris wirkte er ab 1909 als Dirigent in Lausanne und Neuchâtel und bis 1915 als Kompositionslehrer in Genf. Im Jahr 1917 siedelte er sich als Musiklehrer in New York an. Von 1920 bis 1925 leitete er das Institut of Music in Cleveland, O., darauf bis

1930 das Konservatorium in San Francisco, wo er nach einem achtjährigen Europaaufenthalt wiederum bis 1941 wirkte. Sodann hielt er sich in Agate Beach, Oreg., auf. Er starb am 15.7.1959 in Portland, Oreg.

WERKE

»Ich habe keine der mehr oder minder authentischen und häufig von anderen Völkern entlehnten jüdischen Melodien verwendet und ebenso wenig orientalische Wendungen, Rhythmen oder Intervalle«, sagte Ernest Bloch. »Ich habe auf eine innere Stimme gehorcht, die sich bei der Lektüre bestimmter Bibelstellen erhob und als uraltes Erbe in meiner Musik zum Klingen kam.« Er suchte eine national-jüdische Musik zu verwirklichen, ohne folkloristische Grundlage aus dem Geist seines Volks. Er schrieb 2 Opern, 5 Sinfonien, 5 sinfonische Dichtungen, 3 Orchestersuiten, eine Rhapsodie »Amerika« mit amerikanischen Themen, 2 Concerti grossi, 2 Violinkonzerte, ein Klavierkonzert, 2 Bratschenkonzerte, 2 Cellokonzerte, ein Flötenkonzert, 2 Klavierquintette, 9 Streichquartette, eine Suite für Flöte und Streicher, »Vier Episoden« für Kammerorchester, 2 Violinsonaten, eine »Hebräische Suite« für Bratsche und Klavier, »Hebräische Meditation« und »Drei Skizzen aus dem jüdischen Leben« für Cello und Klavier, »Mystisches Poem« für Violine und Klavier, 2 Skizzen für Solovioline, eine Skizze für Solobratsche, eine Klaviersonate, »Fünf Skizzen« für Klavier und weitere Klavierstücke, eine Sabbath-Morgenfeier für gemischten Chor und Orchester.

Ernest Bloch

Stimme in der Wildnis, Tongedicht für Orchester mit obligatem Cello, 6 Sätze, entstanden 1936

Diesem Tongedicht liegt kein Programm zugrunde, es bringt eine Serie Meditationen, vermutlich über das menschliche Schicksal; es vermittelt keine Bilder, sondern lediglich Gedanken. Der 1. Satz fordert ruhig zum Nachdenken auf. Der 2. Satz mit östlichem Kolorit ist voll bitterer Gedanken. Der 3. Satz beschäftigt sich lebhaft damit. Der 4. Satz bildet ein Intermezzo und erinnert wieder an Musik des Ostens. Im 5. Satz gibt das Cello mit einer unbegleiteten Kadenz einen resignierten Kommentar. Dennoch bringt der 6. Satz nach langen Auseinandersetzungen etwas Hoffnung.

Schelomo, Hebräische Rhapsodie für Cello und Orchester, ein Satz, entstanden 1916

Das Stück gründet sich auf Salomons Buch der Predigten. Das Cello spricht anstelle des Königs und bringt eine Vision seiner Macht, des Reichtums und des Glanzes seines Hofs, die Tänze der Frauen, die Rufe der Krieger und Sklaven und zugleich die Weisheit: »Ich habe alle Werke gesehen, die unter der Sonne getan werden, und siehe, alles ist eitel.«

Violinkonzert, 3 Sätze, entstanden 1938

Der 1. Satz bringt eine Reihe indianischer Themen, die nahezu rhapsodisch das weite Land Amerikas vor Augen rufen und in eine äußerst virtuose und klangvolle Kadenz enden. Der 2. Satz verarbeitet hebräische Themen, und der 3. Satz greift wieder auf Indianermusik zurück. Das Werk ist mit großen Kompositionen des 20. Jahrhunderts dieser Art in eine Reihe zu stellen.

LITERATUR

R. Strassburg, Ernest Bloch, Los Angeles 1977.

Waldemar Bloch (geboren 1906)

Leben

Waldemar Bloch wurde am 5.5.1906 in Wien geboren. Er studierte am Konservatorium in Graz. Bis 1939 wirkte er dort als Pianist und Privatmusiklehrer. Von 1945 bis 1967 war er Dozent für Theorie und Komposition am Konservatorium in Graz, dann wurde er Professor an der inzwischen daraus entstandenen Akademie für Musik und darstellende Kunst.

Werke

Neben 5 Opern, einem Opernoratorium, einer szenischen Kantate und mehreren Ballettmusiken schrieb Waldemar Bloch 2 Sinfonien, ein Klavierkonzert, ein Klarinettenkonzert, eine Bläserserenade, eine Partita für vier Trompeten und Schlagzeug, Variationen für Bläser, Sonatinen für Akkordeon mit Violine und mit Flöte, 2 Stücke für Violine und Gitarre, Akkordeonstücke, Orgelstücke, eine Passion, eine Kantate, 14 Messen, Chöre und Lieder. Sein Stil ist neuklassizistisch. Er veröffentlichte 2 didaktische Werke.

Vilém Blodek (1834–74)

Zeit und Umwelt

Neben Bedřich Smetana und noch mehr in seinem Gefolge war in der zweiten Hälfte des 19. Jahrhunderts eine Anzahl hervorragender Talente am Werk, die tschechische Musik auf das Niveau zu führen, das andere europäische Musikländer innehatten. Besonders die tschechische Oper erlebte einen ungeheuren Aufschwung.

Leben

Vilém František Blodek wurde am 3.10.1834 in Prag geboren. Er war am Konservatorium der Stadt Schüler von Jan Bedřich Kittl. Anschließend war er als Hausmusiklehrer in Lubyce, Galizien, tätig, brachte sich sodann in Prag als Klavierlehrer durch, bis er 1860 Flötenlehrer am Konservatorium wurde. Er starb am 1.5.1874 in Prag.

Werke

Neben seiner erfolgreichen Oper »Im Brunnen« und einer zweiten unvollendeten verfaßte Vilém Blodek eine Sinfonie in d-Moll, eine Ouvertüre in D-Dur, ein Flötenkonzert in D-Dur, einige Bühnenmusik, ein Salonstück für Violine und Klavier, eine Messe in D-Dur, Männerquartette, Lieder und Klavierstücke. Seine Oper wird in slawischen Ländern heute noch aufgeführt.

Karl-Birger Blomdahl (1916–68)

Leben

Karl-Birger Blomdahl wurde am 19.10.1916 in Växjö, Schweden, geboren. Er war in Stockholm Schüler von Hilding Rosenberg und von Tor Mann (geboren 25.2.1894, Stockholm). Nach Studienreisen in Italien und Frankreich und einem Aufenthalt in den USA wurde er Mitglied des Programmrats der Stockholmer Philharmonie. Von 1960 bis 1964 wirkte er als Professor für Komposition an der Musikhochschule in Stockholm; von 1965 bis zu seinem Tod am 14.6.1968 in Kungsängen bei Stockholm war er Leiter der Musikabteilung des Schwedischen Rundfunks und Fernsehens.

Werke

Von den 2 Opern von Karl-Birger Blomdahl erlebte die futuristische »Aniara« bis zu seinem Tod 100 Aufführungen. Er schrieb außerdem 3 Sinfonien, 2 Ballettsuiten, eine Pastoralsuite für Streicher, »Altisonans«, elektronische Komposition, und 2 weitere Orchesterstücke, ein Kammerkonzert für Klavier, Holzbläser und Schlagzeug, ein Trio für Klarinette, Cello und Klavier, 2 Kantaten, Bühnen-, Film- und Rundfunkmusik. Mit seiner 3. Sinfonie schuf er das erste serielle Werk Schwedens von Bedeutung. Er zählt zu den führenden Komponisten Schwedens unserer Zeit.

Pierre Auguste Louis Blondeau (1784–1865)

Zeit und Umwelt

Trotz Kaisertum und Restauration des Königtums, trotz der neuen Hofkapellen und Kammerensembles verschiedener wieder in ihre Rechte eingesetzter Adelshäuser kam es auf dem Gebiet der Musik wie auf manchen anderen zu keiner Restitution der früheren Zustände, denn das Bürgertum, der dritte Stand, hatte seine errungene Position nicht wieder aufgegeben und war zum Träger des Musiklebens geworden, deren Zentrum nicht mehr die Hofkapellen waren, sondern, dem französischen Zeitgeschmack entsprechend, die Große Oper und in zweiter Linie die öffentlichen Konzertunternehmungen.

LEBEN
Pierre Auguste Louis Blondeau wurde am 15.8.1784 in Paris geboren. Er war am Conservatoire Schüler von François de Sales Baillot, François Joseph Gossec und Étienne Nicolas Méhul. Er erhielt 1808 den Rompreis und wirkte nach seiner Rückkehr nach Paris bis 1842 als Bratschist an der Opéra. Anschließend betätigte er sich als Konzertmusiker und Bratschenlehrer in Paris bis zu seinem Tod im Jahr 1865.

WERKE
Von Pierre Auguste Louis Blondeau sind eine Oper, ein Ballett, 3 Ouvertüren, eine doppelchörige Messe, 2 große Te Deum, Konzerte für Blasinstrumente, Streichquartette, Streichtrios, Klavierstücke, eine Kantate und Lieder bekannt geworden. Der Stil dieser Musik gehörte der Frühromantik an. Er verfaßte auch einige Lehrwerke.

Blondel de Nesle
(um 1155 bis nach 1200)

ZEIT UND UMWELT
Arnaut Daniel war nicht der einzige Sänger und Dichter aus der Umgebung von Richard Löwenherz. Jedenfalls ist er nicht auf die Suche nach dem König gegangen, als dieser auf der Rückreise von Kleinasien 1192 verschwand. Nach der Legende war es der französische Trouvère Blondel de Nesle, der von Burg zu Burg wanderte und sein Lied erklingen ließ, bis der in Gefangenschaft gehaltene König entdeckt war.

LEBEN
Blondel de Nesle wurde um 1155 in Nesle (Somme) geboren. Von seinem Leben ist nahezu nichts bekannt. Er dürfte sich, zumindest zeitweilig, in der Umgebung des englischen Königs Richard I. Löwenherz aufgehalten und ihn überlebt haben.

WERKE
Blondel de Nesle ist den Trouvères zuzurechnen, weil er sich bei seinen zahlreichen Liedern der altfranzösischen Sprache bediente. Seine Beliebtheit bei den Zeitgenossen kann man aus der Menge der erhaltenen Originalkompositionen und deren häufige Verwendung als Kontrafakta (Unterlegung anderer Texte) ersehen. Sein Stil ist für die ältere Trouvèrekunst bezeichnend, der noch viel von der Farbigkeit und Lebendigkeit der Troubadours anhaftete.

LITERATUR
F. Marshall, Les poésies de Blondel de Nesle, Paris 1958.

John Blow (1649–1708)

ZEIT UND UMWELT
Nachdem König Karl II. 1685 kinderlos gestorben war, ging der englische Thron an seinen Bruder Jakob II., dessen Regierung aber nur bis 1688 dauerte, über; die sogenannte »unblutige« Revolution zwang ihn, abzudanken, seine Rekatholisierungsbestrebungen hatten ihn den Thron gekostet. Das Parlament bot die Krone Wilhelm III. (1650 bis 1702) an, dem Sohn der Schwester Jakobs II., Mary (1631 bis 1660), und Gemahl seiner Tochter Mary II. (1662–94). Nach dem Tod Wilhelms III. bestieg Anne (1665–1714), die zweite Tochter Jakobs II., den englischen Thron. Weder Wilhelm III. noch Anne hatten Interesse für Literatur oder Musik.

LEBEN
John Blow wurde am 23. 2. 1649 in Newark,

Nottinghamshire, getauft. Er war unter den ersten Chorknaben, die Henry Cooke 1660 nach der Restauration in die Chapel Royal einstellte, und sang bis 1665. Von 1668 bis 1680 wirkte er als Organist an der Westminster Abbey, trat die Stelle seinem Schüler Henry Purcell ab und übernahm sie erneut nach dessen Tod im Jahr 1695. Er wurde 1669 königlicher Virginalist, 1674 Leiter des Knabenchors der Chapel Royal und 1676 Hofkapellmeister für Vokalmusik. Er starb in London am 1. 10. 1708.

WERKE

Der englische Komponist John Blow gehörte zu den bedeutendsten Musikern seiner Zeit. Sein Schaffen war vorwiegend der Kirchenmusik gewidmet. Ein allgemeines Interesse für profane Musik war auch nach der Restauration in England nur spärlich vorhanden. Denn wenn auch Cromwell tot war, hatten die Puritaner überlebt und verhinderten in ihrer Kulturfeindlichkeit unter den amusischen Regenten Wilhelm III. und Anna jeden kulturellen Aufschwung. Er verfaßte etwa 100 Anthems und 12 Motetten mit lateinischem Text, weiters 14 Services und 24 Oden zu verschiedenen Anlässen. An profaner Musik liegen nur einzelne Lieder für eine bis vier Stimmen und Generalbaß und eine größere Menge Catches vor. An Instrumentalmusik sind verschiedene Stücke für Tasteninstrumente – Orgel, Virginal – und 2 Sonaten für zwei Violinen, Gambe und Baßviole erhalten. Sein Stil wurde durch den Unterricht von Henry Cooke, von John Hingestone und Christopher Gibbons geprägt und war daher sehr konservativ. Er versuchte, aus der Tradition einen eigenen englischen Stil zu formen. Dafür scheint jedoch seine künstlerische Substanz nicht ausgereicht zu haben.

Fuge in d-Moll, 2 Teile

Die Fuge ist vierstimmig angelegt und sehr chromatisch, so daß auch entfernte Fugeneinsätze herangezogen werden konnten. Der zweite Teil bringt ausgeprägte rhythmische Figuren und verläßt das Eingangsthema zugunsten einer virtuosen, lockeren und konzertanten Struktur.

Voluntary for the Double Organ in d-Moll, 2 Teile

Das Thema setzt im ersten Teil in Fugenform ein, der Baß wird bald von dem einen, bald vom anderen Manual übernommen. Der zweite Teil bringt völlig neues thematisches Material, das imitiert wird. Dann streben rasche Passagen dem Schluß zu.

Verse for the Cornet and Single Organ in a-Moll

Die Registrierung geht aus dem Titel des Orgelstückes hervor. Die Solostimme besteht aus Kornettmischungen, das zweite Manual bringt die Begleitung. Das Begleitmanual trägt das Thema in einem punktierten Rhythmus wie einen Marsch vor. Darauf übernimmt die Solostimme das Thema und entwickelt es frei figuriert weiter, bis es zwischen beiden Manualen hin und her geworfen und zugleich von neuen Einfällen flankiert wird. Eine lange, ruhige Kadenz schließt das Werk ab.

LITERATUR

H. W. Shaw, John Blow, London 1943.

Feliks Blumenfeld (1863–1931)

LEBEN

Feliks Michailowitsch Blumenfeld wurde am 7.4.1863 in Kowaljowka bei Cherson geboren. Er studierte von 1881 bis 1885 am Konservatorium in St. Petersburg bei Nikolai Rimski-Korsakow. Von 1885 bis 1905 und von 1911 bis 1918 wirkte er als Klavierlehrer am Konservatorium in St. Petersburg (Petrograd), anschließend bis 1822 als Lehrer und Direktor am Konservatorium in Kiew und sodann bis zu seinem Tod am 21.1.1931 als Lehrer am Konservatorium in Moskau. Bis 1918 war er auch Operndirigent in Petrograd.

WERKE

Von Feliks Blumenfeld sind eine Sinfonie in c-Moll, ein Allegro für Klavier und Orchester in A-Dur, ein Streichquartett in F-Dur, zahlreiche Klavierstücke und Lieder überliefert. Sein Stil ist der in den letzten Jahrzehnten des 19. Jahrhunderts gebildete, bei dem die russische Musik sehr lange stehenblieb.

Joseph Blumenthal (1782–1850)

ZEIT UND UMWELT
Manche Meister der Musikgeschichte errangen einen solch hohen Ruf als Lehrer, daß ihr Unterricht allein bereits Empfehlung genug war, um eine Stellung zu bekommen. So gab es wohl keinen Schüler von Abbé Georg Joseph Vogler, der nicht überall, wo eine Stelle frei war, aufgenommen worden wäre.

LEBEN
Joseph von Blumenthal wurde am 1. 11. 1782 in Brüssel geboren. Er war Schüler von Abbé Vogler, was genügte, um in Wien 1803 eine Stelle als Orchesterviolinist zu erhalten und bald darauf Chorregent an der Piaristenkirche zu werden. Er starb am 9. 5. 1850 in Wien.

WERKE
Von Joseph Blumenthal sind zahlreiche Kompositionen für Violine bekannt geworden: Konzerte, Duette, Etüden und eine Violinschule; auch seine Orchesterwerke – Sinfonien, Rondos – errangen die Beachtung der Zeitgenossen. Seine Musik gehörte der Romantik an.

Paul Blumenthal (1843–1930)

ZEIT UND UMWELT
Die romantische Restauration der evangelischen Kirchenmusik führte zu einem an Giovanni Pierluigi Palestrina angelehnten puristischen Stil »edler Einfachheit«; sogar Johann Sebastian Bach wurde wegen seiner »Fremdartigkeit des Ausdrucks« abgelehnt. Wenn auch diese Haltung im Verlauf des letzten Viertels des 19. Jahrhunderts und der folgenden Jahrzehnte aufgelockert wurde, so ist es doch bezeichnend, daß Meister des 16. Jahrhunderts wie Bartholomäus Gesius (um 1560 bis 1613) als beispielgebend hingestellt wurden.

LEBEN
Paul Blumenthal wurde am 13. 8. 1843 in Steinau an der Oder (Ścinawa) geboren. Er war ab 1870 Organist der beiden Hauptkirchen und ab 1899 Kantor an St. Marie und Städtischer Gesanglehrer in Frankfurt an der Oder, wo er am 9. 5. 1930 starb.

WERKE
Von Paul Blumenthal sind eine Messe in g-Moll, Kantaten mit Orchester, Psalmen, Motetten, Männerchöre, Lieder, Klavier- und Orgelwerke sowie eine Schauspielmusik erhalten. Als Kirchenkomponist vertrat er die zu seiner Zeit allgemeine konservative Richtung. Er veröffentlichte ein Traktat über den Frankfurter Kantor Bartolomäus Gesius und eine bis 1926 fünfmal aufgelegte Musikgeschichte.

Martin Blumner (1827–1901)

ZEIT UND UMWELT
Die 1791 in Berlin gegründete Singakademie war nahezu ausschließlich geistlichen Chorwerken gewidmet, nahm aber am kirchlichen Leben keinen Anteil. In der zweiten Hälfte des 19. Jahrhunderts stand sie der gesamten Romantik, vor allem jedoch der Neudeutschen Schule, ablehnend gegenüber.

LEBEN
Martin Traugott Wilhelm Blumner wurde am 21. 11. 1827 in Fürstenberg, Mecklenburg, geboren. Nach anderweitigen Studien ging er 1847 zur Musik über und wurde Schüler von Siegfried Wilhelm Dehn. Im Jahr 1853 wurde er Vizedirigent und 1876 Dirigent der Berliner Singakademie. Er starb am 16. 11. 1901 in Berlin.

WERKE
Von Martin Blumner sind die Oratorien »Der Fall Jerusalems«, »Abraham«, die Trauerkantate »In Zeit und Ewigkeit«, dazu zahlreiche Motetten, Chorlieder und geistliche wie weltliche Sololieder erhalten. Diese Musik lehnte sich an klassische Vorbilder an, weist aber dennoch einige Originalität auf.

Luigi Boccherini (1743–1805)

LEBEN
Luigi Boccherini wurde am 19. 2. 1743 in

Lucca geboren. Er war Schüler von Domenico Vannucci und trat bereits mit 13 Jahren als Cellist im Theater und bei Konzerten auf. Ein Jahr darauf begab er sich nach Rom zur weiteren Ausbildung. Nach seiner Rückkehr nach Lucca wirkte er ab 1761 erneut als Cellist, unterbrochen von Konzertreisen gemeinsam mit Pietro Nardini, Giuseppe Maria Cambini und Filippo Manfredi oder mit diesem allein nach Österreich und Frankreich. Er konzertierte 1768 mit Manfredi in Paris im Concert spirituel, worauf beide an den spanischen Hof in Madrid engagiert wurden; Manfredi kehrte 1772 nach Lucca zurück, Boccherini, der 1770 Kammercellist und Kammerkomponist des Infanten Don Luis Antonio geworden war, ließ sich für immer in der spanischen Residenz nieder. Nach dem Tod des Infanten bezahlte ihm König Karl III. (1716–88) das Salär weiter. Mit dem Tod des Königs versiegte diese Quelle, aber der preußische König Friedrich Wilhelm II. hatte Boccherini 1787 zum Kammerkomponisten ernannt, der wohl einige Konzertreisen nach Mitteleuropa unternahm, aber seine Residenz in Madrid nicht aufgeben mußte; es genügte, daß er regelmäßig Kompositionen nach Berlin sandte. Als auch dieser Gönner starb, nahm der französische Gesandte in Madrid, Lucien Bonaparte (1775–1840), den Meister in seine Dienste.

Luigi Boccherini

Die unruhigen politischen Zustände in Spanien wirkten sich ungünstig auf dieses Dienstverhältnis aus, so daß Boccherini seine letzten Jahre in sehr bedrängten Verhältnissen verbringen mußte. Er starb am 18. 5. 1805 in Madrid.

WERKE

Die Bedeutung Luigi Boccherinis liegt auf dem Gebiet der Kammermusik. Er kam bereits mit den ersten Streichquartetten der Klassik sehr nahe. Seine Melodik ist empfindsam und weich, aber nicht weichlich, zärtlich, aber nicht verzärtelt. Als Sinfoniker lehnte er sich deutlich an die Mannheimer Schule und an Joseph Haydn an. Klassisch ist bei ihm auch die Bevorzugung der Rondoform im Schlußsatz seiner Sinfonien. Als Cellovirtuose schrieb er viel Cellomusik und nützte den warmen Ton dieses Instruments aus. Tatsächlich ist sein kompositorisches Werk sehr umfangreich: 6 Sonaten für Cembalo und Violine, 13 Sonaten für zwei Violinen, 30 Sonaten für Cello und Baß, eine Sonate für zwei Celli, 42 Streichtrios, 6 Pianofortetrios, 91 Streichquartette, 113 Streichquintette mit zwei Celli, 24 Streichquintette mit zwei Bratschen, 12 Quintette mit Pianoforte, 18 Quintette mit Flöte oder Oboe, 12 Quintette mit Gitarre, 19 Sextette und Oktette für Streicher und Bläser, 30 Sinfonien, 10 Menuette, ein Violinkonzert, 11 Cellokonzerte, ein Cembalokonzert, ein Konzert für mehrere Instrumente, ein »Ballett espagnol« und eine Serenade, Weihnachtsvillancicos für vier Stimmen und Streicher, 16 Arien für eine Singstimme und ein Duett mit Orchester, 2 Oratorien, eine Kantate, ein Stabat mater, eine Messe und weitere sakrale Werke, außerdem eine Zarzuela. Am bekanntesten von allen diesen Kompositionen ist das Menuett aus dem Streichquintett Opus 13/5 (»das« Boccherini-Menuett) geblieben.

Konzert für Cello und Orchester in B-Dur, 3 Sätze
»Ich weiß sehr gut, daß die Musik zum Herzen des Menschen sprechen muß, und das ist es, was ich erstrebe. Musik, die keine Gefühle und keine Leidenschaften ausdrückt, ist leer«, bekannte der Komponist und erfüllte mit diesem Konzert seinen Vorsatz voll und ganz. Der 1. Satz bringt 2 Themen, eines energisch und nahezu gehetzt, das zweite melodisch und zierlich. Der Mittelteil des Satzes in Moll ist ausdrucksreich. Der 2. Satz ist voll lyrischer Episoden, und das Finale stellt ein elegantes Menuett vor.

Quintett Nr. 1 in D-Dur für zwei Violinen, Bratsche, Cello und Gitarre, 3 Sätze
Nicht nur durch die hinzugezogene Gitarre, sondern durch die ganze Anlage bringt dieses Quintett typische spanische Musik bester Faktur, ein Stück im galanten Stil, angemessen der höfischen Kultur seines Jahrhunderts: zarte Gefühlsausdrücke, liebliche Klangbilder des Pastorales und am Ende ein feuriger Fandango mit erregenden Rhythmen.

Quartett in c-Moll Opus 1/1, 3 Sätze, entstanden 1761
Das Werk stellt einen Übergang vom Spätbarock zum galanten Stil dar. Das Allegro des 1. Satzes ist zweiteilig, der 2. Teil ist ein Spiegelbild des ersten. Alle Instrumente sind beteiligt, auch das Cello ist nicht bevorzugt. Die Anlage neigt zur Polyphonie. Im Mittelsatz kommt das Cello zu Wort, dessen Soli von der Bratsche abgelöst oder reizend kontrastiert werden. Ein Unisonothema leitet das Finale ein. Sanft fallen die Violinen ein. Nach einer kurzen polyphonen Entwicklung kommt es zu einer Durchführung, die das Stück abschließt.

Quartett in D-Dur, 3 Sätze, entstanden 1778
Hier hatte der Komponist seinen endgültigen Quartettstil bereits gefunden, der sich an den Mannheimer und noch mehr an den Wiener Stil anlehnt. Das Moderato des 1. Satzes bringt trotz des raschen Themas nur feine Stimmungsbilder. Ein 2. Thema kontrastiert nicht, sondern läuft liebenswürdig nebenher. Das Grave ist voll Ausdruck und Gefühlstiefe. Das Allegro des Finales schließt fröhlich und problemlos den Satz und das Stück ab.

Literatur

G. de Rothschild, Luigi Boccherini, Paris 1962.

Robert Nicolas Charles Bochsa
(1789–1856)

Zeit und Umwelt

Eine Auslieferung von Rechtsbrechern kannte man in der ersten Hälfte des 19. Jahrhunderts noch nicht. Wenn es einem Verbrecher gelang, über die Grenzen des Staates, in dem er die Tat begangen hatte, zu kommen, blieb er unbehelligt. Das Schlimmste, was ihm geschehen konnte, war eine Verurteilung in Abwesenheit und die Beschlagnahme eines eventuell zurückgelassenen Vermögens. Es hinderte ihn niemand, im Asylland ein neues Leben zu beginnen. Es gab Musiker, die vor einer Mordbeschuldigung flohen und im Ausland zu großer Beliebtheit aufstiegen.

Leben

Robert Nicolas Charles Bochsa wurde am 9. 8. 1789 in Montmédy, Meuse, geboren. Er war in Bordeaux Schüler von Franz Beck und am Pariser Conservatoire von Charles Simon Catel, Étienne Nicolas Méhul und der Harfenisten François Joseph Nadermann und Marcel de Marin (8. 9. 1766, St-Jean-de-Luz, Basses-Pyrénées, bis nach 1861, Toulouse) und wurde 1813 Harfenist der Kaiserlichen und späteren Königlichen Hofkapelle. Er konnte einer Festnahme wegen Betrugs durch die Flucht nach England entkommen. Trotz seiner Verurteilung zu 12 Jahren Gefängnis in Abwesenheit wirkte er von 1822 bis 1827 als Harfenlehrer an der Academy of Music in London und bis 1832 als Dirigent am King's Theatre. Er verließ England im Jahr 1839 mit der Frau des Komponisten Henry Bishop, was man in London um vieles unverzeihlicher fand als die Betrügereien in Paris. Er war ab nun ständig auf Konzertreisen durch Europa, Südamerika und Australien und starb am 6. 1. 1856 in Sydney.

Werke

Außer 8 Opern, einem Ballett und einem Oratorium, die völlig vergessen sind, hat Robert Nicolas Charles Bochsa zahlreiche Stücke für Harfe – solo oder mit verschiedenen Instrumenten – verfaßt, ferner 65 Etüden, die heute noch im Unterricht Verwendung finden.

Auch seine übrigen Harfenkompositionen werden zuweilen noch gespielt, besonders sein Konzert für Harfe und Orchester Nr. 1.

Charles Bocquet (um 1565 bis um 1620)

ZEIT UND UMWELT
Karl III. der Große, Herzog von Lothringen (1543–1608), bewahrte im französischen Religionskrieg lange seine Neutralität, obgleich er ab 1584 der Katholischen Liga angehörte. Er erklärte zwar dann 1592 dem französischen Thronanwärter Heinrich IV. den Krieg, der sich erübrigte, als dieser 1594 katholisch wurde. Seine Regierungszeit war die glänzendste in der Geschichte des Landes. Wirtschaftlich, politisch und kulturell erreichte Lothringen einen Höchststand wie nie zuvor und ebensowenig nachher.

LEBEN
Charles Bocquet wurde um 1565 vermutlich in Paris als Sohn des Lautenisten Julien Bocquet (um 1540–92) geboren. Von 1594 bis 1606 stand er im Dienst Herzog Karls III. von Lothringen. Dann lebte er in Paris, wo er um 1620 starb.

WERKE
Von Charles Bocquet sind 20 Kompositionen für Laute in Sammelwerken in Tabulatur erschienen. Sie gewähren einen aufschlußreichen Einblick in die französische Lautenpraxis um den Beginn des 17. Jahrhunderts.

LITERATUR
Fr. Lesure, Recherches sur les luthistes parisiens à l'époque de Louis XIII, in: Le luth et sa musique, Paris 1958.

Johann Joachim Christoph Bode (1730–93)

ZEIT UND UMWELT
Der Bedarf an Liedern war in Deutschland zumindest ebensogroß wie in England. Auch hier wurden nach der Forderung der Berliner Liederschule Einfachheit der Faktur, Prävalenz des Textes und Sangbarkeit verlangt. Die deutschen Lieder waren aber doch um etliche Grade künstlerisch wertvoller als die englischen Rundgesänge für Männergesellschaften.

LEBEN
Johann Joachim Christoph Bode wurde am 12. 1. 1730 in Barum, Braunschweig, geboren. Er wirkte ab 1752 als Oboist in Celle und darauf von 1757 bis 1778 als Musiklehrer, Redakteur und Verleger in Hamburg. Anschließend schlug er seinen Wohnsitz in Weimar auf, wo er nur mehr von dem kompositorischen Schaffen lebte und am 13. 12. 1793 starb.

WERKE
Die zweibändige Sammlung »Zärtliche und scherzhafte Lieder mit ihren Melodien« hat Johann Joachim Christoph Bode am meisten bekannt gemacht. Seine übrigen Kompositionen – zahlreiche Sinfonien, Violin-, Cello- und Fagottkonzerte und Soli für Viola d'amore – wurden bald vergessen, obwohl ihr kompositorischer Wert nicht unterschätzt werden darf.

Jehan Bodel (1165–1210)

ZEIT UND UMWELT
Im 12. und 13. Jahrhundert erblühte Arras, das zur Hauptstadt der Provinz Artois geworden war, durch seine starke Wollindustrie. Der Reichtum erlaubte der Stadt ein reges gesellschaftliches und kulturelles Leben, das auch die nordfranzösischen Trouvères anzog. Wie in mehreren anderen französischen Städten kam es in Arras zur Gründung eines Wettstreitforums für Sänger und Dichter und zugleich zu einer Art Schule für Dichtkunst und Komposition, Pui d'Arras genannt. Es wurden auch bald organisatorische Ansätze bemerkbar.

LEBEN
Jehan Bodel (Jehans Bodeaus) wurde 1165 in Südfrankreich geboren, lebte und wirkte je-

doch in Arras. Der provenzalische Troubadour starb im Februar oder März des Jahres 1210 in Beaurain.

WERKE
Von Jehan Bodel sind 9 Fabeln und das Epos Chanson des Saisnes (Sachsenlied) mit nahezu 9000 Zeilen erhalten; außerdem ein Jeu de Saint Nicolas (Nikolausspiel), das zwischen 1198 und 1202 entstanden ist und entweder nach bekannten Melodien gesungen oder ohne Musik aufgeführt wurde und mit einem Te Deum abschließt. 5 Pastourellen sind mit Musik überliefert, dazu ein sehr berühmtes »Congé« (Abschiedslied), mit dem sich der an Lepra erkrankte Meister von seiner Heimat und seinen Freunden verabschiedete, ehe er sich von allen zurückzog. Ein Einfluß des Pui d'Arras auf den Troubadour ist weder sprachlich noch musikalisch bemerkbar.

LITERATUR
Ch. Foulon, L'œuvre de Jehan Bodel, Paris 1958.

Erhard Bodenschatz (1576–1636)

ZEIT UND UMWELT
Das Aufleben des deutschen geistlichen Liedes am Ende des 16. und Beginn des 17. Jahrhunderts drückte sich durch die Tätigkeit deutscher Schulmänner und Kantoren aus, die die vielstimmige Motette ihrer Zeit in umfangreichen universal ausgerichteten Sammlungen aufnahmen, um den einzelnen Kantoreien ausreichendes Material zu bieten. Zwei große, mit dem beginnenden 17. Jahrhundert entstandene Sammlungen dieser Art haben den Bedarf an Motetten für mehrere Generationen gedeckt und wurden zum Beispiel vom Thomanerchor in Leipzig noch unter Johann Sebastian Bach verwendet.

LEBEN
Erhard Bodenschatz wurde 1576 in Lichtenberg, Oberfranken, geboren. Er war 1586 Chorknabe an der Kurfürstlichen Kantorei in Dresden, wurde 1600 an der Universität Leipzig Magister und darauf Kantor in Schulpforta und 1603 in Rehhausen; im Jahr 1608 erhielt er die Pastorenstelle in Groß-Osterhausen bei Querfurt, wo er 1636 starb.

WERKE
Der deutsche Kantor und Komponist Erhard Bodenschatz schuf ein Magnificat, einen Psalter Davids und verschiedene sakrale Gesänge, zum Großteil im polyphonen konservativen Stil, sowie 90 Bicinien. Sein Ruhm beruht auf der Herausgabe des »Florilegium Portense« (Blütenlese aus Pforta), einer Sammlung von 265 deutschen und italienischen Motetten, dem letzten und größten Sammelwerk dieser Art.

LITERATUR
O. Riemer, Erhard Bodenschatz und sein Florilegium Portense, Leipzig 1928.

Sebastian Bodinus
(um 1690 bis nach 1753)

ZEIT UND UMWELT
So rasch sich der Generalbaß in Deutschland eingebürgert hatte, so zögernd wurde er im 18. Jahrhundert überwunden. Verhältnismäßig schnell fand die Methode Anklang, daß Füllstimmen ein Teil der Komposition zu sein haben und nicht der Routine des Continuospielers ausgeliefert werden sollen. Aber der nächste Schritt zur Aufgabe dieser Begleitungsart brachte zwangsläufig die Notwendigkeit, die unteren Stimmen durchzuarbeiten – kontrapunktisch oder harmonisch begleitend. Die Komposition war wieder mühsamer und komplizierter geworden.

LEBEN
Sebastian Bodinus wurde um 1690 im Herzogtum Altenburg geboren. Er war Kammermusiker in Württemberg und bis 1752 Violinist der Markgrafen von Baden-Durlach. Ab 1753 verliert sich seine Lebensspur. Es ist daher nicht feststellbar, in welchem der folgenden Jahre und wo er gestorben ist.

Werke

Unter dem Titel »Aroma musicum« brachte Sebastian Bodinus 6 Violinsonaten mit Generalbaß heraus und ließ weitere 12 Violinsonaten mit Generalbaß folgen. Sein »Musikalisches Divertissement« brachte Triosonaten mit verschiedener Besetzung und Quartette, alles mit beziffertem Generalbaß. Handschriftlich liegen noch Violinsonaten, Triosonaten, Sinfonien und Konzerte vor. Seine Musik ist sehr konservativ gehalten. Am ansprechendsten ist ein Siciliano in G-Dur.

Franz Friedrich Böcklin (1745–1813)

Zeit und Umwelt

Lieder, also Gedichte, deren Vorstellungs- und Gefühlsausdruck durch Musik verstärkt, verdeutlicht und vertieft wird, fanden besonders im deutschsprachigen Raum in jeder Epoche ein bereitwilliges Publikum. Die Beliebtheit des Liedes stieg im 18. Jahrhundert, im Zeitalter der Empfindsamkeit, ständig an, bis die Liederseligkeit der Romantik anbrach.

Leben

Franz Friedrich Siegmund August Reichsfreiherr Böcklin zu Böcklinsau wurde am 28. 9. 1745 in Straßburg geboren. Er war Ratsherr in seinem Geburtsort und nahm daneben bei Johann Schobert und Franz Xaver Richter Musikunterricht, den er, als er Kammerherr in Stuttgart wurde, bei Niccolò Jommelli fortsetzte. Er starb am 2. 6. 1813 in Ettenheim, Baden.

Werke

Von Franz Friedrich Böcklin sind 2 zu seiner Zeit sehr beliebte Liedersammlungen verlorengegangen. Erhalten sind »24 Lieder für Junggesellen«, die sich den englischen Catches nähern, außerdem einige Sinfonien von mäßigem Wert. Seine Bedeutung lag auf dem Gebiet des Liedschaffens.

Philipp Friedrich Boeddecker

(1607–83)

Zeit und Umwelt

In Straßburg, in Frankfurt am Main und in Darmstadt waren die Auswirkungen des Dreißigjährigen Krieges nicht so gravierend, daß das Musikleben unterbrochen hätte werden müssen. Auch Stuttgart hatte, verglichen mit anderen Städten Deutschlands, wenig zu leiden. Für die zwei erstgenannten Städte traten die schweren Kriegsfolgen erst nach dem Friedensschluß kraß in Erscheinung, weil sie als Handelsplätze den wirtschaftlichen Niedergang voll zu spüren bekamen.

Leben

Philipp Friedrich Boeddecker wurde am 5. 8. 1607 in Haguenau, Elsaß, getauft. Er wurde von seinem Vater ausgebildet und war 1629 Fagottist und Organist in Darmstadt und ab 1634 Organist in Frankfurt am Main. Im Jahr 1643 wurde er nach Straßburg berufen, um Christoph Thomas Walliser als Organist zu unterstützen, und folgte ihm nach dessen Tod (1648) als Organist und Kapellmeister nach. Von 1652 bis zu seinem Tod am 8. 10. 1683 wirkte er als Organist in Stuttgart.
Sein Vater Joachim Boeddecker (um 1570, Goslar, bis nach 1618, Stuttgart) war Kapellmeister und Organist. Er kam 1618 nach Stuttgart, um dort das kirchliche und profane Musikleben zu reorganisieren.
Sein Sohn Philipp Jacob Boeddecker (Oktober 1642, Frankfurt, bis 1707, Stuttgart) war ab 1686 Organist in Stuttgart.

Werke

Von dem deutschen Fagottisten und Organisten Philipp Friedrich Boeddecker sind ein Te Deum für Chöre und Instrumente und eine Sammlung einstimmiger sakraler Gesänge mit 2 Sonaten erhalten. Sein Stil ist konzertant, monodisch und auf Generalbaß aufgebaut.

Georg Böhm (1661–1733)

ZEIT UND UMWELT

Die Empfindsamkeit des Spätbarock kündigte sich bereits um die Wende zum 18. Jahrhundert an. Choralbearbeitungen wurden so eingerichtet, daß sie mit ihren Auszierungen besser auf dem Cembalo wiedergegeben werden konnten. Wo nicht gerade ein obligates Pedalspiel vorgeschrieben war, wurde das zierlich klingende Saiteninstrument vorgezogen. Symptomatisch war auch, daß pietistische Texte immer mehr zur Liedkomposition herangezogen wurden.

LEBEN

Georg Böhm wurde am 2. 9. 1661 in Hohenkirchen bei Ohrdruf geboren. Er studierte in Jena, wirkte von 1693 bis 1697 in Hamburg und von 1698 bis zu seinem Tod am 18. 5. 1733 als Organist an der Johanneskirche in Lüneburg.

WERKE

Der deutsche Komponist Georg Böhm zählt bereits zu den Meistern des Spätbarock. Von seinen sakralen Werken – eine Lukas-Passion, drei Motetten, 7 Kantaten – sind nur eine Motette und 5 Kantaten erhalten. Seine 23 Lieder haben pietistische Texte, deren Stimmungsgehalt er mit sorgfältiger Deutlichkeit ausdrückt; seine Präludien und Fugen können auf der Orgel und dem Cembalo gespielt werden. Das gleiche gilt von seinen Choralbearbeitungen und Choralpartiten für Orgel; seine Suiten für Cembalo leiten die deutsche Cembalomusik des 18. Jahrhunderts ein, ebenso seine Ouvertüre und das Capriccio für das gleiche Instrument. Obwohl Georg Böhm schon im zweiten Drittel des 17. Jahrhunderts geboren wurde, gehört seine Musik ganz dem 18. Jahrhundert an.

Capriccio in D-Dur für Cembalo, 3 Teile

Die Bezeichnung Capriccio muß aus der Zeit verstanden werden, es bedeutet Fantasie oder Toccata und hat keine Beziehung zu unserem gewohnten Begriff. Alle 3 Teile sind fugiert. Der erste ist kontrapunktisch sehr eng verflochten und meistens dreistimmig; der zweite bringt eine Fuge im Dreivierteltakt. Rasche Passagen leiten zur dritten Fuge mit einem interessanten rhythmischen Gefüge.

Präludium, Fuge und Postludium in g-Moll, 3 Teile

Das Präludium bringt eine mächtige Einleitung über einen ostinaten Grundton, der achtundvierzigmal angeschlagen wird. Es besteht nur aus akkordischen Folgen, die, von Fall zu Fall verziert oder arpeggiert, sich über eine und eine halbe Oktave erstrecken. Ein Adagio führt zur Fuge, die auf einem scharf rhythmisierten Thema aufgebaut, streckenweise zur Vierstimmigkeit verdichtet, sich in Akkordpassagen fängt und endlich in das Finale in G-Dur mündet. Das Postludium übernimmt das Fugenthema. Ein breites Adagio schließt das Werk ab.

Präludium und Fuge in C-Dur für Orgel

Das Präludium beginnt mit einem Pedalsolo. Dann erzeugt der Akkordwechsel eine schöne Echowirkung. Ein offenbar von Buxtehude inspiriertes Fugenthema wird mit Vermeidung jeder Härte durchgeführt und endet auf einem Trugschluß, dem die Schlußkadenz nach etlichen Läufen folgt.

Vater unser im Himmelreich, Choralbearbeitung für Orgel

Das Stück ist durchwegs vierstimmig. Es beginnt ohne Pedal mit Verzierungen in allen Stimmen. Der Cantus firmus wird durchgehend in einer weit über die übliche Figuration hinausgehende Manier ausgeziert.

LITERATUR

J. Wolgast, Georg Böhm, Berlin 1924.

Joseph Böhm (1795–1876)

ZEIT UND UMWELT

Obwohl sich im Verlauf des 19. Jahrhunderts ein eigenständiges ungarisches Musikleben bildete, blieb Budapest ein musikalischer Vorort von Wien. Es fehlten in der eigenen Hauptstadt noch die Ausbildungsmöglichkeiten; auch das Betätigungsfeld war noch sehr beschränkt. Man studierte in Wien oder einer anderen Musikstadt und konzertierte dort. Einige Musiker gingen im Alter zurück in die alte Heimat, andere hatten eine neue gefunden.

LEBEN

Joseph Böhm wurde am 4. 3. 1795 in Budapest

geboren. Er war Violinschüler von Pierre Rode, trat sodann 1815 mit großem Erfolg in Wien als Violinvirtuose auf, unternahm eine Konzertreise nach Italien und wirkte sodann ab 1819 als Lehrer am Konservatorium in Wien, bis dieses wegen der Revolten in Wien und des ungarischen Aufstands geschlossen wurde. Da er sich selbst an den politischen Kämpfen nicht beteiligte, wurde seine 1821 erworbene Mitgliedschaft zur Kaiserlichen Kapelle bis zu seinem Rücktritt im Jahr 1868 nicht unterbrochen. Gleichzeitig war er Leiter eines Streichquartetts. Er starb am 28.3.1876 in Wien.

Werke
Während der rund 50 Jahre, die Joseph Böhm in Wien lebte, waren nahezu alle bedeutenden Violinisten der Stadt entweder seine Schüler oder die von Joseph Mayseder. Die beiden vorzüglichen Lehrer ergänzten einander; Mayseder war ein Meister der brillanten Technik, Böhm lehrte Tonbildung und Stil. Joseph Böhm schrieb eine Anzahl Violinstücke: Polonaisen, Variationen und Übungsmaterial, außerdem ein Concertino für Violine und Orchester und ein Streichquartett.

Theobald Böhm (1794–1881)

Zeit und Umwelt
Die meisten Blasinstrumente konnten erst ab der Mitte des 19. Jahrhunderts auf exakte Tonhöhen gebaut werden, weil Größe und Lage der Grifflöcher, Breite und Länge der Luftsäulen bisher nicht genau errechenbar waren. Damit wurde eine bislang nicht gekannte Reinheit der Zusammenklänge erreicht, die Interpreten und Publikum erst die Vorstellungen der Komponisten deutlich machten und damit erschlossen. Dies und die damit verbundene Klangverbesserung entsprachen dem Publikumsverlangen nach Orchestervollklang in der Romantik.

Leben
Theobald Böhm wurde am 9.4.1794 in München geboren. Er entwickelte die »Böhm-Flöte« aufgrund der letzten akustischen Erkenntnisse mit bequemerer Spielbarkeit und erzielte durch die zylindrische Bohrung einen kräftigeren, gleichbleibenden Ton, so daß der neue, aus Metall gefertigte Flötentyp in alle modernen Orchester Eingang fand. Er starb am 25.11.1881 in München.

Werke
Neben mehreren grundlegenden Traktaten über Flöten, ihr Spiel und ihren Bau schrieb Theobald Böhm zahlreiche Flötenkonzerte, Flötenetüden und weitere Stücke für das Instrument. Der musikalische Wert dieser Kompositionen war nicht sehr hoch, sie dienten auch in erster Linie dazu, den Gebrauch der neuen Flöte vorzuführen.

Léon Boëllmann (1862–97)

Leben
Léon Boëllmann wurde am 25.9.1862 in Ensisheim, Haut-Rhin, geboren. Er war in Paris Schüler des Organisten Eugène Gigaut (1844 bis 1925) und wirkte bis zu seinem Tod am 11.10. 1897 an St-Vincent-de-Paul.

Werke
Trotz seines frühen Ablebens hat Léon Boëllmann 68 Kompositionen herausgebracht. Er schrieb eine Sinfonie in F-Dur, sinfonische Variationen für Cello und Orchester, eine Fantasie für Orgel mit Orchester, ein Klavierquartett, ein Klaviertrio, eine Cellosonate, eine Rhapsodie für Klavier zu vier Händen, eine »Gotische Suite« für Orgel, 100 kleinere Orgelstücke unter dem Titel »Mystische Stunden« und Chormusik. Sein Stil neigte sich dem Neuklassizismus zu.

Franz Bölsche (1869–1935)

Leben
Franz Bölsche wurde am 20.8.1869 in Wegenstedt, Anhalt, geboren. Er studierte an der Berliner Musikhochschule und wurde 1896 Theorielehrer am Konservatorium in Köln. Er starb am 23.10.1935 in Bad Oeynhausen.

WERKE

Von Franz Bölsche sind eine Sinfonie, 4 Ouvertüren, 2 Streichquartette, ein Klaviertrio, 2 Klaviersonaten, eine Motette und Lieder erschienen. Sein Stil war sehr konservativ und neigte zu klassischen Formen.

Alexandre Pierre François Boëly
(1785–1858)

ZEIT UND UMWELT

Die stattliche Reihe großer Orgelmeister erfuhr auch im 19. Jahrhundert keine Unterbrechung oder Schwächung. Die herrlichen Instrumente, die in den Kirchen von Paris und in den Kathedralen der Provinzen anzutreffen sind, bildeten stets eine Herausforderung für viele Musiker. Neu war für das anbrechende Zeitalter der Romantik nur die Kontaktnahme mit den Orgelwerken deutscher Komponisten.

LEBEN

Alexandre Pierre François Boëly wurde am 19.4.1785 in Versailles als Sohn des Jean François Boëly (1739–1814) geboren. Sein erster Lehrer war der Organist an Notre-Dame in Versailles und der Königlichen Kapelle, Jean-Jacques Bourgeois (1741–1814). Darauf wurde der junge Organist am Conservatoire in Paris Schüler von Ignaz Ladurner (1766–1839), der ihn in die Welt Ludwig van Beethovens und Johann Sebastian Bachs einführte. Er wirkte zunächst als Organist an Saint-Gervais und sodann von 1840 bis 1851 an Saint-Germain-l'Auxerrois. Er starb am 27.12.1858 in Paris.

WERKE

Die nahezu 300 Werke von Alexandre Pierre François Boëly blieben zu seinen Lebzeiten nahezu unbemerkt. Der Hauptteil davon besteht aus Orgelwerken, die in ihrer Diktion von Johann Sebastian Bach inspiriert sind und eine exakte kontrapunktische Arbeit aufweisen. Auch seine Kirchenmusik – Messen, Proprien, Litaneien, Lamentationen – ist in älteren Stilformen gehalten. Seine zahlreichen Klavier- und Violinsonaten stehen unter dem Einfluß Ludwig van Beethovens, die Quartette und Trios lehnen sich an Michael Haydn an. Bemerkenswert sind seine 4 Klaviersuiten im Stil alter Meister.

LITERATUR

N. Dufourcq, Autor des Boëly, in: Recherches V., Paris 1965.

Jean François Boëly (1739–1814)

LEBEN

Jean François Boëly wurde am 3. 6. 1739 in St-Léger-de-Crossy bei Amiens geboren. Er war Harfenist und Kontratenor der Ste-Chapelle in Paris und wurde Harfenist am Hof in Versailles. Bei Ausbruch der Revolution zog er sich nach Chaillot zurück, wo er am 24. 1. 1814 starb. In den letzten 20 Jahren seines Lebens führte er einen heftigen literarischen Kampf gegen die doktrinären Lehrer des Pariser Konservatoriums, denen er die künstlerischen Grundsätze eine Jean-Philippe Rameau entgegenhielt.

WERKE

Von dem Sänger und vorzüglichen Harfenisten Jean François Boëly sind nur einige Motetten erhalten, die seine kompositorischen Fähigkeiten unter Beweis stellen. Berühmt geworden ist davon das »Beatus vir«, das er im Concert spirituel mit großem Erfolg aufführte.

Felipe Boero (1884–1958)

LEBEN

Felipe Boero wurde am 1.5.1884 in Buenos Aires geboren, wo er bei Arturo Berutti (27.3. 1862, San Juan, Argentinien, bis 3.1.1938, Buenos Aires) ausgebildet wurde. Von 1912 bis 1914 studierte er am Conservatoire in Paris bei Gabriel Fauré und Paul Vidal. Er wirkte sodann vorwiegend als gefeierter Opernkomponist in Buenos Aires, wo er am 9.8.1958 starb.

WERKE

Das Hauptgewicht des Wirkens von Felipe Boero lag auf dem Gebiet der Oper; aus seiner Hand stammt die erste national-argentinische Oper. Es sind 5 seiner Opern auf die Bühnen gekommen. Außerdem verfaßte er ein Oratorium, eine Messe und viele Lieder.

Antoine Boësset (1586–1643)

ZEIT UND UMWELT

Das Ballet de cour wurde zwischen 1580 und 1660 als Ballett mit Vokal- und Instrumentalmusik mit prächtiger Ausstattung vor allem am französischen Königshof aufgeführt. Den Stoff dazu entnahm man der Mythologie, die Darstellung war allegorisch. Die Hauptdarsteller waren Dilettanten aus der höfischen Gesellschaft, es wurden nur wenige Berufstänzer beigezogen. Als künstlerische Grundlage dienten die ästhetischen Begriffe der Académie de Poésie et de Musique. Zu einem Schautanz mit zahlendem Publikum wurde dieses Ballett erst später.

LEBEN

Antoine Boësset, sieur de Villedieu, wurde 1586 in Blois geboren. Er war bis zu seinem Tod in Paris am 9. 12. 1643 Musikintendant König Ludwigs XIII.

Sein Sohn Jean-Baptiste Boësset, sieur de Dehault (um 1614, Paris, bis 27. 12. 1685, Paris), wurde nach seinem Vater Oberintendant der Musik der Königlichen Kammer.

Dessen Sohn Claude Jean-Baptiste Boësset, sieur de Launey (1665, Paris, bis um 1736, Paris), folgte seinem Vater als Oberintendant nach und versah diesen Dienst bis 1696.

WERKE

Von dem französischen Komponisten Antoine Boësset ist eine Reihe von Ballettvertonungen für die Pariser Hoffestlichkeiten erhalten. Er veröffentlichte 9 Bücher mit gesammelten Airs de cour für vier und fünf Stimmen, weitere Stücke finden sich in anderen Sammeldrucken. Einzelne davon sind seine eigenen Kompositionen. Der steife Ästhetizismus dieser Kompositionsgattung ist bei ihm besonders ausgeprägt.

Von Jean-Baptiste Boësset sind 2 Bücher Airs de cour, Messen, Motetten und Antiphone überliefert, die dem französischen Barockstil folgen. Eine Oper des Komponisten ist verlorengegangen.

Claude Jean-Baptiste Boësset verfaßte eine Sammlung zweistimmiger Lieder unter dem Titel »Herbstfrüchte«. Nicht alle Werke der drei genannten Komponisten können eindeutig zugeordnet werden.

LITERATUR

M. Cauchie, La dynastie des Boësset, in: Bulletin de la Societé Française de Musicologie, 1920.

Bazyli Bohdanowicz (1740–1817)

LEBEN

Bazyli Bohdanowicz wurde 1740 in Małopolska geboren. Er kam als Violinist nach Wien und wurde in das Orchester des Leopoldstädter Theaters aufgenommen. Er hatte eine große Familie, mit der er vielstimmige, zumeist komische, Vokalisen sang. Er starb am 23. 2. 1817 in Wien.

WERKE

Das Hauptwerk von Bazyli Bohdanowicz ist eine Sinfonie in D-Dur, deren erster Satz eine Polonaise bringt. Es handelt sich dabei um einen der ersten Versuche, polnische Volksmusik sinfonisch zu verwerten. Er schrieb außerdem eine siebenundzwanzigstimmige Sinfonie aus Vokalisen, 12 Polonaisen, 2 Violinduos, instrumentale Tänze, Kammermusik und ein vierhändiges Pianostück.

François Adrien Boieldieu (1775–1834)

ZEIT UND UMWELT

Jean-Baptiste Érard (7.7.1745), Straßburg, bis 10.4.1826, Paris) machte durch seine Erfindung der Doppelpedalharfe (1810), die alle bisherigen Mängel des Instruments beseitigte, Paris zum Mittelpunkt der Harfenkomposition und des Harfenspiels. Sosehr sich auch das Klavier eingebürgert hatte, sein damals noch etwas harter Klang war der beginnenden Romantik doch nicht »romantisch« genug. Auch die Art der Tonerzeugung bei der Harfe, deren Saiten ohne irgendwelche Mechanik unmittelbar angeschlagen werden mußten wie beim Klavier, kam romantischen Vorstellungsinhalten entgegen, wie bei der Gitarre oder Laute, deren Tonumfang und Dynamik jedoch unbefriedigend beengt waren.

Leben

François Adrien Boieldieu wurde am 16.12. 1775 in Rouen geboren. Er erhielt vom Organisten der Kathedrale seiner Geburtsstadt, Charles Broche, Musikunterricht und schrieb mit 18 Jahren seine erste Oper, die 1793 in Rouen mit Erfolg aufgeführt wurde. Nachdem sein Plan, in Rouen eine Musikschule zu eröffnen, gescheitert war, wandte er sich nach Paris. Einer der größten Sänger seiner Zeit, Pierre Jean Garat (25.4.1764, Ustaritz, Basses-Pyrénées, bis 1.3.1823, Paris), sang dort seine Romanzen und machte ihn dadurch in der französischen Hauptstadt bekannt, so daß seine Opern aufgeführt wurden. Auch seine enge Verbindung zur Familie der Klavier- und Harfenbauer Érard war für ihn sehr förderlich. Im Jahr 1802 ging er nach St. Petersburg, wo er Hofkomponist wurde, mit seinen Opern aber nur mäßigen Erfolg hatte. Um so größer waren die Erfolge, die er nach seiner Rückkehr 1810 in Paris erringen konnte. Den Welterfolg brachte ihm aber seine »Die weiße Dame« (1825), die bis in unser Jahrhundert gespielt wurde. Darauf brachte er nur noch ein Bühnenstück heraus und zog sich sodann von allen Pflichten, auch von seiner Lehrtätigkeit am Conservatoire, nach Jarcy bei Brunoy, Essonne, zurück, wo er am 8.10.1834 starb.

Sein Sohn Adrien Louis Victor Boieldieu (3.11.1815, Paris, bis 9.7.1883, Quincy bei Paris) lebte in Paris als Komponist.

Werke

Von François Adrien Boieldieu sind nahezu 30 Opern – ein Teil davon in Zusammenarbeit mit zeitgenössischen Komponisten – aufgeführt worden. Er verfaßte außerdem zahlreiche Romanzen für Singstimme und Klavier, über 10 Klaviersonaten, mehrere Sonaten für Harfe, 2 Sonaten für Klavier und Harfe, 4 Duos für Harfe und Klavier, mehrere Harfentrios, ein Klavierkonzert und ein Harfenkonzert. Seine Musik gehört völlig der Romantik an.

Von Adrien Louis Victor Boieldieu sind mehrere komische Opern auf Pariser Bühnen aufgeführt worden. Er schrieb eine Messe, die zum 100. Geburtstag seines Vaters in Rouen aufgeführt wurde.

Harfenkonzert in C-Dur, 3 Sätze, entstanden 1795
Die melodischen Einfälle dieses Konzerts weisen den Komponisten als Opernmann aus. Der 1. Satz – Allegro – ist thematisch gut entwickelt und voll mit interessanten melodischen Wendungen. Der 2. Satz – Andante Lento – bringt eine schwere, von einem vornehmen Thema getragene Stimmung. Das Rondofinale läuft dramatisch und scharf akzentuiert ab.

Klavierkonzert in F-Dur, 2 Sätze, entstanden 1795
Beide Sätze lehnen sich stark an Kompositionen zeitgenössischer Meister an, denen der Komponist nacheiferte. Wenn in diesem Werk auch kein individueller Stil des Komponisten sichtbar wird,

François Adrien Boieldieu

sein Stempel, den er dem Konzert aufdrückte, war der Reichtum reizender Melodien, die niemandem entlehnt wurden.

LITERATUR
G. Favre, Boieldieu, sa vie et son oeuvre, Paris 1944/45.

Otis Bardwell Boise (1844–1912)

ZEIT UND UMWELT
Manche Komponisten der USA kamen als Schüler und später als Lehrer nach Europa, um den engen Kontakt mit der europäischen Musikentwicklung aufrechtzuerhalten. Es war für ihre Vorstellung die amerikanische Musiklandschaft noch zu wenig bevölkert, um ein autochthones Musikgeschehen zu gewährleisten. Es mußte zu einer zweiten Einwanderungswelle kommen, an der vorwiegend Intellektuelle teilnahmen, um diesen zum Teil nur vermeintlichen Mangel zu beseitigen und die völlige Unabhängigkeit auf dem Gebiet der Musik herbeizuführen.

LEBEN
Otis Bardwell Boise wurde am 13. 8. 1844 in Oberlin, O., geboren. Er begann bereits mit 14 Jahren in Cleveland Orgel zu spielen. Im Jahr 1861 ging er nach Leipzig, wo er 3 Jahre bei Moritz Hauptmann, Ernst Friedrich Richter und Ignaz Moscheles studierte, dann unterrichtete er noch in Berlin an der Akademie von Theodor Kullak. Ab 1865 wirkte er als Musiklehrer und Organist in Cleveland und ab 1870 als Lehrer am Konservatorium und Organist an einer Presbyterianischen Kirche in New York. Nach weiteren Studien bei Franz Liszt war er erneut in New York tätig und kehrte 1788 wieder nach Deutschland zurück, um in Berlin Musiktheorie zu unterrichten. Nach seiner Rückkehr nach den USA (1901) wurde er Theorie- und Kompositionslehrer in Baltimore, Md., wo er am 2. 12. 1912 starb.

WERKE
Von Otis Bardwell Boise sind eine Sinfonie, 2 Ouvertüren, ein Klavierkonzert, ein Trio, Chöre und Lieder erhalten. Seine Musik ist von der deutschen Romantik, vor allem von Franz Liszt, abhängig.

Joseph Bodin Boismortier (1689–1755)

ZEIT UND UMWELT
Dem Vorstellungs- und Gefühlsgehalt des Rokoko kam vielleicht die Flöte mit ihren verschiedenen Formen am meisten entgegen, weil sie mehr als jedes andere Instrument die Ruhe und Problemlosigkeit des Landlebens, die Idylle von Hain und Flur und die Verbundenheit mit der freien Natur heraufbeschwört – Gedankeninhalte, ausgehend von der Lehre des Philosophen Jean-Jacques Rousseau, daß allein das naturnahe Leben zum menschlichen Glück führen könne. Das formstrenge, gekünstelte und verkünstelte Barock konnte das Verlangen der Menschen nach Natürlichkeit und Einfachheit nicht tilgen. Der Ruf: »Zurück zur Natur« (der nicht von Rousseau stammt) fand starken Widerhall.

LEBEN
Joseph Bodin (de) Boismortier wurde am 23. 12. 1689 in Thionville geboren. Er verbrachte seine Jugend in Metz, hielt sich in Nancy, Lunéville und Perpignan auf und ließ sich 1724 in Paris nieder. Am 28. 10. 1755 starb er in Roissy-en-Brie. Ob er außer der Komposition eine musikalische Tätigkeit ausübte, ist nicht bekannt.

WERKE
Die Sonaten von Joseph Bodin Boismortier gehören zu den ältesten Beispielen für die Einführung der dreisätzigen italienischen Konzertform in Frankreich. Das Werk des Komponisten besteht vorwiegend aus Instrumentalmusik, von der ein großer Teil für Flöten geschrieben ist. Er verstand es, gerade dieses Instrument differenziert und effektvoll einzusetzen, aber Oboen, Fagotte, Musetten und Drehleiern sind auch herangezogen, ferner Violen, Gamben und Violinen. Die Sonate ist seine bevorzugte Form, er schrieb aber auch Konzerte, Suiten, Serenaden,

Divertissements und kleinere Stücke. Die Vokalmusik ist mit Motetten, Airs sérieux et à boire und schönen Kantaten vertreten. Für die Bühne verfaßte er die Ballette »Les Voyages de l'Amour« (Reisen der Liebe) und »Don Quijote«, außerdem eine Pastorale: »Daphnis und Chloe«.

Sonate in d-Moll für 3 Oboen, 4 Sätze
Der 1. Satz – Doucement – bringt ein liebliches Terzett der drei Instrumente. Die Tänze des 2. und 3. Satzes erinnern an das Musizieren von Dorfmusikanten. Die beiden Menuette des 4. Satzes führen uns in das höfische Milieu zurück.

Konzert in D-Dur für 5 Flöten, 3 Sätze
Hier sind die Möglichkeiten dieser idyllischen Instrumente voll ausgenützt. Die Verschiedenheit der Klangfarben der einzelnen Stimmlagen täuscht ein ganzes Orchester vor. Man gewinnt den Eindruck, als hätten sich die 5 Flötisten zusammengefunden, um für sich selbst, zur eigenen Unterhaltung, zu konzertieren.

Sonate in g-Moll für 2 Flöten, 4 Sätze
Nach den fröhlichen Tänzen des Flötenpaares im 1. und 2. Satz kommt es zu einem ruhigen Zwiegespräch, dem eine übermütige Gigue im 4. Satz folgt.

Sonate in a-Moll für 3 Violinen und Cembalo, 4 Sätze
Mit sattem Klang setzen die drei Violinen zum 1. Satz, ein Adagio, an. Ihre Stimmführung ist im Gegensatz zum galanten Stil kontrapunktisch angelegt, aber harmonisch gut gegeneinander abgewogen. Die Sonate zeigt die Struktur der Sonata da chiesa: 4 Sätze, langsam – schnell – langsam – schnell, und bietet auch in den schnellen Sätzen einen gewissen Ernst. Der Klang aller Sätze ist von erstaunlicher Dichte und scheint die Musik späterer Jahrzehnte vorwegzunehmen.

Triosonate in D-Dur für Violine, Bratsche, Cello und Generalbaß, 4 Sätze
Die Struktur dieser Sonate ist konservativ, nicht aber ihr Klangbild, weil die »Füllstimmen« nicht der Willkür des Cembalisten überlassen, sondern vorgeschrieben sind und sich zuweilen solistischem Vortrag nähern.

Konzert in a-Moll für 2 Oboen und Cembalo und Orchester, 3 Sätze
Dieses Werk kommt einem Concerto grosso nahe, denn obwohl Oboen und Cembalo nicht oft getrennt konzertieren, kommt es doch zuweilen zu einem Zwiegespräch der beiden Klangkörper. Der Mittelsatz, ein Adagio, bringt eine herrliche Kantilene der Oboen, die vergessen läßt, daß die Welt der Romantik erst ein Jahrhundert später einsetzte. Das Konzert ist ein Juwel vorklassischer Komposition.

LITERATUR

H. Thibout de Morembert, Bodin de Boismortier, Notes sur un musicien lorrain, in: Revue de Musicologie LIII, 1927.

Arrigo Boito (1842–1918)

ZEIT UND UMWELT

Der Faust-Stoff hat im 19. Jahrhundert zu einer Anzahl Opern, Oratorien, Kantaten, sinfonischen Gedichten und Liederzyklen angeregt, die bereits wegen des Themas vom Publikum günstig aufgenommen wurden. Die berühmteste und erfolgreichste Faust-Oper war »Margarethe« von Charles Gounod, der wegen seines Erfolges zur Zielscheibe gehässiger Kritik wurde, während man die weniger erfolgreichen Komponisten wohlwollend behandelte.

LEBEN

Arrigo Boito wurde am 24.2.1842 in Padua geboren und war in Mailand Schüler von Alberto Mazzucato. Neben seinem kompositorischen Wirken war er als Schriftsteller und Dichter tätig, vor allem aber als vorzüglicher Librettist für eine Reihe zeitgenössischer Komponisten, darunter auch für Giuseppe Verdi. Für seine Leistungen als Literat und Musiker wurde er von der italienischen Krone hoch ausgezeichnet. Er starb am 10.6.1918 in Mailand.

WERKE

Die Oper »Mefistofele« von Arrigo Boito wurde bis in die Mitte des 20. Jahrhunderts gespielt, seine zweite, »Nerone«, die Arturo Toscanini (1867–1957) vollendete, ist vergessen. Bei diesen Werken wie in seinen weiteren, den Kantaten »Il 4 giugno« (Der 4. Juni) und »Le sorelle d'Italia« (Die Schwestern Italiens) und seiner »Ode an die Kunst« versuchte er, die musikdramatischen Reformen Richard Wagners mit der italienischen Diktion zu versöhnen.

Manuel Palau Boix (1893–1967)

Leben

Manuel Palau Boix wurde am 4.1.1893 in Alfara del Patriarca, Valencia, geboren. Er studierte von 1914 bis 1919 am Konservatorium in Valencia, von 1924 bis 1929 in Paris bei Charles Koechlin und Maurice Ravel. Im Jahr 1952 wurde er Leiter des Konservatoriums in Valencia, wo er am 18.2.1967 starb.

Werke

Neben einer Oper, einer Operette und 3 Balletten schrieb Manuel Palau Boix 3 Sinfonien, 3 Tondichtungen, eine Suite, mehrere andere Orchesterstücke, ein Klavierkonzert, ein Gitarrenkonzert, Tänze für Klavier, eine Messe, weitere Chorwerke, Liederzyklen und einige Kammermusik. Sein Stil gehört dem Impressionismus an, ist aber folkloristisch unterbaut.

Daniel Bollius
(um 1590 bis um 1642)

Zeit und Umwelt

Im schwäbischen Dillingen wurde 1549 im Verlauf der Gegenreformation eine Universität gegründet, aus der tüchtige Kirchenmusiker hervorgingen. Die Tendenz dieser Musik war auf barocke Pracht ausgerichtet, um im Kampf der Konfessionen durch Prunk und Glanz hervorzuragen.

Leben

Daniel Bollius (Pollius) wurde um 1590 in Hechingen geboren. Er besuchte ab 1603 die Vorschule zur Universität in Dillingen. Zuvor war er vermutlich Orgelschüler des Organisten Jacob von Haßler (1569 bis nach 1615), der von 1597 bis 1603 als Hoforganist der Grafen von Hohenzollern in Hechingen wirkte. Im Jahr 1613 wurde Bollius Hoforganist des Grafen Johann von Hohenzollern (1577–1623) in Sigmaringen und schließlich um 1626 Hofkapellmeister und Hoforganist beim Erzbischof von Mainz. Er versah diesen Dienst bis 1638 und starb vermutlich in Mainz um 1642.

Werke

Der deutsche Komponist Daniel Bollius gehörte zu den ersten Vertretern des Rezitativstils in Deutschland, den er in seinen geistlichen Konzerten und Dialogen anwandte. Seine in verschiedenen Sammlungen erschienenen Motetten sind konservativer. Die lateinische Dialogmotette »Repraesentatio harmonica conceptionis et nativitatis S. Joannis Baptistae« (Musikalische Darstellung der Empfängnis und Geburt des heiligen Johannes des Täufers) im monodisch-konzertanten Stil mit instrumentalen Interludien ist eine Vorstufe zu den Oratorien von Schütz und überdies eines der wenigen Werke seiner Art.

Per Conrad Boman (1804–61)

Zeit und Umwelt

Über die Lehrer an der Universität Uppsala wurde der Klassizismus nach Schweden gebracht, der dort ein ausgleichendes Gegengewicht zu der von der Volksmusik genährten überwuchernden Romantik bildete.

Leben

Per (Petter) Conrad Boman wurde am 6.6. 1804 in Stockholm geboren. Er war Schüler von Pehr Frigel (1750–1842) und war als Musikkritiker und Musikschriftsteller bis zu seinem Tod am 17.3.1861 in Stockholm tätig.

Werke

Von Per Conrad Boman sind eine Schauspielmusik, ein Singspiel, die Kantate »Gustaf Wasas dröm« (Gustaf Wasas Traum) und ungefähr 50 Lieder überliefert. Beeinflußt von seinem Lehrer, der in Uppsala Musik studiert hatte, weisen die Lieder eine deutliche klassizistische Faktur auf. Er beteiligte sich auch an der Herausgabe von Volksmusik.

João Domingos Bomtempo (1775–1842)

ZEIT UND UMWELT

Das Musikleben in Portugal war bis weit in das 19. Jahrhundert ebenso arm wie im vorangegangenen. Es beschränkte sich auf die italienische oder die der italienischen nachgebildete Oper und auf die Zarzuela. An Instrumentalmusik lag nur etwas Klaviermusik für den Hausgebrauch vor. Konzerte profaner Musik gab es nahezu keine. Es bemühten sich einzelne Persönlichkeiten, dem Publikum die zeitgenössischen mitteleuropäischen Kompositionen näherzubringen; es wurde eine Philharmonische Gesellschaft gegründet, die die Wiener Klassiker und französische Musik aufführte, aber damit wenig Erfolge erreichte. Zu intensiver Konzerttätigkeit und bodenständiger Komposition kam es erst im letzten Drittel des Jahrhunderts.

LEBEN

João Domingos Bomtempo wurde am 28. 12. 1775 in Lissabon geboren und in Paris ausgebildet, wo er 1809 seine erste Sinfonie herausbrachte. Im Jahr 1810 ging er nach London, um dort wie in Paris als Klaviervirtuose zu wirken, kehrte sodann 1814 nach Lissabon zurück. Um seine Mitbürger mit der Musik seiner Zeit bekanntzumachen, gründete er 1820 eine Philharmonische Gesellschaft, deren Konzerte aber einige Jahre darauf wieder eingestellt wurden; er mußte sich auf seine Lehrtätigkeit am neugegründeten Konservatorium beschränken und wurde 1833 Direktor dieser Institution. Er starb am 18. 8. 1842 in Lissabon.

WERKE

Von João Domingos Bomtempo wurde eine Oper aufgeführt. Er verfaßte 3 Requiem, mehrere Messen, Kantaten, 6 Sinfonien, 4 Klavierkonzerte, 4 Klaviersextette, ein Klavierquintett, weiters Sonaten und Variationen für Klavier. Sein Stil muß als klassizistisch angesprochen werden; er war vielleicht auch etwas doktrinär und für das portugiesische Publikum seiner Zeit sicherlich zu wenig eingängig.

LITERATUR

M. A. de Lima Cruz, Domingos Bomtempo, Lissabon 1937.

Valerio Bona (um 1560 bis nach 1619)

ZEIT UND UMWELT

Die Kirchenmusik des ganzen Westens von Oberitalien war im 16. Jahrhundert der Mailänder Schule verpflichtet, in welchem Herrschaftsgebiet die Kirchen auch standen. Nur die Musik mancher Ordenskirchen bildete eine Ausnahme, weil diese ihre Musiker selbst ausbildeten und zum größten Teil im Bereich des Ordens einsetzten. Diese waren jedoch auf keinen Fall progressiver als die öffentlichen Schulen, sondern vielmehr um einiges konservativer, weil die für den jeweiligen Orden spezifische Tradition noch dazukam. Aber es finden sich zuweilen überraschende Ausnahmen von dieser Regel.

LEBEN

Valerio Bona wurde um 1560 in Brescia geboren. Er trat dem Franziskanerorden bei und wurde im Kloster zum Kirchenmusiker ausgebildet. Seine erste Stelle als Kirchenkapellmeister erhielt er an San Francesco in Vercelli (1591), sodann in Montovi (1593), darauf in Mailand (1596), in Brescia (1611) und schließlich in Verona an San Fermo Maggiore, wo er von 1614 bis zu seinem Tod nach 1619 wirkte.

WERKE

An sakralen Werken sind von Bona erhalten: Messen, Vespern, Litaneien, Introitus, Lamentationen. Von den Litaneien sind die Lauretanischen für zwei Chöre im konzertierenden Stil vokal und instrumental mit Generalbaß am interessantesten. Auch bei anderen Stücken werden zwei Chöre verwendet. Die profane Musik ist mit Canzonetten, Madrigalen und »Sei canzoni italiane da sonare« (Sechs italienische Kanzonen zum Spielen) mit zwei Chören vertreten. Die neue Zeit hatte auch bei dem Kirchenkomponisten Bona bereits begonnen.

Giulio Bonagionta
(um 1520 bis nach 1570)

ZEIT UND UMWELT
Es ist sicherlich richtig, daß künstlerische Möglichkeiten durch technische Voraussetzungen geschaffen werden, aber unerläßlich sind diese nie. Der Maler kann nur mit den Farben malen, die ihm zur Verfügung stehen, und die Doppelchörigkeit im Markusdom war eine Folge der architektonischen Gegebenheiten, aber dadurch ebensowenig bedingt, wie auch kein Bild vom vorhandenen Farbenvorrat abhängt. Der Maler sucht und findet die Farben, die er benötigt, und mehrfache Chöre gab es auch ohne Markusdom. Es schafft zu guter Letzt die Kunst die technischen Voraussetzungen, und nicht umgekehrt. Dennoch kann nicht übersehen werden, daß die zwei Emporen des Domes die Entwicklung eines spezifischen Chorklanges sehr förderten und eine Reihe hervorragender Musiker bewogen, gerade in Venedig zu wirken, so daß in dieser Stadt weitere Talente herangebildet werden konnten, die in jeder Kapelle ihren Platz fanden.

LEBEN
Giulio Bonagionta (Bonagiunta) wurde um 1520 in San Genesio, Pavia, geboren. Er dürfte in Mailand ausgebildet worden sein und dort an einer Kirche gewirkt haben. Im Jahre 1565 trat er der Kapelle von San Marco in Venedig bei und war 1567 im Dienst des Hofes von Parma, wo er nach 1570 starb.

WERKE
Der italienische Komponist brachte in Venedig mehrere Sammeldrucke mit Madrigalen, Kanzonen und Motetten verschiedener Meister heraus und gleichzeitig eigene Kompositionen, die völlig dem venezianischen Stil verpflichtet sind, aber dennoch viel Eigenständigkeit im melodischen Duktus bringen.

Capel Bond (um 1730–90)

ZEIT UND UMWELT
Die Birmingham Musical Festivals wurden 1768 zum ersten Mal in St. Philip's Church und im King's Street Theatre abgehalten, zuerst in unregelmäßigen Intervallen und sodann alle drei Jahre wiederholt. Der ursprüngliche Musikerstand von 25 Instrumentalisten und 40 Sängern erweiterte sich bis zum 20. Jahrhundert auf 140 Instrumentalisten und 350 Choristen. In den ersten Konzerten wurde nur Musik von Georg Friedrich Händel gegeben, später wurde das Programm reichhaltiger; englische Musik überwog aber zu allen Zeiten.

LEBEN
Capel Bond wurde um 1730 vermutlich im Raum von Birmingham geboren. Er war Organist und Dirigent des ersten Konzerts der Musical Festivals in Birmingham. Er dürfte Organist und Kapellmeister an einer der Kirchen von Birmingham gewesen sein, wo er 1790 starb.

WERKE
Von Capel Bond sind 6 Anthems erschienen, von denen ein für den Weihnachtstag geschriebenes mindestens 6 Auflagen erlebte. Außerdem schrieb er 6 Konzerte. Er erwarb sich große Verdienste durch seine Tätigkeit für das Konzertleben in Birmingham.

Hugh Bond (um 1730–92)

ZEIT UND UMWELT
St. Peter's, die prächtige Kathedrale von Exeter, aus dem 14. Jahrhundert, war seit je ein bedeutender Faktor im religiösen Leben Englands und zugleich Pflegestätte der Tradition des Kirchengesangs.

LEBEN
Hugh Bond wurde um 1730 vermutlich in Exeter geboren. Er wirkte von 1762 bis zu seinem Tod im Jahr 1792 als Chorleiter und Organist an der Kathedrale von Exeter.

WERKE
Von Hugh Bond sind 12 Hymnen und 4 Anthems für vier Stimmen überliefert, die alle traditionellen Merkmale anglikanischer

Kirchenmusik des 18. Jahrhunderts – schöner Chorklang, einfache Harmonisierung, gute Sanglichkeit und genauer Wortausdruck – aufweisen.

Aurelio Bonelli
(um 1570 bis nach 1630)

ZEIT UND UMWELT
Vor dem gotischen Palazzo Communale errichtete der in Italien eingewanderte flämische Bildhauer Jean Boulogne (1529–1608) im Jahr 1564 den Neptunbrunnen als eines der ältesten frühbarocken Kunstwerke des Jahrhunderts, das sich von den Bauten der Stadt im Stil der Gotik und der Renaissance interessant abhebt. Sonstige Anzeichen des Einzuges des Barock sind späteren Jahrzehnten vorbehalten. Einige nicht sehr bedeutende Bilder kündigen den Stilwandel an und nach der Wende zum 17. Jahrhundert die bald von Florenz übernommene Monodie. Dann allerdings stand Bologna erneut in der ersten Reihe der Verfechter der angebrochenen Kulturepoche.

LEBEN
Aurelio Bonelli wurde um 1570 in Bologna geboren. Über seine Tätigkeit in seiner Geburtsstadt ist nur bekannt, daß er an mehreren Kirchen als Organist wirkte und zugleich Bilder malte. Um 1600 ging er nach Mailand und erhielt dort die Organistenstelle an San Michele in Bosco und etliche Jahre darauf an San Giovanni in Monte. Er übte auch seinen Beruf als Maler weiterhin aus und dürfte in Mailand nach 1630 gestorben sein.

WERKE
Von dem italienischen Komponisten Aurelio Bonelli sind 8 Ricercari und 8 Canzoni für vier Stimmen, 2 Dialoge für acht Stimmen und 2 Toccaten, außerdem eine Anzahl dreistimmige Villanellen, mehrere Messen und Motetten für vierstimmigen A-cappella-Chor bekannt. Seine Musik war teils polyphon, teils konzertant. Monodische Passagen wurden in die Dialoge eingestreut. Sonst folgte er dem zu jener Zeit in Mailand noch herrschenden konservativen Stil.

Guillaume Boni
(um 1545 bis nach 1597)

ZEIT UND UMWELT
Die Epoche der Renaissance war für Toulouse durch einen starken kommerziellen Aufschwung gekennzeichnet. Die Folge war eine verstärkte Pflege der Künste, besonders der Musik. Im Religionskrieg stand die Stadt auf der Seite der Katholischen Liga, die Protestanten wurden 1562 vertrieben. Daher blieb es der Kirchenkapelle erspart, mehrmals von einer Liturgik zur anderen zu wechseln.

LEBEN
Guillaume Boni wurde um 1545 in Saint-Flour, Auvergne, geboren. Er war an St. Étienne in Toulouse Chorknabe, Knabenchorleiter und Kapellmeister. Im Jahre 1573 ist er in Paris nachweisbar. Es ist nicht feststellbar, ob er sich dort nur vorübergehend oder ständig aufgehalten und vielleicht eine Stelle versehen hat. Auch sein Sterbeort ist unbekannt.

WERKE
Von dem französischen Komponisten Guillaume Boni erschienen 1573 in Paris ein Primus liber modulorum (Erstes Buch Modulationen), 1576 Sonets de P. de Ronsard (1597 brachte er eine Auflage heraus, in der die hugenottischen Texte von Ronsard durch katholische ersetzt waren), 1582 eine Sammlung drei- bis sechsstimmiger Quatrains (Vierzeiler) und sechsstimmiger Psalmen Davids. Alle Kompositionen weisen dichte Kontrapunktik auf.

LITERATUR
E. Droz, Guillaume Boni, Paris 1936.

Pietro Giuseppe Gaetano Boni
(um 1686 bis nach 1741)

ZEIT UND UMWELT
In der ersten Hälfte des 18. Jahrhunderts war Italien in den Kompositionen für Cello führend. Das Solospiel auf diesem Instrument wurde in Bologna bereits sehr früh gepflegt, eroberte aber schon bald das ganze Land und die übrige musikalische Welt.

LEBEN
Pietro Giuseppe Gaetano Boni wurde um 1686 in oder bei Bologna geboren. Er war Mitglied der Accademia Filarmonica der Stadt, in der er als Cellist wirkte. Er dürfte sich auch in Rom aufgehalten haben, aber wieder in seine Vaterstadt zurückgekehrt und dort nach 1741 gestorben sein.

WERKE
Seine 12 Kammersonaten für Cello und Cembalo und die 10 Sonaten für Violine, Violone (Cello) und Cembalo brachte Pietro Giuseppe Gaetano Boni in Rom heraus. Außerdem verfaßte er ein Oratorium, »Santa Rosalia«, und zwei Opern. Sein Stil ist schon weit vom Barock entfernt.

Carlo Boniforti (1818–79)

LEBEN
Carlo Boniforti wurde am 25.9.1818 in Arona, Novara, geboren. Er war ab 1841 Domorganist und Dirigent der Hofkapelle in Mailand und ab 1852 Theorielehrer am Konservatorium. Er starb am 10.10.1879 in Trezzo d'Adda.

WERKE
Von Carlo Boniforti sind 2 Opern ohne nennenswerten Erfolg aufgeführt worden. Er schrieb außerdem eine Sinfonie von beachtlicher Qualität und eine Anzahl sakrale Musik – Ordinarien, Proprien, Kantaten, Motetten.

Severo Bonini (1582–1663)

ZEIT UND UMWELT
Die Monodie eroberte nach der profanen auch die Kirchenmusik. Das einstimmige, ariose, von der Orgel oder anderen Instrumenten begleitete sakrale Lied wurde im 17. Jahrhundert zu einer der beliebtesten kirchenmusikalischen Formen. Ausgedehnte Soli drangen bald in das Proprium und das Ordinarium der Messe ein.

LEBEN
Severo Bonini wurde 1582 in Florenz geboren. Er trat in das Benediktinerkloster Vallombrosa ein, wo er zum Musiker ausgebildet wurde, anschließend lebte er im Kloster Santa Trinità in Florenz. Er starb dort am 5. 12. 1663. Um 1615 war er an San Mercuriale in Forlì als Organist tätig.

WERKE
Der italienische Komponist und Organist Severo Bonini war einer der ersten, der der Monodie in die Kirchenmusik Eingang verschaffte. Von ihm sind einstimmige Madrigale mit Generalbaß für Chitarrone oder Cembalo, Kanzonen und Motetten im »modernen Stil« und zweistimmige Gesänge in rezitativischer Dialogform überliefert.

Charles Bonjour (um 1760 bis um 1810)

ZEIT UND UMWELT
Es ist bezeichnend, daß der erste französische Komponist, der für sein Werk das Pianoforte ausdrücklich vorschreibt, ein berühmter Orgelvirtuose (Jean-François Tapray) war, denn mit ihren vielen Klangmöglichkeiten zeigt gerade die Orgel, wie stark sich eine Komposition verändert, wenn Klangfarben ausgetauscht werden. Orgelkomponisten schreiben daher nach ganz spezifischen Klangvorstellungen, die sie erhalten wissen wollen. Sie bestimmen die Registrierung auf ihrem Instrument und verlangen, daß auch andere Kompositionen von dem Instrument gespielt werden, für das sie geschrieben haben.

LEBEN

Charles Bonjour wurde um 1760 in Paris geboren. Er war Orgelvirtuose, folgte Jean-François Tapray als Organist an St-Louis 1786 nach und versah diesen Dienst mit einiger Unterbrechung während der Revolution bis zu seinem Tod um 1810.

WERKE

Von Charles Bonjour sind eine Anzahl Triosonaten für (speziell vorgeschriebenes) Pianoforte und Violine und unter dem Titel »Les Distractions musicales« (Musikalische Zerstreuung) eine Reihe Präludien erschienen. Er war auch als Musikschriftsteller tätig.

Jean Bonmarché (1520 bis nach 1568)

ZEIT UND UMWELT

Der Aufstand der Niederländer trug ursprünglich rein politische Züge. Doch da die Mehrzahl der Niederländer protestantisch geworden war und die Vertreter der spanischen Herrschaft dem Katholizismus angehörten, wurde aus dem Freiheitskampf bald auch ein Streit der Konfessionen, der Widerhall und Sympathie auch im nördlichen Frankreich fand, weil dort ebenfalls die Auseinandersetzungen zwischen Hugenotten, Krone und Klerus im vollen Gang waren. Für einen Kleriker, der nicht konvertieren wollte, wurde das Dasein schwierig, so daß eine Zufluchtstätte oft lebensrettend war.

LEBEN

Jean Bonmarché (Bonmarchié) wurde 1520 in Ypres oder Valenciennes geboren. Nach seiner Ausbildung wirkte er als Kanoniker und Kinderchorleiter in Cambrai. Seine kompositorische und organisatorische Tätigkeit verschaffte ihm den Ruf eines vorzüglichen Musikers der Niederlande. Im Jahre 1565 wurde er als Kapellmeister in die Kapelle des Königs Philipp aufgenommen. In seinem späteren Leben dürfte er sich nach Valenciennes zurückgezogen haben und dort nach 1568 gestorben sein.

WERKE

Von Jean Bonmarché ist eine Anzahl Messen und Motetten überliefert. Einzelne Motetten sind für bis zu acht Stimmen gesetzt. Die dichte Verflechtung der Kontrapunktik weist Bonmarché als echten Vertreter der franko-flämischen Schule aus, deren Regeln er nur einhalten, aber nicht weiterentwickeln konnte.

Ermend Bonnal (1880–1944)

LEBEN

Ermend Bonnal wurde am 1.7.1880 in Bordeaux geboren. Er war am Conservatoire in Paris Schüler von Félix Alexandre Guilmant, Louis Vierne und Charles Tournemire. Nach einer Reihe verschiedener Organistenposten wurde er 1940 Organist an Ste-Clotilde in Paris. Er starb am 14.8.1944 in Bayonne.

WERKE

Von Ermend Bonnal sind eine Chorsinfonie, eine Orgelsinfonie, eine sinfonische Dichtung, ein Ballett, ein Oratorium und zahlreiche Orgelwerke, darunter die »Baskischen Landschaften«, bekannt geworden. Seine in England sehr häufige Verwendung der Orgel für profane Werke war in Frankreich noch selten.

Pierre Bonnet (um 1555 bis nach 1615)

ZEIT UND UMWELT

Die seit der Mitte des 16. Jahrhunderts erschienenen Lautenlieder bildeten in Paris für die um die gleiche Zeit entstandenen Airs de cour eine starke Konkurrenz, die sodann ein Jahrhundert darauf zu ihren Gunsten entschieden wurde. Vorläufig liefen aber beide Liedgattungen nebeneinander und formten ihre Typen aus. Einer besonderen Beliebtheit durften sich die Airs erfreuen, in denen eine Solostimme mit einem Chor dialogisierte.

LEBEN

Pierre Bonnet wurde um 1555 in dem Limousin geboren. Er soll im Dienst des

Gouverneurs von La Marche gewesen sein, es gibt aber darüber keine näheren Berichte. Er verbrachte sein Leben vermutlich in Limoges, dürfte aber später nach Paris gegangen und dort nach 1615 gestorben sein.

Werke
Die Kompositionen von Pierre Bonnet sind als frühe Beispiele des Air de cour außerordentlich bemerkenswert. Neben einem Buch Airs für vier bis sechs Stimmen sind in einem Sammeldruck sieben Airs mit sakralen Texten erschienen und stellten damit eine Seltenheit dar. Auch in seinen weiteren 2 Büchern mit Airs et Villanelles nimmt er die im kommenden Jahrhundert entwickelten Liedformen bereits voraus.

Literatur
Th. Gérold, L'Art du chant en France au XVIIe siècle, Straßburg 1921.

Giuseppe Giovanni Battista Bonno
(1711–88)

Zeit und Umwelt
Während die Wiener Klassik einsetzte und ihrem Zenit zustrebte, bewegte sich das musikalische Geschehen der Wiener Hofkapelle – mit wenig Mitgliedern und wenig Entfaltungsmöglichkeiten – vorwiegend auf dem sakralen Sektor auf einer sehr schmalen Entwicklungslinie weiter. Aber die Musik des österreichisch-süddeutschen Raumes war von der Förderung des Wiener Hofes nicht mehr abhängig: Die Häuser musischer Adeliger hatten Musik und Musiker in Obhut genommen, und an deren Stelle trat bald darauf das Bürgertum als zahlendes Publikum.

Leben
Giuseppe Giovanni Battista Bonno wurde am 19. 1. 1711 in Wien geboren. Auf Kosten Kaiser Karls VI. konnte er sich von 1726 bis 1736 in Neapel eine gründliche musikalische Ausbildung verschaffen. Nach seiner Rückkehr nach Wien wurde er 1739 zum Hofkomponisten ernannt. Von 1774 bis 1788 war er Hofkapellmeister. Er starb am 15. 5. 1788 in Wien.

Werke
Das kompositorische Werk von Giuseppe Giovanni Battista Bonno war für die Bedürfnisse des Wiener Hofes geschrieben und umfaßte 30 Messen, 2 Requiem, Hymnen, Kantaten, 3 Oratorien, 20 Opern, Serenaden und Pastoralen.

Literatur
E. Wellesz, Giuseppe Bonno, in: Sammelbände der Internationalen Musikgesellschaft XI, 1909/10.

Piero Bono (1417–97)

Zeit und Umwelt
Die Familie Este herrschte vom 13. Jahrhundert bis zum Ende des 16. in Ferrara, das sodann an den Kirchenstaat fiel, und in Modena und Reggio vom späteren Mittelalter bis in das 18. Jahrhundert. Herzog Niccolò III. (1383–1441) und drei seiner Söhne, Leonello (1407–50), Borso (1413–71) und Ercole I. (1431–1505), waren als Humanisten und Förderer der Künste bedeutende Gestalten der Frührenaissance. Sie zogen Gelehrte und Musiker an ihren Hof, an dem bereits zu jener Zeit das Spiel der erst kürzlich über Spanien in Italien eingebürgerten Laute gepflegt wurde.

Leben
Piero Bono (Petrus Bonnus) wurde 1417 in Ferrara geboren. Er verbrachte den größten Teil seines Lebens in seiner Geburtsstadt, wo er auch als Arzt der herzöglichen Familie gewirkt haben soll. Als Lautenist zählt er zu den ältesten Italiens. Im letzten Drittel seines Lebens hielt er sich einige Jahre in Neapel und auch am ungarischen Königshof als Lautenspieler und Lautenkomponist auf. Er starb am 20. 9. 1497 in Ferrara.

Werke
Die Werke von Piero Bono wurden von seinen Zeitgenossen in zahlreichen Gedichten

gefeiert und mit vier Medaillen ausgezeichnet. Es hat sich davon aber nichts erhalten, so daß uns der Zugang zu den Kompositionen, die als hinreißend, neuartig und äußerst klangreich gewürdigt wurden, verschlossen bleibt. Ihre allgemeine Beliebtheit läßt die Annahme zu, daß sie die späteren Lautenkompositionen Italiens stark beeinflußt haben.

Literatur
E. Haraszti, Piero Bono, Revue de Musicologie XXXI, 1949.

Tranquille Bonoît-Berbiguier
(1782–1838)

Zeit und Umwelt
Im 19. Jahrhundert artete das Virtuosentum nicht selten in Artistik aus, die mit Musik nur mehr wenig zu tun hatte. Ihre Kompositionen hatten nur den Zweck, technische Fertigkeit dem Publikum vorzuführen, das dadurch sehr geblendet wurde und technisches Können mit Musikalität verwechselte.

Leben
Tranquille Benoît-Berbiguier wurde am 21. 12. 1782 in Caderousse, Vaucluse, geboren. Er sollte Jurist werden, lief aber davon und nach Paris, um am Conservatoire zu studieren. Nach 2 Jahren Militärdienst ließ er sich in Paris als Flötenlehrer und Flötenvirtuose nieder. Ob er an irgendeinem Orchester mitwirkte, ist nicht bekannt. Vor den Wirren der Revolution des Jahres 1830 zog er sich nach Pont le Voy, Loire et Cher, zurück, wo er am 20. 1. 1838 starb.

Werke
Von Tranquille Benoît-Berbiguier ist eine große Anzahl Kompositionen für Flöte – Solowerke, Konzerte, Duos, Trios, Quartette, Quintette, Variationen, Transkriptionen – erschienen. Sie betonen in erster Linie die Virtuosität und vernachlässigen die Musikalität, waren aber lange beliebte Vortragsstücke.

Antonio Maria Bononcini
(1677 – 1726)

Zeit und Umwelt
Auch im 18. Jahrhundert fanden italienische Opernkomponisten in Wien offene Türen und, solange noch die Barockkaiser lebten und residierten, auch bei Hof. Dann allerdings mußten Private die Förderung von Oper und Konzert übernehmen.

Leben
Antonio Maria Bononcini wurde am 18. 6. 1677 in Modena als Sohn des Giovanni Maria Bononcini geboren. Er wirkte von 1704 bis 1711 als Opernkomponist am Hof von Wien, lebte sodann in Rom und wurde 1721 Hofkapellmeister in Modena, wo er am 26. 7. 1726 starb.

Werke
Die Werke des italienischen Komponisten Antonio Maria Bononcini wurden von manchen Zeitgenossen wegen ihres gewählten großen Stils über die seines berühmteren Bruders Giovanni Bononcini gestellt. Er schrieb eine fünfstimmige Messe, ein vierstimmiges Stabat mater, eine Anzahl Kammerkantaten, 3 Oratorien und bei 20 Opern im neapolitanischen Stil, die sehr erfolgreich waren.

Giovanni Bononcini (1670 – 1747)

Zeit und Umwelt
John Churchill, Duke of Marlborough (1650 bis 1722), erkämpfte im Spanischen Erbfolgekrieg mehrere entscheidende Siege über die französischen Truppen in Holland. Er trug durch seine Haltung viel zur Verhinderung der Rekatholisierungsabsichten König Jakobs II. bei. Als Staatsmann lieh er aber seine Protektion italienischen Opernkomponisten, die im Konkurrenzkampf gegen Georg Friedrich Händel standen.

Leben
Giovanni Bononcini (Buononcini) wurde am 18. 7. 1670 in Modena als Sohn des Giovanni

Maria Bononcini geboren. Er war Schüler seines Vaters und erhielt 1688 die Kapellmeisterstelle an San Giovanni in Monte in Bologna, nachdem er zuvor als Cellist an San Petronio gewirkt hatte. Von 1692 bis 1696 lebte er in Rom als Komponist. Im Jahr 1700 wurde er Hofkomponist in Wien, und Königin Sophie Charlotte lud ihn nach Berlin ein. Nach Aufenthalten in Mailand und Rom begab er sich nach London, wo er besonders vom Herzog von Marlborough protegiert wurde. Wegen einer Plagiatsbeschuldigung verließ er 1727 England, absolvierte einige Konzertreisen nach Paris und Lissabon und zog sich darauf nach Wien zurück, wo er am 8. 7. 1747 starb.

Werke

Von dem italienischen Komponisten Giovanni Bononcini sind in Italien, Wien, Berlin, London und Paris zahlreiche Opern, Serenaden und Oratorien aufgeführt worden. Er verfaßte außerdem Kammer- und Kirchensinfonien, Kammer- und Kirchenkonzerte, Divertissements, viele Sonaten, Kantaten, Instrumentalstücke jeder Art, Messen, Psalmen, Motetten, Madrigale, Duette und Cembalomusik und brachte außerdem eine Reihe Arien aus seinen Opern heraus. Sein Stil bewegte sich zwischen dem italienischen Hochbarock und der Forderung des französischen Operndirektors und Ästhetikers Jean-Baptiste Dubos (Dezember 1670, Beauvais, bis 23. 3. 1742, Paris), daß der Musiker einen »rührenden Stoff« nachahmen und »empfindsam« wirken soll.

Literatur

B. Becherini, Dal »Barocco« all'oratorio di Giovanni Bononcini, Siena 1956.

Giovanni Maria Bononcini

(1642–78)

Zeit und Umwelt

In Italien war es im fortgeschrittenen 17. Jahrhundert nahezu die Regel, daß sich Musiker, vor allem Organisten und Kapellmeister, auch im Violinspiel ausbilden ließen. Gute Violinisten waren überall sehr gefragt, man erteilte ihnen die Kapellmeisterposten lieber als Musikern, die nur Orgel spielen konnten.

Leben

Giovanni Maria Bononcini wurde am 23. 9. 1642 in Montecorona, Modena, getauft. Er war ungefähr um 1665 Kapellmeister an San Giovanni in Monte und an San Petronio in Bologna und gehörte zur gleichen Zeit der Accademia Filarmonica der Stadt an. Im Jahr 1671 erhielt er den Ruf als Hofviolinist nach Modena, wurde dort auch Domkapellmeister und starb am 19. 10. 1678.

Werke

Der italienische Violinist und Komponist Giovanni Maria Bononcini verfaßte 9 Bücher mit verschiedener Instrumentalmusik – Ballette, Sonaten, Sinfonien, Tänze –, fünfstimmige Madrigale und Arien, 2 Bücher Kammerkantaten für eine Stimme und eine Kammeroper. Er war auch als Musikschriftsteller tätig.

Francesco Antonio Bonporti

(1672–1748)

Zeit und Umwelt

Kaiser Joseph I. übernahm von seinem Vater Leopold I. eine vorzüglich ausgestattete Hofkapelle und stellte selbst noch gute Kräfte dazu ein. Traditionsgemäß handelte es sich zumeist um Italiener, die in Wien willkommen waren. Es währte noch geraume Zeit, bis man vom Vorurteil, daß die italienische Abkunft für einen Musiker eine Empfehlung war, abkam.

Leben

Francesco Antonio Bonporti (Buonporti) wurde am 11. 6. 1672 in Trient getauft. Er studierte um 1691 in Rom Theologie und bei Arcangelo Corelli und Giuseppe Ottavio Pitoni Musik. Ab 1700 war er Musiker in der Privatkapelle Kaiser Josephs I., hielt sich von 1715 bis 1721 in Trient auf und von 1740 bis zu seinem Tod am 19. 12. 1748 in Padua.

WERKE
Der italienische Komponist Francesco Antonio Bonporti schrieb eine Anzahl Triosonaten, 10 Kammersonaten für Violine und Generalbaß, Menuette, vierstimmige Konzerte, 6 Motetten für Singstimme und Orchester, außerdem sein berühmtestes Werk, »Invenzioni a violino solo«, das verschiedentlich Johann Sebastian Bach zugeschrieben worden ist.

LITERATUR
G. Barblan, Francesco Antonio Bonporti, Florenz 1940.

Giovanni Andrea Bontempi
(um 1624–1705)

ZEIT UND UMWELT
Die Beziehungen der deutschen Kapellen zu Italien waren wesentlich enger und intensiver als etwa zum Musikland Frankreich. Es kamen auch kaum Franzosen nach Deutschland und keine Deutschen nach Paris. Die ständig gespannten politischen Beziehungen zwischen den beiden Ländern und die Politik Ludwigs XIV. haben dazu sicherlich viel beigetragen.

LEBEN
Giovanni Andrea Bontempi (Buontempi), der eigentlich Angelini hieß und den Namen seines Vormundes angenommen hatte, wurde um 1624 in Perugia geboren. Er war Schüler von Virgilio Mazzocchi in Rom und trat 1643 der Kapelle an San Marco in Venedig als Kastratensänger bei. Im Jahr 1650 ging er nach Dresden und wurde unter Heinrich Schütz Vizekapellmeister der Hofkapelle. Er betätigte sich auch als Bühnentechniker, zog sich 1680 von allen Verpflichtungen zurück und starb auf seinem Gut in Brufa bei Perugia am 1. 7. 1705.

WERKE
Der italienische Kastratensänger, Musikschriftsteller und Komponist Giovanni Andrea Bontempi brachte 1662 in Dresden »Paride« als erste italienische Oper heraus. Neben 2 weiteren Opern verfaßte er ein Oratorium, »Vita e martirio di Sant'Emiliano« (Leben und Martyrium des heiligen Emiliano), Kantaten und sakrale Musik. Von seinen musiktheoretischen Werken ist die Musikgeschichte am bekanntesten.

LITERATUR
F. Briganti, Giovanni Andrea Bontempi, musicista-letterato-architetto, Florenz 1956.

Ludwig Bonvin (1850–1939)

LEBEN
Ludwig Bonvin wurde am 17.2.1850 in Siders, Schweiz, geboren. Er bildete sich im Selbstunterricht zum Musiker aus, wurde Kleriker und ging nach Amerika, wo er 1887 Musikdirektor am Canisius College in Buffalo, N. Y., wurde, wo er am 18.2.1939 starb.

WERKE
Von Ludwig Bonvin sind mehrere verschiedene Orchesterstücke, eine Sinfonie, 7 Messen, ein Requiem, ein Oratorium, »Die Auferstehung des Herrn«, und zahlreiche weitere sakrale und profane Chorwerke, Lieder und Duette überliefert. Seine Kompositionen fielen durch starke Klangfülle auf und waren für katholische Kirchenmusiker der USA richtunggebend.

Jan van Boom (1807–72)

ZEIT UND UMWELT
Das Musikleben in Schweden, das um die Mitte des 19. Jahrhunderts mit erstaunlicher Intensität einsetzte, litt anfänglich am Mangel an Interpreten. Es waren noch zu wenig Dirigenten und Virtuosen aus dem Inland ausgebildet, weil die Konservatorien erst kurze Zeit bestanden. Daher waren Virtuosen, die als Gäste kamen oder sich niederlassen wollten, noch immer sehr willkommen.

LEBEN
Jan van Boom wurde am 15. 10. 1807 in Utrecht geboren. Er war Klavierschüler von Johann

Nepomuk Hummel und Ignaz Moscheles. Nach Konzertreisen in Dänemark und Schweden ließ er sich 1825 in Stockholm nieder und wurde dort 1848 Klavierlehrer am Konservatorium. Nachdem er 1862 eine Rundreise durch die europäischen Hauptstädte gemacht hatte, um dort die verschiedenen Unterrichtsmethoden zu studieren, zog er sich 1865 zurück und starb am 19.3.1872 in Stockholm. Sein Vater Jan van Boom (17.4.1783, Rotterdam, bis nach 1810, vermutlich Utrecht) war als Flötist Mitglied der Hofkapelle des Königs von Holland, Louis Bonaparte, und ließ sich nach Auflösung der Kapelle (1810) in Utrecht als Flötenvirtuose und Flötenlehrer nieder. Er absolvierte mehrere erfolgreiche Konzertreisen in Deutschland.

WERKE

Von Jan van Boom dem Jüngeren wurde eine Oper aufgeführt. Er verfaßte ferner mehrere Sinfonien, ein Klavierkonzert, Streichquartette, ein Klavierquartett, eine Klaviersonate und verschiedene Klavierstücke, außerdem eine Klavierschule.

Jan van Boom der Ältere schrieb zahlreiche virtuose Flötenstücke, hauptsächlich zum eigenen Konzertgebrauch. Seine Virtuosität kam darin deutlich zum Ausdruck.

LITERATUR

T. Nordlind, Jan van Boom, in: Svensk Tidskrift för Musikforskning XXV, 1943.

Melchior Borchgrevinck
(um 1565–1632)

ZEIT UND UMWELT

Die englischen Komponisten John Dowland und William Brade wurden als erste Ausländer von König Christian IV. nach Kopenhagen gerufen. Ihr Wirken und das weiterer Musiker aus dem Ausland legte den Grund für ein selbständiges dänisches Musikleben. Gleichzeitig wurde dänischen Musikern die Möglichkeit geboten, im Ausland Musik zu studieren. Bezeichnend ist, daß auch ein Teil der ersten dänischen Musiker aus in Dänemark naturalisierten Familien kamen.

LEBEN

Melchior Borchgrevinck wurde um 1565 in Kopenhagen geboren. Sein Vater Bonaventura Borchgrevinck (um 1520, Niederlande, bis 1596, Kopenhagen) war aus den Niederlanden eingewandert. Er hatte in Dänemark und Deutschland als Kapellmeister gewirkt und seinen Sohn unterrichtet, der 1587 Mitglied der dänischen Hofkapelle in Kopenhagen wurde. Melchior Borchgrevinck wurde 1599 nach Venedig gesandt, um bei Giovanni Gabrieli Unterricht zu nehmen, und 1600 nach seiner Rückkehr als Hoforganist und als Hofkapellmeister eingestellt. Er starb am 20. 12. 1632 in Kopenhagen.

WERKE

Unter dem Titel »Giardino nuovo« (Neuer Garten) veröffentlichte Melchior Borchgrevinck eine Sammlung fünfstimmiger Madrigale mit eigenen Stücken und Tänzen. Weitere Stücke finden sich in Sammelwerken. Seine Vertonung der Psalmen Davids ist verlorengegangen. Der Stil seiner Kompositionen ist Giovanni Gabrieli verpflichtet.

LITERATUR

A. Hammerich, Musikes ved Christian den Fjerdes Hof, Kopenhagen 1893.

Krzystof Borek (um 1520 bis nach 1573)

ZEIT UND UMWELT

Die Krakauer Musikkultur war im 15. und 16. Jahrhundert allen anderen osteuropäischen Städten weit voraus. Es bildete sich bereits ein eigener polnischer Stil heraus, der mit der Entwicklung in den westlichen Musikzentren Schritt zu halten vermochte.

LEBEN

Krzystof Borek wurde um 1520 in Krakau geboren und an der Hofkapelle als Chorknabe ausgebildet. Um das Jahr 1550 war er Mitglied der Hofkapelle und bald darauf ihr Kapellmeister. Er blieb in dieser Stellung bis zu seinem Tod nach 1573.

WERKE

Von dem polnischen Komponisten Krzystof Borek sind 2 fünfstimmige Messen überliefert, die alle Merkmale der Beeinflussung seitens der franko-flämischen Schule aufweisen, aber dennoch bodenständig sind und deutlich den Weg zu einer eigenen polnischen Musik weisen.

Giovanni Antonio Boretti
(um 1640 bis nach 1672)

LEBEN

Giovanni Antonio Boretti wurde um 1640 in Rom geboren. Welche Stellung er einnahm, ist unbekannt. Er wirkte vermutlich an der Aufführung eigener und fremder Opern in Rom mit, wo er nach 1672 gestorben ist.
Giovanni Andrea Boretti (um 1650, Rom, bis nach 1679, Rom) lebte in Rom in nicht näher bekannter Stellung als Musiker und starb dort nach 1679. In welchem Verwandtschaftsverhältnis er zu Giovanni Antonio Boretti gestanden ist, läßt sich nicht feststellen.

WERKE

Der italienische Komponist Giovanni Antonio Boretti verfaßte mehr als 12 Opern; außerdem ein Oratorium, einige Kantaten und Vokalduette, die sich an den Opernstil anlehnen.
Von Giovanni Andrea Boretti sind mehrere Gesänge mit Begleitung erhalten.

Giovanni Battista Borghi (1738–96)

ZEIT UND UMWELT

Überblickt man auch nur die Titel der zahlreichen Opern, die besonders in Italien im 18. Jahrhundert geschrieben wurden, so fällt auf, daß römisch-griechische Mythologie und legendäre Episoden der Antike die überwiegenden Stoffquellen für die Libretti darstellten. Nur die Buffooper entnahm ihre humorvollen Stoffe der Literatur der Gegenwart oder der jüngsten Vergangenheit. Man darf annehmen, daß das Publikum die ewig gleichen Götter- und Heroengeschichten kaum beachtete und sein Interesse auf die Musik und die Interpretation konzentrierte, so daß die Opera seria den Charakter eines illustrierten Konzerts erhielt. So betrachtet, wird es auch verständlich, daß seriöse Komponisten die Form der Oper wählten; sie wären mit reiner Konzerthausmusik an das Publikum nicht herangekommen.

LEBEN

Giovanni Battista Borghi wurde am 25. 8. 1738 in Camerino bei Maarata geboren. Er wurde am Conservatorio della Pietà de'Turchini ausgebildet und wirkte darauf von 1759 bis 1777 als Kapellmeister am Dom in Orvieto und anschließend bis zu seinem Tod am 26. 2. 1796 an Santa Casa di Loreto in gleicher Eigenschaft.

WERKE

Neben Messen, Motetten, Psalmen, Offertorien, Kantaten und einigen Oratorien verfaßte Giovanni Battista Borghi ungefähr 25 Opern für verschiedene italienische Opernhäuser im neapolitanischen Stil.

Luigi Borghi (um 1745 bis um 1806)

ZEIT UND UMWELT

Der Konzertmeister der Londoner Professional Concerts, Wilhelm Cramer, gründete im Rahmen dieser Institution eine ständige Streichquartettvereinigung als eines der ältesten Ensembles dieser Art. Es geschah in der zweiten Hälfte des 18. Jahrhunderts überhaupt in Großbritannien sehr viel auf dem Gebiet der musikalischen Interpretation, die allerdings noch immer zum größten Teil in den Händen von Ausländern lag.

LEBEN

Luigi Borghi wurde um 1745 vermutlich in Bologna geboren. Er war Schüler von Gaetano Pugnani. Im Jahr 1774 trat er zum ersten Mal in London als Violinist auf, 1777 als Bratschist und ließ sich um 1780 endgültig in der Stadt nieder. Wilhelm Cramer stellte ihn bei seinem Streichquartettensemble als zweiten Violinisten ein. Ab 1790 wirkte er als Manager der italienischen Oper im Pantheon. Er starb um 1806 vermutlich in London.

WERKE
Von Luigi Borghi sind Violinsoli, Duette für zwei Violinen, für Violine und Bratsche, Violine und Cello, Violinkonzerte, Orchestersinfonien und eine Sammlung italienischer Canzonetten, außerdem Marienlitaneien für vier Stimmen erschienen. Seine außerordentlich ansprechende Musik gehörte der Vorklassik an.

Cesare Borgo (um 1550 bis nach 1602)

ZEIT UND UMWELT
Die 1484 von Herzog Ludovico Sforza gegründete Musikschule in Mailand hatte eine stattliche Reihe bedeutender Komponisten hervorgebracht, die man zur sogenannten »Alten Schule« zählte. In der zweiten Hälfte des 16. Jahrhunderts kamen Musiker hinzu, wie zum Beispiel Orazio Vecchi und Claudio Monteverdi, die eine neue Epoche eröffneten. Aber es währte geraume Zeit, bis sich die Erneuerung der alten Grundsätze des Kontrapunktes durchsetzte. Es gab viel Kritik und Streit, bis das Neue neben dem Überkommenen, das noch lange das Feld behauptete, zumindest bestehen konnte.

LEBEN
Cesare Borgo (Borgho, Borghi) wurde vermutlich in Mailand um 1550 geboren und ausgebildet. Er dürfte an einer der Kirchen der Stadt gewirkt haben und dort auch nach 1602 gestorben sein.

WERKE
Von dem Kirchenkomponisten Cesare Borgo sind 2 Bücher mit achtstimmigen Messen und 2 mit Canzonetten erschienen, außerdem einige Motetten und Hymnen in Sammeldrucken. Borgo gehörte der alten Generation der Mailänder Schule an, die die alten Regeln genau beachtete, wirkt aber besonders in seinen achtstimmigen Sätzen durchaus nicht antiquiert, weil Melodieführung und Modulationen durchwegs zeitgenössischen Charakter tragen.

Hjalmar Borgstrøm (1864–1925)

LEBEN
Hjalmar Borgstrøm wurde am 23.3.1864 in Kristiania (Oslo) geboren. Er studierte bei Johan Svendsen (1840–1911) und bei Ludvig Mathias Lindeman (1812–87) und am Konservatorium in Leipzig. Ab 1901 wirkte er als Musikreferent verschiedener Zeitungen in Oslo, wo er am 5.7.1925 starb.

WERKE
Von Hjalmar Borgstrøm sind 2 Opern aufgeführt worden. Er schrieb 2 Sinfonien, die sinfonischen Dichtungen »Der Gedanke«, »Jesus in Gethsemane«, »John Gabriel Borckman« und – für Klavier und Orchester – »Hamlet«, eine »Reformationskantate«, ein Klavierkonzert, ein Violinkonzert, ein Klavierquintett, mehrere Streichquartette, Violinsonaten, Klavierstücke und Lieder. Er ist als Spätromantiker einzustufen.

Bernardino Borlasca
(um 1580 bis nach 1624)

ZEIT UND UMWELT
Maximilian I., Herzog von Bayern (1573 bis 1651), stand im Streit der Konfessionen und im Dreißigjährigen Krieg als katholischer Fürst auf der Seite der Katholischen Liga, war jedoch für Habsburg ein unbequemer Verbündeter, weil er die Führungsrolle für sich beanspruchte. Zumindest für die erste Hälfte der Kriegsdauer blieben Bayern und München von unmittelbaren Kriegseinwirkungen verschont, so daß dort das kulturelle Leben ungestört ablaufen konnte.

LEBEN
Bernardino Borlasca wurde um 1580 in Gavio bei Genua geboren. Er stammte aus einer adeligen Familie und wurde in Genua zum

Musiker ausgebildet. Im Jahr 1610 kam er an die Königliche Kapelle in München, wurde dort 1612 Vizekapellmeister und 1617 Hofkapellmeister. Von 1621 bis 1623 wirkte er wieder als Vizekapellmeister und 1624 als Konzertmeister. Er ist in einem der folgenden Jahre vermutlich in München gestorben. Das Datum seines Todes ist nicht feststellbar.

WERKE
Von dem italienischen Komponisten Bernardino Borlasca sind Werke verschiedenster Art im alten und im neuen Stil überliefert, darunter »Scherzi musicali ecclesiastici« für drei Stimmen und dreistimmige Canzonetten im konzertanten Stil.

Aleksandr Borodin (1833–87)

ZEIT UND UMWELT
Die soziale Struktur Rußlands im 19. Jahrhundert bedingte, daß nur eine dünne Oberschicht – Adel und Großbürgertum – am kulturellen Leben teilnehmen konnte. Wie der Großteil des Publikums, entstammten auch die Künstler dieser Gesellschaftsklasse, weil es nur wenigen glückte, infolge günstiger Umstände ihr Milieu zu verlassen und nach oben zu stoßen. Die Auseinandersetzungen auf dem Gebiet der Musik der »westlich« Orientierten und der »eigenständigen Russen« spielten sich nur innerhalb jener elitären Schicht ab. Wenn die national Bezogenen die Musik des eigenen Volkes sammelten und in ihren kompositorischen Ideenbereich aufnahmen, so handelte es sich um reine Folklore, über deren Grenzen hinaus das Interesse nicht reichte.

LEBEN
Aleksandr Porfirjewitsch Borodin wurde am 30.10.1833 in St. Petersburg geboren. Obwohl er musikalisch sehr begabt war und sehr früh komponierte, studierte er an der Medicochirurgischen Akademie in St. Petersburg. Nach einer Studienreise durch Italien, die Schweiz und Deutschland wurde er Professor an der Akademie. Erst seine Bekanntschaft mit Mili Balakirew lenkte ihn zum Studium der Musik hin. Er schloß sich der von diesem mit Nikolai Rimski-Korsakow, Modest Mussorgski und Zesar Kjui begründeten jungrussischen Schule »Das mächtige Häuflein« an. Auf einer Reise durch Deutschland schloß er mit Franz Liszt Freundschaft, eine Konzertreise mit Kjui durch Deutschland und Belgien war sehr erfolgreich. Er starb am 15.2.1887 in St. Petersburg.

WERKE
Neben seiner prächtigen Oper »Fürst Igor«, die von Rimski-Korsakow und Aleksandr Glasunow (1865–1936) vollendet und instrumentiert wurde, verfaßte Aleksandr Borodin in seiner Heimat viel gespielte Sinfonien, von denen die dritte unvollendet blieb, ein sinfonisches Gedicht, »Eine Steppenskizze aus Mittelasien«, und 2 Streichquartette, die noch heute zum Repertoire der Kammermusiker gehören. Frühe Werke sind eine Klavierpolka, »Hélène«, ein Konzert für Flöte und Klavier

Aleksandr Borodin

in D-Dur, eine Flötensonate, eine Cellosonate, ferner ein Scherzo in b-Moll und Fugen für Klavier, eine – verschollene – Fantasie für zwei Violinen und Cello, ein Streichsextett in d-Moll, ein Klavierquintett in c-Moll und eine »Serenata alla spagnola«. Aus der Oper werden die »Polowetzer Tänze« viel als Konzertstück gespielt.

Sinfonie Nr. 1 in Es-Dur, 4 Sätze, entstanden 1867

Der 1. Satz beginnt mit einem majestätischen russischen Thema, dem sich ein Allegro anschließt. Das Seitenthema bringt nur harmonische Kontraste, so daß der ganze Satz vom Hauptthema beherrscht wird. Das reizende farbenfrohe Scherzo basiert auf einer russischen Volksmelodie. Der 3. Satz ist knapp gehalten, weist einige ausdrucksstarke lyrische Passagen auf und bringt orientalische Intonationen. Das markante Thema des 4. Satzes ist voll mit für den Komponisten typischen Quartenintervallen und mündet in eine äußerst stürmische Coda, die auf dem Thema des 2. Satzes fußt.

Sinfonie Nr. 2 in h-Moll, 4 Sätze, entstanden 1876

Modest Mussorgski nannte diese Sinfonie »Die slawisch-heroische«. Der Komponist gab ein Programm für das Werk: »Im 1. Satz findet eine Versammlung der Recken statt, im Andante tritt der Bajan (russischer Rhapsode) auf, und im Finale wird ein Reckengastmahl beim Klang der Gusli und beim Jauchzen einer großen Volksmenge dargestellt.« Dementsprechend gibt sich der 1. Satz heldisch. Der 2. Satz ist ein bewegtes Scherzo mit einem monothematischen Trio. Der 3. Satz beginnt mit einer von der Harfe begleiteten Klarinettenmelodie und hat durchwegs rhapsodischen Charakter. Im 4. Satz breitet sich ein Kolossalgemälde aus Pracht und Macht aus.

Eine Steppenskizze aus Mittelasien, Sinfonisches Gedicht, entstanden 1880

Das Programm des Komponisten lautet: »In der einförmigen sandigen Steppe Mittelasiens erklingen die Töne eines friedlichen russischen Liedes. Aus der Ferne vernimmt man das Getrampel von Pferden und Kamelen und den eigentümlichen Klang einer morgenländischen Weise. Eine einheimische Karawane nähert sich. Unter dem Schutz der russischen Waffen zieht sie sicher und sorglos ihren weiten Weg durch die unermeßliche Wüste. Weiter und weiter entfernt sie sich. Das Lied der Russen und die Weise der Asiaten verbinden sich zu einer gemeinsamen Harmonie, deren Widerhall sich nach und nach in den Lüften der Steppe verliert.«

Streichquartett Nr. 1 in A-Dur, 4 Sätze, entstanden 1879

Das Kopfthema des 1. Satzes ist dem Finale von Opus 130 von Ludwig van Beethoven entnommen. Der 2. Satz ist ein liedhaftes Andante. Das Scherzo ist spritzig und heiter. Das Finale beendet das Werk kraftvoll und sieghaft.

Streichquartett Nr. 2 in D-Dur, 4 Sätze, entstanden 1881

Der 1. Satz ist melodisch ausgezeichnet profiliert. Das anschließende Scherzo ist ein wiegender Walzer. Der 3. Satz bringt ein zartes Nokturno mit einem weichen, echt slawischen Thema, das verhauchend endet. Das Finale begeistert durch seine ständige rhythmische Steigerung.

Literatur

M. Iljin und E. Segal, Aleksandr Porfirjewitsch Borodin, Moskau 1953.

Antonio Boroni (1738–92)

Zeit und Umwelt

Kapellmeister und Organisten bedeutender Dome großer Städte als prominente Opernkomponisten, die zur Aufführung ihrer Werke herumreisten, waren in Italien nichts Auffälliges. Das Opernpublikum war mit den Kirchenbesuchern identisch und schätzte Musik in jeder Form und in jedem Rahmen. Auffällig allerdings ist bei vielen solchen Musikerpersönlichkeiten, daß die Informationen über ihre kirchenmusikalischen Werke oft sehr dürftig sind. Sie legten anscheinend wenig Wert darauf, sie zu veröffentlichen, so daß es dem Zufall überlassen blieb, ob die Manuskripte erhalten blieben.

Leben

Antonio Boroni (Buroni) wurde 1738 in Rom geboren. Er war Schüler von Padre Martini in Bologna und von Lorenzo Fago und Girolamo Abos am Conservatorio della Pietà de'Turchini in Neapel. Darauf ging er nach Rom zurück und brachte dort seine ersten Opern heraus. Zur Aufführung seiner weiteren Opern reiste er nach Prag und einige Male nach Venedig. Von 1771 bis 1777 wirkte er als Hofkapellmeister in Stuttgart. Ab 1778 bis zu seinem Tod am 21. 12. 1792 war er Kapellmeister an San Pietro und am Collegium Germanicum in Rom.

WERKE
Von den ungefähr 15 Opern von Antonio Boroni sind die meisten handschriftlich erhalten. Seine Kirchenmusik - Messen, Proprien, Motetten - folgte dem neapolitanischen Stil; gedruckt wurde davon nichts.

Ottavio Borono (um 1580–1617)

LEBEN
Ottavio Borono wurde um 1580 in oder bei Modena geboren. Er war Organist in Sassuolo bei Modena und starb dort 1617.

WERKE
Vom italienischen Komponisten und Organisten sind konzertante Motetten für eine bis vier Stimmen zum Teil erhalten. Sein Stil gehörte bereits dem Frühbarock an.

Felix Borowski (1872–1956)

LEBEN
Felix Borowski wurde am 10. 3. 1872 in Burton-upon-Trent, England, geboren. Er studierte am Konservatorium in Köln. Ab 1897 wirkte er am Musical College in Chicago als Kompositionslehrer und ab 1916 auch als Präsident; ab 1925 leitete er die Chicago Civic Association und von 1937 bis 1942 unterrichtete er an der North Western University in Evanston, Ill. Er starb am 7. 9. 1956 in Chicago.

WERKE
Neben einer Oper, 2 Ballettpantomimen und einem Ballett schrieb Felix Borowski 3 Sinfonien, mehrere sinfonische Dichtungen, weitere Orchesterstücke - Triumphmarsch, Valse Pathétique, Tongemälde -, ein Klavierkonzert, ein Konzert für Orgel und Orchester, Stücke für Streichorchester, Streichquartette, Sonaten und Suiten für Orgel, ungefähr 60 verschiedene Klavierstücke, zahlreiche kleinere Violinstücke, eine Motette für sechsstimmigen Chor, Cello und Orgel und über 20 Lieder.

Die Loslösung von spätromantischen Fakturen ist auch bei ihm bereits bemerkbar.

Hakon Børresen (1876–1954)

LEBEN
Aksel Ejnar Hakon Børresen wurde am 2. 6. 1876 in Kopenhagen geboren. Er studierte bei Johan Svendsen. Von 1924 bis 1949 fungierte er als Vorsitzender der Dänischen Tonkünstlervereinigung, als Vorstandsmitglied des Dänischen Komponistenvereins und der Gesellschaft zur Herausgabe älterer dänischer Musik, fallweise auch als Dirigent. Er starb am 6. 10. 1954 in Kopenhagen.

WERKE
Von Hakon Børresen sind 3 Sinfonien und weitere Orchesterwerke, ein Streichsextett, 2 Streichquartette, ein Violinkonzert, Klavier- und Orgelstücke und zahlreiche Lieder, eine Oper und ein Ballett bekannt geworden. Er pflegte, von seinem Lehrer beeinflußt, einen internationalen spätromantischen Stil und wich allen Neuerungen aus.

Giovanni Battista Borri
(um 1630 bis nach 1688)

ZEIT UND UMWELT
Das Violoncello entstand gleichzeitig mit den anderen Mitgliedern der Violinenfamilie. Es existieren zwei schöne Instrumente von Andrea Amati aus den Jahren 1560 bis 1570. Es wurde anfänglich hauptsächlich als Baßinstrument verwendet. Erst in der zweiten Hälfte des 17. Jahrhunderts mußte die Viola da gamba dem Violoncello ihren Platz als Tenorinstrument abtreten.

LEBEN
Giovanni Battista Borri wurde um 1630 in Bologna geboren. Welche Tätigkeit als Musiker er ausgeübt hat, ist unbekannt, aber er dürfte als Kirchenmusiker in seiner Geburtsstadt gewirkt haben, in der er nach 1688 starb.

Werke
Der italienische Komponist Giovanni Battista Borri verfaßte ein Oratorium »La Susanna«, eine konzertante Messe und andere sakrale Musik, außerdem eine »Cantata morale« – Gesang mit parareligiösem Text –, 12 Sinfonien für zwei Violinen, ein Cello und Orgel und weitere Sinfonien für drei Violinen. Er hat als einer der ersten das Cello als Melodieinstrument eingesetzt.

Siegfried Borris (1906 – 1987)

Leben
Siegfried Borris wurde am 4. 11. 1906 in Berlin geboren. Seit 1927 studierte er bei Paul Hindemith an der Hochschule für Musik in Berlin, wo er von 1929 bis 1933 selbst als Dozent tätig war. 1933 promovierte er bei Arnold Schering mit einer Arbeit über Johann Philipp Kirnberger. 1945 bis 1971 war er Professor und Leiter der Schulmusikabteilung an der Musikhochschule in Berlin. Seit 1967 leitete er auch das der Hochschule angegliederte Julius-Stern-Institut und war 1971 bis 1976 Präsident des Deutschen Musikrates. Er starb am 23. 8. 1987 in Berlin.

Werke
Siegfried Borris erwarb sich große Verdienste im Bereich der Jugendmusik, für die er Lieder, Kanons und Opern schrieb. Später pflegte er aber immer erfolgreicher auch die großen Musikformen und schrieb 5 Sinfonien, 3 Ballette, 6 Solokonzerte, 8 Kantaten sowie zahlreiche Kammermusikwerke.

Sergei Bortkjewitsch (1877–1952)

Leben
Sergei Eduardowitsch Bortkjewitsch wurde am 16. 2. 1877 in Charkow (Charkiw) geboren. Er war von 1896 bis 1899 in St. Petersburg Schüler von Anatoli Ljadow und von 1900 bis 1902 in Leipzig von Alfred Reisenauer (1. 11. 1863, Königsberg [Kaliningrad], bis 3. 10. 1907, Liepāja, Lettland), Karl Piutti (1846 bis 1902) und Salomon Jadassohn. Von 1904 bis 1914 lebte er in Berlin als Klavierlehrer, darauf bis 1920 in Rußland und bis 1922 in Istanbul, anschließend bis zu seinem Tod am 25. 10. 1952 in Wien.

Werke
Vom umfangreichen kompositorischen Werk von Sergei Bortkjewitsch sind 2 Sinfonien, 3 Klavierkonzerte, eine sinfonische Dichtung, eine Ballettsuite, eine jugoslawische Suite, eine Österreichische Suite, ein Cellokonzert, ein Violinkonzert, eine Klaviersonate, eine Violinsonate, zahlreiche Klavierstücke und eine Oper bemerkenswert. Er pflegte einen sehr melodiösen spätromantischen Stil.

Dmitri Bortnjanski (1751–1825)

Zeit und Umwelt
Zarin Katharina II. von Rußland setzte alle ihre Bemühungen daran, eine nationale russische Musikentwicklung und eine nationalrussische Oper zu begründen. Sie ging systematisch, nach in anderen Ländern vorgezeichnetem Muster vor, lud aus Mittel-, Süd- und Westeuropa Komponisten, Interpreten und Lehrer ein, so viele sie bekommen konnte. Sie ermunterte die Eingeladenen, sich für die russische Volksmusik zu interessieren, sie ließ Opernlibretti in das Russische übersetzen und schrieb sogar selbst russische Operntexte, förderte besonders heimische Kräfte und sandte sie zur Ausbildung in das Ausland. Selbstverständlich wurden damit ausländische Stilrichtungen importiert und auch von den russischen Musikern nachgeahmt. Sie sah aber voraus, daß sich daraus zwangsläufig ein eigenständiger russischer Stil bilden würde, den sie selbst allerdings nicht mehr erleben konnte.

Leben
Dmitri Stepanowitsch Bortnjanski wurde 1751 in Gluchow, Gouvernement Tschernikow, Ukraine, geboren. Er war ab 1759 Chorknabe in St. Petersburg und wurde von Baldassare Galuppi unterrichtet. Als der Italiener 1768 Rußland verließ, sandte ihm

Katharina II. Bortnjanski ein Jahr darauf nach Venedig nach, der dort und anschließend in Bologna, Rom und Neapel seine Ausbildung vollendete. Er brachte in Italien 2 Opern heraus. Nach seiner Rückkehr nach St. Petersburg brachte er dort 4 französische Opern auf die Bühne. Im Jahr 1796 wurde er Direktor der Hofsängerkapelle mit dem Auftrag, sämtliche zur Aufführung beim Gottesdienst vorgeschlagenen Werke zu kontrollieren. Er starb am 28. 9. 1825 in St. Petersburg.

WERKE
Neben einigen Opern sind von Dmitri Bortnjanski eine Sinfonie, Kammermusik und Cembalosonaten erhalten, außerdem eine Reihe Chöre von außerordentlicher Klangschönheit. Seine Vertonung der Dichtung des deutschen Dichters und Predigers Gerhard Tersteegen (1697–1769) »Ich bete an die Macht der Liebe« ist in Deutschland lange sehr beliebt gewesen. Interessant sind seine Versuche, die russische Kirchenmusik mit dem »Palestrina-Stil« des 18. Jahrhunderts zu kombinieren. Er hat damit einen wichtigen Beitrag zur Entwicklung der russischen Kirchenmusik geleistet.

LITERATUR
B. Dobrochotow, Dmitri Stepanowitsch Bortnjanski, Moskau 1950.

Wasil Boschinow (geboren 1888)

LEBEN
Wasil Boschinow (Vasil Božinov) wurde am 1. 1. 1888 in Stara Zagora, Bulgarien, geboren. Nach dem Musikstudium bei Max Reger in Leipzig lebte und wirkte er in Prag.

WERKE
Unter dem Einfluß von Alois Hába schrieb er seine 1. Sinfonie als erste dieser Art im Vierteltonsystem. Die folgenden 7 sind dodekaphonisch. Er schrieb außerdem eine Fantasie für Streichorchester, ein Violinkonzert, ein Nonett und weitere Kammermusik sowie Klavierstücke.

Alexander Uria Boscovich (1907–64)

LEBEN
Alexander Uria Boscovich wurde am 16. 8. 1907 in Koloszvár, Ungarn (heute Cluj, Rumänien), geboren. Er studierte in Budapest, Wien und Paris und emigrierte 1938 nach Tel Aviv, wo er an der Musikakademie als Theorie- und Kompositionslehrer bis zu seinem Tod am 13. 11. 1964 wirkte.

WERKE
Nach anfänglichen Versuchen, die traditionelle jüdische Folklore nach dem Muster Béla Bartóks zu bearbeiten, drang Alexander Uria Boscovich zu einer aus den modernen Stiltendenzen gewonnenen glücklichen Neuorientierung seines Schaffens vor, die die Folklore seines Volks auf gehobenerer Ebene integrierte. Er verfaßte eine »Suita semitica« für Orchester, einen »Stufengesang«, ein Oboenkonzert, ein Kammerkonzert für Violine und Kammerorchester, ein Oboenkonzert und mehrere Kantaten. Seine letzten Werke sind von Pierre Boulez beeinflußt.

Hans-Jürgen von Bose (geboren 1953)

LEBEN
Hans-Jürgen von Bose wurde am 21. 12. 1953 in München geboren. Bereits mit acht Jahren unternahm er erste Kompositionsversuche. Er studierte bei Hans Ulrich Engelmann und Wolfgang Fortner, gewann den 1. Preis beim Kompositionswettbewerb in Hitzacker für »Threnos«, ein Duo für Bratsche und Cello. 1988 erhielt er den Schneider-Schott-Musikpreis.

WERKE
Auf der Suche nach neuen Kompositionsformen, zum Teil unter der Verwendung von Collage-Techniken, schrieb Hans-Jürgen von Bose zwei eintaktige Opern, »Bluthund« und »Das Diplom«, eine Sinfonie, Orchesterwerke und Kammermusik.

Johannes Bosquet (um 1350–1406)

ZEIT UND UMWELT
Papst Clemens V. (1305–14) verlegte 1309 seine Residenz von Rom nach Avignon. Seine Nachfolger residierten dort, bis Papst Gregor XI. im Jahre 1377 nach Rom zurückkehrte. In Avignon wurden aber noch Clemens VII. (1378–94) und Benedikt XIII. (1394–1408) als Gegenpäpste eingesetzt. Auch die päpstliche Kapelle, an der namhafte Musiker der Zeit wirkten, blieb solange in Tätigkeit.

LEBEN
Johannes Bosquet (de Bosco, Bosquo) wurde um 1350 vermutlich in Nîmes geboren und an der päpstlichen Kapelle in Avignon als Singknabe ausgebildet. Er war unter Papst Clemens VII. ab 1391 als Kapellsänger und gleichzeitig mit einem Amt der Verwaltung beschäftigt. Er starb in Avignon am 30. 11. 1406.

WERKE
Von dem französischen Komponisten Johannes Bosquet sind 2 Gloria überliefert, die zu den frühesten mehrstimmigen Messesätzen gehören. Sie sind vierstimmig; die beiden Oberstimmen sind syllabisch geführt und weisen Imitationen auf.

LITERATUR
E. Dannemann, Die spätgotische Musiktradition in Frankreich und Burgund, Straßburg 1936.

Charles François Marie Bosselet (1812–73)

ZEIT UND UMWELT
Die von François Joseph Fétis, dem Kompositionslehrer am Konservatorium in Brüssel, verfochtene Lehre, daß Musik keine imitative und keine sprechende Kunst sei, sondern eine Ausdruckskunst, deren Ziel es sei, Emotionen zu erregen, ging über die Romantik hinaus und näherte sich bereits dem Impressionismus.

LEBEN
Charles François Marie Bosselet wurde am 27.7.1812 in Lyon geboren. Er war Schüler von François Joseph Fétis am Konservatorium in Brüssel, ab 1835 Zweiter Kapellmeister am Théâtre de la Monnaie und von 1840 bis zu seinem Tod am 2.4.1873 in St. Josse ten Node bei Brüssel Harmonielehrer am Konservatorium in Brüssel.

WERKE
Neben einigen in Brüssel aufgeführten Balletten verfaßte Charles François Marie Bosselet zahlreiche Männerquartette und verschiedene Kirchenkompositionen, die nicht gedruckt wurden. Bei den Quartetten fällt auf, daß dabei die dichte Harmonik der Romantiker zugunsten eines komplizierten Klanggewebes verlassen wurde.

Marco Enrico Bossi (1861–1925)

LEBEN
Marco Enrico Bossi wurde am 25.4.1861 in Salò geboren. Er war von 1871 bis 1873 Schüler des Liceo filarmonico in Bologna, dann studierte er am Konservatorium in Mailand bei Amilcare Ponchielli (1834–86), Polibio Fumagalli (1830–1900) und Carlo Boniforti (1818–79). Er wirkte nach seiner ersten Konzertreise als Orgelvirtuose in London (1879), von 1881 bis 1900 als Domorganist in Como und sodann bis 1895 am Konservatorium in Neapel als Theorie- und Orgellehrer. Anschließend leitete er bis 1902 das Liceo Benedetto Marcello in Venedig, darauf bis 1912 das Liceo musicale in Bologna, sodann von 1916 bis 1923 das Liceo musicale di Santa Cecilia in Rom. Er starb am 20.2.1925 bei einer Konzertreise nach New York auf hoher See.
Sein Bruder Costante Adolfo Bossi (25.12.1876, Morbegno, bis 4.1.1953, Mailand) erhielt am Konservatorium in Mailand seine Ausbildung zum Organisten und wurde anschließend dort Domorganist. Gleichzeitig wirkte er von 1914 bis 1941 als Kontrapunktlehrer am Konservatorium und von 1924 bis 1929 als Orgel- und Kompositionslehrer an

der Scuola Pontifica di Musica Sacra (Päpstliche Schule sakraler Musik) in Mailand.
Sein Sohn Rinaldo Renzo Bossi (9.4.1883, Como, bis 2.4.1965, Mailand) besuchte das Liceo musicale in Venedig und war von 1902 bis 1904 in Leipzig Schüler des Dirigenten Arthur Nikisch (1855–1922), des Organisten Paul Joseph Maria Homeyer (26.10.1853, Osterrode, Harz, bis 27.7.1908, Leipzig) und des Pianisten Joseph Pembaur (20.4.1875, Innsbruck, bis 12.10.1950, München), wirkte sodann als Theaterkapellmeister in Altenburg und Lübeck. Von 1913 bis 1916 war er Orgel- und Kompositionslehrer am Konservatorium in Parma und anschließend bis 1954 am Konservatorium in Mailand.

WERKE

Neben den bedeutenden Leistungen auf dem Gebiet der Oper nahmen im Italien des 19. Jahrhunderts die übrigen musikalischen Gattungen einen sehr bescheidenen Platz ein. Das traf im vollen Maß auch für die Orgelmusik zu, die wohl im Stil der großen Meister früherer Epochen gelehrt und gespielt wurde, aber sich nicht weiterentwickelt hatte. Wer sich der Orgelmusik annehmen wollte, mußte seine Vorbilder im Ausland suchen und für Italien völlig neue Wege beschreiten. Daher darf Marco Enrico Bossi mit Recht als Begründer der modernen italienischen Organistik angesehen werden. Mit seinen Orgelkonzerten, Orgelsuiten, Orgelsonaten und Charakterstücken für Orgel überraschte er sein Publikum mit einem Stil, der weit über die Romantik hinausragte; auch sein Oratorium, seine Chorkantaten schlossen sich den gleichzeitigen Leistungen in Frankreich und Deutschland an wie seine Kammermusik – Klaviertrio, Violinsonaten –, seine Klavierstücke und Lieder.
Von Costante Adolfo Bossi sind 2 Opern, Stücke für Streichorchester, ein Streichquartett in c-Moll und mehrere ausgezeichnete Messen, darunter seine berühmte »Christnachtsmesse« für vierstimmigen Chor, Orgel und Glocken, und die viel aufgeführte »Messa solenne« sowie ein achtstimmiges Requiem, außerdem vorzügliche Orgel- und Klavierstücke erwähnenswert.
Rinaldo Renzo Bossi schrieb 4 Opern, eine Funkoper und Ballette, eine Sinfonie in a-Moll, ein Violinkonzert in C-Dur, mehrere Tondichtungen und ein Streichquartett in A-Dur und zeigte sich den zeitgenössischen Stilwandlungen gegenüber zwar nicht unaufgeschlossen, aber doch sehr zurückhaltend.

Konzertstück in c-Moll für Orgel, Streichorchester, Blechbläser und Pauken, Opus 130, 3 Sätze, entstanden 1908

Mit diesem Werk trat Marco Enrico Bossi aus dem Reich der Romantik endgültig heraus und schuf sich einen höchstpersönlichen Stil, der sich dem Klassizismus näherte, jedoch dessen matte Klangarmut vermied. Das Eingangsthema des 1. Satzes zieht sich wie ein Leitmotiv durch das gesamte Stück. Hier wird es forte mit kraftvollen Akzenten vorgetragen, während es im 2. Satz zum choralartig weiterentwickelten Rezitativ gestaltet ist und im 3. Satz aufgestückelt wie eine vage Reminiszens zerflattert.

LITERATUR

F. Mompellio, Marco Enrico Bossi, Mailand 1952.

Francesco Bossinensis

(um 1470 bis um 1540)

ZEIT UND UMWELT

Sologesang oder Duette mit Instrumentalbegleitung waren in der Gotik häufig. Erst die Renaissance ging nahezu ausschließlich zum A-cappella-Gesang über. In der Volksmusik jedoch war vor allem der sich selbst begleitende Sänger eine ständige Gestalt. Besonders die Laute eignete sich gut dafür, weil sie leicht transportabel war. Es ist daher nicht überraschend, daß die Lautenisten auch den Kunstgesang für diese Vortragsmethode arrangierten.

LEBEN

Francesco Bossinensis wurde um 1470 in Venedig geboren, wo er als Lautenist, Lautenlehrer und Lautenkomponist lebte und um 1540 starb.

WERKE
Das Hauptwerk des italienischen Lautenisten Francesco Bossinensis sind die 2 Bände »Tenori e contrabassi intabulati con sopran in canto figurato per cantar e sonar col lauto« (Tenöre und Bässe mit figuriertem Sopran intabuliert zum Singen und Spielen mit der Laute). Das war das erste intabulierte Vokalwerk für Solostimme und Laute. Unter den arrangierten Stücken vorwiegend italienischer Komponisten finden sich auch Kompositionen vom Herausgeber.

Kurt Boßler (geboren 1911)

LEBEN
Kurt Boßler wurde am 10.7.1911 in Duisburg-Ruhrort geboren und studierte von 1937 bis 1941 in Duisburg bei Helmut Degen. Ab 1943 wirkte er als Kompositionslehrer an der Musikschule in Freiburg im Breisgau und, nachdem diese 1945 geschlossen wurde, als Organist und freier Musiklehrer. Seit 1963 ist er Dozent für Komposition am Evangelischen Kirchenmusikalischen Institut in Heidelberg.

WERKE
Von Kurt Boßler sind ein Bläserquintett, 3 Streichquartette, 2 Klaviertrios, eine Sonate für Flöte und Klavier, 3 Sonaten für Violine und Klavier, ein Dialog für Flöte und Orgel, eine Sonate und andere Stücke für Klavier, Orgelstücke, ein Concertino für drei Blockflöten und Streicher, Stücke für Blockflöte, Kantaten, Psalmvertonungen für gemischten Chor und für Soli, Oboe, Bratsche und Cello, eine Motette, Lieder für Sopran, Flöte und Streichquartett oder Klavier, Klavierlieder und ein »Dodekaphonisches Spiel« für Soloviolline bekannt geworden.

Jean Joseph Bott (1826–95)

ZEIT UND UMWELT
Kurhessen war von 1806 bis 1813 Königreich Westfalen, dann kehrte Kurfürst Wilhelm I. nach Kassel zurück. Unter seinem Nachfolger Friedrich Wilhelm I. (1802–75) kam es mehrmals zu heftigen Unruhen. Im Jahr 1866 wurde Kurhessen von Preußen annektiert. Kassel wurde Hauptstadt der neugebildeten preußischen Provinz Hessen-Nassau. Beide Kurfürsten hielten trotz finanzieller Schwierigkeiten an der in Kassel traditionellen Kulturförderung fest.

LEBEN
Jean Joseph Bott wurde am 9.3.1826 in Kassel geboren. Er war Schüler von Moritz Hauptmann und Louis Spohr, wurde 1846 Soloviolinist der kurfürstlichen Hofkapelle in Kassel, 1848 Konzertmeister, 1852 Zweiter Kapellmeister. Ab 1857 wirkte er als Hofkapellmeister in Meiningen und von 1865 bis 1878 in gleicher Eigenschaft in Hannover. Nach einer Tätigkeit als Musiklehrer in Magdeburg bis 1884 ging er nach Hamburg und ein Jahr darauf nach New York, wo er am 28.4.1895 starb.

WERKE
Von Jean Joseph Bott sind mehrere vorzügliche Violinkonzerte, Solostücke für Violine und Klavier, eine Sinfonie überliefert. Er schrieb außerdem 2 Opern.

Giovanni Bottesini (1821–89)

ZEIT UND UMWELT
Der dreisaitige Kontrabaß, der etwas schlanker war als das übliche viersaitige Orchesterinstrument, wurde von Virtuosen noch im 19. Jahrhundert wegen seiner weichen Ansprache bei großer Klangfülle und deutlich markierter Baßlinie viel verwendet. Sein Bogen wurde zumeist wie beim Cello mit Obergriff geführt.

LEBEN
Giovanni Bottesini wurde am 22.12.1821 in Crema geboren und ab 1837 am Konservatorium in Mailand von Francesco Basili und Nicola Vaccai ausgebildet. Er konzertierte von 1840 bis 1846 als Kontrabaßvirtuose mit größtem Erfolg in Italien und ging darauf als Kapellmeister nach La Havana auf Kuba, wo er seine erste Oper aufführte. Von 1855 bis

1857 war er Kapellmeister des Théâtre italien in Paris, ab 1861 am Teatro Bellini in Palermo und ab 1863 in Barcelona. In Florenz gründete er eine Quartettvereinigung zur Pflege deutscher klassischer Musik; 1871 wirkte er als Operndirektor am Lyceum Theatre in London; im selben Jahre dirigierte er die Uraufführung der Oper »Aida« von Giuseppe Verdi in Kairo. Darauf übernahm er die Leitung des Konservatoriums in Parma, wo er am 7.7.1889 starb.

WERKE
Von Giovanni Bottesini ist eine Anzahl Opern mit Erfolg aufgeführt worden. Er verfaßte außerdem zahlreiche Stücke für Kontrabaß - Opernparaphrasen, Arien, Duette - und das Oratorium »Der Ölberg«.

LITERATUR
Antonio Carniti, In memoria di Giovanni Bottesini, Crema 1922.

Alexandre Jean Boucher (1778-1861)

ZEIT UND UMWELT
Karl IV. (1748-1819), König von Spanien von 1788 bis 1808, wurde ab 1796 in der Ausübung der Regierungsgewalt vom revolutionären Frankreich und später von Napoleon gelenkt.

LEBEN
Alexandre Jean Boucher wurde am 11.4.1778 in Paris geboren. Er war von 1787 bis 1805 Soloviolinist des spanischen Königs Karl IV. und unternahm anschließend ausgedehnte Konzertreisen als Violinvirtuose. Er starb am 29.12.1861 in Paris.

WERKE
Von Alexandre Jean Boucher sind 2 Violinkonzerte erschienen, die die Virtuosität sehr betonen und mit ihren sentimentalen Kantilenen der Romantik zuzurechnen sind.

LITERATUR
M. Pincherle, Alexandre Boucher, in: La Revue Musicale XI, 1930.

Raimondo Boucheron (1800-76)

LEBEN
Raimondo Boucheron wurde am 15.3.1800 in Turin geboren. Er bildete sich vorwiegend autodidaktisch zum Musiker und Dirigenten aus und wirkte zuerst als städtischer Kapellmeister in Voghera, sodann ab 1828 als Dirigent an der Hauptkirche in Vigevano. Im Jahr 1847 wurde er Domkapellmeister in Mailand, wo er am 28.2.1876 starb.

WERKE
Von Raimondo Boucheron ist eine Reihe Kirchenmusik - Messen, Gesänge, Psalmen, Litaneien - handschriftlich überliefert. Gedruckt wurde davon sehr wenig. Sein Stil lehnt sich an den in den lombardischen Kirchen zu jener Zeit gepflegten an und ist dementsprechend konservativ.

Rutland Boughton (1878-1960)

LEBEN
Rutland Boughton wurde am 23.1.1878 in Aylesbury geboren. Er war nach längerer Tätigkeit in einer Konzertagentur Schüler von Charles Stanford und John David Davis (22.10.1867, Edgbaston, bis 20.11.1942, Estoril, Portugal) am Royal College of Music in London und wirkte von 1902 bis 1904 am Haymarket Theatre. Anschließend war er bis 1911 Lehrer am Midland Institut in Birmingham und widmete sich darauf bis zu seinem Tod am 24.1.1960 in London ausschließlich der Komposition und seinem Projekt, in Glastonbury Festspiele mit Werken aus dem Sagenkreis um König Artus (um 500), der angeblich dort begraben liegt, einzurichten. Er hielt sich durch viele Jahre dort auf, sein Vorhaben kam jedoch über einige Konzerte nicht hinaus.

WERKE
Von Rutland Boughton, der rückhaltlos der Spätromantik verbunden war und für die Stilrichtungen seiner Zeit kein Interesse aufbrachte, sind 3 Volkstänze für Streicher, 2 Streichquartette, eine Sonate für Violine und Klavier,

4 sinfonische Gedichte für Chor und Orchester, 3 Lieder für Singstimme und Streichquartett, eine Anzahl unbegleiteter Chorwerke, Klavierlieder und eine Anzahl Opern und Ballette bekannt geworden. Er zählte in England zu den angesehensten Komponisten seiner Zeit.

Lili Boulanger (1893–1918)

LEBEN

Lili Juliette Marie Olga Boulanger wurde am 21.8.1893 in Paris geboren. Sie war Schülerin ihrer Schwester, dann von Gabriel Fauré, Georges Caussade und Paul Vidal. Als erste Französin erhielt sie vom Conservatoire in Paris den Rompreis. Sie starb am 13.3.1918 in Mézy, Yvelines.
Ihre Schwester Nadia Boulanger (1887 bis 1979) studierte bei Gabriel Fauré und Félix Alexandre Guilmant. Von 1920 bis 1939 unterrichtete sie an der École Normale de Musique und ab 1945 am Conservatoire. Daneben gab sie ab 1921 am Amerikanischen Konservatorium in Fontainebleau Unterricht und übernahm 1950 die Leitung der Anstalt. Außerdem war sie Kapellmeisterin des Fürsten von Monaco.

WERKE

Trotz ihrer kurzen Schaffenszeit schuf Lili Boulanger eine Anzahl Werke von erstaunlicher Ausdruckskraft. Neben einer unvollendet gebliebenen Oper vertonte sie den 24., den 129. und den 130. Psalm und ein altes buddhistisches Gebet. Sie schrieb außerdem 2 sinfonische Dichtungen, 13 Lieder auf Dichtungen von Francis Jammes, Violin- und Flötenstücke und ein »Pie Jesu« für Gesang, Streichquartett, Harfe und Orgel.
Nadia Boulanger schrieb eine Oper, einige Stücke für Cello und Lieder. Ein besonderer Ehrenplatz in der Musikgeschichte des 20. Jahrhunderts gebührt ihr aber wegen ihrer hervorragenden Tätigkeit als Kompositionslehrerin, mit der sie zahllose europäische und vor allem amerikanische Komponisten ausbildete, und wegen ihres rastlosen Bemühens, junge Talente zu fördern.

Nadia Boulanger

Pierre Boulez (geboren 1925)

LEBEN

Pierre Boulez wurde am 25.3.1925 in Montbrison, Loire, geboren. Er war nach mathematischen Studien in Lyon am Conservatoire in Paris Schüler von Olivier Messiaen und René Leibowitz. Dann erhielt er die Stellung eines Musikdirektors an einem Theater. Im Jahr 1953 gründete er eine Konzertvereinigung, aus der ein Jahr darauf die »Concerts du Domaine Musical« als experimentelles Konzertforum hervorgingen, und leitete die Institution bis 1967. Von 1960 bis 1963 unterrichtete er an der Musikakademie in Basel Komposition, 1967 wurde er ständiger Gastdirigent des Cleveland Orchestra, 1971 Chefdirigent des BBC-Sinfonieorchesters und des New York Philharmonic Orchestra; seit 1976 lebt er in Paris und leitet das Zentrum für Musikforschung. Als erster Musiker hält er Vorlesungen am Collège de France.

WERKE

Im Verlauf seiner Entwicklung beschäftigte sich Pierre Boulez mit allen Strömungen der Gegenwartsmusik, wie Dodekaphonik, Serialismus, Aleatorik, Elektronik, Musique concrète und Mikrointervallik, strebte eine stiltechnische Synthese derselben an und forderte »einen wechselnden Zeitbegriff auf Grund von Strukturen, die einander durchdringen, einen Ablauf, für den der geschlossene Kreis nicht die einzige zu erstrebende Lösung bildet«. Der Komponist sagt weiters: »Wie mich dünkt, besteht die vordringliche Notwendigkeit darin, ein logisch organisiertes Bewußtsein zu entwickeln. Die Logik der kompositorischen Verfahrensweise soll die Musik einerseits davor bewahren, in bloß Zufälliges und Flüchtiges zu verfallen, andererseits gewährleisten, daß ihr aus ihrer Konstruktion die Kraft zuwächst, über ihren Stand hinauszugehen.« Nach seinen eigenen Worten erstrebt er in seinen Kompositionen eine Synthese von Anton Webern und Claude Debussy an, indem er die logische Materialorganisation des einen mit der von allen traditionellen Formentypen befreiten Formkonzeption des anderen zu verbinden sucht. Er schrieb unter anderem »Notations« für Orchester, »Polyphonie X« für 18 Soloinstrumente, »Figures – Doubles – Prismes« für Orchester, »Eclat«, »Multiples« für Orchester, ein Stück für Flöte, Klarinette, Bratsche, Cello und Klavier, ein Stück für Streichorchester, eine konzertante Sinfonie für Klavier und Orchester, »Domaines« für Klarinette und 21 Instrumente, 3 Klaviersonaten, eine Sonatine für Flöte und Klavier, Stücke für Musique concrète, »Poésie pour pouvoir« für Sprecher, drei Orchester und Tonband, »Cummings ist der Dichter« für 16 Solostimmen und 23 Instrumente, ein Stück für Sopran, Alt und Kammerorchester, »Le marteau sans maître« für Alt und sechs Instrumente und weitere zahlreiche Kompositionen für Singstimmen und für Chor mit Instrumenten, zum Teil mit Tonband. Er veröffentlichte eine Anzahl Traktate zu Themen der Neuen Musik. Sein Werk kennzeichnet ihn als einen der bedeutendsten Vertreter der Musica modernissima.

Le marteau sans maître (Der Hammer ohne Meister), 9 Teile, entstanden 1954, revidiert 1957

Vier Vokalsätze, gesungen von einer Altstimme, bringen surrealistische Gedichte und werden von fünf kommentierenden Instrumentalsätzen eingerahmt. Das Kolorit des Stücks ist fernöstlich, ohne daß neue Instrumente benützt werden. Igor Strawinsky bezeichnete die Komposition als »das bis dato einzige wirklich bedeutende Werk dieser Zeit«.

Pli selon pli – Portrait de Mallarmé (Zug um Zug), 5 Teile, entstanden 1962

Diesem Werk für Sopransolo und großes Orchester liegen fünf Gedichte des Dichters Stephane Mallarmé zugrunde. Der Komponist entwirft ein von Vers zu Vers sich verdichtendes und sich verschärfendes Bild des Dichters. »Wenn ich ein Gedicht wähle, dann drängt sich mir ein Gewebe von Bezogenheiten auf, das unter anderem die affektiven Beziehungen einschließt, aber auch den gesamten Mechanismus des Gedichts umfaßt, von der reinen Klangsubstanz bis zu seiner eigentlichen geistigen Ordnung«, erklärt er. Die einzelnen Sätze sind insoweit improvisatorisch, wie sie verschiedene Grade interpretatorischer Freiheiten gewähren. Das Orchester nimmt formal am Verlauf des Geschehens Anteil; zur Mitte hin reduziert sich die große Besetzung und wächst gegen das Ende, das dem Tod des Dichters gewidmet ist, zu voller Stärke an.

Eclat für 15 Instrumente, ein Satz, entstanden 1965

Die Instrumente sind in zwei Gruppen unterteilt, und zwar: Klavier, Celesta, Harfe, Glockenspiel, Vibraphon, Mandoline, Gitarre, Zimbal, Röhrenglocken und Altflöte, Englischhorn, Trompete, Posaune, Bratsche, Cello. Das Werk wurde als »Konzert für einen Dirigenten« bezeichnet, weil dabei dem Dirigenten neben seinen üblichen Pflichten neue Aufgaben der Zeichengebung zufallen: individuelles Abschließen, Überleiten oder Verknüpfen von Klangsektoren, Erregung plötzlicher Entscheidungen an Haltpunkten des Ablaufs, Sammlung von Einzelstrukturen innerhalb von Strukturfeldern und ähnliches. Es bietet sich durch die Klänge der Instrumente ein weiter Entfaltungsraum, der nie unkontrolliert bleibt. Das Werk endet mit einem »Eclat«, indem die zweite Instrumentengruppe, die bisher wenig beschäftigt war, eingreift und im raschen Tempo eine Stretta erklingen läßt.

Domaines für Soloklarinette und 21 Instrumente in 6 Gruppen, 2 Teile, entstanden 1968

Die 6 Instrumentengruppen sind voneinander separat postiert, der Solist geht reihum von Gruppe zu Gruppe, bläst jedesmal ein Solo, das

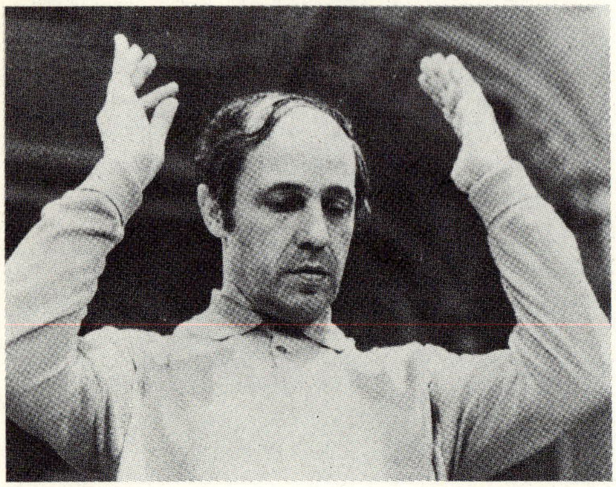

Pierre Boulez

von der jeweiligen Gruppe antiphonisch beantwortet wird. Sodann rufen ihn die einzelnen Gruppen in veränderter Reihenfolge nacheinander zu einem jeweiligen antiphonischen Spiel zu sich.

Cummings ist der Dichter für 16 Solostimmen und 23 Instrumente, entstanden 1970

Der Komponist wählte vier Gedichte des amerikanischen Dichters Edwin Edward Estlin Cummings (1894–1962), dessen Sprache zwar der Mitteilung und dem Ausdruck diente, daneben jedoch nur durch Analyse erschlossen werden mußte. Das Ergebnis der Analyse und die Semantik bildeten keinen unüberbrückbaren Gegensatz, sondern eine zweite und oft dritte Bedeutungsschicht. Diese Mehrdimensionalität wird in dem Werk eingefangen und durch die Antinomien Stimmen - Instrumente, Linie - Einzelton, Tonhöhe - Geräusch, Heterophonie - organisierter Zusammenklang, metrisch - ametrisch, bestimmt - unbestimmt und ihrer Vermittlung bis zu ihrer Aufhebung verdeutlicht.

Improvisation über Mallarmé »Une dentelle s'abolit« (Eine Spitze löste sich auf) für Sopran und neun Instrumente, ein Satz, entstanden 1958

Das Werk ist pointillistisch. Die durch die Klangfarben der Instrumente laufenden melodischen Linien, die Gruppierungen verschiedener Klangkonzentrationen und die quer durch und zuweilen über Gemisch wogenden Farbballungen ergeben eine nahezu narkotische Wirkung.

Joseph Boulogne Saint-Georges

(1739–99)

Leben

Joseph Boulogne, Chevalier de Saint-Georges, wurde 1739 in Guadeloupe als natürlicher Sohn des Gouverneurs Comte de Boulogne geboren und kam als Dreizehnjähriger nach Paris. Er wandte sich der Musik zu und wurde von François Joseph Gossec in Komposition und vermutlich auch von Jean-Marie Leclair im Violinspiel unterrichtet. Als Gossec 1769 sein Concert des Amateurs gegründet hatte, wurde Saint-Georges dabei einer der ersten Violinisten und 1773 Orchesterleiter. Er spielte im Musikleben von Paris als Violinist, Komponist und Dirigent lange Zeit eine maßgebende Rolle. Er verhandelte zum Beispiel mit Joseph Haydn wegen dessen »6 Pariser Sinfonien«. Ab 1777 stand er in engem Kontakt mit Louis Philippe, duc d'Orléans (1725–85). Er reiste mehrmals nach England und erlebte dort den Ausbruch der Französischen Revolution. Im Jahr 1791 stellte er sich der Republik als Capitaine der Garde Nationale zur Verfügung, kehrte 1797 in das zivile Leben zurück und verbrachte seine letzten Jahre bis zu seinem Tod am 10. 6. 1799 als Komponist und Virtuose in Paris.

Werke

Das kompositorische Schaffen von Joseph Boulogne Saint-Georges, dessen abenteuerliches Leben und Wirken nahezu legendär geworden ist, setzte erst mit seinem vierunddreißigsten Lebensjahr ein, war aber dennoch sehr umfangreich. Er schrieb ungefähr 10 Sinfonien, 18 Streichquartette, 6 Violinsonaten mit Begleitung einer zweiten Violine, 12 Violinkonzerte, ein Fagottkonzert, eine Sonate für Flöte und Harfe, Klavierstücke, Romanzen und Arietten und eine Anzahl handschriftlich überlieferter, nicht sehr erfolgreicher Opern. Sein Beitrag zur Entwicklung der französischen Violinistik war beachtlich.

Louis-Albert Bourgault-Ducoudray

(1840–1910)

Zeit und Umwelt

Die Sympathie, die den Griechen in ihrem Kampf um die Eigenstaatlichkeit entgegengebracht wurde, verstärkte auch das Interesse für Land und Volk sowie deren Geschichte. Griechische Volksmusik wurde eifrig gesammelt. Die von einigen gehegte Hoffnung, in dieser Musik die Spuren der hellenischen Musik wiederzufinden, erfüllte sich jedoch in keiner Weise. Die Volksmusik geht vermutlich zumindest teilweise auf die des alten Griechenlands zurück, die wir nicht kennen, und nicht auf die überlieferte Kunstmusik.

LEBEN
Louis-Albert Bourgault-Ducoudray wurde am 2.2.1840 in Nantes geboren. Er war am Conservatoire in Paris Schüler von Ambroise Thomas und erhielt den Rompreis. Im Jahr 1874 ging er nach Griechenland und dem Orient, um griechische Volkslieder zu sammeln. 1878 wurde er am Conservatoire Professor für Musikgeschichte. Er starb am 4.7.1910 in Vernouillet, Seine-et-Oise.

WERKE
Neben 3 Opern verfaßte Louis-Albert Bourgault-Ducoudray ein Oratorium »Jeanne la Patrie«, die Kantaten »Jeanne Flachette«, »Louise de Mézières«, die Orchesterstücke »Le Carnaval d'Athènes«, »Rapsodie Cambodgienne«, 2 Suiten für Bläser, eine »Symphonie réligieuse« für fünf Singstimmen, begleitete und unbegleitete Chorgesänge, zahlreiche Gesänge mit Klavier – griechische, orientalische und bretonische Lieder –, Stücke für Violine und Klavier und für Cello und Klavier, ein Stück für Englischhorn und Klavier, walisische, schottische und irische Lieder. Er beschäftigte sich viel mit altgriechischer Musik.

Loys Bourgeois (um 1510 bis um 1561)

ZEIT UND UMWELT
Jean Calvin verwendete für seine Übersetzungen – Psalmen, Canticum Simeonis, Zehn Gebote – die Melodien deutscher Kirchenlieder. Er ordnete die Kirchenmusik streng der Wortverkündung unter und ließ sie nur einstimmig als Gemeindegesang zu. Instrumentalbegleitung, auch die einer Orgel, war untersagt. Als sodann die Übersetzungen von Clément Marot und Théodore de Bèze vorlagen, wurden neue Melodien geschaffen, die sich teilweise an französische und niederländische anlehnten und weit über Frankreich hinaus den reformistischen Kirchengesang beeinflußten.

LEBEN
Loys Bourgeois wurde in Paris um 1510 geboren, lebte von 1541 bis 1552 in Genf und dann wieder in Paris, wo er um 1561 starb.

WERKE
Der größte Teil der von Marot und de Bèze übersetzten calvinistischen Bibelübertragungen für den gottesdienstlichen Gemeinschaftsgesang wurde von Loys Bourgeois vertont. Seine Melodien fanden auch in Deutschland, den Niederlanden und England Aufnahme. Er bearbeitete auch Psalmenübersetzungen für vier bis sechs Stimmen für den außerkirchlichen Gebrauch und komponierte etliche Chansons.

LITERATUR
P.-A. Gaillard, Loys Bourgeois, Lausanne 1948.

Thomas Louis Bourgeois
(1676–1750)

LEBEN
Thomas Louis Joseph Bourgeois wurde am 24. 10. 1676 in Fontaine-l'Évêque, Hainaut, geboren. Er war ab 1702 Kapellmeister am Münster von Straßburg, verließ aber die Stelle 1705 wegen Differenzen mit den Sängern und wirkte sodann in gleicher Eigenschaft in Toul. Von 1708 bis 1711 war er Altsänger an der Pariser Oper, zwischen 1715 und 1721 Musikdirektor und Musiklehrer bei Louis Henry duc de Bourbon-Condé. Hernach hielt er sich in Den Haag auf und wirkte als Sänger in Dijon. Seine letzten Jahre verbrachte er in Paris. Er starb im Januar 1750.

WERKE

Der französische Komponist Thomas Louis Bourgeois verfaßte 2 Bücher mit Trios, 2 Bücher mit französischen Kantaten, 4 Cantatilles für eine Stimme und Orchester, eineMotette mit großem Chor und Orchester, »Beatus vir«, und mehrere sehr gute Ballette.

LITERATUR

Cl. Lyon, Thomas Louis Bourgeois, Charleroi 1882.

Francis de Bourgignon (1890–1961)

LEBEN

Francis de Bourgigon wurde am 28.5.1890 in Brüssel geboren, wo er bereits mit 10 Jahren in das Konservatorium eintrat und mit 18 Jahren einen Ersten Klavierpreis erhielt. Nach längerer Tätigkeit als Repetitorassistent am selben Institut reiste er als Pianist durch die ganze Welt, bis er sich 1925 in Brüssel niederließ und die Leitung einer Musikschule übernahm; gleichzeitig war er Kontrapunktlehrer am Konservatorium. Er starb am 11.4.1961 in Brüssel.

WERKE

An Orchesterwerken komponierte Francis de Bourgignon eine Sinfonie, einige Tanzsuiten, ein Concerto grosso, 4 Klavierkonzerte, ein Violinkonzert, eine Suite für Bratsche und Orchester, ein Rezitativ und Rondo für Trompete und Orchester, zahlreiche Lieder, eine Kammeroper, ein Hörspiel und ein Ballett, ferner eine Anzahl virtuoser Werke für Einzelinstrumente.

Georges Bousquet (1818–54)

ZEIT UND UMWELT

Dem Diktat des Pariser Publikums entsprechend suchte nahezu jeder Komponist im 19. Jahrhundert sein Glück auf der Opernbühne. Das brachte in manchen Fällen nicht den erwünschten Erfolg, weil der Komponist für andere Musikgattungen begabt war. Manche wichen zur Musikkritik aus.

LEBEN

Georges Bousquet wurde am 12.3.1818 in Perpignan geboren. Er erhielt als Kompositionsschüler des Pariser Conservatoire 1838 den Rompreis und wirkte nach seiner Rückkehr zeitweilig als Kapellmeister der Italienischen Oper. Bis zu seinem Tod am 15.6.1854 in St-Cloud war er auch als Musikkritiker tätig.

WERKE

Die 3 Opern von Georges Bousquet sind mit wenig Erfolg auf die Bühne gekommen. Von seiner Kirchenmusik werden besonders seine beiden Messen hervorgehoben. Die glänzende Karriere, die man ihm voraussagte, konnte er wegen seines frühen Todes nicht erreichen.

René Bousset (1703–60)

ZEIT UND UMWELT

Die von Nicolas Bernier und Antoine Calvière vertretene Linie der Verschmelzung italienischer und französischer Stilelemente setzte die Bemühungen von Michel-Richard

Jean-Baptiste Rousseau

Delalande, den klassischen Barockstil von Versailles aufzulockern und vor einer endgültigen Erstarrung zu bewahren, fort. Der französische Stil des 18. Jahrhunderts bewegte sich aber von italienischen Einflüssen weg, weil in Frankreich genügend Talente vorhanden waren, eine eigenständige Entwicklung zu schaffen, nachdem einmal die Panzer der höfischen Musik gesprengt waren.

LEBEN
René Bousset, Sohn von Jean-Baptiste Drouart de Bousset (1662–1725), wurde am 15. 2. 1703 in Paris geboren. Er war Schüler von Nicolas Bernier und Antoine Calvière und wurde, nachdem er an verschiedenen Kirchen als Organist gewirkt hatte, 1755 Organist an Notre-Dame und 1756 an St-Merry. Die zuletzt genannte Stelle betreute er bis zu seinem Tod am 19. 5. 1760.

WERKE
Die 8 Oden auf Texte von Jean-Baptiste Rousseau (1670–1741), die René Bousset schrieb, wurden mehrmals aufgelegt. Auch seine Sammlungen von Airs sérieux et à boire und von sakralen Kantaten wurden von den Zeitgenossen sehr geschätzt.

Pierre Bouteiller
(um 1640 bis um 1720)

ZEIT UND UMWELT
Monodie, Basso continuo und Instrumentalbegleitung haben, wenn auch zögernd, in die französische Kirchenmusik Einzug gehalten. Die alte Polyphonie wurde allerdings daneben weiterhin gepflegt, um deutlich von der profanen Musik abzugrenzen. Aber auch die »moderne« Kirchenmusik hob sich davon ab und näherte sich eher dem italienischen Stil.

LEBEN
Pierre Bouteiller (l'Aîné) wurde um 1640 vermutlich in Moncé-en-Belin, Arthe, geboren. Er war Kapellmeister an der Kathedrale von Troyes und sodann in Châlons-sur-Marne, wo er wahrscheinlich um 1720 starb.
Sein Bruder Louis Bouteiller (Le Cadet, um 1645, Moncé-en-Belin, bis 7. 2. 1725, Le Mans) war durch 60 Jahre Kapellmeister an der Kathedrale von Le Mans.

WERKE
Vom französischen Komponisten Pierre Bouteiller sind eine einstimmige und 13 ein- bis vierstimmige Motetten mit Generalbaß und Instrumenten ad libitum sowie eine Totenmesse für fünf Stimmen und Orgel erhalten.
Louis Bouteiller schrieb ebenfalls Motetten. Ein sehr schönes »Ad te Domine clamabo« (Zu dir rufe ich, Herr) für fünf Stimmen, vier Instrumente und Generalbaß ist handschriftlich erhalten. In Sammelwerken sind mehrere Airs sérieux et à boire zu finden.

François Bouvard (1684–1760)

ZEIT UND UMWELT
Die Pariser Oper beschäftigte ständig einige Knaben als Sopranisten, die nach dem Stimmbruch nicht selten als Sänger in ihrer neuen Stimmlage verblieben oder sonstwie mit dem Unternehmen eine Verbindung aufrechterhielten.

LEBEN
François Bouvard wurde 1684 in Lyon geboren. Er war als Knabe Sopranist an der Oper in Paris. Darauf hielt er sich durch mehrere Jahre zur Ausbildung in Italien auf. Anschließend lebte er als Violinist und Komponist in Paris, wo er am 2. 3. 1760 starb.

WERKE
Neben 2 Opern, die in Paris mit Erfolg aufgeführt wurden, verfaßte der französische Komponist François Bouvard ein Buch mit Violinsolosonaten und Generalbaß, eine Ode und eine Sammlung Airs sérieux et à boire mit Violine, Flöte und Generalbaß, außerdem etliche Kirchenmusik und Kantaten.

Guillaume Bouzignac
(um 1580 bis nach 1643)

ZEIT UND UMWELT
Unter König Ludwig XIII. flammte der Kampf der Hugenotten erneut auf; sie setzten sich gegen den sich verstärkenden Druck der katholischen Kräfte unter Henry duc de Rohan (1579–1638) zur Wehr. Die politische Macht der Hugenotten wurde mit der Eroberung ihres Stützpunktes La Rochelle 1628 durch Kardinal und Herzog Armand-Jean du Plessis Richelieu (1585–1642) gebrochen; die im Edikt von Nantes (1598) zugestandene religiöse Freiheit verblieb ihnen aber vorläufig und wurde 1643 durch eine königliche Erklärung sogar bestätigt.

LEBEN
Guillaume Bouzignac wurde um 1580 im Languedoc geboren. Er war Chorknabe in Narbonne und 1609 Maître de musique des enfants an der Kathedrale von Grenoble. Ähnliche Stellen hatte er in Rodez und Tours inne. Er trat sodann in die Dienste des Großadmirals und Gouverneurs des Languedoc Henry II. duc de Montmorency (1595 bis 1632). Über seine Tätigkeit nach dessen Hinrichtung wegen Hochverrates ist nichts bekannt. Er ist nach 1643 gestorben. Ort und Datum seines Todes sind nicht feststellbar.

WERKE
Dem französischen Komponisten Guillaume Bouzignac sind mit Sicherheit 8 Motetten und 2 Chansons, weitere 70 in verschiedenen Handschriften anonym enthaltene Stücke mit großer Wahrscheinlichkeit zuzuschreiben. Außerdem sind von ihm mehrere Messen, Psalmen, Hymnen, weitere Chansons und eine 1628 anläßlich des Sieges über die Hugenotten in La Rochelle verfaßte Festmotette. Seine Kompositionstechnik weist Ähnlichkeiten mit dem dramatischen Madrigal Italiens auf. Der Textsinn wird Wort für Wort herausgestellt. Chöre und Soli wechseln dialogisch ab, melodische und harmonische Kühnheiten verleihen der Musik besonderen Reiz.

LITERATUR
D. Launay, Guillaume Bouzignac in: Musique et Liturgie Nr. 21, 1951.

Jules Bovery (1808–68)

LEBEN
Jules Bovery (eigentlich Antoine Nicolas Joseph Bovery) wurde am 21.10.1808 in Lüttich geboren. Er wirkte als Kapellmeister in Gent, sodann am Pariser Operettentheater. Er starb am 17.7.1868 in Paris.

WERKE
Von Jules Bovery sind 12 komische Opern und Operetten aufgeführt worden. Es handelt sich um reine Unterhaltungsmusik. Seriöser sind seine Ouvertüren, die beachtliche kompositorische Fähigkeiten enthüllen.

Giovanni Battista Bovicelli
(um 1550 bis nach 1597)

ZEIT UND UMWELT
Diminution bedeutete im 16. Jahrhundert eine improvisatorische Auszierung von Melodien durch den Interpreten. Im Hoch- und Spätmittelalter wurde hierfür die Bezeichnung Flores verwendet, weil unter Diminution die Verkürzung von Notenwerten neben anderen gleich geführten verstanden wurde.

LEBEN
Giovanni Battista Bovicelli wurde um 1550 in Assisi geboren. Er war Kleriker und nach seiner Ausbildung von 1583 bis 1597 Kapellsänger am Dom von Mailand, wo er nach 1597 gestorben sein dürfte.

WERKE
Das Hauptwerk des Musikers und Musikschriftstellers Giovanni Battista Bovicelli war sein Traktat »Regole, Passaggi di Musica, Madrigali, et Motette passaggiati« (Regeln über Koloraturen bei Madrigalen und Motetten), in dem er eigene und fremde Kompositionen mit im 16. Jahrhun-

dert üblichen Auszierungen (Diminutionen) durch die Sänger vorführte und erklärte. Das Werk ist für die Kenntnis der Koloraturpraxis seiner Zeit sehr wichtig. Daneben zeigte sich der Autor durch seine eigenen Vertonungen als tüchtiger und einfallsreicher Komponist.

LITERATUR

H. Goldschmidt, Verzierungen, Veränderungen und Passagien im 16. und 17. Jahrhundert, Monatshefte für Musikgeschichte XXIII, 1891.

York Bowen (1884–1961)

LEBEN

Edwin York Bowen wurde am 22.2.1884 in London geboren. Er war Schüler an der Royal Academy of Music in London, an der er ab 1905 als Klavierlehrer wirkte. Er starb am 23.11.1961 in London.

WERKE

Von York Bowen sind 2 Sinfonien und mehrere andere Orchesterwerke, 3 Klavierkonzerte, ein Violinkonzert, ein Bratschenkonzert, zahlreiche Kammermusik- und Klavierwerke sowie Lieder bekannt geworden. Seine Kompositionen erfreuten sich wegen ihrer originellen Instrumentation und Klangfreudigkeit großer Beliebtheit.

Christian Ludwig Boxberg (1670–1729)

ZEIT UND UMWELT

Die Orgel in der gotischen Peter-und-Paul-Kirche in Görlitz war als Meisterwerk weithin berühmt, so daß sogar eine Beschreibung davon in Buchform ihr Leserpublikum fand.

LEBEN

Christian Ludwig Boxberg wurde am 24. 4. 1670 in Sonderhausen geboren. Er studierte an der Universität Leipzig und wurde an der Thomasschule zum Musiker ausgebildet. Ab 1692 war er Organist in Großenhain, ab 1702 an Peter und Paul in Görlitz, wo er am 1. 12. 1729 starb.

WERKE

Vom deutschen Komponisten Christian Ludwig Boxberg sind 35 Kirchenkantaten für Sopran und 2 Melodieinstrumente erhalten. Er verfaßte mehrere Opern, die in Leipzig, Kassel, Wolfenbüttel und Ansbach aufgeführt wurden.

William Boyce (1711–79)

ZEIT UND UMWELT

Das Three-Choirs-Festival (Drei-Chöre-Festspiel), gegründet 1724 aufgrund einer Anregung der »Sons of the Clergy« (Söhne des Klerus), die selbst seit 1655 jährlich Festspiele abhielten, sind gemeinsame Konzerte der Chöre von Gloucester, Worcester und Hereford in jeweils einer der Kathedralen der drei Städte. Sie bestehen aus sakralen und profanen Konzerten vorwiegend englischer Komponisten und Georg Friedrich Händels, später kamen auch Haydn und Mozart zu Gehör. Die Leitung wurde stets Dirigenten ersten Ranges übertragen.

LEBEN

William Boyce wurde am 11. 9. 1711 in London geboren. Er war Chorknabe an St. Paul's und Schüler von Maurice Greene und Johann Christoph Pepusch. Er wirkte anfangs als Organist der Oxfordkapelle, dann an der Michaeliskirche in London. 1736 wurde er Komponist und 1758 Organist der Königlichen Kapelle, nachdem er 1749 auch Organist an All Hallows geworden war. Im Jahr 1737 hatte er die Leitung des Three choirs festivals für mehrere Jahre übernommen. Er starb am 7. 2. 1779 in London.

WERKE

Man hat William Boyce den bedeutendsten englischen Komponisten des 18. Jahrhunderts genannt. Sein kompositorisches Werk entspricht dieser Auszeichnung. Er schrieb ungefähr 50 Oden, zahlreiche Services, mehr als 60 Anthems, von denen mehrere heute noch gesungen werden, 10 Präludien für Orgel oder Cembalo, 12 Triosonaten, 12 Ouvertüren, 8 Sinfonien, ein Te Deum und Jubilate, ein Maskenspiel, eine Serenata und Musik zu mehreren Dramen. Er brachte die »Lyra Britannica«, eine Sammlung von Liedern, Duetten und Kantaten, und die von Maurice Greene geplante dreibändige »Cathedral Music« mit einem beträchtlichen Teil des kirchenmusikalischen Repertoires des 16., 17. und 18. Jahrhunderts heraus.

Die 8 Sinfonien

Die Sinfonien 1 bis 8 in B-Dur, A-Dur, C-Dur, F-Dur, D-Dur, F-Dur, B-Dur und d-Moll gehören dem Spätbarock an und weisen keinerlei Anzeichen der beginnenden Vorklassik auf. Im England des 18. Jahrhunderts verlief die Entwicklung im Vergleich zum Kontinent sehr retardiert, die Vorbilder Händel, Pepusch und Greene wirkten zu überzeugend, um über sie hinauszuschreiten. Neu an ihnen ist aber die Instrumentierung. Den Blasinstrumenten – Trompete, Horn – werden oft gesonderte melodische Linien zugeteilt, was eine im Barock ungewöhnliche Dichte des Klangbildes erzeugt. Formal handelt es sich um Ouvertüren, von denen die ersten fünf die italienische Faktur, »rasch – langsam – rasch«, die folgenden drei die französische, »feierlicher Beginn – lebhaftes Ende«, übernehmen. Die meisten verwendeten Themen sind Tanzrhythmen – darunter auch die des heimischen Jigg; Choraldiktionen sind nicht selten, sie bilden auch bei fugierten Passagen den Unterbau. Diese Besonderheiten und eine Anzahl überraschender, der Volksmusik entnommener Phrasierungen formen eine typisch englische Musik.

Sonate Nr. 7 in d-Moll für zwei Violinen und Generalbaß, 4 Sätze

Trotz der Viersätzigkeit entfernte sich diese Sonate um einiges von der Barockform, kann aber dennoch nicht als Rokokomusik angesprochen werden. Ihre Fuge besteht nur aus der dreimaligen Wiederholung eines rhythmischen, nach oben strebenden Themas, das in eine prachtvolle Kadenz mündet. Sie gibt den beiden Violinen die Gelegenheit, fröhlich zu duettieren. Der Baß wird an diesem Spiel nicht beteiligt; nach Barockmanier ist er auf seine begleitende Funktion beschränkt.

LITERATUR

Ch. Cudworth, Boyce and Arne: The Generation of 1770, in: Music & Letters XLI, 1960.

Jean Boyer (um 1590 bis nach 1643)

ZEIT UND UMWELT

Neben der Hofkapelle unterhielten die Könige von Frankreich noch Kammermusiker, die wirtschaftlich um vieles besser gestellt waren. Sie spielten bei der Entwicklung der profanen Musik des Landes eine äußerst wichtige Rolle und übten auch auf die Kirchenmusik der Hofkapellen starken Einfluß aus. Ihre Hauptfunktion bestand jedoch in der Mitwirkung am Hofballett und am Hoftheater.

LEBEN

Jean Boyer wurde um 1590 vermutlich bei Paris geboren. Er stand im Dienst des Herzogs von Nemours, wurde aber 1636 der Kammermusik Ludwigs XIII. und der Königin Anna von Österreich (1601–66) zugeteilt und wirkte ständig an den Ballettveranstaltungen des Hofes mit. Sein Hofdienst endete mit dem Tod des Königs (1643). Über seine weitere Tätigkeit, den Ort und die Zeit seines Todes ist nichts bekannt.

WERKE

Von dem französischen Komponisten Jean Boyer sind vierstimmige Airs, Trink- und Tanzlieder und für Laute gesetzte Liedmelodien erhalten. Sie sind mit ihrer gezierten, etwas steifen Art für das französische höfische Barock typisch.

Pascal Boyer (1741–94)

ZEIT UND UMWELT

Die Kathedrale St-Castor in Nîmes bemühte sich ständig, gute Kräfte für ihre Kapelle heranzuziehen, um ihr Niveau zu halten. Sie litt unter den gleichen Schwierigkeiten, denen alle Kapellen der französischen Provinzen ausgesetzt waren, weil die Anziehungskraft der Hauptstadt immer wieder die besten Kräfte bewog, nach Paris abzuwandern, und es nicht immer leicht war, die dadurch entstandenen Lücken ständig neu zu füllen.

LEBEN
Pascal Boyer wurde am 30. 1. 1741 in Tarascon geboren. Er war von 1759 bis 1765 Kapellmeister der Kathedrale in Nîmes. Dann übersiedelte er nach Paris und widmete sich dort der Opernkomposition. Ob er dort eine feste musikalische Stelle einnahm, ist nicht bekannt. Er starb am 7. 7. 1794 in Paris.

WERKE
Vom kompositorischen Werk von Pascal Boyer sind 3 Triosonaten bekannt geworden. Von seinen Opern ist nichts erhalten, außer einigen Arien aus einem Opernballett. Von großer Bedeutung sind seine theoretischen Abhandlungen.

Thomas Boyes (um 1580 bis nach 1620)

ZEIT UND UMWELT
Die um die Wende zum 17. Jahrhundert in Oxford (und in Cambridge) gelehrte Musik bewegte sich noch ausschließlich im Rahmen der Polyphonie des 16. Jahrhunderts. Die Kontrapunktik ergab umfangreichen Lehr- und Lernstoff. Den Schülern war aber dennoch genügend Gelegenheit geboten, die neuen, vom Kontinent einfließenden Stilgattungen kennenzulernen, denn in den Kirchen der Universitätsstädte war man weit weniger konservativ als in den königlichen Kapellen und spielte und sang, was eben gefiel.

LEBEN
Thomas Boyes wurde um 1580 in England geboren. Er studierte um die Jahrhundertwende in Oxford und wurde dort graduiert. Über sein weiteres Leben und Wirken ist nichts bekannt. Ebensowenig lassen sich Ort und Zeit seines Todes feststellen.

WERKE
Vom englischen Kirchenkomponisten Thomas Boyes sind in verschiedenen englischen Kathedralen – Ely, Durham, Peterhouse und Cambridge – Services erhalten, außerdem ein Te Deum und ein vierstimmiges Anthem. Die Musik ist konservativ, weist aber eine Reihe von »Modernismen« auf.

George Frederick Boyle (1886–1948)

LEBEN
George Frederick Boyle wurde am 29. 6. 1886 in Sydney geboren und zum Pianisten und Komponisten ausgebildet. Nach Konzertreisen in Australien kam er nach Berlin zu Ferruccio Busoni und konzertierte ab 1908 in Europa. Im Jahr 1910 ging er in die USA; dort wurde er am Konservatorium in Baltimore Klavierlehrer, später am Curtis Institut in Philadelphia und schließlich an der Juilliard School of Music in New York. Er starb am 20. 6. 1948 in Philadelphia, wo er zuletzt Leiter der Klavierabteilung der Musical Academy war.

WERKE
Von George Frederick Boyle sind eine sinfonische Fantasie, ein Concertino für Klavier und Orchester, eine Kantate, eine Klavier-, eine Bratschen-, eine Cello- und eine Violinsonate bekannt geworden. Er schrieb ferner eine Suite für zwei Klaviere und eine »Elegische Ballade« für Violine, Cello und Klavier. Sein Stil war für moderne Diktionen sehr aufgeschlossen.

Jacques Boyvin (um 1653–1706)

ZEIT UND UMWELT
Von 1650 bis in das 18. Jahrhundert hinein stand die französische Orgelmusik in ihrer höchsten Blüte. Die von der berühmten Orgelbauerfamilie Cliquot und von François Bédos de Celles aufgestellten Instrumente regten eine Reihe von Komponisten an, spezifische Orgelmusik zu schreiben. Diese war zwar zumeist liturgisch gebunden, wertete aber alle Möglichkeiten der Königin der Musikinstrumente aus, so daß sie auf anderen

Tasteninstrumenten nicht mehr wiedergegeben werden konnte.

LEBEN
Jacques Boyvin wurde um 1653 in Paris geboren. Er war ab 1674 Organist an der Kathedrale in Rouen und wirkte in dieser Stellung bis zu seinem Tod am 30. 6. 1706.

WERKE
Der französische Organist und Komponist Jacques Boyvin schrieb ein Orgelbuch, dessen Stücke speziell auf seine von Robert Cliquot (um 1645, Reims, bis 1719, Paris) erbaute Orgel zugeschnitten waren. Ein zweites Buch brachte Stücke, die teilweise auch auf einem Cembalo gespielt werden können. Die Stücke – Präludien, chromatische Fugen, Duette, Liedformen mit Akkordbegleitung usw. – kamen dem Zeitgeschmack entgegen und waren sehr beliebt. Sie werden zum Teil heute noch gespielt.

Jean Boyvin (um 1480 bis um 1540)

ZEIT UND UMWELT
König Franz I. von Frankreich übereignete das Herzogtum Orléans dem zukünftigen König Heinrich II., der es, als er 1536 Dauphin wurde, an seinen Bruder Karl (1522 bis 1545) weitergab. Heinrich hielt bereits als Herzog von Orléans eine Privatkapelle, die er seinem Bruder mit dem Herzogtum überließ.

LEBEN
Jean Boyvin wurde um 1480 vermutlich in Paris geboren. Er war Barytonspieler in der Kapelle der Herzöge von Orléans Heinrich und Karl und starb um 1540 in Paris.

WERKE
Von dem französischen Komponisten und Instrumentalisten Jean Boyvin sind eine große Anzahl von Chansons in verschiedenen Sammelwerken überliefert. Sie folgen dem zu jener Zeit herrschenden Pariser Stil. Ihre Beliebtheit kann daraus ersehen werden, daß sie in mehreren Sammelbänden aufscheinen.

Attila Bozay (geboren 1939)

LEBEN
Attila Bozay wurde am 11. 8. 1939 in Balatonfüzfö, Ungarn, geboren. Er war in Budapest am Konservatorium Schüler von István Szelényi und von Ferenc Farkas an der Hochschule für Musik. Nach einer Lehrtätigkeit an der Musikfachschule in Szeged wirkte er von 1963 bis 1966 als Redakteur beim Ungarischen Rundfunk. Seitdem lebt er als freischaffender Komponist in Budapest.

WERKE
Außer einem Opernmysterium schrieb Attila Bozay unter anderem ein »Sinfonisches Stück« für Orchester, ein Bratschenkonzert, ein Bläserquintett, ein Streichquartett, ein Streichtrio, ein Ritornell für Violine solo, Formationen für Cello solo, Klavierwerke, Serie für Kammerensemble, einen Liederzyklus für Sopran, Cello und Klarinette, einen Motettenzyklus, Improvisationen für Zither solo.

Serie für Kammerensemble, 5 Sätze, entstanden 1970
Der 1. Satz ist ein Streichtrio, der 2. Satz ein Bläsertrio; der Tonvorrat des 3. Satzes stammt aus einer einzigen langen Reihe; zwischen den Stimmen werden rhythmische Formeln gewechselt. Im 4. Satz lösen zwei gegensätzliche Themen einander im Sinn des Goldenen Schnittes ab. Der 5. Satz ist der einzige Tuttiteil, in dem Gesamt-Intervallakkorde mit kleinen Solostellen des Klaviers und des Schlagwerks verkettet sind.

Georg Brack (um 1465 bis vor 1519)

ZEIT UND UMWELT
Herzog Ulrich von Württemberg (1487 bis 1550) führte eine sehr aufwendige Lebenshaltung, die ihn zu guter Letzt den Thron kostete. Doch die Hofkapelle, die er prächtig ausgestaltete, blieb bestehen.

LEBEN
Georg Brack (Brakkher) wurde um 1465 vielleicht in Polen geboren. Über seine Jugend und Ausbildung gibt es keine Informationen. Im Jahre 1507 wurde er Kompo-

nist der Hofkapelle Herzog Ulrichs von Württemberg. Er dürfte auch als Kapellmeister gewirkt haben, bis Heinrich Finck 1510 dieses Amt übernahm. Der Musiktheoretiker Andreas Ornitoparchus (um 1490, Meiningen, bis um 1550) nahm bei ihm Unterricht. Er starb in Stuttgart vor dem Jahr 1519.

WERKE
Von Georg Brack, den Andreas Ornitoparchus als einen der besten Komponisten seiner Zeit bezeichnete, sind nur 5 deutsche Lieder erhalten, die allerdings die Hand eines Meisters verraten.

LITERATUR
H. Albrecht, Zwei Quellen zur deutschen Musikgeschichte der Reformationszeit, Musikforschung I, 1948.

William Batchelder Bradbury
(1816–68)

ZEIT UND UMWELT
Die ungeheure Vermehrung der Gesangvereine und die allgemeine Einführung des Singunterrichts an den Schulen trieb in den USA um die Mitte des 19. Jahrhunderts den Bedarf an Vokalkompositionen und Liedersammlungen explosiv in die Höhe. Einzelne Publikationen dieser Art brachten es rasch zu Auflagen, die zwei- bis dreihunderttausend Exemplare überstiegen.

LEBEN
William Batchelder Bradbury wurde am 6. 10. 1816 in York, Me., geboren und in Boston im Klavier- und Orgelspiel ausgebildet. Er wirkte ab 1834 in Maine und ab 1840 in New York als Kirchenorganist sowie Gründer und Leiter von populären Singvereinigungen. Von 1847 bis 1849 hielt er sich in England und Deutschland auf, um Unterrichtsmethoden für den Chorgesang zu studieren und nach seiner Rückkehr in die USA dem Gesangvereinswesen neue Impulse zu verleihen. Er starb am 7. 1. 1868 in Montclair, N.J.

WERKE
Die Sonntagschulkantaten »Daniel« und »Esther« von William Batchelder Bradbury wurden in vielen Städten der USA bis zum Ende des 19. Jahrhunderts und länger viel gesungen. Er brachte bei 60 Sammlungen populärer Lieder und Chöre als Autor oder zumindest als Verleger heraus. Auch seine einfachen Kirchenlieder, die sich von zahlreichen zeitgenössischen durch ihre ansprechenden Melodien unterschieden, standen bis in unsere Zeit in ständiger Verwendung.

William Brade (1560–1630)

ZEIT UND UMWELT
Violinenbau und Violinenspiel setzten mit dem Beginn des 17. Jahrhunderts ein. Der helle Klang dieses Instrumentes verdrängte bald die Violenfamilie. Es wurde anfänglich hauptsächlich bei Hofkapellen zum Spielen von Tänzen verwendet, bald aber eroberte es im Orchester seinen Ehrenplatz an der Spitze aller anderen Instrumente.

LEBEN
William Brade wurde 1560 in England geboren, verbrachte aber den größten Teil seines Lebens in Deutschland und Dänemark. Er war von 1594 bis 1596 und von 1599 bis 1605 und abermals von 1620 bis 1622 Mitglied der Hofkapelle Christians IV. in Kopenhagen. Er nahm an der Entwicklung einer eigenständigen Musik in Dänemark erheblichen Anteil. In den Zwischenzeiten wirkte er als Instrumentalist und Kapellmeister in brandenburgischen Diensten, war Leiter der Ratsmusik in Hamburg (1608–10 und 1613 bis 1615), Kapellmeister in Schaumburg (1610–13) und Halle an der Saale (1618), schließlich neuerlich in Hamburg bis zu seinem Tod am 26. 2. 1630.

WERKE
Von dem englischen Violinisten und Bratschisten William Brade sind 5 Bücher mit Tanzstücken verschiedenster Art erschienen, die mehrere Auflagen erlebten. Einzelne Tänze wurden in Sammelwerken auf-

genommen. Brades Beitrag zur Entwicklung der deutschen Tanzmusik kann nicht hoch genug gewertet werden.

LITERATUR
C. R. Huber, Life and Music of William Brade, University of North Carolina, 1966.

Theodor Bradsky (1833–81)

ZEIT UND UMWELT
Der Berliner Domchor wurde ursprünglich nach dem Muster der vatikanischen Sistina für den Gottesdienst im Alten Dom gegründet. Im Jahr 1878 bestand er aus 50 Chorknaben und 15 Männern, die zumeist a cappella sangen. Unter dem Chormeister Albert Becker begann der Chor seine heutige wichtige Rolle im Berliner Konzertleben zu spielen, indem er häufig konzertierend in Erscheinung trat.

LEBEN
Theodor Václav Bradsky wurde am 17. 1. 1833 in Rakonitz (Rakonice), Böhmen, geboren. Er trat in Berlin dem Königlichen Domchor bei und betätigte sich daneben als Gesanglehrer. Im Jahr 1874 wurde er zum Hofkomponisten ernannt. Er starb am 10. 8. 1881 in Rakonitz.

WERKE
Am meisten bekannt wurde Theodor Bradsky durch seine Lieder und Chorlieder auf deutsche und tschechische Texte. Von seinen 6 Opern kamen 3 auf die Bühnen, erreichten aber nur mäßige Erfolge.

Ulrich Brätel (um 1495 – 1545)

ZEIT UND UMWELT
Herzog Ulrich I. von Württemberg, der 1519 von der Schwäbischen Liga vertrieben worden war, konnte wegen Uneinigkeit der Liga 1534 wieder zurückkehren und seine glänzende Hofhaltung in Stuttgart weiterführen. Die Hofkapelle war übrigens in ihrer Tätigkeit nie unterbrochen, sondern nur eingeschränkt gewesen, blühte jedoch unter dem prunkliebenden Herzog erneut auf und öffnete fähigen Musikern bereitwillig ihre Türen.

LEBEN
Ulrich Brätel wurde um 1495 vermutlich in Stuttgart geboren. Im Jahre 1535 trat er der Stuttgarter Hofkapelle bei und blieb in dieser Stellung bis zu seinem Tod im Jahre 1545.

WERKE
Der deutsche Komponist Ulrich Brätel hinterließ eine Reihe mehrstimmiger deutscher Lieder und mehrere lateinische Sätze. Besonders die Lieder waren von den Zeitgenossen im weiten Umkreis sehr geschätzt. Sie bilden einen wesentlichen Beitrag zur Entwicklung des deutschen Liedes.

LITERATUR
H. Albrecht, Zwei Quellen zur deutschen Musikgeschichte der Reformationszeit, Die Musikforschung I, 1948.

Francisco Braga (1868–1945)

LEBEN
Francisco Braga wurde am 15. 4. 1868 in Rio de Janeiro geboren. Er war am Conservatoire in Paris Schüler von Jules Massenet. Nach Aufenthalten in Deutschland, wo er unter den Einfluß der Musik Richard Wagners geriet, und in Italien kehrte er 1900 nach Brasilien zurück. Dort erhielt er eine Lehrstelle am Instituto Nacional de Música und leitete von 1908 bis 1933 das Orchester der Sociedade de Concertos Sinfonicos. Er starb am 14. 3. 1945 in Rio de Janeiro.

WERKE
Außer 3 Opern schrieb Francisco Braga klangvolle Orchesterstücke mit »neudeutschen« Fakturen: »Marabá«, »Brasilianische Variationen«, »Hymne an das Vaterland«, »Das weite Land«, »Nächtliche Angst«, außerdem Kammermusik, Klavierstücke und Lieder.

John Braham (1777-1856)

ZEIT UND UMWELT
Das Interesse für Musik ferner Zeiten und fremder Völker in der Romantik dehnte sich auch auf orientalische und jüdische Musik aus. Originale oder nachempfundene hebräische Melodien – Volksmusik oder Synagogengesänge – ergänzten das musikalische Repertoire jener Epoche.

LEBEN
John Braham (eigentlich John Abraham) wurde am 20.3.1777 in London geboren. Er war Schüler seines Onkels, des Synagogensängers und Komponisten synagogaler Gesänge, Myer Lyons, genannt Leoni (um 1740, London, bis 1797, Kingston, Jamaica), und machte eine großartige Karriere als Opern- und Konzertsänger. Nach vielen glänzenden Auftritten in London, Italien und Deutschland starb er am 17.2.1856 in London.

WERKE
Neben einer Anzahl Bühnenstücke veröffentlichte John Braham eine Sammlung hebräischer Melodien mit Begleitung, die den Engländern diese Art Musik zum ersten Mal näherbrachte.

LITERATUR
F. Collingwood, John Braham, in: The Musical Times XCVII, 1956.

Johannes Brahms (1833-97)

Johannes Brahms, Radierung von H. Dröhner

ZEIT UND UMWELT
Robert Schumann schrieb am 23.10.1853: »Ich dachte, es würde und müsse einmal einer plötzlich erscheinen, der den höchsten Ausdruck der Zeit in idealer Weise auszusprechen berufen wäre, einer, der uns die Meisterschaft nicht in stufenweiser Entfaltung brächte, sondern, wie Minerva, gleich vollkommen gepanzert aus dem Haupte des Kronion spränge. Und er ist gekommen, ein junges Blut, an dessen Wiege Grazien und Helden Wache hielten. Er kam aus Hamburg, er trug, auch im Äußeren, alle Anzeichen an sich, die uns ankündigen: das ist ein Berufener...« Und weiter: »Es waltet in jeder Zeit ein geheimes Bündnis verwandter Geister. Schließt, die ihr zusammen gehört, den Kreis fester, daß die Wahrheit der Kunst immer klarer leuchte, überall Freude und Segen verbreitend.« Wohltuend kühl erwiderte der norddeutsche Brahms: »Gebe Gott, daß Ihnen meine Arbeiten bald den Beweis geben können, wie sehr Ihre Güte mich gehoben hat. Das öffentliche Lob wird die Erwartung des Publikums so außerordentlich gespannt haben, daß ich nicht weiß, wie ich demselben einigermaßen gerecht werden kann.« Trotzdem hat Schumann mit seiner vorweggenommenen Lobeshymne für den Bewunderten die Umwelt geschaffen und ihn voreilig eingeordnet, ohne zu erkennen, wie sehr er ihn mißverstand. Die Konservativen, die »Klassiker«, reklamierten ihn für sich, ohne ihn selbst zu befragen, die »Neudeutschen« lehnten ihn ab, ohne ihn wirklich zu kennen. Beide Parteien hatten unrecht, aber es blieb dabei, denn Brahms hatte für die musikalischen Temperamentsausbrüche eines Franz Liszt kein Verständnis aufgebracht und nur deshalb einen Aufruf gegen die mutmaßlichen Verderber der »guten alten Kunst«

unterschrieben. Und als er nach Wien übersiedelt war, machten ihn die »Bruckner-Feinde« zu ihrem Fahnenträger, den sie mangels eigener Bedeutung benötigten. Das trug ihm den Vorwurf des hinaufgelobten Epigonentums, des hinterwäldlerischen Konservativismus und der Ideenlosigkeit ein. Und jene, die vorgaben, hinter ihm zu stehen, in der Annahme, daß er auf ihrer Seite sei, hoben ihn in den Himmel, weil sie sich selbst dadurch aufgewertet fühlten. Wenig berührt vom Streit um ihn schritt er seinen Weg des Erfolgs und ließ, wie Bruckner, seine Umwelt hinter sich und wurde wie dieser zum zeitlosen, immer gegenwärtigen Großmeister der abendländischen Musik.

Leben

Johannes Brahms wurde am 7.5.1833 in Hamburg als Sohn des Kontrabassisten und Gasthausmusikanten Johann Jakob Brahms (1806, Hamburg, bis 1872, Hamburg) und der Johanna Henrika Christiane Nissen (1789, Hamburg, bis 1865, Hamburg) geboren. Er war das zweite von drei Kindern dieser Ehe; sein jüngerer Bruder Friedrich Brahms (1835, Hamburg, bis 1886, Hamburg) war als Musiklehrer in Hamburg tätig. Den ersten Musikunterricht erhielt er von seinem Vater, dann übernahm Eduard Marxsen seine Ausbildung zum Pianisten. Frühzeitig verdiente er als Klavierspieler in den Gasthäusern der Stadt einiges Geld für seine Familie. Er fiel dem ungarischen Violinisten Eduard Rémenyi auf, der ihn 1853 auf eine Konzertreise als Klavierbegleiter mitnahm. Auf dieser Künstlerfahrt lernte er Joseph Joachim kennen, mit dem ihn zeitlebens eine enge Freundschaft verband. Über Joachim kam er mit Franz Liszt in Verbindung, mit dem er sich aber nicht verstand. Dafür wurde er von Robert und Clara Schumann begeistert aufgenommen und gefördert. Seine enge Verbindung mit Clara Schumann dauerte bis zum Tod der gefeierten Pianistin an. Äußerst wichtig wurde für ihn seine Begegnung mit Hans von Bülow, der sich seiner Werke sehr annahm und sich gerne seinen »allergetreuesten Taktstock« nannte. Als Fünfundzwanzigjähriger erhielt er die Stelle eines Hofmusikdirektors in Detmold, die ihn wenig in Anspruch nahm, so daß er viel Zeit seiner kompositorischen Tätigkeit widmen konnte; die Konzertsaison dauerte nur von September bis Dezember, man bezahlte ihm jedoch »Geld für das ganze Jahr«. Als ihm bei der Wahl des neuen Leiters der Hamburger Philharmonie der Sänger und Gesanglehrer Julius Stockhausen (22.7.1826, Paris, bis 22.9.1906, Frankfurt am Main) vorgezogen wurde, ging er nach Wien und übernahm die Chormeisterstelle der Singakademie, gab jedoch den Posten ein Jahr darauf wieder auf und machte eine Konzertreise von mehreren Jahren. Im Jahr 1878 ließ er sich endgültig als freier Komponist in Wien nieder, trat nur mehr selten als Pianist und als Dirigent eigener Werke vor die Öffentlichkeit und verließ die Stadt nur mehr für eine kurze Konzerttätigkeit oder zum Zweck der Erholung. Er war schon längst zu einem der beliebtesten Komponisten der Stadt und des gesamten deutschen Sprachraums geworden. Von allen Seiten kamen ihm Ehrungen und Orden zu, aus denen er sich wenig machte – er bewahrte die Orden in einer Zigarrenschachtel auf und trug sie nie. Eine Familie hat er nie begründet, ein kleiner Kreis gleichgesinnter Freunde mußte sie ihm ersetzen. Dennoch bedrückte ihn die Einsamkeit, der er vergebens durch Reisen zu entrinnen suchte. Und nachdem die Freundin seiner gesamten künstlerischen Laufbahn, Clara Schumann, verstorben war, wurde das noch schlimmer: »Oft denke ich mir, ich bin zu beneiden, daß mir fast niemand mehr sterben kann, den ich so ganz von innerstem Herzen heraus liebe; aber es ist doch eigentlich häßlich, und man soll so was weder denken noch sagen. Ist es denn ein Leben so allein? Die einzige richtige Unsterblichkeit ist in den Kindern.« Als er am 3.4.1897 in Wien starb, wurde dennoch ein Unsterblicher neben den Gräbern Beethovens und Schuberts auf dem Wiener Zentralfriedhof bestattet.

Werke

»Tief innen im Menschen spricht und treibt oft etwas, uns fast unbewußt, und das mag wohl bisweilen als Gedicht oder Musik ertönen«, sagte Johannes Brahms und erschloß uns damit das Verständnis seines ganzen Schaffens. Die Liedmelodie wurde, wie immer sie ausgeformt war, bei ihm die Quelle seiner Gestaltung. Man kann dies bis in die komplizierte Architektur seiner instrumentalen Werke verfolgen. Überall, in seinen Sinfonien, in den Konzerten, in der Musik für Klavier und Kammerensembles, in jedem Format und Rhythmus spricht das kantable Thema zur Phantasie des Publikums. Diese Liedmelodien wollen nichts sagen und nichts malen, sie sind keine Reaktion auf Gegebenheiten und Vorgänge der Umwelt, sie werden nicht von außen provoziert, sondern fließen absichtslos als unmittelbarer Ausdruck der Persönlichkeit von innen heraus, gleichsam vor sich hingesummt, wie es die Gewohnheit des Komponisten gewesen ist. »Die schönsten Lieder kamen mir, wenn ich früh vor Tag meine Stiefel wichste«, bekannte er gelegentlich und ließ damit einen tiefen Blick in seine »Werkstätte« tun. Aus diesen »beim Stiefelwichsen gesummten« Melodien bildeten sich die großen Themen der Sinfonien, die lyrischen Linien der Chor-Orchester-Werke und die Innigkeit der Instrumentalkonzerte. Sie drücken die Grundstimmung des Komponisten aus, seinen elegischen Ernst, seine unterdrückte Schwermut und seinen Humor. Nie wirkt seine Trauer verzweifelt, nie seine Freude überschwenglich, alles ist verhalten und gebändigt, und zwar nicht nur durch die streng an die Klassik erinnernde Form allein, sondern bereits im Entstehungsherd, in seinem Herzen. »Ruhig in der Freude und ruhig im Schmerz ist der wahrhafte Mensch. Leidenschaften müssen bald vergehen, oder man muß sie bald vertreiben«, schrieb er an Clara Schumann und drückte damit nicht nur die Grundhaltung seiner Musik aus, sondern auch seines gesamten Wesens, dessen Bild sie darstellt. Und wenn sich manches echte Volkslied in seinen reichen Themenschatz eingeschlichen hatte, so war es eben bis zu seinem Herzen gelangt, um sich dort festzusetzen und, als sein Eigentum »gesummt«, den Weg in seine Feder zu suchen. Brahms war bereits 43 Jahre alt, als er seine 1. Sinfonie vollendete, obschon er sich nahezu 20 Jahre mit dem Gedanken beschäftigt hatte, als Sinfoniker vor das Publikum zu treten, aber »mit der Sinfonie ist heutzutage nicht zu spaßen«. Dann war das Eis gebrochen. Schon ein Jahr darauf entstand die 2., die 3. schrieb er 1883 und die 4. 1885. Die »Akademische Festouvertüre« und die »Tragische Ouvertüre« aus derselben Zeit waren Beispiele einer Programmusik im höheren Sinn, bei der kein bestimmtes Bild oder Ereignis, sondern der Stimmungsgehalt in der Art Beethovens wiedergegeben wurde. Die in Detmold entstandenen 2 Serenaden brachten diese Musikgattung zu neuen Ehren. Als besonders geglückter Wurf müssen die Variationen über ein Thema von Joseph Haydn angesehen werden. Auch seine beiden Klavierkonzerte sind zur sinfonischen Musik zu rechnen, weil sie nach Anlage und Gehalt »Sinfonien mit obligatem Klavier« darstellen. Ein echtes Konzert ist aber das Violinkonzert, das zum festen Bestandteil des Programms jedes Violinvirtuosen geworden ist. Das Doppelkonzert

Johann Strauß (Sohn) und Johannes Brahms

für Violine und Cello griff wie Beethovens Tripelkonzert auf eine barocke Struktur zurück. In seiner Kammermusik bemühte sich der Romantiker Brahms, den klassischen Fakturen möglichst treu zu bleiben. Vieles von seinen Jugendarbeiten auf diesem Gebiet hat er verworfen und vernichtet, darunter Sonaten und Quartette, die Schumann sehr gelobt hatte. Die 2 Streichsextette zeichnen eine vollendete Beherrschung des Sextettsatzes, der trotz seiner straffen Strenge von Wohllaut überfließt. Das gleiche muß von den beiden Streichquintetten festgestellt werden. Das einzige Klavierquintett ist auch einzigartig in seiner Anlage. Die 3 Klavierquartette entstammen seiner Frühzeit, sind aber voll ausgereifte Werke wie die 3 Streichquartette, die 3 Klaviertrios und die 3 Duette für Violine und Klavier; die beiden Cellosonaten werden noch heute oft und gern gespielt. An Bläsermusik liegen ein Klarinettenquintett, ein Klarinettentrio, ein Horntrio und 2 Klarinettensonaten mit Klavier, die auch mit Bratsche gespielt werden, vor. Das Klavierwerk besteht aus 3 Sonaten, 4 Balladen, 2 Rhapsodien und zahlreichen Variationen, Scherzi, Capricen, Fantasien und anderen Stücken. Für zwei Klaviere schrieb er eine Sonate nach dem Klavierquintett und Variationen nach den Orchestervariationen über ein Thema von Joseph Haydn, für Klavier zu vier Händen Variationen, Liebeslieder und Tänze. Die Orgelmusik ist mit 11 Choralvorspielen, einem »Praeludium und Fuge« und einer Fuge vertreten. Einen breiten Raum nimmt seine Vokalmusik ein. Voranzustellen ist »Ein deutsches Requiem« für Soli, Chor, Orchester und Orgel. Die »Altrhapsodie«, das »Schicksalslied« werden heute ebenso gesungen wie das »Triumphlied« für achtstimmigen Chor, Bariton und Orchester, die »Nänie« für Chor, Harfe und Orchester, der »Gesang der Parzen« für sechsstimmigen Chor und Orchester und weitere zahlreiche sakrale und profane Chorwerke mit verschiedener Besetzung und Vokalduette. Von den über 200 Sololiedern mit Klavier sind noch viele lebendig. Für Brahms war das Lied kein Nebengebiet, sondern sehr nahe in den Mittelpunkt seines Interesses gerückt. Er stellte an die Texte, die er auswählte, hohe Anforderungen, hielt sich aber gern an Außenseiter der Literaturgeschichte. Das Gedicht war auch nie Objekt der musikalischen Darstellung, sondern nur eine Anregung zu eigenständigen Äußerungen zum Gedichtsgehalt. Der Klaviersatz ist dabei oft kompliziert und keine reine Begleitung der Gesangstimme. Auch das Volkslied hat Brahms ständig in seinen Bann gezogen; es näherte sich ihm doch jede Melodie, die er selbst erfand, durch ihre Ursprünglichkeit. Er hat mehr als 40 deutsche Volkslieder für Singstimme und Klavier bearbeitet und jedes zu einem kleinen Kunstwerk geformt.

Ein deutsches Requiem (nach Worten der Heiligen Schrift) *für Soli, Chor, Orchester und Orgel, Opus 45,* 7 Sätze, entstanden 1868

Es handelt sich um kein liturgisches Requiem, sondern um eine Trauermusik in deutscher Sprache. Mit dem Klang tiefer Streicher beginnt der 1. Satz über einen Orgelpunkt. Der Chor intoniert: »Sie gehen hin und weinen«. Darauf erklingt die Seligpreisung. Im 2. Satz singt der Chor das mächtige »Denn alles Fleisch, es ist wie Gras«, gefolgt von der Verheißung der Erlösung. Im 3. Satz erklingt eine große Fuge über den Text »Der Gerechten Seelen sind in Gottes Hand«. Angeschlossen ist ein idyllischer Satz über »Wie lieblich sind deine Wohnungen«. Der 5. Satz bringt das Sopransolo »Ich will euch wiedersehen« und den Chor »Ich will euch trösten«. Dann erhebt sich im 6. Satz die Musik zu oratorischer Größe und kommt zu einer ständigen Steigerung des Klanges; Dynamik und Rhythmus drängen zu einer gewaltigen Schlußfuge. Im 7. Satz verschmilzt die Trauer mit Trost und Erlösung. Die Seligpreisung der Leidtragenden und der Toten schließt das Werk ab.

»Altrhapsodie«, Rhapsodie für eine Altstimme, Männerchor und Orchester, Opus 53, 2 Teile, entstanden 1870

Dieses viel aufgeführte Chorwerk ist auf Verse aus der »Harzreise im Winter« von Johann Wolfgang von Goethe komponiert und vermittelt das Bild eines verbitterten, in seinem Leid gefangenen Lebensverneiners, dem der Dichter auf einsamer Wanderung begegnet. Der 1. Teil schildert mit düsteren Baßmelodien die Gestalt in der öden Landschaft, »die sich Menschenhaß aus der Fülle der Liebe trank«. Die Altstimme fleht im 2. Teil in ergreifendem Arioso um Erlösung für den Unglücklichen, dem sich der Chor und das Orchester mit schlichten Harmonien anschließt. Holzbläser und Hörner verkünden mit milden Klängen die Gewährung der Bitte.

Schicksalslied für gemischten Chor und Orchester, Opus 54, 2 Teile, entstanden 1871

»Hyperions Schicksalslied« von Friedrich Hölderlin (1770–1843), das diesem Chorwerk zugrunde liegt, schildert im 1. Teil mit dunklen Harmonien die Seligkeit der Götter: »Ihr wandelt droben im Licht auf weichem Boden« und stellt ihnen die Härte des menschlichen Lebens – »wie Wasser von Klippe zu Klippe geworfen« – im 2. Teil mit harten Akkorden der Bläser entgegen. Eine Soloflöte leitet zum Orchesterepilog über, der auch für die gequälten Menschen Hoffnung auf Seligkeit verkündet.

Triumphlied für Baritonsolo, achtstimmigen Chor, Orchester und Orgel, Opus 55, 3 Sätze, entstanden 1871

Das Werk benützt Verse aus der Apokalypse und hat die Form einer barocken Festkantate; es ist eine Huldigung des deutschen Kaisers Wilhelm I. (1797–1888). Es beginnt mit schmetternden Bläserakkorden und dem Rufen des gesamten Chors: »Heil und Preis, Ehre und Kraft sei Gott unserem Herrn!« Nachdem dieses Thema lyrisch variiert wurde, schließt eine rauschende Coda den Satz ab. Der 2. Satz bringt den Lobgesang in freiem Fugensatz. Ein kraftvolles Halleluja unterbricht die Imitationen und Themenumkehrungen, dann beendet eine lapidare Melodie den Satz. Im 3. Satz verkündet der Solist: »Und ich sahe den Himmel aufgetan.« Der Chor schildert das weiße Pferd und seinen Reiter. Nach einem Fugato huldigen Chor und Solist dem »König der Könige«, dann schließt ein strahlendes Halleluja das Finale ab.

Nänie für Chor und Orchester, Opus 82, 1 Satz, entstanden 1881

Dieser Klagegesang von Friedrich von Schiller stellt die Vergänglichkeit des Schönen dar. Das gesamte Werk ist von ruhigem Ernst erfüllt. Der Chor klagt: »Auch das Schöne muß sterben« und schildert mit einigen Beispielen die Unerbittlichkeit des Totengottes. Die Harfe verleiht dem Werk einen versöhnlich resignierenden Abschluß.

Gesang der Parzen für sechsstimmigen Chor und Orchester, Opus 89, 2 Teile, entstanden 1883

Der Text ist dem Monolog der »Iphigenie« von Johann Wolfgang von Goethe entnommen und stellt die grausame Willkür der Götter dar, mit der sie das Menschengeschlecht vernichten. Hart und aufgewühlt leitet das Orchester den Chor ein: »Es fürchte die Götter das Menschengeschlecht; der fürchte sie doppelt, den je sie erheben.« Das Elend der Menschen ist die Freude der Götter, die »bleiben in ewigen Festen an goldenen Tischen.« Weich und mitleidig wird im 2. Teil das Schicksal des Tantalus, dessen gesamtes Geschlecht schuldlos verflucht wurde, beklagt.

Rinaldo, Kantate für Tenorsolo, Männerchor und Orchester, Opus 50, 1 Satz, entstanden 1869

Dieses vertonte Gedicht Johann Wolfgangs von Goethe bringt die Erzählung von der verführerischen heidnischen Armida aus dem »Befreiten Jerusalem« von Torquato Tasso. Armida hält den Kreuzfahrer Rinaldo im Bann, der sich, von seinen Gefährten überredet, nach oftmaligem Zögern losreißt. Die Frau zerstört die Gärten der Lust, und Rinaldo folgt seiner Pflicht. Die Orchestereinleitung, die das Zaubermotiv der schönen Heidin deklamiert, wird vom Chor der Ritter abgelöst, die Rinaldo zur Abfahrt auffordern. Er kann sich von seiner Liebe nicht lösen; mit einer lyrischen Arie bittet er um Aufschub. Die Ritter halten ihm einen diamantenen Schild vor Augen, damit er sich in seiner Weichlichkeit betrachten kann. Damit ist er gewonnen. Kriegsrufe der Trompeten erinnern an seine Ritterpflicht; fröhlich rüstet man zur Abfahrt. Armida will ihn noch einmal zurückhalten und zerstört, als das Bemühen vergeblich war, ihren Palast und den Liebesgarten. Die geruhsame Meerfahrt der Ritter schließt das Werk ab.

Sinfonie Nr. 1 in c-Moll, Opus 68, 4 Sätze, entstanden 1876

Unruhig und nach Klärung ringend ist der 1. Satz und kommt damit der »Schicksalssinfonie« Beethovens nahe. Fast drohend nähert sich das Thema, ein folgendes Allegro stellt sich ihm entgegen. Erbittert setzt die Durchführung ein; in der Coda scheint der Konflikt unlösbar zu sein, aber die Hoffnung erlischt nicht ganz. Der 2. sehr kurze Satz ist ein Ruhepunkt voll lyrischer Melodik, romantisch und verklärt. Der 3. ebenso kurze Satz bringt anstelle eines Scherzo ein fröhliches Poco Allegretto. Das Trio ist überraschenderweise erregter und bewegter. Der gewaltige Sinfoniesatz des Finales hat dem Gesamtwerk die Bezeichnung »Zehnte Beethovens« verliehen. Sein einleitendes Adagio bringt mehrere musikalische Gestalten, die aber nicht voneinander gelöst werden können; sie münden mit einem Paukenwirbel in den zweiten Teil, der von einem Hornthema beherrscht wird. Nach einer kanonischen Verarbeitung dieses Themas setzt der dritte Teil mit einem Marsch ein. Themen aus vorangehenden Sätzen werden herangezogen, dann kündigen Posaunen bereits den Sieg an; der Kampf ist zu Ende.

Sinfonie Nr. 2 in D-Dur, Opus 73, 4 Sätze, entstanden 1877

Das wiegende Grundmotiv des 1. Satzes ruft ein

behagliches Gefühl hervor. Das zweite Thema erinnert an manche Lieder des Komponisten und an Melodien, die dem Entstehungsort der Sinfonie – Kärnten – entstammen. Man hat wegen dieses Themas die Sinfonie die »Pastorale« genannt, aber die Durchführung ist kraftvoll und nicht konfliktlos. Der 2. Satz hebt mit einer Kantilene der Celli an, eine Hornmelodie folgt, dann reihen sich Tanzweisen der Holzbläser ein, bis die Klänge unruhiger werden und die Durchführung einsetzt. In dieser steigert sich die Spannung rasch, erst nach der Wiederkehr des Eingangsthemas klingt alles beruhigend aus. Der 3. Satz ist ein Allegretto grazioso, behäbig und etwas altväterisch. Das folgende Presto hat ungarische Anklänge. Nach einem feinen Pianissimo kehrt der Prestoteil mit zarten Tönen wieder und schließt pizzicato ab. Das Finale beginnt breit und ausladend, dann geht es froh und kräftig weiter, bis das Werk mit einem zweiten Thema und dem Grundmotiv des 1. Satzes endet.

Sinfonie Nr. 3 in F-Dur, Opus 90, 4 Sätze, entstanden 1883

Dieses Werk ist der deutlichste Ausdruck der Wesensart des Komponisten: Herbheit, Innigkeit, kämpferischer Trotz, Neigung zum Volkslied. Drei kräftige Bläserakkorde stehen dem 1. Satz voran, dann setzt das Thema ein, energisch und herb. Das zweite Thema ist zart, die Durchführung besinnlich verhalten, bis es zur Reprise kommt. Die Coda ist stark ausgebaut. Der Satz schließt piano ab. Das Andante des 2. Satzes klingt wie eine innige Volksweise, die folgenden einfachen Variationen sind voll Lyrismen. Fagott und Klarinette blasen einen Trauermarsch, und mit einem schmerzlichen Nachklang der hohen Bläser endet der Satz, dessen Stimmung im nächsten beibehalten wird. Der 3. Satz ist dreiteilig wie ein Menuett, das an dieser Stelle stehen sollte; er ist auch sonst streng gebaut, aber dennoch anmutig, so daß er wie ein verhaltenes Ständchen wirkt. Das Finale stellt den Höhepunkt der Sinfonie dar; es ist sehr kurz, mit zielbewußt ausgeformter Grundstimmung. Vehement laufen die Themen ab, bis das Hauptthema des 1. Satzes zu Wort kommt und das Werk ungewöhnlich pianissimo wie ein leiser Abschied ausklingt.

Sinfonie Nr. 4 in e-Moll, Opus 98, 4 Sätze, entstanden 1885

Diese Sinfonie fand anfänglich geteilte Aufnahme, sie schien zu kompliziert zu sein. Im 1. Satz beginnen die Violinen sofort mit einem elegischen Kopfthema, dessen Stimmung vom zweiten Thema noch vertieft wird. In der Durchführung gibt es heftige Kämpfe, und nach endlich erreichter Reprise reiht sich eine breit ausgebaute Coda an. Der 2. Satz erhält seinen herben Reiz aus dem Wechsel und der Überlagerung von phrygischer und klarer Es-Dur-Tonart. Erst die einsetzenden Violinen überwinden die elegische Stimmung. Das zweite Thema ist eine sanfte Kantilene, aber die traurige Stimmung drängt sich erneut vor und weicht nicht vor dem Ende des Satzes. Der 3. Satz ist ein Scherzo und setzt sich stark lärmend und heiter im Gegensatz zu den ersten beiden, aber das Lächeln wirkt irgendwie verkrampft; man spürt, der Kampf ist nicht vorbei. Das Finale bringt eine Chaçonne, 31 Variationen gehen vorüber, dann mahnen Posaunen im Pianissimo an die Liedstelle aus den »Vier ernsten Gesängen«: O Tod, wie bitter bist du! Die Chaçonne setzt erneut ein und führt alles zum Schluß. Leute, die gern alles etikettieren, haben diese Sinfonie die »Elegische« genannt und dabei übersehen, daß der Trotz des Komponisten jede Trauer verdrängt.

Serenade in D-Dur, Opus 11, 5 Sätze, entstanden 1858

Über Baßquinten entfaltet sich im 1. Satz ein ländliches Thema, das zweite Thema bringt eigenwillige Rhythmen; die Verarbeitung ist eher eine Themenverwandlung, die in eine poesievolle Coda mündet. Das folgende Scherzo erinnert an Mozart: dämonische Anläufe, die nie zum Ausbruch gelangen, sondern geglättet werden. Das Trio ist freundlich und kräftig, das Adagio non troppo ist besinnlich und sehr lang, aber die sanften Harmonien und zahlreiche kontrapunktische Feinheiten lassen die Länge vergessen. Die folgenden zwei Menuette sind ganz mozartisch, während das folgende zweite Scherzo Beethoven-Anklänge deutlich werden läßt. Das Schlußrondo ist ungarisch gefärbt und mündet in eine feurige Coda.

Serenade in A-Dur, Opus 16, 5 Sätze, entstanden 1860

Das Stück verzichtet auf Violinen. Den 1. Satz beginnen die Holzbläser mit einer weit ausgeschwungenen Melodie. Ein Seitenthema mit wiegenden Terzen wird herangeführt; die Durchführung ist episch, der Schluß klingt piano aus. Das Scherzo mit seinem an Beethoven erinnernden Kopfthema wird von einem volksliedhaften Trio unterbrochen. Das folgende Adgio non troppo ist der Höhepunkt des Werks. Eine monotone Baßmelodie tritt achtmal auf, dann setzen die Bläser ein, die eine herrliche Melodie anstimmen. Die Holzbläser singen von schmerzlichem Sehnen und Leid. Das Quasi Menuetto ist ungeheuer poetisch und kann mit den schönsten Serenadensätzen von Mozart verglichen werden. Das Rondofinale ist ein fröhlicher Reigengesang, der sich jubelnd zum Schluß drängt.

Variationen über ein Thema von Joseph Haydn in B-Dur, Opus 56, 9 Teile, entstanden 1873

Das Thema stammt aus dem Divertimento für Bläser von Joseph Haydn, Hob. II:46, das den Titel trägt »Choral Sankt Antoni« und ist vermutlich ein altes Wallfahrerlied aus dem Burgenland. Es wird dreimal vorgetragen, sodann dreimal mit steigender Bewegung variiert, darauf kommen ein retardierendes Andante con moto, zwei Vivace, ein Grazioso und ein Presto non troppo mit feiner Kontrapunktik. Im Andantefinale wird siebzehnmal ein an das Variationenthema angelehnter Baß ostinato vorgetragen. Der ganze Satz hat die Form einer Passacaglia mit neuen Figuren und Themenbruchstücken, bis sich das Haydn-Thema Bahn bricht und endlich die Tore der Wallfahrtskirche offenstehen, durch die die Pilger feierlich einziehen.

Akademische Festouvertüre in c-Moll, Opus 80, entstanden 1879

Sie wurde anläßlich der Promotion des Komponisten zum Ehrendoktor der Universität Breslau verfaßt. Der Ouvertüre sind mehrere Studentenlieder zugrunde gelegt: »Ich hab' mich ergeben«, »Der Landesvater«, »Was kommt dort von der Höh'« und endlich das »Gaudeamus«, mit dem das Werk rauschend abschließt.

Tragische Ouvertüre in d-Moll, Opus 81, entstanden 1881

Das Stück wurde ohne äußeren Anlaß verfaßt und daher ohne Programmatik, vermutlich rein als Gegenstück zur Festouvertüre, komponiert. Alle Klänge des ersten Themas sind heroisch-pathetisch, das zweite ist lyrisch. Mit gesteigerter Kontrapunktik wird die Stimmung vom Beginn bis zum Ende gehalten.

Doppelkonzert für Violine und Cello in a-Moll, Opus 102, 3 Sätze, entstanden 1887

Der 1. Satz beginnt mit einem energischen Tuttithema, dann setzt das Cello ein. Das zweite Thema wird von der Violine gebracht, darauf kommt es zur Exposition des Orchesters. Die Durchführung eilt zur Reprise, eine ausführliche Coda beendet den Satz. Der 2. Satz beginnt mit dem Horn, dann trägt das Cello, von verschiedenen Orchestergruppen begleitet, eine schöne Kantilene vor, die die Erinnerung an Märchen aus uralten Zeiten weckt. Der Schlußsatz gibt sich tänzerisch-dämonisch. Sein zweites Thema ist volkstümlich, das dritte ungarisch; freudig und klangreich schließt das Werk ab.

Konzert für Violine und Orchester in D-Dur, Opus 77, 3 Sätze, entstanden 1878

Das Werk ist eines der bedeutendsten Violinkonzerte des 19. Jahrhunderts. Das ruhige Hauptthema des weiträumig angelegten 1. Satzes wird von einer Oboenmelodie ergänzt, das zweite Thema ist eine ausdrucksvolle Gesangmelodie und das dritte wird ungarisch akzentuiert. Der Solist setzt wie improvisiert auf einem Orgelpunkt, von Holzbläsern begleitet, ein und steigt mit dem Hauptthema zu den höchsten Lagen empor; es entwickelt sich ein empfindungstiefes, glänzend ausgewogenes Zusammenspiel des Violinisten mit dem Orchester in seltener Vollendung bis zur Kadenz und dem Schluß. Der 2. Satz ist ein Adagiogesang, der aus Volkslied, Klassik und vollendeter Romantik fließt. Der Schlußsatz ist auf einem ungarisierenden Thema aufgebaut und verbindet Virtuosität mit hinreißender Klangschönheit.

Klavierkonzert Nr. 1 in d-Moll, Opus 15, 3 Sätze, entstanden 1858

Das Konzert enttäuschte anfänglich das Publikum, weil das Klavier nicht konzertant, also dialogisch zum Orchester, sondern nur als wichtigstes Orchesterinstrument eingesetzt war. Erst nach mehreren Aufführungen stellte sich der Erfolg ein; man begriff, daß es zu den bedeutendsten Konzerten seit Ludwig van Beethoven zählte. Der 1. Satz wird von einem großangelegten Thema eröffnet, das sich kontrapunktisch verdichtet, dann setzt das Klavier piano ein, wiederholt alle Motive und fügt ein weiteres Thema hinzu, das wieder vom Orchester übernommen wird. In der Durchführung konzertieren Solist und Orchester sinfonisch, wobei das Klavier sinfonisch hervortritt. Der Mittelsatz ist elegisch und weist nahezu Gebetscharakter auf. Der Schlußsatz bringt ein kraftvolles Rondo, das alle trüben Gedanken verscheucht.

Klavierkonzert Nr. 2 in B-Dur, Opus 83, 4 Sätze, entstanden 1881

Es handelt sich um kein konzertantes Stück nach dem Muster der Klassik, sondern um ein sinfonisches mit prävalierendem Klavier. Seine Grundstimmung ist hell und fröhlich. Den romantischen Charakter betont bereits das Horn, das den 1. Satz eröffnet. Das Klavier setzt zart ein und entwickelt eine pastorale Szene. Darauf folgen die Themenexposition des Orchesters und ein drittes Thema mit ungarischer Färbung. Eine sehr bewegte Durchführung schließt sich an, das Hauptthema kehrt wieder, die Reprise endet den Satz, der an den Pianisten hohe Anforderungen stellt. Der 2. Satz ist ein Scherzo, bizarr und dämonisch zuerst, dann aber lyrisch und hell. Das Andante des 3. Satzes ist schlicht und innig, dem Klavier fällt hier eine begleitende Rolle zu. Der 4. Satz ist rondoähnlich und echt konzertant. Die Zwiesprache trägt aber keine Konflikte aus, sondern nur reizende Meinungsverschiedenheiten.

Sextett für Streicher Nr. 1 in B-Dur, Opus 18, 4 Sätze, entstanden 1860

Der 1. Satz dieses für zwei Violinen, zwei Bratschen und zwei Celli geschriebenen Stücks entfaltet Haupt- und Seitenthema in weiten Bogen, in denen das thematische Material verarbeitet wird. Das Andante des 2. Satzes ist im Volkston gehalten und wird sechsmal variiert. Das Scherzo ist klar und schlank und kraftvoll tänzerisch. Das Rondofinale, von Haydn und Schumann beeinflußt, ist reich ausgearbeitet, klingt aber doch volkstümlich und vermittelt ein heiteres Bild.

Sextett für Streicher Nr. 2 in G-Dur, Opus 36, 4 Sätze, entstanden 1865

Die Besetzung des Stücks besteht aus zwei Violinen, zwei Bratschen und zwei Celli. Der 1. Satz bringt milden Wohlklang ohne Trübung, erst in der Reprise scheint eine Wolke die Idylle zu überschatten. Aber da setzt bereits das Scherzo ein, kräftig und farbig, mit einem reizenden Mittelteil. Das Adagio weist 5 Variationen auf, die elegisch enden. Der 4. Satz – Poco allegro – entfaltet zwei divergierende Themen, doch am Ende siegen Lebensfreude und Frohsinn.

Klavierquintett in f-Moll, Opus 34, 4 Sätze, entstanden 1864

Das Kopfthema des 1. Satzes wird vom Klavier, der Ersten Violine und dem Cello gebracht. Dann erklingt das Klaviermotiv, energisch und aggressiv, so daß der Satz in lebhafte Bewegung gerät, die bis zur Coda anhält. Das folgende Andante bringt eine verträumte Melodie. Das Scherzo stellt drei verschiedene Themen vor, die im drängenden Ablauf zur Geltung kommen; das Trio ist volksliedhaft. Das Finale führt aus trüber Stimmung zu tänzerischer Entspannung. Die lebhafte Bewegung des Satzes steigert sich am Schluß zu einem rasanten Presto.

Streichquintett Nr. 1 in F-Dur, Opus 88, 3 Sätze, entstanden 1882

Hinter jedem Satz schrieb Brahms »Frühling 1882«. Der 1. Satz beginnt mit einem liedhaften Thema. Seitenthemen kommen hinzu und verstärken die helle »Frühlingsstimmung«. Der 2. Satz ist schwermütig langsam, als wäre eine Trübung der Heiterkeit zu befürchten; eine Scherzoepisode in Sonatenform schließt sich an und zerstreut alle Befürchtungen. Das Finale beginnt fugato und endet mit einem stürmischen Presto.

Streichquintett Nr. 2 in G-Dur, Opus 111, 4 Sätze, entstanden 1890

Mit diesem Werk beabsichtigte Johannes Brahms seine kompositorische Tätigkeit abzuschließen, wurde aber ein Jahr darauf überredet, für die Klarinette zu schreiben. Trotz dieser Absicht ist im Stück keine Wehmut und keine Abschiedsstimmung zu finden. Der 1. Satz beginnt mit einer auf sinfonisches Format zugeschnittenen Cellomelodie; sie wurde den Skizzen zu einer geplanten und nie geschriebenen fünften Sinfonie entnommen. Das Adagio ist tiefsinnig und knapp, kann aber die unbeschwerte Lebensfreude nicht trüben, die der dahinschwebende 3. Satz betont. Das Finale hat unverkennbares ungarisches Kolorit.

Klarinettenquintett in h-Moll, Opus 115, 4 Sätze, entstanden 1891

Nach einem innigen Terzen- und Sextenduett der Violinen stimmt die Klarinette das zweite Thema des 1. Satzes an und anschließend das dritte. Nach einer meisterhaften Durchführung erklingt das zweite Thema neuerlich, dann verklingt der Satz leise mit dem ersten. Im folgenden Adagio ist eine reizende Kantilene des Blasinstruments mit den sordinierten Streichern verwoben; ein Mittelteil bringt einen scharfen Kontrast in den Fluß der Musik, dann bewegt sich die Klarinette rhapsodisch frei mit ausdrucksstarken Figuren und Läufen nach Art der Zigeunermusiker. Der 3. Satz bringt ein von der Klarinette vorgetragenes Andantino und dann ein Presto mit magyarischen Rhythmen. Im 4. Satz erklingt ein Variationssatz, der mit Reminiszenzen an den 1. Satz ausklingt.

Klavierquartett Nr. 1 in g-Moll, Opus 25, 4 Sätze, entstanden 1856

Der 1. Satz ist »eine der eindrucksvollsten und tragischsten Kompositionen seit dem 1. Satz der Neunten«, behauptete der Brahms-Enthusiast Donald Francis Tovey (1875–1940). Es scheint aber, daß da Beethovens d-Moll-Quartett, Opus 95, eher herangezogen werden sollte. Das Werk beginnt mit lyrischer Melodik, zu der eine gefühlstiefe Kantilene als zweites Thema tritt. Die Durchführung mündet in eine Coda, die pianissimo verklingt. Der 2. Satz trägt die Bezeichnung »Intermezzo« und bringt ein zärtliches Lied. Im 3. Satz erklingt ein Marsch, zuerst ganz leise, dann mit ansteigender Dynamik, als würde sich eine Truppe nähern. Und das Rondofinale zaubert die Welt der ungarischen Zigeuner vor Ohren und Augen des Publikums.

Klavierquartett Nr. 2 in A-Dur, Opus 26, 4 Sätze, entstanden 1856

Der 1. Satz ist lebhaft bewegt und entfaltet eine

ungewöhnliche Klangpracht. Der 2. Satz, poco adagio, bringt eine innige, romantische Weise. Das Scherzo ist frisch und munter, als wäre es von Franz Schubert. Auch das Finale bleibt bei dieser Stimmung, heiter, frei und entspannt.

Klavierquartett Nr. 3 in c-Moll, Opus 60, 4 Sätze, entstanden 1875

Dieses Werk geht in seiner Grundanlage in die Entstehungszeit der anderen Klavierquartette zurück, wurde aber erst 1875 vollendet. Der 1. Satz ist dunkel und nahezu schmerzlich. Das Scherzo übernimmt diese Stimmung nicht, er ist auch um vieles später entstanden als der vorangehende Satz. Es ist sanglich, ausdrucksvoll und endet mit unruhig jagenden Rhythmen. Das vom Cello angestimmte Andante führt über viele Durchführungsstationen zum Finale, das alle Motive des Stücks zusammenfaßt und zu einem versöhnlichen Abschluß bringt.

Streichquartett Nr. 1 in c-Moll, Opus 51,1, 4 Sätze, entstanden 1873

Der 1. Satz beginnt mit einer punktierten Melodie, der eine sanfte Kantilene entgegengeführt ist, ohne den pathetischen Charakter des Satzes schmälern zu können. Der 2. Satz bringt eine friedliche Romanze. Anstelle eines Scherzo gibt es ein Allegro molto moderato e comodo mit unruhigen Bewegungen, die in der Mitte von einer lieblichen spielerischen Episode unterbrochen werden. Das Trio ist ein reizendes Tanzlied. Im Finale bricht sich die Erregung erneut Bahn. Es kommt zu keiner Erlösung, der Satz klingt hart und trotzig aus.

Streichquartett Nr. 2 in a-Moll, Opus 51,2, 4 Sätze, entstanden 1873

Die Stimmung des 1. Satzes ist ruhig und verhalten, das Seitenthema wirkt warm und tröstlich. Der folgende 2. Satz bringt eine versonnene lyrische Melodie mit leicht elegischer Färbung. Das Quasi Menuetto ist ausgesprochen schlicht und das Finale tänzerisch gehalten. Der Ausklang läßt eine nachdenkliche Resignation zurück.

Streichquartett Nr. 3 in B-Dur, Opus 67, 4 Sätze, entstanden 1876

Chorwerk »Es stunden drei Rosen auf einem Zweig« von Johannes Brahms

Heitere Laune herrscht im 1. Satz, viele humorvolle Wendungen schaffen die fröhliche Stimmung für das ganze Werk. Das Andante ist weich und melodisch sehr ansprechend gehalten. Der 3. Satz, ein Agitato, bringt tänzerische und zum Teil eigenwillige Rhythmen, und das Finale besteht aus acht Variationen, die, kunstvoll erfunden und gebaut, die Grundstimmung bis zum Ende aufrechterhalten.

Klaviertrio Nr. 1 in H-Dur, Opus 8, 4 Sätze, entstanden 1853

Der 1. Satz strahlt kraftbewußte Jugend und Unbekümmertheit aus. Das Scherzo fliegt tänzerisch dahin und bringt im Trio eine volksliedähnliche Weise. Der langsame Satz nähert sich hymnischem Ausdruck, und das Finale klingt optimistisch und entschlossen aus.

Klaviertrio Nr. 2 in C-Dur, Opus 87, 4 Sätze, entstanden 1883

Energisch beginnt der 1. Satz, sein zweites Thema ist sehr sanglich, in der Durchführung siegt die Romantik. Das Andante con moto variiert ein schlichtes Liedthema fünfmal. Das Scherzo wirkte mit seinen dahinhuschenden Bewegungen phantastisch, aber nicht gespenstisch. Das Finale strahlt mit hellen Klängen Behagen, Kraft und Mut aus.

Klaviertrio Nr. 3 in c-Moll, Opus 101, 4 Sätze, entstanden 1887

Der 1. Satz ist wuchtig und kraftvoll. Ein heiteres Scherzo folgt und darauf ein Andante voll schlichter Innigkeit. Das Finale wieder kommt zur Stimmung des 1. Satzes zurück und steigert sie bis zum grandiosen Ausklang.

Horntrio in Es-Dur, Opus 40, 4 Sätze, entstanden 1865

Statt dem üblichen Allegro beginnt das Stück mit einem gemütvollen Andante, das vom Horn mit einer warmen Melodie intoniert wird. Das Scherzo wird vom Klavier in Oktaven unisono eingeleitet; es ist kraftvoll drängend, sein Trio steht dazu mit seiner Kantilene in starkem Gegensatz. Der 3. Satz – Adagio mesto – ergeht sich in trauriger Klage; das Duett der Violine und des Blasinstruments ist besonders stimmungsvoll. Das Finale hellt die Stimmung auf, wenn auch darin sehnsuchtsvolle Passagen mitklingen.

Klarinettentrio in a-Moll, Opus 114, 4 Sätze, entstanden 1892

Das Stück ist für Klarinette, Cello und Klavier geschrieben und wurde wie das Klarinettenquintett vom Klarinettisten Richard Mühlfeld (28.2. 1856, Salzungen, bis 1.6.1907, Meiningen) angeregt. Der 1. Satz beginnt mit einer weit ausladenden Melodie des Blasinstruments. Das Adagio schwankt zwischen Trauer und Trost in schönen Kantilenen. Im 3. Satz kommt es zu reizenden Duetten der Klarinette und des Cello. Das Finale ist ungarisch gefärbt und bringt leidenschaftlich gesteigerte Heiterkeit.

Sonate für Violine und Klavier Nr. 1 in G-Dur, Opus 78, 3 Sätze, entstanden 1878

Mit einem schwärmerischen Thema beginnt der 1. Satz und legt damit die Stimmung des gesamten Werks fest. Das zweite Thema ist ausgesprochen liedhaft und führt zu einem herrlichen Duettieren der beiden Instrumente. Auch der 2. Satz schwelgt in Kantilenen, denen nur im Mittelteil eine trauermarschähnliche Melodie entgegensteht. Der letzte Satz bewegt sich erst in helleren Gefilden, aber der träumerische Charakter des Stücks bleibt erhalten.

Sonate für Violine und Klavier Nr. 2 in A-Dur, Opus 100, 3 Sätze, entstanden 1886

Das erste Thema des 1. Satzes wird vom Klavier vorgetragen, die Violine nimmt es erst später auf. Auch das zweite wird vom Pianisten intoniert; ein dritter Gedanke bringt hiezu kräftige Kontraste. Der 2. Satz – Andante tranquillo – bringt ein kantables Thema. Eine springtanzähnliche Passage erfüllt den Satz mit übersprudelnder Laune. Im Finale herrscht das gesangliche Element wiederum vor und bekräftigt die gemütvolle Stimmung des Werks.

Sonate für Violine und Klavier Nr. 3 in d-Moll, Opus 108, 4 Sätze, entstanden 1888

Bewegt setzt der 1. Satz ein. Auch das zweite Thema ist unruhig. Es kommt zu keiner Auseinandersetzung der Themen, die beide ohne Entspannung erlöschen. Die ernste Ruhe des 2. Satzes ist voll Sehnsucht und bringt keine Erlösung. Im nervösen Scherzo des 3. Satzes drängen sich die unruhigen Kräfte wieder vor, die im Finale zu einer Spannungsentladung drängen. Seine großangelegte Faktur gestaltet das Werk zu einer echten Konzertsonate.

Sonate für Cello und Klavier Nr. 1 in e-Moll, Opus 38, 3 Sätze, entstanden 1865

Mit ruhiger Kraft intoniert das Cello das erste Thema des 1. Satzes. Das zweite Thema provoziert ein intensives Wechselspiel der beiden Instrumente. Der 2. Satz bringt ein zierliches Menuett, dessen Thema auch das Trio bestreitet. Das Finale präsentiert eine großangelegte Fuge, die von einer Kantilene unterbrochen wird und sodann mit breiter Geste endet.

Sonate für Cello und Klavier Nr. 2 in F-Dur, Opus 99, 4 Sätze, entstanden 1886

Der 1. Satz gewährt dem Cello freie Bahn zur klanglichen und rhythmischen Entfaltung. Im 2. Satz trägt es eine einprägsame Kantilene zu interessanter Klavierbegleitung vor. Im 3. Satz tritt das Klavier in den Vordergrund; nur im Trio dominiert das Cello. Im Finale wird eine Volksliedmelodie als Hauptthema verwendet.

Sonate für Klarinette und Klavier Nr. 2 in f-Moll, Opus 102,1, 4 Sätze, entstanden 1894

Ausdrucksvoll beginnt der 1. Satz, dem die Rolle eines spannungsreichen Auftaktes des Werks zufällt. Das folgende Andante bringt ein zartes Tongedicht, verträumt und innig. Der 3. Satz ist leicht tänzerisch. Im Finale wird anmutig und klangschön musiziert.

Klaviersonate Nr. 1 in C-Dur, Opus 1, 4 Sätze, entstanden 1853

Mit rhapsodischem Vollklang beginnt der 1. Satz. Ein elegisches Seitenthema wird entgegengestellt und ein drittes Motiv verdichtet die Durchführung. Die Reprise ist formal und modulatorisch sehr frei und endet mit sinfonischer Struktur. Für den 2. Satz übernahm der Komponist die Volksliedimitation von Florentin Zuccamaglio (12.4. 1803, Waldbröhl, Siegerland, bis 23.3.1869, Nachrodt bei Grüna, Westfalen), »Verstohlen geht der Mond auf«, die er für ein echtes Minnelied hielt. Es wird viermal variiert vorgetragen. Eine grandiose Kadenz führt zu einem brillanten Scherzo. Das Finale in Rondoform ist ein pianistisch glanzvoller Satz.

Klaviersonate Nr. 2 in fis-Moll, Opus 2, 4 Sätze, entstanden 1852

Das thematische Material des 1. Satzes ist Mustern von Felix Mendelssohn-Bartholdy nachgebildet. Das Andante bringt eine alte Volksliedweise in mehreren Variationen. Das Scherzo könnte als weitere Variation des Themas im vorangehenden Satz gedeutet werden; sein Trio ist liedhaft. Mit einer rezitativischen Einleitung beginnt das Finale. Daraus wächst eine Reihe breiter Akkorde mit romantisch-phantastischen Klängen, die am Ende pianissimo verhallen.

Klaviersonate Nr. 3 in f-Moll, Opus 5, 5 Sätze, entstanden 1854

Dieses Werk ist eines der größten für Tasteninstrumente der gesamten Musikgeschichte überhaupt und reicht ebenbürtig an die h-Moll-Sonate von Franz Liszt heran. Der breite rhapsodische Beginn des 1. Satzes zeigt, daß der Komponist die klassischen Vorbilder verlassen und sich ganz der Romantik zugewandt hatte. Die Lyrik der Seitenthemen verstärkt diese Zuwendung wie ihre volle Harmonik. Eine schöne Kantilene in der Tenorlage erweitert noch die romantische Welt zur Phantastik. Das Andante ist eine echte Nokturne, die eine Mondscheinnacht zauberhaft ausmalt und mit einem Choralthema abschließt. Der 3. Satz ist ein derbes Scherzo, der 4. Satz klingt einem Trauermarsch ähnlich, Schmerz und Trauer sind nahezu impressionistisch wiedergegeben. Das nahtlos angeschlossene Finale verkündet Freiheit von Tod und Trauer und endet das Werk mit sieghaften Klängen.

21 Ungarische Tänze für Klavier zu vier Händen, ohne Opuszahl, entstanden 1852–69

Es handelt sich um volkstümliche Stücke mit ungarischer Färbung, die keine ungarische Folklore wiedergeben. Sie wurden zum Teil vom Komponisten selbst, zum Teil von anderen Meistern orchestriert und bilden sowohl in der Urfassung wie in der Bearbeitung Juwelen der gehobenen Unterhaltungsmusik.

Liebeslieder-Walzer für Klavier zu vier Händen und Gesang, Opus 52 und Opus 65, 18 und 15 Stück, entstanden 1874 und 1877

Heitere, liebenswürdige, zum Teil humorvolle Lieder auf Texte von Georg Friedrich Daumer (1800–75) – Nr. 15 der zweiten Folge ist von Johann Wolfgang von Goethe – als Hausmusik für die bürgerliche Gesellschaft der Zeit.

Literatur

F. Grasberger, Johannes Brahms, Wien 1952. H.A. Neunzig, J. Brahms, Hamburg 1973. Ch. Jacobsen, J. Brahms, Leben und Werk, Wien 1983. C. Floros, Brahms und seine Zeit, Laaber 1984.

Joseph Brambach (1833–1902)

Zeit und Umwelt

Die großen Chorwerke für Soli, Chor, Orchester und gelegentlich auch mit Orgel kamen mit ihrem imponierenden Aufwand an vokalen und instrumentalen Klangmitteln der romantischen Geisteshaltung ebenso entgegen wie ihre nicht selten bombastischen Texte. Alles war auf großartige Breitenwirkung abgestellt. Vergangenheit und Gegenwart werden verklärt und beziehen das Publikum in diese Verklärung ein.

Leben

Caspar Joseph Brambach wurde am 14.7.1833 in Oberdollendorf bei Königswinter geboren. Er war Schüler des Konservatoriums in Köln und dort von 1858 bis 1861 Lehrer, nachdem er zuvor noch bei Ferdinand Hiller studiert hatte. Anschließend wurde er Städtischer Musikdirektor in Bonn, wo er ab 1869 als Komponist und Privatlehrer bis zu seinem Tod am 20.6.1902 wirkte.

WERKE
Bekannt wurde Joseph Brambach durch seine großen wirkungsvollen Werke für gemischten Chor und Orchester, »Trost in Tönen«, »Frühlingshymnus«, »Morgensehnsucht«, »Der Bergkönigin Frühlingsfahrt« (mit Soli), und für Männerchor und Orchester »Die Macht des Gesangs«, »Velleda«, »Alcestis«, »Prometheus«, »Columbus«, »Loreley« (mit Altsolo). Auch seine kleineren Chorwerke, »Germanischer Siegesgesang«, »Das Lied vom Rhein«, »Cäsar am Rubikon«, wurden begeistert aufgenommen. Sein Klavierkonzert, eine Konzertouvertüre »Tasso«, verschiedene Kammermusik mit Klavier und seine Chor- und Klavierlieder waren weniger erfolgreich, obschon sie musikalisch die Chorkompositionen um einiges übertrafen.

Paolo Brambilla (1787–1838)

ZEIT UND UMWELT
Im Jahr 1776 wurde in Mailand das Opernhaus »La Scala« als damals größtes, künstlerisch schönstes und modernstes eröffnet. Es errang in wenigen Jahrzehnten eine führende Rolle unter den italienischen Operntheatern, wurde bald zu einem der ersten in der Rangordnung der Opernhäuser der musikalischen Welt und ist es bis in die Gegenwart.

LEBEN
Paolo Brambilla wurde am 9.7.1787 in Mailand geboren. Er brachte in den Jahren 1816 bis 1819 für Turin und Mailand 4 komische Opern heraus und anschließend 9 Ballette. Er starb in seiner Geburtsstadt im Jahr 1838.
Marietta Brambilla (6.6.1807, Cassano d'Adda, bis 6.11.1875, Mailand), vermutlich eine Verwandte des Paolo Brambilla, war Sängerin in Mailand und London, Wien und Paris und eine hochgeschätzte Gesanglehrerin.

WERKE
Außer seinen Opern und Balletten, die mehr romantische Züge aufwiesen als die Werke seiner Zeitgenossen, hat Paolo Brambilla anscheinend keine Kompositionen hinterlassen, obwohl er als namhafter Komponist bezeichnet wurde.
Marietta Brambilla hat außer Vokalisen für den Gesangunterricht sehr ansprechende Lieder geschrieben.

Die Mailänder Scala um 1790

Richard Bramston
(um 1480 bis nach 1536)

ZEIT UND UMWELT
Der Theologenchor des alten Bischofssitzes Wells in Somerset spielte in der vorreformatorischen Zeit eine wichtige Rolle, so daß es einen Aufstieg bedeutete, wenn ein Organist von der Kathedrale der Stadt übernommen wurde.

LEBEN
Richard Bramston wurde vermutlich in Somerset um 1480 geboren. Der Organist und Kirchenkomponist wirkte ab 1507 an der Kathedrale von Wells und gab ein Jahr darauf diese Stelle auf, weil er vom Theologenchor der Stadt übernommen wurde. Er stieg bald zu dessen Leiter auf und verblieb in diesem Amt bis 1536. Er dürfte in Wells kurz nach 1536 gestorben sein.

WERKE
Von Richard Bramston ist nur eine Anzahl Motetten erhalten, obwohl er in seiner Stellung sicherlich eine umfangreiche kompositorische Tätigkeit entfaltet hat. Aber auch schon die wenigen Motetten, die wir kennen, geben ein interessantes Bild des Überganges zur Renaissancemusik, der im Gegensatz zum Kontinent in England mit einiger Verspätung erfolgte.

Antonio Brancaccio (1813–46)

ZEIT UND UMWELT
Die Stadt Neapel und die anderen Städte des Königreichs, vor allem Palermo, hatten einen großen Bedarf an Opern, so daß ein neapolitanischer Komponist in der Stadt seiner Ausbildung bleiben konnte und genügend Absatz für seine Werke vorfand.

LEBEN
Antonio Brancaccio wurde 1813 in Neapel geboren und am Konservatorium seiner Heimatstadt ausgebildet. Er verließ Neapel nicht, sondern bot seine Werke den Bühnen seiner engeren Heimat an. Ob er eine musikalische Stellung innehatte, ist nicht bekannt. Er starb am 12.2.1846 in Neapel.

WERKE
Von Antonio Brancaccio sind 8 Opern in Neapel uraufgeführt worden, davon 2 posthum. Ihr Erfolg war durchschnittlich gut, so daß sie später von anderen Bühnen übernommen wurden. Über andere Kompositionen von seiner Hand ist nichts bekannt.

Charles Antoine Branche
(1722 bis nach 1779)

ZEIT UND UMWELT
Leichtfaßlich und ausdrucksvoll, reich ausgeziert und unbeschwert bot sich die Musik Frankreichs um die Mitte des 18. Jahrhunderts dar. Eine heile Welt, in der man sein Leben spielend und verspielt vertändeln kann, ließ man sich nur zu gerne vorgaukeln, denn die Anzeichen kommender Katastrophen waren nicht immer zu übersehen.

LEBEN
Charles Antoine Branche wurde am 31. 3. 1722 in Vernon, Eure, geboren. Er war ab 1749 erster Violinist an der Comédie Française und von 1753 bis 1764 künstlerischer und technischer Leiter des Theaterorchesters. Außerdem betätigte er sich als Violinlehrer. Er starb nach 1779 in Paris.

WERKE
Von den vielen Werken von Charles Antoine Branche – Sonaten, Duette, Trios, Konzerte – sind nur ein Buch mit Sonaten für Solovioline mit Generalbaß und ein Konzert mit obligater Violine erhalten. Er war ein typischer Barockmusiker.

Max Brand (1896 – 1980)

LEBEN
Max (Maximilian) Brand wurde am 26.4.1896 in Lemberg (Lwiw) geboren. Er wuchs in St. Gallen und Wien auf und war Kompositionsschüler von Franz Schreker. Nach kurzer

Lehrtätigkeit in Salzburg gründete er in Wien ein »Mimoplastisches Theater« für Ballett. Im Jahr 1938 mußte er emigrieren und ging über Brasilien in die USA, wo er als Organisator von Aufführungen und als freier Komponist der Avantgarde wirkte. 1975 kehrte er nach Wien zurück, wo er am 5.4.1980 starb.

WERKE
Berühmt wurde Max Brand durch seine Zeitoper »Maschinist Hopkins«, mit der er die Forderung der Futuristen nach Integration der Zeiterscheinungen des modernen Industrialismus und Verkehrswesens erfüllte. Die Aufnahme des Geräusches als musikalisches Element war damit durchgeführt. Er schrieb außerdem 3 weitere Opern, eine szenische Kantate und ein szenisches Oratorium, ein Orchesterrondo und ein Kyrie als Zwölftonstudie. Ab 1958 komponierte er nur mehr elektronisch; sein bedeutendstes Werk aus jener Zeit ist »An Epic in Electronics« für Sprecher, Chor, Kinderstimmen und Tonband.

Johann Brandl (1760–1837)

ZEIT UND UMWELT
Die Streichquartette von Joseph Haydn wurden sehr bald von Musikern der gesamten musikalischen Welt eifrig studiert. Sie wirkten auf viele wie eine Offenbarung und regten sofort zur Nachahmung an. Einzelne bedankten sich bei dem Meister, indem sie ihm ihre Nachahmungen widmeten.

LEBEN
Johann Evangelist Brandl wurde am 14. 11. 1760 in Klosterrohr bei Regensburg geboren. Er war ab 1789 Musikdirektor am Hof des Fürstbischofs von Speyer und Bruchsal und ab 1806 Hofmusikdirektor in Karlsruhe, wo er am 25. 5. 1837 starb.

WERKE
Von Johann Brandl sind ein Singspiel, 3 Opern, Oratorien, Messen, Sinfonien und außerdem 6 Streichquartette, die er Joseph Haydn widmete und nach dessen Muster aufbaute, erschienen. Seine ganze Musik steht der Klassik sehr nahe.

Henry Brant (geboren 1913)

LEBEN
Henry Dreyfus Brant wurde am 15.9.1913 in Montreal geboren. Er wurde in New York an der Juilliard School of Music und bei George Antheil ausgebildet. Anschließend wirkte er mehrere Jahre als Orchestrierer bei Paramount Pictures und beim American Ballet. Von 1943 bis 1950 unterrichtete er an der Columbia University und von 1947 bis 1955 an der Juilliard School in New York Orchestrierung und Komposition. Seit 1957 gibt er am Bennington College, Vt., Unterricht in Komposition, Dirigieren, Klavier und Flöte.

WERKE
Angeregt durch Charles Ives, experimentierte Henry Brant mit dissoziierten Orchestergruppen und Raummusik. Er schrieb: 4 Opern und 2 Ballette, 5 Sinfonien, »Millennium I« für acht gestopfte Trompeten, Röhrenglocken und Glockenspiel, »Origins« für 70 Schlaginstrumente, »Antiphony I« für fünf Orchestergruppen und fünf Dirigenten, »Tripelkonzert« für Violine, Cello und Oboe, vier Vokalsolisten, Bläser, vier Schlagzeuger und Klavier vierhändig, Konzert für Flöte und zehn Instrumente, »Musik« für Klavier und 20 Instrumente, Klarinettenkonzert, Violinkonzert, Saxophonkonzert, »Millennium II« für zehn Trompeten, zehn Posaunen, Bläser, vier Schlagzeuger und Sopran, Stück für Ondes-Martenot, Klavier und Schlagzeug, »Labyrinth I« für Orchester, »Labyrinth II« für zwei Orchestergruppen, »December« für Sopran, Tenor, solistische Männer- und Frauensprechstimmen, großen und kleinen Chor, Bläser, vier Schlagzeuger und Orgel, »The Grand Universal Circus« für acht Soli, 32 Chorsänger, zwölf Instrumente und vier Schlagzeuger, »Hieroglyphics I« für Bratsche, Pauken, Röhrenglocken, Celesta und Harfe, »Millennium III« für zwei Trompeten, vier Posaunen und sechs Schlagzeuger, »Hieroglyphics II« für Solovioline, beliebiges Schlagzeug und

Klavier, sowie zahlreiche Stücke mit Monsterbesetzung und Einsatz mehrerer Ensembles, mit Lichteffekten, mit falsettierenden Chören, mit Vokalisen, mit Musicboxes, mit Tonbändern, bis zum Konzert für Sinfonieorchester und einer Zirkuskapelle mit 70 Mann. Trotz seiner vielgestaltigen Einfälle erreichte er nicht die Ursprünglichkeit seines Vorbildes Charles Ives. Die originellen Kombinationen von Klängen, Stimmen und Geräuschen haben nur experimentellen Effekt.

Johannes Brassart
(um 1405 bis um 1450)

Zeit und Umwelt
Die reiche Bischofs- und Handelsstadt Lüttich mit ihren zahlreichen romanischen und gotischen sakralen Bauwerken vermochte nahezu während des ganzen 15. Jahrhunderts eine gewisse Eigenständigkeit zu bewahren. Wohlstand ist ein guter Nährboden für Wissenschaft und Kunst. Daher mußte die Stadt auch im Zeitalter der aufsteigenden Renaissance nicht hinter den anderen Städten des franko-flämischen Raumes zurückstehen.

Leben
Johannes Brassart (Braxatoris, Brassez, Bruwer) ist um das Jahr 1405 in Lüttich geboren. Der franko-flämische Musiker war 1431 durch mehrere Monate päpstlicher Kapellsänger. Er wurde 1434 Kaplan an St. Lambert in Lüttich und um das Jahr 1440 Kanonikus an Notre-Dame von Tongern. Er dürfte einige Jahre darauf gestorben sein.

Werke
Brassart de Leodio (von Lüttich) ist besonders durch das deutsche dreistimmige Lied »Christ ist erstanden« bekannt geworden. Außerdem sind von ihm 3 Kyrie, 3 Et in terra, 2 Patrem, ein Sanctus, ein Agnus, 7 Introitus (alle Messesätze sind dreistimmig) erhalten, dazu etliche vier- und fünfstimmige Motetten.

Literatur
S. Clercx, Johannes Brassart et le début de sa carrière, Revue belge de Musicologie VI, 1952.

Olivier Brassart (um 1532 bis nach 1570)

Zeit und Umwelt
Nach der Abdankung Kaiser Karls V. und der Übergabe der Regentschaft über die Niederlande an Philipp II. von Spanien wurden die Zustände von Jahr zu Jahr unleidlicher. Da der Freiheitskampf der Niederländer auch ein konfessioneller Kampf war, wichen gerade Musiker, gleichgültig auf welcher Seite sie standen, nach Möglichkeit in das Ausland aus. Daher wurde der Zustrom von Musikern aus dem franko-flämischen Raum, der bereits abgeebbt war, nach der Mitte des 16. Jahrhunderts wieder stärker.

Leben
Olivier Brassart (Oliviero) wurde um 1532 im Raum des heutigen Belgiens geboren. Die Informationen über sein Leben und Wirken sind sehr spärlich. Bekannt ist nur, daß er seine Ausbildung in der Heimat empfangen und darauf nach Italien – vermutlich nach Rom – gegangen ist. An welcher Kapelle er tätig war, ist unbekannt. Seine Kompositionen erschienen jedenfalls in Rom, so daß die Annahme, daß er dort an einer Kapelle gewirkt habe, naheliegt. Er ist vermutlich auch in Rom nach 1570 gestorben.

Werke
Von dem flandrischen Komponisten Olivier Brassart ist ein Buch vierstimmige Madrigale überliefert, bei denen bezeichnend ist, daß sie sich nicht der zu seiner Zeit in Italien üblichen Fünfstimmigkeit anpaßten, sondern die in seiner Heimat entwickelte vierstimmige Form beibehielten.

Johannes Brassicanus
(um 1590 bis um 1650)

Zeit und Umwelt
In einzelnen österreichischen Städten, wie zum Beispiel in Linz, hielten sich, solange Kaiser Matthias lebte, die evangelischen Gemeinden sehr lange. Mit dem Beginn des Dreißigjährigen Krieges allerdings wurde überall hart durchgegriffen, so daß Prediger und Kantoren flohen und deren Anhänger sich entweder bekehren oder ebenfalls ihre Heimat verlassen mußten.

Leben
Johannes Brassicanus (Brassianus) wurde um 1590 vermutlich in Österreich geboren. Er war um 1615 bereits Kantor in Linz, das er bald darauf verlassen mußte. Es ist unbekannt, wo er seine weitere Tätigkeit als protestantischer Kirchenmusiker ausgeübt hat. Er dürfte um 1650 gestorben sein. Sein Sterbeort ist nicht feststellbar.

Werke
Der deutsche Kirchenmusiker Johannes Brassicanus hat schon sehr früh Psalmen Davids für vier Stimmen vertont. Seine Kirchenlieder wurden in verschiedene Gesangbücher aufgenommen; darunter befinden sich etliche für fünf Stimmen, die eine beachtliche Meisterschaft beweisen.

Henning Brauel (geboren 1940)

Leben
Henning Brauel wurde am 1.7.1940 in Hannover geboren. Er studierte an der Hochschule für Musik und Theater in seiner Geburtsstadt und bei Heinrich Sutermeister; von 1964 bis 1968 war er Schüler und Assistent von Hans Werner Henze am Mozarteum in Salzburg. Seitdem lebt er in Koblenz.

Werke
Von Henning Brauel sind unter anderem »Sinfonische Paraphrasen über ein Thema von Paganini«, ein Notturno für Fagott und kleines Orchester, 2 Streichquartette und eine Kantate für Sopran, Tenor, gemischten Chor und Orchester bekannt geworden.

Johann Braun (1753–1811)

Zeit und Umwelt
Das Konzertleben der preußischen Hauptstadt Berlin wurde gegen Ende des 18. Jahrhunderts durch Privatunternehmen bereichert. Eine Reihe Musiker in Hofdiensten begnügten sich mit ihrer Rolle nicht, sondern wollten ihre Kunst in öffentlich zugänglichen Konzerten zeigen. Es lockte auch der zusätzliche Verdienst zu dieser Mehrleistung.

Leben
Johann Braun wurde am 29. 8. 1753 in Kassel geboren, dort von seinem Vater, dann von Johann Gottfried Schwanenberg in Braunschweig ausgebildet. Von 1770 bis 1785 wirkte er als Violinist der Hofkapelle in Kassel, 1788 als Konzertmeister der preußischen Königin Elisabeth Christine von Braunschweig (1715 bis 1797). Er organisierte mit Friedrich Franz Hurka öffentliche Konzerte im Hotel »Stadt Paris«. Er starb am 1. 1. 1811 in Berlin.
Sein Vater Anton Braun (20. 1. 1729, Oberbeisheim, bis 26. 4. 1798, Kassel) war ab 1764 Violinist der Hofkapelle in Kassel.
Sein Bruder Johann Friedrich Braun (15. 9. 1758, Kassel, bis 15. 9. 1824, Ludwigslust), Schüler seines Vaters, war Oboist und Komponist für dieses Instrument.

Werke
Von Johann Braun sind ungefähr 30 Konzerte für Violine, für Horn, für Cello, für Flöte und für Fagott, außerdem zahlreiche Kammermusikwerke erschienen.
Anton Braun schrieb Flötenkonzerte und Kammermusikwerke.
Johann Friedrich Braun schrieb eine große Anzahl Kompositionen für die Oboe.

Walter Braunfels (1882–1954)

LEBEN
Walter Braunfels wurde am 19. 12. 1882 in Frankfurt am Main geboren. Er war in seinem Geburtsort Schüler von James Kwast und in Wien von Teodor Leszetycki und Karel Navrátil, sodann in München von Ludwig Thuille. Im Jahr 1925 wurde er Direktor der Musikhochschule in Köln. Im Jahr 1933 erfolgte das Verbot seiner Werke und seine Entlassung. Von 1945 bis 1950 war er Präsident der Hochschule in Köln, wo er am 19. 3. 1954 starb.

WERKE
Neben 5 Opern, 5 geistlichen Chorwerken, 4 Kantaten zu kirchlichen Feiertagen schrieb Walter Braunfels eine Sinfonia brevis, eine schottische Fantasie, verschiedene orchestrale Variationen, ein Klavierkonzert und 2 weitere Konzertstücke und Tänze, ein Streichquintett und 3 Streichquartette. Sein Stil war spätromantisch mit starker Neigung zu klassizistischen Formen.

Gregor Brayssing
(um 1500 bis nach 1560)

ZEIT UND UMWELT
Die Reichsstadt Augsburg wurde 1534 lutherisch. Nach wenigen Jahren setzte die Gegenreformation mit aller Gewalt ein. Protestanten mußten konvertieren oder die Stadt verlassen. Weder das Augsburger Interim noch der Religionsfriede änderten daran etwas.

LEBEN
Gregor Brayssing (Grégoire) wurde in Augsburg um 1500 geboren. Wo er zum Komponisten und Lautenisten ausgebildet worden ist, kann nicht festgestellt werden. Er war jedenfalls in Augsburg als Lautenist und Lautenlehrer tätig, bis ihn die Gegenreformation zwang, aus der Stadt zu fliehen. Er nahm in Paris Aufenthalt, wo er bis zum Jahr 1560 nachweisbar ist. Er dürfte in Paris gestorben sein. Das Todesjahr ist unbekannt.

WERKE
Von dem Lautenisten Gregor Brayssing ist ein Tabulaturbuch für Gitarre überliefert, das an eigenen Kompositionen 6 Hugenottenpsalmen und eine Anzahl Chansons enthält, außerdem Bearbeitungen von Werken anderer Komponisten. Er nützte die Möglichkeiten der Gitarre zum polyphonen Spiel geschickt aus.

LITERATUR
Fr. Lesure, La guitare en France au XVIe siècle, in Musica Disciplina 4, 1950.

Franz Joachim Brechtel (1554–93)

ZEIT UND UMWELT
Als Canzonette bezeichnete man in Italien ein kurzes, leichtes Vokalstück mit tänzerischem Charakter. Sie war einfach angelegt, selten polyphonisch und rhythmisch scharf akzentuiert. Sie stand im scharfen Gegensatz zum vornehmen Madrigal und war volkstümlich und beliebt wie die Villanella. Sie wurde bald im Ausland nachgeahmt, besonders im deutschen Sprachgebiet, wo sich ohnedies um die Wende vom 16. zum 17. Jahrhundert eine Verschmelzung eigener Liedformen mit italienischen vollzog.

LEBEN
Franz Joachim Brechtel wurde am 9. 12. 1554 in Nürnberg getauft. Er war ein Enkel des Kantors Sebald Heyden, betrieb aber die Musik nur nebenberuflich, weil er seinen Lebensunterhalt als Schreib- und Rechenmeister und Büchsenmacher bestritt. Der Beitrag jedoch, den er zur Einbürgerung des italienischen Liedstils leistete, ist beachtlich. Er verbrachte sein ganzes Leben in Nürnberg, wo er im Jahre 1593 starb und am 20. 9. begraben wurde.

WERKE
Von Franz Joachim Brechtel erschienen 1589 »Neue kurtzweilige Teutsche Liedlein mit dreyen Stimmen nach art der Welschen Villanellen« und ein Jahr darauf »Neue kurtzweilige Teutsche Liedlein mit 4 und 5

Stimmen nach art der Welschen Canzonetten«. Im Jahre 1594 kamen weitere mehrstimmige Canzonetten heraus und machten diese italienische Liedgattung in Deutschland populär. 2 weitere fünfstimmige Lieder erschienen in einer Orgeltabulatur.

LITERATUR

L. Hübsch-Pfleger, Das Nürnberger Lied im deutschen Stilwandel um 1600, Heidelberg 1944.

Ivar Frederik Bredal (1800–64)

ZEIT UND UMWELT

Die 1836 in Kopenhagen gegründete Musikgesellschaft beschäftigte noch einige Zeitlang ziemlich viele Musiker aus dem Ausland, sie wurde jedoch allmählich im Verlauf des 19. Jahrhunderts durch Dänen ersetzt. Diese holten sich zum Großteil noch längere Zeit hindurch ihre Ausbildung vorwiegend in Deutschland oder bei ausländischen Lehrern. Mit der Zeit baute sich auch diese Abhängigkeit ab, so daß man die dänische Musik als gleichwertig an die Seite anderer Länder stellen konnte.

LEBEN

Ivar Frederik Bredal wurde am 17.6.1800 in Kopenhagen geboren und dort von Friedrich Kuhlau ausgebildet. Von 1835 bis 1849 wirkte er als Konzertmeister der Königlichen Kapelle und zugleich bis 1843 als Dirigent der Musikgesellschaft. Anschließend war er bis 1863 Konzertmeister am Königlichen Theater. Er starb am 25.3.1864 in Kopenhagen.

WERKE

Von Ivar Frederik Bredal sind mehrere Singspiele und die Kantate für Tenor und Orchester »Judas Ischarioth« erhalten. Seine übrigen Kompositionen sind nicht überliefert.

Henry Bredemers (um 1472–1522)

ZEIT UND UMWELT

Namur war im Mittelalter die Hauptstadt der Grafschaft Namur, die 1262 an Flandern und 1420 an Burgund kam. Unter den burgundischen Herzögen blühten Wirtschaft und Kulturleben der Stadt auf. Die bereits im 11. Jahrhundert begonnene Kathedrale Saint-Aubain wurde bis zum Ende des 15. soweit fertiggestellt, daß die in jeder Stadt Burgunds übliche Musikpflege einsetzen konnte.

LEBEN

Henry Bredemers (Bredeniers, Bredemersche, Bredenierch) wurde um 1472 in Namur geboren. Er wurde sehr früh als Sängerknabe in die Kantorei von Notre-Dame von Antwerpen aufgenommen. Ab 1493 wirkte er dort als Organist und Knabenchorleiter der burgundischen Hofkapelle Philipps des Schönen, den er auf ausgedehnten Reisen begleitete. Anschließend erhielt er die Stelle des Musiklehrers des nachmaligen Kaisers Karl V. und seiner Schwestern (Eleanore, Maria, Katherina), die die Musik sehr liebten. In den Jahren 1520 und 1521 lebte er im Gefolge Karls, der 1519 Kaiser geworden war. Am 20. 5. 1522 starb er in Lierre, wo er seit 1506 Präbendar des Kollegialstiftes St. Grommaire gewesen war.

WERKE

Henry Bredemers war vor allem Organist und Orgelsachverständiger. Von seinen Kompositionen, die zu seiner Zeit geschätzt waren, ist außer einer Messe (»Missa super Ave Regina«) nichts erhalten. Sie ist stilistisch offensichtlich von Josquin abhängig und bildet einen Beweis mehr für den ungeheuren Einfluß dieses Meisters auf die franko-flämische Schule und alle ihre Randbezirke.

LITERATUR

G. van Doorslaer, Henry Bredemers, organist et maître de musique, Antwerpen 1915.

Tiberiu Brediceanu (1877–1968)

LEBEN

Tiberiu Brediceanu wurde am 20.3.1877 in

Lugoj, Rumänien, geboren. Er studierte in Blaj und in Braşov. Dann übersiedelte er nach Bukarest, wo er Generaldirektor der Oper wurde und am 19.12.1968 starb.

WERKE

Neben 2 lyrischen Szenen für die Bühne schrieb Tiberiu Brediceanu »Sinfonische Tänze«, »Doinas«, Lieder und Balladen nach Volksmelodien für Gesang und Klavier. Er war Folklorist, publizierte mehrere wertvolle Werke über das rumänische Volkslied und gab eine Sammlung mit 170 Volksmelodien heraus.

Johann Philipp Breidenstein

(1729–85)

ZEIT UND UMWELT

Die »Preußischen Kriegslieder von einem Grenadier« vom anakreontischen Dichter Johann Wilhelm Ludwig Gleim regten eine Anzahl zeitgenössischer wie späterer Komponisten zur Vertonung an. Es war in der Mehrzahl der Fälle weniger die friderizianische Gesinnung der Gedichte als die Schönheit der Verse, die den Musiker einluden, ihren Klang noch mehr zu vertiefen.

LEBEN

Johann Philipp Breidenstein wurde am 9. 4. 1729 in Niederdorffelden bei Hanau geboren. Er war ab 1746 Organist und Musikdirektor des Magdalenenstifts in Hanau, trat in den Verwaltungsdienst über und wurde 1777 Universitätsprofessor in Gießen, wo er am 18. 1. 1785 starb.

WERKE

Von den zahlreichen Kompositionen von Johann Philipp Breidenstein wurden gedruckt: eine Kantate, 7 Klaviersonaten, 2 Sonaten für Violine und Klavier und 24 Lieder auf Texte von Johann Wilhelm Ludwig Gleim. Die Lieder folgen der Berliner Liederschule. Die Klaviersonaten schreiben das Pianoforte nicht ausdrücklich vor, verlangen aber die Dynamik dieses Instruments.

Wilhelm Breitengraser

(um 1495–1542)

ZEIT UND UMWELT

Mit seiner Schrift »Vom unfreien Willen« führte Martin Luther den endgültigen Bruch mit Erasmus von Rotterdam und dem Humanismus herbei. Diese Absage an den Humanismus, dessen Vertreter die Befreiung von den traditionellen Zwängen begeistert begrüßt hatten, erforderte eine neuerliche Umwertung der jungen Lehre, die zu viel Ballast aus der alten beibehalten hatte, um den Ideen des Humanismus ausreichenden Freiheitsraum zu bieten. Konflikte entstanden allerdings nur für die, die selbst zur Feder griffen.

LEBEN

Wilhelm Breitengraser (Guilelmus Breyttengraser) ist um 1495 in Nürnberg geboren. Er studierte ab 1514 in Leipzig und wurde Lehrer an der Schule St. Egidien in Nürnberg. Da er sich der Reformation anschloß, blieb er in seiner Stellung. Eine Zeitlang hing er dem Kreis des Humanisten Eoban Hessus an, ist aber nur als Komponist hervorgetreten. Er starb in Nürnberg am 23. 12. 1542.

WERKE

Das Werk Breitengrasers ist noch wenig erforscht. Als gesichert gilt vorläufig die Zuschreibung von 2 Messen und einigen Psalmen, Responsorien und Hymnen. Nach dem Glaubenswechsel verfaßte der Meister eine Reihe deutscher Lieder, vermutlich zum eigenen Schulgebrauch. Das vorreformatorische Werk zeigt die Bildung eines typisch deutschen Stiles im Sinn der Schüler Hofhaymers, der sich von Meister zu Meister weiterentwickelte.

LITERATUR

R. Wagner, Wilhelm Breitengraser und die Nürnberger Kirchen- und Schulmusik seiner Zeit, Die Musikforschung II, 1949.

Franz Friedrich Eduard Brendler
(1800–31)

ZEIT UND UMWELT
Die politischen und militärischen Mißerfolge Schwedens drängten das Land bis zum Beginn des 19. Jahrhunderts immer mehr an den Rand des Kontinents; auch der Gewinn Norwegens im Frieden von Kiel (1814) konnte die ehemalige Großmachtstellung nicht wiederbringen. Das bewirkte die Zuwendung des allgemeinen Interesses zum Ausbau der Wirtschaft und des Geisteslebens. Die Regierung Jean Baptiste Bernadottes (1763–1844) als König Karl XIV. Johann war dieser Tendenz nur förderlich.

LEBEN
Franz Friedrich Eduard Brendler wurde am 4.11.1800 in Dresden geboren. Er kam in jungen Jahren nach Stockholm und wurde dort ausgebildet. Sein früher Tod am 16.8.1831 in Stockholm hinderte ihn an der Entfaltung seines Talents, das er mit seinen wenigen Kompositionen bereits bewiesen hatte.

WERKE
Von Franz Friedrich Eduard Brendler sind als besonders interessantes Werk Variationen für drei Fagotte mit Orchester überliefert. Außerdem hinterließ er mehrere Chorwerke mit Orchester, eine Kantate für Solostimmen und Orchester, ein sehr erfolgreiches Melodrama, mehrere Klavierstücke und Lieder, ferner eine Schauspielmusik.

Friedrich August Brenner (1815–98)

ZEIT UND UMWELT
Dorpat (Tartu) bildete mit seiner Universität ein kulturelles Zentrum für Estland und auch für einen großen Teil des übrigen Baltikums. Der Akademische Gesangverein, die Musik in der Universitätskirche und die Musikalische Gesellschaft waren Ausgangspunkte der estnischen Singbewegung, die allerdings vorläufig die Sprache des Volks nur wenig einbezog. Es wurde vielmehr deutsch oder auch russisch oder schwedisch gesungen. Zu einer tatsächlich estnischen Musikentwicklung konnte es erst nach Jahrzehnten kommen.

LEBEN
Friedrich August Brenner wurde 1815 in Eisleben geboren. Er wirkte nach seiner Ausbildung als Musiklehrer im Baltikum. Ab 1839 war er Universitätsmusikdirektor in Dorpat. Er gründete den Akademischen Gesangverein, wurde Organist der Universitätskirche und versuchte auch, die bodenständige Volksmusik zu fördern. Im Jahr 1893 kehrte er nach Deutschland zurück und starb am 11.11.1898 in München.

WERKE
Von seinen Kompositionen veröffentlichte Friedrich August Brenner »Zwei geistliche und zehn weltliche Gesänge für Sopran und Alt« und ein Choralbuch für vier Männerstimmen. Von seinen ungedruckten Werken ist nichts erhalten. Brenner stand bei den allerersten Anfängen einer nationalestnischen Musik Pate.

Johann Joseph Brenntner (1689–1742)

ZEIT UND UMWELT
Über die Hofkapellen in Wien und Prag einerseits und über Leipzig und Dresden andererseits wurde der konzertante Stil Venedigs auch in Böhmen frühzeitig bekannt und fand auch in die Kirchenmusik bodenständiger Komponisten bald Eingang.

LEBEN
Johann Joseph Ignaz Brenntner wurde 1689 in Wiesengrund (Dobrzan), Böhmen, geboren. Er war in seinem Geburtsort, wo er 1742 starb, als Kirchenmusiker tätig.

WERKE
Von den kirchenmusikalischen Werken von Johann Joseph Brenntner sind nur 12 sakrale Arien unter dem Titel »Hymnodia divina« erhalten. Die sehr ansprechenden Kompositionen gehören dem Spätbarock an. Auch die verschollenen Vertonungen sollen konzertant gewesen sein. Die profane Musik des

Komponisten ist durch ein Lautenkonzert vertreten, das an den Spieler hohe technische Anforderungen stellt.

Bettina Brentano (1785–1859)

ZEIT UND UMWELT
Die Herausgeber von »Des Knaben Wunderhorn«, Clemens Brentano (1778–1842) und Achim von Arnim (1781–1831), waren Vertreter der literarischen Hochromantik, die durch die einzigartige musikalische Sprachkraft ihrer Lyrik die Annäherung von Musik und Literatur zu einem Höchstmaß entwickelten, so daß Dichtung ohne Vertonung wie Musik klang und sich Kompositionen wie Wortfolgen artikulierten.

LEBEN
Bettina Brentano (Anna Elisabeth von Arnim), Gattin von Achim von Arnim, Schwester von Clemens Brentano, Dichterin der Hochromantik, wurde am 4.4.1785 in Frankfurt am Main geboren und starb am 20.1.1859 in Berlin.

WERKE
Die Lieder von Bettina Brentano fanden keine große Verbreitung, obwohl sie es verdient hätten. Lediglich die »Gesänge zum Faust« erregten allgemeinen Beifall und bestätigten das kompositorische Talent der vielseitig begabten Dichterin.

Giuseppe Antonio Brescianello (um 1690–1757)

ZEIT UND UMWELT
Der bayrische Kurfürst Maximilian II. Emanuel vermählte sich 1695 in zweiter Ehe mit der polnischen Prinzessin Teresa Kunegunda Sobieska (1676–1730), die als Kurfürstin eine eigene Kapelle unterhielt und diese mit besten Kräften ausstattete.

LEBEN
Giuseppe Antonio Brescianello wurde um 1690 in Bologna geboren. Im Jahr 1715 ging er nach seiner Ausbildung in Venedig nach München in die Dienste der bayrischen Kurfürstin als Musikdirektor und Konzertmeister. Von 1721 bis 1751 wirkte er als Erster Kapellmeister in Stuttgart, wo er 1757 starb.

WERKE
Von Giuseppe Antonio Brescianello sind 1738 in Amsterdam 12 Violinkonzerte erschienen. Seine Sinfonien, Triosonaten, Kantaten und Stücke für Colascione und eine Messe sind handschriftlich überliefert; 6 Trios für zwei Violinen und Generalbaß sind in unserem Jahrhundert neu herausgebracht worden.

Cesar Bresgen (1913 – 88)

LEBEN
Cesar Bresgen wurde am 16.10.1913 in Florenz geboren. Er war an der Akademie der Tonkunst in München Schüler von Joseph Haas und Emanuel Gatscher. Nach kurzer Tätigkeit am Bayerischen Rundfunk übernahm er 1939 in Salzburg die Leitung der Musikschule für Jugend und Volk und eine Kompositionsklasse am Mozarteum. Nach Kriegsende wirkte er in Mittersill und Salzburg als Kirchenmusiker, dann wurde er an das Mozarteum zurückberufen. Er starb am 6.4.1988 in Salzburg.

WERKE
Als Komponist stand Cesar Bresgen unter dem wechselnden Einfluß von Paul Hindemith und Igor Strawinsky und vor allem von Béla Bartók. Trotzdem bildete er für sich einen persönlichen Stil heraus, der vom Gedanken ausgeht, sich dem Menschen verständlich zu machen und daher nicht elitär sein kann; er ist auch stark von ethischen Bindungen geprägt. Er schrieb eine große Anzahl Werke für die Bühne, darunter mehrere sehr erfolgreiche Märchen- und Jugendopern und mehrere Ballette, 2 Sinfonien, ein Posaunenkonzert, ein Cellokonzert, ein Violinkonzert, ein Hornkonzert, mehrere Klavierkonzerte, ein Kammerkonzert für Gitarre und kleines Orchester, ein Bläserquintett, einen »Totentanz« für Klavier und kleines Orchester, 2 Streichquar-

Cesar Bresgen

tette, zahlreiche Jugend- und Spielmusik, Volksmusikbearbeitungen, Kantaten, Chöre und Lieder mit Orchester oder mit Klavier.

Totentanz nach Holbein für Soloklavier und kleines Orchester, 15 Teile, entstanden 1957

Das Werk wurde ursprünglich 1947 für zwei Klaviere geschrieben und erst zehn Jahre später für Soloklavier und kleines Orchester. Eine dritte Fassung entstand 1966 für zwei Klaviere und zwei Schlagzeuger. Thematisch ist dem Werk die Holzschnittfolge »Bilder des Todes« von Hans Holbein (1497–1543) zugrunde gelegt, die das Thema »Mensch und Tod« mit immer neuen Variationen bringt. Auch das vorliegende Werk ist eine Variationenreihe über die mittelalterliche Melodie »Grimmig Tod mit seinem Pfeil«, sie ist aber nicht als Illustration der Bilder des Malers zu verstehen, sondern als symbolische Verdeutlichung der in den Holzschnitten geschilderten Vorgänge.

Requiem für Anton Webern für Soli, Chor, Streicher und Orgel, 5 Teile, entstanden 1945–72

»Bresgen ordnet dem vokalen und instrumentalen Anteil verschiedene tonale, rhythmische und klangfunktionale Ebenen zu, die von Elementen des Chorals – auch ohne bewußtes Zitieren – wie auf Säulen getragen werden« (Gerhard Walterskirchen). Im Introitus wird am Anfang eine Vierteltonphrase aufgebaut, der ein sechstöniger Basso ostinato im Orchester gegenübersteht. Das Kyrie ist stark vom gregorianischen Choral beeinflußt. Das Dies irae bildet das Zentrum des Werks und ist von starker Eindringlichkeit. Schon das Sanctus-Benedictus wirkt tröstend, jedoch das Agnus stellt eine beeindruckende Synthese versöhnender Gedanken dar, die in einem siebenstimmigen Akkord ihre Bestätigung findet.

LITERATUR

D. Larese, Cesar Bresgen, Amriswil 1968.

Emil Breslaur (1836–99)

LEBEN

Emil Breslaur wurde am 29.5.1836 in Cottbus geboren. Er studierte ab 1863 am Sternschen Konservatorium und war von 1868 bis 1879 Klavier- und Theorielehrer an der Kullakschen Akademie in Berlin. Ab 1883 wirkte er als Chorleiter an der Berliner Reformsynagoge und setzte sich sehr für eine Erneuerung des synagogalen Gesangs ein. Er starb am 26.7.1899 in Berlin.

WERKE

Von Emil Breslaur sind eine Anzahl sakraler und profaner Chorkompositionen, Lieder und Klavierstücke überliefert. Sehr bekannt ist seine Serenade für Streicher. Er veröffentlichte Werke über den Klavierunterricht und über die Musik in den Synagogen.

Jehan Bretel (um 1210–72)

ZEIT UND UMWELT

Die Confrérie des Jongleurs in Arras nahm eine Entwicklung, welche der des Pui d'Arras diametral entgegenlief. Der Pui, ursprünglich vorwiegend für adelige Trouvères offen und zugleich für Kleriker, öffnete die Tore für das Großbürgertum und danach für jeden Ménestrel und gab gleichzeitig die strengen Formen höfischer Dichtung zugunsten volksnaher Texte mit Musik, die leicht faßlich und merkbar waren, auf. In der Confrérie sammelten sich ursprünglich Ménestrels, Volkssänger und Berufsmusikanten. Doch im Lauf der Zeit traten ihr auch Vertreter des Bürgertums bei, so daß das gesellschaftliche und künstlerische Niveau gehoben wurde. Das gemeinsame Ziel beider Vereinigungen war jedoch die Verbreitung von Dichtung und Musik in allen Schichten. Der Erfolg stellte sich auch in nahen Zeiten in der Form ein, daß der nordfranzösisch-flandrische Raum neben einer hohen Blüte der Dichtkunst Musiker hervorbrachte, die für ganz Europa richtunggebend geworden sind.

LEBEN
Jehan Bretel wurde um 1210 in Arras geboren. Er entstammte einer reichen Bürgerfamilie, die seit dem 12. Jahrhundert in der Stadt urkundlich erwähnt ist. Er gehörte zu den wichtigsten Mitgliedern der Confrérie des Jongleurs von Arras und wurde zum »Prince du Pui d'Arras« gewählt, stellte somit mit seiner Persönlichkeit Kontakt und Gleichrichtung beider künstlerischen Institutionen dar. Er starb 1272 in Arras.

WERKE
Jehan Bretel hat mehr als 90 Jeux partis verfaßt, die mit Musik erhalten sind. Von seinen 7 Liedern fehlt die Musik. Wie bei keinem vor ihm zeigt sich das Vordringen der Volksmusik, die der Kunstmusik im nordfranzösischen Raum den Entwicklungsgang weist. Die schon früher angeknüpften Beziehungen zum deutschen Minnesang, der ebenfalls in vielen Fällen mehr Dichtung als Musik war, werden noch klarer sichtbar. Es ist auch nicht zu verkennen, daß bereits zu jener Zeit die Grundlagen für das Aufblühen der Musik im franko-flämischen Gebiet und die Liedschöpfungen in England geschaffen worden sind.

LITERATUR
G. Raynaud, Les chansons de Jean Bretel, Paris 1913.

Tomás Bretón (1850–1923)

ZEIT UND UMWELT
Die Zarzuela hatte und hat zum Teil auch heute noch einen so großen Interessentenkreis in Spanien, daß kein Bühnenkomponist, der sich einen Namen machen und das Publikum für sich gewinnen wollte, um es in seine Konzerte und zu seinen Opern zu locken, daran vorbeigehen konnte.

LEBEN
Tomás Bretón wurde am 29.12.1850 in Salamanca geboren. Er war in Madrid am Konservatorium Kompositionsschüler von Emilio Arrieta y Corera, dirigierte durch 10 Jahre in Madrid ein Orchester, sodann Zarzuelaaufführungen in Madrid und Barcelona und gründete schließlich ein eigenes großes Konzertorchester unter dem Namen Unión Artistico-Musical. Im Jahr 1901, nachdem er auch an der Oper dirigiert hatte, wurde er Direktor und Lehrer am Konservatorium. Er starb am 2.12.1923 in Madrid.

WERKE
Neben einer Anzahl Zarzuelas verfaßte Tomás Bretón 5 Opern, mit denen er einigen Publikumserfolg erringen konnte. Er schrieb ferner das Oratorium »El Apocalipsis«, eine Sinfonie, 2 sinfonische Dichtungen, »Salamanca« und »Añoranzas« (Erinnerungen), und die Orchesterwerke »Escenas Andaluzas« (Andalusische Szenen) und »En la Alhambra«, ein Klavierquintett, 3 Streichquartette, ein Klaviertrio und ein Sextett für Klavier und Bläser und Vokalmusik. Bemerkenswert ist für einen spanischen Meister die große Anzahl Kammermusik.

LITERATUR
A. S. Salcedo, Tomás Bretón: su vida y sus obras, Madrid 1924.

Jean-Baptiste Bréval (1753–1823)

ZEIT UND UMWELT
Wie die Technik des Violinspiels gegen Ende des 18. Jahrhunderts einen Höhepunkt erreichte, der in der Zukunft nur mehr wenig übertroffen werden konnte, so gelangten die großen Cellisten jener Zeit zu einer Voll-

endung, die für das anbrechende 19. Jahrhundert richtunggebend blieb.

LEBEN
Jean-Baptiste Sébastian Bréval wurde am 6. 11. 1753 in Paris geboren. Er war vermutlich Schüler von François Cupis und wurde nach seiner Ausbildung als Cellist Mitglied des Orchesters des Concert spirituel und später des Opernorchesters. Er wirkte auch als Cellolehrer bis zu seinem Tod am 18. 3. 1823 in Colligis, Aisne.

WERKE
Man zählt Jean-Baptiste Bréval zu den bedeutendsten Cellisten seiner Zeit. Abgesehen von einer musikalischen Komödie waren seine Kompositionen nahezu ausschließlich dem Cello gewidmet. Er schrieb zahlreiche Sonaten, Airs, Variationen und Konzerte für Cello, weiters Duos, Trios, Streichquartette und Sinfonien, in denen der Cellopart besonders hervorgehoben ist.

Giovanni Battista Brevi
(um 1650 bis nach 1725)

ZEIT UND UMWELT
Die Arietta war im 17. und 18. Jahrhundert eine einfache, nicht sehr lange, zweiteilige Arie der italienischen Oper in der Art der Kavatine. Sie wurde nicht selten einfach als Liedform ohne Zusammenhang mit einer Oper verwendet.

LEBEN
Giovanni Battista Brevi wurde um 1650 vermutlich in Bergamo geboren. Er war Kapellmeister an San Francesco, San Fedele und an Del Carmine in Mailand. Im Jahr 1673 wurde er Organist und bald darauf auch Kapellmeister am Dom in Bergamo, 1695 wirkte er erneut als Kapellmeister an San Francesco und an Del Carmine in Mailand, wo er nach 1725 starb.

WERKE
Der italienische Komponist Giovanni Battista Brevi schrieb eine Anzahl Motetten im alten Stil, dann aber ein Buch Kantaten und sehr feiner Arietten, die nahezu volksliedhaft waren.

Havergal Brian (1876–1972)

LEBEN
William Havergal Brian wurde am 29.1.1876 in Dresden, Staffordshire, England, geboren. Er war Autodidakt und wirkte in verschiedenen Stellungen als Organist und Cellist. Er starb am 28.11.1972 in Shoreham-by-Sea, Sussex.

WERKE
Von Havergal Brian sind 6 Opern aufgeführt worden. Er schrieb außerdem 32 Sinfonien, eine Anzahl »Englische Suiten«, 2 sinfonische Dichtungen, ein Orchester-Praeludium, ein Violinkonzert, ein Cellokonzert, ein Requiem, eine Vertonung des Psalms 137, eine Kantate, einige Chöre a cappella, zahlreiche Klavierstücke und Lieder. Sein Stil näherte sich stark dem Expressionismus; er galt um 1910 als einer der fortschrittlichsten englischen Komponisten.

Giulio Briccialdi (1818–81)

ZEIT UND UMWELT
Die Querflöte, die erst im 9. Jahrhundert belegt ist, verdrängte die um vieles ältere Längsflöte im 19. Jahrhundert vollends. Von den verschiedenen Flötentypen früherer Epochen wurden im Orchester- und im Solospiel nur mehr die heute übliche Konzertflöte und das Piccolo (ebenfalls eine Querflöte) verwendet. Erst durch die Zuwendung des 20. Jahrhunderts zu älterer Musik kamen die Längsflöten wieder zu Ehren.

LEBEN
Giulio Briccialdi wurde am 2.3.1818 in Terni geboren. Er war bereits mit 15 Jahren als Flötist Mitglied der Accademia di Santa Cecilia in Rom. Seine ausgedehnten Konzertreisen führten ihn nach London, wo er viele Jahre lebte

und als Flötist sowie Flötenlehrer wirkte. Er starb am 17.12.1881 in Florenz.

WERKE
Außer einer erfolgreichen Oper schrieb Giulio Briccialdi zahlreiche Werke für Flöte und Begleitinstrumente, darunter einige vorzügliche Konzerte. Über seine hervorragende Technik, die sich in seinen Kompositionen ausdrückte, vernachlässigte er die Musikalität nie.

Frank Bridge (1879–1941)

LEBEN
Frank Bridge wurde am 26.2.1879 in Brighton geboren. Er studierte in London an der Royal Academy of Music unter Charles Stanford. Sodann wirkte er als Bratschist und Dirigent in Theatern und Konzertsälen; 1923 war er Gastdirigent in Boston, Detroit, Cleveland und New York. Er starb am 10.1.1941 in Eastbourne.

WERKE
Für Orchester komponierte Frank Bridge 4 Tongedichte, 2 Suiten, eine Tanzrhapsodie. Ferner schrieb er ein Streichsextett, ein Klavierquintett, 7 Streichquartette, 2 Klaviertrios, eine Klaviersonate und zahlreiche weitere Klavierstücke, 7 Stücke für Violine und Klavier, 3 für Cello und 2 für Bratsche und Klavier, Orgelstücke, mehrere Chorwerke mit Orchester und Lieder.

Frederick Bridge (1844–1924)

ZEIT UND UMWELT
Auch die englischen Komponisten der letzten Dezennien des 19. Jahrhunderts stellten neben ihren instrumentalen Werken Chorkompositionen in den Mittelpunkt ihres Schaffens, die der sakralen Musik zumindest nahestanden. Ihre hymnische Konzeption übertrugen sie zumeist auf ihre Orchesterwerke, so daß auch diese sich nicht weit von sakralen Fakturen entfernten.

LEBEN
John Frederick Bridge wurde am 5.12.1844 in Oldbury bei Birmingham geboren. Er war Chorknabe an der Kathedrale von Rochester und Schüler von John Larkin Hopkins. Nach verschiedenen Organistenstellungen erhielt er 1869 die an der Kathedrale von Manchester, wo er auch Lehrer für Harmonie am Owens College wurde. Ab dem Jahr 1875 wirkte er als Organist an Westminster Abbey in London, wo er am 18.3.1924 starb.
Sein Bruder Joseph Cox Bridge (16.8.1853, Rochester, bis 29.3.1929, St. Albans) wirkte von 1877 bis 1925 als Organist an der Kathedrale von Chester und ab 1908 zugleich als Musiklehrer in Durham.

WERKE
Von Frederick Bridge sind mehrere prächtige Konzertouvertüren, 2 Kantaten, 2 Oratorien, Hymnen, Chöre und Lieder bekannt geworden.
Joseph Cox Bridge schrieb eine Sinfonie in F-Dur, ein Oratorium, »Daniel«, ein Requiem, mehrere Kantaten, Services, Anthems, Orgel- und Klavierstücke, Lieder und Chöre.

Wolfgang Carl Briegel (1626–1712)

ZEIT UND UMWELT
Konzertierender Stil und Instrumentalbegleitung fanden in der zweiten Hälfte des 17. Jahrhunderts beinahe in alle protestantischen Kirchen Eingang. Die Annäherung der Kirchenmusik an die Profanmusik, die bei den Katholiken schon sehr weit gediehen war, vollzog sich im evangelischen Bereich langsamer, aber auch hier wurde der Gottesdienst immer mehr zum Konzert.

LEBEN
Wolfgang Carl Briegel wurde im Mai 1626 in Königsberg, Unterfranken, geboren. Er erhielt seine Ausbildung zum Musiker in Nürnberg, wo er anschließend als Sänger wirkte. Von 1645 bis 1650 war er Sänger in Schweinfurt, sodann Hofkantor in Gotha und von 1671 bis 1709 Hofkapellmeister in Darmstadt. Dort starb er am 19. 11. 1712.

WERKE

Der deutsche Komponist Wolfgang Carl Briegel machte das sakrale Vokalwerk mit Instrumenten in den protestantischen Kirchen heimisch. Sein »Geistlicher musicalischer Rosengarten«, das »Evangelische Gespräch«, die »Geistlichen Arien«, der »Evangelische Blumengarten«, die »Geistlichen Oden Gryphii«, die »Madrigalischen Totengesänge«, vierstimmig a cappella, das »Evangelische Hosiannah«, die »Musicalische Trostquelle«, der »Evangelische Palmen-Zweig«, die »Evangelische Harpfen«, die »Bußpsalmen«, die »Evangelische Chormusik« und der »Letzte Schwanengesang« gehören zum Teil heute noch zur kirchenmusikalischen Praxis. An profanen Vokal- und Instrumentalwerken liegen vor: vierstimmige »Paduanen, Galliarden, Balletti und Couranten«, vier- bis fünfstimmige »Intraden und Sonaten für Cornetti und Posaunen«, »Musicalisches Tafelkonfekt« für eine bis vier Stimmen mit Instrumenten, »Musicalische Erquick-Stunden«, Capricci für Violinen, Viole und Baß, dazu Bühnenwerke und Ballette. Diese ganze Musik muß als Gebrauchsmusik von hohem Niveau bezeichnet werden.

LITERATUR

J. Fölsing, Biographisches über Wolfgang Carl Briegel, Darmstadt 1853.

Dora Estella Bright (1863–1951)

LEBEN

Dora Estella Bright wurde am 16.8.1863 in Sheffield geboren. Sie studierte von 1881 bis 1888 an der Royal Academy in London und wirkte anschließend in London als Konzertpianistin. Als Interpretin alter Musik genoß sie großen Ruf. Sie starb am 16.11.1951 in Babington, Somerset.

WERKE

Von Dora Estella Bright sind 3 Opern, mehrere Ballette, einige Orchesterwerke, 2 Klavierkonzerte, ein Klavierquartett, eine Suite für Klavier und Violine, ein Duo für zwei Klaviere und mehrere Lieder bekannt geworden. Ihr Stil hielt sich im Rahmen der Romantik.

John Brimley (1502–76)

ZEIT UND UMWELT

Die von Robert Aske (1501–37) angeführte »Pilgrimage of Grace« (Gnadenwallfahrt) von 30.000 Personen, die nach London marschieren wollten, um König Heinrich VIII. zur Revision einer Reihe von Maßnahmen zu veranlassen, gewann auch in Durham zahlreiche Teilnehmer. Das Unternehmen scheiterte. Die Aufstandsbewegung gegen die scharfe Durchführung der Reformation unter König Edward VI. vom Jahr 1549 war ernster, weil Schottland im selben Jahr England den Krieg erklärte. Doch auch diese blieb erfolglos, bis 1553 das blutige Regime der Königin Maria I. dem Katholizismus in England ein letztes Mal zum Durchbruch verhalf.

LEBEN

John Brimley (Brimlei) wurde 1502 in der Grafschaft Durham geboren und war zuerst Chorist an der Kathedrale von Durham und in den sechziger Jahren unter Elisabeth I. Chorleiter und Organist. Er überdauerte die mehrmaligen Glaubenswechsel und die beiden Revolten der Jahre 1549 und 1553 wie auch die gegen Königin Elisabeth I. gerichtete vom Jahr 1569 unbehelligt und starb im Jahre 1576 in Durham.
William Brimley oder Brimle (um 1510 bis nach 1563) ist vielleicht ein Verwandter John Brimleys gewesen.

WERKE

Von dem Kirchenmusiker John Brimley sind nur Messeteile überliefert, die aber eine erhebliche kompositorische Fähigkeit aufweisen. Sein Stil geht an manchen Stellen über den seiner Gegenwart hinaus.
William Brimley hat sich 1563 an der Harmonisierung des Psalters beteiligt. Weitere Werke dieses Kirchenmusikers sind nicht überliefert.

George Frederick Bristow (1825–98)

ZEIT UND UMWELT
Die Harmonic Society war eines der Amateurorchester, die in New York schon in der ersten Hälfte des 19. Jahrhunderts gegründet wurden. Ein zweites, die Euterpean Society, begann seine Tätigkeit im Jahr 1799. Diese Orchester- und Chorvereinigungen bildeten die erste Grundlage des heute hochentwickelten Konzertwesens der Stadt.

LEBEN
George Frederick Bristow wurde am 19.12. 1825 in New York geboren. Mit 11 Jahren spielte er bereits Violine am Olympic Theatre in seinem Geburtsort, ab 1842 war er Erster Violinist der New York Philharmonic Society und von 1851 bis 1862 wirkte er als Dirigent der Harmonic Society und gleichzeitig als Kirchenorganist sowie als Gesanglehrer an den staatlichen Schulen. Er starb am 13.12. 1898 in New York.

WERKE
Von George Frederick Bristow wurde eine Oper mit Erfolg aufgeführt. Er schrieb ferner 2 Oratorien (»Lob Gottes«, »Daniel«), 2 Kantaten (»Die große Republik«, »Niagara«), 6 Sinfonien, 2 Streichquartette, Klavierstücke und Lieder; eine weitere Oper blieb unvollendet.

Benjamin Britten (1913–76)

LEBEN
Benjamin Britten wurde am 22.11.1913 in Lowestoft, Suffolk, geboren. Bereits mit 12 Jahren begann er seine Kompositionsstudien bei Frank Bridge und setzte sie am Royal College of Music in London bei John Ireland fort. Er komponierte zunächst für Film, Theater und Radio, hielt sich von 1939 bis 1942 in den USA auf und ließ sich schließlich in Aldeburgh, Suffolk, nieder. Im Jahr 1947 beteiligte er sich an der Gründung der English Opera Company, die kammermusikalisch besetzte Opernaufführungen veranstaltete, und an der Einrichtung der Festivals in Aldeburgh, die auch seine Kompositionen brachten. Er betätigte sich auch als Pianist, besonders als Begleiter des Tenors Peter Pears (geboren 22.6. 1910, Farnham, Surrey). Die Universitäten Oxford, Leicester und Hull verliehen ihm 1962 das Ehrendoktorat. Er starb am 4.12.1976 in Aldeburgh als vielleicht bedeutendster englischer Komponist seit Henry Purcell (1659 bis 1695).

WERKE
Von Benjamin Britten sind 8 Opern für die Bühne und 3 Kirchenopern bekannt geworden. Er war vor allem Opernkomponist. Auch seine übrige Musik hat starken theatralen Charakter, weil er alle verfügbaren klanglichen und rhythmischen Mittel einsetzte, um eine plastische Bildhaftigkeit zu erreichen, ohne jemals programmatisch zu werden. Angeregt von Gustav Mahler, Igor Strawinsky, Arnold Schönberg, dem Impressionismus, den englischen Meistern und der heimischen Folklore, gelangte er zu einer ureigenen, durchaus modernen Tonsprache, die auch fallweise die Reihentechnik integrierte und auch den Bruitismus nicht ablehnte. Er verließ jedoch die

Benjamin Britten

Tonalität, die allerdings sehr extensiv gestaltet wurde, nahezu nie, ließ sich aber in keine Experimente ein, sondern verwendete alle erreichbaren Klangkörper, um zu sagen, was er sagen wollte. Für Orchester schrieb er eine Sinfoniette, eine »Simple Symphony«, »Soirées musicales«, Variationen auf ein Thema von Frank Bridge, eine »Sinfonia da requiem«, »Praeludium und Fuge« für 18 Streichinstrumente, »Orchesterführer für die Jugend«, ein Cellokonzert, ein Violinkonzert, ein Klavierkonzert, eine »Schottische Ballade« für zwei Klaviere und Orchester, eine Orchestersuite nach katalanischen Themen, »Kanadischer Karneval«, »Matinées musicales«, eine Ouvertüre, ferner 2 Streichquartette, ein Quartett für Oboe und Streichtrio, Variationen für Flöte, Violine und Klavier vierhändig, ein Duo für Bratsche und Klavier, eine Suite für Violine und Klavier, eine Suite für Klavier, 2 Suiten für Violine solo, ein Notturno für Gitarre, »Sechs Metamorphosen« für Oboe solo. Die Vokalmusik ist mit einer »Frühlings-Sinfonie«, einer Missa brevis, einer Serenade für Tenor, Horn und Streichorchester und zahlreichen Liedern und Chören mit Orchester oder einzelnen Instrumenten und vor allem durch das »War Requiem« für Soli, Chöre und Orchester repräsentiert.

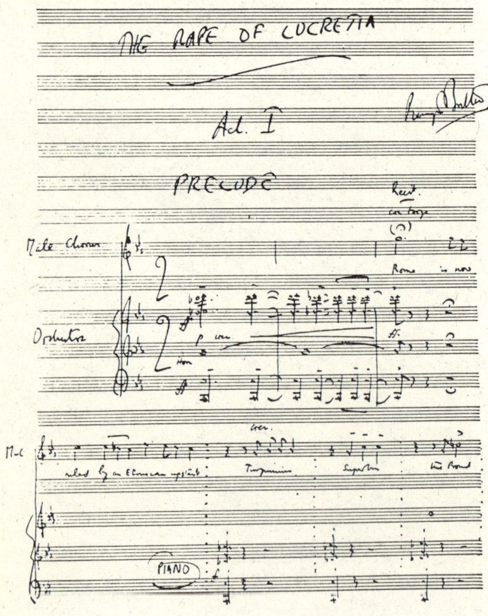

Anfang der Kammeroper »The Rape of Lucretia« von Benjamin Britten, Autograph

War Requiem (Kriegsrequiem) für Sopran-, Tenor- und Baritonsolo, gemischten Chor, Knabenchor, großes Orchester mit Orgel und Kammerorchester, Opus 66, 6 Abschnitte, entstanden 1961

Dieses großartige oratorische Werk wurde zur Einweihung der wiedererbauten Kathedrale von Coventry 1962 uraufgeführt. Es besteht aus zwei Textebenen, denen zwei vokal-instrumentale Klangebenen zugeordnet sind. Vom Solosopran und dem gemischten Chor mit dem großen Orchester und vom Knabenchor mit der Orgel wird die vollständige lateinische Liturgie der Totenmesse vorgetragen: 1. Requiem, 2. Dies irae, 3. Offertorium, 4. Sanctus, 5. Agnus Dei, 6. Libera. Die beiden Männerstimmen, vom Kammerorchester begleitet, bringen neun, die Sinnlosigkeit des Krieges anklagende Gedichte des im Ersten Weltkrieg gefallenen englischen Lyrikers Wilfred Owen (1893–1918). Die beiden Ebenen verhalten sich distanziert wie Vergangenheit und Gegenwart. Beide Klanggruppen führen nebeneinander sozusagen ein Eigenleben. Erst im letzten Abschnitt kommt es zur Synchronisation beider Ausdrucksebenen mit eindringlicher Symbolkraft.

Spring Symphony (Frühlings-Sinfonie) für drei Solisten, Chor, Knabenchor und Orchester, Opus 44, 4 Teile, entstanden 1949

Es handelt sich um eine Kantate mit der Satzfolge des klassisch-romantischen Sinfonieschemas. Die Texte sind der englischen Dichtung von mittelalterlichen Versen bis zur Gegenwart entnommen. Der 1. Teil bringt nach der Introduktion vier bewegte Allegrostücke, die den Frühling ankündigen. Im 2. Teil erklingen drei meditative Sätze. Der 3. Satz beginnt mit einem leidenschaftlich bewegten Strophenlied, dem 4 Duette folgen. Im 4. Teil erklingen Walzerweisen und Kuhhornklänge. Er schließt mit dem ältesten englischen Kanon »Somer is incomen in«.

Simple Symphony für Streichorchester, Opus 4, 4 Sätze, entstanden 1934

Der 1. Satz »Boisterous Bourée« (Wilde Bourée) benützt die alte Tanzform für ein fröhliches pastorales Bild. Der 2. Satz »Playful pizzicato« bringt einen Tanz mit ruhigem Mittelteil. Der 3. Satz »Sentimental Saraband« ist lyrisch und empfindsam. Der 4. Satz »Frolocsome finale« schließt das Werk übermütig ab.

Serenade für Tenor, Horn und Streicher, Opus 31, 6 Teile, entstanden 1943

Ein Liederzyklus nach Gedichten aus fünf Jahrhunderten mit den Themen: 1. Sonnenuntergang, Alter (Pastorale), 2. Schatten- und Echospiel (Notturno), 3. Blumenwelken, Tod (Elegie), 4. Jüngstes Gericht (Grabgesang), 5. Dämmerung (Hymne), 6. Schlummer und Erlösung (Sonett); ein Prolog und ein Epilog rahmen den Zyklus ein, der den Abend und die Nacht als Tröster und Erlöser besingt.

LITERATUR

P. Evans, The Music of Benjamin Britten, London 1979.

Carlo Francesco Brivio
(um 1670 bis nach 1738)

ZEIT UND UMWELT

London war bereits im 17. Jahrhundert mit ungefähr 500.000 Einwohnern die weitaus größte Stadt Europas, in der sich wirtschaftliche und intellektuelle Potenzen konzentrierten. Die Stadt hatte eine ungeheure Aufnahmefähigkeit für Arbeitskräfte jeder Art und auch für Musiker, die breite Entfaltungsmöglichkeiten vorfanden.

LEBEN

Carlo Francesco Brivio wurde um 1670 vielleicht in Mailand geboren. Er war ab ungefähr 1690 bis um 1720 Opernsänger in London, ging sodann als Gesanglehrer nach Mailand, wo er nach 1738 gestorben sein dürfte.
Ungefähr zur gleichen Zeit lebte Giuseppe Ferdinando Brivio, Sänger und Komponist. Ob er zu Carlo Francesco Brivio in verwandtschaftlicher Beziehung stand, ist unbekannt.

WERKE

Vom italienischen Sänger und Komponisten Carlo Francesco Brivio sind eine Ouvertüre, Violin- und Flötensonaten und etliche Opern erhalten.
Giuseppe Ferdinando Brivio verfaße Opern und Opernarien.

František Brixi (1732–71)

ZEIT UND UMWELT

Die von Bohuslav Černohorský ausgebaute und damit eigentlich begründete Altböhmische Schule wurde von Jan Zach weiterentwickelt, von dessen Nachfolger Josef Seger vertieft und durch die Verbreitung seiner Werke über Böhmens Grenzen hinaus und über eine Anzahl Schüler sozusagen internationalisiert, aber dennoch in ihrer Grundsubstanz, durch die sie eine echte unangekränkelte Kirchenmusik war und blieb, unverändert gehalten.

LEBEN

František Xaver Brixi wurde am 2. 1. 1732 in Prag geboren. Er war während seines Universitätsstudiums Schüler von Josef Seger. Seine erste Organistenstelle erhielt er an der Pfarrkirche St. Gallus in Prag, darauf wurde er 1750 Organist und 1759 Kapellmeister am St.-Veits-Dom in Prag, wo er am 14. 10. 1771 starb.

WERKE

Von František Brixi sind ungefähr 450 Kirchenmusikwerke – größtenteils handschriftlich – erhalten, darunter 105 Messen, eingeschlossen 52 große Festmessen. Außerdem schrieb er 2 Sinfonien, 4 Orgelkonzerte, eine Cembalosuite, 2 programmatische Stücke für Cembalo und 16 »Präludium und Fuge« für Orgel, schließlich etliche Oratorien und Schuldramen. Sein Stil entsprach bei der Kirchenmusik der Linie der Altböhmischen Schule, seine profane Musik näherte sich der Vorklassik.

Konzert in F-Dur für Orgel und Orchester, 3 Sätze
Das Thema des 1. Satzes wird zuerst vom Orchester präsentiert und sodann von der Orgel wiederholt. Figuren und Laufwerk schließen sich an. Hübsche Abwechslungen von Soloinstrument und dem Orchester verbreiten eine heitere Stimmung. Das Adagio bringt eine kantable, einfache Melodie in B-Dur, die melodisch und rhythmisch schön ausgeschmückt ist. Auch der Mittelteil in F-Dur ist liedhaft. Das Allegro assai des 3. Satzes ist tänzerisch und lustig, aber völlig

unkompliziert, und gerade deshalb äußerst reizvoll.

LITERATUR
O. Kamper, František Xaver Brixi, Prag 1926.

Luis Brizeño (um 1580 bis nach 1622)

ZEIT UND UMWELT
Die französische Königin Maria de'Medici (1573–1642) stiftete die Ehe ihres Sohnes König Ludwig XIII. mit Anna von Österreich sowie die ihrer Tochter Isabella (1602–44) mit dem späteren König von Spanien Philipp IV. (1605–65). Beiden Ehen, die 1615 geschlossen wurden, lag die Politik zugrunde, ein enges Bündnis zwischen Frankreich und dem Haus Habsburg zu schaffen.

LEBEN
Luis Brizeño wurde um 1580 in Spanien geboren und kam vermutlich im Gefolge des späteren Königs Philipp IV. 1615 nach Paris, wo er bis zu seinem Tod nach 1622 blieb.

WERKE
Der spanische Gitarrist und Komponist Luis Brizeño verfaßte eine Gitarrenschule mit einer großen Anzahl selbst komponierter Übungsbeispiele. Zur Doppelhochzeit der Fürstenhäuser Spaniens und Frankreichs komponierte er ein Lied mit Gitarrenbegleitung, das sehr beliebt wurde. Er war einer der frühesten spanischen Komponisten für Gitarre.

Gabriel Brnčić (geboren 1942)

LEBEN
Gabriel Brnčić wurde am 16.2.1942 in Santiago de Chile geboren. Er studierte in seiner Vaterstadt, sodann in Buenos Aires am Centro Latinoamericano de Altos Estudios Musicales (CLAEM) bei Cristóbal Halffter, Maurice Le Roux (geboren 6.2.1923, Paris), Luigi Nono, Roger Sessions, Iannis Xenakis und Francisco Kröpfl. Seit 1967 ist er Lehrer für elektronische Studien am genannten Institut.

WERKE
Von den Werken von Gabriel Brnčić sind anzuführen: eine Ode für Orchester, ein Stück für neun Schlaginstrumente und elektronische Klänge, »Kaleidoskop« für Oboe, Solooboe, Kammerorchester und Schlagzeug, ein Bratschenkonzert, ein Oktett für zwei Trompeten, zwei Hörner, zwei Posaunen und zwei Tuben, »Ritmus« für vier Schlaginstrumente und Vibraphon, ein Stück für Violine, Klarinette und elektronische Klänge, »Quodlibet I« für Flöte, Oboe, Bratsche, Cello und Celesta, »Quodlibet II«, »Quodlibet III« für Kammerorchester, eine Kantate für Chor, Blas-, Streich- und Schlagzeugorchester und elektronische Klänge und Elektronische Musik.

Charles Broche (1752–1803)

ZEIT UND UMWELT
Einzelne Komponisten der zweiten Hälfte des 18. Jahrhunderts verzichteten vollständig auf den Generalbaß. In ihren Kompositionen für Klavier und Violine wurde dem Tasteninstrument in der Regel die führende Rolle zugeteilt, so daß für ein Continuospiel kein Raum geblieben wäre. Es handelte sich anfänglich zumeist um Meister, die von der Orgel kamen und gewohnt waren, ein mehrstimmiges Stück zu schreiben oder zumindest zu improvisieren.

LEBEN
Charles Broche wurde am 22. 2. 1752 in Rouen geboren. Er war an der Kathedrale von Rouen Schüler von Laurent Desmazures. Im Jahr 1771 wurde er Organist in Lyon, begab sich aber bald darauf nach Bologna, um bei Padre Martini Kontrapunkt und Fugentechnik zu studieren; 1777 folgte er seinem Lehrer an der Orgel der Kathedrale von Rouen nach und wirkte zugleich als Organist an St-Patrice und St-André. Er starb am 30. 9. 1803 in Rouen.

Werke

Von Charles Broche sind zahlreiche Sonaten für Cembalo oder Pianoforte mit Violinbegleitung erhalten. Der Klaviersatz könnte auch auf einer Orgel gespielt werden.

Literatur

G. Faure, A propos de l'organiste rouennais Charles Broche, in: Revue de Musicologie XXIII, 1939.

Howard A. Brockway (1870–1951)

Leben

Howard A. Brockway wurde am 22.11.1870 in Brooklyn, N. Y., geboren. Von 1890 bis 1895 studierte er in Berlin bei Otis Bardwell Boise und Heinrich Barth Pianistik und Komposition. Hernach wirkte er in New York als Komponist und Lehrer, von 1903 bis 1910 als Klavierlehrer am Konservatorium in Baltimore und anschließend in gleicher Eigenschaft erneut in New York, wo er am 20.2. 1951 starb.

Werke

Von Howard A. Brockway sind eine Sinfonie, eine Suite, mehrere sinfonische Balladen, eine Violinromanze, ein Klavierkonzert, ein Klavierquintett, eine Suite für Cello und Orchester, Klavierstücke, einige Chöre und Lieder erschienen. Sein Stil bewegte sich im Rahmen der deutschen Spätromantik.

William Broderip (1683–1726)

Zeit und Umwelt

Die Organisten und Kapellmeister der englischen Kathedralen komponierten auch in der ersten Hälfte des 18. Jahrhunderts Services und Anthems vorwiegend zum eigenen Gebrauch. Nennenswerte stilistische Neuerungen ergaben sich daraus nicht, weil die traditionellen Formen gewahrt blieben. Auch der Einfluß der Oper ist kaum merkbar.

Leben

William Broderip wurde 1683 in oder bei Wells, England, geboren. Er war ab 1701 Sänger und ab 1713 Organist an der Kathedrale von Wells, wo er am 31. 1. 1726 starb.

Werke

Der englische Organist und Komponist William Broderip hat eine Anzahl Kirchenmusik verfaßt, von der nur wenige Anthems erhalten sind. Am bekanntesten wurde »God is our hope and strength« (Gott ist unsere Hoffnung und Kraft).

Elias Brönnemüller
(um 1687 bis nach 1710)

Zeit und Umwelt

Das von Bartolomeo Cristofori erfundene und von Andreas Silbermann entwickelte Klavier löste im 18. Jahrhundert allmählich das Cembalo und verwandte Tasteninstrumente ab. Um 1750 kann man das vorläufige Ende der Cembalomusik ansetzen. Die meisten Komponisten schrieben für »Clavier« und meinten damit jedes Tasteninstrument mit Ausnahme der Orgel. Aber bereits im zweiten Jahrhundert gab es dezidierte Vorschreibungen für Pianoforte, also für das moderne Klavier.

Leben

Elias Brönnemüller (Brunnemullerus) wurde um 1687 vermutlich in Amsterdam geboren, wo er nach seiner Ausbildung als Musiklehrer wirkte. Seine letzte erhaltene Publikation ist mit 1710 datiert. Es ist nicht feststellbar, wann er, vermutlich in Amsterdam, nach diesem Jahr gestorben ist.

Werke

Von den Werken von Elias Brönnemüller ist die handschriftlich erhaltene Arie für Mezzosopran mit Oboe und »Pianoforte« interessant, weil sie als eine der ältesten Kompositionen ein »Pianoforte« verlangt. Außerdem liegen 6 Sonaten für zwei Violinen, Cello und Orgel und eine Suite für Violine vor. Alles gehört dem galanten Stil an.

Georg Bronner (1667–1720)

Zeit und Umwelt

Die Oper in Hamburg war ein reines Privatunternehmen, das keinen Fürstenhof im Rücken hatte. Da auch das Mäzenatentum in der Stadt nicht ins Gewicht fiel, war die wirtschaftliche Lage des Opernunternehmens nicht immer die beste. Es kam daher sehr oft zu einem Wechsel in der Leitung.

Leben

Georg Bronner wurde am 17. 2. 1667 in Hamburg getauft. Er war Komponist und ab 1699 einige Zeit auch mitverantwortlicher Leiter der Hamburger Oper. Darauf wurde er Organist an der Heiligengeistkirche der Stadt. Er starb in Hamburg am 8. 3. 1720.

Werke

Der deutsche Komponist Georg Bronner veröffentlichte ein Choralbuch, dem er auch eigene Werke beigab. Für das Opernhaus schrieb er ungefähr 5 deutsche Opern, deren Erfolg nicht groß war.

Hans Bronsart (1830–1913)

Zeit und Umwelt

Wenn auch gegen Ende des 19. Jahrhunderts eine Reihe von Komponisten der Romantik den Rücken kehrten, schrieben viele – zumeist ältere – Meister unentwegt Programmsinfonien und sinfonische Dichtungen und beherrschten die Konzertsäle bis in das 20. Jahrhundert hinein. Avantgardistische Kompositionen des Impressionismus konnten daneben nur mühsam einen Platz auf den Konzertprogrammen erhalten.

Leben

Hans Bronsart von Schellendorf wurde am 11.2.1830 in Berlin geboren, wo er neben seinem Universitätsstudium Theorieunterricht bei Siegfried Wilhelm Dehn nahm. Mehrere Jahre war er Klavierschüler von Franz Liszt in Weimar. Anschließend trat er als Konzertpianist und Dirigent auf. Er leitete von 1860 bis 1862 die Euterpe-Konzerte in Leipzig, in Berlin die Konzerte der »Gesellschaft der Musikfreunde« in den Jahren 1865 und 1866; 1867 wurde er Intendant des Königlichen Theaters in Hannover und 1887 Generalintendant des Weimarer Hoftheaters. Er ging 1895 in den Ruhestand und starb am 3.11.1913 in München.

Seine Frau Ingeborg Bronsart, geborene Stark (24.8.1840, St. Petersburg, bis 17.6.1913, München), war Schülerin von Adolf Henselt und Franz Liszt. Sie hatte sich als Pianistin und als Komponistin einen Namen gemacht.

Werke

Von Hans Bronsart sind eine Sinfonie mit Chor »In den Alpen« und eine zweite in c-Moll, »Schicksalsgewalten«, die dramatische Tondichtung »Manfred« für Orchester, »Frühlingsfantasie« für Orchester, die Kantate »Christnacht«, ein Streichsextett und zahlreiche Kompositionen für Klavier erhalten. Er schrieb auch eine Oper.

Ingeborg Bronsart verfaßte 4 Opern und zahlreiche Klavierstücke, darunter eine Fantasie in gis-Moll, die Aufsehen erregte.

Alfonso Broqua (1876–1946)

Leben

Alfonso Broqua wurde am 11.9.1876 in Montevideo geboren. Er war Schüler der Schola Cantorum in Paris unter Vincent d'Indy, lebte darauf als Musiklehrer in seinem Geburtsort, bis er sich als freier Komponist in Paris niederließ, wo er am 24.11.1946 starb.

Werke

Von Alfonso Broqua sind 2 Opern aufgeführt worden. Er wurde mit einer Kantate für Singstimme und Orchester bekannt und schrieb außerdem zahlreiche Gesänge, Lieder und Klavierstücke. Sein Stil wurde von seinem französischen Lehrer geprägt. Er stand am Beginn der Musikentwicklung in Uruguay, die sich von der in den anderen lateinamerikanischen Staaten wenig unterscheidet.

Juan Bros (1776–1852)

Leben

Juan Bros wurde 1776 in Tortosa geboren. Er war musikalischer Leiter an den Kathedralen in Malaga, Léon und Oviedo, wo er 1852 starb.

Werke

Von Juan Bros sind zahlreiche Kirchenkompositionen bekannt geworden, die zum großen Teil in vielen Kirchen Spaniens noch heute aufgeführt werden. Dies trifft im besonderen Maß für seine 3 Miserere zu, die für seine besten Werke angesehen werden. Sie stehen dem Barockstil nahe und fallen durch ihre vornehmen melodischen Linien und ihren Vollklang auf.

Carlo Broschi, genannt Farinelli

Carlo Broschi (1705–82)

Zeit und Umwelt

Das 18. Jahrhundert war in Italien die Zeit der großen Violinisten und der großen Sänger. Der Belcanto mancher Kastraten verdrängte Kontraaltisten und Sängerinnen von der Bühne, weil sie nie die Tonreinheit und Tonstärke der männlichen Sopranisten erreichen konnten, und für die grobe Verletzung der Würde eines Menschen durch die Verstümmelung hatten die Opfer, die Täter und das Publikum weder Verständnis noch Sinn.

Leben

Carlo Broschi, der allgemein unter dem Namen Carlo Farinelli bekannt war, wurde am 24. 1. 1705 in Andria, Apulien, geboren. Er war Schüler des berühmten Kastratensängers Gaetano Majorano, der sich Caffarelli nannte (12. 4. 1710, Bitonto, bis 31. 1. 1783, Neapel), und des Komponisten Nicola Antonio Porpora in Neapel. Er feierte seine Triumphe als Sänger in Neapel, Rom, Bologna, Wien, London, Paris und in Madrid, wo er als Günstling des Hofes durch 22 Jahre das Königliche Theater und das gesamte Musikleben des Hofes leitete. Als reicher Mann kehrte er 1759 nach Italien zurück und lebte von 1761 bis zu seinem Tod am 16. 9. 1782 in Bologna.

Werke

Die Instrumentalkompositionen von Carlo Broschi sind verschollen, dafür beweisen seine überlieferten Arien, daß er nicht nur ein hervorragender Sänger, sondern auch ein echter Musiker war.

Moritz Brosig (1815–87)

Zeit und Umwelt

Werke der Kunst, an deren Beginn nicht der künstlerische Wille stand, sondern eine kunstfremde Absicht ideologischer Natur, gerieten in der Regel schlecht. Es gilt für jede Art Staats- und Jubelmusik, aber auch für die sakrale Musik, der man mit der Forderung, die »alte« Kirchenmusik neu zu beleben, Fesseln anlegte. Stile und Fakturen der Kunst sind in Wahrheit nicht wiederholbar. Alle Versuche mußten in einer matten Nachahmung enden, weil weder Komponist noch Publikum ihre Umwelt und ihre Zeit abstreifen und ein Sichzurückversetzen in frühere Epochen höchstens fingieren können.

Leben
Moritz Brosig wurde am 15.10.1815 in Fuchswinkel (Lisie Kątu), Oberschlesien, geboren. Er wurde 1842 Domorganist und 1853 Domkapellmeister in Breslau (Wroclaw) und Zweiter Direktor des Institutes für katholische Kirchenmusik. Die Caecilien-Akademie in Rom ernannte ihn zu ihrem Ehrenmitglied. Er starb am 24.1.1887 in Breslau.

Werke
Von Moritz Brosig sind 5 große und 4 kleinere Instrumentalmessen, 7 Hefte Gradualien und Offertorien, 20 Hefte Orgelkompositionen und ein Choralbuch überliefert. Er verfaßte außerdem mehrere Lehrbücher der Komposition und »Über die alten Kirchenkompositionen und ihre Wiedereinführung«.

Leo Brouwer (geboren 1939)

Leben
Leo Brouwer wurde am 1.3.1939 in Habana, Kuba, geboren. Er studierte von 1955 bis 1959 in Habana und anschließend an der Juilliard School of Music in New York bei Carl Bamberger (geboren 21.2.1902, Wien), Vincent Persichetti und Stefan Wolpe. Seit 1956 tritt er als Sologitarrist auf. Von 1961 bis 1966 wirkte er als Professor für Harmonielehre, Kontrapunktik und Komposition am Konservatorium in Habana und als musikalischer Berater bei Radio Habana. Derzeit leitet er ein Studio für Experimentalmusik, eine Gruppe für »Totales Theater« und ein Seminar für Popmusik. Außerdem konzertiert er im In- und Ausland.

Werke
Gemeinsam mit Juan Blanco und Manuel Duchesne Cuzan (geboren 10.11.1932, Habana) begründete er in Kuba die avantgardistische Musik. Neben »Cantigas del tiempo nuevo« (Gesänge der neuen Zeit) für Schauspieler- und Kinderchor, Harfe, Klavier und zwei Schlagzeuger, »Exaedros I« für sechs Stimmen oder deren Vielfaches in beliebiger Besetzung, »II« für Soloschlagzeug und zwei Orchestergruppen mit zwei Dirigenten schrieb Leo Brouwer eine »Ehrung für Manuel de Falla« für Flöte, Oboe, Klarinette und Gitarre, »Drei konzertante Tänze« für Gitarre und Streichorchester, ein Trio für zwei Violinen und Bratsche, eine »Ehrung für Darius Milhaud« für zwei Gitarren, ein Quintett für Flöte, Oboe, Klarinette, Cello und Gitarre, »Variationen« für einen Schlagzeuger, eine Ballade für Flöte und Streichorchester, »Sonograma I« für Prepared piano, »II« für Kammerorchester, »III« für zwei Klaviere, ein Stück für zehn Spieler, ein Konzert für Jazzquintett und Orchester, eines für 23 Schlaginstrumente, »Tropen« für Studentenorchester, ein Bläserquintett, »Fünf Epigramme« für Cello und Klavier und ein Streichquartett, überdies zahlreiche Kompositionen und Adaptierungen für Gitarre solo.

Earle Brown (geboren 1926)

Leben
Earle Brown wurde am 26.12.1926 in Lunenburg, Mass., geboren. Nachdem er 1942 seine technische Ausbildung abgebrochen hatte, studierte er an der Schillinger School of Music in Denver, Colo., und wirkte von 1950 bis 1952 selbst als Lehrer an demselben Institut, sodann bis 1954, gemeinsam mit John Cage und David Tudor (geboren 20.1.1926, Philadelphia, Pa.), an einem elektronischen Forschungsprojekt in New York und anschließend als Aufnahmeleiter einer Schallplattenfirma. Seit 1960 ist er für die Aufnahmen zeitgenössischer Musik verantwortlich. Er hält sich häufig in Europa auf und übernimmt dort verschiedene Lehrverpflichtungen.

Werke
Ein Großteil der Werke von Earle Brown ist vom Bestreben bestimmt, die traditionelle Vorstellung vom genau fixierten und beliebig oft wiederholbaren musikalischen Kunstwerk aufzulösen und durch mehrdeutige, bei jeder Aufführung anders verlaufende Formprozesse zu ersetzen. Dem Interpreten fallen dadurch Entscheidungen über Reihung, Verteilung

und Spielweisen zu. Er schrieb unter anderem »Folio« und »Four Systems« für beliebig viele Instrumente mit unbestimmter Aufführungsdauer, »Indices« für 17 Spieler, »Available Forms I« für 18 Musiker und »Available Forms II« für 98 Musiker und zwei Dirigenten, »Modelle I–III« und weiteres aleatorisches Material, ferner ein Nonett, ein Oktett, 2 Streichquartette, 2 Trios und Duos mit variabler Besetzung, Werke für ein oder mehrere Klaviere oder Cembali, ein Stück für Rezitator und Instrumente, »Raummusik« für verschiedene Anzahl Tonbänder und Elektronische Musik, auf verschiedene Räume oder Standorte verteilt.

Peter Michael Brown (geboren 1936)

LEBEN
Peter Michael Brown wurde am 2.12.1936 in Wuppertal geboren. Er war an der Hochschule für Musik in Köln Schüler von Frank Martin und Bernd Alois Zimmermann, an der Musikakademie in Detmold von Giselher Klebe. Elektronische Musik studierte er in Köln bei Herbert Eimert. Er lebt als freischaffender Komponist in Bergisch Gladbach.

WERKE
Neben einer Reihe Elektronischer Musik schrieb Peter Michael Brown unter anderem »Transfer« für Orchester, 4 Stücke für Kammerorchester, »Varieté« für Orchester, ein Sextett für Flöte, Oboe, Klarinette, Trompete, Horn und Fagott, ein Notturno für Flöte, Klavier und Lautsprecher, ein Streichquartett, Solostücke für Gitarre, für Violine, für Klavier, für Klarinette und für Oboe.

John Browne (1426–98)

ZEIT UND UMWELT
König Heinrich VII. (1457–1509) von England war zwar ein strenger Rechner, konnte aber, wenn es sich um Repräsentationsausgaben wie Subventionen von Kirchen und religiösen Institutionen handelte, sich von einer sehr verschwenderischen Seite zeigen. Die Hofkapelle diente neben anderen Zwekken auch der Repräsentation und wurde daher freigebig bedacht. Ähnlich lagen die Dinge beim King's College in Cambridge, an dem namhafte Musiker zum Teil für die Königliche Kapelle oder für die Kirchen ausgebildet wurden.

LEBEN
John Browne (of Bucks) ist im Jahre 1426 in England geboren. Im Jahre 1445 wurde er in das King's College in Cambridge aufgenommen. Im Jahre 1480 scheint er als Rektor der Pfarrkirche von West Tilbury auf. Enge Beziehungen zur Kapelle des Königs und fallweise Mitwirkungen daran sind wahrscheinlich, wenn auch nicht belegt. Er galt in der zweiten Hälfte des 15. Jahrhunderts als führende Musikergestalt Englands. Er ist 1498 vermutlich in West Tilbury gestorben.

WERKE
Von den Kompositionen John Brownes sind ein Madrigal und mehrere fünf- bis achtstimmige Anthems überliefert. Der Stil dieser Werke beweist, daß die von Dunstable geschaffene Kompositionsform sich inzwischen durchgesetzt hatte, aber noch sehr wenig von den flämischen Neuerungen übernommen worden ist.

Richard Browne (um 1585–1664)

ZEIT UND UMWELT
Da während der Revolution sehr viel Archivmaterial der englischen Kathedralen dem Zerstörungseifer der Puritaner zum Opfer gefallen ist, fehlen bei zahlreichen Kirchenmusikern des 17. Jahrhunderts biographische Daten. Lückenlose Informationen gibt es nur für die Zeit nach 1660.

LEBEN
Richard Browne wurde um 1585 vermutlich in Wells geboren. Er war von 1614 bis 1619 Chorist an der Kathedrale von Wells. Ab da fehlen bis 1662 alle Nachrichten über sein Leben und Wirken. Von 1662 bis 1664

scheint er als Organist an der Kathedrale von Worcester auf, wo er 1664 starb.

WERKE
Vom englischen Organisten und Komponisten Richard Browne sind ein Abendservice und 4 Anthems teilweise überliefert. Von seinen weiteren Werken, die alle vor der Restauration entstanden sind, fehlt jede Spur.

Max Bruch (1838–1920)

LEBEN
Max Bruch wurde am 6.1.1838 in Köln geboren. Sein erster Lehrer war der Musikforscher Heinrich Carl Breidenstein. Mit 14 Jahren brachte er bereits in Köln eine Sinfonie zur Aufführung. Von 1853 bis 1857 war er Schüler von Ferdinand Hiller in der Theorie und der Komposition und von Carl Reinecke im Klavierspiel. Von 1858 bis 1861 wirkte er als Musiklehrer in Köln und nach ausgedehnten Studienreisen von 1865 bis 1867 als Musikdirektor in Koblenz und anschließend bis 1870 als Hofkapellmeister in Sondershausen. Im Jahr 1878 wurde er Dirigent des Sternschen Gesangvereins in Berlin und 1880 Dirigent der Philharmonic Society in Liverpool, von 1883 bis 1890 war ihm die Direktion des Orchestervereins in Breslau (Wrocław) anvertraut, sodann übernahm er die Leitung einer Kompositionsklasse an der Akademie in Berlin, wo er am 2.10.1920 starb.
Sein Verwandter Wilhelm Bruch (14.6.1854 Mainz, bis 5.11.1927, Nürnberg) studierte am Konservatorium in Leipzig, war Theaterkapellmeister in Straßburg, von 1898 bis 1900 Dirigent des Orchesters in Glasgow und anschließend bis 1918 Dirigent des Philharmonischen Orchesters in Nürnberg.

WERKE
Bis zu den ersten Jahrzehnten des 20. Jahrhunderts wurde der Schwerpunkt des kompositorischen Schaffens von Max Bruch in seinen zahlreichen großen Chorwerken mit Orchester gesehen, weil sich diese Kompositionsgattung einer wegen ihrer einfachen bürgerlichen Romantik weitverbreiteten Beliebtheit erfreuten. Sie sind für gemischten Chor, für Frauenchor oder für Männerchor mit Soli und Orchester gesetzt und umfassen Oratorien, Kantaten, Hymnen, Oden, Balladen sakralen und profanen Charakters. Seine Klavierlieder fanden eine geringere Beachtung, obwohl sie musikalisch höher eingestuft werden müßten. Noch weniger Verbreitung erfuhren seine 3 Sinfonien, die 2 Streichquartette, das Trio und die wenigen Klavierwerke. Heute noch geschätzt sind seine 3 Violinkonzerte, das Violinkonzertstück, die Violinromanze und vor allem die »Schottische Fantasie« für Violine und Orchester und das »Kol Nidrei« für Cello und Orchester. Er schrieb außerdem schwedische und russische Tänze für Violine und Klavier, ein Ave Maria für Cello und Klavier und einige Stücke für Klarinette, außerdem ein erst kürzlich entdecktes Konzert für zwei Klaviere und Orchester. Während die Vokalkompositionen der Hochromantik zuzureihen sind, weisen einzelne Instrumentalkompositionen klassizistische Züge auf.

Max Bruch, In Memoriam, Adagio op. 65

Wilhelm Bruch schrieb sinfonische Dichtungen, Kammermusik, Violinstücke und Lieder, außerdem 2 Opern.

Violinkonzert Nr. 1 in g-Moll, Opus 26, 3 Sätze, entstanden 1866
Dieses heute noch populäre Werk verbindet genial Sentiment mit Virtuosität in unkonventioneller Großform. Es sollte ursprünglich den Titel »Fantasie« tragen und übernahm davon noch die Benennung des 1. Satzes mit »Vorspiel«. Der 2. Satz hat entgegen der romantischen Tradition Sonatenform wie der 1., bringt aber dennoch eine herrliche Kantilene. Der 3. Satz mit seinem ungarisierenden Thema erinnert an das Konzert von Johannes Brahms.

Fantasie für die Violine mit Orchester und Harfe unter freier Benutzung schottischer Volksmelodien in Es-Dur, Opus 46, 4 Sätze, entstanden 1880
Die Einleitung und der 1. Satz gehen nahtlos ineinander über wie der 3. und 4. Satz. Das Stück beginnt mit düsteren Klängen, das »einen alten Barden darstellen soll, der im Anblick eines verfallenen Schlosses der alten Zeiten klagend gedenkt«. Dem Adagio liegt ein schottisches Liebeslied zugrunde, dem 3. Satz, ein Scherzo, ein Tanzlied und dem Finale ein altes schottisches Kriegslied. An den Violinisten wie an den Harfenisten stellt das Stück hohe technische Anforderungen.

Konzert für zwei Klaviere und Orchester, Opus 88a, 4 Sätze, entstanden 1912
Das Konzert verarbeitet Themen einer Orchestersuite des Komponisten aus dem Jahr 1904. Der 1. Satz beginnt mit einer Unisonofanfare der Solisten. Darauf folgt die Disposition als Dialog der Klaviere, demgegenüber das Orchester das zweite Thema anstimmt. Der 2. Satz schließt sich ohne Unterbrechung mit einem Galopp an. Einem atemlosen ersten Thema fällt ein zweites der Klarinette mit einem Klavier ins Wort; eine kurze Stretta schließt den Satz ab. Der 3. Satz bringt ein zart konstruiertes Adagio, das leidenschaftlich anschwillt und darauf beruhigt ausklingt. Im Finale erklingt die Fanfare des 1. Satzes in erweiterter Form. Nach einer schwermütigen Fantasie setzt das eigentliche Finale ein, das nach einem Dialog der Klaviere und des Orchesters mit Brillanz endet.

LITERATUR

K. G. Fellerer, Max Bruch 1838 – 1920, Köln 1974.

Anton Bruckner (1824–96)

ZEIT UND UMWELT

Richtungsstreit in Wissenschaft und Kunst, deren Thesen und Antithesen – für uns längst überholte und nur mehr historisch interessante – in geradezu erstaunlicher Überheblichkeit für immer verankert anzusehen, war eines der Merkmale des 19. Jahrhunderts. Dabei stiegen auch sonst durch beachtliche geistige Leistungen legitimierte Persönlichkeiten sehr oft zur Niederung unsachlicher persönlicher Verunglimpfung hinab. Ein ganz besonders prägnantes Beispiel hierfür war der völlig sinnlose Wagner-Verdi-Streit. In Wien erlebte man den Kampf der Konservativen gegen die Neudeutschen; das künstlerische Phänomen Richard Wagner beunruhigte alle, die die bisherigen Lektionen gut gelernt und begriffen hatten und nicht fassen konnten, daß es darüber hinaus etwas geben könne, mit dem sie sich erst auseinandersetzen müßten. Sie wollten sich nicht ernstlich damit beschäftigen, weil neue Formen, neue Aspekte eine Beweglichkeit des Geistes erforderte, die sie in ihrer Erstarrung nicht aufbrachten. Richard Wagner bedeutete eine Herausforderung der Etablierten, einen Einbruch in ihre komfortabel ausgestatteten Bereiche anscheinend nach allen Seiten abgesicherter Regeln und Ideen, denen man nach der Art jener Zeit nicht mit sachlicher Argumentation, sondern mit dem Knüppel geistloser Formulierungen begegnete. Und da Bruckner Wagners Persönlichkeit auf dem Feld der Musik – und nur darauf beschränkt – verehrte, manches von ihm zitierte und instrumentationstechnisch übernahm, geriet er in das Schußfeld der Wagner-Gegner, die sich an ihn selbst immer weniger heranwagten, je höher dessen Berühmtheit anstieg. Ohne sich die Mühe zu nehmen, Bruckners Musik zu analysieren, ernannten sie ihn zum Wagnerianer. Man sah nicht die Monumentalität seiner Musik, man verstand nicht die unbedingte Eigenständigkeit und Unabhängigkeit seiner künstlerischen Persönlichkeit, man erfaßte nicht, aus welchen Quellen diese erschreckend neue gewaltige Musik floß, man wußte nichts von den weit in die Vergangenheit zurückgreifenden Wurzeln

Anton Bruckner

ihrer Enstehung. Aber man lehnte sie ab und berief sich auf den gegen seinen Willen bestellten Führer Johannes Brahms, so daß die Groteske geboren wurde, daß die bedeutendsten Sinfoniker der zweiten Hälfte des 19. Jahrhunderts, deren Schöpfungen später zum eisernen Bestand der Programme aller Sinfonieorchester wurden, als Feinde einander gegenüberstanden. Die beiden Parteien, die Wagnerianer und die Brahmsianer, lieferten einander blamable Wortschlachten. Bruckner und Brahms bekriegten einander persönlich nie. Wie im Opernstreit der Anhänger von Piccinni und Gluck im seinerzeitigen Paris die beiden Meister einander mit Hochachtung begegneten und keinen persönlichen Anteil an den Auseinandersetzungen nahmen, gibt es kein bewiesenes Beispiel einer über das gegenseitige Nichtverstehen hinausgehende Gegnerschaft der beiden Sinfoniker. Der ständig Angegriffene war Bruckner, auf den alle Pfeile abgeschossen wurden, mit denen man Wagner nicht traf. Man konnte ihn nicht totschweigen und aus der Musikgeschichte streichen, denn er war bald zur Realität geworden, die man mit der Behauptung, sein Werk sei »ein Schwindel, der in ein bis zwei Jahren vergessen sein wird« ebensowenig wegdiskutieren konnte wie durch die Prophezeiung eines anderen Polemikers: »Wir glauben so wenig an die Zukunft der Brucknerschen Symphonien, wie wir an den Sieg des Chaos über den Kosmos glauben«, oder das herostratische: »Ich bekenne unumwunden, daß ich über Bruckners Symphonie kaum gerecht urteilen könnte, so unnatürlich, aufgeblasen, krankhaft und verderblich erscheint sie mir.« Es waren keine Musiker und keine echten Musikwissenschaftler, die sich durch diese und ähnliche Äußerungen ihre Namen neben dem Anton Bruckners der Nachwelt erhielten.

Leben

Josef Anton Bruckner wurde am 4.9.1824 in Ansfelden, Oberösterreich, geboren. Sein Großvater und sein Vater waren Schulmeister, seine Mutter Tochter eines Amtsverwalters. Der Vater gab ihn zu einem Vetter, der in Hörsching bei Linz Lehrer und Organist war und ihn in die Messen von Joseph Haydn einführte. Als Zwölfjähriger mußte er nach Hause, um den erkrankten Vater im Schulamt zu vertreten; nach dem Tod des Vaters wurde er als Chorknabe in das Augustiner-Chorherrenstift St. Florian aufgenommen, wo er nach dem Stimmbruch im Kirchenorchester Violine spielte. Seine musikalische Ausbildung wurde während seiner Vorbereitung für den Schuldienst in Linz fortgesetzt, wo er zum ersten Mal Kompositionen von Carl Maria von Weber und Ludwig van Beethoven zu hören bekam. Zur Musik zog es ihn jedoch noch immer nicht, er wollte Schulmeister werden wie Vater und Großvater und erhielt 1841 in Windhaag nahe der böhmischen Grenze die Stelle eines Schulgehilfen. Der Schuldienst dürfte dabei weniger wichtig gewesen sein als die Knechtsarbeit ab 4 Uhr früh für den Ortspfarrer und den Schulmeister, wie Mähen, Dreschen, Kartoffeljäten und Heuwenden. Um einige Kreuzer dazuzuverdienen, spielte er sonntags bei der Tanzkapelle mit. Er wurde aber bald nach Kronsdorf strafversetzt, weil er »es unterlassen hat, für seinen vorgesetzten Herrn Schulmeister Mist aufs Feld zu führen«. In Kronsdorf trat der junge Lehrer mit Persönlichkeiten in Verbindung, mit denen er Bach, Mozart und Schubert spielen konnte; auf der Orgel im nahen Steyr durfte er spielen soviel er wollte. Er blieb aber seinem Beruf treu, legte 1845 das Examen für Oberlehrer an Hauptschulen »mit sehr gutem Erfolg« ab und ging als Hilfslehrer nach St. Florian, wo er schließlich 1850 provisorischer Stiftsorganist wurde. In jener Zeit konnte er sich mit einem umfangreichen kirchenmusikalischen Repertoire beschäftigen, ihm standen alle großen Werke der Klassik und Vorklassik, des Barocks und der Renaissance zur Verfügung. Nun faßte er auch den Entschluß, sich endgültig der Musik zuzuwenden, bewarb sich um die Stelle des Domorganisten in Linz und bekam diese 1855. In seine Linzer Zeit fallen seine theoretischen Studien bei Simon Sechter und Otto Kitzler, der ihm neben dem Verständnis der klassischen und romantischen Instrumentalmusik die Musikdramen Richard Wagners nahebrachte; Wagner persönlich lernte er 1865 kennen, nachdem er in Wien bereits mit Hector Berlioz und in Budapest mit Franz Liszt zusammengekommen war. Seine wichtigste Bekanntschaft war jedoch die mit dem Wiener Hofkapellmeister Ignaz Aßmayer, der ihm manche psychische und auch tatkräftige Unterstützung zukommen ließ, und mit dessen Nachfolger Johann Herbeck, auf dessen Anregung er 1868 als Lehrer für Generalbaß, Kontrapunkt und Orgel an das Konservatorium in Wien berufen wurde. Sein Ruf als Organist und Orgelimprovisator war inzwischen bereits über die Grenzen seiner Heimat gedrungen, im Jahr 1869 gab er in Nancy und Paris Orgelkonzerte, 1871 in London und 1880 in der Schweiz. Auch in Wien erweiterte sich der Kreis, der erkannte oder zumindest ahnte, welche überragende Musikerpersönlichkeit Anton Bruckner darstellte, obwohl seine Werke selten und manchmal überhaupt nicht aufgeführt wurden; man übertrug ihm 1875 das Lektorat für Musiktheorie an der Wiener Universität, die ihm 1891 das Ehrendoktorat verlieh, 1878 wurde er Organist der Hofkapelle. Er starb am 11.10.1896 in Wien und wurde, seinem Wunsche entsprechend, nach St. Florian übergeführt und unter der großen Orgel des Stifts beigesetzt, frei hineingestellt und nicht versenkt, wie er es in seinem Testament verlangt hatte. Sein Charakterbild, obwohl von der Parteien Gunst und Gegnerschaft verzerrt, schwankt nicht in der Geschichte. Er war stets der gleiche und sich selbst treu geblieben. Seine übertriebene Devotion höhergestellten Menschen gegenüber und auch solchen, die er für höhergestellt hielt, war ein Produkt seiner Erziehung, seiner Jugenderlebnisse und der engen Verhältnisse, aus denen er kam. Immer hatte er strenge Vorgesetzte, als Schüler, als Lehrer und als Musiker, daher erblickte er überall Stärkere und Bessere, auch wenn es nur hämische Kritiker und gehässige Gegner waren, die seine Empfindlichkeit und Wehrlosigkeit erkannten und ausnützten. Die gegen ihn gerichteten Pamphlete unter dem Deckmantel

Eduard Hanslick, einer der Gegner Bruckners

einer vorgegebenen Wissenschaftlichkeit, die seine Musik als »halbmystischen Unsinn, maßlose Exaltation und traumverwirrten Katzenjammerstil« bezeichneten, hatten in ihrer praktischen Auswirkung immerhin zur Folge, daß nicht alle Sinfonien aufgeführt wurden, wenngleich sich namhafte Musiker, die seine Bedeutung erkannten, mit allen Anstrengungen dafür einsetzten. Es waren aber doch zu wenige, um allen Schaden zu verhüten, der unverantwortlich gegen die Gesetze der guten Sitten Anton Bruckner materiell und vor allem ideell angetan wurde.

WERKE

»Hätte es in der Frühzeit der abendländischen Kulturentwicklung eine reich entwickelte Musik und ein modernes Orchester gegeben, er hätte wie kein anderer Musiker in diese Zeit gepaßt«, sagte Franz Schalk (1863–1931), und reihte sich damit den zahlreichen Exegetikern der Musik Anton Bruckners zu, die, so verschieden ihre Feststellungen im einzelnen sein mochten, in der Betonung des Unzeitgemäßen dieser künstlerischen Erscheinung einig sind. Wilhelm Furtwängler (1886 – 1954) behauptete: »Er war gar kein Musiker, sondern in Wahrheit ein Nachfahre jener deutschen Mystiker Ekkehart, Böhme« und kam damit der Wahrheit vielleicht nahe. Man ist davon abgekommen, seine Musik zum Höhepunkt der mitteleuropäischen Romantik zu ernennen, weil man einsah, daß sie wie ein erratischer Block sich in der Mitte des 19. Jahrhunderts aufbaute, aber jeder Musikepoche zugerechnet und doch in keine eingereiht werden kann. Wir müssen uns damit begnügen, die Zugänge zu ihr zu suchen. Einer davon ist unzweifelhaft die österreichische Volksmusik, die sich insbesondere in den Scherzi der Sinfonien, aber auch in einzelnen Melodien der anderen Kompositionen ausprägt. Die Choralthemen entstammen nicht der katholischen Liturgie, sondern nähern sich dem Gemeinschaftsgesang der Kirchen verschiedener Konfessionen. Die Form der Sinfonien knüpft an Beethoven, vorwiegend an dessen Neunten, an, die Harmonik ist von Richard Wagner beeinflußt, steigt aber über dieses Vorbild weit hinaus, die Melodik von Franz Schubert. Die feierliche Klanggestaltung, die weiträumigen Strukturen, die Aufeinanderschichtung breiter Klangflächen, die Themen, die nacheinander- und übereinandergelegt werden können und zumeist von einem Urmotiv ausgehen, sind nahezu für alle Sinfonien charakteristisch. Dazu treten die scharfen Kontraste der kantablen Themen zu den Chorälen, der Innigkeit des Melos zur Gewalt der Blechakkorde, der abrupte Übergang eines Rhythmus- und Tonfarbenkomplexes zu einem völlig verschiedenen, als würde bei einer Orgel das Manual gewechselt, wodurch der Eindruck entsteht, daß man ein überdimensional registriertes Orgelkonzert hört. Jedoch diese äußeren Merkmale legen das Wesen der Musik ebensowenig bloß wie die Feststellung, daß die Finalsätze keinen Sieg des Hauptthemas über die anderen bringen, sondern es mit Choralthemen zu verklärenden Synthesen koppeln, weil sich Bruckners Musik letztlich jeder Analyse entzieht; sie ist nicht gemacht und nicht erfunden und geformt, sondern ein unmittelbar in irrealen Bereichen zu Klang und Rhythmus gewordener Imaginations- und Emotionskomplex. Wenn man sie spottend »Zukunftsmusik« genannt hat, so lag ein Stück Wahrheit darin, denn es ist auch uns nicht gegeben, sie zu enträtseln, wenn auch jedenfalls feststeht, daß es sich um kein Ergebnis weltfremder Frömmigkeit handelt, wie manche Freunde und Feinde gemeint haben. Seine 9 gezählten Sinfonien, von denen die letzte unvollendet blieb, sind keine Messen ohne Worte; man darf vielleicht eher seine 3 Messen (d-Moll, e-Moll, f-Moll) als Sinfonien mit Text ansprechen. Als sinfonischer Kantatensatz stellt sich sein Te Deum vor; orchestral gesetzt sind auch einige seiner Proprien und andere sakrale Gesänge, wie das Requiem, das Magnificat, 2 weitere Messen, das Tantum ergo in A-Dur, die Vertonungen der Psalmen 112, 114, 146, 150. Seine Sinfonien in f-Moll und d-Moll (Nullte) tragen den Charakter von Vorarbeiten zu seinen 9 gezählten – c-Moll, c-Moll, d-Moll, Es-Dur, B-Dur, A-Dur, E-Dur, c-Moll, d-Moll. An weiteren Orchesterwerken liegen ein »Apollomarsch« für Militärmusik, 3 Orchestersätze und eine Ouvertüre in g-Moll vor. Seine Kammermusik ist durch ein Streichquartett, ein

Bruckner-Dirigent Franz Schalk

Streichquintett und einen zusätzlichen Quintettsatz vertreten. Dazu kommen einige Stücke für Klavier und Klavier mit Violine. Von seiner sakralen Vokalmusik ohne Orchester sind hervorzuheben: Choralmesse für Gründonnerstag, Graduale »Locus iste« für vierstimmigen Chor, »Ave Maria« für siebenstimmigen Chor, Graduale »Os justi« für achtstimmigen Chor, »Pange lingua« für vierstimmigen Chor, die Antiphon »Tota pulchra es, Maria« für Tenor, vierstimmigen Chor und Orgel. Seine profane Vokalmusik besteht aus Gelegenheitswerken, die jedoch in jedem Takt die Hand des Meisters erkennen lassen; daraus ist der grandiose Chorsatz des »Helgoland« besonders bemerkenswert. An Orgelkompositionen sind nur wenige überliefert: 2 Präludien in Es-Dur, 2 Orgelstücke in d-Moll, ein »Vorspiel und Fuge in c-Moll« und eine »Fuge in d-Moll«. Von seinen vielseitig bewunderten Improvisationen hat Bruckner leider nichts notiert.

Te Deum für Soli, Chor und Orchester, 5 Teile, entstanden 1884

Dieses Werk wird über Anweisung des Komponisten selbst häufig anstelle des nicht mehr verfaßten 4. Satzes der Sinfonie Nr. 9 angefügt und setzt den Stimmungsgehalt der Sinfonie kongenial fort. Es setzt in lapidarer Unisonodeklamation der Stimmen, die das Orchester mit unverbundenen Dreiklängen oder leeren Quint-Oktav-Klängen und dissonanzbildenden Umspielungen begleitet, mit überwältigender Macht ein und erinnert an die »Notre-Dame-Musik« des 12. und 13. Jahrhunderts, obgleich der Komponist diese nicht gekannt haben konnte, weil sie noch nicht entziffert war. Darauf übernehmen die Solisten die Führung, bis der Chor zum Sanctus einsetzt und es zu glanzvollen Höhen steigert. Der 2. Teil »Te ergo quaesumus« bringt mit seinem Tenorsolo einen der schönsten melodischen Gedanken des Werks. Das Mittelstück »Aeterna fac« ist ein kräftiges Allegro des Chors, das die Tenöre zu einem ekstatischen Lobgesang steigern. Der 4. Teil – »Salvum que populum« – wiederholt in gedrängter Form die Thematik des 2. Teiles. Dann schließt sich, von den Solisten lyrisch und zart intoniert, die Schlußfuge des 5. Teiles an, die zu einem geradezu mystischen Höhepunkt und sodann zu den gewaltigen Harmonien der Coda führt. Nach einem eindrucksvollen Chorunisono schließt das Werk mit schallendem Bläserklang strahlend ab.

Messe Nr. 1 in d-Moll für Soli, Chor und Orchester, 6 Teile, entstanden 1864, überarbeitet 1876

Das Thema des Kyrie entwickelt sich über einen rhythmisierten Orgelpunkt der Bässe in kanonischer Imitation. Der einsetzende Chor intoniert das Thema ebenfalls im Kanon. Weitschweifende harmonische Verarbeitung und Chromatik beherrschen den Satz, bis er düster verklingt. Das Gloria wird vom Glanz des Orchesters beherrscht und mit einer grandiosen Amen-Fuge abgeschlossen. Das Credo profiliert die einzelnen Verse plastisch und ihrer Aussage entsprechend bis zu einem langen, bekräftigenden Amen. Nach einem majestätischen Sanctus bringt das Benedictus eine feine Melodie der Violinen, die sich zu einem mächtig klingenden Höhepunkt emporsteigert und mit einem glänzenden Hosianna abschließt. Das Agnus ist thematisch dem Kyrie verwandt und läßt das Werk im Pianissimo verklingen.

Messe Nr. 2 in e-Moll für achtstimmigen Chor und Blasorchester, 6 Teile, entstanden 1864, überarbeitet 1876 und 1882

Das Werk war für einen Festgottesdienst am Geburtstag Kaiser Franz Josephs in Ischl geplant, wurde aber nicht rechtzeitig fertiggestellt und erst zum Caecilientag vor dem alten Dom in Linz uraufgeführt. Der Stil der Messe ist archaisch und greift auf die Chorpolyphonie der Renaissance zurück, was sich besonders im Kyrie, in der Amen-Fuge des Gloria und im Sanctus deutlich macht. Das fünfstimmige Benedictus wird schön von den Holzbläsern umspielt, das Agnus ist achtstimmig voll satter Klänge und schließt die Messe feierlich und ruhig ab.

Messe Nr. 3 in f-Moll für vierstimmigen Chor, Soli und Orchester, 6 Teile, entstanden 1868, überarbeitet 1876 und 1890

Das Kyrie dieser bedeutendsten Messevertonung des Komponisten wendet alle harmonischen und orchestralen Mittel der Zeit auf und wird dadurch zur selbständigen Kantate. Das Gloria ist eine glänzende Fuge, die in verklärten Jubel mündet. Das Credo deutet den dramatischen Text in vergeistigter Form aus und nimmt dadurch sinfonischen Charakter an. Das Sanctus ist ganz kurz, aber ekstatisch inspiriert, gleichsam von innen leuchtend. Das Bendictus, das oft als selbständiges Konzertstück verwendet wird, bringt lyrische Stimmung voll Innigkeit und Schönheit. Im Agnus erscheint das Kyriemotiv erneut; die Friedensbitte des Dona nobis pacem wird demütig vorgebracht, worauf das Werk still endet.

Requiem in d-Moll für Soli, Chor, Streichquartett, drei Posaunen und Orgel, 10 Teile, entstanden 1848

Dieses Jugendwerk des Komponisten hat das Requiem von Wolfgang Amadeus Mozart zum Vorbild, weist aber bereits starke selbständige Züge auf. Die Einleitung zum Introitus legt die Stimmung des gesamten Satzes fest. Dann trägt der Chor die Bitte für den Verstorbenen vor. Das Dies irae setzt stürmisch mit geballter Chordeklamation ein. Gerade in der Textinterpretation bezeugt Bruckner im gesamten Werk viel Eigenständigkeit. Der von Posaunen begleitete Männerchor des Hostias weckt die Vorstellung eines Priesterchors. Das Quam olim bringt eine Doppelfuge des

Anton Bruckners »Te Deum«, Kremsmünster Handschrift

Chors. Das Sanctus ist kurz gehalten, das Benedictus weist durch seine Lyrik bereits auf spätere Kompositionen des Meisters hin. Das Agnus ist ein einfacher Chorsatz mit Streicherbegleitung. Das Requiem aeternam wird vom Chor a cappella intoniert, im abschließenden Cum sanctis dominiert das Unisono als Symbol der versammelten Trauergemeinde.

150. Psalm für Sopransolo, Chor und Orchester, entstanden 1892

Das Werk wurde in Wien als »unausführbar« und »unmöglich« bezeichnet, weil die Gewalt des Chorsatzes nicht begriffen wurde. Es setzt in homophonem Chorsatz harmonisch sehr aufwendig ein, der Solosopran legt eine schöne Kantilene über den Chorgesang. Aus dem Halleluja wird eine Fuge, die harmonisch kühn und kontrapunktisch meisterhaft verläuft.

Sinfonie in f-Moll, »Studiensinfonie«, 4 Sätze, entstanden 1863

Trotz vieler Anklänge an Ludwig van Beethoven und Felix Mendelssohn-Bartholdy scheinen schon in diesem Werk streckenweise Elemente auf, die man in den späteren Werken des Komponisten wieder findet: die orgelartige Instrumentation, die Gegenüberstellung von Bläsern und Streichern und die Vorliebe für reine Farben, das Bestreben, in den Reprisen kontrapunktische Erweiterungen einzubauen, die Neigung zu steigernden Sequenzen und die harmonische Ausweitung auf den Höhepunkten der Themen, der bäuerliche Rhythmus im Scherzo und der Einsatz der Blechbläser in der Coda des Finales. Es handelt sich um eine Schülerarbeit, die aber wert ist, angehört zu werden.

Sinfonie Nr. 0 in d-Moll, 4 Sätze, entstanden 1864

In dieser Sinfonie, die der Komponist selbst als »ungiltig« mit einer großen Null versah, spricht der werdende Meister bereits sehr deutlich. Der 1. Satz ist nach dem Muster der Wiener Klassiker gebildet, zeigt jedoch in seiner gesamten Faktur vollkommen ausgeprägt die Art des Komponisten. Der 2. Satz beginnt mit einem einfachen Thema von starker Eindringlichkeit und schließt nach einer kunstvollen Durchführung mit ruhigem Ausklang ab. Das Scherzo hat bereits die typische Faktur aller gleichartigen Sätze der späteren Sinfonien, auch das Trio weist die wiegende Melodik auf, der man später immer wieder begegnet. Das Finale krönt das Werk mit gleicher Kraft, die alle Sinfonien des Meisters in strahlendem Glanz abschließt.

Sinfonie Nr. 1 in c-Moll, 4 Sätze, entstanden 1866, 1891 mit Änderung der Instrumentation umgearbeitet (Wiener Fassung)

Es ist eine Eigentümlichkeit der Sinfonien Anton Bruckners, daß sie nicht wie bei vielen anderen Komponisten dessen Entwicklungsgang begleiten und aufzeigen, sondern von der ersten bis zur letzten, abgesehen von Verfeinerungen der Satztechnik, auf gleich vollendeter Höhe stehen. Auch diese Erste muß daher, erst im 42. Lebensjahr des Komponisten entstanden, als ein in jeder Beziehung ausgereifter »Bruckner« angesprochen werden. Aufgeführt wird zumeist die Linzer Fassung in Verfolgung der Tendenz unserer Zeit, den künstlerischen Willen des Urhebers eines Kunstwerks über Verbesserungskünste der Interpreten, Dirigenten und Bearbeiter zu stellen. Überarbeitungen seitens des Komponisten selbst gelten in der Regel als endgültiger Ausdruck ihrer künstlerischen Absicht, bei Anton Bruckner jedoch, dessen demütige Nachgiebigkeit gegenüber Beeinflussungen, Ratschlägen und Besserwissen anderer wir kennen, sind solche Abänderungen, auch wenn sie von eigener Hand stammen oder autorisiert wurden, nicht als Ausfluß freier Entschlüsse zu werten. Die angewendete klassische Form der Sinfonie unterliegt der persönlichen Prägung des Komponisten. Schon im 1. Satz, wie bei allen seinen Sinfonien, erscheint anstelle des Themendualismus eine Thementrias. Das erste marschähnliche Thema ist über Tremoli der Streicher gelegt, sodann fällt eine kantable Melodie duettierender Violinen ein, und schließlich setzen Posaunen mit einem typischen Bruckner-Thema ein, rhythmisch scharf akzentuiert und monumental im Aufriß. Der 2. Satz bringt die erste der vielen klangschönen Kantilenen des Komponisten, leidend und duldend und durch ein zweites Thema getröstet und erlöst. Der 3. Satz führt auf einen bäuerlichen Tanzboden, doch die Klänge sind unheimlich jenseitig, gespenstisch und dämonisch. Nur das Trio ist träumerisch und lieblich. Der 4. Satz faßt, wie es bei dem Komponisten üblich ist, die Gedanken und Thementeile der vorangehenden zusammen, führt sie kontrapunktisch durch und formt neue Bilder daraus, bis unter dem Jubel der Trompeten, in den alle Bläser einstimmen, ein verklärtes Schlußgemälde erglänzt.

Sinfonie Nr. 2 in c-Moll, 4 Sätze, entstanden 1872

Die Sinfonie wurde den Wiener Symphonikern eingereicht, die sie als unaufführbar bezeichneten, worauf der Komponist die Aufführung von einem von ihm selbst bezahlten Orchester durchführen ließ. In diesem Werk sind die Abschnitte durch Generalpausen voneinander abgetrennt, was ihr bei besonders geistreichen Kritikern die Bezeichnung »Pausensinfonie« eintrug. Anton Bruckner hat jedoch diese Technik unbeirrt auch bei weiteren Sinfonien angewendet. Der Komponist mußte Striche und Änderungen des Orchestersatzes dulden, die sein Gönner Johann Herbeck mit erstaunlichem Unverständnis vornahm, und weitere Verstümmelungen von Aufführung zu Aufführung entgegennehmen. Die Urfassung wurde erst 1938 wieder hergestellt. Die Celli leiten den 1. Satz mit einer kühn angelegten Melodie ein. Nach einer Generalpause erscheint ein lyrisches zweites Thema, und nach einer weiteren Pause wird die g-Moll-Fuge von Johann Sebastian Bach zitiert. Auch die Durchführung ist mit einer Pause abgetrennt. Der 2. Satz bringt ein Lied mit 3 variierten Strophen. Mit einem Zitat aus dem Benedictus der f-Moll-Messe und einem Abgesang der Ersten Flöte und der Ersten Violine endet der außergewöhnlich schöne Satz. Das Scherzo ist elegant und geschliffen, das Trio idyllisch und weich. Auch der 4. Satz vermeidet alle stärkeren Emotionen. Der Kontrapunkt ist zugunsten einer mehr homophonen Diktion zurückgedrängt. Das zweite Thema, das wegen seiner Monumentalität als Hauptthema aufzufassen ist, ist sehr zurückhaltend, und das dritte könnte seine Abstammung von der österreichischen Volksmusik nicht verleugnen. Nach einer Pause erklingt ein Bruchstück aus dem Kyrie der f-Moll-Messe, dann endet der Satz verklärt.

Sinfonie Nr. 3 in d-Moll, »Wagner-Sinfonie«, 4 Sätze, entstanden 1873, vielfach geändert, in Urfassung uraufgeführt 1946

In dieser Sinfonie ist die harmonische Technik Richard Wagners fruchtbar gemacht, aber in dieser neuen Umwelt völlig umgedeutet und mit eigenen Ideen erfüllt. Der 1. Satz leitet ein Trompetenthema ein, das Richard Wagner sosehr gefiel, daß er die Widmung des Komponisten entgegennahm und versprach, die Sinfonie aufzuführen, wozu es allerdings nie kam. Das zweite Thema ist idyllisch und das dritte heroisch. Aus der d-Moll-Messe klingt ein Motiv auf, dann kehrt in der Reprise das dritte Thema übersteigert wieder und krönt den Satz. Der 2. Satz bringt über weite Spannen Musik ekstatischen Charakters, Anklänge an Wagner werden bemerkbar, der klagende Unterton dieser färbigen Musik löst sich erst am Ende zu einem Hymnus auf, der aber zart erlöschend ausklingt. Im Scherzo gibt es kein Thema, sondern nur Motive mit erregender Rhythmik und Dynamik in der Art eines Perpetuum mobile über eine kurze Tonfolge. Auch das Trio bringt keine Entwicklung, sondern nur heitere, tänzerisch beschwingte Bewegung. Im Finale baut sich ein monumentales Thema mit majestätischen Bläserakkorden auf. Das Gesangthema ist in den Bläsern choralhaft, in den Streichern tänzerisch. »So ist das Leben«, hat der Komponist selbst dazu bemerkt. »Die Polka bedeutet den Humor und den Frohsinn in der Welt, der Choral das Traurige, Schmerzliche in ihr.«

Sinfonie Nr. 4 in Es-Dur, »Romantische«, 4 Sätze, entstanden 1874 in erster, 1878 in zweiter, 1880 in dritter und endgültiger Fassung 1889

Die Wiener Symphoniker lehnten das Werk mit der Bemerkung ab: »Nur der erste Satz ist aufführbar, das übrige verrückt.« Obwohl der Komponist zum 1. Satz die Erläuterung gegeben hat: »Mittelalterliche Stadt-Morgendämmerung – Von den Stadttürmen ertönen Morgenweckrufe – Die Tore öffnen sich – Auf stolzen Rossen sprengen die Ritter hinaus ins Freie – Der Zauber des Waldes umfängt sie – Waldesrauschen – Vogelgesang – Und so entwickelt sich das romantische Bild«, liegt keine Programmusik vor, nicht einmal ähnlich der Sechsten von Beethoven, weil der Komponist nur seine eigenen erdachten Vorstellungen als Leitfaden zur musikalischen Themenstellung aufzählte und nicht etwa diese Bilder im Hörer erzeugen wollte, sondern nur Stimmungen anregen, deren Ausformung zu Vorstellungsinhalten dem Publikum überlassen blieb. Man hat die Sinfonie als »Sinfonie des Waldes« bezeichnet und ist damit dem Wesentlichen vielleicht sehr nahegekommen, wenn man sich darauf beschränkte, damit die von einem Wald ausgehende Faszination ihrem Stimmungsgehalt gleichzusetzen. Mit einem Hornruf beginnt der 1. Satz, sein erstes Thema ertönt, ein mehrteiliges, gesangliches Thema folgt und ein drittes absteigendes wird mit dem zweiten poetisch verarbeitet, ein Choral, der wie ein Morgengebet klingt, tritt hinzu. Der 2. Satz gleicht einem dreistrophigen Lied, dessen erstes Thema Trauermarschrhythmen bringt, denen ein Choralthema folgt; darauf nimmt ein weiteres Thema die Trauermarschstimmung erneut auf. In der letzten Strophe steigert sich das Material zu einer kurzen, verklärten Coda. Der Hauptteil der Scherzos ist von Jagdhörnerschall erfüllt. Die Ländlermelodie der Klarinette im Trio erläutert Anton Bruckner selbst mit: »Tanzweise während der Mahlzeit zur Jagd.« Das Finale ist ein einziger wilder und großartiger Sturm über den Wald hinweg mit seinen Geheimnissen und Gefahren, seinen Schönheiten und Freuden.

Sinfonie Nr. 5 in B-Dur, 4 Sätze, entstanden 1876

Diese Sinfonie wurde am meisten verstümmelt; sie mußte »bearbeitet« werden, damit man sie aufführte. Trotzdem war für den Unvoreingenommenen klar, daß sie einen neuen Höhepunkt des sinfonischen Schaffens überhaupt darstellte. Man hat sie die »Mittelalterliche« wegen ihrer vielschichtigen, barocken, kontrapunktischen Tonverflechtung, die »Katholische« wegen ihres weihevollen Prunks, die »Choral-Sinfonie« wegen ihrer häufigen Choralthemen genannt. Alle diese Bezeichnungen sind richtig und falsch zugleich; jedenfalls ist sie schon wegen ihrer seltenen thematischen Geschlossenheit zu den bedeutendsten Sinfonien der Musikgeschichte überhaupt zu rechnen. In der Introduktion werden die drei Urmotive vorgeführt, auf denen die Sinfonie aufgebaut ist. Dann setzt die Disposition des 1. Satzes ein, regelgerecht mit gewaltiger Architektonik, ausgebaut mit einer umfangreichen Coda, in der Posaunen und Trompeten alle Dimensionen in das Überirdische heben. Im 2. Satz zeichnet eine elegische Melodie trostarme Stimmung, Zuversicht bringt erst das zweite Thema und gewinnt in der Durcharbeitung Übergewicht. Das Scherzo verzichtet auf die übliche Ausgelassenheit, die neben dem Adagio auch fehl am Platze wäre. Es kann überhaupt keine Fröhlichkeit aufkommen, auch die Tanzrhythmen des Trio dringen nicht durch. Das Finale rechtfertigt einigermaßen die Bezeichnung des Werks als »Choral-Sinfonie«, denn neben den Fugenabschnitten und der strengen Kontrapunktik wird der Satz von einem feierlichen Choral beherrscht, der sozusagen auf das gesamte Werk zurückstrahlt und alle Trauer vergessen läßt, weil der Glanz der dröhnenden Bläserakkorde alles mit blendendem Licht überschüttet.

Sinfonie Nr. 6 in A-Dur, 4 Sätze, entstanden 1881
Das Werk wurde erstmals 1899 aufgeführt. Es konnte ebensowenig wie die anderen Verstümmelungen nicht entgehen, seine Urfassung wurde erst 1937 veröffentlicht. Man hat sie »Bruckners Pastorale« genannt, weil sie als Lobgesang an die Erde aufgefaßt werden kann. Die Vorstellung, daß das erste Thema des 1. Satzes die Morgendämmerung, der folgende Orchesterglanz einen strahlenden Sonnenaufgang, das zweite Thema den lichthellen Tag, den das dritte abschließt, darstellt, ist zulässig, falls dieses Programm nicht im musikalischen Ausdruck, sondern im vermittelten Stimmungsgehalt gesucht wird. Im 2. Satz dürfen zweimal rauschendes Glüc, und harter Verzicht gesehen werden; in keiner anderen Sinfonie des Meisters ist die

Skizze aus dem Schluß des Finales der 8. Sinfonie von Anton Bruckner

emotionale Aussage so stark an die Oberfläche getrieben, daß sich diese Deutung aufdrängt. Es darf dabei nur nicht übersehen werden, daß hinter diesem Bild eine Kette irrationaler Gedanken und Vorstellungen ihr Eigenleben führen. Das Scherzo bringt keinen Bauerntanz, sondern läßt an einen Elfenreigen in spukhaften Träumen denken, zu denen das Trio eine zarte Idylle beisteuert. Das Finale strebt mit drei kraftvoll geprägten Themen zur Höhe, ein Choral erklingt wie ein Dank für die Schönheit der Natur und wird von Fanfaren, die zur Lebensfreude aufrufen, abgelöst.

Sinfonie Nr. 7 in E-Dur, 4 Sätze, entstanden 1883

Über das weitgespannte Eingangsthema des 1. Satzes, das sich sogar von dem Themenreichtum des Komponisten selbst abhebt, berichtet Anton Bruckner: »Dieses Thema ist gar nicht von mir. Eines Nachts erschien mir Dorn (Violinist Ignaz Dorn, ein Freund in der Linzer Zeit) und diktierte mit das Thema. Paß auf, sagte er, mit dem wirst du dein Glück machen. Wie dem auch sei, all Dichtkunst und Poeterei ist nichts als Wahrheitsdeuterei!« Das Gesangthema weist die Chromatik Wagners, die Durchführung die Kontrapunktik der Meistersinger auf. Das dritte Thema trägt nur zierliche Figuren bei. In einem Brief an Felix Mottl schrieb Anton Bruckner: »Einmal kam ich nach Hause und war ganz traurig; ich dachte mir, lange kann der Meister nicht mehr leben. Dabei fiel mir das cis-Moll-Adagio ein.« Drei Wochen nach dem Entwurf des 2. Satzes, in dem die feierlich-dunklen Wagnertuben die Totenklage anstimmen, war Richard Wagner tot. Dann setzen die Streicher mit dem »Non confundar in aeternum« (Nicht werde ich zuschanden werden in Ewigkeit) aus dem Te Deum ein. Der Schluß des Satzes wurde komponiert, als die Trauerbotschaft aus Venedig bereits eingetroffen war und nun »dem Meister die eigentliche Trauermusik« geschrieben werden mußte. Das Scherzo ist ganz nach klassischem Muster gebaut. Die Trompete läßt den Trotz ahnen, den Genies dem Tod entgegensetzen, der sie dennoch auslöscht. Der 4. Satz knüpft an die Trauereingebung des 1. Satzes an, klingt aber energisch und kampfbereit. Ein Choral unterstreicht das Jenseitige der künstlerischen Vorgänge. Die Coda betont das Selbstbewußtsein aller Künstler und auch das Anton Bruckners selbst.

Sinfonie Nr. 8 in c-Moll, 4 Sätze, entstanden 1887, endgültige Fassung 1890

Dieses Werk wird als Krone der Musik des späten 19. Jahrhunderts bezeichnet und ist zweifellos eine der gewaltigsten Sinfonien, die je komponiert wurden. Zum 1. Satz sagt Bruckner: »Im ersten Satz ist der Trompeten- und Cornisatz aus dem Rhythmus des Themas: die Todesverkündigung, die immer sporadisch stärker, endlich sehr stark auftritt, am Schluß: die Ergebung.« In der Coda »höre man die Totenuhr klopfen«. Der 2. Satz bringt als Scherzo derbe Rhythmen, die an das Poltern unheimlicher Gewalten glauben lassen. Im Trio wird eine prächtige Kantilene der Violine von der Harfe begleitet. Das Hauptthema ist zart hervortretend, das zweite Thema übernehmen die Celli, ein Choralmotiv tritt hinzu und dann ein ausdrucksvoller Chor aller Tuben. »Sanft und zart, sehr gesangvoll« bringen die Violinen eine Verschmelzung beider Themen. Noch ein Choral, von Harfen begleitet, klingt auf, dann erlöscht der hymnische Glanz im Piano, das den Satz abschließt. Schließlich folgt das letzte Finale, das Bruckner geschrieben hat; »feierlich, nicht schnell, schnell« werden die Hauptthemen aller Sätze vereinigt. »Unser Kaiser bekam damals den Besuch des Zaren in Olmütz, daher Streicher: Ritt der Kosaken; Blech: Militärmusik; Trompeten: Fanfaren, wie sich die Majestäten begegnen.« Damit ist der äußere Anlaß zu diesem Satz angegeben, aber mehr nicht. Das musikalische Geschehen hat damit so wenig zu tun wie ein Gemälde mit dem Haken, an dem es hängt. Anton Bruckner vereinigt in diesem Satz sämtliche musikalischen Gedanken, die ihm jemals durch den Kopf gegangen sind, alles satztechnische Können, das er während seiner Schaffenszeit erworben hat, zu einer hochgewölbten Pforte in das schattenlose Reich, zum Ausdruck seiner Zuversicht, selbst diese Pforte durchschreiten zu dürfen, und der ihm auf mystischem Weg zugekommenen Verheißung, daß seine Hoffnung nicht vergebens war.

Sinfonie Nr. 9 in d-Moll, 3 Sätze – 4. Satz fehlt, entstanden 1896

Schwermütig beginnt der 1. Satz. Ein zweites Motiv tragen die acht Hörner vor; darauf setzt das Hauptthema mit großer Geste ein. Das zweite Thema wird von den Violinen breit und tröstend gesponnen, und ein drittes verstärkt die Zuversicht und den Seelenfrieden. Mit wechselnden Klangbildern wird dieses Themenmaterial verarbeitet, aber das Ende bringt keine Erlösung, die Schlußakkorde bestehen aus leeren Quinten, die Frage, ob Dur oder Moll, bleibt offen. Der 2. Satz ist ein Scherzo. Die dahinjagenden Violinen, die Figuren der Flöten, die Pizzicati wirken irgendwie lustig, aber eben nur in einem gewissen makaberen Sinn wie ein Traumgesicht. Das Adagio des 3. Satzes bringt ein Thema in strahlender Verklärung, dann singen die Tuben Bruckners »Abschied vom Leben«, ein zweites Thema schwingt breit aus und im dritten kämpft Zuversicht mit Resignation. Erinnerungen an die d-Moll-Messe und an die Achte werden geweckt und wirken wie ein Rückblick auf ein erfülltes Leben, dann schließt der Satz mit dröhnenden Tubenklängen ab. Vom 4. Satz gibt es nur einzelne Skizzen. »Ich habe auf Erden meine Schuldigkeit getan«, erklärte der kranke Anton Bruckner. »Ich tat, was ich konnte, und nur eines möchte ich mir noch wünschen, meine neunte Sinfonie zu vollenden.« Diese Hoffnung erfüllte sich nicht.

Streichquintett in F-Dur für zwei Violinen, zwei Bratschen und Cello, 4 Sätze, entstanden 1879

Das Quintett kommt durch seine Weiträumigkeit, durch die zu Gruppen ausgeweiteten Themen und die ganze Anlage einer Sinfonie sehr nahe. Der 1. Satz ist kein Allegro im gewöhnlichen Sinn, sondern nur ein lebhafterer langsamer Satz. Seine Harmonien und reizvollen Modulationen erinnern an Franz Schubert; es liegt aber keine Nachahmung vor, Bruckners Eigenpersönlichkeit wird in jedem Takt deutlich, besonders durch die anfänglich unsichere und bedrückte Stimmung, die schließlich im steilen Anstieg zu verklärter Freude wird. Das Scherzo ist dem der Fünften ähnlich. Das Adagio wird als das »musikalische Herz« des Werks erklärt; es bringt ein von der Ersten Bratsche angestimmtes Gesangthema von weihevoller Schönheit. Das Finale stellt einen Orchestersatz für fünf Instrumente mit allen kompositorischen Künsten und mächtigen Steigerungen des Ablaufs dar.

Intermezzo für Streichquintett, ein Satz, entstanden 1879

Das Scherzo des Streichquintetts in F-Dur war anfänglich für die Kammermusikensembles zu schwierig. Es wurde durch das leichter spielbare Intermezzo ersetzt, dessen einleitendes Adagio zu den schönsten Einfällen des Komponisten zählt. Das erste Thema des Stücks ist der Sinfonie Nr. 2 entnommen. Als es später Streicher gab, die es zu bewältigen imstand waren, wurde das Scherzo wieder an seinem alten Platz im Quintett gesetzt.

Streichquartett in c-Moll, 4 Sätze, entstanden 1862

Der Komponist bezeichnete das Werk als »Studienarbeit«. Seine Formgebung ist streng klassisch, die Gesamtfaktur gehört aber dennoch der Romantik an. Der 1. Satz beginnt mit einer Reminiszenz an die f-Moll-Sonate für Violine und Cembalo von Johann Sebastian Bach. Das zweite Thema führt sich mit dem für Anton Bruckner typischen Oktavensprung ein. Auch das Andante bringt zwei Themen, deren Auseinandersetzung in eine leidenschaftliche Coda mündet. Im 3. Satz präsentiert sich ein synkopiertes Scherzo, dessen Trio sich in Ländlerrhythmen wiegt. Ein zweiteiliges Rondofinale mit klassischem Aufbau beendet das Stück virtuos und brillant.

LITERATUR

A. Nowak, Anton Bruckner, Musik und Leben, Wien 1964. C. Floros, Brahms und Bruckner, Wien 1980. H.K. Metzger/R. Riehn, A. Bruckner, München 1982. M. Wagner, Bruckner, München 1982.

Kathleen Bruckshaw (1877–1921)

LEBEN

Kathleen Bruckshaw wurde am 5. 1. 1877 in Islington, England, geboren. Sie trat bereits mit 12 Jahren als Pianistin öffentlich auf. Hernach wurde sie Schülerin von Bernhard Stavenhagen in Weimar und später noch von Ferruccio Busoni. Sie spielte in Berlin und München und in allen großen Städten Englands, wobei sie ihre Kompositionen vortrug. Sie starb am 10. 10. 1921 in London.

WERKE

Alle Kompositionen von Kathleen Bruckshaw wurden für Klavier geschrieben. Am bemerkenswertesten darunter sind ein Klavierkonzert, eine Sonate für Klavier und Violinen, ein Quintett für Streicher mit Klavier und zahlreiche Stücke für Klavier solo wie mehrere Romanzen und Impressionen.

Gace Brulé (um 1159 bis nach 1212)

ZEIT UND UMWELT

Wenn auch die ritterlichen Sänger als Repräsentanten ihrer Familie und ihres Landes zum Kampf für die Christenheit gegen die Ungläubigen gezogen sind und nicht als Spielleute und Zuseher, so kamen sie doch mit der Kultur der Gebiete, die sie unterwerfen wollten, in Berührung wie auch mit deren Musik. Die Auszierung und Chromatik orientalischer Melodien konnten nicht ohne Einfluß bleiben, auch wenn er sich nicht offenbar, sondern in kleinen Nebenphrasen der Melodie und geziertem Ausdruck der Verse auswirkte.

LEBEN
Monseigneur Gace Brulé ist um 1159 vermutlich zu Nanteuil-lès-Meaux (Seine-et-Marne) geboren. Der nordfranzösische Trouvère hielt sich einige Zeit am Hof von Marie de Champagne (Tochter Eleanores d'Aquitaine) auf und beteiligte sich am III. und IV. Kreuzzug. Er starb nach 1212 an einem unbekannten Ort.

WERKE
Gace Brulé zählte zu den bedeutendsten Lyrikern seiner Zeit. Über 80 Liedtexte, davon 57 mit Melodien (einige in mehreren Fassungen), sind von ihm überliefert. Seine Kompositionstechnik bildete den Höhepunkt der Trouvèrekunst, die nie den färbigen Klang der Troubadours, dafür aber eine formvollendete Ausdeutung der eleganten Verse erreichte.

LITERATUR
G. Huet, Chansons de Gace Brulé, Paris 1902.

Joan Brudieu (um 1520–91)

ZEIT UND UMWELT
Das verhältnismäßig kleine Seo de Urgel ist ab 819 Bischofssitz. Seine Kathedrale stammt aus dem 11. Jahrhundert. In dieser Kirche nahmen 1538 fünf französische Sänger an den Weihnachtsfeiern teil und erhielten dafür 100 Dukaten. Dieses gute Honorar bewog die Franzosen zu bleiben. Einer von ihnen, Joan Brudieu, erhielt die Chorleiterstelle.

LEBEN
Joan Brudieu wurde um 1520 bei Limoges geboren. Er war von 1539 bis 1577 Gesangmeister an der Kathedrale in Seo de Urgel, wirkte während des Jahres 1578 als Kapellmeister an Santa Maria del Mar in Barcelona, kehrte darauf aus gesundheitlichen Gründen wieder in die Bischofsstadt in den Bergen zurück, wo er 1591 starb.

WERKE
Von Joan Brudieu sind eine Sammlung vierstimmiger Madrigale mit spanischem und katalanischem Text und ein vierstimmiges Requiem erhalten. Beide Kompositionen zeigen typischen französischen Stil.

LITERATUR
O. Ursprung, Joan Brudieu, Bulletin de la societé »Union de musicologie« V, 1925.

Alfred Brüggemann (1873–1944)

LEBEN
Alfred Brüggemann wurde am 26.7.1873 in Aachen geboren. Er war Schüler von Engelbert Humperdinck. Neben seiner kompositorischen Tätigkeit machte er sich als Übersetzer der Libretti von 6 Puccini-Opern einen Namen. Er starb am 27.9.1944 in Bad Nauheim.

WERKE
Gleich manchen anderen Komponisten, versuchte auch Alfred Brüggemann mit einem Opern-Zyklus den weltweiten Erfolg des »Ring des Nibelungen« zu wiederholen. Er wählte den Faust-Stoff – »Der Doktor Faust«, »Gretchen«, »Faust und Helena«, »Fausts Verklärung« –, blieb aber damit erfolglos. Mehr Beachtung fanden seine im spätromantischen Stil verfaßten 2 Sinfonien, das Violin- und das Klavierkonzert, seine Kammermusik und Lieder.

Ignaz Brüll (1846–1907)

ZEIT UND UMWELT
Die Pianisten Eduard Horak (1839, Holitz [Holice], Böhmen, bis 6.12.1892, Riva) und sein Bruder Adolf Horak (15.2.1850, Jankowitz [Jankovice], Böhmen, bis 14.1.1921, Wien) gründeten in Wien die Horakschen Klavierschulen, die rasch zu großer Blüte gelang-

ten. Aus ihnen ging eine Anzahl bedeutender Pianisten hervor.

LEBEN

Ignaz Brüll wurde am 7.11.1846 in Proßnitz (Prostějov), Mähren, geboren. Er war in Wien Schüler des Pianisten Julius Epstein (7.8.1832, Zagreb, bis 1.3.1926, Wien) und von Otto Dessoff. Von 1872 bis 1878 wirkte er als Klavierlehrer an den Horakschen Klavierschulen und ab 1881 als deren künstlerischer Mitdirektor. Er starb am 17.9.1907 in Wien.

WERKE

Von den 10 äußerst melodiösen Opern von Ignaz Brüll wurden einige – »Das goldene Kreuz«, »Das steinerne Herz« und »Gringoire« – noch in der ersten Hälfte des 20. Jahrhunderts gespielt. Er schrieb außerdem ein Ballett, eine Sinfonie in e-Moll, 3 Orchesterserenaden, 3 Ouvertüren, 2 Klavierkonzerte, eine Rhapsodie für Klavier und Orchester, ein Konzertstück für Klavier und Orchester, ein Violinkonzert, eine Sonate für zwei Klaviere, eine Klaviersonate, 4 Klaviersuiten und viele andere Klavierstücke, ein Klaviertrio, 5 Sonaten und eine Suite für Violine und Klavier und zahlreiche zum Teil sehr beliebte Lieder. Seine Musik, die zu Unrecht völlig vergessen ist, gehörte eindeutig der Spätromantik an, die die Tonalität zwar nicht aufgab, aber hart an deren Grenzen stieß.

Herbert Brün (geboren 1918)

LEBEN

Herbert Brün wurde am 9.7.1918 in Berlin geboren. Im Jahr 1936 emigrierte er nach Palästina, wo er bei Stefan Wolpe und Frank Pelleg (24.9.1910, Prag, bis 20.12.1968, Haifa) studierte. Seit 1950 lebt er als Pianist, Musiklehrer und Komponist in Tel Aviv.

WERKE

Von Herbert Brün sind an Orchesterwerken ein Concertino, eine Ouvertüre, an Kammermusik 3 Streichquartette, ein Stück für elf Solisten, ein Trio für Flöte, Kontrabaß und Schlagzeug, eines für Trompete, Posaune und Schlagzeug, eine Sonate für Violine und Klavier, ein Sextett für Flöte, Cello, Harfe, Klavier, Schlagzeug und Tonband, eine Suite für Cembalo, eine Anzahl Klavierstücke, mehrere Ballette und Bühnenmusik bekannt geworden. Er schrieb außerdem 4 Stücke für Elektronische Musik.

Juan Bautista Bruguera y Moreras
(um 1730 bis nach 1765)

ZEIT UND UMWELT

»The Noblemen and Gentlemen's Catch Club« wurde 1761 in London gegründet, um die Komposition von Kanons, Catches und Glees im In- und Ausland zu fördern, und teilte 1763 die ersten Preise zu. Mitglieder waren eine große Anzahl Angehöriger des Adels und auch des Königshauses, viele einflußreiche Großbürger, zahlreiche Musiker und andere Persönlichkeiten des kulturellen Lebens der Stadt.

LEBEN

Juan Bautista Bruguera y Moreras wurde um 1730 in Katalonien geboren und an der Escolanía von Montserrat ausgebildet. Er wurde Kapellmeister an der Kirche in Figueras und versah diesen Dienst bis zu seinem Tod nach 1765.

WERKE

Von Juan Bautista Bruguera y Moreras, der als Kontrapunktist einen großen Ruf hatte, wurde der Kanon »Beatus vir« für drei Stimmen 1765 vom Londoner Catch Club wegen seiner Kunstfertigkeit und Melodik mit einem Preis ausgezeichnet. Weitere Werke des Meisters sind nicht überliefert.

Antoine Bruhier (um 1470 bis um 1520)

ZEIT UND UMWELT

Der französische König Ludwig XII. (1462 bis 1515) wurde 1498 gekrönt und übernahm die Hofkapelle seines Vorgängers Karl VIII. (1470–98). Ihm dürften die ständigen kriegerischen Unternehmungen ebensowenig Zeit und Möglichkeit gelassen haben, sich um die Hofhaltung zu kümmern, wie Karl VIII. Dennoch hielt die Hofkapelle sich als nahezu selbständiger Körper auf ihrem hohen Niveau und nahm ständig neue Kräfte auf, die die Bildung eines von der frankoflämischen Schule losgelösten, typisch französischen Stils förderten.

LEBEN
Antoine Bruhier (Brugier, Bruyer, Broyer, Brubyer) wurde um 1470 vermutlich in oder bei Langres geboren und an der Kathedrale der Stadt ausgebildet. Ab 1504 war er dort Knabensinglehrer und nach einigen Jahren Sänger an der Kapelle König Ludwigs XII. Im Jahre 1514 kam er an die päpstliche Kapelle, wo er bis 1517 verblieb. Er ist wahrscheinlich bald darauf gestorben.

WERKE
Von Antoine Bruhier sind eine vierstimmige Messe, 3 vierstimmige Motetten und 9 Chansons überliefert. Die Chansons sind am interessantesten, weil sie deutlich den Übergang zum Pariser Stil dieser Musikgattung anzeigen. Sie sind auch für sich sehr eingängig und elegant.

LITERATUR
Fr. Lesure, La maîtrise de Langres au XVIe siècle, Revue de Musicologie LII, 1966.

Nicolaus Bruhns (1665–1697)

ZEIT UND UMWELT
Organisten aus dem norddeutschen Raum, besonders wenn es sich um Schüler oder Enkelschüler von Dietrich Buxtehude handelte, waren in den nordischen Städten, vor allem in Kopenhagen, stets willkommen. Es gab noch zu wenig heimische Kräfte.

LEBEN
Nicolaus Bruhns wurde im Dezember 1665 in Schwabstedt, Schleswig, geboren. Er war ab 1681 Schüler Dietrich Buxtehudes und anschließend Organist in Kopenhagen, sodann von 1689 bis zu seinem Tod am 29. 3. 1697 Domorganist in Husum.

WERKE
Vom deutschen Organisten, Violinisten und Komponisten Nicolaus Bruhns sind 12 äußerst wertvolle Kirchenkantaten, 3 Präludien und Fugen und die berühmte Choralfantasie »Nun komm der Heiden Heiland« erhalten, außerdem 4 Toccaten für Orgel. Seine zu seiner Zeit berühmten Choralbearbeitungen sind verlorengegangen.

Nun komm der Heiden Heiland, Choralfantasie
Diese einzige erhaltene Choralbearbeitung von Nicolaus Bruhns verarbeitet mit 143 Takten diesen bekannten Adventschoral. Die Oberstimme bringt solistisch die Melodie, zwei Füllstimmen auf dem zweiten Manual die Akkordik und die vierte den Baß auf dem Pedal. Die erste Verszeile kommt sechsmal, die zweite dreizehnmal, während die dritte im Rhythmus einer Gigue fugiert bearbeitet ist.

LITERATUR
H. J. Moser, Der schleswig-holsteinische Tonpoet Nicolaus Bruhns, in: Die Musikwoche I., 1935.

Conrad Brumann (um 1460–1526)

LEBEN
Conrad Brumann wurde um 1460 in Süddeutschland geboren. Er war Schüler Hofhaymers. Der Unterricht dürfte zwischen 1480 und 1490 in Innsbruck stattgefunden haben. Im Jahre 1513 wurde Brumann Vikar und Organist am Dom zu Speyer und blieb in dieser Stellung bis zu seinem Tod am 31. 10. 1526.

WERKE
Die Orgeltabulaturen von Conrad Brumann, die Hofhaymers Unterricht nicht verleugnen, geben einen interessanten Einblick in die Weiterentwicklung der deutschen Orgelkunst nach Hofhaymer.

LITERATUR
H. J. Moser, Paul Hofhaimer, Berlin 1929.

Antoine Brumel
(um 1460 bis nach 1520)

ZEIT UND UMWELT
Alfonso I. (1476–1534) setzte die Tradition des Hauses Este als Förderer des Humanismus und der Künste fort. Neben seinem politischen Geschick, mit dem er sein Land gegen die Mediceer-Päpste erfolgreich verteidigte, lud er alle Künstler, die kommen wollten, nach Ferrara. Daß die Musiker um jene Zeit vorwiegend aus dem franko-flämischen Raum stammten, lag an dem vorläufigen Mangel an italienischen Kräften, die genügend gerüstet waren, es den Fremden gleichzutun, und natürlich auch an den vielen Meistern, die bereits die Musik ihrer Heimat bekanntgemacht hatten.

LEBEN
Antoine Brumel (Brummel, Brommel, Brunel) wurde um 1460 vermutlich im nordfranzösischen Raum geboren. Er war einer der vielen Schüler Ockeghems. Das Jahr 1483 findet ihn als Knabenchormeister an der Kathedrale in Chartres, 1498 war er Domherr in Laon, 1498 bis 1500 Knabenchormeister an Notre-Dame in Paris. Aus einer Stellung in Lyon wurde Brumel von Alfonso I. d'Este nach Ferrara geholt, wo er nach 1520 verstorben ist.

WERKE
Vom kompositorischen Werk Brumels liegen 12 vierstimmige Messen und eine für 12 Stimmen vor, außerdem ein Magnificat, bei 30 Motetten zu drei, vier und fünf Stimmen und mehrere Chansons. Eine erschöpfende Übersicht über das Schaffen dieses frankoflämischen Komponisten ist noch nicht gewonnen. Sein Stil bewegt sich in den Bahnen seiner Zeitgenossen und weist ein sehr konservatives Bild auf. Sehr bekannt ist sein Exemplum octo modorum, bei dem jede der acht Strophen in einem anderen Modus komponiert wurde.

LITERATUR
Ch. van den Borren, Les Opera omnia d'Antoine Brumel et de Clemens non papa, in: Revue belge de Musicologie VII, 1953.

Fritz Brun (1878–1959)

LEBEN
Fritz Brun wurde am 18.8.1878 in Luzern geboren. Er war am Konservatorium in Köln Schüler von Franz Wüllner und wirkte 1902 am Konservatorium in Köln als Theorie- und Klavierlehrer und ab 1903 als Klavierlehrer an der Musikschule in Bern, wo er von 1909 bis 1943 die Sinfoniekonzerte leitete und als Dirigent des Caecilien-Vereins und der Liedertafel tätig war. Er starb am 29.11.1959 in Grosshöchstetten bei Bern.

WERKE
Fritz Brun ist mit seinen 10 Sinfonien als einziger Schweizer bekannt geworden, der noch echte Sinfonien verfaßt hat. Er schrieb ferner 2 sinfonische Dichtungen, ein Klavierkonzert, Variationen für Klavier und Streicher, ein Violinkonzert, ein Cellokonzert, 2 Kantaten, 4 Streichquartette, 2 Sonaten für Violine und Klavier, eine Sonate für Klarinette und Klavier, Chöre und Lieder. Er war Spätromantiker.

Pablo Bruna (1611–79)

ZEIT UND UMWELT
Die Regierungszeit des spanischen Königs Philipp IV. verlief für sein Land und für ihn selbst denkbar unglücklich. Seine künstlerischen Neigungen und der Verkehr mit Künstlern und Wissenschaftern ließen ihn jedoch einen Ausgleich für seine Mißerfolge finden. Auf dieser Linie lagen auch seine Versuche, die Königliche Kapelle auf hohem Niveau zu halten.

LEBEN
Pablo Bruna wurde am 22. 6. 1611 in Daroca, Aragón, geboren. Er erblindete im Kindesalter, wurde zum Musiker ausgebildet und an der Basilika seiner Heimatstadt zum Organisten bestellt. Um 1650 wurde er von König Philipp IV. als Hoforganist angefordert. Im Alter kehrte er in seine Heimat zurück, wo er am 27. 6. 1679 starb.

WERKE
Vom spanischen Komponisten und Organisten sind 4 Tientos und eine Anzahl Orgelstücke erhalten.

LITERATUR
P. Calahorra Martinez, Pablo Bruna »El ciego de Daroca«, in: Anuario musical XXII, 1967.

Arnold Melchior Brunckhorst
(um 1675–1725)

ZEIT UND UMWELT
Celle war vom 14. Jahrhundert bis 1705 eine Residenz der Herzoge von Braunschweig-Lüneburg und hatte stets ein sehr intensives Musikleben. Die Stadtorganisten wurden immer sorgfältig ausgewählt.

LEBEN
Arnold Melchior Brunckhorst wurde um 1675 vermutlich in oder bei Celle geboren. Er war ab 1697 Stadtorganist in Celle und ging 1720 nach Hannover, wo er im Jahr 1725 starb.

WERKE
Vom deutschen Organisten und Komponisten Arnold Melchior Brunckhorst sind 2 Kantaten und ein Präludium für Orgel erhalten. Alles andere ist verlorengegangen. Das Präludium fällt durch seine Klangpracht auf.

Adolf Gerhard Brune (1870–1935)

LEBEN
Adolf Gerhard Brune wurde am 21.6.1870 in Backum, Hannover, geboren. Nach seiner Ausbildung in Osnabrück wirkte er von 1889 bis 1894 als Organist in Peoria, Ill., und ging sodann nach Chicago, wo er bei Emil Liebling (12.4.1851, Pleß [Pszczyna], Schlesien, bis 20.1.1914, Chicago) Klavier und bei Bernhard Ziehn (20.1.1845, Erfurt, bis 8.9.1912, Chicago) Komposition studierte und darauf von 1898 bis 1917 als Musiklehrer tätig war. Er starb am 21.4.1935 in Chicago.

WERKE
Von Adolf Gerhard Brune sind 3 Sinfonien, eine sinfonische Fantasie, 2 sinfonische Dichtungen, 5 Streichquartette, ein Streichquintett, ein Klaviertrio, ein Klavierquintett, eine Violinsonate, Klavier- und Orgelstücke sowie Chöre nicht nur in den USA, sondern auch in Deutschland bekannt geworden.

Antonio Brunelli
(um 1575 bis nach 1627)

LEBEN
Antonio Brunelli wurde um 1575 in Pisa geboren, kam nach Rom und war Schüler von Giovanni Maria Nanino (1554–1607). Im Jahr 1605 wurde er Kapellmeister in San Miniato und 1609 Domkapellmeister in Prato, 1612 Hofkapellmeister in Florenz und ab 1614 Kapellmeister der Kongregation »dei Cavalieri di Santo Stefano« in Pisa, wo er nach 1627 starb.

WERKE
Der italienische Komponist und Organist Antonio Brunelli galt als bedeutender Kontrapunktiker und Meister des polyphonen Stils. Er wendete jedoch, abgesehen von seinen 3 Totenmessen, in nahezu allen seinen Werken monodische Sätze an; die Variationen für eine und zwei Stimmen, die sakralen Gesänge für eine bis vier Stimmen und Orgel und die »Fioretti spirituali« (Geistliche Blumen) für eine bis fünf Stimmen und Orgel sind zum Teil monodisch wie die 3 Bücher mit Arien, Canzonetten und Madrigalen.

LITERATUR
E. Schmitz, Antonio Brunelli als Monodist, in: Zeitschrift der Internationalen Musikgesellschaft XI, 1909/10.

Domenico Brunetti (um 1580–1646)

ZEIT UND UMWELT
Die Accademia dei Filaschi war die dritte der in Bologna im 17. Jahrhundert gegründeten Musikakademien, die neben den Kirchen die

Basis des Musiklebens der Stadt bildeten. Diesen Akademien kam gerade in Städten ohne Fürstenhof eine wichtige Rolle zu, nämlich die Pflege der profanen Musik, bei der zumindest im 17. Jahrhundert alle neuen stilistischen und technischen Ideen verwirklicht werden konnten.

LEBEN

Domenico Brunetti wurde um 1580 vermutlich in der Toskana geboren und war wahrscheinlich in San Miniato Schüler des Organisten Antonio Brunelli. Im Jahr 1609 wurde er Organist und 1618 Kapellmeister am Dom zu Bologna, wo er 1633 die Accademia dei Filaschi gründete. Er starb einige Tage vor dem 8. 5. 1646 in Bologna.
Giovanni Brunetti (um 1580, Urbino, bis 1631, Urbino) war Kapellmeister in Ferrara und von 1621 bis 1631 am Dom zu Urbino. Ob er zu Domenico Brunetti in einem verwandtschaftlichen Verhältnis stand, ist unklar.

WERKE

Der italienische Komponist Domenico Brunetti veröffentlichte »L'Euterpe, opera musicale di Madrigali, Canzonette, Arie, Stanze, e Scherzi diversi, in Dialoghi et Echo« für eine bis vier Stimmen und Instrumente, Kirchengesänge für eine oder mehrere Stimmen und Orgel und 8 Magnificat für fünf Stimmen und Orgel. Einzelnes findet sich noch in Sammelwerken.
Von Giovanni Brunetti sind mehrstimmige Motetten ohne Begleitung und mit Orgel, Litaneien, Psalmen – auch mehrchörige – und eine Messe, alles mit Orgel, überliefert.

LITERATUR

B. Lici, La cappella del Duomo d'Urbino, Rom 1933.

Gaetano Brunetti (1744–98)

ZEIT UND UMWELT

Die Königliche Kapelle in Madrid war in der zweiten Hälfte des 18. Jahrhunderts wie die Kapellen manch anderer Höfe lediglich ein Repräsentationsinstrument. Ernstlich interessierte sich niemand dafür; das Musikbedürfnis war durch Zarzuelas und italienische Opern gestillt. Die Aufnahme von Kräften erfolgte nicht nach ihren Leistungswerten, sondern aufgrund von Beziehungen. Weder Luigi Boccherini noch Filippo Manfredi gelang es, in die Kapelle aufgenommen zu werden.

LEBEN

Gaetano Brunetti wurde 1744 in Fano geboren. Er war Schüler von Pietro Nardini und kam noch vor 1762 nach Madrid, wo er 1767 Mitglied der Königlichen Kapelle und 1795 Leiter des Königlichen Kammerorchesters wurde. Er starb am 16. 12. 1798 in Madrid.

WERKE

Von Gaetano Brunetti sind Violinsonaten mit Baß, Duos und Divertissements für zwei Violinen, Trios, Quartette, Quintette, Sextette, Serenaden und 33 Sinfonien, außerdem eine Oper bekannt geworden. Er gilt als einer der letzten Vertreter der italienischen Schule der Sinfonik. Seine Originalität wurde mit Recht sehr geschätzt.

August Brunetti-Pisano (1870–1943)

LEBEN

August Brunetti-Pisano wurde am 24. 10. 1870 in St. Gilgen, Salzburg, geboren. Er studierte in München an der Akademie der Tonkunst bei Joseph Rheinberger und am Konservatorium in Wien. Er lebte als Musiklehrer und Komponist in Salzburg, wo er am 1. 9. 1943 starb.

WERKE

Von August Brunetti-Pisano sind 4 Opern, eine Schauspielmusik, 5 Rhapsodien für Orchester, eine »Venezianische Sinfonie«, Chöre, Klavierstücke und Lieder bekannt geworden. Sein Stil war konventionell und konservativ.

Antonio Bartolomeo Bruni
(1759–1821)

ZEIT UND UMWELT
Die Tendenz, französische Opern den italienischen vorzuziehen, verstärkte sich im letzten Jahrzehnt des 18. Jahrhunderts. Daher verstanden sich auch zugewanderte Italiener dazu, französische Opern auf die Bühne zu bringen. Wenn sie dann den Stil ihrem Gastland anglichen, konnte der Erfolg nicht ausbleiben.

LEBEN
Antonio Bartolomeo Bruni wurde am 2. 2. 1759 in Cuneo, Piemont, geboren. Er war in Turin Schüler von Gaetano Pugnani. Im Jahr 1780 kam er nach Paris und wurde Violinist an der Comédie Italienne, dann 1789 Orchesterdirigent am Théâtre de Monsieur, sodann an der Opéra Comique und an der Opéra Italienne. Zwischen 1785 und 1801 führte er 18 französische komische Opern auf, dann zog er sich in seine Heimat zurück. Von 1814 bis 1815 kehrte er nach Paris zurück, um 2 Opern aufzuführen. Da er damit einen nur mäßigen Erfolg errang, ging er nach Cuneo zurück, wo er am 5. 8. 1821 starb.

WERKE
Außer seinen Opern verfaßte Antonio Bartolomeo Bruni Etüden für Violine, Sonaten für Bratsche und Piano, Duos für zwei Violinen, Violine und Bratsche oder zwei Bratschen, die einen bedeutenden Wert hatten, Trios für zwei Violinen und Bratsche und Streichquartette. Er verfaßte auch ein Lehrwerk für Violine und eines für Viola alta.

Louis Bruslard (um 1620–70)

ZEIT UND UMWELT
König Ludwig XIII. gründete das berühmte Violinenensemble »Les vingt-quatre violons du roy« (Die 24 Violinen des Königs), dessen Mitglieder sorgfältig ausgewählt wurden. Es trug zur Entwicklung der Violinmusik in Frankreich ungeheuer viel bei. Ludwig XIV. fügte 1656 die »Petits violons« mit 16 Spielern hinzu, die bald eine äußerst elitäre Stellung innerhalb der Musik des französischen Hofes einnahmen.

LEBEN
Louis Bruslard wurde um 1620 vermutlich in Paris geboren. Er war ab 1654 Mitglied der Vingt-quatre Violons und ab 1661 Leiter der Ballette des Königs. Er starb in Paris im Jahr 1670.
Sein Bruder Jacques Bruslard (1618, Paris, bis 1670, Paris) gehörte ab 1645 den Vingt-quatre Violons an.
Sein zweiter Bruder Vincent Bruslard (1608, Paris, bis 1656, Paris) war Violinist in der königlichen Kammermusik.

WERKE
Es ist nicht feststellbar, welchem der drei Brüder Bruslard die vierstimmigen Branles der Suite VI eines Manuskriptes aus 1664 zugeschrieben werden können.

Michel Brusselmanns (1886–1960)

LEBEN
Michel Brusselmanns wurde am 12. 2. 1886 in Paris geboren. Er studierte am Konservatorium in Brüssel und später privat bei Vincent d'Indy und bei Paul Gilson. Er erhielt den Rompreis und wirkte gelegentlich als Dirigent und Lehrer in Brüssel bis zu seinem Tod am 21. 9. 1960.

WERKE
Von Michel Brusselmanns sind 2 Sinfonien, eine Sinfonietta, eine sinfonische Dichtung, 2 Ouvertüren, »Flämische Skizzen«, 2 Suiten, eine »Flämische Rhapsodie«, »Breughel-Szenen«, »Provenzalische Szenen« und »Fünf flämische Tänze« bekannt geworden. Er schrieb ferner eine Rhapsodie für Horn und Orchester, ein Orgelkonzert, eine Violin- und eine Cellosonate, »Praeludium und Fuge« für acht Bläser, kleinere Instrumentalstücke, Chöre und Lieder mit Klavierbegleitung. Sein Stil ist impressionistisch, aber dennoch deutlich flämisch.

Albertus Bryne (um 1621–68)

ZEIT UND UMWELT
Der englische Bürgerkrieg und die Cromwell-Ära machten alle Organisten des Landes für ungefähr fünfzehn Jahre arbeits- und brotlos. Man weiß von den meisten nicht, wie sie die Zeit überstanden haben. Jedenfalls dauerte es eine Weile, bis die verwaisten Orgelbänke wieder besetzt werden konnten. Wer von den ehemaligen Musikern nach der Restauration des Königtums noch greifbar war, wurde sofort wieder auf seinen ehemaligen Posten eingestellt.

LEBEN
Albertus Bryne (Bryan, Brian) wurde um 1621 vermutlich in London geboren. Er wurde von John Tomkins ausgebildet und folgte ihm 1636 auf seinen Organistenposten an St. Paul's nach, den er bis zur Cromwell-Zeit versehen hatte. Im Jahr der Restauration (1660) wurde er Organist an Whitehall Chapel und nach dem Brand von London (1666), dem diese zum Opfer fiel, an der Westminster Abbey. Im Jahr 1668 trat er zurück und starb bald darauf.

WERKE
Vom englischen Komponisten und Organisten Albertus Bryne sind eine Reihe von Services und mehrere Anthems überliefert, die ihn als tüchtigen Musiker ausweisen. Die Services enthalten zahlreiche monodische Passagen.

Ernest Bryson (1867–1942)

LEBEN
Robert Ernest Bryson wurde am 31.3.1867 in Liverpool geboren. Obwohl er zeitlebens den Beruf eines Kaufmannes ausübte, bildete er sich ernsthaft zum Musiker aus und nahm am Musikleben seiner Vaterstadt lebhaften Anteil. Er starb am 20.4.1942 in St. Briavels, Gloucestershire.

WERKE
Formal hielt Ernest Bryson klassische Fakturen ein, integrierte aber vorwiegend romantische Elemente und bildete daraus einen individuellen, sehr interessanten Stil. Er schrieb eine Oper, 2 Sinfonien, verschiedene Stücke für großes Orchester und für Streichorchester, 2 Streichquartette, Klavier- und Orgelstücke und zahlreiche Chorwerke.

Filipina Brzezińska (1800–86)

LEBEN
Filipina Brzezińska, geborene Szymanowska, wurde am 1.1.1800 in Warschau geboren. Sie wirkte in ihrer Geburtsstadt als Pianistin und Komponistin bis zu ihrem Tod am 10.11. 1886.

WERKE
Von Filipina Brzezińska sind zahlreiche vorzügliche Klavierstücke sowie profane und sakrale Lieder bekannt geworden. Ihr Marienlied »Verlaß uns nicht« wurde sehr populär.

Franciszek Brzeziński (1867–1944)

LEBEN
Franciszek Ksawery Brzeziński wurde am 6.9.1867 in Warschau geboren. Er war in Warschau Klavierschüler des Pianisten Jan Kleczyński (8.6.1837, Wolhynien, bis 15.9. 1895, Warschau). Er studierte in Tartu (Dorpat), Estland, Jurisprudenz, wirkte bis 1903 als Rechtsanwalt, wurde Musiker und studierte in Paris und am Konservatorium in Leipzig. Er lebte ab 1916 als Komponist und Musikreferent in Warschau, wo er am 6.8.1944 starb.

WERKE
Von Franciszek Brzeziński sind ein Klavierkonzert, eine Violinsonate, ein »Thema mit Variationen« für Klavier, eine »Polnische Suite«, eine »Toccata«, eine »Polonaise-Ballade«, eine Fantasie »Weihnachten in Polen« und zahlreiche weitere Klavierwerke bekannt geworden. Er gehörte zur polnischen Spätromantik.

Próspero López Buchardo (1883-1964)

LEBEN

Próspero López Buchardo wurde am 2.7.1883 in Buenos Aires geboren. Er bildete sich vorwiegend autodidaktisch zum Cellisten und Komponisten aus. Eine Zeitlang studierte er in Paris Malerei, dann war er in Buenos Aires als Cellist und Musiklehrer tätig. Er starb am 8.3.1964 in Buenos Aires.

WERKE

Neben 2 Bühnenwerken schrieb Próspero López Buchardo eine sinfonische Dichtung, eine Suite für Klavier und Orchester, ein Streichquartett, ein Saxophonquartett, eine »Cantata« für vier Saxophone, ein Stück für Blasinstrumente und Klavier, ein sinfonisches Triptychon für Chor und Orchester, Lieder und Klavierstücke. Mit den Werken von López Buchardo war der Prozeß der Loslösung südamerikanischer Musik und der Bildung eines autochthonen Stils bereits weit fortgeschritten.

Hans Buchner (1483–1538)

ZEIT UND UMWELT

Die Dome des deutschen Sprachraumes verlangten nach tüchtigen Orgelmeistern. Die Schüler Hofhaymers waren überall willkommen. Schwierigkeiten ergaben sich dabei nur durch die von der Reformation bedingte Umstellung eines Teiles der Kirchen, weil dies auch eine völlig veränderte Kirchenmusik erforderte. Nicht jeder Organist war bereit, sich den neuen Gegebenheiten anzupassen, und mußte daher seinen Wirkungskreis verlassen, aber es fanden sich Kirchen genug, sie aufzunehmen.

LEBEN

Hans Buchner (Puchner, Buschner, Magister Hans von Constantz) wurde am 26. 10. 1483 in Ravensburg (Württemberg) geboren. Er war ein Schüler Hofhaymers. Im Jahre 1506 wurde er Organist am Dom in Konstanz, in dessen Kantorei auch Sebastian Virdung und Sixtus Dietrich wirkten. Die Ausbreitung der Reformation in Konstanz zwang den Bischof, die Stadt zu verlassen und nach Meersburg zu übersiedeln. Buchner übernahm den Organistendienst des neuen Bischofssitzes, behielt aber seinen Aufenthalt in Konstanz bei, wo er im März 1538 starb.

WERKE

Der deutsche Orgelmeister Hans Buchner hinterließ als Hauptwerk sein Fundamentbuch, die früheste bekannte Anweisung für Organisten, in der sich außer Kompositionen für die Orgel auch Spielanleitungen befinden. Das Werk ist in zwei lateinischen und einer deutschen Fassung erhalten; eine (Zürcher Fassung) enthält Anweisungen zur Improvisation, die andere (Baseler Fassung) bringt dazu noch Spielanweisungen und Anleitungen zur Intavolierung. Beide Fassungen enthalten zusammen 145 Originalkompositionen. Außerdem sind von dem Orgelmeister 3 deutsche Lieder überliefert.

LITERATUR

P. Léonard, Le Fundamentum de Hans Buchner, in: Musica sacra »sancta sancte« LXIV, 1963.

Philipp Friedrich Buchner (1614–69)

ZEIT UND UMWELT

Die katholische Hochburg Würzburg war zugleich ein wichtiges Zentrum der deutschen katholischen Kirchenmusik, die unter dem Episkopat des Bischofs Johann Philipp von Schönborn eine erhöhte Pflege erfuhr. Als der Bischof 1647 Erzbischof und damit Kurfürst von Mainz wurde, nahm er einen Teil seiner Domkapelle an seinen neuen Sitz mit.

LEBEN

Philipp Friedrich Buchner wurde am 11. 9. 1614 in Wertheim geboren. Er war Sängerknabe an der Barfüßerkirche in Frankfurt am Main und wurde dort 1634 Organist. Im Jahr 1636 ging er auf Reisen nach Krakau, Italien und Frankreich. Schließlich landete er am

Hof des Bischofs von Würzburg, der, nachdem er Kurfürst von Mainz geworden war, Buchner zu seinem Hofkapellmeister machte. Er starb am 23 3. 1669 in Würzburg.

WERKE
Der deutsche Komponist Philipp Friedrich Buchner verfaßte 2 Bände »Kirchenkonzerte«, »Catholische Sonn- und Feyertägliche Evangelia« für Singstimmen und Generalbaß, »Psalmen Davids«, 24 drei- bis siebenstimmige Sonaten, »Harmonia Instrumentalis« (Instrumentalstücke mit verschiedenen Besetzungen), außerdem sakrale Lieder. Sein Stil darf bereits als voll ausgebildetes deutsches Barock angesprochen werden.

LITERATUR
A. Gottron, Philipp Friedrich Buchner, in: Würzburger Diözesangeschichtsblätter VII, 1939.

Adolf Emil Büchner (1826–1908)

ZEIT UND UMWELT
Die Geschichte des westfälischen Adeligen und Führers der Sachsen gegen die Franken und die Christianisierung Widukind (Wittekind), der sich nach seiner Niederlage mit einer Reihe sächsischer Adeliger angeblich zum Weihnachtsfest in Attigny taufen ließ, bildete einen beliebten Stoff romantischer Dichter, und auch Komponisten gingen daran nicht achtlos vorüber, weil sie die Möglichkeit zu großen Chorszenen und orchestraler Entfaltung bot.

LEBEN
Adolf Emil Büchner wurde am 7.12.1826 in Osterfeld bei Naumburg geboren. Er war Schüler des Konservatoriums in Leipzig und wirkte ab 1866 als Hofkapellmeister in Meiningen und später als Dirigent des Musikvereins in Erfurt, wo er am 9.6.1908 starb.

WERKE
Das bekannteste Werk von Adolf Emil Büchner ist sein Chor »Wittekind«, in dem alle Klangmittel der Romantik breit entfaltet werden. Er verfaßte außerdem 2 Opern, mehrere Sinfonien und Ouvertüren, einige Kammermusik, Klavierstücke und Lieder. Der in Leipzig erlernte Stil wird in allen seinen Kompositionen deutlich sichtbar.

Fritz Büchtger (1903–78)

LEBEN
Fritz Büchtger wurde am 14.2.1903 in München geboren, wo er an der Musikakademie bei Anton Beer-Walbrunn, Hermann Waltershausen (12.10.1882, Göttingen, bis 13.8.1954, München) und Eberhard Schwickerath (4.6. 1856, Solingen, bis 29.5.1940, Bonn) studierte. Als Leiter von Laienchören und Laienorchestern setzte er sich bereits in den zwanziger Jahren für zeitgenössische Musik ein. Im Jahr 1948 übernahm er die Leitung des von Wolfgang Jacobi gegründeten Studio für Neue Musik und der Jugendmusikschule München, 1963 wurde er Präsident der deutschen Sektion der »Jeunesses musicales«. Er starb am 26.12. 1978 in Starnberg.

WERKE
Neben einer Oper, einem Konzert für Orchester, einem Violinkonzert und »Stufen«, »Schichten und Bögen«, einem Nonett und 4 Streichquartetten schrieb Fritz Büchtger, der ab 1948 ausschließlich dodekaphon komponierte, 3 geistliche Oratorien, Marienhymnen, Kirchenjahr-Kantaten, ein Kalenderspiel, Chöre a cappella und Klavierliederzyklen.

LITERATUR
L. Wismeyer, Fritz Büchtger, Regensburg 1963.

Franz Bühler (1760–1823)

ZEIT UND UMWELT
Das allmähliche Übergleiten der vorklassischen oder empfindsamen Stilgattungen zur Vorromantik ist gerade bei der Kirchenmusik häufig zu beobachten. Diese Kompositionen machen einen stark eklektischen Eindruck und sind mehr oder minder uneinheitlich. Gemeinsam ist ihnen aber ein auffälliges

Streben nach Klangwirkung und eine sehr plastische Wortausdeutung.

LEBEN
Franz Bühler (Bihler) wurde am 12. 4. 1760 in Schneidheim bei Nördlingen geboren. Er trat 1778 in das Kloster Donauwörth ein, wo er zum Musiker ausgebildet wurde, verließ es aber 1794 und wurde zunächst Organist in Bozen und 1801 Domkapellmeister in Augsburg, wo er am 4. 2. 1823 starb.

WERKE
Von Franz Bühler sind eine Oper, ein Oratorium (»Jesus«), viele Messen, Requiem, Hymnen, Kirchenlieder sowie Kammermusik und Klavierwerke erhalten. Seine Musik war im 19. Jahrhundert sehr beliebt und weit verbreitet. Sie ist trotz vieler Übergangsformen zur Vorromantik zu stellen.

LITERATUR
Th. Wohnhaas, Über Leben und Werk des Augsburger Domkapellmeisters Franz Bühler, in: Jahrbuch der Vereinigung für Augsburger Bistumsgeschichte, IV, 1970.

Hans von Bülow (1830–94)

Hans von Bülow

ZEIT UND UMWELT
Bei Dirigenten und Interpreten setzte in der zweiten Hälfte des 19. Jahrhunderts der Zug zu werkgetreuer Wiedergabe der Kompositionen ein. Man begann, die vorgetragenen Werke zu analysieren und die hiefür erforderliche Aufführungstechnik zu erforschen, man strebte eine erschöpfende Ausdeutung durch Untersuchungen über Tempi, melodischen Ablauf, Dynamik, Harmonik und vor allem der Phrasierung an. Dadurch erhielten alle Stücke neuen Glanz. Diese Genauigkeit, die sich erst allmählich einbürgerte, war auch für das Aufführen und Spielen späterer Kompositionen unerläßlich, weil diese sonst mit ihrer komplizierten Faktur nicht wiederzugeben gewesen wären.

LEBEN
Hans Guido Freiherr von Bülow wurde am 8.1.1830 in Dresden geboren. Er war bereits mit 9 Jahren Klavierschüler von Friedrich Wieck und Kompositionsschüler von Maximilian Carl Eberwein; während seines juridischen Studiums in Leipzig nahm er bei Moritz Hauptmann Unterricht. Nach seiner Tätigkeit als Theaterkapellmeister in Zürich und in St. Gallen und einem Studienaufenthalt bei Franz Liszt in Weimar sowie Konzertreisen wurde er 1855 Klavierlehrer am Sternschen Konservatorium in Berlin. Richard Wagner zog ihn nach München als Hofpianisten. Im Jahr 1867 wurde er Hofkapellmeister und Direktor der Musikschule, die er reorganisierte. Er dirigierte die Uraufführungen des »Tristan« (1865) und der »Meistersinger« (1868) in München. Bald darauf begann er wieder zu reisen, wirkte von 1877 bis 1879 als

Kapellmeister des Hoftheaters in Hannover; von 1880 bis 1885 war er Hofmusikintendant in Meiningen und verlegte 1887 seinen Wohnsitz nach Hamburg, wo er als Dirigent der Abonnementskonzerte und der Berliner Philharmoniker fungierte. Er starb am 12.2.1894 in Kairo.

WERKE
Von Hans von Bülow sind seine Musik zu William Shakespeares »Julius Caesar«, die Ballade mit Orchester »Des Sängers Fluch«, die sinfonische Dichtung »Nirwana« und 4 Charakterstücke für Orchester überliefert. Er verfaßte überdies virtuose Klavierstücke und einige Lieder. Durch seine Dirigententätigkeit hat er den Typ des modernen Orchesterleiters geschaffen, der bis heute beispielgebend blieb. Seine Interpretation der von ihm dirigierten Werke eröffnete eine neue Ära des Konzertwesens.

LITERATUR
L. Schemann, Hans von Bülow, Regensburg 1925.

Georg Heinrich Bümler (1669–1745)

ZEIT UND UMWELT
Um die Wende vom 17. zum 18. Jahrhundert eroberten gerade im mitteldeutschen Raum pietistische Textierung und empfindsamer Stil einen guten Teil der Kirchenmusik, was allerdings nicht selten zu reinem Manierismus führte.

LEBEN
Georg Heinrich Bümler wurde am 10. 10. 1669 in Berneck (Bad Berneck) geboren. Im Jahr 1717 wurde er markgräflicher Kapellmeister in Ansbach, wo er am 26. 8. 1745 starb.

WERKE
Vom deutschen Komponisten Georg Heinrich Bümler, der von den Zeitgenossen sehr geschätzt wurde, ist nur wenig an Kirchenmusik erhalten, das allerdings diese Wertschätzung rechtfertigt. Auch seine Konzerte und Sonaten sind verlorengegangen.

LITERATUR
J. A. Hiller, Lebensbeschreibungen berühmter Musikgelehrter und Tonkünstler neuerer Zeit, Leipzig 1784.

Antonio Buenaventura (geboren 1904)

LEBEN
Antonio Buenaventura wurde am 4.5.1904 in Santa Maria Bulacan, Philippinen, geboren, wo er am St. Scholastica College Musik studierte und musikalischer Berater der Universität wurde.

WERKE
Am bemerkenswertesten von den Kompositionen von Antonio Buenaventura sind seine Oper und 2 Zarzuelas auf Texte in Tagalog. Er schrieb ferner eine Sinfonie, eine Konzertouvertüre, eine Doppelfuge für Streichorchester, Skizzen für Orchester, ein Divertimento für sechs Solisten und Streicher, ein Bläserquintett, eine Sonate für Bratsche und Klavier, eine Ode, eine Allegorie, eine Messe und andere Chorwerke sowie Lieder.

Crato Bütner (1616–79)

ZEIT UND UMWELT
Durch Figurierung, das heißt Brechung melodischer Linien oder Akkordfolgen, durch ihre Diminuierung oder Augmentation, durch Vorhalte oder Retardierungen wird aus einem vorhandenen Musikstück ein neues. Solche spielerischen Umgestaltungen waren gerade im 17. Jahrhundert neben der echten Variation, die weit einschneidendere Eingriffe vornimmt, sehr beliebt.

LEBEN
Crato Bütner (Büthner) wurde 1616 in Sonneberg, Thüringen, geboren. Er war ab 1650 Organist an St. Salvator und ab 1652 Kantor und Director Musices an der Kathari-

nenkirche Danzig (Gdańsk), wo er im Jahr 1679 starb.

WERKE
Der deutsche Organist und Komponist Crato Bütner verfaßte eine Reihe von Generalbaßliedern und eine beträchtliche Anzahl Figuralkompositionen, die allerdings zum größten Teil verlorengegangen sind, seinerzeit aber für die Entwicklung der Choralbearbeitungen für Orgel richtunggebend waren.

Paul Büttner (1870–1943)

LEBEN
Paul Büttner wurde am 10. 12. 1870 in Dresden geboren, wo er am Konservatorium bei Felix Draeseke studierte. Er wirkte an dieser Anstalt von 1896 bis 1907 als Lehrer und von 1924 bis 1933 als Artistischer Direktor; als Kritiker und Komponist war er hernach bis zu seinem Tod am 15. 10. 1943 in Dresden tätig.

WERKE
Neben 2 Opern verfaßte Paul Büttner 4 Sinfonien, die Fantasien »Der Krieg«, »Über ein deutsches Volkslied«, Praeludium, Fuge und Epilog »Vision«, »Das Wunder der Isis«, weiters »Saturnalia« für Bläser und Pauken, ein Streichquartett, 3 Violinsonaten und mehrere Chorwerke.

Pierre Gabriel Buffardin (1689–1768)

ZEIT UND UMWELT
Die Anzahl der verwendeten Instrumententypen reduzierte sich im Verlauf des 18. Jahrhunderts stark. Gegenüber den vielen Sorten der Violenfamilie beschränkte man sich auf Violine, Viola, Cello und Kontrabaß, weil weitere Violinentypen bald aufgegeben wurden wie alle Violen. Die Längsflöten in verschiedenen Formaten mußten der Querflöte weichen, neben der nur mehr die Piccolo flöte bestehenblieb. Da auch von Oboen und den Blechblasinstrumenten alle Varianten gestrichen wurden, bildete sich bald der sinfonische Klangkörper heraus, den die Musik der Klassik benötigte.

LEBEN
Pierre Gabriel Buffardin wurde am 29. 6. 1689 in Avignon getauft. Er war von 1715 bis 1749 erster Flötist der Hofkapelle in Dresden. Dann lebte er als Flötist und Flötenlehrer bis zu seinem Tod am 13. 1. 1768 in Paris.

WERKE
Von dem berühmten Flötisten und Flötenlehrer Pierre Gabriel Buffardin ist nur ein Flötenkonzert erhalten. Alle anderen Kompositionen sind verschollen.

Giuseppe Maria Buini (um 1695–1739)

ZEIT UND UMWELT
Wenn auch das Opernleben in Bologna nie den Umfang wie etwa in Neapel oder in Venedig erreichte, weil das Publikum, durch die Fülle an hervorragenden Musikern verwöhnt, gehobenere Musikgattungen vorzog, versorgten nicht wenige Bologneser Meister die Zentren der Opernpflege laufend mit Kompositionen für die Opernbühnen.

LEBEN
Giuseppe Maria Buini wurde um 1695 in Bologna geboren. Er war als Komponist und Dichter Mitglied der Accademia Filarmonica, die ihn zweimal zu ihrem Leiter wählte. Welche Tätigkeit er außer der Komposition ausübte, ist nicht bekannt. Er starb am 13. 5. 1739 in Alessandria.

WERKE
Von den etwa 40 Opern von Giuseppe Maria Buini, der bei vielen auch das Libretto dichtete, sind nur 2 Arien erhalten. Es handelte sich zumeist um komische Opern, die neben den venezianischen die Publikumsgunst eroberten. Außerdem verfaßte Buini ein Oratorium und mehrere Kammersonaten.

Antoine Bulant (um 1740–1821)

ZEIT UND UMWELT
Unter dem Einfluß der bereitwillig aufgenommenen Italiener, Deutschen und Franzosen entwickelte sich das Musikleben in Rußland sehr rasch nach westeuropäischem Muster. Maßgebend war die Hofgesellschaft, die Künstler jeder Art und Wissenschafter nach St. Petersburg zog. Der übrige Adel folgte dem Beispiel; westliche Lebensart und Sprache wurden auf allen Gebieten adoptiert – und das Großbürgertum ahmte wie überall den Adel nach, forderte aber einen häufigeren Gebrauch der russischen Sprache, so daß russische Libretti – Originale oder Übersetzungen – im Opernbetrieb immer häufiger wurden.

LEBEN
Antoine (irrtümlich auch Jean) Bulant wurde um 1740 vermutlich in Paris geboren. Über seine Tätigkeit in Frankreich ist nur bekannt, daß er bis ungefähr 1780 als Musiklehrer und als Fagottvirtuose in Adelshäusern wirkte und einige Kompositionen herausbrachte, sodann dem Kaiserlichen Theater in St. Petersburg als Fagottist angehörte. Er beteiligte sich ab 1802 an der Gründung und Leitung der Russischen Philharmonischen Gesellschaft, trat 1821 in den Ruhestand und starb im selben Jahr am 15. 6. in St. Petersburg.

WERKE
In Paris brachte Antoine Bullant 6 konzertante Quartette, mehrere Trios, Klarinettenduos und 4 Sinfonien für großes Orchester heraus. In Rußland verfaßte er zahlreiche Bühnenwerke, zum Großteil auf russische Texte, und ein sehr berühmtes Ballett mit Chor, »Das glückliche Rußland«, zur Feier der fünfundzwanzigjährigen Regierung von Zarin Katharina II.

John Bull (um 1562–1628)

ZEIT UND UMWELT
Sowohl Königin Elisabeth I. wie ihr Nachfolger Jakob I. kamen den Puritanern keineswegs entgegen, konnten jedoch nicht die Ausbreitung puritanischer Geisteshaltung in ihrem Land aufhalten. Sich selbst sittenstreng zu geben und Sittenstrenge von den anderen zu fordern, selbst zu den Auserwählten zu gehören und andere von dieser Bevorzugung auszuschließen, wurde zu einer bestechenden Lebenshaltung gerade jener Kreise, denen eine mehr oder minder weitreichende Entscheidungsgewalt zugesprochen war.

John Bull

LEBEN
John Bull wurde um 1562 vermutlich in Somersetshire geboren und an der Chapel Royal in London unter William Blitheman zum Musiker ausgebildet. Am 24. 12. 1582 wurde er Organist an der Kathedrale von Hereford, aber im Januar 1585 an die Königliche Kapelle zurückberufen und 1591 als Nachfolger Blithemans dort Organist. Die Universitäten Oxford und Cambridge verliehen ihm akademische Grade, obgleich von puritanischer Seite gegen diese Ehrungen Stellung genommen wurde. Königin Elisabeth I. ernannte ihn 1596 zum Musikprofessor an dem vom reichen Finanzmann Sir Thomas Gresham (1519–79) gegründeten College. Im Jahre 1601 unternahm er Konzertreisen nach Deutschland, Frankreich

und in die Niederlande und wurde als Virtuose auf Tasteninstrumenten und als Komponist sehr bewundert. Nach seiner Rückkehr nahm er seinen Dienst an der Chapel Royal wieder auf, legte aber 1607 sein Lehramt anläßlich seiner Verheiratung zurück, weil das College nur Unverheiratete in seinen Lehrkörper aufnahm.
Er war bei Hof sehr angesehen, 1612 wurde ihm der Titel »Doktor der Musik beim König« verliehen. Dennoch mußte er England ein Jahr darauf verlassen. Seine Karriere erzeugte natürlich neidische Gegner, die seinen aufwendigen und etwas lockeren Lebenswandel gegen ihn ausspielten und bald zelotische Richter zu mobilisieren wußten. Er mußte fliehen, weil eine Anklage wegen außerehelicher Beziehungen und Ehebruches gegen ihn vorlag. Am Hof des Statthalters der Niederlande war man toleranter. Erzherzog Albrecht nahm ihn sofort in seine Dienste. Er wurde Organist in Brüssel und 1617 an der Kathedrale von Antwerpen, wo er am 13. 3. 1628 starb.

WERKE

Der kompositorische Ruf von John Bull beruhte auf etwa 150 Stücken für Virginal und Orgel, die weniger durch ihre Tiefe als durch Einfallsreichtum und Brillanz ausgezeichnet waren. Er hatte ein sicheres Gefühl dafür, was seinem Publikum gefiel, und wußte konservative Elemente mit neuen, ungewöhnlichen Techniken wie enharmonischen Modulationen und asymmetrischen Rhythmen zu verbinden. Sie waren strahlend und klangvoll, mit leichter Hand, aber dennoch vollendet hingeworfen, auf Wirkung bedacht, doch nie banal, sie waren der Ausdruck einer Persönlichkeit, die ihre Umwelt mit ihrer Kunst reich beschenkte und von allen Seiten dafür Dank ernten durfte.
Von seiner Vokalmusik sind nur ein Anthem und 3 Lamentationen erhalten. Seine Kirchenmusik und seine Violenstücke zeigen nur wenig Originalität. Seine Berühmtheit fußte aber auch auf seiner instrumentalen Virtuosität.

LITERATUR

L. Henry, Dr. John Bull, London 1937.

Ole Bull (1810–80)

ZEIT UND UMWELT

Neben Kopenhagen war Deutschland die Ausbildungsstätte für norwegische Musiker des 19. Jahrhunderts, so daß deutsche romantische Fakturen in Norwegen Eingang fanden und an der Entwicklung einer eigenständigen Musik des Landes maßgebend mitbestimmend waren. Die enge Beziehung der norwegischen Musik zur deutschen blieb wie die der anderen nordischen Völker bis weit über das Jahrhundert hinaus bestehen.

LEBEN

Ole Bornemann Bull wurde am 5.2.1810 in Bergen geboren. Er erhielt mit 19 Jahren von Louis Spohr Violinunterricht, unterbrach ihn aber bald, um sich autodidaktisch weiterzubilden. Im Jahr 1832 gab er in Paris sein erstes Violinkonzert, aber seinen ersten durchschlagenden Erfolg errang er 1834 in Italien. Ab diesem Zeitpunkt erntete er auf seinen Konzertreisen quer durch Europa triumphale Erfolge, von 1843 an auch in Amerika. Er ließ sich einen speziellen Bogen konstruieren und den Steg seiner Violine erniedrigen, um alle vier Saiten des Instruments gleichzeitig anstreichen zu können. Als er 1848 nach Norwegen zurückkehrte, wurde er wie ein Nationalheld empfangen. Er rief 1850 in Bergen das Theater »Den Nationale Scene« für ausschließlich norwegische Aufführungen ins Leben. Nach einer Reise nach den USA, wo er vergeblich eine norwegische Niederlassung gründen wollte, starb er am 17.8.1880 in Bergen.

WERKE

Alle Kompositionen von Ole Bull lehnen sich an norwegische Volksweisen an. Er schrieb 2 Konzerte für Violine und Orchester, ein Adagio religioso, »En Moders Bón« (Gebet einer Mutter), eine »Polacca guerriera« und »Siciliano e Tarantella«.

LITERATUR

O. Linge, Ole Bull, Oslo 1953.

August Bungert (1845–1915)

ZEIT UND UMWELT

Das Phänomen Richard Wagner rief viele Geister auf den Plan, glühende Anbeter und erbitterte Gegner. Es ging nur in den seltensten Fällen um die Musik selbst, sondern mehr um das Darstellerische und das Dargestellte, um den weltanschaulichen Gehalt, der heute kaum mehr beachtet wird. Die Anhänger sahen ihre Wunschträume von einer heroischen Vergangenheit verwirklicht und sich selbst in der Verwandtschaft mit den Helden jener Fantasien bestätigt, die Widersacher waren gegen das glorifizierte Heidentum. Sie wollten an dessen Stelle christliche oder antike Leitbilder gesetzt sehen und rafften sich in einzelnen Fällen sogar auf, einen anti-wagnerischen »Ring« zu schaffen. Der Organist in Pittsburgh und New York, Horace Wadham Nicholl (17.3.1848, Tipton bei Birmingham, bis 10.3.1922, New York), schrieb eine Oratorientetralogie, »Adam – Abraham – Isaac – Jacob«, nach Wagnerischem System der Leitmotive. Die Epen Homers wurden ebenso herangezogen, um Wagner Gleichwertiges entgegenzusetzen.

LEBEN

Friedrich August Bungert wurde am 14.3.1845 in Mülheim an der Ruhr geboren. Er war Schüler des Pianisten, Violinisten und Musiklehrers Hubert Ferdinand Kufferath in seiner Heimatstadt und von Friedrich Kiel in Berlin, wohin er nach einer Tätigkeit als Musikdirektor in Kreuznach 1873 verzogen war. Er lebte sodann als freier Komponist abwechselnd in Berlin und in Leutesdorf am Rhein, wo er am 26.10.1915 starb.

WERKE

Von August Bungert sind 2 Sinfonien – eine mit dem Programm »Zeppelins erste große Fahrt« –, eine sinfonische Dichtung, »Auf der Wartburg«, eine Ouvertüre zu »Tasso«, »Variationen und Fuge« für Orchester, ein Klavierquartett, ein »Mysterium« für Orchester, Männerquartette und zahlreiche Lieder, darunter viele auf Texte von Carmen Sylva (Pseudonym der Königin Elisabeth von Rumänien, 1843–1916) erhalten, außerdem seine Operntetralogie »Homerische Welt«, die einen gescheiterten Versuch, einen antiken »Ring« zu schaffen, darstellte.

LITERATUR

M. Chop, August Bungert, Berlin 1916.

Giovanni Battista Buonamente
(um 1590–1643)

ZEIT UND UMWELT

Als sich Kaiser Ferdinand II. (1578–1637) in zweiter Ehe mit Eleonora von Gonzaga (1598–1655) verheiratete, kam eine Anzahl Musiker der Hofkapelle von Mantua im Gefolge der jungen Kaiserin nach Wien. Dadurch wurde der Anteil der Italiener an der Wiener Hofkapelle, an der diese ohnehin schon dominierten, neuerlich verstärkt.

LEBEN

Giovanni Battista (Cavaliere) Buonamente wurde um 1590 vermutlich in Oberitalien geboren und wahrscheinlich in Mantua zum Musiker ausgebildet. Er stand anschließend im Dienst des Hauses Gonzaga, bis er 1622 Eleonora, die Kaiser Ferdinand II. heiratete, nach Wien begleitete. Von dort kam er 1627 zu den Feierlichkeiten anläßlich der Krönung des nachmaligen Kaisers Ferdinand III. (1608–57) in Prag zum König von Böhmen. Nach dem Ableben Ferdinands II. wurde er Kapellmeister an San Francesco in Assisi, wo er 1643 starb.

WERKE

Vom italienischen Komponisten Giovanni Battista Buonamente sind 3 von 7 Büchern mit Sonaten, Kanzonen, Sinfonien und Tänzen mit verschiedener instrumentaler Besetzung überliefert. Die Möglichkeiten der Violine sind dabei schon sehr ausgenützt, die Stücke erfordern ein virtuoses Spiel. Der Komponist hat auch zur Ausbildung der Sonaten entscheidend beigetragen.

Literatur

P. Netti, Giovanni Battista Buonamente, in: Zeitschrift für Musikwissenschaft IX, 1926/1927.

Giorgio Buoni (um 1650 bis nach 1693)

Zeit und Umwelt

Mit »Bologneser Schule« bezeichnet man die zwischen 1650 und 1750 in Bologna und im Umkreis der Stadt wirkende Komponistengruppe, deren Wirkungsfeld vor allem die Instrumental-, insbesonders die Violinmusik war. Sie trug Wesentliches zur Gestaltung der Solosonate, der Triosonate und des Konzerts bei.

Leben

Giorgio Buoni wurde um 1650 in Bologna geboren und vermutlich dort ausgebildet. Es ist nicht feststellbar, welche musikalische Stelle er hatte. Er starb, vermutlich in seiner Geburtsstadt, nach 1693.

Werke

Der italienische Komponist Giorgio Buoni hinterließ 2 Sammlungen Kammersonaten für zwei Violinen und Generalbaß, die im Stil der Bologneser Schule gehalten sind. Über weitere Werke ist nichts bekannt.

Joachim a Burck (1546–1610)

Zeit und Umwelt

Der Protestantismus hat nie eine allgemeingültige Wesensbestimmung der Kirchenmusik gegeben, doch Luthers Stellungnahme zur Musik, daß die Noten den Text lebendig zu machen haben, war im großen und ganzen immer maßgebend. Es gab keine verschieden gewerteten Grade der Kirchenmusik. Alle Möglichkeiten gottesdienstlicher Musik blieben offen. Die Volkssprache wurde vorgezogen, doch die lateinische zugelassen, besonders wenn es sich um poetische Texte handelte, die durch die Übersetzung ihre Poesie verloren hätten. Es galt bereits in den Anfängen und bis zur Gegenwart das Wort des Justinus Martyr (um 100 bis um 165): »Es ist und bleibet Gottes Wort, auch das da im Gemüth gedacht, mit der Stimme gesungen und auf Instrumenten geschlagen und gespielet wird.«

Leben

Joachim a Burck (Burgk, eigentlich Joachim Moller) wurde 1546 in Burg bei Magdeburg geboren. Er dürfte in Magdeburg, wo Martin Agricola und Gallus Dreßler wirkten, zum Musiker ausgebildet worden sein. Ab 1563 lebte er in Mühlhausen, Thüringen, als Kantor der Lateinschule und ab 1566 als Organist bis zu seinem Tod am 24. 5. 1610. Er übte zur gleichen Zeit auch verschiedene öffentliche Funktionen der Stadt aus.

Werke

Orlando di Lasso, Utendal, Cyprian de Rore und Vaet waren die musikalischen Vorbilder von Joachim a Burck, von dem ein umfangreiches Werk erhalten ist. Seine lateinischen Kompositionen, wie zahlreiche mehrstimmige Motetten, Oden, Offizien, Hymnen, Abendmahlfeiern, eine Passion sowie eine Reihe sakraler Gesänge, gehören noch dem Motettenstil an, doch ist dabei die Wendung zur sakralen Liedkomposition bereits sichtbar. Die deutschen Werke gehen um mehrere Schritte weiter. Die Johannespassion und die zweite Passion auf einer Evangelienharmonie, die »Dreyssig Geistliche Lieder auff die Fest durchs Jahr« und die weiteren 40 »Deutschen christlichen Liedlein«, beides vierstimmig, müssen mit zahlreichen ähnlichen Werken des Komponisten als unmittelbare Wege zur protestantischen Kirchenkomposition des 17. Jahrhunderts eingestuft werden.

Joachim a Burck war auf dem Gebiet der evangelischen Kirchenmusik ohne Zweifel epochemachend. Sein breit ausgefächertes Schaffen ließ fast keine Gattung des liturgischen oder paraliturgischen Gesanges unbereichert und schuf eine Plattform, von der ausgehend die Entwicklung durch das nächste Jahrhundert steil aufsteigend ihren Kulminationspunkt erreichte.

Johannespassion für gemischten Chor, entstanden 1568

Als Motettenpassion verzichtet sie auf jede Rezitation, sondern bringt den gesamten Evangelienbericht im fortlaufenden polyphonen Chorsatz, der auf lange Strecken in gleichartigen Wortrhythmen psalmodiert, ähnlich den Chören bei der rezitativen Passionsstruktur. Männer- und Frauenstimmen wechseln häufig zweistimmig einander ab, die Worte Jesu werden meistens von den tiefen Stimmen vorgetragen. Der Forderung nach Ausdruckskraft ist Rechnung getragen. Mollwendungen und Sprünge der Baßstimme kennzeichnen das Aufsetzen der Dornenkrone und den Schmerz. Triolen schildern den Spott der Kriegsknechte, Taktverschiebungen und Pausen formen aus dem »Kreuzige« ein wildes Geschrei der Volksmenge, und das Ende des Leidens wird mit einfacher Frömmigkeit verkündet. Die Möglichkeiten der rein chorischen Form sind noch nicht voll ausgeschöpft, aber der Weg hierzu ist beschritten.

LITERATUR

H. Birtner, Ein Beitrag zur Geschichte der protestantischen Musik im 16. Jahrhundert, dargestellt an Joachim a Burck, Zeitschrift für Musikwissenschaft X, 1927/28.

Bernard Burette (um 1670 bis nach 1726)

ZEIT UND UMWELT

Wie man zu früheren Zeiten in jeder noch so bescheidenen Hofhaltung Lautenisten antreffen konnte, gab es in der zweiten Hälfte des 17. und der ersten des 18. Jahrhunderts überall Cembalisten als Unterhalter im Solospiel, als Begleiter von Instrumenten und Singstimmen und als Musiklehrer.

LEBEN

Bernard Burette wurde um 1670 vermutlich in Paris geboren. Er wirkte in einigen Adelshäusern als Cembalist und Lehrer und starb nach 1726 in Paris.

Sein Vater (oder älterer Verwandter) Claude Burette (um 1630, Nuits, bis um 1700, Paris) war Harfenist und stand im Dienst des Hofes.

WERKE

Vom französischen Komponisten Bernard Burette sind mehrere Kantaten für eine Singstimme und Instrumente erhalten. Sie tragen programmatische Aufschriften wie »Frühling und Sommer«, »Der Ball«, »Bacchos und die Insel Delos« usw.

Die Cembalo- und Harfenstücke von Claude Burette, die seinerzeit sehr geschätzt wurden, sind verschollen.

Cornelius Burgh
(um 1590 bis um 1639)

ZEIT UND UMWELT

Der monodische Stil fand in die katholische Kirchenmusik Deutschlands um einiges eher Eingang als in die evangelische, die nur aus der eigenen Tradition schöpfte, während der Kontakt der katholischen Kirchen mit den italienischen diesen jede Entwicklungsphase der Musik in Italien unverzüglich zur Kenntnis brachte.

LEBEN

Cornelius Burgh wurde um 1590 in Köln geboren, wo er ab 1606 studierte. Er wirkte als Organist am Münster von Mönchengladbach und ab 1618 bis zu seinem Tod um 1639 an der Lambertuskirche in Erkelenz.

WERKE

Der deutsche Organist und Komponist Cornelius Burgh schrieb die drei- bis vierstimmigen Sammlungen »Liber primus concertuum ecclesiasticorum« (Erstes Buch kirchlicher Gesänge) und »Hortus Marianus« (Marianischer Garten), die die ersten monodischen Kompositionen im Rheinland brachten.

Norbert Burgmüller (1810–36)

ZEIT UND UMWELT

Das System der Bevormundung und Bespitzelung der Untertanen der absolutistisch regierten Länder in der Zeit des Vormärz erzeugte bei den meisten Menschen eine entweder abwartende oder resignierende Haltung. Einzelne gab es, die sich dagegen auflehnten; von ihnen vermerkten die Chronisten, daß sie sich gegen die Gesellschaft stellten und daher scheiterten. Einer von ihnen hieß Christian Dietrich Grabbe (1801 – 36) und figurierte in der Literaturgeschichte zwischen den Gerechten als schwarzes Schaf, ein zweiter war sein Freund Norbert Burgmüller.

LEBEN

August Joseph Norbert Burgmüller wurde am 8.2.1810 in Düsseldorf geboren. Er studierte in Kassel bei Louis Spohr und Moritz Hauptmann. Seine bedeutenden musikalischen Anlagen kamen bereits in seinen ersten Kompositionen zum Ausdruck. Robert Schumann sprach mit großer Wertschätzung von dem jungen Talent. Man sagte ihm eine große Zukunft voraus, doch seine schwache Gesundheit, sein Wille, sich den Zwängen der zeitgenössischen Gesellschaft entgegenzustellen, und sein von den Biographen gerügter »unsteter Lebenswandel« setzten seinem Leben bereits am 7.5.1836 in Aachen ein Ende.
Sein Bruder Johann Friedrich Burgmüller (1804, Regensburg, bis 13.2.1874, Beaulieu Seine-et-Oise) war Klavierschüler von Louis Spohr in Kassel und kam 1832 nach Paris, wo er als Musiklehrer der Kinder des Königs Louis Philippe bis 1844 tätig war. Dann wirkte er als freier Klavierlehrer und Komponist.
Sein Vater Johann August Franz Burgmüller (28.4.1766, Magdeburg, bis 21.8.1824, Düsseldorf) war ab 1786 Theaterkapellmeister in Weimar, wirkte sodann als Dirigent in Köln, Mainz, Bonn, Frankfurt am Main und Regensburg und ließ sich schließlich 1806 als Musiklehrer nieder. Er war 1818 Mitbegründer der niederrheinischen Musikfeste, erster Leiter des Düsseldorfer Musikvereins und Dirigent der ersten niederrheinischen Musikfeste in Düsseldorf und Köln.

WERKE

Von Norbert Burgmüller sind eine Sinfonie in c-Moll, eine zweite unvollendete in D-Dur, eine Ouvertüre in f-Moll, 4 Entr'Actes für Orchester, ein Klavierkonzert in fis-Moll, 4 Streichquartette, ein Duo für Klavier und Klarinette in Es-Dur, eine Rhapsodie für Klavier in h-Moll, eine Klaviersonate in f-Moll, eine Polonaise für Klavier in F-Dur und 11 Lieder und Gesänge überliefert. Seine Musik gehört der Hochromantik an.
Johann Friedrich Burgmüller schrieb eine beträchtliche Anzahl Klavierstücke, darunter viele Etüden, die heute noch im Unterricht verwendet werden, und einige Bühnenwerke, darunter das Ballett »La Péri«, das zu seiner Zeit oft aufgeführt wurde.
Johann August Franz Burgmüller verfaßte Bühnenstücke – Operetten, Schauspielmusik – und Vokalmusik, wovon nur »Vier Gesänge« erhalten sind.

Emil Burian (1904–59)

LEBEN

Emil František Burian wurde am 11.6.1904 in Pilsen (Plzeň) geboren. Er studierte am Konservatorium in Prag bei Josef Bohuslav Foerster. Im Jahr 1933 gründete er in Prag ein Theater, das er – unterbrochen durch seine Haft im deutschen Konzentrationslager Theresienstadt von 1940 bis 1945 – bis zu seinem Tod am 9.8.1959 leitete.

WERKE

Besonderes Aufsehen erregte Emil Burian 1928 auf dem Kammermusikfest der IGNM in Siena mit einer Suite, die das Jazzprinzip auf einen Kammerchor übertrug, der ohne fixierte Tonhöhe eine Art von eindrucksvoller Artikulation und Sprachpolyphonie mit Begleitung oder a cappella vortrug. Diese Methode des Einsatzes der menschlichen Stimme war damals noch neu. Er schrieb 6 Opern, 5 Ballette, eine Sinfonie, 6 Streichquartette, einen Liederzyklus für Gesang und Jazzband, eine Suite für zwei Klaviere, ein Requiem für Jazzband und Voiceband (Ensemble aus menschlichen Tonerzeugern), eine Sonate für Violine und Klavier, ein Nonett für fünf Bläser und vier Streicher, eine Kantate, Schauspiel-, Hörspiel- und Filmmusik.

Willy Burkhard (1900–55)

LEBEN
Willy Burkhard wurde am 17.4.1900 in Leubringen bei Biel geboren. Er studierte in Bern bei Ernst Graf (26.6.1886, Schönholzerswilen, Thurgau, bis 19.8.1937, Bern), in Leipzig bei Robert Teichmüller und Sigfrid Karg-Elert, in München bei Walter Courvoisier und in Paris bei Max d'Ollone (13.6.1875, Besançon, bis 15.5.1959, Paris). Anschließend gab er in Bern Privatunterricht, lehrte dann ab 1928 am dortigen Konservatorium und wirkte zugleich als Chor- und Orchesterdirigent. Von 1942 bis zu seinem Tod am 18.6.1955 war er in Zürich in gleicher Eigenschaft tätig.

WERKE
Neben einer Oper verfaßte Willy Burkhard 2 Sinfonien, eine Fantasie, 2 Violinkonzerte, ein Bratschenkonzert, ein Orgelkonzert, eine Hymne für Orgel und Orchester, ein Konzert und eine Toccata für Streichorchester, ein Concerto für Cello und Streicher und weitere Stücke für Orchester, Streichorchester und Kammerorchester, 2 Streichquartette, ein Klavierquartett, ein Klaviertrio, Sonaten und Suiten für verschiedene Instrumente, Klaviermusik, 2 Oratorien, mehrere Kantaten, eine Messe und andere sakrale Vokalwerke, A-cappella-Chöre und Lieder mit Klavier oder anderen Instrumenten.

Willy Burkhard

LITERATUR
F. Indermühle, Willy Burkhard, Zürich 1968.

Gottlob Wilhelm Burmann
(1737–1805)

ZEIT UND UMWELT
Durch die Berliner Liederschule wurde das Lied wieder zu einer wesentlichen Musikgattung. Es kam zu einem gewaltigen Aufschwung der Liederkomposition und der Publikation, »weil die Lieder von jedermann ohne besondere Ausbildung gesungen werden konnten« und – was sehr wichtig war – auch begleitet werden konnten, denn der Cembalosatz war stets so einfach wie möglich gehalten. Der primitivste Generalbaß kehrte auf diese Weise wieder. Das Anschlagen der Akkorde der Tonika, Dominante und Subdominante einiger Tonarten reichte zumeist aus.

LEBEN
Gottlob Wilhelm Burmann wurde am 18. 5. 1737 in Lauban, Oberlausitz, geboren. Er lebte als Privatlehrer und Liederkomponist in Berlin, wo er am 5. 1. 1805 starb.

WERKE
Von Gottlob Wilhelm Burmann sind neben einigen Cembalosonaten und Cembalobagatellen erschienen: »Verschiedene neue Lieder«, »Kleine Lieder für kleine Mädchen«, »Kleine Lieder für kleine Jünglinge«. Einiges davon war sehr sangbar und klangwirksam.

Charles Burney (1726–1814)

LEBEN
Charles Burney (eigentlich Macburney)

wurde am 7. 4. 1726 in Shrewsbury geboren und zunächst an der Kathedrale von Chester, sodann in Shrewsbury und schließlich in London von Thomas Arne zum Organisten ausgebildet. Im Jahr 1749 wurde er zum Organisten an St. Dionis-Backchurch in London und 1751 an St. Margaret's in King's Lynn ernannt. Er kam 1760 nach London zurück, führte einige Klavierkonzerte seiner Komposition mit Erfolg auf und begann mit der Sammlung des Materials für eine Geschichte der Musik. Um die zeitgenössische Musik kennenzulernen, unternahm er ab 1760 zwei große Europareisen, bei denen er alles, was auf dem Gebiet der Musik und Literatur Rang und Namen hatte, aufsuchte. Er starb am 12. 4. 1814 in London.

WERKE
Die Bedeutung von Charles Burney liegt vor allem auf dem Feld der Musikwissenschaft. Seine Reisetagebücher, seine musikhistorischen Essays, seine »Allgemeine Musikgeschichte«, seine Monographien sind unschätzbare Quellen für die Kenntnis und das Verständnis der Musik des 18. Jahrhunderts und früherer Zeiten. Dagegen treten seine kompositorischen Leistungen trotz ihres nicht geringen Wertes weit zurück. Er schrieb 8 Cembalosonaten vierhändig, Triosonaten, Cembalo- und Orgelstücke, Duette für zwei Violinen oder Flöten, Klavierkonzerte und einige Anthems.

Charles Burney, Stich von F. Bartolozzi

LITERATUR
P. A. Scholes, The Great Dr. Burney, London 1948.

Francis Burt (geboren 1926)

LEBEN
Francis Burt wurde am 28.4.1926 in London geboren. Er studierte dort von 1948 bis 1951 an der Royal Academy of Music bei Howard Ferguson und anschließend bis 1954 an der Hochschule für Musik in Berlin bei Boris Blacher. Im Jahr 1956 ließ er sich in Wien nieder und wirkte dort seit 1973 als Professor für Komposition an der Hochschule für Musik und darstellende Kunst.

WERKE
Außer 2 Opern und einem Ballett schrieb Francis Burt unter anderem 3 Orchesterstücke, ein Streichquartett, ein Duo für Klarinette und Klavier, ein Stück für zwei Klaviere, eine Kantate, ein Vokalquartett mit Klavier und Klavierlieder. Sein Stil ist neuklassizistisch, aber von seinem Berliner Lehrer stark beeinflußt.

David Burton (um 1470 bis nach 1542)

ZEIT UND UMWELT
Für die Kirchenkomponisten der vorreformatorischen Zeit in England ergab sich die Alternative, sich umzustellen und ihre Musik den neu geschaffenen Bedürfnissen anzupassen oder zu resignieren. Für die Angehörigen der Königlichen Kapelle, die der König persönlich aufgenommen hatte, war

die Umwälzung weniger durchgreifend, weil eben Heinrich VIII. selbst Musiker war und es seinen Leuten nicht schwermachen wollte, ihre Fähigkeiten weiterhin seiner Kapelle zur Verfügung zu stellen. Wir kennen keine Einzelheiten. Aber die Tatsache, daß die Kapelle völlig intakt geblieben ist, muß zu solchen Schlüssen Anlaß geben.

LEBEN
David Burton (Davy, Avery) ist um 1470 in England geboren. Im Jahre 1494 scheint er bereits als Komponist in Oxford auf. In den Listen der Königlichen Kapelle wird 1509 zum ersten Mal seine Mitgliedschaft erwähnt, die mindestens bis 1542 dauerte. Er dürfte in London nach 1542 gestorben sein.

WERKE
Im Jahre 1494 wurde David Burton für eine fünfstimmige Messe mit einem Pfund honoriert. Außerdem sind etliche Orgelstücke von ihm überliefert. Sein kompositorisches Werk war ohne Zweifel beachtlich, weil Thomas Morley ausdrücklich auf ihn als Autorität auf dem Gebiet der Musik hinweist.

John Burton (1730–85)

ZEIT UND UMWELT
John Keeble war einer jener englischen Meister, die ihr von Johann Christoph Pepusch und Thomas Roseingrave empfangenes künstlerisches Erbe an ihre Schüler weiterreichten, damit der an sich schmale Entwicklungsstrom der englischen Musik bis zu seiner fernen Entfaltung nicht abriß.

LEBEN
John Burton wurde 1730 in Yorkshire geboren. Er war Schüler von John Keeble und wurde zu einem der bedeutendsten Cembalisten und Organisten seiner Zeit, der 1754 auch in Deutschland mit großem Erfolg auftrat. Es ist nicht feststellbar, ob er eine feste Stellung als Organist innehatte. Er dürfte in London bis zu seinem Tod im Jahr 1785 gewirkt haben.

WERKE
Von John Burton sind 3 Konzerte für Cembalo, eines für Orgel oder Cembalo, 10 Sonaten für ein beliebiges Tasteninstrument und 6 weitere mit Violinbegleitung, außerdem 12 italienische Canzonetten erschienen. Die Stücke wurden mit betonter Klangpracht ausgestattet, aber sehr konservativ gehalten.

Bernard Bury (1720–85)

ZEIT UND UMWELT
Die von François Collin de Blamont geschaffene Form des Ballet héroïque mit Intrigenhandlung, heldischen Personen und Szenen, alles in einer sehr leichten Manier gesungen, entsprach voll und ganz dem Geschmack des Hofes von Versailles in der ersten Hälfte des 18. Jahrhunderts. Sie stand im diametralen Gegensatz zu allen italienischen Formen des Musiktheaters. Sie verschwand von den französischen Bühnen mit dem Ausbruch des Buffonistenstreites, obwohl sie der Rokokogesinnung entgegenkam wie kaum eine andere Diktion.

LEBEN
Bernard de Bury wurde am 20. 8. 1720 in Versailles als Sohn eines königlichen Hofmusikers geboren. Er war Schüler und getreuer Nachahmer seines Onkels François Colin de Blamont, wurde 1739 Cembalobegleiter der Könglichen Kammermusik in Versailles und löste seinen Onkel 1744 als Kapellmeister ab. In den folgenden Jahren nahm ihn das Opernorchester auf, 1751 stieg er zum Leiter der Königlichen Kammermusik auf. Einige Monate vor seinem Tod am 19. 11. 1785 wurde er in den Adelsstand erhoben.

WERKE
Die Kompositionen von Bernard Bury waren am Hof zu Versailles außerordentlich beliebt. Als echter Hofmusiker wußte er den Geschmack seines Publikums zu treffen. Es waren vor allem seine Ballettopern, die seinen Ruf festigten, aber auch die übrigen Werke, von denen ein Buch mit Cembalo-

stücken, Motetten, großangelegten Kantaten und einige Chansons erhalten sind. Er brachte unverfälschte Rokokomusik.

Thomas Busby (1755–1838)

ZEIT UND UMWELT
Die Vauxhall Gardens boten jungen, aufstrebenden Musikern günstige Ausbildungsmöglichkeiten, indem sie sie gegen Entgelt auftreten ließen und der Leitung eines älteren Kapellenmitglieds anvertrauten. Das bildete einen vollwertigen Ersatz für die übliche Ausbildung als Chorknabe einer Kirche und hatte den Vorteil einer größeren Vielseitigkeit, da ihr Programm weit über das der Kirchenkapellen hinausreichte.

LEBEN
Thomas Busby wurde im Dezember 1755 in London geboren. Im Jahr 1769 trat er an Vauxhall Gardens als Sänger auf und wurde als Organist ausgebildet, so daß er nach dem Stimmbruch als Assistent des Kirchenmusikers Jonathan Battishill tätig sein konnte. Er amtierte anschließend als Organist an verschiedenen Londoner Kirchen und starb dort am 28. 5. 1838.

WERKE
Neben einer umfangreichen musikschriftstellerischen Tätigkeit verfaßte Thomas Busby einige Bühnenmusiken, 2 Oratorien – darunter das beliebt gewordene »Britannia« – und kleinere Orgelstücke. Seine Musik war konservativ, kam aber dem Publikumsverlangen nach breiten Klängen entgegen.

Carl Busch (1862–1943)

LEBEN
Carl Reinhold Busch wurde am 29.3.1862 in Bjerre, Dänemark, geboren. Er war Schüler des Konservatoriums in Kopenhagen und studierte anschließend bei Benjamin Godard (1849–95) in Paris. Im Jahr 1887 ließ er sich in Kansas City nieder, wo er als Dirigent und Musiklehrer bis zu seinem Tod am 19.12.1943 wirkte. Von 1912 bis 1918 dirigierte er das Kansas City Symphony Orchestra.

WERKE
Von Carl Busch sind eine Sinfonie in C-Dur, die sinfonische Dichtung »Minnehaha's Vision«, 2 Orchestersuiten, ein sinfonischer Prolog, eine Elegie für Streicher, zahlreiche Kantaten, Anthems und Chöre, ein Streichquartett, Violinstücke und Lieder mit indianischen Themen erschienen. Die sinfonische Dichtung und die Verwendung folkloristischer Melodien kennzeichnen ihn als Romantiker.

Alan Dudley Bush (geboren 1900)

LEBEN
Alan Dudley Bush wurde am 22.12.1900 in London geboren. Er studierte von 1918 bis 1922 an der Royal Academy of Music in London bei Frederick Corder und darauf bei John Ireland, Benno Moiseiwitsch (22.2.1890, Odessa, bis 9.4.1963, London) und Artur Schnabel. Im Jahr 1925 wurde er Kompositionslehrer an der Royal Academy of Music in London. Von 1929 bis 1940 betreute er die London Labour Choral Union (Arbeitergesangverein), ab 1941 wirkte er als Präsident der Worker's Music Association (Arbeitermusikverein), die er auch gegründet hatte.

WERKE
Neben 2 Opern schrieb Alan Dudley Bush 3 Sinfonien, eine sinfonische Suite, eine Suite für Streichorchester, 2 Ouvertüren und weitere Orchesterstücke, ein Violinkonzert, ein Cellokonzert, ein Klavierkonzert mit Männerchor, ein Scherzo für Blasorchester und Schlagzeug, eine »Byron Symphony« für Chor und Orchester, ein Stück für Kammerorchester, ein Stück für Horn und Klavier, eine Anzahl Kantaten, einen Liederzyklus und einzelne Lieder mit verschiedener Begleitung. Er wandte sich anfänglich der Dodekaphonik zu, bildete sich sodann einen persönlichen Stil mit freier Harmonik.

Sinfonie Nr. 2, »The Nottingham«, Opus 33, 4 Sätze, entstanden 1949

Der Komponist erklärte: »Die vier Sätze tragen Namen von Orten in oder nahe bei Nottingham, die mit gesellschaftlichen Ereignissen oder Bräuchen verbunden sind; sie beabsichtigen, die Gefühle der Männer und Frauen zu schildern, die an diesen Ereignissen teilhatten, sind aber keine musikalischen Illustrationen der Vorfälle selbst, obgleich die Musik die Atmosphäre heraufbeschwören will, durch welche die Emotionen der Menschen ausgelöst werden.« Der 1. Satz »Sherwood Forest« (Sherwood Wald) ist mit dem Helden Robin Hood verbunden. Der 2. Satz »Clifton Grove« (Clifton Gehölz) schildert mit einem Liebesduett von Klarinette und Cello den traditionellen Treffpunkt der Liebenden von Nottingham. Im 3. Satz »Castle Rock« (Schloßfelsen) wird an einen Aufstand im Jahr 1832 erinnert. Das Finale »Goose Fair« (Gänsemarkt) stellt den tausend Jahre alten Jahrmarkt der Stadt dar.

Antoine Busnois (um 1440–92)

Zeit und Umwelt

Obwohl wegen der Verschlammung des Zwyn der Hafen von Brügge nahezu unbefahrbar geworden und die wirtschaftliche Blüte des 14. Jahrhunderts stark zurückgegangen war, erlebte die Stadt im 15. Jahrhundert die glänzendste Epoche ihrer Geschichte. Die Herzöge von Burgund schlugen in Brügge ihre Residenz auf. Ihre prächtige Hofhaltung und Kunstliebe zogen eine Reihe von zeitgenössischen Malern wie Jan van Eyck (1390–1441), Hans Memling (1433 bis 1494), Gerard David (1460–1523) und andere an, so daß man Brügge als Ausgangspunkt der altniederländischen Malerei ansehen kann. Gleichzeitig bildete die Stadt eines der wichtigsten Zentren der frankoflämischen Musik.

Leben

Antoine Busnois (Antoine de Busnes) wurde um das Jahr 1440 vermutlich in der Picardie geboren. Er bezeichnete sich selbst als Schüler Ockeghems, wobei es unklar bleibt, ob er den Altmeister nur als Vorbild oder als wirklichen Lehrer benennen wollte. Um 1467 war er als Sänger bei Karl dem Kühnen und dessen Nachfolgerinnen Maria und Margarete tätig. In den letzten Jahren seines Lebens bekleidete er die Stelle des Rektors der Kantorei an Saint-Sauveur in Brügge, wo er am 6. 11. 1492 starb.

Werke

Von seinen Werken sind nur 3 Messen, 2 Magnificat, ein Lamentatio, ein Regina Coeli, 5 vierstimmige und eine dreistimmige Motette und zwischen 60 und 70 drei- und vierstimmige Chansons, deren Zuweisung nicht immer gesichert ist, erhalten. Josquin, Obrecht und A. Agricola entnahmen den Chansons Cantus-firmi für ihre Messen. In allen Kompositionen tritt uns der frankoflämische Stil in einer höfisch verfeinerten Prägung entgegen.

Missa L'homme armé

Das Lied L'homme armé (Der bewaffnete Mann) wurde von einer Reihe bedeutender Komponisten als Cantus firmus verwendet, vermutlich weniger wegen seiner hineingerätselten mystischen Bedeutung, sondern weil die einfache, einprägsame, allgemein bekannte und beliebte Melodie zur demonstrativ kunstvollen polyphonen Bearbeitung ausgezeichnet geeignet ist.

Bei der vorliegenden Messe ist der Cantus firmus, abgesehen vom Agnus, stets dem Tenor anvertraut; beim Patrem und Et incarnatus wird er um eine Quart tiefer intoniert. Die Dauer seiner Notenwerte wird im Verhältnis zu den übrigen Stimmen ständig verändert. Im Agnus übernimmt der Baß die Melodie, die auf verschiedene Art über die einzelnen Sätze der Messe verteilt ist. Das Werk folgt weitgehend dem Muster von Dufay. Der Tenor trägt den Cantus firmus einfach und ohne Ornamentik vor, die anderen Stimmen sind melodisch gleichwertig, meist in Phrasen gegliedert und gegen den Tenor deutlich abgegrenzt.

Der Text wird nicht deklamiert, sondern gesungen, aber zu einem speziellen Ausdruck des Textsinnes kommt es nicht. Der Klang ist voll und satt, überraschend harmonische Wendungen geben dem Werk eine besondere Leuchtkraft, so daß es auch noch heute einen starken ästhetischen Genuß bereitet.

Literatur

G. Reese, Music in the Renaissance, New York 1954.

Ferruccio Busoni (1866–1924)

Leben

Ferruccio Benvenuto Busoni wurde am 1.4. 1866 in Empoli bei Florenz geboren. Bereits mit 8 Jahren trat er in Triest als Pianist auf. Er war in Graz Schüler von Wilhelm Mayer. Im Jahr 1881 wurde er Mitglied der Accademia Filarmonica in Bologna und begab sich darauf als Klaviervirtuose auf Konzertreisen. Ab 1888 übernahm er Lehrerstellen an den Konservatorien von Helsinki, Moskau und Boston, 1894 ließ er sich in Berlin nieder. Nach einem Jahr Lehrtätigkeit am Wiener Konservatorium (1907/08) wirkte er weiterhin in Berlin, bis er 1913 Direktor des Liceo musicale in Bologna wurde. Ab 1915 hielt er sich in Zürich auf, 1920 kehrte er nach Berlin zurück, wo er bis zu seinem Tod am 27.7.1924 als Lehrer einer Meisterklasse für Komposition an der Akademie der Künste tätig war.

Werke

»Die Bühne zeigt vom Leben die Gebärde«, heißt es in der von Ferruccio Busoni unvollendet hinterlassenen Oper »Doktor Faust«. Aber auch ihm zeigte die musikalische Umwelt und Tradition nicht mehr. Alte Formenstrenge, gegenwärtige Formenfreiheit wiesen ihm nur die Oberflächen, die sich wohl verschmelzen ließen, aber wie positive und negative Werte einander aufhoben, weil die Tiefen nicht erfaßt wurden. Bei der Interpretation am Klavier ergänzten sie einander sehr oft, aber nie bei der Schöpfung neuer Werke; es wurden blasse Gebilde daraus, die man als neue Klassizistik bezeichnete. Die Transkriptionen gelangen besser. Bach, Beethoven, Brahms, Chopin, Cornelius, Cramer, Goldmark, Liszt, Mozart, Schönberg, Wagner und Weber wurden herangezogen, in fremde Kleider gesteckt und schonungslos transkribiert oder zum Kern eigener Kompositionen gemacht. So war es auch mit den alten Regeln und Grundsätzen; sie wurden modernisiert, aber nicht weiterentwickelt. Und seine neuen revolutionären Ideen wurden propagiert, aber nie angewendet. Von seinen 4 Opern findet nur »Doktor Faust« noch Beachtung, von seinen Orchesterwerken – Orchestersuite

Ferruccio Busoni

»Turandot«, »Suite symphonique«, »Geharnischte Suite«, Lustspielouvertüre, Berceuse élégiaque, Nocturne symphonique, Rondo arlecchinesco, Tanzwalzer, Concertino – wird nichts mehr gespielt. Mehr Interesse erwecken noch wegen ihres virtuosen Satzes die Stücke »Concerto« für Klavier, Orchester und Chor, »Indianische Fantasie« für Klavier und Orchester, Violinkonzert, Flötenkonzert und Klarinettenkonzert. Die Kantate »Sonnabend auf dem Dorf« für Soli, Chor und Orchester, die verschiedenen Chöre und Lieder sind ebenfalls vergessen. Die Kammermusik ist mit 2 Streichquartetten und 2 Violinsonaten vertreten, die zeitweise aufgeführt werden. Von seinen zahlreichen Klavierwerken – originalen Stücken, Bearbeitungen und Transkriptionen – ist nur mehr das Studienwerk »Fünf kurze Stücke zur Pflege des polyphonen Spiels« bekannt; alles andere ist der Vergessenheit anheimgefallen. Er verlangte zwar »die Meisterung, die Sichtung und Ausbeutung aller Errungenschaften vorausgegangener Experimente, ihre Hineintragung in feste und schöne Formen« ist aber selten über die Transkription fremder Werke hinausgekommen. Er propagierte auch Musik mit Drittel- und Sechsteltönen und schuf damit theoretisch eine neue Skala aus 18 Tönen, setzte jedoch seine Ideen nie in die Praxis um.

Indianische Fantasie für Klavier und Orchester, Opus 44, ein Satz, entstanden 1913

Dieses Konzertstück ist eine Mischung von virtuosen und konzertanten Bestandteilen indianischer Melodien und Kirchenmelodik. Rhapsodische Kadenzen leiten zwischen den marschartigen und tänzerischen Abschnitten über.

Klavierkonzert in D-Dur mit Männerchor, Opus 39, 5 Sätze, entstanden 1906

Dieses schwierige Kolossalwerk ist nicht konzertant, sondern sinfonisch mit obligatem Klavier. Der 1. Satz nimmt das Thema des Schlußchores präludierend voraus. Der 2. Satz ist ein Scherzo mit heiteren Passagen, der 3. Satz pathetisch; der 4. Satz »All'Italia« bringt eine feurige Tarantella als Huldigung der italienischen Heimat, im 5. Satz besingt ein verdeckter Männerchor die ewige Kraft Allahs.

»Turandot«, Orchestersuite, Opus 41, 8 Teile, entstanden 1906

Die einzelnen Teile charakterisieren die Figuren der Handlung und ihre Vorgänge. Stellenweise treten chinesische Farbgebungen, die den Charakter des Stücks bestimmen, auf. Die Überschriften geben den programmatischen Inhalt bekannt: 1. Die Hinrichtung, das Stadttor, der Abschied. 2. Truffaldino (Haremswächter). 3. Altoum (Aufmarsch des Kaisers). 4. Turandot (Erscheinen der Rätselprinzessin). 5. Das Frauengemach (Haremsszene). 6. Tanz und Gesang. 7. Nächtlicher Walzer. 8. Trauermarsch und türkisches Finale.

Sonate für Violine und Klavier Nr. 1 in e-Moll, Opus 29, 3 Sätze, entstanden 1889

Der 1. Satz ist kraftvoll und bringt zwei gespannte melodische Bogen. Im 2. Satz dominiert das Klavier; er beginnt mit einer markanten Baßfigur und mündet in eine langsame, ernste Kantilene. An seinem Ende erhält die Violine das Wort zu eindrucksvollen Passagen. Der 3. Satz ist mit seinem bravourösen Themen für die Violine und das Klavier Johannes Brahms verpflichtet.

Sonate für Violine und Klavier Nr. 2 in e-Moll, Opus 36a, 3 Sätze, entstanden 1899

Die 3 Sätze des Werks sind eng miteinander verknüpft, so daß man von einer einsätzigen Struktur sprechen könnte; es zeichnen sich aber dennoch 3 Abschnitte deutlich ab, von denen der 1. nach akkordischer Einleitung wie ein Motiv über geschmeidiger Begleitung dahinfließt, ein zweites auf der tiefsten Violinsaite zu spielen ist und das dritte über aufgesplitterte Klavierakkorde liegt. Der 2. Abschnitt bringt das dritte Motiv in Tarantellaform. Im 3. Abschnitt werden alle drei Motive herangezogen. Der Choral von Johann Sebastian Bach »Wie wohl ist mir«, dem das erste Motiv entstammt, erklingt nun in seiner originalen Fassung. Es folgen mehrere tonal und metrisch stark komplexe Variationen, die etwas von der »Zukunftsmusik« ahnen lassen, die der Komponist in seinen Schriften propagierte.

LITERATUR

E. Debusmann, Ferruccio Busoni, Wiesbaden 1949.

Henri Busser (1872–1974)

LEBEN

Paul Henri Busser wurde am 16. 1. 1872 in Toulouse geboren. Seine Ausbildung begann an der Maîtrise der Kathedrale von Toulouse unter Aloys Kunc (1832, Cintegabelle, Haute-Garonne, bis 1896, Toulouse). Im Jahr 1885 trat er in Paris in die Niedermeyer-Schule ein und 1889 in das Conservatoire, wo César Franck und Charles-Marie Widor seine Lehrer waren; Komposition studierte er bei Ernest Guiraud und bei Charles Gounod (1818–93) sowie bei Jules Massenet. Er erhielt den Rompreis. Nach seiner Rückkehr nach Paris wurde er Kapellmeister am Théâtre du Château d'eau, an der Opéra-Comique und an der Großen Oper. Ab 1921 leitete er eine Kompositionsklasse des Conservatoire. Er starb am 30. 12. 1974 in Paris.

WERKE

Außer 5 Opern, einem Ballett und mehreren Bühnenmusiken schrieb Henri Busser etliche ausgezeichnete sinfonische Dichtungen und Orchestersuiten, 6 Messen, 33 Motetten, ein Magnificat, Orgel- und Klavierstücke, Chorwerke und Klavierlieder. Er verfaßte eine Reihe didaktischer Schriften. Sein Stil ist von der Romantik nur mehr wenig beeinflußt.

Hans Bußmeyer (1853–1930)

ZEIT UND UMWELT

Die vom brasilianischen Kaiser Don Pedro forcierte Einwanderung aus Europa brachte einen starken ökonomischen, sozialen und kulturellen Aufschwung des Landes. Das Musikleben wurde allerdings zu einem großen Teil von Gästen aus den USA und Europa bestritten, die beim Sturz des Kaisertums (1889) das Land zum Teil wieder verließen. Inzwischen war aber bereits eine Anzahl von Nachkommen bleibender Siedler ausgebildet, um die vakanten Stellen zu besetzen.

Leben

Hans Bußmeyer wurde am 29.3.1853 in Braunschweig geboren. Er wurde in München und einige Zeit in Weimar von Franz Liszt zum Pianisten ausgebildet und konzertierte darauf einige Jahre in Südamerika. Im Jahr 1874 wurde er Lehrer an der Musikschule in München, deren Leitung er von 1904 bis 1919 innehatte. Er starb am 21.9.1930 in Pöcking. Sein Bruder Hugo Bußmeyer (26.2.1842, Braunschweig, bis 1.2.1912, Rio de Janeiro) war Schüler von Henry Litolff und Adolph Methfessel. Er ging nach Konzertreisen 1876 nach Rio de Janeiro, wo er bis zum Ende des Kaiserreichs die Hofkapelle dirigierte.

Werke

Von Hans Bußmeyer sind neben einer Vielzahl von Klavierkompositionen ein vorzügliches Klavierkonzert und die Kantate »Germanenzug« für Chor und Orchester hervorzuheben.
Hugo Bußmeyer schrieb neben einigen Bühnenwerken und Orchesterstücken 2 Klavierkonzerte, ein Konzertstück für Klavier und Orchester, ein Klaviertrio, zahlreiche Klavierstücke und Vokalwerke, außerdem ein Magnificat und ein Te Deum. Seine Kompositionen wurden in Brasilien sehr geschätzt.

Sylvano Bussotti (geboren 1931)

Leben

Sylvano Bussotti wurde am 1.10.1931 in Florenz geboren, wo er am Konservatorium bei Roberto Lupi und Luigi Dallapiccola studierte; bei Max Deutsch (17.11.1892, Wien, bis 22.11.1982, Lüneburg) ergänzte er in Paris seine kompositorische Ausbildung. In den sechziger Jahren trat er bereits mit seinen ersten Kompositionen an die Öffentlichkeit und wurde mehrmals mit Preisen ausgezeichnet. Im Jahr 1962 gründete er mit Frederic Rzewski ein Duo, das in Rom bevorzugt experimentelle Musik aufführte. Er wurde gleichzeitig auch als Maler und Graphiker bekannt und wirkte als Regisseur traditioneller, zeitgenössischer und eigener Musik.

Werke

Das von Sylvano Bussotti in Nachfolge von John Cage verfolgte Prinzip einer »action music« drückt sich in neuen Notationsformen aus. Gestische und theatralische Elemente werden am stärksten in seinen Konzeptionen eines »Totalen Theaters« deutlich. Er schrieb unter anderem eine Sinfonie, 3 Stücke für Marionettentheater, ein Stück für Ondes Martenot, »Zwei Stimmen« für Sopran, Ondes Martenot und Orchester, »Sieben Blätter« mit den Zeilen: I, »Paar« für Flöte und Klavier, II, »Herz« für einen Schlagzeuger, III, »Für drei« für Klavier, IV, »Lektüre« für Solostimme, V, »Mobile-Stabile« für Gitarre, Singstimme und Klavier, VI, »Manifest« für Orchester und Männer- oder Frauenstimmen, VII, »Sensitiv« für Violine solo, weiters ein Stück für Frauenstimmen, Bariton, Klavier und Instrumente auf vielsprachige Textfragmente, ein Stück für Sopran, Mezzosopran, Bariton, Sprecher und Instrumentalgruppen, »Die Passion nach Sade«, Mysterienspiel mit lebenden Bildern, und weitere zahlreiche Werke für Stimmen und verschiedene Instrumente, für Instrumentalensemble und für Soli, darunter »The Rara-Requiem« auf mehrsprachige Texte.

The Rara-Requiem für sieben Stimmen und 15 Instrumente, 2 Teile, entstanden 1969

Zwei Fragmente sind in dem Werk verflochten und erklingen gleichzeitig, eines von Rainer Maria Rilke: »Die Schönheit ist nur die Maske des Schrecklichen, das wir nur bewundernd ertragen können, aus ästhetischer Distanz, nachdem es indifferent, verschmäht, uns zu verschlingen«, das andere von Theodor Adorno: »Musik ist eine in sich selbst und dem Erkennenden verhüllte Weise von Erkennen.« Das verbale Gewebe des Requiems besteht aus Fragmenten von Homer bis zu Dichtern der Gegenwart. Das Orchester legt einen Klangschleier über die geballten, unverständlich artikulierten Zitate, die dadurch zur Musik werden. »Rara« ist ein personifiziertes Symbol des Komponisten. »Die grausige und zugleich barmherzige Liturgie versenkt sich langsam schreitend in das Schweigen des tiefsten und fernsten Schlafs.«

N. de Bussy (um 1535 bis nach 1583)

Zeit und Umwelt
Die Firma des französischen Druckers und Musikverlegers Pierre Attaingnant wurde nach dessen Tod von seiner Witwe weitergeführt. Sie hat seit ihrer Gründung (1528) ungefähr 150 Musikbücher herausgebracht, die neben Messen und Instrumentalmusik hauptsächlich Chansons beinhalten, und damit einen erheblichen Beitrag zur Verbreitung des französischen Chansons geleistet. Das französische Chanson hat bei seinem Entstehen viel Volkstümliches aufgenommen, aber alles künstlerisch verarbeitet und sublimiert. Auch am Ende seiner Epoche näherte es sich erneut der breiten Masse, wird aber dieses Mal herabgezogen, textlich wie musikalisch. Die Sprache wurde banaler, der Text trivialer, die Musik primitiver, das Ende dieser Musikgattung zeichnete sich deutlich ab.

Leben
N. de Bussy wurde um 1535 vermutlich in Paris geboren. Über sein Leben und Wirken gibt es keine Informationen. Der Familienname dieses französischen Komponisten ist uns nur durch seine Werke überliefert; der Vorname fehlt. Er dürfte, ebenfalls in Paris, einige Jahre nach 1583 gestorben sein.

Werke
Von. N. de Bussy sind in einem Sammelwerk von Attaingnant 16 Chansons überliefert. Sie sind von verschiedener Güte. Einige nähern sich stark den Pariser Gassenhauern.

José María Bustamante (1777–1861)

Zeit und Umwelt
Die Schwächung des spanischen Mutterlandes durch die Napoleonischen Kriege ermutigte die Bevölkerung des spanischen Vizekönigreiches Neuspanien (Mexiko) zu den ersten Freiheitskämpfen. Die Versuche scheiterten zunächst, erst 1823 gelang es, die spanische Kolonialmacht abzuschütteln. Es kam zur Gründung des unabhängigen mexikanischen Kaiserreiches unter Augustín de Iturbide (1783–1824) als Kaiser Augustín I. Er mußte 1823 zurücktreten; 1824 wurde die Republik Mexiko proklamiert und der Kaiser exekutiert.

Leben
José María Bustamante wurde am 19.3.1777 in Toluca de Lerdo, Mexiko, geboren. Er wirkte in der Hauptstadt Mexiko an verschiedenen Kirchen als Kapellmeister, zuletzt an der Kathedrale, nahm an der Freiheitsbewegung teil und war am ersten lateinamerikanischen Konservatorium, das 1824 in Mexiko gegründet wurde, bis zu seinem Tod am 4.12. 1861 als Lehrer tätig.

Werke
Mit seinem heroischen Melodrama »Méjico libre« (Freies Mexiko) nahm José María Bustamente 1821 die Befreiung seiner Heimat von der Kolonialherrschaft voraus. Er schrieb auch als erster Mexikaner eine Oper. Außerdem verfaßte er eine Reihe Kirchenmusik, die bei weitem fortschrittlicher war als die seiner spanischen Zeitgenossen.

Alessandro Bustini (1876–1970)

Leben
Alessandro Bustini wurde am 24.12.1876 in Rom geboren und war dort am Liceo musicale di Santa Cecilia Schüler von Stanislao Falchi (29.1.1851, Terni, bis 14.11.1922, Rom) und Giovanni Sgambati, anschließend wirkte er bis 1940 an dieser Anstalt als Lehrer für Fuge und Komposition. Von 1952 bis 1964 leitete er sie als Präsident. Er starb am 23.6.1970 in Rom.

Werke
Neben 3 Opern schrieb Alessandro Bustini 2 Sinfonien – eine mit Orgel –, eine sinfonische Dichtung, mehrere Streichquartette, eine »Kleine Suite« für Klavier, ein »Notturno e Capriccio« für Violine, eine Violinsonate, eine Bratschensonate, einen Balladenzyklus und eine Totenmesse. Sein Stil gehörte, abgesehen von häufigen archaischen Wendungen, der italienischen Romantik an.

Charles Buterne
(um 1680 bis nach 1752)

ZEIT UND UMWELT
Das Cembalo war ein typisches Barockinstrument, wurde aber noch bis um 1750 gepflegt. Dann allerdings mußte es dem Klavier weichen, das durch sein Pianofortespiel dem herrschenden und dem folgenden Stil mehr entsprach.

LEBEN
Charles Buterne wurde um 1680 in Paris als Sohn des Organisten und Cembalolehrers Jean-Baptiste Buterne (um 1650, Toulouse, bis 1727, Paris) geboren. Er war in Paris als Organist an verschiedenen Kirchen tätig und starb dort in einem der Jahre nach 1752.

WERKE
Der französische Cembalist, Organist und Komponist Charles Buterne schrieb 6 Sonaten für Gambe, Musette, Violine, Flöte und Oboe. Er brachte auch ein musikalisches Lehrwerk heraus.

Thomas Hamly Butler
(1762–1823)

ZEIT UND UMWELT
Pianofortestücke als Hausmusik stellten auch Ende des 18. Jahrhunderts eine Seltenheit in England dar. Da sich aber Verleger daranwagten, muß ein gewisser Bedarf bereits vorgelegen sein. Es gab eben doch auch Engländer, die sich mit den in Massen auf den Markt geworfenen Glees und Catches nicht begnügten.

LEBEN
Thomas Hamly Butler wurde 1762 in London geboren. Er wurde an der Chapel Royal unter James Nares ausgebildet. Nach dem Stimmbruch begab er sich nach Italien, um bei Niccolò Piccinni Kompositionsunterricht zu nehmen. Nach seiner Rückkehr wurde er für das Drury Lane Theatre als Komponist engagiert, ging aber nach Beendigung seines Vertrags nach Edinburgh, um sich als Musiklehrer niederzulassen. Er starb im Jahr 1823 in Edinburgh.

WERKE
Neben einer Schauspielmusik verfaßte Thomas Hamly Butler eine große Anzahl Pianofortestücke, die großen Anklang fanden. Sie waren nicht sehr schwierig gehalten, nützten aber die Möglichkeiten des Instruments geschickt aus, so daß sie einem unkritischen Zuhörer komplizierter erschienen, als sie tatsächlich waren.

Max Butting (1888–1976)

LEBEN
Max Butting wurde am 6. 10. 1888 in Berlin geboren. Er studierte zunächst in Berlin, dann in München bei Paul Prill (1. 10. 1860, Berlin, bis 21. 12. 1930, Bremen), Friedrich Klose und Walter Courvoisier. Er nahm an den Kammermusikfesten in Donaueschingen und an der Deutschen Sektion der IGNM lebhaft teil. Im Jahr 1932 wurde er Mitglied der Preußischen Akademie der Künste, nachdem er 1929 zum Stellvertretenden Vorsitzenden der Gesellschaft deutscher Tonsetzer ernannt worden war. Im Jahr 1933 verlor er alle Ämter, seine Kompositionen wurden in Deutschland verboten, ab 1948 Cheflektor für Musik beim Rundfunk der DDR, 1950 wurde er Mitglied der Akademie der Künste der DDR und 1956 deren Vizepräsident. Er starb am 13. 7. 1976 in Berlin.

WERKE
Die Kompositionen von Max Butting, die anfänglich an Anton Bruckner und Max Reger orientiert waren, sich sodann sehr der Avantgarde näherten, erfüllten nach dem Zweiten Weltkrieg die damals in den Volksdemokratien erhobene Forderung nach »volksnaher, leicht verständlicher« Musik, die es »dem Publikum leichtmachte, die künstlerische Aussage zu rezipieren«. Er schrieb eine Oper, 10 Sinfonien, eine Kammersinfonie für dreizehn Soloinstrumente, eine Sinfonietta mit Banjo, sinfonische Variationen, ein Tripty-

chon mit programmatischen Titeln, ein Klavierkonzert, ein Flötenkonzert, eine Ouvertüre, eine Orchesterballade, eine sinfonische Rhapsodie und weitere Orchesterstücke, ein Oktett, 2 Streichquartette, ein Quintett für Bläser und Streicher, ein Quintett für Bläser allein, 9 Streichquartette, ein Klavierquartett, ein Klaviertrio, ein Streichtrio, eine Sonate und andere Stücke für Klavier, ein Oratorium und 4 Kantaten. Er zählte zu den bedeutendsten Meistern der Musiklandschaft der Deutschen Demokratischen Republik.

Sinfonie Nr. 7, Opus 67, 2 Teile, entstanden 1945
»Befreit und geschlagen – erlöst von täglicher Todesfurcht und noch erfüllt mit Grausen und Entsetzen –, voll Hoffnung und Zagen; wer könnte das vergessen? Wer gab sich nicht Rechenschaft, wer richtete nicht mit sich selbst? – Wer es gerecht tat, kam wohl zu tiefer Einsicht und zur Ruhe.« Mit dieser Äußerung umreißt der Komponist den Gedankenprozeß, der sich in dem Werk vollzieht. Traurig und nachdenklich ist das erste Thema des 1. Teils. Dazu treten zwei stark gefühlsbeladene Melodien, von denen die zweite zwölftönig ist. In der Auseinandersetzung wird die gesamte Erinnerung an die vergangenen schmerzerfüllten Jahre lebendig. Der 2. Teil, »Doch neues Leben forderte Freude und erweckte den Willen zur Überwindung«, bringt einen hoffnungsvollen Ausblick auf die Zukunft, den der pathetische Schluß klangreich bestätigt.

Sinfonie Nr. 9, Opus 94, ein Satz, entstanden 1956
Ein zwölftöniges Thema wird in einem einzigen Satz der Entwicklung des Werks zugrunde gelegt und in fünf Abschnitten durchgeführt, deren erster mit einer Verkürzung der Zwölftonreihe beginnt, dann das Thema komplettiert und rhythmisch akzentuiert vorführt. Im zweiten Abschnitt wird es von einem pathetischen Unisono der Streicher vorgetragen; Holzbläser und Hörner führen zum nachdenklichen ruhigen dritten Abschnitt. In gewaltiger Steigerung wird es, weit ausgebaut, von den Posaunen übernommen, dem ein resignierender Adagioteil folgt und zum fünften stürmischen Abschnitt überleitet. Das Werk schließt nach einer Prestostretta pianissimo und lyrisch ab.

Sinfonie Nr. 10, Opus 108, 4 Sätze, entstanden 1963
Ein scharf dissonanter Bläserakkord leitet den 1. Satz dieser Sinfonie ein, die der klassischen Form angenähert ist. Nach spannungsreichem Ablauf, dessen Reprise ein Fanfarenruf markiert, endet der Satz mit einem Quartenvierklang. Witzig und heiter stellt sich der 2. Satz vor. Lyrisch und besinnlich wird der 3. Satz vorgetragen. Das Finale wiederholt die Spannung des 1. Satzes und endet mit einem hymnischen Bläserchor.

Triptychon für großes Orchester, Opus 112, 3 Teile, entstanden 1967
Der 1. Teil »Hymnos der Lebenden« wurde zum fünfzigjährigen Bestehen der UdSSR verfaßt; er stilisiert in polymetrischer Struktur den Typus altgriechischer Hymnen. Der 2. Teil »Epitaph für unsere Toten« geht auf eine Totentanz-Passacaglia aus 1947 des Komponisten zurück und berührt die Erlebnisse von »Faschismus, Krieg und Tod«. Der 3. Teil »Evoë an unsere Kinder« wurde zum zwanzigjährigen Bestand der Deutschen Demokratischen Republik verfaßt und soll der Jugend Kraft, Jugendlichkeit, Phantasie und Aktivität wünschen. Er endet mit dem Freudenruf, der ihn eingeleitet hat.

LITERATUR

D. Brennecke, Das Lebenswerk Max Buttings, 1973.

Franz Vollrath Buttstedt
(1735–1814)

LEBEN

Franz Vollrath Buttstedt wurde am 2. 4. 1735 in Erfurt geboren. Er war vermutlich ein jüngerer Verwandter von Johann Heinrich Buttstedt (Buttstett) (1666–1727). Ab 1756 wirkte er als Organist in Weikersheim, sodann ab 1772 als Hilfsorganist in Rothenburg ob der Tauber, wo er 1776 Musikdirektor und Organist an St. Jakobi wurde und diesen Dienst bis zu seinem Tod am 7. 5. 1814 versah.

WERKE

Die profiliert im spätbarocken Stil verfaßten Kompositionen von Franz Vollrath Buttstedt erfreuten sich bei den Zeitgenossen großer Beliebtheit. Davon sind seine Kantaten zu allen Festtagen und ein Teil seiner Instrumentalmusik handschriftlich erhalten. Seine seinerzeit oft aufgeführte Passion ist verlorengegangen. Gedruckt wurden nur 3 Klaviersonaten in Sammelwerken.

LITERATUR

H. Kern, Franz Vollrath Buttstedt, eine

Studie zur Musik des Spätbarock, Würzburg 1939.

Johann Heinrich Buttstett
(1666–1727)

ZEIT UND UMWELT
Wie weit sich die Kirchenmusik am Ende des 17. Jahrhunderts bereits von ihren sakralen Zielen entfernt hatte, kann man aus der Tatsache ersehen, daß an manchen Orten Organisten und andere Musiker zugleich an Kirchen verschiedener Konfessionen wirken konnten. Die Musik hörte auf, Gebrauchsmusik für sakrale Vorgänge zu bilden und war neben den Sakralhandlungen zum selbständigen Erlebnis geworden.

LEBEN
Johann Heinrich Buttstett (Buttstädt, Buttstedt) wurde am 25. 4. 1666 in Bindersleben bei Erfurt geboren. Er war Schüler von Pachelbel in Erfurt. Im Jahr 1691 wurde er Organist an der Predigerkirche der Stadt und wirkte zur selben Zeit an der katholischen Severinkirche. Er starb in Erfurt am 1. 12. 1727.

WERKE
Der deutsche Organist und Komponist Johann Heinrich Buttstett schrieb eine Reihe von Choralbearbeitungen für Orgel und eine Sammlung für Cembalo, »Musikalische Clavierkunst und Vorrathskammer«, außerdem unter dem Titel »Opera prima sacra« ein Buch Messen, deren musikalischer Wert durch das Bestreben des Komponisten nach antikisierenden Fakturen gemindert wurde. Er trat durch Publikationen scharf gegen den Gegenwartsstil auf, konnte aber den Gang der Musikentwicklung auf den galanten Stil zu nicht hemmen.

Ákos Buttykay (1871–1935)

LEBEN
Ákos von Buttykay wurde am 27.7.1871 in Halmi, Ungarn, geboren. Er war Schüler von Victor von Herzfeld (8.10.1856, Preßburg, bis 20.2.1920, Budapest), István Thomán (4.11. 1862, Homonna, Ungarn, bis 22.9.1940, Budapest) und Bernhard Stavenhagen (25.11. 1862, Greiz, bis 26.12.1914, Genf). Von 1907 bis 1923 war er Klavierlehrer an der Musikhochschule in Budapest. Er starb am 26.10. 1935 in Debrecen.

WERKE
Außer einer Oper, einer Bühnenmusik und 5 Operetten schrieb Ákos Buttykay 2 Sinfonien, eine sinfonische Dichtung, ein Scherzo, eine Suite im ungarischen Stil, eine »Ungarische Rhapsodie«, ein Tongemälde »Erzählung einer Sommernacht«, eine Fantasie für Klavier und Orchester, ein Violinkonzert, 2 Violinsonaten, Klavierstücke und Lieder; alles im spätromantischen Stil mit ungarischer Färbung.

Jacques Buus (um 1510–65)

ZEIT UND UMWELT
Der Wiener Hof war schon unter den Babenbergern ein beliebtes Ziel von Musikern. Die Hofkapelle erhob sich unter Maximilian I. zu einer der ersten Europas. Pflege von Kultur und Kunst wurde für alle habsburgischen Regenten zum traditionellen Anliegen. Die Stellung eines Hofkapellmeisters oder Hoforganisten in Wien barg schon von vornherein eine hohe Wertschätzung in sich.

LEBEN
Jacques Buus (Jacobus Bohusius, van Paus, Jachet de Guant) wurde um 1510 vermutlich in Gent geboren, wo er seine Ausbildung genossen haben dürfte. Seine erste Stellung war die eines Zweiten Organisten an San Marco in Venedig (1541). Im Jahre 1551 ging er nach Wien, wo er als Hoforganist verpflichtet wurde. Er versah diesen Dienst bis 1564, dürfte aber während dieser Zeit – ebenfalls im Dienst Kaiser Ferdinands I. – gelegentlich in Innsbruck gespielt haben. Er starb im Sommer des Jahres 1565 in Wien.

WERKE
Die Zuordnung der Kompositionen von Jac-

ques Buus begegnet erheblichen Schwierigkeiten, weil eine Anzahl davon mit »Jachet« signiert ist, das mehrere zeitgenössische Komponisten ebenfalls verwendeten (wie zum Beispiel Berchem, Vaet, Wert und andere). Seine Ricercari für vier Stimmen (für Gesang, Orgel und andere Instrumente) stehen im Vordergrund. Daneben sind Ricercari für Orgel allein überliefert. Dazu kommen vierstimmige Motetten und Madrigale, fünf- und sechsstimmige französische Lieder und etliche Chansons. Bezeichnend für das ganze Werk ist das Vordringen der Instrumentalmusik, die der Vokalmusik bereits als gleichwertig an die Seite gestellt wurde.

LITERATUR

H. Kraus, Jacob Buus, Leben und Werke, in: Tijdschrift der Vereeniging voor nederlands Muziekgeschiedenis 12, 1926–28.

Dietrich Buxtehude (1637–1707)

ZEIT UND UMWELT

In der deutschen Musik des 17. Jahrhunderts stand die Orgel an erster Stelle. Es wurde zwar Bedeutendes und Unvergängliches auf dem Gebiet des Chorgesanges, der Orchestermusik, der Cembalo- und der Streichermusik und vor allem im Reich des Liedes geleistet, aber der strahlende Aufstieg der Orgelmusik ließ alles hinter sich. Deutschland war reich an ausgezeichneten Orgeln mit Registern aller Klangfarben und großen Pedalen und ebenso reich an genialen Organisten, die aus den vielgestaltigen Klängen dieser Instrumente vollendete Kunstwerke bildeten. Kontrapunktische Polyphonie mit ihrem verschlungenen Netzwerk mathematisch genau aufeinander abgestimmter Tonlinien war ebensogut vertreten wie die Begleitung und Illustration monodischer Melodien. Das technische und künstlerische Können der Meister jener Zeit war außerordentlich hoch entwickelt. Die Tradition der deutschen Orgel reicht weit zurück bis zu Conrad Paumann (um 1415 – 1473), dem blinden Meister von Nürnberg und München. Zwei Einflußlinien von außen entfachten die Entwicklung der deutschen Orgelkomposition zum steilen Anstieg: Das Wirken des »Organistenmachers« Jan Pieterszoon Sweelinck durch sein Beispiel und seinen Unterricht und die Klangkaskaden, mit denen Girolamo Frescobaldi viele tausend Römer in der Peterskirche versammelte und zahlreiche deutsche Schüler nach Italien lockte. Wenn auch der Amsterdamer Meister vorwiegend die Orgelkunst des Nordens befruchtete und Süddeutsche in erster Linie nach Rom pilgerten, so ließ die Synthese beider Entwicklungslinien dennoch nicht lange auf sich warten. So konnte sich jener Orgelstil bilden, der durch Johann Sebastian Bach seine letzte Vollendung erfuhr.

LEBEN

Dietrich Buxtehude wurde 1637 vermutlich in Oldesloe, Holstein (nach anderen in Hälsingborg oder Helsingør), geboren. Seinen ersten Orgelunterricht erhielt er von seinem Vater. Er wirkte anfänglich als Organist an der Marienkirche in Hälsingborg und ab 1660 an der Marienkirche in Helsingør. Im Jahr 1668 erhielt er die Stelle des kurz zuvor verstorbenen Organisten Franz Tunder an der Marienkirche in Lübeck, der auf Grund eines der damals noch üblichen Eidamsverträge – ähnlich wie im Handwerk – sein Schwiegervater geworden war. Er hat die Stadt bis zu seinem Tod am 9. 5. 1707 nicht verlassen.

Sein Ruf als Komponist und Organist, besonders als Improvisator, hatte ihm bereits vor Jahren den Beinamen »Magier des Nordens« eingetragen. Er übernahm die »Abendmusiken« Franz Tunders und baute sie aus, indem er sie auf die beiden letzten Trinitatissonntage und auf den zweiten bis vierten Adventsonntag verlegte. Johann Sebastian Bach begab sich 1705 zu Fuß von Arnstadt nach Lübeck, um diese Kirchenkonzerte aus Vokal- und Instrumentalmusik zu hören.

Sein Vater Johann Buxtehude (1602, Oldesloe, bis 22. 1. 1674, Lübeck) war bis 1638 Lehrer und Organist in Oldesloe, dann Organist an der Marienkirche in Hälsingborg und ab 1641 bis ungefähr 1673 in Helsingør.

WERKE

Der deutsche Komponist Dietrich Buxtehude war die hervorstechendste Gestalt des Hochbarock zwischen Heinrich Schütz und Johann Sebastian Bach. Der Kraft seiner Orgelwerke konnten sich weder seine Zeitgenossen noch spätere Generationen entziehen. Sie bilden heute noch einen festen Bestandteil des Repertoires unserer Orgelmeister. Er machte aus Lübeck einen Hauptanziehungspunkt für das musikalische Nordeuropa. Schüler strömten herbei und auch Bewunderer wie Georg Friedrich Händel, Johann Sebastian Bach, Johann Mattheson und Georg Philipp Telemann. Manche dieser Besuche waren nicht ganz uneigennützig, denn eine Nachfolge in sein Amt wäre sowohl wirtschaftlich wie musikalisch sehr begehrenswert gewesen.
Seine aus etwa 150 Stücken bestehende sakrale Vokalmusik für eine bis vier Stimmen wendet für lateinische Texte einen anderen Stil an als für deutsche. Die lateinischen Gesänge folgen nach Form und Ausdruck der Tradition der italienischen Motetten und kennen nahezu keine Affekte, die deutschen schließen sich zum großen Teil an Heinrich Schütz an und bringen eine sehr eindrucksvolle Wortausdeutung; sie nähern sich oft der Kantate des 18. Jahrhunderts. Einzelne Gesänge werden heute noch verwendet. Die kompositorische Ausdruckskraft Dietrich Buxtehudes eröffnet sich jedoch in den Orgelwerken, von denen ungefähr 26 Präludien mit Fugen und Toccaten, 3 Passacaglien, 25 Choräle, 8 Choralfantasien, 7 Choralvariationen und etliche kleinere Stücke überliefert sind. Der Komponist stützte sich dabei auf Heinrich Scheidemann und Franz Tunder und übertrug gleichzeitig den Cembalostil von Johann Jacob Froberger auf seine Technik. Für das Cembalo schrieb er 21 Suiten, 9 Kanzonen, 6 Variationen und 2 Toccaten, für Violine, Viola da gamba und Generalbaß 20 Sonaten, weiters eine Suite für verschiedene Besetzungen. Dazu kommen noch etliche profane Vokalstücke – 8 Hochzeitslieder, 3 Kanons. Die Musik seiner Abendmusiken ist nicht überliefert, außer der Kantatenfolge »Das jüngste Gericht«. Vermutlich ist ein beträchtlicher Teil seines kompositorischen Werkes verlorengegangen, was aber vorliegt, rechtfertigt seinen Ruf bei den Zeitgenossen, die von seiner Musik so angezogen wurden, daß sie sich von ihr nicht zu trennen vermochten, wie Johann Sebastian Bach, der seinen Urlaub um Monate überzog und dabei seine Stellung aufs Spiel setzte.

Fürwahr er trug unsere Krankheit, Passionskantate, 2 Teile

Die Instrumentalbegleitung besteht aus zwei Violinen, zwei Gamben, Baßviole und Orgel. Die Aufteilung des Vokalteiles zwischen Soli und Chören ist dem Dirigenten überlassen.
Mit düsteren Mollharmonien setzt eine Sinfonie ein, die Motivteile sind durch lastende Pausen getrennt. Aus dieser Trauerstimmung, die dem Text entspricht, erhebt der Baß seine Stimme als Vorsänger, die übrigen Solisten begleiten seine Schilderung mit psalmodierenden Einwürfen. Den zweiten Teil übernimmt ein fünfstimmiger Chor, dessen Gesang voll mit schmerzlichen Spannungen ist.

Erstanden ist der Heilig Christ, Osterkantate, 3 Strophen

Das Orchester besteht aus Streichern und Orgel, der Vokalteil aus Solisten und einem Chor.
Die Sinfonie bringt ein freudiges Allegro, dann verkündigt der Baß die »Auferstehung«. Die Frauenstimmen rufen an den Versenden »Halleluja«. Die zweite Strophe tragen die Frauenstimmen zweistimmig vor, das Halleluja singt der Baß. Die dritte Strophe wird im dreistimmigen Chorsatz im wahren Sinn des Wortes jubelnd musiziert.

Wo soll ich fliehen hin, Choralkantate für Singstimmen, Streicher und Orgel

Die Einleitung ist eine kurze Sinfonie in g-Moll. Dann folgt ein Dialog der irrenden Seele – Sopran – mit Christus – Baß –, der mit der Verheißung endet: »So wahr ich lebe, will ich nicht den Tod des Sünders.« Nach einem kurzen instrumentalen Zwischenspiel singt der Tenor eine frei erfundene Meditation in Form einer strophischen Arie mit Ritornell. Nun verkündet der Sopran: »So komm ich nun, mein Gott, allhie in meiner Angst geschritten.« Der Chor fällt vierstimmig ein, anfänglich akkordisch, dann in aufgelöster Form und beschließt das Werk mit einem jubelnden »Amen«.

Das jüngste Gericht, »Das allerschröcklichste und allererfreulichste, nehmlich Ende der Zeit und Anfang der Ewigkeit, gesprächsweise in fünf Vorstel-

lungen auff der Operen Art mit vielen Arien und Ritornellen in einer musicalischen Harmonia gezeiget«, 5 Kantaten für Sänger, Chor, Orchester und Orgel

Sie wurden an fünf Abenden der Lübecker Abendmusiken gegeben und hängen wohl thematisch zusammen, weisen aber keine durchgehende Handlung auf und können daher nicht als Oratorium eingestuft werden. Die Partitur des Werkes wurde erst 1924 aufgefunden, die Zuschreibung wird von einigen angezweifelt, dürfte aber doch zutreffend sein. Die erste Kantate bringt einen Aufruf an die Menschen, mit dem Laster, das in Einzelarien als Geiz, Wollust und Hoffart vorgestellt wird, zu ringen. Die göttliche Stimme als drohender Baß warnt mit Bibelworten vor den Folgen der Sündhaftigkeit, und ein Choral schließt die Kantate mit düsterem Hinweis auf das Gericht ab.

Die zweite Kantate stellt die gute und die böse Seele als zwei Soprane in mehreren Arien gegenüber, die der Chor mit der zweiten Strophe des Chorals »Wie schön leuchtet der Morgenstern« abschließt.

Die dritte Kantate bringt schöne Chorsätze und einen dreistrophigen Hymnus; sie wird von einer mehrteiligen Fantasie abgeschlossen.

Die vierte Kantate verschärft die Gegensätze. Die böse Seele erfreut sich mit einer Siciliana an einem Gelage: »Ich kann nichts mehr, ganz voll und toll bin ich gesoffen, o weh, o Kopf, o Herz, ich vergeh!« Die gute Seele preist den Wein der göttlichen Liebe. Der Chor schließt das Stück mit der dritten Strophe des Chorals »Wie schön leuchtet der Morgenstern« ab.

Die fünfte Kantate schildert das Gericht selbst. Der Chor warnt die böse Seele ein letztes Mal, es ist vergebens. Ein Männerchor und fünf Posaunen lassen nun die Hölle los: »Itzt alles Erfreuen geht itzo zu Grunde, euer der scheußliche Abgrund begehrt.« Ein Chor aus Richtern verurteilt die böse Seele, die, von Dämonen begleitet, in die Hölle versinkt. Die göttliche Stimme wendet sich an die Frommen: »Ich will zu euch kommen und euch zu mir nehmen, daß ihr seid, wo ich bin.« Nach einem instrumentalen Vorspiel trägt ein fünfstimmiger Chor mit reichen Paraphrasen als Ausklang vor: »Mit Fried und Freud ich fahr' dahin.« Mittelalterliche Vorstellungen werden mit dieser Kantatenfolge geweckt und barock in vollendeter Form wiedergegeben.

CASTRUM DOLORIS
Dero in GOTT Ruhenden
Römis. Käyserl. auch Königl.
Majestäten
LEOPOLD
Dem Ersten/
Zum Glorwürdigsten Andencken
In der Käyserl. Freyen Reichs-Stadt
Lübecks
Haupt-Kirchen zu St. Marien/
Zur Zeit gewöhnlicher Abend-Music/
Aus Aller-Unterthänigster Pflicht
Musicalisch vorgestellet
Von
Dieterico Burtehuden/
Organisten daselbst.
LÜBECK/
Gedruckt und zu bekommen bey Sehl. Schmalhertzens Wittwe/

Titelblatt zu »Castrum doloris« von Dietrich Buxtehude, dem verewigten Kaiser Leopold I. gewidmet

Triosonate Werk 1, Nr. 1, F-Dur für Violinen, Gambe und Generalbaß, 4 Sätze: Vivace, Allegro, Andante, Presto

Zwischen dem 1. und 2. Satz und dem 3. und 4. Satz liegen kurze, langsame Überleitungen. Das Allegro ist außerordentlich lebhaft fugiert. Das Andante gleicht einer Passacaglia und ist reich figuriert. Das Presto schließt das Werk ab.

Triosonate Werk 1, Nr. 3, a-Moll für Violinen, Gambe und Generalbaß, 6 Sätze

Die Vielfalt der Sätze bringt diese Sonate der Suitenform nahe, was noch durch den periodischen Wechsel rascherer und langsamerer Abschnitte verstärkt wird. Es handelt sich aber um keine aneinandergereihten Tänze, sondern um Konzerte, die sehr deutlich aufeinander bezogen sind. Die Sonate beginnt mit einem schweren Adagio. Ein heiteres Allegro schließt sich an, ein Lento grenzt konturierend ab. Das folgende Vivace nimmt die heitere Stimmung erneut auf, ein Largo mahnt zum Ernst, das Presto wirbelt stürmisch voran und fängt sich schließlich in einem ruhigen Ausklang.

Triosonate Werk 1, Nr. 7, e-Moll für zwei Violinen, Gambe und Generalbaß, 4 Sätze

Es gibt in dieser Sonate keinen langsamen Satz. Das erste Allegro endet zwar mit einigen langsamen Takten, das Presto-Vivace nimmt den stürmischen Verlauf des Stückes sofort wieder auf, der zwar im dritten Satz mit einem Poco-Presto etwas gemäßigt wird und zu einem kurzen Lento retardiert, aber im Prestissimo mit steigender Rasanz dem Ende zuhastet.

Triosonate Werk 2, Nr. 6, E-Dur für zwei Violinen, Gambe und Generalbaß, 6 Sätze

Die langsamen Sätze der Sonate stellen Ruhepunkte für die lebhaften dar. Das erste Grave leitet zum energischen Vivace über, das großangelegt und hellklingend vorüberrauscht. Das sich unmittelbar anschließende kurze Adagio ist nach einer Kadenz der Gambe nur ein Atemholen vor der Prestofuge. Im folgenden Lento spielt eine Violine eine Abschlußkadenz, dann folgt ein straffes, einfallsreiches Allegro.

Präludium, Fuge und Ciaccona C-Dur

Dieses Orgelwerk gehört zu den »freien Kompositionen, weil ihnen kein Choralthema zugrunde gelegt ist. Das Präludium besteht aus 3 Teilen; nach der Einleitung schiebt sich ein fugierter Abschnitt vor, dem ein homophoner Satz folgt. Die Fuge endet mit freien Läufen, dann setzt die Ciaccona ein, die ziemlich knapp gehalten ist, aber außerordentlich lyrische Stellen aufweist.

Präludium und Fuge in d-Moll

Das Präludium ist kurz, aber erregt mit seinen Sextakkordketten sofort höchste Aufmerksamkeit. Dann setzt die Fuge energisch ein, die in einen breiten, rezitativischen Abschnitt mündet; darauf folgt ein kurzer imitatorischer Teil, dem sich der zweite Sektor der Fuge mit dem Thema ihres Beginnes anschließt. Das Werk endet mit raschen Läufen im Manual und im Pedal.

Präludium und Fuge in E-Dur

Der drängende Beginn des Werkes geht in ein expressives Fugenthema über; es folgen deklamierende Soli im Manual und im Pedal, dann glitzern rasche, helle Läufe aus dem Manual, ein Adagio schließt nach einer interessanten Überleitung an, und darauf kommt es zur kurzen Schlußfuge. Das ganze Stück rauscht vorüber wie ein kurzes, aber tief beeindruckendes Erlebnis.

Präludium und Fuge in D-Dur

Der Beginn besteht aus einem gebrochenen Akkord, dem ein einfaches Fugenthema folgt. Dieses Thema wird abwechslungsreich durchgeführt und mittels Registerwechsel über verschiedene Manuale sehr färbig gestaltet. Ein Adagio leitet eine lange Folge von überraschenden Sequenzen ein, an die sich ein toccatenartiger Schluß mit kühnen, harmonischen Verschiebungen anschließt. Das gesamte Werk strahlt Festlichkeit und Glanz aus.

Präludium und Fuge in g-Moll

Rasche Terzen- und Sextenläufe über ein sechsmal wiederholtes Pedalostinato bilden den Anfang. Dann klingt das Fugenthema auf, das an das Ostinato erinnert. Dem raschen Manualspiel im Mittelteil folgt eine zweite, nicht minder spannungsreiche Fuge und drängt zu einem imposanten Abschluß.

Präludium und Fuge in Fis-Dur

Einem vierstimmigen Satz mit überraschenden Modulationen gehen Läufe und Akkordfolgen voran, die in das Werk einführen. Die geradezu etwas nervös gehaltene Fuge mündet in präludierende Abschnitte und rasche Bewegungen, die mit einem Mal zu einem abrupten Abschluß kommen, als würde man den ganzen musikalischen Gedanken einfach fallenlassen.

Magnificat im 1. Ton, Choralbearbeitung

Jeder Vers des Chorals erfährt eine fugierte oder zumindest imitatorische Durchführung. Das Thema selbst leuchtet durch alle Verzierungen und Überlagerungen mit jedem Ton deutlich durch, damit es der Zuhörer sozusagen in Gedanken mitsingen kann.

Wie schön leuchtet der Morgenstern, Choralbearbeitung

Die Tradition des deutschen Orgelchorals setzte bereits mit Conrad Paumann ein. Er bestand anfänglich nur aus einem mit breiten Harmonien vorgetragenen Cantus firmus, der später mit Auszierungen und Brechungen vorgetragen und mit reicher Kontrapunktik versehen wurde. Dazu trat eine intensive Ausdeutung des Textes, der mitgedacht werden konnte, weil die Choräle dem Publikum bekannt waren. Das Hören einer Choralbegleitung wurde als »stilles Gebet« bezeichnet.

Der vorliegende Choral hat den Cantus firmus in der Unterstimme, der bei der Wiederholung von der Oberstimme übernommen wird, wobei die übrigen Linien parallel verlaufen. Dann bringt der Sopran den Cantus und führt ihn mit Triolenbewegungen weiter, die zur Basis eines geschlossenen Satzes werden. Ein Fugato bringt in Form einer Fantasie alle Thementeile des

Chorales nochmals gedrängt und teilweise nur zitierend in Erinnerung.

Toccata Nr. 1 in G-Dur für Cembalo, 3 Teile
Das Stück beginnt mit einem Dreiklang, dem gebrochene Akkorde folgen. Dann steigt die Mittelstimme chromatisch an, während Sechzehntelmotive darüber Sequenzen bilden. Darauf erklingt eine dreistimmige Fuge auf einem langen Thema. Die Durchführung ist sehr bewegt. Das Postludium nähert sich mit seinen Triolen dem Charakter einer Gigue, doch das Ende wird durch die Coda einer Toccata wieder völlig gerecht.

Toccata Nr. 2 in G-Dur für Cembalo, 3 Teile
Der erste Teil ist ein improvisatorisches Präludium über Orgelpunkte, das dann in eine freie Entfaltung mündet. Die Fuge ist eng geführt und kontrapunktisch gut gearbeitet. Das Postludium weist zunächst kadenzierende Zweiunddreißigstelpassagen auf, die von Achteln abgelöst werden, so daß eine retardierte Coda entsteht. Diese Toccata kommt einem Orgelstück sehr nahe.

LITERATUR

H.J. Moser, Dietrich Buxtehude, Berlin 1957. S. Karstädt, Die extraordinairen Abendmusiken Buxtehudes, Lübeck 1962. W. Apel, Geschichte der Orgel- und Klaviermusik bis 1700, Kassel 1967.

Jan Brandts Buys (1868–1933)

LEBEN

Jan Willem Frans Brandts Buys wurde am 12.9.1868 in Zutphen geboren. Sein Vater Marius Adrianus Brandts Buys (31.10.1840, Deventer, bis 13.1.1911, Eerbeck) war Organist und Komponist in Zutphen, sein Onkel Henry François Joseph Brandts Buys (20.4. 1850, Deventer, bis 16.10.1905, Ede) Chordirigent und Komponist in Amsterdam, sein Großvater Cornelis Alexander Brandts Buys (3.4.1812, Zaltbommel, bis 18.11.1890, Deventer) Organist und Komponist in Zaltbommel. Er selbst war bereits mit 13 Jahren Organist, dann studierte er am Raff-Konservatorium in Frankfurt am Main, lebte darauf in Wien bis 1910, sodann bis 1920 in Bozen und zuletzt bei Ragusa (Dubrovnik). Er starb am 7.12.1933 in Salzburg.

WERKE

Von den 8 Opern von Jan Brandts Buys ist »Die Schneider von Schönau« sehr bekannt geworden. Er schrieb ferner ein Ballett, mehrere sinfonische Dichtungen, 3 Klavierkonzerte, eine Suite für Streicher, Harfe und Horn, das Konzertstück »Tancred« für Cello und Orchester, ein Streichsextett für drei Violinen, zwei Bratschen und Cello, 4 Streichquartette, ein Flötenquintett, ein Klaviertrio, Klavierstücke und Lieder. Sein Stil grenzt an den Expressionismus.

Antonio Buzzolla (1815–71)

ZEIT UND UMWELT

Wenn auch das Real Conservatorio von Neapel die Bedeutung der ehemaligen Konservatorien der Stadt bei weitem nicht mehr erreichte, so bildete es im 19. Jahrhundert doch die beste Ausbildungsstätte Italiens für Musiker und wurde daher auch aus allen Teilen des Landes aufgesucht.

LEBEN

Antonio Buzzolla wurde am 2.3.1815 in Adria geboren. Er war am Konservatorium in Neapel Schüler von Gaetano Donizetti. Im Jahr 1855 wurde er Erster Kapellmeister des Markusdomes in Venedig, wo er am 20.3.1871 starb.

WERKE

Von Antonio Buzzolla sind in Venedig 5 Opern mit Erfolg aufgeführt worden; eine sechste Oper blieb unvollendet. Er schrieb ferner mehrere Messen, ein Requiem, Kantaten und kleinere sakrale Gesänge. Seine Kirchenmusik war konservativ und hielt sich von den Opern stilistisch streng getrennt.

LITERATUR

A. Casselati, Antonio Buzzolla, in: Musica d'oggi XII, 1930.

William Byrd (1543–1623)

Zeit und Umwelt

Die Regierungszeit der Königin Elisabeth war die glänzendste Periode der englischen Renaissanceliteratur. Es war eine Zeit der Veränderung aller Werte, die überkommene Tradition wurde in ihren Grundfesten erschüttert; es war die Zeit, in der sich der denkende Mensch seiner Geschichte und seiner Gegenwart kritisch gegenüberstellte, in der er erkannte, daß sein Planet ein Körnchen im unermeßlichen Kosmos, Europa nur ein bescheidenes Fleckchen auf der Erdkugel ist und beides nur periphere Geltung hat, er selbst aber und seine Vernunft den einzigen Mittelpunkt im gesamten Geschehen einnahmen. Entdeckungen und Astronomie, antikes Gedankengut und klassische Formen prägten einen neuen Menschen, der sein Dasein mit freudigen Augen betrachten wollte und Poeten und Musiker wünschte, die dieser Freude Ausdruck verliehen.

William Shakespeare (1564–1616) ist als erster zu nennen, der Dramatiker und Dichter von säkularem Weltruf, der die Forderung nach dem Wiederaufleben der Antike richtig verstanden hat. Er ahmte kein klassisches Drama nach und auch nicht ihr Versmaß, ließ aber den Geist der Antike im Rahmen der Gegenwart in ungehemmter Freiheit walten und schuf selbst eine neue Klassik. Und in seinen geschliffenen Sonetten finden wir keine antike Dichtung, sondern den Ausdruck der Befreiung der Menschen in edelster Form. Edmund Spenser (1552–99), der Dichter der Feenkönigin, den man als »Fürsten der Dichtkunst seiner Zeit« bezeichnete, und Philipp Sidney (1554–86), der vornehmste Repräsentant der englischen Renaissance, Soldat, Staatsmann, Höfling, Dichter und Protektor der Gelehrten und Poeten, Christopher Marlowe (1564–93), Shakespeares Vorgänger, und Ben Jonson (1573–1637), Shakespeares Freund, runden das literarische Bild ab.

Unter der Königin schritt die Reformation kräftig voran. Alle Rekatholisierungsbestrebungen verliefen im Sand. Das Erlebnis der Ära der Königin Mary I. wirkte abschreckend genug, und die spanische Armada bezahlte ihren Invasionsversuch mit der Hälfte ihres Schiffsbestandes (1588). Doch trotz ihrer ständigen Versuche einer Restauration, trotz ihrer Verschwörungen wurden Katholiken nicht ernstlich verfolgt, weil ihre Gefährlichkeit bereits der Vergangenheit angehörte. Die Königin lehnte auch den lebensabgewandten Calvinismus ab, der ihr zufolge in den kulturvernichtenden Puritanismus mündete. Ihre tolerante Aufgeschlossenheit kennzeichnet sie als echte Renaissancefürstin und ermöglichte den Kulturaufstieg ihrer Epoche, der allerdings bald nach ihrem Ableben zum völligen Stillstand kam.

Leben

William Byrd (Bird, Byrde, Byred) wurde 1543 in Lincolnshire geboren. Daß er Sohn des Mitgliedes der Königlichen Kapelle Thomas Byrd gewesen sei, ist nicht belegt. Ebensowenig ist eine Beziehung zu zwei anderen Musikern namens John und Simon Byrd feststellbar. Über seine Ausbildung ist nichts bekannt. Im Jahre 1563 wurde er Nachfolger von Robert Parson als Organist in Lincoln, 1570 erfolgte seine Ernennung zum Gentleman der Chapel Royal; er versah nun zugleich mit Thomas Tallis den Organistendienst in der Königlichen Kapelle. Gemeinsam mit Tallis erhielt Byrd 1575 von Königin Elisabeth I. das Patent durch 21 Jahre ausschließlich jeder Konkurrenz Musiknoten zu drucken und zu verkaufen. Die erste Publikation der beiden Komponisten war eine Sammlung Cantiones sacrae (Geistliche Lieder) mit 34 der Königin gewidmeten Motetten, von denen 18 von Byrd geschrieben waren.

Im Jahre 1577 übersiedelte Byrd nach Harlington, Middlesex, wo er mit seiner Familie 15 Jahre lang blieb, weil er als Katholik und Privatmann außerhalb Londons leben wollte. Er pflegte enge Beziehungen zu prominenten Katholiken, von denen einer sogar in eine Verschwörung gegen das Leben der Königin verwickelt war. Ihn selbst trafen jedoch keine schlimmen Folgen. 1593 ließ er sich in Stondon Massey nieder, wo er einen Besitz erworben hatte, und blieb dort bis zu seinem Tod am 4. 7. 1623. Die Chapel Royal vermerkte den Sterbefall mit der Benennung des Komponisten als »Father of Musicke« (Vater der Musik), was sowohl sein hohes Alter wie die ihm von seinen Zeitgenossen entgegengebrachte Verehrung ausdrücken sollte.

WERKE

Die Bedeutung des hervorragendsten englischen Komponisten der Zeit Shakespeares kann nicht hoch genug angesetzt werden. Er hat die Musik seines Zeitalters auf einen Höhepunkt geführt, den sie erst lange Zeit nach ihm ein zweites Mal erreichte. Mit Ausnahme der Laute bereicherte er die Literatur jedes zeitgenössischen Instrumentes. Sein vielseitiges Schaffen ist durch äußerst reiche Harmonik, feine Verzierung und kunstvolle Durchformung gekennzeichnet.

Seine Kirchenmusik ist vorwiegend lateinisch und katholisch: 3 Messen, 3 Lamentationen, 29 Motetten, 2 Bücher mit Gradualien für das ganze Kirchenjahr. Daneben verfaßte er anglikanische Kirchenmusik in englischer Sprache: Psalmen, Anthems, Choräle. Die profane Musik ist durch Lieder, Sonetten, Kanons vertreten. Dazu kommen Stücke für Virginal, Lieder mit Instrumentalbegleitung, Fantasien, Stücke für Violenensembles, Orgelmusik und das Virginalbuch (Schule des Virginalspieles). Das Neue an Byrds Kompositionen war der völlig freie Instrumentalsatz und die Variation, die er meisterhaft handhabte. Seine Kompositionen für Orgel und Virginal brachten dem englischen Stil des Spielens auf Tasteninstrumenten starken Aufschwung. Er bewunderte das italienische Madrigal und versuchte es als Musikverleger in England populär zu machen. Sein eigener Madrigalstil war aber konservativer als der italienische. Er zog auch das von Violen begleitete Lied vor.

Elegy on the Death of Thomas Tallis (Elegie auf den Tod von Thomas Tallis) für Tenor mit Violen, Text vermutlich vom Komponisten, entstanden 1585

Der wehmütige Duktus der Melodie, der weiche Klang der Violen und die traurige Anrufung der Musen mit dem trostleeren Schluß: »Tallis ist tot, und die Musik stirbt« wird mit derartiger Ausdruckskraft verdeutlicht, daß man sich auch heute nicht dem Reiz des Werkes entziehen kann.

In nomine (Im Namen) für fünf Violen

Der liturgische Titel des Stückes ist nur themabestimmend. Die gregorianische Melodie wird mit langen Notenwerten von einer Mittelstimme gespielt, während die anderen sie in freier Entfaltung umranken. Es ist damit keine Reproduktion eines fünfstimmigen Chores beabsichtigt, sondern ein reines Instrumentalstück, das den geistigen Gehalt des liturgischen Textes wiedergibt.

The leaves be green (Das Laub ist grün) für Blockflötenquintett

Dieser Komposition liegt die Melodie des Volksliedes »Das Laub ist grün, die Nüsse braun, sie hängen so hoch und fallen nicht ab« zugrunde. Im Baß beginnend, wandert die Melodie durch alle Stimmen und wird von den Gegenstimmen interessant kontrapunktiert. Jede Variation kommt mit einer eigenen rhythmischen und melodischen Struktur. Die Dichte nimmt mit fortschreitendem Stück zu, mündet jedoch in die einfache Liedweise, mit der der Diskant den Abschluß bildet.

The Hunt's up (Die Jagd beginnt) für Virginal

Variationen über ein Volkslied in 12 Abschnitten, die sich auf einem ostinaten Baß aufbauen und aus anfänglichem ruhigem Fortschreiten zu dichter imitatorischer Verflechtung aller Stimmen gelangen. Für Abwechslung sorgen virtuose Einfälle. Ab Ende strömen die Stimmen einem ruhigen Ausklang zu.

LITERATUR

D. Stevens, Tudor Church Music, London 1961. H.K. Andrews, The Technique of Byrd's Vocal Polyphony, London 1966. W. Shaw, William Byrd of Lincoln, Music & Letters XLVIII, 1967.

Oscar Byström (1821–1909)

ZEIT UND UMWELT

Die Erforschung, Publikation und Wiederaufführung Alter Musik hat in der romantischen Epoche großes Interesse geweckt, das als eines der wichtigsten positiven Ergebnisse jener Zeit erhalten geblieben ist und sicherlich den Vorrang vor den Versuchen, Alte Musik zu komponieren, verdient.

LEBEN

Oscar Fredrik Bernadotte Byström wurde am 13.10.1821 in Stockholm geboren. Er wirkte von 1867 bis 1872 als Inspektor des Konservatoriums in Stockholm und leitete anschließend bis 1876 die Musikvereinskonzerte in Åbo (Turku), Finnland. Nachdem er nach Schweden zurückgekehrt war, wandte er sich dem Studium alter Kirchenmusik zu, leitete ab 1882 eine eigene Musikschule und unternahm Studienreisen nach England, Frankreich und Italien. Er starb am 22.7.1909 in Stockholm.

WERKE

Neben seinen wertvollen Ausgaben der Kirchenlieder Martin Luthers und mittelalterlicher schwedischer Kirchenlieder trat Oscar Byström nur mit wenigen eigenen Instrumentalkompositionen hervor, von denen seine Sinfonie in d-Moll noch heute in Nordeuropa gespielt wird.

LITERATUR

S. E. Svensson, Oscar Byström som musiker, in: Svensk Tidskrift för Musikforskning XVIII, 1936.

C

Manuel Fernández Caballero
(1835–1906)

Leben
Manuel Fernández Caballero wurde am 14.3. 1835 in Murcia geboren. Er war Schüler von Hilarión Eslava y Elizando und lebte als einer der beliebtesten Komponisten von Zarzuelas in Madrid, wo er am 26.2.1906 starb.

Werke
Neben einiger Kirchenmusik hat Manuel Fernández Caballero zwischen 1854 und 1905 über 200 Zarzuelas verfaßt, von denen einige bis in unsere Gegenwart gespielt werden.

Juan Bautista Cabanilles (1644 – 1712)

Zeit und Umwelt
Die Kathedrale von Valencia entwickelte neben den anderen spanischen Kirchenmusikzentren eine eigene Organistentradition, die sich sehr an das Vorbild von Girolamo Frescobaldi anlehnte und auch französische Einflüsse aufnahm. Die Beziehung zur zeitgenössischen deutschen Orgelkunst wurde weniger gepflegt.

Leben
Juan Bautista José Cabanilles (Cavanillas) wurde am 6. 9. 1644 in Algenesí, Valencia, geboren. Er war ab dem Jahr 1665 bis zu seinem Tod am 20. 4. 1712 Organist an der Kathedrale von Valencia. Er soll sich einige Zeit am Hof Ludwigs XIV. aufgehalten haben.

Werke
Der spanische Organist und Komponist Juan Bautista Cabanilles zeigte eine gründliche Kenntnis der Kontrapunktik und Variation. Die Fuge, die in Deutschland gepflegt wurde, tritt bei ihm kaum in Erscheinung. Von ihm sind eine große Anzahl Tientos erhalten, die zum Teil sehr streng, teils locker gehalten sind. Einzelne sind stark dissonant und wurden vom Komponisten mit »Tientos de falsas« bezeichnet; ihre kühne Kontrapunktik ist sehr ansprechend und originell.

Literatur
A. Garcia-Ferreras, Juan Bautista Cabanilles, Regensburg 1973.

Francisco Javier Cabo (1768–1832)

Zeit und Umwelt
Die altspanische A-cappella-Schule von Juan Ginés Pérez (1548–1612) und von dessen Schüler Juan Bautista Comes (1568–1643) wurde in Valencia bis in das 19. Jahrhundert gepflegt.

Leben
Francisco Javier Cabo wurde 1768 in Nájera bei Valencia geboren. Er war ab 1810 Kapellsänger, ab 1816 Organist und ab 1830 Kapellmeister der Kathedrale in Valencia, wo er am 21. 11. 1832 starb.

Werke
Francisco Javier Cabo zählte zu den bedeutendsten neueren Kirchenkomponisten, die den alten Stil perfekt beherrschten. Man rühmte besonders sein Miserere, sein Credidi und sein Beatus vir wegen ihres überraschenden Chorklanges.

Giulio Caccini (um 1550–1618)

Zeit und Umwelt
Die langen theoretischen Erörterungen der Humanisten der Camerata Florentina des Conte Bardi drängten zur Tat. Die Absicht, die griechische Tragödie mit antiker Musik versehen auf die Bühne zu bringen, wurde verwirklicht. Daß die Vertonung von dramatischen Dialogen weder kontrapunktisch noch akkordisch durchführbar war, leuchtete allen ein. Es gab nur eine Möglichkeit, den Rezitativgesang, der den Text und seine Bedeutung verständlich machte. Die ersten Kompositionen dieser Art gelangen. Das griechische Drama war als Musikdrama neu erstanden.

Leben
Giulio Caccini (auch Giulio Romano genannt) wurde um 1550 in Tivoli geboren. Nach einer Ausbildung im Lautenspiel kam er 1564 nach Rom und erhielt am Hof der Medici eine Anstellung als Sänger. Neben diesem Beruf setzte er sein Musikstudium fort, so daß er als Komponist, Sänger und Harfenist an den Intermedien anläßlich der Hochzeiten im Haus Medici teilnehmen konnte. An der Camerata Florentina beteiligte er sich seit ihrer Gründung und stand darin als praktischer Musiker im Vordergrund, solange die Zusammenkünfte bei Conte Bardi stattfanden. Nach deren Übersiedlung zu Jacopo Corsi übernahm Jacopo Peri die Führung, die der dramatischen Kunst den Vorzug gab. Caccini beteiligte sich dennoch an den Bestrebungen des Komponisten Peri; er steuerte seiner »Euridice« etliche Gesänge bei und vertonte den gleichen Stoff 1600 selbst. Auf Wunsch der französischen Königin Maria de'Medici hielt sich Caccini von 1604 bis 1605 in Paris auf. Eine Weiterreise nach England wurde ihm verweigert. Der Großherzog Ferdinando I. fürchtete, daß der Komponist sich dort für immer niederlassen würde. Er starb in Florenz und wurde am 10. 12. 1618 begraben.
Seine ältere Tochter Francesca Caccini, genannt La Cecchina (18. 9. 1587, Florenz, bis um 1640, Lucca), war Sängerin und Cembalistin von hoher Qualität. Auch ihre Kompositionen wurden zu ihrer Zeit sehr geschätzt.
Seine jüngere Tochter Settimia (um 1590, Florenz, bis nach 1640, Florenz) war ebenfalls eine gefeierte Sängerin, die in den szenischen Werken von Claudio Monteverdi hervortrat.

Werke
Das Hauptwerk von Giulio Caccini war Le nuove musiche (Die neue Musik), in dem der neue (rezitativische) Stil an Arien und Madrigalen erprobt wurde. Außer der verlorenen Oper »Euridice« schrieb Caccini eine »Dafne«, die gleichfalls nicht erhalten ist. Er wirkte außerdem an der Vertonung des Melodramas »Der Raub des Kephalos« zugleich mit Luca Bati und an den »Maschere d'amazzoni« von Ottavio Rinuccini (1563–1621) mit. Überdies brachte er den »Fuggilotio musicale« mit 16 Solostücken und 13 Duetten heraus. Giulio Caccini wirkte an der Zeitenwende von der Renaissance zum Barock und zum Musiktheater. Er nahm die Priorität der Komposition im Rezitativstil für sich in Anspruch.
Von Francesca Caccini sind die Ballettoper »Die Befreiung Ruggieros« und die Ballette »Zigeunerball« und »Der verliebte Rinaldo«, außerdem ein Buch mit ein- und zweistimmigen Arien überliefert.

Literatur
M. Feller, The New Style of Giulio Caccini, Köln 1958. D. Silvert, Francesca Caccini, called La Cecchina, in: The Musical Quarterly 32, 1946.

Pierre Cadéac (um 1510 bis nach 1558)

Zeit und Umwelt
Das Städtchen Auch am Gers war und ist heute noch Sitz eines Erzbischofs und besitzt eine mächtige Kathedrale. Es versteht sich von selbst, daß diese immer schon eine der Wichtigkeit des Ortes entsprechende Kapelle

mit einem dazugehörenden Knabenchor hatte, der einen Vergleich mit der Kapelle des nahen Toulouse nicht scheuen mußte.

LEBEN
Pierre Cadéac ist vermutlich in Auch um 1510 geboren. Er wurde wahrscheinlich an der Kathedrale der Erzbischofstadt ausgebildet und erhielt dort die Stelle eines Knabenkapellmeisters. Er dürfte nach 1558 in Auch gestorben sein.

WERKE
Von den Kompositionen Cadéacs sind eine Reihe von Chansons, Motetten und mehrere vierstimmige Messen überliefert. Die Werke folgen dem Stil der in Paris neu entstandenen Schule. Pierre Cadéac wurde zu seiner Zeit als Kirchenkomponist sehr geschätzt.

Arnold Caen (um 1490 bis nach 1559)

ZEIT UND UMWELT
In Venedig, wo Adrian Willaert souverän das Musikgeschehen beherrschte, fand jeder Niederländer Aufnahme, der sein Musikhandwerk verstand. Und wer Musik zu schreiben wußte, die gefiel, wurde bereitwillig von Petrucci in dessen Sammelwerken aufgenommen.

LEBEN
Arnold Caen (fälschlich Acaen oder Açaen genannt) ist um 1490 in den Niederlanden geboren. Über sein Leben und Wirken ist nur bekannt, daß er als junger Mann nach Italien kam und einige Kompositionen veröffentlichte. Er hielt sich vermutlich in Venedig auf und dürfte nach 1559 gestorben sein.

WERKE
Von dem niederländischen Komponisten Arnold Caen sind 3 wertvolle Motetten für vier Stimmen überliefert; eine Anzahl fünfstimmiger Motetten, die nicht weniger interessant sind, ist in verschiedenen Sammeldrucken erhalten.

Johann Melchior Caesar
(um 1645–92)

ZEIT UND UMWELT
Im letzten Viertel des 17. Jahrhunderts befreite sich die österreichisch-süddeutsche Musikentwicklung immer mehr von den italienischen Vorbildern und bildete jenes Hochbarock heraus, von dem der Entwicklungsgang zur Klassik der Wiener Schule führte.

LEBEN
Johann Melchior Caesar (Kayser) wurde um 1645 in Zabern (Saverne), Elsaß, geboren. Er studierte in Würzburg, wo er von Philipp Friedrich Buchner in Musik unterwiesen wurde. Im Jahr 1677 wurde er Chor- und Kapellmeister am Dom in Breslau (Wrocław) und wirkte sodann in gleicher Eigenschaft ab 1679 in Würzburg und ab 1686 in Augsburg, wo er am 18. 10. 1692 starb.

WERKE
Die Kirchenwerke des deutschen Komponisten Johann Melchior Caesar zeichnen sich durch breite Klangpracht und Neigung zu volkstümlichem Musizieren aus. Er brachte unter dem Titel »Trisagion musicum« 22 Offertorien, 8 Messen, 26 Vesperpsalmen, 40 Hymnen, außerdem »Lustige Balletten« mit verschiedenen Tänzen und 12 ein- bis fünfstimmige deutsche Lieder unter dem Titel »Musicalischer Wend-Unmut« heraus.

Pasquale Cafaro (1716–87)

ZEIT UND UMWELT
Um die Wende zum 19. Jahrhundert kam es zu einer Konzentration der 4 Konservatorien Neapels. Im Jahr 1797 ging Sant'Onofrio in Santa Maria di Loreto auf, das sodann 1806 mit Della Pietà de'Turchini vereinigt wurde; 1808 wurde auch dieses geschlossen und der gesamte Musikunterricht Neapels bald darauf im Real Conservatorio di Musica konzentriert. Das Conservatorio dei Poveri di Gesù Cristo war bereits 1744 geschlossen worden.

LEBEN

Pasquale Cafaro (Caffaro) wurde am 8. 2. 1716 in San Pietro in Galatina, Lecce, geboren. Er war ab 1735 Kompositionsschüler von Leonardo Leo am Conservatorio della Pietà de'Turchini, das er selbst ab 1759 leitete. Im Jahr 1771 wurde der Kapellmeister der Königlichen Kapelle. Er starb am 25. 10. 1787 in Neapel.

WERKE

Von Pasquale Cafaro wurde in Neapel und anderen italienischen Städten eine Anzahl von Opern aufgeführt. Seine Kirchenmusik, Oratorien, Kantaten, Solfeggien und Generalbaßübungen zeichneten sich durch besonders zierliche Melodieführungen aus. Hervorgehoben werden muß sein Stabat mater, das im Druck erschienen ist.

John Cage (geboren 1912)

LEBEN

John Cage wurde am 5.9.1912 in Los Angeles geboren. Nach seiner pianistischen Ausbildung in seinem Geburtsort studierte er in New York bei Henry Dixon Cowell und abschließend erneut in Los Angeles bei Arnold Schönberg. Von 1937 bis 1939 wirkte er als Ballettkorrepetitor in Seattle, Wash., dann unterrichtete er in Oakland, Calif., und in Chicago. Ab 1942 arbeitete er intensiv mit dem Choreographen Merce Cunningham (geboren 16.4.1919, Centralia, Wash.) zusammen, für dessen Truppe er viel schrieb. Mit Morton Feldman, Earle Brown und Christian Wolff entwickelte er die Methode, ohne Verwendung »natürlicher« Instrumente Musik auf Tonband aufzunehmen. Er erfand das »Prepared piano«, ein Klavier, das klanglich durch auf oder zwischen die Saiten angebrachte Materialien verfremdet wird und Geräusche auf bestimmten Tonhöhen hervorbringt. In seinen Kompositionen erweiterte er die Grenzen der Musik um vieles, so daß der Einwand, daß er sie überschreite, nicht von der Hand zu weisen ist, wie auch der, daß er durch seine bedingungslose Abstraktion und Objektivierung den Begriff der Musik bis zur Negation alteriere. Jedenfalls jedoch ist sein Einfluß auf zahlreiche Komponisten unserer Zeit ungeheuer, weil er weite Experimentierfelder eröffnete.

John Cage

WERKE

Sein kompositorisches Werk gliederte John Cage in »Chromatische Kompositionen«, die sich damit auseinandersetzen, einzelne Tonrepetitionen solange wie möglich auszuhalten, das heißt, alle chromatischen Töne eines bestimmten Tonraums verwenden, wobei die Wiederholung eines Tones solange wie möglich vermieden wird; Kompositionen mit feststehenden rhythmischen Modellen oder Tonreihen-Fragmenten; Kompositionen für Tanz, Film und Theater; Kompositionen unter Verwendung rhythmischer Strukturen; absichtlich expressive Kompositionen; Kompositionen, die Tabellen verwenden und danach ablaufen; Kompositionen mit Zufallsoperationen; Kompositionen mit Verwendung von bereits vorhandenen oder selbst erfundenen Schablonen; Kompositionen ohne bestimmte

Beziehung der Stimmen zur Partitur und Kompositionen, die in bezug auf ihre Aufführung unbestimmt sind. Er schrieb mehrere Ballette, ein Klavierkonzert, mehrere kammermusikalisch besetzte Stücke, darunter ein Bläserquintett und 16 Tänze für Flöte, Trompete, Violine, Cello und vier Schlagzeuger, eine Anzahl Stücke für beliebige Besetzung – Instrumente, Sänger, Sprecher –, wie Variationen I - VIII, Kompositionen für drei Stimmen - dazu zählen die Versuche mit graphischen Notationsformen wie in »tacet« für beliebige Instrumente, einer Raum-Zeit-Notation, bei der ein bestimmtes Streckenmaß einer jeweils gleichen Zeitdauer entspricht und die Pause zum kompositorischen Element wird –, weiters Stücke für Schlagzeug zum Teil mit Sprecher, Stücke mit Singstimmen mit verschiedener Begleitung, Stücke für Klavier und für »Prepared piano«, von denen viele als Ballett Verwendung fanden, und schließlich zahlreiche Stücke für Tonband und elektronische Klang- oder Geräuscherzeuger. Das technisch und stilistisch Neue an seinen Kompositionen sind vor allem die Verwendung des »Prepared pianos«, die Wiedergabe typisierter Gemütszustände mittels Zahlen, das Ablösen vom individuellen Ausdruck und die Abkehr von jeglicher Tradition, die Integration des manipulierten Zufalls oder des erst vom Interpreten geschaffenen Zufalls in den Werksablauf, denn »Neue Kunst und Musik vermitteln nicht länger in geordneten Strukturen gefaßte Ideen eines einzelnen, sondern stellen Prozesse dar, die, genau wie unser tägliches Leben, Gelegenheit zur Wahrnehmung bieten«. Dadurch ist allerdings die Trennung zwischen Kunst und Leben aufgehoben und der Werkbegriff der Kunst preisgegeben.

Atlas Eclipticalis für einen bis 98 Orchestermusiker, entstanden 1962

In dem Werk werden Sternbilder transkribiert und als Noten lesbar gestaltet. Eine Partitur gibt es nicht und daher kein geregeltes Zusammenspiel der Instrumente, wodurch die Idee des Kosmos als Modell der Anarchie vermittelt wird. Die Funktion des Dirigenten besteht nur in der Zeitangabe. Die Kreisbewegungen seiner Arme sind als rotierende Uhrzeiger zu verstehen.

Wintermusik für einen bis 20 Pianisten, entstanden 1957

Das Werk besteht aus 20 Blättern, die von den Pianisten simultan gespielt werden. Sie bringen nur isolierte Akkorde, die in ihrer Zusammensetzung mehrsinnig und wegen der Vielzahl ihrer Töne unspielbar sind; sie müssen mittels besonderen Flageolett- und Resonanztechniken zum vollständigen Erklingen gebracht werden.

Beide Werke können gleichzeitig aufgeführt werden.

LITERATUR

N. Nyman, Experimental Music. Cage and Beyond, London 1974.

Antonio Cagnoni (1828–96)

ZEIT UND UMWELT

Da in Italien in der zweiten Hälfte des 19. Jahrhunderts auch in den kleinen Städten Opernhäuser errichtet wurden, in denen entweder eigene Truppen oder Gäste aus größeren Städten Abend für Abend spielten, wuchs der Bedarf an Opern.

LEBEN

Antonio Cagnoni wurde am 8.2.1828 in Godiasco, Voghera, geboren. Er besuchte das Konservatorium in Mailand, wurde anschließend Kirchenkapellmeister in Vigevano und 1888 Kapellmeister in Novara. Er starb am 30.4.1896 in Bergamo.

WERKE

Die erste Oper von Antonio Cagnoni (»Don Bucefalo«) wurde zum Repertoirestück vieler kleinerer italienischer Opernhäuser. Die folgenden 20, die er schrieb, erreichten diesen Erfolg nicht mehr, wurden aber doch gelegentlich aufgeführt.

Fabrice Marin Caietain
(um 1540 bis um 1580)

ZEIT UND UMWELT

Jean Antoine de Baïf gründete mit dem Musiker Joachim Thibault de Courville 1570 die Académie de Poésie et de Musique, die

die Regeln der Musique mesurée à l'antique lehrte. Betonte Silben erhielten doppelt so lange Notenwerte wie kurze. Diese Sprachvertonung hielt sich zwar nicht lange, hatte aber auf die späteren Liedkompositionen großen Einfluß. Dieses Prinzip wurde zumindest teilweise dem Opernrezitativ zugrunde gelegt.

LEBEN
Fabrice Marin Caietain (Gaietane) wurde um 1540 in Italien geboren. Er war um 1571 Kapellmeister der Kathedrale von Toul und möglicherweise um 1576 in der gleichen Eigenschaft in Nancy. Er dürfte bald darauf nach Paris gegangen sein, um an der von dem Dichter Jean Antoine de Baïf und dem Komponisten Joachim Thibault de Courville gegründeten Académie mitzuwirken, und dort um 1580 gestorben sein.

WERKE
Von Fabrice Marin Caietain sind in Paris ein Buch Motetten und eines mit Chansons erschienen, die bereits stark die Grundsätze der Nachahmung der antiken Dichtung der Académie de Poésie et de Musique verfolgten. Noch exakter kommen diese in den 2 nur unvollständig erhaltenen Büchern mit Airs zur Geltung.

Denis Caignet (um 1560–1625)

ZEIT UND UMWELT
Philippe Desportes (1546–1606), französischer Hofdichter, eiferte in seinen Dichtungen Petrarca und Ariosto nach wie Pierre de Ronsard. Er schrieb für König Heinrich III. Sonette und Elegien in eleganten Alexandrinern. Er verfaßte auch eine von der katholischen Kirche approbierte Übersetzung des Psalters.

LEBEN
Denis Caignet wurde um 1560 vermutlich in Paris geboren und kam bald nach seiner Ausbildung in die Dienste des Seigneur Nicolas IV. de Neufville et Villeroy, der selbst zu den Vertrauten König Heinrichs III. von Frankreich zählte. Er trat 1614 unter König Ludwig XIII. als Violaspieler in die Königliche Kapelle ein und wirkte dort bis zu seinem Tod im November 1625.

WERKE
Das Hauptwerk des französischen Komponisten Denis Caignet war die Vertonung der von der katholischen Kirche approbierten Übersetzung des Psalters von Philippe Desportes nach den Grundsätzen der musique mesurée unter den Titeln »Fünfzig Psalmen Davids« für drei bis acht Stimmen und »Die hundertfünfzig Psalmen« für Solostimme. Er verfaßte auch eine mehrstimmige Lautenbearbeitung der mehrstimmigen »Fünfzig Psalmen«. Er leistete damit sehr viel für die Verbreitung des Gesanges geistlicher Werke in französischer Sprache in katholischen Kreisen Frankreichs. Einige vom Komponisten verwendete Melodien stammten aus dem Hugenottenpsalter.

Giuseppe Caimo (um 1540–84)

ZEIT UND UMWELT
Die von Lodovico Sforza il Moro in Mailand 1483 gegründete Musikschule war nach der ein Jahr zuvor in Bologna errichteten Musikschule die zweitälteste Italiens. Franchino Gaffori war der erste öffentliche Musiklehrer in Mailand. Aus seinem Unterricht ist eine Reihe bedeutender Musiker hervorgegangen wie Costanzo Porta, Gioseffo Zarlino, Giovanni Giacomo Gastoldi und Giuseppe Caimo.

LEBEN
Giuseppe Caimo wurde um 1540 in Mailand geboren und ausgebildet. Im Jahre 1564 erhielt er die Organistenstelle an Sant'Ambrogio und um 1580 die am Dom. Verhandlungen mit Herzog Wilhelm V. von Bayern wegen einer Stellung in München führten zu keinem Ergebnis. Er starb in Mailand im Jahre 1584.

WERKE
Die Madrigale von Giuseppe Caimo – 5

Bücher – weisen eine Verwendung von damals noch ungewöhnlichen chromatischen Fortschreitungen auf. Die Entwicklung dieser Kompositionsgattung zielte bereits auf die Dramatik, die später von Monteverdi und Marenzio ausgeprägt wurde. Außerdem brachte Caimo 2 Bücher mehrstimmige Canzonetten heraus, die weniger »modern« gehalten waren. Weitere Kompositionen finden sich in Sammelwerken. Im ganzen gesehen war der Meister einer der fortschrittlichsten Komponisten seiner Zeit.

LITERATUR

Th. Kroyer, Die Anfänge der Chromatik im italienischen Madrigal des 16. Jahrhunderts, Leipzig 1902.

Louis de Caix d'Hervelois
(um 1680–1760)

ZEIT UND UMWELT

Durch Marin Marais und Sainte-Colombe wurde erst bekannt, welchen schönen Klang eine virtuos gespielte Gambe vermitteln konnte. Gambenkonzerte und Gambenkompositionen standen seitdem lange Zeit im Mittelpunkt des Publikumsinteresses.

LEBEN

Louis de Caix d'Hervelois wurde um 1680 in Amiens geboren. Er bildete sich bei Marin Marais und Sainte-Colombe zum Gambisten aus. Er war Kammermusiker des Herzogs von Orléans, Louis (1703–52), und starb in Paris im Jahr 1760.

WERKE

Der französische Gambist und Komponist Louis de Caix d'Hervelois schrieb 6 Bücher mit Stücken für eine und zwei Gamben und 3 Sammlungen von Stücken für Querflöte und Generalbaß.

John Calah (1758–98)

ZEIT UND UMWELT

Die Triosonate – Pianoforte, Violine und Cello – fand in England verhältnismäßig spät Eingang, wurde aber dann von einigen Komponisten mit viel Einfühlungsvermögen in die neue Form aufgegriffen, wenn auch das Interesse dafür lange auf einen kleinen Kreis beschränkt war.

LEBEN

John Calah wurde 1758 vermutlich in Newark-on-Trent geboren. Er war bis 1782 Organist an St. Mary's und Lehrer an der Singschule in Newark-on-Trent. Von 1785 bis zu seinem Tod am 5. 8. 1798 wirkte er als Organist an der Kathedrale von Peterborough.

WERKE

Neben einiger Kathedralenmusik – Services, Anthems – verfaßte John Calah eine Anzahl Lieder und Triosonaten für Pianoforte, Violine und Cello, die dem zeitgenössischen kontinentalen Stil folgten.

Elsa Calcagno (geboren 1910)

LEBEN

Elsa Calcagno wurde am 19. 10. 1910 in Buenos Aires geboren und war dort am Konservatorium Schülerin von Pascual De Rogatis (geboren 16. 5. 1880, Teora, Kampanien), Ricardo Rodríguez (15. 4. 1879, Concordia, Entre Ríos, Argentinien, bis 2. 10. 1951, Buenos Aires), Constantino Gaito, Ferruccio Calusio (geboren 22. 12. 1889, La Plata) und Josué Teófilo Wilkes (8. 1. 1883, Buenos Aires, bis 10. 1. 1968, Buenos Aires). Sie wirkte als Konzertpianistin und Musikkritikerin in Argentinien.

WERKE

Außer einer Oper schrieb Elsa Calcagno eine Sinfonie, eine sinfonische Suite, ein Praeludium, ein Klavierkonzert, ein Cellokonzert, ein Konzert für zwei Violinen, Harfe und Streicher, ein Klavierquintett, 2 Streichquartette, ein »Thema mit Variationen« für Violine solo, Klavierwerke, Gitarrenstücke, eine Chorsinfonie, eine sinfonische Dichtung für Chor und Orchester, eine Kantate für Stimmen und Instrumente, Klavierlieder, A-cappella-Chöre und Ballettmusik.

Antonio Caldara (1670–1736)

ZEIT UND UMWELT

Kaiser Karl VI. trat nach dem Tod des letzten Habsburgers, Karl II., auf dem spanischen Thron als Prätendent auf, wurde 1703 als Karl III. zum König von Spanien gekrönt und begab sich ein Jahr darauf nach Spanien. Er heiratete 1708 in Barcelona Christine von Braunschweig-Wolfenbüttel, die zum Katholizismus übertrat. Als er durch den frühen Tod seines Bruders, Joseph I., Kaiser wurde, verhinderten die europäischen Mächte, daß durch die Vereinigung der spanischen und österreichischen Länder das Weltreich Kaiser Karls V. wiederentstand. Der Bourbone Philipp V. wurde spanischer König.

LEBEN

Antonio Caldara wurde 1670 in Venedig geboren. Er war Schüler von Giovanni Legrenzi, von 1693 bis 1700 Cellist an San Marco in Venedig, hernach bis 1707 Kapellmeister am Hof in Mantua; 1708 führte er in Barcelona anläßlich der Hochzeitsfeierlichkeiten des nachmaligen Kaisers Karl VI. eine Oper auf, wirkte bis 1709, von mehreren Reisen unterbrochen, in Venedig und darauf in Rom als Kapellmeister. Im Jahr 1716 wurde er unter Johann Joseph Fux Vizekapellmeister der Hofkapelle in Wien, wo er am 26. 12. 1736 starb.

WERKE

Der italienische Komponist Antonio Caldara, der von Kaiser Karl VI. sehr geschätzt und gefördert wurde, verfaßte 78 Opern und Serenaden, 38 Oratorien, 20 Messen für vier Stimmen und Instrumente, etwa 100 profane Kantaten, zahlreiche Motetten und über 300 Kanons, ein sechzehnstimmiges Cruzifixus; außerdem sind Triosonaten mit Orgel, Solosonaten, 6 Quartette, ein Septett, mehrere Sinfonien und Stücke für Cembalo erhalten. Sein Stil ist zwischen Hochbarock und Spätbarock angesiedelt, seine Instrumentalmusik leitet sich von Arcangelo Corelli ab, die Opern stehen zwischen der venezianischen und der neapolitanischen Form, die Kirchenmusik folgt sowohl strenger Polyphonie im A-cappella-Stil wie der Vielchörigkeit Venedigs und auch dem »modernen« Stil; monodische Stellen wechseln zuweilen mit Polyphonie ab.

Triosonate in B-Dur für zwei Violinen und Generalbaß, 4 Sätze

Ernst und feierlich beginnt das Grave des ersten Satzes. Man erkennt sofort, daß die Harmonik im Vordergrund steht und die Thematik zurücktritt. Das Thema wird zuweilen nur von gebrochenen Akkorden begleitet, wodurch breite Tonflächen entstehen. Die spätbarocke Sonatenform ist aber vom Wechsel langsamer und rascher Sätze gewahrt, es kündigt sich aber hier die »klassische« Sonatenform bereits an.

Triosonate in c-Moll für zwei Violinen und Generalbaß, 4 Sätze

Es handelt sich um eine Kirchensonate mit ernstem, dunklem Charakter. Die weihevolle Stimmung kommt besonders in den beiden langsamen Sätzen – Grave und Adagio – zur Geltung. Die Sätze 2 und 4 sind polyphon, eindrucksvoll und nahezu majestätisch.

Triosonate in h-Moll für zwei Violinen und Generalbaß, 4 Sätze

Diese Kirchensonate ist in ihren langsamen Sätzen mit hymnischer Melodik erfüllt. Die raschen Sätze sind streng polyphon gehalten, die Thematik wird nirgends aufgelöst, sie besteht aus echten Cantus firmi.

Triosonate in g-Moll für zwei Violinen und Generalbaß, 4 Sätze

Bei dieser Kammersonate sind 2 langsame Sätze von 2 raschen eingerahmt. Es liegen stilisierte Tanzsätze vor. Die Allemanda, die das Werk einleitet, klingt wie eine feierliche Ouvertüre, eine frische Corrente folgt, dann tritt eine kräftige Giga auf, und den Schluß bildet eine gemächliche Gavotte im Zeitmaß eines Marsches.

LITERATUR

E. I. Luin, Sulla vita e sulle opere di Antonio Caldara, in: La scuola veneziana, Siena 1941.

Antonio Calegari (1757–1828)

LEBEN
Antonio Calegari (Callegari) wurde am 17. 2. 1757 in Padua geboren. Er wirkte als Cellist und Opernkomponist von 1776 bis 1792 in verschiedenen oberitalienischen Städten; dann wurde er Organist und später Kapellmeister an Sant'Antonio in Padua, wo er am 22. 7. 1828 starb.
Sein Bruder Giuseppe Calegari (um 1750, Padua, bis 1812, Padua) war Impresario des Teatro Nuovo in seiner Geburtsstadt.

WERKE
Von Antonio Calegari sind 10 Opern und sakrale Werke, darunter 6 Psalmen im Stil von Benedetto Marcello, erhalten. Er verfaßte mehrere theoretische Werke, von denen seine »Kompositionslehre für Nichtmusiker« das größte Aufsehen, aber auch viel Kritik erregte.
Giuseppe Calegari schrieb eine Reihe Opern für sein Theater.

Francesco Antonio Calegari
(um 1670 bis nach 1740)

LEBEN
Francesco Antonio Calegari (Callegari) wurde um 1670 in Venedig geboren. Er war Franziskaner und um 1702 Kapellmeister an der Frarikirche in Venedig, von 1703 bis 1727 an Sant'Antonio in Padua, dann neuerlich in Venedig, wo er nach 1740 starb.

WERKE
Der italienische Komponist Francesco Antonio Calegari verfaßte vor allem Kirchenmusik – Messen, Proprien, Offizien, Hymnen, Litaneien – und ein viel benütztes musiktheoretisches Werk. Sein Stil war rein venezianisch.

Luigi Antonio Calegari (um 1780–1849)

ZEIT UND UMWELT
Der lebhafte Austausch von Meistern zwischen Padua und Venedig, der trotz aller Selbständigkeit seit alters eine für beide Seiten äußerst fruchtbare Parallelentwicklung auf allen Gebieten der Kunst, aber besonders auf dem der Musik, gewährleistete, setzte sich auch im 19. Jahrhundert fort.

LEBEN
Luigi Antonio Calegari wurde um 1780 in Padua als Neffe von Antonio Calegari (1757 bis 1828) geboren. Er lebte als Komponist in Venedig, wo er 1849 starb.

WERKE
Von Luigi Antonio Calegari wurden in Padua, Venedig, Rom, Parma und Vicenza ungefähr 10 Opern aufgeführt. Er schrieb außerdem 6 »Cantatine« für Singstimmen und Klavier und leistete damit zur Einbürgerung des Klavierliedes in Italien einen wesentlichen Beitrag.

Maria Caterina Calegari (1644–64)

ZEIT UND UMWELT
Man kann annehmen, daß es gerade in Nonnenklöstern zu allen Zeiten ausgezeichnete Sängerinnen gegeben hat, deren Namen nicht überliefert sind, ebenso daß nicht wenige gut ausgebildete Komponistinnen für den Bedarf der eigenen Kirche geschrieben haben, ohne daß ihre Namen irgendwo vermerkt wurden. Wenn einzelnes auch gedruckt wurde, fand es selten die verdiente Beachtung, so daß es bald in Vergessenheit geriet.

LEBEN
Maria Caterina Calegari wurde 1644 in Bergamo geboren. Sie trat 1661 dem Benediktinerinnenkloster Santa Margherita in Mailand bei und nahm den Namen Cornelia an. Im Jahr 1664 scheint ihr Name zum letztenmal auf. Sie starb in Mailand, ihr Todesdatum ist unbekannt.

WERKE
Die italienische Komponistin und Sängerin Maria Caterina Calegari veröffentlichte bereits im Alter von 15 Jahren ein Buch mit

Motetten für eine Stimme. Bis 1664 erschienen Messen, Motetten, Madrigale und andere Kirchenmusik von ihr in Druck. Handschriftliche Werke, die es vermutlich gegeben hat, sind verlorengegangen.

John Wall Callcott (1766–1821)

ZEIT UND UMWELT
Akademische, staatliche und private Ehrungen, Medaillen und Preise waren um 1800 in England im größten Ausmaß zu erreichen, wenn ein Komponist Glees, Catches und Lieder auf der gewohnten anspruchslosen künstlerischen Ebene schrieb. Er wurde zum Liebling des Publikums und der Verleger, die seine Erzeugnisse gut verkaufen konnten.

LEBEN
John Wall Callcott wurde am 20. 11. 1766 in Kensington geboren. Er war Organist an verschiedenen Londoner Kirchen und ab 1806 Lektor für deutsche Musik an Royal Institution. Er starb am 15. 5. 1821 in Bristol.

WERKE
Von John Wall Callcott sind zahlreiche Glees, Catches, Oden und Anthems veröffentlich worden. Dafür erhielt er unzählige Preise und Auszeichnungen.

Sebastiano Caltabiano (geboren 1899)

LEBEN
Sebastiano Caltabiano wurde am 28.12.1899 in Lucca geboren. Er war am Konservatorium in Florenz Schüler von Ildebrando Pizzetti. Ab 1937 wirkte er als Lehrer und Direktor für Komposition am Istituto Musicale in Lucca.

WERKE
Neben einer Oper schrieb Sebastiano Caltabiano eine Sinfonie, 2 sinfonische Dichtungen, »Thema und Variationen« für Streichorchester, ein Klavierquintett, ein Streichquartett, ein Klaviertrio, 2 Sonaten für Violine und Klavier, eine Sonate für Cello und Klavier und verschiedene Vokalwerke. Sein Stil war neuklassizistisch.

Antoine Calvière (1695–1755)

ZEIT UND UMWELT
Orgelspiel und Orgelkomposition waren in Frankreich für eine stattliche Reihe von Musikern im Verlauf der gesamten Musikgeschichte Beruf und Berufung zugleich. Dadurch hatte sich eine von den Meistern Deutschlands und Italiens wenig abhängige Orgeltradition gebildet, die von den frühesten Anfängen bis in unsere Zeit reicht.

LEBEN
Antoine Calvière wurde 1695 in Paris geboren. Er war Organist an St-Germain-des-Prés, an Ste-Marguerite, an der Ste-Chapelle und ab 1630 an Notre-Dame. 1738 folgte er Louis Marchand als Organist der Chapelle Royale nach und versah diesen Dienst bis zu seinem Tod am 18. 4. 1755.

WERKE
Die Motetten für großen Chor von Antoine Calvière sind nicht erhalten. Von seinen damals sehr beliebten und geschätzten Orgelstücken ist nur ein einziges überliefert, das allerdings eine große Meisterschaft verrät.

LITERATUR
F. Raugel, Les grandes Orgues des églises de Paris, Paris 1927.

Sethus Calvisius (1556–1615)

ZEIT UND UMWELT
Den Ruf als eine der bedeutendsten Musikstädte verdankte Leipzig bereits im 16. Jahrhundert seiner Thomasschule und den Persönlichkeiten, die sie als Kantoren leiteten. Der Chor zeichnete sich schon damals durch äußerste Präzision der einzelnen Stimmen und der Intonation aus. Es gab keine technischen Schwierigkeiten, die nicht gemeistert wurden. Der Chor der Thomasschule galt als einer der hervorragendsten Deutschlands

und die Berufung zum Thomaskantor als eine der höchsten Auszeichnungen in der internationalen Musikwelt.

LEBEN
Sethus Calvisius (Seth Kalwitz) wurde am 12. 2. 1556 in Gorsleben, Thüringen, geboren. Die Mittel zum Besuch des Gymnasiums erwarb er sich als Kurrendesänger in Frankenhausen und Magdeburg, sein Universitätsstudium in Helmstedt und Leipzig finanzierte er sich durch Privatunterricht. Im Jahre 1581 war er bereits Musikdirektor an der Leipziger Paulinerkirche, 1582 Kantor in Schulpforta, und 1594 erhielt er die ehrenvolle Stellung des Kantors an der Thomasschule und Musikdirektors der Hauptkirchen Leipzigs. Er starb in Leipzig am 24. 11. 1615.

WERKE
Neben den musikwissenschaftlichen Arbeiten des Thomaskantors Sethus Calvisius sind von seinem kompositorischen Werk erhalten: »Hymni sacri« (Geistliche Hymnen) für vier Stimmen, Tricinia (Terzette), »Außerlesene teutsche Lieder«, 2 Bücher mit Bicinien (Duette), eine umfangreiche Choralsammlung, ein Psalter Davids, Motetten und einzelne handschriftlich überlieferte kirchliche Werke.

LITERATUR
O. Riemer, Seth Calvisius, der Musiker und Pädagoge, in: Musikpflege III, 1932.

Miguel Gomez Camargo
(um 1485 bis vor 1560)

ZEIT UND UMWELT
Valladolid, die Stadt in der Christoph Columbus am 20. 5. 1595 starb, war von Alfonso VI. (1042–1109) bis Philipp II. Hauptstadt von Kastilien und von Spanien. Diese Hofhaltung durch Jahrhunderte wirkte sich selbstverständlich auf das kulturelle Niveau der Stadt aus, deren Kapelle ihren Ruf bewahrte, als der Hof nach Madrid übersiedelte.

LEBEN
Miguel Gomez Camargo wurde um 1485 vermutlich in Kastilien geboren. Über sein Leben und Wirken ist nur bekannt, daß er viele Jahre Chorleiter in Valladolid war, aber nicht mit dem Hof nach Madrid ging, als Philipp 1560 seine Residenz dort aufschlug. Er dürfte noch vor diesem Zeitpunkt in Valladolid gestorben sein.

WERKE
Der spanische Kirchenmusiker Miguel Gomez Camargo wurde bei seinen Zeitgenossen durch eine geniale Hymne auf San Jaime berühmt. Außer dieser Meisterleistung ist von dem Musiker kaum etwas überliefert, obwohl er eine Anzahl vorzüglicher Kirchenmusiken verfaßt haben soll. Der Stil der Hymne ist rein spanisch, voll farbiger Klänge, überraschender Harmonik und glänzender Melodik.

Robert Cambert (um 1628–77)

ZEIT UND UMWELT
Nachdem in Paris durch die Initiative des Kardinals Mazarin die ersten italienischen Opern über die Bühne gegangen waren, stellte sich sofort das Verlangen des Publikums nach französischen Opern ein. Dadurch öffnete sich ein weites künstlerisches Betätigungsfeld und zugleich ein lukrativer Geschäftszweig.

LEBEN
Robert Cambert wurde um 1628 in Paris geboren. Er war Schüler von Jacques Champion de Chambonnières und löste Nicolas Gigault um 1652 an der Orgel von St-Honoré ab. Gemeinsam mit Gabriel Bataille dem Jüngeren (um 1615, Paris, bis 1676, Paris, Sohn des um 1575 geborenen Komponisten Gabriel Bataille) war er Musikintendant der Königinmutter Anna von Österreich. Angeregt durch die von Charles Assoucy 1650 herausgebrachte französische Oper »Les amours d'Apollon et de Daphne« begann er mit der Komposition französischer Opern, deren Libretto Pierre Perrin verfaßte. Der Dichter

Perrin genoß die Gunst des Herzogs von Orléans, konnte sich das Privileg zur Veranstaltung von französischen Opernaufführungen verschaffen und wollte Robert Cambert beteiligen. Das rief Jean-Baptiste Lully auf den Plan, den der König protegierte. Das Opernunternehmen erlitt finanzielle Verluste, Pierre Perrin wurde eingesperrt, Lully rettete ihn aus der Schuldhaft und erhielt dafür das Privileg. Robert Cambert ging ebenso leer aus wie Jean Grenouillet de Sablières, dem Perrin das Privileg bereits verkauft hatte, und verließ 1673 Frankreich. Er gründete in London 1673 mit Unterstützung von Louis Grabut die Royal Academy of Music, verlor jedoch bald die Gunst des Königs durch Intrigen und starb im Jahr 1677.

WERKE

Außer seinen Bühnenstücken hat der französische Komponist Robert Cambert eine Anzahl Airs à boire für zwei und drei Stimmen verfaßt. Seine in England geschriebene, dem König gewidmete Musik ist verschollen. Er nahm aber in der Frühgeschichte der französischen Oper eine wichtige Stellung ein.

LITERATUR

A. Pougin, Les vrais créateurs de l'opéra française, Perrin et Cambert, Paris 1881.

Giuseppe Maria Cambini (1746–1825)

ZEIT UND UMWELT

Die konzertante Sinfonie und das konzertante Quartett zählten im letzten Drittel des 18. Jahrhunderts in Paris zu den beliebtesten Formen der Instrumentalmusik. Der ständige Abtausch von Solisten und Tutti, der Wechsel der Dynamik und der Klangfarben wurden genossen wie eine Folge anregender Bilder und ersetzten Handlung und Gestik der von den Franzosen überaus geliebten Oper.

LEBEN

Giuseppe Maria Cambini wurde am 13. 2. 1746 in Livorno geboren. Er war wahrscheinlich Schüler von Pietro Nardini und Filippo Manfredi und studierte die Quartette von Joseph Haydn und Luigi Boccherini. Im Jahr 1770 kam er nach Paris, trat häufig mit Erfolg im Concert spirituel als Violinist auf und spielte auch am Concert des amateurs und im Opernorchester. Von 1788 bis 1794 war er als Theaterleiter tätig, dann bis zu seinem Tod am 29. 12. 1825 Mitarbeiter verschiedener Musikzeitungen von Paris.

WERKE

Die größten Erfolge errang Giuseppe Maria Cambini mit seinen über 80 zum Großteil konzertanten Sinfonien und ebenfalls 174 konzertanten Quartetten (149 für zwei Violinen, Bratsche und Cello, 6 für Violine, 2 für Bratschen und Cello, 18 für Flöte und Streicher), den 5 Cembaloquartetten, 39 weiteren Quartetten, 114 Streichquintetten und 3 Bläserquintetten. Er schrieb außerdem Violinsonaten, Cembalosonaten, Gitarren-, Flöten- und Klarinettenstücke, mehr als 150 Duos für verschiedene Instrumente und ungefähr 100 Trios für verschiedene Besetzung, 14 Instrumentalkonzerte und zahlreiche Bearbeitungen »bekannter Arien«; weiters: Lieder, eine Kantate, mehrere Motetten, einen Psalm, 5 Messen, 4 Oratorien, 17 musikalische Bühnenstücke – Opern, Ballette – und Revolutionsmusik. Diese Fülle zeigte die leichte Hand des Routiniers, der wohl oft an Tiefe wenig bot, dafür aber durch überraschende Instrumentation sowie durch melodische und harmonische Originalität sein Publikum ausgezeichnet unterhielt. Er führte auch als einer der ersten die Posaune in das Orchester ein. Seine ganze Musik weist deutlich auf das Zeitalter der Romantik hin. Eine Anzahl seiner Kompositionen wurde in neuerer Zeit wieder herausgebracht.

Placidus von Camerloher (1718–82)

ZEIT UND UMWELT

Neben den Hofkapellen regierender Fürsten waren es im katholischen Raum Deutschlands und Österreichs die Kapellen der geistlichen Würdenträger, die zwar eine sorgfältige Traditionspflege hochhielten, aber mit gleichem Eifer die Entwicklung der Musik förderten. Es war für diese Kapellen bezeichnend, daß sie sich nie auf sakrale Musik allein beschränkten.

LEBEN

Placidus von Camerloher wurde am 9. 8. 1718 in Murnau geboren. Er wurde nach seiner Erziehung an der Ritterakademie in Ettal 1744 Priester und zugleich Hofkapellmeister und Geistlicher Rat der Fürstbischöfe von Freising und später auch Kammermusikdirektor in Lüttich. Er starb in Freising am 21. 7. 1782.

Sein Bruder Josef Anton von Camerloher (4. 7. 1710, Murnau, bis 18. 7. 1743, München) war ab 1739 Kammerkomponist in München.

WERKE

Von den 46 vierstimmigen Sinfonie da camera von Placidus von Camerloher sind 18 überliefert. Seine Triosonaten sind nur handschriftlich erhalten, wie seine Singspiele, Oratorien und zahlreichen Kirchenmusikwerke. Sein sinfonischer Stil näherte sich dem der Mannheimer.

Josef Anton von Camerloher verfaßte Opern für München und Meditationen für die Jesuiten.

Placidus von Camerloher

Matthew Camidge (1758–1844)

ZEIT UND UMWELT

Auch die Klaviersonate wurde um die Wende zum 19. Jahrhundert in England immer heimischer. Sie hatte in vielen Fällen allerdings Suitencharakter, näherte sich aber dennoch immer mehr der kontinentalen Sonate der Klassik.

LEBEN

Matthew Camidge wurde 1758 in York geboren. Seine erste Ausbildung erhielt er an der Chapel Royal von James Nares. Dann wirkte er am Münster von York als Erster Vizeorganist und von 1799 bis 1842 als Nachfolger seines Vaters als Organist. Er starb am 23. 10. 1844 in York.

Sein Vater John Camidge (1735, York, bis 25. 4. 1803, York) wurde in London von Maurice Greene und Georg Friedrich Händel ausgebildet. Von 1756 bis 1799 wirkte er als Organist am Münster in York.

WERKE

Von Matthew Camidge sind Klavierkonzerte und Klaviersonaten überliefert. Er veröffentlichte auch eine Sammlung Psalmvertonungen und brachte außerdem ein Lehrwerk heraus.

John Camidge schrieb »Sechs leichte Cembalolektionen«.

Bartolommeo Campagnoli (1751–1827)

ZEIT UND UMWELT

Es fällt auf, daß gerade bei den Kompositionen italienischer Violinvirtuosen auf den Generalbaß noch lange nach dem Barock nicht verzichtet wurde. Daß diese Komponisten in erster Linie darauf sahen, eine elegante Violinmelodie auszubreiten, ist verständlich, aber sie verzichteten auf die Gelegenheit, ihre Soli durch eine profilierende Begleitung hervorzuheben, was durch die Continuobegleitung nie erreicht werden konnte.

LEBEN
Bartolommeo Campagnoli wurde am 10. 9. 1751 in Cento bei Bologna geboren. Er war noch Schüler von Pietro Nardini in Florenz und machte sich durch Konzertreisen in Italien bald einen Namen. Anschließend wirkte er von 1776 bis 1779 als Konzertmeister in Freising, sodann in Dresden und von 1797 bis 1816 im Gewandhaus in Leipzig. Im Jahr 1826 kam er nach Neustrelitz, wo er am 7. 11. 1827 starb.

WERKE
Von Bartolommeo Campagnoli sind ein Flötenkonzert, ein Violinkonzert, Violinsonaten mit Generalbaß, Divertissements, Préludes, eine Sammlung kleinerer Violinstücke, Duos und Polonaisen für zwei Violinen, ein Duo für Viola d'amore und Bratsche und 41 Caprices für Viola alta erschienen. Eine Reihe nur handschriftlich hinterlassener Violinkompositionen ist verschollen.

Jan Campanus (1572–1622)

ZEIT UND UMWELT
Die Karls-Universität in Prag wurde von Kaiser Karl IV. (1316–78) als erste deutsche Universität gegründet. Der deutsche König Wenzel (der auch König von Böhmen war) gestand 1409 den Tschechen überwiegenden Einfluß in der Universität zu. Nach den Hussitenkriegen jedoch und besonders in der zweiten Hälfte des 16. Jahrhunderts gerieten die Tschechen immer mehr in die Defensive, die Entnationalisierungs- und Rekatholisierungspolitik der habsburgischen Regenten verschärfte die Konflikte im 17. Jahrhundert bis zum Prager Fenstersturz (1618), der den Dreißigjährigen Krieg auslöste. Tschechen waren nur als Universitätslehrer zugelassen, wenn über ihre Loyalität und ihr katholisches Bekenntnis kein Zweifel herrschte.

LEBEN
Jan Campanus (Kumpan) wurde am 24. 6. 1572 in Vodňay geboren. Er erwarb 1596 an der Universität Prag den Magistertitel, wurde dort 1601 Professor und 1621 Rektor. Er starb in Prag am 13. 12. 1622.

WERKE
Der tschechische humanistische Dichter und Komponist Jan Campanus veröffentlichte eine Sammlung Bußpsalmen und 2 Bücher mit sakralen Oden, die mehrere Auflagen erlebten. Die Werke bewegen sich im Rahmen der humanistischen Odenkomposition und sind homophon und homorhythmisch.

Alexander Campbell (1764–1824)

ZEIT UND UMWELT
Nachdem England und das übrige musikalische Europa, vor allem Deutschland, mit der irischen und schottischen Volksmusik bekannt geworden waren, stieg das Verlangen danach steil an. Es verstärkte sich noch in der Epoche der Romantik, die die Pflege alten Volksgutes zu ihrem Programmpunkt machte.

LEBEN
Alexander Campbell wurde am 22. 2. 1764 in Tombea, Loch Lubnaig, geboren. Er war Schüler von Giusto Ferdinando Tenducci in Edinburgh, wo er anschließend als Organist, Musiklehrer, Sammler und Herausgeber schottischer Lieder wirkte. Er starb am 15. 5. 1824 in Edinburgh.
William Campbell (um 1750, Schottland, bis um 1800, Schottland) war ein bedeutender Sammler und Herausgeber schottischer Volksmusik. Eine verwandtschaftliche Beziehung der beiden scheint nicht vorzuliegen.

WERKE
Von Alexander Campbell sind 2 Sammlungen schottischer Volkslieder, eine mit Violin-, die zweite mit Harfenbegleitung, er-

schienen. Sie wurden zum Großteil von Walter Scott (1771–1832) neu textiert. Außerdem schrieb er eine Reihe sehr populär gewordener Lieder im schottischen Volkston.
William Campbell veröffentlichte 25 Bücher mit schottischen Volkstänzen und Reels, für Violine, Cembalo und Querflöte arrangiert. Es ist nicht feststellbar, ob eigene Kompositionen eingestreut wurden.

François van Campenhout (1779–1848)

ZEIT UND UMWELT
»La Brabançonne« (Die Brabanterin) entstand als belgischer Nationalgesang während der Kämpfe des Jahres 1830 um die Unabhängigkeit des Landes. Der Textdichter soll während des Aufstandes gefallen sein.

LEBEN
François van Campenhout wurde am 5.2.1779 in Brüssel geboren. Er war Violinist am Théâtre de la Monnaie in Brüssel und ungefähr ab 1800 erfolgreicher Tenorist auf belgischen, niederländischen und französischen Bühnen. Nach 1827 lebte er in Brüssel bis zu seinem Tod am 28.4.1848 der Komposition.

WERKE
Von François van Campenhout sind 6 Opern, mehrere Bühnenmusiken, 9 große Kantaten, eine Anzahl Kirchenmusikwerke und Lieder erschienen. Seinen Nachruhm verdankt er aber seiner Vertonung des belgischen Nationalgesangs »La Brabançonne«. Er wirkte auch als Musikschriftsteller.

Thomas Campian (1567–1620)

ZEIT UND UMWELT
In der Elisabethanischen Epoche nahm die Hausmusik in England einen starken Aufschwung. Monodischer Gesang oder Duette mit Begleitung eines Zupfinstrumentes oder Virginals waren leichter durchführbar als komplizierte mehrstimmige Chöre. Besonders das Lied zur Laute oder Gitarre, das den Musizierenden unabhängig von Mitwirkenden machte, wurde vorgezogen.

LEBEN
Thomas Campian (Campion) wurde am 12. 2. 1567 in Witham, Essex, geboren. Er studierte Medizin und übte die ärztliche Praxis sein Leben lang in London aus. Er arbeitete viel mit dem englischen Komponisten Philip Rosseter zusammen. Er starb in London am 1. 3. 1620 als allseitig geschätzter Dichter, Komponist und Musiktheoretiker.

WERKE
Neben seiner lateinischen und englischen Dichtung brachte Thomas Campian gemeinsam mit Philip Rosseter ein Buch Lieder für Singstimme mit Laute und Baßviole und 4 weitere mit mehrstimmigen Liedern, die ad libitum solo mit Instrumentalbegleitung gesungen werden konnten, heraus. Er verfaßte auch Texte und Musikeinlagen für Maskenspiele und Gelegenheitskompositionen.

LITERATUR
M. M. Kastendieck, England's Musical Poet Thomas Campion, London 1938.

François Campion
(um 1686 bis um 1748)

ZEIT UND UMWELT
Im 18. Jahrhundert erhielt die Gitarre ihre sechste Saite und wurde einchörig. Das erhöhte die Möglichkeit zu einem virtuosen Spiel, so daß sich für die Gitarrenkomposition neue Felder eröffneten und sogar Fugen mit diesem Instrument wiedergegeben werden konnten.

LEBEN
François Campion wurde um 1686 in Rouen geboren. Er war von 1703 bis 1719 Gitarrist und Theorbist der Académie Royale de Musique in Paris, wo er um 1748 starb.

WERKE
Der Gitarrist François Campion veröffent-

lichte mit seinen theoretischen Schriften über das Gitarrenspiel eine Reihe von Stücken für dieses Instrument, außerdem eine Anzahl verschiedener Airs. Er dürfte der erste gewesen sein, der auch Fugen für die Gitarre verfaßte.

Carlo Antonio Campioni (1720–88)

ZEIT UND UMWELT
Nachdem Großherzog der Toskana Gian Gastone 1737 kinderlos verstorben war, ging das Land an Franz von Lothringen, den späteren Kaiser Franz I., über. Ihm folgte als Großherzog sein Sohn Leopold (1747–92), der als Leopold II. 1790 Kaiser wurde. Er versuchte, die politischen und wirtschaftlichen Zustände des Großherzogtums im Sinne der Aufklärung zu reformieren, was jedoch nur teilweise gelang.

LEBEN
Carlo Antonio Campioni wurde am 16. 11. 1720 in Lubéville, Meurthe-et-Moselle, geboren. Er war Schüler von Giuseppe Tartini und von 1764 bis 1780 großherzoglicher Kammermusikdirektor und Kapellmeister in Florenz, wo er am 12. 4. 1788 starb.

WERKE
Als Kirchenkomponist genoß Carlo Antonio Campioni bei seinen Zeitgenossen einen sehr guten Ruf; seine Messen, Requiem, Offertorien und Responsorien wurden viel gesungen. Von seinen zahlreichen profanen Kompositionen sind 6 Cembalosonaten, 2 Violinsoli, Duos für zwei Violinen und für Violine und Cello und Triosonaten erhalten. Sein Stil hatte sich bereits von jeder barocken Faktur entfernt. Er veröffentlichte auch ein musiktheoretisches Werk.

LITERATUR
C. Floros, Carlo Antonio Campioni, in: Rivista di Livorno Nr. 3, 1955.

Conrado del Campo y Zabaleta
(1879–1953)

LEBEN
Conrado del Campo y Zabaleta wurde am 28.10.1879 in Madrid geboren. Er studierte am Konservatorium in Madrid bei Emilio Serrano y Ruiz (1850–1939) und Ruperto Chapí y Lorente (1851–1909) und leitete anschließend die Harmonie- und Kompositionsklassen desselben Instituts. Er starb am 16.3.1953 in Madrid.

WERKE
Von Conrado del Campo y Zabaleta sind 17 Opern aufgeführt worden. Er schrieb außerdem 3 sinfonische Dichtungen, eine orientalische Fantasie, 2 Chorwerke mit Orchester, 14 Streichquartette, kleinere Stücke und sakrale Werke. Sein Stil stand der deutschen Spätromantik nahe.

Héctor Campos-Parsi (geboren 1922)

LEBEN
Héctor Campos-Parsi wurde am 1.10.1922 in Ponce, Puerto Rico, geboren. Er studierte an den Universitäten in Puerto Rico und Mexiko-Stadt, am Konservatorium in Boston und in Tanglewood, Mass., bei Irving Fine, Aaron Copland, Jacques Ibert und Olivier Messiaen, außerdem bei Nadia Boulanger in Fontainebleau. Er vertrat sein Land in der Internationalen Vereinigung für Musik und dem Interamerikanischen Musikrat. Derzeit wirkt er als musikalischer Beirat am Nationalen Kulturinstitut in Puerto Rico. Er unternahm mehrere Studien- und Vortragsreisen durch Europa, Nord- und Südamerika.

WERKE
Außer 3 Balletten schrieb Héctor Campos-Parsi ein Orchesterstück mit Schlagzeug und Tonband, ein Divertimento für Flöte, Klarinette und Streichorchester, ein Klavierkonzert, eine Suite für Flöte, Oboe, zwei Klarinetten, Cello, Kontrabaß und Klavier, ein Streichquartett, ein Streichtrio, ein Duo für

Flöte und Klarinette, 2 Sonaten für Violine und Klavier, Stücke für Solobratsche und für Soloflöte, mehrere Klavierwerke, ein Orgelstück, Kantaten, A-cappella-Chöre und Lieder.

André Campra (1660–1744)

ZEIT UND UMWELT

König Ludwig XV. (1710–74), der im Alter von fünf Jahren seinem Urgroßvater Ludwig XIV. auf den Thron Frankreichs nachfolgte, überließ auch nach seiner Großjährigkeit die Regierung praktisch seinem leitenden Minister, Kardinal André Hercule de Fleury (1653–1743), und setzte den Stil seines Vorgängers fort, ohne über dessen geistige Fähigkeiten zu verfügen. Die Günstlings- und Mätressenwirtschaft dauerte an, wurde aber von niemandem gesteuert. Die Kunst- und Musikpflege erlitt keine Minderung, wandelte sich aber immer mehr zum Prunk ohne Inhalt, so daß manche Meister sich abseits hielten oder nur zögernd daran teilnahmen.

LEBEN

André Campra wurde am 4. 12. 1660 in Aix-en-Provence getauft. Seine Familie war aus dem Piemont eingewandert. Die erste musikalische Ausbildung erhielt er unter Guillaume Poitevin an St-Sauveur in seiner Geburtsstadt. Im Jahr 1681 wurde er Kapellmeister an St-Trophime in Arles und 1683 an St-Étienne in Toulouse; von 1694 bis 1700 wirkte er an Notre-Dame in Paris als Musiklehrer. Dann erhielt er Kontakt mit den Jesuiten, für die er Schuldramen komponierte. Beziehungen zu Versailles nahm er nicht auf, aber auf Grund seines Rufes wurde er 1722 an die Königliche Kapelle in Versailles berufen und zum Kapellmeister und Direktor der Musikpagen ernannt. Er starb in Versailles am 29. 6. 1744.

WERKE

Der französische Komponist André Campra verfaßte an Kirchenmusik eine Messe, ein Requiem, 5 Bücher mit instrumental begleiteten Motetten, 2 Bücher mit Psalmen, an profaner Musik zahlreiche Opern, Ballette, Ballettopern, viele Divertissements und Kurzopern für die Hoffeste in Versailles und 3 Bücher mit Kantaten. Die Musik von André Campra stand auf dem Kulminationspunkt des französischen Barock, das sich bereits der nächsten Stilepoche zuneigte.

LITERATUR

M. Barthélemy, André Campra, sa vie et son œuvre, Paris 1957.

Manuel Canales (1747–84)

ZEIT UND UMWELT

Das Streichquartett hatte in der zweiten Hälfte des 18. Jahrhunderts auch in Spanien Eingang gefunden. Die Vorbilder hiezu wurden von Luigi Boccherini geschaffen, über den auch mehrere andere Neuerungen der mitteleuropäischen Musik nach Spanien gekommen waren. Die ersten spanischen Quartette wiesen allerdings noch eine Form auf, in der die erste Violine melodieführend war und die anderen Instrumente vorwiegend Begleitung spielten.

LEBEN

Manuel Canales wurde am 22. 3. 1747 in Toledo geboren. Es ist unbekannt, welche musikalische Funktion er dort ausübte. Er starb im Jahr 1784 in Toledo.

WERKE

Von Manuel Canales sind 2 Sammlungen mit je 6 Streichquartetten überliefert. Über weitere Kompositionen gibt es keine Informationen.

Floriano Canali
(um 1568 bis nach 1612)

LEBEN

Floriano Canali (Canale) wurde um 1568 vermutlich in oder bei Brescia geboren. Bereits 1581 war er Organist an San Giovanni Evangelista in Brescia und versah diesen Dienst bis

1603. Über sein weiteres Leben bis zu seinem Tod nach 1612 ist nichts bekannt. Er war möglicherweise Arzt und dürfte in Brescia gestorben sein.

WERKE
Der italienische Kirchenmusiker Floriano Canali brachte vierstimmige Messen, Introitus und Motetten, 3 Bücher mit sakralen Gesängen für vier bis sechs Stimmen, Psalmen und Canzonetten heraus. Neben dieser A-cappella-Musik schrieb er vier- bis achtstimmige »Canzoni da sonar« (Lieder für Instrumente). Eine von ihm verfaßte Publikation über medizinische Probleme ist mit 1612 signiert.

Jean-Baptiste Canavas (1713–84)

ZEIT UND UMWELT
Die engen Beziehungen der Hofkapelle von Turin zu Versailles drückten sich unter anderem auch darin aus, daß ständig Musiker aus dem Piemont Stellungen in Paris und am französischen Hof anstrebten.

LEBEN
Jean-Baptiste Canavas (Canevaz, Cannavasso) wurde am 25. 3. 1713 in Turin geboren. Nach seiner Ausbildung zum Cellisten kam er 1732 nach Paris, wo er 1745 Hofkammermusiker und ab 1746 Mitglied der »24 violons du roy« wurde. Er starb in Paris am 7. 6. 1784.

WERKE
Von Jean-Baptiste Canavas sind im Jahr 1773 Sonaten für Cello und Generalbaß erschienen, nachdem bereits 10 Jahre vorher eine Sammlung von 6 Cellosonaten bekannt geworden war. Die Stücke erfordern ein hohes technisches Können.

Giuseppe Canavasso (um 1714–76)

ZEIT UND UMWELT
Der für die Fürsten von Carignano von Guarino Guarini (1624–83) in Turin errichtete Palast, ein Meisterwerk piemontesischen Barock, bot einer beachtlichen Privatkapelle Raum. Italienische wie französische Musiker begannen in diesem Rahmen ihre Karriere, die sie entweder an der Hofkapelle von Turin, in Italien oder noch häufiger in Paris fortsetzten.

LEBEN
Giuseppe Canavasso (Joseph Canavas, Canevaz), Bruder von Jean-Baptiste Canavas, wurde um 1714 in Turin geboren. Er war zunächst Musiklehrer und Musiker im Haus der Fürsten von Carignano in Turin, dann kam er nach Paris und trat ab 1741 im Concert spirituel mehrmals als Violinist auf. Darauf wurde er Soloviolinist im Orchester von La Pouplinière und ab 1765 am Opernorchester. Gleichzeitig wurde er vom Hof als Violinist beschäftigt. Er starb in Paris am 25. 9. 1776.

WERKE
Von Giuseppe Canavasso sind eine seiner Sinfonien für drei Violinen und 6 Violinsonaten mit Generalbaß, einige Sonaten für Solovioline und Cello und eine mit Bratsche oder Cembalo bekannt geworden. Die Sonaten nähern sich sehr der klassischen Konzeption. Alles andere ist verschollen.

Michelangelo Cancineo
(um 1560 bis nach 1608)

ZEIT UND UMWELT
San Lorenzo, der Dom von Viterbo, stammt aus dem 12., seine Renaissancefassade aus dem 15. Jahrhundert. Die Musikpflege des Domes stand immer im Schatten der päpstlichen Kapelle des nahen Rom.

LEBEN
Michelangelo Cancineo (Michel Angelo) wurde um 1560 in Viterbo geboren. Er trat dem Karmeliterorden bei und wirkte als Sänger am Dom seiner Geburtsstadt, an dem er schließlich Kapellmeister wurde. Er versah diesen Dienst bis zu seinem Tod nach 1608.

WERKE

Von dem italienischen Komponisten erschienen 2 Bücher mit fünfstimmigen Motetten, von denen nur das zweite erhalten ist, und ein Buch mit vier- bis achtstimmigen Madrigalen. Einzelne Vokalstücke finden sich in Sammelwerken. Seine Musik gehört mit ihrer Polyphonie ganz dem 16. Jahrhundert an und ist dem römischen Stil der Zeit verhaftet.

Émilie Julie Candeille (1767–1834)

ZEIT UND UMWELT

Die Französische Revolution, die mit vielen Konventionen brach, verschaffte auch dem weiblichen Geschlecht einen größeren Freiheitsraum. Wenn auch schon immer einzelne Frauen als Komponistinnen hervorgetreten waren, so geschah das stets unter gewissen günstigen Voraussetzungen und ohne viel mehr als zeitweise achtende Anerkennung. Eine echte Gleichsetzung ihrer Leistung der eines männlichen Komponisten im vollen Umfang wurde aber weder im revolutionären Frankreich noch in unserem Jahrhundert erreicht.

LEBEN

Émilie Julie Candeille wurde am 31. 7. 1767 in Paris als Tochter des Pierre Joseph Candeille geboren. Sie trat zuerst als Opernsängerin auf, aber sofort darauf als Pianistin und Komponistin im Concert spirituel. Sie sang die Hauptrolle ihrer ersten Oper selbst. Nachdem sie mit weiteren Opern wenig Erfolg hatte, widmete sie sich vor allem der Komposition von Klavierstücken und dem Klavierunterricht. Sie starb am 4. 2. 1834 in Paris.

WERKE

Von Émilie Julie Candeille sind 4 Sonaten für Cembalo oder Piano, eine Sonate für zwei Klaviere, 3 Klaviertrios, ein Cembalokonzert und zahlreiche Romanzen und Lieder erhalten. Ihre Vokalkompositionen ragen an Qualität weit über die anderen hinaus.

Pierre Joseph Candeille (1744–1827)

ZEIT UND UMWELT

Wiederaufführungen älterer Erfolgsopern gingen um die Wende zum 19. Jahrhundert nicht selten über die französischen Bühnen, obwohl sonst die Tendenz, nur Gegenwartsmusik aufzuführen, auch in Frankreich vorherrschte. In jenen Bühnenstücken wurden, um die Aufführung zu rechtfertigen, einige Nummern durch neue ersetzt. Opernkomponisten, die mit eigenen Werken schlecht ankamen, fanden auf diesem Weg eine Möglichkeit, ihren Namen auf das Programm zu bringen.

LEBEN

Pierre Joseph Candeille wurde am 8. 12. 1744 in Estaires, Nord, geboren. Er war zunächst Sänger an St-Pierre in Lille, sodann ab 1767 Baßbariton an der Pariser Oper. Im Jahr 1777 führte er einige Divertissements und Motetten im Concert spirituel mit Erfolg auf. Seine Bemühungen, eigene Werke auf die Bühne zu stellen, schlugen fehl. Günstige Aufnahme fand nur die »Modernisierung« einer Oper von Jean-Philippe Rameau. Er starb am 24. 4. 1827.

WERKE

Der größte Teil der mehr als 20 Opern von Pierre Joseph Candeille wurde nie aufgeführt. Mehr Anklang fanden seine vorzüglichen Motetten, das Magnificat und seine 4 Sinfonien; seine Messe ist verlorengegangen. Sein Stil gehörte dem Rokoko an.

Cornelius Canis (um 1515–61)

ZEIT UND UMWELT

Nicolas Gombert hatte den franko-flämischen Stil bis zur Vollendung ausgebildet, so daß in dieser Richtung keine Steigerung mehr möglich war, wenn nicht fremde Stilelemente herangezogen wurden. Für individuelle Seitenwege bot die dichte polyphone Satztechnik mit ihren nacheinander gleichwertig imitierenden Stimmen, vermehrt durch die vom Text bedingten ständigen

Neuansätze, wenig Raum. Die Eigenart des jeweiligen Komponisten, der den Stil fortsetzte, konnte sich nur in der melodischen Gestaltung ausprägen.

LEBEN
Cornelius Canis (de Hondt) wurde um 1515 vermutlich in Gent geboren. Der flämische Musiker begann seine Laufbahn als Sänger an Notre-Dame in Antwerpen. Im Jahre 1542 folgte er Nicolas Gombert als Maître des enfants der Hofkapelle Kaiser Karls V. nach, blieb in dieser Stelle bis 1555 und trat zur Kapelle Ferdinands I. über, als diesem die Regierung übertragen worden war. Er starb in Prag am 15. 2. 1561.

WERKE
Von Cornelius Canis sind eine sechsstimmige Messe, 26 lateinische Motetten und 26 drei- bis fünfstimmige französische Chansons erhalten. Das kompositorische Gesamtwerk des Meisters lehnt sich stark an Gombert an. Individuelle Züge sind in der Melodiegestaltung nicht zu übersehen.

LITERATUR
W. B. Wells, The Sacred Music of Cornelius Canis, Stanford 1968.

Christian Cannabich (1731–98)

Christian Cannabich

LEBEN
Johann Christian Innozenz Cannabich wurde am 28. 12. 1731 in Mannheim getauft. Er war Schüler im Violinspiel und der Komposition von Jan Václav Stamic und trat in jungen Jahren in die Hofkapelle ein. Im Jahr 1753 begleitete er Niccolò Jommelli nach Italien und genoß dabei seinen Unterricht. Nach einem Aufenthalt bis 1759 in Mailand erhielt er, nachdem Jan Václav Stamic gestorben war, dessen Konzertmeisterstelle in Mannheim, wurde 1774 Direktor der Instrumentalmusik und ging mit dem Orchester 1778 an den bayrischen Hof in München. Er starb am 20. 1. 1798 in Frankfurt am Main.
Sein Vater Matthias Franz (auch Matthias Friedrich und Martin Friedrich) Cannabich (um 1700, vermutlich Mannheim, bis vor 1757, Mannheim) war Mitglied des Mannheimer Hoforchesters.

WERKE
Das kompositorische Werk von Christian Cannabich war sehr umfangreich. Er verfaßte ungefähr 90 Sinfonien, von denen nur wenige gedruckt wurden, zahlreiche Violinkonzerte, Orchestertrios, Quartette, Quintette, Konzerte, ungefähr 40 Ballette und 2 Opern. Seine Musik wurde begeistert aufgenommen, aber sehr bald vergessen. Die Sinfonien zeichnen sich durch eine sorgfältige Verteilung des thematischen Materials auf sämtliche Instrumentalgruppen aus. Er hat als einer der ersten die Klarinette in das Orchester aufgenommen. Sein Konzert in D-Dur für Flöte und Orchester und sein Quartett für Klarinette, Violine, Viola und Fagott verdienen hervorgehoben zu werden. Seine Virtuosität als Violinist und seine Fähigkeit als Dirigent, der die Dynamik der Instrumente noch besser präzisierte als sein Vorgänger, wurden allgemein gerühmt.
Matthias Franz Cannabich hat angeblich für die Flöte komponiert. Es ist nichts davon überliefert.

Sinfonia in B-Dur, 3 Sätze

Der 1. Satz beginnt mit einem schlichten Motiv, das bald durch rasch wechselnde Harmonik leidenschaftliche Züge gewinnt. Das davon abgeleitete 2. Thema bildet mit seiner Moll-Färbung dazu einen ausdrucksvollen Kontrast. Der 2. Satz bringt eine graziöse Kantilene. Der 3. Satz hat deutlichen böhmischen Einschlag, besonders in den Passagen der Bläser.

Karl Konrad Cannabich (1771–1806)

ZEIT UND UMWELT

Spätestens seit Orlando di Lasso (um 1532–94), der seine letzten und fruchtbarsten Lebensjahre als Hofkapellmeister in München verbrachte, war das Musikleben der Stadt eng mit dem bayrischen Hof bis zu dessen Ende im Jahr 1918 verknüpft. Oper, Konzertwesen und auch Kirchenmusik gehörten zu den echten Interessenkreisen der bayrischen Herzoge, Kurfürsten und Könige. Das war einer der Hauptgründe dafür, daß München durch Jahrhunderte eine wirkliche und nicht nur selbsternannte Musikstadt war und heute noch ist.

LEBEN

Karl Konrad Cannabich wurde am 11.10.1771 in Mannheim als Sohn des Johann Christian Cannabich (1731–98) getauft. Er wirkte bereits mit 17 Jahren im Orchester seines Vaters mit, das Kurfürst Karl Theodor (1724 bis 1799) im Jahr 1777 von Mannheim nach München verlegt hatte. Im Jahr 1798 folgte er seinem Vater als Hofkonzertmeister und 1800 als Hofmusikdirektor nach und starb am 3.3.1806.

WERKE

Von Karl Konrad Cannabich sind eine Sonate und mehrere Variationenwerke für Klavier und auch für Harfe, eine Sinfonie, 2 Konzerte für Violine solo, 2 Konzerte für zwei Violinen und Orchester, 2 Sammlungen Canzonetten für drei und vier Singstimmen, Lieder zu Klavierbegleitung, einzelne Gesänge und die Kantate »Mozarts Gedaechtnis Feyer« für Soli, Chor und Orchester (1797) erschienen. Er schrieb 2 Opern und 3 Ballette, die handschriftlich erhalten sind. Sein Stil ist vom Mannheimer abhängig.

Pompeo Canniciari
(um 1680–1744)

ZEIT UND UMWELT

Die alte römische Schule fand trotz der stilistischen Weiterentwicklung der Musik immer wieder ihre Vertreter und Anhänger. Der alte Stil unterlag selbstverständlich deutlichen Einflüssen des Gegenwartsstils, weil es in keiner Kunstgattung möglich ist, einen älteren Stil zu konservieren.

LEBEN

Pompeo Canniciari wurde um 1680 vermutlich in Rom geboren. Er war ab 1709 Kapellmeister an Santa Maria Maggiore in Rom bis zu seinem Tod am 29. 12. 1744. Er besaß eine große Sammlung Musikbücher, die er seiner Kirche hinterließ.

WERKE

Der italienische Komponist Pompeo Canniciari verfaßte Kirchenmusik für zwei und für vier Chöre. Ein vierstimmiges Ave Maria ist erhalten, das eine schöne kontrapunktische Führung aufweist. Er war ein eifriger Verfechter alter Stilformen.

Carlo Canobbio (1741–1822)

ZEIT UND UMWELT

Das durch kräftige Förderung aufblühende Musikleben in St. Petersburg und in den übrigen großen Städten Rußlands nahm ständig bereitwillig fähige Kräfte aus Westeuropa und besonders aus Italien auf, die, abgesehen von den großzügigen Honoraren, schon dadurch angezogen wurden, daß sie zu einem immer größer werdenden Kreis von Landsleuten stießen, die einander einen wertvollen Rückhalt boten.

LEBEN

Carlo Canobbio (Cannobbio) wurde 1741 in Venedig geboren. Nach seiner Ausbildung wirkte er an der Königlichen Oper in Madrid als erster Violinist. In den Jahren 1774 und 1775 war er in Venedig Mitarbeiter des von Luigi Marescalchi geführten Musikverlages, von 1773 bis 1775 Konzertmeister am Theater San Samuele in seiner Geburtsstadt; 1779 ging er nach St. Petersburg, wo er bis zu seinem Tod am 23. 2. 1822, von einem zweijährigen Italienaufenthalt unterbrochen, als erster Violinist und Stellvertreter des Leiters Giovanni Paisiello an der Italienischen Oper tätig war.

WERKE
Neben mehreren Balletten und einer Opernouvertüre schrieb Carlo Canobbio 6 Sonaten für Gitarre und Violine, mehrere Duos für Flöte und Violine, 2 Sinfonien und einige Arien. Sein Stil ist dem der venezianischen Oper angepaßt. Die Sonaten für Gitarre erinnerten an Luigi Boccherini.

Joseph Canteloube (1879–1957)

LEBEN
Marie-Joseph Canteloube (Canteloube de Malaret) wurde am 21.10.1879 in Annonay, Ardèche, geboren. Er wurde 1901 an der Schola Cantorum in Paris Schüler von Vincent d'Indy. Neben seiner Komposition beschäftigte er sich mit der Sammlung und Bearbeitung französischer Volkslieder. Er starb am 4.11. 1957 in Gridny, Seine-et-Oise.

WERKE
Von Joseph Canteloube sind 2 Opern aufgeführt worden. Er schrieb ferner eine sinfonische Dichtung, ein Klavierkonzert, ein Violinkonzert, ein Bläsertrio, Klavierstücke, Gesänge und Lieder. Sein Stil war spätromantisch mit Annäherungen an moderne Diktionen.

Pirro Albergati Capacelli (1663 – 1735)

LEBEN
Conte Pirro Albergati Capacelli wurde am 20. 9. 1663 in Bologna geboren. Er war »adeliger Dilettant« der Bologneser Schule, lebte in seiner Vaterstadt und starb dort am 22. 6. 1735.

WERKE
Der italienische Komponist Pirro Albergati Capacelli schrieb 2 Oratorien im Stil von Alessandro Stradella, 5 Bücher mit Kantaten, Ballette, Sonaten für zwei und für drei Violinen, verschiedene Kammerkonzerte und Capricci, außerdem Messen, Antiphonen, Psalmen und Motetten, alles vorzügliche Musik im Stil des italienischen Hochbarock. Er verfaßte auch 2 Opern, die in Bologna aufgeführt wurden.

Alessandro Capece (um 1575 – 1640)

ZEIT UND UMWELT
Sowohl in Rom wie auch in der Umgebung löste der Generalbaß die polyphone Technik auf immer breiterem Raum ab. Er eroberte einen weiten Bereich der sakralen Musik. Der Palestrina-Stil blieb nahezu nur für das Ordinarium reserviert, so daß die Kirchenmusik eine nie gekannte stilistische Vielfalt erreichte.

LEBEN
Alessandro Capece wurde um 1575 in Tarano bei Rieti geboren. Seine Ausbildung dürfte er in Rieti erhalten haben, seine erste Kapellmeisterstelle führte ihn an den Dom in Ferrara, das um jene Zeit (nach 1600) bereits dem Kirchenstaat einverleibt war. Von 1613 bis 1617 wirkte er in gleicher Eigenschaft am Dom zu Rieti und anschließend in Sulmona im Königreich Neapel bis 1627, unterbrochen durch eine Tätigkeit in Rivoli von 1627 bis 1629. Im Jahr 1636 wurde er auf den Kapellmeisterposten der Chiesa del Gesù und am Collegio dei Nobili in Neapel berufen. Er starb um 1640 in Rom.

WERKE
Vom italienischen Komponisten Alessandro Capece sind Psalmen, 8 Magnificat, konzertante Weihnachts- und Karwochenresponsorien für vier Stimmen und Generalbaß, mehrere Bücher mit vielstimmigen konzertanten

Motetten und 3 Bücher Madrigale überliefert.

LITERATUR

G. Radiciotti, La musica in Tivoli, Tivoli 1921.

Josef Čapek (1825-1915)

LEBEN

Josef Čapek (Joseph Czapek) wurde am 19.3. 1825 in Prag geboren. Er war Schüler des Prager Konservatoriums. Auf einer Konzertreise erhielt er in Göteborg ein Stellenangebot als Dirigent und Organist und wirkte dort in dieser Eigenschaft über 50 Jahre. Er starb am 14.7.1915 in Göteborg.

WERKE

Von Josef Čapek sind einige Sinfonien, Messen und Kantaten von beachtlichem Wert bekannt geworden. Seine Kantate »Das Weltgericht« wurde allgemein geschätzt.

Lucien Capet (1873-1928)

LEBEN

Lucien Capet wurde am 8.1.1873 in Paris geboren. Von 1888 bis 1893 war er Schüler des Conservatoire in Paris; 1896 wurde er Soloviolinist im Orchester Lamoureux, 1899 Violinlehrer am Konservatorium in Bordeaux und 1907 Leiter der Kammermusikklasse des Conservatoire in Paris, wo er am 18.12.1928 starb.

WERKE

Von Lucien Capet sind eine sinfonische Dichtung, eine Vertonung des XXIII. Psalms, eine Kantate für Singstimme und Orchester, ein »Prélude religieux« für Orchester, ein »Poème« für Violine und Orchester, eine »Aria« für Violine, Bratsche und Klavier, 5 Streichquartette und 2 Violinsonaten bekannt geworden. Er setzte sich stark für die Aufführung klassischer Streichquartette ein.

Geminiano Capilupi (1573–1616)

ZEIT UND UMWELT

Nachdem mit dem Tod des Herzogs Alfonso II. (1533–97) und seiner Schwester Lucrezia (1536–98) die Familie Este in direkter Linie ausgestorben war, konnte die Kurie Ferrara die bisherige Residenz der Este an sich bringen. Dem Cousin Cesare (1562 bis 1628) wurde neben Reggio nur noch Modena belassen, das schon früher eine Nebenresidenz der Este gewesen war. Cesare war ebensowenig wie seine Nachfahren imstande, das Ansehen und den Einfluß der Familie Este auf alter Höhe zu halten, ihre Kulturpolitik setzte er aber nach Kräften in Modena fort.

LEBEN

Geminiano Capilupi (eigentlich Geminiano Ludovico Lovetti) wurde am 22. 2. 1573 in Modena geboren. Er wirkte von 1593 bis 1602 als Sänger am Dom der Stadt und war zugleich Schüler des Kapellmeisters Orazio Vecchi (1550–1605), dessen Amt er 1604 übernahm und bis 1614 innehatte. Dann wurde er Hofkapellmeister. Er starb in Modena am 31. 8. 1616.

WERKE

Vom italienischen Komponisten Geminiano Capilupi sind 2 Bücher mit sechs- und achtstimmigen Motetten, Kirchenkonzerte für acht bis dreizehn Stimmen und Generalbaß und eine Reihe Canzonetten und Madrigale überliefert. Sie folgen dem konzertanten Stil der Venezianer und müssen als Zwischenformen der Stilwende eingestuft werden. Am schönsten sind jedenfalls die Kirchenkonzerte.

LITERATUR

G. Roncaglia, La cappella musicale del Duomo di Modena, Florenz 1957.

André Caplet (1878-1925)

LEBEN

André Caplet wurde am 23.11.1878 in Le Havre geboren, wo er bereits mit 12 Jahren als

Violinist im Theaterorchester spielte. Ab 1896 studierte er am Conservatoire in Paris unter Charles Lenepveu, Xavier Leroux und Paul Vidal und erhielt 1901 den Rompreis. Er war bis 1910 Dirigent der Concerts Colonne und anschließend bis 1914 der Boston Opera Company. Durch eine Kriegsverletzung war er gezwungen, seine Dirigentenlaufbahn aufzugeben und widmete sich nur noch der Komposition. Er starb am 22.4.1925 in Neuilly-sur-Seine.

WERKE
Das kompositorische Werk von André Caplet stand unter dem Einfluß von Claude Debussy, von dessen Klavierwerken er einige orchestrierte. Er schrieb eine Orchestersuite nach persischen Motiven, ein Harfenkonzert, ein Cellokonzert, ein Quintett für Harfe und Streicher, ein Septett für Streichquartett und drei Frauenstimmen, ein Quintett für Bläser, mehrere Stücke für Cello und Klavier, für Flöte und Klavier, für Harfe solo und Klavier solo, sakrale Stücke für Singstimmen und Orgel, Orchesterlieder und zahlreiche Chansons mit verschiedener Begleitung. Bei manchen Werken schritt er über den Impressionismus in die Richtung des Neuklassizismus hinaus.

Gaetano Capocci (1811–98)

ZEIT UND UMWELT
Die wenigen italienischen Komponisten des 19. Jahrhunderts, die keine Opern schrieben, beschäftigten sich in der Regel nur mit Kirchenmusik. Die Komposition von Sinfonien oder Konzerten war verhältnismäßig selten. Auch für die Orgel wurden nicht viele Stücke veröffentlicht. Aber das wenig entwickelte Konzertleben des Landes verlangte nicht danach. Das Publikum begnügte sich mit der Oper und dem Kirchengesang.

LEBEN
Gaetano Capocci wurde am 16.10.1811 in Rom geboren. Er war dort nach seiner Ausbildung zunächst Organist an Santa Maria in Vallicella, dann ab 1839 an Santa Maria Maggiore. Von 1865 bis zu seinem Tod am 11.1.1898 wirkte er als Kapellmeister an San Giovanni in Laterano.
Sein Sohn Filippo Capocci (11.5.1840, Rom, bis 25.7.1911, Rom) wurde 1875 Organist und 1898 Kapellmeiser an San Giovanni in Laterano.

WERKE
Von Gaetano Capocci sind 2 Oratorien – »Battista«, »Assalone« –, sehr viel gesungene Karwochenresponsorien, Messen, Motetten, Psalmen und andere sakrale Gesänge im Stil der römischen Schule erschienen. Die in 7 Bänden erschienenen 42 Werke stellen nur einen Teil seines umfangreichen kompositorischen Nachlasses dar.
Filippo Capocci schrieb zahlreiche Orgelwerke, darunter 6 Sonaten, außerdem ein Oratorium »Sant' Atanasio«.

Andrea Caporale (um 1700 bis um 1756)

ZEIT UND UMWELT
Durch die Verwendung von Celli im Opernorchester und bei Oratorien durch Georg Friedrich Händel wurde das Instrument auch in England bald populär und vielseitig der Viola da gamba vorgezogen. Zum solistischen Einsatz wurde es allerdings erst um die Mitte des 18. Jahrhunderts verwendet.

LEBEN
Andrea Caporale wurde um 1700 in Italien geboren und zum Cellisten ausgebildet. Er kam 1734 nach London und erregte dort durch sein virtuoses Spiel bald Aufsehen. Im Jahr 1740 nahm ihn Georg Friedrich Händel in sein Opernorchester auf. In den fünfziger Jahren trat er mehrfach in Dublin mit seinem Instrument auf. Er starb um 1756 in London.

WERKE
Von Andrea Caporale sind 18 Soli für Cello in London erschienen, die für die ältere Celloliteratur dadurch bezeichnend sind, daß sie weniger Spielgeläufigkeit als Ausdruck und schöne Tonbildung verlangen.

Samuel Capricornus (1628–65)

ZEIT UND UMWELT

Solange Kaiser Ferdinand II. regierte, war in Böhmen für Protestanten kein Platz. Wer von ihnen nicht konvertieren wollte, mußte flüchten. Die Länder des evangelischen Nordens bildeten ein wichtiges Fluchtziel, aber auch Ungarn und gegen das Ende des Dreißigjährigen Krieges auch Schlesien, wo protestantische Kirchen über die Intervention des sächsischen Kurfürsten geduldet wurden.

LEBEN

Samuel Capricornus wurde am 21. 12. 1628 in Šardice, Böhmen, als Sohn eines evangelischen Pfarrers geboren, der kurz nach dessen Geburt mit ihm nach Ungarn flüchtete. Er studierte in Schlesien Theologie und in Wien Musik. Von 1649 bis 1657 wirkte er als Musikdirektor in Preßburg, dann als Hofkapellmeister in Stuttgart, wo er am 10. 11. 1665 starb.

WERKE

Der tschechische Komponist Samuel Capricornus wurde durch sein Wirken in Preßburg zur bedeutendsten Persönlichkeit der slowakischen Musikkultur im 17. Jahrhundert. Er gehörte zu den Hauptmeistern des instrumentenbegleiteten Liedes seiner Zeit. In Preßburg verfaßte er 112 große Werke, von denen 22 in seiner Sammlung »Opus musicum« veröffentlicht wurden; sie sind ebenso wie seine »Geistliche Concerten« für eine bis acht Stimmen mit Instrumenten geschrieben. Außerdem verfaßte er 3 Bände »Geistliche Harmonien« für fünf Stimmen und Instrumente, »Theatrum musicum« für drei Stimmen und Instrumente, »Opus aureum missarum«, »Scelta musicale« und weitere Messen, ein Miserere, dreistimmige Sonaten und Kanzonen und »Neu angestimmte und erfreuliche Tafelmusik«, Teil 1 für Singstimmen, Teil 2 für Instrumente, beide mit Generalbaß, schließlich 6 Orgelpräludien, ein Ballett und eine Oper. Gemeinsam ist allen Werken ein bildhafter musikalischer Textausdruck und der konzertante Stil, der in der protestantischen Kirchenmusik noch nicht sehr häufig war.

Te Deum laudamus für acht Solisten, acht Chorstimmen, vier Klarinetten, zwei Violinen und Orgel, entstanden um 1655

Dieses Werk fällt durch seine barocke Vielstimmigkeit und den großen Aufwand von Musikinstrumenten auf. Es ist stilistisch italienisch orientiert und auf breite Klangwirkung gearbeitet. Die Soli sind sehr arios, nahezu dem Opernstil angenähert und lassen zuweilen heimisches Melos mitklingen.

Carlo Caprioli (um 1615 bis um 1673)

ZEIT UND UMWELT

Die steigende Prävalenz der Violine führte zwangsläufig dazu, daß die Violinisten neben dem Kapellmeister eine leitende Stelle einnahmen, besonders bei Instrumentalensembles betraf. Daraus ist die Stellung des ersten Violinisten als Konzertmeister hervorgegangen.

LEBEN

Carlo Caprioli (Caproli, Caproni), der wegen seiner Virtuosität als Violinist den Namen »Carlo del Violino« führte, wurde um 1615 vermutlich in oder bei Rom geboren. Er war Schüler von Luigi Rossi und trat nach seiner Ausbildung in die Dienste der fürstlichen Familie Ludovisi, die mit Papst Innozenz X. verwandt war. Von 1649 bis 1670 war er zuerst zweiter und dann erster Violinist an San Luigi de'Francesi und ab 1665 auch Leiter des Instrumentalensembles der Kapelle der Kirche. Im Jahr 1653 erhielt er eine Einladung des Kardinals Mazarin, seine (inzwischen verschollene) Oper in Paris aufzuführen. Er starb in Rom um 1673.

WERKE

Vom italienischen Violinisten und Komponisten Carlo Caprioli sind Arien, Canzonetten, 65 Kantaten und Duette und das Oratorium »David prevaricante e poi pentito« (David in Sünde und Reue) erhalten. Der italienische Barockstil hatte sich bei diesem Meister bereits vollständig durchgesetzt.

Literatur

A. Liess, Materialien zur römischen Musikgeschichte des Seicento, in: Acta Musicologica XXIX, 1957.

Nicolas Capron (um 1740–84)

Zeit und Umwelt

Die klassische Sonatenform – 2 Themen, die durchgeführt werden, Dreisätzigkeit: Allegro, Adagio oder Andante, Pastorale oder Menuett oder noch ein italienisches Presto – fand nach der Mitte des 18. Jahrhunderts auch in die französische Violinmusik Eingang.

Leben

Nicolas Capron wurde um 1740 in Paris geboren. Er war einer der fähigsten Schüler von Pierre Gaviniès und trat bereits mit 15 Jahren als Violinist in das Orchester der Opéra Comique ein. Im Jahr 1761 konzertierte er zum ersten Mal im Concert spirituel, an dem er von 1765 bis zu seinem Tod am 14. 9. 1784 als Konzertmeister wirkte.

Werke

Trotz der »Klassiknähe« gehören die Werke von Nicolas Capron dem galanten Stil an. Er verfaßte ein Buch Violinsonaten mit Generalbaß, eine Romanze mit zwei Violinen und zwei Jagdhörnern, 12 Streichquartette, 2 Violinkonzerte, 6 Violinduos.

Rinaldo da Capua
(um 1710 bis nach 1770)

Zeit und Umwelt

Das Auftreten einer italienischen Operntruppe (Buffons genannt) mit zugkräftigen Intermezzi in Paris in den Jahren 1752 bis 1754 führte zu heftigen Auseinandersetzungen zwischen den Anhängern italienischer Musik (Buffonisten) und den Verfechtern traditioneller französischer Musik, den Anti-Buffonisten. Der Streit währte bis in die siebziger Jahre des 18. Jahrhunderts, trug aber viel zur Bildung der Opéra comique als eigenständige heitere französische Oper bei.

Leben

Rinaldo da Capua wurde um 1710 in Capua geboren. Er wirkte als Opernkomponist in Neapel und später in Rom, wo er nach 1770 starb.

Werke

Die Bedeutung von Rinaldo da Capua liegt auf dem Feld der Opern, die in Paris, Florenz, Venedig und vor allem in Rom mit viel Erfolg aufgeführt wurden. In Paris wurden sie zum Gegenstand des Buffonistenstreites, wie die Werke von Giovanni Battista Pergolesi. Neben seinen Opern wurde seine »Cantata per la natività della Beata Vergine« (Kantate zur Geburt der seligen Jungfrau) mit Begeisterung aufgenommen.

Giuseppe Antonio Capuzzi
(1755–1818)

Zeit und Umwelt

Während französische Musiker im letzten Jahrzehnt des 18. Jahrhunderts ohne Schwierigkeit ein Betätigungsfeld fanden, wenn sie sich den neuen Kräften zur Verfügung stellten, verließen ausländische zumeist das Land. Es versiegte auch der frühere starke Zuzug von Meistern; denn auf der einen Seite begegneten Ausländer einem gewissen Mißtrauen, andererseits war es für sie nicht leicht, sich den Revolutionären anzuschließen, weil sie sich damit unter Umständen die Rückkehr in die eigene Heimat versperrten. London wurde daher als Reiseziel vorgezogen.

Leben

Giuseppe Antonio Capuzzi wurde am 1. 8. 1755 in Breno bei Brescia geboren. Er war Schüler von Ferdinando Giuseppe Bertoni in Venedig und darauf Violinist an San Marco. Im Jahr 1796 ging er nach London, wo er ein Ballett herausbrachte. Zuletzt wirkte er als Lehrer am Konservatorium und als Kapellmeister an Santa Maria Maggiore in Bergamo, wo er am 28. 3. 1818 starb.

WERKE
Neben 5 Opern und zahlreichen Balletten verfaßte Giuseppe Antonio Capuzzi eine konzertante Sinfonie, Streichquartette, Streichquintette und Divertimenti für Violine und Generalbaß. Sein Stil bewegte sich im italienischen Rokoko.

Marco Cara (um 1475 bis nach 1525)

ZEIT UND UMWELT
Der kulturelle Aufschwung von Mantua unter der Familie Gonzaga erfuhr durch den Einfluß der Isabella d'Este (1474–1539), Frau des vierten Marchese Francesco II. Gonzaga (1466–1519), starke Impulse, die die Stadt unter deren Nachfolgern auf die Höhe ihres Ansehens führten. Künstler jeder Art wurden in Mantua aufgenommen und beschäftigt, so daß sich die Stadt ebenbürtig neben die anderen italienischen Zentren der Renaissance stellen konnte.

LEBEN
Marco Cara (Marchetto) wurde um 1475 in Verona geboren und stand von 1495 bis 1525 im Dienst der Gonzaga in Mantua. Kurze Aufenthalte führten ihn nach Venedig und Mailand. Er dürfte in Mantua nach 1525 gestorben sein.

WERKE
Cara war neben Tromboncino ein Hauptmeister der Frottola. Es sind davon über 100 erhalten. Darüber hinaus sind nur einige wenig eindrucksvolle geistliche Sätze überliefert, darunter ein dreistimmiges Salve Regina, das jedoch Beachtung verdient.

Michele Enrico Carafa (1787–1872)

LEBEN
Michele Enrico Francesco Carafa de Colobrano wurde am 17.11.1787 in Neapel geboren. Er wurde dort von Fedele Fenaroli und von Francesco Ruggi (21.10.1767, Neapel, bis 23.1.1845, Neapel), Kapellmeister, Kompositionslehrer, Komponist von 5 Opern, einem Oratorium, zahlreichen Messen und anderen sakralen Gesängen sowie profaner Musik, und in Paris von Luigi Cherubini und Christian Kalkbrenner ausgebildet. Dann trat er in die Armee Napoleons ein, wurde Adjutant von Marschall Joachim Murat (1767–1815), machte den russischen Feldzug mit und wandte sich schließlich erneut der Musik als Opernkomponist für Paris zu. Im Jahr 1838 wurde er Leiter der Militärmusikschule und 1840 Kompositionslehrer am Conservatoire. Er starb am 27.7.1872 in Paris.

WERKE
Neben seinen ungefähr 35 Opern, die trotz ihrer seinerzeitigen Beliebtheit schon längst von den Spielplänen verschwunden sind, verfaßte Michele Enrico Carafa Sinfonien, Instrumentalkonzerte mit Orchester, Romanzen, Kantaten, Messen und ein sehr bekanntes Stabat mater. Während die Opern die neapolitanische Schule erkennen ließen, näherte sich seine übrige Musik der Romantik.

LITERATUR
F. Bazin, Notice sur la vie de Michel Carafa de Colobrano, Paris 1873.

Carasaus (um 1220 bis um 1275)

ZEIT UND UMWELT
Heinrich III., Herzog von Brabant, führte wie seine Vorgänger in Löwen einen prächtigen Hof. Trouvères fanden bei ihm Aufnahme wie in allen anderen Städten des Gebietes, in dem später die franko-flämische Schule entstand und ihre Blütezeit entfaltete.

LEBEN
Der nordfranzösische Trouvère ist um 1220 in der Picardie geboren. Über seine Herkunft und seine persönlichen Verhältnisse ist nichts bekannt, außer daß er Beziehungen zu Graf Baudouin III. de Guines (gestorben 1245) und nach dessen Tod zu Heinrich III., Herzog von Brabant, pflegte. Ort und Zeit seines Todes sind nicht feststellbar.

WERKE

Carasaus hat 5 Lieder hinterlassen, die dem Trouvèrestil seiner Zeit folgen und besonders ausdrucksvoll und geistreich sind.

LITERATUR

M. Spaziani, Le canzoni di Carasaus in: Cultura neolatina XIII, 1953.

Peire Cardenal (um 1195 bis um 1275)

ZEIT UND UMWELT

Nachdem Papst Innozenz III. (1198–1216) Raimond VI., Graf von Toulouse (1156 bis 1222), wegen zu großer Toleranz gegen die harmlose asketische paulinische Sekte der Albigenser vergeblich ermahnt hatte und der päpstliche Legat in Toulouse wegen seines Auftretens ermordet worden war, rief er zum Kreuzzug gegen die Ketzer auf, den Simon von Montfort (gestorben 1218) anführte und auftragsgemäß mit schärfster Strenge durchführte. Die Ketzer und alle, die Ketzerei geduldet hatten, waren auszurotten. Das geschah mit äußerster Gründlichkeit. In Bezier zum Beispiel wurden alle Einwohner, ob Ketzer oder Christ, getötet, denn es hieß »Tötet sie alle, Gott wird seine Kinder erkennen«. In Wahrheit war es ein reiner Raubüberfall. Wer von den provenzalischen Adeligen konnte, flüchtete außer Landes, und mit ihnen ihr Gesinde und auch die Troubadours.

LEBEN

Peire Cardenal wurde um 1195 in Puy-en-Velay geboren. In jungen Jahren wurde er Sekretär des Grafen von Toulouse, Raimond VI., dann flüchtete er vor den einfallenden Kreuzfahrern nach Montpellier, dem Lehen des Königs von Aragon, wo er sich vermutlich bis zu seinem Lebensende um 1275 aufgehalten hat. Er war selbst kein Katharer, sondern Christ, aber sein offenes Auftreten gegen die Greuel des Kreuzzuges zwang ihn zur Flucht.

WERKE

Von Peire Cardenal sind über 70 Liedtexte erhalten, die zumeist zeitkritisch und satirischen Inhalts sind. Er griff das Papsttum und den Klerus heftig an. Melodien sind allerdings nur drei überliefert.

Sirventes (Kritiklied)

Ich habe Grund, mich zu freuen und fröhlich und vergnügt zu sein, meine Lieder zu singen und ein Sirventes vorzubringen. Denn die Ehrlichkeit hat die Falschheit besiegt. Ich habe gehört, daß ein schwerer Verräter seine Macht und seinen Einfluß verloren hat.

(Der Bruder des Grafen Raimond VI. von Toulouse hatte sich auf die Seite der Kreuzfahrer geschlagen und wurde dafür von Anhängern des Grafen gehängt.)

Denn Gott hält seinen Bogen gespannt und schießt, wohin er schießen muß, und führt den Streich, den er führen muß, gegen den, der ihn verdient hat.

LITERATUR

Fr. Gennrich, Der musikalische Nachlaß der Troubadours, Darmstadt 1958.

Jean-Baptiste Cardon
(um 1760 bis 1803)

ZEIT UND UMWELT

Für Musiker, die bei Ausbruch der Französischen Revolution emigrierten, war Rußland ein verheißungsvolles Ziel, falls sie aus einer Stellung am französischen Hof kamen.

LEBEN

Jean-Baptiste Cardon wurde um 1760 in Rethel als Sohn des Jean Guillain Cardon geboren. Er bildete sich zum Harfenvirtuosen aus und stand in Diensten des nachmaligen Königs Karl X.; darauf wurde er Musiklehrer am Hof zu Versailles. Als die Revolution ausbrach, floh er nach Rußland und erhielt die Konzertmeisterstelle am Zarenhof, die er bis zu seinem Tod am 11. 3. 1803 betreute.

WERKE

Von Jean-Baptiste Cardon erschienen mehrere konzertante Sinfonien und zahlreiche Harfenstücke. Noch in Paris brachte er eine Harfenschule mit 2 Harfensonaten heraus, die viel verwendet wurde.

Jean Guillain Cardon (1732–88)

ZEIT UND UMWELT
Louis, comte de Provence, Bruder König Ludwigs XVI., wurde nach der Restauration als Ludwig XVIII. König von Frankreich. Er hatte Frankreich 1791 verlassen und proklamierte sich nach dem Tod des Bruders und des Dauphins als Regent von Frankreich. Im Jahr 1814 konnte er nach dem Sturz Napoleons die Regierung des Landes tatsächlich antreten.

LEBEN
Jean Guillain Cardon wurde am 18. 1. 1732 in Mons geboren. Er kam 1761 nach Paris und wurde 1764 als Violinist in die Königliche Kapelle aufgenommen. Von 1772 bis 1774 war er Violinlehrer des comte de Provence Louis. Er erblindete 1780 und erhielt bis zu seinem Tod am 18. 10. 1788 in Versailles eine staatliche Rente.

WERKE
Vom kompositorischen Werk von Jean Guillain Cardon sind 6 Duos für zwei Violinen, 6 Trios mit großem Orchester und eine Sammlung Arietten mit Violine, Flöte, Fagott und Baß bemerkenswert. Seine übrigen Kompositionen für Violine sind reine Virtuosenmusik.

Jean-Baptiste Cardon, Sohn Jean Guillains, Komponist für die Harfe, Stich von S. C. Miger, 1782

Jean Baptiste Cardonne
(1730 bis um 1792)

LEBEN
Jean Baptiste Cardonne (Philibert genannt) wurde am 26. 6. 1730 in Versailles geboren. Er war Schüler von François Colin de Blamont, der seinerzeit wieder Schüler von Michel-Richard Delalande gewesen war. Mit 13 Jahren dirigierte er bereits seine erste Motette mit großem Chor. Bald darauf rückte er zum Cembalo- und Lautenlehrer der Pagen auf (1755). Im Jahr 1777 wurde er Lehrer der Kammermusik und im Verlauf der folgenden Jahre ihr Leiter. Er starb um 1792 in Paris.

WERKE
Die Opern von Jean Baptiste Cardonne wurden von den Zeitgenossen als antiquiert kritisiert; auch seine 5 Motetten und seine Arietten verdienten diesen Vorwurf. Lebendiger und zeitnaher waren seine 6 Triosonaten für zwei Violinen und Generalbaß, seine 6 Sonaten für Cembalo und Violine, die Sinfonie und das Konzert wiesen aber deutliche Züge des Barock auf.

Manuel Cardoso (1566–1650)

ZEIT UND UMWELT
Die Erhebung des portugiesischen Volkes gegen die Herrschaft der Spanier führte 1640 zum Erfolg. João IV. Braganza (1604–56) bestieg den Thron in Lissabon als erster König des von der Fremdherrschaft befreiten Landes. Mit ihm setzte neuerlich eine eigenständige, nicht mehr von Madrid abhängige Kulturpolitik ein.

LEBEN
Manuel Cardoso wurde im Dezember 1566 in Fronteira no Alemtejo geboren. Sein Vater hieß Francisco Vaz, Cardoso war der Name seiner Mutter. Er studierte im Priesterseminar in Evora, wo er zum Musiker ausgebildet und schließlich zum Chorleiter an der Kathedrale der Stadt ernannt wurde. Im Jahre 1589 trat er dem Karmeliterorden

bei. Sein Ruf als Sänger, Organist und Chorleiter verbreitete sich rasch in ganz Portugal und in Spanien. König João IV. suchte die alte Residenz der portugiesischen Könige, Evora, schon vor seiner Thronbesteigung oft auf, um den von Cardoso geleiteten Chor zu hören, und setzte sich auch dafür ein, daß Cardoso nach der Restauration der portugiesischen Selbständigkeit Subprior und Musikdirektor des Karmeliterklosters in Lissabon wurde. Manuel Cardoso starb in Lissabon am 24. 11. 1650.

WERKE

Zeitgenossen stellten Manuel Cardoso Morales, Guerrero und Josquin an die Seite. Jedenfalls zählte er zu den bedeutendsten portugiesischen Komponisten und Organisten seiner Zeit. Von ihm sind 3 Bücher vier- bis sechsstimmige Messen, weitere vier- bis fünfstimmige Motetten und ein »Officio de Semana Santa« (Karwochenoffizium) erschienen. Seine Handschrift mit weiteren Kompositionen wurde beim Erdbeben von Lissabon vernichtet. Einzelnes, eine vierstimmige Messe, ein Agnus und 2 Motetten, ist in verschiedenen Bibliotheken erhalten. Der Stil seiner Musik entspricht der Polyphonie des 16. Jahrhunderts. Die Entwicklung in Frankreich, Italien, Deutschland und England hatte keinen Einfluß auf den portugiesischen Kirchenmusiker.

LITERATUR

A. T. Luper, Portuguese Polyphony, in: Journal of the American Musicological Society III, 1950.

Cristoforo Caresana
(1655 bis um 1730)

ZEIT UND UMWELT

Solfeggien – auf Vokale aufgebaute Gesangsübungen zur Schulung des Gehörs, des musikalischen Vorstellungsvermögens, des rhythmischen Empfindens und zum Einüben der Terminologie und der Notierungsarten – wurden in manchen Fällen von Komponisten verfaßt und boten so auch einen gewissen künstlerischen Gehalt und damit einen erhöhten Anreiz für die Schüler. Sie bildeten zuweilen sogar einen Teil von Konzertprogrammen.

LEBEN

Cristoforo Caresana wurde 1655 in Verudiano geboren und in Neapel ausgebildet. Im Jahr 1680 erhielt er die Stelle eines Organisten an der Königlichen Kapelle in Neapel, die er bis zu seinem Tod um 1730 versah.

WERKE

Der italienische Komponist Cristoforo Caresana veröffentlichte Motetten, Hymnen und vokale Kammermusik (vorwiegend Duette mit Generalbaß). Seine bekannteste Leistung sind seine »Solfeggi«, die wegen ihres pädagogischen Wertes, aber nicht weniger ihrer musikalischen Qualität wegen zum Standardwerk für den Gesangsunterricht an Konservatorien wurden.

Henry Carey (um 1687–1743)

ZEIT UND UMWELT

Der Ursprung der britischen Nationalhymne »God save the King« ist ungeklärt. Sie wurde angeblich am 28. 9. 1745, nachdem die Nachricht über die Niederlage der königlichen Truppen bei Prestonpans im Kampf gegen den Thronprätendenten Karl Eduard (1720 bis 1788) in London eingetroffen war, im Drury Lane und im Covent Garden Theatre gleichsam als Treuebekenntnis für König Georg II. zum ersten Mal gesungen. Textdichter und Komponist des vermutlich kurz zuvor entstandenen Gesanges sind unbekannt geblieben. Sie wurde rasch populär und wird mit einigen textlichen Abänderungen heute noch als offizielle Hymne verwendet. Die Melodie wurde inzwischen von 20 anderen Ländern adoptiert. Die Behauptung von George Savile Carey (1743–1807), daß die Melodie von seinem Vater Henry Carey stamme, entbehrt jedes Beweises.

LEBEN

Henry Carey wurde um 1687 vermutlich in

London geboren. Er war Schüler von Daniel Roseingrave und von Francesco Saverio Geminiani. Er lebte als Dichter und Komponist bis zu seinem Tod am 4. 10. 1743 in London.

WERKE
Außer mehreren Singspielen, zu denen er auch die Libretti verfaßte, schrieb Henry Carey zahlreiche Lieder, die vom Publikum begeistert aufgenommen wurden und eine interessante Etappe der Entwicklung des englischen Liedes darstellten. Auch die Liedtexte stammten größtenteils von ihm selbst.

Julián Carillo (1875–1965)

LEBEN
Julián Carillo (Carrillo) wurde am 28.1.1875 in Ahualulco, San Luis Potosí (später ihm zu Ehren Ahualulco del Sonido trece benannt), geboren. Er lebte in Mexiko-Stadt als Musiklehrer und Komponist und beschäftigte sich sehr mit neuen Tonsystemen, denen er die Bezeichnung »Sonido trece« (»Ton dreizehn« als Symbol für eine Teilung der Oktave in mehr als 12 Töne) verlieh. Er konstruierte mehrere neue Instrumente für seine Skala (Oktavina – Dritteltonklavier) und gründete ein Orchester, in dem alle Instrumente Mikrointervalle spielen konnten. Er starb am 9.9. 1965 in Mexiko-Stadt.

WERKE
Neben einer Reihe theoretischer Abhandlungen über seine neuen Tonsysteme und der Herausgabe einer Zeitschrift »Sonido 13« verfaßte Julián Carillo »Preludio a Colón« (Praeludium für Kolumbus), »Sonata casi fantasia« (Fantasie in Sonatenform) und »Concertino« für Violine, Cello, Gitarre, Oktavina, Horn, Harfe und Orchester, die Tondichtung »Horizontes« für Violine, Cello, Harfe und Orchester und ein »Concertino« für Klavier und Orchester sowie ein Konzert für Cello und Orchester. Bei diesen Werken verwendeten nur die Solisten Drittel- und Sechzehnteltöne. Er schrieb ferner eine »Misa de la restauración a S. S. Juan XXII« (Messe zur Genesung des Johannes XXII.) in Vierteltönen für Männerstimmen a cappella. Seine Bemühungen um die Mikrointervalle erreichten ebensowenig ein allgemeines Interesse wie die anderer Komponisten und Theoretiker.

Giacomo Carissimi (1605–74)

ZEIT UND UMWELT
Das »Oratorio latino« wurde seit 1526 von der gesellschaftlich und geistig gehobenen »Arciconfraternità des Santissimo Crocifisso« (Erzbrüderschaft vom Allerheiligsten Kruzifix) an der Kirche San Marcello in Rom gepflegt. Es fand aber nicht die weite Verbreitung des »Oratorio italiano« oder »Oratorio volgare«, denn es war ein hochqualifizierter Kunstgenuß für ein hochqualifiziertes Publikum. Ein französischer Reisebericht schilderte die pompösen Oratorien-Aufführungen der Brüderschaft, die mehrere Chöre über den Kirchenraum verteilte und Solisten und Instrumentalisten so stellte, daß mehrschichtige Klangwirkungen entstanden.

LEBEN
Giacomo Carissimi wurde am 18. 4. 1605 in Marino bei Rom getauft. Er war von 1623 bis

Giacomo Carissimi

1627 Sänger und Organist am Dom in Tivoli, von 1628 bis 1629 Kapellmeister an San Rufino in Tivoli und sodann bis zu seinem Tod am 12. 1. 1674 Kapellmeister am Collegium Germanicum in Rom.

WERKE

Das kompositorische Werk des italienischen Meisters Giacomo Carissimi beschränkte sich nahezu ausschließlich auf sakrale Musik mit lateinischem Text – Messe, Motette, Oratorio latino – und auf die italienische Kantate. Er darf ohne Einschränkung als erster bedeutender Meister des lateinischen Oratoriums bezeichnet werden. 16 Oratorien sind erhalten: »Abraham et Isaac« für fünf Stimmen und Generalbaß, »Balthasar« für fünf Stimmen, zwei Violinen und Generalbaß, »Damnatorum lamentatio« (Klage der Verdammten) für drei Stimmen und Generalbaß, »Diluvium universale« (Sintflut) für acht Stimmen und Generalbaß, »Dives malus« (Der arme Lazarus und der reiche Prasser) für sechs Solisten, Chor und Generalbaß, »Ezechia« für fünf Stimmen, zwei Violinen und Generalbaß, »Felicitas beatorum« (Glück der Seligen) für drei Stimmen und Generalbaß, »Jephte« für sechs Stimmen und Generalbaß, »Job« für drei Stimmen und Generalbaß, »Jonas« für acht Stimmen und Generalbaß, »Judicium extremum« (Das jüngste Gericht) für elf Stimmen, drei Chöre, zwei Violinen und Generalbaß, »Judicium Salomonis« (Das Urteil Salomons) für vier Stimmen, zwei Violinen und Generalbaß, »Martyres« (Märtyrer) für fünf Stimmen und Generalbaß, »Daniel« für sechs Stimmen und Generalbaß, »David et Jonathas« für fünf Stimmen, zwei Violinen und Generalbaß, »Sanctissima Virgo« (Allerheiligste Jungfrau) für fünf Stimmen und Generalbaß und einige, deren Zuschreibung ungesichert ist.

Die Texte sind eine Kombination von originalen und paraphrasierten Bibelworten mit neugedichteten Einschüben. Die Musik bringt eine sehr einfache Melodik und Harmonik, zum Teil eine Art musikalischer Prosa mit ariosen Passagen. Sinn und Gefühlsgehalt einzelner Wörter oder Sätze werden mittels musikalisch-rhetorischer Figuren unterstrichen. Die Chorsätze sind zumeist homorhythmisch, was zu einer klaren Textverständlichkeit führt. Alles in allem stellen diese Oratorien eine musikalische Rhetorik dar, die voll im Dienst der Gegenreformation stand. Ihr künstlerischer Wert ist heute noch Gegenstand der Bewunderung.

Das sakrale Werk des Komponisten umfaßt ferner etwa 12 vielstimmige konzertante Messen, zumeist mit Generalbaß, und bei 220 Kantaten, Motetten, Psalmen und Lamentationen, zumeist ein- bis fünfstimmig mit Generalbaß und zuweilen mit Instrumentalbegleitung; die Zuschreibung eines großen Teiles davon ist allerdings unsicher.

Von den Kantaten zählt »O quam pulchra es« für Sopran und Orgel bis heute wegen ihrer außerordentlichen Schönheit zu den beliebtesten.

An profaner Musik liegen ungefähr 140 italienische Kantaten, zumeist einstimmig mit Generalbaß, und weitere 70 vor, deren Zuschreibung zweifelhaft ist, außerdem heitere Gesänge auf lateinischen Texten, wie »Testament eines Esels«, »Über den Bart der Kapuziner«, »Scherzrequiem« und andere. Jedenfalls hat Carissimi mit seinen Kantaten die reine, nur vom Basso continuo begleitete Monodie zu ihrem letzten Höhepunkt geführt, ehe sie von der instrumental begleiteten Monodie abgelöst wurde.

Jephte, lateinisches Oratorium für sechs Stimmen und Generalbaß, entstanden vor 1650, Erstaufführung in San Marcello, Rom

Der Testo (Erzähler) berichtet, wie Jephte zum Kampf aufbricht, vor dem er gelobt hatte, bei siegreicher Heimkehr das erste Lebewesen, das ihm entgegenkäme, Jahwe zu opfern. Es ist seine Tochter, die er opfert, um das seinem Gott gegebene Versprechen zu erfüllen.

Der Auszug Jephtes zum Kampf und die Begrüßung des heimkehrenden Siegers werden mit schönen, lebendigen Chören geschildert. Vom Gelübde, dem Kampf und dem Sieg sprechen die Rezitative Jephtes und der Tochter. Dem Entschluß der Tochter, sich dem grausamen Schicksal zu unterwerfen, sind ein Klagerefrain und ein chorischer Trauergesang angeschlossen. Das Pathos der tragischen Begebenheit kommt gerade durch die lateinische Sprache zur Geltung.

Dives malus (Der arme Lazarus und der reiche Prasser), Oratorium für sechs Solisten, Chor und Generalbaß, entstanden um 1650. Der lateinische Text wurde von einem unbekannten Dichter nach Lukas XVI, 19–31, verfaßt

Der Historicus (Erzähler) zitiert eingangs die Verse 19 und 20: »Es war aber ein reicher Mann, der kleidete sich mit Purpur und köstlicher Leinwand und lebte alle Tage herrlich und in Freude. Es war aber ein Armer mit Namen Lazarus, der lag vor seiner Tür voller Schwären und begehrte sich zu sättigen von den Brosamen, die von des Reichen Tische fielen; doch es kamen die mitleidigen Hunde und leckten seine Geschwüre.« Lazarus stirbt und kommt in Abrahams Schoß, der Prasser wird sterbenskrank und erblickt die Dämonen, die ihn zur Hölle holen und dabei ihren Chor anstimmen: »Du hast genug gegessen, genug getrunken, genug gefreut, genug gespielt ... für deine Schandtaten und deine Sünden mußt du in die Hölle.« Die Wechselrede zwischen dem verzweifelten Prasser und den Dämonen nimmt an Dramatik zu, bis der Reiche in die Hölle fährt und aus seinen Qualen Abraham anfleht, ihm Lazarus mit einer Labung zu senden. Der Patriarch verweigert jede Hilfe. Die Schilderung der Höllenpein des Prassers erfolgt durch expressive musikalische Figuration, wodurch gerade dieses Oratorium ein starkes künstlerisches Profil gewinnt.

O quam pulchra es (O wie schön bist du), Marienkantate für Sopran und Orgel

4 rezitativische Teile werden von 3 ariosen Liedstrophen unterbrochen, sodann schließen sich 3 weitere größere Strophen in Form eines Gebetes an, die diese Liedschöpfung abschließen.

Literatur

F. Ghisi, Le composizioni vocali umoristici di Giacomo Carissimi, in: Rivista musicale italiana XII, 1958.

Jacque Carité (um 1360 bis um 1430)

Zeit und Umwelt

Jean de France, Duc de Berry (1340–1416), Landedelmann, Verwandter und Parteigänger des Königshauses, war berühmt und berüchtigt wegen seiner aufwendigen Hofhaltung. Obwohl er aus seinen Hintersassen das Letzte herauspreßte, war bei seinem Tod nicht einmal das Geld für seine Trauerfeier vorhanden.

Leben

Jacque Carité (Charité, Johannes Caritatis) wurde um 1360 in Frankreich geboren und stand als Kapellmeister im Dienst des Herzogs von Berry in Paris, wo er um 1430 starb.

Werke

Von dem französischen Komponisten Jacque Carité ist nur ein Rondeau erhalten, das Aufmerksamkeit verdient, weil drei Singstimmen und drei Instrumentalstimmen darin alternieren, ohne daß es jemals zu einem Zusammenklang kommt. Man kann sich vorstellen, daß die Instrumentalisten und die Sänger identisch waren.

Richard Carlton (um 1558 bis um 1638)

Zeit und Umwelt

Gegen Ende des 16. Jahrhunderts war das Madrigal zur beliebtesten Liedform in England geworden. Einzelne Komponisten verlegten sich ausschließlich auf diese Musikgattung, weil sie gewiß sein durften, damit unbedingt Anklang zu finden. Das Madrigal war wie in Italien zum Experimentierfeld für alle kompositorischen Neuerungen geworden.

Leben

Richard Carlton wurde um 1558 in England geboren. Er wurde nach seinem Studium in Cambridge Vikar an St. Stephen's in Norwich und gleichzeitig Chorist an der Kathedrale der Stadt. Er blieb in dieser Stellung bis zu seinem Tod um 1638.

Der englische Komponist Nicholas Carlton (um 1520 bis um 1590) war vielleicht der Vater von Richard Carlton.

Werke

Von Richard Carlton ist eine Anzahl fünfstimmiger Madrigale überliefert. Diese weisen einen außerordentlich feinen Sinn für

Tonalität auf und bringen für ihre Entstehungszeit überraschende Dissonanzen. Sie erlebten mehrere Auflagen, was auf ihre Beliebtheit schließen läßt.
Nicholas Carlton schrieb einige Arrangements von Vokalmusik für Orgel oder Virginal. Darunter findet sich ein Stück für zwei Tasteninstrumente. Dieses Duett ist eines der ältesten seiner Art.

Johannes Carmen
(um 1350 bis um 1410)

ZEIT UND UMWELT
Das Herzogtum Burgund erlebte am Ende des 14. und im 15. Jahrhundert seine größte Machtentfaltung. Es war zu einem Zentrum europäischer Kultur geworden. Die Städte des Herzogtumes blühten auf. Von den Malern, die in diesem Kulturraum wirkten, sollen nur Hubert van Eyck (1370–1426) und Jan van Eyck (1390–1441), die Schöpfer des Genter Altares, genannt werden. Daß sich auch die Meister der Musik einfanden, ist selbstverständlich.

LEBEN
Von dem Pariser Meister Johannes Carmen sind wenige biographische Informationen überliefert. Er ist um 1350 geboren und war ein Zeitgenosse von Jean Tapissier, der sich im letzten Jahrzehnt des 14. Jahrhunderts am Burgunder Hof aufgehalten hatte. Johannes Carmen starb um 1410.

WERKE
Wie Tapissier schuf Carmen eine Musik, die als Ausläufer der französischen Ars nova oder als Vorstufe zum Stil der franko-flämischen Meister angesehen werden kann. Erhalten sind von seinem Werk eine Motette (Pontifici decori speculi) und 2 weitere Sätze (Venite adoremus – Salve sancta aeterba trinitas; Salve pater – Felix et beata).

William Carnaby (1772–1839)

ZEIT UND UMWELT
Die Chapel Royal in London unter der Leitung von James Nares (1715–83) und Edmund Ayrton (1734–1808) bot ihren Chorknaben eine umfassende musikalische Ausbildung.

LEBEN
William Carnaby wurde 1772 in London geboren. Er war Chorknabe der Chapel Royal und darauf Organist an verschiedenen Kirchen. Nach seinem Studium in Cambridge erhielt er die Organistenstelle an der Hanover Chapel in London, die er bis zu seinem Tod am 13.11.1839 innehatte.

WERKE
Die zahlreichen profanen und sakralen Vokalwerke von William Carnaby – Services, Anthems, Psalmen, Glees, Songs – sind ausgezeichnet gearbeitet, klangvoll und eingängig. Stilistisch bewahrten sie die in jener Zeit in England bereits stereotyp gewordenen Formen und erfreuten sich vielleicht gerade dadurch großer Beliebtheit.

Claudio Carneyro (1895–1963)

LEBEN
Claudio Carneyro wurde am 27.1.1895 in Porto geboren, wo er seine musikalische Grundausbildung erhielt. Er war 1924 in Paris Schüler von Charles-Marie Widor und 1934 von Paul Dukas. Im Jahr 1938 wurde er Professor für Komposition am Konservatorium in Porto, dessen Leitung er 1955 übernahm. Er starb am 18.10.1963 in Porto.

WERKE
Neben mehreren Orchesterstücken schrieb Claudio Carneyro ein Klavierkonzert, ein Bratschenkonzert, 2 Streichquartette, ein Klavierquartett, ein Klaviertrio, ein Streichtrio, eine Sonate für Violine und Klavier, Chöre, Lieder und Bearbeitungen von portugiesischen Volksliedern. Sein Stil war zum Teil der Spätromantik verhaftet, näherte sich jedoch häufig moderneren Formen.

Ramón Carnicer (1789–1855)

ZEIT UND UMWELT
Im Bereich der Oper war in Spanien in der ersten Hälfte des 19. Jahrhunderts keine Änderung eingetreten. Es wurden von den Komponisten des Landes ausnahmslos italienische Opern geschaffen; es zählte sogar zu den Seltenheiten, wenn das Libretto auf Spanisch geschrieben wurde. Dadurch wurde ein scharfer Gegensatz zur spanischen Zarzuela geschaffen, deren Publikum den unteren Volksschichten angehörte.

LEBEN
Ramón Carnicer wurde am 24.10.1789 in Tárrega, Lérida, geboren und in Urgel und Barcelona ausgebildet. Er wirkte von 1818 bis 1820 als Kapellmeister der Italienischen Oper in Barcelona und ab 1828 in gleicher Eigenschaft an der Königlichen Oper in Madrid. Im Jahr 1830 wurde er Kompositionslehrer am neugegründeten Konservatorium in Madrid, wo er am 17.3.1855 starb.

WERKE
Von Ramón Carnicer sind etwa 10 italienische Opern aufgeführt worden. Er verfaßte einige Kirchenmusik im älteren Stil, Lieder und – für Spanien nahezu eine Neuigkeit – mehrere Sinfonien, die Joseph Haydn verpflichtet sind.

José Antonio Caro de Boesi
(um 1740 bis um 1800)

ZEIT UND UMWELT
Venezuela, das Christoph Kolumbus auf seiner dritten Reise im Jahr 1498 entdeckte, unterstand zwar bis zu seiner Selbständigkeit (1811) der spanischen Krone, war aber bis zum 18. Jahrhundert Seeräubern, Schmugglern und landfremden Händlern ausgesetzt. Die obersten Stellen in Verwaltung und Klerus lagen zwar in Händen der Spanier, der Boden und die lokalen Ämter wurden jedoch von weißen Amerikanern und Kreolen kontrolliert. Mestizen, Indianer und Schwarze bildeten die untersten Bevölkerungsschichten. Soziale Unruhen und Freiheitsbestrebungen verzögerten alle Ansätze zu einem kulturellen Leben der Kolonie; Musik wurde vorwiegend auf volkstümlicher Basis und in den Kirchen gepflegt.

LEBEN
José Antonio Caro de Boesi wurde um 1740 in Chacao bei Caracas geboren. Er war ein bekannter Sänger und Gitarrist der venezolanischen Kolonialzeit. Er dürfte im Dienst einer Kirche in Caracas gestanden und dort um 1800 gestorben sein.

WERKE
Von José Antonio Caro de Boesi sind nur wenige kompositorische Werke erhalten. Eine vierstimmige Messe mit Orchester und ein Gründonnerstagsgraduale können ihm mit Sicherheit zugeschrieben werden. Sie standen deutlich unter dem Einfluß der europäischen Vorklassik. Von seiner Gitarrenmusik ist nichts überliefert.

Philippe Caron (um 1450 bis um 1500)

ZEIT UND UMWELT
Das kleine Herzogtum Cambrai hatte zwar 1227 eine gewisse Selbständigkeit erkämpft, blieb aber ein Zankapfel seiner Nachbarn. Die Grafschaften Flandern und Hennegau, die Königreiche Frankreich, England und Deutschland streckten abwechselnd die Hand danach aus, so daß es mehrmals den Herrn wechselte, bis es im 17. Jahrhundert endgültig an Frankreich fiel.
Die zentrale Lage machte Cambrai nicht nur zum politischen und wirtschaftlichen Schnittpunkt, es war auch den kulturellen Einflüssen von allen Seiten ausgesetzt. Schon zu den Zeiten der Trouvères war sein Pui (Sängerschule) sehr berühmt. Guillaume Dufay sicherte Stadt und Herzogtum einen festen Platz in der Musikgeschichte.

LEBEN
Philippe Caron (Firminus) ist um 1450 vermutlich in Cambrai geboren und war wahrscheinlich ein Schüler von Dufay und Binchois. Außer seiner Mitgliedschaft am Dom-

chor von Cambrai ist über sein Leben nichts bekannt. Er dürfte dort um 1500 gestorben sein.

WERKE
Als Komponist war Philippe Caron seinen Lehrern Dufay und Binchois verpflichtet. Das ist besonders bei seinen 4 hinterlassenen vierstimmigen Messen ersichtlich. Seine vorwiegend drei- und vierstimmigen Chansons, von denen ungefähr 20 überliefert sind, weisen eine progressivere Tendenz auf.

LITERATUR
J. C. Thomson, An Introduction to Philippe Caron, Musicological Studies and Documents XI, New York 1964.

John Alden Carpenter (1876–1951)

LEBEN
John Alden Carpenter wurde am 28. 2. 1876 in Park Ridge, Chicago, geboren. Er war in Rom Schüler von Edward Elgar und in Chicago von Bernhard Ziehn. Sein Beruf war der eines Großindustriellen, seine Kompositionen schuf er als Amateur. Er starb am 26. 4. 1951 in Chicago.

WERKE
Von den 2 Pantomimen von John Alden Carpenter ist eine »Crazy Cat« (Verrückte Katze) für Jazzorchester geschrieben. Außerdem schrieb er ein Ballett, 2 Sinfonien, mehrere Orchestersuiten, ein Concertino für Klavier und Orchester, ein Violinkonzert, ein Klavierquintett, ein Streichquartett, Chorwerke, 2 Liederzyklen für Mezzosopran und Kammerorchester und viele Lieder. Sein Stil wies fortschrittliche Tendenzen auf.

Howard Carr (1880–1960)

LEBEN
Howard Carr wurde am 26. 12. 1880 in Manchester geboren. Er wirkte zunächst in London als Musiklehrer und Dirigent, sodann von 1928 bis 1938 in Sydney als Kontrapunktlehrer am Konservatorium und als Leiter der Philharmonischen Gesellschaft. Er starb am 16. 11. 1960 in London.

WERKE
Von Howard Carr sind 2 Sinfonien, eine Orchestersuite, mehrere Ballettsuiten und andere Orchesterwerke, eine Ode für Bariton, Männerchor und Orchester, Klavierskizzen und Filmmusiken bekannt geworden. Er nahm in der Musiklandschaft Australiens in der ersten Hälfte unseres Jahrhunderts einen bemerkenswerten Rang ein.

Michel-Gaston Carraud (1864–1920)

LEBEN
Michel-Gaston Carraud wurde am 20. 7. 1864 in Le Mér-sur-Seine, Seine-et-Marne, geboren. Er war Schüler des Conservatoire in Paris und erhielt den Rompreis. Anschließend betätigte er sich neben der Komposition als Musikkritiker namhafter Pariser Zeitungen. Er starb am 15. 6. 1920 in Paris.

WERKE
Von Michel-Gaston Carraud sind eine Sinfonie für Soli, Chor und Orchester, eine Ouvertüre, eine sinfonische Dichtung und eine Messe bekannt geworden. Sein Stil ist eklektisch, neigte sich aber stark dem Impressionismus zu.

António Carreira
(um 1525 bis um 1592)

LEBEN
António Carreira wurde um 1525 in Portugal geboren und in jungen Jahren als Chorist der Königlichen Kapelle in Lissabon ausgebildet. Er blieb in ihrem Verband als Sänger, Organist und Kapellmeister unter den Königen João III., Sebastião und Philipp I. bis zu seinem Tod um das Jahr 1592.

WERKE
Von dem hervorragenden portugiesischen

Organisten António Carreira sind nur ein vierstimmiges Chanson, mehrere Fantasien und Tientos und einige andere Orgelstücke erhalten. Aber auch diese geringe Hinterlassenschaft rechtfertigt die Anerkennung, die ihm der portugiesische Musiktheoretiker Pedro Thalesio (um 1580 bis nach 1639) zollte.

LITERATUR

C. Rosado Fernandes e M. S. Kastner, Antologia de organistas do siglo XVI, Lissabon 1969.

Cayetano Carreño (1774–1834)

ZEIT UND UMWELT

Nachdem die 1567 gegründete Stadt Caracas 1731 zur Hauptstadt der Capitanía Caracas geworden war, löste sie 1831, nachdem die Kämpfe um die Unabhängigkeit von Venezuela beendet waren, Valencia als Hauptstadt der gesamten Republik ab. Während des ganzen 18. Jahrhunderts war die Musikpflege der Kathedrale von Caracas ebenso intensiv und von einigen bedeutenden Persönlichkeiten getragen wie in Valencia. Nachdem Caracas Hauptstadt geworden war, verlagerte sich der Schwerpunkt des Musikgeschehens völlig dorthin.

LEBEN

Cayetano Carreño wurde 1774 in Caracas geboren. Er wirkte nach seiner Ausbildung als Kapellmeister der Kathedrale seiner Geburtsstadt bis zu seinem Tod im Jahr 1834.

WERKE

Neben patriotischen Gesängen zur Verherrlichung des Freiheitskampfes und verschiedenen Tonos verfaßte Cayetano Carreño zahlreiche sakrale Musik, darunter ein Requiem, ein Salve regina und mehrere Motetten, von denen »In Monte Oliveti« (Auf dem Ölberg) und »Tristis anima mea« (Meine Seele ist betrübt) am meisten bekannt geworden sind.

Antonio Literes Carrión
(um 1675–1747)

ZEIT UND UMWELT

Isabel de Farnesio (1692–1766), die den spanischen König Philipp V. heiratete, beherrschte den Mann und sein Land uneingeschränkt. Mit Hilfe tüchtiger Ratgeber führte sie eine Reorganisation der Staatsfinanzen durch. Sie förderte auch die Königliche Kapelle.

LEBEN

Antonio Literes Carrión wurde um 1675 in Artá, Mallorca, geboren. Er war ab 1688 Chorknabe an der Königlichen Kapelle in Madrid und ab 1693 Instrumentalist. Er baute mit José de Nebra (1702–68) nach dem Brand von 1734 das Repertoire der Kapelle neu auf. Er starb in Madrid am 18. 1. 1747.

WERKE

Der spanische Komponist Antonio Literes Carrión war einer der bedeutendsten spanischen Musiker der ersten Hälfte des 18. Jahrhunderts. Von ihm sind 14 Psalmen, 8 achtstimmige Magnificat, mehrere Messen, zahlreiche Zarzuelas und eine Oper im italienischen Stil erhalten.

LITERATUR

N. Álvarez Solar-Quintes, Antonio Literes Carrión y sus hijos, in: Anuario Musical V, 1950.

Adam Carse (1878–1958)

LEBEN

Adam von Ahn Carse wurde am 19. 5. 1878 in Newcastle-on-Tyne geboren. Er war an der Royal Academy of Music in London Schüler von Frederick Corder. Von 1908 bis 1940 wirkte er am Winchester College als Musiklehrer und anschließend bis 1940 an der Academy of London. Er starb am 2. 11. 1958 in Great Missenden, Buckinghamshire.

WERKE

Von Adam Carse wurde eine Oper aufgeführt. Er schrieb ferner 2 Sinfonien, 2 sinfonische Dichtungen, eine »Sinfonia«, Variationen und 2 Skizzen für Streichorchester sowie weitere Variationen und Suiten für Orchester, eine »Norwegische Fantasie« für Violine und Orchester, Kantaten, Kammermusik, Chöre, Lieder, Violin- und Klavierstücke, außerdem zahlreiche didaktische Kompositionen. Er veröffentlichte eine Anzahl Lehrwerke und musikhistorische Abhandlungen.

Charles Thomas Carter
(um 1735–1804)

Zeit und Umwelt
Die ehemaligen Spring Gardens in Lambeth, London, wurden in der ersten Hälfte des 18. Jahrhunderts unter dem Titel Vauxhall Gardens in ein Vergnügungs- und Unterhaltungszentrum mit einem beachtlichen Konzertbetrieb umgewandelt. Bis in das nächste Jahrhundert hinein traten dort bedeutende Künstler auf, vor allem, neben Instrumentalvirtuosen, Sänger. Liederkomponisten ließen dort nicht selten erstmals ihre Werke vortragen.

Leben
Charles Thomas Carter wurde um 1735 in Dublin geboren. Er studierte in Italien Musik, nachdem er schon im Alter von 16 Jahren in seiner Heimat an St. Werburgh als Organist gewirkt und eine Reihe von Liedern veröffentlicht hatte. Nach Großbritannien zurückgekehrt, brachte er am Drury Lane Theatre in London 6 Opern heraus und wurde im Jahr 1787 zum musikalischen Leiter des neugegründeten Royality Theatre ernannt. Er starb in London am 12. 10. 1804.

Werke
Neben mehreren Opern und Bühnenmusiken für Schauspiele schrieb Charles Thomas Carter einige schöne Klavierkonzerte, Klavierübungen und eine Anzahl Lieder, die über die Konzerte in den Vauxhall Gardens den Weg zum breiten Publikum fanden und sehr beliebt wurden. Er verwendete dabei viel Volksmusikgut aus seiner irischen Heimat.

Elliot Carter (geboren 1908)

Leben
Elliot Cook Carter wurde am 11.12.1908 in New York geboren. Er studierte bis 1932 an der Harvard University und anschließend bis 1935 bei Nadia Boulanger in Paris. Während des Zweiten Weltkriegs wirkte er als Musikoffizier und von 1960 bis 1962 als Kompositionsprofessor an der Yale University. Seit 1967 unterrichtet er am Technologischen Institut in Cambridge, Mass., und an der Juilliard School of Music in New York.

Werke
Neben 2 Balletten schrieb Elliot Carter eine Sinfonie, ein Orchesterkonzert, Orchestervariationen, ein Klavierkonzert, ein Doppelkonzert für Cembalo, Klavier und 2 Kammerorchester, ein Bläserquintett, ein Bläserquartett, eine Improvisation für vier Pauken, eine Sonate für Cello und Klavier, eine Sonate für Flöte, Oboe, Cello und Cembalo, eine Suite für vier Altsaxophone, 2 Streichquartette, eine Elegie für Bratsche und Klavier und eine Klaviersonate.

Henry Carter (1837 bis nach 1883)

Zeit und Umwelt
Das Musikleben in Kanada im 19. Jahrhundert verlief parallel zu dem in den USA. Die Musiker wechselten von einem Land in das andere. Eine Ausnahme bildeten nur die französischsprechenden Landesteile, die enge Kontakte mit Frankreich hielten.

Leben
Henry Carter wurde am 6.5.1837 in London geboren. Seine erste Ausbildung erhielt er in London und zum Teil auch in Deutschland von Ferdinand Hiller, Carl August Haupt und Friedrich Kiel, so daß er, als er mit 17 Jahren nach Kanada kam, den Organistenposten an der englischen Kathedrale in

Quebec antreten und bald darauf eine Oratoriengesellschaft gründen und leiten konnte. Im Jahr 1864 ging er als Organist nach Boston. Von 1873 bis 1880 wirkte er in gleicher Eigenschaft in New York. Sodann wurde er Musiklehrer in Cincinatti, kehrte jedoch 1883 wieder zu seiner Tätigkeit in New York zurück, wo er gestorben sein dürfte. Sein Todesdatum ist unbekannt.

WERKE

Von Henry Carter sind 2 Streichquartette, ein Anthem für Soli, Chor und Orchester, weitere Kirchenmusik, Quartette und Lieder überliefert. Seine Musik hängt von der deutschen Romantik ab.

Antoine Cartier
(um 1520 bis nach 1580)

ZEIT UND UMWELT

Der französische Orgelbau wurde sehr stark vom südniederländischen beeinflußt, ging aber mit den drei Manualen darüber hinaus. Auch die Registeranzahl wurde erhöht und der Klang verbessert. Die Kathedralenorgel von Beauvais aus 1531 bildete sozusagen das Musterstück für alle anderen Instrumente, die in kurzer Folge überall errichtet wurden und erst ein selbständiges Orgelspiel, unabhängig vom Chorgesang, ermöglichten.

LEBEN

Antoine Cartier wurde um 1520 in Paris geboren und dort ausgebildet. Er war zeit seines Lebens Organist an St. Séverin und ein gesuchter Musiklehrer. Er starb in Paris nach 1580.

WERKE

Der französische Komponist und Organist Antoine Cartier soll eine Reihe von Orgelwerken verfaßt haben. Es ist davon nichts erhalten. Auch die 21 Chansons, die überliefert sind, haben in ihrem Chorklang Parallelen zu einem Orgelsatz.

Jean-Baptiste Cartier (1765–1841)

ZEIT UND UMWELT

Mehr noch als durch seine Kompositionen leitete Giovanni Battista Viotti durch seine Lehrtätigkeit eine neue Phase des französischen Violinunterrichts ein. Wie sich seine Werke mit zunehmender Erfahrung und Erkenntnis immer gehaltvoller und gediegener gestalteten, so wurde sein Unterricht ständig intensiver. Es gab zu jener Zeit noch keine echte Didaktik des Musikunterrichts; die Lehrer mußten sie selbst aus ihrer Praxis erarbeiten und fanden in manchen glücklichen Fällen intuitiv die Methode, die ihre Schüler auf ein hohes Leistungsniveau führte. Diese gaben sie sodann mitsamt ihren eigenen Erfahrungen wieder weiter, so daß sich eine spezifische Didaktik der Schüler von Viotti und seiner Enkelschüler herausbildete.

LEBEN

Jean-Baptiste Cartier wurde am 28. 5. 1765 in Avignon geboren. Er war in Paris Schüler von Giovanni Battista Viotti, anschließend Akkompagnist der Königin Marie Antoinette. Von 1791 bis 1821 wirkte er als Violinist an der Opéra, ab 1804 an der Kaiserlichen und ab 1815 an der Königlichen Kapelle. Er war auch als gesuchter Violinlehrer tätig. Er starb im Jahr 1841 in Paris.

WERKE

Von Jean-Baptiste Cartier sind außer 2 Opern 2 Sinfonien, Violinvariationen, Etüden, Sonaten und Duos erschienen, die zum Teil Übungsmaterial darstellten. Er schrieb auch eine mehrmals aufgelegte »Kunst der Violine«.

Ferdinando Carulli (1770–1841)

LEBEN

Ferdinando Carulli wurde am 20. 2. 1770 in Neapel geboren. Er wirkte zunächst in seinem Geburtsort als Gitarrenvirtuose und begab sich 1818 nach Paris, wo er Gitarrist, Gitarrenlehrer und Komponist für dieses

Instrument bis zu seinem Tod am 17. 2. 1841 war.

WERKE
Von Ferdinando Carulli sind Konzerte und Sonaten für Gitarre, Nokturnen für Gitarre und Klavier oder für Flöte, Violine und Gitarre und die auf die Julirevolution bezogene Programmusik für Gitarre »Les trois jours« (Die drei Tage) erschienen. Er verfaßte eine vielfach verwendete Gitarrenschule.

Luigi Caruso (1754–1822)

LEBEN
Luigi (Lodovico) Caruso wurde am 25. 9. 1754 in Neapel geboren. Er war Schüler von Nicola Sala und wirkte nach Aufenthalten in Paris und Deutschland ab 1790 bis zu seinem Tod im Jahr 1822 als Kapellmeister am Dom von Perugia.

WERKE
Neben ungefähr 60 Opern verfaßte Luigi Caruso 4 Oratorien, 4 Kantaten, Messen und Proprien in einem mehr opernhaft-konzertanten als kirchlichen Stil.

Dinorá Carvalho (geboren 1905)

LEBEN
Dinorá de Carvalho wurde am 1. 6. 1905 in Uberaba, Minas Gerais, Brasilien, geboren. Sie studierte am Konservatorium in São Paulo und anschließend bei Isidore Philipp. Sie durchreiste als Konzertpianistin Europa und ihre Heimat, nahm sodann bei Lamberto Baldi (geboren 28. 3. 1895, Orvieto) Kompositionsunterricht und dirigierte ab 1939 das von ihr gegründete Frauenorchester in São Paulo, das erste Ensemble dieser Art in Südamerika.

WERKE
Neben verschiedenen Orchesterstücken und 4 Klavierkonzerten schrieb Dinorá Carvalho zahlreiche Klavierstücke, die Vertonung des Psalms XXIII Davids für Bariton und Oktett, Chöre, Lieder, Ballett- und Bühnenmusiken.

Robert Carver (1487 bis nach 1546)

ZEIT UND UMWELT
Die Augustinerabtei Scone in der schottischen Grafschaft Perth war von alters her Krönungsort der Könige von Schottland. Ihre Kapelle durfte sich einer ganz besonderen Pflege erfreuen, die ihr von kirchlicher wie von staatlicher Seite gewährt wurde.

LEBEN
Robert Carver (Arnat Sconensis) wurde in Schottland 1487 geboren und vermutlich in der Augustinerabtei Scone zum Kleriker und Musiker ausgebildet. Er trat dem Orden bei und starb nach 1546 als Chorherr von Scone.

WERKE
Der Augustinerchorherr Robert Carver war ein sehr produktiver Kirchenkomponist. Von 5 Messen sind 2 zu vier, je eine zu fünf, sechs und zehn Stimmen überliefert, darunter eine L'homme-armé-Messe, sowie 2 Motetten zu fünf und zu neunzehn Stimmen. Bezeichnend war die zu jener Zeit in Großbritannien gerne gepflegte Vielstimmigkeit, die der Komponist zu einem außerordentlich dichten Vollklang führte. Der starke Einfluß kontinentaler Musik auf die der britischen Insel wird durch die im hohen Schottland entstandene L'homme-armé-Messe bescheinigt.

O bone Jesu, Motette
Die Motette ist neunzehnstimmig (vier Soprane, zwei Alte, zehn Tenöre, drei Bässe) und besteht aus acht Sätzen. Die neunzehn Stimmen ergeben durch ihre kunstvolle, auf weite Strecken selbständige Führung einen überraschenden Klangeffekt. Sie ballen sich auf dem Wort »Jesu« und strömen davon breit gefächert im ersten Teil zehnstimmig, sodann als Oktett bis zu neunzehnstimmigen Höhepunkten, von denen die Stimmen nunmehr neungeteilt in neunzehnstimmige Akkorde münden. Die Gesamtanlage des Stückes weist einen ihrer Entstehungszeit weit vorauseilenden Entwicklungsstand auf und darf zu den bedeutendsten Ereignissen der damaligen Musik Englands gezählt werden.

LITERATUR
D. Stevens, Robert Carver and His Motets, in: The Music Review 89, 1959.

Francisco Casabona (geboren 1894)

LEBEN
Francisco Casabona wurde am 16.10.1894 in São Paulo geboren. Er studierte am Konservatorium in Neapel und wurde anschließend mit einem Lehrstuhl des Konservatoriums in São Paulo betraut, das er von 1937 bis 1939 als Direktor leitete. Daneben trat er oft als Orchesterdirigent auf.

WERKE
Von Francisco Casabona sind 2 Opern, 2 Sinfonien, 3 sinfonische Dichtungen und mehrere andere Orchesterstücke, ein Klavierkonzert, eine Sinfonie für 19 Instrumente, 3 Streichquartette, eine Sonate für acht Instrumente, zahlreiche Klavierwerke und Klavierlieder bekannt geworden. Er war von der nationalbrasilianischen Folklore schon stark abgekommen.

Giovanni Battista Casali (um 1715–92)

ZEIT UND UMWELT
Wenn auch der polyphone Stil der römischen Schule im 18. Jahrhundert und noch weit länger gepflegt wurde wie ehedem, so ist darin doch eine merkliche Wandlung eingetreten, weil der allgemeine Drang zur harmonischen Struktur auch hierbei seine Wirkung ausübte. Die kontrapunktische Führung machte viele Konzessionen, um harmonische Klänge zu erzielen. Die Meister, die strenge Kontrapunktik mit Wohlklang zu vereinen verstanden, waren eben selten.

LEBEN
Giovanni Battista Casali wurde in Rom um 1715 geboren. Er war von 1759 bis zu seinem Tod am 6. 7. 1792 Kapellmeister an San Giovanni in Laterano und von 1761 bis 1773 auch an Santa Maria della Vallicella.

WERKE
Die Messen, Motetten, Psalmen, Litaneien und anderen sakralen Gesänge von Giovanni Battista Casali sind im Stil der alten römischen Polyphonie gehalten, aber dennoch harmonisch gesetzt. Seine 4 Opern und 5 Oratorien hingegen sind zeitgenössisch neapolitanisch.

Lodovico Casali (um 1560 bis nach 1618)

ZEIT UND UMWELT
Nachdem Herzog Alfonso II. d'Este ohne leibliche Erben gestorben war, bemächtigte sich die Kurie Ferraras. Reggio und Modena wurden Cesare d'Este überlassen. Damit hörte die Familie d'Este auf, in der italienischen Politik eine maßgebende Rolle zu spielen. Modena, das die Familie als Nebenresidenz benützte, setzte die Musikpflege fort, konnte jedoch die alte Bedeutung nie mehr gewinnen.

LEBEN
Lodovico Casali wurde um 1560 in Modena geboren. Er war dort an verschiedenen Kirchen als Sänger und Organist tätig. Im Jahre 1618 erhielt er die Organistenstelle in Scandiano, wo er einige Zeit darauf starb.

WERKE
Von dem Kirchenmusiker Lodovico Casali sind Messen, Motetten und andere kirchliche Gesänge überliefert. Die Kompositionen nahmen am Stilwandel wenig teil, sondern bewegten sich in alten Bahnen. Nur die Führung der tiefen Stimmen neigte einem Generalbaß zu.

Pau Casals (1876–1973)

LEBEN
Pau (Pablo) Casals wurde am 29.12.1876 in Vendrell, Katalonien, geboren. Er war Schüler von José García Robles (2.7.1835, Olot, bis 28.1.1910, Barcelona), sodann von Jesús de Monasterio (1836–1903), dessen Kammermusikklasse er am Konservatorium in Madrid absolvierte. Von 1895 bis 1898 wirkte er als Solocellist an der Opéra in Paris und sodann als Cellolehrer am Konservatorium in Barcelona, wo er 1919 das Orquestra Pau Casals gründete. Nach dem Ende des spanischen Bür-

gerkriegs verließ er Spanien für immer und siedelte sich in Prades, Pyrénées-Orientales, an, wo er jährliche Festspiele veranstaltete. Im Jahr 1956 übersiedelte er nach Puerto Rico, wo er in San Juan die Festspiele, das Sinfonieorchester und das Konservatorium ins Leben rief; 1970 dirigierte er in New York zum letzten Mal. Er starb am 22.10.1973 in Puerto Rico als weltbekannter und berühmter Cellist, hochgeehrt als Dirigent, Komponist und Lehrer.

WERKE

Neben seiner umfangreichen Tätigkeit als Cellovirtuose, Dirigent und Veranstalter von Festspielen und Einzelkonzerten schrieb Pau Casals die sinfonische Dichtung »La Vision de Fray Martín« für Orgel, Soli, Chor und Orchester, mehrere Sardanas und verschiedene sakrale Chorwerke, aus denen das Oratorium »El Pessebre« (Die Krippe) hervorragt.

El Pessebre, Weihnachtsoratorium für Soli, Chor und Orchester, entstanden 1943

Ein auf katalanischen Text im Volkston einfach orchestriertes Krippenspiel bis zum Erscheinen der Heiligen Drei Könige von eindringlicher Innigkeit. Die Erstaufführung fand 1960 in Fort San Diego, Acapulco, unter der Leitung des Komponisten statt.

Pau Casals

LITERATUR

R. v. Tobel, Pablo Casals, Zürich 1943.

Narcís Casanoves (1747–99)

ZEIT UND UMWELT

Die Escolania von Montserrat war durch Jahrhunderte und ist heute noch ein unveränderlicher Hort der Traditionspflege auf höchstem Niveau. Das wurde durch ihre Aufgeschlossenheit gegenüber allen Entwicklungsphasen der Musik nie beeinträchtigt. Sie entnahm jeder Epoche das Beste und integrierte es harmonisch dem Überkommenen.

LEBEN

Narcís Casanoves (Casanovas) wurde am 17. 11. 1747 in Sabadell, Barcelona, geboren. Er wurde Benediktiner von Montserrat und wirkte im Rahmen des Klosters als Organist und Chorleiter. Er starb am 1. 4. 1799 im Kloster Montserrat.

WERKE

Von Narcís Casanoves sind Messen, Karwochenresponsorien, Psalmen, Antiphonen und Motetten überliefert, außerdem zahlreiche Orgelmusik im italienischen Stil – Pasos, Sonaten, Rondos.

Girolamo Casati (um 1595 bis nach 1654)

ZEIT UND UMWELT

Die Musikschulen an den Mailänder Kirchen bildeten eine stattliche Reihe von Musikern aus, die neben jenen aus Venedig in ganz Oberitalien leicht unterkamen und auch in Rom willkommen waren. Ebenso gründlich war der Unterricht an den verschiedenen Ordenskirchen, die allerdings in der Regel nur zukünftige Ordensmitglieder aufnahmen. Da aber für einen Musiker die Zugehörigkeit zu einem Orden eine gewisse Sicherheit für das Fortkommen und die Berufsausübung bedeutete, hatten diese Schulen großen Zulauf.

LEBEN
Girolamo Casati (Filago genannt) wurde um 1595 in Novara geboren. Er trat dort in den Karmeliterorden ein und wirkte ab 1609 als Organist am Dom der Stadt, sodann ab 1625 in Remanengo bei Cremona, ab 1635 am Dom in Como und schließlich ab 1654 an der Karmeliterkirche in Pavia, wo er in einem der folgenden Jahre starb.
Gasparo Casati (um 1620, Pavia, bis 1641, Novara) wurde Franziskanermönch und Kapellmeister am Dom in Novara. Er war ein jüngerer Verwandter von Girolamo Casati.

WERKE
Vom italienischen Komponisten Girolamo Casati sind einige Bücher mit zwei- bis fünfstimmigen sakralen Gesängen und einige Stücke für Streichinstrumente erhalten.
Von Gasparo Casati sind eine beträchtliche Anzahl Messen, Motetten, geistlicher Konzerte mit zwei Violinen und Generalbaß überliefert, die ganz dem 17. Jahrhundert angehören und so beliebt waren, daß sie mehrmals nachgedruckt werden mußten.

Claudio Casciolini
(um 1670 bis um 1730)

ZEIT UND UMWELT
Der im 16. Jahrhundert in Rom entwickelte A-cappella-Gesang wurde bis heute nicht aufgegeben. Es fanden sich jederzeit Meister, die ihn intensiv pflegten und seinen Satz vorzüglich beherrschten, und auch das Publikum, das die alte Kunst liebte und schätzte, weil es sich in eine vermeintlich bessere Zeit zurückversetzt fühlte.

LEBEN
Claudio Casciolini wurde um 1670 in Rom geboren. Er war ab ungefähr 1700 Kapellmeister an San Lorenzo in Damaso und starb in Rom um 1730.

WERKE
Der italienische Komponist Claudio Casciolini schrieb im einfachen Stil des A-cappella-Gesanges, ähnlich den Meistern des 16. Jahrhunderts, vermochte aber konzertierenden Neigungen nicht auszuweichen. Er hinterließ ein umfangreiches Kirchenwerk – Messen, Requiem, Motetten. Davon stechen eine vierstimmige Messe und 2 drei- und vierstimmige Requiem durch besondere Klangschönheit hervor.

Diego Caseda (um 1660–1723)

ZEIT UND UMWELT
Mit dem Verlauf der Zeit konnte sich auch Spanien der barocken Tonsprache nicht entziehen. Wenn auch einige Komponisten zäh an der alten Polyphonie festhielten, so wandten sich doch viele dem neuen Generalbaßstil und der Monodie zu, die durch Vielstimmigkeit eine Prachtentfaltung in weit größerem Ausmaß erlaubte.

LEBEN
Diego Caseda wurde um 1660 vermutlich in Nordspanien geboren. Er war Kapellmeister an der Kathedrale El Pilar in Zaragoza, sodann in Sevilla, wo er 1723 starb.

WERKE
Von den Werken des spanischen Kirchenmusikers Diego Caseda, die alle dem italienischen Stil des Jahrhunderts folgten, ist seine achtstimmige Messe hervorzuheben, die neben polyphonen Teilen große monodische Passagen aufweist und ganz auf Vollklang und Pracht gearbeitet wurde.

Alfredo Casella (1883–1947)

LEBEN
Alfredo Casella wurde am 25.7.1883 in Turin geboren. Er war am Conservatoire in Paris Klavierschüler von Louis Diémer und Kompositionsschüler von Gabriel Fauré. Anschließend wirkte er als Pianist und ab 1912 als Diri-

gent der Concerts Populaires des Trocadéro; gleichzeitig unterrichtete er Klavierspiel am Conservatoire. Von 1915 bis 1923 lehrte er am Liceo musicale di Santa Cecilia in Rom. Er war bei verschiedenen Blättern als Musikkritiker tätig; 1917 gründete er die Società Italiana di Musica Moderna, aus der 1823 die Corperazione di Musiche Nuove wurde. Von Rom aus unternahm er zahlreiche Gastspielreisen als Dirigent. Er starb am 5.3.1947 in Rom.

WERKE
Die Schöpfung eines modernen italienischen Stils mit europäischer Geltung, der sich auf die italienischen Meister des 17. und 18. Jahrhunderts stützt, war das Hauptanliegen von Alfredo Casella, der zu den reformfreudigsten italienischen Musikern seiner Zeit zählte. Er lehnte sich eng an alle zeitgenössischen Strömungen – Impressionismus, Futurismus, Folklorismus, Neoklassizismus – ebenso an, wie er die Rückbesinnung an die Tradition nie außer acht ließ. Er schrieb 3 Sinfonien, eine Rhapsodie »Italia«, eine »Elegia eroica«, eine »Paganiniana« für Orchester, weiters für Klavier und Orchester eine Partita, ein Konzert, »Scarlattiana«, außerdem »Concerto romano« für Orgel, drei Trompeten, drei Posaunen, Streicher und Schlagzeug, ein Violinkonzert, ein Konzert für Violine, Cello, Klavier und Orchester, eine Sinfonia für Klarinette, Trompete, Klavier, eine Serenade für Klarinette, Fagott, Trompete, Violine und Cello, Concerto für Streichquartett, »Siciliana« für Violine, Cello und Klavier, Sonaten für Violine und Klavier, zahlreiche Klavierstücke jeder Art, eine Missa solemnis, mehrere Kantaten und Gesänge und Klavierlieder, ferner 4 Ballette, 3 Opern. Er veröffentlichte mehrere theoretische Abhandlungen.

Alfredo Casella

Pietro Casella (1769–1843)

LEBEN
Pietro Casella wurde 1769 in Pieve, Umbrien, geboren. Er brachte nach seiner Ausbildung in Neapel eine Reihe Opern heraus. Als er sodann Konservatoriumslehrer und Kirchenmusikdirektor wurde, wandte er sich nur mehr der sakralen Musik zu. Er starb am 12. 12. 1843 in Neapel.

WERKE
Nach den für Neapel geschriebenen Opern verfaßte Pietro Casella als Kirchenmusikdirektor nur mehr Messen, Motetten, Vespern und andere sakrale Gesänge, die sich stilistisch weit von den Opern abhoben.

Raffaele Casimiri (1880–1943)

LEBEN
Raffaele Casimiro Casimiri wurde am 3.11. 1880 in Gualdo Tadino, Umbrien, geboren. Er war in Padua Schüler von Luigi Bottazzo (9.7.1845, Presina, Padua, bis 29.12.1924, Padua). Er wirkte ab 1899 als Lehrer am Seminar in Nocera Umbra und ab 1903 als Kapellmeister verschiedener Kirchen, zuletzt an San Giovanni in Laterano in Rom. Ab 1912 unterrichtete er an der Hochschule für Kirchenmusik in Rom Komposition und Kirchenmusik. Mit seiner 1919 gegründeten »Società

Polifonica Romana« bereiste er Europa und Amerika. Er starb am 15.4.1943 in Rom.

WERKE
Neben zahlreichen sehr wertvollen kirchenmusikgeschichtlichen Werken und der Herausgabe älterer Kompositionen schrieb Raffaele Casimiri zahlreiche Kirchenwerke wie Messen, Litaneien, Motetten, Offertorien und weitere Proprien und Gesänge, die seinem Bestreben, konservative Kirchenmusik neu zu erwecken, entsprachen. Ferner verfaßte er 2 Oratorien und »Madrigali e Scherzi« für gemischten Chor. Er gründete und leitete auch zwei angesehene kirchenmusikalische Zeitschriften.

LITERATUR
F. Vatielli, Ricordo di Raffaele Casimiri, in: Rivista Musicale Italiana 47, 1943.

Giovanni Maria Casini (1652–1719)

ZEIT UND UMWELT
Die verschiedenen Versuche, die drei altgriechischen Tongeschlechter neu zu beleben, entsprangen der humanistischen Idee, die antike Kultur wiederzuerwecken. Hand in Hand damit liefen die Bestrebungen, die Intervalldifferenzen zu beheben, die durch die Temperatur verursacht wurden. Auch das von Francesco Nigetti konstruierte Cembalo mit 32 Tönen in einer Oktave (Omnicordo) hat aber das Problem nicht befriedigend gelöst.

LEBEN
Giovanni Maria Casini wurde am 16. 12. 1652 in Florenz geboren. Er war ab 1676 zweiter und ab 1678 erster Organist am Dom in Florenz und zugleich Organist des Großherzogs Cosimo III. de'Medici. Er starb in Florenz am 25. 2. 1719.

WERKE
Der italienische Organist und Komponist Giovanni Maria Casini verfaßte eine beträchtliche Anzahl Motetten, vierstimmige Responsorien, geistliche Canzonetten und mehrere Oratorien sowie Orgelstücke. Er versuchte auch, für das Omnicordo von Francesco Nigetti zu komponieren.

LITERATUR
M. Fabbri, Giovanni Maria Casini, musico dell'umana espressione, in: Studien zur Musikwissenschaft XXV, 1962.

Joaquín Cassadó (1867–1926)

LEBEN
Joaquín Cassadó wurde am 30.9.1867 in Mataró bei Barcelona geboren. Er war dort Chordirektor an Nuestra Señora de la Merced, dann Organist an San José und Dirigent der Capilla Catalana, eines von ihm gegründeten Chorvereins in Barcelona, wo er am 25.5. 1926 starb.
Sein Sohn Gaspar David Ramón Cassadó y Morlu (30.9.1897, Barcelona, bis 24.12.1966, Madrid), Schüler von Pau Casals, war einer der berühmtesten Cellovirtuosen des 20. Jahrhunderts. Er wirkte als Professor der Accademia Musicale »Chigiana« in Siena.

WERKE
Außer einer Oper und einiger Kirchenmusik schrieb Joaquín Cassadó eine »Sinfonía dramática«, mehrere sinfonische Dichtungen und eine Fantasie »Hispania« für Klavier und Orchester.
Gaspar Cassadó verfaßte ein vorzügliches Cellokonzert in d-Moll, kleine Stücke und Sonaten für Cello, 3 Streichquartette, ein Klaviertrio, eine Violinsonate und ein Oratorium über zwei Psalmen Davids. Beide sind der Spätromantik verhaftet.

Jean Joseph Cassanéa de Mondonville (1711–72)

ZEIT UND UMWELT
Die Musikentwicklung der französischen Provinzstädte litt unter dem Mangel erstklassiger Kräfte, weil Paris und der Hof in Versailles sozusagen alle aufsog, deren Leistung ihrer Musikwelt eingefügt werden konnte.

Die anderen Orte mußten sich nicht selten mit ihren eigenen Anfängern begnügen oder mit solchen, die in der Hauptstadt das für sie geeignete Betätigungsfeld nicht fanden. Eröffnete sich sodann eine günstige, aufstiegverheißende Stelle, waren die ausgebildeten Anfänger und die, die einen Interimsposten gesucht hatten, sofort auf dem Weg nach Paris oder Versailles.

LEBEN

Jean Joseph Cassanéa de Mondonville wurde am 25. 12. 1711 in Narbonne getauft, wo er seine Ausbildung zum Musiker und Violinisten erhielt. Um 1731 verließ er seine Vaterstadt, um in Paris seine ersten Kompositionen zu veröffentlichen. Etwa 1734 erhielt er eine Stelle als erster Violinist in Lille, trat aber bald darauf in Paris mit Erfolg im Concert spirituel auf; 1739 wurde er Mitglied der Hofmusik und ein Jahr darauf Vizekapellmeister. Von 1755 bis 1762 leitete er das Concert spirituel, sodann widmete er sich nur mehr dem Unterricht und der Komposition, bis er am 8. 10. 1772 in Belleville bei Paris starb.
Sein Bruder Jean Cassanéa de Mondonville (15. 4. 1716, Narbonne, bis nach 1769, Paris) war Violinist, Mitglied der Königlichen Kapelle in Versailles und Komponist. Sein Todesjahr ist nicht genau feststellbar.

WERKE

Die 6 Cembalostücke mit Violinbegleitung von Jean Joseph Cassanéa de Mondonville behandeln das Cembalo als der Violine gleichwertiges Soloinstrument, und zwar vermutlich schon vor Johann Sebastian Bach. Die Violinsonaten, Triosonaten und die Cembalosonaten mit einer Violinstimme zeigen ebenso eine sehr fortgeschrittene Faktur. Das Flageolettspiel wird stark verwendet. An weiteren Werken hinterließ der Komponist mehrere Oratorien, Motetten und Kantaten und eine Anzahl Opern. Mehrere Violinkonzerte, ein Konzert für drei Chöre, ein Violinkonzert mit Gesang, ein Violinkonzert mit Singstimmen, Orchester und Chor sind verlorengegangen.
Von Jean Cassanéa de Mondonville sind 6 Sonaten für Solovioline und Generalbaß überliefert.

LITERATUR

Fr. Hellouin, Mondonville, sa vie et son œuvre, Paris 1903.

Dario Castello

(um 1590 bis nach 1644)

ZEIT UND UMWELT

Violinenbau und Violinspiel erfuhren im 17. Jahrhundert eine starke Verbreitung. Die großen Möglichkeiten einer bisher unbekannten Geläufigkeit, der breiten Tonfarbenpalette sowie der weit gespannten Dynamik brachten einen ungeheuren Aufschwung des gesamten Musiklebens.

LEBEN

Dario Castello wurde um 1590 in oder bei Venedig geboren, wo er vermutlich auch seinen Musik- und Violinunterricht erhielt. Um 1625 war er Konzertmeister der Kapelle am Markusdom in Venedig, wo er nach 1644 starb.

WERKE

Der italienische Violinist und Komponist Dario Castello veröffentlichte 2 Bücher mit Konzertsonaten für Orgel oder für Cembalo mit verschiedenen Instrumenten im modernen Stil. Sie verlangen bereits ein gut ausgebildetes Violinspiel.

LITERATUR

A. Moser, Geschichte des Violinspiels, Berlin 1923.

Mario Castelnuovo-Tedesco

(1895–1968)

LEBEN

Mario Castelnuovo-Tedesco wurde am 3. 4. 1895 in Florenz geboren. Er studierte dort am Konservatorium unter Ildebrando Pizzetti. Im Jahr 1939 ließ er sich in den USA nieder und wirkte ab 1946 am Konservatorium von Los

Angeles als Kompositionslehrer. Er starb am 16.3.1968 in Beverly Hills.

WERKE
Von Mario Castelnuovo-Tedesco sind 6 Opern und 3 Ballette auf die Bühnen gekommen. Er schrieb ferner 2 sinfonische Gedichte, 10 Schauspielouvertüren, 3 Violinkonzerte, sinfonische Variationen und ein Poem für Violine und Orchester, 2 Klavierkonzerte, ein Cellokonzert, 3 Gitarrenkonzerte, ein Oboenkonzert, ein Harfenkonzert, eine Serenade für Gitarre und Kammerorchester, 2 Klavierquintette, ein Quintett für Gitarre und Streichquartett, 2 Streichquartette, 2 Streichtrios, 2 Klaviertrios, »Choral mit Variationen« für vier Hörner, eine Sonate für Bratsche und Cello, eine Klarinettensonate, eine Fagottsonate, zahlreiche Klavierwerke verschiedener Art, 6 Oratorien, mehrere Kantaten und Chöre a cappella, Gitarrenstücke, viele Lieder und Filmmusiken.

Jesús Castillo (1877–1946)

LEBEN
Jesús Castillo wurde am 9.9.1877 in San Juan Ostuncalco, Departamento Quezaltenango, Guatemala, geboren. Sein kompositorisches Werk stand unter dem Einfluß indianischer Musik, die er zeitlebens sammelte und bearbeitete. Er starb am 23.4.1946 in Quezaltenango.

WERKE
Neben 2 Opern schrieb Jesús Castillo 5 »Eingeborenen-Ouvertüren«, 2 »Eingeborenen-Suiten« und eine Reihe von Stücken, in denen Eingeborenenmusik verarbeitet wurde. Er zählt zu den frühesten guatemaltekischen Komponisten.

Alexis Castillon (1838–73)

LEBEN
Marie-Alexis comte de Castillon de Saint-Victor wurde am 13.12.1838 in Chartres geboren. Er verließ seine militärische Laufbahn zugunsten des Musikstudiums und wurde Schüler von Victor Massé (1812–84) und, weil ihm dieser Lehrer wegen seines Formalismus nicht zusagte, von César Franck. Sodann wandte er sich der Komposition zu und gründete mit dem Gesanglehrer Romain Bussine, Henri Duparc und Camille Saint-Saëns im Jahr 1871 die Societé Nationale de Musique zur Förderung zeitgenössischer Komponisten. Seine Tätigkeit war auf eine Weiterentwicklung des französischen Kompositionsstils gerichtet. Er starb am 5.3.1873 in Paris.

WERKE
Das Klavierkonzert in D-Dur von Alexis Castillon erregte bei der Aufführung im Jahr 1872 den Unwillen des Publikums derart, daß es abgebrochen werden mußte. Es war mit seinem ohnehin bescheidenen Versuch mit neuen Formen zu ungewohnt. Er schrieb außerdem ein Klavierquintett, ein Streichquartett, 2 Klaviertrios, eine Violinsonate, 2 Sinfonien, wovon eine unvollendet blieb, eine Messe, sinfonische Skizzen, einen »Skandinavischen Marsch«, 2 Orchestersuiten, eine Ouvertüre zu »Tasso«, eine Vertonung des Psalms 84 für Soli, Chor und Orchester, Klavierstücke und Lieder. Der frühe Tod wurde von der jungen Komponistengeneration Frankreichs, die auf ihn große Hoffnungen setzte, als schwerer Verlust für die französische Musik betrachtet.

LITERATUR
La musique française de Franck à Debussy. Paris 1943.

Ricardo Castro (1864–1906)

LEBEN
Ricardo Castro wurde am 7.2.1864 in Durango, Mexico, geboren. Er war Kompositionsschüler von Melesio Morales (1838–1908) und Klavierschüler von Julio Ituarte (15.5.1845, México-Stadt, bis 15.5.1905, México-Stadt). Ab 1882 unternahm er zahlreiche Konzertreisen, die ihn auch nach Europa führten. Er starb am 27.11.1906 in México-Stadt.

Werke

Von Ricardo Castro sind 4 Opern aufgeführt worden. Er verfaßte ferner 2 Sinfonien, ein Klavierkonzert, ein Cellokonzert und zahlreiche Klavierstücke. Die mexikanische Folklore wurde dabei wenig herangezogen. Die Kompositionen gehören dennoch der Romantik an.

Pietro Castrucci (1679–1752)

Zeit und Umwelt

Ab dem Jahr 1710 beherrschte Georg Friedrich Händel die Opernbühne in London. Die vielen Musiker, die zu seiner Zeit nach England strömten, weil die Musikförderung der italienischen Fürstenhöfe wegen der durch den Spanischen Erbfolgekrieg neu geschaffenen politischen Konstellation sehr zurückgegangen war, führten neben dem großen Meister ein Schattendasein.

Leben

Pietro Castrucci wurde 1679 in Rom geboren. Er war angeblich Schüler von Corelli, kam 1715 nach London in den Dienst des Architekten Richard Boyle Earl of Burlington (1694–1753) und wurde darauf Konzertmeister des Opernorchesters Händels, in dem er Violine und die von ihm selbst erfundene »Violetta marina« (eine Art Viola d'amore) spielte. 1737 verlor er seine Stelle an der Oper an Michael Christian Festing. Er wurde nach Dublin eingeladen, um Konzerte zu dirigieren, und starb dort verarmt am 29. 2. 1752.

Sein Bruder Prospero Castrucci (um 1690, Rom, bis 1760, London) spielte ebenfalls im Opernorchester Händels Violine und Violetta und war Leiter der »Castle Society of Music«.

Werke

Der italienische Violinist und Komponist Pietro Castrucci verfaßte 2 Bücher mit Sonaten für Violine und Generalbaß, Flötensonaten und 12 Concerti grossi.

Prospero Castrucci brachte 6 Violinsonaten heraus.

Alfredo Catalani (1854–93)

Leben

Alfredo Catalani wurde am 19. 6. 1854 in Lucca geboren. Er war Schüler des Conservatoire in Paris und des Konservatoriums in Mailand, an dem er ab 1890 bis zu seinem Tod am 7. 8. 1893 als Kompositionslehrer wirkte.

Werke

Außer seinen 5 Opern, die musikalisch nicht uninteressant sind, aber wegen ihrer fragwürdigen Sujets bald von den Bühnen verschwanden (»Loreley« wurde in Rom noch in den vierziger Jahren des 20. Jahrhunderts gegeben), schrieb Alfredo Catalani, den Giuseppe Verdi sehr schätzte, eine Ekloge, »La Falce« (Die Sichel), und die sinfonische Dichtung »Ero e Leandro«.

Charles Simon Catel (1773–1830)

Zeit und Umwelt

Die Musik wurde schon sehr früh für politische Zwecke eingesetzt. Hofkomponisten, Hof- und Gardekapellen, Sänger und Chöre wurden zu höfischen Festlichkeiten, Empfängen,

Charles Simon Catel

bei Geburtstagen und anderen Feierlichkeiten, Siegesfeiern, zu jeder Art der Prachtentfaltung und Machtbestätigung herangezogen. Zu einem Aufgebot nahezu des gesamten Musikgeschehens kam es zum ersten Mal in der französischen Republik. Die neu erkämpfte Staatsform und ihre Verteidigung gegen innere und äußere Feinde erforderte eine Propaganda mit Breitenwirkung.

LEBEN

Charles Simon Catel wurde am 10.6.1773 in Laigle, Orne, geboren. Er war Schüler von François Joseph Gossec (1734–1829), der seine künstlerische Leistung rückhaltlos den Machthabern der Revolution und der Republik zur Verfügung stellte; über ihn wurde er 1790 Akkompagnist der Opéra und Zweiter Dirigent der Garde Nationale. Im Jahr 1795 erhielt er eine Professur für Harmonielehre am neugegründeten Conservatoire und 1810 die Ernennung zum Inspektor des Instituts; 1814 legte er seine Ämter zurück und widmete sich bis zu seinem Tod am 29.11.1830 in Paris nur mehr der Komposition und dem musikalischen Schrifttum.

WERKE

Für die Bühne hat Charles Simon Catel 11 Opern und ein Ballett verfaßt, die wenig erfolgreich waren. Seine Musik galt als zu »gelehrt«. Außerdem schrieb er 5 Klaviersonaten, 3 Streichquartette, 5 Quintette, eine Reihe Ouvertüren und viele sehr beliebte Märsche, weiters eine große Anzahl patriotischer Lieder und Chöre – zum Teil mit Bläserbegleitung –, Romanzen, Duette, Kanons und Sinfonien für Bläser und ein schönes De profundis, die heute noch gehört werden. Seine Harmonielehre war sehr lange im Gebrauch.

LITERATUR

J. Carlez, Catel, Étude biographique et critique, Caen 1894.

Angelo Catelani (1811–66)

ZEIT UND UMWELT

Der Herzog von Modena, Francesco II. d'Este (1660–94), begründete die berühmte Este-Bibliothek, die unter seinen Nachfolgern vorzüglich betreut und ständig erweitert wurde und noch heute neben der von Alfonso IV. (1634–62) begründeten Bildergalerie und weiteren Gründungen in anderen oberitalienischen Städten die dankbare Erinnerung an das kulturelle Wirken durch Jahrhunderte des Hauses Este wachhält.

LEBEN

Angelo Catelani wurde am 30.3.1811 in Guastalla geboren. Ab 1831 war er am Konservatorium von Neapel Schüler von Nicola Antonio Zingarelli, Girolamo Crescentini und Gaetano Donizetti. Von 1834 bis 1837 wirkte er als Theaterleiter in Messina, sodann in Correggio und ließ sich 1838 in Modena nieder, wo er zunächst Kapellmeister und ab 1859 als Leiter der Este-Bibliothek fungierte. Er starb am 5.9.1866 in San Martino di Mugnano.

WERKE

Neben Opern verfaßte Angelo Catelani ein Requiem und andere sakrale Gesänge. Sein Hauptverdienst beruht jedoch auf seinen musikhistorischen Werken, zu denen ihm die von ihm geleitete Bibliothek zur Verfügung stand. Dabei handelt es sich vor allem um wertvolle Biographien und Bibliographien.

Jean Cathala
(um 1625 bis nach 1680)

ZEIT UND UMWELT

Der polyphone A-cappella-Stil wurde im ganzen 17. Jahrhundert in der französischen Kirchenmusik noch viel gepflegt, besonders in den Kathedralen außerhalb von Paris. Einzelne Kirchenmusiker entwickelten darin mehr Fertigkeit und Fähigkeit, als man in Rom, der Stadt der Palestrina-Renaissance, antreffen konnte.

LEBEN

Jean Cathala wurde um 1625 vermutlich in oder bei Paris geboren. Er war von 1646 bis

1650 Sänger und Kornettist an der Sainte-Chapelle in Paris, von 1649 bis 1652 auch an Notre-Dame. Im Jahr 1656 wurde er Kapellmeister an der Kathedrale in Amiens und 1664 an der von Auxerre, wo er vermutlich nach 1680 gestorben ist.

WERKE
Vom französischen Kirchenkomponisten Jean Cathala sind nur einige vier- und fünfstimmige Messen im A-cappella-Stil überliefert, die wegen ihrer fein angelegten Kontrapunktik bemerkenswert sind, außerdem eine einstimmige, unbegleitete, syllabische Messe im gregorianischen Stil.

LITERATUR
G. Durand, La musique de la cathédrale d'Amiens avant la Révolution, Amiens 1922.

Diomedes Cato (um 1570 bis nach 1615)

ZEIT UND UMWELT
Sigismund III. Wasa (1566–1632) hatte als polnischer König von Beginn an die Mehrheit des Volkes gegen sich; der Adel fühlte sich in seinen Rechten bedroht, die orthodoxen Ukrainer und die protestantischen Polen widersetzten sich den Maßnahmen des Königs, das Land zu rekatholisieren. Die kostspieligen, erfolglosen Kriege trugen dazu bei, daß in Polen bereits im ersten Jahrzehnt des 17. Jahrhunderts bürgerkriegsähnliche Zustände herrschten. Der König gab, seinen Bestrebungen entsprechend, vor allem Künstlern aus dem katholischen Italien den Vorzug.

LEBEN
Diomedes Cato (Venetus) wurde um 1570 in Venedig geboren, wo er auch seine Ausbildung zum Lautenisten und Komponisten erhielt. Er lebte und wirkte vorerst in Rom bei dem adeligen Jesuitennovizen Stanisław Kostka (Studentenheiliger, 1550–68). Nach der Thronbesteigung König Sigismunds III. Wasa (1587) ging er an dessen Hof nach Krakau, wo er nach 1615 starb.

WERKE
Der venezianische Lautenist Diomedes Cato schrieb vor allem für sein Instrument. Seine Fantasien, Präludien, Tänze und Transkriptionen für Laute waren sehr bekannt und beliebt. Seine Orgelwerke, Fantasien, Präludien wirken ziemlich konventionell, seine vierstimmigen Lieder auf polnische Texte sind nur teilweise überliefert.

LITERATUR
J. Reiss, Aprilio Pacelli – Diomedes Cato, Krakau 1929.

Gioseffo Catrufo (1771–1851)

ZEIT UND UMWELT
Nicht wenige Italiener begrüßten den Ausbruch der Französischen Revolution als Fanal der Freiheit, sie zogen sogar die napoleonische Herrschaft den bislang regierenden fremden Mächten, die Italien, mit Ausnahme des Kirchenstaates, unter sich aufgeteilt hatten, vor.

LEBEN
Gioseffo Catrufo wurde am 19.4.1771 in Neapel geboren und am Conservatorio della Pietà de'Turchini zum Musiker ausgebildet. Nach einem Aufenthalt in Valetta, wo er zwei Buffoopern herausbrachte, reihte er sich in die französische Revolutionsarmee ein, die er 1804 verließ, um in Genua als Bühnen- und Kirchenkomponist zu wirken. Um 1810 ging er nach Paris und nach der Restauration nach London, wo er bis zu seinem Tod am 19.8. 1851 als Gesanglehrer wirkte.

WERKE
Die Opern, die Gioseffo Catrufo für Arezzo und Genua verfaßte, waren im reinen neapolitanischen Stil der Zeit gehalten. Seine Kirchenmusik hingegen – Messen, Proprien und Litaneien – folgten einer sehr konservativen Faktur, die zu jener Zeit mehr in Frankreich als in Italien angewendet wurde.

Ferruccio Cattelani (1867–1932)

LEBEN

Ferruccio Cattelani wurde am 28.3.1867 in Parma geboren. Er studierte von 1879 bis 1885 in Parma Violine und Komposition und wurde sodann Konzertmeister in Rio de Janeiro, in Montevideo, Buenos Aires und Santiago de Chile. Ab 1897 lebte er in Buenos Aires als Violinist, Konzertunternehmer und Dirigent. Er starb am 16.4.1932 in Mailand.

WERKE

Neben einer Oper schrieb Ferruccio Cattelani eine Sinfonie, 2 Violinkonzerte und eine Anzahl Violinstücke, ferner eine Kantate zur Hundertjahrfeier der Unabhängigkeit Argentiniens.

Jean Caulery
(um 1510 bis um 1560)

ZEIT UND UMWELT

Cattarina de'Medici bemühte sich sehr lange um eine Versöhnung zwischen Katholiken und Hugenotten in Frankreich. Einer der Beweise ihres aufrichtigen Willens zur Toleranz war die Tatsache, daß ihr Hofkapellmeister calvinistische Texte vertonte.

LEBEN

Jean Caulery wurde um 1510 in Nordfrankreich geboren. Er war in den fünfziger Jahren des 16. Jahrhunderts Kapellmeister der Königin Cattarina von Frankreich und starb vermutlich in Paris um das Jahr 1560.

WERKE

Von Jean Caulery sind neben profanen auch geistliche Chansons mit Texten des Übersetzers von Psalmen für den calvinistischen Gottesdienst, Marot, erhalten, unter anderem das »Vaterunser« und der »Englische Gruß«.

LITERATUR

G. Becker, Jean Caulery et ses chansons spirituelles, Paris 1880.

Arnold Caussin (um 1505 bis um 1558)

ZEIT UND UMWELT

Alessandro Farnese (1468–1549) trennte als Papst Paul III. im Jahre 1545 Parma und Piacenza vom Kirchenstaat als Herzogtümer ab, die er seinem Sohn Pier Luigi (1503–47) als erstem Herzog unterstellte. Die Herzogwürde ging, nachdem Pier Luigi ermordet worden war, auf dessen zweiten Sohn Ottavio (1524–86) über, da der älteste, Allessandro (1520–89), bereits mit 14 Jahren die Kardinalswürde erhalten hatte. Beide Brüder, echte Renaissancefürsten wie Papst Paul, trugen viel dazu bei, daß Parma neben den anderen Kulturzentren Italiens den gleichen Rang einnahm.

LEBEN

Arnold Caussin (Ernouil, Arnoldus, Causin, Causinus, Causino) wurde im flämischen Raum geboren und als Sängerknabe an der Kathedrale von Cambrai ausgebildet. Sein Vater, Raynaldo Caussin (um 1475–1529), erhielt um 1520 eine Kantorenstelle an der Chiesa della Madonna della Steccata in Parma. Arnold folgte ihm in die Stellung nach und wurde 1534 Kapellmeister an dieser Kirche. Er versah die Stelle bis 1539 und von 1547 bis 1548. Über seine sonstige Tätigkeit gibt es keine Informationen. Er starb vermutlich in Parma um das Jahr 1558.

WERKE

Arnold Caussin war als Kapellmeister und Komponist sehr geschätzt. Von seinem Werk ist allerdings nur eine Anzahl fünfstimmiger Motetten überliefert, die sehr kunstvoll gearbeitet und mit überraschenden Wendungen ausgestattet sind.

LITERATUR

N. Pelicelli, Musicisti in Parma, in: Note d'archivio 8, 1931.

Thomas Causton (um 1510–69)

ZEIT UND UMWELT

Die Schreckensherrschaft, die die »blutige

Mary« (Königin Mary I. von England) gemeinsam mit dem 1556 eingesetzten Erzbischof von Canterbury Reginald Pole (1500 bis 1558) gegen die Anhänger der Reformation ausübte, traf hauptsächlich Leute aus den niederen Ständen. Der Adel und das Großbürgertum wichen nach Möglichkeit dem Sturm aus, der offensichtlich nicht von langer Dauer sein konnte. Es blieben auch die Gentlemen der Chapel Royal unbehelligt, weil sie sich geschmeidig den geschaffenen Zuständen ebenso einfügten wie ihre Vorgänger, als Heinrich VIII. die Brücken zu Rom abbrach.

LEBEN

Thomas Causton (Cawston, Caustun) wurde um 1510 vermutlich in London geboren. Über seine Lebensumstände bis zum Jahr 1552, da er in der Liste der 40 Gentlemen der Chapel Royal aufschien, ist nichts bekannt. Er hat diese Position bis zu seinem Tod am 28. 10. 1569 innegehabt.

WERKE

Der Kirchenkomponist Thomas Causton hat neben vielen anderen sakralen Werken mehrere vollständige »Services« (Gottesdienstmusik), bestehend aus Morgen-, Kommunion- und Abenddienst mit Teilkompositionen, eine Anzahl Anthems, 27 Psalmvertonungen hinterlassen, die in Sammeldrucken erschienen sind. Sie fallen durch sorgfältige Stimmführung und ihre dichte Verflechtung, vor allem jedoch durch häufige Imitierungen und geschickte Beachtung des Gesamtklanges auf. Er stand bei Zeitgenossen in hohem Ansehen als Musiker und Komponist. Seine Wertschätzung ist auch daraus ersichtlich, daß seine Kompositionen noch lange nach seinem Tod in Sammelausgaben aufgenommen wurden.

Giovanni Cavaccio (um 1556–1626)

ZEIT UND UMWELT

Der Condottiere Bartolomeo Colleoni (1400 bis 1475) stand zumeist im Dienst der Republik Venedig, die ihm nach seinem Tod eine Reiterstatue errichtete. Gestorben ist er auf seinem Schloß bei der Stadt Bergamo, in deren Nähe er geboren wurde. In Bergamo steht sein Mausoleum aus buntem Marmor, das an Pracht mit der benachbarten Kirche Santa Maria Maggiore wetteifert.

LEBEN

Giovanni Cavaccio (Cavacchio) wurde in Bergamo um 1556 geboren und dort zum Musiker ausgebildet. Im Jahre 1583 erhielt er die Kapellmeisterstelle am Dom Sant' Alessandro, ab 1599 wirkte er in gleicher Eigenschaft an der gegenüber stehenden Kirche Santa Maria Maggiore bis zu seinem Tod am 11. 8. 1626.

WERKE

Von dem italienischen Komponisten Giovanni Cavaccio sind an Kirchenmusik mehrstimmige Messen, Hymnen und Magnificat überliefert. Sie sind durchweg noch im alten Mailänder Stil gehalten, der sich durch ein ganzes Jahrhundert bewährt hatte. Auch die 6 Bücher mit fünfstimmigen Madrigalen sind sehr konservativ. Die Canzonetten, Toccaten, Ricercari und Chansons sind fortschrittlicher und kündigen bereits den Stilumschwung an.

LITERATUR

A. Geddo, Bergamo e la musica, Bergamo 1958.

Emilio de' Cavalieri (um 1550–1602)

ZEIT UND UMWELT

Die Antiphone, deren Wechselgesang nicht nur hymnische, sondern auch epische Textstellen brachte, die Lieder in jeder Form, die nicht lyrischen oder deskriptiven Inhaltes allein waren, sondern auch dramatisches Geschehen darstellten, drängten zum Ausbau von Dialogen, besonders seit die Musik dazu überging, Eindrücke, Ereignisse und Affekte nachahmend und schildernd wiederzugeben. Anfänglich waren es nur lose aneinandergereihte Gesänge, die einen Ereignisablauf darstellten. Dann entstanden daraus Werke aus

einem Guß, die vorerst rein episch, darauf dialogisch im wechselnden Sologesang oder mit Chören durch Wort und Ton irgendwelche sakralen oder mythischen Vorgänge nachzeichneten. Die verhältnismäßig einfachen Gesänge in den von Filippo Neri begründeten Oratorien waren zu Festaufführungen angewachsen.
Auf der anderen Seite wirkten sich die Bemühungen der in der Camerata Florentina vereinigten Humanisten aus, die mit ihren Bestrebungen, das antike Drama zu neuem Leben zu erwecken, zum Rezitativgesang gelangten und dadurch eine Vertonung dramatischer Dichtung erst ermöglichten.
Aus diesen beiden Komponenten, die mit dem allgemeinen Stilwandel um die Wende vom 16. zum 17. Jahrhundert Hand in Hand gingen, wuchsen die Vorstufen zur Oper und zum Oratorium, die bis heute einen breiten Raum im gesamten Musikgeschehen beherrschen.

LEBEN

Emilio de' Cavalieri (del Cavaliere) wurde um 1550 in Rom geboren. Er fungierte dort durch längere Jahre als Leiter der musikalischen Fasten-Aufführungen des Oratorio del S. Crocifisso (Betsaal zum Heiligen Kreuz) in San Marcello. Im Jahre 1588 rief ihn der Großherzog der Toskana, Ferdinando I. de'Medici, als »Generalinspektor der Künste und Künstler« nach Florenz, wo er mit den Persönlichkeiten der Camerata Florentina in enge Kontakte trat. Während eines Aufenthaltes in Rom, wohin er sich im Auftrag des Großherzogs öfters begab, starb er am 11. 3. 1602.

WERKE

Giulio Caccini nahm die Erfindung des Rezitativstils (Stile rezitativo) für sich in Anspruch und hatte damit vermutlich recht, obwohl daran sicherlich auch andere Mitglieder der Camerata Florentina beteiligt waren. Die umfassende Verwendung dieses neuen Stiles auf sakraler Ebene muß Emilio de'Cavalieri zugeschrieben werden. Inwieweit er den Stil bei seinen drei nicht erhaltenen Pastoralen – Il Satiro, La Disperazione di Filoneno und Il Gioco della cieca – zur Geltung kommen ließ, kann nicht beurteilt werden. In seinem Oratorium »L'Ascensione del Nostro Salvatore« (Die Himmelfahrt unseres Erlösers), den Lamentationes Hieremiae Prophetae für Solo, Chor und Orgel und den Responsi für zwei und drei Stimmen wechseln neuer und alter Stil ab. Ganz zum Durchbruch kommt er in seiner »Rappresentazione di anima e di corpo«, in der auch zum erstenmal ein bezifferter Baß (mit einer Erklärung der Ziffern durch den Verleger) aufscheint.
Es wäre aber übertrieben, ihn zum Vater der Oper oder des Oratoriums zu ernennen. Beide Phänomene können, wie alle anderen Umwälzungen der menschlichen Geistesgeschichte, auf keine Einzelpersönlichkeit zurückgeführt werden.

Rappresentazione di anima e di corpo, Rappresentazione sacra in drei Akten für Soli, Chöre und Instrumente, erstaufgeführt 1600 im Oratorio della Vallicella in Rom.

Diese Allegorie greift auf die alte Tradition der Rappresentazione sacra, des religiösen Volksschauspieles, zurück, die sich bereits im Niedergang befand. Es handelt sich dabei um kein Oratorium im eigentlichen Sinn und um keine Vorform der Oper, sondern am ehesten um eine Dialog-Laude, die entfernt der englischen Moralität verwandt ist. Das vokale und instrumentale Aufgebot ist sehr groß. Der Verleger schlägt für die Aufführung wechselnde Auftritte der Solisten und Chöre, deutliche Mimik und Gestik, tänzerische Bewegungen und entsprechende Kostüme vor, um trotz des Fehlens einer Handlung dem Theatralischen näherzukommen.
Es beginnt mit der »Zeit« (Il Tempo), die an das Ende des irdischen Lebens mahnt; der »Verstand« (L'Intelletto) weist auf die Vergänglichkeit irdischer Güter hin. Der »Körper« (Il Corpo) preist den Lebensgenuß, die »Seele« (L'Anima) sehnt sich nach Ruhe und Frieden. Der Körper stimmt ihr zu, weil ihn der Gedanke an die Ewigkeit erschreckt: »Gemeinsam mit dir suche ich liebevoll den Himmel, das ewige Leben und den Herrn.« Der Chor bestätigt diesen Entschluß.
Im Folgenden weist der »Gute Rat« (Il Consiglio) die Wege zu diesem Ziel. Dann tritt jedoch die »Lust mit zwei Gefährten« auf, um Körper und Seele für die Freuden der Erde zu

gewinnen. Der Körper ist geneigt, sich verführen zu lassen, die Seele will den Himmel befragen. Der »Schutzengel« (L'Angelo custode) warnt, die »Welt« (Il Mondo) jedoch weist auf ihre Pracht hin, der Schutzengel deckt die überwiegend schlimmen Seiten der Welt auf, Körper und Seele wenden sich dem Himmel zu, der sich öffnet und durch den Gesang der Engel seine Freuden verheißt. Der Gute Rat warnt vor der Hölle, deren Schlund sich auftut; man hört das Klagen der Verdammten, während die Seligen im Himmel jubeln. Mehrmals werden die Qualen der Hölle gezeigt, Seele und Körper sind bereit, sich den Himmel zu verdienen, aus dem Freudengesänge klingen: »Vereinigt Gesang und Klänge, und hier unten auch die Welt will mit Singen und Lachen sich dem Paradies vermählen.«

Die »Rappresentazione«, in der alle in der Entstehungszeit verfügbaren musikalischen Effekte – Monodie, Polyphonie, Generalbaß, Kontrapunktik, Chorklang, Echo, Akkordbegleitung, Isorhythmie, Tanzrhythmen – eingesetzt sind, vermittelt im Verein mit Ausstattung und Bühnentechnik ein prächtiges audiovisuelles Erlebnis, das bis in unsere Zeit nichts an Wirkungskraft verlieren konnte.

Literatur

G. Ghisi, Alle fonti della monodia, Mailand 1940.

Pier Francesco Cavalli (1602–76)

Zeit und Umwelt

Der Einsatz der Musik als dramatisches Element nahm im 17. Jahrhundert und weit darüber hinaus einen breiten Raum der Musikgeschichte ein. Die Verbindung von szenischem Spiel, epischem Bericht und lyrischem Ausdruck mit der illustrierenden, affektverstärkenden, bald begleitenden, bald dominierenden, aber ständig von den dramatischen Vorgängen beherrschten Vokal- und Instrumentalmusik bot einem vielgestaltigen Publikum Kunstgenuß und Unterhaltung. Die Wirkung der Musik wurde durch die schauspielerische Leistung und die kultivierte Gesangstechnik der Interpreten vervielfältigt, so daß ihr Siegeszug über die ganze Welt verständlich ist.

Leben

Pier Francesco Cavalli, am 14. 2. 1602 in Genua geboren, Sohn und Schüler des Organisten Giovanni Battista Caletti, hieß eigentlich Caletti-Bruni, trug aber den Namen des Bürgermeisters von Crema, Federigo Cavalli, der seine Patronanz übernommen hatte. Dieser sandte ihn zur weiteren Ausbildung nach Venedig, wo er dem Chor an San Marco beitrat und zum Schüler Monteverdis wurde. Im Jahr 1640 erhielt er die Stelle des zweiten Organisten des Domes und versah gleichzeitig den Organistendienst an San Giovanni e Paolo, 1665 wurde er erster Organist am Markusdom und 1668 Kapellmeister. Er starb in Venedig am 17. 1. 1676.

Werke

In die Musikgeschichte ist der italienische Komponist Pier Francesco Cavalli in erster Linie als Opernkomponist eingegangen. Von seinen 42 Opern (er war der erste, der die Bezeichnung »Opera« für das Musikdrama verwendete) sind 28 erhalten. Sie wurden in ganz Italien und im Ausland (Paris, Wien) begeistert aufgenommen. Nicht weniger bedeutend ist aber seine Kirchenmusik, die jedoch nur beschränkte Beachtung fand. Von seinen Messen stechen besonders die achtstimmige »Messa concertata« und die »Missa pro defunctis«, die zu seinen eigenen Obsequien gesungen wurde, hervor. Neben den vielen Hymnen, Psalmen, Antiphonen und Sonaten für mehrere Stimmen und Instrumente liegen eine achtstimmige Vesper, eine siebenstimmiges Magnificat mit Instrumenten vor, außerdem 6 Instrumentalkanzonen. Die profane Musik ist durch Canzonetten für eine Stimme und Generalbaß ausgezeichnet vertreten.

Messa concertata für achtstimmigen Chor, Cembalo und Orgel, entstanden 1656

Gerade diese Messe ist für das kirchenmusikalische Schaffen des großen Opernkomponisten Pier Francesco Cavalli repräsentativ. Sie verbindet die Textvertonung mittels rhetorisch-musikalischer Figuration und nähert sich dadurch der Opernpraxis, vernachlässigt jedoch nie die Feierlichkeit der sakralen Handlung und der Religion überhaupt. Breite Klangflächen heben die Musik in das Überdimensioniert-Großartige, kennzeichnen den Katholizismus als unangefochtene Staatsreligion Venedigs und betonen damit das Theatralische, das auch die Textvertonung bereits hervorhebt.

LITERATUR

F. Bussi, La produzione sacra di Cavalli e i suoi rapporti con quella di Monteverdi, in: Rivista Italiana di Musicologia II, 1967.

José Cavanillas (um 1645–1725)

ZEIT UND UMWELT

Die Musik an der Kathedrale von Urgel in Katalonien ist bis heute der alten spanischen Tradition verhaftet, die letztlich auf den mozarabischen Kirchengesang zurückgeht. Auch die Orgelmusik war immer sehr konservativ und hat sich nie völlig von der Polyphonie vergangener Zeiten gelöst.

LEBEN

José Cavanillas wurde um 1645 in Katalonien geboren. Er wirkte von 1670 bis zu seinem Tod im Jahr 1725 als Organist an der Kathedrale in Urgel.

WERKE

Vom katalonischen Organisten und Komponisten José Cavanillas sind mehrere Orgelstücke erhalten, darunter eine Toccata, die eine gewisse Berühmtheit als typische katalonische Kirchenmusik erlangt hat.

Girolamo Cavazzoni
(um 1510 bis nach 1565)

ZEIT UND UMWELT

Im Jahre 1530 wurde Marchese Federigo II. Gonzaga von Kaiser Karl V. zum Herzog von Mantua ernannt. Sein Bruder Ferrante I. (1507–57) verwaltete von 1546–57 für den Kaiser das Herzogtum Mailand. Ein zweiter Bruder, Kardinal Ercole, präsidierte von 1561 bis zu seinem Tod dem Konzil von Trient. Mantua erlebte unter der Regierung der Familie Gonzaga seine höchste Blüte, die erst im 17. Jahrhundert abklang.

LEBEN

Girolamo Cavazzoni wurde um 1510 in Urbino als Sohn des Komponisten Marco Antonio Cavazzoni geboren. Nach seiner Ausbildung erhielt er die Organistenstelle am Hof der Herzöge Gonzaga in Mantua, die er nach wenigen Jahren gegen die gleiche Stelle an Santa Barbara vertauschte und bis zum Jahr 1565 versah. Er ist in Mantua gestorben. Sein Todesjahr ist nicht bekannt.

WERKE

Der italienische Organist Girolamo Cavazzoni brachte 3 Bücher mit Orgelstücken – Ricercari, Hymnen, Kanzonen, Magnificat und 3 Messen – heraus. Sie werden als wichtige Beispiele der Orgelmusik der Renaissance bezeichnet. Besonders die Ricercari dienten allen Nachfolgenden als Vorbilder. In allen Stücken mit Gesang tritt die Orgel als selbständiges Instrument und nicht nur als Begleitung in Erscheinung.

LITERATUR

L. F. Tagliavini, L'Arte organista in Emilia, in: Musicisti lombardi ed emiliani, Siena 1958.

Marco Antonio Cavazzoni
(um 1490 bis nach 1570)

ZEIT UND UMWELT

Mit dem Beginn des 16. Jahrhunderts rückte die Orgel immer mehr gegen das Zentrum der sakralen Musik vor, deren Hauptausdrucksmittel bisher der Gesang war. Wie die Laute den Weg vom Begleit- zum Soloinstrument nahezu zurückgelegt hatte, verließ die Orgel ihren Platz als unterstützende Begleiterin, begnügte sich nicht mehr mit den kurzen Vor-, Nach- und Zwischenspielen, die ihr zugewiesen wurden. Die Instrumente wurden verbessert, so daß das Geflecht der mehrstimmigen Chorsätze getreu nachgeahmt werden konnte. Und immer mehr Organisten und Orgelkomponisten bemühten sich um diesen neuen Bereich musikalischer Ausdrucksmöglichkeiten.

LEBEN

Marco Antonio Cavazzoni wurde um 1490 in Bologna geboren und trat 1512 als Organist in venezianische Dienste. In den Jahren 1520 und 1521 wirkte er am Hof des Papstes Leo X., kehrte nach Venedig zurück, nahm 1525 eine Organistenstelle in Padua an, spielte ab 1528 neuerlich die Orgel in Venedig und zwischen 1536 und 1537 am Dom von Chioggia und wurde schließlich 1558 Sänger an San Marco. Er starb in Venedig nach dem Jahr 1570.

WERKE

Von Marco Antonio Cavazzoni ist das 1523 erschienene Buch Ricercari Motetti canzone erhalten, außerdem eine Messe (Missa Domini) und etliche Chansons. Der Orgelsatz weist bereits den Stil der großen Organisten des kommenden Jahrhunderts auf.

LITERATUR

W. Apel, The early Development of the Organ Ricercars, Musica Disciplina III, 1949.

Michael Cavendish (um 1565–1628)

ZEIT UND UMWELT

König Karl I. von England fiel bereits in seinen jungen Jahren durch sein reserviertes, scheues Verhalten auf. Auch die Inhaber verschiedener Hofämter konnten kaum Kontakt mit ihm gewinnen. Er ging jeder Berührung mit seinen zukünftigen Untertanen aus dem Weg. Wenn er einen Umgang pflegte, so kamen hierfür nur Persönlichkeiten des Hochadels in Betracht.

LEBEN

Michael Cavendish wurde um 1565 in London geboren. Seine Familie gehörte dem englischen Hochadel an. Seine Ausbildung zum Musiker erhielt er von Musikern des englischen Hofes, an dem er von seiner Geburt bis zu seinem Tod am 5. 7. 1628 lebte. Er gehörte zu den wenigen Vertrauten des Kronprinzen Karl, den er vermutlich auch unterrichtete.

WERKE

Von Michael Cavendish ist ein Buch »Tabletorie to the Lute« (Lautentabulatur) mit 14 Lautensätzen (Airs) und 8 fünfstimmigen Madrigalen erhalten. Er verfaßte außerdem mehrstimmige Psalmen und ein Madrigal für »The Triumphes of Oriana«. Sein Stil ist sehr unkompliziert und lehnt sich an italienische Vorbilder und an Morley an.

Catterino Cavos (1775–1840)

ZEIT UND UMWELT

Für die Entwicklung der russischen Nationaloper wirkte es sich günstig und beschleunigend aus, daß Komponisten nach Rußland kamen, die in der Lage waren, »echte« russische Opern auf die Bühne zu bringen. Sie verwendeten russische Themen und verarbeiteten in ihrer Musik Volksweisen. Wenn auch das Ganze in vielen Fällen nur ausgezeichnete Routine war, ohne besonderen Tiefgang, förderte es die Entwicklung doch außerordentlich. Das wurde bald darauf durch das Entstehen bedeutender, künstlerisch wertvoller Werke russischer Komponisten bewiesen, die heute noch gespielt werden.

LEBEN

Catterino Albertowitsch Cavos wurde am 30.10.1775 in Venedig geboren. Er war zunächst Chorführer am Teatro La Fenice in seiner Geburtsstadt, dann leitete er das Theater in Padua. Im Jahr 1798 ging er als Direktor einer italienischen Operntruppe nach St. Petersburg und wurde bald darauf Kapellmeister am Kaiserlichen Theater. Ab 1803 wurde ihm die Leitung der russischen Oper anvertraut. Er starb am 28.4.1840 in St. Petersburg.

WERKE

Außer zahlreichen russischen, italienischen und französischen Opern schrieb Catterino Cavos etliche Kantaten, Bühnenmusiken und Ballette. Sein Hauptverdienst lag auf dem Gebiet der russischen Oper, die er mit seinen Werken populär machte. Seine Musik war sehr klangreich und eingängig; das russische Kolorit traf er vorzüglich. Den Erfolg seines

Wirkens durfte er selbst noch erleben, als er die Uraufführung der ersten, tatsächlich russischen Nationaloper von Michail Glinka, »Iwan Susanin« (einen Stoff, den er auch selbst komponiert hatte), dirigierte.

Norman Cazden (1914–80)

LEBEN
Norman Cazden wurde am 23.9.1914 in New York geboren. Er war an der Harvard University Schüler von Aaron Copland und Walter Piston. Zunächst wirkte er als Klavierbegleiter und als Konzertpianist, von 1934 bis 1949 als Klavierlehrer an der Juilliard School of Music in New York, von 1950 bis 1953 als Assistant Professor an der Universität in Springfield und von 1956 bis 1958 als Professor an der New School for Social Research in New York. Er starb am 18.8.1980 in Bangor, Me.

WERKE
Neben einer Operette und einer Bühnenmusik schrieb Norman Cazden 2 Sinfonien und mehrere Orchesterwerke, außerdem 2 Kammerkonzerte und eine Suite für sechs Blechbläser, ein Konzert für zehn Instrumente, eine Suite für Oboe und Streicher, eine für fünf Blechbläser, ein Quintett für Holzbläser, 2 Streichquintette, ein Streichquartett, ein Klavierquartett, eine Suite für Cello und Klavier und eine für Violine und Klavier, Sonaten für Horn, für Flöte und für Violine, Sonaten und andere Stücke für Klavier. Sein Stil ist der zeitgenössische amerikanische Neuklassizismus.

Maurizio Cazzati (um 1620–77)

ZEIT UND UMWELT
Die geographische Lage von Bologna zwischen dem mittelitalienischen – römischen – und dem oberitalienischen – venezianisch-lombardischen – Raum hatte zumindest teilweise Einfluß auf die Bauten der Stadt, die Gemälde der Bologneser Schule, ja das gesamte künstlerische Schaffen in der Stadt. Auch die Musik integrierte beide Kulturkreise zu einer eigenständigen Entwicklungslinie, die bis heute eine Reihe bedeutender Komponisten hervorgebracht hat.

LEBEN
Maurizio (Mauritio) Cazzati wurde um 1620 in Lucera, Guastalla, geboren. Er wirkte nach seiner Ausbildung in Guastalla als Organist und Kapellmeister an Sant'Andrea der Stadt und wurde 1641 Kirchenkapellmeister in Mantua und 1647 Kammerkapellmeister des Herzogs von Sabionetta in Bozzola, 1650 musikalischer Leiter der Accademia della Morte in Ferrara, 1653 Kapellmeister an Santa Maria Maggiore in Bergamo und von 1657 bis 1671 an San Petronio in Bologna. Im Jahr 1673 berief ihn Herzogin Maria Anna als Kapellmeister nach Mantua, wo er 1677 starb.

WERKE
Dem äußerst fruchtbaren italienischen Komponisten Maurizio Cazzati wurde nur ein durchschnittliches kompositorisches Talent zugebilligt. Diese Kritik trifft auf keinen Fall bei seiner Kirchenmusik zu, in der er den in Bologna gewachsenen Stil mit venezianischen und römischen Elementen zu einer glücklichen Synthese verschmolz. Seine Messen, Motetten, Psalmen, Lamentationen, Antiphonen und Hymnen waren ebenso vorzüglich wie seine 9 für Bologna geschaffenen Oratorien. Dagegen fallen seine für den kirchlichen Gebrauch geschriebenen Capricci stark ab. Unter den profanen Werken für Singstimmen – Capricci, Madrigale, Canzonetten und Duos – und verschiedene Instrumente – Violinen, Violone, Spinett, Laute, Theorbe, Trompeten – befindet sich neben vieler reiner Routine manche ausgezeichnete, einfallsreiche Leistung, die Beachtung verdient. Jedenfalls gab er allein durch seine hochentwickelte Technik der italienischen Barockmusik viele Impulse. Seine Triosonaten zum Beispiel haben jüngere Komponisten zur Entwicklung dieser Kompositionsform angeregt. Er war es auch, der die Sonate auf größeren Umfang ausbaute. Seine 5 Opern wurden mit außerordentlichem Erfolg in Bologna, Bergamo und Ferrara aufgeführt.

LITERATUR

F. Vatielli, Arte e vita musicale a Bologna, Bologna 1927.

Francisco Ceballos (um 1505–71)

ZEIT UND UMWELT

Burgos, die ehemalige Hauptstadt Altkastiliens, behielt die Vorrechte einer Residenzstadt, bis Philipp II. Madrid zur »einzigen Hauptstadt« erklärte (1560). Die 1221 von König Ferdinand III. begonnene Kathedrale wurde im 16. Jahrhundert fertiggestellt.

LEBEN

Francisco Ceballos (Cevallos, Zaballos), Bruder oder naher Verwandter des Komponisten Rodrigo Ceballos, wurde um 1505 in Aracena, Sevilla, geboren und erhielt 1535 die Kapellmeisterstelle in Burgos, die er bis zu seinem Tod im Jahre 1571 versah.

WERKE

Die Werke von Francisco Ceballos, die mit Sicherheit ihm und nicht Rodrigo Ceballos zuzuschreiben sind, 2 Messen und eine Anzahl Motetten, weisen einen typischen sevillanischen Stil auf, der zugunsten des Vollklanges auf exakte Kontrapunktik verzichtete. Da zu jener Zeit die Verwendung von Instrumenten in der Kirche noch nicht verboten war, läßt sich leicht vorstellen, wie prächtig die breiten Akkorde mit Bläserbegleitung geklungen haben mögen.

Tomaso Cecchino (um 1580–1644)

ZEIT UND UMWELT

Die dalmatinische Stadt Split (Spalato) war im Verlauf des 17. Jahrhunderts ständig von den Türken bedroht, deren Machtbereich auf dem Balkan nahezu bis zur adriatischen Küste reichte. Die Republik Venedig vermochte der Stadt dennoch Schutz zu bieten wie dem Großteil der Küste Dalmatiens.

LEBEN

Tomaso (Tome) Cecchino wurde um 1580 vermutlich in Verona geboren. Er kam 1613 als Domkapellmeister nach Split und betreute fallweise auch die Kapelle der Kirche auf der Insel Hvar, wo er 1644 starb.

WERKE

Vom Werk des italienischen Komponisten Tomaso Cecchino sind mehrstimmige Messen, Psalmen, Motetten und Madrigale, zum Teil im konzertanten Stil Venedigs, erhalten. Seine Musik weist einen eigentümlichen, reizvollen Klang und Rhythmus auf, der vielleicht auf folkloristische Einflüsse zurückzuführen ist.

LITERATUR

D. Berić, Prilog biografiji splitsko-hrvatskog kapelnika Tome Cecchino, Split 1958.

Ludvík Vítězslav Čelanský (1870–1931)

LEBEN

Ludvík Vítězslav Čelanský wurde am 17.7. 1870 in Wien geboren. Er studierte am Konservatorium in Prag und war darauf als Theaterkapellmeister in Pilsen (Plzeň), Zagreb und Prag tätig. Er dirigierte auch in Lemberg (Lwiw), Kiew und Paris und zuletzt erneut in Prag, wo er am 27.10.1931 starb.

WERKE

Von Ludvík Vítězslav Čelanský sind eine Oper, eine Sinfonie, eine sinfonische Trilogie »Adam-Noe-Mojžís«, ein prächtiges Te Deum und eine sinfonische Dichtung »Hymne an die Sonne« bekannt geworden. Er war Spätromantiker.

Eligio Celestino (um 1739–1812)

ZEIT UND UMWELT

Es gab kaum einen Virtuosen, der nicht für den eigenen Konzertgebrauch komponierte, weil er sich damit die Möglichkeit schuf, sein technisches Können besonders deutlich in Szene zu setzen, und es sich ersparte, sich mit Passagen abzumühen, die ihm nicht lagen.

Einzelne konnten diese Absicht sogar mit ansprechend guter Musik vereinen, die in der Regel jedoch vor der Technik weit zurückstehen mußte. In vielen Fällen waren solche Stücke wenig originell, weil sie aus Teilen von Werken bestanden, die zum Konzertprogramm des Komponisten gehörten.

LEBEN
Eligio Celestino wurde um 1739 in Rom geboren und dort zu einem ausgezeichneten Violinisten ausgebildet. Er begab sich 1772 auf Konzertreisen und trat mit Erfolg in London auf, dann wurde er Mitglied der Hofkapelle in Stuttgart und schließlich Konzertmeister am Hof in Ludwigslust, Mecklenburg, wo er am 14. 1. 1812 starb.

WERKE
Vom Violinvirtuosen Eligio Celestino sind 6 Sonaten für Violine und Baß und 3 Duos für Violine und Cello erschienen. Es handelte sich dabei um reine Virtuosenmusik. Er hat angeblich außerdem eine Reihe von Violinsoli und Trios mit Orchesterbegleitung verfaßt.

Sergiu Celibidache (geboren 1912)

LEBEN
Sergiu Celibidache wurde am 28.6.1912 in Roman, Rumänien, geboren. Er studierte von 1939 bis 1945 an der Musikhochschule in Berlin unter Kurt Thomas, Walther Gmeindl und Fritz Stein. Im Jahr 1946 wurde ihm die Leitung der Berliner Philharmoniker übertragen. Nach der Rückkehr Wilhelm Furtwänglers (1886–1954) auf diesen Posten 1952 wirkte er bis 1963 als Gastdirigent, vorwiegend in Mittel- und Südamerika, dann wurde er Leiter des schwedischen Rundfunkorchesters, 1972 Dirigent und Leiter des Orchesters des Süddeutschen Rundfunks und 1979 Chef der Philharmoniker und Generalmusikdirektor in München.

WERKE
Von Sergiu Celibidache sind 4 Sinfonien, eine Orchestersuite und ein Klavierkonzert bekannt geworden. Sein Stil ist spätromantisch-expressionistisch.

Simon Cellarius (um 1490–1544)

ZEIT UND UMWELT
Die Marienkirche zu Zwickau (Sachsen) wurde 1212 bis 1219 erbaut und erhielt ihre heutige Gestalt im Jahre 1506. Nach Einführung der Reformation wurde sie als evangelische Kirche übernommen und weitergeführt.

LEBEN
Simon Cellarius (Hausskeller) ist um 1490 vermutlich in Sachsen geboren. In den Jahren 1521 und 1522 war er Kantor an der Marienkirche in Zwickau und später Pfarrer. Er starb 1544 in Kohren (Sachsen).

WERKE
Von Simon Cellarius sind mehrere vertonte Psalmen und Hymnen überliefert (Offizien), die einen sehr einfachen Satz aufweisen, aber trotzdem klangvoll sind.

LITERATUR
R. Gerber, 2 vierstimmige Psalmen, in: Das Erbe Deutscher Musik XXI, Leipzig 1942.

Alexandre Cellier (1883–1968)

LEBEN
Alexandre Cellier wurde am 17.6.1883 in Molières-sur-Ceze, Garde, geboren. Er studierte bei Louis Diémer, Xavier Leroux, Félix Alexandre Guilmant und Charles-Marie Widor. Ab 1910 wirkte er als Organist und Chorleiter an der Église Réformée de l'Étoile und gleichzeitig von 1912 bis 1939 als Organist der Bach-Gesellschaft in Paris. Er starb am 4.3.1968 in Paris.

WERKE
Von Alexandre Cellier sind 2 sinfonische Suiten für Orgel, ein Klavierquintett, 2 Streichquartette, eine Sonate für Cello und Klavier und eine für Bratsche und Klavier,

Fantasie für zwei Klaviere und eine Anzahl kleinere Orchesterwerke bekannt geworden. Er publizierte mehrere musikwissenschaftliche Werke.

Conradus Celtis (1459–1508)

ZEIT UND UMWELT
Der deutsche Humanismus, der anfänglich als literarisch-stilistische Richtung von Studenten aus Italien verbreitet wurde, mündete in der Ausbildung einer wissenschaftlichen Haltung auf allen Gebieten, insbesondere in den Naturwissenschaften. Im letzten Drittel des 15. Jahrhunderts entstand in Wien ein mathematisch-naturwissenschaftlich ausgerichtetes Zentrum, dem unter anderen der Mathematiker Georg von Peuerbach (1423 bis 1461), der Mathematiker und Astronom Regiomontanus (1436–76), Conradus Celtis und dessen Schüler Johannes Cuspinianus (1473–1529), vielseitiger Humanist und Historiograph, angehörten.

LEBEN
Conradus Celtis (Conradus Celtes Protucius, eigentlich Bickel oder Pickel) wurde am 1. 2. 1459 in Wipfeld am Main geboren. Der deutsche Humanist studierte in Köln und Heidelberg Philologie, Philosophie, Rhetorik und Poesie und in Krakau Mathematik. Wegen seines literarischen Schaffens wurde er in Nürnberg 1487 zum Poeta laureatus gekrönt. Er lehrte ab 1492 Rhetorik und Poesie in Ingolstadt und ab 1497 in Wien. Er starb in Wien am 4. 2. 1508 als einer der Begründer des deutschen Humanismus.

WERKE
Wirken und Bedeutung von Conradus Celtis liegen auf dem Gebiet verschiedener Wissenschaften und der Literatur. Musikgeschichtlich beachtenswert ist der große Humanist durch seine beiden Bühnenspiele »Ludus Dianae« (1500) und »Laudes Maximiliani« (1504) geworden, deren Aktschlüsse er mit Chören versah. Damit schuf er eine der ältesten Bühnenmusiken. Er war auch einer der ersten Anreger zur metrischen Odenkomposition, die die antiken Metra mittels genauer Wiedergabe der Silbenquantität neu beleben wollten. Alle Oden gleicher Strophenform erhielten die gleiche Melodie. Bei mehrstimmigen Vertonungen kam es wegen der Beachtung des Metrums in allen Stimmen zu einer strengen Homorhythmie. In der gleichen Form sind auch die vorgenannten Bühnenmusiken gefaßt.

LITERATUR
H. Rupprich, Die Frühzeit des Humanismus und der Renaissance in Deutschland, Köln 1938.

Cercamon (um 1100 bis nach 1150)

ZEIT UND UMWELT
Man hat den Fürstenhof von Aquitanien wegen seiner Funktion als Kulturzentrum mit den Kraftquellen gleichgesetzt, die die Höfe der Renaissanceregenten bildeten. Der Vergleich ist richtig, hat aber den historischen Fehler, daß es sich in Aquitanien um keine Renaissance, um keine Wiedergeburt handelte. Denn dort ist die klassische Denk- und Lebensart trotz aller Wechselfälle des ersten nachchristlichen Jahrtausends seit den Zeiten der römischen Provinz Aquitanien nie abgestorben, nicht unter den Goten, weder unter den Merowingern noch unter den Karolingern und ebensowenig unter den verschiedenen Usurpatoren wie Sarazenen oder Normannen.

LEBEN
Cercamon ist einer der ältesten Troubadours. Er war mit dem um einiges jüngeren Marcabru befreundet und lebte vermutlich mindestens zeitweise am aquitanischen Hof. Er dürfte bald nach dem Jahr 1150 gestorben sein. Der Ort seines Todes ist ebenso unbekannt wie der seiner Geburt (um 1100) und wie seine Herkunft.

WERKE
Von seinen Liedern ist keine Melodie erhalten. Seine bemerkenswerteste Leistung war sein Klagelied auf den Tod des Grafen de Pei-

teus, das uns als ältestes dieser Art überliefert ist. Sein Stil bewegte sich in die Richtung, die Marcabru einschlug.

LITERATUR

Dr. Dejeanne, Le Troubadour Cercamon, in: Annales du Midi XVII, 1905.

Juan Cererols (1618–76)

ZEIT UND UMWELT

Trotz des ständigen engen Kontakts mit den Kapellen an den katalonischen Kathedralen hatte das Kloster Montserrat seine eigene Musikentwicklung. Die Traditionspflege der »Escolanía de Montserrat« war und ist heute noch trotz ihrer konservativen Haltung der Ausgangspunkt ständiger Impulse nicht nur für die Iberische Halbinsel, sondern für die gesamte musikalische Welt.

LEBEN

Juan Cererols wurde am 9. 9. 1618 in Martorell, Katalonien, geboren. Er trat 1636 in das Kloster Montserrat ein, wirkte dort bis 1666 als Leiter des Musikunterrichtes und starb ebenda am 28. 8. 1676.

WERKE

Der katalonische Komponist Juan Cererols verfaßte eine Reihe von Offizien, nämlich Hymnen, Canticas und Antiphonen, Messen – darunter die dreichörige »Missa de Batalla« (Schlachtenmesse) – und Villancicos für vier und acht Stimmen.

Giovanni Ceresini
(um 1580 bis nach 1638)

ZEIT UND UMWELT

Dom und Palazzo der Stadt Cesena blieben Zeugen des Kulturwillens der regierenden Familie Malatesta weit über das Jahr 1500 hinaus, als die Stadt von Cesare Borgia (1476 bis 1507) für den Kirchenstaat unterworfen wurde. Musik wurde am Dom immer schon eifrig und ernst gepflegt und erfuhr durch die politische Bindung an Rom einen noch höheren Aufschwung.

LEBEN

Giovanni Ceresini wurde um 1580 in Cesena geboren und am Dom der Stadt zum Musiker ausgebildet. Im Jahr 1607 nahm ihn die der Musikpflege gewidmete Accademia Eterea (Ätherische Akademie) auf, 1627 wurde er Kapellmeister in Ferrara, das zu jener Zeit auch schon zum Kirchenstaat gehörte. Er starb vermutlich nach 1638 in Ferrara.

WERKE

Von dem italienischen Komponisten Giovanni Ceresini sind eine fünfstimmige Messe mit Psalmen, 2 Bücher mit Motetten und 2 mit Madrigalen erschienen. Diese Musik ist an den alten römischen Stil angelehnt, enthält aber sehr viel Eigenständiges.

Friedrich Cerha (geboren 1926)

LEBEN

Friedrich Cerha wurde am 17.2.1926 in Wien geboren. Er studierte in seinem Geburtsort an der Akademie für Musik und darstellende Kunst Komposition bei Alfred Uhl und Violine bei Vaša Přihoda (22.8.1900, Vodňany, bis 26.7.1960, Wien). Hernach betätigte er sich als Violinist und Lehrer. Im Jahr 1958 gründete er in Wien das Ensemble »die reihe« für Neue Musik und leitete es bis 1983. Im Jahr 1969 wurde er Professor an der Musikhochschule und künstlerischer Leiter ihres elektronischen Studios in Wien.

WERKE

Alles Dialektische hält Friedrich Cerha für bedeutungslos und interessiert sich wenig für motivische Arbeit. Anstelle des Kontrastes zieht er die feinen Schattierungen innerhalb einer Farbe oder einer Struktur vor. Er schrieb eine Sinfonie, ein Divertimento für acht Bläser und Schlagzeug, »Espressioni fondamentali« für Orchester, »Relationen« für Cembalo und Kammerorchester, »Sinfonien« für Bläser und Pauken, »Spiegel I–III« für Orchester und Tonband, »Phantasma 63« für

Kammerensemble, »Übungen« für Bariton, fünf Sprecher, Akteure und Kammerensemble, »Verzeichnis gefundener Dinge« für Kammerensemble, ein Stück für Bläser, »Nachtmusik I und II« für Orchester, 2 Stücke für Klavier und Violine.

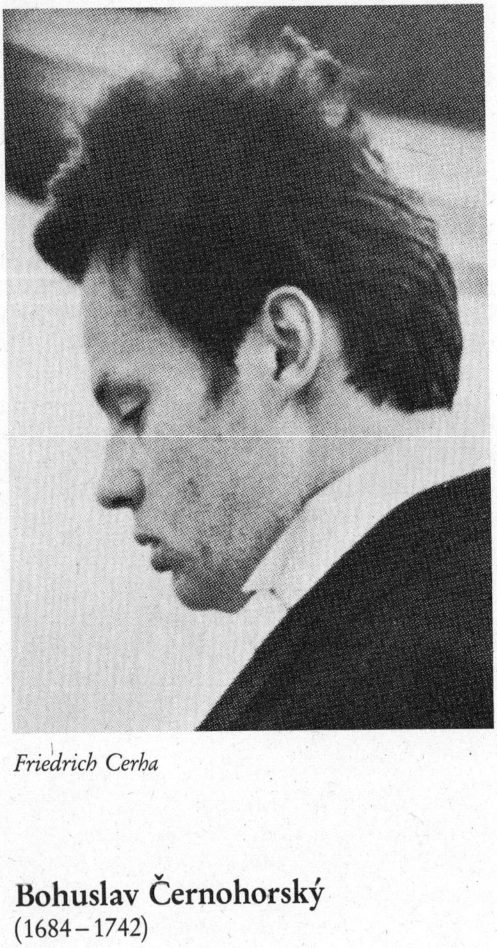

Friedrich Cerha

Bohuslav Černohorský
(1684–1742)

ZEIT UND UMWELT
Obwohl der Dreißigjährige Krieg und die Gegenreformation den tschechischen Adel und das Großbürgertum nahezu gänzlich zerschlagen und versprengt hatten, blieben doch die Bemühungen einzelner, wiederum ein eigenständiges tschechisches Kulturleben aufzubauen, nicht aus. Solche Bestrebungen, die von Klerikern unternommen wurden, waren sehr aussichtsreich, weil hierbei Eingriffe der staatlichen Behörden nicht befürchtet werden mußten.

LEBEN
Bohuslav Matěj Černohorský wurde am 16. 2. 1684 in Nymburk getauft. Er war als Padre Boemo Franziskanermönch und Regens Chori von ungefähr 1715 bis 1739 an der Minoritenkirche Sant' Anna in Padua. Dann wirkte er als Musikdirektor an St. Jakob in Prag und gab Orgelunterricht bis zu seinem Tod in Graz auf einer Reise nach Italien am 1. 7. 1742.

WERKE
Ein großer Teil der Werke des tschechischen Organisten und Komponisten Bohuslav Černohorský ist durch einen Brand vernichtet worden. Erhalten sind ein vierstimmiges Offertorium, 3 Motetten, Lauretanische Litaneien, Vespern, ein Regina coeli für Sopran, Cello und Orgel und mehrere Orgelfugen, davon 3 mit Präludien. Er bildete in Prag eine Reihe namhafter Orgelkomponisten aus, die bis in die Wiener Klassik hinein wirkten. Man nennt ihn den »Vater der böhmischen Musik«, obwohl er nur eine kurze, eigenständige tschechische Musikentwicklung initiierte. Noch heute wird auf die »Böhmische Altmeisterschule« zurückgegriffen.

Scipione Cerreto
(um 1551 bis nach 1631)

ZEIT UND UMWELT
Im Verlauf des 16. Jahrhunderts wurden in Neapel von privater Hand vier Musikschulen gegründet. Es handelte sich in allen Fällen um Waisen- oder Findelhäuser, in denen die Betreuten – neben dem allgemeinen Unterricht – von Fachkräften für den Kirchendienst und bei Vorliegen des erforderlichen Talentes zu Musikern ausgebildet wurden. Die Kosten wurden zum größten Teil durch Spenden, zum geringeren durch Konzerte und Mitwirkung der jungen Musiker bei Kirchenchören und offiziellen sowie privaten Festlichkeiten aufgebracht. Diese intensive erzieherische Tätigkeit der Neapolitaner mag neben anderen Beweggründen im Bestreben, der ständigen Fremdherr-

schaft eine kulturelle Eigenständigkeit entgegenzusetzen, ihre Wurzel gehabt haben. Zur Heranbildung der Musiklehrer benötigte man auch ein entsprechendes musiktheoretisches Schrifttum, das auch in ausreichendem Maß zur Verfügung gestellt werden konnte.

LEBEN
Scipione Cerreto wurde um 1551 in Neapel geboren und zum Musiker und Musikwissenschaftler ausgebildet. Er lebte als Lehrer, Musikschriftsteller und Komponist in seiner Vaterstadt, wo er nach 1631 starb.

WERKE
Neben seinen musikwissenschaftlichen Publikationen verfaßte Scipione Cerreto dreistimmige Madrigale, von denen ein Teil überliefert ist. Sie stellen keineswegs Schulwerke dar, wie man erwarten könnte, sondern gute Musik eines echten Komponisten.

Pierre Certon (um 1510–72)

ZEIT UND UMWELT
Paris hatte sich von der franko-flämischen Schule sehr weit entfernt und für die Kirchenmusik eine eigene gebildet, die allerdings auf den Leistungen der flämischen Meister beruhte. Das Chanson ist in dieser Stadt entstanden und weiterentwickelt worden und sowohl textlich wie musikalisch zum Ausdruck ihres Wesens geworden.

LEBEN
Pierre Certon ist um 1510 vermutlich in Melun geboren. Er wurde 1529 Kleriker an Notre-Dame in Paris und trat 1532 der Sainte-Chapelle bei; 1542 wurde er Leiter ihres Knabenchores. Um 1560 ernannte man ihn zum Kanonikus an Notre-Dame in Melun, wo er am 23. 2. 1572 starb.

WERKE
Vom kompositorischen Werk Pierre Certons sind 3 dreistimmige und 5 vierstimmige Messen, ungefähr 50 vierstimmige Motetten, französische Psalmen und geistliche Chansons für vier bis acht und dreizehn Stimmen überliefert. Die Messen nehmen als Grundthemen nicht nur sakrale Melodien, sondern auch Volkslieder wie »Sur le pont d'Avignon« (Auf der Brücke von Avignon). Die Motetten zeichnen sich durch eine starke Bildhaftigkeit des Ausdruckes aus. Außer der sakralen Musik sind bei 300 Chansons überliefert, von denen einzelne zur Form des Vaudeville vorstoßen. Die Texte sind oft sehr gewagt.

LITERATUR
M. Brenet, Les musiciens de la Sainte-Chapelle du Palais, Paris 1910.

Pierre Cerveau (um 1565 bis nach 1615)

ZEIT UND UMWELT
Das Air de cour und die Musique mesurée à l'antique verliehen der französischen Liedkomposition des 17. Jahrhunderts eine gewisse Steife, die den Eindruck des Gekünstelten macht. Man versteht sie besser, wenn man daran denkt, daß das gesamte höfische Leben Frankreichs, das Zeremoniell, die Kleiderordnung, die Rangstufen, die Umgangsformen, nach genau ausgeklügelten Formen und Formeln ablief und die Menschen in allen ihren Lebenslagen nahezu zur Marionette machte.

LEBEN
Pierre Cerveau wurde um 1565 in Angers geboren. Der französische Komponist hielt sich zeitweilig in Orléans und in Troyes auf. Er dürfte an verschiedenen Kirchen als Musiker gewirkt haben und schließlich in Angers nach 1615 gestorben sein.

WERKE
Von Pierre Cerveau ist ein Buch mit vierstimmigen Airs erhalten, die für die Frühform dieser Musikgattung typisch waren. Die exakte Textanpassung an die gehobene Sprache der Dichtung, die bis zur Deklamation reicht, und die homophone Progression fallen auf. Es stammen einige Lautenlieder von Cerveau, außerdem eine Serie geistlicher Gesänge.

Cerverí de Girona (1229 bis um 1282)

ZEIT UND UMWELT
Zwischen provenzalischen Troubadours und katalanischen Trobadors ist musikalisch kein wesentlicher Unterschied feststellbar. Der Gleichklang beider Sprachen, die Parallelität der künstlerischen Ideen und der persönlichen Anliegen machen das verständlich. Vielleicht ist der maurische Einfluß auf die Katalanen etwas stärker als bei den Provenzalen, vielleicht klangen die Lieder südlich der Pyrenäen gravitätischer und dunkler, aber auffällige Unterscheidungsmerkmale können daraus nicht gewonnen werden.

LEBEN
Cerverí de Girona (bekannt als Guilhem de Cervera) wurde 1229 in Girona geboren. Sein Wirken erstreckte sich auf das Gebiet von Barcelona bis zur Provence. Er ist um 1282 in Katalonien gestorben.

WERKE
Vom Katalanen Cerverí de Girona sind die Texte von 114 Gedichten aller zu jener Zeit üblichen Typen überliefert. Musik liegt nur für 5 Kompositionen mit stark epischen Texten vor. Auf Grund dieser Werke muß der Trobador zu den bedeutendsten Meistern gerechnet werden.

LITERATUR
M. de Riquer, Guilhem de Cervera, llamado también Cerverí de Girona, in: Boletín de la Real Academia de Buenas Letras de Barcelona XXVIII, 1959/60.

Giacomo Cervetto (um 1682–1783)

LEBEN
Giacomo Cervetto wurde um 1682 in Italien geboren. Er wirkte bis 1728 in seiner Heimat als Cellist, ging sodann nach London, wo er in das Orchester des Drury Lane Theatre eintrat, dessen Leitung er bald darauf für eine Reihe von Jahren innehatte. Er war einer der ersten, die das Cello in England durch private Konzerte populär machten. Er starb in London am 14. 1. 1783.

WERKE
Der italienische Cellist und Komponist Giacomo Cervetto schrieb 6 Divertissements für zwei Celli und eine Anzahl Cellosonaten, Flötensonaten und Triosonaten.

LITERATUR
E. S. J. van der Straeten, History of the Violoncello, London 1915.

Cesare de Judice (1607–80)

LEBEN
Cesare de Judice (Caesar Judex) wurde am 28. 1. 1607 in Palermo geboren. Er trat in den Dienst der Spanier und wurde höherer Regierungsbeamter. Musik dürfte er aus Liebhaberei betrieben und außer der Komposition keine musikalische Tätigkeit ausgeübt haben. Er starb in Palermo am 13. 9. 1680.

WERKE
Der italienische Komponist Cesare de Judice verfaßte ein Buch mit zwei- bis vierstimmigen Madrigalen und eines mit Motetten und weiteren Madrigalen. Zum Tod König Philipps IV. (1665) soll er ein sehr beachtetes Requiem geschrieben haben. Von weiteren 5 vierstimmigen Vokalwerken werden die Handschriften in Wien aufbewahrt. Seine Musik gehört dem Übergangsstil vom 16. zum 17. Jahrhundert an.

Johannes Cesaris
(um 1360 bis um 1420)

ZEIT UND UMWELT
Melchior Broederlam aus Ypern (zwischen 1381 und 1409 nachweisbar), Hofmaler der Herzöge von Burgund, war einer der ältesten der sogenannten Niederländischen Schule. Seine feine Farb- und Lichtbehandlung zeigen bereits die Stilentwicklung an, die die Niederländer verfolgt haben. Es gab

auch eine Niederländische Schule der Musik, die man besser franko-flämisch nennt, weil ihr Territorium weit über die niederländischen Grenzen hinausreichte. Ihre Quellen sind aber, trotz einzelner Meister, die eine Überleitung von Frankreich zum neuen Musikzentrum bilden, in Italien und später in England zu suchen.

LEBEN
Johannes Cesaris ist um 1360 geboren. Weitere Angaben über das Leben des Meisters fehlen. Er starb um 1420 vermutlich in Flandern.

WERKE
Die wenigen Kompositionen, die Cesaris mit Sicherheit zugeschrieben werden dürfen, bestehen aus 8 französischen Chansons (6 Rondeaux und 2 Balladen) und einer Doppelmotette. Sie reichen aber zur Einordnung des Meisters als Vorläufer der franko-flämischen Musik aus.

Marc'Antonio Cesti (1623–69)

ZEIT UND UMWELT
Der Maler, Radierer, Schauspieler und Dichter Salvatore Rosa (1615–73) verspottete während des Carnevals 1639 den Bildhauer und Architekten Giovanni Lorenzo Bernini (1598–1680), der unter besonderem Schutz des Papstes Urban VIII. stand, und mußte deswegen Rom für einige Zeit verlassen. Er war überhaupt bei den Vertretern der Kirche wegen verschiedenster kritischer Äußerungen in seinen Schriften höchst unbeliebt.

LEBEN
Marc'Antonio Cesti (getauft auf den Namen Pietro, Antonio war sein Klostername) wurde am 3. 8. 1623 in Arezzo geboren und in Rom ausgebildet. Er trat dem Franziskanerorden bei und war 1633 und von 1635 bis 1637 Sänger an den Kirchen von Arezzo. Von 1645 bis 1649 war er Magister musices und Domkapellmeister in Volterra. Er trat selbst als Tenor in einer seiner Opern in Lucca auf (1650). Seine Lebensführung und besonders seine Freundschaft mit Salvatore Rosa erregten den Unmut seiner kirchlichen Oberen, aber da er 1652 in den Dienst des Erzherzogs Ferdinand Karl von Tirol (1628 bis 1662) in Innsbruck trat, trafen ihn keinerlei Unannehmlichkeiten. Er konnte sogar, ohne seine Stellung in Innsbruck aufzugeben, 1659 der päpstlichen Kapelle beitreten. Nach dem Tod des letzten Habsburgers in Innsbruck, Sigismund Franz (1630–65), übersiedelte er mit einem Großteil der Hofkapelle nach Wien, wurde dort Vizekapellmeister der Hofkapelle und »Ehrenkaplan«. Im Jahr 1668 ging er nach Florenz, wo er am 14. 10. 1669 starb.
Remigio Cesti (um 1620, vermutlich Pisa, bis nach 1665, vermutlich Wien) war Organist am Dom in Pisa; er hielt sich zur Aufführung seiner Oper 1653 in Innsbruck und 1665 in Wien auf. Ob er mit Marc'Antonio Cesti verwandt war, läßt sich nicht feststellen.

WERKE
Der italienische Komponist Marc'Antonio Cesti war einer der bedeutendsten Opernkomponisten des 17. Jahrhunderts, bei dem nicht die dramatische Handlung, sondern die Musik das Hauptelement darstellte. Neben seinen vielen Opern verfaßte er Kantaten und etliche Motetten, die wie Opernmusik klingen.
Remigio Cesti brachte eine Oper heraus. Von seinem übrigen Schaffen sind nur eine Serenade und eine Motette für zwei Stimmen und zwei Instrumente erhalten.

LITERATUR
E. Wellesz, Essays in Opera, London 1949.

Michel Paul Guy de Chabanon (1729–92)

ZEIT UND UMWELT
Der Musikästhetik von Charles Batteux und Jean-Baptiste Dubos (1670–1742), die die »Imitation de la belle nature« (Nachahmung der schönen Natur) und »rührende Stoffe« als Grundlagen der Kunst forderten, setzten Jean-Philippe Rameau und Christoph Willi-

bald Gluck ihre autonome Musikästhetik entgegen, die für die Epoche der Klassik maßgebend wurde. Die Musik wurde sowohl vom Malerischen wie vom Literarischen abgedrängt.

LEBEN
Michel Paul Guy de Chabanon wurde 1729 in Santo Domingo geboren. Er war vor allem Schriftsteller und wurde 1780 in die Académie Française aufgenommen. Komposition und Violinspiel betrieb er als Amateur. Er starb am 10. 7. 1792 in Paris.

WERKE
Die Stücke für Cembalo, Harfe oder Pianoforte mit Violine und 2 Sonaten für Cembalo mit Violine von Michel Paul Guy de Chabanon sind verschollen wie seine nie aufgeführte Oper und sein Divertissement lyrique, das in den Tuilerien gespielt worden ist. Dafür sind viele seiner musiktheoretischen Werke, die sich hauptsächlich mit musikästhetischen Fragen im Sinn der Theorien von Jean-Philippe Rameau befassen, überliefert und zum Teil auch übersetzt worden.

LITERATUR
H. Goldschmidt, Die Musikästhetik des 18. Jahrhunderts, Leipzig 1915.

Francesco Chabran (1723 bis nach 1790)

ZEIT UND UMWELT
Die Hofkapelle in Turin bildete für viele piemontesische Musiker ein günstiges Sprungbrett für eine Anstellung oder zumindest ein Auftreten in Paris. Durch die berühmt gewordenen Schüler von Giovanni Battista Somis war dort jeder aus Turin Kommende von vornherein bestens empfohlen.

LEBEN
Carlo Francesco Chabran (Chiabrano) wurde 1723 in Turin geboren. Er war Neffe und Schüler von Giovanni Battista Somis, wurde 1747 als Violinist Mitglied der Königlichen Kapelle in Turin und trat 1751 in Paris und später in London auf. Er dürfte sich in den folgenden Jahren bis zu seinem Tod nach 1790 in London im Dienst von Verlegern aufgehalten haben.

WERKE
Von Francesco Chabran sind 3 Bücher Violinsonaten und ein Buch Konzerte, außerdem 4 Hefte mit beliebten Operntänzen erschienen. Über die Cellomusik, die er geschrieben haben soll, ist nichts bekannt.

Gaetano Chabran
(um 1730 bis nach 1784)

LEBEN
Gaetano Chabran (Capperan) wurde um 1730 vermutlich im Piemont geboren. Er war wahrscheinlich ein Verwandter von Carlo Francesco Chabran. Von 1752 bis 1755 wirkte er als Cellist in der Hofkapelle von Turin, darauf im Opernorchester und am Concert spirituel in Paris; 1784 trat er in London in mehreren Konzerten auf. Er dürfte nach 1784 in London gestorben sein.
Ein weiteres Mitglied der Familie, Francesco Chabran (um 1740, Piemont, bis nach 1795, vermutlich London), war Gitarrist und Gitarrenlehrer in London.

WERKE
Von Gaetano Chabran sind 6 Cellosoli mit Generalbaß und mehrere Cellosonaten erschienen.
Von Francesco Chabran sind eine Gitarrenschule und ein Buch mit Tänzen aus Opern für Pianoforte und Violine oder Flöte erschienen.
Beider Stil traf den Zeitgeschmack.

Emmanuel Chabrier (1841–94)

ZEIT UND UMWELT
Die französischen »Wagnerianer« des späteren 19. Jahrhunderts konzentrierten ihr Interesse vor allem auf die Oper »Tristan und Isolde«, mit der der Rahmen der Romantik bereits überschritten war. Sie wurden auch nahezu

ausnahmslos zu Vorläufern und Wegbereitern des Impressionismus.

LEBEN
Alexis Emmanuel Chabrier wurde am 18.1. 1841 in Ambert, Puy-de-Dôme, geboren. Er studierte Rechtswissenschaft und erhielt eine Stelle im Ministerium des Inneren in Paris. Daneben nahm er Klavierunterricht bei Edouard Wolff und Kompositionsunterricht bei Théophile Semet und Aristide Hignard. Von 1848 bis 1885 wirkte er als Chordirektor am Château d'Eau und unterstützte den Dirigenten Charles Lamoureux (28.9.1834, Bordeux, bis 21.12.1899, Paris), den Begründer der »Nouveaux Concerts«, die unter dem Titel »Concerts Lamoureux« zu einem der bedeutendsten Konzertinstitute in Paris wurden. Er starb am 3.9.1894 in Paris.

WERKE
Neben 2 Operetten, einer Chorszene und 5 Opern, von denen nur eine Erfolg hatte, schrieb Emmanuel Chabrier eine Reihe glänzender Klavierstücke, die noch heute gespielt werden. Am beliebtesten davon sind seine »Drei romantischen Walzer« geblieben. Auch seine Rhapsodie »España« für Orchester findet sich noch auf Konzertprogrammen, wie auch sein »Polnisches Fest« aus seiner Oper »Der König wider Willen« und die »Marche Joyeuse« (Lustiger Marsch).

LITERATUR
G. Servières, Emmanuel Chabrier, Paris 1912.

Paraschkew Chadschiew
(geboren 1912)

LEBEN
Paraschkew Todorow Chadschiew wurde am 14.4.1912 in Sofia geboren. Er war am Konservatorium in Sofia Schüler von Pantscho Waldigerow und Stojan Georgjew Stojanow (27.10.1902, Silistra, bis 10.7.1953, Sofia), in Wien von Joseph Marx und in Berlin von Heinz Tiessen. Im Jahr 1940 wurde er Lehrer für Harmonielehre und Komposition, 1941 Dozent und 1947 Professor am Konservatorium in Sofia.

WERKE
Außer 7 Opern, 3 Operetten und einem Ballett schrieb Paraschkew Chadschiew für Orchester »Skizzen«, eine »Kleine Tanzsuite«, ein Concertino für Violine und Orchester und eines für Flöte und Orchester, 2 Streichquartette, 2 Violinsonaten, ein Concertino für Violine und Klavier, eine Anzahl Klavierstücke, Massenchöre, Sololieder, Bühnen-, Rundfunk- und Filmmusiken sowie Volksliedbearbeitungen.

Hippolito Chamaterò
(um 1530 bis nach 1592)

ZEIT UND UMWELT
Gregorianische Cantus firmi, peinlich klare Textverständlichkeit bis zu sprachlich ohnehin selbstverständlichen Wendungen und deutliche Deklamation besonders der Glaubenssätze forderte die vom Konzil von Trient eingesetzte Kommission zur Überwachung der Kirchenmusik laut Konzilsbeschluß, oder empfahl es zumindest. Es kam nun bei den einzelnen Komponisten, die sich daran halten wollten oder mußten, darauf an, innerhalb dieser Grenzen für ihre Musik neue Entfaltungsräume zu entdecken, um sie nicht zu ersticken. Das Beispiel Palestrinas schwebte vielen vor Augen, wurde aber nur selten erreicht.

LEBEN
Hippolito Chamaterò (Ippolito Camaterò di Negri) wurde um 1530 vermutlich in Rom geboren. Über seine Ausbildung gibt es keine Informationen. Bekannt ist nur, daß er ab 1560 eine Reihe von Kapellmeisterstellen innehatte – Cremona, Udine, Bergamo, Venedig, Rom – und Mitglied der Accademia Filarmonica in Verona war. Er dürfte nach 1592 in Rom, dem letzten Ort seiner Tätigkeit als Kapellmeister, gestorben sein.

WERKE
Von dem Kirchenmusiker Hippolito Cha-

materò sind ein Buch mit fünf- bis siebenstimmigen Messen, eines mit achtstimmigen Psalmen, je eines mit vierstimmigen Introitus, mit Magnificat für acht bis zwölf Stimmen und mit vier- bis sechsstimmigen Alleluia, weiters eines mit fünf- bis siebenstimmigen Messen überliefert. Chamaterò hielt sich genau an die Weisungen der Konzilsbeschlüsse und wandte einzelne vielleicht strenger an, als verlangt wurde. Dadurch kam die Musik in manchen Fällen etwas zu kurz. Seine Madrigale hingegen sind lebendig und klangreich und beweisen, daß der Meister Musik zu schreiben verstand.

Claude Champagne (1891–1965)

LEBEN
Claude Champagne wurde am 27.5.1891 in Montreal geboren. Nach seinem Studium in seiner Vaterstadt war er von 1921 bis 1929 am Conservatoire in Paris Schüler von André Gédalge und Charles Koechlin. Anschließend unterrichtete er am Konservatorium und der Universität in Montreal Musiktheorie und Komposition. Er starb am 21.12.1965 in Montreal.

WERKE
Die kanadische Folklore bildete die Grundlage zu nahezu allen kompositorischen Werken von Claude Champagne. Er schrieb eine Sinfonie, eine Suite, »Bilder aus Französisch-Kanada«, »Dorftänze«, »Bauerntänze« für Orchester und ein sinfonisches Gemälde mit Verwendung einer Melodie der Huronen, weiters ein Klavierkonzert, ein Streichquartett und weitere kleine Instrumentalstücke, außerdem eine Missa brevis.

LITERATUR
T. Archer, Claude Champagne, in: Canadian Music Journal III, 1958.

Stanislas Champein (1753–1830)

LEBEN
Stanislas Champein wurde am 19. 11. 1753 in Marseille geboren. Im Alter von 13 Jahren war er bereits Kapellmeister in Pignon-en-Provence. Im Jahr 1776 kam er nach Paris, wo seine ersten Kompositionen aufgeführt wurden. Dann wandte er sich dem Theater mit durchschnittlichen Erfolgen zu. Er starb am 19. 9. 1830 in Paris.

WERKE
Von den über 40 Opern und Singspielen, die Stanislas Champein für das Théâtre de Monsieur und die Opéra in Paris verfaßt hatte, sind mehr als die Hälfte aufgeführt worden. Seine Kirchenmusik – Messen, Psalmen, Magnificat – wurde zu seiner Zeit wegen ihrer Melodiosität sehr gerühmt.

LITERATUR
A. Pougin, Un musicien oublié, in: Le Ménestrel LXI, 1895.

Thomas Champion
(um 1510 bis um 1580)

ZEIT UND UMWELT
Die Abgrenzungen der verschiedenen Bekenntnisse verliefen in Frankreich quer durch die Provinzen und Städte, quer durch alle Bevölkerungsschichten, ja auch durch viele Familien. Ein Religionswechsel konnte zum Verlust der Stellung führen, doch ein gleichgesinnter Dienstherr wurde in der Regel bald gefunden. Es hätte zu einem friedlichen Nebeneinander der Konfessionen kommen können, wenn das Ziel der Regierenden und der etablierten Kirche nicht die völlige Vernichtung aller Andersdenkenden gewesen wäre.

LEBEN
Thomas Champion (genannt Mithou) wurde um 1510 in Frankreich geboren. Unter seinen Vorfahren hatte es ab 1521 zwei Sänger in der Kapelle Kaiser Karls V. gegeben: Nicolas Champion (um 1480 bis um 1550), von dem ein sechsstimmiger Psalm überliefert ist, und Jacques Champion (um 1485 bis um 1550). Thomas wurde Protestant und verlor seine Organistenstelle, konnte aber in

die Dienste des Duc de Vendôme Antoine aus dem Haus Bourbon (1518–82) treten. Im Jahre 1557 kam er an den französischen Hof als Kammerorganist und wurde später Erster Organist an der Chapelle Royale unter den Königen Karl IX. (1550–74) und Heinrich III. (1551–89). Er starb in Paris um 1580.
Sein Sohn Jacques Champion (um 1555, Paris, bis nach 1638, Paris) stand bei den französischen Königen Heinrich IV. (1553 bis 1610) und Ludwig XIII. (1601–43) im Dienst als Epinettespieler. Seine Kompositionen wurden vom Musikwissenschaftler Marin Mersenne (1588–1648) lobend erwähnt, sind aber nicht überliefert.

WERKE
Thomas Champion war bei seinen Zeitgenossen wegen seiner hervorragenden Kanon- und Fugenimprovisationen auf Epinette und Orgel berühmt. Ein Buch »Psalmen Davids« und etliche Chansons von ihm sind erhalten.

Jacques Champion de Chambonnières (um 1601–72)

ZEIT UND UMWELT
Nahezu alle Werke der französischen Cembalisten des 16. und der ersten Hälfte des 17. Jahrhunderts sind verlorengegangen. Dies erschwert eine musikgeschichtliche Einordnung des Vorhandenen außerordentlich; es ist nahezu unmöglich, über diese Lücke hinweg die Linien der Weiterentwicklung und die Einflüsse, die sie lenkten, klarzulegen. Sämtliche Urteile über diesen Fragenkomplex dürfen nur mit gewissen Vorbehalten gefällt werden.

LEBEN
Jacques Champion de Chambonnières wurde um 1601 in Chambonnières geboren. Er wurde von seinem Vater Jacques Champion (um 1555 bis nach 1640) zum Cembalisten ausgebildet und folgte ihm in dessen Stellung als Cembalist der Königlichen Kammermusik nach. Nach mehreren Versuchen, im Ausland eine Stellung zu erhalten, fiel er 1662 in Ungnade, verkaufte seine Beamtenstelle und zog sich nach Chambonnières zurück, wo er 1672 starb.

WERKE
Das Hauptwerk des französischen Cembalisten und Komponisten Jacques Champion de Chambonnières stellen seine 2 Bücher »Pièces de Clavecin« (Cembalostücke) dar, die, weil der Großteil der französischen Klaviermusik aus jener Zeit verloren ist, als richtunggebendes Werk für die Entwicklung der französischen Cembalomusik angesehen wird. Daß sein höchst persönlicher Stil auf manche Cembalisten einen leicht erkennbaren Einfluß ausübte, ist unbestreitbar. Er bringt in seinem Werk eine neue Formung der Suite, die bei ihm aus Allemande, Courante, Sarabande besteht, denen sich sodann ein Tanz nach Wahl anschließt, wie Gaillarde, Gigue, Menuett, Pavane, Chaconne oder Ähnliches.

LITERATUR
H. Quittard, Un claveciniste français du XVIIe siècle: Jacques Champion de Chambonnières, in: Tribune de St. Gervais VII, 1901.

Iwan Chandoschkin (1747–1804)

ZEIT UND UMWELT
Im 18. Jahrhundert erfolgte der Aufstieg Rußlands zur europäischen Großmacht. Hand in Hand damit ging der stetig engere Anschluß des Reiches an die europäische Kulturentwicklung. Der ständig anwachsende Zustrom deutscher und italienischer Musiker und die großzügige Förderung seitens der Krone und des Hochadels ermöglichten die Begründung einer eigenen russischen Musikentwicklung.

LEBEN
Iwan Jewstafjewitsch Chandoschkin (Handoschkin) wurde 1747 vermutlich in St. Petersburg als Leibeigener geboren. Er war ab 1765 als Violinist Mitglied des Hoforchesters und wurde nach einigen Jahren

Konzertmeister und Dirigent der Ballettaufführungen. Im Jahr 1785 wurde er freigelassen, weil er die Direktion einer in Jekaterinoslaw geplanten Musikakademie übernehmen sollte, die dann doch nicht gegründet wurde. Er starb am 17. 3. 1804 in St. Petersburg.

WERKE
Von Iwan Chandoschkin sind 6 Sonaten für zwei Violinen, »Chansons russes variées« für Violine und Generalbaß, »Six chansons russes avec des variations« für Violine und Bratsche, »Six chansons russes avec Variations« für zwei Violinen, »Chansons Russes variées« für zwei Violinen und 3 Solosonaten für Violine im Druck erschienen. Die Zuschreibung eines handschriftlich überlieferten Bratschenkonzerts ist zweifelhaft.

Ruperto Chapí y Lorente (1851–1909)

LEBEN
Ruperto Chapí y Lorente wurde am 27.3.1851 in Villena, Alicante, geboren. Nach seiner Ausbildung in Madrid erhielt er die Stelle eines Militärkapellmeisters. Im Jahr 1874 wurde er zur weiteren Ausbildung nach Rom gesandt, von wo er Opern und sinfonische Werke nach Hause schickte. Dorthin zurückgekehrt, mußte er jedoch seinen Lebensunterhalt mit der Komposition von Zarzuelas bestreiten, die seine anderen Werke an Erfolg um vieles übertrafen. Er starb am 25.3.1909 in Madrid.

WERKE
Seinen Ruf begründete Ruperto Chapí y Lorente durch 155 Zarzuelas, die sehr gefielen, jedenfalls mehr als seine 6 Opern, die vorzüglich sind. Von seinen übrigen Kompositionen werden sein Oratorium »Los Angelos« (Die Engel) und die musikalische Legende »Los gnomos de la Alhambra« (Die Zwerge der Alhambra) heute noch aufgeführt. Auch seine Orchestersuite »La Corte de Granada« (Der Hof von Granada) wurde sehr bekannt. Außerdem verfaßte er 4 ausgezeichnete Streichquartette.

LITERATUR
A. S. Salcedo, Ruperto Chapí: su vida y sus obras, Córdoba 1929.

George William Chard (1765–1849)

ZEIT UND UMWELT
Tüchtige Organisten, fähige Chorleiter und Chorlehrer, das war der selbstverständliche Bedarf der englischen Kirchen. Es war bequem, wenn der Organist einen Teil der Kirchenmusik selbst schrieb, weil sie nicht immer leicht beschaffbar und in vielen Fällen in bestimmten Kirchen nicht verwendbar war. Daß diese Kompositionen stets in den gleichen Bahnen liefen, ergab sich daraus von selbst.

LEBEN
George William Chard wurde 1765 in Winchester geboren. Er war ab 1787 Hilfsorganist an der Kathedrale seines Geburtsorts und ab 1802 Hauptorganist, wirkte aber gleichzeitig in dieser Eigenschaft an St. Maurice und St. Mary. Er starb am 23. 5. 1849 in Winchester.

WERKE
Von George William Chard sind »Twelve Glees, for three, four and five voices« (12 Glees für 3, 4 und 5 Stimmen) erschienen. Er schrieb außerdem Kirchenmusik – Services, Anthems.

Jehan Chardavoine (1537 bis um 1580)

ZEIT UND UMWELT
Das Pariser Vaudeville (Kneipen- und Gassenlied) ist ohne Zweifel aus dem Chanson und seiner Fortbildung zum Air entstanden. Das Wort von Voix-de-ville (Stimme der Stadt) abzuleiten, dürfte unrichtig sein. Die Bezeichnung stammt vermutlich von den in der Normandie und später in ganz Frankreich populären Trinkliedern des Dichters Olivier Basselin (um 1400 bis um 1450) aus dem Vau-de-Vire (Vire-Tal), die »Vaux-de-vire« genannt wurden.

LEBEN

Jehan Chardavoine wurde am 2. 2. 1537 in Beaufort, Anjou, geboren. Über sein Leben ist nur bekannt, daß er in Paris als Musiker und Komponist lebte und dort um 1580 gestorben ist.

WERKE

Von Jehan Chardavoine ist eine »Sammlung der schönsten Chansons in Form des Voix de ville« erschienen, in der ungefähr 200 einstimmige Chansons mit Texten der Dichter der Pléiade und anderer – auch anonymer – Autoren (zum Teil im Pariser Dialekt) enthalten sind. Die Melodien stammen zum Teil vom Komponisten selbst oder sind mehrstimmigen Kompositionen zeitgenössischer Meister entnommen (Arcadelt, Certon, Clέreau, Caietain und andere). Diese Chansons erfreuten sich außerordentlicher Beliebtheit.

LITERATUR

A. Verchaly, Le recueil authentique des chansons de Jehan Chardavoine (1576), Revue de Musicologie XLIX, 1963.

John Charde (um 1485 bis um 1540)

ZEIT UND UMWELT

Die Engländer bekannten sich sehr früh zur Mehrstimmigkeit, so daß die Ansicht entstehen konnte, die Wurzel der mehrstimmigen Musik sei auf der britischen Insel zu suchen. Daß dies unrichtig ist, muß heute nicht mehr betont werden. Es handelte sich bei dieser frühen Mehrstimmigkeit zumeist nur um Parallelführungen, ein Gegeneinanderführen mehrerer melodischer Linien liegt selten vor. Auch ging die Mehrstimmigkeit wenig über zwei gleichzeitige Töne hinaus.

LEBEN

John Charde (Chard) wurde um 1485 in England geboren. Ungefähr um 1502 kam er an die Universität Oxford. Welche Studien er dort neben der Musik betrieben hat, ist unbekannt. Es ist auch nicht feststellbar, wo er nach seinem Studium gewirkt hat. Er dürfte an einer der Kirchen Englands Organist, Kapellmeister oder beides gewesen sein. Auch Ort und Zeit seines Todes sind nicht bekannt.

WERKE

Im Jahre 1518 legte John Charde in Oxford 2 fünfstimmige Messen und eine Antiphone vor. Die Fünfstimmigkeit erregte Erstaunen, weil zu jener Zeit die kontrapunktische Verflechtung von so vielen Stimmen noch wenig bekannt war. Weitere Musik von dem Komponisten, dessen Technik seiner Zeit um einiges voraus war, ist nicht erhalten. Die Messen zeugen von einer hohen Meisterschaft.

Chardon de Croisilles
(um 1201 bis um 1250)

ZEIT UND UMWELT

Die Höfe des Grafen Thibaut IV. de Champagne et Brie zu Troyes und zu Navarra (nachdem diesem die Königskrone zugefallen war), die Freundschaft des Regenten, der selbst ein bedeutender Trouvère war, die Kämpfe der französischen Könige gegen England und der VI. Kreuzzug bildeten die Umwelt und die Zeitereignisse für den Trouvère Chardon.

LEBEN

Chardon de Croisilles ist um 1201 vermutlich im Herrschaftsbereich des Grafen Thibaut IV. geboren, lebte und wirkte an dessen Höfen. Ob er ihn auf dem VI. Kreuzzug begleitete, ist ungeklärt. Sein Kreuzzugslied könnte diese Annahme zulassen. Er starb um 1250 vermutlich in Navarra.

WERKE

Von dem Trouvère Chardon de Croisilles sind 7 Lieder überliefert, und zwar 3 Jeux partis, 3 Liebeslieder und ein Kreuzzugslied, das in jeder Beziehung als die beste Leistung des Trouvère angesehen werden darf. Eines der Lieder ist Thibaut de Champagne gewidmet.

LITERATUR

V. de Bartholomaeis, Il trovero Chardon de Croisilles, in: Studi romanzi IV, 1906.

Richard Charke (um 1715 bis um 1750)

ZEIT UND UMWELT

»Medley Ouvertures« (Gemischte Ouvertüren) nannte man in England im 18. Jahrhundert dem Potpourri ähnliche Unterhaltungsstücke, die sich aus Melodien anderer Kompositionen und populärer Lieder zusammensetzten. Sie erfreuten sich allgemeiner Beliebtheit.

LEBEN

Richard Charcke wurde um 1715 in London geboren. Er war 1740 erster Violinist am Drury Lane Theatre. Bald darauf wanderte er nach Jamaika aus, wo er um 1750 starb.

WERKE

Die beliebten »Medley Ouvertures« von Richard Charke sind nicht erhalten. Überliefert ist lediglich seine »Charcke's Hornpipe«, die zur Volksmusik wurde.

Charles d'Ambleville
(um 1600 bis nach 1636)

ZEIT UND UMWELT

Die verschiedenen Kapellen am Königshof in Paris und in den Adelshäusern drängten die Kirchenkapellen, mit Ausnahme der berühmtesten an der Ste-Chapelle und Notre-Dame, etwas in den Schatten. Die profane Komposition war im 17. Jahrhundert zumindest in der Hauptstadt im Vormarsch.

LEBEN

Charles d'Ambleville wurde um 1600 vermutlich in oder bei Paris geboren. Er war Mitglied der Gesellschaft Jesu und dürfte an der eigenen Ordenskirche als Musiker gewirkt haben. Er starb, wahrscheinlich in Paris, nach 1636.

WERKE

Von dem französischen Kirchenkomponisten Charles d'Ambleville sind ein »Canticum beatae virginis« (Gesang zu Ehren der heiligen Jungfrau) und ein »Harmonia sacra« – eine Sammlung sakraler Musik – erhalten. Weitere Werke sind verschollen. Der Stil des Komponisten ist konservativ wie der Großteil der französischen Kirchenmusik jener Zeit.

Charles d'Anjou (1227–85)

ZEIT UND UMWELT

Während der Regierungszeit Ludwigs IX. von Frankreich dehnte das Land seinen Einflußbereich über das gesamte Mittelmeer aus. Piemont, Neapel, Sizilien, Teile des Balkans und Jerusalem kamen unter französische Kontrolle, dazu einzelne Städte in Mittelitalien. Frankreich war zur Großmacht geworden.

LEBEN

Charles d'Anjou, König von Neapel und Sizilien, wurde im März 1227 als jüngerer Bruder Ludwigs IX. geboren. Er wurde Graf von Provence, begleitete seinen Bruder auf dem VI. Kreuzzug und geriet mit ihm in Gefangenschaft, dehnte seine Herrschaft nach seiner Heimkehr auf einige Teile des Piemont aus, wurde schließlich 1265 König von Neapel und Sizilien und 1277 König von Jerusalem. Bei der Bekämpfung der Aufstände der Sizilianer und Neapolitaner starb er am 7. 1. 1285 in Foggia.

WERKE

Charles d'Anjou bediente sich bei seinen Liedern der nordfranzösischen und provenzalischen Sprache, so daß er nicht als Trouvère bezeichnet werden kann. Er pflegte auch keine Beziehungen zu zeitgenössischen Trouvères, außer daß er zwei Jahre vor seinem Tod den Dichter-Komponisten Adam de la Halle an seinen Hof in Neapel rief, der aber selbst nicht mehr den Trouvères zugerechnet wurde. Von Charles d'Anjou sind 2 Lais in französischer Sprache und eine Cobla in provenzalischer Sprache erhalten. Diese Kompositionen gehen auch musikalisch über das Zeitalter der Trouvères hinaus.

Charles de Helfer
(um 1620 bis nach 1674)

ZEIT UND UMWELT
Zur Zeit der Merowinger, deren letzte Ruhestätte sich in der Abtei St-Médard befindet, kam Soissons zur höchsten Blüte. Die frühgotische Kathedrale birgt ein Bild von Peter Paul Rubens (Anbetung der Hirten). Sie war wegen ihrer ausgezeichneten Kapelle, die keinem übertriebenen Konservatismus huldigte, sondern viel zeitgenössische Musik aufführte, stets sehr bekannt.

LEBEN
Charles de Helfer wurde um 1620 vermutlich in Soissons geboren. Er war Kanonikus und Leiter des Knabenchores an der Kathedrale der Stadt, in der er in den Jahren nach 1674 gestorben ist.

WERKE
Der französische Komponist Charles de Helfer schrieb eine Reihe ausgezeichneter Messen im konzertanten Stil, ein Requiem, das konservativer gehalten wurde, Vespern und zahlreiche andere sakrale Gesänge, die wegen ihres ariosen Wohlklanges beliebt waren.

Charles de Rosier (1640 – 1725)

LEBEN
Charles de Rosier wurde am 26. 12. 1640 in Lüttich geboren. Er dürfte seine Vaterstadt schon früh verlassen haben und in Köln ausgebildet worden sein, wo er bereits 1664 als Violinist und Kapellmeister des Kölner Erzbischofs in Bonn wirkte. Im Jahr 1699 wurde er Dom- und Ratskapellmeister von Köln und bekleidete diese Stellung bis zu seinem Tod am 12. 12. 1725.

WERKE
Der flämische Komponist Charles de Rosier brachte geistliche Gesänge, geistliche Motetten für drei Stimmen und Generalbaß, 14 sechsstimmige Sonaten für Violinen und Oboen heraus. Handschriftlich sind 12 Messen, 8 Magnificat und 2 Ave Maris Stella (Sei gegrüßt, Stern des Meeres) überliefert.

LITERATUR
U. Niemöller, Charles Rosier, in: Beiträge zur rheinischen Musikgeschichte XXIII, Köln 1957.

Gustave Charpentier (1860–1956)

ZEIT UND UMWELT
Die Spät- oder Neuromantik befreite sich von allem ideologischen Ballast, sie war weder nationalistisch noch pädagogisch, sie bot dem Publikum nur die Möglichkeit, den Widrigkeiten des Alltags und des ganzen Lebens für einige Stunden zu entfliehen, sie bot Träume, von denen jeder wußte, daß sie unwirklich waren und nie wirklich werden können.

Gustave Charpentier

Leben

Gustave Charpentier wurde am 25.6.1860 in Dieuze, Moselle, geboren. Er wurde Schüler der Filiale des Pariser Conservatoire in Lille und später des Instituts in der Hauptstadt selbst. Seine Lehrer waren der Violinist Lambert Joseph Massart, Émile Louis Fortuné Pessard (29.5.1843, Paris, bis 10.2.1917, Paris) in Harmonielehre und Jules Massenet in Komposition. Er erhielt den Rompreis. Nach Paris zurückgekehrt, errang er mit einigen seiner Kompositionen, besonders mit der Oper »Louise«, große Erfolge. Charpentier lebte als freier Komponist in Paris bis zu seinem Tod am 18.2.1956.

Werke

Einen ungewöhnlichen Erfolg errang Gustave Charpentier mit seiner Oper »Louise« aus 1900, die bis 1950 bei tausend Aufführungen erlebte. Seine zweite Oper blieb erfolglos. Sehr günstig aufgenommen wurden seine Orchestersuite »Impressions d'Italie (Italienische Eindrücke), das Sinfoniedrama für Soli, Chöre und Orchester »La vie du poète« (Das Leben des Dichters) und die Gesänge »Les fleurs du mal« (Die Blumen des Bösen) nach Dichtungen von Charles Baudelaire (1821–67).

Marc-Antoine Charpentier

(um 1634 – 1704)

Zeit und Umwelt

König Ludwig XIV. wollte seinen Ruhm nicht allein durch seine außenpolitischen Erfolge, nicht durch seine innenpolitische Macht, die Disziplin seiner Armee und die glänzend ausgestattete Marine festigen, er wollte Frankreich zur ersten politischen und auch zur ersten geistigen Macht Europas heben und sich selbst als Herrn des klassischen Jahrhunderts seines Reiches sehen. Literaten und Dichter seiner Zeit wurden gefördert und ermutigt. Die Sprache, die Voraussetzung jedes literarischen Schaffens, erfuhr intensivste Pflege. Das Französische wurde zum Idiom entwickelt, das die feinste Schattierung der Gedanken und der Gefühle mit vollendeter Präzision auszudrücken vermochte, und zur Weltsprache ausgebaut, die das Latein ablöste und vollgültig ersetzte.

Analog zu dieser literarischen Blüte entwickelte sich die Musik. Die französische Oper, die Jean-Baptiste Lully letztlich ins Leben rief, hätte ohne die französische Dichtung nicht entstehen können. Ihr dichter Instrumentalsatz ist ein Spiegel des enggedrängten und dennoch klaren, französischen Satzbaues; sie wäre aber auch nicht möglich gewesen, wenn der König nicht erkannt hätte, wem er, in Mißachtung vieler anderer Meister, die ausschließliche Leitung der Pariser Musikbühne übergeben mußte. Hypothetische Reflexionen über den Ablauf der Geschichte sind nicht sinnvoll. Man darf aber doch die Behauptung wagen, daß die Entwicklung der gesamten französischen Musik in anderen Bahnen verlaufen, daß es vermutlich nie zur »Großen französischen Oper« gekommen wäre, die auf den Bühnen der Welt bis weit in das 19. Jahrhundert neben den italienischen und deutschen Werken einen festen Platz einnahm, wenn nicht Lully eigenwillig und eigensüchtig, ohne Rücksichten auf andere, seine künstlerischen Ideen mit fanatischem Gestaltungswillen durchgesetzt und wenn nicht der König mit schrankenloser Despotie ihn hätte schalten und walten lassen. Ludwig XIV. hat sein Reich an den wirtschaftlichen Ruin geführt und sein Volk so verelendet, daß es seinen Tod zum Volksfest machte, jedoch Frankreich zur politischen und geistigen Großmacht gestaltet, deren Prestige durch keinerlei folgende Ereignisse gemindert werden konnte.

Leben

Marc-Antoine Charpentier wurde um 1634 in Paris geboren. Er stammte aus einer Malerfamilie, wollte selbst Maler werden und begab sich in dieser Absicht nach Rom. Dort geriet er in den Bannkreis römischer Musiker, Giacomo Carissimi wurde sein Musiklehrer. Nach Paris zurückgekehrt, wurde er um 1684 Kapellmeister an St-Louis und Musiklehrer am Collège Louis-le-Grand und schließlich 1698 Kapellmeister an der Sainte-Chapelle. Er starb in Paris als allseitig geachteter und gewürdigter Komponist am 24. 2. 1704.

WERKE

Der französische Komponist Marc-Antoine Charpentier war vor allem Kirchenmusiker und auf diesem Feld einer der Großen, wenn nicht der Größte seiner Zeit. Es wurde ihm nachgerühmt, daß er »unbeeinflußt vom deutschen System, das nur den Kontrapunkt zuließ, den italienischen Belcanto mit einer dem Wortsinn folgenden musikalischen Gedanklichkeit verband und den absoluten Fugen, dem den Wortsinn vergewaltigenden Schönklang aus dem Weg ging«. Sein Opernschaffen wurde von Jean-Baptiste Lully, der das Musiktheater souverän beherrschte, behindert. Inwieweit seine Idee, christliche Opern auf die Bühne zu bringen, glücklich gewesen wäre, kann daher nicht beurteilt werden. Seine »Acis et Galathée« und »Médée« erlebten wenige Aufführungen; die weiteren Opern waren lateinische, oratorienhafte Musikschauspiele mit biblischen Themen für das Pariser Jesuitentheater. Die Zahl seiner kirchenmusikalischen Werke ist gewaltig und übersteigt die Zweihundertgrenze; 8 Messen, 30 Psalmen mit Orchester, zahlreiche Te Deum, Magnificat, Lamentationen, Motetten, lateinische Kantaten und viele andere sakrale und parasakrale Gesänge. Er schrieb 18 Oratorien in der Art des Oratorio latino von Carissimi und eine Anzahl von Instrumentalwerken, außerdem einige Schauspielmusiken zu Dramen von Molière und Corneille.

Extremum Dei iudicium (Das jüngste Gericht), Oratorium für Baß, zwei Tenöre, gemischten Chor, Orchester und Orgel, Text vermutlich vom Komponisten der Bibel (Matthäus 25, 31–46) entnommen und ergänzt, 11 Teile

Das Oratorium beginnt mit dem Aufruf eines Baßrezitativs an Lebende und Tote, zum Gerichtstag vor Gottes Thron zu erscheinen. Solisten und Chor drücken die Furcht der Menschen vor dem Richterspruch aus. Trompetenfanfaren verkünden den Beginn des Gerichts, Tenor und Chor rufen die Völker zusammen; nach einer zweiten Fanfare schildert der Chor, wie sich die Gräber öffnen und die Toten auferstehen. Gott wendet sich an die Gerechten und segnet sie, dann an die Verdammten und verflucht sie. Mit einem Soloquartett beklagen die Verdammten ihr Los, die Engel – Tenöre – fordern die Seligen auf, Gott zu preisen, das Soloquartett stimmt den Hymnus auf Gott und seinen Himmel an.

Beatus vir (111. Psalm) für Soli, Chor und Orchester, Psalmmotette, 8 Teile

Ein Instrumentalpräludium leitet den Psalm 111 (neue Zählung 112) ein. »Glücklich der Mann, der Gott fürchtet« beginnt das Baßrezitativ, von zwei Flöten begleitet. Ein achtstimmiger Chor fährt im Text mit Doppelorchester fort, das Soloquartett übernimmt die Führung, bis der achtstimmige Chor zu Orchesterbegleitung das »Zum ewigen Gedenken« anstimmt. Ein Baßsolo und ein dreistimmiges Instrumentalensemble mit Generalbaß leiten zum achtstimmigen Gesang mit Orchesterbegleitung: »Der Sünder sieht es« über, und mit dem »Gloria Patri« (Ehre dem Vater), das die Soprane, der kleine und der große Chor vortragen, endet die Kantate in feierlichem Orchesterklang.

Les Leçons de Ténèbres (Karwochenlesungen), 3 Teile für drei Singstimmen, 7saitige Baßviole, Cembalo, Orgelpositive und vierzehnchörige Theorbe, entstanden um 1662

Die den Lamentationen Jeremiae entnommenen »Lesungen« werden anstelle der bisher üblichen lateinischen Spache französisch vorgetragen. Dies und die Verwendung von Instrumenten, »die für satanische Feste dienen«, stießen auf starke Ablehnung bei konservativen Klerikern. Vom Publikum wurde das Werk mit Begeisterung aufgenommen.

Teil 1 bringt die drei Lesungen für den Mittwoch (Mercredy Sainct) mit den dazugehörigen Responsorien, Teil 2 die Lesungen für den Gründonnerstag (Jeudy Sainct), Teil 3 die Lesungen für den Karfreitag (Vendredy Sainct). In jedem Teil sind drei Lesungen und drei Responsorien aufgenommen, deren Grundlage der Text der hebräischen Elegie über den Fall von Jerusalem darstellt. Kompositorisch ist das Werk auf den gregorianischen Lamentationes aufgebaut, dem Air de cour angenähert und im Gegensatz zur Gregorianik rhythmisiert. Es ist von den »Ténèbres« von Michel Lambert (Schwiegervater von Jean-Baptiste Lully) beeinflußt, verfeinert aber dessen Kompositionsstil durch Ausbau des Melos und eine präzisere Wortentsprechung der Begleitung.

Messe pour les Instruments au lieu des Orgues (Instrumentalmesse ohne Orgel), 4 Teile
Das Kyrie und das Gloria werden vom Priestergesang und den Instrumenten alternativ vorgetragen; der Cantus firmus liegt zumeist im Baß; Holzblasinstrumente und Streicher wechseln dialogisch ab. Die Blechblasinstrumente treten erst im dritten Teil, dem Offertorium, das von zwei Chören gesungen wird, auf; es klingt wie eine große Ouvertüre; 2 Sätze umschließen einen trioähnlichen Mittelteil. Das Sanctus brilliert mit unerwarteten Modulationseffekten und schließt das Werk feierlich ab.

Te Deum für Soli, Chor und Orchester, 10 Teile
Das Werk beginnt mit einem Triumphmarsch, dann stimmt ein Baßsolo das »Te Deum laudamus« an. Chor und Soli fahren mit »Te aeternum patrem« fort, ein Duett von Alt und Tenor trägt das »Te per orben terrarum« vor, das in den Chor »Tu devicto« mündet. Baß- und Sopransoli singen das »Judex crederis«; das »Aeterna fac« übernehmen Chor und Solisten, ein Duett von Sopran und Baß bringt das »Dignare Dominus«, das Solistenquartett das »Fiat misericordia«, und Chor und Soli schließen den Lobgesang mit dem »In te Domine speravi« ab.

Grand Magnificat für Soli, achtstimmigen Doppelchor und zwei Instrumentalchöre, 8 Teile
Diese großartigste der vielen Magnificat-Vertonungen des Komponisten beginnt mit einer breit ausladenden Orchestereinleitung, dann setzen das Altsolo und der Doppelchor mit »Magnificat anima mea Dominum« ein, der erste Sopran fährt solistisch mit dem »Quia fecit mihi magna« fort, Alt, Tenor und Baß bringen das »Et misericordia eius« als Terzett, der Doppelchor unterstreicht malerisch das »Fecit potentiam«. Anschließend trägt der zweite Sopran sein Solo »Suscepit Israel« vor, das Terzett setzt mit dem »Sicut locutus est« ein, und der Doppelchor und ein Baßsolo beenden das Werk im »Gloria Patri« mit einem breiten Klangbild.

Concert à quatre parties, Instrumentalkonzert
Eines der wenigen reinen Instrumentalwerke des Komponisten. Es beginnt mit einer zweiteiligen Einleitung und setzt mit einer Sarabande für Violinen fort. 2 Gigues, die erste, l'Angloise, ist sanft wie eine Siciliana, die zweite, la Françoise, bewegt und zweitaktig. Eine breite Passacaglia mit interessantem Instrumentendialog krönt das selten schöne Werk.

Literatur

Cl. Crussard, Un musicien français oublié, Marc-Antoine Charpentier (1634–1704), Paris 1945. Th. Käser, Die Leçon de Ténèbres im 17. und 18. Jahrhundert, Bern 1966.

Aram Chatschaturjan (1903–79)

Leben

Aram Iljitsch Chatschaturjan wurde am 24.5. 1903 in Tbilisi geboren. Er studierte in Moskau an der Gnessin-Musikschule von 1922 bis 1929 und darauf bei Nikolai Mjaskowski in Moskau. Nachdem er mit zahlreichen Orden und Ehrentiteln bedacht worden war, wurde er 1948 vom Zentralkomitee der Sowjetischen Kommunistischen Partei wegen »formalistischer« Musik mehrmals gemaßregelt; 1951 wurde er Professor für Komposition am Konservatorium in Moskau, wo er am 5.5.1979 starb.

Werke

Neben seinen viel aufgeführten 3 Balletten und 3 Bühnenmusiken schrieb Aram Chatschaturjan 3 Sinfonien, ein sinfonisches Gedicht, 8 sinfonische Suiten aus seinen Balletten und eine Tanzsuite, eine Ouvertüre, eine Ode für Orchester, ein Klavierkonzert, ein Violinkonzert, ein Cellokonzert, je eine Konzertrhapsodie für Orchester mit Violine, mit Klavier und mit Cello, eine Doppelfuge für Streichquartett, eine Jazzkomposition, 6 Fugen, eine Toccata und eine Sonate für Klavier sowie ein Poem für Violine und Klavier. Er publizierte außerdem einige musikwissenschaftliche Werke. Sein Stil ging von der russischen Musik des 19. Jahrhunderts und vom französischen Impressionismus aus und lehnte sich stark an die armenische Volksmusik an. Durch den persönlichen Stil, den er daraus entwickelte, gewann er für die Musik Armeniens große Bedeutung. Seine »Maßregelung« konnte ebensowenig wie die von Sergei Prokofjew und Dmitri Schostakowitsch verhindern, daß er, wie die zwei Genannten, als einer der hervorragendsten Komponisten der Sowjetunion im 20. Jahrhundert angesehen wurde.

Sinfonie Nr. 2, »Glockensinfonie«, 4 Sätze, entstanden 1943

Der 1. Satz setzt mit »Glockenschlägen« ein, denen harte Auseinandersetzungen folgen, die in tieftraurige Passagen münden. Die Coda bringt keine Aufklärung der düsteren Stimmung. Wieder erklingen am Ende des Satzes die Glockentöne wie ein Alarmsignal. Der 2. Satz ist ein Scherzo, doch ohne Fröhlichkeit, sondern voll Dämonie. Sein Mittelteil bringt mit einer weit ausholenden Melodie etwas Beruhigung. Der 3. Satz ist die tieftraurige Klage eines Trauermarsches, dem sich das liturgische »Dies irae« anschließt. Erst im Finale hellt sich die Atmosphäre auf. Es kommt zu einem Triumphgesang, bei dem die Glocke den Sieg über alle Widrigkeiten verkündet.

Sinfonie Nr. 3 in C-Dur, ein Satz, entstanden 1947

Fünfzehn Solotrompeten, die dem Orchester beigeordnet sind, und die Orgel stimmen einen Siegesjubel über den beendeten und gewonnenen Krieg an, eine Prozession und ein Volksfest feiern die Rettung der Heimat. Die Orgelpassagen stürmen nach oben wie flatternde Fahnen. Die Streicher singen ein Lied auf den hart ersehnten Frieden, das gesamte Orchester erinnert an die durchgestandenen Gefahren, dann bricht der Jubel erneut aus; breit und feierlich klingt diese Sinfonie des Sieges aus.

Aram Chatschaturjan

Klavierkonzert, 3 Sätze, entstanden 1936

Dieses Werk wird in allen Konzertsälen der Welt gespielt; es knüpft stilistisch an die großen Konzerte der Romantik an. Das Klavier eröffnet den 1. Satz mit großartiger Geste. Dann kommt es zu einem echten Dialog zwischen Orchester und Solisten. Zwei Kadenzen erfordern hohes pianistisches Können. Der 2. Satz bringt eine armenische Volksmelodie. Auch das Finale wird vom Klavier eingeleitet. Gehetzte Rhythmik, rasende Läufe und ein Feuerwerk blendender Akkorde schließen das Werk brillant ab.

Violinkonzert, 3 Sätze, entstanden 1940

Dieses populärste Werk des Komponisten folgt getreu der großen romantischen Konzerttradition. Der brillante Violinsatz, der eine lange, großartige Kadenz beinhaltet, steht einem fein abgetönten Orchester gegenüber, das neben gelegentlichen Modernismen zahlreiche folkloristische Anklänge in glänzender Instrumentierung in allen drei Sätzen bringt.

Konzertrhapsodie für Violine und Orchester, ein Satz, entstanden 1961

Das Werk fußt auf zwei Themen: das erste ist rezitativ und sanglich, das zweite tänzerisch. Die Violine trägt die Einleitung vor, während das Orchester schweigt. Dann beginnt der Solist seine »Erzählung«, die das Orchester zuerst kommentierend begleitet, dann aber, immer stärker beteiligt, ausschmückt. Darauf setzt das Tanzthema ein, das der Violine Gelegenheit zu höchster Glanzentfaltung bietet. Das erste Thema wird mehrmals hervorgeholt und farbenprächtig exponiert. Den Abschluß bildet aber der Tanz.

Konzertrhapsodie für Cello und Orchester, ein Satz, entstanden 1963

Nach der Introduktion, die die rhythmischen und tonalen Charakteristika des Stücks vorausnimmt, setzt das Cello mit einer Kadenz ein, in der das Material für die nachfolgende Entwicklung exponiert wird. Nach einer Kantilene des Orchesters wird das erste Thema improvisatorisch vorgetragen. Dann erscheint ein zweites, tänzerisches Thema mit scharfen Synkopen, das, von einer stürmischen Orchesterpassage unterbrochen, zu einer blendenden Coda führt. Die technischen Anforderungen an den Solisten sind sehr hoch.

Spartacus, Ballett, 4 Akte, entstanden 1956

Das Ballett stellt Aufstand und Kampf, Niederlage und Tod des Anführers des 3. römischen Sklavenkriegs, Spartacus (gestorben 71 v. Chr.), dar. Der 1. Akt bringt nach einem Marsch den »Triumph Roms« und anschließend den »Sklavenmarkt«

und den »Zirkus«. Im 2. Akt beginnt im Lager der Gladiatoren, von Spartacus ausgerufen, ihr Aufstand, der sich über die Via Appia fortpflanzt. Ein Szenenwechsel zeigt das Fest des Feldherrn Crassus. Der 3. Akt zeigt das Lager des Sklavenführers Spartacus. Im 4. Akt kommt es zum Kampf mit den römischen Truppen unter Crassus. Spartacus fällt. Trauermusik beklagt sein Schicksal und das seiner Mitkämpfer. Das Stück ist voll interessanter Episoden, dramatischer Massenszenen, lyrischer Soli und Duos. Die Musik ist, dem Libretto angemessen, leidenschaftlich aggressiv.

LITERATUR

F. Streller, Avram Chatschaturjan, London 1968.

Karen Chatschaturjan (geboren 1920)

LEBEN

Karen Surenowitsch Chatschaturjan wurde am 19.9.1920 in Moskau als Neffe von Aram Chatschaturjan geboren und studierte von 1945 bis 1949 am Konservatorium seiner Geburtsstadt bei Wisarion Schebalin, Dmitri Schostakowitsch und Nikolai Mjaskowski. Von 1951 bis 1959 unterrichtete er am Konservatorium Komposition, dann widmete er sich allein seinem kompositorischen Schaffen. Seit 1968 setzt er seine Unterrichtstätigkeit fort.

WERKE

Außer einer Operette schrieb Karen Chatschaturjan 2 Sinfonien, eine Sinfonietta, eine Ouvertüre, ein Streichquartett, eine Sonate für Cello und Klavier, ein Oratorium, eine Anzahl weiterer Vokalwerke, Bühnen- und Filmmusik.

Ernest Chausson (1855–99)

LEBEN

Ernest Amédée Chausson wurde am 20.1. 1855 in Paris geboren. Er war am Conservatoire Schüler von Jules Massenet und César Franck und wirkte darauf durch längere Zeit als Sekretär der Société nationale de musique. Er starb am 10.6.1899 in Limay bei Mantes.

WERKE

Man darf Ernest Chausson zu den Begründern des impressionistischen Stils zählen. Die höchst individuelle Faktur seiner Werke erweckte das lebhafteste Interesse seiner Zeitgenossen. Er schrieb die sinfonischen Dichtungen »Viviane«, »Soir de fête« (Festlicher Abend), »Hymne védique« (mit Chor und Orchester), »Poème de l'amour et de la mer« (Gesang mit Orchester), ein Konzert für Klavier, Violine und Streichquartett, ein Violinkonzert, »Poème«, in Es-Dur, ein (unvollendetes) Streichquartett, ein Klavierquartett, Bühnenmusik, Lieder, Klavierstücke, einige Motetten und 2 Opern.

Konzert für Klavier, Violine und Streichquartett in D-Dur, Opus 21, 4 Sätze, entstanden 1891

Die starke Besetzung verrät die Absicht des Komponisten, vor allem die Klangfarben wirken zu lassen. Der 1. Satz erhält durch Häufung der Chromatik und viele Modulationen einen schillernden, ungenauen Glanz, in dem die Melodik oft zurückgedrängt scheint. Der 2. Satz bringt ein zartes, reizendes Siciliano. Der 3. Satz klingt düster, seine traurige Melodie wird von chromatischen Wendungen ostinato umrahmt. Ein jubelndes Finale beendet das Stück mit strahlenden Klängen.

Poème für Violine und Orchester, Opus 25, ein Satz, entstanden 1896

Dieses reizende, heute noch beliebte Violinkonzert bringt noch eine an die Romantik gemahnende feine Melancholie, wirkt aber vor allem durch seine Klangfarbeneffekte. Das »Gedicht« teilt nichts mit, sondern malt nur Stimmungsbilder von nur mit dem Gefühl erfaßbarer Bedeutung.

LITERATUR

J. Gallois, Ernest Chausson, Paris 1967.

François Chauvon
(um 1690 bis nach 1736)

ZEIT UND UMWELT

Der Einfluß von François Couperin auf die französische Musik reichte bis zum Ende des 18. Jahrhunderts. Seine Formprinzipien wurden von Schülern an Enkelschüler weitergereicht und kamen in allen Musikgattungen zur Wirkung.

LEBEN

François Chauvon wurde um 1690 vermutlich in Paris geboren. Über seine musikalische Tätigkeit neben der Komposition und über seine Lebensumstände ist nichts bekannt. Seine letzte Publikation ist 1736 herausgekommen, so daß die Annahme naheliegt, daß er in einem der folgenden Jahre gestorben ist. Der Ort seines Todes ist nicht feststellbar.

WERKE

Von François Chauvon sind 3 Sammlungen mit Potpourris aus beliebten Modeliedern unter dem Titel »Les Mille et un Air« (Tausend und ein Lied) erschienen. Er schrieb außerdem einige Stücke für Flöte und Oboe, 2 französische Kantaten, eine Pastorale und ein Konzert für mehrstimmigen Gesang und Instrumente. Alles folgte dem herrschenden Rokokostil.

Carlos Chávez (1899–1978)

LEBEN

Carlos Chávez wurde am 13.6.1899 in Calzada de Tacuba bei Mexiko geboren. Er war Autodidakt. Nach ausgedehnten Reisen durch Europa und die USA leitete er von 1928 bis 1934 das mexikanische Nationalkonservatorium und das Sinfonische Orchester von Mexiko bis 1948; in den Jahren 1958/59 war er Gastlektor an der Harvard University und wirkte weiterhin als Gastdirigent in Europa, in den USA und in Lateinamerika. Er starb am 2.8. 1978 in Mexiko-Stadt.

WERKE

Außer einer Oper schrieb Carlos Chávez 7 Sinfonien, davon eine für Streichorchester, eine Anzahl weiterer Orchesterstücke, ein Klavierkonzert, ein Violinkonzert, ein Konzert für vier Hörner, ein Konzert für sechs Schlagzeuger, ein Holzbläserquintett, 3 Streichquartette, ein Streichtrio, 6 Sonaten und zahlreiche Fugen, Praeludien sowie Etüden für Klavier, Kantaten und Lieder mit verschiedenen Instrumenten. Er verfaßte mehrere musiktheoretische Werke. Sein Stil ist stark von der Musik der Ureinwohner Mexikos beeinflußt; einige Werke sind abstrakt, später wandte er sich immer mehr dem Neoklassizismus zu.

Sinfonie Nr. 1 »Sinfonia de Antigona«, ein Satz, entstanden 1933

Obwohl diese Sinfonie durch die in der griechischen Tragödie herrschenden Emotionen angeregt wurde, handelt es sich um kein sinfonisches Gedicht, sondern um eine Sinfonie ohne literarisches Programm. Die Atmosphäre der gesamten Tragödie wird bereits in den ersten Takten ausgedrückt. Das Stück bekam durch die Anwendung von rhythmischen, harmonischen und melodischen Elementen der altgriechischen Musik eine archaische Struktur; alle Themen sind modal, die Harmonik besteht aus Quarten und Quinten, Terzen werden vermieden, weil diese in der »Alten Musik« als dissonant galten.

Sinfonie Nr. 2 »Sinfonia India«, ein Satz, entstanden 1936

Der Komponist legte dem Werk Motive der Musik verschiedener Indianerstämme zugrunde. Das Orchester ist durch einige Eingeborenen-instrumente bereichert. Es beginnt mit einer scharf rhythmisierten Melodie der Huicholen; eine sehr schöne Yaqui-Melodie schließt sich an. Ein Hornruf beendet die Verarbeitung dieses Materials und leitet zu einer anderen adagio vorgetragenen indianischen Melodie über. Darauf kommt es über die Rekapitulation früherer Wendungen zur Adoption eines kompliziert akzentuierten Themas von der Insel Riborón, das mit anschwellender Instrumentation mehrmals wiederkehrt und zum Schluß führt.

Sinfonie Nr. 4 »Sinfonia Romantica«, 3 Sätze, entstanden 1953

Das Thema, mit dem das Englischhorn den 1. Satz eröffnet, scheint in ständig veränderter Form in der gesamten Sinfonie immer wieder auf. Der Satz weist die traditionelle Sonatenform auf. Die Kantilene des 2. Satzes rechtfertigt den Titel des Stücks. Sie wird kontrapunktisch von den Blechbläsern getragen. Das Finale ist ein doppeltes Rondo mit zwei Themen, von denen das erste mit dem Eingangsthema des 1. Satzes eng verwandt ist. Beide Gedanken sind meisterhaft verarbeitet und führen zu einem Abschluß mit breiten Klängen.

Esprit Philippe Chédeville
(1696–1762)

ZEIT UND UMWELT
Die Musette, eine Sackpfeife kleinen Formats mit zwei Spielpfeifen und veränderbarem Bordun, wurde im 17. und 18. Jahrhundert in Frankreich zusammen mit der Drehleier zur Begleitung der Schäferspiele der Adelsgesellschaft verwendet. Auch rein instrumentale Pastoralen wurden damit gespielt.

LEBEN
Esprit Philippe Chédeville wurde 1696 in Oulins, Eure-et-Loire, geboren. Er war Virtuose auf der Musette, die zu seiner Zeit von der Instrumentenbauerfamilie Hotteterre, mit der er verwandt war, gebaut wurde, und spielte in verschiedenen Adelshäusern von Paris, wo er am 9. 3. 1762 starb.
Sein Bruder Pierre Chédeville (1694, Oulins, bis 1725, Paris) war ab 1709 Musettespieler an der Oper und ab 1720 Oboist der Königlichen Kammermusik und der Paradekapelle.
Sein zweiter Bruder Nicolas Chédeville (1705, Sérez, Eure, bis 6. 8. 1782, Paris) übernahm 1725 die Stelle, die Pierre Chédeville innehatte.

WERKE
Von den vielen Kompositionen für Musette, die Esprit Philippe Chédeville verfaßte, sind Sinfonien, Sonaten, Konzerte mit Generalbaß, Duette für zwei Musetten, Sonatinen für Musetten oder Drehleiern mit Generalbaß, zahlreiche Noëls und Vaudevilles überliefert. Die vielseitige Verwendbarkeit des Instruments ist erstaunlich.
Von Nicolas Chédeville sind »Amusements champêtres« für zwei Musetten, »Les Danses amusantes mellées de Vaudeville pour la musette« und »Sonates amusantes pour la Musette« sowie weitere interessante Stücke für dieses Instrument erhalten; außerdem 6 Sonaten für Querflöte. Alle diese Stücke sind typische Beispiele des galanten Stils.

Louis Chein (1636–94)

ZEIT UND UMWELT
Im Gegensatz zur Hofkapelle, die unter Ludwig XIV. sehr stark besetzt war, nahm die Kapelle der Ste-Chapelle nur eine beschränkte Anzahl Sänger und Instrumentalisten auf. Das war schon durch den beengten Raum bedingt, aber auch durch die Tradition des Klangkörpers, der seinen intimen Rahmen nicht überschreiten wollte. Dafür waren die Aufnahmebedingungen immer sehr streng.

LEBEN
Louis Chein wurde 1636 in Paris geboren und sang als Chorknabe an der Ste-Chapelle bis 1657. Er dürfte anschließend an der Kathedrale von Quimper gewirkt haben. Im Jahr 1674 wurde er erneut als Sänger und Serpentbläser an der Ste-Chapelle angestellt. Er starb in Paris am 17. 6. 1694.

WERKE
Vom französischen Komponisten Louis Chein ist eine einzige Messe für vier Stimmen, »Pulchra ut luna« (Schön wie der Mond), erhalten. Seine anderen gleichartigen »Pro defunctis« (Für die Verstorbenen), »Electa ut luna« (Auserwählt wie der Mond) und »Floribus omnia cedant« (Alles steht vor den Blumen zurück) sind verschollen, und über weitere Werke des Komponisten, der mit seiner Messe eine sehr entwickelte Satztechnik beweist, ist nichts bekannt.

Hippolyte André Chelard (1789–1861)

ZEIT UND UMWELT
Gerade in der romantischen Musikepoche war französischen Opern, die im eigenen Land nur kühl aufgenommen worden waren, in Deutschland ein großer Erfolg beschieden. Es handelte sich in vielen Fällen um Werke mit heroischem oder balladeskem Sujet, denen in Frankreich stark lyrische Werke vorgezogen wurden.

LEBEN
Hippolyte André Jean-Baptiste Chelard wurde

am 1.2.1789 in Paris geboren. Er war Gesangschüler bei François Joseph Fétis, sodann Kompositionsschüler am Conservatoire von François Joseph Gossec und Victor Dourlen und Violinschüler von Rodolphe Kreutzer und erhielt den Rompreis. In Rom studierte er bei Giuseppe Baini und in Neapel bei Nicola Zingarelli und Giovanni Paisiello. Im Jahr 1816 trat er dem Orchester der Opéra in Paris als Violinist bei. Seine erste Oper, die er in Paris herausbrachte, errang nur mäßigen Erfolg, wurde aber in München begeistert aufgenommen und trug ihm den Titel eines Bayrischen Hofkapellmeisters ein, aber nicht die Stellung. Er ließ sich 1830 in München nieder und brachte mit Erfolg eine zweite Oper heraus; von 1832 bis 1833 leitete er eine deutsche Operntruppe in London, wirkte 1835 bis 1840 als Dirigent in Augsburg und darauf bis 1847 in Weimar, errang inzwischen mit seiner Oper »Hermannsschlacht« in München einen zweiten großen Erfolg und ging schließlich nach Paris zurück, wo es ihm nicht mehr gelang, Fuß zu fassen. Nachdem er sich 1852 völlig zurückgezogen hatte, starb er am 12.2.1861 in Weimar.

WERKE

Das kompositorische Werk von Hippolyte André Chelard wurde besonders in Deutschland als Auftakt zur Hochromantik und Wegbereitung für Hector Berlioz, Franz Liszt und Richard Wagner angesehen. Neben seinen 5 Opern verfaßte er eine szenische Kantate »Les Aigles Romains« (Die römischen Adler), die Kantate »Chant grec« (Griechischer Gesang), eine Vokalsinfonie für Männerchor »Le vieux drapeaux« (Die alten Fahnen), eine Tondichtung in 8 Sätzen »La Symphonéide« und eine »Große Messe«.

Fortunato Chelleri (1690–1757)

ZEIT UND UMWELT

Landgraf Friedrich von Hessen-Kassel (1676 bis 1751) heiratete 1715 Ulrika Eleonora (1688–1741), die Schwester des schwedischen Königs Karl XII. (1682–1718), dem sie nach dessen Tod auf den Thron folgte. Im Jahr 1720 übertrug sie die Königswürde ihrem Mann, der als Regent keine sehr glückliche Hand hatte, sich aber jeder Hebung des kulturellen Niveaus des Landes und des Aufbaus der Hofkapelle und des gesamten Musiklebens tatkräftig annahm.

LEBEN

Fortunato Chelleri wurde im Juni 1690 in Parma geboren. Er wurde in Piacenza zum Musiker ausgebildet und war von 1716 bis 1719 Kapellmeister am Hof der pfälzischen Kurfürstin Maria Anna Luise (1677–1745) in Florenz, hielt sich darauf in Venedig auf, sodann in Würzburg und Heidelberg und wurde 1725 Hofkapellmeister in Kassel, von wo ihn König Friedrich I. von Schweden nach Stockholm holte. Er ging 1734 nach Kassel zurück, wo er am 11. 12. 1757 starb.

WERKE

Fortunato Chelleri verfaßte außer mehreren Opern und Oratorien eine Anzahl Solokantaten, Orchestersuiten, Kammermusik, Klavierwerke, Messen und andere Kirchenmusik; alles von durchschnittlich guter Qualität im Stil des Nachbarock.

Hans Chemin-Petit (1902–81)

LEBEN

Hans Helmuth Chemin-Petit wurde am 24.7. 1902 in Potsdam geboren. Er war von 1920 bis 1926 an der Musikhochschule in Berlin Celloschüler von Hugo Becker (13.2.1863, Straßburg, bis 30.7.1941, Geiselgasteig bei München) und Kompositionsschüler von Paul Juon und wirkte anschließend als Cellist. Im Jahr 1929 wurde er Theorielehrer an der Akademie für Kirchen- und Schulmusik in Berlin. Im Jahr 1944 wurde er Dirigent des Philharmonischen Chors und 1948 Theorielehrer an der Musikhochschule in Berlin; ab 1968 leitete er die Abteilung Musik der Akademie der Künste in Berlin. Er starb dort am 12.4. 1981.
Sein Vater Hans Chemin-Petit (12.7.1864, Rostock, bis 11.1.1917, Potsdam) war von 1887 bis 1894 Hofkapellmeister in Altenburg,

dann in Potsdam, wo er 1900 eine Musikschule begründete.
Dessen Vater Maurice Chemin-Petit (4.3. 1832, Leipzig, bis 3.4.1885, Ulm) war Kapellmeister in Halle, Rostock und Ulm.

WERKE
Außer 2 Opern und einer dramatischen Kantate schrieb Hans Chemin-Petit 2 Sinfonien, einen Orchesterprolog, ein Orchesterkonzert, ein Konzert für Orgel, Streichorchester und Pauken sowie weitere Orchesterstücke, mehrere Kantaten für Chor, Soli und Orchester, Psalmvertonungen für Chor und Orchester, Motetten a cappella, Hymnen, Madrigale für Frauenchor, Lieder und Bühnenmusiken.
Hans Chemin-Petit (Vater) schrieb 5 Opern und Chöre.
Maurice Chemin-Petit schrieb 2 Opern.

Amy Marcy Cheney (1867–1944)

LEBEN
Amy Marcy Cheney (Mrs. H. H. A. Beach) wurde am 5.9.1867 in Henniker, N. H., geboren. Sie war in Boston Schülerin von Ernst Perabo. Anschließend wirkte sie als Konzertpianistin und Komponistin in Boston und in New York, wo sie am 27.12.1944 starb. Von 1910 bis 1914 hielt sie sich als Pianistin in Europa auf.

WERKE
Außer einer Oper schrieb Amy Marcy Cheney eine »Gaelische Sinfonie« in e-Moll, 2 Klavierkonzerte, ein Klavierquintett, ein Klaviertrio, eine Violinsonate, Variationen für Flöte und Streichquartett, mehrere Violinstücke, zahlreiche Klavierstücke, eine Suite für zwei Klaviere, eine Messe und weitere Kirchenmusik sowie große Chorwerke mit Orchester.

Sebastiano Cherici (1647 – 1704)

ZEIT UND UMWELT
Nachdem Ferrara 1598 dem Kirchenstaat einverleibt worden war, verlor der Hof der Este seine Funktion als Musikzentrum. Diese Rolle wurde von den Kapellen im Dom und einigen anderen Kirchen und von der Accademia della Compagnia dello Spirito Santo übernommen. Auch in Bologna waren Kirchen und Akademien schon über ein Jahrhundert mangels eines Fürstenhofes für die Förderung der Musik verantwortlich und wurden dieser Aufgabe im höchsten Maß gerecht.

LEBEN
Sebastiano Cherici (Chierici, Clerici) wurde 1647 in Pistoia geboren. Er war ab 1672 Kapellmeister am Dom von Ferrara und an der Accademia della Compagnia dello Spirito Santo (Akademie der Gesellschaft vom Heiligen Geist). In den Jahren 1675 und 1676 hielt er sich am Hof in Dresden auf. Es ist nicht feststellbar, was er dort tat und warum er wieder nach Ferrara zurückkehrte. Im Jahr 1695 wurde er Domkapellmeister in Pistoia, wo er 1704 starb.

WERKE
Der italienische Komponist Sebastiano Cherici verfaßte zwei- bis fünfstimmige Hymnen mit Generalbaß und Violinen ad libitum, zwei- bis dreistimmige Motetten mit Generalbaß und Violinen, Gesänge zur Komplet für drei bis vier Stimmen und Ripienochor ad libitum sowie zweistimmige Kammerduette. Diese ganze Musik ist venezianisch beeinflußt.

André Chéron (1695–1766)

ZEIT UND UMWELT
Nach italienischem Muster wurde auch im Paris des 18. Jahrhunderts die Oper zum Mittelpunkt des Musikgeschehens. Komponisten wurden immer mehr nach ihrem Opernschaffen eingeschätzt, ihre übrigen Kompositionen sehr oft nur als Randerscheinungen betrachtet. Auch Interpreten gewannen viel an Prestige, wenn ihr Wirken in irgendeinem Zusammenhang mit der Oper stand.

LEBEN
André Chéron wurde am 6. 2. 1695 in Paris

getauft. Er war Chorknabe an der Ste-Chapelle, wo ihn Nicolas Bernier ausbildete. Im Jahr 1734 wurde er Cembalist der Oper und bald darauf auch Taktschläger. Zur selben Zeit wirkte er als Organist am Concert spirituel. 1750 wurde er schließlich Chorleiter der Oper. Er starb 1766 in Paris und wurde am 7. 10. begraben.

WERKE

Von André Chéron sind einige gute Motetten, Triosonaten für zwei Flöten und Generalbaß, Duos und Trios für Flöten, außerdem einige Ballettintermedien für Bühnenstücke erhalten. Sein Instrumentalstil gehört dem zeitgenössischen Rokoko an.

Luigi Cherubini

Luigi Cherubini (1760–1842)

ZEIT UND UMWELT

Wenn man die Epoche des Barock wie der Musikforscher Hugo Riemann (1849–1919) mit dem Generalbaßzeitalter gleichsetzt, so muß man ihr Ausklingen mit dem letzten Jahrzehnt des 18. Jahrhunderts festlegen. Ein Komponist, dessen Wirken um 1780 einsetzte, war also noch Zeitgenosse der letzten Phase jener Stilgattung. Zugleich jedoch erlebte er das Erlöschen des Rokoko, die verschiedenen Gestaltungen der Vorklassik, die Üppigkeit der neapolitanischen und venezianischen Oper, die Auseinandersetzungen um die Faktur der Oper in Paris und das Aufsteigen und den Höhepunkt wie das Ende der Wiener Klassik. Falls er die ersten vier Jahrzehnte des 19. Jahrhunderts überlebte, wurde er noch Zeuge des Wirkens von Hector Berlioz, Frédéric Chopin und Felix Mendelssohn-Bartholdy (1809–1847), während Carl Maria von Weber und Franz Schubert schon der Vergangenheit angehörten; Giuseppe Verdi (1813–1901) und Richard Wagner (1813–83) hatten bereits ihre ersten Opern auf die Bühne gebracht und Robert Schumann (1810–56) seine 1. Sinfonie aufgeführt – das romantische Zeitalter stand also auf seinem Höhepunkt, so daß ein Komponist, dessen Wirkungszeit über 60 Jahre betrug, die Einflüsse mehrerer stark voneinander verschiedener Stilvarianten in sich aufnahm und im eigenen Werk verarbeitete.

LEBEN

Maria Luigi Zenobio Carlo Salvatore Cherubini wurde am 14. 9. 1760 in Florenz geboren und ausgebildet. Er begann sehr früh zu komponieren; seine ersten Werke – Kirchengesänge, Kantaten, Intermedien – erregten die Aufmerksamkeit des Großherzogs von Toskana, Leopold, des späteren Kaisers Leopold II., der ihm einen vierjährigen Studienaufenthalt bei Giuseppe Sarti in Venedig ermöglichte. Mit dem Jahr 1780 setzte seine Opernkomposition ein, die ihn 4 Jahre darauf nach London führte. Nachdem er dort zum Königlichen Hofkomponisten ernannt worden war, begab er sich 1786 nach Paris, wo er sich nach einem Aufenthalt in Turin endgültig niederließ und weiterhin zahlreiche Opern auf die Bühne brachte. Bei Gründung des Conservatoire wurde er mit einer Inspektorenstellung betraut. An der Opéra konnte er keine Opern unterbringen, weil ihm Napoleon nicht gewogen war. Nach einer Arbeitspause bis 1808 wandte er sich der Kirchenmusik zu. Er veröffentlichte wohl in den folgenden Jahren noch eine Reihe erfolgreicher Opern, schrieb aber auch eine Sinfonie und weitere Instrumentalwerke. Die Restauration brachte ihm die Leitung der Königlichen Kapelle und (1822) des neu eröffneten Konservatoriums. Schließlich widmete er sich nur mehr dem Unterricht. Er starb am 13. 3. 1842 in Paris.

WERKE

Neben 15 italienischen und 14 französischen Opern hat Luigi Cherubini einige auf deutschen Text für Wien verfaßt. Davon sind »Der Wasserträger« und »Medea« heute noch zuweilen auf den Spielplänen. Außerdem schrieb er 14 große Messen, 2 Requiem, zahlreiche Messeteile, ein achtstimmiges Credo mit Orchester, 2 Dixit, ein Magnificat, ein Miserere, ein Te Deum mit Orchester, 4 Litaneien, 2 Lamentationen, ein Oratorium, 38 Motetten, Gradualien, Hymnen mit Orchester, 20 Antiphonen, viele Einlagen in Opern, ein Ballett, 17 Kantaten und andere Gelegenheitskompositionen mit Instrumenten, 77 Romanzen, italienische Gesänge, Notturnos, Kanons und Solfeggien, 8 Hymnen und revolutionäre Gesänge mit Orchester, eine Ouvertüre, eine Sinfonie, Märsche und Tänze, 6 Steichquartette, ein Quintett, 6 Klaviersonaten, eine Sonate für zwei Orgeln und eine große Fantasie für Klavier, eine große Zahl didaktischer Werke und mehrere musiktheoretische Abhandlungen. Der Stil dieser Vielzahl von Werken bewegt sich vom Spätbarock bis zur Hochromantik.

Missa solemnis in c-Moll, entstanden 1811

Diese große Messe bildete wie alle andern des Komponisten durch Verschmelzung alter chorischer Polyphonie im Sinne Palestrinas mit klassischer Instrumentierung durch ihre schlichte Würde und ernste Feierlichkeit Kirchenmusik in wahrer Bedeutung des Wortes. Das sanft schwärmerische, demütig betende und klagende Kyrie wird von einem feierlichen Orchestersatz eingeleitet. Das Christe wird von idyllischen Solostimmen in F-Dur vorgetragen. Das wiederkehrende Kyrie klingt mit einer großartigen Fuge aus. Das Gloria setzt mit Dreiklangmotiven der Chorstimmen ein, bringt im Laudamus eine prächtige Fuge, die aber von der Schlußfuge des Satzes an Brillanz noch übertroffen wird. Besonders schön ist das Miserere. Das Credo dringt mit bewegten Rhythmen ohne Zäsur bis zum Incarnatus vor, das wie das Crucifixus voll Poesie dem Text gerecht wird. Das Amen breitet sich zu einer mächtigen Chorfuge aus. Nach dem kraftvollen Chorhymnus des Sanctus und einem gefühlstiefen Benedictus beendet das Agnus das Werk mit erstaunlicher Ausdruckskraft.

Requiem in c-Moll, entstanden 1816

Diese dem Gedächtnis des hingerichteten Königs Ludwig XVI. gewidmete Trauermesse behält ihren schwermütigen dunklen Klang, den die Celli bereits im Introitus festlegen, vom Beginn bis zum Ende bei. Auch der Lobgesang »Te decet hymnus« bringt ebensowenig Aufhellung wie das Lux perpetua. Das Dies irae setzt mit Trompetenrufen ein, und ein einziger dröhnender Schlag des Tamtams kündigt das Gericht an. Die Dramatik des Textes wird durch sehr wenig Tonmalerei unterstrichen, das lyrisch-gesangliche Element überwiegt und hält an der Grundstimmung des Werkes fest bis zum wehmütigen Ausklang.

Requiem in d-Moll für Männerchor

Die Chorbesetzung ist drei- bis fünfstimmig, was der Messe viel liturgische Strenge verleiht. Stil und Melodik sind sehr schlicht gehalten, doch die dramatischen Textstellen werden durch die Männerstimmen und das Orchester mit gewaltiger Intensität unterstrichen. Klangprächtige Passagen und lyrische Einschübe erzeugen zur düsteren Grundhaltung des Werks erschütternde Kontraste.

Sinfonie in D-Dur, 4 Sätze, entstanden 1815

Der Komponist schrieb diese Sinfonie für die Londoner Philharmonie, zog sie aber sofort wieder zurück, weil sie nach seiner Meinung den Vergleich mit den Sinfonien Beethovens nicht aushielt. Er arbeitete sie 1830 zu einem Streichquartett um. Das inzwischen verschollene Werk wurde 1951 wiederaufgefunden und wird zuweilen auch aufgeführt. Sie zeichnet sich durch feine melodische Arbeit, gut ausgewogene Proportionen, exakte Kontrapunktik und interessante Stimmführungen aus und ist mit überraschenden Kontrasten ausgestattet, wie zum Beispiel die Vorbereitung des kantablen zweistimmigen Seitenthemas des 1. Satzes. Das Larghetto des 2. Satzes spannt einen weiten melodischen Bogen über alles sinfonische Geschehen und endet in einem nahezu erschreckenden Fortissimo. Der 3. Satz ist ein Menuett, obgleich die zeitgenössischen

Werke den Tanz bereits durch ein Scherzo ersetzen. Cherubini zeigt hier, daß er noch ein echtes Menuett im Sinne Joseph Haydns zu schreiben imstand ist. Das Trio ist derart skurril, wie man es kaum in einer anderen klassischen Sinfonie finden kann; es soll dalmatischer Volksmusik entstammen. Der Kanon des 4. Satzes erinnert daran, daß der Komponist bei Giuseppe Sarti in die Schule gegangen ist.

1. Streichquartett in Es-Dur, 4 Sätze, entstanden 1814

Der Komponist lernte in Wien Joseph Haydn und Ludwig van Beethoven persönlich kennen und schätzen und kam mit deutscher romantischer Musik in Berührung. Beides wirkte sich auf seine Kammermusik deutlich erkennbar aus. In diesem Quartett stellt er dem 1. Satz, als eine Art Prolog, ein Adagio voran, dem ein Allegretto folgt. Darin erklingt eine Melodie auf italienische Art als Seitenthema; die Durchführung erfolgt sodann nach dem Muster des Altmeisters Haydn. Das Larghetto sostenuto des 2. Satzes zieht französisches Musikgut heran. Das Scherzo verlegt die Spannung in das Trio, das Finale hat Rondoform, greift Elemente des 1. Satzes auf und verleiht dem ganzen Werk dadurch eine schön ausgewogene Harmonie der beiden Ecksätze, zwischen denen das musikalische Geschehen mit viel Romantik abläuft.

2. Streichquartett in C-Dur, 4 Sätze, entstanden 1830

Es handelt sich hier um eine Umarbeitung der Sinfonie aus 1815, die der Komponist zurückgezogen hatte. Die sinfonische Herkunft des Quartetts ist am Gesamtbild unschwer erkennbar. Ein langsamer Prolog, der die Atmosphäre schafft, geht dem Allegro des 1. Satzes voraus, dessen Themen im Sinne des klassischen Sonatensatzes spannend verarbeitet sind. Das folgende Lento besteht aus 3 Teilen – a-Moll, A-Dur, a-Moll –, die dem Satz einen abgerundeten Charakter verleihen. Das Scherzo leitet problemlos und musikantisch zum beschwingten Allegro vivace des Finales.

3. Streichquartett in d-Moll, 4 Sätze, entstanden 1834

Das Hauptthema des 1. Satzes beginnt mit dem ersten Ton und schwelgt in Lyrismen, ein zweites Thema in italienischer Manier schließt sich an, und bei der Durchführung stand Joseph Haydn Pate. Im 2. Satz klingt eine ausdrucksvolle Kantilene auf, die sich leidenschaftlich steigert. Das Scherzo lehnt sich an das Hauptthema des 1. Satzes an und bringt im freien Fugato meisterhaft Kontrapunktik, die sich immer mehr verdichtet und schließlich homophon ausklingt; sein Trio steht dazu mit seiner Sachlichkeit in angenehmem Gegensatz. Das Finale bewegt sich anfänglich in der Grundtonart, ringt sich sodann zum Dur durch, als wolle es nach dem Kampf der Stimmen gegeneinander nach Art der Romantiker einen Sieg verkünden.

4. Streichquartett in E-Dur, 4 Sätze, entstanden 1834

Ein breites majestätisches Allegro maestoso eröffnet einen Sonatensatz, in dem es zu interessanten klanglichen und satztechnischen Steigerungen kommt. Das anschließende Allegretto bringt einen spielerisch geführten Kanon und wirkt sehr affektbetont. Das dreiteilige Scherzo beginnt stark pathetisch, der 2. Teil bringt ein sangliches Andantino con moto, der 3. ein gewaltiges dekoratives Unisono aller Instrumente. Das Finale ist besonders rhythmisch interessant.

5. Streichquartett in F-Dur, 4 Sätze, entstanden 1834

Hier liegt eine charmante musikalische Konversation nach französischer Art vor, deren artistische Vollendung reines Vergnügen bereitet. Ein ruhiger Prolog leitet das Stück ein, sodann beginnt es mit einem Allegro, an dem sich alle Instrumente mit gleicher Grazie und Leichtigkeit beteiligen. Auch das Adagio will nur liebenswür-

Titelblatt zu »Medea« von Luigi Cherubini, Stich von A. Tardieu, 1797

dig sein, so daß man das Pathos des Scherzo nicht ernst nehmen kann. Das Trio vollendet das reizende Werk mit unerhörter Eleganz.

6. Streichquartett in a-Moll, 4 Sätze, entstanden 1837

Diesem Werk liegt das in der Klassik häufig herangezogene Thema »Durch Nacht zum Licht« zugrunde. Das pathetische Allegro moderato des 1. Satzes gibt die gedankliche Disposition, das Andantino ist zwar sehr verspielt, weist aber doch auf das Ringen nach Befreiung von aller Belastung hin, der 3. Satz bringt ein straffes Scherzo, das mit dem liedhaften Trio den Sieg bereits ahnen läßt. Im Finale wird der gesamte Ablauf neuerlich abgekürzt vorgeführt und mit einer hymnischen Apotheose abgeschlossen.

Streichquintette in e-Moll für 2 Violinen, Bratsche und 2 Celli, 5 Sätze, entstanden 1837

Hier liegt Spielmusik im besten Sinne des Wortes vor. Der 1. Satz hat mit seinem Grave rein einleitenden Charakter und führt zum Allegro commodo mit reizenden gegensätzlichen Themen, deren Durchführung aber keine ernsten Konflikte erzeugt. Ein schlichtes sangliches Andante folgt, und ein lebendiges Scherzo mit seinem graziösen Trio leitet zum Finale, einem virtuosen Allegro, über, vor dessen Coda sich ein besinnliches Larghetto einschiebt. Das Werk ist ein eleganter Abschied des Meisters von aller Musik, die er der Welt geschenkt hatte.

LITERATUR

H.J. Irmen (Hrsg.), L. Cherubini, Leben und Werk, Reinbek 1972. S. Saak, Studien zur Instrumentalmusik Cherubinis, Göttingen 1976. H. Ternes, Die Messen Cherubinis, Bonn 1979.

Charles Chevalier
(um 1570 bis nach 1611)

ZEIT UND UMWELT

Heinrich IV. (1553–1610) dürfte der populärste König auf dem französischen Thron gewesen sein. Die konziliante Art seines Wesens und seiner Politik, die innen- und außenpolitischen Erfolge und nicht zuletzt seine vielen Liebesabenteuer waren nach dem Geschmack der Franzosen, die auch seinen musischen Sinn schätzten. Die Hofkapelle und seine persönlichen Musiker waren bestens dotiert.

LEBEN

Charles Chevalier wurde um 1570 in Paris geboren und von seinem Vater ausgebildet. Im Jahr 1596 war er bereits Oboist des Königs und spielte beim höfischen Ballett eine maßgebende Rolle, besonders bei der Einrichtung der Instrumentalbegleitung. Er ist nach 1611 in Paris gestorben.

Sein Vater Charles Chevalier (um 1540, Paris, bis um 1594, Paris) war Oboist und Violinist des Königs.

WERKE

Der französische Komponist Charles Chevalier der Jüngere hinterließ 14 Tänze für die Laute. Man schrieb ihm auch die Airs der Ballette »Ballet de la Reine« (Ballett der Königin) und »Ballet des contrefaits d'amour« (Ballett der falschen Liebe) zu.

LITERATUR

H. Prunières, Le ballet de cour en France avant Benserade et Lully, Paris 1913.

Raymond Chevreuille (1901–76)

LEBEN

Raymond Chevreuille wurde am 17.11.1901 in Brüssel geboren. Nach kurzem Studium am Konservatorium seines Geburtsorts bildete er sich autodidaktisch weiter. Er wurde Tonmeister am Belgischen Rundfunk und beschäftigte sich viel mit akustischen Problemen. Ab 1935 wurden seine Kompositionen bei den Jahresfesten der IGNM aufgeführt, was ihm einen hohen Bekanntschaftsgrad einbrachte. Er starb am 9.5.1976 in Montignies-le-Tilleul.

WERKE

Die Musik von Raymond Chevreuille ist nahezu durchwegs atonal. Stilistisch läßt sie sich nicht klassifizieren, ihre Fakturen wechseln stark, weil sie von den jeweiligen Ergebnissen der akustischen Forschungen des Komponisten abhingen. Sie erweckten jedenfalls ein weltweites Interesse und übten auf das zeitgenössische kompositorische Schaffen einen starken Einfluß aus; sie wurden in manchen Fällen nachgerade zum Modell. Er schrieb eine Oper, mehrere Ballette, 7 Sinfonien und eine für Kammerorchester, mehrere Suiten, 3 Violinkonzerte, 3 Klavierkonzerte, 2 Cellokonzerte, ein Konzert für Trompete, Horn und Altsaxophon mit Orchester, ein Doppelkonzert für Bratsche, Klavier und eines für Altsaxophon, ein Tripelkonzert für Oboe, Klarinette und Fagott, 2 Konzerte für Cello und Kammerorchester, ein Konzert für Klarinette, Streichorchester, Pauken und Schlagzeug, ein Bläserquintett, ein Quintett für Klarinette und Streicher, 6 Streichquartette, ein Quartett für vier Flöten, ein Trio für Flöte, Bratsche und Kontrabaß, eine Sonatine für Bratsche und Klavier, ein Stück für Horn und Klavier, eine Suite für Blechbläser, 2 sakrale Chorwerke und ein Stück für Sprecherin und Kammerorchester.

Pietro Chiarini (um 1717 bis nach 1765)

Zeit und Umwelt

Da das italienische Opernpublikum stets neue Stücke sehen wollte, war der Bedarf der Bühnen sehr groß. Daher arbeiteten nicht selten mehrere Komponisten gemeinsam an einem Stück, um es so rasch wie möglich fertigzustellen. Daraus ergaben sich für die Musikhistoriker später erhebliche Schwierigkeiten, die richtige Zuschreibung festzustellen.

Leben

Pietro Chiarini (genannt Il Brescianino) wurde um 1717 in Brescia geboren. Er dürfte sich vorerst in seiner Vaterstadt, dann in Venedig und zuletzt in Cremona als Kapellmeister aufgehalten haben und dort nach 1765 gestorben sein.

Werke

Außer einem für Venedig geschriebenen Oratorium sind von Pietro Chiarini nur 4 Opern bekannt geworden. Die Bühnenwerke verfaßte er zum Teil in Zusammenarbeit mit Giovanni Battista Pergolesi. Sein Intermezzo »Il Geloso Schernito« (Der verhöhnte Eifersüchtige) wurde lange für eine Komposition von Pergolesi gehalten.

Thomas Chilcot (um 1710–66)

Zeit und Umwelt

Die Stadt Bath, Somerset, stand schon sehr früh im allgemeinen Interesse Englands als Kurort, als kulturelles Zentrum und daher auch als Treffpunkt der obersten Gesellschaftsschicht. Daß der Musikpflege große Aufmerksamkeit zugewandt wurde, geht deutlich aus der Gründung des Pump Room Orchestra im Jahr 1705 durch Richard Nash (1674–1762) hervor.

Leben

Thomas Chilcot wurde um 1710 in Bath geboren und war von 1733 bis zu seinem Tod im November 1766 Organist der Abteikirche seiner Vaterstadt.

Werke

Dem Niveau des Kulturlebens der Kurstadt Bath entsprechend, brachte der Organist Thomas Chilcot außer seinen kirchenmusikalischen Werken 12 Lieder auf Texte von William Shakespeare und anderen bedeutenden englischen Dichtern heraus. Er verfaßte auch 2 Serien von Cembalokonzerten, die in Bath selbst viel aufgeführt wurden. Es ist augenscheinlich, daß die Förderung seitens Stadt und Grafschaft den Schaffenswillen des Organisten anregte.

William Child (1606–97)

Zeit und Umwelt

Jakob II. (1633–1701) folgte seinem Bruder Karl II. 1685 auf den englischen Thron nach. Obschon er 1668 zum Katholizismus konvertiert war und sich als König in starken Gegensatz zum anglikanischen Klerus stellte, so daß er 1689 den Thron verlor, ließ er die Chapel Royal, die nur aus Anglikanern bestand, unangetastet. Sein Nachfolger Wilhelm III. (1650–1702) wandte der Kapelle nicht viel Aufmerksamkeit zu.

Leben

William Child wurde 1606 in Bristol geboren. Seine musikalische Ausbildung erhielt er als Sänger an der Kathedrale in Bristol vom Organisten Elway Bevin (um 1550 bis nach 1637). Im Jahr 1632 wurde er neben Nathaniel Giles (um 1558–1633) und als Nachfolger von John Mundy (um 1570 bis 1630) Organist an der St. Georg's Chapel und im selben Jahr auch an der Chapel Royal. Als 1643 beide Institutionen aufgelöst wurden, zog sich Child auf das Land zurück, um zu komponieren. Nach der Restauration (1660) wurde er Sänger an der Chapel Royal und Mitglied der Privatkapelle des Königs und wohnte der Krönung Karls II. am 8. 7. 1661 bei. Er blieb auch unter Jakob II. und Wilhelm III. in diesen Positionen und starb in Windsor am 23. 3. 1697.

Werke

Der englische Organist und Komponist William Child hat während seines langen Lebens eine große Anzahl von Services, Psalmen, Anthems, dazu eine Motette und mehrere Lieder verfaßt, die viel gesungen wurden. Sie sind etwas konservativ gehalten, aber durchweg sehr klangvoll.

Giovanni Chintzer
(um 1695 bis um 1750)

Zeit und Umwelt

Die politischen Unruhen, die im 18. Jahrhundert in ganz Italien herrschten – Schlachten, Eroberungen, Durchzug von Heeren –, vertrieben viele Kulturschaffende aus dem Land. Große Gebiete gingen von einer Hand in die andere, Regierungen wechselten in rascher Folge ab, so daß des einen Fürsten Gunst die Ungnade des nächstfolgenden bedeuten konnte, und keine noch so günstige Position ein gesichertes Dasein gewährleistete.

Leben

Giovanni Chintzer (Chinzer) wurde um 1695 vermutlich in der Schweiz geboren. Von 1731 bis 1742 dürfte er in Florenz als Musiker gewirkt haben und sodann nach Paris übersiedelt und dort um 1750 gestorben sein.

Werke

Von Giovanni Chintzer sind in Paris eine große Anzahl Triosonaten für 2 Violinen und Generalbaß, vierstimmige Sinfonien, Duette für Flöte und Violine und Sonaten für Solovioline und Generalbaß erschienen. Er schrieb außerdem etliche kirchliche Werke und Arien mit Instrumenten sowie 2 Oratorien. In seiner Florentiner Zeit verfaßte er 8 Operetten.

Edmund Thomas Chipp (1823–86)

Zeit und Umwelt

Das Hauptgewicht der englischen Musikentwicklung lag auch im ganzen 19. Jahrhundert auf den Kirchenmusikern, die neben ihrem Kirchendienst auch profane Musik komponierten und an der Organisation von Konzerten mitwirkten. Bühnenkomponisten und Theatermusiker rangierten erst in zweiter Linie. Freischaffende Komponisten gab es nahezu keine. Daß dadurch die Konzertmusik, abgesehen von der Bühnenmusik, zu kurz kam, war eine natürliche Folge. Und daß der sakrale Klang bis in unsere Gegenwart in den meisten profanen Kompositionen spürbar ist, ergab sich ebenfalls zwangsläufig daraus.

Leben

Edmund Thomas Chipp wurde am 25.12. 1823 in London geboren. Er begann seine Laufbahn als Chorknabe der Chapel Royal. Seine Ausbildung erhielt er von Jean-Baptiste Joseph Tolbecque. Von 1843 bis 1845 wirkte er als Violinist in der Kapelle der Königin Victoria, dann wurde er Organist an Albany's Chapel. Nach verschiedenen Organistenstellen in England, Schottland und Irland gab er seine Stellung an St. Paul's in Edinburgh auf und wurde Organist und Chorleiter der Kathedrale in Ely. Er starb am 17.12.1886 in Nizza.

Werke

Neben zahlreicher Kirchenmusik – Services, Anthems – schrieb Edmund Thomas Chipp das Oratorium »Job« und die biblische Szene »Naomi«, ferner 2 Te Deum und ein Gloria für Männerstimmen, Lieder und ein Buch mit 24 Orgelstücken. Er veröffentlichte auch eine Sammlung »Musik für den Kirchendienst«.

Girolamo Chiti
(1679 – 1759)

ZEIT UND UMWELT
Giuseppe Ottavio Pitoni und Bernardo Gaffi hielten mit einer Reihe weiterer römischer Komponisten das Andenken Palestrinas hoch, sammelten seine Kompositionen und reichten die Verehrung des großen Meisters der Kirchenmusik an ihre Schüler weiter.

LEBEN
Girolamo Michelangelo Chiti wurde am 19. 1. 1679 in Siena geboren und dort ausgebildet. Er ging 1713 als Organist nach Rom und setzte dort seine Musikstudien bei Bernardo Gaffi und Giuseppe Ottavio Pitoni fort, die ihn mit dem Palestrina-Stil vertraut machten. Von 1726 bis zu seinem Tod am 4. 9. 1759 war er Kapellmeister an San Giovanni in Laterano in Rom.

WERKE
Der italienische Musiktheoretiker und Komponist Girolamo Chiti sammelte und bearbeitete viele Werke von Palestrina, besonders Messen, und verfaßte eine Reihe kirchenmusikalischer Werke – Messen, Proprien, Litaneien – im antikisierenden Stil. Er schrieb außerdem eine Reihe musiktheoretischer Werke.

LITERATUR
S. Gmeinwieser, Girolamo Chiti (1679 bis 1759), Regensburg 1968.

Osvald Chlubna (1893–1971)

LEBEN
Osvald Chlubna wurde am 22.7.1893 in Brünn geboren. Er war Schüler von Leoš Janáček. Er wirkte von 1919 bis 1935 und von 1953 bis 1959 als Lehrer am Konservatorium in Brünn, wo er am 30.10.1971 starb.

WERKE
Außer 6 Opern schrieb Osvald Chlubna 3 Sinfonien, 2 Orchesterzyklen, mehrere sinfonische Dichtungen, ein Klavierkonzert, ein Cellokonzert, 4 Streichquartette, ein Streichtrio, eine Sonatenfantasie für Klavier, eine Kammerkantate, Chöre und Lieder. Sein Werk lehnt sich an den seines Lehrers an.

Frédéric Chopin (1810–49)

ZEIT UND UMWELT
Die Eigenstaatlichkeit, die Napoleon den Polen schenkte, dauerte nicht lang. Der Wiener Kongreß, der nahezu für ganz Europa die Entwicklung zurückdrehte, beschloß endgültig die dritte Teilung Polens; Preußen, Österreich und Rußland erhielten ihren Raub zurück. Die Selbständigkeit von Kongreßpolen innerhalb des zaristischen Reiches war nur eine scheinbare; in Wahrheit wurde es von St. Petersburg aus absolutistisch regiert und übler behandelt als die russischen Untertanen. Daher brach 1830 der Aufstand

Frédéric Chopin

gegen diese Unterdrückung aus, der von der russischen Armee niedergeschlagen wurde. Praktisch wurde das Land zur russischen Kolonie. Viele Polen emigrierten, auch solche, die durch die Revolten nicht kompromitiert waren, und sammelten sich in politischen Zirkeln in London und Paris, um den geistigen Kampf um die Freiheit ihres Volks weiterzuführen, und erfreuten sich weitgehender Sympathien; besonders in Frankreich kam man diesen Emigranten sehr entgegen, denn das Gefolge des Königs Stanislaw I. Leszczyński (1677–1766), der 1735 auf den polnischen Thron verzichten mußte und dafür Lothringen und Bar erhielt, hatte dort offenbar viele Freunde erworben. Außerdem entstammten die Emigranten nahezu durchweg gehobeneren Gesellschaftsschichten. Es befanden sich auch bedeutende Gelehrte und Künstler darunter, besonders Literaten und Musiker, die vom geistigen und künstlerischen Frankreich schon wegen der ideologischen Gleichartigkeit aufgenommen wurden.

Leben

Frédéric François Chopin (Fryderyk Franciszek) wurde am 1.3.1810 in Żelazowa-Wola bei Warschau geboren. Sein Vater Nicolas Chopin (1771–1844), Enkel eines polnischen Einwanderers in Frankreich namens Szopen, war 1787 in die ursprüngliche Heimat seiner Familie zurückgekehrt und betätigte sich als Französischlehrer. Seine Mutter Tekla Justyna Krzyzanowska (1780–1861) entstammte dem polnischen Adel. Den ersten Unterricht erhielt er vom Klavierlehrer Adalbert Żywny (1756, Böhmen, bis 1840, Warschau). Bereits mit 8 Jahren spielte er öffentlich ein Konzert von Vojtěch Matyaš Jírovec. Mit 12 Jahren trat er in das Konservatorium in Warschau ein und wurde Schüler von Józef Elsner. Im Jahr 1825 trat er neuerlich öffentlich auf, spielte einen Konzertsatz von Ignaz Moscheles und improvisierte auf dem kurz zuvor erfundenen Aeolodion (Tasteninstrument, Vorläufer des Harmonium). Im gleichen Jahr veröffentlichte er sein Opus 1, ein Rondo in c-Moll. Seine erste Konzertreise führte ihn über Breslau (Wrocław), Dresden nach Berlin und Wien, wo er überall mit größten Erfolgen auftrat und mit der mitteleuropäischen Musikwelt in Fühlung kam. Die nächste Reise war ausgedehnter geplant und hatte Paris als Ziel. In Stuttgart erreichte ihn die Nachricht vom Ausbruch und Scheitern der Freiheitsbewegung in der Heimat; er reiste ohne weitere Aufenthalte nach Paris weiter und ließ sich dort nieder. Sein Ruf als Pianist und Klavierkomponist war bereits vor ihm in der französischen Metropole angekommen. Er wurde von den dort lebenden und wirkenden Musikern wie Luigi Cherubini, Vincenzo Bellini, Giacomo Meyerbeer, Franz Liszt, Ferdinand Hiller, Friedrich Wilhelm Pixis, François de Sales Baillot, Henri Brod, Auguste Franchomme und George Alexander Osborne sowie anderen in ihren Kreis aufgenommen. Am 28.2.1832 gab er sein erstes Konzert, das wohl Begeisterung erregte, aber keinen befriedigenden finanziellen Erfolg einbrachte. Er spielte bereits mit dem Gedanken, in seine Heimat zurückzukehren oder nach Amerika zu gehen. Die Wendung brachte jedoch eine Soirée bei Baronin de Rothschild. Damit war er in die höchsten Gesellschaftskreise der Stadt eingeführt und konnte sich des Schülerzustroms kaum mehr erwehren. Auch seine Konzerte waren nunmehr gut besucht, seine Kompositionen, die er laufend herausbrachte, fanden befriedigenden Absatz. Er unternahm Konzertreisen nach Deutschland und kam 1837 nach England, wo sich die ersten Anzeichen seiner Erkrankung zeigten. Eine Kur auf Mallorca brachte eine vorübergehende Besserung, aber keine Heilung, seine Tuberkulose schritt unaufhaltsam fort. Nach einer zweiten Englandreise erlag er am 17.10.1849 in Paris seinem Leiden. Zu seiner Totenfeier wurde bei großer Anteilnahme in der Madeleine das Requiem von Wolfgang Amadeus Mozart gesungen. Sein Grab fand er auf dem Père-Lachaise, sein Herz wurde nach Warschau gebracht und in der Heiligengeistkirche beigesetzt.

Werke

Robert Schumann nannte Chopin bereits 1839 den »bedeutendsten poetischen Geist der Zeit«. Er hätte hinzufügen können, daß der Mann aus Polen ein bis zur letzten Perfektion ausgebildeter Musiker mit äußerst seltenen Fähigkeiten war, ein erstrangiger Pianist, der sich mit seinem Instrument identifizierte und »ihm sein Herz verlieh«. Der Melodienreichtum, die rhythmischen Finessen, die dynamischen Schattierungen seiner Kompositionen sind unnachahmlich geblieben. Obwohl er Pole war und Pole sein wollte, fand die polnische Folklore in seiner Musik weniger Niederschlag, als man erwarten könnte. Er wurde nie wie viele andere, die nach Paris kamen, in die französische Musik integriert, er nahm neben seinen Zeitgenossen eine Sonderstellung ein und darf in keine Kategorie eingereiht werden. Formstrukturell kann er weit weniger mit der Romantik als mit der Klassik und der Vorklassik in Beziehung gebracht werden. Sein Klavierstil allerdings hat keine Vorbilder, seine Klangpoetik und schlanke Rhythmik sind eine Neuschöpfung mit dem Merkmal der Einmaligkeit. Er schrieb nahezu ausschließlich für das Klavier. Auch bei seinen Klavierwerken mit anderen Instrumenten kommt diesen eine rein begleitende Stellung zu. Seine beiden Klavierkonzerte, e-Moll und f-Moll, sind Konzerte für das Klavier, bei denen das Orchester die Verbindung zwischen den Soloteilen herstellt und als Klangstütze und Hintergrund dient. Robert Schumann hat sich über die Don-Juan-Variationen in B-Dur für Klavier mit Orchester sehr lobend ausgesprochen, aber dabei sichtlich sein Hauptaugenmerk auf den Klavierpart gerichtet. Die 4 Duos für Cello und Klavier, ein Klaviertrio, eine »Große Fantasie« über polnische Weisen mit Orchester, eine »Große brillante Polonaise« und 17 polnische Lieder sind die wenigen Kompositionen, bei denen auch andere Klangträger zu Wort kommen. Dem Klavierwerk sind die 3 Sonaten voranzustellen, deren Faktur sich von der Sonatenform weit entfernt und sich der Klavierdichtung nähert. Seine 27 Etüden sind echte Studienwerke über Technik und Ausdruck, aber zugleich eine Erschließung überraschender Klangmöglichkeiten und in ihrer Vielschichtigkeit wertvolle Kunstwerke. Von den 26 Präludien sind 24 unter der Opuszahl 28 zusammengefaßt; ihre Entstehungszeiten sind über ein Jahrzehnt verteilt. Der Titel ist irreführend, weil es sich um keine »Vorspiele« im eigentlichen Sinn handelt, sondern um in sich geschlossene Klavierdichtungen, die einander durch ihren Stimmungsgehalt ähneln. Das 25. Präludium entstand erst 1841 und trägt die Opuszahl 35. John Field hat die Bezeichnung Nokturn zum ersten Mal verwendet. Die 21 Nokturnen von Frédéric Chopin sind zarte, süße, aber niemals süßliche, stimmungsvolle Klanggebilde, deren Melodien in Koloraturen zerfließen und dennoch formgerecht bleiben. Durch seine 4 Balladen ist diese Musikgattung erst in der Klavierliteratur angesiedelt worden; ihre Form nähert sich dem Rondo, ihren Stimmungsgehalt entnehmen sie der polnischen Dichtung, wenngleich die Musik wenig »Polnisches« an sich hat. Die 4 Impromptus bezogen ihre Bezeichnung von Franz Schubert, bringen jedoch eine völlig andere Struktur. Ihre Verwandtschaft betrifft nicht die Stimmung, sondern die Motivik. Die 4 Scherzi – erweiterte Sonatensätze – sind Klangstudien höchster Ordnung. Bei den 19 Walzern ist das Tänzerische weit zurückgedrängt, während poetische Ausdruckskraft und Bildhaftigkeit im Vordergrund stehen. Auch die 10 Polonaisen sind trotz ihrer Benennung keine typisch polnische Musik. Die Polonaise war lang vor Frédéric Chopin bereits zur internationalen Musik- und Tanzform geworden. Neu an den vorliegenden ist aber, daß auch hier wie bei den Walzern der Tanzzweck völlig vernachlässigt wird. Jede der 51 Mazurkas ist den wertvollsten und originellsten Werken des Komponisten zuzurechnen. Das Tänzerische der Mazurka ist nicht gewahrt, es handelt sich eben um keine Tänze, sondern um brillante Konzertstücke. Außer den genannten Gruppen erfreuen sich noch die Berceuse in Des-Dur – eine Kurzvariation über ein viertaktiges Thema –, die Barcarole in Fis-Dur und der charmante Bolero allgemeiner Beliebtheit.

Beinahe alle bedeutenden Pianisten haben sich um die Musik des polnischen Zauberers am Klavier bemüht, aber es ist relativ wenigen gelungen, ihr gerecht zu werden. Im 19. Jahrhundert versuchte man nicht selten in völliger Verkennung des wahren Gehalts dieser Musik, ihr, wo immer es möglich schien, heroische polonisierende Klänge abzugewinnen oder sie zur Salonmusik zu depravieren.

Klavierkonzert Nr. 1 in e-Moll, Opus 11, für Soloklavier und Orchester, 3 Sätze, entstanden 1830

Der 1. Satz dieses noch in Polen komponierten Konzerts hat Sonatenform und wird von zwei Themen beherrscht, zwischen denen kein starker Kontrast entsteht, weil beide gleich leicht, elegant und sentimental sind. Sie sind außerdem gleich reich figuriert, besonders in der Coda. Der Mittelsatz ist eine Romanze und nimmt die Stimmung der Nokturnen des Komponisten voraus, sie ist »... so ein Hinträumen von einer herrlichen Stunde im Frühling bei Mondenschein«. Das Finale bringt ein Rondo im Krakowiakrhythmus – stark synkopiert mit virtuosen Passagen und Läufen –, das am Ende einen wahren Tanzparoxysmus entfesselt.

Klavierkonzert Nr. 2 in f-Moll, Opus 21, 3 Sätze, entstanden 1830

Der 1. Satz, ein Sonatenallegro, bringt bereits zwei deutlich kontrastierende Themen, die aber keine dramatische Spannung erzeugen, sondern nebeneinander virtuos figuriert werden und damit den ersten Ansatz der für den Komponisten typischen Polymelodik (gleichzeitige Führung mehrerer melodischer Linien) bilden. Der 2. Satz ist ein Liebeslied voll inniger Poesie mit Klangwirkungen, die bisher nie gehört wurden. Das Finale ist ein Rondo mit einer Krakowiakmelodie. Dem unregelmäßigen polnischen Tanzrhythmus sind Episoden in Mazurkaform und lyrische Soloeinwürfe gegenübergestellt.

Grande Fantasie in A-Dur, Opus 13, 3 Teile, entstanden vor 1830

Das Stück ist ein Variationenwerk über 3 polnische Themen, von denen das erste von Karol Kurpiński, das zweite von einem sentimentalen Volkslied stammt. Nach einer freien Paraphrase über beide Themen erscheint in der Coda als drittes Thema ein Kujawiak. Das Klavier dominiert, dem Orchester ist nur eine begleitende Rolle zugeteilt.

Grande Polonaise brillante in Es-Dur, Opus 22, 2 Teile, entstanden 1835

Der 1. Teil ist ein Andante spianato in G-Dur, das die Stimmung der Nokturnen des Komponisten wachruft. Darauf erklingt die Polonaise, die keinerlei Tanzcharakter aufweist, sondern nichts sein will als ein brillantes Konzertstück. Die 2 Teile sind sehr lose miteinander verbunden. Das Klavier dominiert eindeutig, das Orchester bringt nur Hintergrundmusik.

Trio in g-Moll für Klavier, Violine und Cello, Opus 8, 4 Sätze, entstanden 1829

Der Stil dieses kammermusikalischen Werkes muß als nachklassisch angesprochen werden, weil er noch nicht der Romantik angehört und dem Kompositionsstil von Johann Nepomuk Hummel ähnelt. Es ist für das Stück bezeichnend, daß das Hauptgewicht auf dem Klavierpart liegt, so daß man es eigentlich mit einem Klavierkonzert mit zwei Begleitinstrumenten zu tun hat. Von den 4 Sätzen sind besonders das Adagio mit seinen schönen Kantilenen und das Finale mit seinen Tanzrhythmen bemerkenswert.

Anfang der »24 Préludes pour le piano« von Frédéric Chopin, Autograph

Sonate in c-Moll für Klavier und Cello, Opus 65, 4 Sätze, entstanden 1847

Diese Sonate schrieb der Komponist für seinen Freund, den Cellisten Auguste Franchomme. Obwohl dem Komponisten Kammermusik wenig lag, hat er mit dieser Sonate doch ein klangreiches Werk geschaffen, das, von einigen konventionellen Stellen abgesehen, wie alles, was er schrieb, seine Meisterhand erkennen läßt. Besonders ansprechend ist das Largo und das über die etwas gedrückte Stimmung der ganzen Sonate triumphierende Finale. Der Cellopart ist der Widmung entsprechend glänzend ausgestaltet.

Douze Grandes Etudes, Opus 10, entstanden 1829 bis 1831; *Douze Etudes, Opus 25,* entstanden 1831–36; *Trois Nouvelles Etudes, ohne Opuszahl,* entstanden vor 1840

Es handelt sich um Klavierübungen in bisher unbekannter Größenordnung. Ihre Doppelfunktion als virtuose Studienwerke und hochwertige Musikstücke erfordert perfekte Spieltechnik und zugleich ein starkes Ausdrucksvermögen, denn zu dieser Pianistik hat »der Musiker ohne Virtuosität ebensowenig Zugang wie der Virtuose ohne Musikalität« (Cortot). Als bedeutendste Etüde ist Opus 10/12 in c-Moll hervorzuheben, die 1831 anläßlich der Einnahme von Warschau durch die Russen als »Revolutionsetüde« geschrieben wurde.

Préludes Nr. 1–24, Opus 28; Nr. 25, Opus 45; Nr. 26, Opus ph, entstanden 1834, 1836–39, 1841

Es liegen keine »Präludien« vor, sondern improvisatorische, aber formal festgefügte Kleinarbeit, ausgefeilt und tief empfunden, von einer jeweiligen Stimmung oder einem gegebenen Anlaß inspiriert. Nr. 25 ist voll Lyrismen, Nr. 26 aus 1834 wurde erst 1918 aufgefunden, sie steht mit ihren fast durchlaufenden Sechzehntelpassagen den Etüden nahe.

Nocturnes Nr. 1–21, Opus 9, 15, 27, 32, 37, 48, 55, 62, 72, in Gruppen zusammengefaßt, entstanden ab 1827

Nachtstücke mit starkem Stimmungsgehalt, von italienischer Melodik inspiriert, einige mit breitem orchestralen Klang, andere balladesk, der Großteil lyrisch-kantabel, durchwegs Kostbarkeiten der Klavierliteratur.

Balladen Nr. 1–4, Opus 23, 38, 47, 52, entstanden 1831–42

Nr. 1 in g-Moll ist von der Dichtung »Konrad Wallenrod« von Adam Mickiewicz, einer Geschichte voll Grausamkeiten mit tragischem Ende, inspiriert. Nr. 2 in F-Dur gibt das Gedicht desselben Dichters »Der Switez« wieder, nach dem die Mädchen einer versunkenen Stadt in Wasserblumen verwandelt wurden, um sie vor den hereinbrechenden russischen Horden zu bewahren. Nr. 3 in As-Dur nahm »Undine« vom selben Dichter als Vorlage, steht aber mit ihrem fröhlichen Ablauf in starkem Gegensatz zur düsteren Stimmung des Gedichts. Nr. 4 in f-Moll hat eine litauische Sage als Grundlage, sie ist nachdenklich und durch und durch voll Melancholie. Es handelt sich bei allen 4 Stücken um keine Programmusik, sondern um »hörbar gemachte Poesie, die Schrift der Seele in Tönen«.

Impromptus Nr. 1–4, Opus 29, 36, 51, 66, entstanden 1838–43

Nr. 1 in As-Dur bringt einen klangreichen zweistimmigen Satz. Nr. 2 in Fis-Dur weist durchwegs ernste Diktion auf. Nr. 3 in Ges-Dur ist zarte poetische Salonmusik im besten Sinn des Wortes voll weltvergessener Stimmung. Nr. 4 in cis-Moll, »Fantaisie-Impromptu«, fällt durch Weiträumigkeit und reizvoll schwebende Rhythmik auf.

Scherzi, Nr. 1–4, Opus 20, 31, 39, 54, entstanden 1835–43

Nr. 1 in h-Moll bringt ein oftmals wiederholtes Hauptthema, das reich figuriert wird und in ein polnisches Weihnachtslied mündet; dann jagen rasende Passagen dem Ende zu. Nr. 2 in b-Moll beginnt in fahler Stimmung und leitet im 2. Teil zu einer Walzerfantasie über. Nr. 3 in cis-Moll bietet großartige Klangstudien. Nr. 4 in E-Dur ist etwas der deutschen Romantik angenähert.

Walzer Nr. 1–19, Opus 18, 34, 42, 64, 69, 70, entstanden 1831–47

Es handelt sich um Konzertwalzer, die nicht aus dem Tanz entstanden sind, also »um keine Tänze der Körper, sondern der Seele«. Nr. 1 – Grande valse brillante –, Nr. 2, 3, 4 (Trois valses brillantes) und Nr. 5 (Grande valse) lassen das Tänzerische zugunsten des Konzertanten weit zurücktreten; Nr. 6 (Minutenwalzer) wurde oft als reines Bravourstück verstanden, aber dieses liebenswürdige Perpetuum mobile ist trotz des technischen Rahmens voll explosiver Musikalität; Nr. 7–13 sind elegante Konzertstücke, und die posthumen Nr. 14 bis 19 fügen sich gleichwertig dieser Reihe ein, die den Walzerrhythmus zum Strukturelement erhebt.

Polonaises Nr. 1–16, Opus 26, 40, 44, 53, 61, 71, entstanden 1817–46

Die Eigentümlichkeit der Polonaise liegt darin, daß sie ein Marsch im Dreiertakt ist und kein Tanz. Sie soll 1574 in Krakau entstanden sein, als der polnische Wahlkönig und spätere König von Frankreich, Henri de Valois (1551–89), das erste Defilee seiner Hofdamen abnahm. Ihr Rhythmus wurde sehr rasch zu einer beliebten musikalischen Form in ganz Europa.

Die Nr. 1–4 geben im Rahmen des vorgegebenen Rhythmus verschiedene Stimmungen und Bilder wieder; wegen des fanfarenähnlichen Charakters ihrer Themen wird Nr. 3 »Militärpolonaise« genannt. Nr. 5 überschreitet ihren Rahmen durch Mazurkaklänge, Nr. 6, die »Heroische« genannt, weitet sich durch ihr großartiges Konzept zur Klavierfantasie aus und ist unbestreitbar die bekannteste. Nr. 7 heißt mit Recht »Polonaise Fantaisie«, weil sie die Form der Polonaise vollständig verläßt und eine Konzertfantasie in Polonaisenrhythmen darstellt. Nr. 8–10 gehören der Warschauer Zeit des Komponisten an. Auch Nr. 11–15, ohne Opuszahl, entstanden in seiner Jugendzeit wie Nr. 16, ohne Opuszahl, »Schwarze-Tasten-Polonaise«, sind brillante Schülerarbeit.

Mazurkas, Nr. 1–59, Opus, 6, 7, 17, 24, 30, 33, 41, 50, 56, 59, 63, 67, 68, entstanden 1827–47, ab Nr. 50 posthum veröffentlicht

Diese äußerst wertvollen und eigenartigen Kompositionen lassen ihre melodische und harmonische Charakteristik durch ihre gedrängte Fassung um vieles stärker hervortreten als die Walzer und Polonaisen. Sie sind tänzerisch, aber »nicht zum Tanzen«, sie bringen keine Folklore, sondern nehmen den masurischen Tanz lediglich als Stimmungselement und sind weit davon entfernt »polnisch zu wirken«, obwohl sie unverkennbar die Bindung des Komponisten an sein Volk ausdrücken. Einige sind als Tanzlieder aufzufassen, andere tragen epischen oder balladesken Charakter, wieder andere präsentieren den Mazurkarhythmus mit festlichem Glanz. Jedenfalls bedarf es einer höchst ausgebildeten pianistischen Technik und einer starken künstlerischen Sensibilität, um ihnen den Klang abzugewinnen, den ihnen der Komponist verliehen hat.

Sonate für Klavier Nr. 1 in c-Moll, Opus 4, 4 Sätze, entstanden 1827

Dieses Jugendwerk erfüllt Formgesetze der vorklassischen Sonate. Der 1. Satz ist massig und schwer; Seitenthema gibt es keines. Der 2. Satz heißt Menuetto, ähnelt jedoch mehr einer Mazurka. Der 3. Satz gibt sich sehr elegant und ist fein figuriert. Das Finale hat Rondoform und ist mit Passagenwerk überhäuft.

Sonate für Klavier Nr. 2 in b-Moll, Opus 35, 4 Sätze, entstanden 1839

Dieses Werk wirkt völlig einheitlich, weicht aber von der üblichen Sonatenform sehr ab. Der 1. Satz kündigt mit einem Gravemotiv die düstere Stimmung an, die das gesamte Werk beherrscht. Der 2. Satz ist ein Scherzo, das Alfred Denis Cortot (1877–1962) als »Danse funèbre« bezeichnete. Der folgende »Trauermarsch« stellt das Zentrum der berühmten Sonate dar; dieser Grabgesang mit seinen wie schwere Glocken klingenden Bässen ist instrumentiert zum »Standard-Trauermarsch« der Welt geworden, klingt aber doch am Klavier am schönsten und ergreifendsten; durch die Instrumentierung geht das malerische Trauergeläute verloren. Im Finale löst sich der Viervierteltakt in schwirrende Achtel auf, die nach Artur Rubinstein (1886–1982) das »Sausen des Windes über den Gräbern« verdeutlichen.

Sonate für Klavier Nr. 3 in h-Moll, Opus 58, 4 Sätze, entstanden 1844

Dieses Werk entspricht dem klassischen Sonatenmuster. Das Hauptthema des 1. Satzes ist im Marschrhythmus gehalten; das Seitenthema ist sangbar wie eine Arie von Vincenzo Bellini. Die Durchführung gibt sich streng thematisch und wird erst färbig, sobald ein lyrisches Motiv dazutritt. Das Scherzo bringt im Trio romantische Harmonien. Das Largo in H-Dur klingt wie das Trio eines Trauermarsches, sein zweites Thema ist voll verträumter Harmonien wie ein Notturno. Das Rondofinale ist ein virtuoses Paradestück.

Berceuse in Des-Dur, Opus 57, ein Teil, entstanden 1843

Über einer ostinaten Baßfigur ergießt sich eine Fülle von Akkordbrechungen, Fiorituren, Arabesken, Trillern und kadenzartigen Passagen in einer Kette von Variationen, die am Ende mit der Baßfigur zusammenfließen. Ein Stück mit seltener Klangfeinheit.

Barcarole in Fis-Dur, Opus 60, ein Teil, entstanden 1845

Mit diesem Meisterstück nimmt der Komponist die »malende« Musik des Impressionismus, die der Romantik folgte, voraus. Wogende Terzen und Sexten malen des Schwanken des Bootes und den sanften Schlag der Wellen, bis vor der Reprise die Ruder eingezogen werden und die Barke langsam auf ruhiger See dahingleitet. Nochmals schwillt die Idylle in der Coda an und schließt rieselnd das Tongemälde ab.

16 Lieder für Singstimme und Klavier, Opus 74, entstanden 1829–47

Diese Lieder waren nicht zur Veröffentlichung bestimmt und sind erst 1859 herausgebracht worden. Es handelt sich um stilisierte Volks- und Tanzlieder im Tonfall der Heimat. Sie sind wenig ausgefeilt, rasch hingeworfen und bieten gerade dadurch den Reiz der Ursprünglichkeit.

LITERATUR

Walter und Paula Rehberg, Frédéric Chopin. Sein Leben und sein Werk, Zürich 1949. B.

Gavoty, F. Chopin, Paris 1974. C. Bourniquel, F. Chopin, Reinbek 1975. A. Orga, Chopin, 1976.

Alexandre Étienne Choron (1771–1834)

ZEIT UND UMWELT
In Frankreich folgte die Kirchenmusik von Beginn an einer Sonderentwicklung, die sich besonders in der Barockzeit von der Profanmusik weit entfernte. Mit wenigen Ausnahmen wurde ihr sakraler Zweck nie aus dem Auge gelassen. Die bestens geführten Chöre und Maîtrisen der Kathedralen im Land waren strenge Traditionshüter. Die Revolution brachte dieser Entwicklung eine gewisse Stockung, aber bereits 1812 kam es zu einer Reorganisation der Kirchenchöre und Maîtrisen; 1815 wurde das geschlossene Conservatoire in Paris als Königliche Gesang- und Deklamationschule neu eröffnet, der 1817 das Königliche Institut für klassische und kirchliche Musik folgte.

LEBEN
Alexandre Étienne Choron wurde am 21.10. 1771 in Caen, Calvados, geboren. Er widmete sich erst nach längeren sprachwissenschaftlichen und mathematischen Studien der Musikwissenschaft und galt als der »gründlichst ausgebildete Theoretiker, den Frankreich je besessen hatte«. Im Jahr 1810 wurde er Mitglied des »Institut de France« und mit der Neuordnung der französischen Kirchenmusik betraut. Ab 1815 war er Lehrer am Conservatoire, ab 1816 Direktor der Großen Oper und ab 1817, nachdem er diese Stellung verloren hatte, Leiter des von ihm selbst gegründeten Instituts für klassische und sakrale Musik, das bis zur Julirevolution (1830) bestand. Er starb in Paris am 28.6.1834.

WERKE
Neben einer großen Anzahl bedeutender musiktheoretischer und pädagogischer Werke, mehreren wichtigen Übersetzungen solcher Werke aus anderen Sprachen und der Herausgabe vieler älterer Kompositionen Italiens und Frankreichs verfaßte Alexandre Étienne Choron eine schöne dreistimmige Messe, ein dreistimmiges Stabat mater und eine Reihe kirchlicher Gesänge und Psalmen. Sein Stil war äußerst konservativ, stellte aber keine Wiederholung der Polyphonie der Renaissance dar, sondern näherte sich mehr der Faktur der venezianischen Kirchenmusik.

LITERATUR
W. Kahl, Zur musikalischen Renaissancebewegung in Frankreich während der ersten Hälfte des 19. Jahrhunderts, Bonn 1927.

Wen-chung Chou (geboren 1923)

LEBEN
Wen-chung Chou wurde am 29.6.1923 in Chefu, China, geboren. Er studierte an der Universität in Chungking, China, darauf am Konservatorium in Boston bei Juri Slonimski (geboren 28.2.1902, St. Petersburg) und Carl McKinley und sodann an der Columbia University in New York bei Bohuslav Martinů und Edgar Varèse. Ab 1949 ist er an verschiedenen nordamerikanischen Universitäten als Professor tätig, zuletzt seit 1969 als Chairman der Musikabteilung der Kunstschule der Columbia University in New York.

WERKE
Von Wen-chung Chou sind mehrere Orchesterstücke, eine Suite für Harfe und Bläserquintett, ein Stück für Klavier, Schlagzeug und Streicher, »Fischerlieder« für neun Instrumente, ein Kammerkonzert für Klavier, Bläser und Schlagzeug, eine Anzahl Klavierwerke, Lieder und Chöre mit Instrumentalbegleitung und zahlreiche Musiken zu Dokumentarfilmen bekannt geworden. Er bediente sich zumeist moderner Fakturen.

Tichon Chrennikow (geboren 1913)

LEBEN
Tichon Nikolaiewitsch Chrennikow wurde am 28.5.1913 in Jelec, Oblast Orjol, UdSSR, geboren. Er wurde 1941 musikalischer Berater des Zentraltheaters der Sowjetarmee und 1948

Erster Generalsekretär des Sowjetischen Komponistenverbands; in dieser Schlüsselfunktion übte er eine entscheidende Rolle im Musikleben Rußlands aus. 1950 wurde er Mitglied des Obersten Sowjets. Im Jahr 1963 wurde er Lehrer und 1966 Professor für Komposition am Konservatorium in Moskau.

WERKE
Neben 4 Opern und mehreren Operetten schrieb Tichon Chrennikow 2 Sinfonien, ein Klavierkonzert, ein Violinkonzert, ein Cellokonzert, Klavierstücke, Lieder, Schauspiel- und Filmmusiken. Seine Kompositionen zeichnen sich durch volkstümliche Rhythmik und eingängige Melodik aus.

Tichon Chrennikow

Chrétien de Troyes
(um 1125 bis vor 1195)

ZEIT UND UMWELT
Das Beispiel Eleanores von Aquitanien und deren Tochter Marie de Champagne, die in Troyes residierte, regte die französischen Höfe an, die Gönnerschaft von Dichtern und Komponisten zu übernehmen. Sie lernten bald zwischen ihnen und den Joculatores und Bänkelsängern, die bisher für Unterhaltung sorgten, zu unterscheiden und ermöglichten das Aufblühen der altfranzösischen Dichtung und Trouvèremusik.

LEBEN
Über Herkunft und Leben von Chrétien de Troyes, der bedeutendsten und einflußreichsten Persönlichkeit der altfranzösischen Literatur, ist sehr wenig bekannt. Er wurde um das Jahr 1125 vermutlich in Troyes geboren und wirkte am Hof seiner Gönnerin Marie de Champagne. Seine späteren Lebensjahre dürfte der Dichter in der Umgebung des Grafen Philipp von Flandern verbracht haben. Er ist noch vor 1195 an einem unbekannten Ort gestorben.

WERKE
Seinen Ruhm verdankt Chrétien de Troyes vor allem seinen Versromanen (Guillaume d'Angleterre, Erec, Cligès, Lancelot, Yvain, Perceval). Von den 5 hinterlassenen Liedern können ihm nur zwei mit Sicherheit zugeschrieben werden, die formal und thematisch der Troubadourlyrik verpflichtet sind, aber als ältestes Zeugnis altfranzösischer Lieddichtung angesehen werden müssen, so daß Chrétien de Troyes als Begründer der nordfranzösischen Trouvèrekunst gilt.

LITERATUR
G. Cohen, Un grand romancier d'amour et d'aventure au XIIe siècle, Chrétien de Troyes et son œuvre, Paris 1948.

Johann Friedrich Christmann
(1752–1817)

ZEIT UND UMWELT
Die Nachfrage nach Sammlungen von Kirchenliedern war in evangelischen Kreisen Deutschlands sehr stark. Besonders beliebt waren mehrstimmig gesetzte Lieder, die den Gottesdienst festlicher gestalteten und gerne bei parasakralen Versammlungen und beim Unterricht gesungen wurden.

LEBEN
Johann Friedrich Christmann wurde am 9. 9. 1752 in Ludwigsburg geboren. Er war evan-

gelischer Geistlicher und starb am 21. 5. 1817 in Heutingsheim. Über seine näheren Lebensumstände ist nichts bekannt.

WERKE
Von Johann Friedrich Christmann sind eine Anzahl religiöse Lieder und mehrere Klavierstücke in der Sammlung von Heinrich Philipp Carl Boßler erschienen. Er brachte außerdem gemeinsam mit Justin Heinrich Knecht eine »Vollständige Sammlung vierstimmiger Choralmelodien« heraus.

John Church (1675–1741)

ZEIT UND UMWELT
Auf dem Kontinent ist im Verlauf des 17. Jahrhunderts ein mehr oder weniger starker Einfluß der profanen Musik auf die Kirchenmusik festzustellen; in England lagen die Dinge jedoch anders. Dort kann man ein Eindringen der Anthem-Struktur auch im weltlichen Gesang und in der Instrumentalmusik beobachten. Das Anthem war und ist auch heute noch die musikalische Form, mit der der Engländer von Kindheit auf als Zuhörer und Sänger vertraut wurde, so daß jede Musik, die daran erinnert, positive Emotionen auslöst. Auch Sinfoniker der Gegenwart suchen das Publikum durch Anklänge an die Anthemform für sich einzunehmen. Und die Erfolge der Oratorien Händels sind zum Teil darauf zurückzuführen.

LEBEN
John Church wurde 1675 in Windsor geboren und als Chorknabe des St. John's College ausgebildet. Im Jahr 1697 ernannte ihn die Chapel Royal zum Gentleman, 1704 erhielt er die Stelle eines Sängers und Chorleiters an der Westminster Abbey. Er starb in London am 6. 1. 1741.

WERKE
Vom englischen Komponisten John Church sind einige Anthems und Services erhalten, wovon das Service in F-Dur sehr bekannt wurde. Er schrieb einige Lieder und gab eine umfangreiche Sammlung von Anthemtexten für die Chapel Royal heraus.

Andreas Chyliński
(um 1590 bis nach 1635)

ZEIT UND UMWELT
Die radikale Rekatholisierung Polens durch König Sigismund III. gab dem Ordensleben einen starken Aufschwung. Der Austausch der Mönche zwischen Italien und Polen war sehr rege, es lebten nicht nur italienische Mönche in polnischen Klöstern, sondern auch polnische in Italien.

LEBEN
Andreas Chyliński wurde um 1590 in Polen geboren. Er lebte von 1630 bis 1635 als Franziskanermönch in Padua und war dort Kapellmeister an Sant'Antonio. Welche musikalische Tätigkeit er in Polen ausgeübt hatte, ist nicht bekannt. Er dürfte nach 1635 in Padua gestorben sein.

WERKE
Von dem polnischen Komponisten Andreas Chyliński sind 16 Kanons überliefert. Da in Polen, wo der Komponist vermutlich ausgebildet worden ist, zu jener Zeit der alte Stil sehr intensiv gepflegt wurde, sind auch die Kanons polyphon gehalten.

Vincenzo Legrenzio Ciampi
(1719–62)

LEBEN
Vincenzo Legrenzio Ciampi wurde 1719 in Piacenza geboren. Er war Schüler von Leonardo Leo und Francesco Durante und brachte 1740 und 1742 seine ersten Opern in Neapel mit Erfolg heraus. Er hielt sich darauf einige Zeit in Palermo und sodann in Paris auf, wo er als Cembalist auftrat. Von 1748 bis 1760 wirkte er in London und sodann bis zu seinem Tod am 2. 4. 1762 in Venedig als Kapellmeister am Ospedale degl'Incurabili.

Werke
Neben 22 Opern, von denen einige in Paris und London mit großem Erfolg über die Bühne gingen, verfaßte Vincenzo Legrenzio Ciampi 4 Oratorien und eine Anzahl Kirchenmusik, weiters 6 Cembalosonaten, 2 Bücher mit je 6 Sonaten für zwei Violinen und Baß, 6 Sonaten für Violine, Baß und Cembalo, 6 Orgelkonzerte und 6 Konzerte für drei Violinen, Baß, Cembalo und Cello.

Literatur
C. Anguissola, Vincenzo Legrenzio Ciampi, musicista piacentino del Settecento, Monza 1936.

Pio Cianchettini (1799–1851)

Zeit und Umwelt
Angelica Catalani (10.5.1780, Sinigaglia, bis 12.6.1849, Paris) war trotz mangelhafter Ausbildung eine der ersten Sopranistinnen auf der Opernbühne und im Konzertsaal der ersten Hälfte des 19. Jahrhunderts; sie war auch eine der höchstbezahlten Sängerinnen ihrer Zeit.

Leben
Pio Cianchettini wurde am 11.12.1799 in London geboren. Er war eine bemerkenswerte Frühbegabung, der bereits mit 5 Jahren öffentlich als Pianist auftrat und ein Jahr darauf Holland, Deutschland und Frankreich als Konzertpianist bereiste. Im Jahr 1809 gab er in London ein Konzert mit eigenen Kompositionen. Angelica Catalani engagierte ihn als ihren Komponisten und Konzertveranstalter und sang häufig seine Kompositionen. Er starb am 20.7.1851 in Cheltenham.
Seine Mutter Veronica Elizabeth Cianchettini (1779, Čáslav [Tschaslau], bis 1833, London), Tochter des Jan Ladislav Dusík, war eine gesuchte Klavierlehrerin in London.

Werke
Von Pio Cianchettini sind eine Kantate für zwei Singstimmen und Chor, 60 italienische Nokturnen für zwei, drei und vier Stimmen und zahlreiche Lieder, die er für Angelica Catalani schrieb, überliefert, vor allem Romanzen mit feiner Melodik und Harmonik.

Angelica Catalani, Stich von F. W. Bollinger

Veronica Elizabeth Cianchettini verfaßte 2 Klavierkonzerte und mehrere Klaviersonaten, mit denen sie in London den romantischen Klavierstil vorstellte.

Johannes Ciconia (um 1335–1411)

Zeit und Umwelt
Der Reichtum des Bürgertums von Lüttich, der Glanz des päpstlichen Hofes in Avignon, die politischen Wirren in Italien und der gleichzeitige Aufbruch des Landes einer neuen Kulturepoche entgegen und schließlich das bis über das Ende des Jahrhunderts selbständige Padua bildeten den Hintergrund, vor dem sich Leben und Wirken des ersten niederländischen Musikers abspielte, der wie nach ihm mehrere namhafte Musikerpersönlichkeiten aus dem franko-flämischen Raum den Weg nach Italien gefunden hatte.

LEBEN

Johannes Ciconia ist um 1335 in Lüttich als Sohn eines Kürschners namens Jean Ciwagne geboren. Er wurde vermutlich im Collège Saint-Jean-l'Evangéliste ausgebildet. Der Kürschner belieferte die Domherren mit Pelzwaren und konnte daher seinen beiden Söhnen Johannes und Wilhelm eine Stellung im Gefolge der Nichte des Papstes Clemens VI., Aliénor von Cominges-Turenne, verschaffen. Johannes begleitete im Jahre 1348 Kardinal Gilles d'Albornoz nach Italien und lernte dabei den italienischen Kompositionsstil kennen. In den Jahren 1359 bis 1362 war er Kanonikus in Cesena und anschließend an der Kirche Saint-Jean-l'Evangéliste in Lüttich. Er heiratete die Tochter eines angesehenen Bürgers der Stadt und fand Ruhe und Muße, sich aus den erlernten französischen und italienischen Stilformen seinen eigenen zu bilden, der später »Stil der Epoche Ciconia« genannt wurde. Um 1400 brach in Lüttich die Pest aus. Ciconia bemühte sich um eine Pfründe in Padua, das er bereits mit dem Kardinal besucht hatte, und übersiedelte in den folgenden Jahren dorthin. Er widmete sich in Padua völlig seinem kompositorischen Schaffen und übte daneben an der Kathedrale die Funktion eines Kantors aus. Er starb in Padua zwischen dem 15. und 25. Dezember 1411.

WERKE

Von Ciconias vermutlich sehr umfangreichem Werk sind lediglich 11 Messefragmente, 11 Motetten, 2 Virelais, 11 italienische Balladen, 4 Madrigale, 2 Kanons und etliche Fragmente erhalten. Dazu kommen vielleicht weitere 2, noch nicht endgültig zugeschriebene Virelais. Die Musik Ciconias verbindet die französische Ars nova mit dem italienischen Stil sehr glücklich, so daß diese zum Ausgangspunkt einer bemerkenswerten Weiterentwicklung wurde, obschon sie selbst bald in Vergessenheit geriet.

LITERATUR

E. C. Krohn, The Nova Musica of Johannes Ciconia, in: Manuscripta V, 1961.

Antonio Cifra

(1854–1629)

ZEIT UND UMWELT

Auch die künstlerischen Nachfahren Palestrinas akzeptierten die rasch allgemein angewendete Regelung, nach der der alte polyphone Stil im sakralen Bereich angewendet und für parasakrale und profane Texte der neue monodische oder konzertante Stil vorgezogen wurde. Es war für Komponisten jener Zeit unbedingt erforderlich, beide Stilgattungen zu beherrschen.

LEBEN

Antonio Cifra wurde 1584 in Terracina geboren. Er erhielt seine Ausbildung als Chorknabe in Rom an San Luigi de'Francesi und von 1594 bis 1596 von Giovanni Bernardino Nanino. 1609 wirkte er als Kapellmeister am Germanicum zu Rom und vom selben Jahr bis 1622 an der Santa Casa in Loreto, sodann bis 1625 an San Giovanni in Laterano in Rom. Von 1626 bis zu seinem Tod am 2. 10. 1629 war er erneut in Loreto tätig.

WERKE

Der italienische Komponist Antonio Cifra zählte zu den besten der römischen Schule und war zugleich einer der frühesten Vertreter des konzertanten Stils und der Monodie in Rom. Cifra veröffentlichte mehrere Bücher mit vier- bis sechsstimmigen Messen, über 10 Bücher mit vielstimmigen Motetten, 6 Bücher mit Vesperpsalmen, Litaneien, Antiphonen, alles im polyphonen Stil mit meisterhaftem, sehr eigenwilligem Satz, weiters zahlreiche Madrigale, Arien, Scherzi und Ricercari, zum größten Teil monodisch und konzertant. Er handhabte beide Stilarten mit souveräner Meisterschaft und wendete zuweilen auch den damals häufigen Mischstil an.

LITERATUR

F. Ghisi, Alle fonti della monodia, Mailand 1940.

Santos Cifuentes (1870–1932)

LEBEN

Santos Cifuentes wurde am 1.11.1870 in Bogotá geboren und ausgebildet. Nach seiner Lehrtätigkeit in Kolumbien wurde er 1910 Professor am Konservatorium in Santiago de Chile und ließ sich 1913 als Komponist und Lehrer in Buenos Aires nieder, wo er am 1.9. 1932 starb.

WERKE

Von Santos Cifuentes sind eine Sinfonie, ein Klavierkonzert, ein Violinkonzert, eine Sonate für zwei Celli und Klavier, ein Solo für Kontrabaß, 2 Fugen für Streichquartett, Klavierstücke, Gesänge und Chorwerke erschienen. Er folgte dem zu seiner Zeit in Südamerika herrschenden romantischen Stil mit folkloristischen Entlehnungen.

Ján Cikker (geboren 1911)

LEBEN

Jan Cikker wurde am 29.7.1911 in Banská Bystrica, Slowakei, geboren. Er studierte in Prag und in Wien und war von 1939 bis 1949 Professor für Theorie und Komposition am Konservatorium in Preßburg, wo er seit 1951 als Kompositionsprofessor an der Hochschule für musische Künste wirkt.

WERKE

Neben seinen 5 Opern, von denen »Auferstehung« internationalen Erfolg brachte, schrieb Ján Cikker eine Sinfonie, eine »Dramatische Fantasie«, eine sinfonische Dichtung, Variationen, eine »Slowakische Suite«, »9 slowakische Tänze«, eine »Meditation«, eine »Studie zu einem Schauspiel«, eine »Huldigung für Beethoven«, ein Concertino für Klavier und Orchester, 2 Streichquartette und andere Kammermusik, Stücke für Klavier, Lieder und Bearbeitungen von Volksliedern und Volkstänzen. Er veröffentlichte mehrere musikästhetische Traktate. Trotz seiner starken Neigung zu modernen Fakturen fußt seine Musik auf der Folklore seiner slowakischen Heimat.

Francesco Cilea (1866–1950)

LEBEN

Francesco Cilea wurde am 23.7.1866 in Palmi, Kalabrien, geboren. Er war am Konservatorium in Neapel Schüler von Benjamino Cesi (6.11.1845, Neapel, bis 19.1.1907, Neapel) und Paolo Serrao (1830, Filadelfia, Catanzaro, bis 17.3.1906, Neapel) und sodann dort von 1890 bis 1892 Klavierlehrer. Von 1896 bis 1904 wirkte er als Theorielehrer am Istituto Musicale in Florenz, von 1913 bis 1916 als Leiter des Konservatoriums in Palermo und darauf in gleicher Eigenschaft in Neapel bis 1935. Er starb am 20.11.1950 in Varazze, Savona.

WERKE

Die Orchester- und Kammermusikwerke von Francesco Cilea reichten bei weitem nicht an seine 6 Opern heran, von denen mindestens 3 noch heute auf italienischen Bühnen gegeben werden.

Johann Cilenšek (geboren 1913)

LEBEN

Johann Cilenšek wurde am 4.12.1913 in Großdubrau bei Bautzen geboren. Er war am Konservatorium in Leipzig Schüler von Johann Nepomuk David und Friedrich Högner (11.7.1897, Oberwaldbehrungen, Unterfranken, bis 26.3.1981, München). Im Jahr 1945 wurde er Dozent und 1947 Professor für Tonsatz an der Universität in Weimar, der er von 1958 bis 1965 als Rektor vorstand.

WERKE

Von Johann Cilenšek sind 5 Sinfonien, eine Chorsinfonie, eine Sinfonietta, eine Ouvertüre, ein Orchesterkonzert, ein Klavierkonzert, ein Cellokonzert, 2 Violinkonzerte, verschiedene Konzertstücke, ein Bläserquintett, eine Sonate für Oboe und Klavier, eine Sonate für Flöte und Gitarre, eine Sonate für Flöte, Violine und Bratsche, eine Sonate für Violine und Klavier, eine Sonate und andere Stücke für Klavier, Chorwerke und Lieder bekannt geworden.

Sinfonie Nr. 2 »Sinfonie mit der Trauermusik«, 3 Sätze, entstanden 1955

Der 1. Satz ist markant und leidenschaftlich und leitet zum 2. Satz hin, in dem mit Fanfarenrufen der Posaunen die Trauermusik anläßlich der zehnten Wiederkehr der Befreiung des Konzentrationslagers Buchenwald beginnt. Die Violinen setzen nun mit einer ergreifenden Melodie ein. Der gesamte Satz ist ein einziger Ausdruck der Trauer und des Schmerzes, der erst mit der Schlußfuge endet. Der Schlußsatz geht thematisch vom 1. Satz aus und eröffnet einen tröstenden Ausblick aus Bedrückung und Leid. Trotz der Zweckbestimmung bietet das Werk echte Musik, die auch ohne diese Bestand hätte.

Gian Paolo Cima

(um 1570 bis nach 1610)

Zeit und Umwelt

Die Violinen, die in Oberitalien, besonders in Cremona, erzeugt wurden, hatten einen sehr großen Ton und erlaubten eine bisher nicht gekannte Geläufigkeit sowie vollklingende Doppel- und Dreifachgriffe, so daß sie auf die Stütze einer Begleitung sogar verzichten konnten.

Leben

Gian Paolo Cima wurde um 1570 vermutlich in Mailand geboren. Er war Kapellmeister und Organist an San Celso in Mailand, wo er in den Jahren nach 1610 gestorben ist.

Sein Bruder Andrea Cima (um 1580 bis nach 1627) war Organist an Santa Maria della Rosa in Mailand und später Domkapellmeister in Bergamo.

Werke

Vom italienischen Komponisten Gian Carlo Cima sind vierstimmige Motetten, Ricercate und Ricercari mit Kanzonen für Orgel, vierstimmige Kirchenkonzerte, Messen, Magnificat und außerdem 6 Sonaten überliefert. Er dürfte der erste Komponist von Sonaten für Soloviolinе gewesen sein.

Andrea Cima hinterließ 2 Bücher mit Konzerten und Motetten, die in verschiedene Sammelwerke aufgenommen wurden.

Giambattista Cimador

(um 1761 bis um 1808)

Leben

Giambattista Cimador wurde um 1761 in Venedig geboren. Er brachte 1788 eine Oper heraus, die zwar Erfolg hatte, ihn selbst aber nicht befriedigte, so daß er die Partitur vernichtete. Im Jahr 1791 ließ er sich in London als Gesanglehrer nieder. Als er hörte, daß das Orchester des King's Theatre keine Mozart-Sinfonien zu spielen imstand war, arrangierte er einige davon als Sextett für Flöte und Streicher. Er starb in London um 1808.

Werke

Von Giambattista Cimador sind außer den sehr guten Arrangements von Mozart-Sinfonien Duos für zwei Violinen, für Violine und Bratsche, ein Konzert für Kontrabaß und einige Vokalstücke bekannt geworden. Seine Faktur wurde zweifellos absichtlich auf leichte Spielbarkeit ausgerichtet.

Domenico Cimarosa (1749–1801)

Zeit und Umwelt

Mit Claudio Monteverdi (1567–1643) beginnend, hat Italien bis zum Ende des 18. Jahrhunderts viele hundert Opern herausgebracht und aufgeführt. Unermüdlich strömten die Italiener in die Opernhäuser und provozierten durch ihr Verhalten eine unglaubliche Massenproduktion, die, nicht selten verflacht und mit rascher Routine erzeugt, das Publikumsverlangen erfüllte. Aber in dieser breiten Landschaft traten immer wieder geniale Librettisten und Komponisten auf den Plan, die bleibende Werke schufen. Auch die waren, oft vom Drängen der Opernbesucher und von Konkurrenten gehetzt, zu eiligem oberflächlichem Schaffen genötigt, stellten aber doch jedes Jahrzehnt mit leichter Hand Meisterwerke auf die Bühnen. Fast alle, die komponieren konnten, beteiligten sich an diesem Betrieb, Kirchenkomponisten, Musikwissenschafter, Interpreten, und aus der Fülle der Schaffenden ragten ständig Meister hervor.

Leben

Domenico Cimarosa (Cimmarosa) wurde am 17. 12. 1749 in Aversa, Neapel, geboren und von 1761 bis 1771 am Conservatorio Santa Maria di Loreto in Neapel von Gennaro Manna, Fedele Fenaroli und Antonio Maria Gasparo Sacchini ausgebildet. Im Jahr 1772 trat er mit seiner ersten komischen Oper im Teatro dei Fiorentini vor die Öffentlichkeit. Der Erfolg, den er damit erntete, ermutigte ihn, eine Reihe Opern in Neapel, Rom und Turin herauszubringen. Im Jahr 1787 lud ihn Kaiserin Katharina II. von Rußland nach St. Petersburg ein, wo er 4 Jahre als Kapellmeister blieb. Dann reiste er zurück und machte in Wien Aufenthalt, wo er seine berühmteste Oper, »Il matrimonio segreto« (Die heimliche Ehe), herausbrachte, die sich Kaiser Leopold II. zweimal nacheinander vorspielen ließ. In Neapel hatte er sich 1799 am Aufstand gegen das Königshaus mit einer Hymne »Gegen die Tyrannen« beteiligt, wurde dafür, als König Ferdinand IV. (1751 bis 1825) wieder auf seinem Thron saß, verurteilt, schließlich begnadigt und ausgewiesen. Er ging nach Venedig, starb bald darauf am 11. 1. 1801.

Domenico Cimarosa, Stich von L. Bridi

Werke

Von Domenico Cimarosa sind 70 Opern auf die Bühne gekommen. An weiterer Vokalmusik schrieb er eine Anzahl Kantaten und Hymnen, 12 Canzonetten für Singstimme und Cembalo oder Piano, 8 Duos für zwei Soprane und Cembalo, einige Oratorien, Messen, Requiem, ein Te Deum, ein Magnificat und bei 20 weitere sakrale Werke. Seine Instrumentalmusik bestand aus einem Allegro für Cembalo, 87 Sonaten für Cembalo oder Piano, einem Konzert für zwei Flöten und Orchester, 8 Streichersinfonien und 6 Orchestersinfonien. Sein Kompositionsstil ist von seiner Opernfaktur stark beeinflußt.

Literatur

F. Polidoro, La vita e le opere di Domenico Cimarosa, Neapel 1902.

Jānis Cimze (1814–81)

Zeit und Umwelt

Die Sammlung und Bearbeitung deutscher Volkslieder und Kirchenchoräle von Ludwig Erk wirkten für die Volksmusiksammler benachbarter Völker vorbildlich und anregend, so daß im Zeitalter der Romantik nahezu das gesamte Volksmusikgut Europas zumindest in großen Zügen registriert und zum Teil bearbeitet wurde.

Leben

Jānis Cimze wurde am 3.7.1814 in Rauna, Livland, geboren. Er studierte in Berlin an der Universität Pädagogik und bei Ludwig Erk Musik. Von 1839 bis 1849 war er in Valmiera und anschließend bis zu seinem Tod am 22. 10. 1881 in Valka Direktor des Livländischen Lehrerseminars und einer der Mitbegründer des Zentrums lettischer Musikkultur.

Werke

Von Jānis Cimze sind unter dem Titel »Liederschmuck« 8 Bände gesammelte und bearbeitete lettische Chorlieder erschienen, die die Grundlage für die Entwicklung der lettischen Musik bildete.

Giovanni Battista Cirri
(1724–1808)

ZEIT UND UMWELT
Da König Karl beider Sizilien 1759 den spanischen Thron erbte und laut internationaler Verträge beide Königreiche nicht in eine Hand kommen durften, dankte er zugunsten seines Sohnes Ferdinand (1751–1825) ab, der 1767 nach erreichter Volljährigkeit die Regierung in Neapel antrat. Er führte im Sinn der Aufklärung eine Reihe Reformen in sein Königreich ein und wurde darin von seiner Gemahlin, Erzherzogin Maria Carolina von Österreich (1752–1814), kräftig unterstützt.

LEBEN
Giovanni Battista Cirri wurde am 1. 10. 1724 in Forlì geboren. Er war zunächst Schüler seines Bruders und dann von Padre Martini in Bologna, wo er Cellist an San Petronio und Mitglied der Accademia Filarmonica wurde. Ab 1764 war er in London Kammermusiker des Herzogs von York Edward August (1739–67) und ab 1768 Musiklehrer des Herzogs von Gloucester William Henry (1743–1805). Im Jahr 1780 kehrte er nach Italien zurück und wurde erster Cellist des Teatro dei Fiorentini in Neapel und Komponist des Königs von Neapel, Ferdinand I. Er löste 1787 seinen Bruder als Kapellmeister am Dom in Forlì ab und starb dort am 11. 6. 1808.
Sein Bruder Ignazio Cirri (getauft 20. 9. 1722, Forlì, bis 13. 7. 1787, Forlì) war ab 1759 Kapellmeister am Dom in Forlì.

WERKE
Das kompositorische Werk von Giovanni Battista Cirri umfaßt Cellosonaten mit Generalbaß, Duos für zwei Celli, Triosonaten, Streichtrios, Quartette für verschiedene Besetzungen. Er nahm den Stil des großen Cellisten Luigi Boccherini voraus.
Von Ignazio Cirri sind 12 Orgelsonaten überliefert.

LITERATUR
L. Malusi, Il violoncellista Giovanni Battista Cirri, in: Arti XI, 1959.

Giovanni Antonio Cirullo
(um 1565 bis nach 1616)

ZEIT UND UMWELT
Das süditalienische Madrigal, das der übrigen neapolitanischen Liedkomposition rhythmisch und melodisch nahestand, wurde am Beginn des 17. Jahrhunderts noch nicht von den neuen Stilformen erfaßt. Es blieb noch eine Weile den alten treu. Auch die fortschrittlichen Modulationen eines Gesualdo fanden noch wenig Nachfolger.

LEBEN
Giovanni Antonio Cirullo wurde um 1565 in Andria geboren. Er dürfte dort in der Domkapelle tätig gewesen und in den Jahren nach 1616 gestorben sein.

WERKE
Von dem italienischen Komponisten Giovanni Antonio Cirullo sind 6 Bücher mit Madrigalen erhalten. Sie sind polyphon gehalten und gehören stilistisch dem 16. Jahrhundert an. 3 weitere Madrigale, die 1616 erschienen, zeigen bereits aufgelockerte Strukturen.

Mikolajus Konstantinas Čiurlionis
(1875–1911)

LEBEN
Mikolajus Konstantinas Čiurlionis wurde am 22. 9. 1875 in Varėna, Litauen, geboren. Er lebte als Kind in Druskininkai, spielte einige Zeit in einem Privatorchester und besuchte die Orchesterschule in Plungė. Von 1894 bis 1899 studierte er am Konservatorium in Warschau unter Zygmunt Noskowski (1846–1909) und anschließend bis 1902 in Leipzig bei Carl Reinecke und Salomon Jadassohn. Hernach wirkte er in Warschau und in Vilnius als Chorleiter. Von 1904 bis 1906 besuchte er die Kunstschule in Warschau, um sich zum Maler auszubilden. Ab 1909 lebte er in St. Petersburg. Er starb am 10. 4. 1911 in Pustelnik bei Warschau.

WERKE

Die beiden sinfonischen Gedichte »Im Wald« und »Das Meer« sind die bekanntesten Werke von Mikolajus Konstantinas Čiurlionis. Er schrieb außerdem eine Ouvertüre, ein Streichquartett, eine Kantate, Orgelstücke und Klavierwerke. Er veröffentlichte eine Anzahl Bearbeitungen litauischer Volkslieder. Einzelnen seiner Gemälde gab er musikalische Titel wie »Praeludium und Fuge«, »Frühlingssonate«, um die von ihm statuierte Verbundenheit von Musik und Malerei zu dokumentieren. Er gilt als Begründer der modernen litauischen Musik. Sein Stil ist spätromantisch. Bei seinen Klavierwerken verwendete er die von ihm ersonnenen »tonalen Grundgestalten« – vorgeprägte Ostinatobässe und Zwölftonreihen.

Im Wald, Sinfonisches Gedicht, entstanden 1901
»Das Gedicht beginnt mit sanften breiten Akkorden wie das Rauschen der Föhren Litauens«, schrieb der Komponist. Es verwendet die traditionellen romantischen Ausdrucksformen und besticht durch spontane Wendungen. Die Sehnsucht nach der Heimat und die fanatische Liebe zur Natur werden mit jedem Ton deutlich.

Das Meer, Sinfonisches Gedicht, entstanden 1907
»Ich wollte die Sinfonie des Schlagens der Wellen, der geheimnisvollen Sprache der uralten Wälder, das Flimmern der Sterne, der Lieder und meiner unendlichen Traurigkeit schaffen«, schrieb der Komponist. Das Stück hat freie Sonatenform und ist voll von überraschenden Bildern und Gedanken; die Themen haben leitmotivischen Charakter und kontrapunktieren einander, die ganze Konzeption ist einheitlich und groß angelegt.

LITERATUR

B. Leman, Nikolai Konstantin Tschurljonis, St. Petersburg 1912.

Charles Clagget (um 1740 bis um 1795)

ZEIT UND UMWELT

Technisch begabte Musiker bemühten sich zu allen Zeiten, Instrumente in ihrer Handhabung zu verbessern, ihre Intonierungsmängel zu beheben und ihre Stimmung zu verfeinern. Dazu kam, daß sich die Temperierung zwar schon seit vielen Jahrzehnten durchgesetzt hatte, ihre Unreinheit aber noch von vielen abgelehnt wurde. Es kam zu absonderlichen Konstruktionen, die aber gerade in England großes Interesse erweckten, und zwar weniger wegen des angestrebten musikalischen Effekts, sondern wegen der ungewöhnlichen Technik selbst.

LEBEN

Charles Clagget wurde um 1740 in Waterford geboren. Er war ab 1762 Violinist in Dublin, von 1771 bis 1773 in Liverpool, anschließend bis 1775 in Manchester und ab 1776 in London, wo er sich sehr mit technischen und klanglichen Verbesserungen von Musikinstrumenten beschäftigte und um 1795 starb.
Sein Bruder Walter Clagget (um 1741, Waterford, bis 1798, vermutlich Dublin) lebte als Komponist in Dublin und dürfte auch als Dirigent gewirkt haben.

WERKE

Neben verschiedenen Patentschriften über seine Erfindungen und musiktheoretischen Abhandlungen verfaßte Charles Clagget 6 Duos für zwei Celli, 6 Duette für Violine und Cello, ein Violinduo und eine Anzahl Lieder. Seine Melodik entstammt dem irischen Volksmusikgut.
Walter Clagget schrieb einige Opern und Pantomimen, schottische Lieder und Arrangements von Opernarien und Melodien von Joseph Haydn für zwei Flöten.

Andreas Christoph Clamer
(um 1630 bis nach 1682)

ZEIT UND UMWELT

Das geistliche Reichsfürstentum Salzburg stand im Verlauf seiner gesamten Geschichte in enger Fühlung mit Italien und darf mit einigem Recht als Tor des Barock in die Länder nördlich der Alpen bezeichnet werden. Barocke musikalische Stilformen traten in der fürsterzbischöflichen Hauptstadt sehr früh in Erscheinung.

LEBEN

Andreas Christoph Clamer wurde um 1630

vermutlich im Land Salzburg geboren. Er war erzbischöflicher Hofkantor und starb nach 1682 wahrscheinlich in der Stadt Salzburg.

WERKE
Der Salzburger Komponist Andreas Christoph Clamer verfaßte eine Sammlung von 42 verschiedenen Kammersonaten für zwei oder vier Stimmen, die stilistisch dem Hochbarock angehörten.

Antoine Louis Clapisson (1808–66)

LEBEN
Antoine Louis Clapisson wurde am 15.9.1808 in Neapel geboren. Er genoß seine Ausbildung zum Teil in Bordeaux, sodann am Conservatoire in Paris unter François Antoine Habeneck und Antonín Rejcha. Anschließend wurde er Violinist im Opernorchester und widmete sich vorwiegend der Komposition von Opern. Von 1861 bis zu seinem Tod am 19.3.1866 wirkte er als Professor für Harmonielehre am Conservatoire.

WERKE
Von Antoine Louis Clapisson sind ungefähr 20 Opern aufgeführt worden. Ihre Qualität war sehr verschieden. Manche waren reine Routinearbeit, andere reichten durch ihren Melodienreichtum an die von Adolphe Adam oder wegen ihrer Großartigkeit an die von Giacomo Meyerbeer heran. Außerdem schrieb er Lieder und Duette, denen wenig Bedeutung zukam.

Giovanni Carlo Maria Clari
(1677–1754)

ZEIT UND UMWELT
Die Musikschulen von Bologna erfreuten sich über Jahrhunderte eines großen Rufes, so daß sich Schüler aus allen Teilen Italiens dort ausbilden ließen.

LEBEN
Giovanni Carlo Maria Clari wurde am 27. 9. 1677 in Pisa geboren und in Bologna von Giovanni Paolo Colonna zum Musiker ausgebildet. Er war von 1703 bis 1724 Kapellmeister in Pistoia und anschließend in gleicher Eigenschaft an der Kapelle der Ritter des heiligen Stephans tätig. Von 1736 bis zu seinem Tod am 16. 5. 1754 wirkte er als Kapellmeister am Dom in Pisa.

WERKE
Der italienische Komponist Giovanni Carlo Maria Clari schrieb neben einer Oper 11 Oratorien und eine große Anzahl Messen, Psalmen, Requiem, Te Deum, Stabat mater und Hymnen. Wegen seiner Kammerduette und Kammerterzette wurde er bereits zu seinen Lebzeiten berühmt.

Hugh Archibald Clarke
(1839–1927)

LEBEN
Hugh Archibald Clarke wurde am 18.8.1839 in Toronto, Ont., geboren. Er wirkte nach seiner Grundausbildung in der Heimat ab 1857 als Organist an verschiedenen Kirchen in Philadelphia und wurde 1875 an der Universität in Pennsylvania Lehrer für Harmonie, Kontrapunktik und Formlehre, wo er am 16.12.1927 starb.

WERKE
Von Hugh Archibald Clarke sind die Musik zu den »Acharner« von Aristophanes (um 445 bis um 385 v. Chr.) und »Iphigenie auf Tauris« von Euripides (um 480 bis 406 v. Chr.) und ein Oratorium überliefert.

James Hamilton Clarke (1840–1912)

ZEIT UND UMWELT
Die bis zum Beginn des 20. Jahrhunderts größte und sodann nach Sydney zweitgrößte Stadt Australiens hatte bereits im letzten Viertel des 19. Jahrhunderts mit dem Victorian National Orchestra ein ständiges Orchester, deren Musiker zum Teil bereits im Land ausgebildet waren. Der Dirigentenstab wurde

allerdings noch sehr lang von reisenden Meistern aus Amerika oder Europa geführt.

Leben

James Hamilton Smee Clarke wurde am 25.1.1840 in Birmingham geboren und dort zum Organisten ausgebildet. Er wirkte ab 1862 an einigen irischen Orten als Organist, sodann als Dirigent reisender Operntruppen und von 1889 bis 1891 als Leiter des Orchesters in Melbourne. Von 1893 bis 1901 war er als Dirigent einer privaten Operntruppe in London tätig, wo er am 9.7.1912 starb.

Werke

Von James Hamilton Clarke sind 2 Sinfonien in F-Dur und g-Moll, ein Klavierkonzert, 6 Ouvertüren sowie mehrere Musiken zu Dramen von William Shakespeare überliefert. Sein Stil ist sehr konservativ.

Jeremiah Clarke (um 1674–1707)

Zeit und Umwelt

Chor und Kapelle an der St. Paul's Cathedral konnten sich jederzeit anderen Kirchenmusikensembles in London an die Seite stellen. Besonders der Knabenchor genoß einen großen Ruf. Er wurde auch stets von fähigen Musikern geleitet.

Leben

Jeremiah Clarke wurde um 1674 vermutlich in London geboren. Er war Chorknabe an der Chapel Royal unter John Blow, dann von 1692 bis 1695 Organist am Winchester College; 1693 übernahm er als Nachfolger von John Blow, der zurücktrat, die Leitung des Knabenchors an St. Paul's, 1695 wurde er Organist der Kathedrale und 1705 Chorleiter, nachdem er 1700 zum Gentleman der Chapel Royal ernannt worden war. Er starb in London am 1. 12. 1707.

Werke

Der englische Komponist Jeremiah Clarke schrieb zahlreiche Anthems, Services, Psalmen, Oden, Ayres, verschiedene Instrumentalmusik, viele Bühnenmusiken und Suiten für Cembalo. Sein Stil ähnelt sehr dem von Henry Purcell.

Johann Heinrich Clasing (1779–1829)

Zeit und Umwelt

Das große Oratorium für Solisten, Chöre und Orchester kam der romantischen Vorstellung von Funktion und Ziel der Musik und der Kunst überhaupt voll entgegen. Es handelte sich in vielen Fällen um Werke, die einer konzertant aufgeführten Oper sehr nahe kamen, aber Sprache, Gestik und Mimik nicht benötigten, weil Komponisten und Interpreten die Ausdrucksmöglichkeiten der Musik so stark ausschöpften, daß dem Publikum das Dargestellte restlos verdeutlicht wurde.

Leben

Johann Heinrich Clasing wurde im Januar 1779 in Hamburg geboren. Er wirkte als Pianist und Kapellmeister in seiner Heimatstadt bis zu seinem Tod am 8.2.1829.

Werke

Mit seinen 2 Opern hatte Johann Heinrich Clasing wenig Erfolg, dafür umso mehr mit den Oratorien »Belsazar« und »Die Tochter Jephtha«, zu denen sich der Komponist von Georg Friedrich Händel, dessen Oratorien er bearbeitete, inspirieren ließ. Seine geistlichen Chorwerke fielen durch schönen Vollklang auf; sein Klaviertrio, das Klavierquintett und die Variationen für Klavier und Flöte waren recht gefällig.

Claude de Sermisy (um 1490–1562)

Zeit und Umwelt

Mit Franz I. kam ein echter Renaissancefürst auf Frankreichs Thron. Aufgeschlossen für die Ideen des Humanismus, begeisterter Förderer der Künste, tolerant gegen Andersdenkende, eine Persönlichkeit großen Formats, ermöglichte er trotz vieler politischer Mißerfolge und Fehlschläge seinem Land eine starke kulturelle Entwicklung. Daß auch seine Kapelle durch nur nach ihrem Können ausgewählte Musikerpersönlichkeiten auf ein hohes Niveau gehoben wurde, ergab sich von selbst. Sein Nachfolger Heinrich II. bedeutete für das Land einen merkbaren Abstieg. Man hielt sich häufig Maitressen; die Protestanten wurden hart verfolgt und wehrten sich. Humanisten wurden vertrieben. Die Innenpolitik trieb auf eine Katastrophe zu. Doch die Königliche Kapelle blieb noch intakt, zumal sie vorwiegend religiösen Zwecken diente und sich die Musiker aus dem Streit der Bekenntnisse zum größten Teil heraushielten.

Leben

Claude de Sermisy (Claudin) wurde um 1490 vermutlich in Paris geboren. Man nimmt an, daß er früh in die Sainte-Chapelle du Palais als Chorknabe eingetreten ist. Jedenfalls wurde er dort 1508 Clerc musicien und noch im gleichen Jahr Sänger der Privatkapelle Ludwigs XII. Mit dessen Nachfolger Franz I. ging er 1515 nach Italien, 1520 nach England, wurde 1532 Sous-maître (Leiter-Stellvertreter) der Sainte-Chapelle und 1547 Kapellmeister, nachdem er 1533 zum Kanonikus ernannt worden war. Er starb in Paris am 13. 9. 1562.

Werke

Claude de Sermisy hinterließ ein umfangreiches Werk sakraler und profaner Musik. Er dürfte, wie er behauptete, Schüler von Clément Janequin gewesen sein. Wenn er damit nur eine geistige Nachfolge andeuten wollte, so hat er dies durch sein Werk eindeutig bewiesen, wenngleich er den Stil seines »Lehrers« in die Richtung gegen einen typisch französischen Stil weitergeformt hat. Mit seinen zahlreichen Chansons (mehr als 200) zeigte er sich jedenfalls als echter Nachfolger von Janequin. Neben seinem Ruf als vorzüglicher Chansonkomponist genoß er als Kirchenkomponist großes Ansehen. Er schrieb bei 20 Messen, eine vierstimmige Matthäuspassion, eine große Zahl drei- bis sechsstimmiger Motetten und andere sakrale Stücke. Vieles davon blieb durch lange Zeit im Repertoire der Sainte-Chapelle, während seine Chansons lange beliebt waren.

Literatur

M. Brenet, Les Musiciens de la Sainte Chapelle, Paris 1910.

Claude le Jeune (um 1529–1600)

Zeit und Umwelt

Unter der Führung von Pierre de Ronsard (1524–85) und Joachim du Bellay (1522 bis 1560) traten fünf weitere französische Dichter der Renaissance – Jean Dorat (1508 bis 1588), Pontus de Tyard (1522–1605), Rémy Belleau (1528–77), Étienne Jodelle (1532 bis 1573), Jean Antoine de Baïf (1532–1589) – zu einer Gruppe zusammen, um unter der Bezeichnung Pléiade dem Gedanken der Renaissance dadurch Rechnung zu tragen, daß sie sich bemühten, die französische Sprache und Literatur durch Nachahmung und Nachbildung klassischer und italienischer Dichtung zu bereichern. Einzelne zeitgenössische Komponisten wie Jacques Mauduit und besonders Claude le Jeune griffen die Idee auf und versuchten mit ihren Vertonungen solcher Dichtungen diese humanistischen Bestrebungen zu unterstützen.

Claude le Jeune

LEBEN

Claude le Jeune (Claudin) wurde um 1529 in Valenciennes geboren. Er lebte in Paris und pflegte enge Beziehungen zur Dichtergruppe Pléiade. Im Jahre 1596 wurde er zum Königlichen Kammerkomponisten ernannt. Seine zeitweilige Hinneigung zu den Hugenotten war ihm, vermutlich auf Intervention seines Freundes, des Komponisten Jacques Mauduit, verziehen worden. Er starb in Paris und wurde am 28. 9. 1600 beerdigt.

WERKE

Die interessantesten Kompositionen von Claude le Jeune sind die Vertonungen von Gedichten von Jean Antoine Baïf in antiken Metren. Eines seiner Hauptwerke sind die Psalmenvertonungen im Motettenstil für verschiedene Anzahl Stimmen. Außerdem sind drei- bis vierstimmige geistliche Chansons, viele vokale und instrumentale Stücke und eine Messe erhalten. Außerordentlich populär waren die Vertonungen der Genfer-Psalmen mit sehr einfachem Kontrapunkt, wobei die Melodie im Tenor liegt, aber der Diskant »so schön klingt, daß man ihn für die Melodiestimme hält«. Sie wurden in den reformierten Kirchen Frankreichs und Hollands gesungen. Von seinen reizenden Chansons ist »O rôze rene des fleurs« (O Rose, Königin der Blumen) am beliebtesten geworden.

Missa in re (Messe in D) für gemischten Chor, veröffentlicht posthum

Diese Messe unterscheidet sich grundlegend von den übrigen Werken des Komponisten, der bei dem lateinischen Messetext keines seiner Prinzipien anwendete. Das Werk ist ohne Verwendung fremder oder eigener Melodien völlig frei gearbeitet; die einzelnen Teile bieten ein rhythmisch sehr verschiedenes Bild; auch die Zusammensetzung des Ensembles ist nicht einheitlich: Das »Pleni sunt« wird von zwei Stimmen, das »Domine Deus Crucifixus« und »Resurrexit« von drei, »Et iterum, Benedictus« von vier, »Et in Spiritum Sanctum« und »Agnus I« von sechs und »Agnus II« von sieben Stimmen gesungen, während an dem größeren Rest fünf Stimmen beteiligt sind. Der polyphone Satz ist von homophonen Passagen unterbrochen, die auf besonders wichtige dogmatische Lehrsätze hinweisen (»Et incarnatus est«). Gewisse einzelne hervorstechende Aussagen im Messetext werden musikalisch interpretiert, wie zum Beispiel die jubelnden Triolen des »Osanna«, die zarte Melodik des »Benedictus« oder die absteigende Baßlinie im »Descendit de coelo«. Nur beim »Resurrexit« würde man triumphierendere Klänge erwarten. Dafür schließt eine siebenstimmige Fuge im »Agnus II« das Werk grandios ab.

LITERATUR

D. P. Walker und Fr. Lesure, Claude le Jeune and musique mesurée, Musica Disciplina III, 1949.

José Anselmo Clavé (1824–74)

ZEIT UND UMWELT

Die Gründung von Gesangvereinen in Spanien war ein wichtiges Instrument zur Verbreitung des Musikinteresses, denn weite Bevölkerungskreise, die bisher nur den Chorgesang der Kirchen kannten und sich höchstens am gemeinsamen Singen von Volksliedern beteiligten, wurden nunmehr nicht nur mit vielgestaltiger Musik bekannt, sie konnten durch eigenes Mitwirken auch ihr Entstehen erleben.

LEBEN

José Anselmo Clavé wurde am 24.4.1824 in Barcelona geboren. Er bildete sich autodidaktisch zum Komponisten und Dirigenten aus und nahm sich besonders der Chormusik an. Er gründete 1845 die Musikgesellschaft »La Aurora«, dann 1850 »La Fraternidad«, aus der 1857 der Verein »Euterpe« entstand. Sein Wirken war für ganz Katalonien beispielgebend; es wurden in allen Städten ähnliche Vereine gegründet und sehr bald große Chorfestspiele veranstaltet. Clavé starb am 24.2.1874 in Barcelona.

WERKE

Von José Anselmo Clavé sind Chorkompositionen – Hymnen, Kantaten – überliefert. Er verfaßte außerdem Zarzuelas und Musik zu Komödien und war auch als Dichter tätig.

LITERATUR

D. Guansé, José Anselmo Clavé, Barcelona 1966.

Bernardo Clavijo del Castillo

(um 1545–1626)

LEBEN

Bernardo Clavijo del Castillo (Clabixi, Clavixo) wurde um 1545 in Kastilien geboren und vermutlich in Salamanca ausgebildet. Im Jahre 1569 kam er nach Palermo und übernahm die Leitung der Hofkapelle, 1587 auch den Organistendienst am Hof des Vizekönigs. In den ersten neunziger Jahren kehrte er nach Spanien zurück und erhielt 1594 einen Lehrauftrag für Musik an der Universität Salamanca, den er bis 1604 innehatte. Einige Jahre darauf wurde er Organist an der Königlichen Kapelle in Madrid, wo er am 1. 2. 1626 starb.

WERKE

Der bedeutende Organist und Cembalist Bernardo Clavijo del Castillo hat eine Anzahl mehrstimmiger Motetten und eine Reihe von Kompositionen für Tasteninstrumente (auf der Orgel oder dem Cembalo ausführbar) hinterlassen und damit besonders auf dem Gebiet der spanischen Instrumentalmusik der Jahrhundertwende richtunggebend gewirkt. Er zählte zu den großen Virtuosen auf Tasteninstrumenten seiner Zeit.

LITERATUR

A. Huarte, Datos para la biografia del Maestro Bernardo Clavijo, Salamanca 1917.

Thomas Clayton

(um 1670 bis um 1730)

ZEIT UND UMWELT

Es war zweifellos ein aussichtsreiches Unternehmen, italienische Opern mit englischem Text zu versehen, um so die von Henry Purcell in das Leben gerufene englische Oper weiterzuentwickeln. Es scheiterte aber vor allem an den schlechten Übersetzungen, an der Konkurrenz Georg Friedrich Händels und zuletzt an der Geschmacksänderung des Publikums.

LEBEN

Thomas Clayton wurde um 1670 vermutlich in London geboren. Er stand von 1692 bis 1702 im Hofdienst, ging sodann nach Italien, um seine Ausbildung zu vervollständigen, und beteiligte sich nach seiner Rückkehr an dem Vorhaben von Nicolò Francesco Haym und François Dieupart, im Drury Lane Theatre italienische Opern mit englischen Texten aufzuführen. Nach etlichen Anfangserfolgen mußte das Unternehmen aufgegeben werden. Die Konkurrenz der Opern Händels auf dem Haymarket war zu stark. Clayton ging zur Konzerttätigkeit über, hatte auch hiebei wenig Erfolg, versuchte es sodann einige Zeit in Dublin, später wieder in London und starb dort um 1730.

WERKE

Das von dem englischen Komponisten Thomas Clayton hinterlassene Werk ist gering. Wieweit der Anteil dieses englischen Komponisten an der Adaptierung italienischer Opern an die Bedürfnisse des englischen Theaters reichte, ist nicht zu entscheiden. Er vertonte 2 Dichtungen und ungefähr 23 Arien.

Jacobus Clemens non Papa

(um 1510–55)

ZEIT UND UMWELT

Der von Nicolas Gombert eingeleitete vierte Zeitabschnitt der franko-flämischen Schule neigte sich gegen Mitte des 16. Jahrhunderts seinem Ende zu. Die Franzosen entfernten sich weit von der niederländischen Art und suchten aus ihrer Sprache neue Gestaltungsformen zu schöpfen. Für ihre Kirchenmusik wird wiederum Paris maßgebend und daneben Lyon. Die Italiener setzten den franko-flämischen Stil auf ihre Art fort und entwickelten in Venedig und Rom eigene Schulen.

LEBEN
Jacobus Clemens non Papa wurde um 1510 zu Middelburg (Insel Walcheren) geboren. Sein eigentlicher Name lautete Jacques Clemens, den Beinamen »non Papa« legte er sich angeblich während seines Aufenthaltes in Ypern zu, um sich von dem ebenfalls dort lebenden Dichter Jacobus Papa zu unterscheiden. Im März 1544 war er Sangmeister an St. Donatian in Brügge, von Oktober bis Dezember 1550 Gast der Brüderschaft Onze Lieve Vrouwe in s'Hertogenbosch. Weitere Lebensdaten sind nicht gesichert, außer daß er in den fünfziger Jahren Kapellmeister in Dixmuiden war, wo er im Frühjahr 1555 starb.

WERKE
Die umfangreiche Hinterlassenschaft des franko-flämischen Komponisten Jacobus Clemens non Papa reiht ihn zu den bedeutendsten Vertretern seiner Schule zwischen Josquin und Orlando di Lasso ein. Aus seinem vielseitigen Schaffen fand und findet das Motettenwerk die stärkste Beachtung, weil dabei die Sätze konsequent durchimitiert und nur gelegentlich von syllabisch deklamierten homorhythmischen Stellen unterbrochen sind. Es sind insgesamt bei 210 vier- bis siebenstimmige Motetten erhalten, außerdem 14 Parodiemessen für bis zu 6 Stimmen und eine vierstimmige Totenmesse, ein achtstimmiges Credo und ein Osterkyrie; dazu sind die »Souterliedekens«, 146 Psalmen in gereimter niederländischer Sprache für drei Stimmen zu zählen. Die profane Musik ist mit 85 französischen und 8 niederländischen Chansons für drei bis acht Stimmen und etlichen Instrumentalsätzen vertreten.

LITERATUR
K. F. Bernet Kempers, Clemens non Papa, Augsburg 1928.

Charles François Clément
(um 1720 bis nach 1782)

ZEIT UND UMWELT
Wie das Pianoforte ab dem 19., war im 17. und 18. Jahrhundert das Cembalo zum Hausinstrument geworden. Die Dilettanten verlangten nach leicht spielbarer Musik für ihr Instrument und griffen gerne nach Übertragungen von populären Opernarien, um sie sich und ihrem Publikum vorzuspielen. Deshalb fanden Parodien solcher Arien wie die Klavierparaphrasen des 19. Jahrhunderts großen Absatz. Für den Konzertgebrauch wurden sie natürlich für die Hand eines Virtuosen gesetzt.

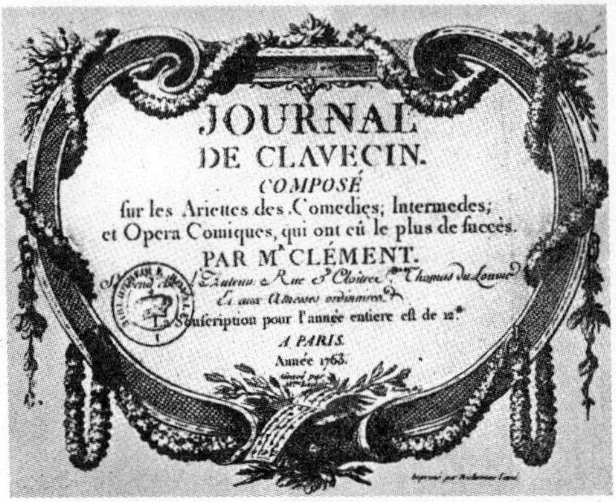

Titelblatt des »Journale de Clavecin« von Clément, 1763

LEBEN
Charles François Clément wurde um 1720 in der Provence geboren. Er betätigte sich in Paris als Cembalist, Cembalolehrer und Komponist. Welche weitere musikalische Tätigkeit er ausübte, ist nicht bekannt. Er starb nach 1782 in Paris.

WERKE
Die beiden Bühnenwerke von Charles François Clément für das Théâtre Italien sind aus Melodien anderer Komponisten zusammengesetzt. Er veröffentlichte zahlreiche für Cembalo bearbeitete beliebte Opernmelodien. Auch seine Cembalostücke mit Violine bringen zum Großteil bekannte Bühnenarien.

Félix Clément (1822–85)

ZEIT UND UMWELT
Die aus der Gründung von Alexandre Étienne

Choron hervorgegangene Schule Niedermeyer bildete eine Zentrale der Kirchenmusikpflege. Erneuerungsbestrebungen wie im deutschen Sprachgebiet oder in Italien waren weniger intensiv, denn die Musik in den Kathedralen Frankreichs hatte sich von der Entwicklung der profanen Musik stets ferngehalten, und das Eindringen der Romantik wurde nicht als Depravierung betrachtet. Man konzentrierte sich auch mehr auf die Wiederaufführung alter Musik als auf deren Nachahmung.

LEBEN

Félix Clément wurde am 13.1.1822 in Paris geboren. Er war Organist an den Kirchen St-Augustin und St-André d'Antin. Zuletzt wirkte er als Organist und Kapellmeister an der Sorbonne und an der Ste-Chapelle du Palais. Auf seine Anregung hin wurde das kirchenmusikalische Institut Niedermeyer, das sich vorwiegend mit der Neubelebung alter Kirchenmusik beschäftigte, mit staatlicher Unterstützung ausgebaut. Er starb am 22.1.1885 in Paris.

WERKE

Neben seinen wertvollen Neuausgaben von Kompositionen aus dem Mittelalter und der frühen Neuzeit und seinen lexikalischen Arbeiten schrieb Félix Clément 2 Opern und eine Anzahl sakraler und profaner Vokalmusik, bei der er sich jeder Nachahmung alter Fakturen enthielt.

Franz Clement (1780–1842)

LEBEN

Franz Joseph Clement wurde am 17.11.1780 in Wien geboren. Er trat bereits als Achtjähriger als Violinist auf und absolvierte früh erfolgreiche Konzertreisen durch Deutschland, Belgien und England. Von 1802 bis 1811 und von 1817 bis 1821 wirkte er als Konzertmeister am Theater an der Wien. Dazwischen reiste er nach Rußland und fungierte als Konzertmeister in Prag. Er spielte in Wien die Uraufführung des Violinkonzerts von Ludwig van Beethoven. Durch seine Neigung zu exzentrischen Spieltechniken verblaßte sein Ruhm als vorzüglicher Virtuose schon zu seinen Lebzeiten. Er starb am 3.11.1842 in Wien.

WERKE

Von Franz Clement sind Violinkonzerte, verschiedene andere Violinstücke, einige Kammermusik, Klavierkonzerte, Ouvertüren, eine Messe und mehrere Bühnenstücke erhalten.

LITERATUR

R. Haas, The Violinist Franz Clement, The Musical Quarterly XXXIV, 1948.

Johann Georg Clement
(1710–94)

ZEIT UND UMWELT

In der Regel wurden Meister des Kontrapunkts auch zur Zeit der Vorklassik geschätzt und gerühmt, aber in einzelnen Fällen warf man ihnen auch Engstirnigkeit vor, die sich nur in einem »gebundenen Stil zurechtfindet«, und wertete ihre Werke als »Rechenexempel« ab.

LEBEN

Johann Georg Clement (Clemens, Clementi) wurde 1710 in Breslau (Wrocław) geboren. Er war ab 1735 Kapellmeister am Dom von Breslau, ab 1737 auch an der Kreuzkirche und versah diese Stellungen bis zu seinem Tod am 23. 5. 1794.

WERKE

Das umfangreiche kompositorische Werk von Johann Georg Clement umfaßt 12 Messen, 27 Offertorien, 18 Graduale, mehrere Te Deum und ein zum Ableben Kaiser Karls VI. aufgeführtes Requiem. Er wurde als glänzender Kontrapunktiker vielseitig gerühmt, wegen seiner »Rückständigkeit« aber geschmäht.

LITERATUR

H. E. Guckel, Katholische Kirchenmusik in Schlesien, Leipzig 1912.

Muzio Clementi (1752–1832)

ZEIT UND UMWELT

Mit dem anbrechenden 19. Jahrhundert hatte das Hammerklavier seine Position in der europäischen Musikszene endgültig erobert. Die Vervollkommnung der Anschlagmechanik des Instruments und die Erweiterung seines Tonumfangs gestalteten daraus den idealen Tonträger, und erstrangige Komponisten legten seine spezifische Diktion fest, so daß ab nun kein anderes Instrument häufiger gespielt und für kein anderes mehr Literatur geschrieben und verlegt wurde. Es wurde zum ersten Konzert- und zum am meisten verbreiteten Hausinstrument.

LEBEN

Muzio Clementi wurde am 23. 1. 1752 in Rom geboren. Seine erste Ausbildung verdankte er Antonio Boroni. Er verfaßte bereits im Alter von 12 Jahren eine Messe, die aufgeführt wurde. Im Jahr 1766 kam er nach England und trat 1775 zum ersten Mal in London vor die Öffentlichkeit, 1777 wurde er Cembalist der italienischen Oper am King's Theatre; 1780 ging er durch zwei Jahre auf Konzertreisen als Pianist durch Europa, dann lebte er in London als Virtuose, Lehrer und Komponist, bis er sich an einem Musikverlaghaus und an einer Klaviererzeugung beteiligte, ging aber 1802 neuerlich für acht Jahre auf Reisen durch Italien, durch Mitteleuropa und nach Rußland. Nach London zurückgekehrt, nahm er 1813 an der Gründung der Royal Philharmonic Society Anteil. Seine letzte Auslandsreise nach Italien und Wien machte er 1827. Er starb am 10. 3. 1832 als berühmter und hochgeschätzter Musiker und Komponist in Evesham, Worcestershire, und wurde von den Engländern als einer ihrer Künstler in der Westminster Abbey beigesetzt.

WERKE

Von Muzio Clementi sind mehr als 100 Pianosonaten, darunter ungefähr 40 mit Violine, Flöte oder Cello, erschienen, außerdem Präludien und Übungen in allen Tonarten, Oktavenübungen für Piano und als »Gradus

Muzio Clementi

ad Parnassum« sein berühmtes Lehrwerk, bestehend aus Sonatinen, Fugen, Canzonetten, Variationen, Tänzen. Seine sehr geschätzten 4 Sinfonien sind nur zum Teil erhalten.

Wenn auch das gesamte Klavierwerk in erster Linie didaktische Ziele verfolgte und zum Teil heute noch zu Unterrichts- und Übungszwecken verwendet wird, so verläßt es nie den Bereich der Musikalität, sondern stellt eine Reihe bedeutender Kunstwerke dar. Er prägte die klassische Sonate im virtuosen Stil aus. Besonders reizvoll sind seine Sonatinen. Ein großer Teil seines Werkes wurde vielfach aufgelegt.

Klaviersonate in B-Dur, 3 Sätze

Diese Sonate spielte der Komponist vor Kaiser Joseph II. in Gegenwart von Wolfgang Amadeus Mozart, der das Thema des 1. Satzes in die Ouvertüre seiner »Zauberflöte« aufnahm. Als Seitenthema dieses Satzes dient eine lyrische Variante des Hauptthemas. Die Coda gibt Gelegenheit zu einer Kadenz. Das Andante ist sehr graziös und heiter. Auch das Rondofinale klingt fröhlich und unbeschwert aus.

Klaviersonate in e-Moll, 3 Sätze

Den 1. Satz leitet ein Adagio chromatisch präludierend ein. Darauf folgt ein kräftiges Allegro. Sodann wird das weitere Material aus beiden

Themen gewonnen und verarbeitet. Ein dreiteiliges Adagio bildet den Mittelsatz. Sein ruhiger pastoser C-Dur-Klang wird von einem balladesken romantischen c-Moll-Teil kontrastiert. Das Finale bringt interessante Kontraste von e-Moll zu E-Dur und wird von einer virtuosen Stretta beendet.

Klaviersonate in A-Dur, 3 Sätze

Der 1. Satz beginnt mit majestätischer Geste, setzt sich graziös fort und mündet in kräftige Bewegungen. Die Durchführung bringt viele dramatische Steigerungen. Der Mittelteil des herben, dissonanzenreichen Adagio ist ein zweistimmiger Kanon. Das Finale rundet das Werk bravourös ab.

Klaviersonate in g-Moll »Didone abbandonata« (Verlassene Dido), 3 Sätze

Es handelt sich um eine hochdramatische opernhafte Arie, die in Sonatenform übertragen wurde. Das einleitende Largo gleicht einem Orchesterritornell. Die Klage der Heldin drückt sich durch ein lyrisches, von harten Akzenten unterbrochenes Allegro aus. Das Allegro agitato zeigt den Schmerz der Frau auf seinem Höhepunkt.

LITERATUR

G. C. Paribeni, Muzio Clementi nella vita e nell'arte, Mailand 1921.

Clémentine de Bourges (um 1520–61)

ZEIT UND UMWELT

Die wirtschaftliche, politische und kulturelle Bedeutung der Stadt Lyon wurde ein Opfer der Religionskriege. Im Jahre 1562 besetzten es nach harten Kämpfen die Hugenotten. Zehn Jahre darauf brachen die Massaker im Zug der Bartholomäusnacht aus. Wenn sich die Stadt auch in der Folgezeit von den verheerenden Ereignissen erholte, ihr altes Niveau konnte sie nie mehr erreichen.

LEBEN

Clémentine de Bourges wurde um 1520 in Bourges geboren. Sie lebte als bekannte Dichterin und Komponistin in Lyon, wo sie am 30. 9. 1561 starb, angeblich aus Kummer über den Verlust ihres Mannes, der im Kampf gegen die eindringenden Hugenotten sein Leben einbüßte.

WERKE

Vom Werk der Komponistin Clémentine de Bourges ist das meiste im Verlauf der Kämpfe um und in Lyon verlorengegangen. Es ist nur ein vierstimmiger Chor in einer Orgeltabulatur erhalten geblieben, der jedoch ihr kompositorisches Können bezeugt.

César François Nicolas Clérambault
(um 1705–60)

ZEIT UND UMWELT

Die französische Tradition des Orgelspiels und der Orgelkomposition entwickelte sich nahezu unabhängig von der deutschen. Die in Deutschland bis zur Vollendung kultivierte Fuge wurde dort weit weniger gepflegt, dafür aber der mehrstimmige Satz über das Barock hinaus ausgebaut und vertieft und damit der bis heute spezifische, von allen anderen deutlich unterschiedene französische Orgelsatz gebildet.

LEBEN

César François Nicolas Clérambault wurde als Sohn von Louis-Nicolas Clérambault um 1705 in Paris geboren. Er folgte seinem Vater in alle Organistenposten, die dieser innegehabt hatte, und starb am 30. 10. 1760 in Paris.

WERKE

Von César François Nicolas Clérambault sind einige sehr klangvolle Kantaten und ein Divertissement – aufgeführt 1729 im Concert spirituel – erhalten. Seine Orgelkompositionen sind verlorengegangen.

Louis-Nicolas Clérambault
(1676–1749)

ZEIT UND UMWELT

»Les goûts réunis«, der vereinigte Geschmack, die Mischung des italienischen und französischen Stils, wie ihn François Couperin verstand, kam ab 1700 als Ausweg aus den erstarrten Barockformen in Frankreich immer mehr in Gebrauch.

LEBEN

Louis-Nicolas Clérambault (Clairambault) wurde als Sohn des Mitgliedes der »24 Violons du roy« Dominique Clérambault (1644, Paris, bis 24. 5. 1704, Paris) am 19. 12. 1676 geboren. Er war Schüler von Jean-Baptiste Moreau und André Raison, den er an der Orgel der Jacobins de la rue St-Jacques ablöste. Im Jahr 1715 folgte er Guillaume Gabriel Nivers als Organist an St-Sulpice und an der Maison royale de St-Cyr nach. Er starb in Paris am 26. 10. 1749.

WERKE

Der französische Organist und Komponist Louis-Nicolas Clérambault schrieb Airs sérieux et à boire, 7 Sonaten für eine oder zwei Violinen und Generalbaß, ein Buch mit Cembalostücken im italienischen Stil, ein Buch mit Orgelstücken mit zwei Suiten, 5 Sammlungen mit französischen Kantaten für eine oder zwei Violinen und Orchester, eine König Ludwig XV. gewidmete Kantate »Die Sonne siegt über die Wolken«, Intermedien zu einer lateinischen Tragödie, 2 Bände mit Liedern und Motetten, außerdem 6 Bücher mit Motetten und eine Art Oratorium für Soli, Chor und Orchester sowie ein Divertissement. Seine Kantaten hatten im Concert Spirituel in Paris und in der Provinz ungeheuren Erfolg. Ihm ist die Verschmelzung der italienischen und der französischen Stilelemente ausgezeichnet geglückt.

Suite im I. Ton für Orgel, 7 Sätze

Plenum, vierstimmiger größtenteils homophoner Satz; vierstimmige Fuge mit reicher Verzierung; kanonisch geführte Stimmen im Duo; Dialoge verschiedener Register mit eingestreuten Duos. Alles läuft fließend mit interessanten, schwungvollen Wendungen ab.

Suite im II. Ton für Orgel, 7 Sätze

Das Plenum alterniert zwischen langsam und rasch, das Duo ist kanonisch aufgebaut, im Trio wechseln Baß und Sopran ab; Flötenregister werden herangezogen, die mit ihren Trillern ein Vogelgezwitscher erzeugen, ein Pastorale folgt, dann erklingt eine Caprice ohne sakralen Ernst.

LITERATUR

A. Birro, Les Clavicinistes, Paris 1925.

Pierre Clèreau (um 1520 bis nach 1567)

ZEIT UND UMWELT

Das französische Air de cour des 16. Jahrhunderts war ein Lautenlied. Es wurde zweiteilig zu Liebestexten komponiert und war in seinen Anfängen sehr primitiv und volkstümlich. Man kannte einfache, frische aires à boire (Trinklieder) und kunstvolle, zum Teil rezitative aires sérieux (ernste Lieder). Ihre Beliebtheit reichte weit über die Grenzen Frankreichs hinaus.

LEBEN

Pierre Cléreau wurde um 1520 in Toul geboren und 1554 zum Leiter des Knabenchores an der Kathedrale des ehemaligen Bischofssitzes bestellt. Er ist nach 1567 vermutlich dort gestorben.

WERKE

Neben 6 vierstimmigen Messen und 2 Motetten sind von Pierre Cléreau eine Anzahl drei- und vierstimmiger sakraler und profaner Vokalstücke überliefert. Da diese Vokalsätze die Melodie in die Oberstimme verlegen, müssen sie als Vorstufe zum Lautenlied, das als Air de cour im 16. Jahrhundert seinen Siegeszug antrat, gewertet werden. Außerdem hat Cléreau 2 Bücher mit vertonten Oden des französischen Dichters Pierre de Ronsard herausgebracht.

LITERATUR

Fr. Lesure, Pierre Cléreau et ses sources poétiques, in: Bibliotheque d'Humanisme et Renaissance, t. XVI, 1954.

Johann Cless (um 1550 bis um 1600)

ZEIT UND UMWELT

Joseph Justus Scaliger (1540–1609), Sohn des humanistischen Gelehrten Julius Caesar Scaligerus (1484–1558), der große Latinist des 16. Jahrhunderts, übersetzte die Tragödie Ajax des griechischen Dramatikers Sophokles mit außerordentlich feinem Sprachgefühl und klassischer Eleganz in das Lateinische. Man könnte diese Übersetzung als geniale Nachdichtung bezeichnen, wenn sie nicht trotz ihrer hohen poetischen Qualität eine nahezu wortgetreue Wiedergabe des griechischen Originales wäre.

LEBEN
Johann Cless wurde um 1550 in Hanau geboren. Über sein Leben und über sein Wirken als Musiker und Komponist ist wenig bekannt. Auch über Ort und genaue Zeit seines Todes gibt es keine Informationen.

WERKE
Von Magister Johann Cless ist nur eine Komposition bekannt. Er komponierte die Chöre der griechischen Tragödie Ajax von Sophokles in der lateinischen Fassung von Joseph Justus Scaliger, die im Jahre 1587 in Straßburg aufgeführt wurde. Von diesen Chören sind der achtstimmige mit zwei Solisten und der Tanzchor als besonders gelungen hervorzuheben. Das ganze Werk ist eines der wenigen, die den Geist einer antiken Tragödie adäquat zur Sprache in zeitnahe Musik fassen und dennoch intakt lassen.

Halfdan Cleve (1879–1951)

LEBEN
Halfdan Cleve wurde am 5. 10. 1879 in Kongsberg, Norwegen, geboren. Er war Schüler von Otto Winter-Hjelm (8. 10. 1837, Kristiania, bis 3. 5. 1931, Oslo) in Kristiania und von Ludwig Philipp Scharwenka und Xaver Scharwenka in Berlin. Er wirkte als Pianist und Musiklehrer und starb am 6. 4. 1951 in Oslo.

WERKE
Von Halfdan Cleve sind 5 Klavierkonzerte, eine Violinsonate, Orchestergesänge und über 100 Klavierstücke bekannt geworden. Sein Stil war von seinen Berliner Lehrern beeinflußt.

John Clifton (1781–1841)

ZEIT UND UMWELT
Richard Bellamy (um 1750, London, bis 11. 9. 1813, London) war ab 1771 Gentleman der Chapel Royal, ab 1773 Lay-vicar an Westminster Abbey, ab 1777 Chormeister an St. Paul's, Bassist und Komponist. Aus dem von ihm geleiteten Chor sind namhafte Musiker hervorgegangen.

LEBEN
John Clifton wurde 1781 in London geboren und war 5 Jahre lang Schüler von Richard Bellamy und anschließend von Charles Wesley (1757 – 1834). In Bath leitete er die »Harmonische Gesellschaft« und ging 1802 als Dirigent, Konzertveranstalter und Gesanglehrer nach Dublin. Er erfand ein Instrument, mit dem man angeblich das Notenlesen vom Blatt lernen konnte, fand aber damit in London, wohin er sich 1818 begeben hatte, keine Zustimmung und mußte sich weiterhin als Lehrer durchbringen. Er starb in Hammersmith (Großlondon) am 18. 11. 1841.

WERKE
Von John Clifton ist eine große Anzahl Glees und Songs bekannt geworden, die viel Anklang fanden und stilistisch dem 18. Jahrhundert angehörten. Er verfaßte auch eine Kantate, bei der er bereits moderne Töne anschlug.

Teodoro Clinio (um 1560 bis nach 1595)

ZEIT UND UMWELT
Der italienische Maler Tommaso da Modena (um 1325 – 79) ist in den Kirchen von Treviso häufig vertreten und bildete einen Teil des Kindheitseindruckes jedes in jener Stadt Geborenen. Die strengen Formen aus dem 14. Jahrhundert wirkten bei einzelnen aus der Stadt stammenden Künstlern noch durch mehrere Jahrhunderte nach.

LEBEN
Teodoro Clinio (Clingher) wurde um 1560 in Treviso geboren und in Venedig ausgebildet. Im Jahre 1592 kam er an den Dom von Treviso als Kapellmeister und versah diese Stelle bis zu seinem Tod nach 1595. Seine Familie dürfte aus Österreich gestammt und einmal Klinger geheißen haben.

WERKE

Von dem italienischen Komponisten Teodoro Clinio sind ein Buch sechstimmige Messen und mehrere Passionen für drei, vier und sechs Stimmen erschienen. Eine große Anzahl weiterer Kirchenmusik – Messen, verschiedene Gesänge und Passionen – ist handschriftlich erhalten. Die Passionen gehören zum Typus der Motetten-Passion ohne größere Solostellen.

Christian Clodius
(1647–1717)

ZEIT UND UMWELT

Neben der Fülle an sakralen und profanen Liedern des Barock wuchs als besonderer Typus das Studentenlied heran, das außer den Texten von namhaften Dichtern vor allem angepaßte oder unverändert belassene Volksliedverse übernahm. Die Melodien wurden zum Teil älterer Kirchenmusik entnommen oder ebenfalls aus dem Volksliedschatz geschöpft. Es handelte sich um Liebeslieder, Trinklieder oder historisierende Lieder; auch ältere Landsknechtgesänge wurden herangezogen.

LEBEN

Christian Clodius (Klöde) wurde am 18. 10. 1647 in Neustadt, Sachsen, geboren. Er besuchte die Universität Leipzig (1665–69) und wirkte in seiner Vaterstadt ab 1675 als Rektor der Stadtschule bis zu seinem Tod im Jahr 1717.

WERKE

Der deutsche Schulmann und Komponist Christian Clodius sammelte und bearbeitete 109 Texte und 91 Melodien in seinem »Liederbuch des Studenten«, indem er die älteren, modalen Weisen der zeitgemäßen Dur-Moll-Tonalität anpaßte.

LITERATUR

W. Niessen, Das Liederbuch des Leipziger Studenten Clodius, in: Vierteljahresheft für Musikwissenschaft 7, 1891.

James Cob (um 1620–97)

ZEIT UND UMWELT

Die Chapel Royal war nach der Restauration anfänglich sehr spärlich besetzt, denn viele ehemalige Mitglieder hatten die Cromwell-Zeit nicht überlebt. Sie füllte sich jedoch bald wieder auf, weil man bei der Aufnahme von Mitwirkenden weniger wählerisch war, bis genügend Kräfte zur Verfügung standen, um das alte Niveau zu erreichen.

LEBEN

James Cob (Cobb) wurde um 1620 vermutlich in London geboren. Über seine Tätigkeit bis zu seiner Aufnahme in die Chapel Royal im Jahr 1660 ist nichts bekannt. Er starb in London am 20. 8. 1697.

WERKE

Der englische Komponist James Cob verfaßte beliebte Gesellschaftslieder und Catches, die ihn besonders in höfischen Kreisen sehr bekannt machten.

John Cobb (um 1600 bis nach 1667)

ZEIT UND UMWELT

Mit Catch (Fang) wurde im 17. und 18. Jahrhundert ein mehrstimmiger Gesang bezeichnet, der in der Form eines Kanons oder Rundgesanges mit zumeist etwas derben Texten, scherzhaften Wortspielen und zweideutigen Wortzerteilungen von fröhlichen, zumeist trinkfreudigen Gesellschaften gepflegt wurde. Das Glee war ähnlich gebaut, aber einfach und an keine Form gebunden.

LEBEN

John Cobb wurde um 1600 vermutlich in London geboren. Er war ab 1638 Organist und Gentleman der Chapel Royal. Während des Bürgerkriegs brachte er sich mit privatem Musikunterricht fort. Nach der Restauration kehrte er in seine Positionen zurück und starb in London nach 1667.

WERKE

Der englische Organist und Komponist John

Cobb verfaßte eine Anzahl sehr beliebter Catches, Glees und Kanons, die für ihre Kompositionsgattung beispielgebend waren. Berühmt wurde seine Elegy auf den Tod des für die Sache des Königs gefallenen William Lawes.

Claudio Cocchi (um 1590 bis nach 1632)

ZEIT UND UMWELT
Olmütz (Olomouc), die damalige Hauptstadt von Mähren, Sitz eines Erzbischofs, entwickelte bereits im 16. Jahrhundert ein reges Musikleben. Die Kirchenfürsten zogen Musiker ersten Ranges aus aller Herren Ländern für ihre Kapelle heran. Sehr gerühmt wurde auch die Ausstattung der Kapelle mit vorzüglichen Musikinstrumenten, die an den Erzeugungsstätten großzügig angekauft wurden. Die Kapelle besaß sogar Violinen von Jakob Stainer (vor 1617, Absam, bis 1683, Absam).

LEBEN
Claudio Cocchi wurde um 1590 in Genua geboren. Er trat in den Franziskanerorden ein und erhielt im Kloster seine musikalische Ausbildung. Im Jahr 1626 wurde er in die Dienste des Erzbischofs von Olmütz genommen. Dann hatte er nacheinander die Kapellmeisterstellen in Triest, San Severino, Avignon und Assisi inne, bis er 1632 die Leitung der Kapelle an San Francesco in Mailand übernahm. Er dürfte in Mailand in einem der folgenden Jahre gestorben sein.

WERKE
Der italienische Kirchenkomponist Claudio Cocchi war Anhänger des venezianischen konzertanten Stils. Von ihm sind »Armonici concentus« für fünf Stimmen und Orgel, 3 fünfstimmige Messen mit Orgel und vierstimmige Psalmen mit Orgel erhalten.

Gioacchino Cocchi (um 1715–1804)

ZEIT UND UMWELT
Die berühmte Opernsängerin Theresa Cornelys (1723, Venedig, bis 19. 8. 1797, London) veranstaltete zwischen 1760 und 1777 im Carlisle House, London, regelmäßig Konzerte, die unter der Patronage der königlichen Familie und des Hofes standen. Sie erfreuten sich allgemeiner Beliebtheit bei der Londoner Gesellschaft. Bei den Veranstaltungen wirkten die ersten Musiker der Stadt mit.

LEBEN
Gioacchino Cocchi wurde um 1715 in Padua geboren. Er war 1735 in Neapel als Kirchenmusiker tätig und brachte 1743 in Rom seine erste Oper heraus, denen weitere für Neapel und Venedig folgten. Er wurde Kapellmeister am Ospedale degl'Incurabili. Von 1757 bis 1773 lebte er in London, wo er bis 1762 als Komponist des King's Theatre wirkte; durch 2 Jahre dirigierte er die Abonnementkonzerte im Carlisle House. Nach seiner Rückkehr nach Venedig nahm er seine Kapellmeisterstelle wieder auf und betreute sie bis zu seinem Tod im Jahr 1804.

WERKE
Neben 42 Opern verfaßte Gioacchino Cocci 2 Oratorien, bei denen er ebenfalls die Opernfaktur anwendete. Einzelne Arien daraus wurden gesondert veröffentlicht.

Carlo Coccia (1782–1873)

LEBEN
Carlo Coccia wurde am 14. 4. 1782 in Neapel geboren und dort von Fedele Fenaroli und Giovanni Paisiello ausgebildet. Er erhielt unter König Joseph I. Bonaparte die Stelle eines Hofpianisten, mußte aber nach der Restauration das Königreich verlassen und wandte sich nach Lissabon. Im Jahr 1820 ging er nach London und wurde dort Dirigent am King's Theatre und Lehrer an der Royal Academy of Music. Nach seiner Rückkehr nach Italien wurde er 1828 Inspektor des Gesangunterrichts der Accademia Filarmonica in Turin und 1843 Kapellmeister am Dom zu Novara, wo er am 13. 4. 1873 starb.

WERKE
Von seinen 40 Opern verfaßte Carlo Coccia

4 für Lissabon. Er schrieb überdies 25 Messen, 19 Orgelvespern und zahlreiche Gesänge zum liturgischen Gebrauch. Seine Messen neigten zu romantischen Wendungen.

LITERATUR

D. Rigotti, Biografia di Carlo Coccia, Asti 1929.

Niccolò Coccon (1826–1903)

ZEIT UND UMWELT

Mit ganz wenigen Ausnahmen wurde im 19. Jahrhundert von italienischen Komponisten kein bedeutendes sakrales Werk geschaffen, während Frankreich, Österreich und Deutschland die Kirchenmusik sehr bereicherten, wenn auch ein Teil davon als zu wenig liturgisch von den Hütern der Tradition abgelehnt wurde und nur im Konzertsaal aufgeführt werden konnte. Die Anzahl der italienischen kirchlichen Werke war zwar hoch, aber es handelte sich zumeist um Routineerzeugnisse ohne überdurchschnittlichen Wert.

LEBEN

Niccolò Coccon wurde am 10. 8. 1826 in Venedig geboren. Er verfaßte bereits mit 15 Jahren mehrere Motetten. Im Jahr 1856 wurde er Erster Organist und 1873 Erster Kapellmeister an San Marco. Die Accademia di Santa Cecilia ernannte ihn 1883 zum Ehrenmitglied. Er starb am 4. 8. 1903 in Venedig.

WERKE

Von Niccolò Coccon sind über 400 Werke bekannt geworden, darunter 8 Requiem, 30 Messen und zahlreiche Proprien sowie sakrale Lieder, weiters ein Oratorium (»Saul«). Er verfaßte auch 2 Opern.

Jacques Cochereau (um 1680 – 1734)

ZEIT UND UMWELT

Seit der Hochblüte der Musik unter Ludwig XIV. gab es in Paris einen intensiven Lehrbetrieb. Wer es sich nur leisten konnte, beschäftigte für seine Kinder Musiklehrer für Cembalospiel und Gesang. Der Hof gab das Beispiel, die Adelshäuser schlossen sich an, und das reiche Bürgertum ahmte den Adel auch auf diesem Gebiet nach.

LEBEN

Jacques Cochereau wurde um 1680 in Paris geboren. Er war Altist an der Académie Royale de Musique, Kammermusiker des Hofes und Gesanglehrer der Töchter des für den unmündigen Ludwig XV. eingesetzten Regenten. Jacques Cochereau starb in Paris am 17. 7. 1734.

WERKE

Der französische Sänger und Komponist Jacques Cochereau verfaßte 3 Sammlungen Airs sérieux et à boire, die dem galanten Stil folgten.

Johannes Cochlaeus (1479 – 1552)

ZEIT UND UMWELT

Die Abwendung Martin Luthers und der führenden Männer der Reformation vom Humanismus bewog mehrere Anhänger der Befreiung des Geistes von Denkschemata, entweder auf den Übertritt zur neuen Lehre, von der sie anfänglich eine Unterstützung ihrer Ideenwelt erwartet hatten, zu verzichten oder den Weg zurück anzutreten. Die Synthese von Protestantismus und Humanismus war in der frühreformatorischen Zeit noch nicht gefunden.

LEBEN

Johannes Cochlaeus (Cocleus, eigentlich Dobneck) wurde am 10. 1. 1479 in Wendelstein bei Nürnberg geboren. Er studierte an der Universität Köln, wo er 1509 Professor wurde. Im Jahre 1510 verlieh man ihm das Amt eines Rektors der Lorenzschule in Wittenberg, das er 1515 niederlegte, um in Bologna Theologie und Jurisprudenz zu studieren. Er kehrte als katholischer Priester nach Deutschland zurück und trat ab nun als heftiger Gegner der Reformation auf. Er wirkte als Kleriker in Frankfurt am Main, Mainz,

Dresden und Meißen und blieb schließlich in Breslau, wo er am 10. 1. 1552 starb.

WERKE
Die musikwissenschaftlichen Werke des Humanisten Johannes Cochlaeus beinhalten auch seine kompositorischen Leistungen, die aus humanistischen Odenvertonungen bestehen. Die enge Bindung der Musik an das Wort und die dadurch bedingte Gleichzeitigkeit der Stimmen legten dem Komponisten starke Fesseln an, so daß ihre Entfaltung nur in sehr beschränktem Rahmen möglich war. Es zeugt von einem gewissen Meistertum, wenn eine solche Musik dennoch so klangvoll und wirksam gestaltet wird wie bei den von Cochlaeus gegebenen Beispielen.

LITERATUR
W. Gurlitt, Musik und Rhetorik, Helicon V, 1944.

Adrianus Petit Coclico
(um 1499 bis um 1563)

ZEIT UND UMWELT
Christian III. (1503–59) wurde 1536 König von Dänemark und Norwegen. Im gleichen Jahr wurde die Lutherkirche mit dem König an der Spitze als Landeskirche eingeführt. Die ausgebluteten Staatskassen wurden durch eine freiwillige Steuerleistung des Adels aufgefüllt. Da der König alle außenpolitischen Abenteuer vermied, festigte sich die wirtschaftliche Lage des Landes von Jahr zu Jahr. Damit setzte automatisch ein Kulturaufschwung ein, der vorläufig von Kräften in Gang gebracht wurde, die man aus dem Ausland aufnahm.

LEBEN
Adrianus Petit Coclico wurde um 1499 in Flandern geboren. Nach seiner eigenen Behauptung war er Schüler Josquins. Er dürfte sodann im Dienst des französischen Königs und des Papstes gewesen sein. Im Jahre 1545 scheint er in Wittenberg als Musiklehrer auf. 1546 war er in Frankfurt an der Oder, ein Jahr später in Stettin und schließlich in Königsberg in gleicher Eigenschaft tätig. 1550 bis 1551 wirkte er in Nürnberg, 1555 in Wismar und trat 1556 der Hofkapelle in Kopenhagen als Sänger bei. Dort verblieb er bis zu seinem Tod um das Jahr 1563. Er nahm an der Ausgestaltung der Kapelle starken Anteil.

WERKE
Von den Kompositionen Coclicos sind mehrere Motetten und ein Lied erhalten. Durch ihre manieristische, ganz auf Wortausdeutung gerichtete Kompositionstechnik sind seine Motetten musikgeschichtlich interessant, weil dieses Bestreben in der Folgezeit bei nicht wenigen Komponisten bemerkbar wird. Er selbst bezeichnete diese Art mit dem Ausdruck Musica reservata und wollte damit ihre ausschließliche Zugänglichkeit für ein gehobenes Publikum andeuten.

LITERATUR
B. Meier, The »Musica Reservata« of Adrianus Petit Coclico and its Relationship to Josquin, Musica Disciplina X, 1956.

Martín Codax (um 1230 bis vor 1300)

ZEIT UND UMWELT
Ob das Galizische ein spanischer oder portugiesischer Dialekt ist, ob es als eigene Sprache angesehen werden muß, ist nicht entschieden. Die linguistisch-philologische Auseinandersetzung wird, wie in vielen ähnlich gelagerten Fällen, von politischen Emotionen verfälscht. Jedenfalls war die Provinz Galicia, einstmals unter den Sweben ein selbständiges Königreich, im 13. Jahrhundert ein Teil Kastiliens. Der Dialekt der Provinz verbreitete sich weit über ihre Grenzen hinaus über Nordportugal und in Kastilien, wo er zur Sprache der Poesie wurde. Auch die berühmten Cantigas des Königs Alfonso el Sabio sind in galizischer Sprache abgefaßt.

LEBEN
Martín Codax (Codaz) dürfte um das Jahr 1230 in der Provinz Galicia geboren sein. Über Leben und Wirken dieses iberischen

Trobadors ist nichts bekannt, ebensowenig über das Datum und den Ort seines Todes.

WERKE
Martín Codax ist neben Alfonso el Sabio der einzige iberische Dichter der frühen Zeit, von dem Melodien überliefert sind. Von seinen 7 Cantigas de Amigo (weltliche Gesänge) sind 6 mit Melodien versehen. Ihre Sprache ist das Galizische. Form und Aufbau lehnen sich an das französische Virelais an.

Siete canciones de amigo (Sieben Liebeslieder)
Wellen des Meeres von Vigo, wenn ihr meinen Liebsten seht – ach Gott, wenn er doch käme. Wellen des hohen Meeres, wenn ihr meinen Liebsten seht – ach Gott, wenn er doch käme. Wenn ihr meinen Liebsten seht, nach dem ich seufze – ach Gott, wenn er doch käme. Wenn ihr meinen Geliebten seht, um den ich mich stark sorge – ach Gott, wenn er doch käme.
Sendet ihn mir. Wenn mein Liebster lebend kommt, wallfahre ich zur Mutter Gottes. Sendet ihn mir. Wenn mein Liebster lebend kommt, wallfahre ich zur Mutter Gottes. Wenn mein Liebster lebend und gesund kommt, wallfahre ich zur Mutter Gottes. Wenn mein Liebster lebend und gesund kommt, wallfahre ich zur Mutter Gottes. Wenn er lebend und gesund vom König kommt, wallfahre ich zur Mutter Gottes. Wenn er vom König entlassen, lebend und gesund kommt, wallfahre ich zur Mutter Gottes.
Meine schöne Schwester ginge mit mir zur Kirche von Vigo. Das Meer ist gestiegen, und wir schauen auf die Wellen. Meine schöne Schwester ginge mir zuliebe zur Kirche von Vigo. Das Meer ist gestiegen, und wir schauen auf die Wellen. Das Meer ist gestiegen. Zur Kirche von Vigo wird mein Liebster kommen, und wir schauen auf die Wellen. Mutter Gottes, das Meer ist gestiegen. Zur Kirche von Vigo wird mein Liebster kommen, und wir schauen auf die Wellen.
Ach Gott. Wenn mein Liebster wüßte, wie allein ich in Vigo bin mit meiner Liebe. Ach Gott. Wenn mein Liebster wüßte, wie ich allein bleibe in Vigo mit meiner Liebe. Wie allein bin ich in Vigo. Niemand steht mir bei in meiner Liebe. Wie bleibe ich allein in Vigo, niemand hilft mir in meiner Liebe. Und niemand ist bei mir, außer meinen beiden weinenden Augen, in meiner Liebe. Wenn du wüßtest, wie sehr ich dich liebe, Geliebter, du würdest zu mir an das Meer von Vigo kommen, wo wir in den Wellen badeten. Wenn du wüßtest, wie sehr ich dich liebe, Geliebter, du würdest zu mir an das hohe Meer kommen, wo wir in den Wellen badeten. Du würdest zu mir an das Meer von Vigo kommen, und ich würde meinen Geliebten sehen, wo wir in den Wellen badeten.
Doch im heiligen Vigo liegt der bleiche Leib, meine Liebe. In Vigo, dem heiligen, liegt der schmale Körper, meine Liebe. Es liegt der schöne Leib, den ich als Liebsten nicht mehr haben werde. Den ich nicht mehr als Liebsten haben werde, außer im heiligen Vigo. Den ich nicht mehr als Liebsten haben werde, außer in Vigo, dem heiligen.
Oh Wogen, die ich kommen sehe, wenn ihr mir sagen könntet, warum mein Liebster sich verspätet. Oh Wogen, die ich kommen sehe, wenn ihr mir berichten könntet, warum mein Liebster sich verspätet.

LITERATUR
C. Ferreira da Cunha, O cancioneiro de Martín Codax, Rio de Janeiro 1956.

Manuel Rodrigues Coelho
(um 1555–1635)

ZEIT UND UMWELT
Nach dem Einmarsch König Philipps II. von Spanien in Portugal wurde er 1581 von den portugiesischen Cortes in Tomar anerkannt. Er versprach, die Regierung von Spanien und Portugal als reine Personalunion zu führen und die Unabhängigkeit der Portugiesen nicht anzutasten. Seine Nachfolger Philipp III. und Philipp IV. hielten diese Versprechungen nicht, so daß es zu Aufständen kam, die schließlich zur Befreiung der Portugiesen führten. Der kulturelle Austausch, insbesondere auf dem Gebiet der Musik, der schon vor der Vereinigung dieser Länder sehr intensiv war, blieb während all dieser politischen Veränderungen noch unbeschadet, eine gewisse Ablösung der portugiesischen Musik von der spanischen machte sich aber bereits bemerkbar.

LEBEN
Manuel Rodrigues Coelho wurde in Elvas

um 1555 geboren und an der Kathedrale der Stadt ausgebildet. Er wirkte zunächst an der Kathedrale von Elvas als Organist und wurde 1604 in Lissabon Domorganist und Mitglied der Königlichen Kapelle. Im Jahre 1633 zog er sich von seinen Ämtern zurück und starb 1635.

WERKE

Das Hauptwerk des portugiesischen Komponisten Manuel Rodrigues Coelho ist sein »Flores de musica« (Blüten der Musik), das 28 Stücke für eine Singstimme mit Begleitung eines Tasteninstrumentes oder einer Harfe enthält, und zwar 24 Tientos (Ricercari) und 4 Suzenas (Variationen der Chanson von Orlando di Lasso »Suzanne un jour«). Coelho erweist sich damit als bedeutender Instrumentalkomponist, der stilistisch den zeitgenössischen Komponisten der Iberischen Halbinsel weit vorausschritt. Die »Flores« sind das älteste gedruckte Instrumentalwerk der portugiesischen Musik.

Ruy Coelho
(1891 – 1986)

LEBEN

Ruy Coelho wurde am 3.3.1891 in Alcácer do Sal bei Lissabon geboren. Nach seinem Musikstudium in Lissabon wurde er in Berlin Schüler von Engelbert Humperdinck. Anschließend wirkte er in Lissabon als Musikkritiker und Komponist, wo er am 5.5.1986 starb.

WERKE

Mit seinen 14 Opern wurde Ruy Coelho zum Begründer der neuzeitlichen großen Oper in Portugal. Stilistisch gehörte er der Spätromantik an und suchte aus folkloristischen Quellen eine nationale Musik zu schaffen. Er schrieb 6 Sinfonien, 2 Klavierkonzerte, eine Rhapsodie für Klavier und Orchester, mehrere sinfonische Dichtungen, einige Kammermusik, 2 Oratorien, eine Messe, Klavierstücke und Lieder.

Johannes Mainardus Coenen (1824–99)

ZEIT UND UMWELT

Niederländische Komponisten schrieben auch im 19. Jahrhundert ihre Opern auf französische oder deutsche Texte, weil in Den Haag und in Amsterdam die Sänger dafür verfügbar waren. Niederländische Texte wurden erst gegen Ende des Jahrhunderts häufiger verwendet und konnten damit nur beschränkte Erfolge erreichen, denn keine jener Opern hielt sich lang auf den Bühnen.

LEBEN

Johannes Mainardus Coenen wurde am 28.1. 1824 in Den Haag geboren. Er studierte am Konservatorium seiner Geburtsstadt und wurde darauf Fagottist im Königlichen Orchester und 1851 Kapellmeister am Niederländischen Theater Van Lier in Amsterdam. Ab 1857 wirkte er als Dirigent der Felix-Meritis-Gesellschaft und von 1865 bis 1896 als Leiter der Konzerte im Paleis voor Voklsvlijt (Volksindustriehalle). Er starb am 9.1.1899 in Amsterdam.
Franz Coenen, vermutlich ein Verwandter (26.12.1826, Rotterdam, bis Februar 1904, Leyden), war Schüler von Henri Vieuxtemps und Bernhard Molique. Er bereiste als Violinvirtuose Amerika und ließ sich sodann als Direktor des Konservatoriums in Amsterdam nieder.
Dessen Bruder Willem Coenen (17.11.1837, Rotterdam, bis 19.3.1918, London) gewann als Pianist in Amerika einen großen Ruf. Er lebte ab 1865 in London als Klaviervirtuose.

WERKE

Von Johannes Mainardus Coenen sind eine Oper in niederländischer Sprache, mehrere Kantaten, Ballette, Schauspielmusiken, 2 Sinfonien, Konzerte für Klarinette und für Flöte, ein Quintett für Klavier und Bläser, eine Sonate für Fagott, Klarinette und Klavier und kleinere Orchesterwerke erhalten.
Von Franz Coenen sind eine Vertonung des 32. Psalms, eine Sinfonie, Kantaten und Quartette überliefert.
Willem Coenen schrieb das Oratorium »Lazarus«, zahlreiche Klaviermusik und Lieder.

Louis Coerne (1870–1922)

LEBEN
Louis Adolphe Coerne wurde am 27.2.1870 in Newark, N. J., geboren. Er war an der Harvard University in Boston Schüler von John Knowles Paine und des Violinisten Franz Kneisel (26.1.1865, Bukarest, bis 26.3.1926, New York) und in München von Joseph Rheinberger. Anschließend wirkte er als Kapellmeister in Buffalo, N. Y., Columbus, O., Northampton, Mass., Boston und Madison, Wis. Nach zweimaligem Aufenthalt von je zwei Jahren in Deutschland wurde er Musiklehrer in New London, Conn. Er starb am 11.9.1922 in Boston.

WERKE
Von den mehr als 500 Kompositionen von Louis Coerne sind ungefähr 300 im Druck erschienen. Er schrieb 4 Opern, eine sinfonische Dichtung, Ouvertüren, Schauspielmusiken, Märsche, zahlreiche Kantaten und Hymnen, ein Morgen- und Abendservice, eine Messe, ein Streichquartett, 3 Klaviertrios, ein Trio für Flöte, Harfe und Cello, ein Violinkonzert, zahlreiche Lieder, Anthems, Chöre und Quartette, Klavier-, Orgel- und Violinstücke. Alles bewegte sich im Rahmen der Romantik.

Charles Coffey (um 1690–1745)

ZEIT UND UMWELT
Der Dichter Christian Felix Weiße (1726 bis 1804) war einer der Schöpfer des deutschen Singspiels. Er gestaltete seine Texte zum Teil, indem er ausländische Vorbilder übersetzte und bearbeitete. Die Komposition besorgten bei einigen Johann C. Standfuß und Johann Adam Hiller.

LEBEN
Charles Coffey wurde um 1690 in Irland geboren. Er dürfte in London als Dramatiker und Komponist gelebt haben und vermutlich am 13. 5. 1745 gestorben sein.

WERKE
Von Charles Coffey sind mehrere Balladenopern bekannt geworden, deren Text er gestaltete und deren Musik er selbst schrieb oder zumindest für den Bühnengebrauch einrichtete. Zwei davon sind von Christian Felix Weiße textlich bearbeitet und von deutschen Komponisten neu komponiert worden; sie wurden zu einem der Ausgangspunkte des deutschen Singspiels.

Philip Cogan (1750–1834)

ZEIT UND UMWELT
Von den katholischen Kathedralen in Dublin erhielt das Musikleben Irlands ständig starke Impulse. Manche Kirchenchöre nahmen begabte junge Musiker als Stipendiaten auf, um sie auszubilden, und sicherten der Stadt damit das Niveau des Musikernachwuchses.

LEBEN
Philip Cogan wurde 1750 in Cork geboren und begann dort seine Musikerlaufbahn als Chorknabe und sodann als Chorist an St. Finbar's. Im Jahr 1772 übernahm ihn der Chor der Christ Church in Dublin als Stipendiaten; von 1780 bis 1806 wirkte er als Organist an St. Patrick's und darauf als Musiklehrer bis zu seinem Tod im Jahr 1834 in Dublin.

WERKE
Von Philip Cogan sind ein Pianofortekonzert und einige Sonaten, die Mozart sehr nahestehen, erschienen. Von den Orgelkompositionen des Virtuosen, der wegen seiner Fugenimprovisationen berühmt war, ist nichts erhalten.

Horace Coignet (1735–1821)

ZEIT UND UMWELT
Die Haltung des revolutionären Bürgertums in den Städten der französischen Provinzen war von der der Pariser nicht verschieden. Um schon in den ersten Jahren des politischen Umbruchs eine leitende Stellung im Musikleben zu erhalten, mußte ein Musiker selbst kein Revolutionär sein. Er konnte

auch später ohne Schwierigkeit wieder als Musiklehrer in Adelskreisen auftreten, ohne einen Vorwurf fürchten zu müssen.

LEBEN
Horace Coignet wurde am 13. 5. 1735 in Lyon geboren. Über seine Ausbildung und Tätigkeit bis zum Ausbruch der Revolution ist nichts bekannt. Im dritten Jahr des Aufstands wurde er zum Leiter der Musik der Stadt Lyon ernannt. Nach der Restauration betätigte er sich als Musiklehrer in den höchsten Adelskreisen von Paris. Es ist nicht feststellbar, wann er nach Lyon zurückgekehrt ist, wo er am 29. 8. 1821 starb.

WERKE
Seine Berühmtheit verdankt Horace Coignet seiner Komposition zu »Pygmalion« von Jean-Jacques Rousseau, die er 1770 in Lyon herausbrachte. Außerdem schrieb er eine Anzahl kleinerer Werke: Cembalostücke, Romanzen und kleine Stücke für die Bühne, denen wenig Bedeutung zukommt.

Colart li Boutellier
(um 1220 bis um 1280)

ZEIT UND UMWELT
Der Begriff der »Höfischen Liebe« ist in Südfrankreich entstanden, hat sich aber als lyrisches und romantisches Element – oft in stark abgewandelter Form – der Dichtkunst des gesamten Kontinentes bemächtigt. Die Trouvères huldigten ihr als Epiker und Lyriker, ob sie selbst dem Adel angehörten oder nur bemüht waren, seine Lebensform anzunehmen.

LEBEN
Colart li Boutellier wurde um 1220 im Artois geboren. Er gehörte dem Pui d'Arras an. Sonst ist über sein Leben nichts bekannt. Er dürfte in Arras um 1280 gestorben sein.

WERKE
Dem nordfranzösischen Trouvère Colart li Boutellier werden 12 Lieder zugeschrieben, die mit Melodien in mehrfacher Fassung überliefert sind. Texte und Musik dieser Stücke sind zum Teil stark volkstümlich, jedoch einiges davon gehört noch der alten höfischen Trouvèrekunst an.

LITERATUR
A. Dinaux, Les Trouvères artésiens, Paris 1843.

Pascal Colasse (1649–1709)

ZEIT UND UMWELT
Jean-Baptiste Lully duldete neben sich nur Musiker, die für ihn arbeiteten und sich damit begnügten, in seinem Schatten zu existieren. Wer mit eigenen Leistungen hervortreten wollte, wurde konsequent behindert. Wenn nur einer seiner Mitarbeiter, die zum Beispiel die Füllakkorde der Komposition, die Lully nur mit Melodie und beziffertem Baß notiert hatte, ausarbeiteten, bei eigenen Kompositionen in das Fahrwasser des Meisters geriet, wurde er des Plagiats bezichtigt.

LEBEN
Pascal Colasse (Colase) wurde am 22. 1. 1649 in Reims getauft. Er studierte in Paris und sang an der Pariser Kirche St-Paul, wurde darauf Schüler von Jean-Baptiste Lully und dann sein Sekretär. Im Jahr 1683 wurde er Musikmeister der Königlichen Kapelle, 1700 erhielt er das Patent, in Lille eine Oper zu errichten. Das Opernhaus brannte ab, dazu kamen Plagiatbeschuldigungen. Später wandte er sich der Alchemie zu. Er starb in Versailles am 17. 7. 1709.

WERKE
Der französische Komponist Pascal Colasse verfaßte ungefähr 10 Opern, die wenig erfolgreich waren, weil sie teilweise einen Abklatsch der Opern von Lully darstellten. Seine 2 Divertissements und 2 Ballette wurden freundlicher aufgenommen. Er schrieb auch einige Airs und sakrale Gesänge.

Rossetter Gleason Cole (1866–1952)

LEBEN

Rossetter Gleason Cole wurde am 5.2.1866 in Clyde, Mich., geboren. Er war Schüler des amerikanischen Musikpädagogen Calvin Brainerd Cady (21.6.1841, Barry, Ill., bis 29.5. 1928, Portland, Oreg.). Von 1890 bis 1892 studierte er in Berlin bei Max Bruch. Anschließend bekleidete er Musiklehrerstellen in verschiedenen Städten der USA, bis er sich in Chicago als Komponist, Kompositionslehrer und Musikschriftsteller niederließ. Er starb am 18.5.1952 in Lake Bluff, Ill.

WERKE

Neben einer Oper schrieb Rossetter Gleason Cole ein »Sinfonisches Präludium«, eine Ouvertüre, ein »Heroisches Stück« für Orgel und Orchester, eine Ballade für Cello und Orchester, 2 Kantaten, darunter die berühmte »Helden der Freiheit«, eine Orchestersuite aus seiner Oper, viele Klavier- und Orgelstücke sowie Lieder. Sein Stil bewegte sich im Rahmen der deutschen Romantik.

Charles Coleman
(um 1595–1664)

ZEIT UND UMWELT

Die englische Oper entwickelte sich im Gegensatz zur italienischen oder französischen sehr langsam. Das neuitalienische Rezitativ wurde zwar sehr bald für die Maskenspiele übernommen, die Entwicklung zum Musikdrama stagnierte aber lange beim Schauspiel mit Bühnenmusik. Das gesprochene Wort behielt gegenüber der Musik den Vorrang; erst gegen das Ende des 17. Jahrhunderts kam es zu einer echten Oper. Diese langsame Entwicklung hatte ihre Ursache zu einem Teil im Bürgerkrieg und in der Cromwell-Zeit, wo zwanzig Jahre hindurch jede Kulturentwicklung unterbunden wurde.

LEBEN

Charles Coleman (Colman) wurde um 1595 vermutlich in London geboren. Er trat 1625 in die Dienste König Karls I., verbrachte die Cromwell-Zeit als Musiklehrer in London und wurde nach der Restauration 1660 von König Karl II. in die Chapel Royal aufgenommen. Er starb am 9. 7. 1664 in London.
Sein Sohn Charles Coleman (um 1630, London, bis nach 1694, London) war Musiker am Königshof.
Sein zweiter Sohn Edward Coleman (1633, London, bis 29. 8. 1699, London) war Sänger und Lautenist.

WERKE

Von dem englischen Komponisten Charles Coleman sind 13 Generalbaßlieder und fünf- bis sechsstimmige Fancies für Violen und Generalbaß erhalten. Er schrieb die Musik für das Maskenspiel »The King and Queen's Entertainment at Richmond« (Unterhaltung des Königs und der Königin in Richmond) und war an der Komposition der ersten englischen Opern »The First Day's Entertainment« (Die Unterhaltung des ersten Tages) und »The Siege of Rhodes« (Die Belagerung von Rhodos) beteiligt.
Von seinem Sohn Charles Coleman sind Generalbaßlieder überliefert.
Von Edward Coleman, der auch ein angesehener Gesanglehrer war, fanden einige Lieder starke Verbreitung.
Das von der Familie Coleman gepflegte monodische Lied bildete eine Vorstufe zur Arie der englischen Oper und des Oratoriums.

LITERATUR

H. C. de Lafontaine, King's Musick, London 1909.

Samuel Coleridge-Taylor (1875–1912)

LEBEN

Samuel Coleridge-Taylor wurde am 15.8.1875 in London geboren. Er wurde 1890 Schüler des Royal College of Music und trat 1893 in die Kompositionsklasse von Charles Stanford ein. Im Jahr 1898 wurde er an diesem Institut selbst Violinlehrer und 1904 Dirigent an der Handel Society. Er starb am 1.9.1912 in London.

Werke

Das Bestreben von Samuel Coleridge-Taylor, auf Grund afrikanischer Volksmusik einen neuen Stil aufzubauen, muß als gescheitert bezeichnet werden, weil seine Kompositionen zu wenig Originalität aufwiesen und deutlich auf den Werken europäischer Komponisten fußten. Er schrieb eine Sinfonie, eine Ballade und ein »Feierliches Praeludium« für Orchester, »Sinfonische Variationen über eine afrikanische Melodie«, ein Violinkonzert, ein Nonett für Streich- und Blasinstrumente, ein Klavierquintett, ein Streichquartett, ein großes Chorwerk »Song of Hiawatha« für Soli, Chor und Orchester und weitere Kantaten, ein Oratorium, Schauspielmusiken, Anthems, ein Service, Violin-, Klavier- und Orgelstücke.

Pierre Gilbert Colin

(um 1500 bis nach 1580)

Zeit und Umwelt

Das französische Chanson wurde gerade durch seine Verbreitung weitgehend des künstlerischen Gehaltes entkleidet. Es wandelte sich zur bürgerlichen Gesellschaftskunst, deren Ansprüche sich in bescheidenem Rahmen hielten. Daneben wurden jedoch noch genügend wertvolle Kompositionen dieser Art herausgebracht, die allerdings kein so breites Publikum fanden wie die dem Allgemeinverständnis angepaßten Werke.

Leben

Pierre Gilbert Colin wurde um 1500 vermutlich in Autun geboren. Er erhielt in Paris die Leitung des Knabenchores der Königlichen Kapelle, den er von 1532 bis 1536 führte. Sodann ging er nach Autun und übernahm die Stelle des Chormeisters an der Kathedrale. Er versah diese Stellung bis zu seinem Tod nach 1580.

Werke

Von Pierre Gilbert Colin, der unter dem Künstlernamen Chamault bekannt war, sind bis 1580 eine Anzahl Messen und Motetten erschienen, die rückhaltlos dem französischen Stil des Jahrhunderts folgen. Sie sind ganz durchimitiert und auf Klang abgestellt. Dissonanzen durch »richtige« kontrapunktische Stimmführung wurden vermieden. Außerdem schrieb Colin 30 »Chansons nouvelles« für vier Stimmen, die dem Geschmack des breiten Publikums keine Konzessionen machten.

François Colin de Blamont

(1690–1760)

Zeit und Umwelt

Anne Louise Bénédicte de Bourbon-Condé (1676–1753), die Gemahlin des duc du Maine, Louis Auguste de Bourbon (1670–1736), veranstaltete in ihrem Château de Sceaux glänzende literarische und musikalische Abende, die Nuits de Sceaux, und hielt sich dafür eine eigene Kapelle, deren Angehörige sorgfältig ausgewählt wurden.

Leben

François Colin de Blamont (Collin) wurde am 22. 11. 1690 in Versailles geboren und nach seiner Ausbildung von der Duchesse du Maine zum Mitarbeiter bei den Veranstaltungen ihrer Nuits de Sceaux berufen. Neben dieser Pflicht nahm er bei Michel-Richard Delalande (1657–1726) Kompositionsunterricht. Im Jahr 1719 wurde er Leiter der Kammermusik des Schlosses in Versailles und betreute diese Stellung bis zu seinem Tod am 14. 2. 1760.

Werke

Neben der Kantate »Circé«, mit der er auf sich aufmerksam machte, verfaßte François Colin de Blamont Sammlungen von Airs à boire und 16 weitere Airs für fremde Sammelwerke, 3 Bücher mit französischen Kantaten für eine Stimme, Orchester und großen Chor, ein- und zweistimmige Motetten mit Orchester und großem Chor und ein Te Deum mit Orchester. Er gilt als Schöpfer des Ballet héroïque mit dramatischer Handlung und leichten Gesangspartien mit seinen Bühnenwerken »Les Fêtes Grecques et Romaines« (Griechische und römische Feste), »Les Caractères de l'Amour (Gesichter der Liebe),

»Les Amours du Printemps« (Liebe im Frühling), »Les Fêtes de Thétis« (Feste der Thetis). Seine Musik war typisch französisch und ohne jeden italienischen Einfluß.

LITERATUR

P. Fromageot, Les compositeurs versaillais, Versailles 1906.

Lelio Colista (1629–80)

ZEIT UND UMWELT

Die Adelsfamilie Chigi übersiedelte nach Rom, als Fabio Chigi (1599–1667) im Jahr 1655 als Alexander VII. Papst wurde. Der Palazzo Chigi legt von der Leistung der Familie für die Stadt Zeugnis ab. Sie betätigte sich auch großzügig als Förderer von bildenden Künstlern und Musikern.

LEBEN

Lelio Colista (Calista, Costa) wurde am 13. 1. 1629 in Rom geboren. Er stand als Lautenist im Dienst der Familie Chigi und des Papstes Alexander VII., war 1658 Lautenist an San Luigi de'Francesi und von 1660 bis zu seinem Tod am 13. 10. 1680 beim Oratorio dei San Marcello, wo er fallweise auch als Kapellmeister wirkte.

WERKE

Der italienische Lautenist und Komponist Lelio Colista verfaßte 2 Oratorien, Kantaten, Arien, 32 Triosonaten und 5 zweistimmige Sonaten, außerdem mehrere Stücke für Gitarre und für Laute.

LITERATUR

H. Wessely-Kropik, Lelio Colista, ein römischer Meister vor Corelli, Graz 1961.

Giuseppe Colla (um 1730–1806)

LEBEN

Giuseppe Colla wurde um 1730 in Parma geboren, war herzoglicher Hofkapellmeister und blieb in dieser Stellung, von einigen Auslandsreisen unterbrochen, bis zu seinem Tod am 16. 5. 1806.

WERKE

Die 6 überlieferten Opern, die in Mailand und Turin auf die Bühne gebracht wurden, stellen die einzige Hinterlassenschaft des kompositorischen Wirkens von Giuseppe Colla dar.

Léonard Collet de Hodemont (um 1575–1636)

ZEIT UND UMWELT

Das Fürstbistum Lüttich wurde weder vom Glaubensstreit noch vom Befreiungskampf der Niederlande unmittelbar berührt. Dafür gab es vom 13. bis zum 17. Jahrhundert zahlreiche Erhebungen der Zünfte gegen die Herrschaftsmethoden der Bischöfe, die schließlich zur Intervention Frankreichs und zur Okkupation führten.

LEBEN

Léonard Collet de Hodemont wurde um 1575 in oder bei Lüttich geboren und an der Kathedrale der Stadt ausgebildet. Er studierte als Stipendiat an der Universität Löwen, übernahm darauf die Obsorge über die Glockenspiele der Stadt Lüttich und wurde 1619 Chordirigent der Kathedrale. Er zog sich 1633 von seinen Pflichten zurück und starb in Lüttich im August 1636.

WERKE

Der wallonische Komponist Léonard Collet de Hodemont war durch seine Werke und sein Wirken maßgeblich an der Verbreitung des italienischen Stils des 17. Jahrhunderts in seinem Land beteiligt. Von ihm sind erhalten: Unter dem Titel »Armonica recreatione« (Harmonisches Vergnügen) dreistimmige Villanellen mit Generalbaß, sodann »Sacri concentus cum basso ad organum« (Sakrale Gesänge mit Continuo) für eine bis fünf Stimmen. Seine übrigen umfangreichen Werke sind verloren.

LITERATUR
J. Quittin, Un musicien liégeois, Léonard de Hodemont, in: La Vie wallonne XXV, Lüttich 1951.

Orazio Colombani
(um 1535 bis nach 1595)

ZEIT UND UMWELT
Die stets lebendige eigenständige Musiktradition von Verona reicht bis in das Trecento zurück. Daher brachte die Stadt Jahrzehnt für Jahrzehnt immer wieder Musikerpersönlichkeiten hervor, die es verdienen, als Meister in die Musikgeschichte eingereiht zu werden. Das hat sich auch nicht geändert, als Verona venezianisch wurde, im Gegenteil, der rege Kulturaustausch mit Venedig und den anderen Zentren der Republik, wie Padua zum Beispiel, wirkte nur belebend.

LEBEN
Orazio Colombani wurde um 1535 in Verona geboren. Seine Ausbildung erhielt er von Costanzo Porta vermutlich in Padua. Von 1579 bis 1587 war er Kapellmeister an San Andrea in Vercelli, anschließend wirkte er in gleicher Eigenschaft an San Francesco in Mailand und von 1587 bis 1591 an der Chiesa dei Frari in Venedig. In den Jahren 1591 und 1592 war er am Hof des Herzogs von Urbino (Francesco Maria Della Rovere) tätig. Dann wirkte er bis zu seinem Tod nach 1595 an San Antonio in Padua.

WERKE
Von Orazio Colombani, der als ausgezeichneter Kontrapunktiker gerühmt wurde, sind 2 Bücher Motetten für fünf, sechs und neun Stimmen, Vesperpsalmen für fünf, sechs und neun Stimmen, Psalmen für acht und neun Stimmen und Magnificat für neun und vierzehn Stimmen vokal und konzertant mit Instrumenten überliefert. Der Komponist beteiligte sich an der Widmung verschiedener zeitgenössischer Meister für Palestrina mit einer Sammlung Psalmen. Sein Stil ist stark von Giovanni Gabrieli bestimmt.

Giuseppe Colombi (1635–94)

ZEIT UND UMWELT
Die Triosonate war im italienischen Barock die beliebteste Ensemblegattung. Zwei Oberstimmen – Violen, Violinen oder Flöten – wurde der Generalbaß, bestehend aus einem Baßmelodieinstrument und Orgel, Cembalo oder Laute, gegenübergestellt und der dreistimmige Satz mit Akkorden ausgefüllt. Diese Kompositionsform entstand in Oberitalien, verbreitete sich aber bald über das ganze Land und erfuhr noch im 17. Jahrhundert ihren höchsten Entwicklungsstand, während sie jenseits der Grenzen zum Teil erst im folgenden Jahrhundert voll ausgewertet wurde.

LEBEN
Giuseppe Colombi wurde 1635 in Modena geboren. Er war ab 1674 Vizekapellmeister am herzoglichen Hof und ab 1678 Domkapellmeister von Modena, wo er am 27. 9. 1694 starb.

WERKE
Der italienische Komponist Giuseppe Colombi war ein Meister der Triosonate. Seine Werke sind fast ohne Ausnahme auf dieser Kompositionsform aufgebaut, ob sie nun unter dem Titel »Kammersinfonien«, »Lira Armonica«, »Balletti, Correnti, Gighe, Sarabande« oder als Triosonaten veröffentlicht wurden; 22 Bücher mit Sonaten, Suiten und Toccaten sind handschriftlich überliefert. Trotz seiner Stellung als Kirchenkapellmeister ist von Colombi kein sakrales Werk überliefert.

Francesco Colombini
(um 1600 bis nach 1641)

ZEIT UND UMWELT
Daß die Diözesen Italiens verhältnismäßig klein waren und auch heute noch sind, hat sich für die Entwicklung der bildenden Kunst wie der Musik sehr günstig ausgewirkt. An jedem Bischofssitz entstand ein Dom, und jeder Dom hielt eine Kapelle, die

mit denen in zumeist nicht weit entfernten Nachbardiözesen wetteiferte. Der große Bedarf an Sängern, Organisten und Kapellmeistern bewirkte, daß oft auch sehr junge Kräfte zum Zug kamen und ihr Können zeigen durften.

LEBEN
Francesco Colombini wurde um 1600 bei Padua geboren. Er war am Dom von Massa del Principe von 1623 bis 1641 Organist. Über sein weiteres Leben sowie Ort und Zeit seines Todes ist nichts bekannt.

WERKE
Der italienische Komponist Francesco Colombini schrieb eine große Anzahl Kirchenmusik – Messen, Gesänge, Konzerte –, darunter 3 Bücher mit Motetten, die wegen ihrer feinen Kontrapunktik die Bewunderung der Zeitgenossen auf sich zogen.

Francesca Colonna (1593–1665)

ZEIT UND UMWELT
Im 17. Jahrhundert war die Vorherrschaft der Kastratensänger noch nicht so deutlich wie im folgenden, in dem auch die besten Sängerinnen von den hohen Männerstimmen verdrängt wurden. Die Kirchen blieben ihnen verschlossen, die Paläste des weltlichen und geistlichen Adels standen ihnen offen.

LEBEN
Francesca Colonna wurde 1593 vermutlich in Rom geboren und zur Sängerin, Instrumentalistin und Komponistin ausgebildet. Im Jahr 1633 kam sie als Sängerin und Cembalistin an den Hof des Herzogs von Modena Francesco I. d'Este (1610–58). Einige Jahre darauf kehrte sie nach Rom zurück und starb dort im Juli 1665.

WERKE
Von der italienischen Komponistin Francesca Colonna sind eine Soloarie, ein zweistimmiges Madrigal und weitere ein- bis dreistimmige Arien teilweise erhalten.

Giovanni Paolo Colonna
(1637–95)

ZEIT UND UMWELT
Schräg gegenüber der Basilika San Petrino steht das gotische Rathaus der Stadt Bologna (Palazzo Comunale), über dessen Portal eine Bronzestatue des Bologneser Papstes Gregor XIII. (Ugo Buoncompagni, 1502–85) angebracht ist. Von diesem Gebäude aus wurde die Stadt, die zum Kirchenstaat gehörte, verwaltet. Auch Veranstaltungen der verschiedenen Akademien fanden darin statt.

LEBEN
Giovanni Paolo Colonna wurde am 16. 6. 1637 in Bologna geboren. Er war mit Gioseffo Zarlino (1517–90) verwandt. Antonio Maria Abbatini und Orazio Benevoli waren in Rom seine Lehrer. Er wurde zunächst Organist an Sant'Apollinare in Rom, sodann 1659 zweiter und 1661 erster Organist an San Petronio in Bologna; 1674 erhielt er die Kapellmeisterstelle. Er war einer der Begründer der Accademia dei Filarmonici (1666), der Vorläuferin der Accademia Filarmonica. Colonna starb in seiner Geburtsstadt am 28. 11. 1695.

WERKE
Der italienische Komponist Giovanni Paolo Colonna war im 17. Jahrhundert einer der bedeutendsten Kirchenmusiker seines Landes. Er war ein Meister des polyphonen Satzes, handhabte aber den monodischen Konzertstil ebenso vorzüglich. Er verfaßte achtstimmige Psalmen, zwei- bis dreistimmige Motetten, achtstimmige Messen und Responsorien, einstimmige Lamentationen und konzertante Messen und Psalmen, außerdem Solomotetten, Litaneien und Vespern. Weitere sakrale Werke sind im Manuskript erhalten, darunter 6 seiner 13 Oratorien. In Bologna wurden 3 Opern von ihm aufgeführt.

Annibale Coma (um 1550 bis nach 1590)

ZEIT UND UMWELT
Der politische, wirtschaftliche und auch kul-

turelle Abstieg des Herzogtums Mantua setzte unter Herzog Vincenzo I. ein. Bisher riß der Zustrom von Künstlern jeder Art, und unter Guglielmo Gonzaga, der selbst komponierte, besonders der Musiker, nie ab.

Leben

Annibale Coma wurde um 1550 in Carpi, Modena, geboren. Es ist unbekannt, wo er zum Musiker ausgebildet worden war, bis er 1568 in Mantua Mitglied der Hofkapelle wurde. Er verblieb in dieser Stelle, bis die Regierung auf Vincenzo I. überging (1587), dann ging er nach Modena, wo er um 1590 starb.

Werke

Von Annibale Coma sind 4 Bücher mehrstimmige Madrigale und weitere in verschiedenen Sammelwerken überliefert. Sie bewahren noch den oberitalienischen Stil, fallen aber durch überraschende Modulationen und Solostellen auf.

Edouard Combe

(1866–1942)

Leben

Edouard Combe wurde am 23.9.1866 in Aigle, Schweiz, geboren. Er war in Paris Schüler von Félix Alexandre Guilmant. Von 1895 bis 1896 wirkte er als Dirigent in Kairo, sodann wurde er Instrumentationslehrer am Konservatorium in Genf. Von 1902 bis 1914 war er Dozent für Musikgeschichte in Lausanne. Er starb am 21.11.1942 in Genf.

Werke

Von Edouard Combe sind die sinfonische Dichtung »Les Alpes«, eine Tell-Ouvertüre, eine »Suite de la grotte aux fées« (Suite über die Feengrotte), ein »Adagio symphonique«, eine Kantate »Ernte« für Chor und Orchester, Sologesänge und Männerchöre bekannt geworden. Sein Stil war spätromantisch.

Juan Bautista Comes (1568–1643)

Zeit und Umwelt

Mit dem Tod König Philipps II. (1527–98) setzte der politische Niedergang der spanischen Weltmacht ein. Sein Sohn und Nachfolger Philipp III. (1578–1621) überließ die Regierung seinem korrupten Günstling Francisco Gómez de Sandoval y Rojas Duque de Lerma (1552–1623), der Enkel Philipp IV. (1605–65) dem herrschsüchtigen und berüchtigten Gaspar de Guzmán Condeduque de Olivares (1587–1645). Die Niederlande, Portugal und Katalonien gingen verloren. Trotzdem gelangte Spanien zur selben Zeit zu einer kulturellen Hochblüte, deren Träger eine Reihe von bedeutenden Dichtern wie Lope Félix de Vega Carpio (1562–1635), Tirso de Molina (1571–1648) und Pedro Calderón de la Barca (1600–81) und Malern wie Diego Rodriguez de Silva Velázquez waren.

Leben

Juan Bautista Comes wurde am 29. 2. 1568 in Valencia geboren. Er war Schüler von Juan Ginés Pérez (1548–1612) an der Kathedrale von Valencia, wo er nach einer Tätigkeit an der Kathedrale von Lérida 1613 selbst Kapellmeister wurde. Im Jahr 1619 folgte er einem Ruf nach Madrid und erhielt die zweite Hofkapellmeisterstelle, kehrte aber nach zehn Jahren nach Valencia zurück und übernahm dort die Leitung des Real Colegio de Corpus Christi, die er bereits von 1605 bis 1613 innegehabt hatte; 1632 wurde er neuerlich Kapellmeister an der Kathedrale der Stadt und blieb in dieser Stellung bis zu seinem Tod am 5. 1. 1643.

Werke

Von dem bedeutenden Vertreter der Valencianischen Schule Juan Bautista Comes ist nahezu ausschließlich Kirchenmusik im spanischen Hochrenaissancestil überliefert. Der sich in der übrigen musikalischen Welt anbahnende Stilwandel hatte auf diese Werke keinen Einfluß. Es sind eine große Anzahl Messen, Motetten, Psalmen, Litaneien und weitere kirchliche mehrchörige, vielstimmige Gesänge erhalten, die auch heute noch in spanischen Kirchen gesungen werden.

LITERATUR

M. Palau, La obra del músico valenciano Juan Bautista Comes, Valencia 1943.

Oscar Comettant (1819–98)

ZEIT UND UMWELT

Das Bild der romantischen Epoche wäre lückenhaft, wenn man nicht auch die Musiker berücksichtigte, die das Rad der Entwicklung um jeden Preis aufhalten und womöglich zurückdrehen wollten. Die Ursache einer solchen Haltung war nicht selten die Unfähigkeit, mit den Zeitgenossen in Wettbewerb zu treten. Sie war zumeist mit intensiven historischen Studien verbunden, aus denen die Musikwissenschaft oft großen Nutzen zog.

LEBEN

Jean Pierre Oscar Comettant wurde am 18.4. 1819 in Bordeaux geboren. Er war am Pariser Conservatoire Schüler von Antoine Aimable Élie Elwart, wandte sich darauf vorwiegend dem Unterricht und der Musikschriftstellerei zu. Im Jahr 1871 gründete er in Paris eine Musikschule. Sein Schrifttum war zu einem großen Teil gegen die zeitgenössische Musikentwicklung gerichtet. Er starb am 24.1.1898 in Montivilliers bei Le Havre.

WERKE

Neben seinem umfangreichen Schrifttum schrieb Oscar Comettant Klavierfantasien, Salonstücke, Etüden, Männerchöre und einige sakrale Gesänge.

Franz Commer (1813–87)

ZEIT UND UMWELT

Die sich im 19. Jahrhundert ständig verstärkende Bemühung, Denkmale älterer Musik zu sammeln und zu erforschen, lag im Sinn der Haltung jener Zeit, in der die Gegenwart durch die Vergangenheit gerechtfertigt und auch geformt werden sollte. Nutznießer dieser Seite der Romantik ist die Musikgeschichte unserer Tage, der eine unermeßliche Fülle an historischem Material überliefert wurde, wenn auch die zu jener Zeit erarbeiteten Erkenntnisse starker Korrekturen bedürfen.

LEBEN

Franz Aloys Theodor Commer wurde am 23.1.1813 in Köln geboren. Im Jahr 1828 war er bereits Organist der Karmeliterkirche und Kapellsänger am Dom in Köln. Ab 1832 studierte er in Berlin bei Carl Friedrich Rungenhagen, Adolf Bernhard Marx und August Wilhelm Bach. Dann erhielt er den Auftrag, die Bibliothek des Königlichen Instituts für Kirchenmusik zu ordnen und begann seine musikhistorischen Studien. Nachdem er 1844 zum Musikdirektor und 1845 zum Regens chori der Hedwigskirche ernannt worden war, wirkte er ab 1850 als Gesanglehrer des Französischen Gymnasiums und Repetitor der Opern. Mit dem berühmten Musikologen und Lexikographen Robert Eitner (22.10. 1832, Breslau, bis 2.2.1905, Templin, Uckermark) gründete er 1868 die »Gesellschaft für Musikforschung«. Er starb am 17.8.1887 in Berlin.

WERKE

Neben der Herausgabe äußerst wertvoller Sammlungen älterer Musik und der Publikation verschiedener musikhistorischer Traktate schrieb Franz Commer Männerquartette, Chorwerke und Lieder, von denen einige in das von ihm herausgegebene »Ermländische Diözesangesangbuch« aufgenommen wurden. Seine Kompositionen treten im Verhältnis zu seinen wissenschaftlichen Leistungen weit zurück.

Honoré Compan
(um 1750 bis nach 1798)

ZEIT UND UMWELT

Es ist bezeichnend, daß zugleich mit dem Zurückweichen des Cembalo ein Vordringen der Harfe festzustellen ist, und zwar auch auf dem Gebiet der Hausmusik, wie die erhöhte Nachfrage nach Anleitungen zum Spiel dieses Instruments beweist. Neben dem doch immer etwas härteren Piano wollte man offenbar auf die sanften Klänge des Cembalo, die von der Harfe noch einschmeichelnder gebracht werden konnten, nicht verzichten. – Und für die anbrechende Romantik war gerade die Harfe das passendste Instrument.

LEBEN
Honoré Compan wurde um 1750 vermutlich in Paris geboren. Er wirkte als Violinist und Harfenlehrer in seiner Geburtsstadt. Über seine sonstige Tätigkeit ist nur bekannt, daß er noch 1798 am Théâtre de la Pantomime als Violinist beschäftigt war. Er dürfte in einem der folgenden Jahre vermutlich in Paris gestorben sein.

WERKE
Außer seinen 40 Konzertstücken für die Harfe veröffentlichte Honoré Compan eine Harfenschule mit vielen Übungsstücken für das Solospiel und die Liedbegleitung, die nicht allein didaktischen Wert hatten. Er schrieb auch eine allgemeine Musiklehre.

Loyset Compère (um 1450–1518)

ZEIT UND UMWELT
Im letzten Drittel des 15. Jahrhunderts hatte die »Wanderbewegung« der franko-flämischen Meister ihren vollen Umfang erreicht. Sie kamen und gingen, einander an den Fürstenhöfen und Kathedralen Frankreichs oder Italiens ablösend, wo sie als Sänger, Dirigenten und Komponisten wirkten und nebenbei als Kleriker, als Erzieher, als Lehrer tätig waren. Dieser ständige Austausch wirkte auf die Stilentwicklung durch das gegenseitige Kennenlernen, das zum Wettstreit und zur Nachahmung führen mußte, sehr belebend.

LEBEN
Loyset Compère wurde um 1450 vermutlich in St. Omer geboren. In den Jahren 1474 und 1475 scheint er als Kapellsänger der Sforza in Mailand auf. 1486 war er Hofkapellsänger in Paris. Er starb als Kanonikus am 16. 8. 1518 in St. Quentin.

WERKE
Von Loyset Compère sind 6 Messen, 4 Messeteile, 3 Motettenzyklen, 24 einzelne Motetten, 5 Motettenchansons, bei 50 Chansons und 2 italienische Frottole erhalten. Die sakralen Frühwerke sind stark italienisch beeinflußt; alles übrige ist stärker an den franko-flämischen Stil gebunden, lehnt sich aber mehr an Obrecht als an Ockeghem an. Die Chansons weisen den verfeinerten Stil spätburgundischer höfischer Komposition auf, sind aber dennoch sehr verbreitet und auch vom Volk bereitwillig aufgenommen worden.

LITERATUR
L. Finscher, Die Messen und Motetten Loyset Compères, Göttingen 1954.

Comte de Saint-Germain
(um 1710–84)

LEBEN
Comte de Saint-Germain – ein Vorname ist nicht überliefert – wurde um 1710 vermutlich in Österreich geboren. Er kam 1744 als Violinist nach London und veröffentlichte einige Kompositionen. Auch während seines zweiten Aufenthalts in London brachte er Violinkompositionen heraus. Auf einer seiner zahlreichen Konzertreisen kam er nach Schleswig-Holstein, wo er am 27. 2. 1784 in Eckernförde starb. Für die Behauptung, er sei mit Giovannini ident gewesen, fehlt jeder Beleg. Näher liegt die Vermutung, daß er ein Sohn des Prinzen Franz Leopold Rákoczy (1676–1735) war.

WERKE
Von Saint-Germain sind mehrere Arien, englische Lieder, einige Triosonaten und 7 Violinsoli erhalten.

LITERATUR
J. Franco, The Count of St. Germain, in: The Musical Quarterly XXXVI, 1950.

Giuseppe Concone (1801–61)

LEBEN
Giuseppe Concone wurde am 12.9.1801 in Turin geboren. Er lebte von 1837 bis 1848 in Paris als gesuchter Gesang- und Klavierlehrer, dann wirkte er in Turin bis zu seinem Tod am 1.6.1861 als Hoforganist.

WERKE
Neben 2 vor seinem Pariser Aufenthalt in Turin aufgeführten Opern verfaßte Giuseppe Concone eine Reihe von Klavierstücken und Lieder mit Klavierbegleitung. Von besonderer Bedeutung sind seine Solfeggien für jede Stimmlage, die in unserer Zeit neu aufgelegt und im Unterricht verwendet werden.

Henry Condell (1757–1824)

ZEIT UND UMWELT
Ouvertüren, Zwischenaktmusik, musikalische Illustration stark dramatischer oder betont lyrischer Szenen und Ensembleschlüsse, eingestreute Lieder und Tänze weiteten nicht selten englische Schauspiele zu Singspielen aus, von denen der Schritt zur Oper nicht mehr weit war, aber dennoch selten gemacht wurde, denn das gesprochene Wort auf der Bühne, den handlungstragenden Dialog, wollten die Engländer nur ungern aufgeben, denn die gesungene, oft schwer verständliche Rede verdunkelte den Handlungsablauf und verdeckte den schlagfertigen Witz, der einen großen Teil des Vergnügens des Publikums bestritt.

LEBEN
Henry Condell wurde 1757 in Battersea (Groß-London) geboren. Er wirkte lange Jahre hindurch als Violinist am Drury Lane und Covent Garden Theatre und dürfte auch als Violinlehrer tätig gewesen sein. Über seine sonstigen Lebensumstände ist nichts bekannt. Er starb in Battersea am 24. 6. 1824.

WERKE
Die Bühnenmusiken, Schauspielouvertüren, Ballettmusiken von Henry Condell wurden von den Londoner Theatern gerne angenommen, weil sie den Publikumsgeschmack gut trafen. Für ein Glee erhielt er vom Catch Club 1811 einen Preis.

Jacopo Confini (um 1530–91)

ZEIT UND UMWELT
Die Phasen, in denen die Musik der franko-flämischen Schule nach Italien gebracht, an italienische Meister weitergegeben und so zum Baustein des italienischen Stiles wurde, waren einander in vielen Fällen sehr ähnlich. Ein Meister aus dem franko-flämischen Raum wanderte in Italien ein und erhielt an einem der Fürstenhöfe oder an einer Kathedrale eine Stellung. Ein Sohn oder naher Verwandter, oft nur ein Schüler folgte ihm aus der Heimat oder wurde bereits in Italien geboren und fügte sich dem Gastland schon so gut ein, daß es für ihn die alte Heimat ersetzte.

LEBEN
Jacopo Confini wurde um 1530 in Padua geboren und war Schüler von Jachet Brumel, Domorganist in Ferrara (um 1500, vermutlich Ferrara, bis nach 1564, Ferrara; naher Verwandter von Antoine Brumel). Er erhielt 1557 die Stelle des Domorganisten von Lucca und starb dort im Jahre 1591.

WERKE
Confini komponierte eine Anzahl Kirchenkonzerte für fünf bis zwölf Stimmen, 3 Bücher Madrigale, 2 mit Motetten, Orgelmusik und kleinere Vokal- und Instrumentalstücke, alles reife Musik im venezianischen Stil.

Nicolò Conforto (1718 bis nach 1788)

ZEIT UND UMWELT
Die Musikpflege am spanischen Hof wurde unter König Ferdinand VI. vor allem von dessen Gemahlin gefördert, die ihre musischen Anlagen von ihrem Vater, dem portugiesischen König João V., geerbt hatte. Ihr

Hauptinteresse und das des Hofadels von Madrid galt in erster Linie der italienischen Oper.

LEBEN
Nicolò Conforto wurde am 25. 9. 1718 in Neapel geboren, am Conservatorio Santa Maria di Loreto von Francesco Mancini ausgebildet. Im Jahr 1755 wurde er von König Ferdinand VI. an den spanischen Hof gerufen und wirkte unter ihm und unter dessen Nachfolger, Karl III., als Hofkomponist für Feste und Schauspiele des spanischen Adels. Er starb in Madrid nach 1788.

WERKE
Als Hofkomponist vertrat Nicolò Conforto die italienische Oper in Madrid und verfaßte für das Königliche Theater eine beträchtliche Anzahl musikalischer Bühnenstücke. Ferner schrieb er mehrere Kantaten, eine Serenata, eine Sinfonie in D-Dur, zahlreiche Arien, Duette und Terzette, außerdem 9 Lamentationen. Seine Musik verblieb im Rahmen des neapolitanischen Stils.

LITERATUR
A. Subirá, El teatro del Real Palacio, Madrid 1950.

Conon de Béthune (1160–1219)

ZEIT UND UMWELT
Die Seigneurs de Béthune waren seit dem 11. Jahrhundert Avoués (Vertreter und Schirmherren) der Abtei St. Vlaast zu Arras. Sie gehörten zu den großen Initiatoren der Kreuzzüge im 12. Jahrhundert, besonders des dritten und des vierten. Sie waren durch alle Generationen bis zum Ende des 18. Jahrhunderts an hohen staatlichen oder kirchlichen Stellen tätig und erhielten Grafen-, Herzogs- und Fürstentitel.

LEBEN
Monseigneur Conon de Béthune, Sohn Roberts V. de Béthune (»Le Roux« genannt), Schirmvogt der Abtei St. Vlaast in Arras, wurde 1160 in Béthune geboren. Er nahm am III. und IV. Kreuzzug teil, wurde Seneschall und kaiserlicher Oberkämmerer und ist am 17. 12. 1219 im Orient gestorben.

WERKE
Von dem nordfranzösischen Trouvère Conon de Béthune sind 11 Lieder mit Musik erhalten, darunter seine beiden Kreuzzugslieder (vermutlich von 1188), die sehr bekannt geworden sind.

LITERATUR
I.-M. Cluzel und L. Pressouyre, Les origines de la poésie lyrique d'oïl et les premiers trouvères, Paris 1962.

August Conradi (1821–73)

ZEIT UND UMWELT
Das »Salonorchester« des 19. Jahrhunderts war ein auf dem Klaviertrio aufgebautes Ensemble für Unterhaltungs- und Tanzmusik. Es konnte nach Belieben mit Streichern, Bläsern und Schlagwerk verstärkt werden; zur Wiedergabe von Füllstimmen in verschiedenen Klangfarben wurde zumeist ein Harmonium verwendet. Mit zahllosen Arrangements wurde nahezu alle erreichbare Musik für diese Ensembles vereinfacht und in Kaffeehäusern, Restaurants, Pavillons von Kurpromenaden, Vereinssälen und später auch in Kinos gespielt. Es kam ihm auch für die Versorgung der Massen mit Musik eine wichtige Rolle zu, bis Schallplatte und Rundfunk diese Funktion übernehmen konnten. Originalkompositionen für Salonorchester waren verhältnismäßig selten.

LEBEN
August Conradi wurde am 26.6.1821 in Berlin geboren und war dort Schüler von Carl Friedrich Rungenhagen. Er wirkte ab 1843 als Organist des Invalidenhauses in Berlin, ab 1849 als Theaterkapellmeister in Stettin (Szczecin), sodann nach Tätigkeiten in Düsseldorf und Köln als Kapellmeister an verschiedenen Theatern in Berlin, wo er am 26.5.1873 starb.

WERKE

Außer 3 Opern verfaßte August Conradi mehrere musikalische Possen und ein Ballett, ferner 5 Sinfonien, mehrere Ouvertüren, Streichquartette und Lieder, außerdem zahlreiche Potpourris aus Opern, Operetten und Balletten für Salonorchester.

Johan Gottfried Conradi (1820–96)

ZEIT UND UMWELT

Wenn auch die Norweger zu Beginn ihrer eigenständigen Musikentwicklung sich ihre Ausbildung noch in Deutschland holten, so integrierten sie in alle ihre Werke die Tradition der eigenen Volksmusik. Ein Anzeichen für die rasche Entwicklung der norwegischen Musik war das baldige Erscheinen historischer Arbeiten darüber.

LEBEN

Johan Gottfried Conradi wurde am 17.4.1820 in Tønsberg bei Kristiania (Oslo) geboren. Er war Kapellmeister an Det norske Theater, studierte sodann in Deutschland Musik und war anschließend als Orchester- und Chordirigent sowie Musiklehrer in Kristiania tätig, wo er am 20.9.1896 starb.

WERKE

Von Johan Gottfried Conradi sind Männerchöre, Kantaten, Lieder und Klavierstücke erhalten. Er veröffentlichte einige Liederbücher. Seine Kompositionen fanden wegen ihrer volkstümlichen Faktur guten Anklang.

Johann Georg Conradi
(um 1640 bis um 1700)

ZEIT UND UMWELT

In rascher Folge etablierte sich in Deutschland gegen Ende des 17. Jahrhunderts eine Reihe von Opernhäusern. Damit war für ausübende Musiker ein neuer Berufszweig entstanden. Aus der Tätigkeit als Opernsänger, Opernmusiker und Operndirigent konnte der Lebensunterhalt ebenso bestritten werden wie aus dem Wirken an einer Kirche oder einem Fürstenhof. Besonders für deutsche Komponisten öffnete sich ein weites Arbeitsfeld, weil der Wunsch, die italienischen Erzeugnisse zu verdrängen, immer stärker wurde.

LEBEN

Johann Georg Conradi wurde im norddeutschen Raum um 1640 geboren. Er war von 1683 bis 1686 Kapellmeister in Ansbach, von 1687 bis 1690 in Römhild und darauf Opernkapellmeister in Hamburg. Über seine weitere Tätigkeit ist nichts bekannt. Er dürfte um 1700 wahrscheinlich in Hamburg gestorben sein.

WERKE

Der deutsche Komponist Johann Georg Conradi verfaßte 7 Opern, die in Hamburg aufgeführt wurden und sich einige Zeit auf dem Spielplan hielten. Außerdem sind von ihm etliche kirchliche Gesänge erhalten.

Jean Conseil (um 1498–1535)

ZEIT UND UMWELT

Kapellen wie die päpstliche in Rom hatten laufend Bedarf an guten Sängern, der durch den Zustrom der Musiker, die aufgenommen werden wollten, nicht immer befriedigend gedeckt werden konnte, entweder weil sich zu wenige meldeten oder die Aufnahmebewerber den hohen Anforderungen der Sistina nicht entsprachen. Um die Lücken zu füllen, wurden zuweilen einzelne Mitglieder der Kapelle aus dem Ausland in ihre Heimat gesandt, um dort Musiker anzuwerben und diese bereits an Ort und Stelle zu prüfen. Diese Werber wandten sich zuerst an Studienkollegen, wanderten sodann von Kathedrale zu Kathedrale, bis sie eine kleine Truppe zusammengestellt hatten. Wer sich dann doch nicht bewährte, wurde an weniger selektive Kapellen verwiesen. Daß diese ständige Auslese die Kapelle auf höchstem Niveau hielt, liegt auf der Hand. Sänger, die zugleich Komponisten waren, wurden bevorzugt. Ihre Kompositionen wurden von einem Kollegium der Kapellmitglieder begutachtet und zumeist auch mindestens einmal aufgeführt. Fand die neue Komposition Zustimmung, wurde sie in einem der Codices der Kapelle kopiert.

Leben
Jean Conseil (Johannes Consilium) ist um 1498 in Paris geboren und trat vor 1509 der Sainte-Chapelle als Sänger bei. Er wurde für die päpstliche Kapelle in Rom abgeworben und erhielt dort selbst die Aufgabe, französische Sänger nach Rom zu bringen. Im Jahre 1534 wurde er Maestro di Cappella. Am 11. 1. 1535 starb er in Rom.

Werke
Von dem französischen Komponisten Conseil sind mehrere Motetten und Chansons neben einem Lautensatz erhalten. Ihr Stil ist interessant, weil er zeigt, wie weit sich in den ersten Jahrzehnten des 16. Jahrhunderts der Pariser Stil vom franko-flämischen entfernt hatte, obwohl er erst am Beginn seiner Entwicklung stand.

Literatur
A.-M. Bragard, Détails nouveaux sur les mucisiens da la cour du pape Clément VII, Revue belge de Musicologie VII, 1938.

Louis Constantin (um 1585–1657)

Zeit und Umwelt
Die Frühform der Violine ist um 1520 im Umkreis von Mailand entwickelt worden. Das Instrument war damals noch 3saitig. Im 16. Jahrhundert wurde es zunächst vorwiegend für höfische Tanz-, Tafel- und andere Unterhaltungsmusik verwendet. Gegen das Ende des Jahrhunderts hat die Violine bereits annähernd ihre heutige Form erhalten. Im 17. Jahrhundert wurde das Orchesterspiel der Violine besonders bei Hof stark gefördert und im Jahr 1626 unter König Ludwig XIII. die berühmten Vingt-quatre violons du Roy zusammengestellt.

Leben
Louis Constantin wurde um 1585 vermutlich in Paris geboren. Er war einer der bedeutendsten Virtuosen der Violine der älteren französischen Schule. 1624 wurde er zum »Roy et Maistre des Menestriers« ernannt und nahm in dem vom König gegründeten Violinenorchester einen führenden Rang ein. Er starb in Paris im Oktober 1657.

Werke
Vom französischen Violinvirtuosen und Komponisten Louis Constantin sind einige Stücke für sein Instrument erhalten, die zu den wichtigsten Beispielen der frühen Violinmusik gehören. Sie nützen die Spielmöglichkeiten des Instruments bereits gut aus.

Literatur
F. Thoinan, Louis Constantin, roi des violons 1624–1657, Paris 1878.

Dan Constantinescu
(geboren 1931)

Leben
Dan Constantinescu wurde am 10. 6. 1931 in Bukarest geboren. Von 1950 bis 1955 studierte er am Konservatorium seiner Geburtsstadt bei Paul Constantinescu, Marţian Negrea, Theodor Rogalski (11. 4. 1901, Bukarest, bis 2. 2. 1954, Zürich), Leon Klepper und Mihail Jora. Seit 1962 ist er an derselben Lehranstalt als Lektor für Komposition tätig.

Werke
Von Dan Constantinescu sind ein Divertimento im klassischen Stil, eine Ballade, eine Partita, ein Klavierkonzert, eine Kammersinfonie, 2 Streichquartette, ein Klavierquartett, ein Trio für Klavier, Violine und Klarinette, 2 Sonaten für Violine und Klavier, eine Sonate für Cello und Klavier, eine für Klarinette und Klavier, eine für Flöte und Klavier, 2 Klaviersonaten, Chöre und Lieder bekannt geworden. Seine Musik ist zumindest teilweise der Spätromantik zuzuordnen.

Paul Constantinescu (1909–63)

LEBEN

Paul Constantinescu wurde am 30.6.1909 in Ploieşti, Rumänien, geboren. Er war am Konservatorium in Bukarest Schüler von Mihail Jora, Dimitrie Cuclin und Constantin Brăiloiu (13.8.1893, Bukarest, bis 20.12.1958, Genf) und in Wien von Joseph Marx. Im Jahr 1935 wurde er Professor für Musiktheorie an der Musikakademie in Bukarest, wo er ab 1941 bis zu seinem Tod am 20.12.1963 am Konservatorium als Kompositionsprofessor wirkte.

WERKE

Außer 2 Opern schrieb Paul Constantinescu 2 Sinfonien, eine Sinfonietta, eine Rhapsodie, eine »Choreografische Dichtung«, ein Konzert für Streicher, ein Klavierkonzert, ein Violinkonzert, ein Harfenkonzert, ein Tripelkonzert für Violine, Cello und Klavier, eine Burleske für Klavier und Orchester, Streichquartette, eine Toccata für Klavier, 2 »Byzantinische Oratorien« und Filmmusik.

Konzert für Streichorchester, 3 Sätze, entstanden 1955

Dieses Konzert ist eine vom Komponisten vorgenommene Bearbeitung eines Streichquartetts aus 1947. Der 1. Satz ist sonatenförmig angelegt. Sein Thema ist der rumänischen Volksmusik entnommen und wird anfänglich von Bratschen und Celli intoniert. Als zweites Thema tritt eine sangliche Melodie hinzu. Im 2. Satz bringt das Orchester unisono ein klagendes Thema, das die Not des rumänischen Volks im Verlauf seiner Vergangenheit ausdrücken soll; zwei Nebenthemen kommentieren die bewegte Klage. Der 3. Satz bringt fröhliche, stark rhythmisierte Volkstanzweisen, die ihre Schönheit und Vitalität vermitteln.

Klavierkonzert, 3 Sätze, entstanden 1952

Mit großer Meisterschaft sind in diesem Werk rumänische Volksweisen verarbeitet und zuweilen sogar zitiert. Der 1. Satz wird von einer pathetischen Einleitung eröffnet. Dann erklingt ein fröhliches Volksliedthema, dem ein daraus gebildetes zweites Thema mit heroischen Gesten gegenübergestellt wird. Der 2. Satz hebt eine teils lyrische, teils episch-dramatische Doină auf sinfonische Ebene. Das Finale ist ein fröhlicher Volkstanz.

Freie Variationen über eine byzantinische Weise aus dem 13. Jahrhundert für Cello und Orchester, 2 Teile, entstanden 1951

Diese 1940 für Cello und Klavier konzipierten Variationen wurden vom Komponisten nachträglich für Harfe, zwei Hörner, Gong und Streicher instrumentiert. Im 1. Teil wird das Originalthema vom Cello nahezu rezitierend vorgetragen und dann rhythmisch und melodisch alteriert. Die Harmonisierung wird von parallelen Quarten und Terzen bestritten, dem byzantinischen Organum. Im 2. Teil wird aus dem Thema ein Cantus firmus, den die Streicher begleiten und echoähnlich imitieren.

Carlo Conti (1796–1868)

ZEIT UND UMWELT

Unter welcher Herrschaft Neapel auch immer stand, der Unterricht an den Konservatorien ging weiter und brachte vor allem Opernkomponisten hervor, die ihrerseits zumindest zeitweilig unterrichteten und das Erlernte an ihre Schüler weitergaben. Damit wurde eine nahezu unerschöpfliche Quelle von Kräften geschaffen, die Kirchen und Opernhäuser laufend mit neuen Werken versorgten.

LEBEN

Carlo Conti wurde am 14.10.1796 in Arpino, Frosinone, geboren und in Neapel ausgebildet. Er wirkte ab 1846 als Kontrapunktlehrer am Konservatorium der Stadt, das er ab 1862 als stellvertretender Direktor für den erblindeten Saverio Mercadante leitete. Er starb am 10.7. 1868 in Arpino.

WERKE

Neben 11 zum Teil erfolgreichen Opern schrieb Carlo Conti 6 Messen, 2 Requiem und weitere sakrale Gesänge. Seine Kirchenmusik unterschied sich grundlegend von seinen Opern; sie wurde stilistisch sehr konservativ gehalten und ließ erkennen, daß der Komponist ein bedeutender Kontrapunktiker war.

Francesco Conti (1682–1732)

ZEIT UND UMWELT

Die Theorbe wurde vom 16. bis zum Ende des 18. Jahrhunderts als Fundamentinstrument verwendet. Ihr sonorer Klang, ihr Tonumfang waren besonders bei Generalbaßmusik gut verwendbar. Daneben gab es immer wieder Musiker, die sich bemühten, dieses vielsaitige, schwierig zu spielende Instrument auch solistisch in den Griff zu bekommen.

LEBEN
Francesco Bartolomeo Conti wurde am 20. 1. 1682 in Florenz geboren. Er war ab 1701 Hoftheorbist und ab 1713 Hofkomponist in Wien, wo er am 20. 7. 1732 starb.

WERKE
Der italienische Theorbenvirtuose und Komponist Francesco Conti verfaßte 10 Oratorien, einige Kirchenmusik – Messen, Proprien – und bei 50 Solokantaten, bei 17 Opern (darunter die wegen ihrer Komik beliebte Oper »Don Quijote«) und weitere 11 verschiedene musikalische Bühnenstücke. Er genoß hohes Ansehen.

Ignazio Conti (1699–1759)

ZEIT UND UMWELT
Wie die Dichtkunst verstand sich die Komposition bis weit in die Neuzeit als artifizielle, auf Wissenschaft, Lehre und Fertigkeit beruhende Tätigkeit, deren Erfolg von der richtigen Anwendung übernommener oder selbst geschaffener Regeln, also vom Grad des »Könnens« abhing. Sie wurde von den in diesem Können Ausgebildeten zu jeder Zeit auf Bestellung ausgeübt. Der bei einem Hof, einer Kirche oder Akademie angestellte »Komponist« war, wie ein Leibjäger, Koch oder Pferdepfleger, verpflichtet, diese Aufträge ohne Rücksicht auf seine eigene Disposition zu erfüllen, gleichgültig, ob er im Einzelfall oder regelmäßig honoriert wurde. Zu einer Individualisierung der Komposition wie aller anderen künstlerischen Betätigungen kam es nach vielen Ansätzen erst im 19. Jahrhundert.

LEBEN
Ignazio Conti wurde 1699 in Florenz als Sohn von Francesco Bartolomeo Conti (1682 bis 1732) geboren und von seinem Vater, der ab 1701 in Wien wirkte, ausgebildet. Er übte seine Tätigkeit als Theorbist und Komponist in enger Verbindung mit der Kaiserlichen Hofkapelle aus, erhielt jedoch trotz seiner Bemühungen die angestrebte Ernennung zum Hofkomponisten nicht. Er starb am 28. 3. 1759 in Wien.

WERKE
Von Ignazio Conti sind 7 Opern und 7 Oratorien aufgeführt worden. Er schrieb außerdem Messen im A-cappella-Stil und einige weitere sakrale Werke.

Gino Contilli (1907–78)

LEBEN
Gino Contilli wurde am 19. 4. 1907 in Rom geboren. Er war dort Schüler der Accademia di Santa Cecilia, darauf bei Ottorino Respighi und Ildebrando Pizzetti. Von 1942 bis 1966 unterrichtete er am Istituto Musicale in Messina, dann wurde er Direktor des Liceo musicale in Genua. Er starb dort am 4. 4. 1978.

WERKE
Neben einem Bühnenwerk schrieb Gino Contilli eine Sinfonie und weitere Orchesterstücke, ein Allegro für neun Instrumente, 5 dodekaphonische Studien, Stücke für Singstimme und Instrumente, 3 Kantaten, 3 Motetten a cappella und Lieder. Er war einer der ersten Italiener, die Zwölftontechnik anwendeten.

Giovanni Contino (um 1513–74)

ZEIT UND UMWELT
Die oberitalienische Stadt Brescia kam 1426 zu Venedig und nahm wirtschaftlich und kulturell an den Geschicken jener Stadt teil. Im frühen 16. Jahrhundert zählte sie zu den reichsten Städten der Lombardei, wurde jedoch 1512 durch eine Plünderung seitens der Franzosen so stark beschädigt und geschädigt, daß sie sich kaum mehr davon erholen konnte. Ihr Musikleben konzentrierte sich hauptsächlich auf den Dom, der

immer mit den besten Kräften ausgestattet war.

LEBEN
Giovanni Contino ist um 1513 in Brescia geboren. Er wurde Sängerknabe am Dom der Stadt. Von 1541 bis 1551 stand er im Dienst des Kardinals Cristoforo Madruzzo in Trient. Darauf trat er die Stelle eines Domkapellmeisters von Brescia an und blieb es mit Unterbrechungen bis 1566. Aus der Zeit bis zu seinem Tod in Brescia im Jahre 1574 fehlen alle Nachrichten.

WERKE
Von den Kompositionen des Giovanni Contino sind fünfstimmige Motetten und Madrigale, sechsstimmige Motetten, Hymnen, vier- und fünfstimmige Messen, ein Magnificat für fünf Stimmen, Karwochengesänge für fünf Stimmen, darunter Threni Jeremiae, erhalten. Die kontrapunktische Führung mehrerer Stimmen war in der Mitte des 16. Jahrhunderts bereits voll durchgebildet. Ihre exakte Durchführung geht nicht selten auf Kosten des Klanges.

LITERATUR
P. Guerrini, Giovanni Contino, in: Note d'archivio, 1924.

Frederick Shepherd Converse
(1871–1940)

LEBEN
Frederick Shepherd Converse wurde am 5. 1. 1871 in Newton, Mass., geboren. Nach seinem Studium an der Harvard University war er von 1896 bis 1898 Schüler von Joseph Rheinberger in München. Ab 1899 wirkte er als Theorielehrer am Konservatorium in Boston und ab 1901 bis 1907 als Kompositionslehrer an Harvard. Nach seiner Tätigkeit als Vizepräsident der Operngesellschaft gab er von 1921 bis 1938 Kompositionsunterricht am Konservatorium. Er starb am 8. 6. 1940 in Westwood bei Boston.

WERKE
Das kompositorische Schaffen von Frederick Shepherd Converse war spätromantisch. Ab dem zweiten Jahrzehnt des 20. Jahrhunderts jedoch bemühte er sich um einen eigenen »amerikanischen« Stil, der sich zwar wenig deutlich ausprägte, aber als Vorstufe zur heute in den USA gepflegten Faktur angesehen werden kann. Er schrieb 5 Opern, ein Oratorium »Job«, 7 Sinfonien, eine Fantasie für Klavier und Orchester, 2 Orchestersuiten, das Orchesterstück »Der zehnmillionste Fordwagen«, ein Orchesterlied, 3 Streichquartette und weitere Kammermusik, Klavierstücke und Lieder.

Girolamo Conversi
(um 1540 bis nach 1586)

ZEIT UND UMWELT
Antoine Perrenot de Granvelle (1517–86) gehörte als einziger Ausländer dem Staatsrat des spanischen Königs Philipp II. an. Er wurde 1561 Kardinal und wurde vom König nach den Niederlanden gesandt, um zwischen der spanischen Regierung und dem heimischen Adel zu vermitteln. Als unbedingter Verfechter der Unantastbarkeit der spanischen Krone vertiefte er die Kluft, die er hätte schließen sollen. Er wurde abgezogen und vertrat nunmehr Spanien als Vizekönig von Neapel, wo einigermaßen Ruhe herrschte und er wie der heimische Adel seine kulturellen Interessen verfolgen konnte.

LEBEN
Girolamo Conversi wurde um 1540 in Correggio geboren. Wo er seine Ausbildung erhalten hat, ist nicht bekannt. Um das Jahr 1584 stand er in dem Dienst des Vizekönigs Kardinal Antoine Perrenot de Granvelle (Granvella) von Neapel. Ob er nach dem Tod des Vizekönigs (1586) in Neapel geblieben ist, kann ebensowenig festgestellt werden wie Ort und Zeit seines Todes.

WERKE
Von Girolamo Conversi sind fünfstimmige Kanzonen und sechsstimmige Madrigale überliefert, die vor seinem Aufenthalt in Neapel entstanden sind und daher auch im Stil Oberitaliens verfaßt wurden. Die Kom-

positionen lassen eine gründliche Ausbildung des Meisters erkennen.

Johannes Conze (1875–1946)

LEBEN

Johannes Conze wurde in Lippstadt, Westfalen, geboren. Er war an der Kirchenmusikschule in Aachen Schüler von Franz Nekes (13.2.1844, Bottrop bei Essen, bis 6.5.1914, Aachen), studierte 1905 in Berlin bei Heinrich van Eyken (19.7.1861, Elberfeld, bis 28.8. 1908, Berlin) Theorie und bei Carl Krebs (5.2. 1857, Königsberg [Kaliningrad], bis 9.2.1937, Berlin) Musikgeschichte. Er lebte anschließend als Gesang- und Theorielehrer in Berlin, wo er am 9.1.1946 starb.

WERKE

Von Johannes Conze sind mehrere Orchesterwerke, 4 Messen, ein Klavierquartett, 3 Streichquartette, eine Cellosonate, eine Violinsonate, eine Anzahl Orgelwerke, Männerchöre und Lieder erschienen. Er war Spätromantiker.

Arnold Cooke (geboren 1906)

LEBEN

Arnold Atkinson Cooke wurde am 4.11.1906 in Gomersal, Yorkshire, geboren. Er studierte von 1929 bis 1932 in Berlin bei Paul Hindemith Komposition und Kontrapunktik. Im Jahr 1933 wurde er Professor für Theorie und Komposition an der Royal Manchester School of Music, 1947 Professor mit den gleichen Fächern am Trinity College of Music in London.

WERKE

Als Vertreter eines neubarocken Stils stellt Arnold Cooke nahezu eine Seltenheit im Rahmen der Musik des 20. Jahrhunderts dar. Er war vor allem Kammermusiker, schrieb aber auch, neben einer Oper und einem Ballett, 3 Sinfonien, ein Klavierkonzert und ein Violinkonzert. Von seiner zahlreichen Kammermusik für verschiedene Besetzungen sind ein Quintett für Klarinette und Streichquartett, ein Klavierquintett, ein Quartett für Flöte, Klarinette, Cello und Klavier, ein Quartett für Blockflöte, Violine, Cello und Cembalo, 3 Streichquartette, ein Trio für Klarinette, Cello und Klavier, Sonaten für Oboe und Klavier, Klarinette und Klavier, Oboe und Cembalo und 2 Klaviersonaten, außerdem eine Ode für Soli, Chor, Orchester und Orgel, ein Liederzyklus für Sopran, Horn und Klavier sowie Lieder für Sopran, Klarinette und Klavier und für Baß und Klavier bekannt geworden.

Benjamin Cooke (1734–93)

LEBEN

Benjamin Cooke wurde 1734 in London geboren. Er war ab seinem 9. Lebensjahr Schüler von Johann Christoph Pepusch und bereits nach 3 Jahren imstande, den Organisten John Robinson (1682, London, bis 30. 4. 1762, London) an der Orgel der Westminster Abbey zu vertreten. Im Jahr 1752 folgte er Pepusch als Dirigent der »Academy of Ancient Music« (Akademie für Alte Musik) nach, 1757 löste er Bernard Gates als Knabenchorleiter an der Westminster Abbey ab. Er erhielt in Oxford und in Cambridge den Doktorgrad aus Musik und wurde zum Organisten an St. Martin-in-the-Field gewählt. Er starb am 14. 9. 1793 in London.
Sein Sohn Robert Cooke (1768, London, bis 13. 8. 1814, London) folgte dem Vater in dessen Stellungen als Organist und Chorleiter.

WERKE

Von Benjamin Cooke sind an Instrumentalwerken Duette für Violinen oder Flöten, außerdem Fugen und andere Stücke für Orgel und ein Kanon gedruckt worden. Seine sakrale Musik besteht aus mehreren Services, von denen das in G-Dur hervorsticht, einer großen Anzahl Anthems, zum Teil mit Orchesterbegleitung, Psalmen und Hymnen. Seine Berühmtheit verdankt er aber seinem Liedschaffen: Glees, Catches und Kanons, Oden und eine Vertonung des Morgenhymnus aus »Das verlorene Paradies« von John Milton. Für seine Glees erhielt er meh-

rere Preise. Weiters liegen Orchesterkonzerte, Märsche und Übungsstücke für Cembalo vor.
Robert Cooke schrieb ein Abend-Service in C-Dur, eine »Ode an die Freundschaft«, mehrere Gesänge und Glees.

LITERATUR

H. Cooke, Some account of Dr. Cooke, London 1937.

Henry Cooke (um 1616–72)

ZEIT UND UMWELT

Nachdem Oliver Cromwell 1658 an Malaria gestorben war, übernahm sein Sohn Richard Cromwell (1626–1712) dessen Machtstellung, scheiterte jedoch innerhalb kürzester Zeit, zog sich in das Privatleben zurück und verließ England; König Karl II. trat 1660 die Regierung an. Als man daranging, die Hofkapelle neu zu errichten, brachte man nur fünf ehemalige Mitglieder auf; es gab keine Gesangbücher, und die alte Gottesdienstordnung war in Vergessenheit geraten. Der Sängernachwuchs mußte in verschiedenen Kirchen gesucht werden.

LEBEN

Henry Cooke (Captain) wurde um 1616 vermutlich in Lichfield geboren. Sein Vater John Cooke (um 1570, Lichfield, bis 1625, London) war ab 1623 Bläser der Chapel Royal. Henry Cooke wurde an der Chapel Royal ausgebildet, kämpfte im Bürgerkrieg für den König und stieg dort zum Captain auf. Während der Cromwell-Zeit dürfte er in Italien gewesen sein. Nach der Restauration trat er als Baßsänger und Leiter des Knabenchors der Chapel Royal bei und bemühte sich sehr um den Wiederaufbau der Kapelle, aus der unter seiner Leitung bald wieder jener Klangkörper wurde, der für die englische Musik tonangebend war. Sein organisatorisches Talent brachte die gesamte englische Musik auf eine beachtliche Höhe. Im Jahr 1672 zog er sich krankheitshalber von allen Verpflichtungen zurück und übersiedelte nach Hampton Court, wo er noch im selben Jahr starb. Er wurde am 17. Juli begraben.

WERKE

Der englische Bassist und Komponist Henry Cooke verfaßte etwa 30 Anthems, eine Anzahl Lieder und Chormusik, die sehr viel gesungen wurden, außerdem Bühnenmusik und viele Gelegenheitskompositionen.

Thomas Simpson Cooke (1782–1848)

ZEIT UND UMWELT

Urheberrechtlichen Schutz eines Kunstwerkes in unserem Sinn gab es auch in der ersten Hälfte des 19. Jahrhunderts keinen. Jeder Komponist mußte es dulden, daß man zum Beispiel seine Opern umarbeitete, mit anderen Arien, anderem Handlungsverlauf und anderer Besetzung aufführte und sich trotzdem seines Namens bediente. Impresari und Dirigenten schalteten und walteten in dieser Hinsicht völlig ungehindert.

LEBEN

Thomas Simpson Cooke (Tom Cooke) wurde 1782 in Dublin geboren. Er trat bereits mit 7 Jahren als Violinist an die Öffentlichkeit. Sodann wurde er von Tommaso Giordani (um 1730 bis 1806) weiter ausgebildet. Mit 15 Jahren wurde er Leiter einer Theaterkapelle in seiner Vaterstadt, an der er sich nach etlichen Jahren mit solchem Erfolg als Tenor versuchte, daß ihn 1813 das Londoner Opernhaus Lyceum und 1815 das Drury Lane Theatre als Sänger engagierten. Ab den dreißiger Jahren wirkte er als Musikdirektor und Dirigent an Drury Lane und Covent Garden, leitete fallweise die Konzerte der Philharmonischen Gesellschaft und ab 1846 auch die Darbietungen des »Concert of Ancient Music«. Auch als Gesanglehrer war er sehr gesucht. Er starb am 26. 2. 1848 in London.

WERKE

Von Thomas Simpson Cooke sind zahlreiche eigene und fremde adaptierte Opern aufgeführt worden. Er schrieb eine große Anzahl Catches, Glees, Lieder und Einlagen zu Bühnenwerken.

PROPYLÄEN
WELT DER MUSIK
DIE KOMPONISTEN

PROPYLÄEN WELT DER MUSIK

PROPYLÄEN
WELT DER MUSIK
DIE KOMPONISTEN

EIN LEXIKON IN FÜNF BÄNDEN
VON ALFRED BAUMGARTNER

FÜNFTER BAND
SARTORIO – ZWYSSIG
KLEINES SACHLEXIKON

PROPYLÄEN VERLAG
BERLIN · FRANKFURT AM MAIN

Einband: Theodor Bayer-Eynck
unter Verwendung eines Gemäldes von W. A. Rieder
»Franz Schubert«
Foto: Archiv für Kunst und Geschichte, Berlin

Gesamtherstellung: Franz Spiegel Buch GmbH, Ulm

Printed in Germany 1989

ISBN für diesen Band 3 549 07835 8
ISBN für das Gesamtwerk 3 549 07830 7

Baumgartner, Alfred: Propyläen Welt der Musik:
die Komponisten: ein Lexikon in 5 Bänden /
von Alfred Baumgartner. – Bearb. Ausg. –
Berlin; Frankfurt am Main: Propyläen Verl.
ISBN 3-549-07830-7
NE: HST

Bearb. Ausg.
Bd. 5. Sartorio – Zwyssig. Kleines Sachlexikon. – 1989
ISBN 3-549-07835-8

SARTORIO – ZWYSSIG

KLEINES SACHLEXIKON

Antonio Sartorio (um 1620–81)

ZEIT UND UMWELT
In Venedig rückte – wie bald auch in anderen Städten Italiens – die Oper so rasch in den Mittelpunkt des Publikumsinteresses, daß ihre »Sinfonia«, wie damals die Ouvertüre genannt wurde, und auch einzelne Arien zu gesonderten Stücken der Kammerkonzerte wurden. Was die Komponisten neben ihren Opern komponierten, fand sehr oft nur wenig Beachtung.

LEBEN
Antonio Sartorio (Sertorio) wurde um 1620 in Venedig geboren. Von 1666 bis 1675 war er erster Kapellmeister am herzoglichen Hof in Hannover und erhielt darauf das Amt des Vizekapellmeisters an San Marco in Vendig, das er bis zu seinem Tod am 5. 1. 1681 versah.

WERKE
Der italienische Komponist Antonio Sartorio schrieb vor allem eine Reihe Opern für Venedig, aus denen Teile – Arien, Orchesterstücke – auch gesondert gespielt wurden. Darüber hinaus brachte er sehr klangreiche Psalmen für acht Stimmen und zwei Chöre heraus, die aber den Beliebtheitsgrad seiner Opernarien nicht erreichten.

Christian Sartorius
(um 1600–76)

ZEIT UND UMWELT
Die vielseitige Verwendung von Hofmusikern als Sekretäre, Verwalter, Erzieher, Kammerdiener, Dolmetscher, Gesellschafter, Reisebegleiter oder Pferdebetreuer war im 17. Jahrhundert noch allgemein üblich. Es hing vom Dienstherrn ab, wie angenehm diese Dienste waren und ebenso, wie viel Achtung dem Musiker für seine künstlerische Leistung entgegengebracht wurde.

LEBEN
Christian Sartorius wurde um 1600 in Querfurt geboren. Er war 1626 Hofmusiker und Kammerdiener in Bayreuth, von 1647 bis 1671 Verwalter des säkularisierten Klosters Himmelkron in Oberfranken und starb 1676 in Kulmbach. Seine Beerdigung war am 14. 4.

WERKE
Der deutsche Komponist Christian Sartorius verfaßte eine elfstimmige Trauermusik zum Tod des Markgrafen Christian von Brandenburg-Kulmbach und 24 nach dem Kirchenjahr geordnete kleine geistliche Konzerte für eine bis acht Stimmen und Generalbaß.

Erasmus Sartorius (1577–1637)

ZEIT UND UMWELT
Gottorf, die Residenz der Schleswig-Gottorfer Linie des dänischen Königshauses, war wegen ihrer Kapelle sehr berühmt. Es wurden dort laufend Sängerknaben ausgebildet, die, falls sie nicht in Gottorf verblieben, überall gerne aufgenommen wurden, weil man ihren hohen Ausbildungsstand schätzte.

LEBEN
Erasmus Sartorius wurde 1577 in Schleswig geboren und als Sängerknabe auf Schloß Gottorp aufgenommen. Von 1590 bis 1604 setzte er sein Studium in Rostock fort, erhielt 1605 die Kantorenstelle am Dom zu Hamburg, wo man ihn gleichzeitig zum Leiter der Stadtmusik ernannte. Er starb in Hamburg am 17. 10. 1637.

WERKE
Der deutsche Komponist und Musikwissenschafter Erasmus Sartorius hat neben seinen wissenschaftlichen Werken den »Belligeramus« verfaßt, eine Komposition, die den Kampf des alten und des neuen Stils verdeutlichen sollte. Dieses Werk ist über seinen lehrhaften Charakter hinaus ein großes Kunstwerk.

Paul Sartorius (1569–1609)

ZEIT UND UMWELT
Die Hofkapellen von Innsbruck waren stets

vorwiegend mit Italienern besetzt; für die Aufnahme in ihre Dienste scheint zumindest eine Ausbildung in Italien unerläßlich gewesen zu sein. Diese Entwicklung hatte bereits mit Erzherzog Ferdinand von Tirol (1529–95) begonnen und setzte sich unter dessen Nachfolgern fort.

LEBEN
Paul Sartorius (Schneider) wurde am 16. 11. 1569 in Nürnberg getauft, wo er später an der Lateinschule St. Lorenz Schüler Leonhard Lechners (um 1553–1606) war. Seine musikalische Ausbildung erhielt er in Rom vermutlich von Ruggiero Giovanelli (um 1560 bis 1625). Von 1594 an wirkte er als Organist der Kapelle des österreichischen Erzherzogs Maximilian (1558–1618) in Mergentheim und ab 1602 in Innsbruck, wo er am 28. 2. 1609 starb.

WERKE
Mit seinen mehrstimmigen Messen, den Magnificat, Motetten und geistlichen Liedern folgte Paul Sartorius dem Palestrina-Stil. Auch seine »Neuen Teutschen Liedlein mit vier Stimmen nach art der Welschen Canzonette« sind sehr konservativ gehalten.

LITERATUR
W. Senn, Musik und Theater am Hof zu Innsbruck, Innsbruck 1954.

Andrés Sás Orchassal (1900–67)

LEBEN
Andrés Sás Orchassal wurde am 6.4.1900 in Paris geboren. Er war Violin- und Kontrapunktschüler am Konservatorium in Brüssel. Im Jahr 1924 wurde er Violinlehrer in Lima. Nachdem er ein Jahr in Ninove, Belgien, eine von ihm gegründete Musikschule geleitet hatte, ließ er sich endgültig in Peru als Lehrer, Dirigent und Folkloreforscher nieder. Ab 1954 wirkte er als Professor für Komposition am Konservatorium in Lima, wo er am 26.7. 1967 starb.

WERKE
In den meisten seiner Werke verarbeitete Andrés Sás Orchassal peruanische Volksmelodien. Er verfaßte ungefähr 10 Ballette und viele Bühnenmusiken, ein Violinkonzert, ein Trompetenkonzert, ein Streichquartett, Stücke für Violine und Klavier und für Klavier allein, Chöre und Lieder mit Klavierbegleitung und A-cappella-Chöre.

Česlovas Sasnauskas (1867–1916)

LEBEN
Česlovas Sasnauskas wurde am 19.6.1867 in Kapčiamiestis, Litauen, geboren. Nach seiner Ausbildung in Warschau wirkte er als Organist in Vilkaviškis und ab 1894 in St. Petersburg (Petrograd), wo er am 5.1.1916 starb.

WERKE
Vom kompositorischen Werk von Česlovas Sasnauskas sind vor allem seine Chorwerke und Orgelstücke von Interesse, in die überall litauisches Volksliedgut verarbeitet ist. Er schrieb unter anderem ein schönes Requiem für Soli, gemischten Chor und Orgel, eine Reihe von Kantaten für Soli und Chor, ein Praeludium und Fuge, ein Largo mit Fuge, eine Kyriefuge und ein Postludium mit Fuge für Orgel, ferner eine Sammlung eigener Lieder im Volkston und Bearbeitungen von litauischen Volksliedern. Wie bei allen Musiklandschaften, die sich zu seiner Zeit der abendländischen anschlossen, waren auch hier romantische Fakturen vorherrschend.

Erik Satie (1866–1925)

LEBEN
Alfred Erik Leslie Satie wurde am 17.5.1866 in Honfleur, Calvados, geboren. Im Jahr 1879 kam er nach Paris und wurde am Conservatoire Schüler von Félix Alexandre Guilmant (1837–1911). Er verließ aber das Institut sehr bald und wurde Pianist in Cafés am Montmartre (Chat noir, Auberge du Clou). Seine ersten Klavierkompositionen brachten ihn in freundschaftliche Verbindung mit Claude Debussy, der seine Genialität bald erkannte und schätzte. Er nahm Beziehungen zum my-

stischen Schriftsteller Joséphin Péladan (1859 bis 1918) auf und bewegte sich eine Zeitlang im Kreis der Rosenkreuzer, was ihn der mittelalterlichen Musik (Gregorianik, Gotik) nahe brachte. In der Absicht, den unterprivilegierten Volksschichten näherzukommen, gab er seinen Wohnsitz auf dem Montmartre auf und siedelte sich in der Pariser Vorstadt Arcueil an, wo sich um ihn ein Zentrum moderner künstlerischer Bewegung bildete; der Maler Pablo Ruiz Picasso (1881–1973), der Schriftsteller Jean Cocteau (1889–1963), die Ballettmeister Sergei Diaghilew (1872–1929) und Leonid Fedorowitsch Massin (1896–1979) wurden seine Freunde. Die 1918 gegründete Gruppe der »Six« – Darius Milhaud, Arthur Honegger, Georges Auric, Francis Poulenc, Louis Durey, Germaine Tailleferre – wählte ihn zu ihrem Leiter. Die Komponisten Henri Sauguet, Darius Milhaud und der Dirigent Roger Désormière (13.9.1898, Vichy, bis 25.10.1963, Paris) sammelten 1923 die Anhänger von Satie zur »École d'Arcueil«, um den Komponisten, der den meisten nur wegen seiner ungewöhnlichen Lebensführung bekannt war, zu ehren. Er starb am 1.7.1925 in Paris.

WERKE

Das Programm der französischen Komponistengruppe der »Six«, die Erik Satie leitete, bekannte sich zur »Reinigung der Musik von hypertrophen Formen, Rückkehr zur Klassik (Joseph Haydn, Jean-Philippe Rameau), Verbannung der Romantik zugunsten eines französischen Klassizismus, Verzicht auf Chromatismus und Wiederkehr der diatonischen Harmonik«. Damit wurde auch der Impressionismus verabschiedet. Mit der Vertonung von drei Fragmenten aus den Dialogen von Plato (437–347 v. Chr.) »Sokrates« setzte der Komponist diese Grundsätze in die Tat um; in diesem bedeutenden Werk des französischen Klassizismus sind durch die Reduktion der Mittel – Melodik, Harmonik, Rhythmik – auf ihre einfachste Form Pathos und Gefühlsüberschwang überwunden und ist die Antike dargestellt als hart, kalt und karg ohne die »stille Einfalt und Größe«, die Johann Joachim Winckelmann (1717 – 68) darin zu finden vermeint hatte. Mit seinen beiden Balletten »Parade« und »Relâche« eröffnete sich ein neues Zeitalter der französischen Musik. Dazu sind die kleine Marionettenoper »Geneviève de Brabant«, »Die Falle der Medusa« und die »Messe der Armen« zu stellen. Klavierstücke und Klavierlieder waren die Hauptformen seines kompositorischen Schaffens. Von den Klavierwerken sind »Trois Gymnopédies«, »Trois Gnossiennes«, »Danses gothiques«, »Pièces froides« (Kalte Stücke), Trois morceaux en forme de poire« (Stücke in Form einer Birne, mit denen er dem Vorwurf der »Formlosigkeit« begegnete), »Les pantins dansent« (Die Schlittschuhe tanzen) noch lebendig wie zahlreiche Klavierlieder und Chansons, darunter ein »Ballet chrétien«, in dem er mittelalterliche Musik in seine Gegenwart setzte.

Erik Satie, »La Balançoire« aus »Sports et Divertissements«, Autograph 1914

Und die von ihm angewendeten Stilmittel sind im Verlauf des 20. Jahrhunderts so geläufig geworden, daß wir das Neue, das Unerhörte, ja kaum das Satirische daran noch verspüren. Neben Neuklassizismus, Expressionismus fanden Futurismus, Surrealismus und ähnliche Bewegungen ihre Wurzeln auch in den Werken von Satie. In der Musik war es vor allem der Maler und Komponist Luigi Russolo (1.5.1855, Portogruaro, bis 6.2.1947, Cerro), der das Geräusch in die Musik zu integrieren versuchte und mit elektrischen Geräuschinstrumenten – Intonarumori – experimentierte. Seine Kompositionen wie »Stelldichein der Automobile und Flugzeuge«

oder »Erwachen einer Stadt« erregten zu ihrer Zeit starkes Aufsehen. Er konstruierte 1929 das »Rurarmonio« oder »Russolophon«, das sieben verschiedene Geräusche auf 12 Stufen wiedergeben konnte.

»Socrate«, Sinfonisches Drama mit Singstimme in drei Teilen für Kammerorchester, entstanden 1918
»Erik Saties Sokrates kann mit keinem anderen Werk in Verbindung gebracht und ebenso wenig verglichen werden. Auch in den vorangehenden Werken des Komponisten findet sich nicht der geringste Anklang daran. Und in den folgenden Werken oder deren Teilen ist keinerlei Beziehung dazu spürbar. Es muß festgestellt werden, daß Sokrates in der gesamten Musikgeschichte einzig dastehend ist.« (Milhaud.) Die Texte sind Dialogen Platos entnommen, und zwar »Die Darstellung des Philosophen Sokrates« dem »Symposion«, »An den Ufern des Illissos« dem »Phaidros« und »Der Tod Sokrates'« dem »Phaidon«. Die melodischen Linien entsprechen mit ihrer Einfachheit und Reinheit dem klassischen Ideal, so daß man Musik aus dem alten Griechenland zu vernehmen glaubt, die Begleitung untermalt diskret und schließt das Werk mit einem Akkord ohne Terz außerhalb jeder Tonalität.

Geneviève de Brabant, Spiel für zwei Singstimmen, Chor, Orchester und Sprecher, 3 Teile, entstanden 1899
Der Sprecher trägt die Legende um die heilige Genoveva vor. Nach einer musikalischen Einleitung wird die Legende von Marionetten gespielt; Chor und Solisten singen den Text. Ironisierte Pathetik und religiöser Ernst sind eng verwoben und von der Musik mit allen Ausdrucksschattierungen dargestellt.

Messe der Armen für Chor und Orgel, 7 Teile, entstanden 1895
Dieses sakrale Werk besteht aus »Kyrie eleison«, »Dixit Domine«, »Gebet der Orgeln«, »Profaner Gesang«, »Himmlischer Gesang«, »Gebet der Reisenden und Schiffer in Todesgefahr zur Mutter Gottes«, »Gebet um das eigene Seelenheil«. Die Musik ist eine im mittelalterlichen Geist verfaßte »Neugregorianik« mit modaler Tonalität, Reihung in Melodik und Rhythmik, Zusammensetzung größerer Formen aus wenigen Elementen und emotionslos wie die alten Vorbilder. Ironische Wendungen und tiefgründiger Ernst wechseln ständig, kaum erkennbar, ab. Wie alle Stücke des Komponisten ein Werk ganz besonderer Art.

Parade, Ballett, 3 Teile, entstanden 1916
Nach der Einleitung tritt ein chinesischer Jongleur auf und vollführt mehrere Kunststücke. Im 2. Teil erscheint ein amerikanisches Mädchen, das einen Ragtime tanzt. Im 3. Teil erscheinen die Akrobaten. Das Stück ist voll ungewöhnlicher Geräuscheffekte: klingende Flaschen, Schlagen auf schwere Eisenpfeiler, Schreibmaschinengeklapper, Motorenlärm. Es sollte ein »kubistisches Manifest« darstellen. Nachdem die aggressive Wirkung schon längst überholt war, blieb noch immer ein reizendes, originelles Musikstück bestehen.

LITERATUR

P.-D. Templier, Eric Satie, Paris 1932.
O. Volta, Eric Satie, Paris 1979.

Henri Sauguet (1901 – 89)

LEBEN

Henri Sauguet (Pseudonym für Henri-Pierre Poupard) wurde am 18.5.1901 in Bordeaux geboren, wo er seine erste Ausbildung von Julien Fernand Vaubourgoin erhielt. In Montauban, Tarne-et-Garonne, studierte er bei Joseph Canteloube Komposition. Von 1916 bis 1920 war er als Organist tätig, dann wurde er in Paris Schüler von Charles Koechlin, trat mit Erik Satie in Verbindung und wurde Mitglied der École d'Arceuil. Abgesehen von zeitweiser Tätigkeit als Kritiker und als Dirigent widmete er sich ausschließlich seinem kompositorischen Schaffen. Er starb am 22.6. 1989 in Paris.

Henri Sauguet

WERKE

Neben ungefähr 10 Opern und 12 Balletten schrieb Henri Sauguet 4 Sinfonien, 3 Klavierkonzerte, ein Cellokonzert und weitere Orchesterstücke, ein Divertissement für Kammerorchester, 2 Streichquartette, ein Bläsertrio, verschiedene Instrumentalstücke mit wechselnder Begleitung, Duos, ein Oratorium, eine Anzahl Kantaten, verschiedene Chöre und Lieder sowie Klavierstücke und Filmmusiken. Er verfaßte mehrere musikwissenschaftliche Essays. Sein Stil ist von elegantem französischem Neuklassizismus geprägt.

Cellokonzert, ein Satz, entstanden 1963

»Kunst ist eine Aussage in der Gegenwartssprache, die bisher nicht gemacht wurde«, erklärte der Komponist und wurde mit diesem Werk dieser Forderung gerecht. Ein melancholisches Thema wird vom Solisten und dem Orchester in freier Improvisation vorgetragen, indem es mit allen möglichen Aspekten und Abwandlungen, mit allen Bedeutungen und Gefühlsgehalten im ständigen Wechsel der Ausstrahlung, wie wenn auf eine sich stetig drehende Kugel, die aus kleinen Spiegeln gebildet ist, ein Lichtstrahl fällt und in immer anderen Farben, Brechungen und Schattierungen zurückstrahlt.

LITERATUR

M. Schneider, Henri Sauguet, Paris 1959.

Émile Sauret (1852–1920)

LEBEN

Émile Sauret wurde am 22.5.1852 in Dun-le-Roi, Cher, geboren. Nach seiner Ausbildung bereiste er als Violinvirtuose Frankreich und Italien, trat sodann in Wien und London auf und spielte in den USA. Anschließend hielt er sich in Leipzig auf und bereiste Deutschland, bis er erneut in London seine Kunst zeigte. Er gab in Berlin an der Akademie Kullaks mehrere Jahre Unterricht, bis er von der Royal Academy of Music in London eingeladen wurde, eine Lehrstelle zu übernehmen. Von 1903 bis 1906 war er als Lehrer in Chicago tätig. Nach einem Aufenthalt in Genf, wohin ihm eine Anzahl seiner Schüler gefolgt war, konzertierte und unterrichtete er erneut in Amerika, bis er nach London übersiedelte, wo er am 12.2.1920 starb.

WERKE

Von Émile Sauret, der als Virtuose und Lehrer einen großen Ruf genoß, sind 2 Violinkonzerte in g-Moll und E-Dur, eine Ballade, eine Legende und eine Serenade für Violine mit Orchester, eine Konzertkaprice, ein Scherzo, eine Barkarole überliefert, die heute noch auf den Programmen stehen.

Eugène Sauzay (1809–1901)

ZEIT UND UMWELT

Der französische König Louis Philippe, der »Bürgerkönig«, war 1789 Anhänger der Revolution, verbrachte die Jahre 1793 bis 1817 im Ausland und kam durch die Julirevolution 1830 zur Regierung. Im Zug der Februarrevolution 1848 verlor er den Thron und ging nach England.

LEBEN

Charles Eugène Sauzay wurde am 14.7.1809 in Paris geboren. Er war am Conservatoire von Paris Schüler von François de Sales Baillot und Antonín Rejcha. Nachdem er eine Reihe von Preisen errungen hatte, wirkte er als Quartettspieler. Im Jahr 1840 wurde er Soloviolinist bei König Louis Philippe und betreute diese Stelle bis zu dessen Sturz; ab 1852 wirkte er als Führer der Zweiten Violinen der Kaiserlichen Hofkapelle Napoleons III. und ab 1860 gleichzeitig als Violinlehrer am Conservatoire. Er starb am 24.1.1901 in Paris. Er war als Lehrer und Virtuose sehr geschätzt.

WERKE

Von Eugène Sauzay sind außer 2 Schauspielmusiken, die er der Entstehungszeit der Bühnenstücke entsprechend im Stil von Jean-Baptiste Lully anlegte, einigen Fantasien und Romanzen, einem Klaviertrio, einem Streichtrio und Liedern nur Übungsmusik für den Violinunterreicht erschienen, von der die Etüden und harmonischen Präludien für zwei Violinen bemerkenswert sind. Er war auch als Musikschriftsteller tätig.

William Savage (um 1720–89)

Zeit und Umwelt

Trotz der Belebung der Cembalomusik in England, die von eingewanderten Kräften gefördert wurde, trotz des intensiven Opern- und Konzertbetriebes, stand bei vielen Kirchenmusikern die Anthemkomposition im Mittelpunkt ihres Schaffens. Das führte aber zu fast keiner Weiterentwicklung; die Kompositionen blieben sich, wenn auch die einzelnen oft sehr schön klangen, jahrzehntelang ständig gleich.

Leben

William Savage wurde um 1720 in London geboren. Er war Schüler von Johann Christoph Pepusch und von Francesco Saverio Geminiani. Er wurde um 1740 Organist in Finchley, Middlesex, und um 1744 Gentleman der Chapel Royal. Ab 1747 leitete er den Chor an St. Paul's in London. Er war als Sänger und Musiklehrer sehr bekannt. Er starb am 27. 7. 1789 in London.

Werke

Von William Savage sind zahlreiche Vokalwerke überliefert: Anthems in großer Menge, Psalmen und andere sakrale Gesänge. Sie wurden im kirchlichen Bereich sehr geschätzt.

Literatur

H. G. Farmer, A Forgotten Composer of Anthems, in Music & Letters XVII/3, 1936.

Antonio Savetta (um 1580 bis nach 1641)

Zeit und Umwelt

In Mailand setzte sich der neue konzertante Stil sehr langsam durch. Hier handelte es sich weniger um die Einhaltung der im Konzil zu Trient beschlossenen stilistischen Beschränkungen, sondern um die Tradition der bedeutenden, 1483 gegründeten Musikschule, von der man ungern abging, deren erster Professor Franchino Gafurio (1451–1522) aus Lodi gewesen war.

Leben

Antonio Savetta wurde um 1580 in Lodi geboren. Er war Schüler von Tiburtio Massaini (um 1550 bis nach 1609), den er als Domkapellmeister von Lodi um 1608 ablöste. Nachdem er sich 1639 von dieser Stelle zurückgezogen hatte, starb er nach 1641 in Lodi.

Werke

Das Schaffen des italienischen Komponisten Antonio Savetta bewegte sich vorwiegend in den Bahnen der traditionellen Polyphonie, was zum Teil zweifellos auf den Einfluß des nahen Mailand zurückgeführt werden kann. Seine vielstimmigen Messen und Motetten, Psalmen, Litaneien und Madrigale zeichnen sich durch große Klangfülle aus. Er hat aber auch konzertante Messen im venezianischen Stil und ariose Psalmen hinterlassen und damit seine Kenntnis neuer Stilformen bewiesen.

Mario Savioni (um 1608–85)

Zeit und Umwelt

Die Kantate gehörte im Italien des 17. Jahrhunderts immer zur Kammermusik. Es gab keine »Cantata da chiesa«. Kantaten mit sakralem italienischem Text waren nicht Kirchenmusik, sondern sakrale Kammermusik oder Oratorien. Sologesänge auf lateinischem Text nannte man »Concerti ecclesiastici« (Kirchenkonzerte).

Leben

Mario Savioni wurde um 1608 in Rom geboren und war Schüler von Vincenzo Ugolini. Er war von 1621 bis 1623 Sänger der Cappella Giulia und wurde 1642 Kontraaltist an der Sistina, als deren Kapellmeister er von 1659 bis 1668 wirkte. Er genoß als Sänger und Lehrer einen bedeutenden Ruf. Ab 1668 betätigte er sich nur mehr als Gesanglehrer in Rom, wo er am 22. 4. 1685 starb.

Werke

Der italienische Komponist Mario Savioni brachte dreistimmige »Concerti morali e spirituali«, fünfstimmige »Madrigali morali e spirituali«, dreistimmige »Madrigali e Concerti« und »Motetti a voce sola« heraus. Weitere Werke finden sich in römischen Sammeldrucken. Savioni gilt als einer der Schöpfer der römischen Kammerkantate. Seine zahlreichen Kantaten sind aber nur als Manuskript überliefert.

LITERATUR

I. R. Eisley, The Secular Vocal Music of Mario Savioni, Los Angeles ohne Jahr.

Adnan Saygun (geboren 1907)

LEBEN

Ahmed Adnan Saygun wurde am 7.9.1907 in Izmir geboren. Er bildete sich zunächst autodidaktisch aus und gab Schulunterricht. Von 1928 bis 1931 war er in Paris Schüler von Vincent d'Indy, 1946 wurde er Professor für Komposition am Konservatorium in Ankara.

WERKE

Außer 4 Opern schrieb Adnan Saygun 3 Sinfonien, 3 sinfonische Gedichte, ein Klavierkonzert, ein Violinkonzert, ein Tongedicht für Streicher, ein Bläserquintett, 3 Streichquartette, eine Partita für Solovioline, Etüden und Praeludien im Aksak-Rhythmus für Klavier, ein Oratorium, eine Ballettfeerie für Soli, Chor, Ballett und Orchester, Solfeggien in modalen Tonarten und asymmetrischen türkischen Rhythmen, weitere Klavierstücke, Chöre und Lieder. Er legte seinen Kompositionen vorwiegend türkische Volksmusik zugrunde.

Leylâ Saz (1850 – 1936)

ZEIT UND UMWELT

Um die Wende zum 20. Jahrhundert ermöglichte eine großzügige Auslegung islamischer Vorschriften auch Frauen eine kulturelle Betätigung, vorausgesetzt, daß sie der obersten Gesellschaftsschicht des Osmanischen Reiches angehörten.

LEBEN

Leylâ Hanım, die bei Einführung der Familiennamen in der Türkei sich Saz nannte, wurde 1850 in Istanbul als Tochter eines hohen Würdenträgers am Osmanischen Hof geboren. Sie erhielt frühzeitig Unterricht in türkischer und europäischer Musik, vor allem im Klavierspiel, und lebte in anatolischen Provinzstädten und später in Istanbul als Dichterin und Komponistin bis zu ihrem Tod am 6.12.1936.

WERKE

Von Leylâ Saz sind ungefähr 200 Instrumental- und Vokalwerke traditioneller türkischer Kunstmusik – letztere auf eigene Texte –, mit deutlichen europäischen Einflüssen überliefert. Sie gehörte zu den Wegbereitern der modernen türkischen Musikentwicklung.

LITERATUR

M. Rona, Yirminci yüzyıl musikisi, Istanbul 1970.

Marco Scacchi (1602 bis um 1685)

ZEIT UND UMWELT

Unter den Königen Sigismund III. Wasa, Władisław IV. Wasa und Jan Kasimierz war die polnische Hofkapelle in Warschau überwiegend mit Italienern besetzt und von Kapellmeistern aus Italien geleitet. Besonders Sigismund sah in der Pflege des echten römischen Kirchengesanges einen Garanten für die Reinheit der Religion. Daher fanden Musiker aus Italien, vorwiegend aus Rom, falls sie bereit waren, in dem innen- und außenpolitisch wenig gesicherten Land zu bleiben und zu wirken, in Polen ständig Aufnahme.

LEBEN

Marco Scacchi wurde 1602 in Gallese bei Viterbo geboren. Er war Schüler von Giovanni Francesco Anerio (um 1567 – 1630) in Rom. Im Jahr 1623 trat er in die Dienste des Polenkönigs Sigismund III. Wasa und wurde 1628 Kapellmeister der Königlichen Kapelle in Warschau. Trotz aller politischen Wirren blieb er auch unter Sigismunds Nachfolger auf seinem Posten, bis er 1649 aus gesundheitlichen Gründen in seinen Heimatort zurückkehrte. Dort starb er um 1685.

WERKE
Der italienische Komponist Marco Scacchi geriet mit dem äußerst konservativen Paul Siefert in harte Kontroversen, wenngleich auch er dem neuen Stil nur gemäßigt folgte, weil gerade Warschau nach dem Willen des Königs ein Hort des reinen römischen Stils bleiben sollte. Von ihm sind ein Buch Messen, darunter eine für zwölf Stimmen, mehrere Madrigale, eine fünfstimmige Begräbniskantate zum Tod von Johann Stobaeus erhalten. Sein Oratorium Santa Cecilia ist verloren; auch von seinen Bühnenstücken (Melodramen) ist wenig erhalten. Einzelne Werke liegen im Manuskript vor.

LITERATUR
H. Feicht, Beitrag zur Geschichte der Königlichen Kapelle unter Marco Scacchi, in: Kwartalnik Muzyczny VI, 1928/29.

Paolo Scalabrini (um 1713–1806)

ZEIT UND UMWELT
Die Brüder Angelo Mingotti (um 1700, Venedig, bis um 1764, Dresden) und Pietro Mingotti (1702, Venedig, bis 28. 4. 1759, Kopenhagen) waren Impresari einer italienischen Operntruppe, die mit ungefähr 5 Sängerinnen und 3 Sängern zwischen 1732 und 1764 in Graz, Brünn, Prag, Kopenhagen und Dresden vorwiegend italienische lyrische Opern aufführte. Sie konnte für ihr Orchester zumeist sehr befähigte Dirigenten gewinnen.

LEBEN
Paolo Scalabrini wurde um 1713 in Lucca geboren. Er war ab 1742 als Dirigent Mitglied der Operngesellschaft der Brüder Angelo und Pietro Mingotti in Graz, mit der er durch Österreich und Deutschland nach Kopenhagen reiste, wo er 1748 Johann Adolph Scheibe als Königlichen Kapellmeister ablöste. Im Jahr 1753 mußte der die Stelle an Giuseppe Sarti abtreten und verließ Dänemark, kehrte jedoch wieder zurück und erhielt die Stelle 1775 erneut, weil Sarti aus politischen Gründen entlassen wurde. 1781 wieder in Italien, starb er am 28. 2. 1806 in Lucca.

WERKE
Neben Opern auf italienischen Texten verwendete Paolo Scalabrini als einer der ersten dänische Libretti und muß zu den Begründern der dänischen Oper gezählt werden. Außerdem verfaßte er ein Oratorium, einige Sinfonien und eine Anzahl Arien. Seine Musik gehörte dem empfindsamen Stil an.

Orazio Scaletta (um 1550–1630)

ZEIT UND UMWELT
Als im Jahre 1483 die zweitälteste Musikschule in Oberitalien von Lodovico Sforza gegründet und Franchino Gaffori unterstellt wurde, galt sie als das fortschrittlichste Institut ihrer Art. Am Ende des 16. Jahrhunderts war sie von der Weiterentwicklung der Musik überholt und in den Konservatismus gedrängt worden, weil sie, bestätigt durch Leistung und Erfolg vieler ihrer Schüler, innerhalb des Rahmens ihres Stiles geblieben war und sich damit begnügt hatte, diesen nur auszubauen und nicht zu verändern. Und nicht wenige lombardische Musiker hielten ihr die Treue, vielleicht auch weil das Anerkennung, gute Stellungen und Erfolg sicherte.

LEBEN
Orazio Scaletta ist um 1550 in Crema geboren. Er wurde in Mailand ausgebildet und erhielt noch in jungen Jahren dort eine Kapellmeisterstelle. 1590 ging er nach Venedig und wirkte an einer Kirche in gleicher Eigenschaft, 1595 nach Bergamo und 1601 in seine Vaterstadt Crema, wo er bis 1609 als Kapellmeister wirkte. Das Jahr 1611 findet ihn in Salò, 1615 war er erneut in Bergamo. Zuletzt wirkte er an Sant' Antonio in Padua, wo er 1630 starb.

Werke

Der Kirchenmusiker Orazio Scaletta stand bei seinen Zeitgenossen in hohem Ansehen, seine Werke wurden sehr geschätzt. Seine Messen, Motetten, geistlichen und weltlichen Lieder und Madrigale erschienen in vielen Auflagen. Sie waren konservativ, aber sehr eigenständig. Die Wortverständlichkeit wurde nicht immer gewahrt, weil die Musik souverän über das Wort dominierte. Der Komponist schrieb auch 2 vielgelesene musiktheoretische Werke.

Antonio Scandello (1517–80)

Zeit und Umwelt

Der Kurfürst Moritz von Sachsen honorierte die italienischen Mitglieder seiner Hofkapelle um vieles höher als alle anderen. Sogar der Kapellmeister Le Maistre erhielt nur bei 205 Gulden, während Antonio Scandello zum Beispiel über 250 empfing; den Niederländern wurden höchstens 120 bezahlt. Das verhältnismäßig hohe Honorar für die Italiener wurde damit begründet, daß diese zumeist mehrere Instrumente beherrschten und am meisten dazu beitrugen, das Niveau der Kapelle zu heben.

Leben

Antonio Scandello (Scandelli, Antonius Scandellus, de Scandellis) wurde am 17. 1. 1517 in Bergamo geboren. Er wirkte ab 1541 als Zinkenist der Kapelle an Santa Maria Maggiore in Rom, ab 1547 im Dom von Trient. Im Jahre 1549 wurde er in die Dresdner Hofkapelle des Kurfürsten Moritz von Sachsen aufgenommen, wurde dort 1566 Vizekapellmeister und 1568 Kapellmeister. Er verblieb in dieser Stellung, von mehreren Italienaufenthalten abgesehen, bis zu seinem Tod am 18. 1. 1580.

Werke

Zum Tod des Kurfürsten Moritz komponierte Antonio Scandello eine sechsstimmige Messe (1553), nachdem er bereits vorher durch 3 sechsstimmige Motetten auf sich aufmerksam gemacht hatte (1551). Außerdem sind überliefert: 2 Bücher Canzoni napoletani; Newe teutsche geistliche Liedlein, vier- bis sechsstimmig; Newe schöne auserlesene geistliche deudsche Lieder, fünf- bis sechsstimmig, und Motetten, Nuptialien und 6 Messen. Seine wichtigsten Werke sind aber die deutsche Johannespassion (1561) und die »Österlich Freude der siegreichen und triumphierenden Auferstehung unseres Herren« (1568). Beide sind für Solisten und Chor ohne Begleitung gesetzt.

Literatur

O. Kade, Die ältere Passionskomposition bis zum Jahr 1631, Hildesheim 1971.

Alessandro Scarlatti (1660–1725)

Leben

Pietro Alessandro Gaspare Scarlatti wurde am 2. 5. 1660 in Palermo geboren. Er kam im Alter von zwölf Jahren mit seinen Schwestern, den Sängerinnen Anna Maria Scarlatti (8. 12. 1661, Palermo, bis 14. 12. 1703, Neapel) und Melchiorra Brigida Scarlatti (5. 10. 1663, Palermo, bis 2. 12. 1736, Neapel) nach Rom, wurde dort vermutlich Schüler von Giacomo Carissimi und befreundete sich mit Bernardo Pasquini und Arcangelo Corelli. Von 1679 bis 1683 war er Kapellmeister der Königin Christiana von Schweden und gleichzeitig bis 1682 Kapellmeister des Oratorio di San Marcello, sodann ab 1683 an San Geronimo della Carità. Im Jahr 1684 wurde er erster Hofkapellmeister in Neapel und unterrichtete am Conservatorio Santa Maria di Loreto, ging 1702 nach Florenz und wurde darauf Kapellmeister an Santa Maria Maggiore in Rom. Im Jahr 1706 wurde er Mitglied der Accademia degli Arcadi und Kapellmeister bei Kardinal Ottoboni, 1708 wurde er nach Neapel zurückberufen, begab sich 1717 erneut nach Rom, war 1722 in Loreto und kehrte 1723 nach Neapel zurück, wo er am 24. 10. 1725 starb.

Sein Bruder Francesco Antonio Nicola Scarlatti (5. 12. 1666, Palermo, bis um 1741, ver-

Alessandro Scarlatti

mutlich Neapel) war von 1684 bis 1691 Violinist an der Hofkapelle in Neapel, wirkte sodann in Palermo, Rom, Wien, London, wo er Konzerte mit eigenen Werken veranstaltete.
Sein zweiter Bruder Tommaso Scarlatti (um 1671, Palermo, bis 1. 8. 1760, Neapel) war Sänger (Tenorbuffo) in Neapel.

WERKE

Der italienische Komponist Alessandro Scarlatti war eine dominierende Persönlichkeit des italienischen Hochbarock. Er hat über 800 Kantaten verfaßt, die von der Kenner- und Problemkantate mit zuweilen ungewöhnlichen chromatischen Modulationen bis zur repräsentativen Festmusik reichten, und führte diese Kompositionsgattung auf ihren Höhepunkt. Der von ihm ausgeprägte Kantatentypus mit zwei Da-capo-Arien wurde zum Modell. Mit seinen 114 Opern prägte er ihren ab nun herrschenden neapolitanischen Stil. Seine 35 Oratorien und großen Kantaten sind in einem schwereren Stil gehalten, bei dem zwei parallele Oberstimmen von zwei gleichberechtigten Unterstimmen begleitet werden. Von seinen 16 Messen und zahlreichen sakralen Gesängen ist nur ein Teil erhalten.
Seine Instrumentalmusik besteht aus einer großen Anzahl Toccaten und anderen Kompositionen für Tasteninstrumente, aus Sonaten und Suiten für mehrere Instrumente, 12 Concerti grossi für zwei Violinen, Viola, Cello, Generalbaß und Bläser und 6 Concerti für zwei Soloviolinen, Solocello und Streicher mit Generalbaß.
Francesco Antonio Nicola Scarlatti schrieb ein sechzehnstimmiges Dixit dominus, eine Messe und ein dreistimmiges Miserere, mehrere Kantaten und Arien, außerdem ein geistliches Drama, ein Oratorium und eine Opera buffa.

6 *Concerti grossi* für Streicher und Generalbaß, posthum 1740 veröffentlicht

Concerto Primo in f-Moll, 4 Sätze, ist im strengen Stil eines Kirchenkonzertes gehalten. Erst die Allemanda im vierten Satz weist eine gelockerte Skandierung nach venezianischer Art auf.

Concerto Secondo in c-Moll, 3 Sätze, ist aus einer vierstimmigen Sonate entstanden. Es verläßt im dritten Satz die ernste Stimmung zugunsten eines zierlichen Menuetts.

Concerto Terzo in F-Dur, 5 Sätze, beginnt am konzertanten Stil und ist den Concerti von Corelli sehr ähnlich, beansprucht aber einen weiteren Klangraum.

Concerto Quarto in g-Moll, 3 Sätze, ist ebenfalls aus einer vierstimmigen Sonate entstanden und weist viele archaische Züge auf, besonders im dritten Satz mit seinen Synkopen, die im venezianischen Ballett viel verwendet worden sind.

Concerto Quinto in d-Moll, 4 Sätze, beginnt mit einer kunstvollen Fuge, die ein sehr einprägsames Thema verarbeitet. Die 4 Sätze sind außerordentlich kontrastreich.

Concerto Sesto in E-Dur, 4 Sätze, beginnt mit einem kurzen konzertanten Allegro. Darauf folgt eine Fuge. Ein interessant moduliertes Largo führt zum vierten Satz »Affettuoso«, einem einschmeichelnden »galanten« Tanz.

Concerto in a-Moll für Altflöte, zwei Violinen und Generalbaß, beginnt mit einem Allegro, in dem die Flöte eine absolute Solorolle einnimmt, die sich im anschließenden Largo fortsetzt. Die Fuge ist streng kontrapunktisch gebaut, und der folgende Satz stellt die Flöte den Streichern gegenüber, während das Cembalo schweigt. Das Finale ist von Imitationen aller Instrumente erfüllt und schließt das Werk schwungvoll ab.

O Magnum Mysterium, Motette für zwei Chöre
Das Werk ist im Stil des 16. Jahrhunderts geschrieben, wirkt aber durch seinen Klangreichtum ganz und gar nicht archaisch, sondern derart lebendig, daß es für den profanen Gebrauch bestimmt zu sein scheint.

Literatur

J. D. Heinichen, Alessandro Scarlatti. His Life and Works, London 1960.

Domenico Scarlatti (1685–1757)

Domenico Scarlatti, Lithographie von A. Lemoine

Zeit und Umwelt

Es war für jene Epoche typisch, daß sich das Interesse aller Publikumsschichten der Interpretationstechnik zuwandte. Außerordentliche Stimmlagen, ungewöhnlich lang angehaltene Töne, komplizierte Figurierungen der Sänger, erstaunliche Geläufigkeit, akrobatische Griffe, weite Sprünge der Instrumentalisten wurden bewundert und hoch honoriert. Damit vermochte ehrlicher Wille zur Kunst nur schwer in Wettbewerb zu treten, so daß eine gewisse Verflachung und Betonung von Äußerlichkeiten die gesamte Stilentwicklung nach dem Abklingen des Barock kennzeichnete. Allerdings wurde gleichzeitig auch schon die Reaktion auf solche Tendenzen sichtbar, weil sich neben diesen inhaltsleeren Klanggebilden die Ansätze zur Ballung künstlerischer Ideen formten, die sodann im Zeitalter der Klassik alles in den Schatten stellten.

Leben

Giuseppe Domenico Scarlatti wurde am 26. 10. 1685 in Neapel geboren. Er war Schüler seines Vaters Alessandro Scarlatti (1660 bis 1725), der ihn 1701 in die von ihm geleitete Königliche Kapelle als Organisten aufnahm. Ein Jahr darauf reisten Vater und Sohn über Rom nach Florenz, von wo Domenico noch im selben Jahr nach Neapel zurückkehrte, weil er hoffte, die Leitung der Hofkapelle zu erhalten. Da sich seine Erwartung nicht erfüllte, ging er 1705 nach Venedig, wo er bis 1708 Unterricht bei Francesco Gasparini (1668–1727) nahm. Sodann übersiedelte er nach Rom und fand Gelegenheit, sich bei Arcangelo Corelli (1653–1713) und Bernardo Pasquini (1637–1710) weiterzubilden. Im Jahr 1709 wurde er zum Kapellmeister des Privattheaters der polnischen Königin Marie Casimira de La Grange d'Arquien (1635–1716), Witwe nach Jan III. Sobieski (1629–96). Nachdem die Königin 1714 Rom verlassen hatte, wurde er Kapellmeister der portugiesischen Botschaft in Rom und an der Cappella Giulia. Im Jahr 1720 berief ihn König João V. von Portugal (1689–1750) als Kapellmeister und Lehrer der Infantin Maria Barbara (1711–58) nach Lissabon. Als die Tochter des Königs den spanischen Infanten Ferdinand (den späteren König Ferdinand VI.) geheiratet hatte, nahm sie ihren Lehrer als Cembalisten 1729 nach Sevilla und 1733 nach Madrid mit, wo der Kastrat Farinelli 1737 das höfische Musikleben beherrschte. Neben dem berühmten Sänger vermochte sich Scarlatti nur zu behaupten, indem er sich auf seine Rolle als Cembalist und Komponist für dieses Instrument beschränkte und Farinelli auf keinem Gebiet konkurrenzierte. Er starb am 23. 7. 1757 in Madrid. Die mehrfach geäußerte Ansicht,

der Komponist sei 1754 nach Neapel heimgekehrt und dort gestorben, geht auf eine irrige Behauptung einer neapolitanischen Musikzeitschrift des 19. Jahrhunderts zurück.
Sein älterer Bruder Pietro Filippo Scarlatti (5. 1. 1679, Rom, bis 22. 2. 1750, Neapel) war von 1705 bis 1708 Kirchenkapellmeister in Urbino und wirkte sodann als Hilfsorganist und ab 1712 als regulärer Organist an der Königlichen Kapelle in Neapel.

WERKE

Im kompositorischen Werk von Domenico Scarlatti ist eine markante Zäsur festzustellen. Vor seiner Übersiedlung auf die Iberische Halbinsel verfaßte er eine Reihe von Opern, ein Oratorium, »Die Bekehrung Chlodwigs«, eine Farsetta und eine Pastorale, mehrere Kantaten und Serenaten, außerdem 2 Messen und sein berühmtes Stabat mater. Im Dienst der portugiesischen Infantin und späteren spanischen Königin widmete er sich nahezu ausschließlich der Komposition für Cembalo, das er meisterhaft beherrschte. Er schrieb etwa 545 zumeist einsätzige Stücke für sein Instrument, die für die Klaviermusik des 18. Jahrhunderts grundlegend wurden, obgleich sie noch keine Themendurchführung im klassischen Sinn brachten, aber diese geistvollen, unterhaltenden und zugleich spielerischen Rokokostücke sind absolute, von jeder Programmatik und allen didaktischen Zielen freie Musik und stehen damit dem klassischen Ideal näher, als es eine oberflächliche Betrachtung ahnen läßt. Er baute damit auch die pianistische Technik weiter aus. Einige Stücke hat der Cembalomeister für Ensemble verfaßt. Sein Salve regina für Sopran und Streicher aus dem Jahr 1756 soll seine letzte Komposition gewesen sein.
Die Hinterlassenschaft seines Bruders Pietro Filippo Scarlatti besteht aus einer Oper und 6 Cembalotoccaten.

Stabat mater für vier Sopran-, zwei Alt-, zwei Tenor- und zwei Baßstimmen und Continuo

Diese Jugendkomposition ist höchstwahrscheinlich von einer religiösen Bruderschaft Roms, die der alten A-cappella-Tradition nachhing, für ihre Gebetsgottesdienste bestellt worden. Der archaische Stil, den der Komponist treffend beherrschte, ist mit Barockelementen vermischt, stellt aber dennoch ein in sich geschlossenes Ganzes dar und ist eine der wenigen Kirchenkompositionen des Meisters, die noch heute Beachtung finden.

Salve regina, Kantate für Sopran und Streicher, entstanden 1756

Es handelt sich wahrscheinlich um das letzte Werk des Komponisten, mit dem der Cembalomeister mit sattem Streicherklang, feinen kammermusikalischen Wendungen und weiten Melodiebogen des Solos zur Welt des Hochbarock zurückkehrte, gleichsam, um von ihr Abschied zu nehmen. Das mächtige Amen legt die Ahnung nahe, daß es ein Abschied nicht nur von der verklungenen Epoche, sondern auch von Musik und Leben überhaupt war.

Sonaten für Cembalo

Der Pianist Alessandro Longo (1864–1945) brachte eine Gesamtausgabe der Cembalosonaten von Domenico Scarlatti heraus, die er zu Suiten zusammenstellte, um die Stilgruppen deutlicher zu profilieren, die sich von spätbarocker Faktur bis zur »galanten Hurtigkeit« erstreckt. Es handelt sich um keine Sonaten im klassischen Sinn, weil es nirgends zu einer Durchführung kommt, sondern höchstens um Aneinanderreihungen wie bei der Suite. Einige der einsätzigen, zumeist zweiteiligen Stücke sind fugiert. Der Komponist nannte sie »Sonaten«, »Esercizi« oder »Pièces pour clavecin«. Das hatte aber keine grundsätzliche Bedeutung, denn jedes Stück ist gleich kurz, prägnant, gefällig und elegant gearbeitet.

Sonate Nr. 23 in E-Dur

Fröhlichkeit und Freude an der Natur werden anfänglich mit nachgeahmten Flöten und Hörnern geschildert, von weit her erklingen Trompetentöne, dann bricht sich mit lebhaften Sechzehntelläufen die allgemeine Festesfreude Bahn.

Sonate Nr. 82 in G-Dur

Diese Sonate gehört zu den wenigen, die auf Tanzformen zurückgehen; sie ist ausdrücklich als »Minuet« bezeichnet, und ihre Begleitfiguren geben die zeremonielle Grazie dieses Tanzes wieder.

Sonate Nr. 90 in G-Dur

Der Scherzo-Typus, dem dieses Stück angehört, ist in der gesamten Reihe am stärksten vertreten. Sein lebhafter Dreiachteltakt ist ausgesprochen neapolitanisch. Ein energisches und ein zartes Motiv reihen sich in durchgezogenen Achtelbewegungen aneinander und schließen zwei g-Moll-Teile ein, die einander kontrastieren.

Sonate Nr. 93 in a-Moll
Hier ist dem modischen »galanten« Zeitstil Rechnung getragen. Das Thema ist noch barock gefärbt und wird von einer continuoartigen Baßstimme vorgestellt, deren Periodik der galanten Musik angehört.
Sonate Nr. 104 in C-Dur
Die aus fanfarenartiger Dreiklangthematik entwickelten stilisierten Bläserstücke dürfen als Jagd- oder Festmusik gedeutet werden wie diese Sonate, die mit ihren reizenden Hornquinten noch heute in Konzertsälen lebendig ist.
Sonate Nr. 111 in Es-Dur
Dieses Werk bringt ein zweiteiliges Anfangsthema, symmetrische Perioden, Terzen- und Sextenparallelen und melodische Imitationen und nimmt damit bereits einiges der zukünftigen Klassik vorweg.
Sonate Nr. 128 in g-Moll
Voll Affekt kleidet diese Sonate dunkle romantische Leidenschaft in eigenartige individuelle klangschwere, von Pausen zerrissene Klangsymbolik.
Sonate Nr. 188 in F-Dur
Hier liegt ein lustiges sprudelndes Tanzspiel vor, das immer wieder von überraschenden akkordischen Einwürfen unterbrochen wird und gerade dadurch ungeheuer viel an Reiz gewinnt.
Sonate Nr. 208 in D-Dur
Die begleitenden Triolen betonen die höfische Liebenswürdigkeit dieses zarten, zierlichen Tanzstückes, das an die Grazie des Barock erinnert.
Sonate Nr. 210 in D-Dur
Die virtuosen Sprünge in Terzgriffen, die technisch eine nur von wenigen zu bewältigende Aufgabe stellen, bringen einen grandiosen Effekt
Sonate Nr. 215 in d-Moll
Die Technik des ständigen Übergreifens der Hände wurde vom Komponisten erfunden und in diesem Stück mit den feurigen Bewegungen und den imitierenden Themeneinsätzen einer Gigue reichlich angewendet.
Sonate Nr. 241 in a-Moll
Oktavenreich und breit schwingt die affektbeladene Musik dieses Stücks aus, die aus arpeggierenden Triolenfiguren entwickelt wurde.
Sonate Nr. 286 in G-Dur
Dieses humoristische Spielstück deutet den vorklassischen Sonatencharakter an, wenn die Themen einander auch nicht kontrastieren, sondern nur gereiht sind. Schon die viermaligen akkordischen Fortissimoeinwürfe siedeln es weit über den herrschenden Stil hinaus an.
Sonate Nr. 369 in D-Dur
Nach einem zierlichen Arpeggiovorschlag stellt diese Sonate ein weiches lyrisches Stimmungsbild vor, zart und duftig wie ein Rokokogemälde.
Sonate Nr. 375 in E-Dur
Terzen und Sexten wechseln in dieser Sonate mit Sechzehntelpassagen ab und erzeugen eine plastische Ensemblewirkung. Die Lyrismen des Stückes grenzen an den empfindsamen Stil kommender Jahrzehnte.
Sonate Nr. 413 in d-Moll
Die Schalmeienmelodie, die Terzenskalen und die wie Glocken klingenden Bässe kennzeichnen diese Sonate als echte Pastorale.
Sonate Nr. 415 in D-Dur
Harte Akkordschläge, Tonwiederholungen und überraschend kühne, heutigen Clustern ähnliche Acciaccaturen stellen diese Sonate außerhalb jeder Stileinordnung. Die musikalische Faktur wird einer rücksichtslosen Virtuosität unterworfen.
Sonate Nr. 433 in F-Dur
Mit Recht trägt diese Sonate den Titel »Pastorale«. Sanft wiegende Melodielinien werden naiv kantabel ausgesponnen und vermitteln echte bukolische Stimmung.
Sonate Nr. 461 in D-Dur
Diese Sonate gehört zur Gruppe, die der Komponist als »Esercizi« (Übungen) bezeichnete. Dabei tritt der musikalische Gehalt zugunsten spieltechnischer Probleme zurück. Hier handelt es sich um Armkreuzungen, die den zweistimmigen Satz gleichsam auf den Kopf stellen, also um eine frühe Klavieretüde.
Sonate Nr. 463 in D-Dur
Die zärtlichen Figuren und die großspurigen Oktavenschritte dieser Sonate bilden äußerst humorvolle Kontraste, die von einem graziösen Dreiachteltakt fein begleitet werden.
Sonate Nr. 490 in D-Dur
Extravagante Oktaven- und Dezimensprünge verleihen diesem Stück viel Brillanz und vollendete Grazie, die jede groteske Wirkung vermeidet.
Sonate Nr. 499 in d-Moll, »Katzenfuge«
Das Thema dieser Sonate besteht aus regellosen Intervallschritten, die klingen, als wäre eine Katze über die Klaviatur geschritten. Die Fuge, die der Komponist daraus formte, soll offensichtlich diese Kompositionstechnik ironisieren.

LITERATUR
A. Longo, Domenico Scarlatti, Neapel 1913.
R. Kirkpatrick, Domenico Scarlatti, Prince-

ton 1953. J. L. Sheveloff, The Keyboard Music of Domenico Scarlatti, 3 Bände, Brandeis 1970.

Giuseppe Scarlatti (1718–77)

Leben

Giuseppe Scarlatti wurde 1718 in Neapel als Neffe von Tommaso Scarlatti (um 1671 bis 1760) geboren. Er trat bereits 1739 in Rom als Opernkomponist hervor, wirkte sodann in Lucca und ließ sich 1757 in Wien nieder, wo er am 17. 8. 1777 starb.

Werke

Außer seinen 31 Opern für Rom, Florenz, Pisa, Lucca, Turin, Venedig, Padua, Mailand und Wien sind von Giuseppe Scarlatti das Componimento sacro »La Santissima Vergine Annunziata« (Heiligste Mariae Verkündigung), Oratorien, Kantaten und einige Kirchenmusik - Messen, Offertorien, Litaneien - bekannt geworden. Diese Kompositionen sind deutlich von seiner Opernkomposition beeinflußt.

Theodor Schacht (1748–1823)

Zeit und Umwelt

Das Hoftheater der Fürsten Thurn und Taxis in Regensburg konnte auf hohem Stand gehalten werden, weil ausreichende Geldmittel verfügbar waren, um die Künstler hoch zu dotieren. Die Fürsten pflegten das traditionelle Mäzenatentum ihres Hauses viel länger als die meisten anderen regierenden Häuser Europas.

Leben

Theodor Baron von Schacht wurde 1748 in Straßburg geboren. Er war in Stuttgart Schüler von Niccolò Jommelli und wurde 1773 Musikintendant der Fürsten Thurn und Taxis in Regensburg sowie 1783 Direktor ihres Theaters. Im Jahr 1805 kam er nach Wien, wo ihn Napoleon Bonaparte beauftragte, 6 Messen zu verfassen. Nachdem er von 1813 bis 1818 in Scheer, Württemberg, auf einem Gut der Thurn und Taxis gelebt hatte, ließ er sich erneut in Regensburg nieder, wo er am 20. 6. 1823 starb.

Werke

Von den über 200 Kompositionen von Theodor Schacht ist eine Sinfonie für ein Werk Joseph Haydns gehalten worden. Das zeigt, wie nahe Schacht der Wiener Klassik gekommen war. Auch seine übrigen Sinfonien sind stark von Joseph Haydn beeinflußt, wie auch die für Napoleon geschriebenen 6 Messen und die Konzerte für Klarinette, für Oboe, für Cembalo und für Harfe. Er schrieb 4 Ballette, mehrere deutsche und italienische Opern, Melodramen, zahlreiche Kammermusik, sakrale Werke, das Oratorium »Die sieben Worte Christi am Kreuz« und 84 Kanons.

Abraham Schadaeus (1566–1626)

Zeit und Umwelt

An vielen im 16. Jahrhundert gegründeten zentralen Stadtschulen wurde die musikalische Verpflichtung der Schüler störend empfunden. Dementsprechend erkannte man den Kantoren höchstens die vierte oder fünfte Stelle im Lehrerkollegium zu. Und da der Kantor wiederum durch seine Lehrverpflichtung stark in Anspruch genommen wurde, waren es nicht selten die Organisten, die den Musikbetrieb der Stadt leiteten. Nur in den großen Musikzentren bildete sich eine feste Tradition amtsbewußter Kantoren, die die höchste Stufe der Rangordnung der Musiker für sich beanspruchen durften.

Leben

Abraham Schadaeus (Schade) wurde 1566 in Senftenberg geboren. Er studierte von 1584 bis 1588 an der Universität Frankfurt an der Oder. Darauf wurde er Tertius (dritter Lehrer) an der Fürstenschule in Meißen und 1592 Quintus (fünfter Lehrer) in Bautzen, weil er Meißen wegen calvinistischer Ansichten hatte verlassen müssen. Im Jahre 1603 wurde er Rektor der Lateinschule in Speyer, wurde aber 1611 wegen Vernachlässigung des Dienstes entlassen. Von 1613 bis 1614 war er Kantor in Torgau und erhielt 1615 die Rektorenstelle in Bautzen. Schließlich zog er sich nach Finsterwalde zurück, wo er am 10. 10. 1626 starb.

WERKE
Der deutsche Kantor Abraham Schadaeus brachte ab 1610 eine mehrbändige Sammlung fünfstimmiger Motetten heraus, denen sein Mitarbeiter Caspar Vincentius den Generalbaß hinzufügte. Sie bewegten sich noch im Rahmen der Polyphonie, erhielten jedoch durch den Basso continuo ein modernes Gepräge.

LITERATUR
F. E. Müller, Neue Untersuchungen zur Biographie von Abraham Schadaeus, Beiträge zur Musikwissenschaft VIII, 1966.

Dirk Schäfer (1873–1931)

LEBEN
Dirk Schäfer wurde am 25. 11. 1873 in Rotterdam geboren. Nach seiner Ausbildung an der Musikschule in Rotterdam und am Konservatorium in Köln wirkte er von 1895 bis 1904 als Musiklehrer und Pianist in Den Haag und anschließend bis zu seinem Tod am 16. 2. 1931 in Amsterdam.

WERKE
Von Dirk Schäfer sind eine »Rhapsodie javanaise« und eine »Suite pastorale« bekannt geworden. Große Beliebtheit errangen einzelne seiner Klavierstücke wie die »Sonate inaugurale«, die Suite »In der Stilte« (In der Stille) und »Valse de bravoura«. Sein Stil folgte der Spätromantik.

Bogusław Schäffer (geboren 1929)

LEBEN
Bogusław Julien Schäffer wurde am 6. 6. 1929 in Lwiw geboren. Er studierte an der Universität in Krakau bei Zdzisław Jachimecki und Artur Malawski. Seit 1963 unterrichtet er am Konservatorium in Krakau, seit 1965 ist er Mitarbeiter am Experimentalstudio des polnischen Rundfunks in Warschau, seit 1967 wirkt er als Chefredakteur der Zeitschrift für Neue Musik »Forum musicum«. Als einer der radikalsten Vertreter der polnischen Avantgarde vertritt er mit seinen Kompositionen und seinen Publikationen die jeweils jüngsten Strömungen des Musikgeschehens seines Landes.

WERKE
Im Jahr 1953 komponierte Bogusław Schäffer mit »Nokturn« das erste polnische Zwölftonwerk und schrieb 1957 die ersten musikalischen Graphiken. Er verfaßte außerdem mehrere Bühnenwerke, Happenings und andere szenische Kompositionen, ferner für Orchester unter anderem »Jazzkonzert«, »Texte«, eine Sinfonie, eine »Musik« für 159 Instrumente und 2 weitere Stücke, ein Stück für Bläser und Schlagzeug und eines für 13 Streicher, ein Konzert für acht Jazzmusiker und Orchester, ein Violinkonzert, ein Klavierkonzert, ein Konzert für zwei Klaviere mit einem Spieler und Orchester, ein Konzert für ein beliebiges Soloinstrument und Orchester, ein Kontrabaßkonzert, weiters 6 Streichquartette, ein Quintett mit beliebiger Besetzung, ein Bläserquintett, ein Quintett für Flöte, Cello, Harfe und zwei Klaviere, ein Decet für Harfe und Instrumente, einen Blues für Jazzensemble, ein Septett für Cello und sechs Spieler und weitere Stücke für vier und mehrere Instrumente, 2 Streichtrios, ein Konzert für drei Klaviere, eines für drei Violinen, einen Blues für zwei Klaviere und Tonband, verschiedene Duos mit Tonband, Soli für verschiedene Instrumente, für elektrisches Clavichord und für Schlagzeug. Er verfaßte eine Anzahl theoretischer Schriften.

Julius Schäffer (1823–1902)

ZEIT UND UMWELT
Viktoria Gervinus (1820, Heidelberg, bis 2. 6. 1893, Heidelberg), Witwe des Literaturhistorikers und Musikschriftstellers Georg Gottfried Gervinus (20. 5. 1805, Darmstadt, bis 18. 3.

1871, Heidelberg), veröffentlichte eine Auswahl von Gesängen aus Opern und Oratorien von Georg Friedrich Händel, die vielfach sehr günstig aufgenommen wurde.

LEBEN
Julius Schäffer wurde am 28. 9. 1823 in Krevese bei Osterburg geboren. Er studierte ab 1850 bei Siegfried Wilhelm Dehn Musik, wurde 1855 Musikdirektor in Schwerin, wo er den Schloßkirchenchor gründete, wirkte ab 1860 als Universitätsmusikdirektor und Dirigent der Singakademie in Breslau (Wrocław) und starb dort am 10. 2. 1902.

WERKE
Von Julius Schäffer sind Chorlieder und Sologesänge überliefert. Er veröffentlichte 2 Choralbücher. Seine musikwissenschaftlichen Werke beschäftigten sich vorwiegend mit zeitgenössischen Händel- und Bach-Bearbeitungen und der Literatur darüber. Seine herbe Kritik an der Händel-Anthologie von Viktoria Gervinus enthält viel Positives über das Problem der Bearbeitung von Barockmusik in der Romantik.

Paul Schaeffer (um 1580 bis nach 1645)

LEBEN
Paul Schaeffer wurde um 1580 in Góra (Guhrau) geboren und war dort von 1617 bis ungefähr 1620 Stadtmusiker. Darauf wirkte er ab 1621 in gleicher Eigenschaft bis zu seinem Tod in einem der Jahre nach 1645 in Breslau (Wrocław).

WERKE
Der deutsche Komponist Paul Schaeffer verfaßte 8 Bände sakrale und profane Musik, darunter einen mit vierstimmigen Tanzweisen. Seine Musik ist sehr stark konservativ, einfach, aber äußerst klangreich.

Christoph Schaffrath (1709–63)

ZEIT UND UMWELT
Der preußische Kronprinz hatte sich auf dem neuerbauten Schloß Rheinsberg mit einer Elite aus Künstlern und Gelehrten umgeben. Musiker, Pastoren jeder Richtung, Schriftsteller, Maler wurden eingeladen, und emigrierte Franzosen brachten die gesamte aufgeklärte Geistigkeit jener Zeit ein. Es wurde gedichtet, gelesen, diskutiert und viel musiziert. Nach seinem Regierungsantritt nahm Friedrich II. die Musiker mit nach Berlin.

LEBEN
Christoph Schaffrath wurde 1709 in Hohenstein an der Elbe geboren. Der spätere König Friedrich II. lud ihn 1736 ein, seiner Kapelle in Rheinsberg beizutreten, und nahm ihn 1740 nach Berlin mit. Schaffrath starb am 17. 2. 1763 in Berlin.

WERKE
Für die Kapelle Friedrichs II. verfaßte Christoph Schaffrath Ouvertüren, Sinfonien für zwei Violinen, Bratsche und Baß, Klavierkonzerte, Streichquartette, Triosonaten für zwei Violinen oder Flöten mit Generalbaß, 6 Violinsonaten mit obligatem Klavier und 6 Klaviersonaten.

Benedikt Schak (1758–1826)

LEBEN
Benedikt Emanuel Schak (Schack, Cziak, Žák, Ziak) wurde am 7. 2. 1758 in Mirotitz (Mirotice), Südböhmen, getauft. Er studierte ab 1775 in Wien Medizin, Philosophie und Gesang. Nach einer Kapellmeistertätigkeit in Liegnitz (Legnica) trat er der Theatertruppe von Emanuel Schikaneder als Tenor bei und sang in Salzburg, Augsburg, Regensburg und Wien. Im Jahr 1793 ging er nach Prag, darauf nach Graz und 1796 an das Hoftheater in München, wo er am 11. 12. 1826 starb. Er war mit Michael und Joseph Haydn sowie mit Leopold und Wolfgang Amadeus Mozart befreundet.

WERKE
Von den Opern, die Benedikt Schak verfaßte, sind einige auf Libretti von Emanuel Schikaneder komponiert. Sie hielten sich

nicht lang auf der Bühne. Auch seine Kirchenmusik – Messen, Proprien –, die der Klassik nahesteht, ist vergessen. Wolfgang Amadeus Mozart schrieb über ein Thema von Schak Klaviervariationen (KV 613).

Christian Friedrich Schale
(1713–1800)

ZEIT UND UMWELT
Markgraf Heinrich von Brandenburg (1726 bis 1802) hielt sich seine eigene Kapelle, die eine Reihe ausgezeichneter Musiker beschäftigte und am Musikleben von Berlin lebhaften Anteil nahm. Ein Kräfteaustausch zwischen der Kapelle und der Hofkapelle König Friedrichs II. war nicht selten.

LEBEN
Christian Friedrich Schale (Schaale) wurde am 10. 7. 1713 in Brandenburg geboren. Er studierte in Halle Rechtswissenschaft. Im Jahr 1735 wurde er von der Kapelle des Markgrafen von Brandenburg aufgenommen und 1741 an die Hofkapelle nach Berlin berufen. Ab 1763 wirkte er auch als Organist am Berliner Dom. Er war einer der Begründer der ersten Liebhaber-Konzertvereinigung in Berlin, der »Musikausübenden Gesellschaft«. Er starb am 2. 3. 1800 in Berlin.

WERKE
Von Christian Friedrich Schale sind Orgel- und Klavierstücke, einige Oden, Sinfonien, Klavier- und Flötenkonzerte überliefert. Seine Musik gehört der Berliner Schule an.

Claus Schall (1757–1835)

ZEIT UND UMWELT
Wie in Stockholm hatte auch in Kopenhagen gegen Ende des 18. Jahrhunderts das Musikleben voll eingesetzt und konnte zu einem guten Teil von heimischen Kräften bestritten werden. Stilistisch war die dänische Komposition noch geraume Zeit von Italien, Frankreich und vor allem von der norddeutschen Schule abhängig.

LEBEN
Claus Nielsen Schall wurde am 28. 4. 1757 in Kopenhagen geboren. Er begann seine Laufbahn als Tanzeleve am Königlichen Theater seiner Geburtsstadt; später wurde er Violinist im Orchester, 1776 Repetitor, 1792 Konzertmeister und wirkte schließlich von 1817 bis zu seinem Tod am 10. 8. 1835 als Kapellmeister.
Sein Bruder Peder Schall (getauft 30. 12. 1762, Kopenhagen, bis 1. 2. 1820, Kopenhagen) war Cellist am Hoforchester von Kopenhagen und Gitarrenvirtuose.

WERKE
Neben ungefähr 20 Balletten und einigen Singspielen brachte Claus Schall 6 Violinsoli mit Generalbaß und einige Violinkonzerte heraus. Ihr Stil ist von Giovanni Battista Viotti beeinflußt.
Peder Schall veröffentlichte Solo- und Chorlieder mit Gitarre.

Johan Schantz (1835–65)

ZEIT UND UMWELT
Das finnische Geistesleben war noch im 19. Jahrhundert vorwiegend von Schweden beherrscht. Auch die Musik hatte viel mehr Kontakte mit Schweden als mit Rußland. Finnische Musiker holten sich ihre Ausbildung zumeist in Stockholm oder Kopenhagen.

LEBEN
Johan Filip Schantz wurde am 17. 1. 1835 in Helsingfors (Helsinki) geboren. Aus politischen Gründen mußte er 1855 Finnland verlassen, ging nach Schweden und setzte dort seine bereits in der Heimat begonnene musikalischen Studien und die Sammlung von Volksliedern fort. Von 1857 bis 1860 ergänzte er seine musikalische Ausbildung in Leipzig und erhielt darauf die Leitung eines in Helsingfors neugebildeten Orchesters, ging aber wegen Unstimmigkeiten mit einem Teil des Orchesters nach Stockholm und Kopenhagen, kehrte sodann neuerlich nach Helsingfors zurück, wo er am 24. 7. 1865 starb.

WERKE

Die Volksliedersammlungen, die Johan Schantz veröffentlichte, enthielten auch zum Teil Originalkompositionen im Volkston vom Herausgeber selbst. Er schrieb ferner eine Anzahl weiterer Solo- und Chorlieder. Sein bedeutendstes Werk ist die sinfonische Dichtung »Kulleroo«, die auf dem finnischen Epos »Kalewala« basiert.

Juri Schaporin (1887–1966)

LEBEN

Juri Aleksandrowitsch Schaporin wurde am 27.10.1887 in Gluchow, Ukraine, geboren. Nach seinem juridischen Studium wurde er Schüler des Konservatoriums in St. Petersburg bis 1918, sodann Theaterkapellmeister. Ab 1936 unterrichtete er am Konservatorium in Moskau bis zu seinem Tod am 9.12.1966.

WERKE

Neben 3 Opern schrieb Juri Schaporin eine Sinfonie, eine Sinfoniekantate, 2 Oratorien, einen sinfonischen Zyklus für Soli, Chor und Orchester, 2 Klaviersonaten, einen Liederzyklus, 8 Romanzen und Elegien, Männerchöre und Gesänge, Schauspiel- und Filmmusiken.

Xaver Scharwenka (1850–1924)

ZEIT UND UMWELT

Neben der Staatlichen Hochschule für Musik und den Akademischen Meisterschulen gab es in Berlin in der zweiten Hälfte des 19. Jahrhunderts 74 private Konservatorien völlig unterschiedlicher Qualität. Einen sehr hohen Rang nahm das Sternsche Konservatorium ein und behielt ihn bis weit in das 20. Jahrhundert. Einen ebenso hohen Rang erreichte bald die von Theodor Kullak 1855 gegründete »Neue Akademie der Tonkunst«. Eine weitere namhafte Musikschule wurde 1884 vom Pianisten und Liszt-Schüler Karl Klindworth vorerst zur Ausbildung von Pianisten ins Leben gerufen.

LEBEN

Franz Xaver Scharwenka wurde am 6.1. 1850 in Samter (Samotuły), Posen, geboren und an der Kullakschen Akademie in Berlin ausgebildet, an der er 1868 selbst Klavierlehrer wurde. Nach erfolgreichen Auftritten als Konzertpianist legte er 1874 diese Stelle nieder, um als Virtuose zu reisen. Im Jahr 1881 eröffnete er in Berlin ein eigenes Konservatorium, übersiedelte jedoch 1891 nach New York, um dort die Leitung eines Konservatoriums zu übernehmen, das seinen Namen trug. Während seiner Abwesenheit wurde 1893 sein Berliner Konservatorium mit dem Klindworthschen vereinigt. Als er 1898 zurückkehrte, übernahm er die Leitung dieser Schule, die nunmehr neben allen Zweigen der Instrumentalmusik, Kompositions-, Gesang- und Dirigentenschulung auch eine Opernschule und ein Seminar für Musiklehrer umfaßte. Mit dem Klavierpädagogen Walter Petzet (10.10.1866, Breslau [Wrocław], bis 13.8.1941, Berlin) eröffnete er 1914 eine Musikschule mit Klavierlehrerseminar. Er starb am 8.12.1924 in Berlin.

Xaver Scharwenka

Sein Bruder Ludwig Philipp Scharwenka (16.2.1847, Samter, bis 16.7.1917, Bad Nauheim) war Schüler der Kullaksehen Akademie, an der er 1870 Theorielehrer wurde. Ab 1881 wirkte er als Kompositionslehrer am Konservatorium seines Bruders und übernahm mit dem Musikforscher Hugo Goldschmidt (19.9. 1859, Breslau, bis 26.12.1920, Wiesbaden) 1893 die Leitung der Schule.
Dessen Sohn Walter Scharwenka (21.2.1881, Berlin, bis 9.7.1960, Berlin) war von 1903 bis 1906 Organist und Vereinsdirigent in Templin, sodann bis zu seinem Tod Organist und Orgellehrer am Klindworth-Scharwenka-Konservatorium.

WERKE
Von Xaver Scharwenka sind eine Sinfonie in c-Moll, 4 Klavierkonzerte, 2 Klavierquartette, 2 Klaviertrios, 2 Klaviersonaten, 2 Balladen für Klavier, zahlreiche kleinere Klavierstücke und Studienwerke, 2 Cellosonaten, Lieder und eine Oper überliefert.
Ludwig Philipp Scharwenka schrieb eine Sinfonie in d-Moll, eine »Symphonia brevis« in Es-Dur, eine »Dramatische Fantasie« in b-Moll, ein Chorwerk, »Herbstfeier«, eine »Arkadische Suite« für Orchester, ein Violinkonzert, Klavierstücke, Lieder und eine Oper.
Walter Scharwenka verfaßte mehrere Orchesterstücke, ein Trio für Klarinette, Cello und Klavier, Chorwerke, Motetten, Harfen-, Orgel- und Klavierstücke, Lieder und eine Oper. Sehr bekannt geworden sind seine 2 Choralkantaten für Solo, dreistimmigen Frauenchor und kleines Orchester.

Klavierkonzert Nr. 2 in c-Moll, Opus 56, 3 Sätze, entstanden 1880

Dieses Werk des einst berühmten Virtuosen Xaver Scharwenka steht von seinen zahlreichen Werken heute als einziges noch zuweilen auf den Konzertprogrammen. Es ist sinfonisch wie das Konzert in d-Moll von Johannes Brahms, bietet aber dem Pianisten um vieles mehr Entfaltungsmöglichkeiten; die 3 Sätze führen von Höhepunkt zu Höhepunkt, in denen das Klavier mit überraschend bravourösen Passagen einfällt. Der 2. Satz ist voll schöner Kantilenen, der 3. Satz bringt polnische Themen, die grandios ausklingen.

Peter Schat (geboren 1935)

LEBEN
Peter Schat wurde am 5.6.1935 in Utrecht geboren. Er war in Den Haag Schüler von Kees van Baaren, in London von Mátyás Seiber und in Paris von Pierre Boulez. Er wirkt gegenwärtig am Studio für Elektronische Musik in Amsterdam.

WERKE
Neben dem theatralischen Mixed-Media-Spektakel »Das Labyrinth« schrieb Peter Schat »Entelechie I« für fünf Instrumentalgruppen, »II« für elf Instrumente, »Mosaiken« für Orchester, Kammerkonzert für zwei Klarinetten, Klavier, Schlagzeug und Streicher, »Signalement« für Schlagzeug, ein »Essay« für Violine, Gitarre und Schlagzeug, ein Stück für 16 Bläser, ein Bläseroktett, ein Septett für Flöte, Oboe, Baßklarinette, Horn, Klavier, Cello und Schlagzeug, ein Sextett für drei Schauspieler und drei Musiker, ein Bläserquintett, ein Streichquartett, »Improvisationen« für drei Stimmen und vier Instrumente, »Thema« für Oboe, Gitarre, Orgel und Bläser, ein Stück für Solostimme, Tasteninstrumente und Elektronik und eines für Stimme, Instrumente und Elektronik, »Kryptogramm« für Bariton und Orchester und ein Stück für 16 Stimmen.

Franz Joseph Leonti Meyer von Schauensee (1720–89)

ZEIT UND UMWELT
In der Schweiz waren die Vorschriften der reformierten Kirche für eine Musikentwicklung sehr hemmend, weil sie mit Ausnahme von Zürich und Genf zu wenig Publikum aufwies, das sich den Musikgenuß nicht verbieten ließ. Nur in den katholischen Kirchen wurde Musik ernstlich gepflegt, aber auch sie litten unter beträchtlichem Mangel an Kräften.

LEBEN
Franz Joseph Leonti Meyer von Schauensee wurde am 10. 8. 1720 in Luzern geboren und in Mailand zum Violinisten und Organisten

ausgebildet. Er diente von 1742 bis 1744 als Offizier in der piemontesischen Armee, ließ sich sodann in seiner Geburtsstadt nieder und wurde Mitglied des Stiftes St. Leodegar, wo er den Organistendienst und die Leitung des gesamten Musiklebens übernahm und bis zu seinem Tod am 2. 1. 1789 führte. Sein Wirken übte auf einen weiten Umkreis starken Einfluß aus.

WERKE
Von den Vokalwerken des Franz Joseph Leonti Meyer von Schauensee sind eine Sammlung von 16 Offertorien, eine weitere von 7 Messen und 40 Liedern für eine Solostimme und Orchester erschienen. Er verfaßte außerdem 2 Singspiele, ein Quodlibet und Stücke für vier Singstimmen und Orchester.

LITERATUR
E. Koller, Franz Joseph Leonti Meyer von Schauensee, Sein Leben und seine Werke, Leipzig 1922.

Wisarion Schebalin (1902–63)

LEBEN
Wisarion Jakowljewitsch Schebalin wurde am 29.5.1902 in Omsk geboren. Er war in Moskau Schüler von Nikolai Mjaskowski. Ab 1923 unterrichtete er an verschiedenen Musikschulen und ab 1928 am Konservatorium in Moskau, das er von 1942 bis 1948 leitete. Er starb am 28.5.1963 in Moskau.

WERKE
Von Wisarion Schebalin sind 3 Opern und 2 Ballette aufgeführt worden. Er schrieb ferner 5 Sinfonien, 3 Orchestersuiten, ein Violinkonzert, ein Cellokonzert, ein Concertino für Horn und eines für Violine und Orchester, mehrere kleinere Orchesterwerke, 9 Streichquartette, Sonaten für Bratsche, Violine und Cello mit Klavier, eine dramatische Sinfonie für Chor und Orchester, mehrere Kantaten, A-cappella-Chöre, Musik für Schau- und Hörspiele sowie für Filme.

Boris Schechter (1900–61)

LEBEN
Boris Semjonowitsch Schechter wurde am 8.1.1900 in Odessa geboren. Er studierte unter Witold Maliszewski am Konservatorium seiner Vaterstadt und vollendete seine Ausbildung am Konservatorium in Moskau bei Sergei Wasilenko und Nikolai Mjaskowski. Von 1929 bis 1941 unterrichtete er an derselben Lehranstalt Komposition. Anschließend wurde er Professor am Konservatorium in Aschchabad, Turkmenien. Er starb am 16.12. 1961 in Moskau.

WERKE
Außer 4 Opern schrieb Boris Schechter 5 Sinfonien, eine Suite, ein Klavierkonzert, 2 Klaviersonaten, 3 Kantaten, Chöre, Lieder – zahlreiche Massenlieder –, Bühnen- und Filmmusik.

David Schedlich (1607–87)

ZEIT UND UMWELT
Mit Violetta wurden verschiedene Streichinstrumente vom Typus der Gambe und der Viola da braccio bezeichnet. Michael Praetorius nennt im Syntagma eine Diskantviole da gamba und eine Diskantviole da braccio »Violetta piccola«. Später wurde diese Bezeichnung zum Synonym der Viola in der Violinenfamilie.

LEBEN
David Schedlich (Schädlich) wurde 1607 in St. Joachimsthal (Jáchimov) geboren. Er war Schüler seines Bruders, des Organisten und Orgelbauers Jacob Schedlich (um 1590, Jáchimov, bis 1669, Jáchimov), und seines Schwiegervaters Johann Staden in Nürnberg. Dort wirkte er ab 1632 an der Frauenkirche, ab 1634 an der Heiligengeistkirche und ab 1635 in Nachfolge seines Schwagers Sigmund Theophil Staden an der St.-Lorenz-Kirche als Organist. Er starb in Nürnberg im Jahr 1687 und wurde am 11. 11. begraben.

WERKE
Der deutsche Organist und Komponist David

Schedlich eignete sich den römischen Kolossalstil an und verfaßte ein deutsches Te Deum für vierundzwanzig Stimmen, 10 Domine ad adiuvandum für vierzehn Stimmen, außerdem 13 vier- und fünfstimmige lateinische Responsorien ohne Generalbaß. Auf deutschem Text komponierte er eine große Menge ein- bis vierstimmiger Strophenlieder und Begräbnisgesänge mit verschiedener Besetzung. An Instrumentalmusik liegen Suitensätze für Tasteninstrumente, für zwei Violinen und Generalbaß und für zwei Violinen und Violetta vor.

Johann Adolf Scheibe (1708–76)

ZEIT UND UMWELT

Der deutsche Schriftsteller und Literaturtheoretiker der Aufklärung Johann Christoph Gottsched (1700–66) war ab 1730 Professor für Poesie an der Universität Leipzig. Sein Einfluß auf die Literaten seiner Zeit und auf andere Künstler bis zu den Musikern war ungeheuer groß.

LEBEN

Johann Adolf Scheibe wurde am 5. 5. 1708 als Sohn des Orgelbauers Johann Scheibe (um 1680, Leipzig, bis 3. 9. 1748, Leipzig) geboren. Er studierte ab 1725 in Leipzig Jurisprudenz und geriet in den Einflußbereich von Johann Christoph Gottsched. Im Jahr 1740 wurde er Kapellmeister des Markgrafen von Brandenburg-Kulmbach und 1744 Königlicher Kapellmeister in Kopenhagen. Er verließ die dänische Hauptstadt und ließ sich in Sönderborg, Als, als Musiklehrer nieder, hielt sich jedoch weiterhin fallweise in Kopenhagen auf, um seine Werke aufzuführen. Er starb am 22. 4. 1776 in Kopenhagen.

WERKE

Von den mehreren hundert Kompositionen von Johann Adolf Scheibe erschienen nur 3 Flötensonaten, 2 tragische Kantaten und eine Reihe von Liedern – darunter ein Freimaurerliederbuch – im Druck. Alle anderen kirchlichen Werke, Konzerte, Quartettsinfonien, Kammermusiken blieben Manuskript.

LITERATUR

E. Reichel, Gottsched und Johann Adolf Scheibe, Sammelbände der Internationalen Musikgesellschaft II, 1900/01.

Heinrich Scheidemann
(um 1596–1663)

ZEIT UND UMWELT

Die freie Stadt Hamburg hatte zwar unter keinen unmittelbaren Kriegseinwirkungen zu leiden, der lange Kampf in den deutschen Ländern jedoch lähmte das Geschäftsleben der Stadt, viele Verdienstmöglichkeiten fielen aus, ein großer Teil der Bürger verarmte.

LEBEN

Heinrich Scheidemann wurde um 1596 in Wöhrden, Dithmarschen, geboren. Er war zwischen 1611 und 1614 Schüler Jan Pieterszoon Sweelincks in Amsterdam und erhielt um 1629 die Organistenstelle an der Katharinenkirche in Hamburg. Er betreute diese Stellung bis zu seinem Tod im Jahr 1663.
Sein Onkel David Scheidemann (um 1550, in oder bei Hamburg, bis nach 1604, Hamburg) war ab 1585 Organist der Michaelskirche in Hamburg.

WERKE

Das Orgelwerk des deutschen Komponisten Heinrich Scheidemann ist das bedeutendste und umfangreichste der gesamten norddeutschen Sweelinck-Schule. Es handelt sich zu einem großen Teil um kurze Choralvorspiele mit einem fugierten Abschnitt. Die Choralbearbeitungen verfolgen die Cantus-firmus-Technik Sweelincks, vor allem im Zyklus aus 8 Magnificatbearbeitungen. Die Stücke zeichnen sich durch starke Farbenpracht und hohe Virtuosität aus.
David Scheidemann brachte ein Choralbuch mit vierstimmiger Harmonisierung protestantischer Kirchengesänge für den Gemeinschaftsgesang heraus.

LITERATUR

L. Krüger, Die hamburgische Musikorganisation im 17. Jahrhundert, in: Sammlung musikwissenschaftlicher Abhandlungen XII, Zürich 1933.

Samuel Scheidt (1587–1654)

Leben

Samuel Scheidt wurde am 4. 11. 1587 in Halle an der Saale getauft. Sein Vater stand in landesherrlichem Dienst und hatte einen ansehnlichen Bekanntenkreis, zu dem der Orgelbauer Heinrich Compenius der Jüngere (1565, Halle, bis 1631, Halle) gehörte. Compenius erteilte dem jungen Scheidt, der bereits 1603 Organist an der Moritzkirche in Halle wurde, den ersten Orgelunterricht. Im Jahr 1606 begab sich Scheidt nach Amsterdam zu Jan Pieterszoon Sweelinck, dem »Organistenmacher«, und war ein Jahr lang dessen Schüler; 1609 wurde er Hoforganist des Markgrafen Christian Wilhelm von Brandenburg (1587–1665), dem Administrator des Stiftes Magdeburg. Gleichzeitig mit Michael Praetorius und William Brade (1550 bis 1630) wirkte er als Hofkapellmeister. Im Jahr 1619 nahm er an der Einweihung der neuen Orgel der Stadtkirche von Bayreuth durch Michael Praetorius teil. Ein Jahr darauf wurde er Kapellmeister am Hof zu Halle und 1628 Director Musices der Stadt, aber 1630 wegen eines Konfliktes mit dem Rektor der Lateinschule wegen der Disziplinargewalt über die Chorschüler entlassen. Er widmete sich nunmehr allein seiner kompositorischen Arbeit. Während der über das Land hereingebrochenen Kriegswirren und Seuchen, die das ganze Leben lähmten, geriet er in schwere Not. Seine Familie wurde Opfer der Zeitumstände; er selbst vermochte sich auch nach dem Friedensschluß von dem Elend, in das Land und Bevölkerung gestürzt waren, nicht mehr zu erholen. Vereinsamt und verarmt starb er am 24.3. 1654 in Halle an der Saale. Niemand setzte ihm einen Gedenkstein.

Sein Bruder Gottfried Scheidt (20.9.1593, Halle an der Saale, begraben 26.6.1661, Altenburg) war von 1611 bis 1614 Schüler von Jan Pieterszoon Sweelinck in Amsterdam und von 1617 bis 1658 Hoforganist in Altenburg.

Sein zweiter Bruder Christian Scheidt (13. 2. 1600, Halle an der Saale, bis nach 1628, vermutlich in Alsleben) war von 1614 bis 1617 Schüler von Jan Pieterszoon Sweelinck in Amsterdam und ab 1626 Organist in Alsleben.

Werke

Der deutsche Komponist Samuel Scheidt, einer der bedeutendsten Ahnherren der deutschen Orgelmusik, assimilierte in seinem kompositorischen Werk, das zu nahezu gleichen Teilen aus vokalen und instrumentalen Stücken besteht, alle Errungenschaften der musikalischen Technik seiner Zeit. Die Instrumentalmusik der englischen Komponisten und die Orgelkunst Sweelincks sind ebenso aufgenommen wie der konzertante Stil der Italiener, den Michael Praetorius für Deutschland entwickelt hatte. Auch die Mischung von Singstimmen mit obligater Instrumentalbegleitung, die ausgezierten Gesangslinien und die bildhafte Betonung der Wortbedeutung zu homogenen Strukturen, deren Grundlage die in Deutschland weiterentwickelte franko-flämische Polyphonie bildete, sind im Werk enthalten.

Sein bekanntestes Werk, das ein neues Kapitel der deutschen Orgelmusik darstellt, die Tabulatura nova in 3 Bänden, bringt ein neues Notiersystem, das unserem heutigen schon sehr nahekam. Für Instrumente liegen noch vor: vier- bis fünfstimmige Tanzsätze – ein inhaltsgleicher zweiter Band ist verschollen –, »70 Symphonien auff Concerten manir vornehmlich auff Violinen zu gebrauchen durch die gewöhnlichen Tonos«, dreistimmige Instrumentalstücke mit Generalbaß zum Gebrauch als Prä-, Inter- und Postludien zu Motetten und geistlichen Konzerten, Ludi musici, von denen nur der erste von 4 Teilen überliefert ist, und eine Reihe Einzelstücke. Die Vokalmusik ist durch die Cantiones sacrae (Sakrale Gesänge) für acht Stimmen vertreten, weiters durch »Newe geistliche Concerten« für zwei und drei Stimmen in 3 Teilen, die weiteren sind verloren-

gegangen, die Concertus sacri für zwei bis zwölf Stimmen und Continuo, die »Lieblichen Kraftblümlein aus des Heyligen Geistes Lustgarten abgebrochen« für zwei Stimmen und Generalbaß, sodann durch die »Hundert geistliche Lieder und Psalmen Herrn Doctoris Martini Lutheri und anderer gottseliger Männer« für vierstimmigen Orgelsatz, mit dem Kirchenlied in der Oberstimme (Görlitzer Tabulaturbuch), die durch besonders eindrucksvolle Harmonik auffallen. Dazu kommen noch zahlreiche Gelegenheitskompositionen.
Mit Sweelinck gemeinsam verfaßte Scheidt die »Paduana Hispanica«, eine Variationenreihe für Orgel (Nummern 2, 3, 4 und 6 von acht Stück sind erhalten), und weitere 6 Variationen über »Von der Fortuna werd ich getrieben« (Nummern 4, 5, 6).
Von Gottfried Scheidt sind mehrere Choralvariationen und einige Gelegenheitskompositionen erhalten.

Tabulatura nova, 3 Bände, entstanden 1624

Dieses dreibändige Orgelwerk erhielt seine Bezeichnung, weil es entgegen der in Deutschland gebräuchlichen Buchstabennotierung nach italienischem Muster auf zwei Liniensystemen mit Mensuralnoten notiert wurde, was der modernen Notenschrift schon sehr ähnlich kam.
Die ersten beiden Bände enthalten eine Sammlung von Choral-, Lied- und Tanzbearbeitungen, Fantasien, Toccaten, Fugen, Variationen, Kanons und auf zwei Manualen zu spielende Echokompositionen. Im dritten scheint nur kirchliche Gebrauchsmusik auf. Nach Anweisung können die Stücke auch auf anderen »klavierten Instrumenten« gespielt werden. Es ist aber unverkennbar, daß dem Komponisten vor allem an der Orgel lag. Er führte in seine Komposition auch andere Instrumentaleffekte ein wie das Tremolo und das Legato. Es scheint auch zum ersten Mal die Bezeichnung Fuga für polyphone dreiteilige Stücke mit einem einzigen Thema auf.

Cantiones sacrae, 38 Motetten für acht Stimmen und zwei Chöre, entstanden 1620

Hier lebt die niederländisch-deutsche Motettenkunst neu auf. »Ich bleibe bey der reinen alten Composition und reinen Regeln«, bekannte Scheidt. Einzelne Motetten stechen durch ihre Klangpracht hervor, wie »Ein feste Burg«, wobei der Chor die lineare Diktion verläßt und akkordisch auftritt. Bei »Christe der du bist Tag und Licht« sind 7 Strophen durchkomponiert. Die erste bietet einen achtstimmigen Motettensatz mit vielen einfachen Harmonien, die zweite hat die Melodie im Sopran und ist nur vierstimmig, in der dritten, ebenfalls vierstimmigen, singt der Tenor die Melodie, die vierte ist ein Duett von Sopran und Alt, die fünfte ist vierstimmig mit dem Cantus firmus im Baß, die sechste ein Kanon, die siebente Strophe schließt das Werk homophon ab. Die weiteren Motetten nützen ebenfalls alle durch die Besetzung gegebenen Kombinationsmöglichkeiten aus, bleiben aber zumeist der alten Polyphonie verbunden und betonen deutlich die traditionelle Struktur des Zyklus.

Ludi musici (Musikalische Spiele), Teil 1, 32 Tanzsätze und freie Instrumentalstücke, entstanden 1621 (die Teile 2 bis 4 sind verschollen)

Jedes Stück ist einem Musikfreund oder Musiker am Hof zu Halle gewidmet. Stil und Klanghaltung stehen unter dem Einfluß der englischen Instrumentalmusik.
Von den Stücken sind besonders die Intrada für Bläser, Viole, Cembalo, Theorbe, Trommel und Tambourin hervorzuheben, die eine wahre Festouvertüre darstellt. Die »Gaillarde Battaglia« für Bläser, Gambe, Positiv und Gitarre mit ihren scharfen Tonrepetitionen und Fanfarenmotiven bietet eine zu seiner Zeit beliebte musikalische Darstellung eines Kampfgeschehens. Alle verwendeten Tanzmelodien klingen an beliebte Tänze der Zeit an. Die 6 Kanzonen variieren und verarbeiten äußerst kunstvoll und klangreich bekannte Themen.

LITERATUR

Chr. Mahrenholz, Samuel Scheidt, Farnborough 1968.

Jacob Scheiffelhut (1647–1709)

ZEIT UND UMWELT

Im Gegensatz zum Musikzentrum München, das dem Einfluß der Musik des französischen Königshofes ausgesetzt war, bewahrte Augsburg die Prägung, die für das österreichisch-süddeutsche Hochbarock typisch war. Das rührte vielleicht daher, daß viele deutsche Fürstenhöfe Versailles auf verschiedenen Gebieten nachahmten, während das bürgerliche Augsburg hiezu keine Anlässe hatte.

LEBEN

Jacob Scheiffelhut wurde am 19. 5. 1647 in Augsburg getauft. Er war 1656 bis 1666 Schüler der Kantorei an St. Anna, wirkte darauf als Spielmann und ab 1673 als Instrumentalist wieder an St. Anna. Im Jahr 1694 wurde er Chordirigent an der Barfüßerkirche und war außerdem ab 1685 Stadtpfeifer in Augsburg, wo er am 2. 7. 1709 starb.

WERKE

Der deutsche Musiker und Komponist Jacob Scheiffelhut verfaßte vierstimmige Instrumentalmusik mit Generalbaß: »Musicalischer Gemüths-Ergötzungen«, »Lieblicher Frühlings-Anfang«, »Musicalisches Kleeblatt«, überdies das Sammelwerk für den Kirchengebrauch: »Heiliger Jesus und Sonntags-Freud«, 2 Teile, Suiten für zwei Violinen und Generalbaß.

LITERATUR

K. Nef, Geschichte der Sinfonie und Suite, Leipzig 1921.

Johann Hermann Schein
(1586–1630)

LEBEN

Johann Hermann Schein wurde am 20. 1. 1586 in Grünhain bei Annaberg, Sachsen, als Sohn eines Pfarrers geboren. Er kam 1599 als Chorknabe an die Dresdner Hofkapelle, die Rogier Michael (um 1554–1619) unterstand, 1603 wurde er Schüler der Fürstenschule Pforta, begann 1607 in Leipzig das Studium der Rechtswissenschaft und erhielt 1613 die Stelle eines Hauslehrers und Musikdirektors auf Schloß Weißenfels. Im Jahr 1615 wurde Schein zum Hofkapellmeister in Weimar ernannt und trat ein Jahr darauf in Leipzig als Nachfolger nach Sethus Calvisius (1556 bis 1615) die Kantorenstelle an Schule und Kirche St. Thomas an. Er war mit Heinrich Schütz in enger Freundschaft verbunden, der zur Beerdigung des Thomaskantors, der am 19. 11. 1630 einer vom Krieg verbreiteten Seuche erlegen war, eine sechsstimmige Motette komponierte.

WERKE

Der deutsche Komponist und Thomaskantor Johann Hermann Schein zählt neben Heinrich Schütz und Samuel Scheidt zu den bedeutendsten Meistern der Motette im Stil von Orlando di Lasso und des venezianischen konzertanten Stils des 16. Jahrhunderts. Überdies ragt er auf dem Gebiet des geselligen Chorliedes und des Generalbaßliedes wie auf dem der Orchestersuite weit über seine Zeitgenossen hinaus.

Das kompositorische Werk Scheins ist umfangreich und auch vielfältig, aber die Vokalmusik überwiegt. Das »Venuskräntzlein« umfaßt 17 fünfstimmige deutsche Lieder, Intraden, Gaillarden, Kanzonen, das »Cym-

Johann Hermann Schein, Holzschnitt

balum Sionium« enthält acht- bis zwölfstimmige lateinische und deutsche Motetten mit einer instrumentalen »Canzona«; das »Banchetto Musicale« bringt 20 Tanzsuiten; die »Opella nova« bestehen aus 58 geistlichen Konzerten mit Generalbaß für drei bis sechs Stimmen, die »Wald-Liederlein« bringen 50 deutsche Lieder in beliebiger Besetzung; zahlreiche Villanellen, Pastorales, Studentenlieder sind in Sammlungen erschienen. Das große Te Deum mit 24 Stimmen stellt ein Beispiel barocker Klangüppigkeit dar, ebenfalls vierundzwanzigstimmig ist die »Musica divina«, das »Israelis-Brünnlein« bringt eine Motettensammlung. Er vermehrte das »Cantional- oder Gesangbuch Augsburgischer Confession«, das 312 Gesänge enthält, um 27 Nummern. Dazu sind noch verschiedene Hochzeits- und Begräbnisgesänge zu zählen. Dieses gesamte Werk muß als meisterhaft und in vielen Fällen als grundlegend für die Musik des laufenden Jahrhunderts bezeichnet werden.

Il Banchetto Musicale, 20 Tanzsuiten für Instrumente, vier- oder fünfstimmig, entstanden 1617

Jede Suite besteht aus 5 Tänzen: Pavane, Gaillarde, Courante, Allemande, Tripla. Die ersten 2 Tänze, und zuweilen auch der dritte, sind fünfstimmig, die restlichen vierstimmig. Die 5 Tanzsätze einer Suite sind »in der Ordnung allerwege also gesetzet, daß sie beides in Tono und inventione einander fein respondieren«. Es handelt sich also um echte Variationen-Suiten, die durch den thematischen Zusammenhang ihrer Sätze eine volle Geschlossenheit aufweisen.

Fontana d'Israel (Israelis-Brünnlein) für fünfstimmigen Chor und Generalbaß, 26 Sätze, entstanden 1623

Es handelt sich um 26 Motetten, die »eine sonderbare anmutige Italian-Madrigalische Manier« aufweisen. Die Texte sind dem Alten Testament (Psalmen, Prophetenworte) entnommen. Die erste Nummer ist ein Madrigal und eng dem Wort verbunden. Auch die folgenden weisen vorwiegend Madrigalformen auf; erst Nummer fünf ist eine echte Motette wie Nummer neun und auch noch weitere. Die Mischung der Strukturen dem Textsinn entsprechend, verleihen dem Werk eine seltene Lebendigkeit. Allen Stücken gemeinsam ist eine eindrucksvolle Wortausdeutung und Affektbetonung, überraschende Auszierung und eindringliche Ausdruckskraft. Der optimistische Schlußchoral »Nun danket alle Gott« ist eine Krönung des gesamten Werkes.

LITERATUR

A. Prüfer, Johann Hermann Schein, Leipzig 1895.

Johann Schelle (1648–1701)

ZEIT UND UMWELT

Die bereits im 16. Jahrhundert im evangelischen Gottesdienst anstelle der Lesung verwendete Evangelienmotette wurde im 17. Jahrhundert allmählich von der Evangelienkantate abgelöst, die, um vieles breiter, mit paraphrastischen Texten angereichert und musikalisch vielgestaltiger war. Rezitative, Arien, Duette, Chöre, Instrumentaleinlagen und Orgelsätze wurden konzertant verschmolzen und zu einem Konzert geformt. Die Texte waren in deutscher Sprache abgefaßt.

LEBEN

Johann Schelle wurde am 6. 9. 1648 in Geising, Sachsen, getauft. Er war von 1655 bis 1657 in Dresden unter Heinrich Schütz Diskantist, anschließend bis 1664 Chorsänger der herzoglichen Kapelle in Wolfenbüttel. Unter Sebastian Knüpfer war er 1665 Mitglied des Thomanerchors, 1670 Kantor in Eilensburg und folgte Knüpfer 1677 als Thomaskantor in Leipzig nach, wo er am 10. 3. 1701 starb.

WERKE

Vom deutschen Komponisten Johann Schelle sind über 200 Kompositionen nachweisbar, von denen nur 47 überliefert sind, und zwar zumeist lateinische und deutsche Motetten, außerdem 31 Melodien in der Sammlung »Der andächtige Student«. Seine doppelchörige Motette »Christus ist des Gesetzes Ende« wurde sehr lange gesungen. Er führte als einer der ersten die deutschsprachige Evangelienkantate in den evangelischen Gottesdienst ein.

LITERATUR

Fr. Graupner, Das Werk des Thomaskantors Johann Schelle, Wolfenbüttel 1929.

Aegydius Schenk (1719–80)

ZEIT UND UMWELT

Daß Werke von Kirchenmusikern, die einem Orden angehörten, in vielen Fällen nicht den Weg in die Öffentlichkeit fanden, ist keineswegs ein Qualitätskriterium. Sie schrieben ihre Kompositionen sehr oft nur für die Kirche, an der sie tätig waren, und begnügten sich damit, sie »ihren« Kirchenbesuchern so gut wie möglich zu Gehör zu bringen. Nicht selten bemühten sich die Meister um keine Drucklegung, weil sie ihre Leistungen unterschätzten.

LEBEN

Aegydius Schenk (eigentlich Franz Joseph) wurde am 2. 11. 1719 in Burgau, Steiermark, getauft. Er studierte in Graz Rhetorik und wurde dort Minorite und Priester. Sodann wirkte er als Organist an der Minoritenkirche Mariahilf in Graz mit einigen Unterbrechungen bis zu seinem Tod am 10. 1. 1780.

WERKE

Von Aegydius Schenk sind 160 Kompositionen handschriftlich überliefert, von denen 107 mit Sicherheit ihm zugeschrieben werden können. Es handelt sich um Messen, Vespern, Marien-Antiphonen, Litaneien, Tantum ergo, Psalmen, Offertorien, Te Deum, Arien, Arietten, Duette, Motetten, Sequenzen und auch um Triosonaten. Vieles davon wäre einer Drucklegung wert.

Jan Schenk (1660 bis nach 1716)

ZEIT UND UMWELT

Obschon das Cello von einzelnen italienischen Komponisten stark in den Vordergrund geschoben wurde, behielt es seine Hauptfunktion als Baßinstrument bei. Es hatte für seine spätere Rolle als Tenorinstrument noch nicht das erforderliche Format, sondern war größer. Daher griffen die Komponisten auch auf die Gambe zurück, deren Klang und technische Handhabung den Erfordernissen eines Soloinstrumentes entsprachen.

LEBEN

Jan Schenk (Johan Schenck, Johannes, Johann, Joan) wurde am 3. 6. 1660 in Amsterdam getauft und dort zum Musiker ausgebildet. Er war anfänglich an der Oper seines Geburtsortes als Instrumentalist beschäftigt, kam sodann 1696 als Kammermusiker in die Dienste des Kurfürsten Johann Wilhelm II. nach Düsseldorf, wo er nach 1716 starb.

WERKE

Der niederländische Komponist und Gambist Jan Schenk brachte noch in Amsterdam »Sang-Airen van d'Opera Ceres en Bachus«, 15 Sonaten für Gambe und Generalbaß, Kammersonaten für zwei Violinen, Gambe und Generalbaß, »Koninklijke harpeliederen« für Sopran, Baß, zwei Gamben und Generalbaß, 14 fünf- bis vierzehnsätzige Suiten für Gambe und Generalbaß und 18 Violinsonaten heraus. In Düsseldorf schrieb er »Rheinnymphen für zwei Gamben«, 6 Sonaten »Echo der Donau« sowie weitere 12 Sonaten für Gambe. Er war der erste, der Fugen für Sologambe verfaßte. Sein Stil lehnt sich an englische Violisten und an Marin Marais an.

Johann Schenk (1753–1836)

ZEIT UND UMWELT

Die »Napoleonzeit« brachte für Österreich militärische Niederlagen, schwere territoriale Einbußen, Prestigeverlust, wirtschaftlichen Niedergang. Parallel damit ging ein ungeheurer Kulturaufschwung, besonders auf dem Gebiet der Musik, vor sich. Das Wirken der Wiener Klassiker rückte diese Stadt in den Mittelpunkt der europäischen Musiklandschaft und weckte zahlreiche Talente.

LEBEN

Johann Baptist Schenk wurde am 30. 11. 1753 in Wiener Neustadt geboren. Er war Schüler von Georg Christoph Wagenseil und lebte als Komponist und Musiklehrer in Wien. Ab 1794 leitete er die Privatkapelle der Fürsten Auersperg. In den Jahren 1792 und 1793 nahm Ludwig van Beethoven bei ihm, vor seinem Lehrer Joseph Haydn verheimlicht, Kontrapunktunterricht. Johann Schenk starb am 29. 12. 1836 in Wien.

WERKE

Beliebt und berühmt wurde Johann Schenk durch seine zahlreichen Singspiele, von denen einige sich sehr lange auf den Bühnen hielten. Er verfaßte außerdem Sinfonien, Harfenkonzerte, Kammer- und Kirchenmusik. Sehr bekannt geworden sind seine beiden Kantaten »Die Huldigung« und »Der Mai«. Sein Stil stand der Klassik sehr nahe, in seinen letzten Lebensjahrzehnten jedoch mit deutlichem Hang zur Romantik.

LITERATUR

F. Staub, Johann Schenk, Wiener Neustadt 1900.

Sebastian Anton Scherer (1631–1712)

ZEIT UND UMWELT

Das Ulmer Münster, die größte gotische Pfarrkirche Deutschlands, wurde 1377 begonnen und 1529 vollendet. An die Orgel des Münsters wurden bis heute nur hochqualifizierte Musiker gesetzt.

LEBEN

Sebastian Anton Scherer wurde am 4. 10. 1631 in Ulm getauft. Er war ab 1653 Stadtmusikus, ab 1668 Musikdirektor und ab 1671 Organist am Münster in Ulm, wo er am 28. 8. 1712 starb. In den Jahren 1684 und 1685 wirkte er als Organist an St. Thomas in Straßburg.

WERKE

Der deutsche Organist und Komponist Sebastian Anton Scherer verfaßte unter dem Titel »Musica sacra« eine Anzahl Messen, Motetten und Psalmen mit Instrumenten, 2 Bücher mit Orgel- und Cembalostücken, 14 dreistimmige Sonaten für zwei Violinen und Viola da gamba, eine Lautensuite und 2 Motetten. Sein Stil ist italienisch beeinflußt.

Christoph Schetky (1740–1824)

ZEIT UND UMWELT

Die 1728 in Edinburgh gegründete Musical Society übte durch ihre Konzerte in Cecilia's Hall im 18. Jahrhundert auf das Musikleben der Stadt und ganz Schottlands einen starken Einfluß aus. Die Mitglieder waren zum großen Teil aristokratische Amateure, die von einigen Berufsmusikern geführt wurden. Die Konzertprogramme hatten ein hohes Niveau; in der ersten Zeit waren Georg Friedrich Händel und Arcangelo Corelli bevorzugt. Namhafte Instrumentalisten und Sänger vom Kontinent wurden oft eingeladen.

LEBEN

Johann Georg Christoph Schetky wurde 1740 in Darmstadt geboren. Er war Schüler von Anton Filtz in Mannheim und trat nach seiner Ausbildung als Cellist in das Hoforchester von Darmstadt ein. Im Jahr 1768 wirkte er in Hamburg und 1770 in London; ab 1772 war er erster Cellist der Cecilia's-Hall-Konzerte in Edinburgh bis zur Auflösung der Musical Society (1801). Er verblieb in Edinburgh als Cellolehrer und Komponist bis zu seinem Tod am 29. 11. 1824.

WERKE

Von Christoph Schetky sind 6 Streichtrios, 2 Duos für Cello und Violine, 6 Duos für zwei Celli, 6 Cellosonaten mit Generalbaß, 6 Sonaten für Violine und Cello, 6 Streichquartette und 6 Flötenduos erschienen. Sein Oratorium, seine Sinfonien und Cellokonzerte sind nur handschriftlich überliefert.

Michael Scheuenstuhl (1705–70)

ZEIT UND UMWELT

Johannes Sigismund Scholze (20. 3. 1705,

Lobendau bei Liegnitz, bis 27. 9. 1750, Leipzig) veröffentlichte unter dem Pseudonym Sperontes die Odensammlung »Singende Muse an der Pleisse«, die bekannten Melodien angepaßt wurde. Ihre Baßbegleitung bestand in vielen Fällen aus Murkybässen.

LEBEN
Michael Scheuenstuhl wurde am 3. 3. 1705 in Gutenstetten, Mittelfranken, geboren. Er war ab 1722 Organist in Wilhermsdorf und ab 1729 an St. Michael in Hof, wo er 1752 auch Rektor der Mädchenschule wurde und am 26. 7. 1770 starb.

WERKE
Von Michael Scheuenstuhl wurde nur Klaviermusik im galanten Stil veröffentlicht, vor allem Murkys, die diese primitive Liedbegleitung nachahmen, ferner Tanzsuiten und drei unbegleitete Konzerte, die offenbar von Johann Sebastian Bach abhängen.

Gaetano Schiassi (1698–1754)

ZEIT UND UMWELT
João V. Bragança, der 1706 den portugiesischen Thron einnahm, war mit der Schwester Kaiser Karls VI., Erzherzogin Maria Anna (1683–1754), verheiratet. Das hatte die Vorliebe der portugiesischen Hofgesellschaft für Musik und Musiker aus Italien, die ohnehin bereits vorherrschte, noch verstärkt.

LEBEN
Gaetano Maria Schiassi wurde am 10. 3. 1698 in Bologna geboren und dort ausgebildet. Er war Mitglied der Accademia Filarmonica in Bologna, der er Kapellmeisterdienste leistete. Darauf wurde er Kapellmeister beim Herzog von Massa Alderano Cybo Malaspina (regierte 1715–31) und anschließend am Landgräflichen Hof in Darmstadt. Im Jahr 1735 wurde er als Hofkapellmeister des portugiesischen Königspaares nach Lissabon berufen, wo er 1754 starb.

WERKE
Von Gaetano Schiassi sind »Trattenimenti musicali« (Musikalische Unterhaltungen) für Violine, Cello und Cembalo und 12 Konzerte erschienen. Außerdem sind von ihm einige Oratorien und Melodramen handschriftlich erhalten. Berühmt geworden ist seine Weihnachtssinfonie für Streicher und Orgel, die bis in unsere Zeit mehrmals aufgelegt wurde.

Armin Schibler (1920 – 86)

LEBEN
Armin Schibler wurde am 20. 11. 1920 in Kreuzlingen am Bodensee geboren. Er studierte in Zürich und London; in Darmstadt machte er sich mit der Dodekaphonik bekannt. Seit 1944 wirkte er als Musiklehrer in Zürich, wo er am 7. 9. 1986 starb.

WERKE
Das kompositorische Schaffen von Armin Schibler ging von neubarocken Anfängen aus, führte über einen spätromantischen Expressionismus über die Zwölftonmusik zu rhythmisch-experimentellen Werken. Er schrieb 6 Opern und 2 Ballette, weiters 3 Sinfonien und zahlreiche andere Orchesterstücke sowie Stücke für Streicher oder Blasorchester, Stücke für Schlagzeug allein, Konzerte für verschiedene Instrumente mit Orchester, mit Streichern oder mit Kammerensembles, ferner Kammermusik für Ensembles – Quintette, Quartette, Trios, Duos mit verschiedener Besetzung –, Solostücke für verschiedene Instrumente, Kompositionen für Singstimmen, für Chöre, für Sprechstimmen, getrennt oder kombiniert, zum Teil mit Tonbändern. Einen breiten Raum nehmen seine »Hörwerke« ein, bei denen er Prosatexte von Instrumenten begleiten ließ.

Johann Gottfried Schicht (1753–1823)

ZEIT UND UMWELT
Choralbücher oder Choralbegleitbücher sind Sammlungen evangelischer Kirchenlieder in der Ordnung des Gesangbuchs (entweder gemäß dem Ablauf des Kirchenjahrs oder nach

bestimmten Erbauungsschemata) in vierstimmiger Bearbeitung oder nur mit Melodien und bezifferten Bässen für den Gebrauch der Organisten zum Begleiten des Gemeindegesangs im Gottesdienst. Das älteste Choralbuch mit Melodien und beziffertem Baß veröffentlichte Daniel Speer (1636–1707) unter dem Titel »Choral-Gesang-Buch, Auff das Clavir oder Orgel« im Jahr 1692.

LEBEN
Johann Gottfried Schicht wurde am 29. 9. 1753 in Reichenau bei Zittau geboren. Er studierte ab 1776 in Leipzig Rechtswissenschaft, gab diese aber bald zugunsten der Musik auf und wirkte als Akkompagnist und Violinist an den von Johann Adam Hiller veranstalteten Konzerten und an den späteren Gewandhauskonzerten in Leipzig. Gleichzeitig war er Musikdirektor an der Neukirche. Er gründete 1802 die Singakademie von Leipzig; 1810 übertrug man ihm die Stelle des Thomaskantors, die er bis zu seinem Tod am 16. 2. 1823 betreute.

WERKE
Das wichtigste Werk von Johann Gottfried Schicht ist sein großes Choralbuch aus 1819 mit 1285 Melodien, von denen ungefähr 300 von ihm stammen. Er schrieb außerdem 3 Oratorien, mehrere Messen, eine Vertonung des 100. Psalms, 4 Te Deum, Motetten, Kantaten, ein Klavierkonzert, Sonaten und Capricen. Sein Stil ist von Johann Adam Hiller beeinflußt.

Ernst Schick (1756–1815)

ZEIT UND UMWELT
Um die Stelle des Konzertmeisters einer Hofkapelle zu erhalten, mußte man um die Wende zum 19. Jahrhundert bei der hochentwickelten Technik des Violinspiels ein beträchtliches Maß an Virtuosität aufzuweisen haben und, weil auch die Anforderungen an das Orchester seit der in Mannheim erzielten Präzision schon sehr hochgeschraubt waren, über eine ausreichende musikalische Ausbildung verfügen. Die reine Akrobatik der vergangenen Zeiten reichte nicht mehr aus.

LEBEN
Ernst Johann Christian Schick wurde im Oktober 1756 in Den Haag geboren. Er wirkte ab dem letzten Jahrzehnt des 18. Jahrhunderts als Hofkonzertmeister in Berlin, wo er am 10. 12. 1815 starb.

WERKE
Von Ernst Schick sind lediglich 6 Violinkonzerte im Druck erschienen. Seine weiteren Kompositionen sind verlorengegangen.

Johann Christian Schickhard
(um 1700 bis nach 1750)

ZEIT UND UMWELT
Das 18. Jahrhundert war die Blütezeit der Flöte, deren bukolischer Klang der galanten und empfindsamen Zeit entsprach. Die Querflöte, deren Ton runder und modulationsfähiger ist als der der Längsflöte, löste diese immer mehr ab, so daß man gegen Ende des Jahrhunderts kaum mehr eine andere verwendete. Sie eignet sich wegen ihres Klanges und ihrer Wendigkeit wie die Violine als stimmführendes Instrument bei Ensemblemusik und gleicherweise als Soloinstrument.

LEBEN
Johann Christian Schickhard (Schickard) wurde um 1700 in Norddeutschland geboren. Er lebte ab ungefähr 1730 in Hamburg als Flötist und Komponist. Welche musikalische Stelle er eingenommen hat, ist nicht feststellbar. Er dürfte nach 1750 in Hamburg gestorben sein.

WERKE
Die Kompositionen von Johann Christian Schickhard erschienen zuerst in Amsterdam, wurden jedoch sodann in London vom Verlag Walsh und später zum dritten Male bei Randall verlegt. Sie bestanden aus Soli für Flöte und Baß, Konzerten für mehrere Flöten, Soli für Querflöte, Oboe oder Violine, Sonaten für zwei Violinen und Baß, Sonaten

für zwei Querflöten und Baß und einigen weiteren vorwiegend für Flöten gesetzten Instrumentalstücken. Die Musik ist dem empfindsamen Stil zuzuordnen.

Johann Baptist Schiedermayr
(1779–1840)

ZEIT UND UMWELT
Das Musikleben von Linz, Oberösterreich, beschränkte sich auch noch in der ersten Hälfte des 19. Jahrhunderts auf die Domkapelle und den Chor der anderen Kirchen. Es war stark von Wien abhängig, aber die Einflüsse von Salzburg, Regensburg und München waren in manchen Fällen sehr nachhaltig.

LEBEN
Johann Baptist Schiedermayr (Schiedermaier) wurde am 23.6.1779 in Pfaffenmünster bei Straubing, Bayern, geboren. Seine Ausbildung dürfte er in München oder Regensburg erhalten haben. Er wirkte als Domorganist in Linz bis zu seinem Tod am 6.1.1840.

WERKE
Von Johann Baptist Schiedermayr ist eine große Anzahl Messen und Proprien bekannt geworden. Er schrieb auch mehrere Sinfonien, einige Kammermusik und mehrere Singspiele. Sein Stil enthielt klassische und vorklassische Elemente.

Johann Christian Schieferdecker
(1679–1732)

ZEIT UND UMWELT
Da die Oper in Hamburg deutsche Werke nach Kräften protegierte und im Gegensatz zu anderen deutschen Opernhäusern italienische Kompositionen von der Bühne verdrängen wollte, was am Ende zur Überschuldung des Unternehmens und zu seinem Zusammenbruch führte, durfte jeder deutsche Komponist damit rechnen, daß seine eingereichten Werke aufgeführt wurden. Der Erfolg war allerdings nie sehr groß.

LEBEN
Johann Christian Schieferdecker wurde am 10. 11. 1679 in Teuchern bei Weißenfels geboren. Er war ab 1702 Cembalist an der Oper in Hamburg, ab 1707 Organist an der Marienkirche in Lübeck, wo er am 5. 4. 1732 starb.

WERKE
Der deutsche Komponist Johann Christian Schieferdecker verfaßte eine Reihe geistlicher Kantaten und weitere geistliche Vokalwerke, mehrere Choralbearbeitungen für Orgel und 4 Opern für das Opernhaus in Hamburg.

Nasib Schiganow (geboren 1911)

LEBEN
Nasib Gajasowitsch Schiganow wurde am 2.1. 1911 in Uralsk geboren. Er studierte zunächst in Kasan und in Moskau bei Genrich Litinski (geboren 4.3.1901, Lipowec, Ukraine). Er war einer der Organisatoren des Konservatoriums in Kasan und wurde 1945 dessen Direktor und 1953 Professor.

WERKE
Außer 8 Opern auf tatarische Texte und 2 Balletten schrieb Nasib Schiganow 2 Sinfonien, eine sinfonische Dichtung, eine »Tatarische Suite«, eine Ouvertüre, ein Streichquartett, Klavierwerke, zahlreiche Lieder und Filmmusik. Seine Kompositionen fußen auf der tatarischen Folklore und stehen am Beginn der Entwicklung einer eigenständigen tatarischen Musik.

Melchior Schildt (1592–1667)

ZEIT UND UMWELT
Der gewaltige Aufschwung, den die Orgelkunst im Gegensatz zu katholischen Ländern gerade in reformierten Gebieten nahm, dürfte zumindest teilweise seinen Grund darin finden, daß der evangelische Gottesdienst der Orgel mehr Entfaltungsraum bietet, während das Instrument im katholischen neben seiner begleitenden Funktion zumeist auf kurze Prä-, Inter- und Postludien beschränkt ist.

LEBEN

Melchior Schildt wurde 1592 in Hannover geboren. Er war Schüler von Jan Pieterszoon Sweelinck und von Andreas Crappius (um 1542–1623) und wurde 1623 Organist an der Hauptkirche in Wolfenbüttel, 1626 Hoforganist bei König Christian IV. in Kopenhagen und 1629 Organist der Marktkirche in Hannover, wo er 1667 starb und am 28. 5. beerdigt wurde.

WERKE

Von den zu seiner Zeit sehr hochgeschätzten Orgelkompositionen des deutschen Komponisten Melchior Schildt ist nur sehr wenig erhalten, aber immerhin genug, um das positive Urteil der Zeitgenossen zu bestätigen. Es liegen einige Präludien und Choräle vor. Seine Vokalmusik ist durch eine Kantate für Singstimme, Orgel und Instrumente vertreten.

Joseph Schillinger (1895–1943)

LEBEN

Joseph Schillinger wurde am 19.8.1895 in Charkow (Charkiw) geboren. Er studierte von 1914 bis 1917 am Konservatorium in Petrograd, von 1918 bis 1922 unterrichtete er an der Staatsakademie für Musik in Charkow, wo er zeitweilig auch das Ukrainische Sinfonieorchester leitete. Nach einer anschließenden Lehrtätigkeit in Leningrad emigrierte er in die USA, wo er bis 1932 mit Leon Theremin (geboren 3.6.1896, St. Petersburg) zusammenarbeitete und sodann bis 1936 an der Columbia University unterrichtete. Er starb am 23.3. 1943 in New York.

WERKE

Mit seiner »First Airphonic Suite« für Aetherophon und Orchester leitete Joseph Schillinger die Ära der elektronischen Musikinstrumente ein. Er schrieb ferner eine sinfonische Rhapsodie, eine »Nordrussische Sinfonie« für Akkordeon und Orchester, einen »Orientalischen Aufzug« für Orchester und einen Trauermarsch, weiters Kammermusik, Klavierwerke und Lieder, außerdem zahlreiche Schauspielmusiken für das Akademische Theater in Leningrad.

Max Schillings (1868–1933)

LEBEN

Max von Schillings wurde am 19.4.1868 in Düren geboren. Er studierte in Bonn bei Karl Joseph Brambach (1833–1902) und dem Violinlehrer Otto Friedrich von Königslöw (13.11. 1824, Hamburg, bis 6.10.1898, Bonn). In München, wo er an der Universität studierte, kam er mit Richard Strauss in Kontakt, der ihn bewog, sich ganz der Musik zu widmen. Ab 1892 wirkte er als musikalischer Assistent der Festspiele in Bayreuth, 1908 wurde er Generalmusikdirektor in Stuttgart. Von 1919 bis 1925 war er Intendant der Staatsoper in Berlin, ab 1926 leitete er die Waldfestspiele von Zoppot (Sopot) und erhielt 1933 die Ernennung zum Generalintendanten der Städtischen Oper in Berlin, wo er am 24.7.1933 starb.

WERKE

Aus dem Kreis der Verwalter und Pfleger des gewaltigen von Richard Wagner hinterlassenen Erbes, den Sängern, Musikern und Dirigenten, den Kommentatoren und Kritikern, entstanden die Epigonen, die ihre Erfolge da-

Max Schillings

durch erreichten, daß sie »schrieben wie Richard Wagner«. Max Schillings 4 Opern – insbesonders die erfolgreiche »Mona Lisa« – und seine 4 Melodramen für Sprecher und Orchester verwenden vorwiegend die Harmonik der Opern seines Vorbildes. Das gleiche gilt von den sinfonischen Dichtungen »Meergruß«, »Seemorgen«, und »Ein Zwiegespräch«, den Bühnenmusiken und Prologen, dem Violinkonzert, dem Streichquintett und dem Streichquartett. Er verfaßte außerdem eine Anzahl sehr klangreicher Kantatenwerke für Singstimmen, Soloinstrumente, Chor und Orchester und für Männerchöre. Außer dem Violinkonzert ist davon nahezu alles vergessen wie die meisten Werke der Spätromantiker, die ihre Vorbilder nicht weiterentwickelten.

Louis Schindelmeisser (1811–64)

Zeit und Umwelt

Trotz des Einsetzens einer eigenständigen Opernkomposition in Ungarn war die Oper in Budapest wie das Konzertleben eng mit dem von Wien und den deutschen Städten verbunden. Interpreten und Dirigenten wurden von dort bezogen wie die Stücke für die Bühne und den Konzertsaal. Das damalige Publikum der Stadt war zum größten Teil der deutschen Sprache mehr mächtig als der ungarischen. Diese Abhängigkeit lockerte sich erst allmählich mit fortschreitender politischer und gesellschaftlicher Selbständigkeit des Landes.

Leben

Louis Alexander Balthasar Schindelmeisser wurde am 8. 12. 1811 in Königsberg (Kaliningrad) als Stiefbruder des Heinrich Dorn geboren. Er war Schüler von Adolf Bernhard Marx in Berlin und ab 1831 von seinem Stiefbruder in Leipzig. Von 1832 bis 1853 wirkte er als Theaterkapellmeister und Komponist in Budapest, Berlin, Frankfurt am Main, Hamburg, Wiesbaden, Darmstadt und in anderen Städten. Er starb am 30. 3. 1864 in Darmstadt.

Werke

Neben seinen 3 für Budapest geschriebenen Opern und einer für Darmstadt verfaßte Louis Schindelmeisser ein Ballett, ein Concertino in c-Moll für Klarinette und Orchester, eine Sinfonia concertante für 4 Klarinetten und Orchester, eine Ouvertüre, die Fantasie »Ein illustriertes Studentenlied«, das Oratorium »St. Bonifacius«, die Festouvertüre »Rule Britannia«, eine Kantate, 3 Klaviersonaten, 2 Impromptus für Klavier, 6 Charakterstücke in Liedform und 3 Bagatellen für Klavier, ferner zahlreiche Lieder. Vieles davon hielt sich sehr lange auf den Konzertprogrammen.

Francesco Schira (1815–83)

Zeit und Umwelt

Im Musikleben von Lissabon und damit von ganz Portugal hatte sich bis zur Mitte des 19. Jahrhunderts nichts geändert. Konzerte gab es nur, falls ausländische Virtuosen ihre hochentwickelte Technik vorführten, und wurden vorwiegend nur deswegen besucht. Als Volksvergnügen wurden Zarzuelas gegeben und die Oper aus Italien bezogen. Man lud mit Vorliebe italienische Komponisten ein, ihre eigenen Werke und andere aus Italien aufzuführen.

Leben

Francesco Schira wurde am 10. 9. 1815 auf Malta geboren und kam bereits mit 9 Jahren an das Konservatorium in Mailand, wo er von Francesco Basili in Kontrapunktik unterrichtet wurde. Nachdem er 1832 an der Scala seine erste Oper herausgebracht hatte, wurde er als Direktor, Komponist und Dirigent nach Lissabon engagiert. Er verließ Lissabon 1842 und wollte sich in Paris ansiedeln, erhielt aber die Einladung, am neu eröffneten Princess's Theater in London die musikalische Leitung zu übernehmen, wechselte aber 1844 zum Drury Lane Theater und 1848 zu Covent Garden über. In den kommenden Jahren dirigierte er abwechselnd in verschiedenen Opernhäusern, brachte neben eigenen Kompositionen Werke aus England, Frankreich und Italien heraus und starb als hochgeschätzter Komponist und Dirigent am 16. 10. 1883 in London. Den Kontakt mit seiner italienischen

Heimat hatte er nie abreißen lassen. Neben mehreren anderen Auszeichnungen ernannte ihn der König des geeinigten Italien, Umberto I. (1844–1900), zum Commendatore der Krone Italiens.

WERKE
Von Francesco Schira sind eine große Anzahl Opern auf die Bühne gekommen. Es handelte sich um italienische, englische oder um für das englische Publikum adaptierte Werke aus Italien oder Frankreich. Außerdem schrieb er nur einige Kantaten, deren Faktur der seiner Opern sehr ähnelte.

Karl Schiske (1916–69)

LEBEN
Karl Hubert Rudolf Schiske wurde am 12.2. 1916 in Györ, Ungarn, geboren. Seine Ausbildung erhielt er am Neuen Wiener Konservatorium und an der Wiener Musikakademie. Er lebte als freischaffender Künstler in Wien, bis er dort 1968 Professor an der Hochschule für Musik und darstellende Kunst wurde. Er starb am 16.6.1969 in Wien.

WERKE
Von Karl Schiske sind 5 Sinfonien, ein Kammerkonzert, ein Divertimento für zehn Instrumente oder Kammerorchester, 2 Konzerte für Streichorchester, ein Klavierkonzert, ein Violinkonzert, ein Sextett, ein Bläserquintett, eine Musik für Trompete, Klarinette und Bratsche, 2 Streichquartette, eine Triosonate, eine »Synthese für vier mal vier Instrumente«, eine Sonate für Violine und Klavier, Solostücke für Violine und für Klavier, ein Oratorium, eine Choral-Partita für Orgel, eine Messe und andere Chorwerke sowie Lieder bekannt geworden.

Divertimento für zehn Instrumente oder Kammerorchester, Opus 49, 10 Sätze, entstanden 1953
Das Werk ist gemäß der Zahlenreihe des Mathematikers Leonardo Fibonacci (um 1170–1230), in der jede Zahl mit der Summe der zwei vorangehenden gleich ist und einen ganzzahligen Annäherungswert zum Goldenen Schnitt ergibt, organisiert, und zwar in der Anlage der Zwölftonreihe, im Metrum, Rhythmus und der Klangfarbe, Dichte, Form und Dynamik; auch die Instrumentation ist nach diesem Prinzip geordnet: zwei Holzblasinstrumente, drei Blechblasinstrumente und fünf Streichinstrumente. Dieses Organisationsprinzip ist zwar einer strengen Logik unterworfen, läßt jedoch weite Gestaltungsräume offen. Die Sätze sind variationsartig aufgebaut.

Alfredo Schiuma (1885–1963)

LEBEN
Alfredo Luigi Schiuma wurde am 1.7.1885 in Spinazzola, Bari, geboren. Er gründete in Buenos Aires eine Musikschule, die er bis zu seinem Tod am 24.7.1963 leitete.

WERKE
Von Alfredo Schiuma sind 8 Opern mit großem Erfolg in Argentinien und in anderen südamerikanischen Staaten aufgeführt worden. Er schrieb ferner 4 Sinfonien, ein sinfonisches Scherzo, Kammermusik und sehr beliebte Orchesterlieder. Er ließ die Romantik bereits weit hinter sich, verwendete wenig Volksmelodien, sondern nur ihre Rhythmen.

Hans Schläger (1820–85)

ZEIT UND UMWELT
Die »Internationale Stiftung Mozarteum« wurde 1880 in Salzburg gegründet, von 1914 bis 1939 als Konservatorium, bis 1953 als Musikhochschule und sodann als »Akademie für Musik und Darstellende Kunst Mozarteum« geführt.

LEBEN
Hans Schläger wurde am 5.12.1820 in Feldkirchen, Oberösterreich, geboren. Er war Sängerknabe in St. Florian und in Wien von 1854 bis 1861 Chormeister des Wiener Männergesangvereins. Von 1861 bis 1868 wirkte er in Salzburg als Domkapellmeister und als Direktor der 1841 gegründeten Musikschule Mozarteum; er war Mitbegründer der daraus hervorgegangenen Internationalen Stif-

tung Mozarteum. Er starb am 17.5.1885 in Salzburg.

WERKE
Von den Kompositionen von Hans Schläger sind 25 gedruckt worden. Es handelt sich in erster Linie um Männerchöre und Lieder, außerdem um verschiedene sakrale Gesänge.

Arnolt Schlick (um 1455 bis um 1525)

ZEIT UND UMWELT
Die pfälzischen Kurfürsten gaben sich Mühe, aus Heidelberg ein Musikzentrum zu gestalten, wie auch die Kurfürsten von Sachsen Musiker nach Torgau luden, wie Maximilian in Fortsetzung der burgundischen Tradition Hofkapellen und Kantoreien ausbaute und mit erstklassigen Kräften besetzte. Johannes Soest (1448 bis 2. 5. 1506), Komponist, Schriftsteller und Arzt, war dort Sangmeister ab 1472, dessen Schüler Sebastian Virdung von 1483 bis 1505 Mitglied der Heidelberger Hofkantorei. Beide begründeten eine Musiktradition der Stadt für Jahrhunderte.

LEBEN
Arnolt Schlick wurde um 1455 in Heidelberg geboren. Er war blind. Seine Ausbildung dürfte er in Heidelberg genossen und dort als Organist gewirkt haben. Anläßlich der Krönung Maximilians I. in Frankfurt im Jahre 1486 spielte er die Orgel. In den Jahren 1490 und 1491 war er in den Niederlanden und anschließend in Straßburg als bereits allseitig bekannter Orgelfachmann; in der gleichen Eigenschaft war er in Heidelberg, Hagenau, Speyer und anderen Städten tätig. Er starb in Heidelberg um 1525.

WERKE
Arnolt Schlick ist durch seinen »Spiegel der Orgelmacher und Organisten«, das erste in deutscher Sprache geschriebene Werk über Orgelbau und Orgelspiel, berühmt geworden. Außerdem wurde sein vorzügliches Orgelspiel sehr gerühmt. Von seinen Kompositionen ist sehr wenig erhalten. Ob alles in den von ihm veröffentlichten Orgeltabulaturen von ihm selbst stammt, ist nicht gesichert. 2 vierstimmige Liedsätze, 8 Kanons liegen außerdem vor. Sein Stil ist deutlich an den Obrechts angelehnt.

LITERATUR
Fr. Stein, Geschichte des Musikwesens in Heidelberg, Heidelberg 1921.

Johann Konrad Schlick (1748–1818)

ZEIT UND UMWELT
Bei den Komponisten des letzten Drittels des 18. Jahrhunderts sind bereits die meisten Kompositionsformen des kommenden Jahrhunderts ausgeprägt. Auch Faktur und Stil der Vorromantik sind nahezu überall bemerkbar. Daneben wird nicht selten von denselben Komponisten noch immer der Generalbaß angewendet, besonders bei Sonaten; er wird in vielen Fällen aber vom Meister selbst festgelegt und nicht dem Generalbaßspieler überlassen.

LEBEN
Johann Konrad Schlick wurde 1748 im Raume Münster, Westfalen, geboren. Er war zunächst Cellist in der Fürstbischöflichen Kapelle in Münster, sodann in der Hofkapelle in Gotha, wo er am 18. 6. 1818 starb. Seine Tätigkeit als Orchestermusiker wurde durch zahlreiche Konzertreisen durch Europa unterbrochen, unter anderem nach Italien, Ungarn und Rußland, bei denen er ab 1785 gemeinsam mit seiner Frau, der Violinistin und Gitarristin Regina Strinasacchi (1759, Ostiglia, bis 11. 6. 1839, Dresden), auftrat.

WERKE
Von Johann Konrad Schlick sind ein Konzert für Violine, Cello und Orchester, ein Cellokonzert, 3 Quintette für Flöte, Violine, Cello, Bratsche und Kontrabaß, 6 Quartette, 3 Sonaten für Cembalo, Violine und Cello, 3 Sonaten für Cello und Generalbaß und eine Reihe Stücke für eine und zwei Gitarren erschienen. Der norddeutsche, empfindsame

Stil war dabei sehr ausgeprägt. In manchen Fällen wurden romantische Fakturen vorausgenommen.

Alfons Schlögl (1886–1926)

LEBEN
Alfons Schlögl wurde am 10.3.1886 in Sellrain, Tirol, geboren. Er erhielt seine Ausbildung in Innsbruck und Wien und wirkte als Musiklehrer in Salzburg. Er starb am 28.12. 1926 in Telfs, Tirol.

WERKE
Von Alfons Schlögl, der als vorzüglicher Kontrapunktiker bekannt war, sind seine Proprien für das gesamte Kirchenjahr sehr beliebt geworden. Er schrieb ferner 7 Messen, ein Oratorium, Motetten, Lieder, Orgelstücke und Choralbearbeitungen. Er bemühte sich um einen konservativen Stil, den er »Neu-Palestrinismus« nannte, aber mit sehr viel Romantik ausstattete.

Louis Schloesser (1800–86)

ZEIT UND UMWELT
Unter Ludwig III., Großherzog von Hessen-Darmstadt (1806–77), der die Kulturförderung seiner Vorfahren fortsetzte, erfuhren Oper und Hofkapelle einen noch stärkeren Aufschwung.

LEBEN
Louis Schloesser wurde 1800 in Darmstadt geboren und erhielt dort von Johann Christian Heinrich Rinck seine erste Ausbildung, die in Wien von Antonio Salieri, Ignaz Xaver von Seyfried und Joseph Mayseder fortgesetzt wurde. In Paris war er am Conservatoire Violinschüler von Rodolphe Kreutzer und Kompositionsschüler von Jean-François Lesueur. Anschließend kam er nach Darmstadt zurück und wirkte dort als Leiter und Dirigent der Hofkapelle bis zu seinem Tod am 17.11.1886.
Sein Sohn Carl Wilhelm Adolph Schloesser (1.2.1830, Darmstadt, bis 10.11.1913, Great Bockham) ließ sich nach seiner Ausbildung bei seinem Vater 1847 als Musiklehrer in Frankfurt am Main und 1854 in London nieder, wo er als Lehrer an der Royal Academy of Music bis 1903 wirkte.

WERKE
Von Louis Schloesser sind 5 Opern aufgeführt worden. Er verfaßte außerdem ein Melodrama, eine Musik zu »Faust«, eine Messe, ein Ballett und verschiedene Instrumentalstücke.
Carl Wilhelm Adolph Schloesser brachte eine große Anzahl Klavierstücke – Soli und Duette –, viele Vokalkompositionen wie Lieder, Kantaten und Männerchöre heraus.

Johann Heinrich Schmelzer
(um 1623 – 80)

ZEIT UND UMWELT
Die Wiener Hofkapelle hatte bereits seit Jahrhunderten wegen ihres hohen Niveaus einen bedeutenden Ruf. Ihre Leitung lag bis in das 16. Jahrhundert hinein vorwiegend in Händen von Niederländern und dann von Italienern, die entweder unmittelbar oder über die habsburgischen Kapellen in Graz und Innsbruck nach Wien gekommen waren. Italienische Musiker, italienische Musik und italienischer Stil waren bis in die zweite Hälfte des 17. Jahrhunderts am Wiener Kaiserhof vorherrschend.

LEBEN
Johann Heinrich Schmelzer von Ehrenruef (Ehrenruff) wurde um 1623 in Scheibbs, Niederösterreich, geboren. Er war ab 1649 als Violinist Kammermusiker an der Hofkapelle in Wien, wurde 1671 Vizekapellmeister und 1679 unter Kaiser Leopold I. als erster Österreicher Hofkapellmeister. Er starb in Prag im Februar oder März 1680.
Sein Sohn Andreas Anton Schmelzer von Ehrenruef (26. 11. 1653, Wien, bis 13. 10. 1701, Wien) war von 1671 bis 1693 Violinist an der Wiener Hofkapelle.

WERKE
Der österreichische Violinist und Komponist

Johann Heinrich Schmelzer hat Entscheidendes zur Bildung eines neuen, bodenständigen österreichisch-süddeutschen Stils beigetragen. Seine Kompositionen wurden bis zur Mitte des 18. Jahrhunderts viel aufgeführt, vor allem seine Messen, seine Ballette und besonders die Instrumentalwerke: 12 Triosonaten, zwei- bis achtstimmige Sonaten für Violinen, Violen und Posaunen, Solosonaten für Violine mit Generalbaß. Zahlreiche Vokal- und Instrumentalkompositionen sind handschriftlich überliefert.

Von Andreas Anton Schmelzer sind mehrere Ballettsuiten erhalten.

Sonata Natalitia a 3 Chori für Violinen, Violen, Holzbläser, Posaunen und Generalbaß, entstanden 1675

Dieses dreichörige, als Weihnachtssonate angelegte Werk ist mit üppiger Klangfülle ausgestattet. Dem fünfstimmigen, chorisch besetzten Streicherchor stehen vier Oboen mit Fagott und ein Flötenchor mit drei Posaunen gegenüber. Das Ganze war als Musik einer großen Schar Hirten gedacht, die sich zur Krippe drängen, und wirkt trotz seiner Kürze großartig.

Sonata I a 8 für Streicher, Bläser und Orgel, 3 Teile, entstanden 1662

Es handelt sich um die erste Sonate aus dem vom Komponisten 1662 veröffentlichten »Sacro-profanus concentus musicus« (Sakralprofane Musiksammlung). Im ersten Teil trägt eine Trompete das Motiv vor, das von Violinen und Gamben übernommen wird. Der Mittelteil – ohne Bläser – ist voll mit reizenden Streicherfiguren. Den Schluß blasen fröhliche Naturtrompeten.

Sonata II a 8 duobos Choris für Streicher, Bläser und Orgel, entstanden 1662. Zweite Sonate des »Concentus musicus«

Nach venezianischer Art ist das Stück mit zwei getrennt aufgestellten Bläserchören zu spielen. Der erste besteht aus einer Violine und drei Violen, der zweite aus einem Zink und Posaunen, begleitet von Violine und Orgel. Die Chöre alternieren mit Echowirkung.

Sonata IV a 6 für Streicher und Cembalo. Vierte Sonate des »Concentus musicus«

Zigeunerweisen und Zigeunerrhythmen, die man heute noch in der ungarisch-slowakischen Volksmusik hören kann, sind Grundzüge dieses ansprechenden Stückes.

Sonata a 3 für Violine, Violone, Clarino, Posaune und Cembalo, 2 Teile

Der Generalbaß wird vom Cembalo und der Violine übernommen. Das Stück besteht aus einem Präludium und einer Chaconne auf einem stufenweise absteigenden Baßthema. Jedem Instrument sind Solostellen zugeteilt, die ein höchst virtuoses Spiel erfordern, aber nicht der Virtuosität zuliebe geschrieben sind, sondern echte Musik bringen.

Sonata a 5 für zwei Violinen, Clarino, Fagott, Gambe und Cembalo, 3 Teile

Das Clarino bringt das Thema des ersten Teiles, die Violinen stehen den Bläsern chorisch gegenüber. Der Mittelteil verlangt jedem Instrument ein schwieriges Solo ab, besonders dem Fagott. Der Schlußsatz wird von allen Instrumenten tänzerisch vorgetragen.

Sonata a 3 Violini für drei Violinen und Cembalo, 3 Teile, entstanden 1677

In dieser Sonate für drei Violinen gibt es keine Haupt- und keine Nebenstimmen. Die Violinen sind gleichberechtigt und lösen einander ständig in der Führung ab. Auf einen raschen ersten Teil folgt ein Adagio als Mittelteil, dem sich ein über einen Baßostinato gestellter Tanz anschließt.

LITERATUR

A. Koczirz, Zur Lebensgeschichte Johann Heinrich Schmelzers, in: Studien zur Musikwissenschaft XXVI, 1964.

Balthasar Schmid (1705–49)

ZEIT UND UMWELT

Trotz des wirtschaftlichen Niedergangs von Nürnberg blieb die Stadt ein Musikzentrum des deutschen Raumes und zugleich auch ein Zentrum des Instrumentenbaues und des Musikdruckes. Verleger, Drucker und Stecher brachten eine Fülle zeitgenössischer Musik auf den Markt.

LEBEN

Balthasar Schmid (Schmidt) wurde am 20. 4. 1705 in Nürnberg getauft. Er studierte an der Leipziger Universität und eröffnete 1729 in Nürnberg einen Musikverlag, in dem er bis 1738 nur eigene Kompositionen herausbrachte. Dann stach, druckte und verlegte er eine beträchtliche Anzahl von Musikwerken zeitgenössischer Komponisten. Neben seiner verlegerischen Tätigkeit wirkte er ab 1733 an St. Margareth, ab 1737 an der Augustinerkirche und ab 1743 auch noch an St. Walburg als Organist. Er starb in Nürnberg im Jahr 1749 und wurde am 27. 11. begraben.

WERKE
Der Musikverleger Balthasar Schmid veröffentlichte eine große Anzahl Cembalowerke, die dem galanten Stil angehörten und wegen ihrer beachtlichen Qualität sehr geschätzt wurden.

Bernhard Schmid der Ältere
(1535–92)

ZEIT UND UMWELT
Straßburg wurde um 1523 protestantisch. Es gelang der Stadt durch geschickte Politik, sich aus allen Religionsstreitigkeiten herauszuhalten, wie es auch später im Dreißigjährigen Krieg neutral blieb. Sie wurde bald zum Zufluchtsziel der wegen ihres Bekenntnisses Vertriebenen und zum beliebten Verlagsort anderswo unerwünschter Literatur und Musik, so daß von ihren Kapellen starke Impulse zur Entwicklung der evangelischen Kirchenmusik verschiedener Gattung ausgehen konnten.

LEBEN
Bernhard Schmid der Ältere wurde 1535 in Straßburg geboren. Ausbildungsort und Dienstort bis zu seinem Tod im Jahre 1592 war seine Geburtsstadt, wo er ab 1560 an der Thomaskirche und ab 1564 bis 1592 am Münster als Organist wirkte.
Sein Sohn Bernhard Schmid der Jüngere (getauft 1. 4. 1567, Straßburg, bis 1625, Straßburg) folgte ihm in sein Amt nach.

WERKE
Von Bernhard Schmid dem Älteren sind »Zwey Bücher Einer Neuen Künstlichen Tabulatur auff Orgel und Instrument« erhalten, die eigene Kompositionen und Bearbeitungen von Motetten und Tänzen enthalten.
Bernhard Schmid der Jüngere gab ein »Tabulatur Buch von Allerhand außerlesenen Schönen Lieblichen Praeludijs« heraus, die zum Teil von ihm selbst stammten. Beide Tabulaturen zeigen einen schon sehr entwickelten Orgelstil.

LITERATUR
W. Merian, Der Tanz in den deutschen Tabulaturbüchern, Leipzig 1927.

Heinrich Kaspar Schmid (1874–1953)

LEBEN
Heinrich Kaspar Schmid wurde am 11.9.1874 in Landau an der Isar geboren. Er war an der Akademie in München Schüler von Ludwig Thuille, Berthold Kellermann (5.3.1853, Nürnberg, bis 14.6.1926, München) und Hans Bußmeyer. Nach einer kurzen Lehrtätigkeit am Odeon in Athen und einer Konzertreise als Pianist wurde er Lehrer an der Münchner Akademie. Im Jahr 1921 erhielt er die Leitung des Konservatoriums in Karlsruhe und 1924 an der Musikschule in Augsburg. 1933 wurde er Erster Vorsitzender des Münchner Tonkünstler-Vereins, zog sich aber im selben Jahr nach Geiselbullach bei München zurück. Er starb am 8.1.1953 in München.

WERKE
Von Heinrich Kaspar Schmid, der einer der am meisten geschätzten Komponisten der Münchner Schule war, sind eine Sinfonie, ein Cellokonzert, eine Messe für gemischten Chor, Orchester und Orgel, ferner eine Messe für gemischten Chor, ein Liederzyklus für hohe Stimme und Orchester, ein »Altenglisches Schlummerlied« für Frauenstimmen und kleines Orchester, an Kammermusik, die sich stark an Hans Pfitzner anlehnte, ein Bläserquintett, eine Violinsonate, eine Cellosonate, 10 Miniaturen für Cello und Klavier, zahlreiche Klavierwerke, Chöre und Lieder bekannt geworden.

Johannes Schmidlin (1722–72)

ZEIT UND UMWELT
Das Collegium musicum »auf dem Music-

Saal beim Fraumünster« in Zürich beschäftigte sich nahezu ausschließlich mit religiösem Gesang. Einem wirklichen Musikleben stand die Strenge des Calvinismus entgegen. Auch die wenigen Komponisten schrieben vorwiegend Vokalmusik, die sich von sakralen Themen nicht weit entfernte.

Leben

Johannes Schmidlin wurde am 22. 5. 1722 in Zürich geboren. Er war Schüler von Johann Caspar Bachofen und Mitglied des Collegium musicum in Zürich. Während seiner Tätigkeit als Pastor gründete er 1755 den ersten ländlichen »Gesangverein« in Wetzikon-Seegräben und nach Züricher Beispiel ein Collegium musicum und entfaltete eine intensive Tätigkeit zur Hebung der Schweizer Liedkunst. Er starb am 5. 11. 1772 in Wetzikon, Kanton Zürich.

Werke

Das Hauptwerk von Johannes Schmidlin stellt eine Sammlung religiöser Lieder nach dem Muster des »Halleluja« von Johann Caspar Bachofen unter dem Titel »Singendes und spielendes Vergnügen reiner Andacht« dar. Seine »Schweitzerlieder mit Melodien« auf Texte von Johann Kaspar Lavater (1741 bis 1801) waren ein wichtiger Beitrag zur Verbreitung des monodischen Gesangs mit Begleitung. Er schuf damit im Verein mit seinen Schülern eine Schule des Schweizer Liedes ähnlich der Berliner Liederschule.

Franz Schmidt (1874–1939)

Leben

Franz Schmidt wurde am 22.12.1874 in Preßburg geboren. Er studierte von 1890 bis 1896 in Wien bei Ferdinand Hellmesberger (24.1. 1863, Wien, bis 15.3.1940, Wien), Robert Fuchs und Anton Bruckner. Anschließend wirkte er bis 1911 als Cellist im Hofopernorchester. Ab 1901 war er Cellolehrer am Konservatorium, ab 1914 Professor für Klavierspiel an der Akademie für Musik und ab 1922 für Kontrapunktik und Komposition. Er starb am 11.2.1939 in Perchtoldsdorf, Niederösterreich, als einer der großen österreichischen Meister des 20. Jahrhunderts.

Franz Schmidt

Werke

Johannes Brahms hat seine 5. Sinfonie nicht mehr geschrieben, die 9. Sinfonie von Anton Bruckner blieb unvollendet. Die Tradition der klassisch-romantischen Sinfonie schien brüsk unterbrochen zu sein. Es vergingen jedoch nur wenige Jahre, bis ein Mann aus Preßburg die Tradition weiterführte. Seine Musik bedeutete einen großen Schritt nach vorne, wie die der Avantgarde neben ihm. Er blieb zwar im Rahmen der Tonalität, ging aber bis hart an ihre Grenzen und wirkt moderner und fortschrittlicher als viele seiner Zeitgenossen, die mühsam zur Tonalität zurückzukommen versuchten, weil sie erkannten, daß ihre Möglichkeiten nicht ausgeschöpft waren. Franz Schmidt war vor allem Sinfoniker und für Österreich und die gesamte Musikentwicklung ebenso wichtig wie Max Reger in Deutschland.

Er schrieb 2 Opern. Von seinen 4 Sinfonien werden die 3. und die 4. am meisten, aber viel zu selten gespielt, sein Klavierkonzert für die linke Hand allein für den einarmigen Virtuosen Paul Wittgenstein (5. 11. 1887, Wien, bis 3. 3. 1961, Manhasset, N. Y.), die »Variationen über ein Thema von Beethoven« für Klavier und Orchester sind nahezu vergessen wie seine Chaconne für Orchester; öfter stehen die »Variationen über ein Husarenlied« auf den Konzertprogrammen. Die Kammermusik ist mit 2 Quintetten für Klarinette, Violine, Bratsche, Cello und Klavier, einem Klavierquintett, 2 Streichquartetten, einer Toccata für Klavier oder Cembalo und 3 kleinen reizenden Fantasiestücken für Violine und Klavier vertreten. Er schrieb eine Reihe vorzüglicher Orgelwerke, die die Orgelliteratur des 20. Jahrhunderts bereichern. Sein Hauptwerk stellt jedoch das Oratorium »Das Buch mit sieben Siegeln« dar, das zu den bedeutendsten Chor-Orchesterwerken unserer Zeit zählt. Seine Kantate »Deutsche Auferstehung« blieb unvollendet.

Das Buch mit sieben Siegeln, Oratorium für 6 Solostimmen, gemischten Chor, Orgel und Orchester, 3 Teile, entstanden 1936

Der Text ist der Offenbarung von Johannes (Apokalypse) entnommen. Johannes tritt wie in den Barockoratorien als Narrator auf; er wird am Beginn des 1. Teils von der »Stimme des Herrn« berufen zu zeigen, »Was nachher geschehen muß«. Er berichtet: »Und ich sah in der rechten Hand des, der auf dem Throne saß, ein Buch, beschrieben inwendig und auswendig und versiegelt mit sieben Siegeln.« Das Lamm nimmt das Buch, um es zu öffnen. Ein großes Zwischenspiel der Orgel leitet zum 2. Teil, in dem sechs Siegel geöffnet und alle Schreckensbilder offenbar werden, die dem Ende der Zeiten vorausgehen. Mit ungeheurer Dramatik wird der Weltuntergang dargestellt. Ein Orgelpraeludium geht der Öffnung des siebenten Siegels im Himmel voran. Die höllischen Heerscharen werden von den himmlischen besiegt, die Posaunen des Gerichts ertönen, eine Chorfuge stellt die Schrecken des Jüngsten Tages dar. Nun wird das Buch des Lebens aufgeschlagen, eine neue Menschheit singt ein Alleluja zu einer von Pauken vorgetragenen Baßmelodie. Anstelle einer Amenfuge, die man erwartet, singt der Männerchor eine psalmodierende Danksagung. Mit der Erklärung des Narrators: »Ich bin es, der all dies sah und hörte und der es euch nun offenbart«, schließt das gewaltige, nahezu überdimensionale Werk ab.

Sinfonie Nr. 3 in A-Dur, 4 Sätze, entstanden 1928

Das Werk lehnt sich strukturell an Anton Bruckner und Franz Schubert an, verarbeitet eine Fülle melodischen Materials und überrascht durch kühne, an die Grenzen der Tonalität reichende Modulationen. Der 1. Satz hat Sonatenform, seine Durchführung ist sehr ungebunden. Das Adagio des 2. Satzes bringt eine schöne Kantilene und interessante Nebenthemen. Das Scherzo ist voll Munterkeit. Der 4. Satz beginnt langsam, gleichsam um Atem zu holen für den rasanten Ablauf des Finales, in dem Reminiszenzen aller Sätze anklingen.

Sinfonie Nr. 4 in C-Dur, ein Satz, entstanden 1933

Das Werk ist symmetrisch aufgebaut und weist Sonatenform auf, seine Sätze sind zu einem einzigen eng verschmolzen; anstelle eines Finales wird das Eingangsthema wiederholt. Es beginnt mit einem unbegleiteten Trompetensolo und endet in gleicher Art. Nach der Exposition und der Durchführung erklingt ein Trauermarsch, darauf ein kurzes Scherzo mit offenbar erzwungenem Humor. Im Adagio bringt das Solocello eine herrliche Kantilene voll Wehmut. Das Trompetensolo, das diese Sinfonie voll Trauer und Tragik abschließt, klingt wie ein schmerzlicher Abschied von der Musik und vom Leben.

Variationen über ein Husarenlied, entstanden 1931

In diesem allseitig beliebten Stück klingt die ungarische Heimat des Komponisten (Preßburg war bis 1918 ungarisch) mit. Aus einer langen, langsamen Einleitung löst sich das Liedthema, das anfänglich in deutlich voneinander abgegrenzten Abschnitten durchvariiert wird, dann fließen die Variationen immer mehr sinfonisch ineinander, bis das reizende Werk im ungarischen Rhythmus endet.

Quintett für Klarinette, Klavier, Violine, Bratsche und Cello Nr. 1 in B-Dur, 3 Sätze, entstanden 1932

Der 1., langsame Satz hat Sonatenform. Das Cello trägt das Hauptthema vor. Die Motorik des Satzes beginnt erst mit dem Einsatz der Violine. Spannungsreiche Engführungen und eigenartige Harmonik, die ständig zwischen Dur und Moll schwankt, erzeugen ein fesselndes Klangbild, das in eine breit angelegte Coda mündet. Ein Klaviersolo steht am Beginn des 2. Satzes. Eine tieftraurige Melodie der Klarinette, die wie eine Anklage an das Schicksal klingt, zieht sich durch den ganzen Satz und ist durch Einwürfe der übrigen Instrumente nicht zu besänftigen. Erst im 3. Satz wird die trübe Stimmung von Fröhlichkeit abgelöst. Tänzerische Rhythmen durchtoben das Rondofinale. Dieses Mal ist es die Trauer, die sich nicht durchsetzt. Zuversichtlicher Lebenswille behält die Oberhand.

Quintett für Klarinette, Klavier, Violine, Bratsche und Cello Nr. 2 in A-Dur, 5 Sätze, entstanden 1938

Den 1. Satz beginnt die Klarinette nach etlichen Einleitungstakten mit einer pastoralen Melodie, die immer wieder im Verlauf der Durchführung aufscheint und auch in der Coda das Geschehen beherrscht. Der 2. Satz ist für Klavier solo geschrieben. Es handelt sich um ein ernstes Adagio in Form eines Rondo. Der 3. Satz bringt ein lebhaftes Scherzo. Der 4. Satz stellt ein schönes Adagio voll tiefer Gefühlskraft dar. Der 5. Satz ist eine Variation eines Themas von Josef Labor, des Lehrers Paul Wittgensteins, für den der Klavierpart dieses Quintetts komponiert wurde.

Quintett für Klavier, zwei Violinen, Bratsche und Cello in G-Dur, 4 Sätze, entstanden 1926

Ein kurzes synkopisches Motiv stellt das Hauptthema des 1. Satzes dar, dem nach längerer Verarbeitung ein zweites, sehr schönes beigefügt wird. Die Durchführung erzeugt intensive harmonische Wirkungen. Der Satz endet nach der Reprise pianissimo. Der 2. Satz hat Rondoform, sein Mittelteil bringt ein schmerzerfülltes Thema voll Verzweiflung. Der 3. Satz ist ein Scherzo, das mit einer Fuge beginnt, dann jedoch die strenge Form verläßt. Der 4. Satz ist ein siebenteiliges Rondo, das mit einer wirkungsvollen Stretta endet.

Streichquartett Nr. 1 in A-Dur, 4 Sätze, entstanden 1925

Der Komponist erläutert sein Werk selbst: »Der 1. Satz hat Sonatenform; ohne Einleitung, mit dem Hauptsatz beginnend, es folgen Überleitungssatz, Seitensatz, Schlußsatz und Anhang in engster Verbindung. Die Exposition wird wiederholt. Die Durchführung verarbeitet Motive aller Themen. Reprise; hier wäre zu bemerken, daß die Coda unmittelbar an den Seitensatz anschließt und vor Schlußsatz und Anhang steht. Der 2. Satz, Adagio, hat gleichfalls Sonatenform; doch fehlen die Überleitungssätze. Der 3. Satz, Scherzo, hat als Hauptsatz ein Fugato, dem als Mittelsatz zwei Trios gegenübergestellt sind. Die Form ist ein unvollendetes Rondo mit drei Themen. Der 4. Satz ist ein Variationssatz, dem eine kurze Einleitung vorangestellt ist.«

Streichquartett Nr. 2 in G-Dur, 4 Sätze, entstanden 1929

Der 1. Satz ist ein voll ausgebauter Sonatensatz. Sowohl Thema wie Harmonisierung sind äußerst kompliziert und erschließen sich erst bei mehrmaligem Hören in ihrer ganzen Schönheit. Der 2. Satz beginnt mit einem seelenvollen Adagiothema der Ersten Violine, das mit mehreren Motiven kunstvoll durchgeführt wird. Das Scherzo des 3. Satzes ist schwermütig monoton. Das erste Trio ist voll sommerlicher Pracht, das zweite eine innige Kantilene. Der 4. Satz hat erneut Sonatenform mit einem heiteren Thema, das interessant kontrapunktisch verarbeitet wird.

Fantasie und Fuge in D-Dur für Orgel, 2 Teile, entstanden 1924

Bei diesem Werk sind die Begriffe »Fantasie« und »Fuge« kunstvoll verflochten. Es beginnt mit einem choralartigen Thema, das chromatische Zwischenspiele durchbrechen. Dann werden die einzelnen Verse des Chorals fantasieähnlich verarbeitet, bis die Fuge einsetzt. Der 2. Teil beginnt mit einer Choralvariation, der zwei weitere folgen. Dann wird die Fuge transponiert wiederholt, der sich als Schluß der Choral anschließt.

Praeludium und Fuge in Es-Dur für Orgel, 2 Teile, entstanden 1924

Dieses längste Orgelwerk des Komponisten beginnt mit einem idyllischen Praeludium in Sonatenform. Auch die Fuge im 2. Teil verarbeitet ein pastorales Thema. Eine kurze Coda schließt das grandiose klangfreudige Werk ab.

Chaconne in Cis-Dur für Orgel, 2 Teile, entstanden 1925

Dieses großräumig und monumental angelegte Werk bringt vier Variationen in je einer Kirchentonart – aeolisch, lydisch, dorisch, jonisch. Dramatische Passagen wechseln mit poetischen Stimmungen; brillant und farbenreich weist die Chaconne den Komponisten als souveränen Meister der Orgelkomposition aus.

LITERATUR

A. Liess, Franz Schmidt, Leben und Schaffen, Wien 1951. C. Nemeth, Franz Schmidt, Wien 1957. N. Tschulik, Franz Schmidt, Wien 1972. O. Brusatti, Studien zu Franz Schmidt, Wien 1976.

Johann Christoph Schmidt
(1664–1728)

ZEIT UND UMWELT

Die Hofkapelle in Dresden hatte sich nach 1650 von ihrem Niedergang in der ersten Hälfte des 17. Jahrhunderts völlig erholt und ihr altes hohes Niveau erreicht. Auch die Vorherrschaft der Italiener nahm gegen die Jahrhundertwende ab. Deutsche Kapellmeister wurden aufgenommen und konnten sich auch halten, weil im Chor und im Orchester die Deutschen gut repräsentiert waren.

LEBEN
Johann Christoph Schmidt wurde am 6. 8. 1664 in Hohnstein, Sachsen, geboren. Er war Schüler von Christoph Bernhard. Im Jahr 1676 wurde er in die Dresdner Hofkapelle aufgenommen. Er hielt sich einige Zeit zu Studien in Italien auf, dann wurde er 1696 Vizekapellmeister, 1698 Hofkapellmeister, 1717 Oberkapellmeister und Kammerorganist. Er starb in Dresden am 13. 4. 1728.

WERKE
Vom deutschen Komponisten Johann Christoph Schmidt sind 4 Orchestersuiten, Messen, Kantaten und Motetten, außerdem ein Divertissement »Die vier Jahreszeiten« und eine Oper erhalten. Seine Motette »Auf Gott hoffe ich« wurde von Johann Sebastian Bach sehr geschätzt.

LITERATUR
M. Fürstenau, Zur Geschichte der Musik und des Theaters am Hofe der Kurfürsten von Sachsen, Hildesheim 1971.

Johann Abraham Schmierer
(um 1660 bis nach 1700)

ZEIT UND UMWELT
Die musikalische Ausbildung an den verschiedenen Kapellen von Augsburg war vorzüglich, die Anforderungen an die Musiker in den leitenden Stellen waren dafür sehr hoch, um das künstlerische Niveau zu erhalten.

LEBEN
Johann Abraham Schmierer (Schmicerer, Schmiecorer, Schmikerer) wurde um 1660 in Augsburg geboren und dort 1673 bis 1680 als Sänger am Dom ausgebildet. Er studierte an den Universitäten in Dillingen und Salzburg Philosophie und Jurisprudenz und versuchte 1683, die Kapellmeisterstelle am Dom in Augsburg zu bekommen, wurde aber abgewiesen. Welche Stelle er bis zu seinem Tod nach 1700 innehatte, ist nicht bekannt.

WERKE
Der deutsche Komponist Johann Abraham Schmierer brachte 6 vierstimmige Orchestersuiten im Stil von Jean-Baptiste Lully heraus, denen als zweiter Teil seines geplanten Werkes »Zodiaci Musici in XII. Partitas« (Musikalischer Tierkreis in 12 Partiten) 6 weitere Suiten gefolgt sein sollen, die verschollen sind.

Florent Schmitt (1870–1958)

LEBEN
Florent Schmitt wurde am 28.9.1870 in Blâmont, Meurthe-et-Moselle, geboren. Er war am Conservatoire in Paris Schüler von Alexandre Jean Albert Lavignac, André Gédalge, Jules Massenet und Gabriel Fauré und erhielt den Rompreis. Nach ausgedehnten Reisen durch ganz Europa und den Vorderen Orient wirkte er von 1922 bis 1924 als Har-

Florent Schmitt

monielehrer am Konservatorium in Lyon. Von 1929 bis 1939 redigierte er den Musikteil der Tageszeitung »Le Temps«. Im Jahr 1957 erhielt er den Großen Musikpreis der Stadt Paris. Er starb am 17. 8. 1958 in Neuilly-sur-Seine.

WERKE
Mit seinem umfangreichen kompositorischen Werk, das Elemente der Klassik und der Romantik sowie auch ältere Formen verarbeitete, stieß Florent Schmitt bis zu den äußersten Grenzen der Tonalität vor und gewann dadurch neue originelle Klangeffekte und Melodielinien, schloß sich jedoch keiner der Bewegungen der »Neuen Musik« an, sondern schrieb seinen eigenen Stil. Für Orchester verfaßte er eine Sinfonie, eine »Konzertante Sinfonie« für Klavier und Orchester sowie Rhapsodien, zahlreiche Suiten und Stücke für großes Orchester, Streichorchester oder Harmonie, zumeist mit programmatischen Titeln, Filmmusiken, Schauspielmusiken, 4 Ballette und Tänze, für Kammerensembles ein Doppelstreichquintett, ein Klarinettensextett, eine große Anzahl Quintette, Quartette und Trios mit verschiedener Besetzung, zahlreiche Klavierstücke zu zwei und vier Händen, ferner Vokalstücke für Soli, Chor und Orchester, Chöre, begleitet und unbegleitet, ferner profane und sakrale Gesänge verschiedenster Art.

LITERATUR
E. Bondeville, Florent Schmitt, Paris 1970.

Georg Aloys Schmitt
(1827 – 1902)

LEBEN
Georg Aloys Schmitt wurde am 2. 2. 1827 in Hannover als Sohn des Aloys Schmitt geboren. Er war Schüler seines Vaters und von Karl Vollweiler. Er reiste vorerst als Pianist, wirkte sodann als Theaterkapellmeister und von 1857 bis 1892 als Hofkapellmeister in Schwerin. Im Jahr 1896 wurde ihm die Leitung des Mozart-Vereins in Dresden anvertraut, der sich tatsächlich um die authentische Wiedergabe der Werke von Wolfgang Amadeus Mozart bemühte. Er starb am 15. 10. 1902 in Dresden.

WERKE
Von Georg Aloys Schmitt wurden eine Anzahl Klavierstücke, ein Trio und mehrere kleinere Gesänge gedruckt. Er schrieb ferner einige Opern, viele Schauspielmusiken und Orchesterwerke.

Joseph Schmitt (1734–91)

ZEIT UND UMWELT
Die Institution »Felix meritis« wurde 1777 in Amsterdam »zur Hebung von Vernunft und Tugend, zur Belebung des Handels, der Schiffahrt, der Landwirtschaft und der Fischerei, aber vor allem zur Förderung der schönen Künste und der Wissenschaft« gegründet. In ihrem Gebäude gab es ein Observatorium, eine Bücherei und einen Konzertsaal, in dem im Winter regelmäßig Orchesterkonzerte stattfanden.

LEBEN
Joseph Schmitt wurde am 18. 3. 1734 in Gernsheim am Rhein getauft. Er war vermutlich Schüler von Jan Zach. Von 1753 bis 1772 war er Chorregent im Kloster Eberbach im Rheingau, dann ließ er sich in Amsterdam als Musikalienhändler und Verleger nieder. Er war der erste Dirigent der Felix-meritis-Konzerte, die er durch einige Jahre leitete. Er starb am 28. 5. 1791 in Amsterdam.

WERKE
Von Joseph Schmitt sind eine Anzahl Kirchenmusik – darunter seine sehr bekannte Messe in D-Dur –, Sinfonien, Flötenduos und Flötenquartette, außerdem ein Konzert für zwei Flöten und Orchester, das im 20. Jahrhundert neu herausgebracht wurde, erhalten. Sein Stil lehnte sich an den der Mannheimer Schule an.

LITERATUR
A. Dunning, Joseph Schmitt, Amsterdam 1960.

Joseph Aloys Schmittbauer
(1718–1809)

ZEIT UND UMWELT
Um die Mitte des 18. Jahrhunderts griff die Musik der Mannheimer Schule in Süd- und Westdeutschland so stark um sich, daß sich jeder Komponist des Raumes damit auseinandersetzen mußte. Man kann nicht alle Nachahmungsversuche der Zeit als gelungen bezeichnen, sie verstärkten aber dennoch den epochemachenden Einfluß der Schule und bereiteten den Boden für eine weitere Entwicklung der Musik vor.

LEBEN
Joseph Aloys Schmittbauer (Alois Schmittbaur) wurde am 8. 11. 1718 in Bamberg geboren. Er war Schüler von Niccolò Jommelli und wirkte ab 1762 als Konzertmeister, bald darauf bis 1771 als Kapellmeister am Hof von Rastatt und ab 1772 als Konzertmeister in Karlsruhe; von 1775 bis 1777 war er Domkapellmeister in Köln und anschließend bis zu seinem Tod am 24. 10. 1809 Kapellmeister in Karlsruhe.

WERKE
Von Joseph Aloys Schmittbauer, der ein hervorragender Virtuose auf der Glasharmonika war, sind zahlreiche Kirchenkompositionen erhalten, die sehr geschätzt und bis in das 19. Jahrhundert hinein in den deutschen Kirchen und Domen viel aufgeführt wurden. Seine Sinfonien, Konzerte und Kammermusikwerke lehnen sich an die jüngere Mannheimer Schule an. Das gleiche gilt für seine Kompositionen für Cembalo und seine Singspiele.

LITERATUR
Kl. W. Niemöller, Das Schaffen J. A. Schmittbauers und seine Würdigung im 18. Jahrhundert, in: Festschrift, Regensburg 1962.

Artur Schnabel (1882–1951)

LEBEN
Artur Schnabel wurde am 17.4.1882 in Lipnik, Polen, geboren. Er war in Wien von 1888 bis 1897 Schüler von Teodor Leszetycki und Eusebius Mandyczewski. Von 1925 bis 1933 wirkte er als Professor an der Staatlichen Hochschule für Musik in Berlin, nachdem er bereits weite Reisen als Klaviervirtuose in Amerika, Australien und im Nahen Osten absolviert hatte. Dann emigrierte er nach Italien; ab 1939 lebte er in New York. Er starb am 15.8.1951 in Morschach, Schwyz.

WERKE
Neben seiner Tätigkeit als Virtuose und als berühmter Pädagoge schrieb Artur Schnabel eine Sinfonie, eine Rhapsodie für Orchester, ein Klavierkonzert, mehrere Streichquartette und Streichtrios, eine Violinsonate, Solosonaten für Violine und für Cello, 7 Klavierstücke und zahlreiche Gesänge. Er war auch schriftstellerisch tätig.

LITERATUR
C. Saerchinger, Artur Schnabel, Westport, Conn., 1973.

Joseph Schnabel (1767–1831)

ZEIT UND UMWELT
Das Königliche Institut für Kirchenmusik in Breslau war eines der bedeutendsten seiner Art und bildete neben der Domkapelle eine wichtige Pflegestätte der katholischen Kirchenmusik in Deutschland. Es stand in besonders engem Kontakt mit ähnlichen Institutionen in Würzburg und Regensburg.

LEBEN
Joseph Schnabel wurde am 24. 5. 1767 in Naumburg am Queis (Nowogrodziec), Schlesien, geboren. Er war zunächst Dorfschulmeister, ging sodann 1797 nach Breslau (Wrocław), wo er als Violinist und Organist an Kirchen, dann am Theaterorchester wirkte, 1805 Domkapellmeister, 1806 Konzertdirigent, 1812 Universitätsmusikdirektor und Musiklehrer am katholischen Seminar und Direktor des Königlichen Instituts für Kirchenmusik wurde. Er starb am 16. 6. 1831 in Breslau.

Werke

Von Joseph Schnabel sind 5 Messen, 4 Gradualien, 2 Offertorien, Antiphonen, Hymnen, Vespern, sodann Männerquartette, Lieder, Militärmärsche und andere Stücke für Blechbläser, ein Klarinettenkonzert und ein Quintett für Gitarre und Streichquartett im Druck erschienen. Sein »Transeamus usque Bethlehem« (Wandern wir nach Bethlehem) ist bis heute weit verbreitet und beliebt.

Karl Schnabel (1809-81)

Zeit und Umwelt

Die Pflege der Kirchenmusik beider Konfessionen stand auch im 19. Jahrhundert auf einer beachtlichen Höhe. Aus Schlesien selbst, das ständig tüchtige Musiker hervorbrachte, und aus den benachbarten Ländern wurden genügend Kräfte herangezogen, vor allem fähige Kapellmeister, die durch Beispiel und Unterricht die verschiedenen Kapellen mit ausgezeichneten Sängern und Instrumentalisten versorgten. Auch das Konzertleben nahm einen starken Aufschwung.

Leben

Karl Schnabel wurde am 2. 11. 1809 in Breslau (Wrocław) als Neffe des Joseph Schnabel geboren, der auch sein Lehrer war. Er arbeitete eine Zeitlang in der Klavierfabrik seines Vaters Michael Schnabel (1775–1842), widmete sich dann allein der Komposition und dem Klavierspiel. Er starb am 12. 5. 1881 in Breslau.

Werke

Von Karl Schnabel sind Orchesterwerke, Klavierstücke, Messen, Kantanten, Lieder und einige Opern bekannt geworden.

Dieter Schnebel (geboren 1930)

Leben

Dieter Schnebel wurde am 14. 3. 1930 in Lahr, Baden, geboren. Er studierte Theologie und Philosophie an den Universitäten in Freiburg im Breisgau und Tübingen, wo er auch Unterricht in Musikwissenschaft bei Erich Doflein (geboren 7. 8. 1900, München) nahm. Von 1957 bis 1970 wirkte er als Pfarrer und Religionslehrer in Kaiserslautern und Frankfurt am Mai und anschließend bis 1967 in gleicher Eigenschaft neben seinem kompositorischen Schaffen und seiner musikwissenschaftlichen Forschung in München, wo er 1972 eine Arbeitsgemeinschaft für Neue Musik gründete. Seit 1977 ist er Professor für Musikwissenschaft und Musikerziehung an der Hochschule der Künste in Berlin.

Werke

Dieter Schnebel bekennt sich zur äußersten Avantgarde: »In Bild und Text gebannte Musik müßte, präzis vorgeschrieben, doch eine solche sein, die sich rein akustisch nicht darstellen läßt, sondern sich gleich im Kopf bildet. Für derartig monadische Vergnügungen könnte man Stücke schreiben oder anregen, deren Elemente akustisches Hören übersteigen. Hier fände sich Unmögliches notiert: Töne für Hunde jenseits der Tonschwelle, überdimensionale Besetzungen oder mikroskopisch kleine, oder die Komposition bestünde aus Pausen und dynamischen Zeichen« (Schnebel). Nachdem er die ursprünglich verwendete serielle Technik aufgegeben hatte, erarbeitete er Konzepte kollektiven Komponierens, wobei die musikalischen Prozesse nur verbal definiert sind und der konkrete Verlauf den Interpreten überlassen bleibt. Daneben verfaßte er Arbeiten, die die optisch-gestischen Aspekte des Musikmachens thematisieren. Er schrieb unter anderem »Analysis« für Saiteninstrumente und Schlagzeug, »Stücke« für Streichquartett, »Fragmente« für Kammerensemble und Stimme, »Für Stimmen« für mehrere verschieden große Vokalgruppen, »Choralvorspiele I und II« für Orgel, Nebeninstrumente und Tonband, »Projekte« für unbestimmte Anzahl Instrumentalisten, »Das Urteil« für denaturierte Instrumente, naturierte Singstimmen, sonstige Schallquellen und Publikum, »Glossolalie« für Sprecher und Instrumentalisten, »Lections« für vier Sprecher und Zuhörer, »Mo-No« Musik zum Lesen, »Maulwerke« für Artikulationsorgane und Reproduktionsgeräte, »Konzert ohne Orchester« für einen Pianisten und Publikum.

»Glossolalie« für Sprecher und Instrumentalisten, 4 Teile, entstanden 1961
Die »Glossolalie« ist für den Komponisten eines seiner Hauptanliegen. Aus der Aufspaltung und Schichtung menschlichen Sprechens will er, wie manche Komponisten gleich ihm, neuen Ausdruck gewinnen.

»Für Stimmen«, deutsche Messe, entstanden 1968
Das Werk bringt lutherdeutsche, hebräische, französische, englische, russische, lateinische und griechische Wortfetzen, die gesprochen werden, ohne daß der Text erkennbar ist, aus »AMN« (Amen), zusammengesetzt aus Wimmern, Schreien und Schluchzen und sakrale Bruchstücke und sinnlose Fragmente traditioneller Gebete, und aus »;!« (weil unaussprechbar, auch »madrascha« genannt), bei dem der Komponist nur Verwirklichung des Gotteslobs, die Sprache unzureichend findet und daher die Stimmen emanzipiert, auch die der Tiere.

Cyriacus Schneegaß (1546–97)

Leben

Cyriacus Schneegaß (Snegassius) wurde am 5. 10. 1546 in Bufleben bei Gotha geboren. Er war hauptberuflich Geistlicher. Auf dem Gebiet der Musik beschäftigte er sich vorwiegend mit theoretischen Problemen. Als Komponist wirkte er nur gelegentlich. Er starb in Friedrichsroda, wo er als Geistlicher gewirkt hatte, am 23. 10. 1597.

Werke

Von den Kompositionen des deutschen Musiktheoretikers Cyriacus Schneegaß sind 15 Psalmen und mehrere »christliche Trost Gesänglein« für vier Stimmen erhalten. Sein Satz ist von der niederländischen Schule beeinflußt. Seine theoretischen Werke beschäftigen sich mit technischen Fragen und mit philosophischen Überlegungen zum Wesen der Musik.

Literatur

C. Dalhaus, Der Dreiklang als Symbol, Musik und Kirche XXV, 1955.

Friedrich Schneider (1786–1853)

Leben

Johann Christian Friedrich Schneider wurde am 3.1.1786 in Altwaltersdorf bei Zittau als Sohn des Organisten Johann Gottlob Schneider (1.8.1753, Altwaltersdorf, bis 3.5.1840, Gersdorf) geboren. Er studierte in Leipzig, wo er 1807 Organist an der Paulinerkirche und 1813 an der Thomaskirche wurde. Nach einer Tätigkeit als Musikdirektor am Leipziger Stadttheater erhielt er 1821 die Berufung als Hofkapellmeister nach Dessau, wo er eine umfangreiche organisatorische und didaktische Tätigkeit entfaltete: Schulung des Hoforchesters, Bildung eines vorzüglichen Kirchenchors, Gründung einer Liedertafel und einer Singakademie sowie einer Musikschule. Gleichzeitig wirkte er von 1819 bis 1847 als Dirigent einer Reihe größerer Musikfeste. Er starb am 23.11.1853 in Dessau.
Sein Bruder Johann Gottlob Schneider (28.10. 1789, Altgersdorf, bis 13.4.1864, Dresden) war zunächst Diskantist, sodann Tenorist und Chorpräfekt des Sängerchors in seinem Geburtsort, ab 1811 Universitätsorganist in Leipzig, 1812 Organist in Görlitz und darauf ab 1825 Hoforganist in Dresden.

Werke

Vom umfangreichen kompositorischen Werk von Friedrich Schneider sind als erste für seine Musikfeste verfaßten Oratorien hervorzuheben: »Die Höllenfahrt des Messias«, »Das Weltgericht«, »Die Sündflut« (als sein berühmtestes Werk), »Das verlorene Paradies«, »Jesu Geburt«, »Christus das Kind«, »Christus der Meister«, »Absalom«, »Gethsemane und Golgotha«, »Das befreite Jerusalem«, »Bonifazius«, »Christus der Erlöser« und »Totenfeier«. Sie erfüllen bereits alle Forderungen, die das Publikum der Romantik an die Musik stellte; einzelne wären als Kantaten einzuordnen. Er schrieb außerdem 25 Kantaten, 5 Hymnen, 13 Psalmen, 7 Opern, 23 Sinfonien, viele Ouvertüren, Kammermusik für Streicher und Bläser, zahlreiche Klaviersonaten für zwei und vier Hände und viele Klavierlieder und Chöre, ferner einige Schulwerke. Johann Gottlob Schneider hinterließ einige sehr wertvolle Orgelwerke, die noch heute gespielt werden.

Georg Abraham Schneider
(1770–1839)

ZEIT UND UMWELT
Johann Gottlieb Portmann (4. 12. 1739, Oberlichtenau bei Chemnitz – Karl-Marx-Stadt, bis 27. 9. 1798, Darmstadt), Kantor und Theoretiker, war ein vorzüglicher Methodiker des Musikunterrichts, was nicht nur aus seinen methodologischen Abhandlungen hervorgeht, sondern noch mehr durch die Erfolge seines persönlich erteilten Unterrichts bestätigt wird.

LEBEN
Georg Abraham Schneider wurde am 19. 4. 1770 in Darmstadt geboren. Er war der Schwiegersohn und Schüler des Kantors Johann Gottlieb Portmann und wirkte zunächst als Oboist eines hessischen Regiments, dann als Hofmusiker in Schwerin, anschließend bei Prinz Heinrich von Preußen in Rheinsberg und nach dessen Tod (1802) in der Königlichen Kapelle in Berlin, wo er auf eigene Faust Abonnementskonzerte veranstaltete. Nach einem Aufenthalt von 1814 bis 1816 in Reval (Tallinn) als Theaterkapellmeister wurde er Kapellmeister der Hofoper und Musikmeister der Garderegimenter in Berlin, wo er am 19. 1. 1839 starb.

WERKE
Von Georg Abraham Schneider sind mehrere Singspiele, viele Ballette, Schauspielmusiken, Melodramen und Zwischenaktmusiken auf die Bühne gekommen. Er schrieb mehrere Oratorien, Kantaten, Sinfonien, Ouvertüren und zahlreiche Stücke für Blasinstrumente – Quartette, Trios, Duos für Flöten, Konzerte für Flöte, für Oboe, für Englisch-Horn, für Fagott, für Horn und noch weitere Instrumente –, von denen über 100 im Druck erschienen. Der ausgezeichnete Unterricht seines Schwiegervaters ist in diesen Kompositionen erkennbar.

Georg Laurenz Schneider (1766–1855)

LEBEN
Georg Laurenz Schneider wurde am 13. 2. 1766 in Burgpreppach, Unterfranken, geboren. Er war in jungen Jahren Kapellmeister in Ingelfingen, Württemberg, und wirkte von 1792 bis 1829 als Musikdirektor in Coburg, wo er am 6. 4. 1855 starb.

WERKE
Neben einem Singspiel und einer Oper schrieb Georg Laurenz Schneider die Ouvertüre »Ein veste Burg« für zwei Orchester, Sinfonien, Konzerte, Quodlibets, Sonaten, Duos und Lieder, von denen zwei Wolfgang Amadeus Mozart unterschoben wurden.

Johann Schneider (1702–88)

ZEIT UND UMWELT
Reine Orgelkomponisten waren am wenigsten geneigt, die neuen Stilformen des 18. Jahrhunderts anzunehmen, weil für sie die Vielfältigkeit ihres Instruments von den großen Meistern jüngst verflossener Zeit voll ausgeschöpft worden war und angesichts der dadurch gewonnenen großartigen Klangbilder der aufgekommene empfindsame Stil eine starke Verarmung bedeutet hätte.

LEBEN
Johann Schneider wurde am 17. 7. 1702 in Lauter bei Coburg geboren. Er war sowohl in Köthen wie später in Leipzig Schüler von Johann Sebastian Bach. Im Jahr 1721 wurde er Hoforganist in Saalfeld, 1726 als Violinist Kammermusikus in Weimar und 1730 Organist an der Nicolaikirche in Leipzig, wo er am 15. 1. 1788 starb.

WERKE
Von Johann Schneider ist nur Orgelmusik erhalten. Seine Choralbearbeitungen erreichten eine beachtliche künstlerische Höhe und lassen den Lehrer deutlich erkennen.

LITERATUR
R. Sietz, Die Orgelkompositionen des Schülerkreises um Johann Sebastian Bach, in: Bach-Jahrbuch XXXII, 1935.

Alfred Schnittke (geboren 1934)

LEBEN

Alfred Garrijewitsch Schnittke wurde am 29.11.1934 in Engels an der Wolga geboren. Er studierte von 1953 bis 1958 am Konservatorium in Moskau bei Jewgeni Golubjew und Nikolai Rakow (geboren 1.3.1908, Kaluga), wirkte sodann dort bis 1961 als Aspirant und anschließend bis 1972 als Lehrer für Instrumentation, Partiturspiel, Kontrapunktik und Komposition. Seither lebt er in Moskau als freischaffender Komponist. Im Jahr 1980 war er Gastprofessor an der Hochschule für Musik und Instrumentation in Wien.

WERKE

In seinen Anfängen war die Komposition von Alfred Schnittke programmusikalisch, dann traten Einflüsse von Carl Orff und Arnold Schönberg dazu. Nach einer Schaffensphase mit absoluter Musik wandte sich der Komponist pluralistischen Fakturen zu, bei denen neben traditionellen Formen Glissandi, Cluster und andere Modernismen, vor allem eine freie Zwölftonmusik mit tonalen Zentren Verwendung fanden. Er schrieb unter anderem 3 Sinfonien, 4 Violinkonzerte, 2 Klavierkonzerte, ein Konzert für Oboe, Harfe und Streicher, ein Concerto grosso für zwei Violinen, Cembalo und 21 Streicher, eine sinfonische Dichtung, ein Quintett für Klavier, zwei Violinen, Bratsche und Cello, eine Serenade für fünf Musiker, einen Hymnus für Cello, Harfe und Pauken, einen Dialog für Cello und sieben Instrumentalisten, 2 Streichquartette, eine Sonate für Cello und Klavier und eine für Violine und Klavier, ein Präludium für Violine solo, 2 Klaviersonaten, ein Oratorium, 3 Kantaten, Vokalisen für zehn Frauenstimmen und Vibraphon, ein Requiem, »Minnegesang« für 52 Choristen, eine Oper und eine Multimedienpräsentation für Pantomimen, neun Musiker, Tonband und Lichtprojektion, außerdem Bühnen- und Filmmusik. Er verfaßte mehrere Musikhistorische Abhandlungen.

Alfred Schnittke

Violinkonzert Nr. 2, ein Satz, entstanden 1966

Mit einer breiten, rhythmisch expressiven Kadenz leitet das Soloinstrument das Werk ein. Von einem Glockenschlag angekündigt, tritt ein Cluster der Streicher hinzu, dann unterbrechen Klangstrukturen der Bläser, des Klaviers und des Schlagzeugs die Violine, die jedoch sofort zu einem neuen Espressivo ansetzt. Die Orchesterviolinen begleiten sie, verselbständigen und verdichten sich immer stärker, dann vereinigen sich die zwölfstimmig geführten Violinen zu einem Unisono. Ein Kontrabaßsolo führt zu langen Improvisationen aller Instrumente. Nach einer weichen Akkordfolge der Streicher und virtuosen Wendungen der Violine kommt es zu neuen Improvisationen, dann erklingt eine slowfoxähnliche Episode. Erneut führt die Violine ein Solo ein, und nach einem Intermezzo der Schlagzeuger kommt es zur Schlußphase des Werks. Bei ständiger Steigerung des Geschehens, auf dessen Höhepunkt die Pauken den Rhythmus markieren, führt der Solist das Werk über zarte Cluster der Streicher und Bläser zum Ausklang.

Quintett für Klavier, zwei Violinen, Bratsche und Cello, 5 Sätze, entstanden 1976

Die 5 Sätze folgen einander ohne stärkere Zäsur als eine Fermate. Im 1. Satz bringt das Streichquartett nach einer Einleitung des Klaviers ein mächtiges Crescendo. Im 2. Satz erklingen weit ausgesponnene Walzerweisen, die mehrmals zu statischen Streicherklängen und Trillerpassagen erstarren. Im 3. Satz erscheinen Vierteltonpassagen in mehreren Wiederholungen, während das Klavier extreme Spieltechniken – Cluster, stummes Anschlagen, Pedal- und Tastengeräusch – präsentiert. Im 4. Satz steigert sich das Ensemble vom Pianissimo bis zu einem Ausbruch im äußersten Fortissimo. Der 5. Satz ist eine Passacaglia, die ein Motiv vierzehnmal wiederholt, bis sie nahezu tonlos schmerzlich verklingt.

Franz Schnitzer (1740–85)

ZEIT UND UMWELT
Der deutsche Orgelbauer Karl Riepp (1710 bis 1775) erbaute in den Jahren 1757 bis 1766 in der spätbarocken Stiftskirche zu Ottobeuren die Dreifaltigkeitsorgel mit 48 Stimmen und die Heilig-Geist-Orgel mit 27 Stimmen, die als Meisterwerke ihrer Zeit angesehen wurden.

LEBEN
Franz Xaver Schnitzer wurde am 13. 12. 1740 in Wurzach, Württemberg, geboren. Er trat 1760 in das Benediktinerstift Ottobeuren ein, wo er Organist und ab 1769 Chorregent wurde. Er weihte beide neuerrichteten Orgeln der Stiftskirche ein. Er starb am 9. 5. 1785 in Ottobeuren.

WERKE
Von Franz Schnitzer sind 6 Sonaten für Cembalo oder Orgel, ein Fest- und Prozessionsgesang für das Kloster, mehrere Messen, Requiem, 8 Magnificat, Hymnen und Schuldramen erhalten. Sein Stil trägt noch Barockzüge.

Xaver Schnyder von Wartensee (1786–1868)

ZEIT UND UMWELT
Hans Georg Nägeli (26.5.1773, Wetzikon, bis 26.12.1836, Zürich), Musikverleger und Gesangpädagoge, setzte sich tatkräftig für eine Erneuerung des Gesangunterrichtes in der Schweiz im Sinn des Musikpädagogen Michael Traugott Pfeiffer (5.11.1771, Wolfratshausen, Bayern, bis 20.5.1849, Wettingen, Aargau) ein, der die Musikerziehung auf den Lehren des schweizerischen Sozialpädagogen Johann Heinrich Pestalozzi (1746–1827) aufbaute. Er gründete eine Reihe Gesangvereine und bemühte sich als Lehrer und Verleger, das allgemeine Interesse der Eidgenossen für Musik und Musikausübung zu wecken. Er hat dadurch die Entwicklung des Musiklebens der Schweiz stark gefördert.

LEBEN
Franz Xaver Schnyder von Wartensee wurde am 18.4.1786 in Luzern geboren. Er stand in Zürich mit Hans Georg Nägeli in enger Verbindung, ging sodann 1811 nach Wien und wurde dort Schüler von Johann Christoph Kienlen. Nach 1815 wirkte er als Musiklehrer an der Pestalozzischen Erziehungsanstalt in Yverdon und ab 1817 in Frankfurt am Main bis zu seinem Tod am 27.8.1868. Obwohl er einen großen Teil seines Lebens außerhalb der Schweiz verbrachte, nahm er auf die Musikentwicklung und besonders auf den Chorgesang seiner Heimat einen nachhaltigen Einfluß.

WERKE
Von Xaver Schnyder von Wartensee sind 9 Scherzi und 2 Kanons für Klavier, 4 Sinfonien, darunter eine Militärsinfonie, Variationen für Klavier und Orchester, ein Konzert für zwei Klaviere, 8 deutsche Lieder für Singstimme und Klavier, »Die vier Temperamente« für Vokalquartett und Klavier, »12 Schweizer Gesänge« und »Die Mordnacht von Luzern« für Männerchor a cappella, eine »Kantate für Pestalozzi« und die Kantate »Zeit und Ewigkeit« für Männerchor und Orchester, außerdem 3 Opern, darunter eine Zauberoper, erschienen.

Franz Schoberlechner (1797–1843)

ZEIT UND UMWELT
Die Konzerte von Ludwig van Beethoven und auch die von Wolfgang Amadeus Mozart wurden von den Klaviervirtuosen des frühen 19. Jahrhunderts selten gespielt. Sie waren schwierig, ihre Interpretation kostete viel Mühe, und auch das Publikum zog leichtere

Kost vor. Die Pianisten wollten mit ihrer Technik, die sie mit viel Fleiß erworben hatten, brillieren, und das gelang am besten, wenn sie Stücke für sich selbst schrieben, in die gerade die Glanzpunkte eingebaut waren, die sie geübt und erlernt hatten.

Leben

Franz Schoberlechner wurde am 21.7.1797 in Wien geboren. Er war Schüler von Johann Nepomuk Hummel und Emanuel Aloys Förster. Von 1815 bis 1820 wirkte er als Hofkapellmeister der Erzherzogin Marie Luise (1791–1847) in Lucca. Dann führten ihn seine Konzertreisen über Deutschland nach Sankt Petersburg, weiters durch Rußland und schließlich nach Oberitalien und wieder nach Deutschland. Er starb am 7.1.1843 in Berlin.

Werke

Von Franz Schoberlechner sind mehrere Opern und eine Operette aufgeführt worden. Er verfaßte außerdem eine Sinfonie, 2 Klavierkonzerte, »Fantasie und Variationen über ein Thema von Rossini«, Variationen auf ein Thema von Bellini für Klavier und Orchester, eine Klaviersonate, Variationen und Rondos für Klavier und weitere Variationen, ferner einige Kammermusik, bei der das Klavier prävalierte.

Johann Schobert (um 1740–67)

Zeit und Umwelt

Die Pariser Salons waren Treffpunkte der geistigen Elite der Stadt. Philosophen, Politiker, Schriftsteller, Dichter, Maler, Schauspieler und Musiker tauschten ihre Gedanken aus, trugen Gedichte vor und zeigten ihre Virtuosität. In ihrem eleganten gesellschaftlichen Rahmen wurden die Ideen der Aufklärung verbreitet. Viele Vertreter des Hochadels verkehrten dort.

Leben

Johann (Jean) Schobert wurde um 1740 wahrscheinlich in Schlesien geboren. Ehe er 1760 Kammercembalist bei Louis François de Bourbon prince de Conti in Paris wurde, war er vermutlich Musiklehrer in Straßburg. Er war einer der in allen Pariser Salons am meisten gefeierten Cembalisten und Pianisten der Zeit. Sein Tod am 18. 8. 1767 setzte einer glänzenden künstlerischen Karriere ein frühes Ende.

Werke

Die Konzerte und Sonaten von Johann Schobert haben die Kompositionen seiner Zeit sehr stark beeinflußt. Er selbst war der Mannheimer und der Wiener Vorklassik verpflichtet und bildete deren Stil in Richtung zur Wiener Klassik weiter. Seine Musik voll Leben und Poesie wurde von Wolfgang Amadeus Mozart wie von Ludwig van Beethoven bewundert. Er verfaßte 10 Sonatensammlungen für Klavier mit Violinbegleitung, 6 Triosonaten für Klavier, Violine und Baß, 3 Sonaten für Klavier, zwei Violinen und Baß, 6 Sinfonien für Klavier, Violinen und Hörner, 5 Konzerte für Klavier und Orchester und eine wenig erfolgreiche komische Oper.

Trio in Es-Dur, Opus 16/4 für Klavier, Violine und Cello, 4 Sätze

Das Klavier wird selbständig geführt und dominiert, die Streicher haben illustrative Aufgaben. Der 1. Satz, ein Andante, hat einen Moll- und einen Dur-Teil und verläuft in träumerischer Stimmung. Eine spritzige Polonaise schließt sich an, gefolgt von einem eleganten Menuett, dessen Trio ein elegisches Thema bringt. Ein flinkes schwungvolles Finale beendet das reizende Werk.

Quartett in f-Moll, Opus 7/2 für Klavier, zwei Violinen und Cello, 3 Sätze

Es dürfte sich um den ältesten Vorläufer des klassischen Klavierquartetts handeln. Die Streicher sind entthront; sie sind so gesetzt, daß sie nötigenfalls vom Klavier mitgespielt und ersetzt werden können. Mit einem schwermütigen Thema beginnt das Andante, ein Sonatensatz mit feiner motivischer Arbeit. Im Menuett kommen endlich die Violinen zur Geltung; sein Trio überrascht durch seine Heftigkeit. Das Finale ist konzertant und fröhlich bewegt.

Literatur

G. de St. Foix, Jean Schobert, in: La Revue Musicale III, 1922.

Othmar Schoeck (1886–1957)

LEBEN

Othmar Schoeck wurde am 1.9.1886 in Brunnen am Vierwaldstätter See geboren. Er wurde am Konservatorium in Zürich und in Leipzig bei Max Reger ausgebildet. Ab 1909 leitete er den Männergesangverein Aussersihl und den Lehrer-Gesangverein Zürich, von 1917 bis 1944 dirigierte er die Sinfoniekonzerte in St. Gallen. Er starb am 8.3.1957 in Zürich als einer der bedeutendsten Komponisten der Schweiz.

WERKE

Neben 6 Opern schrieb Othmar Schoeck eine Ouvertüre, einen »Festlichen Hymnus«, eine Serenade für kleines Orchester, eine Suite und ein Intermezzo für Streichorchester, ein Violinkonzert, ein Cello- und ein Hornkonzert mit Streichorchester, 2 Streichquartette, eine Sonate für Cello und Klavier, 3 Sonaten für Violine und Klavier und mehrere Klavierstücke, ungefähr 380 Klavierlieder und zahlreiche mit Orchester oder mit verschiedenen Instrumenten, mehrere Orchesterchorwerke.

Othmar Schoeck

Obwohl er durch Polyrhythmik und Bitonalität gelegentlich zu gesteigertem Ausdruck gelangte, muß er als einer der letzten Lyriker und damit als Vollender der Romantik bezeichnet werden. Er war wohl auch einer der letzten großen Liedkomponisten.

LITERATUR

H. Corrodi, Othmar Schoeck, Frauenfeld 1956.

Dieter Schönbach (geboren 1931)

LEBEN

Dieter Schönbach wurde am 18.2.1931 in Stolp, Pommern (Słupsk, Polen), geboren. Er studierte in Detmold und Freiburg im Breisgau bei Wolfgang Fortner und Günter Bialas. Im Jahr 1959 wurde er musikalischer Leiter am Schauspielhaus Bochum, ab 1968 wirkte er an den Bühnen in Münster, seit 1973 ist er in gleicher Eigenschaft am Stadttheater in Basel tätig.

WERKE

Neben der ersten Multimedia-Oper »Die Geschichte von einem Feuer« schrieb Dieter Schönbach für »totales Theater«, eine »Canzona« für Sopran und Environment, »Hymnus I« für Sprecher, Sänger, Chöre, Popgruppe, Tonbänder und Multivision, »Multimedia-Show« für Sprecher, Musiker, Tonbänder und Multivision, »Morgen nach dem Feuer«, »Hymnus II« für Sprecher, Sänger, Chöre, drei Popgruppen, Tonbänder und Multivision, »Kammerspektakel« für Sprecher, Sänger, Tänzer, Multivision und Kammerorchester, weiters ein Klavierkonzert, ein Konzert für Trompete und Kammerorchester, eine »Canzona« für Streicher, 4 Orchesterstücke: Nr. 1 »Farben und Klänge«, Nr. 2 »Ritornelle«, Nr. 3 »Für Warschau«, Nr. 4 »entré«, »Atemmusik« für Rasseln, Pfeifen, Glöckchen und verschiedene Instrumente, ein Streichquartett, eine Kammermusik für 14 Instrumente und eine für acht Bläser, Kantaten und Gesänge mit verschiedener Begleitung sowie Klaviermusik.

Arnold Schönberg (1874 – 1951)

Arnold Schönberg

LEBEN

Arnold Franz Walter Schönberg (Schoenberg) wurde am 13.9.1874 in Wien geboren. Er begann sehr früh Violine zu spielen und ging bald daran, sich als Autodidakt theoretisch auszubilden, denn eine Möglichkeit, Musikunterricht zu nehmen, bot sich ihm nicht; nur sein zukünftiger Schwager Alexander Zemlinsky gab ihm einige Anleitungen. Wenige Komponisten haben mit so wenig Unterricht zu komponieren begonnen. Er gab seine Stellung bei einer Bank auch sehr bald auf, um sich der Musik allein zu widmen, und mußte sich durch Instrumentation und Arrangements von Operetten und Schlagermusik durchbringen. Im Jahr 1901 erhielt er endlich in Berlin die Stelle als Musikalischer Leiter des von Ernst von Wolzogen (1855–1934) gegründeten satirischen Kabaretts »Überbrettl« und durfte gleichzeitig über die Vermittlung von Richard Strauss am Sternschen Konservatorium gegen bescheidenes Honorar als Lehrer wirken. Zwei Jahre darauf kehrte er nach Wien zurück und lebte dort durch 8 Jahre als Lehrer, Dirigent und Komponist; zusätzlich betätigte er sich als Maler. Er versuchte, auch seine inzwischen entstandenen Kompositionen auf das Konzertpodium zu bringen. Obwohl er sich damit vom Zeitgeschmack wenig entfernte, erntete er nur Ablehnung. Allein die 1911 vollendeten »Gurrelieder« wurden einigermaßen freundlich aufgenommen. Nachdem er kurze Zeit als Leiter von Kompositionskursen an der Wiener Musikakademie gewirkt hatte, übersiedelte er ein zweites Mal nach Berlin und unternahm von dort mehrere Konzertreisen als Dirigent; er konnte dabei sogar einige seiner Werke mit Erfolg aufführen, wie »Pelléas und Mélisande« 1912 in Amsterdam. Während des Ersten Weltkriegs wurde er zweimal vorübergehend zum Militärdienst eingezogen und ließ sich 1918 erneut in Wien nieder, wo er den »Verein für musikalische Privataufführungen« gründete, zu dessen Konzerte nur die Mitglieder Zutritt erhielten. Es wurden dabei nicht nur störungslos seine Werke, sondern auch solche anderer Avantgardisten zur Diskussion gestellt. Auf allgemeines Publikum wurde verzichtet. Im Jahr 1925 wurde ihm eine Meisterklasse an der Berliner Akademie der Künste angeboten. Er behielt diese Stellung, bis er 1933 Deutschland verlassen mußte. Er ging zunächst nach Paris, dann in die USA, deren Staatsbürger er wurde; er änderte seinen Namen in Schoenberg, um ihm den deutschen Klang zu nehmen. Bis 1941 war er als Lehrer an der University of South California tätig und widmete sich darauf einem privaten Schülerkreis und der Komposition. Er starb in Los Angeles am 13.7.1951 als Begründer und Ausgangspunkt einer Musikepoche, für die die Musikgeschichte ein neues Kapitel beginnen mußte. Es wäre daher überflüssig, seine Schüler aufzuzählen, es gibt nur wenige Komponisten der folgenden Generation, die nicht mehr oder weniger von ihm beeinflußt wurden. Seine Zeitgenossen waren es insoweit, wie sie ihn als Zerstörer der Musik ablehnten oder sich mit fanatischer Gefolgschaftstreue um ihn scharten. Zu seinem Verdruß wurde er mit wenigen Ausnahmen von keiner Seite verstanden. »Das Verständnis für meine Musik leidet noch immer darunter, daß mich die Musiker nicht als einen normalen, urgewöhnlichen Komponisten ansehen, der seine mehr oder weniger guten Themen und Melodien in einer nicht allzu unzureichenden musikalischen Sprache darstellt..., sondern als einen modernen Zwölftonexperimentierer.« Er wehrte sich stets dagegen, als »Revolutionär« zu gelten (...»denn ich bin keiner«), es kränkte ihn, daß seine Anhänger sich bemühten, sein System zu durchdringen, statt seine Musik wie Musik zu hören, und ihn als unromantischen Intellektuellen bezeichneten, dessen Werk höchstens intellektuell begriffen werden kann, weil er nach seinen eigenen Worten immer schrieb, was er in seinem Herzen fühlte. Er sah auch mit Sorge, daß seine Jünger und Nachfolger in den Fehler eines Dogmatismus verfielen und die Vorwürfe zum Teil verdienten, die ihm selbst gemacht wurden, daß sie das Beherrschen der Zwölftontechnik als Ersatz für den fehlenden kompositorischen Einfall hielten. Anläßlich einer Geburtstagsgratulation in seinen letzten Lebensjahren wollte man ihm mit der Mitteilung eine Freude machen, daß sich bereits eine hohe Anzahl Komponisten der Dodekaphonik verschrieben hätten. Er erwiderte mit der Frage: »Und machen die Herren auch Musik?«

Werke

Nachdem der Adel seine elitäre Stellung eingebüßt hatte, wurden Konzertsäle und Opernhäuser für den Bürger gebaut, der dafür bezahlte, daß er gerührt, erbaut, jedenfalls unterhalten wurde. Die Musik entstand für das zahlende Publikum und mußte dem Geschmack des Publikums entsprechen. Das zeigte sich jedesmal, wenn ein Künstler mit seinem Werk vor das Publikum trat, mit dem er dessen Durchschnittsgeschmack nicht traf. Als Arnold Schönberg das Dur-Moll-System verließ, weil er in der Tristan-Chromatik und im Impressionismus nicht mehr die Ausdrucksform seiner Ideen fand und eine neue Technik für Melodik und Harmonie anwendete, wurde er vom Publikum verlacht und angefeindet. Skandale gab es bereits, als er nur atonale und polytonale Musik schrieb, mit der Pentatonik jedoch verscherzte er sich jede Gunst der Konzertbesucher, aber nun war er es, der sich abwandte. Er hatte die Musik zur unabhängigen Kunst gewandelt, die lebt und sich weiterentwickelt, unabhängig davon, ob sie ein Publikum findet oder nicht. Das Publikum darf sich diese Musik anhören, aber von seiner Zustimmung wird ihre Gestaltung nicht mehr abhängig gemacht. Diese Wandlung ist das Neue in der von Arnold Schönberg geschaffenen Musik; sie führte auch einen bleibenden Zustand herbei, der sich bis heute erhalten hat. Das Musikantentum hatte sein Ende gefunden. Das Verhältnis zwischen Kunst und Publikum ist zur Beziehung zwischen gleichwertigen Größen geworden; das Publikum kann auf die Musik verzichten, aber sie bleibt durch diesen Verzicht unberührt; ob die Musik akzeptiert oder abgelehnt wird, ist für das Kunstwerk unerheblich geworden. Daß dieses Lösen vom Zwang des Publikums der Musikentwicklung förderlich war, ja diese überhaupt noch ermöglichte, zeigt sich bereits heute. Denn wenn sich für neue Techniken, neue Stile anfänglich wenig Interessenten fanden, es wurden zwangsläufig immer mehr, die das neue Kunsterlebnis suchten; so setzte sich die Dodekaphonik doch zögernd durch. Aber Arnold Schönberg hatte mit seiner Voraussage recht: »Die Zeit ist ein großer Eroberer. Sie wird meinen Werken das Verständnis bringen.«

Ungefähr die Hälfte seiner Kompositionen ist nicht dodekaphonisch. Neben 4 Bühnenstücken schrieb er die sinfonische Dichtung »Pelléas und Mélisande«, 2 Kammersinfonien, »Fünf Orchesterstücke«, das Zwölftonwerk »Variationen für großes Orchester«, »Drei Orchesterstücke«, eine Suite für Streichorchester, »Variationen für Blasorchester oder großes Orchester«, ein Violinkonzert, ein Klavierkonzert, ein Streichsextett »Verklärte Nacht« – auch für Streichorchester gefaßt –, 4 Streichquartette, ein Streichtrio, eine Fantasie für Violine und Klavier, ein Bläserquintett, eine Serenade für Klarinette, Baßklarinette, Mandoline, Gitarre, Streichtrio und Bariton, eine Violinfantasie. An Vokalwerken liegen vor: »Pierrot lunaire«, »Gurrelieder«, das unvollendete Oratorium »Die Jakobsleiter«, »Ode an Napoleon«, die Kantate »Ein Überlebender aus Warschau« und 3 religiöse Chöre. Die Klaviermusik ist mit »Drei Klavierstücke«, »Sechs kleine Klavierstücke«, »Fünf Klavierstücke« und einer Suite mit altklassischen Sätzen vertreten. Seine zahlreichen Lieder umfassen alle seine Stilperioden. Er verfaßte eine Reihe theoretischer Werke, die für Technik und Stil der Musik des 20. Jahrhunderts grundlegend sind.

»Pierrot lunaire«, Melodram für Sprechstimme, Klavier, Flöte, Klarinette, Baßklarinette, Violine, Bratsche, Cello, Opus 21, 3 Teile mit je 7 Gedichten, entstanden 1912

Der Text stammt vom belgischen Dichter Albert Giraud (1860–1929) und besteht aus 21 lyrischen Gedichten visionären Inhalts. Die Sprechstimme ist an gewisse Tonhöhen und Rhythmen gebunden.

»Gurrelieder«, Kantate für Soli, Chor und Orchester, 3 Teile, 19 Lieder, vollendet 1911

Diese Liedfolge nach der Dichtung von Jens Peter Jacobsen (1847–85) bedient sich einer sehr reichen Besetzung; ein Sprecher, 5 Solisten, 3 vierstimmige Männerchöre, ein sechsstimmiger gemischter Chor, ein großes Orchester mit zehn Hörnern, sieben Trompeten, sieben Posaunen, einer Kontrabaßtuba, zehnfach geteilten Violinen, achtfach geteilten Bratschen und Celli, und bewegt sich im Stilbereich des romantischen Oratorium; von späteren Fakturen des Komponisten – Dodekaphonik, Atonalität – ist darin nichts zu bemerken. Sie behandelt die Liebe des Dänenkönigs Waldemar (14. Jahrhundert) zur schönen Tove, die im Auftrag der Königin Helvig ermordet wird. Waldemar hadert mit Gott, weil er dies zuließ, und verliert die ewige Ruhe. Er und seine Mannen jagen als wildes Geisterheer um die inzwischen verfallene Burg Gurre. Erst die Morgensonne des Frühlings vertreibt den Spuk.

»Die Jakobsleiter«, Oratorium für 8 Solisten, fünffach geteilten gemischten Chor und Orchester, als Fragment entstanden 1918, von Winfrid Zillig 1955 vollendet

In diesem Werk ist das alttestamentarische Traumsymbol der Stufenreihe menschlicher Entwicklungszustände dargestellt; ein Berufener, ein Aufrührerischer, ein Ringender, ein Auserwählter und ein Mönch legen vor dem Engel Gabriel, dem Richter, Rechenschaft ab. Ein Sterbender naht und muß in das Dunkel der Erde zurückkehren. Die Musik ist atonal, große Abschnitte des Chorsatzes und der Solopassagen sind in festgelegtem Rhythmus und notierter Tonhöhe zu sprechen. Der Schlußteil ist ekstatisch, vier in der Höhe und in der Ferne postierte Sänger- und Instrumentengruppen treten zum übrigen Klangkörper.

»Ein Überlebender aus Warschau«, Orchesterstück mit Sprecher und Männerchor, Opus 46, ein Satz, entstanden 1947

In diesem Melodram erinnert sich der Sprecher, wie er, bewußtlos geschlagen und als Toter beiseitegeschafft, aus seiner Ohnmacht erwachte und Ohrenzeuge einer Szene im Getto von Warschau war, in der Leidensgenossen zum Abtransport in die Gaskammer abgezählt wurden und die Opfer vor ihrem grauenvollen Tod das altjüdische Glaubensbekenntnis »Schma Yisroel« anstimmten. Mit einem grellen Trompetensignal beginnt die Szene, ein übermäßiger Dreiklang symbolisiert das Grauen, und kleine Sekunden drücken die Seufzer aus. Farbige konstrastreiche Harmonien und hektische Rhythmen begleiten den gesprochenen Text.

Kammersinfonie Nr. 1, Opus 9, 4 Teile, entstanden 1906

Dieses Werk weicht mit der zwischen Scherzo und langsamem Satz eingeschobenen großen Durchführung und dem fehlenden neuen thematischen Material im Finale von der üblichen Sinfonieform ab. Das Finale ist eine Art Reprise der früheren Themen in anderer Reihenfolge. Man könnte daher die Sinfonie als ersten Sinfoniesatz auffassen, weil seine 4 Teile ohne Zäsur ineinander übergehen. Das Werk ist tonal, seine Dissonanzen werden aufgelöst, stehen jedoch an entscheidenden Stellen und gewinnen dadurch architektonische Funktion. Die Musik ist jedenfalls wenig eingängig und schwierig; mehrmals werden zwei verschiedene melodische Gedanken gleichzeitig entwickelt. Sie muß strukturell verstanden werden und eröffnet sich sodann in ihrer ganzen Tiefe und Schönheit.

Kammersinfonie Nr. 2, Opus 38, 3 Sätze, entstanden 1939

Zwei Drittel des Werks wurden bereits 1906 verfaßt, es ist daher tonal. Es handelt sich zum Großteil um ein Zwillingswerk zur Kammersinfonie Nr. 1. Interessant ist der 2. Satz, der sich auf zwei Zeitebenen bewegt. Der 3. Satz ist ein Epilog, der resignierend ausklingt.

»Fünf Orchesterstücke«, Opus 16, entstanden 1909

Es handelt sich um 5 kurze Stücke ohne zyklischen Zusammenhang; sie sind nicht symphonisch und weisen weder Struktur noch Aufbau auf, sondern bringen nur einen ununterbrochenen Wechsel von Farben, Rhythmen und Stimmungen. »Man könnte hier vielleicht von einer Prosa der Musik reden« (Anton Webern). Das 1. Stück, »Vorgefühle«, ist atonal, völlig unsymmetrisch und reprisenlos, dissonant mit wilden Ostinati ausgestattet und soll »Vorgefühle der Angst und der Katastrophe« ausdrücken. Das 2., »Vergangenes«, ist formal traditionell und in Liedform gehalten. Stück 3, »Farben«, bringt einen unverwechselbaren, merkwürdig schillernd klingenden Akkord, der in gleichen Zeitabständen immer wieder erscheint, aber zugleich zwischen zwei verschiedenen Klangspektren wechselt. »Durch diesen sich durch das ganze Stück hinziehenden Farbenwechsel des Akkords entsteht ein eigentümlich schimmernder Klang, vergleichbar mit dem immer wechselnden Farbeneindruck einer mäßig bewegten Seeoberfläche« (Anton Webern). Das 4. Stück, »Peripetie«, läßt die im 1. Stück vorausgeahnte Katastrophe ausbrechen. Stück 5, »Das obligate Rezitativ«, besteht aus einem schmerzlichen, völlig deformierten Walzer.

Variationen für Orchester, Opus 31, 12 Abschnitte, entstanden 1928

Dieses Werk ist rein dodekaphonisch. Das Thema wird im 2. Abschnitt nach der Introduktion von den Celli vorgetragen, sodann neunmal trotz der extremen Ausdrucksform streng nach klassischen Begriffen variiert. Raffinierte Klangfarben werden durch unübliche Instrumente wie Mandoline, Tamburin und Flexaton gewonnen. In der ersten Variation spielen Holzbläser und Kontrabässe einzelne Bestandteile des Themas, in der zweiten gibt es einen Kanon der Oboe und Solovioline, in der dritten sind zwei Hörner und dann drei Posaunen führend, in der vierten erklingt vor einem Hinter-

Arnold Schönberg, »Verklärte Nacht«, Autograph 1899

grund aus Harfe, Celesta und Mandoline ein Walzer, die fünfte ist rasch bewegt, die sechste nur sparsam kammermusikalisch besetzt, die siebente zerlegt das Thema in einzelne Punkte, die achte und neunte spalten das Thema auf und verteilen es auf verschiedene Kanonstimmen. Das Finale besteht aus mehreren Unterabschnitten und bezieht sich auf verschiedene Themen der Variationen, bringt aber auch Neubildungen und schließlich als Apotheose das B-A-C-H-Motiv als Huldigung für den Meister Johann Sebastian.

Violinkonzert, Opus 36, 3 Sätze, entstanden 1936

Der Virtuose Sascha Heifetz (geboren 2.2.1901, Vilnius) bezeichnete das Werk als »unspielbar«. (Dazu Schönberg: »Ich freue mich, ein weiteres unspielbares Werk ins Repertoire gebracht zu haben. Ich will, daß dieses Konzert schwierig ist und der kleine Finger länger wird. Ich kann warten ...«.) Der Themenreichtum macht es auch für das Publikum schwierig, doch seine kühne Tonsprache ist faszinierend und überbietet alles, was bislang für Violine komponiert worden ist. Der 1. Satz bringt die Töne der Zwölftonreihe in einem ernst klingenden Stufengang auf Soloviolline, Bratschen und Celli verteilt. Auf der großen Septime beginnt der 2. Satz, der dreiteilige Liedform aufweist. Das Finale ist ein Marschrondo.

Klavierkonzert, Opus 42, 4 Sätze, entstanden 1942

Die 4 Sätze sind pausenlos miteinander verbunden. Das Stück ist dodekaphonisch mit tonalen »Freiheiten«. Der 1. Satz bringt ein vom Solisten vorgetragenes langes Thema, das sich im Verlauf des gesamten Konzerts entfaltet. Der 2. Satz ist ein Scherzo mit Haupt- und Seitenthema, Trio und Themenwiederholungen. Im 3. Satz erklingt ein Orchesteradagio mit einem Largo des Klaviers als Seitenthema. Im Rondofinale werden alle Themen der vorangehenden Sätze wiederholt; eine rasche Stretta schließt das durch und durch fröhliche Werk ab.

»Pelléas und Mélisande«, Sinfonische Dichtung, Opus 5, 4 Sätze, entstanden 1903

Hier bewegte sich der Komponist noch innerhalb der Tristan-Chromatik; »wagnerisch« ist auch die Verwendung von Leitmotiven. Der 1. Satz hat Sonatenform und schildert, wie Golo Mélisande im Wald vorfindet, sie in das väterliche Schloß bringt und heiratet. Mélisande lernt dort den jüngeren Bruder ihres Mannes Pelléas kennen. Der 2. Satz ist ein dreiteiliges Scherzo. Pelléas, Golo und Mélisande treffen einander am Springbrunnen, beim Schloßturm und in den unterirdischen Gewölben. Im 3. Satz kommt es zur Abschieds- und Liebesszene zwischen Pelléas und Mélisande. Golo erschlägt den Bruder. Der 4. Satz berichtet mit aller Ausdruckskraft den Tod der Frau.

»Verklärte Nacht« für Streichorchester (ursprünglich 1899 für Sextett komponiert), Opus 4, 2 Teile, entstanden 1917, revidiert 1943

Diese einzigartige Tondichtung für Kammermusik folgt dem gleichnamigen Gedicht des Lyrikers Richard Dehmel, das die leidenschaftliche Selbstanklage der Frau bringt: »Ich trag ein Kind, und nit von Dir, ich gehe in Sünde neben Dir«, und die tröstliche Antwort des Mannes: »Das Kind, das Du empfangen hast, sei Deiner Seele keine Last.« Ein ungeheuer dicht verwobener Streicherklang macht die Poesie des Themas nicht schildernd, sondern nur einfühlend deutlich. Das Werk ist ein Hymnus auf eine alles verklärende Liebe, die ihre Umwelt verzaubert und vergeistigt: »Zwei Menschen gehn durch hohe, helle Nacht.«

Streichquartett Nr. 1 in d-Moll, Opus 7, 4 Sätze, entstanden 1905

Dieses Werk ist noch tonal konzipiert, die einzelnen Sätze sind zu einem einheitlichen Stück zusammengefaßt. Der 1. Satz hat freie Sonatenform mit allen Erfordernissen, aber ohne Reprise. Das folgende Scherzo weist ein eigenes Thema auf. Der 3. Satz ist ein episodisches Adagio, dem als Finale ein Rondo folgt; in seiner Coda erscheint der Kopfsatz neuerlich.

Streichquartett Nr. 2 in fis-Moll, Opus 10, 4 Sätze, entstanden 1908

Es liegt kein eigentliches Streichquartett vor, denn im 3. und 4. Satz trägt ein Sopran die Gedichte »Litanei« und »Entrückung« von Stefan George (1868–1933) vor. Die Tonalität des Stücks ist gelockert. Der 1. Satz ist noch traditionell. Er klingt lyrisch und elegisch wie ein wehmütiger Abschied des Meisters von der Klangwelt der Romantik. Der 2. Satz – ein bizarres Scherzo – erinnert rhythmisch und harmonisch an Claude Debussy, den Impressionisten. Der zweite Teil des Satzes zitiert voll Bitterkeit und Sarkasmus das Wiener banale Trinklied: »O du lieber Augustin«. Die folgenden Sätze sind Lieder, die müde Ratlosigkeit und Hoffnungslosigkeit verdeutlichen.

Streichquartett Nr. 3, Opus 30, 4 Sätze, entstanden 1927

Bei diesem Werk sind die Grundsätze der Dodekaphonik sehr frei angewendet, das »Wiederholungsverbot« (Es soll kein Ton wiederholt werden, ehe alle Töne der Reihe gekommen sind) ist aufgehoben, die Mittelstimmen sind zwanglos behandelt. Das Quartett ist gedanklich und klanglich sehr kompliziert und nicht leicht faßlich.

Streichquartett Nr. 4, Opus 37, 4 Sätze, entstanden 1936

Die Struktur dieses Werks deckt sich nahezu mit der des Quartetts Nr. 3. Nach dem Allegro molto folgt als 2. Satz ein Menuett, dem sich ein mächtiges Largo anschließt. Der 4. Satz ist technisch sehr streng aufgebaut. Für beide Quartette gilt aber das Wort des Komponisten: »Ich kann nicht oft genug davor warnen, diese Analysen zu überschätzen, da sie ja doch nur zu dem führen, was ich immer bekämpft habe: zur Erkenntnis, wie es ›gemacht‹ ist; während ich immer erkennen geholfen habe: was es ›ist‹. Meine Werke sind Zwölfton-K o m p o s i t i o n e n, nicht Z w ö l f t o n-Kompositionen.«

LITERATUR

H.H. Stuckenschmidt, Arnold Schönberg, Zürich 1957. D. Rexroth, Arnold Schönberg als Theoretiker der tonalen Harmonik, Bonn 1971. H.K. Metzger/R. Riehn, Arnold Schönberg, 1981.

Henry Schoenefeld (1857–1936)

ZEIT UND UMWELT

Die Musik der nordamerikanischen Indianer war und ist heute noch in die sakralen Vorgänge, in die Zeremonien der Krankenheilung und der Wettkämpfe integriert. Die Verschiedenheit der Riten und der Sprachen der vielen Stämme drückt sich auch in ihrer Musik aus; es gibt nur wenige Gemeinsamkeiten, eine davon ist die absteigende Bewegung in großen Stufen in den Melodielinien.

LEBEN

Henry Schoenefeld wurde am 4.10.1857 in Milwaukee geboren. Er war Schüler des Konservatoriums in Weimar. Im Jahr 1879 ließ er sich in Chicago nieder und leitete dort von 1891 bis 1902 einen gemischten Chor. Ab 1904 dirigierte er mehrere Chöre und das Women's Symphony Orchestra (Frauensinfonieorchester) in Los Angeles, wo er am 4.8.1936 starb.

WERKE

Von Henry Schoenefeld sind 2 Opern, eine Rural Symphony (Ländliche Sinfonie), eine charakteristische Suite über indianische Themen für Streicher, 2 »Indian Legends« für Orchester und zahlreiche Klavierstücke bekannt geworden. Er gehörte zu den ersten Komponisten, die indianische Themen in ihre Werke aufnahmen.

LITERATUR

R. Hughes, Contemporary American Composers, Boston 1900.

Johann Philipp Schoenfeld (1742–90)

ZEIT UND UMWELT

Obschon Straßburg bereits seit 1681 dem französischen Staatsverband angehörte, hat sich die Stadt dennoch ein wirtschaftliches und kulturelles Eigenleben bewahrt. Ihre politische und nationale Grenzlage ermöglichte die Aufnahme der besten Kräfte von beiden Seiten, so daß die Leistungen der Konzertorchester und der Kirchenkapellen, vor allem im Münster, stets auf hohem Niveau blieben.

LEBEN

Johann Philipp Schoenfeld wurde 1742 in Straßburg geboren. Er war zunächst Hauslehrer in Braunschweig, wo er mit Carl Philipp Emanuel Bach in Kontakt kam, dann wurde er stellvertretender Kapellmeister an Temple Neuf in Straßburg. Im Jahr 1779 erhielt er zur weiteren Ausbildung ein Stipendium für eine Italienreise. Nach seiner Rückkehr (1781) wurde ihm die Leitung des Konzertwesens der Stadt anvertraut. Er starb am 5. 1. 1790 in Straßburg.

WERKE

Durch Kombination des hochentwickelten Barockstils mit der Dynamik der Mannheimer Schule und dem Melos italienischer Opern erreichte Johann Philipp Schoenfeld ein melodisches und harmonisches Bild, das über die Klassik hinaus in die Romantik des folgenden Jahrhunderts weist. Er veröffentlichte »Sammlungen einiger Gesangsstücke mit Cembalobegleitung«, »Neue Lieder auf das Klavier in Musik gesetzt«, »Freimaurerlieder mit Cembalo«, »Lieder mit Begleitung einer Violine zum Singen beim Klavier« und noch eine Reihe von Gesangsstücken, die alle sehr klangschön und eindrucksvoll sind, außerdem Kantaten und ein Singspiel.

Robert Schollum (1913 – 87)

LEBEN

Robert Schollum wurde am 22.8.1913 in Wien geboren. Er studierte an der Wiener Musikakademie und am Neuen Wiener Konservatorium. In den Jahren 1932 bis 1938 wirkte er als Lehrer, Konzertorganist und Pianist. Von 1952 bis 1955 war er Chorleiter und Städtischer Musikdirektor in Linz. Im Jahr 1959 wurde er Professor an der Akademie für Musik und darstellende Kunst in Wien. Dort starb er am 30.9.1987.

WERKE

Von Robert Schollum sind 2 Opern aufgeführt worden. Er schrieb außerdem 5 Sinfonien und weitere Orchesterstücke, »Konturen« für Streichorchester, 2 Violinkonzerte, ein Cellokonzert, »Gespräche« für Kammerorchester, ein Oktett, 5 Stücke für Bläserquintett, 2 Streichquartette, »Mosaik« für Oboe, Schlagzeug und Klavier, ein Konzertstück für Cello und Klavier, Sonaten für Fagott, für Viola d'amore, für Klarinette, für Bratsche, für Violine mit Klavier, »Das Leben« – Thema und Variationen für sieben Instrumente und eine Tänzerin –, Kantaten, Chöre, Arien, Lieder, Orgelwerke und Klavierstücke. Der Komponist ging vom Neuklassizismus aus und näherte sich immer mehr der Dodekaphonik, die er sehr frei handhabte.

Bernhard Ernst Scholz (1835–1916)

ZEIT UND UMWELT

Der Kreis, den Johannes Brahms, Clara Schumann, Joseph Joachim und der Sänger und Gesanglehrer Julius Stockhausen anführten, wirkte auf die Musikentwicklung bis in die ersten Jahrzehnte des 20. Jahrhunderts hinein, so daß alle der Romantik nachfolgenden Stilgattungen und Techniken nur zögernd zur Geltung kommen konnten.

LEBEN

Bernhard Ernst Scholz wurde am 30.3.1835 in Mainz geboren. Er war Klavierschüler von Ernst Pauer und Kompositionsschüler von Siegfried Wilhelm Dehn und wurde anschließend Theorielehrer der Musikschule in München. Von 1859 bis 1865 war er Hofkapellmeister in Hannover. Von 1871 bis 1882 dirigierte er die Orchestervereinskonzerte in Breslau (Wrocław); von 1883 bis 1908 wirkte er als Direktor des Konservatoriums in Frankfurt am Main. Sodann lebte er in Florenz und ab 1914 in München, wo er am 26.12.1916 starb.

WERKE

Sowohl das musiktheoretische Schrifttum wie auch der Unterricht und die Komposition von Bernhard Ernst Scholz bewegte sich im Gedankenkreis von Robert Schumann und Johannes Brahms. Alle Neuerungen, die er noch selbst erlebte, interessierten ihn wenig. Er schrieb 9 Opern, die schon längst von den Spielplänen verschwunden sind, eine Sinfonie in B-Dur, eine Ouvertüre (»Malinconia«), ein Klavierkonzert in H-Dur, die Kantaten »Das Siegesfest«, »Das Lied von der Glocke«, »Sylvesterglocken« für Soli, Chor und Orchester, ein Quintett, ein Streichquartett, Klavierwerke und Lieder.

Johann Schop (um 1590–1667)

LEBEN

Johann Schop wurde um 1590 in Hamburg oder in Niedersachsen geboren. Er war Schüler von William Brade und bildete sich als Instrumentalist aus: Violine, Laute, Zink, Posaune. Im Jahr 1615 wurde er Violinist an der Hofkapelle in Wolfenbüttel und ging noch im selben Jahr in gleicher Eigenschaft nach Kopenhagen. Von dort vertrieb ihn 1619 die Pest, so daß er 1621 in Hamburg landete, als Violinist der dortigen Ratskapelle beitrat und bald deren Leitung übernahm. Er starb in Hamburg im Sommer 1667.

Werke

Der deutsche Komponist Johann Schop war einer der bedeutendsten Violinvirtuosen der ersten Hälfte des 17. Jahrhunderts. Sein kompositorisches Werk bestand in erster Linie aus sakralen Liedern, von denen einige auch in das Evangelische Kirchengesangbuch übernommen wurden, wie das bekannte »O Ewigkeit, du Donnerwort«. Außerdem verfaßte er »Himmlische Lieder«, eine große Anzahl von Gesängen, die in verschiedenen Sammlungen aufscheinen, und verschiedene Instrumentalmusik, wie geistliche Konzerte, und viel Hausmusik, in erster Linie Stücke für Violine.

Literatur

S. Fornaçon, Johann Schop, in: Der Kirchenmusiker VI, 1955.

Dmitri Schostakowitsch (1906–75)

Leben

Dmitri Dmitrijewitsch Schostakowitsch wurde am 12.9.1906 in St. Petersburg geboren. Im Jahr 1919 trat er in das Konservatorium in Petrograd ein, wo er bei Leonid Nikolajew (1.8.1878, Kiew, bis 11.10.1942, Taschkent) und Maksim Steinberg studierte; 1926 wurde bereits seine 1. Sinfonie mit Erfolg herausgebracht, die seinen internationalen Ruf begründete. Ab 1937 lehrte er am Konservatorium in Leningrad Komposition und wirkte ab 1948 in gleicher Eigenschaft am Konservatorium in Moskau. Obgleich er wegen seiner »formalistischen und wenig volksnahen« Kompositionen mehrfach gemaßregelt wurde, stieg er zu den höchsten Ehren seines Staates auf. Der »Stalin-Preis«, der »Lenin-Preis«, der »Lenin-Orden«, die Titel »Volkskünstler der UdSSR« und »Held der Arbeit« wurden ihm verliehen, dazu der »Weltfriedenspreis« und von der DDR der »Stern der Völkerfreundschaft« in Gold. Seine Kompositionen fanden inzwischen in alle Konzertsäle der Welt Eingang und wurden nahezu überall begeistert aufgenommen. Die Universitäten Oxford und Evanstone verliehen ihm das Ehrendoktorat, Finnland den »Sibelius-Preis«, England die Goldmedaille der Philharmonischen Gesellschaft, Dänemark den »Sonning-Musikpreis«, Frankreich den Orden der Akademie der Künste und Literatur, Schweden die Mitgliedschaft der Akademie, Rom die Ehrenmitgliedschaft der Accademia di Santa Cecilia und die DDR die Mitgliedschaft der Akademie der Künste. Er starb am 9.8.1975 in Moskau als einer der Großen der sowjetischen Musik, der an der Gestaltung des Musikgeschehens unseres Jahrhunderts maßgebend mitgewirkt hat. In der Musikgeschichte figuriert er als der nächste große Sinfoniker nach Gustav Mahler, dessen Erbe er angetreten und weiterentwickelt hat.

Dmitri Schostakowitsch

Werke

»Echte Musik spiegelt nach seiner Ansicht immer die Gefühle, Stimmungen, Leidenschaften, Gedanken und Ideen wider, seine Sehnsucht nach Frieden und Freiheit und den Kampf um diese Güter«, sagte Dmitri Schostakowitsch über Gustav Mahler, unter dessen Patenschaft seine Werke augenfällig standen, wenngleich sich der Komponist als Nachfolger Ludwig van Beethovens, Piotr Tschaikowskis und Modest Mussorgskis betrachtete. Er schrieb 15 Sinfonien, eine Anzahl Ballettsuiten und Suiten nach seinen Filmmusiken, 2 Ouvertüren, eine sinfonische Dichtung, ein Klavierkonzert, 2 Violinkonzerte, 2 Cellokonzerte, ein Konzert für Klavier, Trompete und Streichorchester, 2 Streichoktette, ein Klavierquintett, 15 Streichquartette, 2 Klaviertrios, Sonaten für Violine und Klavier, für Cello und Klavier und für Bratsche und Klavier, eine Suite und ein Concertino für zwei Klaviere, 24 Praeludien und 24 »Praeludien und Fugen«, 10 Aphorismen, 3 phantastische Tänze, 5 Praeludien und 2 Sonaten für Klavier, ein Oratorium, mehrere Kantaten für Soli, Chor und Orchester, Romanzen, Gesänge und Balladen für Chor, zahlreiche Lieder mit Klavier oder mit Instrumentalbegleitung. Für die Bühne verfaßte er 3 Opern – eine unvollendet –, eine Operette, 3 Ballette, mehrere Schauspielmusiken und Musik zu über 30 Filmen, außerdem Bearbeitungen und Neuinstrumentierungen.

Die Hinrichtung des Stepan Rasin, Vokalsinfonisches Gedicht für Baß, Chor und Orchester, Opus 119, ein Satz, entstanden 1964

Den Text der Komposition bildet das Gedicht von Jewgeni Jewtuschenko (geboren 1933) über Kampf und Tod des Führers des Kosaken- und Bauernaufstands gegen die zaristische Unterdrückung der Jahre 1670/71, Stepan (Stenka) Timofejewitsch Rasin (um 1630–71). Die 124 Zeilen dieses epischen Klageliedes werden musikalisch untermalt und gesteigert mit dem Intonationsreichtum der russischen Volksmusik.

Sinfonie Nr. 1, Opus 10, 4 Sätze, entstanden 1925

Der 1. Satz ist kammermusikalisch, das marschähnliche Hauptthema wird von der Klarinette vorgetragen. Eine Walzermelodie der Flöte bildet das kontrastierende Thema, das mit dem ersten in der Durchführung verarbeitet wird. Der 2. Satz ist ein wildes Scherzo mit reizvollen Entwürfen des Klaviers. Im 3. Satz intonieren Holzbläser und Streicher Trauermarschmotive, um dem expressiven Melos der Kantilene Gehalt und Tiefe zu verleihen. Das Finale schließt unmittelbar an und mündet nach einer düsteren Einleitung und mehreren energischen Episoden weit ausholend in eine rasche Stretta. »Es ist offensichtlich, daß die verschiedenen Komponenten des Werks auf Erlebnisse des jungen Komponisten hinweisen. Dazu gehört sowohl die Widerspiegelung einer heiter und sorgenfrei empfundenen Jugend wie der schmerzliche Widerhall, den der Tod des Vaters im Jahr 1922 in seinem Empfinden nachwirken ließ« (G. A. Brockhaus).

Sinfonie Nr. 2, Opus 14, »Widmung an den Oktober«, ein Satz, entstanden 1927

Hart und dissonant stellt sich das Klangbild dieses Werks zur Zehn-Jahr-Feier der Oktoberrevolution dar. Es mündet in ein großartiges Chorfinale mit Sprechchor, Marsch- und Signalintonationen.

Sinfonie Nr. 3, Opus 20, »1. Mai«, ein Satz, entstanden 1929

Das Werk bringt keine thematische Entwicklung, sondern eine Serie von Episoden wie ein Divertimento, die durch einen Rhythmus der Kleinen Trommel zusammengehalten werden, der für viele Stücke von der Hand des Komponisten typisch ist. Der Gedanke an einen Maiaufmarsch wird heraufbeschworen, die Dynamik der Reden und Demonstrationsrufe ist in das Musikalische übertragen, ohne programmatisch dargestellt zu werden. Erst das Chorfinale wird deklamatorisch mit emphatisch aufwärtsstrebenden Glissandoschleifern und Repetitionsmotiven der Bläser. Mit einer instrumentalen Stretta klingt die Sinfonie aus.

Sinfonie Nr. 4, Opus 43, 3 Sätze, entstanden 1936

Diese stark Gustav Mahler verpflichtete Sinfonie zog der Komponist, weil er während der Probenarbeit wegen seiner Oper gemaßregelt wurde und damit rechnen mußte, auch mit der sinfonischen Arbeit Anstoß zu erregen, zurück. Das Werk ist tatsächlich seine revolutionärste Sinfonie. Der lange 1. Satz hat rhapsodische Form und ist mit Themen und Motiven angefüllt, die nur einmal erklingen; eine thematische Durchführung oder eine Entwicklung von Themen oder Motiven liegt nirgends vor. Der Satz ist aber wegen seiner orchestralen Effekte und kühnen melodischen Linien faszinierend. Der 2. Satz ist kürzer und mehr geordnet; Mahlers Einfluß macht sich stark bemerkbar. Den 3. Satz beginnt ein Trauermarsch, der von einem vielfarbigen Komplex aus verschiedenen, oft improvisatorisch wirkenden, glänzend instrumentierten und rhythmisch interessanten Episoden abgelöst wird. Dann kehrt der Marsch wieder, wird aber bald in das Hymnische und Sieghafte umgedeutet.

Sinfonie Nr. 5, Opus 47, 4 Sätze, entstanden 1937

Diese den Feierlichkeiten zum 20. Jahrestag der Oktoberrevolution gewidmete Sinfonie war ein Zeichen des Komponisten, daß er sich den Vorschriften der Partei über die Gestaltung der sowjetischen Musik unterwarf, sie ist auch die Darstellung des »Werdens des Menschens, seiner Selbstvollendung, seiner Gefühle und Zweifel« und jedenfalls ein grandioses Werk. Bereits im 1. Satz erscheint ein energisches Thema, das die gesamte sinfonische Entwicklung bestimmt. Das kantable

Seitenthema bringt eine leicht wehmütige Stimmung in die Musik, die quälenden Gedanken, lyrische Erinnerungen, Entschlossenheit und doch Ergebung in die Mißhelligkeiten des Lebens andeutet. Im 2. Satz wird mit drei Themen ein sprühendes Scherzo vorgetragen, das nahezu übermütig wirkt. Der 3. Satz hat tragischen Charakter und klingt wie eine traurige Klage eines einsamen Menschen, der sich ohne Hilfe mit den Gegebenheiten auseinandersetzen muß. Das Finale ist aggressiv drohend und nahezu befehlend; es schließt jedoch mit einem sieghaften Bläserhymnus.

Sinfonie Nr. 6, Opus 54, 3 Sätze, entstanden 1939
Der 1. Satz bringt mit einem einzigen Thema ein Largo voll Ruhe und Besonnenheit, als blicke der Komponist mit Ergebung auf durchstandene Leiden zurück. Der 2. Satz ist ein zauberhaftes Scherzo, im 3. Satz scheinen auch die letzten tragischen Erinnerungen verschwunden zu sein.

Sinfonie Nr. 7, Opus 60, »Leningrader Sinfonie«, 4 Sätze, entstanden 1941
Das Werk wurde zum größten Teil während der Belagerung von Leningrad verfaßt. »Ich wollte ein Werk über unsere Tage, unser Leben, unsere Menschen schaffen. Unserem Kampf gegen den Faschismus, unserem künftigen Sieg über die Feinde und meine Heimatstadt Leningrad widme ich meine siebente Sinfonie«, schrieb der Komponist. Der 1. Satz – »Der Krieg« – erinnert an den Sommer 1941: »Das Land atmete im friedlichen Überfluß, im Sprühen des Lebens, der Lieder und der Arbeit. An jenem frühen Morgen warfen die Feinde Bomben auf sowjetische Häfen und Städte.« Ein russisches Lied klingt auf, dann ertönt ferner Trommelwirbel, der Angriff rollt heran, eine russische Weise nimmt den Kampf dagegen auf und schlägt den Feind zurück. Ein Adagio des Fagotts betrauert die Opfer des Krieges. Der 2. Satz – »Erinnerungen« – ist von rührender elegischer Stimmung. Der 3. Satz – »Heimatliche Weiten« – spricht von der wiedererwachten Lebenskraft des russischen Volks. Der 4. Satz – »Der Sieg« – kündigt den künftigen Triumph des gerechten Abwehrkampfs an: »Der Sieg des Lichtes über das Dunkel ist gewiß.«

Sinfonie Nr. 8, Opus 65, 5 Sätze, entstanden 1943
Das tragische Werk ist eine poetische Darstellung der Leiden eines Volks durch den Krieg. Der 1. Satz bringt nach einer kurzen Einleitung ein trauriges Thema der Violinen, dem ein zweites, elegisches beigegeben wird. Das Leid der gesamten Menschheit durch Krieg und Brutalität drückt sich darin aus; auf dem Kulminationspunkt erhebt sich daraus ein Ausbruch des Protestes gegen das Böse, die Ursache dieses grenzenlosen Leids. Im 2. Satz karikiert ein Rondo in Marschform die Bilder des Bösen. Im 3. Satz wird die Zeichnung der Unmenschlichkeit des Krieges stärker und schärfer, ein grauenvolles Schlachtenbild löst eine Melodik von offenbar beabsichtigter Banalität ab. Am Ende des Satzes erhebt sich ein tobender Orkan. Der 4. Satz hat die Form einer Passacaglia und ist voll tiefer Nachdenklichkeit. Im 5. Satz bringt ein heller Morgen die düsteren Bilder und Stimmungen zum Verschwinden.

Sinfonie Nr. 9, Opus 70, 5 Sätze, entstanden 1945
Der 1. Satz hat Sonatenform und ist durch klassische Klarheit gekennzeichnet. Der 2. Satz ähnelt einer Romanze und ist voll heiterer Lyrik. Der 3. Satz bringt ein spielerisches, sorgloses Scherzo. Im 4. Satz wird eine tragische Episode vorgetragen, die jedoch im 5. Satz ein geistreicher tänzerischer Ausklang ablöst.

Sinfonie Nr. 10, Opus 93, 4 Sätze, entstanden 1953
Das Werk wurde als »Sinfonie des Weltfriedens« verfaßt. Der 1. Satz beginnt grüblerisch und verhalten, sein Hauptthema hat deutlich russischen Charakter. Im 2. Satz herrscht stürmische Bewegung, der Nachklang des überstandenen Krieges wird von hohem Holzbläserklang und den Wirbeln der Kleinen Trommel gekennzeichnet. Der 3. Satz ist voll Ausdruck und Spannung, sein Fluß wird mehrmals von scharfen Klängen unterbrochen, eine Mahnung, daß der Friede gehütet werden muß. Der 4. Satz schildert ein friedliches Land im sicheren Schutz friedliebender Menschen.

Sinfonie Nr. 11, Opus 103, »Das Jahr 1905«, 4 Sätze, entstanden 1957
Es handelt sich um eine musikalische Darstellung des »Blutigen Sonntags« im Januar 1905. Im 1. Satz – »Der Platz vor dem Palast«: Adagio – werden der Schauplatz des tragischen Vorfalls und die Leiden der Inhaftierten plastisch geschildert. Der 2. Satz – »Der neunte Januar«: Allegro – stellt die demütigen Bitten und Klagen des Volks dar, das sich an den Zaren wendet; dann werden drängende Forderungen daraus, bis die Erschießungen einsetzen. Im 3. Satz – »Ewiges Gedenken«: Adagio – bringen die Bratschen den Trauermarsch »Unsterbliche Opfer«, das Orchester drückt die Trauer über den Massenmord aus, aber auch die Entschlossenheit des Volks, seine Forderungen durchzusetzen. Der 4. Satz – »Sturmläuten«: Allegro non troppo – zeichnet das Auflodern der Revolution, die noch viele Opfer kosten wird.

Sinfonie Nr. 12, Opus 112, »Das Jahr 1917«, 4 Sätze, entstanden 1961
Es handelt sich um das Jahr der Oktoberrevolu-

tion. Der 1. Satz, »Das revolutionäre Petrograd«, ist voll mächtiger, farbenreicher Klangballungen mit ungebändigten Rhythmen. Nach einer kurzen Einleitung tragen tiefe Streicher das Thema vor, das sich durch das gesamte Werk zieht. In drei sich steigernden Phasen wird der Kampf um die Freiheit dargestellt, der jedoch am Ende des Satzes noch nicht entschieden ist. Ohne Pause schließt sich der 2. Satz, »Razliw« (Lenin im Exil), an, der dem Wirken der im Exil wirkenden revolutionären Russen gewidmet ist; eine obstinate Figur zeichnet die Hartnäckigkeit der Revolutionäre und ein lyrisches Hornthema ihre Zuversicht. Der 3. Satz, »Aurora« (Kreuzer, dessen Geschütze die Oktoberrevolution eröffneten), setzt die Bilder des 1. Satzes fort. Der Kampf geht weiter, aber der Sieg zeichnet sich bereits ab und wird im 4. Satz, »Morgenröte der Menschheit«, zur Gewißheit.

Sinfonie Nr. 13, Opus 113, 5 Sätze, entstanden 1962
Den ideellen Hintergrund dieser Sinfonie bilden fünf Texte von Jewgeni Jewtuschenko, die vom Baßsolisten und Baßchor vorgetragen werden. Der 1. Satz trägt die Überschrift »Babi Jar« (Felschenschlucht bei Kiew, in der viele Tausende Juden liquidiert wurden). Die Musik wird zum »Echo« tonlos mächtigen Schreis, der über abertausend Tote rinnt«. Solist und Chor erheben mit deklamatorischem Melos Protest gegen die Gewalttat: »Es steht kein Denkmal über Babi Jar. Die harte Grabschrift ist sie selbst, die Schlucht!« Für den 2. Satz zog der Komponist Verse des Gedichts »Humor«, das die unsterbliche Kraft des Humors preist, heran; deftig ironische und groteske Elemente steigern die Musik zu einem mitreißenden Wirbel. Der 3. Satz »Im Magazin« schildert weniger das Treiben in einem Kaufhaus als den ungebrochenen Mut einkaufender Frauen, die sich im Krieg durch Hunger und Entbehrungen nicht von ihrer Siegeshoffnung abbringen ließen. Der 4. Satz erinnert noch einmal an die Geschehnisse von Babi Jar, die unvergeßlich bleiben. Das Finale »Karriere« stellt Lebensläufe bedeutender Männer dar. Der Ausklang zeigt, daß sie die wahren Sieger über ihre Peiniger waren.

Sinfonie Nr. 14, Opus 135, 4 Sätze, entstanden 1969
Für das Werk sind Kastagnetten, Schlagholz, zwei Tomtoms, Peitsche, Glocken, Vibraphon, Xylophon, Celesta, Streicher, Sopran- und Baßsolo vorgeschrieben. Verwendet werden Verse von Federico García Lorca (1898–1936), Guillaume Apollinaire (1880–1918), Rainer Maria Rilke und Wilhelm Küchelbecker (1797–1846). In elf Gedichten, die in vier Gruppen zusammengefaßt sind, wird derer gedacht, die vom Leben allzufrüh Abschied nehmen mußten. Sie sind eine Auseinandersetzung mit dem Todesproblem in dem Sinn: »An den Tod muß man denken, um sein Leben besser zu nutzen. Wir sind nicht unsterblich, aber gerade deshalb muß man sich bemühen, so viel wie möglich für die Menschen zu tun.« Die Musik ist nicht illustrativ, sondern verarbeitet dieselben Gedanken parallel den Dichtungen selbständig.

Sinfonie Nr. 15, Opus 141, 4 Sätze, entstanden 1971
Der 1. Satz beginnt scherzoartig und bringt ein Zitat aus der Ouvertüre zur Oper »Wilhelm Tell« von Gioacchino Rossini; chromatisch abgestufte Zwölftonreihen sind eingeschmolzen. Der 2. Satz erinnert mit seinem Adagio an das unheilvolle Ereignis des Kriegs; der Trauermarsch in der Coda gilt den Opfern des Großen Vaterländischen Kriegs und leitet sodann zum 3. Satz über, einem lebendigen Scherzo in tänzerischer Haltung. Das Schicksalsmotiv aus »Walküre« von Richard Wagner (Weißt du, wie das wird?) eröffnet das Finale, das grüblerisch und ernst die Frage nach der Zukunft aufwirft. Aber die verspielte Coda mit einer zweimal aufschwebenden zwölftönigen Doppelreihe gibt keine Antwort.

Klavierkonzert in c-Moll, Opus 35, für Soloklavier, Solotrompete und Streicher, 4 Sätze, entstanden 1933
Der 1. Satz hat Sonatenform und drückt dramatische und fröhliche Momente in regelloser Reihenfolge aus. Der 2. Satz bringt einen elegischen Walzer, der sich von inniger Zartheit zu einem pathetischen Höhepunkt entwickelt und mit einem Trompetensolo abschließt. Der 3. Satz ist improvisatorisch und stellt ein Intermezzo dar, das zu einem humorvollen Finale überleitet.

Klavierkonzert in F-Dur, Opus 102, 3 Sätze, entstanden 1957
Der 1. Satz dieses für den zu jener Zeit am Konservatorium in Moskau studierenden Sohn Maxim Schostakowitsch (geboren 10.5.1938, Leningrad) geschriebenen Konzerts wird von einem fröhlichen Marschtempo beherrscht. Der 2. Satz ist ernst und besinnlich, der 3. Satz virtuos tänzerisch und voll jugendlichem Frohsinn.

Violinkonzert Nr. 1 in a-Moll, Opus 99, 4 Sätze, entstanden 1955
Der 1. Satz »Notturno« verläuft in breitem, melodischem Fluß ohne Gegenbewegung. Der 2. Satz »Scherzo« ist stark dynamisch und sehr kompliziert angelegt. Der 3. Satz »Passacaglia« bietet einen klangreichen Ausdruck von Schönheit und Gefühlstiefe und das Finale »Burleske« Festlichkeit und Fröhlichkeit zum Spiel von Wandermusikanten.

Violinkonzert Nr. 2 in cis-Moll, Opus 129, 3 Sätze, entstanden 1967

Der 1. Satz bringt ein expressives Thema der Soloviolline. Dann lichtet sich die Stimmung auf und geht in ein virtuoses Allegretto über. Am Ende der Durchführung trägt der Solist eine Kadenz vor, und in der Reprise bringt das Solohorn das Hauptthema erneut. Das Adagio des Solisten im 2. Satz ist ein leidenschaftlicher Gesang, der vom Horn beschaulich abgeschlossen wird. Der 3. Satz bringt einen brillanten Dialog zwischen Solisten und einzelnen Orchesterinstrumenten, der nach einer großen Kadenz mit allen Instrumenten heiter ausklingt.

Cellokonzert Nr. 1 in Es-Dur, Opus 107, 3 Sätze, entstanden 1959

Der 1. Satz ist sonatenförmig angelegt, sein Kopfmotiv wird zum Thema des ganzen Satzes, in dem es nur wenige Kontraste gibt. Die Stimmung des 2. Satzes ist lyrisch mit dem Rhythmus einer Sarabande und schließt mit einer großartigen Kadenz ab. Das Finale ist ein Rondo, vital, fröhlich und stark virtuos. Das Hauptthema des 1. Satzes beendet das Werk.

Cellokonzert Nr. 2, Opus 126, 3 Sätze, entstanden 1966

Der 1. Satz nimmt nahezu die Hälfte des Werks ein. Das vom Solisten vorgetragene Largo reicht bis in höchste Lagen; es ist ernst und expressiv gehalten und mündet in das Scherzo des 2. Satzes mit frohen Tanzrhythmen. Eine äußerst anspruchsvolle Kadenz führt zum Finale, das von Fanfaren der Hörner und Trommelwirbeln eingeleitet wird. Die darauf folgenden ausdrucksstarken Passagen führen zu mächtigen Klangausbrüchen. Mit Reminiszenzen an den 1. Satz endet das Werk.

Quintett für zwei Violinen, Bratsche, Cello und Klavier in g-Moll, Opus 57, 5 Sätze, entstanden 1940

Nach einem streng geführten Praeludium als 1. Satz und einer folgenden Fuge als 1. Satz erklingt im 3. Satz ein kurzes Scherzo. Ein Intermezzo und ein Finale schließen sich an. Das Klavier trägt in allen Sätzen den Substanzkern.

Streichquartett Nr. 1 in C-Dur, Opus 49, 4 Sätze, entstanden 1938

Der 1. Satz ist eine kantable homophone Sonatine. Im 2. Satz wird ein Bratschenthema variiert. Der 3. Satz bringt ein flüchtiges Scherzo und wird von einem optimistischen, sanftmütigen Finale abgelöst.

Streichquartett Nr. 2 in A-Dur, Opus 68, 4 Sätze, entstanden 1944

Der 1. Satz ist eine Ouvertüre mit betont slawischer Thementendenz, die für das ganze Werk bestimmend ist. Der 2. Satz ist durch die Aufschrift: »Rezitativ und Romanze« gekennzeichnet. Der 3. Satz »Valse« bringt Tanzrhythmen. Das Finale »Thema mit Variationen« stellt eine Apotheose von Adagiovariationen dar und ist vollends russisch gehalten.

Streichquartett Nr. 3 in F-Dur, Opus 73, 5 Sätze, entstanden 1946

In diesem Stück sind Neuklassizismus und Volkstümlichkeit kombiniert. Der 1. Satz bietet anstelle der Durchführung eine Doppelfuge. Der 2. Satz ist ein sehr bewegtes Rondino. Im 3. Satz werden preußische Stechschrittmärsche parodiert. Im 4. Satz erklingt ein »Heldenrequiem«. Der 5. Satz faßt alle vorangehenden Themen zusammen.

Streichquartett Nr. 4 in D-Dur, Opus 83, 4 Sätze, entstanden 1953

Der 1. Satz erweitert das Hauptthema wie ein Orgelpunktrondo. Das Andantino des 2. Satzes bringt eine elegische Violinromanze, die bis zu den höchsten Lagen aufsteigt. Im 3. Satz gibt es groteske Anklänge an Fanfaren und Schnarrtrommeln. Der Finalsatz nähert sich ostjüdischer Volksmusik.

Streichquartett Nr. 5 in B-Dur, Opus 92, 3 Sätze, entstanden 1953

Der 1. Satz verarbeitet zwei Hauptthemen, ein drittes im Walzertempo wird hinzugeführt und nimmt den Chromatismus des 2. Satzes voraus. Das Finale setzt die Erweiterung des Quartettvolumens fort und schließt mit einer grandiosen Apotheose.

Streichquartett Nr. 6 in G-Dur, Opus 101, 4 Sätze, entstanden 1956

Im 1. Satz duettieren obere und untere Stimmen in traulicher Stimmung. Im 2. Satz erklingen Tanzweisen, der 3. Satz bringt eine Chaconne. Der 4. Satz rafft die Themen und Motive der vorangehenden in neuer Polyphonie zusammen.

Streichquartett Nr. 7 in fis-Moll, Opus 108, 3 Sätze, entstanden 1960

Die Erste Violine intoniert den 1. Satz, der, absteigend, von Episoden unterbrochen, der elegischen Stimmung des Stücks entspricht. Der 2. Satz verstärkt und vertieft den Trauergesang. Der 3. Satz drückt mit einer rasenden Fuge höchste Angst aus, die erst am Ende des Werks verfliegt.

Streichquartett Nr. 8 in c-Moll, Opus 110, 5 Sätze, entstanden 1960

Dieses Werk ist dem Andenken der Opfer des Faschismus und des Krieges gewidmet. Das Largo des 1. Satzes beginnt mit der persönlichen Klangdevise des Komponisten (D–S–C–H–: Anfangsbuchstaben seines Namens in Umschrift) und greift auf Thementeile der 10., 1. und 5. Sinfonie zurück. Der 2. Satz schließt sich rasch an und bringt einen unvollständigen Sonatensatz mit einem jüdischen Thema. Der 3. Satz ist ein grotesker Rundtanz, der 4. Satz bringt einen breiten Trauermarsch und der 5. Satz schmerzliche Erinnerungen, die in einer ostkirchentonalen Kadenz verklingen. Das Quartett wird auch als Kammersinfonie für Streicher gespielt (Opus 110 bis).

Streichquartett Nr. 9 in Es-Dur, Opus 117, 5 Sätze, entstanden 1964

Der 1. Satz beginnt mit einem Sonatinensatz, still und etwas melancholisch. Satz 2, 3 und 4 bilden eine Einheit (Adagio – Allegretto – Adagio), über die sich ein breiter melodischer Bogen spannt. Im Finale werden alle Themen verdichtet wiederholt.

Streichquartett Nr. 10 in As-Dur, Opus 118, 5 Sätze, entstanden 1964

Das Andante des 1. Satzes hat Sonatinenform. Darauf folgt ein Allegretto furioso als 2. Satz und ein orchestral vehementes Scherzorondo als 3. Satz. Der 4. Satz bringt eine freie Passacaglia, während das Finale als umfangreichster Satz vermischte Rondosonatenform aufweist. Die Coda ist ungeheuer heiter.

Streichquartett Nr. 11 in f-Moll, Opus 122, 7 Sätze, entstanden 1966

Die suitenförmig ablaufenden Sätze sind der Totenehrung gewidmet. Der Introduktion folgen Scherzo, Rezitativ, Etüde, Humoreske, Elegie und Conclusion. Die Ecksätze sind tonal, der 2. und 6. Satz haben nur ein quasitonales Gefälle, und die drei Mittelsätze sind atonal.

Streichquartett Nr. 12 in Des-Dur, Opus 133, 2 Sätze, entstanden 1968

»Der 1. Satz porträtiert die Welt der hohen Ideale. Der 2. Satz steht in scharfem Kontrast dazu; sein erster Teil und der dritte stellen ein beunruhigendes ›Scherzo‹ dar, eine Agonie, die unfähig ist, die Widersprüchlichkeit des Lebens zu lösen.« Das Werk ist reihentechnisch gearbeitet.

Streichquartett Nr. 13 in b-Moll, Opus 138, 3 Sätze, entstanden 1970

Der 1. Satz beginnt zwölftönig wie auch die zwei folgenden. Schwere Trauer ist die Grundstimmung des gesamten Werks. Die angeschnittene Technik wird in keinem Satz weiter verfolgt, kehrt aber an den Satzenden wieder und erhält dadurch eine gewisse Rahmenfunktion.

Streichquartett Nr. 14 in Fis-Dur, Opus 142, 3 Sätze, entstanden 1973

Alle drei Sätze sind in getragenen Tempi gehalten und weisen einen meditativen, kontemplativen Charakter auf. Massierungen von Klängen werden vermieden. Die Musik ist aufgehellt, die Emotionen sind gebändigt, alles wird von der Weisheit des Alters überglänzt.

Streichquartett Nr. 15 in es-Moll, Opus 144, 6 Sätze, entstanden 1974

Das Werk stellt ein großes Adagio dar, das in sechs Abschnitte zerfällt. Der 1. Satz »Elegie« beginnt leise mit der Zweiten Violine, das zweite Hauptthema des Satzes bringt die Erste Violine. Der 2. Satz »Serenade« hat den Charakter eines unheimlich gespenstigen Scherzos; Dodekaphonik dringt als Mittel der Ausdruckssteigerung in den Ablauf ein. Der 3. Satz »Intermezzo« ist auf Solistik eingestellt; seine abschließende weite Kadenz führt auf die »Nocturne« des 4. Satzes zu. Der 5. Satz ist ein »Trauermarsch«, und der 6. Satz faßt als »Epilog« alle Themen zusammen und endet mit dem Motiv des Marsches.

Klaviertrio Nr. 2 in e-Moll, Opus 67, 3 Sätze, entstanden 1946

Der 1. Satz beginnt mit Solfeggien des gedämpften Cello. Diese Stimmung wird sodann von Violine und Klavier übernommen. Der 2. Satz ist ein äußerst kurzes Scherzo, das endet, kaum daß es begonnen hat. Der 3. Satz bringt eine elegische Chaconne, die mit ruhigem Ergeben in das unvermeidliche Geschehen endet.

Literatur

H. Ottaway, Schostakowitsch's Symphonies, London 1978. G. Pribegina, Schostakowitsch, Moskau 1980. B. Feuchtner, Und Kunst geknebelt von der groben Macht – Dmitri Schostakowitsch, 1986. L. Seehaus, Dmitri Schostakowitsch, 1986.

Melchior Schramm (um 1553–1619)

Zeit und Umwelt

Die Musikpflege lag in Deutschland auch an der Wende zum 17. Jahrhundert bei den Hofkapellen, in Kantoreien und Kapellen der Kirchen und Schulen. Es war nicht anders als in Italien oder Frankreich, mit dem Unterschied, daß sich bereits private Hauskapellen reicher Bürgerhäuser bildeten, die weniger traditionsgebunden waren. Die Welser und Fugger in Augsburg ließen zwar noch die gleiche Musik bestellen und spielen wie Kirchen und Höfe, aber es gab bereits mehr familiäre Anlässe dazu. Das machte Schule für weitere Private, die nicht unbedingt die bisherige Patronanz der Musik kopieren wollten und dazu beitrugen, daß Musiker und Musik sich ein gutes Jahrhundert später von ihren bisherigen »Brotgebern« befreien konnten.

LEBEN
Melchior Schramm wurde um 1553 in Münsterberg (Ziębice), Schlesien, geboren. Der deutsche Organist und Komponist wirkte ab 1565 als Chorknabe an der Hofkapelle in Prag und dann in Innsbruck. Um 1571 war er Organist in Halle, Saale, und 1574 Kapellmeister in Sigmaringen. Ab 1605 war er Stadtorganist von Offenburg, Baden, wo er am 6. 9. 1619 starb.

WERKE
Von Melchior Schramm, der zwischen Lasso und Hans Leo Haßler eingereiht werden muß, sind geistliche Lieder für fünf bis sechs Stimmen, »Neuwe außerlesene Teutsche Gesäng« und eine Anzahl vorzüglicher Motetten, unter anderem für das Officium Nuptiale (Hochzeitsfeier) Fuggers überliefert. Viele Stücke von ihm findet man in Sammelwerken. Die meisten seiner Kompositionen, besonders alle Orgelstücke, sind verlorengegangen. Aber was vorliegt, rechtfertigt seine Einordnung in der deutschen Musikgeschichte.

LITERATUR
W. Bötticher, Orlando di Lasso und seine Zeit, Kassel 1958.

Frederic Schreiber (geboren 1895)

LEBEN
Frederic C. (Fritz) Schreiber wurde am 13. 1. 1895 in Wien geboren. Er studierte an der Akademie für Musik seines Geburtsorts Klavier, Cello und Komposition und an der Universität Musikwissenschaft. Ab 1924 wirkte er als Kirchenorganist und ab 1926 als Theorielehrer des Neuen Konservatoriums. Im Jahr 1938 mußte er emigrieren und erhielt in New York als Organist und Chorleiter einen Wirkungskreis an der Reformed Protestant Church in New York.

WERKE
Vom umfangreichen kompositorischen Werk von Frederic Schreiber sind 7 Sinfonien, 2 Violinkonzerte, ein Cellokonzert, ein Cembalokonzert, 2 Klavierkonzerte, eine Suite, mehrere kleinere Stücke, 2 Sonatinen, 4 Essays und Variationen, 2 Streichquintette, 7 Streichquartette, ein Klavierquartett, 3 Klaviertrios bemerkenswert. Er schrieb ferner mehrere Chöre und Lieder mit Orchester.

Franz Schreker (1878–1934)

LEBEN
Franz Schreker wurde am 23.3.1878 in Monaco geboren. Er war in Wien Schüler von Robert Fuchs, Karl Graedener (1812–83), Sigismund Bachrich (23.1.1841, Zsambokreth, Ungarn, bis 16.7.1913, Wien) und Arnold Rosé (24.10.1863, Iaşi, bis 25.8.1946, London). Im Jahr 1908 gründete er in Wien den Philharmonischen Chor und leitete ihn ab 1911, von 1912 bis 1920 wirkte er als Kompositionslehrer an der Akademie für Tonkunst.

Franz Schreker

1920 bis 1932 war er Direktor der Musikhochschule in Berlin. Er war eines der ersten Opfer der nationalsozialistischen Kulturpolitik: erst degradiert vom Hochschuldirektor zum Akademieprofessor im Jahre 1932, wurde er aus der Preußischen Akademie der Künste 1933 entlassen, die Aufführung seiner Werke wurde verboten. Schreker erlitt einen Schlaganfall, von dem er sich nicht mehr erholte. Er starb am 21.3.1934 in Berlin.

WERKE
Die größten Erfolge errang Franz Schreker mit seinen 10 Opern, mit deren orgiastischer Klangfülle, so daß es nahezu unverständlich ist, daß ihre seinerzeitige Ächtung praktisch noch immer fortdauert. Er schrieb außerdem 2 Ballette, 2 Ouvertüren, eine Pantomime, eine Kammersinfonie für 23 Instrumente, ein Intermezzo für Streicher, eine »Kleine Suite« für Kammerorchester, das Chorwerk »Der 116. Psalm«, Orchesterlieder, ein Ave Maria für Singstimme und Orgel sowie Klavierlieder.

LITERATUR
G. Neuwirth, Franz Schreker, Wien 1959.

Christian Heinrich Schreyer
(1751–1823)

ZEIT UND UMWELT
Am Aufschwung der deutschen Liedkomposition, die von der Berliner Liederschule angeregt worden war, beteiligten sich zahlreiche evangelische Kantoren, Organisten, Pastoren und Prediger als Dichter und Tonsetzer. Sie waren bestrebt, das Gesangbuch durch Neuschöpfungen zu bereichern.

LEBEN
Christian Heinrich Schreyer wurde am 24. 12. 1751 in Dresden geboren. Er war Pastor in Dresden und starb am 24. 1. 1823 in Dresden.

WERKE
Von Christian Heinrich Schreyer sind einige Instrumentalmusik und viele sakrale und parasakrale Lieder bekannt geworden. Er schrieb auch einige musiktheoretische Werke.

Hermann Schroeder (1904 – 84)

LEBEN
Hermann Schroeder wurde am 26.3.1904 in Bernkastel, Mosel, geboren. Er studierte Musikwissenschaft in Innsbruck bei Rudolf von Ficker (11.6.1886, München, bis 2.8. 1954, Igls, Tirol) und an der Musikhochschule in Köln bei Edmund Joseph Müller (7.2.1874, Marienheide, Kreis Gummersbach, bis 31.5. 1944, Köln), Heinrich Lemacher (26.6.1891, Solingen, bis 16.3.1966, Köln), Walter Braunfels, Hermann Abendroth und Hans Bachem (2.1.1897, Köln, bis 10.3.1973, Köln). Von 1930 bis 1981 unterrichtete er zunächst an der Rheinischen Musikschule, sodann an der Musikhochschule in Köln als Professor für Musiktheorie, Komposition und Chorerziehung, daneben als Lektor an den Universitäten in Bonn und Köln. Ab 1981 wirkte er als Dozent an der Kirchenmusikschule in Regensburg. Er starb am 7.10.1984 in Bad Orb.

WERKE
Außer einer Oper schrieb Hermann Schroeder eine Sinfonie, ein Cellokonzert, ein Klavierkonzert, ein Orgelkonzert, ein Violinkonzert, ein Oboenkonzert, ein Flötenkonzert, ein Konzert für zwei Violinen, ein Bratschenkonzert, ein Klarinettenkonzert, ein Trompetenkonzert, ein Sextett für Klavier und Bläser, ein Konzert für Oboe und Orgel, ein Quartett für Oboe und Streichtrio, 2 Streichquartette, 2 Streichtrios, 2 Klaviertrios, ein Duplum für Cembalo, eine Cellosonate, Stücke für Violine und Orgel, ungefähr 20 Messen, lateinische und deutsche Proprien, Motetten und Lieder, begleitet oder unbegleitet, zahlreiche Choralfantasien, Choralvorspiele, Orgelsonaten und andere Orgelwerke. Hermann Schroeder war einer der bedeutendsten katholischen Kirchenkomponisten unserer Zeit.

Sonate in h-Moll für Orgel, 3 Teile, entstanden 1969
Im 1. Teil führt ein Thema mit einem Kopf von

zwei Quartensprüngen. Zwei Pianoeinschübe wirken wie ein Trio. Der 2. Teil bringt ein kantables Solo im Sopran, den die anderen Stimmen begleiten; im Mittelteil gibt es eine stimmige Triodurchführung. Das Finale zeichnet sich durch geschwindes Laufwerk aus und unterstreicht die Gattung der Sonate als Spielmusik im besten Sinn des Wortes.

Christoph Gottlieb Schröter
(1699–1782)

Zeit und Umwelt
Klaviermusik war bis in das 18. Jahrhundert zum Großteil auf allen Tasteninstrumenten – Orgel, Cembalo, Clavichord, Pianoforte – aufführbar, obwohl schon viele Musik für Orgel wegen des vorgeschriebenen Pedals ausschied. Das Clavichord war nur beschränkt verwendbar, weil sein Tonumfang und sein Klangvolumen vielen Kompositionen nicht entsprachen. Als dann um die Mitte des Jahrhunderts das Cembalo schon stark vom Pianoforte zurückgedrängt war, wurde die Bezeichnung Klavier zumeist auf das Clavichord bezogen und erst um die Wende zum 19. Jahrhundert auf das Pianoforte, das bis dahin alle »Klaviermusik« erobert hatte.

Leben
Christoph Gottlieb Schröter wurde am 10. 8. 1699 in Hohenstein bei Bad Schandau geboren. Er war Kapellknabe an der Kreuzschule in Dresden und studierte sodann in Leipzig Theologie und Musik. Nach einer Reise durch Deutschland, Holland und England hielt er in Jena Vorlesungen über Musik und erhielt 1726 einen Organistenposten in Minden. Von 1732 bis zu seinem Tod am 20. 5. 1782 wirkte er als Organist in Nordhausen.

Werke
Die umfangreiche von Christian Gottlieb Schröter selbst entworfene Werkliste weist 7 Jahrgänge Kirchenkantaten, eine Passion (»Die sieben Worte«), weltliche Kantaten, Serenaden, Konzerte, Ouvertüren, Sonaten, Ensemblewerke, Orgelpräludien, Fugen und viele Gelegenheitsvertonungen, zum Teil auf eigene Gedichte, auf. Überdies verfaßte er eine Reihe musiktheoretischer Werke, darunter eine Beschreibung des neuen Hammerklaviers und dessen Vorteil »in unterschiedlichen Graden stark und schwach so leicht als auf einem Clavichord« spielen zu können.

Corona Schröter (1751 – 1802)

Zeit und Umwelt
Am Weimarer Hof wirkte und regierte die Dichterin und Musikerin Herzogin Anna Amalia.

Leben
Corona Elisabeth Wilhelmine Schröter wurde am 14. 1. 1751 in Guben geboren. Sie trat bereits mit 14 Jahren im Gewandhaus in Leipzig als Sängerin auf und wurde 1776 von Johann Wolfgang von Goethe nach Weimar geholt, wo sie 1779 zum ersten Mal als Schauspielerin mit großem Erfolg auftrat. Die zeitgenössischen Gedichte, die sie vertonte, trug sie selbst vor. Sie starb am 23. 8. 1802 in Ilmenau.

Werke
Von Corona Schröter erschien eine Sammlung mit 25 Gesängen und eine zweite mit 16; außerdem vertonte sie Goethes Singspiel »Die Fischerin«. Ihre Lieder sind melodiös und sangbar gesetzt, zugleich sehr einfach und schlicht. Es handelte sich durchweg um Erstvertonungen hochwertiger klassischer Gedichte von Johann Wolfgang von Goethe, Friedrich von Schiller, Johann Gottfried von Herder, Friedrich Gottlieb Klopstock, Friedrich von Matthison (1761–1831) und anderen, so daß sie als eine der frühesten Komponistinnen an der deutschen Klassik teilnahm.

Literatur
H. Stümcke, Corona Schröter, Bielefeld 1904.

Johann Samuel Schröter (um 1752–88)

ZEIT UND UMWELT
Königin Charlotte von Mecklenburg-Strelitz (1744–1818), Gemahlin des britischen Königs Georg III., hielt eine eigene Kapelle, die von Johann Christian Bach, der auch den Kronprinzen, den nachmaligen König Georg IV. (1762–1830), unterrichtete, geleitet wurde.

LEBEN
Johann Samuel Schröter wurde um 1752 in Guben geboren. Er war Bruder von Corona Schröter. Nach einigen Auftritten in Leipzig als Pianist kam er 1772 nach London, wo er Organist der deutschen Kirche wurde. Nachdem Johann Christian Bach 1782 gestorben war, erhielt er dessen Stellungen bei Königin Charlotte, zog sich aber bald von seinen Verpflichtungen zurück und trat nur mehr selten vor einem ausgesuchten Publikum auf. Er starb am 2. 11. 1788 in London.
Sein Bruder Johann Heinrich Schröter (1762, Warschau, bis nach 1782, London) war reisender Violinvirtuose und hatte längere Zeit seinen Wohnsitz in London.

WERKE
Von Johann Samuel Schröter sind 6 Cembalosonaten, 3 Sammlungen zu je 6 Pianofortesonaten mit Violine, mit Violine oder Flöte und mit Violine und Cello, 3 Quintette mit Pianoforte und 12 Pianofortekonzerte erschienen.
Johann Heinrich Schröter schrieb 6 Duos für zwei Violinen und 6 Trios für Violine, Bratsche und Cello.
Beider Musik steht der Klassik sehr nahe.

Leonhart Schröter
(um 1532 bis um 1601)

ZEIT UND UMWELT
Je mehr sich der Protestantismus konsolidierte, um so häufiger griffen seine Kirchenmusiker auf vorreformatorische Stile zurück. Luther selbst hat der Musik keinerlei Schranken gesetzt, sondern ihr nur eine ideologische Ausrichtung vorgeschrieben, die sie auch früher verfolgt hatte oder zumindest verfolgen hätte sollen. Es ist daher nicht verwunderlich, daß die Meister der zweiten Hälfte des 16. Jahrhunderts sich stilistisch an den franko-flämischen Meistern oder den Zeitgenossen, die die Beschlüsse des Konzils von Trient beachteten, orientierten.

LEBEN
Leonhart Schröter wurde um 1532 in Torgau als Sohn eines lutherischen Geistlichen geboren. Er besuchte die Lateinschule in Torgau, wo Johannes Walter als Kantor wirkte, dann in Annaberg und schließlich in Meißen, wo er in die Fürstenschule aufgenommen wurde (1545). Sein Universitätsstudium absolvierte er ab 1547. Von 1561 bis 1571 war er Kantor an der Lateinschule in Saalfeld, von 1572 bis 1573 Bibliothekar der Herzoglichen Bücherei in Wolfenbüttel und von 1576 bis 1596 Kantor an der Altstädtischen Lateinschule in Magdeburg, wo er um 1601 starb.

WERKE
Man zählte Leonhart Schröter zu den hervorragendsten Meistern seiner Zeit. Sein Werk umfaßt lateinische Choralmotetten und vierstimmige lateinische Kirchenlieder, »Newe Weihnachts-Liedlein«, ein durch »Luther verdeutschtes« Te Deum, »verdeutschte« Psalmen und über 50 geistliche Lieder. Schröter wandte zumeist die Cantus-firmus-Technik an und verarbeitete die Mehrstimmigkeit wie Palestrina oder Victoria. Der Text bleibt auch bei ihm voll verständlich, ohne daß der Fluß der Musik beeinträchtigt wird. Bemerkenswert ist auch seine Musik zu mehreren Schulkomödien.

LITERATUR
G. Hormann, Leonhart Schröter, Freiburg im Breisgau 1934.

Rodion Schtschedrin (geboren 1932)

LEBEN
Rodion Konstantinowitsch Schtschedrin wurde am 16. 12. 1932 in Moskau geboren. Er war

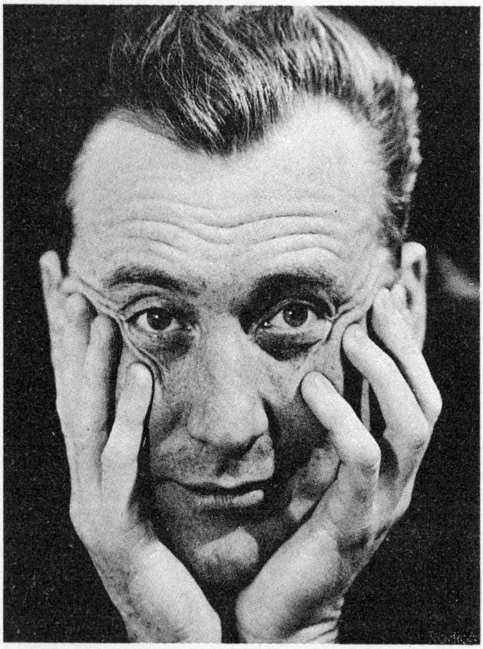

Rodion Schtschedrin

von 1950 bis 1955 am Konservatorium in seiner Vaterstadt Schüler von Juri Schaporin und Jakow Flier (8.10.1912, Orechowo-Sujewo bei Moskau, bis 1977, Moskau). Nach seiner Tätigkeit als Kompositionslehrer am Moskauer Konservatorium von 1964 – 69 lebt er seit 1969 in Moskau als freischaffender Komponist und als Pianist. Seit 1962 ist er Sekretär des Komponistenverbandes der UdSSR.

WERKE

Es gelingt Rodion Schtschedrin, folkloristische und traditionelle Elemente mit modernen Kompositionstechniken wie Serialismus und Aleatorik zu verbinden. Er schrieb außer 2 Opern und 3 Balletten 2 Sinfonien, 2 Orchesterkonzerte, 3 Klavierkonzerte, eine sinfonische Dichtung, eine Ouvertüre, 2 Orchestersuiten, eine Kammersuite für 20 Violinen, Harfe, Akkordeon und zwei Kontrabässe, ein Klavierquintett, 2 Streichquartette, eine Suite für Klarinette und Klavier, eine Suite, eine Sonate und 24 Praeludien und Fugen für Klavier, ein Oratorium, 2 Kantaten, ein Konzert für Sprecher, Frauenstimmen, Chor und Orchester, Romanzen, Bühnen- und Filmmusik.

Anna Karenina, Ballett in 3 Akten für Orchester, Kammerorchester, Sopran und Tenor, entstanden 1917

Die Romanhandlung von Lew Tolstoi (1828 bis 1910) wird in 21 lyrischen Szenen wiedergegeben, indem der Handlungsablauf und die handelnden Charaktere nahezu »wörtlich« in das Choreographische übersetzt werden. Die Musik illustriert außerordentlich farbig, baut jedoch neben der choreographischen Darstellung eine zweite, musikalische auf, die den Symbolgehalt und die Allgemeingültigkeit der Dichtung wie auch ihren psychologischen und soziologischen Hintergrund grell ausleuchtet.

Sinfonie Nr. 1 in es-Moll, 3 Sätze, entstanden 1956

Der 1. Satz »Rondo« beginnt mit einem Trauergesang mit folkloristischen Anklängen. Der erste Teil ist sehr ruhelos und mehrmals von heftigen Ausbrüchen des Orchesters unterbrochen, der zweite Teil ist meditativ. Der 2. Satz »Toccata« hat Sonatenform, bei der jeder Abschnitt – Exposition, Durchführung, Reprise – mit einem Schlag des vollen Orchesters abschließt. Es handelt sich um ein Orchesterkonzert, in dem jedem Instrument Solopartien zugewiesen sind. Für den 3. Satz »Thema mit Variationen« wird eine authentische Liedweise verwendet und neunmal variiert.

Wladimir Schtscherbatschow

(1889–1952)

LEBEN

Wladimir Wladimirowitsch Schtscherbatschow wurde am 24.1.1889 in Warschau geboren. Er war Schüler des Konservatoriums in St. Petersburg, an dem er selbst von 1924 bis 1931 und von 1944 bis 1948 als Lehrer wirkte. Er starb am 5.3.1952 in Leningrad.

WERKE

Anklänge an Gustav Mahler sind in allen sinfonischen Werken von Wladimir Schtscherbatschow erkennbar. Er schrieb eine Oper und eine Operette, 5 Sinfonien, zum Teil mit Soli und Chor, ein Nonett für sieben Instrumente, Singstimme und Tänzer, 2 Sonaten und 2 Suiten für Klavier, Lieder und Filmmusik.

Achmet Schubanow (1906–68)

LEBEN
Achmet Kujanowitsch Schubanow wurde am 29.4.1906 in Kosuaktam (damals Gouvernement Aktjubinsk) geboren. Er studierte am Konservatorium in Leningrad. Ab 1934 lebte er in Alma-Ata und gründete das erste kasachische Volksinstrumentenorchester. Von 1945 bis 1950 leitete er das Konservatorium in Alma-Ata, wo er am 30.5.1968 starb.
Seine Tochter Gasisa Achmentowna Schubanowa (geboren 2.12.1928, Schann-Turmis bei Aktjubinsk) studierte am Konservatorium in Moskau bei Juri Schaporin und lebt in Alma-Ata als Komponistin.

WERKE
Von Achmet Schubanow sind 2 Opern aufgeführt worden. Er verfaßte außerdem eine sinfonische Dichtung, eine Suite, eine Ouvertüre, Klavier-, Violin- und Vokalwerke, eine Filmmusik und zahlreiche Stücke für kasachische Volksinstrumente. Seine Kompositionen sind von der Volksmusik der Kasachen und der verwandten Völker geprägt.
Gasisa Schubanowa schrieb 2 Opern, 2 Ballette, eine Sinfonie, eine sinfonische Dichtung, ein Violinkonzert, ein Streichquartett, Variationen für Violine und Klavier, ein Oratorium, eine Kantate, A-cappella-Chöre, Romanzen, Lieder, Bühnen- und Filmmusik.

Daniel Schubart (1739–91)

ZEIT UND UMWELT
Karl Eugen, Herzog von Württemberg, regierte mit schrankenlosem Absolutismus und unterdrückte jede freie Meinungsäußerung; der Staatsrechtslehrer Johann Jakob Moser (1701–85) wurde wegen kritischer Bemerkungen 5 Jahre gefangengehalten. Die gewaltigen Schulden, die der Herzog durch seine prunkvolle Hofhaltung und durch große Rüstungsausgaben anhäufte, zwangen ihn, dem Verlangen der Landstände nach Milderung des Absolutismus 1770 nachzugeben; es war auch dem Einfluß seiner Frau, Gräfin Franziska von Hohenheim (1748–1811), zu verdanken, daß er sich zu liberaleren Maßnahmen verstand.

LEBEN
Christian Friedrich Daniel Schubart wurde am 24. 3. 1739 in Obersontheim, Schwaben, geboren. Er war deutscher Dichter und Schriftsteller und als Musiker weitgehend autodidakt. Von 1763 bis 1769 wirkte er als Musiklehrer und Organist in Geislingen und sodann als Organist der Stadtkirche und als Violinist am Opernorchester in Ludwigsburg. Wegen seines Freidenkertums wurde er vom württembergischen Herzog für 10 Jahre eingekerkert. Nach seiner Freilassung wurde er in Stuttgart zum Direktor des Schauspiels und der deutschen Oper sowie zum Hofdichter ernannt. Er starb am 10. 10. 1791 in Stuttgart.

WERKE
Seine liberalen Ideen propagierte Daniel Schubart in seiner »Deutschen Chronik«, die ihm eine zehnjährige Kerkerhaft eintrug, während der er seine »Ideen zu einer Ästhetik der Tonkunst« verfaßte. Darin verfocht er den Grundsatz des Sturm und Drang, daß die Musik das subjektive Innere ausdrücke, und nahm damit das Bekenntnis der Romantik voraus. Seine Klaviersonaten und kleinere Stücke sind wenig bedeutend. Dafür fand er in seinen ungefähr 80 Liedern – 47 davon auf eigene Texte – echten Volkston.

LITERATUR
K. Gaiser, Daniel Christian Schubart, in: Schwäbische Lebensbilder, Stuttgart 1940.

Johann Lukas Schubaur (1749–1815)

ZEIT UND UMWELT
Mit dem Singspiel hatten die deutschen Bühnen endlich einen zugkräftigen Ersatz für die italienische Oper, die doch immer nur einem beschränkten Kreis textlich verständlich war, gefunden. Die Nachfrage nach Singspielen wuchs rasch an, und da auf jedem Gebiet die Nachfrage das Anbot erhöht, wurden Singspiele von allen, die es konnten oder zu kön-

nen glaubten, komponiert oder auch nur angefertigt. Daß vieles darunter nur von mittelmäßiger Qualität war, ist einleuchtend, aber darin stand die italienische Oper dem deutschen Bühnenmusikstück auf keinen Fall nach.

Leben

Johann Lukas Schubaur wurde am 23.12. 1749 in Lechfeld, Schwaben, getauft. Er wurde im Kloster Zwiefalten zum Sänger und Musiker ausgebildet. Sein geplantes Theologiestudium mußte er aufgeben und studierte Medizin. Seinen Unterhalt bestritt er dabei als Musiklehrer. Er ließ sich 1775 in Neuburg an der Donau als Arzt nieder und komponierte nebenberuflich eine Reihe beliebter Singspiele. Er starb am 15.11.1815 in München.

Werke

Neben seinen Singspielen, von denen 2 erhalten sind, verfaßte Johann Lukas Schubaur eine Reihe klangvoller Kantaten und eine Vertonung des 107. Psalmes in deutscher Übersetzung.

Franz Schubert (1797 – 1828)

Zeit und Umwelt

Nach dem Tod Kaiser Josephs II. (1741 – 90) trat sehr bald eine durchgreifende Änderung des Regierungsstils in Österreich ein. Unter Kaiser Franz II. (1768 – 1835, als österreichischer Kaiser ab 1804 Franz I.) kam es zu einer schrittweisen Demontage eines großen Teils der Josephinischen Reformen. Die Revolution in Frankreich wirkte in ganz Europa alarmierend. Mangelnder Wachsamkeit und leichtsinnigem Liberalismus wurde allgemein die Schuld beigemessen, daß solch unerhörte Ereignisse möglich wurden. Die ersten Vorkehrungen dagegen waren in Österreich die »Jakobinerprozesse«, mit denen man sich von allen Ideenträgern der Revolution gegen die Staatsgewalt befreien wollte. Sie betrafen vor allem die Mitglieder der in vielen Kronländern verbreiteten »Gesellschaft der Freien und Gleichen« und endeten mit 18 Hinrichtungen und mehreren Dutzend Verurteilungen zu lebenslangen Kerkerstrafen. Diese Angstreaktionen richteten sich vor allem gegen Angehörige der Intelligenzberufe und Künstler. »Wir brauchen keine Genies, wir brauchen brave Untertanen«, meinte der Kaiser, der vor den Professoren der Universität Laibach erklärte: »Wer mir dient, muß lehren, was ich befehle. Wer das nicht kann oder mir mit neuen Ideen kommt, der kann gehen, oder ich werde ihn entfernen.« Die Fortsetzung bildete der Metternichsche Polizeistaat, der ein gut durchorganisiertes System der Überwachung aller Untertanen errichtete. Eine weitere international wirksame Absicherung gegen Umsturzbewegungen wurde, nachdem der Wiener Kongreß das durch die Französische Revolution und Napoleon erschütterte Europa neu organisierte und nur die von dem Korsen zurückgelassenen Königs-, Fürsten-, Großherzogs- und Herzogskronen mit neuem Glanz versehen hatte, durch die im Kongreß der europäischen Mächte in Laibach vereinbarte gegenseitige militärische Intervention geschaffen. Die Verarmung der Untertanen infolge Geldentwertungen tat ein übriges, um jeden Freiheitsdrang zu unterdrücken.

Leben

Franz Peter Seraph Schubert wurde am 31.1. 1797 in Wien als Sohn des Schulmeisters Franz Theodor Schubert (11.7.1769, Mährisch-Neudorf, bis 9.7.1830, Wien) und der Maria Elisabeth Vietz (30.10.1756, Zuckmantel, bis 28.5.1812, Wien) geboren. Den ersten Musikunterricht erhielt er von seinem Vater und vom Chorregenten der Lichtentaler Pfarrkirche Michael Holzer (28.3.1772, Wien, bis 23.4.1826, Wien). Seine gute Sopranstimme verschaffte ihm Aufnahme in die Wiener Hofkapelle und in das Kaiserliche Konvikt der Chorknaben der Kapelle. Dort wurde er von Antonio Salieri und dem Hoforganisten Vaclàv Ružička (1758–1823) in Generalbaß und Komposition unterrichtet. Nach der Mutierung (1813) mußte er das Konvikt verlassen. Einen Freiplatz in der Lateinschule schlug er aus; er erhoffte sich mehr Freiheit für seine kompositorische Tätigkeit, mit der er bereits begonnen hatte, wenn er sich zum Schuldienst meldete. Er wirkte 3 Jahre als Hilfslehrer seines Vaters an der Lichtentaler Trivialschule, dann gab er diese Arbeit, für die er wenig geeignet war, auf; es kam deshalb mit dem Vater, der ihm »Arbeitsscheu« vorwarf und bereits während des Konviktsaufenthalts wegen des mangelnden Lerneifers des Sohnes in anderen Gegenständen außer der Musik äußerst unzufrieden gewesen war, zu neuerlichen Konflikten. Er wurde aus der väterlichen Wohnung verwiesen. Bei seinem Vorhaben, fortan als freier Komponist zu leben, war ihm vorläufig lediglich sein Freund Franz von Schober (1786 bis 1882) behilflich, der ihn jahrelang beherbergte und ihm half. Über ihn kam Schubert mit dem Hofopernbariton Johann Michael Vogl (10. 8. 1768, Steyr, Oberösterreich, bis 19. 11. 1840, Wien) in Verbindung, der bei jeder sich bietenden Gelegenheit seine Lieder vortrug und bekannt machte. Auch der Maler Moritz von Schwind (1804 – 71), die Dichter Johann Mayrhofer (1787 – 1836) und Eduard von Bauernfeld (1802–90) sowie alle anderen, die sich dem Freundeskreis anschlossen, halfen, soviel sie konnten, Schubert vor der ärgsten Not zu bewahren, der fortfuhr zu komponieren, ohne daß der größte Teil seiner Werke über seinen Freundeskreis hinaus der Öffentlichkeit bekannt wurde. Im Jahr 1818 nahm er den Posten eines Klavierlehrers bei der Familie des Grafen Johann Karl Esterházy (1775–1834) auf ihrem Sommersitz in Zselész, Ungarn, an. Die Hausmusik, die die Familie zuweilen veranstaltete, und der Unterricht der beiden Töchter sagten ihm zu, weniger aber seine Einstufung als Bediensteter im Haushalt und am wenigsten die Trennung von seinem Freundeskreis, für den er seine Musik schrieb. Er nahm dieses Engagement für den Sommer des Jahres 1824 ein zweites Mal an. Abgesehen von diesen zwei ungarischen Aufenthalten verließ er Wien nur für einige Reisen nach Oberösterreich und Salzburg und eine in die Steiermark. Mehrere Versuche, eine feste Anstellung zu erhalten, scheiterten. Leopold von Sonnleith-

Franz Schuberts Geburtshaus in Wien

ner (15.11.1797, Wien, bis 4.3.1873, Wien), Großneffe von Christoph Sonnleithner, vermittelte den Druck einiger Lieder. Erst für den 26.3.1828 gelang es dem sich ständig erweiternden Freundeskreis des Komponisten, ein öffentliches Konzert mit einigen seiner Werke zu veranstalten, das starken Beifall fand, finanziell einen beträchtlichen Erfolg einbrachte und den Musikverleger Anton Diabelli bewog, weitere Kompositionen anzukaufen. Franz Schuberts Name wurde allmählich bekannt, es bahnten sich auch internationale Beziehungen an. Er starb am 19.11.1828. Seine letzte Ruhestätte fand er nahe dem Grab Ludwig van Beethovens. Sein Bruder Ferdinand Lukas Schubert (18.10.1794, Wien, bis 26.2.1859, Wien) wurde ebenfalls von seinem Vater ausgebildet. Er wirkte als Regens chori und Lehrer an Kirchen und Schulen in Wien.

WERKE

Der Katalog der Kompositionen Franz Schuberts umfaßt 998 Nummern, darunter 634 Lieder mit Klavierbegleitung. Da zu seinen Lebzeiten außer einem Quartett nur Lieder gedruckt und seine Instrumentalkompositionen erst spät bekannt wurden, entstand der heute noch nicht völlig korrigierte Eindruck, daß Franz Schubert nur wegen seines Liedschaffens Beachtung verdiene. Der Sinfoniker Schubert ist in das Bewußtsein des Publikums nur teilweise eingedrungen, er wird von vielen höchstens als »Auch-Sinfoniker« eingestuft, dem mit der h-Moll-Sinfonie ein guter Wurf gelungen ist, aber die Kraft gefehlt hat, sie zu vollenden. 9 Sinfonien hat Schubert geschaffen, 8 davon sind überliefert. Die sogenannte »Gasteiner« Sinfonie (1825), die als siebte gezählt wird, ist vorläufig verschollen; die Versuche, nachzuweisen, daß sie mit der Großen C-Dur-Sinfonie (Nr. 9) identisch sei, können nicht überzeugen. Die ersten sechs sind Jugendwerke nach dem Vorbild von Joseph Haydn und Wolfgang Amadeus Mozart, die achte wird die »Unvollendete« genannt, weil sie nur aus 2 Sätzen besteht; die neunte in C-Dur ist die längste und bedeutendste, sie wird heute zu den wertvollsten Sinfonien des 19. Jahrhunderts gereiht. Für 2 weitere Sinfonien in D-Dur und E-Dur liegen Skizzen und Entwürfe vor, die nie ausgeführt wurden. Zwei Ouvertüren im italienischen Stil (C-Dur, D-Dur) und die beliebte Musik zu »Rosamunde« runden das sinfonische Werk ab. Das kammermusikalische Werk Schuberts wurde nicht für den Konzertgebrauch geschrieben, sondern für seinen engeren und weiteren Freundeskreis zum Musizieren; es ist freier und weniger traditionsbelastet, als hätte der Komponist dabei nicht das kritische Auge der Vertreter der Klassik gefürchtet. Die Form ist zwar auch hier gewahrt, aber mit blühendem Melos, lyrischer Sangbarkeit und leidenschaftlicher Farbigkeit erfüllt. Der Romantiker kommt hier ganz zu Wort. Es wäre aber unrichtig, in dieser Kammermusik nur die Fülle der lieblichen Melodien hervorzukehren, sie stellt vielmehr echte, persönliche Auseinandersetzungen mit den hellen und düsteren Seiten des Daseins, mit Freude und Verzweiflung und dem ständigen Wissen um das Leid des eigenen Herzens und das der gesamten Welt dar. Er dürfte etwa 20 verfaßt haben; 3 gelten als verloren, 4 sind unvollständig oder nur in Einzelsätzen erhalten. Die Entstehungszeit der Quartette reicht bis zum Jahr 1812 zurück. Nr. 14 (d-Moll D 810 »Der Tod und das Mädchen«) und Nr. 15 (G-Dur D 887) sind erst posthum erstaufgeführt worden; ihr orchestraler Klang wurde vom einzigen Streichquintett in C-Dur übernommen. Weltberühmtheit hat das Klavierquintett in A-Dur (»Forellenquintett«) erlangt. Auch das Oktett ist sehr sinfonischer Konzeption angenähert. Das Quartett für Gitarre, Flöte, Bratsche und Cello ist erst in unserem Jahrhundert aufgefunden worden. Schubert hat nur ein Streichtrio geschrieben, dafür 3 Klaviertrios (darunter das Notturno) und eine Reihe von Duos für Violine und Klavier (darunter 3 Sonatinen, ein »Rondo brillant« und eine Fantasie). Die Klavierwerke zeigen wieder eine andere, nicht minder bedeutende Seite seines Schaffens. Von seinen 22 geplanten Klaviersonaten wurden 12 vollendet. Dabei sind nur anfänglich die bisherigen Sonatenformen angewendet; der zyklische Charakter wird respektiert, aber der von Ludwig van Beethoven zur Vollendung entwickelte Themendualismus nicht mehr aufrechterhalten. Nicht mehr die Kontraste sind es, die das musikalische Geschehen tragen, sondern die Aufeinanderfolge der zumeist lyrischen Themen. Zu den Sonaten ist die »Wanderer-Fantasie« zu stellen, die bereits Konzertausmaß aufweist. Zu den Kostbarkeiten der gesamten Klavierliteratur müssen die kurzen Einzelstücke – Impromptus, Moments musicaux, Variationen, Rondos, Märsche, Tänze – gerechnet werden. Seine vierhändigen Klavierkompositionen sind für die Hausmusik bestimmt, stellen aber zum Teil sehr hohe Anforderungen an die Pianisten. Mit seinen 6 lateinischen Messen, von denen 4 bereits zwischen 1814 und 1816 entstanden sind, hat Schubert die Romantik in die sakrale Musik eingeführt und die Grundlage für gleichartige Werke des laufenden Jahrhunderts geschaffen. Franz Liszt, Anton Bruckner, Antonín Dvorák und mehrere andere fußten auf diesen Vorbildern. Darüber hinaus hat er nur wenige Chöre (a cappella oder mit Klavier) geschrieben, aber es handelt sich in jedem Fall um vollendete Meisterwerke. Die Form des Liedes stellte Schubert auf die Entwicklungsstufe der Sinfonie, des Instrumentalkonzertes und des Streichquartetts. Er ging vom Typus des Wiener Klavierlieds aus, wie ihn Josef Antonín Stěpán (1726–97) in seiner »Sammlung Deutscher Lieder für das Klavier« in Verbindung klassischer Formen mit vorwiegend italienischer Melodik festgelegt hatte, entwickele ihn aber zum Duo der Singstimme und des Klaviers, bei dem beide Partner gleichberechtigt konzertierten. Wenn auch das Klavier nahezu rhapsodische Aufgaben erfüllte und den Text ebenso verständlich wiedergab wie die Singstimme, so überwucherte es nie die gesungene Linie, die sich zuweilen in die Harmonik einbettete wie ein Instrument. Ansätze für diese Form finden sich bei den Balladen von Johann Rudolf Zumsteg (1760–1802), doch bis zum »Erlkönig« von Schubert lag noch ein weiter Weg. Die Texte der über 600 Lieder sind nicht immer beste Qualität. Dem Komponisten ging es dabei oft mehr um den Stimmungsgehalt als um die dichterische Formung. Dennoch stehen die komponierten 51 Gedichte von Johann Wolfgang von Goethe, dessen musikalischer Horizont zum Verständnis der besten Vertonung seiner Dichtungen nicht hinreichte, zahlenmäßig an der Spitze; von Johann Mayrhofer legte er 46, von Wilhelm

Liederabend bei Franz Schubert (Schubert, Grillparzer, Beethoven, Bauernfeld, Kupelwieser, Betty und Josephine Fröhlich, Spaun, Vogl), Gemälde von H. Temple

Müller (1794–1827) 45, von Friedrich von Schiller 31, von Friedrich von Matthison (1761 bis 1831) 24, von Ludwig Christoph Heinrich Hölty (1748–76) 23, von Ludwig Kosegarten (1758–1818) 21, von Friedrich von Schlegel (1772–1829) 16, von Johann Gaudenz von Salis-Seewis (1762–1834) 16, von Friedrich Klopstock (1724–1803) 13, von Matthias Claudius 12, von Franz von Schober 12, von Ludwig Rellstab (1799–1860) 9, von Heinrich Heine 6 Gedichte seinen Liedern zugrunde, außerdem einzelne von Ludwig Uhland, Friedrich Rückert, Christian Friedrich Daniel

Ein Schubertabend bei Josef von Spaun, Zeichnung von M. v. Schwind (1868)

Schubart (1739–91), Johann Peter Uz (1720 bis 1796), Friedrich Heinrich Jacobi (1743–1819), Theodor Körner, Franz von Schlechta (1796 bis 1875), Novalis (1772–1801), Franz Grillparzer (1791–1872), August Wilhelm von Schlegel (1767–1845), Johann Senn, Johann Gabriel Seidl (1804–75), den Engländern Walter Scott (1771–1832) und William Shakespeare (1564–1616); auch italienische Texte wurden herangezogen: Pietro Metastasio, Carlo Goldoni (1707–93). Die Formen der Lieder sind verschieden, sie reichen vom einfachen Strophenlied mit musikalischer Identität jeder einzelnen Strophe (»Heideröslein«, »Gretchen am Spinnrad«), dem veränderten Strophenlied mit fallweisen Abänderungen (»Die Forelle«, »Du bist die Ruh«), der zwei- oder mehrteiligen Form, die das Lied in Abschnitte zerfallen läßt (»Wanderers Nachtlied«, »Rastlose Liebe«), bis zur durchkomponierten dramatischen Gestaltung. Dazu sind noch einzelne Vokalensemblewerke zu rechnen, Hymnen, Kantaten, mehrere Tantum ergo und Salve regina, ein lateinisches und ein deutsches Stabat mater, eine deutsche Messe, ein deutsches Requiem und das Fragment eines Oratoriums (»Lazarus«). Einzelne Liedergruppen ähnlicher Grundstimmung oder thematischer Gleichrichtung bildeten die Liederkreise »Die schöne Müllerin« und »Die Winterreise«; 14 Spätlieder wurden erst nach dem Tod des Komponisten zu einem an sich zusammenhanglosen »Liederkreis« zusammengefaßt. Franz Schubert ist ohne Zweifel einer der bedeutendsten Liederkomponisten der Musikgeschichte, wenn nicht der bedeutendste überhaupt.

Der Musikologe Otto Erich Deutsch (5.9. 1883, Wien, bis 23.11.1967, Wien) legte das heute gültige Verzeichnis der Werke von Franz Schubert an und versah sie mit neuen Opuszahlen (D – Deutsch).

Ferdinand Lukas Schubert schrieb mehrere sakrale Werke, darunter 2 Requiem und außerdem 2 Kinderopern. Das ihm zugeschriebene »Deutsche Requiem« ist ein Werk seines Bruders Franz Schubert.

Messe Nr. 1 in F-Dur D 105, 6 Teile, entstanden 1814
Sie ist Mozart verpflichtet, weist aber bereits eigene Züge auf. Singstimmen und Orchester sind ausgezeichnet geführt, wenn auch in bescheidenem Rahmen gesetzt. Ihr deutlicher Zweck war, die sakrale Handlung würdig zu begleiten, die Bedeutung des Textes zu unterstreichen und musikalisch parallel auszudrücken. Besonders erwähnenswert ist das »Grazias« im Gloria und vor allem das schöne, klangreiche Credo.

Messe Nr. 2 in G-Dur D 167, 6 Teile, entstanden 1815
Das Kyrie ist schlicht und tief empfunden und im Stil Mozarts gehalten. Gloria und Credo sind von Georg Friedrich Händel beeinflußt; beide Teile fallen durch Einfachheit und Einheitlichkeit auf. Gewaltig klingt das gedrungene Sanctus; das Benedictus, der schönste Teil, bringt ein lyrisches Duett voll Romantik und eine prächtige Hosianna-Fuge, während das Agnus ausgezeichnet verdichtete Höhepunkte aufweist.

Messe Nr. 3 in B-Dur D 324, 6 Teile, entstanden 1815
Wenn diese Komposition zum Teil sehr konventionell wirkt, so weist sie doch sehr interessante Passagen auf. Gerade die Moll-Teile sind es, die ungeheuer anziehend wirken, wie zum Beispiel im Gloria das »Domine Deus« und im Credo das »Et incarnatus est«. Das Agnus ist ein Meisterstück für sich.

Messe Nr. 4 in C-Dur D 452, 6 Teile, entstanden 1816
Mozart stand auch bei dieser Komposition Pate, läßt aber einen deutlichen italienischen Einfluß erkennen. Am meisten bemerkenswert ist das Kyrie; die übrigen Teile wirken etwas schematisch. Die Instrumentierung ist einfach und schmal, weil die Komposition für einen bestimmten Spielkreis geschaffen wurde, dessen Kapazität berücksichtigt werden mußte; die Violinen sind stark beschäftigt und zuweilen solistisch eingesetzt. Auch diese Messe ist ein abgerundetes, hörenswertes Werk.

Messe Nr. 5 in As-Dur D 678, 6 Teile, entstanden 1822
Schon das Kyrie dieses durch und durch romantischen Werks führt mit reichem Klang in das Feld des Sakralen ein. Das Gloria setzt mit feierlicher Bläserbegleitung ein und deutet den Text mit Würde und Anmut aus. Das Credo bewegt sich im romantisch modifizierten Choralton. Das Sanctus verzichtet zugunsten einer mystischen Stimmung auf Festlichkeit, zu der sich erst das Hosianna bekennt. Das Benedictus setzt den Choral des Credo fort, und das Agnus schließt dieses sakralen Bedürfnissen völlig angepaßte Werk lyrisch ab.

Messe Nr. 6 in Es-Dur D 950, 6 Teile, entstanden 1828
Das Kyrie bildet eine homophone Einleitung zum feierlichen Gloria, das a cappella einsetzt und vom Orchester antiphonal weitergeführt wird. Männer- und Frauenstimmen wechseln darin ab, bis der Teil mit einer Fuge über ein weit gespanntes Thema schließt. Das Credo erweckt die Erinnerung an die überirdische Schönheit der Musik eines Palestrina, verläßt aber den Rahmen des romantischen Textverständnisses nicht. Nach einem prächtigen Sanctus bringt das Benedictus ein schlichtes Lied, während das Agnus zum erregenden Ausdruck der Furcht vor jenseitigem Geschehen wird, der sich bis in den Schlußakkord fortsetzt. Die Nähe des Todes des Komponisten ist in der ganzen Messe nirgends spürbar, durch das Agnus wurde sie dennoch zu seinem eigenen Requiem.

Sinfonie Nr. 1 in D-Dur D 82, 4 Sätze, entstanden 1813
Als der Komponist diese Sinfonie verfaßte, war er noch Konviktszögling und mußte daher die Aufführungsmöglichkeiten des zur Verfügung stehenden Orchesters berücksichtigen. Er beschäftigte sich zur Entstehungszeit des Werks mit der Absicht, den »Taucher« von Friedrich von Schiller zu vertonen; der kühne Auftakt der Ballade könnte auf die herausfordernde Konzeption des 1. Satzes eingewirkt haben. Auch das lyrische Andante und das energische Menuett nach der Art Beethovens dürften vielleicht vom Gedankenkreis des Schillerschen Gedichts inspiriert worden sein. Das Finale ähnelt dem 1. Satz, es ist keck, entschlossen und siegessicher triumphierend.

Sinfonie Nr. 2 in B-Dur D 125, 4 Sätze, entstanden 1814
Der Einfluß der Wiener Klassiker, die zur Nachahmung zwangen und dennoch unnachahmlich waren, ist deutlich erkennbar, aber schon im 1. Satz hält der Liedton weich und schwärmerisch Einzug. Im Andante wird ein Mozart nahestehendes Thema auf die Art Haydns fünfmal variiert. Die letzten beiden Variationen erscheinen, im 3. Satz zum Scherzo umgestaltet, als Menuett und Trio. Für das Finale findet sich in der Klassik kein Vorbild. Liebenswürdig ungezwungen schwankt der Satz im Escossaisenrhythmus zwischen Rondo und Sonatensatz.

Sinfonie Nr. 3 in D-Dur D 200, 4 Sätze, entstanden 1815
Hier hat sich der Komponist von seinen Vorbildern bereits weitgehend freigemacht. Thema und Instrumentation des 1. Satzes zaubern mit den Holzbläsern eine naturnahe Stimmung aus dem Orchester, das in seiner Gesamtheit erst in der Coda etwas laut in den Vordergrund tritt. Der 2. Satz ist breit und gemütlich; der 3. Satz heißt zwar Menuetto, bringt aber im Trio keine Menuettschritte, sondern einen dahingleitenden Ländler. Das Presto vivace des Finales ist eine für den Komponisten typische dahinschießende Jagd, die sich ständig beschleunigt und abrupt ohne Coda mit vier hastigen Schlußakkorden endet.

Sinfonie Nr. 4 in c-Moll »Tragische« D 417, 4 Sätze, entstanden 1816
Obwohl der Komponist eine »tragische« Sinfonie schaffen wollte, wurde eine pathetische daraus. Beethovens Fünfte wurde zum Vorbild genommen, die Sanglichkeit der Themen läßt aber keine Trauer aufkommen, sondern vermittelt nur leise Wehmut. Mit gedankenschwerer Introduktion beginnt der 1. Satz, ein warmes Seitenthema löst aber bald die Trauer in Anmut auf. Auch der 2. Satz knüpft an Beethoven an, und wiederum zerfließt der Schmerz unter der Lyrik des feierlich angelegten Themas. Der 3. Satz trägt den Titel »Menuett«, ist aber ein echtes Scherzo mit überraschenden Modulationen im Trio. Auch das Finale ist nicht tragisch, ja nicht einmal pathetisch, sondern liebenswürdig heiter.

Sinfonie Nr. 5 in B-Dur D 485, 4 Sätze, entstanden 1816
Wegen ihrer Schlichtheit und Anspruchslosigkeit ist diese Sinfonie zum Lieblingsstück aller Dilettantenorchester geworden. Deutlich Mozart

verpflichtet, beginnt der 1. Satz mit anmutigen Klängen, die von keiner Tragik gestört werden; er bietet eine prächtige Synthese der klassischen Form mit romantischer Kantilene und Harmonik. Auch der 2. Satz lehnt sich an Mozart an, ohne dessen düstere Einfärbungen zu übernehmen; die Innigkeit des Themas wird durch keine Gegenführung gestört. Seinem Vorbild noch stärker verbunden ist der Komponist im Menuett, dessen Ländlerrhythmen eine weitgespannte Melodie zum bordunartigen Baß wiegen. Das Finale ist ein einfacher Sonatensatz, ein Bündel lebhafter Melodien in sinfonischem Gewand.

Sinfonie Nr. 6 in C-Dur »Kleine C-Dur-Sinfonie« D 589, 4 Sätze, entstanden 1817

Der 1. Satz bringt ein frisches Thema, zu dem das zweite keinen Kontrast erzeugt, sondern dessen heitere Grundstimmung unterstreicht. Der 2. Satz verrät, daß Rossini in Wien weilte, während der Komponist an der Sinfonie arbeitete. Das Grundthema ist zwar altväterisch, strahlt aber viel Liebenswürdigkeit aus, die noch dazu durch Rossini abgelauschte Wendungen stark aufgelockert wird. Der 3. Satz ist an Beethoven orientiert, aber doch auch weit von ihm entfernt; er sprüht vor Lebendigkeit und hat keine Beziehung zum Sarkasmus des Vorbildes, sondern ist freundlich, ja sogar etwas galant. Anstelle des Wallfahrergesangs, den Beethoven in seiner Siebenten anstimmt, ist hier ein Liedmotiv gesetzt. Der 4. Satz bietet ein plastisches Divertimento voll überschäumender Ausgelassenheit und Heiterkeit. Der ständige Wechsel der Harmonie erzeugt den Eindruck mehrerer Musikquellen eines Jahrmarkts. Rossinis beschwingte Melodienseligkeit stand auch hier Pate.

Sinfonie Nr. 8 »Die Unvollendete« D 759, 2 Sätze, entstanden 1822

Vorausgegangen sind die Entwürfe zu einer Sinfonie in D-Dur (1818) und einer in E-Dur (1821) als Versuche, die Liste der heiteren Kompositionen, wie es die Sinfonien Nr. 1 bis 6 sind, fortzusetzen. Aber wie dem Komponisten bei der vierten Sinfonie der echte Ausdruck der Tragik nicht gelang, vermochte er mehrere Jahre darauf nicht mehr, sich ungetrübter Daseinsfreude hinzugeben, weil sein Erleben – natürlich das äußere, denn über sein inneres wissen wir nichts – dazu im stärksten Widerspruch gestanden wäre. Nun war er reif zum Ausdruck seiner zwischen Schmerz und Frohsinn geteilten Gefühle: »Wollte ich Liebe singen, ward sie mir zum Schmerz. Und wollt ich wieder Schmerz nur singen, ward er mir zur Liebe. So zerteilt mich die Liebe und der Schmerz.« Geht man von diesem »Programm« aus, ist mit den 2 Sätzen der Sinfonie alles gesagt, was der Komponist mitteilen wollte, nämlich Liebe und Schmerz im 1. und Seligkeit im 2. Satz; eine Fortsetzung war überflüssig. Wir wissen wohl nicht, warum dieses Werk nicht weitergeführt wurde; Spekulationen darüber sind müßig, aber es ist jedenfalls nur dann als »unvollendet« anzusprechen, wenn wir dem Meister posthum vorschreiben wollen, aus wie vielen Sätzen er eine Sinfonie zu gestalten hatte. Das Hauptthema wird von absteigenden Unisono-Bässen, die wie ein Grabgesang klingen, eingeleitet und erhebt sodann mit Holzbläsern seine Klage, doch bald bringen die Celli eine wiegende Melodie, die wegen ihres einmaligen Reizes um die ganze Erde gegangen ist. Jähe Unterbrechungen lassen immer wieder den Schmerz hochflammen, die klagende Weise drängt sich erneut, wenn auch verwandelt, heran und hält den Gedanken an das Grab wach. Der 2. Satz ist ein Märchen von Friede und Seligkeit. Die sanfte Kantilene des Themas gleicht einem Gebet, das in einen Posaunenchoral mündet. Wehmütige Klarinettentöne drohen, das idyllische Geschehen zu stören, Oboe und Flöte fallen beruhigend ein, dann kommt es jedoch zu einem Verzweiflungsausbruch des gesamten Orchesters. Danach zieht der ersehnte Friede, angekündigt von verhaltenen Hornklängen, wiederum ein. Nochmals kommt es zu einer Störung, schließlich löst die Coda alle Mißtöne auf und beendet feierlich den Satz.

Sinfonie Nr. 9 in C-Dur D 759, 4 Sätze, entstanden 1828

Die Partitur dieser Sinfonie wurde erst 1838 von Robert Schumann bei Ferdinand Lukas Schubert in Wien entdeckt und ein Jahr darauf von Felix Mendelssohn-Bartholdy in Leipzig uraufgeführt. »Sie hat unter uns gewirkt wie nach den Beethovenschen keine noch«, schrieb Schumann. »Daß sie vergessen, übersehen werde, ist kein Bangen da, sie trägt den ewigen Jugendkeim in sich.« Er rühmte auch die »himmlische Länge« des Werks, die allerdings von der Synthese der klassischen äußeren Form und der romantischen Konzeption verursacht wurde, aber trotzdem nirgends zur wirklichen »Länge« ausartete. Nach der 77 Takte langen Einleitung des 1. Satzes wird ein großangelegtes Tonbild ausgebreitet: Ungetrübte Frühlingsstimmung, dämmriger Wald mit ahnungsvollem Schaudern vor geheimnisvollen Erlebnissen und wieder sonnenhelle Landschaft. Im Andante kommt der Liedersänger zum Recht. Eine Fülle von Melodien verschiedener Stimmung, beginnend von der ergreifenden Kantilene der Oboe am Beginn, baut eine romantische Welt auf. Die frischen Tanzrhythmen stellen den Menschen in diese Szenen, und das Finale wird zum rauschenden Frühlingsfest, in dem ein melodischer Einfall den nächsten ablöst und überbietet und jeder zügellos breit verströmt bis zum dankbar sieghaften Schlußakkord. Es hat den Anschein, als habe die musikalische Kraftquelle, die Franz Schubert hieß, sich damit von den Musikliebenden verabschiedet.

Musik zu »Rosamunde« D 797, 4 Stücke, entstanden 1823

Die Schauspielmusik zu »Rosamunde« von Helmina Chézy (1783–1856) besteht aus einer Romanze, mehreren Chören, einer Ouvertüre, drei Zwischenaktmusiken und zwei Ballettmusiken. Einzelne Instrumentalstücke werden oft zu einer Konzertnummer zusammengefaßt. Die Ouvertüre (1819 für das Melodram »Die Zauberharfe« geschrieben) trägt italienischen Charakter und bringt eine Reihe von Belcantomelodien ohne Durchführung. Das 1. Ballettstück beginnt mit Marschrhythmen, die zu Holzbläsersoli überleiten und in ein lyrisches Andante enden. Das 2. Stück ist einfach und formal geschlossen und zugleich bildhaft volkstümlich. Die 3. Zwischenaktmusik ist sehr liedhaft und wirkt gerade durch ihre Schlichtheit sehr reizend. Es handelt sich um Unterhaltungsmusik im besten Sinn des Wortes.

Ouvertüre im italienischen Stil in D-Dur D 590, entstanden 1817

Mit diesem Stück bewies der Komponist, daß er »derlei Ouvertüren jederzeit aus den Ärmeln schütteln« konnte. Er verwendete die bekannteste Melodie aus der Oper »Tancred« von Gioacchino Rossini, aber nicht parodistisch, sondern ernst zitierend, und bediente sich mit den Stilmitteln des großen italienischen Opernkomponisten, wie des einstimmigen Flusses der nur leicht begleiteten Melodie, der festen Symmetrie, der Terzen- und Sextenverdopplung, der Strettatechnik, der Wiederholung der Perioden und der federnden Rhythmen.

Ouvertüre im italienischen Stil in C-Dur D 591, entstanden 1817

Sie wurde aus gleichem Anlaß wie die D-Dur-Ouvertüre und mit ähnlichen Stilmitteln verfaßt. Nach einer fast zögernden Einleitung rast ein Rossini-Allegro entfesselt dahin, brillant, erregend und formvollendet.

Oktett in F-Dur für Streicher und Bläser D 803, 6 Sätze, entstanden 1824

Dieses Werk bringt einen Rausch herrlicher Klänge mit warmer Grundstimmung, feiner Differenzierung der Tonfarben, dazu immer neue Gestaltungen von Motiven, Themen, Rhythmen und Harmonien, satztechnisch genial gehandhabt und trotz romantischer Ausweitung und geradezu visionärem Schwelgen in Harmonien mit formal vollendet gegeneinander abgewogenen Verläufen und Bezügen. Der Klarinette sind besondere Aufgaben zugeteilt, sie tritt schon im 1. Satz mit einem echt romantischen Thema hervor und trägt im Andante eine der schönsten Melodien des Komponisten überhaupt vor. Bemerkenswert ist, daß das Finale keinen fröhlichen Kehraus bringt wie viele Stücke dieser Art, düstere Spannung und leidenschaftliche Klage steigen auf, ehe das Werk ausklingt.

Klavierquintett in A-Dur »Forellenquintett« D 667, 5 Sätze, entstanden 1819

Der 1. Satz beginnt mit einem anmutigen Thema, unbeschwert und problemlos. Das Andante bringt eine leichte elegische Melodie und das Scherzo eine mitreißende Tanzweise. Im 4. Satz erklingt die Liedmelodie, die dem Stück den Namen gegeben hat und in sechs Variationen verarbeitet wird. Im fröhlichen Volkston des 5. Satzes schließt dieses beliebteste Kammermusikwerk des Komponisten, das allein ihn bereits in den ersten Rang der Größten der Musikgeschichte einreihen würde.

Streichquintett in C-Dur D 956, 4 Sätze, entstanden 1828

Dieses Werk wurde 1850 wieder aufgefunden. Es überrascht mit seinem orchestralen Klang, der besonders durch das zweite Cello erzeugt wird, und durch seine Ausdrucksintensität. Der tiefe Ernst des musikalischen Geschehens klingt bereits aus den einleitenden Akkorden des 1. Satzes. Sein erstes Thema kündigt eine gewisse zerrissene Stimmung an, seine Staccati werden aber von einer kantablen Weise abgelöst. Es kommt zu einer echten Durchführung, an der sich noch ein dritter musikalischer Gedanke beteiligt; doch in der Reprise erscheint erneut das bedrückende Bild des Beginns. Im Adagio erklingt ein weitgespannter melodischer Bogen, der bald von Synkopen und leidenschaftlichen Baßgängen schmerzlich gestört wird und am Ende nur scheinbar beruhigend ausklingt. Das Scherzo bringt freudige Klänge, jedoch im Trio herrschen wiederum ernste Stimmen vor. Das Finale ist nur anscheinend ein Ausbruch überschäumender Heiterkeit; mahnende elegische Töne klingen stets mit, als wollten sie kommendes Unheil ankündigen.

Streichquartett Nr. 1 in verschiedenen Tonarten D 18, 4 Sätze, entstanden 1812

Dieses Quartett und zwei weitere aus 1812 entstanden im Stadtkonvikt, in dem der Komponist ausgebildet wurde. Seine Erstaufführung fand vermutlich in der Familie Schubert statt. Es stand im

Franz Schubert, »Die Forelle«

Schatten der Wiener Klassiker und muß als Schülerarbeit eingestuft werden, obwohl es viel kompositorisches Talent ahnen läßt.

Streichquartett Nr. 4 in C-Dur D 46, 4 Sätze, entstanden 1813

Mit dem Tonartwechsel von Satz zu Satz und der Chromatik des einleitenden Adagio dieses Streichquartetts aus dem zweiten Schaffensjahr des Komponisten entfernte er sich bereits deutlich von seinen klassischen Vorbildern. Die Entstehungszeit fällt noch in die Konviktszeit, die Erstaufführung fand im häuslichen Kreis statt, wobei der Vater mit bescheidenen Kenntnissen das Cello strich, so daß seine Stimme im beschränkten Rahmen gehalten werden mußte. Über aller Kompositionstechnik stand aber bereits der Wohlklang.

Streichquartett Nr. 8 in B-Dur D 112, 4 Sätze, entstanden 1814

In diesem Werk, dessen Erstaufführung ebenfalls das »Familien-Quartett« besorgte, gewann der Komponist eine erstaunliche Geschlossenheit; sein Wille zu persönlichem Ausdruck wird mit aller Deutlichkeit erkennbar. Der Stil ist aufgelockert. Der erste musikalische Gedanke wird nicht zum Hauptthema, sondern übernimmt nur stimmungsschaffende Funktion, der Satz wird vom zweiten Thema beherrscht. Die Faktur der romantischen Quartettfaktur liegt in großen Umrissen bereits vor.

Streichquartett Nr. 12 in c-Moll D 703, Fragment, entstanden 1820

Es liegen nur ein Satz in c-Moll, Allegro assai, und ein Teil eines As-Dur-Andante vor, der Rest ist verschollen. Das Fragment ist trotzdem interessant, weil es stilistisch in keiner Beziehung zu den vorangehenden Quartetten des Komponisten und ebensowenig zu anderen zeitgenössischen steht. Es liegt eine unheimliche Stimmung – in der Melodie wie in der Tremolo-Begleitung – vor, während der erhaltene Teil des Andante auf eine herrliche Kantilene schließen läßt. Alle vier Instrumente sind virtuos eingesetzt. Das ganze

Werk war unbestreitbar von außerordentlich hoher Qualität. Man kann nur hoffen, daß die verlorenen Teile einmal zum Vorschein kommen.

Streichquartett Nr. 13 in a-Moll D 804, 4 Sätze, entstanden 1824

Es handelt sich um das einzige Streichquartett, das zu Lebzeiten des Komponisten gedruckt wurde. Das Kopfthema des liedhaften Werkes ist voll Melancholie, die von einem zweiten Motiv etwas aufgehellt wird, aber bald in seine Stimmung zurückfällt. Auch die Kantilene des 2. Satzes – ein der Zwischenaktmusik Nr. 3 zu »Rosamunde« entnommenes Selbstzitat – bleibt in düsterer Haltung und vertieft sie sogar. Das Menuett ist kein Tanz, sondern ein fröhlicher, etwas unbekümmerter Gesang mit eigenwilligen Rhythmen; das Hauptthema stammt aus dem Lied »Schöne Welt, wo bist du« (D 667). Das Finale ist wohl freudig, wirkt aber wie eine Flucht vor der Welt in den Traum.

Streichquartett Nr. 14 in d-Moll »Der Tod und das Mädchen« D 810, 4 Sätze, entstanden 1826

Die Auseinandersetzung mit dem Vergehen alles Lebenden beginnt bereits im 1. Satz; fragend, mahnend, nachsinnend werden einzelne Gedanken aufgeworfen und gegeneinandergeführt. Im 2. Satz wird das Lied aus 1817 (D 531), »Der Tod und das Mädchen«, akkordisch vorgetragen und variiert. Die düstere Stimmung überschattet auch das Scherzo, und das Finale gleicht mit seinen jagenden Passagen einer rasenden Flucht vor einem unentrinnbaren Tod.

Streichquartett Nr. 15 in G-Dur D 887, 4 Sätze, entstanden 1826

Der 1. Satz des Quartetts wurde beim »Schubert-Konzert« des Wiener Musikvereins am 26.3.1828 mit starkem Beifall gegeben. Darin bekämpfen einander Dur und Moll, bis es sich in den letzten Takten für ein klares Dur entscheidet; die Gegensätzlichkeit von Licht und Dunkel, Sein und Nichtsein wird auf höherer Ebene gleichsam mit den Waffen des Herzens ausgetragen. Im 2. Satz bietet sich ein friedliches Bild dar, doch in die behagliche Kantilene des Cello brechen an- und abschwellende Tremoli ein, das friedliche Lied versucht sich durchzusetzen, wird zurückgedrängt, klingt aber dennoch gegen Ende des Satzes ruhig aus. Im Scherzo herrscht gute Laune, die Mächte der Finsternis wagen sich nicht heran, man kann sich der Schönheit der schlichten Celloweise im Trio störungslos erfreuen. Im Finale jedoch erscheinen die Schatten erneut, sie werden zwar überwunden, aber nicht sieghaft triumphierend, sondern nur dankbar für den glücklichen Ausgang des Kampfes.

Quartett in G-Dur für Flöte, Gitarre, Bratsche und Cello von Václav Matiegka, bearbeitet von Franz Schubert D 96, 5 Sätze, entstanden 1814

Das Trio für Flöte, Gitarre und Bratsche »Notturno« (1807) von Václav Matiegka wurde gründlich überarbeitet und um eine Cellostimme bereichert. Den 3. Satz hat Schubert mit einer schwermütigen Kantilene des Cello versehen, dem er überhaupt die führende Rolle überließ. Im 5. Satz erklingt eine Folge von 8 Variationen über das Ständchen »Mädchen, schlummere noch nicht«, wobei auch dem Cello neben den anderen Instrumenten solistische Passagen zugeteilt wurden.

Trio für Violine, Bratsche und Cello in B-Dur D 471, 1 Satz, entstanden 1816

Der Komponist hat die Arbeit an diesem Trio im 2. Satz nach 39 Takten abgebrochen. Der Grund hiefür ist nicht bekannt; vielleicht ließ er es zugunsten des ein Jahr später vollendeten Trios (D 581) liegen. Dieser einzige Satz zeigt deutlich, wie sich der Komponist zwar noch nach Mozart orientierte, aber doch bereits sich loszulösen begann. Die Liebenswürdigkeit und Komplikationslosigkeit des Satzes verdienen Beachtung.

Trio für Violine, Bratsche und Cello in B-Dur D 581, 4 Sätze, entstanden 1817

Auch dieses Werk stand noch im Bann der Klassik, doch seine weiche Melodik ist ein klarer Beweis der einsetzenden Eigenständigkeit des Komponisten. Das Andante bringt eine reich ausgezierte Melodie der Violine und einen eigenartigen Mittelteil in Moll. Ihm geht ein geschmeidiges Allegro voraus. Im Menuett führt die Bratsche das zweite Trio an und gestaltet es zum liebenswürdigsten Teil der ganzen Komposition. Ein abwechslungsreiches Rondo beschließt das Werk.

Klaviertrio in B-Dur D 898, 4 Sätze, entstanden 1826

Der 1. Satz beginnt mit einem beschwingten Streicherunisono, dann wird die Melodie vom Klavier übernommen, bis das Cello seine weit ausholende Kantilene beginnt. Ein verträumtes Andante schließt sich mit einer leisen Gesangsmelodie des Cello an, von dem die Violine und am Ende das Klavier die Führung übernehmen. Der Mittelsatz in c-Moll klingt ungarisch. Dem reizenden Scherzo ist ein tänzerisches Trio beigegeben, und das Rondofinale schwelgt in freudigen, volksnahen Melodien und schließt mit einem lustigen Presto ab.

Klaviertrio in Es-Dur D 929, 4 Sätze, entstanden 1827

Der 1. Satz beginnt kraftvoll und ernst, dann tritt das Cello hervor und spielt eine Weise, aus der ein zweites Thema voll schmerzlicher Sehnsucht entsteht. Das Andante bringt eine elegische schwedische Volksweise. Das Scherzo ist mit Tanzrhythmen erfüllt. Das Finale gleitet mit feurigem Elan dahin und endet mit Heiterkeit.

Fantasie für Violine und Klavier in C-Dur D 934, 7 Sätze, entstanden 1827

Dieses Werk wurde für den tschechischen Violinisten Josef Slavík verfaßt und gibt dem Virtuosen Gelegenheit, sein Können zu zeigen. Die einzelnen Sätze sind zusammenhanglos aneinandergereiht. Der improvisatorisch klingenden Einleitung folgt ein Alegretto im ungarischen Ton. Darauf wird die Melodie des Schubert-Liedes »Sei mir gegrüßt« vorgetragen. Nun kommt es zu einer Wiederholung der Einleitung, der sich zündende rasche Sätze anschließen. Am Ende steigert sich die violinistische Technik zur Ekstase. Das facetten- und farbenreiche Stück wird heute noch gerne gespielt.

Sonate in a-Moll für Arpeggione und Klavier D 821, 3 Sätze, entstanden 1824

Die von Johann Georg Staufer erfundene Arpeggione (Gitarre-Violoncello, Guitarre d'amour) stellte eine Art Kombination von Cello und Gitarre dar und hatte sechs in Quartenabständen gestimmte Saiten, die gestrichen wurden. Das Instrument war sehr kurzlebig. Die für dieses Instrument geschriebene Sonate wird heute mit dem Cello oder der Bratsche gespielt. Der 1. und 3. Satz bieten dem Solisten die Möglichkeit zur Entfaltung seiner Virtuosität. Der 2. Satz ist lyrisch gehalten, damit auch die Kantilene des Instruments gezeigt werden konnte. Dramatische Abschnitte, schöne liedhafte Themen und tänzerische Rhythmen haben das Werk zu einer Kostbarkeit in die Reihe der Kompositionen Franz Schuberts gestaltet.

Introduktion und Variationen für Flöte und Klavier »Trockene Blumen«, aus »Die schöne Müllerin«, D 802, 3 Sätze, entstanden 1824

»Trockene Blumen« handelt von der Todessehnsucht des in der Liebe enttäuschten Müllerburschen. Am Beginn des Stücks erklingt ein Trauermarsch mit einem verklärenden Trio. Die Melodie des Liedes wird vorgetragen. Dann beginnen sieben Variationen, die das Lied nach allen Richtungen ausschöpfen und von den Instrumentalisten ein hohes technisches Können fordern. Den Abschluß bildet ein kurzes Andantino.

Wanderer-Fantasie für Klavier in C-Dur D 760, 4 Sätze, entstanden 1822

Das diesem großangelegten Klavierwerk zugrunde gelegte Thema hat der Komponist seinem 1816 geschriebenen Lied »Der Wanderer« (D 493) entnommen und zyklisch durchgeführt. Die im Lied ausgedrückte Trauer und Wehmut ist zu reiner Musik sublimiert; auch ohne den Liedtext wird die Unruhe, die Hoffnungslosigkeit des »Wanderers« deutlich. Die einzelnen Sätze gehen pausenlos ineinander über. Im 1. Satz tritt der Wanderer auf, sieht die Landschaft vor sich hingebreitet und schreitet nach kurzer Überlegung mutig in sie hinein. Er sucht das Glück, das er zu finden hofft »dort, wo du nicht bist«. Doch muß er bald einsehen, daß »die Sonne . . . kalt, die Blüten welk, das Leben alt und die Reden leerer Schall« sind. Der 2. Satz schildert mit einer Variationenfolge die verschiedenen Erlebnisse des Wanderers, im 3. Satz geht es wieder weiter. Neue Ausblicke, neue Hoffnungen werden gewonnen, aber das Glück wird nicht gefunden. Trotz des rauschenden, vollgriffigen Klaviersatzes bleibt dem Wanderer die wehmütige Einsicht: »Ich bin ein Fremdling überall.«

Klaviersonate Nr. 4 in a-Moll D 537, 3 Sätze, entstanden 1817

Diese Sonate entspricht der herkömmlichen Form, sie hat normale Ausmaße, die Tonarten der Sätze sind nahe verwandt. Das Thema des 1. Satzes ist voll mit Kontrasten. Das Seitenthema ist sehr kurz und bringt eine Steigerung in das Geschehen, es kommt aber zu keiner Gegeneinanderführung, sondern zu einer Aneinanderreihung immer neuer Gedanken in den verschiedensten Tonarten. Der 2. Satz bringt eine Serie thematischer Episoden und bildet daraus ein Rondo. Das Finale ist sehr locker; zwei Themengruppen lösen einander mehrmals ab; scharfe Kontrastwirkungen werden vermieden. Das Ganze ist ein interessantes Jugendwerk des Komponisten.

Klaviersonate Nr. 9 in H-Dur D 575, 4 Sätze, entstanden 1817

Der 1. Satz beginnt mit einer pathetischen Introduktion aus vollen Akkorden. Daraus fließt ein Marschthema, das an Rossini anklingt und beruhigt endet. Die Durchführung ist kurz und kraftvoll. Nach der Reprise schließt der Satz mit einer Transposition des Satzbeginns. Das Andante ist weich und schön harmonisiert und erleidet eine Unterbrechung durch ein abruptes Intermezzo. Das Scherzo wirkt streichquartettartig und linear, sein Trio lyrisch. Das Finale hat dreiteilige Liedform und ist leicht und anspruchslos, aber dennoch sehr effektvoll.

Klaviersonate Nr. 13 in A-Dur D 664, 3 Sätze, entstanden 1819

Diese Sonate wurde für eine junge Dilettantin geschrieben und daher sehr einfach gehalten. Der 1. Satz beginnt mit einer heiteren Melodie, die nach einem Zwischensatz wiederholt wird; ein Seitenthema schließt sich an, aber die Durchführung verläuft ohne Überraschungen. Der 2. Satz wirkt wie ein still vor sich hingesungenes Lied, dessen Thema dreimal erscheint und sodann in einem Nachsatz lyrisch ausklingt. Das Finale ist ein lustiges Rondo.

Klaviersonate Nr. 15 in a-Moll D 784, 3 Sätze, entstanden 1823

Diese Sonate ist eine der meistgespielten des Komponisten. Obschon sie besonders in den ersten zwei Sätzen auf pianistischen Glanz verzichtet, wirkt sie dennoch wie ein gut gearbeiteter Klavierauszug eines Orchesterwerkes. Die Themen des 1. Satzes sind lapidar, ja geradezu primitiv, bilden jedoch in der Durchführung ein hartes, aber prächtiges Tongemälde wie aus unbehauenen Steinen. Das balladeske Andante ist mysteriös und verhalten. Pianistische Effekte treten erst im Finale hervor; ein reich verziertes Gesangsthema wird durch alle Finessen der Harmonik und Melodik geführt, endet jedoch in einer resignierenden Stimmung.

Klaviersonate Nr. 17 in a-Moll »Grande Sonate« D 845, 4 Sätze, entstanden 1825

Der 1. Satz beginnt unisono, geht aber sofort in eine Akkordfolge über, aus der später ein lyrisches, von Forte-Einwürfen unterbrochenes Thema wächst. Darauf kehrt das Kopfthema in Moll wieder, ein Seitenthema kommt heran, sodann wird die Todessehnsucht aus dem Lied »Totengräbers Heimweh« (D 812) deutlich. Nach Durchführung und Reprise erscheint das Hauptthema zuerst in Moll und sodann in Dur, das »Totengräber«-Motiv klingt wieder durch und mündet in einen mächtigen Choral. Der 2. Satz ist ein fünfmal variiertes Lied, das Scherzo duftig und leicht wie Elfenmusik, und das Rondo als Finale bringt eine musikantische Weise in sinfonischer Fassung.

Klaviersonate Nr. 18 in D-Dur »Seconde Grande Sonate« D 850, 3 Sätze, entstanden 1825

Der 1. Satz dieser in Gastein komponierten Sonate bringt ein packendes und hinreißendes Thema und brillante, rauschende Musik bis zur effektvollen Coda. Über das Adagio schreibt Robert Schumann, daß es »ganz Schubert angehörend, drangvoll, überschwenglich, daß es kaum ein Ende finden kann«, sei. Das Scherzo ist voll Elan. Das Finale fällt deutlich ab, seine Themengruppen wirken wie Liedstrophen. Aber vielleicht ist seine Naivität ironisch gemeint, wie Schumann glaubt, vielleicht hat Schubert aber auch die vorangehenden Sätze für zu bombastisch gehalten und den vermeintlichen Fehler im Finale durch Selbstbeschränkung gutmachen wollen.

Klaviersonate Nr. 19 in G-Dur »Fantasie oder Sonate« D 894, 4 Sätze, entstanden 1826

Diese Sonate wurde als Suite (Fantasie, Andante, Menuetto, Allegro) veröffentlicht und vom Verleger als »Fantasie oder Sonate« bezeichnet, weist aber eindeutige Sonatenform auf. Der 1. Satz ist kein übliches Sonaten-Allegro, sondern ein lyrisches Stück, in dem die thematischen Kontraste nur undeutlich zutage treten. Das sangbare Hauptthema wird in der Durchführung zum unerbittlichen Schicksalslied, das alle Freude verdrängt. Kein Gegenargument wird vorgebracht, die Coda klingt resignierend aus. Das Andante ist sangbar und einfach, die Kontrastwirkung wird vom obstinaten Mittelsatz erzeugt. Im 3. Satz erklingt ein scharf pointiertes Menuett. Das Finale ist ein freies Rondo, melodienreich ausgestattet, aber doch gebunden, kunstvoll verziert und elegant.

Klaviersonate Nr. 20 in c-Moll D 958, 4 Sätze, entstanden 1828

Die Sonate beginnt wie die »Pathétique« von Ludwig van Beethoven mit energischen Rhythmen, an die sich eine lyrische Variante anschließt. Die Durchführung ist ein freies Phantasieren durch weite Tonräume bis zur Coda und schließt in düsterer Stimmung. Das Andante bringt eine schlichte Weise, der 3. Satz ein gemütvolles Menuett. Im 4. Satz gibt es eine Tarantella mit hinreißendem Temperament.

Klaviersonate Nr. 21 in A-Dur D 959, 4 Sätze, entstanden 1828

Alle Fröhlichkeit und Gefühlsseligkeit, alle melodische und harmonische Kraft und Ausdrucksfähigkeit, alle Schlichtheit und Raffinesse, kurz alle Facetten der kompositorischen Fähigkeiten des Komponisten sind in dieser Sonate vereinigt. Der 1. Satz wird akkordisch eingeleitet; Arpeggien schließen sich an, aus denen sich die Durchführung entwickelt. Ein kantables Thema wird beigefügt und verarbeitet, eine freie Fantasie führt zur Einleitung zurück und läuft in Arpeggien aus. Das Andantino des 2. Satzes ist ein hochpoetisches Meisterwerk, das Scherzo gibt sich fröhlich und tänzerisch. Das Rondofinale bringt eine Überfülle musikalischer Einfälle, die einander überschneiden und auch gegeneinandergehen, aber nirgends Konflikte erzeugen, weil es sich hier nur um ein uferlos frohes Musizieren handelt. Mit einem Mal bricht alles ab, ein Presto setzt ein und beendet energisch das Stück.

Klaviersonate Nr. 22 in B-Dur D 960, 4 Sätze, entstanden 1828

Diese Sonate stellt auf den ersten Blick wenig Anforderungen an den Pianisten, kommt aber dennoch nur unter der Hand eines Virtuosen zur Geltung, der die Feinheiten des Ausdrucks und der Nuancierung zu meistern versteht. Sie wird viel gespielt, zu viel von solchen, die es auf keinen Fall können; nur wenige vermögen, diesem an sich einfachen Stück das abzugewinnen, was der Komponist ausdrücken wollte. Der 1. Satz ist hochromantisch, seine Themen sind sangbar, es gibt keine Spannung, feinste Klangschattierung ersetzt technische Virtuosität. Der 2. Satz bringt ein inniges Lied. Dem folgt ein feingegliedertes Scherzo. Das Finale klingt heiter, oft geradezu humoristisch, als wäre es von Joseph Haydn. Manche waren enttäuscht, weil das Sonatenwerk des Meisters derart unpathetisch ausklang, sie vergaßen, daß der Komponist nicht gewußt hat oder zumindest nicht hat wissen wollen, wie bald seiner Möglichkeit, zu schaffen, ein Ende gesetzt worden ist.

Moments musicaux D 780, 6 Stücke, entstanden ab 1823

Das 1. Stück in C-Dur ist durch seine kühnen, und doch wie selbstverständlich klingenden Modulationen der flüchtigen Staccato-Passagen berühmt geworden. Das 2. – Andantino in As-Dur – bringt eine der schönsten schwermütigen Melodien des Komponisten. Das 3., in f-Moll, ist wegen seiner graziösen Weise ungeheuer beliebt geworden. Das 4., in cis-Moll, ist am umfangreichsten und kommt formal dem Präludienstil Johann Sebastian Bachs nahe. Das 5. ist ein kurzes, ungeheuer feines f-Moll-Scherzo, und das letzte – Allegretto in As-Dur aus 1825 – ist ein Lied ohne Worte. Alle Stücke sind Kostbarkeiten der Klavierliteratur, für deren Wiedergabe von den meisten Virtuosen viel Mühe aufgewendet wird.

Impromptus D 935, 4 Stücke, entstanden 1827

Das 1. Stück – Allegro moderato in f-Moll – ist von ungeheurer Dichte und stimmungsvoll wie wenig andere gleichartige Werke. Das 2. – Allegretto in As-Dur – nimmt spätromantische Klänge voraus. Das 3., in B-Dur, variiert ein Thema aus »Rosamunde«, und das 4., in As-Dur, ist ein tänzelndes Capriccio. Die an sich leicht zu bewältigenden Stücke stellen hohe Anforderungen an die Anschlagtechnik und offenbaren ihre Schönheit nur dem echten Pianisten.

Klaviersonate für vier Hände Nr. 2 in C-Dur »Grand Duo« D 812, 4 Sätze, entstanden 1824

»Man hört Saiten- und Blasinstrumente, Tutti, einzelne Soli, Paukenwirbel«, behauptete Robert Schumann, der die Sonate für das Arrangement einer Sinfonie hielt. Aber es handelt sich um echte Klaviermusik. Der 1. Satz verläßt bereits in den ersten Takten die Grundtonart. Über Enharmonik und Chromatik gleiten Haupt- und Nebenthema von einer Tonart zur anderen, bis schließlich am Ende die Ausgangstonart erreicht wird. Im 2. Satz erklingt ein lyrisches Andante, das sich an die langsamen Sätze der 2. und 5. Sinfonie Beethovens anlehnt. Das Scherzo ist wild und übermütig, schon für sich allein ein hinreißendes Stück. Das tänzerische Thema des 4. Satzes bringt der Sonate ihr ungarisches Kolorit; eine weit ausholende Coda schließt das Werk brillant ab.

Der Erlkönig für Singstimme und Klavier D 328, Text von Johann Wolfgang von Goethe, entstanden 1815

Mit dem ersten Takt setzt das Vibrato der Oktaven und Akkorde ein, ein auf- und absteigendes Baßmotiv kehrt drängend immer wieder und symbolisiert das Unheimliche der Nacht, den eiligen Ritt, die steigende Angst des Reiters und des Kindes wie die monotone Sprache der gewaltigen Natur. Die Dramatik der Ballade ist voll ausgeschöpft. Diese Komposition übertrifft alle anderen, ja sogar die lyrische Ausdeutung des Gedichtes von Carl Loewe, und gilt als Beweis, daß der Komponist bereits so früh den Gipfel seiner Liedkunst erreicht hat, den er bis zu seinem Lebensende nicht mehr verließ.

»Die schöne Müllerin« Liederkreis D 795, 20 Lieder, entstanden 1823

Diesen Zyklus nach Gedichten von Wilhelm Müller, der die Liebe eines jungen Müllerburschen zur Müllerin, seinen Schmerz über ihre Untreue und seinen Tod darstellt. Das Wandern durch die Welt, die Natur, die Liebe und die Eifersucht und schließlich der Freitod im Mühlbach werden zum Großteil in Strophenliedern lyrisch dargestellt.

»Die Winterreise« Liederkreis D 911, 24 Lieder, entstanden 1827

Der Zyklus besteht aus vertonten Gedichten von Wilhelm Müller, die nur durch ihre Grundstimmung des »winterlichen« Entsagens und nicht durch eine gemeinsame epische Darstellung zusammenhängen. Die Lieder sind zum größten Teil durchkomponiert.

»Schwanengesang« Liederkreis D 957, 14 Lieder, posthum zusammengestellt

Der Liederkreis besteht aus der Vertonung von 7 Liedern auf Texten von Ludwig Rellstab, auf 6 von Heinrich Heine und auf eines von Johann Gabriel Seidl. Es handelte sich um die letzten Liedkompositionen von Franz Schubert.

Literatur

B. Paumgartner, Franz Schubert, Zürich 1974. H.J. Fröhlich, Schubert, München 1978. R. Werba, Schubert und die Wiener,

Wien 1978. H. Osterheld, Franz Schubert, Stuttgart 1978. E. Hilmar, Franz Schubert in seiner Zeit, Wien 1985. F. Lehner, Franz Schubert – Mit meinen heißen Tränen, 1986.

Franz Schubert (1808–78)

ZEIT UND UMWELT

König Anton Klemens Theodor von Sachsen (1755–1836) gelangte durch den Tod seines Bruders Friedrich August I. zur Regierung, die er außerordentlich konservativ führte. Es kam zu schweren Mißstimmungen im Land, die den König veranlaßten, seinen Neffen Friedrich August II. als Mitregenten zu nehmen. Die politischen Wirren erlaubten ihm keine konsequente Kultur- und Wirtschaftspolitik, obwohl er sich bemühte, die in seinem Haus traditionelle Kulturförderung weiterzuführen. Unter seinen Nachfolgern, den Königen Johann und Albert (1828–1902), kam es später zu einem raschen Aufschwung von Kunst, Wissenschaft, Bildungswesen und Wirtschaft.

LEBEN

Franz Schubert wurde am 22.7.1808 in Dresden als Sohn des Musikdirektors der Italienischen Oper und Königlichen Konzertmeisters Franz Anton Schubert (20.7.1768, Dresden, bis 5.3.1827, Dresden) geboren. Er war Schüler seines Vaters und wurde zusätzlich auf Kosten des Königs Johann von Sachsen in Paris von Charles Philippe Lafont ausgebildet. Im Jahr 1837 wurde er Vizekonzertmeister, 1847 Zweiter Konzertmeister und 1961 Erster Konzertmeister in Dresden, wo er am 12.4. 1878 starb.

WERKE

Vom umfangreichen kompositorischen Werk von Franz Schubert sind seine Violinetüden, die Fantasie für Violine und Orchester, ein Duo, ein Konzert für Violine und Cello und seine 12 Bagatellen für Violine und Klavier bemerkenswert. Die Nummer 9 der Bagatellen, »Die Biene«, ist ein treffendes Beispiel romantischer Tonmalerei.

Johann Friedrich Schubert (1770–1811)

ZEIT UND UMWELT

Die abendländische Musiklandschaft der Wende zum 19. Jahrhundert war durch einen ungeheuren Anstieg der bereits in den vorangehenden Jahrzehnten stark gewachsenen Anzahl der Musikschaffenden und Musikinterpreten gekennzeichnet. Voraussetzung zu dieser Entwicklung war eine nahezu explosive Verbreiterung der an Musik interessierten

Ansicht von Dresden um 1820, Stich von C. G. Hammer

Bevölkerungsschicht, die die durch Titel, Rang und Reichtum privilegierte Klasse als Publikum ablöste. Die Musik war zur bürgerlichen Kunst geworden. Überall wurden Opernhäuser und Konzertsäle gebaut, überall zahlreiche Instrumental- und Vokalensembles jeder Art und jeden Umfangs aus professionellen und dilettierenden Musikern gebildet, das Musikverlagswesen nahm einen gewaltigen Aufschwung, der Instrumentenhandel blühte auf; die Musik wurde zum Massenartikel, so daß sich die romantische Vorstellung, die ganze Welt sei von Musik erfüllt und stehe als »höchste Kunst« führend über allen anderen, verwirklichte.

Leben

Johann Friedrich Schubert wurde am 17.12. 1770 in Rudolstadt, Saale, geboren. Er trat 1797 einer Berliner Theatergruppe als Zweiter Violinist bei und stieg 1798 zum Musikdirektor auf. Von 1804 bis zu seinem Tod im Oktober 1811 wirkte er als Leiter der Konzerte der Kölner Kaufmannschaft in Mülheim bei Köln.

Werke

Von Johann Friedrich Schubert sind eine Oper, eine konzertante Sinfonie für Holzbläser und Orchester, ein Violinkonzert und 6 Duos für zwei Violinen bekannt geworden. Seine Musik folgte dem empfindsamen norddeutschen Stil, wies wenig Tiefe auf, war aber sehr ansprechend und daher auch recht beliebt.

Karl Schuberth (1811-63)

Zeit und Umwelt

Julius Ferdinand Georg Schuberth (14.7.1804, Magdeburg, bis 9.6.1875, Leipzig) begründete 1826 in Hamburg den allgemein bekannten Musikverlag J. Schuberth & Co., der in der Folge mit sehr rührigen Zweigstellen in Leipzig und New York bis zum Ende des 19. Jahrhunderts weit über 6.000 Publikationen herausbrachte. Das blühende Unternehmen wurde nach seinem Tod von seinem Bruder Friedrich Wilhelm August (27.10.1817, Magdeburg, bis nach 1890, Leipzig) weitergeführt und etablierte sich nach dem Zweiten Weltkrieg in Wiesbaden.

Leben

Karl Eduard Schuberth wurde am 25.2.1811 in Magdeburg als Bruder des bekannten Musikverlegers Julius Ferdinand Georg Schuberth geboren. Er war Celloschüler von Justus Johann Friedrich Dotzauer und wirkte zunächst am Stadttheater in Magdeburg als Cellist, begab sich 1833 auf Konzertreisen nach Hamburg, in das Rheinland, in die Niederlande, nach Belgien, Paris, London und schließlich nach St. Petersburg, wo er durch 20 Jahre als Universitätsmusikdirektor, Hofkapellendirigent und Inspektor der Hoftheaterlehranstalt wirkte. Er starb am 22.7. 1863 in Zürich.

Sein Vater Gottlob Schuberth (11.8.1778, Karsdorf, bis 18.2.1846, Hamburg) war ab 1804 Oboen- und Klarinettenvirtuose und Lehrer in Magdeburg bis 1833 und übersiedelte sodann nach Hamburg.

Sein Bruder Ludwig Schuberth (18.4.1806, Magdeburg, bis 1850, St. Petersburg) war Schüler von Carl Maria von Weber und wirkte bereits mit 16 Jahren als Musikdirektor des Stadttheaters in Magdeburg, sodann als Kapellmeister in Oldenburg und ab 1835 nach einem Aufenthalt in Riga in Königsberg (Kaliningrad) und endlich ab 1845 als Dirigent der deutschen Oper in St. Petersburg.

Werke

Von Karl Schuberth sind 2 Cellokonzerte, eine Cellosonate, mehrere Fantasien und Variationen für Cello und Orchester und einige Kammermusik bekannt geworden.

Von Gottlob Schuberth sind mehrere Klavierstücke erschienen.

Ludwig Schuberth schrieb eine Anzahl Opern, mehrere Sinfonien und Kammermusik.

Theodor Schuchardt (1601–77)

Zeit und Umwelt

Nach dem Vorbild des von Lukas Ossiander (1534–1604) redigierten ersten württembergischen Gesangbuches im Kantionalsatz wurde 1653 das »Eisenacher Begräbniskantional« (Threnodia sacra) herausgebracht, zu dem mehrere zeitgenössische Komponisten Threnodien beitrugen.

LEBEN
Theodor Schuchardt wurde am 23. 3. 1601 in Weberstedt, Thüringen, geboren. Er studierte in Greifswald und wirkte von 1644 bis 1671 als Kantor in Eisenach, wo er am 25. 7. 1677 starb.

WERKE
Der deutsche Kantor und Komponist Theodor Schuchardt veröffentlichte im Eisenacher Begräbniskantional 15 Kompositionen und ein achtstimmiges »Christliches Gespräch«. Die Kompositionen sind kontrapunktisch im Sinn des 17. Jahrhunderts.

LITERATUR
H. Engel, Musik in Thüringen, Köln 1966.

Johann Georg Schürer (um 1720–86)

ZEIT UND UMWELT
Neben den Kirchen- und Stadtkapellen kleinerer Städte waren im Raum Böhmen und Mähren nur die Klangkörper von Prag, Olmütz (Olomouc) und Brünn für die Fülle an Musikern, die das Land hervorbrachte, aufnahmefähig. Die meisten mußten auswandern. Hauptziel war im 18. Jahrhundert die Kapelle von Mannheim sowohl für gute Bläser wie Streicher. Auch Wien konnte eine Anzahl unterbringen. Viele jedoch wählten Dresden, wo zwei Hofkapellen und ein intensiver Opernbetrieb bereits ein Jahrhundert zuvor ein weites Betätigungsfeld boten.

LEBEN
Johann Georg Schürer wurde um 1720 in Raudnitz (Roudnice nad Labem) geboren. Er ging nach seiner Ausbildung nach Dresden, wo er einige Opern herausbrachte und 1748 als Kirchenkomponist in den Dienst des Hofes trat. Nach einer umfangreichen kompositorischen Tätigkeit starb er am 16. 2. 1786 in Dresden.

WERKE
Das kompositorische Werk von Johann Georg Schürer umfaßt 40 Messen, 3 Requiem, 140 Psalmen und mehrere Oratorien. Er verfaßte auch einige italienische Opern. Sein Stil ist sehr konservativ. Die Opern hatten keinen nennenswerten Erfolg.

LITERATUR
R. Haas, Johann Georg Schürer, in: Neues Archiv für sächsische Geschichte XXXVI, 1915.

Georg Caspar Schürmann
(1672–1751)

ZEIT UND UMWELT
Einzelne deutsche Fürsten setzten sich am Beginn des 18. Jahrhunderts eifrig für die deutsche Oper ein und unterstützten deutsche Opernkomponisten. An Orten, wo der gesamte Opernbetrieb vom jeweiligen Fürstenhaus abhing, war es leicht, deutsche Opern italienischen vorzuziehen. Das Publikum hatte darauf keinen Einfluß. Wo es private Opernveranstaltungen gab, mußte man sich aber nach dem Geschmack des zahlenden Publikums richten, das nach wie vor den italienischen Stücken den Vorzug gab.

LEBEN
Georg Caspar Schürmann wurde 1672 in Idensen, Hannover, geboren. Er kam 1693 als Kirchen- und Opernsänger nach Hamburg und wurde 1700 Hofkapellmeister bei Herzog Anton Ulrich von Braunschweig-Lüneburg. Im Jahr 1701 ging er nach Italien, um seine Ausbildung zu vervollständigen, von 1703 bis 1706 wirkte er als Hofkapellmeister in Meiningen und kehrte 1707 in seine alte Stellung nach Braunschweig zurück, wo er seine zahlreichen Opern aufführte und damit ein deutsches Opernrepertoire schuf. Er starb in Wolfenbüttel am 25. 2. 1751.

WERKE
Neben seinen zahlreichen Opern für Braunschweig verfaßte der deutsche Komponist

Georg Caspar Schürmann eine Anzahl Kirchenkompositionen – Konzerte, Psalmen, Hymnen – und mehrere Kantaten.

LITERATUR

P. Zimmermann, Georg Kaspar Schürmann, in: Braunschweigisches Magazin XII, 1906.

Gabriel Schütz (1633 – 1710)

ZEIT UND UMWELT

In allen deutschen Städten ohne Residenz bildeten sich neben den Kirchenkapellen leistungsfähige Ratskapellen heraus, die viel mehr beschäftigt wurden als an Orten, wo es eine Hofkapelle gab. Hamburg und seine Ratskapelle ist hierfür ein beweiskräftiges Beispiel, Nürnberg ein weiteres.

LEBEN

Gabriel Schütz wurde am 1. 2. 1633 in Lübeck geboren und dort durch Nikolaus Bleyer zum Ratsmusiker ausgebildet. Er studierte sodann in Hamburg von 1654 bis 1655 Musik. Im Jahr 1658 wurde er Expektant der Ratsmusik, 1666 Stadtmusikus von Nürnberg, wo er am 9. 8. 1710 starb.
Sein Sohn Jakob Balthasar Schütz (5. 1. 1661, Nürnberg, begraben 29. 1. 1700, Nürnberg) war 1674 in Nürnberg Ratsgambist und ab 1690 Stadtmusikus.
Sein zweiter Sohn Georg Gabriel Schütz (getauft 14. 2. 1670, Nürnberg, begraben 13. 3. 1716, Nürnberg) war ab 1702 Stadtmusikus in seiner Vaterstadt.

WERKE

Der deutsche Musiker und Komponist Gabriel Schütz hat Sonaten für Gambe und Generalbaß, 2 Partiten für Gambe, Flöte, Violine und Generalbaß, außerdem Lieder für Singstimme und Generalbaß verfaßt. Die Gambenpartien sind sehr schwierig zu spielen; sie beweisen, welch guter Spieler der Komponist selbst gewesen war.
Von Jakob Balthasar Schütz sind 8 einstimmige Lieder mit Generalbaß erhalten.
Von Georg Gabriel Schütz ist eine einzige Melodie überliefert.

Heinrich Schütz (1585 – 1672)

ZEIT UND UMWELT

Die evangelische Kirchenmusik, wie sie im 16. Jahrhundert entstanden ist, veränderte, ob es sich nun um Choral- oder Liedmotette, Chor-oder Motettenpassion oder um das einfache Kirchenlied handelte, im 17. Jahrhundert unter dem Einfluß der in Italien gepflegten Musik Wesen und Struktur. Insbesonders der konzertante Stil Venedigs war zum Vorbild geworden. Viele deutsche Musiker wanderten nach Italien, um in Domen und Fürstenhöfen Musik zu hören und zu lernen, und brachten Notenmaterial nach Hause. Die vokale Polyphonie wurde allmählich vom monodischen Satz und der Instrumentalbegleitung abgelöst. Die verschiedenen Arten von Gesängen wurden einander ähnlicher, bis sie alle in den umfassenden Bereich der Kantate mündeten. Der A-cappella-Gesang blieb zwar erhalten, wurde jedoch hauptsächlich für Veranstaltungen im Freien, etwa bei Prozessionen, Feldmessen und Beerdigungen, verwendet; die Kantate setzte sich aber auf allen Gebieten der Kirchenmusik durch. In der Lutherischen Liturgie fand sie ihren Platz nach der Lesung vor der Predigt. Dabei waren die Kantoren an keine feststehenden Texte gebunden und konnten unter Choraltexten, Bibelworten und Bibelsprüchen frei wählen, sofern diese nur irgendwie mit der Sonntagsepistel im Zusammenhang standen. Sie erhielten so die Möglichkeit, die einzelnen Sonntage besser voneinander abzuheben, als es die Epistellesung konnte. Die Komponisten durften dabei uneingeschränkt und frei die vielfältigen musikalischen Mittel einsetzen und taten es mit frommer Unbefangenheit oder mit der verfeinerten Technik höchster Kompositionskunst.
Es kam bald zu einer gewissen Einheitlichkeit des Stils, den die großen Meister des deutschen Barock prägten. Die ursprüngliche gegenreformatorische Zweckrichtung, nämlich die Kirchenmusik zu einem Anziehungspunkt zu machen, wurde von ihnen weder verstanden noch beachtet, weil der neue Stil in seltsamer Umkehrwirkung zur Vertie-

fung des evangelischen Gottesdienstes und seiner Ausgestaltung beitrug. Um den Glauben weiter zu festigen und zu verbreiten, übertrugen jene Meister die modernen stilistischen Neuerungen Italiens in die deutsche evangelische Kirchenmusik, die aus Mehrchörigkeit, Monodie, konzertierendem Stil und affektbetonter Chromatik bestand. Sie setzten sich gleichzeitig für den Ausbau deutscher Hofkapellen und Kantoreien durch Heranbildung möglichst vieler Schüler ein. Schließlich gestalteten sie ihre Musik selbst zum evangelischen Glaubensbekenntnis, so daß der Abstand der evangelischen Kirchenmusik zum Barock des südlichen Raumes derart unüberbrückbar wurde, daß diese beiden barocken Ausdrucksformen nichts Gemeinsames mehr aufwiesen. Da die profane Musik des deutschen Raumes dem gleichen Stilwandel unterworfen war, ergab sich zwangsläufig eine starke Annäherung des weltlichen und des sakralen Musikgeschehens. Es waren nicht selten die gleichen Sänger und die gleichen Instrumente, die einen Festgottesdienst und den darauffolgenden Tanz im Krug mit Musik versorgten. Darüber wurde viel geklagt: »...jetzt herrschet in den Kirchen gar eine spanneue Singart, aber ausschweifig, gebrochen und tänzerisch und gar im wenigsten andächtig; mehr reimt sie sich zum Theatro und Tanzplatz als zur Kirche. Kunst suchen wir, und hierneben verlieren wir den alten Fleiß zu beten und zu singen.« Die Mahnung war nicht neu, sie war südlich der Alpen bereits hundert Jahre früher ausgesprochen worden.

Leben

Heinrich Schütz (Henricus Sagittarius) wurde am 14. 10. 1585 in Köstritz bei Gera geboren. Sein Vater Christoph Schütz (um 1550–1631) war Stadtschreiber in Gera und übersiedelte 1590 mit der Familie nach Weißenfels an der Saale, wo er Kämmerer und Richter war, schließlich Bürgermeister wurde und zugleich einen stattlichen Gasthof (»Zum Schützen«) bewirtschaftete. Da der Sohn Heinrich musikalische Anlagen zeigte, wurde er im 13. Lebensjahr als Kapellknabe in das Collegium Mauritianum am Hof des Landgrafen Moritz des Gelehrten aufgenommen. Die Kapelle stand zu jener Zeit unter Georg Otto; sie war als Akademie für die Söhne des Hof- und Militäradels und des Großbürgertums gegründet worden, um ihnen eine weltmännische, wissenschaftliche und fremdsprachliche Ausbildung zu bieten, und war daher um vieles moderner als die alten Lateinschulen. Von der Hofkapelle ging der Diskantsänger als Stipendiat des Landgrafen an die Universität Marburg, um Rechtswissenschaft zu studieren. Aber schon 1609 gewährte ihm der Landesherr ein Reisestipendium, damit er sich bei Giovanni Gabrieli in Venedig in Komposition und Orgelspiel ausbilden konnte. Der Aufenthalt in Italien war vorerst auf zwei Jahre geplant, wurde jedoch auf Anraten des Venezianers auf ein weiteres Jahr und schließlich auf Kosten des Vaters bis zum Herbst 1613 verlängert. Dann kehrte Schütz nach Kassel zurück und wurde dort zum Hoforganisten ernannt. In den darauffolgenden Jahren hielt er sich

Heinrich Schütz

mehrmals in Dresen auf und nahm 1617 das Angebot des Kurfürsten Johann Georg I., der 1611 bis 1656 regierte, an, die Leitung der Dresdner Hofkapelle zu übernehmen. Im Jahr 1619 heiratete er Magdalena Wildeck (1601–25), die Tochter eines kurfürstlichen Kammerschreibers, die im Alter von 24 Jahren starb. Im November 1628 nahm er für ein Jahr Urlaub, um erneut nach Italien zu reisen, »der inzwischen aufgebrachten neuen und heutigen Tags gebräuchlichen Manier in der Music sich zu erkundigen« und Musikalien und Instrumente für die kurfürstliche Kapelle einzukaufen. Dieses Mal machte er sich mit Monteverdis Stil vertraut und lernte die instrumentale und szenische Musik Venedigs kennen.

Bald darauf erlebte Sachsen unmittelbar die Schrecken des Krieges. Die Not nahm zu, die Kapellmitglieder konnten nicht mehr voll ausbezahlt werden, das Musikleben erlahmte. Um sich dem Kriegselend zu entziehen, übernahm Schütz Verpflichtungen an vorläufig vom Krieg verschonten mitteldeutschen Höfen wie Wolfenbüttel, Zeitz, Halle, Gera und anderen. Er wirkte auch in Hamburg und schließlich in Kopenhagen, wo er von 1633 bis 1635 Kapellmeister am Hof König Christians IV. und in den Jahren 1642 und 1645 Oberkapellmeister war. Inzwischen leistete er auch in Braunschweig und Hannover künstlerische und organisatorische Arbeit, indem er überall Kapellen aufbaute oder reorganisierte. Sofort nach Beendigung des großen Krieges bemühte sich Schütz um den Wiederaufbau der städtischen und höfischen Musikpflege in Dresden, »damit unter den anderen evangelischen Capellen sie als ein Licht hervorleuchten und gepriesen werde können«. Um sich ganz seinen musikalischen Aufgaben zu widmen, zog er sich vom Hofdienst zurück. Wenn es seine Arbeit erlaubte, hielt er sich in seinem inzwischen erworbenen Haus in Weißenfels auf und komponierte. Am 5. 11. 1672 starb er in Dresden und wurde dort in der alten, 1727 abgebrannten Frauenkirche bestattet.

Werke

Über die Bedeutung des deutschen Komponisten Heinrich Schütz gab es bei seinen Zeitgenossen kaum einen Zweifel. Er ragte unter seinen Zeitgenossen besonders dadurch hervor, daß er den oberitalienischen Stil – das solistische, chorische und instrumentale Concerto und den Basso continuo – mit der in Deutschland eingebürgerten franko-flämischen kontrapunktischen Satzweise zu einem homogenen Ganzen verknüpfte. Ebenso charakteristisch ist seine affektbeladene Sinnauslegung der Texte, die von einer ausdrucksreichen Harmonik getragen ist, und seine klare Verdeutlichung allen textlich dargestellten Geschehens. Obwohl er auch den modernsten Stilmitteln nicht aus dem Weg ging, baute er seine Kompositionen nicht selten auf der von Gabrieli erlernten motettischen Satzweise auf, vorwiegend in der Kirchenmusik, wo »nicht sowohl auf die künstlichen poetischen Sätze als auf eine geistreiche Paraphrasierung oder Auslegung zu sehen wäre«. In diesen Fällen ist der Generalbaß nur ad libitum beigegeben, weil das betreffende Werk auch ohne ihn auskommt.

Von Heinrich Schütz stammt die erste deutsche Oper »Daphne« (1627) zum Text von Ostavio Rinuccini, übersetzt von Martin Opitz (1597–1639); ihre Musik ist verloren. Aus oratorischen Werken liegen eine Auferstehungshistorie, ein Weihnachtsoratorium, »Die 7 Worte Jesu am Kreuze«, eine Lukas-Passion, eine Matthäus-Passion und eine Johannes-Passion vor. Seine »Symphoniae sacrae I.« sind ein- bis dreistimmige lateinische Motetten mit instrumentaler Stütze; die »Symphoniae sacrae II.« sind eine fünfbis sechsstimmige Vertonung von fünfzehn Worten Christi mit zwei Instrumenten und drei Chören in deutscher Sprache; die »Symphoniae sacrae III.« bestehen aus 21 fünf- bis achtstimmigen deutschen Konzerten. Cantiones sacrae, Psalmen Davids, geistliche Chormusik, deutsche Messen, deutsche Exequien und ein achtstimmiges deutsches Magnificat sowie zahlreiche liturgische Gesänge bereicherten die evangelische Kirchenmusik. Dazu kamen viele Gelegenheitswerke, von denen ein Teil verloren, ein anderer nicht einwandfrei identifiziert ist.

Die Fülle an hervorragender Musik, die

Heinrich Schütz geschrieben hat, und seine Schüler, die gemeinsam mit dem Schülerkreis des Amsterdamer Meisters Sweelinck die evangelischen Kantoren- und Organistenstellen besetzten, schufen in Mittel- und Norddeutschland die Grundlage der Musik des 17. Jahrhunderts mit ihrer starken Ausstrahlungskraft nach Süden.

Die ältere Musikgeschichte wies ihm eine Vermittlerrolle zwischen der alten Musik und Bach zu, was ohne Zweifel verfehlt war. Heinrich Schütz war eine der stärksten Persönlichkeiten der Musikgeschichte überhaupt und weit mehr als ein »Vorläufer Bachs«. Man weiß heute, daß in seinem persönlichen Stil alles verschmolzen ist, was ihm an überkommenem Alten und fortschrittlichem Neuen wertvoll erschien: Doppelchörigkeit im Stil des San Marco, Rezitativ als dramatisches Element aus Florenz, niederländische Polyphonie, Anklang an die Gregorianik aus Rom und Kirchentonarten neben Dur und Moll, schmerzliche Dissonanzen, die zu trostvollen Auflösungen führen, Vielfalt des Rhythmus innerhalb eines festen Rahmens und Isorhythmie.

Die Renaissance ist in Deutschland durch das Barock nicht verdrängt worden, sondern hat sich mit diesem zu neuer Formgebung und Zweckrichtung verschmolzen.

Historia der freudenreichen Gottes und Marien Sohnes Geburt Jesu Christi mit 10 Bildern und 8 Intermedien für Soli, Chor, Orchester und Orgel, entstanden 1664

Mit diesem das deutsche Oratorium begründende Werk entfernte sich Schütz im Gegensatz zum italienischen Oratorium weit vom Opernstil und näherte sich dem geistlichen Konzert. Die einzelnen Phasen des epischen Teiles der biblischen Erzählung werden nicht wie bei älteren ähnlichen Werken von einem Chor, sondern von einem Sprecher im rezitativen Stil vorgetragen und »ohne Tactgebung mit der Hand nur nach der Mensur einer vernehmlichen Rede abgesungen«. Einleitung und Schluß werden von Streichern, Fagotten, Posaunen und Orgel begleitet. Die Intermedien bringen die dramatischen Szenen wie die Verkündigung der Hirten, Josephs Traum, der zur Flucht und zur Rückkehr rät, das Auftreten der Könige und die List des Herodes. Die Gesänge werden von Solisten, Chören und entsprechenden Instrumenten vorgetragen. Da die in den Intermedien auftretenden Personen kostümiert waren, kann man von einem echten Krippenspiel sprechen.

Historia der fröhlichen und siegreichen Auferstehung unsers einigen Erlösers und Seligmachers Jesu Christi, Osteroratorium für Soli, Chöre, Orchester und Orgel, 2 Teile, entstanden 1623

Der Text dieses Werkes stimmt mit dem von Antonio Scandello in seinem Oratorium verwendeten Bibeltext überein. Der Evangelist trägt den epischen Teil der Bibelerzählung rezitativisch ohne Metrum vor, erst im Finale entfaltet er, alle Stimmen übertönend, seinen Tenor zu einem jubelnd wiederholten »Victoria«, in das schließlich alle einstimmen. Es gibt nach venezianischem Muster zwei vierstimmige Chöre, die alternierend und auch gemeinsam singen. Auch das Orchester ist geteilt in ein den Evangelisten begleitendes Ensemble und ein zweites für die anderen Gestalten. Die Worte Jesu werden von zwei Solisten vorgetragen, ebenso der Text der Maria Magdalena; die zwei Engel, die zwei Männer am Grab Christi und die drei heiligen Frauen werden von einzelnen Solisten gesungen. Die Instrumentalbegleitung ist zum Großteil weich und diskret, Orgel und Cembalo spielen nur den Generalbaß.

Historia des Leidens und Sterbens unseres Herrn und Heilandes Jesu Christi nach dem Evangelium St. Lukas, Passion für Soli, Chöre, Orchester und Orgel, entstanden 1665

Der Introitus bringt das Programm: »Das Leiden unsers Herren Jesu Christi, wie uns das beschreibet der Heilige Evangeliste Lukas« im Chorsatz in lydischer Tonart, aus der das Wort »Christus« in C-Dur strahlend hervorleuchtet. Der Evangelist bleibt in Tenorlage ohne große Bewegungen, so daß sein Vortrag nahezu rezitativisch wirkt. Alle Episoden der Passion sind mit eindringlicher Färbigkeit dargestellt, Christus singt im würdevollen Baß, nur sein Gebet auf dem Ölberg ist überaus lyrisch. Die beiden Chöre profilieren die Handlung mit kurzer Situationsschilderung. Der Abschluß bringt den Text des alten Passionsliedes: »Da Jesus an dem Kreuze stund« in einer freien motettischen Fantasie.

Historia des Leidens und Sterbens unseres Herrn und Heilandes Jesu Christi nach dem Evangelium St. Johannis, Passion für Soli, Chöre, Orchester und Orgel, entstanden 1665

Diese Passion ist elegisch und schwärmerisch gehalten. Die Grundtonart ist phrygisch, die auch

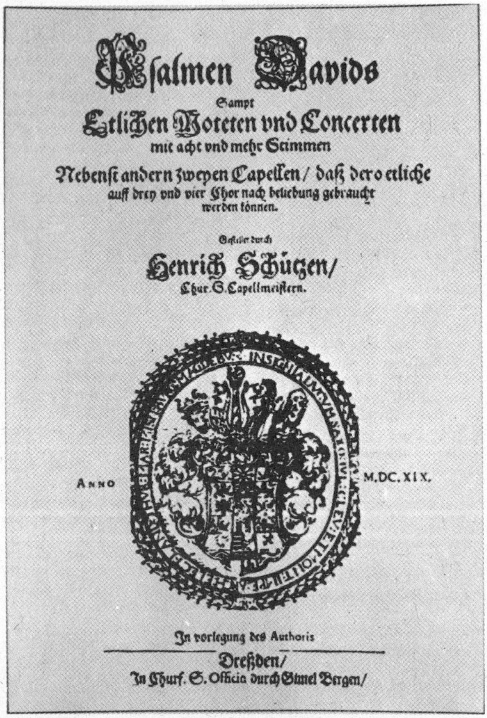
Psalmen Davids
Sampt
Etlichen Moteten vnd Concerten
mit acht vnd mehr Stimmen
Nebenst andern zweyen Capellen / daß dero etliche
auff drey vnd vier Chor nach beliebung gebraucht
werden können.
Gestellet durch
Henrich Schützen /
Chur. S. Capellmeistern.
Anno M.DC.XIX.
In vorlegung des Authoris
Dreßden /
In Churf. S. Officin durch Gimel Bergen /

Titelblatt der Erstausgabe der »Psalmen Davids·
Heinrich Schütz

in den Rezitativen beibehalten wird. Die Worte Christi trägt der Baß ruhig und feierlich vor, alle Solisten haben den gleichen leidenschaftslosen, etwas düsteren Ausdruck. Die Dramatik liegt bei den Chören, die eine bildhafte Ausdruckskraft gewinnen und neben dem strengen rezitativischen Teil nahezu dämonisch wirken. Beide stark divergierenden Bestandteile des Werkes ergeben ein grandioses Gesamtgemälde des Dargestellten. Es klingt mit einer motettisch entwickelten Choralmelodie: »Christus, der uns selig macht« mild und versöhnend aus.

Historia des Leidens und Sterbens unseres Herrn und Heilandes Jesu Christi nach dem Evangelium St. Matthaei, Passion für Soli, Chöre, Orchester und Orgel, entstanden 1665

Diese letzte Passion ist überaus reich und lebendig. Die Rezitation besteht aus einer Verschmelzung von Gregorianik, arioser Monodie und Liedweisen. Alle Solostellen sind von überwältigender Dramatik und werden darin jedoch zuweilen noch von den Chören übertroffen. Hinreißende Darstellung, Dramatik, Lyrismen, minutiöse Tonmalerei und allgemeingültige musikalische Aussage, alles dies ist in diesem Werk, das bereits auf dem Höhepunkt barocker oratorischer Kunst steht, enthalten. Der Schlußchor ist ein einfacher, etwas mystischer, aber dennoch allgemeinverständlicher Motettensatz, der stilistisch weit in die Zukunft weist.

Musikalische Exequien für Soli, Chor und Orgel, 3 Teile, entstanden 1636

Kirchliche Trauermusik mit deutschem Text, die das älteste »Deutsche Requiem« darstellt. Der Text besteht aus Bibelsprüchen und sakralen Liedern.

Der erste Teil trägt den Titel: »Concert in Form einer Teutschen Begräbnis-Missa« und ist für sechs Solisten und Orgel geschrieben, läßt aber an verschiedenen Stellen die Beteiligung eines Chores zu, der mit den Solisten alterniert. Die Texte sprechen vom Elend des menschlichen Daseins: »Es ist allhier ein Jammertal!«, der Chor stimmt ein: »Ach wie elend ist unser Zeit allhier auf dieser Erden.« Der Abschluß tröstet: »Er sprach zu mir, halt dich an mich, da bist du selig worden.« Der zweite Teil bringt eine Motette für zwei zweistimmige Chöre, die feierlich und verheißend auf den Himmel hinweisen. Der dritte Teil besteht aus dem Canticum B. Simeonis: »Herr, nun lässest du deinen Diener in Frieden fahren«, für fünfstimmigen Chor, in den ein Terzett aus zwei Sopranen und einem Baß einstimmt. Das Werk schließt mit einmaliger Klangpracht ab.

Deutsches Magnificat für achtstimmigen Doppelchor, entstanden 1671

Es handelt sich um eine der frühesten Kompositionen auf den deutschen Magnificattext. Der Komponist hat im Alter immer mehr auf die alte polyphonische Satzkunst zurückgegriffen, sie aber trotzdem neu gefaßt, so daß daraus eine neue Vielstimmigkeit und Kontrapunktik wurde, die für die nächsten hundert Jahre richtunggebend war. Trotz des strengen Satzes liegt eine affektreiche Wortausdeutung vor. Es ist eines der großartigsten Werke des 17. Jahrhunderts.

Cantiones sacrae (Heilige Gesänge), 40 vierstimmige Motetten auf lateinischem Text mit Generalbaß, entstanden 1625

Die einzelnen Sätze sind zum Teil polyphon für Chor ohne Begleitung und ohne Generalbaß, zum Teil monodisch für Soli mit Orgel und Streichern geschrieben. Die Stilverschiedenheit ist durch die betreffenden Texte bestimmt. Jede Motette ist ein Meisterwerk für sich.

Die 7 Worte Jesu am Kreuze für Soli, Streicher und Continuo, entstanden 1645

Es handelt sich in Wahrheit um ein Oratorium. Der Text ist allen Evangelien entnommen und durch Zusätze ergänzt. Das Werk beginnt mit einem Introitus und ist vorwiegend monodisch und von den Instrumenten begleitet. Die Worte Jesu sind ständig von zwei Instrumenten gestützt. Der Stil des »Lamento« lehnt sich an die italienische Oper an, die im 17. Jahrhundert voll düsterer Lyrik war. Schmerz und Leiden des Gekreuzigten werden sehr expressiv ausgedrückt, und die Worte: »Er neigte sein Haupt« sind von einer absteigenden synkopierten Melodie gekennzeichnet.

LITERATUR

G. Weizsäcker, Heinrich Schütz, Stuttgart 1956. A. Einstein, Heinrich Schütz, Kassel 1928. H.H. Eggebrecht, Heinrich Schütz, Musicus poeticus, Göttingen 1959. H. Eppstein, Heinrich Schütz, Stuttgart 1975.

Ervín Schulhoff (1894–1942)

LEBEN

Ervín Schulhoff wurde am 8.6.1894 als Urgroßneffe des Pianisten und Komponisten Julius Schulhoff in Prag geboren. Er studierte in Prag, Wien, Leipzig und Köln, wurde Lehrer am Konservatorium in Prag und 1935 Mitarbeiter des tschechischen Rundfunks. Er starb am 18.8.1942 im Konzentrationslager Wülzburg.

WERKE

Von den 6 Sinfonien von Ervín Schulhoff gehörten 5 seiner zweiten Schaffensperiode an, in der er sich nach den Richtlinien der Kulturpolitik der Sowjetunion, die er 1933 aufgesucht hatte, orientierte; 2 weitere Sinfonien sind nur als Skizzen überliefert. Bis zum genannten Zeitpunkt stellte er sich als Pianist und als Komponist in den Dienst der modernen europäischen Musik; bei seinen Kompositionen pflegte er die Groteske und die modernen Tanzformen; er experimentierte auch mit Mikrointervallen. Er verfaßte 2 Opern, 2 Ballette und eine Schauspielmusik, ein Jazzoratorium, eine Suite für Kammerorchester, ein Klavierkonzert, ein Doppelkonzert für Flöte, Klavier und Streichorchester und zwei Hörner, ein Streichsextett, 2 Streichquartette, 5 Stücke für Streichquartett, ein Concertino für Flöte, Bratsche und Kontrabaß, ein Divertimento für drei Bläser, ein Duo für Violine und Cello, eine Violinsonate, eine »Hot-Sonate« für Saxophon und Klavier, eine Sonate für Violine solo, Sonaten, Suiten, Partiten, Ostinati, Jazzetüden, Jazzskizzen, Arabesken, Grotesken und Variationen, weiter »Hot-Music« und synkopierte Etüden für Klavier und eine Suite für Klavier zu vier Händen.

Doppelkonzert für Flöte, Klavier und Orchester, 3 Sätze, entstanden 1927

Der 1. Satz weist starken motorischen Charakter auf und fließt ununterbrochen dahin, bis virtuose Kadenzen der Soloinstrumente den Schlußpunkt setzen. Der 2. Satz kontrastiert mit dem vorangehenden durch seinen etwas melancholischen, ruhigen Gang ohne dynamische Ausbrüche und stellt ein typisches Beispiel der Abkehr von jeder Romantik dar. Das Finale ist ein freies Rondo mit einem fröhlichen Hauptthema und einem Mittelteil in Bluesrhythmen.

Julius Schulhoff (1825–98)

LEBEN

Julius Schulhoff wurde am 2.8.1825 in Prag geboren. Er war Schüler von Václav Jan Tomášek und trat bereits mit 18 Jahren in Leipzig auf. Er begab sich nach Paris, wo er sich bald als Pianist einen Namen machte, unternahm auch einige Konzertreisen, dann wandte er sich dem Unterricht zu. Ab 1870 lebte er in Dresden und von 1897 bis zu seinem Tod am 13.3.1898 in Berlin als Klavierlehrer.

WERKE

Von Julius Schulhoff ist nur zahlreiche Salonmusik für Klavier überliefert, die zum Teil virtuosen Charakter hat und für das klavierspielende Publikum sicherlich zu schwer war. Weitere Kompositionen sind nicht bekannt.

Gunther Schuller (geboren 1925)

LEBEN

Gunther A. Schuller wurde am 22.11.1925 in New York geboren. Er studierte von 1941 bis 1943 Horn und Musiktheorie an der Manhattan School of Music, als Komponist war er Autodidakt. Von 1943 bis 1945 wirkte er als Erster Hornist des Sinfonieorchesters in Cincinnati und anschließend in gleicher Eigenschaft im Orchester der Metropolitan Opera, dann bis 1967 als freischaffender Komponist. Daneben war er Kompositionsprofessor an der Yale University in New Haven, Conn. 1967 – 1977 war er Präsident des Konservatoriums in Boston.

WERKE
Von der seriellen Musik ausgehend, schuf sich Gunther Schuller einen persönlichen Stil, der Sinfonik und Jazz vereinigt und von ihm mit »Third stream« (Dritte Strömung) bezeichnet wurde. Der Terminus ist von der Fachliteratur übernommen worden. Er schrieb unter anderem 3 Opern, 2 Ballette, 3 Sinfonien, ein Hornkonzert, ein Cellokonzert, ein Klavierkonzert, ein Kontrabaßkonzert, ein Doppelkonzert für zwei Klaviere, ein Violinkonzert, ein Harfenkonzert, »Atonale Jazz-Studien«, Transformationen für Jazzorchester, ein Konzert für zwei Orchester, 7 Studien auf Themen von Paul Klee, ein »Amerikanisches Triptychon«, eine Suite für Kammerorchester und weitere Stücke für Kammerorchester, für Streicher und für Bläser, ferner ein Stück für 16 Hörner, ein Kontrabaßquartett, ein Quartett für Jazzinstrumente, ein Jazzquintett mit Flöte, Baßklarinette, Horn, Violine und Cello, eine Sonate für Klarinette, Violine, Cello und Klavier, eine »Nachtmusik« für improvisierende Baßklarinette, Gitarre, zwei Kontrabässe und Trommeln, 2 Streichquartette, Sonaten sowie weitere Kammermusik mit verschiedener Besetzung, Lieder und Gesänge mit Instrumentalbegleitung.

Benedikt Schultheiß (um 1653–93)

ZEIT UND UMWELT
Der Pietismus fand in der zweiten Hälfte des 17. Jahrhunderts in Nürnberg viele Anhänger. Ihnen waren die in den Kirchen gesungenen Choräle und Lieder zu wenig hingebungsvoll. Sie verlangten nach Texten und Melodien, die ihre tiefe Frömmigkeit und Gottergebung stärker zum Ausdruck brachten.

LEBEN
Benedikt Schultheiß wurde um 1653 vermutlich in Nürnberg geboren. Er war Organist an der Egidienkirche und eventuell auch Kantor. Er starb in Nürnberg am 1. 3. 1693.

WERKE
Der deutsche Komponist Benedikt Schultheiß schrieb eine zweiteilige Sammlung von Stücken für Tasteninstrumente: »Muth und Geist ermunternder Clavier-Lust erster und ander Teil.« Melodien zu frommen Liedern von ihm finden sich auch in den Sammlungen »Andacht-klang«, »Gott-geheiligter Christen Seelenlust« und anderen ähnlichen.

Johann Paul Schulthesius (1748–1816)

ZEIT UND UMWELT
Die deutschen und holländischen lutherischen Gemeinden in Italien mußten sich ihre Kantoren und Pfarrer aus dem protestantischen Norden holen. Es ist selbstverständlich, daß die deutschen und holländischen Musiker mit den italienischen Fühlung nahmen, weil die Musik immer alle Grenzen der Völker und Bekenntnisse übersprungen hat.

LEBEN
Johann Paul Schulthesius wurde am 14. 9. 1748 in Fechheim, Oberfranken, geboren. Er studierte in Erlangen, wurde von Johann Balthasar Kehl zum Musiker ausgebildet und ging als Pfarrer der lutherischen Gemeinden nach Pisa und Livorno, wo er als Pianist wirkte und Mitglied der Accademia di Scienze, Lettere ed Arti (Akademie der Wissenschaften, Dichtung und Kunst) wurde. Er starb am 18. 4. 1816 in Livorno.

WERKE
Die Kompositionen von Johann Paul Schulthesius tragen zumeist programmatische Überschriften und nehmen dadurch ein Element der Romantik voraus. Er veröffentlichte 3 Sonaten für Cembalo oder Klavier

und Violine, 2 Klavierquartette, 3 Klaviersonaten, zahlreiche Variationen für Klavier und ein Klaviertrio. Er war auch als Musikschriftsteller tätig.

Johannes Schultz (1582–1653)

LEBEN
Johannes Schultz (Schultetus) wurde am 26. 6. 1582 in Lüneburg getauft. Er dürfte dort auch zum Kantor ausgebildet worden sein. Im Jahr 1605 wurde er Organist in Dannenberg und blieb in dieser Stellung bis zu seinem Tod. Er wurde am 26. 2. 1653 in Dannenberg beerdigt.

WERKE
Die Musik des deutschen Komponisten Johannes Schultz ist den Stilformen des 16. Jahrhunderts verpflichtet. Seine »40 neuwe ausserlesene schöne liebliche Paduanen, Intraden und Galliard mit 4 Stimmen«, der »Thesaurus musicus mit drei- bis sechzehnstimmigen geistlichen Gesängen«, der »Musicalische Lüstgarte mit 59 Stücken verschiedener Art« und die weiteren mehrstimmigen Werke weisen auf das Vorbild von Orlando di Lasso hin. Der Vollklang einzelner Stellen ist zuweilen überraschend.

LITERATUR
R. Siebeck, Johannes Schultz, in: Publikationen der Internationalen Musikgesellschaft, Beihefte, II, 12, Leipzig 1913.

Christoph Schultze (1606–83)

ZEIT UND UMWELT
Die Schüler von Heinrich Schütz, Johann Hermann Schein und Samuel Scheidt waren in Sachsen und in den Nachbarländern als Organisten und Kantoren überall anzutreffen. Mindestens zwei Generationen hindurch bestimmten die drei Meister das Musikgeschehen eines großen Teils Deutschlands.

LEBEN
Christoph Schultze (Schultz) wurde im Dezember 1606 in Sorau (Żary) geboren. Nach seiner Ausbildung in Wittenberg und Torgau war er Schüler von Johann Hermann Schein in Leipzig, sodann Kantor am Neumarkt in Halle und ab 1633 in Delitzsch, wo er am 28. 8. 1683 starb.

WERKE
Der deutsche Kantor und Komponist Christoph Schultze veröffentlichte 10 Bibelsprüche für fünf Stimmen und Continuo auf Madrigalart gesetzt unter dem Titel »Collegium musicum Delitii charitativum«, Melodien zu den Gedichtsammlungen »Jauchtzendes Libanon« und »Spielende Myrten-Aue« und eine Passionsmusik nach Lukas, »Das bittere Sterben«. Seine Musik läßt den Lehrer Schein erkennen, greift aber zuweilen auf die alte Polyphonie zurück.

Johann Abraham Peter Schulz (1747–1800)

ZEIT UND UMWELT
Der Hainbund wurde 1772 von Ludwig Christoph Heinrich Hölty (1748–1776), Johann Martin Miller (1750–1814), Johann Heinrich Voß und weiteren Studenten als Göttinger Dichterbund im Sinn Friedrich Gottlieb Klopstocks gegründet. Er trat gegen Aufklärung und Nachahmung der Franzosen und für Natur, Empfindung, Herz und Gefühl auf. Die Dichtungen wurden im Göttinger Musenalmanach veröffentlicht, dessen Mitarbeiter Gottfried August Bürger (1747 bis 1794), Matthias Claudius (1740–1815), Johann Gottfried von Herder, Johann Wolfgang von Goethe, Johann Wilhelm Ludwig Gleim und andere zeitgenössische Dichter waren. Seine Anregungen waren bis in das 19. Jahrhundert wirksam.

LEBEN
Johann Abraham Peter Schulz wurde am 31. 3. 1747 in Lüneburg geboren. Er war Schüler von Johann Philipp Kirnberger in Berlin, bereiste zunächst 5 Jahre lang Frankreich, Italien, Österreich und Polen als Klavierlehrer und Klavierbegleiter und ließ

sich 1773 in Berlin als Musiklehrer nieder, wirkte von 1776 bis 1778 als Dirigent des Französischen Theaters der Stadt, darauf des Privattheaters der Kronprinzessin Friederike Luise (1714 bis 1784) und schließlich von 1780 bis 1787 als Hofkomponist und Hofkapellmeister des Prinzen von Preußen, Heinrich, in Rheinsberg. Im Jahr 1790 wurde er Hofkapellmeister in Kopenhagen, trat 1795 in den Ruhestand und hielt sich in Berlin, Rheinsberg, Stettin und Schwedt auf, wo er am 10. 6. 1800 starb.

WERKE
Die Bedeutung von Johann Abraham Peter Schulz liegt in seinen 130 Liedern, mit denen er die Zweite Berliner Liederschule begründete und das umfangreiche deutsche Liedschaffen im 19. Jahrhundert einleitete. Er entwickelte das Kunstlied, »das den Schein des Bekannten haben sollte«. Er legte die Dichtungen des Göttinger Hainbundes seinen Liedern »im Volkston« zugrunde, von denen heute noch einige gesungen werden, wie »Der Mond ist aufgegangen« von Matthias Claudius. Er veröffentlichte »Gesänge am Klavier«, »Lieder im Volkston«, 3 Bände, »Uzens lyrische Gedichte religiösen Inhalts« auf Gedichte des Rokokodichters Johann Peter Uz (1720–96), verschiedene kleinere Klavierstücke, 2 Oratorien (»Johannes und Maria«, »Des Erlösers letzte Stunde«), ein Te Deum und geistliche Chöre. Er war auch als Schriftsteller tätig. Seine 3 Opern (eine auf dänischen Text) wurden zu seiner Zeit sehr geschätzt.

LITERATUR
E. Schmitz, Unverwelkter Volksliedstil, Leipzig 1956.

Christian Andreas Schulze
(um 1660–99)

ZEIT UND UMWELT
Das Kantorat der Kreuzschule in Dresden ist seit dem 16. Jahrhundert von einer Anzahl namhafter Kirchenmusiker bekleidet worden. Das Ausbildungsprogramm erstreckte sich vor allem auf die Vokalmusik, bildete für jeden Schüler eine ausgezeichnete Empfehlung und war ein weiterer Beweis für die Intensität der Musikpflege im Kurfürstentum Sachsen.

LEBEN
Christian Andreas Schulze (Schultze, Praetorius) wurde um 1660 vermutlich in Dresden geboren. Er war Schüler der Kreuzschule und studierte ab 1675 an der Universität Leipzig. Im Jahr 1678 wurde er zum Stadt- und Domkantor in Meißen ernannt und versah diese Stelle bis zu seinem Tod am 11. 9. 1699.

WERKE
Vom deutschen Kantor und Komponisten Christian Andreas Schulze sind eine »Historia Resurrectionis Domini nostri Jesu Christi« (Auferstehungshistorie) und bei 40 geistliche Vokalwerke erhalten; ungefähr 30 weitere Stücke sind verschollen.

William Schuman (geboren 1910)

LEBEN
William Howard Schuman wurde am 4. 8. 1910 in New York geboren. Er besuchte die Columbia University in seiner Vaterstadt und studierte bei Charles Haubiel (30. 1. 1892, Delta, O., bis 26. 8. 1978, Los Angeles) und Roy Harris. Nach mehrjähriger Tätigkeit als Lehrer und Chordirektor wurde er 1945 Präsident der Juilliard School of Music und 1962 Präsident des Lincoln Center for the Performing Arts; seit 1970 leitet er die Videorecord Corporation of America. Zahlreiche Ehrenstellungen und Ehrengrade sowie Preise und Auszeichnungen kennzeichnen ihn als einen der berühmtesten und beliebtesten Komponisten der USA in unserem Jahrhundert, dessen Werke auf den Konzertprogrammen der gesamten musikalischen Welt ständig auftauchen.

WERKE
Neben einer Oper und 4 Balletten schrieb William Schuman 10 Sinfonien, 2 Ouvertü-

ren, ein Triptychon für Orchester und eine Anzahl weiterer Orchesterstücke, ein Violinkonzert, ein Klavierkonzert, eine Fantasie für Cello und Orchester, 4 Streichquartette, ein Streichtrio, Klavierstücke, viele Kantaten mit verschiedener Besetzung, Chöre und Lieder. Sein Stil ist von seinem Lehrer Roy Harris, von Igor Strawinsky und dem amerikanischen Jazz beeinflußt, aber dennoch eigenständig. Polytonale Harmonik, weite Melodiebogen und lebhafte Rhythmen bestätigen die oft gewählte Bezeichnung seiner Musik als »typisch amerikanisch«.

Sinfonie Nr. 7, 4 Sätze, entstanden 1960

Die Sätze des Werks sind ohne Pausen zu spielen, so daß sich eine in sich geschlossene Einheit ergibt. Der 1., langsame Satz beginnt mit dunklen Orchesterfarben, aus denen sich die einzelnen melodischen Linien erst allmählich entwickeln und Selbständigkeit gewinnen. Der sonore Klang der Kontrabässe, der Celli und der Baßklarinette bleibt jedoch dominierend. Die dadurch geschaffene Spannung kulminiert in eine Kadenz der Klarinette und der Baßklarinette, die zum 2. Satz überleitet. Eine Trompetenfanfare eröffnet ein frohes musikalisches Geschehen, das sich als äußerst komplizierter sinfonischer Jazz darbietet. Der Rhythmus wird vom Schlagwerk markiert. Der anschließende 3. Satz wird von den Streichern allein bestritten. Von einem melodischen Kern spannt sich eine weite, innige Kantilene über einen großen Bogen aus und wird von den Begleitinstrumenten zum Ausgangspunkt zurückgeführt. Das Finale ist ein stürmisches Scherzo, in dem das Schlagwerk die Führung hat. Es endet, nachdem der Schlußakkord des Orchesters verklungen ist, mit Pauken, Kleiner Trommel und Großer Trommel, »das letzte Wort spricht aber das Zimbal«.

Violinkonzert, 2 Sätze, entstanden 1949, überarbeitet 1959

Der Komponist bezeichnete sein Werk als »sehr romantisch« und meinte damit, daß er alle lyrischen und virtuosen Möglichkeiten im Rahmen der zeitgenössischen Tonsprache zur Geltung gebracht habe. Der Ablauf des 1. Satzes wird von den Eröffnungstakten bestimmt. Im ersten Teil des Satzes wird das Thema brillant vorgetragen; daran schließt sich nach einer ruhigen Überleitung eine freie Kadenz, in der das bisherige Material verarbeitet ist. Im letzten Teil bringt das Tutti in rascher Folge mehrere Motive, über die sich der Solist prächtig entfaltet. Dem 2. Satz ist eine Introduktion vorangestellt, der eine Kadenz folgt. Darauf trägt das Orchester eine Fuge vor. Ein dramatisches Allegretto folgt, in dem Blech und Schlagzeug herrschen; im anschließenden Adagietto kommt es neuerlich zu kadenzähnlichen Passagen. Dann setzt, vom Solisten angeführt, das Finale ein, das sich scharf rhythmisiert mit breitem Klang dem Ende zu bewegt.

Clara Schumann (1819–96)

LEBEN

Clara Josephine Schumann, geborene Wieck, ab 12.9.1840 Frau Robert Schumanns, wurde am 13.9.1819 in Leipzig geboren. Bis zum Tod ihres Mannes lebte sie an seiner Seite, abgesehen von einigen Konzertreisen sodann in Berlin und schließlich von 1878 bis 1892 als Erste Klavierlehrerin am Hochschen Konservatorium in Frankfurt am Main, wo sie am 20.5.1896 starb.

Clara Schumann

WERKE

Von Clara Schumann sind ein Klavierkonzert, Variationen über ein Thema von Robert Schumann, verschiedene Charakterstücke für Klavier, Kadenzen zu Klavierkonzerten und Lieder bekannt geworden.

LITERATUR

J. N. Burk, Clara Schumann, New York 1940.

Georg Schumann (1866–1952)

LEBEN

Georg Alfred Schumann wurde am 25. 10. 1866 in Königstein, Sachsen, geboren. Er war in Dresden Schüler von Carl August Fischer (1828–92) und am Konservatorium in Leipzig von 1882 bis 1888 von Carl Reinecke und Salomon Jadassohn. Von 1890 bis 1896 wirkte er als Dirigent der Singakademie in Danzig (Gdańsk), sodann der Philharmonie in Bremen und ab 1900 der Berliner Singakademie. Im Jahr 1913 wurde er Leiter einer Meisterklasse für Komposition an der Akademie der Künste Berlin und 1934 ihr Präsident. Er starb am 23. 5. 1952 in Berlin.

Sein Bruder Camillo Schumann (10. 3. 1872, Königstein, bis 29. 12. 1946, Gottleuba) studierte am Konservatorium in Leipzig und in Berlin bei Woldemar Bargiel. Er wirkte von 1896 bis 1913 als Organist an der Hauptkirche in Eisenach.

WERKE

Georg Schumann versuchte, durch seine Unterrichtstätigkeit und durch sein kompositorisches Werk wie manche andere »das Abendland vor dem Zerfall der Tonkunst zu retten« und fand viel Zustimmung. Er schrieb 2 Sinfonien, mehrere Ouvertüren, eine sinfonische Dichtung »Im Ringen um ein Ideal«, eine Suite, eine Serenade, 4 Chorwerke mit Orchester »Amor und Psyche«, »Sehnsucht«, »Ruth«, »Das Tränenkrüglein«, mehrere Variationen, Kammermusik, Orgelmusik, (eine Passacaglia über b-a-c-h, Choralvorspiele), Chöre und Lieder.

Camillo Schumann verfaßte 6 Kantaten, Chöre, Orgelmusik – darunter 5 Orgelsonaten –, Kammermusik, Klavierstücke und Lieder.

Robert Schumann (1810 – 56)

ZEIT UND UMWELT

Ludwig van Beethoven, Carl Maria von Weber und Franz Schubert waren erst seit wenigen Jahren tot, Louis Spohr und Heinrich Marschner standen noch auf der Höhe ihrer Leistungskraft, und Felix Mendelssohn-Bartholdy wurde gerade bekannt. Trotzdem griff eine merkliche Verflachung des musikalischen Lebens in Deutschland um sich. Diese Lähmung war eine zwangsläufige Folge der polizeistaatlichen Regierungsformen Mitteleuropas, denn wenn auch der Stift des Zensors in erster Linie der schreibenden Zunft jedes freie Wort verbot, so erfaßte die allgemeine geistige Stagnation auch weite Bereiche der Musik. Und auf der Bühne war dies nicht anders: Goethe war verstummt, seine Stücke waren ebensowenig genehm wie die Schillers; man spielte Kotzebue. Doch der Sturm jenseits der Westgrenzen, wo neuerlich ein König Macht und Thron verloren hatte, blieb nicht ungehört. Das Jahr 1848 brachte die Erkenntnis, daß die Freiheit nie ge-

Robert Schumann, Lithographie von J. Kriehuber

schenkt, sondern nur erkämpft wird; und so dürftig der Freiheitsraum war, der erobert wurde, er bot doch die Plattform für eine neue Entfaltung.

Leben

Robert Alexander Schumann wurde am 8.6.1810 in Zwickau als Sohn des Buchhändlers Friedrich August Gottlob Schumann (2.3.1773, Endschütz bei Gera, bis 10.8.1826, Zwickau) und der Johanna Christina Schnabel (28.11. um 1767, Zeitz, bis 4.2.1836, Zwickau) geboren. Mit 7 Jahren erhielt er den ersten Musikunterricht von dem Organisten Johann Georg Kuntsch (1775, Wilschdorf bei Dresden, bis 1855, Zwickau), der ihn mit den Werken von Carl Philipp Emanuel Bach, Wolfgang Amadeus Mozart und Joseph Haydn bekannt machte. Die väterliche Buchhandlung bot ihm jede Möglichkeit, seine Bildung neben dem Unterricht des Gymnasiums, das er besuchte, zu erweitern; unter den Dichtern wählte er Jean Paul Richter (1763–1825), Joseph von Eichendorff und Heinrich Heine als seine Lieblinge. Daneben lief sein Musikstudium, das bereits 1821 mit der Komposition »150. Psalm« für Sopran, Alt, Klavier und Orchester seine erste Frucht zeitigte. Der Vater wollte Carl Maria von Weber ersuchen, seinem Sohn Klavierunterricht zu erteilen, es kam aber nicht mehr dazu. Der Tod des Vaters zwang Robert Schumann überdies, an ein »Brotstudium« zu denken; er begab sich nach Leipzig, um Rechtswissenschaft zu studieren, und kam dort mit Heinrich Marschner und dem Klavier- und Gesanglehrer Friedrich Wieck (18.8.1785, Pretsch bei Wittenberg, bis 6.10.1873, Loschwitz bei Dresden), bei dem er Klavierunterricht nahm, in Verbindung. In Heidelberg, wo er sein Universitätsstudium fortsetzte, widmete er sich immer mehr der Musik, bis er schließlich von der Mutter die Erlaubnis erhielt, das Studium aufzugeben und nach Leipzig zu Friedrich Wieck zurückzukehren. Unterricht in Kontrapunkt und Harmonielehre erhielt er von Heinrich Dorn. Der Erfolg in seiner pianistischen Ausbildung blieb unbefriedigend und fand schließlich sein Ende, weil eine Lähmung in der rechten Hand – angeblich durch ein Übungsexperiment selbst verschuldet – auftrat; auf eine Virtuosenlaufbahn mußte er verzichten. Die wurde von Clara Wieck, der Tochter des Lehrers, mit größtem Erfolg eingeschlagen, die binnen kurzer Zeit eine der bedeutendsten Pianistinnen der Zeit wurde. Der Vater war auch unbedingt dagegen, daß sie Robert Schumann heiratete. Um sich eine Existenzgrundlage zu schaffen, gründete er mit Friedrich Wieck, dem Pianisten Julius Knorr (22.9.1807, Leipzig, bis 17.6.1861, Leipzig) und Ludwig Schunke die »neue Zeitschrift für Musik, herausgegeben durch einen Verein von Künstlern und Kunstfreunden«, als Organ der »Davidsbündler«, einer fiktiven Vereinigung zum Kampf gegen das philiströse Bürgertum, deren Dialoge zum Rahmen für Musik- und Kulturkritik gemacht wurden. Er hatte schon früher laufend musikwissenschaftliche und kritische Essays veröffentlicht und war dadurch zum Vorbild einer konstruktiven Musikkritik geworden. Er redigierte diese Zeitschrift bis 1844, deren Programm lautete: »An die alte Zeit und ihre Wege mit allem Nachdruck erinnern, darauf aufmerksam machen, wie nur an so reinen Quellen neue Kunstschönheiten gekräftigt werden können, sodann die letzte Vergangenheit, die nur auf Steigerung äußerlicher Virtuosität ausging, als eine unkünstlerische zu bekämpfen, endlich eine neue poetische Zeit vorzubereiten, beschleunigen zu helfen.« Er machte darin seine Leser mit einer Reihe bedeutender Zeitgenossen bekannt, darunter vor allem Johannes Brahms. Felix Mendelssohn-Bartholdy holte ihn 1843 als Lehrer an das neugegründete Leipziger Konservatorium. Nach einer langen und ausgedehnten Konzertreise bis nach St. Petersburg, auf der er seine Frau begleitete, übersiedelte er 1844 nach Dresden, wo er die Liedertafel leitete und privaten Unterricht erteilte. Die 1850 übernommene Stelle des Städtischen Musikdirektors von Düsseldorf konnte er wegen seines inzwischen ausgebrochenen Leidens nur mangelhaft ausfüllen; 1854 stürzte er sich in selbstmörderischer Absicht in den Rhein, wurde gerettet und in die Nervenheilanstalt in Endenich bei Bonn gebracht, wo er am 28.7.1856 starb. Er wurde auf dem Friedhof vor dem Sternentor in Bonn beigesetzt, wohin ihn ein von Johannes Brahms und Joseph Joachim angeführter Trauerzug geleitete.

Werke

Die Stärke Robert Schumanns lag auf dem Gebiet der Klavierkomposition, die er mit einem sorgfältig ausgefeilten, kontrapunktisch gearbeiteten und äußerst wendigen Satzbau versah; er unterscheidet sich dadurch deutlich von seinen Vorgängern. Die lyrischen Kantilenen scheinen sich frei zu bewegen und sind dennoch an strenge Regeln, wenn auch nahezu unmerklich, gebunden. Wenn auch auf den ersten Blick dabei nichts errechnet und geplant, sondern alles nur improvisatorisch hingeworfen zu sein scheint, bei näherem Hinsehen wird dennoch deutlich, daß es sich um sorgfältig durchdachte Konzeptionen handelt. Bloße Abbildung und Programmatik lehnte der Komponist immer ab, seine Werke geben die zugrundeliegende poetische Idee sinnbildlich wieder. Die Überschriften der Klavierkompositionen sind nur Anhaltspunkte, damit der Ideengehalt des Werkes leichter verständlich wird, und keine Titel. Sogar bei den Liedbegleitungen entfernt sich das Klavier weit von den realen Aussagen des Textes und zeichnet dafür den Gefühlsgehalt als Parallele. Die Klavierwerke umfassen ungefähr 45 Opuszahlen, die sich in Variationen, Tanzzyklen, Etüden, Sonaten, Fantasien, Fantasiestücken, Miniaturen gliedern: 3 Sonaten, 4 Fugen, 7 Fuguetten, Studien nach Capricen von Paganini, Sinfonische Etüden, 18 Davidsbündler-Stücke, die berühmte Serie »Carnaval« – 21 Stücke, »Waldszenen«, »Faschingsschwank aus Wien«, »Kinderszenen« mit der weltbekannten »Träumerei«, 20 Albumblätter, 43 Stücke »Album für die Jugend«, 3 Kindersonaten, 6 Intermezzi, 3 Romanzen, 3 Nachtstücke, 8 Novelletten, 12 Fantasiestücke und eine Fantasie in C-Dur, weiters zu vier Händen: 9 Ballszenen, 8 Polonaisen, 6 Impromptus und noch andere. Sein Klavierwerk hatte Robert Schumann bereits nahezu vollendet, als er sich intensiver der Liedkomposition zuwandte. Er verfaßte rund 270 Sololieder; die Texte für 44 Lieder stammen von Heinrich Heine, dann folgen Joseph Eichendorff und Justinus Kerner (1786–1862) mit je 22 und Johann Wolfgang von Goethe mit 18, Adelbert von Chamisso (1781–1838), Nikolaus Lenau (1802–50); Eduard Mörike, Ludwig Uhland und August Heinrich Hoffmann von Fallersleben (1798–1874) sind ebenfalls stark vertreten; mit der vertonten Lyrik von Robert Burns (1759–96) bestritten die Genannten zwei Drittel der Texte. Auch unter dem Rest sind bedeutende Namen zu finden wie Hans Christian Andersen (1805–75), Lord George Gordon Noel Byron, Friedrich Hebbel (1813 bis 1863). Die Lieder präsentieren sich zumeist als Bestandteil eines Zyklus. Nach den »Elf frühen Liedern« erschienen der »Heine-Liederkreis«, der Zyklus »Myrten«, die »Zwölf Gedichte von Justinus Kerner«, die »Sechs Gedichte aus dem Liederbuch eines Malers« von Robert Reinick (1805–52), die »Zwölf Gedichte aus Friedrich Rückerts (1788–1866) »Liebesfrühling«, der »Eichendorff-Liederkreis« mit 12 Liedern, die 5 »Andersen-Lieder«, »Frauenliebe und -leben« von Adelbert von Chamisso mit 8 Liedern, »Dichterliebe« von Heinrich Heine mit 16 Liedern, 12 Romanzen und Balladen, 25 Lieder und 4 Duette im »Liederalbum für die Jugend« und noch eine Reihe weiterer. Dazu kommen zahlreiche mehrstimmige Gesänge – Duette, Terzette, Männer- und Frauenchöre. Im Jahr 1838 kam für den Komponisten der Zeitpunkt, an dem ihm das Klavier als Ausdrucksmedium nicht mehr genügte: »Ich höre eine Menge Sachen, die ich kaum andeuten kann. Das Klavier wird mir zu enge.« Er wandte sich der Orchestermusik zu und schrieb 4 Sinfonien: Nr. 1 »Frühlingssinfonie« in B-Dur, Sinfonie Nr. 2 in C-Dur, Nr. 3 »Rheinische Sinfonie« in Es-Dur, Sinfonie Nr. 4 in d-Moll. Dazu sind »Ouvertüre, Scherzo und Finale« zu setzen und die weiteren 6 Ouvertüren »Genoveva«, »Manfred«, »Faust«, »Braut von Messina«, »Julius Caesar«, »Hermann und Dorothea« und die »Festouvertüre mit Gesang über das Rheinweinlied«. Seinen Konzerten ist das Klavierkonzert a-Moll voranzustellen. Das Konzertstück »Introduktion und Allegro appassionato« wird viel zu selten gespielt. Sein Cellokonzert in a-Moll gehört zu den meistgespielten überhaupt. Auch seine Fantasie für Violine mit Orchester (oder Klavier) ist zuweilen zu hören, während das posthum erschienene Violinkonzert in d-Moll bisher keinen Platz im Konzertleben erringen konnte. Das Konzertstück für 4 Hörner und großes Orchester F-Dur gehört hingegen zu den Meisterleistungen des Komponisten. Die Kammermusik ist mit einem Klavierquintett, einem Klavierquartett, 3 Streichquartetten, 3 Klaviertrios, einem Trio für Klarinette, Bratsche und Klavier, 2 Violinsonaten, den »Märchenbildern« für Bratsche und Klavier, »Fünf Stücken im Volkston« für Cello und Klavier, den »Fantasiestücken« für Klarinette und Klavier und dem »Adagio und Allegro« für Horn und Klavier vertreten.

Neben der einzigen Oper, »Genoveva«, schrieb Schumann das dramatische Gedicht »Manfred« sowie 3 Oratorien: »Das Paradies und die Peri«, »Der Rose Pilgerfahrt«, »Szenen aus Goethes Faust« und kleinere Chorwerke mit Orchester, von denen »Das Glück von Edenhall« und »Des Sängers Fluch« am bekanntesten sind. Zu erwähnen sind noch das beliebte »Zigeunerleben« für Chor, Klavier, Triangel und Tamburin, eine Messe, eine Requiem und mehrere a-cappella-Gesänge, ferner etliche interessante Stücke für Orgel oder Pedalklavier. Bald nach Robert Schumanns Tod wurde sein Werk in Deutschland sehr populär.

Das Paradies und die Peri, Oratorium für Solostimmen, Chor und Orchester, Opus 50, Dichtung aus »Lalla Rookh« von Thomas Moore, entstanden 1843

Eine »Peri« (sündiger Engel) will in das Paradies zurück und findet Einlaß, wenn sie »des Himmels liebste Gabe« darbringt. Sie begibt sich nach Indien, wo der Krieg tobt. Schmetternde Bläserfanfaren und erregte Streicherpassagen schildern die Schlacht; die Inder werden geschlagen. Der Tenor berichtet, daß ein Jüngling als einziger noch Widerstand leistet. Die Peri nimmt den letzten Blutstropfen, der aus der Brust des sterbenden Helden fließt als Gabe für den Hüter des Paradieses. Der Chor feiert den Opfertod mit einem fugierten Satz. Die Peri wird abgewiesen: »Viel heiliger muß die Gabe sein, die Dich zum Tor des Lichts läßt ein.«

Der nächste Schauplatz sind die Quellen des Nils, die mit bezaubernder Landschaftsschilderung dargestellt werden. In Ägypten herrscht die Pest. Die Altstimme verkündet: »Im Waldesgrün am stillen See, da seufzt ein Jüngling in schwerem Weh.« Ein Kranker hat sich in die Einsamkeit geflüchtet, um zu sterben. Seine Geliebte findet ihn und erliegt mit ihm der Todeskrankheit; die Peri singt die Sterbenden mit einem Schlaflied in den Tod und nimmt ihren letzten Seufzer an sich, um ihn dem Himmel darzubringen. Wieder weist man sie ab. Sie geht nun nach Syrien, wo ein Verbrecher beim Anblick eines spielenden Knaben Reuetränen vergießt, die sie auffängt, zum Himmel trägt und eingelassen wird. Ein feierlicher Choralsatz begrüßt die Wandlung des Sünders, ein jubelndes Finale der entsühnten Peri und des Chores feiern das glückliche Ende des tragischen Geschehens.

Der Rose Pilgerfahrt, Oratorium für Soli, Chor und Orchester, Opus 112, Text nach einer Dichtung von Heinrich Moritz Horn (1814–76), ein Teil, entstanden 1851

Eine Elfe, die ihre Welt verlassen hat, um Mensch zu werden, liebt einen Mann, bringt ein Kind zur Welt und kommt wie andere Menschen in den Himmel. Der Erzähler bringt seinen Bericht nicht mit einem Rezitativ vor, sondern singend. Die Elfenfürstin entläßt Rose, die gebeten hatte: »O laß mich eine Jungfrau werden, laß lieben mich den Mädchen gleich.« Der Chor der Elfen verstummt, Rose geht als Menschenmädchen auf Obdachsuche, ihre Bitte klingt wie ein Kinderlied; sie kommt auf den Friedhof, wo eben von Chorgesang und Bläsern begleitet die Müllerstochter zur Ruhe gebettet wird. Der alte Totengräber nimmt das Mädchen für eine Nacht auf. Es singt sein Nachtgebet und denkt an das Feenreich: »Ob sie wohl meiner noch gedenken?« Geheimnisvolle Klänge des Frauenchors geben die Antwort. Nächsten Tages wird Rose zum Müllerehepaar gebracht, das sie anstelle der verstorbenen Tochter gern aufnimmt. Der Müller singt eine alte Liebesweise. Der junge Förstersohn wirbt um das Mädchen und hat Erfolg; Glockengeläute und ein von Violinen angestimmter Walzer feiern die Hochzeit. Im kurzen Epilog bekommt die junge Frau ein Kind und stirbt daran. Ein Engel singt: »Zu höh'rem Licht schwing Dich empor!« Das Märchen ist beendet.

Szenen aus Goethes Faust, Oratorium für Soli, Chor und Orchester, 3 Teile, Gesamturaufführung 1862

Der 1. Teil enthält die Liebesszene im Garten, Gretchens Monolog vor dem Bild der Gottesmutter und die Szene im Dom, ist also ganz der Gestalt Gretchens gewidmet. Die Szene im Garten bringt ein idyllisches F-Dur-Duett. Das Gebet vor der Mater dolorosa, ein wehmütiger, erregt figurierter a-Moll-Satz, bricht im dramatischen Fortissimo in das »Hilf, rette mich vor Schmach und Tod« aus und endet in einer ergebenen Kantilene. Die Domszene stellt die Worte des bösen Geistes, die Klagen Gretchens und das »Dies irae« mit dramatischer und zum Teil sogar theatraler Wirkung dar. Der 2. Teil bringt den Sonnenaufgang, den Ariel verkündet. Faust erwacht. Vier graue Weiber erscheinen, Mangel, Schuld, Not und Sorge: Faust spricht nur mit der Sorge. Dann folgt Fausts Tod. Eine Trompete leitet den Chor der Lemuren ein, das Grab wird ausgehoben, Faust singt seinen letzten Monolog. Darauf folgt als 3. Teil Fausts Verklärung. Mit wechselnden Chören und Soli wird die Schlußszene grandios ausgedeutet, eine orchesterbegleitete achtstimmige Motette für Doppelchor und Soli, die an alte Chormusik erinnert, schließt das Werk mit starker Klangfülle ab.

Die Ouvertüre zu diesem Oratorium, das mehr einer lyrischen Kantate gleicht, wird oft gesondert aufgeführt. Sie wurde vom Eingangsmonolog Fausts zur Tragödie inspiriert. Die lose Szenenfolge setzt natürlich die Kenntnis des Werks von Johann Wolfgang von Goethe voraus.

Sinfonie Nr. 1 in B-Dur, »Frühlingssinfonie«, Opus 36, 4 Sätze, entstanden 1841

Schumann schreibt über diese Sinfonie, deren ursprüngliche Satzbezeichnungen »Frühlingssinfonie – Abend – Frohe Gespielen – Voller Frühling« lauteten, an Louis Spohr: »Ich schrieb diese Sinfonie zu Ende Winters 1841, wenn ich es sagen darf, in jenem Frühlingsdrang, der den Menschen wohl bis in das höchste Alter hinauf und in jedem Jahre von neuem überfällt. Schildern, malen wollte ich nicht; daß aber eben die Zeit, in der die Sinfonie entstand, auf ihre Gestaltung und daß sie gerade so geworden ist, wie sie ist, eingewirkt hat, glaube ich wohl.«

Der 1. Satz beginnt mit einer Fanfare der Blechbläser. Das Orchester antwortet mit rauschenden Läufen, dann kündigt ein Flötensolo den Frühling an. Klarinetten mit Fagotten und Hörnern bringen das zweite Thema, der Kampf des Frühlings mit dem weichenden Winter beginnt und wird gewonnen; eine blühende Melodie verkündet den Sieg; unter dem Jubel des Orchesters hält der Frühling Einzug. Der 2. Satz beginnt in märchenhafter, elegischer Stimmung. Eine melancholische Linie wird entgegengeführt, träumerisch klingt der Satz aus, bis pathetische Posaunentöne zum Scherzo überleiten, das die Streicher mit einem robusten Thema beginnen. Zum Ausklang wird ein neues Thema herangeführt, was den poetischen Charakter des Satzes, das Lyrisch-tänzerische im Gegensatz zu schroffer Leidenschaft betont. Die zwei Trios dieses Scherzo gehören zu den schönsten Einfällen des Komponisten. Das Finale ist ein rauschendes Frühlingsfest, klingt aber mehr pianistisch als sinfonisch wie ein größerer Teil der Sinfonik des Komponisten, der der Instrumentation keine Tiefenwirkung verleiht. Das erste Thema entfacht einen munteren Wirbel, das zweite läßt das Orchester voll Freude über den angebrochenen Frühling ausklingen.

Sinfonie Nr. 2 in C-Dur, Opus 61, 4 Sätze, entstanden 1845

Über dieses Werk schreibt der Komponist: »Die Sinfonie schrieb ich im Dezember 1845 noch halb krank, mir ist's als müßte man ihr das anhören. Erst im letzten Akt fing ich an mich wieder zu fühlen; wirklich wurde ich auch nach Beendigung des ganzen Werkes wieder wohler.«

Das Leid überschattet die Einleitung zum 1. Satz. Die Quintenschritte der Bläser wirken wie ein Schicksalsmotiv. Die folgenden, ständig wiederholten Motive erzeugen eine quälende Stimmung, die sich leidenschaftlich steigert und mit einer Fanfare plötzlich abreißt. Das Scherzo fängt mit einer unruhigen Perpetuum-mobile-Melodie der Ersten Violinen an, die, mehrfach unterbrochen, immer wieder einsetzt. Das erste Trio ist voller Einfälle, das zweite wirkt etwas leer, als wäre die Kraft des Komponisten versiegt. Das Adagio klingt an das »Musikalische Opfer« von Johann Sebastian Bach an. Eine sehnsuchtsvolle Kantilene bittet um Genesung. Das Leid weicht aber bis zum Ende des Satzes nicht. Dafür bringt das erste Thema des 4. Satzes ein frohes Marschthema; im zweiten stellt Sorge den Jubel in Frage, doch die Verzweiflung kehrt nicht wieder. Die Bläser intonieren nach einer Generalpause ein Zitat aus Ludwig van Beethovens Liederkreis »An die ferne Geliebte« (»Nimm hin denn, diese Lieder«), die Quinten der Einleitung erklingen jetzt als Siegesfanfaren; triumphierend wird der Satz beendet.

Sinfonie Nr. 3 in Es-Dur, »Rheinische«, Opus 97, 5 Sätze, entstanden 1850

Mit ihrer schwungvollen Heiterkeit hat sich diese Sinfonie bald alle Konzertsäle erobert.

Der 1. Satz beginnt ohne Einleitung kraftvoll und lebendig, das zweite elegische Thema wird erst später vorgestellt, kann aber den Frohsinn nicht bannen, sondern wird allmählich vertrieben und muß die überschäumende Daseinsfreude gewähren lassen. Das Scherzo ist heiter und behaglich. Im Trio tritt ein langer Orgelpunkt auf, über den die Klarinetten eine weiche Melodie spinnen. Der 3. Satz bringt eine gefühlvolle, anschmiegsame Kantilene, die von Einwürfen etwas aufgelockert wird. Der 4. Satz ist feierlich und weihevoll und schildert programmatisch den mächtigen Dom zu Köln und eine darin ablaufende Zeremonie. Erst das Finale findet wiederum zur Fröhlichkeit rheinischer Stimmung zurück, frische Marschrhythmen kennzeichnen den Charakter der Musik. In der Coda setzt ein gewaltiger Bläserchor ein, der den Satz festlich ausklingen läßt.

Sinfonie Nr. 4 in d-Moll, Opus 120, 4 Sätze, entstanden 1841, überarbeitet und zum zweiten Mal vollendet 1852

Die Sätze des Werks fließen pausenlos ineinander über, so daß eine geschlossene Einheit entsteht; die Themen der einzelnen Sätze stehen zueinander in enger thematischer und noch mehr poetischer Beziehung. Die Einleitung ist voll Schwermut. Das erste Thema gibt sich hingegen tröstlich und heiter, es ist aus dem Geist des Klaviers empfunden, wird durch den ganzen 1. Satz abgewandelt und erscheint ständig mit anderer Formgebung. Eine schwermütige volksliedhafte Romanze schließt sich an, das Thema des 1. Satzes erscheint erneut. Dann setzt das Scherzo ein und wandelt mit etwas grimmigem Humor die friedliche Stimmung. Die Uneinheitlichkeit, das Schwanken zwischen Leid und Freud kennzeichnen den Komponisten als Romantiker, der eine Stimmung aufreißt und anschließend verwischt. Eine Fülle von Einfällen wird kaum verarbeitet vorgeführt, deren Kontraste eine Einheit höherer Ordnung ergeben. Das Finale knüpft wieder am 1. Satz an. Grelle Einwürfe wirken aufregend dramatisch. Aber dann tauchen neue, träumerische, schwärmerische Gedanken auf. Das Ende ist aber dennoch schwungvoll, triumphierend.

Ouvertüre, Scherzo und Finale in E-Dur, Opus 52, 3 Teile, entstanden 1841, umgearbeitet und in zweiter Fassung 1845 vollendet

Dieses knappe, ursprünglich mit »Sinfonietta« bezeichnete Orchesterstück voll Musizierfreudigkeit ist nach der Umarbeitung zu einer der beliebtesten Konzertnummern des Komponisten geworden. Der 1. Teil – Ouvertüre – geht nach der Einleitung zu einem Sonatensatz über, der ein frisches Hauptthema und ein sehr lyrisches Seitenthema aufweist und nach einer bewegten Durchführung mit einer fröhlichen Coda endet. Der 2. Teil – Scherzo – ist ein heiteres serenadenähnliches Stück, das von zwei Trios gut aufgegliedert wird. Das Finale ist ausgesprochen musikantisch, nimmt Themen der Vordersätze auf und schließt pathetisch, aber doch heiter ab.

Ouvertüre zu Lord Byrons dramatischem Gedicht »Manfred« in es-Moll, Opus 115, ein Teil, entstanden 1849

Die gesamte »Manfred-Musik«, die im 19. Jahrhundert sehr viel Beifall errang, ist mit dem Gedicht eng verbunden, dessen Weltschmerz, Gefühlszerrissenheit und an das Krankhafte grenzende Phantastik heute dem Publikum nicht mehr zumutbar wären. Daher wird nur mehr die Ouvertüre aufgeführt. Sie stellt ein großartiges Seelengemälde des ruhelos und verzweifelt umhergetriebenen Manfred dar, das wohl ein Selbstbekenntnis des Komponisten in sich schließt. Manfred fordert von den Geistern Antwort auf die Frage nach dem Sinn des Lebens und erleidet den Tod als Antwort und Erlösung.

Ouvertüre zur Oper »Genoveva« in c-Moll, Opus 81, ein Teil, entstanden 1847

Während der Oper wegen ihres unglücklichen Librettos kein Erfolg beschieden war, hat sich die Ouvertüre als Konzerstück bis in die Gegenwart erhalten. Sie beginnt mit einer düsteren Charakterisierung des bösen Intriganten Golo und hält noch an, während das Genoveva-Motiv vorgetragen wird. Dieses klingt sodann, von Violinen, Klarinetten und Flöten getragen, weiter, doch bald sammeln sich die dunklen Wolken und überwältigen die freundliche Atmosphäre. Die Dramatik verdichtet sich und erreicht mit einem Fortissimoschlag ihren Höhepunkt. Von den Streichern kommt eine klagende Geste. Jedoch das Motiv der Genoveva trägt schließlich den Sieg davon und steigert sich zu einem hymnischen Abschluß.

Konzertstück für vier Hörner und großes Orchester in F-Dur, Opus 86, 3 Sätze, entstanden 1849

Das Ventilhorn begann sich seit ungefähr 1810 langsam durchzusetzen. Dieses Stück verwendet alle technischen und klanglichen Möglichkeiten des neuen Instruments.

Nach zwei Forteakkorden intonieren die Hörner ein frohes Thema, das das Orchester weiterführt. Die Bläser bringen eine elegische Melodie, die alternativ mit dem Orchester in wechselnder Stimmung bis zum kraftvollen Ausklang entwickelt wird. Eine langsame, melancholisch-märchenhafte Romanze schließt sich an, dann kündigen Trompetensignale den 3. Satz an, der ausgelassen heiter – von einem ausdrucksstarken Gesang der Hörner unterbrochen – in einer tänzerischen Atmosphäre das prächtige Stück beendet.

Klavierkonzert in a-Moll, Opus 54, 3 Sätze, entstanden 1845 aus der »Fantasie für Klavier und Orchester in a-Moll« aus 1841

Es liegt kein klassisches Konzert vor, der Fantasie-Charakter ist bei der Überarbeitung intakt geblieben. Das Klavier blieb im Mittelpunkt des musikalischen Geschehens, aber das Orchester nimmt keine untergeordnete Begleiterrolle ein, sondern ist parallel und gleichwertig zum Soloinstrument zuweilen antiphonisch geführt. Die Einleitung zum 1. Satz übernimmt der Solist, dann trägt das Orchester das Thema vor, das während des gesamten Werks eine dominierende Stellung einnimmt. Ein zweites Thema fehlt, der von der Klassik geforderte Dualismus ist aufgegeben. Es gibt somit auch keine Entwicklung, sondern nur einen Wechsel der Stimmungen. Auch die Durchführung hat ihre Funktion verändert, sie bringt nur eine Themenverdichtung und damit neue Klangbilder. Aus der Reprise wächst die Kadenz, dann klingt der Satz mit dem Thema aus. Das Andante ist eine Idylle voll Romantik und Poesie, wohlklingend und friedvoll. Das Finale hingegen tritt leidenschaftlich und siegesbewußt auf, die Themen wetteifern miteinander mit ihrer Ausdruckskraft; pianistisch virtuos werden der Satz und das Werk mit vollem Orchesterklang abgeschlossen.

Introduktion und Allegro appassionato, Konzertstück für Klavier und Orchester in G-Dur, Opus 92, 2 Teile, entstanden 1849

Es handelt sich um ein virtuoses Stück, dessen prächtige Introduktion eine von leisen Klavierarpeggien begleitete innige Klarinettenmelodie bringt, die anschließend das Erste Horn weiterspinnt. Die dadurch gewonnenen Motive lösen einander ab und werden von Flöten, Oboen und Violinen vorgetragen; sie werden drängender und erzeugen eine große Spannung, die mit einer Wiederholung des Eingangsmotivs durch das ganze Orchester endet. Das anschließende Allegro stimmt sein erstes Thema stürmisch und kräftig an; es wird im abrupten Solo-Tutti-Wechsel weiterentwickelt; lyrische Episoden treten auf, darauf ein imitatorisches zweites Thema, so daß eine Durchführung möglich wird, die im Wechselspiel der Instrumente neben einem virtuosen Klavierpart und seinem bravourösen Figurenwerk zu einer vierfachen Fanfare und kraftvollen Schlußakkorden leitet.

Cellokonzert in a-Moll, Opus 129, 3 Sätze, entstanden 1850, uraufgeführt posthum (1860)

Das in Düsseldorf von dem bereits schwerkranken Komponisten verfaßte Werk gleicht einer Bitte an die Natur, die grausamen Schicksalsschläge von den Menschen abzuhalten. Das Hauptthema des 1. Satzes zieht sich durch das ganze Werk, das ohne Pause zwischen den Sätzen den Eindruck einer einsätzigen Fantasie macht. Die Holzbläser beginnen, ehe der Solist das sehnsuchtsvolle Thema, das einem Gebet gleicht, intoniert. Das Orchester weist die Bitte jedesmal abrupter zurück, so flehentlich die Bitte vom Cello wiederholt wird. Einmal spenden die Hörner Trost, aber die Verzweiflung über das harte Schicksal bleibt bestehen. Im 2. Satz singt das Cello eine doppelgriffige Kantilene. Es kommt zu mehrmaligen leidenschaftlichen Ausbrüchen, dann eröffnet der Solist das Rondo, in dem mehrere lebensbejahende Elemente teils in Liedrhythmen, teils in Tanzformen auftreten und einander ablösen, bis sich endlich Zuversicht und Lebensmut Bahn brechen und das Werk sieghaft endet.

Klavierquintett in Es-Dur, Opus 44, 4 Sätze, entstanden 1842

Der 1. Satz beginnt mit einem impulsiven Hauptthema, zu dem ein vom Klavier intoniertes lyrisches Gegenthema stößt. Die Durchführung bringt wechselnde Stimmung. Nach der Reprise folgt eine schwungvolle Coda. Der 2. Satz schlägt dunkle Töne an, sein Mittelteil bringt eine innige Kantilene; nach einer scharf rhythmisierten f-Moll-Episode wird das Eingangsthema variiert wiederholt. Das Scherzo hat eine fröhliche Grundstimmung; zwei kurze Triosätze wirken außerordentlich schmückend. Das Finale ist wie ein Rondo gebaut und wird vom Klavier markant eröffnet; das zweite Thema in der Grundtonart wirkt aggressiv, die Durchführung entbehrt nicht einer gewissen Dramatik und kulminiert in einem Doppelfugato, nach dem mächtige polyphone Aufschwünge das Werk abschließen.

Klavierquartett in Es-Dur, Opus 47, 4 Sätze, entstanden 1842

Das Quartett beginnt mit einem nachdenklichen Sostenuto assai, dann setzt das Klavier im Allegro ma non troppo mit einem charakteristischen Hauptthema ein, das aus drei lebhaften Akkordschlägen und einem vierten Klang und zwei Takten mit singenden Achtelbewegungen besteht. Daraus entwickelt sich der gesamte Satz. Im folgenden, sehr romantischen Scherzo erklingen zwei Trios, eines davon ist sehr innig, das zweite paradiert mit schwebenden, synkopierten Klängen. Der 3. Satz – Andante cantabile – bringt einen schwärmerischen Gesang und eine flehende Klaviermelodie, die von der Bratsche übernommen wird. Darauf verdichten sich alle Stimmen zu feierlichen Klängen, und nach der Wiederholung und einem Nachspiel klingt bereits die Leitmelodie des anschließenden Finales auf, dessen keckes Hauptthema Bezüge zum 1. und 2. Satz herstellt und die Einheitlichkeit der kompositorischen und poetischen Konzeption zeigt. Der zweite Teil des Themas wird fugato bearbeitet, dann bringt das Klavier einen dritten Gedanken. Dieser wird gemeinsam mit den anderen zu einer mit Steigerung einsetzenden Coda hingedrängt, das zweite

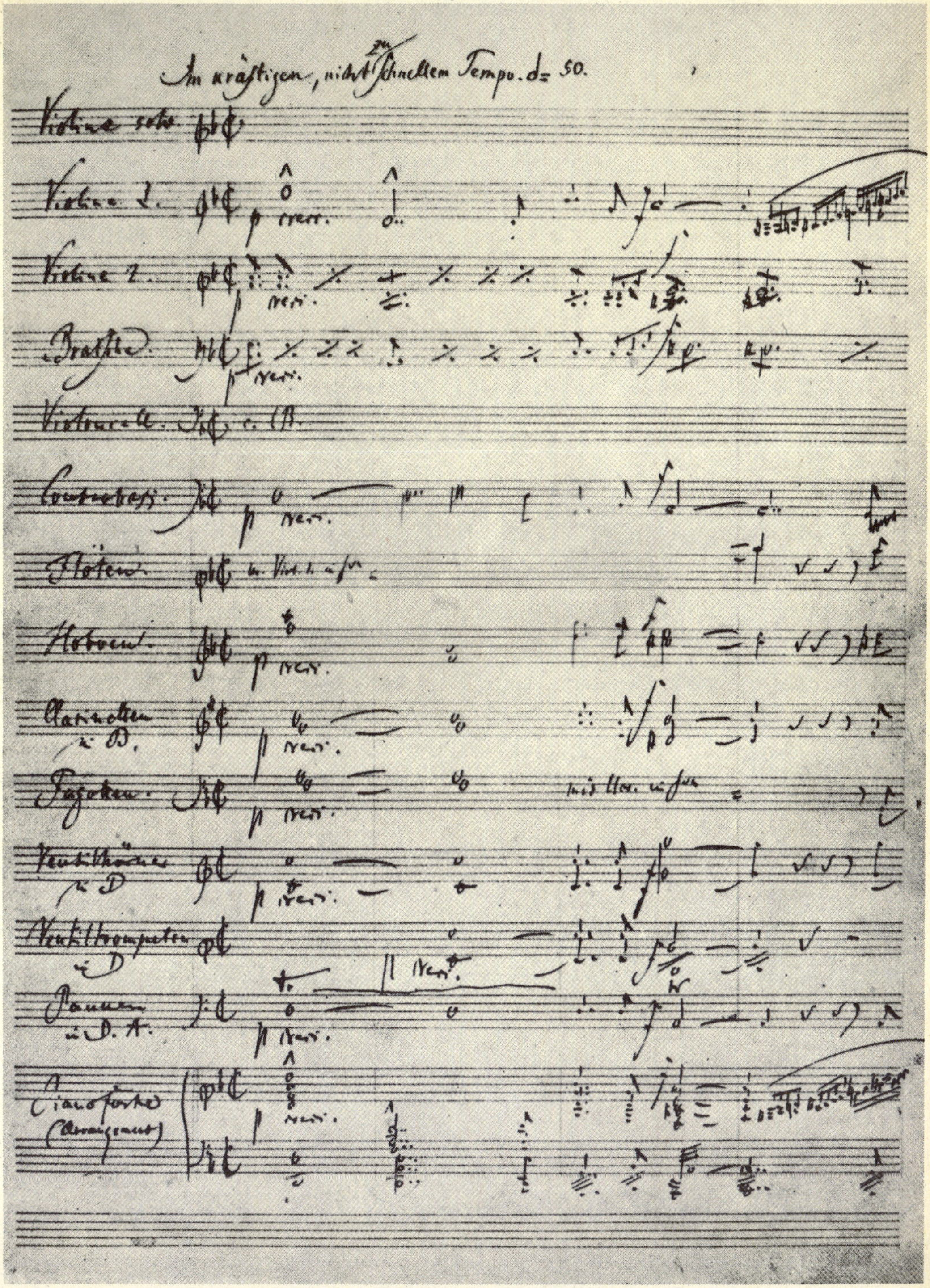

Beginn des Violinkonzerts (1853) von Robert Schumann, Autograph

Thema klingt nochmals an, darauf endet der Satz in einer aufrauschenden Klimax.

Streichquartett Nr. 1 in a-Moll, Opus 41/1, 4 Sätze, entstanden 1842

Die Einleitung des 1. Satzes führt zum Hauptthema, das eigentümlicherweise in F-Dur beginnt. Seitenthemen erzeugen starke Kontraste, die Durchführung ist sehr bewegt, was dem ganzen Satz ein ungetrübtes Bild glücklichen Daseins verleiht. Die Haupttonart a-Moll kommt erst im Scherzo zur Geltung, das jedoch in enger Beziehung zum Hauptthema des 1. Satzes steht; sein Trio bringt ein lyrisches Intermezzo. Im 3. Satz drücken sich die widersprechenden Empfindungen des Komponisten deutlich aus. Das Prestofinale bekennt sich aber vorbehaltlos zu positivem Lebensgefühl und ungetrübter Lebensfreude.

Streichquartett Nr. 2 in F-Dur, Opus 41/2, 4 Sätze, entstanden 1842

Mit seinem weitgespannten Thema bringt der 1. Satz lediglich reine Stimmung; die Seitengedanken sind nur rhythmische Abarten des Hauptthemas. Auch die Durchführung bleibt lyrisch. Das folgende Andante ist zart und liedhaft. Das Scherzo-Presto wird zwar in Moll intoniert, bleibt aber diesem Tongeschlecht so viel wie möglich fern. Sein fröhliches Trio wird in der Coda nochmals angezogen und dem Scherzothema gegenübergestellt. Das Finale bestätigt und verstärkt diese lebensfrohe Stimmung und führt zu einem kraftvollen Ausklang.

Streichquartett Nr. 3 in A-Dur, Opus 41/3, 4 Sätze, entstanden 1843

Nach einem Vorspiel, das sehr unentschlossen wirkt, erscheint ein mutiges Thema, das seine heitere Stimmung auch in der Durchführung beibehält. Das Scherzo ist unruhig und kapriziös wie seine Variationen, von denen eine das Trio ersetzt. Der 3. Satz ist schlicht, aber außerordentlich klangschön. Das lebendige Rondofinale gibt sich keck und herausfordernd bis zu den strahlenden Schlußakkorden.

Phantasiestücke, Opus 88, 4 Teile, entstanden 1842

Die 4 Stücke für Klavier, Violine und Cello sind kein Trio im echten Sinn des Wortes, sie bilden nur eine stimmungsreiche Satzfolge gegensätzlicher Kompositionen und kein einheitliches Werk. Den Beginn macht die »Romanze in a-Moll« mit starker Ausdrucksintensität. Die anschließende »Humoreske in F-Dur« ist rhythmisch fesselnd und interessant gegliedert. Das »Duett in d-Moll« ist voll Sanglichkeit, und das »Finale in D-Dur« bringt ein Marschtempo. Mit Ausnahme des Duetts, das eine Zwiesprache von Violine und Cello darstellt, könnten die Stücke auch von einem Klavier allein gespielt werden, weil die anderen zwei Instrumente eine nur untergeordnete Rolle erhielten.

Klaviertrio Nr. 1 in d-Moll, Opus 63, 4 Sätze, entstanden 1847

Der 1. Satz – Mit Energie und Leidenschaft – hat Sonatenform. Sein erstes Thema bricht leidenschaftlich hervor, als habe sich der Komponist von einem schweren Druck befreien müssen. Das zweite Thema setzt sich hoffnungsvoll dagegen. Während der dramatischen Durchführung erklingt ein drittes, nahezu mystisches Thema, das immer mehr Raum gewinnt und aufatmen läßt, aber am Ende des Satzes tritt die düstere Stimmung wiederum ihre Herrschaft an. Das Scherzo – Lebhaft, doch nicht zu rasch – trägt Unruhe und Spannung weiter; erst im Trio kommen Lichtblicke. Der 3. Satz – Langsam, mit inniger Empfindung – besteht aus einer sehr schönen Kantilene. Ohne Unterbrechung schließt sich das Finale – Mit Feuer – an, das alle Traurigkeit und Angst verscheucht: »Und kaum hast du dich ausgeweint, lacht alles wieder, die Sonne scheint – es geht wohl anders, als man meint.«

Klaviertrio Nr. 2 in F-Dur, Opus 80, 4 Sätze, entstanden 1850

Der 1. Satz wird von drei Themen beherrscht, das erste ist bewegt melodisch, das zweite akkordisch-harmonisch und das dritte sanglich. Sie werden mit feinster kontrapunktischer Arbeit neben- und gegeneinander geführt. Der 2. Satz – Mit innigem Ausdruck – bringt ein klagendes Thema, das kanonisch abgewandelt wird. Der 3. Satz – In mäßiger Bewegung – ist ein scherzoses Spielstück mit kanonischer Stimmenführung. Das Finale – Nicht zu rasch – ist in unkomplizierter Sonatenform gearbeitet, das beruhigend ausklingt.

Klaviertrio Nr. 3 in g-Moll, Opus 110, 4 Sätze, entstanden 1851

Der 1. Satz ist wie das gesamte Werk von Unruhe überschattet. Seine Tempoanweisung lautet »Bewegt, doch nicht zu rasch«. Es handelt sich um einen Sonatensatz, der trotz positiver Episoden rat- und trostlos klingt. Der 2. Satz – Ziemlich langsam – will ein weiches Stimmungsbild bringen, wird aber von einem fiebrigen Mittelteil unterbrochen. Voll Unrast ist auch der 3. Satz – Rasch –, wenn auch die beiden Trios als beruhigende Elemente wirken. Der 4. Satz – Kräftig, mit Humor – bringt keinen echten Humor, sondern läßt höchstens den Willen erkennen, humorvoll zu sein, obschon keine Ursache dafür vorliegt.

Violinsonate Nr. 1 in a-Moll, Opus 105, 3 Sätze, entstanden 1851

Der 1. Satz ist voll aufwühlender Musik, aber

doch ausschwingend und voll starker Gegensätze. Der 2. Satz bringt ein Liedthema, das rhythmisch an ein Scherzo anklingt. Das Finale ist voll drängender Motorik, der sich aber ausgleichende Gedanken entgegenstellen.

Violinsonate Nr. 2 in d-Moll, Opus 121, 4 Sätze, entstanden 1851

Der 1. Satz dieses virtuosen Stücks beginnt mit einem improvisatorischen Vorklang, dann setzt das Allegro mit einem kraftvollen Thema ein, dem ein warmes, sangliches folgt. Das Scherzo ist erfrischend, in dessen Coda ein festliches Lied hineinklingt, das sodann im 3. Satz mit drei Variationen aufscheint. Das Finale bringt starke Kontraste, die befreit und glanzvoll aufgelöst werden.

Fünf Stücke im Volkston für Cello und Klavier, Opus 102, entstanden 1849

Diese für das häusliche Musizieren bestimmten Stücke: »Mit Humor«, »Langsam«, »Nicht zu schnell, mit viel Ton zu spielen«, »Nicht zu rasch«, »Stark und markiert« sind durch ihre aphoristische Kürze und bewußte Vereinfachung des Klaviersatzes zu genialen Konzentraten musikalischer Gedanken mit sublimiertem Melos von höchster Ausdruckskraft geworden.

Klaviersonate Nr. 1 in fis-Moll, Opus 11, 4 Sätze, entstanden 1833

Dem Hauptmotiv des langsamen 1. Satzes, den wogende Baßtriolen begleiten, entsteigt ein lyrisches A-Dur-Thema, das im 2. Satz zur traumhaften »Aria« wird. Im 3. Satz erklingt ein Scherzo mit drängenden Rhythmen, ein burleskes Intermezzo und ein kapriziöses Rezitativ, das zur Reprise zurückführt. Das Hauptthema des Finales endet mit einer Fermate. Dann erklingt als zweites Thema eine liedhafte Phrase. Der Wechsel der Themen wird mehrmals – von immer neuen lyrischen Gedanken geschmückt – wiederholt.

Klaviersonate Nr. 2 in g-Moll, Opus 22, 4 Sätze, entstanden 1835

Der 1. Satz – So rasch wie möglich – wurde »Sonate in Sechzehnteln« genannt. Das atemlose Tempo, das sich gegen die Coda noch steigert, bestimmt den Charakter aller Themen und führt die Klimax durch agogische Raffungen herbei. Der 2. Satz bringt eine innige Melodie in Romanzenart. Das Scherzo ist ein stürmendes, karnevaleskes Charakterstück. Und das Rondofinale läuft wie ein Perpetuum mobile grandios ab.

Klaviersonate Nr. 3 in f-Moll, Opus 14, 4 Sätze, entstanden 1835

Der 1. Satz ist voll Pathos und stürmischer Bewegung. Das Scherzo ist vollgriffig und klingt, als wäre es für Blechbläser geschrieben. Der folgende langsame Satz ähnelt einem Stück für Streicher und bringt vier Variationen eines Themas, das angeblich von Clara Wieck stammt. Der letzte Satz – Prestissimo possibile – läuft in rasendem Tempo ab.

Kinderszenen, 13 Stücke für Klavier, Opus 15, entstanden 1838

Es handelt sich um keine Stücke für Kinder. Der Komponist wollte dem Erwachsenen den »Traum der eigenen Tage, die nun ferne sind« zurückrufen. Am berühmtesten von den 13 pianistischen Kostbarkeiten, die höchste Anschlagtechnik vom Interpreten verlangen, ist Nr. 7, »Träumerei«. Das weltberühmte Stück wurde oft instrumentiert und damit allen Reizes beraubt, denn das einmalige daran ist, außer der verblüffenden Einfachheit, die Vielfalt der durch virtuose Anschlagtechnik gewonnenen Klangfarben einzelner Klaviertöne, die einander kontrapunktieren.

Sechs Fugen über Bach für Orgel, Opus 60, entstanden 1845

Fuge I verwendet das Thema in konventioneller Form und fugiert es kontrapunktisch nach alten Vorbildern einwandfrei exakt. Fuge II wirkt toccatenartig. Fuge III bringt einen ruhigen fünfstimmigen Satz. Fuge IV fügt dem Thema seinen Krebs hinzu. Fuge V hat Scherzocharakter. Fuge VI ist eine Doppelfuge, bei der das zweite Thema im Krebs aufgeführt wird. Der Schluß überrascht mit großer Steigerung und akkordischer Formgebung.

Liederkreis. Zwölf Gesänge von Joseph von Eichendorff, Opus 39, entstanden 1839

Es ist zweifellos widersinnig, im Liedschaffen des Komponisten nach Höhepunkten zu suchen, als handle es sich um meßbare sportliche Leistungen. Man würde zu viele sammeln müssen, die als die »besten«, »schönsten«, »romantischesten« und »unvergeßlichsten« zu katalogisieren wären. Dieser Liederkreis wurde gewählt, weil darin einer der reinsten Romantiker der Musik mit einem der reinsten Romantiker der Dichtkunst einander in kaum zu übertreffenden Kongenialität im wahren Wortsinn begegnen.

Das 1. Lied, »In der Fremde«, ist der Gesang eines Einsamen (»Und keiner kennt mich auch hier«). Nr. 2, »Intermezzo«, ist voll ganz tiefer romantischer Versunkenheit. In Nr. 3, »Waldesgespräch«, tritt die schöne Hexe Lorelei auf (»Du kennst mich wohl, vom hohem Stein schaut still mein Schloß tief in den Rhein«). Nr. 4, »Die Stille«, preist heimliche Liebesseligkeit (»Es weiß und rät es doch keiner«). Nr. 5, »Mondnacht«, bringt ein Traumbild der vollkommenen Harmonie von Natur und Seele (»Es war, als hätt' der Himmel die Erde still geküßt«). Nr. 6, »Schöne Fremde«, gibt eine Zwiesprache mit der Nacht wieder (»Was sprichst du wirr, wie in Träumen, zu mir, phantastische Nacht?«). Nr. 7, »Auf einer Burg«, erzählt vom Ritter, der seit vielen hundert Jahren versteinert auf seiner Burg schläft. Nr. 8, »In der Fremde«, gibt der schwermütigen Erinnerung an die Jugendzeit Ausdruck (»Ich hör' die Bächlein rauschen«). Nr. 9, »Wehmut«, ist voll Pathos (»Ich kann wohl manchmal singen, als ob ich fröhlich sei«). Nr. 10, »Zwielicht«, ist mit geheimnisvoller Weltangst erfüllt (»Dämm'rung will die Flügel spreiten«). Nr. 11, »Im Walde«, schildert ein halluzinatorisches Erlebnis (»Es schauert im Herzensgrunde«). Nr. 12, »Frühlingsnacht«, führt aus Traum und Angst in das Leben (»Über'm Garten durch die Lüfte«) zurück.

LITERATUR

Paula und Walter Rehberg, Robert Schumann. Sein Leben und Werk, Zürich 1954. R. Laux, Robert Schumann, Leipzig 1972. D. Fischer-Dieskau, R. Schumann, Singen und Verstummen, Stuttgart 1981.

Ludwig Schunke (1810–34)

LEBEN

Christian Ludwig Schunke (Schuncke) wurde am 21. 12. 1810 in Kassel als Sohn des Hornvirtuosen Johann Gottfried Schunke (1777 bis 1861) geboren. Er unternahm bereits mit 10 Jahren mit seinem Onkel Johann Michael Schunke (1778–1821) eine Konzertreise. Von 1827 bis 1830 konzertierte er als Pianist in Paris und nahm gleichzeitig bei Antonín Rejcha Unterricht. Hierauf ging er nach Stuttgart, trat 1832 unter anderem in Wien auf und ließ sich 1833 in Leipzig nieder, wo er mit Robert Schumann Freundschaft schloß und am 7. 12. 1834 starb.

Sein Cousin Carl Schunke (1801, Magdeburg, bis 16. 12. 1839, Paris), Sohn des Hornvirtuosen Johann Michael Schunke, war Schüler von Ferdinand Ries; er ließ sich nach einem Englandaufenthalt 1828 als erfolgreicher Konzertpianist und Klavierlehrer in Paris nieder, wo er zum Hofpianisten der Königin Marie Joséphine Louise von Savojen (1753–1810) ernannt wurde.

WERKE

Von Ludwig Schunke sind mehrere Klavierstücke von beachtlicher Qualität erschienen; eine Klaviersonate in g-Moll, Variationen über Schuberts Sehnsuchtswalzer, Charakterstücke, Capricen, ein Divertissement und ein Rondo. Schumann hat seine Werke sehr positiv beurteilt.

Carl Schunke schrieb eine große Anzahl Modestücke für Klavier, deren Qualität aber um einiges über den damals üblichen Salonstücken lag; es befanden sich darunter auch einige vorzügliche Werke.

Ignaz Schuppanzigh (1776–1830)

ZEIT UND UMWELT

Nach dem Muster der Kapellen bei den Höfen, in Adelshäusern und Kirchen gingen im 19. Jahrhundert auch private Konzertunternehmen daran, ein festes Ensemble zusammenzustellen und zu unterhalten. Man kam von der doch sehr zweifelhaften Methode ab, für jedes Konzert Musiker aufzunehmen, die sich eben fanden. Parallel dazu bildeten sich feste Kammerensembles – Trios, Quartette, Quintette –, die stets gemeinsam konzertierten und auf Konzertreisen gingen.

Ignaz Schuppanzigh, Bleistiftzeichnung von J. Danhauser

LEBEN

Ignaz Schuppanzigh wurde am 20. 11. 1776 in Wien geboren. Er war vorerst als Violinist und Bratschist nur Dilettant, dann gründete er das Schuppanzigh-Streichquartett, das die Quartette von Ludwig van Beethoven uraufführte und die von Joseph Haydn und Wolfgang Amadeus Mozart mit vollendeter Wiedergabe zu Gehör brachte. Im Jahr 1817 ging er als Virtuose nach Deutschland, Polen und Rußland auf Reisen, 1824 wurde er Violinist im Wiener Hoforchester. Er starb am 2. 3. 1830 in Wien.

WERKE

Von Ignaz Schuppanzigh sind ein Violinsolo mit Streichquartett und 2 Variationen für Streicher im Druck erschienen. Alles andere ist verschollen.

Joseph Schuster (1748–1812)

ZEIT UND UMWELT

Obgleich die ersten entwicklungsfähigen Modelle des Hammerklaviers in Italien gebaut worden waren, führte sich dort das inzwischen in Deutschland, England und Frankreich um vieles verbesserte Instrument nur zögernd ein. Die Klänge des Cembalo und besonders des Clavichord wurden noch vielseitig vorgezogen. Es bedurfte deutscher Pianisten, das neue Klavier mit seinem größeren und grundtönigeren Klang zu propagieren.

LEBEN

Joseph Schuster wurde am 11. 8. 1748 in Dresden geboren. Er war Schüler von Johann Georg Schürer. Im Jahr 1765 ging er mit Franz Seydelmann in Begleitung Johann Gottlieb Naumanns mit kurfürstlicher Unterstützung zur weiteren Ausbildung nach Italien. Er wurde gleichzeitig mit Franz Seydelmann 1772 als Kirchenkomponist in Dresden angestellt. Von 1774 bis 1776 war er erneut in Italien, arbeitete in Bologna mit Padre Martini, schrieb für Venedig und Neapel Opern und erhielt den Ehrentitel eines Kapellmeisters des Königs von Neapel. Opernaufträge führten zu einem dritten Italienaufenthalt von 1778 bis 1781, wobei er in Venedig mit Johann Adolf Hasse bekannt wurde. Sodann lebte er in Dresden und dirigierte abwechselnd mit Johann Gottlieb Naumann, Johann Georg Schürer und Franz Seydelmann in Kirche und Theater, 1787 wurde er gleichzeitig mit Franz Seydelmann Kurfürstlich sächsischer Kapellmeister; er leitete in jenen Jahren auch den Musikunterricht bei Hof, die Kurfürstliche Kammermusik und die Hofkonzerte. Er starb am 24. 7. 1812 in Dresden.

WERKE

Neben seiner vielseitigen Dirigententätigkeit verfaßte Joseph Schuster mehrere Opern und Singspiele, Violinsonaten, 6 Streichquartette, von denen 4 Wolfgang Amadeus Mozart zugeschrieben waren, Klavierwerke für vier und zwei Hände, Konzerte für ein und für zwei Klaviere mit Orchester, eine Sammlung von vierhändigen Klavierstücken für die Hausmusik, eine beliebte Kantate »Das Lob der Musik«, 4 Oratorien, Messen, Offertorien, Magnificat, Vespern, Litaneien, Psalmen, Versetten, Te Deum und andere sakrale Gesänge sowie Lieder.

Joseph Schuster, Stich von J. C. B. Gottschick, 1811

Cornelis Schuyt (1557–1616)

LEBEN

Cornelis Schuyt wurde 1557 in Leyden geboren. Er war Schüler seines Vaters, des Organisten Floris Schuyt (um 1520–1601). Nach einer Studienreise nach Italien kehrte er 1581 nach Leyden zurück, wirkte als Assistent seines Vaters und 1593 gemeinsam mit ihm als Stadtorganist an Pieterskerk und Hooglandskerk. Nach dem Tod des Vaters versah er diese Stellen allein bis zu seinem Ableben am 9. 6. 1616.

WERKE

Von dem niederländischen Komponisten Cornelis Schuyt sind fünfstimmige italienische und fünf- bis achtstimmige holländische Madrigale, außerdem sechsstimmige Liebes- und Hochzeitslieder, Pavanen und Gallarden überliefert. Er war einer der wenigen Musiker seiner Zeit, die ihren Kompositionen holländische Texte zugrunde legten.

LITERATUR

M. Seiffert, Cornelis Schuyt, in: Tijdschrift der Vereeniging vor nederlandse Muziekgeschiedenis, 1898.

Johann Gottfried Schwanenberg
(1740–1804)

ZEIT UND UMWELT

Da auch vom Publikum der deutschen Opernhäuser die italienische Opernform als einzig gültige angesehen wurde, mußten entweder Erzeugnisse italienischer oder zumindest in Italien ausgebildeter Komponisten aufgeführt werden. Wenn Deutsche auf die Bühnen kommen wollten, mußten sie sich die Ausbildung in Italien selbst oder bei eingewanderten Italienern holen. Es konnte natürlich geschehen, daß der Lehrer in Italien, zu dem die Deutschen pilgerten, ihr Landsmann war.

LEBEN

Johann Gottfried Schwanenberg (Schwanenberger, Schwanberg) wurde am 28. 12. 1740

Johann Gottfried Schwanenberg

in Wolfenbüttel geboren. Er wurde bei Johann Adolf Hasse in Italien zum Opernkomponisten ausgebildet und erhielt 1762 die Hofkapellmeisterstelle in Braunschweig, wo er am 29. 3. 1804 starb.

WERKE

Von Johann Gottfried Schwanenberg wurden ungefähr ein Dutzend Opere serie im Stil von Johann Adolf Hasse für das Hoftheater von Braunschweig verfaßt. Außerdem schrieb er Sinfonien, Violinkonzerte, Cembalokonzerte und Kantaten im norddeutschen Stil.

Reinhard Schwarz-Schilling
(1904–85)

LEBEN

Reinhard Schwarz-Schilling wurde am 9. 5. 1904 in Hannover geboren. Ab 1922 studierte er in München an der Akademie der Tonkunst Komposition und Klavier und vervollständigte seine Ausbildung an der Musikhochschule in Köln bis 1927 und anschließend bis 1929 bei Heinrich Kaminski in Ried. Sodann wirkte er bis 1935 als Dirigent eines Kammerchors und als Orgellehrer in Innsbruck. Im Jahr 1938 wurde er Kompositionslehrer an der

Musikhochschule in Berlin und leitete dort ab 1969 auch die Kompositionsklassen. In den sechziger Jahren unternahm er Konzertreisen in die USA, 1972 nach Japan und Südkorea, wo er in Seoul Komposition lehrte. Er starb am 9. 12. 1985 in Berlin.

WERKE

Stilistisch fühlte sich Reinhard Schwarz-Schilling an der Tradition Johann Sebastian Bachs und Anton Bruckners verpflichtet. Seine tonal gebundene Musik stand unter dem Einfluß von Walter Braunfels und Heinrich Kaminski. Er schrieb 2 Sinfonien, eine Partita, ein Violinkonzert, ein Streichquartett, Klavier- und Orgelstücke. Sein Schaffen galt vorwiegend der Vokalmusik: Kantaten, Motetten, Messen, Chöre und sakrale Lieder reihen ihn zu den großen Kirchenmusikern unserer Zeit ein. Er verfaßte auch vorzügliche profane Vokalstücke wie »4 Tanz- und Liebeslieder« für drei Frauenstimmen.

Casimir Schweitzelsperg
(1668 bis nach 1722)

ZEIT UND UMWELT

Eine typische Erscheinung des 18. Jahrhunderts waren die von Ort zu Ort reisenden Operntruppen, deren Repertoire oft nicht sehr umfangreich war. Leitung und musikalische Betreuung waren oft in einer Hand. Daß sich Kapellmeister des Opernorchesters selbst als Opernkomponisten versuchten, ergab sich zwangsläufig.

LEBEN

Casimir (Caspar) Schweitzelsperg (Schweitzelsperger, Schweizelsperg) wurde am 3. 12. 1668 in Rosenheim geboren. Er war ab 1706 Hofmusikus in Stuttgart und ab 1708 in Ansbach, ab 1714 Kapellmeister in Durlach und ab 1717 in Coburg. Ab 1719 reiste er als Leiter einer Operntruppe durch Süddeutschland. Er ist nach 1722 gestorben. Der Ort seines Todes ist nicht bekannt.

WERKE

Der deutsche Komponist Casimir Schweitzelsperg brachte 6 Ouvertüren und eine Oper heraus. Über weitere Werke, die er angeblich verfaßt hat, fehlen Informationen.

Anton Schweitzer (1735–87)

ZEIT UND UMWELT

Christoph Martin Wieland (1733–1813), Repräsentant des Rokoko wie der Aufklärung in der deutschen Dichtung, verfaßte einige Libretti zur Begründung einer deutschen Opera seria. Diese gelang zu jener Zeit noch nicht, obwohl die überragende Dichterpersönlichkeit die geeignete Grundlage hierzu geschaffen hatte. Es fehlte vorläufig an geeigneten Komponisten und an der Aufnahmebereitschaft des Publikums, das von der Meinung, daß die Opern eine Domäne der Italiener sei, noch nicht abgebracht werden konnte, und deutschen Meistern nur die Fähigkeit, Singspiele auf die Bühne zu bringen, zubilligte.

LEBEN

Anton Schweitzer wurde am 6. 6. 1735 in Coburg getauft. Er war Chorknabe, sodann Bratschist und Cellist an der Hofkapelle in Hildburghausen. Zur weiteren Ausbildung begab er sich zu Jakob Friedrich Kleinknecht nach Bayreuth und 1764 für 2 Jahre nach Ita-

Anton Schweitzer, Stich von G. A. Liebe

lien. Zurückgekehrt, wurde er Hofkapellmeister in Hildburghausen und Dirigent einer Operntruppe, mit der er sich 1772 in Weimar niederließ, um in Zusammenarbeit mit dem Dichter Christoph Martin Wieland einige Opern aufzuführen. Nach dem Brand der Oper übersiedelte die Truppe nach Gotha, wo Schweitzer 1780 Kapellmeister wurde und diese Funktion bis zu seinem Tod am 23. 11. 1787 ausübte.

WERKE

Als Singspielkomponist ist Anton Schweitzer in die erste Reihe zu stellen. Sein Versuch, mit Hilfe des Dichters Christoph Martin Wieland auch ernste Opern mit deutschen Texten einzubürgern, mißlang trotz einiger Anfangserfolge. Ihm fällt auch das Verdienst zu, mit einer Vertonung des »Pygmalion« von Jean-Jacques Rousseau das erste deutsche Melodram verfaßt zu haben. Er schrieb außerdem ein Monodram, Kantaten, Sinfonien und 46 Ballette, die verlorengegangen sind.

LITERATUR

J. G. Maurer, Anton Schweitzer als dramatischer Komponist, in: Publikationen der Internationalen Musikgesellschaft, Beihefte II/11, Leipzig 1912.

Klaus Schweizer (geboren 1939)

Klaus Schweizer

LEBEN

Klaus Schweizer wurde am 12. 12. 1939 in Ebingen, Baden-Württemberg, geboren. An der Musikhochschule in Karlsruhe war er von 1958 bis 1961 Schüler von Yvonne Loriod und Jacques Wildberger und anschließend von Hans Heinrich Eggebrecht (geboren 5. 1. 1919, Dresden) an der Universität in Freiburg im Breisgau. Im Jahr 1973 erhielt er die Professur für Musikerziehung an der Pädagogischen Hochschule in Lörrach, seit 1984 unterrichtet er an der Hochschule für Musik in Karlsruhe.

WERKE

Außer einer Konservationsszene für vier Holzbläser schrieb Klaus Schweizer »2 Sätze über bewegliche Zeitmaße« für Flöte, Violine und Bratsche, 3 Nachtstücke für Bratschen und Klavier, Kammermusik für fünf Instrumente, Variationen für Orchester, ein Stück für drei Orchestergruppen, Klangminuten für Orchester, »Litanei über den verschütteten Choral« für Orgel mit zwei Spielern, »Schattenspiele für einen König«, »Klopfzeichen« für Sopran und Bariton, Chor, Elektroorgel, Instrumente und Schlagzeug, »Klappentexte« für Flöte und Oboe, Klavierwerke, Einminutenstücke für Violine solo.

Heinrich Schwemmer (1621–96)

LEBEN

Heinrich Schwemmer wurde am 28. 3. 1621 in Gumpertshausen, Unterfranken, geboren. Er dürfte 1641 nach Nürnberg gekommen und Schüler von Johann Erasmus Kindermann geworden sein. Ab 1656 wirkte er als Musikdirektor an der Frauenkirche von Nürnberg und als Musiklehrer. Er starb in Nürnberg am 26. 5. 1696.

WERKE

Der deutsche Komponist Heinrich Schwemmer wirkte in Nürnberg als beliebter Fest-

und Gelegenheitskomponist. Von ihm sind zahlreiche Hochzeits- und Trauermusiken erhalten, denen ein musikalischer Wert nicht abgesprochen werden kann. Eine Reihe interessanter kirchenmusikalischer Werke sind handschriftlich überliefert. Seine Ostermotette und seine 2 Begräbnisgesänge für Exulanten aus der Steiermark sind vorzügliche Musik.

LITERATUR

H. Samuel, The Cantata in Nürnberg during the 17th Century, Ithaca, N. Y. 1963.

Christian Friedrich Gottlieb Schwencke (1767–1822)

ZEIT UND UMWELT

Die Stellen eines Kantors des Johanneum und eines Direktors der Kirchenmusik in Hamburg wurden stets ohne Ausnahme mit sehr befähigten und voll ausgebildeten Kräften besetzt, die in der Regel bereits auf anderen Posten auffallende Leistungen geboten hatten.

LEBEN

Christian Friedrich Gottlieb Schwencke wurde am 30. 8. 1767 in Wachsenhausen, Harz, als Sohn des Fagottisten und Hamburger Ratsmusikers Johann Gottlieb Schwencke (1744, Breitenau, Sachsen, bis 7. 12. 1823, Hamburg) geboren. Er war Schüler von Friedrich Wilhelm Marpurg und Johann Philipp Kirnberger. Mit 23 Jahren wurde er bereits Kantor am Johanneum und Direktor der Kirchenmusik von Hamburg und wirkte gleichzeitig als Stadtkantor. Er starb am 27. 10. 1822 in Hamburg.

WERKE

Außer einigen Bühnenmusiken für Hamburg schrieb Christian Friedrich Gottlieb Schwencke 2 Oratorien, ein Oboenkonzert, 3 Violinsonaten, 6 große Orgelfugen, Klaviersonaten, sakrale Kantaten, einen Psalm, ein Vaterunser und die Vertonung einer Ode. Er zählte zu den bedeutendsten evangelischen Kirchenmusikern seiner Zeit.

Johann Friedrich Schwencke
(1792–1852)

LEBEN

Johann Friedrich Schwencke wurde am 30.4. 1792 in Hamburg als Sohn des Christian Friedrich Gottlieb Schwencke (1767–1822) geboren. Er wurde von seinem Vater zum tüchtigen Organisten, Cellisten und Klarinettisten ausgebildet und wirkte ab 1829 bis zu seinem Tod am 28.9.1852 als Organist an der Nikolaikirche seiner Vaterstadt.

Sein Bruder Karl Schwencke (7.3.1797, Hamburg, bis nach 7.1.1870, Wien) machte als Pianist ausgedehnte Konzertreisen. Er lebte zuletzt in Wien und ist seit 1870 verschollen.

Sein Sohn Friedrich Gottlieb Schwencke (15.12.1823, Hamburg, bis 11.6.1896, Hamburg) wirkte ab 1852 als Organist an der Nikolaikirche in Hamburg, wo er auch häufig in Konzerten als Pianist und als Organist auftrat.

WERKE

Von Johann Friedrich Schwencke ist eine

Johann Friedrich Schwencke, nach einer Lithographie von O. Speckter (1852)

große Zahl Werke bekannt geworden, darunter ein Choralbuch zum Hamburgischen Gesangbuch, Kantaten mit Orgelbegleitung, über 500 Vor- und Nachspiele für Orgel und die Harmonisierung von ungefähr 1000 Chorälen und 73 russischen Volksliedern, ein Septett für fünf Celli, Kontrabaß und Pauken und zahlreiche Arrangements, besonders von Werken von Louis Spohr mit dem damals beliebten »Vollklang«.
Karl Schwencke schrieb 3 vierhändige Klaviersonaten, eine Violinsonate und eine Sinfonie, die großen Erfolg hatte. Viele weitere Kompositionen sind Manuskript geblieben, darunter Kammermusik und eine Messe.
Friedrich Gottlieb Schwencke verfaßte 2 klangreiche Fantasien für Orgel, Trompeten, Posaunen und Pauken, geistliche Gesänge für Frauenchor und Orgel und zahlreiche Lieder und Choralvorspiele.

Friedrich Schwindel (1737 – 86)

ZEIT UND UMWELT
Während in Norddeutschland der empfindsame Berliner Stil sich noch lange hielt, wurde im Süden die Mannheimer Vorklassik nahezu zur allgemeingültigen Richtlinie. Der Einfluß der Wiener Vorklassik und der aufsteigenden »Wiener Klassik« dürfte hierbei eine wichtige Rolle gespielt haben.

LEBEN
Friedrich Schwindel (Schwindl) wurde am 3. 5. 1737 in Amsterdam geboren. Er reiste als Violinist, Flötist und Cembalist nach Paris und London, konzertierte in Den Haag und in Genf, wo er eine Musikschule eröffnete, und wurde schließlich in Karlsruhe markgräflich badischer Konzertmeister. Er starb am 7. 8. 1786 in Karlsruhe.

WERKE
Neben seinen Opern brachte Friedrich Schwindel Sinfonien, Quartette, Klaviertrios und zahlreiche Duette für zwei Singstimmen heraus, außerdem eine Messe in e-Moll für vier Stimmen und Orchester. Sein Stil folgt dem Mannheimer seiner Zeit.

Salvatore Sciarrino (geboren 1947)

LEBEN
Salvatore Sciarrino wurde am 4.4.1947 in Palermo geboren. Er ist Autodidakt, fing 1959 an zu komponieren und trat 1962 mit seinen Werken an die Öffentlichkeit. Im Jahr 1969 übersiedelte er nach Rom, wo er einen Lehrauftrag am Conservatorio di Musica Santa Cecilia erhielt.

WERKE
Neben einer Kammeroper schrieb Salvatore Sciarrino unter anderem ein Divertimento für zehn Instrumente, 2 Kammersonaten, ein Rondo für Flöte und Kammerorchester, eine Romanze für Viola d'amore und Orchester, Variationen für Cello und Orchester, 2 Streichquartette, ein Streichtrio, ein Duo für zwei Kirchenorgeln, ein Stück für Cembalo, 3 Nokturnen für Solobratsche, Klavierwerke, eine Kantate für Frauenstimmen auf baskischen Text, »Terzette und Serenaden« für zwei Soprane, Baß und Kammerorchester sowie Chöre.

Gregorio Sciroli (1722 bis nach 1777)

ZEIT UND UMWELT
Die vielseitige Ausbildung, die die Schüler der Konservatorien in Neapel genossen, wirkte sich für viele sehr vorteilhaft aus, denn nahezu jeder war später imstande, sein Fach zu wechseln, falls in einem die Erfolge ausblieben. Die Leichtigkeit, mit der einzelne von der Opernkomposition zur Kirchenmusik übergingen, aus Kapellmeistern Organisten wurden und in verschiedenen Fächern unterrichten konnten, war auf das breite Lehrprogramm der Konservatorien zurückzuführen.

LEBEN
Gregorio Sciroli wurde am 5. 10. 1722 in Neapel geboren und am Conservatorio della Pietà de'Turchini von Nicola Fago und Leonardo Leo ausgebildet. Im Jahr 1747 führte er seine erste Oper auf und ließ ungefähr 20 für

Neapel, Rom, Mailand und Venedig folgen. Ab 1752 wirkte er neben der Komposition als Dirigent einer Privatkapelle, zugleich einige Zeit als Cembalist an San Carlo in Neapel. Dann begab er sich um 1777 nach Mailand, um neben einem Kirchendienst Gesangunterricht zu geben, und ist dort vermutlich in einem der folgenden Jahre gestorben.

WERKE
Von Gregorio Sciroli sind außer seinen Opern 6 Terzette für zwei Violinen und Baß bekannt geworden. Alle seine weiteren Werke, insbesonders seine Kirchenmusik, die er angeblich verfaßt hat, sind verlorengegangen.

Giuseppe Scolari (1720–69)

ZEIT UND UMWELT
Der Dichter Carlo Goldoni verfaßte insgesamt 200 Bühnenstücke, worunter sich 69 Buffolibretti befinden. Viele zeitgenössische Komponisten vertonten die Komödien dieses Rokokodichters zu Erfolgsopern.

LEBEN
Giuseppe Scolari wurde 1720 in Vicenza geboren. Er war reiner Opernkomponist und vertonte vorzugsweise Libretti von Carlo Goldoni. Zur Aufführung seiner Werke unternahm er mehrere Auslandsreisen, unter anderem auch nach Spanien und Portugal. Er starb in Venedig, wo er sich sehr oft aufhielt, am 30. 7. 1769.

WERKE
Von den zahlreichen Opern, die Giuseppe Scolari für die italienischen, spanischen und portugiesischen Theater verfaßt hat, ist ein größerer Teil auf Libretti von Carlo Goldoni komponiert. Es handelt sich durchwegs um »Drammi giocosi« (Lustspiele), denen vom Dichter aus der alten Comedia dell'arte entwickelte Rokokokomödien zugrunde liegen. Über andere Kompositionen ist nichts bekannt.

Antonio Scontrino (1850–1922)

ZEIT UND UMWELT
Die gegen Ende des 19. Jahrhunderts stetig fortschreitende Aufweichung der Grenzen, die bisher die Musiklandschaften voneinander trennten, die gegenseitige Angleichung der Strukturen und das Ineinanderfließen nationaler Elemente und Eigenheiten hat auch in Italien der Konzertmusik neben der Oper einen breiteren Raum geschaffen. Auch aus typischen italienischen Komponisten wurden allmählich abendländische Meister, die wohl jeder in seiner Art, aber unabhängig von ihrer Nation, ihre Werke schufen.

LEBEN
Antonio Scontrino wurde am 17. 5. 1850 in Trapani, Sizilien, geboren und von 1861 bis 1870 am Konservatorium in Palermo und anschließend bis 1873 in München ausgebildet. Bis 1891 konzertierte er als Kontrabassist in verschiedenen Ländern, dann wurde er Kompositionslehrer am Konservatorium von Palermo und 1898 am Konservatorium in Florenz, wo er am 7. 1. 1922 starb.

WERKE
Von Antonio Scontrino wurden 5 Opern aufgeführt. An Orchesterwerken verfaßte er »Grande polonese« (Große Polonaise), »Marcia trionfale« (Triumphmarsch), »Sinfonia marinaresca« (Seemannssinfonie), »Sinfonia romantica«, »Preludio religioso«, weiters ein Kontrabaß-, ein Fagott- und ein Klavierkonzert, außerdem 4 Streichquartette, Klavierstücke, Chöre, Lieder sowie Bühnenmusiken.

Domenico Scorpione
(um 1640 bis nach 1702)

ZEIT UND UMWELT
Das Musikgeschehen der Landschaft unterhalb Neapels spielte sich nahezu ausschließlich in den Klöstern und deren Kirchen ab, wenn man von der Hofkapelle in Palermo, die zur Gänze in den Händen der Spanier war, absieht. Die Klöster der einzelnen

Orden standen aber über alle Grenzen hinweg miteinander in engem Kontakt, tauschten die Kräfte gegenseitig aus und waren somit über die Ergebnisse jeder Entwicklungsphase der Musik informiert, ob sie nun im Norden oder Süden Italiens gelegen waren.

LEBEN
Domenico Scorpione wurde um 1640 in Rossano, Kalabrien, geboren. Er war Franziskaner und zunächst (1672–74) Kapellmeister an San Francesco in Bologna. Dann wirkte er ab 1675 in gleicher Eigenschaft an der Apostelkirche in Rom, darauf in Messina und Benevento und schließlich ab 1702 neuerlich in Rom, wo er in einem der folgenden Jahre gestorben sein dürfte.

WERKE
Der italienische Komponist Domenico Scorpione schrieb Messen, Antiphonen, Litaneien, Motetten und andere sakrale Gesänge für mehrere Stimmen, zum Teil im konzertanten Stil mit Generalbaß. Seine Werke wurden in den Kirchen seines Ordens viel gesungen und gespielt. Er war auch als Musikschriftsteller tätig.

Cyril Scott (1879–1970)

LEBEN
Cyril Meir Scott wurde am 27.9.1879 in Oxton, Cheshire, geboren. Mit 12 Jahren begann er in Frankfurt am Main am Hochschen Konservatorium bei Iwan Knorr Klavierspiel und Komposition zu studieren. Im Jahr 1898 kehrte er nach England zurück und wirkte einige Jahre in Liverpool als Pianist und Klavierlehrer. Sodann widmete er sich ausschließlich der Komposition. Er starb am 31.12.1970 in Eastbourne, Sussex.

WERKE
Obwohl Cyril Scott die überkommenen äußeren Kompositionsformen beibehielt, verließ er bald die Romantik und näherte sich dem Impressionismus eines Claude Debussy, bildete aber einen höchstpersönlichen Stil von größter Ausdruckskraft. Seine ersten Werke, 2 Sinfonien, eine Suite für Orchester, 2 Ouvertüren und ein Klaviertrio, die noch der Spätromantik verhaftet waren, zog er zurück. Er schrieb für Orchester »Drei sinfonische Tänze« als Neufassung seiner zweiten Sinfonie, 2 weitere Ouvertüren, ein Klavierkonzert, ein Violinkonzert, ein Cellokonzert, ein Oboenkonzert, ein Harfenkonzert, 2 Passacaglien, ein Konzert für zwei Klaviere und Kammerorchester, eine Rhapsodie für Flöte, Violine, Bratsche, Cello und Harfe, ein Klavierquintett, ein Klarinettenquintett, 5 Streichquartette, ein Klavierquartett, 2 Streichtrios, 4 Violinsonaten, eine Sonate für zwei Violinen, eine Flötensonate, ein Rondo für Viola d'amore, zahlreiche Klavierstücke, Orchestergesänge, mehr als 100 Lieder, Kirchenmusik und 3 Opern, ein Ballett und eine Bühnenmusik. Er veröffentlichte dichterische Werke und Abhandlungen über verschiedene Wissensgebiete – Musik, Literatur, Philosophie und Medizin.

Humphrey Searle (1915–82)

LEBEN
Humphrey Searle wurde am 26.8.1915 in Oxford geboren. Er studierte 1937 am Royal College of Music in London, sodann am Neuen Konservatorium und bei Anton Webern in Wien. Von 1938 bis 1940 war er in der Musikabteilung der BBC tätig und arbeitete von 1946 bis 1948 dort als Programmleiter. Anschließend lebte er in London als freischaffender Komponist, von 1951 bis 1975 als Musikberater des Sadler's Wells Ballett, und seit dem Jahr 1965 wirkte er als Professor am Royal College of Music in London. Er starb am 12.5.1982 in London.

WERKE
Neben 4 Opern und 2 Balletten schrieb Humphrey Searle 6 Sinfonien, eine Sinfonietta und weitere Orchesterstücke, 2 Suiten für Streicher, ein Tongedicht für 22 Streicher, ein Divertimento für Flöte und Streicher, eine Aubade für Horn und Streicher, 2 Klavierkonzerte, ein konzertantes Stück für Klavier, Streicher und Schlagzeug, 2 Nokturnen, 3 Sätze für Kammerorchester, ein Quintett für Fa-

gott und Streicher, ein Quartett für Violine, Bratsche, Klarinette und Fagott, eine Passacaglia für Streichquartett, 3 Sätze für Streichquartett, Duos mit verschiedener Besetzung, Klavierstücke, Orgelstücke, Kantaten, Chorwerke mit Instrumentalbegleitung, mit Solisten, mit Sprecher, Gesänge mit Instrumenten oder mit Klavier und Lieder. Er veröffentlichte eine Anzahl musiktheoretischer und musikhistorischer Traktate.

Sebastián de Vivanco
(1550 – 1622)

ZEIT UND UMWELT
Im Gegensatz zu Italien, wo die einzelnen Musikzentren stark verschiedene Wege gingen, waren die Kapellen an den Kathedralen Spaniens mit wenigen Ausnahmen sozusagen aufeinander abgestimmt. Hauptgrund dieser Erscheinung war die politische Einheitlichkeit Spaniens und die Zersplitterung Italiens. Salamanca nahm nur insofern eine Sonderstellung ein, als an der Universität der Stadt auch die Musikwissenschaft eine stärkere Pflege erfuhr.

LEBEN
Sebastián de Vivanco wurde um 1550 in Avila geboren und erhielt bald nach seiner Ausbildung die Kapellmeisterstelle in Lérida. Im Jahre 1576 war er in Segovia und 1587 in Sevilla tätig. Von 1588 bis 1602 hatte er eine Kapellmeisterstelle in Salamanca inne und leitete von 1602 bis zu seinem Tod am 26. 10. 1622 die Kapelle an der Kathedrale der Stadt, an deren Universität er ab 1603 Musik lehrte.

WERKE
Der Kirchenmusiker und Musikwissenschafter Sebastián de Vivanco veröffentlichte ein Buch mit 18 Magnificat, eines mit 68 Motetten und ein weiteres mit 4 Messen. Seine übrigen Kompositionen – Messen, Motetten, Magnificat, Benedicamus – liegen handschriftlich vor. Seine Musik weist nicht den bei spanischer Kirchenmusik üblichen dunklen Klang auf. Sie ist locker gesetzt, profiliert den Text und nähert sich etwas dem französischen Stil.

LITERATUR
R. Stevenson, Spanish Cathedral Music in the Golden Age, Berkeley 1961.

Johann Sebastian (1622–83)

LEBEN
Johann Sebastian wurde am 30. 9. 1622 bei Weimar geboren. Er lebte in Königsberg (Kaliningrad), wo er ab 1661 als Hofkapellmeister wirkte und im Frühjahr 1683 starb.

WERKE
Vom deutschen Komponisten Johann Sebastian sind 13 mehrstimmige Begräbnisgesänge mit Instrumentalbegleitung und die zweiteilige Sammlung »Parnaß-Blumen, geistliche und weltliche Lieder« für fünf Stimmen erhalten. Bemerkenswert ist seine Matthäus-Passion »Das Leiden und Sterben unsres Herrn und Heilandes Jesu Christ« durch ihre freien Rezitative, die kontemplativen, von einer Stimme mit Streicherbegleitung gesungenen Arien und die Orchestersätze, eine Form, die offensichtlich auf die von Johann Sebastian Bach entwickelte hinzielt.

LITERATUR
J. Müller-Blattau, Geschichte der Musik in Ost- und Westpreußen, Königsberg 1931.

Sebastian von Felsztyn
(um 1485 bis nach 1543)

ZEIT UND UMWELT
Der Kontakt des polnischen Klerus im 16. Jahrhundert mit den deutschen Bistümern war enger als mit den italienischen. Daher lehnte sich die Kirchenmusik mit Ausnahme in Krakau stärker an die süddeutsche an. Heinrich Finck war in Polen am bekanntesten und am beliebtesten, so daß er vor allen anderen von den heimischen Komponisten zum Vorbild genommen wurde.

Leben
Sebastian von Felsztyn (de Felstin, Felstinensis, Felstyński, Sebastian z Felsztyna) wurde um 1485 in Felsztyn geboren, studierte 1507 bis 1509 in Krakau, wurde in seinem Geburtsort, dann in Przemyśl Kaplan und schließlich Propst in Sanok, wo er nach 1543 starb.

Werke
Der Musiktheoretiker und Komponist Sebastian von Felsztyn hinterließ neben einer Reihe musikwissenschaftlicher Schriften und einem Kompendium mit Gregorianik Hymnen, 2 Alleluia, eine vierstimmige Sequenz und mehrere Motetten für vier Stimmen auf einem Cantus firmus aus langen Noten, ganz durchimitiert. Die Kompositionen stehen denen von Heinrich Finck sehr nahe.

Literatur
A. Chybiński, Do biografii Sebastiana z Felsztyna, Kwartalnyk Muzycznej 1932.

Sébastien de Brossard (1655–1730)

Leben
Sébastien de Brossard wurde am 12. 9. 1655 in Dompierre, Orne, getauft. Er war ab 1687 Vikar, ab 1689 Kapellmeister am Münster in Straßburg und von 1698 bis 1709 Musikdirektor an der Kathedrale in Meaux, wo er am 10. 8. 1730 starb.

Werke
Der französische Komponist Sébastien de Brossard war ein Theoretiker von eminenter Bedeutung. Seine Untersuchungen über Probleme der Notierung, der Stilentwicklung, über psychologische und soziologische Fragen waren für die Musik, besonders für die in Frankreich, sehr wichtig. Seine eigenen Kompositionen: Sonaten für eine und zwei Violinen und Generalbaß, für zwei Violinen, Gambe und Generalbaß, eine Weihnachtssinfonie für zwei Instrumente und Generalbaß, Lautenstücke, 6 Bücher Airs sérieux et à boire, 2 italienische und 6 französische Kantaten, 11 Airs in verschiedenen Sammelwerken, ein- und mehrstimmige Motetten mit Instrumenten und Generalbaß, Lamentationen, eine Messe, 4 Totenoffizien für drei Stimmen und Generalbaß und das »Canticum eucharisticum« für Soli, Chor und Instrumente sind gut gekonnte Arbeiten ohne viel Originalität. Seine wissenschaftlichen Publikationen sind dafür sehr wertvoll, insbesondere sein Musiklexikon, das eines der ersten seiner Art ist.

Simon Sechter (1788–1867)

Zeit und Umwelt
Die Theorie der Basse fondamentale von Jean-Philippe Rameau (1683–1764), nach der die Grundtöne der Stammakkorde, die im musikalischen Satz in beliebigen Umkehrungen erscheinen, als nicht klingende, fingierte Baßstimme zu betrachten sind und die harmonische Grundlage des Akkordgefüges bilden, war weit in das 19. Jahrhundert hinein ebenso wirksam wie seine übrigen Grundsätze der Harmonielehre.

Leben
Simon Sechter wurde am 22. 10. 1788 in Friedberg (Frymburk), Böhmen, geboren. Er war Schüler von Jan Antonín Koželuh in Wien, sodann ab 1811 Musiklehrer am Blindeninstitut und später Mitglied der Hofkapelle. Im Jahr 1824 wurde er Hoforganist und 1851 Lehrer für Harmonie- und Kompositionslehre am Konservatorium der Musikfreunde in Wien, wo er am 10. 9. 1867 starb. Er war Lehrer von Anton Bruckner.

Werke
Die Kirchenmusikwerke, die den Hauptteil der Kompositionen von Simon Sechter bildeten – Messen, Gradualien, Offertorien, ein Te Deum und weitere Gesänge –, wurden zum Teil in den alten Kirchentonarten geschrieben; sie sind nur zum geringen Teil im Druck erschienen. Er schrieb außerdem 4 Oratorien, zahlreiche Fugen, Präludien und andere Stücke für Orgel, weiters 2 Streichquartette (eines davon: »Die vier Tempera-

mente«) und Klaviervariationen. Seine Hauptbedeutung lag jedoch in seiner pädagogischen Tätigkeit; er war einer der einflußreichsten Lehrer des 19. Jahrhunderts, sein Hauptwerk, »Die Grundsätze der musikalischen Komposition«, war lange richtungweisend.

Karl Siegmund von Seckendorff
(1744–85)

ZEIT UND UMWELT
Der Weimarer Hof, Johann Wolfgang von Goethe und Johann Gottfried von Herder waren eine Umgebung, in der Poesie und Musik gedeihen konnten – und Singspiele, deren Texte Goethe persönlich verfaßte, hatten alle Voraussetzungen, zu Meisterwerken zu werden.

LEBEN
Karl Siegmund Freiherr von Seckendorff wurde am 26. 11. 1744 in Erlangen geboren. Er war Offizier in österreichischen und dann in sardinischen Diensten, ab 1776 Kammerherr und Geheimsekretär am Weimarer Hof und schließlich preußischer Gesandter in Ansbach, wo er am 26. 4. 1785 starb.

WERKE
Neben seinen schriftstellerischen Arbeiten dilettierte Karl Siegmund von Seckendorff als Komponist von Liedern, mit denen er den Volkston gut traf. Seine 3 Sammlungen »Volks- und andere Lieder mit Begleitung des Fortepiano« sind mehrmals im Druck erschienen und erreichten eine beachtliche Beliebtheit. Er verfaßte außerdem Singspiele auf Texte von Johann Wolfgang von Goethe – »Lila«, »Jery und Bätely«, »Proserpina« –, die vorwiegend wegen der Texte eine Zeitlang lebendig blieben. Von seiner Instrumentalmusik sind 12 Streichquartette, 8 Divertissements für Cembalo, 3 Trios und einige Klaviersonaten für drei Hände überliefert.

LITERATUR
Th. Stettner, Karl Siegmund von Seckendorff, in: Fränkische Heimat XVI, 1937.

Josef Seger (1716–82)

ZEIT UND UMWELT
Die Schule von Bohuslav Černohorský hatte eine Organistentradition Böhmens geschaffen, die sich bis in das 19. Jahrhundert und weit über die Landesgrenzen hinaus bemerkbar machte. Jedenfalls war man in ganz Mitteleuropa bereit, vakante Organistenstellen mit Schülern des Prager Altmeisters oder dessen Enkelschülern zu besetzen.

LEBEN
Josef Ferdinand Norbert Seger (Seeger, Seegr, Segert) wurde am 21. 3. 1716 in Řepín, Mělník, geboren. Er studierte in Prag und war Schüler von Bohuslav Černohorský. Anschließend wirkte er als Sänger an der Jakobskirche und dann als zweiter Violinist an der Martinskirche. Im Jahr 1741 wurde er Organist an der Teynkirche und 1745 an der Kreuzherrenkirche. Er bewarb sich 1781 um die Stelle des Hoforganisten in Wien und spielte vor Kaiser Joseph II. Das Anstellungsdekret erreichte ihn aber nicht mehr; er starb am 22. 4. 1782.

WERKE
Die zahlreichen Werke von Josef Seger, mehrere 100 Präludien, Toccaten und Fugen für Orgel, Messen, Motetten, Psalmen, Litaneien wurden zu seinen Lebzeiten nicht gedruckt, dafür jedoch ein großer Teil davon im 19. und 20. Jahrhundert. Er war über die Grenzen seines Landes hinaus als Lehrer und bedeutender Vertreter der Altböhmischen Schule berühmt.

LITERATUR
Vl. Němec, Pražské varhany, Prag 1944.

Leif Segerstam (geboren 1944)

LEBEN
Leif Selim Segerstam wurde am 2.3.1944 in Vaasa, Schweden, geboren. Er studierte von 1952 bis 1963 an der Sibelius-Akademie in Helsinki und anschließend bis 1965 an der Juilliard School of Music in New York bei

Leif Segerstam

Louis Persinger (11. 2. 1887, Rochester, Ill., bis 31. 12. 1966, New York), Hall Overton und Vincent Persichetti. Von 1965 bis 1968 war er Kapellmeister an der Oper in Helsinki und anschließend an der Oper in Stockholm. Nach kurzer Tätigkeit an der Deutschen Oper in Berlin 1973 wurde er Direktor der Oper in Helsinki. 1975 bis 1982 war er Chefdirigent beim ORF in Wien, seit 1983 beim Staatsorchester Rheinland Pfalz in Mainz.

WERKE
Neben einem Ballett schrieb Leif Segerstam unter anderem die Orchesterstücke »Legende« und »Patria«, ein Violinkonzert, 4 Streichquartette, ein Holzbläserquintett, eine Messe, Gesänge mit Instrumentalbegleitung, eine »Jugendkantate« für Unisonochor und Orchester und »Prolonged Moments« (Verlängerte Augenblicke) für drei Sänger, Bläserensemble und Schlagzeug.

Giulio Segni (1498–1561)

ZEIT UND UMWELT
Modena kam im 13. Jahrhundert in den Herrschaftsbereich des Hauses d'Este. Im Zuge der päpstlichen Expansionsbestrebungen in der Emilia verlor Alfonso I. d'Este Modena und Reggio an den Kirchenstaat (1510 und 1512). Die Mediceer-Päpste Leo X. und Clemens VII. legten es darauf an, der Familie d'Este ihr gesamtes Land zu entreißen. Es kam nicht dazu, weil Leo X. zu früh starb und Clemens VII. politisch zu schwach war. Die verlorenen Städte kamen 1523 und 1527 erneut in die Hand Alfonsos, so daß die kulturelle Entwicklung von Modena unter der Leitung der Familie d'Este weitergehen konnte.

LEBEN
Giulio Segni (Giulio da Modena) ist im Jahre 1498 in Modena geboren und wurde von Jacopo Fogliano ausgebildet. Das Jahr 1530 findet ihn als Organisten der zweiten Orgel des Markusdomes zu Venedig. 1533 wird er als Organist nach Rom berufen. Er starb am 24. 7. 1561 in Rom.

WERKE
Der italienische Organist und Komponist Segni hinterließ eine Reihe von Ricercari für die Orgel, deren klangreicher Satz bereits deutlich den italienischen Stil des Jahrhunderts aufweist.

LITERATUR
H. C. Slim, 13 Ricercari, in: Musica nova (Venedig 1540), Chicago 1964.

Erich Sehlbach (geboren 1898)

LEBEN
Oswald Erich Sehlbach wurde am 18. 11. 1898 in Wuppertal-Barmen geboren. Er studierte am Konservatorium in Leipzig unter Stephan Krehl Theorie und bei Sigfrid Karg-Elert Komposition. Er lebte von 1925 bis 1928 als freischaffender Komponist in München, sodann lehrte er bis 1966 an der Hochschule in Essen.

WERKE
Von Erich Sehlbach sind 4 Opern aufgeführt worden. Er schrieb außerdem 2 Sinfonien, eine Orchesterfantasie, eine konzertante Par-

tita, »5 Epigramme« für Orchester, eine Sinfonietta für Streicher, eine »Serenata« für Streicher, eine Kammersinfonie für Harfe, Oboe, Blockflöte, Flöte, Klarinette und Fagott, ein Klavierkonzert, eine Kammersinfonie für Klarinette, Klavier und Streicher, ein Concertino für Flöte, Oboe und Trompete mit Orchester, ein Bläserquintett, 3 Streichquartette, ein Holzbläserquartett, zahlreiche Sonaten und andere Stücke für Klavier, Chorwerke, Orchestergesänge, Chöre a cappella und »Lieder der Liebe« für Sopran, Oboe, Bratsche und Cello. Sein Stil ist vom Neuklassizismus beeinflußt.

Josef Antonín Sehling (1710–56)

ZEIT UND UMWELT
Die Kapelle des Veitsdomes in Prag war im 18. Jahrhundert zum Teil mit Tschechen, zum Teil mit Deutschen besetzt. Zur Bildung einer eigenständigen Tradition oder Schule kam es nie, weil von keiner Seite irgendwelche Anregungen hinzukamen.

LEBEN
Josef Antonín Sehling wurde am 7. 1. 1710 in Toužim, Böhmen, geboren. Er war ab 1737 Violinist am Veitsdom in Prag, 1740 Chorregent an der Malteserkirche und zeitweilig Stellvertretender Chorregent am Veitsdom. Er starb am 19. 9. 1756 in Prag.

WERKE
Das umfangreiche kompositorische Werk von Josef Antonín Sehling ist nur handschriftlich überliefert. Es besteht aus einer großen Sammlung von Arien, Motetten, Offertorien und Messen, einer Krönungsoper für Kaiserin Maria Theresia, Schulopern und einigen Instrumentalwerken. Stilistisch muß diese gesamte Musik dem Spätbarock zugerechnet werden.

Mátyás Seiber (1905–60)

LEBEN
Mátyás György Seiber wurde am 4.5.1905 in Budapest geboren. Er studierte bei Zoltán Kodály und war anschließend bis 1928 als Schiffsmusiker tätig. Dann übernahm er die Leitung der am Hochschen Konservatorium in Frankfurt am Main neugegründeten Jazzklasse. Im Jahr 1935 übersiedelte er nach London, wo er in einem Musikverlag tätig wurde und Unterricht erteilte. Ab 1945 widmete er sich ausschließlich seinem kompositorischen Schaffen. Er starb am 29.9.1960 bei Johannesburg.

WERKE
Von Mátyás Seiber sind eine Rhapsodie, 2 Suiten, ein Pastorale für Flöte und Streichorchester, eine Fantasie für Violine und Streichorchester, ein Notturno für Horn und Streichorchester, ein Concertino für Klarinette und Streichorchester, ein Bratschenkonzert, ein Cellokonzert, Improvisationen für Jazzband und Orchester und ein Ballett bekannt geworden. Er schrieb ferner ein Bläserquintett, 3 Streichquartette, 2 »Jazzolettes« für vier Bläser, Klavier und Schlagzeug, ein Konzertstück für Violine und Klavier, eine Messe, 3 Kantaten, Lieder, Chöre sowie Film- und Hörspielmusik.

Friedrich Ludwig Seidel (1765 – 1831)

ZEIT UND UMWELT
Der Kompositionsstil der Brüder Johann Gottlieb und Carl Heinrich Graun wurde besonders von Josef Benda übernommen und weiterentwickelt, so daß er bei dessen Schülern in der Vorromantik mündete. Die Mannheimer Vorklassik ist bei den Berliner Meistern nur in einzelnen Äußerlichkeiten bemerkbar.

LEBEN
Friedrich Ludwig Seidel wurde am 1. 6. 1765 in Treuenbrietzen, Mark Brandenburg, geboren und in Berlin von Josef Benda ausgebildet. Nach einer Reise nach Paris und London ließ er sich in Berlin nieder und wurde dort 1792 Organist der Marienkirche, 1801 Orchestermitglied des Nationaltheaters, 1808 Musikdirektor der Königlichen Kapelle und

1822 Hofkapellmeister. Er starb am 5. 5. 1831 in Berlin.

WERKE
Neben mehreren Opern und Singspielen schrieb Friedrich Ludwig Seidel einige Ouvertüren, ein Sextett für Bläser und Klavier, Ballett- und Bühnenmusik, Messen, 2 Requiem und das Oratorium »Unsterblichkeit«, außerdem Klavierstücke und Lieder.

Carlos de Seixas (1704–42)

ZEIT UND UMWELT
Die profane Musik in Portugal bestand im 18. Jahrhundert vorwiegend aus italienischen Opern und spanischen Zarzuelas, die durch die portugiesischen Texte nur wenig an Eigenständigkeit gewannen. Auch die Kirchenmusiker verfaßten ihre Sonaten und Toccaten für den sakralen Gebrauch. Daß dabei anstelle der Orgel auch das Cembalo verwendet wurde, war in vielen Fällen nicht einmal beabsichtigt.

LEBEN
José António Carlos de Seixas wurde am 11. 6. 1704 in Coimbra geboren. Er war ab 1718 Domorganist in Coimbra und 1720 Organist der Königlichen Kapelle in Lissabon, die ab 1721 von Domenico Scarlatti geleitet wurde. Er starb am 25. 8. 1742 in Lissabon.

WERKE
Nach zeitgenössischen Quellen soll Carlos de Seixas über 700 Toccaten für Orgel verfaßt haben, etwa 100 davon sind belegbar. Jedenfalls ist er noch immer unter die größten Komponisten Portugals für Tasteninstrumente zu reihen. Außerdem schrieb er 10 Messen, ein Te Deum für vier Chöre, eine Ouvertüre in D-Dur und eine Sinfonie in B-Dur für Orchester.

LITERATUR
M. S. Kastner, Carlos de Seixas, Coimbra 1947.

Louis-Nicolas Séjan (1786 – 1849)

ZEIT UND UMWELT
Der breite Strom der Orgeltradition, der ohne Unterbrechung oder Schmälerung durch die französische Musikgeschichte fließt, verdankt sein stetig hohes Niveau auch den vielen Organistenfamilien, in denen zumeist durch mehrere Generationen Können und Wissen um die Orgel und ihr Spiel weitergereicht wurden.

LEBEN
Louis-Nicolas Séjan wurde am 10.6.1786 in Paris als Sohn des Nicolas Séjan (1745–1819) geboren. Er folgte seinem Vater an den Orgeln an St-Sulpice sowie an Invalides nach und wirkte als Orgellehrer. Er starb im April 1849 in Paris.

WERKE
Von Louis-Nicolas Séjan ist eine Oper mit mäßigem Erfolg aufgeführt worden. Ferner schrieb er Vokalmusik – Chöre und Sololieder – und sehr gute Orgelstücke. Er veröffentlichte ein Werk über die Geschichte des Orgelspiels.

Nicolas Séjan (1746–1819)

LEBEN
Jean Nicolas Séjan wurde am 11. 5. 1746 in Paris geboren. Er war Neffe und Schüler von Nicolas Gilles Forqueray und wurde 1760 Organist an St-André-des-Arcs und 1772 an Notre-Dame; 1790 folgte er Armand Louis Couperin als Königlicher Kapellorganist und als Lehrer an der École Royale de Chant et de Déclamation nach. Im Jahr 1795 wurde er Orgellehrer am Conservatoire, 1806 Organist an St-Louis-des-Invalides und 1814 erneut Kapellorganist. Er starb am 16. 3. 1819 in Paris.

WERKE
Von Nicolas Séjan sind 6 Sonaten für Pianoforte mit Violine, eine Sammlung von Pianofortestücken solo, 3 Sonaten für Pianoforte mit Violine und Cello, verschiedene Arran-

gements für Pianoforte, ein dreistimmiger unbegleiteter Chor und einige Fugen für Tasteninstrumente erhalten. In seinen Sonatenallegros ist der Einfluß von Christoph Willibald Gluck sehr deutlich. Seine nicht zahlreichen Pianokompositionen räumten ihm einen hohen Rang unter den Meistern der Vorromantik ein.

LITERATUR

G. Favre, Nicolas Séjan, in: Revue Musicale XVII, 1936.

Bernhard Sekles (1872–1934)

LEBEN

Bernhard Sekles wurde am 20.3.1872 in Frankfurt am Main geboren. Er studierte am Hochschen Konservatorium seines Geburtsorts, war sodann als Theaterkapellmeister in Heidelberg und Mainz tätig und wurde 1896 am Konservatorium in Frankfurt am Main Theorielehrer. Von 1923 bis 1933 leitete er die Lehranstalt allein. Er starb am 8.12.1934 in Frankfurt am Main.

WERKE

Bernhard Sekles ließ als Direktor des Konservatoriums sogar Jazz-Unterricht erteilen. Neben seinen erfolgreichen 4 Bühnenstücken schrieb er eine Sinfonie, 2 sinfonische Dichtungen, ein Vorspiel und mehrere kleinere Stücke für Orchester, eine Passacaglia für Orgel und Orchester, 15 kleine Kammerstücke für Flöte, Klarinette, Bratsche, Cello und Schlagzeug, eine Serenade für 11 Instrumente, 3 Streichquartette, ein Klaviertrio, Chöre, Klavierstücke und Lieder. Er näherte sich mit manchen Werken dem Impressionismus.

William Selby (1738–98)

ZEIT UND UMWELT

Die ursprünglich vorwiegend von Puritanern aus England gegründete Stadt Boston gewann bald eine große wirtschaftliche Bedeutung. In der Mitte des 18. Jahrhunderts zählte sie bereits 15.000 Einwohner. Es gab 17 Kirchen, von denen die Mehrzahl den Kongregationalisten, der Rest den Episkopalisten, Anabaptisten, Hugenotten und Quäkern gehörte. Trotz der schweren Auseinandersetzungen mit den Regierungsvertretern, die schließlich zur Unabhängigkeit des Landes führten, wurden intensive Anstrengungen gemacht, um die kulturelle Situation zu heben.

LEBEN

William Selby wurde 1738 in England geboren, wo er als Organist gewirkt hatte. Er kam 1771 nach Boston, wurde 1777 Organist an King's Chapel und betreute diese Stelle neben seiner Tätigkeit als Kaufmann bis zu seinem Tod im Jahr 1798.

WERKE

Von William Selby, der sich als Organist, Cembalist, Musiklehrer, Dirigent und Konzertunternehmer betätigte, sind Lieder, Anthems und Instrumentalstücke – darunter Voluntaries und Fugen für Orgel oder Cembalo, ein Konzert für Cembalo oder Orgel mit Instrumenten und eine Sonate für zwei Violinen und zwei Celli – überliefert. Das Musikleben der Stadt Boston in den letzten drei Jahrzehnten des 18. Jahrhunderts stand unter der Leitung Selbys. Sein Stil entsprach dem englischen in der ersten Jahrhunderthälfte.

Daniel Selichius (1581–1626)

ZEIT UND UMWELT

Unter Heinrich Julius, dem Herzog von Braunschweig und Lüneburg, erlebte das Kurfürstentum eine wirtschaftliche und kulturelle Blüte. Seine Residenz in Wolfenbüttel wurde zu einem Zentrum der Musikpflege.

LEBEN

Daniel Selichius (Selich, Seelich) wurde am 4.2.1581 in Wittenberg getauft. Er besuchte die Universität seiner Geburtsstadt und wurde 1616 Musikdirektor auf Burg Wesenstein bei Eilenburg, Sachsen. Im Jahr 1621 folgte er Michael Praetorius als Kapellmeister in Wolfenbüttel nach, wo er 1626 starb.

WERKE
Von dem deutschen Komponisten Daniel Selichius sind gedruckt erschienen: »Ein Weynacht Gesang« und »Opus novum Geistlicher Lateinisch und Teudscher Concerten und Psalmen Davids«. Beide Kompositionen sind Übergangswerke zum Barockstil.

Selim III. (1761–1808)

ZEIT UND UMWELT
Mit »Maqam« bezeichnet man die Melodiemodelle der islamischen Musik. Die musikalische Vorstellung des orientalischen Musikers besteht nicht aus Tönen, sondern aus melodischen Gestalttypen, die als ungeteilte Melodielinien ausgeführt werden. Die Zuordnung der einzelnen Maqamat zu gewissen Gedanken- oder Gefühlsinhalten, die in der Volksmusik – regional verschieden – bestimmend war, wird von der Kunstmusik der Städte nicht mehr beachtet. Der arabische Philosoph Ibn Sina (980–1037) kannte noch eine Ethoslehre und die kosmische Beziehung einzelner Maqamat.

LEBEN
Selim III. wurde am 24. 12. 1761 in Istanbul geboren. Er war der 28. Sultan des Osmanischen Reiches und beschäftigte sich viel mit Dichtkunst und Musik. Selbst spielte er meisterhaft die Nay (lange Längsflöte) und den Tanbur (Langhalslaute). Eine große Anzahl Instrumentalisten und Komponisten wirkten unter seiner Leitung an seinem Hof. Er starb am 29. 7. 1808 in Istanbul.

WERKE
Von Selim III. sind über 60 Vokal- und Instrumentalstücke erhalten. Er hat selbst einige neue Maqamat zusammengestellt und erarbeitete einen neuen Stil, der bis in das 3. Jahrzehnt des 19. Jahrhunderts maßgebend blieb.

LITERATUR
S. K. Asküt, 500 yıllık türk musikisi, Ankara 1967.

Thomas Selle (1599–1663)

ZEIT UND UMWELT
Die ersten Ansätze zu den für die Kirchen Norddeutschlands typischen großen Kirchenkonzerten zeigten sich in Hamburg bereits in der ersten Hälfte des 17. Jahrhunderts. Die Kantoren erweiterten kleine Konzerte durch lange Orgelsätze, Dialoge, Arrangements von Chorälen, Motetten und Kantaten, bis es zu vollständigen Kirchenoratorien kam.

LEBEN
Thomas Selle wurde am 23. 3. 1599 in Zörbig bei Bitterfeld geboren und in Leipzig als Thomaner unter Johann Hermann Schein ausgebildet. Er war 1624 Lehrer in Heide, Holstein, 1625 Rektor in Weselburen und 1634 Kantor in Itzehoe. Von 1641 bis zu seinem Tod am 2. 7. 1663 wirkte er als Kantor am Johanneum und als Musikdirektor der Hauptkirchen von Hamburg.

WERKE
Der deutsche Komponist Thomas Selle hat eine große Anzahl geistlicher Konzerte geschrieben, die unter verschiedenen Titeln erschienen, wie »Hagio-Deca-Melydrion«, »Monomachia Harmonico-Latina«, »Monophonia Harmonico Latina« usw., für zwei bis fünf Stimmen, »Neue musicalische Festandachten«, »Sabbathische Seelenlust« (Texte von Johann Rist). Im Gegensatz zu früheren und zeitgenössischen Werken dieser Art sind diese zumeist sehr ausgedehnt und haben wirklichen »Konzertcharakter«. Weiters verfaßte er Passionen – eine Johannes-Passion mit Intermedien, eine ohne Intermedien, eine Matthäus-Passion und eine Auferstehungshistorie –, die ebenfalls Kirchenkonzerte und Vorläufer echter Passionsoratorien waren. Die profane Musik ist mit verschiedenen Vokalwerken – ein- und mehrstimmigen Liedern und Chören – vertreten wie »Deliciae Pastorum Arcadiae«, »Concertatio Castalidum«, »Delicearum Juvenilium decas«, »Monophonetica« usw.

LITERATUR
A. Werner, Zum Gedächtnis eines Hambur-

ger Stadtkantors, in: Monatsschrift für Gottesdienst und kirchliche Kunst V, 1900.

Giuseppe Sellito (1700–77)

ZEIT UND UMWELT
Buffoopern und vor allem Intermezzi liefen der ernsten Oper bald den Rang ab. Besonders die Intermezzi erfreuten sich großer Beliebtheit, die oft die des Hauptwerks überstieg. Viele Aufführungen ernster Opern wurden nur wegen der fröhlichen Intermezzi besucht.

LEBEN
Giuseppe Sellito (Selletti, Sellitti) wurde am 22. 3. 1700 in Neapel geboren. Er war Schüler am Conservatorio Santa Maria di Loreto. Nach seiner Ausbildung verfaßte er mit großem Erfolg Opern, aber vor allem Intermezzi für Neapel, Rom, Venedig, Bologna und Florenz. In den Jahren 1752 und 1753 gastierte er mit einer italienischen Operntruppe in Paris, 1760 gab er das Theater auf und wurde Kirchenmusiker, und zwar Organist an Santo Giacomo degli Spagnoli in Neapel, wo er sich auch als Gesanglehrer einen Namen machte. Er starb in Neapel am 23. 8. 1777.
Sein Bruder Giacomo Selitto (28. 7. 1701, Neapel, bis 20. 11. 1763, Neapel) wirkte in Neapel als Kapellmeister am Collegio dei Nobili.

WERKE
Neben seinen zum Teil überaus erfolgreichen rund 46 Opern verfaßte Giuseppe Selitto etliche Oratorien, Serenaden und sakrale Gesänge, außerdem eine zweistimmige Kantate, die sehr beliebt geworden ist.
Giacomo Selitto schrieb ein sehr geschätztes Stabat mater und 72 Cembalofugen.

Johan Peter Selmer (1844–1910)

ZEIT UND UMWELT
Hector Berlioz, Franz Liszt und Richard Wagner übten durch ihre gewaltigen Konzeptionen auf manche nordische Komponisten ungeheuren Einfluß aus. Es blieb aber bei den meisten bei der Übernahme der großen Formen, weil die künstlerische Kraft nicht ausreichte, diese wie ihre Vorbilder mit ihren eigenen musikalischen Einfällen zu füllen und zu beleben.

LEBEN
Johan Peter Selmer wurde am 20.1.1844 in Kristiania (Oslo) geboren. Er war in Paris Schüler von Ambroise Thomas und des Orgelkomponisten und Orgellehrers Charles-Alexis Chauvet (7.6.1837, Marines, Seine-et-Oise, bis 28.1.1871, Argentan, Orne). Wegen Teilnahme am Aufstand der Kommune wurde er zum Tod verurteilt, konnte aber nach Leipzig flüchten, wo er bei Ernst Friedrich Richter und Salomon Jadassohn studierte. Ab 1883 wirkte er in Kristiania als Dirigent. Er starb am 21.7.1910 in Venedig.

WERKE
Die programmatischen Orchesterstücke von Johan Peter Selmer, »Scène funèbre« (Totenfeier), »L'année terrible« (Das schreckliche Jahr), »Alastor«, »Carnaval en Flandres« und »Prometheus« standen unter so deutlichem Einfluß von Berlioz, Liszt und Wagner, daß man von Nachahmungen sprechen darf. Sie erfreuten sich aber beim Publikum sehr großer Beliebtheit.

Nikolaus Selnecker (1528–92)

ZEIT UND UMWELT
Bis zur Konkordienformel des Jahres 1577, die mit 12 Artikeln die nach Martin Luthers Tod aufgekommenen Lehrunterschiede des Protestantismus beseitigte, war die Reformation von einer gefährlichen Aufsplitterung bedroht. Es blieb ohnehin noch die Differenz zu den calvinistischen reformierten Gemeinden und in manchen Ländern die Verfolgung seitens der Gegenreformation bestehen.

LEBEN
Nikolaus Selnecker (Selneccer) wurde am

6. 12. 1528 in Hersbruck bei Nürnberg geboren. Der deutsche Theologe, Komponist und Organist spielte bereits als Zwölfjähriger die Orgel der Burgkapelle in Nürnberg. Ab 1549 studierte er in Wittenberg Theologie und wurde 1557 Hofprediger und Prinzenerzieher in Dresden, verlor aber als Anhänger von Melanchthon 1561 diese Stellung. Er ging nach Jena, wo seine Glaubensgenossen den Ton angaben, und erhielt eine Professur an der Universität. Im Jahre 1568 beendete er dort seine Lehrtätigkeit, übersiedelte nach Wolfenbüttel und nahm schließlich einen Lehrstuhl an der Universität Leipzig ein, wo er am 24. 5. 1592 starb.

WERKE
Von Nikolaus Selnecker ist eine Sammlung vierstimmiger »Christlicher Psalmen, Lieder und Kirchengesänge« erhalten, die den Werken der Heidelberger Komponistengruppe sehr nahestehen. Ihr vierstimmiger Satz ist noch weiter ausgebaut, läßt den Text klar hervortreten, ohne ihn wörtlich auszudeuten.

Joseph Sellner (1787–1843)

ZEIT UND UMWELT
Mit der Niederlage bei Mohács (1526) endete die Selbständigkeit des Königreichs Ungarn; die folgende Türkenherrschaft bis 1699 unterbrach jede kulturelle Entwicklung, die erst im 18. Jahrhundert sehr zögernd erneut einsetzte. Zu einem eigenständigen Musikleben kam es erst um die Mitte des 19. Jahrhunderts. Bis dahin stand alles im Schatten Österreichs, dessen Kronland Ungarn geworden war.

LEBEN
Joseph Sellner wurde am 13. 3. 1787 in Landau, Bayern, geboren. Er kam jung nach Österreich, wurde Musiker in einem österreichischen Kavallerieregiment und leitete anschließend ein privates Harmoniemusikkorps in Ungarn, bis er Erster Oboist am Königlichen Theater in Budapest wurde. Ab 1811 wirkte er als Oboist in Prag unter Carl Maria von Weber und nahm bei Václav Jan Tomášek Kompositionsunterricht; ab 1817 spielte er am Wiener Hofoperntheater und ab 1822 zugleich in der Hofkapelle; 1821 wurde er Oboenlehrer am Konservatorium. Er starb am 17. 5. 1843 in Wien.

WERKE
Von Joseph Sellner erschienen ein Konzert für zwei Oboen und Orchester, ein Oboenkonzert und 3 Concertini für Oboe und Orchester, mehrere Kompositionen für Gitarre und eine »Polonaise brillante« für Klarinette und Orchester. Seine Oboen-Schule wird noch heute verwendet.

Rito Selvaggi (1898–1972)

LEBEN
Rito Selvaggi wurde am 22. 5. 1898 in Noicattaro di Bari geboren. Er war Schüler des Liceo Musicale in Pesaro und studierte sodann bei Ferruccio Busoni. Von 1930 bis 1934 war er Direktor des Istituto Musicale in Varese, anschließend unterrichtete er bis 1938 am Konservatorium in Parma, leitete sodann das Konservatorium in Palermo und von 1956 das Konservatorium in Parma. Von 1959 bis 1968 wirkte er als Direktor des Konservatoriums in Pesaro. Er starb am 19. 5. 1972 in Zoagli bei Genua.

WERKE
Von Rito Selvaggi sind 5 Opern aufgeführt worden. Er schrieb ferner ein »Trittico sinfonico«, 2 Suiten, ein Konzert für Streichorchester, eine Ouvertüre, ein Streichquartett, eine Violinsonate, eine Sonate für Bratsche und Klavier, eine Sonate und eine Suite für Klavier, eine Orgelsuite, 2 Oratorien, eine Messe, ein Stabat mater, eine Elegie für Cello, Chor und Orchester, Chöre und Lieder, außerdem Instrumentationen von alter Cembalomusik und Bearbeitungen. Er veröffentlichte auch didaktische Werke. Sein Stil war klassizistisch.

Théophile Semet (1824–88)

ZEIT UND UMWELT
Im 19. Jahrhundert wurde das Vaudeville in

ganz Frankreich gepflegt. Es konstituierte sich daraus eine neue Form des Sprechlustspiels, Comédie-Vaudeville oder kurz Vaudeville genannt, auf die sich einzelne Theater ausschließlich spezialisierten. Das Lustspiel war von einfachen, zumeist mehrstimmigen Gesängen durchsetzt, die in der Regel Coupletcharakter aufwiesen. Besonderes Gewicht wurde auf das Vaudeville gelegt, das zumeist alle Darsteller am Ende des Stücks vortrugen.

LEBEN

Théophile Semet wurde am 6.9.1824 in Lille geboren und am Konservatorium ausgebildet; dann trat er in Paris in die Klasse von Fromental Halévy ein. Ehe er sich an die Komposition von Opern wagte, verfaßte er Gesänge und Orchestermusik für Vaudevilles; dann wandte er sich der lyrischen Oper zu. Er wirkte viele Jahre als Paukenist an der Opéra bis zu seinem Tod am 15.4.1888 in Corbeil bei Paris.

WERKE

Gesänge und Orchestermusik für Lustspiele (Vaudevilles) machten Théophile Semet bekannt, so daß er 5 Opern ohne Schwierigkeit auf Pariser Bühnen brachte. Ferner komponierte er eine Kantate und Ballettmelodien, die sehr gefielen.

Jean-Baptiste Senallié (1687–1730)

ZEIT UND UMWELT

Die stille Revolution gegen die starren Gesetze des französischen Barock fand sogar in seiner Zentrale ihre Parteigänger; Mitglieder der »24 violons du roy« in Versailles zogen den vom König verpönten italienischen Stil vor, entnahmen ihm aber nur, was ihnen zur Bildung des regellosen Rokoko brauchbar schien. Daß dieses Ausbrechen aus absoluten Diktaten ein Auflehnen gegen das gesamte System war, wurde den einzelnen Künstlern zu jener Zeit noch nicht bewußt.

LEBEN

Jean-Baptiste Senallié (Senaillé, Senaillié, Senallier, Senaillier) wurde am 23. 11. 1687 in Paris geboren. Er wurde von seinem Vater, dem »Violon du roy« Jean Senallié (um 1650, Paris, bis 10. 1. 1713, Paris), und von Jean-Baptiste Anet (um 1651–1710) zum Violinisten ausgebildet und folgte 1713 seinem Vater in dessen Stellung am Hof zu Versailles nach. Im Jahr 1717 reiste er nach Italien, spielte vor dem Hof in Modena, wo er bis 1719 blieb und mit Tommaso Vitali (1663–1745) zusammenarbeitete. Er starb in Paris am 15. 10. 1730.

WERKE

Durch seinen Unterricht und seine Kompositionen gewann Jean-Baptiste Senallié große Bedeutung für die Violinistenschule und die Sonatenkomposition Frankreichs. Er veröffentlichte 5 Bücher mit insgesamt 50 Violinsonaten mit Generalbaß, die mit ihrer Liebenswürdigkeit, Grazie und technischen Anspruchslosigkeit mit Begeisterung – besonders im Concert spirituel – aufgenommen wurden.

LITERATUR

La Laurencie, L'école française de violon, Paris 1922.

Ludwig Senfl (um 1486–1543)

ZEIT UND UMWELT

Bis zum Regierungsantritt Herzog Wilhelms IV. (1508–50) war Bayern zum größten deutschen Staatswesen angewachsen. Das Ausbreiten der Reformation betrachtete der Herzog in erster Linie als Bedrohung seiner Macht. Er ließ auch eine Einmengung der Katholiken in seine Regierung nicht zu und war im Schmalkaldischen Bund mit protestantischen Fürsten verbündet. Diese neutrale Haltung des Herzogs brachte den bayrischen Protestanten zwar wenig Vorteile, verschonte sie aber vor stärkerer Verfolgung. Der Herzog war den freiheitlichen Ideen des Humanismus gegenüber sehr aufgeschlossen und begründete ähnlich den sächsischen Kurfürsten an seinem Hof ein kulturelles Zentrum, das alle Wechselfälle der Politik überdauerte. München wurde zum Treffpunkt von Kulturschaffenden jeder Art und ist es bis heute geblieben.

Leben

Ludwig Senfl (Senfli, Sennfel) wurde um 1486 in Basel als Sohn des aus Freiburg im Breisgau eingewanderten Sängers Bernhard Senfl geboren und kam bereits im Kindesalter in die Hofkapelle Maximilians I. in Konstanz. Er wurde somit ein Schüler Isaacs. In der Tradition der franko-flämischen Musik mit ihrer deutschen Ausprägung erzogen, durchlief er alle Ränge eines Sängers der Kapelle, bis er nach dem Tod seines Lehrers (1517) dessen Nachfolger als Komponist wurde. Als es nach dem Tod des Kaisers (1519) zur Auflösung seiner Kapelle kam, ging Senfl nach Passau, wo er vermutlich an der Domkapelle tätig war, und trat im Jahre 1523 in München an der Hofkapelle des Herzogs Wilhelm IV. die Stellung des »Ersten Sängers« an, die er bis zu seinem Tod im Jahre 1543 behielt. Während seines Münchner Aufenthaltes stand er mit Martin Luther und dem protestantischen Herzog Albrecht von Preußen in reger Korrespondenz. Ob davon auf ein Hinneigen des Meisters zur Reformation geschlossen werden darf, ist zweifelhaft. Jedenfalls hat Herzog Wilhelm keinen Anlaß gefunden, seine Gunstbezeugungen für den ersten Mann seiner Kapelle zu mindern.

Werke

Im kompositorischen Wirken Ludwig Senfls kulminierte die deutsche Musik des späten Mittelalters und der Renaissance. Der deutsche Musikschriftsteller Sebald Heyden nannte ihn 1537 »in musica totius Germaniae nunc principem« (Fürst der Musik ganz Deutschlands). Ähnliche Urteile findet man bei Glareanus (1547) und Lodovico Zacconi (1596). Sie gründeten sich vor allem auf seine polyphone Motetten- und Liedkunst. Seine Motetten mit dem Großteil seiner sakralen Musik sind lateinisch, die Lieder deutsch. Zwischen diesen Gattungen liegt ein verhältnismäßig geringer Bestand an geistlichen Liedern und weltlichen Motetten. Im Mittelpunkt der sakralen Musik Senfls stehen die Messeordinarien und die Proprien, sodann Psalmodie, Magnificat, Hymnen und Responsorien; dazu gehören Orationen, Salutationen, Historien- und Evangelien-Motetten und Psalmen. Die Verwendung eines Cantus firmus oder eines Ostinato als Orientierung ist dabei die Regel.

Die ungefähr 250 deutschen Lieder gehören allen Gattungen dieser Kompositionsform an; Hofweisen, Volkslieder, Lyrik und Epik und alle Zwischenformen scheinen auf, Rüge, Scherz, derber Spott, Philosophie und Frömmigkeit, Liebessehnsucht und Abschiedsschmerz, Trauer und Glorifizierung und schließlich auch Autobiographisches wie: »Lust hab ich ghabt zuer Musica.« Sie gehen formal von der deutschen Liedstruktur aus, wie sie Isaac gebrauchte, doch in vielen Fällen weitet sich der Duktus zu klingenden Terzen und Sexten und bezieht alle ver-

Ludwig Senfl – Zeichnung von Hans Schwarz, Augsburg um 1520

fügbaren kontrapunktischen Mittel ein. Alles ist Ausdruck und Klang.

Die lateinischen Oden, nach dem Rezept von Celtis syllabisch vertont und harmonisiert, folgen dem humanistischen Ideal der Zeit. Senfl vollendete die Vertonung der Oden von Horaz, die Hofhaymer begonnen hatte, und brachte sie heraus.

Gleicherweise nahm er sich des Choralis Constantinus seines Lehrers Isaac an und stellte ihn fertig.

Schließlich sind auch etliche reine Instrumentalsätze überliefert.

Missa Paschalis (Ostermesse)

Diese Messe für fünf Stimmen und Instrumente verwendet dieselbe gregorianische Choralmelodie als Cantus firmus, die Isaac zweimal (vier- und fünfstimmig) einer Ostermesse zugrunde gelegt hat. Jedoch Senfls Textur ist um vieles dichter und kompakter als die seines Lehrers. In beiden Fällen aber werden die Instrumente nahezu ausschließlich zur Verstärkung der Singstimmen eingesetzt. Eine gesonderte Führung von instrumentalen Linien ist selten. Die Messe besteht nur aus vier Teilen. Im Kyrie alternieren Einstimmigkeit mit mehrstimmigen Chorstellen und erzielen damit eine besonders feierliche Einleitung der Ostermesse. Das Gloria bringt keine Homophonie mehr, aber der Cantus firmus ist mit seinen abgegrenzten Abschnitten genau sichtbar gemacht. Das hindert aber nicht, daß der Chorklang den Jubel über den Festtag farbenprächtig ausdrückt. Ein Credo fehlt. Im Sanctus wird ein großer Teil des kanonischen Sanctus zweistimmig vorgetragen, Melodiefragmente klingen in den drei bewegteren Partien auf. Die kontrapunktische Durcharbeitung ist meisterhaft. Das Agnus Dei läßt den Instrumentenklang am stärksten zur Geltung kommen.

Missa super Per signum crucis (Messe über »Durch das Zeichen des Kreuzes«) für Singstimmen und Instrumente, 5 Teile, entstanden 1530 zur Weihe des Tegernseer Kreuzaltars

Die Motette »Durch das Zeichen des Kreuzes befreie uns von unseren Feinden, du, unser Gott« ist nicht bekannt. Sie gehörte vielleicht zu den verlorenen Werken des Komponisten selbst. Das musikalische Material der Motette ist in allen Teilen der Messe aufgenommen und bildet deren Auftakt, der aber je nach dem Textbeginn verschieden rhythmisiert ist. In den langen Sätzen – Gloria, Credo – zeigt sich ein großer Reichtum von stilistischen Variationen. Sie sind häufig zur Zwei- und Dreistimmigkeit aufgelockert; nur an wichtigen Textstellen treffen alle Stimmen zum vollen Ausdruck zusammen. Einzelne Sätze werden in ihrem ganzen Ablauf nur zwei- oder dreistimmig vorgetragen, wie »Crucifixus«, »Et resurrexit«, »Pleni sunt coeli« und »Benedictus«, bleiben aber trotzdem überall dicht und voll. Die gesamte Messe nimmt wegen ihrer plastischen und übersichtlichen Anlage einen besonderen Platz im sakralen Schaffen des Komponisten ein.

Das Gleut zu Speyer

Nach einem kurzen Anstimmen der einzelnen Stimmen, das sofort an den Beginn eines vollen Kirchenglockengeläutes erinnert, schwingen die einzelnen wie ständig neu angeschlagene Glokken über einen Sockel tiefer, rhythmisch verlangsamter Stimmen in ostinater Folge. Man hört nur Glocken und sieht sie förmlich, bis das Läuten allmählich verklingt, weil eine Stimme nach der anderen schweigt, bis der Baß lange nachhallend als letzter verstummt.

Literatur

H. Zenck, Ludwig Senfl zur 400. Wiederkehr seines Todesjahres, Deutsche Musikkultur VIII, 1943/44. K. C. Roberts, The Music of Ludwig Senfl, 2 Bände, Michigan 1965.

Johanna Senfter (1879–1961)

Leben

Johanna Senfter wurde am 27.11.1879 in Oppenheim, Rheinhessen, geboren. Sie studierte am Hochschen Konservatorium in Frankfurt am Main bei Iwan Knorr, Adolf Rebner (21.11.1876, Wien, bis 19.6.1967, Baden-Baden) und Carl Friedberg (18.9.1872, Bingen am Rhein, bis 8.9.1955, Meran) und von 1908 bis 1910 in Leipzig bei Max Reger. Nach umfangreicher kompositorischer Tätigkeit starb sie am 11.8.1961 in Oppenheim.

Werke

Von den zahlreichen Werken von Johanna Senfter sind 9 Sinfonien, 26 Orchesterwerke mit Gesang- oder Instrumentalsoli, Kammermusikstücke, Orgelwerke, eine Anzahl Chöre und Lieder bemerkenswert. Ihr Stil war spätromantisch.

Wladimir Senilow (1875–1918)

Leben
Wladimir Aleksandrowitsch Senilow wurde am 27.7.1875 in Wjatka (heute Kirow), Rußland, geboren. Er studierte in St. Petersburg bei Nikolai Rimski-Korsakow und Aleksandr Glasunow am Konservatorium. Er war als Jurist und als privater Musiklehrer tätig. Als Komponist trat er kaum hervor, so daß die meisten seiner Werke ungedruckt blieben, obwohl sie größtes Interesse verdienten. Er starb am 18.9. 1918 in Petrograd.

Werke
Von Wladimir Senilow sind eine Sinfonie, 4 Tongedichte, eine Ouvertüre und ein Variationenwerk für Orchester, 3 Streichquartette, eine Kantate und eine Anzahl Chor- und Klaviermusik handschriftlich überliefert, ferner ein Scherzo für Flöte und Klavier und ein »Gedicht« für Cello und Klavier. Sein Stil wurde durch seine Lehrer geprägt, war aber neuen Formen nicht verschlossen. Er verfaßte auch mehrere Werke für die Musikbühne.

Kai Senstius (1889–1966)

Leben
Kai Helmer Senstius wurde am 15.12.1889 in Kopenhagen geboren, wo er am Konservatorium studierte. Von 1912 bis 1924 wirkte er als Musiklehrer in Rønne und sodann als Organist in Odense, wo er am 31.7.1966 starb.

Werke
Neben 2 Opern und einem Ballett schrieb Kai Senstius 2 Sinfonien, 3 Konzertouvertüren, 2 Klavierkonzerte, ein Orgelkonzert, Kammermusik, Chorwerke und Orgelstücke. Er wirkte im Rahmen der Tonalität sehr fortschrittlich.

Serafino da Monte Reale Candido
(um 1540 bis nach 1572)

Zeit und Umwelt
In Italien wurden im 16. Jahrhundert die französischen Maskenspiele in der Form übernommen, daß bei Gastmählern und anderen Festlichkeiten Vermummte erschienen, die sangen, musizierten und zuweilen auch tanzten. Es handelte sich in den meisten Fällen um keine eigentlichen »Spiele«, die Vorführungen bestanden aus einer losen Folge von Gesängen, Musikstücken und Tänzen. Auch die fallweise vorgetragenen Dialoge hatten nur die Form eines »Sketch« und wurden teils gesprochen, teils gesungen. England übernahm sodann die Maskenspiele von Frankreich und Italien als höfische Unterhaltung.

Leben
Serafino da Monte Reale Candido wurde um 1540 vermutlich in Venedig geboren. Über sein Leben ist nichts bekannt. Er dürfte in seiner Geburtsstadt, in der er kompositorisch tätig war, nach 1572 gestorben sein.

Werke
Von Serafino da Monte Reale Candido ist ein Buch mit mehrstimmig komponierten Maskenspielen erhalten, das 1571 in Venedig erschienen ist. Ein Jahr darauf brachte er ein weiteres heraus. Diese Vertonungen waren sehr verbreitet und beliebt, weil sie den venezianischen Volkston gut getroffen hatten.

Auguste Sérieyx (1865–1949)

Leben
Auguste Kean Maria Charles Sérieyx wurde am 14.6.1865 in Amiens geboren. Er war Schüler von André Gédalge (27.12.1856, Paris, bis 5.2.1926, Paris) und Vincent d'Indy an der Schola Cantorum, an der er ab 1900 eine Kompositionsklasse leitete. Im Jahr 1914 ließ er sich in Veytaux-Chillon bei Montreux als Musiklehrer nieder. Er starb am 19.2.1949 in Montreux.

Werke
Neben seinen didaktischen Publikationen schrieb Auguste Sérieyx 2 Messen, ein Klavierquartett, 12 Motetten, Stücke für Klavier, für

Violine und für Orgel, eine Kantate für Gesang und Orchester und Lieder. Sein Stil war sehr fortschrittlich.

Tibor Serly (1901–78)

LEBEN
Tibor Serley wurde am 25.11.1901 in Losonc, Ungarn (heute Lučence, Slowakei) geboren. Er war Schüler der Musikakademie in Budapest unter Béla Bartók, Zoltán Kodály, Hans Koessler und Jenö Hubay. Er spielte im Philadelphia Orchestra und dem NBC Symphony Orchestra Bratsche und war ab 1939 freiberuflich tätig. Er vollendete das 3. Violinkonzert und das Bratschenkonzert von Béla Bartók, mit dem er befreundet war, nach dessen Tod. Er starb am 8.10.1978 in New York.

WERKE
Von Tibor Serly sind eine Sinfonie für Orchester, eine für Bläser und eine für Streicher, 2 Suiten, 2 Bratschenkonzerte, ein Konzert für Posaune und Kammerorchester, ein Konzert für zwei Klaviere und Orchester, eine Elegie für Orchester, eine Fantasie, ein Concertino, 6 Orchestertänze und 4 Lieder bekannt geworden.

Kazimierz Serocki (1922–81)

LEBEN
Kazimierz Serocki wurde am 3.3.1922 in Torún geboren. Er war Schüler von Kazimierz Sikorski und Stanisław Szpinalski (15.11.1901, Jekaterinodar [heute Krasnodar], bis 12.6.1957, Paris) sowie von Nadia Boulanger. Ab 1950 bereiste er verschiedene europäische Länder als Klaviervirtuose; im Jahr 1956 war er einer der Initiatoren des internationalen Musikfestivals für zeitgenössische Musik »Warschauer Herbst«, in den folgenden Jahren nahm er an den Darmstädter Kursen für Neue Musik teil. Er lebte als freischaffender Komponist bis zu seinem Tod am 30.1.1981 in Warschau.

WERKE
Von Kazimierz Serocki sind 2 Sinfonien, eine Sinfonietta für zwei Streichorchester, »Episoden« für Streichorchester und drei Schlagzeuggruppen, »Segmente« für sieben Instrumentalgruppen, ein Klavierkonzert, ein Posaunenkonzert, ein Triptychon und »Vier Volkstänze« für Kammerorchester, eine Suite für vier Posaunen, ein Sextett für sechs Schlagzeuger und 123 Instrumente, ein Konzert für zwei Klaviere und Orchester, ein Quartett für Klarinette, Posaune, Cello und Klavier, Fantasie für Klavier und Schlagzeug, eine »Elegische Fantasie« für Orgel und Orchester, verschiedene Klavierwerke, Liederzyklen, Chorwerke, Stücke für Chor, Sprechstimmen und Orchester und Filmmusik. Der Komponist war einer der prominentesten Vertreter der modernen Musik in Polen.

Aleksandr Serow (1820–71)

ZEIT UND UMWELT
Als Richard Wagners Musik in Rußland bekannt wurde, wechselten auf dem Gebiet des Stilstreites die Fronten. Anstelle der Auseinandersetzungen der Slawophilen mit den »Westlern« traten auf der einen Seite die Jungrussen auf, auf der anderen die Wagnerianer, die weit in der Minderzahl waren und auch beim Publikum nur wenig Rückhalt fanden, bis die ersten in Nachfolge Wagners komponierten Opern auf die Bühnen kamen und sehr gefielen. Es handelte sich dabei um ein Anknüpfen an die frühen Opern des deutschen Komponisten; der Einfluß der Tristan-Chromatik fiel in eine spätere Zeit.

LEBEN
Aleksandr Nikolajewitsch Serow wurde am 23.1.1820 in St. Petersburg geboren. Er studierte Jurisprudenz und ergriff wie viele russische Komponisten eine Beamtenlaufbahn. Als Musiker war er Autodidakt, nur von Josef František Hunke erhielt er brieflichen Kontrapunktunterricht. Er wandte sich der Musikschriftstellerei zu und wies das musikalische Rußland auf die Musik des Westens hin, wodurch er sich in scharfen Gegensatz zu den

Jungrussen stellte. Nachdem er 1858 die Gelegenheit erhielt, nach Deutschland zu reisen und Richard Wagner zu hören, propagierte er dessen Musik in seinen Publikationen, erregte aber nur Widerspruch. Aber als er selbst 1864 in Anlehnung an Giacomo Meyerbeer und Richard Wagner seine Oper »Judith« auf die Bühne brachte, eroberte er das Publikum im Sturm. Er versuchte auch, russische Musik mit Richard Wagner zu verschmelzen. Er starb am 20.1.1871 in St. Petersburg.
Seine Frau Walentina Sjemonowa Serowa, geborene Bergmann (1846, Moskau, bis Juni 1924, Sterbeort unbekannt), war seine Kompositionsschülerin.

WERKE

Von Aleksandr Serow sind 6 Opern aufgeführt wurden, die auf die Entwicklung der russischen Oper entscheidenden Einfluß ausgeübt haben. Weitere Kompositionen entstammen seinen späteren Lebensjahren. Sein Stabat mater und sein Ave Maria gehören heute noch zu den Kostbarkeiten der russischen Kirchenmusik. Er verfaßte außerdem eine Bühnenmusik, einen Weihnachtsgesang, einige ukrainische Chöre und mehrere Orchesterstücke. Walentina Sjemonowa Serowa errang mit mehreren Opern beachtliche Erfolge.

LITERATUR

Walentina Serow, Aleksandr Nikolajewitsch Serow, St. Petersburg 1914.

Emilio Serrano y Ruiz (1850–1939)

ZEIT UND UMWELT

Um die Wende zum 20. Jahrhundert gelang es doch endlich, spanische Opern auf spanische Bühnen zu bringen, obwohl die Zarzuela nach wie vor das Musiktheater des Landes beherrschte. Viele Aufführungen waren den einzelnen Werken dennoch nicht beschieden, weil der Publikumskreis für die Oper nicht groß war. Da gleichzeitig in den Konzertsälen sinfonische Musik von Spaniern gespielt wurde, konnte man von einem beginnenden Aufschwung des spanischen Musiklebens sprechen.

LEBEN

Emilio Serrano y Ruiz wurde am 13.3.1850 in Vitoria geboren. Er studierte Klavier und Komposition am Konservatorium in Madrid, an dem er selbst von 1870 bis 1920 als Kompositionslehrer wirkte. Von 1895 bis 1898 war er auch künstlerischer Direktor der Oper in Madrid, wo er am 8.4.1939 starb.

WERKE

Von Emilio Serrano sind 6 Opern und eine Zarzuela aufgeführt worden. Er schrieb außerdem eine Sinfonie in Es-Dur, eine sinfonische Dichtung, ein Klavierkonzert, ein Streichquartett in h-Moll, eine Klaviersuite und weitere Klavierwerke und Lieder mit Orchester- oder Klavierbegleitung. Sein Stil gehört voll und ganz der Romantik an. Die gleichzeitigen Stilentwicklungen wurden von ihm kaum beachtet.

Paolo Serrao (1830–1907)

LEBEN

Paolo Serrao wurde 1830 in Filadelfia, Catanzaro, geboren. Er studierte in Neapel bei Saverio Mercadante und Carlo Conti und wurde, nachdem er längere Zeit privaten Klavier- und Kompositionsunterricht gegeben hatte, Professor am Konservatorium der Stadt, in der er am 17.3.1907 starb.

WERKE

Von Paolo Serrao sind 3 Opern aufgeführt worden. Er schrieb außerdem eine Trauersinfonie zu Ehren von Saverio Mercadante, ein Oratorium, eine Passion, mehrere Messen, ein Requiem, Lieder und Klavierstücke. Sein Hauptverdienst lag in seiner vorzüglichen Lehrtätigkeit.

Servaas de Konink
(um 1650 bis um 1718)

ZEIT UND UMWELT

Als Reaktion auf die starke Beeinflussung des niederländischen Musikgeschehens aus Italien und Frankreich suchten einzelne Meister ihre Zuflucht bei der Volksmusik. Die Hoffnung, daß sich daraus ein eigenständiger Stil entwickeln würde, erfüllte sich allerdings nicht. Das Publikum bevorzugte die aus dem Ausland bezogenen Stilgattungen.

LEBEN

Servaas de Konink (Koninck, Cooninck) wurde um 1650 in den Niederlanden geboren. Er lebte als Musiklehrer in Amsterdam, wo er im Februar 1718 gestorben sein dürfte.

WERKE

Der niederländische Komponist Servaas de Konink schrieb eine Musik zu »Athalie« von Jean Racine und dürfte damit die erste niederländische Bühnenmusik geschaffen haben. Er bemühte sich um die niederländische Volksmusik und verfaßte auf niederländischen Texten »Hollandsche Minne- en Drinkliederen« und 7 Bände mit über 100 niederländischen Tänzen und Liedern. 6 Triosonaten, eine Intrada und 2 Ouvertüren ohne Generalbaß sind von der französischen Suite beeinflußt, seine 12 Flötensonaten mit Generalbaß tendieren nach Italien. Außerdem liegen noch ein- bis vierstimmige Motetten vor.

François Servais (1807–66)

ZEIT UND UMWELT

Seit der neugegründete Staat Belgien seinen Musikern durch das Konservatorium in Brüssel und andere Musikschulen, durch die Förderung des Konzertwesens und der Oper auch außerhalb der Kathedralen Betätigungsfelder bot, gelang es auch, einheimische Talente im Land zu behalten. Sie verbrachten wohl einige Jahre in Paris oder Deutschland, um sich im Ausland die Bestätigung ihres Künstlertums zu holen und den eigenen Gesichtskreis zu erweitern, sie gingen als Virtuosen auf Konzertreisen, kehrten aber zurück und wirkten im Rahmen der heimischen Musikentwicklung.

LEBEN

Adrien François Servais wurde am 6. 6. 1807 in Hal bei Brüssel geboren. Er bildete sich am Konservatorium in Brüssel zum Komponisten und Cellovirtuosen aus. Von 1838 bis 1848 unternahm er zahlreiche ausgedehnte Konzertreisen, nachdem er einige Jahre in Paris mit großem Erfolg aufgetreten war. Sodann wirkte er als Cellolehrer am Konservatorium in Brüssel bis zu seinem Tod am 26. 11. 1866 in Hal.

WERKE

Von François Servais sind 2 Cellokonzerte, 16 Fantasien für Cello und Orchester, einige Capricen für Cello und Klavier, 14 Duos über Opernmotive für Cello und Klavier und weitere 3 für Cello und Violine, ferner 6 Etüden überliefert. Seine Virtuosität wurde mit dem Beinamen »Paganini des Cello« belohnt.

Jean Servin (um 1530 bis um 1596)

ZEIT UND UMWELT

Während des Religionskrieges war Orléans bis 1567 ein Zentrum des Protestantismus. Dann geriet es in die Hände der Katholiken, die Tausende Hugenotten ermordeten. Nur wer von den Reformierten flüchtete oder sich versteckte, blieb am Leben.

LEBEN

Jean Servin wurde um 1530 in Orléans geboren und lebte dort bis zu den Massakern. Er wich nach Lyon aus, von wo er ebenfalls flüchten mußte. Es ist unbekannt, wo er sich aufgehalten hat, ehe er sich 1584 in Genf niederließ. Er starb in Genf um 1596.

WERKE

Der französische Komponist Jean Servin vertonte 150 Psalmen Davids vorerst dreistimmig mit Hugenottenmelodien, dann alternativ kontrapunktisch oder vertikal akkordisch. Zuletzt suchte er eine rhythmische und melodische Textausdeutung zu gewinnen. Diese Kompositionen sind sehr interessant, obschon sie wenig Anklang fanden.

Roger Sessions (1896 – 1985)

LEBEN

Roger Huntington Sessions wurde am 28. 12.

1896 in New York geboren. Er studierte bis 1915 an der Harvard University in Cambridge, Mass., sodann bis 1917 an der Yale School of Music in New Haven, Conn., bei Horatio Parker und in New York bei Ernest Bloch. Von 1925 bis 1933 hielt er sich vorwiegend in Europa auf – Berlin, Florenz –, veranstaltete jedoch zwischen 1928 und 1931 mit Aaron Copland Konzerte zeitgenössischer Musik in New York. Nach seiner endgültigen Rückkehr nach den USA lehrte er an verschiedenen Universitäten und wurde schließlich Kompositionslehrer an der Juilliard School of Music in New York. Er starb am 16.3.1985 in Princeton.

WERKE

Bis ungefähr 1935 waren die Kompositionen von Roger Sessions vorwiegend neuklassisch, dann bediente er sich komplizierter Rhythmen und einer chromatischen und dissonanzenreichen Harmonik. Ab 1953 wandte er sich immer mehr der Dodekaphonik zu. Er verfaßte 3 Opern, 8 Sinfonien, ein Violinkonzert, ein Klavierkonzert, ein Doppelkonzert für Violine und Cello, ein Concertino für Kammerorchester, ein Streichquintett, 2 Streichquartette, Kanons für Streichquartett, 3 Klaviersonaten, 6 Stücke für Solovioline, ein Duo für Violine und Klavier, ferner mehrere Kantaten und eine Messe. Er veröffentlichte mehrere musiktheoretische Werke.

LITERATUR

A. Bagnall und L. A. Wright, Roger Huntington Sessions, in: Current Musicology Nr. 15, 1973.

Giacomo Setaccioli (1868–1925)

LEBEN

Giacomo Setaccioli wurde am 8.12.1868 in Corneto Taquinia geboren. Er studierte an der Accademia di Santa Cecilia in Rom, wirkte ab 1922 dort als Theorielehrer und ab 1925 als Direktor des Konservatoriums in Florenz. Er starb am 5.12.1925 in Siena.

WERKE

Von Giacomo Setaccioli stammen 4 Opern. Er schrieb eine Sinfonie, mehrere sinfonische Dichtungen und weitere Orchesterwerke, ein Requiem, das Chorwerk »Cantica«, vier- bis achtstimmige Motetten a cappella, Kammermusik, Orgel- und Klavierstücke und Lieder. Sein Stil war konservativ.

Mordecai Seter (geboren 1916)

LEBEN

Mordecai Seter wurde am 26.2.1916 in Noworosisk, Kaukasus, geboren. Er wurde von 1932 bis 1937 in Paris an der École Normale de Musique von Igor Strawinsky, Paul Dukas und Nadia Boulanger ausgebildet. Anschließend wurde er Lehrer am Music Teacher's College in Tel Aviv. Seit 1972 ist er Professor an der Rubin-Akademie der dortigen Universität.

WERKE

Das kompositorische Werk von Mordecai Seter ist von der althebräischen Liturgie und der nahöstlichen Folklore beeinflußt. Er schrieb 3 Ballette, ein Ricercar für Streichorchester, eine Elegie für Klarinette und Streicher, 3 Duette für Violinen, ein Bläserquartett, ein Duo für Klarinette und Klavier, Sonaten für zwei Violinen und für Solovioline, Klavierwerke, ein Oratorium, 3 Motetten, eine Sinfonie für Chor und Orchester, eine Kantate und eine Yemenitische Suite für Kammerorchester und Singstimmen.

Déodat de Séverac (1872–1921)

LEBEN

Joseph-Marie Déodat de Séverac wurde am 20.7.1872 in Saint-Félix de Caraman, Haute-Garonne, geboren. Nach seiner ersten musikalischen Ausbildung in Toulouse von 1897 bis 1907 studierte er in Paris bei Vincent d'Indy und an der Schola Cantorom bei Charles Marie Anne Bordes (12.6.1863, La Roche-Corbon, Indre-et-Loire, bis 8.11.1909, Toulouse), Félix Alexandre Guilmant und Albéric Magnard. Einen musikalischen Beruf übte er nicht aus, sondern widmete sich allein der

Komposition. Er starb am 24.3.1921 in Céret, Pyrénées-Orientales.

WERKE

Das Hauptgewicht des kompositorischen Schaffens von Déodat de Séverac lag auf dem Gebiet der Pianistik. Trotz seiner konservativen Ausbildung trat er für fortgeschrittene Stilgattungen ein und formte sich selbst einen eigenartig volksnahen, aber nicht volkstümlichen Stil. Er verwendete keine Volksmusik, aber viele seiner Werke schienen Volksmusik zu sein. Er verfaßte 4 Opern, eine musikalische Szene und ein Ballett, 3 sinfonische Dichtungen und eine Hymne, eine Suite für doppeltes Streichquintett und eine Suite für Oboe, Streichquintett und Klavier und zahlreiche Lieder. Für Klavier schrieb er eine Sonate und eine beträchtliche Anzahl Klavierstücke, die wegen ihrer einfühlsamen Stimmungsmalerei sehr beliebt wurden.

LITERATUR

B. Selva, Déodat de Séverac, Paris 1930.

Francesco Severi (um 1580–1630)

ZEIT UND UMWELT

Verschiedene Päpste führten Klage darüber, daß ihre Kapellsänger die Anwesenheitspflicht bei den regelmäßigen Gottesdiensten vernachlässigten, obschon sie dafür bezahlt wurden, dagegen in den Palästen der Kardinäle und Adelsfamilien auftraten und Sonderhonorare verdienten oder sich der Komposition widmeten.

LEBEN

Francesco Severi wurde um 1580 in Perugia geboren. Er war ab 1613 Sänger der päpstlichen Kapelle und starb in Rom am 25. 12. 1630. Er war zugleich auch als Sänger an anderen Kirchen Roms tätig.

WERKE

Der italienische Sänger und Komponist Francesco Severi brachte eine Anzahl Psalmen und ein- bis dreistimmige Arien mit Begleitung einer Gitarre oder eines Cembalos heraus. Die Arien waren sehr beliebt und

»Chez les Godebski« (v. l. n. r.: Florent Schmitt, Déodat de Séverac, Calvocoressi, Cipa Godebski und sein Sohn, Albert Roussel, Ricardo Viñes, Maurice Ravel)

wegen ihres fortschrittlichen Stils interessant.

Thomas Henry Severn (1801–81)

ZEIT UND UMWELT
»The City of London Classical Harmonists« wurde 1831 von Londoner Amateuren gegründet, die unter fachgerechter Leitung leichtere Chormusik aufführte. Zur Begleitung stand ein Streichseptett zur Verfügung. Zwei Jahre darauf spaltete sich die Choral Harmonist's Society ab, die ein ganzes Orchester aufstellte und sich an die größten Chorwerke wagte.

LEBEN
Thomas Henry Severn wurde am 5.11.1801 in London geboren. Er bildete sich durch Studium von Partituren selbst zum Dirigenten aus und war der erste Dirigent der City of London Classical Harmonists. Später trat er als Dirigent verschiedener Vereinigungen von Amateurmusikern auf. Er starb am 15.4.1881.

WERKE
Von Thomas Henry Severn sind eine Oper und verschiedene Lieder, die sehr populär wurden, eine Kantate, 2 Te Deum und einige weitere sakrale Gesänge bekannt geworden.

Franz Seydelmann (1748–1806)

ZEIT UND UMWELT
Die Dresdener Hofkapelle hielt ihre engen Beziehungen zu Italien sehr lange aufrecht. Sie nahm noch immer viele Italiener auf und sandte deutsche Musiker zur Ausbildung nach Italien. Auch die italienische Oper – von Italienern und in Italien ausgebildeten Deutschen verfaßt – wurde lange intensiv gepflegt.

LEBEN
Franz Seydelmann wurde am 8. 10. 1748 in Dresden geboren. Er trat sehr früh in die Dresdener Hofkapelle ein, ging auf Kosten des Hofes mit Joseph Schuster und Johann Gottlob Naumann nach Italien zur Ausbildung, wurde 1772 gemeinsam mit Joseph Schuster Kurfürstlicher Kirchenkomponist und alternierte mit ihm, Johann Gottlob Naumann und Johann Georg Schürer als Leiter der Hofkirchenmusik und als Cembalobegleiter an der Italienischen Oper. Er starb am 23. 10. 1806 in Dresden.

WERKE
Von Franz Seydelmann sind 6 italienische Opern und ein deutsches Singspiel erhalten. Er verfaßte außerdem 6 vierhändige und 3 zweihändige Klaviersonaten, 3 Flötensonaten, 3 Violinsonaten, eine Anzahl Kantaten, Duette und Lieder, außerdem zahlreiche Kirchenkompositionen – Messen, Offertorien, Psalmen, Litaneien.

Ignaz Xaver von Seyfried
(1776 – 1841)

LEBEN
Ignaz Xaver Ritter von Seyfried wurde am 15.8.1776 in Wien geboren. Er war Schüler von Wolfgang Amadeus Mozart und Jan Antonín Koželuh (1738–1814) im Klavierspiel, von Johann Georg Albrechtsberger und Peter Winter (1754–1825) in Kompositionslehre. Von 1797 bis 1828 wirkte er als Kapellmeister am Theater, das Emanuel Schikaneder (1751–1812) auf der Wieden in Wien ab 1789 geleitet hatte. Er starb am 27.8.1841 in Wien.

WERKE
Von Ignaz Xaver von Seyfried sind über 100 Bühnenwerke – Opern, Singspiele, Ballette, Melodramen – aufgeführt worden. Er verfaßte außerdem zahlreiche Messen, Requiem, Motetten, Psalmen, Offertorien, Gradualien, Hymnen, Oratorien, Ouvertüren, Sinfonien, Quartette, Sonaten und Rondos. Seine Musik stand völlig im Schatten seiner Lehrer und entbehrte jeder Originalität, ist jedoch für das Musikgeschehen zur Zeit der Klassiker in Wien bezeichnend.

Giovanni Sgambati (1841 – 1914)

ZEIT UND UMWELT
Zu der Alternative, entweder für die Kirche oder für die Bühne zu schreiben, die nahezu bis zum Ende des 19. Jahrhunderts für den italienischen Komponisten Geltung hatte, kamen in den letzten Jahrzehnten mitunter auch andere Möglichkeiten. Es mußten allerdings besondere Umstände herrschen, damit man ihm erlaubte, als Sinfoniker oder Kammermusiker im Konzertsaal aufzutreten, sei es, daß er sich als Virtuose oder als Dirigent bereits einen Namen gemacht, sei es, daß er von höchster Stelle Auszeichnungen und Ehrungen erhalten hatte.

LEBEN
Giovanni Sgambati wurde am 28.5.1841 in Rom geboren. Er entwickelte sich bereits sehr früh zum Klaviervirtuosen, so daß Franz Liszt sich für seine Ausbildung interessierte. Er trat auch bald als Dirigent hervor und führte deutsche sinfonische Musik auf. Auch als Pianist setzte er häufig Johann Sebastian Bach, Ludwig van Beethoven und Robert Schumann auf seine Programme. Im Jahr 1877 wurde er Klavierlehrer an der Accademia di Santa Cecilia in Rom. Da ihn Richard Wagner protegierte, konnte er seine sinfonischen, kammermusikalischen und pianistischen Kompositionen verlegen und auch aufführen. Durch viele Konzertreisen nach Deutschland, England, Rußland und dem Norden machte er seinen Namen international bekannt. Als berühmter italienischer Virtuose und »Sinfoniker« vom italienischen König Vittorio Emanuele III. (1869–1947) hoch ausgezeichnet, starb er am 14.12.1914 in Rom.

WERKE
Von Giovanni Sgambati sind 2 Sinfonien in D-Dur und Es-Dur, ein Klavierkonzert in g-Moll, 2 Quintette in f-Moll und B-Dur, ein Streichquartett in cis-Moll und zahlreiche Klavierwerke überliefert, ferner ein »Epitalamio sinfonico« (Sinfonisches Hochzeitslied) für Orchester, ein Requiem für Bariton, Chor und Orchester, ein Te Deum für Orchester, mehrere Ouvertüren, Motetten, Lieder und Duette. Einiges von seinen Werken wird noch heute gespielt, vor allem Sinfonien und Kammermusik.

LITERATUR
A. Bonaventura, Giobanni Sgambati, in: Musica d'Oggi, 1941.

Johann Anton Sgatberoni
(um 1708–95)

ZEIT UND UMWELT
Die durch die ausgezeichnet besetzte Hofkapelle der habsburgischen Erzherzoge von Innerösterreich begründete Musiktradition von Graz wurde von den Kirchen- und Stadtkapellen auf hohem Niveau fortgesetzt.

LEBEN
Johann Anton Sgatberoni wurde um 1708 in Graz geboren. Er wirkte als Stadtpfarrmusikus seiner Vaterstadt bis zu seinem Tod am 5. 2. 1795.

WERKE
Von Johann Anton Sgatberoni sind 4 Cembalokonzerte in D-Dur, B-Dur, G-Dur und A-Dur erhalten. Mit diesen und seinen weiteren, verlorengegangenen, Cembalowerken kann man den Komponisten zu den Begründern der österreichischen Vorklassik zählen.

LITERATUR
H. Federhofer und G. M. Schmeiser, Grazer Stadtmusikanten als Komponisten vorklassischer Klavierkonzerte, Historisches Jahrbuch der Stadt Graz IV, 1971.

Ralph Shapey (geboren 1921)

LEBEN
Ralph Shapey wurde am 12.3.1921 in Philadelphia geboren. Er war Schüler von Stefan Wolpe und wirkte anschließend bis 1942 als Vizedirigent in Philadelphia. Seit 1964 ist er Professor an der Universität in Chikago. Daneben wirkt er bei verschiedenen Orchestern der USA als Gastdirigent.

Werke
Von Ralph Shapey sind eine Sinfonie, eine Fantasie, eine sinfonische Dichtung, verschiedene Konzerte, ein Violinkonzert, ein Konzert für Klarinette, Violine, Cello, Klavier, Horn, Tomtom und Baßtrommel, ein Stück für Kontrabaß und Instrumente, Stücke für Kammerensemble, eine Kammersinfonie für zehn Solisten, ein Holzbläserquintett, ein Blechbläserquintett, ein Klavierquintett, 6 Streichquartette, ein Oboenquartett, ein Klaviertrio, ein Trio für Violine, Klavier und Schlagzeug, ein Duo für Bratsche und Klavier, Klavierstücke, eine Kantate, ein Stück für Sopran und 23 Instrumente, ein Stück für Sopran und zehn Instrumente sowie 8 Lieder für Frauenstimmen und Tonband bekannt geworden.

Martin Shaw (1875–1958)

Leben
Martin Edward Fallas Shaw wurde am 9.3. 1875 in London geboren. Er war Schüler von Charles Stanford und wirkte von 1908 bis 1920 als Organist und Chorleiter an St. Mary-the-Virgin, Primrose Hill, anschließend bis 1924 als Musikdirektor an St. Martin-in-the-Fields, Cambridge, und von 1935 bis 1944 in Chelmsford. Er starb am 24.10.1958 in Southwold, Suffolk.
Sein Bruder Geoffrey Turton Shaw (14.11. 1879, Clapham, bis 14.4.1943, London) war Schüler von Charles Wood und Charles Stanford und wirkte als Nachfolger seines Bruders als Musikdirektor an St. Mary-the-Virgin.

Werke
Mit Ralph Vaughan Williams bemühte sich Martin Shaw um die Befreiung der englischen Kirchenmusik von ihrer eingerissenen Sentimentalität und um die Erneuerung des kirchlichen Chorgesangs. Er verfaßte mehrere Bühnenwerke, eine Fantasie für Klavier und Orchester, einige Kammermusik, Klavierstücke, 2 Liederzyklen für Bariton, Klavier und Streichquartett, ein Oratorium, zahlreiche Services, Kantaten, Chöre und Lieder.
Geoffrey Turton Shaw schrieb eine Oper, mehrere Chorwerke, Kirchenmusik, Klavier- und Violinwerke.

Arthur Shepherd (1880–1958)

Leben
Arthur Shepherd wurde am 19.2.1880 in Paris, Id., geboren. Er war in Boston Schüler von Percy Goetschius und George Whitefield Chadwick. Von 1897 bis 1908 wirkte er als Dirigent in Salt Lake City, von 1910 bis 1917 als Lehrer am New England Conservatory in Boston, von 1920 bis 1926 als Zweiter Dirigent des Cleveland Symphony Orchestra und anschließend bis 1950 als Professor für Musik an der Universität in Cleveland, wo er am 12.1.1958 starb.

Werke
Von Arthur Sheperd sind 2 Sinfonien, mehrere Ouvertüren und andere Stücke für Orchester, ein Klavierkonzert, ein Violinkonzert, Kantaten, Gesänge und Lieder erschienen. Sein Stil neigte zum Neuklassizismus.

John Shepherd (um 1505 bis um 1563)

Leben
John Shepherd (Shepheard, Sheppard, Shepperd) wurde vermutlich in London oder Umgebung um 1505 geboren und wahrscheinlich als Chorknabe an St. Paul's ausgebildet. Im Jahre 1542 wurde er vom Magdalen College in Oxford als Gesanglehrer der Chorknaben und als Organist eingestellt, unterbrach seine Amtstätigkeit ein Jahr darauf und nahm sie für die Jahre 1545 bis 1547 erneut auf. Darauf kam er zur Chapel Royal und blieb darin auch unter der Regierung der Königin Maria I., deren Rekatholisierungsmaßnahmen den inzwischen zum Gentleman der Kapelle ernannten Sänger und Komponisten nicht berührten. Er war wohl in den folgenden Jahren mehrmals in Oxford tätig, verblieb aber von 1557 bis zu seinem Tod um das Jahr 1563 ständig in London.

Sein Sohn John Shepherd (um 1545, Oxford, bis nach 1606, London) betätigte sich ebenfalls als Sänger und Kirchenkomponist, war Mitglied der Chapel Royal und wurde 1606 zum »Gentleman« ernannt.

WERKE
Der Kirchenkomponist John Shepherd verfaßte eine große Anzahl lateinischer und englischer Kirchenmusik; Anthems, Motetten, 2 Te Deum, 2 Magnificat, 2 Credo, bei 10 Messen und lateinische Gesänge sind erhalten. Ein größerer Teil seines Schaffens, dem zu seiner Zeit allseitige Anerkennung gezollt wurde, scheint verlorengegangen zu sein. Außerdem liegt einige Instrumentalmusik vor, die ihrer Zeit um einiges vorauseilt.
Von John Shepherd dem Jüngeren ist nur ein Kyrie überliefert, das ihn aber als ernstzunehmenden Komponisten ausweist. Alles andere ist verschollen.

James Sherard (um 1630 bis um 1680)

ZEIT UND UMWELT
Als Hausinstrument wurde die Violine im 17. Jahrhundert noch selten verwendet, die bevorzugten Instrumente waren Cembalo, Laute und Gitarre. Das private Ensemblespiel wurde noch nicht gepflegt. Es gab natürlich zu jeder Zeit Amateure, deren musikalische Fähigkeiten denen der Berufsmusiker in nichts nachstand.

LEBEN
James Sherard wurde um 1630 vermutlich in London geboren. Er war Apotheker, betrieb die Musik nur als Liebhaberei, war aber ein anerkannt vorzüglicher Violinist. Er starb wahrscheinlich um 1680 in London.

WERKE
Der englische Violinist und Komponist James Sherard brachte 2 Bücher mit Sonaten für zwei Violinen und Baß heraus, eine Besetzung, die erst im 18. Jahrhundert allgemein üblich wurde.

Sheryngham (um 1480 bis um 1530)

ZEIT UND UMWELT
Die ältesten Carols aus der 1. Hälfte des 15. Jahrhunderts knüpfen an eine Tanzliedgattung an, waren formal mit dem Virelai und der Ballata verwandt und wie die italienische Lauda religiösen Inhaltes. Sie waren mehrstimmig, allerdings mit sehr einfachem Satz, der erst gegen das Ende des Jahrhunderts kunstvoller wurde und dadurch in den Bereich der Kunstmusik eintrat. Die religiöse Thematik blieb erhalten.

LEBEN
Sheryngham wurde in England um 1480 geboren. Über Leben und Wirken des englischen Komponisten gibt es keine Informationen, außer daß er bei seinen Zeitgenossen sehr bekannt und geachtet war. Auch Ort und Zeit seines Todes sind unbekannt.

WERKE
6 vierstimmige Carols begründeten den Ruf des Komponisten Sheryngham, der in eine Reihe mit Cornyshe und Banaster gestellt worden ist und vielleicht ebenso der Königlichen Kapelle angehört hat. Außerdem ist ein schönes Madrigal für zwei Stimmen erhalten. Die Kirchenmusik, die er angeblich geschrieben hat, ist verschollen.

Minao Shibata (geboren 1916)

LEBEN
Minao Shibata wurde am 29. 9. 1916 in Tokio geboren. Er studierte Botanik und Ästhetik und bei Saburo Moroi Musik. Von 1959 bis 1969 wirkte er als Professor für Musikwissenschaft an der Hochschule für Musik und bildende Kunst in Tokio. Ab dann widmete er sich ausschließlich der Komposition.

WERKE
Von seinen Hauptwerken sind bemerkenswert: »Hans im Glück« für Sprecher, Männerchor und Kammerorchester, ein Gesangszyklus für Frauenstimmen und Klavier, 3 Gesänge für Sopran und Orchester, eine Sinfonie für

Orchester, ein Stück für sechs Blechbläser, eine Improvisation für Elektronische Musik, ein Stück für Marimba, Schlagzeug und elektronische Klänge, Konkrete Musik für stereophonische Übertragung und 2 Improvisationen für Klavier.

William Shield (1748–1829)

ZEIT UND UMWELT

Im letzten Drittel des 18. Jahrhunderts wurden in England immer mehr Opern auf englischen Text komponiert und aufgeführt. Es handelte sich entweder um Werke nach italienischem Muster oder um Balladenopern, deren Liedmelodien zum großen Teil dem Volksgut oder anderen Opern - englischen und fremden - entnommen wurden. Es ist richtig, daß dadurch viele schöne Melodien, die sonst unbekannt geblieben wären, erhalten blieben. Im ganzen genommen, handelte es sich aber doch nur um ein flaches Aneinanderreihen von bereits bekannten Arien und um keine eigentlichen Kompositionen.

William Shield

LEBEN

William Shield wurde am 5. 3. 1748 in Swalwell, Durham, geboren. Er arbeitete in seiner Jugend als Bootbauer und erhielt gleichzeitig von Charles Avison Musikunterricht. Bald war er imstand, Konzerte in Newcastle zu leiten und in Scarborough das Theaterorchester zu dirigieren. Felice de Giardini, der sein Violinspiel hörte, nahm ihn 1772 als zweiten Violinisten in sein Opernorchester auf, wo er ein Jahr darauf zum ersten Bratschisten aufstieg. Ab 1778 wirkte er auch als Komponist für Covent Garden. 1807 löste er seine Bindung mit dem Theater, nahm aber 1817 die Stelle eines Leiters der King's Music an und betreute sie bis zu seinem Tod am 25. 1. 1829.

WERKE

Von William Shield sind ungefähr 50 Musikbühnenwerke aufgeführt worden - Opern, musikalische Possen, Pantomimen -, für die er mit Vorliebe fremde Melodien verwendete. Außerdem verfaßte er 12 Violinduos, 6 Streichtrios, 6 Streichquartette und veröffentlichte mehrere Sammlungen mit Liedern und Arien. Seine Instrumentalmusik erhob sich hoch über die Kompositionen für die Bühne; die gründliche Ausbildung Shields kam dabei zur Geltung.

LITERATUR

W. Hauger, William Shield, in: Music & Letters XXXI, 1950.

Osamu Shimizu (geboren 1911)

LEBEN

Osamu Shimizu wurde am 4. 11. 1911 in Osaka geboren. Er studierte an der Musikhochschule in Tokio, wo er anschließend in der Musikabteilung des Radio Tokio tätig war. Gegenwärtig ist er Generaldirektor eines Verlagshauses.

WERKE

Bei seinen 10 Opern und 2 Balletten versuchte Osamu Shimizu, Stoffe des japanischen Kabuki-Theaters zu verarbeiten. Er schrieb außerdem 3 Sinfonien, 4 Stücke nach indischen Melodien, ein Quartett für Koto und Streicher, Skizzen für drei Kotos, eine Ballade für Violine und Klavier, eine »Olympische Hymne« zur Eröffnung der Olympischen Spiele Tokio 1964, buddhistische Kantaten, Chöre und Lieder.

Obadiah Shuttleworth
(um 1690 bis um 1735)

ZEIT UND UMWELT
Im Verlauf des 18. Jahrhunderts löste sich das Londoner Musikleben, wie auch in anderen Ländern, von der Hof- und Adelsgesellschaft ab. In privaten Konzertunternehmen trat nun das Bürgertum mit der Bezahlung von Eintrittsgeldern an die Stelle des ehemaligen Mäzenatentums.

LEBEN
Obadiah Shuttleworth wurde um 1690 in London geboren. Er brachte sich zunächst mit Kopieren noch nicht veröffentlichter Werke von Arcangelo Corelli fort, wirkte dann als erster Violinist von 1728 bis zu seinem Tod um 1735 an den Swan Taverne Concerts, nachdem er ab 1724 an Saint Michael's und an Temple Church als Organist tätig gewesen war.

WERKE
Von Obadiah Shuttleworth sind 12 Violinkonzerte und einige Violinsonaten handschriftlich überliefert. Sie sind stark von Corelli beeinflußt. Die Orgelstücke, die er geschrieben haben soll, sind unauffindbar.

Jean Sibelius (1865–1957)

LEBEN
Jean Sibelius (Johan Julius Christian) wurde am 8.12.1865 in Hämeenlinna (Tavastehus), Finnland, geboren. Er erhielt früh Musikunterricht, nahm während seines Jurastudiums in Helsinki bei Martin Wegelius (1846–1906) Violin- und Theorieunterricht und widmete sich bald ausschließlich der Musik. In Berlin waren Albert Becker (1834–99) und Woldemar Bargiel und in Wien Robert Fuchs (1847–1927) und Károly Goldmark (1830–1915) seine Lehrer. Im Jahr 1893 kehrte er nach Finnland zurück, wurde über Vermittlung von Robert Kajanus (1856–1933) mit einer Lehrtätigkeit am Musikinstitut und an der Orchesterschule von Helsinki betraut und erreichte mit seinen ersten Werken bald den Ruf als national-finnischer Komponist. Der Staat gewährte ihm ein lebenslanges Stipendium, damit er sich ganz der kompositorischen Tätigkeit widmen konnte. Sein Ruf verbreitete sich rasch in ganz Europa, seinen ständigen Aufenthalt nahm er 1904 in Järvenpää unweit von Helsinki. Nach dem Ersten Weltkrieg schränkte er seine bisher sehr intensive Tätigkeit als Dirigent und Komponist stark ein, 1921 reiste er zum letzten Mal nach England, 1924 trat er ein letztes Mal als Dirigent auf und vollendete im selben Jahr seine letzte Sinfonie; ab 1929 erschienen keine weiteren Kompositionen von seiner Hand. Was er ab jenem Zeitpunkt bis zu seinem Tod am 20.9.1957 in Järvenpää skizziert hatte, ist nicht überliefert.

WERKE
»Es herrscht die irrige Ansicht, daß meine

Jean Sibelius

Themen oft Volksmelodien seien. Aber bis jetzt habe ich nie ein Thema verarbeitet, das nicht meine eigene Erfindung gewesen wäre«, erklärte Jean Sibelius selbst. Ebenso wehrte er sich gegen den Vorwurf, die Tradition der Programmusik in der Art Franz Liszts fortzusetzen: »Seit Beethovens Zeit sind alle die sogenannten Sinfonien, mit Ausnahme die von Johannes Brahms, sinfonische Gedichte gewesen. In manchen Fällen haben uns die Komponisten ein Programm gegeben oder wenigstens angedeutet, was sie gedacht haben; aus anderen Fällen geht klar hervor, was sie sich vorgenommen haben zu schildern oder zu illustrieren, sei es eine Landschaft oder Bildreihe. Das ist nicht mein Ideal einer Sinfonie. Meine Sinfonien sind Musik, erdacht und ausgearbeitet als Ausdruck der Musik, ohne irgendwelche literarische Grundlage. Ich bin kein literarischer Musiker, für mich beginnt die Musik da, wo das Wort aufhört. Eine Sinfonie soll zuerst und zuletzt Musik sein. Natürlich kommt es vor, daß ein seelisches Bild unfreiwillig bei einem musikalischen Satz den ich geschrieben habe, haftengeblieben ist; aber meine Sinfonien sind bei ihrer Entstehung immer rein musikalisch gewesen.« Er knüpfte mit seinen Sinfonien an der Tradition der Klassik und an Anton Bruckner an und verschmolz dieses Erbe mit seinem eigenen epischen Stil zu neuen Formen. Er schrieb aber dennoch keine Musik nur um der Musik willen, sondern »es sind ja meine Sinfonien Glaubensbekenntnisse.« Gehobene Poesie und deutlich betonte ethische Linie können aber nicht verhehlen, daß in allen seinen Werken seine Heimat, das Land der tausend Seen und der tiefen Wälder, mitklingt. Seine 7 Sinfonien werden heute noch immer viel gespielt, am meisten allerdings, abgesehen von den nordischen Ländern, in Westeuropa und in den USA. Von den sinfonischen Dichtungen, die ebenfalls keine Programmusik im landläufigen Sinn, sondern nur die Wiedergabe der Stimmung und des ethischen Gehalts des behandelten Stoffes sind, genießen »En Saga«, »Tapiola« und vor allem »Finlandia« den Vorzug, aber auch die anderen, »Frühlingslied«, »Die Dryade«, »Pohjolas Tochter«, »Pan und Echo«, »Nächtlicher Ritt und Sonnenaufgang«, »Der Barde«, »Die Oceaniden« und die »Vier Legenden«, finden sich immer wieder auf Konzertprogrammen wie auch die Orchestersuiten »Karelia«, »Historische Szenen«, »Suite caractéristique« und »Kuolema«, aus der »Valse triste«, weltberühmt geworden ist, und eine Anzahl weiterer Orchesterstücke. Das Violinkonzert gehört seit seinem Entstehen zum Repertoire der Virtuosen; beliebt sind auch die 2 Violinserenaden und die Humoresken für Violine und Orchester. Für Streichorchester verfaßte er die Suite »Pelléas et Mélisande«, »Der Liebende«, eine »Romanze«, eine »Canconetta«, eine »Suite mignonne« mit zwei Flöten und eine »Suite Champêtre«. Außerdem liegen vor: 2 Streichquartette, eine Sonatine und 20 kleinere Stücke für Violine und Klavier, eine Sonate, 3 Sonatinen und ungefähr 100 Stücke für Klavier allein. Von den zahlreichen Chorwerken ist die »Kullervo-Sinfonie« das bekannteste; dazu kommen mehrere Deklamationen mit Orchesterbegleitung und viele Lieder und Chöre in verschiedener Besetzung. Er schrieb überdies eine einaktige Oper – eine zweite blieb unvollendet – und eine Reihe Schauspielmusiken.

Kullervo-Sinfonie für Mezzosopran, Bariton, Männerchor und Orchester, Opus 7, 5 Sätze, entstanden 1892, vom Komponisten trotz großen Erfolgs zurückgezogen und erst wieder 1958 erneut vollständig aufgeführt

Der 1. Satz »Einleitung« hat Sonatenform und erinnert mit seinem Aufbau an Anton Bruckner. Sein heroischer Klang stellt den Recken der Kalevala Kullervo vor. Der 2. Satz ist Pjotr Tschaikowski verpflichtet; in hellen Farben wird die Jugend des Helden geschildert. Im 3. Satz »Kullervo und seine Schwester«, dem wichtigsten und längsten der sinfonischen Kantate, setzt ein Männerchor ein, der mit dem Mezzosopran (die Schwester) und dem Bariton (Kullervo) im opernhaften Wechselgesang die Dramatik der unglücklichen Liebe des Helden zur Schwester darstellt. Der 4. Satz »Kullervo geht zur Schlacht« ist ein rein instrumentales Bild des Schlachtengetümmels. Im 5. Satz »Kullervos Tod« besingt der Chor den Selbstmord des Helden mit den Versen der Runo XXXVI der Kalevala.

Sinfonie Nr. 1 in e-Moll, Opus 39, 4 Sätze, entstanden 1899

Im 1. Satz gibt eine melancholische Klarinettenmelodie über Paukentremolo die Vorstellung einer öden, einsamen Landschaft. Dann tritt ein kämpferischer Zug in das Geschehen; den Kontrast hiezu bildet ein lyrisches Seitenthema. Der langsame 2. Satz hat Rondoform und enthält eine der schönsten Melodien des Komponisten; Violinen und Celli zaubern Waldesrauschen und Vogelgesang, das gegen Ende des Satzes im Wind verklingt. Der 3. Satz ist ein konventionelles Scherzo mit schönen Einfällen; das Trio fällt durch reiche Chromatik auf. Das Finale bringt die Klarinettenmelodie des 1. Satzes. Im rondoartigen Allegro sind zwei Themen verarbeitet; die Coda klingt pathetisch und stark dynamisch aus, als wolle sie eine entschlossene Kampfansage betonen.

Sinfonie Nr. 2 in D-Dur, Opus 43, 4 Sätze, entstanden 1902

Die Stimmung des Werks ist freudig und leicht, man merkt sofort, daß es in Italien konzipiert wurde, wenngleich es durch und durch finnisch ist. Der 1. Satz hat Sonatenform, aber mit drei Themen, von denen das erste, von den Holzbläsern intoniert, eine pastorale Stimmung bringt, die auch den anderen Themen lebhafte Züge verleiht. Im 2. Satz verdüstern Paukenwirbel, Streicherpizzicati und Fagottmelodien die Heiterkeit des vorangehenden. Tiefem Seelenschmerz wird im 2. Satz deutlicher Ausdruck verliehen. Das Scherzo des 3. Satzes wirbelt eilig dahin, im Trio erklingt eine kantable Oboenmelodie. Nach der Reprise setzt hymnisch das Finale ein, das mit einem strahlenden Bläserchoral, dem trotz aller Lebensfreude immer noch etwas von der Melancholie der finnischen Landschaft anhaftet, endet.

Sinfonie Nr. 3 in C-Dur, Opus 52, 3 Sätze, entstanden 1907

Klassische Straffung, formale Korrektheit und Verzicht auf breites Pathos kennzeichnen dieses Werk. Die zwei Themen des 1. Satzes stehen in keinem Widerspruch, sondern ergänzen einander. Daher birgt auch ihre Durchführung keine Konflikte; sie werden nach der gerafften Reprise hymnisch entfaltet. Der lyrische 2. Satz bringt Variationen eines von den Flöten vorgetragenen volksliedhaften Themas. Anstelle eines Scherzosatzes bietet das Finale eine Gruppe scherzoähnlicher Motive, die sich zu einem von vierfach geteilten Bratschen gespielten marschartigen Thema verdichten.

Sinfonie Nr. 4 in a-Moll, Opus 63, 4 Sätze, entstanden 1911

Eigenes Schicksal – eine schwere Erkrankung –, die Unterdrückung der Heimat durch Rußland und möglicherweise auch ein Vorgefühl der drei Jahre später ausbrechenden Weltkatastrophe dürften die tragische Stimmung dieses Werks erzeugt haben. Dazu trat die Abneigung des Komponisten gegen die Entwicklung der Musik zur Auflösung aller überkommenen Regeln (»Immerhin kann ich nicht anders helfen als durch Arbeit; ich arbeite an meiner neuen Sinfonie«, erklärte er, und: »Ich schrieb die Sinfonie als Protest gegen die gegenwärtigen Kompositionen, nichts, absolut nichts von Circus um sie!«). Formstrenge, klare Logik, konzentrierte Gestaltung ohne Aufwand und Prunk sollen Protest und Verzweiflung deutlich werden lassen. Die synkopierte, von Kontrabässen, Celli und Fagotten am Beginn des 1. Satzes vorgetragene Melodie bewegt sich innerhalb einer übermäßigen Quart und bildet den Ausgangspunkt für die Thematik des gesamten Werks. Das Solocello führt sodann das Hauptthema des Satzes aus und wird von grellen Bläserakkorden abgelöst, die jede Hoffnung ersticken. Diese Spannung bleibt im 2. Satz erhalten, dessen heiterer Beginn von Schmerzausbrüchen zurückgedrängt wird. Im 3. Satz vermitteln solistisch auftretende Instrumente ein unruhiges, vergebliches Grübeln, und im 4. Satz kommt es durch polytonale Passagen zur äußersten Steigerung der Tragik. Die Sinfonie wurde in Göteborg ausgepfiffen und in den USA als ultramodern, dissonant und öde abgelehnt. Arturo Toscanini (1867–1957) beantwortete die Kritik mit einer sofortigen Wiederaufführung.

Sinfonie Nr. 5 in Es-Dur, Opus 82, 3 Sätze, entstanden 1915

Die erste Fassung der Sinfonie war viersätzig, die Umarbeitungen der Jahre 1916 und 1918/19 zogen die ersten beiden Sätze zu einem zusammen. Der Komponist äußerte sich zu seinem Werk: »Ich war unsicher, ob ich die fünfte Sinfonie beginnen sollte. Ich habe überhaupt viel darunter zu leiden gehabt, daß ich darauf beharrte, Sinfonien zu schreiben in einer Zeit, als nahezu alle Tonsetzer sich anderen Ausdrucksformen zuwandten.« Jedenfalls bestrebte sich diese seine beliebteste Sinfonie, das Erbe der Klassik unter neuen Bedingungen fortzusetzen, »sie ist ein Bekenntnis kraftvollen, unter Schmerzen erkämpften Optimismus in arger Zeit, ein erhabenes Zeugnis für einen unüberwindlichen Glauben an die ewig erneuernde Kraft des Lebens«. Diese lebensbejahende Grundhaltung wird im 1. Satz mit einem langsamen Sonatensatz ausgedrückt, der die Züge eines Scherzo erhält und über einen Orgelpunkt aus 90 Takten ein befreiendes Finale erreicht. Den 2. Satz bildet ein kantables Thema, das mehrfach variiert wird. Im Finale werden die in den vorangehenden Sätzen nur angedeuteten Themen voll ausgeführt und zu einem triumphierenden Abschluß gebracht.

Sinfonie Nr. 6 in d-Moll, Opus 104, 4 Sätze, entstanden 1923

Das Werk ist stilistisch zwischen der elegischen vierten und der pathetischen fünften Sinfonie einzuordnen. Das Kopfthema des 1. Satzes ist pastoral; es wird von den Holzbläsern vorgetragen. Dann wird ein in Terzen geführtes Thema verarbeitet, wohl um die Liebe des Komponisten zur Natur, die einen nie enttäuscht, zu bekunden. Anstelle eines langsamen Satzes folgt ein Allegretto moderato mit synkopierten Flöten- und Fagottpassagen, phantasievoll und sehr kantabel. Das Scherzo des 3. Satzes hat Rondoform, der trochäische Rhythmus des ersten Themas durchzieht den ganzen Satz, in dem Holzbläser und Streicher im Spiel abwechseln. Auch das Finale ist ein Rondo, das heiter und gelöst ausklingt.

Sinfonie Nr. 7 in C-Dur, Opus 105, ein Satz, entstanden 1924

Zu diesem Werk, das ursprünglich »Fantasia sinfonica« heißen sollte, notierte der Komponist: »Siebente Sinfonie – Lebensfreude und Lebenskraft mit appassionato-Zutaten. Drei Sätze – der letzte ein hellenisches Rondo.« Es wurde jedoch einsätzig mit langsamen Abschnitten am Beginn und am Ende; dazwischen liegen ein mäßig rascher Teil und ein Scherzo. Das Hauptthema ist eine Posaunenmelodie, die »Freude und Lebenskraft« verkündet. Die Gesamthaltung des Stücks, das der sechsten Sinfonie stark ähnelt, ist lyrisch, aber erfüllt vom unentwegten Glauben an die Schönheit des menschlichen Daseins.

Vier Legenden für Orchester, Opus 22, 4 Teile, entstanden 1895

Der 1. Teil »Lemminkäinen und die Jungfrauen von Saari« folgt der Runo XXXIX der Kalevala. Lemminkäinen, der Don Juan der finnischen Volkssage, kommt in das Land Saari und hält um die Hand eines Mädchens namens Kylliki an. Er wird von den Frauen des Landes freundlich aufgenommen, aber Kylliki weist ihn ab. Er bleibt im Land. Bei einem Tanz der Mädchen raubt er Kylliki und führt sie auf seinem Schlitten in seine Heimat. Die Musik hat rhapsodischen Charakter. Der 2. Teil »Der Schwan von Tuonela« wird oft gesondert aufgeführt. Die Partitur erklärt: »Tuonela, die Hölle der finnischen Mythologie, ist von einem breiten Fluß mit schwarzem Wasser und reißendem Lauf umgeben, auf dem der Schwan von Tuonela majestätisch dahinschwimmt und traurig singt.« Die Englischhornmelodie des Satzes ist weltberühmt geworden. Der 3. Teil »Lämminkäinen in Tuonela« stellt Dunkelheit und Qual der »Hölle« dar, in die der Held gekommen war, weil er den schwarzen Schwan getötet hatte; ein Feind aus seiner Heimat ermordete ihn am Fluß durch Gift einer Natter und warf die Leiche in das Wasser, das sie in die Hölle schwemmte. Im 4. Teil »Lemminkäinens Heimkehr« wird er aus Tuonela entlassen und reist in das Land seiner Kindheit; auf dem Weg dahin hat er zahlreiche Abenteuer zu bestehen, die von der Musik plastisch dargestellt werden.

Finlandia, Tongedicht, Opus 26, ein Satz, entstanden 1899, 1900 überarbeitet

»Wir haben 600 Jahre lang für unsere Freiheit gekämpft, und ich durfte der Generation angehören, die sie errungen hat«, sagte der Komponist. »Finlandia! Meine Finlandia erzählt davon, sie war unser Kampflied, das zur Siegeshymne wurde.« Das Stück gehörte ursprünglich zu einer Reihe »Lebende Bilder« mit gelesenen Texten und Musik, die anläßlich einer Demonstration zugunsten der unterdrückten finnischen Presse veranstaltet und von der zaristischen Regierung unterdrückt wurde. Es ist in dem Werk sehr wenig spezifisch finnisch-folkloristisches Material verarbeitet, damit »alle Völker und alle Menschen es auf ihre Lage beziehen können«.

»En Saga«, Sinfonisches Gedicht, Opus 9, ein Satz, entstanden 1892, umgearbeitet 1901

»En Saga« (Eine Sage) ist ein strahlendes Orchesterabenteuer ohne programmatische Unterlagen, ein Rittergedicht voll klingendem Spott mit einander beißenden Rhythmen und Motiven, ein funkelndes Feuerwerk, bei dem es Sibelius Spaß gemacht hat, ganz frei und unbekümmert zu malen.« Das Stück ist als Sonatensatz gearbeitet. Von den drei Themen der Exposition werden das zweite und dritte umfangreich ausgeführt. In der Reprise sind die Themen stark verändert.

Tapiola, Sinfonische Dichtung, Opus 112, ein Satz, entstanden 1926

Tapiola ist die Wohnstätte des Gottes der Wälder Tapio. Dem Stück ist das Motto vorangestellt: »Da dehnen sich des Nordlands düstre Wälder, uralt – geheimnisvoll in wilden Träumen; in ihnen wohnt der Wälder großer Gott, Waldgeister weben heimlich in dem Dunkel.« Die Tondichtung ist nicht illustrierend, sondern gibt nur das Wesen des finnischen Waldes wider. Das Kernmotiv bewegt sich innerhalb einer Quarte; von da aus werden alle weiteren Themen entwickelt, die einander stets in derselben Tonart ablösen, bis es am Ende zu einem großartigen Klangausbruch des gesamten Orchesters kommt.

Rakastava (Der Liebende), Suite für Streichorchester, Opus 14, 3 Sätze, entstanden 1911

Das ursprünglich für gemischten Chor mit Verwendung von drei altfinnischen Gedichten gesetzte Werk wurde für Streicher, Triangel und Pauken umgeschrieben. Der 1. Satz »Wo ist meine Liebste?« gleicht einem langen Rezitativ, das harmonisch luxuriös ausgestattet ist. Im 2. Satz herrscht ländliche Stimmung. Mit heiteren Wendungen wird »Der Weg zur Geliebten« geschildert und die Vorfreude des Liebenden mit Triangelklängen markiert. Das Finale trägt den Titel »Guten Abend ... Lebewohl!« Die Solovioline besingt das Wiedersehen mit der »Geliebten«, ein Agitato schildert ihre Leidenschaft und ein rascher Schluß den Abschied.

Violinkonzert in d-Moll, Opus 47, 3 Sätze, entstanden 1903

Das Werk gehört zu den Standardstücken seiner Gattung. Im 1. Satz trägt der Solist das Thema vor, dann erscheint nach einer brillanten Kadenz ein lyrisches Seitenthema. Darauf bringt das Orchester einen dritten musikalischen Gedanken, der mit den vorangehenden ausdrucksreich verarbeitet wird. Im 2. Satz erklingt ein Adagio voll nordischer Melancholie. Im Finale vereinigen sich tänzerische Rhythmen mit hinreißendem Schwung.

LITERATUR

N.-E. Ringbom, Jean Sibelius, Helsinki 1948. H.E. Johnson, Sibelius, London 1959. E. Tanzberger, Jean Sibelius, Wiesbaden 1962. R. Layton, Sibelius und seine Welt, London 1970.

Jean Sicard (um 1640 bis nach 1683)

ZEIT UND UMWELT

In Paris, wo bereits in der zweiten Hälfte des 17. Jahrhunderts auch neben der Hofmusik ein sehr intensives Musikleben gepflegt wurde, gab es eine Anzahl von Sängern und Instrumentalisten, die ohne feste Stellung an Kirchen oder Adelshäusern wirkten. Sie nahmen auch in bürgerlichen Kreisen an Musikdarbietungen teil und konnten damit ihren Lebensunterhalt ausreichend decken. Dazu trat zumeist die Tätigkeit als Musiklehrer. Diese Lebensform war bisher nur von Lautenisten gewählt, aber später auch von Violinisten, Bläsern und Sängern übernommen worden.

LEBEN

Jean Sicard wurde um 1640 vermutlich in Paris geboren. Er war Sänger und wahrscheinlich auch vielseitiger Instrumentalist. Es ist nicht bekannt, ob er in fester Stellung wirkte, man kann annehmen, daß er das Leben eines freien Musikers geführt hat. Er dürfte in den Jahren nach 1683 in Paris gestorben sein.

WERKE

Vom französischen Sänger und Komponisten Jean Sicard sind 17 Bücher mit Airs serieux et à boire für zwei bis drei Stimmen und Generalbaß verfaßt worden. Einzelne sind von zwei Violinen begleitet. Die Airs wurden wegen ihrer vollendeten Form auch am Hof des Königs viel gesungen.

Honorio Siccardi (1897–1963)

LEBEN

Honorio Siccardi wurde am 13.9.1897 in Buenos Aires geboren. Er studierte in seiner Geburtsstadt bei Arturo Berutti, Ernesto Drangosch (22.1.1882, Buenos Aires, bis 26.6. 1925, Buenos Aires) und Gilardo Gilardi (25.5.1889, San Fernando, bis 16.1.1963, Buenos Aires), sodann in Italien bei Gian Francesco Malipiero. Anschließend wirkte er als Pianist am Konservatorium in Parma. Nach seiner Rückkehr nach Argentinien war er in Buenos Aires als Pianist, Musiklehrer und Komponist tätig. Er starb am 10.9.1963 in Lomas de Zamora.

WERKE

Neben 3 Opern und 2 Balletten verfaßte Honorio Siccardi eine Sinfonie, 2 »Argentinische Suiten«, ein Violinkonzert, ein Klavierkonzert, eine Suite für Bläser und Schlagzeug, 7 Streichquartette, ein Streichtrio, eine Suite für Klarinette und Klavier, Solosonaten für Bratsche und für Cello, verschiedene Klavierwerke, Chöre und Lieder. Er publizierte mehrere musikwissenschaftliche und didaktische Werke.

Lorenz Sichard (1694–1771)

ZEIT UND UMWELT
Die Musiktradition von Nürnberg versiegte auch im 18. Jahrhundert nicht. Die starke pietistische Strömung in der Stadt begünstigte besonders den empfindsamen Stil, der nicht nur in die Liederkomposition, sondern auch in die Instrumentalstücke Eingang fand.

LEBEN
Lorenz Sichard (Sichert, Sighard) wurde am 8. 12. 1694 in Nürnberg getauft. Er wirkte ab 1719 als Organist an der Frauenkirche und ab 1743 an St. Egidien in seiner Vaterstadt, wo er 1771 starb und am 6. 5. begraben wurde.

WERKE
Sonaten und Fugen für Klavier und Orgel bilden das kompositorische Werk von Lorenz Sichard, dazu eine Reihe Kirchenkantaten. Er verwendet zwar die Kompositionstechniken des Barock, aber seine Melodik ist weich und voll Weltschmerz. Er verfaßte auch ein Choralbuch mit den zu seiner Zeit gebräuchlichsten Melodien, das vermutlich für den eigenen Gebrauch bestimmt war.

Fridolin Sicher (1490 – 1546)

ZEIT UND UMWELT
Die Äbte von St. Gallen waren ab 1206 Fürsten des Heiligen Römischen Reiches und regierten Stadt und Umgebung. Im Jahre 1454 wurden Abtei und Stadt zu den acht Kantonen des Schweizer Bundes geschlagen. Die kirchliche Regierung endete mit der Reformation im 16. Jahrhundert. Die Mönche wurden vertrieben (1529), konnten aber bald wieder zurückkehren. Die Abtei war seit ihrer Gründung (614) eine Stätte der Wissenschaftspflege und der Musik. Die Bibliothek mit ihren ungefähr 2000 Manuskripten und Büchern, von denen viele aus der karolingischen oder ottonischen Zeit stammen, legt dafür Zeugnis ab.

LEBEN
Fridolin Sicher wurde in Bischofszell am 6. 3. 1490 geboren. In den Jahren 1503 und 1504 nahm er in Konstanz Orgelunterricht, studierte sodann Theologie und wurde 1510 Kaplan und Organist in Bischofszell. 1512 war er wieder in Konstanz, um bei Buchner weiteren Unterricht im Orgelspiel zu nehmen, 1516 erhielt er die Organistenstelle an der Abtei St. Gallen, wo er, unterbrochen von der Vertreibung der Mönche durch die Reformation, bis zu seinem Tod am 13. 6. 1546 wirkte.

WERKE
Von den Kompositionen Sichers ist wenig erhalten. Sie scheinen in mehreren Orgeltabulaturen auf und weisen ihn deutlich als Enkelschüler Hofhaymers (über Buchner) aus. Er war einer der vielen Orgelmeister, die ihren Beitrag zur Entwicklung der deutschen Orgelmusik leisteten.

LITERATUR
Th. A. Warburton, Fridolin Sicher's Tablature. A Guide to a Keyboard Performance of Vocal Music, Michigan 1969.

Georgos Sicilianos (geboren 1922)

LEBEN
Georgos Sicilianos wurde am 29.8.1922 in Athen geboren. Er studierte an den Konservatorien in Athen, Rom und Paris, darauf in den USA bei Walter Piston, Boris Blacher und Vincent Persichetti. Nach Athen zurückgekehrt, wirkt er als Leiter der Musikabteilung des griechischen Rundfunks, sodann als Generalsekretär der griechischen Musikakademie und stellvertretender Vorsitzender der griechischen Gesellschaft für zeitgenössische Musik.

WERKE
Neben 2 Balletten schrieb Georgos Sicilianos eine Sinfonie, ein Orchesterkonzert, ein Konzert für doppeltes Streichorchester und Schlagzeug, Variationen über vier rhythmische Themen, »Episoden« für Kammerorchester, ein Cellokonzert, ein Konzert für Schlagzeug und Orchester, 4 Streichquartette, Klavierstücke, Kantaten für Soli, Chor und

Sprecher sowie zahlreiche Bühnenmusiken. Sein Stil muß als neuklassizistisch bezeichnet werden.

LITERATUR

N. Slonimsky, New Music in Greece. – In: The Musical Quarterly LI (1965).

Malachias Siebenhaar (1616–85)

ZEIT UND UMWELT

Der deutsche Barockdichter Philipp von Zesen (1619–89) war Sprachreiniger und Ästhetiker. Er schrieb stimmungsvolle Lyrik und historisch-galante Romane. Seine Gedichte wurden von mehreren zeitgenössischen und späteren Komponisten als Liedtexte verwendet.

LEBEN

Malachias Siebenhaar wurde am 6. 3. 1616 in Creibitz geboren. Er studierte von 1637 bis 1641 in Wittenberg und schloß dort mit dem Dichter Philipp von Zesen Freundschaft. Im Jahr 1644 wurde er Kantor und Musikdirektor in Magdeburg, 1651 Pastor in Nischwitz, Sachsen, kehrte aber 1656 als Prediger nach Magdeburg zurück, wo er am 6. 1. 1685 starb.

WERKE

Der deutsche Komponist Malachias Siebenhaar verfaßte mehrere großangelegte Werke im Motettenstil und Lieder auf Gedichte von Philipp von Zesen, und zwar 11 in der Sammlung »Dichterische Liebesflammen« und 26 in »Dichterisches Rosen- und Lilienthal«. Von den Motetten wurde »Himmlischlechzendes Hirschen Hertz« am meisten geschätzt. Die Lieder sind ein schöner Beitrag zur deutschen Barockmusik.

Wilhelm Dieter Siebert
(geboren 1931)

LEBEN

Wilhelm Dieter Siebert wurde am 22. 10. 1931 in Berlin geboren. Nach Studien bei Josef Rufer und Wolfgang Fortner wurde er 1963 Mitglied der Gruppe Neue Musik in Berlin, wo er als freischaffender Komponist lebt.

WERKE

Wilhelm Dieter Siebert experimentiert mit elektronischen Techniken und Elementen des Jazz. Er schrieb Instrumentalwerke, Kammermusik und die Oper »Untergang der Titanic«, die 1979 an der Deutschen Oper Berlin uraufgeführt wurde.

Paul Siefert (1586–1666)

ZEIT UND UMWELT

Der starke Widerstand, den Danzig allen Polonisierungsbestrebungen entgegensetzte, hinderte den kulturellen Kontakt zur polnischen Hauptstadt nicht. Obwohl die Kapellen verschiedenen Konfessionen angehörten, wirkten zuweilen dennoch Musiker aus Danzig an der polnischen Hofkapelle.

LEBEN

Paul Siefert wurde am 28. 6. 1586 in Danzig (Gdańsk) geboren. Er war von 1608 bis 1609 Schüler Sweelincks in Amsterdam, von 1611 bis 1616 Organist in Königsberg und sodann in der Kapelle König Sigismunds III. Wasa in Warschau. Im Jahr 1623 ging er nach Danzig zurück und wirkte als Organist an St. Marien bis zu seinem Tod am 6. 5. 1666.

WERKE

Von dem deutschen Organisten und Komponisten Paul Siefert sind eine Reihe Fantasien und Variationen für Orgel und eine Vertonung der »Psalmen Davids nach französischer Melodey« überliefert. Er war Anhänger des venezianischen konzertanten Stils und führte mit dem konservativen Kapellmeister Caspar Förster und dem Warschauer Kapellmeister Marco Scacchi einen Streit, der auch literarisch ausgefochten wurde.

LITERATUR

H. Rauschning, Geschichte der Musik und Musikpflege in Danzig, Danzig 1931.

Elie Siegmeister (geboren 1909)

LEBEN
Elie Siegmeister wurde am 15.1.1909 in New York geboren, wo er bei Wallingford Riegger studierte. Von 1927 bis 1931 ergänzte er seine Ausbildung in Paris bei Nadia Boulanger. In die USA zurückgekehrt, unterrichtete er an verschiedenen Schulen, gründete 1940 eine Chorvereinigung, mit der er bis 1945 das Land bereiste, und wirkt ab 1950 in New York als Professor und Orchesterdirigent.

WERKE
Außer ungefähr 10 Werken für die Musikbühne schrieb Elie Siegmeister 3 Sinfonien, eine Ouvertüre, eine »Prärielegende«, ein Klarinettenkonzert, ein Flötenkonzert, ein Sextett für Blechbläser und Schlagwerk, 3 Streichquartette, 5 Sonaten für Violine und Klavier, eine Sonate für Klarinette und Klavier und eine für Fagott und Klavier, eine Sonate für Cello solo, mehrere Sonaten und weitere Werke für Klavier, Chöre und Lieder. Er ist ein typischer Vertreter der amerikanischen Gegenwartsmusik.

Klarinettenkonzert, 4 Sätze, entstanden 1955
Obschon der Komponist nie Jazz gespielt hatte, ließ er in manchen seiner Werke Jazzelemente, besonders im Rhythmus, einfließen. Der 1. Satz wird von einer langen rhapsodischen Melodie des Solisten eröffnet, die streckenweise Blues-Charakter aufweist. Nach einem lebhaften Mittelstück schließt der Satz mit einer nachdenklichen Passage ab. Der 2. Satz ist ein spritziges Scherzo, das Zimbal, Becken und Große Trommel rhythmisch eröffnen, dann folgt ein elegantes Klarinettenthema. Der Satz ist voll überraschender Wechsel der Rhythmen und Motive, die am Ende, wie in Luft aufgelöst, verstummen. Der 3. Satz bringt einen Blues ohne dessen üblichen Akkorde und Taktmuster, so »roh wie möglich«. Das Finale ist ein Kehraus mit gehäuften Jazzelementen.

Sigismondo d'India
(um 1580–1629)

ZEIT UND UMWELT
Der von Instrumenten begleitete Sologesang trat bereits im 16. Jahrhundert vorwiegend als Lautenlied auf. Dabei bildete der Gesang eine Linie der mehrstimmigen Polyphonie, die anderen melodischen Linien brachte zumindest teilweise das Instrument. Bei dem grundsätzlich neuen Stil der monodischen Musik wurde der Sologesang von einer Baßlinie begleitet, auf der vom Generalbaßspieler (Orgel, Cembalo usw.) laut einer Bezifferung entsprechende Begleitakkorde aufzubauen waren.

LEBEN
Sigismondo d'India wurde um 1580 in Palermo geboren. Er lebte von 1600 bis 1609 fallweise in Florenz, dann bis 1610 in Parma und Piacenza und war gleichzeitig von 1601 bis 1623 Kammermusikdirektor des Herzogs Carlo Emmanuele I. von Savoyen (1562 bis 1630) in Turin, wo er zahlreiche Konzert- und Theaterabende für den Hof arrangierte. Im Jahr 1621 widmete er dem Sohn des Herzogs, Victor Amadeus I. (1587–1636), ein Buch Kompositionen, ging 1623 an den Hof von Modena und trat ein Jahr darauf in Rom in die Dienste des Kardinals Maurizio von Savoyen (1593–1657). Er starb im Jahr 1629 in Modena.

WERKE
Der italienische Komponist Sigismondo d'India gehörte zu den Musikern, die den Übergang vom polyphonischen Stil zum monodischen verwirklichten. Seine kühnen Harmonien bei den polyphonen Werken und die feine Lyrik seiner Arien sind für sein Schaffen charakteristisch.
An sakralen Werken sind 2 Bücher mit mehrstimmigen Gesängen und eines mit Motetten für vier Stimmen erhalten. Die profane Komposition besteht aus 8 Büchern Madrigale, 2 Büchern Villanellen und 5 Büchern mit ein- bis zweistimmigen Arien und Kantaten, von denen eines Vittorio Amadeo von Savoyen gewidmet wurde. Handschriftlich ist eine Rezitativoper überliefert.

LITERATUR
F. Mompello, Sigismondo d'India, Mailand 1956.

Signac (um 1590 bis nach 1630)

ZEIT UND UMWELT
Um den Reformierten den Übertritt oder Rücktritt zum Katholizismus zu erleichtern, übernahm die Gegenreformation möglichst viel von der Reformbewegung, darunter den Volksgesang mit oft gleichen Texten und den protestantischen Liedern sehr nahe angeglichenen Melodien.

LEBEN
Signac (der Vorname ist nicht überliefert) wurde um 1590 in oder um Toul geboren und stand zeitlebens im Dienst der Bischöfe von Toul, wo er nach 1630 starb.

WERKE
Vom französischen Komponisten Signac sind vierstimmige Airs erhalten sowie eine Sammlung von Kompositionen verschiedener Komponisten für Singstimmen und Laute gesetzt, zu denen er selbst 6 Airs und 4 Psalmen beisteuerte, und »50 Psalmen Davids«. Gemäß der Tendenz der Gegenreformation nähert sich die Komposition der Psalmen stark dem von den Protestanten angewendeten Stil.

Albert Siklós (1878–1942)

LEBEN
Albert Siklós wurde am 26.6.1878 in Budapest geboren. Er studierte an der Musikakademie seiner Geburtsstadt unter Hans Koessler. Im Jahr 1918 wurde er Professor für Komposition, Ästhetik und Chorgesang an der Akademie, 1928 Ministerialkommissär am Konservatorium in Budapest, wo er am 3.4. 1942 starb.

WERKE
Außer einer Oper und einer Pantomime schrieb Albert Siklós 2 Sinfonien, eine Sinfonie für 12 Kontrabässe, 4 Suiten für kleines Orchester, ein Scherzo, 2 Cellokonzerte, ein Klavierkonzert, ein Violinkonzert. Er verfaßte mehrere musikalische Lehrwerke und ein ungarisches Musiklexikon. Sein Stil war sehr fortschrittlich und entfernte sich von der Spätromantik.

Kazimierz Sikorski (1895–1986)

LEBEN
Kazimierz Sikorski wurde am 28.6.1895 in Zürich geboren. Er studierte in Warschau, Lwiw und Paris, wurde 1926 Kompositionslehrer am Konservatorium in Poznan, 1927 in Warschau und 1945 Rektor der Musikhochschule in Lódz. Ab 1951 war er Professor und von 1957 bis 1966 Rektor der Musikhochschule in Warschau. Er starb am 23.7.1986.

WERKE
Von Kazimierz Sikorski sind 4 Sinfonien, ein sinfonisches Allegro, eine Ouvertüre, ein Klarinettenkonzert, ein Hornkonzert, ein Flötenkonzert, ein Fagottkonzert, ein Oboenkonzert, ein Konzert für Trompete, Streichorchester, vier Pauken, Xylophon und Tamtam, ein Streichsextett, 3 Streichquartette, zahlreiche Chorwerke mit Orchester, mit Orgel und a cappella, sowie Filmmusiken bekannt geworden. Er veröffentlichte auch Bearbeitungen älterer polnischer Musik.

Tomasz Sikorski (geboren 1939)

LEBEN
Tomasz Sikorski wurde am 19.5.1939 in Warschau als Sohn des Kazimierz Sikorski geboren. Er studierte an der Musikhochschule in Warschau bei seinem Vater und bei Zbigniew Drzewiecki (8.4.1890, Warschau, bis 11.4. 1971, Warschau) und anschließend in Paris bei Nadia Boulanger. Nach etlichen Tourneen in Polen und im Ausland als Pianist lebt er als freischaffender Komponist in Warschau.

WERKE
Neben einer Funkoper schrieb Tomasz Sikorski »Echo II« für ein bis vier Klaviere, Glocken, Gongs, Tamtams und Tonband, »Antiphone« für Sopran, Klavier, Horn, Glocken, vier Gongs und Tonband, »Prologe« für Frauenchor ohne Worttext, zwei Klaviere,

vier Flöten, vier Hörner und drei Schlagzeuger, »Architekturen« für Klavier, Bläser und Schlagzeug, »Concerto breve« für Klavier, 24 Bläser und vier Schlagzeuger, »Diaphonie« für zwei Klaviere, »Homophonie« für vier Hörner, vier Trompeten, vier Posaunen, Klavier und Gong, »Vox humana« für gemischten Chor, zwei Klaviere, zwölf Blechbläser, vier Gongs und vier Tamtams, »Ohne Titel« für Klarinette, Posaune, Klavier und Cello, ein Duo für Flöte und Klavier und mehrere Klavierwerke.

Édouard Silas (1827–1909)

Zeit und Umwelt

Der Musikschriftsteller John Ella (19. 12. 1802, Thirsk, bis 2. 10. 1888, London) gründete 1845 in London unter dem Titel The Musical Union eine Kammermusikreihe, in der von den besten erreichbaren in- oder ausländischen Interpreten hochwertige Musik gegeben wurde. Er dirigierte diese Serie bis zu ihrem Ende im Jahr 1880. Ab 1850 leitete der zusätzlich einen ähnlichen Zyklus, dessen Programmen er analytische Kommentare beifügte. Damit begründete er einen später in allen Konzertsälen der Welt üblichen Brauch.

Leben

Édouard Silas wurde am 22. 8. 1827 in Amsterdam geboren, wo er auch seine erste Ausbildung erhielt. Er war in Paris Klavierschüler von Louis Trouillon-Lacombe und von Friedrich Kalkbrenner sowie von François Benoist und Fromental Halévy. Im Jahr 1850 kam er nach England und trat zuerst in Liverpool auf; dann ließ er sich in London als Musiklehrer und Organist an der römisch-katholischen Kirche in Kingstone-on-Thames nieder. Er wirkte auch durch viele Jahre als Harmonielehrer an der Musikakademie in London, wo er am 8. 2. 1909 starb.

Werke

Von Édouard Silas sind eine Oper, eine Comedietta, ein Oratorium, 2 Sinfonien in A-Dur und C-Dur, ein Klavierkonzert in d-Moll, eine Fantasie und eine Elegie für Klavier und Orchester, 3 »Mythologische Orchesterstücke« und eine große Anzahl verschiedener Instrumentalstücke, darunter viele für Orgel und für Klavier, wie seine Gavotte in e-Moll, seine Bourrée in g-Moll und seine Suite in a-Moll erhalten. Er schrieb ferner eine Kantate, ein Ave verum, ein Salutaris und zahlreiche andere Gesänge für den katholischen Gottesdienst.

Friedrich Silcher (1789–1860)

Leben

Philipp Friedrich Silcher wurde am 27. 6. 1789 in Schnait bei Schorndorf, Württemberg, geboren. Er wirkte als Lehrer in seinem Geburtsort und in Ludwigsburg und ließ sich 1815 nach einer Begegnung mit Carl Maria von Weber in Stuttgart als Musiker nieder. Er nahm bei Conradin Kreutzer und Johann Nepomuk Hummel Klavier- und Kompositionsunterricht und wurde bereits 1817 Universitätsmusikdirektor und Lehrer am evangelischen Stift Tübingen. 1829 gründete er die »Akademische Liedertafel« als Männerchor, 1839 den »Oratorienverein« und nahm eine zentrale Stellung im Musikleben von Tübingen ein, wo er am 26. 8. 1860 starb.

Werke

Friedrich Silchers Volksliedschaffen – waren es Neuschöpfungen oder Bearbeitungen – konnte man seiner Ursprünglichkeit und Echtheit nicht berauben. Er verfaßte 12 Hefte zu je 12 Liedern für vier Männerstimmen, 4 Hefte vierstimmiger Volkslieder für gemischten Chor, 8 Hefte zu je 12 deutschen Volksliedern für eine oder zwei Singstimmen mit Klavier- oder Gitarrenbegleitung, 4 Hefte ausländischer Volksmelodien für eine oder zwei Singstimmen mit Klavierbegleitung, 12 Lieder für Turner, 6 Lieder für Wehrmänner, »Tod des Ajas« für Männerchor und Orchester, 2 Hefte Chöre und Quartette, ein Heft Trauergesänge, ungefähr 140 Kinderlieder, 40 Klavierlieder, weiters für die Kirche viele mehrstimmige Choräle, Gesänge und Orgelstücke. An Instrumentalmusik schrieb er Klavier- und Flötenvariationen über Volkslie-

der, Choralvorspiele und 2 Ouvertüren. Er brachte auch eine Geschichte des evangelischen Kirchengesanges heraus.
In seinen selbst komponierten Volksliedern traf er den Volkston so gut, daß eine Reihe davon als echte Volkslieder weiterleben, wie »Ännchen von Tharau«, »Morgen muß ich fort von hier«, »Zu Straßburg auf der Schanz«.

LITERATUR
A. Lämmle, Friedrich Silcher, Mühlacker 1956.

Alfonso de Silva (1903–37)

LEBEN
Alfonso de Silva wurde am 22.12.1903 in Callao, Peru, geboren. Er war an der Musikakademie in Lima Schüler von Federico Gerdes (19.5.1873, Tacna, bis 18.10.1953, Lima) und am Konservatorium in Madrid bei Conrado del Campo y Zabaleta. Er starb am 7.5.1937 in Lima.

WERKE
Die Orchesterstücke von Alfonso de Silva tragen programmatische Titel, die aber nur die Stimmung der Kompositionen vermitteln; auch die Stücke für Violine und Klavier weisen durch ihre Titel umrissene Gefühls- und Vorstellungsinhalte aus. Er schrieb mehrere Klavierstücke und Klavierlieder. Sein Werk ist stark beeinflußt von der indianischen Musik seiner Heimat.

André da Silva Gomes (1752–1844)

ZEIT UND UMWELT
São Paulo, das 1554 von den Jesuiten als Indianersiedlung gegründet wurde, erhielt 1711 den Status einer Stadt, blieb aber bis in das 19. Jahrhundert eine reine Agrarstadt. Der Aufschwung zur Weltstadt setzte erst am Ende des 19. Jahrhunderts ein. Die Musik in der Kathedrale wurde vorwiegend von Kräften aus dem portugiesischen Mutterland bestritten.

LEBEN
André da Silva Gomes wurde 1752 in Lissabon geboren. Er war von 1774 bis zu seinem Tod am 17. 6. 1844 Kapellmeister an der Kathedrale von São Paulo.

WERKE
Von André da Silva Gomes sind zahlreiche Kirchenwerke erhalten, darunter eine achtstimmige Messe mit Instrumentalbegleitung, die in unserem Jahrhundert neu herausgebracht wurde. Sein Stil ist von der zeitgenössischen Kirchenmusik in Portugal abhängig.

LITERATUR
Cl. de Oliveira, André da Silva Gomes, o mestre de capela da Sé de São Paulo, São Paulo 1954.

Francisco Manuel da Silva (1795–1865)

ZEIT UND UMWELT
Der portugiesische Kronprinz Pedro, der 1807 mit der gesamten königlichen Familie vor den einmarschierenden Franzosen nach Brasilien geflohen war, kehrte nicht mehr zurück, sondern erklärte 1822 die Unabhängigkeit der ehemaligen Kolonie mit seiner Person als Kaiser Pedro I. Er dankte 1831 zugunsten seines Sohnes Don Pedro II. (1825–91) ab. Das kulturelle Leben der befreiten Kolonie, das auf dem Portugals basierte, nahm einen steilen Aufstieg, vor allem auf dem Gebiet der Musik.

LEBEN
Francisco Manuel da Silva wurde am 21. 2. 1795 in Rio de Janeiro geboren. Er war Schüler von José Mauricio Nunes Garcia (1761–1830), Sigismund Neukomm und Marcos António da Fonseca. Bis zur Befreiung Brasiliens wirkte er als Mitglied der Königlichen Kapelle, sodann in der Kaiserlichen vorwiegend als Dirigent. Im Jahr 1837 wurde er zum Professor der Musikabteilung des Colégio de belas artes, das 1841 in das Konservatorium von Rio de Janeiro überging, und 1841 zum Kaiserlichen Hofkomponisten ernannt. Er starb am 18. 12. 1865 in Rio de Janeiro.

WERKE

Von Francisco Manuel da Silva ist eine portugiesische Oper aufgeführt worden. Er verfaßte außerdem eine Reihe von Orchesterwerken und zahlreiche sakrale Kompositionen, die den Stil seiner Lehrer widerspiegelten. Von ihm stammt die Melodie der brasilianischen Nationalhymne.

LITERATUR

A. de Albuquerque, Vida de Francisco da Silva, Rio de Janeiro 1939.

João Cordeiro da Silva
(um 1735 bis nach 1789)

ZEIT UND UMWELT

Auch in der zweiten Hälfte des 18. Jahrhunderts fand in Portugal an profaner Musik neben der spanischen Zarzuela nur die Oper Interesse, und zwar ausschließlich die italienische. Eine Konzertmusik existierte nahezu nicht, und es gab auch keinen Komponisten, diese zu schreiben.

LEBEN

João Cordeiro da Silva wurde um 1735 vermutlich in Lissabon geboren. Er trat in den Orden der Santa Cecília ein und wurde 1763 Organist und Komponist der Capela Real von Ajuda. Später wirkte er als Kapellmeister und Musiklehrer der königlichen Prinzen. Seine Ausbildung zum Opernkomponisten dürfte er in Neapel erhalten haben. Er starb in Lissabon nach 1789.

WERKE

Außer einer Reihe italienischer Opern für Lissabon verfaßte João Cordeiro da Silva das Oratorium »Salome Madre de Sette Martiri Maccabei« (Salome, die Mutter von sieben makkabäischen Märtyrern), das sich stark an die Opernfaktur anlehnte, mehrere Messen und Psalmen im älteren Stil.

Óscar da Silva (1870–1958)

LEBEN

Óscar da Silva wurde am 21. 4. 1870 in Paranhos bei Porto geboren. Er war in Leipzig Schüler von Carl Reinecke und in Frankfurt am Main von Clara Schumann (1819–96). Sodann wirkte er als Klavierlehrer in Porto und machte mehrere Konzertreisen in die USA, nach Brasilien, Südafrika und Ägypten. Von 1932 bis 1952 lebte er in Rio de Janeiro als Pianist und Lehrer. Er starb am 6. 3. 1958 in Porto.

WERKE

Neben einer Oper schrieb Óscar da Silva eine sinfonische Dichtung, 2 Streichquartette, ein Klavierquartett, zahlreiche Klavierstücke und Lieder. Sein Stil war spätromantisch.

António da Silva Leite (1759–1833)

LEBEN

António da Silva Leite wurde am 23. 5. 1759 in Pôrto geboren. Er wirkte als Kapellmeister an der Kathedrale seiner Geburtsstadt bis zu seinem Tod am 10. 1. 1833.

WERKE

Neben 2 in Pôrto aufgeführten Opern verfaßte António da Silva Leite ein Oratorium, »Gioas«, ein Tantum ergo für vier Stimmen mit Orchester, eine »Patriotische Hymne« für großes Orchester zur Krönung Königs João VI., Gesänge und Duette und 6 Sonaten für Gitarre und Violine.

João da Silva Morães (1689–1747)

ZEIT UND UMWELT

Unter König João V. erlebte Portugal infolge günstiger Handelsabkommen mit England und des aus Brasilien einfließenden Reichtums einen ungeheuren wirtschaftlichen und kulturellen Aufschwung: Künste und Wissenschaften wurden kräftig gefördert; Bibliotheken erweitert, Akademien und Museen gegründet, und die Bautätigkeit wurde vervielfacht. Da der König die Musik sehr liebte, kam auch diese Kunstgattung nicht zu kurz, vor allem die Kirchenmusik. An profaner Musik wurde nicht viel geschaffen, weil weder Adel noch Bürgerschaft daran interessiert war; man begnügte sich mit der italienischen Oper und der spanischen Zarzuela.

LEBEN
João da Silva Morães wurde am 27. 11. 1689 in Lissabon geboren. Er wirkte ab 1727 bis zu seinem Tod um 1747 an der Kathedrale seiner Vaterstadt als Kapellmeister.

WERKE
Der Großteil der 180 Kompositionen von João da Silva Morães wurde beim Erdbeben von Lissabon (1755) vernichtet. Erhalten geblieben sind eine fünfstimmige Messe, ein vierstimmiges Stabat mater, Hymnen, Motetten, Lamentationen, Magnificat, Miserere, Responsorien, Te Deum und Vilhancicos.

Giuseppe Antonio Silvani
(1672–1726)

ZEIT UND UMWELT
Während im Norden und im Süden der italienischen Halbinsel um das spanische Erbe erbittert gekämpft und das Land am Ende des Krieges neu verteilt wurde, durfte sich Bologna noch immer in Ruhe und Frieden seinen wirtschaftlichen und kulturellen Aufgaben widmen.

LEBEN
Giuseppe Antonio Silvani wurde am 24. 1. 1672 in Bologna als Sohn des Musikverlegers Mario Silvani (um 1635, Bologna, bis 1711, Bologna) geboren. Er war Schüler von Giovanni Paolo Colonna und erhielt um 1697 die Kapellmeisterstelle an der Kirche der Confraternità dei Poveri und 1702 an Santo Stefano in Bologna, wo er 1726 starb.

WERKE
Der italienische Komponist Giuseppe Antonio Silvani brachte 2 Bücher mit Litaneien, 2 Bücher mit Hymnen, Responsorien, Kantaten und anderen sakralen Gesängen, 2 Bücher mit Messen, 3 Bücher mit Motetten, Versetten für die Passion und Lamentationen heraus und verfaßte außerdem 4 Oratorien, alles im typischen Stil seiner Vaterstadt.

Charles Silver (1868–1949)

LEBEN
Charles Silver wurde am 16.4.1868 in Paris geboren. Er war am Conservatoire in Paris Schüler von Jules Massenet und Théodore Dubois und erhielt den Rompreis. Nach seiner Rückkehr aus Italien wirkte er an diesem Institut als Professor für Harmonielehre. Er starb am 10.10.1949 in Paris.

WERKE
Für die Bühne schrieb Charles Silver 6 Opern und 2 Ballette. Seine Orchesterstücke »Sizilianische Rhapsodie«, »Karnevalsgedicht«, »Garten des Paradieses«, »Polarlandschaft«, »Siebenbürgische Suite« sind spätromantisch wie sein Oratorium »Tobias« und die Kantate »Naïs« für Soli, Chor und Orchester. Er schrieb außerdem Chöre, Lieder und Filmmusik.

Walenti Silwestrow (geboren 1937)

LEBEN
Walenti Wasiljowitsch Silwestrow wurde am 30.9.1937 in Kiew geboren. Neben seinem Technik- und Architekturstudium in seiner Geburtsstadt nahm er am Konservatorium bei Boris Ljatoschinski und Lewko Rewucki Musikunterricht. Er wirkte bis 1969 in Kiew als Klavierlehrer, sodann als freischaffender Komponist.

WERKE
Von Walenti Silwestrow sind unter anderem 4 Sinfonien – eine für Kammerorchester –, eine Monodie für Klavier und Orchester, »Spektrum« für Kammerorchester, ein »Poem zum Gedenken an Boris Ljatoschinski«, eine Hymne für fünf Instrumentalgruppen, »Misterien« für Altflöte und sechs Schlagzeuger, ein Klavierquintett, ein Streichquartett, ein Trio für Flöte, Trompete und Celesta, »Projektionen« für Cembalo, Vibraphon und Röhrenglocken, ein Klaviertrio, eine Sonatine, Variationen, 2 Sonaten und eine Elegie für Klavier, eine Kantate und Filmmusik bekannt geworden. Er zählt zu den bedeutendsten Vertretern der Avantgarde in der Sowjetunion.

Ján Šimbracký (um 1600–57)

Zeit und Umwelt
In den slowakischen Städten war das musikalische Leben im 17. Jahrhundert bereits stark entwickelt. Gut ausgebildete Instrumental- und Vokalensembles spielten und sangen nahezu alles, was in Italien oder Deutschland komponiert wurde. Gleichzeitig wurde von böhmischen und slowakischen Musikern eine eigenständige Musikentwicklung eingeleitet.

Leben
Ján Šimbracký wurde um 1600 in der Ostslowakei geboren und war von 1630 bis zu seinem Tod im Jahr 1657 Organist in Spišské Podhradie.

Werke
Vom vermutlich umfangreichen kompositorischen Werk des slowakischen Komponisten Ján Šimbracký sind 5 große Kompositionen für Chor und Orchester erhalten. Sie sind dem venezianischen Stil, wie dieser in Deutschland gehandhabt wurde, verpflichtet. Etliche eigenständige Züge treten dabei deutlich hervor.

Stasys Šimkus (1887–1943)

Leben
Stasys Šimkus wurde am 23.1.1887 in Motiškiai bei Kaunas geboren. Er studierte in Vilnius, in Warschau und darauf bei Anatoli Ljadow, Jāzeps Vītols und Maksim Ossejewitsch Steinberg am Konservatorium in St. Petersburg. Nach fünfjährigem Aufenthalt in den USA ergänzte er seine Ausbildung in Leipzig bei Paul Graener und Sigfrid Karg-Elert. Im Jahr 1923 gründete er in Klaipėda eine Privatmusikschule, die ein Jahr darauf zum staatlichen Konservatorium wurde, und wirkte von 1931 bis 1937 als Staatsoperndirigent und Kompositionsprofessor am Konservatorium in Kaunas, wo er am 15.10.1943 starb.

Werke
Neben mehreren Opern schrieb Stasys Šimkus eine sinfonische Dichtung, eine Klaviersuite, eine Kantate für drei Solostimmen, gemischten Chor und Orchester, eine Ballade, Chöre, Lieder und einige Kirchenmusik. Er bewegte sich im Rahmen der Spätromantik.

William Simmes
(um 1565 bis nach 1616)

Zeit und Umwelt
Thomas Myriell brachte 1616 in seiner Sammlung englischer Komponisten des späten 16. und frühen 17. Jahrhunderts »Tristitiae remedium« (Heilmittel gegen Traurigkeit) Werke einer Reihe von Meistern heraus, die sonst nirgends erhalten sind und vergessen wären.

Leben
William Simmes (Simes, Sims) wurde um 1565 vermutlich in London geboren. Er war Kirchenkomponist. An welcher Kirche er tätig war, ist nicht festgestellt. Er dürfte in London nach 1616 gestorben sein.

Werke
In der Sammlung »Tristitiae remedium« von Thomas Myriell sind Motetten von William Simmes aufgenommen. Erhalten sind von ihm ungefähr 6 Sücke, die stilistisch dem 16. Jahrhundert angehören. Außerdem sind 7 Fantasien für fünf Violen überliefert, die wegen ihrer Klangschönheit sehr viel gespielt wurden.

Simon de Quercu
(um 1475 bis nach 1520)

Zeit und Umwelt
Mit Hilfe des Kaisers Maximilian I. konnte Lodovico il Moro (1451–1508) seinem Neffen Gian Galeazzo (1469–94) als Herzog von Mailand nachfolgen. Seine Herrschaft währte jedoch nicht lange, schon im Sommer 1499 überfiel Ludwig XII. das Herzogtum und führte Lodovico als Gefangenen nach Frankreich (April 1500). Die Söhne des entthronten Herzogs, Massimiliano (1483

bis 1530) und Francesco Maria (1495–1535), flohen nach Wien. Mit ihnen starb das Herzogsgeschlecht der Sforza aus.

Leben

Simon de Quercu (van Eijcken, du Chesne) wurde um 1475 in Brabant geboren. Er war Erster Kapellsänger am Hof des Herzogs Lodovico il Moro in Mailand und zugleich Musiklehrer der Söhne Massimiliano und Francesco Maria. Auf ihrer Flucht nach Wien begleitete er sie und blieb dort, als diese die Stadt wieder verließen. Er starb in Wien nach 1520.

Werke

Quercu war in erster Linie Lehrer und verfaßte ein Lehrbuch für den Musikunterricht der Jugend. Seine musikalische Hinterlassenschaft besteht aus den »Vigiliae cum vesperis et exequiis mortuorum« (Vigilien mit Vespern und Totenfeiern).

Titelblatt des Werkes »Opusculum musices« von Quercu, 1513

James Simon (1880–1944)

Leben

James Simon wurde am 29.9.1880 in Berlin geboren. Er studierte dort bei Max Ansorge (1.10.1862, Striegau [Strzegom], Schlesien, bis 12.5.1940, Namslau [Namysłow], Schlesien) und Max Bruch. Er promovierte in München über Abbé Vogler. 1933 emigrierte er nach Holland. 1941 Deportation in das Konzentrationslager Theresienstadt, am 12.10.1944 in das Konzentrationslager Auschwitz. Dort wurde er ermordet.

Werke

Neben einer Oper schrieb James Simon eine Sinfonie, eine »Rhapsodie und Ländliche Suite« für Orchester, 2 Klavierkonzerte, ein Sextett für Klavier und Bläser, 2 Streichquartette, Chorwerke und Lieder.

Matteo Simonelli (um 1618–96)

Leben

Matteo Simonelli wurde in Rom um 1618 geboren und zunächst als Chorknabe an der Cappella Giulia ausgebildet. Ab 1660 war er Kapellmeister an San Giovanni de' Fiorentini und Organist an San Lorenzo in Damaso; ab 1662 wirkte er überdies als Sänger an der Sistina in Rom, wo er am 20. 9. 1696 starb.

Werke

Wegen der Reinheit seines Stils wurde der italienische Komponist Matteo Simonelli »Palestrina des 17. Jahrhunderts« genannt. Von ihm sind 3 Messen für fünf, sechs und siebzehn Stimmen und etwa ein Dutzend Motetten erhalten, die technisch einwandfrei gearbeitet sind.

Netty Simons (geboren 1913)

Leben
Netty Simons wurde am 26.10.1913 in New York geboren. Sie war dort Schülerin von Stefan Wolpe an der Music Settlement School, dann von Aleksandr Iljitsch Siloti an der Juilliard School of Music und schließlich von Percy Grainger an der University School of Fine Arts (Universitätsschule der schönen Künste). Sie unterrichtete darauf an der Music Settlement School. Anschließend übernahm sie die Sendungen zeitgenössischer Musik für die Universität in Ann Arbor, Mich.

Werke
Neben mehreren Opern schrieb Netty Simons ein Quintett für Flöte, Oboe, Klarinette, Fagott und Kontrabaß, ein Streichquartett, ein Quartett für Flöte, Violine, Bratsche und Cello, »Facetten« für Horn, Violine und Klavier, für Piccolo, Klarinette und Kontrabaß, für Bratsche und Klavier oder Oboe und Klavier und für Streichquartett, eine Tanzsuite für Violine solo, ein Stück für zwei Klaviere, ein Stück für einen bis drei Schlagzeuger, ein Duo für Flöte und Kontrabaß und verschiedene Vokalwerke.

Christopher Simpson
(um 1605–69)

Zeit und Umwelt
Einer Reihe von Musikern gelang es mit Hilfe von Landadeligen, die Zeit Cromwells zu überdauern. Auch unter den Anhängern des puritanischen Diktators wurde nicht mit einem Schlag alle Achtung vor geistigen und künstlerischen Leistungen getilgt.

Leben
Christopher Simpson (Sympson) wurde um 1605 vermutlich in Yorkshire geboren. Über sein Leben bis zum Ausbruch des Bürgerkrieges ist nichts bekannt. Er zog für König Karl I. zu Feld, durfte jedoch nach dem Tod des Königs die Gastfreundschaft von Landadeligen genießen, die Gegner des Königs gewesen waren. Welche Tätigkeit er später neben dem Musikunterricht ausgeübt hat, ist nicht feststellbar. Vermutlich hat er sich ausschließlich der Komposition gewidmet. Er starb in Scampton, Lincolnshire, im Jahr 1669.

Werke
Der englische Violist, Komponist und Musikschriftsteller Christopher Simpson verfaßte die weitaus beste Violenschule seiner Zeit unter dem Titel »The Division Violist«. Darin sind neben Stücken zeitgenössischer Meister zahlreiche Kompositionen des Autors aufgeführt. Neben weiteren theoretischen Werken schrieb er eine Reihe von Suiten, Fancies, Ayres, Gaillarden und vierstimmigen Consorts, außerdem mehrere Präludien für Gamben.

Thomas Simpson (1582 bis nach 1625)

Zeit und Umwelt
Christian IV. (1577–1648), König von Dänemark und Norwegen, verfolgte die glänzende Karriere des Schwedenkönigs Gustav II. Adolf (1594–1632) mit Neid, aber seine Armee reichte trotz aller Anstrengungen zu kriegerischen Unternehmungen nicht aus. Er griff trotzdem 1625 an protestantischer Seite in den Dreißigjährigen Krieg ein, als sich die katholischen Streitkräfte der baltischen Küste bedrohlich näherten, und hoffte, damit deutsches Gebiet zu erobern. Er wurde jedoch von Graf Johann Tserclaes Tilly, dem Feldherrn der Katholischen Liga (1559 bis 1632), bei Lutter am Barenberge 1626 geschlagen. Tilly fiel in Jütland ein.

Leben
Thomas Simpson wurde am 1. 4. 1582 in Milton, Kent, getauft. Über sein Leben in England ist nichts bekannt. Um das Jahr 1610 kam er nach Deutschland in kurpfälzische Dienste, dann zu den Grafen von Holstein-Schaumburg und schließlich 1618 zu König Christian IV. nach Kopenhagen, wo er bis 1625 als Instrumentalist wirkte. Über sein weiteres Schicksal nach dem Eintritt Däne-

marks in den Krieg ist ebensowenig bekannt wie über Ort und Zeit seines Todes.

WERKE
Der englische Violist und Komponist Thomas Simpson zählt zu den hervorragendsten Instrumentalkomponisten seiner Zeit. Er brachte 3 Sammlungen Tänze für Violen heraus, die neben eigenen Werken auch solche anderer zeitgenössischer Meister enthalten. Sein Werk hatte großen Einfluß auf die norddeutschen Instrumentalkomponisten des Jahrhunderts und trug entscheidend zur Bildung der Suite des 18. Jahrhunderts bei.

LITERATUR
G. Oberst, Englische Orchestersuiten um 1600, Berlin 1929.

Christian Sinding (1856–1941)

LEBEN
Christian August Sinding wurde am 11.1.1856 in Kongsberg, Norwegen, geboren. Sein erster Lehrer war Ludvig Mathias Lindeman. Die weitere Ausbildung zum Komponisten erhielt er in Leipzig, Dresden, München und Berlin. Er lebte teils in Berlin, teils in Oslo als Komponist, Dirigent und Musiklehrer; von 1921 bis 1922 war er Kompositionslehrer in Rochester, N. Y. Er starb am 3.12.1941 in Oslo.

WERKE
Wie Edvard Grieg war Christian Sinding ein Meister der kleinen Form, seine über 200 Lieder und die vielen kleinen Klavierstücke erreichten aber die Weichheit und Zartheit Griegs nicht. Sie entfernten sich auch zum Teil von der Ursprünglichkeit des nordischen Volkstons, und wenn darauf zurückgekommen wurde, macht das oft den Eindruck des Gewollten und Aufgesetzten. Sinding schrieb 2 Opern, 4 Sinfonien, ein Rondo, 3 Violinkonzerte, eine »Legende«, eine »Romanze« und »Abendstimmung« für Violine und Orchester, ein Klavierquintett, ein Streichquartett, 3 Klaviertrios, 4 Violinsonaten, eine Klaviersonate und weitere zahlreiche Klavierstücke, einige Kantaten, viele Chöre und Lieder. Die seinerzeit mit Begeisterung aufgenommenen Klavierstücke, wie das berühmte »Frühlingsrauschen« (Opus 32/3), nähern sich zum Teil bedenklich der Salonmusik; ihr nordisches Kolorit wirkt oft unecht. Dafür wird die Kammermusik noch immer gern gespielt und gehört, das Klavierquintett in e-Moll, Opus 5, und das Streichquartett in a-Moll, Opus 70, sind wahre Meisterleistungen.

Otto Singer (1833–94)

ZEIT UND UMWELT
Theodor Thomas (11.10.1835, Esens, Friesland, bis 4.1.1905, Chicago) war einer der bedeutendsten Pioniere der Musik in den USA, insbesonders der Orchestermusik. Er kam mit seiner Familie 1854 nach Amerika und wurde als Violinist Mitglied der New York Philharmonic Society. Er gründete 1855 mit William Mason ein Streichquartett und veranstaltete von 1862 bis 1878 als Dirigent eines von ihm gegründeten Orchesters ständige Konzerte, deren Programme auch für andere Städte der USA mustergültig wurden. Im Jahr 1873 richtete er die »Maifestspiele« in Cincinnati ein und leitete sie bis ihm 1880 die New York Philharmonic Society übertragen wurde. Daneben führte er sein eigenes Orchester, leitete außerdem das Brooklyn Philharmonic Orchestra und wirkte von 1885 bis 1887 als Direktor der American Opera Company. In Chicago, wohin er 1890 übersiedelt war, rief er ein neues Orchester unter seinem Namen ins Leben, das 1913 in »Chicago Symphony Orchestra« umbenannt wurde.

LEBEN
Otto Singer wurde am 26.7.1833 in Sachsen geboren. Er studierte von 1851 bis 1855 unter Ernst Friedrich Richter, Ignaz Moscheles und Moritz Hauptmann am Konservatorium in Leipzig, sodann in Weimar bei Franz Liszt. Im Jahr 1867 kam er nach New York, wo er am von William Mason und Theodor Thomas gegründeten Konservatorium als Musiklehrer tätig war. Nachdem er bereits in New York häufig in den von Thomas veranstalteten Konzerten als Pianist mitgewirkt hatte, wurde er

in Cincinnati dessen Assistent, wo er außerdem bis 1893 Klavier und Theorie unterrichtete. Er starb am 3.1.1894 in New York.

WERKE
Von Otto Singer sind eine »Symphonic Fantasia«, ein Klavierkonzert, eine Kantate, eine Festode, ein Andante und Variationen für zwei Klaviere, eine Klaviersonate, eine Violinsonate und verschiedene Klavierstücke erhalten. Sein Wirken gemeinsam mit Theodor Thomas haben dem Konzertwesen der USA starke Impulse verliehen.

Peter Singer (1810–82)

ZEIT UND UMWELT
Die musikalische Tradition des Franziskanerordens, der auf eine stattliche Reihe namhafter Meister zurückblicken kann, wurde auch im 19. Jahrhundert in allen Ordensprovinzen eifrig gepflegt. Der ständig erhobenen Forderung nach einer wirklich »kirchlichen« Musik wurde nach Kräften entsprochen. Zur Tradition des Ordens gehörten aber auch die Aufgeschlossenheit gegenüber dem allgemeinen Fortschritt der Musikentwicklung und eine durch Melos und Rhythmus bekundete Daseinsfreude.

LEBEN
Peter Singer (Taufname Josef Anton) wurde am 18.7.1810 in Häselgehr, Tirol, geboren. Er lebte als Mitglied des Franziskanerordens in Salzburg, wo er am 25.1.1882 starb. Er hatte als Organist und Pianist einen guten Ruf.

WERKE
Im Druck erschienen von Peter Singer ein Chorgesangbuch, 2 Marienlieder und 2 Tantum ergo. Sein gesamtes kompositorisches Werk ist um vieles größer; er schrieb 101 Messen, 600 Offertorien, ungefähr 30 große Litaneien, zahlreiche Marienlieder und Klavierwerke. Seine Werke sind echte »Franziskanermusik«. Er konstruierte ein mechanisches Musikwerk mit Zungenstimmen, eine Art Orchestrion, das er »Pansymphonikon« benannte.

LITERATUR
Hartmann von An der Lan-Hochbrunn, Peter Singer, Innsbruck 1910.

Leone Sinigaglia (1868–1944)

LEBEN
Leone Sinigaglia wurde am 14.8.1868 in Turin geboren. Er war Schüler von Giovanni Bolzoni und des Musikforschers Eusebius Mandyczewski (18.8.1857, Tschernowitz, Bukowina [heute Tschernowci, Ukraine], bis 13.7.1929, Wien). Er lebte in seiner Geburtsstadt als Musiklehrer und Komponist und starb dort am 16.5.1944.

WERKE
Johannes Brahms und Antonín Dvořák waren die geistigen Protektoren der Kompositionen von Leone Sinigaglia, der ihnen durch die Integration piemontesischer Melodien einen besonderen Reiz verlieh. Er schrieb »Danze piemontesi« für Orchester, eine Orchestersuite »Piemonte«, eine »Rapsodia piemontese« für Violine und Orchester, Variationen für Streichquartett über ein Thema von Brahms, ein Streichquartett in D-Dur, eine Romanze und ein Rondo für Violine und Orchester, eine Cellosonate und eine Anzahl leichtere Stücke.

Kuldar Sink (geboren 1942)

LEBEN
Kuldar Sink wurde am 14.9.1942 in Tallinn geboren. Er wurde von 1957 bis 1960 in seiner Geburtsstadt ausgebildet und hierauf am Konservatorium in Leningrad. Er wirkt seitdem als Flötist im Orchester des Estnischen Rundfunks und als Cembalist des Kammerorchesters in Tallinn.

WERKE
Von Kuldar Sink sind unter anderem 2 Kammersinfonien, ein Concertino für Flöte und Orchester, mehrere Kompositionen für zwei Klaviere, ein Oktett, ein Stück für Kammerorchester mit variabler Besetzung, eine Kan-

tate, Bühnen- und Filmmusik bekannt geworden. Er ist zu den zeitgenössischen sowjetischen Komponisten zu zählen, die sich um einen Anschluß an die allgemeine Musikentwicklung bemühen.

Giuseppe Sinopoli (geboren 1946)

LEBEN

Giuseppe Sinopoli wurde am 1. 12. 1946 in Venedig geboren. Er lehrte von 1972 bis 1975 am dortigen Konservatorium und war danach als Dirigent erfolgreich. Seit 1989 ist er GMD der Deutschen Oper Berlin.

WERKE

Außer mehreren elektronischen Werken, wie »Doutes« (Zweifel) für Prepared piano, Flöte, Bratsche, für drei Verstärkerkanäle und Tonband, »25 Studien auf drei Parametern«, »Musik für analoge Kalkulatoren«, Isorhythmen, schrieb Giuseppe Sinopoli ein Duo für Cembalo und Flöte, »Opus Daleth«, »Opus Ghimel« und »Opus Schir« für Kammerorchester, die Oper »Lou Salomé«, ein Requiem, ein Stück für Streichquintett und Sopran, ein Stück für Cembalo und eine Klaviersonate.

José Siqueira (geboren 1907)

LEBEN

José de Lima Siqueira wurde am 24. 6. 1907 in Conceição, Brasilien, geboren. Er studierte in Rio de Janeiro an der Staatlichen Musikschule und wurde dort 1937 Dozent und später Professor für Harmonielehre, Komposition und Dirigieren. Er wirkte mit großem Erfolg als Dirigent in Brasilien, in ganz Südamerika, in den USA und in der UdSSR.
Sein Bruder Baptista Siqueira wurde am 8. 7. 1906 in Princesa, Brasilien, geboren und studierte von 1928 bis 1937 in Rio de Janeiro. An der Musikschule der Stadt lehrte er Harmonielehre und Theorie und betätigte sich als Dirigent.

WERKE

Von José Siqueira sind 3 Bühnenwerke aufgeführt worden. Er schrieb außerdem 3 Sinfonien, 3 sinfonische Dichtungen, 3 Klavierkonzerte, ein Cellokonzert, 3 Streichquartette, ein Klaviertrio, eine Cellosonate, 10 Sonatinen und weitere Werke für Klavier, 3 Oratorien, eine Kantate und viele Lieder.
Baptista Siqueira schrieb 2 Opern, ein Ballett, 3 Sinfonien, 3 sinfonische Dichtungen, ein Klavierkonzert, ein Stück für Kammerorchester, 2 Streichquartette, 3 Sonaten und weitere Stücke für Klavier, eine Kantate, Klavierlieder, Chöre a cappella, eine Motette und weitere kirchenmusikalische Werke. Er war auch als Musikschriftsteller tätig.

Božidar Širola (1889–1956)

LEBEN

Božidar Širola wurde am 20. 12. 1889 in Žakanj, Kroatien, geboren. Er war in Zagreb Schüler von Ivan Zajc (1832–1914) und in Wien von Guido Adler. Er war von 1935 bis 1941 Direktor der Musikakademie und sodann bis 1945 Leiter des Ethnographischen Museums in Zagreb, wo er am 10. 4. 1956 starb.

WERKE

Von Božidar Širola sind 3 Opern aufgeführt worden. Er schrieb weiters eine Sinfonie, ein Klavierkonzert, ein Violinkonzert, ein Bläseroktett, 13 Streichquartette, ein Klavierquartett, 3 Klaviertrios, verschiedene Klavierwerke, ein Oratorium, 4 Messen, mehrere Kantaten, Liederzyklen und Bearbeitungen von Volksliedern. Er schrieb die erste kroatische Musikgeschichte.

Hans Sitt (1850–1922)

ZEIT UND UMWELT

Der russische Violinist Adolf Dawidowitsch Brodski (21. 3. 1851, Taganrog, bis 22. 1. 1929, Manchester) ließ sich nach seiner Ausbildung in Odessa und Wien und einer langen Reisetätigkeit als Konzertvirtuose 1882 in Leipzig als Violinlehrer nieder. Er begründete dort das weltberühmte Brodski-Quartett, das er nach

Manchester mitnahm, als er dort 1895 die Leitung des College of Music antrat.

LEBEN
Hans Sitt wurde am 21.9.1850 in Prag geboren und dort ausgebildet. Er wirkte als Konzertmeister in Breslau (Wrocław), sodann als Kapellmeister an Theatern in Breslau und Prag, von 1873 bis 1880 als städtischer Kapellmeister in Chemnitz (Karl-Marx-Stadt) und von 1883 bis 1921 in Leipzig als Violinlehrer am Konservatorium, als Bratschist des Brodski-Quartetts, solange es in Leipzig verblieb, und als Dirigent des Bach-Vereins. Er starb am 10.3.1922 in Leipzig.

WERKE
Von den zahlreichen Kompositionen von Hans Sitt, die alle der Spätromantik angehörten, sind 3 Violinkonzerte (d-Moll, a-Moll, d-Moll), die schönen Konzertinos in a-Moll, e-Moll, d-Moll und a-Moll für Violine und Orchester, 2 Cellokonzerte in a-Moll und d-Moll, ein Bratschenkonzert in a-Moll, 2 Bratschenkonzertstücke in g-Moll und d-Moll hervorzuheben. Auffällig ist seine Vorliebe für die Molltonarten.

Pavel Šivic (geboren 1908)

LEBEN
Pavel Šivic wurde am 2.2.1908 in Radovljica, Slowenien, geboren. Er war ab 1931 am Konservatorium in Ljubljana Schüler von Janko Ravnik (geboren 7.5.1891, Bohinjska Bistrica, Slowenien) und Slavko Osterc, sodann am Konservatorium in Prag von Vilém Kurz (23.12.1872, Havlíčkův Brod, bis 25.5.1945, Prag), Josef Suk und Alois Hába. Ab 1939 unterrichtete er Komposition an der Musikakademie in Ljubljana und wirkte zugleich als Konzertpianist und als Begleiter.

WERKE
Außer etlichen Bühnenstücken schrieb Pavel Šivic ein Divertimento für Klavier und Orchester, »Interpunktionen« für Klavier, Klarinette und Vibraphon, ein Klaviertrio, Duos für Klavier mit Violine, mit Oboe, mit Saxophon, für Klavier eine Zwölftonsuite, eine Sonate und weitere Stücke, zahlreiche Kantaten mit Orchester, Chöre, Lieder, Bühnen- und Filmmusik.

Camillo Sivori (1815–94)

ZEIT UND UMWELT
Niccolò Paganini war für die jüngere italienische Violinistengeneration ein unerreichbares Idol, dem irgendwie nahezukommen sich jeder bemühte. Er nahm sich einer Reihe solcher »Jünger« nach Kräften an und sorgte für ihre Ausbildung.

LEBEN
Ernesto Camillo Sivori wurde am 25.10.1815 in Genua geboren. Er erhielt bereits mit 5 Jahren Violinunterricht und wurde sodann von Niccolò Paganini, der ihn zuweilen auf der Gitarre begleitete, an auf Technik spezialisierte Lehrer weiterempfohlen, so daß er bereits 1827 in Genua auftreten und eine Konzertreise durch Frankreich nach London unternehmen konnte. Im Jahr 1837 wurde er Erster Violinist am Teatro Carlo Felice in Genua, von 1841 bis 1843 reiste er neuerdings durch Europa und von 1846 bis 1850 durch Nord- und Südamerika. Sein letzter Auslandsauftritt fand 1871 in London statt, dann konzertierte er nur noch in Genua, wo er am 18.2.1894 starb.

WERKE
Von Camillo Sivori sind 2 Violinkonzerte, zahlreiche Stücke für Violine solo oder mit Orchester oder Klavier sowie Variationen von vielen Opernmelodien, außerdem ein Duett für Violine und Kontrabaß überliefert. Seine »Berceuse« für Violine und Klavier und »12 Études-caprices« wurden in unserer Zeit neu aufgelegt. Auffällig bei allen diesen Kompositionen ist, daß sie trotz hoher technischer Anforderungen die Musikalität nie verlassen.

Johann Sixt von Lerchenfels
(um 1570–1629)

ZEIT UND UMWELT
Kaiser Rudolf II. (1552–1612) wandte seiner Prager Hofkapelle große Sorgfalt zu und sparte keine Mittel, obwohl er anderweitig nicht gerade großzügig war. Auch die Pflege des Sänger- und Instrumentalistennachwuchses lag ihm sehr am Herzen. Talentierte junge Leute konnten damit rechnen, als Sängerknaben aufgenommen und ausgezeichnet unterrichtet zu werden.

LEBEN
Johann Sixt von Lerchenfels wurde um 1570 in Prag geboren und 1584 an der Prager Hofkapelle als Sängerknabe aufgenommen. In einem der darauffolgenden Jahre erhielt er die Stelle eines Chordirigenten in Olmütz (Olomouc). Nach einer Tätigkeit als Priester an verschiedenen böhmischen Kirchen errichtete er 1626 in Leitmeritz (Litoměřice) eine Notendruckerei, wo er neben musikalischen Werken auch Schriften verschiedener Art veröffentlichte. Er starb am 3. 11. 1629 in Leitmeritz.

WERKE
Von dem tschechischen Komponisten Johann Sixt von Lerchenfels ist eine Reihe von sakralen Werken, wie Magnificat, Te Deum, Gesänge verschiedener Art, in einem Sammelband mit Bearbeitungen italienischer Lieder (Sonetti italiani) erschienen. Sie gehören ohne Ausnahme der polyphonen Stilrichtung an und sind sehr sorgfältig gearbeitet.

LITERATUR
R. Haas, Ein Leitmeritzer Musikdruck von 1626, in: Auftakt III, 1923.

Nikos Skalkottas (1904–49)

LEBEN
Nikos Skalkottas wurde am 8. 3. 1904 in Chalkis, Griechenland, geboren. Nach seiner Ausbildung in Athen studierte er in Berlin von 1925 bis 1927 bei Philipp Jarnach und sodann bis 1931 bei Arnold Schönberg, schließlich auch bei Kurt Weill. Anschließend lebte er bis zu seinem Tod am 19. 9. 1949 in Athen als freier Komponist.

WERKE
Von den über 150 Kompositionen von Nikos Skalkottas ist zu seinen Lebzeiten nur ein geringer Teil bekannt geworden; ihm blieb bis zu seinem Tod jegliche Anerkennung versagt. Er schrieb eine Sinfonie für Bläser, eine Sinfonietta, eine Ouvertüre, 2 Suiten, 36 griechische Tänze für Orchester, 3 Klavierkonzerte, ein Cellokonzert, ein Violinkonzert, ein Konzert für zwei Violinen, ein Doppelkonzert für Violine und Bratsche, ein Oktett, 4 Streichquartette, »8 Variationen für Klaviertrio« und weitere Kammermusik, zahlreiche Klavierstücke, darunter eine Passacaglia, 4 Suiten, 15 Variationen und Lieder. Sein Stil widersetzt sich jedem Einordnungsversuch, er liegt zwischen Arnold Schönberg, Alban Berg, Béla Bartók und griechischer Volksmusik. Er war »ein großer, geheimnisvoller Einzelgänger unseres Jahrhunderts«. Sein Werk hat in den letzten Jahren stärkere Beachtung gefunden.

Lucijan Škerjanc (1900–73)

LEBEN
Lucijan Marija Škerjanc wurde am 17. 12. 1900 in Graz geboren. Er studierte in Prag, Wien, Basel und Paris. Anschließend wirkte er als Kompositionslehrer an der Musikakademie in Ljubljana, die er ab 1945 als Direktor leitete. Fallweise leitete er auch die Orchestergesellschaft der Stadt. Von 1950 bis 1955 war er Intendant der Slowenischen Philharmonie in Ljubljana, wo er am 27. 2. 1973 starb.

WERKE
Von Lucijan Škerjanc sind 5 Sinfonien, ein Orchesterkonzert, eine »Kleine Suite«, eine Sinfonietta, ein Violinkonzert, ein Klavierkonzert, ein Cellokonzert, ein Klarinettenkonzert, ein Hornkonzert, ein Streichquintett, ein Concertone für vier Celli, 5 Streichquartette, Stücke für Violine und Klavier,

Celloetüden, Klavierstücke, Bühnenmusiken, mehrere Kantaten und Lieder bekannt geworden. Er verfaßte auch einige Lehrwerke.

Charles Sanford Skilton

(1868–1941)

LEBEN

Charles Sanford Skilton wurde am 16.8.1868 in Northampton, Mass., geboren. Er war von 1891 bis 1893 in Berlin Schüler von Woldemar Bargiel. Anschließend wirkte er in Salem, N. C., als Musiklehrer bis 1896 und von 1898 bis 1903 in Trenton, N. J. Dann trat er dem Lehrkörper der Universität in Kansas City bei. Er starb am 12.3.1941 in Lawrence, Kans.

WERKE

Die Erforschung und Dokumentation der Musik der nordamerikanischen Indianer setzte um die Wende zum 20. Jahrhundert mit großer Intensität ein. Eine Anzahl Komponisten der USA interessierten sich für die weiträumige Melodik der Ureinwohner, integrierten sie ihren Werken und bearbeiteten die nahezu gänzlich homophonen Gesänge, was zumeist gute Resultate brachte, denn diese Melodien standen den europäischen um einiges näher als etwa die der Schwarzen. Charles Sanford Skilton baute in seine sinfonische Dichtung »A Carolina Legend«, in die Orchestersuite »East and West«, in die Orchesterstücke »Herbstnacht«, »Indianischer Jagdtanz«, »Sioux Flute Serenade« und »Zwei Indianertänze« mit viel Geschmack Eingeborenenweisen ein. Er schrieb außerdem 3 Opern, eine Schauspielmusik, Kammermusik – Sonaten – und Chorwerke, darunter das berühmte »Tochter der Hexe«, bei dem er eine Ganztonskala verwendete.

Yngve Sköld (geboren 1899)

LEBEN

Yngve Sköld wurde am 29.4.1899 in Vallby, Södermanland, geboren. Er studierte in Stockholm, Brünn und Prag. Von 1923 bis 1939 wirkte er als Organist beim Orchester der schwedischen Filmindustrie und sodann bis 1964 als Bibliothekar der Vereinigung Schwedischer Komponisten in Stockholm.

WERKE

Von Yngve Sköld sind 4 Sinfonien, eine Sinfonia da chiesa, 4 Orchestersuiten, 2 Konzertouvertüren, 3 Klavierkonzerte, ein Violinkonzert, ein Cellokonzert, ein Doppelkonzert für Violine und Cello, eine Konzertsuite für Bratsche und Orchester, ein Concertino für fünf Bläser, Streichorchester und Pauken, ein Konzertstück für Trompete und Orchester, 3 Streichquartette, ein Quartett für zwei Flöten, Cello und Klavier, ein Divertimento für Streichtrio, Stücke mit Klavier für Violine, mit Cello, mit Flöte, Sonaten für Bratsche und Orgel, eine Solosonate für Violine, 2 Sonaten, eine Sonatine und 3 Impromptus für Klavier, Chöre und Lieder bekannt geworden. Seine Musik war vor allem auf schönen Klang ausgerichtet.

Miroslaw Skorik (geboren 1938)

LEBEN

Miroslaw Michailowitsch Skorik wurde am 13.6.1938 in Lwiw geboren. Er studierte am Konservatorium seiner Geburtsstadt bei Adam Soltys und Stanislaw Ljudkewitsch bis 1960 und sodann am Konservatorium in Moskau bei Dmitri Kabalewski. Ab 1964 unterrichtete er in Lwiw, dann wurde er Kompositionslehrer am Konservatorium in Kiew.

WERKE

Von Miroslaw Skorik sind neben einem Ballett 2 Partiten für Streichorchester, ein Orchesterstück, ein Violinkonzert, eine Sonate für Violine und Klavier, zahlreiche Klavierstücke, Chorwerke, Lieder, Bühnen- und Filmmusiken bekannt geworden. In Anlehnung an Béla Bartók und Igor Strawinsky geht der Komponist von der musikalischen Substanz der ukrainischen Folklore aus und bleibt bei linearen Fakturen, die zuweilen von expressionistischen Passagen unterbrochen sind.

Aleksandr Skrjabin (1871–1915)

Leben

Aleksandr Nikolajewitsch Skrjabin wurde am 25.12.1871 in Moskau geboren. Nach etlichen Jahren in einer Kadettenschule studierte er am Konservatorium in Moskau unter Sergei Tanejew, Antoni Arenski und Wasili Iljitsch Safonow (25.1.1852, Stanica Ischtscherkaja, Kaukasus, bis 27.2.1918, Kilslowodsk, Kaukasus). Sodann bereiste er als Konzertpianist einige russische und westeuropäische Städte und wurde 1898 Klavierlehrer am Konservatorium in Moskau. Im Jahr 1904 legte er diese Stelle nieder und widmete sich nur mehr dem Klavierspiel sowie der Komposition; 1906/07 trat er auch in den USA auf. Er starb am 14.4. 1915 in Moskau.

Werke

Bis 1906 war Aleksandr Skrjabin in seinem kompositorischen Schaffen zumindest teilweise von der deutschen Romantik abhängig, dann entwickelte er sein eigenes Tonsystem und gab die funktionale Tonalität auf; er leitete alle melodische und harmonische Gestaltung aus einem mehrtönigen, chromatisch modifizierbaren und auf alle 12 Stufen transponierbaren Klangzentrum (»Mystischer Akkord«) ab, das aus einem Dominantseptnonenakkord mit freien Vorhalten besteht und als Konsonanz zu verstehen ist. Er sollte den philosophischen, ästhetischen und religiösen Vorstellungen Rußlands entsprechen, die, aus theosophischen und orientalischen Mythen gemischt, weite Kreise des Landes erfaßt hatten. Starke Impulse gingen auch von dem Schriftsteller Dmitri Sergejewitsch Mereschkowski (1865–1941), dem Propagator eines neuchristlichen Symbolismus, und dem den Nazarenern nahestehenden Maler Aleksandr Andrejewitsch Iwanow (1806–58) aus. Die ersten 2 Sinfonien sind noch auf eine Tonart ausgerichtet, die 3. entfernt sich bereits von der Tonalität wie die sinfonischen Dichtungen »Ekstatisches Gedicht« und »Prometheus«; die sinfonische Dichtung »Träumerei« ist hingegen noch ein Kind der Tristan-Chromatik. Das Klavierkonzert – erstes Orchesterstück des Komponisten – stand

Aleksandr Skrjabin

noch im Schatten von Frédéric Chopin. Er schrieb außerdem ein Scherzo und ein Andante für Streichorchester. Auch seine 24 Praeludien und 23 Etüden folgen den Spuren Chopins. Die beiden »Poèmes« bilden eine Überleitung zu den 12 Sonaten, von denen nur die ersten 4 tonal gehalten sind. Bei den nächsten gibt es keinen Grundton mehr. Mit ihren Tontrauben, Trillern und weiten Spannungen sind sie für jeden Pianisten ein ernstes Problem. Die 5 Préludes sind um vieles weniger extensiv, aber technisch ebenso schwer zu bewältigen wie die Sonaten. Dazu kommen noch viele verschiedenartige Klavierstücke – Fugen, Albumblätter, Scherzi, Impromptus, Polonaisen, Walzer, Mazurkas, Nokturnen, Kanons usw. Skrjabin erweist sich durch sein Werk als einer der ersten Repräsentanten der »Neuen Musik«.

Sinfonie Nr. 1 in E-Dur, Opus 26, 6 Sätze, entstanden 1900

Der 1. Satz eröffnet das Werk mit einem nachdenklichen Lento, dann folgt das Allegro drammatico des 2. Satzes. Der 3. Satz erinnert an Pjotr Tschaikowski. Der prächtig orchestrierte 4. Satz bringt ein interessantes Vivace, dem sich der 5. Satz mit einem Allegro in Sonatenform anschließt. Im 6. Satz wird die Kunst von einem Tenor und einem Mezzosopran gepriesen, bis der Chor Ruhm und Triumph der Muse im fugierten Abschluß verkündet.

Sinfonie Nr. 2 in c-Moll, Opus 29, 5 Sätze, entstanden 1901

Dieses Werk erreichte bereits die Grenzen der Tonalität. Unruhe und Drang nach Befreiung von den Fesseln der Tradition prägen sich aus, wenn auch in allen Sätzen die überkommenen Formen beachtet wurden. Das Maestoso des 5. Satzes klingt wie eine Verheißung, die alten Formen zu zerbrechen und durch eine neue Ordnung zu ersetzen.

Sinfonie Nr. 3 in c-Moll, »Göttliches Gedicht«, Opus 43, 3 Sätze, entstanden 1904

Dem 1. Satz ist ein musikalisches Motto vorangestellt, das Kraft und Selbstbehauptungswillen bekundet und sich als »Leitmotiv« durch das gesamte Werk zieht. Dann wird der Konflikt unter dem Titel »Kämpfe« zwischen zwei kontrastierenden Themen schon zum Teil atonal ausgetragen und siegreich beendet. Der 2., eng anschließende Mittelsatz »Genüsse« schwelgt in Liedform in den »Freuden der heiteren Welt«, prächtige Klangillustrationen malen Waldstimmung, Liebesfreude und Lebensglück. Der 3. Satz »Göttliches Spiel« feiert das schöpferische Handeln des freien Menschen, das ihn auf die Stufe eines Gottes hebt.

»Ekstatisches Gedicht«, Tondichtung, Opus 54, ein Satz, entstanden 1907

Unter »Ekstase« verstand der Komponist Tatendrang und keine tranceähnliche Entrückung. Das Werk stellt »die göttliche Kraft des freien Willens« in seiner Selbstverwirklichung durch die Tat dar. Diese Absicht wird mit sieben Themen erreicht, deren Verarbeitung der »Mystische Akkord« allein ohne Tonalität zugrunde gelegt ist. Das erste »Thema der Sehnsucht« hat passive Haltung wie das zweite Thema: »Traum«. Das »Thema der entstandenen Geschöpfe« klingt mit einem schönen Violinsolo an die Prometheus-Thematik an. Das »Thema der Unruhe« leitet zum »Thema des Willens« und zum »Thema des Protestes« über; das »Thema der Selbstbehauptung« schließt das Stück ab.

»Prometheus, Gedicht des Feuers«, Tondichtung, Opus 60, für großes Orchester mit Orgel, Klavier und vierstimmigem gemischtem Chor, ein Satz, entstanden 1911

Anstelle der Terzenakkordik verwendet dieses Werk Quartenakkorde; unerwartete Auflösungen, rasche Harmoniewechsel erzeugen eine intensiv angespannte Klangfolge. Die Partitur des Kolossalorchesters verlangt ein »Farbenklavier«, um dem Ideal des Komponisten, alle Künste mit Philosophie und Religion zu vereinen, zu entsprechen. Solche Aufführungen sind mit negativen Erfolgen versucht worden, weil die Farbassoziationen des Komponisten nicht denen des Publikums entsprachen; auch die aufgestellte Klang-Farben-Tabelle war nutzlos. Aber auch ohne »Farben« ist das Werk eines der interessantesten am Beginn unserer Gegenwartsmusik. Sein Inhalt spannt sich vom »Urnebel« über die Entstehung von »Individualitäten« bis zum Triumph des menschlichen Willens, der den Göttern das Feuer entreißt und vom Orchester und dem Chor triumphal verkündet wird.

Träumerei, Sinfonisches Gedicht in e-Moll, Opus 24, ein Satz, entstanden 1898

Dieses frühe Werk tritt noch im Kleid der Romantik auf, weist aber durch starken Gefühlsausdruck, Klangreichtum und kühne Modulationen trotz der deutlichen Tristan-Chromatik auf den kompositorischen Weg hin, den der Komponist in seinen weiteren Werken beschritt.

Klavierkonzert in fis-Moll, Opus 20, 3 Sätze, entstanden 1897

Dieses Frédéric Chopin verpflichtete Werk stellt den fein gearbeiteten Klavierpart in den Vordergrund; dem Orchester fällt eine begleitende Rolle zu. Der Mittelsatz ist am schönsten, seine vier Variationen jagen mit vehementer Rasanz über die Tasten.

LITERATUR

L.W. Danilewitsch, Aleksandr Skrjabin, Leipzig 1954. J.F. Belsa, Alexander Nikolajewitsch Skrjabin, Moskau 1982, dt. Berlin 1986.

František Škroup (1801–62)

ZEIT UND UMWELT

Mit den ersten tschechischen Opern, die im zweiten Viertel des 19. Jahrhunderts im Stavovské divadlo (Ständetheater) in Prag auf die Bühne kamen, setzte die stattliche Reihe der Bühnenwerke der tschechischen Musikgeschichte von Weltgeltung ein, die sich bis in unsere Zeit fortsetzt.

LEBEN

František Jan Škroup (Škraup) wurde am 3.6. 1801 in Ositz (Osice) bei Pardubitz (Pardu-

bice), Böhmen, geboren. Er studierte Rechtswissenschaft in Prag und daneben Musik. Im Jahr 1827 wurde er Zweiter Dirigent am Ständetheater, von 1837 bis 1857 wirkte er dort als Erster Kapellmeister, 1860 ging er an die Oper in Rotterdam, wo er am 7.2.1862 starb.
Sein Bruder Jan Nepomuk Škroup (15.9.1811, Ositz, bis 5.5.1892, Prag) war ab 1838 Chormeister an der Kreuzherrnkirche und später Zweiter Kapellmeister am Ständetheater in Prag, ab 1845 Chordirektor am Veitsdom und ab 1846 Lehrer am Theologischen Seminar.

WERKE
Die Oper »Dráteník« (Der Drahtbinder) von František Škroup aus 1826 war die erste tschechische Nationaloper. Er verfaßte außerdem mehrere tschechische und 2 deutsche Opern. Aus seinem Bühnenmusikschaffen stammt das tschechische Nationallied »Kde domov můj« (Wo ist mein Heim). Außerdem verfaßte er Ouvertüren, Kammermusik und populäre tschechische Lieder. Er gab außerdem eine Sammlung tschechischer Lieder verschiedener Komponisten heraus.
Jan Nepomuk Škroup verfaßte mehrere Opern und zahlreiche sakrale Werke – Messen, Gesänge. Er schrieb auch eine Gesangschule.

LITERATUR
J. Plavec, František Škroup, Prag 1941.

Stanisław Skrowaczewski
(geboren 1923)

LEBEN
Stanisław Skrowaczewski wurde am 3.10. 1923 in Lwiw geboren. Er studierte an den Konservatorien seiner Geburtsstadt und in Krakau sowie bei Nadia Boulanger in Paris. Bis 1954 leitete er die Philharmonie in Katowice und anschließend bis 1956 die von Krakau, wirkte als Dirigent der Philharmonie in Warschau. Seit 1960 ist er Chefdirigent des Sinfonieorchesters in Minneapolis, Minn.

WERKE
Außer einem Ballett schrieb Stanisław Skrowaczewski 4 Sinfonien, sinfonische Variationen, ein Konzert für Englischhorn, 4 Streichquartette, Klavierwerke, ein Oratorium, Kantaten, Lieder und Filmmusik.

František Zdeněk Skuherský
(1830–92)

ZEIT UND UMWELT
Parallel mit dem Aufschwung aller Wissenschaften im 19. Jahrhundert erhielt auch innerhalb der Musikologie die Kompositionslehre neue Impulse. Die neuen Erkenntnisse der Akustik führten zu einer vertieften Einsicht in die Regeln der Tonkunst und zugleich zu deren Umformung und zum Teil auch Neufassung. Die Wege zur zukünftigen Polytonalität und Atonalität wurden bereits vorbereitet.

LEBEN
František Zdeněk Skuherský wurde am 31.7. 1830 in Opočno, Böhmen, geboren. Er studierte zunächst in Prag und Wien Medizin und erlernte nebenbei das Orgelspiel, bis er sich völlig der Musik zuwandte. Im Jahr 1854 wurde er Theaterkapellmeister und bald darauf Musikvereinsdirektor und Chordirektor der Universitätskirche in Innsbruck. Im Jahr 1866 erhielt er die Direktorenstelle an der Prager Organistenschule, 1868 die des Städtischen Chordirektors; ab 1879 war er Lektor für Musik an der Universität. Er starb am 19.8. 1892 in Budweis (České Budějovice), Böhmen.

WERKE
Die 3 Opern von František Zdeněk Skuherský sind mit tschechischem und mit deutschem Text aufgeführt worden; eine vierte blieb unvollendet. Er schrieb mehrere Messen, eine sinfonische Dichtung, »30 Vorspiele in den Kirchentonarten«, einige Kammermusik und tschechische wie deutsche Lieder. Seine Bedeutung lag hauptsächlich in seinen fortschrittlichen theoretischen Werken über Komposition und Harmonie.

Ādolfs Skulte (geboren 1909)

LEBEN
Ādolfs Skulte wurde am 15.10.1909 in Kiew

geboren. Von 1930 bis 1934 studierte er am Konservatorium in Riga bei Jāzeps Vītols und Jānis Mediņš. An derselben Lehranstalt wurde er 1936 Assistent, 1946 Dozent und 1952 Professor.

WERKE

Außer mehreren Balletten schrieb Ādolfs Skulte 4 Sinfonien, 2 sinfonische Dichtungen, 2 Suiten, eine »Choreografische Dichtung«, ein Streichquartett, Klaviersonaten, eine Orchesterkantate, Chöre, Sololieder, Bühnen- und Filmmusik.

Josip Slavenski (1896–1955)

LEBEN

Josip Slavenski (Štolcer-Slavenski) wurde am 11.5.1896 in Čakovec, Kroatien, geboren. Er studierte bei Zoltán Kodály in Budapest und bei Vítězslav Novák in Prag. Er wirkte ab 1924 als Lehrer und ab 1949 als Professor für Komposition in Belgrad, wo er am 30.11.1955 starb.

WERKE

Im kompositorischen Werk von Josip Slavenski fand seine Beschäftigung mit Naturtonreihen und Elektronik keinen unmittelbaren Niederschlag; sie lehnte sich vielmehr stark an die Volksmusik seines Landes an und entnahm ihr einzelne typische Skalen. Er verfaßte 3 Sinfonien – eine davon mit Chor und Soli –, ein sinfonisches Gedicht, 4 Streichquartette, »Tänze aus dem Balkan« für Streichorchester, eine Sonate für Violine und Klavier, eine Sonate für Violine und Orgel, eine Klaviersonate, eine Anzahl Kantaten, Chöre und Lieder, darunter »Lieder meiner Mutter« für Alt und Streichquartett und einige Bühnenmusiken.

Josef Slavík (1806–33)

LEBEN

Josef Slavík wurde am 26.3.1806 in Jinetz (Jince), Böhmen, geboren. Er studierte am Konservatorium in Prag unter Friedrich Wilhelm Pixis und wirkte sodann als Violinist im Orchester der Prager Oper. Er trat bald mit Erfolg als Konzertviolinist auf, ging sodann nach Wien, wo er an der Hofkapelle Aufnahme fand. Er starb am 30.5.1833 in Budapest.

WERKE

Von Josef Slavík sind Variationen in E-Dur, Variationen auf der G-Saite über ein Thema von Vincenzo Bellini, 2 Konzerte in fis-Moll und a-Moll, eine Caprice in D-Dur und ein »Grand potpourri« für Violine und Orchester überliefert. Alles wurde in unserer Zeit neu aufgelegt und in Konzerten gespielt.

LITERATUR

St. Klíma, Josef Slavík, Prag 1956.

Antonio Smareglia (1854–1929)

ZEIT UND UMWELT

Die Musiker in Triest, das bis 1919 der österreichisch-ungarischen Monarchie angehörte, intensivierten ihre Anteilnahme an der italienischen Musikentwicklung in den letzten drei Jahrzehnten des 19. Jahrhunderts, besonders wenn ihr Betätigungsfeld auf dem Gebiet der Oper lag, weil in Österreich-Ungarn die Opern mit italienischen Libretti kaum Aufnahme fanden; in österreichischen Opernhäusern kamen nur mehr die Werke der berühmtesten italienischen Meister auf die Bühne.

LEBEN

Antonio Smareglia wurde am 5.5.1854 in Pola, Istrien (heute Pula, Kroatien), geboren. Er war Schüler des Konservatoriums in Mailand. Durch seine Opern machte er sich bald einen Namen und wurde 1921 Titularprofessor des Konservatoriums in Triest. Er starb am 15.4.1929 in Grado.

WERKE

Die 9 Opern von Antonio Smareglia wurden zum größten Teil in Italien und in dem damals noch österreichischen Triest aufgeführt, nur 2 davon (auf deutsche Texte) in Wien und in Prag. Sie waren sehr stark von Richard Wagner beeinflußt. Auch seine sinfonische Dichtung »Leonora« entlehnte ihre Harmonik Wagner. Er schrieb außerdem ein Paternoster, ein sehr schönes Ave Maria und eine Anzahl Lieder.

Henry Smart (1813–79)

ZEIT UND UMWELT

Liverpool, Norwich, Bath, Newcastle-upon-Tyne, Edinburgh, Dublin, Cambridge, Hull, Manchester sind nur eine Auswahl der Städte, in denen im 19. Jahrhundert Festspiele veranstaltet wurden. Gegeben wurden dabei nahezu alle bedeutenden Orchester- und Chorwerke Englands und des Kontinents, als Interpreten beteiligt war alles, was verfügbar war. An der Häufigkeit der einzelnen Veranstaltungen kann man den stetig ansteigenden Zuspruch des Publikums ablesen. Diese Festivals waren für die Musikentwicklung des Landes von größter Wichtigkeit, weil auch die Einwohner außerhalb der Hauptstadt die Möglichkeit erhielten, die großen Werke der Musikgeschichte in bester Darbietung kennenzulernen.

LEBEN

Henry Thomas Smart wurde am 26.10.1813 in London geboren. Nach Ableistung seines Militärdienstes in der Indienarmee wandte er sich der Musik zu. Seine Ausbildung beruhte zum Großteil auf Selbstunterricht. Im Jahr 1831 wurde er Organist in Blackburn, Lancashire, und 1836 in London an St. Philip's; er wirkte sodann ab 1844 in gleicher Eigenschaft an St. Luke's und ab 1864 an St. Pancras. Er genoß einen großen Ruf als Orgelvirtuose und Improvisator. Auch seine im Alter auftretende Erblindung hinderte ihn nicht, bis zu seinem Tod am 6.7.1879 als Organist, Lehrer und Komponist tätig zu sein.
Sein Onkel George Thomas Smart wirkte als Organist, Cembalo- und Gesanglehrer und vorwiegend als Konzertveranstalter und Dirigent. Er trat bei einer großen Anzahl der zu seiner Zeit sehr häufig in Großbritannien und Irland abgehaltenen Musikfestspielen als Dirigent auf.

WERKE

Von Henry Smart wurde eine Oper aufgeführt. Er schrieb eine Anzahl vorzüglicher Anthems, Kantaten, Services und viele Orgelstücke, Lieder, Duette, Terzette, Chöre für Frauenstimmen.
George Thomas Smart schrieb eine Anzahl Anthems, Glees und Kanons. Er gab einige Werke älterer englischer Musik heraus.

Richard Smert (um 1480 bis um 1530)

ZEIT UND UMWELT

Die Thematik der Carols befaßte sich in erster Linie mit der Weihnachtszeit, was in der Folge der Bezeichnung Carol die Bedeutung von »Weihnachtslied« oder »Noël« verlieh. Seltener wurden Passion und Ostern den Texten zugrunde gelegt. Die Struktur komplizierte sich. Zuweilen wurden Solisten einem Refrainchor gegenübergestellt.

LEBEN

Richard Smert ist um 1480 in England (wahrscheinlich London) geboren. Man darf annehmen, daß er von der Königlichen Kapelle ausgebildet und beschäftigt wurde. Über Ort und Zeit seines Todes gibt es keine Informationen.

WERKE

Von den 23 Carols, die Richard Smert in Zusammenarbeit mit John Truelove verfaßt und publiziert hat, sind mindestens 8 von ihm allein. Es sind ausschließlich Weihnachtsgesänge für zwei Solostimmen und dreistimmigen Chor, die eine sehr starke Verbreitung fanden. Damit hat diese Gesangsgattung das Feld des Volksgesanges verlassen und ist zu einem wichtigen Repertoire für Berufssänger geworden.

Walter Smetak (geboren 1913)

LEBEN

Walter Smetak wurde am 12.2.1913 in Zürich

geboren. Er studierte am Konservatorium seiner Geburtsstadt, am Mozarteum in Salzburg und an der Akademie für Musik und darstellende Kunst in Wien. Darauf wirkte er in verschiedenen Sinfonieorchestern als Cellist und ließ sich schließlich in São Salvador da Bahia, Brasilien, nieder, wo er sich mit akustischen und kompositorischen Forschungen beschäftigte und neue Instrumente schuf, die er »Klangkörper der Plastik« nannte. Neben seiner musikalischen Tätigkeit verfaßte er über 300 Gedichte, deren Texte improvisierte Klänge in synthetischer Sprache beinhalten. Er schrieb auch mehrere Bühnenstücke.

Werke
Von Walter Smetak sind eine Reihe kammermusikalischer Werke und Stücke mit experimenteller Musik bekannt geworden, ein Teil davon bringt »plastische Klänge«, außerdem Improvisationen mit Zeichnungen für zehn traditionelle und unbekannte Instrumente.

Bedřich Smetana (1824–84)

Zeit und Umwelt
Die Niederlage am Weißen Berg (1620) vertrieb oder vernichtete die gesamte Oberschicht des tschechischen Volkes. Auch der Gebrauch der tschechischen Sprache zog sich auf Hinterhöfe und Gesindestuben zurück. Die literarische Betätigung erlahmte völlig, nur die Volksmusik blieb in Dörfern und auf Tanzböden erhalten. Es gab viele echte Musiker in Böhmen, aber sie gingen nach Mannheim, nach Wien oder Berlin und hörten auf, Tschechen zu sein; sie brachten auch selten tschechische Musik mit sich, sondern nur die ungeheure Musikalität dieses Volkes.
Das 19. Jahrhundert brachte neue liberale und soziale Ideen und den Nationalismus, der sich für das tschechische Volk zur Sehnsucht nach Freiheit ballte; nationaler Kampf wurde zum Freiheitskampf. Im Vormärz verstärkte sich der Druck der Regierung in Wien, traf aber nicht nur die Tschechen allein, sondern alle Untertanen Österreichs und Ungarns, so daß die Rivalität der einzelnen Völker zurücktrat. Und der Aufstand des Jahres 1848 wurde mit gleichen Mitteln niedergeschlagen, ob er sich in Prag oder in Wien abspielte. Dann allerdings verstärkte sich, nachdem die Revolution in Ungarn mit Hilfe der russischen Armee liquidiert war, der Druck auf das Tschechentum. Viele aus den intellektuellen Volksschichten emigrierten und versuchten im Ausland für die Freiheit der Heimat zu wirken. Gemäßigtere Kreise, die sich mit einer Autonomie unter den Habsburgern zufriedengeben wollten, hofften, daß Kaiser Franz Joseph I. sich nach seiner Vermählung mit der bayrischen Prinzessin Elisabeth Amalie Eugenie (1837–98) zum König von Böhmen krönen lassen und den Tschechen ähnliche Rechte, wie sie die Ungarn hatten, einräumen würde. Der Kaiser heiratete zwar, aber die Autonomie blieb aus. Erst die Niederlage Österreichs in Oberitalien (1859) zwang es zu einer Lockerung des innenpolitischen Drucks; den Tschechen wurde zumindest eine eigenständige kulturelle Betätigung zugestanden. Sie gründeten das »Pozatimní divadlo« (Interimstheater) als Vorläufer des »Narodní divadlo« (Nationaltheater) und eine Philharmonische Gesellschaft. Auch auf allen anderen kulturellen Gebieten kam es zu lebhafter Tätigkeit. Und Bedřich Smetana, der auch im Ausland wirkte, kehrte heim und begründete als Komponist und als Dirigent den steilen Aufstieg der tschechischen Musikentwicklung.

Leben
Bedřich Smetana (Friedrich) wurde am 2.4. 1824 in Leitomischl (Lytomišl), Böhmen, geboren. Er war in Prag Schüler der von Josef Proksch gegründeten Musikbildungsanstalt. Anschließend machte er sich als Pianist selbständig und eröffnete 1848 eine eigene Privatmusikschule, die er bis 1856 leitete. Hierauf übernahm er in Göteborg die Dirigentenstelle des Musikvereins »Harmoniska Sällskapet«. Im Jahr 1861 kehrte er nach Prag zurück. Er arbeitete als Chorleiter und Musikkritiker, wurde Vorsitzender der »Umělecká Beseda« (Künstlerverein) und wirkte von 1866 bis 1874 als Dirigent am »Narodní divadlo«. Dann ertaubte er, widmete sich aber weiter der Komposition. Er starb am 12.5.1884 in Prag.

WERKE

Man feiert Bedřich Smetana als Begründer der tschechischen Musik. Das ist unexakt, denn es gab vor ihm eine lange Reihe tschechischer Komponisten von Rang. Er war auch nicht der Schöpfer der tschechischen Oper; es sind schon vor ihm Opern auf tschechische Texte verfaßt worden. Aber er schuf einen der tschechischen Sprache, dem Volksbewußtsein und der Freiheitssehnsucht adäquaten nationalen Stil, der für den Rest des Jahrhunderts und darüber hinaus, dem Gang der allgemeinen Entwicklung angepaßt, Geltung hatte. Da er kraft seiner kompositorischen Fähigkeiten zu den ersten Meistern der europäischen Musik seines Jahrhunderts gehörte, übertrug er die eigene Weltgeltung auf die tschechische Musik, die seit seinem Auftreten als völlig ebenbürtig neben den anderen Systemen der abendländischen Musik zu stellen war. Insoweit gebührt ihm der Ehrentitel eines »Vaters der tschechischen Musik«.

Von seinen 8 Opern, die alle noch heute auf die Bühnen kommen, hat »Die verkaufte Braut« die Opernhäuser der Welt erobert, so daß sie überall zum festen Repertoire gehört. Der Zyklus aus 6 sinfonischen Gedichten, »Mein Vaterland«, ist in allen Konzertsälen der Welt heimisch. Auch seine anderen sinfonischen Gedichte, die zwar von den gleichbenannten Werken von Franz Liszt angeregt wurden, aber keine Nachahmung, sondern eine Weiterentwicklung dieser Kompositionsgattung darstellen, werden zuweilen gespielt: »Richard III.«, »Wallensteins Lager«, »Hakon Jarl«, »Prager Karneval«, »Macbeth«. Auch seine »Triumph-Sinfonie« wurde von tschechischen Orchestern gespielt. Seltener hört man seine 2 Ouvertüren und den Festmarsch. Die Kammermusik ist mit 2 Streichquartetten – e-Moll, d-Moll –, einem Klaviertrio in g-Moll, 2 Violinstücken (»Aus meiner Heimat«) vertreten. Sein Klavierwerk war sehr umfangreich und vielgestaltig: Sonaten, Charakterstücke, Skizzen, Polkas, Etüden, Fantasien, Tänze und Rondos. Dazu kommen 6 Präludien für Orgel. An Chorwerken liegen 2 Offertorien für gemischten Chor und Kammerensemble, 2 textierte Fugen für gemischten Chor und 2 Kantaten vor. Dazu sind noch viele Gelegenheitskompositionen zu rechnen.

Bedřich Smetana

Má vlast (Mein Vaterland), Zyklus aus 6 sinfonischen Gedichten aus dem Leben des tschechischen Volks.

1. Vyšehrad, entstanden 1874

Diese Tondichtung beginnt mit den Harfenklängen des sagenhaften Barden Lumir. Die Burg Vyšehrad, von der aus die Přemysliden das Land beherrscht haben, entsteht im alten Glanz und erdröhnt beim schweren Tritt siegreich einziehender Ritter. Kämpfe toben um die Burg; sie wird erobert und zerfällt. Traurig steht in der Landschaft die Ruine, aus der ein Nachhall der Lieder einstiger Glanzzeit klingt.

2. Vltava (Moldau), entstanden 1874

Es handelt sich um den beliebtesten Teil, der sehr oft als selbständiges Konzertstück gespielt wird.

Der Komponist sagt darüber: »Die Komposition schildert den Lauf der Moldau, angefangen von den beiden kleinen Quellen, der Kühlen und der Warmen Moldau, über die Vereinigung der beiden Bächlein zu einem Strom, den Lauf der Moldau durch Wälder und Fluren, durch Landschaften, wo gerade lustiger Kirmes gefeiert wird; beim nächtlichen Mondschein tanzen die Wassernixen ihre Reigen; auf den nahen Felsen ragen Burgen,

Autographische Skizze aus »Die verkaufte Braut« von Bedřich Smetana

Schlösser und Ruinen empor. Die Moldau wirbelt in den Johannisstromschnellen; im breiten Zug fließt sie weiter gegen Prag, an Vyšehrad vorbei, und im majestätischen Lauf entschwindet sie in der Ferne schließlich in die Elbe.« Das Stück ist ein Beispiel feinster Tonmalerei.

3. Šárka, entstanden 1875
Das Mädchen Šárka hat wegen der Untreue ihres Geliebten allen Männern Rache geschworen. Sie läßt sich von ihren Dienerinnen an einen Baum fesseln. Ctirad zieht mit seinen Mannen vorbei und befreit Šárka aus ihrer Lage. Die Ritter feiern mit den Mädchen ein Fest, die mit einem Schlaftrunk die Männer betäuben und dann abschlachten.

4. Aus Böhmens Hain und Flur, entstanden 1876
Dieser Tondichtung liegt keine Handlung zugrunde; sie gibt nur ein plastisches Bild der böhmischen Landschaft und ihrer Bevölkerung und schließt mit einer Huldigung für die Heimat ab.

5. Tábor, entstanden 1878
Die Tondichtung beginnt mit dem Hussitenchoral: »Ihr, die ihr Gottes Kämpfer seid«. Die entgegengeführten Themen zeichnen die Kämpfe der Anhänger des Reformators Hus, die am Ende siegreich bleiben.

6. Blaník, entstanden 1879
Im Berg Blaník schlafen die Ritter, die als Beschützer des Landes in Notzeiten herauskommen und für das Volk in den Kampf gehen. Der Choral erklingt von neuem. Der alte Hussitengeist ist nicht erloschen.

Richard III., Sinfonische Dichtung, entstanden 1858
»Das scharf geprägte Hauptthema, eine Kurzformel für Shakespeares Gestalt, beherrscht in mannigfachen Variationen die ganze Komposition. Vor dem Finale versuche ich, musikalisch jenen furchtbaren Traum darzustellen, den Richard vor der Schlacht in seinem Zelte hat und in dem ihm alle von ihm hingemordeten Menschen als Geister erscheinen, um ihm den nahen Untergang anzukündigen. Das Ende ist der Sturz Richards. In der Mitte der Tondichtung ist der Sieg König Richards dargestellt, im weiteren Verlauf das sinkende Glück des Usurpators«, erläutert der Komponist sein Werk.

Wallensteins Lager, Sinfonische Dichtung, entstanden 1859
Die Tondichtung spiegelt Episoden aus Schillers dramatischem Gedicht wider: das bunte Lagerleben, die Kapuzinerpredigt mit einer Tanzszene zum Spiel von Dudelsackpfeifern, die Nacht-

wache als Zwischenspiel und ein Schlußmarsch. Der angeschlagene Volksmusikton wird dadurch gerechtfertigt, daß Schillers Dichtung in Böhmen spielt.

Hakon Jarl, Sinfonische Dichtung, entstanden 1861
Hakon, der tyrannische Usurpator Norwegens, der das Heidentum erneut durchzusetzen versucht, wird von Olav Trygvason, dem legitimen Thronerben, besiegt. »Mit dem Kreuz Christi an der Spitze und im Gefolge psalmodierender Priester betritt Olaf das Land seiner Väter. Der Jubel der Bevölkerung begrüßt ihn als Befreier«, erklärt der Komponist selbst den literarischen Vorwurf seines Werks.

Prager Karneval, Sinfonische Dichtung, entstanden 1883
Mit einer rauschenden Polonaise, dem traditionellen Eröffnungsstück jeden Ballfestes, beginnt das Werk. Voraus geht eine Einleitung, die das Maskengewimmel des Balls darstellt. Das Werk war als erster Teil eines Zyklus von Tondichtungen geplant, in dem sich Kunsttänze und Volksmusik mischen sollten.

Sinfonie in E-Dur, »Triumphale«, 4 Sätze, entstanden 1854
Diese, später »Festsinfonie« genannte, Sinfonie war ein Ausfluß der Hoffnung eines Teils der Tschechen, daß Kaiser Franz Joseph I. ihnen eine zumindest teilweise Autonomie gewähren würde. Die Hoffnung war vergebens, die Widmung wurde vom Wiener Hof abgelehnt. Der 1. Satz der Sinfonie ist in klassische Sonatenform gefaßt. Im 2. Satz wird das Thema der österreichischen Kaiserhymne von Joseph Haydn zitiert und in den Satz eingebunden. Im Scherzo des 3. Satzes fehlt das Zitat; es strahlt dafür eine Vielzahl prächtiger melodischer Einfälle und bunter instrumentaler Farben aus. Das Finale hat wieder Sonatenform und bringt in der Coda das Hymnenthema mit vollem Orchester.

Streichquartett Nr. 1, »Aus meinem Leben«, in e-Moll, 4 Sätze, entstanden 1876
Das Programm des Werks gibt der Komponist selbst: »Bei mir ergibt sich die Form jeder Komposition naturgemäß aus dem Gegenstand selbst. Auch dieses Quartett hat sich selbst die Form gegeben, die es hat. Was ich beabsichtigte, war den Verlauf meines Lebens in Tönen zu schildern.« Im 1. Satz beschreibt er seine frühe Liebe zur Musik und das Sehnen nach noch unbestimmbaren Erlebnissen. Der 2. Satz schildert das frohe Leben seiner Jugendjahre und der folgende die Liebe zu einem Mädchen, das seine Frau wird. Die Freude über seine Erfolge strahlt aus dem 4. Satz. Dann erklingt die erste Violine in höchster Lage über einem Tremolo der anderen Instrumente und deutet das Pfeifen an, das der Ertaubung des Meisters voranging.

Steichquartett Nr. 2 in d-Moll, 4 Sätze, entstanden 1882
Dieses Stück sollte die Zeit nach der Ertaubung des Komponisten darstellen. »Ich habe das Empfinden, daß alles, was ich jetzt im Gehirn musikalisch verarbeite, gleichsam von einem Nebel der Beklommenheit und des Schmerzes verdeckt ist«, erklärte der Komponist. Tatsächlich fehlt hier die formale Ausgewogenheit des ersten Quartetts, dafür ist die Intensität der Aussage um so stärker. Das offensichtliche Streben zur Verdichtung der Form kann man nicht ohne weiteres der »hinschwindenden formbildenden Kraft« des Meisters leichtfertig zurechnen. Wer sagt uns, ob es nicht beabsichtigt und bewußt war?

Trio für Violine, Klavier und Cello in g-Moll, 3 Sätze, entstanden 1855
»Gewidmet meinem ersten Kind Bedřinka, das uns mit seiner Musikalität erfreute und plötzlich mit viereinhalb Jahren verstarb«, lautet die Widmung des Komponisten dieses programmatischen Werks. Der 1. Satz beginnt mit schwermütigem Pathos, dem eine traurige Melodie entgegengeführt wird, und endet stürmisch aufgewühlt. Das Thema des 2. Satzes ist dem 1. entnommen und wird zu einem komplizierten Scherzo verarbeitet. Ein feierliches Marschthema folgt, bis das volkstümliche Thema des Scherzo wiederkehrt. Der 3. Satz ist ein trauriger Abschied von dem toten Kind und ein wehmütiger Trost durch die Musik.

LITERATUR

L. Molan, The Life of Smetana, the Pain and the Glory, London 1968. B. Large, Smetana, London 1970. J. Clapham, Smetana, London 1972. K. Honolka, Smetana in Selbstzeugnissen, Reinbek 1978.

William Smethergell
(um 1750 bis nach 1795)

ZEIT UND UMWELT

Kompositionen für Cembalo erschienen in England bis zum Ende des 18. Jahrhunderts und später. Sie konnten selbstverständlich auch auf dem Piano gespielt werden, nützten jedoch das neue Instrument zu wenig aus und verzichteten dafür auf den vertrauten Klang des alten. Es waren aber noch genügend

Cembali vorhanden, um den Kompositionen ihren Absatz zu sichern.

LEBEN
William Smethergell wurde um 1750 vermutlich in London geboren. Er wirkte als Cembalist und Violinist in London und später an verschiedenen Kirchen als Organist. Im Jahr 1795 ist seine letzte Publikation erschienen. Er dürfte in den folgenden Jahren gestorben sein. Sein Sterbeort kann nicht festgestellt werden.

WERKE
In seinem Lehrbuch des Generalbasses veröffentlichte William Smethergell 3 Sonaten für Cembalo und Violine. Er schrieb außerdem 6 Cembalokonzerte mit zwei Violinen und Cello, 6 Duos für zwei Violinen, 6 Stücke für Solovioline, 6 Übungsstücke für Cembalo, 12 Ouvertüren und Lieder. Sein Stil ist an Niccolò Jommelli orientiert.

Alice Mary Smith (1839–84)

ZEIT UND UMWELT
Die Ernennung zur »Female Professional Associate of the Philharmonic Society« (Weibliche berufsmäßig Beigeordnete der Philharmonischen Gesellschaft) und zum Ehrenmitglied der Royal Academy of Music war das Äußerste, das eine Frau als Künstlerin in England im 19. Jahrhundert erreichen konnte, falls ihre Leistungen nicht mehr übersehen werden konnten und dazu die gesellschaftliche Beziehung nicht fehlte.

LEBEN
Alice Mary Smith wurde am 19.5.1839 in London geboren. Sie war Schülerin von William Sterndale Bennett und von Georg Alexander Macfarren. Im Jahr heiratete sie Frederick Meadows-White, den Direktor der Royal Academy of Music, zu deren Ehrenmitglied neben der Aufnahme als Beigeordnete der Philharmonischen Gesellschaft sie ernannt wurde. Sie starb am 4.12.1884 in London.

WERKE
Von Alice Mary Smith sind 2 Sinfonien in c-Moll und G-Dur, 4 Ouvertüren, eine Introduktion für Klavier und Orchester, 4 Klavierquartette, ein Klaviertrio, 3 Streichquartette, 5 Kantaten für Soli, Chor und Orchester, ein Klarinettenkonzert, zahlreiche Chöre, Vokalquartette und Lieder überliefert. Ihr Stil stand der Klassik näher als der Romantik.

Charles Smith (1786–1856)

ZEIT UND UMWELT
John Ashley (um 1750, London, bis 5.4.1809, London) übernahm 1795 die Leitung der »Lent oratorios« (Fasten-Oratorien) an Covent Garden, die auf Georg Friedrich Händel zurückgingen, weitete aber deren Programm, das bisher nur Oratorien oder Musikdramen bot, auf profane Kompositionen aus. Er blieb aber nicht allein dabei, sondern veranstaltete mit seinen Söhnen, dem Violinisten Charles Ashley (um 1770, London, bis 21.8.1818, London), dem Cellisten Charles Jane Ashley (1773, London, bis 29.8.1843, London) und dem Organisten und Pianisten John James Ashley (1772, London, bis 5.1.1815, London) in verschiedenen englischen Städten »Grand Musical Festivals« und trug damit zum Aufschwung des englischen Konzertlebens ebenso erheblich bei wie durch das Erziehen junger Talente zu Sängern und Instrumentalisten.

LEBEN
Charles Smith wurde 1786 in London geboren und war als Chorknabe der Chapel Royal Schüler von Edmund Ayrton und sodann von John Ashley, bei dessen Oratorienaufführungen er sang. Er wirkte als Organist an Croydon Church und ab 1807 an Welbeck Chapel. Ab 1815 trat er bei Oratorienkonzerten als Bariton mit großem Erfolg in London und in Liverpool auf. Seine letzten Lebensjahre verbrachte er in Crediton, Devon, wo er am 22.11.1856 starb.

WERKE
Von Charles Smith sind zahlreiche Lieder und Balladen erschienen, die wegen ihrer starken Sentimentalität sehr beliebt waren; »Die Schlacht bei Hohenlinden« hatte den größten

Erfolg. Neben einigen Bühnenwerken brachte er einen Band »Alte Psalmodien« heraus. Interessant bei allen seinen Kompositionen ist die deutliche Neigung zur Romantik.

David Stanley Smith (1877–1949)

LEBEN
David Stanley Smith wurde am 6.7.1877 in Toledo, O., geboren. Er studierte bei Horatio Parker an der Yale University, sodann bei Ludwig Thuille in München und Vincent d'Indy in Paris. Nach New Haven, Conn., zurückgekehrt, wurde er Theorielehrer an der School of Music und 1916 Professor. Im Jahr 1920 erhielt er die Leitung der Schule und des Sinfonieorchesters der Stadt. Er starb am 17.12.1949 in New Haven.

WERKE
Von David Stanley Smith sind 4 Sinfonien, Rhapsodien, Impressionen und andere Orchesterstücke, 10 Streichquartette, 2 Violinsonaten, eine Oboensonate, eine Cellosonate, verschiedene Chorwerke, Anthems, Liederzyklen und einzelne Gesänge bekannt geworden. Sein Stil war spätromantisch.

Elias Smith (um 1595 bis nach 1649)

ZEIT UND UMWELT
Es ist eine häufige Erscheinung, daß bei vielen englischen Kirchenmusikern der ersten Hälfte des 17. Jahrhunderts über das Jahr 1640 hinaus die Lebensdaten und, falls sie das Jahr 1660 nicht erlebten, auch die Angaben über ihren Tod fehlen. Sie verloren durch Bürgerkrieg und Cromwell die Möglichkeit, ihren Beruf auszuüben und gingen zumeist irgendwo unerkannt und ungekannt zugrunde.

LEBEN
Elias Smith wurde um 1595 in England geboren. Im Jahr 1620 war er Organist an der Kathedrale von Gloucester und blieb vermutlich in dieser Stellung, bis die Orgeln aus den englischen Kirchen gerissen wurden. Zur Zeit der Hinrichtung Karls I. muß er noch gelebt haben (1649), weil er einen Trauergesang auf den Tod des Königs geschrieben hat. Es ist nicht bekannt, wo und wann er gestorben ist.

WERKE
Von dem englischen Komponisten und Organisten ist nur das Anthem »For King Charles the Martyr« (Für König Karl, den Märtyrer) erhalten, das allerdings eine große Meisterschaft beweist. Seine angeblich umfangreichen kirchenmusikalischen Werke sind verschollen, wie sich auch seine Spur nach dem Jahr 1649 verliert.

John Smith (1797–1861)

ZEIT UND UMWELT
Um seine Eigenschaft als Residenz zu unterstreichen, hielt Dublin eine King's Band und eine Chapel Royal, wenn diese auch von den englischen Königen des 19. Jahrhunderts selten in Anspruch genommen wurden. Man achtete streng darauf, daß diese Klangkörper mit bestens ausgebildeten Musikern besetzt waren.

LEBEN
John Smith wurde 1797 in Cambridge geboren. Er wurde 1815 in den Chor der Christ Church in Dublin aufgenommen und erhielt 1819 die Stelle des Chorleiters an St. Patrick's. Im Jahr 1845 wurde er Musiklehrer an der Universität in Dublin, nachdem man ihn zum Kapellmeister der King's Band der Irischen Staatsmusik ernannt hatte. Er starb am 12.11.1861 in Dublin.

WERKE
Von John Smith sind das Oratorium »Revelation« (Offenbarung), einige Kirchenmusik, mehrere Glees und Gelegenheitskompositionen überliefert, ferner ein Band mit Services und Chants und einem »Veni Creator«. Seine Komposition war der profanen Musikentwicklung stark angenähert.

John Christopher Smith (1712–95)

Zeit und Umwelt

Georg III. (1738–1820) folgte 1760 seinem Großvater Georg II. (1683–1760) auf dem britischen Thron nach, weil sein Vater Frederick Louis bereits 1751 verstorben war. Er setzte die Kulturpolitik seines Vorgängers fort. Obwohl er persönlich an Musik wenig Interesse fand, pflegte er die Hofkapelle als notwendige Institution im bisherigen Rahmen.

Leben

John Christopher Smith (Smyth) wurde 1712 in Ansbach als Sohn des nachmaligen Freundes und Verlegers Georg Friedrich Händels, Johann Christoph Schmidt (17. 3. 1683, Kitzingen, bis Januar 1763, London), geboren. Er kam 1719 mit seinem Vater nach London. Seine Lehrer waren Georg Friedrich Händel, Daniel Roseingrave und Johann Christoph Pepusch. Er brachte 1732 seine erste Oper heraus. Im Jahr 1746 ging er nach Holland, Frankreich und Italien, um seine Ausbildung zu vervollständigen. 1750 rief ihn Händel zurück und beschäftigte ihn als Hilfskraft. Ab 1754 wirkte er als Organist der Foundling Hospital Chapel, trat 1760 in den Dienst des Hofes und wurde 1762 Kapellmeister der Witwe des verstorbenen Prince of Wales, Augusta von Sachsen-Gotha. Er zog sich 1774 nach Bath zurück und starb dort am 3. 10. 1795.

Werke

Die Opern standen im Mittelpunkt des kompositorischen Schaffens von John Christopher Smith. Unter seinen 5 Oratorien ist »Paradise Lost« (Das verlorene Paradies) nach John Milton das bemerkenswerteste. Er verfaßte außerdem eine Reihe von Divertimenti, Cembalosuiten und einige Vokalmusik.

John Stafford Smith (1750–1836)

Zeit und Umwelt

Ruf und Ruhm konnte ein englischer Musiker auch um die Wende zum 19. Jahrhundert durch die Komposition leichter Musikbühnenstücke oder eingängiger Glees und Catches erwerben. Er wurde vom Catch Club mit Preisen bedacht, die Musikverleger brachten seine Erzeugnisse gern heraus, weil sie um Absatz nicht verlegen sein mußten. Seine sonstigen kompositorischen oder musikwissenschaftlichen Leistungen wurden nur von einem kleinen Kreis von Interessenten beachtet.

Leben

John Stafford Smith wurde am 30. 3. 1750 in Gloucester getauft. Er war Schüler seines Vaters Martin Smith (1743, Gloucester, bis 1782, Gloucester), Organist an der Kathedrale in Gloucester, und in London von William Boyce. Im Jahr 1784 wurde er zum Gentleman der Chapel Royal ernannt, 1802 zu ihrem Organisten und 1805 zum Leiter des Knabenchors bestellt. Er betreute diese Stellen bis 1817, dann widmete er sich bis zu seinem Tod am 21. 9. 1836 in London seinen musikwissenschaftlichen Arbeiten.

Werke

Von John Stafford Smith sind 5 Sammlungen Glees und eine Sammlung verschiedener Gesänge erschienen. Er wurde hierfür mit mehreren Preisen vom Catch Club ausgezeichnet. Wertvoll ist sein Sammelwerk »Musica antiqua« mit Musik vom 12. bis zum 18. Jahrhundert.

Seine Glees waren äußerst populär. Die Melodie seines Gesanges »Anacreon in Heaven« (Anakreon im Himmel) wurde für die Armee und Marine Nordamerikas als »Star-spangled banner« (Sternenbanner) auf Worte von Francis Scott Key (1779–1843) übernommen.

Julia Smith (geboren 1911)

Leben

Julia Frances Smith wurde am 25.1.1911 in Denton, Tex., geboren. Sie studierte in New York an der Juilliard School of Music und an der Universität der Stadt. Im Jahr 1941 über-

Julia Smith

nahm sie die Leitung der Abteilung für Musikerziehung an der Julius Hart School of Music in Hartford, Conn., seit 1946 ist sie als freischaffende Komponistin, Pianistin und Schriftstellerin tätig.

WERKE
Neben 5 Opern schrieb Julia Smith eine Sinfonie, 2 Suiten, eine Ouvertüre für Blasorchester, ein Klavierkonzert, ein Streichquartett, ein Klaviertrio, 2 Stücke für Violine und Klavier, verschiedene Klavierwerke, 2 Chöre mit Blasorchester und Lieder.

Robert Smith (um 1648–75)

ZEIT UND UMWELT
Captain Henry Cooke, der 1660 von König Karl II. beauftragt wurde, die Chapel Royal neu aufzubauen, hatte dabei eine sehr glückliche Hand. Unter den ersten Chorknaben, die er aufnahm, traten drei schon früh als Komponisten hervor und erreichten einen hohen Bekanntheitsgrad. Einer davon war Pelham Humfrey, der zweite John Blow, der dritte Robert Smith.

LEBEN
Robert Smith wurde um 1648 vermutlich in London geboren und 1660 als Chorknabe in die Chapel Royal aufgenommen. Er veröffentlichte bereits 1664 seine ersten Kompositionen. Im Jahr 1674 folgte er dem verstorbenen Pelham Humfrey in dessen Stellung als Musiker des Königs nach und starb selbst ein Jahr darauf am 22. 11. 1675.

WERKE
Der englische Komponist Robert Smith schrieb 6 Anthems, Stücke für Cembalo, für Singstimmen und Instrumente, zahlreiche Tanzstücke und Instrumentalsuiten, außerdem Bühnenmusik.

Robert Archibald Smith (1780–1829)

ZEIT UND UMWELT
Die große Beliebtheit, deren sich die schottische Volksmusik neben der irischen in England und in ganz Europa erfreute, regte viele Musiker des Landes an, umfangreiche Sammlungen von Volksliedern und Volkstänzen anzulegen und zu bearbeiten. Interesse und Absatz war für jede Art solcher Sammlungen genügend vorhanden.

LEBEN
Robert Archibald Smith wurde am 16. 11. 1780 in Reading geboren. Er zeigte früh musikalische Anlagen, spielte mit 10 Jahren bereits Violine und wurde 1807 Vorsänger an der Abteikirche in Paisley, Schottland, wo er sich neben dem Kirchendienst vorwiegend mit dem Sammeln von Volksliedern beschäftigte. Er starb am 3. 1. 1829 in Paisley.

WERKE
Von Robert Archibald Smith sind mehrere Services, Anthems und sehr beliebte profane Lieder – Romanzen, Balladen – überliefert. Sein Hauptverdienst fußt jedoch auf der Sammlung und Bearbeitung von schottischen und irischen Volksliedern. Die von ihm publizierten Sammlungen »The Scottish Minstrel«, »The Irish Minstrel« und »Sacred Harmony of the Church of Scotland«, in die er auch eigene Kompositionen aufnahm, fanden weite Verbreitung.

William Smith (1603–45)

Zeit und Umwelt
Im Jahr 1640 kam es zwischen König Karl I. und den Schotten, die in den englischen Bürgerkrieg eingegriffen hatten, bei Newburn am Tyne zur Schlacht. Danach übernahmen diese die Verwaltung der Grafschaft Durham und eigneten sich die Einkünfte des Bischofsitzes und der Kathedrale an. Im Jahr 1644 kam Durham in die Gewalt der Truppen Cromwells, die die Kathedrale beschädigten.

Leben
William Smith wurde am 3. 4. 1603 in Durham getauft. Seine Ausbildung erhielt er an der Musikschule der Kathedrale zwischen 1612 und 1615. Dann war er Sänger an der Kathedrale bis zu seinem Tod am 19. 4. 1645.

Werke
Vom englischen Komponisten William Smith sind »Preces, Psalmes and Responses« (Gebete, Psalmen und Responsorien) erhalten. Er schrieb auch 9 Anthems, die nur zum Teil überliefert sind. Seine Musik hat einen hohen künstlerischen Wert.

Literatur
J. Buttrey, William Smith of Durham, in: Music & Letters XLIII, 1962.

Charles Smulders (1863–1934)

Leben
Charles Anton Smulders wurde am 8.5.1863 in Maastrich geboren. Er war Schüler von Théodore Radoux (1835–1911) am Konservatorium in Lüttich, wo er selbst 1887 Lehrer für Solfeggio und Harmonielehre wurde. Er starb am 21.4.1934 in Lüttich.

Werke
Von Charles Smulders sind 3 sinfonische Dichtungen »Abschied, Abwesenheit, Heimkehr«, »Liebeslied«, »Morgen, Tag, Dämmerung«, 2 Klavierkonzerte, Paraphrase zum Roschhaschana-Gebet und Jom Kippur für Cello und Klavier, 2 Sonaten für Violine und Klavier, eine Anzahl Männerchöre, Klavierstücke und Lieder erschienen. Sein Stil ist romantisch.

William Smyth (um 1520–99)

Zeit und Umwelt
Wegen der weiten Entfernung von London und der Nähe der schottischen Grenze genossen die Bischöfe von Durham eine Reihe von Privilegien, die an eine Autonomie heranreichten. Diese gewohnte Eigenständigkeit führte zu den Erhebungen gegen die reformatorischen Maßnahmen König Heinrichs VIII. Die Bevölkerung der Stadt hielt lange zäh an ihrer »alten« Religion fest, so daß sich die Reformation weit später durchsetzte als im übrigen England.

Leben
William Smyth (Smith) wurde um 1520 vermutlich in oder bei Durham geboren. Er wurde Geistlicher und wirkte an der Kathedrale seiner Heimatstadt vermutlich als Sänger und Hilfsorganist. Im Jahre 1588 erhielt er die Organistenstelle, die er bis 1598 versah. Er starb im Jahre 1599.
Sein Sohn Edward Smyth (um 1560, Durham, bis 1611, Durham) löste den Vater an der Orgel der Kathedrale ab und versah den Organistendienst bis zu seinem Tod.

Werke
Von William Smyth sind eine Anzahl Preces (Gebete) und Psalmen für Weihnachten, Ostern und andere Festtage sowie eine Serie von Anthems in englischer Sprache überliefert. Es handelt sich dabei um eine sehr konservative Musik.
Auch Edward Smyth komponierte Preces und Psalmen, die sich von denen des Vaters wenig unterscheiden. Einige davon werden noch heute in Durham gesungen. Seine Anthems sind nur teilweise erhalten.

Fryderyk Sobolewski (1808–72)

Zeit und Umwelt
In sämtlichen Städten der USA wurden im

Verlauf des 19. Jahrhunderts Philharmonische Gesellschaften begründet, die in der Regel ein ständiges Orchester und einen Chor unterhielten. In vielen Fällen war eine Musikschule angeschlossen. Die leitenden Positionen mußten zwangsläufig mit zugewanderten Europäern besetzt werden, denn für die vielen Stellen der breit anwachsenden Musiklandschaft gab es bei weitem zu wenige ausgebildete Amerikaner.

LEBEN
Fryderyk Sobolewski (Friedrich Eduard) wurde am 1.10.1808 in Königsberg (Kaliningrad) geboren. Er studierte bei Carl Maria von Weber in Dresden und wirkte anschließend in Königsberg von 1830 bis 1835 als Musikdirektor des Stadtorchesters und darauf als Kantor der Altstädtischen Kirche. Er gründete in Königsberg 1838 die »Philharmonische Gesellschaft« und 1843 die »Musikalische Akademie«. Von 1847 bis 1854 leitete er das Theater in Königsberg und übernahm sodann die Theaterleitung in Bremen. Im Jahr 1859 wanderte er nach Milwaukee, Wis., USA, aus und dirigierte das dortige Orchester der Philharmonic Society, ging anschließend nach St. Louis, Mo., und dirigierte das von ihm gegründete Orchester der Philharmonic Society. Er starb am 17.5.1872 in St. Louis.

WERKE
Von Fryderyk Sobolewski sind 4 Opern in Deutschland und eine in den USA aufgeführt worden. Er verfaßte ferner die Oratorien »Lazarus«, »Johannes der Täufer«, »Himmel und Erde« und »Der Retter«, einige Orchesterwerke, mehrere Kantaten und Lieder. Er war auch als Musikschriftsteller tätig.

August Söderman (1832–76)

ZEIT UND UMWELT
Die Eigenständigkeit der Musikentwicklung der nordischen Staaten hatte sich in der zweiten Hälfte des 19. Jahrhunderts bereits derart gefestigt, daß autochthone Meister, das heißt Musiker, die in Skandinavien von heimischen Lehrern ausgebildet wurden und in der Heimat ihren Wirkungskreis erhielten, möglich wurden. Daß viele von ihnen trotzdem zur Vervollständigung ihrer Ausbildung in das Ausland gingen, folgte mehr einer nahezu traditionellen Gewohnheit als einer Notwendigkeit. Auffällig ist aber, daß jene »autochthonen« Komponisten sich vorwiegend mit Vokalmusik beschäftigten.

LEBEN
Johan August Söderman wurde am 17.7.1832 in Stockholm geboren und dort ausgebildet. Er verbrachte hernach noch einige Zeit in Leipzig, wirkte hierauf in Stockholm als Kapellmeister an verschiedenen Theatern und wurde 1860 Chordirektor und 1862 Zweiter Kapellmeister am Königlichen Theater. Er starb am 10.2.1876 in Stockholm.

WERKE
Von August Söderman sind mehrere ausgezeichnete Balladen mit Orchester bekannt geworden: »Tannhäuser«, »Die verlassene Mühle«, »Mummelsee«, »Der schwarze Ritter«, »Der arme Peter«, außerdem mit Chor »Die Wallfahrt nach Kevlaar«. Er verfaßte ferner 3 Operetten, zahlreiche Schauspielmusiken, eine Messe, verschiedene Chöre und einige Kammermusik.

LITERATUR
K. Nyblom, August Söderman, Stockholm 1928.

Charles Joseph Balthasar Sohier
(1728–59)

ZEIT UND UMWELT
Die ehemalige flandrische Hauptstadt Lille hatte sich, obschon sie im Verlauf der Geschichte Frankreichs an den Rand des Kulturgeschehens geraten war, dennoch ein Gutteil ihrer ehemaligen Kulturgesinnung bewahrt. Ein Beweis dafür ist die frühe Gründung eines Konzertunternehmens.

LEBEN
Charles Joseph Balthasar Sohier (Soyé, Soyer, Soyez) wurde am 6. 1. 1728 in Lille ge-

tauft. Er war erster Violinist am »Concert« seiner Geburtsstadt. Nach kurzem Wirken in Tournai wurde er Organist an St-Pierre in Lille, wo er am 29. 6. 1759 starb.

WERKE
Von Charles Joseph Balthasar Sohier sind Sonaten für Solovioline und Generalbaß und eine Anzahl Sinfonien erschienen. Sein Stil war sehr konservativ.

Matthieu Sohier (um 1505 bis um 1550)

ZEIT UND UMWELT
Noyon, Krönungsstadt Karls des Großen und Hugo Capets, ehemaliger Bischofssitz, bot an seiner frühgotischen Kathedrale aus dem 12. Jahrhundert jungen, talentierten Musikern ausreichende Ausbildungsmöglichkeiten, so daß diese bei den ersten Kapellen Aufnahme finden konnten.

LEBEN
Matthieu Sohier wurde um 1505 in oder bei Noyon geboren und an der Kathedrale der Stadt als Sängerknabe ausgebildet. Um 1523 scheint er in der Diözese von Noyon als Priester auf. Im Jahre 1540 wurde er Knabensingmeister an Notre-Dame in Paris und versah diese Aufgabe bis 1547. Er dürfte einige Jahre später in Paris gestorben sein.

WERKE
Von dem französischen Komponisten Matthieu Sohier sind 2 vierstimmige Messen, 4 zwei- bis fünfstimmige Motetten und 4 geistliche Chansons erhalten, außerdem über 10 profane Chansons im Pariser Stil.

Vicente Emilio Sojo (1887–1974)

LEBEN
Vicente Emilio Sojo wurde am 8. 12. 1887 in Guatire, Venezuela, geboren. Nach grundlegendem Studium in seinem Geburtsort ging er 1906 nach Caracas, um an der Akademie seine Ausbildung zu ergänzen. Von 1921 bis 1936 lehrte er an der Höheren Musikschule in Caracas und leitete sie anschließend, daneben hatte er ab 1937 einen Lehrstuhl für Komposition inne. Er gründete und leitete außerdem das venezolanische Sinfonieorchester und einen Chor. Er starb als Altmeister der modernen venezolanischen Musikentwicklung.

WERKE
Das kompositorische Werk von Vicente Emilio Sojo bestand vor allem aus Kirchenmusik, von dem 4 große Messen, ein Requiem und eine Kantate bemerkenswert sind. Er schrieb außerdem ein Streichquartett, Orgelwerke, Lieder und Motetten und sammelte über 400 Gesänge und Tänze aus der Kolonialzeit und brachte sie mit harmonisierter Begleitung heraus.

Pjotr Sokalski (1832–87)

ZEIT UND UMWELT
Im Verlauf des 19. Jahrhunderts wurde im zaristischen Rußland das allgemeine Bildungswesen im gesamten Reich großzügig ausgebaut, so daß nicht nur St. Petersburg und Moskau, sondern auch alle anderen größeren Städte Schulen erhielten. Die ukrainische Stadt Charkow (Charkiw) bekam bereits 1805 eine Universität und entwickelte sich neben der Hauptstadt Kiew zu einem Bildungszentrum der Ukraine.

LEBEN
Pjotr Petrowitsch Sokalski wurde am 26. 9. 1832 in Charkow geboren und studierte an der Universität seiner Geburtsstadt, wo er schon früh begann, ukrainische Volkslieder zu sammeln. Von 1857 bis 1860 war er Sekretär des russischen Konsulats in New York. Nach der Rückkehr in seine Heimat wurde er Zeitungsherausgeber in Odessa, wo er im März 1887 starb.

WERKE
Von Pjotr Sokalski sind 3 Opern aufgeführt worden. Er veröffentlichte umfangreiche Arbeiten über russische Volksmusik. Seine Untersuchungen über den Einfluß der chinesischen Musik auf die russische brachte wertvolles Material zutage.

Solage (um 1350 bis um 1400)

Zeit und Umwelt

Johannes de Muris, der Theoretiker, Philippe de Vitry, Theoretiker und praktischer Musiker, und Guillaume de Machaut, Dichter, Musikwissenschafter und Komponist, haben die Grundlagen für die sogenannte Ars nova Frankreichs geschaffen, die eine Reihe von Komponisten des 14. Jahrhunderts zur Richtschnur ihrer Musik gemacht haben: Thomas de Donai, Vauquier de Valenciennes, Garinus de Soissons, Guisard de Cambrai, Reginald de Bayeux, Agydius de Murino und Pierre de Molins. Auch Solage zählt zu diesen Epigonen.

Leben

Solage wurde um 1350 vermutlich in oder bei Paris geboren. Er stand irgendwie mit dem französischen Königshaus in Verbindung, für das er mehrere Kompositionen schrieb. Er starb um 1400. Der Ort seines Todes ist unbekannt.

Werke

Von Solage sind 10 Kompositionen erhalten, 4 dreistimmige und 3 vierstimmige Balladen, ein dreistimmiges und ein vierstimmiges Virelai und ein dreistimmiges Rondeau. Die dreistimmigen Stücke folgen der von Machaut eingehaltenen Methode sehr genau, während die vierstimmigen eine gewisse Verfeinerung von Melos und Rhythmus aufweisen.

Literatur

W. Apel, French Secular Music of the Late Fourteenth Century, Cambridge (Mass.) 1950.

Antonio Soler (1729–83)

Zeit und Umwelt

König Philipp II. von Spanien (1527–98) ließ von den Baumeistern Juan Bautista de Toledo (gestorben 1567) und Juan de Herrera (um 1530–97) am Südhang der Sierra de Guadarrama das Monasterio de San Lorenzo del Escorial, ein Klosterschloß als Regierungssitz und Begräbnisstätte, in 1030 Meter Seehöhe errichten. Diese architektonische und geistige Synthese von Kirche, Kloster und Residenz wurde von Hieronymiten verwaltet, die mit vorzüglich ausgebildeten Kräften Gottesdienst und Kirchenmusik betreuten.

Leben

Antonio Soler wurde am 3. 12. 1729 in Olot, Katalonien, geboren. Er war Schüler der Escolanía der Abtei Montserrat und darauf bis 1752 Kapellmeister der Kathedrale in Lérida. Er trat in den Hieronymitenorden des Escorial ein und wirkte dort bis zu seinem Tod am 20. 12. 1783 als Chormeister und Organist.

Werke

Die Kompositionen von Antonio Soler sind zum größten Teil Manuskript geblieben. An Instrumentalmusik verfaßte er mehr als 100 Sonaten für Tasteninstrumente, 6 Konzerte für zwei Orgeln, 6 Quintette für Streicher und Orgel, eine Anzahl verschiedener Orgelstücke, ungefähr 300 Kirchenkompositionen – Messen, Motetten, Psalmen, Hymnen, Magnificat, Litaneien, Lamentationen, Responsorien, Sequenzen, Antiphonen, Benedicamus, Introitus, Lektionen, Weihnachtskantaten, Villancicos – für acht bis vierzehn Stimmen, Orgel und fallweise Instrumente und Bühnenmusiken verschiedener Art. Einzelnes ist erst in unserem Jahrhundert im Druck herausgebracht worden. Sein Stil war von Domenico Scarlatti, dessen Schüler er möglicherweise war, beeinflußt.

Konzert für zwei Orgeln Nr. 2 in a-Moll, 2 Sätze
Der 1. Satz, ein Andante, beginnt mit einem elegischen Thema, dem sich ein rauschendes Allegro anschließt. Der 2. Satz – Tempo di Minué – ist ausgesprochen graziös und weist eine Reihe hübscher Variationen in A-Dur auf.

Konzert für zwei Orgeln Nr. 4 in F-Dur, 2 Sätze
Der 1. Satz ist ein Afectuoso non Largo mit einem ruhigen, sehr ansprechenden Thema, das die Orgeln einander zuspielen. Das Minué ist gravitätisch und weckt Erinnerungen an das Ba-

rock. Durch seine einfachen Linien kommt es jedoch der Klassik sehr nahe.

LITERATUR
S. Rubio, El padre Fray Antonio Soler: vida y obra, in: Monasterio de S. Lorenzo el Real, 1964.

Francisco Soler (um 1625–1688)

ZEIT UND UMWELT
Die Ménestrels Spaniens im 17. Jahrhundert waren Bläser, die wie Stadtpfeifer nur nach Bedarf engagiert wurden. An Orten, deren Kathedralen über kein Orchester verfügten, wurden sie zur Gottesdienstmusik herangezogen. Wie viele Musikanten und welche davon verwendet wurden, überließ der Komponist zumeist dem Kapellmeister, der seinerseits davon abhängig war, was an Musikern vorhanden war. Die Kompositionen beschränkten sich zumeist auf die Besetzungsvorschriften: »... und Ménestrels«.

LEBEN
Francisco Soler wurde um 1625 in Barcelona geboren. Er war zunächst Kapellmeister in Reus, Tarragona, und kam 1682 in gleicher Eigenschaft nach Gerona, wo er 1688 starb.

WERKE
Der spanische Komponist Francisco Soler hat mehrere Messen für zehn bis vierzehn Stimmen und Ménestrels, ein Requiem für acht Stimmen und Generalbaß, ein Magnificat für zehn, ein Salve Regina für zehn, ein Laudate Dominum für neun, eine Karwochenlectio für neun Stimmen verfaßt, außerdem ein Pange lingua für drei Stimmen mit Continuo und ein Ecce virgo für vier Stimmen sowie mehrere Villancicos. Diese Musik folgt dem römischen Barockstil.

Jean-Pierre Solié (1755–1812)

ZEIT UND UMWELT
Die Pariser Opéra Comique erlitt in ihrem Spielbetrieb durch den Ausbruch der Revolution im Jahr 1789 nahezu keine Unterbrechung. Sie verlegte ihren Standort 1791 in die Rue Feydeau, wo sich bereits das Théâtre Feydeau befand, was zu einem Konkurrenzkampf der beiden Theater und zu ihrer Schließung führte. Sie wurden später zusammengelegt und als Opéra Comique bis in unsere Gegenwart weitergeführt.

LEBEN
Jean-Pierre Solié (Solier, Sollié, Soulier) wurde 1755 in Nîmes geboren. Er war Chorknabe der Kathedrale seines Geburtsorts, wirkte sodann als Cellist an verschiedenen Theatern und wurde sodann in Avignon Tenorsänger. Er kam 1787 als Sänger an die Comédie Italienne in Paris und nach deren Schließung 1790 an die Opéra Comique, wo er bis zu seinem Tod am 6. 8. 1812 blieb. Er galt als vollendeter Theatermann, der seine Bühne als Musiker, Sänger, Schauspieler und Komponist durch 20 Jahre beherrschte.

WERKE
Von Jean-Pierre Solié sind ungefähr 40 komische Opern über die Bühne gegangen. Über seine sonstigen Kompositionen ist nichts bekannt.

Anton Wilhelm Solnitz
(um 1708 bis um 1758)

ZEIT UND UMWELT
Der Aufführungs- und Kompositionsstil von Mannheim regte sehr bald zur Nachahmung an, und zwar nicht innerhalb des deutschen Sprachgebietes allein, sondern weit über dessen Grenzen hinaus. Die Niederlande, die sonst eng mit der Stilentwicklung Norddeutschlands verbunden waren, zeigten sich für die Mannheimer Vorklassik sehr aufgeschlossen.

LEBEN
Anton Wilhelm Solnitz (Solniz) wurde um 1708 in den Niederlanden geboren. Er studierte in Leiden und verbrachte dort den größten Teil seines Lebens. Über seine näheren Lebensverhältnisse und seine musikali-

sche Tätigkeit, außer seiner Komposition, ist nichts bekannt. Er starb in Leiden um das Jahr 1758.

WERKE
Von den zahlreichen Kompositionen des Anton Wilhelm Solnitz wurden gedruckt: 6 Trios für zwei Flöten oder Violinen und Baß, 12 Streichquartette, 12 Stücke für zwei Klarinetten und zwei Hörner, 6 Sonaten für zwei Violinen und Cembalo, 2 Sonaten für zwei Querflöten und Cembalo, 6 Sinfonien, Serenaden für Streichorchester und mehrere weitere Instrumentalstücke. Der Stil aller dieser Musik ist an den von Mannheim angelehnt.

Wasili Solotarjow (1873–1964)

LEBEN
Wasili Andrejewitsch Solotarjow wurde am 24.2.1873 in Taganrog geboren. Er war in St. Petersburg Schüler von Mili Balakirew, Anatoli Ljadow und Nikolai Rimski-Korsakow. Nach Lehrtätigkeiten in St. Petersburg, Rostow, Moskau, Jekaterinodar (Krasnodar), Odessa, Swerdlowsk und Minsk ließ er sich 1941 in Moskau nieder, wo er am 25.5.1964 starb.

WERKE
Neben mehreren Opern schrieb Wasili Solotarjow ein Ballett, 7 Sinfonien, eine »Moldauische«, eine »Usbekische« und eine »Weißrussische« Suite, ein Cellokonzert und 6 Streichquartette. Seine Kompositionen sind von seinen Lehrern beeinflußt. Er veröffentlichte auch didaktische Werke.

Mieczysław Sołtys (1863–1929)

LEBEN
Mieczysław Sołtys wurde am 7.2.1863 in Lwiw (Lemberg) geboren. Er war in Wien Schüler des Organisten und Musiktheoretikers Franz Krenn (1816–97) und in Paris von Eugène Gigaut. Er wirkte von 1899 bis zu seinem Tod am 11.11.1929 in Lwiw als Leiter des Konservatoriums und als Dirigent.
Sein Sohn Adam Sołtys (4.7.1890, Lwiw, bis 6.7.1968, Lwiw) absolvierte von 1912 bis 1916 das Konservatorium seiner Geburtsstadt und studierte anschließend bis 1921 Musikwissenschaft und Komposition in Berlin. Nach seiner Rückkehr wirkte er als Lehrer und von 1930 bis 1939 als Direktor des Konservatoriums in Lwiw. Im Jahr 1945 trat er diese Stelle erneut an und dirigierte gleichzeitig die Philharmonie der Stadt bis zu seinem Tod.

WERKE
Von Mieczysław Sołtys sind 3 Opern, 2 Oratorien und weitere sinfonische Werke, weiters ein Klavierkonzert, Orgel- und Klavierstücke, Chöre und Lieder aufgeführt worden. Sein Stil ist sehr konservativ.
Adam Sołtys schrieb 2 Sinfonien, eine Suite über slawische Motive, eine Festouvertüre, 3 sinfonische Dichtungen, eine Ballade für Orchester, ein Streichquartett und Klavierstücke.

Arthur Somervell (1863–1937)

LEBEN
Arthur Somervell wurde am 5.6.1863 in Windermere geboren. Er war Schüler von Charles Stanford (1852–1924), Friedrich Kiel und Woldemar Bargiel (1828–97). Im Jahr 1894 wurde er Lehrer am Royal College of Music in London und 1901 Inspektor (1920 Oberster Inspektor) für Musikerziehung. Er starb am 2.5.1937 in London.

WERKE
Von Arthur Somervell, der in seiner Zeit als einer der erfolgreichsten Liederkomponisten angesehen wurde, schrieb eine Sinfonie in d-Moll »Thalassa« (Das Meer), ein Klavierkonzert, ein Konzertstück für Violine und Orchester, ein Klarinettenquintett, das Oratorium »The Passion of Christ«, 2 Kantaten, eine Elegie für Chor und Orchester und mehrere Liederzyklen. Er gehörte der Spätromantik an.

Giovanni Battista Somis
(1686–1763)

ZEIT UND UMWELT
Herzog von Savoyen Victor Amadeus II. (1666–1732), von 1713 bis 1720 König von Sizilien und sodann von Sardinien, konnte 1696 Macht und Ausdehnung seines Herzogtums erheblich erweitern. Er bemühte sich, das künstlerische und wissenschaftliche Niveau seiner Hauptstadt Turin zu heben und ließ seiner Hofkapelle jede erdenkliche Förderung zukommen.

LEBEN
Giovanni Battista (Giovanbattista) Somis wurde am 25. 12. 1686 in Turin geboren. Er war Schüler seines Vaters Lorenzo Francesco Somis (1663, Turin, bis 13. 1. 1736, Turin), der Violinist der herzoglichen Kapelle in Turin war, und konnte ihr selbst in gleicher Eigenschaft bereits 1696 anläßlich ihrer Erweiterung beitreten. Von 1703 bis 1706 ließ er sich in Rom von Arcangelo Corelli ausbilden und wurde anschließend Soloviolinist und Orchesterdirektor in Turin. Er blieb in dieser Position, unterbrochen von mehrmaligem Auftreten in Paris, bis zu seinem Tod am 14. 8. 1763.
Sein Bruder Lorenzo Giovanni Somis (11. 11. 1688, Turin, bis 29. 11. 1775, Turin) war ebenfalls Violinist der Hofkapelle in Turin, wirkte sonach viele Jahre in Paris.

WERKE
Der Hofviolinist Giovanni Battista Somis gilt als Begründer der Piemonteser Geigenschule, an der auch sein Bruder namhaften Anteil hatte. Seinen Ruf als Komponisten begründeten Sonaten für Violine und Cello, Triosonaten für zwei Violinen und Generalbaß und 12 Kammersonaten.
Lorenzo Giovanni Somis schrieb 2 Bücher Sonaten für Violine und Cello oder Cembalo und 8 Kammersonaten.

LITERATUR
G. Fino, Un grande violinista torinese ed una famiglia di violinisti, in: Il Momento, Turin 1927.

Christoph Sonnleithner (1734–86)

ZEIT UND UMWELT
Wie ein Teil des Adels nahm in Wien im 18. Jahrhundert auch schon das Großbürgertum am literarischen und musikalischen Leben als Förderer, als zahlendes Publikum in Konzerten und Schauspielhäusern, als ausübende Dilettanten und zuweilen auch als echte Künstler teil.

LEBEN
Christoph von Sonnleithner wurde am 28. 5. 1734 in Szeged geboren. Er war österreichischer Jurist und nahm am Kulturleben der Stadt lebhaften Anteil, besonders als Komponist. Er starb am 25. 12. 1786 in Wien.

WERKE
Von Christoph Sonnleithner sind 4 Streichquartette im Druck erschienen. Handschriftlich sind einige Sinfonien, Kammermusikwerke und Kirchenmusik erhalten. Seine Musik zeigt leichte Barockzüge, gehört aber dennoch der Wiener Vorklassik an.

Christoph Sonnleithners Sohn Josef, Schriftsteller, Sekretär des Hoftheaters und Mitbegründer der »Gesellschaft der Musikfreunde« in Wien

Gunnar Sønstevold (geboren 1912)

LEBEN

Gunnar Sønstevold wurde am 26.11.1912 in Elverum, Hedmark, Norwegen, geboren. Er war in Stockholm Schüler von Hilding Rosenberg, Karl Andersen (29.9.1903, Oslo, bis 15.8.1970, Oslo) in Oslo und Hanns Jelinek in Wien. Im Jahr 1966 wurde er Leiter der Musikabteilung des norwegischen Rundfunks.

WERKE

Neben 2 Balletten schrieb Gunnar Sønstevold eine Sinfonietta, ein Saxophonkonzert, ein Doppelkonzert für Flöte und Fagott, ein Streichquartett, ein Stück für Harfe, Klavier und zwei Schlagzeuger, ein Duo für Flöte und Oboe, ein Stück für Beatmusiker, Bühnen-, Fernseh- und Filmmusiken.

Fernando Sor (1778–1839)

ZEIT UND UMWELT

Der spanische König Ferdinand VII. (1784 bis 1833) hatte seinem Volk, das sich in einem jahrelangen Guerillakrieg gegen die Franzosen die Freiheit erkämpfte, versprochen, die Verfassung, die es sich selbst gegeben hatte, zu achten. Er brach diese Zusage und führte den reaktionären Absolutismus des 18. Jahrhunderts wieder ein. Wer sich dagegenstellte, wurde mit den schlimmsten Repressalien bedacht.

LEBEN

Joseph Fernando Macari Sor (Sors) wurde am 14.2.1778 in Barcelona getauft und in der Escolanía des Klosters Montserrat von 1790 bis 1795 ausgebildet. Er ging hierauf in die Kriegsschule und wurde Offizier, schloß sich aber der Partei des von Napoleon eingesetzten Königs Joseph Bonaparte (1768–1844) an, so daß er nach der Restauration nach Paris flüchten mußte. Als die Bourbonen 1815 auch auf Frankreichs Thron kamen, ging Sor nach London, wo er als Gitarrenvirtuose, Gitarrenlehrer und Gesanglehrer sehr geschätzt wurde. Von dort reiste er nach Moskau und St. Petersburg, wo er 1826 zur Krönung des Zaren Nikolaus I. (1796–1855) das Ballett »Hercule et Omphale« herausbrachte. Im Jahr 1828 kehrte er nach Paris zurück und wirkte dort bis zu seinem Tod am 10.6.1839 vorwiegend als Musiklehrer.

WERKE

Die Opern, Ballette von Fernando Sor, seine Sinfonien, seine Walzer, Klaviersonaten und sakralen Kompositionen sind vergessen. Seine Kompositionen für die Gitarre – Etüden, Sonaten, Divertissements, Transkriptionen – sind noch heute ein fester Bestandteil des Gitarrenunterrichts und der Gitarrenkonzerte. Vieles davon ist virtuose didaktische Musik, verliert sich aber nicht im rein Technischen. Für den Komponisten war die Technik nur die Möglichkeit, seine Musik immer ausdrucksvoller und natürlicher zu gestalten und niemals Selbstzweck.

LITERATUR

H. Rocamora, Fernando Sor, Barcelona 1957.

Kaikhosru Shapurji Sorabji
(geboren 1892)

LEBEN

Kaikhosru Shapurji Sorabji (ursprünglich Leon Dudley Sorabji) wurde am 14.8.1892 in Chingford, Essex, geboren. Er bildete sich autodidaktisch zum Pianisten und Komponisten aus und lebte ab 1915 in Wareham, Dorset.

WERKE

Die Klavierkompositionen von Kaikhosru Shapurji Sorabji sind derart komplex und schwierig, daß er, um mangelhafte Aufführungen zu verhindern, verbot, sie öffentlich zu spielen. Er schrieb 4 Sinfonien, 5 Klavierkonzerte, ein Klavierkonzert ohne Orchester, 5 Klaviersonaten, Opus clavicembalisticum – ein gigantisches Cembalowerk mit einer Aufführungsdauer von drei Stunden –, eine Sequencia cyclica über »Dies irae«, 3 Orgelsinfonien, 2 Toccaten, Chorfantasien, ein umfangreiches Opus clavisymphonicum für Klavier und Orchester, 2 Klavierquintette, eine Messe für acht Solisten, Doppelchor, Orchester und Orgel, Gesänge und Lieder.

Georg Andreas Sorge (1703–78)

Zeit und Umwelt

Uns sind die temperierten Skalen, wie diese nunmehr bereits seit ungefähr 200 Jahren verwendet werden, eine solche Selbstverständlichkeit geworden, daß es uns nicht leichtfällt, die Auseinandersetzungen über die verschiedenen Stimmungen, die das 17. und 18. Jahrhundert bewegten, nicht nur zu verstehen, sondern auch mitzufühlen. Unsere Hörgewohnheiten sind eben nicht die gleichen geblieben, so daß wir die »Schärfe« der temperierten Töne und die »Gewaltsamkeit« der Enharmonik nicht mehr spüren. Wir können aber aus der Heftigkeit der Diskussionen entnehmen, wie schwierig es war, den Weg der Temperatur zu beschreiten, der erst den Höhenflug ermöglichte, den die Musik in den folgenden Zeiträumen nahm.

Leben

Georg Andreas Sorge wurde am 21. 3. 1703 in Mellenbach bei Schwarzburg, Thüringen, geboren. Er war von 1721 bis zu seinem Tod am 4. 4. 1778 Hof- und Stadtorganist sowie Lehrer in Lobenstein.

Werke

Vom umfangreichen kompositorischen Werk von Georg Andreas Sorge sind »Clavierübungen über 18 Sonatinen«, »Clavierübungen aus 24 Praeludia durch den ganzen Circulum Modorum«, »Clavier-Toccata per omnem circulum Modorum«, »12 Menuette für Clavier und Violine« (oder Flöte), 2 Flötenpartien, 6 Klavierpartien, 24 Präludien für Schüler, außerdem handschriftlich 3 Bach-Fugen erhalten. Bedeutender als seine Kompositionen, die stark von Johann Sebastian Bach beeinflußt wurden, sind seine musiktheoretischen Lehrwerke und Abhandlungen, die sich mit Kompositionspraxis, der Temperatur der Skalen und dem Stimmen von Orgeln beschäftigten.

Mariano Fuertes Soriano (1817–80)

Zeit und Umwelt

Um die Mitte des 19. Jahrhunderts gab es bereits in den meisten größeren Städten Spaniens Opernhäuser mit ständigem Orchester. Aufgeführt wurden darin in erster Linie Zarzuelas und italienische Opern, deren Texte immer häufiger in das Spanische übersetzt waren. Die Zarzuela näherte sich immer mehr der Volksmusik und wurde dadurch zum Volksvergnügen. Aber auch die Opern erhielten zuweilen als Einlagen spanische Tänze; die Zeit der spanischen Oper ließ nicht mehr lang auf sich warten.

Leben

Mariano Fuertes Soriano wurde am 28. 3. 1817 in Murcia geboren. Er war ein erfolgreicher Verfasser von Zarzuelas, die sich durch besondere Volkstümlichkeit auszeichneten. Im Jahr 1843 wurde er Lehrer am Konservatorium in Madrid. Ab 1852 wirkte er als Dirigent der Opern in Córdoba, Cadiz und Barcelona. In späteren Jahren war er wiederum in Madrid als Lehrer, Dirigent und Musikschriftsteller tätig. Er starb am 26. 3. 1880 in Madrid.

Werke

Von Mariano Fuertes Soriano ist eine große Anzahl sehr beliebter Zarzuelas auf verschiedenen Bühnen aufgeführt worden. Er bemühte sich als Dirigent um eine »Iberisierung« der italienischen Opern, die er zuweilen mit spanischen Einlagen ausstattete, und wurde damit zum Wegbereiter der spanischen Oper. Er war als Musikschriftsteller tätig und gründete zwei Musikzeitschriften. Seine musikhistorischen Traktate sind durch spätere Publikationen überholt.

Antun Sorkočević (1775–1841)

Zeit und Umwelt

Die Republik Ragusa, das »Südslavische Athen«, hat nur mehr während der Napoleonischen Kriege ihre wirtschaftliche Blüte wiedererlangt, als sie von 1800 bis 1805 als einziger neutraler Mittelmeerstaat zum wichtigen Handelsplatz wurde. Im Jahr 1808 unterwarf sich Napoleon die Stadt, 1814 wurde sie Österreich einverleibt.

LEBEN

Antun Sorkočević (Sorgo, Sorgoevich, Sijerkowinsky) wurde am 25.12.1775 in Ragusa (Dubrovnik) als Sohn des Luka Sorkočević (1734–89) geboren. Er wurde von seinem Vater ausgebildet und vervollständigte diesen Unterricht 1789 bis 1791 in Rom. Darauf ging er als Gesandter der Republik Ragusa nach Paris, wo er, nachdem seine Heimatstadt ihre Selbständigkeit verloren hatte, auch verblieb, und am 14.2.1841 starb.

WERKE

Von Antun Sorkočević sind eine Sinfonie, 5 Ouvertüren, 2 Triosonaten für Violine, Cello und Klavier und eine vierhändige Klaviersonate bekannt geworden. Er verfaßte außerdem die Romanze »Nell'umile mia capanna« (In meiner bescheidenen Hütte) für Singstimme und Orchester, Psalm 109 (Dixit Dominus – Es sprach der Herr) für Soli, Chor und Orchester, Psalm 136 (Babilonskijem nad rijekama – An den Flüssen Babylons) für Soli, Chor und Continuo, 2 Tantum ergo und »La preghiera« (Das Gebet) für Singstimme und Klavier. Diese Musik ist sehr konservativ und hat barocke Züge. Auffällig ist die Verwendung des Generalbasses.

LITERATUR

B. Kovačević, Knez A. Sorgo, in: Srpski književni glasnik, 1925.

Luka Sorkočević (1734–89)

ZEIT UND UMWELT

Die Republik Ragusa (heute Dubrovnik) stand im 18. Jahrhundert noch unter türkischer Oberhoheit, bewahrte sich aber durch geschicktes Lavieren zwischen den Großmächten ein großes Maß Selbständigkeit. Wirtschaftlich und kulturell hatte sie bereits seit Jahrhunderten einen hohen Entwicklungsstand erreicht. Der ragusanische Barockdichter Ivan Gundulić (1589–1638) war der erste Dichter in kroatischer Sprache. Auch das Musikleben der Stadt stand auf hohem Niveau.

LEBEN

Luka (Lukša) Sorkočević (Sorgo, Sorgoevich, Sijerkowinsky) wurde am 31. 1. 1734 in Ragusa (Dubrovnik) geboren. Er erhielt seine musikalische Ausbildung bei Rinaldo da Capua in Rom. Darauf betätigte er sich bis zu seinem Tod am 11. 9. 1789 als Diplomat für seine Heimat. Er hatte sein Haus mittels ständiger musikalischer und literarischer Soireen zu einem kulturellen Mittelpunkt der Stadt gemacht.

WERKE

Von Luka Sorkočević, der mit Christoph Willibald Gluck, Joseph Haydn und Pietro Metastasio befreundet war, sind 8 Sinfonien, 4 Ouvertüren, eine Anzahl Arien, ein Tantum ergo für A-cappella-Chor überliefert. Die Sinfonien – die ersten von einem kroatischen Komponisten – sind dreisätzig, sehr klar und ausdrucksvoll. Sie gehören der italienischen Vorklassik an.

Bartolomeo Sorte
(um 1555 bis um 1600)

ZEIT UND UMWELT

Obwohl Padua bereits seit 1405 venezianisch war, hatte es sich eine gewisse Selbständigkeit auf kulturellen Gebieten bewahren können. Ein Grund hierfür war sicherlich das geistige Gewicht der Universität, die seit ihrer Gründung im Jahre 1222 eine stattliche Reihe weltberühmter Kapazitäten aufweisen konnte, den zweiten Grund bildete das Wirken des Begründers der Renaissancemalerei Andrea Mantegna und den dritten die Musikpflege im Dom und in der Basilika.

LEBEN

Bartolomeo Sorte wurde um 1555 in Padua geboren. Er war Chorknabe am Dom, dann Sänger an verschiedenen Kirchen der Stadt und schließlich Mitglied der Domkapelle bis zu seinem Tod um 1600.

WERKE

Das kompositorische Werk des italienischen Kirchenmusikers Bartolomeo Sorte besteht aus Messen, Psalmen, Motetten und anderen sakralen Gesängen. Diese Musik übernahm den venezianischen Stil mit Doppelchörigkeit und vielen Solostellen. Außerdem sind 2 Bücher mit Madrigalen überliefert.

André Souris (1899–1970)

LEBEN
André Souris wurde am 10.7.1899 in Marchienne-au-Pont, Belgien, geboren. Er wirkte von 1925 bis 1946 als Musiklehrer, zugleich ab 1937 als Dirigent des Belgischen Radio-Orchesters und von 1946 bis 1952 als Präsident der IGNM in Belgien. Von 1949 bis zu seinem Tod am 12.2.1970 in Paris war er Kompositionslehrer am Konservatorium in Brüssel.

WERKE
Das kompositorische Schaffen von André Souris stand anfänglich unter dem Einfluß der Impressionisten; später wandte er sich der Zwölftontechnik zu. Er schrieb für Orchester »Tänzereien der Renaissance«, »Sinfonie«, eine Ouvertüre, ferner ein Bläserquintett, ein »Flämisches Konzert« für vier Holzbläser, eine Anzahl Stücke für Singstimmen und Orchester, für Sprecher, Sänger und Instrumente, für Sprecher und Schlagzeug, Werke für Klavier und Violine, Chöre, Film- und Hörspielmusiken. Er war Mitarbeiter mehrerer Musikzeitschriften.

John Philip Sousa (1854–1932)

ZEIT UND UMWELT
Die Vorliebe für Blaskapellen in den USA war durch die nationale Struktur der Einwanderer – England, Mitteleuropa – bedingt. Neben den Militärkapellen entstanden in jedem Ort sehr rührige Bürgerkapellen, so daß für gut geführte Ensembles überall ein aufnahmebereites Publikum vorhanden war.

LEBEN
John Philip Sousa wurde am 6.11.1854 in Washington geboren. Bereits mit 16 Jahren war er Kapellmeister an einem Varieté. Von 1890 bis 1892 wirkte er als Musikmeister des Marinekorps der USA. Dann gründete er eine eigene Kapelle, mit der er ab 1892 mit wachsendem Erfolg Gastspielreisen durch die ganze Welt unternahm. Er starb am 6.3.1932 in Reading, Pa.

WERKE
Neben einer Anzahl Operetten sind von John Philip Sousa eine sinfonische Dichtung, Suiten für Harmoniekapelle und Orchester und ungefähr 100 ausgezeichnete Märsche bekannt geworden, von denen noch viele heute gespielt werden. Er wird als Begründer des modernen Harmoniekapellenwesens in den USA bezeichnet.

João de Sousa Carvalho (1745–98)

ZEIT UND UMWELT
Das Seminário patriarcal in Lissabon pflegte vor allem Kirchenmusik, dann aber auch die Opernkomposition im italienischen Stil, ähnlich den Konservatorien von Neapel. Damit war dem Musikbedürfnis der Portugiesen in der zweiten Hälfte des 18. Jahrhunderts Genüge getan. Nach Sinfonien oder Kammermusik wurde noch weniger gefragt als im benachbarten Spanien. Als einzige Instrumentalmusik wurden außerdem Cembalostücke für den Hausgebrauch verlangt.

LEBEN
João de Sousa Carvalho wurde am 22. 2. 1745 in Estremoz geboren. Nach seiner Ausbildung in Italien wurde er Musiklehrer am Seminário patriarcal in Lissabon. Er starb im Jahr 1798 in Borba.

WERKE
Neben mehr als 15 Opern mit italienischen Libretti und im italienischen Stil verfaßte João de Sousa Carvalho eine große Anzahl Kirchenmusik und Kantaten, außerdem einen Band Cembalosonaten. Er zählte zu den bedeutendsten Komponisten Portugals seiner Zeit.

Tim Souster (geboren 1943)

Leben

Tim (Timothy) Andrew James Souster wurde am 29.1.1943 in Bletchley, Buckinghamshire, geboren. Er war am College in Oxford von 1961 bis 1965 Schüler von Egon Wellesz. Anschließend wirkte er als Produzent für Kammermusik bei der BBC bis 1967 und von 1969 bis 1971 als Composer-in-Residence am King's College in Cambridge. Er war an der Gründung des Ensemble »Intermodulation« zur Aufführung Neuer Musik beteiligt.

Werke

Von Tim Souster sind unter anderem »Parallels« für zwei Schlagzeuger, eine »Triple Music« für drei Orchester, »Lied einer durchschnittlichen Stadt« für kleines Orchester und »natürliche Laute«, »Weltmusik« für Instrumentalensemble und Tonband, »Chinese Whispers« (Chinesisches Geflüster) für Schlagzeug und drei Synthesizer, ein Stück für Sopransaxophon, Zeitverzögerungssystem und Schlagzeug, eines für Bläserquintett, Live electronics und Tonband, Orgelstücke und verschiedene mehrteilige Chöre und Gesänge, von verschiedenen Ensembles, Schlagzeugen, Prepared piano, Tonbändern, elektronischen Klängen begleitet, bekannt geworden.

Leo Sowerby (1895–1968)

Leben

Leo Sowerby wurde am 1.5.1895 in Grand Rapids, Mich., geboren und in Chicago zum Musiker ausgebildet, wo er von 1917 bis 1919 als Militärkapellmeister wirkte. Als erster Rompreisträger der American Academy studierte er von 1921 bis 1924 in Italien und wurde 1925 Kompositionslehrer am Konservatorium und Organist und Chorleiter an St. James. Im Jahr 1962 wurde er Direktor des College for Church Musicians an der National Cathedral in Washington. Er starb am 7.7.1968 in Port Clinton, O.

Werke

Von Leo Sowerby sind 4 Sinfonien, ein Violinkonzert, 2 Cellokonzerte, 2 Klavierkonzerte, ein sinfonisches Gedicht für zwei Klaviere und Orchester, ein Orgelkonzert, ein »Klassisches Konzert« für Orgel und Streicher, eine Suite für Orgel, Blechbläser und Pauken, ein Bläserquintett, 2 Streichquartette, ein »Poem« für Bratsche und Orgel, eine Violinsonate, eine Trompetensonate, ein Oratorium und 2 Kantaten bekannt geworden. Diese Kompositionen sind an César Franck und Vincent d'Indy orientiert.

Wojciech Sowiński (1805–80)

Zeit und Umwelt

Die Jahre um 1830 wiesen eine erhöhte Auswanderung polnischer Intellektueller auf. Der Aufstand gegen die russische Fremdherrschaft warf ihre Schatten voraus, und Kenner der Kräfteverhältnisse rechneten sich den negativen Ausgang des Freiheitskampfes bereits aus; sie verließen vorsorglich das Land, und wer ohnehin sich aus irgendwelchen Gründen im Ausland aufhielt, verzichtete vorläufig auf die Heimkehr. Die Emigration führte sie zumeist über Deutschland oder Österreich nach Frankreich.

Leben

Wojciech (Adalbert) Sowiński wurde 1805 in Łukaszówka geboren. Er kam in jungen Jahren nach Wien, wo er bei Carl Czerny, Maximilian Joseph Leidesdorf, Vojtěch Matyaš Jírovec (1763–1850) und Ignaz Xaver von Seyfried Unterricht nahm. Im Jahr 1830 ließ er sich als Konzertpianist und Klavierlehrer in Paris nieder, wo er am 5.3.1880 starb.

Werke

Von Wojciech Sowiński sind 3 Opern, 2 Oratorien, zahlreiche Orchester-, Kammermusik-, Gesangs- und Klavierwerke und einige Kirchenmusik erhalten. Am bemerkenswertesten sind seine Klavierkompositionen, die einiges von den Fakturen seines Landsmannes Frédéric Chopin vorausnahmen. Er war auch als Musikschriftsteller tätig.

Antoni Spadawekkia (geboren 1907)

Leben

Antoni Emmanuilowitsch Spadawekkia wurde am 21.5.1907 in Odessa geboren. Er war am Konservatorium in Moskau Schüler von Wisarion Schebalin und studierte darauf bis 1944 bei Sergei Prokofjew. Anschließend wirkte er als Opernkomponist und Musiklehrer.

Werke

Von Antoni Spadawekkia sind ungefähr 10 Opern und 2 Ballette auf die Bühnen gekommen. Er schrieb außerdem eine sinfonische Suite, eine Ouvertüre über zwei baschkirische Volkslieder, ein Klavierkonzert, ein Streichquartett, ein Trio, Lieder, Bühnen- und Filmmusik.

Johann Spangenberg (1484–1550)

Zeit und Umwelt

Helius Eobanus Hessus (eigentlich Eoban Koch), der 1488 in Halgehausen bei Frankenberg geborene und 1540 in Marburg an der Lahn gestorbene Humanist und neulateinische Lyriker, wirkte im Erfurter Humanistenkreis, dem auch Ulrich von Huten (1488 bis 1523) – humanistischer Gelehrter, gekrönter Dichter, streitbarer Anhänger Luthers – angehörte. Aus diesem Kreis ist eine Reihe bedeutender Humanisten hervorgegangen.

Leben

Johann Spangenberg wurde am 29. 3. 1484 in Hardegen bei Göttingen geboren. Er studierte in Erfurt und schloß sich dem Kreis um Helius Eobanus Hessus an. Darauf wurde er Rektor der Lateinschule in Stolberg (1524) und 1546 Superintendent in Eisleben, wo er am 13. 6. 1550 starb.
Sein Sohn Cyriakus Spangenberg (17. 1. 1528, Nordhausen, bis 10. 2. 1604, Straßburg) war Hymnologe.
Dessen Sohn Wolfhart Spangenberg (um 1570, Mansfeld, bis 1636, Buchenbach) war Dichter, Komponist und Musikologe.

Werke

Johann Spangenberg veröffentlichte neben musikwissenschaftlichen Schriften lutherische Kirchengesänge in deutscher und lateinischer Sprache für den Kirchen- und Hausgebrauch.
Cyriakus Spangenberg veröffentlichte das Eislebener Gesangbuch und einen Psalter und schrieb Schuldramen mit Musik.
Wolfhart Spangenberg verfaßte für die Straßburger Meistersingerschule ungefähr 20 zumeist sakrale Meisterlieder.

Literatur

J. G. Leuckfeld, Verbesserte historische Nachricht von dem Leben und Schriften Magister Johann Spangenbergs, Gröningen 1720. J. Schwaller, Untersuchungen zu den Dramen Wolfhart Spangenbergs, Straßburg 1914.

Georg Spangler (1752–1802)

Zeit und Umwelt

Es waren um die Wende zum 19. Jahrhundert mindestens 20 Kirchen in Wien, deren Kapellen von außerordentlich befähigten Musikern geleitet wurden. Der gegenseitige Kräfteaustausch, das Beispiel der Domkapelle und vorzügliche Organisten gewährleisteten ein ständiges hohes Niveau dieser Klangkörper, wenn sie auch zum Teil aus Amateuren bestanden. Dazu sind auf alle Fälle die Kapellen der Schottenkirche und der Michaelerkirche zu rechnen.

Leben

Johann Georg Joseph Spangler wurde am 22. 3. 1752 in Wien geboren. Sein Vater Johann Michael Spangler (um 1721, Wien, bis 4. 6. 1794, Wien) war Sänger und Chorregent in Wien. Er war zunächst Tenorist und ab 1795 Nachfolger seines Vaters als Chorregent an St. Michael; er gehörte von 1793 bis 1799 auch der Hofkapelle an, wo er ab 1798 den Titel eines Kapellmeister-Substituten trug. Er starb am 2. 11. 1802 in Wien.

Werke

Die Messen, Proprien, Motetten, Litaneien

und Psalmen von Georg Spangler waren zu ihrer Zeit sehr beliebt und wurden viel auch in anderen Kirchen gesungen. Ihr Stil näherte sich den Messen von Joseph Haydn.

Donat Antonio Spano
(um 1570 bis nach 1608)

ZEIT UND UMWELT
Giovanni (Jean) de Macque (um 1550–1614) kam 1586 nach Neapel und nahm neben seinem Organistendienst eine ausgedehnte Unterrichtstätigkeit auf. Durch ihn gelangte die Gründlichkeit des Musikunterrichts, die nahezu durch zwei Jahrhunderte zu den Glanzpunkten der franko-flämischen Schule zählte, noch einmal zu ihrem alten Ansehen.

LEBEN
Donat Antonio Spano wurde um 1570 in Neapel geboren. Er war Schüler des über Wien und Rom eingewanderten franko-flämischen Meisters Jean de Macque. Er dürfte in den Jahren nach 1608 in Neapel gestorben sein.

WERKE
Der italienische Komponist Donat Antonio Spano verfaßte ariose Madrigaletten, vierstimmige Villanellen und ein Buch mit fünfstimmigen Madrigalen. Seine Musik folgte noch dem polyphonen Stil des 16. Jahrhunderts, wies aber bereits barocke Züge auf.

Franz Sparry (1715–67)

ZEIT UND UMWELT
Die großen Stifte Österreichs und Süddeutschlands verfügten zumeist selbst über genügend Talente, die sie ausbilden lassen und für die eigene Kirchenmusik einsetzen konnten, ohne andere Kräfte zu beanspruchen. Die Kapellen dieser Stifte standen in engem Kontakt mit der Musikentwicklung der jeweiligen Länder, so daß sie jede Stiländerung, wenn auch zuweilen mit einigen Verzögerungen, mitmachten.

LEBEN
Franz Sparry (Spary, Taufname: Josef) wurde am 28. 4. 1715 in Graz geboren. Er studierte in Admont und Salzburg und trat 1736 in das Benediktinerstift Kremsmünster ein. Zur musikalischen Ausbildung nahm er in den Jahren 1740 bis 1742 in Neapel bei Leonardo Leo und in Rom bei Girolamo Chiti (1679 bis 1759) Unterricht. Er wirkte darauf von 1747 bis zu seinem Tod am 5. 4. 1767 als Stiftskapellmeister in Kremsmünster.

WERKE
Die Kirchenmusik von Franz Sparry – Messen, Offertorien usw. – wurde in strengem und konzertantem Stil gehalten. Auch seine Oratorien, seine Musik zu Dramen und Lustspielen sind sehr konservativ, aber wohlklingend. Unter seinen geistlichen und weltlichen Arien figurieren einige mit mundartlichen Texten, die sehr populär geworden sind.

Giovanni Spataro (um 1458–1541)

ZEIT UND UMWELT
Die Entwicklung des geistigen Lebens von Bologna ist bereits dadurch gekennzeichnet, daß es die älteste Universität Europas beherbergt, die 1119 gegründet wurde. Trotz der unaufhörlichen Machtkämpfe zwischen rivalisierenden Familien um die Herrschaft wurde eine Reihe von Bauten von unvergänglichem Wert geschaffen. In der zweiten Hälfte des 15. Jahrhunderts setzte bereits die berühmte Bologneser Schule der Malerei mit Francesco Francia (1448–1517) ein, deren Blüte sich im nächsten Jahrhundert voll entfaltete. Das Musikleben kam nicht zu kurz. Unter Giovanni II. Bentivoglio (1462–1506) erfuhren heimische und zugewanderte Musiker eine starke Förderung.

LEBEN
Giovanni Spataro (Spadaro, Spatarus, Spadadius, Spartarius) ist um 1458 in Bologna geboren. Er war ab 1505 Sänger und ab 1512 Kapellmeister an San Petronio in Bologna bis zu seinem Tod am 17. 1. 1541.

WERKE

Spataro war mehr als Musiktheoretiker denn als Komponist bekannt. Als Schüler von Ramos de Pareja sekundierte er diesem eifrig in dessen Auseinandersetzungen wegen der Terzen- und Quartenmensuren mit den Musikwissenschaftlern Gaffori und Nicolaus Burtius (1450–1518). Sein kompositorisches Werk umfaßte Messen, Motetten und Psalmen, deren Stil eine Synthese italienischer Akkordik und franko-flämischer Mehrstimmigkeit war. Das Prinzip des Cantus firmus und der Imitation ist streng durchgeführt.

LITERATUR

L. Frati, Per la storia della musica in Bologna, Rivista musicale italiana XXIV, 1917.

Johann Gottlieb Karl Spazier (1761–1805)

LEBEN

Johann Gottlieb Karl Spazier (Pseudonym Karl Pilger) wurde am 20. 4. 1761 in Berlin geboren. Er studierte in Halle und Göttingen, war Professor in Gießen, übersiedelte nach Berlin und später nach Leipzig, wo er am 19. 1. 1805 starb.

WERKE

Die Lieder, die Johann Gottlieb Karl Spazier veröffentlichte, folgten den Forderungen der Berliner Liederschule; Einfachheit, Schlichtheit, Textverständlichkeit, klangreiche Harmonik ohne viel Dissonanzen und Chromatik gewährleisteten, daß sie auch von »in Musik Ununterrichteten« gesungen und verstanden werden konnten. Er veröffentlichte »Einfache Clavierlieder«, »Lieder und andere Gesaenge«, dazu eine Reihe vierstimmiger Chöre, deren Harmonisierung weder Sängern noch Chorleitern irgendwelche Schwierigkeiten bereitete. Er schrieb auch musikwissenschaftliche und philosophische Arbeiten.

LITERATUR

M. Friedländer, Das deutsche Lied im 18. Jahrhundert, Berlin 1902.

Friedrich Spee (1591–1635)

LEBEN

Friedrich Spee von Langenfeld wurde am 25. 2. 1591 in Kaiserswerth am Rhein geboren. Der deutsche Barockdichter war Jesuit und lebte ab 1633 in Trier, wo er am 7. 8. 1635 starb.

WERKE

Der deutsche Dichter und Komponist Friedrich Spee verfaßte die Melodien zu seinen geistlichen Liederbüchern »Güldenes Tugendbuch« und »Trutznachtigall« selbst. Die Lieder sind einstimmig und haben zur Entwicklung der Monodie in Deutschland viel beigetragen.

Daniel Speer (1636–1707)

ZEIT UND UMWELT

Gegen Ende des 17. Jahrhunderts hörte in Deutschland die konfessionelle Verfolgung allmählich auf, dafür gab es bereits Anzeichen der politischen, die in den kommenden Zeiten stärker wurde. Daß ein Literat wegen einer politischen Broschüre in Haft gesetzt wurde, war noch ein Einzelfall; dies sollte sich bald ändern.

LEBEN

Georg Daniel Speer wurde am 2. 7. 1636 in Breslau (Wrocław) geboren. Er wanderte als junger Musiker durch Osteuropa und den Balkan, wirkte von 1665 bis 1667 als Musiker am Pädagogium in Stuttgart und war schließlich Lehrer und Kantor in Göppingen bis zu seinem Tod am 5. 10. 1707. Diese Tätigkeit wurde durch Aufenthalte als Musiker in Großbottwar bei Heilbronn, Leonberg und Waiblingen unterbrochen. Eine weitere Unterbrechung trat durch zwei Jahre Gefängnis ein, die Speer wegen der Herausgabe einer politischen Broschüre erhielt.

WERKE

Der deutsche Schriftsteller und Komponist Daniel Speer verfaßte 3 Bücher mit geistlichen Konzerten, 3 Quodlibetsammlungen, einige Kanons und mehrere Stücke für Tasteninstrumente. Er gab ein »Choralgesang-Buch, Auff das Clavir oder Orgel« – das früheste mit Generalbaß – heraus. Als Schriftsteller verfaßte er 4 Musikerromane und eine Reihe politischer Schriften.

Wilhelm Speidel (1826–99)

ZEIT UND UMWELT
Unter den württembergischen Königen Wilhelm I. (1781–1864) und Karl I. (1823–91) kam es zu einer verstärkten Kulturpolitik. Die Hauptstadt Stuttgart, deren Musikleben immer schon ein anerkannt hohes Niveau hielt, bekam ein Konservatorium, eine Akademie der bildenden Künste, eine Universität und mehrere Museen.

LEBEN
Wilhelm Speidel wurde am 3.9.1826 in Ulm geboren. Nach seiner Ausbildung in München war er von 1854 bis 1857 Musikdirektor in Ulm und darauf Liederkranzdirigent in Stuttgart. Er war 1857 Mitbegründer des Konservatoriums in Stuttgart, an dem er bis 1874 als Klavierlehrer wirkte. Dann begründete er eine eigene »Künstler- und Dilettantenschule für Klavier«, die er 1884 mit dem Konservatorium vereinigte, als er selbst in dessen Lehrerkollegium zurückkehrte. Er starb am 13.10. 1899 in Stuttgart.

WERKE
Von Wilhelm Speidel sind eine Cellosonate, eine Violinsonate, 2 Klaviersonaten, ein Trio, eine Schauspielmusik, »Geisterchor aus Faust« für Männerchor und Orchester, und die Kantate »Wikinger Ausfahrt« für Tenor, Männerchor und Orchester bekannt geworden. Seine übrigen zumeist handschriftlich überlieferten Kompositionen sind Klavierstücke, Chöre und Lieder.

Timothy Mather Spelman (1891–1970)

LEBEN
Timothy Mather Spelman wurde am 21.1. 1891 in New York geboren. Er war Schüler von Albert Spalding und Walter Courvoisier. Er lebte von 1918 bis 1935 in Florenz und anschließend bis 1947 in New York. Im Jahr 1951 kehrte er nach Florenz zurück, wo er am 21.8.1970 starb.

WERKE
Im kompositorischen Werk von Timothy Mather Spelman wurde die romantische Münchner Schule noch einmal lebendig; er darf zu den letzten Romantikern gezählt werden, obschon auch bei ihm der Einfluß der Impressionisten deutlich wird. Er schrieb außer 3 Opern und 3 Pantomimen eine Sinfonie, eine sinfonische Dichtung, eine Anzahl Orchestersuiten, ein Oboenkonzert, ein Konzert für Flöte, Harfe und Streicher, »Fünf Serenaden« für Streichquartett, ein Streichquartett, 2 Chorwerke und viele Lieder.

Aleksandr Spendiarow (1871–1928)

LEBEN
Aleksandr Afanasiewitsch Spendiarow (Spendiarjan) wurde am 20.11.1871 in Kachowka bei Cherson geboren. Er wurde in St. Petersburg und Moskau ausgebildet, lebte sodann in Simferopol, Jalta und Sudak und ließ sich sodann in Jerewan als Musiklehrer nieder, wo er am 7.5.1928 starb.

WERKE
Auf Grund seines Studiums des armenischen Volksliedes versuchte Aleksandr Spendiarow eine spezifisch armenische Musik zu schaffen. Seine Kompositionen waren Vorläufer der bedeutenden Werke armenischer Meister der nächsten Komponistengeneration. Neben seiner sehr beliebten Oper »Almast«, aus der er auch eine sinfonische Suite für Orchester bildete, schrieb er eine Anzahl »Sinfonische Bilder« wie »Drei Psalmen«, »Skizzen aus Jerewan«, »Skizzen aus dem Kaukasus«, die ohne Handlungsablauf reine Naturschilderungen bringen, einige Cello-, Violin- und Klavierstücke und zahlreiche Lieder und Gesänge auf armenische und russische Texte.

Johannes Matthias Sperger
(1750–1812)

ZEIT UND UMWELT
Konzerte, die den Kontrabaß solistisch einsetzen, wurden verhältnismäßig wenig geschrieben, weil auch die Nachfrage nach solchen Stücken, wie heute noch, schwach war. Es gibt eben nicht viele Kontrabassisten, die einen Solopart zu bewältigen imstande sind.

LEBEN
Johannes Matthias Sperger wurde am 23. 3. 1750 in Feldsberg, Niederösterreich (Valtice, ČSSR), geboren. Seine Ausbildung zum Kontrabassisten und Komponisten erhielt er in Wien, dann wurde er 1768 an den Fürstenhöfen von Oradea und Eisenstadt und 1789 nach Ludwigslust (Schwerin) verpflichtet, wo er am 13. 5. 1812 starb.

WERKE
Von Johannes Matthias Sperger sind 39 Sinfonien, eine Symphonie concertante für Flöte, Bratsche und Kontrabaß, ein Flötenkonzert, ein Fagottkonzert, 2 Trompetenkonzerte, 2 Hornkonzerte, ein Bratschenkonzert, ein Cellokonzert, 17 Kontrabaßkonzerte und 3 Streichquartette erschienen. Das Kontrabaßkonzert in A-Dur ist besonders bemerkenswert. Außerdem schrieb er Sonaten, Rondos, Duette und Tänze mit verschiedener Besetzung. An Vokalmusik liegen Kantaten, Chöre und Arien vor. Sein Stil ist der Wiener Klassik sehr angenähert.

LITERATUR
A. Meier, Konzertante Musik für Kontrabaß in der Wiener Klassik, in: Schriften zur Musik IV, Giebing 1973.

Johann Speth (1664 bis nach 1719)

ZEIT UND UMWELT
Die süddeutsche Orgeltradition setzte sich in Augsburg auch über die Jahrhundertwende hinaus ohne nennenswerte Kontakte mit Frankreich fort, während München dem französischen Einfluß sehr ausgesetzt war. Die Augsburger Organisten orientierten sich am älteren italienischen Stil eines Girolamo Frescobaldi und dessen süddeutscher Ausprägung wie etwa der von Regensburg oder Würzburg.

LEBEN
Johann Speth (Späth) wurde am 9. 11. 1664 in Speinshart, Oberpfalz, geboren. Er war Organist am Dom in Augsburg, wo er nach 1719 starb.

WERKE
Der deutsche Organist und Komponist Johann Speth brachte einen »Organisch-Instrumentalischen Kunst-, Zier- und Lust-Garten« mit 10 Toccaten und 8 Magnificat heraus, die eine große Meisterschaft verraten.

Henderick Joostenszoon Speuy
(um 1575–1625)

ZEIT UND UMWELT
Rotterdam wurde 1572 von den spanischen Truppen erobert und geplündert. Nachdem sich die Spanier zurückgezogen hatten, schlug sich die Stadt auf die Seite der Generalstaaten. Aus den südlichen, bei Spanien verbliebenen Niederlanden strömte eine große Zahl Kaufleute und Handwerker, vorwiegend aus Antwerpen, nach Rotterdam und trug maßgebend zum Aufschwung der Stadt bei.

LEBEN
Henderick Joostenszoon Speuy wurde um 1575 in Den Briel bei Rotterdam geboren. Er war bis zu seinem Tod am 1. 10. 1625 Cembalist und Organist an der Augustinerkirche sowie an der Groote Kerk von Dordrecht.

WERKE
Der niederländische Komponist Henderick Joostenszoon Speuy verfaßte die erste bekannte Orgelfassung der Hugenottenpsalmen für Orgel und Spinett. Dieses grundlegende Werk wurde im Jahr 1963 neu aufgelegt.

Wilhelm Speyer (1790–1878)

ZEIT UND UMWELT

Komponisten von Liedern und Chören konnten im Deutschland des 19. Jahrhunderts leicht einen weitverbreiteten Ruf gewinnen, denn die Liederbegeisterung des Volkes nahm ungeheure Dimensionen an. Gesangvereine jeder Gattung, Liederkränze, Liederbünde, Chorvereinigungen waren in jeder Siedlung in Tätigkeit, der Gesellschafts- und Geselligkeitsgesang wurde eifrig gepflegt, Berufsvereinigungen jeder Sparte, Schulen, Studenten, Soldaten, Turner sangen bei jeder Gelegenheit. Dadurch stieg der Bedarf an Liedern sehr an, so daß die Komponisten alle Hände voll zu tun hatten, ihm gerecht zu werden.

LEBEN

Wilhelm Speyer (Speier) wurde am 21.6.1790 in Frankfurt am Main geboren. Er wurde zum Musiker und zum Kaufmann ausgebildet und übte beide Berufe zugleich in seiner Vaterstadt aus, in der er am 5.4.1878 starb.

Wilhelm Speyer, Stahlstich von C. Mayer

WERKE

Die Kammermusik und die Violinduette von Wilhelm Speyer erreichten nicht den Bekanntheitsgrad seiner Männerchöre und noch weniger seiner Lieder und Balladen, von denen einige rasch sehr populär wurden und nahezu den Charakter von Volksliedern annahmen.

Joel Spiegelman (geboren 1933)

LEBEN

Joel Warren Spiegelman wurde am 23.1.1933 in Buffalo, N.Y., geboren. Er studierte von 1949 bis 1953 an den Universitäten in New Haven, Conn., und Buffalo, N.Y., anschließend an der Longy School of Music in Cambridge, Mass., und an der Universität in Waltham, Mass., bei Harold Shapero (geboren 29.4.1920, Lynn, Mass.), Irving Fine und Arthur Berger (geboren 15.5.1912, New York), außerdem bei Nadia Boulanger in Paris. Er befaßt sich seit 1964 mit Elektronischer Musik. Im Jahr 1970 gründete er in New York ein Electronic Ensemble.

WERKE

Neben einem Ballett für Tonband schrieb Joel Spiegelman unter anderem 2 »Sätze« für Orchester, eine Serenade für zwei Flöten, zwei Harfen, Klavier und Celesta, eine Sinfonie für Sopran, Flöte, Kontrabaß, Synthesizer und Tonband, ein Streichquartett, ein Stück für Frauenstimmen und Schlagzeug, ein Stück für Klavier vierhändig und eine Klaviersonate.

Leo Spies (1899–1965)

LEBEN

Leo Spies wurde am 23.5.1899 in Moskau geboren. Er studierte von 1913 bis 1915 Komposition bei Oskar Riesemann (29.2.1880, Tallinn, bis 28.9.1934, St. Niklausen bei Luzern), anschließend in Dresden bei Johannes Schreyer (20.6.1856, Possendorf bei Dresden, bis 11.2.1929, Dresden) und bei Robert Kahn und Engelbert Humperdinck in Berlin; er nahm auch bei Ernst Křenek Privatunterricht. Von

1924 bis 1928 war er Kapellmeister am Stadttheater in Rostock, sodann Musikalischer Leiter des Balletts der Staatsoper in Berlin bis 1935 und hernach bis 1944 am Deutschen Opernhaus in Berlin. Von 1945 bis 1947 wirkte er an der Städtischen Oper in Berlin und anschließend bis 1954 an der Komischen Oper. Bis zu seinem Tod am 1.5.1965 in Ahrenshoop bei Rostock lebte er als freischaffender Komponist.

WERKE
Außer mehreren Balletten schrieb Leo Spies 2 Sinfonien, eine Orchesterfantasie, 2 Ballettsuiten, 3 Suiten, eine »Hochzeitsmusik«, ein Klavierkonzert, 2 Violinkonzerte, ein Cellokonzert, ein Bratschenkonzert, eine Streichersuite, ein Canzonetta für Violine und Streicher, ein Nonett, ein Bläsersextett, 2 Bläserquintette, 2 Streichquartette, ein Trio für zwei Celli und Klavier, ein Klaviertrio, »5 Sommerbilder« für Bratsche und Klavier, Stücke für Klarinette und Klavier, verschiedene Klavierwerke, Kantaten, Chöre und Lieder.

Meinrad Spieß (1683–1761)

ZEIT UND UMWELT
Der deutsche Musikschriftsteller Lorenz Christoph Mizler (25. 7. 1711, Heidenheim, bis März 1778, Warschau), der in seinen Schriften eine mathematisch-philosophische Betrachtung der Musik vertrat, gründete 1738 in Leipzig die »Sozietät der musikalischen Wissenschaften«, der 1747 auch Johann Sebastian Bach und als letztes Mitglied 1755 Leopold Mozart beitraten.

LEBEN
Meinrad Spieß (Taufname Matthäus) wurde am 24. 8. 1683 in Honsolgen, Schwaben, geboren. Er trat in das Benediktinerstift Yrsee ein und war von 1712 bis 1749 Musikdirektor der Stiftskirche. Im Jahr 1743 wurde er in die von Lorenz Christoph Mizler gegründete »Sozietät der musikalischen Wissenschaften« aufgenommen. Er starb als Prior des Stifts am 12. 6. 1761.

WERKE
Der deutsche Komponist Meinrad Spieß schloß sich nicht dem neuen Stil des 18. Jahrhunderts an, sondern zog traditionelle Formen vor. Er verfaßte Marienantiphonen für Sopran und Alt mit zwei Violinen und Orgel, vierstimmige Vesperpsalmen mit Streichern und Orgel, Motetten für Solostimmen, zwei Violinen und Orgel, 6 Messen und 2 Requiem, vierstimmig mit Streichern und Orgel, 20 Offertorien und Marien-Litaneien, vierstimmig mit Streichern und Orgel, außerdem 12 Triosonaten. Er schrieb auch ein Lehrwerk. Meinrad Spieß gehört zu den bedeutendsten katholischen Kirchenmusikern seiner Zeit.

Francesco Spinacino
(um 1460 bis nach 1507)

ZEIT UND UMWELT
Die Laute ist um die Wende zum 16. Jahrhundert zum allgemeinen Unterhaltungsinstrument geworden. Lautenmusik, von Berufsmusikern oder von Dilettanten vorgetragen, war ein selbstverständliches Requisit jeder gesellschaftlichen Veranstaltung. Daher stieg der Bedarf an Lautenisten, an Lautenlehrern und Lautenliteratur ständig an. Das traf für Venedig, das zu jener Zeit immer stärker der Ausgestaltung des gesellschaftlichen Lebens zugewandt war, in erhöhtem Maß zu.

LEBEN
Francesco Spinacino wurde um 1460 in Fossombrone, Pesaro, geboren. Er wurde in Venedig ausgebildet und wirkte in dieser Stadt als Lautenist, Lautenlehrer und Lautenkomponist bis zu seinem Tod nach 1507.

WERKE
Die beiden von Petrucci veröffentlichten Bücher von Francesco Spinacino »Tabulatura de lauto« waren die ersten ihrer Art. Sie brachten 27 Ricercari und 2 Tänze, dazu über 50 Bearbeitungen von Chansons und sakralen Stücken und eine Gesangslehre. Die Arrangements sind außerordentlich ge-

schickt angelegt, berücksichtigen aber auch eine weniger ausgebildete Fingerfertigkeit des Spielers.

LITERATUR
H. Neemann, Alte Meister der Laute, Berlin 1926.

Franz Stanislaus Spindler
(1763–1819)

ZEIT UND UMWELT
Schauspielmusiken und Singspiele für Wanderbühnen und kleinere Theaterunternehmen wurden zumeist von Kräften des eigenen Ensembles je nach Bedarf erzeugt und entsprachen dem augenblicklichen Bedürfnis. Ihre musikalische Qualität war in der Regel nicht hoch. Aber zuweilen wurden beachtliche Werke daraus, weil zufällig ein wirklicher Komponist Hand angelegt hatte, dessen weitere Lebenswege und Kompositionen diese Qualifikation bewiesen.

LEBEN
Franz Stanislaus Spindler wurde am 4. 5. 1763 in Steingaden, Bayern, geboren. Er war bei verschiedenen Bühnen als Schauspieler und Sänger tätig, bis er 1808 Kapellmeister am Münster von Straßburg wurde, wo er am 8. 9. 1819 starb.

WERKE
Neben Schauspielmusiken und 12 Singspielen für verschiedene Theaterunternehmen verfaßte Franz Stanislaus Spindler 2 Melodramen und das Oratorium »Die Hirten bei der Krippe zu Bethlehem«, das sehr bekannt geworden ist; es weist viele romantische Elemente auf.

Fritz Spindler (1817–1905)

LEBEN
Fritz Spindler wurde am 24.11.1817 in Wurzbach, Lobenstein, geboren. Er war in Dessau Schüler von Friedrich Schneider, ließ sich anschließend als Pianist in Dresden nieder und starb am 26.12. 1905 in Niederlößnitz bei Dresden.

WERKE
Von Fritz Spindler sind mehr als 350 Stücke bekannt geworden. Die Mehrzahl davon ist brillante, aber seichte Salonmusik. Ferner schrieb er ausgezeichnete Trios, Sonatinen, 2 Sinfonien, ein Konzert für Klavier und Orchester. Von seinen Salonstücken erreichten manche große Beliebtheit.

Leopold Spinner (1906–82)

LEBEN
Leopold Spinner wurde am 26.4.1906 in Lemberg, Galizien (heute Lwiw, Ukraine), geboren. Er studierte in Wien bei Paul Pisk und Anton Webern. Im Jahr 1939 emigrierte er nach London, wo er als Musiklehrer und ab 1958 auch als Universitätslektor wirkte und am 12.8.1982 starb.

WERKE
Die Kompositionen von Leopold Spinner

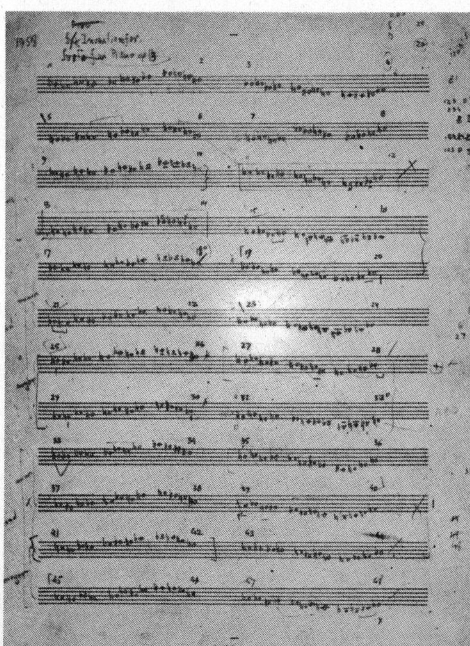

Six Inventions for Piano, op. 13, von Leopold Spinner, Autograph

haben eine enge Beziehung zu Anton Webern, die orthodoxe Dodekaphonik ist aber dabei stark ausgeweitet und die Reihenbildung asymmetrisch gestaltet, so daß ein eigenständiger, expressiver Stil entstand. Er schrieb u. a. eine Sinfonie, ein Konzert für Orchester, Praeludium und Variationen, eine Ricercata, ein Klavierkonzert für Kammerorchester, ein Quintett für Klarinette, Harfe, Fagott, Gitarre und Kontrabaß, ein Streichquartett, ein Streichtrio, 2 Kantaten und 2 Lieder.

Michał Spisak (1914–65)

LEBEN

Michał Spisak wurde am 14. 9. 1914 in Dąbrowa Górnica geboren. Er studierte am Konservatorium in Katowice, dann in Warschau bei Kazimierz Sikorski und 1937 bei Nadia Boulanger in Paris, wo er sich als freischaffender Komponist niederließ und am 29. 1. 1965 starb.

WERKE

Außer einer Oper schrieb Michał Spisak 2 konzertante Sinfonien, ein Divertissement, ein Klavierkonzert, ein Fagottkonzert, ein Concertino und eine Suite für Streicher, ein Divertimento für zwei Klaviere und Orchester, eine Sonate für Violine und Orchester, ein Concerto giocoso für Kammerorchester, ein Bläserquintett, ein Bläserquartett, ein Duo für Bratsche und Fagott, Improvisationen für Violine und Klavier, eine Violinsonate, eine Kantate, Klavierstücke und Chöre mit Orchester.

Konzertante Sinfonie Nr. 2, 3 Sätze, entstanden 1956

Der Komponist huldigt mit diesem Werk einem lupenreinen Neuklassizismus, wenn man darunter leidenschaftsarme Themen, exakt klassische Bearbeitung und sparsame Farbgebung, die jede subjektive Äußerung unterdrückt, versteht. Er greift sogar weiter zurück und nähert sich einem barocken Concerto grosso. Der 1. Satz bringt eine feierliche Einleitung, dem sich ein Allegro mit einem einfachen Thema anschließt, das stilecht durchgeführt wird. Dasselbe Thema erscheint in der Reprise, die zugleich als Coda verwendet wird. Im 2. Satz kommt es zu leicht exotischen Farben, deren Leuchtkraft sehr moderiert ist. Der 3. Satz bringt lebhaftere Rhythmen. Seine Themen werden auf die einfachste Art durchgeführt.

Concerto giocoso (Fröhliches Konzert) für Kammerorchester, 4 Sätze, entstanden 1957

Der 1. Satz ist von Rhythmen mit unerwarteten Akzenten beherrscht, so daß man Einflüsse von Igor Strawinsky zu vernehmen meint. Stärker sind jedoch die klassisch-barocken Anklänge. Der 2. Satz ist mäßig folkloristisch gefärbt. Der 3. Satz bringt ein fröhliches problemloses Scherzo. Das Finale folgt klassischen Vorschriften.

Louis Spohr (1784–1859)

ZEIT UND UMWELT

Franz Anton Eck (getauft 9. 2. 1776, Mannheim, bis 1804, Straßburg) und sein Bruder Friedrich Eck (1767–1838) standen wie Andreas Jakob Romberg und andere Virtuosen am Beginn des Aufschwungs der deutschen Violinistik, die der Italiens oder Frankreichs in nichts nachstand. Das Virtuosentum erreichte im 19. Jahrhundert in allen Musikländern seine Höhepunkte der Technik und zugleich der Beliebtheit des Publikums.

LEBEN

Louis (Ludewig) Spohr wurde am 5. 4. 1784 in Braunschweig geboren und erhielt bereits mit 5 Jahren den ersten Violinunterricht. Der musikliebende Herzog von Braunschweig Karl Wilhelm Ferdinand (1735–1806) nahm das junge Talent 1799 als Kammermusiker in den Dienst und sorgte für seine weitere Ausbildung, die dem berühmten Violinvirtuosen Friedrich Eck anvertraut wurde. Nachdem er seinen Lehrer anderthalb Jahre lang auf dessen Konzertreisen begleitet hatte, unternahm er 1804 seine eigene erste Kunstreise mit größtem Erfolg. Man betraute ihn in Gotha mit der Stelle des Konzertmeisters und verlieh ihm 1812 in Wien die eines Kapellmeisters am Theater an der Wien, die er bis 1815 innehatte; ab 1817 wirkte er in gleicher Eigenschaft am Stadttheater in Frankfurt, 1822 wurde er Hofkapellmeister in Kassel und Generalmusikdirektor. Im Jahr 1857 wurde er pensioniert und starb am 22. 10. 1859 in Kassel als gefeierter Virtuose, Dirigent und Komponist, Mitglied der Berliner, Wiener und Brüsseler Akademien, Ehrendoktor der Universität Marburg und Ritter hoher Orden. Man bezeichnete ihn als den größten Violinisten seiner Zeit nach Niccolò Paganini. Er war als Dirigent hochgeschätzt (er benützte als erster einen Taktstock) und ebenso als Lehrer; die Zahl der Musiker, die er unterrichet hat, betrug 187.

Er war in erster Ehe mit der Harfenvirtuosin Dorette Scheidler (2.12.1787, Gotha, bis 20.11.1834, Kassel), in zweiter Ehe mit der Pianistin Marianne Pfeiffer (17.6.1807, Kassel, bis 3.1.1892, Kassel) verheiratet.

Werke

Von Louis Spohr sind über 200 Werke erhalten und zu einem beträchtlichen Teil auch in unserem Jahrhundert wieder aufgelegt worden. Ein ebenso großer Teil ist allerdings bald nach seinem Tod in Vergessenheit geraten; er entsprach dem Geschmack der fortschreitenden Zeit nicht mehr. Er war Frühromantiker, hatte aber die Verbindung mit den Klassikern nie verloren. Von seinen 10 Opern zählte »Faust« (1816) neben »Undine« von Ernst Theodor Amadeus Hoffmann zu den ersten romantischen Opern. Mit seinem »Berggeist« (1825) gab er die Nummernoper auf und ging zur Szeneneinteilung über. Seine »Kreuzfahrer« (1845) stehen im Schatten Richard Wagners. Er schrieb weiters 4 Oratorien (»Die letzten Dinge«, »Des Heilands letzte Stunde«, »Das Jüngste Gericht«, »Der Fall Babylons«), 10 Sinfonien, teilweise programmatischer Faktur, von den die 4. in F-Dur, »Die Weihe der Töne«, besonders erfolgreich war, 15 Violinkonzerte, von denen das 8. in a-Moll am bekanntesten ist, 4 Klarinettenkonzerte, ein Trippelkonzert für zwei Violinen, Harfe und Orchester, ein Doppelkonzert für zwei Violinen, ein Quadruppelkonzert für Streichquartett und Orchester, ein Notturno für Harmoniemusik, Konzertouvertüren, Schauspielmusiken, ferner 21 Chöre, eine Messe für 2 Chöre a cappella, ein Offertorium für Soli, Chor und Orchester, eine Kantate »Das befreite Deutschland«, mehr als 100 Lieder, an Kammermusik ein sehr berühmtes Nonett, ein Oktett, 4 Doppelquartette, ein Septett, ein Streichsextett, 7 Streichquintette, 3 Klavierquintette, 34 Streichquartette, 4 Klaviertrios, ein Harfentrio, Violinduette und Werke für Violine, Harfe, Klavier, Klarinette und Fagott. Er verfaßte eine Violinschule, die heute noch bekannt ist.

Louis Spohr

Sinfonie Nr. 4 in F-Dur, Opus 86, »Die Weihe der Töne«, 4 Sätze, entstanden 1832

Dieses Werk ist eine interessante Übergangserscheinung von der klassischen Sinfonie zur Programmusik. Der 1. Satz trägt die Überschrift »Starres Schweigen der Natur vor der Erschaffung des Tones«, besteht aber doch aus Tönen, die sich im 2. Satz zu mächtigen Klangkomplexen entwickeln. Der 3. Satz lautet: »Kriegsmusik, Fortziehen in die Schlacht, Gefühl der Zurückbleibenden, Rückkehr der Sieger, Dankgebet«, wird aber diesem Programm, abgesehen vom konventionellen Gebet, nur zum Teil gerecht. Auch der 4. Satz bringt als »Begräbnismusik, Trost in Tränen« außer viel Chromatik wenig Bildhaftes.

Sinfonie Nr. 6 in G-Dur, Opus 116, »Historische Sinfonie im Stile und Geschmack vier verschiedener Zeitalter«, 4 Sätze, entstanden 1839

Der 1. Satz ahmt den Barockstil von Johann Sebastian Bach nicht sehr treffend nach. Die Mozart-Imitatio des 2. Satzes ist um vieles besser gelungen; der Komponist hat sein Vorbild sehr geschätzt.

Aus der definitiven Fassung des 10. Violinkonzerts von Louis Spohr, Autograph, um 1812

Der 3. Satz bringt einen karikierten Ludwig van Beethoven und der 4. Satz eine »Zukunftsmusik« voll komplizierter technisch überspitzter und sinnloser Passagen und Auszierungen; die (zumindest nächste) Zukunft war doch besser, als hier vorausgesehen wurde. Interessant am Ganzen ist das für jene Zeit überraschende Vorhaben, wenn auch die Durchführung trotz unbestreitbarer Genialität viele Wünsche offenließ.

Violinkonzert Nr. 8 in a-Moll, Opus 47, »In Form einer Gesangsszene«, 3 Sätze, entstanden 1816

Das Konzert soll die Melodik der Opernarie und den Klang des Rezitativs instrumental darstellen und verzichtet daher auf einen sinfonisch durchgearbeiteten Orchesterpart. Das Allegro molto des 1. Satzes wird von der Ersten Violine des Orchesters und der Flöte vorgetragen, die Variierung des Themas übernimmt das übrige Orchester, während das Soloinstrument nur rezitativische Einwürfe vorbringt. Der 2. Satz gleicht einer Da-capo-Arie mit dramatischer Steigerung im Mittelteil. Der 3. Satz ist nach französischem Vorbild stark rhythmisiert, sein Seitenthema erinnert an Gioacchino Rossini. Die vielen Triller fehlen wie in keinem Werk des Komponisten auch hier nicht.

Doppelquartett Nr. 1 in d-Moll, Opus 65, 4 Sätze, entstanden 1833

Dieses Werk ist auf dem Prinzip der Doppelchörigkeit, also des wechselseitigen Musizierens von zwei geschlossenen Ensembles, aufgebaut. Im 1. Satz wird ein interessantes Hauptthema kontrapunktisch verarbeitet, kraftvoll, stark mit Trillern verziert im ersten Teil, im zweiten elegisch und lieblich. Das folgende Scherzo beginnt mit vielen Staccati und fährt legato fort, sein Trio ist ein Siciliano mit reizender Gitarrenbegleitung im zweiten Ensemble. Das Larghetto ist liedhaft und auf romantische Art nahezu »sprechend«. Das Finale läuft im ersten Ensemble munter ab, während vom zweiten ernste Akkorde und düstere Tremoli erklingen. Die Zwiesprache der beiden Quartette hält im gesamten Ablauf das Interesse ohne Unterbrechung wach.

Quintett für Klavier und Bläser in c-Moll, Opus 52, 4 Sätze

Der Kopfsatz hat Sonatenform wie das Finale. Der 2. Satz ist ein klangschönes dreiteiliges Larghetto, dem als 3. Satz ein scherzoähnliches Menuett mit einem vom Klavier allein vorgetragenen Trio folgt. Die Coda des Finales gleicht alle thematischen Gegensätze des vorzüglichen, heute noch beliebten Werks aus.

LITERATUR

E. v. Salburg, Louis Spohr, Leipzig 1936. D. Greiner, Louis Spohrs Beitrag zur deutschen romantischen Oper, Kiel 1960. G. Drechsler, Lieder Spohrs, Innsbruck 1971.

Gasparo Spontini (1774–1851)

ZEIT UND UMWELT

Von einem Niedergang der italienischen Oper in den ersten Jahrzehnten des 19. Jahrhunderts zu sprechen, ist ungerecht. Gewiß waren viele Komponisten am Werk, die die Theater mit mittelmäßigen Erzeugnissen belieferten und das Verlangen des Publikums nach ständig neuen Stücken erfüllten, aber bei den meisten von ihnen ist das Bemühen nach deutlichem Ausdruck der Bühnenvorgänge und des Textes der Libretti bemerkbar. Daß das Suchen nach neuen Stilformen und die Übernahme fremder Fakturen oft zu keiner Geschlossenheit führten, lag in der Natur der Übergangszeit. Eine nicht geringe Schuld daran traf auch das Publikum, das jeder Neuerung stets skeptisch gegenüberstand.

LEBEN

Gasparo Luigi Pacifico Spontini wurde am 14.11.1774 in Majolati, Kirchenstaat, geboren und 1793 am Conservatorio della Pietà de'Turchini in Neapel ausgebildet, wo Nicola Sala (1713–1801) und Giacomo Tritto (1733 bis 1824) seine Lehrer waren. Sein erster Bühnenerfolg war eine 1796 in Rom aufgeführte Farsetta. Von da an brachte er mit wechselndem Erfolg eine Anzahl Opern in italienischen Städten, in Paris, Wien und Deutschland heraus. Im Jahr 1805 wurde er Hofkomponist und Kapellmeister der Kaiserin Josephine, 1810 Direktor des Théâtre italien in Paris und nach der Restauration Hofkomponist des Königs Ludwig XVIII. (1755–1824); 1819 ernannte ihn der preußische König Friedrich Wilhelm III. (1770–1840) zum »Ersten Capellmeister und General-Musikdirector«. Mit seinem außerordentlichen Organisationstalent gelang es ihm, die Leistungen der Berliner um vieles zu erhöhen. Er setzte sich sehr für das zeitgenössische deutsche Opernschaffen und besonders für die Werke von Carl Maria von Weber ein. Zwistigkeiten zwangen ihn, seine Stelle 1841 niederzulegen. Er übersiedelte nach Paris und 1850 nach Majolati, wo er am 24.1.1851 starb.

WERKE

Neben seinen mehr als 25 Opern schrieb Gasparo Spontini eine Sinfonie, eine Canzonetta, ein Notturno und mehrere Fugen, einen »Preußischen Volksgesang« für Massenchor und einen Liederzyklus für Gesang und Klavier oder Harfe, der völlig der Romantik zuzurechnen ist. Sein Hauptverdienst lag auf dem Gebiet der Oper, deren Entwicklung durch sein Wirken stark gefördert wurde.

Gasparo Spontini, nach einem Gemälde von A. Maurin

Von seinen kirchenmusikalischen Werken ist nur ein Offertorium bemerkenswert.

LITERATUR

G. Tebaldini, Gasparo Spontini, Recanati 1924. Richard Wagner, Erinnerungen an Spontini, Leipzig 1872.

Bartolomeo Spontoni (1530–92)

ZEIT UND UMWELT

Die Basilika San Petronio von Bologna wurde 1390 begonnen, aber nie fertiggestellt; das Mittelportal blieb unvollendet. Fresken und Gemälde erhielt sie hauptsächlich im 15. Jahrhundert, die Skulpturen stammen von Jacopo della Quercia (1374–1438). Auch die vielen anderen Kirchen und Paläste stammen aus dem gotischen Mittelalter oder sind romanisch. Diese ernste Physiognomie behielt die Stadt auch zu Zeiten der Renaissance, an der sie lebhaften wissenschaftlichen und künstlerischen Anteil nahm. Auch den Musikern aus dieser Stadt haftete ein konservativer Zug an.

LEBEN

Bartolomeo Spontoni (Spontone, Sponton) wurde am 22. 8. 1530 in Bologna getauft. Er war Schüler des Spaniers Cristobal Morales in Rom, wirkte sodann 1551 bis 1552 als Sänger an San Petronio in Bologna, wo er 1577 Kapellmeister wurde. Von 1584 bis 1586 übte er die gleiche Tätigkeit an Santa Maria Maggiore in Bergamo aus, darauf bis 1588 am Dom in Verona und von 1591 bis zu seinem Tod am Beginn des Jahres 1592 in Treviso.

Sein Bruder und Schüler Alessandro Spontoni wurde am 1. 6. 1549 in Bologna getauft. Er war mit dem Musikschriftsteller Hercole Bottrigari (1531, Bologna, bis 1612, Bologna) eng befreundet, der ebenfalls Schüler von Bartolomeo Spontoni war. Von 1569 bis 1585 wirkte er als Kapellmeister in Forlì. Er starb nach 1590 in Bologna.

Sein Sohn Ciro Spontoni wurde am 12. 8. 1556 in Bologna getauft. Er besorgte 1583 den Druck von Madrigalen seines Vaters. Ort und Zeit seines Todes sind unbekannt.

Ein Cousin, Lodovico Spontoni, wurde am 2. 3. 1555 in Bologna getauft. Er war Priester und lebte vermutlich vorwiegend in Forlì, starb aber in Bologna nach 1609.

WERKE

Von Bartolomeo Spontoni sind eine große Anzahl Madrigale, Kanzonen für mehrere Stimmen und Messen veröffentlicht worden. Weitere Kompositionen sind in Sammelwerken enthalten. Der Stil dieser Werke hält streng die römischen Vorschriften ein.

Von Alessandro Spontoni ist ein Buch mit fünfstimmigen Madrigalen erhalten, außerdem einzelne Stücke in Sammeldrucken. Sie sind den Kompositionen seines Bruders sehr ähnlich.

Auch Lodovico Spontoni war kompositorisch tätig. Von ihm stammen ein Buch mit Madrigalen und eines mit achtstimmigen Motetten. Seine Musik wirkt um vieles gelockerter als die der anderen Mitglieder seiner Familie.

LITERATUR

G. D'Alessi, La cappella musicale del duomo di Treviso, Vedelago 1954.

Thomas Sporer (um 1490–1534)

ZEIT UND UMWELT

Freiburg im Breisgau war seit 1358 habsburgisch; Kaiser Maximilian hielt 1498 in der Stadt einen Reichstag ab. Das Freiburger Münster (Unserer Lieben Frau) trägt im Hochaltar das Hauptwerk des Malers Hans Baldung-Grien (1484–1545). Als wichtigster Ort der österreichischen Vorlande erfreute sich Freiburg ausreichender wirtschaftlicher und kultureller Förderung, die nur im Jahre 1525 durch die Belagerung und Eroberung seitens des Bauernbundes eine Unterbrechung erfuhr. Die Besetzung dauerte aber nicht lange, weil der Aufstand der deutschen Bauern noch im gleichen Jahr gebrochen wurde.

Leben
Thomas Sporer wurde um 1490 in Freiburg im Breisgau geboren, wo er an der Universität studierte. Nach einem ungefähr zehnjährigen Aufenthalt in Lindau verlegte er seinen Wohnsitz wieder nach Freiburg, wo er am 6. 8. 1534 starb.

Werke
Sporer zählte zu den besten deutschen Liedmeistern im Zeitalter Karls V., bei denen alle vier Stimmen einander kontrapunktisch gegenüberstehen. Seine Lieder wurden vor allem für die bürgerliche Klasse geschrieben, »sie umfassen alle menschlichen Lebenskreise und sind zur Hausmusik geworden«. Sie sind in verschiedenen Sammelwerken erschienen, aber mitunter auch auf einzelnen Blättern.

Literatur
W. Gurlitt, Thomas Sporer, in: Elsaß-Lothringisches Jahrbuch XIX, 1941.

Václav Spourný (um 1700–54)

Leben
Václav Spourný (Wenceslas Joseph Spourni, Spurni) wurde um 1700 in Böhmen oder Mähren geboren. Er kam nach Paris und spielte als Cellist in mehreren Adelshäusern. Über seine näheren Lebensumstände ist nichts bekannt. Er starb 1754 in Paris.

Werke
Von Václav Spourný sind 6 Sonaten für zwei Celli ohne Generalbaß, 3 Konzerte für drei Celli und Baß, 3 Sinfonien für zwei Celli und zwei verschiedene Bässe, 3 vierstimmige Konzerte, Divertissements, die aus 6 vierstimmigen Sinfonien für drei Celli und Generalbaß bestehen, überliefert, außerdem eine Motette für großen Chor, die im Concert spirituel gesungen wurde. Diese Werke lassen das Rokoko bereits hinter sich und nehmen Formen des nächsten Jahrhunderts vorweg.

Norbert Sprongl (1892–1983)

Leben
Norbert Sprongl wurde am 30.4.1892 in Obermarkersdorf, Niederösterreich, geboren. Neben seiner Berufstätigkeit als Lehrer von 1915 bis 1945 war er an der Wiener Musikakademie Schüler von Joseph Marx. Er starb am 26.4.1983 in Mödling, Niederösterreich.

Werke
Von den mehr als 160 Opuszahlen von Norbert Sprongl sind bemerkenswert: 4 Sinfonien, 5 Klavierkonzerte, 2 Violinkonzerte, 2 Orchestersuiten, ein Divertimento für Streichorchester, 2 Partiten, eine Passacaglia für Klavier und Streichorchester, ein Konzert für Flöte, Gitarre und Streichorchester, ein Bläserquintett, 2 Klavierquartette, Sonaten für Kontrabaß, eine Suite für Flöte und Gitarre, Klavier- und Orgelstücke, Chöre und Lieder. Trotz des konservativen Lehrers war der Komponist am Neuklassizismus orientiert.

Norbert Sprongl

Violinkonzert Nr. 1, Opus 111, 3 Sätze, entstanden 1955

Das Hauptthema intonieren zwei Oboen und zwei Fagotte, dann übernimmt der Solist das Thema und führt es zu einem Orchesterhöhepunkt. Am Ende des Satzes spielt die Violine eine Kantilene, die zart verklingt. Der 2. Satz ist lebhaft rhythmisiert und fröhlich; eine sangliche Episode unterbricht einmal die Turbulenz der Stimmen. Eine Kadenz beendet den Satz. Das Finale ist lyrisch; das volle Orchester erklingt nur einmal. Langsam und leise, nahezu verinnerlicht, klingt das Werk aus.

Violinkonzert Nr. 2, Opus 155, 4 Sätze, entstanden 1968

Der 1. Satz ist formal sehr frei gehalten. Der 2. Satz ist ein Scherzo ohne Trio, in dem die Fröhlichkeit zuweilen grotesken Charakter annimmt. Es endet mit einer kleinen Kadenz der Violine. Der 3. Satz bringt eine schöne Kantilene des Solisten, die von Bläserepisoden unterbrochen sind. Im Finale herrscht ungetrübte Heiterkeit. Vor der Coda kommt der Solist noch mit einer großen Kadenz zu Wort. Das Werk ist harmonisch sehr interessant; bitonale und polytonale Strukturen, übermäßige Dreiklänge, Quarten- und Quintenakkorde spielen darin eine wesentliche Rolle.

Antonio Squarcialupi (1416–80)

Zeit und Umwelt

Der drittgrößte Dom der Welt, Santa Maria del Fiore zu Florenz, ist eines der schönsten Beispiele toskanischer Gotik. Arnolfo die Cambio hat ihn geplant und begonnen, Giotto di Bondone weitergebaut und Francesco Talenti (1300–69) zu den endgültigen Dimensionen erweitert, und der große Filippo Brunelleschi (1377–1446) vollendete das Werk mit der berühmten Kuppel im Jahre 1436, so daß die Stadt der Medici mit den schon zu jener Zeit bestehenden Meisterwerken der Maler, Bildhauer und Architekten eine würdige Krönung erhielt.

Leben

Antonio Squarcialupi (Sguarcialupi, Scharcialupi), eigentlich Antonio del Besa, wurde am 27. 3. 1416 in Florenz geboren. Bereits mit 20 Jahren wurde er zum Organisten des soeben vollendeten Domes ernannt. Er behielt diese Stelle bis zu seinem Tod am 6.7.1480.

Sein Ruf als »Maestro dell'organo« war über ganz Italien verbreitet. Er stand bei Lorenzo dem Prächtigen (1449 – 92), dem er Musikunterricht gab, in höchster Gunst. Daß Heinrich Isaac sein Schüler war, ist nicht völlig verbürgt.

Werke

Die Kompositionen von Squarcialupi wurden von den Zeitgenossen sehr geschätzt, es ist davon aber nichts erhalten geblieben. Gesichert ist nur ihr starker Einfluß auf die Musik der italienischen Frührenaissance.

Der nach ihm benannte Sqarcialupi-Codex der Biblioteca Medicea Laurenziana stammt aus seinem Besitz und ist vermutlich von ihm selbst geschrieben. Dieser Codex ist die umfangreichste und jüngste Quelle der Trecento-Musik mit ungefähr 350 weltlichen Stücken (Madrigale, Cacce, Ballate), chronologisch nach Komponisten geordnet.

Literatur

B. Becherini, Antonio Squarcialupi e il Codice Mediceo-Palatino 87, in: L'Ars nova italiana del Trecento, Kongreß-Bericht, Certaldo 1959.

Vladimir Šrámek (geboren 1923)

Leben

Vladimir Šrámek wurde am 10.3.1923 in Košice, Slowakei, geboren. Er studierte am Konservatorium in Prag und wirkte von 1953 bis 1963 in der Musikabteilung des Nationalmuseums. Seitdem widmet er sich nur seinem Schaffen, das in seiner Heimat wenig Anerkennung findet, weil es den offiziell geförderten Strömungen nicht entspricht.

Werke

Außer einer Orchesterouvertüre schrieb Vladimir Šrámek nahezu ausschließlich für Kammerensembles oder Solisten, und zwar unter anderem »Metamorphosen I–VII« für verschiedene Besetzung, ein Nonett, ein Rondo für acht Bläser, 3 Bläserquintette, »Spectrum

I–III« für Stimmen und Orchester, ein Streichquartett, ein Bläsertrio, ein Trio für zwei Streichtrios, »Altmayafragment« für Stimme und Kammerensemble, ein Stück für Stimme, Tonband, Flöte, Klarinette und Schlagzeug, Elektronische Musik, Duos mit verschiedener Besetzung, 2 Pantomimen mit Instrumenten und Gesänge.

Annibale Stabile (um 1535–95)

ZEIT UND UMWELT
Das Collegium Germanicum et Hungaricum wurde 1552 für deutsche und ungarische katholische Kleriker, die an der päpstlichen Universität (Gregoriana, gegründet 1551) studierten, errichtet. Die Leitung seiner Kapelle und seiner Musikschule wurde stets ausgezeichneten Fachkräften anvertraut, wie zum Beispiel Palestrina. Es sind auch etliche namhafte Musiker daraus hervorgegangen.

LEBEN
Annibale Stabile wurde um 1535 in Rom geboren. Er war am Germanicum, das auch Italiener aufnahm, Schüler Palestrinas. In den Jahren 1575 bis 1576 wirkte er als Kapellmeister an San Giovanni in Laterano, sodann in gleicher Stellung am Collegium Germanicum und schließlich ab 1592 bis zu seinem Tod im Jahr 1595 an Santa Maria Maggiore.

WERKE
Vom italienischen Komponisten Annibale Stabile sind 3 Bücher fünfstimmige Madrigale, 3 Bücher fünf- bis achtstimmige Modulationen und in Sammelwerken weitere Sätze erhalten. Seine Technik läßt den großen Lehrer erkennen. Man zählt ihn mit Recht zu den großen römischen Madrigalisten seiner Zeit.

LITERATUR
A. Einstein, The Italian Madrigal, Princeton 1970.

Damian Stachowicz (1658–1699)

LEBEN
Damian Stachowicz wurde 1658 in Sokołów, Przemyśl, geboren. Er war Piaristenmönch und Lehrer für Poesie und Rhetorik am Kollegium seines Ordens in Łowicz, Łódż, wo er am 27. 11. 1699 starb.

WERKE
Von dem polnischen Komponisten Damian Stachowicz sind eine Reihe kirchenmusikalischer Werke im konzertanten Stil – Litaneien, Psalmen, Motetten –, ein Requiem für fünf Sänger, zwei Violinen, zwei Trompeten und Generalbaß und eine Veni creator für Sänger, Trompeter und Generalbaß erhalten.

LITERATUR
Z. M. Szweykowski, Sylwetka kompozytorska Damiana Stachowicza, in: Muzyka VII, 1962.

Johann Staden (1581–1634)

ZEIT UND UMWELT
Die Übergangszeit von der Renaissance zum Barock brachte Mischungen von konzertantem und motettischem Stil, von Kirchentönen und Dur-Moll-Harmonik, venezianische Doppelchöre und dialogisches Abwechseln von Soli und Chören, Instrumentalbegleitung als Stimmverstärkung und selbständige Linienführung der Instrumente.

LEBEN
Johann Staden wurde am 2. 7. 1581 in Nürnberg getauft und vermutlich dort zum Musiker ausgebildet. Im Jahr 1604 war er brandenburgischer Hoforganist in Bayreuth und Kulmbach, ging zwischen 1610 und 1616 nach Nürnberg zurück und wurde dort Organist. Er wirkte an der Heiligengeistkirche und an der Lorenzkirche und 1618 an der Sebalduskirche. Diese Funktionen übte er bis zu seinem Tod im Jahr 1634 aus, er wurde am 15. 11. begraben.

WERKE

Der deutsche Komponist Johann Staden war ein typischer Vertreter des deutschen Mischstils im frühen 17. Jahrhundert. Sein kompositorisches Werk ist sehr umfangreich. Seine »Harmoniae sacrae« für eine bis zwölf Stimmen, die »Kirchenmusik für zwei bis vierzehn Stimmen, Violen und andere Instrumente« und weitere vielstimmige Kirchenmusik sind zum Teil rein vokal ohne Generalbaß, die Motetten haben nur Generalbaß ohne sonstige Konzession an die neue Zeit, die Kirchenkonzerte weisen obligate Instrumentalbegleitung, Präludien und Interludien auf, die zuweilen Sinfonien und Ritornelle genannt werden. Für den häuslichen Gebrauch verfaßte er eine vierteilige »Hauß-Music« mit 118 kurzen, einfachen Stücken für drei bis vier Stimmen mit und ohne Begleitung. Ähnlich aufgebaut sind der »Musicalische Freuden- und Andachtswecker« für vier bis sechs Stimmen, »Hertzentrosts-Musica« und »Geistlicher Music-Klang«, der vorwiegend einstimmige Lieder mit Orgel-, Lauten- oder Theorbenbegleitung enthält. Einen weiteren Komplex seiner Werke bilden die profanen Lieder, die instrumentalen Tanzstücke – Pavanen, Gaillarden, Couranten – und die Sinfonien, Sonaten und Kanzonen.

LITERATUR

W. Nagel, Zur Biographie Johann Stadens und seiner Söhne, in: Monatshefte für Musikgeschichte XXIX, 1897.

Sigmund Theophil Staden (1607–55)

ZEIT UND UMWELT

Die Viola bastarda war ein 6saitiges Streichinstrument in der Tenor-Baß-Lage und stand vom Ende des 16. bis zum Beginn des 18. Jahrhunderts in Gebrauch. Es hatte den Körper einer Gambe und war anfänglich, der Lira ähnlich, in Quinten und Quarten, später wie die Gambe in Quarten und Terzen gestimmt. Zeitweilig wurde es mit Aliquotsaiten (Bordunsaiten) ausgestattet.

LEBEN

Sigmund Theophil (Gottlieb) Staden, Sohn des Organisten und Komponisten Johann Staden, wurden am 6. 11. 1607 in Kulmbach getauft. Er erhielt seine musikalische Ausbildung ab 1621 in Augsburg und erlernte später das Spiel der Viola bastarda. 1627 wurde er in Nürnberg Stadtpfeifer, und ab 1634 war er Organist an der Lorenzkirche, starb dort im Jahr 1655 und wurde am 30. 7. begraben.

WERKE

Der deutsche Komponist Sigmund Theophil Staden wurde als Komponist der ältesten erhaltenen deutschen Oper bezeichnet. »Das geistliche Waldgedicht oder Freudenspiel, genannt Seelewig. Gesangweis auf Italienische Art gesetzt«, Text von Georg Philipp Harsdörffer, weist aber das Hauptmerkmal der Oper, den Stile recitativo, nicht auf, sondern ist ein durchkomponiertes Liederspiel mit kurzen Ritornellen, bei dem das Strophenlied bevorzugt wird. Überdies veröffentlichte Staden »Betrachtung der künfftigen Ewigkeit« für vier Stimmen, »Seelen-Musik«, vierstimmig mit Continuo, 2 Teile, »Himmels- und Trostgedanken«, vierstimmig, »Lobgesang auf Wrangel«, einstimmig mit Continuo und dreistimmiger Ritornelle, »Musikalische Friedensgesänge«, »Der VII Tugenden, Planeten, Töne oder Stimmen Aufzug«, Text von Harsdörffer, und 10 Lieder nach Texten von Johann Rist, weiters 6 Lieder in einer von Hans Leo Haßler (1564 bis 1612) besorgten Ausgabe der Kirchengesänge.

LITERATUR

H. Druener, Sigmund Theophil Staden, Bonn 1938.

Anton Stadler (1753–1812)

ZEIT UND UMWELT

Czakan oder Stockflöte nannte sich die in einen Spazierstock eingebohrte Blockflöte, die in Österreich und in Ungarn in den ersten Jahrzehnten des 19. Jahrhunderts so beliebt war, daß sogar Lehrwerke für dieses In-

Maximilian Stadler, Verteidiger der Echtheit von Mozarts »Requiem«, Stich von J. B. Pfister, 1818

strument veröffentlicht wurden und seriöse Komponisten dafür Stücke verfaßten.

LEBEN

Anton Paul Stadler wurde am 28. 6. 1753 in Bruck an der Leitha, Niederösterreich, geboren. Er war Klarinetten- und Bassettvirtuose und stand zugleich mit seinem Bruder Johann Nepomuk Franz Stadler (6. 5. 1755, Bruck an der Leitha, bis 2. 5. 1804, Wien), der die gleichen Instrumente vorzüglich beherrschte, im Dienst des russischen Gesandten am Wiener Hof. Im Jahr 1783 wurden beide in die »Kaiserliche Harmonie« und 1787 in die Hofkapelle eingestellt. Anton Stadler verband eine enge Freundschaft mit Wolfgang Amadeus Mozart, der für ihn das Klarinettenquintett KV 581 und das Klarinettenkonzert KV 622 komponierte. Er wurde 1799 von der Hofkapelle pensioniert, wirkte aber weiterhin im Hofopernorchester bis zu seinem Tod am 15. 6. 1812 mit.

WERKE

Von Anton Stadler sind Terzette für Bassetthörner, Capricen für Klarinette, Duettinos für zwei Czakan oder Czakan und Violine, Capricen für Czakan oder Flöte und »Parthien« für 6 Blasinstrumente erschienen. Er brachte am Bassetthorn und an der Klarinette entscheidende Verbesserungen an.

Johann Wilhelm Stadler (1747–1819)

ZEIT UND UMWELT

Die Empfindsamkeit hielt sich gerade in der evangelischen Kirchenmusik bis in das 19. Jahrhundert und wurde sodann von der Romantik abgelöst. Sie entsprach der damals herrschenden subjektiven Einstellung der Gläubigen und ihrer Hingabe an den Gefühlsinhalt der Glaubenslehre.

LEBEN

Johann Wilhelm Stadler wurde am 8. 10. 1747 in Repperndorf bei Kitzingen geboren. Er war in Erlangen, wo er Theologie studierte, Kompositionsschüler von Johann Balthasar Kehl. 1778 wurde er Stadtkantor und Seminarlehrer in Bayreuth und 1805 Rektor. Er starb am 26. 6. 1819 in Eltersdorf bei Erlangen.

WERKE

Das Hauptwerk von Johann Wilhelm Stadler war sein Oratorium »Die Kreuzfahrer«, dessen Chöre sich stark dem Pietismus näherten. Er verfaßte außerdem klangvolle Kantaten, Trauerarien, Choralsätze, sakrale und profane Lieder, letztere mit Klavierbegleitung.

Maximilian Stadler (1748–1833)

ZEIT UND UMWELT

Die Freundschaft mit den drei Wiener Klassikern wirkte sich nicht nur auf das Schaffen des Komponisten, sondern auch für die Musikgeschichte günstig aus, denn sie befähigte und autorisierte ihn, mit Erfolg für die Echtheit des Requiems von Wolfgang Amadeus Mozart einzutreten.

LEBEN

Maximilian Stadler (Taufnamen Johann Carl

Dominic) wurde am 4. 8. 1748 in Melk, Niederösterreich, geboren. Er war Benediktiner in Melk, wurde 1786 Abt in Lilienfeld und 1789 in Kremsmünster, ließ sich um 1800 in Wien nieder, wo er am 8. 11. 1833 starb.

WERKE
Von Maximilian Stadler ist eine große Anzahl Kirchenmusik – Messen, Requiem, Psalmen, Oratorien – erhalten. Er schrieb außerdem eine vorzügliche Kantate »Die Frühlingsfeier« (nach Klopstock), ein Oratorium »Die Befreiung Jerusalems«, Orgelfugen, Klaviersonaten und mehrere Lieder. Seine »Vertheidigung der Echtheit des Mozartschen Requiems« aus 1825 beendete den Streit über das Problem.

Johann Stadlmayr
(1570–1648)

ZEIT UND UMWELT
Im Jahr 1618 brach als Folge der hoffnungslos festgefahrenen politischen und ideologischen Konflikte der Krieg aus, der dreißig Jahre dauerte, in Mitteleuropa unermeßliche kulturelle und wirtschaftliche Werte zerstörte und das Land entvölkerte. Im gleichen Jahr verstarb Anna von Tirol (1585–1618), Gemahlin des Kaisers Matthias (1557–1619). Dazu traten wirtschaftliche Gründe, so daß die Hofkapelle in Innsbruck aufgelöst wurde und erst 1623 neuerlich gebildet werden konnte.

LEBEN
Johann Stadlmayr wurde um 1570 in Freising, Bayern, geboren. Über seine Jugend und Ausbildung ist nichts bekannt. Sein Name scheint erst 1603 auf, als er als Komponist und Kapellmeister an die fürsterzbischöfliche Kapelle in Salzburg verpflichtet wurde. Im Jahr 1607 übernahm er das Amt des Hofkapellmeisters in Innsbruck, das er – mit Ausnahme der Jahre zwischen 1618 bis 1623, in denen die Kapelle aufgelöst war – bis zu seinem Tod am 12. Juli des Jahres 1648 ausübte.

WERKE
Der deutsche Komponist Johann Stadlmayr war als Kirchenkomponist sehr angesehen; seine Werke im römischen und im konzertanten Stil waren in ganz Mittel- und Osteuropa verbreitet. Ihre Drucke erlebten viele Auflagen. Seine 6 Bücher mit vier bis sechzehnstimmigen Messen mit Basso continuo, die 2 Bücher mit achtstimmigen Magnificat im römischen Stil und 2 weiteren Büchern mit Magnificat für acht bis zwölf Stimmen und Generalbaß, die 2 Bände mit Introitus im konzertanten Stil für fünf Stimmen, die Hymnen, Antiphonen und Motetten, die vier- bis zehnstimmigen Psalmen und die zehnstimmige Odae sacrae mit Generalbaß gehörten lange Zeit zum Repertoire der Kirchen. Auch seine Musik für Schuldramen war sehr beliebt, weil es der Komponist verstanden hatte, eine einwandfreie Wortverständlichkeit zu wahren, obwohl er die starre Homorhythmik humanistischer Vorbilder vermied.

LITERATUR
W. Senn, Musik und Theater am Hof zu Innsbruck, Innsbruck 1954.

Hugo Staehle (1826–48)

ZEIT UND UMWELT
Deichert, Hauptmann und Spohr bestimmten das Niveau der Musiklandschaft in Kassel unter Kurfürst Friedrich Wilhelm I., der ständig bemüht war, bedeutende Musiker an seinen Hof zu ziehen und deren beste Schüler dort zu halten.

LEBEN
Johann Hugo Christoph Ludwig Herkules Staehle wurde am 21. 6. 1826 in Fulda geboren. Er war in Kassel Schüler von Moritz Hauptmann, Louis Spohr, und dem Musiklehrer Wilhelm Deichert (9. 2. 1799, Eschwege, bis 2. 5. 1873, Marburg, Lahn). In Leipzig, wo er sich von 1843 bis 1845 aufhielt, studierte er bei Ferdinand David. Während seiner kurzen Schaffenszeit schrieb er über 80 Werke. Er starb am 29. 3. 1848 in Kassel.

WERKE
Von Hugo Staehle sind in Kassel eine Oper und eine Sinfonie aufgeführt worden. Von seinen übrigen Werken sind ein Klavierquartett, 12 Lieder, 6 Salonstücke und 3 Scherzi für Klavier im Druck erschienen. Handschriftlich sind zahlreiche Kammermusik- und Klavierwerke sowie Lieder überliefert.

Nicholas Staggins
(um 1650 bis um 1705)

ZEIT UND UMWELT
Die Universitäten Oxford und Cambridge forderten erhebliche Leistungen, ehe sie einen akademischen Grad in Musik verliehen: Längere erfolgreiche musikalische Tätigkeit als ausübender und produzierender Musiker, Prüfungen in einschlägigen theoretischen Fächern und eine Probekomposition, womöglich noch theoretische Publikationen. Man empfand es daher unpassend, wenn der König anordnete, daß einer seiner Musiker ohne besondere Anstrengung zum Doktor promoviert werden sollte.

LEBEN
Nicholas Staggins wurde um 1650 in England geboren. Er war ab 1671 Mitglied und ab 1674 Leiter der königlichen Privatkapelle. Im gleichen Jahr verlieh ihm die Universität auf Verlangen König Karls II. den Doktortitel. Im Jahr 1684 wurde er nach einer Probekomposition Professor für Musik. Seine Tätigkeit bei Hof übte er bis 1697 aus, um 1705 dürfte er in London gestorben sein.

WERKE
Der englische Komponist Nicholas Staggins schrieb 1693 und 1694 je eine Ode zu den Geburtstagen König Wilhelms III. und 1705 zum Geburtstag von Königin Anne, außerdem viele Lieder, Dialoge und Arien für Opern.

Petko Stainow (1896–1977)

LEBEN
Petko Gruew Stainow wurde am 19.11.1896 in Stara Zagora, Bulgarien, geboren. Im Kindesalter erblindete er und wurde am Konservatorium in Dresden zum Pianisten und Komponisten ausgebildet. Von 1927 bis 1941 wirkte er als Klavierlehrer am staatlichen Blindeninstitut in Sofia. Von 1932 bis 1944 war er Vorsitzender des bulgarischen Komponistenvereins »Zeitgenössische Musik«, von 1933 bis 1944 Leiter des bulgarischen Sängerverbands, von 1941 bis 1944 Direktor der Nationaloper und von 1946 bis 1953 Musikrat im bulgarischen Kulturministerium. Er starb am 25.6. 1977 in Sofia.

WERKE
Von Petko Stainow sind 2 Sinfonien, 2 sinfonische Dichtungen, eine Suite, ein Scherzo, eine Konzertouvertüre, eine »Jugendouvertüre«, verschiedene Kammermusik und Chöre, Liederzyklen, Lieder und Volksliedbearbeitungen bekannt geworden. Sein organisatorisches und kompositorisches Wirken war für die Entwicklung der bulgarischen Musik unseres Jahrhunderts sehr förderlich.

Camille-Marie Stamaty (1811–70)

ZEIT UND UMWELT
Leipzig, das bereits lange Zeit eines der wichtigsten Musikzentren Mitteleuropas war, wurde durch Felix Mendelssohn-Bartholdy auch zum Mekka vieler Musiker, die ihrer Ausbildung den letzten Schliff verleihen wollten. Wenngleich Mendelssohn-Bartholdy von seiner finanziellen Lage in keiner Weise genötigt war, Unterricht zu erteilen, empfing er doch jeden, der von ihm lernen wollte.

LEBEN
Camille-Marie Stamaty wurde am 13.3.1811 in Rom geboren. Er war Schüler von Friedrich Kalkbrenner in Paris und 1836 von Felix Mendelssohn-Bartholdy in Leipzig, mußte aber seine Laufbahn als Klaviervirtuose aus gesundheitlichen Gründen aufgeben und widmete sich dem Unterricht und der Komposition bis zu seinem Tod am 19.4.1870 in Paris.

WERKE
Von Camille-Marie Stamaty sind 2 Klavier-

sonaten in f-Moll und c-Moll, ein Klaviertrio, ein Klavierkonzert in a-Moll, 2 weitere Sonaten und andere Klavierwerke bekannt geworden, die in hohem Ansehen standen. Das Konzert und ein Variationenwerk wurden von Robert Schumann lobend erwähnt. Außerdem schrieb er eine Anzahl Übungsliteratur für den Klavierunterricht - Etüden, Fingerübungen.

Antonín Stamic (1750 bis nach 1796)

LEBEN

Antonín Tadeáš Jan Nepomucký (Anton Thaddäus Johann Nepomuk) Stamic (Stamitz, Steimiz, Stainiz, Steinmetz) wurde am 27. 11. 1750 in Deutsch-Brod (Havlíčkův Brod) geboren. Er war Sohn des Jan Václav Antonín Stamic und wurde von diesem und von Christian Cannabich ausgebildet. Er begleitete seinen Bruder Karel Filip Stamic (Carl Philipp) 1770 nach Straßburg und Paris, wo beide 1772 im Concert spirituel auftraten. Er wurde Mitglied der Königlichen Kapelle in Versailles und blieb es bis zu ihrer Auflösung (1789). Über sein weiteres Leben in Paris ist nichts bekannt. Er dürfte bald nach 1796 gestorben sein.

WERKE

Von Antonín Stamic sind 12 Sinfonien, 6 Doppelkonzerte, 15 Violinkonzerte, einige Konzerte für Bratsche, Piano, Flöte und Oboe, 54 Streichquartette, 18 Trios und 90 Duos überliefert. Ihr Stil leitete sich vom Mannheimer ab.

LITERATUR

M. Pincherle, Feuillets d'histoire du violon, Paris 1927.

Jan Václav Stamic (1717–57)

ZEIT UND UMWELT

Das Orchester der kurpfälzischen Residenz Mannheim war in seinem endgültigen Umfang aus der Vereinigung der Hofkapelle des Kurfürsten Karl Philipp in Innsbruck und der Hofkapelle dessen Bruders Johann Wilhelm in Düsseldorf entstanden. Es trat Mitte Januar 1741 auf dem Schloß in Mannheim anläßlich der Hochzeit des nachmaligen Kurfürsten von der Pfalz und von Bayern Karl Theodor in Anwesenheit des späteren Kaisers Karl VII. in Erscheinung.

LEBEN

Jan Václav Antonín Stamic (Johann Wenzel Anton Stamitz, Staimiz, Steiniz, Steinmetz) wurde am 19. 6. 1717 in Deutschbrod (Havlíčkův Brod) als Sohn des Organisten Antonín Ignác Stamic (um 1690, Deutschbrod, bis 1756, Deutschbrod) geboren. Nach einer ersten Ausbildung durch den Vater wurde er von 1728 bis 1734 am Jesuitenkolleg in Iglau (Jihlava) zum Musiker erzogen. In Brünn erhielt er von Carlo Tessarini gründlichen Unterricht im Violinspiel. Im Jahr 1741 trat er in die Dienste des späteren Kurfürsten von der Pfalz Karl Theodor und fiel bei dessen Hochzeitsfeierlichkeiten in Mannheim und ein Jahr darauf bei den Krönungsfestlichkeiten für Kaiser Karl VII. in Frankfurt am Main als Violinvirtuose und

Karl Theodor, Kurfürst von der Pfalz, Stich von J. A. Zimmermann

Komponist auf. Er wurde Hofviolinist mit verhältnismäßig hoher Besoldung. 1748 wurde er zum Leiter der Hofkapelle in Stuttgart berufen. Er lehnte ab, weil seiner Forderung, weder mit Theatermusik noch mit Kirchenmusik befaßt zu werden, nicht entsprochen werden konnte. 1750 wurde er zum »Instrumental-Music-Director« in Mannheim bestellt, 1751 trat er zum ersten Mal im Concert spirituel in Paris auf, zum zweiten Mal hielt er sich in den Jahren 1754 und 1755 in Paris auf, wo er vor einem begeisterten Publikum das vorzügliche Orchester des Kunstmäzens Alexandre Jean Joseph Le Riche de La Pouplinière (1693–1762) dirigierte. Er starb in Mannheim auf der Höhe seines Ruhms am 27. 3. 1757.

Er hatte die kurpfälzische Kapelle zu einem sinfonischen Orchester im modernen Sinn entwickelt, das bald europäische Geltung erlangte und mit seinem Aufführungsstil für alle Orchester Europas richtunggebend wurde. Durch intensive Schulung der Musiker erreichte er eine bisher unbekannte Ensembleleistung, die Streicher spielten zum ersten Mal mit streng einheitlichem Klang, Crescendo und Decrescendo wurden von allen Instrumenten mit gleicher Dynamik vorgetragen, rhythmische Differenzen wurden peinlich genau akzentuiert, mit einem Wort, seine Aufführungen kamen wie aus einem Guß.

In der Kompositionstechnik verzichtete er völlig auf den Generalbaß. Selbständige Bläserchöre mit eindringlicher Harmonik ersetzten die Füllstimmen. Seine Melodik war unkompliziert und kantabel und lehnte sich an Tanz und Lied an. Er darf ohne Einschränkung als eigentlicher Begründer des Mannheimer Stils der Komposition und der Aufführungspraxis angesprochen werden.

Werke

Unter den bekannten 175 Werken von Jan Václav Stamic befinden sich 74 Sinfonien, Konzerte für Cembalo, Violine, Flöte, Oboe, Orgel, zahlreiche Sonaten für Soloinstrumente und Trios, eine Messe, Motetten, Offertorien und Litaneien. Nur ein Teil ist davon erhalten, der aber ausreicht, ihn zu den ersten Meistern der Vorklassik einzuordnen.

Sinfonie in D-Dur op. 5 Nr. 2, 4 Sätze

Diese Sinfonie ist nahezu am meisten bekannt geblieben. Sie steht mit ihrer rhythmischen Prägnanz, ihrer breiten, abwechslungsreichen Instrumentierung und der Themenbehandlung der klassischen Sinfonie bereits sehr nahe. Der 1. Satz, ein Presto, beginnt mit einer Unisonoeinleitung und setzt darauf mit überraschend starker Motorik ein. Das motivische Material des ersten Teiles wird vorgeführt und im zweiten wiederholt und ergänzt. Die Melodik ist kleingliedrig, gewinnt aber durch ihre orchestrale Anlage eine gewisse Großflächigkeit; breite Tremolopassagen, Unisonostellen und ausdrucksvolle Bläserchöre verleihen dem Satz viel Glanz. Der 2. Satz stellt sich in zweiteiliger Liedform dar, von der der zweite Teil eine Variante des ersten darstellt. Warm und anmutig klingt der Satz aus. Im 3. Satz erklingt anstelle des üblichen höfischen Menuetts ein Volkstanz voll Derbheit und Ausgelassenheit. Der 4. Satz – Prestissimo – rauscht mit kaum gehemmter Gewalt vorüber. Seine Holzbläsersoli sind mit ihren Marschrhythmen besonders schön.

Trio in C-Dur Nr. 1, 4 Sätze

Es liegt bereits die klassische Form der Sinfonie vor. Das Thema des 1. Satzes intonieren die Instrumente unisono; es bleibt über Modulationen und Sequenzen beim Baß, die Violinen begleiten es und halten die Spannung aufrecht, die erst in der Coda abklingt. Den gleichen Aufbau der Form bringt der 2. Satz, dessen eigenwillige Melodie einen seltenen Reiz vermittelt. Das Menuett des 3. Satzes besteht aus einer volkstümlichen Melodie; sein Trio gleicht nahezu einer Elegie. Der 4. Satz ist mit seinem Schwung ein echter Vertreter des »Sturm und Drang« der Zeit.

Literatur

A. Pospíšil, Kolem Jana Václava Stamice, Havlíčkův Brod 1947.

Carl Stamitz (1745–1801)

Leben

Carl Philipp Stamitz (Karel Filip Stamic) wurde am 7. 5. 1745 als ältester Sohn des Jan Václav Antonín Stamic (Johann Wenzel An-

Autograph von Carl Stamitz

ton Stamitz) in Mannheim geboren. Er war Schüler seines Vaters und von Christian Cannabich, Ignaz Holzbauer und Franz Xaver Richter, trat 1762 in das Mannheimer Hoforchester ein und wurde 1770 in Paris Hofkapellmeister des duc de Noailles Louis (1713–93). Er unternahm von Paris aus zahlreiche Konzertreisen als Virtuose – Violine und Viola d'amore –, verließ 1785 Frankreich, lebte in Prag, Nürnberg, Kassel und St. Petersburg, bis er sich 1795 in Jena als Musiklehrer und Leiter der Akademischen Konzerte niederließ. Er starb am 9. 11. 1801 in Jena.

WERKE

Ein großer Teil des kompositorischen Werks von Carl Stamitz ist verlorengegangen. Von seinen 80 Sinfonien – darunter 26 konzertante – sind nur 47 erhalten. Weiters sind überliefert: 10 Violinkonzerte, Bratschenkonzerte, Konzerte für Viola d'amore, 4 Cellokonzerte, 3 Flötenkonzerte, ein Pianofortekonzert, Fagottkonzerte, Cembalokonzerte, Streichquartette, Klavierquintette, Trios, Duos, Bläsermusik, Vokalmusik und eine in Frankfurt am Main aufgeführte Oper. Er gilt als Initiator der konzertanten Sinfonie.

Trio in G-Dur, Opus 14/1 für Flöte, Violine und Generalbaß, 3 Sätze

Im 1. Satz führen die Solisten alternierend, die Generalbaßinstrumente beteiligen sich konzertant wie Soloinstrumente. Der Mittelteil, ein Andante moderato, gleicht rhythmisch und strukturell einem Menuett, in dem ein Dur-Teil einen Moll-Teil wie ein Trio umschließt. Das Rondofinale ist ähnlich aufgebaut. Sein reizendes Thema wird sehr gefällig variiert.

Triosonate in G-Dur für zwei Flöten und Cello, 3 Sätze

Das einleitende Allegro moderato fällt durch seine Verspieltheit auf. Ein elegisches Andante in e-Moll voll Empfindsamkeit schließt sich an und erzeugt echte romantische Stimmung. Das Rondofinale mit seinem herrlichen Refrainthema klingt, als wäre es von Franz Schubert.

Quartett in Es-Dur für drei Violinen und Cello, 3 Sätze

Ein drängendes Allegro mit feinen Linien eröffnet das Stück. Der Mittelteil ist eine lyrische Romanze, deren Moll-Teil eine Elegie voll Trauer und Entsagung darstellt. Auch das abschließende »Rondeau allemande« grenzt an romantische Vorstellungen.

Johann C. Standfuß

(um 1720 bis um 1759)

ZEIT UND UMWELT

Das deutsche Singspiel in der Form des 18. Jahrhunderts leitete sich von der englischen Balladenoper ab, die in Großbritannien außerordentlich beliebt war. Durch die Bearbeitungen englischer Texte und deren Nachahmung kam es bald zu eigenständigen deutschen Stücken, die im Lauf der Entwicklung zu ernsten Rivalen der italienischen Oper wurden.

LEBEN

Johann C. Standfuß wurde um 1720 vermutlich in Hamburg geboren. Er war ab 1750 Ballettgeiger und Korrepetitor einer Theatergruppe in Leipzig, wo er seine ersten deutschen Singspiele herausbrachte. Nach 1756 wirkte er in Weimar und dürfte dort wahrscheinlich um 1759 gestorben sein.

WERKE

Die ersten deutschen Singspiele stammten von Johann C. Standfuß. Einige davon wurden von Johann Adam Hiller neu bearbeitet.

An weiteren Kompositionen sind nur einige Motetten erhalten.

LITERATUR

G. Calmus, Die ersten deutschen Singspiele von Standfuß und Hiller, Wiesbaden 1973.

Frederic Standish (um 1570 bis um 1630)

ZEIT UND UMWELT

Die Kirche der Benediktinerabtei von Peterborough (gegründet 655) wurde nach Auflösung des Klosters zur Kathedrale erhoben. Sie enthält die ursprünglichen Gräber von Königin Catarina de Aragón (1485–1536), der ersten Gemahlin Heinrichs VIII., und der Königin von Schottland Mary Stuart (1542 bis 1587).

LEBEN

Frederic Standish wurde um 1570 in England geboren. Er war Organist an der Kathedrale von Peterborough, wo er vermutlich um 1630 starb. Im späteren 17. und frühen 18. Jahrhundert wirkten mehrere Organisten seines Namens an dieser Kathedrale: von 1661 bis 1676 ein David Standish, von 1677 bis 1690 ein William Standish und von 1690 bis 1713 ein Roger Standish. Es dürfte sich um Nachkommen von Frederic Standish handeln.

WERKE

Vom englischen Komponisten und Organisten Frederic Standish sind nur einige Anthems erhalten, weil die Kathedrale durch die Truppen Cromwells 1643 schwere Schäden erlitt.

Charles Stanford (1852–1924)

LEBEN

Charles Villiers Stanford wurde am 30.9.1852 in Dublin geboren. Seine erste Ausbildung erhielt er von Arhtur O'Leary (15.3.1834, Tralee, Irland, bis 13.3.1919, Tralee) und von Robert Stewart; er war außerdem Schüler von Carl Reinecke und Friedrich Kiel. Von 1873 bis 1892 wirkte er als Organist am Trinity College und ab 1874 auch als Dirigent der University Musical Society in Cambridge; die Leitung des Bach-Chors wurde ihm 1885 übertragen. Er wurde 1887 auch Professor an der Universität Cambridge, zog sich aber 1892 von allen Posten zurück und übersiedelte nach London, wo er am 29.3.1924 starb.

WERKE

Das kompositorische Werk von Charles Stanford besteht aus 180 Stücken und erstreckt sich auf nahezu alle Gattungen der sakralen und profanen Musik. Aber keines seiner Werke hielt sich lange über seine Erstaufführung hinaus, wenngleich alle stets mit Begeisterung aufgenommen wurden. Er schrieb 7 Opern, 7 Sinfonien mit programmatischen Titeln: Nr. 1 in B-Dur, Nr. 2 in d-Moll, »Elegische Sinfonie«, Nr. 3 in f-Moll, »Irische Sinfonie«, Nr. 4 in F-Dur, Nr. 5 in D-Dur, Nr. 6 in Es-Dur, Nr. 7 in d-Moll, 3 Ouvertüren, 5 »Irische Rhapsodien«, 8 »Irische Tänze«, 3 Klavierkonzerte, 2 Violinkonzerte, ein Klarinettenkonzert, ein Concertino für Violine, Cello und Orchester, eine Serenade für neun Instrumente, ein Klavierquintett, 2 Streichquintette, ein Klavierquartett, 8 Streichquartette, 3 Klaviertrios, 4 Sonaten für Violine und Klavier, 2 Cellosonaten, eine Klarinettensonate, eine Klaviersonate und zahlreiche andere Klavierstücke, 5 Orgelsonaten, ein Oratorium, eine Messe, ein Requiem, ein Te Deum, ein Magnificat und eine Anzahl Lieder. Er gab mehrere Sammlungen irischer Volksmusik heraus. Von diesen Werken werden nur die Kirchenmusik und die eine oder andere Sinfonie zuweilen gegeben.

LITERATUR

H. P. Greene, Charles Stanford, London 1935.

Charles John Stanley (1713–86)

ZEIT UND UMWELT

Der Gewinn, den die englische Musikentwicklung aus dem Wirken Georg Friedrich Händels gezogen hatte, betraf vor allem die sakrale Musik. Seine Oratorien waren und blieben Standardwerke, an denen sich viele spätere ausrichteten, allerdings ohne je daran heranzureichen. Die Pflege seines Werkes allein bewirkte, daß neben dem ständig von italienischen Kräften aufrechterhaltenen Opernbetrieb sich die sakrale Musik weiterentwickelte und, wenn auch viel später, zur Grundlage eines Aufschwungs des gesamten Musikgeschehens wurde. Die profane Musik, die der breiten Masse von verschiedenen privaten Konzertunternehmungen geboten wurde, hätte trotz allgemeinen Interessesmangels einer wirklich bedeutenden Persönlichkeit allein nicht ausgereicht, eine bemerkenswerte Entwicklung einzuleiten.

Leben

Charles John Stanley wurde am 17. 1. 1713 in London geboren. Er verlor im Alter von drei Jahren durch einen Unfall das Augenlicht, im Alter von sieben Jahren begann sein Musikunterricht, den ihm anfänglich John Reading (1677–1764) und dann Maurice Greene erteilten. Im Jahr 1724 war er bereits Organist an All Hallows, 1726 an St. Andrew's und 1734 an Temple Church in London. Er tat sich mit John Christopher Smith zusammen, um Oratorien von Georg Friedrich Händel und anderen, darunter eigene Kompositionen, aufzuführen; 1774 zog er anstelle von Smith Thomas Linley hiefür heran, 1779 folgte er William Boyce in die Leitung der King's Band of Musick nach; 1782 wurde er noch Organist der Chapel Royal. Er starb am 19. 5. 1786 in London.

Werke

Von John Stanley sind 12 Konzerte, 8 Flötensonaten, 6 Flötensoli und 4 Sammlungen Solokantaten im Druck erschienen. Er schrieb außerdem 3 Oratorien, mehrere Bühnenmusiken und eine dramatische Pastorale zur Hochzeit des Königs Georg III. mit Charlotte von Mecklenburg-Strelitz (1744 bis 1818) im Jahr 1761. Sein Stil gehört noch dem Spätbarock an.

Literatur

G. Finzi, John Stanley, in: Proceeding of the Royal Musical Association LXXVII, 1950/51.

Feliks Starczewski (1868–1945)

Leben

Feliks Starczewski wurde am 27.5.1868 in Warschau geboren. Er studierte in Warschau, Berlin und Paris. Ab 1894 wirkte er als Klavierlehrer am Konservatorium in Warschau, wo er am 29.11.1945 starb.

Werke

Neben einer Oper schrieb Feliks Starczweski mehrere Orchesterstücke mit ziemlich freier Tonalität, 2 Klaviersonaten, Klaviervariationen, eine Violinsonate und einige Lieder.

Ludwig Stark (1831–84)

Zeit und Umwelt

Das von Immanuel Faißt und dem Klavierpädagogen Sigmund Lebert 1857 gegründete Konservatorium für Musik in Stuttgart, das als Königliches Konservatorium bis 1921, anschließend als Württembergische Hochschule bis 1938 und sodann als Staatliche Hochschule für Musik und Darstellende Kunst geführt wurde, reihte sich in den Kreis der deutschen Musikhochschulen als gleichwertige Lehranstalt ein.

Leben

Ludwig Stark wurde am 19.6.1831 in München geboren und war dort Schüler von Ignaz und Franz Lachner. Er war an der Gründung des Konservatoriums in Stuttgart beteiligt und unterrichtete daran Gesang, Harmonielehre, Partiturspiel und Musikgeschichte bis zu seinem Tod am 22.3.1884.

Werke

Von Ludwig Stark sind mehrere Instrumental- und Klavierstücke, Chöre und Lieder erhalten. Er veröffentlichte außerdem mehrere Alben mit Bearbeitungen klassischer Musik und Lehrwerke. Seine kompositorische Tätigkeit trat hinter seine wissenschaftliche und didaktische weit zurück.

Michail Starokadomski (1901–54)

LEBEN
Michail Leonidowitsch Starokadomski wurde am 31. 5. 1901 in Brest, Weißrußland, geboren. Er war Orgelschüler bei Aleksandr Goedicke und Kompositionsschüler bei Nikolai Mjaskowski am Konservatorium in Moskau, an dem er selbst von 1930 bis zu seinem Tod am 24. 4. 1954 Instrumentationslehrer war.

WERKE
Außer einer Oper und einer Anzahl Operetten schrieb Michail Starokadomski eine Sinfonie, ein Violinkonzert, ein Orchesterkonzert, ein Orgelkonzert mit Streicher, 2 Streichquartette, ein Oratorium für Sprecher, Soli, Chor und Orchester, zahlreiche Lieder, Bühnen- und Filmmusik. Sein Stil bewegte sich noch im Rahmen der russischen Spätromantik.

Josef Starzer (1726–87)

ZEIT UND UMWELT
Der Tänzer, Ballettmeister und Choreograph Franz Anton Christoph Hilverding (getauft 17. 11. 1710, Wien, bis 29. 5. 1768, Wien) war Hoftanzmeister am Wiener Hoftheater und übernahm 1758 dazu die Leitung der kaiserlich-russischen Ballette in St. Petersburg und in Moskau. Seine Choreographien zeichneten sich durch packende Dramatik aus.

Josef Starzer

LEBEN
Josef Starzer wurde 1726 in Wien geboren. Er war vermutlich Schüler von Giuseppe Bonno. Ab 1752 war er Violinist im Orchester des Französischen Theaters in Wien und bald darauf Konzertmeister. Im Jahr 1758 ging er mit dem Choreographen Franz Anton Hilverding als Hofkomponist und Konzertmeister nach Rußland, von wo er 1768 zurückkehrte, um als Ballettkomponist mit Jean George Noverre und auch mit Domenico Angiolini zusammenzuarbeiten. Er nahm bis zu seinem Tod am 22. 4. 1787 im Wiener Konzertleben eine maßgebende Position ein.

WERKE
Mit seinen Balletten erreichte Josef Starzer in Wien und in Rußland große Erfolge, was allerdings neben seiner Musik auch den glänzenden Choreographien zuzuschreiben war. Er komponierte außerdem das Oratorium »La passione di Gesù Cristo« (Das Leiden Jesu Christi), mehrere Sinfonien und Divertimenti, Kammermusik, ein Violinkonzert und Violinstücke. Seine Musik näherte sich der Klassik.

Miloš Štědroň (geboren 1942)

LEBEN
Miloš Štědroň wurde am 9. 2. 1942 in Brünn geboren. Von 1959 bis 1964 studierte er an der Universität und anschließend bis 1971 an der Janáček-Akademie in Brünn. Seit 1964 wirkt er als Lehrer für Musiktheorie und Operngeschichte an der Universität.

WERKE
Neben einer Oper und einem Ballett schrieb Miloš Štědroň unter anderem »Via Crucis« (Kreuzweg) für Flöte, Baßklarinette, Klavier,

Cembalo und Schlagzeug, »Dyptichon« für Baßklarinette, Klavier, Streicher und Schlagzeug, »Altslawische Passion« für Madrigalchor, Renaissanceinstrumente und Jazzensemble, eine »Vokalsinfonie« für Sopran, Baßbariton und Orchester, eine Kantate für Chor und zwei Trompeten, ein Sextett für Posaune, Baßklarinette, Klavier, Harfe, Kontrabaß und Schlagzeug, 2 Sinfonien für Orchester, ein Konzert für Kontrabaß und Streicher, eine Meditation für Baßklarinette, zahlreiche elektronische Kompositionen, Musique concrète und Jazzstücke, Schauspiel-, Film- und Fernsehmusik. Er veröffentlichte viele musiktheoretische und musikhistorische Traktate.

Vincent Joseph Steenkiste (1812–96)

ZEIT UND UMWELT
Obwohl die Flöte im Verlauf des 19. Jahrhunderts zu einer gewissen Vollendung entwickelt worden war, wurde sie dennoch nicht sehr häufig als Soloinstrument verwendet. Flötenkonzerte waren verhältnismäßig selten, daher hatte die Literatur für das Instrument nur einen geringen Umfang. Virtuosen mußten sich mit Arrangements behelfen, die nicht immer alle Möglichkeiten der Flöte ausnützten. Das meiste der Originalkompositionen waren kleinere Stücke und Übungsmaterial.

LEBEN
Vincent Joseph van Steenkiste (genannt Dorus) wurde am 1. 3. 1812 in Valenciennes geboren. Seine Ausbildung zum Flötisten erhielt er in Paris, hierauf wirkte er als Solist an der Opéra und bei den Konzerten des Conservatoire, wo er schließlich als Flötenlehrer aufgenommen wurde. Daneben betätigte er sich als privater Lehrer und als Konzertvirtuose. Er starb am 9. 6. 1896 in Étretat.

WERKE
Von Vincent Joseph Steenkiste sind zahlreiche Flötenstücke bekannt geworden. Es handelt sich zumeist um kleine, liebenswürdige Kompositionen und um Übungsliteratur. Viel davon dürfte verlorengegangen sein. Seine Stücke interessieren heute hauptsächlich als Gradmesser für den damaligen hohen Stand der Spieltechnik auf diesem Instrument.

Andrea Stefani (um 1358 bis um 1420)

ZEIT UND UMWELT
Der in Umbrien entstandene hymnische Lobgesang, Lauda genannt, breitete sich rasch über die Toskana und Oberitalien aus. Florenz wurde zu einer bedeutenden Pflegestätte der Lauda. Sie war ursprünglich einstimmig, ähnelte der Ballata und hatte oft eine mehrstimmige Ripresa (Textwiederholung). Sie gehört zu den wichtigsten Musikformen des Trecento.

LEBEN
Andrea Stefani (Stephani) wurde um 1358 in Florenz geboren, war dort Musiker und Priester und starb um 1420. Es ist nicht feststellbar, welches Amt er versehen hat. Vermutlich wirkte er an einer Kirche der Stadt.

WERKE
Von dem italienischen Komponisten Andrea Stefani sind ein zweistimmiges Madrigal und eine zwei- und dreistimmige Ballata mit Instrumentalbegleitung erhalten, außerdem verschiedene Kanzonen und Ballate und eine Anzahl Laudi, die unsere Kenntnisse über diese nicht sehr häufig überlieferte Musikform des italienischen Trecento stark fördern.

LITERATUR
A. Bonaccorsi, Andrea Stefani, musicista dell'Ars Nova, in: Rassegna Musicale XVIII, 1948.

Jan Stefani (um 1747–1829)

ZEIT UND UMWELT
Fürst Stanisław August Poniatowski (1732 bis 1798) wurde mit Unterstützung der russischen Zarin Katharina II. 1764 zum König von Polen gewählt. Er mußte 1795 abdanken

und verbrachte den Rest seines Lebens in halber Gefangenschaft in St. Petersburg – das Jahr 1795 hatte das Ende des alten polnischen Königreiches gebracht.

LEBEN
Jan Stefani wurde um 1747 in Prag geboren. Er war Kapellmeister in Prag, sodann Violinist des Wiener Hoforchesters, ab 1771 Konzertmeister des letzten polnischen Königs bis zum Ende des Reiches (1795) und anschließend Kapellmeister der Warschauer Oper bis zu seinem Tod am 24. 2. 1829.

WERKE
Außer seinen 11 Opern, von denen die erste (»Die Krakowiter und die Bergbewohner«) wegen der darin aufgenommenen polnischen Tänze einen ungeheuren Erfolg errang (200 Aufführungen), schrieb Jan Stefani Oratorien, Messen, Partiten für Bläser und zahlreiche Polonaisen.

LITERATUR
K. Stromenger, Jan Stefani, in: Łódz Teatralna Nr. 3, 1946/47.

Józef Stefani (1800–76)

LEBEN
Józef Stefani wurde am 16. 4. 1800 in Warschau als Sohn des Jan Stefani (um 1747–1829) geboren. Er war Schüler von Józef Elsner (1769–1854) und anschließend Kapellmeister und als Musiklehrer bis zu seinem Tod am 19. 3. 1876 in Warschau tätig.

WERKE
Von Józef Stefani sind einige komische Opern und Ballette in Warschau aufgeführt worden. Bedeutender jedoch ist seine Kirchenmusik: 19 Messen, ein Requiem, Offertorien, sodann ein »O salutaris«, ein »Pange lingua«, ein »Veni creator«, mehrere Ave Maria und weitere Gesänge. Auch von seinen Liedern und Klavierstücken ist einiges sehr populär geworden.

Giovanni Battista Stefanini
(1574–1630)

ZEIT UND UMWELT
Modena war bis zum Tod des Herzogs von Ferrara, Alfonso II., eine Nebenresidenz. Dann fiel Ferrara an den Kirchenstaat, und Modena wurde Residenz des Herzogs Cesare d'Este, der sich bemühte, die Kulturpolitik seiner Familie fortzusetzen, aber das rasche Absinken ihrer politischen und kulturellen Bedeutung ebensowenig aufhalten konnte wie seine Nachfolger.

LEBEN
Giovanni Battista Stefanini wurde am 8. 7. 1574 in Modena getauft. Er war zunächst Chorknabe am Dom seiner Geburtsstadt und dann Sänger. Im Jahr 1602 kam er als Kapellmeister an den Dom zu Turin. Um 1606 wirkte er in gleicher Eigenschaft an Santa Maria della Scala in Mailand, dann an Madonna della Consolazione in Rom und ab 1614 am Dom in Modena. Er lebte ab 1625 bis zu seinem Tod im Jahr 1630 in Rom.

WERKE
Der italienische Komponist Giovanni Battista Stefanini verfaßte 4 Bücher mit zwei- bis neunstimmigen Motetten, ein Buch mit Kirchenkonzerten und eines mit konzertanten Motetten für zwei bis fünf Stimmen, außerdem mit Geminiano Capilupi ein Maskenspiel, das den ansonsten äußerst konservativen Meister als Beherrscher des neuen Stils zeigt.

LITERATUR
G. Roncaglia, La cappella musicale del Duomo di Modena, Florenz 1957.

Agostino Steffani (1654–1728)

ZEIT UND UMWELT
Ernst August I., ab 1692 Kurfürst von Hannover (1629–98), ab 1662 evangelischer Bischof von Osnabrück, erhielt 1692 seine Kurfürstenwürde von Kaiser Leopold I. über die Vermittlung eines katholischen Klerikers,

seines Hofkapellmeisters Steffani. Dieser wurde im folgenden Jahrzehnt apostolischer Vikar für Norddeutschland und brachte den Protestanten Georg Friedrich Händel, den er im Palast des Kardinals Ottoboni in Rom kennengelernt hatte, als Kapellmeister nach Hannover.

LEBEN
Agostino Steffani wurde am 25. 7. 1654 in Castelfranco geboren. Kurfürst Ferdinand Maria von Bayern holte ihn 1667 nach München zur Ausbildung. Nach weiteren Studien bei Johann Kaspar Kerll (1668–71) und bei Ercole Bernabei (1672–74) wurde er 1675 Hoforganist in München; 1678 bis 1679 reiste er nach Turin und Paris, wo er sich mit der Opernpraxis der Stadt vertraut machte, 1680 ernannte ihn Kurfürst Maximilian II. Emanuel von Bayern zum Kammermusikdirektor und Vizekapellmeister, 1688 trat er den Dienst als Kapellmeister des Herzogs und späteren Kurfürsten Ernst August von Hannover an. Er hatte schon dem Kurfürsten von Bayern diplomatische Dienste geleistet und setzte diese Fähigkeiten in Hannover ein. Nun wandte er sich ganz dieser Karriere zu und wurde Gesandter in Brüssel und 1703 Regierungspräsident in Düsseldorf, schließlich Bischof und apostolischer Vikar für Norddeutschland. Er lebte zeitweise in Padua. Dann wollte er sich ganz zurückziehen und nach Italien übersiedeln, starb aber auf der Reise dorthin am 12. 2. 1728 in Frankfurt.

WERKE
Der italienische Komponist Agostino Steffani schrieb eine große Anzahl Opern. An Vokalmusik sind zahlreiche Kantaten, Lieder für Singstimme und Orchester, ungefähr 90 Duette mit Generalbaß, mehrere Madrigale, 4 Bücher mit von zwei Instrumenten und Generalbaß begleiteten Liedern, Vespern, 13 Psalmen, ein Magnificat für Doppelchor und Orgel, Motetten und ein sehr bekanntes Stabat mater für sechs Stimmen, Streicher und Orgel überliefert. Die Instrumentalmusik ist mit 6 Triosonaten und etlichen Ouvertüren und Balletten aus seinen Opern vertreten. Sein kompositorisches Werk war um vieles umfangreicher, und man darf vielleicht hoffen, daß noch einiges von dem, was heute als verschollen gilt, aufgefunden wird.

LITERATUR
A. Einstein, Agostino Steffani, in: Kirchenmusikalisches Jahrbuch XIII, 1910.

Karl David Stegmann (1751–1826)

ZEIT UND UMWELT
Die älteste deutsche Oper mit regelmäßigen Aufführungen wurde 1678 in Hamburg von Jan Adams Reinken (1623–1722) begründet und spielte bis 1738. Im Jahr 1740 wurde eine italienische Oper eingerichtet. Trotzdem rissen die Bemühungen um die deutsche Oper nie ab, die im Weg des Singspiels, das in den deutschen Theatern immer mehr Raum gewann, zum Erfolg führten.

LEBEN
Karl David Stegmann wurde 1751 in Dresden geboren. Er trat anfangs als Sänger in Breslau (Wrocław) und Königsberg (Kaliningrad) auf, wo er auch Konzertmeister wurde. Nach Aufenthalten in Danzig (Gdańsk) und Gotha wurde er 1778 Theaterkapellmeister und 1798 Mitdirektor der Oper in Hamburg. Er zog sich 1811 nach Bonn zurück, wo er am 27. 5. 1826 starb.

WERKE
Neben einer Anzahl Singspiele und Opern in deutscher Sprache, die deutlichen Singspielcharakter zeigten, verfaßte Karl David Stegmann mehrere Sinfonien, Konzerte, verschiedene Kompositionen für Cembalo und Gesänge. Er folgte dem norddeutschen Stil.

Daniel Steibelt (1765–1823)

LEBEN
Daniel Gottlieb Steibelt wurde am 22. 10. 1765 in Berlin geboren und von Johann Philipp Kirnberger ausgebildet. Er führte ein unstetes Leben, hatte aber als Pianist und Komponist bedeutende Erfolge. Im Jahr 1808 mußte er vor seinen Gläubigern nach Ruß-

land fliehen und wirkte dort als Kapellmeister der Französischen Oper in St. Petersburg bis zu seinem Tod am 2. 10. 1823.

WERKE
Neben einer Reihe Opern verfaßte Daniel Steibelt Ouvertüren, 7 Klavierkonzerte, Klavierquintette, Klavierquartette, Klaviertrios, mehr als 60 Violinsonaten, bei 40 Sonaten für Harfe und Klavier und zahlreiche Stücke für Klavier allein, außerdem einige Kantaten.

LITERATUR
G. Müller, Daniel Steibelt, sein Leben und seine Klavierwerke, Straßburg 1933.

Johann Ulrich Steigleder (1593–1635)

ZEIT UND UMWELT
Das Aufgeben der Tabulatur und die Anwendung der modernen Notenschrift für Orgelmusik stießen in Deutschland auf einigen Widerstand. Viele hatten die ältere Methoden mühsam erlernt und mußten nun sehen, daß andere das gleiche Ziel auf leichteren Wegen erreichten.

LEBEN
Johann Ulrich Steigleder wurde am 22. 3. 1593 in Schwäbisch Hall getauft. Er war von 1613 bis 1616 Organist an der Stephanskirche in Lindau, sodann ab 1617 an der Stiftskirche in Stuttgart und ab 1627 Hoforganist in dieser Stadt, wo er am 10. 10. 1635 starb.
Sein Vater Adam Steigleder (getauft 19. 2. 1561, bis 8. 11. 1633, Stuttgart) war Hoforganist in Stuttgart, nachdem er seine Ausbildung 1580 bis 1583 in Rom ergänzt und von 1595 bis 1625 am Münster zu Ulm als Organist gewirkt hatte.
Dessen Vater Utz Steigleder (um 1505, Stuttgart, bis 7. 10. 1581, Stuttgart) war ab 1534 Hoforganist in Stuttgart.

WERKE
Der Deutsche Johann Ulrich Steigleder war einer der hervorragendsten Organisten seiner Zeit. Von ihm sind eine »Ricercar Tabulatura« in moderner Notenschrift mit 12 Stücken und 40 Variationen für zwei bis vier Stimmen über »Vater unser im Himmelreich« erhalten, überdies einige Gesänge.
Von Adam Steigleder ist eine »Fuga Colorata et Toccata« überliefert.
Von Utz Steigleder ist nur ein »Veni sancte spiritus« erhalten.

LITERATUR
E. Emsheimer, Johann Ulrich Steigleder. Sein Leben und seine Werke, Kassel 1928.

Andreas Friedrich Stein (1784–1809)

ZEIT UND UMWELT
Johann Andreas Stein (6. 5. 1728, Heidelsheim, Baden, bis 29. 2. 1792, Augsburg), Sohn des Orgelbauers Johann Georg Stein (1697, Heidelsheim, bis 1754, Heidelsheim), erbaute mit seinem Bruder Johann Heinrich Stein (8. 5. 1735, Heidelsheim, bis 22. 3. 1767, Durlach) in den Jahren 1755 bis 1757 die berühmte Orgel der Barfüßerkirche in Augsburg. Dann wandte er sich dem Klavierbau zu. Er erfand die »Deutsche Mechanik« – später Wiener Mechanik genannt – und konstruierte auch verschiedene Klaviertypen, die sich nicht durchsetzten. Seine Tochter Maria Anna Stein, Nannette genannt (2. 1. 1769, Augsburg, bis 16. 1. 1833, Wien), eine vorzügliche Pianistin, übersiedelte nach ihrer Heirat mit Johann Andreas Streicher (13. 12. 1761, Stuttgart, bis 25. 5. 1833, Wien), als Pianist Interpret von Ludwig van Beethoven, mit dem er eng befreundet war, Komponist virtuoser Klavierstücke, nach Wien und gründete dort mit ihrem Bruder Matthäus Andreas Stein (12. 12. 1776, bis 6. 5. 1842, Wien) eine Klavierfabrik (»Frère et sœur Stein«), in die sie, nachdem der Bruder ausgeschieden war, um ein eigenes Unternehmen zu gründen, ihren Sohn Johann Baptist Streicher (3. 1. 1796, Wien, bis 28. 3. 1871, Wien) aufnahm. Dieser führte es nach ihrem Tod allein weiter.
Georg Markus Stein (21. 10. 1738, Heidelsheim, bis 25. 1. 1794, Durlach). Vetter des Johann Heinrich Stein, setzte die Führung der Orgel- und Klavierbaufirma in Durlach fort.

LEBEN
Andreas Friedrich Stein wurde am 26.5.1784 in Augsburg als Bruder der Maria Anna Stein und des Matthäus Andreas Stein geboren und übersiedelte mit beiden nach Wien, wo er sich nicht dem Klavierbau, sondern ausschließlich der Musik widmete. Er studierte bereits als Zehnjähriger bei Johann Georg Albrechtsberger Komposition und Kontrapunktik und bildete sich zum Klaviervirtuosen aus. Er starb am 5.5.1809 in Wien.
Karl Andreas Stein wurde am 4.9.1797 als Sohn von Matthäus Andreas Stein in Wien geboren. Er arbeitete im Unternehmen seines Vaters, betätigte sich aber auch als Klaviervirtuose und Klavierlehrer bis zu seinem Tod am 28.8.1863. Er war Schüler von Emanuel Aloys Förster (1748–1823).

WERKE
Von Andreas Friedrich Stein, dem Angehörigen der Orgel- und Klavierbauerdynastie Stein und Streicher, die bis in das 20. Jahrhundert hinein reichte, sind 3 Operetten, ein Ballett, ein Violinkonzert, ein Klaviertrio, eine große Klaviersonate und weitere Klavierstücke sowie Lieder erhalten. Er arrangierte die 4. und die 6. Sinfonie von Ludwig van Beethoven für zwei Klaviere.
Karl Andreas Stein schrieb 2 Klavierkonzerte, 2 Orchesterouvertüren und eine Oper.

LITERATUR
Th. Bolte, Die Musikerfamilien Stein und Streicher, Wien 1917.

Eduard Stein (1818–64)

ZEIT UND UMWELT
Die musikalische »Fortschrittspartei«, die anläßlich der Ersten Tonkünstlerversammlung im Jahr 1859 von dem Komponisten Louis Köhler und dem Musikschriftsteller Karl Franz Brendel (26.11.1811, Stolberg, Harz, bis 25.11.1868, Leipzig) initiiert und 1861 vom »Allgemeinen deutschen Musikverein« abgelöst wurde, propagierte die Gleichberechtigung von Wort und Ton, die sinfonische Dichtung und die Programmusik. Führende Persönlichkeit dieser Richtung war Franz Liszt. Sie wurde von den Konservativen, die sich der Wiener Klassik verpflichtet fühlten, heftig angegriffen; doch wirkungsvolle Argumente gegen diese »Neudeutschen«, die man spöttisch »Zukunftsmusiker« nannte, konnten nicht vorgebracht werden. Der Meinungsstreit hielt bis zum Ende des 19. Jahrhunderts an und mündete schließlich in der gegenseitigen Anerkennung.

LEBEN
Eduard Stein wurde 1818 in Kleinschirma bei Freiberg, Sachsen, geboren. Er war Schüler von Theodor Weinlig und Felix Mendelssohn-Bartholdy in Leipzig, wirkte als Opern- und Konzertdirigent in Frankfurt an der Oder und ab 1852 als Hofkapellmeister in Sondershausen. Er trat heftig für die »neudeutsche« Musik ein und war mit Franz Liszt und Joachim Raff befreundet. Er starb am 16.3.1864 in Sondershausen.

WERKE
Von den verschiedenen Kompositionen von Eduard Stein – Sinfonien, Ouvertüren, Konzerte – ist sein Konzert für Kontrabaß und Orchester sehr bekannt geworden. Es wird noch heute gelegentlich von Virtuosen dieses Instruments gespielt.

Wilfried Steinbrenner (geboren 1943)

LEBEN
Wilfried Steinbrenner wurde am 26.3.1943 in Mosbach, Baden, geboren. Er war von 1962 bis 1967 an der Musikhochschule in Freiburg im Breisgau Kompositionsschüler von Wolfgang Fortner. Nach zweijähriger Lektoratstätigkeit lebt er als freischaffender Komponist in Wiesbaden.

WERKE
Außer der Mitarbeit an der Ballett-Collage »Carmen«, gemeinsam mit Wolfgang Fortner, schrieb Wilfried Steinbrenner unter anderem 3 Orchesterstücke, »Agonia« für Piccolo, Blechbläser, Schlagzeug und Tonband, »Preludien« für Orchester, »Sieben Lügengeschich-

ten« für fünf Musiker, ein Streichtrio, Bicinium für zwei Flöten, »Kristall« für Sopran und 27 Instrumentalisten, »Imago I« für 64 Streicher und Solovioline, »Imago II« für Sopran, Große Trommel, Baßtuba und Kontrabaß sowie Klavierstücke.

Johann Ludwig Steiner (1688–1761)

ZEIT UND UMWELT
Gehemmt durch das calvinistische Bekenntnis und die daraus resultierende Einstellung zur Kunst, kam es in Zürich, im Gegensatz zu anderen west-, süd- und mitteleuropäischen Städten, im 17. Jahrhundert zu keiner nennenswerten Musikentwicklung. Aber die Gründung eines Collegium musicum beweist, daß zumindest ein Teil der Bürgerschaft auf Musik nicht verzichten wollte.

LEBEN
Johann Ludwig Steiner wurde am 1. 7. 1688 in Zürich geboren. Im Jahr 1705 wurde er Stadttrompeter und Türmer von St. Peter, seiner Vaterstadt. Zur selben Zeit trat er dem Collegium musicum bei und war zeitlebens als Musiklehrer tätig. Er starb in Zürich am 27. 3. 1761.

WERKE
Mehr als 20 Jahre lang verfaßte Johann Ludwig Steiner die Neujahrsmusik für die Stadt Zürich. Er veröffentlichte ein »Neues Gesangbuch auserlesener geistreicher Lieder« in 2 Bänden, das interessant instrumentiert ist, weil Sing- und Instrumentenstimmen äußerst effektvoll integriert werden.

LITERATUR
A.R. Cherbuliez, Johann Ludwig Steiner, Stadttrompeter von Zürich, Zürich 1964.

Carl Stenborg (1752–1813)

ZEIT UND UMWELT
Das deutsche Singspiel fand bald seinen Weg über die Landesgrenzen, und zwar zunächst in nördliche Richtung nach Dänemark und Schweden, wo energisch daran gearbeitet wurde, die italienische Oper durch einheimische Stücke zu ersetzen.

LEBEN
Carl Stenborg wurde am 25. 9. 1752 in Stockholm geboren. Er trat zunächst als Beamter in den Staatsdienst, wirkte sodann von 1773 bis 1806 an der Königlichen Oper in Stockholm. Seine Bemühungen galten der Verdrängung der italienischen Oper durch die Einführung der französischen komischen Oper und des deutschen Singspiels in schwedischer Fassung. Er starb am 1. 8. 1813 in Djurgården.

WERKE
Im Zug seiner Anstrengungen, die französische komische Oper und das deutsche Singspiel in Schweden einzuführen, komponierte Carl Stenborg selbst einige Bühnenstücke und Schauspielmusiken, darunter 1784 das erste schwedische Singspiel »Gustaf Ericsson i Dalarne« (Gustaf Ericsson in Dalarne).

LITERATUR
S. Lindström, Vårt första nationella sångspel, in: Svensk Tidskrift för Musikforskning XXIV, 1942.

Wilhelm Stenhammar (1871–1927)

LEBEN
Karl Wilhelm Eugen Stenhammar wurde am 7.2.1871 in Stockholm geboren. Nach seiner Ausbildung in Stockholm war er in Berlin Schüler von Heinrich Barth. Im Jahr 1897 wurde er Dirigent in Stockholm, von 1907 bis 1922 wirkte er in gleicher Eigenschaft in Göteborg. Er starb am 20.11.1927 in Stockholm. Sein Vater Per Ulrik Stenhammar (20.2.1828, Törnvalla, bis 8.2.1875, Stockholm) lebte als Komponist in Stockholm.

WERKE
Die Kompositionen von Wilhelm Stenhammar bewegten sich im Rahmen der nordischen Spätromantik. Sie wiesen ein deutliches Kolorit seiner Heimat auf. Er schrieb 2 Opern,

2 Sinfonien und mehrere kleinere Orchesterstücke, 2 Klavierkonzerte, 7 Streichquartette, eine Violinsonate, 3 Fantasiestücke und eine Sonate für Klavier sowie mehrere sehr beliebte Chorwerke.
Per Ulrik Stenhammar schrieb ein Oratorium »Saul und David«, geistliche Chorwerke und Psalmen.

Klavierkonzert Nr. 2 in d-Moll, Opus 23, 4 Sätze, entstanden 1907

Nach einem balladenartigen 1. Satz mit schönen folkloristischen Anklängen folgt ein Scherzo, das die Erinnerung an Felix Mendelssohn-Bartholdy wachruft. Der 3. Satz bringt ein langsames reizendes Thema, das von Choralklängen mehrmals unterbrochen wird. Das Finale ist grandios wie bei allen großen romantischen Konzerten.

Streichquartett Nr. 5 in C-Dur, »Serenade«, Opus 39, 4 Sätze

Dieses Werk stellt eine Synthese von Wiener Klassik und schwedischer Spielmannsmusik dar. Es ist reich an kühner Kontrapunktik. Das Finale bringt eine großangelegte Fuge. Doch überall, besonders im 2. Satz »Ballata« und im 3. »Scherzo«, klingen musikantische Wendungen mit, als höre man aus dem Hintergrund schwedische Spielleute.

Josef Antonín Štěpán (1726–97)

ZEIT UND UMWELT

Wie in Leipzig stand in Wien das Lied unter dem Einfluß der Opernarie. Die Texte wurden zumeist dem Schaffen der bedeutendsten deutschen Dichter entnommen. Italienische Dichtungen wurden im Gegensatz zu früheren Zeiten nur selten verwendet, weil sich zu Zeiten der Klassik das Lied an eine um vieles breitere Masse wandte als die Instrumentalmusik.

LEBEN

Josef Antonín Štěpán (Joseph Anton Steffan, Stephan, Giuseppe Antonio Steffani) wurde am 14. 3. 1726 in Kopidlno, Böhmen, geboren. Er war Schüler von Georg Christoph Wagenseil, sodann ab 1766 Hofklaviermeister und Lehrer der Erzherzoginnen Marie Antoinette, Elisabeth (1743–1808) und Maria Carolina in Wien. Im Jahr 1755 trat er in den Ruhestand und starb am 12. 4. 1797 in Wien.

WERKE

Für das deutsche Lied in Wien bildete die »Sammlung Deutscher Lieder für das Klavier« von Josef Antonín Štěpán sozusagen den Auftakt. Die Texte für die umfangreiche Sammlung stammen vorwiegend von namhaften deutschen Dichtern. Besondere Beachtung wurde auch seinen Klaviersonaten geschenkt, deren Faktur die Tore zur Klassik öffnete. Seine späteren Sonaten, die Präludien auf verschiedene Töne, die Kadenzen und Variationen für Cembalo sind hingegen mehr traditionsgebunden. Von Bedeutung sind auch seine handschriftlich hinterlassenen Klavierkonzerte und Concertini. Er schrieb außerdem ein Singspiel und ein viel gesungenes Stabat mater.

Aro Stepanjan (1897–1966)

LEBEN

Aro Lewonowitsch Stepanjan wurde am 13. 4. 1897 in Jelisabetpol (heute Kirowobad, Aserbaidschan) geboren. Er war bis 1930 Schüler des Konservatoriums in Leningrad unter Michail Gnessin und Wladimir Schtscherbatschow und unterrichtete sodann am Konservatorium in Jerewan, wo er am 9. 1. 1966 starb.

WERKE

Neben 3 Opern schrieb Aro Stepanjan 3 Sinfonien, ein Klavierkonzert, eine Rhapsodie für Klavier und Orchester, 4 Streichquartette, 2 Sonaten für Violine und Klavier, eine Klaviersonate, eine Kantate und viele Lieder. Sein Stil fußte auf der armenischen Folklore und der russischen Spätromantik.

Rudi Stephan (1887–1915)

LEBEN

Rudi Stephan wurde am 29. 7. 1887 in Worms geboren. Er war am Hochschen Konservatorium in Frankfurt am Main Schüler von Bernhard Sekles und studierte ab 1906 bei Rudolf Louis in München. Er wirkte als freier Komponist in München bis zum Ersten Weltkrieg, in dem er am 29.2.1915 bei Tarnopol, Galizien (heute Ternopol, Ukraine), fiel.

WERKE

Durch seine uneingeschränkte Abkehr von der Harmonik der Neuromantik und vom schillernden Klangzauber des Impressionismus wurde das relativ kleine kompositorische Werk von Rudi Stephan zum Markstein der Entwicklung zur Neuen Musik in Deutschland. Er schrieb »Musik für sieben Saiteninstrumente«, »Musik für Orchester«, »Musik für Geige und Orchester«, »Liebeszauber« für Bariton und Orchester, 16 Klavierlieder und eine Oper.

George Stephănescu (1843–1925)

ZEIT UND UMWELT

Unter dem moldauischen Bojaren Alexandru Ioan Cuza (1820–73) wurden die Fürstentümer Moldau und Walachei zu Rumänien vereinigt. Seine Regierung als erster König Joan Alexandru I. übernahm 1866 Prinz Karl von Hohenzollern-Sigmaringen (1839 bis 1914) zunächst als Fürst und, nachdem sich das Land 1881 zum unabhängigen Königreich erklärt hatte, als König Carol I. Damit setzten auch die Bemühungen um eine eigenständige Kulturentwicklung ein.

LEBEN

George Stephănescu wurde am 13.12.1843 in Bukarest geboren. Nach Ausbildung an der Musikschule in seiner Geburtsstadt, die dem 1864 gegründeten rumänischen Konservatorium vorausging, studierte er am Conservatoire in Paris von 1867 bis 1871 unter Ambroise Thomas, François Auber, Napoléon Henri Reber und dem Opernsänger und Gesanglehrer Enrico Delle Sedie (17.6.1822, Livorno, bis 29.11.1907, Garenne-Colombes bei Paris). Er wirkte in Bukarest von 1872 bis 1904 als Gesanglehrer am Konservatorium, von 1877 bis 1890 als Dirigent am Teatrul cel Mare (Großes Theater). Im Jahr 1892 gründete er die »Compania lirică romîna«, aus der 1921 die rumänische Oper entstand. Er starb am 25.4.1925 in Bukarest.

WERKE

Von George Stephănescu, der als »Vorläufer der rumänischen Musik« bezeichnet wird, sind außer 2 Opern, 3 Operetten und eine Feerie, eine Sinfonie in A-Dur, das Orchester-Melodram »Der rumänische Wachtposten«, eine »Uvertura naţională«, die sinfonischen Dichtungen »Im Gebirge« und »In anderen Zeiten«, ein Oktett für Streicher und Bläser, ein Scherzo für Flöte und Orchester »Huldigung an Haydn«, ein Streichquartett, eine Sonate für Cello und Klavier, Klavierstücke, die Kantate »Dalila« für Soli, gemischten Chor und Orchester, verschiedene A-cappella-Chöre, Lieder und Bühnenmusiken bekannt geworden. Sein Stil ist von dem seiner Pariser Lehrer abhängig. Von rumänischer Volksmusik ist darin nur wenig aufgenommen. Dennoch gebührt ihm nicht nur der Titel eines »Vorläufers«, sondern auch eines »Begründers« der eigenständigen rumänischen Musik. Seine Tätigkeit als Gesanglehrer und als Dirigent war für die Entwicklung einer eigenständigen rumänischen Musik richtungweisend.

LITERATUR

V. Tomescu, Un înaintaş al muzicii noastre, in: Muzica IV, 1954.

Charles Edward Stephens (1821–92)

ZEIT UND UMWELT

Sinfonische Musik aus der Hand englischer Komponisten kam erst gegen Ende des 19. Jahrhunderts in die Konzertsäle, und auch dann nur gelegentlich neben kontinentalen Kompositionen. Einen wirklichen Durchbruch englischer Sinfonik gab es erst in unserer Zeit.

LEBEN

Charles Edward Stephens wurde am 18.3.1821 in London geboren. Er wurde von Cipriani Potter im Klavierspiel, von James Alexander Hamilton in Harmonielehre und vom Violinvirtuosen und Violinlehrer Henry Blagrove (20.10.1811, Nottingham, bis 15.12.1872, London) im Violinspiel ausgebildet. Ab 1843 betreute er nacheinander eine Reihe von

Organistenstellen; 1857 wurde er Mitglied der Philharmonic Society, die er mehrmals als Direktor leitete. Er starb am 13.7.1892 in London.

WERKE
Von Charles Edward Stephens wurde 1891 in London eine Sinfonie in g-Moll aufgeführt, nachdem er schon mit einem Klaviertrio, einigen Konzertouvertüren, einem ausgezeichneten Streichquartett und mehreren mehrstimmigen Liedern das Interesse des englischen Publikums auf sich gezogen hatte. Sein Stil ist bereits der Spätromantik zuzurechnen.

Johann Franz Xaver Sterkel
(1750–1817)

ZEIT UND UMWELT
Die Kriege, die der Französischen Revolution folgten, hielten einen großen Teil Europas in Unruhe. Einzelne Fürsten wurden von ihren Thronen vertrieben und diese mit neuen Herren besetzt. Das zog die Umgestaltung oder Auflösung der einzelnen Höfe nach sich, was die Hofmusiker, die von den Ereignissen sonst nicht unmittelbar berührt wurden, zwang, neue Anstellungen zu suchen, deren Sicherheit in manchen Fällen bald ebenso bedroht wurde.

Johann Franz Xaver Sterkel

LEBEN
Johann Franz Xaver Sterkel wurde am 3. 12. 1750 in Würzburg geboren. Er studierte ab 1764 in seinem Geburtsort Theologie und wirkte als Stiftsorganist am Neumünster, wurde 1778 Hofkaplan und Organist in Mainz, reiste 1779 für 3 Jahre auf Kosten des Kurfürsten durch Italien, wurde darauf Mitglied und 1793 Kapellmeister der Mainzer Hofkapelle. Als 1797 die Franzosen in das Kurfürstentum einmarschierten, ging er zunächst nach Würzburg, dann 1802 nach Regensburg und schließlich 1810 nach Aschaffenburg als Hofmusikdirektor. Im Jahr 1815 kehrte er nach Würzburg zurück, wo er am 12. 10. 1817 starb.

WERKE
Von Johann Franz Xaver Sterkel sind über 100 kompositorische Werke erschienen, darunter 10 Sinfonien, 2 Ouvertüren, ein Streichquintett, zahlreiche Klaviertrios, Violinsonaten, Klavierkonzerte, Klaviersonaten zu 2 und 4 Händen, Rondos und Fantasien für Klavier, über 20 Hefte mit Liedern, 3 Hefte mit italienischen Canzonetten, 2 Hefte mit italienischen Duos für zwei Soprane, Arien und Chöre. Er war bei den Zeitgenossen als Pianist und Komponist sehr geschätzt.

Erich Walter Sternberg (1891–1974)

LEBEN
Erich Walter Sternberg wurde am 31.5.1891 in Berlin geboren. Er war dort Schüler von Hugo Leichentritt (Komposition), Hermann Abert und H. Prätorius (Klavier) am Klindworth-Scharwenka-Konservatorium in Berlin. Ab 1925 reiste er mehrmals nach Palästina. Im Jahr 1931 wanderte er nach Palästina aus, wo er Lehrer am Konservatorium in Tel Aviv wurde und 1936 das heutige Israel Philharmonic Orchestra gründete. Von 1938 bis 1953 war er Präsident der israelischen Sektion

der IGNM. Er starb am 15. 12. 1974 in Tel Aviv.

WERKE
Für Orchester schrieb Erich Walter Sternberg »Die Josephs-Geschichte«, »Die zwölf Stämme Israels«, »Höre Israel«, »Kontrapunktische Studie«, »Leichte Suite«, »Die Arche Noahs«, an Kammermusik 2 Streichquartette, eines davon mit Altsolo, eine Violinsonate, sodann zahlreiche Orchestergesänge für Solostimmen, zum Teil mit Chor und verschiedenen Soloinstrumenten, und ein Oratorium. Er nahm am Aufbau der israelischen Musikentwicklung erheblichen Anteil.

Johann Steuerlein (1547–1613)

ZEIT UND UMWELT
Der intensive Musikunterricht an den deutschen Lateinschulen durch tüchtige Schulkantoren erzeugte neben einer stattlichen Reihe vorzüglicher Berufsmusiker auch fähige Dilettanten, die keine musikalische Laufbahn einschlagen wollten, aber dennoch wertvolle Beiträge zur profanen und auch sakralen Musik leisteten.

LEBEN
Johann Steuerlein (Steurlin) wurde am 5. 7. 1547 in Schmalkalden geboren. Er studierte in Magdeburg, wo Gallus Dreßler als Kantor tätig war, darauf in Jena und Wittenberg. Von 1569 bis 1589 war er Stadtschreiber in Wasungen, dann Notar und 1604 bis 1612 Stadtschultheiß in Meiningen, wo er am 5. 5. 1613 starb.

WERKE
Von Johann Steuerlein sind »Das Deutsche Benedicite und Gratias«, 21 geistliche Lieder, 24 weltliche Gesänge, 23 geistliche Gesänge, 27 »Newe Geistliche Gesenge und Christliche Gesenglein auf St. Gregori« erhalten und einiges in Sammelwerken. Dieses Liedschaffen hatte sich von der Motettenform des 16. Jahrhunderts schon weit entfernt und war für seine Zeit sehr fortschrittlich.

LITERATUR
G. Kraft, Die thüringische Musikkultur um 1600, Würzburg 1939–41.

Richard John Samuel Stevens
(1757–1837)

ZEIT UND UMWELT
Der englische Kaufmann und Begründer der Königlichen Börse, Sir Thomas Gresham (1519–79), stiftete testamentarisch das Gehalt für einen Lehrer der Musikwissenschaft an dem von ihm ins Leben gerufenen Gresham College. Der erste war John Bull (1562 bis 1628).

LEBEN
Richard John Samuel Stevens wurde am 27. 3. 1757 in London geboren und unter William Savage im Chor von St. Paul's ausgebildet. Er wirkte als Organist an Temple Church und im Charter House; 1801 wurde ihm der Lehrstuhl für Musikwissenschaft am Gresham College übertragen, die er bis zu seinem Tod am 23. 9. 1837 betreute.

WERKE
Die Berühmtheit von Richard John Samuel Stevens fußt auf seinen 3 Sammlungen mit

St. Paul's Cathedral in London, Stich von T. Bowles, 1755

Glees, von denen einige preisgekrönt wurden. Weitere Glees und ein Catch erschienen in fremden Sammelwerken. Er veröffentlichte ferner 3 Cembalosonaten und Lieder, außerdem eine dreibändige Sammlung sakraler Musik für eine bis vier Stimmen von den bekanntesten italienischen und englischen Komponisten.

John Andrew Stevenson (1761–1833)

Zeit und Umwelt
Mit Farce wurde zunächst ein komisches Zwischenspiel zu Bühnenstücken, ab dem 15. Jahrhundert ein selbständiges kurzes Bühnenstück mit eingelegten Chansons und später eine musikalische Posse schlechthin bezeichnet.

Leben
Sir John Andrew Stevenson wurde im November 1761 in Dublin geboren. Er war ab 1771 Chorist an Christ Church und an St. Patrick's, wo er ab 1783 als Chordirigent wirkte. Im Jahr 1800 wurde er Chorleiter an Christ Church und 1814 Erster Organist und Musikdirektor an Castle Chapel. Er starb am 14. 9. 1833 in Kells, Meath.

Werke
Außer der Musik zu zahlreichen Farcen und Operetten schrieb John Andrew Stevenson ein Oratorium, sakrale Melodien und eine Sammlung Services und Anthems. Er veröffentlichte gemeinsam mit Thomas Moore (1779–1852) 8 Bände mit irischen Melodien.

Robert Stewart (1825–94)

Zeit und Umwelt
Das bereits im 18. Jahrhundert sehr rege Musikleben in Dublin erfuhr in der Folgezeit einen gewaltigen Aufschwung durch die Gründung einer Reihe von musikalischen Gesellschaften wie die Dublin Philharmonic Society, The University of Dublin Choral Society, mehrerer Chorvereinigungen, Kammermusikgesellschaften und Catch-Clubs. Daneben lief eine intensive Musikpflege in den drei Kathedralen der irischen Hauptstadt.

Leben
Robert Prescott Stewart wurde am 16. 12. 1825 in Dublin geboren. Er war Chorknabe der Christ Church Cathedral seines Geburtsorts und mit 18 Jahren Organist; 1846 wurde er Universitätsmusikdirektor und 1873 Leiter der Dublin Philharmonic Society. Seine Tätigkeit als Dirigent, Organist, Lehrer und Organisator von Konzerten hat dem musikalischen Leben in Dublin starke Impulse verliehen. Er starb am 23. 4. 1894 in Dublin.

Werke
Von Robert Stewart sind seine »Ode an Shakespeare«, 2 Kantaten und eine Fantasie über irische Themen für Soli, Chor und Orchester lang im irischen Konzertleben lebendig geblieben. Seine Glees wurden außerordentlich geschätzt und mehrmals prämiiert.

Jan Štiastný (1764 bis um 1830)

Zeit und Umwelt
Das Prager Konzertleben hatte sich um 1800 so weit etabliert, daß es einem böhmischen Virtuosen eine Ausgangsbasis für seine Konzertreisen bieten konnte. Als Mitglied des Theaterorchesters und als Lehrer am Konservatorium fanden einzelne bereits ein ausreichendes Betätigungsfeld.

Leben
František Jan Štiastný (Štastný, Stiasny, Stasny) wurde 1764 in Prag als Sohn des Oboisten Jan Štiastný (um 1730, Prag, bis 1782, Prag) geboren. Er trat als Cellovirtuose in seiner Geburtsstadt, in Nürnberg und Mannheim auf, sodann in London und Paris, bis er sich in Mannheim niederließ, wo er vermutlich in der Hofkapelle bis zu seinem Tod um 1830 wirkte.
Sein Bruder Bernard Václav Štiastný (1760, Prag, bis 1835, Prag) war ab 1796 als Cellist Mitglied des Prager Theaterorchesters und von 1811 bis 1822 Cellolehrer am Konservatorium.

Werke

Die Duette und Sonaten für zwei Celli von Jan Štiastný gehören zu den besten Stücken dieser Gattung. Ebenso vorzüglich sind sein Divertissement und Grand Trio für Bratsche und Celli, sein Concertino für Flöte, Bratsche und Celli und seine Soli für Celli und Generalbaß.

Bernard Václav Štiastný schrieb »Il maestro ed il scolare« (Der Lehrer und der Schüler), »8 imitazioni e 6 pezzi con fughe« (8 Imitationen und 6 Stücke mit Fugen), ein weitverbreitetes Lehrwerk, das lange seinem Bruder zugeschrieben wurde, außerdem weitere zumeist pädagogische Cellostücke.

Jan Václav Stich (1746–1803)

Zeit und Umwelt

Die Leibeigenschaft wurde in Österreich erst durch Kaiser Joseph II. 1781 abgeschafft. Falls sich vorher der Leibeigene aus dem Bereich seines Dienstherrn entfernen wollte, mußte er fliehen. Wenn es ihm gelang, die Grenzen seines Landes zu erreichen, war er sicher; eine Auslieferung gab es nicht. Ein österreichischer Leibeigener konnte nach 1781 unbehelligt auch in seine Heimat zurückkehren.

Jan Václav Stich, Stich von S. C. Miger

Leben

Jan Václav Stich (Giovanni Punto) wurde am 28. 10. 1746 in Sehuschitz (Žehušice) bei Caslau (Čáslav) geboren. Er war Leibeigener und floh aus Österreich nach Hechingen in Baden-Württemberg, wo er, vorwiegend als Autodidakt zum Hornisten ausgebildet, wie später in Mainz, Paris und Würzburg, auftrat. Im Jahr 1782 wurde er Mitglied der Kapelle des comte d'Artois (des späteren Königs Karl X.); 1788 ging er nach London; von 1796 bis 1798 leitete er das Théâtre des Variétés Amusantes in Paris, 1799 hielt er sich in Wien auf und lernte Ludwig van Beethoven kennen, der für ihn seine Sonate für Klavier und Horn in F-Dur, Opus 17, schrieb. Von 1801 bis zu seinem Tod am 16. 2. 1803 lebte er in Prag.

Werke

Von den 14 Hornkonzerten von Jan Václav Stich scheinen einige Bearbeitungen fremder Kompositionen zu sein, daher muß die Zuschreibung mit Vorbehalt vorgenommen werden, die bei den Duos, Trios, Quartetten, Quintetten und Sextetten für Hörner gesichert ist. Er schrieb außerdem 6 Sonaten für Violine und Generalbaß, Flötentrios und Flötenquartette, ein Klarinettenkonzert und 2 Hymnen für Soli, Chor und Orchester. Er veröffentlichte auch eine Hornschule, in der der große Virtuose alle Möglichkeiten seines Instruments vorführte.

Hans Stieber (1886–1969)

Leben

Hans Albert Oskar Stieber wurde am 1.3.1886 in Naumburg geboren. Er studierte an den Konservatorien in Sondershausen und Leipzig und wirkte als Korrepetitor und Dirigent in Dessau, Koblenz, München, Kiel, Halle, war ab 1922 Chordirigent in Hannover, von 1937 bis 1945 in Leipzig und wurde 1947 Professor und Abteilungsleiter der Meisterklassen Komposition, Dirigieren und Operndramaturgie an der Musikhochschule in Halle, wo er am 18.10.1969 starb.

WERKE

Neben 8 Bühnenwerken schrieb Hans Stieber 4 sinfonische Orchesterstücke, ein Violinkonzert, ein Klavierkonzert, eine Suite für Gitarre und Kammerorchester und 2 weitere Stücke für Kammerorchester, ein Sextett für Klarinette, Baßklarinette und Streichquartett, ein Klarinettenquintett, 3 Streichquartette, ein Streichtrio, ein Trio für Flöte und Cello, ein Duo für Bratsche und Laute, ein Duo für Violine und Bratsche, 9 Kantaten, 5 Oden mit verschiedener Besetzung und Bühnenmusik. Er war noch stark der Spätromantik verhaftet, neigte aber zum Neuklassizismus.

William Grant Still (1895–1978)

LEBEN

William Grant Still wurde am 11.5.1895 in Woodville, Miss., geboren. Er war Schüler von George Whitefield Chadwick und Edgar Varèse. Er begann seine Karriere als Orchestermusiker und als Arrangeur von Unterhaltungsmusik. Dann trat er als erster Schwarzer in den USA als Orchesterdirigent auf. Er starb am 3.12.1978 in Los Angeles.

WERKE

Das kompositorische Werk von William Grant Still wurde stark vom Negro Spiritual beeinflußt. Er brachte 8 Opern und 4 Ballette auf die Bühne und schrieb 5 Sinfonien, eine Anzahl sinfonischer Dichtungen, 5 Suiten, einige Ouvertüren, ein Klavierkonzert, ein Harfenkonzert, mehrere Suiten für Kammerorchester, Kantaten für Singstimmen mit Chor und Orchester, darunter »They Lynched Him on a Tree« (Sie henkten ihn an einen Baum) für Erzähler, Alt, Chor und Orchester sowie Lieder.

Elisabeth Stirling (1819–95)

ZEIT UND UMWELT

Im Jahr 1856 wurde von den englischen Universitäten eine Frau, die sich um den akademischen Titel eines Bachelor of Music bewerben wollte, abgewiesen, weil man zu jener Zeit den Titel an Frauen nicht verlieh, auch wenn alle sonstigen Voraussetzungen vorlagen. Es dauerte noch einige Zeit, bis derartige Zustände der Vergangenheit angehörten.

LEBEN

Elisabeth Stirling wurde am 26.2.1819 in Greenwich geboren. Sie wurde von George Alexander Macfarren, dem Musikwissenschafter James Alexander Hamilton (1785, London, bis 2.8.1845, London) und dem Musiklehrer und Kritiker Edward Holmes (1797, London, bis 28.8.1859, USA) zur Orgelvirtuosin und Komponistin ausgebildet. Ihr meisterhaftes Pedalspiel fiel besonders auf. Ab 1839 wirkte sie als Organistin an All Saints in London und dann an St. Andrew's. Obwohl die eingereichte Komposition sehr günstig beurteilt wurde, erhielt sie den angestrebten Grad eines Bachelor of Music nicht. Sie starb am 25.3.1895 in London.

WERKE

Von Elisabeth Stirling sind besonders ihre Pedalfugen und Präludien sowie ihre Pedaltrios bemerkenswert. Auch ihre weiteren Orgelstücke, Lieder, Duette, vierstimmigen Gesänge und eine fünfstimmige Kantate mit Orchester erregten Aufsehen.

Francesco Stivori (um 1550–1605)

ZEIT UND UMWELT

Erzherzog Ferdinand, der spätere Kaiser Ferdinand II. (1578–1637), setzte als Regent von Innerösterreich die Kulturpolitik seines Vaters Karl fort. Wie in Wien und Innsbruck dominierten in seiner Hofkapelle die Italiener, weil der Zuzug aus den Niederlanden nachgelassen hatte.

LEBEN

Francesco Stivori wurde um 1550 in Venedig geboren und von Claudio Merulo wie von Giovanni Gabrieli zum Kirchenmusiker ausgebildet. Von 1579 bis 1602 war er Organist in Montagnana, wurde sodann von Erzherzog Ferdinand von Innerösterreich nach Graz gerufen, wo er 1605 starb.

Werke
Von Francesco Stivori sind eine große Anzahl mehrstimmiger geistlicher Gesänge, Ricercari und Capricci für Orgel, Konzerte für acht, zwölf und sechzehn Stimmen, Madrigale, Kanzonen und ein Buch mit weiteren acht- bis sechzehnstimmigen Madrigalen unter dem Titel »Musica Austriaca« erschienen. Seine Werke sind im venezianischen Stil verfaßt.

Literatur
H. Federhofer, Musikpflege und Musiker am Grazer Habsburgerhof der Erzherzöge Karl und Ferdinand von Innerösterreich, Mainz 1967.

Johann Stobaeus (1580–1646)

Zeit und Umwelt
Albrecht (1490–1568), der letzte Hochmeister des Deutschen Ordens, säkularisierte das Ordensland Preußen 1525 und wurde unter polnischer Lehenshoheit Herzog in Preußen. Das Herzogtum fiel 1618 durch Erbverträge an Johann Sigismund der kurbrandenburgischen Linie der Hohenzollern (1572–1619). Das nunmehrige Brandenburg-Preußen ging aus der Hand von Georg Wilhelm (1595 bis 1640) an den großen Kurfürsten Friedrich Wilhelm (1620–88) über. Obwohl die preußische Residenz von Königsberg nach Berlin verlegt wurde, blieb die dort von Herzog Albrecht begründete intensive Musikpflege noch lange auf ihrem hohen Stand.

Leben
Johann Stobaeus (Stobäus, Stobeus, Stoboeus) wurde am 6. 7. 1580 in Graudenz (Grudziądz) geboren. Er studierte in Königsberg (Kaliningrad), war dort Schüler von Johannes Eccard (1553–1611) und trat 1601 als Sänger in die kurfürstliche Kapelle ein. 1602 wurde er Kantor an der Domkirche und 1626 ihr Kapellmeister, welches Amt er bis zu seinem Tod am 11. 9. 1646 versah.

Werke
Der deutsche Kantor und Komponist Johann Stobaeus brachte aus dem Nachlaß seines Lehrers Johannes Eccard »Geistliche Lieder« und »Preußische Festlieder« heraus, denen er eigene Sätze beifügte. Seine Sammlung »Cantiones sacrae« (Geistliche Lieder) aus 1624 enthalten nur eigene fünf- bis zehnstimmige Sätze und ein Magnificat. Er schrieb außerdem zahlreiche Gelegenheitskompositionen. Alles folgt zum Großteil dem alten deutschen Liedstil und setzt Sangbarkeit und Textdeutlichkeit an erste Stelle.

Literatur
L. Kamieński, Johannes Stobäus, Posen 1928.

Johannes Stockem (um 1440–1500)

Zeit und Umwelt
Durch die Heirat der Tochter des Königs von Neapel Ferdinand I., Beatrix, mit dem ungarischen König Matthias Corvinus, die von Tinctoris in Musik unterrichtet worden war, gelangten Musiker aus dem franko-flämischen Raum an den ungarischen Hof. Überhaupt begannen die östlichen Fürstenhöfe, Musiker aus dem Westen und aus Italien heranzuziehen, die dort wirkten, bis heimische Meister zuerst die Stilgattungen der Ausländer nachahmten und schließlich eine eigene nationale Musik begründeten.

Leben
Johannes Stockem (Stokhem, Stokem, Jean de Prato alias Stochem) wurde um 1440 in Flandern geboren. Er war 1487 bis 1489 Sänger an der päpstlichen Kapelle und wirkte hernach am ungarischen Königshof. Er dürfte 1500 in Ungarn verstorben sein.

Werke
Johannes Stockem hinterließ eine Reihe von Chansons, die ihn als Meister dieser Gattung kennzeichnen und dem franko-flämischen Stil folgen.

Literatur
A. Seay, An Ave maris stella by Johannes Stockem, Revue belge de Musicologie XI, 1957.

Karlheinz Stockhausen (geboren 1928)

Leben

Karlheinz Stockhausen wurde am 22.8.1928 in Mödrath bei Köln geboren. Sein Studium an der Musikhochschule in Köln war ursprünglich auf eine Ausbildung zum Musiklehrer an höheren Schulen gezielt, er legte 1951 das Examen für das künstlerische Lehramt ab. Hermann Schroeder war in Köln sein erster Theorielehrer und Frank Martin sein erster Kompositionslehrer. Im Jahr 1951 besuchte er erstmals die Ferienkurse in Darmstadt, wo er durch Olivier Messiaen und Karel Goeyvaerts (geboren 8.6.1923, Antwerpen) in die punktuelle Musik eingeführt wurde. In Paris bildete er sich bei Messiaen und Pierre Schäffer (geboren 14.8.1910, Nancy) in Musique concrète aus, 1953 wurde er Mitarbeiter am Studio für Elektronische Musik des Westdeutschen Rundfunks und 1963 dessen Leiter; 1965 wirkte er als Dozent an der Universität in Philadelphia, von 1966 bis 1967 an der Universität in Davis, Calif.; von 1971 bis 1977 war er Kompositionsprofessor an der Musikhochschule in Köln.

Karlheinz Stockhausen

Werke

»Stockhausen ist so arriviert, daß die Uraufführungen seiner Stücke oder auch deren bloße Wiederholungen für die treuen Avantgardeanhänger zum gesellschaftlichen Ereignis werden. Auf Matten ruhend oder auf den blanken Boden hingestreckt, lauschen sie mit geschlossenen Augen dem, was da aus riesenhaften Lautsprechern tönt oder von Instrumentalisten in der Nähe oder Ferne produziert wird. Punktscheinwerfer stellen die Interpreten in gleißendes helles Licht. Die übrige Szenerie liegt im Halbdunkel. So oder ähnlich sind heute Stockhausen-Konzerte zumeist arrangiert, und seine Momentformen lösen Publikumsreaktionen aus, die spiritistischen Seancen nicht unähnlich sind« (Hans Vogt). Karlheinz Stockhausen baut die Reihentechnik aus, indem er sie nicht nur auf einzelne Töne, sondern auch auf Gruppen und Kollektive ausdehnt und auch die Wahrnehmungsqualitäten und nicht nur die Quantitäten seriell behandelt. Ähnlich entwickelte er die Elektronische Musik von rein konstruktiv-synthetisch erzeugten Klangmaterialien zu neuartigen Klängen mit bekannten Klangfarben verschiedener Schlaginstrumente, läßt radikale Geräuschstrukturen entstehen, kombiniert traditionelle Musik verschiedener Länder und Kontinente und integriert atmosphärisch untermalende und stark verfremdete Geräuschaufnahmen. Im einzelnen schrieb er unter anderem »Kreuzspiel« für Oboe, Baßklarinette, Klavier, drei Schlagzeuger, »Formel« für Orchester, »Etude« für Musique concrète, »Spiel für Orchester«, »Schlagquartett« für Klavier und dreimal zwei Pauken, »Punkte« für Orchester, »Kontra-Punkte« für zehn Instrumente. Klavierstücke I–XI, »Studie I und II« für Elektronische Musik, »Zeitmaße« für fünf Holzbläser, »Gruppen« für drei Orchester, »Gesang der Jünglinge« für Elektronische Musik, »Zyklus« für einen Schlagzeuger, »Carré« für vier Orchester und Chöre, »Refrain« für drei Spieler, »Kontakte« für elektronische Klänge, Klavier und Schlagzeug, »Momente« für Sopran, vier Chorgruppen und 13 Instrumentalisten, »Mikrophonie I« für Tamtam, zwei Mikrophone, zwei Filter und Regler, »Mikrophonie II« für zwölf Sänger, Hammondorgel und vier Ringmodulatoren, »Mixtur« für Orchester, Sinusgeneratoren und

Ringmodulatoren, »Telemusik« für Elektronische Musik, »Hymnen« für Elektronische und Konkrete Musik, »Prozession« für Tamtam, Bratsche, Elektronium, Klavier, Mikrophone, Filter und Regler, »Spiral« für einen Solisten mit Kurzwellenempfänger, »Mantra« für zwei Pianisten, »Sternklang« für fünf Gruppen, »Inori« für Orchester und Beter, »Sirius«, Elektronische Musik mit Trompete, Sopran, Baßklarinette und Baß, »Michaels Jugend« für Tenor, Sopran, Baß, Trompete, Bassetthorn, Posaune, moduliertes Klavier, drei Tänzer, Tonband, Chor und Orchester sowie Lichteffekte und weitere Stücke für verschiedene instrumentale und vokale Ensembles mit Tonband, verfremdeten Instrumenten und Geräuscherzeugern prägen das künstlerische Profil dieses vielseitigen, ständig nach neuen Klängen und Klangeffekten suchenden und sich entwickelnden Komponisten, der zu den am meisten beachteten und heftigst diskutierten Vertretern der neuesten Musik zählt.

Gruppen für drei räumlich getrennte Orchester, entstanden 1957

Die Gesamtbesetzung besteht aus 109 Musikern, die drei Orchester wurden bei der Uraufführung von Pierre Boulez, Bruno Maderna und Karlheinz Stockhausen dirigiert. Die Orchester rufen einander zu und beantworten einander; das eine gibt dem anderen Echo; eine Zeitlang hört man Musik nur von links, von vorne oder von rechts; der Klang wandert von einem Orchester zum anderen. Es handelt sich um absolute Raummusik, die mehrschichtig angelegt wurde wie etwa bei Charles Ives. »Im Klang zu sitzen, vom Klang umgeben zu sein, die Bewegungen der Klänge, ihre Geschwindigkeiten und Bewegungsformen verfolgen und erleben zu können, schafft tatsächlich eine vollkommen neue Situation des musikalischen Erlebnisses« (Stockhausen).

Kontakte für elektronische Klänge, Klavier und Schlagzeug sowie vier Lautsprechergruppen, entstanden 1960

Verschiedene Schlaginstrumente erzeugen das Klangmaterial. Das Klavier übt die Steuerung aus und vermittelt zwischen den Klangtypen oder

Stockhausen am Regiepult im Kugelauditorium des Deutschen Pavillons der Weltausstellung EXPO 70 in Osaka

trennt sie, die elektronische Schicht verfolgt den gleichen Zweck, indem sie über die Lautsprechergruppen eine Raumbewegung herstellt und das Klangspektrum erweitert.

Momente für Sopran, vier Chorgruppen und 13 Instrumentalisten, entstanden 1962, erweiterte Fassung 1965

Es handelt sich um kein festgelegtes Werk mit bestimmtem Anfang, Formanlauf und Ende, sondern um die »Aufhebung des Dualismus zwischen Vokalmusik und Instrumentalmusik, zwischen Ton und Stille, zwischen Klang und Geräusch«. Die Skala der verfügbaren Klangnuancen reicht von breiter Ausfächerung vom Phonetisch-Gestischen der Solisten über Vokal- und Geräuschaktionen der Chorgruppen zu den räumlich getrennten Blechbläsern, dem Schlagzeug und den elektronischen Tasteninstrumenten.

Telemusik für fünfkanaliges Tonband, entstanden 1966

Die Musik der gesamten Welt ist an diesem Werk beteiligt, manchmal hintereinander, manchmal gleichzeitig und einander gegenseitig durchdringend. »Es ist keine Collage. Vielmehr wird durch Intermodulationen zwischen alten, ›gefundenen‹ Objekten und neuen, von mir mit modernen elektronischen Mitteln geschaffenen Klangereignissen eine höhere Einheit erreicht, eine Universalität von Vergangenheit, Gegenwart und Zukunft von weit voneinander entfernten Ländern und Räumen.«

Mixtur für Orchester, Sinusgeneratoren und Ringmodulatoren, entstanden 1964

Die Töne einer Holzbläsergruppe, einer Blechbläsergruppe und von zwei Streichergruppen sind von Mikrophonen aufgenommen, die zu vier Mischpulten führen, wo die Balance der einzelnen Mikrophone und die Summe jeder Gruppe kontrolliert wird. Die Mischpulte sind mit vier Ringmodulatoren verbunden. Vier Musiker »spielen« Schwebungssummer, deren Sinustöne in den Ringmodulatoren modulieren. Diese Ergebnisse werden über Lautsprecher zum Orchesterklang hinzugemischt, so daß sich ein Mixturklang ergibt. Dazu treten drei Becken und drei Tamtam.

Stimmung für sechs Vokalisten, entstanden 1968

Es handelt sich um meditative Musik. Die Sänger sind geübt, bis zu neun Obertöne zu intonieren und geben damit »Magische Namen« je nach eigener Wahl von sich. »Die Zeit ist aufgehoben. Man horcht ins Innere des Klanges, ins Innere des harmonischen Spektrums, ins Innere eines Vokales.«

Trans für Holz- und Blechbläser, Streicher, Tonbandzuspielung, Lichtregie, entstanden 1971

In unregelmäßigen Abständen ist das über Tonband zugespielte verstärkte Klappern eines Webstuhls in das breitgefächerte Schallband der Streichergruppe gemischt. Rhapsodisches Linienspiel der Bläser tritt hinzu, zeitweilig intervenieren Schlagzeug, Cello, Violine und Trompete. Durch hinzugezogene optische Komponenten verläßt das Werk das Gebiet der Musik und wird zum Theater, auch wenn es eine theatralische Selbstdarstellung der Musik sein soll.

LITERATUR

K. H. Wörner, Karlheinz Stockhausen, Werk und Wollen, Rodenkirchen 1962. D. Schnebel, Denkbare Musik, hrsg. von H. R. Zeller, Köln 1972. J. Harvey, The music of Stockhausen, London 1975.

Richard Stöhr (1874–1967)

LEBEN

Richard Stöhr wurde am 11. 6. 1874 in Wien geboren. Er studierte zunächst Medizin und wurde sodann Schüler von Robert Fuchs. Von 1903 bis 1938 war er Professor für Musiktheorie am Konservatorium in Wien; dann emigrierte er in die USA und setzte seinen Unterricht bis 1942 in Philadelphia, darauf für ein Jahr in Cincinnati, O., und sodann bis 1950 in Winooski, Vt., fort. Er starb am 11. 12. 1967 in Montpelier, Vt.

WERKE

Von Richard Stöhr sind 3 Opern aufgeführt worden. Er schrieb außerdem 4 Sinfonien, eine »Vermont-Suite« für Orchester, eine Kammersinfonie für Streichorchester, Holzbläser und Harfe, ein Trompetenkonzert, ein Orgelkonzert, Kammermusik- und Klavierwerke, Männerchöre mit Orchester, gemischte Chöre, Lieder und Duette. Er veröffentlichte mehrere didaktische Werke. Er war Spätromantiker.

Gottfried Heinrich Stölzel
(1690–1749)

ZEIT UND UMWELT

Lorenz Christoph Mizler (25. 7. 1711, Heidenheim, bis März 1778, Warschau), Musikschriftsteller, Universitätslehrer für Mathematik, Philosophie und Musik, Hofrat, Historiograph und Hofarzt in Warschau, bemühte sich um eine philosophisch-mathematische Betrachtung der Musik und fühlte sich auch imstande, anhand musikalischer Regeln den Verlauf des »Krieges zwischen Kaiser Karl VII. und Frankreich« vorauszusagen. Im Jahr 1743 gründete er in Leipzig die »Societät der musikalischen Wissenschaften«, der auch Johann Sebastian Bach nach einigem Zögern als 14. Mitglied beitrat (das 20. und letzte Mitglied war Leopold Mozart).

LEBEN
Gottfried Heinrich Stölzel (Stölzl, Stöltzel) wurde am 13. 1. 1690 in Grünstädtel, Erzgebirge, geboren. Er erhielt seine musikalische Ausbildung in Schneeberg, Gera und Leipzig, war von 1710 bis 1712 Musiklehrer in Breslau (Wrocław), wurde nach Aufenthalten in Italien, Prag, Bayreuth und Gera 1719 Hofkapellmeister in Gotha und versah diese Stelle bis zu seinem Tod am 27. 11. 1749. Im Jahr 1739 wurde er Mitglied von Mizlers »Societät der musikalischen Wissenschaften«; in seinen eigenen musiktheoretischen Schriften ist aber nichts von der philosophisch-mathematischen Betrachtungsweise der Musik und deren prophetischer Anwendung zu bemerken.

WERKE
Zum kompositorischen Werk von Gottfried Heinrich Stölzel, das zum größten Teil verlorengegangen ist, gehören 18 musikalische Bühnenwerke, 12 Kantatenjahrgänge (davon 4 doppelt), 7 Passionen, außerdem zahlreiche Motetten und viele Instrumentalwerke wie Serenaden, Concerti grossi und Triosonaten. Sein Concerto grosso in D-Dur für vier Chöre ist wegen seiner Klangpracht eines seiner bekanntesten Werke. Er verfaßte ferner einige theoretische Werke.

Petar Stojanović (1877–1957)

LEBEN
Petar Lazar Stojanović wurde am 25. 8. 1877 in Budapest geboren. Er war Schüler von Jenö Hubay (1858–1937) und Robert Fuchs. Er gründete in Wien eine »Violinschule für höhere Ausbildung«. Ab 1925 war er Direktor, Erster Violinlehrer und Kompositionslehrer am Konservatorium in Belgrad, wo er am 11. 9. 1957 starb.

WERKE
Von Petar Stojanović sind 2 ungarische Opern und 3 Operetten aufgeführt worden. Er schrieb außerdem 2 Ballette, eine sinfonische Dichtung, 7 Violinkonzerte, 2 Bratschenkonzerte, ein Flötenkonzert, ein Hornkonzert, außerdem Kammermusik und didaktische Werke. Sein Stil gehörte der Spätromantik an.

Zygmunt Stojowski (1869–1946)

LEBEN
Zygmunt Stojowski wurde am 8. 4. 1869 in Strehlitz (Strzelce) geboren. Er war Schüler von Władysław Żeléński (1837–1921), Louis Diémer (1843–1919), Ignacy Paderewski, Théodore Dubois und Jules Massenet. Er trat in Frankreich, Belgien, England und in Polen als Klaviervirtuose auf und ließ sich sodann 1906 als Klavierlehrer in New York nieder, wo er am 5. 11. 1946 starb.

WERKE
Von Zygmunt Stojowski sind eine Sinfonie, eine Orchestersuite, ein Klavierkonzert, ein Violinkonzert, ein Cellokonzert, eine »Polnische Rhapsodie« für Klavier und Orchester, eine Romanze für Violine und Orchester, Etüden und andere Stücke für Klavier, Kammermusikwerke, Chöre und Lieder erschienen.

Antoni Stolpe (1851–72)

ZEIT UND UMWELT
In Polen blieb die Komposition bis zum Ende des 19. Jahrhunderts noch stark der Volksmusik verhaftet. Hier lag wohl auch das Bestreben vor, die Eigenständigkeit des seiner Eigenstaatlichkeit beraubten Volkes zu betonen und sich deutlich von der russischen Musik abzugrenzen. Dennoch sind bereits Ansätze

zu einer Weiterentwicklung über den Rahmen der Romantik hinaus nicht zu übersehen.

LEBEN
Antoni Stolpe wurde am 23.6.1851 in Puławy bei Lublin geboren. Er studierte Klavier am Musikinstitut in Warschau und anschließend in Berlin am Sternschen Konservatorium und bei Theodor Kullak und Friedrich Kiel. Nach Beendigung seines Studiums erhielt er am Sternschen Konservatorium einen Lehrauftrag für Klavierspiel. Er starb am 7.9.1872 in Meran.

WERKE
Trotz seiner kurzen Schaffenszeit verfaßte Antoni Stolpe eine Sinfonie in a-Moll, eine sinfonische Ouvertüre, eine Konzertouvertüre, ein Klavierkonzert, ein Klaviersextett, ein Streichquintett, 2 Streichquartette, ein Klaviertrio, eine Sonate für Violine und Klavier, 2 Klaviersonaten, eine »Caprice-étude de concert« für Klavier, ein Credo für gemischten Chor, Streichquintett und Orgel und Klavierlieder. Diese Kompositionen lassen ein starkes kompositorisches Talent erkennen.

LITERATUR
St. Golachowski, Antoni Stolpe, Szkic biograficzny, in: Muzika polska 1935, 7.

Thomas Stoltzer (um 1480–1526)

ZEIT UND UMWELT
Suleiman I. der Gesetzgeber (1494–1566), Sultan des Ottomanischen Reiches (ab 1520), forderte vom ungarischen König Ludwig II. eine jährliche Tributzahlung, die abgelehnt wurde. Im Jahre 1526, nach der Eroberung von Rhodos, griff der Sultan an, eroberte Pétervárad, und es kam bei Mohács zur Entscheidungsschlacht, bei der die schwachen ungarischen Kräfte aufgerieben wurden. Der König kam auf der Flucht aus der Schlacht um. Der Sultan rückte bis Pest vor, eroberte die Stadt, zog sich aber wieder bis hinter die Donau zurück. Dieser Einfall vernichtete das wirtschaftliche und kulturelle Leben des Landes, das der König und seine Gemahlin Maria auf ein beachtliches Niveau gebracht hatten. Die bald darauf folgende türkische Besetzung von Zentral- und Südungarn dauerte ungefähr 150 Jahre, in denen die kulturelle Entwicklung Ungarns stillstand. Die aus dem Westen eingewanderten Künstler verließen, sofern sie überlebt hatten, das Land, dessen Aufstieg erst wieder einsetzte, als die Osmanen daraus verdrängt waren.

LEBEN
Thomas Stoltzer (Stolzer, Stolczer, Scholczer, Stollerus, Stollcerus) wurde um 1480 in Schweidnitz (Świdnica) geboren. Über seine Jugend und Ausbildung ist nichts bekannt. Im Jahre 1519 war er Vikar am Domkapitel in Breslau. Am 8. 5. 1522 wurde ihm auf Empfehlung der Königin Maria die Leitung der Hofkapelle in Ofen von König Ludwig II. verliehen. Vermutlich durch den drohenden Krieg mit den Türken knüpfte er am Beginn des Jahres 1526 Beziehungen zu Albrecht, Herzog von Preußen (1490–1568), der in seiner Residenz Königsberg eine Hofkapelle gegründet hatte. Das konnte aber zu keinen Folgerungen mehr führen. Im August des gleichen Jahres erlitt König Ludwig nach der verlorenen Schlacht bei Mohács den Tod, und Stoltzer dürfte während des Vormarsches der Türken gegen Ofen oder bei der Einnahme dieser Stadt noch 1526 umgekommen sein.

WERKE
Die Kompositionen für den sakralen Gebrauch hat Thomas Stoltzer zum Großteil in Breslau verfaßt. Sie sind durchweg knapp gefaßt, ihr Wort-Ton-Verhältnis ist gut ausgeglichen, ihre melodische und harmonische Formung weist nicht selten konservative Eigentümlichkeiten auf. Überliefert sind davon 4 Cantus-firmus-Messen ohne Credo, 26 Motetten oder Motettenzyklen zum Proprium, 10 Responsorien, 15 Antiphone, 43 Hymnen für mehrere Stimmen, 5 Vesperpsalmen, 5 Magnificat und ein Te Deum. Außerdem sind 19 drei- bis siebenstimmige Psalmmotetten erhalten, die, zumeist ohne Cantus firmus, mit ihrer symbolischen Textausdeutung einen hohen Stand der Motetten-

kunst erreichen; 15 davon auf lateinischem, 4 auf deutschem Text. Die 4 deutschen wurden erst nach 1524 geschrieben und verwenden Luthers Psalmübersetzung. Psalm XXXVII und LXXXVI stechen durch ihren Umfang und ihre Gestaltungskraft hervor und stellen die ersten großen sakralen Kompositionen in einer Nationalsprache dar. Die überlieferten 14 weltlichen und geistlichen Lieder sind vermutlich erst in Ofen entstanden, ebenso die textlosen Instrumentalkompositionen für die Kapelle des Königs.
Stoltzer war Schüler oder zumindest unmittelbarer Nachfolger von Finck und wird neben diesem und neben Senfl zu den bedeutendsten Komponisten seiner Zeit gezählt.

LITERATUR

L. Hoffmann-Erbrecht, Thomas Stoltzer, Kassel 1964.

William Stonard (um 1585–1630)

ZEIT UND UMWELT

Die Organisten in Oxford wurden ebenso wie die Kapellmeister selten von anderswo übernommen, sondern in der Regel in der Stadt selbst ausgebildet. Sie studierten dort zumeist Musik, erreichten ihren akademischen Grad und übten darauf ihren Dienst inmitten von Studienfreunden und Lehrern aus. Damit wurde die Tradition der Kapellen am sichersten bewahrt. Ausnahmen bildeten nur Musiker, die von den Kapellen des Hofes überstellt wurden, die dafür Oxfordschüler übernahmen. Besonders die Kapelle an der Christchurch stand in engem Kontakt mit der Chapel Royal in London.

LEBEN

William Stonard (Stonnard, Stonerd) wurde um 1585 in Mittelengland geboren, studierte in Oxford und wurde 1608 Organist an der Christchurch in Oxford. Er versah diesen Dienst bis zu seinem Tod im Jahr 1630.

WERKE

Von dem englischen Komponisten William Stonard sind 2 Abend-Services und bei 10 Anthems erhalten. An profaner Musik ist nur ein vierstimmiges Catch überliefert.

Robert Stone (1516–1613)

ZEIT UND UMWELT

Die Königliche Kapelle in London war im St. James's Palace untergebracht, in dem an Sonntagen die »Gentlemen and Children of the Chapel« zweimal sangen. Die »Children« trugen prächtige Uniformen ähnlich denen der Königlichen Leibgarde. Die »Masters« wurden sorgfältig ausgewählt und verpflichtet, in gewissen Abständen den Knabenchor dem König (oder der Königin) zu einem Konzert vorzuführen. Selbst waren sie in der Regel »Gentlemen of the Chapel Royal«, an der sie neben ihrer musikpädagogischen Aufgabe mitwirkten.

LEBEN

Robert Stone (Stones) wurde 1516 in Alphington, Devon, geboren. Der englische Kirchenkomponist trat um 1543 in die Königliche Kapelle ein, bei der er – lange Zeit als Leiter des Knabenchores – bis zu seinem Tod am 2. 7. 1613 blieb.

WERKE

Am bekanntesten wurde Robert Stone durch seine Harmonisierung der Litanei des Erzbischofs von Canterbury, Thomas Cranmer (1489–1556). Außerdem verfaßte er eine Anzahl Vertonungen des »Gebetes des Herrn« für die Frühgottesdienste. Alle anderen Werke, die von Zeitgenossen sehr gelobt wurden, sind verlorengegangen, aber die überlieferten nehmen einen wichtigen Platz in der anglikanischen Kirchenmusik ein.

Stonings (um 1510 bis um 1575)

LEBEN

Stonings (Stoninges, Stenings) – der Vorname ist nicht überliefert – wurde vermutlich um 1510 in England geboren. Weitere Informationen über sein Leben und Wirken gibt es, außer daß er sich vermutlich in London aufgehalten und dort um 1575 gestorben ist, keine.

WERKE
Von den kompositorischen Werken des englischen Musikers Stonings sind ein In Nomine, ein Miserere, ein vierstimmiges lateinisches Magnificat und mehrere Madrigale überliefert. Diese Kompositionen weisen ihn als vorzüglichen Musiker aus. Das wird auch dadurch bestätigt, daß einiges von seinen Kompositionen in einer späten Sammlung von Werken des 16. Jahrhunderts aufgenommen wurde.

Bernardo Storace
(um 1620 bis nach 1664)

LEBEN
Bernardo Storace wurde um 1620 in oder bei Messina geboren. Er wirkte ab 1664 als Vizekapellmeister in Messina, wo er auch gestorben sein dürfte. Die Zeit seines Todes ist unbekannt.

WERKE
Der italienische Komponist Bernardo Storace brachte eine Sammlung verschiedener Kompositionen für Orgel und Cembalo heraus, mit denen er den von Frescobaldi begründeten Stil weiterentwickelte. Dabei wurde das Cembalospiel wesentlich mehr berücksichtigt als die Orgel.

LITERATUR
G. Pannain, Le origini e lo sviluppo dell'arte pianistica in Italia, Neapel 1917.

Stephen Storace (1762–96)

ZEIT UND UMWELT
Um 1800 zeigten sich die ersten Ansätze zu einer englischen Oper. Bezeichnend hierfür ist, daß die Anstöße von einem Meister italienischer Abkunft kamen. Es war natürlich nicht soweit, daß das italienische Muster aufgegeben wurde; auch die Texte blieben zum Teil italienisch. Die Tendenz zur Eigenständigkeit zeigte sich vor allem in der dichten Instrumentierung und der Einführung eines echten Finales an den Aktschlüssen.

LEBEN
Stephen Storace wurde am 4. 4. 1762 in einer italienischen Familie in London geboren und in Neapel am Conservatorio Sant'Onofrio ausgebildet. Dann ging er nach Wien, wo er seine ersten italienischen Opern auf die Bühne brachte und mit Wolfgang Amadeus Mozart Freundschaft schloß. Ab 1787 lebte er in London und schrieb dort eine Reihe englischer Singspiele und Opern. Er starb am 19. 3. 1796 in London.

WERKE
Neben 19 Bühnenwerken in italienischer und englischer Sprache, bei denen die letztgenannten als stilistische Neuerung echte Aktfinale brachten, verfaßte Stephen Storace einige Quartette und Quintette und weitere Kammermusik; alles im Stil Mozarts.

Alessandro Stradella (1644–82)

LEBEN
Alessandro Stradella wurde am 1. 10. 1644 in einer römischen Adelsfamilie geboren. Er war Sänger an San Giovanni de'Fiorentini und am Oratorio del Santissimo Crocifisso und trat daneben sehr viel in den Palästen des römischen Hochadels und in Florenz und Venedig auf, wo er mit seinen Freunden ein abenteuerliches Leben führte. Er wurde deswegen sogar aus Rom verwiesen, durfte aber bald wieder zurückkehren, weil man in hohen Kreisen auf seine Stimme nicht verzichten wollte. Seinen letzten Streich, eine Entführung, büßte er am 28. 2. 1682 in Genua mit dem Leben.

WERKE
Der italienische Sänger und Komponist Alessandro Stradella war trotz seiner mangelhaften Ausbildung eine der repräsentativsten Persönlichkeiten der italienischen Schule seiner Zeit. Er vereinigte alle Effekte der Meister der Vergangenheit mit überraschender

Dynamik zu neuen Klangkomplexen und stieß damit bis zu den Anfängen der Romantik vor. Besonders seine instrumentalen Ausdrucksformen erregten allgemeine Bewunderung. Er verfaßte mehrere Sinfonien für Soloinstrumente und Generalbaß und für verschieden besetzte Ensembles, einige Konzerte, Serenaden für Singstimme und Instrumente, Motetten und Madrigale, mehr als 200 profane und sakrale Kantaten und die Oratorien »Santa Editta Vergine e Monaca« (Heilige Edith, Jungfrau und Nonne), »Ester liberatrice del populo ebreo« (Esther, die Befreierin des hebräischen Volks), »San Giovanni Battista«, »San Giovanni Crisostomo«, »Santa Pelagia«, »La Susanna«, außerdem 8 sehr erfolgreiche Opern.

LITERATUR

R. Giazzotto, Vita di Alessandro Stradella, Mailand 1962.

Ewald Sträßer (1867–1933)

LEBEN

Ewald Sträßer wurde am 27.6.1867 in Burscheid im Bergischen Land geboren. Er studierte am Konservatorium in Köln, an dem er ab 1892 als Harmonie- und Kontrapunktlehrer wirkte. Im Jahr 1921 wurde er Dozent an der Kölner Universität und im selben Jahr Kompositionslehrer an der Musikhochschule in Stuttgart, wo er am 4.4.1933 starb.

WERKE

Johannes Brahms bildete den Leitstern für die Kompositionen von Ewald Sträßer. Er schrieb eine Oper, 2 Sinfonien, eine Ouvertüre, das sinfonische Stück »Frühlingsbilder«, ein Klavierkonzert, einige Kammermusik, Klavier- und Orgelstücke, Chöre und Lieder.

Maurice Strakosch (1825–87)

ZEIT UND UMWELT

Die zahlreichen in den USA in der zweiten Hälfte des 19. Jahrhunderts gegründeten Theater und Opernhäuser boten tüchtigen Impresarios ein weites Arbeitsfeld, daher wurde der Zustrom von Musikern, denen es in Europa zu eng wurde, ständig stärker.

LEBEN

Maurice Strakosch wurde 1825 in Lemberg (Lwiw) geboren. Er wurde am Konservatorium in Wien ausgebildet und lebte von 1845 bis 1860 in den USA, zuerst als Musiklehrer und sodann als Konzertunternehmer und Opernleiter in New York und in Chicago. Dann war er in ähnlicher Stellung in Paris und Rom tätig. Er starb am 9.10.1887 in Paris.

WERKE

Von Maurice Strakosch wurden in New York 2 Opern aufgeführt. Über das Schicksal seiner weiteren Kompositionen für die Bühne und den Konzertsaal, die er angeblich verfaßt hat, ist nichts bekannt. Im Musikleben der USA spielte er eine entscheidende Rolle.

Gerald Strang (1908–83)

LEBEN

Gerald Strang wurde am 13.2.1908 in Claresholm, Kanada, geboren. Er war Schüler von Charles Koechlin, Arnold Schönberg und Ernst Toch. Darauf arbeitete er an verschiedenen kalifornischen Colleges und Universitäten, bis er 1969 in Los Angeles Dozent für Elektronische Musik wurde. Er starb am 13.2.1983 in Loma Linda, Californien.

WERKE

Von den zahlreichen Werken von Gerald Strang, bei denen fallweise die modernsten Techniken Anwendung fanden, sind zu erwähnen: 2 Sinfonien, ein Concerto grosso, ein Cellokonzert, ein Intermezzo, ein sinfonisches Bild für Orchester, ein Stück für drei Schlagwerker, eine Sonate für Flöte solo und Computermusik.

Michele Stratico (um 1721 bis um 1782)

ZEIT UND UMWELT

König Władysław von Neapel (1377–1414), ungarischer König ab 1403, trat Dalmatien an

Venedig ab. Das Land wurde, mit zeitweisen durch das Eindringen der Türken bedingten Unterbrechungen, bis 1797 von der Republik regiert. Die dalmatinischen Städte nahmen an der kulturellen Entwicklung Venedigs teil; auch ihre Musiker wurden dort ausgebildet und fanden in der Republik ihren Wirkungsraum.

LEBEN

Michele Stratico wurde um 1721 in Zadar (Zara) geboren. Er studierte an der Universität Padua Rechtswissenschaft und war zugleich Schüler von Giuseppe Tartini. Wo und in welcher Eigenschaft er als Musiker tätig war, ist unbekannt. Vermutlich gehörte er zu einer Kapelle in Padua und betätigte sich als Violinlehrer. Er starb, vermutlich in Padua, um das Jahr 1782.

WERKE

Von den zahlreichen Instrumentalwerken, die Michele Stratico verfaßte, sind 6 Sonaten für Violine und Cello oder Cembalo im Druck erschienen. Seine Sinfonien, Konzerte und Sonaten sind handschriftlich überliefert. Sein Stil war an Giuseppe Tartini orientiert.

LITERATUR

M. T. Roeder, Sonatas, Concertos and Symphonies of Michele Stratico, Santa Barbara 1971.

Georg Christoph Strattner
(um 1645–1704)

LEBEN

Georg Christoph Strattner wurde um 1645 in Gols, Ungarn (heute Österreich), geboren. Er erhielt – vermutlich in Preßburg – von seinem Cousin Samuel Capricornus Musikunterricht und wurde darauf in Stuttgart als Sänger eingestellt. Ab dem Jahr 1666 war er Hofkapellmeister in Durlach und ab 1682 Kapellmeister an der Barfüßerkirche in Frankfurt am Main. Er mußte die Stadt verlassen, wurde 1694 Tenorsänger und ein Jahr darauf zweiter Kapellmeister in Weimar, wo er 1704 starb und am 11. 4. begraben wurde.

WERKE

Der deutsche Komponist Georg Christoph Strattner schrieb zahlreiche Kantaten und andere sakrale Stücke, Arien und Kirchenlieder, außerdem die Musik zu mehreren Singballetten. Sein Vokalstil hat jüngere Komponisten sehr beeinflußt.

Christoph Strauß (um 1575–1631)

ZEIT UND UMWELT

Kaiser Matthias (1557–1619) verfolgte gemeinsam mit Kardinal Melchior Klesl (1552 bis 1630) eine konziliante Politik gegenüber Protestanten und Calvinisten; er hoffte, durch eine Befriedung der deutschen Staaten ihre Einigung und eine Aufwertung der Kaiserwürde, die durch den religiösen Zwist zum leeren Titel geworden war, zu erreichen. Doch die katholischen Fürsten, vor allem sein Bruder Maximilian (1558–1618) und sein Cousin Ferdinand (1578–1637), der Matthias als Ferdinand II. auf den Thron folgte, vereitelten diese Absichten. Klesl wurde verhaftet, Matthias entmachtet, und der Dreißigjährige Krieg brach aus.

LEBEN

Christoph Strauß wurde um 1575 vermutlich in Wien geboren. Er entstammte einer Musikerfamilie, die bereits durch Generationen in kaiserlichen Diensten gestanden war. Um 1594 wurde er Organist an St. Michael in Wien, 1601 Kammerorganist des Hofes und 1617 Vizekapellmeister der Hofkapelle. Mit dem Tod des Kaisers Matthias verlor er seine Position; Ferdinand II. brachte seine Musiker aus Graz mit. Strauß übernahm in den darauffolgenden Jahren die Kapellmeisterstelle am Wiener Stephansdom. Er starb im Juni 1631 in Wien.

WERKE

Der österreichische Komponist Christoph Strauß war ein Mann der Übergangszeit vom alten zum neuen Stil. Seine Motetten sind polyphon angelegt, seine acht- bis zwanzigstimmigen Messen sind homophon, mehrchörig und zum Teil konzertant. Seine

»Missa pro defunctis« für instrumentalen und vokalen Doppelchor dürfte eines der bedeutendsten kirchenmusikalischen Werke seiner Zeit sein.

LITERATUR
G. Adler, Zur Geschichte der Wiener Meßkomposition in der zweiten Hälfte des 17. Jahrhunderts, in: Studien zur Musikwissenschaft, IV., 1916.

Johann Strauß (1804–49)

ZEIT UND UMWELT
Die Bezeichnung Walzer für den Doppeldrehtanz, bei dem das Paar in geschlossener Tanzhaltung sich um die eigene Achse drehend die Tanzfläche umrundet, ist seit ungefähr 1780 belegt. »Walzendes« Tanzen wurde aber schon 1760 durch eine bayrische Verordnung untersagt, so daß man sein Aufkommen um mindestens ein Jahrzehnt vorverlegen kann. Als in Wien 1786 der erste Walzer in der Oper »Una cosa rara ossia Bellezza ed onestà« von Vicente Martín y Soler (1754–1806) auf der Bühne getanzt wurde, fand er trotz heftiger Kritik einzelner aus der hohen Gesellschaft beim Publikum begeisterte Aufnahme. Und seit dem Wiener Kongreß erlangte er weltweite Verbreitung und erfaßte alle Gesellschaftsschichten. Frühe Walzerkompositionen verfaßte Daniel Steibelt im Jahr 1800, als die ersten Konzertwalzer werden die »Tänze für den Apollosaal« für Klavier von Johann Nepomuk Hummel aus 1808 angesehen; sie wiesen mehrere Trios und Da Capo sowie eine Coda auf. Mehrgliedrige Walzerketten, die zwischen Konzert- und Gebrauchsmusik schwankten, folgten, die Zahl der gekoppelten Tanznummern stieg bis zwölf an, bis Joseph Lanner und Johann Strauß den klassischen Wiener Walzer um 1820 prägten.

LEBEN
Johann Baptist Strauß wurde am 14. 3. 1804 in Wien geboren. Er wurde von Ignaz Xaver von Seyfried in Musiktheorie unterrichtet und trat darauf in die Kapelle des Michael Pamer (1782–1827) als Bratschist ein. Das von Joseph

Johann Strauß (Vater)

Lanner 1818 gegründete Trio erweiterte er durch seinen Beitritt zum Quartett und wurde Hilfsdirigent, als Lanner 1824 das Ensemble vergrößerte. Ein Jahr darauf trennte er sich von Lanner und gründete eine eigene Kapelle, die sich bald größter Beliebtheit erfreute; auch auf den Konzertreisen, die er ab 1833 unternahm, erntete er viel Beifall. Im Jahr 1834 wurde Johann Strauß Kapellmeister des Ersten Wiener Bürgerregiments und 1835 Hofballdirektor. Der Walzer wurde hoffähig. Er starb am 25. 9. 1849 in Wien.
Sein Sohn Johann Strauß (25. 10. 1825, Wien, bis 3. 6. 1899, Wien), »der Walzerkönig«, mußte anfänglich heimlich Violinstunden nehmen, weil sein Vater gegen eine musikalische Laufbahn seiner Söhne war. Im Jahr 1844 gründete er eine eigene Kapelle, die bald ebenso beliebt war wie die seines Vaters; nach dessen Tod

vereinigte er beide Kapellen zu einem imponierenden Klangkörper, der auf vielen Konzertreisen bis in die USA ungeheure Erfolge errang. Von 1863 bis 1870 leitete er die Wiener Hofbälle.
Sein zweiter Sohn, Joseph Strauß (22.8.1827, Wien, bis 21.7.1870, Wien), neigte anfänglich mehr zu Dichtkunst und Malerei, wurde aber doch Musiker, konnte aber wegen seiner schwachen Gesundheit keine feste berufliche Bindung eingehen. Er vertrat oftmals den Bruder in der Leitung seiner Kapelle und widmete sich der Komposition von Tanzmusik.
Sein dritter Sohn, Eduard Strauß (15.3.1835, Wien, bis 28.12.1916, Wien), war Schüler von Simon Sechter und bildete sich auch zum Violinisten und Harfenisten aus. Er wirkte zunächst in der Kapelle seines Bruders Johann, trat sodann 1859 mit einer eigenen Kapelle vor die Öffentlichkeit und übernahm 1870 die Leitung der Hofbälle. Weite Konzertreisen führten ihn bis nach Amerika. Seine kompositorische Tätigkeit war der Tanzmusik gewidmet.

WERKE

Das kompositorische Werk von Johann Strauß (Vater) umfaßt 251 Nummern; darunter figurieren neben 32 Quadrillen, 24 Galopps, 18 Märsche, 13 Polkas und 152 Walzer, die seinen Ruhm und Ruf als Begründer des »Wiener Walzers« neben Joseph Lanner durch die Welt trugen und bis in unsere Zeit ungeschmälert lebendig erhielten; von seinen Märschen war es der »Radetzky-Marsch«, der zu diesem Ruf noch beitrug. Zur vorwiegend von Joseph Lanner gebildeten neuen Walzerform mit Introduktion, fünfgliedriger Walzerkette und Coda fügte Johann Strauß eine für alle Nachfolger weitgehend verbindliche Instrumentierung hinzu, die die Eintönigkeit des Rhythmus vergessen läßt.
Johann Strauß (Sohn) vertiefte Form und Farbe des neuen Tanzes und entwickelte ihn zum Ausdruckstanz durch eine nahezu sinfonische Orchestrierung und hinreißende Melodik; die Introduktion erhielt stimmungschaffenden Ouvertürencharakter, und die Coda bot Reminiszenzen aller in den Walzern verwendeten Melodien. Seine Tanzkompositionen bestehen aus 169 Walzern, von denen

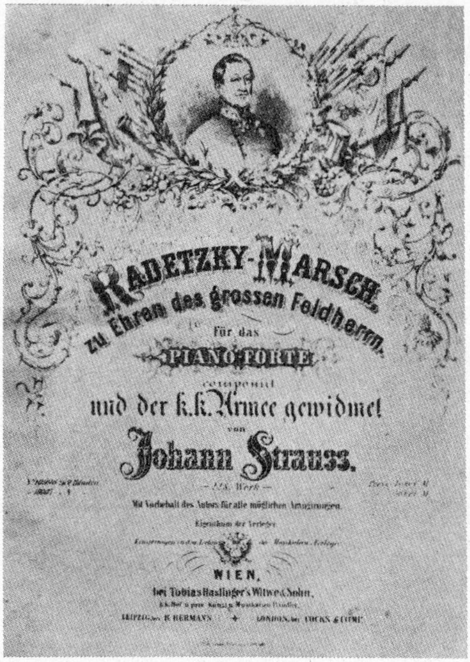

Titelblatt des »Radetzky-Marsches« von Johann Strauß (Vater)

Johann Strauß (Sohn)

»An der schönen blauen Donau«, »Frühlingsstimmen« und »Kaiserwalzer« die berühmtesten sind, 76 Quadrillen und 178 Polkas verschiedener Art. Von seinen 16 Operetten haben »Die Fledermaus«, »Der Zigeunerbaron« und »Eine Nacht in Venedig« Weltberühmtheit erlangt und sind den Werken von Jacques Offenbach und Charles Lecocq als gleichwertig an die Seite zu stellen; sie werden noch heute vielfach aufgeführt. Die Oper »Ritter Pázmán« wird nur mehr selten ausgegraben; die unter seinem Namen aufgeführten Ballette sind mehr oder weniger geschickte Kompilationen.
Joseph Strauß verfaßte 283 Tänze, zum Großteil Walzer, von denen »Dorfschwalben aus Österreich« die größte Beliebtheit erlangte. Sie werden noch viel gespielt.
Eduard Strauß schrieb 318 Tänze, die das Vorbild seines Bruders Johann sehr deutlich verraten. Einige davon werden immer wieder hervorgeholt.

LITERATUR

H. E. Jacob, Johann Strauß Vater und Sohn, Hamburg 1953. K. Pahlen, Johann Strauß, Die Walzerdynastie, München 1975. M. Hürlimann, Die Walzer-Dynastie, Zürich 1976. M. Prawy, J. Strauß, Wien 1975.

Joseph Strauß (1793–1866)

ZEIT UND UMWELT

Obwohl die böhmischen Städte im 19. Jahrhundert bereits eine beachtliche Aufnahmefähigkeit für einheimische Musiker hatten, und die Emigration böhmischer Musiker nahezu der Vergangenheit angehörte, zogen doch einzelne Talente nach Wien, um sich auszubilden und anschließend ein günstiges Engagement zu erhalten. Sie trafen auch überall auf Landsleute, denn böhmische Musiker gab es nahezu in der ganzen musikalischen Welt.

LEBEN

Joseph Strauß wurde am 15. 5. 1793 in Brünn geboren. Er war Schüler von Joseph Blumenthal, Ignaz Schuppanzigh, Franz Teyber (1758 bis 1810) und Johann Georg Albrechtsberger in Wien, wo er bereits in jungen Jahren in das Hofopernorchester als Violinist aufgenommen wurde. Anschließend spielte er in Budapest und wurde 1813 Musikdirektor in Timişoara (Temesvár), wirkte in Sibiu (Hermannstadt), Brünn und Straßburg, weiters am Hoftheater in Mannheim und von 1824 bis 1863 als Hofkapellmeister in Karlsruhe, wo er am 2. 12. 1866 starb.

WERKE

Neben mehreren Opern verfaßte Joseph Strauß Schauspielmusiken und ein Oratorium (»Judith«), zudem ein Streichquartett, mehrere Variationen für Violine und sehr viele Lieder, die weit verbreitet wurden, weil sie den in der Romantik gewünschten sentimentalen Ton gut trafen.

Richard Strauss (1864–1949)

LEBEN

Richard Georg Strauss wurde am 11. 6. 1864 in München als Sohn des Ersten Hornisten des Münchener Hoforchesters und der Josephine Pschorr (10. 4. 1837, München, bis 16. 5. 1910, München) geboren. Er wuchs in musikalischer Atmosphäre auf und zeigte früh eine starke Neigung zur Musik, die vom Vater sehr gefördert wurde. Ab seinem 5. Lebensjahr erhielt er regelmäßigen Klavierunterricht, als Sechsjähriger schrieb er seine ersten Kompositionen, im 10. Jahr begann sein Violin- und Theorieunterricht. Während seiner Gymnasialzeit wurden im Elternhaus seine ersten Kompositionen gespielt. Nach einem Universitätsjahr, in dem er Philosophie und Ästhetik hörte, widmete er sich völlig der Musik. Durch die Vermittlung des Dirigenten Hans von Bülow (1830–94) wurde er 1885 Kapellmeister in Meiningen, wo er selbst seine f-Moll-Sinfonie dirigierte – seine erste in d-Moll war bereits 1884 von Theodore Thomas (11. 10. 1835, Esens bei Hannover, bis 4. 1. 1905, Chicago) gegeben worden. Damals begann sein Aufstieg als Komponist und zugleich seine Hinwendung zu Hector Berlioz, Franz Liszt und Richard Wagner. Zwischen 1886 und 1889 dirigierte er an der Oper in München, hierauf bis 1894 an der Hofoper in Weimar und sodann abermals in München als Generalmusikdirektor. Nun entstanden seine ersten Opern; große Reisen als Gastdirigent und seine Verehelichung mit der Hauptinterpretin seiner Lieder, Pauline de Ahna (1862, Ingolstadt, bis 13.5.1950, Garmisch) fielen in jene Zeit. Im Jahr 1898 wurde er Erster Hofkapellmeister in Berlin. Neuerlich kam es zu ausgedehnten Konzertreisen als Dirigent eigener und fremder Werke und als Begleiter seiner Frau bei ihren Liederabenden; 1904 führten ihn diese Reisen in die USA. Nachdem er aus dem Verband der Berliner Oper ausgeschieden war, wirkte er von 1919 bis 1924 als Direktor der Staatsoper in Wien. Danach ging er keine berufliche Bindung mehr ein. Er lebte nunmehr abwechselnd in Garmisch und in Wien

Das Geburtshaus von Richard Strauss in der Münchner Altstadt, das 1960 abgebrochen wurde

und wirkte als Komponist und Gastdirigent. Nach dem Ende des Zweiten Weltkrieges übersiedelte er in die Schweiz, kehrte 1949 nach Garmisch zurück, wo er am 8.9. desselben Jahres starb. »Wir alle wissen, daß wir einen Größeren nicht mehr sehen werden«, sagte Joseph Gregor (1888–1960) in seiner Trauerrede.

Sein Vater Franz Joseph Strauss (26.2.1822, Parkstein, Pfalz, bis 31.5.1905, München) war Erster Hornist des Münchener Hoforchesters und Lehrer an der Akademie der Tonkunst in München.

Werke

»Er hat gelernt, daß die Musik nicht nur bis in alle Ewigkeit unsere Nächte erhellen solle, sondern daß sie wie die Sonne sein müsse. Ich kann Ihnen versichern, daß in Richard Strauss' Musik Sonne ist«, schrieb Claude Debussy. In seinem Werk erreichte die sinfonische Dichtung noch nach dem Ende der romantischen Musikepoche ihren letzten Höhepunkt. Hector Berlioz stand mit seinen sinfonischen Werken am Beginn einer Entwicklung der Musik, die den Prioritätskonflikt zwischen Ton und Wort in der Form löste, daß dem Ton die Funktion des Worts zugeteilt wurde. Die Musik hatte sich von ihrer Stellung im Dienst des sakralen oder profanen Worts, der kultischen, politischen oder auch rein privaten Vorgänge, die auszuschmücken waren, freigemacht und wurde zur »absoluten« (soweit es das überhaupt jemals gab). Die Dichtkunst und die Dramatik berichteten, bis zu einem gewissen Maß auch der Tanz, die Maler, Bildhauer und Baumeister ließen etwas sehen, die Musik hingegen vermittelte nur unbestimmte Vorstellungs- und Gefühlsinhalte, abgesehen von etlichen konventionell entstandenen Anschauungsformen wie das »Hoch« und das »Tief« der Stimmlagen, den Marschschritt des durch zwei teilbaren Taktmaßes und das Tänzerische anderer Rhythmen. Daß das nicht genügte, zeigten die Versuche des 18. Jahrhunderts, außermusikalische Effekte – Schüsse, Donner, Tierstimmen – einzufügen. Dann erhielten Kompositionen oder deren Unterteilungen Aufschriften programmatischen Inhalts. Von da war der Schritt zur »echten Programmusik« nicht mehr weit, die einen Handlungsablauf oder eine Ereignisreihe durch ihre Ausdrucksmittel darstellte, und zwar so deutlich, daß das Wort überflüssig wurde, so daß auch die Musik zur »darstellenden« Kunst wurde. Daß damit eine Ausweitung und Bereicherung der musikalischen Ausdrucksmittel Hand in Hand ging, war eine natürliche Folge; die Klangfarbe der verschiedenen Instrumente und deren Mischungen wurden zum dritten Element des Musikgeschehens neben Ton und Rhythmus und entwickelte sich vom Charakter eines Kolorits zum essentiellen Bestandteil der Komposition. Es ist daher kein Wunder, daß die grundlegende Instrumentationskunde des 19. Jahrhunderts von Hector Berlioz stammte und diese von Richard Strauss bearbeitet wurde. Eine weitere Folge war der allmähliche Abbau der überkommenen Formen zugunsten einer freien Konzeption. Das Komponieren wurde anscheinend leichter. Man stürzte sich nun auf die Literatur und beutete alle dramatischen, epischen und lyrischen Werke der Dichtkunst aus; dabei kam die Musik selbst oft zu kurz. Die Programmusik eines Berlioz blieb aber Musik auch für den, der ihr Programm nicht kannte, die Sinfonien von Liszt sind von ihrem Programm ohne Schwierigkeit trennbar und bieten dennoch echte klangreiche Musik. Und Richard Strauss, der diese Musikgattung zur Vollendung entwickelte, brachte nicht nur eine Verdeutlichung seiner Programme, sondern wahre unvergängliche Musik. Er sagte selbst: »Auch Programmmusik ist nur da möglich und nur dann in die Sphäre des Künstlerischen gehoben, wenn ihr Schöpfer vor allem ein Musiker mit Einfalls- und Gestaltungsvermögen ist. Sonst ist er ein Scharlatan, denn selbst in der Programmusik ist die erste und wichtigste Frage immer die nach der Werthaftigkeit und Stärke des musikalischen Einfalls.« Seine Jugendsinfonien in d-Moll und f-Moll stehen auf der Linie Felix Mendelssohn-Bartholdy – Johannes Brahms und weisen entwickelte Themen auf. Der Weg zum Strauss-Stil bahnte sich erst mit der sinfonischen Fantasie »Aus Italien« an und kam in der Tondichtung »Don Juan« voll zum Durchbruch; in den folgenden Tondichtungen »Macbeth«, »Tod und Verklärung«, »Till Eulenspiegels lustige Streiche«, »Also sprach Zarathustra«, »Don Quixote« »Ein Heldenleben« und »Symphonia domestica« prägte sich die Programmusik, wie sie Strauss verstand, voll aus. Für die Eröffnung des Wiener Konzerthauses schrieb er 1913 ein »Festliches Präludium« für großes Orchester und Orgel. Die Tondichtung »Eine Alpensinfonie« war seine letzte für ein gigantisches Orchester geschriebene Komposition. Die Suite »Der Bürger als Edelmann« hat wie die »Tanzsuite aus Klavierstücken von François Couperin« kammermusikalische Besetzung. Die »Metamorphosen« sind für Streichorchester geschrieben. Einzelne Instrumentalkonzerte stammen aus seiner Frühzeit, wie die Suite für dreizehn Bläser und die Serenade mit gleicher Besetzung, die Cellosonate, das Violinkonzert, das Hornkonzert Nr. 1, die »Burleske für Klavier und Orchester« und mehrere Lieder und Klavierstücke, andere wie das Hornkonzert Nr. 2, das Oboenkonzert, die »Festmusik für den Trompeterchor der Stadt Wien«, seine 2 Sonatinen für Bläser und das »Concertino für Klarinette und Fagott mit Streichern und Harfe« aus seinen letzten Schaffensjahren; Chor- und Kammermusik sind nur mit einzelnen Stücken vertreten. Dafür liegt ein umfangreiches Liedschaffen – mehr als 150 Orchester- und Klavierlieder –, das mit seinen »Vier letzten Liedern« einen unvergleichlichen Abschluß fand, vor. Von seinen 15 Opern beherrschen mehr als die Hälfte die Spielpläne der Opernhäuser der Welt. Das Ballett »Josephs-Legende« wird noch häufig getanzt und auch konzertant aufgeführt, während das Ballett »Schlagobers« nahezu vergessen ist.

Alle diese Kompositionen sind mit wenigen Ausnahmen unbedingt lebensbejahend und stellen im großen und ganzen stets das Schöne und Gute in den Vordergrund. Er mußte aber von seiner ursprünglichen Position als »Neutöner« und »Neuerer« im Strom der stürmischen Entwicklung der Kunst und insbesonders der Musik des 20. Jahrhunderts in die Nachhut der Konservativen geraten, weil er zu den neuen Stilgattungen und Techniken, die nach der Romantik entstanden, keine Beziehung aufnahm.

Richard Strauss und Franz Schalk

Sein Vater Franz Joseph Strauss schrieb 2 Hornkonzerte in c-Moll und Es-Dur, die sehr konservativ gehalten wurden, aber die Schönheiten des Instruments voll ausschöpften.

»Aus Italien«, Sinfonische Fantasie in G-Dur, Opus 16, 4 Sätze, entstanden 1887
Dieses erste programmusikalische Werk des Komponisten weist die klassische Satzeinteilung auf, hält sich aber an die Linie Berlioz-Liszt und besteht »in Empfindungen beim Anblick der herrlichen Naturschönheiten Roms und Neapels, nicht in Beschreibungen derselben.« Der 1. Satz »Auf der Campagna« erinnert schwermütig an die große Vergangenheit der Landschaft. Dann schwingt eine Melodie der Violinen und Celli weit aus; mit leuchtenden Farben und frischen Rhythmen werden die Erinnerungsbilder verdeutlicht, bis der Satz ruhig abschließt. Der 2. Satz »In Roms Ruinen« bietet eine Fülle thematischen Materials. Der Komponist erläutert: »Phantastische Bilder entschwundener Herrlichkeit, Gefühle der Wehmut und des Schmerzes inmitten sonnigster Gegenwart«. Innige Melodien, schroffe Einwürfe lassen den Klangzauber ahnen, den spätere Kompositionen erfüllen. Im 3. Satz »Am Strande von Sorent« entfesseln sich alle Klangfarben des Orchesters und schildern den Zauber der Landschaft. Im 4. Satz »Neapolitanisches Volksleben« wird der Gassenhauer »Funicolì-Funicolà« meisterhaft interpretiert und variiert; mit weiteren fröhlichen Themen verbunden vermittelt er ein plastisches Bild von Stadt und Volk Neapels.

»Don Juan«, Tondichtung nach Nikolaus Lenau, Opus 20, ein Satz, entstanden 1889
Das gleichnamige Fragmet von Nikolaus Lenau (1802–50) ist Programm und Leitgedanke des Werks, dessen Musik keine Illustration der Verse, sondern eine Parallelschöpfung darstellt. Der Held des Gedichts wird mit einem kühn ansteigenden Thema eingeführt. Stürmische Klanggestalten charakterisieren den Abenteurer; eine Kantilene der Solovioline schildert uns die schöne Frau, die dem Verführer verfällt. Das Bild einer neuen Liebesszene schiebt sich vor, ein zweites Don-Juan-Thema erklingt in den Hörnern, dann »...ward die Welt mir wüst umnachtet... und kalt und dunkel ward es auf dem Herd«. Doch der fahle Abschluß bringt keine Katastrophe für den Helden, sondern nur ein Atemholen zu neuen Erlebnissen.

»Macbeth«, Tondichtung nach Shakespeare, Opus 23, ein Satz, entstanden 1886–88, überarbeitet 1890
Die beim Komponisten seltene dunkle tragische Grundstimmung beherrscht das gesamte Stück, das die Königstragödie nachempfindet. Die Baßtrompete beginnt mit dem Macbeth-Thema, den

Machthunger und Ruhmsucht zum Königsmord treiben. Im Furioso des Orchesters drängt die Entwicklung auf die Katastrophe zu. Im Schlußteil wird die Sühne für das Verbrechen dargestellt. Macbeth erkennt seinen Irrweg und nimmt seinen Untergang mit »königlicher Haltung« hin.

»Tod und Verklärung«, Tondichtung, Opus 24, ein Satz, entstanden 1890

Es ist unbekannt, welche Vorstellungen und Ereignisse dem Komponisten bei diesem Werk vorschwebten, ob die Krankheit, die er überstanden hatte, in ihm den Gedanken an den Tod erzeugt hatte oder ob es sich um unbeeinflußte Phantasie handelte. Stockende Pulsschläge, Fieberwahn und Todeskampf scheinen daraus deutlich zu werden. Das große Verklärungsthema entfaltet sich hymnisch und feiert den Sieg des Sterbenden über den Tod hinaus.

»Till Eulenspiegels lustige Streiche«. Nach alter Schelmenweise in Rondoform, Opus 28, ein Satz, entstanden 1895

Die Bilder, die das Rondo deutlich macht, beginnen mit dem Keifen der Marktfrauen, denen Till die Töpfe umwarf und zerbrach. Darauf zieht Till als Wanderprediger die Landstraße entlang und narrt alle Leute; er verliebt sich und wird abgewiesen; er verhöhnt die trockenen Männer der Wissenschaft. Dann holen ihn die Verspotteten und Genarrten ein und stellen ihn vor Gericht, das ihn peinlich verhört und zum Tod durch den Strang verurteilt. Mit dem letzten Flötentriller verhaucht er sein Leben. Dann aber klingt sein Thema erneut auf: er ist wieder da, denn Till Eulenspiegel ist ewig und kann nicht aus der Welt vertrieben werden.

»Also sprach Zarathustra«, Tondichtung, frei nach Nietzsche, Opus 30, 8 Teile, entstanden 1896

Es handelt sich um keinen Kommentar zu Nietzsches Philosophie, der Komponist entnahm dem Werk des Dichter-Philosophen nur das Dichterische, den Drang zur Freiheit, die Sehnsucht nach einem besseren Dasein, die Lebensbejahung und den Protest gegen Mittelmaß und Rückständigkeit. Der Tondichtung stellte der Komponist den Hymnus an die Sonne aus Zarathustra voran mit dem Kernsatz: »Zu lange hat die Musik geträumt; jetzt wollen wir wachen. Nachtwandler waren wir, Tagwandler wollen wir werden.« Die Einleitung ist von Sonnenaufgangsstimmung beherrscht. Der folgende Teil handelt von den »Hinterweltlern« – die hinter der realen Welt eine zweite suchen. Darauf intoniert die Orgel ein Magnificat, Harfenakkorde und rasche Läufe des Orchesters sprechen »Von der großen Sehnsucht«, Violinen und Posaunen singen »Von den Freuden und Leidenschaften«. Das anschließende »Grablied« nimmt von allen Jugendträumen Abschied, eine parodistische Fuge bildet den Teil »Von den Wissenschaften«. Nach dem Abschnitt erklingen die Rhythmen des »Tanzlieds«, dann ertönt der erste Schlag der Mitternachtsglocke; »Das Nachtwandlerlied« (später vom Komponisten in »Das trunkene Lied« umbenannt) beginnt und führt zum verklärten Schluß.

»Don Quixote«. Phantastische Variationen über ein Thema ritterlichen Charakters, Opus 35, 12 Teile, entstanden 1898

Der klassische spanische Stoff wird mit allen musikalischen – und zum Teil auch außermusikalischen – Mitteln drastisch in Szene gesetzt. Der Illustration ist mehr Raum gewährt als bei den anderen Tondichtungen, dennoch setzt sich überall die Erfindungskunst des Komponisten durch, so daß auch ohne Kenntnis des spanischen Romans und der Bezüge darauf ein großartiges Tongemälde vorliegen würde. Das Solocello soll Don Quixote und die Solobratsche Sancho Pansa darstellen, aber die charakteristischen Themen wären auch ohne diese Relationen interessant und äußerst reizvoll, weil an jeder Stelle die Musik so stark im Vordergrund steht, daß man auf jeden Hintergrund verzichten könnte. Die Einleitung stellt den »Ritter von der traurigen Gestalt« mittels des Cello vor, darauf zeichnen Baßklarinette, Tube und Solobratsche Sancho Pansa. Variation Nr. 1 schildert den Ausritt des seltsamen Paares, Nr. 2 den siegreichen Kampf gegen Windmühlen und Hammelherde. In Nr. 3 wird das Königreich verheißen, in dem Sancho Pansa zu hohen Würden kommen soll; Nr. 4 stellt das Abenteuer mit der Büßerprozession dar; in Nr. 5 steigt das Bild der erträumten Dulcinea auf, die Quixote in der Bauerndirne zu erkennen glaubt; Nr. 7 zeichnet den Ritt durch die Luft, Nr. 8 die Fahrt im Zauberboot, Nr. 9 den Überfall auf zwei harmlose Mönche und Nr. 10 das Duell mit Samson Carrasco, den früheren Freund. Im Finale nimmt der Held von uns Abschied; seine Abenteuer waren nur ein Ausfluß seiner Phantasie, in Wahrheit ist für ihn die Welt grau und ereignislos.

»Ein Heldenleben«, Tondichtung, Opus 40, 6 Abschnitte, entstanden 1899

Das pompöse Stück ist ein Zeitdokument der Jahrhundertwende; es soll zumindest zum Teil eine Abrechnung des Komponisten mit seinen Kritikern, die ihm den Aufstieg erschwerten, darstellen, dürfte aber mehr den Prototyp des »Helden« jener Zeit, der sich gegen seine Widersacher kraft seiner Persönlichkeit durchsetzt, porträtieren. Aber auch hier überwiegt das rein Musikalische so sehr, daß man alle diese Überlegungen ohne weiteres beiseite lassen kann. Der Komponist stellt im 1. Abschnitt den »Helden« vor und im 2. Abschnitt »Des Helden Widersacher«, die ihm jedoch mit ihrem Gezeter nichts anhaben können. Im 3. Abschnitt charakterisiert die Soloviolline »Des Helden Gefährtin«, kokett, kompliziert, wandelbar und doch treu. Im 4. Abschnitt geht es auf »Des Helden Walstatt«; der Held geht aus dem Kampf gegen die Feinde siegreich hervor. »Des Helden Friedenswerk« schließt sich an; Strauss läßt seine bisherigen kompositorischen Leistungen anklingen. Und im letzten Teil »Des Helden Weltflucht und Vollendung« zieht sich der Held mit seiner Gefährtin in die Weltflucht zurück. Die Kämpfe sind vorüber, die Welt kann dem Helden nichts mehr bieten.

»Symphonia domestica«, Opus 53, 4 Abschnitte, entstanden 1903

Der 1. Abschnitt dieser »Häuslichen Sinfonie« stellt die drei Themen des Tongedichts vor; den Mann, leichtlebig, verträumt und stolz, die Frau, lebhaft, fröhlich und zierlich, das Kind, ruhig »vom Weibe herkommend, dem Manne zustrebend«. Der 2. Abschnitt stellt in einem Scherzo das Glück der Eltern, das Spielen des Kindes dar; die Uhr schlägt sieben Uhr, ein Wiegenlied folgt. Das Adagio des 3. Abschnittes bringt »Taten und Gedanken«, eine Liebesszene, »Träume und Sorgen«. Das Erwachen am Morgen, mit einer Doppelfuge einen lustigen Ehedisput schildert der 4. Abschnitt und führt zu einem fröhlichen Ausklang. Bis zu 40 Einzelthemen sind in diesem Tongemälde feststellbar; sie wurden vom programmsüchtigen Publikum spitzfindig ausgedeutet (Kind im Bad, der Milchmann usw.). In jener Zeit bestand das Vergnügen an der Musik zu einem großen Teil aus solchen Identifikationen, man fühlte sich dadurch dem Künstler ebenbürtiger. Uns berühren sie peinlich, daher vergessen wir gern das kleinbürgerliche Familienidyll über die prunkvolle Klangentfaltung des Stücks und die technisch grandiose Themenverflechtung, die uns diese farbensatte Tondichtung bietet.

»Eine Alpensinfonie«, Opus 64, ein Satz, entstanden 1914

Das Werk ist ein mit strahlenden Farben koloriertes Gemälde eines »Tages im Hochgebirge«, das die Zugspitze und das Wettersteingebirge dem Komponisten in seiner Villa in Garmisch darbot, eine naturalistische Zustandsschilderung ohne erkennbare geistige Reflexionen. Nach dem feierlichen Vorspiel folgen »Nacht und Sonnenaufgang«, »Anstieg und Eintritt in den Wald«, »Auf der Alm«, »Auf dem Gipfel«, »Ausklang« mit einer Serie von Untertiteln – »Stille vor dem Sturm«, »Gewitter und Sturm« usw. Im ganzen sind über 60 Themen verarbeitet und fallweise mit außermusikalischen Mitteln – Windmaschine, Kuhglocken usw. – illustriert; der Abstieg vom Gipfel ist auch dadurch gekennzeichnet, daß die Themen des »Aufstiegs« im Krebsgang verarbeitet sind, was allerdings vom Publikum kaum wahrgenommen wird.

»Josephs-Legende«, Ballettpantomime, Opus 63, ein Akt, entstanden 1914

»Ich wollte den Tanz erneuern«, schrieb Richard Strauss. »Den Tanz, so wie er, Mutter der heutigen Künste, gleichsam vermittelnd zwischen ihnen steht. Tanz als Drama und Tanz als Tanz.« Es war für den Komponisten, der als ausschließlich diesseitiger Mensch dem Christentum sehr fern stand, nicht leicht, sich mit der Gestalt des Joseph zu befassen: »So ein Joseph, der Gott sucht, dazu muß ich mich höllisch zwingen. Na, vielleicht liegt in irgendeinem atavistischen Schnörkel in mir noch eine fromme Melodie für den braven Joseph.« Aber es gibt wenig »fromme Melodien« in dem Stück, dafür mehr sinnlich rauschende Klänge zum Fest am Hof des Potiphar, zu den Verführungsversuchen seiner schönen Frau, zu den ekstatischen Tänzen des gottsuchenden Hirtenknaben Joseph, der am Ende vom Erzengel zu einem musizierenden himmlischen Chor entführt wird. Orgiastische und verklärende Tonfarbenmischungen erreichen einen so starken Effekt, daß das Ballett auch als Konzertstück ohne Choreographie sehr wirkungsvoll ist.

»Der Bürger als Edelmann«, Orchestersuite, Opus 60, 9 Teile, entstanden 1918

Das Stück ist aus der Bühnenmusik zu »Bürger als Edelmann« von Jean Baptiste Molière (1622–73) gebildet (1912); es ist kammermusikalisch besetzt, kapriziös und amüsant, dem Spätbarock und dem Rokoko verpflichtet, aber sehr färbig. Der 1. Teil – Ouvertüre – »Jourdain der Bürger« stellt ihn vor: reich, protzig und lächerlich mit seinem Versuch, ein echter Edelmann zu sein. Im 2. Teil nimmt Jourdain Tanzunterricht und im 3. Teil, »Der Fechtmeister«, Fechtunterricht. Im 4. Teil führen vier Schneider dem »Edelmann« ein Prunkkleid vor. Die Solovioline charakterisiert einen Schneider, der »nach Art vornehmer Herren auf und ab stolziert«. Im 5. Teil »Menuett des Lully« wird ein vom Komponisten modernisiertes Stück von Jean Baptiste Lully (1632–87) vorgeführt. Im 6. Teil »Courante« erklingt eine ebenfalls modernisierte Courante. Im 7. Teil »Auftritt des Cleonte« tritt der in Aussicht genommene Schwiegersohn mit Grandezza auf. Im 8. Teil »Vorspiel zum 2. Auf-

Letzte Seite aus den »Metamorphosen« von Richard Strauss, Autograph

zug« werden zwei besonders vornehme Gäste erwartet, Jourdain bereitet sich mit Bücklingen und Kratzfüßen vor dem Spiegel darauf vor. Im 9. Teil »Das Diner« werden die Gäste zur Tafel geleitet und prächtig bewirtet; der Gastgeber wird betrunken und macht einer Tischdame eine stürmische Liebeserklärung, aber es kommt zu keiner Mißstimmung, weil aus einer riesigen Schüssel ein kleiner Küchenjunge springt und den abschließenden Walzer tanzt.

Tanzsuite aus Klavierstücken von François Couperin, 8 Tänze, ohne Opuszahl, entstanden 1923

Bearbeitung von Tänzen (Pavane, Courante, Carillon, Sarabande, Gavotte, Wirbeltanz, Allemande und Marsch) François Couperins (1668 bis 1733) für Kammerorchester mit wenig Blech.

Metamorphosen, Studie für 23 Solostreicher, ohne Opuszahl, 3 Sätze, entstanden 1945

Richard Strauss verfaßte diese »Studie« als Abschied von seinem Schaffen und der zusammengebrochenen Welt. Er schrieb an Joseph Gregor: »Ich bin in verzweifelter Stimmung! Das Goethehaus, der Welt größtes Heiligtum, zerstört! Mein schönes Dresden–Weimar–München, alles dahin!« Das Stück bringt in miteinander verknüpften Sätzen, Adagio – Rascher – Adagio, eine breite sinfonische ununterbrochen variierte Bewegung über drei Themengruppen. In den letzten Takten klingt in den Bässen der Trauermarsch der Eroica von Ludwig van Beethoven (1770–1827) mit.

Sonate für Cello und Klavier in F-Dur, Opus 6, 3 Sätze, entstanden 1882

Dieses Frühwerk des Komponisten schloß sich an die Romantik des frühen 19. Jahrhunderts an. Es strahlt lyrische Wärme aus wie zahlreiche Werke des Meisters. Der 1. Satz bringt gegeneinander geführte Sätze und eine Durchführung, aber es kommt zu keiner dramatischen Auseinandersetzung. Der 2. Satz ist voll gedankenschwerer Trauer. Der 3. Satz ist ein liebenswürdiges Scherzo.

Konzert für Violine und Orchester in d-Moll, Opus 8, 3 Sätze, entstanden 1882

Dieses Stück ist durch und durch traditionell gehalten, klassisch in Anlage und romantisch in Melos und Harmonik. Man merkt dabei noch wenig von der Diktion des späteren »Strauss« außer dem weiten Melodiebogen und ihrem herrlichen Klang. Es ist elegant, virtuos und sehr ansprechend. Die »Klaue des Löwen« machte sich bereits bemerkbar.

Hornkonzert Nr. 1 in Es-Dur, Opus 11, 3 Sätze, entstanden 1883

Dieses im Schatten des Vaters Franz Joseph Strauss verfaßte Hornkonzert ist völlig im klassizistisch-romantischen Geist geschrieben, verrät aber doch schon das starke Talent des Komponisten. Weite Melodiebogen und die aparte Behandlung des Begleitorchesters fallen sofort auf. Die Sätze gehen ohne Pause ineinander über. Höhepunkt des Werks ist die Hornkantilene des 2. Satzes. Der 3. Satz bringt einen eleganten Abschluß des Konzerts.

Hornkonzert Nr. 2 in Es-Dur, ohne Opuszahl, 2 Sätze, entstanden 1942

Dieses Konzert wird als wehmütige Rückschau des Komponisten auf seine Jugend bezeichnet, es scheint jedoch vielmehr der Freude am konzertanten Spiel entsprungen zu sein. Der Unterschied zum Konzert Nr. 1 ist augenfällig. Das um 60 Jahre früher verfaßte Stück fußt zwar in der erlernten Tradition, drängt jedoch bereits nach neuen Ausdrucksformen. Dieses weist die abgeklärte Virtuosität der Reife auf. Das Orchester ist lebhaft am thematischen Ablauf beteiligt, es hat zuweilen den Anschein, als würde der Solist in den Hintergrund gedrängt. Im 1. Satz überwiegen Lyrik und Kantabilität, »Die Jagdidylle« im 2. Satz ist voll Dreiklängen, harmonisch und rhythmisch außerordentlich geistvoll und stellt an den Hornisten hohe Anforderungen. Am Ende bläst das Solohorn das Thema gemeinsam mit den beiden Orchesterhörnern im feierlichen Fortissimo.

Burleske für Klavier und Orchester in d-Moll, Opus 15, ein Satz, entstanden 1886

Das anscheinend unbekümmerte, etwas skurrile reizende Werk beginnt mit vier Paukenschlägen, denen das Orchester ein Terzenmotiv entgegensetzt. Das Paukenmotiv kehrt in diesem tänzerischen spritzigen Konzert immer wieder. Das Seitenthema, eine weit ausholende Kantilene, wird vom Klavier entwickelt; das dritte Thema ist lyrisch. Das Stück rechtfertigt im ganzen Verlauf die Bezeichnung »Burleske« in jeder Beziehung; es nimmt den schalkhaften Humor des »Till« voraus.

Konzert für Oboe und kleines Orchester in D-Dur, ohne Opuszahl, 3 Sätze, entstanden 1945

»Ich arbeite nicht, ich amüsiere mich«, schrieb der Komponist, als er dieses Werk komponierte. Die drei Sätze fließen über Kadenzen ineinander, bringen eine vergeistigte Musik im Sinne Mozarts und verzichten auf häufige Chromatik. Der 1. Satz ist von einer rollenden Streicherfigur durchsetzt, die auch im Mittelsatz mit seinem reizenden Oboenthema aufscheint. Das Finale bringt ein keckes scherzoähnliches Vivace. Die Virtuosität des Solisten muß sich mehr bei der Tonbildung als in der Grifftechnik zeigen.

Duett-Concertino für Klarinette und Fagott mit Streichorchester und Harfe, ohne Opuszahl, 3 Sätze, entstanden 1947

Es handelt sich um eine Programmusik, der das Märchen von Hans Christian Andersen (1805 bis 1875) »Von der Prinzessin und dem Bären« zugrunde liegt. Im 1. Satz erscheint die Prinzessin tänzelnd auf dem Plan, dann tritt der Bär auf, der tolpatschig um sie wirbt und sie ungestüm drängend verfolgt. Sie ist zuerst erschreckt und fluchtbereit, dann läßt sie sich im 2. Satz herbei, mit dem Werber zu tanzen. Im Finale verwandelt sich der Bär in einen Prinzen. Das liebenswürdige Duett der zwei sehr verschiedenen Holzblasinstrumente ist auch ohne die Kenntnis der Legende ein reizendes Orchesterstück.

Klavierquartett in c-Moll, Opus 13, 4 Sätze, entstanden 1884

Dieses preisgekrönte Jugendwerk des Komponisten stellt eine reizvolle Mischung von Brahms und Strauss dar; zuweilen klingt auch Mendelssohn-Bartholdy an. Die Streicher beginnen den 1. Satz unisono, dann stellt das Klavier das Hauptthema vor. Ein Seitenthema tritt hinzu, dessen Melodie bereits die Faktur des Komponisten aufweist. Der 2. Satz ist ein eiligst dahinhuschendes Scherzo mit einem kantablen Trio. Das Andante des 3. Satzes ist eine stimmungsvolle Nachtmusik, und das Finale, das mit einem wilden Hauptthema beginnt, bringt ein melodisches Gesangsthema, dem ein temperamentvoller Abschluß folgt.

Vier letzte Lieder für Singstimme und Orchester, entstanden 1949

Dieser Zyklus aus den Liedern »Frühling«, »September«, »Beim Schlafengehen« von Hermann Hesse (1877–1962) und »Im Abendrot« von Joseph von Eichendorff (1788–1857) ist die letzte vollendete Komposition von Richard Strauss, der damit in leiser Wehmut, aber doch lächelnd und zufrieden mit seinem Werk und seinem Leben als Künstler und Mensch Abschied nahm.

Literatur

R. Specht, Richard Strauss und sein Werk, 2 Bde., 1921. E. Krause, Richard Strauss, Gestalt und Werk, 1955. R. Gerlach, Richard Strauss und seine Zeit, 1985.

Igor Strawinsky (1882–1971)

Leben

Igor Fjodorowitsch Strawinsky (Strawinski) wurde am 5. 6. 1882 in Oranienbaum (heute Lomonosow) geboren. Den ersten Musikunterricht erhielt er im Elternhaus; während seines Studiums der Rechtswissenschaft in St. Petersburg nahm er bei Nikolai Rimski-Korsakow privaten Musikunterricht. Schon 1908 fiel er durch eine seiner frühen Kompositionen, die Orchesterfantasie »Feuerwerk«, dem Ballett-Impressario und Leiter des »Russischen Balletts«, Sergei Diaghilew, auf und erhielt den Auftrag zur Komposition des Balletts »Der Feuervogel«, das den internationalen Ruhm des Komponisten begründete. Er verließ noch während dieser Arbeit Rußland, wohin er – von zwei Besuchsfahrten abgesehen – nicht mehr zurückkehrte. Er lebte ab nun abwechselnd in Frankreich und in der Schweiz. Den Ersten Weltkrieg überlebte er am Schweizer Ufer des Genfer Sees; darauf übersiedelte er gänzlich nach Paris, wo er sich, unterbrochen von vielen Reisen und langen Abwesenheitsfristen, bis zum Ausbruch des Zweiten Weltkrieges aufhielt. Im Jahr 1936 wurde er französischer Bürger. Mit Ausnahme der Sowjetunion, wo seine Werke verboten wurden, trat er als Pianist und Dirigent eigener Werke in allen europäischen Ländern auf, darunter bis zum Jahr 1933 häufig auch in Deutschland. In den USA war er 1925 zum erstenmal, dann wiederholt, bis er sich 1939 in Hollywood niederließ, weil er wegen des ausgebrochenen Krieges nicht mehr nach Paris zurückkehren konnte. Nach Kriegsende reiste er – nun ab 1945 Bürger der USA – mehrmals nach Europa, um Konzerte zu geben und am neuerwachten Musikleben teilzunehmen. Seine kompositorische Tätigkeit hielt bis 1968 an. Er starb am 6. 4. 1971 in New York als nahezu legendäre Persönlichkeit der Musik des 20. Jahrhunderts.

Werke

Wenn es einen Künstler, einen Komponisten gibt, der ständig mitgeht, ständig neu und für alles zugänglich und bereit ist, sich fortdauernd zu wandeln, der nie ein Vergangener wird, sondern bis in sein hohes Alter ein Gegenwärtiger bleibt, wird er wegen seiner »Inkonsequenz« getadelt; man rechnet ihm nach, was er vor Jahren gesagt und geschaffen hat, aber seine Konsequenz liegt eben in der ständigen Inkonsequenz, mit der er sein

Künstlertum stets erneuert, seine eigene Entwicklung stetig dem Gang der Umwelt anpaßt und unaufhörlich gewillt ist, Neues aufzunehmen und Neues zu geben. Wenn auf einen Musiker unserer Zeit dieses Kriterium zutrifft, so ist es unbestreitbar Igor Strawinsky, der bei Rimski-Korsakow begann und sich im hohen Alter für elektronische und konkrete Musik interessierte, der sich einmal scharf gegen die Dodekaphonik wandte und sie später anwandte, der Impressionist, Expressionist, Neuklassiker war und was noch immer möglich war, der in der Schweiz mit sieben Soloinstrumenten ein prächtiges Kunstwerk schuf, weil nicht mehr verfügbar waren, der in Amerika, wo es ungeheuer viele Blasensembles gibt, die beste Musik für Bläser schrieb, der Russe war, Franzose und schließlich Amerikaner wurde und von den Systematikern irritiert den Kosmopoliten zugereiht wurde, der mit Vergnügen das vom Dritten Reich an viele Spitzenkünstler verliehene Gütezeichen der »Entartung« entgegennahm, der lachte, als man ihn als russischen Bolschewiken bezeichnete, obwohl Stalin seine Musik in der Sowjetunion verboten hatte, aber nach dessen Tod eine Einladung in seine alte Heimat annahm und sehr oft nach Deutschland kam, als dort der Nationalsozialismus sein Ende genommen hatte, und der eben als Mensch und als Künstler unwandelbar gegenwartsbezogen und immer jung blieb. Das nahezu alle musikalischen Genres umfassende kompositorische Schaffen Strawinskys in ein System zu bringen, ist unmöglich; es gibt keinen gemeinsamen Aspekt. Die Zeit der Bindung an die russische Tradition wurde bereits mit dem »Feuervogel« beendet, der bis zur Spitze getriebene Expressionismus hatte thematisch bald nur mehr mit der Musik der Heimat zu tun. Ungefähr mit dem Ende des Ersten Weltkriegs setzte eine neuklassische Epoche ein, in der alte Stilmittel verwertet wurden. Um 1950 wurden Dodekaphonik und Serialismus herangezogen. Diese Einteilung ist aber wenig befriedigend, weil nahezu jedes Werk des Komponisten seinen eigenen Stil hervorbringt.

Igor Strawinsky

Von seinen Bühnenwerken sind »The rake's progress« (Der Wüstling), »Renard« (Fuchs) und »Mavra« Opern im echten Sinn des Worts. »The flood« (Die Flut) ist ein Mirakelspiel, »Persephone« ein Melodram, »Die Geschichte des Soldaten« eine Pantomime, »Oedipus Rex« ein Oratorium, »Pulcinella«, »Apollon musagète« (Apollo, der Musenführer), »Orpheus«, »Kartenspiel«, »Agon«, »Der Kuß der Fee«, »Der Feuervogel«, »Petruschka«, »Das Frühlingsopfer« sind Ballette, von denen einige zu Suiten verarbeitet wurden. An Orchesterwerken schrieb er 3 Sinfonien, »Sinfonien für Bläser«, ein sinfonisches Gedicht, 2 Suiten, Orchestervariationen, Konzert für Streichorchester, ein »Fantastisches Scherzo«, »Gesang der Wolgaschiffer« für Blasorchester und Schlagwerk, »Russische Bauernhochzeit«, 4 Etüden für Orchester, 2 Kammerkonzerte, »Circus-Polka« für Blasorchester, »Ebony-Concerto« für Jazzband, eine »Ode«, »Vier norwegische Impressionen«, an Solokonzerten ein Klavierkonzert, ein Capriccio für Klavier und Orchester, »Movements« für Klavier und Orchester, ein Violinkonzert. Die Kammermusik ist mit »Ragtime für elf Instrumente«, einem Bläseroktett, einem Septett für

Streicher, Bläser und Klavier, einem Quintett für Violine und Bläser, 5 Streichquartetten, einem Trio für Flöte, Klarinette und Harfe, einer Suite und einem Tango für Violine und Klavier, einer Fanfare für zwei Trompeten und 3 Stücken für Klarinette solo vertreten. Seine Klaviermusik besteht aus 4 Etüden, einer »Piano-Rag-Music«, einer Sonate, einer Serenade, einem Konzert und einer Sonate für zwei Klaviere, außerdem aus dem Stück »Die fünf Finger«. Ferner verfaßte er die Kantaten »Sternenantlitz«, »Babel«, »Cantata«, »Canticum sacrum«, »Lamentationen«, »Zwölftonkantate«, eine »Psalmen-Sinfonie«, eine Messe, ein Requiem. Von seinen Liedern und Sologesängen sind »Faun und Schäferin«, »Pastorale« für Sopran-Vokalisen mit vier Holzbläsern und zahlreiche mit verschiedener Begleitung bemerkenswert, von denen die reizenden »Katzenwiegenlieder« für Alt und drei Klarinetten hervorzuheben sind. Diese Aufzählung der Werke ist keinesfalls erschöpfend. Der Komponist hat außerdem eine beträchtliche Menge kleinerer Werke aller Kategorien geschrieben, von denen keines künstlerisch schwächer ist als die genannten. Neben seinen Kompositionen entfaltete er eine beachtliche schriftstellerische Tätigkeit.

Psalmen-Sinfonie für vierstimmigen Chor und Orchester, 3 Teile, entstanden 1930

Der 1. Teil dieses Meisterwerks sakraler Musik: Gebet – 38. Psalm, Vers 13 und 14, beginnt mit einem wiederholt angeschlagenen Moll-Dreiklang, dann intoniert der Alt, vom Chor respondiert, ein einfaches Thema. Erst darauf setzt das Orchester ein. In der Coda tragen Soprane und Tenöre das Motiv vor, bis eine kadenzierte Wendung den Teil abschließt. Der 2. Teil: Dank – 39. Psalm, Vers 2, 3 und 4, hat die Form einer Doppelfuge. Der 3. Teil: Lobeshymne – 150. Psalm, fängt mit einem Alleluja-Ruf an, dann ertönt der Lobgesang auf einem auf und ab schreitenden Baß.

Persephone, Melodram für eine Sprecherin, Tenor, gemischten Chor, 3 Teile, entstanden 1933

Das nach einem Gedicht von André Gide (1869 bis 1951) komponierte Werk besteht aus homophonen Chören, Arien, Tänzen, Interludien und Rezitativbegleitungen ohne sinfonische Entwicklung. Der 1. Teil, »Raub der Proserpina«, wird durch einen Gesang des Dichters Eumolpos eingeläutet, der Demeter anruft und ihr berichtet, daß ihre Tochter Persephone ausgezogen sei, der Welt den Frieden zu bringen. Die Nymphen singen und feiern den frischen Frühlingsmorgen. Eumolpos nennt die Narzisse als die Blüte, durch die man in das Reich der Toten blickt, wenn man sich über sie beugt. Persephone bricht die Blume und sieht die Schatten der Unterwelt. Eumolpos fordert sie auf, hinabzusteigen und unten als Königin zu herrschen. Im 2. Teil, »Persephone in der Unterwelt«, erzählt Eumolpos, daß Persephone geraubt worden sei. Persephone hat Mitleid mit den Schatten, man bietet ihr auch kostbare Steine an, aber sie sehnt sich nach den Blumen der Oberwelt. Im 3. Teil, »Persephone kehrt zurück«, illustrieren Bläser den Kampf der winterlichen Schattenwelt gegen den Frühling. Die Unterwelt öffnet sich, Persephone zieht wieder in ihr Frühlingsreich ein.

Pulcinella, Ballett mit Gesang nach Giovanni Battista Pergolesi, 8 Bilder, entstanden 1920

Der Komponist verwendet Arien aus den Opern »Der verliebte Mönch«, »Flaminio« und »Adriano in Siria« und Melodien aus zwei Cembalosuiten, aus der Streichersuite Nr. 6 und von sechs der vierzehn Triosonaten von Giovanni Pergolesi (1710–36). Er formte 1949 aus dem Ballett eine Suite mit 9 Sätzen, die lauten: Sinfonie, Serenata, Scherzino, Tarantella, Toccata, Gavotta, Vivo, Minuetto, Finale.

Die Geschichte des Soldaten, Pantomime in 2 Teilen für Violine, Kontrabaß, Klarinette, Fagott, Trompete, Posaune, Schlagzeug, entstanden 1918

Der Teufel handelt einem Soldaten dessen einzigen Besitz, eine Violine, ab, gibt ihm dafür ein Buch, das ihn zu einem reichen Mann machen wird, und fordert von ihm, daß der ihn binnen drei Tagen das Spielen lehrt. Als der Soldat heimkehrt, sind nicht drei Tage, sondern viele Jahre vergangen. Er ist reich, aber einsam. Er nimmt dem Teufel die Violine ab, sie gibt keinen Ton mehr her; er zerreißt das Buch und ist wieder arm. Er hört von einer Prinzessin, die erkrankt ist, entreißt dem Teufel neuerlich die Violine und macht die Prinzessin mit seinem Spiel gesund. Der Teufel warnt ihn, er solle sich nicht nach Hause wagen, aber das Heimweh läßt ihn die Warnung mißachten; er begibt sich in sein Dorf, wo ihn der Teufel in die Hölle treibt. Der Komponist formte 1923 aus der Musik der Pantomime eine Suite. Jazzeinflüsse sind darin deutlich merkbar.

Apollon musagète (Apollo, der Musenführer), Ballett für Streichorchester, entstanden 1928

Der Komponist nennt als Thema: Apollo inspiriert jede der Musen zu ihrer besonderen Kunst. »Die Geburt Apollos« wird von der »Variation des Apollo« (Apollo und die Musen) abgelöst. Im nächsten Teil erhalten die Musen ein Geschenk des Gottes. Darauf zeigen sie ihre Kunst: Kalliope zierlich, Polyhymnia strahlend, Terpsichore tänzerisch, die nach einem Pas de deux mit Apollo den Ehrenplatz erhält. In der Coda werden alle drei Musen zu den Klängen einer Apotheose auf den Parnaß geführt. Das Ballett wird auch als Konzertstück gespielt.

Jeu de cartes (Kartenspiel), Ballett, 3 Teile, entstanden 1937

Die Hauptkarten eines Pokerspiels sind die handelnden Personen. In jeder Runde wird die Situation durch die Arglist des perfiden Jokers verwickelter, weil er sich in jede beliebige Karte verwandeln kann. In der dritten Runde wird er geschlagen. Die Musik enthält Anklänge an Gioacchino Rossini, Johann Strauß, Pjotr Tschaikowski, Léo Delibes und Maurice Ravel. Das Ballett wird auch als Konzertstück gespielt.

Orpheus, Ballett in 3 Teilen, entstanden 1948

Teil 1: Orpheus' Klage, Tanzweise, Tanz des Todesengels, Zwischenspiel. Teil 2: Furientanz, Tanzweise, Zwischenspiel und Tanzweise; Orpheus gewinnt Euridike zurück, Tanz, Tod Euridikes, Zwischenspiel, die Bacchantinnen zerreißen Orpheus. Teil 3: Apotheose Orpheus'.

Agon, Ballett für 12 Tänzer, 3 Teile, entstanden 1957

Tanzsuite nach Tänzen, die am Hof Ludwigs XIII. (1601–43) und Ludwigs XIV. (1638–1715) getanzt wurden. Es handelt sich um eine reine Folge von 17 Tänzen ohne Libretto.

Der Kuß der Fee, Ballett, 4 Teile, entstanden 1928

Dem Libretto liegt die Erzählung »Das Schneemädchen« von Hans Christian Andersen zugrunde. Der Komponist verarbeitete melodisches Material von Pjotr Tschaikowski, den er von allen russischen Meistern am höchsten schätzte.

Der Feuervogel, Ballett, entstanden 1909

Dieses Stück, das den Weltruhm des Komponisten begründete, folgt dem russischen Märchen vom Prinz Iwan, der im Zaubergarten des Menschenfressers Kaschtei den Feuervogel einfängt und gegen Überlassung einer Feder freigibt. Im mondbeschienenen Park tanzen Prinzessinnen. Iwan verliebt sich in eine davon und folgt ihr in das Schloß. Kaschtei will ihn zu Stein verwandeln. Iwan ruft mittels der Feder den Feuervogel herbei und erfährt das Lebensgeheimnis des Menschenfressers, so daß er diesen töten kann und alle seine Gefangenen und Verzauberten frei werden. Die Prinzessin, der er gefolgt ist, ist eine Zarentochter, die er heiratet. Die in drei Fassungen daraus entnommene Suite hat 7 Teile, von denen der 1. (Introduktion) den Zaubergarten und den Vogel darstellt, der 2. (Feuervogel und der Prinz) die Begegnung des Prinzen mit dem Feuervogel, der 3. (Spiel der Prinzessinnen) die verzauberten Prinzessinnen, der 4. (Reigen der Prinzessinnen) die Liebe des Prinzen zur schönsten Prinzessin schildert; im 5. (Höllentanz des Fürsten Kaschtei) bannt der Zauberer alles in seine Macht, der 6. (Wiegenlied) stellt die Zaubermacht des Feuervogels dar, der 7. (Hymne) läßt das Märchen majestätisch ausklingen.

Petruschka, Ballett, 4 Teile, entstanden 1911

Der 1. Teil »Der Jahrmarkt« spielt auf dem Platz der Admiralität in St. Petersburg während der Faschingswoche: Jahrmarkttreiben – Volksweisen, Leierkasten- und Spielwerksmusik, Flötenspiel eines Gauklers, Russischer Tanz. Der 2. Teil »Bei Petruschka« stellt dessen erfolgloses Werben um die Ballerina dar. Der 3. Teil »Bei dem Mohren« schildert einen Auftritt der Ballerina und Petruschkas Eifersucht. Der 4. Teil »Jahrmarkt und Tod Petruschkas« bringt den Tanz der Ammen, die Szenen Bauer und Tanzbär, Zigeuner und Händler, Tanz der Kutscher, Maskerade, Mohr und Petruschka, Petruschkas Tod, Polizei und Gaukler, Himmelfahrt Petruschkas. Die 1947 entstandene Suite bringt daraus einzelne Szenen.

Das Frühlingsopfer, Bilder aus dem heidnischen Rußland, Ballett, 2 Teile, entstanden 1913

Teil 1 »Anbetung der Erde«: Introduktion, Vorboten des Frühlings, Tanz der Jünglinge, Entführungsspiel, Frühlingsreigen, rivalisierende Stämme, Auftritt der Weisen, Anbetung der Erde, Der Weise, Tanz der Erde. Teil 2 »Das Opfer«: Introduktion, mystischer Reigen der Mädchen, Verherrlichung der Auserwählten, Anrufung der Ahnen, Rituelle Handlung der Ahnen, Opfertanz der Auserwählten. Der Komponist erklärt: »Als die Auserwählte erschöpft niedersinkt, ergreifen sie die Ahnen und heben sie zum Himmel empor. Der Zyklus der Kräfte, die wieder geboren werden, um zu vergehen und sich in der Natur aufzulösen, ist erfüllt und in diesen wesenhaften Rhythmen vollendet.«

Gesang der Nachtigall, Sinfonische Dichtung, 3 Teile, entstanden 1917 aus der Oper »Die Nachtigall« (1914)

Der 1. Teil stellt das »Fest im Palast des Kaisers in China« dar. Der darin enthaltene »chinesische Marsch« ist pentatonisch. Der 2. Teil »Die beiden Nachtigallen« bringt Charakteristika echter Nachtigallen mit viel Chromatik und Rubato und künstlichen mit schnurrenden Figurationen. Der 3. Teil »Krankheit und Genesung des Kaisers von China« läßt einen Trauermarsch der Höflinge und einen fernen Gesang der Fischer erklingen.

Bauernhochzeit, russische Tanzszenen mit Gesang und Musik, 2 Teile, entstanden 1923

Die Besetzung des Stücks besteht aus vier Gesangsolisten, gemischtem Chor, vier Klavieren und reichlichem Schlagzeug mit sechs Spielern. Im 1. Teil flechten Mutter und Brautjungfern die Haare der Braut und sprechen ihr Mut zu; der Bräutigam trifft mit seinen Freunden Vorbereitungen; die Braut verabschiedet sich und verläßt mit den Gästen das Elternhaus. Die zurückbleibenden Mütter des Paares beklagen den Verlust ihrer Kinder. Im 2. Teil erklingen rund um die Hochzeitstafel Lieder und Scherze. Das Paar wird getraut und zieht sich zurück, das Fest geht weiter, aus der Ferne klingt das Liebeslied des Bräutigams.

Sinfonien für Blasinstrumente, ein Satz, entstanden 1920, erweiterte Fassung 1947

Choralmusik »Zum Gedenken an Claude Debussy«, bei der meist bitonale Akkorde verbunden sind. Bei der Neufassung wurden 8 mosaikartig wechselnde Episoden vorangestellt.

Sinfonie in C-Dur, 4 Sätze, entstanden 1940

Der 1. Satz hat Sonatenform, sein erstes Thema wird von der Oboe, das zweite vom Horn vorgetragen. Der 2. Satz bringt ein großes Oboensolo. Im 3. Satz markieren Sforzati kräftige Akzente; eine Episode mit drei Posaunen wird in enggesetzter tiefer Lage von einem Fagott begleitet. Das Finale wiederholt die heitere Stimmung des 1. Satzes.

Sinfonie in drei Sätzen für Orchester mit Klavier und Harfe, 3 Sätze, entstanden 1946

Der 1. Satz kommt einem Klavierkonzert nahe, das an den Solisten hohe Anforderungen stellt. Der 2. Satz ist ein Harfenkonzert. Erst im Finale ordnen sich die beiden Soloinstrumente in das Orchester ein. »Der Sinfonie liegt kein Programm zugrunde, doch es ist möglich, daß der Eindruck unserer schwierigen Zeit mit ihren heftigen und wachsenden Ereignissen, ihrer Verzweiflung und Hoffnung, ihrer unausgesetzten Peinigung, ihrer Spannung und schließlich ihrer Entspannung Spuren in dieser Sinfonie zurückgelassen hat«, erklärte der Komponist.

Concerto für Klavier und Bläser, 3 Sätze, entstanden 1924

Der 1. Satz hat Toccatencharakter; eine virtuose Klavierkadenz mündet mit interessanten Rhythmen in das Largo des 2. Satzes, dessen Hauptthema von Klavier und Orchester wiederholt wird. Im Mittelteil treten zwei kontrastierende Themen auf. Der 3. Satz beginnt mit einer Kadenz, der ein straffes Fugato folgt, sodann werden ein Marsch intoniert und ein neues Thema fugiert, bis sich die Coda mit überraschender Themenballung anschließt.

Capriccio für Klavier und Orchester, 3 Sätze, entstanden 1929, revidiert 1949

Das erste Thema des 1. Satzes wird vom Solisten und dem Orchester fortissimo und langsam vorgetragen, das zweite ist leise und rasch und wird von einem Soloquartett gespielt, das zuweilen wie bei einem Concerto grosso hervortritt. Nach der Reprise konzertiert das Klavier, in freier Rondoform werden die Themen durchgeführt; nach einer Wiederholung der Introduktion führt eine Coda zum 2. Satz mit einem bemerkenswerten Klaviersatz. Im Finale kommt es zu einem heftigen Dialog zwischen Klavier und Orchester, dann bringt der Solist das Hauptthema. In der Durchführung erscheinen die gleichen rhythmischen Muster wie im 1. Satz.

Concerto in Es-Dur für Kammerorchester, 3 Sätze, entstanden 1938

In diesem Konzert sind barocke Formmodelle angewendet; es ist für fünfzehn Instrumente geschrieben. Der 1. Satz ist konzis kontrapunktisch aufgebaut und mündet in ein Fugato. Der 2. Satz ist dreiteilig und sehr transparent angelegt. Das Finale ist impulsiv, zum Teil marschartig mit rasch wechselnden Rhythmen.

Concerto in D-Dur für Streichorchester, 3 Sätze, entstanden 1946

Dieses Stück entspricht einem italienischen Concerto grosso. Der 1. Satz ist rhythmisch sehr interessant gegliedert, der 2. Satz bringt ein kantables Duett zwischen Violinen und Celli, das an Verdi-Melodien anklingt. Ein temperamentvolles und virtuoses Rondofinale schließt das Werk beschwingt ab.

Violinkonzert in D-Dur, 4 Sätze, entstanden 1931

Der 1. Satz – Toccata – wird von der Violine eröffnet; das Orchester fällt mit einer Variante des Hauptthemas ein; ein Seitenthema weitet den Tonraum nach oben aus. Darauf bringt das Orchester eine kantable Linie. Die Reprise variiert den ersten Teil des Satzes. Der 2. Satz (Aria I) beginnt mit einer weitgespannten Kantilene der Violine; er ist kammermusikalisch instrumentiert. Der 3. Satz (Aria II) ist sehr melodiös und sangbar. Der 4. Satz (Capriccio) hat freie Rondoform und steigert die Toccata durch rasches Zeitmaß. Die technischen Ansprüche an den Solisten sind enorm, obwohl der Komponist das Gegenteil behauptete. Das Prinzip des Miteinanderspielens von Soloinstrument und Orchester – anstelle eines Gegenspielens – ist beeindruckend durchgeführt. Es handelt sich um eines der bedeutendsten Violinkonzerte unseres Jahrhunderts.

Oktett für Blasinstrumente, 3 Sätze, entstanden 1923
Das Werk ist unter dem Einfluß der Musiktradition des 18. Jahrhunderts geschrieben und so exakt den Vorbildern gemäß gebaut, daß die Zeitgenossen es als Ausdörrung und Verlust der Strawinskyschen Farben bezeichneten. Interessant ist der 2. Satz wegen seines Variationensatzes mit Schlußfugato.

Septett, 3 Sätze, entstanden 1953
Das Stück ist eine serielle Motivarbeit in freier Adaption; im 3. Satz hat jedes Instrument eine eigene »Reihe« von Tönen. Die Passacaglia des Mittelsatzes besteht aus acht kanonischen Variationen.

Messe für Solostimmen und Orchester, 5 Teile, entstanden 1948
Der 1. Teil - Kyrie - ist mit großer Schlichtheit angelegt. Der 2. Teil - Gloria - weist koloraturartige Wendungen auf und wirkt sehr klangreich. Dafür ist der 3. Teil - Credo - gänzlich schmucklos und gerade dadurch sehr eindringlich. Der 4. Teil - Sanctus und Benedictus - wird zum Teil in Blockdeklamationen des Chores vorgetragen. Der 5. Teil - Agnus - ist ebenso schlicht wie das Kyrie. Dennoch ist das Werk alles eher als kalt, seine Musik steigert sich zuweilen zur Leidenschaft ekstatischer Inspiration.

Canticum sacrum für Tenor und Bariton, Chor und Orchester, 5 Sätze, entstanden 1955
Der Text dieser Kantate zu Ehren des heiligen Markus besteht aus Worten des Alten und Neuen Testaments in der Fassung der Vulgata. Es ist im Wesentlichen dodekaphonisch. Nach der von den Solisten gesungenen »Dedicatio« an die Stadt Venedig verkünden der 1. wie der 5. Satz mit Worten des Markus-Evangelium den apostolischen Auftrag des Geehrten. Der 2. und der 4. Satz bringen eine Stelle des »Hohen Lieds« und die Worte Jesu zum Vater des fallsüchtigen Kindes und sind vorwiegend den Solisten zugeteilt. Im 3. Satz werden die drei Kardinaltugenden Liebe, Hoffnung und Glaube gerühmt. Das Werk schließt mit einem vierstimmigen Kanon.

Threni, für Soli, gemischten Chor und Orchester, 3 Teile, entstanden 1958
Diese Lamentationen des Propheten Jeremias beginnen mit einem Vorspruch, dann setzt als 1. Teil die Lamentatio (Klage) mit dem Aufstellen eines orchestralen Zwölftonkomplexes ein und wird vom Chor in rhythmisiertem Sprechgesang angestimmt. Der Gesang wird zweimal von zweistimmigen Solotenören unterbrochen. Der zweite Abschnitt des Teiles wird nur von Männerstimmen bestritten, wobei ein »Basso profondo« nach russischer Art als Vorsänger auftritt. Der 2. Teil »Sensus spei« (Hoffnung) ist außerordentlich klangvoll, eine freie Entfaltung siegt über den Zwang der Zwölftonmethodik. Der 3. Teil »Solacium« (Tröstung) wird von Solosopran und Soloalt angestimmt und von den anderen Solisten und dem Chor weitergesponnen. Ein Schlußchor beendet das Werk.

Literatur

R. Siohan, Stravinsky, Paris 1971. M. Druskin, Igor Strawinsky, Leipzig 1976. W. Dömling, Igor Strawinsky, Reinbek 1982. W. Burde, Strawinsky, Mainz 1982. H. Lindlar, Strawinsky-Lexikon, 1982.

Gerhard Strecke (1890–1968)

Leben

Gerhard Werner Strecke wurde am 13.12. 1890 in Oberglogau (Głogówek), Oberschlesien, geboren. Er studierte in Jena und Berlin, wirkte darauf von 1920 bis 1924 als Schulmusiker in Neiße (Nysa), anschließend bis 1936 als Leiter des Musiklehrerseminars am Konservatorium in Breslau (Wrocław) und dann bis 1939 als Direktor des Konservatoriums in Beuthen (Bytom), von 1946 bis 1950 war er Professor für Musikerziehung in Tressingen, Württemberg. Ab 1953 lebte er in Eggerscheidt bei Düsseldorf und starb am 8.12.1968 in Ratingen bei Düsseldorf.

Werke

Von Gerhard Strecke sind 2 Sinfonien, 3 Suiten, ein Violinkonzert und ein Capriccio für Violine und Orchester, eine sinfonische Legende, Praeludium und Fuge, 3 Triosonaten, 24 Praeludien und Fugen für Orgel, 2 Messen, ein Offertorium, 5 Deutsche Motetten, 3 sechsstimmige »Deutsche geistliche Gesänge«, mehrere Kantaten und Lieder bekannt geworden. Er bemühte sich um einen moderneren Stil der sakralen Musik.

Feliciano Strepponi (1797–1832)

Zeit und Umwelt

Seit der Gründung des Konservatoriums in Mailand (1808), das mit den besten Lehrkräften ausgestattet wurde, den aufsehenerregenden Prachtaufführungen in der Scala und der einsetzenden umfassenden musikverlegerischen Tätigkeiten in der Stadt verlagerte sich die Ausbildung zum Opernkomponisten immer mehr in die lombardische Hauptstadt.

LEBEN
Feliciano Strepponi wurde 1797 in Lodi geboren. Er studierte bis 1820 am Mailänder Konservatorium unter Vincenzo Federici (1764–1826) und wirkte darauf bis 1828 als Kapellmeister am Dom in Monza und anschließend als stellvertretender Kapellmeister am Teatro Grande in Triest. Er starb am 13.1. 1832 in Triest.

WERKE
Von Feliciano Strepponi sind mehrere Opern in Mailand, Vicenza und Triest aufgeführt worden. Er verfaßte eine beträchtliche Anzahl Kirchenmusik – Messen und Proprien – in einem sehr konservativen Stil.

Wolfgang Striccius
(um 1570 bis nach 1611)

ZEIT UND UMWELT
Im ehemaligen Herzogtum Krain erfaßte die Reformation weite Bevölkerungsschichten, die in der zweiten Hälfte des 16. Jahrhunderts beginnende Gegenreformation setzte sich verhältnismäßig zögernd durch. Laibach (Ljubljana) bildete eine Zeitlang ein Zentrum des neuen Bekenntnisses, bis sich dann die evangelischen Prediger, Kantoren und Lehrer bekehren oder flüchten mußten.

LEBEN
Wolfgang Striccius wurde um 1570 in Wunstorf, Niedersachsen, geboren. Er kam 1588 als Kantor an die Lateinschule in Laibach, mußte jedoch 1592 unter dem Druck der Gegenreformation die Stadt verlassen, ging nach Niedersachsen zurück und ließ sich in Uelzen nieder. Im Jahr 1596 wurde er Schulmeister im niedersächsischen Pattensen und verblieb in dieser Stelle bis 1611. Er dürfte dort bald darauf verstorben sein.

WERKE
Der deutsche Liederkomponist Wolfgang Striccius verfaßte mehrere Liedersammlungen für drei bis fünf Stimmen, die stilistisch sehr konservativ sind. Als seine beste Leistung gilt eine sechsstimmige Motette.

LITERATUR
J. Sivec, Kompozicijski stavek Wolfganga Stricciusa, Razprave VII, 3, Ljubljana 1972.

Augustin Reinhard Stricker
(um 1675 bis nach 1720)

LEBEN
Augustin Reinhard Stricker wurde um 1675 in Berlin geboren. Er holte sich seine musikalische Ausbildung in Italien. Ab 1702 wirkte er als Tenor und Instrumentalist an der Königlichen Oper in Berlin, wurde 1614 Hofkapellmeister in Anhalt-Köthen, wirkte von 1717 bis 1718 als Kammerkomponist in Neuburg an der Donau und dürfte dort nach 1720 gestorben sein.

WERKE
Der deutsche Komponist Augustin Reinhard Stricker schrieb verschiedene Kammermusik und 6 italienische Kantaten, außerdem mehrere Opern.

LITERATUR
H. A. Frenzel, Brandenburgisch-preußisches Schloßtheater, Berlin 1959.

Kurt Striegler (1886–1958)

LEBEN
Kurt Striegler wurde am 7.1.1886 in Dresden geboren. Er war Schüler des Konservatoriums seiner Geburtsstadt. Von 1905 bis 1955 wirkte er als Solorepetitor der Dresdner Oper, war ab 1912 daneben Kapellmeister und später auch Stellvertretender Direktor des Hauses, außerdem von 1905 bis 1945 Lehrer am Konservatorium. Dann übersiedelte er nach München und wirkte als Gastdirigent des Bayerischen

Rundfunks. Er starb am 4.8.1958 in Wildthurn bei Landau an der Isar.

WERKE

Neben 5 Opern schrieb Kurt Striegler 6 Sinfonien, ein Violinkonzert und ein Scherzando für Violine und Orchester, ein Scherzo capriccio für sieben Solopauken und Orchester, ein Rondo für Kontrabaß und Orchester und ein Requiem. Sein Stil war spätromantisch, aber zuweilen etwas exzentrisch.

Alessandro Striggio
(um 1535 bis um 1593)

LEBEN

Alessandro Striggio wurde um 1535 in Mantua geboren und vermutlich dort zum Organisten, Lautenisten und Violisten ausgebildet. Im Jahre 1560 kam er an den Hof des Großherzogs Cosimo de'Medici und blieb dort bis zu dessen Tod (1574). In diese Zeit fiel auch eine Reise nach Paris und London. Anschließend lebte und wirkte er am Hof der Herzöge Gonzaga in Mantua, wo er um 1593 starb.

WERKE

Anläßlich der Hochzeit des Herzogs Francesco de'Medici (1541–87) und der Erzherzogin Johanna von Österreich (1547–78) wurden Intermedien aufgeführt, von denen Alessandro Striggio 3 für großes Orchester (4 doppelte Gravicembali, 4 Viole d'arco, 2 Posaunen, 2 Tenorflöten, 1 Kornett, 1 Querflöte, 2 Lauten, 1 Rebek) komponiert hatte. Er war einer der ersten, der solche Intermedien für große Hoffestlichkeiten vertonte und damit der Komposition ein neues Feld eröffnete. Auch einige Motetten wurden für große Instrumentalbegleitung geschrieben. Außerdem sind zahlreiche Madrigale des Komponisten überliefert, und in Sammelwerken seiner Zeit finden sich viele von ihm verfaßte Vokalwerke verschiedener Art. Seine Kirchenmusik hielt sich in bescheidenerem Rahmen.
Der Komponist genoß zu seinen Lebzeiten vielseitige Anerkennung. Kaiser Maximilian II. nannte ihn in einem Brief »einen hervorragenden Musiker«. In einer zeitgenössischen Publikation werden seine Kompositionen als »jeder Ehre und jedes Lobes würdig« qualifiziert.
Ein Teil seiner Madrigale wurde erst von seinem Sohn Alessandrino Striggio (um 1573, Mantua, bis 6. 6. 1630, Venedig, Instrumentalist am Mantuaner Hof) herausgebracht.

LITERATUR

P. G. Conti, L'apparato per le nozze di Francesco de'Medici e di Giovanna d'Austria, Florenz 1936.

Valentin Strobel (1611 bis nach 1669)

ZEIT UND UMWELT

Der auf deutschem Boden geführte Dreißigjährige Krieg betraf jeweils nur gewisse Landschaften, während andere Gebiete oft lange verschont blieben. Aber da die ständig wechselnden Fronten für kein Gebiet unbedingte Sicherheit boten, wich, wer es konnte, so weit wie möglich aus. Das streng neutrale Straßburg war ein einigermaßen sicherer Ort für Zufluchtsuchende.

LEBEN

Valentin Strobel wurde am 18. 10. 1611 in Halle getauft. Er war Lautenist an den Höfen in Darmstadt (1629), Stuttgart (1634) und Baden-Dürlach. Im Jahr 1638 begab er sich nach Straßburg, wo er bis zu seinem Tod nach 1669 als Lautenist und Lautenlehrer wirkte.
Sein Vater Valentin Strobel (um 1580, Thüringen, begraben 16. 10. 1640, Weimar) wirkte am Weimarer Hof als Lautenist.

WERKE

Der deutsche Komponist und Lautenist Valentin Strobel der Jüngere veröffentlichte 2 Bände mit Melodien für die Laute, und zwar »Über Teutsche Wältliche Lieder« und »Konzerte, Symphonien für Mandora und drei Lauten oder für vier Lauten und zwei Angelikas« (große theorbierte Laute mit siebzehn diatonisch gestimmten Saiten); außerdem befinden sich zahlreiche Stücke von ihm in verschiedenen Sammelveröffentlichungen. Sein arpeggierender Stil ist französisch beeinflußt. Von Valentin Strobel dem Älteren sind 7 Lautenstücke von beachtlicher Qualität in ein Sammelwerk aufgenommen worden.

LITERATUR

M. Vogeleis, Quellen und Bausteine zur Geschichte der Musik und des Theaters im Elsaß, Straßburg 1911.

E. Strogers (um 1505 bis nach 1550)

LEBEN

E. Strogers (Strowger) – der Vorname ist nicht gesichert, dürfte aber Edmund gelautet haben – wurde um 1505 in England geboren. Über sein Leben und Wirken gibt es keine Informationen, außer daß er Organist und Komponist war. Auch Ort und Zeit seines Todes sind nicht bekannt.

WERKE

Von E. Strogers sind Orgelstücke, mehrere Madrigale und eine Anzahl Arrangements und Kompositionen für fünf und sechs Violen überliefert, die ihn als sehr befähigten Komponisten ausweisen. Besonders interessant sind seine Stücke für Violen-Ensembles.

Nicholas Strogers (um 1555 bis um 1610)

ZEIT UND UMWELT

Konform mit der Entwicklung auf dem Kontinent bewegte sich der Stilwandel der englischen Musik von der Vielstimmigkeit zur Monodie, von der Vokalmusik zur Instrumentalmusik. Der Sologesang war in den meisten Fällen arios. Zu Rezitativen kam es erst später. An Instrumenten wurde neben Orgel und Laute die Violenfamilie bevorzugt. Gleichzeitig jedoch trat das Virginal seinen Aufstieg zum beherrschenden Instrument an.

LEBEN

Nicholas Strogers wurde um 1555 in England geboren. Über seine Ausbildung, sein Leben und Wirken ist nichts bekannt, außer daß er an verschiedenen Kirchen – vermutlich in Oxford und London – als Organist tätig war. Auch über Ort und Zeit seines Todes gibt es keine Aufzeichnungen.

WERKE

Von dem englischen Organisten sind mehrere Gottesdienstmusiken (Services), mehrere Anthems und 5 mehrstimmige Motetten auf lateinischen Texten überliefert. Dazu kommen ein Sopransolo mit Begleitung von fünf Instrumenten, mehrere Stücke für Orgel, eine Fantasie und eine Gaillarde für Virginal, eine Pavane für fünf Violen und etliche Lautenstücke. Diese Hinterlassenschaft ist sehr schmal, aber sie zeigt die Vielseitigkeit des Komponisten und zugleich die Situation der englischen Musik seiner Zeit, die von kontrapunktischer Vokalmusik bis zu den Stilformen des 17. Jahrhunderts reichte.

Charles Stroud (um 1705–26)

LEBEN

Charles Stroud wurde um 1705 in London geboren. Er erhielt seine musikalische Ausbildung als Chorknabe der Chapel Royal unter William Croft, wurde nachher dessen Hilfskraft an der Orgel und schließlich Organist an Whitehall Chapel. Er starb am 26. 4. 1726.

WERKE

Der früh verstorbene begabte Charles Stroud hinterließ als Beweis seiner Befähigung als Komponist das Anthem »Hear my prayer, O God« (Höre mein Gebet, o Gott), das noch durch lange Zeit in den Kathedralen Englands gesungen wurde.

Barbara Strozzi (um 1620 bis nach 1664)

Zeit und Umwelt

Es gab im 17. Jahrhundert und lange Zeit später für eine Komponistin wenig Möglichkeiten, ihre Werke der Öffentlichkeit vorzulegen. Eine bestand für Nonnen, die ihre Kompositionen durch den Chor ihres Klosters zu Gehör bringen konnten, eine zweite für Sängerinnen, die im Rahmen ihrer Programme eigene Werke singen durften.

Leben

Barbara Strozzi wurde um 1620 in Venedig als Tochter des Schriftstellers und Librettisten Giulio Strozzi (1583, Venedig, bis 1660, Venedig) geboren. Sie lebte als Sängerin in ihrem Geburtsort und starb dort nach 1664.

Werke

Die italienische Komponistin Barbara Strozzi veröffentlichte ein Buch mit zwei- bis fünfstimmigen Madrigalen, 4 Bücher mit Kantaten, Arietten und Duetten, einstimmige geistliche Lieder mit Generalbaß und weitere zahlreiche einstimmige Arietten. Ihre Arbeiten weisen den zeitgenössischen venezianischen Stil auf; ihr ganzes Liedwerk ist sehr melodiös und ansprechend.

Bernardo Strozzi
(um 1580 bis nach 1630)

Zeit und Umwelt

In manchen römischen Ordenskirchen wurden die Bestimmungen des Konzils zu Trient über die Kirchenmusik mit peinlicher Strenge eingehalten. Das führte allerdings nicht selten zu einer Stilerstarrung, die nicht nur den Anschluß an die allgemeine Entwicklung verhinderte, sondern auch die übliche Umformung des alten Stiles.

Leben

Bernardo Strozzi wurde um 1580 in oder bei Rom geboren. Er wurde Mönch, dürfte im Rahmen seines Ordens in Rom als Musiker gewirkt haben und dort nach 1630 gestorben sein.

Werke

Der italienische Komponist Bernardo Strozzi veröffentlichte in den Jahren 1612 bis 1630 eine Reihe Motetten, Messen, Psalmen und Magnificat. Sein Stil gehört dem 16. Jahrhundert an.

Gregorio Strozzi
(um 1615 bis nach 1687)

Leben

Gregorio Strozzi wurde um 1615 in San Severino geboren. Er war Schüler von Giovanni Maria Sabino im Conservatorio della Pietà de'Turchini in Neapel, dann ab 1634 Organist an der Chiesa dell'Annunziata. Er studierte Rechtswissenschaft und Theologie und wurde Abbate und apostolischer Pronotar. Er starb in Neapel in einem der Jahre nach 1687.

Werke

Der italienische Komponist Gregorio Strozzi brachte Responsorien, Lamentationen, Proprien, Psalmen, Hymnen, Motetten sowie Passionen, alles für vier Stimmen und Orgel, heraus, außerdem »Capricci da sonare cembali et organi« (Mit Orgeln und Cembalos zu spielende Capricci), die stark mit altertümlichen Elementen durchsetzt sind, aber einen interessanten Überblick über die Orgel- und Cembalomusik seiner Zeit gewähren.

Literatur

W. Apel, Geschichte der Orgel- und Klaviermusik bis 1700, Kassel 1967.

Piero Strozzi (um 1550 bis nach 1600)

Zeit und Umwelt

Das 1581 von Vincenzo Galilei veröffentlichte »Gespräch der Alten Musik mit der Neuen« war für die Florentiner Camerata grundlegend, wenn auch die einzelnen Mitglieder dieser Akademie verschiedene Wege gingen und die ursprünglichen Absichten überhaupt nicht verwirklicht wurden. Aber aus der Idee, das griechische Drama wieder aufleben zu lassen, entstand die Oper, die Forderung, den Kontrapunkt durch monodische Musik zu ersetzen, führte zum Rezitativ, und die antike enge Verbindung von Ton und Tanz kehrte als Ballett wieder.

LEBEN
Piero Strozzi wurde um 1550 vermutlich in Florenz geboren. Es ist nicht bekannt, ob er in fester Stellung als Musiker gewirkt hat. Er war Mitglied der Camerata Florentina und arbeitete mit den anderen Mitgliedern dieser Akademie eng zusammen. Er starb in Florenz nach 1600.

WERKE
Die bekanntesten Kompositionen von Piero Strozzi waren Gemeinschaftsarbeiten mit Ottavio Rinuccini: »Die Maskerade der Erblindeten«, mit Alessandro Striggio die Festmadrigale zur Hochzeit im Haus Medici und mit Stefano Venturi, Luca Bati und Giulio Caccini der »Raub des Kephalos«. Außerdem sind einige Madrigale überliefert, die jedoch der Forderung nach Einstimmigkeit nicht entsprechen.

LITERATUR
F. Ghisi, Le Feste Musicali della Firenze Medicea, Florenz 1939.

Gustav Strube (1867–1953)

LEBEN
Gustav Strube wurde am 3.3.1867 in Ballenstedt, Harz, geboren. Er war am Konservatorium in Leipzig Schüler von Adolf Brodksy. Im Jahr 1891 ging er in die USA und wirkte bis 1913 als Erster Violinist im Sinfonieorchester in Boston und als Dirigent der Musikfeste von Worester, Col. Darauf wurde er Violinlehrer am Konservatorium in Baltimore, Md., das er von 1916 bis 1946 leitete. Von 1916 bis 1930 war er auch Leiter des Sinfonieorchesters der Stadt, wo er am 2.2.1953 starb.

WERKE
Von den zahlreichen Kompositionen von Gustav Strube sind neben seinen 2 Opern zu erwähnen: 2 Sinfonien, 3 Ouvertüren, 2 sinfonische Dichtungen »Sehnsucht« mit Bratschensolo und »Harzgebirge«, eine Orchesterrhapsodie, 2 Violinkonzerte, 2 Streichquartette, ein Bläserquintett und ein Klaviertrio. Er muß den Spätromantikern zugezählt werden.

Paul Struck (1776–1820)

ZEIT UND UMWELT
Um 1800 hatte Schweden den Anschluß an das abendländische Musikleben bereits lückenlos vollzogen. Als untrügliches Symptom dafür kann die schwedische Aufführung der »Schöpfung« von Joseph Haydn angesehen werden, weil es sich um ein Werk der Wiener Klassik handelte, der die führende Rolle der Musik jener Zeit zugefallen war.

LEBEN
Paul Friedrich Struck wurde am 6.12.1776 in Stralsund, damals Schweden, geboren. Er studierte in Berlin. Von 1796 bis 1799 war er Schüler von Johann Georg Albrechtsberger und Joseph Haydn. Im Jahr 1800 wurde er Mitglied bei Kunglig musikaliska akademien in Stockholm, wo er 1801 die schwedische Erstaufführung der »Schöpfung« von Joseph Haydn organisierte. 1802 kehrte er nach Wien zurück, ab 1817 lebte er in Preßburg bis zu seinem Tod am 14.5.1820.

WERKE
Von Paul Struck sind 3 Sonaten für Violine, Klavier und Baß, ein Streichquartett, ein Trio für Klavier, Violine und Cello, 3 Sonaten für Klavier, Flöte oder Violine und Baß eindeutig im Stil des älteren Joseph Haydn gehalten. Erst mit seinem Quartett für Klavier, Flöte und zwei Hörner gewann er mehr Selbständigkeit wie auch mit seiner Sinfonie in Es-Dur mit Zimbeln und mit dem Klavierquartett. Er verfaßte weiters 8 deutsche Tänze für Klavier und mehrere Kantaten und Gesänge.

LITERATUR
C. F. Hennerberg, Paul Struck, en Wiener kompositör fran Haydns och Beethovens

tagen, in: Svensk Tidskrift för Musikforskning II, 1920.

Nicolaus Adam Strungk (1640–1700)

Zeit und Umwelt
Das deutsche Publikum wurde durch italienische Ensembles mit der Oper bekanntgemacht. Auch deutsche Komponisten schrieben italienische Opern. Die Versuche, deutsche Opern herauszubringen, konnten aber nicht ausbleiben. Die erste deutsche Oper (»Daphne« von Heinrich Schütz) ist verlorengegangen. Im folgenden Jahrhundert, insbesonders in seinem letzten Viertel, entstand eine große Anzahl Opern mit deutschen Texten. Ihr Erfolg war nicht sehr durchschlagend, weil ihnen die Leichtigkeit und doch hohe künstlerische Qualität der Arien fehlte.

Leben
Nicolaus Adam Strungk wurde am 15. 11. 1640 in Braunschweig getauft. Er war Schüler seines Vaters, trat in die Hofkapelle von Wolfenbüttel ein, war von 1660 bis 1661 Konzertmeister der Kapelle in Celle, hielt sich von 1661 bis 1662 in Wien als Violinist auf und wirkte sodann an der Hofkapelle in Hannover. Im Jahr 1679 wurde er Direktor der Ratsmusik in Hamburg, wo er mit seinen Opern sehr erfolgreich war. 1682 kehrte er nach Hannover zurück, um die Hofkapellmeisterstelle zu übernehmen, ging als zweiter Kapellmeister und Kammerorganist 1688 nach Dresden, wo er von 1692 bis 1697 als Hofkapellmeister wirkte und am 23. 9. 1700 starb.
Sein Vater Delphin Strungk (1601, Braunschweig, bis 1694, Braunschweig) war Organist an der Martinskirche seiner Heimatstadt.

Werke
Der deutsche Komponist Nicolaus Adam Strungk verfaßte eine Anzahl deutscher Opern, die zu den frühesten Werken dieser Art gehörten. Ihr Erfolg war vorübergehend, weil der italienischen Oper überall der Vorzug gegeben wurde. Seine Kantaten und Oratorien wirkten nachhaltender. Außerdem schrieb er Flötenarien, Capricci und Ricercari für Orgel und je eine drei- und eine sechsstimmige Sonate. Seine Übungsstücke für Violine und Gambe sind verschollen.
Von Delphin Strungk ist eine Sammlung Liebeslieder erhalten.

Literatur
Chr. Wolff, Die Barockoper in Hamburg (1678–1738), Wolfenbüttel 1957.

Jacob Strunz (1781–1852)

Leben
Georg Jacob Strunz wurde am 24. 12. 1781 in Pappenheim geboren und war in München Schüler von Peter Winter. Er diente ab 1800 als französischer Militärmusiker und brachte es bis zum Leiter einer Regimentskapelle. Nachdem er wegen einer Verwundung den Abschied genommen hatte, lebte er als Musiklehrer und Komponist in Paris, wurde aber 1823 neuerlich für einige Zeit Soldat und führte darauf bis zu seiner Rückkehr im Jahr 1831 ein unstetes Wanderleben und wirkte als Orchesterdirigent verschiedener Theater; schließlich betätigte er sich als Kopist der Opéra Comique, als Musikjournalist und als Musikberater des Schriftstellers Honoré de Balzac, der ihm die Musikernovelle »Massimilla Doni« widmete. Um 1846 ging er nach München, wo er am 23. 5. 1852 starb.

Werke
Von Jacob Strunz sind 2 Opern und 2 Ballette auf die Bühne gebracht worden. Er verfaßte weiters Schauspielmusiken und Ouvertüren, 3 Streichquartette und ungefähr 17 Romanzen.

Thomas Strutius (1620–78)

Zeit und Umwelt
Ausgehend von dem Amsterdamer Jan Pieterszoon Sweelinck verbreitete sich im 17. Jahrhundert über Hamburg und Lübeck in ganz Norddeutschland – unberührt von der jeweiligen politischen Konstellation –

ein typischer Orgelstil. Eine Reihe namhafter Organisten und Orgelkomponisten waren seine Träger.

LEBEN
Thomas Strutius (Strucius) wurde um 1620 in Rathenow, Brandenburg, geboren. Er wirkte zunächst in Stargard, sodann ab 1656 in Danzig an der Dreieinigkeits- und ab 1668 an der Marienkirche als Organist und starb in Danzig (Gdańsk) im Jahr 1678.

WERKE
Der deutsche Organist und Komponist Thomas Strutius schrieb Psalmen und andere kirchliche Gesänge mit Orgelbegleitung und Orgelstücke. Außerdem ist von ihm eine Sonate für acht Instrumente herausgekommen, die den Orgelsatz nachahmte.

Simon Stubbs
(um 1575 bis nach 1621)

ZEIT UND UMWELT
Im Bürgerkrieg und in der Cromwell-Zeit wurden viele Kirchenarchive und damit englische Kirchenmusik zerstört, so daß von einzelnen Komponisten nur wenige Stücke überliefert sind, die Einblick in die Entwicklung der Musik in den Kirchen Englands gewähren.

LEBEN
Simon Stubbs wurde um 1575 in England geboren. Es ist unbekannt, an welchen Kirchen er tätig war. Er dürfte nach 1621 gestorben sein, der Ort seines Todes ist nicht überliefert.

WERKE
Von dem englischen Kirchenmusiker Simon Stubbs sind nur ein Abendservice und mehrere Anthems erhalten, Kompositionen, die eine große Meisterschaft bezeugen. Sie gehören dem Stil des 16. Jahrhunderts an.

Jean-Baptiste Stuck
(um 1680–1755)

ZEIT UND UMWELT
Die Verschmelzung italienischer und französischer Stilgattungen wurde von vielen französischen Komponisten vertreten, besonders von jenen, die in Italien ausgebildet wurden. Sie versuchten damit, die strengen Regeln und engen Grenzen des heimischen Hochbarock zu überwinden und der inhaltslosen Verzierung und Verzärtelung des Rokoko zu entrinnen.

LEBEN
Jean-Baptiste (Batistin) Stuck wurde um 1680 in Livorno geboren und vermutlich in Florenz ausgebildet. Er dürfte deutscher oder französischer Herkunft gewesen sein. Um 1700 kam er nach Paris und wurde Mitglied der Kapelle des Herzogs von Orléans. Er propagierte das Cello in Paris, so daß er in das Opernorchester und das Concert Spirituel eingeführt wurde. Er starb in Paris am 8. 12. 1755.

WERKE
Der französische Komponist Jean-Baptiste Stuck schrieb am Beginn seiner Tätigkeit in Paris 4 Bücher mit Kantaten und ein Te Deum. Die Einleitung seiner ersten Oper wurde als selbständiges Stück unter dem Titel »Vereinigung der italienischen und französischen Musik« im Concert Spirituel aufgeführt und bildete für ihn und viele Zeitgenossen ein stilistisches Programm. Er schrieb außer weiteren Opern eine Reihe Arien für fremde Opern, die zum Teil handschriftlich erhalten sind. Außerdem verfaßte er Ballette für die Hoffeste in Versailles.

Nicholas Sturgeon
(vor 1400 bis um 1454)

LEBEN
Nicholas Sturgeon wurde vor 1400 vermutlich in London oder Windsor geboren. Im Jahre 1440 scheint er in Windsor als Kanonikus auf. Im selben Jahr wurde er Vorsänger

an der St. Paul's Cathedrale, behielt aber gleichzeitig die Stellung in Windsor, wo er Leiter wurde (1443) und mehr oder weniger ständig bis in die fünfziger Jahre residierte. Er ist ungefähr um 1454 in London oder Windsor gestorben.

WERKE

Nicholas Sturgeon hat in einer Handschrift Musik der Komponistengruppe um Dunstable, zu der er selbst gehörte, gesammelt und der Nachwelt überliefert. Als eigene Kompositionen führte er darin an: 3 Fassungen eines dreistimmigen Et in terra, 2 Fassungen eines dreistimmigen Patrem omnipotentem, ein dreistimmiges Sanctus und ein dreistimmiges Et in Nomine Domini. Melodieführung und Harmonik entsprechen der Dunstables.

Edmund Sturton

(um 1470 bis um 1530)

ZEIT UND UMWELT

Oxford, die Stadt der Turmspitzen, wurde im 10. Jahrhundert zum ersten Mal erwähnt. Bald entstanden die ersten Kirchen und Schulen, darunter auch die Magdalenenkirche, deren Kapelle und Gesangschule rasch auf einen hohen Stand kamen. Wer dort seine Ausbildung genoß, erhielt alles vermittelt, was zu jener Zeit geboten werden konnte.

LEBEN

Edmund Sturton (Turton) ist um 1470 in England geboren und wurde in Oxford zum Kleriker und zum Musiker ausgebildet. Im Jahre 1509 wurde er am Magdalen College selbst als Chorleiter eingesetzt. Er dürfte in Oxford um 1530 gestorben sein.

WERKE

Der Komponist sakraler Musik Edmund Sturton hinterließ eine Reihe von sakralen Gesängen, von denen das sechsstimmige »Gaude Virgo Mater« am bemerkenswertesten ist. Thomas Morley weist auf den Meister ausdrücklich hin.

Eugen Suchoň (geboren 1908)

LEBEN

Eugen Suchoň wurde am 25.9.1908 in Pezinok, Slowakei, geboren. Er studierte in Preßburg und Prag. Von 1933 bis 1941 unterrichtete er an der Musikakademie in Preßburg, sodann bis 1947 am Konservatorium und darauf bis 1953 an der Slowakischen Universität. Anschließend wirkt er als Professor an der Pädagogischen Hochschule in Preßburg.

WERKE

Von Eugen Suchoň sind 2 Opern auf die Bühnen gekommen. Er schrieb ferner eine »Balladeske Suite« und »Metamorphosen« für Orchester, eine rhapsodische Suite für Klavier und Orchester, eine symphonische Fantasie für Orgel, Streicher und Schlagzeug, eine Fantasie für Violine und Orchester, eine Serenade und 6 Stücke für Streicher, ein Streichquartett, ein Klavierquartett, ein Sonate, eine Sonatine und ein »Gedicht« für Klavier und Violine, verschiedene Klavierwerke, eine Anzahl Kantaten, Gesänge, Chöre, ein Melodram, Filmmusik und Volksliedbearbeitungen.

Psalm des Karpatenlandes, Kantate für Tenor, gemischten Chor und Orchester, Opus 12, 3 Teile, entstanden 1938

Es handelt sich um die bedeutendste vokal-sinfonische Komposition der slowakischen Musik. Text und Musik bilden ein monumentales Bild von Elend, Erniedrigung und Sehnsucht des slowakischen Volks; geschrieben unter dem Eindruck der Anzeichen der sich nähernden Tragödie der kommenden Jahre. Das Orchester spielt eine dominierende Rolle im Ausdruck der balladesken Dramatik, die stellenweise sehr bittere Lyrik ist den Sängern überlassen, die rezitierend, referierend den Ausdruck des Orchesters verdeutlichen, bis sich im 3. Teil Stimmen und Instrumente zu einem Hymnus der Hoffnung erheben.

Franz Xaver Süßmayr (1766–1803)

ZEIT UND UMWELT

Die letzten zwei Jahrzehnte des 18. Jahrhunderts brachten für Wien die umwälzenden

Reformen Josephs II. sowie den Widerhall der Französischen Revolution und auf dem Feld der Musik das Wirken der drei Klassiker und einer Fülle von Meistern, deren Kompositionen weniger anspruchsvoll, dafür aber umso erfolgreicher waren.

LEBEN
Franz Xaver Süßmayr (Sießmayr) wurde 1766 in Schwanenstadt, Oberösterreich, geboren. Er war in Wien Schüler von Antonio Salieri und Wolfgang Amadeus Mozart, dem er vermutlich sehr selbstlos nach Möglichkeit kompositorische Routinearbeiten abnahm und als Sekretär und Kopist diente, dessen Nachlaß zu ordnen er half und dessen Requiem er vollendete. Erst nach Mozarts Tod setzte sein Lebensabschnitt als Komponist ein; er wurde Dirigent am Nationaltheater und 1794 Hofopernkapellmeister. Er starb am 16. 9. 1803 in Wien.

WERKE
Sein Platz in der Musikgeschichte wird Franz Xaver Süßmayr wegen seiner Vollendung des von Mozart hinterlassenen Requiems eingeräumt, die an Einfühlung, Geschick und Geschmack trotz aller Einwendungen noch von keinem, wer es auch versuchte, übertroffen wurde. Seine eigenen Kompositionen haben wegen ihrer an Volksmusik grenzenden Melodien zu seiner Zeit gut gefallen. Seine Opern waren nicht besser und nicht schlechter als die meisten seiner Zeit, das gleiche gilt für seine Kirchen- und Instrumentalmusik, bei der Salieri und nicht Mozart Pate stand. Seine patriotische Kantate »Der Retter in Gefahr« wurde mehrmals mit viel Applaus aufgeführt.

LITERATUR
W. Jerger, Mozarts Schüler und Mitarbeiter, Acta Mozartiana XIII, 1966.

Josef Suk (1874–1935)

LEBEN
Josef Suk wurde am 4.1.1874 in Křečovice, Böhmen, geboren. Er war Schüler und Schwiegersohn von Antonín Dvořák, wirkte ab 1892 als Zweiter Violinist im Böhmischen Streichquartett und wurde 1922 Kompositionslehrer am Konservatorium und 1930 dessen Direktor. Er starb am 29.5.1935 in Benešov bei Prag.

WERKE
Bis zum Tod seines Schwiegervaters wurde der Kompositionsstil von Josef Suk im großen und ganzen von diesem bestimmt. Hernach und besonders nach dem Tod seiner Frau Ottilie (1905) ging er zu polyrhythmischen und polytonalen Fakturen über. Seine »Dramatische Ouvertüre«, die »Fantasie für Violine und Orchester«, die »Serenade für Streichorchester«, das »Phantastische Scherzo« und die Sinfonie in E-Dur folgten den Spuren Dvořáks, die sinfonische Tetralogie in c-Moll »Asrael«, die sinfonischen Dichtungen »Praga«, »Ein Sommermärchen«, die »Reife« und die »Legende von den toten Siegern« und auch die Messe von Křečovice sind tiefernste Auseinandersetzungen mit Tod und Leben mit den kompositorischen Mitteln seiner Gegenwart. Er schrieb 2 Streichquartette und eine Meditation für Streichorchester über den altböhmischen Choral »Svatý Václave«, außerdem eine Anzahl Bühnenmusiken, Kantaten, Chöre, Lieder und Klavierstücke.

Meditation über den tschechischen Choral »Heiliger Wenzel«, Opus 35, entstanden 1914
Die Wiedergabe des alten Chorals mit der Bitte »Laß uns und die Kommenden nicht untergehen« ist vom Ausbruch des Ersten Weltkriegs und der Sorge um die Zukunft des Volks angeregt. Der vierstimmige Satz ist klar und einfach und gerade dadurch überaus plastisch und ausdrucksstark.

LITERATUR
J. Berkovec, Josef Suk, Prag 1956.

Wjatscheslaw Suk (1861–1933)

LEBEN
Wjatscheslaw Iwanowitsch Suk (Vaša Suk) wurde am 16.11.1861 in Kladno, Böhmen, geboren. Er war Schüler von Zdeněk Fibich (1850–1900) in Prag und spielte von 1879 bis

1881 als Violinist im Konzertorchester in Warschau. Anschließend war er Dirigent am Kaiserlichen Theater in Kiew und Moskau sowie an verschiedenen Provinzbühnen; ab 1906 dirigierte er an der Oper in Moskau und von 1924 bis 1932 gleichzeitig am Stanislawski-Studio. Als erster Ausländer wurde er 1925 zum »Nationalkünstler« der Russischen Republik ernannt. Er starb am 12.1.1933 in Moskau.

WERKE
Das Wirken von Wjatscheslaw Suk in Rußland stand im Zeichen des Wiedererwachens des Opern- und Konzertlebens der Republik nach Revolution und Bürgerkrieg. Von seinem kompositorischen Schaffen sind eine in Charkow und Prag aufgeführte Oper, eine sinfonische Dichtung »Jan Hus«, eine Serenade für Streichorchester und zahlreiche Klavierstücke und Lieder bekannt geworden. Sein Stil lehnt sich an die Romantik seiner böhmischen Heimat an.

Stjepan Šulek (geboren 1914)

LEBEN
Stjepan Šulek wurde am 5.8.1914 in Zagreb geboren. Er studierte am Konservatorium und an der Musikakademie in seiner Geburtsstadt, dann trat er als Violinist und als Quartettspieler auf. Ab 1945 lehrte er an der Musikakademie Violine und ab 1947 Komposition. Im Jahr 1954 wurde er Professor für Komposition und Orchestration an der Musikakademie, von 1958 bis 1962 leitete er auch das Kammerorchester des Rundfunks in Zagreb.

WERKE
Neben 2 Opern schrieb Stjepan Šulek 6 Sinfonien, einen »Feierlichen Prolog« für Orchester, 4 Klavierkonzerte, ein Cellokonzert, ein Violinkonzert, ein Fagottkonzert, ein Bratschenkonzert, ein Konzert für Klarinette und Kammerorchester, 2 »Klassische Konzerte für Streicher«, 3 Praeludien und eine Sonate für Klavier sowie weitere Klaviermusik und eine Kantate.

Elisabeta Oddone Sulli-Rao
(1878–1972)

LEBEN
Elisabeta Oddone Sulli-Rao (Pseudonym Eliodd) wurde am 13.8.1878 in Mailand geboren, wo sie am Konservatorium studierte. Neben der Komposition beschäftigte sie sich intensiv mit der Sammlung und Herausgabe italienischer Volkslieder und wurde von der Accademia filarmonica in Florenz zum ordentlichen Mitglied ernannt. Sie starb am 3.3.1972 in Mailand.

WERKE
Neben 3 Opern schrieb Elisabeta Oddone Sulli-Rao 2 Oratorien, ein Klavierquartett, ein Streichquartett und zahlreiche sehr beliebte Lieder. Sie veröffentlichte einige sehr wertvolle Sammlungen von ihr bearbeiteten italienischen Volksliedern.

Arthur Sullivan (1842–1900)

ZEIT UND UMWELT
Mit der Operette »Großherzogin von Gerolstein« von Jacques Offenbach, die 1867 an Covent Garden in London einen Sensationserfolg hatte, zog die europäische Operette in England ein, wurde dort jedoch zu einer besonderen, »englischen« Form entwickelt, die man mit »intelligente Unsinns-Operette« bezeichnete. Als Modell hiefür dienten die »Bettleroper« von John Christopher Pepusch (1667–1752) und zum Teil auch die Balladenopern.

LEBEN
Arthur Seymour Sullivan wurde am 13.5.1842 in London geboren. Er studierte an der Royal Academy of Music und am Konservatorium in Leipzig. Nachdem er zunächst als Organist und Dirigent gewirkt hatte, wurde er aufgrund seiner Leistungen als Komponist Lehrer für Komposition an der Academy und Direktor der National Training School of Music. Wegen seiner weltweiten Erfolge als Operettenkomponist erhielt er 1883 den per-

sönlichen Adel. Er starb am 22.11.1900 in London.

WERKE
Der als Begründer der englischen Operette bekannte Arthur Sullivan schrieb 21 Operetten, in denen anstelle der Pariser Frivolität und der Wiener Sentimentalität die Parodie mit dem trockenen britischen Witz regierte. Die Operette »Mikado«, dessen Libretto von William Schwenck Gilbert (1836–1911) stammte, erlebte in England, Amerika, Australien, Neuseeland und Südafrika mehrere tausend Aufführungen; da der britische Wortwitz durch die Übersetzungen verlorenging, war die Aufnahme des Werks in anderssprachigen Ländern um vieles schwächer. Sullivan verfaßte außerdem mehrere Opern, von denen »Ivanhoe« große Erfolge erreichte, eine Anzahl Schauspielmusiken, 2 Ballette, 3 Oratorien, 2 Chorkantaten, 2 Te Deum und weitere sakrale Gesänge, 4 Ouvertüren, eine »Irish Symphony« in E-Dur, ein Cellokonzert und verschiedene Lieder. Alle diese Musik und der größte Teil der Operetten sind heute vergessen, Bestand hat jedoch im angelsächsischen Raum immer noch der »Mikado«.

LITERATUR
G. Hughes, The Music of Arthur Sullivan, London 1960.

Salomon Sulzer (1804–90)

ZEIT UND UMWELT
Das ostjüdische Lied, das im 18. und 19. Jahrhundert durch den Chassidismus einen starken Auftrieb erhielt, erlitt durch die Abwanderung der seinerzeit aus dem Osten verdrängten Aschkenasim nach dem Westen eine starke Modifikation durch die Musik der Juden Westeuropas, die in einzelnen Städten wie Prag und Frankfurt am Main zum Teil Sepharden waren und im 19. Jahrhundert deutliche Assimilierungstendenzen aufwiesen. Es entwickelten sich zwei Richtungen, von denen eine das Festhalten an den überkommenen Formen besonders im Sakralgesang verfocht, während die andere für eine großzügige Öffnung gegenüber den zeitgenössischen musikalischen Fakturen der Komposition und die Integration eintrat.

LEBEN
Salomon Sulzer wurde am 30.3.1804 in Hohenems, Vorarlberg, geboren. Er war bereits mit 16 Jahren Kantor in seinem Geburtsort und wirkte von 1825 bis 1881 als Oberkantor der Neuen Synagoge in Wien, wo er am 17.1.1890 starb.

WERKE
Die epochemachende Reformierung des jüdischen Tempelgesangs durch neue Kompositionen in einem von der Wiener Klassik und von Franz Schubert beeinflußten Stil war ein viel angefeindetes Werk von Salomon Sulzer, der auch einen vorzüglichen Synagogenchor schulte. Seine Freundschaft mit Leopold von Sonnleithner und Schubert, der für ihn den 92. Psalm in hebräischer Sprache vertonte, dürfte dazu viel beigetragen haben. Er veröffentlichte ein jüdisches Gesangbuch in 2 Bänden, »Schir Zion« (Die Harfe Zions), hebräische Hymnen und mehrere parasakrale Gesänge.

LITERATUR
M. Steiner, Salomon Sulzer, Wien 1904.

Manuel Sumaya (um 1678–1756)

ZEIT UND UMWELT
Die reiche Beute, die den Kolonisatoren Lateinamerikas in die Hände fiel, ermöglichte eine gewaltige Macht- und Prachtentfaltung der religiösen Zentren in der eroberten Neuen Welt. Neben den Palästen der Gouverneure und Vizekönige entstanden prunkvolle Kathedralen, in denen die von der Heimat übernommene Kirchenmusik zum Teil von eigenständigen Kompositionen abgelöst wurde. Es ist bezeichnend, daß die ersten nordamerikanischen Opern in Mexiko im Palast des Vizekönigs uraufgeführt wurden.

LEBEN
Manuel Sumaya (Zumaya) wurde um 1678 in

Mexiko geboren. Er war von 1710 bis 1738 Maestro de capilla an der Kathedrale von Mexiko und starb in der mexikanischen Stadt Oaxaca zwischen 12. 3. und 4. 5. 1756.

WERKE
Der mexikanische Komponist Manuel Sumaya verfaßte Lamentationen, Motetten, Magnificat, Miserere und zahlreiche Villancicos, außerdem 2 Opern auf italienischem Text – »Rodrigo« und »Partenope« –, die 1708 und 1711 als erste einheimische musikalische Bühnenwerke uraufgeführt wurden.

Franz von Suppé (1819–95)

ZEIT UND UMWELT
Die französische Operette fand sehr rasch auch in Wien ihre Meister und ihr begeistertes Publikum. Ihr Einfluß auf die Wiener Operette und auf die deutsche wirkte über das Ende des 19. bis in das erste Drittel des 20. Jahrhunderts.

LEBEN
Franz von Suppé (eigentlich Francesco Ezechiele Ermengildo Cavaliere Suppe Demelli) wurde am 18.4.1819 in Split (Spalato) geboren. Er war in Wien Schüler von Simon Sechter und Ignaz Xaver von Seyfried und wirkte sodann als Kapellmeister an verschiedenen Wiener Theatern, an denen er seine musikalischen Bühnenstücke mit Erfolg aufführte. Er starb am 21.5.1895 in Wien.

WERKE
Seinen Ruhm und Ruf verdankt Franz von Suppé seinen 211 Bühnenarbeiten, darunter 180 Possen und 31 Operetten, von denen »Boccaccio« die erfolgreichste war (1879). Er brachte den Operettenstil von Jacques Offenbach nach Mitteleuropa. Außerdem schrieb er mehrere Chorwerke, eine Sinfonie, mehrere Ouvertüren, von denen einige heute noch gespielt werden, und etliche Streichquartette.

LITERATUR
E. Rieger, Offenbach und seine Wiener Schule, Wien 1920.

Hugues Sureau (um 1510–75)

ZEIT UND UMWELT
Straßburg und Genf waren während der Religionskämpfe in Frankreich die häufigsten Fluchtziele der Hugenotten. Da Genf außer von Theologen besonders von Dichtern und Musikern bevorzugt wurde, entstand dort eine Art Metropole des Calvinismus, von der Traktate, Gebetbücher und Gesangbücher in das gesamte reformierte Europa verbreitet wurden.

LEBEN
Hugues Sureau (du Rosier) wurde um 1510 in Parfondeval, Aisne, geboren. Seine Ausbildung dürfte er im nahen Paris oder in Reims genossen haben. Über sein Leben und Wirken bis zum Jahr 1559, in dem er nach Genf übersiedelte, ist nichts bekannt. Die Stadt Genf erteilte ihm die Aufenthaltsbewilligung. Er begab sich in den siebziger Jahren nach Frankfurt am Main, um seine Kompositionen zu verlegen, und starb dort im Jahre 1575.

WERKE
Von Hugues Sureau ist eine vierstimmige Harmonisierung der 150 Psalmen Davids erhalten, die sehr verbreitet und beliebt war.

LITERATUR
L. P. Pidoux, Le psautier huguenot, Basel 1962.

Francesco Suriano (1549–1621)

ZEIT UND UMWELT
Die Editio Medicaea, die Choralreformausgabe, die in der von Kardinal Ferdinando de'Medici gegründeten Druckerei in Rom gedruckt wurde, sollte bereits über Anordnung des Papstes Gregor XIII. 1577 von Palestrina und Zoilo begonnen werden. Sie wurde in Angriff genommen, aber bereits nach zwei Jahren durch den Einspruch des spanischen Königs unterbrochen. Im Jahre 1614 wurden die Arbeiten erneut aufgenommen. Philipp II. war bereits verstorben, so

daß die ursprünglichen Absichten durch Entfernung weitgespannter Melismen oder deren Verkürzung, Textverständlichkeit durch Annäherung an deklamatorischen Vortrag im Sinn der humanistischen Wort-Ton-Vorstellung durchgeführt werden konnten. Diese Fassung fand bis ins 19. Jahrhundert Verwendung.

LEBEN

Francesco Suriano (Soriano) wurde 1549 in Soriano geboren. Als Kapellknabe an San Giovanni in Laterano in Rom nahm er bei Zoilo, Nanino und Palestrina Unterricht. In den Jahren 1580, 1581 und 1588 war er Kapellmeister an San Luigi de'Francesi, von 1583 bis 1586 am Hof in Mantua, 1587, 1595 und von 1600 bis 1603 an Santa Maria Maggiore in Rom. Seine letzte Tätigkeit übte er 1603 bis 1620 als Kapellmeister an San Pietro in Rom aus. Zugleich mit Felice Anerio besorgte er 1614 die endgültige Revision des gregorianischen Gesanges. Er starb am 19. 7. 1621 in Rom.

WERKE

Außer der jahrhundertelang gültigen Choralreform hat Francesco Suriano vier- und fünfstimmige Madrigale, achtstimmige Motetten, vier- bis achtstimmige Messen (darunter eine Bearbeitung der Marcellusmesse von Palestrina für acht Stimmen), Psalmen, Villanellen, Offizien, Magnificat, 110 Kanons über das Ave Stella (Sei gegrüßt, o Stern) und eine Passion verfaßt. Alle Musik zeigt reinen »Palestrinastil« und entspricht den Vorschriften des Konzils von Trient. Es ist alles ein wenig matt, aber doch sehr kunstvoll gearbeitet. Die Passion ist rein episch.

Carlos Suriñach (geboren 1915)

LEBEN

Carlos Suriñach wurde am 4.3.1915 in Barcelona geboren. Er studierte am Konservatorium seiner Vaterstadt unter Enric Morera Viura, dann an den Musikhochschulen in Köln unter Eugen Papst (24.12.1886, Oberammergau, Bayern, bis 2.1.1956, Oberammergau) und in Berlin unter Max Trapp. Ab 1944 wirkte er in Barcelona als Direktor des Philharmonischen Orchesters und von 1947 bis 1950 als Gastdirigent in Frankreich und anderen Ländern Europas. Im Jahr 1951 siedelte er nach New York über, wo er sich vorwiegend seinem kompositorischen Schaffen widmet.

WERKE

Außer einer Oper und 7 Balletten schrieb Carlos Suriñach 3 Sinfonien, eine Sinfonietta, eine Tanzsuite, ein Orchesterkonzert, sinfonische Variationen, eine Ouvertüre, ein Doppelkonzert für Violine und Klavier, ein Klavierkonzert, ein Sextett für Flöte, Oboe, Klarinette, Bratsche, Cello und Harfe, Tientos für Harfe oder Cembalo, Englischhorn und Pauken, »Hollywood Carnival« für Flöte, Klarinette, Trompete, Pauke, Schlagzeug und Kontrabaß, ein Klavierquartett, mehrere Klavierwerke, zwei- und vierhändig, eine Kantate und Gesänge mit Orchester. Seine enge Beziehung zur spanischen Musik blieb ihm auch in Amerika erhalten.

Tilman Susato (um 1500 bis um 1563)

ZEIT UND UMWELT

Antwerpen beherbergte im 16. Jahrhundert ungefähr 1000 ausländische Handelshäuser und machte Venedig den Rang des größten Warenumschlagplatzes in Europa streitig. Die Stadt war daher der geeignetste Platz für Musikdrucker und Musikverleger, die Kompositionen des gesamten Kontinents herausbrachten.

LEBEN

Tilman Susato (Tielmann, Tylman, Thielemann) wurde um 1500 in Köln geboren. Sein Vater soll angeblich Johannes von Soest gewesen sein. Er war ab 1529 Notenkopist und Bläser an der Kathedrale in Antwerpen und ab 1531 auch Stadtmusikus. Schon 1543 errichtete er seine berühmte Musikdruckerei, der er 1547 eine eigene Musikalienhandlung als eine der ersten dieser Art anschloß. Er starb um 1563 in Antwerpen.

WERKE
Die Persönlichkeit des Musikers und Komponisten Susato wird durch den »Drucker und Verleger« überschattet, obwohl sich in den von ihm herausgebrachten Sammelwerken mit französischen Chansons, lateinischen Motetten und niederländischen Liedern stets Eigenkompositionen befanden, die auch strenger Kritik standhielten.

LITERATUR
P. Bergmans, Un Imprimeur musicien: Tilman Susato, Bulletin de la Société Bibliophile Anversoise, Antwerpen 1928.

Hermann Suter (1870–1926)

LEBEN
Hermann Suter wurde am 28.4.1870 in Kaiserstuhl am Rhein, Schweiz, geboren. Er war Schüler von Karl Gustav Weber in Zürich, von Jacob Burkhardt (25.5.1818, Basel, bis 8.8.1897, Basel), Selmar Bagge (30.6.1823, Coburg, bis 16.7.1896, Basel) und Hans Huber in Basel. Von 1888 bis 1891 schloß er seine Ausbildung an den Konservatorien in Stuttgart und Leipzig ab und wirkte von 1892 bis 1902 in Zürich als Musiklehrer, Organist und Chordirigent, sodann als Dirigent der Sinfoniekonzerte der Allgemeinen Musikgesellschaft, des Gesangvereins und der Liedertafel. Von 1918 bis 1921 leitete er auch das Konservatorium in Basel, wo er am 22.6.1926 starb.

WERKE
Von Hermann Suter, der zu den bedeutendsten Persönlichkeiten der Musikgeschichte der Schweiz zählt, sind eine Sinfonie, eine sinfonische Dichtung, ein Streichsextett, 3 Streichquartette, eine Festspielmusik, das Chorwerk »Die Lauden des heiligen Franziskus von Assisi«, das sein berühmtestes Werk geworden ist, eine Anzahl weiterer hervorragender Chorwerke, Heimatlieder und drei- bis vierstimmige Frauen- und Kinderchöre erschienen. Alle seine Kompositionen, die der Spätromantik angehören, wurden meist in seiner Heimat aufgeführt.

LITERATUR
W. Merian, Hermann Suter, Basel 1936.

Heinrich Sutermeister (geboren 1910)

LEBEN
Heinrich Sutermeister wurde am 12.8.1910 in Feuerthalen, Schaffhausen, geboren. Nach Studium der Geschichte und Philologie wurde er in München an der Akademie der Tonkunst Schüler von Walter Courvoisier, Gustav Geierhaas, Li Stadelmann (geboren 2.2.1900, Würzburg), Hugo Röhr, Hans Pfitzner, Fritz Büchtger und Carl Orff. Nach kurzer Tätigkeit als Repetitor in Bern widmete er sich nahezu ausschließlich seinem kompositorischen Schaffen, abgesehen von seinem Wirken als Kompositionslehrer an der Musikhochschule in Hamburg von 1963 bis 1975.

WERKE
Die Kompositionen von Heinrich Sutermeister sind leicht verständlich auf Tonalität gegründet und mit reizvollen Klangfarben angereichert. Die Vielfalt der ihm zur Verfügung stehenden Stilmittel ist schon dadurch

Heinrich Sutermeister

gekennzeichnet, daß Giuseppe Verdi (10.10. 1813, Le Roncole, Parma, bis 17.1.1901, Mailand) und zugleich Carl Orff seine Vorbilder waren. Er schrieb 10 Opern, die nahezu durchweg sehr erfolgreich waren und viele Aufführungen erlebten, außerdem ein Ballett, 2 Divertimenti, ein »Trauergedicht« für Streicher, 3 Serenaden für Kammerorchester, 3 Klavierkonzerte, 2 Cellokonzerte, ein Klarinettenkonzert, ein Konzert für Flöte, Oboe, Klarinette, Fagott und Orchester, ein Stück für zehn Bläser, mehrere Klavierstücke, zahlreiche Kantaten, Chöre und Lieder, darunter »Sonnenhymne des Echnaton«, sowie ein Requiem.

LITERATUR

D. Larese, Heinrich Sutermeister, 1972.

Wilhelm Sutor (um 1774–1829)

LEBEN

Wilhelm Sutor wurde um 1774 in Edelstetten, Bayern, geboren und von dem Gesangpädagogen Johann Evangelist Valesi (28.4.1735, Unterhattenhofen, Bayern, bis 10.1.1816, München) zum Sänger ausgebildet. Nach einer Tätigkeit als Tenor am fürstbischöflichen Hof in Eichstätt wurde er 1800 Chorführer an der Oper in Stuttgart und 1801 Konzertmeister. Von 1818 bis zu seinem Tod am 7.9.1829 in Minden bei Hannover wirkte er als Hofkapellmeister in Hannover.

WERKE

Von Wilhelm Sutor wurden in Stuttgart 5 Opern aufgeführt. Er schrieb außerdem ein Oratorium, 2 Kantaten, ein Melodrama, Bühnenmusik zu »Macbeth« von William Shakespeare, Männerchöre, Canzonetten und Klavierlieder.

Johan Svendsen (1840–1911)

ZEIT UND UMWELT

Halfdan Kjerulf war einer der ersten norwegischen Musiker, die die Volksmusik ihres Landes in ihre Komposition aufnahmen, um auf diesem in vielen anderen Ländern beschrittenen Weg eine bodenständige Musikentwicklung zu begründen. Schon bei ihm und noch mehr bei seinen Nachfolgern bildete sich aus der Synthese der Volksmelodien und Elementen der Musik der übrigen Musikländer ein echter norwegischer Stil, der dem norwegischen Volk, seiner Tradition und seiner Landschaft adäquat war.

LEBEN

Johan Severin Svendsen wurde am 30.9.1840 in Kristiania (Oslo) geboren. Er studierte von 1863 bis 1867 am Konservatorium in Leipzig, lebte sodann als ausübender Instrumentalist in Paris und Leipzig, wirkte von 1872 bis 1877 als Dirigent der Musikvereinskonzerte in Kristiania und nahm diese Stellung nach Auslandsaufenthalten 1880 wieder auf. Von 1883 bis zu seinem Tod am 14.6.1911 war er Hofkapellmeister in Kopenhagen.

WERKE

Die Werke des norwegischen Romantikers Johan Svendsen werden außer seiner in der gesamten musikalischen Welt bekannten und beliebten Romanze in G-Dur für Violine und Orchester nur mehr in seiner norwegischen Heimat gespielt. Er schrieb 2 Sinfonien in D-Dur und B-Dur, 4 norwegische Rhapsodien, eine Ouvertüre zu »Romeo und Julia«, ein Violinkonzert, ein Cellokonzert, ein Streichoktett, ein Streichquintett, Männerchöre und Lieder.

LITERATUR

O. E. Ravn, Johan Svendsen, Oslo 1944.

Jan Pieterszoon Sweelinck (1562–1621)

ZEIT UND UMWELT

Bis zum Jahr 1578 beteiligte sich Amsterdam nicht an den religiösen und politischen Zwistigkeiten der Niederlande, um seinen Handelsinteressen nicht zu schaden. Die Stadt nahm aber viele Flüchtlinge aus Antwerpen und Brabant auf. Auch die nunmehrige Beteiligung am Freiheitskampf der Niederländer beeinträchtigte das Aufblühen Amsterdams nicht wesentlich, da Antwerpen dadurch an Bedeutung verlor, daß es in spanischer Hand blieb. Die Politik der Toleranz brachte eine Vielzahl fähiger Persönlichkeiten in die Stadt, Juden aus Spanien und Portugal, Hugenotten aus Frankreich und weitere Flüchtlinge aus dem Süden der Niederlande. Die Stadt wuchs auf das Vierfache an und wurde zu einem der bedeutendsten Handelsplätze der Welt.

LEBEN

Jan Pieterszoon Sweelinck wurde im Mai 1562 in Deventer geboren. Sein Vater Pieter Swybertszoon wirkte von 1564 bis zu seinem Tod im Jahre 1573 als Organist an der Oude Kerk in Amsterdam. Den Namen Sweelinck übernahm er von seiner Mutter Elsken Sweling, die der Vater 1558 geheiratet hatte. Er wurde von seinem Vater ausgebildet und übernahm bereits in sehr jungen Jahren dessen Organistenamt. Ein mehrfach behaupteter Studienaufenthalt in Venedig hat nie stattgefunden. Er hat die Niederlande nie verlassen, sondern sein Leben in Amsterdam im Dienst der Orgelkunst als Organist, Orgelkomponist und Orgellehrer bis zu seinem Tod am 16. 10. 1621 verbracht.

Neben seinem nahezu legendären Ruf als Virtuose der Tasteninstrumente galt er als bedeutendster Orgellehrer seiner Zeit. Besonders aus Deutschland, wo er als »Organistenmacher« bekannt war, strömten ihm Schüler zu, von denen einige später selbst zu großem künstlerischen Ansehen gelangten. Aber die höchste Wertschätzung kam ihm von der Stadt seines Wirkens selbst zu, wo die Oude Kerk jedesmal überfüllt war, wenn dieser letzte große niederländische Musiker die Orgel spielte und wo ihn der niederländische Dichter Joost van den Vondel (1587 bis 1679) in seinem Epitaph zum »Phönix der Musik« erhob.

Sein Sohn Dirk Jansson Sweelinck (getauft 16. 5. 1591, Amsterdam, begraben 20. 9. 1652, Amsterdam) folgte seinem Vater in die Organistenstelle an der Oude Kerk in Amsterdam nach.

WERKE

Die vokalen Kompositionen von Jan Pieterszoon Sweelinck gehören dem Stil des 16. Jahrhunderts an und haben keinen Generalbaß; nur seine »Geistlichen Lieder« aus 1619 weisen einen Basso continuo für die Orgel auf. Sein Ruhm begründete sich jedoch auf seinem Spiel auf Tasteninstrumenten (Orgel, Cembalo, Virginal, Clavichord) und auf seinen Orgelkompositionen wie Fantasien, Ricercari, Toccate, Choral-, Lied- und Tanzbearbeitungen, auf seiner Technik der Variationen, Augmentation, Diminution und Engführung. Seine Ricercari sind echte Vorläufer der Fuge, seine Choralvariationen eröffneten die Geschichte des Orgelchorals, wie überhaupt alle seine Orgelwerke die Plattform bildeten, von der aus sich die Orgelmusik des kommenden Jahrhunderts bis zur Höhe Bachs entwickelte.

Dirk Jansson Sweelinck veröffentlichte ein Buch mit volkstümlichen Liedern, von denen eine Anzahl von ihm selbst komponiert wurde.

LITERATUR

M. Seiffert, Geschichte der Klaviermusik, Wiesbaden 1966.

Georgi Swiridow (geboren 1915)

LEBEN

Georgi (Juri) Wasilijewitsch Swiridow wurde am 3. 12. 1915 in Fatesch, UdSSR, geboren. Er studierte in Leningrad am Zentralen Musiktechnikum bei Jewgeni Braudo (20. 2. 1882, Riga, bis 17. 10. 1939, Moskau), am Konservatorium bei Piotr Borisowitsch Rjasanow und Dmitri Schostakowitsch. Im Jahr 1956 ließ er sich in Moskau als freischaffender Komponist nieder; 1964–72 war er Erster Sekretär des russischen Komponistenverbands.

WERKE

Neben 3 Opern schrieb Georgi Swiridow eine Sinfonie für Streichorchester, ein Stück für Kammerorchester, ein »Kleines Triptychon« für Orchester, 2 Klavierkonzerte, ein Klavierquintett, 2 Streichquartette, ein Klaviertrio,

Georgi Swiridow

2 Oratorien, 3 Kantaten, Orchesterlieder, Klavierlieder, Bühnen- und Filmmusik.

Pathetisches Oratorium für Mezzosopran und Baß, Chor und Orchester, 7 Teile, entstanden 1959

Dem Werk liegen pathetische Verse des Dichters Wladimir Majakowski (1893–1930) zugrunde. Der 1. Teil eröffnet das Werk mit einem Marsch in schwerem Rhythmus. Der 2. Teil stellt die Flucht des Generals Wrangel, des letzten Oberkommandierenden der kontrarevolutionären »Weißen Garde«, dar. Vor dem Hintergrund eines Trauermarsches erklingt die Stimme des Sprechers. Der 3. Teil ist den Helden der Schlacht von Perekop gewidmet, die die Befreiung der Krim zur Folge hatte. Im 4. Teil drücken Dichter und Komponist ihre Liebe zu ihrem Heimatland aus. Der 5. Teil ist dem Aufbau des Landes nach Revolution und Bürgerkrieg gewidmet und bringt die Vision einer Gartenstadt, die in Sibirien entstehen wird. Im 6. Teil kommt es zu Ovationen für Lenin und sein Werk, das, wie der 7. Teil verkündet, für immer im Schein der Sonne leuchten wird.

Sybrandt van Noordt (1659–1705)

Zeit und Umwelt

Das Glockenspiel (Carillon) wurde besonders in China in den verschiedensten Formen gepflegt. Es wird angenommen, daß es die Niederländer von dort übernommen haben, jedenfalls wurde es in den Niederlanden, wo Organisten zumeist auch darin ausgebildet waren, am meisten gefördert. Gute Carillonneure waren dort ebenso geschätzt wie andere Instrumentalisten.

Leben

Sybrandt van Noordt (le Jeune) wurde 1659 in Amsterdam geboren. Er war ab 1679 Organist an der Oude Kerk seiner Heimatstadt, sodann bis 1695 an der Groote Kerk in Haarlem. Er starb im Februar 1705 in Amsterdam.

Werke

Der niederländische Organist, Carillonneur und Komponist Sybrandt van Noordt schrieb Sonaten für Cembalo mit Violine und Flöte, aber auch für Cembalosolo, die für die ältesten ihrer Art gehalten werden.

Literatur

H. W. Thysse, Zeven Eeuwen Nederlandse Muziek, Rijswijk 1949.

Norman Alec Symonds

(geboren 1920)

Leben

Norman Alec Symonds wurde am 23. 12. 1920 in Nelson, British Columbia, geboren. Er gründete eine eigene Jazzformation, mit der er bei Festivals auftritt.

Werke

Neben einer Jazzoper und einem Fernsehballett schrieb Norman Alec Symonds unter anderem »Impulse« für Orchester, »Elegie« und »Pastel« für Streichorchester, ein Concerto grosso für Jazzquintett und Orchester, ein Notturno für Tenorsaxophon und Streicher, 2 Konzerte für Jazzoktett, Improvisationen für Jazzinstrumente, ein »Lamento« für Jazzquartett und einen Chor mit Schlagzeug.

Maddalena Laura Syrmen
(1735 bis um 1800)

ZEIT UND UMWELT
Daß eine Frau als Instrumentalistin auftrat, war auch in der zweiten Hälfte des 18. Jahrhunderts selten, während für die Opernbühne die Zeit der großen Sängerinnen bereits angebrochen war. Es gab einige Organistinnen und Cembalistinnen; Violinistinnen hingegen waren für das Publikum eine ungewohnte Erscheinung, und noch seltener war es, wenn diese Frau eigene Kompositionen vollendet vortrug.

LEBEN
Maddalena Laura Syrmen (Sirmen), deren Mädchenname Lombardini lautete, wurde 1735 in Venedig geboren. Sie wurde am Conservatorio dei Mendicanti ihrer Geburtsstadt und darauf von Giuseppe Tartini in Padua zur Violinistin ausgebildet. Sie unternahm mit ihrem Mann Lodovico Syrmen, Violinist und Kapellmeister, erfolgreiche Konzertreisen durch Italien, nach Paris und London, wo sie auch als Cembalistin und als Sängerin auftrat. Im Jahr 1785 kehrte sie nach Venedig zurück, wo sie um 1800 starb.

WERKE
Von der Violinistin Maddalena Laura Syrmen erschienen 6 Triosonaten für zwei Violinen und Cello, 6 Streichquartette, 6 Violinenduos, 6 Violinkonzerte mit zwei Violinen, Bratsche, Baß, Oboe und zwei Hörnern, 6 Sonaten für zwei Violinen. Ihr Stil ist deutlich an Giuseppe Tartini orientiert.

Bolesław Szabelski (1896–1979)

LEBEN
Bolesław Szabelski wurde am 3.12.1896 in Radoryż bei Lublin geboren. Er war am Konservatorium in Warschau Orgelschüler von Mieczysław Surzyński (20.12.1866, Šroda, bis 11.9.1924, Warschau) und Kompositionsschüler von Roman Statkowski (24.12.1859, Szczypiórno, bis 12.11.1925, Warschau) und Karol Szymanowski. Er wirkte von 1929 bis 1939 als Lehrer für Orgelspiel und Komposition am Konservatorium in Kattowitz (Katowice) und ab 1945 an der dortigen Musikhochschule als Leiter der Orgel- und Kompositionsklassen. Er starb am 27.8.1979 in Katowice.

WERKE
Von Bolesław Szabelski sind 5 Sinfonien, eine Suite, eine Etüde, eine Sinfonietta, ein Concerto grosso, eine Toccata, eine Ouvertüre und 2 Sonette, ein Klavierkonzert, Praeludien für Kammerorchester, 2 Concertini, ein Flötenkonzert »Aphorismen« für zehn Instrumente, 2 Streichquartette, Klavier- und Orgelstücke und Chorwerke bekannt geworden.

Sinfonie Nr. 5 für gemischten Chor, Orgel und Orchester, ein Satz, entstanden 1968

In diesem Werk laufen atonale Elemente mit traditionell-diatonischen parallel. Es liegt keine Sinfonie im klassischen Sinn vor, sondern eine völlig freie Komposition, die streckenweise athematisch geführt ist. Der Chor artikuliert keinen Text, sondern singt asemantisch; seine Vokalisen erfüllen instrumentale Funktionen. Die Sinfonie bietet eine Klangdichte, die seit Szymanowski von keinem Polen erreicht wurde; sie endet mit einem ekstatischen Höhepunkt.

Ferenc Szabó (1902–69)

LEBEN
Ferenc Szabó wurde am 27.12.1902 in Budapest geboren und war dort an der Musikakademie Schüler von Leó Weiner und Zoltán Kodály. Ab 1945 wirkte er als Lehrer am selben Institut und leitete es von 1957 bis 1967. Er starb am 4.11.1969 in Budapest.

WERKE
Mehrere konzertante Stücke, 2 Suiten, eine Rhapsodie für Orchester, eine Suite für Kammerorchester, 2 Streichquartette, ein Streichtrio und eine Anzahl Sonaten für verschiedene Instrumente repräsentieren das instrumentale Schaffen von Ferenc Szabó. Als sein Hauptwerk wird sein Oratorium angesehen. Er schrieb außerdem mehrere Kantaten und Lieder.

»Stürmend erhob sich die Flut«, Oratorium für Tenor, Chor und Orchester, 8 Teile, entstanden 1955

Das Werk bringt eine Vertonung von acht Gedichten von Sándor Petöfi (1823–49) und müßte daher als Kantate angesprochen werden. Da diese Gedichte jedoch Freiheitswillen und Freiheitskampf des ungarischen Volks zur einheitlichen Aussage haben und auch die Musik diese in allen Teilen variiert, ist die Bezeichnung Oratorium gerechtfertigt. Mit plastischen Bildern werden der vergebliche Befreiungskampf und die unerschütterliche, erst nach Jahrzehnten erfüllte Freiheitshoffnung monothematisch monumental dargestellt.

Tomasz Szadek (um 1550 bis um 1611)

ZEIT UND UMWELT

Mit dem Regierungsantritt des polnischen Königs Sigismund III. erhielt der Katholizismus starken Auftrieb, so daß auch der katholischen Kirchenmusik erhöhtes Interesse zugewendet wurde. Die Hofkapelle wurde nur mit Katholiken besetzt. Um abgehende Andersgläubige zu ersetzen, wurden Mitglieder der Kapelle an der Kathedrale herangezogen.

LEBEN

Tomasz Szadek (Sadek, Sadesz) wurde um 1550 in Krakau geboren und zum Sänger und Musiker ausgebildet. Er gehörte von 1569 bis 1574 der polnischen Hofkapelle in Krakau an, nachdem er an der Kathedrale und anderen Kirchen als Sänger gewirkt hatte. Darauf wurde er Vikar der Kathedrale und zugleich Mitglied der Hofkantorei. Den Rest seines Lebens bis um 1611 verbrachte er als Sänger in der Kathedralenkapelle.

WERKE

Von dem polnischen Kirchenkomponisten Tomasz Szadek sind 2 Messen, dazu je ein Graduale, ein Introitus und eine Communio erhalten. Der Stil dieser Kompositionen gehört der 1. Hälfte des 16. Jahrhunderts an.

LITERATUR

A. Chybiński, Über die polnische mehrstimmige Musik des XVI. Jahrhunderts, Leipzig 1909.

Witold Szalonek (geboren 1927)

LEBEN

Witold Szalonek wurde am 2.3.1927 in Czechowice, Polen, geboren. Er studierte an der Musikhochschule in Katowice, an der er 1956 Assistent, 1966 Professor und 1972 Rektor wurde. Er besuchte die Darmstädter Ferienkurse und war ein Jahr lang Schüler von Nadia Boulanger in Paris. Im Jahr 1970 hielt er selbst Kompositionskurse in Århus ab und 1974 an der Musikhochschule in Berlin (West).

WERKE

Obwohl sich Witold Szalonek rückhaltlos der Neuen Musik verschrieben hatte, sind in seinem Werk folkloristische Elemente nicht zu übersehen. Er schrieb eine polyphonische Suite für Streicher, ein Concertino für Flöte und Kammerorchester, »Veränderungen« für Kammerorchester, Improvisationen für Klarinette, Posaune, Cello und Klavier, ein Stück für ein bis vier Streichquartette und eines für fünf Bläser und vier Streicher, ein Trio für Flöte, Klarinette und Fagott, Arabesken für Violine und Klavier, Proportionen für Flöte, Bratsche und Harfe, eine Cellosonate, Monologe für Oboe solo, eine Suite für Alt und neun Instrumente, ein Triptychon für Sprecher, Chor und Kammerorchester, eine Kantate für Stimme und Orchester, eine Ballade für zwei Chöre a cappella, weiters Chorwerke, Lieder und Bühnenmusik.

Wacław Szamotułczyk
(um 1520 bis um 1560)

ZEIT UND UMWELT

Die Tochter des litauischen Hetmannes Jerzy Radziwill (1480–1541), Barbara (1520 bis 1551), heiratete den nachmaligen polnischen Thronerben Zygmunt August und wurde 1550 zur Königin von Polen gekrönt. Dadurch wurde die Magnatenfamilie praktisch zu Regenten Litauens. Der Neffe der Königin, Mikolaj der Schwarze (1515–65), wurde von Kaiser Karl V. in den Fürstenstand erhoben. Er war Calvinist und förderte die Reformation des Landes.

LEBEN

Wacław Szamotułczyk (Wenzel von Samter, Samotulinus, Schamotulinus) wurde um 1520 in Szamotuły bei Posen geboren. Er studierte in Krakau (ab 1538) und wurde Sänger und Komponist des polnischen Königs Zygmunt I. Stary und dessen Sohnes Zygmunt August. Im Jahre 1555 ging er als Hofmusiker zu Fürst Mikolaj Radziwill nach Vilnius. Er starb als ein in katholischen und calvinistischen Kreisen sehr geschätzter Kirchenkomponist um 1560 in Pińczow (Kielce).

WERKE

Die Werke von Wacław Szamotułczyk wurden zum Teil auch außerhalb Polens in Sammeldrucken veröffentlicht, wie zum Beispiel die Motetten »In te Domine speravi« (Auf dich habe ich vertraut, Herr) und »Ego sum pastor bonus« (Ich bin der gute Hirte). Weiters sind von dem polnischen Renaissancemeister Lamentationen und Kirchenlieder in polnischer Sprache überliefert. Viele seiner Kompositionen sind verloren, darunter auch eine Messe, das erste doppelchörige Werk in Polen. Der Stil der Kompositionen folgte im großen und ganzen dem der franko-flämischen Schule, nahm aber einzelne der Volksmusik entnommene Melodien auf. Stark volksliedhaft sind die für den reformierten Gottesdienst geschriebenen Gesänge in polnischer Sprache.

LITERATUR

S. und Z. M. Szweykowski, Wacław z Szamotuł, Muzyka IX, 1964.

Stanisław Sylwester Szarzyński
(um 1670 bis nach 1713)

ZEIT UND UMWELT

Unberührt von allen politischen und gesellschaftlichen Veränderungen im Königreich Polen wurde in einer Reihe von Klöstern die Pflege der Musik fortgesetzt, wobei neben der Kirchenmusik die profane Musik nicht zu kurz kam. Besonders dem Wirken in einzelnen Klöstern des ohnehin sehr fortschrittlichen Benediktinerordens ist es zu verdanken, daß die Entwicklung der polnischen Musik keine Unterbrechung erlitt.

LEBEN

Stanisław Sylwester Szarzyński wurde um 1670 in Polen geboren. Er war Benediktiner und dürfte als Kirchenmusiker gewirkt haben und nach 1713 gestorben sein. Der Ort seines Todes ist nicht bekannt.

WERKE

Vom polnischen Komponisten Stanisław Sylwester Szarzyński sind überliefert: eine fünfstimmige Motette mit zwei Violinen, Viola und Generalbaß, Ave Regina coelorum für Singstimme und drei Violinen, ein vierstimmiges Kompletorium mit zwei Violinen, zwei französischen Clarini und Generalbaß, ein Konzert für Tenor, zwei Violinen, Viola und Orgel, eine fünfstimmige Motette für zwei Violinen, drei Posaunen und Orgel, eine fünfstimmige Messe, eine vierstimmige Litanei, weitere Konzerte mit verschiedener Besetzung und eine Triosonate. Die Werke entsprechen dem spätbarocken mitteleuropäischen Stil.

LITERATUR

A. E. Chybiński, Stanisław Sylwester Szarzyński, Warschau 1932.

Zsigmond Szathmáry (geboren 1939)

LEBEN

Zsigmond Szathmáry wurde am 28.4.1939 in Hódmezövásárhely bei Szeged geboren. Er studierte von 1955 bis 1958 am Konservatorium und anschließend an der Musikakademie bei Rezsö Sugár und Ferenc Szabó. Im Jahr 1963 setzte er sein Studium an der Hochschule für Musik und darstellende Kunst in Wien und an der Musikhochschule in Frankfurt am Main fort, 1970 bis 1977 war er Kantor und Organist an der evangelisch-lutherischen Kirchengemeinde in Hamburg-Wellingsbüttel und von 1972 bis 1978 Dozent für Orgelspiel an der Musikakademie in Lübeck. Seitdem ist er an der Musikhochschule in Freiburg im Breisgau Professor für Orgelspiel. Seine Konzertreisen führten ihn bis nach Japan.

WERKE
Neben der sehr bekannten Kantate »Disperazione« (Verzweiflung) nach Bibeltexten und Fragmenten aus dem »Tagebuch der Anne Frank« für Sopran, Bariton und Kammerensemble schrieb Zsigmond Szathmáry unter anderem »Alpha« für Flöte, Klarinette, Trompete, Klavier, Violine, Bratsche und Cello, ein Streichquartett, »Dialog I« für Orgel und »II« für Orgel und Tonband, »Monolog« für Flöte mit elektrischer Verstärkeranlage, »Katharsis« für Klarinette, Orgel und Schlagzeug.

Endre Székely (geboren 1912)

LEBEN
Endre Székely wurde am 6.4.1912 in Budapest geboren. Er studierte dort an der Musikakademie unter Albert Siklós, war anschließend als Dirigent von Arbeiterchören und als Organisator des ungarischen Musiklebens tätig und wurde 1948 Dirigent am Stadttheater, Chordirigent am ungarischen Rundfunk und 1960 Musiklehrer an der Lehrerbildungsanstalt in Budapest.

WERKE
Außer einer Oper und einer Operette schrieb Endre Székely eine Sinfonie, eine Suite für Orchester, eine für kleines Orchester und eine für Streicher, eine Rhapsodie für Violine und Orchester, ein Konzert für Klavier, Streicher und Schlagzeug, eine konzertante Sinfonie für Klavier, Violine und Kammerorchester, ein Notturno für Klavier, fünf Bläser und fünf Streicher, ein Oktett, ein Sextett, 3 Bläserquintette, 3 Streichquartette, ein Streichtrio, 2 Bläsertrios, eine Rhapsodie für Bratsche und Klavier, mehrere Kantaten, Chöre, Gesänge und Lieder.

Fantasma für Orchester, ein Satz, entstanden 1969
Es handelt sich um keine Programmusik, sondern um die Darstellung der bedrückenden Ängste, die von der wachsenden Bedrohung der Menschen durch die atomare, biologische und astronautische Forschung und ihre Konsequenzen ausgelöst werden. Der großangelegte Satz wird immer spannender und dichter, bis zu einer Klimax, von der er gleichsam resignierend abfällt. Erschreckend geheimnisvolle Holzbläsersignale und Akkorde, eisig wie Nebelschwaden, münden in den Ausdruck einer ausweglosen Vereinsamung.

István Szelényi (1904–72)

LEBEN
István Szelényi wurde am 8.8.1904 in Zólyom, Ungarn (heute Zvolen, Slowakei), geboren. Er war Schüler von Zoltán Kodály, wirkte anschließend bis 1930 als Klavierlehrer an einer Musikschule, sodann bis 1950 als Lehrer am Musikgymnasium in Budapest, anschließend bis 1966 an der Musikfachschule und darauf bis zu seinem Tod am 31.1.1972 an der Musikhochschule.

WERKE
Außer 2 Pantomimen, einer Operette und 3 Oratorien schrieb István Szelényi eine Sinfonie, eine Ouvertüre, eine Tanzsuite für Streicher, ein Concertino, Variationen, ein Klavierkonzert, 2 Violinkonzerte, ein Tripelkonzert für Violine, Bratsche, Klavier und Blasorchester, »Kammermusik für acht Bläser«, 4 Streichquartette, 2 Klaviertrios, Sinfonietta für drei Violinen, Suite für vier Violinen, »Dialoge« für Violine und Cello, 7 Sonaten, eine Sonatine, eine Toccata und weitere Stücke für Klavier, Chöre und Gesänge.

Tadeusz Szeligowski (1896–1963)

LEBEN
Tadeusz Szeligowski wurde am 13.9.1896 in Lemberg (Lwiw) geboren. Er studierte bei Zdzisław Jachimecki (7.7.1882, Lwiw, bis 27.10.1953, Krakau) in Krakau und bei Nadia Boulanger in Paris. Anschließend wirkte er als Kompositionslehrer in Vilnius und als Professor an den Musikhochschulen von Poznan und Warschau. Er starb am 10.1.1963 in Poznan.

WERKE
Außer 3 Opern und 2 Balletten schrieb

Tadeusz Szeligowski eine Orchestersuite, ein Orchesterkonzert, ein Epitaph für Karol Szymanowski, 2 Tanzsuiten, 2 Suiten für kleines Orchester, eine Ouvertüre, ein Klarinettenkonzert, ein Klavierkonzert, ein Bläserquintett, 2 Streichquartette, eine Flötensonate und ein Englischhornkonzert mit Klavier, eine Suite für zwei Klaviere, 2 Kantaten, ein Triptychon für Singstimme und Orchester, Messen, Motetten, Psalmen, Lieder, Bühnen- und Filmmusik.

Arpád Szendy (1863–1922)

LEBEN

Arpád Szendy wurde am 8.11.1863 in Szarvas, Ungarn, geboren. Er war Schüler von Franz Liszt und von Hans Koessler (1853–1926) an der Musikakademie in Budapest, wo er ab 1890 selbst als Klavierlehrer wirkte. Er starb am 10.9.1922 in Budapest.

WERKE

Von Arpád Szendy sind 2 Orchesterstücke, ein Klavierkonzert, eine Konzertfantasie für Klavier und Orchester, 2 Streichquartette, zahlreiche Klavierstücke und Lieder bekannt geworden, die dem national-ungarischen, von seinen Lehrern gepflegten Stil folgten.

Endre Szervánsky (1911–77)

LEBEN

Endre Szervánsky wurde am 27.12.1911 in Budapest geboren und später dort ausgebildet; es folgte eigener Unterricht bis 1941 ebenda. Er wurde dann Professor für Komposition am Konservatorium und 1948 an der Musikhochschule in Budapest, wo er am 25.6.1977 starb.

WERKE

Die Kompositionen von Endre Szervánszky sind von der ungarischen Folklore und von Béla Bartók stark beeinflußt. Er schrieb eine Sinfonie, 2 Orchestersuiten, eine Ballettsuite, eine Rhapsodie, ein »Konzertantes Stück« und 6 sinfonische Variationen, eine Serenade für Streicher, ein Klarinettenkonzert, ein Flötenkonzert, 2 Bläserquintette, ein Klarinettenquintett, 2 Streichquartette, ein Requiem, Chöre, Musik für Kinder, Bühnen- und Filmmusiken.

Serenade für Streicher, 4 Sätze, entstanden 1948

Im Gegensatz zum übrigen sehr ernsten und zum Teil meditativen Werk des Komponisten ist diese Serenade fröhlich und munter. Der 1. Satz beginnt mit einer kantablen echt ungarischen Melodie; das Gegenthema ist ebenfalls heiter und lustig. Der 2. Satz ist tänzerisch bewegt, im Trio erklingt Dudelsackmusik. Der langsame 3. Satz bringt ein lyrisches Thema, das sich anfänglich zaghaft weitertastet, dann aber aufblüht. Das Hauptthema des Finale ist voll scharf akzentuierter Rhythmik, ein zweites, sehr expressives Thema tritt hinzu, so daß es am Ende zu einem brillant orchestrierten Ausklang kommt.

Sándor Szokolay (geboren 1931)

LEBEN

Sándor Szokolay wurde am 30.3.1931 in Konágota bei Medgyesegyháza, Ungarn, geboren. Er war an der Musikhochschule in Budapest Schüler von Ferenc Szabó und Ferenc Farkas. Anschließend wirkte er als Lehrer an der Musikschule des Rundfunks. Im Jahr 1966 wurde er Professor für Kontrapunktik und Komposition an der Musikhochschule in Budapest.

WERKE

Mit seinen Opern »Die Bluthochzeit« und »Hamlet« wurde Sándor Szokolay international bekannt. Er schrieb weiters eine dritte Oper, ein Ballett, ein Violinkonzert, ein Klavierkonzert, ein Trompetenkonzert, 2 Oratorien und ein Requiem zum Andenken an Francis Poulenc. Sein Stil enthält viele expressionistische Elemente.

Karol Szymanowski (1882–1937)

LEBEN

Karol Szymanowski wurde am 24.9.1882 in Timoschewka, Ukraine, geboren. Nach häuslicher musikalischer Erziehung wurde er in

Karol Szymanowski

Warschau Schüler von Zygmunt Noskowski. Mit anderen Schülern dieses gesuchten Lehrers gruppierte er eine Vereinigung junger polnischer Komponisten, um die im 19. Jahrhundert begründete Eigenständigkeit der polnischen Musik auszubauen und zu vertiefen. Seine eigene kompositorische Tätigkeit setzte früh ein. Er lebte von 1906 bis 1908 in Berlin, von 1912 bis 1914 in Wien, sodann bis 1917 in seinem Geburtsort und anschließend in Jelisawetgrad (heute Kirowograd) und ab 1920 in Warschau, wo ihm 1926 die Leitung des Konservatoriums übertragen wurde. Er trat davon jedoch nach drei Jahren zurück, weil er mit seinen Reformversuchen auf zu starken Widerstand stieß; im Jahr 1930 übernahm er diese Stellung ein zweites Mal und gab sie nach zwei Jahren aus den gleichen Gründen wieder auf. Seine letzten Jahre verbrachte er mit Konzertreisen im Ausland und in verschiedenen Kurorten, wozu ihn eine fortschreitende Erkrankung zwang. Er starb am 29.3.1937 in Lausanne als einer der bedeutendsten Komponisten Polens, der nach seinen eigenen Worten »nicht für gestern, sondern für heute und morgen zu schaffen suchte«.

WERKE

Die betont nationale Ausrichtung der Musik ist seit dem 19. Jahrhundert in Polen nahezu zur Selbstverständlichkeit geworden. Die Abgrenzung der polnischen Musik gegen die russische wurde für sehr wichtig gehalten, wenn auch der eine oder andere Musiker sich seine Ausbildung in Moskau oder St. Petersburg holte oder auf russischem Territorium geboren und erzogen wurde. Unmittelbare Einflüsse der russischen Musik auf die Polens fanden sehr selten statt. Den nachhaltigen Einfluß auf die neuere polnische Musik übte der französische Impressionismus aus, so daß die Romantik zurückwich, allerdings nicht ohne eines ihrer Hauptelemente, die Integration der heimischen Folklore, zurückzulassen. Karol Szymanowski, das unbestrittene Haupt der Musikergeneration Polens nach der Spätromantik, übernahm und steigerte ihn bis zu den äußersten Grenzen, verläßt aber die Tonalität dabei nur selten; in seiner Oper »Hagith«, bei der noch die Spätromantik dominierte, neigte er sogar zu Atonalität, während seine zweite Oper, »König Roger« rein impressionistisch ist. Er schrieb eine Bühnenmusik und 2 Ballette, von denen »Harnasie« den größten Erfolg errang. Er verfaßte 4 Sinfonien, eine Konzertouvertüre, 2 Violinkonzerte, mehrere Chorwerke, von denen das Stabat mater hervorragt, 2 Streichquartette, ein Klaviertrio, 2 Stücke für Violine und Klavier, zahlreiche Klavierstücke – 3 Sonaten, 20 Mazurken, Variationen – und viele Lieder.

Stabat mater, Oratorium für 3 Solisten, gemischten Chor und Orchester, Opus 53, 6 Teile, entstanden 1929

Es handelt sich um kein typisches Oratorium, sondern eher um eine Kantate, die volkstümliche Lyrismen glänzend verarbeitet und die Bedeutung jedes Satzes des polnischen Textes profiliert. Das Werk vermittelt den Eindruck einer erlebten religiösen Volkstrauer.

Sinfonie Nr. 2 in B-Dur, Opus 19, 3 Sätze, entstanden 1910, überarbeitet 1934

Der 1. Satz dieser sehr konservativ gehaltenen Sinfonie wird von der Ersten Violine mit einer grandiosen Kantilene intoniert, deren Thema für den ganzen Satz bestimmend ist. Seitenthema, Durchführung und Reprise laufen nach altem nahezu klassischem Muster ab. Im 2. Satz erklingen neun Variationen zu einem gegebenen Thema, darauf ein schönes Adagio und als Abschluß eine prächtige Fuge.

Sinfonie Nr. 3, Opus 27, ein Satz, entstanden 1916

Diese »Sinfonie« ist für großes Orchester, Tenorsolo und gemischten Chor geschrieben und hat daher den Charakter einer Kantate. Der Text stammt vom persischen Dichter Dschelal ed-Din Rumi (1207–73) und preist die Nacht als Zeit der Medidation. Der Aussage der Dichtung entsprechend hat das Werk stark orientalisches Kolorit. Auf die langsame, von einer Violine in hoher Lagevorgetragene Einleitung folgt als Mittelteil ein ekstatischer Tanz. Die vielschichtige Konzeption mit gleichzeitig erklingenden verschiedenen Tonflächen und Metren sprengen nahezu den Rahmen der Tonalität, ergeben jedoch ein farbenprächtiges, leuchtkräftiges Tonbild, das sich zu hymnischen Ausmaßen ausweitet.

Sinfonie Nr. 4, »Symphonie concertante«, Opus 60, 3 Sätze, entstanden 1932

Diese Sinfonie, die ein obligates Soloklavier vorschreibt, ist in Wahrheit ein Klavierkonzert. Der 1. Satz verrät deutliche Anklänge an die Volksmusik der Bewohner der Tatra. Im 2. Satz erklingt eine weit gespannte Kantilene, die die volkstümliche Konzeption verstärkt. Der 3. Satz hat Rondoform und ist voll Mazurkawendungen.

Violinkonzert Nr. 1, Opus 35, ein Satz, entstanden 1916

Die Behandlung der Violine in diesem Werk wurde als »Violinimpressionismus« bezeichnet, weil der musikalische Ausdruck nahezu ausschließlich diesem Instrument übertragen war. In sehr hohen Lagen beginnt die Violine ihr poetisches Lied, dem das Orchester ergriffen zu lauschen scheint. Einschmeichelnd klingen die Doppelgriffe im Mittelteil. Dann steigert sich die Melodie von komplizierten Doppeltrillern in Terzen zu einer strahlenden Coda, an der das Orchester farbenschönen Anteil nimmt.

Violinkonzert Nr. 2, Opus 61, entstanden 1933

Dieses letzte größere Werk des Komponisten ist auf das Wesentliche reduziert; Ausschmückungen, Formenvielfalt und »Glanzlichter« fehlen ebenso wie orientalische Anklänge. Dafür sind Integrationen der volkstümlichen Melodien aus der Tatra um so augenfälliger. Es klingt, als hätte sich der Meister damit von der polnischen Landschaft, die er am meisten liebte, verabschiedet.

LITERATUR

S. Golachowski, Karol Szymanowski, Krakau 1956.

T

Michel Tabachnik (geboren 1942)

LEBEN
Michel Tabachnik wurde am 10. 11. 1942 in Genf geboren. Er studierte am Konservatorium in Genf und unter Pierre Boulez, Henri Pousseur und Karlheinz Stockhausen bei den Ferienkursen in Darmstadt. Er wirkte als Assistent von Igor Markewitsch und Pierre Boulez. 1973 bis 1975 war er in Lissabon Chefdirigent des Gulbenkian-Orchesters und 1976/77 Leiter des »Ensemble Européen de Musique Contemporaine« in Paris. Seit 1975 dirigiert er das Philharmonische Orchester in Metz.

WERKE
Von den Werken Michel Tabachniks sind unter anderem die Orchesterstücke »Mondes« (Welten), »Movimenti« (Bewegungen), »Eclipses« (Finsternisse) und »Les imaginaires« (Die Vorstellungen), »Pastel I und II« für Kammerorchester, eine Invention für 16 Streicher und die elektronischen Stücke »Sillages« (Verzweigungen) und »D'autres Sillages« (Andere Verzweigungen) bekannt geworden.

Alessandro Tadei (um 1586–1667)

ZEIT UND UMWELT
Schon unter Erzherzog Karl von Innerösterreich (1540–90) waren an der Grazer Hofkapelle viele Italiener beschäftigt. Sie kamen zumeist aus dem venezianischen Raum und siedelten sich nicht selten fest in Österreich an. Sein Nachfolger Ferdinand (1578–1637), der 1619 als Ferdinand II. Kaiser wurde, nahm die Grazer Kapelle nach Wien mit, so daß auch die Wiener Hofkapelle zu einem großen Teil aus Italienern bestand.

LEBEN
Alessandro Tadei (Taddei, Thadei, Todey) wurde um 1586 in Graz geboren und von 1604 bis 1606 in Venedig bei Giovanni Gabrieli ausgebildet. Anschließend war er Organist am Grazer Hof. Im Jahr 1611 wirkte er in Wien an den Feierlichkeiten zur Hochzeit Kaiser Matthias' (1557–1619) mit Anna von Tirol (1585–1618) mit; 1619 übersiedelte er mit der Hofkapelle Ferdinands II. als Hoforganist nach Wien. Von 1628 bis 1629 wirkte er als Kapellmeister im Benediktinerkloster Kremsmünster. Dann trat er in den Karmeliterorden ein und versah von 1642 bis 1647 den Dienst eines zweiten Organisten am Dom von Udine. Er starb 1667 bei Lugano.

WERKE
Von dem italienischen Komponisten Alessandro Tadei ist eine Missa sine nomine für sechzehn Stimmen überliefert, die aber trotz des Namens keine echte Cantus-firmus-Messe ist, sondern den konzertanten Stil Venedigs aufweist, weiters achtstimmige Vesperpsalmen und eine dreistimmige Motette, beides mit Generalbaß.

LITERATUR
H. Federhofer, Alessandro Tadei, ein Schüler G. Gabrielis, in: Musica Disciplina VI, 1952.

Thomas Täglichspeck (1799–1867)

ZEIT UND UMWELT
Friedrich Wilhelm Konstantin, Fürst von Hohenzollern-Hechingen (1801–69), verzichtete 1849 im Zuge der politischen Ereignisse in Deutschland zugunsten des preußischen Königs Friedrich Wilhelm IV. (1795–1861) auf

seine Souveränität, löste seine höchst angesehene Hofkapelle in Hechingen auf und zog sich nach Löwenburg (Lwówek Sląski), Schlesien, zurück, wo er eine neue, sehr leistungsfähige Kapelle gründete.

LEBEN
Thomas Täglichspeck wurde am 31.12.1799 in Ansbach geboren. Er war Schüler von Pietro Rovelli in München und trat nach seiner Ausbildung als Violinist in das Hoftheaterorchester ein. Von 1827 bis 1848 war er Kapellmeister des Fürsten Friedrich Wilhelm Konstantin von Hohenzollern-Hechingen in Hechingen, dem er nach Löwenburg folgte, um dort dessen neue Kapelle aufzubauen. Im Jahr 1857 zog er sich nach München und bald darauf nach Baden-Baden zurück, wo er am 5.10.1867 starb.

WERKE
Von Thomas Täglichspeck sind 2 Opern aufgeführt worden. Er schrieb außerdem zahlreiche Violinstücke, 4 Sinfonien, 3 Streichquartette und 4 Violinsonaten. Alle seine Musik war wegen ihres satten Klanges sehr beliebt.

Christian Gotthilf Tag
(1735–1811)

LEBEN
Christian Gotthilf Tag wurde am 2. 4. 1735 in Beierfeld, Sachsen, geboren. Er war Schüler der Kreuzschule in Dresden und von 1755 bis 1808 Kantor in Hohenstein, wonach er sich nach Niederzwönitz zurückzog, wo er am 19. 7. 1811 starb.

WERKE
Von Christian Gotthilf Tag ist eine große Anzahl Kompositionen überliefert, aber nur wenige davon sind publiziert worden. Nach dem Zeugnis seiner Zeitgenossen lag das in der Absicht des Komponisten, der seine Befriedigung im Schaffen allein suchte und sich um keine Veröffentlichung bemühen wollte. Von seinen über 100 Kantaten, 7 Messen, Motetten, Hymnen, Choralpräludien und Cembalostücken sind lediglich »Sechs Choralvorspiele nebst einem Trio u. Allabreve für die Orgel«, »Siebenzig Veränderungen über ein Andantino fürs Clavier«, »Der Glaube mit einer neuen Melodie für die Orgel«, »12 kurze und leichte Orgel-Vorspiele nebst einer Orgel-Sinfonie« und »Lieder zur Beruhigung« erschienen. Sein Werk ist für die Kenntnis der Kantate nach Johann Sebastian Bach sehr wertvoll.

Pietro Taglia (um 1525 bis nach 1600)

ZEIT UND UMWELT
Die Hofkapelle der Sforza, die von Franchino Gaffori geleitete Musikschule, die Domkapelle und die Kapellen und Chöre an den anderen Kirchen Mailands und die in den Adelspalästen boten Musikern ein weites Betätigungsfeld und ausreichende Lebensmöglichkeiten. Daher kamen viele in der Stadt zusammen, die von der Musik leben wollten.

LEBEN
Pietro Taglia wurde um 1525 in oder bei Mailand geboren. Über seine Ausbildung ist nichts bekannt. Er lebte in Mailand als Komponist und Lehrer und dürfte sehr gesucht gewesen sein; einige namhafte Komponisten zählten zu seinen Schülern. Ob Taglia außerdem eine Stellung bekleidet hat, ist unbekannt. Er starb um 1600 in Mailand.

WERKE
Vom italienischen Komponisten Pietro Taglia sind mehrere Bücher mit Madrigalen erhalten. Sein Stil muß als konservativ bezeichnet werden. Er ist exakt und beinahe schulhaft. Auch seine Kanzonen und anderen Lieder, die sich in Sammeldrucken finden, wirken manchmal etwas steif.

Giuseppe Palazotto Tagliavia
(um 1585 bis nach 1632)

ZEIT UND UMWELT
Unter den Nachfolgern Kaiser Karls V. auf dem spanischen Thron wurden Sizilien wie Neapel mit immer größeren Steuer- und Truppenforderungen belastet. Dieser harte Druck wirkte sich auf das kulturelle Leben des Landes lähmend aus. Es gab daher auf der Insel nur einige wenige Kulturschaffende, weil die Talente nach Möglichkeit auswanderten und bessere Lebensbedingungen suchten. Die spanischen Vizekönige hielten zwar eine Hofkapelle, besetzten sie aber zum Großteil mit Spaniern. Sizilianer konnten höchstens als Kirchenmusiker bestehen, und das nur in den kleineren Orten, denn in der Hauptstadt Palermo selbst lag auch die Kirchenmusik in den Händen der fremden Macht.

LEBEN
Giuseppe Palazotto Tagliavia wurde um 1585 in Castelvetrano, Trapani, geboren. Er war Kleriker und Kirchenmusiker und wirkte als Archidiakon und Kapellmeister in Cefalù, wo er vermutlich nach 1632 gestorben ist.

WERKE
Der italienische Komponist Giuseppe Palazotto Tagliavia muß während seiner Ausbildung zum Musiker mit den modernsten Stilformen seiner Zeit vertraut geworden sein. Man darf vermuten, daß dies in Neapel und nicht in dem völlig von konservativer spanischer Musik beherrschten Palermo möglich geworden war. Seine ein- bis vierstimmigen Motetten weisen monodische Passagen auf und haben Orgelbegleitung, seine zwei- bis fünfstimmigen Kirchengesänge und die achtstimmige konzertante Messe haben Generalbaß. Auch die in Neapel erschienenen 2 Bücher mit fünfstimmigen Madrigalen weichen von der Form des 16. Jahrhunderts schon stark ab, so daß der Meister in dem weltabgeschiedenen Cefalù zu den fortschrittlichsten Komponisten seiner Zeit zählte.

Giulio Taglietti (um 1660–1718)

ZEIT UND UMWELT
Gegen Ende des 17. Jahrhunderts hatte die starke Nachfrage nach Violinlehrern bereits eingesetzt, weil der Bedarf an Violinisten groß geworden war. In den Kirchenkapellen, in den Orchestern der Opernhäuser und den Ensembles der Adelspaläste, ja sogar bei den Stadtmusikbanden war die Violine dominierend geworden.

LEBEN
Giulio Taglietti wurde um 1660 in Brescia geboren. Er war ab 1695 Violinlehrer am Collegio dei Nobili in seiner Vaterstadt, in der er 1718 starb.
Sein Bruder Luigi Taglietti (1668, Brescia, bis 1715, Brescia) unterrichtete ab 1697 am Collegio dei Nobili die Kinder der Adeligen der Stadt im Violinspiel.

WERKE
Der italienische Komponist Giulio Taglietti brachte Kammersonaten für zwei Violinen, Cello und Cembalo, drei- und vierstimmige Konzerte und Sinfonien, Sonaten für Solovioline und Generalbaß und »Musikalische Gedanken für Violine und Cello mit Generalbaß« heraus.
Luigi Taglietti schrieb Kammersonaten für drei Instrumente, Sonaten für Violine und Cello mit Generalbaß, fünfstimmige Konzerte und Präludien, vierstimmige Konzerte und dreistimmige Sinfonien, außerdem eine Pastorale. Aus ihrem Satz ist zu schließen, daß beide Violinlehrer ihr Instrument blendend beherrschten.

Ferdinando Taglioni (1810–74)

ZEIT UND UMWELT
Filippo Taglioni (5.11.1777, Mailand, bis 11.9.1871, Como) war wie sein Bruder Salvatore (1789, Palermo, bis 1868, Neapel) einer der bedeutendsten Tänzer und Choreographen seines Jahrhunderts. Zur höchsten Berühmtheit stieg seine Tochter Maria Taglioni (23.4. 1804, Stockholm, bis 27.4.1884, Marseille)

auf, die als weltberühmte Primaballerina nahezu in allen großen Balletten der Zeit auf den Bühnen stand. Auch sein Sohn Paolo (12.1. 1808, Wien, bis 6.1.1884, Berlin) genoß als Ballettmeister und Choreograph hohes Ansehen.

LEBEN
Ferdinando Taglioni wurde am 14.9.1810 in Neapel als Sohn des Salvatori Taglioni geboren. Im Gegensatz zu den genannten und weiteren Mitgliedern der berühmten Tänzerfamilie ergriff er die Laufbahn eines Dirigenten. Er gründete 1865 eine Chorgesangschule, die historische Konzerte in Neapel gab, wo er im Jahr 1874 starb.

WERKE
Neben einigen Abhandlungen über den Chorgesang und die Tätigkeit der von ihm gegründeten und geleiteten Schule komponierte Ferdinand Taglioni zahlreiche Chorwerke, von denen nur wenige im Druck erschienen sind. Seine Bemühungen um den älteren Chorgesang waren für die Entwicklung der Musik Italiens von großer Bedeutung.

Antoni Tailandier (1361–1446)

ZEIT UND UMWELT
Die Hofnarren des Mittelalters waren alles andere als Narren. Sie wirkten als Berater der Fürsten und erledigten wichtige diplomatische Missionen. Sie waren zuweilen auch Musiker und Dichter. Und wenn sie auch zumindest theoretisch als rechtlos galten, durften sie in Wirklichkeit mehr Rechte für sich beanspruchen als andere Höflinge.

LEBEN
Antoni Tailandier (eigentlich Nanell) wurde 1361 in Claire-Dieu geboren. Über sein Leben und Wirken bis zur Wende zum 15. Jahrhundert ist nichts bekannt. Nach 1397 kam er an den Hof der Könige von Aragon, denen er als Diplomat diente. König Alfonso V. (1396–1458), der 1443 seine Residenz nach Neapel verlegte, nahm ihn nach Italien mit. Er starb dort am 26. 7. 1446.

WERKE
Antoni Tailandier war neben seinem Amt Sänger und Komponist. Erhalten sind von ihm allerdings nur eine dreistimmige Ballade und ein Patrem. Beides ist im französischen Stil der Zeit gehalten.

Daniel Tailer (um 1590–1643)

ZEIT UND UMWELT
Die Kapelle der Westminster Abbey wurde auch unter Karl I. auf der bisherigen künstlerischen Höhe weitergeführt. Erst als der Bürgerkrieg in vollem Umfang ausbrach und die Puritaner auch in London den Ton angaben, wurde diese Kapelle wie alle anderen in England aufgelöst.

LEBEN
Daniel Tailer (Taler, Taylor) wurde um 1590 vermutlich in London geboren. Er war Sänger an der Westminster Abbey bis zu seinem Tod im April 1643.

WERKE
Vom englischen Kirchenkomponisten Daniel Tailer sind nur ein Anthem, eine Motette und ein Madrigal überliefert. Alles andere des angeblich fruchtbaren Kirchenmusikers ist verloren. Aber auch diese geringe Hinterlassenschaft kennzeichnet ihn als fähigen Komponisten, dessen Satz zwar äußerst konservativ, jedoch sehr klangvoll ist.

Germaine Tailleferre (1892–1983)

LEBEN
Germaine Tailleferre (eigentlich Marcelle Taillefesse) wurde am 19.4.1892 in Parc-Saint-Maur, Val-de-Marne, geboren. Sie studierte ab 1904 am Conservatoire in Paris unter Henri Dallier (20.3.1849, Reims, bis 23.12.1943, Paris) und Georges Caussade. Sie lebte als freie Komponistin in Paris, wo sie am 9.11.1983 als letztes Mitglied der »Six« starb.

Germaine Tailleferre

WERKE

Obwohl Germaine Tailleferre mit Georges Auric, Louis Durey, Darius Milhaud, Francis Poulenc und Arthur Honegger der Gruppe der »Six« angehörte, war sie als Komponistin dem Impressionismus verpflichtet. Sie schrieb mehr als 8 Opern, 2 Operetten, 3 Ballette, eine Ouvertüre, ein Orchesterstück, ein Klavierkonzert, Concertinos für Harfe und Orchester, für Flöte, Klavier und Kammerorchester, für Sopran und Orchester, eine Ballade für Klavier und Orchester, »Images« für sieben Instrumente, ein Streichquartett, eine Partita für zwei Klaviere und Schlagzeug, 2 Sonaten und ein Pastorale für Violine und Klavier, ein Pastorale für Flöte und Klavier, eine Solosonate für Harfe, zahlreiche Stücke verschiedener Art für Klavier, Kantaten für verschiedene Besetzung mit Orchester, Orchester- und Klavierlieder, außerdem Musik für Bühne, Film, Funk und Fernsehen.

Jenö Takács (geboren 1902)

LEBEN

Jenö Eugen Takács wurde am 25.9.1902 in Cinfalva, Ungarn (heute Siegendorf, Burgenland) geboren. Er war von 1921 bis 1926 an der Musikakademie in Wien Schüler von Hans Gal, Joseph Marx und Paul Weingarten (20.4.1886, Brünn, bis 11.4.1948, Wien). Im Jahr 1927 wurde er Lehrer am Konservatorium in Kairo, unterrichtete von 1932 bis 1935 in Manila und darauf 1939 erneut in Kairo, sodann bis 1942 in Szombathely und wirkte anschließend bis 1948 als Direktor des Konservatoriums in Pécs. Nach einer Gastlehrtätigkeit an den Konservatorien in Lausanne und Genf wirkte er bis 1971 als Klavierlehrer am Konservatorium in Cincinnati und ließ sich darauf in Siegendorf nieder.

WERKE

Neben 3 Balletten schrieb Jenö Takács 2 Klavierkonzerte, eine Tarantella für Klavier und Orchester, eine Serenade für Orchester, einen sinfonischen Satz für Theremin und Orchester, eine Passacaglia für Streicher, eine Meditation für Fagott, Harfe und Streicher, ein Oktett, ein Bläserquintett, ein Quartett für vier Klarinetten, eine »Meditation«, eine Partita für Gitarre und Orchester, Stücke für Klavier mit Tuba, mit Klarinette, mit Altsaxophon, mit Kontrabaß, Stücke für Violine und Gitarre, mehrere Klavierstücke, eine Toccata für Chor und Orgel, Chöre und Lieder.

Oktett, Opus 96, 5 Sätze, entstanden 1974

Dieses für Flöte, Oboe, Klarinette, Horn, Fagott, Violine, Cello und Kontrabaß beschriebene Stück weicht von der traditionellen Art des Komponisten dadurch ab, daß keine motivische Arbeit vorliegt, so daß das Werk wie eine Reihe aus Improvisationen wirkt. Die einzelnen Instrumente sind solistisch eingesetzt und befinden sich im ständigen Dialog miteinander. Der 1. Satz ist nachdenklich, ein Kontrabaßsolo führt zu einem Ritornell, das akkordisch abschließt, als wäre im Gespräch eine Einigung erzielt worden. Der 2. Satz ist spukhaft. Man erhält den Eindruck, als fürchteten sich die Instrumente vor einander und flüchteten sich zu den höchsten Lagen, von wo sie dann aleatorisch in eine Tiefe stürzen, wo es nur mehr Geräusche gibt. Der 3. Satz nähert sich einem Scherzo; nahe Tonschritte und weite Sprünge erzeugen eine diabolische Atmosphäre. Im 4. Satz weitet sich ein Ton schwebend zu einem Akkord aus, oszillierende Mikrointervalle beenden den Satz. »So wie der sogenannte moderne Mensch immer

Jenö Takács

unterwegs, immer in Eile, von einem Kontinent zum anderen, ohne jemals an ein Ziel zu gelangen«, marschieren die Instrumente vorwärts und treten doch auf der Stelle. Eine kurze Parodie des Radetzky-Marsches von Johann Strauß (1804–49) klingt durch.

Yuji Takahashi (geboren 1938)

LEBEN

Yuji Takahashi wurde am 21. 9. 1938 in Tokio geboren, wo er an der privaten Musikhochschule Komposition studierte. Von 1963 bis 1964 war er Schüler von Iannis Xenakis in Berlin. Von 1968 bis 1969 wirkte er in Buffalo, N. Y., als Mitglied des Center of the Creative and Performing Arts. Er lebt in Tokio als freischaffender Komponist und als Pianist.

WERKE

Von Yuji Takahashi sind unter anderem »Phonogène« für zwei Instrumente und Tonband, »Chromamorphe I« für sieben Instrumente und »II« für Klavier, ein Quartett für Violinen, »Rosace I« für elektronisch verstärkte Violine und »II« für »umgestimmtes« Klavier, ein Orchesterstück, ein Stück für zwei oder drei Oboen, ein Stück für Klavier und Kammerorchester, Klaviermusik und Kompositionen für Tonband bekannt geworden.

Tōru Takemitsu (geboren 1930)

LEBEN

Tōru Takemitsu wurde am 8. 10. 1930 in Tokio geboren. Mit Toshiro Mayuzumi (geboren 20. 2. 1929, Yokohama) gründete er 1951 in seinem Geburtsort ein Laboratorium für experimentelle Musik mit dem Ziel, traditionelle japanische Musik mit der modernen Reihentechnik zu verschmelzen.

WERKE

Die Fakturen von Tōru Takemitsu sind völlig unorthodox. Anfänglich wurde er von der Wiener Schule und auch von den französischen Impressionisten sowie Neuklassizisten beeinflußt, dann wandte er nahezu alle avantgardistischen Techniken an. Nicht selten verwendete er traditionelle japanische Instrumente. Er schrieb unter anderen »Relief statique« und »Vocalismus A I« für Tonband, Requiem für Streichorchester, ein Stück für ein oder mehrere Klaviere, eines für mehrere oder ein Streichorchester, ein Streichquartett, »Musik der Bäume« für Orchester, ein Stück für Flöte, Terzgitarre und Laute, »Die Koralleninsel« für Sopran und Orchester, »Das Opfer« für Altflöte, Laute, Vibraphon und alte Zimbeln, »Wassermusik« für Tonband, »Schritte im November I« für Biwa, Sakuhachi und Orchester, »Schritte im November II« für Orchester, »Stanza« für Gitarre, Harfe, Klavier und Vibraphon mit Frauenstimme, »Hika« für Violine und Klavier, ein Stück für Violine, Klarinette, Gitarre und elektrische Orgel mit zwei Piccolo, »Cassiopeia« für Schlagzeug und Streicher, »Eucalyptus« für Flöte, Harfe, Oboe und Streicher, »Jahreszeiten« für Schlagzeug, »Seufzer« für Orchester, einen 16-Minuten-Farbfilm als Kombination von Bildern, Klängen und Geräuschen.

Cassiopeia für Schlagzeug und Streicher, 4 Teile, entstanden 1971

Das Sternbild wird durch die Aufstellung der fünf Schlagzeuger symbolisiert; die darum postierten Streicher stellen die übrigen benachbarten Sterne dar. Die beiden Ecksätze bilden den Rahmen für die beiden inneren Teile, von denen der 2. Teil eine Art Einleitung für das zentrale Solo des Schlagzeugers ist. Das Orchester ist traditionell notiert, die Solisten folgen schriftlichen Spielanweisungen, so daß diese aktive schöpferische Leistungen vollbringen.

Wassermusik für Tonband, ein Satz, entstanden 1960

Die einzelnen Töne werden von fallenden Wassertropfen erzeugt, von einem Tonband aufgenommen und stereophonisch wiedergegeben. Der Klang der auffallenden Tropfen und die dazwischenliegenden Intervalle bilden eine poetische Stimmung und ein plastisches Bild natürlicher Zeiträume, Klänge und Tempi.

Vocalismus A I für Tonband, entstanden 1963

A I bedeutet »Liebe« und wird von einem Mann und einer Frau in verschiedener Aussprache, mit verschiedener Intonation und verschiedener Geschwindigkeit ständig wiederholt, auf ein Tonband zusammengeschoben aufgenommen und über Lautsprecher wiedergegeben. Es soll die Liebe eines Mannes und einer Frau in allen ihren Phasen und mit allen Facetten komprimiert zeichnen.

Tōru Takemitsu

Otar Taktakischwili (1924–89)

LEBEN

Otar W. Taktakischwili wurde am 27.7.1924 in Tiflis geboren. Er studierte dort am Konservatorium, an dem er seit 1949 als Lehrer wirkte. 1952 wurde er Leiter der Staatskapelle; 1965 bis 1984 war er Kulturminister Georgiens. Er starb am 24.2.1989 in Tiflis.

WERKE

Neben 4 Opern schrieb Otar Taktakischwili 2 Sinfonien, 3 Ouvertüren, 2 sinfonische Dichtungen, ein Klavierkonzert, ein Cellokonzert, ein Trompetenkonzert, ein Concertino für Violine und Kammerorchester, ein Klaviertrio, »Burleske und Nocturno« für Cello und Klavier, Klavierwerke, 2 Oratorien, eine Kantate, Chöre, Lieder, Bühnen- und Filmmusik. Er spielte im Musikleben Georgiens eine bedeutende Rolle.

Josef Tal (geboren 1910)

LEBEN

Josef Tal wurde am 18.9.1910 in Pinne bei Posen geboren und studierte an der Musikhochschule in Berlin bei Paul Hindemith, Max Trapp und Heinz Tiessen. Er emigrierte 1934 nach Palästina, wo er 1937 Klavier- und Kompositionslehrer an der Musikakademie in Jerusalem, die er von 1948 bis 1953 leitete, wurde. Ab 1965 wirkte er als Leiter der Abteilung für Musikwissenschaft und als Direktor des Instituts für Elektronische Musik an der Universität in Jerusalem.

WERKE

Neben 5 Opern für die Bühne und einer konzertanten Oper sowie 3 Balletten mit Elektronischer Musik schrieb Josef Tal 2 Sinfonien, »Festliche Visionen«, »Reflexionen« für Streichorchester, Klavierkonzerte, ein Bratschenkonzert, ein Konzert für Cello und Streichorchester, ein Doppelkonzert für Violine und Cello mit Kammerorchester, 3 Klavierkonzerte, ein Harfenkonzert und ein Cembalokonzert mit elektronischer Musik, ein Holzbläserquintett, 2 Streichquartette, ein »Lamento« für Cello und Harfe, Stücke für Klavier mit Violine, mit Oboe, mit Bratsche, eine Sonate und 6 Sonette für Klavier, einen Psalm und ein Oratorium mit elektronischer Musik, Kantaten, ein choreographisches Gedicht für Bariton und Orchester, Lieder mit Instrumentalbegleitung und a cappella. 1985 erschien seine Autobiographie »Der Sohn des Rabbiners«.

Adrien Talexy (um 1820–81)

Zeit und Umwelt

Salon- und Tanzstücke waren auch in Frankreich im 19. Jahrhundert das tägliche musikalische Brot der breiten Masse. Dazu kamen ganz leichte komische Opern und Operetten. An Komponisten, die dieses allgemeine Bedürfnis befriedigten, fehlte es nicht.

Leben

Adrien Talexy wurde um 1820 vermutlich in Paris geboren. Er wirkte dort als Pianist und äußerst fruchtbarer Komponist leichtester Musik bis zu seinem Tod im Februar 1881.

Werke

Von Adrien Talexy sind neben 6 einaktigen Operetten und einer Anzahl Klavieretüden eine riesige Menge Salon- und Tanzstücke in den Musikalienhandel gekommen, von denen einige große Popularität errangen.

Thomas Tallis (um 1505–85)

Zeit und Umwelt

Im Jahre 1534 erfolgte der Bruch Englands mit Rom. Unter Heinrichs VIII. Nachfolger Edward VI. wurde die neue Lehre mit aller Gründlichkeit eingeführt, aber von Königin Mary I. wieder dem Katholizismus durch ungefähr 300 Verbrennungen neue Geltung verschafft. Schließlich machte Königin Elisabeth I. (1533–1603) allen gegenreformatorischen Bestrebungen ein Ende. Solche Zeiten erforderten von einem Kirchenkomponisten und Gentleman der Chapel Royal viel Wendigkeit und Diplomatie.

Leben

Thomas Tallis wurde um 1505 vielleicht in Leicestershire geboren. Seine erste Stellung war die eines Organisten an der Dover Priory (1532). 1537 wirkte er in gleicher Eigenschaft an St. Mary-at-Hill in London und dann bis 1540 an der Augustinerabtei Holy Cross in Waltham (Essex). Als dieses Kloster aufgehoben wurde, kam er nach Canterbury und wurde 1542 Organist und Gentleman an der Chapel Royal, wo er (ab 1572 zusammen mit William Byrd) bis zu seinem Tod am 23. 11. 1585 in Greenwich blieb.

Werke

Die Kirchenkompositionen, die Thomas Tallis vor 1540 verfaßte, folgen dem römischen Ritus. Dazu gehören mehrere Messen, 2 Magnificat, fünfstimmige Lamentationen und eine große Anzahl Motetten auf lateinischen Texten. Berühmt wurden für das kontrapunktische Geschick des Komponisten seine Motetten für 8 fünfstimmige Chöre. Dazu gehören noch einzelne Messesätze und Litaneien. Tallis war einer der ersten englischen Meister, die englische Texte für den gottesdienstlichen Gebrauch in Musik setzten. Dazu sind die »Short Services« zu rechnen, dann 3 Sammlungen mit Psalmen, Litaneien, Gebeten, Responsorien und viele Anthems mit englischen originalen oder aus dem Lateinischen übersetzten Texten.
Das profane Werk ist im Verhältnis zum kirchlichen schmal. Neben etlichen Chorsätzen schrieb Tallis eine Reihe von Virginalstücken, die wenig eindrucksvoll sind; die Zeit der großen Virginalisten war noch nicht angebrochen. Unzweifelhaft gebührt ihm jedoch Ruhm und Ruf eines Vaters der englischen Kirchenmusik, den er nur mit wenigen (Tye, Byrd) teilen muß.

Literatur

L. Ellinwood, Tallis's Tunes and Tudor Psalmody, Musica Disciplina II, 1948.

Pierre Talon (1721–85)

ZEIT UND UMWELT
Der galante Stil, der in Frankreich das Spätbarock ablöste, schlich sich in Versailles sozusagen verstohlen ein, denn in der Residenz herrschte bis Ludwig XVI. die Strenge des französischen Barock, die nur unmerklich, von Musik und Oper in Paris ausgehend, gelockert wurde. Der Generalbaß wurde noch bis zum letzten Drittel des 18. Jahrhunderts angewendet.

LEBEN
Pierre Talon wurde am 25. 10. 1721 in Reims geboren. Er gehörte von 1753 bis 1782 als Cellist der Königlichen Hofkapelle und der Königlichen Kammermusik an und starb in Paris am 26. 6. 1785.

WERKE
Von Pierre Talon erschienen 6 viersätzige Sinfonien, 6 Quartette für Violine, Oboe, obligates Cello und Generalbaß und 6 Trios für Violine, Cello und Generalbaß. Die ersten Sätze der Sinfonien sind konservativ gehalten, während die übrigen dem galanten Stil angehören.

Cristóbal Taltabull Balaguer
(1888–1964)

LEBEN
Cristóbal Taltabull Balaguer wurde am 28.7. 1888 in Barcelona geboren. Er war in Madrid Schüler von Felipe Pedrell, in Leipzig von Max Reger und in Paris von André Gédalge, Charles Koechlin und Charles Tournemire. Von 1914 bis 1919 leitete er das Orchester eines Filmunternehmens in Paris und wirkte dort als Musiklehrer bis 1940, dann in Barcelona, wo er am 1.5.1964 starb.

WERKE
Neben einer Oper und einem Ballett schrieb Cristóbal Taltabull Balaguer 3 Sinfonien, eine sinfonische Dichtung, 3 Streichquartette, ein Streichtrio, ein Klaviertrio, ein Trio für Flöte, Bratsche und Cello, 2 Klaviersonaten, eine Anzahl Chöre und eine Serie chinesischer Lieder mit Klavier.

Eino Tamberg (geboren 1930)

LEBEN
Eino Tamberg wurde am 27.5.1930 in Tallinn geboren. Er war am Konservatorium seiner Vaterstadt Schüler von Eugen Kapp. Am selben Institut wirkt er seit 1967 als Dozent und später als Professor für Komposition.

WERKE
Neben einer Oper und 3 Balletten schrieb Eino Tamberg eine sinfonische Suite, ein Concerto grosso, 6 sinfonische Tänze, eine Tanzsinfonie und eine Toccata, ein Streichquartett, ein Rondo für Violine und Klavier, eine Musik für Oboe, 2 Oratorien, 5 Romanzen, 6 »Kinderlieder im alten Stil«, Bühnen- und Filmmusik. Sein Stil weist viele folkloristische und spätromantische Züge auf.

Sergei Tanejew (1856–1915)

LEBEN
Sergei Iwanowitsch Tanejew wurde am 13.11. 1856 in Wladimir na Kjasme geboren. Er war in Moskau Kompositions- und Klavierschüler von Nikolai Rubinstein, Nikolai Albertowitsch Hubert (7.3.1840, St. Petersburg, bis 26.9.1888, Moskau) und Pjotr Tschaikowski. Mit dem berühmten ungarischen Violinvirtuosen Leopold Auer (7.6.1845, Veszprem, Ungarn, bis 15.7.1930, Dresden) unternahm er anschließend Konzertreisen durch Rußland, den Balkan, die Türkei, Italien und nach Paris. Als er 1878 die Professur für Musiktheorie und Instrumentation am Konservatorium erhielt, gab er die Konzertreisen auf; 1880 übernahm er auch die Klavierklassen des Instituts, wirkte daran von 1882 bis 1887 als Kompositionslehrer; 1885 wurde er zum Direktor bestellt. Er starb am 6.6.1915 in Djudkow bei Swenigorod, Gouvernement Moskau.
Sein älterer Verwandter, Aleksandr Sergejewitsch Tanejew (5.1.1850, St. Petersburg, bis 7.2.1918, Petrograd), war Schüler von Nikolai

Rimski-Korsakow; er nahm als Vorsitzender der Volkslied-Kommission der Russischen Geographischen Gesellschaft an der Sammlung russischer Volkslieder lebhaften Anteil.

WERKE

Von Sergei Tanejew sind eine Operntrilogie, »Oresteia«, 4 Sinfonien, eine Suite für Violine und Orchester, eine »Ouvertüre auf ein russisches Thema«, 9 Streichquartette, Klavierstücke und viele Chöre und Lieder erhalten. Alle seine Kompositionen zeichneten sich durch thematische und polyphone Formstrenge aus. Heute werden vor allem die 4. Sinfonie, die Violinsuite und einige Streichquartette gespielt.

Aleksandr Tanejew schrieb 2 Opern, 3 Sinfonien und kleinere Orchesterwerke, 3 Streichquartette, ein Trio, Klavierstücke und Lieder.

Sinfonie Nr. 4 in c-Moll, Opus 12, 4 Sätze, entstanden 1898

Man nannte den Komponisten den »Meister höherer Mathematik auf dem Gebiet der Töne« und rühmte damit die Genauigkeit, mit der er seine Werke ausarbeitete. Daß er damit auch Gefühlstiefe, Lebensfreude und Optimismus verdeutlichen konnte, daß alle 4 Sätze eine seltene Klangfülle aufweisen, daß auch der russische Volksliedton zu seinem Recht kommen konnte, machte das Werk zu einem festen Programmpunkt der Konzertsäle.

Sergei Tanejew

Konzertsuite für Violine und Orchester, Opus 28, 5 Sätze, entstanden 1911

Diese Suite mischt Altes und Neues, klassische und romantische Elemente; der 2. Satz, »Gavotte«, ist neuklassisch, vieles in den anderen Sätzen weist auf den Lehrer des Komponisten Tschaikowski. Der Violinsatz ist nicht virtuos, erfordert aber ein besonders ausdrucksvolles Spiel. Es handelt sich um perfekte Musik, die von Genialität erfüllt ist.

Trio für 2 Violinen und Bratsche in D-Dur, Opus 21, 3 Sätze, entstanden 1900

Dieses Werk ist durch und durch Wolfgang Amadeus Mozart nachgebildet, den der Komponist über alles verehrte. Die Klarheit des Themas im 1. Satz, die Gefühlstiefe des Andante und die Leidenschaft des Finales sind augenscheinlich »von Mozart« und dennoch, und das ist das Erstaunliche daran, ein originales Werk des russischen Komponisten und auf keinen Fall eine sklavische Nachahmung.

Tannhäuser (um 1200 bis nach 1266)

ZEIT UND UMWELT

Herzog Otto II. der Erlauchte (1206–53) hatte für Dichter und Sänger ein ebenso offenes Haus wie der Babenberger Friedrich II. und folgte damit dem in Bayern eingehaltenen Brauch.

LEBEN

Tannhäuser ist um 1200 vermutlich in der Oberpfalz als Sohn einer adeligen Familie geboren. Sein echter Name ist nicht bekannt, Tannhäuser dürfte nur ein Spielmannsname gewesen sein. Er hielt sich längere Zeit am Wiener Babenberger Hof auf und wurde von Friedrich II. mit einigen Gütern belehnt. Nach dem Tod Friedrichs des Streitbaren im Kampf gegen die Ungarn begann Tannhäuser ein ausgedehntes Wanderleben, das ihn auch zum Bayernherzog Otto II. führte. Der deutsche Minnesänger, der im Spätmittelalter zur Sagengestalt wurde, ist nach 1266 gestorben. Der Ort seines Ablebens ist unbekannt.

Werke
Liedtexte Tannhäusers finden sich in der Manessischen Handschrift (wichtigste Sammlung des deutschen Minnesanges). Zu 2 Texten sind Melodien überliefert, die stark volksliedhaft sind.

Literatur
R. J. Taylor, The art of the Minnesinger, Cardiff 1968.

Alexandre Tansman (geboren 1897)

Leben
Alexandre Tansman wurde am 12.6.1897 in Lódż geboren. Nach Studien in seiner Geburtsstadt wurde er in Warschau Schüler von Piotr Rytel. Im Jahr 1919 ließ er sich in Paris nieder, von wo er 1941 in die USA flüchtete; 1946 kehrte er zurück und nahm am Musikleben von Paris als Pianist, Dirigent und Komponist lebhaften Anteil. Er unternahm eine Reihe Konzertreisen nach verschiedenen Ländern Europas.

Werke
Von Alexandre Tansman sind 4 Opern und 8 Ballette auf die Bühnen gekommen. Er schrieb außerdem 8 Sinfonien, 3 Serenaden, ein Konzert, eine Suite, ein Capriccio, einen »Hexentanz«, 2 sinfonische Sätze, Variationen, eine »Polnische Rhapsodie«, 2 Klavierkonzerte, ein Klarinetten-, ein Oboen-, ein Gitarrenkonzert, verschiedene Orchesterstücke und Solistenkonzerte, 8 Streichquartette, 2 Streichtrios, 2 Klaviertrios, weitere Stücke für Kammerensembles mit verschiedener Besetzung, 2 Violinsonaten, 5 Sonaten und 3 Sonatinen für Klavier, Sonaten, Sonatinen und Suiten für verschiedene Instrumente, ein Oratorium und weitere Chöre sowie Lieder. Seine Musik war von Richard Strauss, Igor Strawinsky und Maurice Ravel beeinflußt und integrierte sehr viel polnische Folklore.

William Tansur (1706–83)

Leben
William Tansur wurde am 6. 11. 1706 in Dunchurch, Warwickshire, getauft. Er wirkte als Organist und Musiklehrer in verschiedenen Städten, wie in Ewell bei Epsom, Barnes in Surrey, Stamford in Lincolnshire und St. Neot's, wo er am 7. 10. 1783 starb.

Werke
Von William Tansur ist eine Fülle eigener und arrangierter fremder sakraler Gesänge veröffentlicht worden, deren Titel schon den pietistischen Einfluß verraten: »The new Harmony of Sion«, »Der Himmel auf Erden oder die Schönheit der Heiligkeit«, »Heilige Myrthe oder der frommen Seele tägliches Vergnügen«, »Juwel des Psalmsängers«. Er verfaßte eine Reihe musiktheoretischer und didaktischer Werke, die einen interessanten Einblick in das Musikleben seiner Zeit in England bieten.

Jean Tapissier (nach 1350–1408)

Zeit und Umwelt
Der endlose Krieg, der schließlich Frankreich seine Vormachtstellung auf lange Zeit hinaus kostete, konnte zwar das geistige Leben des Landes und seiner Hauptstadt nicht vernichten, eine gewisse Lähmung war jedoch unvermeidbar und damit auch eine Verschiebung der Schwerpunkte, von denen die Entwicklung weiterschritt. Das Zentrum der Musik verlagerte sich gegen Norden in den franko-flämischen Raum, wo in den verflossenen Jahrhunderten eine Schar von Trouvères den Boden für eine neue Blüte vorbereitet hatten.

Leben
Lebensdaten des Pariser Meisters Jean Tapissier (Tapisier) sind nur wenige bekannt. Er wurde nach 1350 geboren und scheint 1391 in den burgundischen Hofakten als »Jean de Noyers, genannt Tapicier« auf. Er starb im Jahre 1408.

WERKE
Von Tapissier sind ein dreistimmiges Patrem, ein dreistimmiges Sanctus und eine vierstimmige Motette (Eya dulcis – Vale placens) überliefert. Seine Musik ist als Überleitung des Pariser Stils zu dem des 15. Jahrhunderts sehr interessant.

LITERATUR
A. Gastoué, Les primitifs de la musique française, Paris 1922.

Jean-François Tapray (1738–1819)

ZEIT UND UMWELT
Das Pianoforte hielt in der zweiten Hälfte des 18. Jahrhunderts auch in Frankreich Eingang. Es fanden sich auch bald Komponisten, die für dieses Instrument spezifische Musik schrieben und seine dynamischen Möglichkeiten ausnützten. Daß diese ersten Kompositionen noch das Kleid der Cembalomusik trugen, war eine selbstverständliche Entwicklungserscheinung.

LEBEN
Jean-François Tapray wurde 1738 in Gray, Haute-Saône, geboren. Er erhielt 1754 seine erste Organistenstelle an Notre-Dame in Dole, Jura, seine nächste 1763 an St-Jean in Besançon. Im Jahr 1767 wurde er zum Organisten der Militärschule in Paris ernannt, und ab 1786 wirkte er in gleicher Eigenschaft bis zu seinem Tod im Jahr 1819 an St-Louis in Fontainebleau.

WERKE
Jean-François Tapray, der als einer der ersten französischen Komponisten spezifische Musik für das Pianoforte schrieb, die allerdings sich noch wenig von der Cembalotechnik entfernte, brachte eine Reihe von Sammlungen instrumentaler Musik heraus, wie 6 Konzerte für Cembalo oder Orgel mit drei Violinen und einem Cello, ein Cembalokonzert mit zwei Violinen, Bratsche und Baß, 4 konzertante Sinfonien für Cembalo, Pianoforte und Orchester, 3 Sinfonien für Cembalo und Orchester, 2 Quartette für Cembalo oder Pianoforte, Klarinette oder Violine, Bratsche und Baß oder Cello, ein konzertantes Quartett für Cembalo oder Pianoforte, Flöte oder Violine, Bratsche und Fagott oder Cello, Trio- und Solosonaten für Pianoforte, Orgelwerke und 1770 ein speziell für Pianoforte verfaßtes Musikstück. Sein Stil näherte sich der Vorklassik.

Théodore Jean Tarade (1731–88)

ZEIT UND UMWELT
Violinisten, die sowohl am Opernorchester wie am Orchester des Concert spirituel mit festem Engagement mitwirkten, genossen in Paris hohes Ansehen und gehörten zu den am meisten gesuchten Violinlehrern.

LEBEN
Théodore Jean Tarade wurde am 1. 11. 1731 in Paris geboren. Er wirkte von 1754 bis 1769 am Opernorchester und zugleich von 1752 bis 1776 am Orchester des Concert spirituel als Violinist und war ein angesehener Violinlehrer. Er starb am 14. 9. 1788 in La Flèche.

WERKE
Von Théodore Jean Tarade sind 6 Duos für zwei Violinen im Druck erschienen. Er veröffentlichte die »Schönsten Melodien und die Romanze« von Pierre Gaviniès für eine oder zwei Violinen und schrieb eine Oper. Von seinen weiteren Kompositionen, die er angeblich verfaßt haben soll, ist nichts überliefert.

Cornel Ţăranu (geboren 1934)

LEBEN
Cornel Ţăranu wurde am 20.6.1934 in Cluj geboren. Er war am Konservatorium seiner Geburtsstadt von 1951 bis 1957 Schüler von Sigismund Toduţă (geboren 17.5.1908, Simeria, Rumänien) und in Paris von Nadia Boulanger und Olivier Messiaen. Im Jahr 1962 wurde er am Konservatorium in Cluj Lektor für Komposition.

WERKE

Außer einer Kammeroper schrieb Cornel Ţăranu eine Sinfonie, eine Sinfonia brevis, »Sequenzen« für Streichorchester, »Symmetrien« und »Beschwörungen« für Orchester, 2 Klavierkonzerte, eine Sinfonietta, »Abwechslungen« und »Übergänge« für Kammerorchester, ein Streichtrio, eine Sonate für Klarinette und Klavier, eine für Cello und Klavier und eine für Flöte und Klavier, »Drei kurze Stücke« für Klarinette und Klavier, mehrere Klavierwerke, 2 Kantaten, Chöre, Lieder und Bühnenmusik. Sein Stil ist neuklassizistisch mit romantischen Reminiszenzen.

Angelo Tarchi (um 1759–1814)

ZEIT UND UMWELT

Während London für italienische Opern noch immer voll aufnahmebereit war, kam es um die Wende zum 19. Jahrhundert in Paris nicht selten zu Ablehnungen. Die Anzahl der französischen Opern nahm zu, so daß die Opernhäuser wählerischer sein mußten, weil das Publikum nicht einheitlich aus Liebhabern italienischer Musik bestand wie in England.

LEBEN

Angelo Tarchi wurde um 1759 in Neapel geboren, wurde dort am Conservatorio della Pietà de'Turchini von Lorenzo Fago (13. 8. 1704, Neapel, bis 30. 4. 1793), Sohn des Nicola Fago, Organist und Kapellmeister an Tesoro di San Gennaro und ab 1737 Lehrer am Conservatorio, und von Nicola Sala ausgebildet und brachte 1778 seine erste Opera buffa mit großem Erfolg heraus, so daß er bei allen italienischen Bühnen Eingang fand. Auch in London schnitt er 1789 mit 2 Opern gut ab, während er ein Jahr darauf in Paris nur wenig Anklang fand. Er ließ sich dennoch in der Stadt nieder und brachte eine Reihe seiner Opern zur Aufführung, blieb aber erfolglos, so daß er sich ab 1802 bis zu seinem Tod am 19. 8. 1814 nur mehr dem Gesangunterricht widmete.

WERKE

Außer 57 Opern verfaßte Angelo Tarchi einige schöne Instrumentalwerke und einige Kirchenmusik, die nicht erhalten ist.

Orazio Tarditi (1602–77)

ZEIT UND UMWELT

Der von dem Benediktiner Romualdus (um 952–1027) als Einsiedlerorden gegründete Orden der Kamaldulenser widmete sich in späteren Jahrhunderten wie der Benediktinerorden selbst der Pflege der Wissenschaften, der Kunst und der Musik.

LEBEN

Orazio Tarditi wurde 1602 in Rom geboren. Er trat dem Kamaldulenserorden bei, wo er seine Ausbildung zum Musiker erhielt, war von 1624 bis 1628 Organist am Dom in Arezzo und ab 1629 an San Michele in Murano. Dann wirkte er als Kapellmeister in Volterra (1637), Forlì (1639), Arezzo (1642), Jesi (1644–45), Faenza (1647–70) und darauf wieder in Forlì, wo er am 18. 1. 1677 starb.

Paolo Tarditi (um 1590, Rom, bis nach 1649, Rom) war Kapellmeister in San Giacomo in Rom, dann von 1619 bis 1640 an Santa Maria Maggiore und ab 1649 an Madonna de'Monti. Ob zwischen beiden ein Verwandtschaftsverhältnis bestand, kann nicht festgestellt werden.

WERKE

Der italienische Organist und Komponist Orazio Tarditi veröffentlichte 5 Bücher mit Messen und Psalmen, zum Teil mit Instrumentalbegleitung, mehrere Motetten mit Orgel- oder Instrumentalbegleitung, 3 Bücher mit geistlichen Konzerten für eine bis fünf Stimmen, 2 mit Madrigalen, 3 mit Canzonetten und eine Reihe einstimmiger Arien mit Generalbaß. Weitere Werke sind als Manuskript oder in Sammelwerken erhalten. Seine Musik trägt den Stempel des bereits voll durchgebildeten Stils des 17. Jahrhunderts.

Von Paolo Tarditi sind ein- bis sechsstimmige Motetten mit Generalbaß, Psalmen,

Magnificat mit 4 Antiphonen für acht Stimmen und Generalbaß erhalten. Weitere Motetten befinden sich in Sammelwerken. Auch seine Musik trägt die Merkmale des 17. Jahrhunderts.

Béla Tardos (1910–66)

LEBEN
Béla Tardos wurde am 21.6.1910 in Budapest geboren. Er war Schüler von Zoltán Kodály und wirkte von 1955 bis zu seinem Tod am 18.11.1966 als Leiter des staatlichen Musikverlags in Budapest. Er war auch als Chorleiter tätig.

WERKE
Neben einer Oper schrieb Béla Tardos eine Sinfonie, eine Suite, eine Ouvertüre, ein Violinkonzert, ein Klavierkonzert, eine Fantasie für Klavier und Orchester, 3 Streichquartette, ein Bläserquartett, ein Harfentrio, eine Improvisation für Klarinette, »Praeludium und Rondo« für Flöte und Klavier, eine Violinsonate, Klavierwerke und mehrere Kantaten für Chor und Orchester, Lieder, Film- und Theatermusik.

Sinfonie »In memoriam martyrum«, 3 Sätze, entstanden 1960

Der Titel der Sinfonie bezieht sich auf die Opfer des Zweiten Weltkriegs und des Faschismus. Folglich sind alle drei Sätze düster und voll Dramatik; die harte Orchestrierung und die Akkordfolge sind nicht selten überraschend abrupt. Im 3. Satz kommt es zu explosiven Ausbrüchen, zu denen ein verzerrter Militärmarsch tritt, wodurch der Schrecken jener unmenschlichen Zeit, die die beklagten Opfer forderte, noch schärfer profiliert werden.

Ippolito Tartaglione
(um 1539 bis um 1580)

ZEIT UND UMWELT
Modena war mit kurzer Unterbrechung seit 1336 in der Hand der Familie d'Este. Nach dem Konflikt mit den Mediceerpäpsten konnte über Kardinal Ippolito II. d'Este ein erträgliches Verhältnis mit der Kurie hergestellt werden, das auch nach dem Tod des Kardinals bestehenblieb.

LEBEN
Ippolito Tartaglione wurde um 1539 in Modena geboren und zum Musiker ausgebildet. Er war an verschiedenen Kirchen der Stadt als Sänger und später als Kapellmeister tätig, bis er 1575 Kapellmeister an Santa Maggiore in Rom wurde. Zwei Jahre darauf kam er in gleicher Eigenschaft an den Dom von Neapel, wo er um 1580 starb.

WERKE
Von dem Kirchenmusiker Ippolito Tartaglione sind eine Anzahl Messen und Motetten erhalten. Er galt als einer der ersten Komponisten seiner Zeit, der für drei und vier Chöre komponierte und damit eine ungekannte Klangwirkung erzielte.

Giuseppe Tartini (1692–1770)

ZEIT UND UMWELT
Das Publikum unterlag im 18. Jahrhundert immer mehr dem Zauber der Violine. Die sich von Jahrzehnt zu Jahrzehnt steigernde Entwicklung der Technik, die sich ständig erweiternde Palette der Klangfarben des Instruments, seine vielfältigen Ausdrucksmöglichkeiten, mit denen es der menschlichen Stimme kaum mehr nachstand, wirkten außerordentlich faszinierend. Vor Jahrhunderten wurde Guido von Arezzo (um 990–1050) beschuldigt, daß er seine Musik von finsteren Mächten bezog. Ähnliche Gedanken wurden angesichts der Höchstleistungen der Violinvirtuosen in der Zeit der einsetzenden Aufklärung wach, weil man ihr Spiel als außerirdisch, dämonisch und teuflisch verführerisch empfand.

LEBEN
Giuseppe Tartini wurde am 6. 4. 1692 in Pirano, Istrien (Piran, Slowenien), in wohlhabender Familie geboren, die ihn für den geistlichen Stand bestimmte und in Capo d'Istria (Koper) in einer Klosterschule zum

Kleriker erziehen ließ. Er bekam die Erlaubnis, ab 1708 in Padua Rechtswissenschaft zu studieren, wandte sich jedoch schon nach zwei Jahren der Musik zu und heiratete bald darauf eine Musikschülerin. Da er Abbate war, führte seine Eheschließung zu einem Skandal. Er mußte angeblich Padua verlassen, um einer Verhaftung durch den Bischof von Padua zu entgehen. Die Franziskaner, bei denen er vermutlich getraut worden war, ermöglichten ihm die Flucht und boten ihm in ihrem Kloster in Assisi Asyl. Dort bildete er sich mit zähem Fleiß zum Violinisten aus und nahm bei Bohuslav Černohorský (1684 bis 1740), der Ordensmitglied und zu jener Zeit als Padre Boemo Kapellmeister an der Ordenskirche in Assisi war, Musikunterricht. Eine der vielen biographischen Legenden des Virtuosen will wissen, daß er in Assisi das Amt eines Pförtners versehen und regelmäßig am Grab des heiligen Franziskus Violine gespielt habe, aber – um von den Pilgern unerkannt und vor Verfolgungen aus Padua sicher zu sein – hinter einem Vorhang. Im Jahr 1716 sei er durch einen Zufall von Paduanern entdeckt und nach Padua eingeladen worden; der Bischof habe ihm verziehen, so daß er an der Basilika Sant'Antonio als Violinist aufgenommen werden konnte. In Wahrheit hat sich Tartini nie versteckt, sondern seit seiner Flucht sich in der Provinz als Orchestergeiger verdingt und 1713 in Ancona bei der Opernstagione als Orchestergeiger gespielt. Der Bischof mußte ihm nicht verzeihen, da der Violinist Schützling des exempten (der regulären kirchlichen Hierarchie nicht unterstehenden) Franziskanerordens war, der auch über Anstellungen an der Basilika verfügte. Eine Feindschaft der Paduaner Bürgerschaft mußte nicht mehr befürchtet werden; im Laufe der Zeit geriet die Sache in Vergessenheit. Tartini hielt sich überhaupt viel in Ancona auf, wo er vermutlich von einem Musiker des Ordens weiter ausgebildet wurde. Dort beschäftigte er sich auch mit musiktheoretischen und akustischen Problemen, war aber 1716 noch nicht soweit, daß er es wagen konnte, in Venedig mit Francesco Veracini in Wettstreit zu treten. 1721 wurde er erster Violinist an Sant'Antonio und blieb in dieser Stellung bis 1765. 1723 unterbrach er seine Tätigkeit, um einer Einladung nach Prag zu folgen, von wo er 1726 zurückkehrte. Da trotz ehrenvoller Aufnahme der Prager Aufenthalt keinen wirtschaftlichen Erfolg brachte, lehnte er in der Folgezeit eine Reihe von verlockenden Einladungen aus dem Ausland ab und beschränkte sich darauf, in verschiedenen italienischen Städten bei kirchlichen Festen aufzutreten. Er entfaltete in Padua eine intensive Unterrichtstätigkeit und gründete dort 1728 eine Musikakademie. Von seinen Schülern lassen sich 70 namentlich nachweisen, einige davon sind berühmt geworden wie der Lehrer selbst. Wegen der Vielzahl der Länder, aus denen Schüler zu ihm nach Padua kamen, wurde er bereits zu seinen Lebzeiten mit dem Beinamen »Scuola delle nazioni« (Schule der Völker) geehrt. Er starb in Padua am 16. 2. 1770.

WERKE

Nach seiner eigenen Angabe hatte Giuseppe Tartini 1714 in Ancona die Differenztöne

Giuseppe Tartini

entdeckt, die beim Zusammenklingen zweier Töne als dritte entstehen. Er bemühte sich durch Jahrzehnte um eine Erklärung dieses physikalischen Phänomens und diskutierte es mit namhaften Musiktheoretikern, Philosophen und Physikern, darunter auch mit dem berühmten Astronomen Joseph Jérôme le Français de Lalande (1732–1807), dem er auch die phantastische Entstehungsgeschichte seines »Teufelstrillers« anvertraute. Der Astronom berichtet, daß dem Virtuosen in einer Nacht des Jahres 1713 der Teufel erschienen sei und ihm eine unerhört schöne und wilde Sonate vorgespielt habe, und zwar derart hinreißend, wie man noch nie spielen habe können. Durch die Macht des Traumerlebnisses geweckt, habe Tartini nun versucht, das Gehörte zumindest teilweise niederzuschreiben, aber nur einen schwachen Abglanz der »Musik des Teufels« wiedergeben können. Am Bericht des Astronomen ist nicht zu zweifeln, Giuseppe Tartini dürfte ihm den Traum im hohen Alter tatsächlich einmal mitgeteilt haben. Aber schon das genannte Jahr 1713 entlarvt die Erzählung, da der Violinist, der es drei Jahre später nicht wagte, mit Veracini in Konkurrenz zu treten, zu jener Zeit außerstande gewesen wäre, ein Werk wie den »Teufelstriller« zu konzipieren und zu spielen.

Das kompositorische Werk des Virtuosen ist gigantisch: mehr als 130 Violinkonzerte, 2 Flötenkonzerte, 2 Cellokonzerte, mehr als 200 Violinsonaten, zum Teil mit Generalbaß, bei 50 Triosonaten, 4 vierstimmige Sonaten. Formal folgen die Sonaten dem von Arcangelo Corelli geschaffenen Schema: 4 Sätze wie bei der Kirchensonate, wobei der 2., langsame Satz oft stark verkürzt ist. Die Konzerte folgen der Struktur von Antonio Vivaldi mit der Satzfolge Allegro, Adagio, Allegro und halten dessen Manier, im Allegro Tutti und Soli alternieren zu lassen. Giuseppe Tartini war also kein Neuerer; seine Originalität offenbart sich durch die instrumentale Virtuosität und den tiefen Ausdruck, der besonders durch eine gefühlstiefe Kantabilität erreicht wird.

Sein Vokalwerk ist gering: 2 Tantum ergo, dreistimmig, 5 Miserere für drei, vier oder fünf Stimmen, ein sehr schönes Stabat mater für drei Stimmen und Orgel, 20 kleine sakrale Lieder und als letzte Komposition ein inniges vierstimmiges Salve regina. Außerdem liegen mehrere theoretische Werke vor.

Sonate in A-Dur für Violine und Generalbaß, 4 Sätze

Die Sätze Grave – Allegro – Adagio – Presto bringen nach einer ernsten Einleitung im Allegro eine rasante Fuge. Das Adagio ist sehr kantabel und voll Ausdruck, und das Finale schließt das Werk majestätisch ab.

Sonate in d-Moll für Violine und Generalbaß, *»Verlassene Dido«*, 3 Sätze

Der 1. Satz – Affettuoso – ist ein Ausdruck tiefsten Schmerzes, der 2. – Presto – schildert den verzweifelten Zorn der Frau, und der 3. – Presto – verklingt in hoffnungsloser Resignation. Keiner der Sätze ist fugiert.

Sonate in F-Dur für Violine und Generalbaß, 3 Sätze

Die Sonate trug im Manuskript die Aufschrift »Lascia ch'io dica addio« (Laß mich Abschied nehmen). Der 1. Satz – Adagio – ist ein wehmütiges Abschiedslied, das folgende Allegro besteht aus einem variierten Thema, das die gesamte Erfindungskraft des Komponisten widerspiegelt.

Sonate in a-Moll für Violine und Generalbaß, 4 Sätze

Weiträumigkeit und Dichte sind die Hauptmerkmale dieses Stücks. Dazu tritt eine gewisse einfache Natürlichkeit, die alle späteren Werke des Komponisten auszeichnet. Der Generalbaß, den Tartini bei vielen Sonaten wegzulassen erlaubt, ist hier obligat und wie eine Stimme vorgeschrieben. Dadurch nähert sich die Komposition einem sinfonischen Werk, obwohl durch die Violine der Sonatencharakter deutlich genug gewahrt bleibt. Das Adagio lenkt mit breiten Klängen die Aufmerksamkeit auf sich. Das folgende Allegro bringt virtuose Passagen des Soloinstruments, die kräftig untermalt sind, und das Allegro assai steigert alles bis zum höchsten Maß. Als letzter Satz wird ein »Thema mit Variationen« vorgetragen, das für sich allein bestehen könnte.

Sonate in C-Dur für Violine und Generalbaß, 4 Sätze

Melodische und harmonische Einfachheit ist auch für dieses Werk das bestimmende Element. Daneben strahlen alle Sätze eine Heiterkeit aus, die man in diesem Maß kaum bei anderen Kompositionen von Giuseppe Tartini finden kann. Schon das einleitende Largo und noch mehr das folgende Andante sprechen von gelassener Ruhe und weiser Überlegenheit. Es ist, als wollte der Komponist über die Wechselfälle seines Lebens lächeln. Das Allegro läßt dem Frohsinn freien Raum, und das abschließende Presto endet mit einem ausgelassenen Volkstanz.

Sonate in g-Moll für Violine und Generalbaß, »Der Teufelstriller«, 4 Sätze

Das Stück, das heute das einzige darstellt, das von Giuseppe Tartini bekannt geblieben ist, beginnt mit einem langsamen Satz - Larghetto affettuoso -, mit vielen Doppelgriffen und offenen Quinten, die eine mysteriöse Stimmung erzeugen. Es kommt auch zu sehr scharf dissonanten Mehrfachgriffen. Dann folgt ein zweiteiliges großes Allegro, das mit vielen Trillern und Doppeltrillern die Virtuosität der Sonate betont. Im nächsten Satz wechseln langsame und schnelle Episoden ab; er beginnt mit einer ruhig weit ausladenden Melodie, die sodann von einem nervösen, geradezu zerrissenen Allegro unterbrochen wird; das Thema erhebt sich zum berühmten doppelgriffigen »Teufelstriller«, bis eine neuerliche Unterbrechung den Satz zu einem dramatischen Ende führt. Hier wird von den Virtuosen zumeist eine Kadenz eingelegt, die jedoch stets einen Stilbruch bringt, so gut sie auch sein mag. Das Original schließt mit einer rasanten Passage ab.

LITERATUR

P. Petrobelli, Giuseppe Tartini, Venedig 1968.
M. Pincherle, Tartiniana, Padua 1972.

Henry Joseph Taskin (1779–1852)

ZEIT UND UMWELT

Céleste Thérèse Couperin (1793, Paris, bis 14.2.1860, Belleville), Tochter des Gervais François Couperin (1759–1826), wirkte als letzte Organistin ihrer Familie bis ungefähr 1830 an St-Gervais und wirkte sodann als Musiklehrerin.

LEBEN

Henry Joseph Taskin wurde am 24.8.1779 in Versailles als Sohn des Instrumentenbauers und Klavierstimmers Pascal Joseph Taskin (20.11.1750, Theux bei Lüttich, bis 5.2.1829, Paris) geboren. Er war Musikpage Ludwigs XVI. in Versailles und Schüler seiner Verwandten Céleste Thérèse Couperin und wirkte als Musiklehrer, Musikverleger, Organist und Komponist in Paris bis zu seinem Tod am 4.5.1852.

WERKE

Die Klavierkompositionen von Henry Joseph Taskin - ein Konzert, eine Caprice für Klavier und Violine, mehrere Klaviertrios und Klavierstücke - verraten den Einfluß seiner Lehrerin als Vertreterin ihrer Familie. Weniger konservativ waren seine 3 Opern, seine Kantaten und Lieder.

Phyllis Tate (1911–87)

LEBEN

Phyllis Margaret Duncan Tate wurde am 6.4. 1911 in Gerrards Cross, Buckinghamshire, geboren. Sie war Schülerin der Royal Academy of Music in London und lebte in London als Komponistin, Privatlehrerin und gelegentliche Interpretin. Sie starb am 29.5.1987.

WERKE

Von Phyllis Tate sind 2 Opern und eine Operette aufgeführt worden. Sie schrieb außerdem ein Saxophonkonzert, ein Stück für Blechbläser, ein Streichquartett, »Arie und Variationen« für Violine, Klarinette und Klavier, eine Sonate für Klarinette und Cello, ein weltliches Requiem für Chor und Orchester, 3 Kantaten, Chöre und Lieder. Ihr Stil ist konservativ spätromantisch.

Wilhelm Taubert (1811-91)

ZEIT UND UMWELT

Das Kinderlied steht an der Grenze zwischen Kunst- und Volkslied. In der Romantik regte das Kinderlied Dichter und Komponisten an, sich bewußt »kindlich« zu geben. Die Zahl derer, denen das mit Echtheitswirkung gelang, ist im Vergleich zu den vielen vergeblichen Versuchen nicht hoch.

Leben

Karl Gottfried Wilhelm Taubert wurde am 23.3.1811 in Berlin geboren. Er war Schüler von Ludwig Berger und Bernhard Klein. Ab 1831 wirkte er als Dirigent der Berliner Hofkonzerte, ab 1841 dirigierte er an der Königlichen Oper. Von 1845 bis 1869 war er Hofkapellmeister; ab 1875 führte er den Vorsitz der musikalischen Sektion der Königlichen Akademie der Künste in Berlin, wo er am 7.1.1891 starb.

Werke

Von den zahlreichen Kompositionen von Wilhelm Taubert sind seine 6 Sinfonien, die 3 Streichquartette, die 2 Klaviertrios, die 6 Violinsonaten, die 6 Klaviersonaten und eine Cellosonate bemerkenswert. Dazu sind 4 Kantaten, 2 Schauspielmusiken und ungefähr 300 Lieder, unter denen sich sehr erfolgreiche Kinderlieder befinden, zu zählen. Er schrieb ferner 6 Opern für Berlin.

Antoine Taudou (1846–1925)

Zeit und Umwelt

Während einzelne Komponisten um die Wende zum 20. Jahrhundert in Frankreich die Romantik nicht nur ideologisch, sondern auch strukturell verließen, hielt das Conservatoire an den Prinzipien der Dur-Moll-Tonalität unverrückbar fest. Schüler, die dieses System überschritten, sich an keine Grundtonart der Kompositionen hielten und die bisherigen Akkorde durch dissonante Zusammenklänge ersetzen wollten, wurden als unfähig abgetan. Auf Professuren konnten nur die Anhänger der konservativen Form hoffen.

Leben

Antoine Antonin Barthélemy Taudou wurde am 24.8.1846 in Perpignan geboren. Er trat sehr früh in das Conservatoire in Paris ein und gewann in rascher Folge Erste Preise in Gesang, Harmonielehre, Violinspiel, Kontrapunktik; 1869 erhielt er den Rompreis für Kantate, die wegen ihrer Formreinheit und Eleganz gerühmt wurde. Nachdem er einige Jahre als Privatlehrer und freier Komponist gewirkt hatte, wurde er Lehrer für Harmonie am Conservatoire in Paris, wo er am 6.7.1925 starb.

Werke

Neben seiner preisgekrönten Kantate »Francesca da Rimini« verfaßte Antoine Taudou ein Trio für Flöte, Bratsche und Cello, ein zweites für Klavier, Violine und Cello, ein oft gespieltes Streichquartett in h-Moll, einen »Herbstgesang« für Orchester und Orchestermärsche. Seine Kantate zur Einweihung des Denkmals für den berühmten Physiker François Arago (1786–1853) in Perpignan (1879) blieb ungedruckt. Seine Kompositionen gehörten der am Conservatoire bis in das 20. Jahrhundert gepflegten Romantik an.

Franz Tausch (1762–1817)

Zeit und Umwelt

Das Mannheimer Orchester bildete nicht nur vorzügliche Dirigenten und Komponisten aus, sondern auch Virtuosen auf verschiedenen Instrumenten, die darauf ihrerseits die Ergebnisse dieser strengen Schulung an ihre Schüler weitergaben.

Leben

Franz Tausch wurde am 26. 12. 1762 in Heidelberg geboren. Er spielte bereits mit 8 Jahren als Klarinettist im Mannheimer Orchester. Er ging mit dem Hof 1778 nach München, wo er blieb, bis er 1789 an das Berliner Hoforchester engagiert wurde. In Berlin gründete er eine Blasinstrumentenschule. Er starb am 9. 2. 1817.

Werke

Von Franz Tausch ist eine große Anzahl Werke für Klarinette überliefert, darunter 2 Klarinettenkonzerte, 3 konzertante Stücke für zwei Klarinetten, die lang als Übungsmaterial verwendet wurden.

Julius Tausch (1827–95)

Zeit und Umwelt
Die Niederrheinischen Musikfeste wurden ab 1817 jährlich zu Pfingsten in rheinischen Städten abgehalten, um »einige jener klassischen Werke aufzuführen, welche nur durch ein stark besetztes Orchester würdig vorgetragen werden können«. Zu diesen repräsentativen Festen wurden ausnahmslos bedeutende Musikerpersönlichkeiten als Dirigenten herangezogen.

Leben
Julius Tausch wurde am 15.4.1827 in Dessau geboren und dort von Friedrich Schneider ausgebildet. Im Jahr 1844 wurde er Schüler des Konservatoriums in Leipzig und ließ sich 2 Jahre darauf in Düsseldorf nieder, wo er 1847 die Leitung der Liedertafel und 1853 die Dirigentenstelle der Musikgesellschaft erhielt. Er wirkte an mehreren Niederrheinischen Musikfesten maßgebend mit und dirigierte 1878 die Orchesterkonzerte der Glasgow Festivals. Tausch starb am 11.11.1895 in Bonn.

Werke
Von Julius Tausch sind eine ausgezeichnete Festouvertüre, eine Schauspielmusik, verschiedene Stücke für Singstimmen mit Orchester, Lieder und Klavierstücke überliefert. Alle bewegen sich im Stil, der in Leipzig gelehrt wurde.

Karol Tausig (1841–71)

Zeit und Umwelt
Das pianistische Erbe von Franz Liszt wurde von Schülern und deren Schülern bis in die ersten Jahrzehnte des 20. Jahrhunderts weitergetragen und wirkt sich durch deren Übungsmaterial, das zum Teil noch heute für den Klavierunterricht in Verwendung steht, noch immer aus.

Leben
Karol (Carl) Tausig wurde am 4.11.1841 in Warschau geboren. Er war in Weimar Schüler von Franz Liszt und konzertierte sodann in Berlin, Dresden und anderen deutschen Städten. Im Jahr 1862 ging er nach Wien und 1865 nach Berlin, wo er eine »Schule des höheren Klavierspiels« eröffnete. Er starb am 17.7. 1871 in Leipzig.
Sein Vater Aloys Tausig (1820, Prag, bis 14.3. 1885, Warschau) war ebenfalls ein namhafter Pianist.

Werke
Von Karol Tausig, der zu den bedeutendsten Pianisten seiner Zeit zählte, sind ein Klavierkonzert, sinfonische Gedichte und viele Arrangements überliefert. Seine didaktischen Werke wurden mehrfach herausgebracht und übersetzt und werden teilweise noch heute zum Unterricht verwendet.
Aloys Tausig verfaßte viele brillante Klavierstücke.

John Tavener (geboren 1944)

Leben
John Tavener wurde am 28.1.1944 in London geboren, wo er an der Royal Academy of Music studierte. Er war Schüler von David Lumsdaine und Lennox Berkeley. Neben seiner Komposition ist er als Organist tätig.

Werke
Außer einer Oper schrieb John Tavener ein Kammerkonzert, »Grandma's Footsteps« (Großmutters Fußstapfen) für fünf Musicboxes und Kammerensemble, ein Klavierkonzert, 3 sakrale Sonette für Bariton und Kammerorchester, dramatische Kantaten »Kain und Abel« für Soli und Kammerorchester, »Der Wal« für Erzähler, Soli, Chor und Orchester, 3 surrealistische Gesänge für Mezzosopran, Klavier, Schlagzeug und Tonband, ein »Keltisches Requiem« für Soli, Kinderchor, gemischten Chor und Orchester, »Coplas« für Soli, Chor und Tonband, »Nomine Jesu« (Im Namen Jesu) für fünf Männersprechstimmen, Mezzosopran, Chor, zwei Altflöten, Orgel und Cembalo und ein weiteres Requiem.

John Taverner (um 1490–1545)

Zeit und Umwelt
Der Bruch mit Rom hatte eine Neuorientierung des Lebens in England zur Folge. Wer sich nicht wendig umzustellen verstand, dem konnte es schlecht ergehen: Agenten Thomas Cromwells (1485–1540) spürten jeden auf, der die vergangenen konfessionellen Zustände nicht vergessen wollte. Daß der König mit einem Mal Oberhaupt der Kirche war, fügte sich dem Weltbild der Katholiken nicht ein. Das traf Männer von weltweiter Bedeutung wie den größten aller englischen Humanisten, Thomas Morus (1478–1535), der seinen Kopf durch den Scharfrichter verlor, es traf unzählige Kleriker und Mönche, die hofften, daß sich die neue Lebensform nicht durchsetzen würde, und damit den Anschluß versäumten, ebenso viele Private, die ihren Beruf verloren, und jedenfalls die Kirchenmusiker, deren Tätigkeit so eng mit der Religionsausübung verbunden war, daß eine rasche Trennung und Neuverknüpfung nur in einzelnen Fällen gelang.

Leben
John Taverner wurde um 1490 vermutlich in Tattershall (Lincolnshire) geboren und war ab 1526 Chormeister und Organist am Wolsey Cardinal College in Oxford. Im Jahre 1530 gab er seine Stellungen als Musiker und Kleriker wegen der konfessionellen Umstellung Englands auf und übersiedelte nach Boston, wo er am 25. 10. 1545 starb.

Werke
Die Musik von John Taverner ist während seines Aufenthaltes in Tattershall und Oxford entstanden und stuft ihn als den letzten großen Meister der vorreformatorischen Zeit ein. Er war dazu auch eine der überragendsten Gestalten der Kirchenmusik überhaupt. Alles, was seine Vorgänger und Zeitgenossen erreicht und geschaffen hatten, wurde in seinen Werken in idealer Form zum Ausdruck gebracht, und zwar in einer Musiksprache, die ein Höchstmaß an Eindringlichkeit, Kraft und Schönheit erreichte.
Es sind nur drei profane Werke des Meisters überliefert. Um so reichhaltiger ist sein kirchenmusikalischer Nachlaß: 8 Messen, 2 vierstimmige, 3 fünfstimmige, 3 achtstimmige, alle ohne Kyrie, 2 davon mit englischem Text; 3 Christe eleyson, ein Kyrie, ein Sanctus, ein Benedictus und ein Agnus Dei, 3 Magnificat und ein Te Deum, außerdem 28 Motetten für zwei bis sechs Stimmen.
Für die englische Orgelmusik wurde das Benedictus aus der Messe Gloria tibi Trinitas von weitreichender Bedeutung. Dabei handelt es sich um den Teil, der mit »in nomine« beginnt. Taverner hat diesen Worten die Antiphone Gloria tibi Domine zusammenhängend mit ruhigem Gleichklang der Notenwerte zugrunde gelegt, während die anderen Stimmen in lebhafterem Rhythmus kontrapunktieren. Dieser offenbar sehr beliebte Vokalsatz wurde auf Instrumente übertragen und ausgebaut, so daß er zum ersten selbständigen Instrumentalsatz wurde, während die kirchliche Bindung nach Taverner völlig abgerissen wurde. Bis weit in die Neuzeit wird von den verschiedensten Komponisten dieser Satz zur Grundlage von Kompositionen gemacht. Es gibt etwa 150 sogenannte »In-nomine«-Sätze; Richard Strauss verwendete ihn in seiner Oper »Die schweigsame Frau«.

Literatur
Fr. Ll. Harrison, Music in Medieval Britain, London 1958.

Deems Taylor (1885–1966)

Leben
Joseph Deems Taylor wurde am 22. 12. 1885 in New York geboren. Er war Autodidakt, wirkte anfänglich als Musikkritiker und widmete sich ab 1925 nahezu ausschließlich der Komposition. Er starb als hochgeschätzter Komponist am 3. 7. 1966 in New York.

Werke
Von Deems Taylor sind 5 Opern gegeben worden. Er schrieb außerdem eine Tondich-

tung, eine Orchestersuite und weitere Orchesterwerke, ein Streichquartett, eine Pantomime für zwei Klaviere und andere Klavierstücke, 2 Kantaten und Lieder. Er war Spätromantiker, der von der stürmischen Entwicklung der zeitgenössischen Musik keine Notiz nahm. Er veröffentlichte mehrere literarische Werke.

Raynor Taylor (1747–1825)

ZEIT UND UMWELT
Nachdem die Vereinigten Staaten von Amerika gegründet waren, stieg die Zuwanderung aus Europa ungeheuer an. Das von den Einwanderern mitgebrachte Kulturgut wurde sofort zur Grundlage einer Eigenentwicklung. In Philadelphia zum Beispiel kam es zur Gründung eines musikalisch-literarischen Zirkels, der sich um die Aufführung von Konzerten, Schauspielen und Opern bemühte und jedes kulturelle Unternehmen unterstützte. Ihm gehörten auch die Komponisten Alexander Reinagle, George J. Schetky und Benjamin Carr an.

LEBEN
Raynor Taylor wurde 1747 in England geboren. Seine erste Ausbildung erhielt er als Chorknabe der Chapel Royal in London. Ab ungefähr 1765 wirkte er als Organist in Chelmsford, Essex, dann wurde er Dirigent an einem Londoner Theater. Im Jahr 1792 kam er nach Baltimore, wo er konzertierte, dann nach Annapolis, wo er an St. Anne's als Organist wirkte; schließlich ließ er sich in Philadelphia nieder, wo er sich als Organist an St. Peters betätigte, Mitglied des musikalisch-literarischen Zirkels und mehrerer kultureller Vereinigungen wurde und 1825 starb.

WERKE
Von dem kompositorischen Werk des Organisten und Sängers Raynor Taylor, das aus einer beträchtlichen Anzahl Instrumental- und Vokalkompositionen besteht, sind nur wenige Lieder erhalten, die ihn als vorzüglichen Liedkomponisten ausweisen.

Silas Taylor (um 1624 bis um 1678)

ZEIT UND UMWELT
Die Musikpflege während der Cromwell-Zeit erstreckte sich nahezu nur auf den profanen Sektor. Gesellschaftslieder jeder Art, wie Catches, Glees, Ayres, parareligiöse Gesänge, Stücke für Laute, Gittern, Virginal, Violen dienten der Unterhaltung und wurden von der Kapelle des Diktators gesungen und gespielt.

LEBEN
Silas Taylor (Captain Silas Domvill) wurde um 1624 in Harley, Shropshire, geboren. Er studierte in Oxford, wurde Puritaner, diente in der Armee Cromwells und erreichte den Rang eines Captains. Nach den Kämpfen wirkte er an den musikalischen Veranstaltungen in Oxford mit. Nach der Restauration verließ er die Universitätsstadt und wurde Zollbeamter in Dünkirchen und später auf der englischen Seite des Kanals in Harwich, wo er um 1678 starb.

WERKE
Vom englischen Komponisten Silas Taylor sind Catches, höfische Arien, außerdem Anthems und etliche kirchliche Gesänge überliefert. Sie stellen typische Beispiele der Musik der Cromwell-Zeit in England dar.

Serge Tcherepnin (geboren 1941)

LEBEN
Serge Tcherepnin wurde am 2.2.1941 in Paris als Sohn von Aleksandr Tscherepnin geboren. Von 1958 bis 1963 studierte er an der Harvard University in Cambridge, Mass., bei Leon Kirchner (geboren 24.1.1919, Brooklyn, N.Y.) und darauf in Princeton, N.J., bei Pierre Boulez, Herbert Eimert und Karlheinz Stockhausen; während der Ferienkurse für Neue Musik in Darmstadt nahm er bei Luigi Nono Unterricht. Ab 1968 leitete er das Elektronische Studio der New York University, seit 1970 unterrichtet er Komposition und Elektronische Musik an der School of Music in Valencia, Calif. Sein Bruder Ivan Tcherepnin (geboren 5.2.

1943, Paris) war von 1959 bis 1962 Schüler seines Vaters Aleksandr Tscherepnin an der Académie Internationale de Musique in Nizza, sodann an der Harvard University in Cambridge, Mass., bei Leon Kirchner und Randall Thomson; 1965 nahm er auch bei Pierre Boulez, Henri Pousseur und Karlheinz Stockhausen Unterricht. Im Jahr 1966 war er am Electronic Music Studio in Toronto tätig; ab 1967 unterrichtete er an der Harvard University, seit 1969 wirkt er als Professor für Komposition am Konservatorium in San Franzisko und an der Stanford University, Calif.

WERKE
Von Serge Tcherepnin sind unter anderem 2 Multimedia-Kompositionen, ein Werk für beliebige Anzahl und Art der Musiker zwischen 7 und 77, eine »Hintergrundmusik I und II« für vierspuriges Tonband, ein Streichquartett, ein Streichtrio, ein »Kaddish« für Sprecher, Klarinette, Violine, Oboe, Flöte, Klavier und zwei Schlaginstrumente, ein Stück für Saxophon und Klavier bekannt geworden.
Ivan Tcherepnin schrieb unter anderem »Zwei Einrahmungen für ein russisches Thema« für Horn oder Ondes Martenot, Klavier und Schlagzeug, Kadenzen für Flöte, Klarinette und Klavier, ein Trio für Flöte, Gitarre und Cello, »Work Music« für Elektrogitarre, Klarinette, Horn und Cello, »Sombres lumière« (Düstere Lichter) für Flöte, Gitarre und Cello, ein Stück für neun Blasinstrumente, eines für Streichquartett und Tonband, »Alternierende Ströme« für acht Schlagzeuger, zwei oder mehrere Tonbandgeräte, vier Ringmodulatoren und »Lichtmusik mit Wasser« für verschiedene Instrumente und Elektronik.

Pietro Teghi (um 1525 bis um 1580)

ZEIT UND UMWELT
Lautenmusik, mit Gesang und solistisch, war im 16. Jahrhundert in Venedig zur gebräuchlichsten Hausmusik geworden. Das leicht transportable Instrument mit seinem einschmeichelnden, unaufdringlichen Klang wurde bei jeder Gelegenheit gespielt, in den Wohnungen, bei Gesellschaften, bei Gondelfahrten, in Gärten und auf Terrassen. Der Bedarf an Tabulaturen war ungeheuer gestiegen und Lautenisten und Lautenlehrer fanden leicht ihren Lebensunterhalt.

LEBEN
Pietro Teghi wurde um 1525 in Padua geboren. Er ging nach Venedig, bildete sich dort zum Lautenisten und Lautenlehrer aus und lebte in der Stadt von seiner Kunst bis zu seinem Tod um das Jahr 1580.

WERKE
Von dem Lautenisten Pietro Teghi sind 2 Lautentabulaturen erschienen, die Werke und Arrangements zeitgenössischer Meister und eigene Kompositionen enthalten. Der Lautensatz zeigt, daß Teghi selbst über eine sehr entwickelte Spieltechnik verfügt haben muß.

António Teixeira (1707–55)

ZEIT UND UMWELT
Die italienische Oper beherrschte während des gesamten 18. Jahrhunderts die portugiesischen wie die spanischen Bühnen. Daran änderte sich auch nichts, als man daranging, die italienischen Libretti in die Landessprache zu übersetzen, damit das Publikum der Handlung besser folgen konnte. Und wenn auch die Musik von Portugiesen komponiert wurde, handelte es sich doch um Schüler italienischer Meister, die kopiert wurden. Zu einer echten portugiesischen Oper kam es vorläufig ebensowenig wie zu einer eigenständigen Musikentwicklung überhaupt.

LEBEN
António Teixeira wurde am 14. 5. 1707 in Lissabon getauft. Er wurde von König João V. nach Rom zur Ausbildung gesandt. Im Jahr 1728 kehrte er zurück und wurde Kantor der Igreja Patriarcal, wo er auch als Kaplan wirkte. Er starb 1755 in Lissabon.

WERKE
Für Lissabon schrieb António Teixeira einige

Opern auf portugiesische Texte, die aber eine rein italienische Faktur aufwiesen. Außerdem verfaßte er eine Kantate und ein Te Deum für zwanzig Stimmen nach alter Barockmanier sowie ein Duett für zwei Singstimmen mit Streichern und Cembalo. Seine weiteren Werke dürften beim Erdbeben von Lissabon zugrunde gegangen sein.

Eduardo Estéban Tejeda (geboren 1923)

Leben
Eduardo Estéban Tejeda wurde am 25.5.1923 in Buenos Aires geboren. Er war Schüler von Gilardo Gilardi, Luis Gianneo (2.1.1897, Buenos Aires, bis 15.8.1968, Buenos Aires), Jacobo Ficher (geboren 15.1.1896, Odessa) und Francisco Kröpfl. Er lebt als freischaffender Komponist in Buenos Aires.

Werke
Von Eduardo Estéban Tejeda sind eine Ouvertüre, eine Serenade, ein Stück für 106 Instrumente, Strukturen für fünf Instrumente, 3 Sätze für sechs Instrumente und Schlagzeugensemble, »Mobile I« für Stimme, Klarinette, Flöte, Trompete, Horn, Posaune, Violine, Cello, Klavier, »Mobile II« für Flöte, Klarinette, Violine, Cello und Klavier, ein Streichquartett, mehrere Klavierwerke, Gesänge, eine Kantate für vier Solostimmen, Flöte, Klarinette, Trompete, Horn, Violine, Bratsche, Schlagzeug und elektronische Orgel und Filmmusik bekannt geworden.

Georg Michael Telemann (1748–1831)

Zeit und Umwelt
Die Kirchenmusik der ehemaligen Hansestadt Riga wurde lange ausschließlich von deutschen Meistern bestritten. In jeweiligen profanen Konzerten traten reisende Virtuosen auf. Es dauerte bis zum Ende des 19. Jahrhunderts, bis sich eine eigenständige lettische Musik bildete.

Leben
Georg Michael Telemann – Enkel von Georg Philipp Telemann – wurde am 20. 4. 1748 in Plön, Holstein, geboren. Sein Theologiestudium gab er zugunsten der Musik auf und wurde 1775 Kantor und Musikdirektor in Riga. Er starb am 4. 3. 1831 in Riga.

Werke
Neben einer Reihe musiktheoretischer Werke brachte Georg Michael Telemann eine »Sammlung alter und neuer Kirchenmelodien« heraus und komponierte Triosonaten, 6 Violinsonaten, Orgel- und Chorwerke; alles im norddeutschen Stil.

Georg Philipp Telemann (1681–1767)

Zeit und Umwelt
Gefälliger Klang, korrekte Technik und eleganter Stil ergaben in der Zeit nach

Georg Philipp Telemann

dem Barock, was das Publikum zu hören wünschte, weil es nicht darauf begierig war, eine musikalische Idee voll ausgeschöpft zu erleben und sich einen Wohlklang durch Dissonanzen hindurch erarbeiten zu müssen. Die passive Haltung eines Großteiles der Kunstkonsumenten durfte durch keinen Zwang zur gedanklichen Aktivität gestört werden. Die Musik mußte lieblich sein und sollte nur Erfreuliches sagen. Wenn sich aber ein Komponist enthusiastisch einer Welt ohne Tadel zuwandte, wenn er mit Tönen, Rhythmen und Klangfarben spielerisch prächtige Bilder darstellte, wenn er, selbst kühl und unberührt, Empfindungen und Empfindlichkeiten zu erwecken verstand und den gelassenen Humor nicht vergaß, entsprach er dem Geist der Zeit und den Erwartungen des Publikums, das sich im Zeichen des kulturellen Fortschrittes immer zahlreicher einfand. Schön und interessant mußte die Musik sein und technisch perfekt. Wer sich an diese Forderungen hielt, konnte des Erfolges sicher sein. Das war auch alles erlernbar; die Rezepte für Kompositionen, die das Publikum erfreuten, rührten und bald wieder trösteten, es von dem nicht immer frohen Dasein in glückliche Bereiche führte, lagen bereit. Natürlich mußte der musikalische Einfall dazu kommen, mußten Melodien und Harmonien erfunden werden, aber diese durften nicht die Wahrheit sagen und den Zuhörer nicht unbefriedigt lassen. Leicht verständlich, eingängig, zierlich und zärtlich, fröhlich oder vorübergehend etwas traurig, zumeist aber heiter und lebensbejahend zu sein, wurde zur Aufgabe aller Kunstgattungen gemacht. Denn das Volk lebte in einer drückenden Daseinsangst, der es zu entrinnen suchte.

Leben

Georg Philipp Telemann wurde am 14. 3. 1681 in Magdeburg geboren. Er besuchte ab 1701 die Universität Leipzig, um nach dem Willen der verwitweten Mutter Rechtswissenschaft zu studieren. Bald wandte er sich aber der Musik zu und bewarb sich um die Stelle eines Kirchenorganisten und um einen laufenden Kantatenauftrag. Er erkannte, daß auch die Komposition zu einem guten Teil aus Technik besteht, nahm Unterricht, wo immer er ihn erhalten konnte, und studierte die großen Franzosen und Italiener aller Epochen und die Werke der deutschen Orgelmeister. Im Jahr 1702 konnte er bereits den Dienst an der Neuen Kirche (heute Matthaeikirche) als Organist und Musikdirektor antreten. Für die Aufführungen seiner Kirche gründete er ein Collegium musicum, das rasch großes Ansehen erwarb und viele Studenten anzog, die bisher den Thomanerchor verstärkt hatten. Im Jahr 1704 erhielt er den Ruf an den Hof in Sorau (Żary), wo auch Wolfgang Caspar Printz tätig war. Mehrere Sommer verbrachte er in Krakau und Pleß (Pszczyna) und lernte dort die polnische Musik kennen. 1708 erreichte ihn ein Ruf als Kapellmeister an den Hof des Herzogs Johann Wilhelm von Sachsen-Eisenach. In Eisenach befreundete er sich mit Johann Bernhard Bach (1676–1749) und dem in Weimar lebenden Johann Sebastian Bach, bei dessen Sohn Carl Philipp Emanuel Bach (1714 bis 1788) er Pate stand. Im Jahr 1712 verließ er diese Stelle, um in Frankfurt am Main an der Barfüßer- und Katharinenkirche die Kapellmeisterstelle zu übernehmen. Bald darauf wurde er zum Städtischen Musikdirektor von Frankfurt ernannt, wo er auch Leiter des dortigen Collegium musicum wurde; er veranstaltete mit dem Collegium ab 1713 regelmäßige Konzerte. Der Ruf des Komponisten hob sich von Jahr zu Jahr; mehrere Fürsten suchten, ihn für sich zu verpflichten: 1716 wollte ihn Herzog Friedrich II. von Gotha als Hofkapellmeister anstellen, 1717 Herzog Ernst August von Weimar, und 1722 bot man ihm die Stelle des Leipziger Thomaskantors an, die er ablehnte, weil er bereits ein Jahr zuvor in Hamburg Kantor am Johanneum und Direktor der Kirchenmusik an den fünf Hauptkirchen, mit Ausnahme des Domes, geworden war. Er erneuerte in Hamburg das von Matthias Weckmann gegründete Collegium, veranstaltete laufend öffentliche Konzerte und wirkte tatkräftig an allen Unternehmungen zur Hebung des Musiklebens der Stadt mit, in der er am 25. 6. 1767 starb.

WERKE

Georg Friedrich Telemann gehört zu den am meisten gefeierten und erfolgreichsten Komponisten des 18. Jahrhunderts, sein Ruhm reichte weit über die Grenzen Deutschlands hinaus. Obwohl er älter als Georg Friedrich Händel und Johann Sebastian Bach war, entfernte er sich im Verlauf seiner Entwicklung weit mehr als diese beiden Meister vom Barock, so daß man ihn an das Ende dieser Epoche stellen müßte. Dennoch kann er nicht als Markstein des Stilwandels gelten, weil er keine Weiterentwicklung brachte; er war in diesem Sinn kein Musiker, sondern ein Musikant, allerdings als solcher ein seltenes Phänomen, dem die Zeitgenossen mehr Achtung und Bewunderung entgegenbrachten als jedem anderen aus seiner Stilepoche. Telemann brachte mit Rekordgeschwindigkeit eine Komposition nach der anderen hervor, so daß man sich heute noch fragt, wie jemand eine solche Fülle rein technisch bewältigen konnte. Dabei lag alles, kleine Schwankungen unberücksichtigt, auf gleichem perfekten Niveau, immer wieder neu und aus einem unerschöpflichen Reservoir. Das führte zur Ablösung von der Formenwelt des Barock, zu einer gewissen Glätte der Themen, zu einem gefälligen, galanten Stil und zu einer stereotypen Tonmalerei. Telemann schrieb mehr als Johann Sebastian Bach und Georg Friedrich Händel zusammengerechnet, trotzdem verblaßte sein Andenken bald, weil eine solche sympathische, herzerfreuende, ziemlich oberflächliche Musik auch von anderen Seiten bezogen werden konnte.

Im einzelnen umfaßte sein gigantisches kompositorisches Werk ungefähr 40 Opern, Bearbeitungen von Opern von Reinhard Keiser und Georg Friedrich Händel, 35 Oratorien, darunter das berühmte »Seliges Erwachen« und »Tod Jesu«, 12 Jahrgänge kirchlicher Kantaten, 32 Predigt-Einführungsmusiken, 40 Hamburger Kapitänsmusiken (jede aus einem geistlichen Oratorium und einer weltlichen Serenata bestehend), 15 Messen, 2 Magnificat, 22 Psalmen, 9 Beerdigungsmusiken, 5 Tafelmusiken, zahlreiche Motetten und profane Kantaten, 600 Orchestersuiten (davon sind ca. 130 erhalten), viel Kammermusik, Hunderte von Gelegenheitskompositionen und Werke für Tasteninstrumente, deren Stil vom Hochbarock bis zum Rokoko reicht. Er setzte bei seinen Werken sämtliche denkbaren Instrumentenkombinationen, sämtliche Stilarten und jedes Lokalkolorit (vor allem das polnische) echt und richtig ein, ohne je seine persönliche Eigenart zu verleugnen.

Der Tag des Gerichtes, Oratorium für Soli und Orchester, 4 Teile, entstanden 1762

»Ein Sinn-Gedicht voll starker Bewegung, der Tag des Weltgerichts genannt«, kündigte der Komponist sein letztes großes Oratorium an, das er in vier »Betrachtungen« teilte.

Erste Betrachtung: Nach einer feierlichen Einleitung in Form einer zweiteiligen französischen Ouvertüre erklingen die Signale, die das »Jüngste Gericht« ankündigen, und der Chor stellt fest:

Georg Philipp Telemann, Altersbild

»Der Herr kommt«. »Unglauben« und »Zweifel« erhalten nun das Wort. Sie verspotten die Prophezeiung des Weltuntergangs. Dann stoßen »Unglaube«, »Vernunft« und »Spötter« aufeinander. Der Spötter behält das letzte Wort. Nun aber wendet sich die »Vernunft« gegen den »Unglauben« und malt die Schrecken des Gerichts mit dramatisch-dynamischen Kontrasten und düsterer expressiver Harmonik. Die »Religion« weist auf die Erwartung des Gerichts hin. Vorausahnend hört man den Jubel der Gerechten und das »grause Heulen« der Laster.

Zweite Betrachtung: Der Einleitungschor schildert die Ankunft des Weltenrichters in Blitz und Donner. Fast ununterbrochene Tremoli rauschen und pochen, sie schildern den Untergang der Welt und das darüber »Nie empfundene Schauern«. Aus der Vernichtung steigt der Aufschwung zur Seligkeit des himmlischen Lebens.

Dritte Betrachtung: Der Erzengel verkündigt: »Das Gericht hebt an.« Posaunen ertönen. Die Gläubigen singen einen Choral. Unglaube und Laster verzweifeln wegen ihrer Verdammung.

Vierte Betrachtung: Jubelgesänge der Seligen und der himmlischen Heerscharen feiern einen Dankgottesdienst: »Nun ist das Heil und die Kraft und das Reich und die Macht Gottes seines Christus worden.« Mit frommer Melodik schließt das Werk ab.

Der Schulmeister, Kantate für Baß, Knabenchor, Streicher und Generalbaß

Der polternde Dorfschulmeister zeigt mit 3 Rezitativen und 2 Arien seinen Musikunterricht – eine komische Parodie auf den trockenen Schulunterricht. Das Thema lautet: Doppelbier ist besser als Wasser und deutsche Musik besser als welsche, und »Wer die Musik nicht liebt und ehret, wer diese Kunst nicht gerne höret, der ist und bleibt ein Asinus«. Der Schülerchor stimmt ein: »I-a, I-a, ein Asinus (Esel)!«

Die Landlust, Kantate für Sopran, Querflöte und Generalbaß

Zum Klang der Flöte schildert eine Siciliana Auen und Felder. Das Erlebnis der Natur wird musikalisch eingefangen. In der zweiten Arie läßt ein Hirtenreigen »Gesang und Saiten schallen, hier wo der Wald durch Widerhallen in unsre Lieder stimmt«.

Von geliebten Augen brennen, Kantate für Sopran, Oboe und Generalbaß

Von unerfüllter Liebe singt der Baß im Wechselspiel mit lebhaften Oberstimmen und eleganter, kontrapunktischer Verflechtung. Die zweite, tröstende Arie bringt ruhige Tanzschritte und die Bitte: »Brich doch an, o schöner Tag, da mir dies das Glücke schenket, was mein Herz jetzund gedenket und mein Mund nicht sagen mag.«

Concerto di camera a-Moll für Blockflöte, Viola da gamba, Streicher und Continuo, 4 Sätze

Dieses Konzert wahrt die Faktur der Kirchensonate. Ein langsamer Satz leitet das Werk ein, der zweite ist schnell, aber im dritten – wieder langsamen – Satz unterbrechen Tutti-Einbrüche die Soli und verwischen die Grenzen zwischen den Klangblöcken. Der Schlußsatz ist wieder schnell und bringt ein thematisch und harmonisch stabiles Ritornell.

Concerto di camera g-Moll für Blockflöte, Violinen und Continuo, 4 Sätze

Es liegt eine Mischung von Kammersonate und Suite vor, weil eine Bourrée und ein Menuett den dritten Satz ersetzen. Im ersten Satz gibt es Haupt- und Seitensatz mit Exposition, Durchführung und Reprise. Auch der zweite weist Strukturen der Klassik auf. Alle Sätze sind mit dem Themenkopf des ersten und so auch miteinander verknüpft.

Concerto di camera in C-Dur für vier Violinen ohne Continuo, 4 Sätze

Es stellt ein Concertino ohne Tutti dar, das aus den eigenen Klangkontrasten bestehen muß. Polyphone Techniken werden angewendet, aber nicht ernstlich durchgeführt. Der Komponist weicht zugunsten der »Einfachheit« allen Komplikationen aus.

Orchestersuite in D-Dur, 8 Teile, entstanden 1733

Die Ouvertüre beginnt und schließt mit lombardischen Rhythmen, die einen fugierten, schnellen Mittelteil einrahmen. Die folgende »Bergerie« (Schäferstück) ist ein Reigentanz im Sicilianorhythmus. Angeschlossen ist die »Allégresse« (Fröhlichkeit), elegant und lebhaft, in der die Violinen und Oboen duettieren. Der nächste Satz »Postillons« ist ein Rondo, das Posthornsignal tritt in mehreren Instrumenten imitierend verarbeitet auf. Der folgende Satz, »Flatterie« (Schmeichelei), zeichnet sich durch breite Klanggebung im punktierten Sarabandenrhythmus aus. Der nächste Satz ist schnell, nennt sich »Badinage« (Scherz) und bringt in den Rahmenteilen schwungvolle polnische Tanzrhythmen. Das Menuett vertritt den eleganten Stil, und die »Conclusion« (Schluß) endet mit einer konzertanten Fuge.

Orchestersuite in A-Dur, 12 Teile

Der gravitätischen Ouvertüre folgt ein schneller Konzertsatz, dessen Thema diatonisch absteigt. Die Fugendurchführung ist vierstimmig. Nun folgen paarweise Passepied I und II, Aria I und II und Menuet I und II und darauf ein Rondeau mit Ritornellthema. »Fanfare« heißt der nächste Satz wegen seiner signalähnlichen Passagen. Eine kantable Aria und eine heitere Gigue beschließen das Werk, daß in erster Linie Unterhaltungscharakter hat.

Orchestersuite in C-Dur, 9 Teile, entstanden 1723

Tafelmusik zum hundertjährigen Bestehen der Hamburger Admiralität.

Die Ouvertüre malt »die Stille, das Wallen und die Unruhe des Meeres«. Die folgende Sarabande ist der schlafenden Meeresnymphe Thetis gewidmet, deren Erwachen in einer heiteren Bourrée dargestellt wird. »Der verliebte Neptun« tritt mit einer gravitätischen Loure auf, die Najaden tanzen eine Gavotte, die Tritons eine Harlequinade, die polnische Volkstanzrhythmen bringt. Dann erhebt sich »der stürmische Aeolus« mit »Tempête« (Sturm) und bemerkenswerten Crescendi, im Menuett folgt »der angenehme Zephir«, die Gigue imitiert »Ebbe und Flut«, und die lustigen Bootsleute tanzen in einer schwungvollen Canarie einen Reigen.

Violinkonzert in a-Moll, 3 Sätze, Ouvertüre zur Oper »Emma und Eginharde«, entstanden 1728

Der erste Satz – Allegro – wird klangprächtig eröffnet. Der Solist setzt mit einem zum Kopfthema kontrastierenden Seitenthema ein; neue Themen kommen im zweiten Ritornell dazu; ein kräftiger Konzertsatz bildet die Coda. Im langsamen Mittelsatz ergeht sich die Violine in italienischer Arienmelodik, eine kurze Coda der Streicher leitet zum bewegten Finale, das einer fröhlichen Bourrée gleicht, über.

Konzert für Blockflöte und Querflöte in e-Moll, 4 Sätze

Dieses Doppelkonzert beginnt mit einem Largo in Da-Capo-Form. Die beiden Flöten duettieren mit ihren Spielfiguren, die den Unterschied der beiden Instrumente ausgezeichnet profilieren. Der zweite Satz besteht aus drei konzertanten Soli und vier Tutti; ein fugiertes Ritornell schließt ihn ab. Das folgende Largo verbindet sehr glücklich die homophone Faktur mit polyphoner Technik. Im Finale klingen polnische Tänze auf, die bordunartig begleitet werden.

Konzert in E-Dur für Flöte, Oboe d'amore und Viola d'amore, 4 Sätze

Dieses Tripelkonzert beginnt mit einem Andante, in dem die einzelnen Soloinstrumente in weiten Kantilenen ihre Klangfarbe zur Geltung bringen. Im Allegrosatz wird das Tuttithema von motivisch verwandten Soli mehrmals unterbrochen, was die Konzertform sehr auflockert. Im dritten Satz konzertieren die Solisten abwechselnd mit liedhaften Weisen, bis sie sich zu

Barfüßerkloster in Frankfurt am Main, wo Georg Philipp Telemann tätig war

einem Trio finden. Das Finale ist pastoral und besteht aus drei weiten Episoden der Solisten, die mit Ritornellen eingefaßt sind.

Konzert in G-Dur für Bratsche und Streichorchester, 4 Sätze

Die Satzfolge dieses Konzerts ist der Sonata da Chiesa entnommen. Es steht unter stärkstem Einfluß von Corelli. Seine Ausdruckskraft reicht an Georg Friedrich Händel heran, zumindest in den langsamen Sätzen, wenn auch etwas seichtere Passagen nicht zu übersehen sind. Dem Bestreben des Meisters nach leichter Faßlichkeit wird Genüge getan.

Sonate in G-Dur für Flöte und Cembalo, 4 Sätze

Das einleitende Cantabile dieser Sonate ist nur kurz und leitet zu einem Allegro über, das nur die Tonleiter auf und ab führt und dennoch eine glänzende, heitere Musik bietet. Das Finale funkelt mit Achteln und Triolen, die gegen das Ende des Stückes wirbelnd die Oberhand gewinnen.

Sonate in c-Moll für Flöte und Cembalo, 4 Sätze

Der erste Satz – ein Allegro – schreitet kräftig aus. Ein dunkel gefärbtes Adagio leitet ernst zu einem funkelnden Allegro assai, und das Finale bringt mit drängenden Triolen einen Aufschwung voll Leidenschaft.

Triosonate in E-Dur für Flöte, Violine und Generalbaß, 4 Sätze, entstanden 1720

Die einleitende Soave hält die Mitte zwischen Sarabande und Menuett. Die Stimmführung liegt bei der Flöte, die Violine unterstützt sanft die Kantabilität. Das anschließende, flotte Presto ist einem Studentenlied entlehnt und bringt witzige und derbe Wendungen. Das Andante ist chromatisch gefärbt, das Scherzandofinale gleicht einer galanten Konversation.

Triosonate in B-Dur für Blockflöte, Cembalo und Generalbaß, 4 Sätze, entstanden 1721

Ein reichverziertes Dolce bietet dem Cembalo, das hier konzertant und nicht als Continuoinstrument eingesetzt ist, die Gelegenheit zu voller Entfaltung. In der Siciliana duettiert die Flöte mit dem Cembalo, nachdem dieses im vorangehenden Vivace die Führung übernommen hatte, die es auch im Finale innehat. Als akkordisches Continuoinstrument dient ein zweites Cembalo.

Triosonate in C-Dur für zwei Blockflöten und Generalbaß, 7 Teile

Es handelt sich um eine Suite, deren unterhaltender Charakter durch Satzüberschriften betont wird. Nach dem einleitenden Grave-Vivace und dem folgenden Andante wird »Xanthippe« mit ihrem exzentrischen Wesen drollig vorgeführt. Ihr folgt »Lukretia« mit einem schmachtenden Largo und mit einem Larghietto »Corinna«, das Mädchen vom Lande. »Lelia« tritt mit einem kapriziösen Springtanz auf, und »Dido« bildet den Abschluß, ist aber absolut nicht traurig, sondern lebhaft und lustig.

Sonate in B-Dur für drei Violinen und Cembalo, 4 Sätze

Die erste und die zweite Violine werden in den ersten beiden Sätzen dieser Sonate streckenweise unisono zur Verstärkung der melodischen Linie geführt. Zuweilen stimmt sogar die dritte ein, so daß eine weitgehende dynamische Abstufung erreicht wird. Die Linienführung der Sonate, die deutlich an die Faktur der Kirchensonate erinnert, ist polyphon, ihr Klang dunkel und ernst, ihre Melodik innig und warm. Besonders der dritte Satz – ein kurzes Grave – weist eine ungewohnte klangliche Weiträumigkeit auf.

Konzert in D-Dur für vier Violinen, 4 Sätze

Dieses Konzert erfüllt nicht mehr den Wortsinn seiner Entstehungszeit, weil kein Wettstreit von Solo und Tutti nach Art des Instrumentalkonzertes oder des Concerto grosso stattfindet. Es handelt sich in Wahrheit um ein Quartett, das von einem kurzen Adagio eingeleitet wird. Das Thema des anschließenden Allegro wird kanonisch von Violine zu Violine weitergereicht. Ein folgendes Grave ist voll tiefer Empfindung und Klangschönheit. Zuletzt wird im Finale die fröhliche Stimmung des ersten Satzes wieder aufgenommen.

Quartett in h-Moll für Flöte, Violine, Cello und Cembalo, 7 Teile

Es liegt eine Suite nach französischem Muster vor. Sie beginnt mit einem lebhaften Prélude, das nach einem übermütigen »Flatteusement« wiederholt wird, so daß daraus eine französische Ouvertüre wird. Im anschließenden »Coulant« schweigt das Cembalo, die anderen Instrumente duettieren oder spielen im Terzett. Den nächsten heiteren Sätzen »Gay« und »Vite« folgt ein »Triste« mit viel Melancholie, und ein breit angelegtes Menuett schließt das Werk ab.

Sonata a Violino I., Violino II., Viola e Violone in A-Dur, 3 Sätze

Es handelt sich um das älteste Streichquartett der Musikgeschichte. Der erste Satz – Affettuoso – läßt deutlich das Überwiegen des Klanglichen über die Polyphonie erkennen. Das Allegro ist fugiert und sehr dicht gearbeitet. Das abschließende Vivace stellt das Empfindsame über das Typische und entfernt sich schon weit von jeder Musik des Barock.

Sonata a 4 – vierstimmige Sonate in G-Dur für Flöte, zwei Gamben und Continuo, 3 Sätze

Im ersten Satz wird einem Hauptthema ein Gegenthema entgegengestellt wie in einem klassischen Sonatensatz. Daran schließt sich eine rudimentäre Durchführung, der eine Reprise folgt. Das Mittelthema – Andante – ist deutlich empfindsam. Sein Thema wird in echter Polyphonie von den Gamben begleitet, so daß ein äußerst färbiges Klangbild entsteht. Auch das Finale weist Wendungen auf, die den neuen Stil betonen.

Ouvertüren-Suite in D-Dur für zwei Oboen, zwei Hörner und Fagott, 6 Teile

Dieses Stück für Bläser stellt einen Geschwindmarsch als Ouvertüre voran. Ihr folgen 5 volkstümliche Tänze: Siciliano, Paysane, Menuett mit Trio, Rigaudon mit Trio und Harlequinade. Dreitaktigkeit und Zweitaktigkeit wechseln ab. Die Tonart der Ouvertüre wird beibehalten.

Triosonate in D-Dur für Orgel, 4 Sätze

Der Originaltitel lautet: »Sonata au 2 Clavier con Pedal«. Dieses gewichtigste Orgelwerk Telemanns beginnt mit einem Grave voll Affekt. Das folgende Presto klingt wie ein Trompetenkonzert, und im abschließenden Andante entfaltet sich die Chromatik zu einer unerwarteten Intensität. Das Finale hingegen – Scherzando – ist leicht und heiter.

LITERATUR

E. Valentin, Georg Philipp Telemann, Hameln 1932. K. Grebe, Georg Philipp Telemann, Reinbek 1970. J. Allihn, G. Ph. Telemann und J. J. Quantz, Magdeburg 1971.

Rafael J. Tello (1872–1961)

LEBEN

Rafael J. Tello wurde am 5.9.1872 in Mexiko-Stadt geboren. Er war dort am Konservatorium Schüler von Ricardo Castro. Ab 1888 wirkte er als Konzertpianist und ab 1902 unterrichtete er am Konservatorium Musikerziehung, Komposition und Pianistik. Im Jahr 1917 gründete er ein »Freies Konservatorium« und leitete es. Er starb am 20.12.1961 in Mexiko-Stadt.

WERKE

Außer 4 Opern schrieb Rafael J. Tello 2 Sinfonien, ein Sextett für Flöte, Oboe, Klarinette, Fagott, Horn und Klavier, ein »Drama en Música« für Streichquartett, 11 Streichquartette, Klavierstücke, Lieder, 4 Messen und Motetten.

Stefano Tempia (1832–78)

ZEIT UND UMWELT

Nicht ganz zurecht wurden Oper und Konzerte in Turin als zweitrangig taxiert; auch das Liceo Musicale rangierte hinter den Musikschulen von Mailand, Rom oder Neapel. Dieses Vorurteil zu überwinden kostete viel Anstrengung. Die Rehabilitation des Opernhauses gelang verhältnismäßig leicht durch zwei glänzende Premieren von »Manon Lescaut« und »La Bohème« und eine Aufführung des »Lohengrin«. Das Konzertwesen wurde durch Aufführungen älterer Kompositionen gehoben, deren Ruf sich bald über ganz Italien verbreitete. Mit zeitgenössischer Musik konnte man nirgends in Italien ein breiteres Publikum gewinnen, für das Oper und Musik nahezu Synonyme waren.

LEBEN

Stefano Tempia wurde am 5.12.1832 in Racconigi, Piemont, geboren. Er wurde 1861 Leiter der Hofkapelle und 1868 Violinlehrer am Liceo Musicale in Turin. Außerdem gründete er die Accademia di Canto Corale und leitete sie bis zu seinem Tod am 25.11.1878.

WERKE

Neben einer Oper und einer Operette verfaßte Stefano Tempia 6 Sinfonien, einige Kammermusik und Vokalwerke. Seine »Messa funebre« wurde viel gesungen. Er bemühte sich, das Gesangwesen in Turin zu aktivieren und veröffentlichte eine Reihe von Liedersammlungen. Tempia konnte auf diesem Gebiet einige Erfolge ernten. Die Bürger von Turin zu einem Sinfoniekonzert zu bringen, gelang ihm aber ebensowenig wie seinen Kollegen in anderen Städten des Landes.

Antonio Francesco Tenaglia
(um 1620 bis nach 1661)

ZEIT UND UMWELT
Auch um die Mitte des 17. Jahrhunderts dominierte in Italien die Vokalmusik, während den Instrumenten eine vorwiegend begleitende oder konturierende Funktion zugewiesen wurde. Die Werklisten der Komponisten weisen in erster Linie Madrigale, Kanzonen und ähnliche Liedformen auf. Instrumentalstücke, also Suiten und Sonaten, sind noch seltener. Auch das Opernpublikum interessierte sich vor allem für das gesungene Wort und die gespielte Handlung.

LEBEN
Antonio Francesco Tenaglia wurde um 1620 in Florenz geboren. Er stand um 1644 als Cembalist und Lautenist im Dienst der Adelsfamilie Aldobrandini in Rom und versah zugleich Organistendienst an San Giovanni in Laterano bis zu seinem Tod nach 1661.

WERKE
Vom italienischen Komponisten Antonio Francesco Tenaglia ist eine Anzahl Madrigale, Arien und Kantaten mit Generalbaß erhalten. Er schrieb außerdem 2 Opern, die in Rom aufgeführt wurden. Auch sein Liedschaffen lehnt sich stark an den Opernstil an.

Giusto Ferdinando Tenducci
(um 1736–90)

ZEIT UND UMWELT
Die Epoche der großen Kastratensänger hörte mit dem Ende des 18. Jahrhunderts auf. Das Publikum begann unter dem Einfluß der Aufklärung das Menschenunwürdige dieser »Erzeugung« schöner Stimmen einzusehen. Es gab allerdings auch im 19. Jahrhundert noch viele Kastraten, diese traten aber sehr selten als Solisten in Erscheinung, sondern wirkten vorwiegend in Kirchenchören mit.

LEBEN
Giusto Ferdinando Tenducci wurde um 1736 in Siena geboren; er nannte sich, wie Francesco Bernardi, »Il Senesino«. Als berühmter Kastratensopran trat er 1757 in Neapel auf, ging nach England, wo er durch mehrere Jahrzehnte triumphale Erfolge errang, kehrte schließlich nach Italien zurück und starb am 25. 1. 1790 in Genua.

WERKE
Das kompositorische Werk des Eviraten Giusto Ferdinando Tenducci ist nicht umfangreich: eine Oper, eine Ouvertüre und Gesangsübungsstücke, außerdem 2 Sammlungen mit Übungsstücken für das Cembalo und mehrere mit englischen, französischen und italienischen Gesängen.

Grigori Teplow (1711–79)

ZEIT UND UMWELT
Während in Rußland Instrumentalmusik noch nahezu ausschließlich von Ausländern gepflegt wurde und ganze Orchester aus Italienern oder aus Deutschen gegründet wurden, bemühten sich einzelne Russen um die Vokalmusik, deren Themen sie dem Volksgut entnahmen. Nach Texten mußten sie sich nicht lang umsehen, denn die russische Dichtkunst hatte im 18. Jahrhundert bereits ein hohes Niveau erreicht.

LEBEN
Grigori Nikolajewitsch Teplow wurde am 20. 11. 1711 in Pskow (Pleskau) geboren. Er stand in St. Petersburg im Staatsdienst und bemühte sich um kulturelle Probleme. Er starb am 30. 3. 1779.

WERKE
Von Grigori Teplow erschien 1759 eine Sammlung verschiedener dreistimmiger Lieder, die mehrere Auflagen erlebte.

LITERATUR
T. Liwanowa, Ruskaja musikalnaja kultura XVIII wjeka, Moskau 1952.

Carlos Teppa (geboren 1923)

LEBEN
Carlos Teppa wurde am 4.6.1923 in Caracas geboren. Er studierte Cello in seiner Heimatstadt, sodann in New York und schließlich bei Gaspar Cassadó y Morlu an der Accademia Musicale »Chigiana« in Siena. Er tritt in Nord- und Südamerika und in Europa mit größten Erfolgen als Cellovirtuose auf.

WERKE
Neben einem sinfonischen Ballett schrieb Carlos Teppa 5 Sinfonien, 2 sinfonische Dichtungen, 3 Violinkonzerte, 2 Cellokonzerte, 2 Bläserquintette, ein Klavierquintett, eine Sonate für Fagott und Streichquartett, 2 Streichquartette, 3 Klaviertrios, 2 Violinsonaten, 2 Sonaten für Cello und Klavier und einige Vokalmusik. Sein Stil ist neuklassizistisch mit Rückgriffen auf spätromantische Fakturen.

Anuschawan Ter-Gewondjan
(1887–1961)

LEBEN
Anuschawan Grigorjewitsch Ter-Gewondjan wurde am 24.2.1887 in Tbilisi geboren. Er war bis 1915 Schüler von Aleksandr Glasunow, Anatoli Ljadow und Maksim Osejewitsch Steinberg am Konservatorium in Petrograd. Von 1918 bis 1925 war er Theorielehrer am Konservatorium in Tbilisi, von 1926 bis 1934 und von 1938 bis 1944 am Konservatorium in Jeriwan, das er ab 1930 leitete; in der Zwischenzeit unterstand ihm das Konservatorium in Baku. Er starb am 6.6.1961 in Jeriwan.

WERKE
Neben 2 Opern und 2 Balletten schrieb Anuschawan Ter-Gewondjan eine Sinfonie, eine Rhapsodie, A-cappella-Chöre, Romanzen, Lieder und Bühnenmusik. Sein Stil lehnt sich an den seiner Lehrer an, integriert aber viel armenisches Volksmusikgut.

Domingo Terradellas (1713–51)

ZEIT UND UMWELT
Man könnte den Opernbetrieb des 17. und noch mehr des 18. Jahrhunderts mit der Hochblüte unseres Filmwesens vergleichen. Die Oper stand, wie der Film vor etwa 50 Jahren, im Mittelpunkt der Vergnügungsindustrie, Komponisten und Interpreten wurden verehrt wie Filmstars. Legenden wanden sich um ihr Leben und Sterben. Daß ein Opernkomponist wegen des Mißerfolges eines seiner Werke Selbstmord beging oder wegen seiner Erfolge von den Anhängern eines Konkurrenten ermordet wurde, erschien dem Publikum völlig glaubwürdig.

LEBEN
Domingo Miguel Bernabé Terradellas (Domenico Terradeglias) wurde am 13. 2. 1713 in Barcelona getauft. Seine erste Ausbildung erhielt er an der Maîtrise der Kathedrale von Barcelona und weiteren Unterricht am Conservatorio Sant'Onofrio a Capuana in Neapel. Von 1743 bis 1745 war er Kapellmeister an San Giacomo degli Spagnuoli in Rom, von 1746 bis 1748 hielt er sich in London auf, sodann bis 1749 in den Niederlanden und in Frankreich, dann kehrte er nach Italien zurück. Er starb am 20. 5. 1751 in Rom. Nach der Legende beging er wegen des Mißerfolges seiner letzten Oper Selbstmord, nach einer anderen wurde er von fanatischen Anhängern seines Konkurrenten Niccolò Jommelli ermordet.

WERKE
Neben einer beträchtlichen Anzahl von Opern, die zum größten Teil sehr erfolgreich waren, schrieb Domingo Terradellas mehrere Oratorien, 3 Messen, 4 Motetten, Kantaten, ein Te Deum, Duette, Arien und eine Ouvertüre. Alle aufgezählte Musik entlehnte ihre Faktur der Oper.

LITERATUR
J. R. Carreras y Bulbena, Domingo Terradellas, Barcelona 1908.

Dimitris Terzakis (geboren 1938)

LEBEN
Dimitris Terzakis wurde am 12.3.1938 in Athen geboren. Er war in seiner Geburtsstadt Schüler von Yannis Papaioannou und an der Musikhochschule in Köln ab 1965 von Bernd Alois Zimmermann und Herbert Eimert. Er hält sich als freischaffender Komponist abwechselnd in Athen und in Köln auf.

WERKE
Unter anderem schrieb Dimitris Terzakis ein Septett für Flöten, »Medea« für Sopran, Violine, Cello und Schlagzeug, »Echozeit I« für Tonband, »II« für acht Instrumente und Schlagzeug, »III« für sieben elektrisch verstärkte Instrumente und Tonband, »Okeaniden« für Frauenstimme und Orchester, ein Trio für Cello, Gitarre und Schlagzeug, 3 Streichquartette, »Strophe« für Chor a cappella, »Traurigkeit« für Gitarre, Stimme und Schlagzeug, »Nuancen« für Mezzosopran, Bratsche, Schlagzeug und Tonband, »Pentaphonia« für Bläserquintett, ein Stück für Bläser und Streickoktett, »Transkriptionen« für Orchester, »X« für Bariton, Instrumentalensemble, Chor und Tonband, »Farben« für Orchester, »Gewohnheit A« für Oboe, Cello und Tonband, »B« für Altstimme und zwei Melodieinstrumente, »Sphärenharmonie« für Mezzosopran, Flöte und Cello, ein Duo für Cello und kleines Schlagzeug, 3 Violinstücke, 6 »In Verse Übertragenes« für Chor und Orchester, »Abstieg« für sechs Solostimmen, »Kosmogramm« für Orchester, außerdem »Chroai«, »Tropen« für Orchester, »Proiimion« für Kammerorchester, »Odyssee nach Homer« für drei Solostimmen, Sprecher, gemischten Chor und Kammerorchester, »Erotikon« für Sopran, Violine, Klarinette und Cello, »Gesänge der Liebe und des Todes« für fünf Singstimmen, »Träume« für Mezzosopran und Tonband, »Chromatische Etüde« für Violine und Klavier.

Giovanni Antonio Terzi
(um 1550 bis nach 1599)

ZEIT UND UMWELT
Während in Spanien, dem Land, aus dem die Laute in das übrige Europa gekommen war, diese bereits von der Gitarre abgelöst wurde, standen in Italien Lautenkomposition und Lautenspiel noch in voller Blüte und blieben es, bis das Cembalo an ihre Stelle trat.

LEBEN
Giovanni Antonio Terzi wurde um 1550 in Bergamo geboren. Er dürfte sich in Venedig als Lautenist, Lautenlehrer und Komponist aufgehalten haben und dort nach 1599 gestorben sein.

WERKE
Vom italienischen Lautenisten Giovanni Antonio Terzi sind 2 Bücher »Intavolatura di liuto« in Venedig erschienen. Sie enthalten Motetten, Kanzonen und Tänze von verschiedenen italienischen und französischen Komponisten für Laute bearbeitet. Darunter befinden sich bei 20 Stücke von Terzi selbst, die durch die Schwierigkeit des Satzes auffallen.

LITERATUR
G. Reese, Music in the Renaissance, New York 1954.

Pietro Terziani (1765–1831)

ZEIT UND UMWELT
Der Geist der römischen Schule der Kirchenmusik blieb nicht nur im Verlauf des 18. Jahrhunderts, sondern weit darüber hinaus lebendig, weil ihre Tradition zwar von wenigen, dafür aber von äußerst befähigten Meistern getragen und weitergegeben wurde.

LEBEN
Pietro Terziani wurde 1765 in Rom geboren. Er war Schüler von Giovanni Battista Casali und in Neapel von Giacomo Insanguine am Conservatorio Sant'Onofrio. Nach einer Kapellmeistertätigkeit in Neapel wurde er in

gleicher Eigenschaft an San Giovanni in Laterano berufen. Er starb am 5. 10. 1831 in Rom.

WERKE
Außer den Opern, die er für Neapel schrieb, verfaßte Pietro Terziani mehrere Messen und Motetten im römischen, strengen Kirchenstil, außerdem »Litanie della Beata Vergine« (Litaneien der seligen Jungfrau) für zwei Stimmen mit Orgel, weiters Romanzen und Arien. Er hat das Erbe seines Lehrers Casali in das 19. Jahrhundert hineingetragen.

Melchior Teschner (1584–1635)

ZEIT UND UMWELT
Schlesien wurde 1327 böhmisch und fiel 1526 mit dem Königreich Böhmen an Österreich. Die Reformation breitete sich in dem Land sehr rasch aus, wurde aber im Zug der Gegenreformation wieder zurückgedrängt. Nur in einzelnen kleinen Orten wie im ehemaligen Fraustadt blieben evangelische Kirchen (Grenz-, Friedens-, Gnadenkirchen) zugelassen.

LEBEN
Melchior Teschner wurde 1584 in Fraustadt (Wschowa) geboren, erhielt 1609 in seinem Geburtsort die Kantorenstelle und war zugleich Pfarrer und Lehrer. Er starb in Wschowa am 1. 12. 1635.

WERKE
Von dem deutschen Komponisten Melchior Teschner ist eine Reihe von sakralen Gesängen überliefert, darunter das heute noch gesungene »Valet will ich dir geben«. Seine Kompositionstechnik ist polyphon, aber sehr einfach gehalten.

Carlo Tessarini (um 1690 bis nach 1766)

ZEIT UND UMWELT
Am Ende des 17. Jahrhunderts vollzog sich die Fusion der Kirchen- und der Kammersonate. Der neue Typus, der nur mehr Sonate genannt wurde, ähnelte in Form und Stil der alten Kirchensonate und war viersätzig. Immer häufiger wurde jedoch ein langsamer Satz weggelassen, so daß ein dreisätziger Typus entstand, der für das gesamte 18. Jahrhundert und darüber hinaus maßgebend blieb, obschon daneben viersätzige und zweisätzige Sonaten immer wieder entstanden.

LEBEN
Carlo Tessarini wurde um 1690 in Rimini geboren. Er war ab 1729 Violinist an San Marco in Venedig, sodann Konzertmeister an San Giovanni e Paolo in Venedig, in Urbino und in Brünn, von wo er 1738 nach Urbino zurückkehrte. Er blieb dort, von ausgedehnten Konzertreisen unterbrochen, bis 1757, dann wanderte er ständig als Violinvirtuose durch viele Städte Europas. Sein letztes Konzert gab er am 16. 12. 1766 in Arnheim. Das Jahr und der Ort seines Todes sind nicht bekannt.

WERKE
Das kompositorische Werk von Carlo Tessarini ist durchwegs instrumental und legt von

Carlo Tessarini

seiner eigenen Virtuosität Zeugnis ab. Die dreisätzige Struktur der Sonate im 18. Jahrhundert nahm bei seinen Kompositionen ihren Ursprung. Er schrieb zahlreiche Sonaten für Violine, für Flöte, Duette für Violinen, Triosonaten, Konzerte für mehrere Instrumente, Concerti grossi, 6 große Ouvertüren, 6 große Sinfonien und außerdem ein theoretisches Werk. Eine gewisse Abhängigkeit vom Stil Arcangelo Corellis ist dabei deutlich bemerkbar.

Charles Tessier
(um 1550 bis nach 1604)

Zeit und Umwelt
Seine Tüchtigkeit als Regent, sein gewinnendes Wesen und nicht zuletzt seine vielen Liebesabenteuer machten Heinrich IV. zu einer der populärsten Gestalten der französischen Geschichte. Die Pflege der Hofkapelle war für ihn ein besonderes Anliegen. Selbst liebte er mehr den intimen Klang der Laute bei Soupers im engsten Rahmen.

Leben
Charles Tessier wurde um 1550 in Pézenas, Hérault, geboren. Er etablierte sich in Paris als Lautenist und wurde Kammermusiker König Heinrichs IV. In den neunziger Jahren hielt er sich in England auf, ging darauf zu Moritz, Landgraf von Kassel. Er starb in Paris nach 1604.

Werke
Vom Lautenisten Charles Tessier sind vier- bis fünfstimmige Airs de cour und mehrstimmige Villanellen (Airs et Vilanelles francais, italiens, espagnols, suices et turcs, mis en musique à 3, 4 et 5 parties) erhalten. Seine Airs de cour zeichnen sich durch besondere Eleganz aus.

Flavio Testi (geboren 1923)

Leben
Flavio Testi wurde am 4. 1. 1923 in Florenz geboren. Nach grundlegenden Studien an den Konservatorien in Turin und Mailand bildete er sich autodidaktisch zum Komponisten und Musikwissenschafter aus. Er lebt ohne berufliche Bindung als freier Komponist und Musikschriftsteller in Mailand.

Werke
Von Flavio Testi sind 4 Opern aufgeführt worden. Er schrieb außerdem unter anderem »Konzertmusik Nr. 1« für Violine und Orchester, »Nr. 2« für Streicher, »Nr. 3« für Klavier und Orchester, »Nr. 4« für Flöte und Orchester, »Nr. 5« für Klavier, Violine, Cello und Orchester, ein Doppelkonzert für Violine und Klavier, eine »Kreuzigung« für Männerchor, Streicher, Blechbläser, Pauken und drei Klaviere, ein Stabat mater für Sopran, Chor und Orchester, eine Markus-Passion für Soli und Instrumente, eine Kantate für Sopran, Chor und Orchester. Er arbeitet an einer umfangreichen Geschichte der italienischen Musik, von der bereits mehrere Bände erschienen sind.

Anton Teyber (1756–1822)

Zeit und Umwelt
Emanuel Schikaneder (eigentlich Johann Joseph Schickeneder, 1. 9. 1751, Straubing, bis 21. 9. 1812, Wien), Schauspieler, Sänger, Schauspieldichter, Librettist, Impresario und Theaterdirektor, spielte im Theaterleben Wiens im letzten Jahrzehnt des 18. Jahrhunderts und im ersten des 19. eine bedeutende Rolle.

Leben
Anton Teyber wurde am 8. 9. 1756 in Wien geboren. Er war Schüler von Padre Martini in Bologna, wirkte von 1788 bis 1791 als Cembalist an der Hofoper in Dresden und ab 1792 in gleicher Eigenschaft an der Wiener Hofoper, wurde Hofkomponist und ab 1793 Musiklehrer am Wiener Hof. Er starb am 18. 11. 1822 in Wien.
Sein Bruder Franz Teyber (25. 8. 1758, Wien, bis 21. 10. 1810, Wien) war Schüler von Georg Christoph Wagenseil, wirkte ab 1786

als Dirigent am Wandertheater von Emanuel Schikaneder und als Musikdirektor und Komponist am Theater an der Wien, das 1801 von Schikaneder mit seiner Oper »Alexander« eröffnet wurde. Kurz vor seinem Tod wurde er noch zum Hoforganisten ernannt.

WERKE
Von Anton Teyber sind 2 Oratorien, ein Melodram, mehrere Messen und andere Kirchenmusik, Sinfonien, Konzerte, Kammermusik und Lieder erhalten. Seine Lehrbücher sind ungedruckt geblieben.
Franz Teyber verfaßte Opern und Singspiele für das Theater von Emanuel Schikaneder und für das Theater in der Leopoldstadt, außerdem eine Messe, einige Deutsche Tänze und Klaviersonaten.

Werner Thärichen (geboren 1921)

LEBEN
Werner Thärichen wurde am 18.8.1921 in Neuhardenberg, Brandenburg, geboren. Er studierte an der Musikhochschule in Berlin und wirkte als Schlagzeuger und Solopauker an der Berliner Volksoper und den Staatsopern in Hamburg und Berlin. Von 1948 bis 1984 wirkte er in gleicher Eigenschaft im Berliner Philharmonischen Orchester.

WERKE
Außer einer Kammeroper schrieb Werner Thärichen mehrere Orchesterwerke, 2 Klavierkonzerte, ein Konzert für Flöte und Streicher, 2 Paukenkonzerte, ein Violinkonzert, ein Cellokonzert, ein Oboenkonzert, ein Klarinettenkonzert, ein Konzert für Marimbaphon, Posaune und Orchester, eine Bläsermusik für vier Trompeten, vier Posaunen und Tuba, ein Oktett für Klarinette, Fagott, Horn und Streichquintett, 3 Streichquartette, ein Schlagzeugtrio, »Klangstufen« für Violine und Klavier, einen Psalm für Alt, Chor, Orchester und Elektronik, ein Konzert für Singstimme und Orchester sowie Lieder.

Sigismund Thalberg (1812–71)

ZEIT UND UMWELT
In der zweiten Hälfte des 19. Jahrhunderts wurden auch südamerikanische Städte in das Programm der Konzertreisen europäischer Virtuosen aufgenommen. Eines der ersten Ziele war Rio de Janeiro, die damalige Hauptstadt von Brasilien, wo Francisco Manuel da Silva wichtige Institutionen des Musiklebens schuf und diesem durch sein vielseitiges organisatorisches Wirken starke Impulse verlieh. Er bemühte sich intensiv, Interpreten vom alten Kontinent in seine Stadt zu bekommen.

LEBEN
Sigismund Fortuné François Thalberg wurde am 8.1.1812 in Genf geboren. Er war in Wien Schüler von Johann Nepomuk Hummel und Simon Sechter und erregte bereits mit 15 Jahren als Pianist Aufsehen. Durch seine Konzertreisen wurde er bald zur europäischen Berühmtheit. Er spielte zweimal in Brasilien und einmal in Nordamerika mit bestem Erfolg. Er war mit einer Tochter des berühmten Baßbuffos Luigi Lablache (6.12.1794, Neapel, bis 23.1.1858, Neapel) verheiratet, mit der er ab 1858 bis zu seinem Tod am 27.4.1871 in Posilippo bei Neapel lebte. Er galt als einer der bedeutendsten Pianisten seiner Zeit, obwohl seine Stärke vor allem auf technischem Gebiet lag.

WERKE
Wie seine Virtuosität bewegte sich auch die Komposition von Sigismund Thalberg im Rahmen höchstentwickelter Technik. Sie war – summarisch beurteilt – Salonmusik. Neben zahlreichen Fantasien über Opernthemen schrieb er ein Klavierkonzert, eine »Grande Fantasie«, mehrere Capricen, eine Sonate in c-Moll, zahlreiche Etüden, Nokturnen und andere Klavierstücke, ferner Lieder. Seine Opernfantasien wurden bis zum Ende des Jahrhunderts vielfach nachgeahmt.

Whitney Eugene Thayer (1838–89)

ZEIT UND UMWELT
Wie nahezu auf allen Gebieten der Musik kam

es in der zweiten Hälfte des 19. Jahrhunderts in den USA zu einer großen Ausweitung der Organistik. Die gesamte europäische Orgelliteratur wurde studiert und in Kirchen und Konzertsälen vorgetragen. Da gerade für Orgelkonzerte das Publikumsinteresse sehr groß war, ja ein Teil davon jede andere Musik überhaupt ablehnte, konnten sich gut ausgebildete Organisten ungehemmt entfalten.

LEBEN
Whitney Eugene Thayer wurde am 11.12.1838 in Mendon, Mass., geboren. Unter dem Einfluß seines Freundes John Knowles Paine wandte er sich ernstlich der Musik zu und konnte mit ihm bereits im Jahr 1863 bei der Eröffnung der Music Hall in Boston sein erstes Orgelkonzert geben. Er hielt sich 2 Jahre in Berlin auf und studierte bei Carl August Haupt Orgelsatz und Kontrapunktik, dann wirkte er an verschiedenen Kirchen in Boston und in ganz Neuengland, dann in New York als Organist. Er reiste als Orgelvirtuose in Amerika und im Ausland, war als gesuchter Orgellehrer und als Musikschriftsteller tätig. Er starb am 27.6.1889 in Burlington, Vt.

WERKE
Von den zahlreichen Kompositionen von Whitney Eugene Thayer sind eine Festkantate für Soli, achtstimmigen Chor und Orchester, eine Messe in Es-Dur, eine Fuge für Orgel, 5 Orgelsonaten, Orgelvariationen, verschiedene Orgelstücke, einige Lieder und Vokalquartette bemerkenswert. Aus seinem Unterricht ist eine Reihe namhafter amerikanischer Organisten hervorgegangen.

Johann Theile (1646–1724)

ZEIT UND UMWELT
Die Generalbaßpraxis, also das Komponieren mit fertigen Akkorden, verdrängte den Kontrapunkt nicht. Das System von sozusagen vorgefertigten Klängen bildete keinen Gegensatz zum Kontrapunkt, sondern ergänzte ihn. Die Harmonik wurde zur Grundlage des Kontrapunktes, der als Kunst, bei Wahrung guter Harmonien zu einem monodischen Gesang eine oder mehrere weitere Stimmen hinzuzusetzen, neu auflebte.

LEBEN
Johann Theile wurde am 29. 7. 1646 in Naumburg geboren. Er studierte in Leipzig, nahm dort bei Heinrich Schütz Unterricht und beteiligte sich an Musikaufführungen als Sänger und als Gambist. Darauf wirkte er als Musiklehrer in Stettin (Szczecin) und Lübeck. Im Jahr 1673 machte ihn Herzog Christian Albrecht von Holstein zu seinem Hofkapellmeister, 1675 ging Theile nach Hamburg und betätigte sich als Komponist, 1685 wurde er Kapellmeister in Wolfenbüttel, übersiedelte 1691 nach Merseburg, war Musiklehrer in Berlin und kehrte um 1715 in seine Vaterstadt zurück, wo er am 22. 6. 1724 starb.

WERKE
Der deutsche Komponist Johann Theile schrieb 23 Messen, 8 Magnificat, 12 Psalmen mit Instrumenten ad libitum und eine Matthäus-Passion, ein Weihnachtsoratorium, Sonaten, weltliche Arien und Canzonetten. Seine Instrumentalmusiksammlungen sind verlorengegangen. Er brachte auch mehrere musiktheoretische Werke heraus. Johann Theile wurde von seinen vielen Schülern »Vater der Kontrapunktisten« genannt.

Theobaldo di Gatti (1650–1727)

ZEIT UND UMWELT
Die Faszination, die von der ungeheuren Aktivität des Pariser Opernmannes Jean-Baptiste Lully, von seinem fanatischen Willen, vollendete Werke auf die Bühne zu bringen, von seiner unbestrittenen künstlerischen Kapazität ausging, zog viele Musiker und Musikfreunde in ihren Bann und konnte durch keinerlei Einwände, ob sie nun berechtigt oder unberechtigt waren, geschmälert werden. Sie wirkte noch weit über seinen Tod hinaus.

LEBEN

Theobaldo di Gatti wurde 1650 in Florenz geboren und dort zum Musiker ausgebildet. Er kam 1675 nach Paris und trat als Gambist in das Orchester der Pariser Oper ein, in dem er 50 Jahre lang wirkte. Er starb in Paris im August 1727. Er war ein sehr gesuchter Gambenlehrer.

WERKE

Der italienische Gambist und Komponist Theobaldo di Gatti, Freund und Schüler von Lully, brachte eine Sammlung italienischer Arien heraus und verfaßte mehrere Opern, die im Stil Lullys gehalten waren.

Mikis Theodorakis (geboren 1925)

LEBEN

Mikis Theodorakis wurde am 29.7.1925 auf Chios geboren. Er studierte von 1943 bis 1950 am Odeion in Athen und ab 1953 als politischer Flüchtling nach zweijähriger Haft am Conservatoire in Paris unter Olivier Messiaen, Tony Aubin und René Leibowitz. Im Jahr 1961 kehrte er nach Athen zurück und wirkte dort als Komponist, Interpret seiner Kompositionen und als engagierter Politiker, 1967 wurde er neuerlich inhaftiert und kam erst 1970 frei. Bis zum Sturz der griechischen Diktatur, 1974, lebte er erneut in Paris im Exil; danach ist er wieder nach Griechenland zurückgekehrt.

WERKE

Besondere Bedeutung und Popularität gewann Mikis Theodorakis durch seine über 500 Lieder und die Musik zu mehr als 30 Filmen, von denen »Alexis Sorbas« ein weltweiter Erfolg wurde. Ein Großteil dieser Musik ist dem politischen Kampf gewidmet; ein anderer Teil kann der Unterhaltungsmusik und Folklore zugeordnet werden. Als Tonmaterial dienen die Volkslieder und Volkstänze, gelegentlich auch die Tradition der byzantinischen Kirchenmusik. Seine weiteren Werke: eine Sinfonie, ein Konzert für Streicher, ein Klavierkonzert, eine Suite für Klavier und Orchester, eine Suite für Orchester, eine Suite für Chor und Orchester, mehrere Oratorien, Chorlieder und mehrere Ballette. Er schrieb auch verschiedene Bücher, unter anderem »Mein Leben für die Freiheit«, Bern 1972.

LITERATUR

G. Giannaris, Mikis Theodorakis – Music and Social Change, New York 1972.

Karl Thern (1817–86)

ZEIT UND UMWELT

Die Gründung des ungarischen Nationalkonservatoriums und die häufige Aufführung von Opern in ungarischer Sprache im Nationaltheater in Budapest wirkten auf heimische Talente ungeheuer ermutigend. Immer mehr Kräfte aus dem Land stellten zumindest einen Teil ihrer Tätigkeit der Entwicklung einer nationalungarischen Musik zur Verfügung und traten auch im Ausland als ungarische Musiker auf.

LEBEN

Karl Thern wurde am 13.8.1817 in Igló, Ungarn (heute Slowakei), geboren. Er erhielt seine Ausbildung in Budapest und wurde dort 1841 Kapellmeister am Nationaltheater, 1853 Kompositions- und Klavierlehrer am Nationalkonservatorium. Im Jahr 1864 verließ er seine Heimat und siedelte sich in Wien an, wo er am 13.4.1886 starb.

WERKE

Von Karl Thern sind 3 ungarische Opern in Budapest mit Erfolg aufgeführt worden. Er veröffentlichte zahlreiche Klavierwerke und Arrangements klassischer Musik für zwei Klaviere, die seine beiden Söhne Willy Thern (22.6.1847, Budapest, bis 7.4.1911, Wien) und Louis Thern (18.12.1848, Budapest, bis 12.3.1920, Wien) auf ihren Konzertreisen vortrugen.

Thibaut IV. de Champagne et Brie
(1201–53)

ZEIT UND UMWELT

Sancho III. der Große von Navarra (1005 bis 1035) konnte für kurze Zeit das gesamte christliche Spanien unter seine Regierungsgewalt bringen, dann besetzte 1076 Sancho Ramirez von Aragon (1063–94) Pamplona. Das Haus Aragon regierte nunmehr Navarra bis 1134, bis zu dem Jahr, als der Navarrese Garcia V. (1134–50) die Krone an sich riß, die Bindung mit Aragon aufhob und sich König Alfonso VII. von Kastilien unterstellte. Sein letzter direkter Nachkomme, Sancho VII. (1194–1234), starb ohne Söhne, so daß Navarra auf dessen Neffen Thibaut IV., Graf von Champagne und Brie, überging, der sich König von Navarra Thibaut I. nannte. Somit wurde dieses Reich von Franzosen regiert und als einziges spanisches Land in den langwierigen Krieg zwischen Frankreich und England hineingezogen, aber gleichzeitig auch früher als die anderen Reiche auf spanischem Boden an der französischen Kulturentwicklung beteiligt.

LEBEN

Thibaut IV. de Champagne et Brie wurde am 20. 5. 1201 in Troyes geboren und folgte seinem Onkel Sancho VII. als Thibaut I. 1234 auf den Königsthron von Navarra. Er beteiligte sich an den Kämpfen Ludwigs VIII. (1223–26) und Ludwigs IX. (1226 bis 1270) gegen England und zwei Jahre lang am VI. Kreuzzug. Aber er war auch nordfranzösischer Trouvère und blieb es, als er jenseits der Pyrenäen regierte. Seine Lieder ließ er angeblich in seinen Schlössern zu Provins und Troyes niederschreiben. Er starb in Pamplona am 7. 7. 1253.

WERKE

Thibaut hat über 60 Lieder mit Musik hinterlassen, die zu den besten Leistungen der Trouvèrekunst gezählt werden. Melodie und Texte stimmen durchgängig in einer perfekten Weise überein.

LITERATUR

H. Petersen Dyggve, Trouvères et protecteurs de Trouvères, Helsinki 1942.

Siegfried Thiele (geboren 1934)

LEBEN

Siegfried Thiele wurde am 28.3.1934 in Chemnitz (heute Karl-Marx-Stadt) geboren. Nach Privatstudien in seiner Geburtsstadt studierte er von 1953 bis 1958 an der Musikhochschule in Leipzig bei Wilhelm Weismann und Johannes Weyrauch (geboren 20.2.1897, Leipzig) und von 1960 bis 1962 an der Deutschen Akademie der Künste in Berlin bei Leo Spies. Darauf wurde er Dozent für Partiturspiel und Tonsatz und im Jahr 1963 zusätzlich Leiter des Jugendorchesters in Leipzig.

WERKE

Ursprünglich von Béla Bartók und Paul Hindemith beeinflußt, entwickelte sich der Stil von Siegfried Thiele bald zu rein persönlichen Fakturen, die sich der Dodekaphonik nähern. Er schrieb eine Sinfonie, eine Pantomime, eine »Musik für Orchester«, »Introduktion und Toccata«, ein Konzert, eine Sinfonietta, ein Trompetenkonzert, ein Klavierkonzert, ein Concertino für Flöte und Streichorchester, eines für Harfe, Streicher, Pauken und Schlagzeug, eine Sonate für Streichquartett und kleines Orchester, ein Konzert für Orgel, Blechbläser, Pauken und Streicher, ein Oktett für Klarinette, Horn, Fagott, zwei Violinen, Bratsche, Cello und Kontrabaß, ein Bläserquintett, ein Trio für Oboe, Cello und Klavier, Duos mit verschiedener Besetzung, Orgelwerke und mehrere Kantaten.

Musik für Orchester, 4 Sätze, entstanden 1968

Nach einem Vorspiel wird im 1. Satz die für das gesamte Werk essentielle Zwölftonreihe artikuliert. Fanfaren der Bläser, die im Mittelteil Teile der Reihe vertikal anordnen, bilden den Höhepunkt des Satzes. Im 2. Satz kommt es zu toccatenartiger Bewegung. Die Reihengestalt des 1. Satzes tritt hinzu, aus der weit gespannte Melodik entwickelt wird. Der 3. Satz ist ein Zwischenspiel, das horizontal wie vertikal von der im 1. Satz intonierten Reihe beherrscht wird und zum 4. Satz führt. Darin stehen drei weitere Themen dem Hauptthema gegenüber, das zu hymnischer Ausweitung anschwillt und am Ende das glanzvoll ausstrahlende Reihenthema ablöst.

Pierre Léo Thielemans (1825–98)

ZEIT UND UMWELT

Während im 19. Jahrhundert die Erforschung und Bearbeitung der schottischen, kymbrischen und irischen Volksmusik gewaltige Fortschritte machte, erwachte das Interesse für das keltische Brudervolk in Frankreich sehr zögernd. Den Anfang zur Sammlung und Herausgabe bretonischer Volksmusik setzte ein Belgier. Zu einer umfassenden Bearbeitung dieser Volksmusikgattung kam es gegen Ende des Jahrhunderts.

LEBEN

Pierre Léo Thielemans wurde am 22.2.1825 in Sint-Pieters-Woluwe, Brabant, geboren. Er studierte am Konservatorium in Brüssel und wurde Organist an Notre-Dame-de-Bon-Secours in Guingamp, Côtes-du-Nord, wo er am 23.12.1898 starb.

WERKE

Von Pierre Léo Thielemans sind einige Opern, verschiedene Kantaten sowie Kirchenmusik – Messen und andere Gesänge – bekannt geworden. Er verwendete in seinen Kompositionen als erster bretonische Melodien, die er gesammelt hatte.

Clemens Thieme (1631–68)

ZEIT UND UMWELT

Moritz von Sachsen, jüngster Sohn des Kurfürsten Johann Georg I. (1585–1656) erbte nach dessen Tod das neu errichtete Herzogtum Sachsen-Zeitz, schlug in Zeitz seinen Regierungssitz auf und gründete eine Hofkapelle. Ihre Mitglieder bezog er vorwiegend aus der Hofkapelle des Vaters in Dresden und von einigen Kirchen in Dresden und Leipzig.

LEBEN

Clemens Thieme wurde am 7. 9. 1631 in Großdittmansdorf, Dresden, geboren und in Dresden von Heinrich Schütz ausgebildet. Er war darauf Mitglied der Dresdner Hofkapelle und erhielt die Konzertmeisterstelle an der in Zeitz neu errichteten Hofkapelle. Nach einigen Jahren wurde er Kapelldirektor. Er starb in Zeitz am 27. 3. 1668.

WERKE

Von dem deutschen Komponisten Clemens Thieme, der über 150 Werke verfaßt hatte, sind nur 5 Sonaten und eine Suite für Instrumente, 8 Psalmkonzerte und 4 Messen erhalten. Der Einfluß von Heinrich Schütz ist dabei sehr deutlich merkbar.

LITERATUR

A. Werner, Städtische und fürstliche Musikpflege in Zeitz, Leipzig 1922.

Johannes Paul Thilman (1906–73)

LEBEN

Johannes Paul Thilman wurde am 11.1.1906 in Dresden geboren. Er war Schüler von Paul Hindemith, Hermann Grabner und Hermann Scherchen und wirkte anschließend als Professor an der Hochschule für Musik in Dresden bis zu seinem Tod am 29.1.1973.

WERKE

Einen Teil seiner Werke schrieb Johannes Paul Thilman in dodekaphonischer Technik, die meisten jedoch in erweiterter Tonalität oder freitonal. Er schrieb 8 Sinfonien, 3 Sinfoniettas, 2 Variationen, »Sinfonische Inventionen« und eine Anzahl weiterer Orchesterstücke, ein Violinkonzert, ein Baßklarinettenkonzert, ein Cembalokonzert, ein Klavierkonzert, ein Konzert für zwei Klaviere, ein Englischhornkonzert, »Epigramme« für Flöte, Klavier, Violine, Bratsche, Kontrabaß und Schlagzeug, »Elegie« für Streichquintett, 2 Streichquartette, ein Konzert für Posaune, Pauke und Klavier, für Flöte, Baßklarinette und Klavier, für Flöte, Bratsche und Harfe, Duos mit Klavier für Violine, für Kontrabaß.

für Altflöte, für Englischhorn, Etüden und Praeludien für Klavier, einen Liederzyklus für Alt, Flöte, Oboe, Fagott, Streichquartett, Klavier, Schlagzeug und Vibraphon und mehrere Kantaten. Er verfaßte mehrere musiktheoretische Traktate.

Louis Thirion (1879–1966)

LEBEN
Louis Thirion wurde am 13.2.1879 in Baccarat, Meurthe-et-Moselle, geboren. Er studierte am Konservatorium in Nancy unter Guy Ropartz und wirkte dort als Professor für Orgel und Klavier von 1898 bis 1949. Er starb am 4.7. 1966 in Nancy.

WERKE
Von Louis Thirion sind 2 Sinfonien, ein Streichquartett, ein Klaviertrio, eine Cellosonate mit Klavier, eine Violinsonate mit Klavier und mehrere Klavierstücke bekannt geworden. Er bewegte sich noch im Rahmen der Spätromantik.

John Wade Thirlwall (1809–75)

ZEIT UND UMWELT
Die nördlichste englische Grafschaft Northumberland, auf dem Areal des ehemaligen angelsächsischen Königreichs Northumbria, bewahrt in ihrem reichen Schatz an Volksdichtung und Volksmusik piktische, schottische, britische, angelsächsische und normannische Elemente in interessanter Kombination. George, fünfter Herzog von Northumberland (1778–1867), ließ das gesamte Volksmusikgut der Grafschaft sammeln und bewahrte es davor, vergessen zu werden.

LEBEN
John Wade Thirlwall wurde am 11.1.1809 in Shilbottle, Northumberland, geboren. Er trat bereits mit 8 Jahren im Theater von Newcastle auf und brachte es zum Musikdirektor des Theaters in Durham, von wo aus er den Auftrag des Herzogs von Northumberland, die Volksmusik der Grafschaft zu sammeln, durchführte. Anschließend siedelte er nach London über; dort wirkte er nacheinander als Musikdirektor am Drury Lane Theatre, am Haymarket Theatre, am Olympic Theatre und am Adelphi Theatre. Von 1864 bis zu seinem Tod am 15.6.1875 dirigierte er die Ballettmusik der Italienischen Oper.

WERKE
Von John Wade Thirlwall sind mehrere Violinsoli und Instrumentaltrios, weiters viele Lieder bekannt geworden. Er komponierte die Musik zu einem »Balladenbuch«, aus dem »Die sonnigen Tage der Kindheit« sehr populär geworden ist. Er war auch als Kritiker tätig und veröffentlichte einen Gedichtband.

Ambroise Thomas (1811–96)

ZEIT UND UMWELT
Die Revolution und der Sieg des Bürgertums im Jahr 1830 hatten in Paris nur eine geringe Umschichtung der bei Hof und Regierung besonders protegierten Künstler gebracht; im großen und ganzen wurde das Kultur-, Musik- und besonders das Theaterleben nicht berührt. Daher blieb auch die Opéra nach dem Thronwechsel von François Auber, Fromental Halévy, Giacomo Meyerbeer, Gaetano Donizetti und Gioacchino Rossini blockiert, so daß nachkommende Meister schwer Eingang fanden und ihre Kompositionen an der Opéra Comique herausbringen mußten. Anderseits nahte bereits die Zeit, in der die Vormachtstellung der französischen Großen Oper zu Ende ging, und die lyrische Oper in der Gunst des Publikums stieg, so daß die jüngeren Meister nach einiger Wartefrist dann dennoch zum Zuge kamen.

LEBEN
Charles Louis Ambroise Thomas wurde am 5.8.1811 in Metz geboren. Er trat 1828 in das Pariser Conservatoire ein, wo er Schüler von Friedrich Kalkbrenner, Victor Dourlen, Pierre Zimmermann und Jean-François Lesueur war, und erhielt den Rompreis. Nach einem dreijährigen Italienaufenthalt kehrte er nach Paris zurück und begann Opern zu kom-

ponieren, deren Erfolge sich lange Zeit in mäßigen Grenzen hielten. Der Durchbruch gelang ihm erst mit den Opern »Mignon« und »Hamlet«. Ab 1871 wirkte er als Direktor des Conservatoire als hartnäckiger Verteidiger der Romantik gegen jede Weiterentwicklung der Musik bis zu seinem Tod am 12.2.1896.

WERKE
Von den 19 Opern von Ambroise Thomas waren einige sehr erfolgreich, weil ihr lyrischer Charakter dem im Verlauf der Zeit aufkommenden Publikumsgeschmack entsprach, besonders »Hamlet« und vor allem »Mignon« mit mehr als 1000 Aufführungen, die noch heute allenthalben gespielt wird. Sein sonstiges kompositorisches Werk - ein Ballett, 2 Kantaten, ein Requiem, ein Streichquintett, ein Streichquartett, ein Klaviertrio, ein Marsch, mehrere Motetten, 6 neapolitanische Kanzonen und einige klangvolle Männerquartette - ist nahezu vergessen, wenngleich es sich um typische Stücke der französischen Hochromantik handelt.

LITERATUR
H. de Curzon, Ambroise Thomas, Paris 1921.

Christian Gottfried Thomas
(1748–1806)

ZEIT UND UMWELT
Die privat veranstalteten Konzerte wurden im 18. Jahrhundert nicht von einem festen Ensemble bestritten, die Unternehmer engagierten die Musiker einzeln. Die Entlohnung erfolgte oft nach dem Eingang der Eintrittsgelder. Daß das Zusammenspiel der aus allen Ecken zusammengetrommelten Musiker nicht immer das beste sein konnte, liegt auf der Hand. Da die Proben in vielen Fällen unbezahlt waren, dürfte man nicht viele abgehalten haben.

LEBEN
Christian Gottfried Thomas (Thomasius) wurde am 2. 2. 1748 in Wehrsdorf bei Bautzen geboren. Er studierte ab 1770 in Leipzig Jura, ging aber bald zur Musik über, wurde darauf 1779 erster Waldhornist am Großen Konzert und später in den Gewandhauskonzerten. Ab 1789 veranstaltete er auf eigene Faust Chor-und Orchesterkonzerte in Leipzig und vielen anderen Städten. Er starb am 12. 9. 1806 in Leipzig.

WERKE
Vom kompositorischen Werk von Christian Gottfried Thomas sind seine zahlreichen Chorwerke bemerkenswert, darunter besonders ein dreichöriges Gloria, eine Kantate »Zur Feyer der Auferstehung des Erlösers« und eine weitere zu Ehren Kaiser Josephs II. Sie sind alle auf äußerste Wirksamkeit angelegt und sehr klangreich. Er war auch als Musikschriftsteller tätig.

Thomas d'Urfey (1653–1723)

ZEIT UND UMWELT
Gegen Ende des 17. Jahrhunderts waren in London schon mehrere Theater in Betrieb, so daß der Bedarf an Stücken anstieg. Das teilweise zum Puritanismus neigende Publikum duldete und besuchte die Vorstellungen, wenn diese nicht an Sonntagen stattfanden. Es hatte auch nichts gegen reichliche Bühnenmusik, nur die Oper wurde als »päpstisch« abgelehnt, weil ihr Ursprung in Italien lag. Oft wurden auch derbe Obszönitäten auf den Schauspielbühnen geduldet.

LEBEN
Thomas d'Urfey wurde 1653 in Exeter geboren. Er sollte Jurist werden, wandte sich aber bald der Dichtkunst und der Musik zu und lebte in London als Theaterdichter und Komponist bis zu seinem Tod am 26. 2. 1723.

WERKE
Der englische Bühnendichter und Komponist Thomas d'Urfey schrieb ungefähr 30 Bühnenstücke, von denen einzelne wegen ihrer Obszönitäten verboten wurden. Er komponierte eine Anzahl Bühnenmusiken selbst. Die Lieder daraus – auch von verbotenen Stücken – veröffentlichte er gesondert und hatte damit großen Erfolg. König Wil-

helm III. und Königin Anne fanden, vermutlich wegen der Texte, großen Gefallen daran. Er brachte einige Liedsammlungen heraus, deren Musik zum Teil von ihm stammte.

John Thomas (1826–1913)

ZEIT UND UMWELT
Das Eisteddfod in Wales wurde in verschiedenen Orten des Landes als Festspiel, aber vor allem als Wettbewerb der Dichter, Sänger und Harfenisten veranstaltet. Prämiiert wurde der Vortrag alter walisischer Volksmusik oder zeitgenössischer Dichtung und Komposition.

LEBEN
John Thomas wurde am 1. 3. 1826 in Ogmore, Glamorgan, Wales, geboren. Er war frühbegabt und gewann schon mit 11 Jahren bei einem Eisteddfod die Silberne Harfe. Als Schüler von Cipriani Potter an der Royal Academy of Music wurde er dort nach 8 Jahren Harfenlehrer. Er ging sodann nach Frankreich, Deutschland, Rußland, Österreich und Italien auf Konzertreisen. Im Jahr 1871 wurde er zum Dirigenten der Welsh Choral Union bestellt. Er wurde in zahlreiche musikalische Vereinigungen aufgenommen, nahm nahezu an jedem Eisteddfod als Kompetent oder als Preisrichter teil und starb am 19. 3. 1913 in London.
Sein Bruder Ap Thomas (1829, Ogmore, bis Mai 1913, Ottawa) war ebenfalls ein bedeutender Harfenist und Vertreter walisischer Musik. Er reiste als Virtuose in Europa und ging 1895 in die USA.

WERKE
Von John Thomas sind eine Sinfonie, mehrere Ouvertüren, 3 Harfenkonzerte, Quartette, 2 Kantaten und zahlreiche Harfenstücke überliefert. Er schrieb auch 2 Opern.
Von Ap Thomas ist neben vielen Stücken für Harfe die Kantate »Der Weg des Pilgers« bekannt geworden.

John Rogers Thomas (1829–96)

ZEIT UND UMWELT
Der Bassist Arthur Edward Shelden Seguin (7. 4. 1809, London, bis 9. 12. 1852, New York), der in London ab 1828 als Konzert- und Opernsänger sehr geschätzt war, wanderte 1838 mit seiner Frau, der Sopranistin Childe Seguin (1814, London, bis August 1888, New York), nach den USA aus und bildete mit ihr nach mehreren erfolgreichen Auftritten »The Seguin Troupe«, die in verschiedenen Städten der USA und in Kanada Opern und Operetten aufführte. Nach seinem Tod verblieb seine Frau als gefeierte Opernsängerin in New York.

LEBEN
John Rogers Thomas wurde 1829 in Wales geboren. Er kam 1849 nach New York, schloß sich der Seguin-Truppe als Sänger an und lebte nach Seguins Tod als Sänger, Gesanglehrer und Komponist in New York, wo er 1896 starb.

WERKE
Von John Rogers Thomas sind neben seiner erfolgreichen Operette für die Seguin-Truppe zahlreiche sehr populäre Lieder bekannt geworden. Er schrieb auch Kirchenmusik, die jedoch nicht überliefert ist. Sie soll sehr dem Volkston angenähert gewesen sein.

John Thomson (1805–41)

ZEIT UND UMWELT
General John Reid (13. 3. 1721, Edinburgh, bis 6. 2. 1807, London) stiftete testamentarisch eine Professur für Musik an der Universität Edinburgh (Reid-Professur) und ordnete an, daß jährlich an seinem Geburtstag ein Konzert (Reid-Concert) veranstaltet werde.

LEBEN
John Thomson wurde am 28. 10. 1805 in Edman, Kelso, geboren. Er studierte in Leipzig, war dort Schüler von Xaver Schnyder von Wartensee und machte die Bekanntschaft von Robert Schumann, Ignaz Moscheles und ande-

ren Musikern der Zeit; mit Felix Mendelssohn-Bartholdy, dem er bereits in Schottland begegnet war, konnte er die Bekanntschaft erneuern. Im Jahr 1839 wurde er zum ersten Reid-Professor an der Universität Edinburgh ernannt, im Februar 1841 dirigierte er das erste Reid-Concert. Seine vielversprechende Laufbahn wurde durch den frühen Tod am 6.5. 1841 in Edinburgh beendet.

WERKE
Von John Thomson sind 3 Opern mit vielen Reprisen aufgeführt worden. Außerdem sind von ihm mehrere Gesänge, die als sehr geistreich und originell bezeichnet wurden, erhalten.

Virgil Thomson (geboren 1896)

LEBEN
Virgil Garnett Thomson wurde am 25.11.1896 in Kansas City, Mo., geboren. Er studierte an der Harvard University in Cambridge, Mass., und bei Nadia Boulanger in Paris, wo er bis 1940 lebte und mit maßgebenden Intellektuellen- und Künstlerkreisen wie die Gruppe der »Six« in Verbindung kam; er war mit Pablo Ruiz Picasso, Jean Cocteau und Erik Satie befreundet. Er propagierte bei den zeitgenössischen amerikanischen Komponisten mit Nachdruck die Notwendigkeit, bei Nadia Boulanger Unterricht zu nehmen, und hat dadurch, abgesehen von seinem eigenen kompositorischen Schaffen, erheblichen Anteil an der Bildung des amerikanischen Musikstils des 20. Jahrhunderts. In New York, wo er sich niederließ, lebt er nahezu ausschließlich seinem Schaffen.

WERKE
Neben 3 Opern, 3 Balletten und einiger Filmmusik schrieb Virgil Thomson für Orchester »Drei Landschaften – Die Seine bei Nacht, Weizenfeld im Mondlicht, Seestück mit Vögeln«, ein Konzert für Flöte, Harfe, Streicher und Schlagzeug, weiters 2 Streichquartette, eine Kirchensonate für Klarinette, Trompete, Harfe und Posaune, eine Sonate für Violine und Klavier, eine Serenade für Flöte und Violine und eine für Flöte solo, 2 Sammlungen Klavieretüden, eine Etüde für Akkordeon, ein Pange lingua für Orgel, zahlreiche Klavierstücke, Bühnen- und Filmmusik, 3 Messen, ein berühmtes Requiem und Lieder. Er gehört zu den bedeutendsten Initiatoren und Repräsentanten der modernen amerikanischen Musik.

Edward Thorne (1834–1916)

ZEIT UND UMWELT
Gegen Ende des 19. Jahrhunderts kam es auch in England zu häufigen Aufführungen der Kirchenmusik, vor allem der Oratorien von Johann Sebastian Bach, wenn auch Georg Friedrich Händel und Felix Mendelssohn-Bartholdy Favoriten blieben. Interessant ist, daß diese Aufführungen vielfach von Kirchenmusikern veranstaltet wurden, während die beiden anderen Meister den großen Konzertvereinigungen überlassen blieben. Die Vertreter der Kirchenmusik dürften Bachs Werke vorgezogen haben, weil von dieser Seite keine Profanierung ihres Bereichs zu befürchten war.

LEBEN
Edward H. Thorne wurde am 9.5.1834 in Cranbourne, Dorsetshire, geboren. Er wurde an der St. George's Chapel in Windsor von George Elvey ausgebildet. Im Jahr 1853 wurde er Organist an der Pfarrkirche in Henley-on-Thames und 1863 an der Kathedrale in Chichester. Er ging sodann nach London, wo er an mehreren Kirchen als Organist wirkte und gleichzeitig Klavierunterricht gab. An St. Anne's führte er häufig Werke von Bach auf, vor allem dessen Passionen und das Weihnachtsoratorium. Er starb am 26.12.1916 in London.

WERKE
Von Edward Thorne sind mehrere Services, darunter ein Magnificat und ein Nunc dimittis für Soli, Chor und Orchester, eine Vertonung des 125. Psalms, ein Festmarsch, eine »Toccata und Fuge«, ein Trauermarsch, 2 Ouvertüren und 6 Bücher mit Voluntaries für die Orgel, ferner eine Vertonung des 47. Psalms für Frau-

enstimmen, einige Lieder und Quartette und Klavierstücke erschienen. Mehrere Klaviertrios, Sonaten für Klarinette und Cello, eine Vertonung des 57. Psalms für Tenor, Chor und Orchester sind Manuskript geblieben. Sein Stil ist der späten Romantik zuzurechnen.

Waldemar Thrane (1790–1828)

Zeit und Umwelt
Bis 1814 war Norwegen eine dänische Provinz. Sein politisches, ökonomisches und kulturelles Leben vollzog sich unter der Herrschaft der Dänen, deren Sprache zur norwegischen Reichssprache (Rigsmål) wurde, während das Norwegische, das dem Isländischen sehr nahe steht, zum Dialekt der unteren Volksschichten (Landsmål) herabsank und erst in unserem Jahrhundert zu neuen Ehren gelangte. In der Zeit der Personalunion mit Schweden bis 1905 gab es zwar auch genügend Schwierigkeiten, doch zumindest Freiheitsraum genug, damit sich eine eigenständige Literatur und Musik entwickeln konnten.

Leben
Waldemar Thrane wurde am 8.10.1790 in Drammen, Buskerud, geboren. Er war Schüler von Claus Schall (1757–1835), François de Sales Baillot, François Antoine Habeneck und Antonín Rejcha. Im Jahr 1817 wurde er Leiter des Musikalischen Lyceums in Kristiania (Oslo) und zugleich Dirigent der Konzerte der Musikalischen Gesellschaft und des Theaters. Er starb am 30.12.1828 in Kristiania.

Werke
Das erste norwegische Singspiel »Fjeldeventyret« (Bergsage) stammte von Waldemar Thrane. Er schrieb neben einem weiteren Singspiel und einer Szenenmusik Orchester- und Klavierstücke, die den Einfluß seiner Lehrer erkennen ließen. Mit ihm begann praktisch die eigenständige norwegische Musikentwicklung.

Literatur
F. Benestad, Waldemar Thrane, en pionér i norsk musikliv, Oslo 1961.

Ludwig Thuille (1861–1907)

Leben
Ludwig Wilhelm Andreas Maria Thuille wurde am 30.11.1861 in Bozen geboren. Er studierte von 1877 bis 1879 beim Vokalkomponisten Joseph Pembaur dem Älteren (23.5.1848, Innsbruck, bis 19.2.1923, Innsbruck) und darauf in München bei Joseph Rheinberger und bei dem Pianisten Karl Bärmann (1839–1913). Von 1883 bis zu seinem Tod am 5.2.1907 wirkte er als Klavier-, Harmonie- und Kompositionslehrer an der Königlichen Musikschule in München.

Werke
Die von Alexander Ritter (1833–96) gegründete Tafelrunde in München, der Ludwig Thuille angehörte, pflegte zwar den »neudeutschen Stil« im Sinne von Franz Liszt, wandte sich jedoch von der zur Formelhaftigkeit erstarrten Konvention der Wortbedeutung bestimmter musikalischer Wendungen und Färbungen der Programmusiker ab und leitete so zur Münchner Schule der »Neu- oder Spätromantiker« über. Durch Unterricht und kompositorisches Schaffen wurde Thuille zu einem der Begründer dieser Stilrichtung, die bis in die Mitte des 20. Jahrhunderts einen breiten Teil der Konzertprogramme einnahm. Er schrieb 3 Opern, eine Sinfonie in F-Dur, eine »Romantische Ouvertüre«, ein Sextett für Klavier und Bläser, ein Klavierquintett, 2 Violinsonaten, eine Cellosonate, eine Orgelsonate, Männer- und Frauenchöre, darunter die vierstimmige »Traumsommernacht« mit Violine und Harfe, ungefähr 40 Lieder und zahlreiche Klavierstücke.

Literatur
F. Munter, Ludwig Thuile, München 1923.

Giuseppe Luigi Tibaldi
(1729 bis nach 1790)

Zeit und Umwelt
In der zweiten Hälfte des 18. Jahrhunderts wurden Nachfrage und Angebot von Kastratensängern bei den Opernhäusern seltener.

Die Opernkomponisten schrieben immer mehr für normale Stimmen. Da Frauen auf allen Bühnen auftreten durften, bestand keine Notwendigkeit mehr, sie durch Kastraten zu ersetzen.

LEBEN
Giuseppe Luigi Tibaldi wurde am 22. 1. 1729 in Bologna geboren. Er studierte bei Padre Martini und wurde Kapellmeister an San Giovanni, wandte sich sodann dem Operngesang zu und trat zum ersten Mal als Tenor in Pavia auf. Im Jahr 1767 sang er bei der Premiere der »Alceste« von Christoph Willibald Gluck in Wien. Er starb vermutlich in Bologna nach 1790.

WERKE
Von Giuseppe Luigi Tibaldi sind einige kirchenmusikalische Werke – Motetten und eine Missa brevis –, außerdem unter dem Titel »Duetti notturni« (Nächtliche Duette) 16 Duette für zwei Singstimmen und Generalbaß, deren Bezeichnung zum ersten Mal den Gattungsbegriff der »Nocturne« einführte, und 2 Canzonetten für Solostimme erhalten. Sein Stil ist sehr konservativ.

Giuliano Tiburtino (um 1510–69)

ZEIT UND UMWELT
Die Stadt Tivoli an den Hügeln der Sabinerberge trug durch ihre Fülle an ausgegrabenen Relikten aus der klassischen Zeit viel zur Geschmacksbildung der Renaissance bei. Die Reste der Hadrianvilla, die Tempel und alles andere, das zutage gebracht wurde, gewährten einen tiefen Einblick in das Wesen der Antike.

LEBEN
Giuliano Tiburtino (da Tievoli) hieß eigentlich Buonaugurio. Er wurde um 1510 in Tivoli geboren. Der berühmte Gambenvirtuose und schöpferische Komponist scheint den Großteil seines Lebens in seiner Vaterstadt verbracht zu haben, in der er am 16. 12. 1569 starb.

WERKE
Es sind zahlreiche Messen, Motetten und Madrigale von Giuliano Tiburtino erhalten, außerdem 13 Ricercari, die gesungen und mit beliebigen Instrumenten gespielt werden können. Der Stil dieser Kompositionen ist venezianisch. Interessant sind die Ricercari, die der Instrumentalmusik eine wichtige Rolle zuweisen; die Einzelbesetzung blieb dabei noch den Ausführenden überlassen.

LITERATUR
G. Radiciotti, L'arte musicale in Tivoli, Tivoli 1907.

Heinz Tiessen (1887–1971)

LEBEN
Richard Gustav Heinz Tiessen wurde am 10.4.1887 in Königsberg (Kaliningrad) geboren. Er studierte in Berlin an der Universität und am Sternschen Konservatorium. Ab 1911 wirkte er als Musikkritiker, ab 1918 als Theaterkapellmeister, von 1920 bis 1922 als Dirigent des Akademischen Orchesters und sodann des Arbeiterchors. Seine Kompositionen waren zu Zeiten der Diktatur unerwünscht. Von 1946 bis 1955 unterrichtete er an der Berliner Musikhochschule. Von 1922 bis 1933 war er Vorstandsmitglied der Deutschen Sektion der Internationalen Gesellschaft für Neue Musik. Er starb am 29.11.1971 in Berlin.

WERKE
Wenn auch Richard Strauss den künstlerischen Ausgangspunkt für Heinz Tiessen bildete, so wandte sich dieser bald dem Expressionismus und der Dodekaphonik zu, um schließlich seinen eigenen, sehr freien Stil zu finden. Er verfaßte ein »Tanzdrama« und mehrere Schauspielmusiken, 2 Sinfonien, ein Rondo, eine Suite, ein Vorspiel und einige weitere Orchesterstücke, eine »Musik für Streichorchester«, eine »Totentanz-Suite« für kleines Orchester, ein Septett für Flöte, Horn, Klarinette und Streichquartett, »Konzertante Variationen« für Klavier und Orchester, ein Streichquintett, ein Divertimento für fünf Bläser, ein Duo für Violine und Klavier, eine

»Kleine Suite« für zwei Violinen, verschiedene Klavier- und Orgelstücke, Klavierlieder und Chorwerke. Er veröffentlichte mehrere theoretische Werke.

Armen Tigranjan (1879–1950)

LEBEN
Armen Tigranowitsch Tigranjan wurde am 14. 12. 1879 in Aleksandropol (heute Leninakan) geboren. Er studierte von 1898 bis 1902 in Tbilisi unter Nikolai Semjonowitsch Klenowski und gründete darauf in seinem Geburtsort einen armenischen Nationalchor. Ab 1913 war er als Dirigent, Musiklehrer und Kritiker in Tbilisi tätig, wo er am 10. 2. 1950 starb.

WERKE
Außer mehreren Opern, von denen »Anusch« 1912 als erste armenische Oper aufgeführt wurde, schrieb Armen Tigranjan eine Tanzsuite für Orchester, eine Kantate »Fünfzehn Jahre Sowjet-Armenien« für Chor und Orchester, Bühnenmusik, Chöre und Lieder. Er zählt zu den Begründern der modernen armenischen Musik.

LITERATUR
R. Atanjan und M. Muradjan, Armen Tigranjan, Moskau 1966.

Orazio Tigrini (um 1535–91)

ZEIT UND UMWELT
Die vielen architektonischen Juwelen, die Prachtwerke der Maler und Bildhauer und Namen wie Guido von Arezzo, Francesco Petrarca, Giorgio Vasari (1511–74) und Pietro Aretino (1492–1556) formten das kulturelle Bild der Stadt Arezzo, die immer wieder neue Kulturträger hervorbrachte.

LEBEN
Orazio Tigrini ist um 1535 in Arezzo geboren. Ungefähr ab 1560 war er Singmeister an Santa Maria della Pieve und ab 1562 in gleicher Eigenschaft am Dom von Arezzo, wo er bis 1571 mit Unterbrechungen auch als Kapellmeister wirkte. In den Jahren 1571 bis 1587 war er Domkapellmeister in Orvieto, dann übernahm er die gleiche Stellung erneut am Dom von Arezzo und behielt sie bis zu seinem Tod am 15. 10. 1591.

WERKE
Der italienische Komponist und Musiktheoretiker Orazio Tigrini brachte ein Buch mit Madrigalen für vier und 2 Bücher mit Madrigalen für sechs Stimmen heraus, außerdem etliche Psalmenvertonungen. Weitere Publikationen sind verschollen.

LITERATUR
F. Coragini, La cappella musicale del duomo di Arezzo dal secolo XV a tutto il secolo XIX, in: Note d'archivio per storia musicale XIV, 1937 – XV, 1938 und XVIII, 1941.

Jewgeni Tikoski (1893–1970)

LEBEN
Jewgeni Karlowitsch Tikoski wurde am 13. 12. 1893 in St. Petersburg geboren, wo er Klavier und Komposition studierte. Anschließend wirkte er als künstlerischer Leiter der Weißrussischen Philharmonie bis 1957 in Minsk, wo er am 24. 11. 1970 starb.

WERKE
Außer 3 Opern auf weißrussische Texte schrieb Jewgeni Tikoski 6 Sinfonien, eine Orchesterouvertüre, ein Klavierkonzert, ein Posaunenkonzert, ein Klaviertrio, mehrere Vokalwerke und Bearbeitungen weißrussischer Volkslieder.

LITERATUR
I. Gussin, Jewgeni Karlowitsch Tikoski, 1965.

Henry Christian Timm (1811–92)

LEBEN
Henry Christian Timm wurde 1811 in Hamburg geboren. Er kam als ausgebildeter Pianist nach New York, gab Klavierkonzerte, wirkte

als Organist und Kammermusiker und als Lehrer. Von 1847 bis 1864 war er Präsident der Philharmonic Society in New York, wo er 1892 starb.

Werke

Von Henry Christian Timm sind eine Große Messe, mehrere Transkriptionen für zwei Klaviere und mehrstimmige Lieder überliefert. An der Entwicklung des Musiklebens in New York nahm er maßgebenden Anteil.

Johannes Tinctoris (um 1435–1511)

Zeit und Umwelt

Der »Musiker-Export« nach Italien hatte bereits mit Ciconia eingesetzt. Nach ihm brachen nur einzelne auf, um an einem der vielen Fürstenhöfe oder an der römischen Cappella zu wirken. Immer mehr Künstler aus dem franko-flämischen Raum folgten ab Mitte des 15. Jahrhunderts einer Einladung in das Land, in dem einem großen Bedarf an Musikern eine relativ kleine Anzahl einheimischer Meister entgegenstand.

Leben

Johannes Tinctoris wurde um 1435 zu Nivelles (Brabant) geboren. Er studierte die freien Künste und Rechtswissenschaften an einer Universität, die allerdings bisher nicht festgestellt werden konnte. Danach war er an der Kathedrale von Chartres als Knabenkapellmeister (Magister) tätig. Noch vorher (1460) dürfte er sich an der Kathedrale von Cambrai aufgehalten und unter Dufay gesungen haben. Schon mit 35 Jahren genoß er bei den Zeitgenossen großes Ansehen; Compère zählt ihn zu den besten Musikern seiner Zeit. Zwischen 1471 und 1474 trat er als Kapellmeister in Neapel in den Dienst Ferdinands I. (1432–94) und wirkte als Musikerzieher der Prinzessin Beatrix, der späteren Königin von Ungarn und Gemahlin des Königs Matthias Corvinus (1440–90). Tinctoris ist in Neapel verblieben und vermutlich dort 1511 gestorben.

Werke

Man hält Tinctoris mit Recht für einen der bedeutendsten Musikschriftsteller und Musiklehrer seiner Zeit. Seine 12 musikwissenschaftlichen Traktate waren für Zeitgenossen und spätere Zeiten richtunggebend. Von seinen Kompositionen sind 4 Messen (eine davon auf L'homme armé), 2 Motetten, einige Lamentationen, 7 französische Chansons und ein Stück in italienischer Sprache erhalten. In seine theoretischen Abhandlungen sind ungefähr 10 Beispiele eingestreut, von denen einige dem Autor zugeschrieben werden können.
Sein Stil folgt den Anforderungen, die er selbst an eine gute Komposition stellte: Suavitas (Süße) und Varietas (Vielgestaltigkeit).

Literatur

Ch. van den Borren, Johannes Tinctoris, Revue belge de Musicologie XXI, 1967.

Sebestyén Tinódi (1505–56)

Zeit und Umwelt

Nachdem König Ludwig II. 1526 gestorben war, entbrannte der Kampf um Ungarn, in dem Zápolya von der Hohen Pforte unterstützt wurde. Im Jahre 1538 wurde das Land geteilt. Ferdinand I. erhielt Westungarn und Kroatien, Zápolya die restlichen Gebiete. Nach Zápolyas Tod fiel dessen Herrschaftsgebiet nicht, wie es vertraglich zugesichert war, an den Habsburger, das Erbe wurde Zápolyas Sohn János Zsigmond (1540–71) übertragen. Ferdinand I. belagerte Buda, Sultan Suleiman besetzte als Protektor János Zsigmonds die ungarische Hauptstadt (1541) und in der Folge ganz Zentralungarn. Einigermaßen erträgliche Lebensumstände gab es von da an nur im Westungarn der Habsburger und im Fürstentum Siebenbürgen, das die Türken unangetastet ließen.

Leben

Sebestyén Tinódi (Lantos de Tinódi) wurde 1505 in Baranya (Südungarn) geboren. Über das Leben dieses ungarischen Dichters und Lautenisten ist nur bekannt, daß er 1554 in

Klausenburg (Cluj), damals Siebenbürgen, seine »Cronica« veröffentlichte und Ende Januar 1556 in Sárvár (Westungarn) gestorben ist.

WERKE
Tinódi ist der bedeutendste Dichter-Chronist des 16. Jahrhunderts. Er schuf die Melodien zu seinen »Historien«, die er zur Laute vortrug, selbst. Seine Cronica enthält 23 Melodien. Sie gehören zu den frühesten Denkmälern ungarischer eigenständiger Kunstmusik.

LITERATUR
B. Szabolcsi, Geschichte der ungarischen Musik, Budapest 1964.

Michael Tippett (geboren 1905)

LEBEN
Michael Kemp Tippett wurde am 2.1.1905 in London geboren. Er studierte bei Charles Wood, Adrian Boult (8.4.1889, Chester, bis 22.2.1983, London), Reginald Owen Morris und Malcolm Sargent (29.4.1895, Ashford, Kent, bis 3.10.1967, London). Nach kurzer Tätigkeit als Chorleiter wirkte er von 1940 bis 1951 als Musikdirektor des Morley College in London. Von 1969 bis 1974 leitete er das Bath Festival.

Michael Tippett

WERKE
Neben 4 Opern schrieb Michael Tippett das Oratorium »Ein Kind unserer Zeit«, das seinen Weltruhm begründete. Er schrieb außerdem 4 Sinfonien, ein Orchesterkonzert, eine Suite, ein Konzert für zwei Streichorchester, eine »Kleine Musik« und eine konzertante Fantasie für Streichorchester, ein Divertimento für Kammerorchester, 2 Klavierkonzerte, 3 Fanfaren für Blechbläser, ein Praeludium für Blechbläser, Glocken und Schlagzeug, eine Sonate für vier Hörner, 4 Streichquartette, Praeludium, Rezitativ und Arie für Flöte, Oboe und Klavier, 4 Inventionen für zwei Blockflöten, 3 Klaviersonaten, Orgelstücke, mehrere Kantaten, Chöre, Musik für Sprechstimmen und Kammerensemble, Lieder und Liederzyklen mit verschiedener Begleitung, Motetten, Madrigale. Er ist auch als Musikschriftsteller tätig.

Johann Nicolaus Tischer (1707–74)

ZEIT UND UMWELT
Der Behauptung, Name und Werk von Johann Sebastian Bach seien bald nach seinem Tod in Vergessenheit geraten und erst in der Mitte des 19. Jahrhunderts wieder hervorgeholt worden, kann nicht oft genug widersprochen werden, weil sie immer wieder auftaucht. Der Thomaskantor hinterließ Nachfahren, die zwar seinen Stil nicht fortsetzten, aber nie verleugneten. Ein Teil seiner Werke kam durch verschiedene Abschriften in die Hände späterer Musiker, die sie studierten und schätzten; über das deutsche Sprachgebiet verstreut wirkte eine beträchtliche Anzahl persönlicher Schüler Bachs, die sein Andenken wiederum an Schüler weiterreichten, so daß es unmöglich eine Zeit gegeben haben kann, in der man von Bach und seinem Werk nichts wußte. Es ist richtig, daß er selten aufgeführt wurde, aber man hat bis weit in das 19. Jahrhundert hinein nur Gegenwartsmusik gespielt und die ältere lediglich studiert.

LEBEN
Johann Nicolaus Tischer wurde 1707 in Böh-

len bei Leipzig geboren. Er war Schüler von Johann Sebastian Bach. Im Jahr 1728 trat er als Oboist in das Garderegiment des Herzogs August Wilhelm von Braunschweig (1715 bis 1781) ein und wirkte sodann von 1731 bis zu seinem Tod am 3. 5. 1774 als Hof- und Stadtorganist in Schmalkalden.

WERKE
Von Johann Nicolaus Tischer sind zahlreiche Suiten, Divertissements, Partiten und Konzerte für Cembalo überliefert. Er schrieb außerdem einige Kirchenmusik, Sinfonien, Ouvertüren, 2 Violinsonaten, Konzerte für verschiedene Instrumente und Bläsermusik. Seine Cembalomusik steht an der Schwelle zur Vorklassik.

Boris Tischtschenko (geboren 1939)

LEBEN
Boris Iwanowitsch Tischtschenko wurde am 23.3.1939 in Leningrad geboren. Er war bis 1962 am Konservatorium seiner Vaterstadt Schüler von Wadim Salmanow und Orest Jewlachow und sodann bis 1965 von Dmitri Schostakowitsch. Er erhielt 1966 beim Prager Frühling den Ersten Preis für sein erstes Cellokonzert. Er lebt als freischaffender Komponist und Musiklehrer in Leningrad.

WERKE
Neben einem Ballett schrieb Boris Tischtschenko 4 Sinfonien, ein Violinkonzert, ein Klavierkonzert, 2 Cellokonzerte, ein Konzert für Cello, Bläser, Schlagzeug und Orgel, 3 Streichquartette, eine Sonate für Violine solo, eine Kantate, Klavierwerke, Lieder, Bühnen- und Filmmusik. Der Komponist versucht, der russischen Stiltradition neues Leben zu verleihen.

Jehan Titelouze (1563–1633)

ZEIT UND UMWELT
Der französische Orgelbau des 16. Jahrhunderts war vom niederländischen angeregt worden, entwickelte sich jedoch rasch selbständig. Es wurden sehr bald mehrmanualige Instrumente mit Pedalen hergestellt, so daß eine Abtrennung der Orgelmusik von den Kompositionen für Tasteninstrumente nötig wurde, denn spezifische Orgelwerke waren auf dem Cembalo oder Clavichord nicht mehr ausführbar.

LEBEN
Jehan Titelouze wurde 1563 in Saint-Omer geboren. Seine Ausbildung zum Organisten genoß er in seinem Geburtsort und in Douai. Ab 1585 wirkte er als Organist in Rouen an Saint-Jean und ab 1588 an der Kathedrale der Stadt. Im Jahre 1604 erhielt er das Bürgerrecht und wurde 1610 Kanonikus in Rouen, wo er am 24. 10. 1633 starb.

WERKE
Der französische Komponist Jehan Titelouze wurde zum Begründer der französischen Orgelmusik. Seine Kompositionen für die Orgel nützen die klanglichen Möglichkeiten dieses Instrumentes gut aus, können aber auf anderen Tasteninstrumenten nur mangelhaft wiedergegeben werden, weil sie ein Pedal erfordern. Mit seinen »Hymnen mit Fugen und Ricercari für die Orgel« war die Trennung von Orgelmusik und Kompositionen für andere Tasteninstrumente vollzogen. Auch sein »Magnificat für Orgel« ist spezifische Orgelmusik. Sein Stil hielt sich noch im Rahmen des 16. Jahrhunderts, bewegte sich jedoch bis an die Grenze zwischen modaler und tonaler Harmonik. Das zeigen auch seine beiden Messen.

Quatre Versets sur »Veni Creator« (Vier Sätze über »Komm Schöpfer«) für Orgel
Diese vier Sätze gehören zu den ältesten voll ausgearbeiteten Orgelpartituren. Die Melodie des gregorianischen Veni Creator erscheint kontrapunktiert nacheinander im Pedal, dann im Sopran und zuletzt im Tenor. Im letzten Satz kommt es zu einer verstärkten Brillanz durch eine Folge von fugierten Entwicklungen ohne Gegenbewegung, in der nacheinander Teile des Veni Creator zwar ständig aufklingen, aber nicht mehr als Cantus firmus verwendet werden.

LITERATUR

W. Elders, Zur Formtechnik in Titelouzes »Hymnes de l'église«, Musikforschung XVIII, 1965.

Aleksei Titow (1769–1827)

ZEIT UND UMWELT

Wenn auch um 1800 besonders der Stil von Wolfgang Amadeus Mozart für die russische Opernkomposition maßgebendes Vorbild war, so mehrten sich dann doch die Ansätze einer nationalen Faktur, die die echte russische Nationaloper eines Michail Glinka ankündigten.

LEBEN

Aleksei Nikolajewitsch Titow wurde am 12. 7. 1769 in St. Petersburg geboren. Er war Generalmajor der Gardekavallerie und Opernkomponist in seinem Geburtsort, in dem er am 8. 11. 1827 starb.
Sein Bruder Sergei Nikolajewitsch Titow (1770, St. Petersburg, bis 1827, St. Petersburg) wirkte ebenfalls als Komponist.

WERKE

Von Aleksei Titow wurden ungefähr 20 Opern aufgeführt, für die Mozart das stilistische Vorbild bildete. Sie weisen aber deutliche Merkmale russischer Volksmusik auf. Er schrieb außerdem Ballette und Melodramen.
Sergei Titow schrieb mehrere Opern und vermutlich das seinem Bruder zugeschriebene Ballett »Der neue Werther«.

Nikolai Titow (1800–75)

ZEIT UND UMWELT

Die Vorliebe für Volkslieder aus fernen Ländern in Mitteleuropa im 19. Jahrhundert umschloß auch Rußland, das damals wie Irland oder Schottland weitab lag. Das fremde Kolorit der Melodik und der Harmonik russischer oder ukrainischer Lieder fanden bald viele Liebhaber.

LEBEN

Nikolai Aleksejewitsch Titow wurde am 28. 4. 1800 in St. Petersburg als Sohn des Aleksei Titow (1769–1827) geboren. Er schlug die militärische Laufbahn ein und betrieb die Musik nebenbei. Erst in seinen späteren Lebensjahren widmete er sich ihr, angeregt durch seine Freundschaft mit Michail Glinka und Aleksandr Dargomischski, der Komposition. Er starb am 10. 12. 1875 in St. Petersburg.

WERKE

Da Nikolai Titow der erste russische Komponist war, dessen Lieder im In- und Ausland eine weite Verbreitung fanden, erhielt er den Titel »Vater des russischen Liedes«. Er schrieb ungefähr 60 Lieder und eine beträchtliche Anzahl leichter Klavierstücke, Tänze und Märsche. Die Liedmelodien sind der Volksmusik abgelauscht.

Wasili Titow (um 1650–1710)

ZEIT UND UMWELT

Simeon Polozki (eigentlich Samuil Jemeljanowitsch Petrowski-Sitnianowitsch, 1629 bis 1680), Theologe, Barockdichter und erster russischer Hofpoet und Erzieher am Zarenhof, verpflanzte die polnisch-ukrainische Versdichtung nach Rußland. Er verfaßte die ersten russischen Gedichtsammlungen. Auf seine panegyrische Dichtung geht die russische Odendichtung des 18. Jahrhunderts zurück.

LEBEN

Wasili Polikarpowitsch Titow wurde um 1650 in Großrußland geboren. Er war Sänger und Kapellmeister am Zarenhof in Moskau bis zu seinem Tod im Jahr 1710.

WERKE

Der russische Komponist Wasili Titow war der erste bedeutende Verfasser mehrstimmiger geistlicher Chorwerke. Er schrieb geistliche Konzerte a cappella, Psalmen und auch Sololieder und setzte die »Psaltir rifmotwornaja« (Reimpsalter) und den »Mesazeslow« (Kirchenkalender) von Simeon Polozki in

Musik. Sein Werk stellte die Weichen für den Entwicklungsgang der russischen Musik.

Gerhard Tittel (geboren 1937)

LEBEN
Gerhard Tittel wurde am 13.5.1937 in Vielau bei Zwickau geboren. Er studierte an der Musikhochschule in Berlin (DDR) bei Günter Kochan (geboren 2.10.1930, Luckau). Ab 1966 wirkt er als Lehrer für Musiktheorie, Kontrapunktik und Gehörbildung an derselben Lehranstalt.

WERKE
Neben 2 Märchenopern schrieb Gerhard Tittel ein Capriccio, eine Sonata und eine Invention für Orchester, eine »Musik« für Streichorchester, eine Skizze für Blasorchester, ein Capriccio für Oboe und Orchester, ein »Adagio und Allegro« für Violine und Kammerorchester, ein Konzert für zwei Streichergruppen, Klavier, Pauken, Schlagzeug und Kontrabaß, ein Doppelkonzert für Violine und Cello, ein Violinkonzert, ein Klavierkonzert, ein Kammerkonzert für Sprecher und Kammerorchester und weitere Kammermusikwerke, außerdem Lieder.

Rudolf Tobias (1873–1918)

LEBEN
Rudolf Tobias wurde am 17.5.1873 in Käona, Estland, geboren. Er studierte ab 1897 am Konservatorium in St. Petersburg bei Nikolai Rimski-Korsakow und war sodann in der russischen Hauptstadt als Organist, Chordirigent, Musiklehrer und Korrepetitor bis 1904 tätig, später in gleicher Eigenschaft bis 1908 in Tartu (Dorpat) und darauf in Leipzig. Ab 1910 war er Lehrer am Sternschen Konservatorium in Berlin, wo er am 29.10.1918 starb.

WERKE
Von Rudolf Tobias sind eine Ouvertüre, ein »Rhapsodisches Capriccio«, eine »Burleske«, ein Konzertstück für Klavier und Orchester, 2 Streichquartette, ein Klaviertrio, Klavier- und Orgelstücke, 2 Oratorien, 2 Kantaten und 2 unvollendete Melodramen mit Orchester auf Texte aus dem estnischen Nationalepos »Kalevipoeg« bekannt geworden.

Ernst Toch (1887–1964)

LEBEN
Ernst Toch wurde am 7.12.1887 in Wien geboren. Er bildete sich autodidaktisch aus und nahm erst von 1909 bis 1912 in Frankfurt am Main bei Willy Rehberg (2.9.1863, Morges, Schweiz, bis 21.4.1937, Mannheim) Klavierunterricht. Er wirkte in Heidelberg und sodann in Berlin als Musiklehrer und Pianist. Im Jahr 1933 mußte er emigrieren und wurde ein Jahr darauf Lehrer in New York und 1936 an der Universität in Los Angeles. Nach einem Europaaufenthalt von 1949 bis 1952 unterrichtete er an verschiedenen Universitäten der USA und starb am 1.10.1964 in Los Angeles, Calif.

WERKE
Von Johannes Brahms ausgehend, drang Ernst Toch bis zu atonalen Fakturen vor; seine Werke zeichneten sich aber immer durch einen außerordentlichen Klangsinn aus; er experimentierte auch mit gesprochener und mit mechanischer Musik. Er schrieb 3 Opern, 4 Sinfonien, ein Scherzo, eine »Phantastische Nachtmusik«, eine »Komödie«, eine »Bunte Suite«, »Big Ben«, 2 Ouvertüren, ein Notturno, ein Orchestermärchen »Peter Pan«, 2 Klavierkonzerte, eine Tanzsuite, 5 Stücke für Kammerorchester, ein Cellokonzert, ein Stück für Blasorchester, ein Klavierquintett, 8 Streichquartette, ein Streichtrio, 2 Serenaden für Streicher, Duos für Streicher, Violin-, Cello- und Klaviersonaten, eine Anzahl kleiner Stücke mit verschiedener Besetzung, darunter die Kammersinfonie »Die Chinesische Flöte« für 14 Soloinstrumente und Sopran, Kantaten und Lieder mit verschiedener Begleitung, Chöre sowie Bühnen- und Filmmusik. Seine bravourösen Burlesken für Klavier »Der Jongleur«, Opus 31, waren zu ihrer Zeit ein Welterfolg.

LITERATUR

L. Weschler, Ernst Toch – 1887–1964, A Biographical Essay, Los Angeles 1974.

Johann Gottlob Töpfer (1791–1870)

ZEIT UND UMWELT

Im Verlauf des 18. und beginnenden 19. Jahrhunderts sank die Orgel, die sich dem neuen Klangideal starr widersetzte, im Zug der allgemeinen Säkularisierung des Musiklebens zu einer gewissen Bedeutungslosigkeit herab. Erst im Zusammenhang mit dem durch die Romantik erweckten Historismus und der daraus folgenden verstärkten Auseinandersetzung mit älterer Musik erwachte das Interesse für das Instrument neuerlich; es erfuhr eine durchgreifende technische Umgestaltung, die eine virtuose orchestrale Spielweise mit polyphon dichten Sätzen und farbenprächtiger Harmonik ermöglicht.

LEBEN

Johann Gottlob Töpfer wurde am 4.12.1791 in Niederroßla, Thüringen, geboren. Er wurde von Franz Seraph von Destouches (1772–1844) und August Eberhard Müller zum Organisten ausgebildet. Er wirkte ab 1817 als Seminarmusiklehrer und ab 1830 als Stadtorganist in Weimar, wo er am 8.6.1870 starb.

WERKE

Durch seine Publikationen über Orgelspiel und besonders über Orgelbaukunst hat sich Johann Gottlob Töpfer in der Geschichte der Orgel einen Ehrenplatz gesichert. Er brachte außerdem ein »Allgemeines und vollständiges Choralbuch mit vierstimmigen Zwischenspielen« heraus, das mehrmals aufgelegt wurde; außerdem ein Konzertstück für Orgel, eine »Große Orgelsonate«, viele einzelne Orgelstücke, Klavierwerke, einige Kammermusik und schließlich seine bekannte Kantate »Die Orgelweihe«. Er hat durch theoretische Abhandlungen und Komposition der Orgel den Weg zur Romantik gewiesen.

Carlo Giuseppe Toeschi (1731–88)

ZEIT UND UMWELT

Die Partiturenarbeit war auch bei den wenigen Komponisten der zweiten Hälfte des 18. Jahrhunderts, die nach Barockmanier eine große Anzahl Werke verfaßten, sehr vereinfacht. Vieles davon macht einen schematischen Eindruck, vieles wiederholt sich, wie es eben bei Massenproduktionen kaum anders sein kann. Das Technische ist zum Teil gut gekonnte Routine und muß den musikalischen Einfall in nicht seltenen Fällen ersetzen.

LEBEN

Carlo Giuseppe Toeschi (eigentlich Toesca della Castella-Monte) wurde am 11. 11. 1731 in Ludwigsburg getauft. Er war Sohn des Violinisten Alessandro Toeschi (um 1690, Romagna, begraben 15. 10. 1758, Mannheim), der von ungefähr 1742 bis zu seinem Tod als Mitglied des Mannheimer Hoforchesters wirkte, und Schüler von Jan Václav Stamic. Im Jahr 1752 wurde er als Violinist in das Mannheimer Hoforchester aufgenommen, erhielt 1774 den Titel eines Kammermusikdirektors und übersiedelte 1778 mit dem Orchester nach München, wo er am 12. 4. 1788 starb. Er war bis 1783 mit seinen Werken viele Male im Concert spirituel in Paris aufgetreten.

Sein Bruder Giovanni Battista Toeschi (getauft am 1. 10. 1735, Ludwigsburg, gestorben 3. 3. 1800, München) war Schüler von Jan Václav Stamic und von Christian Cannabich und nach seiner Ausbildung als Violinist Mitglied des Mannheimer Hoforchesters und ab 1758 Ballettdirektor. Er ging 1778 ebenfalls mit dem Orchester nach München, wo er 1793 zum Hofmusikdirektor ernannt wurde.

Dessen Sohn Carlo Teodoro (7. 4. 1768, Mannheim, bis 10. 10. 1843, München) war von 1780 bis 1799 als Violinist Mitglied des Hoforchesters in München und wurde 1801 zum Hofkomponisten ernannt.

WERKE

Carlo Giuseppe Toeschi hat eine riesige An-

zahl Kompositionen verfaßt: nahezu 70 Sinfonien, zahlreiche Sextette, Quintette, Quartette – zum Teil mit Flöte –, Trios und Violinsonaten sowie mehrere Ballette. Alles wurde im Mannheimer Stil und mit großer Routine gearbeitet.
Giovanni Battista Toeschi hat 6 Triosonaten für zwei Violinen und Generalbaß und Sonaten für Viola d'amore und Generalbaß geschrieben.
Carlo Teodoro Toeschi verfaßte Tänze für die Hofbälle und ein Ballett.

LITERATUR

R. Münster, Mannheimer Musiker, in: Musica XV, 1961.

Camillo Togni (geboren 1922)

LEBEN

Camillo Togni wurde am 18.10.1922 in Gussago, Brescia, geboren. Er war Schüler von Alfredo Casella, Franco Margola und Arturo Benedetti Michelangeli (geboren 5.1.1920, Brescia). Er lebt in Brescia als Pianist und freier Komponist.

WERKE

Von Camillo Togni, der sich früh der Zwölftonmusik zuwandte, sind unter anderem eine konzertante Fantasie für Flöte und Streichorchester, Variationen für Klavier und Orchester, ein Aubade für sechs Instrumente, verschiedene Klavierwerke, eine Flötensonate, ein Recitativo für Elektronische Musik und zahlreiche Chöre und Sologesänge mit Instrumentalbegleitung bekannt geworden. Er ist der italienischen Avantgarde zuzuzählen.

Jean-Baptiste Joseph Tolbecque
(1797–1869)

ZEIT UND UMWELT

Die großzügigen Restitutionen, die den durch die Revolutionsjahre geschädigten Angehörigen des Adels und des Großbürgertums in Frankreich gewährt wurden, hoben die Kapitalskraft der ganzen Klasse. Das drückte sich auch durch eine Unzahl von glänzenden Bällen aus, die wiederum Ballettmeistern, Musikern und auch Komponisten ein ergiebiges Betätigungsfeld boten.

LEBEN

Jean-Baptiste Joseph Tolbecque wurde am 17.4.1797 in Hanzinne, Belgien, geboren. Er war in Paris am Conservatoire Schüler von Rodolphe Kreutzer und Antonín Rejcha und wirkte anschließend als Violinist an der Opéra italienne und später bei den Concerts du Conservatoire. Sein Hauptbetätigungsgebiet war aber die Ballmusik – als Dirigent und Komponist von Tänzen. Er starb am 23.10.1869.
Sein Bruder Isidore Joseph Tolbecque (17.4.1794, Hanzinne, bis 10.5.1871, Vichy) war Violinist in Tanzorchestern.
Beider Neffe Auguste Tolbecque (30.3.1830, Paris, bis 8.3.1919, Niort) war Celloschüler am Conservatoire in Paris, wirkte von 1865 bis 1871 als Cellolehrer am Konservatorium in Marseille und darauf in Paris als Cellist an den Concerts du Conservatoire und als Quartettspieler.

WERKE

Außer einer Oper und einem Ballett schrieb Jean-Baptiste Joseph Tolbecque Walzer, Quadrillen und Galopps für die rauschenden Pariser Bälle, deren Orchester er selbst leitete.
Isidore Joseph Tolbecque komponierte ausgezeichnete Tanzmusik.
Auguste Tolbecque verfaßte Cellostücke mit Orchester oder Kammerensemble, Cellosoli und Duos für Celli, außerdem ein Studienwerk für sein Instrument und Essays über musikalische Fragen.

Thomas Tollet
(um 1640 bis um 1700)

ZEIT UND UMWELT

Mit »Flageolett« wurde vom 16. bis zum 19. Jahrhundert eine kleine Blockflöte mit unterschiedlicher Grifflöcheranzahl bezeichnet. Man verwendete dieses Instrument vorwiegend für Tanz- und Freilichtmusik, es wurde sehr spät von der Piccolo-(Quer-)Flöte abgelöst.

LEBEN
Thomas Tollet wurde um 1640 vermutlich in Dublin geboren und war dort von 1668 bis 1688 Stadtmusiker (Flageolettist). Im Jahr 1689 kam er nach London und trat dort als Komponist hervor. Ob er eine musikalische Stellung innehatte, ist nicht bekannt. Er war vermutlich Flötenlehrer und dürfte um 1700 in London gestorben sein.

WERKE
Der irische Flageolettist und Komponist Thomas Tollet veröffentlichte gemeinsam mit John Lenton »A Consort of Musick in three parte« mit fremden und eigenen Kompositionen und schrieb eine Reihe von Schauspielmusiken, außerdem eine Schule für das Flageolettspiel mit Übungsbeispielen.

Jan Tollius (um 1550 bis um 1603)

ZEIT UND UMWELT
Als Christian IV., König von Dänemark und Norwegen, der seinem Vater als Minderjähriger auf den Thron gefolgt war (1588), im Jahre 1596 die Regierungsgeschäfte selbst in die Hand nehmen konnte, bemühte er sich, Industrie, Bergbau und Handel zu beleben. Er holte niederländische Baumeister in das Land, die neugegründete Städte und Häfen errichteten, und Musiker von überall her für seine Hofkapelle.

LEBEN
Jan Tollius (Joannes) wurde um 1550 in Amersfoort geboren und dort ausgebildet. Vom Sänger an der Liebfrauenkirche seiner Vaterstadt rückte er zum Kapellmeister auf, mußte jedoch die Stelle wegen seines katholischen Bekenntnisses aufgeben. Er ging 1583 nach Italien und wurde Kapellmeister am Dom zu Rieti. Er trat dem Franziskanerorden bei, wurde Kapellmeister in Assisi und kam 1588 nach einem kurzen Aufenthalt in Rom als Tenorsänger an den Dom zu Padua. Im Jahre 1601 wurde er in gleicher Eigenschaft in die Hofkapelle in Kopenhagen aufgenommen, wo er bis zu seinem Tod um 1603 verblieb.

WERKE
Der niederländische Komponist Jan Tollius hat ein Buch mit dreistimmigen Motetten, eines mit dreistimmigen Modulationen, 2 Bücher mit fünfstimmigen Motetten und eines mit sechsstimmigen Madrigalen hinterlassen. Seine Musik steht zwischen Spätrenaissance und Frühbarock und ist für das Studium des Stilwandels sehr interessant. Sie ist außerdem sehr klangschön.

LITERATUR
Fr. Noske, Jan Tollius, Köln 1938.

Jacopo Tomadini (1820–83)

ZEIT UND UMWELT
Um die Mitte des 19. Jahrhunderts setzte auch in Italien ein stärkeres Interesse an der Kirchenmusik ein, deren Aufführung sich allerdings auf die Dome und Kirchen allein beschränkte. Eine Übernahme sakraler Werke durch Konzertsäle war nur denkbar, falls die Kompositionen von Meistern stammten, die sich als Opernkomponisten einen großen Namen gemacht hatten.

LEBEN
Jacopo Tomadini wurde am 24.8.1820 in Cividale del Friuli geboren, wo er die Domkapellmeisterstelle nach längerer Tätigkeit als Museumsdirektor erhielt. Er starb am 21.1. 1883 in Cividale.

WERKE
Von den kirchenmusikalischen Werken Jacopo Tomadinis sind das Oratorium »La risurrezione del Cristo« (Die Auferstehung Christi) für Soli, Chor und Orchester, die Messa ducale für drei gleiche Stimmen und Orchester, das Miserere für zwei Tenöre, Baß, Streicher, Orgel und Pauken besonders bemerkenswert, weil ihnen die Qualität von Konzertstücken zukam. Seine zahlreichen anderen sakralen Werke wurden nicht gedruckt.

LITERATUR

G. Cacciola, Jacopo Tomadini, in: Rivista Musicale Italiana LI, 1949.

Václav Jan Tomášek (1774–1850)

ZEIT UND UMWELT

Es bedurfte nur der überragenden Persönlichkeit, die durch ihre kompositorische Tätigkeit, durch ihr organisatorisches Wirken in der eigenen Heimat und in den europäischen Musikzentren Achtung und Ansehen erwarb und sich zum Mittelpunkt des Musikgeschehens machte, daß es auch in Prag zu einem lebhaften Musikleben kam und die Musiker der Stadt sie nicht mehr verlassen mußten, um ein Betätigungsfeld zu finden.

LEBEN

Václav Jan Křitel Tomášek (Johann Wenzel Tomaschek) wurde am 17.4.1774 in Skutsch (Skuteč), Böhmen, geboren. Er studierte in Prag Jurisprudenz, philosophische und medizinische Fächer, wandte sich sodann der Musik zu, in der er sich im Selbstunterricht ausbildete. So früh wie möglich begann er selbst zu unterrichten und gründete 1820 eine Musikschule, die bald große Beliebtheit und Berühmtheit erlangte; zahlreiche namhafte Musiker gingen daraus hervor. Er unterhielt ständig lebhaften Kontakt mit bedeutenden zeitgenössischen Musikern, die ihn ohne Ausnahme sehr schätzten. Er starb am 3.4.1850 in Prag.

WERKE

Von Václav Jan Tomášek, der in der ersten Hälfte des 19. Jahrhunderts unbestreitbar die Zentralgestalt des Prager Musiklebens war, sind neben 4 Opern und mehreren Bühnenmusiken – unter anderen zu Werken von Friedrich von Schiller – zahlreiche Sinfonien, Klavierkonzerte, Tänze, Märsche, ein Klaviertrio und ein Klavierquartett, weiters Klaviersonaten und Sammlungen kleinerer, »Eklogen, Rhapsodien und Dithyramben« genannter Klavierstücke sowie reine Virtuosenstücke unter dem Titel »Allegri capricciosi di bravura«, 3 Messen, 2 Requiem, Kantaten, Chöre, Lieder auf Gedichte von Johann Wolfgang von Goethe, Friedrich von Schiller und anderen deutschen, tschechischen und italienischen Dichtern erschienen; viele Werke dieser Art sind Manuskript geblieben. Seine Virtuosenstücke müssen als Vorstufe zur romantischen Pianistik bei Frédéric Chopin angesehen werden, wie überhaupt sein ganzes kompositorisches Werk einen Auftakt für das musikalische Zeitalter der Romantik bildete.

LITERATUR

M. Tarantová, Václav Jan Tomášek, Prag 1946.

Biagio Tomasi (um 1585–1640)

ZEIT UND UMWELT

Der Komponist Girolamo Belli (1552 bis um 1618) gab das Wissen und Können des berühmten Luzzasco Luzzaschi (um 1545 bis 1607) bis in das 17. Jahrhundert weiter, jedoch nicht als für sich stehende unumstößliche Lehre, sondern in jeder Schülergeneration dem Stil und der Tendenz der Zeit angeglichen, ohne aber den festen Rückhalt der Tradition aufzugeben.

LEBEN

Biagio Tomasi wurde um 1585 in Comacchio geboren. Er erhielt bei Girolamo Belli in Argenta einen umfassenden Musikunterricht und wurde 1609 Organist in Comacchio, wo er auch Theologie studierte. Anschließend wurde er Kanonikus und Kapellmeister an der Kollegienkirche in Massafiscaglia, wo er 1640 als Vikar starb.

WERKE

Die kompositorischen Werke des italienischen Komponisten Biagio Tomasi sind durchwegs konzertant und haben Generalbaß. Sein erstes Buch mit sakralen Gesängen für eine bis vier Stimmen ist teilweise monodisch, das zweite ist ein- bis achtstimmig mit Generalbaß wie auch die Motetten für zwei, drei und vier Stimmen, denen eine Marienlitanei angereiht ist. Seine Madrigale sind ebenso auf Generalbaß aufgebaut, aber trotzdem teilweise polyphon.

Henri Tomasi (1901–71)

Leben

Henri Fredien Tomasi wurde am 17. 8. 1901 in Marseille geboren. Er wurde an den Konservatorien in Marseille und Paris ausgebildet und wirkte sodann als Dirigent. Von 1946 bis 1950 leitete er die Oper in Monte Carlo, darauf widmete er sich allein seinem kompositorischen Schaffen. Er starb am 13. 1. 1971 in Paris.

Werke

Von Henri Tomasi sind 12 Opern und ungefähr 12 Ballette auf die Bühnen gekommen. Er schrieb 9 sinfonische Dichtungen, ein Flötenkonzert, ein Trompetenkonzert, ein Saxophonkonzert, ein Bratschenkonzert, ein Hornkonzert, ein Klarinettenkonzert, ein Posaunenkonzert, ein Fagottkonzert, ein Oboenkonzert, ein Violinkonzert, ein Cellokonzert, ein Konzert mit zwei Gitarren, Variationen für Harfe, Trompete und Streichorchester, für Flöte und Kammerorchester, für Harfe, Bläsertrio und Streichorchester, ein Bläseroktett, ein Bläsersextett, ein Bläserquintett, ein Quintett für Harfe und Streicher, ein Posaunenquartett, ein Trompetenterzett, ein Fagottduett, ein Stück für Schlagzeug und Klavier, für Trompete und Orgel, Etüden und Sonatinen für verschiedene Soloinstrumente, mehrere Oratorien und Kantaten, eine Messe für Kinderchor, Galoubet, Oboe, Celesta, Vibraphon und drei Gitarren, Orchesterlieder und Bühnenmusik. Viele Stücke integrieren exotische Melodien, Rhythmen und Harmonien; dem gemäß ist seine Musik vielfarbig und interessant rhythmisiert.

Luigi Tomasini (1741–1808)

Zeit und Umwelt

Joseph Haydn bemühte sich, für seine Kapelle tüchtige Kräfte zu gewinnen. Da er für seine Musiker eine gute Bezahlung durchsetzte und jeden einzelnen für sein weiteres Fortkommen nach Kräften förderte und weiterempfahl, konnte er eine Reihe vorzüglicher Instrumentalisten und Vokalisten um sich versammeln. Als er die Kapelle übernahm, fand er auch schon eine Anzahl guter Musiker in Eisenstadt vor, die er weiter ausbilden und auf ein hohes künstlerisches Niveau bringen konnte.

Leben

Luigi (Aloys) Tomasini wurde am 22. 6. 1741 in Pesaro geboren und dort vermutlich auch ausgebildet. Er kam 1757 zur Kapelle der Fürsten Esterházy in Eisenstadt und wurde nach einer weiteren Ausbildung in Venedig 1762 unter der Leitung von Joseph Haydn erster Violinist und sodann Konzertmeister. Ab 1802 dirigierte er die Kammermusik im Schloß Esterházy. Er starb am 25. 4. 1808 in Eisenstadt.

Werke

Von Luigi Tomasini sind Violinkonzerte, Quartette, Duos für Violinen herausgekommen. Er schrieb auch für Fürst Anton Esterházy 24 Divertissements für Baryton, Violine und Cello. Sein Stil lehnte sich an Joseph Haydn an.

Thomas Tomkins (1572–1656)

Zeit und Umwelt

Die Schlacht von Worcester (1651) beendete zunächst die Versuche Karls II. (1630–85), den englischen Thron seines von Cromwell hingerichteten Vaters mit Hilfe der Schotten zurückzugewinnen. Oliver Cromwell (1599 bis 1658) siegte und mit ihm der kultur- und kulturfeindliche Puritanismus, der bereits 1646 die Orgeln aus den Kirchen entfernen ließ. Cromwell starb, und Karl II. konnte 1660 den Thron besteigen. Der Geist des Puritanismus herrschte in England jedoch noch lange.

Leben

Thomas Tomkins wurde 1572 in St. David's, Pembrokeshire, geboren. Er trat um 1578 als Chorknabe in den Dienst der Kathedrale seiner Geburtsstadt. Später nahm er bei William Byrd (1543–1623) Musikunterricht. Im Jahr 1595 wurde er Nachfolger von Natha-

niel Pattrick (um 1550, Worcester, bis 1595, Worcester), Organist und Chorleiter an der Kathedrale in Worcester, Komponist eines Service und einiger profaner und sakraler mehrstimmiger Gesänge und mehrerer beachtlicher Madrigale) an der Orgel der Kathedrale von Worcester. Als der Bürgerkrieg eine weitere musikalische Betätigung unmöglich machte, zog er sich 1646 zu rein kompositorischer Arbeit nach Martin Hussingtree bei Worcester zurück, wo er 1656 starb und am 9. 6. begraben wurde.
Sein Vater Thomas Tomkins (um 1545, Farington, bis 1627, Gloucester) war ab 1577 Chormeister und Organist an der Kathedrale von St. David's, wurde um 1594 Kleriker und 1610 Vorsänger an den Kirchen in Gloucester.
Sein Bruder John Tomkins (um 1586, St. David's, bis 27. 9. 1638, London) studierte am King's College in Cambridge, wurde dort Organist und ging 1619 als Organist an die St. Paul's Cathedral in London, wo er 1625 Gentleman der Chapel Royal wurde.
Giles Tomkins (um 1600, Worcester, bis 1668, Salisbury), ein weiterer Bruder, wurde ebenfalls Organist an King's College in Cambridge. Er folgte John Holmes (um 1560, Winchester, bis 1629, Salisbury), der Kirchenmusik und Madrigale komponierte und in Winchester und ab 1602 in Salisbury Organist war, an der Orgel der Kathedrale von Salisbury nach. Im Jahr 1630 erhielt er als Nachfolger von Richard Dering die Stellung eines »Musician for the Virginalls« (Hofvirginalist) bei König Karl I.
Robert Tomkins, ein dritter Bruder (nach 1600, Worcester, bis nach 1641, London) war von 1633 bis nach 1641 Hofmusiker bei König Karl I.

Werke

Der englische Komponist Thomas Tomkins schloß die stattliche Reihe der englischen Vertreter des polyphonen Stils ab. Seine Musik gehört eindeutig der zweiten Hälfte des 16. Jahrhunderts an, wenngleich er bis zur Mitte des nächsten lebte. Es hat den Anschein, als hätten die Zeugen früher Vergangenheit im Geburtsland Pembrokeshire und die normannisch-englische Kathedrale von St. David's in Tomkins die Vorliebe für Vergangenes geprägt.
Seine Kirchenmusik besteht aus 7 Services und bei 100 vielstimmigen Anthems und Preces mit Psalmen. Von seinen Madrigalen sind einzelne sehr berühmt geworden, seine Stücke für Virginal wurden in mehrere Sammlungen aufgenommen, und seine Consortmusik für mehrere Violen war, wenn auch nur handschriftlich, sehr verbreitet.
Thomas Tomkins dem Älteren werden etliche Madrigale zugeschrieben, die aber von seinem gleichnamigen Sohn stammen dürften.
Von John Tomkins sind einige sehr schöne Anthems und eine Variationenreihe für Virginal überliefert. Alles andere ist verlorengegangen.
Giles Tomkins hat Kirchenmusik hinterlassen. Er soll etliche Stücke für Virginal geschrieben haben, wovon aber nichts erhalten ist.
Von Robert Tomkins sind etliche gute Anthems handschriftlich überliefert.

Literatur

D. W. Stevens, Thomas Tomkins, London 1957.

Vincenzo Tommasini (1878–1950)

Leben

Vincenzo Tommasini wurde am 17.9.1878 in Rom geboren. Er war dort Schüler von Stanislao Falchi und in Berlin von Max Bruch. Neben seiner kompositorischen Tätigkeit war er ständiger Mitarbeiter der Rivista Musicale Italiana. Er starb am 23.12.1950 in Rom als einerder bedeutendsten italienischen Komponisten seiner Zeit.

Werke

Neben mehreren Orchesterwerken verfaßte er ein Konzert für Streichquartett und Orchester, ein Violinkonzert, ein Klavierkonzert, ein Requiem und weitere Chorwerke, Kammermusik, Klavierstücke, Lieder und Filmmusik, außerdem 3 Opern, 3 Ballette, darunter das berühmte Ballett »Le donne di buon umore« (Fröhliche Frauen) nach Sonaten von Domenico Scarlatti.

Antonio Tonelli (1686–1765)

ZEIT UND UMWELT

Der Geigenbauer Antonio Stradivari (1644, Cremona, bis 18. 12. 1737, Cremona) fand um 1710 die klassische Mensur des Cello mit 75 bis 76 cm Länge des Korpus und 11,5 cm Zargenhöhe; die noch heute gültige Besaitung war bereits in der 2. Hälfte des 16. Jahrhunderts aufgekommen; fünf- und sechssaitige Instrumente waren aber daneben immer in Gebrauch – Johann Sebastian Bach schrieb für seine 6. Cellosuite ein fünfsaitiges Instrument vor. Der Stachel ist erst seit ungefähr 1860 in Gebrauch. Vor 1710 wurden bereits (seit dem 16. Jahrhundert) um einiges größere Celli gespielt, eine Sololiteratur dafür gibt es erst seit den Ricercari per violoncello von Domenico Gabrielli (1659–90); bis dahin wurden sie lediglich als Baßinstrumente verwendet. Daneben stand auch ein anderes Baßinstrument aus der Violenfamilie in gleicher Verwendung, das in Frankreich unter dem Namen Basse de violon bis zum Beginn des 18. Jahrhunderts vorherrschend war, weil als tiefes Soloinstrument die Gambe vorgezogen wurde. Kleinere Sonderformen des Cello wurden im 18. Jahrhundert entwickelt, wie die Viola da spalla und die Viola pomposa, in Führung blieb aber das Cello im endgültigen Format des Cremonenser Geigenbauers.

Antonio Stradivari, von U. Mochi

LEBEN

Antonio Tonelli (eigentlich De'Pietri) wurde am 19. 6. 1686 in Carpi, Modena, geboren. Er bildete sich in Carpi und in Bologna zum Cellisten, Organisten und Komponisten aus und war ab 1706 Musiklehrer am Collegio dei Nobili und Kammervirtuose des Herzogs Francesco Farnese (1678–1727) in Parma. Er wirkte darauf angeblich einige Jahre am dänischen Hof, wurde 1724 Organist an der Accademia del Rosario in Finale Emilia und 1725 dort Kapellmeister, erhielt 1730 die Domkapellmeisterstelle in Carpi, wo er eine Musikschule gründete, war nach ausgedehnten Konzertreisen als Cellist in Oberitalien, von 1741 bis 1745 als Kapellmeister in Alassio tätig, ging sodann nach Carpi zurück und versah dort, von etlichen Konzertreisen unterbrochen, die Domkapellmeisterstelle bis zu seinem Tod am 25. 12. 1765.

WERKE

Neben einigen theoretischen Schriften verfaßte Antonio Tonelli mehrere Opern, die Oratorien »Il trionfo dell'umiltà di S. Filippo Neri« (Der Triumph der Demut des hl. Filippo Neri), »Sapienza, S. Antonio ed eresia« (Die Weisheit, der hl. Antonius und die Ketzerei) und »Dialogo per musica fra il beato Andrea Conti e un'anima devota« (Musikalischer Dialog zwischen dem seligen Andrea Conti und einer frommen Seele), Kantaten und eine Reihe verschiedener Kirchenmusik. Sein virtuoses Spiel hat zur Entwicklung der Cellomusik des 18. Jahrhunderts viel beigetragen.

LITERATUR

N. Pelicelli, Musicisti in Parma, in: Note d'archivio per la storia musicale XII, 1935.

Michael Tonsor (um 1540 bis nach 1605)

ZEIT UND UMWELT

Herzog Wilhelm V. von Bayern war zwar durch seine üble Finanzlage gezwungen, den Bestand seiner Münchner Hofkapelle zu reduzieren, die Förderung der Musik, insbesondere der katholischen Kirchenmusik, lag ihm ebenso am Herzen wie seinem Vater Albrecht V.

LEBEN

Michael Tonsor wurde in Ingolstadt um 1540 geboren und erhielt dort 1566 die Kantorenstelle an der Liebfrauenkirche. Von 1568 bis 1586 war er Organist an Sankt Georg in Dinkelsbühl, Mittelfranken, und kehrte darauf an die Liebfrauenkirche in Ingolstadt zurück, wo er nach 1605 gestorben ist. Herzog Wilhelm V. von Bayern subventionierte die Veröffentlichung der Kompositionen des Kirchenmusikers, der vielleicht Schüler Lassos war.

WERKE

Von Michael Tonsor wurde eine große Anzahl kirchlicher Gesänge herausgebracht. Seine vielen Motetten und eine vierstimmige Missa solemnis sind nur handschriftlich überliefert. Die Kompositionen wirken konservativ, aber doch ansprechend und wegen der Sorgfalt der Anlage überzeugend. Die Messe wäre eine Drucklegung wert gewesen.

LITERATUR

M. Gebhard, Michael Tonsor, ein vergessener Meisterschüler Orlando di Lassos? Ingolstädter Heimatblätter XXVII, 1964.

Gasparo Torelli (um 1565 bis nach 1613)

ZEIT UND UMWELT

Die Vertonung epischen Materials größeren Umfanges war in Österreich, Süd- und Westdeutschland (Minnesänger) und in Nordfrankreich (Trouvères) im Mittelalter häufig, während die anderen Musikländer lyrische oder didaktische Texte vorzogen. Besonders in Italien war die Komposition epischer Gedichte sehr selten und nur auf kurze Stücke beschränkt. Um die Wende zum 17. Jahrhundert wurde der Dramatik Raum gewährt, der sich bald stark verbreiterte.

LEBEN

Gasparo Torelli (Guaspare Torrelli) wurde um 1565 in Borgo San Sepolcro, Lucca, geboren und vermutlich in Lucca ausgebildet. Er lebte als Musiklehrer und Komponist in seiner Heimatstadt und starb dort nach 1613.

WERKE

Das erfolgreichste Werk des italienischen Komponisten Gasparo Torelli war seine Favola pastorale »I fidi amanti« (Die treuen Liebenden) im Madrigalstil, vierstimmig. Außerdem sind von dem Komponisten 4 Bücher mit drei- und vierstimmigen Canzonetten und fünfstimmige Madrigale erschienen. Stilistisch gehörte diese Musik noch dem 16. Jahrhundert an.

Giuseppe Torelli (1658–1709)

ZEIT UND UMWELT

Um die Wende vom 17. zum 18. Jahrhundert trat in der abendländischen Musik ein grundlegender Wandlungsprozeß auf, der möglicherweise seine Impulse von außermusikalischer Seite erhalten hat. Damit ist der um 1700 erfolgte Übergang von der zweiteiligen zur dreiteiligen Form gemeint, durch den eine völlig neue Symmetrie erzielt wurde. Die frühere Musik war zweiteilig, und falls sie mehr Teile aufwies, kam es höchst selten zur Wiederholung des ersten Teiles. Das 18. Jahrhundert hingegen brachte die Dreiteiligkeit mit der Wiederkehr des ersten Teiles im dritten und damit eine völlig neue Formvorstellung und einen Umbau des musikalischen Bildes. Man kann wohl auf dem Feld der bildenden Kunst und der Dichtung parallele Vorgänge feststellen, die vermutlich auf gleiche Ursachen zurückgehen, dem Urgrund für diese Erscheinung bringt uns das aber nicht näher. Begonnen hat der Strukturwandel mit der dreiteiligen Opernsymphonia (der späteren Ouvertüre), an die das Solokonzert angeglichen wurde. Dieses entstand, als man das Concertino des römischen Concerto grosso durch ein einzelnes Instrument ersetzte, das mit dem Tutti konzertierte und somit einen Virtuosen allein mit seinem Instrument einem ganzen Orchester gegenüberstellte. Dieser Geschmackswandel stellte eine aus dem erhöhten Interesse für virtuose Instrumentalistik erklärbare Entwicklung vom doppelchörigen, respondierenden Orchesterstück zum Concerto grosso und zum Solistenkonzert dar. Die bis in das 19. Jahrhundert und weiter eingehaltene Form der Dreisätzigkeit entzieht sich jedoch einer Erklärung.

LEBEN

Giuseppe Torelli (Gioseffo) wurde am 22. 4. 1658 in Verona geboren und war Schüler von Giacomo Antonio Perti in Bologna. Im Jahr 1684 nahm ihn die Accademia Filarmonica von Bologna als Mitglied auf, 1686 trat er der Kapelle an San Petronio als Violettaspieler und später als Bratschist bei; 1695 ging er nach Wien, wurde 1697 Kapellmeister in Ansbach, kam 1700 nach Wien zurück, um sein Oratorium »Adam auss dem Irrdischen Paradiess verstossen« aufzuführen. Ein Jahr darauf ging er nach Bologna und wirkte bis zu seinem Tod am 8. 2. 1709 als Violinist in der von Perti neu aufgebauten Kapelle.

WERKE

Der italienische Komponist Giuseppe Torelli wurde als Schöpfer des Concerto grosso gepriesen, was den Tatsachen nicht entsprach, weil vor ihm Alessandro Stradella und Arcangelo Corelli Concerti grossi verfaßt hatten. Dafür gilt er unbestritten als Begründer des Soloviolinkonzerts. Er hinterließ 10 dreistimmige Sonaten, ein Kammerkonzert für zwei Violinen und Generalbaß, 18 mehrstimmige Sinfonien, 18 mehrstimmige Konzerte, Capricci für Violine und Viola und Concerti grossi mit einer Weihnachtspastorale für Violinen, Bratsche und Generalbaß, außerdem handschriftlich zahlreiche Sonaten und Konzerte mit verschiedenen Besetzungen – Streichern und Bläsern und Lauten. Seine Instrumentalkonzerte verlangen virtuoses Spiel, stellen aber gehaltvolle Musik dar.

Konzert für Solovioline und Streichorchester, 3 Sätze
Im ersten Satz – Allegro – übernimmt die Violine sofort die Führung und wird von sattem Streicherklang begleitet. Der zweite Satz hat Duocharakter, die Solovioline duettiert mit jeweils einem Streicher. Der dritte Satz greift Thema und Struktur des ersten neu auf, erweitert die Solostellen und schließt mit überraschenden Modulationen ab.

LITERATUR

A. Schering, Geschichte des Instrumentalkonzerts, Wiesbaden 1965.

Torlez (um 1720 bis nach 1788)

ZEIT UND UMWELT

Mit dem Jahr 1789, in dem die Französische Revolution ausbrach, enden die biographischen Informationen über manche Musiker, weil sie irgendwie zu Tode gekommen oder geflohen und an ihrem Fluchtziel ungekannt gestorben sind.

LEBEN

Torlez – der Vorname ist nicht überliefert – wurde um 1720 in Frankreich geboren. Er hielt sich ab 1742 in Clermont-Ferrand auf. Es ist unbekannt, welche Stellung er dort einnahm. Im Jahr 1769 wurde er Musiklehrer an der Kathedrale in Tours; in den siebziger Jahren unterrichtete er an den Musikakademien von Grenoble und Moulins. Von 1783 bis 1788 wirkte er als Violinist im Orchester der Comédie Italienne in Paris. Dann verliert sich seine Spur. Es ist nicht feststellbar, wann und wo er nach 1788 gestorben ist.

WERKE

Von Torlez sind 6 Duos für Flöte und Violine, ein Konzert für Flöte und Orchester, 5 Motetten für eine Singstimme, Kantaten, Romanzen und Airs bekannt geworden. Er brachte auch ein musiktheoretisches Werk heraus. Sein Stil gehört dem Rokoko an.

George William Torrance (1835–1907)

ZEIT UND UMWELT

Melbourne, die Hauptstadt des australischen Bundesstaates Victoria, hielt immer engeren gesellschaftlichen und kulturellen Kontakt mit dem britischen Mutterland als das stark nach Amerika tendierende Sydney. Gegen Ende des 19. Jahrhunderts gab es in der Stadt bereits ein sehr entwickeltes Konzertleben, das vor allem von Kräften aus England bestritten wurde, und in den anglikanischen Kirchen vorzügliche Organisten und Kapellmeister, die nach dem Muster ihrer englischen, schottischen oder irischen Heimat das Oratorium pflegten.

LEBEN

George William Torrance wurde 1835 in Rathmines, Dublin, geboren. Er war Chorknabe an der Christ Church in Dublin und versah anschließend den Organistendienst an verschiedenen Kirchen der Stadt. Schon mit 19 Jahren komponierte er ein Oratorium, das mehrmals aufgeführt wurde. Im Jahr 1856 suchte er Leipzig auf, um die dort wirkenden deutschen Musiker kennenzulernen. Nach seinem Studium an der Universität in Dublin wanderte er nach Melbourne aus, wo er als Kleriker und Musiker an mehreren Kirchen wirkte und zur Hebung der sakralen Musik der Stadt erheblich beitrug. 1897 wurde er von seinem Bischof als Kanonikus nach Irland zurückgerufen und mit mehreren kirchlichen Aufgaben betraut. Er starb am 20.8.1907 in Dublin.

WERKE

Von George William Torrance sind 3 Oratorien, ein Jubilate, ein Te Deum, eine Anzahl weiterer kirchlicher Gesänge, mehrere sakrale und profane Madrigale, Hymnen und Chants erhalten. Sein Wirken war für die australische Kirchenmusik ein großer Entwicklungsschritt.

Tomás de Torrejón y Velasco
(1644 – 1728)

ZEIT UND UMWELT

Lima war durch Jahrhunderte Hauptstadt des Vizekönigreiches Peru, das nahezu das ganze spanisch sprechende Südamerika umfaßte. Es war das geistige, religiöse und politische Zentrum des Reiches, Sitz der ersten lateinamerikanischen Universität und eines Erzbischofs als Oberhaupt der südamerikanischen Kirche. Der Palast des Vizekönigs übertraf an Prunk und Aufwand viele europäische Residenzen.

LEBEN

Tomás de Torrejón y Velasco wurde am 23. 12. 1644 in Villarrobledo, Albacete, getauft. Er kam 1667 an den Hof des Vizekönigs von Peru in Lima und wurde 1676 Kapellmeister an der Kathedrale der Stadt, in der er am 23. 4. 1728 starb.

WERKE

Der spanische Komponist Tomás de Torrejón y Velasco verfaßte eine Anzahl kirchenmusikalischer Werke – Messen, Motetten –, die Zarzuela »La púrpura de la rosa« (Der Purpur der Rose) auf einen Text von Calderón de la Barca und damit das erste musikalische Bühnenwerk der Neuen Welt.

LITERATUR

R. Stevenson, The Music of Peru, Washington 1960.

Eduardo Torres (1872–1934)

LEBEN

Eduardo Torres wurde am 7.7.1872 in Albeida, Valencia, geboren. Er wirkte zunächst als Chordirektor an der Kathedrale von Tortosa und ab 1910 an der in Sevilla, wo er am 23.12. 1934 als einer der namhaftesten Vertreter der modernen spanischen Kirchenmusik starb.

WERKE

Mit seinen zahlreichen Messen, anderen sakralen Chorwerken und mit seiner Orgelmusik leitete Eduardo Torres die moderne Kirchenmusik Spaniens ein. Er stand sehr unter dem Einfluß von Manuel de Falla und der französischen Kirchenmusiker der Wende zum 20. Jahrhundert.

José de Torres y Martínez Bravo
(1665–1738)

Zeit und Umwelt
Philipp V., der erste Bourbone auf dem spanischen Thron, war weit davon entfernt, den Hof von Versailles nachzuahmen. Er war von dem mystischen Theologen und Moralisten François de Salignac de la Mothe-Fénelon (1651–1715) zu strenger Sittlichkeit erzogen worden. Die Liebe zur Musik jedoch hatte der berühmte Lehrer in ihm geweckt. Sie wurde durch den Einfluß seiner zweiten Gemahlin Isabel de Farnesio (1692–1766) noch verstärkt.

Leben
José de Torres y Martínez Bravo wurde 1665 in Madrid geboren. Er wurde 1697 erster Organist der Königlichen Kapelle. Kurz darauf eröffnete er in Madrid eine Musikaliendrukkerei, die zu den größten seiner Zeit zählte. Im Jahr 1724 wurde er Hofkapellmeister. König Philipp V., der eine besondere Vorliebe für ältere Kirchenmusik hatte, schätzte ihn sehr. Er starb in Madrid am 4. 6. 1738.

Werke
Der spanische Komponist José de Torres y Martínez Bravo war einer der letzten Vertreter altspanischer Tradition. Von ihm sind über 20 Messen, zum Teil in Kirchentonarten, ein Requiem, 4 Passionen, 4 Magnificat, Sequenzen, Litaneien, 2 Te Deum, mehr als 30 Motetten, 2 Villancicos und etliche Sologesänge erhalten. Er hat das erste Lehrwerk des bezifferten Generalbasses in spanischer Sprache verfaßt.

Pietro Torri (um 1650–1737)

Leben
Pietro Torri wurde um 1650 in Peschiera geboren. Er folgte 1667 Johann Philipp Krieger auf den Organistenposten am Hof in Bayreuth und wurde dort in der Folge Kapellmeister. Er gab diese Stelle 1684 auf und ging als Organist nach München. Ab nun verliefen sein Leben und seine Karriere im Dienst des begeisterten Musik- und Opernfreundes Maximilian II. Emanuel, Kurfürst von Bayern, den er in jeden seiner Exilorte begleitete. Er wurde zuerst sein Kammermusiker und anschließend im Jahr 1732 Hofkapellmeister und starb in München am 6. 7. 1737.

Werke
Der italienische Komponist Pietro Torri verfaßte 26 Opern, die sich stilistisch an das französische Muster anlehnen, obwohl auch venezianische und neapolitanische Einflüsse merkbar sind, über 100 Duette mit Generalbaß, 2 Kantaten, eine Messe und Messeteile, ein Requiem, 2 Oratorien und 2 vierstimmige Sonaten.

Literatur
O. Ursprung, Münchens musikalische Vergangenheit, München 1927.

Frederick Herbert Torrington
(1837–1917)

Zeit und Umwelt
Das Musikleben in Ontario setzte um einiges später ein als das in den französisch besiedelten Gebieten Kanadas. Doch bereits um die Mitte des 19. Jahrhunderts entfalteten aus England eingewanderte Organisten und Chordirigenten ein reges, vorerst kirchliches Musikleben, dem sich bald ein beachtliches Konzertleben anschloß. Unter dem Einfluß dieser Pioniere und des engen Kontakts mit der Musikentwicklung in England wurde Toronto gegen Ende des Jahrhunderts zu einem der wichtigsten Musikzentren Amerikas.

Leben

Frederick Herbert Torrington wurde am 20.10.1837 in Dudley, England, geboren. Er wurde noch in der Heimat im Klavier- und Orgelspiel sowie in Musiktheorie ausgebildet und wirkte darauf als Organist in Bewdley. Im Jahr 1856 kam er nach Kanada und wurde Organist in Montreal. Ab 1869 wirkte er 4 Jahre als Organist in Boston, ging sodann nach Toronto und übernahm den Organistendienst der Methodistenkirche. Er leitete die ersten Festspiele von Toronto, gründete dort 1888 ein College of Music und setzte sich lebhaft für die Verbreitung des Interesses für gute Musik in der Stadt ein; 1892 wurde er Präsident der Canadian Society of Musicians. Er starb am 20.11.1917 in Toronto, Ont.

Werke

Neben seiner umfangreichen organisatorischen Tätigkeit für die Musikentwicklung in Ontario und in ganz Kanada schrieb Frederick Herbert Torrington eine Anzahl Orgelstücke, einige Services, Lieder und Chöre.

Héctor Tosar (geboren 1923)

Leben

Héctor Alberto Tosar Errecart wurde am 18.7.1923 in Montevideo geboren. Er studierte in seiner Geburtsstadt, sodann in Tanglewood, Mass., und am Conservatoire in Paris. Neben seinem Wirken als Dirigent und Pianist unterrichtete er am Konservatorium in Montevideo und arbeitete am uruguayischen Rundfunk mit. Von 1951 bis 1959 und 1967 war er Professor am Konservatorium und lehrt heute Komposition an der Universität in Montevideo.

Werke

Neben 4 Werken für die Bühne schrieb Héctor Tosar 3 Sinfonien, einen sinfonischen Satz, eine Toccata, »Rezitativ und Variationen«, ein Concertino, ein Klavierkonzert, ein Bläserquintett, ein Streichquartett, ein Trio für Violine, Klarinette und Klavier, Sonaten für Klavier mit Violine und mit Klarinette, 2 Sonatinen, einen kreolischen Tanz, eine Improvisation, eine Suite und vier Stücke für Klavier – auch für Orchester –, Psalm 102 und Te Deum für Singstimme, gemischten Chor und Orchester, eine Ode für Sprecher und Orchester, ein Triptychon für Bariton und elf Instrumente, 5 Madrigale, ein Magnificat und weitere Gesänge und Chöre mit Instrumentalbegleitung. Er zählt zu den bedeutendsten zeitgenössischen Komponisten in Uruguay.

Giuseppe Tosi (um 1630 bis nach 1692)

Zeit und Umwelt

In der zweiten Hälfte des 17. Jahrhunderts ist kaum ein italienischer Komponist zu finden, der keine Oper geschrieben hätte. Das Publikumsinteresse an dieser Art musikalischer Unterhaltung war derart stark geworden, daß ständig nach neuen Werken verlangt wurde.

Leben

Giuseppe Tosi wurde um 1630 in Bologna geboren. Er war 1679 Organist an San Giovanni in Monte in Bologna und Mitglied der Accademia Filarmonica. Von 1680 bis 1683 wirkte er als Kapellmeister der Accademia della Morte und des Domes in Ferrara. Er kehrte nach Bologna zurück und wurde Organist an San Petronio. Er dürfte dort nach 1692 gestorben sein.
Sein Sohn und Schüler Piero Francesco Tosi (um 1653, Cesena, bis 1732, Faenza) war Opernsänger (Kastrat) und Gesanglehrer. Er lebte in Dresden und anderen deutschen Städten, bis er 1693 nach London ging.

Werke

Der italienische Komponist Giuseppe Tosi verfaßte außer einer Reihe Opern zahlreiche Solokantaten und drei- bis vierstimmige konzertante Psalmen, bei denen seine kompositorischen Fähigkeiten deutlich zutage treten. Von Piero Francesco Tosi sind 7 Solokantaten erhalten, die er offenbar für sich selbst geschrieben hatte. Sie sind technisch sehr schwer zu bewältigen, aber ohne Zweifel klangschön.

Joseph Touchemoulin
(um 1727–1801)

ZEIT UND UMWELT
Die Hofkapelle der Kurfürsten von Köln in Bonn erfreute sich unter Clemens August großzügiger Förderung. Ab dem Jahr 1761, in dem ihm Max Friedrich nachfolgte, wurde die Dotierung der Kapelle stark eingeschränkt, so daß sie von einer Reihe von Musikern verlassen wurde.

LEBEN
Joseph Touchemoulin (Touchemolin, Touchesmoulin, Dousmolin) wurde um 1727 in Châlons-sur-Marne oder in Chalon-sur-Saône geboren. Über sein Leben in Frankreich ist nichts bekannt, er hielt sich ab 1753 nahezu ununterbrochen in Deutschland auf, kam zur Hofkapelle in Bonn und wurde auf Kosten des Kurfürsten Clemens August zur Ausbildung nach Padua zu Giuseppe Tartini gesandt. Im Jahr 1760 erhielt er die Ernennung zum Hofkapellmeister, trat jedoch von der Stelle ein Jahr darauf zurück, weil sein Gehalt um vieles reduziert wurde, und wirkte bis zu seinem Tod am 25. 10. 1801 als Violinist in der Kapelle der Fürsten Thurn und Taxis in Regensburg.

WERKE
Von Joseph Touchemoulin erschienen 6 viersätzige Sinfonien und 2 Violinkonzerte. Handschriftlich sind weitere Sinfonien, 4 Sonaten für Violine mit Generalbaß, eine Messe und ein Tantum ergo erhalten. Seine Opern sind verlorengegangen.

Charles Tournemire (1870–1939)

LEBEN
Charles Arnaud Tournemire wurde am 22.1. 1870 in Bordeaux geboren. Er studierte bei César Franck und Charles-Marie Widor (1844 bis 1937) in Paris und wirkte ab 1898 als Organist an Ste-Clotilde. Im Jahr 1919 erhielt er eine Kammermusikklasse des Conservatoire. Er starb am 3.11.1939 in Arcachon.

WERKE
Von Charles Tournemire sind 4 Opern, ein Oratorium und mehrere Chorwerke mit Orchester aufgeführt worden. Er schrieb ferner 8 Sinfonien – die 6. mit Soli, Chor, Orgel und Orchester –, mehrere sinfonische Dichtungen, darunter eine Trilogie »Faust – Don Quijote – Franz von Assisi« und Kammermusik; ferner zahlreiche Orgelwerke: Orgelsinfonien, Orgelsonaten, Orgelkonzerte und kleinere Stücke – 255 Stücke für jeden Sonntag des Kirchenjahres, bestehend aus Praeludium, Offertorium, Wandlung, Offertorium, Finale. Er zählt zu den bedeutendsten Orgelkomponisten seines Landes.

Suite Évocatrice, Opus 74, 5 Teile, entstanden 1938
Die »Erinnerung« gilt dem französischen Hochbarock und beginnt mit einem »Grave« akkordisch nach Art der alten Cembalisten. Im 2. Teil erklingt im »Kornett« ein weitgespanntes Solo in Tenorlage, dem ein Solo des »Krummhorns« folgt; der 3. Teil bringt eine kurze Fantasie für Flötenregister. Im 4. Teil werden alle sanften Stimmen zusammengefaßt. Das Finale beginnt mit einem dreistimmigen Fugato, rauschende Arpeggi leiten zu schönen Duopartien über, und eine erweiterte Kadenz beendet das interessante Stück.

Donald Francis Tovey (1875–1940)

LEBEN
Donald Francis Tovey wurde am 17.7.1875 in Eton geboren. Er war Schüler von Walter Parratt (10.2.1841, Huddersfield, bis 27.3. 1924, Windsor) und Charles Hubert Parry und studierte ab 1894 in Oxford. Er widmete sich intensiv dem Kammermusikwesen, gab in London, Berlin und Wien Konzerte und gründete 1906 in London »The Chelsea Concerts«, das ausschließlich Kammermusikreihen aufführte. Im Jahr 1914 wurde er Reid Professor of Music an der Universität Edinburgh, gründete dort 1917 das Reid Symphony Orchestra und leitete es. Er starb am 10.7.1940 in Edinburgh.

WERKE
Neben zahlreichen musiktheoretischen und

musikhistorischen Werken und einer Oper verfaßte Donald Francis Tovey eine Sinfonie, ein Klavierkonzert, ein Cellokonzert, 2 Streichquartette und weitere Kammermusik, Klavierstücke und Chorwerke. Er gab eine Reihe Kirchenmusik aus dem 16. Jahrhundert und die »Kunst der Fuge« von Johann Sebastian Bach heraus.

Antonio Tozzi (um 1736 bis nach 1812)

ZEIT UND UMWELT
Von den politischen und geistigen Umwälzungen der Französischen Revolution und der Napoleonischen Kriege nahezu unberührt liefen Opernkomposition und Opernpräsentation weiter. Außer bei den in Frankreich entstehenden »Revolutions-Opern« ist weder in den Libretti noch an der Musik ein Niederschlag der Zeitereignisse bemerkbar.

LEBEN
Antonio Tozzi wurde um 1736 in Bologna geboren, studierte bei Padre Martini und wurde 1761 in die Accademia Filarmonica aufgenommen. Ab 1764 wirkte er als Komponist am Opernhaus in Braunschweig, ab 1774 als Hofkapellmeister in München, das er ein Jahr darauf verließ; 1776 war er Kapellmeister der Compañía de los Sitios Reales in Madrid und von 1783 bis 1805 Dirigent am Teatro Santa Cruz in Barcelona. Sodann kehrte er in seine Heimatstadt zurück, deren Bindung mit dem Kirchenstaat gelöst war, was aber das Musikleben in Bologna nicht störte. Er starb in Bologna nach 1812.

WERKE
Von Antonio Tozzi ist eine Anzahl Opern in Italien, Deutschland und Spanien aufgeführt worden. Er schrieb außerdem 2 Oratorien sowie mehrere Kantaten und Motetten. Seine gesamte Musik stand unter dem Einfluß der Oper.

Giovanni Maria Trabaci
(um 1575–1647)

ZEIT UND UMWELT
Drückende Steuern und unerträgliche politische Zustände führten 1647 zu einer Revolte der Neapolitaner gegen die spanische Regierung. Angeführt von Massaniello (eigentlich Tommaso Aniello, 1620–47) stürmte das Volk die Regierungsämter und Adelspaläste. Viele Spanier und Parteigänger der Spanier, denen es nicht gelang, sich zu verstecken, wurden getötet.

LEBEN
Giovanni Maria Trabaci (Trebacci) wurde um 1575 in Montepeloso (Irsina) geboren. Sein Lehrer war Jean de Macque (um 1550 bis 1614). Im Jahr 1594 trat er als Sänger der Kapelle der Santa Casa dell'Annunziata in Neapel bei und wirkte zur selben Zeit als Organist am Oratorio dei Filippini. 1601 wurde er Organist an der Königlichen Kapelle und 1614 als Nachfolger seines Lehrers Hofkapellmeister. Während der Revolte der Neapolitaner im Jahr 1647 mußte er als Bediensteter der Spanier flüchten; er verbarg sich im Kloster Trinità degli Spagnuoli, wo er im gleichen Jahr am 31. 12. starb.

WERKE
Stilistisch stand der italienische Komponist Giovanni Maria Trabaci zum Teil unter spanischem Einfluß, teils wird der Stil seines Lehrers Macque, der zum Kreis von Carlo Gesualdo (um 1560–1613) gehörte, spürbar, besonders in der Chromatik. Er hinterließ 2 Bücher mit vierstimmigen Ricercari, Canzone francesi und Capricci für Tasteninstrumente, mehrstimmige Messen und Motetten, Vesperpsalmen, 4 Passionen, 2 Bücher Madrigale und Villanellen sowie Arien. Die Anlage der Stücke ist durchwegs polyphon, aber trotzdem sehr fortschrittlich.

LITERATUR
W. Apel, Neapolitan Links between Cabezón and Frescobaldi, in: The musical Quarterly XXIV, 1938.

Filippo Traetta (1777–1854)

ZEIT UND UMWELT

Eingewanderte Italiener gaben in Philadelphia 1757 das erste öffentliche Konzert. Die weltbekannte intensive Musikpflege der Stadt setzte im 19. Jahrhundert mit der Gründung der Harmonic Society (1802), der Haydn Society (1809) und der Cecilia Society (1824) ein. Im Jahr 1823 wurde das American Conservatorio als äußerst leistungsfähige Musikschule errichtet.

LEBEN

Filippo Traetta wurde am 8.1.1777 in Venedig als Sohn des Tommaso Traetta (1727–79) geboren. Er war Schüler von Niccolò Piccinni (1728–1800) in Neapel. In die politischen Wirren des ausgehenden 18. Jahrhunderts verwickelt, mußte er 1799 fliehen und wanderte nach Boston aus. Nachdem er einige Jahre ein Wandertheater geleitet hatte, ließ er sich 1822 in Philadelphia als Gesanglehrer nieder. An der Gründung des American Conservatorio war er maßgebend beteiligt. Er starb am 9.1.1854 in Philadelphia.

WERKE

Außer einer Oper schrieb Filippo Traetta 2 Oratorien, 4 Kantaten, einen Trauermarsch, einige Instrumental- und Vokalquartette, Trios, Duette und Gesangsübungen. Den Stil seiner Musik hatte er aus Neapel mitgebracht. Er verfaßte auch mehrere Lehrwerke.

Tommaso Traetta (1727–79)

ZEIT UND UMWELT

Das Conservatorio dell'Ospedaletto Santo Giovanni e Paolo war 1527 in Venedig als Armen- und Waisenhaus gegründet worden. Seine bald darauf eröffnete Musikschule rangierte lang als letztes der vier venezianischen Konservatorien. Erst im 18. Jahrhundert holte das Institut kräftig auf, so daß Charles Burney in seinem »Tagebuch einer musikalischen Reise durch Frankreich und Italien« sich darüber außerordentlich lobend äußern konnte.

LEBEN

Tommaso Michele Francesco Saverio Traetta wurde am 30. 3. 1727 in Bitonto bei Bari geboren. Er war von 1738 bis 1748 Schüler des Conservatorio Santa Maria di Loreto in Neapel. Sein erster Versuch, eine Oper zu schreiben, war ein durchschlagender Erfolg, so daß er mit Opernaufträgen überhäuft wurde. Im Jahr 1758 wurde er Hofkapellmeister und Musiklehrer bei Herzog Philipp von Parma, nach dessen Tod er die Leitung des Conservatorio dell'Ospedaletto in Venedig übernahm. 1768 folgte er dem Ruf der Zarin Katharina II. als Hofkapellmeister nach St. Petersburg, kehrte 1774 nach Italien zurück und starb in Venedig am 6. 4. 1779.

WERKE

Die Publikumswirksamkeit seiner ungefähr 40 Opern erreichte Tommaso Traetta mit einer kräftigen Harmonik und einer textgerechten Melodik. Er schrieb 3 Sinfonien, das Divertimento für vier Orchester »Die vier Jahreszeiten und die zwölf Monate des Jahres«, das verschollen ist, eine Messe, ein Stabat mater, Motetten, Oratorien – darunter »König Salomon« für Soli und Frauenchor –, eine Johannes-Passion für vier Stimmen und Orgel. Auf dem Gebiet der Oper gilt Tommaso Traetta als Vorläufer von Christoph Willibald Gluck.

Juraj Třanovský (1592–1637)

ZEIT UND UMWELT

Die Musikkultur der Slowakei entstand aus der jahrhundertelangen Konfrontation der slowakischen Volksmusik mit der Musik der Nachbarländer. Im 15. und 16. Jahrhundert drang die westeuropäische und italienische Polyphonie ein, und es gab keinen namhaften Komponisten, dessen Werke in den slowakischen Städten nicht aufgeführt wurden. Überall hatten sich sehr früh tüchtige Vokal- und Instrumentalkörper gebildet. Im nahen Böhmen hatten sich bereits im 16. Jahrhundert tschechische Komponisten in das europäische Musikgeschehen eingereiht. Im 17. folgten auch Slowaken.

LEBEN

Juraj Třanovský (Trannoscius) wurde am 27. 3. 1592 in Teschen (Těšín) geboren. Er studierte in Guben und Kolberg (Kołobrzeg) und ab seinem 16. Lebensjahr in Wittenberg. Nach seiner Lehrtätigkeit in Prag und anderen böhmischen Orten wurde er 1615 Pfarrer in Valašské Meziříčí. 1622 mußte er nach Schlesien flüchten, wurde 1625 Kaplan in Orava in der Slowakei und 1631 Pfarrer in Liptovský Sv. Mikuláš, wo er am 29. 5. 1637 starb.

WERKE

Der Tscheche Juraj Třanovský, der durch seine Flucht vor der Gegenreformation zu einem der ältesten, namentlich bekannten slowakischen Komponisten geworden war, brachte 3 Bücher mit Oden heraus, denen 20 vierstimmige homorhythmische Sätze beigegeben waren, außerdem das Gesangbuch »Cithara Sanctorum« mit über 400 Liedern. Er ist den humanistischen Dichtern und Komponisten des 16. Jahrhunderts zuzuzählen.

LITERATUR

J. Mocko, Juraj Třanovský, Senice 1891.

Max Trapp (1887–1971)

LEBEN

Hermann Emil Alfred Max Trapp wurde am 1. 11. 1887 in Berlin geboren. Er war Schüler von Paul Juon und Ernö von Dohnányi und wirkte als Klavierlehrer und Direktionsmitglied am Bendaschen Konservatorium in seinem Geburtsort. Im Jahr 1920 wurde er Lehrer an der Berliner Staatlichen Musikhochschule, 1924 Leiter einer Meisterklasse für Komposition am Konservatorium in Dortmund. Von 1951 bis 1953 unterrichtete er am Städtischen Konservatorium in Berlin, wo er sodann allein seinem Schaffen lebte und am 31. 5. 1971 starb.

WERKE

Von Max Trapp sind 7 Sinfonien, 3 Orchesterkonzerte, ein Allegro, ein sinfonischer Prolog, ein Klavierkonzert, ein Violinkonzert, ein Cellokonzert, eine sinfonische Suite, ein »Dramatischer Prolog«, ein Notturno, ein Divertimento für Kammerorchester und weitere Kammermusik, Klaviermusik, eine Kantate, Lieder und Bühnenmusik bekannt geworden. Sein spätromantischer Stil verbindet die Musiksprache von Richard Strauss und Max Reger mit einer Polyphonie im Sinne Bachs und Hindemiths.

Louis Antoine Travenol
(1708–83)

ZEIT UND UMWELT

Obgleich François Marie Voltaire (21. 11. 1694, Paris, bis 30. 5. 1778, Paris) – eigentlich Arouet – mit Angriffen auf seine Zeitgenossen nie sparte, war er dennoch sehr empfindlich, wenn er zum Ziel negativer Äußerungen wurde. Er selbst war kein Musiker, so daß sein Urteil in musikalischen Fragen nicht immer sehr treffend war. Auch als Librettist war er wenig geneigt, sich den Anforderungen der Komponisten anzupassen. Gegen Widersprüche versuchte er sich nicht selten auf dem Prozeßweg zur Wehr zu setzen.

LEBEN

Louis Antoine Travenol wurde 1708 in Paris geboren. Er war vermutlich Schüler von Louis-Nicolas Clérambault und Jean-Baptiste Senallié und stand nach seiner Ausbildung im Dienst des Königs Stanisław Leszczyński. Von 1737 bis 1758 wirkte er als Violinist an der Pariser Oper. Er dürfte sodann als Violinlehrer, Komponist und Schriftsteller bis zu seinem Tod im Jahr 1783 gearbeitet haben. Er geriet mit Voltaire in einen langen Prozeß, weil er ihn mit mehreren Schriften angegriffen hatte. Es gab auch Konflikte mit Jean-Jacques Rousseau, den er heftig kritisierte.

WERKE

Von Louis Antoine Travenol sind ein Buch mit Sonaten für Solovioline und Generalbaß und eine Suite aus Sinfonien bekannt geworden. Seine von den Zeitgenossen geschätzte Kantate »La Fierté vaincue par l'Amour« (Der durch die Liebe überwundene Stolz) ist verschollen. Travenol gehörte eindeutig der französischen Violinistenschule des 18. Jahrhunderts an.

John Travers (um 1703–58)

ZEIT UND UMWELT
Die Dichtungen von Matthew Prior (1664 bis 1721), der mit seinen anakreontischen Versen das englische Rokoko einleitete, werden heute noch gedruckt und gelesen. Ihr eleganter Stil lud nachgerade zu ihrer Vertonung ein.

LEBEN
John Travers wurde um 1703 vermutlich in London geboren. Er war Chorknabe an St. Georg's Chapel in Windsor und darauf Schüler von Johann Christoph Pepusch. Im Jahr 1725 wurde er Organist an St. Paul's, sodann an Covent Garden und darauf an Fulham Church; 1737 nahm ihn die Chapel Royal in gleicher Eigenschaft auf. Er versah diesen Dienst bis zu seinem Tod im Juni 1758.

WERKE
Von der zahlreichen Kirchenmusik, die John Travers komponierte, sind ein Service in F-Dur und ein Te Deum in D-Dur sehr bekannt geworden. Er brachte neben etlichen Anthems in 2 Bänden eine ein- bis fünfstimmige Psalmvertonung mit Cembalo-Generalbaß heraus. Weitreichende und lange andauernde Beliebtheit erreichte er mit seinen »18 Canzonetten für zwei und drei Stimmen« auf Texte von Matthew Prior. Man könnte sagen, daß damit das englische Rokokolied seinen Anfang genommen hat. Manches davon wird heute noch gesungen. 12 Voluntaries für Orgel oder Cembalo wurden posthum publiziert.

Gioachino Traversa
(um 1745 bis nach 1780)

ZEIT UND UMWELT
Die von Giovanni Battista Somis in Turin begründete Tradition wurde über seine Schüler an deren Schüler weitergereicht, die sie wie ihre Vorgänger zumeist nach Paris, wohin sie ihre Laufbahn führte, brachten und auf die Entwicklung der französischen Musik einen nachhaltigen Einfluß ausübten.

LEBEN
Gioachino Traversa wurde um 1745 in Bra, Piemont, geboren. Er war Schüler von Gaetano Pugnani. Gegen 1770 übersiedelte er nach Paris, wo er mit Erfolg im Concert spirituel als Violinsolist auftrat. Es ist unbekannt, ob er eine feste Stellung innehatte. Seine letzten Kompositionen sind 1780 erschienen. Er dürfte in einem der folgenden Jahre in Paris verstorben sein.

WERKE
Von Gioachino Traversa sind 6 Sonaten für Solovioline und Baß, 18 Streichquartette und ein Violinkonzert erschienen. Sein Stil läßt die Schule von Turin erkennen.

Robert Trebor (um 1350 bis um 1400)

ZEIT UND UMWELT
Gaston III. Phoebus (1331–91), einer der bedeutendsten Vertreter der Grafen von Foix, war wegen seiner glänzenden Hofhaltung in Orthez und Pau, wegen seiner Liebesabenteuer und seiner Jagdleidenschaft und nicht zuletzt wegen seiner schriftstellerischen und dichterischen Leistungen berühmt. Sein Neffe und Nachfolger Mathieu (um 1350 bis 1398) heiratete 1392 die Tochter des Königs von Aragon Juan I. (um 1340–95) und erhob vergeblich Ansprüche auf Aragons Krone.

LEBEN
Robert Trebor wurde um 1350 im Bereich der Grafschaft Foix geboren. Er lebte an den

Höfen in Orthez und Pau als Dichter und Komponist und starb vermutlich um 1400 an einem der Höfe der Grafen de Foix.

WERKE
Von dem französischen Komponisten Robert Trebor sind 6 dreistimmige Balladen überliefert. Eine ist dem Ruhm des Grafen Gaston III. gewidmet, eine zweite feiert den Grafen Mathieu und eine dritte schildert einen Zug nach Sardinien, den der Schwiegervater des Grafen Mathieu 1389 unternommen hatte. Die Balladen gehören mit ihrer feinen, reich verzierten Anlage dem Stil der Ars subtilior an.

LITERATUR
K. Günther, Datierbare Balladen des späten 14. Jahrhunderts, in: Musica Disciplina XV, 1960.

Francis Tregian (um 1574–1619)

ZEIT UND UMWELT
Zu den vielseitigen Anstrengungen auf dem Kontinent, England für den Katholizismus wiederzugewinnen, gehörten auch die vielen Verschwörungen gegen das Leben der Königin Elisabeth I., von denen keine zum Erfolg führte. Nach ihrem Tod wurde König Jakob zum Ziel solcher Bemühungen. Am 5. November 1605 sollten der König, seine Familie, die Minister und das gesamte Parlament in die Luft gesprengt werden. Das Komplott (Pulververschwörung) wurde rechtzeitig entdeckt, die Teilnehmer wurden hingerichtet, Massenverhaftungen verdächtiger Katholiken folgten.

LEBEN
Francis Tregian wurde um 1574 in Cornwall geboren und von 1586 bis 1592 in den Jesuitenkollegien von Douai und Eu erzogen. Dann war er bis 1594 Kammerdiener eines Kardinals in Rom. Im Jahr 1605 kehrte er nach England zurück und wurde vermutlich im Zusammenhang mit der Pulververschwörung eingekerkert. Er starb in London im Jahr 1619.

WERKE
Der englische Komponist Francis Tregian war der Schreiber des »Fitzwilliam Virginal Book«, einer Sammlung englischer Instrumentalmusik aus dem 17. Jahrhundert, die im Fitzwilliam Museum in Cambridge aufbewahrt ist. Er fügte 4 eigene Stücke bei. Außerdem legte er eine Sammlung von mehrstimmigen englischen und italienischen Madrigalen, Motetten, Pavanen und Kanzonen aus dem 16. Jahrhundert und ein weiteres Sammelwerk mit fünf- bis achtstimmigen Motetten und Madrigalen aus der gleichen Zeit an. Diesen sind 2 eigene Madrigale und eine Balla d'amore für fünf Violen angefügt. Seine Kompositionstechnik ist sehr traditionsgebunden.

George Tremblay (1911–82)

LEBEN
George Amédée Tremblay wurde am 14. 1. 1911 in Ottawa geboren. Er lebte seit 1919 in den USA, wo er ab 1936 Schüler von Arnold Schönberg war. Im Jahr 1965 gründete er in Los Angeles eine Schule »zur Erforschung und Entwicklung neuer serieller Techniken«. Er starb am 14. 6. 1982 in Tijuana, Mexiko.

WERKE
Die Reihentechnik wandte George Tremblay bei seinen Kompositionen in den verschiedensten Formen an und trug dadurch zu ihrer Verbreitung in den USA viel bei. Er schrieb 3 Sinfonien, eine Serenade und ein Epithalamium für Bläser, Streicher, Klavier und Schlagzeug, ein Bläsersextett, 2 Bläserquintette, 4 Streichquartette, 2 weitere Stücke für Streichquartett, ein Klavierquartett, ein Quartett für Oboe, Klarinette, Fagott und Bratsche, ein Klaviertrio, ein Streichtrio, ein Duo für Bratsche und Klavier, Fantasie und Fuge für Fagott und Klavier, eine Kontrabaßsonate sowie 3 Klaviersonaten.

Vittorio Trento (um 1761–1833)

Zeit und Umwelt

Das Teatro La Fenice in Venedig wurde 1790 erbaut, brannte vor der Vollendung ab und erhielt 1792 seine endgültige Gestalt. Es war im Verlauf des 19. Jahrhunderts Uraufführungsort vieler berühmter Opern und zählt noch heute zu den bedeutendsten Opernhäusern Italiens. Bei der Aufnahme von Mitwirkenden war das Haus immer sehr selektiv.

Leben

Vittorio Trento wurde um 1761 in Venedig geboren. Er war dort Schüler von Ferdinando Bertoni am Conservatorio dei Mendicanti. Darauf widmete er sich der Komposition von Opern und Balletten und wirkte zunächst als Cembalist am Teatro San Samuele und, nach einer Reise nach London zur Aufführung seines Balletts »Triumph der Liebe« im Jahr 1796, ab 1797 als Kapellmeister am Teatro La Fenice. Ab 1806 war er Konzertmeister am Teatro Italiano in Amsterdam. Nach einem Aufenthalt in Lissabon lebte er ab 1811 in London, dann von 1818 bis 1821 in Italien, darauf neuerlich in Lissabon und schließlich in Venedig, wo er im Jahr 1833 starb.

Werke

Von Vittorio Trento sind ungefähr 30 Opern und mehr als 50 Ballette erhalten. Er schrieb weiters Kantaten, mehrere Oratorien, einige Instrumentalwerke und Lieder. Er leitete ein neues Aufblühen der venezianischen komischen Oper ein.

Flaminio Tresti (um 1550 bis nach 1613)

Zeit und Umwelt

Frankfurt am Main, politisch und wirtschaftlich eine der wichtigsten Städte des deutschen Raumes, nahm am Kulturgeschehen nur zögernd teil. Auch in der Musikgeschichte scheint der Name der Stadt erst spät als Musikzentrum auf, dagegen viel früher im kommerziellen Bereich der Musik als Verlagsort von Kompositionen.

Leben

Flaminio Tresti wurde um 1550 in Lodi geboren und wirkte in verschiedenen Kirchen Mailands als Sänger und Organist. Er dürfte auch in seinem Heimatort eine Zeitlang die Orgel gespielt haben. Im Jahre 1613 wurde er Organist an San Pietro in Alessandria, wo er nach einigen Jahren verstorben ist.

Werke

Die Messen, Motetten, Canzonetten und Vespern des Kirchenkomponisten Flaminio Tresti wie seine 4 Bücher Madrigale erschienen in Mailand, Venedig und vor allem in Frankfurt am Main. Die Madrigale gehören stilistisch bereits dem nächsten Jahrhundert an; sie wurden sehr geschätzt und mehrmals aufgelegt. Die Kirchenmusik ist dagegen stark konventionell und konservativ.

Daniel Gottlieb Treu (1695–1749)

Zeit und Umwelt

Herzog Eberhard Ludwig (1676–1733) erschöpfte die Finanzen seines Landes Württemberg durch seine Prachtentfaltung vollends. Hand in Hand damit ging ein großzügiges Mäzenatentum, das vor allem Musikern zugute kam.

Leben

Daniel Gottlieb Treu wurde 1695 in Stuttgart geboren und dort von Sigmund Kusser (1660–1727) ausgebildet. Die Großzügigkeit des Herzogs von Württemberg ermöglichte ihm ab 1717 einen Aufenthalt in Venedig, wo er bei Antonio Vivaldi (1678–1741) seine Ausbildung vervollständigte und – als Danielo Teofilo Fedele – eine Anzahl Opern herausbrachte. Im Jahr 1725 zog er mit einer italienischen Operntruppe nach Breslau (Wrocław) und führte dort weitere von ihm verfaßte Opern auf. Ab 1727 wirkte er als Kapellmeister in verschiedenen Adelshäusern und starb am 7. 8. 1749 in Breslau.

Werke

Außer seinen Opern sind von Daniel Gottlieb Treu eine Anzahl Kantaten, Instrumentalsonaten und andere Orchesterwerke überliefert, die stilistisch stark von Antonio Vivaldi abhängen. Er hat auch zwei musiktheoretische Werke verfaßt.

Jean-Claude Trial (1732–71)

ZEIT UND UMWELT

Pierre Montan Berton, Direktor der Pariser Oper, hat mit dem Einsatz seines ganzen Einflusses viel zur Versöhnung der Gluckisten und Piccinnisten und deren Koexistenz im Opernleben beigetragen. Der Streit zwischen den beiden Parteien war gerade unter seiner Opernleitung am heftigsten entbrannt. Ihm unterstanden auch die Opernaufführungen im Schloß Fontainebleau.

LEBEN

Jean-Claude Trial wurde am 13. 12. 1732 in Avignon geboren. Er war zunächst Kapellmeister an der Kathedrale von Vaison, Vaucluse, dann Violinist am Theater von Montpellier. Darauf ging er nach Paris, wo er sich mit Jean-Philippe Rameau anfreundete, sein Schüler wurde und in das Orchester der Opéra Comique sowie in die Kapelle des Prince de Conti Louis François Joseph de Bourbon (1734–1814) als Violinist eintrat. Im Jahr 1767 wurde er neben Pierre Montan Berton Operndirektor und zugleich Kapellmeister des Prince de Conti. Er starb am 23. 6. 1771 in Paris.

WERKE

Neben den Opern, die Jean-Claude Trial gemeinsam mit Pierre-Montan Berton verfaßte und in Fontainebleau herausbrachte, verfaßte er eine Anzahl Divertissements für Orchester, mehrere Kantaten und Arietten. Seine Kompositionen folgten dem noch in Paris herrschenden empfindsamen Stil.

Giuseppe Tricario (1623–97)

ZEIT UND UMWELT

Im Jahr 1647 kam es in Neapel zu Volksaufständen gegen drückende steuerliche Maßnahmen. Der Anführer der Revolten, Masaniello, eigentlich Tommaso Aniello (1620 bis 1647), konnte die Zurücknahme einzelner Belastungen erreichen, wurde aber darauf ermordet. Auch der Druck auf die Bevölkerung verschärfte sich, so daß in den folgenden Jahren eine starke Abwanderung von Neapolitanern nach dem Norden einsetzte.

LEBEN

Giuseppe Tricario wurde am 25. 6. 1623 in Gallipoli, Lecce, geboren. Er studierte in Neapel, verließ aber 1649 die Stadt wegen der blutigen Revolten und den folgenden Zwangsmaßnahmen und ging nach Rom. Dann reiste er als Musiker in Italien herum, bis er 1654 Kapellmeister der Accademia dello Spirito Santo in Ferrara wurde. Von 1659 bis 1663 wirkte er als Kapellmeister der Witwe Ferdinands III., Eleonora Gonzaga, in Wien. Im Jahr 1664 kehrte er nach Gallipoli zurück, wo er am 14. 11. 1697 starb.

WERKE

Der italienische Komponist Giuseppe Tricario verfaßte zahlreiche Opern, die zur Gänze verlorengegangen sind. 2 Oratorien sowie zahlreiche Kantaten, Arien, Messen sind handschriftlich erhalten. Sie folgen dem Stil des römischen Barock und wirken opernhaft, was auch von den Motetten und Madrigalen in verschiedenen Sammelwerken gesagt werden muß.

LITERATUR

G. A. Pastore, Giuseppe Tricario da Gallipoli musicista del secolo XVII, in: Studi Salentini, Lecce 1968–69.

Jean Balthasar Tricklir (1750–1813)

ZEIT UND UMWELT

Von Stadt zu Stadt reisende Streichquartettensembles waren eine neue Erscheinung um die Wende zum 19. Jahrhundert in Deutschland, während in Italien schon um einige Jahrzehnte vorher zuweilen Streichergruppen auf Konzertreisen gingen. Zumeist war unter den Ensemblemitgliedern zumindestens eines, dessen Name allgemein bekannt war und als Empfehlung für die Gemeinschaft diente.

LEBEN

Jean Balthasar Tricklir wurde 1750 in Dijon geboren. Er bildete sich in seinem Geburtsort und in Mannheim zum Cellisten aus und ging sodann auf Konzertreisen. Im Jahr 1782 ließ er sich in Mainz als Kammervirtuose nieder und wurde gleichzeitig Mitglied des von Ernst Schick begründeten Streichquartetts, dem außerdem Carl Hermann Benda angehörte. Im Jahr 1783 wurde er Mitglied der Hofkapelle in Dresden, wo er am 19. 11. 1813 starb.

WERKE

Von Jean Balthasar Tricklir sind Cellokonzerte und Cellosonaten erhalten, die vom Mannheimer Stil beeinflußt sind. Er verfaßte auch mehrere musiktheoretische Werke.

Johann Sewald Triemer (um 1700–61)

ZEIT UND UMWELT

Cembalo, Viole, Gambe und Blockflöte wurden um die Mitte des 18. Jahrhunderts verabschiedet wie das Barock. Die Musik war lauter geworden, weil sie vom intimen Rahmen der Paläste in die Konzertsäle gegangen war, und besonders, weil einzelne Instrumente, von ihrer Funktion als Füll- und Verstärkungsstimmen befreit, ihr Eigenleben erhielten und sich daher voneinander klarer abheben mußten.

LEBEN

Johann Sewald Triemer wurde um 1700 in Weimar geboren. Er wurde in Paris von Joseph Bodin de Boismortier ausgebildet. 1729 ging er nach Alkmaar und ließ sich einige Jahre später als Cellist und Cellolehrer in Amsterdam nieder, wo er 1761 starb.

WERKE

Von Johann Sewald Triemer ist eine Reihe Cellosonaten erschienen, die den Entwicklungsstand des Spieles auf diesem Instrument aufzeigen. Außerdem schrieb er eine Anzahl Psalmen.

Petrus Tritonius (um 1465–1525)

ZEIT UND UMWELT

Die Universitäten Wien und Ingolstadt, wo der große Celtis und andere namhafte Humanisten wirkten, Padua, wo Dante lebte, wo eine Vielzahl von Renaissancemeistern gebaut, gegossen und gemalt hatten und an der alten Universität das Studium der Sprachen der Antike an erster Stelle stand, mußten aus einem wissensdurstigen Studenten einen Humanisten reinster Prägung formen.

LEBEN

Petrus Tritonius (Peter Treibenreif, Treybenraiff) wurde um 1465 in Bozen geboren. Der österreichische Humanist und Komponist studierte in Wien (1486), Ingolstadt (1497) und Padua (1499), wurde Lehrer an der Domschule in Brixen, sodann in Bozen und Hall, wo er vermutlich 1525 gestorben ist.

WERKE

Tritonius komponierte Oden von Quintus Horatius Flaccus Note für Note, vierstimmig gesetzt. Diese bis ungefähr zur Mitte des 16. Jahrhunderts beliebte Technik wurde auch von Senfl und Hofhaymer angewendet. Tritonius ist auch Verfasser des ältesten katholischen Gesangbuches: Hymnarius durch das gantz Jar verteutscht.

LITERATUR

F. Cohrs, Der humanistische Schulmeister Petrus Tritonius, Mitteilungen der Gesellschaft für deutsche Erziehungs- und Schulgeschichte VIII, 1898.

Giacomo Tritto (1733–1824)

ZEIT UND UMWELT

San Carlo, das größte und schönste Theater in Neapel, das nahezu so groß wie die Scala in Mailand ist, wurde 1737 erbaut und im Verlauf des 18. Jahrhunderts mehrmals umgebaut und verbessert. Es wurde vom Beginn an vorwiegend für Opernaufführungen verwendet. Im Jahr 1816 brannte es völlig nieder und wurde neu errichtet. Zahlreiche Erstaufführungen berühmter italienischer Opern fanden darin statt.

LEBEN
Giacomo Tritto wurde am 2. 4. 1733 in Altamura bei Bari geboren. Er war ab 1752 Schüler des Conservatorio della Pietà de'Turchini in Neapel, wo er 1785 außerordentlicher Zweiter Lehrer, 1793 Zweiter Lehrer, 1799 Erster Lehrer und 1807 gemeinsam mit Giovanni Paisiello und Fedele Fenaroli Direktor des zum Collegio Reale di Musica umgewandelten Conservatorio wurde. Auch nachdem Nicola Antonio Zingarelli die Leitung des Collegio übernahm, blieb Tritto dort Kompositionslehrer. Im Jahr 1816 wurde er Hofkapellmeister. Er starb am 16. 9. 1824 in Neapel.

WERKE
Außer den 51 Opern im neapolitanischen Stil, die Giacomo Tritto nahezu ausschließlich für San Carlo in Neapel schrieb, verfaßte er zahlreiche Kirchenmusik, wie eine Messe für Doppelchor mit zwei Orchestern, 7 weitere Messen, 2 Passionen mit Orchester, ein Requiem, Messenteile, Psalmen, ein fünfstimmiges Te Deum, Motetten und Kantaten.

LITERATUR
G. de Napoli, Giacomo Tritto, in: La Lettura, 1924.

Massimo Troiano
(um 1530 bis nach 1570)

ZEIT UND UMWELT
Die deutsche Familie Fugger stieg im 15. und 16. Jahrhundert zu einer europäischen kommerziellen und finanziellen Macht auf. Kaiser und Könige waren ihre Kreditnehmer. Sie förderte mit mächtigem Geldeinsatz den Katholizismus und die Gegenreformation und war daher mit dem Haus Habsburg in Deutschland und in Spanien in enger Interessensgemeinschaft verbunden. Diese einseitige Orientierung unter Marcus Fugger (1529–97) und Johann Jakob Fugger (1516 bis 1575) führte schließlich zu einer Schwächung des wirtschaftlichen Einflusses der Augsburger Familie in den folgenden Jahrhunderten. Ihr Lebensstil, der dem eines fürstlichen Hauses glich, wurde lange beibehalten, zugleich auch ihre Privatkapellen.

LEBEN
Massimo Troiano (Trojano) wurde um 1530 in Corduba, Neapel, geboren und vermutlich in Neapel von Giovan Domenico Nola ausgebildet. Wahrscheinlich über spanische Empfehlung nahm ihn die Privatkapelle von Johann Jakob Fugger in Augsburg 1560 als männlichen Altsänger auf. Er blieb in dieser Stellung bis 1567. Nach kurzem Wirken in Treviso und Venedig trat er sodann in den Dienst Albrechts V., Herzog von Bayern. Er betätigte sich als Komödiendichter, Bühnenbildner und Musiker. Im April 1570 wurde gegen Troiano eine Untersuchung wegen Mordes an dem zeitgenössischen Geiger Battista Romano eingeleitet, der er sich durch Flucht entzog. Es ist nicht bekannt, wohin er sich gewendet hat und wann und wo er gestorben ist.

WERKE
Von dem Dichter und Komponisten Massimo Troiano sind 4 Bücher mit neapolitanischen Kanzonen für drei bis vier Stimmen überliefert. Einzelnes ist in Sammeldrucken verstreut. Seine Kanzonen folgen einem reinen neapolitanischen Stil, der zu seiner Zeit sehr gefiel und heute noch gerne gehört wird.

LITERATUR
W. Boetticher, Orlando di Lasso und seine Zeit, Kassel 1958.

Antonio Troilo (um 1565 bis nach 1608)

ZEIT UND UMWELT

Neben den Hof- und Kirchenkapellen beschäftigten die Stadtverwaltungen eigene Musikerensembles, die allerdings anfänglich nur fallweise zusammengestellt wurden. Mit der Zeit bildeten sich ständige Kapellen heraus, aus denen sich die Kirchenkapellen je nach Bedarf Verstärkungen holten. Sehr oft waren Mitglieder der Stadtkapellen auch mit anderen Funktionen der Verwaltung betraut.

LEBEN

Antonio Troilo wurde um 1565 in Verona geboren und vermutlich dort zum Musiker ausgebildet. Gegen das Ende des 16. Jahrhunderts nahm ihn die Stadtkapelle von Vicenza auf, wo er nach dem Jahr 1608 starb.

WERKE

Von dem Stadtmusikus Antonio Troilo sind ein Buch Kanzonen mit Generalbaß für vier bis fünf beliebige Instrumente, zweistimmige Sinfonien und Scherzi für Sänger oder Instrumente, 10 fünfstimmige Psalmen und ein Magnificat erhalten. Der Generalbaß ist nahezu überall angewendet, monodische Stimmführung nur selten. Die Psalmenkomposition bewegte sich in traditionellen Bahnen.

Manfred Trojahn (geboren 1949)

LEBEN

Manfred Trojahn wurde am 22.10.1949 in Cremlingen bei Braunschweig geboren. Er studierte zunächst in Braunschweig, dann in Hamburg Flöte bei Karl Zeller und Komposition bei Dietrich de la Motte, außerdem in Rom und Paris, wo er heute als freischaffender Komponist lebt.

WERKE

Ausgehend von der Zwölftontechnik und beeinflußt von Gustav Mahler, Alban Berg und György Ligeti schrieb Manfred Trojahn Orchester- und Kammermusik unter häufiger Verwendung der Flöte, darunter drei Sinfonien und zwei Streichquartette.

Ascanio Trombetti (1544–90)

ZEIT UND UMWELT

Ratskapellen oder Stadtpfeifer waren selten Angestellte der Stadtverwaltungen, sondern zunftmäßig organisierte Musiker, die nach Bedarf von öffentlichen Institutionen – Stadtrat, Regierungsstellen, Universitäten – oder Privaten gegen jeweilige Entlohnung herangezogen wurden. Sie nahmen zumeist eine Monopolstellung ein wie viele andere Gewerbe. Fahrende und keiner Zunft angehörende Musiker durften nur beschäftigt werden, falls gewisse Abgaben an die Zunft geleistet wurden. Es handelte sich in den meisten Fällen um Bläser und Trommler. Die einzelnen Musiker waren meistens für alle Instrumente ausgebildet, die in diesen Ratskapellen gespielt wurden.

LEBEN

Ascanio Trombetti wurde am 27. 11. 1544 in Bologna getauft. Er war Mitglied der Ratskapelle seiner Geburtsstadt und von 1583 bis 1589 Kapellmeister an San Giovanni in Monte. Er starb in Bologna am 21. 9. 1590.
Sein Bruder Girolamo Trombetti (getauft 7. 12. 1557, Bologna, bis 1624, Bologna) war gleichfalls Ratsmusiker, von 1566 bis 1576 Sänger in der Cappella Lauretana und 1589 als Nachfolger von Ascanio Trombetti Kapellmeister an San Giovanni in Monte bis zu seinem Tod.

WERKE

Von Ascanio Trombetti kamen ein Buch dreistimmige Neapolitane, 2 Bücher vier- und fünfstimmige Madrigale, ein Buch fünf- bis zehnstimmige Motetten heraus. Einzelnes findet sich in Sammelwerken.
Girolamo Trombetti veröffentlichte ein Buch fünfstimmige Madrigale.
Für beide Musiker, die Berufsinstrumentalisten waren, ist bezeichnend, daß sie nur Vokalmusik verfaßten. Gewisse Klangblöcke in

ihren Chorkompositionen lassen die gewohnte Blasmusik heraushören.

Bartolomeo Tromboncino
(um 1470 bis nach 1535)

ZEIT UND UMWELT
In den letzten Jahrzehnten des 15. und den ersten des 16. Jahrhunderts entstand in Mittel- und Oberitalien eine intensiv gepflegte Liedform, die Frottola, deren Satz durchwegs vierstimmig und homophon gehalten war und sich an die franko-flämische Technik anlehnte. Tenor und Sopran bilden dabei den Kern des Satzes, Baß und Alt umspielen den harmonischen Ablauf und verzieren ihn. Melodieträger ist der Sopran, der Baß verläuft in Quart- oder Quintschritten. Die Einfachheit und leichte Eingängigkeit machten die Frottola sehr beliebt; ihr festes Melodieschema ermöglichte auch eine Stegreifkomposition.

LEBEN
Bartolomeo Tromboncino wurde um 1470 in Verona geboren. Er war ein Sohn des Musikers Bernardino Pifaro, der in venezianischen und mantuanischen Diensten stand. Von 1487 bis 1495 lebte er in Mantua am Hof der Gonzaga, dann in Vicenza und Casale, anschließend (1501–12) in Mantua, darauf in Ferrara und Florenz im Dienst der Medici, wo er ein Sonett von Michelangelo vertonte. Sein letzter Aufenthalt dürfte Venedig gewesen sein, wo er nach 1535 starb.

WERKE
Bartolomeo Tromboncino war einer der bedeutendsten Meister der Frottola. Es ist eine große Anzahl davon in verschiedenen Fassungen überliefert, drei- und vierstimmig, einstimmig mit Lautenbegleitung oder für Orgel. Außer diesen Liedern sind von dem Meister 9 vierstimmige Lamentationes Jeremiae, 22 vierstimmige Lauden und ein vierstimmiges Benedictus erhalten. Tromboncino komponierte auch die Musik zur Komödie »Asinaria« von Titus Maccius Plautus (um 250–184 v. Chr.) und schuf damit eine der ältesten Bühnenmusiken Italiens (1502).

LITERATUR
W. H. Rubsamen, Literary sources of Secular Music in Italy, Los Angeles 1943.

Johann Georg Tromlitz (1725–1805)

ZEIT UND UMWELT
Bei Holzblasinstrumenten sind Klappen bereits im 16. Jahrhundert entwickelt worden. Es handelte sich um Deckklappen, die schwer erreichbare Grifflöcher schlossen. Geschlossene Klappen, die zur Erzeugung bestimmter Töne Grifflöcher öffnen, sind erst im 17. Jahrhundert aufgekommen. Im Verlauf des 18. Jahrhunderts wurde im Klappensystem eine Reihe von Verbesserungen angebracht, bis im nächsten die Löcher akustisch richtig postiert und vermehrt und das Klappensystem in die heutige Form gebracht wurde.

LEBEN
Johann Georg Tromlitz wurde am 8. 11. 1725 in Reinsdorf über Artern geboren. Er lebte als Komponist, Flötist und Flötenbauer in Leipzig, wo er am 4. 2. 1805 starb.

WERKE
Von Johann Georg Tromlitz sind 2 Flötensonaten, 3 Konzerte für Flöten und Streichquartett, verschiedene Flötenstücke und Lieder erhalten. Er verfaßte einige theoretische Werke über das Flötenspiel und beschäftigte sich mit dem Klappensystem für Flöten in seinem Werk »Über die Flöten mit mehreren Klappen«.

Johann Baptist Matthäus Trost
(um 1686 bis nach 1718)

ZEIT UND UMWELT
Die Hofkapelle in Durlach der Markgrafen von Baden-Durlach war reich dotiert, so daß gute Kräfte aufgenommen werden konnten. Wenn einer davon Opern verfaßte, durfte er

sicher sein, aufgeführt zu werden, weil man gerne zu jeder Oper in deutscher Sprache griff, denn für italienische Aufführungen fehlten oft die entsprechenden Sänger.

LEBEN

Johann Baptist Matthäus Trost wurde um 1686 im Bereich von Baden-Durlach geboren. Er war ab 1714 Hofmusikus in Durlach, wo er vermutlich nach 1718 starb.

WERKE

Neben drei Opern in deutscher Sprache, von denen die letzte mit 1718 datiert ist, hat Johann Baptist Matthäus Trost noch eine Anzahl profaner Werke verfaßt, von denen aber nichts erhalten geblieben ist.

Louis Trouillon-Lacombe (1818–84)

LEBEN

Louis Trouillon-Lacombe wurde am 26.11. 1818 in Bourges geboren. Er war ab 1829 Klavierschüler von Pierre Zimmermann am Conservatoire in Paris. Nachdem er den Ersten Klavierpreis erhalten hatte, unternahm er eine Kunstreise, die 1834 in Wien endete; dort studierte er unter Carl Czerny, Simon Sechter und Ignaz Xaver von Seyfried. Im Jahr 1840 kehrte er nach Paris zurück, wo er nur mehr der Komposition und dem Studium lebte. Er starb am 30.9.1884 in St-Vaast-la-Hougue.

WERKE

Von Louis Trouillon-Lacombe sind 4 Opern und eine Bühnenmusik aufgeführt worden. Er schrieb ferner das Melodrama »Sappho« mit Chören, die dramatischen Sinfonien mit Soli und Chören »Manfred«, »Arva«, viele Chöre a cappella und mit Orgel, zahlreiche Lieder, ein Klavierquintett, ein Streichquartett, ein Klaviertrio und eine Anzahl vorzüglicher Klavierstücke – Fantasien, Romanzen, Konzertetüden, Lieder ohne Worte.

LITERATUR

E. Jongleux, Un grand musicien méconnu, Louis Lacombe, Bourges 1935.

Primož Trubar (1508–86)

ZEIT UND UMWELT

Seit den Freisinger Denkmälern mit drei in slowenischer Sprache aufgezeichneten Texten für die Beichtpraxis (zwischen 972 und 1039) gab es bis zum 16. Jahrhundert kein nennenswertes Schrifttum in dieser Sprache. Erst die Reformation brachte eine Wendung, weil die Anhänger Luthers die Bibel in ihrer Sprache lesen, beim Gottesdienst slowenisch beten und vor allem singen wollten. Die Bibelübersetzung von Jurij Dalmatins (1547 bis 1589) hat nachgerade die slowenische Schriftsprache begründet.

LEBEN

Primož Trubar (Primus Truber) wurde am 8. 6. 1508 in Raščica geboren. Er studierte ab 1524 in Triest Theologie, wurde 1530 Priester und 1542 Domherr in Ljubljana, mußte aber 1548 fliehen, weil er für die Reformation eintrat. Er nahm Predigerstellungen in Nürnberg, Rothenburg ob der Tauber, Kempten, Urach, Tübingen und Laufen an und landete schließlich 1566 in Derendingen. In der Zwischenzeit wirkte er auch in Ljubljana als Superintendent, wurde aber nach einigen Jahren vertrieben (1561–65). Er starb am 28. 6. 1586 in Derendingen bei Tübingen.

WERKE

Das erste slowenische Gesangbuch, das Primož Trubar zu verdanken ist, stellt eine Fundgrube mittelalterlicher slowenischer Volksmelodien dar, die der Komponist verwendete. Das Buch enthält auch deutsche und tschechische Kirchenlieder. Das gleiche ist zur zweiten Publikation »Drei geistliche Lieder« zu sagen. Wie weit Trubar eigene Melodien verwertete, ist nicht genau feststellbar.

John Truelove (um 1480 bis um 1530)

ZEIT UND UMWELT

Die Reformation brachte für die Texte der Carols eine einschneidende Veränderung. In der Vorreformationszeit waren sie häufig an die Muttergottes gerichtet oder an einen Heiligen. Das nahm mit der geänderten Ideologie ein Ende. Von nun an wurde die Thematik auf Jesus selbst abgestimmt.

LEBEN
John Truelove (Troulouffe) ist um 1480 in England geboren. Ob er Mitglied der Königlichen Kapelle war, ist unsicher. Es wird angenommen, daß er sich einige Zeit in Frankreich oder Flandern aufgehalten hat. Auch über Ort und Zeit seines Todes gibt es keine Berichte.

WERKE
Von Truelove ist ein sakrales Duett erhalten. In Zusammenarbeit mit Smert brachte er 23 Carols heraus, von denen mindestens 3 von ihm allein komponiert worden sind. Sie sind für zwei Solisten und einen dreistimmigen Chor geschrieben, also als reine Kunstlieder für Berufssänger.

Wasili Fjedorowitsch Trutowski
(um 1740 bis um 1811)

ZEIT UND UMWELT
Im alten Rußland bezeichnete man unter »Gusli« eine Brettzither ähnlich der finnischen Kantele. Im 18. Jahrhundert verstand man darunter eine Art Clavichord.

LEBEN
Wasili Fjedorowitsch Trutowski wurde um 1740 in Iwanowskaja Sloboda, Gouvernement Belgorod, geboren. Er war ein berühmter Sänger und Guslivirtuose und wirkte ab 1761 am Hof in St. Petersburg, wo er um 1811 starb.

WERKE
Das Verdienst des Virtuosen Wasili Fjedorowitsch Trutowski beruht auf seinen Sammlungen und Bearbeitungen russischer und ukrainischer Lieder. Er veröffentlichte: »Sammlung einfacher russischer Lieder«, 4 Hefte, »Verschiedene russische Lieder« für Cembalo oder Pianoforte und »Das kleinrussische Lied« für vierstimmigen Chor und Orchester. Einzelne Lieder davon sind eigene Kompositionen.

Pjotr Tschaikowski (1840–93)

ZEIT UND UMWELT
Das Konservatorium in St. Petersburg wurde von Anton Rubinstein geleitet, den die »Jungrussen« um Aleksandr Borodin wegen seiner rein westlichen Orientierung verachteten und anfeindeten. Dessen Bruder Nikolai Rubinstein, dem das Konservatorium in Moskau unterstand, vertrat einen konservativ-akademischen Standpunkt und galt daher ebenso als Verräter der national-russischen Kunstauffassung, die Musik vom Volk für das Volk voranstellen sollte. Michail Glinka und Aleksandr Dargomischski wurden viel gespielt, aber mehr noch die Italiener, Franzosen, Österreicher und Deutschen; Richard Wagner in der Oper und Felix Mendelssohn-Bartholdy und Robert Schumann im Konzertsaal waren äußerst beliebt. Die »Slavophilen« und Anhänger der »Russischen Schule« riefen zur Besinnung auf das eigene Kulturgut auf wie die Historienmaler jener Zeit und die literarischen Darstellungen vergangener heroisch verklärter Epochen. Auf allen Gebieten standen die »Westler« den Konservativen entgegen und brachten nicht nur europäische Kunstformen, sondern auch politische und soziale Gedanken in das Land, während die »Nationalen« unbeabsichtigt die Mühlen der Diktatoren, der Zensoren, der Gendarmen betrieben. Attentate, Terroranschläge und Revolten werden den Westlern zur Last gelegt und andererseits die Nationalen für Unterdrückung, Polizeiwillkür, Steuerlast, Massenverhaftungen und Verschickungen verantwortlich gemacht, wenngleich die künstlerischen Auseinandersetzungen sich nahezu ausschließlich auf einer Ebene abspielten, die mit den von den politischen, ökonomischen und sozialen Mißständen betroffenen Massen in sehr loser Fühlung stand und daher unecht, unernst und spielerisch wirkten. Das Volk sah die Bilder der streitenden Künstler nicht, las

Pjotr Tschaikowski

ihre Bücher nicht und hörte nichts von der progressiven oder konservativen Musik. Modest Mussorgski ausgenommen, in dessen Musik das Volk tatsächlich mit seiner Stimme zu Wort kam, war bei allen jenen Künstlern das Elend des russischen Volks, seine Unfreiheit auf der einen Seite und der Kampf des zaristischen Herrschaftssystems um das Überleben mit allen Mitteln und um jeden Preis zumindest teilweise nur Kulisse und vielleicht auch Anlaß, aber nur selten Ursache und Ziel, auch wenn diese Künstler heute retrospektiv zu Wegbereitern der neu gewonnenen Lebensformen ernannt werden.

Leben

Pjotr Iljitsch Tschaikowski wurde am 25.4. 1840 in Wotkinsk (heute Udmurtische ASSR) geboren. Er erhielt den üblichen Klavierunterricht der Kinder seiner Gesellschaftsklasse, ohne eine auffallende musikalische Begabung aufzuweisen. In Moskau, wohin er 1850 mit den Eltern übersiedelte, schlug er die Beamtenlaufbahn ein und nahm 1859 eine Sekretärsstelle im Finanzministerium in St. Petersburg an. Er beschäftigte sich während seines Studiums viel mit Musik; im Jahr 1863 gab er den Staatsdienst auf und trat in das Konservatorium ein, das von Anton Rubinstein geleitet wurde. Als Nikolai Rubinstein das Konservatorium in Moskau eröffnete, holte er sich den Schüler seines Bruders als Lehrer für Musiktheorie. 11 Jahre lang betreute Tschaikowski diese Stelle, die ihm den Vorteil bot, daß der Direktor alle seine Kompositionen zur Aufführung brachte. Ab 1872 arbeitete er auch als Musikkritiker; 1867 besuchte er Bayreuth und 1877 nach seiner kurzen unglücklichen Ehe mit der Studentin Antonia Iwanowna Miljukowa (1849–1917) die Schweiz und Italien. In jener Zeit begann seine langjährige Freundschaft mit seiner entfernten Verwandten Nadjeschka Filaretowa von Meck (29. 1. 1831, Snamenskoje bei Smolensk, bis 13. 1. 1894, Wiesbaden), mit der er unzählige Briefe wechselte, aber, abgesehen von einer stummen Begegnung in Florenz, nie zusammentraf; sie war reich und unterstützte ihn wie auch andere Künstler mit einer Jahresrente. In den folgenden Jahren hielt er sich in Kamenka (Ukraine) oder auf verschiedenen Gütern der Frau von Meck, auf den eigenen Landhäusern bei Klin Maidanowo und Frolowskoje und als Dirigent eigener Werke in russischen Städten, dann im Ausland, vorwiegend in Westeuropa, auf; 1891 dirigierte er in New York, Baltimore und Philadelphia. Sein Name erhielt Weltgeltung, sein Freundeskreis aus Komponisten, Instrumentalisten, Sängern und Sängerinnen und Dirigenten erweiterte sich ständig. Seine stetig wachsende Berühmtheit, die Erfolge seiner Opern, Sinfonien und Kammermusiken, die wirtschaftliche Sicherheit, die Betreuung seitens seiner Familie vermochten seine ständige Unzufriedenheit mit der Umwelt und mit sich selbst, seine selten von ihm weichende Melancholie kaum zu verändern; seine pessimistische, an Nihilismus grenzende Lebensanschauung hatte sich schon früh ausgedrückt: »Die Vergangenheit bedauern, auf die Zukunft hoffen, nie mit der Gegenwart zufrieden sein.« Der Selbstmord lag andauernd im Bereich seines Denkens als befreiende Tat. 9 Tage nach der Uraufführung seiner 6. Sinfonie in St. Petersburg erlag er am 25.10.1893 einer Cholerainfektion.

WERKE

Geboren und aufgewachsen weitab vom Lärm der Politik und dem künstlich überspitzten Meinungsstreit der Geister im stillen mittleren Uralgebiet, war Pjotr Tschaikowski in völliger Abgeschiedenheit ohne westliche oder östliche Doktrin zum »Russen im erschöpfendsten Sinn des Worts« geworden, erfüllt von der Schönheit der russischen Volksmusik, von der Schwermut der unermeßlichen russischen Landschaft, beeindruckt von der tiefen, ergebenen Frömmigkeit und der fatalistischen Leidensfähigkeit der unteren ihrer Kräfte und Rechte unbewußten Volksschichten, wenngleich er als Sohn eines kaiserlichen Beamten dafür wenig Verständnis haben konnte. Aber er hatte zumindest die Fähigkeit, Echtes von Konstruiertem, Oberfläche von Substanz zu unterscheiden. Daher konnte aus ihm kein »Jungrusse«, kein »Slavophile« werden. Er bedurfte keiner Studienreisen durch das russische Reich, um die Volksmusik kennenzulernen und in seine Kompositionen aufzunehmen. Er wurde von den »echten Russen« zu den Westlern gerechnet, und im Westen sah man in ihm den »Exponenten der russischen Musik«. Er wollte beides nicht sein, so wenig wie er revolutionär oder konservativ war, er wollte sich in keinen Richtungsstreit einlassen und in politischen Fragen keine Stellung beziehen. Auch die Umwelt, die er in Moskau und St. Petersburg vorfand, bewog ihn zu keiner Parteinahme; er war Russe schlechthin und von keiner speziellen Prägung, er schloß sich keiner Kunstrichtung an, weil er für sich und die Nachfolger selbst eine Richtung ins Leben rief. »Ich betrachte Sie als das größte Musiktalent des gegenwärtigen Rußlands. Ihre eigentlichen Schöpfungen werden vielleicht erst in fünf Jahren beginnen. Diese reifen und klassischen Schöpfungen aber werden alles übertreffen, was wir nach Glinka gehabt haben.« Diese von dem namhaften Musikkritiker Hermann Augustowitsch Laroche (13.5.1845, St. Petersburg, bis 6.10.1904, St. Petersburg) zu einem frühen Zeitpunkt ausgesprochene kühne Prophezeiung ist voll und ganz eingetroffen. Seine Musik ist Kunst und nicht gekünstelt, alles ist inspiriert und nicht gemacht; mit genialem Griff wurde die westliche Form mit russischem Geist erfüllt und zum internationalen Kulturgut gehoben. Von seinen 8 vollendeten Opern werden »Eugen Onegin« (1877) und »Pick Dame« (1890) in der gesamten musikalischen Welt auf die Bühnen gebracht und die anderen zumindest in seiner Heimat gespielt. Seine 6 Sinfonien in g-Moll, c-Moll, D-Dur, f-Moll, e-Moll und h-Moll beherrschen seit ihrem Entstehen die Konzertprogramme. Der Komponist arbeitete 1892 an einer weiteren Sinfonie, vollendete sie aber nicht. Anatoli Wassiljiwitsch Bogatirjow (geboren am 13.8.1913, Witebsk) rekonstruierte sie aus den vorliegenden Skizzen und Entwürfen 1957 zur »Siebten«. Die »Manfred-Sinfonie« muß wegen ihres programmatischen Inhalts zu den sinfonischen Dichtungen gestellt werden. Von seinen weiteren sinfonischen Dichtungen »Francesca da Rimini« (1867), »Der Sturm« (1883) und »Hamlet« (1888) wird die erstgenannte am meisten gespielt, von seinen Ouvertüren »Das Gewitter«, »Romeo und Julia« und »Das Jahr 1812« sind die beiden letzten am beliebtesten. Das »Capriccio italien« spricht heute ebenso an wie zur Zeit seiner Entstehung. Die 4 Orchestersuiten, von denen er die 4 Mozartthemen (Mozartiana) verwendet, sind gehobene Unterhaltungsmusik, die nur mehr selten gehört wird. Von den Klavierkonzerten gehört Nr. 1 in g-Moll zum ständigen Repertoire jedes Pianisten, Nr. 2 in G-Dur mit Solovioline und Solocello ist musikalisch ebenso wertvoll, aber weniger brillant, Nr. 3 in Es-Dur aus 1893 besteht aus einem mit dem Material zur geplanten Sinfonie gebildeten Satz. Das Violinkonzert in Es-Dur gehört noch heute zu den meist gespielten Stücken seiner Gattung. Von seinen Werken für Cello wird von Virtuosen heute »Variationen über ein Rokokothema« bevorzugt. Seiner Kammermusik ist das Streichsextett »Erinnerung an Florenz« in d-Moll voranzustellen. Von den 4 Streichquartetten – B-Dur, D-Dur, F-Dur und es-Moll – ist das Andante des D-Dur-Quartetts zur »Weltmelodie« geworden. Dem Gedächtnis seines Lehrers Nikolai Rubinstein wurde das reizende Klaviertrio in a-Moll gewidmet. Für die Kirche schuf er eine vierstimmige »Liturgie des Johannes Chrisostomus«, 4 Stücke zum Vespergottesdienst, eine »Hymne zu Ehren der Heiligen Kyrill und Methodius« und 9 Gesänge, an profanen Chören einige Kantaten und A-cappella-Stücke. Die Klaviermusik ist mit 2 Sonaten in cis-Moll und C-Dur, dem viel gespielten Zyklus »Die vier Jahreszeiten« und zahlreichen anderen Stücken jeder Art vertreten. Von seinen 112 Liedern und Duetten sind seine »16 Kinderlieder« hervorzuheben. Mit den Balletten »Schwanensee«, »Dornröschen« und »Der Nußknacker« setzte er einen bedeutenden Markstein für das neuere russische Ballett.

Sinfonie Nr. 1 in g-Moll, »Winterträume«, Opus 13, 4 Sätze, entstanden 1866, umgearbeitet 1874

Der 1. Satz dieser an eine sinfonische Dichtung angenäherten Sinfonie trägt den Titel »Träume von einer Winterreise«. Er hat Sonatenform und weist in beiden Themen spezifisch russische Züge auf, die das Bild der »weiten russischen Landschaft« und die »endlosen Straßen durch den Schnee« zeichnen. Der 2. Satz heißt: »Düsteres Land, nebliges Land«. Die Oboe stimmt eine elegische Weise an, die anderen Instrumente stimmen in die Klage über die Trostlosigkeit ein. Das Scherzo erinnert an »Sommernachtstraum« von Felix Mendelssohn-Bartholdy, flüchtige Vorstellungen und Wünsche huschen durch den Sinn des ermüdeten Wanderers. Im 4. Satz klingt das russische Volkslied »Blumen blühten« auf und wird zur Tanzweise. Mit Material des 1. Satzes weitet sich der Orchesterklang zum Bild eines Volksfestes.

Sinfonie Nr. 2 in c-Moll, »Ukrainische«, Opus 17, 4 Sätze, entstanden 1872, umgearbeitet 1879

Das Werk wird auch »Sinfonie mit dem Kranich« wegen des im 4. Satz verwendeten urkrainischen Volkslieds »Der Kranich« benannt; die »Ukrainische« heißt es wegen seines Entstehungsorts Kamenka (Ukraine). Der 1. Satz bringt als Einleitung das Volkslied »Mütterchen Wolga«. Das Hauptthema des in Sonatenform gefaßten Satzes ist rhythmisch scharf akzentuiert, das Seitenthema ist chromatisch; am Ende des Satzes trägt das Horn das Lied noch einmal vor. Der 2. Satz verarbeitet den Hochzeitsmarsch der Oper »Undine«, die der Komponist als mißlungen vernichtet hat. Seinen Mittelteil bildet das Liedchen »Spinn, meine Spinnerin«. Auch das Scherzo enthält im Trio ein ukrainisches Scherzlied. Und der 4. Satz, mit dem der Komponist den uneingeschränkten Beifall der »Jungrussen« begreiflicherweise erwarb, bringt den »Kranich« und zeigt die Linie auf, auf der sich sein kompositorisches Schaffen weiter entwickelte, nämlich die eigene russische Weiterführung der großen klassischen Sinfonietradition.

Sinfonie Nr. 3 in D-Dur, Opus 29, 5 Sätze, entstanden 1875

Dieses Werk hat Suiten-Charakter und führt »vom Trauermarsch zum Festmarsch«. Anstelle der für den Komponisten typischen lyrischen Faktur findet man hier ausgesprochen romantische Züge vor, die sich zum »Märchenhaft-Theatralischen« steigern. Der den 1. Satz einleitende Trauermarsch verklingt und weicht einem stürmischen Hauptthema. Der 2. Satz ist tänzerisch und verbindet Ländler- und Walzerrhythmen. Der 3. Satz bringt eine elegische Romanze, der 4. ein Scherzo mit Marschrhythmen; und der 5. Satz ist eine kunstvoll kontrapunktisch gearbeitete Polonaise.

Sinfonie Nr. 4 in f-Moll, Opus 36, 4 Sätze, entstanden 1877

»Die vierte Sinfonie«, schrieb der Komponist, »ist meinem Wesen entsprungen und mit echter Inspiration vom Beginn bis zum Ende geschrieben, mit Liebe und glühender Begeisterung, es ist darin kein Strich, der nicht meinen aufrichtigen Gefühlen entstammt.« Der 1. Satz »enthält den Keim der ganzen Sinfonie, ohne Zweifel die Kernidee. Es ist das Faktum, jene Schicksalsgewalt, die unser Bestreben nach Glück hindert, ans Ziel zu gelangen, die eifersüchtig darüber wacht, daß Glück und Friede nicht vollkommen und ungetrübt seien«. Er beginnt mit einem Walzerthema, dem Verlangen nach Glück. Das schicksalhafte Kernmotiv greift ein; nach einer heftigen Auseinandersetzung klingt verheißungsvoll eine Klarinettenmelodie auf, aber der Kampf geht weiter und steigert sich ins Tragische. Der 2. Satz bringt ein liedhaftes Oboensolo und malt »jenes melancholische Gefühl, das sich des Abends einstellt, wenn man allein sitzt von der Arbeit ermüdet...« Der 3. Satz, ein Scherzo, bietet eine phantastische flimmernde Struktur. Im Trio wird das Straßentreiben geschildert, dann gibt es Marschmusik. In der Coda vermischen sich alle Themen. Im Finale wird das Volkslied »Auf dem Felde eine Birke stand« variiert. Das Schicksalsmotiv bricht drohend herein, aber das fröhliche Treiben auf der Straße läßt sich nicht verscheuchen. »Wenn du in dir selbst keine Gründe zur Freude findest, dann schau auf die anderen Menschen. Geh unter das Volk, sieh, wie es sich zu vergnügen versteht, wie es

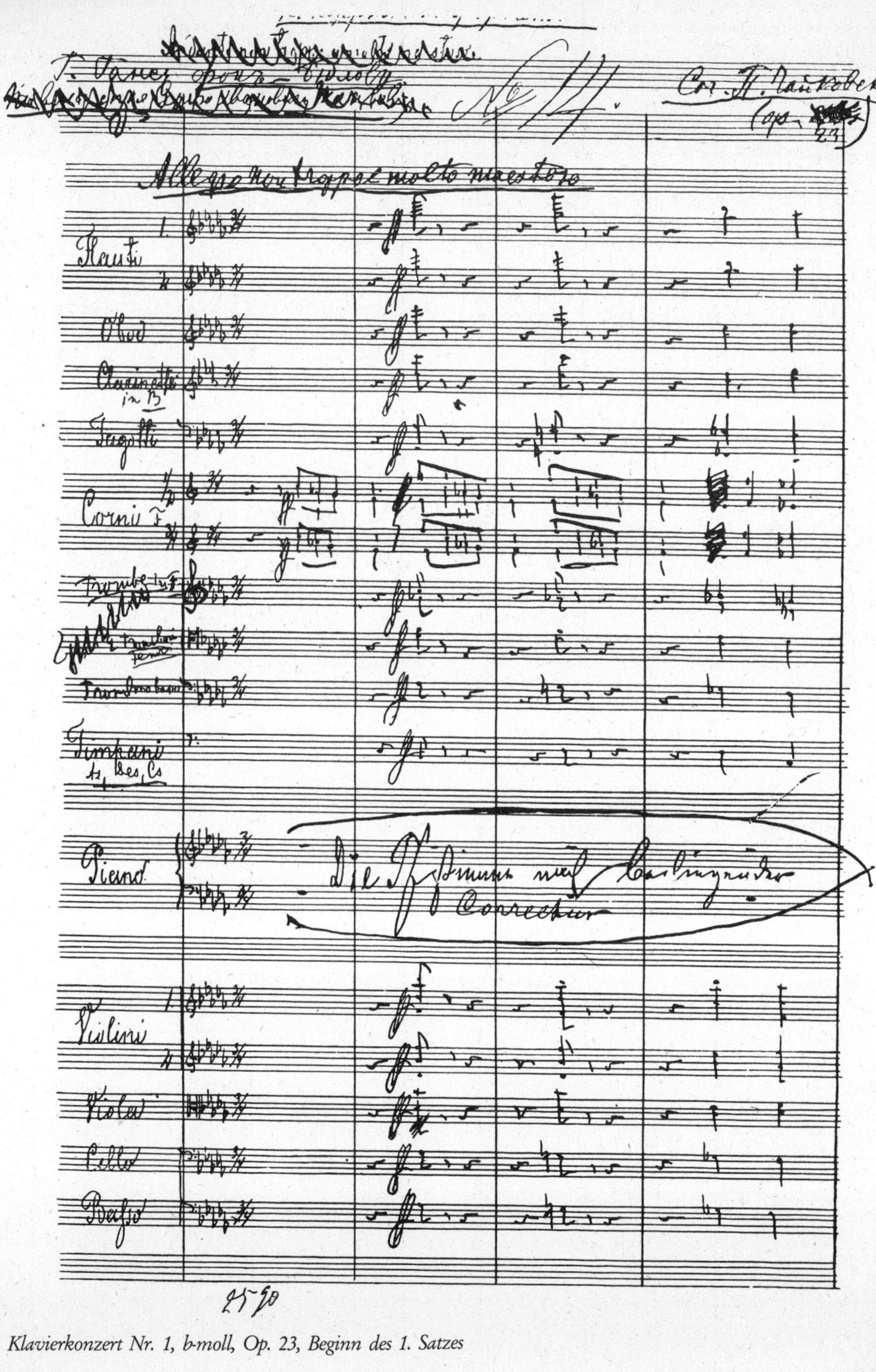

Klavierkonzert Nr. 1, b-moll, Op. 23, Beginn des 1. Satzes

sich schrankenlos den Gefühlen der Freude hingibt.«

Sinfonie Nr. 5 in e-Moll, Opus 64, 4 Sätze, entstanden 1888

Der thematische Gehalt ähnelt dem der Vierten. Das »Schicksalhafte« ist aber noch viel stärker ausgeprägt. Die von den Klarinetten in tiefer Lage vorgetragene Einleitung, langsam und düster wie ein Trauermarsch, legt das für alle Sätze entscheidende Schicksalsmotiv fest: Zweifel, Klagen, Vorwürfe. Der Walzerrhythmus des zweiten Themas träumt von ungetrübtem Glück, mündet aber in eine dramatische Durchführung und eine ungestüme Coda. Das Hornsolo des 2. Satzes dürfte der schönste lyrische Einfall des Komponisten überhaupt sein. Er selbst notierte dazu: »Lichtstrahl«. Pastoral ergänzt die Klarinette die schwärmerische Hymne auf das Glück. Dann bringt das Schicksalsmotiv die Helligkeit zum Erlöschen. Im 3. Satz spielen die Ersten Violinen einen lyrischen Walzer. Das Schicksalsmotiv erhebt mehrmals seine Drohung. Aber das Finale verkündet seinen triumphalen Sieg über das Schicksal, dessen Motiv zum stolzen Marsch gewandelt wird.

Sinfonie Nr. 6 in c-Moll, »Pathétique«, Opus 75, 4 Sätze, entstanden 1893

Der Komponist trug sich mit dem Gedanken, das Werk »Eine Programmsinfonie« zu nennen, denn sie enthalte »ein Programm, aber ein Programm von der Art, die jedem ein Rätsel bleibt – wer kann, mag es erraten.« Er machte das Erraten nicht schwer, er nannte selbst die Sinfonie gelegentlich ein Requiem. Der 1. Satz beginnt mit einer melancholischen Melodie, die zur Entwicklung drängt und so zum Hauptthema des Allegrosatzes wird. Mit voller emotioneller Kraft und Leidenschaftlichkeit setzt sodann die Musik zum Ausdruck der Qual, des Protests und des vergeblichen Freiheitsdrangs ein. Der 2. Satz ist träumerisch heiter, der 3. knüpft an die tragische Stimmung des 1. an. Das Finale bringt ein Adagio lamentoso; das Leid ist noch tiefer, noch hoffnungsloser geworden, es drückt das Leben zu Boden und endet erst mit ihm.

Manfred, Sinfonisches Gedicht, Opus 58, in 4 Bildern nach dem dramatischen Gedicht von George Byron, entstanden 1885

Das 1. Bild schildert das Herumirren Manfreds in den Alpen und seine verzweifelte Sehnsucht nach der verlorenen geliebten Astarte, die ihn von Ort zu Ort treibt. Es endet in düsterem h-Moll, wie es begonnen hat. Das zweite Bild zeigt die Erscheinung der »Alpenfee unter dem Regenbogen über einem Wasserfall«. Das 3. Bild zeichnet »Schlichtes, freies und friedliches Leben der Bergbewohner«. Aber auch die Pastorale bringt Manfred keine Erlösung von seinem Schmerz. Im Finale stürzt sich Manfred in den »unterirdischen Palast des Höllenfürsten Ahriman« und gerät in ein Bacchanal. Astartes Geist wird beschworen und erscheint; er weissagt Manfred das Ende seiner irdischen Leiden im Tod.

Francesca da Rimini, Sinfonisches Gedicht, Opus 32, 3 Teile, entstanden 1877

Diesem Werk liegt die Episode aus der »Göttlichen Komödie« von Dante Alighieri, Inferno, 5. Gesang, zugrunde. Der 1. Teil schildert das Inferno und die Qualen der Verdammten mit düsteren Akkorden und einem anschließenden dramatischen Wirbel. Im Mittelteil profiliert sich in einem Andante cantabile die Liebe Francescas zu Paolo. Der 3. Teil nimmt die Bilder des 1. wieder auf und macht mit schneidenden Dissonanzenketten und aufschreienden grellen Entwürfen die ewige Sühne für die verbotene Liebe deutlich.

Romeo und Julia, Fantasieouvertüre, entstanden 1870

Der Schwerpunkt des Werks ruht in dem gegenseitigen Durchweben der drei Hauptgedanken des Dramas: der Liebe des jungen Paares, des unsinnigen Hasses der verfeindeten Familien und der hoffnungserfüllten Ruhe des Padre Lorenzo. Die musikalische Gestaltung entspricht einer freien Sonatenform. Die Einleitung ist choralartig. Schmerzliche Trübungen der Harmonien bereiten auf die Tragödie vor. Aus den rhythmisch gestrafften Hauptthema entwickelt sich der Kampf der Familien; Englischhorn und Bratschen malen die Liebesszene des Paares. Der Choral klingt erneut auf, aber der Kampf flammt wieder auf, die Liebesweise schwindet. Ein Bläserchor verkündet die Lösung aller Widersprüche im Jenseitigen.

»Das Jahr 1812«, Ouvertüre solenelle, Opus 49, entstanden 1880

Diese Festouvertüre wurde zum Gedenken an den Abwehrkampf des russischen Volks gegen die Invasion der Truppen Napoleons im Jahr 1812 geschrieben. Sie beginnt mit einem Choral, in den sich bereits die Signale der herannahenden Franzosen mischen, deren Einmarsch mit den Klängen der Marseillaise gekennzeichnet ist. Die Rhythmen der Kosaken bleiben aber Sieger, die französische Musik bricht zusammen, ein großer Hymnus feiert den glücklichen Ausgang des Kampfes. In der Urfassung trat zum Orchester eine Harmoniemusik, der geschilderte Kampf wurde mit Gewehrsalven und Kanonenschlägen illustriert; der Hymnus schloß mit der Zarenhymne ab, die durch den Ruhmeschor aus der Oper »Iwan Susanin« von Michail Glinka ersetzt wurde. Bei heutigen Aufführungen wird auch der Gefechtslärm weggelassen.

Capriccio italien in A-Dur, Opus 45, entstanden 1880

Das Stück gibt die Eindrücke eines römischen Karnevals wieder und weist die Struktur einer Suite, deren Sätze pausenlos ineinander übergehen, auf. Es beginnt mit einem Kavalleriesignal aus Italien, das dem Zapfenstreich der österreichisch-ungarischen Armee sehr ähnlich ist. Ihm folgt ein italienischen Volksweisen sehr verwandtes Thema. Darauf intonieren die Holzbläser zu Celli und Bässe ein neapolitanisches Liedchen, das in einen hinreißenden Tanz zum Rhythmus eines Tamburins übergeht. Nun wird eine Andante-Episode eingeschaltet, dann beendet eine wilde Tarantella das Stück.

Orchestersuite Nr. 3 in G-Dur, Opus 55, 4 Sätze, entstanden 1884

Der 1. Satz bringt eine Elegie der Streicher, die sich in einem Andanteabschnitt erregt steigert und sodann in einer Kantilene der Solovioline endet. Im 2. Satz »Valse mélancolique« erklingt ein für den Komponisten typischer Orchesterwalzer mit lyrischer Aussage. Der 3. Satz ist tänzerisch temperamentvoll im Tarantella-Rhythmus; im Mittelteil intonieren die Blechbläser einen kleinen Marsch zum Klang der Kleinen Trommel. Das Finale bringt ein Thema mit Variationen. Es wird von den Ersten Violinen ausdrucksreich vorgetragen. In den ersten Variationen erscheint es im Baß, in der zweiten figurieren es die Violinen, in der dritten bringen es die Flöte und die Bässe. Die vierte Variation wandelt das Thema in Moll ab, die fünfte als Fugato, die sechste im wiegenden Sechsachteltakt, die siebente als Holzbläserchoral. In der achten Variation trägt das Englischhorn das Thel a, von tiefen Streichern begleitet, vor. Die neunte Variation ist betont russisch. Nach einer Kadenz bringt die Solovioline die zehnte Variation. Die elfte ist stark bewegt und die zwölfte schließt das Stück mit einer Konzertpolonaise ab.

Serenade für Streichorchester in C-Dur, Opus 48, 4 Sätze, entstanden 1882

Der 1. Satz ist im Stil des 18. Jahrhunderts gehalten und ahmt Wolfgang Amadeus Mozart nach. Der 2. Satz ist ein Walzer voll Wärme und Innigkeit. Der 3. Satz beginnt in der Art eines Chorals, dann trägt die Erste Violine, diskret begleitet, eine Elegie vor. Das Finale hat die Form eines Sonatenallegro. Sein Hauptthema ist die russische Volkstanzweise »Unterm grünen Apfelbaum«. In der Coda kehrt das Einleitungsthema des 1. Satzes wieder. Das Werk endet tänzerisch beschwingt.

Klavierkonzert Nr. 1 in b-Moll, Opus 23, 3 Sätze, entstanden 1875

Mit weitausladender großartiger Geste beginnt der 1. Satz dieses Werks, das zu den bekanntesten Schöpfungen des Komponisten zählt. Ein Seitenthema wird als Kontrast herangezogen. Eine große Kadenz schließt mit sinfonischem Schwung den Satz ab, der drei Fünftel des Konzerts einnimmt, was die Kritiker übel vermerkten, ohne die Begeisterung der Pianisten und des Publikums beeinträchtigen zu können. Der 2. Satz ist zärtlich lyrisch und bringt die Weise der französischen Chanson: »Man muß sich amüsieren, tanzen und lachen.« Das Finale ist rondoartig und bringt Anklänge an eine unkrainische Weise. Das virtuose Stück schließt mit großer Brillanz ab.

Klavierkonzert Nr. 2 in G-Dur, Opus 44, 3 Sätze, entstanden 1880

Der 1. Satz, ein feierliches dramatisches Allegro brillante e molto vivace, bringt mit wuchtigen Akkorden eine russische Melodie, die vom Solisten mit breiten Klängen übernommen wird. Das Seitenthema beginnt ruhig und nachdenklich, behauptet sodann energisch seine Führungsrolle in der Durchführung. Das Hauptthema gewinnt erst nach der Kadenz die Oberhand. Die Coda ist sehr stürmisch. Der 2. Satz, ein Notturno, wird durch die solistische Behandlung von Violine und Cello mit viel Poesie erfüllt. Ein feuriges Finale bringt einen glänzenden Abschluß des Konzerts, das mehr Beachtung verdiente, als ihm zuteil wird.

Konzertfantasie für Klavier und Orchester, Opus 56, 3 Sätze, entstanden 1885

Der 1. Satz dieses zu Unrecht selten gespielten Werks hat strenge Sonatenform und bringt in Melodik und Harmonik typische russische Musik. Es wurde wegen seiner reichen Kadenz zweilen als gesonderte Konzertnummer verwendet. Der 2. Satz, der den Titel »Kontraste« trägt, besteht aus einem zarten Andante, das zu einem wirbelnden Vivacissimo anwächst und erneut zu einer langsamen, schmerzlichen und traurigen Diktion zurückkehrt. Das Finale schließt sich pausenlos an; das Andante kehrt wieder und mündet nach einer raschen Passage in einen zarten Ausklang.

Violinkonzert in D-Dur, Opus 35, 3 Sätze, entstanden 1878

In Wien, wo das Werk 1881 uraufgeführt wurde, stieß es auf ungewöhnlich scharfe Ablehnung, von London aus trat es sodann seinen Siegeszug durch die Alte und Neue Welt an und blieb bis heute der Stolz jedes Violinvirtuosen. »Der Inhalt des 1. Satzes ist das tätige Leben, das Glück über Erreichtes, Bezwungenes. Für Augenblicke schwingt sich eine stolze, heroische Phrase empor, zwar nicht ausreichend, um diese Musik die Eroica Tschaikowskis zu nennen, aber alles durchdringend, mit entschlossenen Impulsen und mit Überzeugung vom Sieg des Lebens über den Tod«, urteilte ein Kritiker, der befähigt war, dieses Glanzstück des gesamtrussischen Beitrags zur romantischen Konzertliteratur richtig einzuschätzen, ehe es durch unzählige Aufführungen legitimiert war. Die faszinierende Wirkung des Konzerts wird durch das großartige Hauptthema des 1. Satzes erreicht. Der 2. Satz bringt eine herrliche Canzonetta, träumerisch und nahezu betörend. Das Finale verlangt dem Solisten Höchstleistungen ab, die jedoch den Boden der Musikalität nie verlassen. Seine beiden Themen haben russisches Profil und werden viele Male variiert bis zum strahlenden Ausklang.

Variationen über ein Rokokothema für Cello und kleines Orchester, Opus 33, 8 Teile, entstanden 1876

Die ersten beiden Variationen bringen das im 1. Teil vorgetragene, an Wolfgang Amadeus Mozart anklingende Thema mit lebhaften Figurationen des Solisten. Die dritte Variation hat lyrischen Charakter, die vierte imitiert einen galanten Tanz. In der fünften übernimmt die Flöte das Thema und wird vom Cello graziös begleitet. Nach einer großen Kadenz wird das Thema als Romanze als sechste Variation vorgetragen, die siebente beendet das reizende Stück im wirbelnden Allegro vivo. Die Reihenfolge der Variationen wird bei Aufführungen zuweilen vertauscht, was dem Gesamteindruck keinen Abbruch tut.

Erinnerungen an Florenz, Sextett in d-Moll für zwei Violinen, zwei Bratschen und zwei Celli, 4 Sätze, entstanden 1890

Der Reiz dieses Stücks wird vor allem durch ein ständiges Oszillieren zwischen Dur und Moll erreicht, dann natürlich auch durch die Reminiszenzen an Italien. Der tänzerische Schwung des 1. und die Kantilenen von Violine und Bratsche im 2. Satz profilieren die Erinnerungen an italienische Impressionen. Im 3. Satz und im Finale werden diese Darstellungen auf russische Art schwermütig und grüblerisch verarbeitet. Diese Mischung und gegenseitige Durchdringung zweier Welten verleihen dem Werk einen Aspekt, dem man anderswo selten begegnet.

Streichquartett Nr. 1 in D-Dur, Opus 11, 4 Sätze, entstanden 1871

Von den Streichquartetten Tschaikowskis ragt dieses weit hervor, und zwar des 2. Satzes wegen, der die Begeisterung der gesamten musikalischen Welt auf sich lenkte. Er fußt auf einem russischen Volkslied und einer romantischen Serenadenmelodie, die gitarrenähnlich pizzicato begleitet ist. Die übrigen Sätze fügen sich dieser kammermusikalischen Meisterleistung adäquat an.

Klaviertrio in a-Moll, Opus 50, 2 Teile, entstanden 1882

Das Stück ist orchestral konzipiert und hat nahezu rhapsodischen Charakter. Es wurde »Zum Gedächtnis eines großen Künstlers« (Nikolai Rubinstein) verfaßt und bringt im 1. Teil als Elegie einen ausdrucksvollen Klagegesang, den das Cello anstimmt. In der Reprise trägt die Violine das Thema auf der G-Saite vor. Der 2. Teil besteht aus einer Volksliedmelodie als Thema und elf sehr stark divergierenden glänzend durchgeführten Variationen; die zwölfte Variation ist zum Finale ausgebaut und verklingt »piangendo« (weinend) über einer Trauermarschbegleitung des Klaviers.

Schwanensee, Ballett in 4 Akten, Opus 20, entstanden 1876

Mit diesem Ballett knüpfte der Komponist an die französische Tradition eines Adolphe Adam und eines Léo Delibes an und begründete das »russische« Ballett. Der Inhalt ist folgender: Ein böser Zauberer (Rotbart) hat die schöne Odette und ihre Freundinnen in Schwäne verwandelt. Dieser Zauber kann gebrochen werden, indem Odette einen Mann findet, der sie treu liebt. Siegfried, der Sohn einer Fürstin, sieht auf der Jagd Odette und verliebt sich in die Königin der Schwäne, aber Rotbart sucht, das zu hintertreiben, und führt seine eigene Tochter Odile, die Odette sehr ähnlich ist, auf das Schloß der Fürstin. Durch die Ähnlichkeit getäuscht, nimmt Siegfried Odile zur Frau und bricht damit Odette die Treue. Als sich der Irrtum aufklärt, stürzt sich Siegfried in den Schwanensee zu Odette. Die Liebenden ziehen den Tod einer Trennung vor und gehen in den Wellen des Sees unter. Rotbart stirbt. Seine Bosheit wurde durch die Kraft der treuen Liebe besiegt. Die verschiedenen schönen Walzer und anderen Tanzrhythmen, die Anklänge an russischen Melodien und die echte Romantik der Handlung sichern diesem Stück einen der ersten Plätze in der internationalen Ballettliteratur.

Eine Suite aus 6 Nummern des Balletts entstand 1882.

Dornröschen, Ballett in einem Vorspiel und 3 Akten, Opus 66, entstanden 1889

Die Balletthandlung folgt dem gleichnamigen Märchen von Charles Perrault (1628–1703). Die verschiedenen schönen Tanzmelodien wurden später zu einer losen Suite gefaßt und oft mit Erfolg aufgeführt. Das Ballett selbst ist ein fester Bestandteil des Repertoires der Ballettbühnen.

Der Nußknacker, Feenballett in 2 Akten, Opus 71, entstanden 1892

Die Balletthandlung folgt der Novelle »Der Nußknacker und der Mäusekönig« von E. T. A. Hoffmann in der Fassung von Alexandre Dumas (1802 bis 1870): Im Salon des Präsidenten Silberhaus steht ein Weihnachtsbaum. Mache und Franz werden beschenkt. Um Mitternacht kommt Drosselmayer

in den Raum und bringt den Kindern mechanische Puppen. Silberhaus läßt aber die kostbaren Figuren in sein Büro bringen, er befürchtet, daß sie von den Kindern beschädigt würden. Als Entschädigung gibt ihnen Drosselmayer einen Nußknacker. Dann werden die Kinder in das Bett geschickt. Mache hört Geräusche aus dem Salon, schleicht sich zurück und wird Zeugin eines erbitterten Kampfes einer Mäusegruppe gegen alle Spielzeugfiguren. Sie entscheidet den Kampf, indem sie gegen den Mäusekönig einen Pantoffel wirft. Der Nußknacker verwandelt sich in einen jungen Prinzen, der Mache in den Weihnachtsbaum hineinführt. Das Paar kommt in der Süßigkeitenburg an. Alle Süßigkeiten beginnen einen Tanz, während der Nußknacker der entzückten Mache von den Wundern seines Reiches erzählt.
Der Komponist hat aus 8 Nummern des Balletts 1892 eine Suite geformt (Opus 71a), die heute noch mit Erfolg gespielt wird. Die Nummer »Der Blumenwalzer« ist besonders beliebt; er ist ohne Zweifel einer der bedeutendsten Walzer der russischen klassischen Ballettliteratur.

LITERATUR

A. Aktajew, Tschaikowski, Moskau 1954. R. Petzoldt, P. Tschaikowski, Leipzig 1953. E. Helm, P. I. Tschaikowski, Reinbek 1976. V. Volkoff, Tschaikowski, A Self-Portrait, Boston 1975.

Nikolai Tschemberdschi (1903–48)

LEBEN

Nikolai Karpowitsch Tschemberdschi wurde am 11.8.1903 in Zarskoje Selo (heute Puschkin) geboren. Er war Schüler seines Onkels Aleksandr Spendiarow und am Moskauer Konservatorium von Anatoli Aleksandrow, Sergei Wasilenko und Georgi Konius. Bis zu seinem Tod am 22.4.1948 lebte er in Moskau als Komponist und Musiklehrer.

WERKE

Außer einer Oper und einem Ballett schrieb Nikolai Tschemberdschi eine sinfonische Dichtung, 6 Suiten, eine Sinfonietta, ein Violinkonzert, ein Quintett für Klavier und Bläser, ein Streichquartett, eine Suite für Trompete und Klavier und viele Lieder. Er veröffentlichte eine Darstellung der zeitgenössischen Musik Armeniens. Sein Stil fußt auf der armenischen Folklore.

Aleksandr Tscherepnin (1899–1977)

LEBEN

Aleksandr Nikolajewitsch Tscherepnin wurde am 8.1.1899 in St. Petersburg geboren. Er war zunächst Schüler seines Vaters und studierte sodann an der Universität und am Konservatorium in Petrograd, darauf in Tbilisi und schließlich bei Isidore Philipp. Nach ausgedehnten Konzertreisen durch die ganze Welt ließ er sich 1934 in Schanghai nieder. Von 1938 bis 1945 unterrichtete er am Konservatorium für russische Musik in Paris. Im Jahr 1949 wurde er Professor an der Universität in Chicago, 1964 siedelte er sich als Pianist in New York an. Er starb am 29.9.1977 in Paris.
Sein Vater Nikolai Nikolajewitsch Tscherepnin (15.5.1873, St. Petersburg, bis 26.6.1945, Issy-les-Moulineaux) studierte am Konservatorium in St. Petersburg bei Nikolai Rimski-Korsakow. Darauf leitete er bis 1918 am selben Institut die Orchesterklasse. Anschließend wirkte er als Direktor des Konservatoriums und der Oper in Tbilisi bis 1921, dann begab er sich nach Paris, wo er von 1925 bis 1929 und von 1938 bis 1945 das Konservatorium für russische Musik leitete.

WERKE

Neben 3 Opern und 5 Balletten schrieb Aleksandr Tscherepnin 4 Sinfonien, 4 Suiten, 6 Klavierkonzerte, eine Serenade für Streichorchester, ein Konzert für Mundharmonika und Orchester, eine Fanfare für Blechbläser und Schlagzeug, ein Bläserquintett, eine »Sonata da chiesa« für Gambe und Orchester, 2 Klaviersonaten, Orgelstücke, Akkordeonstücke, eine Volksliedkantate, Lieder, eine Hörspielmusik, eine Messe und andere liturgische Gesänge für gemischten Chor a cappella.
Nikolai Tscherepnin schrieb 2 Opern, 6 Ballette, einige Orchesterwerke, Kammermusik, Klavierstücke, ein Oratorium, eine Kantate, Chorwerke und Lieder.

Klavierkonzert Nr. 2, Opus 26, 5 Sätze, entstanden 1923

Die Tonalität dieses Werks beruht auf einer Neuntonskala. Im 1. Satz tragen die Trompeten das Hauptthema der Sinfonie vor. Dieses wird sodann lyrisch umgewandelt und im Mittelsatz zum Thema einer Reihe von Variationen gemacht. Darauf folgt eine Durchführung, die vorzugsweise das Originalthema verarbeitet. Dann schließt eine Coda die allmählichen Verkürzungen rasch ab.

Klavierkonzert Nr. 5, Opus 96, 3 Sätze, entstanden 1963

Der 1. Satz ist völlig frei gestaltet und durch starke rhythmische Kontraste gekennzeichnet. Der 2. Satz bringt eine gedämpfte Grundstimmung durch seine verhaltene, diskrete Linienführung. Das Finale ist sehr abwechslungsreich und kompositorisch sowie spieltechnisch äußerst brillant. Es handelt sich trotz hoher Anforderung an den Solisten um kein Virtuosenstück; der Vorrang der Musik ist lückenlos gewahrt.

LITERATUR

W. Reich, Alexander Tscherepnin, Bonn 1970.

Friedrich Wilhelm Tschirch (1818–92)

ZEIT UND UMWELT

Die Männergesangvereine in den USA, die vorwiegend aus Einwanderern aus dem deutschsprachigen Raum oder deren Nachkommen bestanden, pflegten enge Kontakte mit den Vereinen in der alten Heimat. Austausch von Programmen und Notenmaterial und gegenseitige Einladungen hielten diese Verbindung vor allem rege.

LEBEN

Friedrich Wilhelm Tschirch wurde am 8.6.1818 in Lichtenau (Białogórze), bei Lauban (Lubán), Schlesien, geboren. Er war Schüler des Seminars in Bunzlau (Bolesławiec) und sodann des Königlichen Instituts für Kirchenmusik in Berlin. Von 1843 bis 1852 war er Musikdirektor in Liegnitz (Legnica) und anschließend Hofkapellmeister in Gera, wo er am 6.1.1892 starb. Im Jahr 1869 besuchte er auf Einladung der dortigen Gesangvereine die USA, mit denen er in regem brieflichem Kontakt stand.

Sein Bruder Ernst Leberecht Tschirch (3.7. 1819, Lichtenau, bis 26.12.1854, Berlin) war von 1849 bis 1851 Theaterkapellmeister in Stettin (Szczecin) und wirkte sodann als Dirigent in Berlin.

Sein zweiter Bruder, Heinrich Julius Tschirch (1.7.1820, Lichtenau, bis 20.4.1867, Hirschberg [Jelenia Góra]), war Musikdirektor und Organist in Hirschberg.

Sein dritter Bruder, Rudolf Tschirch (17.4. 1825, Lichtenau, bis 15.1.1872, Berlin), war Musikdirektor in Berlin.

WERKE

Von Friedrich Wilhelm Tschirch sind eine Oper, eine Ouvertüre (»Am Niagara«), eine Messe und mehrere Chorwerke für Gesangvereine, deren Pflege er sich sehr angedeihen ließ. Unter dem Pseudonym Alexander Czersky schrieb er eine Anzahl Salonstücke für Klavier.

Ernst Leberecht Tschirch schrieb 2 Opern und mehrere Orchesterwerke.

Heinrich Julius Tschirch verfaßte zahlreiche Klavieretüden.

Von Rudolf Tschirch sind Werke für Harmoniemusik bekannt.

Eduard Tubin (1905–82)

LEBEN

Eduard Tubin wurde am 18.6.1905 in Tartu (Dorpat) geboren. Er war in Budapest Schüler von Zoltán Kodály. Ab 1931 wirkte er als Dirigent am Stadttheater seines Geburtsorts und 1941 als Konservatoriumslehrer. Im Jahr 1944 emigrierte er nach Schweden, wo er sich als freier Komponist, Dirigent und Musiklehrer betätigte. Er starb am 17.11.1982 in Stockholm.

WERKE

Von Eduard Tubin sind 2 Opern und 2 Ballette auf die Bühnen gekommen. Er schrieb außerdem 9 Sinfonien, eine »Musik für Streicher«, 2 Violinkonzerte, ein Klavierkonzert, ein Kontrabaßkonzert, ein Balalaikakonzert, ein Capriccio für Violine und Klavier, Sonaten für Bratsche und Klavier, eine Suite und andere Werke für Klavier, Sonaten für Solovioline, Chöre und Lieder. Sein Stil fügt sich dem zeitgenössischen skandinavischen an.

František Tuček (1773–1820)

ZEIT UND UMWELT

Gegen Ende des 18. Jahrhunderts waren in Böhmen die Ausbildungs- und Betätigungsmöglichkeiten auf dem Gebiet der profanen Musik um vieles angestiegen; allerdings lag der Schwerpunkt auf der Oper, weil sich das Konzertwesen noch immer hauptsächlich in den deutschen Adelshäusern abspielte. Es war daher für einen tschechischen Musiker auch zu jener Zeit empfehlenswert, sein Auskommen in einem der begüterten Häuser zu suchen. In der österreichischen Hauptstadt hingegen war das Musikleben bereits recht gut entwickelt; Bürgertum und Adel stellten ein zahlreiches, aufnahmebereites Publikum. Daß der Hof sich dafür kaum interessierte, fiel nicht ins Gewicht.

LEBEN

František Vincenty Tuček (Franz Vincenz Tuczek) wurde am 2.2.1773 in Prag geboren. Er war Hofkapellmeister in Sagan (Żagań), Schlesien, und Náchod, Mähren. Dann wirkte er als Kapellmeister in Breslau (Wrocław) und ab 1802 abwechselnd in Wien und in Budapest, wo er nach dem 2.11.1820 starb.

WERKE

Außer zahlreichen Opern und Singspielen verfaßte František Tuček verschiedene Instrumentalwerke – Sinfonien, Konzerte –, mehrere Oratorien, Kantaten und Kirchenmusik – Messen, Proprien, Hymnen, Litaneien. Sein Klarinettenkonzert in B-Dur verdient besonders hervorgehoben zu werden. Stilistisch stand er zwischen der zu seiner Zeit üblichen Nachahmung der Klassik und der Romantik.

LITERATUR

F. Bat'ha, K otázce skladatelů Tučků, in: Zprávy Betramky 1960, Nr. 20.

William Tucker (um 1620–79)

ZEIT UND UMWELT

Die Chapel Royal, die nach dem Regierungsantritt Karls II. neu aufgestellt werden mußte, kämpfte jahrelang mit der Schwierigkeit, geeignete Nachwuchskräfte zu bekommen, weil während der Zeit des Bürgerkrieges in England und der folgenden Cromwell-Regierung auch der Musikunterricht sehr beeinträchtigt gewesen war.

LEBEN

William Tucker (Tuckere, Tuckers) wurde um 1620 vermutlich in Salisbury geboren und von seinem Vater ausgebildet. Im Jahr 1660 ernannte ihn König Karl II. zum Gentleman der Chapel Royal und zum Kantor der Westminster Abbey. Er starb am 28. 2. 1679 in London.
Sein Vater Edmund Tucker (um 1580, Salisbury, bis nach 1633, Salisbury) war bis 1633 Organist an der Kathedrale in Salisbury.

WERKE

Von dem englischen Komponisten William Tucker sind mehrere häufig verwendete Services – Morning-, Evening-, Benedicite-Services – und eine Anzahl Anthems erhalten, die wegen ihres schönen Chorklanges sehr beliebt waren. Ihr Stil ist traditionsgebunden. Von Edmund Tucker sind mehrere Anthems erhalten. Im einzelnen ist es unsicher, ob sie dem Vater oder dem Sohn zugeschrieben werden müssen, weil sich beide stilistisch kaum voneinander unterscheiden.

Samuel Parkman Tuckerman (1819–90)

ZEIT UND UMWELT

Der 1795 in Sachsen geborene Organist und Orgellehrer Karl Zeuner kam 1824 nach Boston, wo er neben seinem Kirchendienst und seiner Unterrichtstätigkeit von 1830 bis 1837 die »Handel and Haydn Society« leitete und eine Reihe musikalischer Unternehmungen versuchte. Im Jahr 1854 ging er als Lehrer und Organist nach Philadelphia, wo er 1857 starb.

Er hinterließ eine Anzahl Kirchenmusik und das Oratorium »Das Tabernakelfest«. Er schuf bereits die ersten Grundlagen für eine amerikanische Orgel- und Kirchenmusikschule.

LEBEN
Samuel Parkman Tuckerman wurde am 11.2. 1819 in Boston, Mass., geboren. Er war Schüler von Karl (Charles) Zeuner und wirkte ab 1840 als Organist in Boston. Im Jahr 1849 begab er sich zur Vollendung seiner Ausbildung nach England und übernahm erneut einen Organistendienst in seiner Geburtsstadt. Nach einem weiteren Englandaufenthalt wurde er Organist an der Trinity Church in New York. Er starb am 30.6.1890 in Newport, Rhode Island.

WERKE
Von Samuel Parkman Tuckerman sind 2 Sammlungen Hymnen und Anthems erschienen. Er verfaßte außerdem eine große Anzahl Kirchenmusik, die lange in Verwendung stand und deren Weiterentwicklung richtunggebend war.

Thomas Tudway (um 1650 – 1726)

ZEIT UND UMWELT
Der nur mit Mißvergnügen befolgte Befehl König Karls II., Nicholas Staggins ohne nachgewiesene Eignung zum Doktor zu promovieren und zum Musikprofessor der Universität Cambridge zu ernennen, brachte zumindest den Vorteil, daß damit eine Lehrkanzel begründet wurde, die später von der Universität selbst mit geeigneten Kräften besetzt wurde. So konnte der Musikunterricht intensiviert werden.

LEBEN
Thomas Tudway wurde um 1650 in Windsor geboren. Er war Schüler von Henry Cooke und bis 1664 Sängerknabe an der Chapel Royal, dann Organist an verschiedenen Kirchen in Cambridge. Im Jahr 1705 wurde er zum Musikprofessor an der Universität in Cambridge ernannt, wo er am 23. 11. 1726 starb.

WERKE
Die wichtigste Leistung des englischen Komponisten Thomas Tudway war seine sechsbändige Anthologie englischer Kirchenmusik, »Collection of Services and Anthems«, von 85 vorwiegend zeitgenössischen Komponisten. Darunter befinden sich ein Service, 18 Anthems und eine lateinische Motette vom Herausgeber selbst. Außerdem schrieb er eine Anzahl Lieder und Catches, die zum Teil in Sammelwerken, zum Teil handschriftlich erhalten sind.

Daniel Gottlob Türk (1750–1813)

ZEIT UND UMWELT
Werk und Lehre von Johann Sebastian Bach waren eine der Grundlagen der Musikerziehung an der Kreuzschule in Dresden. Daß damit die Pflege eines gewissen Konservatorismus Hand in Hand ging, ergab sich von selbst. Er erstreckte sich sogar auf die Auswahl der Instrumente. Das Cembalo und besonders das Clavichord wurden dem Piano noch durch lange Zeit vorgezogen.

LEBEN
Daniel Gottlob Türk wurde am 10. 8. 1750 in Claußnitz bei Chemnitz (Karl-Marx-Stadt) geboren. Er wurde an der Kreuzschule in Dresden von Gottfried August Homilius und in Leipzig, wo er die Universität besuchte, von Johann Adam Hiller ausgebildet, der ihn bei seinen »Liebhaberkonzerten« als ersten Violinisten beschäftigte. Im Jahr 1774 wurde er in Halle Kantor an der Ulrichskirche und am Lutherischen Gymnasium, 1779 Universitätsmusikdirektor und 1787 Organist an der Liebfrauenkirche. In den achtziger Jahren richtete er mit dem Collegium musicum regelmäßig Konzerte ein, in denen neben Joseph Haydn und Wolfgang Amadeus Mozart die Oratorien von Georg Friedrich Händel und vor allem Werke von Johann Sebastian Bach aufgeführt wurden; 1808 wurde ihm auch die Leitung des Stadt-

singchors von Halle übertragen. Er starb am 26. 8. 1813 in Halle.

WERKE
Die theoretischen und didaktischen Werke von Daniel Gottlob Türk überragen seine Kompositionen an Bedeutung, besonders seine »Clavierschule«, die eine umfassende allgemeine Musiklehre neben vielen praktischen Beispielen bietet. Ihre Einstellung ist allerdings nahezu nur rückblickend, denn das Pianoforte ist darin kaum behandelt, während dem Clavichord eine dominierende Rolle unter den »Clavier-Instrumenten« eingeräumt wird. Seine durchwegs im galanten Stil gehaltenen Kompositionen für das »Clavier« verfolgten ohne Ausnahme didaktische Ziele. Er veröffentlichte 8 Sammlungen von Klaviersonaten und 4 Sammlungen »Ton- und Handstücke«. Er schrieb außerdem eine Oper, ein Oratorium, 20 Kantaten, 46 Chorlieder, 8 vierstimmige Choräle, ein Choralbuch mit beziffertem Baß und eine Choralmelodiensammlung. Davon wurde nur ein kleiner Teil gedruckt.

Jean-Louis Tulou (1786–1865)

ZEIT UND UMWELT
Die von Theobald Böhm (1794–1881) 1832 konstruierte und 1847 verbesserte Querflöte (Böhm-Flöte) hat 14 Klappen und 2 Trillerklappen mit völlig neu geordneter Grifftechnik. Damit waren der perfekte Flötentyp geschaffen und alle Probleme um dieses Instrument gelöst. Dennoch widersetzten sich einige Flötenvirtuosen der Einführung dieser Neuerung; sie hatten es auf dem älteren Instrument trotz seiner Unvollkommenheit zu einer hohen Perfektion gebracht, und mußten fürchten, nun mühsam umlernen zu müssen und vielleicht nicht mehr zu den Spitzenleistungen vorstoßen zu können, die sie mit vielen Mühen und höchsten Anstrengungen erreicht hatten.

LEBEN
Jean-Louis Tulou wurde am 12.9.1786 in Paris als Sohn des Fagottisten Jean-Pierre Tulou (1749–99) geboren. Er war Schüler von Johann Georg Wunderlich (1756–1819) und wirkte ab 1804 als Erster Flötist an der Opéra-italienne und ab 1813 an der Opéra. Nach der Restauration erwarb er sich nicht die Gunst Ludwigs XVIII. und nahm daher 1822 seine Entlassung, wurde unter König Karl X. jedoch 1826 als Erster Soloflötist erneut eingestellt und erhielt 1829 die Stelle des Flötenlehrers am Conservatoire. Er war selbst Flötenbauer und Gegner der Böhm-Flöte, gegen deren Einführung in das Konservatorium er sich bis zu seiner Pensionierung im Jahr 1857 sperrte; dabei dürfte weniger die Furcht vor der Konkurrenz des neuen Instruments ausschlaggebend gewesen sein, sondern der hohe Grad der Virtuosität, den er sich auf dem Flötentyp erarbeitet hatte. Er starb am 23.7.1865 in Nantes.

WERKE
Von den zahlreichen Werken für Flöte von Jean-Louis Tulou verdienen seine 5 Flötenkonzerte am meisten Beachtung. Er schrieb außerdem Flötenvariationen mit Orchester und eine Reihe Stücke mit Klavierbegleitung, zum Teil mit programmatischem Charakter, wie »Liebeserklärung«, »Die Stumme von Portici«, außerdem das sehr beliebte »Souvenir anglais« für zwei Flöten und Klavier und ein Trio für drei Flöten. Seine Flötenschule wurde mehrfach übersetzt.

František Ignác Tůma (1704–74)

ZEIT UND UMWELT
Nachdem Kaiserin Maria Theresia ihre Hofkapelle auf ein Minimum reduziert und die Musikpflege am Wiener Hof praktisch ihr Ende gefunden hatte, übernahmen einzelne Adelshäuser der Stadt das Musikmäzenatentum und statteten ihre Hauskapellen mit den Kräften aus, die vom Kaiserhof entlassen oder von vornherein nicht aufgenommen wurden.

LEBEN
František Ignác Tůma (Franz Seraf Ignaz Anton Tuma) wurde am 2. 10. 1704 in Adler-

kosteletz (Kostelec nad Orlici) geboren. Er wurde in Prag ausgebildet, kam als Gambist zum Hofstaat des Grafen Franz Ferdinand Kinský, der ihn ungefähr 1727 nach Wien mitnahm und dort zu seinem Kapellmeister ernannte. Im Jahr 1742 wurde er Kapellmeister der Kaiserinwitwe Elisabeth Christine von Braunschweig-Wolfenbüttel (1691–1750) und lebte nach deren Tod von seiner Pension; 1768 trat er in das Praemonstratenserkloster Geras, Niederösterreich, ein. Er starb am 30. 1. 1774 in Wien.

Werke

Von den stark an Antonio Caldara und Johann Joseph Fux angelehnten kirchenmusikalischen Werken von František Ignác Tůma sind 53 Messen und zahlreiche andere Gesänge erhalten. Er verfaßte außerdem eine große Anzahl Sonaten, Sinfonien und Partiten, bei denen auch die Gambe viel beschäftigt wird. Sein vierstimmiges Stabat mater für Chor und Orgel, seine Passionsgesänge werden mitunter noch heute aufgeführt, wie man seine Triosonate in A-Dur, seine dreistimmigen Partiten für zwei Violinen, Cello und Generalbaß in G-Dur, c-Moll und A-Dur und seine vierstimmige Sinfonia für Streicher und Generalbaß in e-Moll zuweilen spielt.

Literatur

O. Ball, Franz Tuma, Wien 1901.

Franz Tunder (1614–67)

Zeit und Umwelt

Außer den Konzerten der Stadtpfeifer bei Festlichkeiten gab es im 17. Jahrhundert in Deutschland außerhalb der Kirchen nahezu keine öffentlich zugänglichen Musikdarbietungen. Die in den Höfen und Palästen gebotene Musik war nur für geschlossene Gesellschaften. Daher lag der Gedanke nahe, die Kirchen als Konzertsaal zu verwenden.

Leben

Franz Tunder wurde 1614 in Burg auf Fehmarn, Baltische See, geboren. Schon im Alter von 18 Jahren wurde er Hoforganist in Gottorf, im Jahr 1641 erhielt er die Ernennung zum Organisten der Marienkirche in Lübeck. Er begründete dort die berühmten Abendmusiken, die anfänglich reine Orgelkonzerte waren, sich aber bald zu Darbietungen von Kantaten mit Gesangssolisten und Instrumenten erweiterten. Diese »Kirchenkonzerte« wurden in der Folgezeit von seinem Schwiegersohn Dietrich Buxtehude ausgebaut. Franz Tunder starb in Lübeck am 5. 11. 1667.

Werke

Die Werke des deutschen Komponisten Franz Tunder stellen einen Übergang von Heinrich Scheidemann zu Dietrich Buxtehude dar. Von seinen Werken sind vor allem die 4 Präludien bemerkenswert, weil sie die typische Trioform – Toccata, Fuge, Coda – in die norddeutsche Orgelmusik einführten. Seine 7 Orgelchoräle gehören dem pompösen Typus der Orgelfantasie an, die durch die Gegenüberstellung von homophonen und kontrapunktischen Abschnitten gekennzeichnet ist. Sie nützt die Kontrastierungsmöglichkeiten der Orgel – Echo, Klangfarbenwechsel – voll aus. Außerdem sind noch 17 geistliche Werke, eine siebenstimmige Sinfonia und ein unvollständiges Präludium überliefert.

Variationen über Jesus Christus, unser Heiland, 3 Teile

Im Teil 1 liegt der Cantus firmus als Oberstimme des Pedals in einem gewichtigen fünfstimmigen Satz. Teil 2 bringt den Cantus firmus im Tenor des imitierten Satzes, Teil 3 im Baß. Das Thema wird im Sopran imitiert. Das ganze Werk weist bereits die Geschlossenheit moderner Orgelkompositionen auf.

Fantasie »Komm Heilger Geist, Herre Gott«, ein Satz

Der Choral wird mit vielen Verzierungen und Aufspaltung in kleine Motive auf eine weite Strecke durchgeführt, im Sopran und Baß sind mehrere Sequenzen gebildet, die Mittelstimmen sind mit kontrastierenden Registern auf dem zweiten Manual zu spielen. Die Oberstimmen bringen zuweilen Vorimitierungen der anderen Stimmen.

Literatur
W. Stahl, Franz Tunder und Dietrich Buxtehude, Leipzig 1926.

Edmund Turges (um 1495 bis um 1540)

Zeit und Umwelt
Dem King's College in Cambridge wandten die englischen Könige besondere Aufmerksamkeit zu, weil daraus die Kapellmeister, Organisten und Kantoren für die Kirchen des Landes und für die Kapellen des Hofes hervorgingen. Eine lange Reihe bedeutender englischer Komponisten hat ihre Ausbildung in diesem College genossen.

Leben
Edmund Turges (Sturges) wurde um 1495 in Petworth geboren und kam 1522 nach Cambridge in das King's College. Über sein Leben und Wirken ist wenig feststellbar. Die spärlichen Informationen über ihn müssen mit Vorsicht zur Kenntnis genommen werden, weil es nahezu gleichzeitig einen William Turges (um 1490 bis um 1540) gab, der 1513 in das King's College eingetreten ist, und noch einen um mindestens 20 Jahre älteren John Turges. Edmund und William Turges dürften Brüder gewesen sein, John Turges ein entfernter Verwandter, der vermutlich bereits um 1520 gestorben ist, während die beiden Brüder bis ungefähr 1540 lebten.

Werke
Alle drei Turges waren kompositorisch tätig. Von John Turges sind Messeteile, Anthems, ein Magnificat und Hymnen erhalten. Eine Serie von sakralen Kompositionen ist entweder Edmund oder William Turges zuzuschreiben, eine Reihe Hymnen dürfte von Edmund Turges verfaßt worden sein. Sie sind als Vorstufe zur im 16. Jahrhundert einsetzenden Anthem-Komposition sehr interessant, weil sie bereits alle Elemente dieser für England äußerst wichtigen Musikform aufweisen.

Joaquín Turina (1882–1949)

Leben
Joaquín Turina wurde am 9.12.1882 in Sevilla geboren. Nach Klavierstudium in Madrid wurde er in Paris Schüler von Moritz Moszkowski und Vincent d'Indy. Im Jahr 1914 kehrte er nach Spanien zurück und wirkte in Madrid als Komponist, Dirigent, Musiklehrer und Kritiker. Er starb am 14.1.1949 in Madrid.

Werke
Von Joaquín Turina sind 2 Opern und mehrere Bühnenmusiken aufgeführt worden. Er schrieb außerdem 3 sinfonische Dichtungen, eine »Sinfonía Sevillana«, eine choreographische Fantasie, ein Klavierkonzert, ein Sextett für Bratsche, Klavier und Streichquartett, ein Klavierquintett, 3 Streichquartette, ein Klavierquartett, 3 Klaviertrios, 2 Sonaten und andere Stücke für Violine und Klavier, viele Stücke für Klavier, für Orgel und für Gitarre, außerdem Lieder und einige Kirchenmusik. Er gehörte mit Manuel de Falla zu den vorzüglichsten Vertretern der jüngeren spanischen Schule, erhielt wie dieser seine Anregungen vom französischen Impressionismus und entnahm seine Melodik der andalusischen Volksmusik.

Literatur
F. Sopeña, Joaquín Turina, Madrid 1943.

Francesco Turini (um 1589–1656)

Zeit und Umwelt
In der Mitte des 17. Jahrhunderts verstand man unter der Bezeichnung Sonate ein mehrsätziges, zyklisch aufgebautes Instrumentalstück mit kleiner oder solistischer Besetzung. Der Begriff war aber nie scharf umgrenzt und umfaßte zuweilen auch andere Instrumentalkompositionen, im großen und ganzen hat die gegebene Definition jedoch bis in die Gegenwart Geltung.

Leben
Francesco Turini wurde um 1589 in Prag ge-

boren und von seinem Vater ausgebildet. Bereits im Alter von 12 Jahren war er Hoforganist Kaiser Rudolfs II. in Prag und blieb bis 1620 im habsburgischen Dienst. Im selben Jahr wurde er Domorganist in Brescia, von wo seine Familie stammte, und starb dort 1656.

Sein Vater Gregorio Turini (um 1560, Brescia, bis um 1600, Prag) war ab 1582 als Sänger und Kornettist Mitglied der Kaiserlichen Kapelle in Prag.

WERKE

Der italienische Komponist Francesco Turini gilt als einer der ersten Vertreter der Barocksonate. Er verfaßte mehrere davon für zwei Violinen und Generalbaß. An Vokalmusik sind von ihm 3 Bücher mit ein- bis fünfstimmigen Madrigalen, denen eine Sinfonia beigegeben ist, überliefert, sowie 2 Bücher mit Solomotetten und eines mit vier- bis fünfstimmigen Messen mit Generalbaß. Diese Musik gehört stilistisch dem 17. Jahrhundert an.

Von Gregorio Turini sind vierstimmige sakrale Gesänge, »Neue liebliche teutsche Lieder mit 4 Stimmen nach Art der welschen Villanellen«, und vierstimmige Canzonetten erhalten, die dem polyphonen Stil folgen.

LITERATUR

W. S. Newman, The Sonata in the Baroque Era, Chapel Hill 1959.

Gregorio Turini (um 1560 bis um 1600)

LEBEN

Gregorio Turini wurde um 1560 in Brescia geboren. Bald nach seiner Ausbildung konnte er in die Hofkapelle Kaiser Rudolfs II. in Prag als Sänger und Cornettist eintreten. Er blieb in dieser Stellung bis zu seinem Tod um 1600.

WERKE

Von dem italienischen Komponisten Gregorio Turini sind vierstimmige Canzonetten, Motetten und Psalmen, außerdem »Neue liebliche teutsche Lieder mit 4 Stimmen nach Art der welschen Villanellen« erschienen. Die Kompositionen folgen dem konservativen Mailänder Stil, in dem er noch in seiner Heimat unterrichtet worden war. Im deutschen Sprachgebiet waren die italienischen Liedformen dennoch sehr interessant und geschätzt.

James Turle (1802–82)

ZEIT UND UMWELT

Thomas Greatorex (5. 10. 1758, North Wingfeld bei Chesterfield, bis 18. 7. 1831, London) genoß als Organist verschiedener Kirchen und als Gesanglehrer in England hohes Ansehen. Er übte auf das kirchliche und profane Musikleben der ersten Hälfte des 19. Jahrhunderts einen starken Einfluß aus und förderte, wo immer es möglich war, die Öffnung der englischen Musik für den neuen Stil des Kontinents.

LEBEN

James Turle wurde am 4. 3. 1802 in Taunton, Somerset, geboren. Er wirkte an verschiedenen Kathedralen Englands als Sänger und Organist, bis er 1819 Assistent von Thomas Greatorex wurde, der Organist und Chorleiter an Westminster Abbey in London war; 1831 folgte er ihm nach dessen Tod nach. Von 1840 bis 1843 dirigierte er bei den Ancient Concerts. Im Jahr 1875 zog er sich von seinen Pflichten zurück und starb am 28. 6. 1882 in London.

WERKE

Von James Turle sind zahlreiche Services, Anthems und Chants überliefert, die den Einfluß des für neue Stilformen aufgeschlossenen Thomas Greatorex erkennen lassen.

Austin Turner (1823–1901)

ZEIT UND UMWELT

Ballarat im australischen Victoria wurde durch die Goldfunde im 19. Jahrhundert zur größten Binnenstadt des Kontinents und war reich genug, um ein reges kulturelles Leben zu entwickeln.

LEBEN
Austin T. Turner wurde 1823 in Bristol geboren. Er war Chorknabe der Kathedrale seiner Geburtsstadt und mit 20 Jahren bereits Chorleiter in Lincoln. Im Jahr 1854 kam er nach Australien und wurde Gesanglehrer an der staatlichen Schule von Ballarat, wo er das gesamte Musikleben in Gang brachte. Er war der erste Dirigent der Philharmonic Society der Stadt, mit der er bedeutende europäische Werke aufführte, hielt mit der Philharmonic Society des nahen Melbourne zum Zweck eines regen Kräfteaustausches engen Kontakt und versah daneben den Organistendienst an der Christ Church. Er starb am 13.4.1901 in Sydney.

WERKE
Die sakrale Kantate von Austin Turner, »Anbetung«, für Soli, Chor und volles Orchester wurde in Melbourne aufgeführt. Er schrieb ferner 2 Messen und einen Choral, beides mit Orchesterbegleitung, einige Glees, Madrigale und kleinere Werke.

Robert Turner (geboren 1920)

LEBEN
Robert Turner wurde am 6.6.1920 in Montreal geboren. Er studierte an der Universität seiner Geburtsstadt unter Claude Champagne, am Royal College of Music in London unter Herbert Howells und bei Olivier Messiaen am Berkshire Music Center in Tanglewood, Mass. Von 1952 bis 1968 wirkte er als Senior Music Producer beim kanadischen Rundfunk in Vancouver, wurde darauf Assistant Professor an der Universität in Wolfville, N.S., und 1969 Professor für Komposition und Musiktheorie in Winnipeg.

WERKE
Neben einer Oper schrieb Robert Turner eine Ouvertüre, Variationen für zehn Instrumente, eine Sinfonie für Streicher, ein Notturno und »12 Bilder« für Kammerorchester, ein Konzert für zwei Klaviere und Orchester, ein Bläserquintett, 2 Streichquartette, ein Streichtrio, ein Stück für Harfe, mehrere Kantaten, 2 Stücke für Sopransaxophon, eine Klaviersonate, 6 Voluntaries für Orgel und ein Stück für Jazzband.

William Turner (1651–1740)

ZEIT UND UMWELT
Wenngleich weder Wilhelm III. noch Anne Interesse für Musik hatten, legten sie doch Wert darauf, daß ihnen zur Thronbesteigung und zu den Geburtstagen Oden gedichtet und komponiert wurden, weil es an anderen Fürstenhöfen, besonders in Paris, so gehandhabt wurde. Dichter und Komponisten wurden dafür geehrt und honoriert, weil auch das anderswo üblich war.

LEBEN
William Turner wurde 1651 in Oxford geboren. Er war dort Chorknabe an der Christchurch und wurde in den Chor der Chapel Royal und darauf in den Chor der Kathedrale von Lincoln aufgenommen. Im Jahr 1669 ernannte man ihn zum Gentleman der Chapel Royal und bald darauf zum Chorleiter an St. Paul's; er wirkte auch als Sänger an Westminster Abbey. Er starb in London am 13. 1. 1740.

WERKE
Der englische Komponist William Turner schrieb neben einer Reihe von Gelegenheitskompositionen für den Hof – Huldigungsoden – mehrere Anthems und Services, zahlreiche Lieder, die in Sammelwerken zu finden sind, und Arien für verschiedene Schauspielaufführungen.

William Turner (um 1690 bis nach 1746)

ZEIT UND UMWELT
Wenn in der ersten Hälfte des 18. Jahrhunderts profane Musik veröffentlicht wurde, handelte es sich zumeist um Lieder in volkstümlicher Fassung oder um Gesänge für Schauspiel oder Oper.

LEBEN

William Turner wurde vermutlich in London um 1690 geboren. In welcher musikalischen Stellung er wirkte, ist nicht bekannt. Er war wahrscheinlich Musiklehrer. Seine letzte musiktheoretische Publikation ist 1746 erschienen. Er dürfte in einem der folgenden Jahre gestorben sein.

WERKE

Außer seinen theoretischen Publikationen verfaßte William Turner einige Sonaten und eine Anzahl Lieder für verschiedene Bühnenstücke.

Jan Traján Turnovský
(um 1550 bis nach 1600)

ZEIT UND UMWELT

Um die Mitte des 16. Jahrhunderts waren ca. 70 Prozent der böhmischen Bevölkerung protestantisch. Dazu konnte man noch 10 Prozent Böhmische Brüder rechnen. Die Großgrundbesitzer waren in vielen Fällen katholisch und verlangten von ihren Pächtern katholisches Bekenntnis. Daher gab es ganze Dörfer als katholische Inseln im reformierten Land. Im Verlauf der energischen Gegenreformation wurde der katholische Bevölkerungsanteil rasch größer, bis unter Ferdinand II. die Rekatholisierung mit allen Mitteln zum Sieg geführt wurde.

LEBEN

Jan Traján Turnovský (Trajanus Calcitraha Turnovinus) wurde um 1550 in Turnov geboren. Nach 1570 erhielt er die Stelle eines Pfarrers in Šepekov, wo er seinen Dienst bis zu seinem Tod nach 1600 versah.

WERKE

Von Jan Traján Turnovský, einem der bedeutendsten tschechischen Komponisten des 16. Jahrhunderts, sind zahlreiche sakrale Gesänge in tschechischer Sprache erhalten, darunter 5 Offizien, von denen die auf den Cantus firmi »Dunaj voda hluboká« (Donau tiefes Wasser) und »Všemihoucí Stvořiteli« (Allmächtiger Schöpfer) am berühmtesten geworden sind. Ebenso verbreitet wurden seine Responsorien und Lieder. Die Kompositionen sind polyphon und kontrapunktisch. Es klingt aber im Melos der tschechische Volkston mit.

Piotr Turtschaninow (1779–1856)

ZEIT UND UMWELT

Es ist eine auffällige Erscheinung, daß eine Mehrzahl russischer Musiker aus dem ukrainischen Raum stammte. Das ist auch bei den Kirchenmusikern zu beobachten, wo gerade die Erneuerer Ukrainer waren. Das dürfte mit dem ungeheuren Reservoire an klangreicher Volksmusik zusammenhängen, das in der Ukraine vorhanden war und auch die Kirchen beeinflußte.

LEBEN

Piotr Iwanowitsch Turtschaninow wurde am 20. 11. 1779 in Kiew geboren. Er war Schüler von Giuseppe Sarti und wirkte ab 1809 in Gatschine, dann als Gesanglehrer der Hofsängergesellschaft in St. Petersburg, schließlich an verschiedenen Kirchen als Chorleiter. Er starb am 16. 3. 1856 in St. Petersburg.

WERKE

Das Hauptverdienst von Piotr Turtschaninow liegt in der Erneuerung der Harmonisierung der russischen Kirchengesänge. Er komponierte selbst eine Reihe drei- bis vierstimmige Sätze für den russischen Gottesdienst, die zuweilen heute noch gesungen werden.

LITERATUR

A. Preobraschenski, Piotr Iwanowitsch Turtschaninow, St. Petersburg 1910.

Kalervo Tuukkanen (1909–79)

LEBEN

Kalervo Tuukkanen wurde am 14. 10. 1909 in Mikkeli geboren. Er studierte an der Universität in Helsinki und bei Leevi Madetoja und Ilmari Krohn. Von 1935 bis 1938 lehrte er am Konservatorium in Viipuri (heute Wiborg,

Rußland) Musikgeschichte und Musiktheorie; von 1942 bis 1944 wirkte er als Kapellmeister in Pori und seitdem ist er in Helsinki als Dirigent und Musikpädagoge tätig. Er starb dort am 12.7.1979.

WERKE
Von Kalervo Tuukkanen sind 5 Sinfonien, eine sinfonische Dichtung, mehrere Suiten, 2 Violinkonzerte, ein Cellokonzert bekannt geworden. Er schrieb außerdem eine Reihe Chorkantaten mit Orchester, Bühnen-, Hörspiel- und Filmmusik.

Geirr Tveitt (1908–81)

LEBEN
Geirr Tveitt wurde am 19.10.1908 in Hardanger, Norwegen, geboren. Er studierte in Paris, Leipzig und Wien und lebte anschließend als freischaffender Komponist in Oslo, bis er 1958 Berater beim Norwegischen Rundfunk wurde. Er starb am 1.2.1981 in Oslo.

WERKE
Von Geirr Tveitt sind 5 Opern und 3 Ballette auf die Bühnen gekommen. Er schrieb ferner 6 Klavierkonzerte, ein Doppelkonzert für zwei Klaviere, 2 Harfenkonzerte, ein Violinkonzert, je ein Konzert für Hardangerfidel, für Viola d'amore, für Saxophon, für Streichquartett mit Orchester, 2 sinfonische Dichtungen, ungefähr 100 Orchesterstücke, denen Hardanger Volksmusik zugrunde liegt, Kammermusikwerke, Klavierstücke und zahlreiche Romanzen für Singstimmen.

Romuald Twardowski (geboren 1930)

LEBEN
Romuald Twardowski wurde am 17.6.1930 in Wilna geboren. Er war am Konservatorium seiner Geburtsstadt Schüler von Julius Juzeliūnas (geboren 7.2.1916, Čepole, Litauen) an der Hochschule für Musik in Warschau von Bolesław Woytowicz (geboren 5.12.1899, Dunajewci, Ukraine) und in Paris von Nadia Boulanger. Er lebt als freier Komponist in Warschau.

WERKE
Außer 3 Opern und einem Ballett schrieb Romuald Twardowski eine Antiphone für drei Orchestergruppen, 5 Sätze für Orchester, eine »Kleine konzertante Sinfonie« für Streicher, Klavier und Schlagzeug, ein Klavierkonzert, 2 Kantaten, ein Florentiner Triptychon, bestehend aus 3 Studien für Kammerorchester, Sonetten von Petrarca für Tenor und zwei A-cappella-Chöre und Florentiner Eindrücke für vier Instrumentalchöre, »Kleine orthodoxe Liturgie« für Kammerchor und drei Instrumentalgruppen, eine »Ode an die Jugend« für Rezitator, gemischten Chor und Orchester und 3 Sonette für Baßbariton, Klavier, Schlagzeug und Streicher.

Christopher Tye (um 1500–73)

ZEIT UND UMWELT
Die anglikanische Kirche behielt viel mehr alte liturgische Elemente bei als etwa die Kirche der deutschen Reformation. Dennoch war auch in England eine Umgestaltung des Gottesdienstes und der gottesdienstlichen Musik erforderlich. Die Professoren für Musik an den Universitäten waren dazu berufen, die englische Kirchenmusik den neuen Erfordernissen anzupassen.

LEBEN
Christopher Tye wurde um 1500 vermutlich in Ostengland geboren und begann seine Laufbahn als Chorknabe im King's College zu Cambridge (1511), wo er auch studierte, 1545 Doctor musicae und 1548 Professor wurde. Neben dem Studium und der Professur übernahm er von 1541 bis 1561 das Amt eines Chorleiters an der Kathedrale von Ely. Er war vielleicht gleichzeitig auch Musikmeister der Kinder Heinrichs VIII. Im Jahre 1560 erhielt er die Priesterweihe. Seine kirchliche Laufbahn führte bis zur Stellung eines Rektors in Doddington-cum-Marche (Isle of Ely), wo er 1573 starb.

WERKE

Christopher Tye nimmt in der Geschichte der englischen Kirchenmusik einen wichtigen Platz ein. Durch die Auflösung der Abteien hat die Musik in England einen schweren Schlag erlitten, aber gerade Männer wie Tye haben diesen Rückfall durch ihre Tätigkeit wettgemacht. Tye hat zum Beispiel den Kompositionstypus des Anthems geschaffen. Er ist mit Recht »Vater des Anthems« genannt worden, weil seine Form bis zu den elisabethanischen Kirchenmusikern maßgebend geblieben ist.

Im einzelnen hat er 4 Messen (darunter eine sechsstimmige), etliche Messesätze, 2 sechsstimmige und 2 vierstimmige Magnificat, 18 Anthems und bei 30 Virginaltabulierungen hinterlassen.

Besondere Aufmerksamkeit verdient seine Vertonung der vierzehn ersten Kapitel der Apostelgeschichte: »The Actes of the Apostles translated into Englyshe metre ... with notes to eche chapter, to synge and to play upon the Lute« (Apostelgeschichte, übersetzt in englisches Versmaß ... mit Noten zu jedem Kapitel, zu singen und auf der Laute zu spielen). Dieser Versuch, sakrale Musik zur Hausmusik zu machen, hat viele Nachahmer gefunden.

LITERATUR

G. Reese, Music in the Renaissance, New York 1959.

U

Christian Benjamin Uber (1746–1812)

Zeit und Umwelt
Liebhaberkonzerte kamen im 18. Jahrhundert immer mehr in Mode, weil sich der Kreis der an Musik Interessierten stets weiter ausdehnte, seit es öffentliche Konzerte, zu denen jeder Zutritt erhielt, gab. Musikstudium und Musikausübung wurden in bürgerlichen Kreisen schon sehr gepflegt; es kam zur Bildung kleiner Ensembles, aus denen wiederum von Fall zu Fall eine bedeutende Musikerpersönlichkeit hervorging.

Leben
Christian Benjamin Uber wurde am 20. 9. 1746 in Breslau (Wrocław) geboren. Er studierte Rechtswissenschaft und war zuletzt Oberamts-Regierungsadvokat in seiner Geburtsstadt. Seine musikalische Ausbildung erhielt er während seines Studiums in Halle von Daniel Gottlob Türk. Als passionierter Musikliebhaber veranstaltete er in seinem Haus regelmäßige Musikabende, zu denen Literaten, Künstler und Musiker geladen wurden. Er starb im Jahr 1812 in Breslau.

Werke
Der äußerst talentierte Amateur Christian Benjamin Uber verfaßte neben einem Singspiel eine Kantate und eine Ode, weiters 7 Divertimenti für Kammerorchester, 6 Cembalotrios und eine Anzahl Cembalosonaten zum Teil mit Begleitung von anderen Instrumenten. Sein Wirken war für die Musikentwicklung der Stadt Breslau sehr wichtig.

Hermann Uber (1781–1822)

Zeit und Umwelt
Jérôme Bonaparte (1784–1860), jüngster Bruder Napoleons I. (1769–1821), wurde 1807 König von Westfalen und schlug seine Residenz in Kassel auf. Persönlich an Musik sehr interessiert, versuchte er ständig gute Kräfte nach seiner Residenz zu verpflichten und Hofkapelle und Oper auf ein hohes Niveau zu bringen.

Leben
Christian Friedrich Hermann Uber wurde am 22. 4. 1781 in Breslau (Wrocław) als Sohn des Christian Benjamin Uber (1746–1812) geboren. Er studierte in Halle Rechtswissenschaft und bei Daniel Gottlob Türk (1750–1813). Anschließend erhielt er bei Prinz Louis Ferdinand eine Stelle als Kammermusiker. Ab 1807 wirkte er als Erster Violinist in Braunschweig, ein Jahr darauf rief ihn König Jérôme als Opernkapellmeister nach Kassel. Im Jahr 1814 wurde er Kapellmeister am Theater in Mainz und 1816 Musikdirektor einer Theatergruppe in Dresden, wo er 1818 die Stelle eines Musikdirektors und Kantors der Kreuzkirche annahm und am 2. 3. 1822 starb.
Sein Bruder Alexander Uber (1783, Breslau, bis 1824, Breslau), Schüler des Cellovirtuosen Johannes Jäger (31. 8. 1748, Schlitz, Hessen, bis nach 1826, vermutlich München), unternahm ab 1804 umfangreiche Konzertreisen als Cellovirtuose und wirkte auch als Kapellmeister.

Werke
Neben französischen Opern für Kassel und einer deutschen für Mainz verfaßte Hermann Uber Intermezzi, Kantaten (»Das Grab«, »Osterkantate«), eine Passion (»Die letzten

Worte des Erlösers«) und ein Violinkonzert in D-Dur. Sein Stil weist den Komponisten als Romantiker aus.
Alexander Uber schrieb ein Cellokonzert, Variationen für Cello und Streichquartett oder Orchester, einige Ouvertüren, verschiedene andere Instrumentalstücke und eine Anzahl Lieder.

Uc de Saint Circ (um 1190 bis um 1230)

ZEIT UND UMWELT
Troubadoure waren ursprünglich ritterliche Sänger, die nach dem Vorbild des Grafen Wilhelm von Poitou am Ende des 11. Jahrhunderts Huldigungslieder für ihre Damen erfanden. Solche Lyrik verbreitete sich in Spanien, Italien, England und in Deutschland, hier unter dem Begriff »Minnegesang«. Die Troubadoure waren Dichter, Melodieerfinder und Sänger in einer Person. Sie begleiteten sich auf der Viola oder Rotta und anderen, harfenähnlichen Instrumenten. Bisweilen hielten sie sich Bediente, Menestrels genannt oder auch Jongleurs. Ihr Liederschatz enthielt Sirventes (Dienstlieder), Plaintes (Klagelieder), Tenzonen (Streitlieder), Pastourellen (Hirtenlieder), Tanzlieder, Tagelieder, Aubaden (Morgenlieder), Sirenen (Abendlieder) und andere Liedtypen. Ihre Melodien blieben erhalten und sind inzwischen wohl richtig entziffert worden. Dies bereitete einst Schwierigkeiten, weil sie ohne rhythmische Werte notiert waren. Die Melodien wiederholten Wendungen des Gregorianischen Gesangs, griffen aber auch folkloristische Elemente auf. Aus dem 12. und 13. Jahrhundert sind rund 400 Troubadoure namentlich bekannt.

LEBEN
Uc de Saint Circ ist ungefähr um 1190 geboren und wirkte von etwa 1210 bis 1230. Über sein Leben ist nichts bekannt, außer daß er sich zeitweilig in Treviso aufgehalten hat. Man weiß auch nicht, wo und wann er gestorben ist.

WERKE
Von dem provenzalischen Troubadour sind mehr als 40 Lieder überliefert, davon 3 mit Melodien. Seine Musik gehört dem sogenannten »Leichten Stil« an.

LITERATUR
J. Boutière, Les classiques d'oc, Paris 1964.

Marco Uccellini (um 1603–80)

ZEIT UND UMWELT
Die Scordatura (Verstimmung) veränderte die Stimmung der Saiten, um den Griff des Interpreten zu erleichtern oder um eine veränderte Tonfarbe zu gewinnen. Sie wurde bei Violen und Lauten jeder Art viel angewendet und von den Violinisten übernommen. Im Zug der Entwicklung der Technik des Violinspiels im 17. Jahrhundert hat man sie ebenso ausgebaut wie das Lagenspiel und den Mehrfachgriff.

LEBEN
Marco Uccellini wurde um 1603 in Forlimpopoli geboren und in Assisi ausgebildet. Er stand von 1641 bis 1662 im Dienst der Familie d'Este in Modena und wirkte zugleich als Kapellmeister am Dom zu Modena bis 1665. Anschließend hielt er sich am Hof zu Parma auf, bis er sich nach Forlimpopoli zurückzog, wo er am 10. 9. 1680 starb.

WERKE
Der italienische Violinist und Komponist Marco Uccellini entwickelte die Technik des Violinspiels bis zur 6. Lage, verbesserte die Bogenführung und wandte als einer der ersten bei diesem Instrument die Scordatura an. Überdies baute er die Violinsonate aus und entwickelte sie zum virtuosen Vortragsstück. Von ihm sind 3 Bände ein- bis vierstimmiger Kammer- und Kirchensonaten, Sonaten über Kanzonen für Solovioline mit Generalbaß, Kompositionen für Violine mit anderen Instrumenten, Violinsinfonien mit Baß und zwei Begleitviolinen, Konzertsinfonien für mehrere Instrumente und Generalbaß,

außerdem ein- bis fünfstimmige Psalmen überliefert. Seine Instrumentalkompositionen sind stark kontrapunktisch. Für die Bühne verfaßte er 2 Ballette und eine Oper.

LITERATUR

A. Moser, Geschichte des Violinspiels, Berlin 1923.

Ali Beg Ufqi (um 1600 bis um 1676)

ZEIT UND UMWELT

Friedliche und kriegerische Kontakte mit den weit nach Europa vorgedrungenen Türken haben ohne Zweifel manche Volksmelodie aus dem Osten in die europäische Musik gebracht, der sie, angepaßt und kaum mehr kenntlich, zum nicht mehr ablösbaren Bestandteil integriert wurde. Die fortschreitende Zeit brachte zudem eine unmittelbare Kenntnis der orientalischen Musik der Zeit und damit die Entdeckung, daß der Musik keine nationale Begrenzungen auferlegt sind.

LEBEN

Ali Beg Ufqi (ursprünglich Albert Bobowski oder Albertus Bobovinus Leopolitanus) wurde um 1600 in Leopol, Polen, geboren und studierte an einer der Universitäten Mitteleuropas. Er geriet in türkische Gefangenschaft und kam an den Hof des Sultans Murat IV. (regierte 1623–40) in Konstantinopel, wo er als Dolmetscher, Übersetzer und Musiker blieb. Er starb in Konstantinopel um 1676.

WERKE

Der Pole Ali Beg Ufqi, der zum türkischen Musiker geworden war, verfaßte die früheste bekannte Sammlung türkischer Musik in europäischer Notierung. Es handelt sich hauptsächlich um instrumentale und vokale Volksmusik, neben der auch Kompositionen des Verfassers aufgezeichnet sind. Einzelnes davon wurde von dem rumänischen Musiktheoretiker Dimitric Cantimir (26. 10. 1673, Silişteni Fălciu, bis 21. 8. 1723, Dimitrowka) in seinem Introducere în muzica turcească în limba moldoveneasca (Einführung in die türkische Musik in moldauischer Sprache) angeführt.

Floro Ugarte (1884–1975)

LEBEN

Floro Meliton Ugarte wurde am 15.9.1884 in Buenos Aires geboren. Nach seiner Ausbildung in seinem Geburtsort wurde er in Paris Schüler von Alexandre Jean Albert Lavignac, Émile Louis Fortuné Pessard und Félix Fourdrain (3.2.1880, Nizza, bis 22.10.1923, Paris). Ab 1913 wirkte er am Aufbau des Konservatoriums seiner Vaterstadt mit und lehrte daran bis 1955 Komposition. Gleichzeitig unterrichtete er von 1948 bis 1955 an der Universität in La Plata und leitete durch mehrere Jahre das Teatro Colón in Buenos Aires, wo er am 11.6. 1975 starb.

WERKE

Außer einer Oper schrieb Floro Ugarte eine Tanzlegende, eine Sinfonie, eine sinfonische Dichtung, eine Suite und weitere Orchesterwerke, ein Violinkonzert, verschiedene Kammermusik, Klavierstücke, eine Sonatine für Bandoneon und Klavierlieder. Sein Stil war stark folkloristisch.

Vincenzo Ugolini (um 1570–1638)

ZEIT UND UMWELT

Giovanni Bernardino Nanino (um 1560 bis 1623) und dessen Bruder Giovanni Maria Nanino (um 1545 – 1607) übermittelten ihren Schülern die überragende Technik des Palestrina-Stils.

LEBEN

Vincenzo Ugolini wurde um 1570 in Perugia geboren. Er wurde in Rom Schüler von Giovanni Bernardino Nanino und konnte bereits 1592 die Kapellmeisterstelle an Santa Maria Maggiore antreten. Ab 1603 wirkte er in gleicher Eigenschaft am Dom von Benevento, kehrte 1615 nach Rom zurück und leitete ab 1616 die Kapelle an San Luigi de'Francesi und von 1620 bis 1626 die Cappella Giulia am Petersdom. Dann zog er sich aus gesundheitlichen Gründen zurück und starb in Rom am 6. 5. 1638.

WERKE

Der italienische Komponist Vincenzo Ugolini zählte zu den besten Vertretern des sogenannten Palestrina-Stils, den er in seinen achtstimmigen Motetten und fünfstimmigen Madrigalen genau anwendete. Bei den ein- bis vierstimmigen und den acht- bis zwölfstimmigen Motetten und den Messen, den achtstimmigen und den zwölfstimmigen Vesperpsalmen scheint bereits ein Generalbaß auf, auch die vielstimmigen, in Chöre gespaltenen Vesperpsalmen weisen in ihrer Anlage Übergangsformen zur Musik des 17. Jahrhunderts auf.

Ugolino d'Orvieto (um 1380–1457)

ZEIT UND UMWELT

Der Kampf der Staufer und Welfen gegeneinander war schon längst vorbei, aber die Gegensätze der beiden Parteien dauerten unter veränderten Vorzeichen an. Aus den Welfen sind Parteigänger der Päpste und aus den Ghibellinen kaiserlich Gesinnte geworden, deren Auseinandersetzungen völlig andere Probleme beinhalteten, als die, die zum Streit der beiden deutschen Fürstengeschlechter geführt hatten.

LEBEN

Ugolino d'Orvieto wurde um 1380 in Orvieto geboren. Im Jahre 1415 wurde er Kanonikus am Dom von Forlì, das er 1431 als Anhänger der Welfen verlassen mußte. Er ging nach Ferrara, um dort als Musiker zu wirken, und verblieb dort bis zu seinem Tod im Jahre 1457.

WERKE

Ugolino d'Orvieto war einer der letzten Vertreter der Musiktradition des Mittelalters. Erhalten von seinen Kompositionen sind nur 3 Stücke für zwei Stimmen, die stilistisch der Ars nova angehören.

LITERATUR

G. Pietzsch, Die Klassifikation der Musik von Boetius bis Ugolino von Orvieto, Halle 1929, Nachdruck Darmstadt 1968. A. Seay, Ugolino of Orvieto, Theorist and Composer, in: Musica. Disciplina 9, 1955.

Alfred Uhl (geboren 1909)

LEBEN

Alfred Uhl wurde am 5. 6. 1909 in Wien geboren. Von 1927 bis 1931 studierte er bei Franz Schmidt an der Musikakademie seiner Geburtsstadt. Anschließend lebte er als freischaffender Komponist vorwiegend von Filmmusik in Zürich, Paris, Berlin, Amsterdam und Istanbul. Er wirkt seit 1945 als Professor für Komposition an der Akademie für Musik und darstellende Kunst in Wien.

WERKE

Neben einer Oper schrieb Alfred Uhl unter anderem eine »Konzertante Symphonie für Klarinette und Orchester«, die Orchesterwerke: »Sinfonischer Marsch«, »Vier Capricen«, »Concerto a ballo«; für Streichorchester: »Introduktion und Variationen über eine Melodie aus dem 16. Jhdt.«, »Allerlei Spielmusik« – für Spielmusikgruppen, ein Bläseroktett, 2 Streichquartette, das Frühwerk »Trio für Geige, Bratsche und Gitarre«, »10 Stücke für Sologitarre«, »Divertimento für drei Klarinetten und Baßklarinette«, 48 Etüden für Klarinette, 15 Etüden für Fagott, 50 Etüden für Viola, »Drei Stücke für Flöte und Gitarre«, Chöre a cappella, das oratorische Musikdrama »Gilgamesch« und die heitere Kantate »Wer einsam ist, der hat es gut«. Seine Musik verläßt die Tonalität nicht, geht aber bis an ihre Grenzen und schöpft alle ihre Möglichkeiten, die von musikalischer Seite verlangt werden, aus: musikantische Frische, tiefernstes Empfinden, Klangschönheit, Prägnanz der

Formen und hinreißende Rhythmen. Alfred Uhl ist zu den Spitzenkräften der österreichischen Musik des 20. Jahrhunderts einzureihen. Sein Werk könnte als Wegweiser aus der Vielfalt der Stile, Techniken und Experimente für die Zukunft dienen, denn es gehört keiner »Richtung«, keinem »Fortschritt« und keinem »Rückgriff« an, sondern erfüllt die höchste Qualitätsforderung, die an einen Tonsetzer zu stellen ist.

Gilgamesch, Oratorisches Musikdrama für Singstimmen, gemischten Chor, Orchester und Orgel, entstanden 1956, revidiert 1968

Dem Werk liegt das babylonisch-assyrische Heldenepos über den sumerischen König Gilgamesch von Uruk zugrunde, das den ältesten Sintflutbericht beinhaltet. Mit dramatischen Dialogen und mächtigen Chorstellen wird der Handlungsablauf in seiner archaischen Monumentalität vorgestellt. Die expressive Musik ist keinesfalls illustrierend; sie verstärkt und unterstreicht zwar das dramatische Geschehen, eröffnet jedoch parallel immaginative und emotionale Räume von nahezu überdimensionaler Weite, so daß sie neben diesem Schatz antiker Epik zum ebenbürtigen Werk gleicher Aussagekraft wird.

Alfred Uhl

Wer einsam ist, der hat es gut, heitere Kantate für Soli, gemischten Chor und Orchester, 2 Teile, entstanden 1960

Dieser Kantate liegen Gedichte von Wilhelm Busch (1832–1908), Christian Morgenstern und Joachim Ringelnatz (1883–1934) zugrunde. Beide Teile der 26 Nummern werden von einer lustigen Ouvertüre eingeleitet, dann folgen skurrile, gutmütig ironische Dichterverse mit ihrer bekannten Hintergründigkeit, die der Komponist kongenial nachvollzieht, ergänzt, ausmalt und belächelt.

Konzertante Sinfonie für Klarinette und Orchester, 3 Sätze, entstanden 1943

Es liegt eine Mischung von Konzert, Sinfonie und Spielmusik vor. Der 1. Satz hat Sonatenform und bringt eine prächtige Kadenz der Klarinette. Im 2. Satz erklingt eine gefühlvolle Kantilene, die einem Trauergesang nahe kommt. Ein überschäumendes Rondofinale jedoch verscheucht alle trüben Gedanken.

Vier Capricen für Orchester, entstanden 1945, Neufassung 1970

Die 1. Caprice »Musikanten« ist eine reizende, unbekümmerte Spielmusik. Die 2. Caprice »Fahrende Sänger« ist voll utrierter Kantilenen. Die 3. Caprice »Gaukler« verwandelt ihr Thema mit virtuosen Überraschungseffekten. In der letzten »Caprice« herrschen Improvisation und Parodie; verstaubte Ballettmusik wie banale Werkelmusik werden deutlich karikiert.

Jubiläumsquartett, 5 Stücke, entstanden 1960

Dieses Streichquartett wurde zum hundertfünfzigjährigen Bestehen der Gesellschaft der Musikfreunde in Wien verfaßt. Es markiert in seinen Sätzen je eine Musikepoche. Der 1. Satz gibt sich lebhaft und klassisch, der 2. Satz frühromantisch gefühlsreich, der 3. Satz spätromantisch episch, der 4. Satz impressionistisch malerisch und der 5. Satz modern, mit kurzem Rückblick auf die »gute alte Zeit«.

Divertimento für drei Klarinetten und Baßklarinette, 3 Sätze, entstanden 1943

Deutlich profilierte Thematik, prägnante Rhythmik und schönes Ausspielen der Motive kennzeichnen dieses interessante Werk, das in allen drei Sätzen die Möglichkeiten der Instrumente glänzen läßt.

Kleines Konzert für Viola, Klarinette und Klavier, 3 Sätze, entstanden 1936

Der 1. Satz hat Sonatenform und bringt eine Kadenz für Bratsche und Klarinette, die die klanglichen und virtuosen Möglichkeiten der Instrumente voll ausschöpft. Der 2. Satz entwickelt eine einteilige Liedform ohne Reprise, deren Grundstimmung voll Geheimnisse ist. Das Finale ist ein von hellem Humor durchdrungenes Rondo.

Kaspar Ulenberg (1549–1617)

ZEIT UND UMWELT

St. Kunibert in Köln datiert aus dem 7. Jahrhundert und erhielt im 11. und 13. seine endgültige maurisch-byzantinische Gestalt. Die bis 1288 von ihren Fürsterzbischöfen regierte und dann reichsfreie Stadt bildete in den Wirren der Reformation und später einen Hort des Katholizismus. Juden und Protestanten wurden vertrieben. Alle Kirchen Kölns wurden reich ausgestattet und ihre Chöre von ausgezeichneten Kräften geleitet.

LEBEN

Kaspar Ulenberg wurde 1549 in Lippstadt, Westfalen, geboren. Nach seinem Studium in Wittenberg erhielt er eine Pfarrstelle in Lippstadt. Er konvertierte zum Katholizismus und wurde katholischer Pfarrer in Kaiserwerth, Düsseldorf, dann Kanonikus an St. Kunibert in Köln (1583–94), Regens des Lorenz-Gymnasiums, 1610 Rektor der Universität und Pfarrer der Universitätskirche. Er starb in Köln am 16. 2. 1617.

WERKE

Neben seiner Bibelübersetzung brachte Kaspar Ulenberg »Die Psalmen Davids in allerlei Teutsche gesangreimen bracht« heraus und leitete dadurch einen wichtigen Beitrag zum katholischen Psalmenlied des 16. Jahrhunderts ein.

LITERATUR

S. Fornaçon, Kaspar Ulenberg und Karl von Hagen, Musikforschung IX, 1956.

Marius Ulfrstad (1890–1968)

LEBEN

Marius Moaritz Ulfrstad wurde am 11.9.1890 in Borgund bei Ålesund, Norwegen, geboren. Er studierte in Kristiania, Berlin, Florenz, Rom und Paris und wirkte anschließend als Musikkritiker, Direktor der Musikakademie in Oslo und Präsident der IGNM für Norwegen. Er starb am 29.10.1968 in Oslo.

WERKE

Neben seiner journalistischen, organisatorischen und didaktischen Tätigkeit für die Musik Norwegens schrieb Marius Ulfrstad 5 Sinfonien, andere Orchesterwerke, einige Klavierkonzerte, 2 Violinkonzerte, Kammermusik, Kantaten, Chöre, zahlreiche Lieder und Bühnenmusiken.

Hugo Ulrich (1827–72)

ZEIT UND UMWELT

Giacomo Meyerbeer hatte eine beträchtliche Anzahl Musiker gefördert und ihnen zuweilen das Geld für Unterrichtsstunden vorgestreckt. Er hatte einen sicheren Blick dafür, ob bei einem Schüler ein wirkliches Talent vorlag. Für Künstler, die erwarten ließen, daß sie keinen geraden bürgerlichen Lebensweg einschlagen, hatte er Vorliebe.

LEBEN

Hugo Ulrich wurde am 25.11.1827 in Oppeln (Opole) geboren. Er war in Berlin auf Kosten von Giacomo Meyerbeer Schüler von Adolf Bernhard Marx und trat anschließend bald mit einigen Kompositionen hervor, die sehr günstig aufgenommen wurden. Ab 1855 hielt er sich in mehreren italienischen Städten auf, erhielt dann eine Lehrstelle am Konservatorium in Berlin, die er aber bald aufgab. Schließlich brachte er sich mit musikalischen Gelegenheitsarbeiten bis zu seinem Tod am 23.3.1872 durch.

WERKE

Von Hugo Ulrich sind 2 Ouvertüren überliefert, von denen die in h-Moll viel gespielt und die zweite von der Königlichen Akademie in Brüssel prämiiert wurde. Seine dritte Sinfonie vollendete er wie seine Oper nicht. Sehr gefiel auch sein Klaviertrio. Er verfaßte ferner ein Quartett, eine Cellosonate und mehrere Klavierwerke. Er war ohne Zweifel ein begabter Komponist, der sich durch widrige Umstände nicht voll entfalten konnte.

Ignaz Umlauff (1746–96)

ZEIT UND UMWELT
In Verfolgung seines politischen Zieles eines zentralistisch regierten Reiches mit deutscher Staatssprache förderte Kaiser Joseph II. die Gründung deutscher Bühnen nach Kräften. Über sein Betreiben wurde 1778 das Wiener Nationalsingspiel eröffnet und damit das deutsche Singspiel in Wien heimisch gemacht. Es wies noch ein Konglomerat verschiedener Stilrichtungen auf: Buffonummern, Koloraturarien und volkstümliche Lieder, die erst Wolfgang Amadeus Mozart zu einer Stileinheit formte.

LEBEN
Ignaz Umlauff (Umlauf) wurde 1746 in Wien geboren. Er war ab 1772 Bratschist der Wiener Hofoper, ab 1778 Dirigent des Wiener Nationalsingspiels und ab 1789 auch Vertreter von Antonio Salieri an der Kaiserlichen Hofmusikkapelle. Er starb am 8. 6. 1796 in Wien.

WERKE
Mit seinem Singspiel »Die Bergknappen« eröffnete Ignaz Umlauff die Wiener Nationalsingspiele, denen eine Reihe außerordentlich beliebter Singspiele folgte. Lieder aus diesen Bühnenstücken wurden viel gesungen, besonders die Romanze »Zu Steffen sprach im Traume« aus »Das Irrlicht«. Damit öffnete er der deutschen Sprache das Tor zur Musikbühne, die bisher vom Italienischen beherrscht worden war.

Pietro Urbani (1749 – 1816)

ZEIT UND UMWELT
Die Musical Society wurde 1728 in Edinburgh von vorwiegend aristokratischen Amateuren gegründet und erhalten. Man führte in erster Linie Georg Friedrich Händel auf. Im Jahr 1801 allerdings löste sich die Gesellschaft wieder auf, weil das Publikumsinteresse stark nachgelassen hatte und es außerdem starke Widerstände seitens der Kirchen gegen profane musikalische Darbietungen gab. Der Puritanismus war noch immer mächtig genug, solche kulturellen Regungen zu unterdrücken. Der nächste Versuch, Oratorien von Händel in Edinburgh und Glasgow aufzuführen, endete mit einem Fiasko.

LEBEN
Pietro Urbani wurde 1749 in Mailand geboren. Er kam als Sänger nach London und ging 1780 nach Schottland, wo er im Rahmen der Musical Society in der St. Cecilia Hall schottische Lieder seines Arrangements sang. Er gründete einen Musikverlag und eine Musikalienhandlung, um seine Kompositionen und Arrangements zu vertreiben. Um 1810 versuchte er, das vernachlässigte Konzertleben Edinburghs zu beleben und erlitt finanziell Schiffbruch. Er zog sich verarmt nach Dublin zurück, wo er im Dezember 1816 starb.

WERKE
Neben 2 Opern für Dublin veröffentlichte Pietro Urbani 6 Bände mit Arrangements schottischer Volkslieder, die mit instrumentalen Einleitungen und Schlüssen sowie einer Begleitung von zwei Violinen, Bratsche und Pianoforte versehen wurden. Seine weiteren Kompositionen sind verlorengegangen.

Erich Urbanner (geboren 1936)

LEBEN
Erich Urbanner wurde am 26.3.1936 in Innsbruck geboren. Von 1955 bis 1961 war er an der Hochschule für Musik und darstellende Kunst in Wien Schüler von Hans Swarowsky,

Karl Schiske und Hanns Jelinek. Er wirkt an derselben Lehranstalt als Professor für Komposition und für Partiturspiel sowie als Leiter des Zwölftonseminars.

WERKE

Neben einer musikalischen Burleske schrieb Erich Urbanner unter anderem eine Sinfonie, eine Intrada, eine Serenade für Streichorchester, »Thema, Variationen und ein Nachspiel«, »Kontraste« und ein Konzert für Orchester, ein »Concerto« für zwei Orchester, drei Posaunen und Celesta, ein Klavierkonzert, ein Flötenconcertino, ein Konzert für Orgel und Streichorchester, Dialoge für Klavier und Orchester, ein Violinkonzert, ein Kontrabaßkonzert, eine »Kammermusik« für Flöte, Oboe, Fagott, Violine, Cello und Cembalo, »Improvisation IV« für Bläserquintett, 3 Streichquartette, 8 Aphorismen für Flöte, Klarinette und Fagott, Schlag- und Klangfiguren für Schlagzeug, 5 Stücke für Violine und Klavier, »Improvisation III« für Kammerensemble, »Lyrica« für Kammerensemble, »Improvisation II« für zwei Klaviere und weitere Klavierwerke, »Improvisation I« für Orgel, Soli für Flöte, für Violine, für Bratsche, 5 Songs für Mezzosopran und kleines Ensemble und eine Messe.

Erich Urbanner

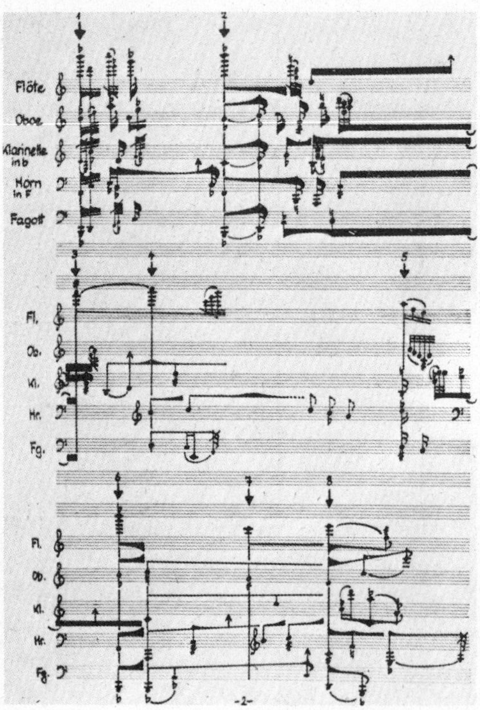

Improvisation IV für Bläserquintett von Erich Urbanner, Autograph

Chrétien Urhan (1790–1845)

ZEIT UND UMWELT

In der romantischen Epoche, in der die Tonfarbe zu einem integrierenden Teil der Musik geworden war, konnten sich manche Violinisten mit dem Tonumfang und der Klangfarbe der klassischen Streichinstrumente begnügen. Sie suchten nach erweiterten Klangräumen, indem sie bestehende Instrumente wie etwa das fünfsaitige Violon alto oder die ältere Viola d'amore neu aufleben ließen.

LEBEN

Chrétien Urhan (Auerhahn) wurde am 16. 2. 1790 in Monschau, Eifel, geboren. Er wurde in Paris Schüler von Jean-François Lesueur (1760–1837), François Antoine Habeneck, Rodolphe Kreutzer und Pierre Rode, wirkte sodann als Bratschist am Quartett von François de Sales Baillot und an den Concerts du Conservatoire mit. Ab 1812 spielte er im Orchester der Opéra, wo er 1832 Soloviolinist wurde. Daneben war er Organist an St-Vincent-de-Paul. Er genoß als Virtuose der Violine und Bratsche großen Ruf; seine Konzerte, in denen er auch Violon alto und Viola d'amore spielte, hatten großen Zulauf. Er starb am 2. 11. 1845 in Paris.

WERKE

Von Chrétien Urhan sind 2 »Quintettes romantiques« für zwei Violinen, zwei Bratschen und Cello, ein Quintett für drei Bratschen, Cello, Kontrabaß und Pauke, 3 Duos für Klavier vierhändig, weitere Stücke für Klavier zwei- und vierhändig und »Souvenirs« für Viola d'amore überliefert.

Francesco Antonio Urio
(um 1650 bis nach 1719)

LEBEN

Francesco Antonio Urio wurde um 1650 in Mailand geboren. Er war Franziskaner und wurde an verschiedenen Ordenskirchen als Kapellmeister eingestellt, und zwar: ab 1679 am Dom in Spoleto, von 1681 bis 1683 in Assisi und in Genua; ab 1690 wirkte er in gleicher Eigenschaft an der Apostelkirche in Rom und ab 1697 an der Frarikirche in Venedig und schließlich von 1715 bis 1719 an San Francesco in Mailand. Er dürfte in Mailand nach 1719 gestorben sein.

WERKE

Der italienische Komponist Francesco Antonio Urio brachte Konzertmotetten für zwei bis vier Stimmen mit Violinen ad libitum und dreistimmmige konzertante Psalmen mit Violinbegleitung ad libitum heraus. Bekannt geworden ist sein Te Deum, aus dem Georg Friedrich Händel mehrere Themen in verschiedenen eigenen Kompositionen verwendete (Dettinger Te Deum, Saul, Israel in Ägypten).

Juan Urreda (um 1445 bis um 1500)

ZEIT UND UMWELT

Ferdinand V. (der Katholische) von Aragon (1452–1516) einigte Spanien durch seine Heirat mit Isabella I. von Kastilien (1451–1504) und machte es zu einer der ersten Großmächte Europas. Das Königspaar hatte zwar wenig musische Neigungen, aber seine Hofhaltung erforderte die Nachahmung anderer europäischer Fürstenhöfe, die Künstler jeder Art an sich zogen und förderten.

LEBEN

Juan Urreda (Utrede, Vrede, Wreede) ist um 1445 geboren. Sein Geburtsort ist unbekannt. Es ist sogar unentschieden, ob er selbst aus Spanien stammte oder aus Flandern eingewandert war. Nach der Meinung einiger ist er mit Joannes Wreede aus Brügge identisch. Er wurde 1477 Hofkapellmeister am Hof des Königs Ferdinand II. (Ferdinand V. als König von Aragon). Er dürfte um 1500 gestorben sein. Der Ort seines Todes ist nicht festgestellt.

WERKE

Ob Urreda Spanier oder Flame war, ändert nichts an der Tatsache, daß er als Komponist der franko-flämischen Schule angehörte. Sein Wirken in Kastilien beweist, daß die Ausstrahlung der Schule bereits in der zweiten Hälfte des 15. Jahrhunderts die Pyrenäen übersprungen hatte und in die Iberische Halbinsel eingedrungen ist.
Juan Urreda bearbeitete das mozarabische Pange lingua für vier Stimmen. Weiters sind von ihm ein dreistimmiges Nunc dimittis und eine sehr beliebte Bearbeitung des spanischen Volksliedes Nunca fué pena mayor (Nie gab es größeres Leid) erhalten. Sollte die Annahme seiner Identität mit Joannes Wreede richtig sein, müssen ihm noch ein

vierstimmiges Kyrie und ein Gloria zugeschrieben werden.

LITERATUR

H. Anglès, El Pange lingua de Juan Urreda, Anual Musical VII, 1952.

Alicia Urreta (geboren 1935)

LEBEN

Alicia Urreta wurde am 12.10.1935 in Veracruz, Mexiko, geboren. Sie war am Konservatorium in Mexiko Schülerin von Rodolfo Halffter. Seit 1957 tritt sie als Konzertpianistin auf. Sie unterrichtet derzeit an der Universität in Mexiko Kammermusik und Elektronische Musik.

WERKE

Neben einer Kammeroper und 5 Balletten – eines mit Musique concrète – schrieb Alicia Urreta ein Stück für Orchester, »Salmodia I und II« für Klavier, »Estudio I und II« für Gitarre, eine Kantate für Stimmen, Instrumente und Tonband, Bühnenmusik, Musique concrète für Nō-Theater und Filmmusik.

José Urroz (um 1650–1727)

ZEIT UND UMWELT

Am Meinungsstreit über die monodische und stark dissonante »Missa Scala Aretina« des katalonischen Komponisten Francisco Valls beteiligten sich nahezu 50 spanische Musiker. Die gegenseitig vorgebrachten Argumente bewegten sich zwischen grober Unsachlichkeit und eleganter Kompromißbereitschaft. Die Musik als Selbstzweck wurde sehr wenig in den Betrachtungskreis gezogen, der sich viel mehr auf theologische, philosophische und psychologische Ebenen erstreckte.

LEBEN

José Urroz wurde um 1650 im spanischen Baskenland geboren. Er war zunächst Organist in Santiago de Compostela und von 1710 bis zu seinem Tod im Jahr 1727 an der Kathedrale von Ávila.

WERKE

Der spanische Komponist José Urroz verfaßte eine Anzahl Kirchenmusik, darunter ein Te Deum, eine Messe und ein Magnificat, die sehr bekannt geworden sind. Er beteiligte sich heftig an den Kontroversen um die »Missa Scala Aretina« von Valls.

Joshemari Usandizaga (1887–1915)

LEBEN

Joshemari Usandizaga wurde am 31.3.1887 in San Sebastián geboren. Er war von 1901 bis 1906 an der Schola Cantorum in Paris Schüler von Vincent d'Indy, Gabriel Grovlez (4.4.1879, Lille, bis 20.10.1944, Paris), Louis Serres (8.11.1864, Lyon, bis 25.11.1942, Nérondes, Loire) und Fernand de la Tombelle (3.8.1854, Paris, bis 13.8.1928, Fayrac, Dordogne). Er lebte als einer der bedeutendsten Vertreter baskischer Musik in San Sebastián, wo er am 5.10.1915 starb.

WERKE

Außer einem baskischen Pastorale und 2 lyrischen Dramen schrieb Joshemari Usandizaga 4 sinfonische Dichtungen, 2 Streichquartette, Klavier- und Orgelwerke und 2 baskische Kantaten.

Ilhan Usmanbaş (geboren 1921)

LEBEN

Ilhan Usmanbaş wurde am 9.9.1921 in Istanbul geboren. Am Konservatorium seiner Geburtsstadt studierte er bei Cemal Reşid Rey Harmonielehre und von 1942 bis 1948 bei Ferid Alnar und Adnan Saygun Komposition am Konservatorium in Ankara. Anläßlich zweier Aufenthalte in den USA nahm er bei Luigi Dallapiccola und Milton Babbitt Unterricht. Er lehrt an letztgenannter Lehranstalt Musikgeschichte.

WERKE

Bis 1952 trugen die Kompositionen von Ilhan

Usmanbaş nationales Gepräge, dann wandte sich der Komponist der seriellen Musik zu; ab 1958 zog er auch die Aleatorik heran. Er schrieb unter anderem Ballettmusik für Orchester, eine Sinfonie, eine Sinfonietta, ein Violinkonzert, ein Stück für Streicher, ein Stück für Violine und vier Instrumente, eine Violinsonate, 3 Sätze für zwei Klaviere, »Offene Formen« für verschiedene Gruppen, ein Streichquartett, mehrere Klavierstücke, ein Stück für Stimme, Schlagzeug, Harfe und Frauenchor, eine Kantate für Chor und Orchester, Bühnen- und Filmmusik.

Francesco Usper (um 1570–1641)

ZEIT UND UMWELT

In Italien sind trotz der an die Puritaner Englands gemahnenden Bemühungen, alle Instrumentalmusik, also auch die Orgel, aus der Kirche zu verbannen, die Orgeln nie verstummt. Orgelbauer hatten ständig genügend Aufträge, gute Organisten waren gesucht. Und gerade das 17. Jahrhundert war durch hervorragende Orgelmeister und ein reges Interesse des Publikums an der Orgelmusik gekennzeichnet.

LEBEN

Francesco Usper (eigentlich Pier Francesco Spongia, auch Sponza oder Sponga) wurde um 1570 in Parenzo (Poreč) geboren. Er war in Venedig Schüler von Andrea Gabrieli und wurde dort 1598 Organist und 1627 Leiter der Schule San Giovanni Evangelista. Gleichzeitig wirkte er auch an anderen Kirchen der Stadt als Organist. Er starb am Beginn des Jahres 1641 in Venedig.
Sein Neffe Gabriele Spongia (um 1590, Parenzo, bis nach 1623, Venedig) war in Venedig als Musiker und Komponist tätig.

WERKE

Von dem italienischen Komponisten Francesco Usper sind Messen, Psalmen, Vespern, Motetten, Madrigale, Kanzonen, Sinfonien, Capricci für mehrere Stimmen und größtenteils mit Generalbaß überliefert. Einzelnes ist monodisch angelegt.

Von Gabriele Spongia sind zwei- und dreistimmige Madrigale erhalten, die konservativer wirken als die Kompositionen des Onkels.

LITERATUR

S. Dalla Libera, Don Francesco Spongia, in: Musica sacra, 1961.

Vladimir Ussachevsky (geboren 1911)

LEBEN

Vladimir Ussachevsky wurde am 21.10.1911 in Hailar, Mandschurei, geboren. Er studierte am College in Pomona, Calif., und an der Universität in Rochester, N. Y. Ab 1947 gehörte er dem Music Department der Columbia University in New York an, an der er 1951 mit erfolgreichen Tonbandexperimenten begann. Seit 1967 erforscht er die Möglichkeiten von Klangsynthesen mittels Computern.

WERKE

Zu den frühen Kompositionen von Vladimir Ussachevsky gehören: »Sonic Contours« für Tonband, Metamorphosen, »Linear Contrasts«, »Experiment 4711«, »Drahtlose Fantasie«. Ab 1961 verfaßte er: »Creation«, Prolog für vier Chöre und Tonband, »Blech und Holz auf Tonband«, »Suite aus Filmmusik« für Tonband, »Computer-Stücke«, Suite für Elektronische Musik, außerdem Filmmusiken für eine Schauspielerin und Tonband. Er veröffentliche zahlreiche Abhandlungen über Elektronische Musik, Tonbandmusik und Computermusik.

Galina Ustwolskaja (geboren 1919)

LEBEN

Galina Iwanowa Ustwolskaja wurde am 17.7.1919 in Petrograd geboren. Sie studierte bis 1947 bei Dmitri Schostakowitsch am Konservatorium in Leningrad, an dem sie seit 1948 selbst Komposition unterrichtet.

WERKE

Für Orchester schrieb Galina Ustwolskaja 2 Sinfonien – eine für Knabenstimmen und Orchester, die zweite für Stimmen, Bläser, Schlagzeug und Klavier –, eine Sinfonietta, eine sinfonische Dichtung und ein Klavierkonzert. Weiters verfaßte sie ein Oktett für vier Violinen, zwei Oboen, Klavier und Pauke, ein Streichquartett, ein Trio für Violine, Klarinette und Klavier, ein Trio für Piccolo, Tuba und Klavier, ein Stück für Kontrabaß und Klavier, 3 Klaviersonaten, 2 Kantaten für Solostimme und Orchester sowie Filmmusik.

Alexander Utendal (um 1530–81)

ZEIT UND UMWELT

Erzherzog Ferdinand von Österreich, Regent von Tirol und Vorderösterreich, heiratete 1557 heimlich Philippine aus der Augsburger Patrizierfamilie Welser, die neben den Fuggern zu den reichsten und einflußstärksten Kaufleuten und Bankiers von Europa zählten; Kaiser Karl V. war der prominenteste und vielleicht auch größte Schuldner dieser Finanzmacht. Der Erzherzog ließ als Wohnsitz seiner Frau das Schloß Ambras bei Innsbruck erbauen, in dem das erste Museum der Neuzeit angelegt wurde (Ambraser Sammlung). Die Innsbrucker Hofkapelle war ähnlich den anderen habsburgischen in Wien, Prag und Graz auf höchstem Stand. Sie beschäftigte neben Künstlern aus dem nahen Italien vorwiegend Niederländer, wie es der Tradition des Herrscherhauses entsprach.

LEBEN

Alexander Utendal (Uttendal, Uetendal, Ausm Thal) wurde um 1530 in den Niederlanden geboren und trat seine erste Stelle an der Kapelle der Königinwitwe Maria von Ungarn an. Im Jahre 1564 kam er als Altist zur Kapelle Erzherzog Ferdinands in Prag und ging mit ihm nach Innsbruck, als dieser die Regentschaft über Tirol und die österreichischen Vorlande antrat. Dort wurde er 1572 Musiklehrer des Knabenchores, 1573 Hofkomponist und 1580 Vize-Kapellmeister. Ein Angebot aus Dresden, die vakant gewordene Kapellmeisterstelle am sächsischen Hof zu übernehmen, lehnte er ab. Er starb in Innsbruck am 7. 5. 1581.

WERKE

Von dem franko-flämischen Komponisten Alexander Utendal sind 3 Bücher mit mehrstimmigen Motetten, 3 Messen, Magnificat und »Fröliche newe teutsche vnnd französische Lieder mit vier, fünf und mehr stimmen« erhalten, außerdem Responsorien. Weitere Stücke sind in verschiedenen Sammeldrucken und handschriftlich überliefert. Utendal ist als Komponist typischer Niederländer. Darüber hinaus schwebten ihm die Vorbilder Isaac, Hofhaymer und Senfl vor. Auch der Einfluß der nahen Münchner Hofkapelle ist bemerkbar. Und zu guter Letzt haben die vielen Italiener der Innsbrucker Hofkapelle den Klang ihrer heimischen Musik auch nach Innsbruck gebracht.

LITERATUR

W. Senn, Musik und Theater am Hof zu Innsbruck, Innsbruck 1954.

Francesco Antonio Uttini (1723–95)

ZEIT UND UMWELT

König Gustaf III. von Schweden, der seine Regierung 1771 antrat, machte große Anstrengungen zur Hebung des kulturellen Niveaus seines Landes. Er gründete das nach ihm benannte Opernhaus, das 1777 mit der Aufführung einer der ältesten Opern in schwedischer Sprache eröffnet wurde.

LEBEN

Francesco Antonio Baldassare Uttini wurde 1723 in Bologna geboren. Er war Schüler von Pier Giuseppe Sandoni (um 1680–1748), Giacomo Antonio Perti und Padre Martini in seiner Vaterstadt. Mit 20 Jahren wurde er in die Accademia Filarmonica aufgenommen. Als Leiter der Theatertruppe Mingotti kam er 1755 nach Stockholm und brachte im selben Jahr in Drottningholm 2 Opern heraus. Weitere Opern schrieb er für seine Truppe und für ein französisches Ensemble. Er wurde Hofkapellmeister. Zur Eröffnung der schwedischen Oper führte er seine »Thetis och Pelée« auf. Im Jahr 1788 zog er sich von seinen Verpflichtungen zurück und starb am 25. 10. 1795 in Stockholm.

Werke

Neben je 5 Opern in italienischer, französischer und 2 in schwedischer Sprache verfaßte Francesco Antonio Uttini Theatermusiken für französische Schauspiele, 3 Sinfonien, Sonaten, Violontrios, Festmusiken, Chöre zu 2 Schauspielen und das Oratorium »Giuditta«.

V

Nicola Vaccai (1790–1848)

Zeit und Umwelt
Der Belcanto ist auch im 19. Jahrhundert eine Domäne der Italiener geblieben. Alte Tradition, günstiges Klima, ererbte Musikalität brachten in Italien eine hohe Anzahl erstklassiger Sänger und Sängerinnen hervor, deren Stimmklang von nicht vielen Ausländern übertroffen wurde.

Leben
Nicola Vaccai wurde am 15. 3. 1790 in Tolentino geboren. Er studierte Rechtswissenschaft und Musik in Rom und war darauf in Neapel Schüler von Giuseppe Jannaconi und Giovanni Paisiello. Mit seinen Bühnenstücken hatte er anfangs wenig Erfolg, daher widmete er sich ab 1820 dem Gesangunterricht in Venedig, Triest und Wien, Paris und London. Im Jahr 1838 wurde er Kompositionslehrer am Konservatorium in Mailand. Er starb am 5. 8. 1848 in Pèsaro.

Werke
Die 17 Opern von Nicola Vaccai setzten sich nur langsam durch. Am meisten fanden seine 4 Ballette Anklang. Seine Kantaten, Arien, Duette, Romanzen sind ebenso melodiös wie seine Kirchenmusik. Alles, was er schrieb, war auf Belcanto abgestimmt. Seine Gesangschulwerke fanden weite Verbreitung.

Giovanni Battista Vacchelli
(um 1620 bis nach 1667)

Zeit und Umwelt
Obwohl die Familie d'Este durch den Verlust von Ferrara an die Kurie ihren gesamten politischen Einfluß und auch ihre bisherige kulturelle Führungsrolle verloren hatte, bemühte sie sich doch, auch in Modena, das ihr verblieben war, ihre kulturelle Tradition fortzusetzen. Alfonso IV. (1634–62) gründete die Bildergalerie von Modena, sein Sohn Francesco II. (1660–94) stiftete die berühmte Bibliothek der Stadt, und der jüngere Sohn Francescos I. (1610–58), Rinaldo (1655 bis 1737), gründete die Universität der Stadt. Das Musikleben des Hofes hielt sich weiterhin auf hohem Niveau.

Leben
Giovanni Battista Vacchelli wurde um 1620 in Rubiera, Modena, geboren. Er begann als Organist seines Geburtsortes, war ab 1664 Mitglied der Accademia della Morte in Modena, die wegen ihrer Musikpflege großen Ruf genoß, und wurde 1667 Kapellmeister in Pesaro, wo er vermutlich in einem der folgenden Jahre starb.

Werke
Der italienische Komponist Giovanni Battista Vacchelli veröffentlichte konzertante Motetten für zwei bis vier Stimmen und Generalbaß der Orgel, einstimmige Motetten, Kirchenkonzerte für eine bis vier Stimmen mit Violinen. Sein kirchenmusikalisches Werk, das umfangreich gewesen sein soll, ist verschollen.

Pierre Vachon (1731–1803)

Zeit und Umwelt
Konzertvirtuosen, denen es gelang, im Concert spirituel von Paris mit Erfolg aufzutreten, mußten für ihre weitere Karriere nicht

fürchten, weil sie beinahe nirgends eine bessere Empfehlung mitbringen konnten. Leitung, Publikum und Kritik dieses Konzertunternehmens stellten so hohe Anforderungen, daß die künstlerische und technische Qualität des Musikers außer Zweifel gestellt werden konnte.

LEBEN

Pierre Vachon wurde 1731 in Arles geboren. Er war in Paris Schüler von Carlo Francesco Chabran und trat 1756 zum ersten Mal im Concert spirituel auf; 1761 nahm ihn Louis François de Bourbon prince de Conti (1717 bis 1776) als ersten Violinisten in seine Dienste. In den Jahren 1772 und 1774 konzertierte er in London, 1784 am pfälzischen Hof, 1786 wurde er Konzertmeister bei Friedrich II. in Berlin, wo er am 7. 10. 1803 starb.

WERKE

Von Pierre Vachon sind 6 Violinsonaten mit Generalbaß, 6 Sinfonien, 6 Trios für zwei Violinen und Cello, 24 Streichquartette, 6 Triosonaten und 6 Violinduette erhalten. Weitere Stücke sind in zeitgenössische Sammlungen aufgenommen worden.

Dalibor Vačkář (geboren 1906)

LEBEN

Dalibor Cyril Vačkář (Pseudonym Dalibor C. Faltis) wurde am 19.9.1906 in Korčula, Kroatien, geboren. Er studierte in Prag bei Karel Hoffmann und Otakar Šin. Von 1934 bis 1945 wirkte er als Violinist am Rundfunkorchester in Prag. Seitdem lebt er als freischaffender Komponist in Prag.

Sein Sohn Tomáš Vačkář (31.7.1945, Prag, bis 2.5.1963, Prag) studierte am Konservatorium in Prag.

WERKE

Neben 2 Balletten schrieb Dalibor Vačkář 4 Sinfonien mit programmatischen Titeln, eine Sinfonietta für Streicher, Horn, Pauken und Klavier, ein Praeludium für Kammerstreichorchester, ein Concerto grosso, ein Violinkonzert, ein Klavierkonzert, ein Konzert für Fagott und Streicher, eine Legende für Cembalo und Orchester, 2 Streichquartette, ein Konzert für Klavier, Schlagzeug und Kontrabaß, Klaviermusik, Chöre und Lieder. Außerdem verfaßte er unter verschiedenen Pseudonymen die Musik für ungefähr 30 Filme. Er veröffentlichte eine Instrumentationslehre.

Tomáš Vačkář schrieb in seiner kurzen Schaffenszeit ein Concertino für Flöte, Streicher und Klavier, eine Klaviersonate und 10 weitere Stücke für Klavier, Metamorphosen über ein japanisches Thema und ein Scherzo für Orchester sowie Lieder.

Beltrame Vacqueras
(um 1450 bis nach 1507)

ZEIT UND UMWELT

Die päpstliche Kapelle nahm zur Zeit der Renaissance neben Klerikern auch Laien auf, selbst wenn diese verheiratet waren. Maßgebend für die Aufnahme war nur die künstlerische Qualität, andere Kriterien wurden erst wieder in kommenden Zeiten, in denen man vom Kunstideal der Renaissance abgerückt war, angewendet.

LEBEN

Beltrame Vacqueras (Vagueras, Vaqueras, Bernardus alias de Brassia) wurde um 1450 in der Landschaft Bresse (Ain/Saône et Loire) geboren. Von 1481 bis 1482 war er Sänger der Peterskirche zu Rom und von 1483 bis 1507 an der päpstlichen Kapelle. Er dürfte nach 1507 in Rom gestorben sein.

WERKE

Von Vacqueras sind 2 vierstimmige Messen (darunter eine über L'homme armé), eine Motette, eine Chanson und eine Reihe kleinerer zwei- bis sechsstimmiger Vokalwerke erhalten. Er wurde von seinen Zeitgenossen als Komponist hochgeschätzt. Sein Stil entspricht der Zeit, in der immer mehr Vertreter der franko-flämischen Schule nach Italien kamen.

Jacobus Vaet
(1529–67)

ZEIT UND UMWELT
Kaiser Maximilian II. nahm gegen den Protestantismus eine sehr konziliante Haltung ein und konnte selbst nur mit Mühe von einem Übertritt zum Luthertum abgehalten werden. Seine Anstrengungen für eine Versöhnung beider Konfessionen und ihre Koexistenz waren vergebens. Erfolgreicher waren seine kulturellen Bemühungen. Er zog Künstler, Architekten und Gelehrte an seinen Hof und wandte vor allem der Hofkapelle sein Interesse zu, die unter seiner Regierung einen bedeutenden Aufschwung nahm.

LEBEN
Jacobus Vaet wurde 1529 in Courtrai geboren. Der franko-flämische Komponist sang von 1543 bis 1546 im Chor der Marienkirche seiner Geburtsstadt. Im Jahre 1554 trat er in die Dienste des Erzherzogs Maximilian von Österreich und erhielt nach dessen Wahl zum Kaiser die Leitung der Hofkapelle in Wien. Er starb in Wien am 8. 1. 1567. Jakob Regnart widmete ihm eine siebenstimmige Gedenkmotette.

WERKE
Innerhalb des kompositorischen Werkes von Jacobus Vaet stehen nur 3 profane Chansons einer gewaltigen Anzahl von sakralen Vertonungen gegenüber. Sein Schaffen stand voll unter dem Einfluß von Josquin und Gombert. 10 Messen, 82 Hymnen und Motetten, 8 Magnificat und eine beträchtliche Zahl verschiedener kirchlicher Gesänge in verschiedenen Sammeldrucken sind erhalten. Alles muß als guter Durchschnitt angesehen werden und als Ergebnis eines ehrlichen Bemühens, gute, klangvolle Musik zu schreiben.

LITERATUR
M. Steinhardt, Jacobus Vaet and His Motets, East Lansing 1951.

Jehan Vaillant (um 1350 bis um 1400)

ZEIT UND UMWELT
Durch Kopisten und Theoretiker kam die Musik von Machaut ebenso rasch nach Paris wie nach Italien. Sie wirkte sich auf das französische Musikleben außerordentlich anregend aus. Es ist bezeichnend, daß gegen Ende des 14. Jahrhunderts in Paris Musikschulen entstanden, die seinen Stil lehrten.

LEBEN
Jehan Vaillant wurde vermutlich in Paris um 1350 geboren und dort ausgebildet. Er eröffnete in Paris eine Musikschule, die sehr bekannt war. In Berichten wird er »Maitre lequel tenoit à Paris escolle de musique« genannt. Er ist in Paris um 1400 gestorben.

WERKE
Von dem französischen Komponisten sind 3 Rondeaux (2 für drei Stimmen, eines isorhythmisch und mit vielen Synkopen, zweistimmig), eine Ballade im Stil von Machaut und ein Virelai erhalten.

Teodoro Valcárcel (1900–42)

LEBEN
Teodoro Valcárcel wurde am 17. 10. 1900 in Puno, Peru, geboren. Er studierte am Konservatorium in Mailand und bei Felipe Pedrell in Barcelona. Im Jahr 1920 ließ er sich in Lima nieder und befaßte sich mit der Sammlung und dem Studium indianischer Folklore – er war selbst indianischer Abstammung. Er starb am 20. 3. 1942 in Lima.

WERKE
Das Werk Teodoro Valcárcels wurde stark von der indianischen Folklore beeinflußt. Er schrieb eine Oper, 2 Ballette, eine sinfonische Dichtung und ein Violinkonzert.

Fartein Valen (1887–1952)

LEBEN
Olav Fartein Valen wurde am 25. 8. 1887 in

Stavanger geboren. Während seines Universitätsstudiums in Kristiania nahm er bei Catharinus Elling (13.9.1858, Kristiania, bis 8.1. 1942, Oslo) Musikunterricht, dann studierte er bei Max Bruch in Berlin. Von 1927 bis 1936 wirkte er als Inspektor an der Musikabteilung der Universitätsbibliothek in Oslo. Er starb am 14.12.1952 in Valevåg.

Werke

Von Fartein Valen sind 5 Sinfonien und weitere Orchesterstücke, ein Klavierkonzert, ein Violinkonzert, eine Serenade für fünf Bläser, 2 Streichquartette, ein Klaviertrio, eine Violinsonate, Orchestergesänge, Klavierwerke, Chöre und Lieder bekannt geworden. Sein Schaffen war ursprünglich von Johannes Brahms und Max Reger beeinflußt, landete aber bald bei einer selbständigen polyphonen atonalen Struktur.

Literatur

K. Lange, Fartein Valen, in: Nordisk Musikkultur II, 1953.

Antonio María Valencia (1902–52)

Leben

Antonio María Valencia wurde am 10.11. 1902 in Cali, Kolumbien, geboren. Er studierte am Konservatorium in Bogotá und ab 1923 an der Schola Cantorum in Paris bei Vincent d'Indy und Manuel de Falla. Im Jahr 1933 gründete er ein Konservatorium und eine Kunstschule in Cali, wo er am 22.7.1952 starb.

Werke

In seinen Kompositionen integrierte Antonio María Valencia Melodik und Rhythmik der indianischen Eingeborenen; er ergänzte das Orchester zuweilen mit Volksinstrumenten wie die Maracas. Von seinen Werken sind die »Inka-Ecloge« für Flöte, Oboe, Klarinette und Fagott, ein Klaviertrio, ein Duo für Violine und Klavier, weiters eine Hymne für Chor, Orgel und Orchester, eine Kantate für gemischten Chor und Tenor, ein Gesang für Soloquartett, Chor und Maracas und einige Klavierlieder bemerkenswert.

Antonio Valente
(um 1520 bis nach 1580)

Zeit und Umwelt

In das spanisch beherrschte Neapel drangen die Lebensart, die Sprache und auch die Musik der Iberischen Halbinsel ein und vermischten sich mit den bodenständigen Gegebenheiten. Daraus entstanden ein Brauchtum und ein Idiom, die wir typisch neapolitanisch nennen, und vor allem ein musikalischer Stil, der sich durch Jahrhunderte deutlich von dem im übrigen Italien abhob.

Leben

Antonio Valente wurde um 1520 in Neapel geboren. Er wirkte dort als Organist und Cembalist und starb nach 1580.

Werke

Von Antonio Valente ist eine Intavolatura de Cembalo erhalten, die aus Ricercari, Fantasien und französischen Chansons für Cembalo besteht. Auch ein umfangreiches Orgelwerk ist erhalten, das den spanischen Klang besonders deutlich zeigt.

Literatur

J. A. Burns, Antonio Valente, Neapolitan Keybord Primitive, Journal of the American Musicological Society XXIV, 1938.

Saverio Valente (um 1740 bis nach 1807)

Zeit und Umwelt

Napoleon I. Bonaparte setzte 1806 seinen Bruder Joseph (1768–1844) anstelle des vertriebenen Ferdinand als König von Neapel ein. Er führte innerhalb seiner zwei Regierungsjahre eine Vielzahl von Reformen durch. Unter anderem legte er die noch bestehenden Konservatorien im Conservatorio della Pietà de'Turchini zusammen, woraus nach einigen Jahren das Real Conservatorio di Musica entstand.

Leben
Saverio Valente wurde um 1740 vermutlich in Neapel geboren und am Conservatorio Santa Maria di Loreto ausgebildet. Er wurde selbst Lehrer an dieser Musikschule und nach ihrer Schließung am Real Conservatorio di Musica, wo er bis zu seinem Tod nach 1807 wirkte.

Werke
Von Saverio Valente sind einige Lehrwerke, eine Sammlung Solfeggien für den Gesangsunterricht, weiters mehrere Messen, Hymnen, Motetten, ein Oratorium und ein Divertimento für Orgel und Instrumente verfaßt worden. Gedruckt wurde davon nichts.

John Valentine (um 1720–91)

Zeit und Umwelt
In Dublin oder London oder in anderen großen britischen und irischen Städten fristeten Musiker ihr Leben, indem sie für die Hofmusik, für ein Theater oder für eine Kirche tätig waren. Einzelnen gelang es, sich als freie Komponisten durchzubringen, wobei sie sich allerdings sehr oft auf eine Lehrtätigkeit stützten. In kleineren Städten bildete noch im 18. Jahrhundert der Kirchendienst, abgesehen von den wenigen Fällen, in denen ein Adelshaus den Komponisten eine Stellung bot, die einzige Möglichkeit, den Lebensunterhalt zu bestreiten. Freie Komponisten profaner Musik waren zu jener Zeit an solchen Orten eine Seltenheit.

Leben
John Valentine wurde um 1720 wahrscheinlich in Leicestershire geboren. Über seine Lebensumstände ist nichts bekannt, außer daß er sich um die Mitte des Jahrhunderts in Leicester niederließ und in der aufstrebenden Industriestadt als Komponist lebte. Ob er eine weitere Tätigkeit ausübte, kann nicht festgestellt werden. Im Dienst einer Kirche stand er nicht. Er dürfte in Leicester 1791 gestorben sein.

Werke
Von John Valentine sind einige Lieder, eine Geburtstagsode, eine Vertonung von 30 Psalmen, eine Sammlung von 24 Märschen, Menuetten und Airs, eine weitere mit 8 Sinfonien für zwei Violinen und zwei Oboen und eine mit 16 Märschen und Menuetten bekannt, außerdem mehrere weitere Bücher mit ähnlichen leichten, sehr volkstümlichen Stücken. Seine eingängige Musik kam dem Verständnis der breiten Masse sehr entgegen.

Robert Valentine (um 1680 bis um 1736)

Zeit und Umwelt
Die häufige Zuwanderung von Musikern vom Kontinent, vor allem aus Italien, nach London bewog viele Engländer, sich in den Ländern der Zuwanderer ausbilden zu lassen, so daß sich die Orchester bald mit Engländern füllten.

Leben
Robert Valentine (Roberto Valentini, Valentino) wurde um 1680 in Leicester geboren. Er ging gegen Ende des 17. Jahrhunderts nach Italien, um sich auszubilden, verblieb aber dort als Instrumentalist und Komponist und lebte von 1714 bis 1731 in Rom. Dann kehrte er nach England zurück. Es ist nicht bekannt, in welcher Stellung er dort wirkte. Er dürfte um 1736, vermutlich in Leicester, gestorben sein.

Werke
Der englische Instrumentalist und Komponist Robert Valentine verfaßte 12 Violinsonaten mit Generalbaß, 12 Flötensoli, 12 Flötensonaten, 6 Sonaten für zwei Violinen, 2 Oboen mit Generalbaß, 30 Sonaten für eine und zwei Flöten, Ayres für zwei Flöten und Generalbaß und eine Chaconne für zwei Flöten, außerdem mehrere Divertissements, weitere Sonaten und Concerti grossi, die handschriftlich überliefert sind.

Giovanni Valentini (1582–1649)

Zeit und Umwelt
Wien, die Residenz einer der großen Gestal-

ten des Dreißigjährigen Krieges, Ferdinands II., geriet nie in den Bereich der Kämpfe. Die Hofkapelle, die dieser 1619 aus Graz mitgebracht hatte, war weder unter seiner Regierung noch unter der seines Sohnes und Nachfolgers Ferdinand III. (1608–57) von kriegsbedingten Störungen betroffen.

LEBEN
Giovanni Valentini wurde 1582 in Venedig geboren und dort zum Organisten und Komponisten ausgebildet. Im Jahr 1614 berief ihn Erzherzog Ferdinand von Innerösterreich an seine Hofkapelle nach Graz und nahm ihn, als er 1619 Kaiser wurde, als Hoforganisten nach Wien mit. Ab 1629 wirkte Valentini als Hofkapellmeister in Wien, wo er am 29. 4. 1649 starb.

WERKE
Der in Venedig geschulte italienische Komponist Giovanni Valentini führte als Hofkapellmeister in Wien die Mehrchörigkeit ein und brachte aus seiner Heimatstadt die Vorliebe für den Konservativismus, der für Wien während des gesamten 17. Jahrhunderts bestimmend war. Von seinen Kompositionen sind erhalten: ein Buch mit vielstimmigen Madrigalen, konzertante Messen mit Orgel; Psalmen, Hymnen, Magnificat und Motetten mit Orgel; Messen, Magnificat und Jubilate für sieben Chöre und Trompeten, Madrigale mit Instrumenten, Kirchenkonzerte mit und ohne Generalbaß, Kammermusik und in verschiedenen Sammelwerken religiöse Gesänge. Darunter figuriert die wegen ihrer kühnen Diktion berühmte »Enharmonische Sonate«, deren Zuschreibung bis vor kurzem strittig war.

LITERATUR
H. Federhofer, Musikpflege und Musiker im Grazer Habsburgerhof der Erzherzoge Karl und Ferdinand von Innerösterreich (1564 bis 1619), Mainz 1967.

Giuseppe Valentini
(um 1680 bis um 1746)

ZEIT UND UMWELT
Mit dem Tod des letzten männlichen Nachkommen der Medici, Gian Gastone, im Jahr 1637 ging das Großherzogtum Toskana als Folge des Friedensvertrages von Wien im Jahr 1738 an Franz Stephan von Lothringen, dem späteren Kaiser Franz I. (1708–65), über. Seine Schwester Anna Maria Ludovica de'Medici (1667–1743) hinterließ alle ihrem Haus gehörenden Kunstschätze dem Großherzogtum und der Stadt Florenz.

LEBEN
Giuseppe Valentini wurde um 1680 mit großer Wahrscheinlichkeit in Rom geboren. Er war ab dem Jahr 1710 Violinist in Bologna, kam in der Folge in gleicher Eigenschaft an den Hof in Florenz und starb dort um 1746.

WERKE
Der italienische Violinist und Komponist Giuseppe Valentini verfaßte Sinfonien, Kammerstücke und Fantasien für drei Instrumente – Violine, Cello, Cembalo –, Concerti grossi für drei, vier und sechs Instrumente, 2 Oratorien und eine Weihnachtskantate, außerdem eine Oper. Sein Kompositionsstil ist sehr freizügig und auf Klangwirkung bedacht. Er trug zur Entwicklung der Violinistik durch neue Grifftechniken einiges bei.

Michelangelo Valentini
(um 1720 bis nach 1768)

ZEIT UND UMWELT
Wie in Venedig war auch in Neapel die Komposition von Opern zur Routine geworden. Das Rüstzeug erhielten die Komponisten an einem der Konservatorien, wo ihnen vorzügliche Lehrer die Rezepte vermittelten, nach denen sie publikumswirksame Bühnenstücke bauen konnten. Sie reisten mit ihren Werken von Stadt zu Stadt, und wo das Repertoire

eine Lücke aufwies, wurde im Einvernehmen mit den Impresari an das Stück letzte Hand gelegt und für die Sänger Arien so geschrieben, die sie sie gerne sangen. Daß diese Opern einander oft sehr ähnlich waren, konnte bei der Art ihrer Erzeugung nicht vermieden werden, aber da das Publikum ohnehin nur wegen einzelner Arien, einzelner burlesker Szenen oder witziger Wortspiele gekommen war, hinderte das den Erfolg nicht. Nur neue Diktionen mußten vermieden werden, denn Experimente führten unweigerlich zum Mißerfolg.

LEBEN
Michelangelo Valentini wurde um 1720 in Neapel geboren. Er war Schüler von Leonardo Leo. Dann schrieb er eine Oper nach der anderen, die er entweder in seiner Heimatstadt oder anderen Städten Italiens mit wechselnden Erfolgen auf die Bühnen brachte. Er starb in Neapel nach 1768. Über eine andere musikalische Tätigkeit des Komponisten ist nichts bekannt.

WERKE
Von Michelangelo Valentini wurde in Neapel und anderen Städten Italiens eine Anzahl wirkungsvoller Opern aufgeführt. Andere Kompositionen von ihm sind nicht überliefert. Er gehörte zu den vielen Meistern, die mit unfehlbarer Technik und vielen melodiösen Einfällen den europäischen Ruf der neapolitanischen Oper aufrechterhielten.

Pier Francesco Valentini
(um 1570–1654)

ZEIT UND UMWELT
Der Kanon ist die Form der strengsten Imitation, bei der zumindest eine Stimme (Conseguente) einer anderen Führerin (Guida) in melodischer und rhythmischer Identität folgt und sie kontrapunktiert. Die Anzahl der folgenden Stimmen ist beliebig vermehrbar, sie müssen nur trotz der Verschiebungen immer kontrapunktisch dazuklingen. Je größer die Zahl der möglichen Klangvarianten ist, um so höher wird die Kunst der Kanon-Konstruktion geschätzt.

LEBEN
Pier Francesco Valentini wurde um 1570 vermutlich in Rom geboren. Er war Schüler von Giovanni Maria Nanino und wurde zwar kein Berufsmusiker, aber doch einer der meist geachteten und bewunderten Kontrapunktisten seiner Zeit. Er beschäftigte sich besonders mit musiktheoretischen Problemen. Er starb in Rom im Jahr 1654.

WERKE
Das berühmteste Werk des römischen Kontrapunktisten Pier Francesco Valentini ist sein zwei- bis fünfstimmiger Kanon über den Text des Salve Regina mit über 2000 Varianten, ebenso 2 weitere Kanons für sechsundneunzig und für zwanzig Stimmen. Er schrieb 2 Opern mit Intermezzi für Instrumente, außerdem zahlreiche Madrigale, Motetten, Litaneien, Kanzonen, Canzonetten, kleine Kanons und Sololieder. Er wandte den alten und den neuen Stil sowie alle dazwischenliegenden Mischformen mit gleich vollendeter Technik an. Seine musiktheoretischen Schriften sind für die Kenntnis der Musik seiner Zeit sehr aufschlußreich.

Pedro Valenzuela
(um 1540 bis nach 1580)

ZEIT UND UMWELT
Die 1543 in Verona gegründete Accademia Filarmonica wurde 1564 mit der um 1500 ins Leben gerufenen Accademia degl'Incatenati – einer der ältesten Akademien Italiens überhaupt – vereinigt. Sie beschäftigte wie viele andere in Italien einen Komponisten, der die Dichtungen der Mitglieder zu vertonen hatte, und einen Maestro di musica, dem der Unterricht der Mitglieder oblag. Diese beiden Stellen wurden nur an bewährte Musiker vergeben, so daß sie in jedem Fall eine Ehrung darstellten.

LEBEN
Pedro Valenzuela (Valenzola) wurde um

1540 vermutlich in Valencia geboren. Er dürfte bereits in jungen Jahren nach Venedig gekommen, dort ausgebildet und als Kantor in die Kapelle an San Marco aufgenommen worden sein. Zugleich fungierte er als Maestro di musica an der Accademia Filarmonica von Verona. Sein Todesjahr muß nach 1580 angesetzt werden, sein Sterbeort war vermutlich Venedig.

WERKE
Der Spanier Pedro Valenzuela ist durch seinen nahezu lebenslangen Aufenthalt völlig zum Venezianer geworden. Das drückt sich im 1578 erschienenen Buch mit fünfstimmigen Madrigalen, einem sechsstimmigen und einem achtstimmigen Wechselgespräch deutlich aus. Der Stil dieser Kompositionen ist durch und durch venezianisch, vor allem die Struktur der Wechselgespräche.

Fulgentio Valesi
(um 1568 bis nach 1616)

ZEIT UND UMWELT
Parallel mit dem Entstehen eines neuen Stils wurde die Prima Prattica, der von Monteverdi so genannte alte, polyphone Stil, von einzelnen Komponisten weitergepflegt. Manche wendeten sogar Stilformen älterer Perioden mit viel Können an.

LEBEN
Fulgentio Valesi wurde um 1568 in Parma geboren. Er dürfte einem Mönchsorden angehört, an einer Kirche des Ordens gewirkt haben und nach 1616 gestorben sein. Ort und Zeit seines Todes sind unbekannt.

WERKE
Der italienische Komponist Fulgentio Valesi hinterließ ein Buch mit dreistimmigen »Napolitane«, mehrere sakrale Gesänge und eine Sammlung verschiedener Kanons auf 2 Cantus firmi im ersten Kirchenton. Er soll auch sakrale Musik in Kirchentonarten verfaßt haben, von der aber nichts erhalten ist.

Francesco Maria Vallara
(um 1680 bis nach 1733)

ZEIT UND UMWELT
Abgesehen von der Sistina, wo die Pflege der Gregorianik nie eine Unterbrechung erfahren hatte, wurde der einstimmige, unbegleitete Kirchengesang an vielen Kirchen, besonders an Klosterkirchen, beim Gottesdienst viel verwendet. Einzelne Teile des Ordinarium wurden in großer Zahl auf diese Art gesungen.

LEBEN
Francesco Maria Vallara wurde in Parma um 1680 geboren. Er war Karmelitermönch und lebte in Mantua, wo er nach 1733 starb.

WERKE
Der italienische Komponist und Musiktheoretiker Francesco Maria Vallara verfaßte 2 Bücher über den gregorianischen Gesang und eines über den Cantus firmus. Außer diesen theoretischen Werken brachte er eine Sammlung Kirchenkompositionen mit Cantus firmus für einen Chor und für zwei kontrapunktisch zueinandergehaltene Chöre heraus.

Nicolas Vallet (um 1583 bis nach 1626)

ZEIT UND UMWELT
Trotz des Vordringens des Cembalos behielt die Laute auch im 17. Jahrhundert ihren festen Platz im Musikgeschehen. Ausschlaggebend dürfte dabei auch der Anschaffungspreis des Tasteninstrumentes gewesen sein. Eine Laute war jedenfalls leichter zu erwerben und bot ebenfalls die Möglichkeit des Akkordspieles beim solistischen Vortrag oder bei der Gesangsbegleitung.

LEBEN
Nicolas Vallet (Valet) ist vermutlich um 1583 in Corbény bei Laon geboren. Es ist unbekannt, wo er zum Lautenisten ausgebildet worden ist. Ab 1613 lebte er in Amsterdam als Lautenist und Lautenlehrer und starb dort nach 1626.

WERKE
Der französische Lautenist Nicolas Vallet veröffentlichte Lautentabulaturen mit eigenen und fremden Werken, sammelte Gesänge und Melodien verschiedener Völker und bearbeitete sie für sein Instrument. Seine Präludien und Fantasien sind polyphon mit zeitweiliger chromatischer Färbung. Sein gesamtes Werk steht an der Stilwende seiner Zeit.

LITERATUR
D. Poulton, An Introduction to Lute Playing, London 1961.

Francesco Antonio Vallotti
(1697–1780)

ZEIT UND UMWELT
Die Pflege der Musikwissenschaft in Padua reicht bis in das Mittelalter zurück. Der Musiktheoretiker Marchettus de Padova (14. Jahrhundert) wurde dort ausgebildet. Sein wissenschaftlicher Kritiker und Gegner Prosdocimus de Beldemandis (um 1380, Padua, bis 1428, Padua), Mathematiker und Astronom, beschäftigte sich intensiv mit musikwissenschaftlichen Problemen. Die 1566 von Adeligen der Stadt gegründete Accademia dei Costanti war, neben Naturphilosophie, Ethik, Rhetorik, Poetik und Linguistik, der Musik gewidmet. Seit jener Zeit wurde die Musikwissenschaft in Padua zumindest ebenso intensiv betrieben wie in den anderen Musikzentren Italiens.

LEBEN
Francesco Antonio Vallotti wurde am 11. 6. 1697 in Vercelli geboren. Er war Franziskaner und Schüler von Francesco Antonio Calegari (um 1670 bis nach 1740) in Padua. 1722 wurde er an Sant'Antonio Organist, 1727 Vizekapellmeister und 1730 Kapellmeister. Er betreute diese Stelle bis zu seinem Tod am 19. 1. 1780.

WERKE
Von den zahlreichen kirchenmusikalischen Werken, die Francesco Antonio Vallotti komponiert haben soll, sind nur einige Sammlungen Responsorien erschienen. Alles andere ist verlorengegangen. Sein vierbändiges Werk über Theorie und Praxis der modernen Musik wurde viel studiert.

LITERATUR
G. Tebaldini, L'Archivio musicale della Cappella Antoniana, Padua 1895.

Francisco Valls (1665–1747)

ZEIT UND UMWELT
Mit dem Beginn des 18. Jahrhunderts setzte der Siegeszug der Monodie auch in der spanischen Kirchenmusik ein, weil sie nach der Ansicht der Musiker jener Zeit »die leidenschaftlichen Gefühle plastischer auszudrücken vermochte«. Damit verbunden war ein zuweilen kühner Gebrauch der Dissonanz, die oft unvorbereitet auftrat. Es entstanden darüber heftige Kontroversen zwischen einzelnen Musikern des Landes, die zwar unentschieden blieben, aber den Gang der Entwicklung nicht aufhalten konnten.

LEBEN
Francisco Valls wurde am 27. 12. 1665 in Barcelona geboren. Er war 1688 Kapellmeister an der Pfarrkirche von Mataró und im gleichen Jahr an der Kathedrale von Gerona, ab 1696 Vizekapellmeister und von 1709 bis 1741 Kapellmeister an der Kathedrale in Barcelona, wo er am 2. 2. 1747 starb.

WERKE
Vom katalonischen Komponisten Francisco Valls sind 10 Messen für zwei bis sechzehn Stimmen, Psalmen, Magnificat, Miserere, Introitus, Sequenzen, Motetten, Responsorien, Villancicos und 2 Oratorien erhalten. Wegen der überraschenden Dissonanzen in der »Missa Scala Aretina« (Messe auf die Hexachordsilben von Guido von Arezzo) kam es zu erregten Auseinandersetzungen mit anderen spanischen Musikern, er wurde aber trotzdem schon von den Zeitgenossen zu den großen Komponisten der ersten Hälfte des 18. Jahrhunderts in Spanien

gezählt. Er leitete auf der Iberischen Halbinsel eine Epoche ein, die in anderen Musikländern bereits vor ihrem Ende stand.

Jean Bernard van Bree (1801–57)

ZEIT UND UMWELT

Die Maatschappij tot bevordering der Toonkunst (Gesellschaft zur Förderung der Musik) wurde 1829 in Amsterdam gegründet. Ihr Hauptzweck war die Erhaltung einer Musikschule, einer Instrumentenbauschule, einer Schule für Chorgesang, ferner die Aufführung von Chorwerken und Orchesterkonzerten, die Förderung junger Talente, die Altersversorgung für Musiker und die Anlage einer musikalischen Bibliothek. Dazu trat in unserer Zeit die Dokumentation niederländischer Musik durch systematische Schallplattenaufnahmen.

LEBEN

Jean Bernard van Bree (Johannes Bernardus) wurde am 29.1.1801 in Amsterdam geboren. Er war Schüler von Jan Georg Bertelman. Im Jahr 1829 wurde er Dirigent des Vereins Felix meritis; er gründete 1840 den Caecilien-Vereen, den er bis zu seinem Tod am 14.2. 1857 leitete. Er wirkte gleichzeitig als Direktor der Musikschule der Maatschappij tot bevordering der Toonkunst.

WERKE

Von Jean Bernard van Bree wurden 3 Opern aufgeführt, ferner sind 3 Messen für Männerchor und eine Caecilien-Kantate bekannt geworden. Sein Hauptverdienst liegt jedoch in seiner organisatorischen Tätigkeit auf dem Gebiet der Musik, seiner Lehr- und Dirigententätigkeit.

Lex van Delden (geboren 1919)

LEBEN

Lex (Alexander) van Delden wurde am 10.9. 1919 in Amsterdam geboren. Er studierte bei Cor de Groot Klavier; als Komponist war er Autodidakt. Neben seiner journalistischen Tätigkeit wirkt er seit 1946 als Sekretär der niederländischen Sektion der IGNM und ab 1960 als Sekretär des niederländischen Komponistenvereins.

WERKE

Von Lex van Delden sind 8 Sinfonien, ein konzertantes Finale für drei Trompeten und Orchester, eine konzertante Sinfonie für elf Holzbläser und eine Sinfonie für Streichorchester bekannt geworden. Er schrieb ferner ein Trompetenkonzert, ein Flötenkonzert, ein Klavierkonzert, ein Doppelkonzert für zwei Oboen, ein Tripelkonzert für Violine, Bratsche und Kontrabaß, ein Doppelkonzert für zwei Sopransaxophone, ein Konzert für elektronische Orgel, ein »Kleines Konzert« für zwölf Holzbläser, Pauke, Schlagzeug und Klavier, ein Konzert für zwei Streichorchester, eines für zwei Posaunen, Pauke und Streicher und ein weiteres für Schlagzeug, Celesta und Saiteninstrumente, eine Fantasie für Harfe und acht Bläser, eine Intrada für sechs Harfen, ein Streichsextett, ein Quintett für vier Celli und Harfe, 2 Streichquartette, ein Klaviertrio, ein Concertino für zwei Harfen, eine Sonate und ein Concertino für Violine und Klavier, ein Stück für Flöte und Harfe, eine Sonate für Solovioline, 2 Oratorien – eines mit elektronischen Klängen und Tonband –, eine Kantate, Lieder und Bühnenmusik.

Pieter Joseph van den Bosch
(um 1736–1803)

ZEIT UND UMWELT

Außerhalb des Kirchendienstes gab es im Raum der Niederlande nahezu keine Existenzmöglichkeit für einen Musiker, der im Land bleiben wollte. Von einer Konzerttätigkeit allein zu leben, war ausgeschlossen, weil das Publikumsinteresse zu schwach war. Nicht einmal die Oper konnte es für eine längere Spielzeit wachhalten. Deshalb findet man in der Regel auch Komponisten von Profanmusik als Organisten oder als Leiter einer Kirchenkapelle.

LEBEN
Pieter Joseph van den Bosch wurde um 1736 in Hoboken geboren. Er war ungefähr ab 1764 Organist an der Kathedrale in Antwerpen und ab 1772 an Ste-Gundule in Brüssel. Er kehrte um die Wende zum 19. Jahrhundert an seine alte Stelle in Antwerpen zurück, wo er am 19. 2. 1803 starb.

WERKE
Von Pieter Joseph van den Bosch sind 6 Divertissements für Cembalo, zwei Violinen und Baß, 4 Konzerte für Cembalo und Orgel mit Orchester, 6 Suiten für Cembalo mit Violine, 4 Cembalosonaten mit Violine und Baß und 6 Sonaten für Pianoforte »dans le goût de symphonies« (im sinfonischen Geschmack) erschienen. Sein Stil ist dem der Vorklassik stark angenähert.

Jan van den Eeden (1842–1917)

ZEIT UND UMWELT
Dem 1832 in Brüssel gegründeten Conservatoire Royal de Musique folgten bald gleichartige Lehranstalten in den übrigen größeren belgischen Städten – Gent, Namur, Lüttich, Antwerpen – nach, die ebenfalls beste Ausbildungsmöglichkeiten boten. Brüssel vergab wie das Pariser Conservatoire einen Rompreis. Leistungsfähige Musikschulen sorgten auch in allen kleineren Städten für Musikernachwuchs.

LEBEN
Jan van den Eeden (Jean Baptiste) wurde am 26. 12. 1842 in Gent geboren. Er war Schüler der Konservatorien in Gent und in Brüssel, wo er 1869 den Rompreis erhielt. Im Jahr 1878 wurde er Direktor der Musikschule in Mons, wo er am 4. 4. 1917 starb.

WERKE
Neben einer Oper sind von Jan van den Eeden die Oratorien »Jacoba van Beieren«, »Jacques van Artevelde«, »Brutus«, »Le jugement dernier« (Das letzte Gericht), die Trioszene »Judith«, die Kantaten »Het Woud« (Der Wald) und »De Wind« für Soli, Chöre und Orchester, die sinfonische Dichtung »De Geuzenstrijd der XVIe eeuw« (Der Kampf der Geusen im 16. Jahrhundert), Suiten, Scherzi und Märsche für Orchester, Kirchenmusik, Chöre und Lieder überliefert. Alle Kompositionen gehören der Hochromantik an.

LITERATUR
M. Delsaux, Jan van den Eeden, Mons 1925.

Gilles van den Eeden (um 1700–82)

ZEIT UND UMWELT
Die Umwelt bestand für den aus Flandern stammenden Meister aus der Kapelle des Kurfürsten von Köln in Bonn und seinem engeren Landsmann aus Mecheln und Freund Ludwig van Beethoven, dessen Enkel er in die Musikwelt einführte.

LEBEN
Gilles van den Eeden dürfte um 1700 im flämischen Raum geboren worden sein. Er wurde 1722 als Sänger in die kurfürstliche Kapelle in Bonn aufgenommen, wurde dort 1726 Zweiter und bald darauf Erster Organist und 1774 Hofkomponist. Nachdem er 1780 in den Ruhestand getreten war, starb er im Jahr 1782 und wurde am 20. 6. begraben.

WERKE
Gilles van den Eeden war einer der ersten Lehrer Ludwig van Beethovens. Über seine eigenen Kompositionen, die er als Hofkomponist sicherlich verfaßt hat, ist nichts bekannt.

Matthias van den Gheyn (1721–85)

ZEIT UND UMWELT
Glockenspiele waren im niederländisch-nordfranzösischen Raum seit je als Zeichen der reichen Städte verbreitet. Schon 1510 gab es in Audenarde ein mittels einer Klaviatur von innen spielbares Glockenspiel. Man erweiterte bald die Anzahl der Glocken, kleinere Glockenspiele wurden in Orgeln eingebaut und von Organisten bedient. Ab dem

17. Jahrhundert entstanden spezielle Kompositionen für Glockenspiele.

LEBEN
Matthias van den Gheyn wurde am 7. 4. 1721 in Tirlemont, Brabant, geboren. Er stammte aus einer Glockengießerfamilie. Ab 1741 wirkte er als Organist und ab 1745 als Carillonneur an St. Peter in Löwen bis zu seinem Tod am 22. 6. 1785.

WERKE
Von den vielen Werken des berühmten Orgel- und Glockenspielers Matthias van den Gheyn sind nur 4 Divertissements für Cembalo und im Rahmen einer Generalbaßlehre 2 Übungsstücke und 12 Sonaten gedruckt worden. Alles andere ist Manuskript geblieben. Davon sind seine Präludien für Glockenspiel besonders interessant.

LITERATUR
X. van Elewyck, Matthias van den Gheyn, Utrecht 1972.

Joachim van den Hove
(um 1570–1620)

ZEIT UND UMWELT
Holland geriet gegen Ende des 16. Jahrhunderts an den Rand des Bürgerkrieges. Das Theologengezänke zwischen der strengen Auslegung calvinistischer Dogmatik, verfochten von Franciscus Gomarus (1563 bis 1641), und der konzilianteren, die Jacobus Arminius (1560–1609) vertrat – beide Professoren der Universität Leiden –, wurde mit grundlegenden politischen Grundsätzen verbunden. Das führte dazu, daß Johan van Oldenbarnevelt (1547–1619), einer der bedeutendsten Männer des Kampfes um die Freiheit der Niederlande, als Arminianer über Betreiben des ebenso bedeutenden Prinzen von Oranien, Maurice (1567–1625), als Hochverräter hingerichtet wurde. Es ist begreiflich, daß in dieser Atmosphäre wenig Aufmerksamkeit für künstlerische Leistungen herrschte und am ehesten der unaufdringliche Klang einer Laute Beachtung fand.

LEBEN
Joachim van den Hove wurde am 4. 1. 1570 in Antwerpen getauft. Er übte seine Kunst als Lautenist, Lautenlehrer und Komponist um die Wende zum 17. Jahrhundert in Leiden aus und sodann ab 1616 in Den Haag, wo er 1620 starb.

WERKE
Der niederländische Lautenist und Komponist Joachim van den Hove brachte 2 Tabulaturen für Laute und Gesang heraus, die neben Arrangements englischer und italienischer Kompositionen auch solche von ihm selbst enthielten. Unter dem Titel »Praeludia« erschienen sehr feine Stücke für Laute und Violen nach englischem Vorbild. Sein Kompositionsstil entspricht dem Geschmack des 17. Jahrhunderts.

LITERATUR
W. Boetticher, Studien zur solistischen Lauten-Praxis, Berlin 1943.

Abraham van den Kerckhoven
(1627–1702)

ZEIT UND UMWELT
Im Westfälischen Frieden (1648) wurde die Unabhängigkeit der Republik der Niederlande anerkannt. Die Südprovinzen (das heutige Belgien) verblieben bei Spanien und wurden von Brüssel aus regiert.

LEBEN
Abraham van den Kerckhoven wurde am 2. 5. 1627 in Brüssel getauft. Wie zahlreiche Mitglieder seiner Familie vom 16. bis zum 18. Jahrhundert war er in Brüssel und am königlichen spanischen Hof als Musiker tätig, und zwar ab 1656 als erster Organist der Königlichen Kapelle. Er starb in Brüssel am 9. 1. 1702.

WERKE
Von dem niederländischen Organisten und Komponisten Abraham van den Kerckhoven ist eine Anzahl Orgelstücke handschriftlich überliefert, die einen sehr konservativen Ein-

druck machen. Man muß sie zu den Versuchen rechnen, die ehemalige niederländische Schule neu zu beleben.

Jan Albert van Eijken (1822–68)

ZEIT UND UMWELT
Die Tradition des großen niederländischen Orgelmeisters Jan Pieterszon Sweelinck setzte sich in Deutschland fort, während sie im eigenen Land bald versiegte. Es traten zwar dort immer wieder Organisten von beachtlichem Format auf, sie holten sich jedoch ihre Ausbildung in Deutschland. Für die Bildung einer eigenständigen Orgelschule reichten weder die Lehrkräfte noch die Schülerzahl und noch weniger das Publikumsinteresse aus.

LEBEN
Jan Albert van Eijken wurde am 25. 4. 1822 in Amersfoort geboren. Er studierte Orgelspiel und Komposition am Konservatorium in Leipzig. Im Jahr 1848 wurde er Organist in Amsterdam, 1853 Orgellehrer in Rotterdam und 1854 wieder Organist in Elberfeld, wo er bis zu seinem Tod am 24. 9. 1868 wirkte.

WERKE
Von Jan Albert van Eijken sind 3 Orgelsonaten, 150 Choräle mit Vorspielen, 25 Orgelpräludien, eine »Toccata und Fuge über B-A-C-H«, ferner eine Violinsonate, Balladen, Lieder, Vokalquartette und eine Bühnenmusik überliefert. Er verarbeitete Cembalofugen von Johann Sebastian Bach für die Orgel.

Xavier Victor Van Elwyck
(1825–88)

LEBEN
Xavier Victor Fidèle chevalier Van Elewyck wurde am 24. 4. 1825 in Ixelles bei Brüssel geboren. Er wirkte ab 1868 als Kapellmeister an der Kathedrale in Löwen, in der er aufsehenerregende Kirchenkonzerte mit Orchester veranstaltete. Er starb am 28. 4. 1888 in Tirlemont.

WERKE
Von Xavier Victor Van Elewyck ist eine Reihe vorzüglicher Motetten und Orchesterstücke bekannt geworden. Er verlieh dem Musikleben der Universität Löwen starke Impulse. Sein Versuch, eine Notenschreibmaschine zu konstruieren, erweckte kein Interesse.

Robert Julien Van Maldéghem
(1806–93)

ZEIT UND UMWELT
Mit Unterstützung der belgischen Regierung wurden in Klöstern und Bibliotheken, einschließlich der des Vatikans, alle erreichbaren Musikdenkmäler des franko-flämischen Raums gesammelt und unter dem Titel »Trésor musicale. Collection authentique de musique sacrée et profane des anciens maîtres belges« gesammelt und in 29 Jahrgängen zu je 2 Bänden – je einer für sakrale und für profane Musik – publiziert. Trotz mancher Irrtümer ist diese Publikation von enormem musikgeschichtlichem Wert.

LEBEN
Robert Julien Van Maldéghem wurde am 9. 10. 1806 in Denterghem, Flandern, geboren. Er war Schüler von François Joseph Fétis und wirkte darauf an verschiedenen belgischen Kirchen als Organist bis zu seinem Tod am 13. 11. 1893 von Ixelles bei Brüssel.

WERKE
Das Hauptwerk von Robert Julien Van Maldéghem war die Leitung und Redaktion des »Trésor musicale«. Dagegen fallen seine sonstigen musikgeschichtlichen Publikationen und seine Kompositionen – Orgelstücke, einige vokale Sakralmusik – kaum ins Gewicht.

Gaspar van Weerbeke
(um 1440 bis nach 1518)

ZEIT UND UMWELT
Mailand blieb bis weit in das 15. Jahrhundert hinein der Gotik verhaftet, die allerdings die

beginnende Renaissance bereits ahnen ließ. Doch mit der Kirche Santa Maria delle Grazie von Donato Bramante (1444–1515) und dem Letzten Abendmahl von Leonardo da Vinci (1452–1519) kam die Hochrenaissance voll zur Geltung. Die Musik hielt mit dieser Entwicklung Schritt. Hier waren es vor allem die »Niederländer« Josquin und Compère, die ihre Musik nach Italien gebracht hatten. Sie blieben aber nicht die einzigen, die sich im Palazzo Sforza einfanden, nach Rom zur päpstlichen Kapelle gingen oder an anderen Kathedralen und Fürstenhöfen des Landes die Errungenschaften der frankoflämischen Schule vertraten und, mit italienischen Elementen bereichert, weiterentwickelten.

LEBEN

Gaspar van Weerbeke ist um 1440 in Oudenaarde (Flandern) geboren. Ab 1472 wirkte er neben Josquin und Compère am Hof der Sforza in Mailand, sodann als päpstlicher Kapellsänger in Rom (1481–89), kehrte nach Mailand zurück, hielt sich 1495–98 am burgundischen Hof auf und ging nach einem kurzen Aufenthalt in Mailand ein zweites Mal nach Rom, wo er noch 1518 nachweisbar ist. Er dürfte dort in einem der folgenden Jahre gestorben sein.

WERKE

Gaspar van Weerbeke wurde stilistisch sehr stark von der zeitgenössischen Musik beeinflußt, was dem Aufbau seiner Kompositionen eine große Übersichtlichkeit verlieh; die Stimmen verlaufen klar und deutlich, die harmonische Anlage ist einfach. Das Schwergewicht liegt bei diesem Meister auf der Motetten- und Messekomposition, bei der die Vierstimmigkeit bevorzugt ist. Erhalten sind vom Werk des Komponisten 8 vierstimmige Messen, 2 Credosätze, 28 Motetten, 2 Motettenzyklen zu je 8 Werken und 5 Chansons.

LITERATUR

G. Croll, Gaspar van Weerbeke, an outline of his life and works, Musica Disciplina VI, 1952.

Philip van Wilder

(um 1510 bis um 1570)

ZEIT UND UMWELT

Edward VI. war neun Jahre alt, als er seinem Vater Heinrich VIII. auf den englischen Thron folgte. Er wurde zum Spielball verschiedener Adeliger, die sich die Regentschaft anmaßten und die Reformation weiterhin strenger durchführten als der verstorbene König. Dies lichtete die Reihen der Königlichen Kapelle, so daß man sich um neue Kräfte umsehen und vor allem den Knabenchor auffüllen mußte.

LEBEN

Philip van Wilder ist vermutlich in Flandern um 1510 geboren. Wann er sich nach England begeben hatte, ist nicht feststellbar. Jedenfalls wurde er 1538 am Hof König Heinrichs VIII. als Lautenist und Verwalter der Musikinstrumente aufgenommen. Im Jahre 1550 wurde ihm als Inhaber eines Hofamtes der Auftrag erteilt, talentierte Kinder für die Königliche Kapelle zu suchen und anzuwerben. Ob er dieses Amt über den Tod des jungen Königs hinaus behielt, ist unbekannt. Man kann annehmen, daß er sich wegen des neuerlichen Umschwunges der konfessionellen Verhältnisse in das Privatleben zurückgezogen und sich allein der Komposition gewidmet hat. Mit den Mitgliedern der Königlichen Kapelle Peter van Wilder und Robert Philip besteht keine Identität. Er dürfte in London oder Windsor um 1570 gestorben sein.

WERKE

Von Philip van Wilder sind Motetten und kirchliche Gesänge für Singstimmen und Instrumente, weiters mehrere Arrangements für die Laute erhalten. Der Großteil seiner Werke dürfte verloren sein. Seine Lautenstücke können als Vorstufe der in späteren Jahren in England stark gepflegten Lautenmusik gewertet werden. Die Kirchenmusik ist stark niederländisch beeinflußt und daher im Rahmen der englischen Renaissancemusik sehr interessant. Sie ist ein Zeugnis des Eindringens der Musik der franko-flämischen Schule in England.

George Vanbrughe
(um 1690 bis nach 1720)

ZEIT UND UMWELT
Gerade bei sehr häufig gesungenen, weitverbreiteten Liedern treten im Bewußtsein des Publikums Textdichter und Komponisten nicht selten völlig in den Hintergrund, weil ihre Werke mehr oder weniger zum Liedgut des Volkes und, wie Volkslieder, anonym geworden sind. Sie teilen das Schicksal mit Zitaten aus Werken der Dichtkunst, die Sprichwortcharakter annehmen; ihre Quellen interessieren nur wenige. Und wenn dennoch der Name des Komponisten erhalten blieb, sind in vielen Fällen dessen nähere Lebensumstände in Vergessenheit geraten.

LEBEN
George Vanbrughe wurde um 1690 vermutlich in London geboren. Über sein Leben und Wirken ist nichts bekannt, außer daß seine letzte Publikation mit 1720 datiert ist. Wann in den folgenden Jahren und wo er gestorben ist, läßt sich nicht feststellen.

WERKE
Außer einer großen Anzahl einzelner Lieder, die in verschiedene Sammlungen aufgenommen wurden, veröffentlichte George Vanbrughe »Mirth and Harmony, Consisting of Vocal and Instrumental Musick, as songs, and ariets, for one and two Voices« (Myrthen und Harmonie; Lieder, Arietten für eine oder zwei Stimmen, bestehend aus Vokal- und Instrumentalmusik) und »Modern Harmony or desire to pleasing« (Moderne Klänge oder vergnügliche Wünsche). Alle seine Lieder erfuhren eine weite Verbreitung und waren wegen ihrer schlichten Volkstümlichkeit sehr beliebt.

Zeno Vancea (geboren 1900)

LEBEN
Zeno Octavian Vancea wurde am 8.10.1900 in Bocşa Romîna, Rumänien, geboren. Er studierte in Cluj und in Wien und wirkte sodann bis 1945 als Musiklehrer in Timişoara; von 1949 bis 1968 unterrichtete er am Konservatorium in Bukarest, wo er gleichzeitig als Chefredakteur einer Musikzeitschrift tätig war. Seit 1968 ist er Vizepräsident des rumänischen Komponistenverbandes.

WERKE
Außer einer Ballettpantomime schrieb Zeno Vancea 2 Sinfonietten, eine Suite, eine sinfonische Ode, ein sinfonisches Triptychon, 5 Stücke für Streichorchester, 5 Streichquartette, eine Vertonung des 31. Psalms, ein Requiem, 2 byzantinische Messen, eine Kantate, »Banater Bilder« für Chor a cappella und Lieder. Sein Stil ist spätromantisch-folkloristisch. Er verfaßte auch musikhistorische Essays.

Romuald Vandelle (1895–1969)

LEBEN
Romuald Vandelle wurde am 8.11.1895 in Beaune, Côre-d'Or, geboren. Er studierte bei Vincent d'Indy, Charles Koechlin und Arnold Schönberg. Von 1948 bis 1956 leitete er die Musikabteilung von Radio Algier und anschließend bis zu seinem Tod am 9.8.1969 in St-Georges, Gevingey, Jura, die sinfonischen Sendungen des französischen Rundfunks. Er gründete ein Streichquartett, mit dem er sich besonders für die Werke von Béla Bartók und Arnold Schönberg einsetzte.

WERKE
Außer einer Sinfonie und einem Divertissement für Orchester verfaßte Romuald Vandelle 2 Streichquartette, 2 Sonaten für Violine und Klavier, eine Sonate für Bratsche und Klavier, ein Praeludium für Saxophon und Klavier, eine Anzahl Klavierstücke und Orgelwerke, 10 Messen, eine Kirchenkantate, Motetten, eine Passion, ein Te Deum, Chöre und Lieder.

Antonio Vandini
(um 1690 bis nach 1771)

Zeit und Umwelt
Wie die gesamte Republik Venedig blieb Padua von den politischen und kriegerischen Ereignissen des 18. Jahrhunderts bis zu dessen letztem Jahrzehnt verschont. Das musikalische Geschehen spielte sich allerdings nahezu ausschließlich in den Kirchen ab, vor allem in der Basilika Sant'Antonio.

Leben
Antonio Vandini wurde um 1690 in Bologna geboren. Im Jahr 1721 trat er als Cellist in das Orchester an Sant'Antonio in Padua ein, verbrachte ab 1722 vier Jahre in Österreich (Wien, Prag) und wirkte ab 1726 erneut bis 1770 an Sant'Antonio. Im Jahr 1771 wurde ihm noch ein Ruhegehalt ausbezahlt; in den nächstfolgenden Jahren dürfte er in Padua gestorben sein.

Werke
Von den Cellowerken Antonio Vandinis sind ein Concerto in D-Dur, eine Sonate für Cello solo, 2 Soli für Cello und 3 Sonaten für Cello und Baß überliefert. Alles andere ist verlorengegangen. Der Stil dieser Kompositionen hat das Barock bereits zum Teil verlassen, der Generalbaß wurde dabei nur mehr fallweise angewendet.

Jan Křitel Vaňhal (1739–1813)

Zeit und Umwelt
Wie eine Woge ergriff im 18. Jahrhundert die Freiheitsidee den europäischen Menschen, und vielfältig waren die Versuche, sie zu verwirklichen. Auch Musiker wagten es, als »privatisierende Tonkünstler«, also freischaffend, vom Erlös ihrer Kompositionen, den jeweiligen Engagements als Sänger oder Instrumentalisten oder einer Unterrichtstätigkeit zu leben. Die neue Funktion weiter bürgerlicher Kreise als bezahlendes Publikum erleichterte zwar diese Absicht, aber mancher Künstler mußte bald einsehen, daß seine Freiheit auch nur eine Scheinfreiheit war, denn das neue, anonyme Publikum war in vielen Fällen launischer und weniger berechenbar als jeder eigenwillige Mäzen.

Leben
Jan Křitel Vaňhal (Johann Baptist Vanhall, Wanhal, Van Hal) wurde am 12. 5. 1739 in Nechanitz (Nechanice), Böhmen, geboren. Er war ab 1757 Organist in Opočno und kam 1760 nach Wien, wo er bei Karl Ditters von Dittersdorf arbeitete. Nachdem er bis 1769 vom Ertrag seiner Werke gelebt hatte, erhielt er die Möglichkeit, sich für ein zweijähriges Studium nach Italien zu begeben; er kam in Venedig mit Christoph Willibald Gluck in Verbindung und in Rom mit Florian Leopold Gaßmann, mit dem er, nachdem er in Florenz 2 Opern herausgebracht hatte, nach Wien zurückkehrte. Bis 1780 lebte er aus gesundheitlichen Gründen in Ungarn, dann wirkte er in Wien als freischaffender Musiker und Komponist bis zu seinem Tod am 26. 8. 1813.

Werke
Da zu seiner Zeit mangels eines wirksamen Urheberschutzes der Ertrag der einzelnen Kompositionen sehr gering war, mußte Jan

Jan Křitel Vaňhal, Stich von Riedel, 1815

Křitel Vaňhal äußerst fleißig sein, um leben zu können. Die tatsächliche Anzahl seiner Werke ist wegen der überaus vielen Plagiate, die unter seinem Namen gedruckt und verkauft wurden, schwer festzustellen, weil er selbst stilistisch sehr schwankend arbeitete und dadurch Stilanalysen äußerst erschwert sind. Man schreibt ihm mehr als 100 Sinfonien zu, 80 Quartette, 30 Instrumentalkonzerte, zahlreiche Klaviersonaten, Variationen und Tänze für das Klavier, zum Teil vierhändig gesetzt, Violinsonaten, Flötenquartette, Fugen und Präludien für Orgel, 2 Offertorien, 2 Messen mit Orchester, Kirchenlieder und 8 sehr beliebte Kinderlieder. Es ist bei dieser Fülle verständlich, daß die Qualität der einzelnen Werke sehr schwankend war. Eines steht aber fest: Sein Beitrag zum Entstehen der Wiener Klassik war von größter Wichtigkeit, wenn er auch mit einem leichten Zug zur Melancholie bereits in das kommende Jahrhundert der Romantik weist. Einzelne Sinfonien und Konzerte werden auch in unserer Zeit aufgeführt.

LITERATUR

P.R. Bryan, The Symphonies of Jan Vaňhal, 2 Bände, Michigan 1956.

Elia Vannini (um 1660 bis nach 1699)

ZEIT UND UMWELT

Ein großer Teil der italienischen Kirchenmusik des 17. und 18. Jahrhunderts war von einer Orgel und mehreren Instrumenten – zumeist Violinen – begleitet. Die Stimmen der Begleitung wurden aber so gesetzt, daß die Werke auch ohne Instrumentalbegleitung aufgeführt werden konnten. Damit war die Möglichkeit gegeben, die Komposition auch in Kirchen zu verwenden, wo keine Instrumente zur Verfügung standen. Diese »ad-libitum-Begleitung«, die nur stimmverstärkend oder im besten Fall auszierend war, konnte allerdings den Instrumenten nie entscheidende Rollen einräumen.

LEBEN

Elia Vannini wurde um 1660 in Medicina geboren, wo er im Karmeliterkloster, in das er eingetreten war, seine Ausbildung genoß und 1692 die Stelle des Kapellmeisters erhielt. Von 1693 bis 1699 wirkte er als Kapellmeister in Ravenna und ist dort in einem der folgenden Jahre gestorben.

WERKE

Der italienische Komponist Elia Vannini verfaßte vier- bis sechsstimmige Marienlitaneien mit Violinen ad libitum, drei- bis vierstimmige Psalmen und Vespern, 5 sechs- bis achtstimmige Litaneien mit Instrumenten, eine vollständige Psalmenvertonung mit Interludien und einige Sonaten für drei Stimmen. Sein Stil wurde von der Musik in Bologna beeinflußt.

Domenico Vannucci (um 1718–75)

ZEIT UND UMWELT

Die aristokratische Republik Lucca unterhielt im 18. Jahrhundert eine in ganz Italien bekannte Domschule, an der nicht nur Kirchenmusiker, sondern vor allem Instrumentalvirtuosen herangezogen wurden. Besonders gepflegt wurde das Cellospiel.

LEBEN

Domenico Francesco Vannucci wurde um 1718 in Lucca geboren. Er lebte als Cellist, Cellolehrer, Komponist und als Leiter der Domschule in seiner Vaterstadt, in der er am 7. 8. 1775 starb. Er dürfte zugleich als Kirchenmusiker tätig gewesen sein.

WERKE

Von Domenico Vannucci sind 6 Oratorien, vier- und achtstimmige Messen, Responsorien, Psalmen und Litaneien bekannt. Cellomusik, die er sicherlich geschrieben hat, ist keine überliefert.

Česlav Vaňura (um 1686–1736)

ZEIT UND UMWELT

Seit dem Dreißigjährigen Krieg erfolgte die böhmische Musikentwicklung nahezu ausschließlich in den Kapellen der Kirchen und Klöster, wo geniale Kleriker – Deutsche wie Tschechen – das Verstummen der Musik in Böhmen verhinderten.

LEBEN
Česlav Vaňura (Waniura) wurde um 1686 – nach anderen bereits 1667 – in Miletín geboren. Er war Franziskaner und Chorregent der Jakobskirche in Prag, wo er am 7. 1. 1736 starb.

WERKE
Von dem angeblich umfangreichen kompositorischen Werk von Česlav Vaňura sind 7 feierliche Litaneien und 12 Offertorien bekannt geworden, die noch dem Spätbarock angehören. Weitere sakrale Kompositionen sind handschriftlich erhalten.

José Vaquedano (um 1642–1711)

ZEIT UND UMWELT
In der ehemaligen Hauptstadt von Galicia, Santiago de Compostela, erhebt sich an der Stelle einer bereits aus dem 9. Jahrhundert stammenden Kirche die frühromanische Kathedrale aus dem 11. und 12. Jahrhundert. Der Sitz des Erzbischofs, die Universität und der ständige gewaltige Zustrom von Wallfahrern erforderten zwangsläufig eine intensive Pflege der Kirchenmusik.

LEBEN
José Vaquedano (Baquedano) wurde um 1642 in Nordspanien geboren. Er wurde stellvertretender Kapellmeister am königlichen Kloster Nuestra Señora de la Encarnación in Madrid und 1680 Kapellmeister an der Kathedrale in Santiago de Compostela, wo er am 17. 2. 1711 starb.

WERKE
Vom spanischen Komponisten José Vaquedano sind Messen, Psalmen, Magnificat, Lamentationen, Motetten und Villancicos erhalten, die einem sehr konservativen Stil folgen und teilweise polyphon gehalten, aber auch auf Klangwirkung gearbeitet sind.

Edgar Varèse (1883–1965)

LEBEN
Edgar Victor Achille Charles Varèse wurde am 22.12.1883 in Paris geboren. Er studierte in seiner Vaterstadt zunächst Mathematik und Naturwissenschaften, sodann an der Schola Cantorum unter Albert Roussel und Vincent d'Indy und schließlich am Conservatoire bei Charles-Marie Widor. Ab 1908 hielt er sich in Berlin auf und lernte dort Ferruccio Busoni und dessen Vorstellung über »Zukunftsmusik« kennen. Er war dann einige Zeit Gastdirigent in Prag, ging darauf nach New York, wo er 1919 das New Symphony Orchestra und 1921 als erste Komponistenvereinigung Amerikas zur Pflege zeitgenössischer Musik die International Composers' Guild gründete. Nachdem diese sich wieder aufgelöst hatte, war Varèse 1928 einer der engagierten Mitbegründer der Pan American Association of Composers. Durch seine Kompositionen wurde er bald als klanglich aggressivster Tonsetzer der Neuen Musik bekannt. Seine Erforschung der Möglichkeiten elektronischer Klänge setzte 1929 ein. Er starb am 6.11.1965 in New York.

WERKE
Die vielgestaltigen Kompositionen von Edgar Varèse werden naturgemäß nicht sehr häufig aufgeführt, es finden sich aber immer mehr Interessenten dafür, zumal sie ihre anfängliche schockierende Wirkung schon seit geraumer Zeit verloren haben. Er setzte die Forderung des von Balilla Pratella 1911 veröffentlichten »Manifest der futuristischen Musik«, die die Welt der Geräusche der Musik integrierte, in die Tat um, weil »ganze Sinfonien von neuen Tönen in der neuen industriellen Welt aufgekommen sind und einen Teil unseres täglichen Bewußtseins bilden.« Er ging über den Bruitismus der Futuristen weit hinaus, weil ihm bereits das Tonband, die Montage und die elektronische Klangerzeugung zur Verfügung standen, und brachte neue Musik mit Tönen, die die alten Instrumente nicht liefern konnten. Er schrieb »Amériques« für großes Orchester, »Hyperprism« und »Intégrales« für kleines Orchester und Schlaginstrumente,

»Offrandes« für Sopran und Kammerorchester, »Octandre« für sechs Bläser und Kontrabaß, »Arcana« für großes Orchester, »Ionisation« für dreizehn Schlagzeuger, »Ecuatorial« für Chor aus Baßstimmen und Instrumente, »Density 21,5« für Flöte, »Déserts« für Orchester und Tonband-Interpolationen, »Poème électronique« für drei Tonbandgeräte, 425 Lautsprecher und 20 Verstärkerkombinationen, »Nocturnal« für Singstimmen und Orchester. Der Einfluß aller dieser Werke auf die Musik der Gegenwart war sehr stark.

Hyperprism für Bläser und Schlagzeug (Peitsche, Amboß und Sirene), entstanden 1923

»Gemessen am damaligen Entwicklungsstand erscheint dieses Werk als der gewaltigste Schritt nach vorn, dank seines Verzichts auf jegliche Thematik und dank seines Reliefs variabler Tempi« (Pierre Boulez). Themen und Periodenbildung sind durch geschlossene Klangkomplexe ersetzt.

Octandre für Bläser und Kontrabaß, 3 Sätze, entstanden 1924

Der Titel bedeutet: »Für acht Männer«. Der 1. Satz ist langsam und getragen, der 2. Satz rasch und unruhig und geht in die Fugenexposition des 3. Satzes über, deren Themeneinsätze rituell und steif wirken.

Edgar Varèse

Intégrales für Bläser und Schlagzeug, entstanden 1925

Es handelt sich um »räumliche Musik«, worunter der Komponist einen fortwährenden Veränderungsprozeß verstand, die mehrere Dimensionen einer Klanggestalt erfaßt und diese unterschiedlich rasch gegeneinander verschiebt.

Arcana für sehr großes Orchester (119 Musiker, davon 12 Schlagzeuger), entstanden 1927

Trotz der Titelwahl »Geheimnisse« liegt keine Programmmusik vor, sondern die durch das Riesenorchester durchgeführte Gestaltung eines sehr sparsamen thematischen Vorwurfes aus elf Tönen.

Ionisation für 37 Schlaginstrumente, entstanden 1931

Obwohl nur Schlagzeug verwendet wird, werden traditionelle Formkategorien beachtet, denn es gibt zwei Themenbezirke mit Wiederholungen, Überleitungs- und Durchführungsepisoden und eine Coda mit Instrumenten in fixierten Tonhöhen. Der Titel hat keine programmatische Bedeutung, sondern soll nur die außerordentliche Energieentfaltung kennzeichnen.

Déserts für Bläser, Klavier, 47 Schlaginstrumente und Tonband, entstanden 1952

Es liegen vier Instrumentalsätze mit drei Einschaltungen präparierter Klangpartien vor, von denen die erste und die dritte auf industriellen Geräuschen basieren, die zweite das Schlagwerkensemble heranzieht.

LITERATUR

F. Quellette, Edgar Varèse, Paris 1966. O. Vivier, Varèse, Paris 1973. Edgar Varèse, Rückblick auf die Zukunft, herausgegeben von H. K. Metzger und R. Riehn, München 1978 (mit Werkverzeichnis, Bibliographie und Diskographie).

Pierre Joseph Alphonse Varney

(1811–79)

ZEIT UND UMWELT

Der Februaraufstand der Arbeiter und Kleinbürger im Jahr 1848 erzwang die Ausrufung der Zweiten Republik in Frankreich. Da die Forderungen der radikalen Linken nicht zum Durchbruch kamen, entstand im Juni eine neue Revolte, die niedergeschlagen wurde und dazu führte, daß Prinz Louis Napoléon, der spätere Kaiser Napoleon III., zum Präsidenten der Republik gewählt wurde. Die Revolutionäre gingen mit dem Gesang »Mourir pour la Patrie« (Sterben für das Vaterland) in den Kampf.

LEBEN

Pierre Joseph Alphonse Varney wurde am 1.12.1811 in Paris geboren. Er war am Conservatoire Schüler von Antonín Rejcha, darauf wirkte er als Kapellmeister in Gent, Den Haag, Rouen, Paris und von 1865 bis 1878 in Bordeaux. Er starb am 7.2.1879 in Paris.
Sein Sohn Louis Varney (30.5.1844, Paris, bis 20.7.1908, Cauterets, Hautes-Pyrénées) lebte als Bühnenkomponist in Paris.

WERKE

Neben 7 erfolgreichen Operetten schrieb Pierre Joseph Alphonse Varney die Schauspielmusik zum Stück von Alexandre Dumas (1802 bis 1870), »Le Chevalier de Maison-Rouge«, aus der der berühmte, bei den Aufständen des Jahres 1848 gesungene »Chor der Girondisten« stammt.
Louis Varney verfaßte Ballette und ungefähr 40 Operetten, die ab 1876 in Paris, zumeist mit gutem Erfolg, gegeben wurden.

Michele Varotti (um 1540 bis nach 1595)

LEBEN

Michele Varotti (Varotus) wurde um 1540 in Novara geboren und vermutlich in Mailand zum Musiker und Priester ausgebildet. Er wurde Kanonikus und Musiker an der Basilika von Novara, wo er nach 1595 starb.

WERKE

Von dem italienischen Kirchenmusiker Michele Varotti sind mehrere vielstimmige Messen, Magnificat und Lamentationen, außerdem verschiedene sakrale Gesänge und Psalmen zwischen 1563 und 1595 erschienen. Sie sind im Sinn der konservativen Mailänder Schule gehalten. Die letzten Publikationen bringen ariose Duette, die die künftige Monodie vorausnehmen.

Marios Varvoglis (1885–1967)

LEBEN

Marios Varvoglis wurde am 10.12.1885 in Athen geboren. Er wurde ab 1904 in Paris am Conservatoire und an der Schola Cantorum ausgebildet und wirkte ab 1924 als Professor für Komposition und Musikgeschichte am Konservatorium in Athen, das er ab 1937 gemeinsam mit Antiochos Evangelatos leitete. Er starb am 30.7.1967 in Athen.

WERKE

Von Marios Varvoglis sind 2 Orchesterstücke, eine Suite für Streicher, eine »Griechische Caprice« für Cello und Orchester bekannt geworden. Er schrieb außerdem Kammermusik, Klavierstücke, Gesänge, Bühnenmusik und eine Oper.

Juan Vásquez (um 1500 bis um 1560)

ZEIT UND BILD

Im Spanien des 16. Jahrhunderts setzte eine Musikentwicklung auf sehr breiter Basis ein. In allen Städten, ohne Ausnahme, auch in den kleinsten, erklangen die Chöre und die Orgeln in den Kirchen, die Saiteninstrumente und Gesänge in den Palästen. Adelige und Kirchenmänner ahmten den Hof des Königs nach. Spanier, die im Ausland gewesen waren, und Ausländer, vorwiegend Niederländer, die nach Spanien kamen, bewirkten den Anschluß der spanischen Musik bei aller Wahrung der Eigenständigkeit an die Musik des damaligen kulturellen Europas.

LEBEN

Juan Vásquez wurde um 1500 in Badajoz geboren. Seine erste Stelle war die eines Kantors der Kathedrale Palencia (1539). Von 1541 bis 1542 war er Mitglied der Kapelle des Kardinals von Tavera in Madrid und Toledo, ab 1545 Kapellmeister an der Kathedrale in Badajoz, ab 1551 in Osuna im Dienst des Don Antonio de Zúñiga und anschließend bei Conde Juan de Urneña in Salamanca. Im Jahre 1560 lebte er in Sevilla, wo er vermutlich im selben oder im nächsten Jahr starb.

WERKE
Der Komponist, Organist und Vihuelist Juan Vásquez veröffentlichte drei- und vierstimmige Villancicos und Canziones für Gesang mit fakultativer Instrumentalbegleitung und eine Serie von Transkriptionen für Gesang und Vihuela, der keine reine Begleitungsfunktion, sondern völlige Gleichberechtigung mit den Singstimmen zugewiesen wurde. Bei den Villancicos findet sich die Eigentümlichkeit, daß die führende, der Volksmusik entnommene Melodie ständig unverändert wiederholt wird, während die Begleitstimmen einen dichten kontrapunktischen Hintergrund bilden, wie das auch bei einigen Werken von Morales beobachtet werden kann.

LITERATUR
S. Kastner, La música en la catedral de Badajoz (años 1520–1603) Anuario Musical XII, 1957. E. A. Russel, The Patrons of Juan Vásquez, Anuario Musical XXVI, 1971.

Auguste Emmanuel Vaucorbeil
(1821–84)

ZEIT UND UMWELT
Wenn auch die Vokalmusik und vor allem die Chormusik in Frankreich nie die umfassende und schon gar nicht ideologische Bedeutung gewann wie in Deutschland, so bestand dennoch großer Bedarf an Chorleitern und Chorausbildern. Das Conservatoire in Paris hielt eine stark besuchte Abteilung für alle Probleme des Chorgesangs.

LEBEN
Auguste Emmanuel Vaucorbeil (eigentlich Vaucorbeille) wurde am 15.12.1821 in Rouen geboren. Am Conservatoire von Paris studierte er unter Antoine Françoise Marmontel, Victor Dourlen und Luigi Cherubini. Im Jahr 1871 wurde er Lehrer für Chormusik am Conservatoire und 1872 Regierungskommissär für alle subventionierten Pariser Theater. Von 1879 bis 1884 wirkte er als Direktor der Opéra. Er starb am 2.11.1884 in Paris.

WERKE
Von Auguste Emmanuel Vaucorbeil sind als erste Kompositionen 22 Lieder, sodann 2 Streichquartette, einige Klaviersonaten erschienen. Er schrieb ferner eine Oper und eine lyrische Szene, »Der Tod der Diana« für Singstimmen und Chöre, außerdem eine Reihe sakraler Stücke.

Ralph Vaughan Williams (1872–1958)

LEBEN
Ralph Vaughan Williams wurde am 12.10.1872 in Down Ampney, Gloucestershire, geboren. Er erhielt seine Ausbildung am Trinity College in Cambridge vor allem von Charles Wood (15.6.1866, Armagh, bis 12.7.1926, Cambridge) und an der Royal Academy of Music in London von Charles Hubert Parry (1848–1918) und von Charles Stanford. Zur Ergänzung begab er sich nach Berlin zu Max Bruch. Von 1896 bis 1899 wirkte er als Organist in London, hielt anschließend in Oxford Vorlesungen und beschäftigte sich intensiv mit der Sammlung von Volksliedern und deren Veröffentlichung. Im Jahr 1919 wurde er Kompositionslehrer am Royal College of Music in London. Er starb am 26.8.1958 als einer der bedeutendsten englischen Komponisten seiner Zeit in London.

WERKE
Weder seine Lehrer in Cambridge und in London noch Max Bruch waren für den Kompositionsstil von Ralph Vaughan Williams bestimmend. Auch ein Besuch der Festspiele in Bayreuth löste auf ihn keine Wirkung aus. Erst als er begann, sich mit englischer Volksmusik zu beschäftigen und das im Volkslied entdeckte Material verarbeitete, fand er seinen Stil, der wohl tonal blieb, aber sich mit keiner zeitgenössischen Stilgattung vergleichen läßt. Formal knüpfte er bei Maurice Ravel an, Melos und Harmonik folgten jedoch eigenen Intui-

Ralph Vaughan Williams

tionen, je nach den Erfordernissen des jeweiligen Werks. Er setzte sich nur langsam durch und blieb immer mehr in Musikerkreisen geschätzt als beim Publikum. Seine Werke werden fallweise auch heute noch aufgeführt, vorwiegend in England und in Amerika; in Mitteleuropa spielt man ihn nahezu überhaupt nicht, aber es scheint sicher zu sein, daß man auch da auf ihn noch zurückgreifen wird. Er schrieb 9 Sinfonien, die als Juwelen der englischen Musikgeschichte angesprochen werden müssen, eine Fantasie über ein Thema von Thomas Tallis, eine Fantasie über das Volkslied »Lieber Johann«, eine Suite über »Die Wespen von Aristophanes«, eine Partita für Streichorchester, eine »Charterhouse-Suite«, 3 »Norfolk-Rhapsodien«, ein Klavierkonzert, ein Oboenkonzert, ein Violinkonzert, »Die aufsteigende Lerche« für Violine und Orchester, ein Konzert für Tuba und Orchester, ein Streichquintett, 2 Streichquartette, 3 Praeludien für Orgel, zahlreiche profane und sakrale Vokalwerke, ein Oratorium, 6 Opern und 3 Ballette.

Sinfonie Nr. 1 »Eine See-Sinfonie« für Sopran, Bariton, Chor und Orchester, 4 Sätze, entstanden 1910

Der 1. Satz »Gesang für alle Meere, alle Schiffe« rühmt nach einer Blechfanfare die Meere, die stolzen darauf fahrenden Schiffe mit ihren Flaggen und alle Seeleute. Der 2. Satz »Nachts allein am Strand« singt vom Schlüssel zum Universum und von der Unendlichkeit der Zeit und des Raumes. Das Scherzo »Die Wogen« schildert Wellen und Wind. Eine langsame Melodie zeichnet ein stattliches gegen die stürmische See kämpfendes Schiff. Der 4. Satz »Die Entdecker« erinnert an die kühnen Entdeckungsfahrten auf allen Weltmeeren.

Sinfonie Nr. 2 »Eine Londoner Sinfonie« für Orchester, 4 Sätze, entstanden 1914

Das Werk stellt ein Klangbild der Großstadt dar, ist aber nicht deskriptiv, sondern gibt nur ihre Impression wieder. Der 1. Satz zeichnet das Erwachen der Stadt am Morgen; man hört von der Harfe das Schlagen des Big Ben und den Verkehr auf Straßen und Brücken. Im 2. Satz spürt man den Novembernebel, der alle Geräusche dämpft; der Himmel ist grau und verhangen. Der Nebel weicht im 3. Satz, der Verkehr wird lebhafter und lauter. Im Finale ertönen erneut die Glockentöne des Big Ben. Es wird Abend, allmählich schläft die große Stadt ein.

Sinfonie Nr. 3 »Pastoral-Sinfonie« für Sopranstimme und Orchester, 4 Sätze, entstanden 1916

Es handelt sich trotz des Titels um absolute Musik, die eine pastorale Stimmung erzeugt. Sie ist durch die Parallelführung von Moll- und Durdreiklängen und einer modalen Pentatonik gekennzeichnet. Im 1. Satz malen pastorale Melodien einen kompliziert verflochtenen Hintergrund. Ein romantisches Hornsolo leitet den 2. Satz ein, der mit seinen feinen Melodien einen nahezu kammermusikalischen Eindruck erweckt. Der 3. Satz bringt schwere Tanzrhythmen mit vielen Auszierungen. Im 4. Satz setzt der Sopran ein, der die Impression eines auf einem Feld singenden Mädchens erzeugt und am Ende des Werks in der Ferne verklingt.

Sinfonie Nr. 5 in D-Dur für Orchester, 4 Sätze, entstanden 1943

Mit diesem Werk hat der Komponist eines der am meisten für die englische Musik des 20. Jahrhunderts charakteristischen Stücke geschaffen. Ein ernstes Thema eröffnet den 1. Satz »Preludio«, das zweite ist myxolydisch wie das erste; in der Durchführung tritt ein phrygisches Motiv hinzu, wodurch interessante melodische und akkordische Wendungen entstehen. Das folgende »Scher-

Sinfonie Nr. 5 von Ralph Vaughan Williams, Autograph

zo« hat Rondoform und wird harmonisch und melodisch von Pentatonik beherrscht. Der 3. Satz »Romanze« hat äolischen Charakter. Das Finale ist eine hinreißende Passacaglia, in der dorische und äolische Formen kontrastieren.

Sinfonie Nr. 7 »Sinfonia antartica« für Sopran, Frauenchor und Orchester, 5 Sätze, entstanden 1953

Diese Sinfonie ist aus einer Filmmusik »Scott in der Antarctic« entstanden. Der Kampf um den Südpol, Schrecken und Faszination der Eislandschaft, Nebel, Eisregen und Orkane werden im 1. Satz mittels Vibraphon, Celesta, Klavier und Windmaschine dargestellt, tiefe Glocken warnen vor tödlichen Gefahren, und am Ende verkündet eine Fanfare, daß der Mensch die Herausforderung annimmt. Der 2. Satz »Scherzo« schildert den Aufbruch der Expedition; das Schiff durchpflügt die Wellen, begegnet Walen und Delphinen, im Trio treten Pinguine auf. Der Frauenchor begleitet wie im 1. Satz die Szenen mit Vokalisen. Im 3. Satz »Landschaft« breitet sich die Eisregion aus, Lawinen, Gletscherbrüche, herabstürzende Eisblöcke erfüllen das Land mit Getöse. Im 4. Satz verheißen milde Harfenklänge und Oboenpassagen das Ende der Gefahren und den Sieg, den die Fanfaren des 5. Satzes ankündigen. Das Ziel ist erreicht, aber die Naturgewalten sind nicht unterjocht, mit neuer Gewalt beherrschen sie die Szene, der Eissturm sucht sich sein Opfer: Robert Falcon Scott selbst.

Sinfonie Nr. 9 in e-Moll für Orchester, 4 Sätze, entstanden 1958

Den 1. Satz leiten Posaunen und Tuba ein, dann tritt das übrige Blech auf die Szene, ein zweites Thema kommt hinzu, die Verarbeitung führt weit durch alle Tonarten, bis eine Saxophonkadenz den Satz abschließt. Die Themen des 2. Satzes scheinen keine Beziehung zueinander zu finden, so daß man ein Programm vermutet, aber es gibt keines. Die Musik, die mit einem Flügelhorn beginnt, muß für sich selbst sprechen. Es folgt Episode auf Episode, deren Bedeutung sich das Publikum selbst bilden muß. Drei Saxophone mit Kleiner Trommel eröffnen das Scherzo des 3. Satzes; eine Fülle von Motiven tritt auf und formt sich zu Themen; Choräle unterbrechen die Melodien, die sich wieder behaupten, bis das Tongeflecht in eine Kantilene des Ersten Saxophons mündet, die von der Kleinen Trommel begleitet ist. Dann verstummt das Blasinstrument und die Trommel kommt nach einigen Schlägen ebenfalls zum Schweigen. Die Violinen beginnen das Finale mit einer langen Kantilene, darauf melden sich alle Instrumente zum Wort, 3 Themen erscheinen und bilden eine Episode nach der anderen, die die Saxophone beruhigend abschließen.

Literatur

M. Hurd, Vaughan Williams, London 1970.
R. Douglas, Working with Ralph Vaughan Williams, London 1972.

Thomas Vautor (um 1585 bis nach 1628)

Zeit und Umwelt

Der Ausspruch von Sir Edward Coke (1552 bis 1634), des Parlamentariers unter den Königen Jakob I. und Karl I.: »Ich denke, der Herzog von Buckingham ist die Ursache unseres ganzen Elendes«, war zweifellos zu summarisch und zu einseitig, entbehrte jedoch nicht jeder Wahrheit, denn George Villiers, Herzog von Buckingham (1592–1628), hatte als königlicher Günstling und Staatsmann viel zum Schwund der Popularität des englischen Königtums und schließlich auch zum Bürgerkrieg beigetragen. Als Mäzen und Förderer der Kultur seiner Zeit, besonders der Musik, spielte er die Rolle, die für den englischen Hochadel damals nahezu selbstverständlich war.

Leben

Thomas Vautor wurde um 1585 in Leicestershire geboren. Er studierte in Oxford am Lincoln College und trat in die Dienste des Herzogs von Buckingham, bei dem er bis zu dessen Ermordung verblieb. Ort und Zeit seines Todes sind unbekannt.

Werke

Von dem englischen Lautenisten und Komponisten Thomas Vautor ist nur eine Madrigalsammlung für fünf bis sechs Stimmen, spielbar mit Violen, erhalten, die er 1619 seinem Mäzen und Dienstgeber George Villiers von Buckingham widmete. Alles andere ist offenbar im Bürgerkrieg verlorengegangen.

Vautor war einer der letzten englischen Madrigalisten. Seine Kompositionen, die dem Stil Thomas Weelkes verpflichtet sind, weisen bereits Anzeichen des Niederganges der Madrigalkunst auf.

LITERATUR

E. H. Fellowes, The English Madrigal Composers, London 1948.

Affonso Vaz da Costa (um 1540–1610)

ZEIT UND UMWELT

Die altkastilische Provinzhauptstadt Avila war im Mittelalter abwechselnd unter maurischer und christlicher Herrschaft und hatte nach der Austreibung der Moriscos vollkommen ihre ehemalige Bedeutung verloren. Jedoch die Musikpflege der Kapelle an San Salvador hat ihr Niveau bis weit in die Neuzeit erhalten.

LEBEN

Affonso Vaz da Costa wurde in Lissabon um 1540 geboren. Die Ausbildung zum Kleriker und Musiker erhielt er noch in Portugal, kam aber dann nach Rom, um seine Studien abzuschließen. Nach der Iberischen Halbinsel zurückgekehrt, wirkte er zuerst in Badajoz und anschließend in Avila an der Kathedrale San Salvador als Kapellmeister. Er ist in Avila im Jahre 1610 gestorben.

WERKE

Der portugiesische Komponist Affonso Vaz da Costa hat sowohl profane wie sakrale Musik verfaßt. Obschon nichts davon erhalten ist, wissen wir aus zeitgenössischen Äußerungen, daß er trotz seiner Schulung in Rom reinen spanischen Stil geschrieben und damit viel Beifall gewonnen hat. Seine weltliche Musik schrieb nach spanischer Manier intensiven Instrumenteneinsatz vor.

John Veale (geboren 1922)

LEBEN

John Veale wurde am 15.6.1922 in Shortlands, Kent, geboren. Er war an der Universität in Oxford Schüler von Egon Wellesz und in Princeton, N.J., von Roy Harris. Von 1951 bis 1954 unterrichtete er in Oxford; seitdem widmet er sich allein der Komposition.

WERKE

Von John Veale sind 2 Sinfonien, eine sinfonische Dichtung, eine Ouvertüre, eine Elegie für Flöte, Harfe und Streichorchester, ein Klarinettenkonzert, ein Streichquartett, 2 Kantaten, Film- und Fernsehmusik bekannt geworden. Sein Stil weist spätromantische Elemente auf.

Lorenzo Vecchi (1566 bis nach 1605)

ZEIT UND UMWELT

Bologna wurde »La grassa« (Die Fette) wegen des bekannt guten Essens der Stadt genannt. Den Beinamen »La dotta« (Die Gelehrte) trägt sie wegen ihrer berühmten Universität. Gegen Ende des 15. Jahrhunderts wurde in Bologna eine der ersten Musikschulen auf italienischem Boden gegründet, so daß die Stadt zu einem Zentrum der Musikwissenschaft und der Kirchenmusik wurde.

LEBEN

Lorenzo Vecchi wurde 1566 in Bologna geboren und erhielt seine Ausbildung als Chorknabe an San Petronio. Im Jahre 1605 erhielt er die Ernennung zum Kapellmeister der Basilika und betreute dieses Amt bis zu seinem Tod, dessen Datum nicht feststellbar ist.

WERKE

Von dem Kirchenmusiker Lorenzo Vecchi sind ein Buch mit achtstimmigen Messen, ein fünfstimmiges Requiem und mehrere Messeteile überliefert. Sie folgen stilistisch der Polyphonie des 16. Jahrhunderts, weisen aber eine merkbare Tendenz zu akkordischem Klang auf. Bei den Messen kann man zuweilen von Mehrchörigkeit sprechen. Ansätze zu einem spezifischen Kirchenmusikstil sind nicht zu übersehen.

Orazio Vecchi (1550–1605)

Zeit und Umwelt

Die in der Renaissance in Italien entwickelte Commedia dell'arte oder Commedia all'improviso (Stegreifkomödie) wurde von Wandertruppen gepflegt und erfreute sich außerordentlicher Beliebtheit. Sie verwendete bestimmte feststehende Charaktere wie den Arlecchino (schlau, lustig, am Ende siegend oder resignierend), den Pantaleone (mächtig, gutmütig, polternd, ungewollt komisch), den Dottore Graziano (Anwalt, intrigant, skrupellos), die Pulcinella (lieblich, verliebt), die Diener (schlau, frech oder tölpelhaft, dumm). Der Dialog wurde stegreif nach einer vorgezeichneten Rahmenhandlung von den Schauspielern gesprochen. Diese Form wurde im 18. Jahrhundert von Dichtern wie Carlo Goldoni (1707–93) und Carlo Gozzi (1720–1806) als literarische Technik angewendet. Versuche, eine Commedia dell'arte der Renaissance zu vertonen, sind nur in wenigen Fällen gelungen.

Leben

Orazio Tiberio Vecchi wurde am 6. 12. 1550 in Modena getauft. Seine musikalische Ausbildung erhielt er vom Servitenmönch Salvatore Essenga. Vecchi wurde selbst Priester und wirkte als Musiklehrer in Modena. Von 1581 bis 1584 war er Domkapellmeister in Salò und darauf in Modena. Im Jahre 1586 erhielt er die Kapellmeisterstelle in Reggio Emilia und wurde Kanonikus am Dom in Correggio. Wegen ständiger Abwesenheit verlor er 1594 diese Würde, wurde aber ein Jahr darauf Domkapellmeister in Modena. Zwei Jahre später betraute man ihn auch mit der Leitung der Hofmusik und dem Musikunterricht der Kinder des Herzogs Cesare d'Este. Aufgrund einer Intrige verlor er 1604 seine Stelle und starb am 19. 2. 1605 in Modena.

Werke

Das Hauptwerk von Orazio Vecchi war seine Commedia harmonica Anfiparnasso, die wohl zu unrecht als Vorläuferin der Oper angesehen wurde. Es handelte sich vielmehr um einen geglückten Versuch, eine Commedia dell'arte in Musik zu setzen. Es sind alle Elemente und Charaktere der Commedia vorhanden. Von der Oper ist das Stück schon dadurch weit entfernt, daß Dialogstellen von mehreren Stimmen im Madrigalstil gesungen werden.
Vecchi war einer der besten Kanzonen- und Madrigalkomponisten seiner Zeit und außerdem ein Meister der Kirchenmusik. Er verstand sich vorzüglich auf Tonmalerei und musikalischen Textausdruck. Erhalten sind von ihm mehrere Bücher und Canzonetten (mehrfach aufgelegt), Madrigale, Motetten, Hymnen, Messen, Lamentationen. Eine Menge Einzelstücke befindet sich in Sammeldrucken. Die »moderne« Musik kommt mit sieben- bis achtstimmigen »Dialoghi« mit Basso continuo zum Recht. Seine Fähigkeit des musikalischen Ausdruckes zeigte er in »Le veglie di Siena« (Abende in Siena), mit denen er verschiedene Stimmungen – Schwermut, Lustigkeit, Schmerz, Scherz, Zuneigung – darstellte.

Orfeo Vecchi (um 1550 bis vor 1604)

Zeit und Umwelt

Wie Mailand heute noch am Ambrosianischen Kirchengesang festhält und die Gregorianik ablehnt, so hielten sich die Kapellen der Stadt gegenüber Neuerungen sehr stark zurück. Die Alte Schule, die in Mailand im Verlauf des 16. Jahrhunderts groß geworden war, wurde vorläufig nicht aufgegeben. Es dauerte lange, bis sich das Neue durchsetzte.

Leben

Orfeo Vecchi wurde um 1550 in Mailand geboren und als Chorknabe an Santa Maria della Scala zum Kirchenmusiker ausgebildet. Im Jahre 1590 erhielt er dort die Kapellmeisterstelle, die er bis zu seinem Tod vor 1604 versah.

Werke

Vom italienischen Kirchenmusiker Orfeo Vecchi sind eine Anzahl mehrstimmiger

Messen, Psalmen, Motetten, sakrale Madrigale, Magnificat und andere kirchliche Gesänge überliefert. Alles ist vielstimmig, kontrapunktisch, schön im Klang, ohne Pathetik und etwas konservativ, wie es die alte Mailänder Schule verlangte, aber gute Musik.

LITERATUR

Fr. X. Haberl, Orfeo Vecchi, Kirchenmusikalisches Jahrbuch, 1907.

Jenö Vécsey (1909–66)

LEBEN

Jenö Vécsey wurde am 19.7.1909 in Céce, Ungarn, geboren. Er war in Budapest von 1930 bis 1935 Schüler von Zoltán Kodály und studierte sodann in Wien. Ab 1942 arbeitete er an der Ungarischen Nationalbibliothek, wo er 1945 Leiter der Musikabteilung wurde. Er starb am 19.9.1966 in Budapest.

WERKE

Außer einem Ballett schrieb Jenö Vécsey eine sinfonische Dichtung und ein sinfonisches Konzert, ein Concertino für Klavier mit Orchester und eines mit Kontrabaß mit Orchester, ein Streichsextett, ein Streichquartett und Bagatellen für zwei Klaviere. Er veröffentlichte eine Anzahl musikhistorischer Werke.

Franz Adam Veichtner (1741–1822)

ZEIT UND UMWELT

Seit dem Nordischen Krieg (1700–21) stand Kurland unter russischem Einfluß. Anna Iwanowna, Herzogin von Kurland, setzte, nachdem sie russische Zarin geworden war, die Wahl ihres Günstlings Ernst Johann Biron als Herzog von Kurland durch. Im Jahr 1795 wurde das Land über Beschluß des kurländischen Landtags Rußland einverleibt. Es behielt jedoch weiterhin seine eigene Verfassung; der deutsch-baltische Adel beherrschte weiterhin das wirtschaftliche und kulturelle Leben des Landes.

LEBEN

Franz Adam Veichtner wurde am 10. 2. 1741 in Regensburg geboren. Er wurde von František Benda im Violinspiel und von Joseph Riepel in der Kompositionstechnik unterrichtet. Nach einem Aufenthalt in Königsberg (Kaliningrad) wurde er 1769 Hofkapellmeister der Herzoge von Kurland in Jelgava (Mitau). Nach der Einverleibung des Herzogtums durch Rußland ging er auf Konzertreisen nach Italien und übernahm sodann 1798 die Hofkapellmeisterstelle in St. Petersburg. Er starb am 3. 3. 1822 in Kurland.

WERKE

Außer einigen kirchlichen Kompositionen verfaßte Franz Adam Veichtner 24 Fantasien für Violine und Baß über russische Lieder, 24 Sonaten für Violine und Baß, 5 Sonaten für Violine und Cello, 3 Streichquartette, ungefähr 60 Sinfonien, eine russische Sinfonie, ein Cellokonzert und 3 Opern. Sein Stil gehört der Vorklassik an.

LITERATUR

E. Gercken, Franz Adam Veichtner und das Musikleben am kurländischen Hof, in: Baltische Hefte XI, 1965.

Jean Veillot (1611–62)

ZEIT UND UMWELT

Die französische Motette im 17. und 18. Jahrhundert war entweder einstimmig mit Generalbaßbegleitung oder eine Verbindung von einstimmigen, mehrstimmigen und mehrchörigen Teilen, zumeist von obligaten Instrumenten begleitet, denen oft selbständige Abschnitte ohne Singstimmen zugewiesen wurden. Der Generalbaß kam ständig in Anwendung.

LEBEN

Jean Veillot wurde 1611 vermutlich in Paris geboren. Er erhielt 1640 die Leitung des Knabenchores an Notre-Dame in Paris zugeteilt. Nach 1643 wurde er Vizekapellmeister an der Chapelle Royale. Er starb in Paris im Sommer 1662.

WERKE

Der französische Komponist Jean Veillot ahmte die von Nicolas Formé (1567–1638) angewandte Technik der doppelten Chöre nach. Er stellte kleine Solistenensembles, die im Stil der Airs de cour sangen, größeren von einem Instrumentalorchester begleiteten Chören gegenüber, die diese mit eigenen Sätzen unterbrachen. Damit schuf er eine Vorstufe zur großen französischen Motette des 17. Jahrhunderts. Von seinen Werken sind nur eine Motette mit Doppelchor sowie 2 Motetten mit Doppelchor und Orchester erhalten.

Václav Jindřich Veit
(1806–64)

ZEIT UND UMWELT

Die Organisten- und Sängerschule am Dom aus dem 11. Jahrhundert in Leitmeritz (Litoměřice) in Nordböhmen konnte auf eine mehrere Jahrhunderte alte Tradition zurückblicken. Es wurde stets darauf gesehen, nur vorzügliche Kräfte als Leiter und Lehrer zu gewinnen. Auch der Männergesangverein der Stadt wurde laufend auf hohem Niveau gehalten.

LEBEN

Václav Jindřich Veit (Wenzel Heinrich) wurde am 19.1.1806 in Repnitz (Řepnice) bei Leitmeritz geboren. Er wirkte als Leiter der Organisten- und Sängerschule in Leitmeritz und einige Jahre als Musikdirektor in Aachen. Er starb am 16.2.1864 in Leitmeritz.

WERKE

Von Václav Jindřich Veit sind 6 Streichquartette, 5 Streichquintette, ein Trio, eine Sinfonie und Ouvertüren überliefert, ferner eine Missa solemnis, zahlreiche Lieder und Männerquartette in deutscher und tschechischer Sprache. Er veröffentlichte auch ein Gesangbuch (Leitmeritzer Gesangbuch).

Pavel Vejvanovský
(um 1640–93)

ZEIT UND UMWELT

Zu den ersten Völkern, die sich nacheinander dem Strom der europäischen Musikentwicklung anschlossen, gehörten neben den Polen die Tschechen. Die Hofkapelle in Prag, die Nähe Dresdens und Wiens, wo sie Möglichkeiten zur Ausbildung und Anregung und oft auch Verdienst und Wirkungskreis erhalten konnten, haben dies ohne Zweifel sehr gefördert.

LEBEN

Pavel Vejvanovský (Paul Josef Weiwanowski) wurde um 1640 in Hlučín geboren. Er wurde Feldtrompeter der erzbischöflichen Kapelle in Kremsier (Kroměříž) und bekleidete außerdem auch das Amt eines Chori praefectus an der Mauritiuskirche. Ab dem Jahr 1670 war er Kapellmeister in Olmütz (Olomouc) und Kremsier und betreute diese Stellung bis zu seinem Tod in Kremsier am 24.6.1693.

WERKE

Der tschechische Komponist und Bläser Pavel Vejvanovský verfaßte zahlreiche Messen, darunter eine Missa Sancti Venceslai für vierundzwanzig Stimmen, Marianische Antiphonen, Vespern, Offertorien, Motetten und Kirchensonaten, außerdem Suiten, Serenaden, Ballette und Kammersonaten, oft mit seltener Besetzung wie Clarino, Violine und Posaune. Seine Instrumentalwerke weisen einen halb wienerischen, halb venezianischen Stil auf, wie ihn Johann Heinrich Schmelzer angewandt hatte. Bläsergruppen spielen dabei eine große Rolle. Volkstümliche Melodien klingen oft an.

Pierre Vellones (1889–1939)

LEBEN

Pierre Vellones (eigentlich Pierre Rousseau) wurde am 29.3.1889 in Paris geboren. Er wurde Arzt; als Musiker war er Autodidakt und komponierte neben seinem Beruf. Er starb am 17.7.1939 in Paris.

Werke

Das Bestreben von Pierre Vellones, exotische und andere seltene Klänge in seine Kompositionen zu integrieren, zeigte sich bereits bei einem sehr beliebten Ballett auf ein tibetisches Thema »Das Paradies von Amitabha«. Er schrieb ferner eine Jazzsinfonie, eine Ballade, eine Suite, eine sinfonische Dichtung für vier Saxophone, Klavier und Orchester, ein Altsaxophonkonzert, ein Klavierquintett, ein Quintett für vier Saxophone und Ondes Martenot, eine Rhapsodie für Altsaxophon, Harfe, Celesta und Schlagzeug, mehrere Klavierwerke, 16 Klavierstücke für Kinder, eine Anzahl Gesänge mit Orchester oder Klavier sowie Filmmusik.

Eugen Werner Velte (geboren 1923)

Leben

Eugen Werner Velte wurde am 12.8.1923 in Karlsruhe geboren. Er studierte an der Musikhochschule seiner Geburtsstadt von 1942 bis 1947. Im Jahr 1957 wurde er Dozent am selben Institut. Er wirkt neben seiner Lehrverpflichtung am Süddeutschen Rundfunk und als Kritiker in mehreren Tageszeitungen.

Werke

Von Eugen Werner Velte sind unter anderem 4 Stücke für Streichorchester, eine Entrada für Bläser und Pauken, 2 Streichquartette, 3 Streichtrios, 4 Trios für Flöte, Violine und Cello, eine Sonate für Violine und Klavier, Dialoge für Flöte und Violine und für Flöte und Klavier, Klavierwerke, Orgelstücke, eine Messe für Chor a cappella, 3 Motetten für Sopran und Orgel, 3 Terzette für Sopran, Mezzosopran und Klarinette und Lieder bekannt geworden. Sein Stil ist neuklassizistisch.

Gilet Velut (nach 1380 bis vor 1450)

Zeit und Umwelt

Es gab zu jener Zeit und auch noch viel später für den Musiker nur zwei Alternativen: Kirchen- oder Fürstendienst. Die Stellen an den Kathedralen waren zumeist Klerikern vorbehalten und jedenfalls durch eine Reihe hemmender Vorschriften eingeengt. Im Dienst der Fürsten wurde der Musiker zum Bestandteil des Gesindes neben Köchen und Pferdepflegern, auch wenn der Dienstherr noch so musikliebend war. Daß manch einer, auch wenn er nicht zu den »Clerici« zählte und irgendein Hofamt bekleidete, ein geneigtes Ohr, ja zuweilen sogar die Freundschaft des Herrn erworben hatte, ändert nichts an seiner Position. Auch Hofnarren haben es verstanden, sich beliebt und unentbehrlich zu machen.

Leben

Gilet Velut (Egidius Velout) ist nach 1380 vermutlich in der Diözese Cambrai geboren. Im Jahre 1411 taucht er als Mitglied im Gefolge Charlottes von Bourbon in Zypern auf. Es wird vermutet, daß er mit dem Kleriker Egidius Flannel dit Lenfant identisch ist, der 1421 in den Dienst des Papstes Martin V. (1417–31) getreten war. Er ist vor 1450 vermutlich in Rom gestorben.

Werke

Von Gilet Veluts Werken sind uns ein Rondeau, 3 Balladen, ein Gloria, ein dreistimmiges Credo, 2 vierstimmige Motetten überliefert, die alle noch stark der Pariser Ars nova verhaftet sind.

Literatur

J. F. R. und C. Stainer, Dufay und His Contemporaries, Amsterdam 1963.

Alessandrino Venetiano
(um 1515 bis um 1580)

Zeit und Umwelt

Das Madrigal war im 16. Jahrhundert und noch lange darüber hinaus die Unterhaltungsmusik der gehobenen Gesellschaftsschichten und unterschied sich von den anderen mehr oder weniger volkstümlichen Liedformen durch literarische Texte und kunstvoll gearbeitete Musik. Die Texte waren in eleganter, dichterischer Sprache abgefaßt, volkstümliche Wendungen wurden vermieden; sie entstammten oft der Feder namhafter Dichter, auch religiöse Dichtkunst wurde nicht selten herangezogen. Die Musik stellte mehrstimmige a-cappella-Sätze mit kontrapunktischer Führung der Stimmen dar.

LEBEN
Alessandrino Venetiano wurde um 1515 vermutlich in Venedig geboren. Über sein Leben und Wirken ist nichts bekannt, außer daß er an verschiedenen Kirchen Oberitaliens als Sänger tätig war. Angeblich stand er eine Zeitlang im Dienst des Hofes in Ferrara, wo er auch um 1580 gestorben sein soll.

WERKE
Dem italienischen Komponisten Alessandrino Venetiano werden etliche Madrigale zugeschrieben, deren Komponist nicht mit Sicherheit feststeht. Einige davon sind unzweifelhaft von ihm verfaßt. Sie folgen dem zeitgenössischen Stil.

Gaetano Veneziano (1656–1716)

ZEIT UND UMWELT
Die zweite Hälfte des 17. Jahrhunderts brachte für das Vizekönigreich Neapel eine kulturelle Stagnation. Die Renaissance war vorbei. Die politischen und wirtschaftlichen Zustände waren ungünstig. Die österreichische Verwaltung, die um 1707 tatsächlich und ab 1713 aufgrund des Friedens von Utrecht die Spanier ablöste, bemühte sich, unterstützt vom Historiker Pietro Giannone (1676–1748), »um eine Hebung des geistigen Niveaus«. Sie setzten aber auch ihre Parteigänger auf leitende Posten.

LEBEN
Gaetano Veneziano (Veneziani) wurde 1656 in Bisceglie, Bari, geboren. Er war am Conservatorio Santa Maria di Loreto in Neapel Schüler von Francesco Provenzale und wirkte von 1679 bis zu seinem Tod im Juli 1716 als Organist der Königlichen Kapelle. Daneben wurde er 1703 als Nachfolger von Alessandro Scarlatti Hofkapellmeister, verlor jedoch diese Stelle 1707 nach dem Einzug der Österreicher.
Sein Sohn Nicola Veneziano (11. 12. 1680, Neapel, bis 9. 1. 1744, Neapel) war an verschiedenen neapolitanischen Kirchen als Musiker tätig.
Sein zweiter Sohn Giovanni Veneziano (11. 3. 1683, Neapel, bis 13. 4. 1742, Neapel) wirkte von 1704 bis 1707 als zweiter Organist an der Königlichen Kapelle und von 1716 bis 1742 als Lehrer am Conservatorio Santa Maria di Loreto.

WERKE
Neben einiger Kirchenmusik verfaßte der italienische Komponist Gaetano Veneziano 2 Oratorien und eine Serenata.
Von Nicola Veneziano sind einige kirchenmusikalische Werke überliefert.
Giovanni Veneziano war einer der ersten Komponisten neapolitanischer Buffoopern.

Mattia Vento (1735–76)

ZEIT UND UMWELT
Felice de Giardini, der mehr als 40 Jahre in London als erfolgreicher Violinist und Komponist verbrachte, rief eine Anzahl Musiker aus Italien in die britische Hauptstadt, verschaffte ihnen mit seinem Einfluß die Möglichkeit, aufzutreten und ihre Werke unterzubringen und begründete dadurch manche Karriere. Das Londoner Publikum war dankbar und begeistert über die Auftritte italienischer Künstler auf Musikbühnen und bei Konzertunternehmungen.

LEBEN
Mattia Vento wurde 1735 in Neapel geboren und im Conservatorio Santa Maria di Loreto ausgebildet. Er trat in Italien mit einigen Opern hervor, die Erfolg hatten, und ging 1763 nach London, wo er weitere Opern herausbrachte und als Musiklehrer tätig war. Er starb am 22. 11. 1776 in London.

Werke
Außer seinen Opern verfaßte Mattia Vento eine große Anzahl Klaviertrios, Triosonaten, Klaviersonaten und Vokalwerke. Die Klaviermusik lehnte sich deutlich an die Klassik an.

José Ventura (1817–75)

Zeit und Umwelt
Die Sardana ist ein katalanischer, zumeist in großen Gruppen auf Straßen und Plätzen getanzter Reigen mit abwechselnd sehr raschem und sehr langsamem Rhythmus und schwieriger Schrittfolge aus dem frühen 16. Jahrhundert. Die Musik wird von der katalanischen Cobla-Kapelle ausgeführt.

Leben
José Maria de la Purificación Ventura wurde am 2.2.1817 in Alcalá la Real, Jaén, geboren, lebte aber von früher Kindheit bis zu seinem Tod am 24.4.1875 in Figueras, Gerona. Ob er eine musikalische Stelle bekleidete, ist nicht bekannt.

Werke
Von José Ventura sind mehrere kirchliche Gesänge – ein Te Deum, ein Miserere, Litaneien – erhalten. Sein Hauptverdienst war jedoch die Wiederbelebung der Sardana in Katalonien. Er schrieb über 200 davon und wurde dadurch zu einem Vorläufer der modernen katalanischen Schule.

Pompilio Venturi
(um 1540 bis nach 1583)

Zeit und Umwelt
Als die Belagerung von Siena, das verzweifelt um seine Unabhängigkeit kämpfte, 1555 zu Ende war, hatte sich die Bevölkerungsziffer von 40.000 auf 8000 verringert. Davon verließen noch viele ihre Heimat. Zwei Jahre darauf trat Spanien die Stadt an Cosimo I. de'Medici ab. Sie behielt noch für zwanzig Jahre eine Art Selbstverwaltung, dann ging sie in das Großherzogtum Toskana ein, in dessen Rahmen sie ihre kulturelle Funktion, wenn auch in begrenzterem Ausmaß, neu aufnehmen konnte.

Leben
Pompilio Venturi wurde um 1540 in Siena geboren. Es ist unbekannt, wie er die folgenden Katastrophenjahre überstanden hat. Er ist vermutlich schon in jungen Jahren nach Venedig gegangen und hat dort als Musiker gewirkt. Seine Kompositionen sind jedenfalls in Venedig herausgebracht worden. Er dürfte auch in Venedig nach 1583 verstorben sein.

Werke
Von Pompilio Venturi sind nur 3 Bücher mit Villanellen überliefert, alle anderen Kompositionen sind verlorengegangen. Die Villanellen zeigen ihn als einfallsreichen, volkstümlichen Komponisten.

Stefano Venturi
(um 1550 bis nach 1598)

Zeit und Umwelt
Während die wirtschaftliche und politische Macht Venedigs im Verlauf des 16. Jahrhunderts stetig sank, entwickelte sich die Stadt zu einer Musikmetropole von Weltbedeutung. Der Dom und andere Kirchen, die großen Konservatorien, die privaten Kapellen und Schulen und die Kapelle der Signoria zogen ständig erstrangige Musiker an und bildeten junge Talente aus, die den Stil der Stadt in alle Städte Italiens trugen.

Leben
Stefano Venturi wurde um 1550 vermutlich in oder bei Venedig geboren und dort zum Komponisten ausgebildet. Es ist nicht bekannt, an welcher Kirche und in welcher Kapelle der italienische Komponist wirkte, wir wissen nur, daß er in Venedig Madrigale von hoher Qualität herausbrachte. Er dürfte in Venedig nach 1598 gestorben sein.

Werke
Eine beträchtliche Anzahl mehrstimmiger

Madrigale von Stefano Venturi führt uns deutlich den Übergang der Stilepochen um die Wende vom 16. zum 17. Jahrhundert vor Augen. Seine »Geistlichen Sinfonien« und vielstimmigen Motetten gehören noch der älteren Periode an. 2 seiner Madrigale sind in das Englische übersetzt und in England herausgebracht worden.

Stefano Venturi de Nibbio
(um 1566 bis um 1630)

ZEIT UND UMWELT
Piero Strozzi, Luca Bati und Giulio Caccini gehörten in ihrer Zeit in Florenz zu den fortschrittlichsten Komponisten. Die großherzogliche Familie förderte und beschäftigte sie, eben weil sie im Gegensatz zu den Musikern in Rom jeden Konservativismus ablehnten.

LEBEN
Stefano Venturi de Nibbio wurde um 1566 vermutlich in Florenz geboren und dort auch ausgebildet. Er war an einer der Kirchen der Stadt als Kapellmeister, Sänger oder Organist tätig und soll sich auch einige Jahre in Rom aufgehalten haben. Er ist in Florenz um 1630 gestorben.

WERKE
Stefano Venturi de Nibbio war ein eifriger Verfechter des Stile antico (altertümlicher Stil). Um so erstaunlicher ist seine Zusammenarbeit mit Caccini, Bati und Strozzi im Dienst der Medici. Vermutlich waren die Honorare der Medici nicht zu verachten. In seinen 6 Büchern mit vier- und fünfstimmigen Madrigalen brachte er den von ihm bevorzugten Stil voll zur Geltung. Ihre Melodieführung ist streng, Konzessionen dem Wohlklang zuliebe wurden nicht gemacht. Das gleiche gilt für die überlieferten 3 Motetten für sieben oder acht Stimmen. Einige seiner Madrigale haben den Weg nach England gefunden.

Francesco Venturini (um 1670–1745)

ZEIT UND UMWELT
Ernst August (1629–98), Bischof von Osnabrück ab 1661 und Herzog von Hannover seit 1680, heiratete 1658 Sophia von der Pfalz (1630–1714), die Enkelin Jakobs I. von Großbritannien, und sicherte für das Haus Hannover die Nachfolge auf den britischen Thron. Kurfürstin Sophia führte nach dem Tod ihres Mannes in Hannover einen prächtigen Hof und dotierte die Hofkapelle großzügig. Sie starb 1714, ehe sie das britische Erbe antreten konnte, so daß ihr Sohn, Kurfürst Georg Ludwig, als Georg I. den Thron in London bestieg und damit die 123 Jahre dauernde Personalunion zwischen Großbritannien und Hannover begründete.

LEBEN
Francesco Venturini wurde um 1670 in Italien geboren. Er trat 1698 der kurfürstlichen Kapelle in Hannover als Violinist bei. Im Jahr 1713 wurde er dort Konzertmeister und 1714 Kapellmeister. Er starb in Hannover am 18. 4. 1745.

WERKE
Vom italienischen Violinisten und Komponisten Francesco Venturini sind Kammerkonzerte für vier bis neun Instrumente, Violinkonzerte und Ouvertüren überliefert, die bereits eine deutliche Neigung zum galanten Stil aufweisen.

Antonio Veracini (1659–1733)

ZEIT UND UMWELT
Schon unter Cosimo III. de'Medici (1642 bis 1723) wurden die Verhältnisse im Großherzogtum Toskana immer schwieriger. Der wirtschaftliche Niedergang des Landes und der Druck der europäischen Großmächte, die bereits Absprachen für den Fall des Aussterbens der Familie hielten, machten die bisher in allen europäischen Konflikten eingehaltene strikte Neutralität nahezu unmöglich. Den Tod des letzten männlichen Medici,

Gian Gastone (1672–1737), warteten Spanien, Frankreich und England nicht ab, sondern beschlossen im Vertrag von Sevilla (1729) eine vorzeitige spanische Besetzung von Livorno und Portoferraio. Unter diesen Umständen war es recht schwer, das kulturelle Niveau von Florenz auf alter Höhe zu halten.

LEBEN

Antonio Veracini wurde am 17. 1. 1659 in Florenz geboren. Er stand zeit seines Lebens als Violinist im Dienst des großherzoglichen Hofes und starb in seiner Vaterstadt am 25. 10. 1733.

WERKE

Der italienische Violinist und Komponist Antonio Veracini brachte die Sammlungen »Sonate a 3« (Dreistimmige Sonaten) mit Orgelgeneralbaß, Kammersonaten für Solovioline und Kammersonaten für zwei Violinen mit Cembalogeneralbaß heraus und schrieb auch einige Oratorien, die verschollen sind. Er wurde als bedeutender Violinvirtuose seiner Zeit sehr geschätzt.

Francesco Maria Veracini

(1690–1768)

ZEIT UND UMWELT

Das 18. Jahrhundert war in Italien nicht allein das Zeitalter der großen Sänger, sondern auch die Epoche der brillanten Violinisten. Antonio Stradivari hatte 1713 die endgültige Mensur der Violine von 35,5 cm Korpuslänge festgelegt, so daß das Instrument einen bei weitem strahlenderen Ton erhielt als zuvor. Violinvirtuosen wurden umworben und hoch bezahlt wie Sänger. Auch die Kirchen wollten nicht darauf verzichten. Der Markusdom in Venedig stellte 1692 einen Violinisten für das Spiel während der Wandlung ein. Violinkompositionen waren sehr gefragt, besonders Sonaten, und eine stattliche Reihe Meister konnte in der Nachfolge Arcangelo Corellis als Komponisten und Interpreten diesem Verlangen entgegenkommen.

LEBEN

Francesco Maria Veracini wurde am 1. 2. 1690 in Florenz geboren. Er war Neffe und Schüler des Violinisten und Komponisten Antonio Veracini (um 1650–1733) und vervollständigte seine Ausbildung bei Giovanni Maria Casini und Michelangelo Gasparini (um 1670 bis um 1732). Sein Auftreten als Violinvirtuose in Venedig im Jahr 1714 war ein voller Erfolg. Anschließend begab er sich nach London, wo er in den Zwischenakten der Italienischen Oper konzertierte. Von 1720 bis 1723 war er Kammervirtuose in Dresden, wirkte anschließend in Prag und sodann von 1736 bis 1745 erneut in London. Hernach zog er sich nach einem Aufenthalt in Pisa nach Florenz zurück, wo er am 31. 10. 1768 starb.

WERKE

Außer 5 Opern, 5 Oratorien, zahlreichen Kantaten und Arien verfaßte Francesco Maria Veracini 36 Sonaten für Solovioline und Generalbaß und eine Reihe von Violinkonzerten. Der Generalbaß der Sonaten ist auf dem Cembalo auszuführen. Der Violinsatz ist stark von Arcangelo Corelli abhängig, aber dem spieltechnischen Fortschritt entsprechend weiterentwickelt.

Violinsonate in e-Moll, 4 Sätze

Schon die Tonart zeigt, wie weit diese Sonate der barocken Diktion entwachsen ist. Die Modulationen gehören bereits dem galanten Stil an. Einem kräftigen Ritornell folgt ein zierliches Menuett. Die Gavotte bringt mehrere äußerst sangbare Passagen, und die Giga läßt das Werk fröhlich ausklingen.

LITERATUR

M. Pincherle, Les violinistes compositeurs et virtuoses, Paris 1824.

Philippe Verdelot

(um 1485 bis vor 1552)

ZEIT UND UMWELT

Wenn auch die Hofkapelle und die des Domes zu Florenz immer nur ausgesuchte Kräfte beschäftigten und die besten Dirigenten dafür eben gut genug waren, so machte ihnen die Kapelle von San Giovanni ständig ihren Rang streitig, und für einen Musiker war es eine ganz besondere Ehre, in jener Kirche als Kapellmeister aufgenommen zu werden.

LEBEN
Philippe Verdelot (Verdelotto) wurde um 1485 vermutlich in Caderousse (bei Orange) geboren. Über seine Jugend und Ausbildung ist nichts feststellbar. Sein Name taucht erst mit dem Jahr 1523 auf, als er Kapellmeister von S. Giovanni in Florenz wurde. Ob er vorher in San Marco in Venedig gesungen hat, ist ungeklärt. Seine Kapellmeisterstelle in Florenz behielt er bis 1527. Zwei Jahre darauf ging er nach Rom, um drei Jahre zu bleiben. Es ist nicht bekannt, welche Tätigkeit er dort ausübte. Er ist von dort wahrscheinlich wieder nach Florenz zurückgekehrt und dort noch vor 1552 gestorben.

WERKE
Philippe Verdelot gehört zu den Schöpfern des Madrigals in Italien. Sein Stil folgte noch peinlich genau dem Text und war im wesentlichen homophon, wies aber doch schon eine feine Kontrapunktik, einen eleganten Klang und deutliche persönliche Züge auf. Überliefert sind 3 Bücher mit vierstimmigen, 4 Bücher mit fünfstimmigen (bei 2 Büchern sind Madrigale anderer Komponisten beigefügt) und 2 Bücher mit sechsstimmigen Madrigalen. Adrian Willaert hat eine Reihe von Madrigalen Verdelots für Laute bearbeitet. Außerdem sind eine Messe und Motetten erhalten.

LITERATUR
G. Reese, Music in the Renaissance, New York 1959.

Giuseppe Verdi (1813–1901)

ZEIT UND UMWELT
Im Wiener Kongreß wurden die Zustände vor der Napoleonischen Ära auf der Apenninenhalbinsel wiederhergestellt, österreichische

Giuseppe Verdi

Truppen waren bereits ein Jahr zuvor in Venetien und in die Lombardei eingezogen, die Herzogtümer Parma, Modena und Lucca, das Großherzogtum Toskana, das Königreich beider Sizilien und der Kirchenstaat wurden erneut errichtet, die Reaktion gegen die nationalen und liberalen Bestrebungen des Volkes setzte mit aller Brutalität ein. Der Gegendruck blieb nicht aus. Revolten flammten da und dort in kurzen Zeitabständen auf; der Erfolg war ihnen vorläufig mangels einer straffen Organisation der Unzufriedenen, mangels Einigkeit über die Ziele der Aktionen und auch mangels Interesses eines großen Teils der durch die harte Hand der Regierungen verschüchterten Bevölkerung versagt. Doch mit dem Zeitablauf gewannen die Einzelunternehmungen ein gemeinsames Profil. Das Königreich Sardinien wurde zum Kernland des nach vielen Zwischenfällen geeinigten Staates Italien, weil Österreich, militärisch unterlegen, nachgeben mußte und Frankreichs Neutralität mit der Abtretung von Nizza und Savoyen erkauft werden konnte.

LEBEN

Giuseppe Fortunino Francesco Verdi wurde am 10.10.1813 in Le Roncole, Parma, geboren, wo er vom Organisten ersten musikalischen Unterricht erhielt. Mit 12 Jahren kam er als Lehrling zum Kaufmann Antonio Barezzi im benachbarten Busseto, der sein Talent erkannte und sich seiner Ausbildung annahm. Als der junge Verdi mit einem Stipendium ausgestattet nach Mailand kam und um Aufnahme in das Konservatorium ansuchte, wurde er vom Leiter der Schule, Francesco Basili, wegen zu geringer Begabung abgewiesen. Er mußte bei Vincenzo Lavigna Privatunterricht nehmen. Im Jahr 1836 wurde er Leiter des Stadtorchesters und der Musikschule in Busseto, 1839 reichte er, nachdem er bereits einige kirchliche Werke komponiert hatte, an der Mailänder Scala seine erste Oper (»Oberto«) ein, deren durchschnittlicher Erfolg ausreichte, daß er den Auftrag, eine komische Oper zu schreiben, erhielt, die aber durchfiel. Mit seinem dritten Werk, »Nabucco«, erreichte er jedoch 1842 einen durchschlagenden Erfolg; der Gefangenenchor des Stücks wurde vom Publikum auf die herrschenden Zustände in Italien bezogen und zum Freiheitsgesang der Italiener umgemünzt. Es wurde ein Jahr darauf bereits in Wien aufgeführt. Von da ab verfaßte er Oper um Oper, die zum Teil bereits bei der Premiere, einzelne allerdings erst nach mehreren Aufführungen, mit einer Begeisterung aufgenommen wurden, die wenigen Komponisten zuteil wurde. Mindestens 10 davon muß man als Welterfolge bezeichnen, die seitdem auf den Spielplänen sämtlicher Opernhäuser der Welt ihren ständigen Platz haben; auch alle anderen kommen ebenfalls noch heute dann und wann auf die Bühne. Der Komponist hat Italien, abgesehen von seinem Parisaufenthalt von 1853 bis 1855, kaum verlassen, und lebte abwechselnd in Mailand oder auf seinem Mustergut Sant'Agata bei Busseto. Als 1859 die Kämpfe mit Österreich ausbrachen, stellte sich Verdi in die Reihen der Patrioten. Er kandidierte als Abgeordneter und wurde in die Nationalversammlung in Parma entsendet; er war auch anwesend, als 1861 Vittorio Emmanuele II. von Savoyen zum ersten König von Italien proklamiert wurde. Sein Name hatte schon lange als Anagramm für »Vittorio Emmanuele Re D'Italia (VERDI) gegolten. Dann wandte er sich erneut der Komposition zu. Seine ungeheure Schaffenskraft verließ ihn bis ins hohe Alter nicht; seine letzte Oper, »Falstaff«, brachte er 1893 heraus, seine letzten Kompositionen schrieb er im Alter von 85 Jahren. Er starb am 27.1.1901 in Mailand als einer der bedeutendsten Opernkomponisten seines Landes und der gesamten Welt.

WERKE

Verdi verfaßte 26 Opern: »Oberto, Conte die San Bonifacio«, »Il finto Stanislao oder Un giorno di regno«, »Nabucco«, »I Lombardi alla prima crociata«, »Ernani«, »I due Foscari«, »Giovanna d'Arco«, »Alzira«, »Attila«, »Macbeth«, »I masnadieri«, »Il corsaro«, »La battaglia di Legnano«, »Luisa Miller«, »Stiffelio«, »Rigoletto«, »Il trovatore«, »La Traviata«, »Die sizilian. Vesper«, »Simon Boccanegra«, »Ein Maskenball«, »Die Macht des Schicksals«, »Don Carlos«, »Aida«, »Otello«, »Falstaff«. Mit ihnen zählt Verdi noch heute zu den meistgespielten Opernkomponisten der Welt. Dazu verfaßte er 3 Werke, die zu den Kostbarkeiten der Musikgeschichte gehören und ebenso bekannt und beliebt sind: die »Messa da Requiem«, das Streichquartett in e-Moll und die »Quattro pezzi sacri« (Vier geistliche Stücke). Er schrieb ferner 16 Romanzen für Singstimme und Klavier, 2 Hymnen, ein Paternoster für fünfstimmigen Chor, ein Ave Maria für Sopran und Streicher, ein Notturno für drei Stimmen Klavier und Flöte und mehrere Gelegenheitskompositionen.

Messa da Requiem für vier Solostimmen, Chor und Orchester, 7 Sätze, entstanden 1874

Der Komponist wollte ursprünglich zum Tod Gioacchino Rossinis ein Requiem mit Beiträgen aller namhaften italienischen Komponisten zusammenstellen, aber es beteiligte sich keiner daran, so daß der Plan scheiterte. Das dafür bereits fertiggestellte Libera verwendete er für das vorliegende Requiem zur Totenfeier des italienischen Dichters Alessandro Manzoni (1785–1873).

Schon die Einleitung siedelt das Werk durch seinen Orchesterglanz in der Hochromantik an, was den Vorwurf der Theatralik provozierte, weil

Beginn des 1. Aktes »Otello« von Giuseppe Verdi, Autograph

manche Kritiker nicht beachteten, daß alle richtungweisende Kirchenmusik sich der Stilmittel ihrer Zeit bediente. Es schmälert den Sinn des Requiemtextes in keiner Weise, daß er mit der Pracht eines Opernorchesters, mit lyrischen ariosen Soli und Chorformen der Oper ausgedrückt wird. Das Requiem aeternam stellt sich als eine lange, stark gegliederte Sequenz dar. Tiefe Chorstimmen tragen den Text wie ein gemurmeltes Gebet vor, und die Soprane bitten: »Dona eis, Domine!« Licht und Dunkel, Trost und Angst sind nahezu antiphonisch verteilt. Dann steigert sich das Kyrie zu einer prächtigen Klangentfaltung, die am Ende pianissimo verklingt. Das Dies irae wird mit mächtigen Orchesterschlägen angekündigt; schneidende Chromatik schildert sodann die Angst des Sünders vor dem Gericht, zu dem er mit Trompetenschall gerufen wird. Das Echo des Weckrufes verhallt und wird im Tuba mirum von schmetterndem Blech abgelöst. Liber scriptus singt der Alt mit leidenschaftlichem Ausdruck. Darauf verkünden Bläserakkorde die Ankunft des Richters. Ensemblesätze und Soli entwickeln das weitere Geschehen mit eindringlicher Dramatik, bis ein Soloquartett mit Chor die Bitte um Schonung, von allen Klangschattierungen der Orchesterstimmen begleitet, vorträgt. An das innige Domine Jesu schließt sich die Sanctus-Fuge an; mit dem gleichen Thema folgt das Benedictus. Ein schlichtes Agnus bildet den Abschluß des Ordinarium. Das anschließende Libera ist ebenfalls fugiert und endet über eine gewaltige Steigerung der Klangballungen mild, beruhigt und leise.

Quattro pezzi sacri (Vier geistliche Gesänge), gesamturaufgeführt 1898, Paris

1. Ave Maria für vier Solostimmen basiert auf einer vom Komponisten aufgestellten »Scala enigmatica« (Rätselskala): C, Des, Fis, Gis, Ais, H, C und bringt eine interessante Kombination tonaler Freiheit der Renaissance und Chromatik der Romantik; entstanden um 1888.
2. Stabat mater für Chor und Orchester, ein Meisterwerk sakraler Komposition und irgendwie gedanklich mit dem Requiem verwandt; entstanden um 1896.
3. Laudi alla vergine Maria (Lobpreisung der Jungfrau Maria) für vierstimmigen Frauenchor entnimmt den Text dem letzten Gesang des »Paradiso« von Dante Alighieri; entstanden um 1888.
4. Te Deum für doppelten vierstimmigen Chor und Orchester beginnt gregorianisch, dann respondieren die Männerstimmen der beiden Chöre, bis im »Sanctus« das gesamte Orchester und alle Sänger mit Macht einfallen. Die Lobpreisungen schließen sich mit einer Kantilene und das Tu rex gloriae mit einem mächtigen Chorrezitativ an. Ein achtstimmiger Chorsatz folgt, der unisono ausklingt; die Solisten singen das Miserere, der Sopran steigt beim »In te Domine speravi« aus dem Chor heraus, als wolle er allen voraus die Bitten zum Himmel senden. Hierauf schließt ein voller Orchesterklang das Werk ab, doch einzelne Stimmen hallen nach und verleihen dem Ganzen etwas Unabgeschlossenes und Zweifelhaftes.

Streichquartett in e-Moll, 4 Sätze, entstanden 1873 als nicht zur Veröffentlichung bestimmte Studie, die der Komponist zu einem Orchesterstück verarbeiten wollte. Diese Absicht wurde nicht verwirklicht, so daß dieses sehr bekannte und viel gespielte Streichquartett 1876 in Paris uraufgeführt wurde.

Die Zweite Violine trägt das erste Thema vor, das Gegenthema intoniert das Cello; in der Durchführung tritt ein dritter Gedanke auf, worauf alles stürmisch dem Ende des 1. Satzes zuströmt. Das elegante Andantino des 2. Satzes malt ein graziöses Stimmungsbild. Der 3. Satz bringt ein lustiges, temperamentvolles und sehr dynamisches Scherzo und das Finale eine meisterhaft ausgearbeitete Fuge, die trotz ihrer strengen Kontrapunktik mit Klängen voll gesättigt ist.

LITERATUR

Fr. Abbiati, Giuseppe Verdi, Mailand 1959. M. Mila, L'arte di Verdi, Turin 1980. J. Bourgeois, Giuseppe Verdi, Hamburg 1980. C. Casini, Verdi, Mailand 1981. H. Gal, Giuseppe Verdi, Frankfurt/M. 1982.

Pierre Verdier (um 1620–97)

ZEIT UND UMWELT

Königin Christiana von Schweden folgte ihrem Vater Gustav II. Adolf im Alter von 6 Jahren auf den Thron nach. Im Alter von 18 Jahren übernahm sie die Regierungsgeschäfte. Sie verfolgte eine Friedenspolitik, die ihrem Hang für Kultur und Wissenschaft entsprach. Unter den Schriftstellern, Musikern und Gelehrten, die sie nach Stockholm lud, war auch René Descartes (1596–1650).

LEBEN

Pierre Verdier (Werdier) wurde um 1620 in Paris geboren. Die schwedische Königin Christina rief ihn um 1647 mit mehreren anderen französischen Musikern an ihren Hof in Stockholm. Als die Königin 1654 ab-

dankte und Schweden verließ, blieb er bei ihren Nachfolgern Karl X. Gustav (1622–60) und Karl XI. (1655–97) und kehrte um 1670 nach Paris zurück, wo er am 23. 1. 1697 starb.
Sein Sohn Pierre Verdier (um 1650, vermutlich Stockholm, bis nach 1706, Stockholm) war Hofkapellmeister in Stockholm.

WERKE
Von dem französischen Violinisten und Komponisten Pierre Verdier sind etliche Instrumentalstücke, Tänze und Arien erhalten. Er soll einige gute Suiten geschrieben haben, die verschollen sind. Sein Beitrag zur Entwicklung einer eigenständigen schwedischen Musik war bedeutend.

Pietro Verdina (um 1590–1643)

ZEIT UND UMWELT
Der 1618 begonnene Dreißigjährige Krieg berührte die habsburgische Hauptstadt in keiner seiner Phasen unmittelbar. Daher konnte die Kaiserliche Hofkapelle in Wien ungestört weiterbestehen und weitermusizieren, als stünde nicht ganz Mitteleuropa in Flammen.

LEBEN
Pietro Verdina wurde um 1590 vermutlich in Italien geboren. Er kam 1619 als Sänger zur Kaiserlichen Hofkapelle in Wien. Von 1634 bis 1635 war er ihr Vizekapellmeister, im Jahr 1641 wurde er von Kaiser Ferdinand III. mit einer Goldmedaille ausgezeichnet. Er starb im Juli 1643 in Wien.

WERKE
Von dem italienischen Komponisten Pietro Verdina, der in Österreich lebte, sind eine Messe, 2 Motetten und 2 Kanzonen erhalten. Ihr Stil ist konzertant und stark an den venezianischen angelehnt.

Cornelius Verdonck (1563–1625)

ZEIT UND UMWELT
Die Religionskämpfe, die in den Niederlanden die zweite Hälfte des 16. Jahrhunderts kennzeichneten, brachen auch in Antwerpen mit Heftigkeit aus. Im Jahre 1576 plünderten die Spanier die Stadt, brannten einen Teil der Baulichkeiten nieder und ermordeten Tausende Einwohner. Ein Jahr darauf zerstörten die Bürger der Stadt die Zitadelle und vertrieben die spanischen Unterdrücker, doch 1585 wurde Antwerpen nach langer Belagerung von den Spaniern zurückerobert; die calvinistische Bevölkerung mußte Antwerpen verlassen. Das hatte einen starken Verfall der wirtschaftlichen und kulturellen Bedeutung der Stadt zur Folge, in der auch das Musikleben zurückging.

LEBEN
Cornelius Verdonck (Verdonk, Verdoncq) wurde 1563 in Turnhout geboren. Er war Schüler von Séverin Cornet. Im Jahre 1579 trat er in die Dienste des Schatzmeisters von Antwerpen und diente ab 1601 dem Gouverneur von Wichelen und Ceeskamp. Er starb in Antwerpen, nachdem er alle Wechselfälle, denen die Stadt in jener Zeit unterworfen war, überlebt hatte, am 4. 7. 1625.

WERKE
Von dem niederländischen Komponisten Cornelius Verdonck sind vor allem eine große Anzahl vier- bis neunstimmiger Madrigale und französische Lieder erhalten, die alle etwas steif wirken, obwohl sie mustergültig gearbeitet sind. An kirchlicher Musik sind ein fünfstimmiges Magnificat, ein vierstimmiges Ave Maria und etliche andere Gesänge überliefert, denen ein um vieles höherer Wert zuzusprechen ist, denn es handelt sich um tatsächlich kunstvolle und klangreiche Sätze.

LITERATUR
P. Bergmanns, La biographie du compositeur Cornelius Verdonck, Brüssel 1919.

Sándor Veress (geboren 1907)

LEBEN
Sándor Veress wurde am 1.2.1907 in Kolozs-

vár, Ungarn (heute Cluj, Rumänien), geboren. Er war in Budapest Schüler von Zoltán Kodály und Béla Bartók. Nach musikfolkloristischen Studien unternahm er bis 1943 ausgedehnte Forschungsreisen und lehrte anschließend bis 1948 Komposition an der Musikhochschule in Budapest. Im Jahr 1949 wurde er Gastprofessor an der Universität in Bern und 1950 Kompositionslehrer am Konservatorium. 1968 wurde er dort Extraordinarius. Häufig Gastdozent in den USA.

Werke
Neben kleineren Orchesterwerken schrieb Sándor Veress 2 Sinfonien, ein Konzert für Streichquartett und Orchester, eine Passacaglia für Oboe und Streicher, ein Violinkonzert, ein Klavierkonzert, ein Bläserquintett, 2 Streichquartette, ein Klaviertrio, ein Konzert für zwölf Streicher, eine Sonate für Solocello, Klavierwerke, Madrigale für gemischten Chor und andere Chöre, Bühnen-, Film- und Rundfunkmusik. Er publizierte mehrere musikhistorische Werke. Sein Stil ist von seinen Lehrern geprägt.

Pierre Verheyen (1750–1819)

Zeit und Umwelt
Kirchenmusiker, Theatermusiker, Kapellmeister in Adelshäusern, Organist in Kirchen der herrschenden Religion, dann im »Tempel der Vernunft«, Dirigent revolutionärer Kantaten und wieder Hofmusik und Kirchenmusik – das waren um die Wende vom 18. zum 19. Jahrhundert die Stationen, die ein Musiker, der seinen Beruf ausüben und davon auch leben wollte, zu durchlaufen hatte. Die Auftraggeber wechselten je nach den gesellschaftlichen und politischen Gegebenheiten. Seine Musik blieb dieselbe, ungeachtet der verschiedenen Persönlichkeiten, die sie hören und auch bezahlen wollten.

Leben
Pierre Verheyen wurde 1750 in Gent geboren. Er war ursprünglich Tenorist an der Kathedrale in Brügge, dann erhielt er über Vermittlung von Ignaz Vitzthumb, der ihn in die Kunst der Komposition einführte, ein Engagement am Theater in Brüssel. Anschließend wirkte er als Tenorsolist an der Kathedrale in Gent, wo er von François Krafft unterrichtet wurde. Nach einer Kapellmeistertätigkeit in Maastricht kehrte er nach Gent zurück und wirkte in gleicher Eigenschaft an Ste-Pharailde. Nach dem Einmarsch der französischen Revolutionsarmee wurde er Organist am »Tempel der Vernunft« (Tempel des höchsten Wesens). Nach der Wiederherstellung der alten Ordnung nahm er seinen Dienst in Gent wieder auf und versah ihn bis zu seinem Tod am 11. 1. 1819.

Werke
Von Pierre Verheyen sind bereits während seiner Ausbildungszeit Messen und Psalmen erschienen. Seine intensive kompositorische Tätigkeit setzte aber erst nach 1790 ein. Er schrieb mehrere Opern, Kammermusik und eine Anzahl Romanzen für Singstimmen, 15 Messen mit vollem Orchester, 12 mit Orgel, ein Requiem (zum Tod Joseph Haydns), ein Te Deum, zahlreiche Psalmen und weitere Kirchenmusik, außerdem seine berühmte »Schlacht bei Waterloo«. Wie die programmatische Schlachtenmusik neigen auch alle anderen Kompositionen der frühen Romantik zu.

Johannes Verhulst (1816–91)

Zeit und Umwelt
Das Musikleben in den Niederlanden richtete sich im 19. Jahrhundert sehr stark nach Deutschland aus, aber gegen das Eindringen der Musik von Franz Liszt und Richard Wagner bestand eine starke Abwehr; Felix Mendelssohn-Bartholdy, Robert Schumann und Johannes Brahms wurden hingegen mit Begeisterung aufgenommen. Die eigene Komposition bewegte sich in engen Grenzen.

Leben
Johannes Joseph Hermann Verhulst wurde am 19. 3. 1816 in Den Haag geboren und dort

am Konservatorium ausgebildet. Er hielt sich einige Zeit in Köln auf und dirigierte von 1838 bis 1842 in Leipzig. Ab 1848 wirkte er in Rotterdam als Dirigent der Maatschappij tot bevordering der toonkunst (Gesellschaft zur Förderung der Tonkunst), die sich vorwiegend dem Chorwesen widmete, ab 1860 dirigierte er die Sinfoniekonzerte in Den Haag, wo er am 17.1.1891 starb.

WERKE
Von Johannes Verhulst sind Sinfonien, Ouvertüren, Streichquartette, Kirchenmusik, Chöre und Lieder überliefert. Seine Musik ist von Robert Schumann stark beeinflußt.

Matthijs Vermeulen (1888–1967)

LEBEN
Matthijs Vermeulen wurde am 8.2.1888 in Helmond, Niederlande, geboren. Er war Schüler von Daniel de Lange, wirkte von 1909 bis 1920 als Musikkritiker in seinem Geburtsort, lebte sodann bis 1946 in Frankreich und setzte darauf bis 1956 seine Kritikertätigkeit fort. Er starb am 26.7.1967 in Laren, Niederlande.

WERKE
Die Musik von Matthijs Vermeulen ist durchwegs atonal, aber nahezu ohne Bruitismus. Er schrieb 6 Sinfonien, einen sinfonischen Prolog und eine Anzahl Orchesterstücke, ein Streichquartett, ein Streichtrio, Sonaten für Violine und für Cello, Lieder und Bühnenmusik.

Pierre Vermont le Jeune
(um 1500 bis um 1550)

ZEIT UND UMWELT
König Franz I. von Frankreich, dem die Ausgestaltung der dem Hof unmittelbar unterstellten Kapellen wie die Chapelle Royale und die Sainte-Chapelle sehr am Herzen lag, nahm besonders gerne Kräfte auf, die von Mitgliedern seiner Kapellen ausgebildet worden waren, weil diese sich am besten in beide Klangkörper einfügten.

LEBEN
Pierre Vermont le Jeune wurde um 1500 in den Niederlanden geboren. Im Jahre 1528 löste er seinen Vater, der nach Rom ging, als Sänger an der Sainte-Chapelle in Paris ab, kam 1532 zur Königlichen Kapelle und wirkte in ihrem Rahmen an der Totenfeier für König Franz I. mit. Er dürfte um 1550 in Paris verstorben sein.
Sein Vater Pierre Vermont l'Aîné (um 1480, Niederlande, bis um 1530, Rom) kam nach 1500 nach Paris und wurde 1509 in die Sainte-Chapelle aufgenommen. Im Jahre 1528 ging er nach Rom und wurde Mitglied der päpstlichen Kapelle. Er starb in Rom um 1530.

WERKE
Von Pierre Vermont le Jeune ist eine Anzahl Motetten und Chansons überliefert, die stark dem französischen Stil der Zeit verpflichtet sind.
Auch Pierre Vermont l'Aîné hat Motetten und geistliche Lieder hinterlassen, die stilistisch der franko-flämischen Schule folgen.

Raoul de Verneuil (geboren 1899)

LEBEN
Raoul de Verneuil wurde am 9.4.1899 in Lima, Peru, geboren. Nach seinem Studium am Conservatoire in Paris trat er in Madrid als Dirigent eigener Werke auf, die sehr bald darauf in ganz Europa und in Nord- und Südamerika mit großem Erfolg, zum Teil von ihm selbst dirigiert, aufgeführt wurden.

WERKE
Von Raoul de Verneuil sind eine Sinfonie, 2 sinfonische Dichtungen, ein Konzert für Streicher, ein Violinkonzert, ein Cellokonzert, 3 Klavierkonzerte, ein Trompetenkonzert, ein Konzert für Flöte, Trompete, Horn und Orchester, ein Konzert für Cembalo und Kammerorchester, 3 Bläserquintette, 3 Streichquartette, ein Streichtrio, je ein Trio für Flöte, Horn und Klavier und für Flöte, Cello und Klavier, ein Konzert für Flöte und Klavier, 2 Violinsonaten, eine Flötensonate, Orgel-

stücke, Klavierstücke, Orchesterlieder, eine »Sinfonia sacra« für Chöre und Orchester, ein Oktett für Sopran und sieben Instrumente, Klavierlieder bekannt geworden. Sein Stil ist wenig fortschrittlich, aber sehr eingängig und klangreich.

Jean-Aimé Vernier (1769 bis nach 1838)

ZEIT UND UMWELT
Zur Harfe vorgetragene religiöse Gedichte kleideten pietistische Schwärmerei in die Form der Romantik und fanden sicherlich viel Anklang, weil gerade dieses Instrument dem Gefühlsgehalt einer solchen Poesie in jener Zeit den besten Ausdruck zu geben imstand war.

LEBEN
Jean-Aimé Vernier wurde am 16. 8. 1769 in Paris geboren. Er wirkte ab 1780 als Violinist am Concert spirituel und ab 1795 als Harfenist an der Opéra Comique; von 1813 bis 1838 war er Harfenist der Großen Oper. Er dürfte in einem der folgenden Jahre in Paris gestorben sein.

WERKE
Von Jean-Aimé Vernier wurde eine komische Oper aufgeführt. Bekannt wurde er durch seine 3 Bände mit vertonten religiösen Liedern zu Harfenbegleitung und durch weitere Harfenstücke, die leicht spielbar und sehr wohlklingend waren.

Ottavio Vernizzi
(um 1580 bis nach 1648)

ZEIT UND UMWELT
Trotz der Zugehörigkeit zum Kirchenstaat waren die geistigen Kontakte der Stadt Bologna zu Florenz nahezu enger als zu Rom. Die kurze Entfernung zwischen den beiden Städten mag hier eine Rolle gespielt haben. Sehr deutlich wird das seit der Wende zum 17. Jahrhundert auf dem Gebiet der Musik. Die Errungenschaften der Camerata Florentina, die zur Geburt der Oper führten, wurden von Komponisten, Interpreten und Publikum sehr rasch und bereitwillig aufgenommen.

LEBEN
Ottavio Vernizzi ist um 1580 in Bologna geboren und wirkte dort an San Petronio von ungefähr 1603 bis 1648 als Organist. Er ist vermutlich kurz darauf in Bologna gestorben.

WERKE
Über seine Tätigkeit als Organist hinaus dürfte der italienische Komponist Ottavio Vernizzi sehr stark mit dem Musikleben von Bologna verbunden gewesen sein. Er wirkte an den ersten Opernaufführungen der Stadt maßgebend mit und brachte selbst als einer der frühesten dramatischen Komponisten zwischen 1617 und 1625 5 »Azioni dramatiche« (Dramatische Handlungen) als Interludien oder Intermezzi auf die Bühne. Die dramatischen Werke sind teilweise monodisch. Seine übrigen Werke folgen dem Mischstil, der am Beginn des 17. Jahrhunderts vorherrschte. Seine vielstimmigen Motetten mit Orgelbegleitung sind zum Teil polyphon, zum Teil auf Generalbaß aufgebaut. Auch seine Kirchenkonzerte lassen den neuen Stil ahnen.

Joseph Vernon (um 1738–82)

ZEIT UND UMWELT
Ruhm und Reichtum, den manche italienische Sänger an den Londoner Opern ernteten, bewogen eine Anzahl Engländer, sich für das gleiche Fach zu entscheiden. Es waren anfangs nicht viele, denen bemerkenswerte Erfolge beschieden waren. Es fällt aber auf, daß die meisten, die sich auf der Musikbühne behaupten konnten, dies zu einem Großteil ihrer schauspielerischen Leistung verdankten. Das englische Publikum ist im Grunde nie davon abgekommen, in der Oper in erster Linie ein Schauspiel zu sehen, bei dem die Musik nur illustrativen Charakter hat.

LEBEN

Joseph Vernon wurde um 1738 in Coventry geboren. Er war Chorknabe an St. Paul's unter William Savage und sodann Sopranist am Drury Lane Theatre. Seine Stimme wurde von der zeitgenössischen Kritik als mittelmäßig bezeichnet, seine Schauspielkunst dafür aber sehr gerühmt, als er als Tenorist in verschiedenen Opern sang. Seinen Beruf als Opernsänger konnte er daher bis zum Jahr 1781 mit großen Erfolgen in London ausüben, wo er am 19. 3. 1782 starb.

WERKE

Vom Opernsänger Joseph Vernon erschienen ein Band mit »Neuen Liedern für die Pantomime Die Hexen«, ein »Epilog zur Komödie Die zwölfte Nacht«, ein »Lied für die beiden Edlen von Verona« und 2 Balladen, die Vauxhall-Konzerte. Die Qualität dieser Kompositionen war nicht bedeutend, aber für die Einstellung des englischen Publikums zur Musikbühne symptomatisch, denn die Texte gaben den Ausschlag.

Giovanni Verocai (um 1700–45)

ZEIT UND UMWELT

Nachdem im 16. und 17. Jahrhundert die polnischen Residenzen Krakau und dann Warschau ein nicht seltenes Musikerziel bildeten, kam ungefähr ab 1730 das neugegründete St. Petersburg an die Reihe. Die Aufnahmebereitschaft des Zarenhofes für west- und südeuropäische Musiker verhieß gute Verdienste für Interpreten und Komponisten, und das erwachte Interesse des russischen Adels für europäisches Geistes- und Kunstleben erforderte eine große Anzahl Lehrer.

LEBEN

Giovanni Verocai wurde um 1700 in Venedig geboren. Er wirkte ab 1727 als Dirigent in Breslau (Wrocław), ab 1730 in Warschau und von 1731 bis 1738 am Zarenhof in St. Petersburg. Darauf begab er sich nach Braunschweig, wo er, vermutlich als Opernleiter, seine 14 Opern aufführte. Er starb am 13. 12. 1745 in Braunschweig.

WERKE

In St. Petersburg brachte Giovanni Verocai eine Krönungskantate und 12 Violinsonaten mit Generalbaß heraus, außerdem eine Sinfonie und ein »Labirinto musicale« für zwei Violinen.

LITERATUR

R.-A. Mooser, Annales de la musique et des musiciens en Russie au XVIIIe siècle, Genf 1948.

Jan Pavel Veselý

(1762–1810)

ZEIT UND UMWELT

Die Emigration böhmischer Musiker setzte sich auch bis in das 19. Jahrhundert hinein fort, weil das Musikleben sich noch immer vorwiegend auf die Kirchen und einige Adelshäuser beschränkte. Es gab wohl auch einzelne Opernaufführungen von hoher Qualität, aber zu einem ständigen Konzertbetrieb war es noch nicht gekommen, so daß eben viele Musiker ihr Betätigungsfeld in Wien oder in den deutschen Städten suchen mußten.

LEBEN

Jan Pavel Veselý (Johann Paul Wessely) wurde am 24. 6. 1762 in Frauenberg (Hluboká nad Vitavou), Böhmen, geboren. Er wirkte ab 1797 als Violinist in Altona, dann in Kassel und schließlich ab 1800 bis zu seinem Tod am 1. 6. 1810 als Konzertmeister in Ballenstedt.

WERKE

Von Jan Pavel Veselý sind ein Rondo für Horn und Orchester, 10 Variationen für Horn, Violine und Orchester, 8 Variationen für Klarinette und Orchester, 14 Streichquartette, 3 Steichtrios, 3 Quartette für Klarinette, Violine, Bratsche und Kontrabaß erhalten. Seine 2 Singspiele sind handschriftlich überliefert. Seine Musik gehört eindeutig der Vorromantik an.

Simone Vesi
(um 1600 bis nach 1660)

Zeit und Umwelt
Padua hatte im 17. Jahrhundert zwei Musikzentren, den Dom und die Basilika. Letztere wurde von den Franziskanern vorwiegend mit eigenen Kräften betreut. Der Austausch von Mitgliedern der Kapellen war für beide sehr fördernd. Dazu bestand noch die Möglichkeit enger Kontakte mit dem nahen Venedig. Die vom Adel der Stadt 1566 gegründete Musikakademie »I Constanti« (Die Standhaften) beschäftigte sich zwar vorwiegend mit Musikwissenschaft, wirkte aber an der Ausgestaltung des Musiklebens der Stadt fruchtbringend mit.

Leben
Simone Vesi wurde um 1600 in Forlì geboren, kam 1646 als Kaplan an den Dom von Padua und wurde 1648 dort Kapellmeister. Er starb nach 1660 vermutlich in Padua.

Werke
Vom italienischen Komponisten Simone Vesi ist Kirchenmusik überliefert, nämlich Messen, Motetten, Psalmen und andere Gesänge. Sie sind im Gegensatz zu den »Mascherate« des Komponisten sehr konservativ gehalten, das für zwei bis vier Stimmen und zwei Violinen geschrieben ist und neben mehrstimmigen Einlagen lange ariose Dialoge bringt.

Girolamo Vespa
(um 1540 bis nach 1594)

Zeit und Umwelt
Die ehemalige Hauptstadt der Mark Fermo, die von einem hohen Hügel die adriatische Küste überragt, ist seit alters der Sitz eines Erzbischofes. Stadt und Land kamen 1550 unter die Herrschaft des Kirchenstaates und traten damit in engen kulturellen Kontakt mit Rom. Die Domkapelle konnte, falls eigene Kräfte nicht ausreichten, jederzeit über Rom Ergänzung heranziehen.

Leben
Girolamo Vespa wurde um 1540 in Neapel geboren und vermutlich auch dort zum Musiker ausgebildet. Er trat dem Franziskanerorden bei und wirkte einige Zeit an einer der Kirchen in Rom. Im Jahre 1589 wurde er Kapellmeister am Dom zu Fermo und wirkte ab 1591 in gleicher Eigenschaft in Osimo, wo er nach 1594 gestorben ist.

Werke
Von Girolamo Vespa sind 4 Bücher fünfstimmige Madrigale zwischen 1570 und 1591 erschienen. Außerdem verfaßte er Vesperpsalmen, geistliche Lieder und fünf- bis achtstimmige Motetten auf geistliche Texte. Einige Motetten finden sich in Sammeldrucken. Seine Kompositionen folgen den in Rom beachteten Vorschriften, sind aber um einen leichten Grad fröhlicher.

Daniel Vetter (um 1650 – 1721)

Zeit und Umwelt
Arrangements von Kirchenliedern für den Hausgebrauch, wobei die Orgel durch das Cembalo oder das Clavichord, zuweilen auch eine Laute oder Gitarre ersetzt wurde, kam dem Publikum besonders im evangelischen Bereich entgegen, wo die Hausmusik nicht selten parasakralen Charakter annahm.

Leben
Daniel Vetter wurde um 1650 in Breslau (Wrocław) geboren. Er war in Leipzig Schüler von Werner Fabricius, folgte ihm 1679 als Organist an St. Nicolai nach und versah dieses Amt bis zu seinem Tod am 7. 2. 1721.

Werke
Der deutsche Kirchenmusiker Daniel Vetter brachte 2 Bände mit insgesamt 117 geistlichen Liedern, »so durchs gantze Jahr bey öffentlichen Gottesdienst gesungen werden«, vierstimmig für die Orgel gesetzt, heraus. Zum Hausgebrauch verfaßte er dafür »eine gebrochene Variation auff dem Spinett oder Clavicordio«.

Michael Vetter (geboren 1943)

LEBEN

Michael Vetter wurde am 18.9.1943 in Oberstdorf, Allgäu, geboren. Neben seinem Universitätsstudium bildete er sich vorwiegend autodidaktisch zum Blockflötisten und Komponisten aus und widmete sich anschließend der Interpretation vor allem vorklassischer und zeitgenössischer Werke für sein Instrument. Neben seiner kompositorischen Tätigkeit unternahm er intensive spiel- und klangtechnische Untersuchungen auf dem Gebiet der Flötenmusik.

WERKE

Von seinen Kompositionen, die er graphisch notierte, sind bemerkenswert: eine Kammeroper, ein Duo für einen Instrumentalisten und seinen Verstärker, ein Duo für elektrische Blockflöte und elektrische Gitarre, ein Duo für zwei Spieler verschiedener musikalischer Sprachen für Stimmen und elektrische Blockflöte, »Figurationen« für ein beliebiges Instrument, »Rezitative« für einen Blockflötisten und »Sonnenuntergang« für elektrische Gitarre, elektrische Blockflöte, Trompete und Schlagzeug. Er veröffentlichte das dreibändige Schulwerk »Il flauto dolce ed acerbo« (Die süße und herbe Flöte), »Die Blockflöte in der Musik der Gegenwart« und weitere musiktheoretische Traktate.

Lodovico Viadana (um 1560–1627)

ZEIT UND UMWELT

Der Stilwandel am Ende des 16. Jahrhunderts, der den Generalbaß, die Monodie als gleichberechtigte Gesangsform neben dem Chor und die Verwendung von Instrumenten als selbständige Klangkörper brachte, hat die Grundlage unserer Gegenwartsmusik geschaffen. Das Fremdheitsgefühl, das einen mehr oder weniger stark beim Anhören der besten Werke der Renaissance oder noch älterer Stilperioden befällt, kommt vom Fehlen eines Basses, der das Fundament der Musik bildet. Die tiefen Stimmen sind nur mit den höheren verflochtene Linien, die sich um die Melodie des Tenors und später des Diskants ranken.

LEBEN

Lodovico Viadana (Lodovico Grossi) wurde um 1560 in Viadana, Mantua, geboren. Er war angeblich Schüler von Costanzo Porta. Er wirkte nach seiner Ausbildung vermutlich in der Domkapelle in Mantua und wurde 1594 ihr Kapellmeister. Vom Jahr 1610 bis 1612 war er Kirchenkapellmeister in Fano, sodann an der Frari-Kirche in Venedig und zuletzt wieder in Mantua. Er starb 1627 im Franziskanerkloster von Gualtieri.

WERKE

Dem italienischen Komponisten Lodovico Viadana wurde die Erfindung des Generalbasses zugeschrieben. Dem steht die Tatsache gegenüber, daß mehrere zeitgenössische Komponisten bereits vor ihm Kompositionen mit Basso continuo veröffentlicht hatten (Cavalieri, Peri, Banchieri und andere). Es wurde allerdings behauptet, daß er seine Werke mit Generalbaß schon um mehrere Jahre früher aufgeführt habe. Wie immer es auch gewesen sein mag, ein Verdienst hat sich der Komponist erworben. Er hat als erster bei seinen mehrstimmigen Kirchenkonzerten die vokalen und die instrumentalen Stimmen genau festgelegt und den Basso continuo als obligate Stimme eingesetzt und sich damit an die Spitze der ersten Meister der konzertierenden Musik gestellt.

Von ihm sind in Venedig 2 Bücher Vesperpsalmen, 2 mit Canzonetten, 2 mit Madrigalen, Magnificat, Salve Regina, Te Deum, Messen, 3 Bücher mit Completorium (Abschluß des Stundengebetes) für acht Stimmen, mehrchörige Psalmen und »Hundert Kirchenkonzerte für mehrere Stimmen mit Basso continuo für Orgel« erschienen. In Frankfurt am Main brachte er drei- bis zwölfstimmige Litaneien, 2 Requiem, Lamentationen, Responsorien, 24 Credo mit Cantus firmus und »Musikalische Sinfonien für acht Stimmen jeder Instrumentengattung« heraus. Die Kompositionen müssen den Zeitgenossen überraschend neu in den

Ohren geklungen haben, aber sie wurden, wie aus Berichten hervorgeht, mit Zustimmung aufgenommen. Daß die melodiösen Einfälle nicht immer sehr überzeugend waren, fiel wegen der Neuheit der Technik nicht auf.

LITERATUR

F. Mompellio, Lodovico Viadana, musicista fra due secoli (XVI–XVII), Florenz 1967. J. J. Soluri, The Concerti ecclesiastici of L. Grossi da Viadana, University of Michigan 1967.

Nicolas Vibert (um 1710–72)

ZEIT UND UMWELT

Das Horn als chromatisches Instrument konnte erst nachdem seine Ventile entwickelt worden waren, eingesetzt werden. Bis zur Mitte des 19. Jahrhunderts waren darauf nur die Naturtöne spielbar, was seine Verwendbarkeit stark einschränkte; obschon es immer wieder Virtuosen gab, die an Intonisierung und Tonanzahl Erstaunliches leisteten.

LEBEN

Nicolas Vibert wurde um 1710 vermutlich in Paris geboren. Er trat 1751 im Concert spirituel als Violinist und Hornist mit viel Erfolg auf und wurde 1752 zu den »24 violons du roy« aufgenommen. Er spielte auch in den Orchestern der Opéra und der Opéra-Comique. Im Jahr 1760 ernannte man ihn zum ersten Violinisten des Concert spirituel. Er starb am 16. 8. 1772 in Paris.

WERKE

Von Nicolas Vibert sind Sonaten für zwei Violinen ohne Generalbaß, 6 Triosonaten und 3 Suiten mit Trios erschienen. Die Trios waren wegen ihrer graziösen Melodien sehr beliebt. Sein Stil erinnert an Pietro Antonio Locatelli, gehört aber unbestreitbar dem französischen Rokoko an. Es ist nicht bekannt, ob er auch für das Horn, das er virtuos beherrschte, komponiert hat.

Nicola Vicentino (1511–76)

ZEIT UND UMWELT

Herzog Ercole II. d'Este setzte beim Antritt seiner Regierung im Jahre 1534 die kulturellen Intentionen seines Vaters Alfonso I. fort und hielt auch die Hofkapelle von Ferrara auf dem bereits im 15. Jahrhundert erreichten Niveau. Sein Bruder Ippolito, der später als Kardinal in Tivoli die Villa d'Este erbauen ließ, nahm gleichfalls in seine Kapelle auf, was sich an Meistern anbot.

LEBEN

Nicola Vicentino wurde 1511 in Vicenza geboren. Seine Ausbildung erhielt der italienische Komponist und Musiktheoretiker bei Adrian Willaert in Venedig. Anschließend wurde er Hofkapellmeister in Ferrara. Als Ippolito II. 1539 als Kardinal nach Rom berufen wurde, nahm er Vicentino mit sich, der bis 1561 in Rom als Musiktheoretiker, Komponist und Instrumentalist tätig war. Dann erhielt er die Stelle des Domkapellmeisters in Vicenza, wurde aber 1570 in Mailand an San Tommaso als Priester eingestellt, wo er 1576 verstarb.

WERKE

Neben seinen musiktheoretischen Werken, die viel Widerspruch erregten, hat Nicola Vicentino fünfstimmige Madrigale komponiert, mit denen er die antiken Tongeschlechter wieder aufleben lassen wollte. Außerdem ist eine Anzahl Motetten von ihm überliefert. Sein Versuch, auf die Musik der Alten zurückzugreifen, entsprach der zu seiner Zeit entstandenen Tendenz, den entarteten Kontrapunkt zu reformieren, wenn auch der Weg, die alten Tonarten einzuführen, nicht der richtige gewesen war. Er ließ auch ein mehrmanualiges Cembalo bauen, um chromatische Effekte zu erzeugen, und hat mit seinen Ideen, wenn diese auch undurchführbar waren, viele andere Musiker angeregt. Vicente Lusitano, der portugiesische Musiktheoretiker, griff ihn an, Antonio Francesco Doni, Musikschriftsteller (1513, Florenz, bis 1574, Monselice), und Gioseffo Zarlino sprachen ihm jedes Verständnis für antike Musik ab, aber Cyprian de Rore und Gesualdo wandten die Chromatik an.

LITERATUR

G. Mantese, La cappella musicale del duomo di Vicenza in: Note d'archivio XIX, 1942.

Tomás Luis de Victoria

(um 1549–1611)

ZEIT UND UMWELT

Das musikalische Leben Roms der sechziger Jahre des 16. Jahrhunderts war durch die Beschlüsse der 22. Sitzung des Konzils von Trient am 17. 9. 1562 über die Reform der Kirchenmusik, die Einsetzung der achtköpfigen Kardinalskommission durch Papst Pius IV. im Jahre 1564 zur Wahrung der statuierten Grundsätze und durch den absoluten Primat Palestrinas vor allen anderen Kirchenkomponisten gekennzeichnet. Er allein vermochte innerhalb des gegebenen engen Rahmens Kunstwerke von säkularer Geltung zu schaffen. Seine Kompositionen wurden zum Vorbild sowohl auf künstlerischem wie auch auf ideologischem Feld. Er bewies durch seine Werke, daß Kunst trotz jeder Beschränkung entstehen kann, weil sie über mehr Dimensionen verfügt, als jemals behindert werden können. Und er versuchte, seine Schüler darin zu unterweisen. Lehren konnte er allerdings nur seine Technik, seine Kunst blieb ihm vorbehalten.

Die Schüler und Nachahmer wandten seine Technik getreu an, begaben sich auf die »Palestrina-Linie« und verfehlten damit ihre eigene. Der Wunsch, selbst ein Palestrina zu werden, blieb ein Traumbild. Sie schossen vor das Ziel, daneben und darüber hinaus, trafen es aber nie. Es hat zuweilen den Anschein, daß sie mehr erreicht hätten, wenn ihrer eigenen Persönlichkeit mehr Entfaltungsmöglichkeit geboten worden wäre. Nur wenige kamen dem Meister nahe, und zwar Musikerpersönlichkeiten, die sich nicht den Mantel des Meisters um die Schultern legten. Denn sie hatten offenbar begriffen, daß es zu ihrem Ziel nur einen Weg gab. Wie die Schwärmer, die die antike Musik zu kopieren versuchten und damit scheiterten, weil sie selbst und die Umwelt nicht der Antike angehörten, mußten alle irgendwann auf der Strecke bleiben, die sich eine fremde Persönlichkeit aneignen wollten. Einige wenige jedoch trugen in sich ausreichende künstlerische Substanz, um ihren eigenen Stil aus Technik und Ideengehalt der Kompositionen Palestrinas zu formen. Daher wirkten ihre Werke zuweilen »wie ein Palestrina«, wenngleich sie kein »Palestrina« waren, sondern deutlich die künstlerische Handschrift ihres Komponisten aufwiesen.

LEBEN

Tomás Luis de Victoria (Ludovico de Vittoria) wurde um 1549 in Avila geboren, wo er vermutlich Chorknabe und Musikschüler war. Im Jahre 1565 kam er nach Rom und wurde dort Schüler des Collegium Germanicum. Angeblich war er von Morales und Escobedo unterrichtet worden, es gibt dafür aber keine Beweise. Wohl darf angenommen werden, daß er am Collegium am Unterricht Palestrinas teilnahm. Von 1569 bis 1570 wirkte er als Organist und Kapellmeister an Santa Maria di Montserrato in Rom, 1571 folgte er Palestrina als Musiklehrer am Römischen Seminar nach, 1573 wurde er Kapellmeister am Collegium Germanicum und kurze Zeit nachher an Sant Apollinare. Drei Jahre darauf – er war inzwischen Geistlicher geworden – gab er diese Stellungen auf und diente als Kleriker an San Girolamo della Carità. Ab 1585 wurde er Organist in Madrid und Kapellmeister der Kaiserin Maria (Witwe Maximilians II., 1528 bis 1603) im Kloster der Descalzas Reales (Barfüßer). Er starb in Madrid am 27. 8. 1611.

WERKE

Der Stil des spanischen Komponisten Tomás Luis de Victoria steht dem Palestrinas sehr nahe. Man nannte ihn den »Palestrina Spaniens«. Gleichzeitig wurde eine »Mystik der Ausdrucksgebung« als Besonderheit seiner Musik festgestellt, die aber nichts anderes war als eine nationale Eigenheit des Komponisten, der eben italienische und spanische Ausdrucksformen zu einer glücklichen Synthese verband. Von ihm sind eine große Anzahl von Motetten für bis zu 8 und 12 Stimmen, bei 20 mehrstimmige Messen, ein Offizium für die Karwoche, vier- bis achtstimmig, um 20 Magnificat, Psalmen (bis zwölfstimmig) und mehrere Totenmessen überliefert. Ein Teil dieser Kompositionen hat Orgelbegleitung, die allerdings nur die Singstimmen unterstützt, einige weisen Doppelchöre auf. Gregorianische Themata werden sehr oft verwendet.

Requiemmesse für sechs Stimmen
Die Messe wurde 1603 anläßlich des Todes der Kaiserin Maria verfaßt. Diese »Krönung aller seiner Werke« bringt bei jedem ihrer Teile eine gregorianische Einleitung mit Ausnahme des Kyrie und des Libera. Diese Melodie wird vom zweiten Sopran übernommen und frei weitergeführt. Besondere Schönheit verleiht dem Werk der über alle Stimmen gelegte Diskant, der gegenüber der düsteren Stimmung der unteren Linien wie ein Trost klingt, einem hellen überirdischen Lichtstrahl gleich. Ein Dies irae fehlt und wird gregorianisch gesungen. Eine Wortmalerei gibt es auch bei diesem so eindrucksvollen Werk nicht, um nicht den innigen Charakter der Totenfeier für die Kaiserin zu stören. Nur im Libera gibt es dramatische Momente. Das »Tremens factus sum« wird von einem Trio aus zweitem Sopran, Alt und Baß mit starker harmonischer Wirkung vorgetragen.

Ave Maria, Motette für acht Stimmen, entstanden 1572
Dieses außerordentlich beliebte Stück beginnt mit einer gregorianischen Intonation. Der Chor löst die Solostimme mit einer Paraphrase der Melodie ab. Die Bitte »Sancta Maria« ist ganz akkordisch und folgt dem Rhythmus des Textes. Das Amen klingt friedlich und trostvoll aus.

Literatur

P. Pedrell, Tomás Luis de Victoria, Valencia 1918.

Gregorius Victorinus (um 1550–1624)

Zeit und Umwelt

Das Jesuitentheater wurde im Zuge der geistigen Gegenreformation von den Jesuiten-, Piaristen- und Benediktinerklöstern als pädagogisch-religiöse Theaterform mit opernhaftem Gepränge, Musik und Gesang, reicher Ausstattung, Maschinerie und Massenkomparserie im Freien aufgeführt. Die Texte waren zumeist lateinisch.

Leben

Gregorius Victorinus wurde um 1550 in Huldschön, Bayern, geboren. Er trat in das Jesuitenkloster St. Michael in München ein, wo er Musikpräfekt wurde. Er schrieb, komponierte und inszenierte gigantische Freilichtaufführungen von Erbauungsschauspielen und leitete das gesamte Musikgeschehen des Klosters bis zu seinem Tod im Jahre 1624 in München.

Werke

Die Musik zu dem am 7. 7. 1597 vor der St.-Michaels-Kirche aufgeführten geistlichen Spiel, in dem der Sturz der Engel in das Höllenfeuer und ihre Verbrennung vom Gesang eines neunhundertköpfigen Chors begleitet wurde, ist verschollen. Auch die anderen Kompositionen des Kirchenkomponisten Gregorius Victorinus sind zum größten Teil verloren. Überliefert sind lediglich ein sechsstimmiges Magnificat, 3 Litaneien für vier bis zehn Stimmen und einige 20 Gesänge. So sehr seine geistlichen Spiele Barockideen verwirklichen, so nahe stehen seine vielstimmigen Kompositionen noch der Renaissancemusik.

Gerard Victory (geboren 1921)

Leben

Gerard Victory (Pseudonym Alan Loraine) wurde am 24. 12. 1921 in Dublin geboren. Er studierte in seiner Geburtsstadt am Trinity College Musik und wurde dort 1962 Vizedirektor und 1967 Musikdirektor bei Radio Irland.

Werke

Neben 5 Opern, 2 Operetten und einem Ballett schrieb Gerard Victory eine Sinfonie, eine Ballade, ein Notturno und einige weitere Orchesterwerke, ein Stück für Streichorchester, ein Klavierkonzert, 2 Bläserquintette, ein

Streichquartett, Gesänge für Singstimmen, Schlagzeug und Streichorchester, Bühnen-, Film- und Rundfunkmusik. Er stützt sich bei seinen Kompositionen stark auf die irische Folklore, lehnt aber moderne Techniken nicht ab.

Francisco Pulgar Vidal (geboren 1929)

LEBEN

Francisco Pulgar Vidal wurde am 12. 3. 1929 in Huánuco, Peru, geboren. Er war in Lima Schüler von Andrés Sás Orchassal und in Bogotá von Roberto Pineda-Duque. Anschließend wurde er Lehrer am Konservatorium in Lima.

WERKE

Von Francisco Pulgar Vidal sind eine Suite und »Mestizentänze« für Streicher, »Sinfonische Strukturen« und 2 weitere Orchesterstücke, 3 Streichquartette, 6 Stücke für Violine und Klavier, Klavierwerke, eine »Inka-Kantate« für Sopran, Sprecher, gemischten Chor und Orchester, Chöre a cappella und Lieder bekannt geworden. Stilistisch ist seine Musik dem Neuklassizismus zuzurechnen, einiges davon ist dodekaphonisch, folkloristische Passagen sind dabei häufig.

Peire Vidal (um 1160 bis um 1205)

ZEIT UND UMWELT

Die gnostisch-manichäische Sekte der Albigenser griff in der 2. Hälfte des 12. Jahrhunderts in Südfrankreich rasch um sich. Da einzelne Verurteilungen und Verbrennungen der Ketzer nichts änderten, griffen Krone und Papsttum zum Verfolgungs- und Ausrottungskrieg. Toulouse hatte darunter nahezu am meisten zu leiden, weil das Heer des Albigenserkreuzzuges die Stadt mit höchster Grausamkeit verwüstete und neben den Abtrünnigen auch die Katholiken nicht verschonte. Aber bereits vor dieser blutigen Bekehrung lähmten einerseits die Befolgung der lebensverneinenden gnostischen Lehre, andererseits der Kampf gegen die Sektierer das normale Leben, so daß viele die Stadt verließen.

LEBEN

Peire Vidal wurde um 1160 in Toulouse geboren, das er bald verließ, um in Italien und Spanien zu wirken. Es wird vermutet, daß er sich an einem Kreuzzug beteiligte, weil er um 1205 in Saloniki gestorben ist.

WERKE

Peire Vidal wird zu den extremen Vertretern des »Dunklen Stiles« (Trobar clus) gerechnet. Seine Texte sind nicht nur schwer verständlich, sondern drücken eine gewisse ernste Weltabgewandtheit aus. Von den 40 überlieferten Gedichten sind 13 mit Melodien versehen.

Vida de Peire Vidal (Biographie von Peire Vidal)

Peire Vidal war aus Toulouse und Sohn eines Kürschners. Er sang besser als alle Menschen auf der Welt. Er war auch der verrückteste Mann, den es jemals gegeben hat. Aber er verstand sich gut mit den vornehmen Damen und glaubte, daß ihm alle Liebe entgegenbrachten.

Er liebte Loba de Pennautier und Madame Stephanie, die aus Sardinien war. Dann verliebte er sich neuerlich in Madame Rimbaude de Biol, Frau des Seigneur de Biol, Guilhem Rostanh. Biol liegt in der Provence in den Bergen, die die Lombardei von der Provence trennen.

Loba (Wölfin) war von Pennautier. Und Peire Vidal nahm ihretwegen den Namen Lop (Wolf) an und verkleidete sich in einen Wolf. In den Bergen von Cabaret ließ er sich von den Schäfern mit Hof- und Jagdhunden verfolgen, wie man es bei einer Wolfsjagd macht. Er trug ein Wolfsfell, um den Hirten und den Hunden vorzutäuschen, daß er ein Wolf sei. Und die Schäfer jagten ihn mit den Hunden und schlugen ihn derart, daß er nahezu tot in die Wohnung von Loba de Pennautier getragen wurde.

Als sie bemerkte, daß es sich um Peire Vidal handelte, belustigte sie sich sehr wegen der Verrücktheit, die Peire Vidal aufgeführt hatte, und begann heftig zu lachen, wie auch ihr Gemahl und die anderen. Sie nahmen ihn mit großer Freude auf, und der Schloßherr ließ ihn in eine gute Kammer führen, die beste, die man auftreiben konnte. Er ließ einen Arzt holen, der ihn betreute, bis er geheilt war.

Wegen des Todes des guten Comte Raimond de Tolosa kränkte sich Peire Vidal sehr und gab sich einer tiefen Trauer hin. Er kleidete sich schwarz und schnitt die Schwänze und die Ohren aller seiner Pferde ab. Sich und seinen Dienstleuten ließ er die Haare abschneiden, aber nicht die Bärte und nicht die Fingernägel. Und eine lange Zeit hindurch blieb er traurig und leidend.

Peire Vidal verstand sich mit Madame Azalais gut, die die Gemahlin von Barral, dem Herren von Marseille, war, und sie war ihm mehr zugetan als irgend jemandem auf der Welt wegen der herrlichen Gedichte, die er vortrug, und der großen Dummheiten, die er machte. Peire Vidal wurde am Hof und in der Wohnung von Barral öfter empfangen als irgend jemand auf der Welt.

Barral wußte sehr gut, daß sich Peire Vidal mit seiner Frau gut verstand. Das freute ihn und alle, die davon wußten. Und es gefielen ihm auch die Narreteien, die Vidal sagte und machte. Und die Frau empfand es als ein Vergnügen wie alle anderen Damen, mit denen sich Peire Vidal gut verstand. Denn jede redete schön zu ihm und versprach ihm alles, worum er bat. Und als Peire Vidal sich mit seiner Dame zerstritt, schloß Barral sofort Friede zwischen den beiden und veranlaßte seine Frau, alles zu versprechen, was Vidal erbitten wollte. Es traf sich eines Tages, daß Vidal erfuhr, daß Barral bereits aufgestanden und seine Dame allein in ihrem Gemach war. Peire Vidal trat in die Kammer, ging zum Bett der Dame und fand sie schlafend. Er beugte sich über sie und küßte ihren Mund. Sie fühlte den Kuß und glaubte, daß Barral, ihr Mann, bei ihr sei, und erhob sich lächelnd. Dann sah sie, daß es der verrückte Peire Vidal war. Nun begann sie zu schreien und großen Lärm zu schlagen.

Es kamen die Dienerinnen des Hauses, als sie die Herrin hörten, und fragten: »Was ist geschehen?«

Und Peire Vidal entfloh.

Die Frau ließ Barral holen und klagte ihm laut, daß Peire Vidal sie geküßt habe. Unter Tränen bat sie den Mann, sie zu rächen. Aber Barral, der ein tapferer und redlicher Mann war, sah das als Galanterie an, lachte und schalt seine Frau, weil sie einen solchen Lärm wegen der Handlungsweise des Verrückten veranstaltet hatte.

Er wollte sie aber nicht büßen lassen, denn er fürchtete für Peire Vidal, gegen den die Frau schwere Drohungen ausstieß. Aber Peire Vidal schiffte sich aus Furcht ein und fuhr nach Genua. Dort blieb er, bis er mit König Richard weiterreisen konnte, denn er fürchtete, daß Madame Azalais ihn würde töten lassen.

Er blieb daher lange im Ausland, denn er wagte sich nicht in die Provence zurück. Aber Barral, der ihn sehr liebte, wie bereits erzählt wurde, drang in seine Gemahlin, daß sie Vidal den Kußdiebstahl verzeihe. Endlich ließ Barral Peire zurückkommen und verständigte ihn von der Huld und der Verzeihung der Frau. Peire Vidal kehrte mit großer Freude nach Marseille zurück und wurde freudig von Barral und Madame Azalais aufgenommen. Und sie schenkte ihm den Kuß, den er ihr geraubt hatte.

LITERATUR

K. Heisig, Zur Biographie von Peire Vidal, in: Romanistisches Jahrbuch III, 1950.

Jacobus Vide

(um 1380 bis um 1433)

ZEIT UND UMWELT

»Philipp der Gute, Herzog von Burgund, war als Förderer der Künstler – Maler, Miniaturisten, Bildhauer, Musiker und Schriftsteller – bekannt. Seine Hofhaltung war prächtig«, behauptet der Chronist und setzt fort: »Seine Turniere und Banketts zogen die Ritter aus allen Gegenden Europas an. Sein Land erfreute sich unter ihm eines großen Wohlstandes.« Die Geschichte weiß über manche Schattenseiten des »Guten« zu berichten, bestätigt aber sein großzügiges Mäzenatentum.

LEBEN

Jacobus Vide wurde um 1380 vermutlich in Brügge geboren. Im Jahre 1423 kam er in den Dienst Herzog Philipps des Guten und wurde 1428 sein Sekretär. Er starb um 1433 in Brügge.

WERKE

Das kompositorische Schaffen des flämischen Musikers Jacobus Vide erinnert stark an Francesco Landini. Seine 8 überlieferten Rondeaux für zwei bis vier Stimmen gehören der Ars subtilior an, die um jene Zeit die Ars nova bereits verdrängt hatte.

Literatur

L. E. Dannemann, Die spätgotische Musik in Frankreich und Burgund, Straßburg 1936.

Johann Vierdanck (um 1605–46)

Zeit und Umwelt

Güstrow war von 1621 bis 1695 Residenz des Herzogtums Mecklenburg-Güstrow. Der Herzog Johann Albrecht II. selbst wurde allerdings 1627 von Kaiser Ferdinand II. wegen seines Bündnisses mit Christian IV. von Dänemark geächtet und vertrieben. Das Herzogtum erhielt Albrecht Eusebius Wenzel von Wallenstein als Lehen, der von 1628 bis 1629 in Güstrow residierte. Dann kehrte der Herzog mit Hilfe des Schwedenkönigs Gustav II. Adolf zurück. Im Frieden zu Prag (1635) bestätigte der Kaiser das Lehen für den Herzog.

Leben

Johann Vierdanck (Vyrdanck, Fierdanck, Feyertagk, Feyerdanck) wurde um 1605 vermutlich in Dresden geboren. Er war Chorknabe an der Dresdner Hofkapelle, die unter der Leitung von Heinrich Schütz stand und daher dessen Schüler, verließ aber Dresden 1631, weil die Hofkapelle kaum mehr existent war. Sodann begab er sich als Instrumentalist zu Herzog Johann Albrecht II. an den Hof von Güstrow. In den nächsten Jahren wirkte er in Lübeck und Kopenhagen und erhielt 1634 die Organistenstelle an der Marienkirche in Stralsund, wo er bis zu seinem Tod im Jahr 1646 blieb. Er wurde am 1. 4. begraben.

Werke

Obwohl der deutsche Komponist und Instrumentalist Johann Vierdanck Schüler von Heinrich Schütz war, wurde er zu einem der ersten Vertreter des weniger klangreichen, trockeneren norddeutschen Kirchenmusikstils. Für die Bevorzugung der Violinen in seiner Instrumentalmusik jedoch nahm er sich die italienische (und auch englische) Instrumentationsmethode zum Vorbild. Von seinem kompositorischen Werk sind bekannt: 2 Bücher mit Pavanen, Gaillarden, Balletten, Couranten, Capricci, Kanzonen und Sonaten für Violinen, Violone und Generalbaß und 2 Bücher mit geistlichen Konzerten für zwei bis neun Stimmen mit einfachem oder doppeltem Generalbaß.

Diese Kompositionen bildeten eine Grundlage für die Entwicklung der norddeutschen Instrumentalmusik.

Literatur

W. Vetter, Altpommersche Variationskunst, in: Musik in Pommern 1937.

Georg Vierling (1820–1901)

Zeit und Umwelt

Der in Berlin gegründete Bach-Verein propagierte die Werke des Thomaskantors durch häufige, möglichst authentische Aufführungen. An erster Stelle standen die Kantaten und die Konzerte. Für die großen Werke waren anfänglich zuwenig Mitwirkende verfügbar. Der Verein wirkte in enger Zusammenarbeit mit der Leipziger Bach-Gesellschaft. Wilhelm Rust, der den Verein über 10 Jahre leitete und auf ein hohes Niveau hob, wurde später selbst nach Leipzig berufen.

Leben

Georg Vierling wurde am 15. 9. 1820 in Frankenthal, Pfalz, geboren. Er studierte unter Christian Heinrich Rinck in Darmstadt und unter Adolf Bernhard Marx in Berlin. Im Jahr 1847 wurde er Organist an der Oberkirche in Frankfurt an der Oder, wo er auch den Singverein dirigierte. Nach einem kurzen Aufenthalt in Mainz ging er nach Berlin und gründete den Bach-Verein. Er wurde 1859 Königlicher Musikdirektor und 1882 Professor. Er starb am 1. 5. 1901 in Wiesbaden.

Werke

Von Georg Vierling sind eine Sinfonie, 5 Schauspielouvertüren, 4 Kantaten mit Chor und Orchester, ferner zahlreiche ein- und mehrstimmige Lieder und Klavierstücke, außerdem ein »Pilgergesang« für sechsstimmigen Chor a cappella überliefert. Seine Musik ist klassizistisch und etwas steif.

Johann Gottfried Vierling
(1750–1813)

ZEIT UND UMWELT
Während die Wiener Klassik ihre Hochblüte bereits erreicht hatte, wurde noch vielerorts der Generalbaß gepflegt. Zugleich wirkte das Beispiel von Carl Philipp Emanuel Bach weit über die Jahrhundertwende hinaus.

LEBEN
Johann Gottfried Vierling wurde am 25. 1. 1750 in Metzels bei Meiningen geboren. Er folgte 1768 seinem Lehrer Johann Nicolaus Tischer in die Organistenstelle in Schmalkalden. Er vervollständigte seine Ausbildung bei Carl Philipp Emanuel Bach und Johann Philipp Kirnberger. Den Dienst in Schmalkalden betreute er bis zu seinem Tod am 22. 11. 1813.

WERKE
Von Johann Gottfried Vierling sind 2 Cembalotrios, ein Cembaloquartett, 6 Cembalosonaten, ein vierstimmiges Choralbuch und mehrere Sammlungen leichter Orgelstücke erschienen. Handschriftlich sind ferner sakrale Werke, darunter 2 Jahrgänge Kirchenkantaten, erhalten. Er schrieb auch eine Anleitung zum Generalbaß. Sein Stil folgt dem von Carl Philipp Emanuel Bach.

LITERATUR
K. Paulke, Johann Gottfried Vierling, in: Archiv für Musikwissenschaft IV, 1922.

Louis Vierne (1870–1937)

LEBEN
Louis Victor Jules Vierne wurde am 8. 10. 1870 in Poitiers geboren. Er war am Conservatoire in Paris Schüler von César Franck und Charles-Marie Widor, dessen Substitut er an dessen Klasse anschließend wurde. Ab 1900 wirkte er als Organist an Notre-Dame in Paris bis zu seinem Tod am 2. 6. 1937, unterbrochen von einem Aufenthalt in der Schweiz von 1916 bis 1920. Ab 1911 hatte er an der Schola Cantorum unterrichtet.

WERKE
Das kompositorische Werk von Louis Vierne war stilistisch von seinen beiden Lehrern und Gabriel Fauré abhängig, trug aber zur Vertiefung und Ausgestaltung der französischen Organistik des 20. Jahrhunderts viel bei. Die Orgelkompositionen stehen daher an der Spitze seiner Leistungen. Er schrieb 6 Orgelsinfonien und ein Allegretto, 24 Stücke im »freien Stil«, ein Triptychon, eine Messe und ein Requiem. Für Orchester verfaßte er eine Sinfonie und ein Tongedicht für Violine und Orchester. Die Kammermusik ist durch ein ausgezeichnetes Streichquartett vertreten. Für Klavier liegen 3 Nokturnen, 12 Praeludien und weitere Stücke vor, außerdem je eine Sonate für Violine und Klavier und Cello mit Klavier. Er hinterließ ferner 2 sinfonische Gedichte und einige Balladen für Chor und Orchester, außerdem Lieder und Gesänge.

Sinfonie Nr. 3 für Orgel, Opus 28, 5 Sätze, entstanden 1911

Der 1. Satz bringt zwei Themen, die wie in einem Sonatensatz durchgeführt werden. Im 2. Satz wird eine Liedmelodie von Akkorden untermalt. Im Satz Nr. 3 erklingt ein dreiteiliges Scherzo. Nach dem 4., langsamen Satz beendet ein großartiges Finale mit virtuosem Schwung das Werk.

LITERATUR
B. Gavoty, Louis Vierne, Paris 1943.

Henri Vieuxtemps
(1820–81)

ZEIT UND UMWELT
In der zweiten Hälfte des 19. Jahrhunderts machte sich das Virtuosentum allmählich von den rein technischen Spitzenleistungen als Ausbildungsziel frei. Da zu viele sich auf die Podien der Konzertsäle drängten, die mit

schier akrobatischen Kunststücken auf ihren Instrumenten aufzuwarten in der Lage waren, nahm der Reiz der Einmaligkeit ab. Und die Komponisten, die für die neue Virtuosengeneration die erforderliche Literatur schrieben, stellten sich sofort ein.

LEBEN

Henri Joseph François Vieuxtemps wurde am 17.2.1820 in Verviers geboren. Er wurde mit 9 Jahren Schüler von Charles Auguste de Bériot, der ihn nach Paris brachte. Ein Jahr darauf trat er bereits zum ersten Mal öffentlich auf; 1833 ging er nach Wien, um bei Simon Sechter zu studieren; ab 1835 war er in Paris Schüler von Antonín Rejcha. Nach wenigen Jahren galt er als Führer der französischen Violinschule, der mehr noch als sein Lehrer der Musikalität den Vorrang vor der Technik gab. Ausgedehnte Konzertreisen kreuz und quer durch Europa bis nach Narwa und St. Petersburg und dreimal nach Amerika trugen seinen Ruf als Virtuose und Violinkomponist in die Welt. Von 1871 bis 1873 lehrte er am Konservatorium in Brüssel. Dann erkrankte er, so daß er nicht mehr spielen konnte. Seine Reiselust ist ihm aber geblieben. Sie führte ihn noch nach Algier, wo er am 6.6.1881 in Mustapha starb.

Sein Bruder Jean Joseph Lucien Vieuxtemps (4.7.1828, Verviers, bis 25.1.1901, Brüssel) war Pianist und Klavierlehrer in Brüssel.

WERKE

Die Violinkompositionen von Henri Vieuxtemps nahmen bis vor kurzem in der Violinliteratur einen ehrenvollen Platz ein. Sie zu beherrschen war für jeden Violinisten unerläßlich. Sie werden erst in letzter Zeit von jüngeren Kompositionen verdrängt, wie allgemein die Musik der Romantik einen Teil ihrer Zugkraft in den Konzertsälen eingebüßt hat. Die heile Welt, von der die Romantik so überzeugend zu sprechen in der Lage war, wurde doch durchschaut. Dennoch stehen seine 7 Konzerte (E-Dur, fis-Moll, A-Dur, d-Moll, a-Moll, G-Dur, a-Moll) noch auf vielen Programmen, ebenso seine Concertinos, seine Fantasien, seine Violinsonate und seine Duos. Er schrieb ferner 2 Cellokonzerte, eine Elegie und eine Sonate für Viola oder Cello, eine Ouvertüre und zahlreiche kleinere Konzertstücke.

Jean Joseph Lucien Vieuxtemps verfaßte zahlreiche Klavierstücke.

Konzert für Violine und Orchester Nr. 4 in d-Moll,
Opus 31, 4 Sätze, entstanden 1850

Das Schwergewicht dieses großartig angelegten Konzerts liegt auf den langsamen Sätzen. Der 1. Satz deklamiert das Hauptthema mit leidenschaftlichem Nachdruck. Nach einer Kadenz erklingt der 2. Satz mit einem Andante religioso in choralartiger Faktur. Ein schlankes Scherzo mit spritzigem Trio schließt sich an. Dann wird das Thema des 1. Satzes nochmals vorgeführt, triumphmarschartig und feierlich mit ungeheurem Klangrausch.

LITERATUR

P. Bergmans, Henri Vieuxtemps, Turnhout 1920. M. Kufferath, Vieuxtemps, Sa vie et son œuvre, Brüssel 1882.

Giuseppe Vignati

(um 1686 bis nach 1726)

ZEIT UND UMWELT

Auch Komponisten, die sich völlig der Opernkomposition widmeten, verfaßten einige sakrale Musik. Diese wurde zumeist für die Kirche geschrieben, zu der der Komponist persönliche Beziehungen pflegte.

LEBEN

Giuseppe Vignati wurde um 1686 in Bologna geboren und wirkte dort als Opernkomponist. Mit 1726 ist seine letzte bekannte Oper datiert. Wann er in Bologna gestorben ist, kann nicht festgestellt werden.

WERKE

Neben einer Anzahl Opern, von denen nur das Textbuch überliefert ist, verfaßte Giuseppe Vignati mehrere Kantaten und sakrale Stücke, die sich stark an seinen Opernstil anlehnten.

Giuseppe Vignola
(1662–1712)

Zeit und Umwelt
Der venezianische Opernstil eroberte nicht nur binnen kurzem das Publikum der Stadt, sondern ganz Italiens. Er färbte auch rasch auf die übrige Musik ab.

Leben
Giuseppe Vignola wurde am 15. 2. 1662 in Neapel geboren. Er war Schüler des Conservatorio della Pietà de'Turchini. Seine Laufbahn als Komponist begann er damit, daß er zeitgenössische komische Opern für das Teatro San Bartolomeo einrichtete. Ab 1709 bis zu seinem Tod im November 1712 war er Organist der Königlichen Kapelle in Neapel.

Werke
Der italienische Komponist Giuseppe Vignola verfaßte neben 3 Opern 6 Oratorien, die vom Opernstil stark beeinflußt sind. Weitere Werke sind nicht überliefert.

Bernard Viguerie (um 1761–1819)

Zeit und Umwelt
Es war ab 1800 in Frankreich zur Regel geworden, Klaviersonaten nur mehr für Pianoforte zu schreiben und das Instrument mit allen Möglichkeiten auszunützen, so daß eine Wiedergabe auf einem Cembalo kaum mehr durchführbar wurde. Man wollte unter anderem auf die dynamische Differenzierung nicht mehr verzichten.

Leben
Bernard Viguerie wurde um 1761 in Carcassonne geboren. Er wurde in Paris zum Pianisten ausgebildet und ließ sich dort als Musiklehrer und Musikverleger nieder. Seine Kompositionen verlegte er zum Großteil selbst. Er starb im März 1819 in Paris.

Werke
Von Bernard Viguerie sind eine große Zahl ausdrücklich für Pianoforte geschriebene Sonaten mit Violinbegleitung oder solo, eine »Ouverture et chasse« (Ouvertüre und Jagdmusik) für Piano, Violine und Generalbaß, mehrere »Schlachtenstücke«, 2 Capricen für Piano und einige Pianokonzerte erschienen, außerdem eine Pianoforte-Schule. Die »Schlachtenstücke« gehören zum Typus romantischer Programmusik.

Pedro Alberto Vila (1517–82)

Zeit und Umwelt
Barcelona, das noch im 15. Jahrhundert der stärkste Konkurrent von Genua und Venedig gewesen war, erlitt durch das Vordringen der Türken im Mittelmeer, durch die Monopolisierung des Amerikahandels durch Sevilla und die Entwicklung anderer Häfen starke Einbußen. Die Pflege der Wissenschaft – besonders der Medizin und Chirurgie – wurde von der Bürgerschaft ebenso aufrechterhalten wie die der bildenden Künste und der Musik.

Leben
Pedro Alberto Vila (Pere Alberch) wurde 1517 in Vich bei Barcelona geboren. Er wirkte als Kanonikus, Organist und Kapellmeister an der Kathedrale von Barcelona, wo er am 16. 11. 1582 starb.
Sein Neffe Luis Ferrán Vila folgte ihm als Organist nach.

Werke
Der katalanische Komponist Pedro Alberto Vila veröffentlichte 1561 einen Band Madrigale mit spanischen, katalanischen, französischen und italienischen Texten. Außerdem sind von ihm mehrere kirchliche Gesänge – darunter ein achtstimmiger Dialog – und Orgelstücke überliefert. Die Kompositionen hängen stilistisch von der franko-flämischen Schule ab, die Wortverständlichkeit wird aber überall stark beachtet, wie es die Pariser Schule und Rom forderten.

Literatur
J. Romeu Figueras, Notas a la bibliografia del músico Pedro Alberto Vila, Anuario musical XXVI, 1971.

Heitor Vila-Lobos
(1887–1959)

Heitor Vila-Lobos

Leben

Heitor Vila-Lobos (Villa-Lobos) wurde am 5.3.1887 in Rio de Janeiro geboren. Er war Schüler von Francisco Braga, hatte aber bereits sehr früh begonnen, in Kaffeehäusern und kleinen Orchestern als Cellist mitzuwirken und zu komponieren. Nach Aufenthalten in Paris wurde er Leiter der Academia brasileira de música, 1832 Leiter des Musikschulwesens von Rio de Janeiro und bald darauf des ganzen Landes und im Jahr 1942 des Nationalkonservatoriums für Chorgesang in seiner Heimatstadt. Er trat als Dirigent seiner Werke in Brasilien und dem übrigen Lateinamerika, in den USA und in Europa mehrmals auf und starb am 17.11.1959 in Rio de Janeiro als repräsentativste Gestalt der gesamten lateinamerikanischen Musiklandschaft.

Werke

Von Heitor Vila-Lobos sind 4 Opern (u.a. »Izath« und »Yerma«), eine Operette und 5 Ballette auf die Bühnen gekommen. Er schrieb 12 Sinfonien, 2 Sinfoniettas, mehrere sinfonische Dichtungen, 5 Suiten, 5 Klavierkonzerte, 2 Cellokonzerte, ein Gitarrenkonzert, ein Harfenkonzert, ein Mundharmonikakonzert, 14 Choros und 9 Bachianas brasileiras für verschiedene Ensembles, eine Fantasie für Saxophon und Streicher, ein Nonett für Bläser, Harfe, Schlagzeug und Chor, ein Sextett, mehrere Quintette für Bläser und für Streicher, 17 Streichquartette, 2 Duette für Violine und Bratsche und für Oboe und Fagott, Klavierstücke, 6 Praeludien und 12 Etüden für Gitarre, ein Oratorium, eine Messe, zahlreiche Chöre und Lieder sowie Sammlungen von Volksliedern und Volkschören. »In seiner Musik liegt die Seele seines Volkes«, erklärt ein Biograph und besagt damit, daß Vila-Lobos mit seinen Werken alle Emotionen Brasiliens deutlich werden läßt.

Cellokonzert Nr. 2, 3 Sätze, entstanden 1954

Der 1. Satz beginnt mit einem kräftigen Fortissimo, dann setzt das erste Thema elegant ein. Ein zweites tritt hinzu. Passagenreich und farbensatt führt die virtuose Durchführung zu einem prächtigen Satzschluß. Der 2. Satz bringt eine schöne Kantilene, die das Orchester pizzicato, Gitarrenklang nachahmend, begleitet. Der kurze 3. Satz ist ein Scherzo mit einer von Glissandi gekennzeichneten Kadenz.

Bachianas brasileiras Nr. 5 für Sopran und 8 Celli, 2 Teile, entstanden 1938

Von den 9 Bachianas brasileiras – Johann Sebastian Bach gewidmete kontrapunktische Stücke – wird diese am meisten gespielt. Der 1. Teil »Cantilena« bringt eine von der Singstimme vorgetragene Serenade, die die Celli pizzicato begleiten. Der 2. Teil »Dansa« verwendet eine Melodie des brasilianischen Hinterlands, die Vogelstimmen nachahmt.

Bachianas brasileiras Nr. 6 für Flöte und Fagott, 2 Teile, entstanden 1938

Dieses Stück hat die Form einer altbrasilianischen Serenade für zwei Instrumente, die kontrapunktisch gegeneinander spielen und damit dem Geist des Widmungsträgers sehr nahekommen.

Bachianas brasileiras Nr. 9 für Streichorchester, Praeludium und Fuge, entstanden 1945

Dieses Werk erweckt mit seiner dichten Struktur den Eindruck einer großen klingenden Orgel. Es enthält gewaltige rhythmische und technische Schwierigkeiten, besonders für die Kontrabässe.

Es scheint, daß der Komponist dem verehrten Altmeister eine besondere Reverenz bezeigen wollte.

LITERATUR
L. M. Peppercorn, Heitor Vila-Lobos, Leben und Werk, Zürich, Freiburg/Br. 1972.

José Teodor Vilar (1836–1905)

ZEIT UND UMWELT
Obschon in Barcelona in den letzten Jahrzehnten des 19. Jahrhunderts beachtliche Anstrengungen für die Begründung einer seriösen Musikentwicklung gemacht und ständig die verschiedensten Konzerte veranstaltet wurden, stieg der Bedarf an Zarzuelas an; eine Anzahl von Bühnen wurde neu eröffnet, und Komponisten fanden sich genügend ein, die sie mit Stücken versorgten.

LEBEN
José Teodor Vilar wurde am 10. 8. 1836 in Barcelona geboren. Er war in Paris Schüler von Henri Herz, François Bazin und Fromental Halévy. Nach seiner Rückkehr nach Barcelona, wo er am 21. 10. 1905 starb, wirkte er an verschiedenen Theatern der Stadt als Vizekapellmeister, als Chordirigent und schließlich als Kapellmeister sowie als Musiklehrer.

WERKE
Von José Teodor Vilar sind zahlreiche Zarzuelas aufgeführt worden, die zum Teil auf katalanischen Text geschrieben wurden und sich daher in Barcelona größter Beliebtheit erfreuten. Über weitere Kompositionen ist nichts bekannt.

Ricardo Villa (1871–1915)

LEBEN
Ricardo Villa wurde am 23. 10. 1871 in Madrid geboren. Nach seiner Ausbildung am Konservatorium seiner Vaterstadt wirkte er als Dirigent und Violinist am Königlichen Theater. Im Jahr 1909 gründete er ein städtisches Orchester in Madrid, das er bis zu seinem Tod am 18. 4. 1915 leitete.

WERKE
Neben einer Oper und 2 Zarzuelas schrieb Ricardo Villa 2 sinfonische Dichtungen, »Cantos regionales« für Orchester, eine »Fantasia espagnola« für Klavier und Orchester, eine »Rapsodia asturiana« für Violine und Orchester, »Escenas montañesas« (Gebirgsszenen) für Chöre und Männerstimmen und eine »Misa solemne«. Sein Stil war spätromantisch.

Alberto Villalpando (geboren 1940)

LEBEN
Alberto Villalpando wurde am 21. 11. 1940 in La Paz, Bolivien, geboren. Er war am Konservatorium in Buenos Aires Schüler von Abraham Jurafsky (geboren 26. 8. 1906, Buenos Aires), Pedro Sáenz (geboren 4. 5. 1915, Buenos Aires), Roberto García Morillo (geboren 22. 1. 1911, Buenos Aires) und Alberto Ginastera und am lateinamerikanischen Zentrum für höhere musikalische Studien Schüler von Riccardo Malipiero, Luigi Dallapiccola, Aaron Copland und Olivier Messiaen. Ab 1964 leitete er das staatliche Filminstitut von Bolivien. Im Jahr 1967 wurde er Direktor der Musikabteilung des bolivianischen Kultusministeriums.

WERKE
Für Orchester schrieb Alberto Villalpando unter anderem »Phantastische Liturgien«, »Strukturen« für Klavier und Schlagzeug, »Von der Liebe, der Furcht und dem Schweigen« für Klavier und Kammerorchester, ein Concertino für Flöte und Orchester, weiters verfaßte er »Preludio, passacaglia y postludio« für Streichquartett, »Mística Nr. 2« für Streichquartett, »Nr. 3« für Instrumentalensemble und Tonband, »Nr. 4« für Streichquartett, Klavier und Tonband, »Sonnengesang« für Soli, Chor und Orchester, Ballettmusik und Filmmusik.

Gasparo Villani (um 1565 bis nach 1612)

Zeit und Umwelt

Ranuccio I. Farnese, Herzog von Parma und Piacenza, gelangte 1592 formal zur Regierung, nachdem er diese praktisch wegen der Abwesenheit seines Vaters in Flandern schon seit 1586 geführt hatte. Auch er mußte Verschwörungen des Adels, der sich in seinen Rechten geschmälert fühlte, unterdrücken, um so mehr, als sich diese auch gegen die Unabhängigkeit des Landes richteten. Sie waren nämlich von außen angezettelt worden, um den Einfluß Spaniens, mit dem die Farnese eng verbündet waren, in Italien zu schwächen. Doch diese politischen Schwierigkeiten behinderten das kulturelle Leben in Parma und Piacenza nicht.

Leben

Gasparo Villani wurde um 1565 in Piacenza geboren und vermutlich im Knabenchor des Domes der Stadt ausgebildet. Er blieb als Sänger an der Kathedrale, an der er 1610 Organist wurde. Es ist nichts darüber bekannt, daß er die Stadt, in der er nach 1612 starb, jemals verlassen hat.
Gabriele Villani (um 1530, Piacenza, bis nach 1591, Piacenza) trat in Piacenza als Komponist hervor. Über sein Leben und Wirken ist sonst nichts bekannt. Er dürfte ein älterer Verwandter von Gasparo Villani gewesen sein.

Werke

Von Gasparo Villani sind vierstimmige Messen, Motetten, Vespern, Psalmen, Hymnen, Te Deum, Litaneien und andere sakrale Gesänge überliefert. Sie sind durchweg konservativ gehalten, aber sehr gekonnt geformt. Das gleiche gilt für die vierstimmigen Madrigale, die Gabriele Villani veröffentlicht hat.

Enrique Villaverde (1702–74)

Zeit und Umwelt

Der gelehrte Benediktiner Benito Jerónimo Feijóo y Montenegro (1676–1764) war einer der ersten spanischen Essayisten und muß als erster Vertreter der Aufklärung in Spanien angesprochen werden. Er versuchte, an alle Phänomene unseres Daseins das Maß der Vernunft anzulegen; an die Stelle gläubiger Bewunderung wollte er die rationale Erklärung setzen. Dieser Bruch mit der Tradition ist in Oviedo, der Stadt seines Wirkens, auch in der Musik deutlich erkennbar.

Leben

Enrique Villaverde wurde 1702 in Cañizar, Guadalajara, geboren. Nach seiner Ausbildung in Toledo erhielt er 1724 die Kapellmeisterstelle an der Basílica del Salvador in Oviedo, die er bis zu seinem Tod am 2. 5. 1774 betreute.

Werke

Die Kirchenmusik von Enrique Villaverde – Messen, Motetten, Psalmen, Hymnen, Lamentationen, Miserere, Sequenzen, Totenoffizien und Villancicos – folgen dem von Italien übernommenen Stil, der das Barock schon hinter sich läßt.

Benedetto Vinaccesi (um 1670–1719)

Zeit und Umwelt

Die Sonate der Wende zum 18. Jahrhundert hatte noch immer deutlichen Suitencharakter. Die Tanzformen wurden zwar zumeist nicht mehr genannt, zeichneten sich aber dennoch deutlich ab. Das Menuett war erst vor kurzem dazugestoßen und blieb als Sonatensatz, bis es vom Scherzo abgelöst wurde.

Leben

Benedetto Vinaccesi wurde um 1670 in Brescia geboren. Er war ab 1687 Kapellmeister des letzten regierenden Gonzaga, Karl Ferdinand (1650–1708), und erhielt 1704 die Stelle des zweiten Organisten an San Marco in Venedig. Gleichzeitig wirkte er als Chorleiter am Conservatorio dell'Ospedaletto. Er starb in Venedig im Jahr 1719.

Werke

Der italienische Komponist Benedetto Vinaccesi schrieb eine Kammersonate für zwei

Violinen, Cello und Cembalo und zog dafür als erster einen Menuettsatz heran, Kirchensonaten für zwei Violinen, Cello und Orgel und zwei- und dreistimmige Motetten mit Orgel, außerdem einige Opern und 2 Oratorien.

LITERATUR
V. Zaccaria, Benedetto Vinaccesi, in: Musica Sacra VII/1, 1959.

Thomas Vincent (um 1720–83)

ZEIT UND UMWELT
Der italienische Komponist und Oboenvirtuose Giuseppe Sammartini fand eine Methode, die Oboe so anzublasen, daß ihre rauhe Intonation vermieden wird und der Ton klar und weich aus dem Instrument fließt. Damit erhöhte sich die Verwendungsmöglichkeit der Oboe als Soloinstrument und als führendes Orchesterinstrument um ein Vielfaches.

LEBEN
Thomas Vincent wurde um 1720 vermutlich in London geboren. Er war Schüler von Giovanni Sammartini, von dem er die Technik erlernte, die Oboe rein und klar klingend anzublasen. Er wirkte von 1735 bis zu seinem Tod am 10. 5. 1783 als Oboist der King's Band.

WERKE
Von Thomas Vincent sind 6 Soli für Oboe und Generalbaß, 6 Soli für Oboe und Cembalo und Cembalo-Übungsstücke erhalten. Sein Stil ist von seinem Lehrer abhängig.

Caspar Vincentius (um 1580–1624)

ZEIT UND UMWELT
Der Kampf der Niederländer um politische und religiöse Freiheit, der Terror der spanischen Truppen, die Verwüstungen von Siedlungen, die Plünderungen, Hinrichtungen und Morde am Ende des 16. und dem Beginn des 17. Jahrhunderts störten das kulturelle Leben des Landes empfindlich. Musik gab es nur mehr in einzelnen Kathedralen und am Hofe des habsburgischen Statthalters in Brüssel, wo man lange von den Schrecken des Krieges verschont blieb.

LEBEN
Caspar Vincentius wurde um 1580 in Saint-Omer, Artois, geboren. Er war Chorknabe an Notre-Dame seiner Geburtsstadt, sodann Kapellknabe an der Hofkapelle Erzherzog Karls von Österreich, des Statthalters der Niederlande (1553–95) in Brüssel, nach dessen Tod er von der Kaiserlichen Kapelle in Prag übernommen wurde. Dort war er Schüler von Philipp de Monte (1521–1603), nach dessen Tod er als Organist nach Speyer, 1615 in gleicher Eigenschaft nach Worms und schließlich nach Würzburg ging. Er starb in Würzburg im Juni 1624.

WERKE
Der franko-flämische Sänger, Komponist und Organist steuerte dem Sammelwerk von Abraham Schadaeus, »Promtuarium«, 25 Motetten bei, weitere Motetten finden sich in anderen Sammelwerken der Zeit. Dem »Magnum Opus Musicum« von Orlando di Lasso fügte er einen Generalbaß hinzu, um das Werk zeitgemäßer zu gestalten. Seine Orgelkompositionen sind nicht erhalten.

Vincenzo da Rimini
(um 1335 bis um 1400)

ZEIT UND UMWELT
Der alte Bischofssitz Imola in der Emilia wurde im Mittelalter nacheinander von verschiedenen Herrscherhäusern wie den Grafen der Romagna, der Alifosi, der Manfredi, der Riario und anderen regiert, bis er an den Kirchenstaat fiel. Sein Dom San Cassiano wurde 1187 erbaut.

LEBEN
Vincenzo da Rimini (Abate Vincentius de Arimano) wurde um 1335 in Rimini geboren. Er war Abt in Imola und starb dort um 1400.

WERKE
Von dem italienischen Komponisten Vincenzo da Rimini sind 4 zweistimmige Madrigale und 2 dreistimmige Cacce erhalten. Diese Kompositionen sind reich an Imitationen und Motivwiederholungen. Die Cacce sind in einem marschähnlichen Rhythmus gehalten.

LITERATUR
A. von Königslöw, Die italienischen Madrigalisten des Trecento, Würzburg 1940.

Vincenzo dè Grandis
(um 1580–1646)

ZEIT UND UMWELT
Die Sistina hielt im 17. Jahrhundert wie später an ihren Grundsätzen fest: A-cappella-Stil, Polyphonie, keine Orgel, keine Instrumente. Und es gab fortlaufend Komponisten, die den Stil zumindest technisch vollkommen beherrschten. Wenn es sich noch dazu um eine genügend starke künstlerische Persönlichkeit handelte, entstanden Werke, die diesen Stil mit den sich zwangsläufig ergebenden Modifikationen bis in unsere Zeit weitertrugen.

LEBEN
Vincenzo dè Grandis wurde um 1580 in Montalboddo (Ostra, Ancona) geboren. Seine Ausbildung erhielt er in Rom. Er wurde Kapellmeister an Santo Spirito und war von 1605 bis 1630 päpstlicher Kapellsänger. Über seine weitere Tätigkeit ist nichts bekannt. Er starb in Rom am 18. 3. 1646.

WERKE
Der italienische Komponist Vincenzo dè Grandis hat achtstimmige Vesperpsalmen und zwei- bis fünfstimmige geistliche Gesänge im polyphonen A-cappella-Stil hinterlassen. Seine übrigen, angeblich umfangreichen Kompositionen sind nicht erhalten.

Vincenzo dè Grandis
(1631–1708)

ZEIT UND UMWELT
Herzog Johann Friedrich von Braunschweig-Hannover (1625–79) war ein ernsthafter Förderer von Wissenschaft und Kunst. Der Philosoph Gottfried Wilhelm Leibniz wurde von ihm nach Hannover geholt, um das wissenschaftliche Ansehen der Stadt zu heben. Aus Italien lud der Landesherr eine Reihe von Musikern ein, die Hofkapelle zu betreuen.

LEBEN
Vincenzo dè Grandis wurde am 6. 4. 1631 in Montalboddo (heute Ostra, Ancona) geboren. Er trat 1667 als musikalischer Berater in die Dienste des Herzogs Johann Friedrich von Braunschweig-Hannover und war zugleich von 1670 bis 1671 Kapellmeister an Il Gesù und von 1672 bis 1674 an Sant'Agnese in Rom. Von 1674 bis 1680 war er Hofkapellmeister in Hannover und von 1682 bis 1683 in Modena. Zuletzt lebte er bis zu seinem Tod am 4. 8. 1708 in Montalboddo.
Er dürfte mit Vincenzo dè Grandis (1580 bis 1646) verwandt gewesen sein.

WERKE
Vom italienischen Komponisten Vincenzo dè Grandis sind 5 Solokantaten, 2 Solomotetten und 3 Oratorien im venezianischen Stil erhalten.

Leonardo Vinci (um 1693–1730)

ZEIT UND UMWELT
Mit dem Einzug der Österreicher in Neapel (1707) endete die während der spanischen Herrschaft bestehende Kluft zwischen dem Hof des Vizekönigs und den Neapolitanern. Alle maßgebenden Stellen am Hof, selbstverständlich auch die Hofkapelle, waren von Spaniern besetzt. Das Geistes- und Kunstleben der Stadt lief nebenher und orientierte sich nach dem übrigen Italien. Nachdem der spanische Hof mit allen Anhängern Neapel

verlassen hatte, zogen die neuen Herren viele Persönlichkeiten der Stadt zu ihrer Verwaltung heran; sie öffneten den Künstlern den Zugang zur Hofkapelle und nahmen am regen Musik- und Opernbetrieb Neapels Anteil.

LEBEN
Leonardo Vinci wurde um 1693 in Strongoli, Kalabrien, geboren. Er war am Conservatorio dei Poveri di Gesù Cristo in Neapel Schüler von Gaetano Greco. Im Jahr 1725 wurde er Vizekapellmeister und leitete ab 1728 die Kapelle des Konservatoriums, an dem er selbst ausgebildet worden war. Er starb in Neapel am 27. 5. 1730.

WERKE
Das Hauptverdienst des Komponisten Leonardo Vinci lag auf dem Gebiet der Oper. Er führte das durchwegs begleitete Rezitativ ein und trennte es von der Arie. Er verfaßte etwa 40 Opern für verschiedene italienische Städte, außerdem mehrere Oratorien, von denen »Le Glorie del Santissimo Rosario« (Die Glorie des heiligsten Rosenkranzes) große Beliebtheit erreichte. Seine Messen, Motetten, Kantaten und Arien sind heute zu Unrecht vergessen. Es werden ihm auch etliche Instrumentalstücke minderer Bedeutung zugeschrieben.

LITERATUR
G. S. Silva, Illustri musicisti calabresi: Leonardo Vinci, Genua 1935.

Pietro Vinci (um 1540–84)

ZEIT UND UMWELT
Die norditalienische Stadt Bergamo war bereits seit 1428 venezianisch. Die Nähe Mailands wirkte sich jedoch deutlich auf kommerzielle und gesellschaftliche Strukturen aus. Auch die Domkapelle bezog ihre Musiker nicht selten von dort oder über diese große Stadt, so daß in der Epoche der spanischen Herrschaft Meister aus Neapel und Sizilien aufgenommen wurden.

LEBEN
Pietro Vinci wurde um 1540 in Nicosia, Sizilien, geboren. Nach einer Tätigkeit in verschiedenen italienischen Städten erhielt er die Kapellmeisterstelle an Santa Maria Maggiore in Bergamo, die er bis 1580 versah. Im gleichen Jahr ging er an seinen Geburtsort zurück, wo er 1584, nach einer Kapellmeistertätigkeit an verschiedenen Kirchen Siziliens, starb.

WERKE
Das kompositorische Werk von Pietro Vinci ist umfangreich. Es sind von ihm 7 Bücher mit mehrstimmigen Madrigalen, eines mit zweistimmigen Gesängen, eine Anzahl Motetten für vier bis acht Stimmen, ein Buch Lamentationen, Ricercari, geistliche Lieder und mehrere sechs- bis achtstimmige Messen überliefert. Der vielstimmige Satz wird überall meisterhaft geführt, obwohl zumeist der Wohlklang der »Richtigkeit« vorgezogen ist. Die Lamentationen sind besonders schön. Die Madrigale neigen zum sizilianischen Stil, der sehr stark vom spanischen beeinflußt ist.

LITERATUR
F. Mompello, Pietro Vinci, madrigalista siciliano, Mailand 1937.

Hieronymus Vinders
(um 1480 bis um 1530)

ZEIT UND UMWELT
Es ist für das allgemeine Interesse der breiten Öffentlichkeit in den Niederlanden bezeichnend, daß einzelne Komponisten des 16. Jahrhunderts dazu übergingen, Chansons auf niederländische Texte zu verfassen. Die gehobeneren Gesellschaftsschichten konnten Französisch, doch der Bürger wollte auch verstehen, was er hörte und fallweise auch selbst sang.

LEBEN
Hieronymus Vinders (Vender, Venders) wurde um 1480 in den Niederlanden gebo-

ren. Wo er als Musiker wirkte, ist ebenso unbekannt wie Ort und Zeit seines Todes.

WERKE

Von dem flämischen Komponisten Hieronymus Vinders sind Motetten, geistliche Gesänge und Chansons auf niederländischen Texten überliefert, außerdem eine siebenstimmige Lamentation auf den Tod von Josquin (1521), dessen Schüler er vielleicht gewesen war. Er gehört stilistisch der franko-flämischen Schule an. Seine Werke fallen durch glückliche Melodieeinfälle auf.

William Viner (um 1686–1716)

ZEIT UND UMWELT

Das Musikleben in Irland stand wenig hinter dem Englands zurück. Englische wie kontinentale Musiker kamen regelmäßig nach Dublin, um zu konzertieren, zu dirigieren und zu unterrichten. An den Kirchen wirkten vorzügliche Organisten und Kapellmeister. Das starke Publikumsinteresse für Musik machte es zum Beispiel möglich, die Erstaufführung des »Messias« von Georg Friedrich Händel nach Dublin zu verlegen.

LEBEN

William Viner wurde um 1686 in Irland geboren. Er lebte als Violinist und Komponist für Violine von 1703 bis zu seinem Tod im Jahr 1716 in Dublin.

WERKE

Posthum ist von William Viner eine Serie Violinsoli mit Generalbaß erschienen, die große Beachtung fand. Er stand bei seinen Zeitgenossen als Virtuose und als Komponist in hohem Ansehen.

Giovanni Battista Viotti (1755–1824)

ZEIT UND UMWELT

Am Ende des 18. Jahrhunderts wurden für eine Reihe von Musikgattungen die Weichen für die Formen der kommenden Zeiten bis ungefähr 1910 gestellt. Das betraf unter anderem auch das Konzert für Violine und Orchester, das noch immer kammermusikalische Fakturen aufwies, aber ab nun zum Konzert mit einem Sinfonieorchester wurde. Die rein begleitende Funktion des Orchesters wurde durch eine komplizierte sinfonische Struktur ersetzt, in der jede Stimme gleichberechtigt mit den anderen geführt war.

LEBEN

Giovanni Battista Viotti wurde am 12. 5. 1755 in Fontanetto da Po, Piemont, geboren. Er begann schon als Kind Violine zu spielen. Ab 1775 war er bereits Mitglied der Hofkapelle in Turin unter Gaetano Pugnani, der ihn 1780 auf eine Konzertreise nach Genf und Bern mitnahm. Von dort setzte Viotti die Reise allein nach Dresden, Berlin, wo er vor Friedrich dem Großen spielte, Warschau und St. Petersburg fort. Im Jahr 1782 trat er in Paris im Concert spirituel auf, was ihm die Türen zu allen musikalischen Kreisen öffnete und ihm die Stelle als Akkompagnist der Königin Marie Antoinette eintrug. Er trat in der Folge sehr selten auf, widmete sich lieber dem Unterricht, der Komposition, der Organisation von Konzerten und ab 1788 der Teilnahme an der Leitung des Théâtre de Monsieur. Die Revolution setzte diesen Tätigkeiten ein Ende; er begab sich nach England, wo er seine Konzerttätigkeit wieder aufnahm und ab 1794 am King's Theatre zunächst als künstlerischer Leiter und dann als Kapellmeister wirkte. Vier Jahre darauf wurde er des Jakobinismus beschuldigt und aus England ausgewiesen, so daß er sich für 3 Jahre nach Schönfeld bei Hamburg zurückzog. Als sich 1801 seine Schuldlosigkeit herausgestellt hatte, kehrte er nach London zurück, trat aber nicht auf, sondern betätigte sich mit wenig Erfolg kommerziell, kam ein Jahr darauf nach Paris, wo er einige Konzerte gab, hielt sich aber, wie bei seinem nächsten Besuch im Jahr 1814, dort nur kurz auf. Erst 1819 ließ er sich erneut in Paris nieder und übernahm bis 1821 die Direktion der Opéra. Dann kehrte er nach London zurück, wo er in sehr bedrängten Verhältnissen am 3. 3. 1824 starb.

WERKE

Während der letzten 20 Jahre des 18. Jahrhunderts galt Giovanni Battista Viotti als größter europäischer Violinist. Ein ähnlich hohes Ansehen genoß er weit über seine Zeit hinaus als Violinkomponist, der an der Tradition des italienischen Rokoko festhielt, aber der aufkommenden Romantik gegenüber aufgeschlossen war. Er schrieb 29 Violinkonzerte, 19 Cembalokonzerte, die vermutlich alle nur Bearbeitungen von Violinkonzerten waren, 2 konzertante Sinfonien für zwei Violinen und Orchester, 21 Streichquartette, 36 Streichtrios, mehr als 12 Violinduos, 18 Violinsonaten und weitere Violinstücke sowie 9 Cembalosonaten. Sein Orchesterlied »Polacca« wurde in die Oper »Die Dienerin als Herrin« von Giovanni Paisiello aufgenommen. Er verfaßte ferner 9 Sopranlieder und die Kantate »Auf dem Grund eines dunklen Tales« für Sopran und Pianoforte.

Giovanni Battista Viotti

Violinkonzert Nr. 16 in e-Moll, 3 Sätze

Zu diesem Konzert fügte Wolfgang Amadeus Mozart zwei Trompeten und Pauken hinzu (KV 470a), wodurch es außerordentlich gewann. Machtvoll pathetisch deklamiert das Orchester die Einleitung. Das folgende Allegro rast darauf atemlos dahin und bringt drei Solopartien, von Orchestertutti umrahmt, deren drittes die dramatische Einleitung wiederholt. Das Adagio besteht aus einer schönen Kantilene in E-Dur. Das Finale ist ein pikantes französisches Rondo, technisch sehr anspruchsvoll, aber nicht verkünstelt. Pathos, Kantabilität, Pikanterie und Virtuosität sind in diesem Konzert meisterhaft verbunden.

Violinkonzert Nr. 22 in a-Moll, 3 Sätze

Dieses im romantischen Moll gehaltene Konzert wurde Luigi Cherubini gewidmet. Johannes Brahms urteilte darüber: »Das a-Moll-Konzert von Viotti ist meine ganz besondere Schwärmerei. Es ist ein Prachtstück von einer merkwürdigen Freiheit der Erfindung; als ob er phantasiere, klingt es, und ist alles meisterhaft gedacht.«

Der 1. Satz wird von einem ausgedehnten Orchestertutti eröffnet. Selbstbewußt setzt der Solist ein und bringt ein Thema voll sinnlicher Leuchtkraft. Der häufige Wechsel von Dur und Moll, von gesanglichen und brillierenden Passagen und strahlende Doppelgriffketten gestalten den Satz zum Erlebnis. Der 2. Satz bringt edel geprägte Melodik, und der 3. sprüht vor Brillanz und Eleganz. Die auskomponierte begleitete Solokadenz war eine der ersten ihrer Art.

Violinkonzert Nr. 24 in h-Moll, 3 Sätze

Das für das Londoner Publikum geschriebene Konzert ist weniger auf virtuosen Glanz als auf musikalische Tiefe bedacht. Das Orchester ist reich besetzt, die Instrumente werden individuell behandelt. Der 1. Satz ist voll Größe, Innigkeit und Grazie. Die Durchführungen der Themen, von denen manche der Wiener Klassik entstammen, fließen reizvoll ineinander. Auch der ausdrucksvolle Mittelsatz schließt sich dem Wiener Bereich an. Das Rondofinale hingegen ist in Paris zu Hause, elegant, pikant, voll überraschender musikalischer Finessen.

LITERATUR

R. Giazotto, Giovanni Battista Viotti, Mailand 1956. M. F. Boyce, The French School of Violin Playing in the Spere of Viotti, University of North Carolina 1973.

Giovan Paolo Virchi (1552–1610)

Zeit und Umwelt

Der Chitarrone, auch römische Theorbe genannt, war eine mannshohe Baßlaute mit zwei Wirbelkasten. Vom ersten liefen zweibis dreichörige Griffsaiten, vom zweiten Bordunsaiten. Die Saiten wurden mit einem Plektron angeschlagen. Das Instrument war ziemlich schwer zu spielen. Es erlaubte ein vielstimmiges Akkordspiel und wurde solistisch oder mit einfachen Lauten zusammen gespielt. Im Ensemble übernahm es zumeist den Generalbaß.

Leben

Giovan Paolo Virchi wurde 1552 in Brescia als Sohn des Lautenisten Girolamo Virchi (1523–75) geboren und zum Organisten und Lautenisten ausgebildet. Seine erste Organistenstelle erhielt er in seiner Vaterstadt (1570). Im Jahre 1582 wurde er Organist am Hof des Herzogs Alfonso II. d'Este in Ferrara und blieb in dieser Stellung bis 1591. Um 1597 ging er nach Mantua, wo er Organist und Kapellmeister an Santa Barbara wurde. Er starb 1610 in Mantua.

Werke

Der bedeutende Chitarrone-Spieler seiner Zeit, Giovan Paolo Virchi, schrieb für sein Instrument Ricercari, Madrigale, Kanzonen und verschiedene Tänze. Für Singstimmen veröffentlichte er fünf- und sechsstimmige Madrigale. Weitere Stücke für Laute, Orgel und Singstimmen finden sich in Sammeldrucken. Seine Kompositionen waren sehr geschätzt. Die Kompositionen für Chitarrone konnte allerdings nur er persönlich einwandfrei spielen.

Sebastian Virdung
(um 1465 bis nach 1511)

Zeit und Umwelt

Die Heidelberger Hofkantorei setzte sich in der zweiten Hälfte des 15. Jahrhunderts aus Sängerknaben und jungen Sängern, die sich auf eine geistliche Laufbahn vorbereiteten, zusammen. Die zukünftigen Geistlichen überwogen, obwohl der Leiter Johannes von Soest und der Hoforganist Arnolt Schlick dem Laienstand angehörten. Es ging eine beträchtliche Anzahl namhafter Musiker aus der Heidelberger Hofkantorei hervor.

Leben

Sebastian Virdung wurde um 1465 in Amberg geboren, war in Heidelberg Schüler des Johannes von Soest und gehörte von 1483 bis 1505 der Heidelberger Hofkantorei an. Das Jahr 1506 verbrachte er in württembergischen Diensten, wirkte 1507 und 1508 als Komponist, Sänger und Chorknabenlehrer am Konstanzer Dom, hielt sich 1510 (anläßlich des Reichstages) in Augsburg auf und übersiedelte sodann nach Basel. Er dürfte als Kaplan der kurpfälzischen Burgkapelle in Stalberg bei Bacharach nach 1511 gestorben sein.

Sein Lehrer Johannes von Soest (de Susato, eigentlich Grummelkut) wurde 1448 in Unna geboren. Er war Komponist, Schriftsteller und Arzt, war Chorschüler in Soest, Sängerknabe in Kleve, Sänger in Brügge, Ardenburgh und Maastrich, wurde, nach seiner Tätigkeit in Kassel bis 1471, Sängermeister in Heidelberg. Neben diesem Beruf studierte er in Heidelberg Medizin und promovierte in Pavia zum »doctor der artzney«. Nachdem er seinen Beruf als Arzt in Heidelberg bereits ab 1490 ausgeübt hatte, praktizierte er 1495 in Worms und Oppenheim und wurde 1500 Stadtarzt in Frankfurt am Main, wo er am 2. 5. 1506 starb. Von seinen Kompositionen ist überhaupt nichts erhalten.

Werke

Seinen Rang in der Musikgeschichte nimmt Sebastian Virdung hauptsächlich wegen seines Werkes »Musica getutscht« ein, eine umfangreiche Darstellung und genaue Beschreibung der zu seiner Zeit im Gebrauch stehenden Musikinstrumente, heute eine Fundgrube für die Instrumentenkunde und in vielen Fällen einzige Informationsquelle, weil die Instrumente selbst zum Großteil zugrunde gegangen sind und für die echte Wie-

Holzschnitt aus »Musurgia« von Ottomar Luscinius, Straßburg 1536

dergabe alter Musik nachgebaut werden müssen.
Von den Kompositionen des Meisters ist nahezu alles verlorengegangen außer 4 Liedern, die ahnen lassen, daß er zu den bedeutendsten Komponisten seiner Zeit zählte.

LITERATUR

K. Nef, Sebastian Virdungs Musica getutscht. Kongreß-Bericht, Basel 1924. F. Krautwurst, Bemerkungen zu Sebastian Virdungs »Musica getutscht«, in: Festschrift B. Stäblein, Kassel 1967.

Humberto Viscarra Monje (1898–1971)

LEBEN

Humberto Viscarra Monje wurde am 3.3.1898 in Sorata, La Paz, geboren. Er studierte in Italien und in Paris und darauf am Konservatorium in La Paz. Er wurde Klavierlehrer an dieser Anstalt und leitete sie als Direktor bis 1968. Er starb am 2.9.1971 in La Paz, Kolumbien.

WERKE

Von Humberto Viscarra Monje, der der Entwicklung des Musiklebens in Kolumbien starke Impulse verlieh, sind an Orchesterwerken ein Scherzo, eine »Legende« und ein »Kleiner Tanz«, an Klavierstücken eine Sammlung stilisierter bolivianischer Melodien und Variationen, außerdem Chöre und Lieder bekannt geworden. Sein Stil fußt auf der Folklore seiner Heimat.

János Viski (1906–61)

LEBEN
János Viski wurde am 10. 6. 1906 in Kolozsvár (Klausenburg), Ungarn (heute Cluj, Rumänien), geboren. Er war in Budapest von 1927 bis 1932 Schüler von Zoltán Kodály. Im Jahr 1942 wurde er Kompositionsprofessor an der Musikakademie in Budapest, wo er am 16. 1. 1961 starb.

WERKE
Von János Viski sind eine sinfonische Suite, ein Orchesterstück, ein Klavierkonzert, ein Violinkonzert, ein Cellokonzert, eine Ballade für Bariton und Orchester, Chöre und Lieder bekannt geworden. Er schloß sich der allgemeinen europäischen Musikentwicklung an.

Filippo Vitali (um 1590–1653)

ZEIT UND UMWELT
Es ist für die Verbreitung der barocken Monodie bezeichnend, daß sich schon in der ersten Hälfte des 17. Jahrhunderts Sänger der Sistina, wo nach wie vor ausschließlich der polyphone A-cappella-Gesang gepflegt wurde, als Komponisten des monodischen Satzes bedienten. Das beweist, daß das römische Publikum diesen Kompositionsstil wünschte.

LEBEN
Filippo Vitali wurde um 1590 in Florenz geboren und zum Sänger und Komponisten ausgebildet. Er wirkte bis 1631 in nicht näher bekannter Stellung in Florenz, kam sodann als Kapellsänger an die Sistina und wurde 1642 Kapellmeister an San Lorenzo in Florenz, wo er 1653 starb.

WERKE
Der italienische Sänger und Komponist Filippo Vitali brachte 3 Bücher mit fünfstimmigen Madrigalen, mehrere Bücher mit Arien und anderen zum Teil monodischen Gesängen, mehr- und einstimmige Hymnen und Psalmen und Instrumentalmusik im zeitgenössischen Stil heraus. Seine Oper und seine 6 Intermedien gehören zu den ältesten Bühnenwerken mit Musik des Jahrhunderts, in dem bald darauf eine geradezu explosive Hochblüte der Oper einsetzte.

LITERATUR
J. Pruett, The Works of Filippo Vitali, University of North-Carolina, 1962.

Giovanni Battista Vitali (1632–92)

ZEIT UND UMWELT
Francesco II. d'Este (1660–94) bemühte sich ähnlich seinem Vater Francesco I., das kulturelle Erbe seiner Familie weiterzuentwickeln. Es gelang, soweit es Modena selbst betraf. Die Ausstrahlung, die von der Familie ausging, als sie noch in Ferrara residierte, ließ sich nicht mehr wiederholen, weil Einfluß und Macht nicht mehr dahinterstanden und weil die Blütezeit der kleinen Fürstentümer überhaupt vorbei war. Ihr politisches und wirtschaftliches Dasein war nur mehr im Schatten der Großmächte möglich, deren Spielball sie bildeten.

LEBEN
Giovanni Battista Vitali wurde am 18. 2. 1632 in Bologna geboren. Er war Schüler von Maurizio Cazzati und bildete sich als einer der ersten zum Bratschisten aus, so daß er in der Kapelle von San Petronio als »Musico di violone da brazzo« wirken konnte (1658). Im Jahr 1673 übernahm er die Leitung der Kapelle an Santissimo Rosario und wurde ein Jahr darauf Vizekapellmeister bei Herzog Francesco II. d'Este in Modena. Zehn Jahre darauf erhielt er die Stelle des Hofkapellmeisters, die er bis zu seinem Tod am 12. 10. 1692 betreute.

Werke
Der italienische Bratschist und Komponist Giovanni Battista Vitali unterschied deutlich zwischen sakraler und profaner Musik. Die Kirchensonaten weisen kontrapunktische Strukturen auf, die Kammersonaten sind homophon. Seine 4 Oratorien sind verschollen. Überliefert sind konzertante Psalmen und Hymnen für das gesamte Kirchenjahr, von Instrumenten begleitet, und Kammermusik für Violinen in verschiedener Besetzung, Sonaten, Tänze, die deutlich unter französischem Einfluß steht.

Literatur
La sonata di Giovanni Battista Vitali, in: Musicisti lombardi ed emiliani, Siena 1958.

Tommaso Antonio Vitali
(1663 – 1745)

Zeit und Umwelt
Mit Francesco III. d'Este (1698 – 1780) gingen auch die Herrschaft der Familie über das Herzogtum Modena und die kulturelle Bedeutung dieser Stadt zu Ende. Bei den Kämpfen im Rahmen des Spanischen Erbfolgekrieges wurde das Land von österreichischen Truppen verwüstet, und durch die darauffolgenden politischen Zustände wurde auch das Musikleben auf ein Minimum reduziert.

Leben
Tommaso Antonio Vitali (Vitalino genannt) wurde am 7. 3. 1663 in Bologna geboren. Sein Vater Giovanni Battista Vitali bildete ihn im Violinspiel aus, so daß er bereits im Alter von zwölf Jahren als Violinist in die Hofkapelle von Modena aufgenommen wurde, in der sein Vater Vizekapellmeister war. Im Jahr 1707 wurde er Konzertmeister der Kapelle, deren Wirken infolge der militärischen und politischen Ereignisse in Oberitalien sehr beschränkt war. Er starb in Modena am 9. 5. 1745.

Werke
Der italienische Komponist Tommaso Antonio Vitali schrieb mehrere dreistimmige Sonaten, zum Teil mit Generalbaß (Orgel oder Cembalo), und eine sehr berühmte Chaconne in g-Moll für Streicher, deren Zuschreibung aber angezweifelt wird.

Literatur
W. Reich, Die Chaconne g-Moll von Vitali?, in: Beiträge zur Musikwissenschaft VII/2, 1965.

Jānis Vītoliņš (1886–1955)

Leben
Jānis Vītoliņš wurde am 8. 4. 1886 in Litene, Lettland, geboren. Er war Schüler der Konservatorien in Moskau und Riga, wo er darauf Fagottlehrer wurde und am 14. 5. 1955 starb.

Werke
Außer 2 Opern schrieb Jānis Vītoliņš 2 Sinfonien, 2 »Lettische Rhapsodien« mit Verwendung heimischer Folklore und andere Instrumentalstücke und Tänze sowie sehr verbreitete Lieder.

Jāzeps Vītols (1863–1948)

Leben
Jāzeps Vītols (Joseph Wihtol) wurde am 26. 7. 1863 in Valmiera (Wolmar), Lettland, geboren. Er war von 1880 bis 1886 Schüler von Nikolai Rimski-Korsakow am Konservatorium in St. Petersburg und wurde dort Lehrer für Musiktheorie und Harmonielehre, von 1908 bis 1918 leitete er an dem Institut die Kompositionsklasse. Darauf wurde er Direktor der Oper in Riga; 1919 gründete er dort das Staatliche Konservatorium und leitete es. Im Jahr 1944 übersiedelte er nach Deutschland. Er starb am 24. 4. 1948 in Lübeck.

Werke
Von Jāzeps Vītols sind eine Sinfonie, eine sinfonische Dichtung, eine dramatische Ouvertüre, eine Ouvertüre, eine Orchestersuite über lettische Volksweisen, Fantasie über lettische Volkslieder für Violine und Orchester, ein

Streichquartett, eine Klaviersonate, Variationen, zahlreiche Klavierstücke, die Kantate »Das Lied« für Sopran, gemischten Chor und Orchester, »Lettische Volksweisen« für Gesang und Orchester. Seine Musik ist romantisch.

Franco Vittadini (1884–1948)

LEBEN
Franco (Francesco) Vittadini wurde am 9.4. 1884 in Pavia geboren. Er war Schüler des Konservatoriums in Mailand, sodann Kapellmeister in Varese und erhielt schließlich die Leitung des Instituto Musicale in Pavia, wo er am 30.11.1948 starb.

WERKE
Neben 5 Opern und 4 Balletten schrieb Franco Vittadini eine sinfonische Dichtung, 2 Oratorien, 17 Messen, Motetten und Orgelstücke.

Loreto Vittori (1604–70)

ZEIT UND UMWELT
Kastraten waren Sänger besonders im 17. und bis Ende des 18. Jahrhunderts, die in der Jugend entmannt wurden, damit sie ihre hohe Knabenstimme behielten. Dies war schon als Ritus aus dem Orient bekannt, der mit dem Opfer zusammenhing. Das Kastratentum blühte, weil den Frauen die Mitwirkung in der Kirche verboten war. In der Sixtinischen Kapelle gab es seit 1562 Kastraten. Doch profitierte am meisten die Oper von Kastraten, weshalb aus ihrer Heranbildung ein Gewerbe gemacht wurde. Bis ins 20. Jahrhundert wurden Kastraten noch eingesetzt.

LEBEN
Loreto Vittori wurde am 16. 1. 1604 in Spoleto getauft. Er war in Rom Schüler von Giovanni Bernardino Nanino, Francesco Soriano (1549–1621) und Francisco Soto de Langa (1534–1619). Er wirkte von 1612 bis 1614 als Sänger in Loreto und sodann bis 1617 am Dom in Spoleto. Ab 1622 war er als Sopranist (Kastrat) päpstlicher Kapellsänger in Rom, wo er am 23. 4. 1670 starb.

WERKE
Der italienische Kastratensänger und Komponist Loreto Vittori verfaßte mehrere Soloarien, 3 Oratorien (»Sant'Ignazio di Loyola«, »Sant'Irena«, »La Pellegrina«) und mehrere Opern, die viel gespielt wurden.

LITERATUR
C. A. Rau, Loreto Vittori, München 1916.

Ignaz Vitzthumb (1723–1816)

ZEIT UND UMWELT
Das »Théâtre de la Monnaie« in Brüssel wurde 1700 gegründet und erhielt seinen Namen von der Münze, die im 17. Jahrhundert an seinem Platz gestanden war. Es war ursprünglich allen Theatergattungen gewidmet und erst später wie heute für Oper und Ballett reserviert. Das Repertoire bestand – bis in unsere Gegenwart – vorwiegend aus italienischen und französischen Werken.

LEBEN
Ignaz Vitzthumb (Witzthumb) wurde am 20. 7. 1723 in Baden bei Wien geboren. Er besuchte die Schule des Wiener Schottenstifts, diente sodann im Siebenjährigen Krieg (1756 bis 1763) als Trommler in einem Regiment Karls von Lothringen und wurde von diesem in dessen Hofkapelle in Brüssel übernommen. Im Jahr 1771 beteiligte er sich an der Leitung des Théâtre de la Monnaie in Brüssel; 1777 wurde er Kapellmeister am Theater in Gent und um 1786 an der Brüsseler Oper. Der Ausbruch der Französischen Revolution brachte ihn um Stellung und Einkommen. Er war eine Zeitlang am Theater in Amsterdam tätig, kehrte aber bald wieder nach Brüssel zurück, wo er am 23. 3. 1816 starb.

WERKE
Von Ignaz Vitzthumb sind eine Anzahl Messen, Motetten und andere Kirchenmusik, weiters mehrere Sinfonien erhalten. Sein Stil ist vom französischen beeinflußt. Die komi-

schen Opern, die er für Brüssel schrieb, waren zum Teil sehr erfolgreich.

Enric Morera Viura (1865–1942)

LEBEN

Enric Morera Viura wurde am 22.5.1865 in Barcelona geboren. Er studierte dort bei Isaac Albéniz (1860–1909) und Felipe Pedrell (1841 bis 1922), darauf in Brüssel bei Paul Gilson. Er lebte als Komponist und Musiklehrer bis zu seinem Tod am 11.3.1942 in Barcelona.

WERKE

Von Eric Morera Viura, der zu den bedeutendsten Initiatoren der Gegenwartsmusik in Katalonien zählte, sind 6 Opern, zahlreiche Zarzuelas, mehrere Schauspielmusiken, ungefähr 40 Sardanas für Chor, ein Cellokonzert, viele Lieder und Klavierstücke und Bearbeitungen katalanischer Volkslieder erschienen.

Antonio Vivaldi

Antonio Vivaldi (1678–1741)

ZEIT UND UMWELT

In der ersten Hälfte des 18. Jahrhunderts klingt das Barock aus. Die Musik dieser Epoche hatte sich mit zunehmender Beschleunigung einem Ende zubewegt, an dem die Entwicklung nicht mehr weiter verfolgt werden konnte, so daß sich zwangsläufig neue Stilformen einstellten, denn die Kunst bleibt nie stehen, sondern fährt in ihrem Fluß fort wie die Geschichte der Welt. Die Musik trat mit ihren Teilaspekten des Galanten und Empfindsamen Stils, mit neuen ästhetischen Begriffen, den neuen Idealen der Natürlichkeit und Wahrheit, dem beseelten Gesang und der Rührung des menschlichen Herzens in die Gedankenwelt des Rokoko ein. Das Zeitalter des Rokoko setzte dem Selbstverständnis der Musik seinen Anfang und bereitete die Grundlegung zur Klassik und Romantik vor. Das Gefällige, das Reizende, das Schmerzende, das Tändelnde, das Verliebte, das Lustige wurden zum Programm für die Fakturen; die zärtlich-elegische Komponente wird deutlich in den Vordergrund gestellt.

Doch das Ausklingen der Musik des Barock war kein stilles Übergleiten zu neuen Formen. Der Abschied davon vollzog sich auf höchsten Entwicklungsstufen, auf denen die größten Barockmeister alles, was Barock hieß und war, in letzter Vollendung aufklingen ließen, gleichsam um der scheidenden Epoche ein strahlendes Abschiedskonzert zu veranstalten und zugleich die neuen Stilgattungen, die bereits vor dem Tor standen, anzudeuten und einzubegleiten.

Auch die Renaissancemusik hatte mit einer überragenden Musikerpersönlichkeit abgeschlossen. Claudio Monteverdi hatte sie verabschiedet und sein Gesicht dem kommenden Barock entgegengewandt, an dessen Ende seine bedeutendsten Meister standen: in Deutschland Georg Philipp Telemann und Johann Sebastian Bach, in Frankreich Jean-Philipp Rameau und vor ihm bereits François Couperin, in England Georg Friedrich Händel und in Italien Francesco Durante und Antonio Vivaldi.

LEBEN

Antonio Lucio Vivaldi wurde am 4. 3. 1678 in Venedig geboren. Er war Schüler von Giovanni Legrenzi, wurde für die Priesterlaufbahn bestimmt und 1703 geweiht, aber wegen seines Bronchialasthmas ein Jahr darauf von allen Amtspflichten befreit. Im gleichen Jahr erhielt er die Bestellung als Chor- und Orchesterdirigent und Violinlehrer am dortigen Ospedale della Pietà. In dieser Stellung wirkte er bis zum Jahr 1740, unterbrochen von einer dreijährigen Tätigkeit bei Markgraf Philipp von Hessen-Darmstadt ab 1718, einer Reise nach Amsterdam im Jahr 1725, einem Aufenthalt in Wien und in Prag von 1730 bis 1732 über Einladung Kaiser Karls VI. und mehreren Konzertreisen nach italienischen Städten. Im Jahr 1740 gab er die Stellung in Venedig krankheitshalber auf und versuchte, in Wien einen sorgenfreien Lebensabend zu finden. Der musische Kaiser Karl VI. war jedoch 1740 verstorben, und von seiner Tochter Maria Theresia (1717 bis 1780) hatte Antonio Vivaldi nichts zu erwarten. Er starb völlig verarmt in Wien am 28. 7. 1741 und wurde noch am selben Tag in einem Armengrab beerdigt.

WERKE

In den Jahren 1927 bis 1930 wurde in einem piemontesischen Kloster und in Genua eine Handschriftensammlung mit über 300 Konzerten, 19 Opern, einem Oratorium und zahlreichen sakralen und profanen Vokalwerken entdeckt. Damit erhöhte sich das bekannte Gesamtwerk Antonio Vivaldis auf etwa 770 Kompositionen. Wie viel außerdem noch verschollen ist, läßt sich nicht abschätzen. Antonio Vivaldi, einer der größten Violinvirtuosen seiner Zeit, hat als Komponist auf das Schaffen seiner Zeitgenossen stärksten Einfluß ausgeübt. Seine Berühmtheit verdankte er in erster Linie seinen Konzerten, von denen rund 450 – über 220 für Violine – erhalten sind. Sie unterscheiden sich von den ähnlichen Werken seiner Vorgänger dadurch, daß sie nicht nur wie diese liebenswürdig, charmant, leicht und geistreich sind, sondern zugleich dramatisch und kontrastreich. Die von der Opernsymphonie abgeleitete Form des Konzertes – das dreiteilige Schema »Allegro, Adagio, Allegro« – und das ausgewogene Verhältnis der beiden Ecksätze zueinander waren für den Stilumbruch zum 18. Jahrhundert maßgebend. In die beiden schnellen Sätze führte er scharf profilierte, melodische und rhythmische Elemente ein und baut Soli und Tutti gegeneinander auf, im mittleren, langsamen Satz hingegen beschränkte er sich auf lockere Streicherbegleitung, die er zuweilen sogar wegließ und sich mit dem Generalbaß begnügte, um den Duktus der Melodie klar hervortreten zu lassen. Dadurch gewannen seine Konzerte die Kraft und Originalität, die die Bewunderung der Zeitgenossen erregten. Auch seine Experimentierfreudigkeit trat bei den Konzerten zutage. Wenn auch die Violinen, deren Technik er durch vielerlei Spielfiguren und Stricharten und die Erweiterung des Tonumfangs bis zur zwölften Lage ausbaute, den Vorrang genossen, so liegen doch zahlreiche Konzerte für Cello, Cembalo, Orgel, Blockflöte, Querflöte, Piccolo, Klarinette, Oboe, Fagott, Trompete, Hörner, Viola d'amore, Mandoline und Laute in interessanter und vollendeter Form vor. Einzelne Konzertgruppen, wie die 12 Stück des »L'Estro Armonico«, die 12 der »La Stravaganza«, die 4 der »Vier Jahreszeiten« und die 12 der »La Cetra« wurden und werden besonders geschätzt. 75 Sonaten und 25 Sinfonien bilden den gewaltigen Sektor der Instrumentalmusik des Meisters.

Antonio Vivaldi hat 3 Oratorien geschrieben, von denen »Juditha triumphans« (Triumphierende Judith) überliefert ist, das eine äußerst farbige Instrumentation aufweist, weiters 45 sakrale Vokalwerke, von denen ein Beatus vir für Doppelchor und Orchester, ein Credo für Chor und Orchester, ein Dixit Dominus für Solo, Chor und Orchester, ein Gloria für zwei Frauenstimmen und ein Nisi Dominus für Alt und Orchester hervorstechen, und 41 Kammerkantaten. Er verfaßte außerdem 49 Opern, von denen 21 überliefert sind.

Sein Hauptwerk waren und blieben die Violinkonzerte, deren strahlende Allegrosätze festliche Heiterkeit, pompöse Feierlichkeit und dramatische Spannung vermitteln und deren Mittelsätze süße Melodik im Gondelrhythmus mit Serenadenpizzicati begleiten und damit den Zauber der venezianischen Veduten eines Canaletto beschwören.

Le quattro stagioni (Die vier Jahreszeiten), 4 Violinkonzerte mit programmatischer Schilderung der Jahreszeiten aus dem Zyklus »Il cimento dell'armoniae e dell'invenzione« (Probe harmonischer Einfälle), 12 Konzerte, erschienen 1625

Concerto No. 1 E-Dur »La Primavera« (Frühling), 3 Sätze. Jedem Konzert ist ein erläuterndes Sonett eines unbekannten Dichters beigegeben

»Der Frühling ist gekommen«, beginnt das Sonett den ersten Satz, den ein Tutti eröffnet, dessen zweite Motivgruppe den mittleren Soloabschnitten als Ritornell nachgestellt wird. Das erste Solo tragen drei Violinen vor, mit Triller und Staccati schildert es den Vogelgesang, dann folgt das Murmeln fließender Quellen und das Streichen sanfter Lüfte. Darauf steigt ein Gewitter auf, ein Tremolo läßt den Donner rollen, erregte Tonleiterpassagen und Dreiklangfiguren beschwören die Blitze. Die Stimmung beruhigt sich, die Vogelstimmen kehren wieder, der Satz klingt in lichtem Frühlingsglanz piano aus.

»Und dann schläft auf der blumengeschmückten lieblichen Wiese beim zarten Rascheln des Laubes und der Pflanzen der Ziegenhirte mit seinem treuen Hunde zur Seite«, schildert das Sonett das Programm des zweiten Satzes. Den einzelnen Instrumenten sind bestimmte Tonmalereien zugeteilt: Die Ripienoviolinen zeichnen mit punktierten Sechzehnteln das Rascheln des Laubes und der Pflanzen, die abgehackten Töne der Viola verdeutlichen das Hundebellen, die Melodie der ersten Violine singt dem Hirten ein Schlummerlied.

Der Schlußsatz ist ein ländlicher Tanz: »Zum festlichen Klange der ländlichen Schalmei tanzen Nymphen und Schäfer im lieblichen Haine beim strahlenden Erscheinen des Frühlings.« Das Tanzthema in Ritornellform wird dreimal modifiziert wiederholt, wobei der Sicilianocharakter des Kopfmotivs gewahrt bleibt. Die Unterstimmen der mehrstimmigen Passagen ahmen Hirtenflöten und Dudelsack nach.

Concerto No. 2 g-Moll »L'Estate« (Sommer), 3 Sätze

Das Eingangsritornell stellt die lastende Sommertagsstimmung dar. Der Kuckuck ruft, die Turteltaube singt, ein Distelfink schlägt. Ein lauer Wind streicht über das Land, »aber der Nordwind bricht unversehens herein und bekämpft ihn«. Mit rasanten Zweiunddreißigstelketten prasselt der Sturm nieder, schneidende Akkorde sprechen von der Angst der Menschen vor dem Unwetter. Doch mit einem Schlag ist alles vorbei. Der zweite langsame Satz bringt aber keine Ruhe. Das Solo der Violine wird von Fliegen und Insekten ständig gestört, die den »müden Gliedern alle ihre Ruhe nehmen«. Blitz und Donner kündigen bereits das Unwetter des dritten Satzes an: »Der Himmel donnert und blitzt, und der Hagelschauer knickt den Mais und das stolz aufgerichtete Korn«. Tremoli, Skalenpassagen, Akkordbrechungen, nervöse Baßfiguren, rasch wiederholter Saitenwechsel, hohe Lagen werden zum Klangbild herangezogen, und die Soli bringen keine Kontraste, sondern eine virtuose Steigerung.

Concerto No. 3 F-Dur »L'Autunno« (Herbst), 3 Sätze

Eine Volkstanzmelodie leitet den ersten Satz ein. »Die Bauern feiern mit Tänzen und Liedern das schöne Vergnügen der glücklichen Ernte.« Sie sind betrunken. Zerlegte Akkorde über drei Oktaven, Trillerfolgen, Sechzehnteltriolen, nachschlagende Achtel und ähnliche Figuren schildern die steigende Fröhlichkeit der Tanzenden. Dann stockt alles in einer Fermate. Die Betrunkenen fallen in Schlaf.

Im zweiten Satz spielen gedämpfte Streicher ein zartes Schlummerlied. Der dritte schildert eine Jagd, die mit Fanfarenklängen beginnt. Sechzehnteltriolen und Zweiunddreißigstelläufe charakterisieren die Flucht des gehetzten Wildes, das Crescendo der Streicher den Lärm der Hunde und Jagdgeräte. Dann kommt es zu einer kurzen Gegenwehr des Wildes, aber »von der Flucht entkräftet, verendet es überwältigt«. Mit tänzerischem Schwung endet das Konzert.

Concerto No. 4 f-Moll »L'Inverno« (Winter), 3 Sätze

Im ersten Satz gibt es anfänglich keine Melodik. Schnee, Wind und Kälte werden nahezu plastisch durch leere Oktaven und Qinten gekennzeichnet. Dann erst kommt die Schilderung des Windes durch die Solovioline. »Laufen und Stampfen der Füße vor Kälte« bringt eine ostinatoähnliche Motivik zum Ausdruck, und Tremoli versinnbildlichen »Zähneklappern«.

Der Mittelsatz malt eine Idylle »Ruhig und zufrieden seine Tage am Kamin zubringen, während draußen der Regen alle durchnäßt«. Die Kantilene wird von der Solovioline und der Bratsche getragen. Im dritten Satz zeichnet die Solovioline über einem Baßton die Figuren eines Eisläufers nach; sie werden bald langsamer, »aus Angst zu stürzen«, aber nach einer plötzlichen Bewegung fällt der Eisläufer doch zu Boden, erhebt sich aber wieder, läuft zu virtuos gesteigerten Figuren der Violine immer rascher und springt »bis das Eis bricht und sich aufspaltet«.

Ein sanfter »Scirocco« kommt daher und gerät mit einer »Bora« in Kampf gegeneinander. Heftige Klangflächen münden in den Schluß: »Das ist der Winter, wie er auch sei, welch' Freuden bringt er!«

L'Estro Armonico (Die harmonische Laune), 12 Konzerte für Streichorchester

Je 2 sind für vier Violinen und Cello, für vier Violinen, für zwei Violinen und Cello, für zwei Violinen und 4 für eine Violine. Es handelt sich um Frühwerke des Komponisten, der bereits am Beginn seines Schaffens die Concerto-grosso-Form genial beherrschte und zugleich Solokonzerte schrieb, die seine Vorgänger weit überholten.

Concerto No. 6 a-Moll für Solovioline, Streicher und Continuo, 3 Sätze

Der erste Satz besteht aus fünf Tuttiabschnitten und vier Soli. Das einleitende Tuttiritornell verleiht dem Satz seine Kraft und Eindringlichkeit. Das Tutti-Soli-Verhältnis dieses sonatenähnlichen Konzerts weist bereits auf die Wiener Klassik hin. Das Largo ist eine große ornamental ausgeformte Kantilene. Der dritte Satz bringt ein zügiges Presto, dem ein kurzes Finale folgt; es entnimmt das thematische Material dem ersten Satz.

Concerto No. 11 in d-Moll für zwei Soloviolinen, Solocello, Streicher, Continuo, 3 Sätze

Bereits im ersten Satz ist der Concerto-grosso-Typus durchbrochen. Die Violinen steigen unbegleitet in Akkordfiguren auf, dann schließt sich das Cello an. Das Adagio leitet zur ersten Fuge über, die zwei Concertinoepisoden aufweist und in einem Orgelpunkt endet. Im zweiten Satz erklingt eine Siciliana, die Solovioline erhebt sich kantabel zum führenden Instrument. Den letzten Satz eröffnen alle drei Soloinstrumente imitatorisch, dann dominiert die erste Solovioline. Der Satz endet in düsterer Stimmung.

La Cetra (Die Leier), 12 Violinkonzerte, erschienen 1727, Kaiser Karl VI. gewidmet

Alle 12 Sonaten erfordern höchst virtuoses Violinspiel: Arpeggi in höchsten und tiefsten Lagen, Doppel- und Tripelgriffe, sehr rasche Passagen, Scordaturen.

Concerto No. 1 in C-Dur, 3 Sätze

Ein energisches Allegro eröffnet den ersten Satz. Das Largo ist dreitaktig und arios. Das brillante Finale ähnelt einer Gigue und ist voll mit Kontrasten.

Concerto No. 2 in A-Dur, 3 Sätze

Der erste Satz beginnt mit einer Tutti-Unisono-Passage und überraschender Chromatik. Zwei Begleitinstrumente tragen Soli vor, während die Solisten hoch oben schweben und die Celli sich in tiefen Lagen bewegen. Im Mittelsatz wird die Begleitung von den Celli und dem Continuo allein besorgt. Das Finale ist ungewöhnlich lang und synkopiert.

Concerto No. 3 in g-Moll, 3 Sätze

Der erste Satz beginnt überraschend mit einem Sext-Quart-Akkord, dann tragen die Violinen ihr Solo vor. Der ganze, langsame Satz ist auf einem chromatischen Ostinato aufgebaut, die Melodie gleicht einem Lamento. Die elegische Stimmung wird von einem Allegro non molto mit dynamischen Kontrasten unterbrochen.

Concerto No. 4 in E-Dur, 3 Sätze

Schwere Akkorde eröffnen den ersten Satz. Damit kontrastiert die Solovioline in hohen Lagen. Die elegante Einfachheit des Largo erinnert an den »Winter« der »Vier Jahreszeiten«. Die Bratschen sind mit den Celli unisono geführt. Der letzte Satz gleicht einer Gigue und weist lebendige, rhythmische und figurative Variationen auf.

Concerto No. 5 in a-Moll, 3 Sätze

Dem ersten Satz ist ein fünfaktiges Adagio vorangestellt, dann setzt ein lebhaftes Presto ein, das fugenlos in den Largo-Satz übergeht. Das Presto hat ungewöhnliche Längen, die Violine gewinnt ihre dominierende Stellung, die letzten 29 Takte modulieren auf den Mittelsatz hin, der einem opernhaften Rezitativ und Arie gleicht. Der Schlußsatz ist scharf rhythmisiert.

Concerto No. 6 in A-Dur, 3 Sätze

Das Werk schreibt ein Scordatur von G zu A und D zu E vor, damit rasche A-Dur-Passagen möglich werden. Der erste Satz ist breit angelegt und sehr lebhaft und weist überraschende Chromatik auf. Der Solopart erfordert virtuoses Spiel. Fugenlos schließt sich das Largo an, an dem alle Instrumente zugleich beteiligt sind. Nach dem langen Mittelsatz erklingt eine Gigue mit interessanten Solostellen.

Concerto No. 7 in B-Dur, 3 Sätze

Ein rasches Allegro eröffnet den ersten Satz, der viel Kontrapunktik in der Begleitung aufweist. Die Begleitung imitiert die hohen Solostellen. Das Largo ist eine kantable Melodie, die von gebrochenen Akkorden begleitet ist. Das Finale ist annähernd kontrapunktisch.

Concerto No. 8 in d-Moll, 3 Sätze

Der einleitende Satz beginnt mit einem Dialog der hohen und tiefen Streicher, in dem die Celli die Führung übernehmen. Synkopen und Vorhalte verleihen dem Satz einen drängenden Rhythmus. Das Largo beschäftigt das gesamte Orchester in der Begleitung eines virtuosen Solo.

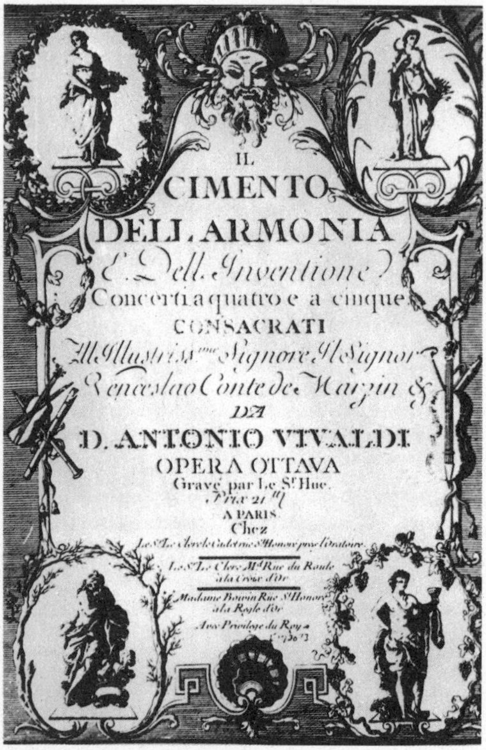

Titelblatt eines der Hauptwerke von Antonio Vivaldi

Im dritten Satz bewegen sich alle Violinen auf einer Linie. Der Soloteil weist Sprünge und gebrochene Arpeggi auf.

Concerto No. 9 in B-Dur, 3 Sätze
Dieses Konzert schreibt zwei Soloviolinen vor und nähert sich dadurch strukturell dem Concerto grosso. Die Soloinstrumente sind gleichwertig eingesetzt. Bei den Soli werden sie wie bei einer Triosonate nur vom Solocello begleitet.

Der erste Satz bringt ein virtuoses Spiel der Solisten, die Begleitinstrumente spielen im Tutti und nicht mit den Soli. Ein geistreiches Allegro beschließt gigue-artig das Werk.

Concerto No. 10 in G-Dur, 3 Sätze
Schon der erste Satz verleiht den Celli eine dominierende Stellung. Sie steigen in hohe Lagen auf. Der langsame Satz gleicht einer Serenade mit einem pizzicato-begleitenden Violinsolo. Der letzte Satz weist punktierte Noten, eine sangbare Melodie in den oberen Stimmen und viele Tonleiterpassagen auf.

Concerto No. 11 in c-Moll, 3 Sätze
Die ersten und zweiten Violinen werden antiphonal eingesetzt. Das Adagio beginnt mit einem Tutti, ein kurzer Soloteil kontrastiert sie mit einer ausdrucksstarken Melodie mit Cellobegleitung. Der Endsatz wiederholt die Struktur der Einleitung.

Concerto No. 12 in h-Moll, 3 Sätze
Für die Solovioline ist eine Scordatur des G zu H und des E zu D vorgeschrieben, was eine erhöhte Virtuosität ermöglicht. Die Melodie geht gelegentlich an das Ripieno über, während der Solist figurativ begleitet. Die vielen punktierten Noten und Triolen verleihen dem ersten Satz viel Bewegung. Das Largo besteht aus einem Tutti-Unisono und einer ausgezierten, kantablen Melodie der Solovioline, die unisono von den anderen Violinen und Bratschen begleitet wird. Der dritte Satz ist außerordentlich bewegt.

6 Konzerte für Flöte, Streicher und Continuo, erschienen 1739

Diese 6 Flötenkonzerte sind die ersten ihrer Art, die veröffentlicht worden sind. Die älteren Konzerte des Barock hatten zumeist die Violine als Soloinstrument, Blasinstrumente spielten eine untergeordnete Rolle, obwohl gerade die Flöte technisch schon durch Jahrzehnte dazu geeignet gewesen wäre. Es war Antonio Vivaldi vorbehalten, die Flöte von ihrer Zwangsrolle als Orchesterinstrument oder Soloinstrument innerhalb eines Concertino unter anderen Instrumenten zu befreien.

Konzert No. 1 in F-Dur »Tempesta di Mare« (Meeressturm), 3 Sätze: Allegro – Largo – Presto
Dem Thema entsprechend schäumen Skalenläufe und aufbrausende Klangfiguren gegeneinander wie Wellen auf bewegter See, und darüber führt eine erregte Flötenmelodie, die ständig unterbrochen wird. Doch der Sturm ist nicht sehr heftig. Der Mittelsatz bringt bereits eine Beruhigung. Im Finale braust das Meer noch einmal auf, dann ist das Gewitter vorbei.

Konzert No. 2 in g-Moll »La Notte« (Die Nacht), 5 Sätze: Largo – Presto-Largo – Presto – Largo – Allegro
Der Eröffnungssatz mit seinem spannenden Rhythmus schildert das Unheimliche einer Nacht, aber ein kurzes Presto verscheucht alle Gespenster, die im nächsten Largo wieder erscheinen und neuerlich vertrieben werden. Nun kommt der wohltätige Schlaf mit schweren Akkorden, bis im Finale die Nacht endet und der Morgen erwacht.

Konzert No. 3 in D-Dur »Il Cardellino« (Der Stieglitz), 3 Sätze: Allegro – Solo cantabile – Presto
Der erste Satz setzt mit einem Vogelkonzert ein. Die Imitation wird weit über barocke Fakturen hinaus entwickelt. Nach dem Zwitschern und Trillern der Violinen und der Flöte klingt eine Siciliana auf, von Vogelrufen verziert. Dann erhebt sich der Vogelgesang der Flöte erneut in solcher Virtuosität, daß man mehrere Flöten zugleich zu hören vermeint.

Konzert No. 4 in C-Dur, 3 Sätze: Allegro – Largo – Allegro
Die zweiten 3 Konzerte der Serie erfüllen kein Programm, sondern nähern sich der absoluten Musik.
Der erste Satz gibt den Violinen den Vortritt, so daß die Flöte nahezu zum Orchesterinstrument wird. Das Largo bringt ebenfalls einen sehr schönen Orchestersatz, in dem die Flöte nur wenig überwiegt. Dafür erhält der Flötist im Finale Gelegenheit, seine Virtuosität zu beweisen.

Konzert No. 5 in F-Dur, 3 Sätze: Allegro – Largo e cantabile – Allegro
Der erste Satz bringt mit gedämpften Streichern und hohen Bässen eine pastorale Atmosphäre. Die solistische Rolle der Flöte ist weniger ausgeprägt, die Violinen drängen sich vor. Der Mittelsatz ist eine Siciliana in Moll, und der dritte Satz klingt mit einem Bauerntanz aus.

Konzert Nr. 6 in G-Dur, 3 Sätze: Allegro – Largo – Allegro
Wie viele Konzerte von Antonio Vivaldi beginnt das Allegro mit einem Oktaven-Unisono. Den Flöten kommen nur ornamentale Aufgaben zu, sie nehmen bereits den »galanten Stil« der Zukunft voraus. Im zweiten Satz wird eine langsame Flötenmelodie vom Arpeggio der Streicher begleitet. Der dritte stellt eine Wiederholung des zweiten im beschleunigten Tempo dar, wodurch allerdings ein völlig neuer, sehr interessanter Eindruck entsteht.

Sonate in c-Moll für Violine und Generalbaß (Cembalo und Cello), 4 Sätze
Diese Sonate drückt den Ernst einer italienischen Kirchensonate aus, ist aber durchwegs homophon. Nach einem Andante voll Ausdruck erklingt ein gewichtiges Allegro mit virtuosen, weiten Sprüngen und schwierigen Figurationen der Violine. Das schöne Largo erfordert eine vollendete Strichtechnik, und das Finale – Allegro risoluto – gibt dem Violinisten Gelegenheit, sein Können in Szene zu setzen.

Suite in A-Dur für Violine und Generalbaß, 5 Sätze
Fanfarenklänge des Preludio kündigen das Stück an, Presto – Adagio wechseln zweimal und leiten zu einem eleganten Capriccio hin. Eine zierliche Corrente folgt, und ein ernstes Adagio führt zum Finale, einer Giga, die alles verlangt, was ein Virtuose zu bieten vermag.

Sonate III. für zwei Violinen und Generalbaß, 3 Sätze: Adagio – Allemanda – Sarabanda
Diese Sonate ist wie die 3 folgenden den »12 Sonate da camera« entnommen. In ihr finden sich noch Spuren der ehemaligen Viersätzigkeit der Sonatenform in den kadenzierenden Adagio-Überleitungstakten. Der erste Satz beginnt in C-Dur, wechselt ruhig zur Dominante, dann belebt sich das Klangbild und führt über B-Dur, d-Moll, D-Dur, E-Dur nach C-Dur zurück. Daraus ergibt sich eine unbestimmte Linienführung der Solostimmen. Die Allemanda bringt ein lebhaftes Thema mit angehängter Kadenz und die Sarabanda, völlig ungewöhnlich, die alte spanische Tanzform im Allegro.

Sonate IV. für zwei Violinen und Generalbaß, 3 Sätze: Allemanda – Sarabanda – Giga
Der erste Satz ähnelt einer französischen Ouvertüre mit ihren Teilen Largo – Allegro – Adagio. Hier wird die Sarabanda im Largo gebracht.

Antonio Vivaldi in seiner Häuslichkeit

Ihr schließt sich eine sehr lebhafte, schöne Giga an.

Sonate XII. »Folia«

Das spanische Tanzthema der Folia wird in einfacher Harmonisierung vorgetragen. Dann wird es zwanzigmal in ständiger Ausdruckssteigerung mit vielen Figurationen variiert, bis es nach einer Kulmination und einer Pause piano ausklingt.

Konzert in C-Dur für Mandoline und Streicher, 3 Sätze

Das Konzert folgt dem Muster der Konzerte, wird aber den Spielmöglichkeiten des Soloinstruments voll gerecht. Die Mandoline verlangt rasche Folgen der Töne und ständige Bewegung. Im langsamen Mittelteil spielt es gebrochene Begleitakkorde in ständig punktierten Noten, so daß sein Mangel an lang anhaltenden Tönen nicht in Erscheinung tritt und dafür sein traulicher Klang dem Ohr schmeichelt.

Trio in g-Moll für Violine, Laute und Generalbaß, 3 Sätze

Dieses Trio ist sehr einfach, aber streng formal gefaßt und nimmt auf die Spielmöglichkeiten der Laute Rücksicht. Die Violine verstärkt zuweilen den Lautenton. Trotz der Beschränkung folgt ein schönes Klangbild dem anderen. Der warme Lautenton kommt schön zur Geltung.

Literatur

G. Guerrini, Vivaldi, Florenz 1951. M. Meunier-Thouret, Vivaldi, Paris 1972. R. Giazotto / G. Rostirolla, Antonio Vivaldi, Turin 1973. W. Kolneder, Antonio Vivaldi, Wilhelmshaven 1979.

Giovanni Buonaventura Viviani
(1638 bis nach 1692)

Zeit und Umwelt

Die Solosonate für Violine oder ein Blasinstrument wurde, wie heute noch, von den Virtuosen zumeist für den eigenen Konzertgebrauch komponiert und daher zumeist der eigenen, hochentwickelten Technik angepaßt. Daß der musikalische Gehalt der Kompositionen oft zu kurz kam, lag in der Natur der Sache, weil er der Darbietung der Virtuosität untergeordnet wurde.

Leben

Giovanni Buonaventura Viviani wurde am 15. 7. 1638 in Florenz geboren. Er war vermutlich Schüler von Marc'Antonio Cesti. Von ungefähr 1656 bis 1660 wirkte er an der Hofkapelle in Innsbruck und von 1672 bis 1679 als ihr Kapellmeister. Er war anschließend als Violinvirtuose in Venedig, Rom und Neapel tätig und von 1687 bis 1692 als Domkapellmeister in Pistoia und ist vermutlich dort in einem der folgenden Jahre gestorben.

Werke

Der italienische Violinist und Komponist Giovanni Buonaventura Viviani schrieb ein- bis dreistimmige Psalmen, Motetten und Litaneien mit Violinbegleitung, eine Anzahl Violinsonaten und Trompetensonaten, Capricci für Violinsolo, außerdem Triosonaten, Motetten, Solokantaten und zweistimmige Solfeggien, mehrstimmige Kantaten, 3 Oratorien und zahlreiche Opern. Seine Violinstücke sind für seine Zeit technisch sehr schwierig angelegt.

Václav Vodička (um 1715–74)

Zeit und Umwelt

Für die Münchner Hofkapelle war es wie früher eine Empfehlung, wenn ein Mitglied aus Paris kam. Die Tendenz dieser Kapelle zur französischen Musik lief mit der politischen Neigung der bayrischen Kurfürsten parallel.

Leben

Václav Vodička (Wenzeslaus Wodiczka) wurde um 1715 in Böhmen geboren und vermutlich dort zum Violinisten ausgebildet. Er hielt sich mehrere Jahre in Paris als Violinist, Violinlehrer und Musikdrucker auf und wurde 1745 Konzertmeister der Hofkapelle in München, wo er 1774 starb.

Werke

Von Václav Vodička sind 2 bemerkenswerte Violinsonaten in Druck erschienen, die wohl dem italienischen Schema folgen, aber eine sehr subjektive Note aufweisen. Im Manuskript sind 35 Sinfonien und 2 Flötenkonzerte von beachtlichem Wert erhalten. Er brachte auch eine Violinschule heraus. Der Stil der Sinfonien ist vorklassisch.

Charles Louis Adolphe Vogel
(1808–92)

ZEIT UND UMWELT
Im 19. Jahrhundert wagten es immer mehr Komponisten, als freischaffende Künstler zu leben. Wenn sie sich der Komposition von Opern widmeten und diese mehrmals aufgeführt wurden, konnten sie ihr Auskommen finden.

LEBEN
Charles Louis Adolphe Vogel wurde am 17. 5. 1808 in Lille geboren. Er war am Conservatoire von Paris Violinschüler von Rodolphe Kreutzer sowie Kompositionsschüler von Antonín Rejcha und lebte anschließend als freier Opernkomponist bis zu seinem Tod im September 1892.

WERKE
Außer seinen ungefähr 8 Opern verfaßte Charles Louis Adolphe Vogel ein Oratorium, »Das Letzte Gericht«, und zahlreiche Lieder, von denen »Les Trois Couleurs« (Tricolore) zur Wiedereinführung der republikanischen Fahne im Jahr 1830 den größten Erfolg hatte. Er schrieb ferner einige Sinfonien, Streichquintette, Streichquartette und verschiedene Gelegenheitskompositionen.

Johann Christoph Vogel (1758–88)

ZEIT UND UMWELT
Neben dem ausgehenden Rokoko wirkten in Paris zugewanderte Meister aus Mitteleuropa, die die stürmische Entwicklung der Musik auf die Klassik zu mit den bodenständigen Stilelementen und den starken italienischen Einflüssen zu vereinigen suchten. Es ist natürlich müßig zu überlegen, welches Aussehen die französische Musiklandschaft gewonnen hätte, wäre die Revolution nicht ausgebrochen. Aber man darf wohl annehmen, daß der politische Umschwung und die neuen ideologischen Grundlagen richtungweisend geworden sind und eine Reihe von möglichen Wegen in die Zukunft verschüttet haben.

LEBEN
Johann Christoph Vogel wurde am 18. 3. 1758 in Nürnberg getauft. Er war Schüler von Joseph Riepel. Im Jahr 1776 ging er nach Paris und wirkte dort als Hornist in mehreren Kapellen von Adelshäusern. Im Buffonistenstreit stellte er sich auf die Seite von Christoph Willibald Gluck, den er verehrte und nachahmte. Er starb am 26. 6. 1788 in Paris.

WERKE
Trotz seiner kurzen Wirkungszeit verfaßte Johann Christoph Vogel neben 2 Opern 3 Sinfonien für großes Orchester, 2 konzertante Sinfonien für Blasinstrumente mit Orchester, 3 Quartette für Fagott mit Streichtrio, 6 Quartette für Horn und Streichtrio, 6 Streichquartette, 6 Triosonaten, 6 Klarinettenduos, ein Fagottkonzert und 6 Fagottduos. Eine Reihe weiterer Instrumentalwerke ist ungedruckt geblieben. Sein Stil rückte der Klassik sehr nahe.

LITERATUR
A. Bickel, Johann Christoph Vogel, der große Nürnberger Komponist zwischen Gluck und Mozart, Nürnberg 1956.

Wladimir Vogel (1896–1984)

LEBEN
Wladimir Rudolfowitsch Vogel wurde am 17. 2. 1896 in Moskau geboren. Er wurde durch Aleksandr Skrjabin zur Komposition angeregt. Von 1918 bis 1924 erhielt er Unterricht von Heinz Tiessen und Ferruccio Busoni in Berlin, wo er anschließend als Musikkritiker und als Kompositionslehrer am Klindworth-Scharwenka-Konservatorium wirkte. Als er 1933 Deutschland verlassen mußte, ging er nach Aufenthalten in Straßburg, Brüssel, Paris und London nach Ascona. Seit 1964 lebte er in Zürich, wo er am 19. 6. 1984 starb.

WERKE
Außer einer Anzahl von Chorwerken mit Orchester und Solisten, häufig mit Sprecher und Sprechchören, verfaßte Wladimir Vogel eine

Sinfonie, ein Violinkonzert, ein Cellokonzert, Stücke für großes Orchester, für Blasorchester, für Streichorchester, für Kammerensembles verschiedenster Art und Klavierwerke. Er gehörte anfänglich dem Expressionismus an (auch dem Kreis der Zeitschrift »Der Sturm«), wandte sich sodann dem Dodekaphonismus zu und handhabte ihn völlig frei. Sehr viel Aufmerksamkeit schenkte er der Sprechmelodie und integrierte sie in seinen Werken. Sprechchöre und »gesprochene Lieder« nahmen in seinem Werk einen breiten Raum ein.

Violinkonzert, 4 Sätze, entstanden 1937
Bei diesem Werk kommt dem Orchester die gleiche Wichtigkeit zu wie dem Solisten, es müßte daher »Konzert für Violine und für Orchester« benannt werden. Der 1. Satz ist repräsentativ-dynamisch mit gehobener klassischer Haltung. Er wird wie alle vier anderen Sätze von einer Kantilene eingeleitet, die die Melodik des Kommenden vorausnimmt. Die einleitende Kantilene des 2. Satzes ergeht sich in nahezu mystischen Klängen. Aus vorerst unklaren Impulsen entwickeln sich drei expressiv-melodische Themen. Im 3. Satz, dem Scherzo, exponiert der Solist ein Zwölftonthema, das in vier Varianten verschieden instrumentiert wiederholt wird. Das Finale schließt unmittelbar als »Finale in modo di Mozart« an. Dabei ist die verwendete Zwölftonreihe an das Modell der »Zauberflötenouvertüre« appliziert. Diese Doppelsinnigkeit des Satzes verleiht seiner Turbulenz etwas geradezu schockhaft Lustiges.

LITERATUR
H. Oesch, Wladimir Vogel, Bern 1967.

Georg Joseph Vogler (1749–1814)

Georg Joseph Vogler, Stich von J. M. Schramm

ZEIT UND UMWELT
Musikalische Schlachten, Seesturm- und Gewittergemälde, »Spazierfahrt auf dem Rhein, von Donnerwetter unterbrochen«, so lauten Orgelimprovisationen um die Wende zum 19. Jahrhundert. Damit war der Programmmusik, dem Lieblingskind der Romantik, das Tor geöffnet. Es hatte Programmusik in der Renaissance und später gegeben, doch immer nur von Fall zu Fall. Die Battaglia, das Capriccio und die Pastorale, die Programmstücke der englischen Virginalisten und der französischen Cembalisten, die »Biblischen Historien« von Johann Kuhnau und die »Vier Jahreszeiten« von Antonio Vivaldi motivierten die musikalische Formung durch bestimmte Vorgänge oder Bilder; es handelte sich jedoch immer noch um »spielerische« Versuche, etwas Außerordentliches zu präsentieren. Die »erlebte« Tonmalerei mit einem mehr oder minder präzisen Vokabular, das die Komposition zur »Tondichtung« gestaltet, brachte erst das Zeitalter der Romantik, in dem das Publikum gelernt hatte, das musikalisch Dargestellte mitzuerleben und mitzuempfinden.

LEBEN
Georg Joseph Vogler (Abbé Vogler) wurde am 15. 6. 1749 in Würzburg geboren, studierte in seinem Geburtsort und in Bamberg Theologie und Jura und kam 1771 als Hofkaplan nach Mannheim. Von 1773 bis 1775 hielt er sich mit einem Stipendium des Kurfürsten Karl Theodor in Italien auf, wo er zuerst bei Padre Martini und darauf bei Francesco Antonio Vallotti in Padua Unterricht nahm. In Rom wurde er Abbé, apostolischer

Pronotar, Kämmerer und Mitglied der Arkadischen Gesellschaft. In Mannheim wurde er 1776 Geistlicher Rat und errichtete eine Musikhochschule (Mannheimer Tonschule), 1777 Zweiter und 1784 Erster Kapellmeister der inzwischen nach München übersiedelten Hofkapelle. Nach ausgedehnten Konzertreisen als Klavier- und Orgelvirtuose kam er 1786 als Kapellmeister und Musiklehrer des Kronprinzen Gustaf Adolf (1778–1837), des nachmaligen Königs Gustaf IV., nach Stockholm, wo er, von Reisen nach Holland, Rußland, Athen, Karthago und Tanger unterbrochen, bis 1799 verblieb. Anschließend hielt er sich in Österreich und Deutschland auf und wurde 1807 als Hofkapellmeister und Geheimer Rat nach Darmstadt berufen. Auch dort unterhielt er eine »Tonschule« und unternahm Konzertreisen vor allem durch Süddeutschland. Er starb am 6. 5. 1814 in Darmstadt.

WERKE
Die Position des in musikalischen Kreisen allgemein als »Abbé Vogler« bekannten Komponisten ist dadurch gekennzeichnet, daß er in Bologna Padre Martini bald verließ, in Padua sein Musikstudium vollendete und später als Lehrer seinen Schülern zurief: »Wacht auf, ihr Nachbeter, ihr Spießbürger von Liliput, aus eurem lethargischen Schlummer! Hört! Seht! Fühlt! Und denkt!« Er war ein Mann des Fortschritts, der bei aller Klassiknähe die Musiklandschaft des 19. Jahrhunderts vorbereitete. Sein Opernschaffen (11 Opern, Singspiele und Operetten) war nicht bedeutend, seine Kirchenmusik wurde zu ihrer Zeit aber sehr hoch bewertet; sie bestand aus 50 Hymnen, Psalmen, Motetten, Messen, Requiem, Te Deum, Magnificat, Miserere, Salve regina und wurde bald wieder vergessen. Die Instrumentalmusik hingegen – zahlreiche Sonaten und Variationen für ein und zwei Pianoforte, 112 Kleine und 32 Große Präludien für Orgel oder Pianoforte, Sonaten für Violine und Pianoforte, 22 Stücke für Klavier und Streichtrio, die Musik »verschiedener Nationen darstellend«, 3 Sinfonien, 2 Ouvertüren, 3 Ballette, 9 Konzerte für Pianoforte und Orchester und eines für zwei Klaviere und Instrumente, ein Flötenkonzert – hatte nachhaltende Wirkung. Am interessantesten sind seine programmatischen Orgelstücke, die bereits zur Programmusik der Romantik gerechnet werden müssen. Von stärkstem Interesse waren seine verschiedenen musiktheoretischen Schriften und Lehrwerke, mit denen er der europäischen Musikentwicklung entscheidende Impulse verlieh. Großen Einfluß auf die zeitgenössischen Musiker übten seine Lehrtätigkeit sowie seine Musiker- und Gelehrtenpersönlichkeit selbst aus, so daß er bereits zu Lebzeiten, ähnlich dem Bologneser Padre Martini, zur legendären Gestalt wurde.

LITERATUR
K.E. von Schafhäutel, Abbé Georg Joseph Vogler, Augsburg 1888, Nachdruck Hildesheim 1979. H. Kreitz, Abbé Georg Joseph Vogler als Musiktheoretiker, Dissertation Saarbrücken 1957. H. Schweiger, Abbé Voglers Orgellehre, Wien 1938.

Gustave Vogt (1781–1879)

ZEIT UND UMWELT
Antoine Sallantin (1754, Paris, bis nach 1813, Paris), Oboenlehrer des Pariser Conservatoire, setzte sich eifrig für eine höhere Qualität des Spiels seines Instruments in Frankreich ein, das durch verbesserten Bau und verfeinerte Anblastechnik seinen harten, schrillen Klang verloren hatte und zum unentbehrlichen Mitglied des modernen Orchesters geworden war.

LEBEN
Gustave Vogt wurde am 18.3.1781 in Straßburg geboren und am Conservatoire in Paris von Antoine Sallantin zum Oboisten ausgebildet. Er war außerdem Kompositionsschüler von Jean-Baptiste Rey (1734–1810) und wurde, nachdem er 1799 den Ersten Oboen-Preis erhalten hatte, 1801 Solooboist an der Opéra italienne und 1802 Konservatoriumslehrer. Im Jahr 1805 wurde er Mitglied der Kapelle der Kaiserlichen Garde und kam damit bis nach Wien. Nach dem Frieden von Tilsit (1807)

ließ er sich erneut in Paris nieder, spielte vorläufig die Oboe am Théâtre Feydeau, bis er 1814 seinem Freund und Lehrer Antoine Sallantin als Erster Oboist an der Opéra nachfolgte und die Lehrtätigkeit am Konservatorium erneut aufnahm. Er wirkte zugleich an der Königlichen Kapelle und bei den Concerts Français; die Philharmonic Society lud ihn oft nach London ein, bei ihren Konzerten mitzuwirken. Er starb am 30. 5. 1879 in Paris.

WERKE

Von Gustave Vogt ist eine beträchtliche Anzahl Stücke für Oboe - Konzerte, Kammermusik, Sonaten - erschienen, die wohl als Übungsstücke dienen konnten, aber reine Konzertmusik waren. Manches davon wird heute noch gespielt. Sie sind interessante Beispiele der französischen Frühromantik.

Hans Vogt (geboren 1911)

LEBEN

Hans Vogt wurde am 14.5.1911 in Danzig (Gdańsk) geboren. Er studierte 1929–34 in Berlin an der Akademie der Künste bei Georg Schumann, ab 1930 auch an der Akademie für Kirchen- und Schulmusik. Anschließend wirkte er als Kapellmeister in Bielefeld und Detmold und war von 1938 bis 1944 Musikdirektor in Stralsund. Seit 1951 leitet er eine Kompositionsklasse an der Musikhochschule Mannheim-Heidelberg; 1971 wurde er dort Professor.

WERKE

Außer einer oratorischen Oper und einer für die Bühne schrieb Hans Vogt eine Sinfonie, ein Konzert für mehrchöriges Orchester und ein zweites Orchesterkonzert, eine »Rhythmische Musik« und mehrere weitere Stücke für Orchester, ein Cellokonzert, ein Klavierkonzert, ein Divertissement für Klavier und kleines Orchester, ein Kammerkonzert für 15 Streicher und Gitarre, ein Streichquintett, 4 Streichquartette, ein Klaviertrio, ein Streichtrio, ein Trio für Flöte, Bratsche und Harfe, eine Sonate für 17 Instrumente, Klavierstücke, ein Kammeroratorium, eine Passionsmusik, eine Kantate, ein Magnificat, ein Requiem, Chöre und Lieder.

Mauritius Vogt (1669–1730)

ZEIT UND UMWELT

Orgelbau und Orgelspiel wurden im böhmisch-mährischen Raum fast so intensiv gepflegt wie in Österreich oder Deutschland. Das bewog manchen Deutschen oder Österreicher, an der Musikentwicklung des Königreiches Böhmen mitzuwirken.

LEBEN

Mauritius Johann Vogt wurde am 30. 6. 1669 in Königshofen, Franken, geboren. Er studierte in Prag und trat in das Zisterzienserkloster in Plaß (Plasy) ein. Er wurde Subprior der Wallfahrtskirche Maria Teinitz bei Kralowitz (Kralovice), wo er am 17. 8. 1730 starb.

WERKE

Der deutsche Komponist Mauritius Vogt gab seinem Musiktraktat über Orgelbau und Orgelspiel eine große Anzahl eigener Kompositionen als Tonsatzbeispiele bei, die eine beachtliche kompositorische Fähigkeit bezeugen. Er war außerdem ein bekannter Orgelbautheoretiker.

Gabriel Voigtländer (um 1596–1643)

ZEIT UND UMWELT

Nach dem Tod des schwedischen Königs Gustav II. Adolf (1632) versuchte Dänemark, das 1529 mit dem deutschen Kaiser einen Separatfrieden geschlossen hatte, den schwedischen Einfluß auf dem Kontinent nach Kräften zu schmälern. Dies hatte schließlich 1643 einen Angriff der Schweden auf Dänemark zur Folge, in dessen Verlauf Jütland 1644 in die Hand Schwedens kam.

LEBEN

Gabriel Voigtländer wurde um 1596 in Reideburg geboren. Er war ab 1626 Stadttrompeter in Lübeck, von 1633 bis 1636 Hof-

und Feldtrompeter in Gottorf und trat darauf in die Dienste des dänischen Königs Christian IV., der gerade einige Jahre in keinen Krieg verwickelt war. Er starb am 23. 2. 1643 in Nykøbing.

WERKE
Der deutsche Instrumentalist und Komponist Gabriel Voigtländer brachte eine umfangreiche Sammlung, »Allerhand Oden und Lieder, welche auf allerley als Italianische, Französische, Englische und anderer Teutschen guten Componisten Melodien und Arien gerichtet« – insgesamt 93 Melodien mit Generalbaß –, heraus. Ein Teil der Melodien und die gesamte Bearbeitung der Instrumentalmelodien zu Liedern sind von Voigtländer. Die Sammlung erfreute sich großer Beliebtheit. Eine vierstimmige Matthäus-Passion und etliche Lieder sind nur im Manuskript überliefert.

LITERATUR
H. Kretzschmar, Geschichte des Neuen deutschen Liedes, Leipzig 1911.

Fritz Volbach (1861–1940)

LEBEN
Fritz Volbach wurde am 17.12.1861 in Wipperfürth, Rheinland, geboren. Nach Philosophiestudium in Heidelberg und Bonn nahm er bei Eduard Grell (1800–86) in Berlin Kompositionsunterricht. Ab 1887 wirkte er dort als Lehrer am Institut für Kirchenmusik und als Chordirigent. Im Jahr 1892 wurde er in Mainz Dirigent des Oratorienchors, 1907 in Tübingen akademischer Musikdirektor, 1918 Professor an der Universität Münster und 1925 dort Dirigent der Konzerte der Stadt. Er starb am 30.11.1940 in Wiesbaden.

WERKE
Neben einer komischen Oper verfaßte Fritz Volbach das szenische Oratorium »Auferstehung«, eine Sinfonie in h-Moll, die sinfonische Dichtung für Orgel und Orchester »Ostern« und die Tondichtungen »Es waren zwei Königskinder« und »Alt-Heidelberg, du feine«, außerdem Kammermusik und Vokalwerke. Sein Stil könnte als klassiknahe Romantik bezeichnet werden. Auch seine kirchenmusikalischen Werke sind sehr konservativ.

Wilhelm Volckmar (1812–87)

ZEIT UND UMWELT
In der zweiten Hälfte des 19. Jahrhunderts wurden in die Konzertsäle großer Städte Orgeln eingebaut, so daß unabhängig von den Kirchen Orgelkonzerte möglich wurden. Man konnte auch bei Oratorien mit Orgel auf die bisher erforderlichen Behelfe – Positive, Regale, Harmonien – verzichten. Daß diese Orgeln nicht selten für unsere Begriffe zu üppig ausgestattet wurden, muß dem Geschmack der Romantik zugute gehalten werden.

LEBEN
Wilhelm Adam Valentin Volckmar wurde am 26.12.1812 in Hersfeld geboren. Er wirkte ab 1835 als Musiklehrer und Organist am Seminar in Homberg bei Kassel, wo er am 27.8. 1887 starb.

WERKE
Von Wilhelm Volckmar sind 20 Orgelsonaten, mehrere Orgelkonzerte, eine Orgelsinfonie und zahlreiche, zumeist sakrale Vokalwerke erhalten. Er verfaßte außerdem eine große Orgelschule und eine »Schule der Geläufigkeit« für die Orgel, eine Harmonielehre und ein Handbuch der Musik.

Franz Volkert (1767–1845)

ZEIT UND UMWELT
Gleichzeitiges Wirken als Kirchenorganist und Operndirigent, wie es in Italien sehr häufig bis über 1800 hinaus feststellbar war, bildete auch für Wien nichts Außerordentliches. Das beweist den hohen Kunstsinn der Wiener kirchlichen Behörden jener Zeit.

LEBEN

Franz Volkert wurde am 2. 2. 1767 bei Bunzlau (Bolesławiec), Schlesien, geboren. Er wirkte in Wien als Kirchenorganist und als Kapellmeister am Theater an der Wien bis zu seinem Tod am 22. 3. 1845.

WERKE

Von Franz Volkert sind ungefähr 150 Singspiele, musikalische Farcen, Melodramen und Pantomimen aufgeführt worden, die sehr beliebt waren. Er schrieb außerdem Klaviertrios, Klaviervariationen, verschiedene Lieder und für die Kirche vierstimmige Gradualien und eine Anzahl Orgelstücke.

Robert Volkmann (1815–83)

ZEIT UND UMWELT

Die Fülle von Kompositionen, die das 19. Jahrhundert in Deutschland hervorbrachte, hatte trotz des großen Bedarfs an Konzertliteratur zur Folge, daß sie einander verdrängten. Es war nicht immer das Schlechteste, das bald der Vergessenheit anheimfiel; bei solchen Effekten spielten nicht selten Zufälle eine Rolle, die später kaum mehr aufzudecken sind. Der zuweilen heftig geführte Kampf gegen oder auch für Liszt und Wagner rückte Meister in den Schatten, die sich daran nicht beteiligten.

LEBEN

Friedrich Robert Volkmann wurde am 6.4. 1815 in Lommatzsch, Sachsen, geboren. Seine Ausbildung erhielt er in Freiberg von August Ferdinand Anacker und darauf in Leipzig am Konservatorium von Carl Ferdinand Becker. Seine nahe Bekanntschaft mit Robert Schumann war für ihn von großem Einfluß. Im Jahr 1839 lebte er als Musiklehrer in Prag, 1840 in Szemeréd bei Budapest, von 1854 bis 1858 in Wien und darauf bis zu seinem Tod am 29.10.1883 als Lehrer für Kontrapunktik und Harmonie an der Musikakademie in Budapest.

WERKE

Von Robert Volkmann sind 3 Sinfonien, 3 Serenaden, ein Cellokonzert, ein Klavierkonzert, 6 Streichquartette, 2 Klaviertrios, 2 Messen für Männerstimmen, eine große Zahl Stücke für Klavier und für Klavier mit Violine, Lieder, Chöre und Bühnenmusik für »Richard III.« von William Shakespeare, insgesamt mehr als 80 Opuszahlen, überliefert. Seine durchweg sehr ansprechende Musik wurde von den Zeitgenossen freundlich aufgenommen, aber bald wieder vergessen. Sie würde mehr Beachtung verdienen.

LITERATUR

C. Preis, Robert Volkmann, Graz 1912.

Karl Vollweiler
(1813–48)

ZEIT UND UMWELT

Fähige Musiklehrer wurden im ganzen 19. Jahrhundert in Rußland noch bereitwillig aufgenommen, weil die Lehranstalten des Landes nicht mit einheimischen Kräften im nötigen Ausmaß ausgestattet werden konnten.

LEBEN

Karl Vollweiler wurde 1813 in Offenbach als Sohn des Musiklehrers in Frankfurt am Main, Mannheim und Heidelberg, Georg Jakob Vollweiler (29.11.1770, Eppingen, Baden, bis 27.1.1847, Heidelberg), geboren. Er war Klavier- und Kompositionslehrer in St. Petersburg und gegen Ende seines Lebens in Heidelberg, wo er am 27.1.1848 starb.

WERKE

Von Karl Vollweiler sind eine ungedruckte Sinfonie, 2 Klaviertrios, Variationen für Streichquartett, Klavierstücke – Sonaten, Etüden – und Lieder überliefert.

Giovanni Battista Volpe
(um 1620–92)

ZEIT UND UMWELT

Die Nachfrage nach Opern war in der zweiten Hälfte des 17. Jahrhunderts besonders in Venedig so stark angestiegen, daß manche

Komponisten alle anderen Kompositionsgattungen völlig vernachlässigten und sich nahezu ausschließlich der Komposition und der Aufführung von Opern, die beträchtliche wirtschaftliche Erfolge einbrachten, widmeten.

LEBEN
Giovanni Battista Volpe, der sich nach seinem Onkel Giovanni Rovetta den Namen Giambattista Rovettino beilegte, wurde in Venedig um 1620 geboren. Er war ab 1645 Hilfsorganist an San Marco in Venedig, ab 1660 stellvertretender und ab 1678 erster Organist, und von 1690 bis zu seinem Tod im Jahr 1692 war er Kapellmeister des Domes.

WERKE
Außer mehreren erfolgreichen Opern ist vom italienischen Komponisten Giovanni Battista Volpe lediglich eine Motette erhalten. Es ist unbekannt, ob er mehr geschrieben hat. Auf dem Gebiet der Barockoper war sein Beitrag beachtlich.

Jean-Baptiste Volumier
(um 1670–1728)

ZEIT UND UMWELT
Von den beiden Hofkapellen, die der sächsische Kurfürst August II. der Starke an seinem Dresdner Hof hielt, nachdem er 1694 als Friedrich August I. König von Polen geworden war, erfuhr die deutsche eine weit intensivere Pflege. Die zweite, polnische, deren Kräfte zum größten Teil aus Warschau gekommen waren, mußte den neuen Bedürfnissen erst angepaßt werden. Es währte einige Zeit, bis sie überhaupt in Erscheinung trat.

LEBEN
Jean-Baptiste Volumier wurde um 1670 in Spanien geboren. Aus der fallweisen Orthographie seines Namens »Woulmyer« kann geschlossen werden, daß er Flame war und einer Familie entstammte, die in spanischen Diensten gestanden war. Er dürfte sich einige Zeit am französischen Hof aufgehalten haben. Von 1692 bis 1708 wirkte er als Konzert- und Tanzmeister an der kurfürstlichen – ab 1701 Königlichen – Kapelle in Berlin, ab 1709 war er Violinist an der deutschen Kapelle und Ballettkomponist in Dresden, wo er am 7. 10. 1728 starb.

WERKE
Der flämische Violinvirtuose und Komponist Jean-Baptiste Volumier verfaßte eine Anzahl von Balletten und Violinstücken, die zu seiner Zeit sehr geschätzt wurden. Sie wurden im Siebenjährigen Krieg durch einen preußischen Artilleriebeschuß Dresdens ein Raub der Flammen.

Gottfried Vopelius
(1645–1715)

ZEIT UND UMWELT
Die Melodien der deutschen evangelischen Kirchenlieder stammen zu einem großen Teil aus dem 17. Jahrhundert, abgesehen von einem festen Bestand, der in die Reformationszeit zurückgeht. Die barocke Dichtung hat eine Fülle von Texten herausgebracht, die zum Teil von hohem dichterischem Wert sind.

LEBEN
Gottfried Vopelius wurde am 28. 1. 1645 in Herwigsdorf, Zittau, geboren. Er studierte in Leipzig, wurde 1672 Lehrer an der Nicolaischule und war von 1677 bis zu seinem Tod am 3. 2. 1715 Kantor.

WERKE
Der deutsche Komponist Gottfried Vopelius gab das »Neu Leipziger Gesangbuch mit 4 bis 6 Stimmen teils aus Scheins Cantional und andern Autoribus zusammengetragen, teils aber selbsten componieret« heraus, das heute noch in Gebrauch ist. Seine eigenen Kompositionen schöpfen vorwiegend aus dem deutschen Volksliedschatz.

Jan Václav Voříšek (1791–1825)

Zeit und Umwelt

Der Musikerkreis um Ludwig van Beethoven bestand durchweg aus äußerst befähigten Meistern, die sowohl als Komponisten wie als Interpreten Bedeutendes leisteten. Sie wirkten natürlich im Schatten des Titanen der Wiener Klassik und traten daher stilistisch mehr oder minder auf der Stelle, weil eine Weiterentwicklung der auf ihrem Höhepunkt angelangten Stilepoche unmöglich war.

Leben

Jan Václav Voříšek (Jan Hugo Woržischek) wurde am 11.5.1791 in Wamberg (Vamberk), Böhmen, geboren und ab 1812 in Prag, wo er an der Universität studierte, von Václav Jan Tomášek unterrichtet. Er setzte sein Studium in Wien fort, kam in den Kreis um Beethoven und wurde 1818 in die Gesellschaft der Musikfreunde als Pianist und Dirigent aufgenommen. Im Jahr 1823 wurde er Zweiter und 1824 Erster Hoforganist, starb aber bereits am 19.11.1825 in Wien.

Werke

Von Jan Václac Voříšek sind als Opus 1 seine Ludwig van Beethoven gewidmeten 12 Rhapsodien für Klavier, weiters 6 Impromptus für Klavier, eine Klaviersonate in b-Moll, eine Violinsonate, Variationen, Charakterstücke und Rondos für Klavier, Violine und Cello sowie Lieder überliefert, ferner handschriftlich eine Sinfonie in D-Dur, mehrere kirchliche Werke und weitere Lieder. Sein Stil ist klassizistisch, verbindet aber virtuose Brillanz mit romantischem Klang, so daß man an eine weitere Entwicklung des Frühverstorbenen zum Romantiker denken darf. Deutlich dennoch der Einfluß Beethovens, besonders deutlich erkennbar in seiner Symphonie Opus 24.

Sláva Vorlová (1894–1973)

Leben

Sláva Vorlová (geborene Miroslava Johnová) wurde am 15.3.1894 in Náchod, Böhmen, geboren. Sie war am Konservatorium in Prag Schülerin von Vítězslav Novák und Jaroslav Řídký und wirkte anschließend als Musiklehrerin und freie Komponistin bis zu ihrem Tod am 24.8.1973 in Prag.

Werke

Außer 4 Opern und einer Ballettmusik schrieb Sláva Vorlová unter anderen eine Sinfonie, »Kybernetische Studie«, ein Doppelkonzert für Oboe und Harfe, ein Oboenkonzert, ein Cellokonzert, ein Bratschenkonzert, ein Trompetenkonzert, ein Flötenkonzert, ein Konzert für Baßklarinette, Streicher und Orchester, ein Kammerkonzert für Kontrabaß und Streicher, ein Nonett, ein Blechbläserquintett, ein Trio für Baßklarinette, Klavier und Schlagzeug, Variationen über ein Thema von Händel, 2 Stücke für Baßklarinette solo, Klavierstücke, Kantaten, Chöre, Lieder und Schauspielmusiken. Sie stieß zuweilen bis zu den Grenzen der Tonalität vor.

Friedrich Voss (geboren 1930)

Leben

Friedrich Voss wurde am 12.12.1930 in Halberstadt geboren. Er studierte an der Berliner Musikhochschule Klavier und Komposition und betätigte sich anschließend als Pianist, Musiklehrer und freischaffender Komponist.

Werke

Die abendländische Musiklandschaft ist auch im 20. Jahrhundert von einer Fülle von Talenten bevölkert, die mit viel Können eine eingängige Musik für ihr Publikum schreiben. Ihre Erfolge sind häufig nicht lange andauernd, aber es treten immer wieder andere an ihre Stelle. Sie schreiben spätromantisch oder neuklassizistisch, tonal und wohlklingend, ihre seltenen Ausflüge in modernere Diktionen sind nicht konsequent. Die Musik von Friedrich Voss wurde mit mehreren Preisen bedacht, weil sie dem Geschmack der Masse entgegenkommt. Er schrieb das Ballett »Die Nachtigall und die Rose«, 4 Sinfonien, einen Dithyrambus über ein Motiv von Beethoven für Orchester, ein Epitaph und eine Tragische Ouvertüre für Streichorchester, »Zwölf Poèmes« für Kammerorchester, Variationen für Bläser und Pauken, ein Flötenkonzert, ein Concertino für Cello und Streichorchester, ein Streichquartett, ein Klaviertrio, Variationen für Flöte und einen gemischten Chor a cappella.

Zbyněk Vostřák (geboren 1920)

LEBEN

Zbyněk Vostřák wurde am 10.6.1920 in Prag geboren, wo er bei Rudolf Karel und am Konservatorium von 1938 bis 1943 studierte und anschließend bis 1948 unterrichtete. Dann wirkte er als Dirigent an der Oper in Ústí. Im Jahr 1963 wurde er Leiter des Kammerensembles »Musica viva Pragensis«.

WERKE

Außer 4 Opern und 3 Balletten schrieb Zbyněk Vostřák eine Ouvertüre, mehrere Stücke für Kammerorchester, »Pendel der Zeit« für Cello, vier Instrumentengruppen und elektronische Orgel, »Kristallisationen« für zwölf Bläser, »12 Blätter« für neun Spieler, »Affekte« für sieben Instrumente, ein Bläserquintett, 3 Streichquartette, ein Trio für Violine, Oboe und Klavier, 2 Kantaten, 3 Stücke für Elektronische Musik.

Pavel Vranický (1756–1808)

ZEIT UND UMWELT

Die einsetzende Romantik drückte sich auch in der Stoffwahl der Opernlibretti aus. Nachdem im Zuge der Aufklärung die antike Götterwelt verlassen worden war und sich die Oper realen Stoffen zugewandt hatte, trat das Bedürfnis nach phantastischen Vorgängen bald wieder auf.

LEBEN

Pavel Vranický (Paul Wranizky, Wranitzky) wurde am 30. 12. 1756 in Neureisch (Nová Ruzová), Mähren, geboren. Er kam 1776 nach Wien, um Theologie zu studieren, wandte sich aber der Musik zu und wurde Violinist in der Kapelle der Fürsten Esterházy in Eisenstadt unter Joseph Haydn. Er befreundete sich auch mit Joseph Martin Kraus, der sich in jenen Jahren in Wien aufhielt, und wurde von ihm unterrichtet. Im Jahr 1785 erhielt er die Leitung des Wiener Hofopernorchesters und wurde 1793 Sekretär der Wiener Tonkünstlersozietät. Er starb am 28. 9. 1808 in Wien.

Sein Bruder Antonín Vranický (Anton Wranizky, 13. 6. 1761, Neureisch, bis 6. 8. 1820, Wien) kam 1790 nach Wien und wirkte als Violinist am Hofopernorchester und als gesuchter Violinlehrer. Fürst Franz Joseph Maximilian Lobkowitz (1772–1816) stellte ihn als Kapellmeister in Raudnitz, Prag und Wien ein. Ab 1814 war er Konzertmeister am Theater an der Wien.

WERKE

Zeit seines Lebens waren die kompositorischen Werke von Pavel Vranický in ganz Europa verbreitet und genossen einen hohen Beliebtheitsgrad. Von seinen Singspielen ist »Oberon, König der Elfen« als älteste »Geisteroper« am bemerkenswertesten. Auch seine Ballett-Divertissements wurden viel aufgeführt. Auf seine Bearbeitung eines russischen Tanzes von Ivan Mane Jarnović verfaßte Ludwig van Beethoven 12 Klaviervariationen. Seine 224 vorzüglichen Kanons fanden weniger Beachtung. Von seinen 22 Sinfonien, die vielfach aufgeführt wurden, fiel Opus 33 – »Für den Frieden mit der französischen Republik« – in Wien einem Aufführungsverbot zum Opfer. Er schrieb außerdem ein Flötenkonzert, ein Cellokonzert, zahlreiche Quintette, Streich- und Klavierquartette, Violin- und Klaviersonaten, außerdem Violinkonzerte und weitere Kammermusik, deren Zuschreibung nicht in jedem Fall gesichert ist, weil einiges davon von Antonín Vranický stammen dürfte.

Von Antonín Vranický erschienen 5 Streichquartette, eine Violinsonate, 2 Quintette und ein Violinkonzert in C-Dur im Druck, 16 Sinfonien, 15 weitere Violinkonzerte, Tänze,

Märsche, Kirchenwerke und eine Reihe kleinerer Kompositionen blieben Manuskript.

LITERATUR

M. Poštolka, Thematisches Verzeichnis der Sinfonien Pavel Vranickýs, in: Miscellanea musicologica 20, 1971.

Jacob Vredeman de Vries
(um 1563–1621)

ZEIT UND UMWELT

Stadt der Türme und der Glocken wurde Mecheln bereits vor Jahrhunderten genannt. Das Glockenspiel der St.-Rombaut-Kathedrale besteht aus nahezu fünfzig Glocken. Die Glockenspielerschule der Stadt nahm nur ausgebildete Musiker als Schüler auf.

LEBEN

Jacob Vredeman de Vries (Vredman, Vredemann) wurde um 1563 in Mecheln geboren. Seine Ausbildung zum Musiklehrer und Komponisten erhielt er an der Chorschule der Stadt unter dem Kapellmeister Georges de la Hèle und von seinem Vater. Nach einigen Reisen durch den niederländischen Raum ließ er sich schließlich in Leeuwarden als Musiklehrer nieder. Er starb in Leeuwarden im September 1621.

Sein Bruder Michael Vredeman de Vries (um 1562, Mecheln, bis 19. 1. 1629, Utrecht) war Instrumentenbauer und ließ sich um 1583 in Utrecht nieder.

Der Vater Sebastian Vredeman de Vries (um 1540, Mecheln, bis um 1600, Leyden) stand ab 1589 als Glockenspieler im Dienst der Stadt Leyden.

WERKE

Von Jacob Vredeman de Vries sind verschiedene Madrigale, Kanzonen und Villanellen, außerdem einige volkstümliche Chansons überliefert.

Sebastian Vredeman de Vries veröffentlichte Vokal- und Instrumentalmusik – Lieder, Tänze –, die zum Teil von ihm selbst komponiert wurden. Stilistisch folgen sie der franko-flämischen Schule wie auch die Kompositionen des Sohnes Jacob Vredeman de Vries.

Roger Vuataz (geboren 1898)

LEBEN

Roger Vuataz wurde am 4.1.1898 in Genf geboren und studierte am Konservatorium seiner Vaterstadt. Er gründete dort 1924 eine »Bach-Gesellschaft«, 1940 eine Evangelische Singschule und wirkte von 1929 bis 1935 als Musikkritiker. Im Jahr 1937 wurde er Sendeleiter und 1943 (bis 1966) Leiter der Musikabteilung von Radio Genf.

WERKE

Außer einer Oper und 2 Balletten schrieb Roger Vuataz eine Sinfonie, eine sinfonische Suite, ein sinfonisches Fresco, ein Klavierkonzert, ein Harfenkonzert, ein Streichquartett, eine Suite für Flöte, Oboe, Bratsche, Cello und Cembalo, ein Triptychon für Cello, 3 Sonatinen und eine Sonate für Klavier, 2 Oratorien, Chöre a cappella und Lieder. Er war stilistisch konservativ, mit Neigung zum Neuklassizismus.

Vojislav Vučković (1910–42)

LEBEN

Vojislav Vučković wurde am 18.10.1910 in Pirot, Serbien, geboren. Er war ab 1929 am Konservatorium in Prag Schüler von Josef Suk und Alois Hába. Ab 1935 lebte er in Belgrad als Dirigent der Philharmonie und wirkte ab 1936 als Professor an der Musikakademie. Er starb am 25.12.1942 in Belgrad.

WERKE

Neben einem Ballett schrieb Vojislav Vučković 3 Sinfonien, 4 Sinfonische Dichtungen, ein Streichquartett, ein Vierteltontrio für zwei Klarinetten und Klavier sowie Lieder. Er veröffentlichte eine Anzahl musikwissenschaftlicher Werke. Er war einer der ersten in Serbien, der mit der traditionsgebundenen folkloristischen Musik brach und den Anschluß an das Musikleben des gesamten Abendlandes fand; er war außerdem der erste Vierteltonkomponist seines Landes.

Melchior Vulpius (um 1570–1615)

ZEIT UND UMWELT

Während des gesamten 16. Jahrhunderts unterlag das protestantische Kirchenlied keinen starken Veränderungen. Italienische Einflüsse sind im großen und ganzen nur beim profanen Lied bemerkbar. Der Gesang in den Kirchen behielt seine einfachen Melodien, die schwere Harmonik und die gemessenen Rhythmen bei, die ihn am Beginn der Reformation gekennzeichnet hatten. Sein Zweck war auch nicht die Unterhaltung, sondern die Erbauung.

LEBEN

Melchior Vulpius (Fuchs) wurde um 1570 in Wasungen bei Meiningen geboren. Im Jahr 1589 trat er in Schleusingen, Thüringen, eine Stelle als Lehrer und Kantor an; ab 1596 war er Stadtkantor in Weimar bis zu seinem Tod 1615. Am 7. 8. 1615 wurde er in Weimar begraben.

WERKE

Der evangelische Kirchenmusiker Melchior Vulpius ließ bei seinen Kompositionen als einer der ersten einen leichten Einfluß der italienischen Liedkunst erkennen und leitete damit eine Entwicklung ein, die zu der charakteristischen Form des Kirchenliedes des 17. Jahrhunderts führte. Von einem monodischen Satz war er jedoch noch weit entfernt. Seine »Cantiones sacrae«, »Deutsche Sonntägliche Evangelische Sprüche«, erlebten viele Auflagen, das »Canticum Beatissime virginis Mariae« war nicht weniger beliebt. Einzelne Lieder, wie »Die helle Sonn leucht' jetzt herfür«, »Lobt Gott, ihr Heiden all« und »Hinunter ist der Sonnen Schein«, werden noch heute gesungen. Neben seinem Liedschaffen verfaßte der Kantor 1613 eine Passion nach Matthäus, die bereits die Züge einer Passion des 17. Jahrhunderts aufweist.

LITERATUR

H. H. Eggebrecht, Melchior Vulpius, Jena 1949.

Ladislav Vycpálek (1882–1969)

LEBEN

Ladislav Vycpálek wurde am 23.2.1882 in Vršovice bei Prag geboren. Nach Philologiestudium an der Universität Prag und Musikstudium bei Vítězslav Novák von 1908 bis 1912 wirkte er in der Musikabteilung der National- und Universitätsbibliothek in Prag bis 1942. Er starb am 9.1.1969 in Prag.

WERKE

Von Ladislav Vycpálek sind 2 Variationsfantasien, zahlreiche Kammermusik, darunter ein vorzügliches Streichquartett, und Kantatenwerke, von denen sein »Tschechisches Requiem« hervorzuheben ist, Chöre und Lieder mit verschiedener Begleitung bekannt geworden. Die Kompositionen sind stark von seinem Lehrer beeinflußt.

W

Axel Raoul Wachtmeister (1865–1947)

Leben

Carl Axel Raoul Georg Henrik Wachtmeister wurde am 2.4.1865 in London geboren. Er studierte am Konservatorium in Leipzig und an der Schola Cantorum in Paris. Im Winter lebte er in Paris, im Sommer in Schweden und einige Zeit auch in New York. Einen musikalischen Beruf übte er nicht aus. Er starb am 12.12.1947 in Paris.

Werke

Die Kompositionen von Axel Raoul Wachtmeister – eine Oper, ein Opernoratorium, eine sinfonische Dichtung, mehrere Chorwerke, ein Klavierkonzert, ein Violinkonzert und 4 Streichquartette – sind noch der Hochromantik zuzurechnen.

Hendrik Waelput (1845–85)

Zeit und Umwelt

Die Doppelsprachigkeit des Königreichs Belgien verhinderte nachgerade die Bildung eines typisch »belgischen« Stils, denn die Meister aus den französischen Gebieten lehnten sich begreiflicherweise an die Musikentwicklung Frankreichs an, während die Flamen starke Beziehungen zur niederländischen Musik hielten. Mit fortschreitendem Jahrhundert verlor dieses Problem seine Wichtigkeit, weil die nationalen Abgrenzungen der Musiklandschaften immer bedeutungsloser wurden.

Leben

Hendrik Waelput wurde am 26.10.1845 in Gent geboren. Er studierte am Konservatorium in Brüssel und erhielt den Rompreis. Von 1869 bis 1871 wirkte er als Leiter des Konservatoriums in Brügge und zugleich als Theaterkapellmeister und Dirigent der Concerts populaires in Brüssel. Im Jahr 1879 wurde er Harmonielehrer am Konservatorium in Antwerpen und 1884 Theaterkapellmeister in Gent, wo er am 8.7.1885 starb.

Werke

Von Hendrik Waelput sind 3 Opern – 2 auf französischen Text, eine flämische nicht aufgeführt – überliefert. Er schrieb außerdem 3 Ouvertüren, eine Suite für Orchester, 3 Kantaten, flämische Männerchöre mit Blechbläsern, ein Streichquintett, das vielleicht seine beste Komposition darstellt, Klavierstücke und Lieder. Er schuf sich innerhalb des Widerstreits der verschiedenen Stilarten einen höchst persönlichen, sehr ansprechenden Stil.

Literatur

E. de Vynck, Hendrik Waelput, Brüssel 1935.

Hubert Waelrant (um 1517–95)

Zeit und Umwelt

Das reiche Antwerpen bot Musikern vielseitige Verdienstmöglichkeiten als Komponisten, als Interpreten, als Lehrer und als Drucker und Verleger. Der riesige Warenumschlag des Hafens, die Unzahl der Handelshäuser, Banken und Werkstätten brachten ständig große Summen ins Rollen und Wohlstand für die Bürgerschaft, die das Mäzenatentum wie anderswo die Fürstenhöfe traditionsgemäß ausübte.

Leben

Hubert Waelrant (Waelrand) wurde um

1517 in Tongerloo, Brabant, geboren. Über seine Jugend und Ausbildung ist nichts bekannt. Ab dem Jahr 1544 wirkte er als Tenorist an Notre-Dame zu Antwerpen und ab 1553 als Lehrer an einer Musikschule der Stadt. Von 1554 bis 1558 betrieb er mit Jean Laet (um 1525 bis um 1567) einen Musikverlag, der wegen Veröffentlichung ketzerischer Chansons von der Inquisition gesperrt wurde. Er starb am 19. 11. 1595 in Antwerpen.

WERKE
Im eigenen Verlag brachte Hubert Waelrant 8 Bände geistliche Gesänge heraus, von denen eine Vielzahl von ihm selbst stammt. Auch von den Chansons in dem von ihm veröffentlichten vierbändigen Verlagsobjekt hat er viele selbst komponiert. Die »Madrigali e canzoni francesi« aus dem Jahr 1558, die er zum Teil selbst geschrieben hatte, wurden von der Inquisition als ketzerisch beschlagnahmt. Damit war seiner verlegerischen Tätigkeit ein Ende gesetzt. Über sein persönliches Schicksal im Zusammenhang mit dem brutalen Zugriff des Sanctum Officium fehlen Informationen. In zwischen 1552 und 1644 gedruckten französischen, italienischen, deutschen und niederländischen Sammelwerken wie in der bei einem Antwerpener Verlag 1595 veröffentlichten »Symphonia angelica di diversi eccelentissimi musici« (Engelssinfonie verschiedener hervorragender Musiker) befinden sich zahlreiche Sätze des Komponisten. Alle Kompositionen wurden bereits zu seinen Lebzeiten sehr geschätzt.

LITERATUR
W. Piel, Studien zum Leben und Schaffen Hubert Waelrants unter besonderer Berücksichtigung seiner Motetten, Marburg 1969.

Johan Wagenaar (1862–1941)

LEBEN
Johan Wagenaar wurde am 1.11.1862 in Utrecht geboren. Er war Schüler von Richard Hol (1825–1904), Samuel de Lange (1840–1911) sowie Heinrich Herzogenberg (1843–1900) und wirkte ab 1888 als Organist an der Kathedrale in Utrecht. Im Jahr 1904 wurde er Dirigent des Chorvereins in Utrecht, ab 1908 auch in Arnheim und ab 1910 in Leiden. Von 1919 bis 1937 war er Direktor des Konservatoriums in Den Haag, wo er am 17.6.1941 starb.
Sein Sohn Bernard Wagenaar (18.7.1894, Arnheim, bis 19.5.1971, York, Me.) war von 1921 bis 1923 Violinist des Philharmonic Orchestra und von 1927 bis 1968 Lehrer für Komposition, Kontrapunktik und Instrumentation an der Juilliard School of Music in New York.

WERKE
Johan Wagenaar, der zu den bedeutendsten niederländischen Komponisten seiner Zeit zählte, schrieb 3 Opern, ein Vaudeville, eine Sinfonietta, die sinfonischen Dichtungen »Levenszomer« (Lebenssommer), »Saul en David«, »Elverhoi«, die Ouvertüren »Koning Jan«, »Cyrano de Bergerac«, »De getemde feeks« (Der gezähmte Drache), »Driekonigenavond« (Dreikönigabend), »De philosophische Prinses« (Die philosophische Prinzessin), die Kantaten »De schipbreuk« (Der Schiffbruch), »Ode aan de Vriendschap« (Ode an die Freundschaft). Seine stilistischen Vorbilder waren Hector Berlioz (1803–69) und Richard Strauss.
Bernard Wagenaar schrieb 2 Opern, 2 Melodramen mit Orchester, 4 Sinfonien, eine Sinfonietta, 2 Divertimenti, eine »Fantasietta on British-American Ballads«, die sinfonische Dichtung »Niobe«, eine Konzertouvertüre, ein Tripelkonzert für Flöte, Harfe, Cello und Orchester, 5 »Tableaux« für Cello und Orchester, ein Violinkonzert, ein Concertino für acht Instrumente, 4 Streichquartette, eine Violinsonate, eine Sonatine für Cello und Klavier, 4 Vignetten für Harfe, eine Klaviersonate, eine »Eclogue« für Orgel, Lieder und Chöre. Sein Stil ist stark eklektisch.

Georg Christoph Wagenseil (1715–77)

ZEIT UND UMWELT
Die Kaiserin-Witwe nach Karl VI., Elisabeth Christine, unterhielt über den Tod ihres

Mannes hinaus bis zu ihrem Ableben im Jahr 1750 eine eigene Hofkapelle; unbekümmert um die Restriktionen, die ihre Tochter Maria Theresia ihrer eigenen Kapelle auferlegte.

LEBEN
Georg Christoph Wagenseil wurde am 29. 1. 1715 in Wien geboren und ab 1736 als Chorknabe der Wiener Hofkapelle von Matteo Palotta (1680–1758) und Johann Joseph Fux ausgebildet. Er war ab 1739 kaiserlicher Hofkomponist und von 1741 bis 1750 Organist der Kapelle der Kaiserin-Witwe Elisabeth Christine von Braunschweig-Wolfenbüttel. Er starb in Wien am 1. 3. 1777.

WERKE
Die meisten Werke des Wiener Vorklassikers Georg Christoph Wagenseil, von denen die Linie unmittelbar zur Wiener Klassik führte, sind Manuskript geblieben. Er schrieb ungefähr 100 Stücke für Tasteninstrumente, sehr zahlreiche Kammermusikwerke, darunter 6 Triosonaten für zwei Violinen und Baß, 12 Sonaten für zwei Violinen, Cello oder Cembalo, 24 Cembalosonaten mit Violinbegleitung, 6 Divertissements für Cembalo mit Violinbegleitung ad libitum, 6 sinfonische Trios, 3 konzertante Quartette für Cembalo oder Pianoforte mit Streichern, bei 100 Sinfonien, über 100 Cembalokonzerte, Arien, Kantaten, 17 Messen, ein Requiem, 3 Oratorien, sakrale Gesänge und 15 Opern, Pasticcios und Serenaden.
Die Sinfonien bestehen zumeist aus 3, aber auch aus 4 Sätzen und folgen dem Mannheimer Muster. Die Sonaten sind nahezu durchwegs dreiteilig, ein 2. Thema scheint aber nur selten auf. Seine Konzerte zeigen seine genaue Kenntnis des Orchesterklanges. Die Harmonisierung ist ziemlich einfach und unterscheidet sich von der seiner Zeitgenossen wenig. Dafür nehmen seine melodischen Linien, besonders bei den Konzerten, die Klassik bereits voraus. In seinen Opern bricht er mit der neapolitanischen Tradition und bereitet bereits die Reformen von Gluck vor.

LITERATUR
Georg Christoph Wagenseil, ein Vorläufer Chr. W. Glucks, in: Zeitschrift für Musikwissenschaft VIII, 1925/26. H. Scholz-Michelitzsch, Georg Christoph Wagenseil als Klavierkomponist. Eine Studie zu seinen zyklischen Soloklavierwerken, Wien 1967.

Georg Gottfried Wagner
(1698–1756)

ZEIT UND UMWELT
Zöglinge der Leipziger Thomasschule unter Johann Kuhnau erhielten eine gründliche Musikausbildung, die sie befähigte, an den Aufführungen des Nachfolgers, Johann Sebastian Bach, mitzuwirken.

LEBEN
Georg Gottfried Wagner wurde am 5. 4. 1698 in Mühlberg, Sachsen, geboren. Er wurde unter Johann Kuhnau an der Thomasschule in Leipzig ausgebildet und studierte anschließend Theologie. Ab 1722 wirkte er an den Aufführungen Johann Sebastian Bachs als erster Violinist mit. Über Bachs Empfehlung wurde er 1726 Kantor in Plauen, wo er am 23. 3. 1756 starb.

WERKE
Die Oratorien, Kantaten, Motetten, Trios, Ouvertüren, Violinkonzerte und Violinstücke von Georg Gottfried Wagner waren so gut gearbeitet, daß seine Motette »Lob und Ehre« einige Zeit Johannn Sebastian Bach zugeschrieben wurde. Dennoch ist sein Stil dem Barock bereits sehr entfremdet.

LITERATUR
B. Hammerschmidt, Georg Gottfried Wagner, Chemnitz 1912.

Gotthard Wagner (1678–1738)

ZEIT UND UMWELT
Augsburg war lange ein wichtiger Platz für die Publikation von katholischer Kirchen- und Profanmusik und hat dadurch einen un-

schätzbaren Beitrag für die Kenntnis der Kompositionen, die keine große Breitenwirkung erzeugten, geleistet.

LEBEN
Gotthard Wagner (Taufname Joseph) wurde am 19. 12. 1678 in Erding, Bayern, geboren. Er war Benediktinermönch in Tegernsee, wo er am 13. 12. 1738 starb.

WERKE
Der deutsche Komponist Gotthard Wagner brachte mehrere Sammlungen geistlicher Arien mit Generalbaß heraus: »Der Marianische Schwan«, »Musicalischer Hoff-Garten«, »Der Marianische Springbrunnen« und »Das Marianische Immelein« für vier Stimmen. Sie neigen etwas zu Pietismus und Empfindsamkeit.

Jakob Karl Wagner (1772–1822)

ZEIT UND UMWELT
Landgraf Ludwig X. von Hessen-Darmstadt (1753–1830) unterhielt wie seine Vorgänger in Darmstadt eine glänzend besetzte Hofkapelle, die er noch besser ausstattete, als er 1806 durch seinen Beitritt zum Rheinbund als Ludwig I. Großherzog wurde.

LEBEN
Jakob Karl Wagner wurde am 22. 2. 1772 in Darmstadt geboren und an der Hofkapelle zum Oboisten und Komponisten ausgebildet. Er wirkte an der Kapelle mit seinem Instrument, dann ab 1800 als Akkompagnist der Vokalmusik und schließlich von 1811 bis 1820 als Kapellmeister. Er starb am 24. 11. 1822 in Darmstadt.

WERKE
Außer mehreren Opern, Singspielen, Melodramen, einer Musik zum »Götz« von Johann Wolfgang von Goethe (1749–1832) und einer Ouvertüre zu »Was ihr wollt« von William Shakespeare (1564–1616) verfaßte Jakob Karl Wagner eine große Anzahl Sinfonien, Konzerte, Ouvertüren, Klavierstücke und Vokalwerke. Sein Stil war rein eklektisch, zuweilen etwas naiv, aber dennoch ansprechend.

Richard Wagner (1813–83)

ZEIT UND UMWELT
Joseph Arthur de Gobineau hatte in seiner durch keinerlei wissenschaftliche Grundlagen gestützten Rassentheorie die Deutschen zwar nicht zur »Eliterasse« gezählt, wurde aber in Deutschland so verstanden. Auch der Philosoph Friedrich Nietzsche (1844–1900) hatte mit seinem »Übermenschen« seine Vorbilder nicht unter seinen Landsleuten gesucht. Der preußische Historiograph Heinrich von Treitschke (1834 – 96) allerdings vertrat vehement ein nationales und antisemitisches Pathos. Die deutschen Fürsten nahmen zwar an dieser Perversion gesellschaftlichen Denkens offiziell nicht teil, verfolgten sie jedoch zum Teil sehr wohlwollend, weil dadurch die Aggression der Untertanen in einer für sie ungefährlichen Weise abgelenkt wurde. Der gewaltige wirtschaftliche, politische und kulturelle Aufschwung der deutschen Staaten, aus denen bald ein einziger wurde, stärkte das Selbstbewußtsein aller Deutschen. An diesen Erfolgen hatten aber auch die Juden starken Anteil genommen und durch zähen Fleiß und Tüchtigkeit Spitzenstellen in Wissenschaft, Kunst und Wirtschaft erreicht. Man vergaß sehr rasch und sehr gern, was diese als Deutsche und für Deutschland geleistet hatten, sie waren in vielen Fällen zu Konkurrenten geworden, denen man schließlich ihre Religionszugehörigkeit zum Vorwurf machte. Da war die Lehre – angeblich von wissenschaftlicher Seite kommend –, daß diese Juden von Natur aus minderwertig seien und blieben, willkommen; sie diente jedenfalls als Rechtfertigung der eigenen Mittelmäßigkeit. Damit gewannen die patriotischen Männerbünde – Turn- und Gesangvereine – ihren Feind, den jeder übertriebene Nationalismus zu seinem Bestand benötigt. Die Vertreter der Konfessionen bliesen kräftig in das schwelende Feuer, weil sie eine wissenschaftliche Ausdeutung ihres Verhaltens in den vergangenen Jahrhun-

derten gewannen. Diese nur in Auswahl aufgezeigten Komponenten bildeten die Entstehungszeit des Antisemitismus, der weite Kreise Mitteleuropas erfaßte und jedes Argument zu seiner Rechtfertigung, wie dumm es auch immer war, bereitwillig entgegennahm. Folgen hatte diese Bewegung vorläufig keine nennenswerten, diese traten erst im folgenden Jahrhundert mit allen ihren Grausamkeiten ein. Aber die Weichen für diesen Ausbruch wurden in der zweiten Hälfte des 19. Jahrhunderts gestellt und Ziele und Absichten bereits klar umrissen. Und wer sich als Kind jener Zeit in diese Umwelt stellte, ihren Wahn guthieß und kraft seiner Autorität anfeuerte, brachte sie um ein geraumes Stück der Katastrophe näher.

LEBEN

Wilhelm Richard Wagner wurde am 22.5.1813 in Leipzig geboren. Sein Vater, Stadtgerichtsaktuar Carl Friedrich Wilhelm Wagner (18.6. 1770, Leipzig, bis 23.11.1813, Leipzig) starb ein knappes halbes Jahr nach dessen Geburt; die Mutter Johanna Rosine, geborene Pätz (19.9.1774, Weißenfels, bis 9.1.1848, Leipzig) heiratete den Schauspieler Ludwig Geyer (21.1.1779, Eisleben, bis 30.9.1821, Dresden). Er trug den Namen Geyer, während er in Dresden aufwuchs und 1822 – 27 die Kreuzschule besuchte; Wagner nannte er sich erst, nachdem seine Mutter nach Leipzig übersiedelt war und er dort von 1828 bis 1830 das Nikolai-Gymnasium besuchte. Nach einem halben Jahr an der Thomasschule immatrikulierte er an der Universität als Musikstudent und erhielt von Theodor Weinling Kompositionsunterricht. Im Jahr 1833 wurde er Korrepetitor am Theater in Würzburg, wo sein Bruder Albert Wagner (2.3.1799, Leipzig, bis 31.10.1874, Berlin) als Schauspieler, Sänger und Regisseur tätig war; 1834 wurde er Musikdirektor in Magdeburg, 1836 Kapellmeister in Königsberg (Kaliningrad) und 1837 in Riga, von wo er 1839 wegen seiner Schulden auf dem Seeweg über London nach Paris flüchtete. Dort brachte er sich durch Gelegenheitsarbeiten – Notenkopieren, Arrangements für Musikverleger, Komposition französicher Romanzen, Zeitungsartikel, Bearbeitung eines Klavierauszugs – durch. Er schrieb in jener Zeit unter anderen Werken die Opern »Rienzi«, die in Dresden angenommen wurde, und »Der Fliegende Holländer«, die Berlin über Empfehlung von Giacomo Meyerbeer zur Erstaufführung übernahm. Er kehrte 1842 nach Dresden zurück, wo er »Rienzi« und den »Holländer«, den er in Berlin zurückgezogen hatte, aufführte, Hofkapellmeister der Dresdner Oper wurde und »Tannhäuser« und »Lohengrin« schrieb. Seine Tätigkeit als Dirigent wurde sehr günstig beurteilt. Anläßlich der revolutionären Bewegung des Jahres 1848 machte er sich durch einige Artikel für aufrührerische Volksblätter verdächtig und mußte flüchten. Die Behauptung, daß er auf den Barrikaden des Freiheitskampfes gestanden sei, ist ein Märchen. Er begab sich zunächst zu Franz Liszt nach Weimar, der »Lohengrin« herausbrachte, und sodann nach Zürich, das er 1858 wegen seines Liebesverhältnisses mit Mathilde Wesendonck (1828 – 1902), der Frau seines Freundes und Gastgebers Otto Wesendonck (1815 – 96), verlassen mußte. Nach Aufenthalten in Venedig, Luzern, Paris und Brüssel war er wieder in Paris, wo er die

Richard Wagner, Photographie von J. Albert 1882

zweite Fassung des »Tannhäuser« auf die Bühne brachte. Inzwischen wurde er in Sachsen auf Betreiben seiner Frau Minna, geborene Planer (5.9.1809, Oederan, bis 25.1. 1866, Dresden), amnestiert und durfte nach Deutschland zurückkehren. Er hielt sich zunächst in Karlsruhe und Wien auf, wo er zum ersten Mal eine Aufführung des »Lohengrin« erlebte. Er beschäftigte sich mit der Komposition der »Meistersinger«, die er – durch eine Konzertreise unterbrochen – in Wien fortsetzte, bis ihn 1864 König Ludwig II. von Bayern, der eben seine Regierung angetreten hatte, nach München einlud. Mit Hilfe des Königs konnte der Komponist alle seine Pläne ausführen. Die Oper »Tristan« ging 1865 in München zum ersten Mal in Szene. Dann übersiedelte er nach Tribschen bei Luzern, um die »Meistersinger« zu vollenden und die Arbeit am »Ring« weiterzuführen. Cosima Bülow (1837 – 1930), die Tochter von Franz Liszt, die er bereits in München kennengelernt hatte, folgte ihm. Im Jahr 1872 konnte auch die Absicht, in Bayreuth eine »Stätte des nationalen Theaters« zu errichten, mit der Grundsteinlegung des Festspielhauses verwirklicht werden, 1876 erfolgte die erste vollständige Aufführung der Tetralogie »Der Ring des Nibelungen« als Auftakt zu den »Bayreuther Festspielen«, 1882 kam es zur Premiere des »Parsifal«. Richard Wagner war mit Cosima, die er nach ihrer Scheidung von Hans von Bülow geheiratet hatte, nach Bayreuth übergesiedelt. Er starb am 13.2.1883 in Venedig und wurde am 18.2.1883 im Garten seiner Villa »Wahnfried« in Bayreuth beerdigt.

WERKE

Ohne jeden Zweifel war das kompositorische Werk Richard Wagners das gewaltigste musikalische Ereignis der vergangenen 150 Jahre. Kein anderes hat auf Zeitgenossen und Nachwelt einen Eindruck von solchem Ausmaß ausgeübt, keines hat so stark und so nachhaltig richtunggebend gewirkt. Heute, 100 Jahre nach dem Tod des Komponisten, strahlt seine Musik noch immer die gleiche Faszination aus. Diese wurde sogar dadurch verstärkt, daß wir den zum Teil beabsichtigten, zum Teil hineininterpretierten Symbolismus der Oper unbeachtet lassen, daß wir an ihren angeblichen philosophischen Gehalt keinen Gedanken mehr verschwenden. Wir rätseln nicht mehr am Widersinn mancher Handlungselemente, wir nehmen das überladene Pathos der altertümlichen Sprache gleichmütig entgegen, denn für uns ist das nur mehr ein gleichgültiger Hintergrund, eine Aneinanderreihung illustrativer Bilder, Wörter und Vorgänge ohne Bedeutung, vor denen gigantische sinfonische Sätze voll endloser melodischer Schönheit und ständig wechselnder harmonischer Färbung einander ablösen.

Richard Wagner hat die romantische Musik zu ihrem ersten Höhepunkt entwickelt und mit seiner Oper »Tristan und Isolde« weit überschritten, denn die Chromatik dieses Werks führte unmittelbar zur Polytonalität der zukünftigen Epochen. Dieser nahezu zwangsläufigen Entwicklungslinie waren nahezu alle nachfolgenden Meister verhaftet, ob sie nun zu Wagners Gegnern oder zu seinen Anhängern zählten. Man muß feststellen,

Richard Wagners Geburtshaus »Zum rothen und weißen Löwen« in Leipzig

daß Wagners Kompositionstechnik und sein Stil die abendländische Musik zu einem neuen Stadium weiterentwickelten und einen der Ausgangspunkte für alle Musik, die nach ihm geschrieben wurde, darstellten. Dies erhebt ihn unbestreitbar zu einer der bedeutendsten Gestalten der Musikgeschichte. Doch nur als Musiker. Und seine »literarischen« Erzeugnisse, die durch ihre skurrile Ignoranz nur mehr humoristisch wirken, wagt man zum Teil nicht mehr zu publizieren. Das wäre an sich ohne große Bedeutung, denn Divergenzen zwischen Künstlern und ihrer künstlerischen Leistung waren nie selten. Allerdings war diese Kluft bei Richard Wagner doch besonders groß. Und äußerst schädlich wirkte sich diese im vorliegenden Fall wegen der Autorität aus, die der Gesellschafts- und Kunstkritiker Richard Wagner wegen seiner überragenden Leistungen als Künstler in Anspruch nehmen konnte. Dies hatte zur Folge, daß einerseits seine Gleichgesinnten ihn zu ihrem Idol erkoren, andererseits entstanden der Wagner-Musik Gegner, die vom persönlichen Verhalten und dem Schrifttum des Komponisten derart angewidert waren, daß sie keine Trennung zwischen Mensch und Künstler akzeptieren wollten.

Dokument, das die Verehrung Wagners für Heine beweist

Außer seinen Opern: »Die Feen«, »Das Liebesverbot oder die Novize von Palermo«, »Rienzi, der letzte der Tribunen«, »Der fliegende Holländer«, »Tannhäuser und der Sängerkrieg auf der Wartburg«, »Lohengrin«, »Der Ring des Nibelungen« (bestehend aus »Das Rheingold«, »Die Walküre«, »Siegfried«, »Götterdämmerung«), »Tristan und Isolde«, »Die Meistersinger von Nürnberg«, »Parsifal« hat er eine Reihe von Chorwerken geschrieben, von denen »Das Liebesmahl der Apostel« bemerkenswert ist. Von seinen Orchesterwerken sind mehrere Ouvertüren und Märsche überliefert, darunter das »Siegfried-Idyll«. An Liedern liegen 7 Kompositionen zu Goethes »Faust«, 4 französische Romanzen und 5 Gedichte für eine Frauenstimme – Wesendonck-Lieder –, ferner etliche Arien vor. Seine Klaviermusik besteht vorzugsweise aus unbedeutenden Gelegenheitskompositionen. Im Vergleich zu seinem Opernschaffen tritt dies alles weit zurück; es ist zum größten Teil schon längst aus den Konzertprogrammen verschwunden und kann nur mehr musikhistorisches Interesse beanspruchen.

Von seinen zahlreichen Schriften seien hier einige aufgezählt: »Ein deutscher Musiker in Paris«, Novellen 1840/41; »Entwurf zur Organisation eines deutschen Nationaltheaters für das Königreich Sachsen«, 1848; »Die Kunst und die Revolution«, 1849; »Das Kunstwerk der Zukunft«, 1849; »Das Judentum in der Musik«, 1850; »Deutsche Kunst und Deutsche Politik«, 1967/68; »Publikum und Popularität«, 1878; »Religion und Kunst«, 1880/81.

Das Liebesmahl der Apostel, Kantate für Männerchor und Orchester, entstanden 1843

Der Text ist der Apostelgeschichte, Kapitel 4, entnommen und vom Komponisten paraphrasiert.

Es gibt keine echten Soli, die dynamische Differenzierung wird durch verschieden große Chormassen erreicht. Es erfordert 3 vierstimmige Chöre der Jünger und einen Apostelchor aus zwölf Bässen. Dem verstärkten Orchester sind vier Fagotte, ein Serpent, vier Trompeten und vier Pauken hinzugefügt. Bei der Erstaufführung wirkten 1200 »Jünger«, 40 »Apostel« und 1000 Instrumentalisten mit, eine Masse, die bisher nur Hector Berlioz aufgeboten hatte.
Das Werk beginnt mit vier- bis zehnstimmigen A-cappella-Sätzen der 3 Chorgruppen der Jünger und des Apostelchors. Ein Fernchor erklingt mit dem »Seid getrost«, das die zagenden Versammelten aufrichtet. Mit dem »Brausen des Heiligen Geistes« setzt das volle Orchester ein, das die Chöre zu einer festlichen Apotheose führt, die »Tannhäuser« und sogar »Parsifal« vorausahnen lassen.

Siegfried-Idyll für Kammerorchester, entstanden 1870
Aus Fragmenten eines 1864 für Cosima, der Mutter seines Sohnes Siegfried (1869–1930) als Weihnachtsständchen geschriebenen Streichquartetts, bringt dieses reizende kleine Stück für Streicher, Oboe, Flöte, Trompete, zwei Klarinetten, zwei Hörner und Fagott vier Motive aus der Oper »Siegfried« und die Kinderweise »Schlaf', Kindchen schlaf'«.

Fünf Gedichte von Mathilde Wesendonck für eine Frauenstimme, entstanden 1857/58
1. »Der Engel« bringt Lohengrin-Stimmung und umgreift einen weiten tonalen Raum.
2. »Stehe still« ist meditativ und stellt textlich und musikalisch Wollen und selige Wunschlosigkeit gegenüber.
3. »Im Treibhaus« betrachtet schwermütig in einem Gewächshaus »gefangene« exotische Pflanzen mit einem Thema, das im »Tristan« wiederkehrt.
4. »Schmerzen« klagt mit einer leidvollen Melodie, die als grelle Dissonanz im »Tristan« aufklingt.
5. »Träume« preist mit melodischen Symbolen das Reich der Nacht.

Diese 5 Klavierlieder, die mit ihren ausdrucksdeutlichen Formen und überraschenden musikalischen Wendungen die Liedkultur bis zum Ende des 19. Jahrhunderts und darüber hinaus vorbereiteten, wurden von Felix Mottl (1856–1911) orchestriert, wodurch sie an Ausdruckskraft ungeheuer gewannen.

LITERATUR

H. Gal, Richard Wagner, Frankfurt/M. 1963. R. W. Gutman, Richard Wagner, München 1970. C. Dahlhaus, Richard Wagner, Reinbek 1971. M. Gregor-Dellin, Richard Wagner, Zürich 1980.

Siegfried Wagner (1869–1930)

LEBEN

Siegfried Helferich Richard Wagner wurde am 6.6.1869 in Tribschen bei Luzern als Sohn Richard Wagners geboren. Nach seinem Architekturstudium war der Musikschüler von Engelbert Humperdinck (1854–1921) und des Kapellmeisters Julius Kniese (21.12.1848, Roda, Thüringen, bis 22.4.1905, Dresden). Darauf betätigte er sich in Deutschland, Österreich, Italien und England als Dirigent, wirkte ab 1894 als Hilfsdirigent und ab 1896 als Mitdirigent und Regisseur bei den Bayreuther Festspielen mit, deren Gesamtleitung er 1908 übernahm und bis zu seinem Tod am 4.8.1930 innehatte.

Siegfried Wagner

WERKE

Außer seinen 17 Opern, davon 3 unvollendet, die wohl aufgeführt wurden, sich jedoch nicht hielten, schrieb Siegfried Wagner 2 sinfonische Dichtungen, ein Scherzo für Orchester, ein Violinkonzert, ein Flötenkonzert, eine Kantate für Männerchor, Orgel und Orchester und einige Kammermusik.

Rudolf Wagner-Régeny (1903–69)

LEBEN

Rudolf Wagner-Régeny wurde am 28.8.1903 in Sächsisch-Regen, Siebenbürgen (heute Reghin, Rumänien), geboren. Er studierte an den Konservatorien in Leipzig und in Berlin unter Rudolf Krasselt, Friedrich Ernst Koch, Emil Nikolaus Rezniček, Franz Schreker und Siegfried Ochs (19.4.1858, Frankfurt am Main, bis 5.2.1929, Berlin). Von 1927 bis 1930 reiste er mit dem Choreographen Rudolf von Laban (15.12.1879, Preßburg, bis 1.7.1958, Weybridge bei London) durch Deutschland, die Schweiz und die Niederlande, darauf widmete er sich allein seinem kompositorischen Schaffen, bis er 1947 Direktor der Musikhochschule in Rostock wurde. Von 1950 bis 1968 wirkte er als Professor für Komposition an der Musikhochschule in Ost-Berlin, wo er am 18.9.1969 starb.

WERKE

Außer 13 Opern, von denen einige sehr erfolgreich waren, und 3 Balletten schrieb Rudolf Wagner-Régeny »Orchestermusik mit Klavier«, 2 Suiten, »Mythologische Figurinen«, »Drei Orchestertänze«, »Einleitung und Ode für sinfonisches Orchester«, »Acht Kommentare zu einer Weise des Guillaume de Machaut«, Divertimento für drei Holzbläser und Schlagzeug, ein Streichquartett, ein Streichtrio, verschiedene Klavierstücke und eine Anzahl Kantaten und Lieder. Nachdem er in der ersten Periode seiner Schaffenszeit Neuklassizismus mit subjektiv modifizierter Dodekaphonie zu verbinden suchte, strebte er später nach »Klarheit, Einfachheit, Wahrhaftigkeit, Disziplin und Vermeidung alles Überflüssigen und Verschwommenen«.

Orchestermusik mit Klavier, 3 Sätze, entstanden 1935

Es handelt sich um ein klassizistisches Klavierkonzert. Der 1. Satz ist voll rhythmisch-motorischer Kraft. Er hat reine Sonatenform. Der 2. Satz bringt ein volksliedhaftes Thema. Das Finale beginnt mit einem kleinen Scherzo, dann folgt ein vierstimmiges Fugato. Nun bringt das Klavier das eigentliche Hauptthema, das in Form einer Stretta auch den Satz beendet.

Acht Kommentare zu einer Weise des Guillaume de Machaut, entstanden 1967

In der Einleitung wird der Virelai Nr. 16 von Guillaume de Machaut (um 1300–77) als »Die Weise« vorgestellt. Die folgenden »Kommentare« sind keine Variationen, sondern meditative Paraphrasen. Der erste Kommentar ist ein Arioso, der zweite ein Tanz, der in eine Klavierkadenz mündet, der dritte wird von einer Zwölftonreihe eröffnet. Ein derber Walzer und ein Klaviersolo bilden den vierten Kommentar, der fünfte bringt das Thema nacheinander in Klarinette, Horn, Celli und Kontrabässen, von den Streichern umspielt. Das Klavier übernimmt die Einleitung zum sechsten Kommentar, dessen Thema von der Oboe vorgetragen wird. Der siebente Kommentar ist ein federndes Menuett, das Finale wird vom Tutti mit häufigem Taktwechsel gespielt und schließt mit einer archaisierenden Coda ab.

Karl Heinz Wahren (geboren 1933)

LEBEN

Karl Heinz Wahren wurde am 28.4.1933 in Bonn geboren. Er studierte in Berlin bei Josef Rufer und Karl Amadeus Hartmann und wurde 1965 Mitglied der Gruppe Neue Musik in Berlin.

WERKE

Karl Heinz Wahren verarbeitet in seinen Kompositionen Elemente des Jazz. Er schrieb Kammermusik, Orchesterwerke (unter anderem »At this moment«, 1975, »Brandenburgische Revue«, 1981), die Oper »Fettklößchen« sowie Vokalwerke.

Moisei Wainberg (geboren 1919)

LEBEN

Moisei Samuilowitsch Wainberg wurde am 8.12.1919 in Warschau geboren, wo er am Konservatorium bei Józef Turczyński (2.2. 1884, Schitormir, Ukraine, bis 27.12.1953, Lausanne) Klavier studierte; Kompositionsunterricht erhielt er in Minsk von Wasili Solotarjow. Seit 1943 lebt er als freischaffender Komponist in Moskau.

WERKE

Neben 3 Opern und 2 Balletten schrieb Moisei Wainberg 11 Sinfonien, 2 Sinfonietten, ein Cellokonzert, ein Trompetenkonzert, ein Violinkonzert, ein Flötenkonzert, ein Klarinettenkonzert, 2 Streichquartette, ein Klavierquintett, ein Klaviertrio, ein Streichtrio, eine Sonate für Solocello, Klavierstücke, eine Kantate, ein Requiem, ungefähr 100 Romanzen, Bühnen- und Filmmusik. Sein Stil gehört noch der russischen Spätromantik an und ist besonders auf große Klangwirkung gezielt.

Sinfonie Nr. 6 in a-Moll, Opus 79, 5 Sätze, entstanden 1963

Das Motto des Werks lautet: »Die Sonne wird wieder scheinen, und die Violinen werden das Lied vom Frieden auf der Erde singen.« Der 1. Satz stellt mit vielen Motiven eine Meditation über das Motto dar. Im 2. Satz singt ein Knabenchor von der kleinen Schachtel, die ein Junge findet und zu einer kleinen Violine umbaut, um darauf zur Freude der Menschen zu spielen. Im 3. Satz erklingt ein moldauisches Volkslied, das in einen festlichen Tanz mündet. Im 4. Satz erinnert ein Knabenchor an die Millionen, die der jüngsten Vergangenheit zum Opfer gefallen sind und nie vergessen werden dürfen. Der 5. Satz spricht von der Friedensliebe des Volkes, das nach seiner Tages Arbeit ruhig einem friedlichen Morgen entgegenschlafen will.

Robert Wainwright (1748–82)

ZEIT UND UMWELT

Die englischen Handelsstädte Manchester und Liverpool wiesen im letzten Drittel des 18. Jahrhunderts ein ebenso intensives Konzertleben auf wie die Hauptstadt. Es wurden wie dort vorwiegend ausländische Kräfte eingesetzt und sehr viel kontinentale Musik gespielt. In den Kirchen hingegen wurden nur einheimische Meister beschäftigt und deren Musik gegeben, die ihre traditionellen Formen nur sehr langsam veränderte.

LEBEN

Robert Wainwright wurde 1748 in Stockport, Cheshire, geboren. Er studierte in Oxford, folgte seinem Vater 1768 an der Kollegialkirche in Manchester als Organist nach und wirkte sodann ab 1775 bis zu seinem Tod am 15. 7. 1782 an St. Peter's in gleicher Eigenschaft.

Sein Vater John Wainwright (um 1720, Stockport, bis Januar 1768, Manchester) war Sänger und Organist an der Kollegialkirche in Manchester.

Sein Bruder Richard Wainwright (1758, Manchester, bis 20. 8. 1825, Liverpool) war zunächst Organist an St. Ann's in Manchester, sodann als Nachfolger seines Bruders an St. Peter's in Liverpool.

Eine jüngere Verwandte, Harriet Wainwright (um 1760, Stockport, bis um 1840, vermutlich Liverpool), war Komponistin und Musikschriftstellerin.

WERKE

Von Robert Wainwright sind Services und Anthems, außerdem ein in Liverpool aufgeführtes Oratorium »Der Untergang Ägyptens« überliefert.

John Wainwright verfaßte Anthems, Chants und Psalmmelodien, die er 1766 veröffentlichte.

Richard Wainwright komponierte Psalmmelodien, die sehr geschätzt wurden.

Harriet Wainwright komponierte Chöre, Glees, Lieder, Duette und Trios von beachtlichem Wert. Sie vertonte außerdem das dramatische Gedicht »Comala« aus dem Ossian.

Matthäus Waissel (um 1540–1602)

ZEIT UND UMWELT

Vor den Tasteninstrumenten war einst die Laute die Trägerin der Musik für Gesellschaft und Haus, wo man nicht nur Originalkompositionen der Lautenisten, sondern berühmte Lieder und Tänze, Orgel- und Orchestermusik und vor allem Volksmusik hören und spielen wollte. Die Lautentabulaturen kamen als Vorläufer der Klavierauszüge und anderer Arrangements diesem Wunsch entgegen.

LEBEN
Matthäus Waissel (Mateusz Waisselius) wurde um 1540 in Königsberg (heute Kaliningrad, UdSSR) geboren. Der ostpreußische Lautenist und Komponist leitete ab 1573 in Schippenbeil (heute Sępopol, Polen) eine Musikschule. Wann er in seine Geburtsstadt zurückkehrte und wo er 1602 gestorben ist, läßt sich nicht feststellen.

WERKE
Von Matthäus Waissel sind nur Lautentabulaturen überliefert, die zum größten Teil Arrangements bringen, und wenige eigene Kompositionen, die auch häufig auf Volksmelodien zurückgehen. Am meisten verbreitet war die »Tabulatura Allerley künstlicher Preambulen, auserlesener Deudtscher und Polnischer Tentze« und »Tabulatura Guter gemeiner Deutscher Tentze«, für eine und zwei Lauten »durch Quarten zusammen zu schlagen«. (Duette zweier verschieden hoch gestimmter Lauten waren sehr beliebt.) Die Lautensätze sind mit großem Geschick gearbeitet und trotzdem griffleicht.

LITERATUR
Z. Steszewska, Tánce polskie z tabulatur lutniowych, Warschau 1962.

William Wake
(um 1600 bis nach 1663)

ZEIT UND UMWELT
Bei Ausbruch des englischen Bürgerkrieges stellte sich die Stadt Exeter auf die Seite der Republikaner, die dort eine Garnison errichteten. Die Königstreuen eroberten jedoch 1643 die Stadt und hielten sie bis 1646. Bis dahin konnte in der wegen ihrer reich ausgeschmückten Westfassade berühmten Kathedrale aus dem 13. Jahrhundert Orgel gespielt werden. Dann allerdings verstummte auch sie.

LEBEN
William Wake ist um 1600 vermutlich in Exeter geboren. Er war ab ungefähr 1640 Organist der Kathedrale der Stadt. Dann mußte er diese Tätigkeit bis nach Cromwells Tod unterbrechen. Im Jahr 1663 wurde er Mitglied der Chapel Royal und starb in London in einem der folgenden Jahre.

WERKE
Die Orgelwerke des englischen Komponisten William Wake sind nahezu gänzlich im Bürgerkrieg zugrunde gegangen. Sein Schüler Matthew Locke sprach sich über sie sehr lobend aus, und die überlieferten Fragmente bestätigen dieses Lob.

Helmut Walcha (geboren 1907)

LEBEN
Helmut Walcha wurde am 27.10.1907 in Leipzig geboren. Er erblindete mit 16 Jahren. Er studierte bei G. Ramin und war 1929 bis 1944 Organist an der Friedenskirche in Frankfurt am Main. 1938 bis 1972 Professor an der dortigen Musikhochschule.

WERKE
Choralvorspiele für Orgel und eine Kantate für Chor, Blechbläser und Orgel.

Johann Jakob Walder (1750–1817)

ZEIT UND UMWELT
Obwohl in Zürich am Ende des 18. Jahrhunderts ein Orchester unterhalten wurde, gab es noch keinen Komponisten dafür. Auch die Mitglieder entstammten nur zum kleinen Teil der Stadt.

LEBEN
Johann Jakob Walder wurde am 11. 1. 1750

in Unterwetzikon bei Zürich geboren. Er war hauptberuflich Jurist und spielte als Cellist im Amateurorchester der Stadt. Sein Musiklehrer war sein Freund Johann Heinrich Egli, an dessen Liedersammlungen er mitarbeitete. Er starb am 18. 3. 1817 in Zürich.

WERKE
Neben seiner Mitarbeit an den Liedersammlungen von Johann Heinrich Egli verfaßte er selbst »Gesänge zum Clavier«, »Anleitung zur Singekunst«, »Sammlung christlicher Gesänge, meistens zu 4 Stimmen« und eine Kantate »Der letzte Mensch«. Auch seine Liedkomposition folgte den Regeln der Berliner Liederschule.

Ferdinand Waldstein (1762–1823)

ZEIT UND UMWELT
Selbstkomponierende Kunstmäzene erobern ihren Platz in der Kunstgeschichte oft weniger durch ihre eigenen Leistungen als über die ihnen von ihren Schützlingen gewidmeten unsterblichen Werke.

LEBEN
Ferdinand Ernst Joseph Gabriel Graf von Waldstein und Wartenburg zu Dux wurde am 24. 3. 1762 in Wien geboren. Er war Offizier und Diplomat, Musikfreund, Förderer von Komponisten und selbst Komponist; er verehrte Wolfgang Amadeus Mozart und Ludwig van Beethoven, der Variationen über ein Thema von Waldstein verfaßte und ihm seine Klaviersonate Opus 53 (Waldstein-Sonate) widmete. Er starb am 26. 5. 1823 in Wien.

WERKE
Von Ferdinand Waldstein sind eine Sinfonie in D-Dur und 3 Solokantaten erhalten. Diese Kompositionen sind der Klassik sehr angenähert. Die Sinfonie wurde in unserem Jahrhundert neu herausgebracht.

Simon Waley (1827–75)

ZEIT UND UMWELT
Auch in England erfuhr der synagogale Gesang nach der zunehmenden Befreiung der mosaischen Religionsausübung eine gewisse Fortentwicklung. Die sakrale Musik wurde gegenwartsnaher. Man ging jedoch noch nicht so weit wie in verschiedenen kontinentalen Städten, wo auch Instrumentalmusik herangezogen wurde. Die konservativen Kräfte in den jüdischen Gemeinden waren zu stark.

LEBEN
Simon Waley wurde am 23. 8. 1827 in London geboren. Er war Schüler von Ignaz Moscheles, William Sterndale Bennett und George Alexander Osborne im Klavierspiel, von William Horsley und Bernhard Molique in Theorie und Komposition. Er begann schon sehr früh zu komponieren, wurde aber Kaufmann und spielte im Kampf um die Emanzipation der englischen Juden eine bedeutende Rolle. Er starb am 30. 12. 1875 in London.

WERKE
Einem bereits 1848 erschienenen Klavierstück ließ Simon Waley zahlreiche Kompositionen folgen: Lieder, Klavierstücke, Stücke für Klavier und Violine, ein Klavierkonzert, zwei Klaviertrios, Duette und Chöre, außerdem die Vertonungen der Psalmen 117 und 118 sowie andere sakrale Gesänge.

Antony Walkeley (1672–1718)

ZEIT UND UMWELT
Gegen das Ende des 17. Jahrhunderts hatten die Kapellen der englischen Kathedralen ihren Musikerbestand, der durch die Revolution und die Cromwell-Zeit sehr reduziert war, wieder aufgefüllt. Auch die sakrale Komposition konnte aufholen und gelangte um vieles eher auf das alte Niveau als die profane Musik.

Leben
Antony Walkeley wurde 1672 in Wells, England, geboren. Er war Chorknabe und dann Sänger an der Kathedrale seiner Geburtsstadt. Im Jahr 1698 folgte er Daniel Roseingrave als Organist an der Kathedrale von Salisbury nach, wo er am 16. 1. 1718 starb.

Werke
Vom englischen Komponisten Antony Walkeley sind mehrere, viel gesungene Anthems und ein Morgen-Service in Es-Dur, das sehr geschätzt wurde, erhalten. Alle anderen Kompositionen sind verlorengegangen.

Ernest Walker (1870–1949)

Leben
Ernest Walker wurde am 15.7.1870 in Bombay geboren. Er erhielt seine Ausbildung am Balliol College in Oxford, wo er von 1901 bis 1925 als Musikdirektor neben seiner Tätigkeit als Harmonielehrer an der Universität Oxford wirkte. Er starb dort am 21.2.1949.

Werke
Neben einigen Orchesterwerken verfaßte Ernest Walker eine »Fantasia« für Streichquartett, Variationen über ein Thema von Joseph Joachim für Violine und Cello, eine Cellosonate und weitere Kammermusik, weiters 10 Praeludien für Orgel, Klavierwerke, 3 größere Chorwerke und viele weitere Chöre, Lieder, Duette und Quartette für Singstimmen. Er war auch als Musikschriftsteller tätig.

William Vincent Wallace (1812–65)

Zeit und Umwelt
Die Ausdehnung und die Weltgeltung des britischen Reiches bot seinen Künstlern einen weiten Betätigungsraum. Musiker konnten um einiges leichter als ihre Kollegen auf dem europäischen Kontinent ihre Konzertreisen nach Indien, Südafrika und Australien ausdehnen, wo überall um die Mitte des 19. Jahrhunderts bereits mächtige Städte mit einem starken Kulturbedürfnis entstanden waren.

Leben
William Vincent Wallace wurde am 11.3.1812 in Waterford, Irland, geboren. Nachdem er bereits in der Vaterstadt sein musikalisches Talent als Organist bewiesen hatte, wurde er am Theater in Dublin als Violinist aufgenommen. Er trat dort bei verschiedenen Gelegenheiten als Solist auf, wanderte aber 1835 nach Australien aus, wo er sich in Sydney niederließ. Im Jahr 1845 ging er jedoch nach London, um Opern herauszubringen und zu konzertieren, 1849 trat er in Südafrika auf und anschließend in verschiedenen deutschen Städten, darauf in Nord- und Südamerika. Schließlich wirkte er erneut in London als Komponist und Konzertvirtuose, bis er sich aus gesundheitlichen Gründen nach Château de Haget, Hautes-Pyrénées, zurückzog und dort am 12.10.1865 starb.

Werke
Von William Vincent Wallace wurde eine Anzahl lyrischer Opern aufgeführt, die diesen Typus in das Feld der englischen Opernentwicklung einführten. Er schrieb ferner eine Reihe Violinkonzerte, vorwiegend zum eigenen Konzertgebrauch, deren Melodiengut zum Teil der irischen Volksmusik entnommen wurde, außerdem eine große Anzahl Klavierstücke, in denen er den träumerischen Stil von Frédéric Chopin mit der Kantilene von Sigismund Thalberg zu vereinen suchte; sie sind der virtuosen Salonmusik zuzureihen.

Anton Wallenstein (1813–92)

Zeit und Umwelt
Tanzmusik für Klavier, deren Schwierigkeitsgrad nicht hoch war, fand im 19. Jahrhundert für den häuslichen Gebrauch reißenden Absatz, falls sie schwungvolle Melodien und packende Rhythmen aufwies. Sie gehörte zum Bild der romantischen Epoche.

Leben
Anton Wallenstein wurde am 28.9.1813 in Dresden geboren. Er trat 1829 als Violinist in die sächsische Hofkapelle ein und 1832 in die

in Hannover, wo er, unterbrochen von Konzertreisen, bis 1841 blieb. Sodann widmete er sich nur mehr der Komposition. Er starb am 30.5.1892 in Genf.

WERKE
Von Anton Wallenstein sind nahezu 300 Tänze erschienen, die zu ihrer Zeit in Deutschland, Frankreich und England sehr beliebt waren. Es handelte sich um leichte, seichte, sehr eingängige Stücke. Auch seine Lieder wurden sehr populär.

Christoph Thomas Walliser
(1568–1648)

ZEIT UND UMWELT
Im 15. und 16. Jahrhundert war die Stadt Straßburg durch ihre kommerzielle Schlüsselstellung zwischen West- und Mitteleuropa politisch völlig unabhängig. Sie konnte sich ungehindert der Reformation anschließen und wurde durch die Anwesenheit reformatorischer Denker und Prediger und einer Vielzahl von Glaubensflüchtlingen aus der Schweiz, aus Frankreich und Italien zu einem Zentrum der religiösen Bewegung, was auch für das sonstige kulturelle Leben eine große Bereicherung bedeutete. Innere Auseinandersetzungen leiteten gegen Ende des 16. Jahrhunderts einen politischen Abstieg ein, den die Kriege des nächsten Jahrhunderts noch verschärften. Die kulturelle Stellung der Stadt blieb jedoch lange erhalten.

LEBEN
Christoph Thomas Walliser wurde am 17. 4. 1568 in Straßburg geboren. Nach seinen Gymnasialstudien unternahm er umfangreiche Reisen durch Deutschland, Ungarn, Italien und die Schweiz, von denen er 1599 in seine Heimatstadt zurückkehrte. Im Jahr 1600 wurde er Vicarius an der Thomaskirche und Lehrer am protestantischen Gymnasium, das 1621 den Rang einer Universität erhielt. Zur gleichen Zeit wirkte er als Musikdirektor am Münster. Er starb, nachdem er 1634 von allen Ämtern zurückgetreten war, am 26. 4. 1648 in Straßburg.

WERKE
Den sakralen Kompositionen von Christoph Thomas Walliser liegen lateinische oder deutsche Texte zugrunde. Sie waren in Deutschland stark verbreitet, vor allem die 1602 in Nürnberg gedruckten »Teutschen Psalmen und geistlichen Kirchengesäng« für vier bis sechs Stimmen und Instrumente. In Straßburg kamen 1617 »Te Deum sampt derselben Litania Teutsch« für fünf bis sechs Stimmen, »Geistliche Kanzionen« und Oden sowie Weihnachtsgesänge heraus. Seine zahlreichen Motetten, Psalmen und Choräle sind teilweise im Kantionalsatz gearbeitet, teils mit kurzen polyphonen Phrasen ausgeziert.
Neben seiner Tätigkeit als Kantor, Komponist und Musikpädagoge veranstaltete er eine Reihe von Schuldramenaufführungen, deren Aktschlüsse er mit im Wortrhythmus gehaltenen Chören versah, so daß er den Forderungen der Humanisten nach Homorhythmie sehr nahekam.

LITERATUR
M. Vogeleis, Quellen und Bausteine zu einer Geschichte der Musik und des Theaters im Elsaß, Straßburg 1911.

Thomas Attwood Walmisley (1814–56)

ZEIT UND UMWELT
Während in den Kirchen der großen Städte auch die Kirchenmusik, wenn auch nur allmählich, sich der allgemeinen Musikentwicklung anschloß, beharrte sie in den Hochburgen der Wissenschaft, in Cambridge und Oxford, bei ihren überkommenen Fakturen. Es mußten noch einige Jahrzehnte verstreichen, ehe auch hier Anzeichen einer Bewegung bemerkbar wurden.

LEBEN
Thomas Attwood Walmisley wurde am 21.1. 1814 in London geboren. Er war Schüler seines Vaters und wie dieser von Thomas Attwood. Bereits 1830 wirkte er als Organist in Croydon, sodann in Cambridge, wo er Musik und Mathematik studierte, ab 1833 in Trinity College und St. John's College. Im Jahr 1836

wurde er Musikprofessor. Er galt als einer der bedeutendsten Organisten seiner Zeit. In seinem letzten Lebensjahr wirkte er in Hastings, wo er am 17.1.1856 starb.
Sein Vater Thomas Forbes Walmisley (22.5. 1783, London, bis 23.7.1866, London) war von 1810 bis 1814 Organist am Mädchenwaisenhaus in London und von 1814 bis 1854 an St. Martin-in-the-Fields in Cambridge.

WERKE
Von Thomas Attwood Walmisley sind Oden, Anthems, Services, Hymnen für Chor und Orgel, Orgelstücke und Lieder überliefert.
Thomas Forbes Walmisley schrieb eine Reihe von Glees, Rounds, Kanons, Lieder für eine und mehrere Stimmen.
Sowohl die sakrale wie die profane Musik beider Komponisten war streng konservativ.

William Walond (1725–70)

ZEIT UND UMWELT
Die Ode »Zum Caecilientag« vom englischen Klassiker und Dichter des Epos »Der Lockenraub«, Alexander Pope (1688–1744), wurde wegen ihrer eleganten Stanzen von mehreren englischen Komponisten vertont; darunter waren Maurice Greene und William Walond.

LEBEN
William Walond wurde 1725 in England geboren und war ab 1757 Organist an verschiedenen Kirchen in Oxford, wo er 1770 starb.
Sein Sohn William Walond (um 1750, Oxford, bis 9. 2. 1836, Chichester) war ab 1775 Stellvertretender und ab 1794 Erster Organist an der Kathedrale in Chichester. Im Jahr 1801 zog er sich von seinen Verpflichtungen zurück.

WERKE
Von William Walond ist 1758 eine ausgezeichnete Vertonung der Ode »Zum Caecilientag« von Alexander Pope erschienen, und zwar die erste des vollen Originaltextes. (Die Vertonung von Maurice Greene benützte eine vom Dichter selbst besorgte Kürzung.)
Er schrieb weiters drei Serien Voluntaries für Orgel oder Cembalo.
Sein Sohn William Walond hinterließ einige Kirchenkompositionen von geringerer Bedeutung.

Ignaz Walter (1755–1822)

ZEIT UND UMWELT
Die Anzahl der umherziehenden Theater- und Operntruppen stieg gegen Ende des 18. Jahrhunderts steil an, weil auf der einen Seite das an Schauspielen, Opern und Singspielen interessierte Publikum immer zahlreicher wurde, auf der anderen viele Städte zwar über einen Theaterbau, aber noch über kein fest engagiertes Ensemble verfügten. Unter diesen Truppen, die eine gewisse Mittelmäßigkeit selten überstiegen, befanden sich in der Regel nur ein bis zwei Spitzenkräfte, die dann zumeist auch die Leitung innehatten.

LEBEN
Johann Ignaz Walter wurde am 31. 8. 1755 in Radowitz (Radovice), Böhmen, geboren. Er war in Wien Schüler von Josef Starzer und wirkte 1779 an der Hofoper, ab 1783 in Prag, dann in Riga und ab 1789 in Mainz als Tenorist. Dann übernahm er die Leitung einer reisenden Operntruppe. Er starb in Regensburg am 22. 2. 1822.

WERKE
Neben etwa 12 Singspielen verfaßte Ignaz Walter eine Kantate zur Krönung Kaiser Leopolds II., eine zu Friedrich von Schillers Totenfeier, Messen, italienische und deutsche Arien und Kammermusik, darunter ein Quartett für Harfe, Flöte, Violine und Cello.

Johannes Walter (um 1496–1570)

ZEIT UND UMWELT
Die Erneuerung der Kirchen- und Schulmusik auf der Grundlage der Reformation hat die Zweckrichtung der musikalischen Betätigung völlig umorientiert. Das Kirchen-

lied sollte seine Kräfte nicht beim Anhören, sondern im gemeinsamen Singen entfalten, es ist nicht darbietend, sondern bereitstellend. Das älteste Liedgut der ersten evangelischen Gemeinden hatte keinen künstlerischen Charakter, sondern einen religiösen. Daß ein Großteil dieser Lieder künstlerisch war und den Ausgangspunkt zur prachtvollen Entfaltung einer Kirchenmusik auf hohem Niveau bildete, daß die Komponisten trotz ihrer völlig andersgearteten Bestrebungen Kunstwerke schufen, war sozusagen ein ungewollter Nebenerfolg.

LEBEN

Johannes Walter (Hans Walther), der ursprünglich Johann Blankenmüller hieß, wurde um 1496 vermutlich in Kahla (Thüringen) geboren. Ein Verwandter namens Hans Walter adoptierte ihn und gab ihm seinen Namen. Durch Vermittlung kam er 1517 an die Hofkapelle des Kurfürsten Friedrich des Weisen. Nach dem Tod des Landesherrn (1525) wurde Walter auf Fürsprache Luthers und Melanchthons vom Nachfolger Friedrichs übernommen und mit dem Kantorat der Lateinschule in Torgau betraut (1526), aus dem unter der Hand Walters mit starker Förderung durch den eifrigen Anhänger Luthers, den Kurfürsten Johann den Standfesten (1468–1532), eine kirchlich-schulisch-stadtbürgerliche Institution zum Vorbild für die Kantoreien der evangelischen Kirche wurde.

Unter dem Nachfolger Johanns, dem Herzog Johann Friedrich II. dem Mittleren (1529–95), wurde der erste evangelische Kirchenbau im Schloß Hartenfels zu Torgau mit einer Huldigungsmotette Walters feierlich eingeweiht. Ab 1548 übernahm er die Leitung der Hofkapelle des Kurfürsten Moritz von Sachsen (1521–53), der ein Jahr zuvor Johann Friedrich in seiner Würde abgelöst und seine Residenz in Dresden aufgeschlagen hatte. Wegen eines Augenleidens und des Ablebens des Kurfürsten zog sich Walter 1554 nach Torgau zurück, wo er am 25. 3. 1570 als anerkannt bedeutendster Schöpfer des evangelischen Kirchenliedes starb.

Sein Sohn Hans Walter (1527, Torgau, bis 1578, Torgau) war neben seinem Beruf als Kornschreiber Musiker, Kantor und Organist. Kompositionen von ihm sind keine überliefert.

WERKE

Die Vorbilder Johannes Walters waren Josquin, Isaac, Adam von Fulda, Senfl und Rener. Er publizierte 1524 in Wittenberg das »Geystliche gesangk Buchleyn« (in späteren Auflagen: Wittenbergisch deudsch Geistlich Gesangbüchlein) mit einer Vorrede von Martin Luther als erstes Gesangbuch der evangelischen Kirche. Er wurde musikalischer Helfer Luthers bei der Ordnung des reformatorischen Gottesdienstes und der deutschen Messe. Weitere Veröffentlichungen sind: Magnificat octo tonorum, »Wach auf du deutsches Land«, außerdem viele Gelegenheitskompositionen, 26 Fugen für gleichgestimmte Instrumente, Kanons und Chorbücher, davon das aus 1545 mit 52 deutschen und 69 lateinischen Sätzen, von denen 83 von Walter, der Rest von Senfl und Josquin sind. Seine meistersingerlichen Reimdichtungen und die Kompositionen mit Luthers Kirchenliedern als Cantus firmus sind von der Chorpolyphonie der Spätgotik abhängig. Walter hat 3 Passionen verfaßt: Passion nach Matthäus, nach Johannes und nach dem Text der Evangelienharmonie (kombinierter Text aus allen Evangelien, der einen lückenlosen Handlungsablauf bringt).

Matthäus-Passion für Soli und Chor, entstanden um 1530

Der Evangelist stützt sich mit seinen Rezitativen auf den Grundton, während Jesus um eine Quinte tiefer intoniert und die anderen Solisten ein Quarte höher liegen. Die Intervallbewegungen bei Beginn und Ende, Absatz und Frage der Rezitative sind formelhaft gleichartig. Die vierstimmigen Chöre sind monodisch Note gegen Note gesetzt und werden als mehrstimmiges Psalmodieren dem Wortrhythmus entsprechend ohne dramatische Kennzeichnung und ohne Ausdruck von Gefühlen vorgetragen. Die künstlerische Wirkung beruht auf der Kraft des rezitativischen Melos und dem Klang einfacher, ruhender Harmonien.

LITERATUR

O. Michaelis, Johannes Walter, Leipzig 1939.

Johann Gottfried Walther
(1684–1748)

ZEIT UND UMWELT

Johann Sebastian Bach verließ 1717 Weimar nach einem Konflikt mit dem Herzog. Im Jahr 1732 verbot die Zensur des Herzogtums eine ausführliche Erwähnung des Komponisten im »Musicalischen Lexicon«. Dies beleuchtet recht gut die tatsächliche Einstellung der Höfe und Höflinge jener Zeit Trägern des Geistes- und Kunstlebens gegenüber, deren Leistungen zwar in Anspruch genommen wurden, deren soziale Stellung sich von der anderer Untergebenen kaum unterschied.

LEBEN

Johann Gottfried Walther wurde am 18. 9. 1684 in Erfurt geboren. Er war Cousin zweiten Grades von Johann Sebastian Bach – ihre Mütter waren beide geborene Lämmerhirt. Er wurde 1702 Thomasorganist in Erfurt, wirkte ab 1707 als Stadtorganist und Musiklehrer der herzoglichen Prinzen und ab 1721 als Hofmusiker in Weimar, wo er am 23. 3. 1748 starb.

WERKE

Der deutsche Organist, Musikschriftsteller und Komponist Johann Gottfried Walther verfaßte eine Anzahl Choralvorspiele und Choralbearbeitungen für Orgel von bedeutender Qualität und eine Reihe ebenso vorzüglicher Orchesterwerke. Das Hauptgewicht seiner Tätigkeit lag jedoch auf schriftstellerischem Gebiet. Seine Schulwerke, vor allem jedoch sein »Musicalisches Lexicon«, das erste deutschsprachige und das erste biographische Musiklexikon, bieten einen wertvollen Überblick über die Musik und die Musiktradition der Zeit Johann Sebastian Bachs; Walther durfte allerdings seinen Freund und Vetter, der in herzogliche Ungnade gefallen war, kaum erwähnen.

LITERATUR

O. Brodde, Johann Gottfried Walther, Kassel 1937.

Johann Jakob Walther
(um 1650–1717)

ZEIT UND UMWELT

Die Spieltechnik der Violine vervollständigte sich stetig. Nach den Doppel- und Dreifachgriffen kam man dem Bedürfnis nach akkordischem Klang durch das Arpeggio über 3 und 4 Saiten entgegen, das besonders beim solistischen Spiel reizvolle Abwechslungen bringt. Es erhöhte auch die Verwendungsmöglichkeit des Instruments in der Begleitung, weil Stimmführungen anderer Instrumente illustrativ und dekorativ umspielt werden konnten.

LEBEN

Johann Jakob Walther wurde um 1650 in Witterda, Erfurt, geboren. Nach seiner Ausbildung in Florenz nahm ihn der Hof in Dresden 1674 als ersten Violinisten und Konzertmeister auf. Ab 1680 wirkte er als italienischer Sekretär beim Kurfürsten in Mainz, wo er am 2. 11. 1717 starb.

WERKE

Der deutsche Violinvirtuose und Komponist Johann Jakob Walther brachte »Scherzi da violino solo« mit Generalbaß und Viole und Laute ad libitum heraus, dann unter dem Titel »Hortus chelicus« (Musikgarten) für eine bis vier Violinen 28 Stücke, von denen 19 Suiten- und 4 Variationenform haben. Unter den Variationen fallen am meisten die Ostinatiovariationen auf. Einzelne Stücke sind von verschiedenen Instrumenten begleitet.

LITERATUR

G. Beckmann, Das Violinspiel in Deutschland vor 1700, Leipzig 1918.

Walther von der Vogelweide
(um 1170 bis nach 1230)

Zeit und Umwelt

Nach der Heirat Friedrich Barbarossas mit Beatrix von Burgund im Jahre 1156 folgte der Trouvère Guiot de Provins der Braut nach Deutschland. Damit war die Brücke zwischen Dichtung und Musik Frankreichs und Deutschlands geschlagen. Die zweite Quelle, aus der die deutschen Minnesänger schöpften, war die Gregorianik der Kirchen, die dritte das volkstümliche Singen und Musizieren und schließlich das lateinische Lied der fahrenden Schüler (Vagantenpoesie). Dazu kamen einige Troubadour- oder Trouvèremelodien auf irgendwelchen Wegen nach Deutschland und wurden dort als Kontrafakta heimisch.

Von den meisten deutschen Minnesängern ist uns nur oder fast nur die Dichtung überliefert. Inwieweit ihre Epik gesungen worden ist, läßt sich im Einzelfall oft nur schwer entscheiden. Daß die großen Versromane, Epen, Lehrgedichte und Sprüche nie in Musik gesetzt wurden, scheint sicher zu sein. Heinrich von Morungen, Heinrich von Verdeke, Hartmann von Aue (1165 bis nach 1210), Wolfram von Eschenbach (1170 bis nach 1220) waren vor allem Dichter. Über ihre Musik wissen wir nichts. Es sind vom gesamten Minnesang wenig mehr als 200 Melodien erhalten. Darüber hinaus sind weitere durch die Meistersinger in vermutlich entstellter Form überliefert.

So vielfältig, kraftvoll und gedankentief der dichterische Gehalt des Minnesangs und der gesamten deutschen Dichtung des Mittelalters war, die Melismatik klang äußerst sparsam und sehr oft an Kirchentöne angelehnt. Die einstimmigen Melodien wurden von Fidel oder Harfe begleitet, wobei heterophone Abweichungen der Stimmen zu einer zweistimmigen Kontrapunktik nicht selten auftraten. Kleine instrumentale Vor-, Zwischen- und Nachspiele weisen bereits auf eine Ausweitung der Instrumentalmusik hin.

Leben

Walther von der Vogelweide wurde um 1170 vermutlich in Österreich geboren. Dafür, daß der Geburtsort in Südtirol zu finden sei, soll die Existenz eines »Vogelweiderhofes« als Beweis dienen, was wohl nicht ausreicht. Er entstammte wahrscheinlich dem niederen Dienstadel. 1203 wird er urkundlich als Fahrender erwähnt, dem der Bischof von Passau fünf Goldstücke für einen Mantel schenkte. Am Babenberger Hof zu Wien war er Schüler Reinmars von Hagenau. Ab 1220 war er seßhaft; der Kaiser schenkte ihm ein Lehen in oder bei Würzburg, wo er nach 1230 starb. Er soll im Kreuzgang des Würzburger Münsters begraben sein.

Werke

Walther von der Vogelweide vollendete und überwand zugleich den konventionellen höfischen Minnesang durch persönlichen Erlebnisausdruck, Naturempfinden, Vergeistigung und Schlichtheit. Von seinen Melodien sind nur wenige erhalten, darunter das berühmte Palästinalied (Nu alêrst lebe ich mir werde), das vermutlich 1228 entstanden ist. Dazu gibt es weitere Weisen in zwei Meistersingerhandschriften; ihre ursprüngliche Gestalt ist aber nicht mehr ganz sicher reproduzierbar.

Literatur

J. A. Huisman, Neue Wege zur dichterischen und musikalischen Technik Walthers von der Vogelweide, Utrecht 1950. H.-U. Rump, Walther von der Vogelweide in Selbstzeugnissen und Bilddokumenten, 1974.

Richard Walthew (1872–1951)

Leben

Richard Henry Walthew wurde am 4.11.1872 in London geboren. Seine Lehrer am Royal College of Music waren Charles Hubert Parry und Charles Stanford. Von 1900 bis 1904 wirkte er als Musikdirektor in Passmore Edwards Settlement, darauf als Lehrer an der Guildhall School of Music und ab 1907 am

Queen's College in Finsbury. Er starb am 14.11.1951 in East Preston, Sussex.

WERKE

Neben 2 Operetten, mehreren Orchesterstücken, einem Klavierkonzert, einem »Caprice Impromptu« für Violine und Orchester, 4 Kantaten, Duetten und Liedern schrieb Richard Walthew ausgezeichnete Kammermusik: ein Klavierquintett, ein Quintett für Klavier, Violine, Bratsche, Cello und Kontrabaß, ein Klarinettenquartett, ein Klavierquartett, 3 Streichquartette, 6 »Lyrische Stücke« für Streichquartett, ein Klaviertrio, 5 Divertimenti für Streichtrio, eine Violinsonate, eine Cellosonate und Stücke für Klarinette und Klavier. Er war auch schriftstellerisch auf dem Gebiet der Kammermusik tätig.

William Walton (1902–83)

LEBEN

William Turner Walton wurde am 29.3.1902 in Oldham, Lancashire, geboren. Er studierte nach häuslichem Unterricht bis 1918 bei Hugh Percy Allen (23.12.1869, Reading, Berkshire, bis 20.2.1946, Oxford) und darauf autodidaktisch. Er lebte anschließend als freischaffender Komponist ohne irgendeine berufliche Bindung bis zu seinem Tod am 8.3. 1983 in London.

WERKE

Die ersten Kompositionen von William Walton waren atonal. Die meisten davon zog er später zurück oder vernichtete sie, weil er sich der Spätromantik verschrieben hatte. Nur einige seiner letzten trugen serielle Strukturen. Er schrieb eine Oper und 2 Ballette, ferner 2 Sinfonien, eine Partita, »Variationen über ein Thema von Hindemith«, 4 Ouvertüren, 2 Krönungsmärsche, ein Violinkonzert, ein Bratschenkonzert ein Cellokonzert, ein Klavierkonzert, eine Sinfonie concertante mit Klavier, mehrere Suiten aus seinen Filmkompositionen, ein Streichquartett, eine Sonate für Violine und Klavier, ein Oratorium, eine Litanei, ein Te Deum, eine Gloria, eine »Kurze Messe«, »Façade« für Sprecher und Kammerorchester, eine Anzahl Chöre und Lieder mit verschiedener Begleitung.

Belsazars Fest für zwei gemischte Chöre, Bariton, Orchester und zwei Blechkapellen, 3 Abschnitte, entstanden 1931

Der Text wurde von Osbert Sitwell (1892–1969) aus Bibeltexten zusammengestellt. Mächtige Fanfaren der Posaunen kündigen das Drama des Untergangs des Babylonischen Reiches an. Der 1. Abschnitt beginnt mit der Klage der gefangenen Israeliten, ihrem Entschluß, Jerusalem nie zu vergessen, und der Voraussage des Schicksals Babylons. Im 2. Abschnitt ist das rauschende Fest zu Ehren der heidnischen Götter mit allen Farben des großen Orchesters geschildert, an dessen Höhepunkt die geheimnisvoll drohende Inschrift an der Wand erscheint. Der Fall König Belsazars und die Zerstörung seines Reichs beenden den Abschnitt. Der 3. Abschnitt beginnt mit einem machtvollen Hymnus über den Sieg über Babylon und die Befreiung der gefangenen Israeliten. Dann zitiert der Chor die Apokalypse (XVIII.), die die Schrecken des Weltuntergangs prophezeiht, wofür der Fall Babylons ein Gleichnis war.

Sinfonie Nr. 2, 3 Sätze, entstanden 1960

Es handelt sich um ein durch und durch romantisches Werk, obwohl seine Melodik, seine Harmonik und Rhythmik über den Rahmen der Romantik des 19. Jahrhunderts weit hinausufern. Besonders der 1. Satz fällt durch seine lebhafte eindringliche Rhythmik und seinen reichen Orchesterklang auf. Der 2. Satz bringt eine prächtige Kantilene. Das Finale beginnt mit einer Passacaglia, der zehn Variationen folgen, deren Thema aus den zwölf Tönen der chromatischen Skala besteht, aber dennoch tonal ist. Ein Fugato schließt sich an, eine Coda-Scherzando beendet das Werk.

Bratschenkonzert, 3 Sätze, entstanden 1929, revidiert 1961

Dieses Konzert gehört völlig der Spätromantik an. Diese Struktur hat der Komponist durch seine spätere Revision noch mehr vertieft – er strich die dröhnenden tiefen Bässe und führte eine Harfe ein. Mit schöner Kantilene fließt der 1. Satz ohne echte Probleme dahin. Der Mittelsatz ist lebhaft und scharf rhythmisiert, aber voll strahlender Klänge und schimmernder Farben, wie es eben die Welt der Romantik forderte. Das Finale verkündet frohe Heiterkeit.

Façade, Ballettsuite, 10 Sätze, entstanden 1938

Die einzelnen Sätze entstammen dem 1922 geschriebenen Divertimento gleichen Titels zu einer Gedichtfolge von Edith Sitwell (1887–1964), die zur Musik deklamiert wurde. Er bildete daraus mehrere Ballettsuiten. Der 1. Satz dieser Suite hat den Titel »Fanfare und Schottische Rhapsodie« und bringt Dudelsackmusik, erzeugt von den Holzbläsern. Im 2. Satz »Walzer« erklingt ein Wiener Walzer und seine spätere Londoner Nachahmung. Im 3. Satz »Tangopasodoble« wird der »Tango-Wahn« der zwanziger Jahre verhöhnt und ein lateinamerikanischer Tanz als alter englischer Schlager entlarvt. Der »Schweizer Jodel« im 4. Satz ist der Ouvertüre der Oper »Wilhelm Tell« von Gioacchino Rossini entnommen. Der »Ländliche Tanz« des 5. Satzes bringt ein Pastorale mit Nymphen und Schäfern. Der »Polka« im 6. Satz wird die Melodie zum Tanzlied »Sieh mich die Polka tanzen« angedeutet. »Spanische Nacht« erweckt im 7. Satz die Stimmung einer warmen spanischen Nacht. Im 8. Satz »Volkslied« wird ein bei populären Tanzveranstaltungen viel gehörtes Tanzlied verwendet. Der 9. Satz bringt »Old Sir Faulk«, einen zu seiner Zeit sehr beliebten Foxtrott. Die »Tarantella sevillana« im letzten Satz bildet einen rasanten Abschluß des beliebten Stücks.

Leopold Matthias Walzel (1902–70)

LEBEN

Leopold Matthias Walzel wurde am 29.11. 1902 in Wien geboren. Er war Schüler von Ferdinand Rebay (11.6.1880, Wien, bis 6.11. 1953, Wien), wirkte von 1924 bis 1964 als Journalist und Musikkritiker in Wien, wo er am 9.6.1970 starb.

WERKE

Außer einer Oper schrieb Leopold Matthias Walzel 4 Sinfonien, eine Intrada und ein Scherzino, 3 Kammerkonzerte, ein Oktett, ein Klavierquintett, ein Streichtrio, eine Sonate für Kontrabaß und Klavier, Klavierstücke, eine Messe und Lieder. Stilistisch bewegte er sich im Rahmen einer erweiterten Tonalität, ohne ihre Grenzen zu überschreiten; seine Musik klang modern, ohne es zu sein.

Sinfonie Nr. 4 »Symphonia giocosa«, Opus 39, 4 Sätze, entstanden 1964

»In dieser Sinfonie klingt eine lächelnde Weisheit von den Dingen des Lebens, die aus Ausgeglichenheit von Geist und Seele stammt« (Kurt Schmidek). Das Werk ist eine deutliche Rückkehr zur unbedingten Tonalität. Der 1. Satz ist ein frohes Allegro, an dessen Ende Hörner und Trompeten die weiteren Sätze bereits vorbereiten. Das Scherzo mit dem Motto »Es ist uns alles nur geliehen« bringt anstelle des Trios einen Marsch. Im 3. Satz schwingt sich eine weite Kantilene über flirrende Streicher; ein Marschteil steht dem Thema gegenüber. Im Finale werden zwei neue Themen eingeführt und mit allen übrigen zu einem klangreichen Schluß zusammengefaßt.

Klavierkonzert, Opus 43, 3 Sätze, entstanden 1966

Das monumentale Thema des 1. Satzes wird dreimal, unterbrochen von Seitensätzen, gebracht. Ein sangliches Thema des Klaviers wird entgegengeführt. Die Durchführung endet mit einer grandiosen Kadenz und der darauffolgenden machtvollen Reprise. Das Thema des 2. Satzes ist einfach und volksliedhaft. Das zweite Thema leitet zu einem groß angelegten Seitenthema im Klavier. Nach der Verarbeitung der Themen erklingt das Hauptthema erneut. Heiter führt sich das Finale ein, dessen Themen mit den vorangegangenen eng verbunden sind. Dann kommt es zu einer grandiosen Kadenz und zum Abschluß des Werks durch eine Reprise des Hauptthemas des 1. Satzes.

Thomas Wanless (um 1640–1721)

ZEIT UND UMWELT

Die Vernichtung der englischen Musik durch Bürgerkrieg und Cromwell-Zeit erforderte intensive Arbeit, um nach der Restauration das Musikleben wieder in Gang zu setzen. Es wurde eine »Corporation for regulating the Art and Science of Music« (Vereinigung zur Regelung der Musik und Musikwissenschaft) eingesetzt, die die erreichbaren Kräfte zu beratenden Besprechungen einlud und nachgerade verpflichtete, am Wiederaufbau der englischen Musik mitzuwirken.

LEBEN

Thomas Wanless wurde um 1640 in London geboren und dürfte von seinem Vater ausgebildet worden sein. Nach mehreren Stellungen in London wirkte er von 1691 bis 1715 als Organist am Münster von York, wo er im Jahr 1721 starb.

Sein Vater John Wanless (um 1590, London, bis 1650, Lincoln) war von 1616 bis nach 1625 Organist an der Kathedrale in Lincoln.

WERKE

Der englische Komponist Thomas Wanless verfaßte eine Anzahl mehrstimmiger Anthems mit Instrumentalbegleitung und mehrere vierstimmige Litaneien. Sein Trauergesang »I am the Resurrection« (Ich bin die Auferstehung) hat große Berühmtheit erlangt.
Von John Wanless sind einige sehr klangvolle Anthems erhalten.

Johann Wannenmacher
(um 1485–1551)

ZEIT UND UMWELT

Die Hoffnung des Reformators Huldrych Zwingli (1484 – 1531), die gesamte Schweiz für seine Ideen zu gewinnen, erfüllte sich nicht. Die Urkantone und Fribourg blieben katholisch und bekämpften Zwinglianer mit brutaler Gewalt, besonders wenn es sich um Diener der Kirche handelte.

LEBEN

Johann Wannenmacher (Vannius) wurde um 1485 in Neuenburg am Rhein geboren. Er wurde 1510 Kantor am Vincentiusstift in Bern, wo er Sänger-, Kirchen- und Lehrdienste zu leisten hatte. Im Jahre 1520 nahm er die Stelle eines Kantors in Fribourg an, wo er Hans Kotter kennenlernte. Beide wurden 1530 (als Wannenmacher öffentlich mit dem Katholizismus brach) eingekerkert, gefoltert und außer Landes gewiesen. Wannenmacher ging nach Bern zurück, konnte aber keine Stelle als Musiker erhalten, so daß er den Dienst eines Landschreibers in Interlaken übernehmen mußte, wo er im Frühling 1551 starb.

WERKE

Der Schweizer Humanist und Musiktheoretiker Heinrich Glareanus erwähnte in seinem Dodekachordon Johann Wannenmacher mit rühmenden Worten. Erhalten sind von dem Meister ungefähr 30 Kompositionen: Messesätze, Hymnen, Psalmen, profane und sakrale Motetten und Lieder, von denen das drei- bis sechsstimmige »An den Wassern Babylons«, »Attendite popule meus« (Höre, mein Volk) und das vierstimmige Lied »Tundt auf den Riegel von der Thür« am bekanntesten geworden sind. Seine »Bicinia« (Duette) erschienen erst nach seinem Tod.

LITERATUR

W. Schuh, Johann Wannenmacher, Schweizerische Musikzeitung LXX, 1930.

Johann Wanningus
(um 1550 bis nach 1602)

ZEIT UND UMWELT

Obwohl Danzig (Gdańsk) 1454 in ein Schutzverhältnis zu den polnischen Königen getreten war, widersetzte es sich stark jeder Polonisierung. Seit der ersten Hälfte des 16. Jahrhunderts gewann die Reformation rasch an Boden, so daß ein starker Bedarf an ausgebildeten Kantoren entstand.

LEBEN

Johann Wanningus wurde um 1550 in Kampen, Oberijsel, geboren und vermutlich in den Niederlanden ausgebildet. Über sein Wirken bis zum Jahr 1580, in dem er die Kapellmeisterstelle an der Marienkirche in Danzig erhielt, weiß man nichts. 1602 zog er sich in den Ruhestand zurück und starb in den Jahren darauf in Danzig.

WERKE

Der niederländische Kirchenmusiker Johann Wanningus veröffentlichte zwischen 1580 und 1590 »Geistliche Gesänge« für fünf bis acht Stimmen und 2 Bücher mit fünf- bis siebenstimmigen Vertonungen von Evangelientexten. Handschriftlich liegen weitere kirchliche Gesänge, eine fünfstimmige Messe und ein siebenstimmiges Jubilate vor. Die Musik folgt der franko-flämischen Schule; sie ist völlig durchimitiert, die Kontrapunktik nimmt auf den Klang wenig Rücksicht, die Stimmführung ist sehr dicht.

Jan Nepomuk Wanski
(um 1805 bis nach 1839)

ZEIT UND UMWELT
Seit der völligen Vernichtung der Eigenstaatlichkeit Polens durch die letzte endgültige Teilung des Landes (1795) setzte eine starke Abwanderung künstlerischer Kräfte ein, deren Hauptziel Frankreich war. Von dort aus konnten sie als »polnische« Künstler und nicht als russische, preußische oder österreichische Untertanen in ganz Westeuropa auftreten.

LEBEN
Jan Nepomuk Wanski (Jean Népomucène) wurde um 1805 in Russisch-Polen (vermutlich in Warschau) geboren. Er genoß seine erste Ausbildung in Warschau, ging sodann nach Paris und wurde dort Schüler von François de Sales Baillot. Anschließend absolvierte er als Violinvirtuose Konzertreisen durch Frankreich, Spanien und Italien. In Rom wurde er Mitglied der Accademia di Santa Cecilia. Im Jahr 1839 ließ er sich in Aix-en-Provence als Violinist und Violinlehrer nieder und dürfte dort gestorben sein. Sein Sterbedatum ist nicht feststellbar.
Sein Vater Jan Wanski (1762, Polen, bis nach 1800, Polen) war Violinist und Komponist.

WERKE
Von Jan Nepomuk Wanski sind zahlreiche Violinkompositionen - begleitet und unbegleitet - bekannt geworden. Er verfaßte auch zahlreiches Studienmaterial.
Jan Wanski schrieb Polonaisen, Mazurkas und Militärmärsche für Instrumentalensemble und für Klavier, außerdem Lieder und Chöre im Volkston.

John Ward (1571–1638)

ZEIT UND UMWELT
Dem Beispiel der Königin Elisabeth I. (1533 bis 1601) und ihres Nachfolgers, König Jakob I. (1566–1625), als Förderer und Mäzene der Kulturträger folgten nicht wenige Adelshäuser. Sir Henry Fanshawe (1569–1616) zum Beispiel, der mit Kronprinz Henry (1594–1612) befreundet war und eine hohe Stellung im Schatzamt bekleidete, war ein großer Musikliebhaber und hielt viele ausgezeichnete Musiker in seinem Haus. Darüber hinaus setzte er sich für die Drucklegung der Werke seiner Musiker und deren Verbreitung ein.

LEBEN
John Ward wurde am 8. 9. 1571 in Canterbury getauft. Über das Leben des englischen Komponisten ist nur bekannt, daß er von Sir Henry Fanshawe und dessen Familie stark protegiert wurde. Er ist vor dem 31. 8. 1638 in London gestorben.

WERKE
Die Madrigale des englischen Komponisten John Ward wurden zu den besten seiner Zeit gerechnet. Ihr ungeheurer Affektausdruck machte sie allgemein beliebt. Sie können auch mit Violen gespielt werden. Der Komponist hat außerdem 2 Services und eine Reihe sehr klangvoller Anthems hinterlassen.

LITERATUR
E. H. Fellowes, The English Madrigal Composers, London 1950.

Robert Ward (geboren 1917)

LEBEN
Robert Ward wurde am 13.9.1917 in Cleveland, O., geboren. Er studierte an der Eastman School of Music in Rochester, N. Y., unter Howard Hanson und Bernard Rogers, an der Juilliard School of Music bei Frederick Jacobi und Albert Stoessel (11.10.1894, St. Louis, bis 12.5.1943, New York) und in Tanglewood bei Aaron Copland. Von 1946 bis 1956 unterrichtete er an der Juilliard School in New York und daneben an der Columbia University. Von 1956 bis 1967 arbeitete er im Verlag Galaxy Music Corporation. Seitdem ist er Präsident der North Carolina School of Arts.

WERKE

Von den beiden Opern von Robert Ward ist die »Hexenjagd« auch in Europa mehrmals aufgeführt worden. Sie schrieb außerdem 4 Sinfonien, eine Ouvertüre, eine festliche Ode, eine Antiphone für Bläser, ein Klavierkonzert, ein Streichquartett und mehrere Chöre mit Sprecher und Orchester. Sein Stil nähert sich dem Expressionismus.

Aleksandr Warlamow (1801–48)

ZEIT UND UMWELT

Nachdem die russische Liedkomposition eingesetzt hatte, fanden sich sofort einige Meister, die diese Musikgattung aufgriffen und ausbauten. Das Publikum nahm sie bereitwillig auf und konnte nicht genug davon bekommen. Viele russische Lieder aus jener Zeit verbreiteten sich über ganz Europa.

LEBEN

Aleksandr Jegorowitsch Warlamow wurde am 15.11.1801 in Moskau geboren. Er war Schüler von Dmitri Bortnjanski (1751–1825) und wirkte von 1819 bis 1823 als Chorregent der russischen Gesandtschaftskirche in Den Haag, anschließend als Musiklehrer in Moskau und von 1829 bis 1831 als Gesanglehrer der Hofsängergesellschaft in St. Petersburg. Anschließend betätigte er sich als privater Musiklehrer in Moskau und ab 1845 bis zu seinem Tod am 15.10.1848 in St. Petersburg.

WERKE

Von Aleksandr Warlamow sind 2 Ballette, mehrere Chöre und Schauspielmusiken bekannt geworden. Berühmt wurde er durch seine zahlreichen Lieder, die dem Volkston sehr nahe kamen; darunter befindet sich das weit verbreitete »Krasni Sarafan« (Der rote Sarafan). Er verfaßte auch eine viel benützte Gesangschule.

Harry Waldo Warner (1874–1945)

LEBEN

Harry Waldo Warner wurde am 4.1.1874 in Nordhampton geboren. Er wurde in London an der Guildhall School of Music von George Alfred Gibson (27.10.1849, Nottingham, bis 21.5.1924, Mentone) zum Violinisten ausgebildet. Er trat als Violinvirtuose auf, wechselte sodann zur Bratsche über. Von 1907 bis 1928 war er Mitglied des London String Quartet, das ausgedehnte Konzertreisen in den USA und bis nach Honolulu unternahm. Er starb am 1.6.1945 in London.

WERKE

Von Harry Waldo Warner sind 5 Streichquartette, ein Klaviertrio, eine Rhapsodie für Bratsche mit Streichquartett, mehrere Sonaten für Violine, für Bratsche, für Cello, für Klavier, außerdem ungefähr 100 Lieder und Gesänge bekannt geworden. Seine Orchesterstücke waren leichterer Natur; sie wurden bei Promenadenkonzerten aufgeführt.

Samuel Prowse Warren (1841–1915)

ZEIT UND UMWELT

New York bildete bis zur Wende zum 20. Jahrhundert für kanadische Musiker einen starken Anziehungspunkt, weil die dortigen Betätigungsmöglichkeiten zu jenen Zeiten eben alles übertrafen, was die einzelnen Städte der Heimat bieten konnten.

LEBEN

Samuel Prowse Warren wurde am 18.2.1841 in Montreal, Quc., Kanada, geboren. Er erhielt ab dem 11. Lebensjahr Orgelunterricht und wirkte sodann an mehreren Kirchen seines Geburtsorts als Organist. Von 1861 bis 1864 hielt er sich in Berlin zur weiteren Ausbildung auf. Nach neuerlichem Wirken in Montreal ging er nach New York, wo er bald zu einem der geachtetsten Organisten, Chorleiter und Lehrer für Kirchenmusik aufrückte und am 7.10.1915 starb.

WERKE

Von Samuel Prowse Warren sind zahlreiche vokale und instrumentale Kirchenmusik, Vokalquartette, Klavierstücke und Orgeltranskriptionen von Orchesterwerken überliefert.

Thomas Warwick (um 1605–60)

ZEIT UND UMWELT
Von der englischen Kirchenmusik wurden die Elemente des Barockstils nur mit großer Zurückhaltung übernommen. Die höfische Musik hingegen hieß die Monodie sehr bald willkommen. Das Sololied und das Duett zu Instrumentalbegleitung – Laute, Virginal usw. – wurde neben den Stücken für Violenensembles zum Hauptbestandteil der profanen Musik. Auch die barocke Vielstimmigkeit für Festkantaten fand bald Eingang.

LEBEN
Thomas Warwick (Warwicke, Warrock) wurde um 1605 in Warwick Hall, Carlisle, geboren. Er wurde in der Nachfolge von Orlando Gibbons 1630 Organist an der Chapel Royal und wirkte auch als Virginalist am königlichen Hof. Wie er den Bürgerkrieg und die Cromwell-Zeit überstanden hat, ist unbekannt. Er starb im Jahr 1660 vermutlich in London.
Sein Vater Thomas Warwick (um 1560, Warwick Hall, bis nach 1609, Warwick Hall) war von 1586 bis 1589 Organist an der Kathedrale von Hereford.

WERKE
Der englische Komponist und Organist Thomas Warwick hinterließ eine Reihe Tänze und Madrigale und mehrere klangvolle Anthems. Er hat außerdem zu Ehren König Karls I. einen Gesang für vierzig Stimmen verfaßt, der aber nicht überliefert ist.
Von den Orgelstücken, die Thomas Warwick der Ältere angeblich komponiert hat, ist nichts erhalten.

Sergei Wasilenko (1872–1956)

LEBEN
Sergei Nikiforowitsch Wasilenko wurde am 18.3.1872 in Moskau geboren. Nach seinem rechtswissenschaftlichen Studium wurde er 1896 in Moskau Schüler von Sergei Tanejew, Michail Ippolitow-Iwanow und Wasili Iljitsch Safonow. Er war bis 1917 als Dirigent und zugleich von 1906 bis 1950 als Kompositionslehrer am Konservatorium in Moskau tätig, wo er am 11.3.1956 starb.

WERKE
Außer 6 Opern, 2 Operetten und 8 Balletten verfaßte Sergei Wasilenko 5 Sinfonien, 3 sinfonische Dichtungen, 8 Orchestersuiten, ein Violinkonzert, ein Trompetenkonzert, 3 Streichquartette, ein Klaviertrio, Chöre, Gesänge, Lieder, Volksliedsätze und volkstümliche Musik, wie »10 russische Volkslieder« für Gesang, Oboe, Balalaika, Akkordeon und Klavier und »Konzert für Balalaika und Orchester«. Sein Stil ist stark vom französischen Impressionismus beeinflußt.

Georg Franz Waßmuth
(um 1705–66)

ZEIT UND UMWELT
Die Ausstrahlung der älteren Wiener Schule, die trotz starkem Traditionsbewußtsein die Vorklassik einleitete oder zumindest vorbereitete, reichte weit über die Grenzen Österreichs hinaus und fand gerade in Würzburg, das sich von französischen Einflüssen frei hielt, ihre Anhänger.

LEBEN
Johann Georg Franz Waßmuth (Wasmuth) wurde um 1705 in oder bei Würzburg geboren. Um 1729 trat er der fürstbischöflichen Kapelle als Violinist bei, wurde 1730 Hoforganist und Chorregent und schließlich 1737 Kapellmeister. Er starb 1766 in Würzburg.

WERKE
Von Georg Franz Waßmuth sind 16 Serenaten, 8 Burlesken, zahlreiche Messen, Konzerte, Partiten und Sinfonien mit verschiedenen Besetzungen erhalten. Sein Stil läßt seine Schulung an den Werken der Wiener Vorklassiker deutlich erkennen.

John Weaver (1673–1760)

Zeit und Umwelt

Tanz und Pantomime waren in der Antike mit der Musik ebenso eng verbunden wie mit Dichtung und Dramatik. Erst in der hellenistischen Zeit wurden die einzelnen Kunstarten selbständig; ein gemeinsames Auftreten der Musik mit der Choreutik einerseits und mit der Poesie andererseits blieb aber bestehen. Die Verschmelzung der beiden Kunstgruppen gestaltet sich besonders intensiv, wenn sie vom gleichen Künstler stammen. Nicht selten schreiben Opern- und Liederkomponisten die Libretti und Texte selbst, und ebenso häufig sind Ballettkomponisten auch Choreographen.

Leben

John Weaver wurde am 21. 7. 1673 in Shrewsbury geboren. Er war Tanzmeister, Choreograph, Komponist und Theoretiker und hielt sich einen großen Teil seines Lebens in London auf, kehrte aber im Alter in seine Vaterstadt zurück, wo er am 24. 9. 1760 starb.

Werke

Neben seinen theoretischen Schriften über den Tanz und die Pantomime und die Geschichte dieser Kunst komponierte der englische Tanzmeister John Weaver eine große Anzahl Tanzmelodien, Musikeinlagen zu Pantomimen und Balletten und Tanzlieder. Seine Werke waren zumeist für das Drury Lane Theatre bestimmt. Sie waren sehr beliebt und hatten nachhaltige Auswirkungen auf das englische Ballett.

William Webb
(um 1625 bis nach 1680)

Zeit und Umwelt

John Playford (1623 bis um 1686), dessen Familie bis zu den ersten Jahrzehnten des 18. Jahrhunderts im Musikverlagswesen Englands eine dominierende Stellung einnahm, brachte 1652 »Select Musical Ayres and Dialogues« (Ausgewählte Lieder und Dialoge) und 1673 »The Musical Companion« (Der musikalische Begleiter) heraus. In diesen Sammlungen wurden die profanen Liedwerke einer Anzahl zeitgenössischer Komponisten aufgenommen.

Leben

William Webb wurde um 1625 vermutlich in London geboren. Über seine musikalische Tätigkeit und sein Leben ist nichts bekannt und ebensowenig über den Ort, wo er in den Jahren nach 1680 gestorben ist.

Werke

Vom englischen Komponisten William Webb sind in den Publikationen des Musikverlegers John Playford eine Anzahl ein- bis dreistimmiger Lieder, Dialoge und Catches erschienen, die viel Beachtung fanden. Sie wurden später in mehrere Sammlungen aufgenommen.

Samuel Webbe (1740–1816)

Zeit und Umwelt

Catches und Glees wie die Anzahl der dafür erworbenen Auszeichnungen bestimmten den Beliebtheitsgrad eines englischen Komponisten der zweiten Hälfte des 18. Jahrhunderts. Sie wurden in Massen erzeugt, gedruckt und verkauft, gesungen und in den privaten Konzerten vorgetragen. Ihre einfachen, eingängigen Melodien waren anspruchslos.

Leben

Samuel Webbe wurde 1740 in London geboren. Er betätigte sich ursprünglich als Kopist bei einem Musikverlag, erhielt sodann 1776 die Organistenstelle an der Kapelle der portugiesischen Gesandtschaft, wurde 1787 Bibliothekar des Glee Club und wirkte von 1794 bis 1812 als Sekretär des Catch Club. Er starb am 25. 5. 1816 in London.

WERKE

Berühmt und allgemein beliebt wurde Samuel Webbe nur durch seine 9 Bände mit »Catches, Canons and Glees«, mit dem »Ladies Catch-Book« und »A Selection of Glees«. Daneben fielen bei seinen Zeitgenossen seine Motetten, Antiphonen und Messen, sein interessantes Cembalokonzert und seine Divertissements nicht in das Gewicht.

LITERATUR

J. M. Knapp, Samuel Webbe and the Glee, in: Music & Letters XXXIII, 1952.

Bernhard Anselm Weber (1764–1821)

ZEIT UND UMWELT

Der Bogenflügel (Xänorphika), ein Klavier, bei dem die Saiten durch Scheibenräder wie bei der Drehleier angestrichen werden, hatte seinen Vorläufer im Nürnbergischen Geigenclavicymbel, das Hans Heyden (1536–1613) erfand. Am kompliziertesten war die Konstruktion von Carl Leopold Röllig aus dem Jahr 1797, die für jede Taste einen besonderen Bogen in Bewegung setzte.

LEBEN

Bernhard Anselm Weber wurde am 18. 4. 1764 in Mannheim geboren. Er war Schüler von Abbé Vogler und Ignaz Holzbauer und studierte in Heidelberg Theologie, Philosophie und Jurisprudenz, bildete sich sodann zum Virtuosen auf der Xänorphika aus. Er wurde Musikdirektor einer Theatertruppe in Hannover und 1792 Zweiter Kapellmeister des Nationaltheaters in Berlin, nach dessen Vereinigung mit der Italienischen Oper er die Gesamtleitung als Königlicher Kapellmeister übernahm. Er starb am 23. 3. 1821 in Berlin.

WERKE

Die Opern und Singspiele von Bernhard Anselm Weber weisen die Faktur von Christoph Willibald Gluck auf, ebenso seine 2 Melodramen. Er verfaßte außerdem Orchesterstücke, Klaviermusik, Kantaten, Arien, Lieder, Chöre, Ballette und ungefähr 40 Schauspielmusiken, darunter die Musik zu »Die Jungfrau von Orleans«, »Wallenstein« und »Wilhelm Tell« mit dem berühmten Jägerlied »Mit dem Pfeil den Bogen« und dem Chor »Rasch tritt der Tod den Menschen an«.

Bernhard Christian Weber (1712–58)

ZEIT UND UMWELT

»Das wohltemperierte Clavier« von Johann Sebastian Bach war eines der am meisten revolutionierenden Werke des späten Barock, weil damit die Dur-Moll-Tonalität ihre uneingeschränkte Herrschaft antreten konnte, die ungefähr durch 200 Jahre in Geltung blieb. Die schrankenlose Enharmonik, die dadurch statuiert wurde, erlaubte jede Modulation durch alle Dur- und Moll-Tonarten und erweiterte das Feld der Musik um ein Vielfaches.

LEBEN

Bernhard Christian Weber wurde am 1. 12. 1712 in Wolferschwenda, Thüringen, geboren. Er wirkte von 1732 bis zu seinem Tod am 5. 2. 1758 als Stadtorganist in Tennstedt bei Erfurt.

WERKE

»Das wohltemperierte Clavier oder Praeludia und Fugen durch alle Tone und Semitonia« von Bernhard Christian Weber war ein Versuch, das Werk von Bach für die Orgel zu übertragen und zu erweitern, der wohl das allgemeine Interesse für die Leistung des Thomaskantors beweist, aber als nicht sehr gelungen bezeichnet werden kann.

Carl Maria von Weber (1786–1826)

ZEIT UND UMWELT

»Die Relation zwischen dem Arbeitsaufwand eines Könners beim Schaffen eines Werks und dem wirtschaftlichen Ergebnis ist im Vergleich zu anderen Sparten des Verdienens einfach beschämend für den geistigen Arbeiter.« (Joseph Marx.) Das gilt besonders für Komponisten: seit den Zeiten der Klassik gelang es nur wenigen, von der Musik zu leben, indem sie durch Konzerttätigkeit oder Unterricht ihren Unterhalt gewannen oder eine festbesoldete Anstellung annahmen. Eine kompositorische Tätigkeit allein reichte nie aus, auch wenn sie mit äußerstem Fleiß betrieben wurde. Ihre Werke warfen in der Regel nur einmal etwas ab, dann wurden sie sozusagen zum herrenlosen Gut, mit dem viele andere verdienten, nur der Urheber selbst nicht. Bei manchen hätte ein Bruchteil dessen, was andere schon zu seinen Lebzeiten ernteten, ausgereicht, um den Urheber vor äußerster Not zu bewahren. Von einem Schutz des geistigen Eigentums über seinen Tod hinaus wurde damals nicht einmal geträumt.

Carl Maria von Weber

LEBEN

Carl Maria Friedrich Ernst von Weber wurde am 18.11.1786 in Eutin, Holstein, als Sohn des Franz Anton von Weber (1734, Zell im Wiesental, Schwarzwald, bis 16.4.1812, Mannheim), zunächst kurpfälzischer Gardeleutnant, darauf fürstbischöflicher Kapellmeister in Eutin, zuletzt Leiter einer von ihm gegründeten Schauspielgesellschaft, und der Genovefa Brenner (2.1.1764, Marktoberdorf im Allgäu, bis 13.3.1798, Salzburg) geboren. Von seinem Stiefbruder Fritz (Fridolin Stephan Johann Nepomuk Andreas Maria) von Weber (29.11.1761, Hildesheim, bis 11.3.1833, Hamburg), Sänger und Bratschist, Schüler von Joseph Haydn, erhielt er den ersten Musikunterricht. Seit frühester Kindheit wurde er auf ausgedehnte Reisen der Theatergruppe des Vaters nach Wien und durch Deutschland mitgenommen und mit Theater und Musik vertraut gemacht. Den ersten Klavierunterricht erhielt er von Johann Peter Heuschkel (um 1770, Harras, Meiningen, bis 5.12.1853, Biberich), Oboist, Organist der Hofkapelle Hildburghausen, und Komponist. In Salzburg, wohin die Familie Weber gezogen war, setzte Michael Haydn den Unterricht fort; in München, wo die Familie 1798 landete, wurde er von Johann Nepomuk Kalcher (1766–1826) und von Johann Evangelist Valesi unterwiesen und schrieb bereits seine ersten Kompositionen. Nach mehreren Reisen kam er 1803 nach Wien, studierte dort noch bei Abbé Vogler und trat mit Johann Nepomuk Hummel und Johann Gänsbacher in Verbindung. Über die Vermittlung von Abbé Vogler erhielt er mit siebzehneinhalb Jahren die Kapellmeisterstelle am Theater in Breslau (Wrocław). Er konnte diese Stelle nicht lange halten, weil er mit dem Domkapellmeister Joseph Ignaz Schabel (1767–1831), der sich übergangen sah, und mit seinem jeder Neuerung abholden Ensemble in Konflikt geriet, obschon ihn ein kleiner Freundeskreis, darunter der vielseitige Instrumentalist, Musiklehrer und Komponist Friedrich Wilhelm Berger (16.5.1780, Breslau, bis 9.5.1827, Breslau), unterstützte. Im Jahr 1806 wurde er Musikintendant bei Prinz Eugène von Württemberg (1788–1857) und kam ein Jahr darauf zu dessen Bruder König Friedrich I. von Württemberg (1754–1816) als Sekretär. Diese Stelle verschaffte ihm etwas finanzielle Sicherheit und die Möglichkeit, die umfangreiche Schloßbibliothek zu benützen. Durch eine Intrige verlor er jedoch diese Stelle sehr bald und wurde landesverwiesen. Opernkapellmeister Franz Danzi, mit dem er in Stuttgart Freundschaft geschlossen hatte, empfahl ihn dem Kapellmeister von Mannheim, Peter Ritter (1763–1846). Er hielt sich in der Folgezeit in Heidelberg und Darmstadt als Pianist auf; 1811 konzertierte er in der Schweiz und reiste sodann mit dem Klarinettisten Heinrich Josef Bärmann nach Prag, Leipzig, Dresden, Gotha, Weimar, Frankfurt am Main, Nürnberg, Bamberg, Berlin und wieder nach Prag, wo er 1813 Operndirektor am Landstädtischen Theater wurde. 1816 erhielt er die Berufung als Musikdirektor der Deutschen Oper in Dresden, die er neben der von Francesco Morlacchi geleiteten Italienischen Oper zu einem so bedeutenden Ansehen brachte, daß man von einem Ende der Prävalenz der Italienischen Oper in Dresden sprechen konnte. In Dresden heiratete er 1817 die Sängerin Carolina Brandt (19.11.1794, Bonn, bis 23.2.1852, Dresden). Sein Gesundheitszustand war der rastlosen kompositorischen Tätigkeit neben den Pflichten seines Amtes nicht gewachsen; er mußte 1824 eine Kur in Karlsbad nehmen, die aber wenig erfolgreich war. Aus London erhielt er den Auftrag, eine Oper zu schreiben. Als er sie vollendet hatte und nach London reiste, um sein Werk kontraktgemäß zu dirigieren, war er bereits schwer krank und starb dort am 5.6.1826. Er wurde in London beigesetzt. Auf Betreiben Richard Wagners wurde er 1844 nach Dresden überführt und auf dem Alten Katholischen Friedhof bestattet. Richard Wagner hielt die Trauerrede.

Werke

Der Name Carl Maria von Weber ist für die gesamte Welt mit dem Titel seiner Oper »Der Freischütz« verbunden, dieser romantischen Stimmungsoper, die die »deutscheste Oper« genannt wurde. Sie war jedenfalls das größte Ereignis auf der Opernbühne zwischen Wolfgang Amadeus Mozart und Richard Wagner. Ihre musikgeschichtliche Bedeutung liegt vor allem anderen in der erstmaligen Verwendung der Instrumentation als Ausdruckselement. Während bisher dem Instrumentenklang doch nur ein kolorierender Charakter zukam, der nötigenfalls gewechselt werden konnte, ohne daß die Substanz der Komposition davon berührt wurde, wird hier der Klangfarbe die unmittelbare Mitteilung des Vorstellungs- oder Gefühlgehaltes zugewiesen, so daß diese in den Vordergrund des Tonkomplexes rückt und Melos, Harmonie und Rhythmus zurückdrängt. Der ungeheure Erfolg der Oper, dem allerdings für den Komponisten nur bescheidene Einkünfte gegenüberstanden, rührte vom etwas naiven Libretto, das den Sieg des Guten über das Böse, der dämonischen Mächte über die Tugend und der Befriedigung der Sehnsucht nach einer besseren Vergangenheit, nach Väterart und Vätertugend, nach geheimen Mächten und Kräften, die die Welt verschönen, mit grellen Kontrasten schildert, so daß idyllischer Glanz auch in die glanzlose Gegenwart fällt. Alle anderen Opern des Komponisten haben den Erfolg des »Freischütz« bei weitem nicht erreicht; Schuld daran waren zum Großteil ihre mißglückten Libretti.

Von vielen seiner Bühnenwerke stehen aber die Ouvertüren häufig auf Konzertprogrammen: »Euryante«, »Oberon«, »Preziosa«, »Peter Schmoll«, »Turandot« und natürlich »Freischütz«, und werden öfter gespielt als seine beiden Sinfonien oder die 2 Klavierkonzerte, die eine stärkere Beachtung verdienen würden. Glänzende Orchesternummern sind seine beiden Klarinettenkonzerte und das Concertino für Klarinette und Orchester. Die übrigen Konzerte mit Bratsche, Cello, Flöte, Fagott oder Horn sind nicht mehr aktuell. An Orchesterstücken liegen noch vor: »Grande Ouvertüre« und die seinerzeit sehr geschätzte »Jubel-Ouvertüre«. In der Kammermusik sind Kombinationen mit Klavier und Klarinette vorgezogen. Das Klarinettenquintett wird noch gerne gespielt wie auch die »Variationen über ein Thema aus ›Silvana‹ für Klavier und Klarinette« und das »Grand Duo für Klavier und Klarinette«. An Vokalmusik schrieb er 58 Lieder, 15 Volkslieder, 10 schottische Nationalgesänge, Kanons, gemischte Chöre, Männerchöre, mehrere Kantaten, 5 Messen, 2 Offertorien.

Von der Vokalmusik waren seine Vertonungen aus »Leyer und Schwert« von Theodor Körner bis vor kurzem sehr verbreitet, wie »Lützows wilde Jagd«, »Gebet vor der Schlacht«, »Schwertlied«. Für Violine und Klavier verfaßte er 9 Variationen und 6 Sonaten. An Werken für Klavier allein sind überliefert: 4 Sonaten, eine Anzahl Variationen, eine Grande Polonaise, ein Rondo, viele kleinere Stücke, eine »Polacca brillante« und schließlich die berühmte »Aufforderung zum Tanz«, von der Hector Berlioz und Felix Weingartner (1863–1942) Orchesterfassungen schrieben. Außerdem verfaßte er noch Divertimenti für Klavier und Gitarre.

Trotz dieser quantitativen und qualitativ großartigen Leistung innerhalb eines Lebens von 40 Jahren zwang den Komponisten seine finanzielle Lage, als Schwerkranker nach London zu reisen, was sein Ende ohne Zweifel um einiges beschleunigte.

Sinfonie Nr. 1 in C-Dur, Opus 19, 4 Sätze, entstanden 1806/07

Nach der persönlichen Aussage des Komponisten ist der 1. Satz »ein toller Fantasiesatz im Ouvertürenstil«. Seine beiden Themen sind nicht systematisch durchgeführt, sondern frei verarbeitet. Eine sanfte Oboenmelodie führt zum Andante, das mit Echorufen und einem gesanglichen Thema eine Waldstimmung erzeugt. Das Scherzo ist munter gehalten. Diese Stimmung wird im Finale übernommen, in dem die Bläser mit interessanten, schönen Wendungen kräftig zu Wort kommen. Die von den Klassikern geprägte äußere Form der Sinfonie wird auch vom Romantiker eingehalten. Die Substanz entfernt sich davon sehr weit, obschon Ludwig van Beethoven und sogar noch Joseph Haydn am Leben waren, als dieses Werk entstand.

Sinfonie Nr. 2 in C-Dur, Opus 20, 4 Sätze, entstanden 1807

Der 1. Satz ist voll dramatischer Spannung; die Themen werden aber nicht gegeneinander, sondern parallel geführt. Der 2. Satz ist sehr stimmungsvoll und überrascht mit harmonischen Feinheiten und für jene Zeit neuen Klängen. Das Menuett bringt eine Spielmusik mit humorvollen Wendungen, das Finale klingt fröhlich und unbeschwert aus.

Klavierkonzert Nr. 1 in C-Dur, Opus 11, 3 Sätze, entstanden 1810

Das erste Thema des 1. Satzes mit seinen punktierten Rhythmen trägt militärischen Charakter. Der ganze Satz prangt mit Brillanz und Virtuosität. Der Mittelsatz bringt mit zauberhaften Klängen tiefempfundene Romantik. Im Finale wird der grandiose Klaviersatz des 1. Satzes noch überboten. Man muß bedauern, daß dieses schöne Werk aus den Spielplänen verschwunden ist.

Klavierkonzert Nr. 2 in Es-Dur, Opus 32, 3 Sätze, entstanden 1812

Voller festlich-froher Klang und rasante Virtuosität zeichnen den 1. Satz aus. Der 2. Satz ist so stimmungsvoll wie selten ein anderes Stück der gesamten romantischen Epoche; jedenfalls zählt er zu den Höchstleistungen des Komponisten. Und der 3. Satz bringt die Festesstimmung des ersten mit unüberbietbarem Glanz wieder. Auch dieses Stück wird zu Unrecht vernachlässigt.

Konzertstück in f-Moll für Klavier und Orchester, Opus 79, 4 Sätze, entstanden 1821

Der Komponist kommentiert sein Stück mit einer romantischen Ritterepisode, in der eine Burgfrau den Ritter aus der Schlacht erwartet, ihn visionär tot auf dem Schlachtfeld sieht und von diesem großen Leid durch die siegreiche Heimkehr des Ersehnten befreit wird. Der 1. Satz drückt in einem Larghetto affettuoso die Wehmut und Klage, die Sehnsucht und das leidvolle Alleinsein aus. Der 2. Satz schildert die Vision und die Verzweiflung und Hoffnungslosigkeit der Frau. Im

Ankündigung der denkwürdigen Uraufführung von Webers »Freischütz« am 18. Juni 1821

Königliche Schauspiele.

Montag, den 18. Juny 1821.

Im Schauspielhause.

Zum Erstenmale:

Der Freischütz.

Oper in 3 Abtheilungen (zum Theil nach dem Volksmährchen: Der Freischütz), von F. Kind. Musik von Carl Maria v. Weber.

Personen:

Ottokar, regierender Graf	Hr. Rebenstein.
Cuno, gräflicher Erbförster	Hr. Wauer.
Agathe, seine Tochter	Mad. Seidler.
Annchen, eine junge Verwandte	Mlle. Joh. Eunike.
Caspar, erster } Jägerbursch	Hr. Blume.
Max, zweiter } Jägerbursch	Hr. Stümer.
Samiel, der schwarze Jäger	Hr. Hillebrand.
Ein Eremit	Hr. Gern.
Kilian, ein reicher Bauer	Hr. Wiedemann.
Brautjungfern	Mlle. Henr. Reinwald 1c.
Jäger und Gefolge des Grafen	Hr. Michaelis. Hr. Titschow. Hr. Buggenhagen 1c.
Landleute und Musikanten.	
Erscheinungen.	

Scene: In Böhmen. Zeit: kurz nach Beendigung des dreißigjährigen Krieges.

Die sämmtlich neuen Decorationen sind von dem Königl. Decorations-Maler Herrn Gropius gezeichnet und gemalt.

Arienbücher sind das Stück für 4 Groschen an der Kasse zu haben.

3. Satz kehren die Sieger im Marschschritt heim, und im 4. Satz erklingt ein Rondo mit dem Motto: »Welch eine Wonne der Liebe – welch endloses unbeschreibliches Glück«. Dieses Werk zeigt eine völlige Abkehr von den klassischen Formen.

Klarinettenkonzert Nr. 1 in f-Moll, Opus 73, 3 Sätze, entstanden 1811

Im 1. Satz bringen die Streicher ein einleitendes Thema, das an den »Freischütz« denken läßt. Darauf setzt das ganze Orchester mit dem Hauptthema des Satzes ein, das vom Solisten mit einer Kantilene beantwortet wird. Nach einem Orchesterzwischenspiel trägt die Klarinette ein zweites liedhaftes Thema vor und kehrt sodann mit dem Orchester zum ersten Thema zurück. Im 2. Satz spielt die Klarinette ein wehmütiges Lied; die drei Hörner malen dazu einen warmen Hintergrund. Das Rondo des Finales gibt dem Solisten Gelegenheit, mit virtuosem Spiel zu glänzen.

Klarinettenkonzert Nr. 2 in Es-Dur, Opus 74, 3 Sätze, entstanden 1811

Die weit ausladende Orchestereinleitung manifestiert sofort das große Format des Stücks und bringt die Hauptthemen, von denen das erste die »Euryante« heraufbeschwört. Die Verarbeitung der beiden Melodien geht weit über die Sonatenform hinaus. Der 2. Satz trägt den Titel »Romanze«, wirkt aber wie eine düstere Ballade. Dem Orchesterzwischenspiel folgt ein kurzes Rezitativ der Klarinette, eine klagende Melodie schließt sich an, die in eine prächtige Kadenz des Solisten mündet. Das Finale hat die Form einer Polonaise, bei der der Klarinettist mit seinem Können brillieren kann.

Concertino für Klarinette und Orchester in c-Moll, Opus 26, 1 Satz, entstanden 1811

Die einzelnen Teile des einsätzigen Stücks hängen so eng zusammen, daß es sich in Wirklichkeit um eine freie Variationenfolge handelt. Es beginnt in Dur, wechselt aber zur Moll-Tonart über, sobald das Hauptthema einsetzt, das mit seinen großen vokalischen Tonsprüngen einer italienischen Arie ähnelt. Nach der Antwort des Orchesters und einigen Einwürfen des Solisten kommt es zu einer langsamen Kantilene in Dur mit zwei folgenden Varianten, die zu einem brillanten Finale führen.

Quintett für Klarinette und Streicher in B-Dur, Opus 34, 4 Sätze, entstanden 1815

Es handelt sich hier in Wahrheit um ein Klarinettenkonzert mit Streicherbegleitung. Im 1. Satz beginnt die Klarinette sehr verhalten ein sangliches Thema. Auch der 2. Satz, »Fantasia«, ist würdevoll und pathetisch wie ein Trauermarsch. Dafür hebt im 3. Satz, Menuetto-Capriccio, die musikalische Akrobatik an, wobei das Tempo langsam bleibt. Im Rondofinale, das an eine Polonaise und dann an eine Tarantella erinnert, kommt es zu fröhlichen, überschwenglichen, spritzigen Passagen und zum virtuosen Höhepunkt des Stücks, das man zu den besten des Komponisten zählt.

Trio für Klavier, Flöte und Cello in g-Moll, Opus 63, 4 Sätze, entstanden 1819

Der 1. Satz zeigt die elegische Stimmung, die in den späteren Werken des Komponisten oft aufklingt. Der folgende langsame Satz trägt die Aufschrift »Schäfers Klagelied«, womit sein Stimmungsgehalt programmatisch kundgetan ist. Das Trio des Scherzo mit seinen Ländlerrhythmen klingt an den »Freischütz« an. Dafür ist das Finale schwungvoll, nahezu ritterlich und lebensbejahend.

Grand Duo für Klavier und Klarinette, Opus 48, 3 Sätze, entstanden 1816

Feurig beginnt der 1. Satz und setzt sich fröhlich musikantisch fort. Das Andante erhebt sich zu leidenschaftlicher Klage voll herrlichem Melos. Im Rondo kann der Klarinettist alle Facetten seines Instruments zeigen, so daß das Klavier verführt wird, das Thema untertonartig im Baß weiterklingen zu lassen.

Klaviersonate Nr. 1 in C-Dur, Opus 24, 4 Sätze, entstanden 1812

Der 1. Satz ist ein Bild mit teils lyrischen, teils pathetischen Episoden, die in eine effektreiche Coda münden. Das balladeske Adagio berichtet von Glück, Unglück und Hoffnungslosigkeit. Die angeschlossene liebliche Melodie wirkt besänftigend, aber die düstere Stimmung kehrt wieder. Das Menuett läßt die Romantik des Sommernachtstraumes ahnen. Das Rondo heißt »Perpetuum mobile« und wird diesem Programm voll gerecht.

Klaviersonate Nr. 2 in As-Dur, Opus 39, 4 Sätze, entstanden 1816

Im 1. und im 2. Satz steht der »Freischütz« schon sehr nahe: die Baßtremoli, die Hornrufe, die mystische Waldstimmung, das sanfte Abendlied, der Einbruch der Nacht über die Waldlandschaft, das alles klingt aus dem Instrument wie aus einem Orchester. Das Menuett erinnert endlich, daß das Stück eine Klaviersonate ist, und klingt unbekümmert, um Stimmungen musizierend. Das Rondo stellt ein Perpetuum mobile dar, wenngleich es nicht so bezeichnet ist.

Klaviersonate Nr. 3 in d-Moll, Opus 49, 3 Sätze, entstanden 1816

Im 1. Satz herrscht die Stimmung der »Wolfsschlucht« im »Freischütz«. Düster und wild schildert das scharf rhythmisierte Hauptthema die elementaren Naturgewalten. Ein sangliches Thema hellt sodann die Landschaft auf, so daß der Satz mit dem Triumph über das böse Prinzip schließen darf. Der 2. Satz bringt eine echte Romanze, anmutig und auch schwermütig, aber nicht hoffnungslos. Das abschließende Rondo ist ein raffiniert angelegtes Spielstück für Virtuosenhände.

Klaviersonate Nr. 4 in c-Moll, Opus 70, 4 Sätze, entstanden 1822

Der 1. Satz beginnt mit einem absteigenden resignierenden Thema, als wolle der Komponist sein eigenes Lebensschicksal darstellen. Die entgegengeführte Figur kann sich nicht durchsetzen, die traurige Stimmung bleibt auch in der Durchführung erhalten und wird durch Ausbrüche lebhaften Schmerzes verstärkt. Das Menuett gibt sich steif und ernst, nur sein Trio läßt weichere Töne hören. Erst im Andante consolante erklingen tröstliche liebliche Melodienfolgen. Das Finale klingt wie zum Trotz in eine rassige Tarantella aus.

Variationen über eine Romanze aus Méhuls Oper »Moses in Ägypten«, Opus 28, 8 Teile, entstanden 1812

Dieses Glanzstück unter den Variationen des Komponisten gibt das schlichte Gesangthema in der 1. Variation vollgriffig und leidenschaftlich wieder und wiederholt es in der 2. In der 3. Variation ertönt es über Oktavenbässe, in der 4. und 5. wird es zum schillernden Passagenwerk, in der 6. zum Trauermarsch und in der letzten zur Bravour-Etüde.

Aufforderung zum Tanz, Opus 65, entstanden 1819

Diese beschwingte Walzerfolge ist echte Programmusik, zu der der Komponist selbst den Handlungsablauf festlegte: Erste Annäherung des Tänzers – Ausweichende Reaktion der Dame – Drängende Aufforderung – Ihr Nachgeben – Konversation, die der Mann eröffnet – Sie erwidert – Er redet mit starker Wärme – Sie geht gerne darauf ein – Er bittet zum Tanz – Sie antwortet – Sie wenden sich einander zu und nehmen ihre Plätze ein, um auf den Beginn des Tanzes zu warten – Tanz – Abschluß, er dankt, sie antwortet, sie ziehen sich zurück, Ende.

Literatur

H. Dünnebeil, Webers Leben und Wirken, Berlin 1953. K. Laux, Carl Maria von Weber, Leipzig 1966. J. Warrack, Carl Maria von Weber, London 1968. H. Schnoor, Weber, München 1968.

Dionys Weber (1766–1842)

Zeit und Umwelt

Mit der Gründung des Konservatoriums in Prag setzte die Entwicklung der profanen Musik Böhmens ein, die sich innerhalb weniger Jahrzehnte zu einem hohen Niveau emporschwang, weil ab nun die Musiker in größerer Zahl in der Heimat bleiben und ihr Talent entfalten konnten.

Leben

Friedrich Dionys Weber wurde am 9. 10. 1766 in Welchau, Böhmen, geboren. Er war Schüler von Abbé Vogler, Mitbegründer des Prager Konservatoriums und sein erster Direktor. Er starb am 25. 12. 1842 in Prag.

Werke

Von Dionys Weber wurden einige Opern aufgeführt. Er schrieb außerdem Militärmärsche, ein Sextett für Hörner, eines für Posaunen, 3 Hornquartette, zahlreiche Tänze und Variationen für Klavier, 18 Kantaten und die »Hymne an den Frieden« für Chor und Orchester.

Friedrich August Weber
(1753–1806)

Leben

Friedrich August Weber wurde am 24. 1. 1753 in Heilbronn geboren. Er studierte in Jena Medizin und wurde 1785 in seinem Geburtsort Stadtarzt. Musikunterricht nahm er bei Daniel Schubart und anderen zeitgenössischen Meistern. Er starb am 21. 1. 1806 in Heilbronn.

Werke

Von Friedrich August Weber sind sehr interessante Oratorien, Kantaten, Sinfonien, Konzerte und Kammermusik bekannt geworden, die wegen ihrer exzentrischen Faktur sehr beliebt waren. Alle seine Werke sind im Zug des Zweiten Weltkriegs verlorengegangen.

Georg Weber (um 1535 bis nach 1588)

ZEIT UND UMWELT
Die Kantorei von Weißenfels, dem späteren Sitz der Herzöge von Sachsen-Weimar, hatte bald nach ihrer Gründung einen sehr guten Ruf, weil sie in die Hand vorzüglicher Kantoren gekommen war. Es herrschte in der ersten Reformationszeit ein gewisser Mangel an Kantoren, denn die ehemaligen Katholiken waren trotz guten Willens nicht immer imstande, sich auf die neuen Anforderungen umzustellen, und junge Kräfte waren noch nicht in genügender Anzahl ausgebildet.

LEBEN
Georg Weber wurde um 1535 in Mühlhausen, Thüringen, geboren. Er studierte in Leipzig und wurde 1572 Kantor in Weißenfels, wo er nach 1588 starb.

WERKE
Der Kantor Georg Weber galt bei seinen Zeitgenossen als einer der tüchtigsten seiner Zeit. Von seinem kompositorischen Werk sind 1568 deutsche Psalmen Davids für vier bis sechs Stimmen und 1588 »Deutsche geistliche Lieder und Psalmen« erschienen. Beide Publikationen wurden mehrmals aufgelegt.

LITERATUR
A. Werner, Städtische und fürstliche Musikpflege in Weißenfels, Weißenfels 1911.

Georg Weber (um 1610 bis nach 1653)

ZEIT UND UMWELT
Der Dreißigjährige Krieg unterband an zahlreichen deutschen Orten das kulturelle Leben. Kapellen und Kantoreien mußten ihre Tätigkeit einstellen, weil Musiker und Publikum durch kriegerische Ereignisse zerstreut und versprengt waren. In Magdeburg, das 1631 von kaiserlichen Truppen nahezu gänzlich zerstört worden war, fehlten Jahre hindurch auch die primitivsten Voraussetzungen für jede Art von künstlerischer Existenz.

LEBEN
Georg Weber wurde um 1610 in Dahlen bei Meißen geboren. Er studierte in Königsberg und kam als Vikar und Vizekapellmeister nach Magdeburg, mußte die Stadt aber nach ihrer Zerstörung für mehrere Jahre verlassen. Er hielt sich einige Jahre in Stockholm auf und dürfte anschließend in Danzig und Königsberg gewirkt haben. Er ist nach 1653 vermutlich in Leipzig gestorben.

WERKE
Der deutsche Komponist Georg Weber veröffentlichte 8 Bücher mit ein- bis fünfstimmigen sakralen Gesängen, zum Teil mit Instrumentalbegleitung. Die Monodie nimmt bei diesen Kompositionen einen breiten Raum ein, stilistische Rückgriffe auf frühere Epochen fehlen aber nicht.

Gottfried Weber (1779–1839)

ZEIT UND UMWELT
Kurfürst Karl Theodor, der das Herzogtum Bayern geerbt hatte, verlegte seine Hofkapelle 1777 von Mannheim nach München. Als eine beträchtliche Anzahl ihrer in Mannheim verbliebenen Mitglieder andere Stellungen annahm oder verstarb, sank das Musikleben dieser Stadt merklich ab und bedurfte einer Neuauffrischung.

LEBEN
Gottfried Weber wurde am 1.3.1779 in Freinsheim, Pfalz, geboren. Nach seinen juridischen Studien war er ab 1802 Advokat und ab 1814 Richter in Mainz. Er entfaltete in Mannheim eine rege Tätigkeit zur Hebung des Musiklebens und gründete dort die musikalische Vereinigung »Conservatorium« (später »Museum« genannt); durch regelmäßige Veranstaltung von »Liebhaberkonzerten« gab er ihm wesentliche Impulse. Er starb am 21.9.1839 in Kreuznach.

WERKE
Von Gottfried Weber sind Messen, Requiem, Te Deum, Kantaten, Chöre und Lieder erschienen. Man muß diese Musik als klassizistisch

bezeichnen, weil sie sowohl vorklassische – Mannheimer – wie auch klassische – Wiener – Fakturen nachahmte. Die Romantik stand aber dabei dennoch Pate.

Ludwig Weber (1891–1947)

Leben
Ludwig Weber wurde am 13.10.1891 in Nürnberg geboren. Er bildete sich autodidaktisch aus und wirkte ab 1925 als Dozent für Theorie und Komposition an der Westfälischen Akademie in Münster. Von 1927 bis zu seinem Tod am 30.6.1947 in Borken übte er die gleiche Tätigkeit in Essen aus.

Werke
Die beiden Opern von Ludwig Weber blieben unvollendet, sein Bühnenspiel »Christgeburt« wurde viel aufgeführt. Er schrieb ferner eine Sinfonie, 2 Streichquartette, ein Bläserquintett, eine Musik für Orgel und Blechbläser, »Tonsätze« für Klavier, 2 Geistliche Gesänge für Frauenchor und Streichquartett, Lieder für Singstimme und Streichquartett, einen Gesang (Du und ich) für Singstimme und sieben Holzbläser sowie einen gemischten Chor mit Cantus-firmus-Chor und Instrumenten.

Roland Weber (geboren 1925)

Leben
Roland Weber wurde am 27.10.1925 in Freiburg im Breisgau geboren. Er studierte bei H. Genzmer. Er arbeitet als Dozent für Komposition an der Musikhochschule in Karlsruhe.

Werke
Das musikalische Schaffen Roland Webers steht in der Tradition von P. Hindemith, seit 1951 ist es von der Zwölftontechnik und seriellen Techniken bestimmt.

Anton Webern (1883–1945)

Leben
Anton Webern wurde am 3.12.1883 in Wien geboren. Er studierte an der Universität in Wien unter Guido Adler, dann privat bei Arnold Schönberg. Von 1908 bis 1913 wirkte er als Theaterkapellmeister in Wien, Teplitz (Teplice), Danzig (Gdánsk) und Stettin (Szczecin). Im Jahr 1922 übernahm er die Leitung der Arbeiter-Sinfoniekonzerte und 1923 des Arbeiter-Singvereins in Wien, ab 1926 wirkte er als ständiger Berater für Neue Musik beim Österreichischen Rundfunk. Er wurde auch mehrmals als Gastdirigent nach London eingeladen. Alle diese Verdienstmöglichkeiten wurden ihm 1933 entzogen, 1938 erhielt er von den Nazis Berufsverbot. Er starb am 15.9.1945 in Mittersill, Salzburg, als ein der breiten Öffentlichkeit völlig unbekannter, dafür von seinem Lehrer Schönberg und einem kleinen Kreis Gleichgesinnter hochgeschätzter Komponist, der erst Jahre nach seinem Tod Beachtung fand, aber dann zu einer der wichtigsten Persönlichkeiten der Musik des 20. Jahrhunderts wurde.

Werke
Der schon etwas fahle Glanz der letzten Jahrzehnte der Donaumonarchie, deren soziale Oberschicht ahnungslos und genußfreudig die Feste feierte, wie sie fielen, harte Auseinandersetzungen der Nationen, soziale Kämpfe der stetig anwachsenden Massen, die im Schatten jenes Glanzes zu leben gezwungen waren, dazu eine verhältnismäßig weitgreifende individuelle Freiheit jedes Menschen, nach seinen Wünschen und Möglichkeiten zu leben: das waren die Charakteristiken der Zeit, in der Anton Webern studierte und als Dirigent wirkte. Diese Zustände hielten, abgesehen vom Nationalitätenstreit, auch noch ein Jahrzehnt nach dem Ersten Weltkrieg an. Dann allerdings würgten die einander ablösenden Diktaturen Freiheit und Lebensmöglichkeit ab; Webern lebte bis zu seinem einsamen Tod nahezu kontaktlos und isoliert. Nach etlichen Jahren jedoch erwachte er zu neuem Leben als Komponist, als Lehrmeister der seriellen Musik, die er aus der Dodekaphonik entwickelt hatte, als Wegweiser für die Zukunftsmusik. Er wurde entdeckt, gelobt, bewundert oder abgelehnt. Die Avantgardisten machten ihn zu ihrem Ahnherrn und Rat-

geber, sie glaubten, alle Neuerungen durch Webern legitimieren zu dürfen, und mißbrauchten ihn nicht selten als Alibizeugen. Karlheinz Stockhausen sagte: »Ein Mißverständnis ist entstanden. Wenn Weberns Werke analysiert werden, so sagen die aufgezeigten Dinge nichts darüber aus, ›wie man's heute macht‹. In dem Augenblick, in dem man dem Grund der Webernschen Musik nahekommt, erreicht man auch den Grad der Einsicht in ihre Einmaligkeit und Abgeschlossenheit und ihre Empfindlichkeit gegen jede Reproduktion. Man muß etwas ganz anderes Eigenes machen und Courage besitzen, wenn man nach seiner Musik noch eine Note schreiben will.« Selbst erklärte Webern: »Das oberste Prinzip der Darstellung eines musikalischen Gedankens ist Faßlichkeit.« Es ging ihm also um die Genauigkeit der musikalischen Aussage und die radikale Ausmerzung alles Entbehrlichen und Beiläufigen. Daher sind seine 31 Werke, die man insgesamt innerhalb von drei Stunden abspielen könnte, in die knappste Form gefaßt. »Er blieb unerschütterlich dabei, seine Diamanten zu schleifen, von deren Minen er eine so vollkommene Kenntnis hatte« (Igor Strawinsky). Sein längstes Werk dauert 10 Minuten und 30 Sekunden, sein kürzestes 19 Sekunden. In seiner ersten Stilperiode (bis 1909) streifte er die Tonalität ab, dann drang er zu einer höchstmöglichen Verdichtung vor, ohne jemals aphoristisch zu werden (1914). Bis 1926 beschäftigte er sich nur mit Vokalwerken. Dann dehnte er die Dodekaphonik auf Tondauer, Tonstärke und Klangfarbe aus; zuweilen teilte er jedem Instrument nur einen einzigen Ton zu, worauf ein anderes mit anderer Klangfarbe mit ebenfalls auch nur einem Ton folgte, so daß die Melodielinie zu einer Reihe verschiedener Farbpunkte wurde. Sein Ziel aber blieb das gleiche wie bei Schönberg: die lückenlose Einheit des kompositorischen Werks. Für Orchester schrieb er: Passacaglia, »Sechs Stücke für großes Orchester«, »Fünf Stücke für Orchester«, Sinfonie für kleines Orchester, Variationen für Orchester und eine Fassung der »Fünf Sätze für Streichquartett«. Weitere Kammermusik ist mit »Sechs Bagatellen für Streichquartett«, Quartett für Violine, Klarinette,

Anton Webern

Tenorsaxophon und Klavier, einem Streichquartett, einem Streichtrio, »Vier Stücken für Violine und Klavier«, »Drei kleinen Stücken für Cello und Klavier« und Variationen für Klavier vertreten. Seine Vokalwerke – eine Anzahl Liedergruppen, Chöre – sind von verschiedenen Instrumentengruppierungen begleitet. Anton Weberns Werk wird von der Umwelt zwar heute zur Kenntnis genommen, aber noch selten verstanden, weil man vielfach in ihm ein Kompositionsprinzip sieht und nicht den überragenden Künstler, der nach der Forderung seines Lehrers Schönberg »Musik gemacht« und »seine Zeit durch Unvergängliches in die folgende hinübergerettet hat«.

Passacaglia für Orchester, Opus 1, enstanden 1908
Eine achttönige Linie wird vierundzwanzigmal variiert und teilweise wie eine Reihe behandelt, indem nicht das Thema, sondern die Tonhöhenklasse festgehalten wird. Gegenthemen werden herangeführt und dem Hauptthema vorgezogen, das sich nach der 20. Variation überhaupt auflöst.

Nach einem Fortissimoausbruch sind überhaupt nur mehr die Gegenthemen gegenwärtig.

Sechs Stücke für großes Orchester, Opus 6, revidierte Fassung für mittelgroßes Orchester aus 1928

»Sie stellen kurze Liedformen dar, meist im dreiteiligen Sinn. Ein thematischer Zusammenhang besteht nicht«, erklärte der Komponist. Die einzelnen Stücke sind lyrisch. Das 1. Stück erwartet ein Unheil, das im 2. zur Gewißheit wird, das 3. leitet zum 4., einem Trauermarsch, über; die Stücke 5 und 6 kennzeichnen die Ergebung in das Unvermeidliche.

Fünf Stücke für Flöte, Oboe, zwei Klarinetten, Horn, Trompete, Posaune, Schlagwerk, Xylophon, Harmonium, Celesta, Harfe, Mandoline, Gitarre, Streichquartett, Opus 10, entstanden 1913

Es handelt sich um zarte Sätze von nur wenigen Takten, die nach Anweisung des Komponisten »kaum hörbar« sein dürfen und zu Ende sind, kaum daß sie begonnen haben. »Einen Roman durch eine einzige Geste, ein Glück durch ein einziges Aufatmen auszudrücken, solche Konzentration findet sich nur, wo Wehleidigkeit in entsprechendem Maß fehlt.« Die, nicht in der Partitur stehenden, Titel lauten: 1. Urbild, 2. Verwandlung, 3. Rückkehr, 4. Erinnerung, 5. Seele.

Sinfonie für Klarinette, Baßklarinette, zwei Hörner, Harfe, Streichquartett, Opus 21, 2 Sätze, entstanden 1928

Der 1. Satz hat Sonatenform, in der zwei zweistimmige Gegenbewegungskanons verschachtelt sind; die Symmetrie des Reihenmaterials ist horizontal und vertikal. Der 2. Satz besteht aus einem Thema und 7 Variationen mit Coda und stellt einen vierstimmigen Doppelkanon in Gegenbewegung – vertikal und horizontal gebaut – dar. Ein 3. Satz war geplant.

Variationen für kleines Orchester, Opus 30, entstanden 1940

Webern sagte darüber: »Das Thema der Variationen reicht bis zum ersten Doppelstrich; es ist periodisch gedacht, hat aber einleitenden Charakter. Es folgen sechs Variationen, die erste das Hauptthema der Ouvertüre in voller Entfaltung bringend, die zweite die Überleitung, die dritte den Seitensatz, die vierte die Reprise des Hauptthemas, die fünfte Einleitung und Überleitung wiederholend zur Coda der sechsten Variation führend.« Das gesamte Tonmaterial ist in den ersten beiden Takten gegeben.

Fünf Sätze für Streichquartett, Opus 5, entstanden 1909

Dieses aus der expressionistischen Schaffensperiode des Komponisten stammende Werk weist bereits die Verdichtung der Form auf, die alle seine späteren Kompositionen auszeichnet. Beim 1. Satz sind noch die Umrisse der Sonatenform feststellbar. Die restlichen Sätze sind zu Miniaturen zusammengedrängt. Die Fassung für Streichorchester schachtelt die musikalischen Keimzellen des Stücks nach allen Dimensionen ineinander. Die Anschlagsarten sind systematisiert und strukturell eingesetzt, so daß ein fein verästeltes reiches Klangbild entsteht.

Streichquartett, Opus 28, entstanden 1936

Das Werk ist sehr kunstvoll, doch streng seriell und nahezu abstrakt gestaltet und stellt geradezu ein Musterbeispiel serieller Technik dar.

Literatur

W. Reich, Anton Webern, Zürich 1961. F. Wildgans, Anton Webern, London 1966. H. Krellmann, Anton Webern, Reinbek 1975. H. u. R. Moldenhauer, Anton von Webern, Freiburg 1979.

Georg Kaspar Wecker (1632–95)

Zeit und Umwelt

Trotz Verwüstung im Dreißigjährigen Krieg, trotz wirtschaftlichen Niederganges infolge der deutschen Zollpolitik blieb dem Bürgertum von Nürnberg aus der Zeit der Hochblüte der Stadt noch ein gutes Maß geistiger Substanz erhalten, so daß immer wieder bedeutende Gestalten daraus hervorgingen. Die Pflege protestantischer Theologie und Kirchenmusik wurde jedenfalls auf hohem Niveau fortgesetzt.

Leben

Georg Kaspar Wecker wurde am 2. 4. 1632 in Nürnberg geboren. Er war Schüler von Johann Erasmus Kindermann und wirkte darauf an verschiedenen Kirchen seiner Geburtsstadt (Ägidienkirche ab 1655, Sebalduskirche ab 1686) als Organist bis zu seinem Tod am 20. 4. 1695.

Werke

Der deutsche Komponist und Organist Georg Kaspar Wecker brachte eine Sammlung Arien »mit 6 Geig-Stimmen«, »18 Geistliche Concerten mit 2 bis 4 Vokalstimmen und 5 Instrumentis ad libitum« heraus, überdies eine Anzahl Gelegenheitskompositionen, sakrale Lieder und mehrere Kantaten. Seine Fugen sind bereits voll ausgearbeitet, besonders die Fuge in d-Moll für Blockflötenquartett.

Jean-Baptiste Weckerlin (1821–1910)

ZEIT UND UMWELT
Die Erforschung und Sammlung der regionalen elsässischen (französischen wie deutschen) Volksmusik wurde verhältnismäßig spät in Angriff genommen, was zum Teil durch das wechselvolle politische Schicksal des Landes erklärbar ist.

LEBEN
Jean-Baptiste Théodore Weckerlin wurde am 9.11.1821 in Guebwiller, Haut-Rhin (Gebweiler, Elsaß), geboren. Er wurde 1844 ins Pariser Conservatoire aufgenommen und studierte dort unter Antoine Aimable Élie Elwart Harmonielehre, unter Fromental Halévy Komposition und dem berühmten Tenor und Gesanglehrer Louis Antoine Ponchard Gesang. Er wirkte sodann selbst als Gesanglehrer und von 1850 bis 1855 als Chormeister der Société Sainte-Cécile. Ab 1863 war er Archivar der Société des Compositeurs de Musique (Komponistenvereinigung), ab 1869 Bibliothekar und von 1876 bis 1909 Bibliotheksleiter des Conservatoire. Er starb am 20.5.1910 in Trottberg, Haut-Rhin.

WERKE
Bekannt und musikgeschichtlich bedeutend wurde Jean-Baptiste Weckerlin durch die Herausgabe mehrerer Sammlungen französischer, englischer und elsässischer Volkslieder. Er komponierte 5 Opern, von denen eine über 100 Aufführungen erreichte, 2 Messen, eine Chorsinfonie und ein Oratorium, ferner eine Anzahl Romanzen. Er verfaßte mehrere theoretische Werke über das Volkslied.

Matthias Weckmann (1621–74)

ZEIT UND UMWELT
In der ersten Hälfte des 17. Jahrhunderts erfuhr Hamburg einen steilen Anstieg auf wirtschaftlichem und kulturellem Gebiet. Der Dreißigjährige Krieg brachte der Stadt keine unmittelbaren Schäden, abgesehen von der Auswirkung des wirtschaftlichen Niederganges, der ganz Deutschland betraf. Das kulturelle Niveau wurde auf alter Höhe gehalten, obgleich die Stadt 1663 von einer schweren Pestepidemie heimgesucht wurde.

LEBEN
Matthias Weckmann wurde 1621 in Niederdorla, Thüringen, geboren. Im Jahr 1630 trat er als Sängerknabe in die Hofkapelle in Dresden ein, die von Heinrich Schütz geleitet wurde. Zur weiteren Ausbildung ging er 1637 mit einem kurfürstlichen Stipendium nach Hamburg, wo er bis 1640 bei Jakob Praetorius (1586–1651) Unterricht nahm und somit zum Enkelschüler von Jan Pieterszoon Sweelinck wurde. Darauf wirkte er ein Jahr als Organist am kurfürstlichen Hof in Dresden und von 1642 bis 1647 auf Schloß Nykøbing bei Kopenhagen im Dienst des dänischen Kronprinzen Friedrich, des späteren Königs Friedrich II. Er erhielt 1655 die Berufung als Organist an St. Jakob in Hamburg, wo er am 24. 2. 1674 starb. Weckmann gründete 1660 in Hamburg das große Collegium musicum, das jede Woche im Refektorium des Domes Konzerte veranstaltete. Die reichen Hamburger Handelsherren übernahmen nach Art der Fürstenhöfe diese Förderung des Musiklebens. Bei den Konzerten wurde die beste Musik aus ganz Europa aufgeführt. Es handelte sich dabei um die ersten öffentlichen regelmäßigen Konzertveranstaltungen Europas.
Sein Sohn Jacob Weckmann (nach 1640, Dresden, bis 19. 10. 1686, Leipzig) war ab 1672 Organist der Thomaskirche in Leipzig.

WERKE
Der deutsche Komponist Matthias Weckmann war neben Johann Rosenmüller in seiner Generation unbestritten der bedeutend-

ste Meister Deutschlands. Er verarbeitete die Sweelinck-Tradition mit dem von Heinrich Schütz begründeten Stil zu einer neuen Einheit. Seine Kantaten für Soli, Chor und Instrumente, seine äußerst empfindsamen Lieder reihen ihn zu den besten Vokalkomponisten, seine Kammersonaten für vier Instrumente (Cornettino, Violine, Posaune oder Viola da braccio, Fagott oder Bombarde) und für drei Stimmen (Cornettino, Violine, Posaune oder Viola da braccio) und Generalbaß haben die italienischen Kanzonen zum Vorbild, die Choralvariationen für Orgel weisen einen nahezu mathematischen Kontrapunkt auf und einen Cantus firmus, der von einer Stimme zur anderen wandert. Die Cembalowerke tragen süddeutschen Charakter.
Von Jacob Weckmann sind einige schöne Psalmenvertonungen überliefert.

Fantasie d-Moll für Orgel, 2 Teile
Dieses als Fantasie bezeichnete Orgelwerk ist in Wahrheit eine Fuge mit Toccatenabschluß. Die Themen der beiden Teile verarbeiten den gleichen musikalischen Grundgedanken, jedoch in sehr verschiedener Form und Auszierung. Es handelt sich um ein Orgelstück, das spätere Entwicklungsphasen vorausnimmt.

Fuge d-Moll für Orgel, 3 Teile
Teil Nr. 1 dieser echten Fuge bringt das Grundthema. Die anderen Abschnitte führen es mit Taktwechsel und Figuration weiter. Der Bau des Werkes ist sehr unkompliziert, hält jedoch die Regeln für die Fuge streng ein und erzielt dadurch eine eindringliche Wirkung.

LITERATUR
G. Ilgner, Matthias Weckmann, Berlin 1939.

Thomas Weelkes (um 1575–1623)

ZEIT UND UMWELT
Die Kathedralen der englischen Grafschaften waren schon Jahrhunderte vor der Reformation für ihre Musikpflege berühmt. Sie wurde besonders im Elisabethanischen Zeitalter, als die Kultur allgemein sehr gefördert wurde, fortgesetzt und noch vertieft. Erst als die Puritaner die Orgeln aus den Kirchen rissen, verstummte die sakrale und die profane Musik.

LEBEN
Thomas Weelkes wurde um 1575 in England geboren. Er war 1602 Organist am Winchester College und ab 1602 an der Kathedrale von Chichester. Er starb am 30. 11. 1623 auf einer Reise nach London.

WERKE
Viele halten den englischen Komponisten Thomas Weelkes für den bedeutendsten Madrigalisten der Elisabethanischen Zeit. Jedenfalls war er durch seinen Affektausdruck, seine Modulationen und Akkordfolgen sowie seine überraschende Chromatik der kühnste. Er brachte 4 Sammlungen Madrigale für mehrere Stimmen, zum Teil mit Violenbegleitung, heraus. Ein Madrigal steuerte er zur Sammlung »The Triumphes of Oriana« bei, eines beklagt sehr bewegt den Tod seines Freundes Thomas Morley (»Der Tod hat mich meines teuersten Freundes beraubt«). Seine umfangreiche sakrale Musik ist nur zum Teil erhalten; ungefähr 10 Services und bei 40 Anthems beweisen seine Meisterschaft auch auf diesem Gebiet. Dazu kommen noch etliche Instrumentalstücke für Violen.

LITERATUR
E. H. Fellowes, The English Madrigal Composers, London 1958.

Martin Wegelius (1846–1906)

ZEIT UND UMWELT
Das Kunst- und Geistesleben, das in Finnland in der zweiten Hälfte des 19. Jahrhunderts einsetzte, bewegte sich ganz im Rahmen der schwedischen Kultur. Das Schwedische war bis in das 20. Jahrhundert hinein die Sprache, in der das Land sich mit dem übrigen Europa verständigte, auch die wissenschaftliche Literatur des Landes bediente sich ihrer. Es mag sonderbar scheinen, daß die Wegbereiter der finnischen Nationalmusik ihre Traktate Schwedisch schrieben. Aber das Finnische

wurde außerhalb Finnlands – und zum Teil sogar auch innerhalb des eigenen Landes – kaum verstanden.

LEBEN
Martin Wegelius wurde am 10.11.1846 in Helsingfors (Helsinki) geboren. Er studierte an der Universität seines Geburtsorts (in schwedischer Sprache) Philosophie. Dann begab er sich nach Wien, um beim Organisten und Musiklehrer Rudolf Bibl Musikunterricht zu nehmen. Seine weitere Ausbildung erhielt er bei Ernst Friedrich Richter in Leipzig und bei Joseph Rheinberger in München. Ab 1878 wirkte er als Kapellmeister an der Oper in Helsingfors, 1882 wurde er Direktor des Konservatoriums. Er starb am 22.3.1906 in Helsingfors.

WERKE
Von Martin Wegelius sind eine Ouvertüre, ein »Divertissement à la hongroise« für Orchester, ein »Rondo quasi fantasia« für Klavier und Orchester, eine Weihnachtskantate, eine Festkantate, »Der 6. Mai«, und zahlreiche Chöre und Lieder überliefert. Man sieht in ihm einen der Wegbereiter der nationalfinnischen Musik. Seine didaktischen Bücher (in schwedischer Sprache) bildeten lange die Grundlage für den Musikunterricht in Finnland.

LITERATUR
K. Flodin, Martin Wegelius, Stockholm 1916.

Gerhard Wehle (1884–1973)

LEBEN
Gerhard Fürchtegott Wehle wurde am 11.10. 1884 in Paramaribo, Niederländisch-Guayana (heute Surinam), geboren. Er genoß seine Ausbildung in Leipzig und Berlin, wirkte ab 1910 als Musikkritiker und von 1939 bis 1944 als Improvisationslehrer an der Musikhochschule und von 1947 bis 1951 als Lektor für Musik an der Universität in Berlin, wo er am 15.10.1973 starb.

WERKE
Neben seiner dichterischen, schriftstellerischen und didaktischen Tätigkeit verfaßte Gerhard Wehle einige Werke für die Musikbühne, 3 Sinfonien, ein Konzert für Klavier, Cello und Orchester, eine Passacaglia für zwölf Bläser, das Quintett »Die Bremer Stadtmusikanten« für Violine, Cello, Oboe, Fagott und Klavier, Klaviermusik, ein Oratorium und 26 sinfonische Kantaten.

Karl Wehli (1825–83)

ZEIT UND UMWELT
Neben Nord- und Südamerika wurden im 19. Jahrhundert Australien, Indien und bereits auch afrikanische Kolonien zum Ziel reisender Virtuosen, denn überall saßen Militärs, Beamte und Kaufleute der Kolonialmächte, denen jeder kulturelle Kontakt mit Europa willkommen war.

LEBEN
Karl Wehli wurde am 17.3.1825 vermutlich in Prag geboren. Er war Klavierschüler von Ignaz Moscheles und Theodor Kullak. Seine ausgedehnten Konzertreisen als Klaviervirtuose durch Europa, Nord- und Südamerika, nach Australien, Indien und afrikanische Kolonien machte er von Paris aus, wo er am 3.6.1883 starb.

WERKE
Von Karl Wehli sind zahlreiche Klavierkompositionen, die sich stark der Salonmusik annäherten, bekannt geworden, er verfaßte aber außerdem eine wertvolle Sonate, ein Allegro hongrois, Impromptus, Balladen, Nokturnen und Walzer von beachtlicher Qualität.

Johann Georg Weichenberger (1676–1740)

ZEIT UND UMWELT
Die Laute hat im österreichischen Raum nie die Bedeutung gewonnen wie etwa in Italien oder Frankreich. Es gab selbstverständlich an

einzelnen Höfen Lautenisten, die jedoch nirgends auffällig hervorgetreten sind. Dies gilt besonders für das 17. und 18. Jahrhundert, so daß es umso mehr auffällt, daß sich ein Österreicher diesem Instrument zuwandte, das bereits überall von anderen, besonders von der Gitarre abgelöst wurde.

LEBEN
Johann Georg Weichenberger (Weichenperger) wurde am 11. 12. 1676 in Graz getauft. Er dürfte Berufsmusiker gewesen sein, ehe er kaiserlicher Hofkammerbeamter in Wien wurde. Er starb in Wien am 2. 1. 1740.

WERKE
Vom österreichischen Lautenisten und Komponisten Johann Georg Weichenberger sind eine Anzahl Lautenkonzerte mit Violine und Baß, mehrere Partiten für Sololaute und einzelne andere Stücke – Präludien, Fantasien, Tänze – erhalten.

Johann Weichmann (1620–52)

ZEIT UND UMWELT
Sowohl Dichter wie Komponisten des Barock schufen in Deutschland eine Überfülle an Liedern jeder Art, die alle ihr Publikum fanden. Vokalmusik wurde der Instrumentalmusik offensichtlich vorgezogen. Das dichterische Wort in Verbindung mit wortausdeutendem Melos und Klang wurde der absoluten Musik bei weitem vorgezogen. Dazu kam, daß der Großteil dieser Lieder nicht zum passiven Zuhören zwang, sondern vom Publikum selbst gesungen werden konnte.

LEBEN
Johann Weichmann wurde am 9. 1. 1620 in Wolgast geboren. Er war Kirchenmusiker in Danzig (Gdańsk), Wohlau (Wołów) und Königsberg (Kaliningrad), wo er am 24. 7. 1652 starb.

WERKE
Vom deutschen Komponisten Johann Weichmann sind die Sammlung »Sorgen-Lägerin das ist Etliche Theile Geistlicher und Weltlicher Lieder« und eine Reihe Instrumentalsuiten herausgekommen. Seine Motetten, profanen Lieder und Tänze sind verlorengegangen.

LITERATUR
W. Vetter, Das frühdeutsche Lied, Münster 1928.

Johann Baptist Weigl
(1783 bis nach 1820)

ZEIT UND UMWELT
Die kirchenmusikalischen Zentren Bayerns, Würzburg und Regensburg, beeinflußten den gesamten süddeutschen Raum, der andererseits viel von der profanen Musik in Mannheim und München übernahm. Daher befand sich die Kirchenmusik jenes Gebietes im ständigen Gleichschritt mit der allgemeinen mitteleuropäischen Musikentwicklung und schwenkte mit ihr in die Romantik ein.

LEBEN
Johann Baptist Weigl wurde am 26. 3. 1783 in Hahnenbach, Bayern, geboren. Er wurde in Ambach und Regensburg ausgebildet und nach 1805 Organist und Gymnasiallehrer in Ambach, wo er in den Jahren nach 1820 gestorben sein dürfte.

WERKE
Von Johann Baptist Weigl sind zu seiner Zeit sehr geschätzte Messen, Offertorien, Te Deum, Kantaten wie auch profane Vokalmusik bekannt geworden. Sie gehörten der Frühromantik an.

Joseph Weigl (1766–1846)

ZEIT UND UMWELT
Die Kapelle der Fürsten Esterházy in Eisenstadt, Joseph Haydn, Antonio Salieri und Johann Georg Albrechtsberger, ein für unkomplizierte, problemlose, schön klingende, in alten Bahnen laufende Musik empfängliches Publikum, das gegenüber allen revolutionären Gedanken zurückhaltend war und die

Joseph Weigl, Stich von J. Putz

biedermeierliche Gemütlichkeit pflegte, all das machte die Umwelt Österreichs in der ersten Hälfte des 19. Jahrhunderts aus.

Leben

Joseph Weigl wurde am 28. 3. 1766 in Eisenstadt als Sohn des Cellisten Joseph Franz Weigl (19. 3. 1740, Bayern, bis 25. 1. 1820, Wien) geboren. Er begann frühzeitig zu komponieren. Mit seiner ersten italienischen Oper errang er die Gunst Kaiser Josephs II. und wurde von Gottfried van Swieten gefördert. Im Jahr 1790 nahm ihn Antonio Salieri als Hilfsdirigenten in die Hofoper auf, wo er 1791 Dirigent wurde; 1827 erreichte ihn die Ernennung zum Vize-Hofkapellmeister. Er starb am 3. 2. 1846 in Wien.
Sein Bruder Thaddäus Weigl (8. 4. 1776, Wien, bis 19. 2. 1844, Wien) war Musikalienhändler und Kustos der Musikabteilung der Kaiserlich-Königlichen Bibliothek.

Werke

Von Joseph Weigl sind 13 italienische und 18 deutsche Opern aufgeführt worden, außerdem 17 Ballette und 2 Oratorien. Er schrieb weiters 22 Kantaten, 11 Messen und Trios für Oboe, Violine und Cello. So begeistert diese Kompositionen von den Zeitgenossen aufgenommen wurden, so rasch fielen sie wegen ihrer Gehaltsarmut der Vergessenheit anheim.
Thaddäus Weigl schrieb 5 Operetten und 15 Ballette.

Karl Weigl (1881–1949)

Leben

Karl Weigl wurde am 6.2.1881 in Wien geboren. Er studierte dort am Konservatorium bei Alexander Zemlinsky und an der Universität bei Guido Adler. Nach einer Tätigkeit als Repetitor an der Hofoper lehrte er ab 1918 am Konservatorium und ab 1930 an der Universität Musiktheorie. Im Jahr 1938 verließ er Österreich und ging ins Exil in die USA nach

Vally Weigl

Boston und Philadelphia als Musiklehrer. Er starb am 11.8.1949 in New York.
Seine Frau Vally Weigl (11.9.1894, Wien, bis 1983, New York) war seine Schülerin. Sie unterrichtete in Wien und Salzburg, verließ 1938 Österreich und wirkte in New York als Musiktherapeutin.

Werke
Von Karl Weigl sind 6 Sinfonien, Ouvertüren und andere Orchesterstücke, ein Violinkonzert, ein Streichsextett, 8 Streichquartette, 2 Violinsonaten, Klavierstücke, Orgelstücke, 2 Chorwerke, eine achtstimmige Hymne a cappella und weitere Chöre, Gesänge und Lieder bekannt geworden.
Vally Weigl schrieb eine Hymne a cappella, eine Suite für Klarinette, Cello und Klavier, eine »Lyrische Suite« für tiefe Stimme, Flöte, Cello und Klavier, ein Bläserquintett, Chorwerke und Lieder.
Alle Werke sind neuklassizistisch.

Johann Julius Weiland (um 1605–63)

Zeit und Umwelt
Die Stadt Braunschweig blieb bis 1671 Gemeinbesitz der verschiedenen Linien der Welfen, dann ging sie in den Alleinbesitz der Linie Braunschweig-Wolfenbüttel über. Die Hofkapelle bestand aber bereits durch mehrere Jahrzehnte.

Leben
Johann Julius Weiland wurde um 1605 in Braunschweig geboren und zum Musiker ausgebildet. Ab 1655 war er Musiker an der Hofkapelle von Braunschweig, ab 1656 Vizekapellmeister, aber ab 1661 wieder einfacher Musiker, weil er vermutlich erkrankt war. Er starb in Braunschweig am 2. 4. 1663.

Werke
Der deutsche Komponist Johann Julius Weiland schrieb Psalmen und Gesänge für vier bis zehn Stimmen, davon einzelne mit Instrumentalbegleitung, und »Uns ist ein Kind geboren« für dreizehn auf drei Chöre aufgeteilte Stimmen.

Kurt Weill (1900–50)

Leben
Kurt Weill wurde am 2.3.1900 in Dessau geboren. Nach seiner Grundausbildung in seiner Geburtsstadt wurde er an der Musikhochschule in Berlin Schüler von Engelbert Humperdinck und Rudolf Krasselt (1879 bis 1954). Nach einer Tätigkeit als Korrepetitor in Dessau und als Kapellmeister in Lüdenscheid studierte er von 1921 bis 1924 in Berlin bei Ferruccio Busoni. Ab 1921 gehörte er zur Novembergruppe. Nachdem er etliche Vokal- und Instrumentalwerke komponiert hatte, wandte er sich dem Bühnenstück zu und entwickelte zunächst in Zusammenarbeit mit Georg Kaiser (1878–1945), sodann mit Bert Brecht (1898–1956) den Stil des Epischen Theaters. Im Jahr 1933 mußte er Deutschland verlassen und kam über Paris 1935 nach New York, wo er zahlreiche Stücke für die Broadway-Bühnen verfaßte. Er starb dort am 3.4. 1950.

Werke
Von den ungefähr 20 Werken von Kurt Weill für die Musikbühne wurden die »Dreigroschenoper« – eine Bearbeitung der »Bettleroper« von John Gay (1685–1732) – und »Aufstieg und Fall der Stadt Mahagony« am berühmtesten. In diesen und allen anderen Stücken ist der Typ eines neuen, sozialkritischen Songs, in dem Elemente der Ballade, der Moritat und der Chansons integriert sind, verwirklicht; Jazzrhythmen, abrupte Harmoniewechsel, polyphone Fakturen und Sanglichkeit beherrschen die Musik. Dazu sind Pantomimen, Ballette, Schauspiel- und Filmmusiken zu stellen. Seine Orchestermusik besteht aus 2 Sinfonien, einem Divertimento, einer »Fantasie, Passacaglia und Hymnus«, einem Quodlibet, einem Konzert für Violine und Blasorchester, einem Streichquartett, Klavierstücken, Kantaten, Chören und Gesängen.
Sinfonie Nr. 1, ein Satz, entstanden 1921
Es handelt sich um eine »Kriegssinfonie« mit verklärendem Abschluß. Ihr Klangbereich ist stark chromatisch, aber nicht atonal. Der erste der drei Hauptabschnitte beginnt mit einem Grave, das zwei Hauptthemen statuiert: eine explosive Akkordreihe mit fallenden Quarten und Quinten

und eine Holzbläserfigur mit übermäßigen Quintenintervallen. Ein stürmisches Allegro mit aggressiven Wendungen und brutalen Marschrhythmen folgt. Der Mittelteil ist gelassen und besänftigend, wird aber von Reminiszenzen an den kriegerischen ersten Abschnitt mehrmals unterbrochen. Das dritte Thema bringt ein Fugenthema, dem eine choralartige Passage entgegentritt; diese gewinnt die Oberhand, steigert sich zu einer mystischen Ekstase, die aber bald in lyrische Entspannung umschlägt. Ein kurzer triumphierender Ausbruch beendet das Werk.

Sinfonie Nr. 2, 3 Sätze, entstanden 1933
In der Einleitung zum Kopfsatz liegt der Kern, aus dem das Werk hervorgeht. Die Trauermarschmelodie der Solotrompete kennzeichnet bereits den tragischen Gehalt der Sinfonie. Die vorandrängende Kraft des anschließenden Allegro malt eine Stimmung aus Kampf und Not. Im 2. Satz kommt der Trauermarsch voll zur Entfaltung. Ein Hoffnungsschimmer, den die Violinen andeuten, wird von Pauken zerschlagen. Das Finale versucht, die Trauer mit munteren Wendungen zu vertreiben, dringt aber nicht durch, und auch die hektische Coda, die den Trauermarsch ins Fröhliche wandeln will, wird von der warnenden Stimme der Solotrompete zurechtgewiesen.

LITERATUR

R. Sanders, Kurt Weill, München 1980. D. Drew, Kurt Weill, London 1987.

Kurt Weill

Jacob Weinberg (1879–1956)

LEBEN

Jacob Weinberg wurde am 7.7.1879 in Odessa geboren. Er studierte am Konservatorium in Moskau und in Wien bei Teodor Leszetycki. Er wirkte als Konzertpianist und von 1915 bis 1921 als Klavierlehrer am Konservatorium in Odessa. Sodann emigrierte er und ließ sich als Klavierlehrer des College of Music in New York nieder, wo er am 2.11.1956 starb.

WERKE

Neben einer Oper schrieb Jacob Weinberg 2 Oratorien, eine Ode für Chor und Orchester, eine »Sabbath-Liturgie« für Bariton, Chor und Orgel, ein Klavierkonzert, mehrere Kammermusik, Klavierwerke, Chöre und Lieder.

Jaromír Weinberger (1896–1967)

LEBEN

Jaromír Weinberger wurde am 8.1.1896 in Prag geboren. Er war Schüler von Jaroslav Křička und Max Reger. Ab 1922 unterrichtete er am Konservatorium in Ithaca, N.Y., lebte darauf bis 1937 in Prag als freier Komponist und emigrierte 1939 zunächst nach Frankreich, dann in die USA. 1949 ließ er sich in St. Petersburg, Florida, nieder und starb am 8.8.1967.

WERKE

Weltberühmt wurde Jaromír Weinberger mit einer äußerst melodiösen, glänzend instrumentierten Oper »Schwanda der Dudelsackpfeifer«. Er schrieb 4 weitere Opern, 4 Operetten, eine Pantomime, 2 Sinfonien, sinfonische Bilder für Violine und Orchester, ein Tongedicht für Cello und Orchester, eine Walzerouvertüre für Orchester, ein Altsaxophonkonzert, eine Spinettsonate, eine Harfensonate, eine Sonate und andere Stücke für Klavier, Orgelstücke, Violinstücke, eine Rhapsodie für gemischten Chor und Orchester sowie Lieder.

Leó Weiner (1885–1960)

LEBEN

Leó Weiner wurde am 16.4.1885 in Budapest geboren. Er war dort von 1901 bis 1906 Schüler von Hans Koessler und wirkte anfangs als Korrepetitor an der Oper und ab 1908 als Professor für Komposition und Kammermusik an der Musikhochschule. Er starb am 13.9. 1960 in Budapest.

WERKE

Für Orchester schrieb Leó Weiner die Stücke »Fasching«, »Serenade«, »Soldatenspiel«, eine Ungarische Volkstanzsuite, 5 Divertimenti, »Variationen über ein ungarisches Volkslied«, eine sinfonische Dichtung, ein Concertino für Klavier und Orchester, eine Passacaglia, außerdem verfaßte er 3 Streichquartette und Klavierwerke. Er bearbeitete ältere Musik für Klavier und publizierte didaktische Werke.

Felix Weingartner (1863–1942)

LEBEN

Felix Paul von Weingartner, Edler von Münzberg, wurde am 2.6.1863 in Zara, Dalmatien (heute Zadar, Kroatien), geboren. Er war in Graz Schüler von Wilhelm Mayer (1831–98) und studierte sodann in Leipzig am Konservatorium und an der Universität. Im Jahr 1883 ging er nach Weimar zu Franz Liszt und wurde ein Jahr darauf Kapellmeister in Königsberg (Kaliningrad). Von da führte ihn seine Dirigentenkarriere nach Danzig (Gdańsk), Mannheim, Berlin, München und Wien, wo er von 1880 bis 1911 als Direktor und Dirigent der Hofoper wirkte. Nach seiner Dirigententätigkeit in Hamburg und Darmstadt leitete er von 1919 bis 1924 die Wiener Volksoper und bis 1927 die Philharmonischen Konzerte. Seine nächste Station war Basel. Nach einem Jahr als Musikdirektor der Wiener Hofoper zog er 1936 nach Interlaken. Er starb am 7.5.1942 in Winterthur.

WERKE

Als Komponist war Felix Weingartner »wagnerisch«, und wenn er sich im Verlauf seines Lebens einen eigenen Stil bildete, so blieb die Nachfolge Richard Wagners und Franz Liszts deutlich. Er brachte 7 Opern auf die Bühnen, die sich eine Zeitlang hielten, und verfaßte 7 Sinfonien – die letzte mit Soli und Chor –, die sinfonischen Dichtungen »König Lear«,

Felix Weingartner, Lothar von Wellerstein und Jenö Hubay

»Das Gefilde der Seligen« und »Frühling«, eine Sinfonietta, 2 Ouvertüren, ein Violinkonzert, ein Oktett, ein Klaviersextett, ein Klavierquintett, ein Streichquintett, 4 Streichquartette, 2 Violinsonaten, mehrere Klavierstücke, »Traumnacht und Sturmhymnus« für achtstimmigen gemischten Chor und Orchester, »Freiheitsgesang« für Männerchor und Orchester und viele Lieder mit Klavier oder Orchester. Er publizierte eine Reihe musiktheoretischer Werke; seine »Ratschläge für die Aufführung der Sinfonien Beethovens« fanden keinen Anklang.

Christian Ehregott Weinlig (1743–1813)

ZEIT UND UMWELT
Beim Regierungsantritt des Kurfürsten Friedrich August III. (1750–1827) im Jahr 1763 (ab 1806 erster König von Sachsen) hatten sich das Land und die Hauptstadt von den Folgen des Siebenjährigen Krieges erholt, so daß das kulturelle Leben wieder aufblühen konnte wie zuvor. Der Beitritt des Kurfürsten zum Fürstenbund (1785) und der Wechsel zum Rheinbund (1806) verschonte Sachsen und Dresden vor schlimmeren Auswirkungen der Kriege der französischen Republik und Napoleons bis zur Völkerschlacht bei Leipzig (1813).

LEBEN
Christian Ehregott Weinlig wurde am 30. 9. 1743 in Dresden geboren. Er war Schüler der Kreuzschule und von Gottfried August Homilius; ab 1765 studierte er an der Universität Leipzig und wirkte von 1767 bis 1773 als Organist an der reformierten Kirche der Stadt. Im Jahr 1780 wurde er Akkompagnist an der Italienischen Oper, Organist der Frauenkirche in Dresden und 1785 Kantor an der Kreuzschule und Kreuzkirche. Er starb am 14. 3. 1813 in Dresden.

WERKE
Im Druck erschienen von Christian Ehregott Weinlig die Klavierauszüge seines Oratoriums »Der Christ am Grabe Jesu« und der Kantate »Augusta«, Lieder mit Klavierbegleitung, Klavierstücke und Klaviersonaten mit Flöte und Violine. Als Manuskript sind einige Opern, mehrere Passionsmusiken, Oratorien, Kantaten und weitere kirchliche Gesänge überliefert. Sein Stil ist empfindsam.

Theodor Weinlig (1780–1842)

ZEIT UND UMWELT
Die Fugenkomposition, die nach Johann Sebastian Bach nahezu aufgegeben wurde, bildete in den traditionellen Musikschulen – Kreuzschule in Dresden und Thomasschule in Leipzig – auch im 19. Jahrhundert einen wichtigen Unterrichtsgegenstand. Entsprechende Lehrwerke wurden immer wieder veröffentlicht und fanden ihre Interessenten.

LEBEN
Christian Theodor Weinlig wurde am 25.7. 1780 in Dresden als Neffe von Christian Ehregott Weinlig geboren. Er war Schüler seines Onkels und sodann von Stanislao Mattei in Bologna, wo er Mitglied der Accademia Filarmonica wurde. Von 1814 bis 1817 wirkte er als Kantor an der Kreuzschule in Dresden und von 1823 bis zu seinem Tod am 6.3.1842 als Thomaskantor in Leipzig. Zu seinen Schülern zählte auch Richard Wagner.

WERKE
Neben einer mehrmals aufgelegten »Theoretisch-praktische Anleitung zur Fuge« verfaßte Theodor Weinlig ein Oratorium (»Die Feier der Erlösung«), 2 Deutsche Magnificat, Psalmen, zahlreiche Kirchenkantaten und Singübungen. Der Stil seiner Kompositionen ist sehr konservativ und greift mit vielen Passagen auf Johann Sebastian Bach zurück.

Johann Weinmann (um 1477–1542)

ZEIT UND UMWELT
Nürnberg hat sich als erste reichsfreie Stadt der Reformation angeschlossen. Diese Bewegung umschloß auch eine Anzahl Musiker, die sich dem neuen Glauben ergaben. Orga-

nisten und Komponisten fanden ein neues Betätigungsfeld im Volksgesang, dem eine wichtige Rolle im Gottesdienst zugewiesen wurde. Neben ausgedehnten Orgelstücken wurden neue Psalmen und Hymnen in deutscher Sprache benötigt.

LEBEN
Johann Weinmann wurde um 1477 in Nürnberg geboren. Er studierte in Leipzig (ab 1492) und erhielt 1496 eine Organistenstelle in Nürnberg. Im Jahre 1498 setzte er sein Studium in Erfurt und Wittenberg fort. Er wurde 1506 Organist der Schloßkirche zu Wittenberg; ab 1519 versah er auch den Organistendienst in der Stadtkirche. Weinmann war ursprünglich Kleriker, wurde aber frühzeitig Anhänger der Reformation. Er starb am 18. 11. 1542 in Wittenberg.

WERKE
Von Johann Weinmann stammt eine Reihe von evangelischen Kirchenliedern, darunter Luthers »Vater unser im Himmelreich«. Er zählt zu den ersten evangelischen Kirchenkomponisten Deutschlands.

LITERATUR
R. Wagner, Die Organisten der Kirche zum Hl. Geist in Nürnberg, Zeitschrift für Musikwissenschaft XII, 1929/30.

John Weinzweig (geboren 1913)

LEBEN
John Jacob Weinzweig wurde am 11.3.1913 in Toronto geboren. Ab 1934 studierte er an der Universität in seinem Geburtsort und darauf an der Eastman School der University in Rochester, N.Y. 1939 bis 1978 lehrte er in Toronto Komposition und Orchestrierung am Konservatorium, seit 1952 als Professor.

WERKE
Außer einem Ballett schrieb John Weinzweig eine Sinfonie, eine sinfonische Ode, eine Rhapsodie, ein Stimmungsbild, ein Violinkonzert, ein Klavierkonzert, ein Harfenkonzert, 5 Divertimenti, 3 Streichquartette, ein Klarinettenquartett, eine Cellosonate, eine dodekaphonische Klaviersuite, eine Sonate und weitere Klavierstücke, Lieder und Chöre. Er gilt als erster Zwölftonkomponist in Kanada.

Flemming Weis (1898 – 1981)

LEBEN
Carl Flemming Weis wurde am 15.4.1898 in Kopenhagen geboren. Er wurde in seinem Geburtsort und in Leipzig ausgebildet und war ab 1923 in Kopenhagen als Komponist, Musikpädagoge, Organist und Kritiker tätig. Dort starb er am 30.9.1981.

WERKE
Für Orchester schrieb er u.a. 2 Sinfonien, 2 Ouvertüren, ein Concerto für Streichorchester; zudem ein Streichquintett, 4 Streichquartette, eine Serenade für Flöte, Violine und Cello, Kammermusik für Bläser, Klavierwerke, Orgelwerke, Chöre und Lieder. Er ist einer der Vertreter Neuer Musik in Dänemark.

Julius Weismann (1879–1950)

LEBEN
Julius Weismann wurde am 26.12.1879 in Freiburg im Breisgau geboren. Er studierte bei Joseph Rheinberger, Hans Bußmeyer, Heinrich Herzogenberg und Ludwig Thuille. Von wiederholten Aufenthalten in der Schweiz unterbrochen, lebte er als Komponist in seinem Geburtsort, wo er am 22.12.1950 starb.

WERKE
Neben 6 Opern, 5 Ballettmusiken, 2 Schauspielmusiken verfaßte Julius Weismann 3 Sinfonien, eine Symphonia brevis, 2 Sinfonietta und kleinere sinfonische Stücke, weiters 3 Klavierkonzerte und 4 Violinkonzerte, zahlreiche weitere konzertante Werke, 11 Streichquartette, 5 Violinsonaten, zahlreiche Klavierwerke zu zwei und vier Händen oder für zwei Klaviere, eine Orgelfuge, Melodramen mit

Klavier, 5 Chorwerke mit Orchester, A-cappella-Chöre, Gesänge mit Orchester und viele Lieder. Er stand im Lager der Spätromantik, unberührt von der Musikentwicklung seiner Zeit.

Rudolf Weis-Ostborn (1876–1962)

LEBEN
Rudolf von Weis-Ostborn wurde am 8.11.1876 in Graz geboren, wo er am Konservatorium und an der Universität studierte. Von 1913 bis 1919 war er Dirigent der Philharmonischen Gesellschaft in Ljubljana, sodann bis 1958 Domchordirektor in Graz, wo er am 18.12. 1962 starb.

WERKE
Das Hauptgewicht des kompositorischen Schaffens von Rudolf Weis-Ostborn lag auf dem Gebiet der sakralen Musik. Er schrieb ein Oratorium »Christophorus«, 8 Messen, 3 Deutsche Messen a cappella und eine Anzahl kleinere Kirchenwerke; ferner »Melodie« für Streicher, »Epilog« für zwei Hörner und Fagott, eine Sonatine für Klavier, Chöre und Lieder, außerdem Volksliedbearbeitungen.

Franz Weiß (1788–1830)

ZEIT UND UMWELT
Fürst Andreas Cyrillowitsch Rasumowsky (2.11.1752, Ukraine, bis 23.9.1836, Wien) war ab 1793 russischer Gesandter in Wien. Er engagierte 1808 das Schuppanzigh-Streichquartett für sein Haus und spielte darin selbst die Zweite Violine. Als sein Palais 1815 zum Teil ein Raub der Flammen wurde, verkaufte er den erhalten gebliebenen Rest und entließ die Musiker. Das Quartett spielte vor allem Werke der Wiener Klassik und brachte die Quartette von Ludwig van Beethoven zur Uraufführung.

LEBEN
Franz Weiß wurde am 18.1.1788 in Schlesien geboren. Er war Bratschist des Schuppanzigh-Quartetts, während es im Dienst des Fürsten Andreas Kirillowitsch Rasumowski stand. Darauf wirkte er als Bratschist bei verschiedenen Ensembles in Wien, wo er am 25.1.1830 starb.

WERKE
Von Franz Weiß sind »Variations brillantes« für Violine und Orchester, ein Streichquartett, Duette für Flöte, für Violine und Klavier und Sonaten bekannt geworden, außerdem eine konzertante Sinfonie für Flöte, Fagott und Trompete mit Orchester. Sein Stil war sehr klassiknah.

Manfred Weiss (geboren 1935)

LEBEN
Manfred Weiss wurde am 12.2.1935 in Niesky, Oberlausitz, geboren. Er studierte von 1952 bis 1955 an der Hochschule für Musik in Halle bei Hans Stieber, darauf an der Musikhochschule in Berlin (DDR) bei Ruth Zechlin und Rudolf Wagner-Régeny. Seit 1959 unterrichtet er an der Hochschule für Musik in Dresden, zunächst als Oberassistent und ab 1970 als Dozent für Komposition und stellvertretender Leiter der Kompositionsklasse.

WERKE
Der Stil von Manfred Weiss geht von Paul Hindemith aus und betont vor allem das melodische Element. Seine Formgebung ist klar, seine Instrumentation sehr farbig, seine Tonsprache stark expressiv, aber doch verständlich. Er schrieb 2 Sinfonien, eine »Orchestermusik«, eine »Festliche Ouvertüre« für kleines Orchester, »Praeludium«, »Meditation und Hymnus« für großes Orchester, eine Toccata für Orchester, eine Suite, Metamorphosen für Orchester, eine »Streichermusik«, ein Klavierkonzert, ein Oktett, ein Bläserquintett, ein Streichquartett, ein Klaviertrio, mehrere Sonaten mit verschiedener Besetzung, Lieder, Chöre, darunter die Brecht-Kantate »An meine Landsleute«.

Silvius Leopold Weiß (1686–1750)

Zeit und Umwelt

Auch im 18. Jahrhundert nahmen die Hofkapellen noch Lautenisten auf, wenngleich ihr Instrument immer mehr aus dem Mittelpunkt des musikalischen Interesses rückte. Für intime Kammermusik und für Liedbegleitung wurde es von einzelnen Liebhabern seines warmen, sanften Klanges noch gerne herangezogen. Außerdem waren Lautenisten sehr oft auch Theorbisten, die zum Continuospiel verwendet werden konnten.

Leben

Silvius Leopold Weiß wurde am 12. 10. 1686 in Breslau (Wrocław) geboren. Nach Aufenthalten an verschiedenen deutschen Höfen als Lautenist bereiste er von 1708 bis 1714 im Dienst des Fürsten Jan Aleksander Benedikt Sobieski (gest. 1714) Italien, wirkte sodann in Kassel und Düsseldorf und wurde 1717 Mitglied der Hofkapelle in Dresden, wo er, unterbrochen von einigen Konzertreisen, bis zu seinem Tod am 15. 10. 1750 blieb.

Werke

Der Lautenist Silvius Leopold Weiß war einer der letzten großen Virtuosen seines Instruments. Besonders bewundert wurde von seinen Zeitgenossen seine Improvisationskunst. Sein umfangreiches kompositorisches Werk, das Manuskript geblieben ist, umfaßt vor allem Suiten, aber auch Präludien, Sonaten und Tänze, die sowohl technisch wie musikalisch hochwertig sind. Ihr Wert kommt erst durch die Veröffentlichungen einzelner Stücke in unserem Jahrhundert allmählich zur Geltung.

Literatur

H. Volkmann, Silvius Leopold Weiß, der letzte große Lautenist, in: Die Musik VI, 1906–07.

Friedrich Weißensee (um 1560–1622)

Zeit und Umwelt

Der venezianische Chorstil, den Willaert begründet und dessen Schüler weitergebildet hatten, fand gegen Ende des 16. Jahrhunderts auch in Deutschland Eingang.

Leben

Friedrich Weißensee wurde um 1560 in Schwerstedt, Thüringen, geboren. Er dürfte in Magdeburg studiert haben. Um 1590 war er Rektor der Lateinschule in Gebesee und ab 1596 Kantor an der Stadtschule in Magdeburg. Im Jahre 1611 wurde er Pastor in Altenweddingen, wo er 1622 starb.

Werke

Kantor Friedrich Weißensee zählte zu den frühesten deutschen Komponisten, die den venezianischen Chorstil anwendeten. Er hat ihn vermutlich persönlich in Venedig kennengelernt. Neben etlichen kleineren Werken (Hochzeitsgesänge) brachte er eine Sammlung von 72 vier- bis zwölfstimmigen Motetten als »Opus melicum« (Melodienwerk) heraus, in denen der venezianische Chorklang voll zur Geltung kommt.

Literatur

B. Engelke, Friedrich Weißensee und sein Opus melicum, Kiel 1927.

Abraham Weißhahn
(um 1568 bis nach 1611)

Zeit und Umwelt

Die mehrmalige Teilung der sächsischen Herzogtümer führte zur Gründung einer Reihe von Residenzen, die die kulturelle Tradition Sachsens weiterpflegten und untereinander fruchtbaren Kulturaustausch übten, so daß Musiker je nach Bedarf von einem zum anderen Hof wechselten.

Leben

Abraham Weißhahn (Winsheim) wurde um 1568 vermutlich in oder bei Gotha geboren. Wo er seine Ausbildung zum Komponisten und Lautenisten erhielt, ist unbekannt. Er wirkte am sächsischen Hof in Gotha als Lautenist, sodann in gleicher Eigenschaft bis 1611 in Dresden. Ob er in diesem Jahr gestorben ist, die Stelle aufgegeben oder verloren hat, ist unklar.

Werke

Von dem deutschen Komponisten Abraham Weißhahn ist ein Buch mit Präludien, Fantasien und Balletten erschienen. Diese Stücke weisen ihn zwar als vorzüglichen Lautenisten aus, zum Stilwandel hat er nichts beigetragen. Dafür bereicherte er die Lautenmusik des beginnenden 17. Jahrhunderts um einige Kostbarkeiten.

John Weldon (1676–1736)

Zeit und Umwelt

Einzelne Komponistengestalten wie Henry Purcell reichten nicht aus, die englische Musik erneut auf das Niveau zu bringen, das sie vor der Revolution eingenommen hatte. Es fehlten Talente, es fehlte auch an echter Förderung, denn die Universitäten und Kathedralen beschränkten sich auf die Wahrung der Tradition und Wiedergabe des Geschaffenen, und die Krone brachte zu wenig ernstes Interesse auf.

Leben

John Weldon wurde am 19. 1. 1676 in Chichester geboren. Er besuchte das Eton College und wurde darauf Schüler von Henry Purcell. Im Jahr 1694 erhielt er die Organistenstelle am New College in Oxford, 1701 wurde er außer der Reihe Gentleman der Chapel Royal, 1708 ihr Organist und 1715 Komponist. Er starb in London am 7. 5. 1736.

Werke

Der englische Komponist John Weldon schrieb mehrere Bühnenmusiken und eine Anzahl Services und Anthems, außerdem 6 Anthems für Solostimme und Generalbaß. Berühmt wurden die Anthems »In Thee, O Lord« (Auf dich, o Herr) und »Hear my crying« (Höre mein Weinen).

Garrett Colley Wellesley Mornington (1735–81)

Zeit und Umwelt

Die Menge der musiktheoretischen Literatur, insbesondere der Lehrwerke, war im 18. Jahrhundert bereits derart angestiegen, daß es für jeden Begabten möglich war, sich im Selbstunterricht auszubilden.

Leben

Garrett Colley Viscount Wellesley und Earl of Mornington wurde am 19. 7. 1735 in Dangan, Irland, geboren. Der irische Adelige bildete sich vorwiegend im Selbstunterricht zum Komponisten, Violinisten und Organisten aus; Unterricht nahm er zeitweise bei Thomas Roseingrave und Francesco Geminiani. Die Universität von Dublin promovierte ihn zum Doktor der Musik und ernannte ihn zum Professor für Musikwissenschaft. Er gründete 1757 in Dublin eine Academy of Music für Amateure, bei der zum erstenmal Frauen Chormitglieder werden konnten. Er starb am 22. 5. 1781 in London.

Werke

Das kompositorische Werk von Garrett Colley Wellesley Mornington bestand hauptsächlich aus Vokalwerken: Madrigalen, Glees und Catches, wofür er mehrere Preise erhielt, sakralen Gesängen und einigen Messen für die St. Patrick's Cathedral in Dublin, außerdem aus mehreren Oden. Sein Stil war sehr konservativ, nur die Catches und Glees kamen dem Zeitgeschmack entgegen.

Egon Wellesz (1885–1974)

Leben

Egon Joseph Wellesz wurde am 21. 10. 1885 in Wien geboren. Er studierte bei Guido Adler und Arnold Schönberg und wirkte ab 1913 als Dozent und ab 1929 als Professor für Musikwissenschaft an der Wiener Universität. Im Jahr 1938 mußte er emigrieren. Er hielt Vorlesungen am Royal College of Music und an der Universität in Cambridge, wurde 1939 Mitglied des Lincoln College in Oxford, wo er bis 1956 über byzantinische Musik las. Gleichzeitig war er für mehrere Institute für Musikgeschichtsforschung tätig. Er starb am 9.11.1974 in Oxford.

WERKE
So hoch das kompositorische Werk von Egon Wellesz auch geschätzt werden muß, es steht doch hinter seinen hervorragenden epochemachenden Leistungen auf dem Gebiet der byzantinischen Musik, des frühchristlichen Kirchengesangs und der mittelalterlichen Musik des Ostens wie des Westens weit zurück; ihm ist die Deutung der byzantinischen Neumenschrift des 13. bis 15. Jahrhunderts zu verdanken. Er publizierte zahlreiche äußerst wertvolle und zum Teil bahnbrechende Werke über dieses Forschungsgebiet. An Orchestermusik schrieb er 9 Sinfonien, ein Klavierkonzert, ein Violinkonzert, das Konzertstück »Prosperos Beschwörung«, ein Oktett, ein Klarinettenquintett, 9 Streichquartette, ein Streichtrio, Klavier- und Orgelmusik, 4 Messen, Kantaten, geistliche Chorwerke, Orchestergesänge, zahlreiche Lieder mit Klavier oder anderen Instrumenten, 4 Ballette und 6 Opern. Stilistisch ging er von Gustav Mahler und Arnold Schönberg aus und gelangte zu einer eindrucksvollen archaischen Tonsprache. 1981 erschien seine Autobiographie.

Egon Wellesz

Charles Wels (1825–1906)

ZEIT UND UMWELT
Unter den österreichischen Auswanderern nach den USA befanden sich viele Leute aus Böhmen und Mähren, die ihrem Land den Rücken kehrten, weil ihnen das Leben unter dem harten Druck der Wiener Regierung unerträglich geworden war.

LEBEN
Charles Wels (sein ursprünglicher Name ist unbekannt) wurde 1825 in Böhmen geboren. Er war Schüler von Václav Jan Tomášek in Prag. Im Jahr 1849 kam er als Pianist, Organist und Musiklehrer nach New York. Welche Stellungen er dort bekleidete, ist nicht feststellbar. Er starb im Jahr 1906 in New York.

WERKE
Von Charles Wels sind eine Suite für Orchester, eine Ouvertüre, 5 Messen, ein Klavierkonzert, zahlreiche vermutlich für Schüler bestimmte leichte Klavierstücke und ein- und mehrstimmige Lieder überliefert.

Johann Baptist Wendling (1723–97)

ZEIT UND UMWELT
»Jedes Orchestermitglied ist Virtuose, Kapellmeister oder Komponist oder alles zusammen«, lautete ein zeitgenössisches Urteil über die Hofkapelle in Mannheim im 18. Jahrhundert, und das war wenig übertrieben, denn nicht selten gingen einzelne Instrumentalisten auf Konzertreisen, um als Virtuosen ihres Instruments aufzutreten. »Mitglied der Mannheimer Hofkapelle« war Empfehlung genug, um ein Konzertpublikum anzulocken, denn man wußte, daß man ein technisch und musikalisch vollendetes Konzert hören wird.

LEBEN

Johann Baptist Wendling wurde am 17. 6. 1723 in Ribeauvillé, Haut-Rhin, geboren. Er wirkte als Flötist zunächst an der Hofkapelle in Zweibrücken, sodann von 1754 bis zu seinem Tod am 27. 11. 1797 an der Kurpfälzischen Hofkapelle in Mannheim und nach deren Übersiedlung in München. Während dieser Tätigkeit unternahm er mehrere Konzertreisen durch Europa und trat mehrere Male im Concert spirituel in Paris auf.

WERKE

Von Johann Baptist Wendling wurden zahlreiche Duette, Trios und Quartette für Flöte und Streicher und Flötenkonzerte verfaßt, die stilistisch zur Mannheimer Vorklassik zu stellen sind.

Georges Wenick (1718–60)

ZEIT UND UMWELT

Das Collège Liégeois in Rom stand vor allem wallonischen Klerikern zur Verfügung, die zu ihrer Ausbildung nach Italien gekommen waren. Es pflegte enge Beziehung zur Abtei in Montecassino.

LEBEN

Georges Wenick wurde 1718 in Visé, Lüttich, geboren. Er war Chorknabe an St-Denis in Lüttich, sodann Organist in Aachen. Nachdem er mehrere Jahre als Chorregent an St-Denis in Lüttich gewirkt hatte, begab er sich 1751 nach Rom, wo er sich am Collège Liégeois aufhielt, bis er die Organistenstelle an der Abtei Montecassino erhielt, die er bis zu seinem Tod im Jahr 1760 betreute.

WERKE

Vom kompositorischen Werk von Georges Wenick sind eine Motette und zwei kleine Messen für vier Stimmen, zwei Violinen und Generalbaß in B-Dur und D-Dur erhalten. Ihr Stil gehört dem Spätbarock an.

Gunnar Wennerberg (1817–1901)

ZEIT UND UMWELT

Das Auftreten von Oratorien war ein untrügliches Kennzeichen für die endgültige Etablierung einer eigenständigen Musikentwicklung in Schweden, denn wenn auch die Chorstellen von engagierten Sängern vorgetragen werden, so singen diese nur stellvertretend für das gesamte Publikum. Im Konzert und in der Oper sind Interpreten und Zuhörer räumlich wie funktionell getrennt, beim Oratorium in althergebrachter Form jedoch bilden Musiker und Publikum eine gleichgerichtete Gemeinde, die Klang, Wort und Wortsinn gemeinsam erlebt.

LEBEN

Gunnar Wennerberg wurde am 2. 10. 1817 in Lidköping geboren. Er war ab 1846 Dozent an der Universität Uppsala, an der er studiert hatte. In der Zeit von 1870 bis 1891 wirkte er zweimal als Kultusminister Schwedens. Als Musiker war er Autodidakt. Er starb am 24. 8. 1901 auf Läckö Kungsgård, Skaraborg.

WERKE

Mit seinen 3 Oratorien »Jesu födelse« (Jesu Geburt), »Jesu dom« (Jesu Verurteilung) und »Jesu död« (Jesu Sterben) schuf Gunnar Wennerberg die ersten in Wort und Musik schwedischen Oratorien. Wenn auch die deutschen Oratorien des 18. und 19. Jahrhunderts als Vorbild gedient hatten, so bestätigten sie weit mehr als andere Kompositionen das Bestehen einer schwedischen Nationalmusik. Er komponierte ferner ein Stabat mater, die Kantate »Auerbachs Keller« für Soli, Männerchor und Klavier, Teile aus den Psalmen Davids für Soli und gemischten Chor sowie 30 humoristische Duette für Bariton und Baß.

LITERATUR

G. Jeanson, Gunnar Wennerberg som musiker, Stockholm 1929.

Andreas Werckmeister (1645–1706)

Zeit und Umwelt

Schon im 16. Jahrhundert – und sogar früher – beschäftigten sich die Musiktheoretiker mit der Regelung der unvermeidlichen Abweichung der Intervalle von der akustischen Reinheit, um eine Enharmonik und die dadurch bedingte erweiterte Modulationsmöglichkeit zu erreichen. Es wurden verschiedene Ausgleichsrechnungen erstellt, bis es zur freischwebenden Temperatur kam, die Johann Sebastian Bach seinem »Wohltemperierten Clavier« zugrunde gelegt hat.

Leben

Andreas Werckmeister wurde am 30. 11. 1645 in Benneckenstein, Harz, geboren. Er war Organist in Hasselfelde (1664), darauf in Elbingerode, Quedlinburg und von 1696 bis zu seinem Tod am 26. 10. 1706 in Halberstadt.

Werke

Das Verdienst des deutschen Organisten, Musiktheoretikers und Komponisten Andreas Werckmeister lag weniger in seinen Orgelkompositionen, von denen nur einige erhalten sind, als in seinen theoretischen Arbeiten über die Temperatur, die das Problem zwar nicht lösten, aber doch einer befriedigenden Lösung nahebrachten. Über Werckmeisters Schüler Johann Gottfried Walther wurde Johann Sebastian Bach vermutlich mit dessen Forschungsergebnissen bekannt. Auch seine übrigen musiktheoretischen Arbeiten wurden zu seiner Zeit sehr beachtet und zum Teil auch in mehrere Sprachen übersetzt.

Felix Werder (geboren 1922)

Leben

Felix Werder wurde am 24.2.1922 in Berlin geboren. Er war dort Schüler von Arno Nadel, einem aus Wilna stammenden Komponisten, der 1934 in Auschwitz ermordert wurde. 1934 emigrierte er nach England. Dort 1940 interniert und nach Australien gebracht, wo er in Melbourne als Dozent und als Kritiker tätig wurde.

Werke

Außer 5 Opern und einem Ballett schrieb Felix Werder unter anderem 4 Sinfonien, eine Sinfonia im italienischen Stil, 4 verschieden strophische Stücke, ein Flötenkonzert, ein Klavierkonzert, ein Violinkonzert, ein Gitarrenkonzert, ein konzertantes Stück für zehn Solisten und Orchester, ein Septett für Flöte, Klavier, Harfe und Streichquartett, Quintette für Klavier und Streichquartett, für Klavier, Horn und Streichtrio und für Klarinette und Streichquartett, ein Bläserquintett, 10 Streichquartette, Klavierstücke, Chöre und Lieder. Sein Stil ist neuklassizistisch mit Konzessionen an andere ältere und zeitgenössische Stilgattungen.

Michailo Werikiwski (1896–1962)

Leben

Michailo Werikiwski wurde am 9.11.1896 in Kremenec, Ukraine, geboren. Er studierte am Konservatorium in Kiew und wirkte zunächst als Dirigent an der dortigen Oper und anschließend in Charkow. Ab 1935 unterrichtete er am Konservatorium in Kiew, wo er am 14.6.1962 starb.

Werke

Außer 3 Opern und dem ersten ukrainischen Ballett schrieb Michailo Werikiwski für Orchester 2 Suiten, sinfonische Variationen, 2 sinfonische Bilder, ein Violinkonzert, eine Anzahl Kantaten, einen vokalsinfonischen Zyklus, ein Chorpoem, Duette, Lieder und Romanzen sowie Bühnen- und Filmmusik. Er publizierte musikhistorische und musiktheoretische Essays.

Gregorius Joseph Werner (1693–1766)

Zeit und Umwelt

Schon unter Fürst Paul Esterházy von Galántha (1635–1713), selbst namhafter Cembalist und Komponist, und noch früher war seine Familie für ihr Mäzenatentum berühmt. Ihre Kapelle wurde unter seinem

Enkel Fürst Paul Anton (1711–62) noch weiter ausgebaut und mit besten Kräften besetzt.

LEBEN
Gregorius (Gregor) Joseph Werner wurde am 29. 1. 1693 in Ybbs an der Donau, Niederösterreich, geboren. Er war ab 1728 Kapellmeister der ungarischen Adelsfamilie Esterházy in Eisenstadt (damals Kismarton) und blieb in dieser Stellung bis zu seinem Tod am 3. 3. 1766. Ab 1761 stand ihm Joseph Haydn als Vizekapellmeister zur Seite.

WERKE
Joseph Haydn, der Gregorius Joseph Werner als Kontrapunktiker sehr schätzte, arrangierte 6 seiner Fugen für Streichquartett. Im Druck erschienen die Kompositionen: 6 Kammersinfonien und 7 Kirchensonaten für zwei Violinen und Clavichord, »Neuer und sehr curios musicalischer Instrumental-Calender, Parthien-weiß mit zwei Violinen und Baß«, »Zwey neue und extra lustige musicalische Tafel-Stücke: Der Wienerische Tandlmarckt und Die Bauren-Richters-Wahl«. Im Manuskript sind zahlreiche Messen, Oratorien und Motetten, eine Hirtenkantate, 2 Hirtenmusiken und 2 Pastorellen zur Weihnacht überliefert.

LITERATUR
A. Bogati, Gregor Joseph Werner, Eisenstadt 1936.

Hermann Matthias Werrekoren
(um 1500 bis um 1558)

ZEIT UND UMWELT
Nach der Niederlage der Franzosen bei Bicocca im Jahre 1522 bekam die Familie Sforza das von ihr auf ein hohes Kulturniveau gehobene Mailand wieder in ihre Hände. Als sodann Herzog Francesco Maria Sforza am 24. 10. 1535 verstarb, wurde die Stadt zum Reich Kaiser Karls V. geschlagen, der 1540 den nachmaligen König von Spanien, Philipp II., zum Herzog von Mailand ernannte. Damit kam es zu einer engen Verbindung der Mailänder Domkapelle mit der Königlichen Kapelle in Spanien.

LEBEN
Hermann Matthias Werrekoren (Hermann Verrecorensis Matthias, Mathia Flamengo, Matthias de Hermann, Werrecore) wurde um 1500 in Werrekoren geboren. Der flämische Komponist löste Gaffori im Jahre 1523 als Domkapellmeister in Mailand ab und führte eine gründliche Reform der Kapelle durch, die er bis 1558 leitete, dem Jahr, in dem er vermutlich in Mailand gestorben ist.

WERKE
Von seinen Kompositionen sind mehrere fünfstimmige Motetten überliefert, die den Stempel der flämischen Herkunft des Meisters tragen; außerdem das Tongemälde »La Bataglia Italiana« (Die italienische Schlacht), das die für Herzog Sforza siegreiche Schlacht bei Bicocca mit vier Stimmen ohne Instrumentalbegleitung in drei Sätzen darstellt. Diese Art deskriptiver Musik gehörte in jener Zeit noch zu den Seltenheiten.

LITERATUR
Fr. X. Haberl, Studie über Hermann Matthias Werrekoren, in: Monatshefte für Musikgeschichte III–IV, 1871/72.

Aleksei Werstowski (1799–1862)

ZEIT UND UMWELT
Zar Alexander II. (1818–81), der 1855 seine Regierung antrat, kümmerte sich ebensowenig wie sein Vorgänger um eine kulturelle Entwicklung seines Reiches. Die Förderung der Kultur, vor allem der Musik, war verschiedenen Adelshäusern überlassen, die sich europäischen Lebensformen angleichen wollten.

LEBEN
Aleksei Nikolajewitsch Werstowski wurde am 18. 2. 1799 im Gouvernement Tambow auf dem Stammgut seiner Familie geboren. Während seines Studiums am Ingenieurwissenschaftlichen Institut in St. Petersburg nahm er

bei Daniel Steibelt (1765–1823) und John Field Klavier- und bei Louis Wilhelm Maurer Violinunterricht. Im Jahr 1818 brachte er als erstes Bühnenstück ein ländliches Intermezzo heraus, dem mehrere Vaudevilles folgten. Nachdem er ab 1825 als Musikinspektor der Kaiserlichen Theater in Moskau gewirkt hatte, führte er von 1848 bis 1860 die Leitung des Theaterbüros in Moskau, wo er am 5. 11. 1862 starb.

Werke

Von Aleksei Werstowski sind nahezu 25 Vaudevilles aufgeführt worden, in denen viel russisches Volksliedgut fein verarbeitet ist. Er schrieb außerdem Melodramen, Schauspielmusiken, 10 Kantaten, Chöre, Lieder und modernisierte Kirchenmusik. Er veröffentlichte ein »Dramatisches Album« und ein »Musikalisches Album«, in die er kleine ausgezeichnete Kompositionen einstreute.

Léon Philippe Marie Burbure de Wesembeek (1812-89)

Zeit und Umwelt

Das gewaltige Erbe der franko-flämischen Schulen bildete für belgische Musikologen nachgerade eine Verpflichtung zur Sammlung der überlieferten Kompositionen und deren gründliche Erforschung, der einige namhafte Gelehrte des Landes mit ihrem Lebenswerk nachkamen.

Leben

Léon Philippe Marie Chevalier de Burbure de Wesembeek wurde am 16. 8. 1812 in Termonde, Flandern, geboren. Er wirkte von 1846 bis 1853 als Archivar an Notre-Dame in Antwerpen und wurde 1862 Mitglied der Classe des Beaux-Arts der Académie Royale de Belgique. Er starb am 8. 12. 1889 in Antwerpen.

Werke

Von Léon Philippe Marie Burbure de Wesembeek sind Orchesterstücke, kirchenmusikalische Werke, Chöre, Kantaten und eine Oper bekannt geworden. Diese Kompositionen überragen eine durchschittliche Qualität nur wenig. Von großer Bedeutung sind jedoch seine musikhistorischen Publikationen über den franko-flämischen Raum.

Charles Wesley (1757–1834)

Leben

Charles Wesley wurde am 11. 12. 1757 in Bristol geboren. Er zeigte sehr früh musikalische Anlagen und wurde von William Boyce und Joseph Kelway (um 1700, Chichester, bis 1782, London), dem Bruder von Thomas Kelway, hervorragender Cembalist, zum Komponisten, Organisten und Cembalisten ausgebildet. Er wirkte sodann an verschiedenen Londoner Kirchen bis zu seinem Tod am 23. 5. 1834 als Organist.

Werke

Die 6 Konzerte von Charles Wesley sind für Orgel oder Cembalo verfaßt. Sie sind seinem Lehrer William Boyce stark verpflichtet und daher sehr konservativ. Das gleiche gilt für sein Concerto grosso aus dem Jahr 1784. Außerdem schrieb er einige Anthems, 8 Gesänge, eine Schauspielmusik und verschiedene kleinere Stücke für Tasteninstrumente.

Samuel Wesley (1766–1837)

Zeit und Umwelt

Durch die ab 1768 alle drei Jahre in Birmingham veranstalteten Festspiele wurde das Musikleben der Stadt stark gehemmt, weil sich alle Bemühungen auf diese Festspiele konzentrierten, so daß die übrigen musikalischen Veranstaltungen nur schwer damit in Wettbewerb treten konnten. Auf diese Weise entstand zwischen den Festspielen ein musikalisches Vakuum, das erst im Verlauf des 19. Jahrhunderts ausgeglichen werden konnte.

LEBEN

Samuel Wesley wurde am 24. 2. 1766 in Bristol geboren und entwickelte sich in frühester Jugend zum »Wunderkind«, das allgemeines Staunen hervorrief. Er gab bereits ab 1779 im Haus seiner Familie regelmäßig Konzerte. Sein bedeutendster Lehrer war William Boyce, der ihn zum Organisten, Cembalisten und Komponisten ausbildete. Er wirkte ab 1811 als Dirigent und Organist an den Festspielen von Birmingham mit und spielte im Musikleben der Stadt eine bedeutende Rolle. Er starb am 11. 10. 1837 in London.
Sein Bruder Charles Wesley (11. 12. 1757, Bristol, bis 23. 5. 1834, London) war ebenso frühbegabt und Schüler von James Boyce. Er wirkte an verschiedenen Kirchen als Organist.

WERKE

Von Samuel Wesley sind 4 Sinfonien, 4 Ouvertüren, 11 Orgelkonzerte mit Orchester, 4 Messen, Motetten, Services, Anthems, Kammermusik, Orgel- und Klavierstücke, Lieder, Duette und Glees erhalten. Seine Musik wirkte eher konservativ, aber klangvoll; seine sakralen (katholischen wie anglikanischen) Werke werden auch noch heute in den Kirchen Englands und denen des Kontinents gehört. In Zusammenarbeit mit Karl Friedrich Horn gab er das »Wohltemperierte Clavier« von Johann Sebastian Bach heraus und leitete eine englische Bach-Renaissance ein.
Charles Wesley schrieb 6 Konzerte für Orgel oder Cembalo, 8 Lieder, 6 Streichquartette, ein Concerto grosso und einige Anthems. Seiner Musik haften noch barocke Formen an.

LITERATUR

J. T. Lightwood, Samuel Wesley, London 1937.

Samuel Sebastian Wesley (1810–76)

ZEIT UND UMWELT

Die vielen unermüdlichen Anstrengungen namhafter englischer Kirchenmusiker im 19. Jahrhundert, die Kirchenmusik zu reformieren, wurden zwar von fachlicher Seite stark gefördert, gediehen aber nur langsam, weil die Kirchenbesucher jeder Neuerung und jedem Abweichen von den gewohnten Wegen ablehnend gegenüberstanden; es handelte sich um sakrale Texte, die sie seit ihrer Kindheit mit bestimmter Melodik gehört und gesungen hatten. Das betraf besonders die Services, deren Texte stets gleichbleibend waren; die Anthems mit freier Textgestaltung wurden in neuer Fassung lieber akzeptiert, weil sie ohnehin profanen Fakturen näherstanden.

LEBEN

Samuel Sebastian Wesley wurde am 14. 8. 1810 als Sohn des Samuel Wesley in London geboren. Mit 10 Jahren wurde er Chorknabe an St. James und anschließend Organist an verschiedenen Kirchen Londons. Ab 1832 wirkte er als Organist an der Kathedrale von Hereford, wo er auch die »Three Choirs Festivals« 1834 dirigierte, dann übersiedelte er nach Exeter; 1842 übernahm er den Organistendienst an der Parochialkirche in Leeds und 1849 an der Kathedrale in Winchester. Im Jahr 1850 wurde er Orgellehrer an der Royal Academy of Music. Nach fünfzehnjähriger Tätigkeit an der Kathedrale und der Schulkapelle nahm er die Organistenstelle in Gloucester an, wo er am 19. 4. 1876 starb.

WERKE

Von Samuel Sebastian Wesley sind zahlreiche Anthems, 6 Services, viele Orgelstücke, Glees, Lieder und einige Klavierstücke überliefert. Seine vorsichtige Weiterentwicklung der englischen Kirchenmusik, die die Tradition nie außer acht ließ, schuf die Grundlage für die heutige Musik in den Kirchen Englands.

William West (um 1580–1643)

ZEIT UND UMWELT

Die Chapel Royal in London blieb bis in die erste Zeit des englischen Bürgerkrieges hinein ungehindert in Tätigkeit. Erst das Überhandnehmen des Puritanismus in der englischen Hauptstadt brachte sie zum Verstummen.

LEBEN
William West (Weste) wurde um 1580 in oder bei London geboren. Im Jahr 1612 wurde er Mitglied der Chapel Royal und blieb es bis zu seinem Tod. Er starb 1643 in London.

WERKE
In Sammelwerken finden sich von dem englischen Komponisten William West mehrere Services und einige Anthems, die dem älteren Stil folgen.

Karl August Friedrich Westenholz (1736–89)

ZEIT UND UMWELT
Die Belebung der deutschen Musikentwicklung durch die Berliner Schule und die in Mannheim regte die kompositorische Tätigkeit im gesamten mitteleuropäischen Raum an. Wenn auch die Komponisten noch immer vorwiegend im Dienst von Hof- oder Kirchenkapellen arbeiteten, so kamen ihre Werke nun viel häufiger als früher zu Ohren eines breiten Publikums, weil sie auch in allgemein zugänglichen Konzerten aufgeführt wurden, die wenige Jahrzehnte später zum Forum der Musik überhaupt wurden.

LEBEN
Karl August Friedrich Westenholz wurde 1736 in Lauenburg geboren. Er war ungefähr ab 1756 Tenorist an der Hofkapelle in Schwerin, deren Kapellmeister er 1768 wurde und bis zu seinem Tod am 24. 1. 1789 blieb.

WERKE
Von Karl August Friedrich Westenholz sind Konzerte, Sonaten und andere Stücke für Cembalo, Kantaten, Psalmen, Choräle, Serenaden, Lieder und Gelegenheitskompositionen zum Großteil handschriftlich erhalten. Sie wurden zum Teil im empfindsamen, zum Teil im vorklassischen Stil gehalten und waren sehr publikumswirksam.

Johann Paul Westhoff (1656–1705)

ZEIT UND UMWELT
Der Doppel- und Mehrfachgriff wurde im 17. Jahrhundert von den Violinvirtuosen des 17. und 18. Jahrhunderts bis zu den Grenzen des technisch Möglichen entwickelt, weil das polyphone Spiel auf Streichinstrumenten schon wegen seiner Schwierigkeit beim Publikum äußerst beliebt war. Durch Scordaturen versuchte man akkordische Kombinationen zu bilden, die bei normaler Stimmung unerreichbar waren, verlor dadurch aber andere, so daß man mit der Zeit auf solche Kunstgriffe verzichtete. Eine Weiterentwicklung der Technik ergab sich erst wieder durch die Leistung von François Tourte (1747–1835), der dem Bogen die noch heute gültige Form gab.

LEBEN
Johann Paul von Westhoff wurde 1656 in Dresden geboren. Er war ab 1674 Violinist an der Dresdner Hofkapelle. Von 1682 bis 1691 bereiste er als Violinvirtuose ganz Europa und erregte besonders durch seine hochentwickelte Doppelgrifftechnik Aufsehen. Ab 1691 war er Linguistiklehrer in Wittenberg und ab 1704 Kammermusikus in Weimar, wo er am 14. 4. 1705 starb.

WERKE
Vom deutschen Violinisten und Komponisten Johann Paul Westhoff sind 6 Sonaten für Solovioline mit Generalbaß erhalten, die wohl virtuoses Spiel erfordern und schwierige polyphone Griffe enthalten, aber durchaus nicht als reine Virtuosenmusik gewertet werden dürfen.

LITERATUR
G. Beckmann, Das Violinspiel in Deutschland vor 1700, Berlin 1918.

Henry Westrop (1812–79)

ZEIT UND UMWELT
Die 1832 in London gegründete Sacred Harmonic Society (Gesellschaft für sakrale Musik)

hatte sich von verhältnismäßig bescheidenen Anfängen sehr bald zu einem gewaltigen Klangkörper entwickelt, der große Oratorien, berühmte Messen, Psalmenvertonungen und andere Chorwerke sowie auch Solistenkonzerte mustergültig wiedergab. Sie erreichte um 1850 den Höhepunkt ihrer Leistungen unter der Leitung von Michel Costa mit nahezu 700 Instrumentalisten und Sängern.

LEBEN
Henry Westrop wurde am 22.7.1812 in Lavenham, Suffolk, geboren. Er soll bereits mit 10 Jahren Konzerte gegeben haben; mit 13 trat er als Sänger, Violinist und Pianist auf. Bald darauf wurde er Organist an St. Stephen's in Norwich und wirkte nach einigen anderen Organistenstellen von 1834 bis zu seinem Tod am 23.9.1879 an St. Edmund in London. Gleichzeitig war er Vizedirigent der Sacred Harmonic Society, Dirigent der Choral Harmonists' Society sowie Mitglied der Philharmonic Society und der Society of British Musicians.

WERKE
Die Kompositionen von Henry Westrop sind zu Unrecht, wie Zeitgenossen behaupten, wenig beachtet worden. Seine Sinfonie ist verlorengegangen, von seiner Kammermusik ist wenig gedruckt worden, seine 2 Opern erlebten nur einige Aufführungen. Als Organisator und Dirigent erwarb er sich beachtliche Verdienste.

Richard Wetz (1875–1935)

LEBEN
Richard Wetz wurde am 26.2.1875 in Gleiwitz (Gliwice) geboren. Nach kurzem Studium am Konservatorium in Leipzig wurde er Privatschüler des Musiklehrers Richard Hofmann (30.4.1844, Delitzsch, bis 30.11.1918, Leipzig) und Ludwig Thuilles in München. Er wirkte darauf zwei Jahre als Theaterkapellmeister in Leipzig und erhielt 1906 die Leitung des Musikvereins und der Singakademie in Erfurt. Von 1911 bis 1921 lehrte er dort am Konservatorium Kompositon und Musikgeschichte und war gleichzeitig von 1913 bis 1915 als Dirigent des Leipziger Riedel-Vereins, ab 1916 als Lehrer an der Musikschule in Weimar und ab 1918 als Leiter eines Madrigalchors tätig. Er starb am 16.1.1935 in Erfurt.

WERKE
Sowohl mit seinen 2 Opern wie mit den 3 Sinfonien überschritt Richard Wetz die Stilgrenzen der Münchner neu- oder spätromantischen Schule nie. Auch seine Kleist-Ouvertüre, seine Chorwerke – Weihnachtsoratorium, Vertonung des 3. Psalms, Hyperion, Requiem, Gesang des Lebens, Traumsommernacht – nützten zwar das weite Feld der Tonalität bis zum äußersten aus, gingen aber nicht weiter. Seine Kammer- und Klaviermusik, seine Orgelkompositionen, Lieder und Chöre bewegten sich jedoch im konventionellen Fahrwasser.

Christopher Ernst Friedrich Weyse
(1774–1842)

ZEIT UND UMWELT
Die Komponisten der Völker, die sich im 18. und 19. Jahrhundert der abendländischen Musikentwicklung anschlossen, betonten ihre Eigenständigkeit durch die Integrierung volkstümlicher Musik in ihre Werke, die immer in enger Beziehung zu Land und Leuten steht. Hiedurch landete sie automatisch bei romantischen Fakturen, die Vorstellungs- und Stimmungsbilder ihrer Heimat und ihres Volkes wiedergaben.

LEBEN
Christopher Ernst Friedrich Weyse wurde am 5.3.1774 in Altona, das damals dänisch war, geboren. Er war Schüler bei Johann Abraham Peter Schulz (1747–1800) in Kopenhagen. Im Jahr 1794 übernahm er den Organistendienst an der reformierten Kirche der Stadt; von 1805 bis zu seinem Tod am 8.10.1842 wirkte er als Organist an Vor Frue Kirke. Er hatte 1819 für seine kompositorischen Leistungen die Ernennung zum dänischen Hofkomponisten erhalten.

WERKE

Aus den Singspielen von Christopher Ernst Friedrich Weyse erlangten einzelne Arien die Popularität von Volksliedern. Auch die übrigen Vokalkompositionen überragen seine Instrumentalstücke – 7 Sinfonien im Stil von Joseph Haydn, Präludien und Fugen für Orgel und mehrere Klavierkompositionen – bei weitem. Für Singstimmen schrieb er eine Reihe religiöser Gesänge: »Morgen- og Aftensange« (Morgen- und Abendgesänge), Te Deum für Chor und Orchester, Miserere für Doppelchor und Orchester, Kantaten, Vertonungen von Gedichten von Matthias Claudius (1740 bis 1815), Ludwig Christoph Heinrich Hölty (1748–76) und Johann Heinrich Voß (1751 bis 1826) und zahlreiche Romanzen, die auf alten dänischen Balladen fußen. Außerdem setzte er die dänischen Choräle zum ersten Mal für vier Stimmen.

LITERATUR

K. A. Bruun, Dansk musiks historie fra Holbergtiden til C. Nielsen, Kopenhagen 1969.

Abiell Whichello (um 1690 bis um 1745)

ZEIT UND UMWELT

Thomas Britton (14. 1. 1643, Rushden bei Higham Ferrars, bis 27. 9. 1714, London) war ursprünglich Kohlenhändler. Seine Liebe zur Musik befriedigte er vorerst durch autodidaktes Studium und schließlich durch die Veranstaltung wöchentlicher öffentlicher Konzerte in einem primitiven Raum. Es gelang ihm, dafür die Musiker Georg Friedrich Händel, Johann Christoph Pepusch, John Banister (um 1660–1735), Henry Needler (1685–1760), Philip Hart, Obadiah Shuttleworth und viele andere wie eine große Anzahl Musikenthusiasten als Interpreten oder Publikum zu gewinnen. Diese Konzerte erweckten bald allgemeines Interesse.

LEBEN

Abiell Whichello (Wichello) wurde um 1690 in London geboren. Er assistierte eine Zeitlang Philip Hart beim Orgelspiel und erhielt sodann eine Organistenstelle an St. Edmund the King. Er war Cembalolehrer und trat sehr oft in den von Thomas Britton veranstalteten Konzerten auf. Um 1745 dürfte er in London gestorben sein.

WERKE

Der Organist und Cembalist Abiell Whichello veröffentlichte eine Sammlung Cembaloübungen, 2 Kantaten und eine große Anzahl Lieder, von denen einzelne weit verbreitet und lang über seinen Tod hinaus gesungen wurden.

Clarence Cameron White (1880–1960)

LEBEN

Clarence Cameron White wurde am 10. 8. 1880 in Clarksville, Tenn., geboren. Er studierte am Oberlin Conservatory in Ohio, in London bei Samuel Coleridge-Taylor und in Paris bei Raoul Laparra (13. 5. 1876, Bordeaux, bis 4. 4. 1943, Paris). Ab dem Jahr 1912 wirkte er an verschiedenen Orten als Violin- und Kompo-

Thomas Britton

sitionslehrer. Er starb am 30.6.1960 in New York.

WERKE
Außer einer Oper schrieb Clarence Cameron White für Orchester eine »Elegie«, ein »Poeme« und eine »Tanzrhapsodie«, 4 Negro Spirituals, Skizzen für Violine und Orchester, Klavierstücke und 40 Spirituals mit Klavier und Chöre.

Robert White (um 1535–74)

ZEIT UND UMWELT
Mit dem Regierungsantritt der Königin Elisabeth I. im Jahre 1558 konnte sich die Reformation in England frei und störungslos entfalten. Das verschaffte der Kirchenmusik einen gewaltigen Auftrieb. In allen Kirchen des Landes wurden Organisten und Sänger benötigt, und der Bedarf an Kompositionen stieg an. Für fähige Musiker öffnete sich ein weites Betätigungsfeld.

LEBEN
Robert White wurde um 1535 vermutlich in London als Sohn des Orgelbauers Magister Robert White geboren. Er studierte in Cambridge, wirkte von 1561 bis 1565 als Chormeister an der Kathedrale von Ely, darauf in gleicher Eigenschaft in Chester und ab 1570 an Westminster Abbey in London, wo er 1574 starb.

WERKE
Zu den bedeutendsten englischen Komponisten des 15. und 16. Jahrhunderts wird auch Robert White gerechnet. Seine lateinischen Motetten, Services, In nomine und Lamentationen sind der letzten franko-flämischen Schule verpflichtet, weisen aber die typisch englische Struktur – Akkordketten, Terzengänge – auf. Seine Anthems in englischer Sprache wurden mit Recht als mustergültig angesehen. Sie wurden für viele spätere englische Komponisten richtungweisend. Am interessantesten sind seine Orgelkompositionen, weil sie den hohen Stand der Orgelmusik und ihre Verselbständigung im England des 16. Jahrhunderts kennzeichnen.

LITERATUR
I. Spector, The Music of Robert White, in: The Consort XXIII, 1966.

Emerson Whithorne (1884–1958)

LEBEN
Emerson Whithorne (eigentlich Whittern) wurde am 6.9.1884 in Cleveland, O., geboren. Er wurde in seiner Geburtsstadt im Klavierspiel ausgebildet und trat bereits mit 15 Jahren als Pianist auf. Darauf studierte er in Wien bei Teodor Leszetycki und Robert Fuchs und von 1905 bis 1907 noch bei Artur Schnabel in Berlin. Von 1907 bis 1915 war er Musiklehrer und Kritiker in London, von 1915 bis 1920 Herausgeber einer Kunstzeitschrift in St. Louis und lebte sodann als Komponist in New York. Er starb am 25.3.1958 in Lyme, Conn.

WERKE
Neben Ballett- und Bühnenmusik schrieb Emerson Whithorne 2 Sinfonien, die Orchesterstücke »Der Regen« und »Der Aeroplan« als erste Musik über eine Maschine, »New York bei Tag und bei Nacht«, 5 sinfonische Dichtungen, ein Violinkonzert, ein Klavierkonzert, ein Klavierquintett, mehrere Streichquartette, verschiedene Klavierstücke, Orchester- und Klavierlieder. Er hatte sich schon weit von der Romantik entfernt.

Arthur Whiting (1861–1936)

LEBEN
Arthur Batelle Whiting, Neffe des bedeutenden amerikanischen Organisten und Komponisten George Elbridge Whiting (14.9.1840, Holliston bei Boston, bis 14.10.1923, Cambridge, Mass.), wurde am 20.6.1861 in Cambridge, Mass., geboren. Er war in Boston Schüler von William Hall Sherwood (31.1. 1854, Lyons, N. Y., bis 7.1.1911, Chicago) und George Whitefield Chadwick (13.11. 1854, Lowell, Mass., bis 4.4.1931, Boston).

Nach seiner gründlichen Ausbildung zum Organisten nahm er seine Studien in München bei Joseph Rheinberger, Hans Bußmeyer (1853–1930) und dem Violinisten Ludwig Abel (14.1.1834, Eckartsberga, Thüringen, bis 13.8.1895, Pasing bei München) auf. Anschließend lebte er bis 1895 in Boston und sodann in New York als Pianist, Dirigent und Komponist. Er starb am 20.7.1936 in Beverly, Mass.

WERKE
Von Arthur Whiting sind eine Konzertouvertüre, eine Suite für Streicher und vier Hörner, ein Klavierkonzert in d-Moll, eine Fantasie für Klavier und Orchester, zahlreiche Kammer- und Klaviermusik bekannt geworden. Er gab als Dirigent viele Konzerte alter Musik und ließ dabei das Cembalo und das Clavichord als Konzertinstrumente erneut aufleben, so daß er zu einem der ersten nachklassischen Musiker wurde, der das erwachende Interesse für alte Musikinstrumente und Musik einleitete.

Thomas Whythorne (1528–95)

ZEIT UND UMWELT
Der älteste Musikdrucker in England war der Londoner Wynkyn de Worde (um 1460 bis 1530). Im Gegensatz zu den jüngeren, die nahezu durch ein ganzes Jahrhundert nur sakrale Musik herausbrachten, publizierte er auch etwas profane Musik. Man brachte bis zum Ende des 16. Jahrhunderts der weltlichen Musik wenig Achtung entgegen. Sie wurde vielmehr als »wirklich barbarisch« abgetan, und zwar sehr zu unrecht, wie die wenigen Beispiele aus jener Zeit zeigen, die doch festgehalten und überliefert worden sind.

LEBEN
Thomas Whythorne wurde 1528 vermutlich in Sommerset geboren und studierte in Oxford. Er unterrichtete später Musik am Trinity College in Cambridge und in London. Um das Jahr 1553 ging er auf Reisen durch mehrere europäische Länder, um deren Musik kennenzulernen; am meisten bevorzugte er die lateinische und davon, nach seiner eigenen Behauptung, die neapolitanische. Er veröffentlichte darüber einen umfangreichen, sehr aufschlußreichen Reisebericht. Den Rest seines Lebens widmete er der Komposition und Schriftstellerei und starb in London im Sommer des Jahres 1595.

WERKE
Die von Thomas Whythorne komponierten und veröffentlichten mehrstimmigen Lieder sind nahezu die einzigen Beispiele profaner englischer Musik des 16. Jahrhunderts bis zum Jahr 1588, in dem die »Psalmen, Sonetten und Lieder« von William Byrd erschienen sind. Sie sind alles andere als »barbarisch«, sondern stellen eine interessante Vorstufe zur Vokalmusik des kommenden Jahrhunderts dar. Der italienische Einfluß ist dabei stark bemerkbar. Außerdem brachte der Komponist eine Anzahl Duette für den Gesangunterricht heraus, die den Rahmen einer reinen Gesangübung weit überschreiten.

LITERATUR
P. Warlock, Thomas Whythorne, an unknown Elizabethan Composer, London 1925.

Richard Wickenhauser (1867–1936)

LEBEN
Richard Wickenhauser wurde am 7.2.1867 in Brünn geboren. Er genoß seine Ausbildung in Brünn, Leipzig und Wien, wurde 1895 Leiter eines Gesangvereins in Brünn, 1902 künstlerischer Direktor des Steiermärkischen Musikvereins, 1907 der Wiener Singakademie und 1911 Musiklehrer der Staatlichen Lehrer-Bildungsanstalt in Wien, wo er am 1.7.1936 starb.

WERKE
Neben zahlreichen ausgezeichneten Chorliedern, die allerdings sehr konservativ gehalten sind, hinterließ Richard Wickenhauser »Sinfonische Variationen«, eine Suite für Streich-

orchester, Orchesterlieder, »Sang fahrender Schüler« für Chor und Orchester, 2 Klaviersonaten, Klavier- und Orgelstücke sowie Sololieder.

Johan Wickmansson (1753–1800)

LEBEN
Johan Wickmansson (Johannes Wikmanson) wurde am 28. 12. 1753 in Stockholm geboren. Er wurde früh im Klavierspiel unterrichtet, studierte jedoch zunächst Mathematik in Kopenhagen und nahm 1772 nach seiner Rückkehr nach Stockholm eine Beamtenstelle an, wirkte aber bald darauf als Organist an der Holländisch-Reformierten Kirche, nachdem er bei Abbé Vogler und bei dessen Schüler Joseph Martin Kraus Unterricht genommen hatte. Im Jahr 1781 wurde er Organist an der Storkyrka und sodann 1797 Direktor an der Schule der Königlichen Musikakademie und Lehrer für Harmonie und Kontrapunkt. Er starb am 10. 1. 1800 in Stockholm.

WERKE
Von den Kompositionen von Johan Wickmansson sind ein Menuetto allegro für Orchester, 5 Streichquartette, von denen 3 Joseph Haydn gewidmet sind, 2 Pianofortesonaten in h-Moll und c-Moll, 3 Sonatinen für Zither, 2 Cellosoli, einige Gesänge mit Pianobegleitung und die Bühnenmusik zu einem Schauspiel bemerkenswert.

Jacques Christian Michel Widerkehr (1759–1823)

ZEIT UND UMWELT
Das 1770 in Paris gegründete »Concert des amateurs« (Liebhaberkonzert) nahm nach seiner Übersiedlung in die Galerie Henri III den Titel »Concert de la Loge Olympique« an, das nach der Aufführung mehrerer Sinfonien von Joseph Haydn die 6 Pariser Sinfonien bestellte.

LEBEN
Jacques Christian Michel Widerkehr wurde am 18. 4. 1759 in Straßburg geboren. Er war Schüler von Franz Xaver Richter. Im Jahr 1783 trat er in Paris im Concert spirituel und im Concert de la Loge Olympique als Cellist auf. Ob er eine musikalische Stelle innehatte, ist nicht bekannt, jedenfalls betätigte er sich bis zu seinem Tod im April 1823 in Paris als Cellist, Cellolehrer und Komponist.
Sein Bruder Philippe Widerkehr (um 1770, Straßburg, bis nach 1816, Paris) wirkte als Posaunist in der Musikbande der Nationalgarde, am Théâtre de la Cité und an der Opéra und von 1795 bis 1816 als Gesanglehrer am Conservatoire.

WERKE
Von Jacques Christian Michel Widerkehr sind Pianosonaten mit Violine und Generalbaß, Trios, 3 Bücher mit Streichquartetten, 2 Streichquintette und 6 Quintette für Piano und Bläser erschienen. Seine Musik gehört bereits der Vorromantik an.
Philippe Widerkehr hat 2 Bücher mit Potpourris für Pianoforte veröffentlicht.

Erasmus Widmann (1572–1634)

ZEIT UND UMWELT
Mit dem Beginn des 17. Jahrhunderts drangen immer mehr Stilelemente aus Oberitalien, vor allem aus Venedig, in das deutsche Liedschaffen ein. Lieder mit Instrumentalbegleitung gewannen an Beliebtheit, auch wenn sie noch häufig polyphon waren und die Führung der Instrumente in erster Linie der Stimmverstärkung diente, so daß diese auch weggelassen werden konnten. Bald jedoch trat eine Verselbständigung der Instrumentalmusik ein, die schließlich zum unabtrennbaren Bestandteil des Liedes und daher obligat wurde.

LEBEN
Erasmus Widmann wurde am 15. 9. 1572 in Schwäbisch Hall geboren. Über seine Ausbildung zum Musiker ist nichts bekannt. Er wurde Organist und übte diesen Beruf vor-

erst von 1595 bis 1596 in Eisenerz, Steiermark, dann von 1596 bis 1598 in Graz aus. Von 1599 bis 1602 war er Lateinschulpräzeptor und Kantor in Schwäbisch Hall, von 1602 bis 1613 Kapellmeister der Grafen Hohenlohe in Weikersdorf, von 1613 bis 1634 Präzeptor und Kantor am Gymnasium in Rothenburg ob der Tauber, wo er am 31. 10. 1634 starb. Ab 1618 wirkte er auch als Kantor an der Hauptkirche von Rothenburg.

WERKE

Der Komponist Erasmus Widmann war einer der ersten in Deutschland, die Instrumentalkanzonen im größeren Umfang verfaßten. Sein Schaffen galt nahezu ausschließlich dem Lied. Die verstimmigen geistlichen Psalmen und Lieder, die »Musikalisch Kurtzweil Newer Teutscher Gesänglein« für vier bis fünf Stimmen, der »Musikalische Tugendtspiegel«, fünfstimmig, folgen dem alten Stil und waren unbegleitet; die »Gantz Neuen Cantzon«, Intraden, Ballette, die drei- bis achtstimmigen Motetten und der »Musikalische Studentenmuth« haben Instrumentalbegleitung, wie z. B. »Ein schöner newer ritterlicher Auffzug vom Kampff zwischen Concordia und Discordia« für drei bis vier Stimmen, und beziehen sich ideologisch auf den eben ausgebrochenen dreißigjährigen Kampf in Europa wie die »Motetten und Gesäng« im Stil von Lodovico Viadana (1560 bis 1627). Außerdem hat er einen Band Antiphonen, Hymnen und Responsorien hinterlassen. Widmann hat zur Entwicklung des älteren deutschen Liedes Wichtiges beigetragen.

Musikalischer Tugendtspiegel ganntz newer Gesäng mit schönen historischen und Poetischen Texten, darbey auch newe Daentz und Gaillarden, für fünf Stimmen, entstanden 1613

Gehobene, meisterhaft gearbeitete Unterhaltungsmusik, die aus einer Folge von Tanzstücken besteht. Die Stücke bilden keine echte Suite, sondern sind in sich abgeschlossene Kompositionen; sie tragen Mädchennamen – Sophia, Anna, Clara, Magdalena, Agatha, Regina usw. Die Benennungen dürften beziehungslos und willkürlich gewählt sein und keine programmatische Bedeutung haben. Die Musik ist anmutig und fröhlich.

LITERATUR

G. Reichert, Erasmus Widmann, Stuttgart 1951.

Charles-Marie Widor (1844–1937)

ZEIT UND UMWELT

Um die Wende zum 20. Jahrhundert war der Einsatz der Orgel als Konzertinstrument keine Seltenheit mehr. Die Spieltechnik hatte sich bis dahin zu einer Höhe entwickelt, die den Komponisten ein breites Entfaltungsfeld bot. Man war auch davon abgekommen, den Orchesterklang zu kopieren, neue Klangkombinationen führten zu einer spezifischen Orgelmusik, die entweder solistisch vorgetragen oder mit anderen Instrumenten oder ganzen Ensembles vereint der Musik neue Klangräume erschloß.

LEBEN

Charles-Marie Jean Albert Widor wurde am 21. 2. 1844 in Lyon geboren. Er studierte in Brüssel bei Nicolas Jacques Lemmens und bei François Joseph Fétis Komposition und Orgelspiel. Anschließend wirkte er kurze Zeit in Lyon als Organist, von 1870 bis 1934 versah er den Organistendienst an St-Sulpice in Paris. Von 1891 bis 1905 wirkte er auch als Orgellehrer und Kompositionslehrer am Conservatoire in Paris, wo er am 12. 3. 1937 starb.

WERKE

Von Charles-Marie Widor, dem Begründer einer neuen Orgelschule in Frankreich, sind 4 Opern, ein Ballett und eine Pantomime, 4 Sinfonien – darunter die Sinfonie sacra mit Orgel –, eine »Ouvertüre espagnole«, eine sinfonische Dichtung, »Walpurgisnacht«, für Chor und Orchester, 2 Klavierkonzerte, eine Fantasie für Klavier und Orchester, ein Cellokonzert, eine Messe für zwei Chöre und Orchester, ein »Choral und Variationen« für Harfe und Orchester, eine Serenade für Flöte, Violine, Cello und Harmonium, 2 Streichquintette, ein Streichquartett, ein Klavierquartett, ein Klaviertrio, Suiten und Sonaten für Klavier und Violine, Sonaten und Stücke für

Klavier und Cello, Klaviersonaten, Lieder und Duette überliefert. Seine wichtigsten und heute noch lebendigen Werke waren jedoch seine Orgelkompositionen: 10 Orgelsinfonien, 8 Orgelsonaten und »Drei neue Stücke für Orgel«, mit denen Orgelkomposition und Orgelspiel in Frankreich in eine Phase traten.

Orgelsinfonie in D-Dur, Opus 13/2, 6 Sätze
Der 1. Satz, »Praeludium circulare«, besteht aus einem einzigen Thema, das nur wenig durchgeführt wird. Das pastorale Motiv des 2. Satzes alterniert mit einem choralartigen Motiv und einem Fugato. Das Andante des 3. Satzes ist liedhaft mit eingestreuten Agitatopassagen. Der 4. Satz, »Salve regina«, ist zweiteilig; ein Allegro wechselt mit einem Tranquillamente assai ab. Am Schluß wird der Cantus firmus von der Trompete im Pedal zitiert. Mit einer einstimmigen Linie beginnt der 5. Satz, dann setzt ein Adagiomotiv ein, das zuweilen vom ersten Motiv unterbrochen wird. Das Allegro des Finales ist akkordgebunden und stark motorisch.

LITERATUR
J. Philipp, Charles-Marie Widor, in: Musical Quarterly XXX, 1944.

Stanisław Wiechowicz (1893–1963)

LEBEN
Stanisław Wiechowicz wurde am 27.11.1893 in Kroczice bei Kielce geboren. Er studierte an den Konservatorien in Krakau, Dresden, St. Petersburg und an der Schola Cantorum in Paris. Von 1921 bis 1939 wirkte er als Theorielehrer am Konservatorium in Poznan (Posen) und ab 1945 als Kompositionslehrer am Konservatorium in Krakau, wo er auch als Chordirigent tätig war. Er starb am 12.5.1963 in Krakau.

WERKE
Die Orchestermusik von Stanisław Wiechowicz ist durch eine sinfonische Dichtung, ein sinfonisches Scherzo, eine »Polnische Serenade«, ein Konzert und mehrere kleinere Stücke vertreten. Er schrieb außerdem eine Reihe von Kantaten und anderen Chorwerken, darunter eine »Passacaglia und Fuge« für gemischten Chor und Orchester sowie die dramatische Rhapsodie für Soli und Sprecher »Brief an Marc Chagall«.

Michael Johann Friedrich Wiedeburg (1720–1800)

LEBEN
Michael Johann Friedrich Wiedeburg (Wideburg) wurde am 3. 10. 1720 in Hamburg geboren. Er war an der lutherischen Kirche in Norden, Ostfriesland, als Organist bis zu seinem Tod am 14. 1. 1800 tätig.

WERKE
Die Klavierschule zum Selbstunterricht »Der sich selbst informirende Clavierspieler« in 3 Teilen von Michael Johann Friedrich Wiedeburg zählte im 18. Jahrhundert zu den wichtigsten und beliebtesten ihrer Art und erlebte mehrere Auflagen. Sein »Practischer Beytrag zum sich selbst informirenden Clavier-Spieler« und sein »Musicalisches Chartenspiel« enthielten Übungsmaterial, das aus durchweg schönen, interessanten Stücken im Zeitgeschmack bestand.

Henryk Wieniawski (1835–80)

LEBEN
Henryk Wieniawski wurde am 10.7.1835 in Lublin geboren. Er zeigte früh vorzügliche musikalische Anlagen, so daß er nach Paris gebracht und am Conservatoire in die Klasse des berühmten Violinlehrers Lambert Joseph Massart (19.7.1811, Lüttich, bis 13.2.1892, Paris) aufgenommen wurde. Mit 11 Jahren erhielt er den Ersten Preis im Violinspiel und unternahm seine erste Konzertreise durch Polen und Rußland. Dann begann er, mit seinem Bruder in Europa zu reisen, wurde 1859 Kammervirtuose des russischen Zaren, lehrte am Konservatorium in St. Petersburg von 1862 bis 1867 und ging darauf mit Anton Rubinstein auf eine zweijährige Tournee durch die USA. Im Jahr 1874 nahm er eine Professur am Konservatorium in Brüssel an; 1877 ging er trotz angegriffener Gesundheit erneut auf

Konzertreisen nach Deutschland und Rußland. Er starb am 19.3.1880 in Moskau.
Sein Bruder Józef Wieniawski (23.6.1837 Lublin, bis 11.11.1912, Brüssel) war am Conservatoire in Paris Schüler von Pierre Zimmermann, Charles Alkan, Antoine François Marmontel, ging hernach nach Rußland zurück, konzertierte einige Jahre mit seinem Bruder, studierte 1855 in Weimar bei Franz Liszt und von 1856 bis 1859 in Berlin bei Adolf Bernhard Marx. Von 1865 bis 1869 war er Klavierlehrer am Konservatorium in Moskau, gründete eine eigene Musikschule und leitete sie etliche Jahre, wirkte einige Zeit als Direktor der Musikgesellschaft in Warschau und schließlich als Professor am Konservatorium in Brüssel.

WERKE

Von Henryk Wieniawski sind 2 Violinkonzerte in fis-Moll und in d-Moll, außerdem eine Polonaise für Violine und Klavier, eine Legende, eine Mazurka und eine Polonaise brillante überliefert, ferner ein Kuyawiak, ein »Souvenir de Moscou«, eine Fantasie über Motive aus »Faust« von Charles Gounod und Etüden.
Józef Wieniawski schrieb eine Sinfonie in D-Dur, eine »Suite romantique«, eine Ouvertüre, ein Klavierkonzert, ein Streichquartett,

Die »Beethoven Quartett Society« mit Alfredo Piatti, Henryk Wieniawski, Joseph Joachim und Heinrich Wilhelm Ernst (v. l. n. r.), London 1864

ein Klaviertrio, eine Violinsonate, eine Cellosonate, eine Klaviersonate in h-Moll, eine Ballade, eine »Fantasie et Fugue« und Klavieretüden.

Violinkonzert Nr. 1 in fis-Moll, Opus 14, 3 Sätze, entstanden 1852

Der 1. Satz überrascht mit seinen schönen Kantilenen und virtuosen Passagen. Der 2. Satz »Preghiera« (Gebet) entfaltet nach einer choralartigen Einleitung eine nachdenkliche Melodie, der im Finale eine Fanfare folgt; eine strahlende Volkstanzweise mit markanten Rhythmen schließt das beliebte Konzert ab.

Violinkonzert Nr. 2 in d-Moll, Opus 22, 3 Sätze, entstanden 1870

Der 1. Satz beginnt mit viel Schwung, sein zweites Thema ist einfach und idyllisch. Die Violine wird sofort virtuos eingesetzt, aber die Musikalität wird nirgends zugunsten der technischen Brillanz aufgegeben. Der 2. Satz bringt eine stimmungsreiche Romanze. Das Finale – Allegro alla Zingara – setzt nach einem Zwischenspiel und einer kurzen Kadenz mit einem reizenden Thema ein, das mit ausdrucksvollen Episoden und tänzerischen Partien zum Glanzstück des ganzen Werks wird.

Literatur

J. Jampolski, Henryk Wieniawski, Moskau 1955.

William Wigthorpe
(um 1570 bis nach 1610)

Zeit und Umwelt

Das Madrigal – mehrstimmig unbegleitet oder monodisch mit Instrumenten – erreichte in England zur Zeit der Königin Elisabeth seine Höchstform. Da die Pflege der profanen Musik in vielen Adelshäusern und auch beim Großbürgertum zur Lebensform gehörte, war der Bedarf an Kompositionen groß. Dichter und Komponisten von Madrigalen mußten nicht fürchten, ihre Werke nicht an den Mann zu bringen.

Leben

William Wigthorpe wurde um 1570 in England geboren. Er studierte in Oxford Musik und wurde 1605 graduiert. Wo und in welcher Eigenschaft er als Musiker gewirkt hat, ist unbekannt. Er dürfte bald nach 1610 gestorben sein. Ort und Zeit seines Todes sind nicht feststellbar.

Werke

Vom englischen Komponisten William Wigthorpe sind 6 Madrigale überliefert, die für fünf bis sechs Stimmen gesetzt sind und dem Stil des 16. Jahrhunderts entsprechen; eines davon hat Dialogform. Außerdem sind mehrere sehr klangvolle Anthems des Komponisten erhalten.

John Wilbye (1574–1638)

Zeit und Umwelt

Privates Mäzenatentum wurde nicht nur in London, sondern in vielleicht noch größerem Ausmaß vom englischen Landadel geübt. Der Kulturaufschwung der Elisabethanischen Zeit hatte ganz England erfaßt. In verhältnismäßig kurzer Zeit wurden Werke von Weltgeltung geschaffen; es wären gewiß noch weitere entstanden, wenn nicht der plötzliche Bruch durch den Bürgerkrieg erfolgt wäre.

Leben

John Wilbye wurde am 7. 3. 1574 in Diss, Norfolk, getauft. Im Alter von zwanzig Jahren trat er als Hausmusiker auf Schloß Hengrave Hall in die Dienste der Grafen Kytson. Er verbrachte dort den größten Teil seines Lebens und zog sich erst 1628 nach Colchester zurück, wo er im September 1638 starb.

Werke

Der englische Musiker John Wilbye hat fast nur profane Werke vertont. Außer 2 Motetten gibt es von ihm kein sakrales Werk. Bis auf ein Fragment sind auch keine Instrumentalstücke überliefert. Sein Gebiet war das Madrigal, auf dem er zu einer Empfindungstiefe, Ausdrucksstärke und Feinheit des Satzes gelangte, die sonst kaum anzutreffen ist. Er brachte 2 Sammlungen für drei bis sechs Stimmen heraus und steuerte zu der Sammlung »The Triumphes of Oriana« das Madrigal »The Lady Oriana« bei.

LITERATUR

E. H. Fellowes, The English Madrigalists, London 1956.

Jacques Wildberger (geboren 1922)

LEBEN

Jacques Wildberger wurde am 3.1.1922 in Basel geboren. Er studierte am Konservatorium in Basel und war Schüler von Wladimir Vogel. Bis 1955 wirkte er als Korrepetitor und Kapellmeister am Stadttheater in Basel und sodann als Klavierlehrer und Theorielehrer. Von 1959 bis 1966 unterstanden ihm die Kompositions- und Instrumentationsklassen der Hochschule für Musik in Karlsruhe. Seitdem ist er Theorielehrer der Musikakademie in Basel.

WERKE

Neben einem Ballett und einigen ausgezeichneten Hörspielmusiken schrieb Jacques Wildberger »Sätze« für Orchester, Musik für 22 Solostreicher, mehrere Orchesterstücke, ein Oboenkonzert, ein Konzert für Flöte und vier Instrumentalgruppen, »Zeitebenen« für acht Instrumentalisten, ein Quartett für Flöte, Klarinette, Violine und Cello und für Flöte, Oboe, Harfe und Klavier, ein Stück für Flöte, Englischhorn, Gitarre und Tonband, ein Bläsertrio, Stücke für verschiedene Soloinstrumente, Klavierwerke, Musik für Cello und Klavier, ein »Epitaph« für Sopran, Bariton, Sprecher, Sprechchor, Lautsprecher und Orchester, mehrere Kantaten, ein Triptychon für Tonband, Mezzosopran und fünf Instrumente und einen Gesang für Sopran, Cello, Tonband und Orchester. Er verwendete neuklassizistische Fakturen mit avantgardistischen Anleihen.

Johann Hugo von Wilderer (1671–1724)

ZEIT UND UMWELT

Der Vorzug, den das deutsche Opernpublikum der italienischen Oper gab, veranlaßte viele deutsche Komponisten, sich bei Italienern auszubilden und von Fall zu Fall auch italienische Librettisten heranzuziehen. Die reine Übernahme der italienischen Formen brachte jedoch wenig Erfolg, und ein deutscher Opernstil war noch nicht gefunden worden.

LEBEN

Johann Hugo von Wilderer wurde 1671 in Bayern geboren. Er war Schüler von Giovanni Legrenzi in Venedig und lebte darauf ab 1687 als Musiker am kurpfälzischen Hof in Düsseldorf, wo er von 1692 bis 1697 als Vizekapellmeister und ab 1703 als Kapellmeister wirkte. Im Jahr 1720 wurde er Kapellmeister in Mannheim, wo er 1724 starb und am 7. 6. begraben wurde.

WERKE

Der deutsche Komponist Johann Hugo von Wilderer verfaßte angeblich viel Kirchenmusik, wovon aber nur einzelne Stücke erhalten sind. Für ihre Qualität spricht, daß ein Kyrie und ein Gloria, das Johann Sebastian Bach für sich kopiert hatte, lange für dessen Komposition gehalten wurde. Sein Hauptaugenmerk wandte Wilderer der Opernkomposition zu, bei der er dem venezianischen Stil nahezukommen versuchte. Er verwendete vorwiegend Texte von italienischen Librettisten.

LITERATUR

G. Steffen, Johann Hugo von Wilderer, Köln 1960.

Friedrich Wildgans (1913–65)

LEBEN

Friedrich Wildgans wurde am 5.6.1913 in Wien geboren. Er studierte bei Joseph Marx in Wien, unterrichtete von 1934 bis 1936 am Mozarteum in Salzburg und wirkte anschließend als Klarinettist an der Wiener Staatsoper. Nachdem er bis 1945 an allen öffentlichen Stellungen ausgeschlossen war, wurde er Professor der Wiener Musikakademie und 1947 Musikreferent im Wiener Kulturamt. Ab 1949

Friedrich Wildgans

war er Präsident der österreichischen Sektion der IGNM und trat häufig im In- und Ausland als Klarinettist und als Gastdozent auf. Er starb am 7.11.1965 in Mödling, Niederösterreich.

WERKE
Im Verlauf seiner Entwicklung verwendete Friedrich Wildgans alle Stilrichtungen bis zur Zwölftonmusik. Er schrieb eine Oper, eine »Kleine Sinfonie«, 2 Klarinettenkonzerte, ein Konzert für Trompete, Streicher und Schlagzeug, eine »Kleine Hausmusik für Flöte, Violine und Cello in sieben Tönen«, 2 Kantaten, Hymnen, eine Messe für Sopran, Klarinette, Violine und Cello, Schauspiel- und Filmmusiken, Lieder, Bearbeitungen und Studienwerke für Klarinette.

Carl Wilhelm (1815–73)

LEBEN
Carl Friedrich Wilhelm wurde am 5.9.1815 in Schmalkalden geboren. Er war Schüler von Aloys Schmitt und Anton André in Frankfurt am Main und wirkte von 1840 bis 1865 als Dirigent der Liedertafel und des Singvereins in Krefeld. Er starb am 26.8.1873 in Schmalkalden.

WERKE
Von den Chorkomponisten ist nur das Chorlied »Die Wacht am Rhein« während des Krieges 1870/71 außerordentlich populär geworden. Diese im Jahr 1854 entstandene Komposition brachte ihm plötzlich eine Jahrespension des Deutschen Reiches ein. Alle seine anderen Kompositionen fanden keine Verbreitung.

Guillaume Louis Wilhelm (1781–1842)

ZEIT UND UMWELT
Das »Orphéon« war eine musikalische Laienbewegung in Frankreich, die besonders den Chorgesang pflegte. Es ging auf die musikalischen Elementarkurse der Pariser Volksschulen zurück, die zu gemeinsamem Singen zusammengefaßt wurden. Daraus entstanden Volkssingschulen für Schüler und Erwachsene und Gesangvereine im ganzen Land, für die eine Reihe Komponisten Chöre komponierten. Im Anschluß daran wurden auch Blasorchester und Laiensinfonieensembles ins Leben gerufen.

LEBEN
Guillaume Louis Wilhelm (eigentlich Bocquillon) wurde am 18.12.1781 in Paris geboren. Er studierte von 1801 bis 1803 am Conservatoire und wirkte darauf als Musiklehrer an der Militärschule Saint Cyr. Er nahm sich sehr intensiv der französischen Laienmusikpflege an, begründete unter dem Titel »Orphéon« 1833 den ersten französischen Männergesangverein, der zum Vorbild zahlreicher ähnlicher Vereinigungen im ganzen Land wurde. Ab 1835 war er Generaldirektor des Musikunterrichts aller Pariser Schulen. Er starb am 26.4.1842 in Paris.

WERKE
Neben seiner organisatorischen, didaktischen und literarischen Tätigkeit für den französischen Schulmusikunterricht und das Musikvereinswesen verfaßte Guillaume Louis Wilhelm eine große Anzahl vorzüglicher Romanzen, zum Teil auf Texte von Pierre Jean de Béranger, Psalmen, Chöre für Gesangvereine und Werke für den Gesangunterricht. Seine Musik steht im Bann der Romantik.

Tobias Wilhelmi (1885–1944)

LEBEN
Johan Tobias Jakob Wilhelmi wurde am 7.4. 1885 in Amsterdam geboren. Er war Verwandter des Violinisten August Emil Daniel Ferdinand Viktor Wilhelmj (21.9.1845, Usingen, bis 22.1.1908, London). Er studierte in Amsterdam und Köln und wirkte als Konzertmeister in Bonn, Leipzig und Riga. Von 1915 bis 1921 war er Konzertmeister des Konzertvereins und sodann der Königlichen Kapelle in Stockholm; gleichzeitig dirigierte er das Kammerorchester in Stockholm, wo er am 24.10.1944 starb.

WERKE
Von Tobias Wilhelmi sind 2 Sinfonien, eine sinfonische Dichtung, eine Orchestersuite, ein Violinkonzert, eine Ballade für Violine und Orchester, eine Suite für Oboe und Orchester, ein Trio und weitere Kammermusik sowie Lieder bekannt geworden. Sein Stil war wenig fortschrittlich.

Robert Wilkinson
(um 1460 bis um 1505)

ZEIT UND UMWELT
Die ältesten Belege kanonartiger Kompositionstechnik (12. Jahrhundert) stammen bezeichnenderweise aus England. Auch der berühmte »Sommerkanon« für zwei Stimmen »Sumer is icumen« ist englischen Ursprungs (um 1300). Der Kanon erfuhr auch weiterhin besonders in England eine intensive Pflege und Entwicklung. Das 15. und 16. Jahrhundert kannte bereits zwölf- und mehrstimmige Kanons.

LEBEN
Robert Wilkinson (Wylkynson) ist um 1460 in England geboren. Allem Anschein nach dürfte er in Eton ausgebildet worden sein, anschließend dort als Komponist und Sänger gewirkt haben und dort auch in den ersten Jahren des 16. Jahrhunderts gestorben sein.

WERKE
Berühmt ist Robert Wilkinson durch seine vielstimmigen Kanons geworden. Er verfaßte eine dreizehnstimmige Komposition in Kanonform auf den Text des apostolischen Glaubensbekenntnisses. Jede Stimme ist einem bestimmten Apostel anvertraut, der den Textteil singt, der angeblich von ihm stammt. Das neunstimmige »Salve Regina« wird von den 9 verschiedenen Engelrangstufen vorgetragen, denen je eine Stimme zugewiesen ist. Wilkinson hat eine zweite Fassung des »Salve« für fünf Stimmen verfaßt. Außerdem sind 4 weitere Kompositionen und ein unvollendetes »O virgo prudentissima« überliefert.

Thomas Wilkinson
(um 1580 bis nach 1616)

ZEIT UND UMWELT
Beim Studium der englischen Musikgeschichte fällt die Vielzahl der Kirchenkomponisten auf, die in Erscheinung traten, nachdem sich die Reformation politisch und soziologisch gefestigt hatte. Man hat dies den stark gelockerten liturgischen Vorschriften für die sakrale Musik zugeschrieben.

LEBEN
Thomas Wilkinson wurde um 1580 in England geboren. Über sein Leben und Wirken ist nichts bekannt, er dürfte als Kapellmeister und Organist tätig gewesen sein. Auch Ort und Zeit seines Todes sind nicht feststellbar.

WERKE
Von dem englischen Komponisten Thomas Wilkinson sind mehrere Services, Morgenservice, Abendservice usw., erhalten, wenn auch zum Teil nur fragmentarisch, außerdem über 20 Anthems für mehrere Stimmen, die wegen ihrer Klangfülle außerordentlich beliebt waren.

Adrian Willaert (um 1485 – 1562)

ZEIT UND UMWELT
Der italienische Organist Annibale Padovano ließ im Markusdom zu Venedig zwei

Choremporen mit je einer Orgel einrichten und gab damit Anstoß zur Entfaltung der Doppelchörigkeit, die bisher in Italien nur vereinzelt auftrat, und damit zu einer neuen Kompositionstechnik. Die kompliziert verflochtene Mehrstimmigkeit mußte einer akkordischen Flächigkeit weichen, um dem Gegeneinandermusizieren der beiden Klangkörper mehr Ausdruck zu verleihen.

Das Venedig des 16. Jahrhunderts entwickelte eine Hochblüte des geistigen Lebens. Es schien, als hätten die außenpolitischen Mißerfolge – besonders die Verluste im Osten an die Türken und die Einbuße der Vormachtstellung im Überseeverkehr, dessen Schwerpunkt gegen Westen verschoben wurde – eine Besinnung auf ideelle Werte bewirkt.

Die Stadt füllte sich mit Malern. Gentile Bellini (1429–1507) und Giovanni Bellini (1430 bis 1516), Antonello da Messina (1430 bis 1479), Vittore Carpaccio (1460–1525) und Giogione (1478–1510), Tiziano (1477 bis 1576), Tintoretto (1518–94), Veronese (1528 bis 1588) sind nur die bekanntesten, die im Sinn der Renaissance Bilder von Menschen

Adrian Willaert

für Menschen darstellten, die Baumeister und Bildhauer Pietro Lombardo (1435 bis 1515), Tullio Lombardo (1455–1532), Mauro Coducci (1440–1504) und Andrea Verrocchio (1508–80) und dazu der klassische Andrea Palladio (1508–80) drückten die Freiheit des menschlichen Geistes in Stein und Erz aus.

Und zur gleichen Zeit klang von den Emporen von San Marco die von den Fesseln der Tradition befreite Musik, die man später Musica nova nannte, weil sie, von magischen Zielen befreit, die Faszination eines neuen Daseinsgefühls zum Ausdruck brachte.

Leben

Adrian Willaert (Vuillart, Villahart, Adriano) wurde um 1485 vermutlich in Brügge als Sohn des Musikers Dionys Willaert geboren. Er ging nach Paris, um Jurisprudenz zu studieren, wandte sich aber dort der Musik zu und wurde Schüler von Jehan Mouton. Nach beendeter Ausbildung kehrte er für kurze Zeit in seine Heimat zurück und begab sich sodann nach Italien. Er hielt sich einige Zeit in Rom auf und trat dann 1522 in den Dienst des Herzogs Alfonso I. d'Este in Ferrara. 1525 wechselte er zur Kapelle des Erzbischofs und Kardinals Ippolyto II. d'Este (1509–72) in Mailand über, und am 12. 12. 1527 folgte er dem Flamen Petrus de Fossis in die Stellung des Magister capellae cantus ecclesiastice Sancti Marci zu Venedig nach.

Willaert behielt diese Stelle bis zu seinem Tod am 7. 12. 1562, abgesehen von mehreren Reisen in die Heimat. In seinen letzten Jahren ließ er sich von seinem Schüler Cyprian de Rore unterstützen und vertreten, der auch sein Nachfolger wurde. Weitere bedeutende Schüler des Meisters waren Andrea Gabrieli, Gioseffo Zarlino und Nicola Vicentino.

Werke

Mit Willaert stieg Venedig zu einem einflußreichen Zentrum europäischer Musikkultur auf. Man hat schon früh erkannt, daß er der Begründer der spezifisch venezianischen Schule mit internationaler Bedeutung war.

Willaert ist die Verschmelzung der niederländischen Polyphonie mit den italienischen Klang- und Satztechniken gelungen, wobei offenbar das französische Element als vermittelnde Kraft wirkte.
Ein großer Teil der Kompositionen Willaerts ist sakral. Dazu gehören in erster Linie seine 9 Messen sowie Psalmen für Vesper und Complet, außerdem Hymnen und mehrere Magnificat. Mit seinen doppelchörigen achtstimmigen Psalmen (Salmi spezzati) von 1550 legte er den Grund für eine Musizierform, die an alte oberitalienische Praktiken zur Verdeutlichung der Struktur der Psalmenverse und Variation der einstimmigen Vortragsweise anknüpfte und sich nun in der venezianischen Schule prachtvoll entfaltete.
Zentrum der Kunst Willaerts bilden aber die vierstimmigen Motetten, die überwiegend dem liturgischen oder paraliturgischen Bereich angehören; profane Texte sind in der Minderzahl. Das musikalische Bild dieser Kompositionen ist vielgestaltig und reicht von altertümlichen Cantus-firmus-Sätzen und kanonischen Stücken bis zur geschmeidigen Durchimitation aufgrund plastischer Nachbildung emotional betonter Texte. Die fallweise melismenarme, deklamatorische Gestaltung ist ein französisches Erbe.
In den Canzoni villanesche alla Napolitana von 1545 bediente sich der Meister einer rhythmisch stark profilierten volkstümlichen Technik. Seine Kunst gipfelte jedoch im Madrigal, das er auf das gleiche Niveau brachte, auf das er die Motette gehoben hatte. Ein Unterschied besteht nur darin, daß die Motetten einen nahezu reinen franko-flämischen Stil ausweisen und das Madrigal starke italienische Züge hervortreten läßt.
Zur Motette ist noch darauf hinzuweisen, daß einzelne einen völlig erzählenden Charakter zeigen, wie zum Beispiel die Geschichte der Susanne für fünf Stimmen. Es wäre eine Übertreibung, hier von einem Oratorium zu sprechen, doch dessen Grundform ist dabei in ihrem Anfangsstadium bereits erkennbar.
Bezeichnend ist der Titel der unter seiner Leitung erschienenen Ausgabe von Motetten und Madrigalen, weil er mit der Bezeichnung Musica nova selbst seine kompositorische Leistung richtig charakterisiert hat. Schließlich ist noch auf seine reinen Instrumentalstücke aufmerksam zu machen, die ab diesem Zeitpunkt die immer stärkere Berücksichtigung der Instrumentalmusik vorwegnahmen. Sie stellen bereits Konzerte im wahren Sinn des Wortes dar.

LITERATUR

C. v. Winterfeld, J. Gabrieli und sein Zeitalter, Hildesheim 1965. G. Pistarino, Grundlagen des venezianischen Stils bei Adrian Willaert und C. de Rore, in: Renaissancemusik, Löwen 1969.

Healy Willan (1880–1968)

LEBEN

Healy Willan wurde am 12.10.1880 in Balham bei London geboren. Er erhielt seine musikalische Ausbildung als Chorschüler an St. Saviour's in Eastbourne und war anschließend als Organist tätig. Im Jahr 1913 übernahm er die Stelle eines Leiters der Theorieabteilung am Konservatorium in Toronto. Neben dem Unterricht wirkte er als Organist und Musikdirektor an St. Mary-Magdalene und ab 1932 als Universitätsorganist bis 1964. Er starb am 16.2.1968 in Toronto.

WERKE

Außer 2 Opern schrieb Healy Willan 2 Sinfonien, ein Klavierkonzert, »Passacaglia und Fuge« für Orchester, eine Hymne für Sprecher und Orchester, 30 Praeludien und eine Fugentrilogie für Orgel, 5 große Chorwerke, 18 Magnificat und Nunc dimittis und 14 Messen. Sein Stil war sehr konservativ. Er veröffentlichte ein zwei- und ein siebenbändiges didaktisches Klavierwerk.

John Henry Willcox (1827–75)

ZEIT UND UMWELT

Da sich unter den nordamerikanischen Einwanderern eine große Anzahl Katholiken befand, war bei Beginn des religiösen Lebens in der neuen Heimat auch an katholischen Kirchenmusikern kein Mangel. Es kam bald zu Ausbildungsstätten, so daß die Kirchen bald nicht mehr auf Zuwanderer angewiesen waren.

Leben
John Henry Willcox wurde 1827 in Savannah, Ga., geboren. Er wurde am Trinity College in Hartford zum Kirchenmusiker ausgebildet und ließ sich anschließend als Organist in Boston nieder, wo er 1875 starb.

Werke
Von Henry Willcox ist eine große Anzahl Kirchenmusik – Messen, Proprien und andere Gesänge – überliefert. Er dürfte einer der frühesten in den USA ausgebildeten katholischen Kirchenmusiker gewesen sein. Er war auch Experte für Orgelbau.

Aaron Williams (1731–76)

Zeit und Umwelt
Die Christmas Anthems der englischen Kirchen des 18. Jahrhunderts waren zumeist vollstimmig gesetzt und hoben sich durch ihre hymnische Faktur deutlich von den volkstümlichen Carols ab.

Leben
Aaron Williams wurde 1731 in London geboren. Er war Musiklehrer, Notenstecher und außerdem an der Schottischen Kirche Londons bis zu seinem Tod im Jahr 1776 bedienstet.

Werke
Von Aaron Williams ist »A New Christmas Anthem for 1, 2, 3 and 4 voices« (Ein neues Weihnachtsanthem für 1, 2, 3 und 4 Stimmen) sehr bekannt und beliebt geworden. Er veröffentlichte außerdem einige Sammlungen von Psalmen, Anthems und Hymnen.

Alberto Williams (1862–1952)

Leben
Alberto Williams wurde am 23.11.1862 in Buenos Aires geboren. Nach seiner Grundausbildung in seinem Geburtsort war er von 1882 bis 1889 Schüler von César Franck in Paris. Dann kehrte er nach Argentinien zurück und wirkte dort als Klavierlehrer, Pianist und Dirigent. Er gründte 1893 das Conservatorio de música de Buenos Aires und leitete es bis 1940, in welcher Zeit etwa 100 Zweigstellen davon in Argentinien geschaffen wurden. Er machte sich auch durch die Gründung einer Musikzeitschrift und als Präsident der Comisión Nacional de Bellas Artes sowie der Asociación Argentina de Conciertos sehr verdient, so daß er mit Recht »Vater der argentinischen Musik« genannt wurde. Er starb am 17.6. 1952 in Buenos Aires.

Werke
Die 9 Sinfonien von Alberto Williams tragen zum Großteil programmatische Titel. Auch seine sinfonische Dichtung, seine 2 Ouvertüren und die 2 Orchestersuiten weisen ihn als Schüler der Hochromantik aus, zumal er viel folkloristisches Melodiengut aufnahm. Er schrieb ferner ein Klaviertrio und zahlreiche Klavierstücke, Chöre und Lieder – insgesamt 136 Opuszahlen.

George Ebenezer Williams (1783–1819)

Zeit und Umwelt
Die Musik der großen Kathedralen in London – St. Paul's und Westminster Abbey – war wie die der Chapel Royal auch im 19. Jahrhundert ungefähr gleichgeblieben wie im vorhergegangenen, aber die Chorleiter und Chormitglieder begnügten sich selten mit dem Dienst an den Kirchen und bei Hof. Sie nahmen in stets verstärktem Maß am Aufstieg des englischen Musiklebens teil.

Leben
Georg Ebenezer Williams wurde 1783 in London geboren und war Chorknabe an St. Paul's. Um 1799 wurde er stellvertretender Organist

an Westminster Abbey unter Robert Cooke (1768–1814), den er nach dessen Tod ablöste. Er starb am 17.4.1819 in London.

WERKE

Mit einigen Chants und einem Sanctus machte sich George Ebenezer Williams schon als junger Organist bekannt. Später trat er mit einer Klavierschule und einer Sammlung Klavierübungen hervor, die musikalisch weit über den reinen Übungscharakter hinausragten und Ansätze zu einer englischen Schule des Klavierspiels aufwiesen.

T. G. Williamson
(um 1765 bis nach 1800)

ZEIT UND UMWELT

Überseeische Musik wurde in Europa vor 1800 kaum beachtet, nicht einmal die melodien- und klangreiche Indiens. Die überhebliche Abwertung aller Menschen außerhalb Europas und ihrer Leistungen erstreckte sich eben auch auf die Musik. Versuche, etwas aus der Fülle exotischer Klangwelt in Europa zu vermitteln, stellten sich sehr zögernd ein.

LEBEN

T. G. Williamson – die Vornamen sind nicht überliefert – wurde um 1765 vermutlich in London geboren. Er betrieb eine Musikalienhandlung und einen Musikverlag, in dem er auch seine eigenen Kompositionen herausbrachte. Ob er sich sonst auf dem Gebiet der Musik betätigte, ist nicht feststellbar. Er starb in den Jahren nach 1800 in London.

WERKE

Von T. G. Williamson sind eine Anzahl Vokalmusik verschiedener Art, 6 Sonatinen und eine Reihe Märsche erschienen. Er brachte, vermutlich als erster, zwei Sammlungen »Hindu-Lieder« heraus.

Arthur Willner (1881–1959)

LEBEN

Arthur Willner wurde am 5.3.1881 in Teplitz-Turn (Teplice-Trnovany), Böhmen, geboren. Er erhielt seine Ausbildung in Leipzig und München, wirkte von 1904 bis 1924 als Kompositionslehrer am Sternschen Konservatorium in Berlin, ging sodann als Berater der Universal-Edition nach Wien, das er 1938 verlassen mußte. Er starb am 6.4.1959 in London.

WERKE

Klavier- und Kammermusik bildeten den Hauptteil des kompositorischen Schaffens von Arthur Willner. Er schrieb 5 Streichquartette, ein Klavierquartett, eine Sonate für zwei Violinen, 4 Violinsonaten, 3 Violinsonatinen, eine Violinsuite, Variationen für Cello und Klavier, 4 Klaviersonaten, Variationen, Fugen, Tanzweisen, Skizzen und andere Stücke für Klavier, ferner Variationen für zwei Klaviere, einige Orchesterwerke und Konzerte, Frauen- und Männerchöre sowie Lieder. Sein Stil neigte dem Neuklassizismus zu.

Jan Willem Wilms (1772–1847)

ZEIT UND UMWELT

Obwohl die niederländische Nationalhymne »Wien Neerlands bloed door d'aderen vloeit« (Solange niederländisch Blut durch die Adern fließt) durch die offizielle Nationalhymne »Wilhelmus van Nassouwe« verdrängt wurde, blieb erstere beim Volk erhalten und bewahrte das Andenken an den Komponisten, der sonst wohl vergessen worden wäre.

LEBEN

Jan Willem Wilms (Johann Wilhelm) wurde am 30.3.1772 in Witzhelden bei Solingen geboren. Er kam 1791 nach Amsterdam, gab dort Klavierunterricht und trat als Pianist auf; zugleich nahm er Unterricht in Musiktheorie. Im Jahr 1808 wurde er Mitglied der Niederländischen Akademie, 1824 übernahm er den Organistendienst an der Baptistenkirche von Amsterdam, wo er am 19.7.1847 starb.

WERKE

Außer der Nationalhymne verfaßte Jan Willem Wilms weitere Lieder, eine Sinfonie,

Flötenkonzerte, Klavierkonzerte, Quartette, Trios, Sonaten und Variationen, die dem empfindsamen norddeutschen Stil folgten.

Henry Wilson (1828–78)

LEBEN
Henry Wilson wurde am 2.12.1828 in Greenfield, Mass., geboren. Trotz starker Neigung zur Musik arbeitete er zunächst als Buchdrucker. Um 1850 erhielt er aber die Stellung als Musiklehrer und Organist an St. James in seinem Geburtsort. Seine Bekanntschaft mit dem berühmten Musikwissenschafter und Beethoven-Biographen Alexander Wheelock Thayer (23.10.1817, South Natick, Mass., bis 15.7.1897, Triest) ermöglichte ihm einen Studienaufenthalt in Leipzig. Ab 1855 wirkte er 22 Jahre lang als Organist an Christ Church in Hartford, Conn., wo er am 8.1. 1878 starb.

WERKE
Von Henry Wilson ist nur Kirchenmusik erhalten, die einerseits wegen ihrer emotionserfüllten Diktion und volksmusiknahen Melodik als unterhaltsam kritisiert, andererseits gerade deswegen sehr geschätzt wurde. Bedeutende kompositorische Fähigkeiten sprachen ihm auch die Kritiker nicht ab.

John Wilson (1595–1674)

ZEIT UND UMWELT
Im Verlauf des englischen Bürgerkrieges mußte König Karl I. seinen Hof von London nach Oxford verlegen (1644). Wer von seinem Hofstaat nicht anderswo sein Heil gesucht oder sich an den Kämpfen beteiligt hatte, folgte ihm.

LEBEN
John Wilson wurde am 5. 4. 1595 in Faversham, Kent, geboren. Er war ab 1635 Musiker am Hof von König Karl I., begleitete ihn 1644 nach Oxford, wohin der englische Hof aus London verlegt worden war, und verbrachte die folgende Zeit bis zur Restauration in Oxford oder in der Nähe der Stadt. Im Jahr 1662 wurde er von König Karl II. zum Mitglied der Chapel Royal ernannt. Er starb am 22. 2. 1674 in London.

WERKE
Der englische Sänger, Lautenist und Komponist John Wilson beteiligte sich als Sänger, Instrumentalist und Komponist an den Maskenspielen, die König Karl I. besonders pflegte. Teilweise erhalten sind »The Maske of Flowers« (Blumenmaske) und einige Stücke Bühnenmusik. Außerdem brachte er ein »Psalterium Carolinum«, eine dem König gewidmete Sammlung dreistimmiger Stücke mit Generalbaß, und einen Band »Cheerful Ayres or Ballads« (Liebliche Arien oder Balladen), die musikalisch reizvoll und außerdem zuweilen recht humorvoll sind, heraus.

Mortimer Wilson (1876–1932)

LEBEN
Mortimer Wilson wurde am 6.8.1876 in Chariton, Java, geboren. Er war in Chicago Schüler von Wilhelm Middelschulte (3.4.1863, Heeren, Werve, Westfalen, bis 4.5. 1943, Werve) und Frederic Gran Gleason (17.12.1848, Middletown, Conn., bis 6.12.1903, Chicago). Von 1901 bis 1907 war er Theorielehrer an der Universität in Lincoln, Neb., dann hielt er sich bis 1911 in Leipzig vorerst als Schüler von Hans Sitt und Max Reger, sodann als Lehrer auf. Darauf wurde er Orchesterdirigent in Atlanta, Ga., und unterrichtete ab 1916 in Gainesville, Ga., und verschiedenen anderen Städten, bis er an die National Academy of Music in New York kam, wo er am 27.1.1932 starb.

WERKE
Neben einem Concerto grosso, mit dem Mortimer Wilson auf eine Barockform zurückgriff, schrieb er 5 Sinfonien, eine Suite »Ländliche Hochzeit« für Streicher, eine Ouvertüre »New Orleans«, ein Violinenquartett, ein Trio, »Acht Miniaturen für Klaviertrio«, 3 Sonaten für Violine und Klavier, mehrere Klaviersuiten, Orgelstücke und viele Lieder. Sein

Stil zeigte den Einfluß seines Studiums in Leipzig.

Thomas Wilson (um 1620 bis nach 1677)

ZEIT UND UMWELT
Die schöne Kathedrale von Ripon aus dem 12. Jahrhundert hat durch den Bürgerkrieg und die Zeit Cromwells wenig Schaden gelitten. Daher konnte nach der Restauration der normale Gottesdienst sofort wieder aufgenommen werden. Sänger fanden sich wieder ein, auch der alte Organist setzte seine unterbrochene Tätigkeit fort.

LEBEN
Thomas Wilson wurde um 1620 in Mittelengland geboren. Er war Sänger an der Kathedrale von Ripon und von 1660 bis 1677 auch Organist. Ort und Zeit seines Todes sind nicht bekannt.

WERKE
Vom englischen Komponisten Thomas Wilson ist eine beträchtliche Anzahl Anthems erhalten, dazu Services für das Fest der Beschneidung und das des Evangelisten Johannes, außerdem eine lateinische Litanei. Seine Musik, die im alten Stil gehalten ist, wurde in verschiedenen englischen Kirchen sehr lange verwendet.

Gerhard Wimberger (geboren 1923)

LEBEN
Gerhard Wimberger wurde am 30.8.1923 in Wien geboren. Er studierte am Mozarteum in Salzburg und wirkte von 1947 bis 1948 als Korrepetitor an der Volksoper in Wien, sodann bis 1951 als Kapellmeister am Landestheater in Salzburg, wo er auch Mitarbeiter bei den Festspielen ist und Dirigenten- und Kompositionsklassen am Mozarteum leitet.

WERKE
Neben 4 Opern und einem Ballett schrieb Gerhard Wimberger »Logo-Rhythmen« für Orchester, »Figuren und Fantasien« für Orchester, »Dramatische Etüde« und »Chronik« für Orchester, »Risonanze« für drei Orchestergruppen, eine Partita für kleines Orchester, kanonische Reflexionen für 23 Spieler, »Stories« für Bläser und Schlagzeug, die Kantate »Ars amatoria« für Sopran, Bariton, Chor, Combo und Kammerorchester, weitere Kantaten und Lieder mit Instrumentalbegleitung.

Heinz Winbeck (geboren 1946)

LEBEN
Heinz Winbeck wurde am 11.2.1946 in Piflas bei Landshut, Bayern, geboren. Er studierte am Konservatorium in München unter anderen bei Fritz Rieger (28.6.1910, Oberaltstadt [Horní Staré Město], Böhmen, bis 30.9.1978, Bonn), sodann an der Hochschule für Musik bei Jan Koetsier (geboren 14.8.1911, Amsterdam), Harald Genzmer und Günter Bialas. Von 1974 bis 1978 wirkte er als Kapellmeister in Ingolstadt, im Jahr 1980 erhielt er an der Hochschule für Musik in München einen Lehrauftrag.

WERKE
Neben 2 Sinfonien schrieb Heinz Winbeck »Entgegengesang« und »Denk ich an Haydn«

Heinz Winbeck

für Orchester, »Nocturnes I« für Kammerensemble, »II« für Chorstimmen, Flöten, Gitarren, Bandoneon, Orgel und Schlaginstrumente, »Espaces« (Räume) für Flöte, Klavier und Schlaginstrumente, Fantasien für Cello und Kammerorchester, »In memoriam Paul Celan« für Sopran, Flöte, Klavier und Schlagzeug, ein Bläserquintett, ein Streichquintett, 3 Streichquartette, ein Klavierquartett, ein Duo für Flöte und Xylophon sowie Lieder für tiefe Frauenstimme und 13 Instrumentalisten und für Bariton und Klavier.

Lothar Windsperger (1885–1935)

LEBEN

Lothar Windsperger wurde am 22.10.1885 in Ampfing, Bayern, geboren. Er studierte in München bei Rudolf Louis und Joseph Rheinberger und wirkte ab 1913 als Lektor eines großen Musikverlags. Ab 1933 war er Direktor der Städtischen Musikschule in Mainz. Er starb am 30.5.1935 in Frankfurt am Main.

WERKE

Neben einer Sinfonie schrieb Lothar Windsperger eine Konzertouvertüre, ein Dramenvorspiel und das Konzertstück »Lumen amoris«, ein Klavierkonzert, ein Violinkonzert, Musik für Hörner, ein Streichquartett, ein Klaviertrio, Sonaten für Violine und Orgel, für Cello und Orgel, für Violine und Klavier, für Solovioline, für Solocello, für Solobratsche, eine Suite für Orgel, Klavierwerke, eine Messe, ein Requiem, Chöre und Lieder.

Thomas Wingham (1846–93)

ZEIT UND UMWELT

Katholische Kirchenkomponisten von Rang hat die englische Musikgeschichte des 19. Jahrhunderts nicht viele aufzuweisen, und die meisten von ihnen pflegten Strukturen, die den Kompositionen für die englische Kirche ähnelten; der Hymnen- und Anthemklang wurde häufig, wenn auch vorzüglich, nachgeahmt. Komponisten, die typisch katholische Kirchenmusik schrieben, traten sehr selten in Erscheinung.

LEBEN

Thomas Wingham wurde am 5.1.1846 in London geboren. Er wurde im Alter von 10 Jahren Organist an St. Michael's Mission Church in Southwark und war ab 1863 Schüler der London Academy of Music und sodann der Royal Academy of Music, wo er von William Sterndale Bennett in Kompositionslehre und von Robert Harold Thomas im Klavierspiel unterrichtet wurde. Im Jahr 1871 wurde er Klavierlehrer an diesem Institut, nachdem er 1864 als Organist an All Saints in Paddington bestellt worden war; 1882 berief man ihn als Musikdirektor an das Brompton Oratory. Er starb am 24.3.1893 in London.

WERKE

Die Kirchenmusik von Thomas Wingham: 2 Messen, ein Te Deum für Singstimmen, Orchester und Orgel, eine Motette und verschiedene Proprien ist voll sanfter schöner Klänge und vermeidet jede Härte. Sie galt in der folgenden Zeit für den katholischen Kirchengesang in England als mustergültig. Der Caecilianismus hatte dort keinen Eingang gefunden. Die profane Musik steht an Qualität weit zurück. Er schrieb 4 Sinfonien, 6 Konzertouvertüren, eine Elegie auf den Tod von Sterndale Bennett, eine Serenade, ein Konzertcapriccio für Klavier und Orchester, 2 Streichquartette, ein Septett für Klavier, Streicher und Bläser und eine unvollendete Oper.

Paul Winneberger (1758–1821)

ZEIT UND UMWELT

Abbé Georg Joseph Vogler war bis in das zweite Jahrzehnt des 19. Jahrhunderts für eine Vielzahl deutscher Musiker richtungweisende Autorität und Quelle ihrer theoretischen Ausbildung. Wenn dazu das praktische Beispiel des Mannheimer Orchesters und die Schulung seitens eines »Mannheimers« getreten waren, ergab sich zumindest ein gleichwertiges Resultat wie von einer Ausbildungsreise nach Italien.

LEBEN

Paul Anton Winneberger wurde am 7. 10.

1758 in Mergentheim (Bad Mergentheim) geboren. Er war bereits mit 9 Jahren Altist in der Hofkapelle seines Geburtsortes und mit 14 Organist. Er studierte in Würzburg Theologie und kam als Lehrer und Organist nach Mannheim, wo er gleichzeitig selbst von Abbé Vogler und Ignaz Hofbauer ausgebildet wurde. Er wirkte dort auch als Cellist. Gegen Ende des Jahrhunderts war er Cellist am Französischen Theater in Hamburg, wo er am 8. 2. 1821 starb.

WERKE
Von Paul Winneberger sind mehrere Opern, 2 Cellokonzerte und verschiedene Kammermusik erhalten, die den jüngeren Mannheimer Stil einhalten.

Richard Winslate
(um 1520 bis um 1580)

ZEIT UND UMWELT
Der bereits in der zweiten Hälfte des 7. Jahrhunderts gegründete Bischofssitz Winchester hat über die Reformation hinweg seinen Rang als kirchenmusikalisches Zentrum nie eingebüßt. Seine einstige wirtschaftliche und politische Bedeutung ist herabgemindert und die Absicht, die Stadt zur Residenz zu erheben, aufgegeben worden, aber die kulturelle Ausstrahlung ist erhalten geblieben. Die Organistenstelle an der Kathedrale war jederzeit mit besten Kräften besetzt.

LEBEN
Richard Winslate wurde um 1520 vermutlich in Winchester geboren. Er war Organist an der Kathedrale der Stadt und versah diese Stelle bis zu seinem Tod um 1580.

WERKE
Von dem Kirchenmusiker Richard Winslate ist nur ein einziges Stück für Orgel oder Virginal erhalten, das aber musikgeschichtlich für seine Zeit sehr interessant ist, weil es, völlig losgelöst vom Vokalsatz, sich ganz auf die Möglichkeiten der Tasteninstrumente einstellt. Es nahm auch den Übergang zur neuen Stilepoche am Ende des Jahrhunderts bereits voraus.

Peter Winter (1754–1825)

ZEIT UND UMWELT
Antonio Salieri beherrschte ohne Zweifel die Technik der italienischen Oper bis zur letzten Vollendung. Seine Meisterschaft zeigte sich besonders in der Führung der Singstimmen und im Einsatz der Chöre. Eine beträchtliche Anzahl österreichischer und deutscher Komponisten ließ sich von ihm unterrichten und wandte seine Methoden mit Erfolg an.

LEBEN
Peter von Winter wurde am 28. 8. 1754 in Mannheim getauft und trat im Alter von 10 Jahren als Violinist in das Hoforchester seines Geburtsortes ein. Fallweise spielte er im Orchester auch Kontrabaß. Im Jahr 1778 siedelte er mit dem Mannheimer Hof nach München über, wo er 1787 Vizekapellmeister und 1798 Hofkapellmeister wurde. Von München aus unternahm er ausgedehnte Konzertreisen und kam dabei auch nach Wien, wo er bei Antonio Salieri intensiven Unterricht in der Opernkomposition nahm. In München gründete er 1811 die Musikalische Akademie. Er starb am 17. 10. 1825 in München.

WERKE
Neben ungefähr 40 Opern, Operetten und Singspielen schrieb Peter Winter eine Anzahl Ballette und Melodramen, Oratorien, Kantaten, Chormusik, Kammermusik und Sinfonien, von denen »Die Schlacht« eine typisch romantische Programmusik brachte, zahlreiche Kirchenmusik (Messen) und eine sehr viel verwendete vierteilige »Vollständige Singschule«. Sein Stil bewegte sich zwischen dem von Mannheim und dem italienischen der Zeit; Ludwig van Beethoven verwendete etliche von seinen Themen.

Dag Wirén (geboren 1905)

LEBEN
Dag Ivar Wirén wurde am 15. 10. 1905 in Striberg, Schweden, geboren. Er studierte an der

Musikakademie in Stockholm und in Paris bei Leonid Sabanajew (19.9.1881, Moskau, bis 3.5.1968, Antibes, Alpes-Maritimes). Ab 1935 wirkte er zunächst als Bibliothekar der Gesellschaft schwedischer Komponisten, sodann bis 1944 in Stockholm als Musikkritiker. Seitdem lebt er als freischaffender Komponist in Danderyd.

WERKE
Außer einem Fernsehballett schrieb Dag Wirén 5 Sinfonien, ein Divertimento, ein Triptychon für kleines Orchester, 2 Stücke für Streicher, ein Concertino für Flöte und kleines Orchester, ein Bläserquintett, 5 Streichquartette, 2 Klaviertrios und eine Suite für Klavier. Sein Stil ist neuklassizistisch.

Michael Wise (um 1648–87)

ZEIT UND UMWELT
König Jakob II. (1633–1701), der seinem Bruder Karl II. 1685 auf den englischen Thron folgte, war bereits 1668 zum Katholizismus übergetreten. Da er einerseits England wertvolle militärische Dienste leistete, andererseits keine ausgesprochen katholische Politik betrieb, konnte er die Regierung antreten. Dann allerdings setzten, wenn auch behutsam, die Maßnahmen zur Rekatholisierung Englands ein. Hohe und niedere Stellen wurden systematisch mit Katholiken besetzt und die Anglikaner entfernt, bis der König gezwungen wurde, 1688 abzudanken.

LEBEN
Michael Wise wurde um 1648 vermutlich in Salisbury geboren. Im Jahr 1660 wurde er in die Chapel Royal aufgenommen und 1663 von der St. Georg's Chapel in Windsor als Sänger übernommen. Ab 1668 war er Organist und Chordirigent an der Kathedrale von Salisbury, 1675 wurde er zum Gentleman der Chapel Royal ernannt und berechtigt, den König auf Reisen zu begleiten und in jeder Kirche zu spielen, die dieser aufsuchte. Als Jakob II. den Thron bestieg, wurde Michael Wise aus seiner Stellung entfernt, erhielt aber 1686 die Stelle eines Chordirigenten an St. Paul's. Am 24. 8. 1687 starb er in Salisbury.

WERKE
Vom englischen Komponisten Michael Wise sind eine beträchtliche Anzahl Anthems, die lang in Gebrauch waren, einige Catches und ein sehr beliebtes Duett »Old Chiron thus preached to his pupil Achilles« (Der alte Chiron ermahnte seinen Schüler Achilles) erhalten.

Georges Martin Witkowski
(1867–1943)

LEBEN
Georges Martin Witkowski wurde am 6.1. 1867 in Mostaganem, Algerien, geboren. Er war an der Schola Cantorum in Paris Kompositionsschüler von Vincent d'Indy. Im Jahr 1902 gründete er in Lyon einen Chorverein und 1905 eine Société des Grandes Concerts. Von 1924 bis 1941 wirkte er als Dirigent dieser Konzertvereinigung und des Konservatoriums in Lyon, wo er am 12.8.1943 starb.

WERKE
Außer einer Oper schrieb Georges Martin Witkowski 2 Sinfonien, ein Klavierkonzert und ein Violinkonzert, ferner ein Klavierquintett, ein Streichquartett, eine Sonate und Klavierstücke. Am eindrucksvollsten ist seine Kantate für Soli, Chor und Orchester, bei der er eine kühne, etwas exzentrische Kontrapunktik anwendet, die sich dem Expressionismus nähert.

Christian Friedrich Witt
(um 1660–1716)

ZEIT UND UMWELT
Aus der Synthese der norddeutschen und der süddeutsch-österreichischen Orgeltradition ergab sich gegen das Ende des 17. Jahrhunderts ein spezifisch mitteldeutscher Stil des Hochbarock, dessen Entwicklungslinie zu Johann Sebastian Bach hinführte.

LEBEN
Christian Friedrich Witt (Witte) wurde um 1660 in Altenburg geboren. Seine musikalische Ausbildung, bei der die Orgel im Vordergrund stand, erhielt er in Nürnberg von Georg Kaspar Wecker, sodann in Wien und Salzburg. Im Jahr 1686 wurde er in Gotha Kammerorganist und 1713 herzoglicher Hofkapellmeister. Die Hofmusik in Gotha erlebte unter seiner Leitung ihre Blüteperiode. Er starb in Altenburg am 13. 4. 1716.

WERKE
Der deutsche Komponist Christian Friedrich Witt brachte unter dem Titel »Psalmodia sacra« 762 Choräle für eine Stimme und Generalbaß heraus. Handschriftlich liegen 3 Ouvertüren, vier- bis zehnstimmige Sonaten und eine Anzahl Stücke für Tasteninstrumente, außerdem mehrere Bühnenmusiken vor. Seine 70 Kantaten sind verschollen.

Friedrich Witt (1770–1836)

ZEIT UND UMWELT
Der Dirigent und Musikologe Fritz Stein (17. 12. 1879, Gerlachsheim, bis 14. 11. 1961, Berlin) entdeckte 1908 in Jena die Stimmen einer mit Beethovens Namen signierten Sinfonie in C-Dur. Er schrieb sie auch aus stilistischen Gründen dem jungen Ludwig van Beethoven zu und veröffentlichte sie 1911 als »Jenaer Sinfonie«. Im Jahr 1957 wurde das gleiche Werk im Stift Göttweig, Niederösterreich, aufgefunden und als C-Dur-Sinfonie von Friedrich Witt identifiziert.

LEBEN
Friedrich Witt wurde am 6. 11. 1770 in Haltenbergstetten (Niederstetten bei Bad Mergentheim) geboren. Er trat 1790 als Cellist in die fürstliche Kapelle in Wallerstein ein und wirkte von 1802 bis zu seinem Tod am 3. 1. 1736 als Kapellmeister in Würzburg.

WERKE
Von Friedrich Witt sind zahlreiche Werke im Druck erschienen: 2 Opern, 2 Oratorien, mehrere Messen, Proprien und Kantaten, 8 – von 18 – Sinfonien, darunter die Ludwig van Beethoven zugeschriebene C-Dur-Sinfonie, ein Cellokonzert, ein Flötenkonzert, ein Septett für Klarinette, Horn, Fagott und Streicher und ein großes Quintett für Horn und Streicher. Er war zu seiner Zeit als Komponist sehr angesehen. Sein Stil folgt der Wiener Klassik.

Robert Wittinger (geboren 1945)

LEBEN
Robert Wittinger wurde am 10.4.1945 in Knittelfeld, Steiermark, geboren. Er war in Budapest Schüler von Zsolt Durkó. Im Jahr 1963 übersiedelte er nach Deutschland und studierte am Studio für Elektronische Musik in München. Von 1965 bis 1967 nahm er jährlich an den Ferienkursen für Neue Musik in Darmstadt teil. Zum Zweck weiterer Studien hielt er sich in Florenz und in Rom auf. Von 1970 bis 1971 leitete er in Stuttgart die Konzertreihe »Ars nova«. Er lebt als freischaffender Komponist in der Nähe von Stuttgart.

WERKE
Die Kompositionen von Robert Wittinger sind an der Wiener Schule Arnold Schönbergs und an Béla Bartók orientiert. Er schrieb eine Ballettmusik, 2 Sinfonien, 2 Sinfonien für Streichorchester, ein Englischhornkonzert, ein Cellokonzert, ein Konzert für Oboe und Harfe und für Streichorchester, weitere Stücke für Orchester und Kammerorchester, ein Bläserquintett, ein Bläserquartett, 3 Streichquartette, ein Trio für Oboe, Celesta und Schlagzeug, ein Stück für sieben Solisten und Orchester, ein Stück für Violine und Schlagzeug, »Symmetrische Strukturen« für Flöte, für Cello, für Posaune, für Violine, für Klarinette, für Oboe, ein Stück für 24 Vokalisten und sieben Instrumentalisten und ein Stück für Solofagott.

Wizlaw III., Fürst von Rügen
(1265–1325)

ZEIT UND UMWELT
Die Insel Rügen, ursprünglich germanisches

Siedlungsgebiet, wurde schon früh von Slawen (Slovinzen) besetzt, aber 1168 vom Dänenkönig Waldemar I. erobert. Die Regierung blieb unter dänischer Oberhoheit in der Hand eines einheimischen Fürstengeschlechtes, das 1325 mit Wizlaw III. ausstarb. Nun kam die Insel unter die Herrschaft Pommerns, das ebenfalls zum Großteil slawisch besiedelt war (Slovinzen, Kaschuben). Die Handelsbeziehungen Rügens mit den niederdeutschen Seestädten hatten ihren Anschluß an den deutschen Kulturkreis zur Folge, so daß der letzte slovinzische Fürst sogar zum niederdeutschen Minnesänger wurde.

LEBEN

Wizlaw III. ist 1265 auf Rügen geboren. Er war der letzte regierende Fürst der Insel und pflegte rege Beziehungen mit Gelehrten und Künstlern in Deutschland, darunter auch mit Heinrich von Meißen. Er starb am 8. 11. 1325 in Barth bei Stralsund.

WERKE

Vom Minnesänger Wizlaw III. sind 14 Lieder und 13 Sprüche in niederdeutscher Sprache überliefert.

LITERATUR

S. Werg, Die Sprüche und Lieder Wizlaws von Rügen, Hamburg 1969.

Josif Wjelhorski (1817–92)

ZEIT UND UMWELT

Ihre Grundausbildung konnten russische Komponisten des 19. Jahrhunderts bei einheimischen oder ausländischen Lehrern, die sich in Rußland niedergelassen hatten, erhalten. Zur weiteren Ausbildung machten sie zumeist Studienreisen nach Deutschland, Italien oder Frankreich. Da bis auf wenige Ausnahmen nahezu alle aus begüterten Häusern stammten, konnten sie es sich leisten.

LEBEN

Josif Wjelhorski wurde 1817 in Wolynien, Ukraine, geboren. Er studierte in Berlin an der Universität und bei Wilhelm Taubert Musik. Er starb im Jahr 1892 in San Remo. Sein Verwandter Michail Jurjewitsch Wjelhorski (11.11.1787, Wolynien, bis 9.9.1856, Moskau) war russischer Kunstkenner und Mäzen. Sein Haus in St. Petersburg bildete einen Mittelpunkt der musikalischen und literarischen Kreise in St. Petersburg. Er studierte selbst Musik und betätigte sich als Komponist.

WERKE

Von Josif Wjelhorski sind Klavierstücke und Lieder, insgesamt 48 Werke, erhalten. Sein Stil ist von der deutschen Romantik abhängig. Michail Wjelhorksi schrieb Lieder, von denen einige sehr populär geworden sind.

Pantscho Wladigerow (1899–1978)

LEBEN

Pantscho Wladigerow (Charalnow) wurde am 13.3.1899 in Zürich geboren. In den Jahren 1912 bis 1932 war er in Berlin Schüler von Georg Schumann und Paul Juon und wirkte darauf als Kapellmeister an mehreren Theatern und als Pianist. Von 1932 bis 1972 war er Professor für Klavier und Komposition an der Musikakademie in Sofia, wo er am 8.9.1978 starb.

WERKE

Außer 2 Opern schrieb Pantscho Wladigerow ein Ballett, 2 Sinfonien, eine Legende, eine Suite, »Bulgarische Tänze«, »4 Rumänische Tänze«, 2 »Rumänische Skizzen«, 2 Ouvertüren, 2 Tongedichte, eine Rhapsodie und weitere Stücke für Orchester, Praeludien, Improvisationen, Tänze, 5 Klavierkonzerte, 3 Violinkonzerte, ein Cellokonzert, ein Streichquartett, ein Klaviertrio, Lieder und Bearbeitungen bulgarischer Volksmelodien. Sein Schaffen war anfänglich von der westeuropäischen Musik beeinflußt, später übernahm er in steigerndem Maß rhythmische, melodische und tonale Elemente der bulgarischen Folklore.

Wladimir Wlasow (geboren 1902)

LEBEN

Wladimir Aleksandrowitsch Wlasow wurde am 25.12.1902 in Moskau geboren. Er studierte am Konservatorium seiner Geburtsstadt Komposition und Violine. Von 1936 bis 1942 leitete er die Kirgisische Nationaloper in Frunse und sodann bis 1949 die Moskauer Philharmonie.

WERKE

Seine 12 Opern schrieb Wladimir Wlasow zum großen Teil gemeinsam mit Wladimir Fere (geboren 7.5.1902, Kamischin, Oblast Saratow, bis 2.9.1971, Moskau) wie auch einen Teil seiner 7 Ballette. Er schrieb außerdem 3 sinfonische Dichtungen, 2 Orchestersuiten, eine Suite für Streicher, 2 Cellokonzerte, 3 Streichquartette, »Tschechoslowakische Bilder«, ein Praeludium und eine Ballade für Cello und Klavier, ein Oratorium, Kantaten, Romanzen, Lieder sowie Bühnenmusiken. Seine Kompositionen bewegten sich innerhalb der in der Sowjetunion gezogenen Grenzen.

Petrus Laurentius Wockenfuß (1675–1721)

ZEIT UND UMWELT

Der deutsche Theologe und Dichter Erdmann Neumeister (12. 5. 1671, Üchtritz bei Weißenfels, bis 18. 8. 1756, Hamburg) verfaßte 5 Jahrgänge »Geistliche Cantaten statt einer Kirchen-Music«. Diese aus Predigten hervorgegangenen Dichtungen, die sich formal an die Arie und das Rezitativ der Oper anschlossen, bildeten die Grundlage für die neue Kirchenkantate und verdrängten die alte Motettenform.

LEBEN

Petrus Laurentius Wockenfuß wurde am 17. 3. 1675 in Groß-Brüskow (Bruskowo Wielkie) geboren. Er studierte in Regensburg und wurde nach einigen Stellungen in Norddeutschland Kantor in Kiel. Er starb im August 1721 in Husum.

WERKE

Der deutsche Kantor und Komponist Petrus Laurentius Wockenfuß verfaßte eine Reihe von Kirchenkantaten, die eine Übergangsform zwischen dem neuen von Erdmann Neumeister geschaffenen und dem alten motettischen Typus bildeten. Sie sind nur handschriftlich erhalten.

LITERATUR

Fr. Krummacher, Die Überlieferung der Choralbearbeitung in den frühen evangelischen Kantaten, Berlin 1965.

Joseph Wölfl (1773–1812)

ZEIT UND UMWELT

Einzelne Zeitgenossen der Wiener Klassik, die sich bemühten, den großen Meistern stilistisch nahe zu kommen, werden vielfach als »Kleinmeister der Klassik« abgetan. Bei näherem Studium muß aber festgestellt werden, daß diese »kleinen« Meister mit wenigen Ausnahmen sehr befähigte Komponisten waren, die sich aus ihrer Position als Epigonen nur deshalb nicht befreien konnten, weil die Klassik voll ausgeschöpft war und sich nicht weiterentwickeln ließ.

LEBEN

Joseph Wölfl (Wöllfl) wurde am 24.12.1773 in Salzburg geboren. Er war von 1783 bis 1785 Sängerknabe im Salzburger Kapellhaus und wurde von Leopold Mozart (1719–87) und Michael Haydn (1737–1806) ausgebildet. Im Jahr 1790 ging er nach Wien und über die Vermittlung von Wolfgang Amadeus Mozart als Pianist nach Warschau. Die endgültige Teilung Polens (1795) veranlaßte ihn, nach Wien zurückzukehren. Nach etlichen Konzertreisen durch Deutschland ließ er sich in Paris nieder. Ab 1805 bis zu seinem Tod am 21.5.1812 wirkte er als Konzertpianist und Klavierlehrer in London.

WERKE

Außer einer Reihe von Opern und 2 Balletten verfaßte Joseph Wölfl 2 Sinfonien, 7 Klavierkonzerte, ein Kammerkonzert, Kammermusik für Streicher, darunter eine beliebte Cellosonate in d-Moll, zahlreiche interessante Klaviermusik und einige Lieder. Seine Klaviersonaten gehören bereits der Romantik an.

Gerhard Wohlgemuth (geboren 1920)

LEBEN
Gerhard Wohlgemuth wurde am 16.3.1920 in Frankfurt am Main geboren. Neben seinem Medizinstudium in Greifswald und Halle bildete er sich autodidaktisch zum Musiker aus. Später erhielt er Kompositionsunterricht bei Fritz Reuter (9.9.1896, Dresden, bis 4.7.1963, Dresden) und Klavierunterricht bei Bronislaw von Poźniak (26.8.1887, Lemberg, bis 20.4. 1953, Halle). Von 1949 bis 1955 wirkte er als Verlagslektor in Halle.

WERKE
Außer einer Oper und einem Ballett schrieb Gerhard Wohlgemuth 2 Sinfonien, eine Sinfonietta, eine Sinfonische Musik, »Händel-Metamorphosen«, »Telemann-Variationen«, eine Suite, eine Ouvertüre, ein Divertimento, ein Violinkonzert, ein Concertino für Klavier und Orchester, ein Concertino für Oboe und Streichorchester, ein Klaviersextett, 2 Streichquartette, ein Oratorium, eine Kantate, Volksmusikwerke, Massenlieder und Filmmusiken. Seine Kompositionen sind leicht faßlich und eingängig; er vermeidet jede komplizierte Wendung.

János Wohlmuth (1642–1724)

ZEIT UND UMWELT
Dem westungarischen Landstreifen, den Habsburg gemäß dem Frieden von Adrianopel mit der Hohen Pforte (1568) behielt, wurde mehrfach Religionsfreiheit zugestanden. Es kam aber immer wieder zu schweren Protestantenverfolgungen. Trotzdem hielten sich die evangelischen Kirchen und bildeten darüber hinaus eine Zuflucht für Verfolgte aus Österreich und Böhmen.

LEBEN
János Wohlmuth wurde 1642 in Ruszt, Ungarn (heute Rust, Österreich) geboren. Er studierte in Ödenburg (Sopron), Breslau (Wrocław) und Wittenberg Musik und wirkte von 1667 bis 1674 als Kantor in Ruszt. Von 1675 bis 1686 war er Musiklehrer in Regensburg, dann wurde er zum Kapellmeister und Musiklehrer in Ödenburg ernannt, wo er 1724 starb.

WERKE
Von dem ungarischen Organisten und Komponisten János Wohlmuth ist eine Sammlung volkstümlicher Tänze für Cembalo erhalten, die für die Beurteilung der ungarischen Musik seiner Zeit sehr wertvoll ist.

Michel Woldemar (1750–1815)

ZEIT UND UMWELT
Der Violon alto, der um 1800 in Frankreich gebaut wurde, war eine fünfsaitige Violine, die die Tiefe der Bratsche erreichte und einen der vielen Versuche darstellte, den Tonumfang der Violine oder der Bratsche zu erweitern. Das Instrument war ein Gegenstück zur Viola pomposa der Violenfamilie und wurde von mehreren Virtuosen gespielt, geriet aber dennoch bald in Vergessenheit.

LEBEN
Michel Woldemar wurde am 17. 6. 1750 in Orléans geboren. Er war Schüler von Antonio Lolli, wirkte einige Zeit als Musikdirektor einer wandernden Schauspielertruppe und trat in verschiedenen französischen Städten als Violinist auf. Auf seine Initiative wurde der Violon alto gebaut, den er auf seinen Konzertreisen vorführte. Er starb am 19. 12. 1815 in Clermont-Ferrand.

WERKE
Außer einem für Violon alto komponierten Konzert schrieb Michel Woldemar 3 Violinkonzerte, Streichquartette, Duos für zwei Violinen und für Violine und Bratsche, 12 Violinsoli, Studienwerke für Violine, Bratsche und Klarinette und »Sonates fantomagiques« (im Stil großer Virtuosen, wie Antonio Lolli, Niccolò Mestrino, Gaetano

Pugnani und Giuseppe Tartini, abgefaßte Sonaten). Er befaßte sich auch mit einer Art musikalischer Kurzschrift.

Ernst Wilhelm Wolf (1735–92)

ZEIT UND UMWELT
Anna Amalia, Herzogin von Sachsen-Weimar, war nicht nur Schülerin von Ernst Wilhelm Wolf, sondern auch seine tatkräftige Förderin, obwohl Johann Wolfgang von Goethe ihn wenig schätzte. Die Gunst der Herzogin reichte aber aus, um ihm die Kapellmeisterstelle zu sichern.

LEBEN
Ernst Wilhelm Wolf wurde am 25. 2. 1735 in Großenbehringen bei Gotha getauft. Er war Chorpräfekt in Gotha, studierte in Jena Musik und leitete dort das Collegium musicum, hielt sich sodann in Leipzig und Naumburg auf und wurde 1761 Konzertmeister der Hofkapelle und zugleich Musiklehrer und Organist der Herzogin Anna Amalia in Weimar. Im Jahr 1768 ernannte man ihn zum Hofkapellmeister. Goethe bemühte sich, Wolf von seiner Stelle zu entfernen, jedoch vergebens. Er starb 1792 und wurde am 1. 12. in Weimar begraben.

WERKE
Neben seinen ungefähr 20 Werken für die Musikbühne verfaßte Ernst Wilhelm Wolf Cembalostücke, Kammermusik, eine Anzahl Sinfonien, ungefähr 20 Konzerte für Cembalo oder Pianoforte, einige Kirchenmusik, Kantaten und Oratorien, darunter »Die letzten Stunden des leidenden Erlösers am Kreuz«, »Der Sieg des Erlösers«, »Jesus in Gethsemane«, außerdem »Wiegenliederchen für deutsche Ammen mit Melodien« und »51 Lieder der besten deutschen Dichter mit Melodien«. Seine Musik folgt dem empfindsamen Stil.

LITERATUR
E. W. Böhme, Ernst Wilhelm Wolf, der weimarische Hof-Kapellmeister der Goethezeit, in: Zeitschrift für Musikwissenschaft XV, 1932–33.

Georg Friedrich Wolf (1761–1814)

ZEIT UND UMWELT
Die Anweisungen der Berliner Liederschule wurden von einem großen Teil deutscher Komponisten befolgt. Sie entsprachen der allgemeinen Kunstauffassung der zweiten Hälfte des 18. Jahrhunderts, die bis über die Jahrhundertwende hinaus noch starke Wirksamkeit hatte, bis sie in die Vorromantik mündete.

LEBEN
Georg Friedrich Wolf wurde am 12. 9. 1761 in Hainrode bei Sondershausen geboren. Er war ab 1785 Kapellmeister in Stolberg und wirkte von 1802 bis zu seinem Tod am 23. 1. 1814 in gleicher Eigenschaft in Wernigerode.

WERKE
Von Georg Friedrich Wolf sind 2 Hefte Lieder, »Trauermotetten und Arien«, erschienen. Auch seine Klaviermusik: 2 Sonaten, »Vermischte Klavier- und Singestücke« und mehrere Sonaten zu vier Händen, sind offenbar für die Hausmusik bestimmt.

Hugo Wolf (1860–1903)

LEBEN
Hugo Wolf wurde am 13.3.1860 in Windisch-Gräz, Steiermark (heute Slovenjgradec, Slowenien), geboren. Er besuchte 1875 das Wiener Konservatorium, dessen Leiter Joseph Hellmesberger den eigenwilligen Schüler nach 2 Jahren entfernte. Eine Tannhäuseraufführung in Wien, die der Fünfzehnjährige erlebte, machte ihn zum bedingungslosen Anhänger Wagners. Seine Versuche, sich in Wien als Musiklehrer durchzuschlagen, gelangen nur teilweise; eine Anstellung am Salzburger Stadttheater als Hilfskapellmeister im Jahr 1881 rettete ihn vor der allergrößten Not, aber er hielt sich mangels einer gründlichen Ausbildung nicht lange. Von 1884 bis 1887 arbeitete er in Wien als Musikkritiker und fiel durch seine unsachlichen Angriffe gegen alle, die Richard Wagner nicht unbedingt zu Füßen lagen, sehr unangenehm auf. Er war auf die Unterstüt-

Hugo Wolf

zung seiner Freunde und Anhänger angewiesen, die ihm, als er tödlich erkrankte, eine Wohnung einrichteten, in der er seine letzten Jahre verbringen konnte. Er starb am 22. 1. 1903 in Wien.

WERKE

Sehr häufig wird Hugo Wolf als ausschließlicher Liederkomponist bezeichnet und dabei seine übrige kompositorische Leistung übersehen. Von seiner sinfonischen Dichtung »Penthesilea« nach Heinrich Kleist (1777 bis 1811) sagte Max Reger (1873–1916): »Hätte Hugo Wolf nur dieses eine Werk geschrieben, die Kunstgeschichte müßte ihn in die erste Reihe aller Tondichter stellen.« Die »Italienische Serenade« für kleines Orchester war dreisätzig geplant, besteht aber nur aus einem Satz. Auch sein Streichquartett in d-Moll darf nicht als Jugendwerk abgetan werden, es verrät schon die Hand des Meisters. Seine Oper »Der Corregidor« blieb wegen völligen Mangels an Dramatik erfolglos, enthält aber viele lyrische Kostbarkeiten. Die zweite Oper, »Manuel Venegas«, vollendete er nicht. Für seine rund 300 Lieder, die seinen Ruf und Ruhm verewigten, nahm er nicht Franz Schubert zum Vorbild und ebensowenig Robert Schumann oder Johannes Brahms, sondern Richard Wagner, dessen Ziel, Wort und Sinn dem Gesang zu übertragen und dem Orchester die Hintergründe und Zusammenhänge von Wort und Geschehen zuzuteilen, als erreicht angesprochen werden darf. Wolf setzte nun anstelle des Orchesters das Klavier, dem er keine Begleitungsfunktion gab, sondern eine selbständige Ausdrucksform, die mit der Gesanglinie oft nur mehr psychologisch zusammenhängt, so daß die Verschmelzung beider Elemente auf einer höheren Ebene – zuweilen nur gefühlt, zuweilen auch verstanden – stattfindet. Es wurde bemängelt, daß man Wolf den Wagner des Lieds nannte, aber in einem gewissen Sinn war das richtig. Diese Technik kennzeichnete sich deutlich auf den Titelblättern seiner Liedergruppen, die lauteten: »Lieder für Singstimme und Klavier« und nicht mit Klavier, denn das Instrument teilt unabhängig vom Gesang parallel dazu Sinn und Gehalt des Textes mit.

Er schrieb mehrmals in kürzester Frist umfangreiche Liedergruppen, die zumeist gedanklich und musikalisch eine derart eng geschlossene Einheit bilden, daß sie einzeln nicht völlig zur Geltung kommen. Die 53 Lieder von Eduard Mörike (1804–75), wurden 1888 in weniger als 4 Monaten niedergeschrieben. Im selben Jahr komponierte er 6 Gedichte von Joseph Viktor von Scheffel (1826–86), Mörike, Goethe und Justinus Kerner. Die 20 Lieder von Eichendorff verteilten sich auf die Jahre 1887/88, bildeten aber ebenfalls eine stimmungsmäßige Einheit. Die 51 Goethe-Lieder aus 1889 bilden mehrere Gruppen (Wilhelm Meister und Westöstlicher Diwan) und weisen trotz ihrer nahen dichterischen Verwandtschaft eine größere Verschiedenheit auf; »Prometheus«, »Grenzen der Menschheit« und »Ganymed« stehen als eine Gruppe für sich.

Auch einzelne Balladen treten gesondert auf. Das »Spanische Liederbuch« – von Paul Heyse (1830–1914) und Emanuel Geibel (1815–84) umgestaltete spanische Texte – ist mit 44 Lie-

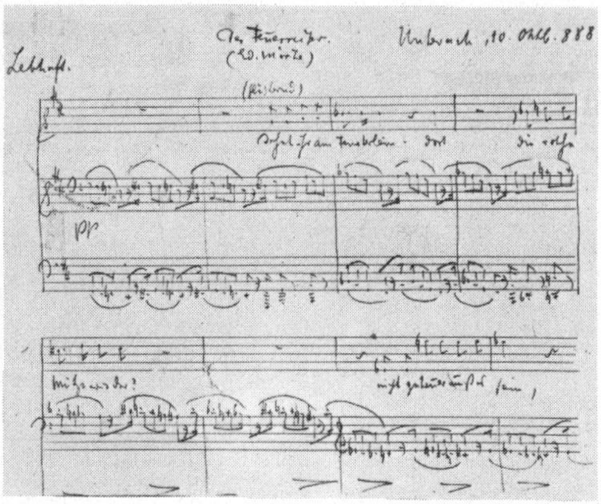

»Der Feuerreiter« von Hugo Wolf, Autograph

dern 1890 entstanden. Das »Italienische Liederbuch« bringt 46 knappe Vertonungen mittelitalienischer von Paul Heyse übertragener Volkslieder (1891 und 1896). Alle diese Lieder mit noch vielen von verschiedener Quelle werden noch heute in Konzertsälen gesungen und haben nichts von ihrer Faszination eingebüßt. Dazu ist noch eine Serie Chorlieder mit Orchester (darunter der berühmte Feuerreiter von Mörike) zu stellen.

Penthesilea, Sinfonische Dichtung in 3 Teilen, entstanden 1885

Die 3 Teile stellen dar: 1. Achilles schenkt der besiegten Amazonenkönigin das Leben – 2. Er naht sich ihr in Liebe waffenlos, doch sie läßt ihn von Hunden zerfleischen – 3. Einsichtig geworden und selbst von Liebe erfaßt stirbt Penthesilea sühnend über der Leiche des Mannes. Die sinfonische Darstellung ist voll greller Ausbrüche fern jeder Romantik und überrascht durch abrupte Modulationen.

Italienische Serenade, ein Satz, entstanden 1892

Diese Serenade für kleines Orchester ist eine der reizendsten spätromantischen Kompositionen. Nach einer Einleitung der Streicher bringt die Bratsche die Liebeswerbung vor, zunächst schüchtern, dann immer mutiger drängend. Das Orchester verheißt mit gewaltiger Klangentfaltung Gewährung, dann ebbt die Szene ab und klingt zierlich aus.

Streichquartett in d-Moll, 4 Sätze, entstanden 1878 bis 1884

Dem Werk stellte der Komponist das Faust-Zitat »Entbehren sollst du, sollst entbehren« voran und bezieht sich damit auf die Faust-Ouvertüre von Richard Wagner. Die Struktur des Quartetts ist seiner Entstehungszeit weit voraus. Die Tonalität wird zuweilen nahezu aufgegeben, manche Dreiklangverbindungen überschreiten sie deutlich. Stimmführung und Motivik heben zuweilen tonale Bezogenheiten völlig auf. Es handelt sich eindeutig um ein Werk der »Neuen Musik«.

Literatur

E. Descey, Hugo Wolf, 4 Bände, Leipzig 1903 bis 1906. H. Thürmer, Die Melodik in den Liedern von Hugo Wolf, Giebing 1970. E. Werba, Hugo Wolf oder der zornige Romantiker, Wien 1971.

Christian Wolff (geboren 1934)

Leben

Christian Wolff wurde am 8.3.1934 in Nizza geboren. Er begann 1949 als Autodidakt zu komponieren und trat mit John Cage, David Tudor und Morton Feldman in Verbindung, die zu seiner musikalischen Entwicklung erheblich beitrugen. Von 1962 bis 1969 lehrte er klassische Philologie an der Harvard University in Cambridge, Mass., darauf wurde er beigeordneter Professor für klassische Philologie und Musik am Darmouth College in Hanover, N.H.

Werke

Die Kompositionen von Christian Wolff dienen vor allem seinen Konzerten, die er ab 1956 in den USA und in Europa veranstaltet. Den Interpreten werden innerhalb bestimmter Zeiträume weitgehende Freiheiten eingeräumt. Er versucht, in jedem Werk ein Überraschungsmoment für Publikum, Interpreten und den Komponisten zu bringen. Er verfaßte ein Werk für ein oder mehrere Orchester, ein Stück für drei Spieler, eines für einen, zwei oder drei Spieler, ein Septett für sieben Spieler und einen Dirigenten, eines für zwei, vier, sechs oder acht Spieler, ein Stück für acht oder mehr Instrumente und weitere Werke für eine beliebige Anzahl Mitwirkende und Instrumente, kammermusikalische Stücke für neun, für sieben oder sechs, eines für sechs und für Streichquartett, ein Quartett für vier Hörner,

3 weitere Quartette mit verschiedener Besetzung, ein Trio für Flöte, Violine und Cello und eines für Klavier vierhändig und Schlagzeug, Duos mit verschiedener Besetzung, zahlreiche Werke für Klavier, für Prepared piano, für Cembalo oder für ein beliebiges Tasteninstrument, Stücke für Tonband, außerdem Stücke für Stimmen. Er schrieb einige Essays über seine Kompositionstechnik.

Edouard Wolff (1816–80)

ZEIT UND UMWELT

Im Jahr 1835 war Frédéric Chopin als Pianist bereits so berühmt, daß sein Ruf bis in seine polnische Heimat drang und manchen seiner ehemaligen Mitschüler bei Meister Józef Elsner verlockte, ebenfalls sein Glück im Ausland zu suchen und sich dem Druck der russischen Herrschaft zu entziehen. Hauptziel dieser Emigranten war Paris, wo gerade Polen bereitwillig Aufnahme fanden.

LEBEN

Edouard Wolff wurde am 15. 9. 1816 in Warschau geboren. Er war dort Schüler von Józef Elsner. In Wien vollendete er bei Václav Vilém Würfel seine Ausbildung. Dann ging er nach Paris, wo er sich als Pianist und Klavierlehrer einen Namen machte und am 16. 10. 1880 starb.

WERKE

Die ungefähr 350 Klavierstücke von Edouard Wolff sind im Stil seines Freundes Frédéric Chopin geschrieben, erreichten aber nicht deren Brillanz. Nahe kommen ihm sein Klavierkonzert und seine Etüden, die über ihren didaktischen Zweck hinaus vorzügliche Konzertstücke sind. Er verfaßte außerdem 40 Duos für Violine und Klavier, die viel gespielt wurden.

Ermanno Wolf-Ferrari (1876–1948)

LEBEN

Ermanno Wolf-Ferrari wurde am 12. 1. 1876 in Venedig geboren. Nach anfänglichen Studien an Malerakademien und autodidakter Vorbereitung wurde er in München Schüler von Joseph Rheinberger, dann 1897 in Mailand Leiter eines deutschen Chors und 1902 übernahm er die Direktion des Konservatoriums in Venedig. Ab 1909 lebte er als freischaffender Komponist in Neubiberg bei München, übersiedelte 1943 nach Venedig, wo er am 21. 1. 1948 starb.

WERKE

Von den 15 Opern von Ermanno Wolf-Ferrari folgen ungefähr 14 einem vom Komponisten selbst geschaffenen Stil, den man als »neubarock« bezeichnen könnte; eine Oper jedoch ist veristisch und spätromantisch. Er schrieb ferner für Orchester ein »Trittico«, ein »Divertimento«, »Arabesken«, eine »Symphonia brevis«, ein »Concertino« für Oboe solo, Streicher und zwei Hörner und eines für Fagott solo, Streicher und zwei Hörner, eine Suite für kleines Orchester, ein »Kleines Konzert« für Englischhorn, Streicher und zwei Hörner, ein Violinkonzert, ein Cellokonzert, ein Klavierquintett, ein Streichquintett, ein Streichquartett, ein Klaviertrio, 2 Violinsonaten, eine

Ermanno Wolf-Ferrari

Anzahl Klavierstücke, 2 Oratorien, eine Passion, Kantaten, Chöre a cappella, ein »Italienisches Liederbuch« mit 44 Klavierliedern und weitere Gesänge, außerdem eine Streicherserenade.

Serenade für Streichorchester in Es-Dur, 4 Sätze, entstanden 1892

Dieses Werk gehört zu den frühesten des Komponisten und schwimmt im Fahrwasser der Münchner Schule. Mit zwei sanglichen Themen wird der 1. Satz bestritten, deren Durchführung keine Konflikte bringt. Das Andante besteht aus einem vielgliedrigen Thema, dem ein energisches, markantes Thema gegenübergestellt wird. Das Scherzo ist kapriziös und überraschenderweise polyrhythmisch; das Trio besteht aus reizvollen harmonischen Wendungen. Das Finale kombiniert eine Fuge mit einer Rondosonate und ist ausgezeichnet durchgearbeitet. Der Komponist hat um vieles kompliziertere und vielseitigere Kompositionen von hohem künstlerischem Wert geschrieben, aber schon dieses Jugendwerk weist, wenn auch noch skizzenhaft, deutlich auf die Entwicklungslinie des Meisters hin.

LITERATUR

A. C. Grisson, Ermanno Wolf-Ferrari, Regensburg 1941.

David Wolkenstein (1534–92)

LEBEN

David Wolkenstein wurde am 19. 11. 1534 in Breslau geboren. Er studierte an den Universitäten Frankfurt an der Oder und Wittenberg und wurde Professor für Mathematik und Musik am Gymnasium und an der Akademie in Straßburg, wo er am 11. 9. 1592 starb.

WERKE

Der Mathematiker, Musiktheoretiker und Komponist David Wolkenstein brachte neben einem Werk für den Musikunterricht »Psalmen mit vier Stimmen zu singen in den Kirchen und Schulen zu Straßburg« und »Psalmen für Kirchen und Schulen auf die gemeinen Melodeien syllaben weiss zu vier Stimmen gesetzt« heraus.

LITERATUR

W. Zahn, Die Melodien der deutschen evangelischen Kirchenlieder, Gütersloh 1888 bis 1893.

Erna Woll (geboren 1917)

LEBEN

Erna Woll wurde am 23.3.1917 in St. Ingbert, Saar, geboren. Sie war am Evangelischen Kirchenmusikalischen Institut in Heidelberg Schülerin von Wolfgang Fortner und studierte an den Musikhochschulen in München und Köln. Seit 1962 wirkt sie als Professor für Musikerziehung an der Universität in Augsburg.

WERKE

Das vorwiegend vokale Schaffen von Erna Woll zeichnet sich in freier Tonalität und Rhythmik durch eine an der Gregorianik geschulte modal-diatonische Melodik aus. Sie schrieb unter anderem die Kantate »Zur Heiligen Nacht«, »Requiem für Lebende« für gemischten Chor, Oboe, Piccolo, Kontrabaß und Schlagzeug, Psalmenvertonungen, die Kantate »Licht und Liebe« für Chor, Flöte, Oboe, Sprecher und Schlagzeug, eine Motette a cappella, einen Zyklus »Tröstet die Finsternis« für vierstimmigen gemischten Chor a cappella und einen Festgesang für Kinder.

Johann Jakob Wolleb (1613–67)

ZEIT UND UMWELT

Im reformierten Gottesdienst war der mehrstimmige Chorgesang bis zum Ende des 17. Jahrhunderts üblich. Wechselgesang zwischen Gemeinde und dem Figuralchor bildete die Regel. Ab dem Ende des Jahrhunderts wurden Figuralchor und Gemeindegesang zumeist von der Orgel begleitet.

LEBEN

Johann Jakob Wolleb wurde in Basel am 26. 1. 1613 geboren. Er studierte Theologie in Basel und Genf. Von 1634 bis zu seinem Tod am 30. 10. 1667 wirkte er als Pastor, ab

1642 auch als Organist am Münster und als Professor der Musik an der Universität Basel.

WERKE
Das Hauptwerk des Schweizer Komponisten und Theologen Johann Jakob Wolleb ist das »Vollständige Gesangbuch«, das er selbst harmonisierte. Außerdem revidierte er die Kirchenliedersammlung seines Vorgängers Samuel Mareschall (1554–1640). Seine Publikationen waren für den Schweizer reformierten Kirchengesang grundlegend.

LITERATUR
M. Jenny, Die beiden bedeutendsten deutschschweizerischen Kirchengesangbücher des 17. Jahrhunderts, in: Jahrbuch für Liturgik und Hymnologie, Kassel 1955.

Hermann Adolf Wollenhaupt
(1827–65)

LEBEN
Hermann Adolf Wollenhaupt wurde am 27.9. 1827 in Schkeuditz, Sachsen, geboren. Er studierte am Konservatorium in Leipzig und wanderte 1845 nach den USA aus, wo er als Pianist und Klavierlehrer bis zu seinem Tod am 18.9.1865 wirkte. Er untenahm 1855 eine Konzertreise nach Europa.

WERKE
Von Hermann Adolf Wollenhaupt sind ungefähr 100 äußerst brillante Salonstücke für Klavier, die er vorwiegend für seine eigene Konzerttätigkeit schrieb, bekannt geworden.

Stefan Wolpe (1902–72)

LEBEN
Stefan Wolpe wurde am 25.8.1902 in Berlin geboren. Er war Schüler von Paul Juon, Franz Schreker und Anton Webern. Von 1934 bis 1938 wirkte er als Kompositionslehrer am Konservatorium in Jerusalem. Anschließend betreute er in den USA Lehrerstellen an verschiedenen Musikschulen, zuletzt an der Long Island University, der Charham Square Music School und dem Mannes College of Music in New York, wo er am 4.4.1972 starb.

WERKE
Außer 2 Balletten schrieb Stefan Wolpe 2 Sinfonien, eine Ouvertüre, eine Passacaglia, 2 Fugen, ein Konzert für zwei Trompeten und Kammerensembles, ein Stück für Klavier und 16 Instrumente, 2 Stücke für 14 Instrumente, ein Stück für sechs Spieler, ein Streichquartett, ein Quartett für Oboe, Violine, Schlagzeug und Klavier, ein Konzert für Kontrabaß, Klarinette und Klavier, 2 Stücke für Flöte, Cello und Klavier, ein Stück für Flöte und Klavier, Solostücke für Violine, für Trompete, für Bratsche, ein Oratorium, 3 Kantaten, Lieder und Chöre. Er gehörte der amerikanischen Avantgarde an.

Robert Woodcock
(um 1700 bis nach 1750)

ZEIT UND UMWELT
Musikverlage und Musikalienhandlungen entwickelten sich besonders in der ersten Hälfte des 18. Jahrhunderts, in der Händel und Pepusch in London tätig waren. Einzelne Opernarien, Ensemblemusik und Lieder hatten guten Absatz. Die Verlage Walsh, Randall und Hare vor allem bemühten sich, neben vieler italienischer und französischer Musik die Kompositionen englischer Meister auf den Markt zu bringen und trugen damit wesentlich zur Entwicklung der englischen Musik bei.

LEBEN
Robert Woodcock wurde um 1700 vermutlich in London geboren. Er war ein bekannter Flötist. Es ist unbekannt, in welcher musikalischen Stellung er gewirkt hat. Er dürfte nach 1750 in London gestorben sein.

WERKE
Von Robert Woodcock sind 12 achtstimmige Konzerte für Flöten und Streicher bekannt, die mehrfach bei Walsh und bei Hare herausgebracht wurden. Man spielte sie auch bei öffentlichen Konzerten mit viel Erfolg; das

Musikverlagshaus Randall kündigte noch 1776 eine neue Auflage an. Teile davon wurden von späteren Komponisten einige Male für andere Besetzungen arrangiert.

Michael Woods (um 1535 bis um 1600)

Zeit und Umwelt

Die traditionsreiche Kathedrale zur Dreieinigkeit in Chichester hat die Pflege englischer Kirchenmusik auch nach der Reformation beibehalten. Es wurden noch viele Jahre lang lateinische Motetten gesungen, bis sie das englische Anthem ablöste.

Leben

Michael Woods (Wodds, Woodes) wurde um 1535 vermutlich in Chichester geboren und an der Kathedrale der Stadt ausgebildet, an der er als Sänger und Organist tätig war. Er ist wahrscheinlich auch in Chichester um 1600 gestorben. Über seine näheren Lebensumstände ist nichts bekannt.

Werke

Der englische Kirchenmusiker Michael Woods hat eine Sammlung von Motetten englischer Komponisten herausgegeben, in der sich eine Reihe eigener Werke, dreistimmige Motetten, befinden. Ebenfalls dreistimmige Gesänge auf lateinischem Text sind in anderen Sammelwerken aufgenommen. Seine Kompositionen sind sehr konservativ, aber, nach englischem Muster, äußerst klangvoll.

Leonard Woodson (um 1585–1641)

Zeit und Umwelt

Die St. George's Chapel in Windsor behielt auch im 17. Jahrhundert die Stellung als zweite Chapel Royal, ohne dieser in irgendeiner Form unterlegen zu sein. Auch der Austausch der einzelnen Musiker wurde fortgesetzt. Eine nahezu ebenso enge Verbindung bestand mit der Kapelle des Eton College, die unter unmittelbarer Patronanz der Krone stand.

Leben

Leonard Woodson wurde um 1585 in Winchester geboren. Um die Jahrhundertwende trat er in die St. George's Chapel als Sänger ein und wurde Stellvertreter des Chormeisters Nathaniel Giles (um 1558–1633). Ab dem Jahr 1615 war er Organist am Eton College, wo er bis zu seinem Tod im Jahr 1641 verblieb.
Sein Sohn Leonard Woodson (um 1630, Eton, bis nach 1699, London) wurde 1681 in die Chapel Royal als Sänger aufgenommen, 1689 übernahm er dort die Leitung der Vokalmusik und erhielt Kompositionsaufträge. Im Jahr 1699 ist er noch in der Stellung eines Komponisten der Kapelle nachweisbar.
Sein Vater Thomas Woodson (um 1555, London, bis nach 1603, London) wurde 1581 Mitglied der Chapel Royal und ist in dieser Stellung noch 1603 feststellbar.

Werke

Von dem englischen Komponisten Leonard Woodson sind ein Te Deum, ein In nomine, ein dreistimmiger Chor und ein Sopransolo erhalten. Mit dem Solo betrat er bereits das Reich der Monodie.
Von den Kompositionen des Sohnes Leonard Woodson ist nichts erhalten geblieben.
Von Thomas Woodson sind 20 von 40 zweistimmigen Orgelvariationen überliefert.

Richard Woodward (1744–77)

Zeit und Umwelt

Die irische Hauptstadt Dublin hatte bereits früh neben London ein eigenes Musikzentrum herausgebildet. Der 1679 gegründete Hibernian Catch Club ist vermutlich die älteste noch heute bestehende musikalische Vereinigung Europas.

Leben

Richard Woodward wurde 1744 in Dublin geboren. Er war zunächst Chorknabe und dann ab 1765 Organist an Christ Church Cathedral. Im Jahr 1772 wurde er Chorleiter an St. Patrick's. Er starb am 22. 11. 1777 in Dublin.

WERKE
Von Richard Woodward ist 1771 eine Sammlung Kirchenmusik erschienen, bestehend aus einem vollständigen Service, 7 Anthems, einigen Chants und einem Veni Creator für eine bis sechs Stimmen. Eine Sammlung Lieder, Catches und Kanons folgte. Für einen Kanon erhielt er vom Hibernian Catch Club die Goldmedaille. Der Stil seiner Kompositionen ist konservativ.

Henry Woollett (1864–1936)

LEBEN
Henry Woollett wurde am 13.8.1864 in Le Havre geboren. Er war Klavierschüler von Stéphane Raoul Pugno (23.6.1852, Montrouge bei Paris, bis 3.1.1914, Moskau) und Kompositionsschüler von Jules Massenet in Paris. Anschließend war er bis zu seinem Tod am 9.10. 1936 in Le Havre als Musiklehrer und als Leiter der Philharmonischen Gesellschaft tätig.

WERKE
Von Henry Woollett, der der französischen Spätromantik angehörte, sind ein Bühnengedicht, 3 Orchesterstücke, ein Konzertstück für Cello und Orchester, ein Streichquartett, 2 Violinsonaten, eine Bratschen-, eine Flöten- und eine Cellosonate, ein Chanson für Oboe, eine Pastorale für Klarinette und zahlreiche Stücke für Klavier sowie Lieder bekannt geworden. Er veröffentlichte mehrere didaktische Werke.

William Wordsworth (geboren 1908)

LEBEN
William Brocklesby Wordsworth wurde am 17.12.1908 in London geboren. Er studierte an der Universität Edinburgh bis 1938 unter Donald Francis Tovey. Anschließend ließ er sich als freischaffender Komponist in Hindhead, Surrey, nieder. Seit 1961 lebt er in Kincraig, Inverness.

WERKE
Neben zahlreichen Kompositionen für Bühne, Funk und Schule schrieb William Wordsworth 5 Sinfonien, eine Sinfonietta, eine »Sinfonia« für Streicher, eine Ouvertüre, »Jubilation« und »Conflict« für Orchester, 2 schottische Skizzen für Kammerorchester, ein Klavierkonzert, ein Violinkonzert, ein Cellokonzert, ein Quintett für Violine, Bratsche, Cello, Kontrabaß und Klavier, ein Quartett für Flöte, Oboe, Harfe und Cembalo, 6 Streichquartette, ein Trio für zwei Celli und Klavier, Werke für Klavier mit Violine, mit Bratsche, mit Cello, mit Oboe und mit Horn, Sonaten für Cello solo und für Klavier, eine Fantasie für Orgel, ein Oratorium, eine Hymne und Lieder.

John Worgan (1724–90)

LEBEN
John Worgan wurde 1724 in London geboren. Er war Schüler seines Bruders James Worgan (um 1700, London, bis 1753, London), Organist an St. Botolph, Aldgate, St. Dunstan in the East und an Vauxhall Gardens und von Thomas Roseingrave. Er studierte sodann in Cambridge. Er wurde 1749 Organist in London, übernahm 1751 die Stellungen seines Bruders, die er bis 1761 und noch einmal von 1770 bis 1774 betreute, und starb in London am 24. 8. 1790.

WERKE
Das Orgelspiel von John Worgan wurde von den Zeitgenossen dem von Georg Friedrich Händel gleichgehalten. Er schrieb Cembalosonaten, Übungsstücke für das Cembalospiel, ein Cembalokonzert, zahlreiche Orgelstücke, mehrere Oratorien, Psalmen, Oden und mehrere Bücher mit Liedern für Vauxhall. Sein Stil war von der gleichzeitigen Entwicklung auf dem Kontinent unberührt.

Felix Woyrsch (1860–1944)

LEBEN
Felix Woyrsch wurde am 8.10.1860 in Trop-

pau (Opava) geboren und in Hamburg ausgebildet. Er wirkte darauf in Altona ab 1887 als Leiter der Liedertafel, ab 1893 als Dirigent des Kirchenchors, ab 1895 als Direktor der Singakademie und als Organist; ab 1903 leitete er die Sinfoniekonzerte der Stadt bis zu seinem Tod am 20.3.1944.

Werke
Von Felix Woyrsch sind 3 Opern und 6 Sinfonien aufgeführt worden, weiters ein Violinkonzert »Skaldische Rhapsodie« und die Chorwerke »Die Geburt Jesu«, »Deutscher Heerbann«, »Passions-Oratorium«, »Sapphische Ode an Aphrodite«, »Totentanz«, »Da Jesus auf Erden ging«, und »Der Vandalen Auszug«, außerdem für Männerchor und Orchester eine »Ode an den Tod«. Auch seine Kammermusik, Balladen und Lieder bewegten sich ausschließlich in Bahnen der Romantik und waren auf Vollklang ausgerichtet. Seine Kompositionen wurden sehr geschätzt.

Thomas Wright (1763–1829)

Zeit und Umwelt
Dem französischen Musiker und Musikwissenschafter Étienne Loulié (um 1650, Paris, bis 1702, Paris) gebührt das Verdienst, als erster ein Metronom konstruiert zu haben, dessen Verwendbarkeit aber durch seine übermäßigen Dimensionen sehr erschwert wurde. Es folgten mehrere weitere Konstruktionen, bis der Instrumentenmacher Johann Nepomuk Mälzl (1772–1838) das noch heute verwendete Zeitmaßgerät baute.

Leben
Thomas Wright wurde am 18. 9. 1763 in Stockton-on-Tees geboren. Er war bereits mit 11 Jahren Schüler von John Garth in Sedgefield, dem er 1784 als Organist nachfolgte. Ein Jahr darauf wurde er von John Ebdon an die Kathedrale von Durham geholt. Im Jahr 1797 übernahm er den Organistendienst in Stockton, das er 1817 wieder verließ, um in Kirckleatham zu spielen, kehrte aber bald wieder zurück und wirkte in seinem Geburtsort als Musiklehrer bis zu seinem Tod am 24. 11. 1829 in Wycliffe Rectory.

Werke
Von Thomas Wright sind ein Konzert für Cembalo oder Pianoforte, ein Anthem anläßlich des Friedens von Amiens (1802) und mehrere Ouvertüren und Lieder bekannt geworden. Bemerkenswert ist seine Erfindung eines Taschenmetronoms, das die Konstruktion von Étienne Loulié um vieles verbesserte, aber durch die Erfindung von Mälzl wieder überholt wurde.

Feliks Wrobel (1894–1954)

Leben
Feliks Wrobel wurde am 15.5.1894 in Włocławek (Bromberg) geboren. Er war Schüler des Konservatoriums in Warschau unter Grzegorz Fitelberg und Piotr Rytel (20.9.1884, Vilnius, bis 2.1.1970, Warschau) und unterrichtete anschließend am Konservatorium in Łódż. Ab 1945 war er Dozent für Dirigieren und Komposition an der Hochschule für Musik in Krakau, wo er am 15.4.1954 starb.

Werke
Von Feliks Wrobel sind 3 sinfonische Dichtungen, eine Sinfonietta, ein Kontrabaßkonzert, eine »Chinesische Suite« für zwei Flöten, Oboe, 3 Schlaginstrumente, Bratsche und Klavier, ein Bläserquintett, ein Impromptu für Kontrabaß und Klavier, Klavierwerke und verschiedene Ballettmusiken bekannt geworden. Sein Stil war sehr modern und neigte dem Neuklassizismus zu.

Richard Wüerst (1824–81)

Zeit und Umwelt
Die von Theodor Kullak in Berlin gegründete »Neue Akademie der Tonkunst« beschäftigte ausschließlich Kräfte ersten Ranges. Ihr Lehrkörper bildete ein vorzügliches Reservoir für die staatlichen Lehranstalten, die nicht mit Ehrenstellen geizten, wenn es ihnen gelang, eine Lehrkraft von dort anzuwerben.

LEBEN

Richard Ferdinand Wüerst wurde am 22.2. 1824 in Berlin geboren. Er war Schüler von Carl Friedrich Rungenhagen, Hubert Ries, Felix Mendelssohn-Bartholdy und Ferdinand David und wurde nach seiner Ausbildung Kompositionslehrer an der »Akademie« von Kullak. Im Jahr 1877 erhielt er die Mitgliedschaft an der Akademie der Künste. Er starb am 9.10.1881 in Berlin.

WERKE

Außer 7 Opern verfaßte Richard Wüerst eine Reihe Chor- und Orchesterwerke, Kammermusik, Lieder, Duette und Terzette. Seine Kompositionen sind etwas trocken und nicht sehr phantasiereich. Sie wirken zum Teil wie Lehrstücke. Er verfaßte auch einen Leitfaden der Elementartheorie.

Franz Wüllner (1832-1902)

ZEIT UND UMWELT

Die von Ferdinand Hiller 1850 in Köln ins Leben gerufene »Rheinische Musikschule« wurde ab 1858 bis 1925 als Konservatorium der Stadt Köln geführt. Sowohl Leitung wie Unterricht lagen ununterbrochen in Händen bewährter Kräfte.

LEBEN

Franz Wüllner wurde am 28.1.1832 in Münster geboren. Er war Schüler des Dirigenten und Musikschriftstellers Anton Schindler (13.6.1798, bei Neustadt [Nové Město], Mähren, bis 16.1.1864, Bockenheim bei Frankfurt am Main). Von 1852 bis 1854 konzertierte er als Pianist in Frankfurt am Main, Brüssel, Köln, Bremen, Hannover und Leipzig und ließ sich sodann in München nieder, wo er von 1856 bis 1858 als Klavierlehrer am Konservatorium wirkte; anschließend bis 1864 war er Städtischer Musikdirektor in Aachen, darauf erneut in München Dirigent der Hofkapelle, ab 1867 Leiter der Chorgesangklassen der Musikschule, ab 1869 Dirigent der Hofoper und der Akademiekonzerte; er dirigierte die Uraufführungen von »Rheingold« (1869) und »Walküre« (1870). Im Jahr 1870 wurde er Erster Hofkapellmeister in München und 1877 in Dresden; ab 1884 war er Leiter des Konservatoriums in Köln. Er starb am 7.9. 1902 in Braunfels an der Lahn.

WERKE

Von Franz Wüllner sind die Kantaten »Die Flucht der heiligen Familie« für 3 Soli und Orchester, »Heinrich der Finkler« für Soli, Chor und Orchester und »Deutscher Siegesgesang« überliefert, weiters Messen, Motetten, ein Miserere für Doppelchor, eine Vertonung des 125. Psalms mit Orchester, ein Stabat mater für Doppelchor, ferner Kammermusikwerke, Klaviermusik, Lieder und Chorlieder. Er verfaßte außerdem oft aufgelegte »Chorübungen der Münchener Musikschule« in 3 Bänden und eine Reihe von Neuausgaben älterer Werke. Das Konservatorium in Köln verdankt ihm seinen um die Jahrhundertwende erreichten großen Ruf.

Václav Vilém Würfel (1791-1832)

ZEIT UND UMWELT

»Wellingtons Sieg oder Die Schlacht bei Vittoria« von Ludwig van Beethoven von 1813 war zwar nicht die erste Programmusik, sie regte aber durch ihren großen Erfolg eine Reihe von Komponisten an, eine ähnliche »Schlachtenmusik« zu schreiben. Das Publikum, das darin die Angriffsstöße der kämpfenden Heere, den Lärm des Kampfes, die Schreie der Verwundeten, das Fliehen der Unterlegenen und den Triumph der Sieger erkannte, nahm eine solche »sprechende« Musik, die in der Romantik häufig war, mit Begeisterung auf.

LEBEN

Václav Vilém Würfel wurde 1791 in Plaňany bei Kolín, Böhmen, geboren. Er war ab 1815 Orgellehrer am Konservatorium in Warschau, wo Frédéric Chopin zu seinen Schülern zählte. Im Jahr 1826 wurde er Vizekapellmeister am Kärntnertor Theater in Wien, wo er auch als Pianist tätig war. Er starb am 23.4.1832 in Wien.

Werke

Von Václav Vilém Würfel sind mehrere Opern aufgeführt worden. Er schrieb außerdem viel Klaviermusik, darunter eine Fantasie für vier Hände »Der Sieg Wellingtons«, die lange sehr beliebt war.

Johann Georg Wunderlich
(1756–1819)

Zeit und Umwelt

Ausländische Musiker, die sich in Paris mit der Absicht niedergelassen hatten, ständig zu bleiben, fanden keine Veranlassung, bei Ausbruch der Revolution ihre Stellungen aufzugeben. Sie mußten nicht fürchten, in ihrer Heimat für ihr Wirken im »revolutionären« Frankreich zur Verantwortung gezogen zu werden. In Frankreich selbst machte man ihnen deswegen weder im Kaiserreich noch nach der Restauration einen Vorwurf, falls sie sich nicht exponiert hatten.

Leben

Johann Georg Wunderlich wurde am 2. 2. 1756 in Bayreuth geboren. Er nahm in Paris bei Félix Rault Flötenunterricht, trat 1779 im Concert spirituel als Flötist auf und wurde ab 1782 zweiter und von 1787 bis 1813 erster Flötist der Opéra in Paris. Zugleich wirkte er ab 1794 als Flötenlehrer am Conservatoire. Er starb im Jahr 1819 in Paris.

Werke

Von Johann Georg Wunderlich sind 6 Flötenduos, Flötensonaten mit Generalbaß, 6 Soli für Flöte mit fünf Klappen, 6 Divertissements für Soloflöte, mehrere Etüden für Flöte, 9 große Flötensoli, 3 große Sonaten mit Fagott oder Cello und weitere Konzert- sowie Übungsstücke für Flöte erschienen. Er schrieb auch eine viel verwendete Flötenschule.

Charles Wuorinen (geboren 1938)

Leben

Charles Wuorinen wurde am 9.6.1938 in New York geboren. Er war an der Columbia University in seiner Geburtsstadt Schüler von Otto Luening, Vladimir Ussachevsky und Jack Hamilton Beeson und wirkte dort selbst von 1964 bis 1971 als Instruktor; sodann wurde er Dozent an der Mannes Music School. Neben einer Reihe Auszeichnungen erhielt er 1970 den Pulitzerpreis für Musik.

Werke

Neben 3 Sinfonien, einem Concertone für Blechbläserquintett und Orchester und einem Konzert für Kammerorchester schrieb Charles Wuorinen unter anderem ein Konzert für Instrumente und Elektronische Musik, ein Oktett für Oboe, Klarinette, Horn, Posaune, Violine, Cello, Kontrabaß und Klavier, »Speculum speculi« (Spiegelbild im Spiegel) für Flöte, Oboe, Baßklarinette, Kontrabaß, Klavier, Vibraphon, vier Trommeln und drei Gongs, eine Invention für Schlagzeugquintett, ein Cellokonzert, ein Flötenkonzert, ein Klavierkonzert, ein Oboenkonzert, ein Konzert für zehn Spieler, ein Konzert für Violine und zehn Instrumente, ein Kammerkonzert für Tuba, zwölf Holzbläser und zwölf Trommeln, ein Streichquartett, ein Streichtrio, ein Duo für Violine und Klavier, verschiedene Klavierwerke, Vokalmusik und Kompositionen für Elektronische Musik.

Arnold van Wyk (geboren 1916)

Leben

Arnold Christian van Wyk wurde am 26.4. 1916 in Calvinia, Kapland, geboren. Er studierte von 1936 bis 1938 an der Universität in Stellenbosch und anschließend bis 1943 an der Royal Academy of Music in London, wo er hernach bis 1946 als Freischaffender für Film und Rundfunk arbeitete. Ab 1949 lehrte er Komposition an der Universität in Kapstadt. Seit 1961 wirkt er als Kompositionslehrer in Stellenbosch.

Werke

Von Arnold van Wyk sind 2 Sinfonien, eine Rhapsodie, ein Tongedicht, ein Violinkonzert, eine sinfonische Suite, sinfonische Variationen, 2 Streichquartette, Werke für zwei Klaviere und ein Klavier, ein Duo für Bratsche und Klavier, ein Liederzyklus und ein Chor a cappella bekannt geworden.

Henry Wylde (1822–90)

ZEIT UND UMWELT

Nach dem im Januar 1852 veröffentlichten Prospekt wurde die New Philharmonic Society in London gegründet, um perfektere Aufführungen der großen musikalischen Werke zu gewährleisten als bisher und zeitgenössischen und einheimischen Komponisten die Gelegenheit zu bieten, vor ein Publikum zu treten. Das engagierte Orchester verfügte über 20 Erste Violinen; auch der Chor war fest angestellt.

LEBEN

Henry Wylde wurde am 22.5.1822 in Bushey, Hertshire, geboren. Er wurde bereits mit 16 Jahren Organist von Whitechurch und 1843 Schüler von Cipriani Potter an der Royal Academy of Music, an der er später Harmonielehrer wurde. Nach mehreren Organistenstellungen beteiligte er sich maßgebend an der Gründung der New Philharmonic Society und der London Academy of Music (1861). Im Jahr 1863 erhielt er die Ernennung zum Musikprofessor am Gresham College in London, wo er am 13.3.1890 als allgemein geschätzte Persönlichkeit des englischen Musiklebens starb.

WERKE

Von Henry Wylde sind 2 Kantaten für Soli, Chor und Orchester (»Das verlorene Paradies«, »Gebet und Lobpreisung«) mit großem Erfolg aufgeführt worden. Er schrieb außerdem ein Klavierkonzert in f-Moll, mehrere Klaviersonaten, eine »Rhapsodie für Klavier«, eine »Fantasie für Klavier« und Lieder auf in das Englische übersetzte Texte von Johann Wolfgang von Goethe und Friedrich von Schiller. Er veröffentlichte eine Reihe musiktheoretischer Werke.

Jürg Wyttenbach (geboren 1935)

LEBEN

Jürg Wyttenbach wurde am 2.12.1935 in Bern geboren. Dort war er am Konservatorium Schüler von Kurt von Fischer (geboren 25. 4. 1913, Bern) und Sándor Veress, am Conservatoire in Paris von Yvonne Lefébure (29. 6. 1898, Ermont, Seine-et-Oise, bis 23. 1. 1986, Paris) und Joseph Calvet (geboren 8. 10. 1897, Valence-d'Agen, Tarn-et-Garonne) und an der Musikhochschule in Hannover von Karl Engel (geboren 1.6.1923, Birsfelden bei Basel). Seit 1962 unterrichtet er am Konservatorium in Bern und an der Musikakademie in Basel. Er gründete mit Heinz Holliger ein Kammermusikensemble für zeitgenössische Musik.

WERKE

Außer einer »Exécution ajournée (Angepaßte Durchführung) I«, Gesten für 13 Musiker, »II«, Gesten für Musiker, »III«, für Streichquartett, schrieb Jürg Wyttenbach unter anderem »Paraphrase« für einen Sprecher, einen Flötisten und einen Pianisten, »Conteste« für Kammerorchester, »Anrufungen und Ausbruch« für Holz- und Blechbläser, »Divisions« für Klavier und neun Solostreicher, ein Klavierkonzert, »3 Liebeslieder« für Alt, Flöte und Klavier, »3 Sätze« für Oboe, Harfe und Klavier, »10 Scherzlieder« für gemischten Chor und Klavier vierhändig, ein Gesang für Bariton und Orchester, »4 Kanzonen« für Sopran und Cello, eine Sonate für Oboe und ein »Nachspiel« für zwei Klaviere.

X

Iannis Xenakis (geboren 1922)

Leben

Iannis Xenakis wurde am 1. 5. 1922 in Brăila, Rumänien, geboren. Von 1937 bis 1947 lebte er in Griechenland, dann kam er als politischer Flüchtling nach Paris, wo er bei Artur Honegger, Darius Milhaud und Olivier Messiaen studierte; er besuchte auch die Kurse bei Hermann Scherchen in Gravesano. Von 1948 bis 1960 arbeitete er als Assistent des Architekten Le Corbusier (1887–1965). Seitdem widmet er sich nahezu ausschließlich der Musik. Im Jahr 1966 gründete er an der Pariser Universität die Equipe de mathématique et d'automatique musicales und ein Jahr darauf an der Indiana University ein gleiches Institut, an dem er halbjährlich als Professor Komposition unterrichtet.

Werke

Nachdem Iannis Xenakis 1952 seine auf der griechischen Volksmusik aufgebauten Kompositionen vernichtet hatte, verwendet er bei seinen Werken mathematische Methoden, wie Wahrscheinlichkeitsrechnungen, Mengenlehre, Gruppentheorie, Kontinuitätslehre. Er führt musikalische Massenstrukturen aus Scharen von Tonlinien, von Ton- und Geräuschpunkten, gehäuften Klangschichten, Pizzicatowolken und Glissandonetzen, deren Erstellung computergesteuert wird. Er nennt diese Methode »stochastisch« im Sinn des Mathematikers Jakob Bernoulli (1655–1705) und verbindet damit politische, ethische, methaphysische und allgemein philosophische Bedeutungszusammenhänge. Seine Spannungsfelder liegen zwischen härtestem Bruitismus und strengster mathematischer Logik. Er schrieb unter anderem »Metastaseis« (sein erstes aufsehenerregendes Werk), »Pithoprakta«, »Nomos gamma« für Orchester, mehrere Polytopen – an verschiedenen Plätzen gleichzeitig erklingende Musik –, Musik für eines oder mehrere Tonbänder, für verschiedenes Schlagzeug, für Stimmen mit Instrumenten, mit Tonbändern und Chören, für elektronische Klangerzeuger. Das meiste ist stark aleatorisch und nur bestimmten Rhythmusstrukturen unterworfen; vielfach werden die Ausführenden unter dem Publikum verteilt oder an verschiedenen Plätzen des Konzertsaales aufgestellt. Er verfaßte aber auch zahlreiche Stücke für Ensembles von traditionellen Instrumenten: Bläsergruppen, Quartette, Trios, Duos und Soli. Er veröffentlichte eine Reihe theoretischer Abhandlungen über seine Kompositionsmethode.

Syrmos für 18 Streicher, entstanden 1959

Das Werk ist auf acht stochastische Basisstrukturen aufgebaut: Horizontale, aufsteigende, absteigende und gekreuzte parallele Glissandonetze, darauf Wolken von Pizzicati, anschließend Collegno-Schläge und Col-legno-Glissandi, linksgesteuerte Glissandigruppen und geometrische Gruppierung von Glissandi.

Polytope für vier im Saal an verschiedenen Plätzen aufgestellte Orchester, entstanden 1967

Es handelt sich um ein »Licht- und Klangspiel« für den französischen Pavillon der Weltausstellung in Montreal. Die Musik ist von den optischen Vorführungen völlig unabhängig und soll sie kontrastieren. Das Licht bringt Mengen von Punkten in zahlreichen Variationen, die Musik bildet ein Kontinuum aus pausenlosen Glissandi, die sich ständig verändern und damit kompakte Tonflächen bilden.

Literatur

N. Natossian, Iannis Xenakis, Paris 1981.

Y

Kosaku Yamada (1886–1965)

Leben

Kosaku (Kōsaku) Yamada wurde am 9. 6. 1886 in Tokio geboren. Bis 1908 erhielt er eine Ausbildung in Theorie und Gesang in Tokio und studierte sodann bis 1914 in Berlin bei Max Bruch Komposition. Dann gründete er in Tokio das erste japanische Sinfonieorchester und leitete es bis 1919. Im Ausland trat er öfters als Dirigent auf. Er starb am 29. 12. 1965 in Tokio.

Werke

Von Kosaku Yamada sind 8 Opern aufgeführt worden. Er schrieb weiters 5 Sinfonien, 3 »Tanzpoesien«, 6 sinfonische Dichtungen, davon 2 mit Chor, eine Suite, Kammermusik, Chorwerke, Chöre, Lieder und Klavierstücke. Er schloß sich deutlich der abendländischen Spätromantik an, bemühte sich aber um einen japanischen nationalistischen Stil und integrierte daher heimisches Melos.

Yehuda Yannai (geboren 1937)

Leben

Yehuda Yannai wurde am 26. 5. 1937 in Timişoara, Rumänien, geboren. Von 1960 bis 1964 studierte er an der Musikakademie in Tel Aviv unter Alexander Uria Boscovich und Mordecai Seter, anschließend bis 1966 an der Universität in Waltham, Mass., bei Ernst Křenek und Harold Shapero, ferner von 1968 bis 1970 an der Universität in Urbana, Ill. Von 1966 bis 1968 hatte er das Konservatorium in Tel Aviv geleitet.

Werke

Neben »Coheleth« für mobilen Chor und elektronische Apparatur und einem Theaterstück für fünf Teilnehmer, ausgewalzte Aluminiumbleche und ein Yannachord, dem von ihm konstruierten Saiteninstrument, schrieb Yehuda Yannai »Sphären« für Sopran, Flöte, Klarinette, Baßklarinette, Harfe, Prepared piano und fünf Schlaginstrumente, »Permutationen« für einen Schlagzeuger, »Beschwörungen« für mittlere Stimme und Klavier, »Phonomontage« für Tonband und zahlreiche Elektronische Musik.

Bernardus Ycaert
(um 1440 bis nach 1480)

Zeit und Umwelt

Als Ferdinand I. von Aragonien 1458 König von Neapel wurde, war er vor ein ernstes Problem gestellt. Die Barone des Königreiches empörten sich gegen Modernisierungs- und Zentralisierungsanordnungen der Krone. Doch Ferdinand blieb mit eiserner Hand Sieger.
Dies konnte jedoch den Ausbau der Königlichen Kapelle in Neapel nicht stören, wo Spanier, Italiener, Franzosen und Flamen einen mit spanischen und italienischen Elementen durchsetzten Stil pflegten. Tinctoris und Gaffori spielten dort eine führende Rolle.

Leben

Bernardus Ycaert (Icart, Hicart, Hycaert, Ycart) wurde um 1440 im katalanischen Sprachbereich geboren. Nach der Meinung anderer kam er aber aus Flandern. Jedenfalls war er um 1480 in der Königlichen Kapelle in Neapel als Sänger tätig und mit Gaffori und Tinctoris befreundet. Über den Ort und die Zeit seines Todes ist nichts bekannt.

Werke

Bernardus Ycaert hat 2 Lamentationen, ein Kyrie, ein Gloria, 2 vierstimmige und ein dreistimmiges Magnificat sowie 3 weltliche Canzonen hinterlassen. Der Stil dieser Kompositionen lehnt sich an Tinctoris an. Von seinen musiktheoretischen Werken ist nichts erhalten geblieben.

Literatur

Fr. Florimo, La scuola musicale di Napoli I, Neapel 1880.

Michel Yost (um 1754–86)

Zeit und Umwelt

Der böhmische Klarinettist Josef Beer hatte selbst erst in Paris das Klarinettenspiel erlernt, brachte es aber bald so weit, daß er Schüler aufnehmen konnte. Als er von Frankreich nach St. Petersburg übersiedelte, hinterließ er eine Reihe tüchtiger Klarinettisten, die gleich ihm im Concert spirituel als Solisten erfolgreich auftreten konnten.

Leben

Michel Yost (Jost) wurde um 1754 in Paris geboren. Er nahm bei Josef Beer Klarinettenunterricht, trat regelmäßig im Concert spirituel auf und betätigte sich selbst als Klarinettenlehrer bis zu seinem Tod am 5. 7. 1786.

Werke

Von den Kompositionen für Klarinetten von Michel Yost – Konzerte, Trios, Duos, Soli – ist nur ein geringer Teil im Druck erschienen, obwohl es die meisten wert gewesen wären.

Henry Youll (um 1580 bis nach 1608)

Zeit und Umwelt

Während das italienische Madrigal im England des 16. Jahrhunderts und darüber hinaus viele befähigte Nachahmer fand, wurde die übrige italienische Vokalmusik zu jener Zeit noch wenig beachtet. Kanzonen und Canzonetten auf englischen Texten waren verhältnismäßig selten und wurden erst in späteren Zeiten mehr gepflegt.

Leben

Henry Youll wurde um 1580 in England geboren. Über seine Person gibt es keine Informationen. Er dürfte in London gewirkt haben und nach 1608 dort gestorben sein.

Werke

Von dem englischen Komponisten Henry Youll ist 1608 eine Sammlung italienischer Canzonetten erschienen, von denen sich einzelne großer Beliebtheit erfreuten, wie »Pipe shepherds pipe« (Blast, Hirten, blast) oder »Slow slow fresh fount« (Langsam sprudle, frischer Quell). Der Veröffentlichung sind 6 dreistimmige Ballette angeschlossen, die zu den besten Kompositionen aus dieser Zeit gezählt werden.

Antony Young (um 1686 bis nach 1720)

Zeit und Umwelt

Lieder, die möglichst einfach und volksliednah gesetzt waren oder an Melodien vielgesungener Anthems anklangen, durften in England immer auf bereitwillige Aufnahme zählen. Sie erfreuten sich, zumindest in der ersten Hälfte des 18. Jahrhunderts, neben der Arie aus Opern der größten Beliebtheit.

Leben

Antony Young wurde um 1686 in London geboren. Er war ab 1707 Organist an St. Clement Danes und darauf an St. Catherine Cree. Seine letzte Publikation ist mit 1720 datiert. Es ist nicht bekannt, wann er in London gestorben ist.

WERKE

Die Meinung, daß Antony Young die Hymne »God save the King« verfaßt habe, hat sich schon längst als irrig erwiesen. Die Beliebtheit seiner Lieder kann man aber an dieser Zuschreibung messen; einzelne wurden lange nach seinem Tod und dem seiner Kinder, die alle musikalisch tätig waren, gesungen.

William Young (um 1620–71)

ZEIT UND UMWELT

Die Bezeichnung »Sonate« für ein Instrumentalwerk wurde in Italien als Gegensatz zur »Kantate« schon seit dem Beginn des Jahrhunderts fallweise verwendet. In England taucht sie erst nach 1650 zum ersten Mal für selbständige, zumeist mehrteilige Stücke für Instrumente allein größeren Umfanges auf.

LEBEN

William Young wurde um 1620 vermutlich in London geboren. Er war um 1653 als Violinist und Flötist Kammermusiker am Hof in Innsbruck, wo er vermutlich die Cromwell-Zeit überdauerte. Im Jahr der Restauration (1660) kehrte er nach England zurück und wurde als Flötist und ab 1661 auch als Violinist Mitglied der Kammerkapelle des Königs. Er starb am 21. 12. 1671 in London.
Gleichzeitig mit ihm stand ein zweiter William Young (um 1620, wahrscheinlich London, bis 23. 4. 1662, Innsbruck) als Gambist im Dienst der Innsbrucker Hofkapelle. Es ist nicht feststellbar, ob zwischen den beiden Musikern ein verwandtschaftliches Verhältnis vorlag.

WERKE

Der englische Flötist, Violinist und Komponist William Young hat eine Serie von Sonaten und Suiten für zwei bis vier Violinen und Generalbaß verfaßt und unter der Bezeichnung »Sonate« veröffentlicht.
Die in Innsbruck erschienenen »Sonate a 3, 4 e 5 voci con alcune Allemande, Sarabande, Correnti e Balletti« werden dem Gambisten William Young zugeschrieben.
Beide Meister waren für die Entwicklung der barocken Instrumentalmusik beispielgebend.

LITERATUR

W. Senn, Musik und Theater am Hof zu Innsbruck, Innsbruck 1954.

Eugène Ysaye (1858–1931)

LEBEN

Eugène Ysaye (Ysaÿe) wurde am 16.7.1858 in Lüttich geboren. Er war Schüler der Violinisten Lambert Joseph Massart, Henri Vieuxtemps und Henryk Wieniawski. Von 1879 bis 1881 wirkte er in Berlin als Konzertmeister, ging sodann auf Konzertreisen; von 1886 bis 1896 war er Lehrer am Konservatorium in Brüssel. Ab 1894 dirigierte er die von ihm gegründete Societé des Concerts Ysaye. Im Jahr 1914 floh er wegen der Kriegsereignisse nach London und übernahm 1918 bis 1922 die Leitung des Cincinnati Symphony Orchestra. Dann nahm er seine Orchesterkonzerte in Brüssel wieder auf und starb dort am 12.5.1931.

WERKE

Von Eugène Ysaye sind 2 Opern in wallonischer Sprache, 6 Violinkonzerte und zahlreiche Stücke für Violine und Cello mit Orchester oder Klavier bekannt geworden. Er schrieb außerdem zahlreiche Stücke für Solovioline. Er war als Lehrer und Instrumentalist gleich bedeutend und gehörte zu den großen schulebildenden Virtuosen seiner Zeit.

LITERATUR

E. Christen, Ysaye, Genf 1946.

Isang Yun (geboren 1917)

LEBEN

Isang Yun wurde am 17.9.1917 in Tŏngyŏng (heute Chungmu), Südkorea, geboren. Im Jahr 1939 nahm er in Osaka und Tokio das Musikstudium auf. Von 1946 bis 1952 unterrichtete er Musik an Oberschulen in Tŏngyŏng und Pusan und wirkte anschließend bis 1956 als Dozent an den Universitäten Pusan und Seoul. Darauf übersiedelte er nach Europa und studierte bis 1957 am Conservatoire in Paris bei Tony Aubin und sodann an der Hochschule für Musik in Berlin bei Boris Blacher, Josef Rufer (geboren 18.12.1893, Wien) und Reinhard Schwarz-Schilling. Im Jahr 1967 wurde er vom südkoreanischen Geheimdienst nach Seoul verschleppt und erst zwei Jahre darauf freigelassen. Sodann übernahm er eine Kompositionsklasse an der Musikhochschule in Hannover. Seit 1970 lehrt er Komposition an der Musikhochschule in Berlin, die ihn 1974 zum Professor ernannte.

WERKE

Frei angewandte Zwölftonmusik, serielle Techniken und andere avantgardistische Stilmittel verbindet Isang Yun mit den Traditionen chinesisch-koreanischer Kunstmusik. Als Bauprinzip für seine äußerst farbenreichen, dichten Kompositionen verwendet er sogenannte »Haupttöne« – Akkorde, Klänge, Geräusche –, die mit reich ausgezierten Figurationen und Glissandi verbunden sind. Die Vokalmusik ist durch »Haltetöne«, Sprechgesang, umspielt von Glissandi und Verzierungen, charakterisiert. Er schrieb die Opern »Der Traum des Liu-Tung«, »Die Witwe des Schmetterlings«, »Geliebte Füchsin«, »Geisterliebe« und »Sim Tjong«, eine Sinfonie, eine sinfonische Szene, »Fluktuationen«, »Réak«, »Dimensionen«, eine Ouvertüre, »Konzertante Figuren«, ein Stück für Streichorchester, ein Violinkonzert, eine Kammermusik für Flöte, Oboe, Klarinette, Fagott, Harfe, Schlagzeug, Vibraphon, Violine und Cello, ein Concertino für Akkordeon und Streichquartett, »Musik für 7 Instrumente«, ein Klarinettenquintett, 3 Streichquartette, ein Quartett für Flöte, Oboe, Violine und Cello, ein Trio für Flöte, Oboe und Violine, »Dialog zwischen Schmetterling und Atombombe« für Violine und Orchester, verschiedene Solostücke für Violine, für Flöte, für Cello, für Klarinette, 5 Stücke für Klavier, ein Cembalostück, ein Orgelstück, ein Oratorium, mehrere Kantaten für Solostimmen, Vokalisen, Chorensembles mit verschiedenen Instrumenten.

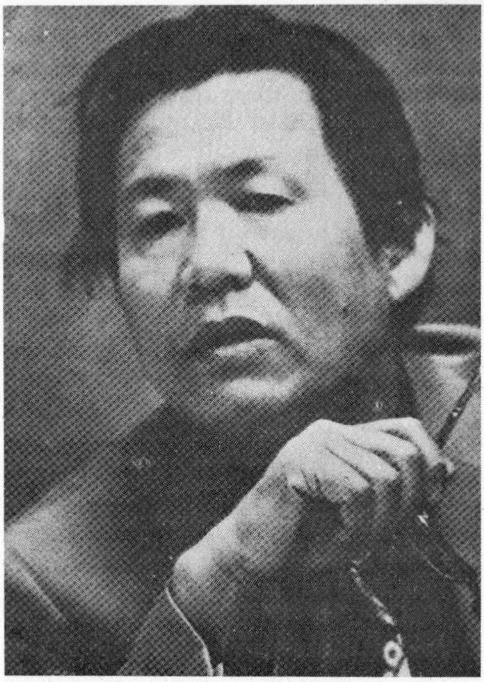

Isang Yun

Réak für großes Orchester, ein Satz, entstanden 1966

Der Titel des Werks bedeutet »Festlich« und ist eine Kategorie der altkoreanischen Hofmusik. Die Komposition will dem historischen Klangtypus mit den verschiedensten Farbmischungen und Artikulationen nahekommen; eine dynamisch bewegte Melodik fehlt, dafür bieten sich ungeheuer viele differenzierte Farben und Spannungen an, die durch langes Hinauszögern erhöht werden. Ende und Anfang werden durch Sforzandi der Trommeln und der Peitschen markiert.

Z

Lodovico Zacconi (1555–1627)

Leben
Lodovico Zacconi (Giulio Cesare) wurde in Pesaro am 11. 6. 1555 geboren. Im Jahre 1568 trat er dem Augustinerorden bei und wurde mit zwanzig Jahren Priester und Organist seines Klosters. Seine weitere musikalische Ausbildung erhielt er in Venedig und Mantua, wo er neben theologischen Studien wie später auch in Pavia als Gesanglehrer wirkte. Ab 1585 kam er als Tenorist zur Hofkapelle Erzherzog Karls nach Graz und 1591 als Sänger und Hofkaplan nach München zu Herzog Wilhelm V. Im Jahre 1596 kehrte er nach Italien zurück und wurde zuletzt Prior seines Klosters in Pesaro, wo er am 23. 3. 1627 starb.

Werke
Der Musiktheoretiker und Gesanglehrer hinterließ 4 Bücher mit Kanons und Orgelricercari, die nur zum Teil von ihm selbst waren. Sie sind einwandfrei richtig, aber sehr matt, wie eben Schulbeispiele zu sein pflegen.

Jan Zach (1699–1773)

Zeit und Umwelt
Beinahe alle Werke des Komponisten Bohuslav Černohorský sind 1754 durch einen Brand des Minoritenklosters in Prag vernichtet worden. Der Einfluß der von ihm begründeten »Böhmischen Altmeisterschule« wurde jedoch von seinen Schülern weitergetragen und wirkte bis in das folgende Jahrhundert hinein.

Leben
Jan Zach wurde am 13. 11. 1699 in Čelákovice, Böhmen, geboren. Er kam 1724 nach Prag und betätigte sich ab 1725 als Violinist und Hilfsorganist an verschiedenen Kirchen und nahm bei Bohuslav Černohorský Unterricht. Um 1740 verließ er die Stadt und erhielt die Hofkapellmeisterstelle in Mainz, die er 1756 krankheitshalber aufgab. Anschließend gab er in verschiedenen deutschen Orten und auch in Zams, Tirol, Orgelkonzerte. Er starb am 24. 5. 1773 in Ellwangen (Jagst).

Werke
Von den zahlreichen Kompositionen von Jan Zach sind 6 Orgelstücke, 35 Messen, 3 Requiem, 35 Propriumgesänge, 18 Vespern und Hymnen, 5 Psalmen, 3 Oratorien, 3 Klavierstücke, 8 Triosonaten, etwa 30 Sinfonien und 14 Konzerte für Flöte, Oboe, Cello und Cembalo bekannt. Sein kirchenmusikalisches Schaffen bewegte sich in den Bahnen der »Böhmischen Altmeisterschule«, seine instrumentalen Kompositionen gehörten dem neuen vorklassischen Stil an. Bemerkenswert sind dabei die darin aufgenommenen zahlreichen volkstümlichen Elemente.

Literatur
K. M. Komma, Jan Zach, in: Studien zur Heidelberger Musikwissenschaft VII, Kassel 1938.

Antonio Zachara (um 1380 bis vor 1450)

Zeit und Umwelt
Die Abruzzen-Stadt Teramo hatte schon früh ihrem bischöflichen Domchor eine

Knabensingschule angeschlossen, die nicht nur den Nachwuchs für den Chor heranzog, sondern manches Talent für einen weiteren Wirkungskreis ausbildete.

LEBEN

Antonio Zachara (Antonio Zacara da Teramo) wurde um 1380 in Teramo geboren. Er dürfte sich in Rom oder Oberitalien aufgehalten haben und noch vor 1450 verstorben sein.

WERKE

Von dem italienischen Komponisten Antonio Zachara sind ein zweistimmiges Madrigal, 8 Ballate (drei zweistimmig, fünf dreistimmig), außerdem 6 Gloria und 6 Credo überliefert. Die Werke sind nur fragmentarisch, zum Teil für Instrumente arrangiert und umgearbeitet erhalten. Die Texte mischen Latein mit Italienisch und zuweilen auch mit französischen Versen. Die profane Musik entfernt sich beträchtlich vom florentinischen Stil des 14. Jahrhunderts. Die sakrale Musik legte die gregorianische Melodie in die Oberstimme.

LITERATUR

K. v. Fischer, Kontrafakturen und Parodien italienischer Werke des Trecento und frühen Quattrocento, in: Annales Musicologiques V, 1957.

Just Friedrich Wilhelm Zachariae
(1726–77)

LEBEN

Just Friedrich Wilhelm Zachariae (Zachariä) wurde am 1. 5. 1726 in Frankenhausen, Thüringen, geboren. Er war Schriftsteller und Komponist, wobei seine Leistungen auf dem Gebiet der Wortkunst um vieles höher zu stellen sind als seine Musik. Er studierte in Leipzig und Göttingen und wurde Professor der schönen Künste in Braunschweig, wo er am 30. 1. 1777 starb.

WERKE

Neben seinen beachtlichen dichterischen Leistungen verfaßte Just Friedrich Wilhelm Zachariae mehrere Sinfonien, eine Anzahl Arien und Duette. Seine Vokalmusik scheint in Liedersammlungen der Zeit auf, die Instrumentalwerke sind Manuskript geblieben. Die Komposition des musikalischen Dramas »Die Pilgrime auf Golgatha« wurde lange fälschlich ihm zugeschrieben, es stammt aber nur der Text von ihm.

LITERATUR

O. Bessenrodt, Friedrich Wilhelm Zachariae, Flarchheim 1926.

Nicola Zacharie da Rimini
(um 1380 – 1434)

ZEIT UND UMWELT

Kardinal Baldassare Cossa berief 1409 ein illegales Konzil nach Pisa ein, das den Mailänder Erzbischof Petros Philargos als Alexander V. zum Gegenpapst während der Regierungszeit Gregors XII. (1406 – 15) wählte. Als Alexander V. 1410 starb, wurde Cossa selbst als Johannes XXIII. gewählt, der sich dem Konzil zu Konstanz unterwerfen wollte, aber dann aus der Konzilstadt floh, gefangengesetzt und von Papst Martin V. begnadigt wurde. Er starb als Kardinal-Bischof im Jahre 1419.

LEBEN

Nicola Zacharie da Rimini wurde um 1380 in Rimini geboren. Er stand um 1410 mit dem schismatischen Papst Johannes XXIII. in Verbindung und widmete ihm eine Motette. Nach dem Tod seines Gönners erhielt er von Papst Martin V., nachdem er einige Zeit am Dom in Florenz als Priester und Sänger gewirkt hatte, eine Stelle als Sänger an der päpstlichen Kapelle, wo er bis 1424 und dann noch kurze Zeit im Jahre 1434 bis zu seinem Tod im gleichen Jahr blieb. Über seine Tätigkeit zwischen 1424 und 1434 liegen keine Informationen vor.
Magister Zacharias (um 1350, möglicherweise Brindisi, bis um 1420, Rom) wirkte ebenfalls als Sänger an der päpstlichen Kapel-

le. Er war vermutlich der Vater des Nicola Zacharie.

Werke
Von Nicola Zacharie sind 2 vierstimmige Motetten, ein dreistimmiges Gloria und eine zweistimmige Ballata erhalten. Die Ballata ist Papst Martin V. (Oddone Colonna, 1368 bis 1431) und seiner Familie gewidmet. Das Gloria ist tropiert, die Motetten sind isorhythmisch angelegt und weisen Ansätze zur Imitation auf.
Von Magister Zacharias sind 6 Ballate (fünf zweistimmig, eine dreistimmig), eine dreistimmige lateinische Ballade und die Caccia »Cacciando per gustar«, die angeblich die letzte bekannte ihrer Art war, überliefert. Die Ballate sind im italienischen Stil des ausgehenden 14. Jahrhunderts gehalten, ihre Texte sind einfache Liebeslieder. Nur die lateinische Ballade weist den äußerst komplizierten Stil der französischen Ars subtilior auf.

Literatur
K. v. Fischer, Neue Quellen zur Musik des 13., 14. und 15. Jahrhunderts, in: Acta Musicologica XXXVI, 1964.

Cesare de Zachariis
(um 1560 bis nach 1594)

Zeit und Umwelt
Wie an den habsburgischen Kapellen waren auch in München italienische Musiker willkommen, wenn auch Zuzug aus seiner Heimat von Orlando di Lasso gerne gesehen wurde. Obwohl die zahlreichen Dome und Fürstenhöfe Italiens viele Musiker benötigten und es in der Regel nicht schwer war, irgendwo unterzukommen, so wurden es doch immer mehr, die sich nach dem Norden wandten, wo es auch gute Kapellen gab und Verleger wie in der Heimat.

Leben
Cesare de Zachariis (Zaccaria, Zaccariis) wurde um 1560 in Cremona geboren und vermutlich dort ausgebildet. Wo er in Italien gewirkt hatte, ehe er um 1590 der Münchner Hofkapelle beitrat, ist unbekannt. Im Jahre 1594 ging er an den Hof in Scheer an der Donau. Zeit und Ort seines Todes sind nicht feststellbar.

Werke
Von dem italienischen Komponisten Cesare de Zachariis erschienen in München vierstimmige Vespern und fünfstimmige Hymnen. Einzelne kirchliche Werke des Komponisten finden sich in Sammeldrucken. Außerdem veröffentlichte er eine Reihe vierstimmiger Canzonetten, die sehr bekannt geworden sind.

Friedrich Wilhelm Zachow
(1663–1712)

Zeit und Umwelt
Die Kantate der Epoche um 1700 mit ihrer Fülle an verschiedenen Musikgattungen – Orgelsolo, Sologesang, Duette und Terzette, Chöre, Instrumentaleinlagen – näherte sich sehr dem Oratorium, umso mehr, als sie epische und lyrische Elemente mischte und bereits die Grenzen zur Dramatik überschritt, weil nicht nur Tatbestände, sondern auch Vorgänge geschildert wurden.

Leben
Friedrich Wilhelm Zachow (Zachau) wurde am 14. 11. 1663 in Leipzig getauft. Er lebte ab 1675 in Eilenburg, wo er vielleicht von Johann Schelle Unterricht erhielt. Im Jahr 1684 wurde er Organist an der Marktkirche und Leiter des Stadtsingchores in Halle, wo er am 7. 8. 1712 starb.

Werke
Von dem deutschen Organisten und Komponisten Friedrich Wilhelm Zachow sind 32 Kantaten verschiedener Faktur, konzertante, madrigalähnliche, lyrisch-kontemplative, episch-darstellende, überliefert, außerdem sind eine Messe, eine Triosonate, Orgelchoräle und freie Stücke für Tasteninstrumente erhalten.

LITERATUR

G. Thomas, Friedrich Wilhelm Zachow, Regensburg 1966.

Mario Zafred (geboren 1922)

LEBEN

Mario Zafred wurde am 21.2.1922 in Triest geboren. Er studierte am Conservatorio di Musica bei Ildebrando Pizzetti in Rom und wirkte anschließend dort als Kritiker. Im Jahr 1966 wurde er künstlerischer Leiter des Stadttheaters in Triest, seit 1968 wirkt er in gleicher Stellung am Opernhaus in Rom.

WERKE

Außer 2 Opern schrieb Mario Zafred 7 Sinfonien, eine Sinfonia breve für Streicher, ein Klavierkonzert, ein Doppelkonzert für zwei Klaviere, ein Flötenkonzert, ein Violinkonzert, ein Cellokonzert, ein Tripelkonzert für Violine, Cello und Harfe, ein Harfenkonzert, ein Bratschenkonzert, Metamorphosen und Variationen für Klavier und Orchester, ein Streichkonzert, ein Streichsextett, ein Bläserquintett, 4 Streichquartette, 3 Klaviertrios, 4 Klaviersonaten, ein Kantate und zahlreiche Lieder. Sein Stil ist etwas konservativ.

Henri Zagwijn (1878–1954)

LEBEN

Henri Zagwijn wurde am 17.7.1878 in Nieuwer-Amstel, Niederlande, geboren. Er war Autodidakt und wurde 1916 Lehrer am Konservatorium in Rotterdam. Im Jahr 1918 gründete er in Dresden eine Vereinigung moderner niederländischer Komponisten. Er starb am 23.10.1954 in Den Haag.

WERKE

Von Henri Zagwijn sind 2 sinfonische Dichtungen, 2 Klavierkonzerte, ein Harfenkonzert, ein Flötenkonzert, ein Streichsextett, ein Quintett für Flöte und Orchester, ein Bläserquintett, 2 Streichquartette und 3 Chorwerke bekannt geworden. Sein Stil ist impressionistisch und ideologisch von der Anthroposophie inspiriert.

Ivan Zajc (1832–1914)

ZEIT UND UMWELT

Obwohl in der österreichisch-ungarischen Monarchie »Kroatien und Slawonien« ein »Land der ungarischen Krone« war, hielt es mit Wien um vieles engere Bindungen aufrecht als mit Budapest. Die Kroaten wurden von der ungarischen Regierung als Untertanen zweiter Klasse behandelt, gegenüber den Ungarn stark benachteiligt und intensiven Madjarisierungsbestrebungen ausgesetzt. Wien, das Hauptstadt der gesamten Monarchie war, bot demgegenüber einen gewissen Rückhalt auf gesellschaftlicher und auf kultureller Ebene.

LEBEN

Ivan Zajc (Giovanni Zaytz) wurde am 3.8. 1832 in Fiume (Rijeka) geboren. Er war von 1850 bis 1856 Schüler von Lauro Rossi am Konservatorium in Mailand und wirkte sodann bis 1862 als Kapellmeister und Gesanglehrer in Fiume und darauf in gleicher Eigenschaft in Wien. Von 1870 bis 1889 war er Kapellmeister an der Oper und bis 1908 Leiter der Musikschule in Zagreb, wo er am 16.12. 1914 starb.

WERKE

Von Ivan Zajc sind ungefähr 1200 Kompositionen bekannt geworden. Er schrieb 40 Opern und Operetten auf kroatische und auf italienische Texte, zahlreiche Bühnenmusiken, ein Oratorium, mehrere sinfonische Dichtungen, 40 Ouvertüren, 60 Kantaten, viele Chorwerke und über 200 Lieder. Sein Stil lehnte sich an Wiener Fakturen an.

Riccardo Zandonai (1883–1944)

LEBEN

Riccardo Zandonai wurde am 30.5.1883 in Sacco bei Rovereto geboren. Er war von 1898 bis 1901 Schüler von Pietro Mascagni in

Pèsaro. Anschließend trat er an bedeutenden Opernbühnen als Dirigent auf und leitete fallweise auch Konzerte. Er starb am 5.6.1944 in Pèsaro.

WERKE
Die Erfolge von Riccardo Zandonai lagen vor allem auf dem Gebiet der Opern, von denen er 11 schrieb. Außerdem verfaßte er 3 sinfonische Dichtungen, ein »Concerto romantico« für Violine und Orchester, eine »Serenata medievale« (Mittelalterliche Serenade), ein »Concerto andaluso« für Cello und kleines Orchester, ein Requiem für Chor a cappella. Sein Stil wurde stark vom Verismus seines Lehrers beeinflußt, weist aber deutlich impressionistische Züge auf.

Johann Heinrich Zang (1733–1811)

ZEIT UND UMWELT
Über die Klassik hinaus wirkten Beispiel und Lehre Johann Sebastian Bachs bis in das 19. Jahrhundert durch seine vielen Schüler, die neben ihrer eigenen Musik und der ihrer Zeitgenossen auch die ihres großen Lehrers spielten und bekannt machten, wodurch das Andenken an den Thomaskantor wach blieb, bis die Bach-Renaissance mit allen ihren Wirkungen einsetzte.

LEBEN
Johann Heinrich Zang wurde am 16. 4. 1733 in Zella, Thüringen, geboren. Er war 2 Jahre Schüler von Johann Sebastian Bach in Leipzig. Ab 1751 wirkte er als Kantor in Walsdorf bei Bamberg und ab 1752 in Mainstockheim. Er starb am 18. 8. 1811 in Würzburg.

WERKE
Von Johann Heinrich Zang sind 2 vollständige Jahrgänge Kirchenkantaten, 12 Orgeltrios und 6 Cembalosonaten erschienen. Die Kompositionen ließen den Lehrmeister Bach deutlich erkennen, obwohl sie teilweise dem Stil der Zeit große Konzessionen machten.

Nicolaus Zangius (um 1570 bis vor 1620)

ZEIT UND UMWELT
Die 1080 errichtete bischöfliche Burg Iburg am Rand des Teutoburger Waldes wurde 1600 Residenzschloß der Fürstbischöfe von Osnabrück. Ihre Hofkapelle genoß trotz ihrer Lage abseits des zeitgenössischen Musikgeschehens einen sehr guten Ruf.

LEBEN
Nicolaus Zangius (Zanger) wurde um 1570 in Waltersdorf bei Königswusterhausen geboren. Im Jahr 1597 war er Kapellmeister des Fürstbischofs von Iburg, Osnabrück; 1599 kam er in gleicher Eigenschaft an die Marienkirche in Danzig, stand von 1602 bis 1605 in Diensten des Habsburgerhofes in Prag, kehrte 1607 erneut nach Danzig zurück, wirkte 1611 wiederum in Prag und wurde schließlich 1612 Kapellmeister in Berlin, wo er vor 1620 starb.

WERKE
Der deutsche Liederkomponist Nicolaus Zangius zeigt in seinen deutschen weltlichen und geistlichen Liedern deutlich italienische Einflüsse, geht aber von der Mehrstimmigkeit, wie sie im 16. Jahrhundert üblich war, nicht ab. Besonders schön sind seine sechsstimmigen »Cantiones sacrae«.

LITERATUR
J. Sachs, Nicolaus Zangius' weltliche Lieder, Wien 1934.

Francesco Zannetti (1737–88)

ZEIT UND UMWELT
»Stadt voll Vergangenheit« ist das umbrische Perugia genannt worden. Kirchen, Paläste, Tore, Türme, Brücken, Bilder und Statuen aus allen Epochen der Vergangenheit ließen die Bewohner Sinn und Blick stets rückwärts wenden, so daß auch ihre Musiker traditionsverhaftet blieben und sich dem Strom der Gegenwart nur zögernd einordneten.

LEBEN

Francesco Zannetti (Zanetti) wurde am 28. 3. 1737 in Volterra geboren und in Pisa von Giovanni Carlo Maria Clari ausgebildet. Anschließend wirkte er von 1754 bis 1760 als Kapellmeister am Dom von Volterra und darauf bis zu seinem Tod am 31. 1. 1788 am Dom von Perugia. Er war auch Sänger und Violinist und unternahm mehrere Konzertreisen durch Italien und bis nach England. Die Akademien von Bologna, Rimini und Perugia ernannten ihn zu ihrem Mitglied.

WERKE

Die 6 Opern von Francesco Zannetti sind wie seine 2 Oratorien, seine Kirchenkantaten, die 2 Passionen und seine übrige Kirchenmusik Manuskript geblieben. Die Wertschätzung seiner Zeitgenossen zog seine profane Instrumentalmusik vor: 6 Soli für Querflöte und Generalbaß, 6 Cembalosonaten mit Violine, 6 Trios für zwei Violinen und Generalbaß, 6 Sonaten für zwei Violinen und Generalbaß, 6 Trios für zwei Querflöten und Generalbaß, 6 Quartette, 6 Quintette für drei Violinen, Cello und Generalbaß und verschiedene Cembalomusik. Sein Stil weist noch viele Barockelemente auf.

Camillo Zanotti

(um 1540 bis nach 1591)

ZEIT UND UMWELT

Die politische Unfähigkeit und das skurrile Verhalten Kaiser Rudolfs II. brachten seinen Ländern gefährliche Krisen. Seine Finanzlage verschlimmerte sich von Jahr zu Jahr. Aber seine Hofkapelle zu Prag litt deswegen keinen Mangel. Für einzelne Wissenschaften und für Musik wurde ausgegeben, was nötig war.

LEBEN

Camillo Zanotti (Joannoti) wurde um 1540 in Cesena geboren. Über sein Leben und Wirken in Italien gibt es keine Informationen. Es ist auch unbekannt, auf welchem Weg er 1586 zur Kapelle Kaiser Rudolfs II. in Prag stieß und Vizekapellmeister wurde. Er verblieb in dieser Stellung bis 1591 und dürfte einige Jahre darauf in Prag verstorben sein.

WERKE

Von Camillo Zanotti sind fünfstimmige Messen, Motetten für Doppelchöre, achtstimmige »Sacrae symphoniae«, 4 Bücher mit fünfstimmigen Madrigalen und eines mit fünf-, sechs- und zwölfstimmigen lateinischen und italienischen Madrigalen überliefert. Sein Stil weist auf eine Ausbildung in Oberitalien, vermutlich in Venedig, hin. Es handelt sich um vollblütige, klangvolle Musik mit viel Manieriertheit.

Giovanni Callisto Andrea Zanotti

(1738–1817)

ZEIT UND UMWELT

Bologna war vom 16. bis in das 19. Jahrhundert eines der bedeutendsten Musikzentren Italiens. Die Tradition der Kirchen und der Akademien gewährleistete ein gleichbleibend hohes Niveau der Komposition und Interpretation. Diese Tradition war jedoch kein starres Festhalten an bewährten Formen, sondern eine strenge Auslese der Erscheinungen jeder Stilepoche und jeder Entwicklungsphase.

LEBEN

Giovanni Callisto Andrea Zanotti wurde am 14. 10. 1738 in Bologna geboren. Er war Schüler von Padre Martini und wurde 1758 in die Accademia Filarmonica aufgenommen. Im Jahr 1761 erhielt er den Kapellmeisterposten an San Petronio in Bologna und wirkte von 1804 bis zu seinem Tod am 1. 11. 1817 als Lehrer am Liceo Filarmonico der Stadt.

WERKE

Von der großen Anzahl Kirchenmusik von Giovanni Callisto Andrea Zanotti – Messen, Psalmen, Litaneien, Hymnen – ist nichts im Druck erschienen. Es handelte sich um exakt und gut gekonnte Kompositionen für die eigene Kapelle. Er schrieb auch eine Oper für Modena, die einem Oratorium gleichkam und daher wenig Erfolg hatte.

Záviš von Zap (um 1350 bis nach 1411)

ZEIT UND UMWELT
Im Jahre 1348 wurde in Prag die erste mitteleuropäische Universität gegründet. Damit schloß sich Böhmen der mitteleuropäischen Kulturgemeinschaft an. Die slawische Liturgie wurde bereits um die Jahrtausendwende durch die römische ersetzt und der Gregorianische Choral eingeführt, dessen Reinigung und Verbreitung hauptsächlich durch den Dekan des St. Veiter Domherrenchores Vít (um 1235) und Bischof Tobiáš z Bechyně (Ende des 13. Jahrhunderts) durchgeführt wurden. Als Hymnenverfasser ist ein Dominikaner namens Domaslaus überliefert, einige Lieder stammen mit Sicherheit von Erzbischof Jan von Jenštejn (um 1350 bis 1400). Das Singen volkstümlicher Lieder beim Gottesdienst wurde stark ausgedehnt. Einige stammen von Jan Hus (1370, Husinec, bis 1415, in Konstanz verbrannt) und Hieronymus aus Prag (verbrannt 1416 in Konstanz). Darauf setzte erst ein gewaltiger Aufschwung des Husitenliedes ein.

LEBEN
Záviš von Zap (Zapy) wurde um 1350 geboren, 1379 wurde er Baccalaureus des Carolinums in Prag, 1381 Magister und 1391 Professor. Von 1394 bis 1402 war er Kanonikus zu Olmütz. Dann kehrte er nach Prag zurück, wo er 1411 zum letzten Mal als Doktor der Theologie erwähnt wurde.

WERKE
Záviš von Zap werden verschiedene liturgische Gesänge, wie ein Alleluia, ein Kyrie, einige lateinische Lieder, zugeschrieben. Es stammen mehrere überlieferte Liebeslieder von ihm, wie »Alle Freude verläßt mich«, das einem Gesang Frauenlobs textlich nachempfunden ist.

LITERATUR
L. Zatočil, Das Lied von Záviš im Lichte des Minnesangs und seine Vorlage, Brünn 1953.

Francesco Zappa (um 1740 bis um 1800)

ZEIT UND UMWELT
Das Cello, das im letzten Drittel des 18. Jahrhunderts die Viola da gamba völlig verdrängt hatte, eroberte sich bald neben der Violine und dem Klavier die dritte Stelle als Soloinstrument. Der weite Tonumfang und die breite Tonfarbenpalette boten eine Fülle von Ausdrucksmöglichkeiten, die viele Liebhaber fand.

LEBEN
Francesco Zappa wurde um 1740 in Mailand geboren, kam als Cellovirtuose nach London, wo er in den Dienst des Herzogs von York Edward August trat und anschließend als freier Virtuose und Cellolehrer lebte. Er starb um 1800 in London.

WERKE
Von Francesco Zappa sind Sinfonien, Quartette, Trios, Sonaten und Duos für Celli erschienen, außerdem etliche Romanzen für Singstimmen. Seine Cellokompositionen waren für die zukünftige Celloliteratur richtunggebend.

Giovanni Zappasorgo
(um 1540 bis nach 1588)

ZEIT UND UMWELT
Die Canzone napolitana verbindet süditalienische tänzerische Rhythmen mit spanischen Klängen, in denen die tiefen Stimmen überwiegen. Sie ist im 16. Jahrhundert zumeist unbegleitet, aber die Begleitstimmen scheinen Musikinstrumente nachzuahmen, um den Vollklang spanischer Liedbegleitung zu erreichen.

LEBEN
Giovanni Zappasorgo wurde um 1540 in Treviso geboren, dürfte dort als Musiker gelebt und gewirkt haben und nach 1588 gestorben sein. Es ist nicht feststellbar, ob er eine Position als Kirchenmusiker bekleidete, aber die Annahme liegt nahe.

WERKE

Von Giovanni Zappasorgo sind 2 Bücher mit neapolitanischen Kanzonen erschienen und mehrmals aufgelegt worden. Er brachte damit echte neapolitanische Musik, die sehr beliebt war.

Zachariáš Zarevutius (um 1600–65)

LEBEN

Zachariáš Zarevutius wurde um 1600 in der Ostslowakei geboren und war zwischen 1625 und 1665 in Bardejov Organist, wo er in einem der folgenden Jahre gestorben ist.

WERKE

Die Kompositionen des slowakischen Komponisten Zachariáš Zarevutius sind entwickelter als die von Ján Šimbracký, obwohl beide ungefähr gleich alt waren. Seine 3 erhaltenen Magnificat aus dem Jahr 1662 für zwei Chöre sind auf Vollklang und Sangbarkeit der einzelnen Stimmen gearbeitet und überraschen heute noch durch ihre Schönheit.

Margeris Zarinš (geboren 1910)

LEBEN

Margeris Zarinš wurde am 24. 5. 1910 in Jaunpiebalga, Lettland, geboren. Er studierte von 1930 bis 1935 in Riga bei Jāzeps Vītols. Von 1940 bis 1950 leitete er das Theater der lettischen Hauptstadt und wirkte als Dirigent und Musiklehrer.

WERKE

Außer 5 Opern schrieb Margeris Zarinš ein Klavierkonzert, »Griechische Variationen« für Klavier und Orchester, 3 Oratorien und eine Anzahl Instrumentalstücke, Chöre a cappella, Lieder, Bühnen- und Filmmusik.

Gioseffo Zarlino (1517–90)

ZEIT UND UMWELT

Mit dem Abgang von Cyprian de Rore aus Venedig wurde die Kapellmeisterstelle für einen Italiener frei. Die Meister der frankoflämischen Schule hatten sozusagen alles aus ihrer Heimat gebracht, was als Grundlage des typischen venezianischen Stils erforderlich war, und die Verschmelzung mit der italienischen Musik vollzogen. Nun konnten die Italiener selbst die Leitung in die Hand nehmen und im Verein mit den anderen Musikzentren Italien zum Land der Musik schlechthin entwickeln.

LEBEN

Gioseffo Zarlino (Gioseffe Zarlinus Clodiensis) wurde am 22. 4. 1517 in Chioggia geboren. Er wurde Franziskanermönch, erhielt 1539 die Weihen und ging 1541 nach Venedig, wo er Schüler Adrian Willaerts wurde. Im Jahre 1565 löste er seinen ehemaligen Mitschüler Cyprian de Rore auf dem Posten des Kapellmeisters an San Marco ab und füllte diese Stelle bis zu seinem Tod in Venedig am 14. 2. 1590 aus.

WERKE

Obgleich Gioseffo Zarlino zahlreiche Werke für San Marco komponiert hat, ist wenig davon erhalten geblieben. Seine Hinterlassenschaft erschöpft sich mit 2 Bänden fünf- und sechsstimmiger Modulationen und mehreren Motetten und Madrigalen. Aber auch schon daraus ist zu ersehen, daß Zarlino ein würdiger Nachfolger des Flamen de Rore war. Sein Hauptverdienst liegt jedoch in seinen musiktheoretischen Werken, die trotz heftiger Widersprüche zeitgenössischer Meister grundlegend waren, so daß er mit Recht »Vater der modernen Musiktheorie« genannt wurde.

LITERATUR

R. Flury, Gioseffo Zarlino als Komponist, Winterthur 1962.

Michel Zbar (geboren 1942)

LEBEN

Michel Zbar wurde am 24. 4. 1942 in Clermont-Ferrand, Puy-de-Dôme, geboren. Er war bis 1967 am Conservatoire in Paris Schüler von Olivier Messiaen und Tony Aubin. Danach wurde er Mitglied der »Groupe de Recherches de Musique Concrète« (Forschungsgruppe für Musique concrète) am französischen Rundfunk. Im Jahr 1968 erhielt er den Rompreis.

Werke
Außer seiner preisgekrönten Hamlet-Tragödie schrieb Michel Zbar »Tropismes« für Violine und Orchester, »Incandescencenses« (Glut) für Sopran, Sprecher und Orchester, »Apex II« (Gipfel) für Kammerorchester und eine Anzahl Stücke für Tonbänder.

Julien-François Zbinden (geboren 1917)

Leben
Julien-François Zbinden wurde am 11.11.1917 in Rolle, Vaud, geboren. In Lausanne und Genf erhielt er seine pianistische Ausbildung. Neben autodidaktischen Studien nahm er in Neuchâtel bei René Gerber Unterricht in Komposition und Instrumentation. Im Jahr 1938 wurde er Pianist in einer Jazzband, 1947 Aufnahmeleiter und 1956 Leiter der Musikabteilung bei Radio Lausanne.

Werke
Neben einer Oper schrieb Julien-François Zbinden 2 Sinfonien, ein Klavierkonzert, eine Rhapsodie für Violine und Orchester, ein Concertino für Trompete und Streicher, ein Divertissement für Kontrabaß und Orchester, ein Kammerkonzert für Klavier und Streicher, eine »Genfer Ouvertüre«, ein Kammerkonzert, ein Konzert mit Jazzband und Streicher, ein Cellokonzert, ein Violinkonzert, ein Capriccio für Flöte, Englischhorn, Fagott, Violine und Cembalo, ein Septett, ein Holzbläser- und ein Blechbläsertrio, eine Triosonate für Viole da gamba und Cembalo, »Dialog« für Trompete und Orgel, Klavierwerke, ein Oratorium, Konzert Esperanto für Sprechstimme, Sopran, gemischten Chor und Orchester und weitere Chöre mit Orchester, Klavier und Schlagzeug und A-cappella-Chöre. Jazzelemente und moderne Stilmittel finden sich in den meisten Werken des Komponisten, der in der Schweizer Musiklandschaft unseres Jahrhunderts eine wichtige Rolle spielt.

Ruth Zechlin (geboren 1926)

Leben
Ruth Zechlin, geborene Oschatz, Frau des Pianisten Dieter Zechlin (geboren 30.10.1926, Goslar), wurde am 22.6.1926 in Großhartmannsdorf bei Freiberg, Sachsen, geboren. Sie war an der Hochschule für Musik in Leipzig Schülerin von Johann Nepomuk David, Wilhelm Weismann, Paul Schenk (geboren 11.2. 1899, Leipzig), Karl Straube, Rudolf Fischer (geboren 13.7.1913, Leipzig) und Günther Ramin. Im Jahr 1950 wurde sie Dozentin für Tonsatz an der Deutschen Hochschule für Musik in Berlin, an der sie seit 1969 als Professorin wirkt.

Werke
Neben der Oper für Schauspieler »Reineke Fuchs« schrieb Ruth Zechlin 3 Sinfonien, 2 Kammersinfonien, »Thema mit 5 Veränderungen« und »Emotionen« für großes Orchester, »Lineare Meditationen« und »Polyphone Meditationen« für Streichorchester, »Musik« für kleines Orchester, ein Violinkonzert, »Gedanken über ein Klavierstück von Prokofjew« für Klavier und zehn Soloinstrumente, ein Klavierkonzert, ein Orgelkonzert, ein Concertino für Oboe und Kammerorchester, »Kammermusik« für Cembalo und Orchester, »Stationen« für Bläserquintett und Tasteninstrument, 5 Streichquartette, ein Trio für Oboe, Bratsche und Cello, ein Duo für Flöte und Cembalo, 2 Stücke für Cembalo, ein Oratorium, eine »Lidice-Kantate«, einen Gesang für Sopran und Orchester, Klavier- und weitere Cembalostücke.

Camille Zeckwer (1875–1924)

Leben
Camille Zeckwer wurde am 26.6.1875 in Philadelphia geboren. Er war von 1893 bis 1895 in New York Schüler von Antonín Dvořák und anschließend von Ludwig Philipp Schar-

wenka in Berlin. Darauf ließ er sich in seiner Geburtsstadt nieder und leitete die Musikakademie. Er starb am 7.8.1924 in Southampton, N. Y.
Sein Vater Richard Zeckwer (30.4.1850, Stendal, bis 30.12.1922, Philadelphia) studierte am Konservatorium in Leipzig und ließ sich 1870 in Philadelphia als Organist und Musiklehrer nieder. Er unterrichtete von 1876 bis 1917 an der Musikakademie der Stadt.

WERKE
Von Camille Zeckwer sind eine Oper, ein sinfonisches Gedicht, ein Klavierkonzert, eine »Schwedische Phantasie« für Violine und Orchester, ein Klavierquintett, ein Klavierquartett, ein Streichquartett, ein Klaviertrio, eine Serenade für Violine, Cello und Klavier, eine Suite für Klavier und Violine, 2 Violinsonaten, verschiedene Klavierstücke, Chöre und Lieder überliefert.
Richard Zeckwer schrieb 2 Ouvertüren, ein Streichquartett, eine Violinsonate, 4 Klaviersonaten, viele Klavierstücke und Lieder.
Alles bewegte sich im Rahmen der Romantik.

Friedrich Zehm (geboren 1923)

LEBEN
Friedrich Zehm wurde am 22.1.1923 in Neusalz (Nowa Sól), Schlesien, geboren. Er studierte von 1941 bis 1944 am Mozarteum in Salzburg und an der Musikhochschule in Freiburg im Breisgau bei Harald Genzmer und Edith Picht-Axenfeld (geboren 1.1.1914, Freiburg im Breisgau). Seit 1963 wirkt er als Verlagslektor in Mainz, 1980–82 Dozent für Tonsatz an der Mainzer Universität.

WERKE
Von Friedrich Zehm sind ein Allegro concertante, ein Klavierkonzert, ein Flötenkonzert für kleines Orchester, ein Concertino für Kleinorgel oder Cembalo und Streicher, ein Capriccio für Schlagzeug und Kammerorchester, ein »Concerto in Pop«, ein Bläserquintett, 3 Bläsertrios, ein Klaviertio, ein Streichtrio, ein Duo für Cello und Klavier, eine Sonate für Oboe und Klavier, eine Fantasie für Englischhorn oder Bratsche und Orgel, ein Konzertstück für zehn Blasinstrumente, Sätze für Streichquartett, ein Trio für Violine, Tasteninstrument und Schlagzeug mit Tonband, Trio für drei Schlagzeuger, Werke für Klavier, für Cembalo und für Orgel, eine »Deutsche Messe« für gemischten Chor, Blechbläser oder Orgel und Gemeindegesang, Gesänge mit verschiedener Instrumentalbegleitung, Bühnen- und Hörspielmusik bekannt geworden. Trotz mancher moderner Elemente ist seine Musik neuklassizistisch.

Eric Zeisl (1905–59)

LEBEN
Eric Zeisl wurde am 18.5.1905 in Wien geboren, wo er an der Musikakademie bei Richard Stöhr und Hugo Kauder studierte. Im Jahr 1938 mußte er in die USA emigrieren und lehrte in Los Angeles an der Southern California School. Er starb am 18.2.1959 in Los Angeles.

WERKE
Von Eric Zeisl sind 3 Opern und 4 Ballette auf die Bühnen gekommen. Er schrieb außerdem eine »Kleine Sinfonie«, eine Passacaglia-Fantasie, »6 Stücke für kleines Orchester«, eine Suite für Kammerorchester, ein Klavierkonzert, ein Concerto grosso für Cello und Orchester, ein Trio für Flöte, Bratsche und Harfe, eine Violinsonate, eine Bratschensonate, eine Cellosonate, ein konzertantes Requiem, ein hebräisches Requiem, Kantaten, Gesänge, Sololieder und Filmmusik.

István Zelenka (geboren 1936)

LEBEN
István Zelenka wurde am 30.7.1936 in Budapest geboren. Er studierte an der Musikakademie seiner Geburtsstadt und sodann von 1956 bis 1962 an der Hochschule für Musik und darstellende Kunst in Wien bei Karl Schiske, Hanns Jelinek, Erwin Ratz und Erwin Christian Scholz (geboren 6.8.1910, Wien). Im Jahr 1962 wurde er Toningenieur und Assi-

stent der künstlerischen Direktion der Guilde internationale du disque in Genf.

Werke

Neben einer Kammeroper für zwei Sänger, Kammerorchester und Tonband, einem Ballett für mehrere Schauspieler und Kammerorchester und einem Stück für einen Singschauspieler, eine Singschauspielerin, Piccolo, Klarinette, Posaune, Klavier und Schlagzeug schrieb István Zelenka 3 Orchesterwerke, ein Stück für Harfe, Cembalo, Gitarre und Kammerorchester, ein Werk für drei Streichquartette, Klavier, Cembalo und Harmonium, ein Bläserquintett, ein Stück für Bratsche, Posaune, elektrische Orgel und Gitarre, ein Trio für Horn, Violine und Klavier, mehrere Klavierwerke, ein »Requiem für Lebende« für Sopran und Streichtrio, ferner Stücke für Tonband und Filmmusik.

Jan Dismas Zelenka (1679–1745)

Zeit und Umwelt

Im Jahr 1731 gab Johann Adolf Hasse (1699 bis 1783) mit seiner Frau, der gefeierten Sängerin Faustina Bordoni (1700–81), ein dreimonatiges Operngastspiel in Dresden und wurde darauf als Nachfolger des verstorbenen Kapellmeisters Johann David Heinichen eingesetzt. Er reiste zwar sofort wieder nach Italien, der Kurfürst und polnische König wollte für seine Hofkapelle aber nicht auf den Glanz des Namens des in Neapel zur Prominenz aufgestiegenen Opernkomponisten verzichten.

Leben

Jan Dismas Zelenka (Jan Lukaš) wurde am 16. 10. 1679 in Lounovice, Böhmen, geboren. Er war ab 1709 in Prag als Kontrabassist tätig und wurde 1710 in die polnische Hofkapelle in Dresden aufgenommen. Von 1715 bis 1719 unternahm er Studienreisen zu Johann Joseph Fux nach Wien und zu Antonio Lotti nach Venedig. Nach Dresden zurückgekehrt, erhielt er den inhaltslosen Titel eines Vizekapellmeisters der Kirchenmusik. Die angestrebte Hofkapellmeisterstelle fiel nicht ihm zu, sondern dem Opernkomponisten Johann Adolf Hasse, ihm blieb nur die Arbeit für die Kapelle; erst 1735 wurde er neben zwei anderen, völlig unbedeutenden Musikern »Kirchenkomponist«. Am 23. 12. 1745 starb er während der Besetzung Dresdens durch preußische Truppen.

Autograph der Partitur des Adagio aus der 5. Sonate F-Dur von Jan Dismas Zelenka

WERKE

Der tschechische Komponist Jan Dismas Zelenka hat vorwiegend Kirchenmusik geschrieben: ungefähr 20 Messen, mehrere Messeteile, Responsorien, 2 Magnificat, 3 Oratorien und eine Vertonung des 150. Psalms in tschechischer Sprache. An profanen Werken liegen vor: eine lateinische Jesuitenoper »Sub olea pacis« (Unter dem Ölzweig des Friedens), 6 Kammersonaten, 5 Capricci für Orchester, eine Sinfonie, 2 Ouvertüren, ein Orchesterkonzert, eine Serenata, 6 Märsche für vier Trompeten und Pauken.

Notenschrift von Jan Dismas Zelenka: Hipocondrie, Takte 1–10

Władysław Żeliński (1837–1921)

ZEIT UND UMWELT

Neben dem Konservatorium in Warschau war das in Krakau die bedeutendste musikalische Ausbildungsstätte Polens. In mancher Beziehung wurde die ehemalige Hauptstadt sogar überholt, denn auf Krakau lastete ein weit geringerer politischer Druck. Außerdem wirkte sich die Nähe Wiens auf die kulturelle Entwicklung der Stadt sehr günstig aus.

LEBEN

Władysław Żeliński wurde am 6.7.1837 in Grodkowice bei Warschau geboren. Er war ab 1854 Schüler von Franciczek Mirecki in Krakau, von Josef Krejčí in Prag und Napoléon Henri Reber in Paris. Von 1872 bis 1881 war er Theorielehrer am Konservatorium in Warschau und anschließend Direktor des Konservatoriums in Krakau bis zu seinem Tod am 23.1.1921.

WERKE

Von Władysław Żeliński sind 2 Sinfonien, 2 Ouvertüren, ein Klavierkonzert, 3 Messen, Kantaten und Motetten, Kammermusik und Klavierwerke, Orgelstücke und über 80 Lieder erhalten. Sein Wirken übte einen starken Einfluß auf die zeitgenössische Musikentwicklung Polens aus.

Ilja Zeljenka (geboren 1932)

LEBEN

Ilja Zeljenka wurde am 21.12.1932 in Preßburg geboren und studierte an der Musikakademie seiner Geburtsstadt bei Ján Cikker. Von 1957 bis 1961 wirkte er als Dramaturg bei der Slowakischen Philharmonie und anschließend in gleicher Eigenschaft beim slowakischen Rundfunk. Im Jahr 1961 gründete er beim Rundfunk ein Studio für Elektronische Musik, das erste in der ČSSR.

WERKE

Außer einem Ballett, 2 Sinfonien, 7 Orchesterstücken, »Strukturen« und »Meditationen« für Orchester schrieb Ilja Zeljenka unter anderem ein Klavierkonzert, einen Psalm für vier Streichquintette, 2 Klavierquintette, ein Streichquartett, eine »Musik für Chor und Orchester«, »Metamorphosen XV« für Sprecher und neun Instrumente, »Beschwörungen« für Chor und Orchester, eine »Musik«

für 13 Sänger und Schlagzeug, die Kantate »Auschwitz« für Soli, Chor, Rezitator, Tonband und Orchester, mehrere Klavierwerke, Bühnenmusik und Musik zu über 200 Filmen.

Ferdinand Zellbell (1719–80)

Zeit und Umwelt

König Adolf Friedrich von Schweden (1710 bis 1771) war neben dem mächtigen Riksdag eine reine Repräsentationsgestalt, der weder innen- noch außenpolitisch irgendwelche Entscheidungsgewalt eingeräumt wurde. Mehr Möglichkeiten standen seiner Frau, Louise Ulrike (1720–82), der Schwester Friedrichs des Großen, zu, die zumindest auf kulturellem Gebiet entscheidend wirkte und damit den Aufschwung der geistigen Leistungen des Landes unter dem Nachfolger König Gustaf III. (1746–92) einleitete.

Leben

Ferdinand Zellbell wurde am 3. 9. 1719 in Stockholm getauft. Er war Schüler seines Vaters und von Johan Helmich Roman in seiner Geburtsstadt und in Hamburg von Georg Philipp Telemann. Ab 1743 wirkte er als Organist an St. Jacobskyrkan in Stockholm, 1750 als Hofkapellmeister und ab 1753 auch als Organist an Storkyrkan. Er war Mitbegründer der Königlichen Musikakademie Schwedens, die er von 1772 bis 1774 leitete. Er starb am 21. 4. 1780 in Stockholm.
Sein Vater Ferdinand Zellbell (14. 4. 1689, Uppsala, bis 6. 7. 1765, Stockholm) war von 1715 bis 1751 Hofkapellmeister und von 1717 bis 1753 Organist an Storkyrkan in Stockholm.

Werke

Von Ferdinand Zellbell sind 4 Sinfonien, Konzerte für Violine, Flöte und Fagott mit Orchester, Kantaten und 12 Klaviersonaten, außerdem eine Oper und ein Opernballett erhalten. Sein Stil ist von Georg Friedrich Telemann abhängig.
Von Ferdinand Zellbell dem Älteren sind Choralbücher erschienen.

Leopold Alexander Zellner (1823–94)

Zeit und Umwelt

Die von der Gesellschaft der Musikfreunde in Wien 1859 bis 1866 veranstalteten »Historischen Konzerte« griffen zwar nicht weit in die Musikgeschichte zurück – Johann Sebastian Bach war der älteste Meister –, bildeten aber in einer Zeit, in der man nur Gegenwartsmusik spielte, einen ersten Ansatz zu einem echten musikalischen Historismus, der alte Musik darstellt und nicht nachahmt.

Leben

Leopold Alexander Zellner wurde am 23.9. 1823 in Zagreb geboren. Er diente bis 1840 als Militärbeamter in Wien, wurde sodann Musiklehrer und 1868 Theorielehrer am Konservatorium und Generalsekretär der Gesellschaft der Musikfreunde in Wien, die unter seiner Leitung »Historische Konzerte« veranstaltete. Er starb am 24.11.1894 in Wien.

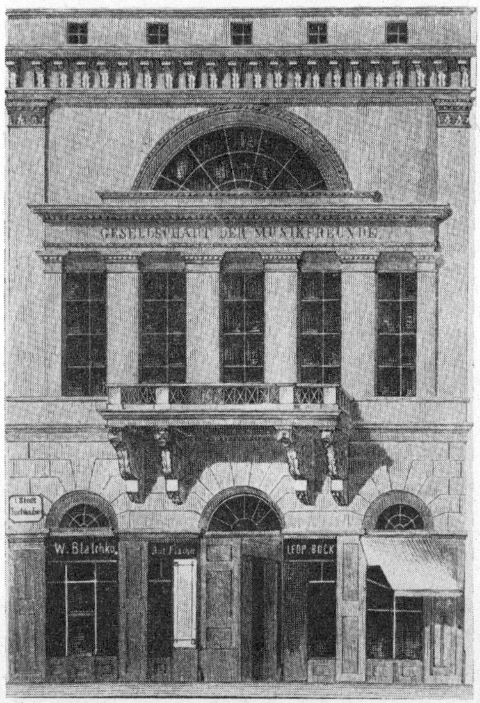

Altes Haus der Gesellschaft der Musikfreunde in Wien, Federzeichnung von N. Bittner

WERKE

Von Leopold Alexander Zellner sind Chorlieder, einige Kammermusikwerke und zahlreiche zum Teil sehr beliebte Klavierwerke, die sich der Salonmusik näherten, für zwei und vier Hände überliefert. Seine musikwissenschaftlichen Publikationen übertrafen seine Kompositionen an Wert um vieles.

Carl Friedrich Zelter (1758–1832)

LEBEN

Carl Friedrich Zelter wurde am 11. 12. 1758 in Berlin geboren. Er erlernte zunächst das Gewerbe eines Maurermeisters, betrieb aber gleichzeitig viel und vielseitig Musik, so daß er bald unter Jiří Benda in dessen Theaterorchester als Violinist mitwirken konnte, seine Trauerkantate zum Tod Friedrichs des Großen, 1786, in der Potsdamer Garnisonskirche aufgeführt wurde und um dieselbe Zeit seine ersten Klavierstücke und Lieder im Druck erschienen. Er trat 1791 in den Singverein seines Lehrers Carl Friedrich Fasch, die spätere »Singakademie«, ein und übernahm 1800 die Leitung der Chorinstitution, die besonders durch ihre Bach-Pflege hohe kulturelle Bedeutung gewann; 1806 wurde er zum Ehrenmitglied und Assessor in die Königliche Akademie der Künste gewählt und 1809 zum Professor für Musik ernannt. Sein Hauptverdienst lag in seinem Bemühen um eine Neuordnung des Musikwesens in Staat und Stadt, in Kirche und Schule. Neben der »Singakademie« errichtete er eine »Ripienschule« und (1809) eine »Liedertafel«, die zum Vorbild aller späteren Männergesangsvereine wurde, und gründete 1822 das »Königliche Institut für Kirchenmusik«, die spätere »Staatliche Akademie für Kirchen- und Schulmusik«, deren Leiter er wurde, und 1829 ein Seminarium für Musik an der Universität, das ebenfalls ihm unterstand. Er dirigierte außer der »Singakademie« ständige wöchentliche Orchesterkonzerte und einen Studentenchor und war auch als privater Musiklehrer tätig. Er starb am 15. 5. 1832 in Berlin.

Carl Friedrich Zelter, Stich von B. H. Bendix

WERKE

An der Spitze der Kompositionen von Carl Friedrich Zelter steht sein Liedschaffen. Er schrieb über 200 Lieder, darunter viele auf Texte von Johann Wolfgang von Goethe, der seine Vertonungen besonders schätzte, »weil sie nach seinem Sinne das Eigenleben der Dichtung nicht durch zuviel Musik störten, sondern den Stimmungsgehalt nur musikalisch unterstrichen«. Einige davon wie »Der König von Thule« und »Herr Urian« sind volkstümlich geworden. Veröffentlicht wurden »12 Lieder«, »Sämtliche Lieder, Balladen, Romanzen«, »Neue Sammlung« und »6 Deutsche Lieder für eine Altstimme«. Alle Lieder entsprachen durchaus der Forderung Goethes nach wenig Musik. Zelter schrieb außerdem Männerchöre und einige Kantaten, Opernszenen, geistliche Gesänge, Sinfonien, Klavierstücke und Instrumentalkonzerte.

LITERATUR

J. Müller-Blattau, Karl Friedrich Zelter, Maurermeister und Musiker, Deutsches Jahrbuch für Musikwissenschaft II, 1957.

Alexander Zemlinsky (1871–1942)

Leben

Alexander von Zemlinsky (Zemlinszky) wurde am 14.10.1871 in Wien geboren. Er war Schüler von Anton Door, Franz Krenn, Johann Nepomuk Fuchs (1842–99) und Robert Fuchs. Ab 1899 wirkte er in Wien als Kapellmeister am Carltheater und von 1904 bis 1911 an der Volksoper; ab 1920 leitete er an der Deutschen Musikakademie in Prag die Meisterklasse für Komposition, von 1927 bis 1930 wirkte er als Kapellmeister an der Kroll-Oper und sodann bis 1933 als Gastdirigent an der Staatsoper und zugleich als Lehrer an der Musikhochschule in Berlin. Dann mußte er Deutschland verlassen und ging zurück nach Wien. Dort mußte er 1938 emigrieren und ließ sich in den USA nieder, wo er am 15.3.1942 in Larchmont, N. Y., starb.

Alexander Zemlinsky

Werke

Außer 8 Opern und einem Ballett schrieb Alexander Zemlinsky 3 Sinfonien, eine Sinfonietta, eine Ouvertüre, eine Suite und eine Fantasie für Orchester, ein Streichquintett, 4 Streichquartette, ein Klavierquartett, ein Klaviertrio, eine Cellosonate, eine Suite für Violine und Klavier, Klavierstücke und zahlreiche Chöre sowie Lieder mit verschiedener Besetzung und Begleitung. Sein Stil verband klassizistische Tradition mit neudeutscher Harmonik.

Streichquartett Nr. 2, Opus 15, 4 Sätze, entstanden 1911

Dieses kammermusikalische Hauptwerk des Komponisten wurde als »einsätziges Monumentalquartett wechselnder Tonart bezeichnet«. Das im 1. Satz vorgestellte erste Motiv durchzieht das gesamte Werk wie eine »Idée fixe«. Der Satz ist dicht, nahezu sinfonisch angelegt, besteht aus drei Themen und ist sonatenartig strukturiert. Das Adagio führt das Material durch wie auch das Scherzo mit Trio. Das Rondofinale rekapituliert die Gedanken des 1. Satzes mit rhythmischem Elan.

Literatur

H. Weber, Alexander Zemlinsky, Wien 1977.

Hans Zender (geboren 1936)

Leben

Hans Zender wurde am 22.11.1936 in Wiesbaden geboren. Er studierte an der Musikhochschule in Frankfurt am Main und in Freiburg im Breisgau bei Wolfgang Fortner und Edith Picht-Axenfeld, wo er auch von 1959 bis 1963 als Theaterkapellmeister wirkte. Von 1964 bis 1968 war er Chefdirigent am Theater in Bonn und von 1969 bis 1971 Generalmusikdirektor der Stadt Kiel. 1972 übernahm er die Leitung des Sinfonieorchesters des Saarländischen Rundfunks, ab 1984 GMD in Hamburg.

Werke

Von Hans Zender sind »3 Orchesterstücke«, »Schachspiel« für zwei Orchestergruppen, »Zeitströme« für Orchester, ein Stück für Streichorchester, ein Klavierkonzert, ein Saxophonkonzert, ein Konzert für Flöte und Soloinstrumente, ein Quartett für Flöte, Cello, Klavier und Schlagzeug, »Trifolium« für Flöte, Cello und Klavier, »Schachspiel« für zwei Klaviere, ein Proprium, »Exercitiien« für Chor und Gitarre, 3 Rondeaux für Alt, Flöte und Bratsche, ein »Vexilla regis« für Sopran, Flöte, Trompete, Bläser, Pauke und Orgel, »Canto I« für Sopran und Kammerorchester, »II« für Sopran, Chor und Orchester, »III« für Sopran, Tenor, Bariton und Instrumente mit Synthesizer, »IV« 4 Aspekte für Chor mit 16 Instrumenten (Neufassung für 16 Stimmen und 16 Instrumente), »V« Continuum und Fragmente für Stimmen und »Die Sirenen singen, wann die Vernunft schläft« für Sopran und fünf Instrumente bekannt geworden.

Jakob Zeugheer (1805-65)

ZEIT UND UMWELT
Die Philharmonic Society in Liverpool ging 1840 aus einer privaten Konzertvereinigung hervor und führte ab nun regelmäßig öffentliche Konzerte auf – und zwar ab 1849 in der Philharmonic Hall –, die stets von erstklassigen Dirigenten geleitet waren. Die Veranstaltungen zählen noch heute zu den besten in ganz Großbritannien.

LEBEN
Jakob Zeugheer wurde 1805 in Zürich geboren. Er studierte in München und ging darauf nach Wien, wo ihn das Schuppanzigh-Quartett dazu anregte, selbst ein Quartett zusammenzustellen, mit dem er Deutschland, die Schweiz, Frankreich, England und Irland mit großen Erfolgen bereiste. Im Jahr 1830 löste sich das Ensemble auf. Jakob Zeugheer wirkte anschließend als Dirigent der Gentlemen's Konzerte in Manchester, bis er 1840 Dirigent der Philharmonic Society in Liverpool wurde und diese Stelle neben einer sehr intensiven Unterrichtstätigkeit bis zu seinem Tod am 15.6.1865 betreute.

WERKE
Die Oper »Angela of Venice« von Jakob Zeugheer wurde nie aufgeführt. Auch seine sonstigen Kompositionen fanden keine überdurchschnittliche Beachtung. Er schrieb 2 Sinfonien, 2 Ouvertüren, eine Kantate, 2 Zwischenaktmusiken, ein Violinkonzert, ein Potpourri für Violine und Orchester, ein Instrumentalquartett, ein Andante mit Rondo für Klavier und Violine, eine Polacca für vier Stimmen, 2 Walzerserien, ein Duett und andere Lieder und Glees.

Martin Zeuner (um 1570 – 1619)

ZEIT UND UMWELT
Die aus Italien übernommene Monodie konnte den deutschen Chorgesang nicht verdrängen, das Chorlied entwickelte sich neben dem einstimmigen begleiteten Lied weiter. Die Polyphonie wurde allerdings zu einem Teil aufgegeben, so daß beim Chorlied die Stimmen zwischen Diskant und Baß die Funktion begleitender akkordischer Füllstimmen erhielten.

LEBEN
Martin Zeuner (Marinus Zeyner) wurde um 1570 in Mupperg geboren und vermutlich in Ansbach ausgebildet, wo er 1612 die Stelle eines Hof- und Stiftsorganisten erhielt. Er starb nach 1619 in Ansbach.

WERKE
Der deutsche Komponist Martin Zeuner veröffentlichte »82 schöne geistliche Psalmen zu 5 Stimmen«, »Schöne teutsche weltliche Stücklein« für vier bis fünf Stimmen und zwei Hochzeitsgesänge für zwölf und vierundzwanzig Stimmen, die bereits der neuen barocken Vielstimmigkeit folgten.

Tobias Zeutschner (1615 – 75)

ZEIT UND UMWELT
Die Gegenreformation konnte sich in Schlesien nie ganz durchsetzen. Im Westfälischen Frieden (1648) erreichten die Schweden sogar, daß in einigen schlesischen Städten protestantische Kirchen unangetastet blieben.

LEBEN
Tobias Zeutschner wurde am 13. 6. 1615 in Neurode (Nowa Ruda) geboren, im Jahr 1643 wurde er Organist in Oels (Oleśnica) und wirkte in gleicher Eigenschaft in Breslau (Wrocław) bis zu seinem Tod am 19. 7. 1675.

WERKE
Vom deutschen Komponisten und Organisten Tobias Zeutschner sind »Decas prima mit 3, 4, 5 vnd 7 Stimmen mit vnd ohne Violinen« und »Musicalische Kirchen- und Haus-Freude mit 4, 5 und 6 Vocal-Stimmen und 2 Violinen, 3 Trombonen und in etzlichen 2 Clarin«. Er schrieb außerdem zahlreiche Gelegenheitswerke. Bemerkenswert ist die Aufnahme von Blasinstrumenten in die Kirchenmusik.

Pietro Andrea Ziani (um 1620–84)

ZEIT UND UMWELT
Eleonora Gonzaga (1628–87) war die dritte Frau Kaiser Ferdinands III. (1608–57). Nach dem Ableben ihres Mannes hielt sie sich neben der Hofkapelle ihr eigenes Ensemble, in dem sie Kräfte aus ihrer Heimat versammelte. Kaiser Leopold I., selbst ein großer Musikfreund, ging seiner Stiefmutter dabei an die Hand und übernahm ihre Musiker in seine Hofkapelle, als die Königinwitwe um 1670 ihr Ensemble auflöste.

LEBEN
Pietro Andrea Ziani wurde um 1620 in Venedig geboren. Er war Schüler von Natale Monferrato, wirkte ab 1641 als Organist an San Salvatore in Venedig und von 1657 bis 1659 als Kapellmeister an Santa Maria Maggiore in Bergamo. Im Jahr 1663 wurde er auf den Posten des Kapellmeisters der Kaiserinwitwe Eleonora nach Wien gerufen; 1665 hielt er sich in Innsbruck auf und 1666 bis 1667 in Dresden. Nach seiner Rückkehr nach Venedig erhielt er die Organistenstelle am Markusdom. Um 1677 begab er sich nach Neapel und war bis 1680 als Lehrer am Conservatorio Sant'Onofrio tätig, dann wurde er Hofkapellmeister des Vizekönigs.
Sein Neffe Marc'Antonio Ziani (1653, Venedig, bis 22. 1. 1715, Wien) war ab 1668 Kapellmeister an Santa Barbara in Mantua, ab 1670 Vizekapellmeister der kaiserlichen Hofkapelle in Wien und ab 1672 Hofkapellmeister.

WERKE
Vom italienischen Komponisten Pietro Andrea Ziani sind zwei- bis vierstimmige Madrigale (»Fiori musicali«), 24 einstimmige Motetten, 2 Bücher mit einstimmigen Kanzonen, Laudes, Psalmen und Messe für fünf Stimmen und teilweise mit Instrumenten, drei- bis sechsstimmige Sonaten, 7 Oratorien und mehr als 20 Opern erhalten. Er hat die Oper in Neapel populär gemacht.
Von Marc'Antonio Ziani sind eine beträchtliche Anzahl Kirchenkompositionen, Oratorien und Opern im Manuskript überliefert, darunter eine bemerkenswerte Messe in F-Dur und mehrere schön klingende Motetten.

LITERATUR
H. C. Wolff, Die venetianische Oper in der 2. Hälfte des 17. Jahrhunderts, Berlin 1937.

Géza Zichy (1849-1924)

ZEIT UND UMWELT
Ferenc Erkel und Franz Liszt standen am Beginn des eigenständigen ungarischen Musiklebens, wobei der zweite nur bedingt zu den ungarischen Musikern gerechnet werden kann, soweit man sein eigenes Schaffen dafür als Kriterium heranzieht; er verdient aber diese Bezeichnung ohne Einschränkung, wenn man den überragenden Einfluß abschätzt, den seine Persönlichkeit, seine Genialität und sein Stil auf die Weiterentwicklung der Musik Ungarns ausübten.

LEBEN
Géza Graf Zichy zu Vásonykeö wurde am 22.7.1849 in Sztára, Ungarn, geboren. Er widmete sich dem Musikstudium, obwohl er im Alter von 14 Jahren den rechten Arm verloren hatte, und bildete sich zum angesehenen

»einhändigen« Pianisten aus. Er war Jurist und Verwaltungsbeamter und daneben von 1875 bis 1892 Präsident der Königlich Ungarischen Landesmusikakademie in Budapest, die 1918 von der Liszt Ferenc Zenemüvézeti Föiskola abgelöst wurde. Gleichzeitig wirkte er von 1891 bis 1894 als Intendant der Oper. Er starb am 14. 1. 1924 in Budapest.

WERKE
Von den 6 Opern von Géza Zichy errang seine Rákóczi-Trilogie den größten Erfolg. Er schrieb außerdem ein Klavierkonzert, Etüden für die linke Hand und weitere Stücke für Klavier, die wie seine Chöre und Lieder mehr oder weniger im Fahrwasser seines Lehrers Franz Liszt segeln, aber dennoch deutliche Merkmale des auch in Ungarn beginnenden Impressionismus aufweisen, und sich sogar der Polytonalität nähern. Im Gegenstz zu Liszt nahmen sie auch echte ungarische Folklore auf. Seine Musik wird in Ungarn heute noch gepflegt; sie bereitete auf die neue, bald danach einsetzende Hochblüte der ungarischen Tonkunst vor.

Carl Michael Ziehrer (1843-1922)

ZEIT UND UMWELT
Mit dem Ende der Monarchie Österreich-Ungarn verstummte die spezifisch Wienerische Tanzmusik, der Jazz hielt seinen Einzug in Mitteleuropa.

LEBEN
Carl Michael Ziehrer wurde am 2. 5. 1843 in Wien geboren. Er war Schüler von Simon Sechter und sodann bis 1893 Militärkapellmeister. Nach Konzertreisen mit seinem Orchester wurde er Königlich rumänischer Hofkapellmeister und 1908 k. k. Hofballmusikdirektor in Wien, wo er am 14. 11. 1922 in äußerstem Elend starb.

WERKE
Von Carl Michael Ziehrer sind ungefähr 600 Märsche und Tänze für Orchester und 22 Operetten erhalten. Er war der letzte Vertreter Wienerischer Tanzmusik.

Carl Michael Ziehrer

Mikołaj Zieleński (um 1550–1615)

ZEIT UND UMWELT
Die Bedeutung der ältesten polnischen Hauptstadt Gniezno, Residenz der Piasten im ersten polnischen Staatswesen, Sitz des ersten von Deutschland unabhängigen Erzbischofes, Krönungsort der polnischen Könige, glitt von Jahrhundert zu Jahrhundert ab. Aber die Kathedrale büßte nichts von ihrer Schönheit ein und die Kirchenmusik wurde weiterhin gepflegt.

LEBEN
Mikołaj Zieleński wurde um 1550 in der Provinz Posen geboren und vermutlich an der Kathedrale von Gniezno ausgebildet. Es ist unbekannt, an welchen Kirchen er gewirkt hatte, ehe er 1608 in den Dienst der Kathedrale von Gniezno als Organist trat. Er blieb in dieser Stellung bis zu seinem Tod im Jahre 1615.

WERKE
Der polnische Komponist und Organist Mikołaj Zieleński war ein Vertreter des römisch-venezianischen und des konzertierenden Stils. Seine Motetten und kirchlichen Gesänge für mehrere Stimmen sind getreue

Nachbildungen gleichartiger italienischer Werke aus der Mitte des 16. Jahrhunderts. Fortschrittlicher sind die Offertorien und Kommunionsgesänge für das ganze Kirchenjahr für eine bis zwölf Stimmen mit Instrumentalbegleitung. Die Gesänge enthalten viele Solostellen und einen guten Teil Affektmusik.

LITERATUR

Z. M. Szweykowski, Problem przełomu stylistycznego między Renesansem i Barokiem w muzyce polskiej, Bydgoszcz 1969.

Grete von Zieritz (geboren 1899)

LEBEN

Grete von Zieritz wurde am 10.3.1899 in Wien geboren. Sie studierte Komposition in Graz und Klavier in Berlin, wo sie 1919 Lehrerin am Stern'schen Konservatorium wurde. Seit 1926 setzte sie ihre Studien bei Franz Schreker fort. Sie lebt als freischaffende Komponistin in Berlin.

WERKE

Grete von Zieritz gilt als eine der bedeutendsten Komponistinnen unserer Zeit. Sie schrieb Lieder und Instrumentalwerke kleineren Formats von sprühender Klangphantasie, unter anderem die Chorwerke „kosmische Wanderung", 1968, und „Portugiesisch-spanische Gesänge", 1966. Fast alle ihrer Kompositionen stellen ein dramatisches Geschehen dar.

Hermann Zilcher (1881–1948)

LEBEN

Hermann Karl Joseph Zilcher wurde am 18.6. 1881 in Frankfurt am Main geboren. Er erhielt den ersten Klavierunterricht von seinem Vater und sodann von 1897 bis 1901 am Hochschen Konservatorium seiner Vaterstadt, an der er selbst von 1905 bis 1908 als Klavierlehrer wirkte. Von 1920 bis 1944 war er Direktor des Konservatoriums in Würzburg, wo er am 1.1. 1948 starb.

Sein Vater Johann Paul Zilcher (9.7.1855, Frankfurt am Main, bis 23.8.1943, Frankfurt am Main) war Komponist und Klavierpädagoge. Er gründete eine Klavierschule in Offenbach am Main.

WERKE

Neben 2 Bühnenwerken schrieb Hermann Zilcher 4 Sinfonien, 3 Suiten, eine Tanzfantasie, 2 Violinkonzerte, eine Sinfonie für zwei Klaviere und andere Klavierwerke, 3 Chorwerke, Gesänge, Lieder und mehrere Bühnenmusiken. Er verfaßte als erster neue Musik für Akkordeon: 2 Solostücke, eine Suite für Akkordeonorchester und ein Akkordeonkonzert. Er strebte eine Synthese des Brahms-Stils mit impressionistischer Farbgebung an.
Johann Paul Zilcher schrieb leichte Klavier- und Kammermusik.

Juozas Žilevičius (geboren 1891)

LEBEN

Juozas Žilevičius wurde am 4.3.1891 in Jerubaičiai, Telšiai, Litauen, geboren. Er studierte in Warschau und sodann am Konservatorium in Petrograd unter Nikolai Tscherepnin und Aleksandr Glasunow. Ab 1920 war er Zweiter Dirigent der Oper in Kaunas, ab 1924 Lehrer für Musikgeschichte und Theorie am Konservatorium in Kleipėda und von 1926 bis 1927 dessen Direktor. Von 1929 bis 1961 betreute er die Organistenstelle in Elizabeth, N. J.

WERKE

Neben seinen hervorragenden Leistungen für die litauische Musikgeschichte schrieb Juozas Žilevičius eine Sinfonie, ein Nonett, ein Oktett, ein Streichquartett, Orgel- und Klavierwerke, eine Kantate, 4 Messen, Chor- und Sololieder, Werke, die im Rahmen der litauischen Musikentwicklung einen bedeutenden Rang einnahmen.

Winfrid Zillig (1905–63)

LEBEN

Winfrid Petrus Ignatius Zillig wurde am 1.4.

1905 in Würzburg geboren. Er studierte am Konservatorium seiner Geburtsstadt, sodann bei Arnold Schönberg in Wien und in Berlin. Anschließend wirkte er in verschiedenen deutschen Städten als Korrepetitor und Kapellmeister an Theatern und Opern, bis er 1947 Dirigent des Hessischen Rundfunks in Frankfurt am Main wurde. Ab 1951 lebte er in Traunstein, Bayern, und übernahm nur fallweise Dirigieraufträge; im Jahr 1959 wurde er als Leiter der Musikabteilung des Norddeutschen Rundfunks nach Hamburg berufen, wo er am 18.12.1963 starb.

WERKE
Von Winfrid Zillig sind 7 Opern aufgeführt worden. Er schrieb außerdem ein Osterkonzert, eine Ouvertüre, eine »Fantasie, Passacaglia und Fuge«, ein Violinkonzert, 4 Serenaden mit verschiedenen Ensembles, ein Konzert für Cello und Blasorchester, ein Konzert für Harfe und Streichorchester, 2 Streichquartette, eine Sonate für Cellosolo, Kantaten, Liederzyklen, Chöre und Lieder. Sein Stil war dodekaphonisch »verbunden mit Tonalität«.

Anton Zimmermann (um 1741–81)

LEBEN
Anton Zimmermann wurde um 1741 in oder im Umkreis von Preßburg geboren. Er war fürstbischöflicher Kapellmeister und Domorganist in Preßburg und versah diesen Dienst bis zu seinem Tod am 16. 10. 1781.

WERKE
Außer einem Singspiel und einem Melodram verfaßte Anton Zimmermann ein Programmstück für Pianoforte und Violine, »Die Belagerung von Valenciennes«, 9 Sonaten für Cembalo und Violine, Konzerte, Streichquartette, 6 Tänze für Solovioline und zwei Violinen und Cello sowie Sinfonien, von denen die Sinfonie in C-Dur lange Joseph Haydn zugeschrieben und in unserem Jahrhundert neu herausgebracht wurde.

Bernd Alois Zimmermann (1918–70)

LEBEN
Bernd Alois Zimmermann wurde am 20.3. 1918 in Bliesheim bei Köln geboren. Nach zweijährigem Studium der Germanistik und der Philosophie nahm er an der Musikhochschule in Köln bei Philipp Jarnach Kompositionsunterricht, den er bei Wolfgang Fortner und René Leibowitz ergänzte. Er wirkte anschließend als freier Mitarbeiter des Westdeutschen Rundfunks, sodann ab 1950 als Theorielehrer und Musikdirektor an der Universität und ab 1957 als Kompositionslehrer an der Musikhochschule in Köln. Im Jahr 1961 wurde er zum Professor ernannt. Er starb am 10.8. 1970 in Großkönigsdorf bei Köln.

WERKE
Bei zweimaligen Aufenthalten in Rom beeindruckte Bernd Alois Zimmermann die Zeitlosigkeit dieser Stadt, in der Antike, Mittel-

Bernd Alois Zimmermann

alter und Neuzeit gleichzeitig zu bestehen scheinen. Dieses Gefüge von Geschichte und Gegenwart wurde zu einer Grundvorstellung des Komponisten bei seiner Arbeit. »Vergangenheit, Gegenwart und Zukunft sind lediglich in ihrer Erscheinung als kosmische Zeit an den Vorgang der Sukzession gebunden. In unserer geistigen Wirklichkeit existiert diese Sukzession jedoch nicht, was eine realere Wirklichkeit besitzt als die uns vertraute Uhr, die ja im Grunde nichts anderes anzeigt, als daß es keine Gegenwart gibt. Die Zeit biegt sich zu einer Kugelgestalt zusammen, in der sich Vergangenheit, Gegenwart und Zukunft gegenseitig durchdringen. Aus dieser Situation gibt es kein Entrinnen, es bleibt uns nur die Utopie einer Überwindung der Zeit kraft musikalischer Organisation wie Simultaneität der Zeit innerhalb eines Proportionsgefüges verschiedener musikalischer Zeitschichten und Collagen oder Einbeziehung sämtlicher musikalischer, technischer und szenischer Möglichkeiten in der Vielfalt ihrer wechselseitigen Beziehungen.« Am deutlichsten hat der Komponist seine Vorstellung in der Oper »Die Soldaten« verwirklicht, in der drei Szenen zugleich abrollen, und in den letzten Akt mehrere Ereignisse in den Strudel der »Zeitspirale« gezogen sind. Raum und Zeit sind dabei aufgehoben; die Musik ist pluralistisch, Bach-Choräle stehen neben Jazzklängen, Elemente des Musiktheaters neben zeitweisem Sprechgesang. Alle verfügbaren Kunstformen – auch Film, Ballett, Pantomime, Geräuschkulisse vom Tonband – sind herangezogen. Zu einem Riesenorchester treten eine Jazzcombo und Bandmontagen. Er schrieb außerdem mehrere Ballette, eine Sinfonie in einem Satz, ein Konzert für Streichorchester, ein Violinkonzert, ein Cellokonzert, ein Oboenkonzert, ein Trompetenkonzert, »Rheinische Kirmestänze« für 13 Bläser, ein Konzert für zwei Klaviere und Orchester, ein Impromptu für Orchester, eine Anzahl Sonaten für zwei Instrumente und für Solisten mit verschiedener Besetzung, Stücke für elektronische Klänge und Tonband, Kantaten für Chöre, Sänger und Sprechstimmen in verschiedenen Sprachen, darunter »Requiem für einen jungen Dichter« und »Ekklesiastische Aktion« für zwei Sprecher, Bariton und Orgel sowie Kantaten.

Canto di speranza (Gesang der Hoffnung), Kantate für Cello und kleines Orchester, ein Satz, entstanden 1958

»Das Stück ist eher ein Werk der Stille; es will nicht überreden, hinreißen, sondern behutsam die kleine Flamme der Hoffnung nähren, die einzig Licht zu spenden vermag dem, der sich ihr anvertraut«, begründet der Komponist den Titel des Werks, bei dem solistisches Konzertieren mit den Prinzipien des seriellen Komponierens vereinbart sind und die kantablen Linien des Soloinstruments so hoch gehalten sind, »wie es bis dahin noch nicht geschehen ist«.

Dialog, Konzert für zwei Klaviere und Orchester, Hommage á Claude Debussy, 7 Teile, entstanden 1968

Mit gleichzeitigen Zitaten aus Johann Sebastian Bachs Choralvorspiel »Wachet auf«, »Alléluias sereins« von Olivier Messiaen, der »Hammerklaviersonate« von Ludwig van Beethoven, den »Feux d'artifices« von Claude Debussy und weiteren soll ein pluralistischer Klang und ein »weitverzweigtes Gebilde von musikalischen Zeit- und Erlebnisschichten erzeugt werden«.

Requiem für einen jungen Dichter, Lingual nach Worten verschiedener Dichter, Berichte und Reportagen für zwei Sprecher, Sopran- und Baritonsolo, drei Chöre, großes Orchester, Jazzkombo, Orgel und elektronische Klänge, 4 Teile, entstanden 1969

Das Requiem gilt keinem bestimmten Dichter, sondern es bleibt den Hörern überlassen, die Dichtergestalt unseres Jahrhunderts zu bevorzugen. Ehe das in »Prolog«, »Requiem I«, »Requiem II« und »Dona nobis pacem« achtsprachig aus den verschiedensten Texten bestehende Lingual beginnt, laufen dunkle, schwere Klänge vom Podium über eine Lautsprecherkette um den Konzertsaal und landen bei den Kontrabässen, die sie wieder weiterleiten.

Photoptosis (Lichteinfall) für großes Orchester, 3 Teile, entstanden 1969

Der Titel bezeichnet den kompositorischen Versuch, Helligkeitsgrade musikalisch auszudrücken. Der 1. Teil ist von Klangflächen der Streicher grundiert und von Figurenwerk überflutet, das sich zu Klangblöcken ballt. Im 2. Teil werden Zitatstrukturen (von Johann Sebastian Bach bis Aleksandr Skrjabin) gebracht. Im 3. Teil erklingt ein gigantisches Crescendo mit exzessiver Klangentfaltung.

Stille und Umkehr, Orchesterskizzen mit Solostreichern, Akkordeon und Singender Säge, entstanden 1970

In diesem Auftragswerk zum 500. Geburtstag Albrecht Dürers klingt ein Ton vom Anfang bis zum Ende, sehr leise und nahezu ausdruckslos. Er wird von klanglich homogenen Instrumenten eingefärbt. Dazu treten einige Bläserfiguren und isolierte Streicherakkorde und der verwischte Rhythmus der Kleinen Trommel. Das abschließende »Morendo« führt die endgültige Stille herbei.

Pierre Zimmermann (1785–1853)

ZEIT UND UMWELT

Die Ursache dafür, daß aus dem Conservatoire von Paris ständig ein bedeutender Musiker nach dem anderen hervorging, ist in der Methode zu suchen, wie sie bereits von neapolitanischen Konservatorien geübt wurde, bei denen die Schüler beinahe immer auch Lehrer wurden, die ihrerseits das weitergaben, was sie gelernt hatten. Damit wurde ein Stab von ausgezeichneten Lehrern gebildet, der sich immer erneuerte, aber die Traditionslinie einhielt. Damit wurde auch die Position von Paris, als eine der ersten Musikstädte, gehalten und gefestigt.

LEBEN

Pierre Joseph Guillaume Zimmermann (Zimmerman) wurde am 19.3.1785 in Paris geboren. Er war ab 1798 am Conservatoire Schüler von François Adrien Boieldieu. Von 1811 bis 1848 wirkte er selbst als Klavierlehrer an der Musikschule und bildete in dieser Zeit eine Reihe berühmter französischer Musiker heran. Er starb am 29.10.1853 in Paris.

WERKE

Von Pierre Zimmermann sind 2 Opern, 2 Klavierkonzerte, eine Klaviersonate, verschiedene andere Klavierstücke und Etüden überliefert, außerdem sehr schöne Lieder. Die Bedeutung seines Wirkens lag jedoch in seiner Lehrtätigkeit und in seinem auf die französische Pianistik der Romantik ausgeübten Einfluß.

Udo Zimmermann (geboren 1943)

LEBEN

Udo Zimmermann wurde am 6.10.1943 in Dresden geboren und war dort von 1953 bis 1962 Mitglied des Kreuzchors. Seinen ersten Kompositionsunterricht erhielt er von Rudolf Mauersberger (29.1.1889, Mauersberg, bis 22.2.1971, Dresden). Von 1962 bis 1968 war er an der Dresdner Musikhochschule Schüler von Johannes Paul Thilman; abschließend studierte er zwei Jahre an der Deutschen Akademie der Künste in Berlin (DDR) bei Günter Kochan. Seit 1970 Dramaturg an der Staatsoper in Dresden, seit 1976 Dozent, seit 1978 Professor für Komposition an der Musikhochschule in Dresden.

WERKE

Außer 5 Opern schrieb Udo Zimmermann Borchert-Orchester-Gesänge, »L'homme« (Der Mensch), Meditationen für Orchester, »Mutazioni« (Veränderungen) für Orchester, »Musik für Streicher«, »Sieh, meine Augen«, Reflexionen für Kammerorchester, »Choreographien« für Kammerorchester, ein Cellokonzert, ein Violinkonzert, ein Paukenkonzert, ein Streichquartett, eine Ode für Alt, Chor und Orchester, eine Kantate für Sopran und Kammerorchester, Sonetten für Alt, Flöte und Streichquartett sowie »Canticum Marianum« für zwölf Celli.

L'homme (Der Mensch), Meditationen für Orchester, 4 Sätze, entstanden 1970

Dem Werk liegt das gleichnamige Gedicht von Eugène Guillevic (geboren 1907) zugrunde. Die Musik stellt gleichsam eine Kontrapunktierung der Worte des Lyrikers dar. Der Komponist schreibt eine besondere Orchesteraufstellung vor: in der Mitte stehen die Streicher ohne Violinen, rechts und links sind Holzbläser und Blechbläser mit jeweils zugeordneter Schlagzeuggruppe postiert. Das Werk beginnt in der Mitte des Gedichts mit zwölffach geteilten Bratschen, die die Grundmelodie der Celli überlagern. Die Bläser bringen harte Einwürfe. Im 2. Satz erklingen breite Crescendoflächen mit aleatorischen Bläsermotiven. Der 3. Satz klingt mit einem mächtigen Decrescendo aus: »Der Mensch schafft die Dinge.« Und der 4. Satz stellt mit mächtigen Akkordfolgen fest:

»Du bist es, der weiß und befiehlt«, denn der Mensch beherrscht sein eigenes Dasein und das der Welt.

Benedikt Friedrich Zinck (1743–1801)

ZEIT UND UMWELT

Ludwigslust in Schwerin war von 1764 bis 1837 Residenz der Herzoge bzw. ab 1815 der Großherzoge von Mecklenburg-Schwerin. Seine Hofkapelle stand im ständigen Kontakt mit den Kapellen in Norddeutschland und Dänemark und bezog von beiden Seiten ihre Kräfte.

LEBEN

Benedikt Friedrich Zinck wurde am 23. 5. 1743 in Husum, Holstein (damals dänisch), geboren. Er war zuerst Organist in Schleswig und ab 1783 Mitglied der Hofkapelle in Ludwigslust, wo er am 23. 6. 1801 starb.

WERKE

Von Benedikt Friedrich Zinck ist eine beträchtliche Anzahl Sinfonien – zumeist für großes Orchester – bekannt geworden. Er verfaßte außerdem eine Vertonung des 103. Psalms für Singstimmen und Orchester, Cembalosonaten und Duos für verschiedene Instrumente.

Harnack Otto Conrad Zinck (1746–1832)

ZEIT UND UMWELT

Im Jahr 1784 riß der dänische Kronprinz Friedrich (1768–1839, ab 1808 als Friedrich VI. König von Dänemark) die Regierungsgewalt an sich, führte die Bauernbefreiung durch, reformierte die Agrarwirtschaft und das Handelswesen. Der Wohlstand des Landes stieg rasch an, was einen Aufschwung des kulturellen Lebens zur Folge hatte. Die folgenden Napoleonischen Kriege brachten allerdings schwere Rückschläge.

LEBEN

Harnack (Hardenack, Hartnack) Otto Conrad Zinck, Bruder des Benedikt Friedrich Zinck, wurde am 2. 7. 1746 in Husum geboren. Er wirkte ab 1768 als Sänger in Hamburg und ab 1777 als Flötist in der Hofkapelle in Ludwigslust. Im Jahr 1787 ging er als Akkompagnist an das Hoftheater in Kopenhagen, wo er von 1789 bis 1801 auch als Organist an Vor Frelser Kirke und von 1791 bis 1811 als Seminarmusiklehrer tätig war. Er starb am 15. 2. 1832 in Kopenhagen.

WERKE

Neben seiner Oper »Selim og Mirza« (Selim und Mirza) veröffentlichte Harnack Otto Conrad Zinck »Sechs Claviersonaten benebst der Ode Kain am Ufer des Meeres« und 4 Hefte »Compositionen für den Gesang und das Clavier« und gab außerdem ein dänisches Choralbuch heraus.

Nicola Zingarelli (1752–1837)

ZEIT UND UMWELT

Im Zug der neapolitanischen Revolution des Jahres 1820 wurde ein Teil des Gebäudes, in dem das Conservatorio San Sebastiano untergebracht war, für Regierungszwecke benötigt, der Rest den Jesuiten überantwortet. Das Konservatorium erhielt das ehemalige Kloster San Pietro a Maiella zugewiesen, so daß seine Tätigkeit keine Unterbrechung erlitt. Allerdings: Bedeutung und Ausbildungswert der alten Konservatorien waren bereits stark zurückgegangen, wenn auch im 19. Jahrhundert einige berühmte Namen daran wirkten. Aber auch bei anderen Musikzentren Italiens ist im 19. Jahrhundert ein auffälliger Rückgang festzustellen.

LEBEN

Nicola Zingarelli (Niccolò Antonio) wurde am 4. 4. 1752 in Neapel geboren. Er war am Conservatorio Santa Maria di Loreto seiner Geburtsstadt Schüler von Fedele Fenaroli. Bis er mit seinen Opern Erfolg hatte, gab er Violinunterricht, dann wurde er 1792 Domkapellmeister in Mailand, 1794 in Loreto und 1804 an San Pietro in Rom. Im Jahr 1813 übernahm er in Neapel die Leitung des Real

Conservatorio di Musica und erhielt 1816 die Kapellmeisterstelle an San Tesoro. Er starb am 5. 5. 1837 in Torre del Greco bei Neapel.

WERKE

Für seine Kirchenmusik - Messen, zum Teil für Männerstimmen mit Orchester, zum Teil mit Orgelbegleitung, Requiem, Te Deum - wandte Nicola Zingarelli bereits jenen Neupalestrinastil an, der in der Romantik äußerst beliebt wurde. Überdies schrieb er als einer der letzten Vertreter des neapolitanischen Stils 37 Opern, mehrere Oratorien und einige Kammermusik.

LITERATUR

P. Dotto, Nicola Zingarelli, in: Musica d'oggi XXIII, 1941.

Domenico Zipoli (1688–1726)

ZEIT UND UMWELT

Córdoba im heutigen Argentinien wurde durch die Gründung der Jesuitenuniversität im Jahr 1613 zum kulturellen Mittelpunkt des südlichen Südamerika. Die Kathedrale war eine der wichtigsten Pflegestätten der Kirchenmusik des Kontinents.

LEBEN

Domenico Zipoli wurde am 16. 10. 1688 in Prato geboren. Nach seiner Ausbildung in Florenz bei Giovanni Maria Casini (1652 bis 1719), bei Alessandro Scarlatti in Neapel und bei Bernardo Pasquini in Rom wurde er Organist an der römischen Jesuitenkirche. Im Jahr 1716 trat er in Sevilla dem Jesuitenorden bei, der ihn als Organisten an die Kathedrale in Córdoba, damals Rio de la Plata, sandte. Er starb dort am 2. 1. 1726.

WERKE

Die Kompositionen von Domenico Zipoli bewegen sich im Rahmen des Barock. Er schrieb noch in Rom Oratorien, von denen nur der Text erhalten ist, außerdem eine Anzahl sehr geschätzter Sonaten für Orgel oder Cembalo. Über seine kompositorische Tätigkeit in Córdoba ist nichts bekannt.

LITERATUR

L. Ayestaran, Domenico Zipoli, el gran compositor y organista romano del 1700 en el Rio de la Plata, in: Revista historica XXXV/13, Montevideo 1941.

Stephan Zirler (um 1520–76)

ZEIT UND UMWELT

Das mehrstimmige Lied hatte eine durch diatonische Schritte oder Dreiklangzerlegung gekennzeichnete Melodie, melodisch abgeschlossene Teile, schlichte Periodizität und tonale Geschlossenheit des Ganzen mit einfachen Modulationen. Es ähnelt stark dem Volkstanz, abgesehen von der Rhythmik. Die »Eingängigkeit« war eine Grundforderung an das Lied. Die Heidelberger Schule unter Laurentius Lemlin wurde diesen Forderungen voll gerecht, so daß Erfolg und Beliebtheit nicht ausbleiben konnten.

LEBEN

Stephan Zirler (Zyrler, Zielerus) ist um 1520 in Rohr (Niederbayern) geboren. Er studierte ab 1537 an der Universität in Heidelberg, hat aber vielleicht schon vorher in der Kantorei unter Lemlin gesungen. Er trat in kurfürstliche Dienste und wurde Geheimschreiber und Kammersekretär in Heidelberg, wo er im Sommer 1576 starb.

WERKE

Zirler war der jüngste der Heidelberger Liedmeister, die Lemlin ausgebildet hatte. Seine mehrstimmigen Lieder erschienen in Sammeldrucken. Sie tragen die gleichen Merkmale wie die von Forster oder Othmayr und sind ebenso schlicht und klangschön.

LITERATUR

H. Albrecht, H. C. Othmayr, Kassel 1950.

Alexandru Zirra (1883–1946)

LEBEN

Alexandru Zirra wurde am 14.6.1883 in Roman geboren. Er war von 1902 bis 1905

Schüler des Konservatoriums in Iaşi, sodann in Mailand von Carlo Gatti (19.12.1876, Florenz, bis 3.2.1965, Mailand). Mit Unterbrechungen lehrte er von 1907 bis 1925 Musiktheorie am Konservatorium in Iaşi. Im Jahr 1925 gründete er in Cernăuţi (heute Tschernowci, Ukraine) ein Institut für Musik und Theater, das er bis 1931 leitete, darauf wirkte er erneut am Konservatorium in Iaşi und anschließend bis 1941 als Direktor der rumänischen Staatsoper in Bukarest. Er starb am 26.3.1946 in Sibiu.

WERKE

Von Alexandru Zirra sind 2 Opern aufgeführt worden. Er schrieb ferner 3 Sinfonien mit programmatischen Titeln, 5 sinfonische Dichtungen, ein Bläserquintett, 2 Streichquartette, eine Violinsonate, eine Kantate, Chöre und Lieder. Seine Musik lehnte sich an italienische Formen an, integrierte aber gleichzeitig viel Folklore.

Carli Zoeller (1840–89)

ZEIT UND UMWELT

Wie alle Violen kam auch die Viola d'amore im späten 18. Jahrhundert außer Gebrauch. Im klassischen und im romantischen Orchester gab es für sie wenig Verwendung. Sie wurde nur vereinzelt, um bestimmte Klangwirkungen zu erzielen, vorgeschrieben. Eine Wiederbelebung des Instruments setzte um die Wende zum 20. Jahrhundert ein.

LEBEN

Carli Zoeller wurde am 28.3.1840 in Berlin geboren. Er studierte am Konservatorium in Berlin. Hierauf reiste er mit einigen Operntruppen, bis er 1879 Militärkapellmeister in Berlin wurde. Er war Virtuose auf der Viola d'amore, mit der er konzertierte. Er starb bei einem Treffen seiner Kapelle mit anderen am 13.7.1889 in London.

WERKE

Von Carli Zoeller sind mehrere musikalische Bühnenstücke, 4 Ouvertüren und andere Orchesterstücke, ein Violinkonzert, ein Streichquintett, ein Streichquartett, einige Lieder und kirchliche Gesänge erhalten. Er trat als Virtuose und mit einem umfangreichen Schrifttum für eine Wiederaufnahme des Spiels der Viola d'amore ein und kann dadurch als Vorläufer der Solisten und Ensembles gelten, die das Spiel mit alten Instrumenten im 20. Jahrhundert populär machten.

Carl Zöllner (1800–60)

LEBEN

Carl Friedrich Zöllner wurde am 17.3.1800 in Mittelhausen, Thüringen, geboren. Er war ab 1814 an der Leipziger Thomasschule Schüler von Johann Gottfried Schicht und wurde 1820 Gesanglehrer der Ratsfreischule in Leipzig, errichtete 1822 ein Musikinstitut mit allsonntäglichen Gesangsübungen und gründete 1833 einen Männergesangverein – »Zöllner-Verein« –, dem bald eine ganze Serie solcher Vereine folgte; 30 solcher Zöllner-Vereine schlossen sich zu einem »Zöllner-Bund« zusammen, um 1859 in Leipzig ein »Sängerfest« zu veranstalten. Der Gründer starb am 25.9. 1860 in Leipzig, sein »Zöllner-Bund« blieb bestehen und schloß sich mit anderen, ähnlich gestalteten Vereinen oder Vereinsgruppen zusammen.

WERKE

Von Carl Zöllner sind zahlreiche Lieder und Chöre erhalten, die von seinen Institutionen und anderen gleichartigen, aber auch als Hausmusik lange gesungen wurden. Manches davon, wie »Das Wandern ist des Müllers Lust«, ist zum Volkslied geworden.

LITERATUR

R. Hänsch, Der Liedermeister Carl Friedrich Zöllner, Dresden 1927.

Annibale Zoilo (um 1537–92)

ZEIT UND UMWELT

Papst Gregor XIII. setzte alle Kraft ein, um die Reformbeschlüsse des Konzils von

Trient durchzuführen und die Gegenreformation zu fördern. Auf dieser Linie lag auch die Absicht, den Gregorianischen Choral von allen seit seiner Entstehung dazugekommenen Änderungen zu säubern und dessen ursprüngliche Form nach Möglichkeit wiederherzustellen. Diese Absicht konnte wegen des Einspruches der spanischen Kirche und König Philipps II. von Spanien nicht durchgeführt werden.

LEBEN
Annibale Zoilo wurde um 1537 in Rom geboren. Er trat als Sänger der Kapelle an San Luigi de'Francesi bei und erhielt 1561 ihre Leitung. Von 1568 bis 1570 war er Kapellmeister an San Giovanni in Laterano und wirkte anschließend bis 1581 an der päpstlichen Kapelle als Sänger und Komponist. Ab 1577 arbeitete er gemeinsam mit Palestrina an der Revision des Gregorianischen Chorals, die jedoch bald wieder aufgegeben wurde. Nach 1581 übernahm er die Kapellmeisterstelle am Dom in Todi und wirkte ab 1584 in gleicher Eigenschaft an Santa Clara in Loreto bis zu seinem Tod am 30. 6. 1592.
Cesare Zoilo (um 1580, Rom, bis um 1630, Rom) wirkte in Rom als Komponist. Über seine weitere Tätigkeit gibt es keine Nachrichten. Er könnte ein Verwandter von Annibale Zoilo gewesen sein.

WERKE
Von Annibale Zoilo sind nur ein Buch mit vier- und fünfstimmigen Madrigalen und eine Anzahl Motetten in Sammeldrucken und Handschriften überliefert. Seine kirchenmusikalischen Werke sind offenbar verloren. Die Madrigale halten sich an den in Rom üblichen Stil: deutliche Wortverständlichkeit, keine dichte Verflechtung der Stimmen, keine Dissonanzen und keine Chromatik. Sie sind zugleich sehr kunstvoll.
Von Cesare Zoilo sind aus 1620 fünfstimmige Madrigale und in Sammelwerken etliche Motetten überliefert. Diese Kompositionen wirken um vieles aufgelockerter als die seines älteren Namensvetters.

LITERATUR
L. Caismiri, Annibale Zoilo e la sua famiglia, Note d'archivio XVII, 1940.

Leonidas Zoras (geboren 1905)

LEBEN
Leonidas Zoras wurde am 23.2.1905 in Sparta, Griechenland, geboren. Er studierte in Athen bei Manolis Kalomiris, Dimitri Mitropoulos, Emilios Riadis und wirkte selbst von 1926 bis 1938 dort als Theorielehrer. Anschließend lebte er bis 1940 in Berlin, wo er seine Ausbildung an der Musikhochschule bei Walther Gmeindl, Clemens Schmalstich, Fritz Stein, Hermann Grabner, Paul Höffer und Boris Blacher ergänzte. Von 1940 bis 1958 war er Dirigent des Opernhauses in Athen; dann ließ er sich in Berlin nieder, wo er an der Deutschen Oper und am Rundfunk dirigierte. 1968 wurde er Direktor des Odeon in Athen.

WERKE
Außer mehreren Opern und Balletten schrieb Leonidas Zoras eine sinfonische Skizze, »Nachtgesang« für Kammerorchester mit Solocello, eine »Legende«, eine Sinfonie, eine Suite, ein Concertino für Violine und elf Holzbläser, ein Streichquartett, eine Sonate für Violine und Klavier, ein Capriccio für Trompete und Klavier, mehrere Klavierwerke, Chöre, Lieder und Bühnenmusik. Er schloß sich rückhaltlos der modernen Musik des Jahrhunderts an.

Johann Rudolf Zumsteg (1760–1802)

ZEIT UND UMWELT
Die Balladenkomposition des ausgehenden 18. Jahrhunderts in der Form einer durchkomponierten Verserzählung mit farbiger Tonmalerei und drastischer Aktionsschilderung machte auf die Zeitgenossen einen tiefen Eindruck. Wenn wir ihn nicht mehr entsprechend nachempfinden können, liegt die Ursache bei Franz Schubert (1797–1828), der selbst wohl ebensostark davon gefesselt

wurde, aber der Welt Balladen schenkte, die alles Vorangehende abwerteten.

LEBEN
Johann Rudolf Zumsteg wurde am 10. 1. 1760 in Sachsenflur, Odenwald, geboren. Er wurde als Sohn eines Bediensteten des Stuttgarter Hofes 1770 in die Karls-Schule aufgenommen, wo er sich mit Friedrich von Schiller anfreundete. Er erhielt Musikunterricht und wurde 1781 als Cellist in die Hofkapelle aufgenommen, 1785 als Cellolehrer bestellt und 1793 zum Hofkapellmeister ernannt. Er starb am 27. 1. 1802 in Stuttgart.

WERKE
Die Bedeutung von Johann Rudolf Zumsteg fußt auf seiner bahnbrechenden Balladenkomposition. Er veröffentlichte davon 7 Bücher, außerdem 4 Bände Kantaten und eine Reihe weiterer Lieder, »Die Frühlingsfeier«, eine Ode für Deklamation und Orchester, eine Anzahl Opern und Schauspielmusiken, darunter zu »Die Räuber« von Friedrich von Schiller, zu der der Dichter meinte: »Daß man den Text bei der Musik vergessen wird.« Er schrieb außerdem ein Cellokonzert, Duette mit Cello, Sinfonien und Messen. Seine Musik führt bereits ein gutes Stück der Romantik entgegen.

LITERATUR
H. v. Hase, Johann Rudolf Zumsteg, in: Zeitschrift für Musikwissenschaft II, 1919/20.

Josef Leopold Zvonař (1824–65)

ZEIT UND UMWELT
Die nach der Mitte des 19. Jahrhunderts durch außenpolitische Mißerfolge erzwungene Lokkerung des Drucks der Wiener Regierung auf das tschechische Volk ermöglichte eine umfassende Erweiterung des eigenständigen kulturellen Lebens und damit auch die Gründung von Musikgesellschaften.

LEBEN
Josef Leopold Zvonař wurde am 22.1.1824 in Kublov bei Prag geboren. Er erhielt seine musikalische Ausbildung in Beroun und sodann in Prag, wo er sich neben der Komposition vorwiegend dem Musikunterricht und der Forschung zuwandte. Im Jahr 1861 gründete er die bekannte Chorvereinigung »Hlahol« (Klang). Er starb am 23.1.1865 in Prag.

WERKE
Von Josef Leopold Zvonař sind 2 Opern aufgeführt worden. Er schrieb außerdem 3 Ouvertüren – C-Dur, D-Dur, B-Dur –, ein Streichquintett, ein Streichquartett, ein Klaviertrio, Klaviersonaten, 2 Messen, 2 Requiem, verschiedene Chöre und Lieder. Von seinen wissenschaftlichen Publikationen ist »Monumente früher tschechischer Musik« sehr bemerkenswert.

Alberik Zwyssig (1808–54)

ZEIT UND UMWELT
An erster Stelle der Musikausübung in der Schweiz stand zumindest bis weit in das 19. Jahrhundert der Gesang, und vor allem, dem Zug der Romantik folgend, der Männergesang. Gesangvereine jeder Gattung gab es in allen Orten, in denen der Gemeinschaftsgesang intensiv gepflegt wurde, aber auch die großen Konzerte brachten hauptsächlich Vokalmusik.

LEBEN
Alberik Zwyssig (eigentlich Johann Joseph Maria) wurde am 17.11.1808 in Bauen, Uri, Schweiz, geboren. Er war ab 1832 als Zisterzienser Stiftskapellmeister in Wettingen. Ab 1841 lebte und wirkte er im Kloster Wurmsbach bei Zug und im Jahr 1854 bis zu seinem Tod am 18.11.1854 in der Zisterzienser-Abtei Mehrerau, Vorarlberg.

WERKE
Von Alberik Zwyssig sind eine Anzahl Messen und andere kirchliche Gesänge erhalten, ferner profane Chöre, die große Beliebtheit erreichten. Sein Psalm »Trittst im Morgenrot daher« (1841) ist zur Schweizer Nationalhymne geworden.

Kleines Sachlexikon

Absolute Musik, durch sich selbst wirkende Musik, die keine außermusikalischen Vorstellungen vermitteln will

A-cappella-Gesang, von keinen Instrumenten begleiteter mehrstimmiger Chorgesang wie in der Cappella Sistina in Rom

Accelerando, beschleunigend, schneller werdend

Accentus, Betonung durch Heben oder Senken der Stimme am Beginn und Ende des in mittlerer Höhe gehaltenen liturgischen Lese- oder Psalmtones

Acciaccatura, Verzierung durch ganz kurzes Nachklingen der kleinen Untersekunde der Hauptnote, später mit Appoggiatura gleichbedeutend

Accompagnato, begleitet

Adagio, langsam, sehr ruhig

Adagio amorevole, langsam und liebenswürdig

Adagio maestoso, langsam und majestätisch

Adagio religioso, langsam und im sakralen Tonfall

Ad libitum, nach Belieben, Vortragsbezeichnung, die Tempo und Vortrag dem Interpreten überläßt, auch Besetzungsvorschrift, die die Mitwirkung einzelner Stimmen oder Instrumente freistellt

Aerophon, erstes vom russischen Physiker Lew Termen (Leon Theremin) erfundenes elektroakustisches Musikinstrument, das später mit Theremin oder Thereminovox bezeichnet wurde

Affettuoso, leidenschaftlich, affektbetont

Agnus Dei, Teil des Ordinarium

Agitato, bewegt

Air, metrisch klares und periodisch einfaches Lied oder Instrumentalstück vom 16. bis zum 18. Jahrhundert

Air à boire et danser, auf ein Liebesgedicht komponiertes volkstümlich gehaltenes Lautenlied

Air bachique, Trinklied

Air de cour, mehrstimmiger, homophoner profaner Chansonsatz mit Oberstimmenmelodie zwischen der Mitte des 16. und dem frühen 17. Jahrhundert

Air sérieux, kunstvolles, zuweilen rezitativisches Lautenlied, fallweise in Dialogform

Air spirituel, geistliches Lied

Akademie, ursprünglich Hain bei Athen, in dem Plato seine Schüler unterrichtete (Garten des Akademos), 1470 von Gelehrten und Kunstfreunden in Florenz übernommene Bezeichnung für ihre Vereinigung am Hofe der Medici, die sodann von ähnlichen Institutionen in vielen italienischen Städten gewählt und schließlich in der gesamten Welt von künstlerischen und wissenschaftlichen Forschungs- und Lehranstalten übernommen wurde

Akkompagnist, Begleiter der Solisten oder Ensembles auf Tasteninstrumenten; auch Continuospieler, der die nicht notierten Füllstimmen bei Generalbaßkompositionen improvisatorisch mitspielt, auch Begleiter mit Gitarre, Laute oder Harfe von Rezitativ- oder Sprechpassagen bei Bühnenstücken, Oratorien oder Melodramen

Akkord, beabsichtigter, sinnvoller Zusammenklang von mehr als zwei Tönen

Aleatorik, Kompositionsverfahren der Neuen Musik, das den Zufall als Prinzip einsetzt und der Musik anstelle der festgelegten, geschlossenen Form eine offene und bewegliche verleiht, indem es mehr oder minder große Strecken eines Musikstücks innerhalb gewisser Grenzen der Improvisation des Interpreten überläßt

Alla breve, um die Hälfte verkürzter und daher auf das Doppelte beschleunigter Zweiertakt

Alla turca, türkische Fakturen nachahmend, die im 17. Jahrhundert durch die Janitscharenkapellen der türkischen Heere in Europa bekannt wurden

Alla zingarese, mit zigeunermusikartigem Rhythmus und Akzent

Allegretto, etwas rasch, langsamer als Allegro

Allegro, fröhlich, lebhaft, rasch

Allegro agitato, erregt und rasch

Allegro animato, lebhaft und rasch

Allegro assai, sehr rasch

Allegro capriccioso, rasch und eigenwillig

Allegro capriccioso di bravura, rasch und die Virtuosität betonend

Allegro comodo, nicht übermäßig rasch

Allegro con brio, rasch und feurig

Allegro deciso, rasch und entschieden

Allegro di molto, sprachlich fehlerhaft für Allegro molto

Allegro feroce, wild

Allegro furioso, rasend

Allegro impetuoso, stürmisch

Allegro ma non troppo, nicht zu rasch

Allegro maestoso, rasch und majestätisch

Allegro marciale, marschmäßig rasch

Allegro moderato, mäßig rasch

Allegro molto, sehr rasch

Allegro mosso, bewegt

Allegro non molto, nicht sehr rasch

Allegro patetico, rasch und pathetisch
Allegro risoluto, rasch und entschlossen
Allegro spirituoso, lebhaft
Allegro vivace, lebhaft
Allegro vivo, lebhaft
Allegro zingarese, rasch auf Zigeunerart
Alleluia, Freudenruf aus Psalm 113 und 116, vielfach als Abschluß liturgischer Gesänge gebraucht
Allemande, Allemanda, etwas schwermütiger, gemessener deutscher Tanz; im 17. Jahrhundert Kopfsatz der Suite
Amenfuge, feierlicher fugierter Abschluß sakraler Gesänge der römischen Liturgie auf dem Wort »Amen« (So sei es – so ist es), das den vorangehenden Text bekräftigt
Andalusische Schule, von Cristóbal de Morales im 16. Jahrhundert begründet, brachte in Sevilla und anderen andalusischen Städten eine Reihe bedeutender Meister hervor, war stark von der römischen Schule beeinflußt, behielt aber doch ein deutliches lokales Kolorit bei
Andante, gehend, im Schrittempo, auch Bezeichnung eines ganzen Musikstücks oder eines Teiles davon; Schreittanz
Andante cantabile, gemächlich und sanglich
Andante cantabile però con moto, sangliches, aber bewegtes Andante
Andante con moto, gemäßigt, aber mit Bewegung
Andante consolante, gemächlich und tröstend
Andante grazioso, gemächlich und graziös
Andante ma piutosto mosso, gemäßigt, aber eher bewegt
Andante moderato, sehr gemäßigt
Andante molto, sehr gemäßigt
Andante serioso, gemächlich und ernst
Andante sostenuto, gemäßigt und zurückhaltend
Andante spianato, gemächlich und breit
Andante un poco, ein wenig ruhig, ziemlich gemessen
Andantino, etwas schneller als Andante
Angelika, große theorbierte Laute mit 17 diatonisch gestimmten Darmsaiten
Angloise, Anglaise, Volkstanz im Zweiertakt aus England
Anthem, englische (von »Antiphon« abgeleitete) Bezeichnung eines nichtliturgischen Gesangstücks, zumeist auf biblischem oder parabiblischem Text in Kantaten- oder Motettenform, sehr oft hymnischen Charakters
Antiphon (vom griechischen Antiphone), Mehrzahl Antiphone oder Antiphonen, Wechselgesang mit Bibeltexten oder anderen sakralen Dichtungen von zwei Chören, von denen einer von einem Solisten (Priester, Vorsänger) ersetzt werden kann. Seltener sind Antiphonen mit zwei Solisten ohne Chöre
Antiphonal, im Wechselgesang
Antiphonarium, Sammlung der Melodien für das Breviarium
Aöde, Sänger des Alten Griechenlands, auch Dichter und Komponist
Appoggiatura, Vorhalt, Vorschlag
Aria, instrumental begleitetes größeres, nicht streng an den Textbau gebundenes Sologesangstück
Arie, Sologesang in Oper, Oratorium und Kantate, durch Weiträumigkeit und seiner textlich oft weiten Entfernung von jeder poetischen Bindung vom Lied unterschieden
Ariette, Arietta, dem Lied ähnliche kleine Arie, oft zweiteilig
Arioso, zwischen Arie und Rezitativ liegende Melodieführung
Arpeggio, gebrochener Akkord; die einzelnen Töne eines Akkordes werden in rascher Folge zum Erklingen gebracht, so daß ihre Zugehörigkeit zum Akkord nicht verlorengeht
Arrangement, Einrichtung eines Musikstücks zur Aufführung im Rahmen der gegebenen Möglichkeiten, wie zum Beispiel die Umschrift von Vokal- oder Orchestersätzen für Cembalo, Orgel, Laute oder Gitarre
Ars antiqua (Alte Kunst), Bezeichnung der ersten Mehrstimmigkeit des 12. und 13. Jahrhunderts, des Zeitalters des Organum, Conductus und Motetus. Sie wurde in der Pariser Kathedrale Notre-Dame zur höchsten Blüte entwickelt
Ars nova (Neue Kunst), löste die Ars antiqua im 14. Jahrhundert mit der isometrischen Motette, dem Madrigal, der Caccia und der Ballata ab und bildete eine Vorstufe zur franko-flämischen Polyphonie
Ars subtilior, verfeinerte Ars nova in der Frührenaissance
Aubes, Wechselgesang zwischen Liebhaber und Wächter, Warner oder Tod (Wächterlied)
Augmentation, Verlängerung einer Note um die Hälfte ihres Wertes, später auch Dehnung auf doppelte und dreifache Werte
Aulos, Doppelrohrblattinstrument ähnlich der Schalmei, wurde bereits im antiken Ägypten viel, aber noch mehr in Griechenland verwendet. Er wurde in verschiedenen Größen angefertigt und sehr oft als Doppelaulos mit zwei voneinander im spitzen Winkel abstehenden Röhren geblasen
Aulet, Aulosbläser
Ausweichung, Übergang von einer Tonart zu einer anderen und baldige Rückkehr

Auto sacramental, kurze dramatische Aufführungen an kirchlichen Festtagen zur Verkündung von Glaubenslehren in Spanien und Portugal

Asemantisch, bedeutungslos, aus unzusammenhängenden Vokalen, Silben oder Wörtern bestehend

Atonalität, Musik, deren Töne nicht auf ein tonales Zentrum bezogen sind. Ursprünglich abwertende Bezeichnung jeder Musik des 20. Jahrhunderts, in der die Tonalität aufgegeben ist

Avantgarde, jeweilig »modernste« Vertreter einer Kunstgattung, die als »Vorausabteilung« die bestehenden Konventionen durchbrechen und nach neuen Ausdrucksformen suchen

Avignon-Schule, Wirken der päpstlichen Kapelle in Avignon (1309 – 1417), deren Repertoire zur Weiterentwicklung der von Guillaume de Mahaut geführten Ars nova erheblich beigetragen hat

Ayre, monodisch, polyphon oder rein instrumental angelegtes englisches Lied für vier Stimmen, oft mit Tanzcharakter, von italienischen Balletti und Canzonetten angeregt

Bachwerkeverzeichnis – BWV, von W. Schmieder zusammengestelltes Verzeichnis der Werke von Johann Sebastian Bach, 1950 erstmals erschienen

Badinerie, Badinage, Tändelei, Tanz

Bagatelle, knappes Klavierstück in freier Form

Ballabile, tänzerisch

Ballade, im hohen Mittelalter einstimmiges volkstümliches Tanzlied der Troubadours und Trouvères; sie war strophisch mit Vorsänger und Chorrefrain und ab dem 14. Jahrhundert oft mehrstimmig. Die Wandlung dieser typisch lyrischen Dichtungs- und Kompositionsform zum heutigen epischen Charakter erfolgte erst im 18. Jahrhundert

Ballata, Tanzlied der 2. Hälfte des 13. und des 14. Jahrhunderts, ursprünglich von einem Vorsänger gesungene Strophen, die der Chor wiederholt, dann Modifikationen unterworfen

Ballet de cour, groß ausgestattetes Ballett mit Vokal- und Instrumentalmusik vorwiegend im 17. Jahrhundert am französischen Hof

Balletto, tänzerisches Musikstück für Instrumente oder Singstimmen, auch Tanzsuite

Bandoneon, 1845 von Heinrich Band weiterentwickelte Ziehharmonika, besonders im klassischen Tango-Ensemble verwendet

Barden, Dichter und Sänger von Heldenliedern im vorchristlichen England, Schottland, Irland und Gallien

Barform, Strophenbau des Meistersanges – zwei Stollen und ein Abgesang –, dessen sich auch die Minnesänger bedienten

Bariolage, Vertauschung von Klangfarben auf Streichinstrumenten, indem höhere Töne auf tieferen Saiten gespielt werden

Baryton, Streichinstrument in Baritonlage in Form und Größe einer Tenorgambe mit sechs bis sieben Griffsaiten aus Darm und neun bis 27 diatonisch gestimmten Bordunsaiten aus Metall; auch um eine Oktave tiefer gestimmte Violine; im 19. Jahrhundert kleine Abart des Violoncello

Basse danse, Schreittanz des 15. und 16. Jahrhunderts

Bassett, klarinettenartiges Holzblasinstrument mit Messingbirne

Bassetto, kleiner Baß, Bezeichnung der tiefsten Stimme eines hochstimmigen Chores

Basso continuo, siehe Generalbaß

Basso ostinato, hartnäckige Wiederholung eines Baßtones

Basso profondo, bis in die tiefsten Lagen reichender Baß

Bataglia, Batalla, Batalha, musikalische Schilderung von Kampf- und Schlachtenlärm, zumeist mit abschließendem Siegesjubel; eine der ältesten Programmusikformen

Beatus vir, qui timet, 111. Psalm, häufig als Graduale verwendet

Belcanto, italienische Gesangtechnik, die die Töne nicht gemäß dem Wortinhalt gestaltet, sondern nur ihre absolute Schönheit und die Fülle des Melodienflusses zum Ziel nimmt

Benedicamus Domino, Responsorium am Ende einer Messe, die kein Gloria hat

Benedicite, Gesang der Jünglinge im Feuerofen, Dan. III/23–24, im anglikanischen Service verwendet

Benedictus, Teil des Ordinarium; siehe Service

Bergamasca, volkstümliches Tanzlied aus Bergamo im 16. und 17. Jahrhundert, im 19. Jahrhundert der Tarantella ähnlicher schneller Tanz

Bergerette, dem Virelai ähnliche Lyrik des 15. Jahrhunderts, im 16. Jahrhundert schneller Tanz im Tripeltakt, im 18. Jahrhundert pastorales oder erotisches Lied

Bergreihe, bergmännisches Lied des 16., 17. und 18. Jahrhunderts, besonders aus dem sächsischen Erzgebirge

Berimbau, brasilianischer Musikbogen afrikanischen Ursprungs mit Kürbisflaschen-Resonanzkörper und nur einer Saite

Bezifferter Baß, siehe Generalbaß

Bicinium, Tonstück für zwei Stimmen, vokal oder instrumental, oft kanonisch oder kontrapunktisch angelegt, im 15. und 16. Jahrhundert als Kontrast zur regulären Mehrstimmigkeit verwendete Zweistimmigkeit, im 20. Jahrhundert durch die Singbewegung neu belebt

Biline, Form des Epos bei Süd- und Ostslawen

Bitonalität, gleichzeitiger übereinander oder nebeneinander geschichteter Ablauf zweier Tonarten

Biwa, japanische Kurzhalslaute mit vier bis fünf Saiten, zumeist mit Plektron gespielt

Blockflöte, Längsflöte, seit über 5000 Jahren bekannt; kam im 10. oder 11. Jahrhundert nach Europa

Bolero, spanischer Tanz aus dem 18. Jahrhundert, zumeist von Kastagnetten, Tamburinen und Gitarren begleitet

Bommer (Bomhard, Pommer), Schalmei in verschiedenen Größen gebaut; aus dem Baßbommer entstand das Fagott, aus dem Diskantbommer die Oboe

Bordun, Begleitung in gleichbleibender Tonhöhe durch unverkürzbare Saiten oder automatisch mitklingende Pfeifen; beim Dudelsack Pfeifen mit unverändertem Baß- oder Quintton

Bourrée, bäuerlicher Tanz aus Mittelfrankreich, der in der Mitte des 16. Jahrhunderts in die Kunstmusik Eingang fand

Branle, alter Rundtanz aus Frankreich, der im 15. Jahrhundert in die Kunstmusik aufgenommen wurde und zuweilen eine Basse danse abschloß

Breviarium, Liturgiebuch der katholischen Kirche mit Gebeten, Lektionen und den Gesangstexten der Stundenoffizien

Bruitismus (franz. »bruit«, Lärm, Geräusch), bezeichnet die Anfang des 20. Jahrhunderts in Frankreich unternommenen Versuche, Geräusche als eigenständige musikalische Elemente miteinzubeziehen

Brunette, kurzes, heiteres volkstümliches französisches Lied mit amourösem und pastoralem Text; auch rein instrumentale Wiedergabe dieser Liedgattung

Buccina, römisches Horn aus Metall oder Tierhorn, über die Schulter getragen, Vorläufer der Posaune

Bühnenmusik, jede Art Schauspielmusik, in der Oper zusätzliche Musik auf oder hinter der Bühne

Burletta, aus Italien stammende Form der musikalischen Komödie, die aus einer Folge von Liedern mit zumeist bekannten Melodien besteht

Caccia, zweistimmiger Kanon, zuweilen von dritter Stimme begleitet, der ursprünglich das Jagdvergnügen, später auch andere profane Szenen, Jahrmarktstreiben, Liebesspiele usw., besang

Calata, ruhiger Schreittanz aus Italien, um 1500

Calando, nachlassend, in Tempo und Tonstärke abnehmend

Calvinische Musik, auf Einstimmigkeit beschränkte, bibeltextliche unbegleitete Kirchenmusik für den protestantisch-reformierten Gottesdienst

Camerata Florentina, gegen Ende des 16. Jahrhunderts in Florenz entstandener Kreis von Adligen, Dichtern, Malern, Musikern, Mäzenen und Gelehrten zur Pflege humanistischen Ideengutes

Canarie, exotischer Paartanz, der vermutlich über Spanien von den Kanarischen Inseln nach Frankreich gekommen und in die Suite aufgenommen worden ist

Cancionero, spanische Liedersammlung

Cantabile, sanglich

Cantate Domino, siehe Service

Canticum, Lied, besonders Lobgesang der Bibel; Cantica minora: Gesänge des Alten Testaments; Cantica majora: Gesänge des Neuen Testaments; Canticum canticorum: Hohelied Salomonis

Cantio, in der Regel einstimmiges lateinisches, später auch volkssprachliches geistliches Lied, das nicht im strengen Sinn zur Liturgie gehört

Cantionalsatz, vierstimmiger evangelischer Choralsatz mit der Melodie in der Oberstimme

Cantiones sacrae, geistliche Gesänge

Cantigas, Melodien mit sakralen und profanen Texten in galicischer Sprache, die im 13. Jahrhundert am Hof Alfonsos X., des Weisen, in Blüte kamen.

Cantus, Gesang, Oberstimme bei mehrstimmiger Musik (auch Discantus, Diskant genannt)

Cantus choralis, einstimmige Gregorianik

Cantus figuralis, Figuralmusik, polyphone Musik

Cantus firmus, fester Gesang, frei erfundene oder fremden Kompositionen oder dem Volksgesang entnommene Melodie, die einem Tonstück zugrunde liegt und zumeist vom Tenor vorgetragen wird

Cantus mensuratus, mit Bezeichnung der Tondauer aufgezeichnete Musik

Cantus planus, mit Choralnoten aufgezeichnete Gregorianik

Canzonette, kleine Kanzone, kurzes, leichtes, bewegtes Vokalstück tänzerischen Charakters im späten 16. und im 17. Jahrhundert, von deutschen und englischen Komponisten übernommen und als leichtere, volkstümliche Liedgattung weiterentwickelt

Capriccio, im 16. und 17. Jahrhundert nahezu gleichbedeutend mit Fantasia. Die Wortbedeutung eines launenhaften, grilligen Musikstückes bildete sich erst später klar aus

Caprice, eigenwilliges Musikstück freier Gestaltung

Carillon, Glockenspiel, auch Titel von Instrumentalstücken, die Glockenklang oder ein bestimmtes Geläute nachahmen

Carmagnole, französisches Revolutionslied ungeklärter Herkunft, auch Reigentanz

Carol, volkstümliches Weihnachtslied in England; in Rückbesinnung auf nationale Tradition von zeitgenössischen Komponisten neu ins Leben gerufen

Cassation, Kassation, heiteres, im Freien gespieltes Instrumentalstück, Abschiedsständchen

Catch, geselliges, in England sehr beliebtes Chorlied, anfänglich in Kanonform, zumeist mit fröhlichen, zuweilen auch frivolen Texten

Celesta, Stahlplattenklavier

Cembalo, Kielflügel, Tasteninstrument, dessen Saiten von einem Kiel angerissen werden und rasch verklingen. Zur Regulierung der durch den Anschlag nicht beeinflußbaren Tonstärke werden Kopplungen und mehrere Manuale verwendet

Chaconne, gravitätischer Tanz des spanischen Hofes und des spanischen Dramas im Dreiertakt seit dem 17. Jahrhundert, der bald in die Kunstmusik übernommen wurde

Chalumeauregister, tiefes, nicht überblasbares Register der Klarinette; bei der Orgel schalmeienartig klingende Pfeifen

Chanson, Lied, als Chanson de geste französisches Heldenlied, bei den Troubadours einstimmiges, profanes anfänglich unbegleitetes, dann begleitetes Strophenlied, nach 1500 mehrstimmiges A-cappella-Lied mit profanen Texten. Mit frivolen, seit dem 17. Jahrhundert auch politisch-satirischen Inhalten wurde das Chanson zu einer Form der bürgerlichen Unterhaltungsmusik, später auch große Bedeutung im Kabarett

Chansonnier, französische Liedersammlung

Chant, kurze Psalmodie der anglikanischen Kirchenmusik, ein- oder mehrstimmig

Chasse, Caccia, Jagdstück, bei dem Jagdsignale eingearbeitet sind und häufig kanonartiges Jagen der Stimmen das Tempo bestimmt

Chiarentana, langsamer Reigen zur Laute im 15. und 16. Jahrhundert

Chitarrone, auch römische Theorbe genannt, mannshohe Erzlaute mit doppeltem Wirbelkasten; vom ersten laufen zwei- bis dreichörige Griffsaiten, vom zweiten Bordunsaiten

Chor, in der Antike Tänzer und Sänger bei dramatischen Darstellungen und kultischen Handlungen, die im griechischen Drama die Stimme des Volkes repräsentierten, später die Sänger der christlichen Gemeinden sowie auch profane Sängergruppen

Choral, ursprünglich christlicher Gemeinschaftsgesang der ersten Jahrhunderte nach Chr., der um 600 textlich geordnet wurde und als »Gregorianischer Choral« Bestandteil der katholischen Kirchenmusik blieb. In der protestantischen Liturgie wird das Kirchenlied schlechthin als Choral bezeichnet.

Choralbearbeitung, Tonsätze, die Teile des Gregorianischen Chorals mehrstimmig, zum Teil auch instrumental, oft ausgeziert und variiert verarbeiten oder evangelische Choräle für Orgel oder andere Instrumente verwenden

Choralfiguration, Ausschmückung von Choralmelodien

Choro (Chôro), kleines Volksmusikensemble in Brasilien oder die Musik dafür, die vorwiegend aus Tänzen oder Tanzliedern besteht

Chorregent, Leiter und Dirigent eines Chores

Chromatik, Melodieführung oder Akkordmodulation über Halbtöne, die den Wechsel von und nach jedem Tonsystem ermöglicht

Chromatisch, Progression von Melodien oder Akkorden über Halbtöne

Chromatische Skala, Halbtonskala aus zwölf Tönen von jedem Ton zu seiner Oktave

Ciaccona, siehe Chaconne

Cister, siehe Sister

Clarino, hohe Trompete, die durch Benützung der hohen Obertöne alle Stufen der chromatischen Skala hervorbringt

Clavichord, Tasteninstrument, bei dem die Saiten quer zur Klaviatur laufen und auf Tastendruck so verkürzt werden, daß sie mit dem für den gewünschten Ton erforderlichen Teil schwingen und erklingen. Der Ton des Instrumentes ist klein und zart

Cluster, Tontraube, gleichzeitiges Erklingen mehrerer im Abstand von Sekunden oder Mikrointervallen benachbarter Töne verschiedener Breite und Dichte

Cobla, katalanische Tanzkapelle, vorwiegend für Blasinstrumente; auch katalanischer Tanzrhythmus

Coda, abschließender Satz oder Satzteil

Colascione, Langhalslaute, ursprünglich dreisaitig, später sechssaitig, gezupft oder mit Plektron angeschlagen

Colindă, in Rumänien bei Weihnachtsumzügen von Chören oder solistisch gesungenes Weihnachtslied, entspricht der polnischen Kolęda
Col-legno-Spiel, Streichen oder Schlagen der Saiten von Streichinstrumenten mit der Bogenstange
Commedietta, kleine musikalische Komödie
Computermusik, Musik, bei der an irgendeiner Stufe des Entstehungsprozesses ein Computer beteiligt ist, in letzter Zeit computergesteuerte Musik
Con espressione, mit Ausdruck
Con moto, mit Bewegung
Con spirito, mit Feuer
Concentus, Bezeichnung für Ensembles, die sich speziell der Pflege alter Musik widmen
Concert spirituel, seit 1725 regelmäßig an Sonn- und Feiertagen, an denen keine Opern- und Theateraufführungen stattfanden, in Paris veranstaltete geistliche Konzerte; später auch »Concerts spirituels« genannt
Concertant, Mittelform zwischen Concerto-grosso-Form und sinfonischer Faktur: Einzelne Instrumente dominieren im Orchester und treten fallweise solistisch hervor
Concertino, Bezeichnung kleinerer Kompositionen mit geringer Besetzung; Solistenensemble beim Concerto grosso, das dem »Großen Orchester« (Tutti) gegenübersteht
Concerto, vokales oder instrumentales Ensemble und dessen Zusammenspiel oder »Wettstreit« verschiedener Stimmen oder Instrumente oder vokaler oder instrumentaler Gruppen. **Concerto da camera,** weltliches Konzert, **Concerto da chiesa,** sakrales Konzert
Concerto grosso (»Großes Konzert«), Musizierform, bei der ein kleines Solistenensemble (Concertino) dem Orchester (Ripieno) gegenübergestellt ist und mit ihm alternierend oder gemeinsam konzertiert
Concerto ricercante, Konzert mit kanonartiger Intonation
Conductus, Gesänge des 12. und 13. Jahrhunderts, die ihre Melodien nicht dem Gregorianischen Choral entnahmen. Die Textsilben wurden von allen Stimmen gleichzeitig gesungen
Confiteor, Bußgebet aus dem 11. Jahrhundert, bei der Messe als Graduale und im Stundengebet verwendet
Confrérie de St. Julien des ménestriers, zunftmäßige Vereinigung französischer Instrumentalmusiker in Paris, gegründet 1321
Consort, Ensemble, kleine Instrumental- oder Chorvereinigung
Continuo, Füllstimmen bei Stücken, von denen der Komponist nur Melodie und bezifferten Baß notiert; sie werden vom »Continuospieler« improvisatorisch mit Beachtung der Bezifferung mitgespielt
Copla, siehe Couplet
Coro spezzato, geteilter Chor, mehrere gleichzeitig oder responsorisch oder antiphonal singende Chöre
Corrente, Courante
Coulant, fließend
Countertenor, Männeraltist, der durch Falsettieren die Höhe einer weiblichen Altstimme erreicht
Couplet (Copla), wechselnde Liedstrophe mit gleichbleibendem Kehrreim wie bei der alten Ballade oder dem Rondeau. Die Bedeutung eines witzigen, milieubezogenen Liedes entstand erst im 19. Jahrhundert
Courante, Hoftanz im Dreiertakt, der gegen Ende des 15. Jahrhunderts in die Kunstmusik eindrang
Credo, Glaubensbekenntnis, Teil des Proprium; siehe auch Service
Crescendo, anschwellend, sich verstärkend
Crotales, kleine Becken von etwa 5 cm Durchmesser, die aufeinander oder leicht vorbeistreichend gegeneinander geschlagen werden
Crwth (Crotta, Rotte, Rotta), dreieckige Harfenzither, die in Wales bis in das 19. Jahrhundert weiterlebte
Cythringe, vierchörige Sister
Czakán, ungarische Stockflöte

Danza, Tanz
Danza alta, Tanz für »laute« Instrumente, wie Schalmeien, Sackpfeifen, Posaunen, Hörner, Trompeten, Trommeln und Becken
Danza habenera, kubanischer Tanz, der auch in Spanien sehr verbreitet ist
Decrescendo, langsamer, dynamisch schwächer werdend
De profundis, Bitt- und Bußgebet, Psalm 129
Deus misereatur, siehe Service
Dezett, kammermusikalische Komposition für zehn Instrumente
Dezime, Intervall zwischen Grundton und seiner zehnten Stufe
Dialogo musicale, halbdramatische Form in Rede und Gegenrede mit allen Musikgattungen – Chor, Soli, Ensemble, Rezitativ
Diatonik, Fortschreiten in Ganz- oder Halbtönen innerhalb der jeweiligen Tonleiter
Dies irae (Tag des Zornes), Anfangsworte einer Sequenz, die seit dem 14. Jahrhundert einen Teil des Requiems bildet

Diferencia, spanischer Ausdruck des 16. Jahrhunderts für Variation

Diminution (Verkleinerung), Verkürzung der Notenwerte, später Verzierung durch Zerlegung einzelner Töne oder Tonschritte in Gruppen kleiner, rascher Noten

Dirge, englische Bezeichnung für zumeist vokale Trauermusik

Dirigent, ab dem 18. Jahrhundert Leiter einer Ensembleaufführung, der Rhythmus, Dynamik, Einsatz der einzelnen Stimmen und den Gesamtausdruck der gespielten Musik überwacht und lenkt

Diskant, ursprünglich Gegenstimme zum Cantus firmus, später allgemeine Bezeichnung für höhere Tonlagen – Oberstimme, Sopran

Diskantist, Sänger der führenden Oberstimme im Knabenchor – Sopran

Dissonanz, Mißklang, der eine Auflösung zur Konsonanz verlangt. Der Begriff wandelte sich bereits im Bereich der Alten Musik, in dem anfänglich Terzen und Sexten dissonant, Quarten als konsonant empfunden wurden. Später galten erhöhte oder verminderte Intervalle des Akkordsystems, Sekunden und Septimen als dissonant

Dithyrambos, ekstatischer Chorgesang mit Aulosbegleitung zu Ehren des griechischen Gottes Dionysos, aus dem sich das antike Drama entwickelte; ab ungefähr 400 v. Chr. kunstvolles Werk mit virtuosen Einzelgesängen

Divertimento, zusammengestellte kurze Stücke in unverbindlicher Satzfolge mit beliebiger Besetzung

Divertissement, Divertimento, bei der französischen Oper Balletteinlage, bei der Fuge Episode; Intermezzo

Dodekaphonie, Zwölftonmusik, die von Arnold Schönberg entwickelte Methode der »Komposition mit zwölf nur aufeinander bezogenen Tönen«. Sie setzt eine zwölfstufige Temperatur, also die chromatische Skala als Tonsystem voraus. Jede übergeordnete Beziehung auf einen Grundton wird dabei vermieden. Aufhebung der Dissonanzenauflösung, Verzicht auf Tonalität gehören zu den Voraussetzungen der Methode. Josef Hauer hat nahezu gleichzeitig die »Zwölftonregel bezüglich der atonalen Melodie« erarbeitet. Jefim Golischew hatte neun Jahre vor Arnold Schönberg bereits dodekaphonale Satztechnik angewendet

Doină, der Welt der Hirten entstammendes schwermütiges Tanzlied in Rumänien, das vokal und instrumental aufgeführt wird

Dolce, doucement, süß, weich, zierlich

Dominant-Akkord, Akkord auf der 5. Stufe der Tonleiter

Dominante, 5. Stufe der Dur- und Moll-Tonleiter

Domine ad adiuvandum, Psalm 148, als Graduale verwendet

Doppelfuge, Verarbeitung von zwei Hauptthemen zu einer Fugenkomposition

Dorisch, Kirchentonart der Tonreihe d bis d

Double, Variationsform der Suite im 17. und 18. Jahrhundert, bei der die Notenwerte durch Brechung verdoppelt werden

Doxologie, Lobpreisung; große Doxologie: Gloria in excelsis Deo (Ehre sei Gott in der Höhe), kleine Doxologie: Gloria patri (Ehre dem Vater)

Dramma per musica (Drama für Musik), von der Camerata Florentina verwendete Bezeichnung für die Oper

Drehleier (Radleier), Saiteninstrument, das durch ein im Inneren des Korpus laufendes, mit einer Kurbel gedrehtes Scheibenrad gestrichen wird; daneben erklingen Bordunsaiten

Dresdner Amen, sequenzartige Amenkomposition von Johann Gottlieb Naumann (1741 – 1801) für die Dresdner Hofkapelle

Duett, Stück für zwei gleiche oder ähnliche Klangquellen, vor allem zwei Singstimmen

Dumka, schwermütiges ukrainisches Tanzlied

Duo, Musikstück für zwei ungleiche Klangquellen

Duodezime, Intervall zwischen Grundton und seiner zwölften Stufe

Duodrama, Duodram, gesprochener und zumeist auch gespielter Bühnendialog mit musikalischer Untermalung

Duplum, Überstimme, über der Melodiestimme liegend

Dur-Moll-Tonalität, Musik im Rahmen der zwölf Dur- oder Molltonarten

Durchführung, Verarbeitung der in einem Sinfonie- oder Sonatensatz vorgestellten Themen durch deren Zerlegung, Weiterentwicklung und Gegeneinanderführung und durch Heranziehen fremder Tonarten

Eisteddfod, walisisch: »Sitzung«, alljährlich abgehaltenes, auf die frühmittelalterlichen Bardenwettkämpfe zurückgehendes Musikfest, bei dem Sänger, Chöre, Instrumentalisten, Tanzgruppen und andere Künstler in Wettbewerb treten

Ekloge (Égloga), altrömisches Hirtengedicht oder Hirtenlied

Ekmelisch, nicht temperierte Melodiefolge oder Akkordbildung

Ekphonetische Zeichen, Ausdrucks- und Betonungszeichen im byzantinischen Kirchengesang und zur hebräischen Kantillation

Elegie (Elegion), Trauergesang, Klagelied

Elektronische Musik, Bezeichnung von Musik, die nicht für Instrumente oder Stimmen, sondern für elektrisch erzeugte Klänge komponiert und mit Hilfe der elektroakustischen Tonbandtechnik verarbeitet wird

Elektronium, Zungenorgel, deren Schwingungen elektromagnetisch abgenommen werden

Eloge, Lobpreisung, Würdigung

Embatereia (Embateria), spartanisches Marschlied mit Aulosbegleitung

Enchechereia, Eingebung, Invention

Enharmonik, in der antiken Musik Tongeschlecht mit Vierteltönen, ab der Renaissance verschieden notierte und verschiedenen Tonarten angehörende, aber (im temperierten System) gleichklingende Töne und Akkorde

Enkomion, Preislied, von Phorminx, Lyra und Auloi begleitet

Ensalada (Salat), Quodlibet, Mischmasch, spanische Kompositionsform des 16. Jahrhunderts, aus verschiedenen bekannten Melodien zusammengesetzt, oft religiösen Inhaltes

Entrade, Entrada, siehe Intrade

Entremés, kleines Stück für die Zwischenakte von Opern und Schauspielen in Spanien; gleichbedeutend mit Intermedium

Epithalamium, Hochzeitsgesang

Escolanía, Musikschule und Knabenchor spanischer Klöster mit zumeist sehr hohem Ausbildungsstand

Espressivo, ausdrucksvoll

Estampita, tänzerisches Lied der Troubadours, das später zum Instrumentalstück und somit zur Tanzmusik wurde

Estrambote, iberischer Tanz

Etüde, Übungsstück, auch freies Konzertstück ohne Übungszweck

Études d'execution transcendente, mit besonderer Einfühlung zu spielendes Übungsstück

Exaudi nos, Domine, Aschermittwochantiphone

Exequien, Beerdigungsgesänge

Exodium, Exodos, Schlußgesang des Chores im griechischen Schauspiel; abschließende – instrumental oder vokale – Musik

Experimentelle Musik, Sammelbegriff für die verschiedenen Kompositions-, Interpretations- und Notierungsarten der Avantgarde nach dem Zweiten Weltkrieg wie musique concrète, Elektronische Musik, Computermusik, Experimentelles Musiktheater, Multimediakomposition, musikalische Organisation des Raumes, Visualisierung musikalischer Strukturen durch elektronische Hilfsmittel, musikalisch autonome Organisation sprachlicher Lautstrukturen

Expressionismus, Kunstrichtung der ersten Jahrzehnte des 20. Jahrhunderts, die mit den meisten ästhetischen Konventionen radikal brach und dadurch eine enorme Steigerung des Ausdrucks erreichte

Fado, portugiesische, vermutlich aus Brasilien stammende stark synkopierte Liedform

Fächerfuge, mehrthematische, in ihrer Durchführung über entlegene Tonräume sich immer mehr ausbreitende und polyphon dichte Fuge

Falsobordone, Fauxbourdon, Kompositionstechnik des 15. Jahrhunderts, bei der der stimmführende Diskant von einer zweiten Stimme im ständigen Quartenabstand begleitet wird und die übrigen Begleitstimmen die Quarten zu akkordischen Klängen ergänzen

Fancy, siehe Fantasie

Fandango, spanischer, ursprünglich gesungener, stark rhythmisierter Tanz

Fanfare, Signalmusik von Blechbläsern, bestehend aus Intrada (Einleitung) und Tusch, die die Aufmerksamkeit auf eine auftretende Persönlichkeit oder eine Darbietung lenkt; auch Benennung einer ventillosen Trompete

Fantasia, Fantasie, im 16. und 17. Jahrhundert ein dem Ricercar ähnliches Musikstück, das formal möglichst ungebunden und zumeist improvisiert wurde. Sie bestand in der Regel aus mehreren im Zeitmaß und Ausdruck verschiedenen Teilen, die oft nur lose zusammenhingen; auf lyrische, tragische, gefühlsbetonte Episoden folgten rauschende, jagende Klänge

Farce, Farsa, kurze ein- bis zweiaktige Opera buffa, vorwiegend komischen Inhalts, als Einlage zu einer Opera seria, die zuweilen parodiert und persifliert wurde

Farsetta, kleine, komische Opera buffa

Fauxbourdon, siehe Falsobordone

Feerie, Feenstück, Zauberstück

Feldpartie, Feldmusik, Musik der Hof- und Feldtrompeter, aus Signalen zusammengesetzt und zumeist ein- oder höchstens zweistimmig

Fermate, Verharren auf einem Ton oder einem Akkord über seinen Zeitwert hinaus

Fibonaccireihe, nach Leonardo de Pisa, genannt Fibonacci, Zahlenreihe, in der jede Zahl die Summe der beiden vorangehenden ist

Figuriert, mit Auflösung größerer Notenwerte in umspielende Tonlinien ausgeschmückt

Fioritur, Verzierung, Ausschmückung

Fitzwilliam's Virginal-Book, umfangreiche Sammlung vorwiegend englischer Virginalmusik, die Viscount Richard Fitzwilliam (1745 – 1816) der Universität Cambridge mit Bibliothek und Gemäldesammlung vermachte, wertvolle Quelle der englischen Musikgeschichte

Flageolette, durch leichtes Anlegen des Grifffingers an eine Saite erzeugter Ton; auch Bezeichnung einer kleinen Schnabelflöte

Flatteusement, einschmeichelnd, lieblich

Flexaton, Schüttelinstrument der Jazzmusik

Flores (Blumen), Bezeichnungen für vokale und instrumentale Verzierungen jeder Art

Fluxus, stufenweise Eliminierung der schönen Künste und Ausrichtung auf sozial konstruktive Ziele; seine Veranstaltungen knüpfen mit ihrem provokativen Antikunst- und Aktionskunstcharakter an den Dadaismus an

Folia, Follia, aus Portugal stammender spanischer lebhaft rhythmisierter Tanz

Folklorismus, angewandte Volkskunst und Integration ihrer Elemente in die Kunstmusik

Forlana, Furlana, Schreittanz aus dem Friaul, ursprünglich im Viervierteltakt, im 18. Jahrhundert als Sechsvierteltakter in die Kunstmusik aufgenommen

Franko-flämische Schule, Resultat der Verschmelzung der in der 1. Hälfte des 15. Jahrhunderts herrschenden musikalischen Traditionen in Frankreich, Italien und England, die im Raum Nordfrankreichs und Burgunds stattfand. Ihre bevorzugten Formen waren das Messeordinarium, der Hymnus, die weltiche und sakrale Motette und das Chanson. Ihre Pflegestätten waren die großen Kathedralen und die Hofkapellen der Fürstensitze. Ihr Wirken dauerte von der Mitte des 15. bis zur Mitte des 17. Jahrhunderts. Ihre Ausstrahlung befruchtete die gesamte damalige musikalische Welt

Frottola, homophone mehrstimmige, einfache Liedform der 2. Hälfte des 15. und der 1. Hälfte des 16. Jahrhunderts in Ober- und Mittelitalien, zuweilen von Instrumenten begleitet oder von Lautenisten solistisch improvisiert vorgetragen. Wegen gesteigerter Publikumsansprüche wurde sie von Madrigal, Villota und Villanesca verdrängt

Fünftonskala, Pentatonik, fünfstufiges Tonsystem ohne Halbtonintervalle, das in China, Japan, Polynesien, Ägypten, Afrika und zunächst auch bei den Kelten und Griechen in Verwendung stand

Fugato, fugenmäßig gearbeiteter Teil eines Musikstücks

Fuge, Höhepunkt aller polyphonen Musikformen, aus Kanon und Ricercare entwickelt. Das Fugenthema (Dux) wird (zumeist unisono) vorgeführt und bei seiner Wiederholung von einem zweiten gleichen Thema in einer anderen Lage (Comes) kontrapunktisch begleitet, dann folgen weitere Einsätze der beiden Themen alternierend, wobei die Regeln des Kontrapunktes gewahrt bleiben müssen

Fughetta, kleine Fuge

Furiant, tschechischer Nationaltanz mit raschem Tempo und scharfer rhythmischer Akzentuierung

Furioso, wütend, stürmisch

Furlana, siehe Forlana

Futurismus, Loslösung von allen Formen der Vergangenheit, Überwindung des temperierten Tonsystems durch Mikrointervalle, Aufnahme des Geräusches als eigenständiges Kompositionselement

Gagaku, höfische Musik aus dem Japan des 9. bis 12. Jahrhundert, die noch heute am japanischen Kaiserhof und einigen shintoistischen Kultstätten gepflegt wird

Gagliarda, siehe Gaillarde

Gaillarde, heiterer Springtanz im Dreiertakt

Galliarda, siehe Gaillarde

Galopp, schneller Tanz mit sprunghaften Schritten

Galoubet, Einhandflöte, Pfeife oder Schwegel, wurde vom 9. bis zum 19. Jahrhundert von einem Musikanten zugleich mit Kleiner Trommel oder einem anderen Schlaginstrument gespielt

Gambe, eigentlich Viola da gamba (Beinviole), zumeist sechssaitige tiefe Viole mit Bünden auf dem Griffbrett

Gamelan, überwiegend aus Ideophonen bestehendes Instrumentalensemble in Indonesien; die melodische Grundformel wird zumeist von Metallophonen, Saiten- oder Holzblasinstrumenten, aber auch von Singstimmen bestritten, der Rhythmus von Trommeln markiert

Gassenhauer, Bezeichnung des 16. Jahrhunderts für schlichte Volkslieder ohne die heutige abwertende Bedeutung

Gavotte, zweitaktiger Tanz, zuweilen mit durchklingendem Baß (à la Musette)

Gay, fröhlich

Gaytilla, spanischer Tanz mit fröhlichen Rhythmen

Geißlerlied, in den Pestjahren des 14. Jahrhunderts entstandene Lieder der Geißlerbewegung, wie zum Beispiel »Maria muoter reinu maît«

Generalbaß, Basso continuo, Continuo, Bezifferter Baß, Akkordschrift der Kompositionstechnik, bei der die Begleitakkorde auf den Baßnoten mit Ziffern gekennzeichnet sind. Der Komponist zeichnete die Melodiestimmen und den Baß auf und deutete die Füllakkorde an, wobei dem »Continuospieler« ein mehr oder weniger breiter Freiraum offenblieb. Hauptmerkmal der Barockmusik. Gegen das Ende der Barockzeit wurden die Füllstimmen immer häufiger vom Komponisten selbst oder von einer Hilfskraft komponiert und mit Noten festgelegt

Generalpause, gleichzeitiges Verstummen sämtlicher Instrumente und Stimmen

Giga, siehe Gigue

Gigue, heiterer Schreittanz im Dreiertakt, im 17. Jahrhundert entwickelt

Girorodondo, mehrmaliges Zurückkommen auf die Ausgangsstruktur in einem Rondo

Gitter, siehe Sister

Gläserspiel, Glasspiel, mit Wasser oder durch Größe und Wandstärke abgestimmte Glasglocken

Glasharmonika, Verillon, Instrument, bei dem Glasgefäße oder Glasscheiben zum Erklingen gebracht werden; es war zur Zeit der Empfindsamkeit sehr geschätzt

Glee, einfaches, anspruchslos und meistens auch völlig kunstlos gesetztes, mehrstimmiges unbegleitetes Lied in England

Glissando, auf Saiteninstrumenten entweder auf einer (gestrichenen) Saite oder der Bespannung entlang, bei Tasteninstrumenten auf der Klaviatur; ähnliche Effekte können auch bei Blasinstrumenten erzielt werden

Glockenspiel, als Turmglockenspiel in Rathaus- und Kirchtürmen, das durch Hämmer oder ähnliche Vorrichtungen zum Erklingen gebracht und fallweise auch von Manualen oder Pedalen gesteuert wird, als Orchesterglockenspiel in der Form von Stabglockenspiel, das mit Hämmerchen angeschlagen wird, als Plattenglockenspiel, das aus in einen Rahmen gehängten Stahlblechplatten oder als Röhrenglockenspiel aus hängenden Metallröhren besteht, die mit Hämmern angeschlagen werden. Akkordisch oder diatonisch abgestimmte, mit Hämmern oder Klöppeln angeschlagene Glockengruppen gab es bereits im Mittelalter. Seit dem 16. Jahrhundert kamen chromatische Glockenreihen in Gebrauch, die von einer Klaviatur zum Erklingen gebracht werden

Glogauer Liederbuch, entstanden um 1480 in Glogau (Głogów), Hauptquelle der deutschen Musik jener Zeit

Gloria, Teil des Ordinarium

Glosa, in der spanischen Musik des 16. und frühen 17. Jahrhunderts Auszierung eines mehrstimmigen Tonsatzes, seine instrumentale Erweiterung und Verwandlung

Glossolalie, Aneinanderreihen asemantischer Wörter, Silben oder Laute

Graduale, Stufengesang, in der frühchristlichen Kirche Gesang auf den Stufen des Ambo (Kanzel im Presbyterium) zwischen Epistel und Evangelium; Teil des Proprium

Grande Écurie, Kavalleriemusik, Militärparadenmusikkapelle, Gardekapelle

Grave, schwer, bedächtig, ernst und besonders langsam

Grazioso, graziös, lieblich

Gregorianischer Gesang, einstimmiger, unmensurierter, unbegleiteter Kirchengesang

Griechische Notenschrift, kennt zwei Systeme; für reine Vokalmusik wurden Zeichen aus dem ionischen Alphabet, für die Instrumentalmusik Zeichen aus altdorischen und ionischen Buchstaben gebildet. Beide Notierungen waren im 4. Jahrhundert v. Chr. voll ausgebildet

Haikai, Haiku, aus drei Zeilen mit zusammen 17 Silben bestehende japanische Gedichtform

Hajdú, Tanz der Heiducken, in hockender Stellung ausgeführt und von Händeklatschen begleitet

Halboper, Übergangsform vom Schauspiel mit Musik zur Oper; Oper mit gesprochenem Dialog oder Schauspiel mit bedeutendem Anteil der Musik

Halleluja (Lobet den Herrn), Freudengesang der christlichen Liturgie zwischen Epistel und Evangelium seit dem 4. Jahrhundert

Hammondorgel, elektrophonisches Tasteninstrument

Harmonie (Eintracht), Übereinstimmung und wohltönender Zusammenklang mehrerer Töne, auch der Akkorde, d. h. der Dreiklänge

Harmoniemusik, Musik für Bläserensemble, bestehend aus Blech- und Holzblasinstrumenten und Schlagzeug (Trommeln, Pauken, Triangel etc.)

Heterophonie, Umspielen einer Gesangsmelodie durch ein Instrument (z. B. Aulos), wodurch sich eine zweistimmige Kontrapunktik ergibt

Hexachord, Aufeinanderfolge von sechs Tönen einer Tonleiter; Sechstonleiter

Hirmos, Modellstrophe der byzantinischen Kirchendichtung und ihrer Musik, die den Troparien zugrunde gelegt wurde

Hobokenverzeichnis – Hob., Verzeichnis der Werke von Joseph Haydn, angelegt von Antony van Hoboken (1887 – 1983)

Holzblock, Woodblock, Hartholzblock mit obseitiger Wölbung und schlitzartigen Aushöhlungen, mit Schlegeln angeschlagen

Homophon, einstimmig

Homophonie, Einstimmigkeit einer Melodie, die bei Wahrung ihrer Prävalenz begleitet sein kann

Homorhythmie, gleichartiger Rhythmus aller Stimmen eines mehrstimmigen Stücks

Hornpipe, alter englischer Tanz zu den Klängen der Hornpipe, einer Schalmeienart

Hoquetus, Kompositionstechnik im 12. bis zum 15. Jahrhundert, bei der die Melodie auf verschiedene Stimmen aufgeteilt ist; man nannte sie später »Durchbrochene Arbeit«

Hufnagelschrift, deutsche Choralnotation mit nagelförmig verdickten Schäften und Köpfen

Humanistisches Schullied, von mehreren deutschen Komponisten verfaßte Vertonung Horazischer Oden im vierstimmigen Satz Note gegen Note nach dem Maß der Verse des römischen Dichters

Hymenaios, Brautlied, Begleitmusik zum Brautzug, zumeist mit Aulosbegleitung

Hymne, in der Antike feierlicher Tempel- und Prozessionsgesang; in frühchristlicher Zeit kirchlicher Gesang mit sakralem Text, der nicht der Bibel entnommen war, später größeres feierliches Kirchenchorwerk; sie wurde später auch ein Begriff der Staatsmusik (Nationalhymne)

Hymnograph, Schöpfer von Hymnen der byzantinischen Liturgie

Hyporchema, Tanzlied mit Saitenspiel

Idée fixe, von Hector Berlioz geprägte Bezeichnung für ein mit einem bestimmten Vorgang oder einer Person verbundenes Thema

Ideomelos, Hinweis am Beginn eines byzantinischen Gesangs, daß die Melodie eigens für den betreffenden Text geschaffen worden ist

IGNM, Internationale Gesellschaft für Neue Musik, 1922 in Salzburg zur Förderung zeitgenössischen Musikschaffens begründet

Imitation, Nachahmung, die eine melodisch-rhythmische Einheit einer Stimme in einer anderen Tonhöhe ähnlich wiederholt; bis zum 16. Jahrhundert auch die Verwendung eines Musiksatzes in einem neuen Werk, was später Parodie genannt wurde

Impetuoso, stürmisch, ungestüm

Impressionismus, Kunstauffassung, die nur den Eindruck der Umwelt zur Kenntnis nimmt und wiedergibt, ohne dazu Stellung zu beziehen

Improperien, Klage Christi: Mein Volk, was habe ich dir getan?; am Karfreitag vor der Messe responsorial gesungen

Improvisation, freies Spielen oder Singen des Interpreten ohne komponierte Vorlage

In nomine, ursprünglich beliebter Vokalsatz des englischen Sakraldienstes, sodann von Liturgik unabhängiger Instrumentalsatz, der später in mehrere Abschnitte zerfiel und sich damit der Suite näherte

Interludium, Zwischenspiel, Überleitung

Intermedien, im ausgehenden 16. Jahrhundert musikalische Zwischenspiele bei Schauspielaufführungen, die zuerst im vier- oder fünfstimmigen Madrigalstil, später auch solistisch gehalten waren und in folgenden Epochen zu Kurzopern und Balletten ausgebaut wurden

Intermezzo, Zwischenstück, besonders bei Tanzsuiten; später dem Capriccio angenähert

Intervall, Tonschritt oder Tonabstand, der von der kleinsten Schwingungszahldifferenz bis zur größtmöglichen reichen kann

Intonation, Einstimmung auf die richtige Tonart und Tonhöhe, anrufende Wortfolge des Priesters oder Kantors beim Choral oder Anstimmen des ersten Verses eines liturgischen Tonwerkes, wie z.B. das »Gloria in excelsis Deo« oder das »Credo in unum Deum« in der Messe

Intrade, Intrada (Entrade, Entrada), Eröffnungsmusik, zumeist festlichen Charakters, später jede musikalische Einleitung einer Darbietung

Introitus, einleitender Gesang zur Messe, während die Priester zum Altar treten und die Sakralhandlung vorbereiten, später einleitendes vokales oder instrumentales Musikstück

Invention, ohne weitere Verbindlichkeit bearbeiteter musikalischer Einfall; im 19. Jahrhundert »Impromptu« genannt

Invitatorium, Gesang des Nachtoffizium auf den Text des 94. Psalms

Isometrie, Isorhythmie, Einhalten des gleichen Rhythmus mehrerer gleichzeitig erklingender Stimmen; Kompositionsverfahren der Motette des 14. und 15. Jahrhunderts, das einen Melodieabschnitt nicht nur melodisch, sondern auch rhythmisch wiederholt. Isorhythmische Strukturen finden sich auch in Kompositionen des 20. Jahrhunderts

Janitscharenmusik, von den Kapellen der Elitetruppen der türkischen Sultane in der Mitte des 18. Jahrhunderts in Europa übernommene Militärmusik mit dafür typischen Instrumenten, wie Piccolo, Große Trommel, Becken, Triangel und Schellenbaum

Jenaer Codex, Jenaer Liederhandschrift, mit Melodien versehene Quelle des Minnesanges aus dem ausgehenden 14. Jahrhundert mit 91 Melodien; enthält vorwiegend kleinere Meister

Jesuitenoper, Jesuitendrama, von den Jesuiten gepflegte pädagogisch-religiöse Theaterform in lateinischer Sprache, wobei Musik und Gesang sowie Bühnenausstattung umfangreiche Verwendung fanden

Jeu parti, Debatte in Liedform ohne Polemik, besonders häufig an den Puis der Trouvères ausgetragen

Jig, englischer Reihen- oder Kettentanz, zumeist gesungen

Jota, gesungener schneller spanischer Volkstanz aus Aragón

Jubilate, siehe Service

Jump, in den dreißiger Jahren des 20. Jahrhunderts synonym für Swing

Kadenz, im 16. Jahrhundert eine melodische Schlußformel, die später weit ausgebaut wurde, um Solisten die Möglichkeit zu bieten, ihre Virtuosität zu zeigen, die Ausführung überließ der Komponist oft dem Solisten; in der Harmonielehre das harmonische Grundgerüst der Akkordfolge einer Tonart

Kabuki, Kabuku, japanisches Bühnenspiel mit Gesang und Tanz aus dem 16. Jahrhundert

Kalevala (Land des Kaleva), von Elias Lönrot (1802–84) aus alten, anonymen heidnischen und christlichen Volksliedern zu einem finnischen Nationalepos zusammengestellt

Kalevipoeg (Lied des Sohns des Kaleva), von Friedrich Reinhold Kreuzwald (1803–82) aus alten Volkssagen und Märchen zu einem estnischen Nationalepos zusammengestellt

Kammerkantate, Kantate in jeder Entwicklungsphase auf profanem oder parasakralem Text

Kammermusik, ursprünglich Musik in der »camera« (Musikraum der Paläste), ähnlich der »Hausmusik« (Musik in Bürgerhäusern); später Musik mit beschränkter Besetzung oder mit reiner Solistenbesetzung ohne Ripienisten

Kammeroper, nicht für Opernhäuser, sondern zur Aufführung in Adelspalästen, zumeist mit improvisierter Bühne, bestimmte Oper; auch kleinere Oper schlechthin

Kammersonate, siehe Sonata da camera

Kanon, mehrstimmiger Satz mit strenger Imitation, bei dem zumindest eine Stimme einer anderen in melodischer und rhythmischer Identität folgt; Voraussetzung ist, daß das Thema sich wenigstens teilweise selbst kontrapunktieren kann

Kantabel, singbar

Kantate, ursprünglich mehrteiliges monodisches Gesangstück, später von verschiedenen Stimmen und streckenweise von einem Chor vorgetragen; in weiterer Entwicklung weiträumige Komposition für Singstimme, Chor und fallweise Instrumente

Kantele, finnisches Volksmusikinstrument, ähnlich dem Cymbal; es ist mit 5 bis 13 Saiten bespannt und wird zumeist gezupft, seltener gestrichen

Kantilation, solistisch psalmodierender Sprechgesang in der jüdischen Musik im Gegensatz zum abendländischen Rezitativ; im 20. Jahrhundert auch von der katholischen Kirchenmusik übernommen

Kantilene, ursprünglich Komposition mit ausgeprägter Melodieführung; später Melodie mit sanglich-lyrischem Charakter

Kantionalsatz, vierstimmiger homorhythmischer Satz mit der Melodie in der Oberstimme des evangelischen Kirchengesanges ab der 2. Hälfte des 16. Jahrhunderts

Kantor, ursprünglich Vorsänger, dann Gesangsleiter, dem die Pflege und Leitung des Kirchenchores oblag, später Kirchenkapellmeister und zuweilen auch Organist

Kanun, siehe Qanun

Kanzone, Lied, hat im Verlauf der Musikgeschichte verschiedene Bedeutungen angenommen und war bei den Troubadours ein Liebeslied in der Barform. In der Folge bezeichnete es verschiedene Liedformen des Kunstliedes mit instrumentalen Vor-, Zwischen- und Nachspielen und zuweilen auch mit Begleitung. Seit dem 16. Jahrhundert wurden instrumentale Kanzonen für Laute, Tasteninstrumente oder Streicher ohne Singstimmen komponiert

Kapelle hießen ursprünglich die Sängergruppen mancher Kirchen, deren Angehörige *Kapellsänger* oder *Kapellknaben* genannt wurden. Der Leiter trug zumeist den Titel eines *Kapellmeisters.* Mit dem Einzug der Instrumentalmusik in die Kirchen wurden die Instrumentalisten automatisch zu Kapellangehörigen, und im Lauf der Zeit verschob sich die Bezeichnung Kapelle auf die Instrumentalensembles allein

Kapellmeister, ursprünglich Leiter kirchlicher Sängergruppen (Kapellen), später Leiter der Instrumentalgruppen; heute gleichbedeutend mit »Dirigent«

Karwochenlectio, Lesungen in den letzten drei Tagen der Karwoche, deren Texte den »Klagen des Propheten Jeremias« entnommen sind; vielfach vertont

Kassation, Cassation, instrumentale Freiluftmusik

Kastilische Schule ist durch das Schaffen von Tomás Luis de Victoria (1548 – 1611) charakterisiert und folgt sehr genau den Vorschriften des Konzils von Trient für die Kirchenmusik

Kastraten, zum Zweck der Erhaltung der hohen Stimmlage vor dem Stimmbruch entmannte Sänger, die anfangs zum Kirchengesang, von dem Frauen ausgeschlossen waren, eingesetzt wurden (in der Sixtina ab 1562), dann im 17. und 18. Jahrhundert im italienischen Opernbetrieb eine große Rolle spielten

Katalanische Schule, entwickelte sich im ersten Drittel des 17. Jahrhunderts in Barcelona, Tarragona und Zaragoza; einer ihrer Hauptvertreter war Juan Bautista Comes

Kavatine, knappe Arie, die sich auf ein kurzes Stimmungsbild und auf ein einziges Zeitmaß beschränkt

Kenner- und Problemkantate, textlich und musikalisch für ein Publikum mit gehobenerem Bildungs- und Geschmacksniveau gehaltene Kantate

Kirchenkantate, Kantate mit sakralem Text und entsprechend gehaltener Musik

Kirchensonate, siehe Sonata da chiesa

Kirchentonarten, für die kirchliche Musik entwickelte Tonleiter des Mittelalters. Sie sind von den altgriechischen Tonleitern, von denen sie die Namen übernommen haben, grundverschieden. Es wurden bis zum 16. Jahrhundert 12 Tonarten gebildet, die sich voneinander durch den Grundton und die Lage der zwei Halbtonschritte innerhalb der Leiter unterscheiden. Sie wurden später von den Dur- und Molltonleitern abgelöst.

Die zwölf Tonarten sind: dorisch (d-d), phrygisch (e-e), lydisch (f-f), mixolydisch (g-g), hypodorisch (a-a), hypophrygisch (h-g), hypolydisch (c-c), hypomixolydisch (d-d), jonisch (c-c), hypojonisch (g-g), äolisch (a-a), hypoäolisch (e-e)

Kithara, wichtigstes altgriechisches Saiteninstrument mit 4 bis 18 Saiten, die mit den Fingern oder einem Plektron angeschlagen wurden

Kitharoede, Kitharaspieler

Klavier, bis zum 17. Jahrhundert alle Tasteninstrumente wie Cembalo, Clavichord und Orgel. Heute versteht man darunter nur die Instrumente mit Hammermechanik, die Anfang des 18. Jahrhunderts von Bartolomeo Cristofori (1655 – 1731) in Florenz entwickelt wurde

Köchelverzeichnis – KV, Verzeichnis der Werke von Wolfgang Amadeus Mozart, angelegt von Ludwig von Köchel (1800 – 77)

Kolmarer Liederhandschrift, mit Melodien versehene Handschrift aus dem ausgehenden 15. Jahrhundert mit 107 Melodien des 14. Jahrhunderts

Kolo, jugoslawischer Schreittanz, in Slowenien auch Singtanz, häufig in langer Kette ausgeführt, der sich immer mehr Tänzer anschließen

Koloratur, Ausschmückung und Verzierung von Tönen und Melodien durch umspielende Nebentöne, die zumeist von den Interpreten improvisiert wurden, später – oft weiträumige – melismatische Einlagen in Gesangs- oder Instrumentalpartien, die die Musik nicht selten überwucherten

Kompletorium, Komplet, letzte Hore (Stunde) des katholischen Stundengebetes, auch Schlußantiphon der Vesper

Konsonanz, Zusammentönen von zwei oder mehreren Klängen, die in einem bestimmten Zahlenverhältnis zueinander stehen und damit einen mehr oder minder ruhenden, nach keinem Fortschreiten verlangenden Effekt erzielen. Welche Töne konsonant klingen, hängt von den jeweiligen zeitlich und örtlich verschiedenen Hörgewohnheiten ab. Sehr allgemein werden Oktaven und Quinten als konsonant empfunden. Die Quarte war im Mittelalter eine beliebte Konsonanz, mußte aber später der bisher abgelehnten Terz und der Sexte weichen und wird erst in unserer Zeit erneut den Konsonanzen zugerechnet

Kontrafaktur, Contrafactum, Übertragung von bereits bestehenden Gesangsmelodien auf neue Texte, zuweilen mit gleichzeitiger musikalischer Bearbeitung

Kontrapunkt, zu einer melodischen Linie hinzugefügte weitere Melodien, die dazu Note für Note in einem nach den dem jeweiligen Stil entsprechenden Regeln sinnvollen harmonischen Verhältnis stehen

Kontretanz, Contredanse, englischer Bürger- und Hoftanz, der in Frankreich im 18. Jahrhundert Eingang fand und um 1800 als »Quadrille« nach Deutschland kam

Konzertant, konzertierend, konzertgemäß mit Abwechslung von Soli und Tutti, Chören und Solisten und verschiedenen Instrumentengruppen auf klangliche Wirkung gezielt

Konzertina, vier- oder sechseckige Harmonika, wechseltönig mit Einzeltönen auch für die linke Hand

Konzertmeister, im 17. und 18. Jahrhundert Leiter des Konzerts vom ersten Violinenpult neben dem »Kapellmeister« am Cembalo; heute nur mehr Bezeichnung des Führers der ersten Violinen, dem auch die kleinen solistischen Stellen zufallen

Koto, japanisches Zupfinstrument mit variabler Saitenanzahl, in der Regel mit Fingerplektren angeschlagen

Krakowiak, polnischer Tanz aus Krakau, der heiter und gemächlich beginnt und zu großer Ausgelassenheit gesteigert wird

Kreuzfahrerlied, im 12. Jahrhundert im Zusammenhang mit den Kreuzzügen entstandene Lieder, wie zum Beispiel »Nu âlerst lebe ich mir werde« von Walther von der Vogelweide

Krummhorn, Kromphorn, Cromorne, sichelförmig gebogenes Holzblasinstrument mit Schalmeienton

Kujawiak, polnischer Tanz aus Kujawy mit lyrischer Melodik, eine langsame Abart der Mazurka

Kurrende, Kinderchor, der an bestimmten Festtagen (Weihnachten vor allem) von Haus zu Haus zog und gegen Geld oder Naturalien sang; das Kurrendesingen hat sich in manchen Gebieten bis heute erhalten

Kuruzenmusik, Musik der aufständischen ungarischen Bauern im 17. und 18. Jahrhundert

Kurzmesse, Messe des evangelischen Gottesdienstes, aus Kyrie und Gloria bestehend

Kyrie, Teil des Ordinarium, siehe auch Service

Lai (Leich), mittelalterliche Lyrikform mit religiösen (Marien-Lai) oder profanen (Minne-Lai) Texten. Sie war unstrophisch und bestand aus musikalisch verschieden gebauten Teilen mit uneinheitlicher Länge

Lamentationen, Lesungen in den letzten drei Tagen der Karwoche, deren Texte den »Klagen des Propheten Jeremias« entnommen sind, bereits im 15. Jahrhundert mehrstimmig gesetzt und in der Folge oftmals vertont

Lamento, Klagegesang

Larghetto, ziemlich langsam

Largo, breit, sehr langsam

Largo mesto, breit und traurig

Lauda, Laude (Mehrzahl Laudi), hymnischer, sakraler Lobgesang der Bruderschaften der »Laudesi« auf lateinischem oder italienischem Text vom 13. bis zum 16. Jahrhundert und dessen spätere mehr oder minder getreue Nachahmung

Laudes, Lauden, Morgengebet im Rahmen des Officium, formal der Vesper angeglichen; die ausgewählten Psalmen und Antiphonen bringen Motive des Heils und des Lobes Gottes

Lauretanische Litanei, Marien-Litanei aus Loreto

Leçons de ténèbres, Karwochenlektionen

Legato, gebunden, im Legatospiel folgen die Töne einander ohne die geringste Pause

Leise, deutschsprachiges vorreformatorisches Kirchenlied, wie zum Beispiel die Weihnachtsleise »Gelobt seist du, Jesu Christ« oder die Pfingstleise »Nu bitten wir den Heiligen Geist« aus dem 14. Jahrhundert

Lento, langsam, schleppend

L'homme armé-Messe, auf der Melodie des allgemein bekannten und beliebten Volksgesangs »L'homme armé« als Cantus firmus wurden ungefähr 30 Messen komponiert

Libera, Totengebet

Libretto, Text oder Handlungsverlauf eines musikalischen Bühnenstücks, eines Oratoriums, Melodramas einer Kantate oder eines Balletts

Liederspiel, kleines, mit Liedern durchsetztes Theaterstück, auch Liederzyklus ohne Bühnenhandlung

Lingual, natürlich intonierte oder künstlich deformierte Laute, Silben oder asemantische Wortfolgen solistisch oder durch Gruppen vorgetragen

Lira da braccio, Lyraviole, Vorstufe zur Violine mit zumeist 5 Griffsaiten und 2 Bordunsaiten

Litanei, Bittgebet oder Bittgesang in Form von responsorialen Anrufungen

Lituus, militärisches Signalinstrument der Römer, in der Musik der Renaissance und des Barocks lateinische Bezeichnung für den Zink

Loa, kurzes, instrumental begleitetes Vorspiel zu Theaterstücken in Spanien

Lochamer Liederbuch, nach dem mutmaßlichen Besitzer Wolflein von Lochamer in Nürnberg (um 1482 bis nach 1512) benannt, entstanden um 1460 in Nürnberg, Hauptquelle der bürgerlichen Liedkunst in Deutschland

Lombardischer Rhythmus, Betonung und Erweiterung der zweiten Note auf Kosten der vorangehenden Anschlagsnote

Loure, gravitätischer, steifer, langsamer Tanz im Dreier- oder Sechsertakt

Lure, altnordisches, aus Bronze gegossenes, bis zu drei Meter langes Blasinstrument, bestehend aus einem gewundenen Rohr, an dessen Ende ein mit symbolischen Ornamenten geschmückter Teller angebracht ist; es wurde vermutlich stets gepaart geblasen

Lydisch, siehe Kirchentonarten

Lyra, in der Antike kleine Kithara mit bis zu 7 Saiten, die mit einem Plektron angeschlagen wurden; seit dem 10. Jahrhundert Bezeichnung für die Drehleier; im 16. Jahrhundert als Lira da braccio (Armlyra) aus der Fidel entwickelte Vorstufe zur Violine mit zumeist 5 Griffsaiten und 2 Bordunsaiten, als Lira da gamba (Beinlyra) mit 9 bis 13 Spielsaiten und 2 Bordunsaiten oder

noch größer als Arciviola da Lira (Lyrenförmige Erzgeige) mit 12 oder 14 Griffsaiten und 2 Bordunsaiten
Lyraviole, siehe Lira da Braccio

Madrigal, vermutlich ursprünglich Hirtenlied (alte Form Mandriale), wurde im 14. Jahrhundert als poetische Form von den Troubadours übernommen, von den italienischen Dichtern zum Ausdruck ihrer kontemplativen Natur- und Lebensbetrachtung weiterentwickelt und von den Komponisten des Trecento vertont; im 16. und 17. Jahrhundert blieb es im jeweils angewandten Stil der gehobene musikalische Ausdruck eleganter zeitgenössischer Poesie; später erlesenes Kunstlied
Madrigalette, kleines, textlich und musikalisch leichtes Madrigal
Maestoso, majestätisch, imposant, getragen
Magnificat, Marienhymnus, im katholischen Officium Höhepunkt der Vesper, Text aus dem Evangelium Lukas (1/46–55)
Maîtrise, größeren französischen Kirchen angeschlossene Chorschule; ihr Leiter hieß Maître de Chapelle
Mambo, afrokubanischer Tanz
Mandatum novum, Johannes 14/34, im Proprium und Service verwendet
Manessische Handschrift, Große Heidelberger Liederhandschrift, bedeutendste Sammlung des Minnesanges ohne Melodien, irrtümlich dem Ritter Rüdiger Manesse aus Zürich (gestorben 1304) zugeschrieben; kam im 15. Jahrhundert nach Heidelberg
Mannheimer Schule, Bezeichnung für das Musikwesen und besonders die daran beteiligten Musiker der ehemaligen Kurpfalz in der zweiten Hälfte des 18. Jahrhunderts unter Kurfürst Karl Theodor, dessen Residenz 1743 – 78 in Mannheim war. Der Zeitgenosse Ch. Burney beschrieb die Mannheimer Schule: »Es sind wirklich mehr Solospieler und gute Komponisten in diesem, als vielleicht in irgend einem Orchester in Europa. Es ist eine Armee von Generälen, gleich geschickt, einen Plan zu einer Schlacht zu entwerfen, als darin zu fechten.« Das Orchester war weithin berühmt für seine Disziplin, seine Präzision des Vortrags, die einheitliche Bogenführung usw.
Manual, Klaviatur für die Hände bei Tasteninstrumenten
Maqam, Modus der arabisch-islamischen Musik, dem bestimmte Emotionen zugeordnet sind; Maqamat – Plural
Maracas, Rumbakugeln, lateinamerikanisches paarweise verwendetes Rasselinstrument
Marche, Marcia, Marsch, im Marschrhythmus
Marimba, afrikanisches Xylophon, in Mittelamerika verbreitet, besteht aus zwei Reihen der klaviaturentsprechenden Holzstäben, die mit Schlegeln angeschlagen werden; als Resonanzkörper dienen Kalebassen oder Bambusröhren. Es wird in der Volksmusik, aber auch in der Neuen Musik und im Jazz verwendet
Marimbaphon, technisch verbessertes Marimba mit erweitertem Tonumfang und unter den Klangstäben angebrachten Metallrohren als Resonanzkörper
Mascherata, Maschara (Maskenspiel), bei italienischen Festlichkeiten von Vermummten gesungene und gespielte freie Folge von Tanzliedern, zumeist mit deutlichem Bezug auf den festlichen Anlaß und die teilnehmenden Persönlichkeiten
Masque (Maskenspiel), im 16. und 17. Jahrhundert am englischen Hof zum Teil von den Adeligen selbst aufgeführte mythologische und allegorische Szenen mit Musik und Tanz
Matutin, erster Teil des katholischen Stundengebets, bereits am Vorabend oder am frühen Morgen gebetet oder gesungen
Maxixe, ländlicher brasilianischer Tanz
Mazurka, polnischer Tanz aus Masuren mit breitem, stark betontem Rhythmus
Meistersinger, bürgerliche Nachfahren der Minnesänger vom 14. bis zum 16. Jahrhundert, in »Schulen« zusammengefaßt, die nach der ältesten in Mainz in nahezu allen deutschen Städten gegründet wurden. Die Mitglieder mußten Handwerksmeister sein; sie traten als »Schüler« ein und konnten über eine Reihe von Zwischenrängen zum »Meister« aufsteigen; ihr Dichten und Singen war an starre Regeln gebunden, die deutschen oder fallweise auch lateinischen Texte waren dem sakralen Bereich entnommen, die Weisen (»Töne«) stets monodisch und fast immer solistisch
Melisma, nur auf einer Silbe gesungene Melodie; im Barock verstand man unter melismatischer Musik eine leicht singbare, später eine stark mit Vokalisen durchsetzte Musik
Melismata sacra, leicht sangliche sakrale Musik
Melodram, Deklamation mit Musikuntermalung
Melodrama, gesprochenes Schauspiel mit Musikuntermalung
Melodramatisches Ballett, Ballett mit Rezitationen
Ménestrel (Ménétrier, Minstrel), fahrender Spielmann des Mittelalters, zuweilen im Dienst eines

Troubadours oder Trouvères, den er instrumental oder vokal begleitete

Mensuralmusik, Musik, bei der die Länge der einzelnen Töne in einem bestimmten Maß gehalten ist. Die Gregorianik kannte zum Beispiel keine Regeln für die Tonlänge (Cantus planus)

Mensuriert, einem bestimmten Zeitmaß unterworfen

Menuett, französischer Tanz aus der Zeit Ludwigs XIV., Sinnbild höfischer Grazie. Im 18. Jahrhundert Satz des Divertimento, der Sonate und der Sinfonie

Messe, im musikalischen Sinn: Folge von unveränderbar festgelegten Texten zur gleichnamigen Kulthandlung (Kyrie, Gloria, Credo, Sanctus, Benedictus, Agnus), Ordinarium genannt, zu dem noch als Proprium dem Kirchenkalender oder dem jeweiligen Anlaß entsprechend einzelne Gesänge (Graduale, Alleluia, Tractus, Communio, Offertorium etc.) treten

Mesto, traurig, düster

Metallophon, Stabglockenspiel mit Resonanzröhren; beim Orff-Schulwerk diatonisches Glockenspiel

Mikrointervall, Intervall, das kleiner ist als ein Halbtonschritt der temperierten Skala; das Erklingen sehr nahe aneinander liegender Töne erzeugt Klangflächen

Mimodram, rein mimisch dargestelltes Bühnenstück

Minnesänger, deutsche ritterliche Liedersänger und Dichter nach dem Vorbild der Trouvères und Troubadours

Miserere mei, Deus, Gott, erbarme dich meiner, Bußpsalm (Psalm 50), viel bei Exequien verwendet, oftmals vertont

Missa brevis, Kurzmesse des evangelischen Gottesdienstes, die nur aus Kyrie und Gloria besteht; auch gekürzte Messe für den katholischen Gottesdienst

Missa sine nomine, Messe ohne Namen, bei der der Ursprung des Cantus firmus nicht angegeben ist

Mixolydisch, siehe Kirchentonarten

Mobile, Stück mit beweglichen, austauschbaren Themen oder Motiven oder ganzen umstellbaren Sätzen

Modal, in Kirchentonarten gehalten

Moderato, gemäßigt

Moderne, musikwissenschaftliche Bezeichnung für die der Romantik folgenden Stilepochen bis zur (ohne exakte Abtrennung) Neuen Musik

Modinha, in Portugal und Brasilien einfaches, volkstümliches Lied

Modulation, Übergehen von einer Tonart zu einer anderen, um dort zu verbleiben; bei einer baldigen Rückkehr spricht man von einer *Ausweichung.* Sie wurde im vollen Umfang erst nach der Temperierung der Skala, wodurch jeder Ton mehreren Tonarten zugeordnet werden kann, möglich

Modus, Kirchentonart, wird aber auch zuweilen als Zeitwertbestimmung einzelner Noten verstanden

Monochord, altgriechisches Instrument mit einer Saite über einem Klangkörper; mittels eines Steges konnten durch Verkürzung der Saite die verschiedenen Tonhöhen gewonnen werden, es wurde vorwiegend für theoretische akustische Berechnungen verwendet

Monodie, einstimmiger Gesang; um 1600 verstand man darunter eine klare Melodieführung mit Akkordbegleitung im Gegensatz zur kontrapunktischen Führung mehrerer Stimmen. Später wurde der Begriff auch auf instrumentale Melodien übertragen

Monodrama, Rezitations-Passage mit Musikbegleitung in einem musikalischen Schauspiel oder in einer Kantate

Monothematisch, Beschränkung eines Stücks auf ein einziges Thema

Moresca (Mohrentanz), ursprünglich maurischer Tanz in der Art der Courante, aber mit rasch wechselnden Rhythmen, dann höfischer Tanz in Mitteleuropa und Italien

Motette, eine Form vokaler Polyphonie zumeist auf sakralem Text, die im Verlauf der Musikgeschichte ihre Struktur mehrfach änderte. Sie wurde zumeist von 4 bis 6 Stimmen gesungen, von denen einige auch von Instrumenten gespielt oder mitgespielt werden konnten; auch monodische Fassungen waren möglich. Doch abgesehen von der Wandelbarkeit der stilistischen und technischen Struktur haftete ihr stets – schon durch die verwendeten Texte bedingt – eine gewisse Würde und Erhabenheit der Diktion an

Motettenpassion, siehe Passion

Multimediakomposition, Werk für jede Art von traditionellen Instrumenten oder für Elektronische Musik, das mit gleichzeitigen akustischen und visuellen Darbietungen, zuweilen mit Publikumsaktionen verbunden, entweder unmittelbar oder mittels irgendwelcher Übertragungsmechanismen zu Gehör gebracht werden kann

Multiple, Stück mit mehreren Durchführungen der Motive oder Themen, die wahlweise verwendet werden können

Murkybässe, in gebrochenen Oktaven sich bewegende Bässe

Musette, Dudelsack; Tanz im Dreiertakt mit bordunähnlichen durchgehenden Bässen

Musica poetica, Kompositionslehre von der Mitte des 16. bis zum Beginn des 18. Jahrhunderts

Musica reservata, Ausdruck des ausgehenden 15. und beginnenden 16. Jahrhunderts für Musik, die besonderen (gehobeneren) Kreisen vorbehalten war und auf allgemeines Verständnis keinen Anspruch erhob

Musica Transalpina, Sammlung bedeutender italienischer Madrigale in englischer Übersetzung, erschienen 1588; sie übte nachhaltigen Einfluß auf das englische Madrigal aus

Musikepigraphik, Entzifferung alter oder exotischer Tonnotierungen

Musique concrète, von dem französischen Musiker und Ingenieur Pierre Schaeffer 1948 entwickeltes Kompositionsverfahren, das konkret oder elektronisch erzeugte Töne, Klänge und Geräusche durch Auswahl und Mischung, Collage und Manipulation über Tonbänder organisiert und reproduziert

Narrator, Erzähler, Sprecher bei Oratorien und bei Kantaten und Sinfonien des 20. Jahrhunderts

Neue Musik, nur unscharf abzugrenzende Musik des 20. Jahrhunderts, die keine älteren Formen und Techniken konserviert. Ob die Bezeichnung zum Epochenbegriff werden wird, ist nicht abzusehen

Neuklassizismus, Neoklassizismus, sehr weit gefaßter Sammelbegriff für Werke völlig verschiedener Art, denen der Versuch, durch Rückgriffe auf formale, satztechnische und rhythmische Elemente eine frei tonale Harmonik mit traditioneller Rhythmik zu verbinden, gemeinsam ist, wobei eine objektive Haltung betont und expressive Ausbrüche vermieden werden. Der Begriff Klassik wird als ästhetisches Vorbild für Einfachheit und Natürlichkeit verstanden

Neumen, Notenschrift des Mittelalters, Merkzeichen für die Tonbewegung ohne Angaben über die Größe der Tonschritte; genaue Festlegung der Tonhöhen und Tonlängen entwickelte sich erst ab dem 12. und 13. Jahrhundert

Nicolaibrüderschaft in Wien, gegründet 1288, einer der ersten Zusammenschlüsse von Musikanten unter Adelsschutz und einem »Pfeiferkönig« (Spielgrafen)

Nô-Musik, Musik zu den Nô-Spielen, die, in Japan im 14. Jahrhundert entstanden, eine Synthese aus Tanz, Musik, Theater und Literatur darstellen

Noël, Weihnachtslied in Frankreich, häufig auf Volksmelodien gesungen; im 19. Jahrhundert auch als Romanze oder Arie komponiert

Nokturne, Nocturno, Notturno, Nachtstück im Ton der Ballade, Romanze oder Kassation für Kammerensemble, Orchester oder Klavier; auch allgemein für Ständchen

Nomos, altgriechische Bezeichnung für Melodietyp, auch Rhythmustyp, von Dichtung und Musik

Nonakkord, Dreiklang, dem außer der Septime die None hinzugefügt ist

None, Intervall zwischen Grundton und seiner neunten Stufe

Notendruck, in der 2. Hälfte des 15. Jahrhunderts wurde sowohl der Plattendruck wie der Typendruck entwickelt. Im 16. Jahrhundert setzte der Notendruck in Italien, Deutschland, Frankreich, England und den Niederlanden ein. Zum Kupferstichverfahren kam es erst am Ende des 16. Jahrhunderts. Die Benützung von weichen Zinn- und Zinkplatten wurde im 18. Jahrhundert in England entwickelt

Notre-Dame-Schule in Paris, charakterisiert durch die liturgische Eingliederung der Mehrstimmigkeit, von ungefähr 1150 bis 1250; ihre Hauptmeister waren Magister Leoninus und Perotinus Magnus

Novochord, Bezeichnung verschiedener neu erfundener Saiteninstrumente, die sich nur selten durchsetzten

Novellette, in Anschluß an die literarische gleichnamige Gattung ein Charakterstück heiterer Stimmung in rhapsodischer Rondoform mit kantablen Zwischensätzen

Nummernkantate, Kantate aus in sich abgeschlossenen Gesangsnummern

Nummernoratorium, Oratorium aus in sich abgeschlossenen Gesangsnummern

Nunc dimitis, siehe Service

Obergriff, Haltung des Kontrabaßbogens, der von oben mit den Fingern gefaßt wird, so daß der Handrücken nach außen gedreht ist, im Gegensatz zum »Untergriff« (französische Manier), bei dem die Hand zwischen Haare und Holz greift, so daß die Handfläche nach oben gedreht ist

Obsequien, Totenfeier, Beerdigungsmusik

Ode, hymnisch-lyrische Poesiegattung und deren Vertonung

Odzemek, slowakischer dreiteiliger Tanz mit zwei raschen Eckteilen und einem langsamen besinnlichen Mittelteil

Offertorium, Teil des Proprium, nach dem Credo gesungen

Officium, Stundengebet, das in einzelnen Abschnitten über den ganzen Tag verteilt und zumeist einem bestimmten Heiligen gewidmet ist

Oktave, Intervall der achten Stufe

Ondes Martenot, von Maurice Martenot (1898 – 1980) entwickeltes elektronisches Musikinstrument mit variabler Dynamik und vielen Klangfarbenkombinationen

Opella, kleine Oper, auch kleines Musikwerk

Oper, Musikdrama, das aus den Versuchen der Camerata Florentina, das antike Drama neu zu beleben, resultierte, so daß es 1594 zur Aufführung der ersten Oper von Jacopo Peri (Text von Ottavio Rinuccini) »Dafne« kam. Vorausgingen das humanistische Schuldrama, die Maskenspiele, Intermedien und Madrigalkomödien; zu einem wirklichen Bühnendialog konnte es erst nach der Entwicklung des monodischen Stils kommen. Breitenwirkung hatten allerdings erst die Opern von Claudio Monteverdi, so daß man die Geschichte der Oper mit der Erstaufführung seines »Orfeo«, Mantua 1607, datieren kann, weil von da an der Aufstieg dieser Musikgattung bis zu den Werken unserer Gegenwart einsetzte

Opera buffa, komische Oper

Opera seria, Oper ernsten Inhaltes und mit entsprechender Musik

Operette, im 18. Jahrhundert »kleine Oper« im Buffostil oder singspielähnlich; ab dem 19. Jahrhundert im Bereich leichter Unterhaltungsmusik angesiedeltes Lustspiel mit Gesang- und Tanzeinlagen

Ophikleide, Blechblasinstrument aus der Familie der Klappenhörner

Oratorio latino, siehe Oratorium

Oratorio volgare, siehe Oratorium

Oratorium, entstand nahezu parallel zur Oper aus den im »Oratorio« (Betsaal) römischer Klöster gepflegten Hymnen und Wechselgesängen. Der gegen Ende des 16. Jahrhunderts entwickelte monodische Stil ermöglichte die Ausbildung von Dialogen und die epische Darstellung sakraler und profaner Episoden. Anstelle der schauspielerischen Darstellung trat der »Erzähler« (Evangelist, Historicus). Das Oratorium entwickelte sich in zwei Zweigen, dem volkstümlichen Oratorio volgare (italienisch) und dem Oratorio latino (lateinisch, textlich und inhaltlich gehoben); auf die letztere Form fußend, kam es zum Anstieg zum Oratorium im englischen und deutschen Kulturbereich. Wie die Oper nahm das Oratorium an allen Stilepochen der Musik teil, wenn es auch nie eine so starke Breitenwirkung gewann

Orchester (griech. orchestra), ursprünglich der Raum im attischen Theater, in dem sich der Chor bewegte. Die Bezeichnung wurde von der Florentiner Camerata für den Platz der Bühnenmusik übernommen und ging später auf die Musiker selber über. Das Orchester heutiger Prägung entstand mit der Aufstellung des Streicherchores im 17. Jahrhundert

Ordinarium, unveränderlich festgelegte liturgische Texte der Messe: Kyrie, Gloria, Credo, Sanctus, Benedictus, Agnus

Orff-Instrumentarium, die in Zusammenarbeit mit Karl Mändler, dem Inhaber des Pianohauses M.L. Schramm in München, von Carl Orff (1895 – 1982) zur Verwirklichung seiner musikpädagogischen Ideen und Versuche entwickelten Schlaginstrumente

Organum, frühe Methode der Mehrstimmigkeit durch Parallelführung von Oktaven, Quinten oder Quarten (Altes Organum), später durch Entgegenführung (Neues Organum)

Orgel, Tasteninstrument, dessen Pfeifen oder Zungen von einem Blasebalg zum Erklingen gebracht werden. Die älteste Orgel, Hydraulis, wurde, abgesehen von den ostasiatischen Mundorgeln, bei denen der Balg mit dem Mund aufgeblasen oder abgesaugt wird, in Ägypten vom Mechaniker Ktesibios von Alexandria (3. Jahrhundert v. Chr.) gebaut. Ähnliche Orgeln wurden in Byzanz und Rom aufgestellt. Die Orgel fand in die abendländische Kirche im 7. Jahrhundert Eingang und war bereits im 10. Jahrhundert vielfach in Gebrauch. In der Renaissance wurde sie zum integrierenden Bestandteil der Kirchenmusik, sofern sie nicht durch puristische Anordnungen (Rom, Spanien) daraus verbannt war. Sie war bereits im 16. Jahrhundert mit mehreren Manualen und einem Pedal sowie mit mehreren Registern ausgestattet. Die Entwicklung führte zu immer größeren Instrumenten (über hundert Register und über 10000 Pfeifen). Unsere Zeit hält eine rückläufige Tendenz ein, um der Orgel wieder den Charakter eines Musikinstrumentes zu verleihen

Orgelchoral, Choralbearbeitungen für Orgel

Orgelpunkt, angehaltener Baßton, zumeist am Ende eines Stücks auf der Dominante des Schlußakkords

Orphika, kleines Hammerklavier mit 2 bis 4 Oktaven Tonumfang, das mit einem um den Hals laufenden Band getragen und mit einer Hand gespielt wurde

Ostinato, ständige Wiederholung eines musikalischen Motivs, zumeist im Baß (Basso ostinato), wodurch eine starke Spannung erzielt wird

Oszillator, Schaltung zur Erzeugung ungedämpfter elektromagnetischer Schwingungen, die durch einen Transistor gesteuert werden

Ouvertüre, Einleitungsstück zu einem musikalischen Schauspiel oder mit Musik versehenes Sprechstück (auch bei Schauspielen ohne Musik), sinfonisch oder frei gestaltet und auch als selbständiges Konzertstück aufgeführt

Paduana, Padovana, siehe Pavane

Paian, chorischer Kultgesang für Apollo, später auch anderen Göttern der Antike gewidmet

Pandora, große Sister mit zumeist 7 Saiten, seit der Mitte des 16. Jahrhunderts in Gebrauch

Pangue lingua, seit dem 9. Jahrhundert fester Bestandteil des Officium der Passionszeit, dann Prozessionshymnus; vielfach komponiert

Paraphrase, freie Umspielung und Ausschmükkung einer Melodie, auch Wiedergabe eines Bibeltextes in volkstümlicher Form

Pariser Schule, die Hofkapellen der französischen Könige Karl V. (1338–80) und Karl VI. (1368–1422) bildeten bis zur Niederlage von Azincourt (1415) ein bedeutendes Zentrum französischer Musikpflege. Nach dem Ausklingen der franko-flämischen Schule verlagerte sich das Schwergewicht wiederum nach Paris (Mitte des 16. Jahrhunderts)

Parlando, parlante, schnelles Sprechen nachahmende Vortragsweise in der Opera buffa des 18. und 19. Jahrhunderts; es kommt im Gegensatz zum Seccorezitativ (Parlandorezitativ) nur in geschlossenen Musikstücken – Arien, Ensembles – vor

Parlandorezitativ, Seccorezitativ, Sprechgesang, der tonal und rhythmisch der Sprache folgt und harmonisch nicht entwickelt wird

Parodie, seit der Mitte des 16. Jahrhunderts Umformung eines Tonsatzes zu einem neuen Werk, in dem wesentliche Teile der benützten Komposition zitiert und in veränderter Gestalt wiedergegeben werden. Im 15. Jahrhundert wurde diese Technik Imitation genannt. Seine satirische Bedeutung (groteske Verzerrung, Persiflierung) erhielt der Begriff erst in jüngerer Zeit

Partita, siehe Suite

Partsong, Gesangstück für mehrere Einzelstimmen, zumeist unbegleitet, in England

Paso, Paso doble, spanischer Paartanz mit einfachen Schritten, lebhaft, aber nicht sehr rasch

Passacaglia, tänzerisches Tonstück über einen Basso ostinato von vier oder acht Takten, die wiederholt werden können

Passamezzo, Tanz im »halben Schritt« aus dem Ende des 16. Jahrhunderts

Passepied, alter in die Kunstmusik übernommener französischer Tanz

Passion, Leidensgeschichte Christi nach dem Text des Evangeliums, ursprünglich von drei Priestern in verschiedenen Stimmlagen rezitiert. Hand in Hand mit der musikalischen Verwertung des Textes, der mit Kontemplationen ergänzt wurde, ging seine szenische Darstellung, bei der einzelne markante Teile motettenartig gesungen wurden (Motetten-Passion). Seit der Mitte des 15. Jahrhunderts gab es durchkomponierte Passionen mit Rollenverteilung, zu der bald Instrumentalbegleitung trat. Im 16. Jahrhundert wurde bereits der Part einzelner Personen und der des berichtenden Evangelisten von Solisten – rezitativisch und arios – übernommen. Im reformierten Bereich wurden deutsche Texte verwendet und mit Dichtungen angereichert, bis der Bibeltext in das Rezitativ abgedrängt wurde und das Hauptgewicht sich auf diese Dichtungen verlagerte. Formal wurden die Passionen zu Oratorien und erhielten unter der Hand des Meisters Johann Sebastian Bach ihre vollendete Gestalt

Pasticcio (Pastete), Oper oder Musikstück, das aus älteren Werkteilen zusammengesetzt ist oder dessen Akte oder Teile von verschiedenen Komponisten vertont wurden

Pastorale, Hirtenstück, idyllische Dichtung mit ländlichem Kolorit. Eine eigene musikalische Form wurde dafür im Mittelalter nicht entwickelt. Auch die ersten Opern des ausgehenden 16. und des 17. Jahrhunderts beinhalteten bukolische Themen und Szenen, die bis heute in dieser Kunstgattung einen breiten Raum behielten. In späteren Entwicklungsphasen wurde das pastorale Kolorit vorwiegend durch Rhythmus und die Instrumentierung (Schalmeien, Oboen, Flöten) ausgedrückt

Pastorella, Liebeslied der Troubadours, das die (zumeist vergebliche) Werbung eines Ritters um ein Bauern- oder Hirtenmädchen darstellt

Pathematologie, Affektlehre

Pavane, gravitätischer, zumeist geradetaktiger Hoftanz aus dem 16. Jahrhundert

Paysane, französischer Bauerntanz

Pedal, Klaviatur für die Füße

Penorcon, Zupfinstrument des 16. und 17. Jahrhunderts ähnlich der Cister mit 9 zweifachen Saitenchören und Bünden

Pentatonik, fünftöniges Tonsystem, dessen kleinstes Intervall ein Ganztonschritt ist, und das in China, Polynesien, Japan, Ägypten und anfänglich auch bei den Griechen und Kelten in Gebrauch stand; bei Chinesen und Griechen kam es später zum Übergang zur Siebenstufigkeit durch Einfügen von zwei Halbtönen

Phonascus, Chorleiter bei Kirchenkapellen

Phorminx, altgriechisches Zupfinstrument mit 3 bis 5 Saiten, später von der Lyra und Kithara verdrängt

Phrygisch, siehe Kirchentonarten

Pifa, Schalmeienmusik der Pifferari

Pifferari, Pifferobläser in Süditalien

Pizzicato, gezupfte Töne auf Streichinstrumenten

Plagal- oder Kirchenschluß, Schluß von der Subdominante zur Tonika

Planctus (Planh), im Mittelalter Klagelied auf den Tod eines Gönners oder eines Fürsten in verschiedenen Formen, war schon damals auch biblischen Gestalten gewidmet und entwickelte sich im 13. Jahrhundert in Italien zur Liebes- und Marienklage

Plektron, Plättchen aus Holz, Metall oder Bein, mit dem die Saiten der Kithara und anderer Saiteninstrumente angeschlagen werden

Pointillismus, punktförmiges Nebeneinandersetzen von Tönen verschiedener Klangfarbe, Höhe und Dynamik

Polka, in Böhmen 1830 aufgekommener Tanz mit kurzen raschen Schritten

Polonaise, höfischer Tanz in Polen aus dem 16. Jahrhundert

Polymetrik, Kombination verschiedenartiger Taktsysteme; auch mehrfache Akzentsetzung; die Bezeichnung wird oft im gleichen Sinn wie »Polyrhythmik« gebraucht

Polyphonie (Vielklang), gleichzeitiges Erklingen mehrerer Töne, das in der älteren Musik strengen kontrapunktischen und harmonischen Regeln unterworfen war. Bei der strengen Polyphonie der Renaissance ist nicht nur die Selbständigkeit aller waagrechten Tonlinien gewahrt, sondern auch ihr klarer harmonischer Verlauf

Polyrhythmik, Schichtung verschiedener Rhythmen und Mensuren, die entweder, weil sie komplementär sind, eine uniforme Bewegung entstehen lassen, oder nebeneinander rezipiert werden müssen

Polytonalität, Gleichzeitigkeit mehrerer verschiedener Tonarten, die übereinander ablaufen; Übergang zur Atonalität

Portativ, tragbare Orgel ohne Pedal, oft nur mit der rechten Hand gespielt, während die linke den Blasebalg betätigt

Positiv, kleine Standorgel ohne Pedal zur Begleitung von Kirchensängern

Postludium, Nachspiel

Potpourri, aneinandergereihte verschiedene Musikstücke oder Teile davon, die nur in losem oder in überhaupt keinem Zusammenhang stehen, oft Suite von Melodien aus einer Oper oder von Stücken mit ähnlichem Stimmungsbezug (z.B. Volksliederpotpourri)

Praeambulum, Vorspiel in der Lauten- und Orgelliteratur

Präludium, Vorspiel, Einleitung, zuweilen auch Intonation

Preces, Bitten, im Officium der katholischen Kirche eine Art Litanei mit Bußcharakter, die aus Kyrie, Paternoster und einigen Versikeln besteht

Prepared piano, durch auf oder zwischen den Saiten angebrachte Materialien verfremdetes Klavier, dessen Klänge Geräuschen stark angenähert werden, so daß eine Art Geräuschmusik mit Tonhöhen entsteht; wurde 1938 von John Cage entwickelt

Prestissimo, sehr rasch

Presto, rasch

Prima Prattica, erste Kompositionsart, alter Stil, im Gegensatz zur Seconda Prattica, zweiter (neuer) Stil, von Claudio Monteverdi stammende Bezeichnung des Musikstiles bis zur zweiten Hälfte des 16. Jahrhunderts

Prooimion, Prooemium, instrumentales Vorspiel, frei praeludierendes Instrumentalstück

Proprium, veränderliche Meßgesänge je nach der kirchlichen Jahreszeit und je nach dem Heiligen, der geehrt werden soll. Dazu gehören unter anderen: Graduale, Alleluja, Tractus, Offertorium, Communio, Ite missa est etc. Die Texte variieren je nach dem Verwendungszweck

Prosidion, altgriechisches Prozessionslied, zumeist mit Aulosbegleitung

Prosodie, Textbehandlung im Gesang – Betonung, Akzentuierung, Deklamation, Silbenmessung und so weiter

Psalm, eine der 150 hymnischen Prosadichtungen der Bibel

Psalmodie, Psalmengesang

Psalmton, Singweise der Psalmen, die nach dem System der acht Kirchentöne geordnet sind. Ihre Ordnung geht auf den Byzantinischen Oktoechos (System der acht Tonarten) zurück, das neben dem Jahreskalender einen achtwöchigen Zyklus mit acht Singweisen – jede für eine Woche – statuierte

Psalter, Gesamtheit der 150 Psalmen

Psalterium, trapezförmiges, ursprünglich gezupftes, dann mit Klöppeln auf die Saitenbespannung geschlagenes Instrument, das im 11. Jahrhundert aus dem Orient über Spanien nach Mitteleuropa kam

Pui, Sängervereinigung und Wettstreitforum der Trouvères. Die Stadt Arras wurde Mittelpunkt der Puis, die bis in die Neuzeit ihre Fortsetzung in den Puys verschiedener französischer Städte fand

Punktierte Noten, bei denen ein Punkt hinter der Note ihren Zeitwert um die Hälfte und 2 Punkte um ein weiteres Viertel verlängern

Quadrille, Anfang des 18. Jahrhunderts in Paris entstandener, von vier Paaren getanzter Kontretanz

Quadruplum, 2. bis 4. Stimme, die in der Musik des Mittelalters zur melodieführenden Stimme trat

Qanun, Kanun, trapezförmige Zither der islamisch-arabischen Kunstmusik mit in der Regel 72 Saitenchören zu je drei Saiten für einen Ton; sie wird mittels Fingerplektren angeschlagen und für jeden Maqam umgestimmt

Quartett, Tonstück für vier Ausführende, zunächst für Sänger, später auch für Instrumente. Am beliebtesten wurde das im 18. Jahrhundert entstandene Streichquartett mit zwei Violinen, Bratsche und Violoncello

Quartettino, kleines Quartett mit reduziertem Aufbau

Quasi cimbalo, in Nachahmung eines Zimbals zu spielen

Quattrodramma, italienisches Melodrama mit vier Darstellern

Quintenzirkel, Kreis, in den alle Dur- und Molltonarten rundum im Quintenabstand eingeordnet werden können

Quintieren, ältere Art der Mehrstimmigkeit, die auf der Quinte beruhte und im Volksgesang lange beibehalten wurde. In der Kunstmusik wurde (obwohl später Quintenparallelen unüblich waren) zuweilen quintiert, um den volkstümlichen Charakter eines Stückes zu betonen oder um den Volksgesang zu ironisieren

Quodlibet, Quotlibet (Was beliebt oder wieviel beliebt), gleichzeitiges Erklingen von zwei oder mehreren kontrapunktisch aufeinander abgestimmten Melodien; auch Nacheinanderreihung verschiedener Musikstücke wie bei einem Potpourri. Durch überraschende Kontraste der verwendeten Musikstücke wird oft eine komische Wirkung erzeugt

Racket, Doppelrohrblattinstrument aus dem 15. Jahrhundert. Seine lange Röhre war in neun Windungen in eine Büchse gepreßt, an der sich 11 Grifflöcher befanden. Sein Klang war sonor vibrierend

Rätselkanon, einstimmig notierter Kanon ohne genaue Anweisung über den Einsatzabstand, den Verlauf und die Anzahl der Folgestimmen, was alles von den Interpreten selbst aus Text oder Anlaß des Stücks erraten werden muß

Rallentando, langsamer werdend

Rappresentazione sacra, geistliche Darstellung, sakrales, außerliturgisches Schauspiel im 15. und 16. Jahrhundert, fallweise mit Handlung im 17. Jahrhundert szenische Passionsfeiern – auch azione sacra (heilige Handlung) genannt

Reel, alter, auch in Schottland und Skandinavien verbreiteter englischer Tanz im geraden Takt, der zumeist von mehreren Paaren ausgeführt wurde

Refrain, Kehrreim der Lieder und Tänze mit wiederkehrenden Strophen, der sie textlich und musikalisch immer gleichförmig abschließt

Regal, kleine Orgel mit Zungenstimmen, zuweilen klein wie eine zugeschlagene Bibel (Bibelregal)

Regalist, Regalspieler (vorwiegend in Kirchen, die keine Orgel hatten)

Regens chori, Chorregent

Regina coeli, Marienantiphone aus dem 12. Jahrhundert

Register, bei der Orgel Pfeifenreihe mit spezifischer Tonfarbe, beim Sänger Stimmlage – Kopfregister, Brustregister

Registrierung, Einstellung der Orgel (oder anderer Instrumente) auf bestimmte Tonfarben, Tonhöhen und Tonstärken für ein bestimmtes Musikstück oder einen Teil davon

Reprise, Wiederholung des ersten Satzteiles nach der Durchführung des zweiten bei Sonate und Sinfonie

Requiem, Totenmesse mit verändertem Ordinarium; Gloria und Credo fehlen, dafür sind mehrere spezifische Proprien wie Requiem aeternam – Absolve Domine – Dies irae – Domine Jesu Christe – Lux aeterna eingeschoben

Responsorium, liturgischer Wechselgesang zwischen Altarsänger und Chor, dem nur kurze Einwürfe oder abschließende Bekräftigungen zugeteilt sind

Retardierung, Verzögerung, Verlangsamung

Rettungsoper, Operntyp, bei dem in Bedrängnis geratene Hauptgestalten im letzten Augenblick durch glückliche Fügungen gerettet werden

Rezitativ, Sprechgesang in Oper und Oratorium

zur Mitteilung des Handlungsfortganges oder für Dialoge, der an den Accentus des Mittelalters anknüpfte, weil weder die Mehrstimmigkeit des Madrigals noch die Soloarie diesen Zweck erfüllen konnte; es ist entweder harmonisch entwickelt (Recitativo arioso) oder nicht (Recitativo secco)

Rezitativo accompagnato, vom Orchester begleitetes und fallweise davon unterbrochenes Rezitativ

Rhapsode, Sänger, Dichter, Komponist von epischen Gesängen

Rhapsodie, folkloristisches erzählendes Stück

Rhythmus, zeitliche Ordnung der Töne

Ricercar, Ricercare, ursprünglich nur instrumentale Vorausnahme der Melodien des eingeleiteten Musikstücks in Form einer freien Imitation, dann kanonartige Intonation, bis es sich zum selbständigen Musikstück und zur Vorform der Fuge (Fugenricercare) entwickelte

Ricercata, ricercada, gleichbedeutend mit Ricercare

Riff, melodisch einfache, rhythmisch prägnante und harmonisch vieldeutige Tonfolge, die im Jazz als Begleitungs- und Backgroundmusik verwendet wird

Rigaudon, bewegter provenzalischer Tanz im Alla-breve-Takt mit einem Auftakt

Ripieno, das ganze Orchester, auch alle Stimmen oder Instrumente in der Art und Stimmlage des oder der Solisten; im Concerto grosso konzertierendes Orchester im Gegensatz zur Solistengruppe des Concertino

Ripienist, chorverstärkender Sänger, der je nach Bedarf zugezogen wird

Ripienoschule, Chorschule, die keine Solisten ausbildet

Ritornell, beim Madrigal ein Refrain, später instrumentales Vor-, Nach- oder Zwischenspiel im Strophenlied, in der Da-capo-Arie oder im Instrumentalkonzert, zumeist imitatorisch

Römische Schule, Gruppe ab Mitte des 16. Jahrhunderts in Rom wirkender Komponisten, die der Forderung der Gegenreformation nach Textverständlichkeit und sakraler Ausrichtung entsprachen. Die zunehmende Verwendung des Gregorianischen Chorals war eines ihrer Merkmale. Ihr Hauptmeister war unbestritten Palestrina, dessen persönlicher Stil als Ideal der Schule und der gesamten Kirchenmusik bis in die Gegenwart gilt

Romanesca, mehrtaktisches Baßmotiv, das um 1600 als Ostinato für Instrumentalstücke mit tänzerischem Charakter entwickelt wurde

Romanze, ursprünglich episches Gedicht, später sentimentales Lied größeren Umfanges oder arioses Instrumentalstück

Rondeau, mittelalterliches Tanzlied mit einem Soloteil (Couplet) und einer Chorantwort (Refrain). Daraus entstand das instrumentale Rondo mit gleicher oder ähnlicher Struktur

Rondo, siehe Rondeau

Rorantisten-Kapelle, Sängerkapelle in Krakau, die den römischen A-cappella-Stil pflegte. Sie leitete ihren Namen von einer in Krakau seit langer Zeit gesungenen Votivmesse ab, die man Roratemesse nannte (und müßte eigentlich Roratisten-Kapelle heißen)

Rotroenge, Wiederholung der Melodie für mehrere Verszeilen, die in einen Refrain münden

Round, englischer Rundgesang oder Reigentanz

Rubato, Tempo rubato, feine Abweichungen im zeitlichen Ablauf. Das Ausmaß der Verschiebungen ist den Interpreten überlassen

Rückpositiv, kleines Orgelnebenwerk außerhalb des Hauptwerkes, im Rücken des Organisten untergebracht; es wird von der Hauptorgel aus bedient

Rundbogen, Bachbogen, ein vom Violinisten Emil Telmányi konstruierter gewölbter Violinbogen, der eine vollkommene Ausführung der Soloviolinwerke von Bach ermöglicht

Runo, Abschnitt der finnischen Kalevala und des estnischen Kalevipoeg

Sängerschulen wurden bereits im 10. und 11. Jahrhundert teils von Rom aus (z.B. in Metz), teils von England aus (z.B. in Tours) gegründet; im 15. Jahrhundert erlangten die Sängerschulen von Arras, Cambrai, Tournai und Reims besondere Berühmtheit

Sainete, burleskes Zwischenspiel des spanischen Schauspiels, oft mit Tänzen und Gesängen

Saint-Martial-Schule, älteste Pflegestätte der zweistimmigen Motette (Ende des 11. Jahrhunderts)

Salpinx, altgriechisches Metallblasinstrument mit leicht konischer Röhre und Kesselmundstück; sein Ton war hoch und spitz

Saltarello, spanischer und italienischer Springtanz im Dreiertakt aus dem 14. Jahrhundert

Salve Regina (Gegrüßt seist du, Königin), Marienantiphon aus dem 11. Jahrhundert, vielfach mehrstimmig gesetzt und für Orgel bearbeitet

Samba, afrobrasilianischer Rundtanz; im 20. Jahrhundert lateinamerikanischer Paartanz

Sanctus, Teil des Ordinarium; siehe auch Service

Sarabande, altspanischer, stark rhythmisierter Volkstanz mit gravitätischer Würde

Sardana, katalanischer Reigentanz für große Gruppen auf Straßen und Plätzen mit schwieriger Schrittfolge, ausgeführt von einer Cobla-Kapelle

Sarrusophon, Doppelrohrblattinstrument aus Metall in neun Größen vom Kontrabaß bis zum hohen Sopran, vorwiegend in Militärorchestern verwendet

Sarum use, Sonderform der römischen Liturgie in der Kathedrale von Salisbury (Sarum) seit dem 13. Jahrhundert, die schon früh eine Mehrstimmigkeit kannte

Schalmei, Doppelrohrblattinstrument, Nachkomme des Aulos, Vorläufer des Bommers, mit pastoralem Klang

Schedelsches Liederbuch, nach dem ersten Besitzer, dem Arzt und Humanisten Hartmann Schedel (1440 – 1514) benannt, wichtige Quelle deutscher Liedkunst

Scheitholz, altes Saiteninstrument, bei dem über einen rechteckigen Resonanzkasten 2 Melodie- und bis zu 8 Begleitsaiten mit Bundeinteilung laufen; Vorform der Zither

Scherzante, scherzoähnlich

Scherzato, dem Scherzo angenähert

Scherzo, im 16. Jahrhundert Sammlung verschiedenartiger Musikstücke wie Kanzonen, Canzonetten, Instrumentalstücke, später rascher, launiger Sonaten- oder Sinfoniesatz, auch virtuoses Klavierstück

Schlüsselfidel, Fidel mit 3 bis 4 Saiten und einem Mechanismus zum Verkürzen der Saiten auf dem Hals, seit dem 16. Jahrhundert (in Schweden seit dem 14. Jahrhundert) in Gebrauch

Schnarrtrommel, kleine Trommel mit über das Resonanzfell gespannten Darm- oder übersponnenen Metallsaiten

Schola cantorum, Choralschule in Rom, von Papst Gregor I. reorganisiert, Muster für ähnliche Schulen in Canterbury, Paris und vielen anderen westeuropäischen Städten

Schuloper, Schuldrama, im humanistischen Zeitalter wurden sowohl antike wie antikisierende Dramen mit Musik – vorwiegend Chormusik – zu didaktischen Zwecken in Schulen aufgeführt. Die Kompositionen waren zumeist syllabisch und homorhythmisch. Das aus der Gegenreformation hervorgegangene Jesuitendrama wurde an manchen Orten weit über die Barockzeit hinaus gepflegt. Die Universität Salzburg führte von 1620 bis um 1796 jeweils am Ende des Schuljahres ein komponiertes Drama auf

Scordatur, Scordatura, Umstimmen von Saiten, um gewisse Griffe zu erleichtern oder überhaupt erreichbar zu machen

Scordiert, mit umgestimmten Saiten

Seccorezitativ, siehe Rezitativ

Seconda Prattica, zweite Kompositionsart, nannte Claudio Monteverdi die neue um 1550 entstandene Technik, der Deklamation und der Darstellung des Textinhaltes den Vorrang vor den strengen Kontrapunktregeln zu geben, um damit eine Einheit von Musik, Rhythmus und Sprache zu erreichen. Sie wurde für das gesamte 17. Jahrhundert und weit darüber hinaus richtungsgebend

Seguidilla, andalusischer Tanz im Dreiertakt mit stark akzentuiertem Rhythmus, ähnlich einem raschen Bolero, zumeist von Gitarren und Kastagnetten begleitet

Sekunde, Intervall der zweiten Stufe

Sepolcro, Totengesang, Grabgesang

Septime, Intervall der siebten Stufe

Sequenz, seit der Mitte des 9. Jahrhunderts dem Alleluia folgender, oft sehr ausgedehnter Gesang, der einer Art freier Koloratur nahekam und »mehr Musik« in die Sakralhandlung brachte; sie wurde besonders in den Klöstern von Limoges und St. Gallen gepflegt. Ihre besten Meister waren Notker Balbulus und Adam de St. Victor. Zur besseren Merkbarkeit wurden diesen langen Tonreihen Texte unterlegt, woraus sich eine neue Gattung der mittelalterlichen Vokal- und Instrumentalmusik entwickelte. In der neueren Musik versteht man unter Sequenz eine Tonwiederholung auf veränderter Tonhöhe

Serenade, abendliche Freiluftmusik, Ständchen mit verschiedenen Fakturen, gewöhnlich heiter. Sie weist zumeist Suitenform auf

Serenata, abendliche Aufführung mit Gesang in Kantatenform

Serenata teatrale, abendliche Aufführung mit Gesang in Form einer pastoralen Oper

Serielle Musik, durch mehrere Serien oder durch eine Zahlenreihe strukturierte Musik

Serpent, Blasinstrument in Baßlage, das aus einem bis zu drei Meter langen, schlangenförmig gewundenen Rohr besteht. Er wird mittels eines Kesselmundstücks angeblasen und hat sechs Grifflöcher. Sein Ton ist dumpf und rauh und dient oft als Baßverstärker

Service, Gottesdienst der anglikanischen Kirche. Das full service (Volles Service) besteht aus dem morning-(Morgen-)service (Venite, Te Deum, Benedictus, Jubilate, Benedicite), dem evening-(Abend-)service (Magnificat, Nunc dimitis, Cantate Domino, Deus misereatur) und dem communion-(Kommunion-)service (Kyrie, Credo, eventuell Sanctus, zuweilen auch alle Teile des katholischen Ordinarium). Das short service

(Kurzes Service) bringt nur Teile des full service. Die Sprache des Service ist mit wenigen Ausnahmen englisch

Sexte, Intervall der sechsten Stufe

Sextole, Gruppe von sechs Tönen, die den Zeitwert von vier Tönen beanspruchen; in vielen Fällen doppelte Triole

Sforzato, sforzando, plötzliche starke Betonung eines Tones oder einer Tongruppe

Shakuhachi, japanische Längsflöte aus Bambus

Shô, Sô, japanische Mundorgel

Short service, siehe Service

Siciliana, pastorales Lied aus Sizilien mit punktiertem wiegendem Rhythmus

Siciliano, ruhiger, wiegender Tanz mit punktiertem Rhythmus aus Sizilien

Sinfonie, Sinfonia, Symphonie, ursprünglich Zusammenklang der Intervalle, sodann Tonstück für mehrere Instrumente, Vor- und Zwischenspiel in Opern, Oratorien und Kantaten; ab der Mitte des 17. Jahrhunderts nichttänzerischer Einleitungssatz der Suite, schließlich auch italienische Ouvertüre; wurde von der Wiener Klassik im 18. Jahrhundert zur musikalischen Großform mit mehreren Sätzen entwickelt

Sinfonisches Gedicht, programmatisches Musikstück, das einer epischen oder lyrischen Vorlage folgt

Singspiel, Schauspiel mit eingestreuten Liedern und Instrumentalstücken; Vorstufe zur deutschen Oper

Sirventes, Dienstlieder der Troubadours, in denen der Lehensherr gelobt oder kritisiert wird

Sister (Cister, Gitter), im Mittelalter Citole oder Cistole genannt, ist eine Mittelform zwischen Laute und Gitarre. Es gab Sonderformen wie die Cistertheorbe und die Cythringe. Sie war besonders in England sehr lange beliebt

Sistrum, ägyptisches Rasselinstrument, das im Sakraldienst Verwendung fand und auch vom antiken Rom übernommen wurde

Sixtinische Kapelle (Capella Sistina), von Papst Sixtus IV. im 15. Jahrhundert erbaut; ihr Name ging auf die bereits seit der Zeit Gregors I. bestehende Sängergruppe über

Skalden, nordgermanische Dichter und Sänger zwischen dem 9. und dem 13. Jahrhundert

Skandierung, genaue Betonung des Versmaßes beim Singen

Skočna, böhmischer Springtanz

Skolion, einstrophiges Trinklied der Altgriechen, ernsten oder heiteren Charakters, das zumeist von den Gästen des Gelages stegreif vorgetragen wurde

Soave, mild, weich

Solfeggien, Gesangübungen auf Tonsilben

Solmisation, Benennung der Töne der Skala nach Guido von Arezzo: Ut-Re-Mi-Fa-Sol-La; für den siebten Ton wurde im 16. Jahrhundert »Si« hinzugefügt, im 17. Jahrhundert wurde »Ut« durch »Do« ersetzt

Sommerkanon, ältester in der Kunstmusik bekannter Kanon »Sumer is icumen in« aus dem 13. Jahrhundert

Sonata da camera, Kammersonate, mit der Satzfolge schnell – langsam – schnell

Sonata da chiesa, Kirchensonate, mit der Satzfolge langsam – schnell – langsam – schnell, oft fugiert

Sonate, Sonata, um 1600 Instrumentalstück im Gegensatz zur Cantata (Gesangstück); später Kopfsatz der Suite, dann einsätziges Charakterstück; um 1750 bildete sich die Sonate der Klassik aus. Sie war zumeist viersätzig und folgte der Faktur der Sinfonie und des Streichquartetts der Zeit. Der 1. Satz drückt Handeln, Geschehen, Dramatik im Allegro aus (Sonaten-Allegro), der 2. Satz ist liedhaft, langsam, lyrisch, oft schmerzlich, der 3. Satz ist zumeist ein heiteres Menuett oder Scherzo, der 4. Satz bringt den jubelnden Ausklang

Sonatine, vereinfachte kleine Sonate zumeist mit zwei bis drei Sätzen ohne große technische Schwierigkeiten

Sordiniert, gedämpft, bei Streichern mit Aufsatz eines Dämpfers auf dem Steg, bei Blasinstrumenten mit Stopfkegel

Sordun, Doppelrohrblattinstrument des 16. und 17. Jahrhunderts, der Schalmei eng verwandt, mit dumpfem Klang

Sostenuto, zurückhaltend, breit, getragen

Sousaphon, runde Tuba mit nach vorne gerichteter Stürze, nach dem Anreger ihrer Konstruktion John Philip Sousa (1854 – 1932) benannt

Sousedska, ruhiger, ländlerartiger böhmischer Tanz

Špacírka, böhmischer Volkstanz, der mit langsamen Schreitschritten beginnt und sodann in einen raschen Reigen übergeht; zumeist gesungen

Spieloper, leichte Oper, zwischen Opéra comique und Singspiel stehend, mit gesprochenen Textteilen oder Rezitativen

Spinett, dem Cembalo ähnliches Tasteninstrument mit kastenartigem Gehäuse und einchörigen, quer zur Klaviatur verlaufenden Saiten

Stabat mater (Es stand die Mutter), Sequenz zum Freitag vor Palmsonntag auf einem Text von Jacoponus (gestorben 1306), von vielen Komponisten neu vertont

Staccato, getrenntes, abgestoßenes Spielen oder Singen von Tönen, wobei zwischen den voneinander abgehobenen Tönen winzige Pausen entstehen

Stadtpfeifer, seit dem 15. Jahrhundert in Zünften zusammengeschlossene Musiker, die von Behörden und Privaten fallweise engagiert wurden und eine Monopolstellung innehatten; daraus entwickelten sich fest besoldete Stadtkapellen

Stasimon, Chorlied in der altgriechischen Tragödie

Stile misto, Mischstil, Mischung von Altem Stil (Stile antico) mit strenger kontrapunktischer Polyphonie und Neuem Stil (Stile nuovo) mit Monodie und konzertanter Faktur

Strambotto, einstrophiges, achtzeiliges Gedicht zur Laute im 16. Jahrhundert

Strathspey Reel, schottischer, langsamer Tanz im Vierertakt mit weiten Intervallsprüngen, benannt nach dem Flußtal des Spey

Stretta, eng geführte Fuge oder letzter, stark beschleunigter Teil einer Arie oder eines Aktes mit massierten Instrumenten

Subdominante, 4. Stufe der Dur- und Moll-Tonleiter

Succentor, Vertreter oder Gehilfe des Chorleiters, Unterkantor, ebenso Ausbilder des Knabenchors

Suite, Partita, Ordre, Stück aus verschiedenen Teilen, insbesondere Tänzen, später auch anderen Kompositionen; auch Zusammenstellung zugkräftiger Passagen oder Arien einer Oper, eines Balletts oder einer Bühnenmusik

Syllabische Komposition, reiht jeder Sprachsilbe einen einzigen Ton zu

Synkope, Abweichung vom normalen Metrumverlauf, indem unbetonte Taktteile akzentuiert und betonte ohne Akzente belassen werden

Synkopiert, mit Synkopen stark versehen

Synthesizer, Gerät, das Töne und Geräusche jeglicher Art auf elektronischem Wege erzeugen kann. Das erste, noch lochstreifengesteuerte Modell stellte die Plattenfirma RCA 1955 vor. R.A. Moog entwickelte 1964 den nach ihm benannten Grundtyp, auf dem alle weiteren Modelle aufbauten

Syrinx (Panflöte), Hirteninstrument der Griechen aus 5–9 mundstücklosen, verschieden langen oder verschieden lang ausgehöhlten, durch einen Querriegel zusammengehaltenen Pfeifen

Table entertainment (Tischunterhaltung), wobei der »Unterhalter« sein Publikum um einen Tisch vor sich versammelt und mit Erzählungen, Rezitationen, Scherzen und Liedern unterhält

Tabulatur, Notationsart für Instrumentalmusik, zumeist in der Form von Grifftabellen, vorwiegend für Orgel und Laute, seltener für Harfe; beim Meistersang Zusammenfassung der strengen Regeln für Dichtung und Gesang

Tacet, Anweisung für längeres Aussetzen einer Instrumental- oder Vokalstimme

Tagelied, mehrstrophiges Lied der Minnesänger, das den Abschied zweier Liebender (zumeist in Dialogform) bei Anbruch des Tages zum Gegenstand hat, später überhaupt Morgengesang, Morgenständchen, Wächterlied, Weckruf (auch religiösen Inhaltes)

Tamtam, aus Ostasien stammender Gong aus Bronze mit unbestimmter Tonhöhe in verschiedenen Größen, der senkrecht in einem Rahmen aufgehängt und mit Schlegeln oder Stöcken angeschlagen, auch mit Stahlstäben gerieben oder mit Bogen gestrichen wird

Tantum ergo sacramentum (Also ein so großes Heiligtum), 5. Strophe des Fronleichnamshymnus, der zur Segnung der Gottesdienstteilnehmer gesungen wird; unzählige Male vertont

Tar, iranische oder kaukasische Langhalslaute, in Nordafrika Schellentrommel

Tárogató, von den Türken im 16. Jahrhundert in Ungarn eingeführtes Rohrblattinstrument, im 19. Jahrhundert als eine Art Holzsaxophon neu entwickelt

Te Deum, Hymnus, ursprünglich Ambrosius zugeschrieben und daher »Ambrosianischer Lobgesang« genannt; vermutlich Dichtung von Niketas von Remesiana (gestorben 441)

Tempelblock, ausgehöhlter Holzblock in Form eines Fischkopfs mit einem Schlitz, der mit Schlegeln angeschlagen wird

Temperatur, Ausgleich der kleinen Schwingungszahldifferenzen, die sich bei der mathematischen Fixierung der Tonhöhen ergeben (Komma), auf Mittelwerte, so daß jeder Ton in jedem Tonsystem verwendbar und die Modulation von und nach jeder Tonart möglich ist

Tenebrae factae sund, Matthäus 27/45, 46, Karwochengesang

Tento, Tiento, dem Ricercar entsprechendes oder frei präludierendes Musikstück des 16. Jahrhunderts in Spanien

Tenzone (Tensos), Streitlied der Troubadours mit zuweilen starker Polemik, später Sängerwettstreit

Terz, Intervall der dritten Stufe

Terzett, dreistimmiges Stück mit gleichartigen Singstimmen oder Instrumenten

Terzgitarre, um eine Terz höher gestimmte Gitarre

Theorbe, Baßlaute mit verlängertem Hals, der nicht wie bei der Laute geknickt ist, und 2 Wirbelkästen, von denen einer für 6 bis 8 über das Griffbrett laufende, der andere für die freischwebenden Saiten bestimmt ist

Theorbist, Theorbenspieler, häufig als Continuospieler eingesetzt

Theremin, Thereminovox, siehe Aerophon

Threnodie, Threnos, Totenklage der Antike, eigene Gattung der Chorlyrik, spielte als Wechselgesang zwischen einem Schauspieler und dem Chor in der attischen Tragödie eine wichtige Rolle; Gattung und Bezeichnung fanden auch in unsere moderne Musik Eingang

Tibia, römische Bezeichnung des Aulos

Toccata, neben der Bedeutung eines Bläser- und Paukentusches bei festlichen Auftritten einleitendes Stück auf Tasteninstrumenten, Lauten oder Gitarren in verschiedenen musikalischen Formen – zumeist vollgriffig klangvoll und mit auszierenden Läufen überhäuft –, das die Aufmerksamkeit des Publikums auf das kommende Musikstück richten sollte; später selbständiges, sehr frei und weiträumig gefaßtes Stück

Tomtom, Trommel mit zylindrischem Korpus, deren Fell auf eine bestimmte Tonhöhe gespannt ist

Tonadilla, kurzes Gesangstück mit Refrain am Ende einer Einlage zu spanischen Theateraufführungen

Tonalität, geordnetes Bezugssystem von Tönen und Akkorden in der dur-moll-tonalen Musik des 17. bis 19. Jahrhunderts

Tonfläche, breite Cluster, deren Einzeltöne in minimalen Intervallen nebeneinanderliegen und daher ineinander verschmelzen und verschwimmen, so daß der Eindruck einer homogenen Klangfläche entsteht

Tongenerator, siehe Oszillator

Tonika, Grundton der Dur- und Mollskala

Tono, Kirchentonart

Totenofficium, liturgische Beerdigungsgesänge

Tractus (Cantus tractus), Psalmengesang, der nicht von Gegenstimmen (Responsorium, Antiphon) unterbrochen wird

Transkription, Übertragung eines Stücks zur Aufführung mit anderen als den vom Komponisten vorgeschriebenen Instrumenten. Sie erfordert in den meisten Fällen eine Bearbeitung, die nicht selten die Substanz der Komposition verletzt

Transposition, Übertragung eines Tonwerks von einer Tonart in eine andere, höhere oder tiefere

Trattenimento, Unterhaltungsstück

Trautonium, von Friedrich Trautwein (1888 – 1956) konstruiertes elektronisches Musikinstrument

Tredezime, Intervall zwischen Grundton und seiner dreizehnten Stufe

Tremolo, Beben, rasche Tonrepetition bei Instrumenten oder unruhige Atemführung bei Singstimmen; bei Orgeln auch Erklingen von zwei geringfügig gegeneinander verstimmten Pfeifen

Tricinium, dreistimmige Komposition, später Trio oder Terzett genannt

Trienter Codices, im Auftrag Kaiser Friedrichs III. (1415–93) angelegte Sammlung von 1864 erhaltenen Tonsätzen deutscher, italienischer, nordfranzösischer, flämischer, englischer Komponisten, die das Repertoire der Hofkapelle bildeten; eine wertvolle Quelle der Musikwissenschaft

Trio, dreistimmiges Stück mit verschieden hohen Singstimmen oder Instrumenten

Triole, Gruppe von drei Tönen mit dem Zeitwert von zwei oder vier

Triosonate, im 17. und 18. Jahrhundert Musikstück für zwei Violinen, Baß und Generalbaß (zumeist Cembalo)

Tripelfuge, Verarbeitung von drei Hauptthemen in einer Fugenkomposition

Tripelkonzert, Konzert mit drei Solisten

Tripla, Proportio tripla, im 16. und 17. Jahrhundert drei Töne mit dem Zeitwert von zwei, dann Bezeichnung eines Nachtanzes nach mehreren Tanzpaaren (einem schnellen und einem langsamen) in diesem Rhythmus – auch Proportz genannt

Triste, traurig

Tritonus, Intervall aus drei Ganztönen (übermäßige Quarte und verminderte Quint)

Trobairitz, weiblicher Troubadour

Trobar clus, gelehrte, später gekünstelte Dichtung der Troubadours

Trobar ric, volkstümliche, lebensnahe Dichtung der Troubadours

Tropar, Sammlung von Troparia (einstrophige Hymnen mit frei gewählter Reimfolge und Metrik der byzantinischen Hymnographie)

Tropus, Einschub in die antiphonalen Formen des gregorianischen Gesanges oder Beifügung zu Teilen des Ordinarium

Troubadour, ritterlicher Dichter, Komponist und Sänger südlich der Loire und in Nordspanien; ihre Sprache war das Provenzalische (Langue d'oc), in einzelnen Fällen das Katalanische; die Zeit ihres Wirkens erstreckte sich von der Mitte des 11. bis zum Ende des 13. Jahrhunderts

Trouvère, nordfranzösischer Sänger, Dichter und

Komponist; die Sprache der Trouvères war das Nordfranzösische; ihre Wirkungszeit begann im letzten Drittel des 12. Jahrhunderts und dauerte bis zum Ende des 13. Jahrhunderts

Trugschluß, vorläufiger Schluß eines Stückteiles von der Dominante nicht zur Tonika kadenzierend, sondern zur verwandten Moll-Tonart, was eine Fortsetzung bis zum echten Ganzschluß zur Tonika fordert

Trumscheit (Trompetengeige), mittelalterliches Streichinstrument mit einer über einen langen, schmalen Klangkörper gespannten Saite, deren Steg mit einem Fuß nur lose auf dem Klangkörper liegt, so daß ein Schwirreffekt erzielt wird; es werden nur Flageolettöne erzeugt

Tuba, römisches Blechblasinstrument, heute gemeinsame Bezeichnung der Baßinstrumente, die zur Familie des Bügelhorns gehören, auch der Baßtrompete

Turbae, Choreinwürfe von Juden, Priestern, Heiden, Kriegsknechten bei Passionen, Oratorien und sakralen Schauspielen mit Musik

Tutti, beim Solistenkonzert und dem Concerto grosso das »Große Orchester« im Gegensatz zu den Solostimmen oder dem Concertino

Ud, arabische Kurzhalslaute

Una-corda-Pedal, Klavierpedal, das Tastatur und Mechanik leicht nach rechts verschiebt, so daß anstelle von drei oder zwei Saiten nur eine angeschlagen wird

Un poco moto, ein wenig bewegt

Undezime, Intervall zwischen dem Grundton und seiner elften Stufe

Unisono, einstimmig, wobei zumeist Oktavenabstände unberücksichtigt bleiben

Unmensuriert, keinem bestimmten Zeitmaß unterworfen

Variation, Veränderung, vielgestaltige Kompositionstechnik, bei der ein Grundthema mehrfach in immer wieder veränderter Form gebracht wird. Das variierte Thema bleibt dabei stets, wenn auch sehr entfernt, erkennbar

Vaudeville, Vorform des Air de cour, im 18. Jahrhundert Form des leichten französischen Singspiels

Venezianische Schule, die vom Niederländer Adrian Willaert angeführte Reihe von Lehrern und Schülern am Markusdom in Venedig, deren Wirken zwischen ungefähr 1530 und 1620 zur musikalischen Vorherrschaft Italiens und zur Ausbildung der wichtigsten vokalen und instrumentalen Formen führte

Veni creator sancte spiritus (Komm, Schöpfer, heiliger Geist), oft vertonte Pfingstsequenz; Text vermutlich von Papst Innozenz III. (um 1161 bis 1216)

Verbunkos, ungarisches Werbelied für das habsburgische Heer im volkstümlichen Instrumentalstil mit punktierten Tönen, vielen Triolen und rasch wechselnden Rhythmen

Versett, Versette, Versetl, Orgelsatz, der einen gesungenen Vers ersetzt, im Verlauf der Entwicklung von der Melodie des Vokalstücks oft bis zu dessen freier Bearbeitung entfernt

Vesper, katholischer Abendgottesdienst, der aus 5 Antiphonen und 5 Psalmen besteht; sehr oft als selbständiges Tonwerk komponiert

Vespertina cantio, Abendgebet, vorletzte der Horen im katholischen Officium

Vibraphon, in Nordamerika entwickeltes Metallstabspiel mit klaviaturmäßig angeordneten Metallplatten, mit weichen Schlegeln oder mit der Hand angeschlagen

Vicar, Vikar, Stellvertreter des Kirchenchorleiters

Vigil, Vorbereitungsfeier für bestimmte katholische Feste

Vihuela, ursprünglich spanische Bezeichnung für gestrichene oder gezupfte Saiteninstrumente, sodann Vorläuferin der Gitarre, von der sie sich durch eine größere Saitenanzahl (5 bis 7 anstelle der damaligen 4 und späteren 5 der Gitarre) unterschied; sie war zumeist doppelchörig

Vilhancico, siehe Villancico

Villancico, ursprünglich volkstümliche, einfache Liedform in Spanien, die trotz ihrer homophonen, primitiven Struktur zur beliebtesten Form der spanischen Renaissance wurde und auch in der Barockzeit viel gepflegt wurde. Die Texte waren zumeist religiös. Heute versteht man darunter instrumentenbegleitete Weihnachtslieder. Vilhancico ist die portugiesische Entsprechung der spanischen Bezeichnung

Villanella, Villanesca, volkstümliches, mehrstimmiges oder monodisches Tanzlied neapolitanischen Ursprungs, das sich rasch über ganz Italien verbreitete, im 16. Jahrhundert in stilisierter Form in das Kunstlied übernommen wurde und in der Folge starken Einfluß auf die Entwicklung des deutschen Liedes ausübte

Villotta, vierstimmiges, durchkomponiertes oberitalienisches Tanzlied des 16. Jahrhunderts, das sich bald der neapolitanischen Villanella anglich; es wurden auch spezifisch venezianische Volkslieder darunter verstanden

Viola alta, vergrößerte Bratsche, Tenorinstrument

der Violinenfamilie, kam im 19. Jahrhundert außer Gebrauch

Viola bastarda, große Viola da gamba mit 6 bis 7 gestrichenen und ebenso vielen mitschwingenden Saiten unter dem Steg und dem Griffbrett

Viola d'amore, Streichinstrument der Violenfamilie, aus der Viola bastarda entwickelt, mit 7 Spielsaiten aus Darm und 7 mitschwingenden Saiten aus Metall

Viola pomposa, auf Anregung Bachs gebaute Großform der Bratsche mit 5 Saiten, wegen seiner Stellung zwischen Bratsche und Cello auch Violoncello piccolo genannt

Violenfamilie, Streichinstrumente in allen Stimmlagen, die zum Teil in Armhaltung (Viola da braccio), zum Teil in Beinhaltung (Viola da gamba) gespielt werden. Das Griffbrett der meisten Typen ist mit Bünden versehen. Ab dem 18. Jahrhundert wurden die Violen ganz von der Violinenfamilie verdrängt, erlebten jedoch in jüngster Zeit eine Renaissance

Violetta, Bezeichnung verschiedener Streichinstrumente wie Viola da gamba, Viola da braccio, Diskantviole, später auch für Bratsche

Violine, höchst entwickeltes Streichinstrument und eines der wichtigsten Musikinstrumente überhaupt, das bereits eine Geschichte von 300 Jahren durchlaufen hat. Von der Violinenfamilie sind aus den vielen Nebenformen und Konstruktionsversuchen die Violine, die Bratsche, das Violoncello und der Kontrabaß (der eigentlich eine Viole ist) geblieben. Ihr Griffbrett ist durchweg bundlos

Violon alto, um 1800 in Frankreich konstruierte Violine mit einer 5. Saite, um ihren Tonumfang nach unten zu erweitern

Violone, große Viole oder Violine, Streichinstrument in Baßlage, auch Kontrabaß

Violotta, große Bratsche

Virelai, Refraingedichtform des Mittelalters, die erst ab dem 14. Jahrhundert ihre endgültige komplizierte Form erhielt. Es war zumeist einstimmig, seltener zweistimmig und ging bereits im 15. Jahrhundert in der Ballade und dem Rondeau auf

Virginal, englisches Spinett in rechteckiger Form, wurde auch als Doppelvirginal mit zwei gleich oder verschieden gestimmten Instrumenten gebaut, die zuweilen gekoppelt werden konnten

Virtuosenmusik, Kompositionen, die Virtuosen zum eigenen Konzertgebrauch schreiben, um mit ihrem technischen Können zu brillieren; die Musikalität wird dabei sehr oft stark vernachlässigt

Vite, rasch

Vivace, lebhaft, scharf akzentuiert

Voix de ville, siehe Vaudeville

Vokalise, Gesang auf reinen Vokalen ohne Wortsinn

Volta, Volte, schneller höfischer Paartanz im Tripeltakt aus der Provence, in der zweiten Hälfte des 16. und Anfang des 17. Jahrhunderts sehr verbreitet

Voluntary, Komposition oder Improvisation für Orgel zum Beginn des anglikanischen Gottesdienstes oder zu dessen Ende, früher auch vor der Predigt eingesetzt; auch Synonym für Improvisation oder freie Komposition für Orgel überhaupt

Vorhalt, um eine kleine Ober- oder Untersekunde verzögerter Eintritt eines Akkord- oder Melodietones

Vorimitierung, Vorwegnahme von Melodien

Vorschlag, Einschub eines oder mehrerer kurzer Töne zwischen zwei Haupttöne der Melodie, um diese zu verzieren

Wiener Schule, als Erste Wiener Schule gelten die vorklassischen Meister des 18. Jahrhunderts, die die Wiener Klassik vorbereiteten, als Zweite Wiener Schule Arnold Schönberg (1874 – 1951) und dessen Schüler und stilistische Nachfolger

Xänorphica, Bogenflügel, Streichklavier, in dem wie bei einer Drehleier die Saiten von Scheibenrädern gestrichen werden; immer wieder neu konstruiert, setzte es sich doch nie durch

Xylophon, Schlaginstrument, bei dem nebeneinander gelegte verschieden lange, nach dem jeweiligen Tonsystem gestimmte Holzstäbe mit Holzklöppeln angeschlagen werden; wegen seines gespenstisch hohlen Klanges oft als Symbol des Todes verwendet

Zarzuela, spanische Bühnenstückgattung, die nach dem königlichen Schloß Palacio de la Zarzuela, dem Ort ihrer ersten Aufführung, benannt ist. Ihr literarischer Schöpfer war Calderón de la Barca. Die ersten Kompositionen sind nicht erhalten. Diese leichten zumeist zweiaktigen Singspiele für höfische Festlichkeiten brachten vorwiegend mythologische oder heroische Stoffe in glanzvoller Ausstattung, wurden im 18. Jahrhundert von der italienischen Oper verdrängt, aber im 19. wiederentdeckt und um einen dritten Akt zur Zarzuela grande erweitert.

Die spanische Folklore wurde als essentielles Element einbezogen. Die Entwicklung der von Portugal übernommenen Zarzuela verlief dort parallel

Zigeunerskala, harmonische Molltonleiter mit hoch alterierter Quart, z. B.: a-h-c-dis-e-f-gis-a

Zimbal, Hackbrett mit mehrchöriger Bespannung, das mit Hämmerchen angeschlagen wird

Zink, altes Blasinstrument, das mittels eines Kesselmundstücks angeblasen wurde; es gab den Zink in den verschiedensten Größen und Formen. Die kleineren waren gestreckt (Gerader Zink), die größeren gekrümmt (Krummer Zink)

Zinkenist, Berufszinkbläser, oft im Dienst einer Stadtverwaltung; Angehörige der Stadtpfeifereien wurden zuweilen so benannt, auch wenn sie ein anderes Instrument bliesen

Abbildungen

James Abresch, New York: V/179*. Ackermanns Kunstverlag, München: IV/454. Amalthea Verlag, Wien: I/254, 255, 431, 596, II/124, 394, 501, III/151, IV/562, V/500. Archiv für Kunst und Geschichte, Berlin: III/115, 348, 382, IV/192, V/450. Archivio Storico Ricordi, Mailand: IV/350. Augener, London: II/375. Bärenreiter Verlag: I/201, 466, 497, 513, 569, 586, 594, II/130, 145, 402, 403, 284, 293, 313, 331, 339, 577, 586, III/53, 69, 96, 244, 264, 280, 281, 285, 289, 302, 318, 319, 326, 343, 351, 386, 422, 445, 481, IV/105, 144, 420, 566, V/56, 57, 103, 113, 114, 115, 144, 203, 214, 226, 338, 530. Béla Bartók Archiv, New York: I/212. Bayerische Staatsbibliothek, München: IV/487. Belzeaux-Zodiaque: III/220. K.E. Bergunder, Halle/Saale: IV/24. Bibliothèque du Conservatoire, Paris: IV/547. Bibliothèque Nationale de Musique, Paris: IV/443, V/139, 285. Karl Bilek: I/116, II/138, III/384, IV/73, 74, 76, 82, 243, 404. British Library, London: V/411. British Museum, London: III/448, 457, IV/92. Collection P. Auclert: II/157. Collection F. Emmanuel: II/209. Collection F. Ouellette: V/408. Conservatorio Giovanni Battista Martini, Bologna: III/221, 568, IV/594. Chopin-Komitee, Berlin: I/576. Deutsches Bundespresseamt, Bonn: V/233. dpa, Frankfurt/Main: II/107, 415. Fauré-Frémiet, Paris: II/257. Fono Forum: II/200, 592, III/278. Reinhard Friedrich, Berlin: I/307, II/574. Gershwin Archives: II/421. Archiv Gerstenberg, Frankfurt/Main: I/12, 264, III/227, IV/272, V/159, 452. Gesellschaft der Musikfreunde, Wien: IV/138, V/583. Gustav Giehs: I/50, 146, 149, 154, 155, 156, 157, 158, 159, 160, 165, 166, 168, 169, 479, 515, II/13, 34, 343, 344, 364, 410, 551, 555, 558, 562, 563, III/339, 402, 489, 492, 493, 546, IV/298, 346, 462, V/93, 96, 303, 305, 307, 456, 460, 461, 581, 582. Historisches Museum der Stadt Wien: II/379, III/211, IV/255, V/513. Wolfram Humperdinck, Detmold: III/153. A. Hutchings, Durham: III/117. Janáček-Archiv, Brünn: III/189. Königliche Bibliothek Kopenhagen: III/339. Landesbibliothek Karlsruhe: II/275. Landesbibliothek Kassel: I/281. Lipnitzki-Viollet: I/425, II/210, IV/333, 373, V/11, 64, 443. Giuletta Malipiero, Asolo: III/529. Max-Reger-Institut, Bonn: IV/456. Meyerbeer Archiv im Institut für Musikforschung, Berlin: IV/37. Mozart Gedenkstätte, Augsburg: II/170, 486, IV/153, 235, 330, 439, V/212. Museum Berlin-Dahlem: III/574. Musikarchiv Krčal: III/381, 591, IV/212. NDR, Hamburg: III/240. Österreichische Nationalbibliothek Wien: I/17, 18, 52, 111, 112, 244, 247, 248, 249, 250, 253, 257, 262, 273, 296, 323, 334, 352, 377, 390, 399, 401, 407, 410, 436, 437, 439, 440, 443, 456, 459, 504, 567, 573, 591. II/32, 54, 65, 95, 113, 173, 175, 202, 203, 220, 231, 254, 329, 349, 364, 411, 460, 463, 466, 474, 491, 503, 513, 514. III/13, 15, 18, 20, 22, 23, 24, 26, 28, 32, 39, 47, 48, 98, 115, 152, 188, 193, 212, 226, 270, 297, 306, 359, 414, 426, 453, 463, 471, 519, 522, 538, 566 (2). IV/8, 67, 81, 102, 103, 104, 105, 108, 112, 115, 135, 145, 165, 178, 230, 232, 238, 378, 402, 408, 497, 508, 546, 558, 559, 583, 590. V/16, 17, 30, 77, 79, 80, 84, 89, 101, 167, 173, 201, 217, 242, 246, 279, 290, 295, 358, 361, 478, 479, 507, 516, 539, 541, 555, 584, 585, 588, 423. Photo Larousse: II/278. Willy Pragher: II/316. Felix Rangel, Paris: II/165. Residenz Verlag: I/245, 246, 252, 260, III/14, 16, 44, IV/482. G. Ricordi, Mailand: IV/231, V/425. Roger-Viollet: III/128, 161. J. Roy, Saint-Oven: V/9. Sammlung Kurt Taut, Leipzig: III/8. G. Schirmer Inc., New York: I/347. Archiv Sikorski: I/580, II/378, III/237, IV/217, 419, V/273. Smetana Museum, Prag: V/174. Deutsche Staatsbibliothek, Berlin: II/286, III/112, 580, IV/224, V/109, 197, 202. Städtische Musikbibliothek, München: IV/441. Felicitas Timpe: II/217, Ullstein Bildarchiv, Berlin: I/299, III/71, 239, IV/291, V/328, 270. Universitätsbibliothek, Hamburg: V/117. University Library, Cambridge: III/136. Foto Wilfling: I/232, II/118, 488, III/608, IV/155, 470, V/132. K. von Wolfurth, Mussorgski 1926: IV/136.

Alle übrigen Abbildungen stammen aus dem Archiv des Autors und des Verlagshauses R. Kiesel.

* Die römischen Ziffern verweisen auf den entsprechenden Band des Werkes.

PROPYLÄEN
WELT DER MUSIK
DIE KOMPONISTEN

PROPYLÄEN WELT DER MUSIK

PROPYLÄEN
WELT DER MUSIK
DIE KOMPONISTEN

EIN LEXIKON IN FÜNF BÄNDEN
VON ALFRED BAUMGARTNER

VIERTER BAND
MENDELSOHN – SARTI

PROPYLÄEN VERLAG
BERLIN · FRANKFURT AM MAIN

Einband: Theodor Bayer-Eynck
unter Verwendung eines Bildes von Giovanni Pierluigi da Palestrina,
zeitgenössisches Gemälde eines unbekannten Künstlers
Foto: Archiv für Kunst und Geschichte, Berlin

Gesamtherstellung: Franz Spiegel Buch GmbH, Ulm

Printed in Germany 1989

ISBN für diesen Band 3 549 07834 X
ISBN für das Gesamtwerk 3 549 07830 7

Baumgartner, Alfred: Propyläen Welt der Musik:
die Komponisten: ein Lexikon in 5 Bänden /
von Alfred Baumgartner. – Bearb. Ausg. –
Berlin; Frankfurt am Main: Propyläen Verl.
ISBN 3-549-07830-7
NE: HST

Bearb. Ausg.
Bd. 4. Mendelsohn – Sarti. – 1989
ISBN 3-549-07834-X

MENDELSOHN – SARTI

Alfred Mendelsohn (1910–66)

Leben

Alfred Mendelsohn wurde am 17.2.1910 in Bukarest geboren. Von 1927 bis 1931 studierte er an der Akademie für Musik und darstellende Kunst in Wien bei Joseph Marx und Franz Schmidt und am Konservatorium in Bukarest bei Mihail Jora. Ab 1949 wirkte er am Bukarester Konservatorium als Professor für Kontrapunktik. Von 1944 bis 1963 dirigierte er an der Oper in Bukarest, anschließend war er bis 1965 als Vizepräsident des rumänischen Komponistenverbandes tätig. Er starb am 9.5.1966 in Bukarest.

Werke

Neben einem lyrischen Drama, einer Oper, einer Operette und 2 Balletten schrieb Alfred Mendelsohn eine »Dramatische Sinfonie in sieben Bildern«, 8 Sinfonien, eine sinfonische Dichtung, eine Suite für Streichorchester, »Sieben Miniaturen« für Bläserquintett und kleines Orchester, 2 Klavierkonzerte, ein Cellokonzert, 2 Violinkonzerte, ein Streichsextett, 10 Streichquartette, 3 Sonaten für Violine und Klavier, eine Sonate für Cello solo, eine Sonate und andere Werke für Klavier, 2 Oratorien, Kantaten, Chöre, Lieder, Bühnen- und Filmmusik. Er verfaßte mehrere didaktische Werke und Zeitschriftenbeiträge. Sein Stil war neuklassizistisch.

Arnold Ludwig Mendelssohn
(1855–1933)

Leben

Arnold Ludwig Mendelssohn wurde am 26.12.1855 in Ratibor (Raciborz) geboren. Er war Sohn eines Cousins von Felix Mendelssohn-Bartholdy. Nach einem Jurastudium in Tübingen nahm er in Berlin Musikunterricht und wurde 1800 Organist und Universitätsmusiklehrer in Bonn, 1882 Musikdirektor in Bielefeld, 1885 Lehrer am Konservatorium in Köln und 1891 Kirchenmusikmeister in Darmstadt. Ab 1912 unterrichtete er am Hochschen Konservatorium. Er starb am 18.2.1933 in Darmstadt.

Werke

Von Arnold Ludwig Mendelssohn sind 3 Opern, eine beträchtliche Anzahl Chorwerke, Kantaten, Motetten und zahlreiche sakrale Gesänge, eine deutsche Messe, 2 Streichquartette, eine Cellosonate, eine Violinsonate, ein Trio, Chöre und Volksliederbearbeitungen überliefert. Seine Verdienste um die Erneuerung der evangelischen Kirchenmusik wurden allgemein anerkannt.

Felix Mendelssohn-Bartholdy
(1809–47)

Zeit und Umwelt

Daß seine Familie 1811 in Hamburg von den Franzosen so stark drangsaliert wurde, daß sie sich in Berlin ansiedelte, stellte die einzige Konfrontation des jungen Felix Mendelssohn-Bartholdy mit den Widrigkeiten des Lebens dar. Ab da durfte er unbehelligt von den politischen und sozialen Ereignissen aufwachsen und sich dem Studium sowie der Musik widmen. Die gesellschaftliche Stellung der Eltern, ihr Bildungsgrad und ihr Wohlstand schirmten ihn gegen alles ab, so daß er zu dem Aristokraten der Musik werden konnte, als der er in der Kulturgeschichte figuriert. Seine Umwelt bestand aus Freunden, aus Bewunderern und aus Persönlichkeiten, die ihn schätzten und liebten und von ihm geliebt wurden. Nirgends wird sein Werk abgelehnt, alles, was er schafft, wird mit Beifall aufgenommen. Da er wie alle Mitglieder seiner Familie getauft war, erwuchs ihm aus seiner jüdischen Abstammung kein Nachteil. Damals war der Antisemitismus noch nicht so stark. Das kam erst nach seinem Tod, als 1850 das anonyme Pamphlet »Das Judentum in der Musik« erschien, zu dem sich erst 14 Jahre später Richard Wagner als Urheber bekannte, als Giacomo Meyerbeer, den zu kränken dieser nicht wagte, bereits verstorben war, als dem Namen Felix Mendelssohn-Bartholdy nahezu ausnahmslos die Bezeichnung »Sohn eines reichen jüdischen Bankiers« beigefügt wurde, um ihn zu deklassieren. Mehrere Jahrzehnte darauf wurde seine Musik überhaupt verboten, sein Name aus der Geschichte der deutschen Musik gestrichen und sein Denkmal zertrümmert.

LEBEN

Jakob Ludwig Felix Mendelssohn-Bartholdy wurde am 3.2.1809 in Hamburg geboren. Er war Enkel des Philosophen Moses Mendelssohn (6.9.1729, Dessau, bis 4.1.1786, Berlin). Sein Vater Abraham Mendelssohn (10.12. 1776, Berlin, bis 19.11.1835, Berlin) übersiedelte von Hamburg nach Berlin, wo er sich als Bankier niederließ, mit seiner Familie zum Protestantismus konvertierte und den Namen Bartholdy seinem Namen hinzufügte. Den ersten Klavierunterricht erhielt er von seiner Mutter Lea, geborene Salomon (26.3.1777, Berlin, bis 10.12.1842), dann wurden Ludwig Berger im Klavierspiel, Carl Wilhelm Henning und später Eduard Rietz (17.10.1802, Berlin, bis 23.1.1832) im Violinspiel und Carl Friedrich Zelter in Kompositionslehre seine Lehrer. Zeitweilig nahm er auch bei Johann Nepomuk Hummel und in Paris bei Marie Bigot de Morogues Klavierstunden. Als Neunjähriger wirkte er zum ersten Mal als Pianist bei einer Aufführung eines Trios von Joseph Wölfl öffentlich mit. Da in seinem Vaterhaus jeden Sonntag Konzerte stattfanden, zu denen eine kleine Kapelle engagiert wurde, hatte der junge Musiker die Möglichkeit, seine ersten Kompositionsversuche aufzuführen. Im Jahr 1820 trat er der Berliner Singakademie bei, die auch Motetten von Johann Sebastian Bach aufführte. Der Leiter der Akademie, Carl Friedrich Zelter, nahm ihn 1821 nach Weimar zu Johann Wolfgang von Goethe mit, der sein Klavierspiel sehr lobte. Die ersten öffentlichen Aufführungen eigener Werke fanden 1822 in Berlin statt, seine erste Sinfonie schrieb er 1824 und seine einzige Oper wurde 1827 in Berlin gegeben; 1829 setzte er in der Berliner Singakademie die erste Wiederaufführung der Matthäus-Passion nach Bachs Tod durch und leitete damit die Bach-Renaissance des 19. Jahrhunderts ein. Noch im selben Jahr reiste er zum ersten Mal nach England, von wo sich nach der Aufführung seiner Ersten Sinfonie und der Ouvertüre zum Sommernachtstraum sein Ruf als Komponist verbreitete. Von London unternahm er mit Karl Klingemann eine Reise durch Schottland. Nachdem er eine ihm zugedachte Professur in Berlin abgelehnt hatte, ging er 1830 neuerlich auf eine Reise, die ihn nach mehrwöchigem Aufenthalt bei Goethe in Weimar nach Italien, Paris und London führte. Als er 1833 zurückkehrte, wurde ihm die Leitung der rheinischen Musikfeste in Düsseldorf übertragen. Er übernahm auch die Stellung eines Musikdirektors von Düsseldorf, trat sie jedoch im folgenden Jahr an Julius Rietz ab und begab sich nach Leipzig, wo er Kapellmeister der Gewandhauskonzerte wurde. Als erster Berufskapellmeister leitete er das Orchester von einem Podium aus. Seine seltene Dirigierbegabung und seine umfassende musikalische Bildung sowie sein Ruf als schaffender Künstler machten ihn zum Mittelpunkt des Musiklebens in Leipzig und die Stadt selbst zu einem musikalischen Zentrum von weltweiter Bedeutung. In Ferdinand David fand er einen tüchtigen Konzertmeister und Stellvertreter. Er benützte seine Stellung, um die Werke zahlreicher zeitgenössischer Komponisten bekannt zu machen. In diese Zeit fielen auch die Uraufführung der von Robert Schumann aufgefundenen 9. Sinfonie in C-Dur (D 759) von Franz Schubert und zahlreiche Konzerte mit Wer-

Felix Mendelssohn-Bartholdy

ken von Johann Sebastian Bach, um die Mittel für ein Bach-Denkmal zu sammeln, das 1843 errichtet wurde. Im selben Jahr wurde das Leipziger Konservatorium mit seiner Mitwirkung gegründet, das erste seiner Art in Deutschland. König Friedrich Wilhelm IV. von Preußen versuchte mehrmals, Mendelssohn-Bartholdy für Berlin zu gewinnen, vermochte aber nur zu erreichen, daß dieser zwischen 1841 und 1845 mehrfach dort tätig war, sonst aber in Leipzig verblieb, wo er am 4.11. 1847 starb und 1892 sein Denkmal erhielt, nachdem ihm London diese Ehrung bereits 1860 erwiesen hatte. Das Denkmal in Leipzig wurde 1936 zerstört und 1947 neu errichtet.
Seine Schwester Fanny Cécile Hensel, geborene Mendelssohn-Bartholdy (14.11.1805, Hamburg, bis 14.5.1847, Berlin), erhielt gemeinsam mit ihm Musikunterricht, war eine ausgezeichnete Pianistin und als Komponistin sehr begabt.

WERKE

Von mehreren Biographen wurde Felix Mendelssohn-Bartholdy als Aristokrat angesprochen, und das nicht zu Unrecht, wenn man das Wort in seinem wahren Sinn versteht. Er entstammte einer sehr reichen Familie, wurde zu einer idealistischen Lebensführung erzogen und durch gründlichen wissenschaftlichen und künstlerischen Unterricht, durch das gepflegte Elternhaus und den gehobenen Gesellschaftskreis seiner Familie befähigt, dieser zu folgen. Er übersetzte flüssig aus dem Lateinischen und Griechischen, er schrieb eine gute Prosa und dichtete, er zeichnete und malte mit Talent, er spielte virtuos Klavier, er komponierte und dirigierte die Werke anderer Meister wie seine eigenen perfekt, er war in Musik und Literatur der Gegenwart und der Vergangenheit bestens versiert, ihn hatte sein Vater ständig zu einer strengen Pflichtauffassung und zur schonungslosen Selbstkritik angehalten, so daß er bereits in seiner Jugend zum seriösen, verläßlichen, durch und durch gebildeten Menschen wurde. Diese Lebensauffassung drückte auch seine Musik aus, deren Stil er sich selbst schaffen mußte, weil ihm die Romantik eines Carl Maria von Weber nicht zusagte und er Schubert zu wenig kannte. Nun war gerade die Romantik durch Regellosigkeit und Ungebundenheit gekennzeichnet, was seinem Wesen gründlich widersprach. Daher entging er nicht immer der Gefahr, zu glatt, zu ausgewogen und dadurch zu wenig ursprünglich, zu überlegt und zu wenig spontan zu schreiben. Überdies verlief sein Leben, so kurz es war, heiter und nahezu störungsfrei. Er hatte eine glückliche Kindheit und ein sorgenfreies Dasein, er liebte Eltern, Geschwister, Frau und Kinder und wurde von ihnen geliebt; er kannte kein Elend, keine Krankheit und keine Leiden, wie sie Mozart, Beethoven und Schubert getroffen hatten. Das Schicksal hatte ihm tiefe und starke Gefühlsregungen erspart, außer beim Tod seiner über alles geliebten Schwester Fanny – kurz vor dem Ende des eigenen Lebens. Die egozentrische Rücksichtslosigkeit eines Berlioz oder Liszt wäre bei ihm unvorstellbar gewesen. Seine Romantik spielte sich stets in den Höhen ab und nie in den Abgründen, war aber dennoch als Ausdruck seines Wesens echte Romantik und trotzdem tief empfundene, glänzend ausgearbeitete Musik, die Schönheit und Wahrheit zum Ziel nahm und gerade dadurch an den geheimen Wünschen zahlreicher Menschen rührte.
Sein kompositorisches Schaffen umgriff beinahe alle Sparten der Musik. Voranzustellen sind seine 5 Sinfonien in c-Moll, B-Dur, a-Moll, A-Dur, d-Moll, denen 12 »Jugendsinfonien« vorangingen. Die Musik zu »Ein Sommernachtstraum« von William Shakespeare sprengte den Rahmen einer reinen Schauspielmusik und wurde zur Konzertnummer. »Die Hebriden« (Die Fingalshöhle), »Die Meeresstille und glückliche Fahrt«, »Das Märchen von der schönen Melusine«, »Ruy Blas« und die »Trompeter-Ouvertüre« in C-Dur stehen noch immer auf den Konzertprogrammen; seltener hört man den Trauermarsch in a-Moll und den Marsch in d-Moll. Seine Klavierkonzerte in g-Moll und d-Moll, das Capriccio brillant in h-Moll und das Rondo brillant in Es-Dur, Serenade und Allegro in h-Moll für Klavier und Orchester sowie die 2 Konzerte für zwei Klaviere und Orchester werden kaum mehr gespielt. Von den 2 Violinkonzerten wird das erste in a-Moll fast nie aufgeführt,

Joseph von Eichendorff

während das zweite in e-Moll zum Paradestück aller Violinvirtuosen geworden ist. Seine Kammermusik besteht aus einem Streichoktett, einem Klaviersextett, 2 Streichquintetten, 7 Streichquartetten, 3 Klavierquartetten, 2 Klaviertrios, 2 Konzertstücken für Klarinette, Bassetthorn und Klavier, 2 Violinsonaten, je einer Sonate für Violine, für Bratsche und für Klarinette und Klavier, 2 Cellosonaten, 2 Stücken für Cello und Klavier, »Abendglocke« für Harfe und Klavier. Von der Klaviermusik sind 3 Sonaten, 8 Hefte mit »Liedern ohne Worte«, 17 »Variationen«, 6 »Präludien und Fugen«, Fantasien, Capricen, Scherzi, Etüden, Kinderstücke, Rondos und weitere Stücke, von denen viele noch heute gespielt werden, außerdem eine Fantasie für Klavier zu vier Händen erschienen. Für die Orgel schrieb er 3 »Präludien und Fuge«, 6 »Sonaten«, eine Fuge in f-Moll und ein Präludium in c-Moll und zahlreiche Fugen und andere Stücke, die nicht gedruckt wurden. Von der Vokalmusik ist seine einzige Oper, »Die Hochzeit des Comacho«, die erfolglos blieb, zu nennen. Das Liederspiel und die 5 Singspiele sind Jugendarbeiten. Für eine Oper, »Loreley«, liegen Entwürfe vor. Außer dem »Sommernachtstraum« verfaßte er Schauspielmusiken zu »Antigone« und »Oidipos in Kolonos« von Sophokles (um 496 bis um 406 v. Chr.) und zu »Athalie« von Jean Racine (1639–99). Seine beiden Oratorien »Paulus« und »Elias« sind noch heute lebendig, für ein »Christus«-Oratorium kam es nur zu Entwürfen. Seine Chorkantaten »Die erste Walpurgisnacht«, »Lauda Sion«, »An die Künstler« (für Männerchor und Blasorchester), »Festgesang« (für Männerchor und Orchester) gehören noch zum Repertoire der Gesangvereine wie seine Psalmenvertonungen für Chor, Soli und Orchester und die verschiedenen kirchlichen Chorgesänge – Motetten, Anthems, Hymnen, Kyrie, Te Deum – noch viel im angelsächsischen Raum aufgeführt werden. Seine 79 Sololieder, 18 Duette und 21 Männerquartette wurden im Verlauf der Musikentwicklung von Robert Schumann, Hugo Wolf und Johannes Brahms etwas zurückgedrängt, finden sich trotzdem zuweilen auf Programmen von Liederabenden und werden viel als Hausmusik verwendet. Einzelne wie »O Täler weit, ihr Höhen«, »Wer hat dich, du schöner Wald«, »Wem Gott will rechte Gunst erweisen« und weitere Eichendorff-Texte haben Volksliedcharakter angenommen.

Wenn einzelne ihn zu den Klassizisten stellen und andere vorbehaltlos zu den Romantikern, muß man beiden zustimmen. Felix Mendelssohn-Bartholdy war beides und integrierte wie der von ihm verehrte Johann Sebastian Bach alle Stilgattungen seiner Gegenwart und der Vergangenheit.

Fanny Hensel brachte 4 Bücher mit Klavierstücken, 2 mit Klavierliedern und eines mit mehrstimmigen Liedern heraus. Obwohl die Kompositionen im Schatten ihres Bruders stehen, zeigen sie doch beachtliche künstlerische Selbständigkeit und viel kompositorische Kraft.

Paulus, Oratorium für Soli, Chor und Orchester, Opus 36, 2 Teile, entstanden 1836

Der 1. Teil, der die Predigt und die Steinigung des Stephanus und die Bekehrung des Paulus in Damaskus behandelt, beginnt mit dem Choral: »Wachet auf, ruft uns die Stimme«. Er wird von romantisch-weichen Akkorden intoniert, zu einem lyrischen Höhepunkt geführt, dem ein fugierter

Mollsatz folgt, und mit strahlendem Glanz beendet. Darauf berichtet der Sopran über die Taten des Stephanus, der sodann vor den Hohen Rat geführt, verurteilt und gesteinigt wird. Nach der Seligpreisung des Hingerichteten tritt Paulus auf, und zwar noch als fanatischer Christenfeind. Ein lyrisches Intermezzo bereitet den Ruf zur Bekehrung vor, dem nach einem gewaltigen Orchestercrescendo der Befehl folgt: »Mache dich auf, werde Licht!« Nun läßt sich Paulus taufen; mit einem weiträumigen Chor und einer prächtigen Amen-Fuge schließt der Teil ab.

Der 2. Teil beginnt mit einem großartigen fünfstimmigen Chorsatz: »Der Erdkreis ist nun des Herrn, denn alle Heiden werden kommen und anbeten.« Anschließend wird die Bekehrungsarbeit des neuen Apostels dargestellt, seine Erfolge und die Gegnerschaft der Juden und Heiden. Er muß nach Jerusalem, um sich dem Gericht und dem Martyrium zu stellen. Ein trauernder a-Moll-Chor kann ihn nicht zurückhalten, seine Gemeinde »geleitete ihn in das Schiff und sahen sein Angesicht nicht mehr.« Nach zwei lyrischen Chorsätzen und einer Fuge schließt das Werk klangprächtig ab.

Elias, Oratorium für Soli, zwei Chöre und Orchester, Opus 70, 2 Teile, entstanden 1846

Der 1. Teil stellt den Propheten als Prediger und Wundertäter dar, der verkündet, es solle weder Tau noch Regen fallen, bevor er es ansagen werde. Ein d-Moll-Satz schildert Dürre und Not des Volks, das um Hilfe fleht. Elias wird von einem Engel vor Durst und Hunger bewahrt. Im dritten Jahr tritt der Prophet hervor und erklärt, daß Gott es wieder regnen lassen werde. Er spricht zu dem abtrünnigen König Ahab und ruft die Baalspriester zu einem Wettstreit auf; ein Brandopfer solle errichtet, aber nicht angezündet und der jeweilige Gott angefleht werden, es durch einen Blitzstrahl in Brand zu setzen. Von Hörnern und Posaunen begleitet bitten die Baalsanhänger ihren Gott zuerst feierlich, dann aufgeregt schreiend, seine Macht zu zeigen, während Elias demütig zum Gott der Juden betet. Das Gebet wird erhört, Feuer fällt vom Himmel. Anschließend wird auch die Not des Volkes beendet, der ersehnte Regen stürzt herab, von rauschenden Figuren des Orcheters begleitet dankt das Volk.

Eine Zwischenaktmusik leitet zum 2. Teil über. Mit einer schönen Sopranarie wird das Volk ermahnt: »Höre, Israel, höre des Herrn Stimme!« Elias beschuldigt König Ahab des Götzendienstes, die Königin hetzt das Volk gegen den Propheten, der in die Wüste flieht. Dort naht sich ihm der Herr und befiehlt ihm, den Kampf gegen den Götzendienst zu Ende zu führen. »Und der Prophet brach hervor wie ein Feuer.« Eine Fanfare leitet das kommende Ereignis ein: »Siehe, da kam ein feuriger Wagen mit feurigen Rossen, und fuhr im Wetter gen Himmel.« Ein nahezu archaisches Unisono des Chores schließt die Handlung ab. Als Anhang feiern der Chor und ein Solistenquartett das Kommen des Messias.

Die Erste Walpurgisnacht, Ballade von Goethe für Chor und Orchester, Opus 60, entstanden 1843

Die Ouvertüre trägt die Überschrift »Das schlechte Wetter« und schildert die schlimmen Winterstürme, ihr Erlahmen und den Einzug des Frühlings. Darauf beginnt die Handlung. Das von den Christen unterdrückte Volk versammelt sich im Wald zur Frühlingsfeier. Ein Druide fordert zum Entzünden der heiligen Flamme auf, der ganze Chor fällt begeistert ein. Durch das Dunkel der Nacht und ausgestellte Wachen ist die Feier hinlänglich geschützt. Ein Wächter schlägt aber vor: »Diese dumpfen Pfaffenchristen, laßt uns keck sie überlisten! Mit dem Teufel, den sie fabeln, wollen wir sie selbst erschrecken.« In aller Stille wird der Schabernack vorbereitet. Dann bricht der Hexensabbath mit chromatischem Heulen des Chors, mit rasenden Passagen der Bässe, schrillen Piccolorufen und dem Lärm der Becken und der Trommel aus. Die Christen fliehen entsetzt und glauben ab nun an die »Walpurgisnacht«, das Volk feiert mit den Druiden jubelnd das Fest des Frühlings.

Sinfonie Nr. 1 in c-Moll, Opus 11, 4 Sätze, entstanden 1824 (als 13. Sinfonie)

Das Werk steht unter dem Einfluß Ludwig van Beethovens, Carl Maria von Webers und Wolfgang Amadeus Mozarts. Das erste Thema des 1. Satzes besteht aus Arpeggien und Läufen, das zweite ist lyrisch; beide sind Mozart sehr verwandt. Das Adagio bringt ein äußerst gefühlsstarkes liebliches Thema; seine Faktur ist eine Kombination von Sonaten und Variationsform; die Instrumentation ist voll reizender Effekte. Das Menuett nähert sich mit seiner kräftigen, klangvollen und sehr rhythmischen Natur wieder Mozart. Es wurde bei seiner Erstaufführung in London durch das instrumentierte Scherzo des Oktetts ersetzt. Das Finale schließt das Werk im Allegro con fuoco temperamentvoll ab.

Sinfonie Nr. 2 in B-Dur, »Lobgesang«, Opus 52 (Sinfoniekantate), 4 Sätze, entstanden 1840 als Festmusik zur Erinnerung an den 400. Jahrestag der Erfindung der Buchdruckerkunst

Im 1. Satz tragen Unisono-Posaunen das Thema der Kantate »Alles was Odem hat« nach längerer Einleitung als Kernthema des Werks vor. Dasselbe Thema erklingt im Trio des 2. Satzes von drei

Oboen gespielt. Der 3. Satz bildet die Überleitung zur Chorkantate, deren erhabener Gehalt mit einem feierlichen Adagio religioso vorbereitet wird. Darauf folgt der 4. Satz, in dem nach einer kurzen Instrumentaleinleitung der erste Chorsatz nach einem erregenden Crescendo beginnt. Sopransolo und Frauenstimme singen: »Lobe den Herrn«, ein Tenorrezitativ und ein weiterer Chorsatz führen zum zweiten Einsatz des Soprans im berühmten Andante: »Ich harrete des Herrn«, von dem Robert Schumann schwärmte: »Es war wie ein Blick in einen Himmel Raffaelischer Madonnenaugen.« Dem dramatischen Tenorsolo: »Stricke des Todes hatten uns umfangen«, folgt ein Rezitativ voll Angst: »Hüter, ist die Nacht bald hin?« Erst nach mehrmaligem Flehen verkündet der Sopran: »Die Nacht ist vergangen« und bringt die erlösende Tröstung. Nun klingt der Luther-Choral auf: »Nun danket alle Gott«, ein lyrisches Duett wiederholt die Danksagung. Sonach schließt das Werk mit einem mächtigen fugierten Chorsatz: »Ihr Völker, bringet her dem Herrn Ehre und Macht!«, der majestätisch mit dem Thema der Sinfonie: »Alles, was Odem hat« ausklingt.

Sinfonie Nr. 3 in a-Moll, »Schottische Sinfonie«, Opus 56, 4 Sätze, entstanden 1842

Der 1. der 4 ohne Pause zu spielenden Sätze beginnt mit einer melancholischen Schilderung der schottischen Landschaft. Trotz des Liedcharakters aller Themen des Satzes entstehen dramatische Auseinandersetzungen mit leidenschaftlichen Ausbrüchen in der Durchführung; erst die Reprise, von den Celli getragen, verläuft mit störungsloser Kantilene, jedoch in der Coda ziehen Sturm und Gewitter auf, bis das Einleitungsthema erneut beruhigend aufklingt und zum 2. Satz überleitet. Dessen Hauptthema ahmt pentatonische Dudelsackklänge nach, die der Komponist in Schottland gehört hat. Ein heiteres Scherzo schließt sich an. Darauf führen Streichpizzicati zum 3. Satz, der mit einem dramatischen Rezitativ anhebt. Die Erste Violine spielt nun eine elegische Weise, die von einem dramatischen a-Moll-Teil unterbrochen wird. Der eng angeschlossene 4. Satz bringt zarte und heroische Perioden und triumphal einen Siegesgesang.

Sinfonie Nr. 4 in A-Dur, »Italienische Sinfonie«, Opus 90, 4 Sätze, entstanden 1833

Der 1. Satz malt Licht und Leben der italienischen Landschaft in hellen Farben, in die ein Tanzrhythmus hineinklingt. Dann kommt es zu einer dramatischen Durchführung mittels eines Moll-Themas, das in strahlendes Dur ausklingt wie ein Sommertag. Im 2. Satz zieht eine Prozession durch die Landschaft voll Schwermut und Frömmigkeit; spottende Bläsereinwürfe werden bald zum Verstummen gebracht. Wiegende Ländlertöne erfüllen den 3. Satz wie eine Erinnerung an die deutsche Heimat; im Trio erklingt ein Bläserquartett. Der 4. Satz, »Saltarello« betitelt, steigert sich von zarter Farbgebung über gedehnte elegische Episoden zu hinreißender eleganter Musik, in der alle Leidenschaftsausbrüche in den Grenzen beherrschter Wohlanständigkeit gehalten sind.

Sinfonie Nr. 5 in D-Dur, »Reformations-Sinfonie«, Opus 107, 4 Sätze, entstanden 1830, als Beitrag zur 300-Jahr-Feier der Augsburger Konfession verfaßt

Im 1. Satz wird das Quintenmotiv des »Dresdener Amen« aus der sächsischen Liturgie feierlich zitiert, das Richard Wagner als Grals-Motiv in seinen »Parsifal« übernommen hat, und zur thematischen Quelle des gesamten Werks erhoben. Ein tänzerisches Scherzo erklingt im 2. Satz. Der 3. Satz – Andante – ist nur mit Streichern besetzt. Um so gewaltiger und strahlender erklingt sodann das ohne Pause folgende Finale, in dem der Choral »Ein' feste Burg« anfangs nur von einer Soloflöte intoniert, dann von schmetternden Bläsern würdevoll vorgetragen und am Ende mit machtvollen Akkorden gekrönt wird.

Musik zu »Ein Sommernachtstraum«, Opus 61, 13 Teile, vollendet 1843

Teil 1, die Ouvertüre, wurde bereits 1826 als Opus 21 geschrieben und brachte schon alle Handlungselemente des Lustspiels von William Shakespeare: das Feenreich Oberons, gekennzeichnet durch lang ausgehaltene Bläserakkorde; der Elfentanz; die Welt der Handwerksleute mit dem Eselsruf des von Puck verzauberten Handwerkers; die Fanfaren der königlichen Jagd.

Die übrige 1844 in Potsdam uraufgeführte Schauspielmusik besteht aus einem grandiosen Scherzo, dem »Elfenmarsch«, und folgendem Vokalstück, einem leidenschaftlichen Intermezzo; einem träumerischen Notturno; dem weltberühmten Hochzeitsmarsch; dem Trauermarsch; dem Tanz der Rüpel und dem triumphalen Finale. Es handelt sich um nahezu die einzige Schauspielmusik, die ständig auf Konzertprogrammen aufscheint.

Ouvertüre »Meeresstille und glückliche Fahrt«, in D-Dur, Opus 27, 2 Teile, entstanden 1828, in zweiter Fassung 1834

Dem Werk liegt das Gedichtpaar »Meeresstille« und »Glückliche Fahrt« von Johann Wolfgang von Goethe zugrunde. Im 1. Teil stellen lange ausgehaltene Töne und langsame Motive die Weite des Meeres und seine Stille dar. Flötentriolen leiten zum lebhaften 2. Teil über – »Die Nebel zerreißen, der Himmel ist helle und Äolus löset das ängstliche Band« –, der Wind und Wellen bringt und die Erregung des Schiffers über die Schwierigkeit der Landung und diese selbst in satten Farben schildert.

Ouvertüre »Die Hebriden« (Die Fingalshöhle) in h-Moll, Opus 26, 3 Teile, in endgültiger Version entstanden 1833

Dieses Werk bringt im 1. Teil die Stimmung der »Schottischen Sinfonie«: den leeren grauen Himmel über dem grenzenlosen Meer, die stürmische See während der Überfahrt, die glückliche Ankunft, die seltsame Insel und die grandiose Fingalshöhle, um die und in der das Meer tost. Den 2. Teil bestreitet ein kantables ruhiges Thema. Von Trompetensignalen verkündet, tritt im 3. Teil das Ende des Unwetters ein. Der Schluß ist tänzerisch heiter, erhebt sich sodann zu einer triumphalen Steigerung, bis das Werk pianissino ausklingt.

Ouvertüre zu »Das Märchen von der schönen Melusine« in F-Dur, Opus 32, entstanden 1833

Diesem Werk liegt die Dramatisierung des Märchens von der schönen Nixe Melusine von Franz Grillparzer zugrunde. Es beginnt mit einem über Bläserakkorden liegenden Wellenmotiv, das Richard Wagner für seine Oper »Rheingold« adaptierte. Darauf charakterisieren Streichertremoli, chromatische Läufe, gebrochene Dreiklänge den Konflikt des Ritters, der das Reich der Fee Melusine zwar verlassen hat, sich aber zurücksehnt. Nach dem elegischen Thema der Nixe erklingt erneut das Wellenmotiv, das den Ritter zum Wasser zieht und ihn drängt, sich in den Brunnen zu stürzen und sich mit Melusine wieder zu vereinen. Das Murmeln der Wellen schließt das Werk ab.

Ouvertüre zu »Ruy Blas« von Victor Hugo, Opus 95

Beginn der »Hebriden-Ouvertüre« von Felix Mendelssohn-Bartholdy, Autograph

Obwohl der Komponist das Schauspiel »infam und schlecht« fand, stellte er in dieser Ouvertüre die Intrigen des Lakaien Ruy Blas, um bei Hof eingeführt zu werden, dessen Art, die Geschicke des Reiches zu lenken, den märchenhaften Prunk, den er entfaltete und das schaurige Ende meisterhaft dar.

Streichersinfonie Nr. 1 in C-Dur, 3 Sätze, entstanden 1821–23

Diese »wirklich« erste Sinfonie des Komponisten ist noch völlig den Vorbildern des 18. Jahrhunderts verhaftet. Eine gewisse Selbständigkeit zeigt sich aber bereits im Andante des 2. Satzes.

Streichersinfonie Nr. 2 in D-Dur, 3 Sätze, entstanden 1821–23

Der 1. Satz – Allegro – klingt wie eine Vorausnahme des ausgezeichneten Scherzos des Streicheroktetts.

Streichersinfonie Nr. 3 in e-Moll, 3 Sätze, entstanden 1821–23

Ein frisches Werk, das in prägnanter Kürze abläuft und die kompositorische Kraft des jungen Meisters bereits ahnen läßt.

Streichersinfonie Nr. 4 in c-Moll, 3 Sätze, entstanden 1821–23

Diesem Werk ist eine Einleitung vorangestellt, der ein Allegro folgt, das man im Scherzo der Musik zu »Ein Sommernachtstraum« wiedererkennt. Die Sätze sind ohne Pause zu spielen.

Streichersinfonie Nr. 5 in B-Dur, 3 Sätze, entstanden 1821–23

Der 1. Satz bringt die Stimmung des Oktetts. Im gesamten Werk tauchen fallweise fugierte Stellen auf, die wie eine Reverenz für Johann Sebastian Bach wirken. Zwischen 2. und 3. Satz liegt keine Pause.

Streichersinfonie Nr. 6 in Es-Dur, 3 Sätze, entstanden 1821–23

Anstelle des üblichen langsamen Mittelsatzes ist ein Menuett eingefügt, das 2 Trios hat. Der 3. Satz schließt ohne Pause an.

Streichersinfonie Nr. 7 in d-Moll, 4 Sätze, entstanden 1821–23

Dieses Werk ist doppelt so lang wie die vorangehenden Sinfonien. Der 2. Satz trägt die seltene Tempoanweisung »Andante amorevole«. Der 4. Satz weist sowohl auf das Streichquartett in D-Dur, Opus 44, Nr. 1, als auch auf die Italienische Sinfonie hin. Das Stück läßt erkennen, daß sich der Komponist mit dem Studium der Werke von Johann Sebastian Bach beschäftigte.

Streichersinfonie Nr. 8 in D-Dur, 4 Sätze, entstanden 1821–23

Die 4 Sätze dieses Werks sind länger als in den vorangehenden und voller ausgestattet. Dem Allegro des 1. Satzes geht, wie bei Bach, ein Adagio e grave voraus. Er weist bereits die dem Komponisten eigene Lebhaftigkeit auf und läßt die Prager Sinfonie von Wolfgang Amadeus Mozart, besonders was den Zuschnitt der Themen anlangt, erkennen. Der langsame Satz ist echte Kammermusik, aber mehr grüblerisch als lyrisch. Das Menuett folgt entschieden dem Vorbild Mozarts. Der Komponist hat die Sinfonie für volles Orchester umgeschrieben, doch die Partitur davon ist zum größten Teil verlorengegangen.

Streichersinfonie Nr. 9 in c-Moll, 4 Sätze, entstanden 1821–23

Die Kraft des Grave, das die Sinfonie einleitet, erinnert an Ludwig van Beethoven, doch das folgende Allegro stellt mit seinem lockeren Schwung den Komponisten persönlich vor. Der langsame Satz ist der eindrucksvollste aller 12 Sinfonien. Der lyrische Einleitungsteil wird nur von Violinen, die viergeteilt sind, vorgetragen, daran schließt sich ein fugierter Moll-Teil, den die tieferen Streicher allein bestreiten, und darauf wiederholt sich die Einleitung und wird von einer Coda mit allen Instrumenten beendet. Das Scherzo bringt im Trio Schweizer Jodelrufe; das Finale beendet das Werk mit dramatischen Wendungen.

Streichersinfonie Nr. 10 in h-Moll, 1 Satz, entstanden 1821–23

Das vorliegende Allegro mit einer Andante-Einleitung weist deutlich auf eine vollständig ausgearbeitete Sinfonie hin. Ob dieser einzelne Satz als Alternative für eine der anderen Sinfonien gedacht wurde oder aus irgendwelchen Gründen ein Torso geblieben ist, kann nicht entschieden werden.

Streichersinfonie Nr. 11 in F-Dur, 5 Sätze, entstanden 1821–23

Es handelt sich um das am meisten ausgearbeitete aller 12 Stücke. Der 1. Satz muß als vollgültiger Sinfoniesatz angesprochen werden. Das Scherzo – 2. Satz – ist als »Schweizerlied« bezeichnet und bringt ein zeitgenössisches Hochzeitslied aus dem Emmental; es ist im 2. Teil von einer »türkischen Musik« – Triangel, Becken, Pauken – begleitet. Der 3. und 4. Satz – Adagio, Menuetto – sind von Beethoven abhängig. Das abschließende Allegro molto zeigt, wie prächtig der Komponist die Fugenfaktur von Bach und Mozart in seinen eigenen Stil zu integrieren verstand.

Streichersinfonie Nr. 12 in g-Moll, 3 Sätze, entstanden 1821–23

Der 1. Satz – Fuga – weist den Komponisten als gründlichen Bach-Kenner aus, aber noch mehr als die Fuge ist das Andante dem Thomas-Kantor verpflichtet, und der 3. Satz ist thematisch dem

3. Brandenburgischen Konzert nachgebildet, ohne epigonal zu wirken.

Klavierkonzert in g-Moll, Opus 25, 3 Sätze, entstanden 1831

Das Oktavenmotiv, mit dem das Klavier im 1. Satz nach der kurzen Orchestereinleitung einsetzt, erklingt während des gesamten Werks immer wieder und unterstreicht dessen Einheitlichkeit. Dann stellt sich das kräftige Hauptthema vor, das, kurz durchgeführt, zu einer weichen, kantablen Melodie führt. Das Thema des 2. Satzes beschäftigt Bratschen und Celli, wird vom Soloinstrument übernommen und zwar wie ein Lied ohne Worte vorgetragen. Der 3. Satz wird von Blechinstrumenten angekündigt, greift mehrmals auf das Einleitungsmotiv zurück und schließt mit einem prächtigen Orchestercrescendo.

Klavierkonzert in d-Moll, Opus 40, 3 Sätze, entstanden 1836

Das Hauptthema des 1. Satzes tritt erst nach einer Unisonoeinleitung und mehrfachem Alternieren von Solisten und Orchester in Erscheinung. Es wird zuerst vom Orchester und dann vom Pianisten vorgetragen. Stark bewegte Passagen leiten zu einem liedhaften Seitenthema über. Nun blasen die Hörner das Hauptthema, und das Klavier läßt das Liedmotiv erklingen. Nach der Durchführung bringt das Klavier das Seitenthema in Moll, moduliert jedoch am Ende zum freundlichen Dur. Der 2. Satz bringt ein feierlich deklamiertes Adagio. Das einfache Liedthema wird vom Orchester wiederholt und vom Pianisten fein umspielt, bis er es selbst im Fortissimo zu Gehör bringt. Das Finale moduliert von g-Moll zu D-Dur. Das Hauptthema zeigt sich erst spät in voller Gestalt und seinem graziösen Reiz. Ein frühlingshaftes Seitenthema stellt sich ein und wird mit dem Hauptthema zu einem jubelnden Ende geführt.

Violinkonzert in e-Moll, Opus 64, 3 Sätze, entstanden 1844

Der 1. Satz beginnt mit einer kantablen Melodie des Solisten zu Streicherbegleitung; ein zweites Thema der Klarinetten und Flöten schließt sich an. Die Durchführung endet in einer Kadenz, eine knappe Coda bringt den Satz nach der Reprise zum Abschluß. Die Kantilene des 2. Satzes hat dieses Konzert zum festen Bestandteil der Virtuosenprogramme gemacht. Ihre Innigkeit und ihre ergreifende Melodik erhebt es zu den bedeutendsten Werken der gesamten Violinliteratur. Besonders schön ist auch die nur von Streichern begleitete Überleitung zum Finale, einem sonatenartigen Rondo in dem für den Komponisten typischen elfenhaften Ton.

Oktett für Streicher in Es-Dur, Opus 20, 4 Sätze, entstanden 1825

Das verdoppelte Streichquartett bildet einen einheitlichen Klangkörper ohne antiphonale Gegenüberstellung. Der 1. Satz beginnt homophon; die Erste Violine wird von den anderen Instrumenten im Tremolo begleitet. Dann übernehmen die Celli die Führung, bis die Violinen und Bratschen das folgende Thema einführen. Die Reprise leitet verkürzt zu einer brillanten Coda. Das Andante des 2. Satzes hat Sicilianoform. Das anschließende Mollthema moduliert zu einem glänzenden Es-Dur, bis das Kopfthema in Umkehrung neuerlich auf den Plan tritt. Der 3. Satz – Scherzo – trägt als Motto eine Stanze aus Goethes Faust (»Wolkenzug und Nebelflor ...«) und ist ein Beispiel echter Programmusik. Der letzte Satz ist meisterlich kontrapunktisch angelegt, rekapituliert und transformiert einzelne Motive der vorangehenden Sätze in ständiger Steigerung bis zu einem grandiosen Abschluß.

Sextett für Streicher und Klavier in D-Dur, Opus 110, 4 Sätze, entstanden 1824

Der 1. Satz ist ein sehr dunkel instrumentiertes Allegro, das durch Arpeggios und Passagenwerk des Klaviers aufgehellt wird. Das Thema ist etwas konventionell. Im Adagio des 2. Satzes tragen die Streicher das Thema allein vor. Es kommt zeitweilig zu einer Cori-spezzati-Technik. Ein Cis-Dur-Abschnitt verleiht dem Satz einen besonderen Reiz. Das Menuett ist eigentlich ein Intermezzo mit einem stark kontrastierenden Trio. Das Finale hat Sonatenform und ist von rasanten Klavierpassagen erfüllt.

Streichquintett in A-Dur, Opus 18, 4 Sätze, entstanden 1826

Der 1. Satz bringt ein kantables kontrapunktisch schön gearbeitetes fröhliches Thema. Das folgende Intermezzo, das ein ursprüngliches Scherzo anstelle eines Menuetts zum 3. Satz machte, bringt ein Fugato mit viel Humor. Das Finale erinnert an das Beethoven-Quartett Opus 18, Nr. 1, und kommt mit seinem virtuosen Stil und seiner Breiträumigkeit einem Konzert nahe.

Streichquintett in B-Dur, Opus 87, 4 Sätze, entstanden 1845

Das durchwegs lyrisch gehaltene Werk beginnt im 1. Satz mit einem Tremolo von vier Instrumenten, die die Melodie der ersten Violine begleiten, dann aber kraftvoll in die Entwicklung eingreifen, die sich bis zu den Formen eines Violinkonzerts steigert. Das Andante Scherzando erinnert wohl an ähnliche Sätze von Ludwig van Beethoven, bleibt aber unverändert melancholisch, ohne dessen Ironie. Auch das Trio ist gedämpft gehalten und kann schon durch seine Kürze die traurige Stimmung nicht aufhellen. Der 3. Satz bringt eine Elegie vor dicht verwobenem Hintergrund; und der 4. Satz hält die Waage mit dem 1. Satz, was Schönheit, Klangfülle, Architektur und Ausdruckskraft anlangt.

Klavierquartett in c-Moll, Opus 1, 4 Sätze, entstanden 1822

Die Streicher setzen zum 1. Satz mit dem ersten Motiv ein, das Klavier folgt mit dem zweiten und dritten, das nächste Thema schließt sich an, so daß es zur Durchführung kommt, die sehr interessant verläuft. Der Satz schließt mit einer regulären Reprise. Das Adagio des 2. Satzes ist ein tiefgefühlter klassischer langsamer Satz, in dem Klavier und Orchester alternieren. Der 3. Satz bringt ein phantasievolles Scherzo mit schönen Klavierpassagen. Das Trio wird von Bratsche, Cello und der Linken des Pianisten vorgetragen. Im Finale wird das Thema des 1. Satzes wieder aufgenommen.

Klavierquartett in f-Moll, Opus 2, 4 Sätze, entstanden 1824

Im 1. Satz – Allegro molto – ist die Faktur des frühen Beethoven exakt eingehalten, nur die Durchführung ist eher harmonisch als thematisch; die Reprise verläuft dafür regulär. Das Adagio des 2. Satzes ist voll trauriger lyrischer Gedanken, die sich nur im Mittelteil etwas aufhellen. Anstelle eines Scherzos bringt der 3. Satz ein Intermezzo, ein schönes Salonstück in der Art der »Lieder ohne Worte«. Das Finale ist ein geschickt angelegter Sonatensatz.

Klavierquartett in h-Moll, Opus 3, 4 Sätze, entstanden 1825

Der 1. Satz dieses Johann Wolfgang von Goethe gewidmeten Werks bringt ein reiches kunstvolles Thema, das durch eine Reihe von Tonarten führt, bis es mit einer großen Coda endet. Das Andante nimmt spätere Musik des Komponisten voraus und fällt durch seinen melodischen Reichtum und weiche Klänge auf. Der 3. Satz ist mit Allegro molto betitelt und ist ein klares Scherzo. Das Finale hat bereits großes Format.

Streichquartett Nr. 1 in Es-Dur, Opus 12, 4 Sätze, entstanden 1829

Nach einer Adagio-Introduktion folgt ein schönes Allegro, dessen erstes Thema den gesamten 1. Satz beherrscht. Aber das zweite, nicht minder elegante, bleibt ebenso bis zum Ende wirksam. Der 2. Satz bringt eine »Canzonetta« anstelle des Scherzo. Das übliche Adagio im 3. Satz ist durch ein lyrisches Andante ersetzt, das ohne Pause zum Saltarello des Rondofinales führt.

Streichquartett Nr. 2 in a-Moll, Opus 13, 4 Sätze, entstanden 1827

Die Introduktion zum 1. Satz bringt die Melodie des Liedes des Komponisten »Ist es wahr?«, die sodann im letzten Satz erneut erklingt, um das Gleichgewicht zu wahren. Ein lebhaftes Allegro folgt im klassischen Zuschnitt. Auch das Adagio des 2. Satzes ist klassisch gehalten. Das Scherzo ist durch ein Intermezzo ersetzt, in dem ein Elfentanz eingeschoben wurde. Kraftvoll und stürmisch läuft das Prestofinale ab, bis es in die Liedweise mündet und beruhigt endet.

Streichquartett Nr. 3 in D-Dur, Opus 44/1, 4 Sätze, entstanden 1838

Der 1. Satz verläuft nach klassischem Muster und bietet – wie das Gesamtwerk – ein orchestrales Bild. Das Menuett des 2. Satzes ist leise und archaisierend, das Andante melancholisch und verträumt, während das Finale eine neapolitanische Tanzweise, ein Fugato und eine Doppelfuge mischt.

Streichquartett Nr. 4 in e-Moll, Opus 44/2, 4 Sätze, entstanden 1837

Dieses Quartett ist klassisch perfekt gearbeitet und bietet nur gebändigte Farben und Stimmungen. Der 2. Satz – Scherzo – stellt eine Variante des gleichartigen Satzes der Sommernachtstraum-Musik dar. Das Andante weist eine starke Ähnlichkeit mit dem 1. Satz auf. Einzig der 4. Satz weicht von der Norm ab und ist im dreiteiligen Taktmaß gehalten.

Streichquartett Nr. 5 in Es-Dur, Opus 44/3, 4 Sätze, entstanden 1836

Dieses unbestritten bedeutendste Quartett des Komponisten setzt mit einem kräftigen Kopfsatz ein, der mit seinem Gedankenreichtum für eine Sinfonie ausreichen würde. Die Durchführung fällt durch ihre Dichte auf. Der 2. Satz leitet sich von einem Saltarello ab und kombiniert einen Kanon und eine Doppelfuge zu einem Nachtstück. Der 3., langsame, Satz bringt weihevolle, erhabene Gebetsstimmung. Im Finale herrscht ohne Pause erregte Fröhlichkeit.

Streichquartett Nr. 6 in f-Moll, Opus 80, 4 Sätze, entstanden 1847

Dieses Werk in seiner düsteren Tonart ist unter dem Eindruck geschrieben, den der Tod der Schwester des Komponisten hinterlassen hatte. Der 1. Satz beginnt mit einem dramatischen Tremolo, aus dem das erste Thema aufsteigt, das wie das zweite Thema und dessen Durchführung die schwermütige Trauer nicht verläßt. Mit einem erschreckenden Crescendo stellt sich die Reprise dar, eine stürmische Coda beendet den Satz. Der 2. Satz im Allegro assai bringt eine quälende Kreuzung von Menuett und Walzer und ein spukhaftes Trio mit einem Ostinatobaß. Im Adagio erklingt eine ergreifende Totenklage. Und das Finale kehrt zur Faktur des 1. Satzes zurück, die Tremoli werden durch ständige Aufschreie unterbrochen. Dieses Werk voll Trostlosigkeit schildert schonungslos den Gemütszustand des Meisters, der zwei Monate nach Vollendung der Komposition selbst verstarb.

Streichquartett Nr. 7, Opus 81, 2 Sätze (unvollendet), entstanden 1846

Dieses Fragment beweist, daß sich der Komponist von dem Schicksalsschlag, den ihm der Tod seiner Schwester versetzt hatte, zu erholen begann. Er vollendete einen langsamen Satz mit einem einfachen Thema und Variationen in E-Dur und einem Scherzo in a-Moll. Der Torso wurde durch ein Capriccio in e-Moll aus 1847 und eine Fuge in Es-Dur aus 1827 zu einer Quartett-Suite ergänzt.

Trio in d-Moll für Klavier, Violine und Cello, Opus 49, 4 Sätze, entstanden 1839

Der 1. Satz bringt ein sehr weit gespanntes Thema zuerst im Cello, dann in der Violine. Der zweite musikalische Gedanke ist wieder dem Cello anvertraut. Beide Themen werden intensiv durchgeführt und enden nach der Reprise in eine Coda, die das Kopfthema wieder aufnimmt. Das Andante con moto tranquillo des 2. Satzes ist melancholisch und etwas resignierend. Das Scherzo nimmt seine Gedanken aus der Sommernachtstraum-Musik, und das Finale bringt eine zweimal von einer sehnsuchtsvollen Weise unterbrochene stürmische Tanzmelodie.

Trio in c-Moll für Klavier, Violine und Cello, Opus 66, 4 Sätze, entstanden 1845

Der 1. Satz dieses bedeutenden Werks mischt traurige und leidenschaftliche Stimmungen, die im Andante espressivo erhalten bleiben und sich erst dort allmählich beruhigen. Das Scherzo ist lustig und fröhlich-schwatzhaft. Das Finale wiederholt die Leidenschaftsausbrüche des 1. Satzes, geht aber schließlich zu einer Verarbeitung des Chorals aus dem Genfer Psalter »Vor Deinen Thron« über, die mit einer Apotheose endet.

Cellosonate Nr. 1 in B-Dur, Opus 45, 3 Sätze, entstanden 1838

Das erste Thema des 1. Satzes wird unisono vorgetragen, das zweite bringt das Cello, das weiterhin die Führung behält und vom Pianisten figurenreich umspielt wird. Der ganze Satz ist wie aus einem Guß gebaut und entwickelt sich mit wachsender Intensität zu seinem eleganten Abschluß hin. Anstelle des langsamen Satzes oder eines Scherzos steht ein Andante, das beide Fakturen vereint, so daß ein sangliches Intermezzo mit stark kontrastierenden Passagen daraus wird. Das Finale bringt ein eigenes Thema, das jedoch dem des 1. Satzes so sehr ähnelt, daß man von einem zyklischen Bau des Werks sprechen darf.

Cellosonate Nr. 2 in D-Dur, Opus 58, 4 Sätze, entstanden 1842

Diese Sonate gehört zu den beliebtesten Kammermusikwerken des Komponisten. Das liebenswürdige erste Thema des 1. Satzes nimmt sofort sehr für sich ein. Der 2. Satz, »Allegro scherzando«, steht dazu in vollem Einklang und wird wiederum zum »Lied ohne Worte«. Das Adagio bringt ein vom Komponisten selbst erfundenes Choralthema, das die Erinnerung an Bach wachruft. Das Finale beginnt mit einem verminderten Septimakkord und stellt den Höhepunkt des Stücks dar.

Lieder ohne Worte, Opus 19, 30, 38, 53, 62, 67, 85, 102, 48 Klavierstücke in 8 Heften zu je 6, veröffentlicht 1834–45, 6 Hefte, posthum (1851 und 1868) je ein Heft

Die Bezeichnung stammt vom Komponisten selbst, der sich damit rückhaltlos zum romantischen Postulat der »sprechenden« Musik bekennt. Die Stücke übertragen die Ausdruckskraft des Liedes auf die Instrumentalmusik, so daß das Klavier die Liedmelodie vorträgt und sich selbst begleitet; Texte sind überflüssig, die Melodien sind deutlich genug. Die einzelnen Hefte enthalten Lieder verschiedener Art, manche weisen etüdenhaften Charakter auf und überschreiten dadurch den durch die Bezeichnung gesteckten Rahmen. Der Trauermarsch Opus 62/3 wirkte wie ein Sonatensatz. Er wurde von Ignaz Moscheles orchestriert und bei der Totenfeier für den Komponisten in Leipzig gespielt.

Variations sérieuses, Opus 54, 17 Variationen, entstanden 1841

Diese Variationenreihe wird als bedeutendstes Klavierwerk des Komponisten angesehen. Das originelle Eröffnungsthema nimmt mit seiner chromatischen Harmonisierung Musik der kommenden Jahrzehnte voraus. Das Thema ist in den ersten Variationen noch leicht erkennbar, mit den späteren entfernte sich der Komponist immer mehr davon. Unter sich unterscheiden sich die Variationen beträchtlich, einzelne variieren einander. Variation Nr. 10 stellt sich als vierteilige Fuge dar.

Sonate I für Orgel in f-Moll, Opus 65, 4 Sätze, entstanden 1844

Der 1. Satz verarbeitet und umrahmt den Choral »Was mein Gott will, das geschah allzeit«. Dem folgt ein liedartiger Adagiosatz mit Echo. Das Andante bringt einen ständigen Wechsel der Manuale und alterniert polyphone und homophone Takte. Das Finale brilliert mit virtuosen Läufen, gebrochenen Akkorden und Arpeggien.

Sonate II für Orgel in c-Moll, Opus 65, 2 Sätze, entstanden 1844

Ein düsteres Grave leitet ein schönes Gesangsthema ein, das zuerst vom Sopran, sodann vom Tenor und schließlich neuerlich vom Tenor vorgetragen wird. Der Allegrosatz ist mächtig und kraftvoll und endet mit einer kurzen Fuge.

Sonate III für Orgel in A-Dur, Opus 65, 2 Sätze, entstanden 1844

Der 1. Satz bringt die Choralmelodie zu »Aus tiefer Not schrei ich zu dir«, umrahmt und kommentiert sie. Der 2. sehr kurze Satz besteht aus einem sehnsuchtsvollen Lied als Nachhall des vorangehenden Satzes.

Sonate IV für Orgel in B-Dur, Opus 65, 4 Sätze, entstanden 1844

Der 1. Satz bringt ein ritterliches, klangvolles Thema in 2 Teilen. Das folgende Andante religioso ist ein schlichter homophoner Satz mit einigen Einwürfen. Der 3. Satz besteht aus einer weitgespannten Melodie, die von der Oberstimme zum Tenor und zurück wechselt, während sie die anderen Stimmen wie eine Hintergrundmusik begleiten. Eine glanzvolle Fuge schließt das Werk ab.

Sonate V für Orgel in D-Dur, Opus 65, 3 Sätze, entstanden 1844

Der 1. Satz bringt einen Choral, dann folgt ein Andante con moto, das mit der Pizzicati des Pedals Scherzowirkung erzeugt. Der Schlußsatz wird von einem stark melodischen Mittelteil unterbrochen, klingt sodann mit großer Geste aus.

Sonate VI für Orgel in d-Moll, Opus 65, 7 Teile, entstanden 1844

Das Werk besteht aus Variationen über den Choral »Vater unser im Himmelreich«. Die 1. Variation ist dreistimmig und bringt den Cantus firmus im Sopran. Auch die 2. Variation hat den Cantus firmus im Sopran, jedoch akkordisch, während das Pedal sich in selbständigen Läufen ergeht. In der 3. Variation liegt der Cantus firmus im Tenor; sie ist vierstimmig. Die 4. Variation ist ein figurierter Satz, bei der der Cantus firmus über Pedal und Manuale verteilt ist. Die 5. Variation ist eine Fuge, die das Thema dem Choralbeginn entnimmt. Ein würdiges Finale ohne thematischen Bezug zum Choral schließt das Werk ab.

Auf den Flügeln des Gesanges, Lied mit Klavier, Text von Heinrich Heine, Opus 34/2

Dieses glatt dahinfließende, regelmäßig periodisierte Lied, das von gleichförmigen Klavierarpeggien umrahmt wird, stellt den Inbegriff des romantischen Liedgesangs des 19. Jahrhunderts dar, und soll hier stellvertretend für alle anderen Lieder des Komponisten herausgehoben werden.

Es ist bestimmt in Gottes Rat, Lied mit Klavier, Text von Ernst von Feuchtersleben, Opus 46/4, entstanden 1839

Dieser schlichte Gesang hat seinen Platz unter den berühmtesten Abschiedsliedern sofort erobert und wird ihn sicherlich noch lang einnehmen.

Literatur

R. Werner, Mendelssohn, London 1963. H.K. Metzger/R. Riehn, F. Mendelssohn-Bartholdy, München 1980. G. Schuhmacher, F. Mendelssohn-Bartholdy, Darmstadt 1981.

Gilberto Mendes (geboren 1922)

Leben

Gilberto Mendes wurde am 13.10.1922 in Santos, Brasilien, geboren. Er studierte bei Cláudio Santoro und George Olivier Toni (geboren 27.5.1926, São Paulo) und bei den Internationalen Ferienkursen für Neue Musik in Darmstadt bei Henri Pousseur und Pierre Boulez. Im Jahr 1965 gründete er Festspiele für Neue Musik in Santos.

Werke

Die von Gilberto Mendes verwendeten Texte sind konkrete Dichtungen, die Strukturen sind an statistische Methoden gebunden. Er schrieb unter anderem ein Ricercar für Streicher und zwei Hörner, eine Kantate für Sopran, Männerchor, Flöte, Klarinette, Fagott, Englischhorn, Trompete, Tenor- und Baßposaune, Klavier, Bratsche, Cello, eine »Musik« für Flöte, Trompete, Tenorposaune, Baßklarinette, Mandoline, Vibraphon, Bongos, Berimbau, Klavier, Violine, Cello, Kontrabaß, »Rotationen« für Flöte, Klarinette, Oboe, Altsaxophon, Trompete, Tenorposaune, Horn, Vibraphon, Xylophon, Celesta, Violine, Cello, Kontrabaß, eine Kantate für verschiedene Stimmen, Schlagzeug, zwei Schreibmaschinen und Tongerät, Motetten auf konkreten Text, außerdem visuelle Musik für verschiedene Stimmen, Schlagzeug, Küchenmaschine, Fußbodenwaschmaschine, Staubsauger, Fernsehgeräte, Textmontagen nach dem Evangelium Johannis, nach Zeitungsnachrichten und anderen Wortfolgen.

Manuel Mendes (um 1547–1605)

ZEIT UND UMWELT

Als König Philipp II. von Spanien 1580 Portugal in Besitz nahm, garantierte er dem Land eine weitgehende Autonomie. Er verleibte es Spanien nicht ein, sondern regierte beide Staaten als echte Personalunion. Sein Sohn und Nachfolger Philipp III. hielt sich daran wenig oder überhaupt nicht. Die portugiesische Verwaltung wurde mit Spaniern durchsetzt, um eine Verschmelzung beider Völker vorzubereiten. Dies stieß auf starken Widerstand. Die unterdrückten Portugiesen suchten Hilfe im Ausland und wurden unterstützt. Unruhen und Kämpfe zogen sich hin, bis 1640 die Selbständigkeit des Landes wiederhergestellt war. Der künstlerische Kontakt der beiden Länder, besonders auf dem Gebiet der Musik, war stets eng gewesen und wurde nicht von Politik beeinflußt.

LEBEN

Manuel Mendes wurde um 1547 in Lissabon geboren. Der portugiesische Komponist und Mönch wurde zunächst Kapellmeister an der Kathedrale in Portalegre, sodann am Dom von Évora, wo er am 24. 9. 1605 starb.

WERKE

Padre Manuel Mendes war wegen der Stilreinheit seiner Kompositionen auf der ganzen Iberischen Halbinsel berühmt, so daß aus Portugal wie aus Spanien Schüler zu ihm kamen, die sich später einen Namen machten. Von seinen Werken ist nur wenig überliefert: 2 Messen, ein Requiem, ein Alleluia und ein Asperges.

LITERATUR

A. T. Luper, Portuguese Polyphony, Journal of the American Musicological Society III, 1950.

Michel Menehou
(um 1500 bis nach 1558)

ZEIT UND UMWELT

Die Kapellen des Hofes und der Kathedrale Notre-Dame waren im Paris des 16. Jahrhunderts nicht mehr die einzigen Musikpflegestätten von Rang. Einzelne Kirchen wetteiferten miteinander durch Aufstellen ausgezeichneter Chöre und Aufnahme ausgezeichneter Kapellmeister und Organisten, von denen manche auch kompositorisch tätig waren. Parallel dazu lief eine immer intensivere Pflege des Chansons, welches immer mehr zu einem gewissen Manierismus tendierte, eine Entwicklung, die mit dem Ablauf der Zeit zur vollen Entfaltung kommen sollte.

LEBEN

Michel Menehou wurde vermutlich in Paris um 1500 geboren und wirkte nach seiner Ausbildung als Knabenchorleiter an der Kirche Saint-Maur-des-Fossés bei Paris. Gleichzeitig war er als Musiktheoretiker tätig. Er starb vermutlich in Paris nach 1558.

WERKE

Neben seinem 1558 erschienenen Traktat über die Schwierigkeiten der Musik, dem ein Chanson beigegeben ist, sind von Michel Menehou 8 vierstimmige Chansons überliefert, die durch ihren frischen Ton auffallen.

Gustav Mengden (1627–88)

ZEIT UND UMWELT

Während Livland (Vidzeme) 1561 in den polnischen Besitz überging, blieb Riga bis 1581 eine freie Stadt. Der Polenkönig István Báthory (1533–86) respektierte die Privilegien der Stadt und ihr protestantisches Bekenntnis, Gustav II. Adolf von Schweden, der Riga 1621 einnahm, beließ ihr ihre Sonderstellung. Diese wurde auch durch den Nordischen Krieg nicht berührt und schließlich im Frieden von Nystad (1721) von Peter I. dem Großen (1672–1725) bestätigt.

LEBEN

Gustav Freiherr von Mengden wurde am 17. 4. 1627 in Riga geboren. Er war livländischer Diplomat und Landmarschall und starb in Riga am 16. 12. 1688.

Werke

Der deutsch-baltische Dichter und Komponist Gustav Mengden brachte 2 Sammelbände sakraler Lieder zu eigenen Dichtungen heraus, und zwar: »Sonntagess Gedanken eines Christen, So sich an Gott Ver-Mithet« und »Der Verfolgte, Errettete und Lobsingende David«.

Bernardo Mengozzi (1758–1800)

Zeit und Umwelt

Tommaso Guarducci (um 1720, Montefiascone, bis nach 1771, Florenz) war einer der berühmtesten Sänger seiner Zeit, der sowohl in Florenz wie in London als Opern- und Oratoriensänger die größten Erfolge errang. Er weigerte sich sein Leben lang, Unterricht zu geben, und hatte einen einzigen Schüler, der auch Ruhm und Karriere von ihm erbte.

Leben

Bernardo Mengozzi wurde 1758 in Florenz geboren. Er wurde von Tommaso Guarducci zum Tenoristen ausgebildet. Darauf sang er 7 Jahre in Neapel, sodann in London und schließlich bis zu seinem Tod im März 1800 in Paris, wo er seit 1794 als Gesanglehrer am Conservatoire gewirkt hatte.

Werke

Der Operntenor Bernardo Mengozzi verfaßte 13 Opern und ein Ballett im italienischen Stil. Die Kompositionen waren auf seine eigene Person zugeschnitten.

Louis Mennini (geboren 1920)

Leben

Louis Mennini wurde am 18.11.1920 in Erie, Pa., geboren. Er studierte bei Bernard Rogers und Howard Hanson an der Eastman School of Music in Rochester, N. Y., an der er ab 1949 als Kompositionslehrer wirkte. Seit 1965 leitet er die School of Music in Winston-Salem, N. C.

Sein Bruder Peter Mennin (Mennini, geboren 17.5.1923 in Erie, Pa.), war an der Eastman School in Rochester, N. Y., Schüler von Howard Hanson. Von 1947 bis 1958 wirkte er als Lehrer an der Juilliard School in New York. Seitdem lebt er als Konservatoriumsdirektor in Baltimore.

Werke

Neben 2 Opern und einem Ballett schrieb Louis Mennini 2 Sinfonien, eine Ouvertüre, ein Streichquartett, eine Violinsonate, eine Messe und andere Kirchenmusik, Klavierstücke, Chöre und Lieder.

Peter Mennin schrieb 7 Sinfonien, ein Konzert für Flöte, Streicher und Schlagzeug, eine Kammersinfonie, ein Stück für Blasorchester, ein Cellokonzert, ein Violinkonzert, ein Klavierkonzert, 2 Streichquartette, eine Sonate für Violine und Klavier, eine Klaviersonate, eine Kantate, Chöre und Lieder.

Beide sind stark eklektisch, aber technisch perfekt.

Tuttovale Menon
(um 1500 bis nach 1548)

Zeit und Umwelt

Das kleine Correggio in der Emilia war bereits seit über 300 Jahren selbständig und im Jahre 1452 sogar zur Grafschaft erhoben worden. Der Maler Antonio Allegri (1491 bis 1534) machte den Namen seiner Geburtsstadt zu seinem eigenen. Auch der Komponist Claudio Merulo nannte sich gerne Claudio da Correggio.

Leben

Tuttovale Menon (Tutualle) wurde um das Jahr 1500 in Frankreich geboren und vermutlich auch dort zum Musiker ausgebildet. Er ging nach Italien und war in Correggio Lehrer des Claudio Merulo und wahrscheinlich gleichzeitig bei den Grafen da Correggio bedienstet. Er dürfte auch im Dienst der Herzogin René von Ferrara gewesen sein. Er starb vermutlich in Correggio nach dem Jahr 1548.

Werke

Als Lehrer des bedeutenden Komponisten

und Organisten Merulo gebührt dem Franzosen Tuttovale Menon eine Erwähnung. Auch die vierstimmigen Madrigale, die er der Herzogin von Ferrara gewidmet hat, gehören zu den wichtigsten Kompositionen der Renaissance.

Gian Carlo Menotti (geboren 1911)

Leben

Gian Carlo Menotti wurde am 7.7.1911 in Cadegliano bei Varese geboren. Er studierte von 1923 bis 1927 am Konservatorium in Mailand und von 1928 bis 1933 am Curtis Institute of Music in Philadelphia bei Rosario Scalero. Von 1933 bis 1935 unterrichtete er an diesem Institut. Nachdem er 1937 mit seiner Oper »Amelia geht zum Ball« beträchtlichen Erfolg hatte, widmet er sich nur mehr seinem künstlerischen Schaffen, zuletzt gemeinsam mit Samuel Barber auf dem Landsitz Capricorn am Lake Croton bei New York.

Werke

Von Gian Carlo Menotti sind 18 Opern auf Bühnen oder im Fernsehen aufgeführt worden. Ihr oftmals weltweiter Erfolg ist teilweise den sehr interessanten Libretti, teilweise ihren prägnanten, kurzen Melodien und der glücklichen Mischung moderner Klangbildungen mit Reminiszenzen an die italienische Oper des 19. Jahrhunderts zu verdanken. Außer den Opern schrieb er ein Ballett, eine sinfonische Dichtung, ein Klavierkonzert, ein Violinkonzert, 6 Stücke für Carillon, 4 Streichquartette, ein Trio, eine Kantate, einen Liederzyklus, einige Klavierstücke und Schauspielmusiken.

Klavierkonzert in F-Dur, 3 Sätze, entstanden 1945
Nach der Äußerung des Komponisten ist dieses Werk vom vorromantischen Stil der italienischen Schule beeinflußt, vor allem von den Kompositionen für Tasteninstrumente von Domenico Scarlatti. Das altitalienische Idiom ist mit zeitgenössischen Färbungen angereichert. Obwohl der Solopart sehr schwierig ist, handelt es sich um kein »Virtuosenstück«, sondern um ein Zusammenspiel von Solisten und Orchester im Sinn der Urbedeutung der Bezeichnung »Konzert«. Der 1. Satz beginnt in neuklassizistischem Stil; die Abhängigkeit von Scarlatti drückt sich vorwiegend im Solopart aus. Die Tonalität wird durch kurze moderne Modulationen durchbrochen. Die Coda ist vom Crescendo einer Ouvertüre von Gioacchino Rossini beherrscht. Der 2. Satz verläuft im Vokalstil; Terzen- und Quartenharmonik verleihen ihm einen kriegerischen Charakter, der von gelegentlichen Einwürfen des Schlagwerks verstärkt wird. Das Finale zeigt eine Neuklassik in der Hand eines Spätromantikers.

Ascanio Meo
(um 1570 bis nach 1608)

Zeit und Umwelt

Mit den spanischen Vizekönigen, die Neapel seit 1532 regierten, strömten Massen von Höflingen, anderen Adeligen, Beamten und Geschäftemachern aus Spanien nach Neapel. Sie bildeten sozusagen eine isolierte Kolonie und traten mit den Neapolitanern nur in wenigen Fällen in Beziehung. Auch die Bevölkerung von Neapel hielt sich ihrerseits abseits, außer einzelnen, die mit der herrschenden spanischen Schicht oder von ihr lebten.

Leben

Ascanio Meo wurde um 1570 entweder in Spanien oder zumindest von spanischen Eltern geboren. Wo er seine Ausbildung zum Musiker erworben hatte, ist unbekannt. Im Jahr 1608 scheint er als Kapellmeister an der spanischen Kirche San Jacomo (Jaime) degli Spagnoli in Neapel auf. Über Ort und Zeit seines Todes gibt es keine Informationen.

Werke

Von dem spanischen Komponisten Ascanio Meo sind das dritte und fünfte Buch eines 5bändigen Madrigalenwerkes erhalten. Sie sind im alten Stil gehalten und beweisen eine beachtliche Meisterschaft. Alle anderen Kompositionen des offenbar fleißigen Komponisten sind verlorengegangen.

John Merbecke
(um 1510 bis um 1585)

Zeit und Umwelt
König Heinrich VIII. von England hatte keine Neigung, die protestantische Lehre in seinem Land zu fördern. Aber da er es von der Jurisdiktion des Papstes befreien wollte, mußte er die Anhänger der verschiedenen Reformatoren des Festlandes gewähren lassen und ihre Maßnahmen billigen. Dadurch ergab sich anfänglich eine gewisse Uneinheitlichkeit der Auffassungen. Diese Überschneidungen konnten sogar zu Ketzerprozessen, deren Urteile jedoch in den meisten Fällen am Ende aboliert wurden, führen.

Leben
John Merbecke (Marbeck, Marbecke, Marbek) wurde um 1510 in Windsor geboren. Der englische Kirchenmusiker wurde vermutlich an der St. George's Chapel ausgebildet, an der er zeitlebens als Sänger, Organist und Komponist wirkte. Als extremer Calvinist geriet er in den zu Lebzeiten König Heinrichs VIII. herrschenden Meinungsstreit der Bekenntnisse, wurde als »Ketzer« angeklagt und 1544 sogar zum Tod verurteilt. Das Urteil wurde nicht vollstreckt und hatte auch keine anderen nachteiligen Folgen für den Musiker, der auf seinen Ansichten beharrte und in strenger Konsequenz der Lehre die Abschaffung der Kirchenmusik propagierte, deren namhafter Vertreter er selbst war. Von den Restaurationsbestrebungen der »blutigen« Königin Maria blieb er unbehelligt. Er starb in Windsor um 1585.

Werke
Die kompositorische Tätigkeit des Kirchenmusikers John Merbecke zerfiel in zwei Abschnitte. Der erste enthielt seine lateinischen Werke, wovon nur eine fünfstimmige Messe, 2 Motetten und ein Carol überliefert sind. Alles andere ist verloren. Im zweiten veröffentlichte er für die anglikanische Kirche eine Sammlung einstimmiger syllabischer Gesänge mit englischem Text, deren Weisen Bearbeitungen gregorianischer Melodien, zum Teil nach dem »Sarum use«, sind. Die Lieder wurden ab 1552 bis 1580 umgearbeitet und auch durch neue ersetzt und fanden später in anglikanische, methodistische und presbyterianische Gesangbücher Eingang.

Literatur
R. Stevenson, Patterns of Protestant Church Music, Durham 1953.

Saverio Mercadante
(1795–1870)

Leben
Giuseppe Saverio Raffaele Mercadante wurde am 17.9.1795 in Altamura, Bari, getauft. Er war in Neapel Schüler von Giacomo Tritto, Giovanni Furno und ab 1816 von Nicola Antonio Zingarelli am Real Collegio di Musica. Im Jahr 1818 brachte er eine Kantate heraus und ein Jahr darauf seine erste Oper, der mit steigendem Erfolg noch weitere 59 für Italien, Spanien und Portugal folgten. Nachdem er 1833 Domkapellmeister in Novara und 1839 in Linciano geworden war, übernahm er 1840 die Leitung des Konservatoriums in Neapel. Gegen Ende seines Lebens erblindete er, so daß er seine Kompositionen diktieren mußte. Er starb am 17.12.1870 in Neapel.

Werke
Neben seinen 60 Opern verfaßte Saverio Mercadante ungefähr 20 Messen, ein Miserere, ein Tantum ergo, ein Salve regina und das Oratorium »Die sieben Worte unseres Herrn«, weiters Kantaten und Hymnen (»Garibaldi-Hymne«), 2 Ballette, Gedenksinfonien für verstorbene Musiker mit Zitaten der jeweiligen Meister, Violinromanzen und weitere Instrumentalstücke mit verschiedener Besetzung, Lieder und Solfeggien. Alle diese Werke treten hinter den erfolgreichen Opern, die durch ihre meisterhafte Melodik und klangreiche Orchestersprache das Publikum entzückten, weit zurück.

Literatur
B. Notarnicola, Saverio Mercadante nella gloria e nella luce, Rom 1951.

Matthias Mercker
(um 1565 bis nach 1622)

Zeit und Umwelt
Alle bisher im Zusammenhang mit der dänischen Hofkapelle in Kopenhagen genannten Musiker waren Engländer oder Niederländer. Auch die wenigen Einheimischen entstammten naturalisierten ausländischen Familien. Das Heranbilden eigener Kräfte nahm eben doch mehr Zeit in Anspruch, die durch die Kriege, in die Dänemark verwickelt war, noch verlängert wurde.

Leben
Matthias Mercker (Maercker, Marcher, Merkher) wurde um 1565 in Amsterdam geboren. Er dürfte auch dort ausgebildet worden sein. Im Jahre 1601 wurde er Mitglied der Königlichen Kapelle in Kopenhagen, verließ jedoch Dänemark 1607, um Organist in Franeker bei Leeuwarden zu werden. Von 1608 bis 1615 wirkte er in Bückeburg, anschließend in Magdeburg, bis er 1618 die Organistenstelle an St. Nikolaus in Straßburg übernahm, wo er nach 1622 starb.

Werke
Von dem Organisten und Komponisten Matthias Mercker sind »Zwantzig Newe außerlesene Padouane vnd Galliard« für fünf Stimmen und 2 geistliche Oden erhalten. Handschriftlich sind vier- und fünfstimmige Fugen und Tänze überliefert. Mercker war als virtuoser Instrumentalist (Posaune, Kornett, Flöte, Violen) und Organist berühmt.

Louis Mercy (um 1705 bis um 1750)

Leben
Louis Mercy (Merci) wurde um 1705 vermutlich in Frankreich oder in England von französischen Eltern geboren. Er bildete sich zum bedeutenden Blockflötenvirtuosen aus, geriet aber in die Zeit, in der auch in England die Querflöte die Längsflöte verdrängte.

Werke
Von den 12 Solokonzerten für Blockflöte von Louis Mercy wurden 6 für Querflöte, Violine oder die verbesserte Längsflöte arrangiert. Außerdem sind von ihm 2 Sammlungen von Stücken für Blockflöte und Fagott (oder Cello) erhalten. Seine übrigen Kompositionen für sein Instrument sind nicht überliefert.

Friedrich Mergner (1818–91)

Zeit und Umwelt
Die evangelische Kirchenmusik des 19. Jahrhunderts war nicht so stark Erneuerungsbewegungen unterworfen wie die katholische. Sie entwickelte sich nahezu linear weiter, ohne auffällige Neuerungen zu bringen. Da ihr Hauptgewicht auf der Orgelmusik lag, von der ein ungeheurer Schatz vorlag, mußte nur die übermächtige Tradition der großen Meister als stilbestimmend herangezogen werden.

Leben
Adam Friedrich Christoph Mergner wurde am 19. 10. 1818 in Regensburg geboren. Er studierte in Erlangen Theologie und wurde nach mehreren Zwischenstationen 1874 Stadtpfarrer in Erlangen-Altstadt und 1880 Pfarrer in Heilbronn, wo er am 7. 1. 1891 starb.

Werke
Von Friedrich Mergner sind »Geistliche Lieder in neuen Weisen«, Chöre und eine große Anzahl Orgelstücke erschienen, die die zu ihrer Zeit gepflegte Tradition der evangelischen Kirchenmusik kaum merklich weiterentwickelten. Zu stärkeren Bewegungen kam es erst gegen Ende des Jahrhunderts.

Aarre Merikanto (1893–1958)

Leben
Aarre Merikanto wurde am 29. 6. 1893 in Helsinki geboren. Er war von 1912 bis 1914 am Konservatorium in Leipzig Schüler von Max Reger und Stephan Krehl, von 1916 bis 1917 in Moskau von Sergei Wasilenko. Im Jahr 1937 wurde er Theorie- und Kompositions-

lehrer an der Sibelius-Akademie in Helsinki, wo er am 28.9.1958 starb.
Sein Vater Frans Oskar Merikanto (5.8.1868, Helsinki, bis 17.2.1924, Havsjärvi-Oiti bei Helsinki) studierte in Helsinki, Leipzig und Berlin, war 1892 Organist und 1911 Opernkapellmeister in Helsinki.

WERKE
Außer einer Oper und einem Ballett schrieb Aarre Merikanto 3 Sinfonien, 5 sinfonische Dichtungen, mehrere Suiten und Variationen und Fuge für Orchester, 2 Klavierkonzerte, 3 Violinkonzerte, 2 Cellokonzerte, ein Konzert für Violine, Klarinette, Horn und Streichsextett, eine Partita für Harfe und Holzbläser, Kammermusik, Klavierwerke und Lieder sowie die Fanfare für die Olympischen Spiele 1952 in Helsinki. Sein Stil ist weniger »finnisch« als »deutsch«; in einigen Werken ist Zwölftontechnik verwendet.
Frans Oskar Merikanto schrieb 3 Opern, ein Konzert für Violine, Klarinette, Horn und Streichquartett, Werke für Violine, Orgel und Klavier, über 150 Lieder und Chöre. Er hat das finnische Opernwesen sehr gefördert.

Gustav Merkel (1827–85)

ZEIT UND UMWELT
Dresden wetteiferte mit der Bach-Stadt Leipzig auf dem Gebiet des Orgelspiels. In beiden sächsischen Städten wurden hervorragende Organisten ausgebildet, die ihre Kunst in erster Linie den Kirchen ihrer Ausbildungsstätte und sodann dem Unterricht widmeten, so daß die bereits aus den vergangenen Zeiten übernommene Tradition auch im 19. Jahrhundert nicht abriß.

LEBEN
Gustav Adolf Merkel wurde am 12.11.1827 in Oberoderwitz, Sachsen, geboren. Er war Schüler von Julius Otto in Kontrapunktik und von Johann Gottlob Schneider im Orgelspiel. Im Jahr 1858 wurde er Organist an der Waisenhauskirche, 1860 an der Kreuzkirche

Gustav Merkel

und 1864 an der katholischen Hofkirche in Dresden, wo er als angesehener Orgelspieler am 30.10.1885 starb.

WERKE
Von Gustav Merkel sind zahlreiche ausgezeichnete Kompositionen für Orgel überliefert, darunter 9 Orgelsonaten; eine davon ist für vier Hände mit Doppelpedal geschrieben. Er veröffentlichte auch 30 Etüden für Pedaltechnik.

Johannes Merkel (1860–1934)

LEBEN
Johannes Gottfried Merkel wurde am 25.9. 1860 in Leipzig geboren. Er besuchte Konservatorium und Universität seiner Geburtsstadt und war durch einige Zeit Schüler von Franz Liszt (1811–86). Von 1888 bis 1892 unterrichtete er an der Musikschule in Riga, anschließend durch zwei Jahre am Eichelbergschen Konservatorium in Berlin und ab 1898 am Konservatorium in Leipzig, wo er am 13.5. 1934 starb.

Werke
Von Johannes Merkel sind eine Klaviersonate und eine Anzahl Klavierstücke erschienen. Außerdem schrieb er eine Sinfonie, eine Konzertouvertüre, ein Klavierkonzert, ein Streichquartett und weitere Klavierstücke, die kontrapunktisch gearbeitet wurden. Er verfaßte einige didaktische Werke. Sein Stil war betont konservativ.

Alessandro Merlo
(um 1530 bis um 1600)

Zeit und Umwelt
Obgleich in der Mitte des 16. Jahrhunderts Rom eine Fülle von Gelegenheiten bot, bestmöglichen Musikunterricht zu nehmen, zog es doch manchen nach Venedig, um bei Willaert und de Rore zu lernen. Wenn sie dann in ihre Vaterstadt zurückkehrten und vielleicht sogar in die päpstliche Kapelle eintraten, konnten sie zwar manches Erlernte wegen der strengen Beschränkung der Kirchenmusik nicht anwenden, vermochten jedoch innerhalb der gesteckten Grenzen den Raum auszunützen, das rein Musikalische zumindest gleichwertig neben die Texte zu stellen.

Leben
Alessandro Merlo (Alessandro della Viola, Alessandro Romano) wurde um 1530 in Rom geboren. Er war Schüler von Willaert und de Rore und dürfte unter beiden Meistern als Sänger und Instrumentalist (Viole) gewirkt haben, bis er päpstlicher Kapellsänger wurde. Nach einem Bericht des Schriftstellers Vincenzo Giustiniani (1564–1637) hat Merlo durch großen Stimmumfang (drei Oktaven) zu seiner Zeit Aufsehen erregt. Er dürfte um 1600 in Rom gestorben sein.

Werke
Das kompositorische Werk von Alessandro Merlo umfaßt 3 Bücher mit vier- und fünfstimmigen Madrigalen, 2 Bücher neapolitanische Kanzonen, 2 weitere mit vierstimmigen Villanellen und Motetten. Einzelne Stücke finden sich in Sammelwerken. Der Stil dieser sehr ansprechenden Kompositionen zeigt den Unterricht der beiden niederländischen Lehrer sehr deutlich. Nur die Kanzonen halten sich an die in Neapel gepflegte Musik.

Auguste Mermet (1810–89)

Zeit und Umwelt
Im Jahr 1875 öffnete die heutige Opéra von Paris ihre Pforten. Der Grundstein hierzu war bereits 1861 gelegt, der Deutsch-Französische Krieg und Sturz des Zweiten Kaiserreichs hatten den Bau verzögert. Die erste Oper, die im neuen Haus gegeben wurde, war »Die Jüdin« von Fromental Halévy, die erste Uraufführung »Jeanne d'Arc« von Auguste Mermet (1876).

Leben
Auguste Mermet wurde 1810 in Paris geboren. Er war Schüler von Fromental Halévy und Jean-François Lesueur. Er starb am 4.7.1889 in Paris.

Werke
Von Auguste Mermet sind nur Opern bekannt geworden, von denen »König David«, »Roland in Ronceval« und »Jeanne d'Arc« die bedeutendsten waren. Er soll auch Kammermusik geschrieben haben; erhalten ist davon nichts.

T. Merricocke (um 1570 bis nach 1606)

Zeit und Umwelt
Der hohe Stand der Musikentwicklung des Elisabethanisch-Jakobinischen Zeitalters in England zeigt sich in dem eminenten allgemeinen Interesse für Kompositionen, dem die Verleger und Drucker entgegenkamen, indem sie Sammelwerke herausgaben. Für den Historiker sind diese Sammlungen unschätzbar, weil zahllose Einzelausgaben und Handschriften im Bürgerkrieg und in der Cromwell-Zeit verlorengegangen sind.

Leben
T. Merricocke (Merricock, Marcock), der

Vorname ist nicht überliefert, wurde um 1570 in England geboren. Über das Leben dieses Kirchenmusikers ist nichts bekannt. Auch Ort und Zeit seines Todes sind nicht feststellbar.

WERKE
Vom englischen Komponisten T. Merricocke sind ein In nomine, Teile eines Abendgottesdienstes und eines Te Deum sowie eine dreistimmige Motette erhalten. Am Interessantesten davon ist die Motette, weil sie den wenigstimmigen Concerti der Venezianer sehr ähnlich ist und von den üblichen zeitgenössischen englischen Motetten abweicht.

Elias Mertel (um 1561–1626)

ZEIT UND UMWELT
Der warme Ton der Laute entsprach den weichen Klängen der Violen. Die Gitarre, die sich in Spanien bereits durchgesetzt hatte, wurde im übrigen Europa um die Wende zum 17. Jahrhundert noch wenig gespielt. Ihr Ton war zu scharf. Die kräftigen Akkorde der Gitarre wurden erst beliebt, als die Violine die Viole verdrängte. Aber bis dahin waren Lautenisten und Lautensänger an jedem Fürstenhof anzutreffen.

LEBEN
Elias Mertel wurde um 1561 in Wangenburg, Niederrhein, geboren. Er war an verschiedenen deutschen Fürstenhöfen als Lautenist tätig, bis er 1595 an der Akademie in Straßburg eine Verwaltungsstelle erhielt und dort zugleich als Lautenist und Lautenkomponist wirken konnte. Er starb in Straßburg am 21. 7. 1626.

WERKE
Von dem elsässischen Lautenisten Elias Mertel ist eine Lautentabulatur »Hortus musicalis novus« (Neuer musikalischer Garten) mit 35 Präludien und 120 Fugen sowie Fantasien verschiedener Komponisten erschienen. Eine Reihe von Stücken war von ihm selbst. Die Lautensätze verraten mit ihren eleganten Arpeggien französischen Einfluß.

Tarquinio Merula (1595–1665)

ZEIT UND UMWELT
Nachdem König Gustav II. Adolf von Schweden nach der Besetzung von Livland und der Eroberung von Riga (1621) im Jahr 1622 mit König Sigismund III. von Polen Waffenstillstand geschlossen hatte, dessen Kämpfe mit den Türken ebenfalls unterbrochen waren, eröffnete der Schwedenkönig 1626 die Feindseligkeiten erneut und griff Pommern an. Damit war für den polnischen Hof in Warschau die Ruhe wieder zu Ende. Der Krieg nahm alle Kräfte in Anspruch und hemmte jede kulturelle Tätigkeit.

LEBEN
Tarquinio Merula wurde um 1595 in Cremona geboren und dort zum Organisten ausgebildet. Im Jahr 1624 wurde er als Hoforganist nach Warschau berufen, verließ aber die polnische Hauptstadt 1628 wegen der unruhigen politischen und militärischen Lage des Königreiches. Er erhielt die Organistenstelle an Sant'Agata in Cremona und wurde zugleich Domkapellmeister. Von 1631 bis um 1643 war er Kapellmeister an Santa Maria Maggiore in Bergamo, hielt sich darauf bis 1652 in Venedig auf und kehrte schließlich auf seinen Posten nach Cremona zurück, wo er am 10. 10. 1665 starb.
Giovanni Antonio Merula (um 1525, Oberitalien, bis 28. 12. 1588, Rom) war ab 1551 päpstlicher Kapellsänger, und zwar einer der ersten, die nicht vom Papst ernannt, sondern vom Sängerkollegium gewählt wurden. Er scheint ein älterer Verwandter von Tarquinio Merula gewesen zu sein.

WERKE
Der italienische Komponist Tarquinio Merula gehört zu den frühen Meistern der Sonata da camera, die er dreistimmig mit Generalbaß anlegte; die Oberstimme ist für Violine geschrieben; 4 Bücher mit solchen Sonaten sind erhalten, die heute noch sehr ansprechend wirken. Obwohl er zeitlebens als Organist tätig war, ist als einziges größeres Werk neben etlichen kurzen Stücken für Orgel eine Sonata cromatica überliefert. An

Vokalkompositionen liegen 2 Bücher mehrstimmiger Madrigale mit Generalbaß, ein zweistimmiger Dialogo musicale und Capricci für eine Stimme in Form der Rezitativarien der Zeit vor, außerdem 3 Bücher mit konzertanten Motetten und 2 Bücher mit konzertanten Psalmen und Messen, von denen eine durch ihren Basso ostinato auffällt.
Von Giovanni Antonio Merula sind etliche Motetten und Messen erhalten, die für ihre Zeit erstaunlich fortschrittlich gehalten sind und musikalische Ideen kommender Jahrzehnte vorzubereiten scheinen.

LITERATUR

L. Torchi, La musica instrumentale in Italia, Turin 1901.

Claudio Merulo (1533–1604)

ZEIT UND UMWELT

Die Kirche Santa Maria della Steccata war als Privatkapelle der Herzöge von Parma und Piacenza erbaut worden. In ihrem Untergeschoß befinden sich die Gräber der Familie Farnese, die ihre Herzogtümer von 1545 bis 1731 unabhängig bewahren konnte. Der Prunkliebe und dem kulturellen Bedürfnis dieser Fürsten entsprach die Musikpflege, die sie ihrer Kapelle und selbstverständlich auch dem Dom der Stadt angedeihen ließen. Die Organisten- und Kapellmeisterstellen waren immer mit vorzüglichen Kräften besetzt.

LEBEN

Claudio Merulo (Claudio da Correggio, nach den Eltern: Merlotti) wurde am 8. 4. 1533 in Correggio getauft. Er studierte bei Tuttovale Menon und erhielt seine erste Stellung als Organist 1556 in Brescia. Ein Jahr darauf kam er an die Zweite Orgel und 1566 an die Erste in San Marco von Venedig. Gleichzeitig leitete er in Venedig einen Musikverlag (1566–77). Nach einem Aufenthalt in Mantua, wo er eine Orgel baute, wurde er 1586 Hoforganist in Parma, im folgenden Jahr Domorganist und 1591 Organist an der herzoglichen Kirche Santa Maria della Steccata. Er starb in Parma am 5. 5. 1604.
Sein Neffe Giacinto Merulo (um 1570 bis um 1630) folgte Claudio Merulo in seine Stellung als Hoforganist von Parma nach.

WERKE

Die Orgelkompositionen von Claudio Merulo gehören zu den ältesten Denkmälern eines selbständigen Orgelstiles, der sich vom Stil der Vokalmusik freigemacht hat. Mehrere Bücher mit Ricercari und Toccaten für Orgel-Solo sind überliefert, die musikalisches Neuland für dieses Instrument eroberten. Auch die Vokalkompositionen, Messen, Motetten, Kanzonen, Madrigale, Litaneien, weisen große Interludien für Orgel auf. Seine gesamte Musik ist vom venezianischen Klang beeinflußt. Jedoch sein Orgelwerk ist die Dokumentation einer eigenständigen Stilentwicklung, die zu den großen Orgelkompositionen Italiens des folgenden Jahrhunderts geführt hat. Von Giacinto sind ein Buch vierstimmige Madrigale und eine instrumentale Kanzone überliefert.

LITERATUR

G. Frotscher, Geschichte des Orgelspieles, Berlin 1959.

Karl Merz (1836–90)

ZEIT UND UMWELT

Der Sezessionskrieg (1861–65) wirkte sich auf die kulturelle Entwicklung der USA wenig störend aus, weil sich diese bisher vorwiegend in den industrialisierten Nordstaaten vollzogen hatte und die kulturellen Leistungen der agrarischen Südstaaten, zu denen die Verbindung für vier Jahre unterbrochen war, erst nach dem Krieg auf ein beachtliches Niveau kamen.

LEBEN

Karl Merz wurde am 19. 9. 1836 in Bensheim geboren. Er kam 1854 nach Philadelphia, wo er als Violinist in einem Theaterorchester und in einer presbyterianischen Kirche als Organist wirkte. Vom Ausbruch des Bürgerkriegs bis

1882 war er Musikdirektor in Ohio und unterrichtete gleichzeitig an einer Mädchenschule, dann betreute er die Stelle eines Musikdirektors an der Universität in Wooster, O., wo er am 30.1.1890 starb.

WERKE
Von Karl Merz sind einige Operetten aufgeführt worden. Er verfaßte ferner ein Klaviertrio, eine Klaviersonate, verschiedene Chöre, Quartette und Lieder, Orgel- und Klavierstücke. Er war auch als Kritiker und Publizist tätig.

Olivier Messiaen (geboren 1908)

LEBEN
Olivier Eugène Prosper Charles Messiaen wurde am 10.12.1908 in Avignon geboren. Mit 11 Jahren trat er in das Conservatoire in Paris ein und studierte unter Marcel Dupré, Paul Dukas, Jean und Noël Gallon sowie Maurice Emmanuel. Im Jahr 1931 wurde er Organist an Saint-Trinité in Paris, ab 1936 unterrichtete er daneben an der École Normale de Musique und an der Schola Cantorum, 1942 wurde er Professor für Rhythmik und Instrumentation am Conservatoire.

WERKE
Zur Melodik und Rhythmik von Konfigurationen der Natur, die sein ganzes Werk durchziehen, traten altindische, altgriechische und altsüdamerikanische Rhythmen, Anregungen der Zeitgenossen wie der Meister aller Epochen bis zur Gregorianik zurück; daraus bildete sich ein Stil mit neuen Tonleitern und neuer Zeitauffassung, die den herkömmlichen Begriff des musikalischen Tempos sprengte, ein Stil, dessen epochale Wirkung in der Komposition mehrerer Zeitgenossen bereits ihren Niederschlag fand, sich aber im kommenden Jahrzehnt erst auf die Weiterentwicklung unserer Musik richtunggebend auswirken wird. Von seinen Orchesterwerken ist die »Turangalîla-Symphonie« als das größte, bedeutendste Werk zu nennen; daran reihen sich die Kammersinfonie »Esquisses japonaises Sept Haïkaï«, »Die Himmelfahrt«, »Et expecto resurrectionem mortuorum« (Und ich erwarte die Auferstehung der Toten) für Bläser und Schlagzeug, »Erwachen der Vögel« und »Exotische Vögel« für Klavier und Orchester, ein Klavierkonzert, »Von den Schluchten zu den Sternen«, für Orchester, »Farben der himmlischen Stadt« für Klavier, Bläser und Schlagzeug, »Einfacher Gesang einer Seele«, »Sinfonische Meditationen«. Aus der Fülle kammermusikalischer Werke mit verschiedener Besetzung ist das »Quartett auf das Ende der Zeiten« für Violine, Klarinette, Cello und Klavier hervorzuheben. Dazu sind viele Werke für Soloinstrumente – vor allem für Klavier – zu stellen, auch die Kompositionen für Ondes Martenot wie die vierteltönigen »Zwei Monodien« und »Feste der schönen Gewässer«. An Vokalmusik liegen das Oratorium »La transfiguration« für Chor und Orchester vor, weiters Chöre, begleitet und a cappella, Motetten, »Hawawi«, 12 Klavierlieder aus dem Persischen, und weitere Gesänge. Sein größtes Orgelwerk ist »Meditationen über das Geheimnis der Heiligen Dreieinigkeit«; weitere Kompositionen für Orgel: »Die Geburt des Herrn«, »Die verherrlichten Leiber«, »Die Pfingstmesse« und mehrere kleinere trugen dazu bei, die Orgelmusik unserer Zeit zu revolutionieren.

Olivier Messiaen

»Turangalîla-Symphonie« für Soloklavier, Ondes Martenot und Orchester, 10 Teile, entstanden 1948

Der 1. Teil »Introduction« dieses »Liebeshymnus« bringt das Statuenmotiv (»von Posaunen geblasene schwere Terzen, furchterregend wie drohende Statuen«) und das Blumenmotiv (»zweistimmig von Klarinetten geblasen, zart wie Orchideen, schmuck wie Fuchsien und biegsam wie Lilien«). Im »Liebesthema« kommt es nach einer Klavierkadenz zur Übereinanderschichtung zweier Ostinati, ein Gamelan und eine vierte Episode mit Blechbläsern und Klavierakkorden bilden die vierte Episode. Der 2. Teil »Liebeslied I« hat Refrainform mit zwei Couplets und einer Durchführung. Im 3. Teil »Turangalîla I« erklingen vier kompliziert verarbeitete Themen, die die geistige Liebe schildern. Der 4. Teil »Liebeslied II« stellt in neun Abschnitten die sinnliche Liebe dar. Der 5. Teil »Freude des Blutes der Sterne« ist ein ekstatischer Freudentanz. Der 6. Teil »Garten des Liebesschlafs« bringt eine weit ausschwingende Paraphrase über das »Liebesthema«. Der 7. Teil »Turangalîla II« bringt zwei Orchestersätze, der erste ist eine Gegeneinanderführung von Ondes Martenot und Blechbläsern, der zweite verwendet das »Akkordthema«. Der 8. Teil »Entwicklung der Liebe« stellt eine Liebe dar, die stetig wächst bis in das Unendliche. Der 9. Teil »Turangalîla III« beinhaltet einen rhythmischen Modus aus 17 Werten, auf fünf Schlaginstrumente verteilt, der mit Streicherakkorden koloriert ist. Im 10. Teil »Finale« erklingt eine Fanfare und darauf das »Liebesthema«.

Couleurs de la cité céleste (Farben der himmlischen Stadt) für Klavier, Bläser und Schlagzeug, ein Satz, entstanden 1964

Zu jenseitsverheißenden Textstellen der Apokalypse stellt der Komponist zehn Farbmischungen wie Topas-Gelb, Smaragd-Grün, Amethyst-Violett, Sardonyx-Rot usw. entsprechenden Tonfarben und Tonhöhen gegenüber und überlagert die Klänge mit seinen gewohnten Kompositionselementen – griechische und indische Rhythmen, Vogelstimmen, gregorianische Anklänge. Damit will er eine Vision jenseitiger Herrlichkeit erwecken.

Et exspecto resurrectionem mortuorum« (Und ich erwarte die Auferstehung der Toten) für 18 Holz- und 18 Blechbläser und Metallschlaginstrumente, 5 Teile, entstanden 1964

Das Werk ist dem Andenken der Toten beider Weltkriege gewidmet und fußt auf Bibelworten, die auf das Thema »Auferstehung« bezogen sind. Das melodische Geschehen dominiert entweder in der Form einstimmiger, kräftig instrumentierter Linien oder über dichten Bläserchorälen mit einem von Gongs und Tamtams geschaffenen Klanggrund.

Réveil des oiseaux (Erwachen der Vögel) für Klavier und Orchester, 4 Teile, entstanden 1953

Es handelt sich um eine Wiedergabe originaler Vogelstimmen, intervallisch vergrößert. Um »Mitternacht« beginnt es mit dem Solo der Nachtigall, dann folgen, von den Instrumenten meisterhaft nachgeahmt, etliche Nachtvögel bis zur Dämmerung »Vier Uhr morgens«, bei der eine Schar nach der anderen erwacht und ihren Morgengesang anstimmen. Bei »Sonnenaufgang« wächst die Anzahl der Sänger noch stärker an. Erst »Mittag« tritt eine große Stille ein; zwei Buchfinken, ein Buntspecht und ein ferner Kuckucksruf beenden das Konzert.

Oiseaux exotiques (Exotische Vögel) für Klavier und Orchester, 13 Abschnitte, entstanden 1956

Das Werk stellt ohne bestimmten Zeitablauf die Stimmen außereuropäischer Vogelwelt dar. Das Naturporträt ist nach dem Vorbild des Gamelan zweischichtig gestaltet. Zu den polyphonen Sätzen, die die Vogelstimmen wiedergeben, tritt eine nach indischen Rhythmen und griechischen Metren gebildete, strophisch gegliederte Schlagzeugpartie. Beide Schichten entfalten sich in völliger Unabhängigkeit voneinander.

Esquisses japonaises Sept Haïkaï (Japanische Skizzen) für Klavier, Xylophon, Marimba, zwei Klarinetten, eine Trompete und Orchester, 7 Sätze, entstanden 1962

Selbst notiertes Vogelstimmenmaterial und Eindrücke historischer japanischer Musik bildeten für den Komponisten die musikalische Realität Japans. Es sind keine Haïku-Gedichte herangezogen, sondern ihre prägnante Kürze und ihr Stimmungsgehalt zum Vorbild genommen. Nach einer ruhigen statischen »Introduktion« folgt eine landschaftliche Schilderung »Der Park von Mara und die Steinlaternen«, sodann eine Kadenz, in der die Vogelstimmen im Wald beim »Yamanaka«-See vernehmbar werden. Im 4. Satz »Gagaku« erklingt die vornehme höfisch-steife Musik des 7. Jahrhunderts. Der 5. Satz »Mayajima und der Torii-Torbogen am Meer« schildert farbenprächtig einen Shinto-Tempel mit seinem Getriebe. Im 6. Satz »Die Vögel von Karaizawa« wird eine Reihe japanischer Vögel mit ihrem Gesang vorgeführt. Im 7. Satz »Coda« treten indianische Rhythmen auf; zum Abschluß kommt er auf das melodische Material des 1. Satzes zurück.

Chronochromie für Orchester, 7 Teile, entstanden 1960

In diesem Werk ist die Absicht des Komponisten,

rhythmische Abläufe durch instrumentale Färbung zu kennzeichnen, konsequent realisiert. Stränge von Zeitwerten verlaufen übereinander und bringen eine Schicht synchron ablaufender Resonanzakkorde ins Spiel; dazu erklingen fallweise rhythmisch freie Vogelrufe. Anhand der verschiedenen Klangfarben wird die Orientierung in den übereinandergeschichteten melodischen Linien mit ihren speziellen Rhythmen ermöglicht. Das Geniale an dem Ganzen ist jedoch, daß das gesamte Klangbild improvisatorisch wirkt und die mathematisch genaue Anlage kaum erkennen läßt.

Quatuor pour la fin du temps (Quartett auf das Ende der Zeiten) für Klavier, Klarinette, Violine und Cello, 8 Sätze, entstanden 1940

Es handelt sich um eines der seltsamsten und widersprüchlichsten Kammermusikwerke aller Epochen. Es hat keinerlei Berührungspunkte mit den klassischen Vorbildern. Die einzelnen Sätze tragen programmatische Überschriften: 1. Satz »Kristallne Liturgie« geht vom 10. Kapitel der Apokalypse Johannes' aus und bringt auf die Spitze getriebene ostinate Wirkungen. Der 2. Satz »Vokalise für den Engel, der das Ende der Zeiten ankündigt«, schildert den Engel in seiner Macht und läßt gleichzeitig den Frieden im Himmel ahnen. Die Zeit mit ihrer Traurigkeit und ihren Mißlichkeiten wird im 3. Satz »Abgrund der Vögel« dargestellt. Die Vögel wohnen jenseits der Zeit und bilden das Ziel unserer Sehnsucht nach Licht und Freude. Das »Interludium« des 4. Satzes ist ein Scherzo. Im 5. Satz »Lobpreisung der Ewigkeit Jesu« kommt es zu einer großartigen Entfaltung des melodischen Materials. Im »Tanz der Wut« des 6. Satzes entwickelt sich eine kaum noch zu steigernde polyrhythmische Konstruktion. »Verwirrung der Regenbogen für den Engel, der das Ende der Zeiten verkündet« stellt der 7. Satz vor, der das musikalische Geschehen in höhere Sphären zu heben scheint. »Der Lobgesang auf die Unsterblichkeit Jesu« schließt das Werk triumphal ab.

»La transfiguration de Notre-Seigneur Jésus-Christ« (Verklärung unseres Herrn Jesus Christus), Oratorium für zehnstimmigen gemischten Chor, sieben Instrumentalsolisten und Orchester, 2 Teile zu je 7 Sätzen, entstanden 1969

»In diesem Werk werden verschiedene Aspekte des Mysteriums der Verklärung Christi nacheinander durch ein Mosaik von lateinischen Texten vergegenwärtigt«, erklärte der Komponist. Bibeltexte, Sätze aus den Paulus-Briefen und aus den Schriften von Thomas von Aquin werden aneinandergereiht. Den chorisch einstimmigen Evangelienberichten der Sätze 1, 4, 8, 11 folgen je zwei kommentierende Meditationsabschnitte: Sätze 2, 3 – 5, 6 – 9, 10 – 12, 13. Die Sätze 7 und 14 schließen mit homophonen Schlußchorälen die beiden Teile ab. Diese monumentale Komposition mit einem Riesenaufgebot an Sängern und Instrumenten ist streng architektonisch und gedanklich gebunden und bildet daher eine stilistisch überzeugende Einheit.

Méditations sur le Mystère de la Sainte Trinité (Meditationen über das Geheimnis der Heiligen Dreieinigkeit) für Orgel, 9 Teile, entstanden 1971

Dieses große Orgelwerk des Komponisten ist wie seine anderen Kompositionen für dieses Instrument von jeder Tradition völlig verschieden. In den neun Meditationen bezeichnet er mittels eines musikalischen, auf Grund der deutschen Tonbenennung zusammengestellten Alphabets ihre jeweilige theologische Aussage.

La nativité du Seigneur (Die Geburt des Herrn), 9 Meditationen für Orgel, entstanden 1935

Trotz der programmatischen Überschriften der neun Meditationen haben diese keinen epischen Charakter. Es handelt sich um selbständige »Tongemälde des jeweiligen vom Betrachtungsgegenstand angeregten Meditationsablaufs«. Die Themen lauten: Die Jungfrau und das Kind; Die Hirten; Ewige Bestimmung; Das Wort; Die Kinder Gottes; Die Engel; Jesus nimmt das Leiden auf sich; Die Heiligen Drei Könige; Gott unter uns.

Messe de la Pentecôte (Pfingstmesse) für Orgel, 5 Teile, entstanden 1950

Im 1. Teil »Introitus« – Die feurigen Zungen – werden sämtliche griechischen Versfüße verwendet und durch verschiedene Notenwerte jeweils verlängert oder verkürzt. Der 2. Teil »Offertorium« – Alles was sichtbar und unsichtbar ist – besteht aus sieben Abschnitten und einer Coda, die das Thema abwandeln. Im 3. Teil »Consecration« – Die Gabe der Weisheit – verwendet das Halleluja der gregorianischen Pfingstmesse, Hindurhythmen und differenzierte Tonfarben. Im 4. Teil »Communio« – Die Vögel und die Quellen – hört man Vogelgesang, das melodische Aufschlagen von Wassertropfen und interessantes akkordisches Spiel. Im 5. Teil »Exitus« – Der Sturmwind des Geistes – wird der Sturm plastisch dargestellt, darauf erklingt der Gesang einer Lerche mit einer äußerst exakten rhythmischen Kombination. Als Abschluß wird das Oratoriumthema fortissimo im Pedal wieder aufgenommen und von einer Toccata überlagert.

LITERATUR

C. Rostand, Olivier Messiaen, Paris 1958. C.

Samuel, Entretiens avec Olivier Messiaen, Paris 1967. A. Périer, Messiaen, 1979. H. Halbreich, Olivier Messiaen, Paris 1980.

Joseph Messner (1893–1969)

LEBEN

Joseph Messner wurde am 27.2.1893 in Schwaz, Tirol, geboren. Er studierte zunächst in Innsbruck, sodann an der Akademie der Tonkunst in München bei Friedrich Klose. Er wurde 1922 Domorganist, 1926 Domkapellmeister, Dirigent der Domkonzerte der Salzburger Festspiele und Leiter des Kirchenmusikseminars des Mozarteum in Salzburg. Er starb am 23.2.1969 in St. Jakob am Thurn bei Salzburg.

WERKE

Neben 3 Opern und einer Bühnenmusik zu »Jedermann« von Hugo von Hofmannsthal (1874–1929) schrieb Joseph Messner 3 Sinfonien, eine »Sinfonische Festmusik«, eine »Salzburger Suite«, ein Rondo, eine Sinfonietta, ein Violinkonzert, ein Cellokonzert, 4 Chorsinfonien, eine Festspielfanfare, ein Bläserquintett, ein Streichquartett, 11 Große Messen, Hymnen, Motetten, Klavierwerke und Lieder. Sein Stil war streng konservativ; er nahm weder die zeitgenössischen Bestrebungen, die Kirchenmusik zu erneuern, noch Stilentwicklungen des 20. Jahrhunderts zur Kenntnis.

Patrice Mestral (geboren 1945)

LEBEN

Patrice Mestral wurde am 7.8.1945 in Paris geboren. Er war Schüler von Gilbert Amy und studierte an der École Normale de Musique und am Conservatoire in Paris, wo er als freischaffender Komponist und als Pianist lebt.

WERKE

Die serielle Technik beherrscht nahezu alle Kompositionen von Patrice Mestral. Er schrieb unter anderem ein Ballett, »Relations« für 17 Instrumente, 2 Orchesterstücke, ein Stück für Orchester und fünf Solisten, ein Stück für Trompete und elf Instrumente, eines für Koloratursopran und zehn Instrumente, »Lignes I und II« für 15 Instrumente, ein Stück für 32 Stimmen und 16 Instrumente sowie ein Trio für Flöte, Violine und Cembalo.

Niccolò Mestrino (1748–90)

LEBEN

Niccolò Mestrino wurde 1748 in Mailand geboren und war zunächst Straßenmusikant. Er geriet irgendwie nach Wien und wurde in die Dienste der Fürsten Esterházy und später in die der Grafen Erdödy aufgenommen. Im Jahr 1786 ging er nach Paris, trat dort mit großem Erfolg im Concert spirituel auf und ließ sich als Musiklehrer nieder; 1789 übertrug man ihm die Orchesterleitung der Italienischen Oper. Er starb im September 1790 in Paris.

WERKE

Von Niccolò Mestrino sind 12 Konzerte für Violine und Orchester, eine Anzahl Duos für zwei Violinen, Violinsonaten mit Generalbaß und Lehrstücke für Solovioline erschienen. Seine Musik entsprach dem italienischen Geschmack der Zeit.

Grammatico Metallo
(1540 bis nach 1615)

ZEIT UND UMWELT

Das Conservatorio di Loreto in Neapel war eine der vier im 16. Jahrhundert gegründeten Musikschulen, die ursprünglich als Waisenhäuser dienten. Die Knaben wurden neben dem allgemeinen Unterricht vorwiegend für die Kirchenmusik ausgebildet und wie in einem Priesterseminar erzogen, die Kosten durch private Spenden, aber auch durch Leistungen der jungen Sänger als Musiker in verschiedenen Kirchen der Stadt, bei Beerdigungen, Prozessionen und in den Adelspalästen gedeckt. Später betätigten sie sich auch bei den Mysterienspielen der Klöster und bei Aufführungen von Bühnenstücken.

Leben
Grammatico Metallo wurde 1540 in Bisaccia bei Avellino geboren und in Neapel an einem Conservatorio zum Musiker und Kleriker ausgebildet. Im Jahre 1594 erhielt er die Kapellmeisterstelle am Dom von Bassano, begab sich jedoch gegen das Ende des Jahrhunderts auf die Reise nach Ägypten und Palästina. Als er 1602 zurückkehrte, ernannte man ihn zum Kapellmeister an San Marcuola (Santi Ermagora e Fortunato) in Venedig, wo er nach 1615 gestorben ist.

Werke
In mehreren Büchern mit neapolitanischen Kanzonen und Villanellen bezeugte Grammatico Metallo seine Herkunft und Ausbildung im neapolitanischen Raum. Eine Moresca erinnert daran, wie stark der Einfluß spanischer Musik in Neapel damals war. Seine Ricercari können gesungen oder gespielt werden. Sie gehören zur damaligen Instrumentalmusik, die sich von der Vokalmusik noch nicht emanzipiert hatte. Die sakrale Musik ist mit mehreren Messen für Stimmen und Orgel, Magnificat, Motetten, Offertorien und besonders durch geistliche Madrigale für drei Stimmen und Orgel vertreten.

Albert Methfessel (1785–1869)

Zeit und Umwelt
Die gegen Ende des 18. Jahrhunderts entstandenen Chorsätze für Studenten- und Freimaurerkreise und die von Michael Haydn für gesellige Männerrunden komponierten Gesänge für vier Männerstimmen bildeten den Ausgang für die Männerchöre der Romantik, die, dem Zeitgeist entsprechend, eine vaterländische Richtung einnahmen; sie sollten »die dem deutschen Lied inwohnende einigende Kraft in den Dienst der Einheit und Macht des Vaterlandes stellen«. Auch zahlreiche Sololieder wurden in dieses Bestreben einbezogen.

Leben
Johann Albert (Albrecht) Gottlieb Methfessel wurde am 6.10.1785 in Stadtilm, Thüringen, geboren. Er war ab 1810 Kammermusikus in Rudolstadt, ab 1822 Musikdirektor in Hamburg und von 1832 bis 1842 Hofkapellmeister in Braunschweig. Er starb am 23.3.1869 in Heckenbeck bei Gandersheim.
Sein Bruder Friedrich Methfessel (27.8.1771, Stadtilm, bis 14.5.1807, Stadtilm) war Liederkomponist.
Sein Neffe Adolph Methfessel (7.3.1807, Mühlhausen, Thüringen, bis 17.11.1878, Bern) war ab 1830 Solocellist und Flötist am Stadtorchester Bern, ab 1841 dessen Dirigent; er leitete von 1849 bis 1867 die Berner Liedertafel und wurde 1869 Cellolehrer an der Berner Musikschule.
Dessen Bruder Ernst Methfessel (20.5.1811, Mühlhausen, bis 20.1.1886, Winterthur) wirkte zunächst als Oboist an verschiedenen Orchestern der Schweiz und war sodann von 1837 bis 1862 Direktor des Musikkollegiums in Winterthur und dirigierte dort von 1839 bis 1872 den Stadtsängerverein.

Werke
Von den zahlreichen zum Großteil patriotischen Liedern für Solostimme und besonders für Männerchor von Albert Methfessel erhielten »Der Gott, der Eisen wachsen ließ« und »Stimmt an mit hellem, hohem Klang« die weiteste Verbreitung. Er schrieb außerdem Sonaten, Sonatinen und weitere Stücke für Klavier, ein Oratorium (»Das befreite Jerusalem«) und eine Oper. Bei seinen Liedern dominiert das Wort, der Musik fällt nur stützende Begleitung zu.
Friedrich Methfessel schrieb Gesänge mit Gitarre- und Klavierbegleitung, die wenig bekannt wurden.
Adolph Methfessel verfaßte Variationen für Flöte und etliche Stücke für Cello, die sehr klangvoll waren.
Ernst Methfessel brachte außer einer Oper zahlreiche Oboenmusik heraus, darunter Fantasie für Oboe und Orchester, Concertino für Oboe und Klarinette mit Orchester und Klavier, außerdem eine große Anzahl Lieder, Chorlieder und Männerchöre, die jedoch politische Inhalte vermieden. Er brachte auch ein Kommersbuch für Studenten heraus.

Olivier Métra (1830–89)

ZEIT UND UMWELT
Die großen öffentlichen Bälle und die auf bestimmte Kreise beschränkten Redouten, für die namhafte Komponisten die Tanzmusik komponierten und zuweilen auch das Arrangement übernahmen, waren ein integrierender Bestandteil des bürgerlichen Lebens in der romantischen Epoche.

LEBEN
Jules Louis Olivier Métra wurde am 2.6.1830 in Reims geboren. Er war am Pariser Conservatoire Schüler von Antoine Aimable Élie Elwart sowie Ambroise Thomas und betätigte sich darauf als Leiter der Maskenbälle an vielen Theatern, darunter an der Opéra Comique. Er starb am 22.10.1889 in Paris.

WERKE
Von Olivier Métra ist eine Reihe von Operetten und Ballettdivertissements überliefert. Er verfaßte außerdem eine große Menge sehr beliebter Tanzmusik – Walzer, Polkas, Mazurkas, Quadrillen, Märsche –, die lange nach seinem Tod gespielt und getanzt wurden.

Nicolas Métru (um 1600 bis um 1670)

LEBEN
Nicolas Métru wurde um 1600 in Bar-sur-Aube, Champagne, geboren. Er wirkte an der Kirche St-Nicolas-des-Champs in Paris als Organist und spielte als Musiklehrer im Musikleben der französischen Hauptstadt eine bedeutende Rolle, Jean-Baptiste Lully war zum Beispiel sein Schüler. Nicolas Métru starb um 1670 in Paris.

WERKE
Der französische Komponist und Organist Nicolas Métru verfaßte 3 Bücher mit vier- und fünfstimmigen Airs, Fantasien für zwei Violen und eine vierstimmige Messe, die als Imitations-(Parodie-)Messe bereits eine gewisse Seltenheit darstellte. Sein Hauptbeitrag zur Entfaltung der französischen Barockmusik bestand in seiner Lehrtätigkeit.

Johann Georg Mettenleiter (1812–58)

ZEIT UND UMWELT
Der Musikforscher Carl Proske (11.2.1794, Gröbnig [Grobniki], Schlesien, bis 20.12.1861, Regensburg) gab den Anstoß zu einer umfassenden Erneuerung der katholischen Kirchenmusik und brachte eine umfangreiche Sammlung von deutschen und italienischen Kirchenkompositionen des 16. und 17. Jahrhunderts heraus. Seine Bemühungen bildeten eine der Grundlagen der bald nach seinem Tod entstandenen »Caecilienbewegung« in Süddeutschland.

LEBEN
Johann Georg Mettenleiter wurde am 6.4.1812 in Lontal bei Ulm geboren. Er wirkte als Chorregent und Organist an der Alten Kapelle in Regensburg, wo er am 6.10.1858 starb.
Sein Cousin Bernhard Mettenleiter (25.4.1828, Wallerstein, bis 14.1.1901, Marktheidenfeld) war ab 1856 Stiftschorregent und Gymnasiallehrer in Kempten.

WERKE
Von Johann Georg Mettenleiter sind Messen, Psalmen, Hymnen, Stabat mater überliefert. Davon sind ein »Adoramus« und die Vertonungen des Psalms 95 für sechs Stimmen und des Psalms 114 für fünf Stimmen im Druck erschienen. Er brachte eine Sammlung liturgischer Gesänge für das ganze Kirchenjahr in 5 Bänden heraus. Seine Bemühungen waren der Erneuerung der katholischen Kirchenmusik im Sinn des Caecilianismus gewidmet.
Von Bernhard Mettenleiter wurden eine Messe, 2 Pange lingua und ein Stabat mater gedruckt. Weitere kirchliche Werke sind Manuskript geblieben. Auch er hatte sich dem Caecilianismus verschrieben.

Arthur Meulemans (1884–1966)

LEBEN
Arthur-Jozef-Ludovicus Meulemans wurde am 19.5.1884 in Aarschot, Brabant, geboren. Er war Schüler von Edgar Tinel. Darauf wurde

er Harmonielehrer für Kirchenmusik am Institut in Mecheln und Leiter der Orgel- und Singschule in Hasselt. Von 1930 bis 1942 wirkte er als Dirigent in Brüssel, dann widmete er sich nur mehr seinem kompositorischen Werk. Er starb am 29. 6. 1966 in Brüssel.

WERKE

Von Arthur Meulemans sind 6 Opern und mehrere Schauspielmusiken aufgeführt worden. Er schrieb ferner 15 Sinfonien, 3 Sinfoniettas, 6 weitere programmatische Orchesterwerke, 2 Concerti grossi, 2 Concertini, eine Suite für vier Klarinetten und Orchester, 3 Klavierkonzerte, 2 Orgelkonzerte, 3 Violinkonzerte, 2 Hornkonzerte, Rhapsodie für vier Klarinetten und Altsaxophon, ein Konzert für Horn, Trompete, Posaune und Orgel, 5 Streichquartette, ein Holzbläserquartett, 4 Bläsertrios, eine Sonate für Trompete und Klavier, eine Toccata für Carillon, Sonaten und andere Stücke für Klavier, 4 Oratorien, 10 Messen, 5 Chorkantaten, 3 Te Deum und kleinere Kirchenwerke, weitere Chöre und Lieder. Er publizierte mehrere theoretische Werke. Sein Stil stand zwischen Spätromantik und Impressionismus.

Joseph Meunier d'Haudimont
(1751 bis nach 1789)

ZEIT UND UMWELT

Die Revolution des »Dritten Standes« (Bürgertum) in Frankreich richtete sich gegen die Krone und gegen den »Ersten« und den »Zweiten Stand« (Klerus und Adel) und ihre Privilegien, so daß jeder Kleriker als Volksfeind galt, obwohl nicht wenige davon ihre Funktionen gegen sehr geringes Entgelt versahen.

LEBEN

Joseph Meunier d'Haudimont wurde 1751 in Paris geboren. Er war Chorknabe an St-Eustache, sodann Seminarist in Soisson und anschließend Chorist an Notre-Dame in Paris. Im Jahr 1782 wurde er Kapellmeister an Sts-Innocents und gründete eine Kompositionsschule. Er war auch als Violinist tätig. In den Revolutionsjahren nach 1789 dürfte er in Paris sein Leben verloren haben.

WERKE

Von Joseph Meunier d'Haudimont sind Messen und Magnificat sowie einige Instrumentalmusik – Violinsonaten, Violinkonzerte – erhalten. Seine Musik weist noch Barockelemente auf.

Ernst Hermann Meyer (1905–88)

LEBEN

Ernst Hermann Meyer wurde am 8. 12. 1905 in Berlin geboren. Er studierte Musikwissenschaft bei Arnold Schering, Johannes Wolf, Friedrich Blume (5. 1. 1893, Schlüchtern, Hessen, bis 22. 11. 1975, Schlüchtern) und Erich Moritz von Hornbostel in Berlin und in Heidelberg bei Heinrich Besseler (2. 4. 1900, Dortmund-Hörde, bis 25. 7. 1969, Leipzig). Seine Ausbildung zum Komponisten erhielt er von James Simon, Max Butting, Paul Hindemith und Hanns Eisler. Im Jahr 1933 mußte er nach England emigrieren und lebte vorwiegend in London als Komponist, Musikwissenschaftler und Chorleiter. 1948 – 70 war er Professor für Musiksoziologie an der Humboldt-Universität in Berlin, wo er am 8. 10. 1988 starb.

WERKE

Außer einer Oper schrieb Ernst Hermann Meyer unter anderem eine Sinfonie für Orchester und eine für Streicher, ein Concerto grosso für zwei Trompeten, Posaunen, Pauken und Streicher, eine Toccata und ein Divertimento, ein Klavierkonzert, ein Bratschenkonzert, ein Violinkonzert, ein Konzert für Harfe und Kammerorchester, eine Orchestersuite, ein sinfonisches Vorspiel, ein Klarinettenquintett, 3 Streichquartette, ein Trio für Flöte, Oboe und Harfe, ein Klaviertrio, eine Violinsonate, Solostücke für Violine, zahlreiche Klavierstücke, ein Oratorium, zahlreiche Kantaten, Chöre und über 300 Lieder. Er vertritt eine sozial funktionierende Kunst, die sich an der Volksmusik und an der Tradition der vergangenen zwei Jahrhunderte orientiert und dadurch – in vielen Fällen textgebunden – bei breiten Hörerschichten eine emotionale Wirkung erzeugt.

Sinfonie in B, 5 Sätze, entstanden 1967

Es handelt sich um eine umgearbeitete Sinfonietta aus 1967. Nach der Eröffnung des 1. Satzes durch Klarinetten und Pauken zeichnet eine konduktartige Musik das »Nahen schwerer Auseinandersetzungen«. Elegisch verhaltene Kantilenen schließen sich an; ein dynamischer Aufschwung mündet in einen ruhigen Ausklang. Aber es ist nur die Ruhe vor dem Sturm, der im 2. Satz losbricht. Der »Kondukt-Rhythmus« wird brutal hämmernd, rohe Akzente der Tuba und Kontrabaßposaune und wilde Kontrapunkte der übrigen Blechbläser malen ein Bild wilden Aufruhrs. Der 3. Satz läßt nach klassischem Muster »eine grundlegende Wendung des Geschehens vorausahnen«. Lyrische Kantilenen kommen zu Wort. Der 4. Satz bringt ein scherzoähnliches Intermezzo. Im Finale werden alle aufgeworfenen Konflikte gelöst; es endet aber in keinen Siegesjubel, sondern eher nachdenklich.

Violinkonzert, 3 Sätze, entstanden 1964

Der 1. Satz »Romanza« ist trotz seiner lyrischen Grundhaltung ein Sonatensatz mit der Exposition zweier Themen, Durchführung, Reprise und Coda. Der 2. Satz »Dramma musicale eroico, lirico e gioioso« weist deutlich drei Abschnitte auf. Der erste kündet das »Leben unserer neuen Zeit« an, kämpferisch, spannungsbeladen, dramatisch. Der lyrische Mittelteil ist traumhaft unwirklich. Eine Kadenz führt zum letzten Abschnitt, der der Freude über das »neue Leben« gewidmet ist. Der 3. Satz »Epilog« preist mit reizvoller Instrumentierung die Schönheit der Welt. Mit virtuoser Brillanz wird das »Lob unserer Erde«, die man auch im Reich der Schatten nicht vergessen wird können, verkündet.

Gregor Meyer (um 1510–76)

Zeit und Umwelt

Der Schweizer Humanist und Musiktheoretiker Glareanus (eigentlich Heinrich Loriti, 1488, Mollis, Glarus, bis 28. 3. 1563, Freiburg im Breisgau, Poeta laureatus) nahm in sein um 1519 bis 1539 entstandenes musiktheoretisches Werk Dodekachordon Kompositionen vieler zeitgenössischer Meister auf, die in manchen Fällen eigens für diese Publikationen verfaßt wurden.

Leben

Gregor Meyer wurde um 1510 in Säckingen geboren. Der deutsche Organist wirkte zuerst in seiner Geburtsstadt, dann von 1535 bis 1538 an St. Urs in Solothurn. Im Jahre 1561 erhielt er, obgleich er als »bäpstisch« galt, die Organistenstelle am Münster zu Basel, wo er auch Orgelunterricht geben mußte. Er starb im November 1576 in Basel mit dem Ruf eines außerordentlichen Organisten und Orgellehrers.

Werke

Die von Gregor Meyer überlieferten 11 Kyrie, 9 Kanons und 3 Motetten schrieb er auf Wunsch des Musiktheoretikers Glareanus für dessen Dodekachordon. Außerdem sind noch einige mehrstimmige Stücke erhalten. Über die Orgelmusik, die er geschrieben haben soll, ist nichts bekannt. Sein Orgelspiel muß bedeutend gewesen sein, sonst hätte man ihn als »bäpstischen« nicht zum ersten Organisten nach der Reformation für Basel ernannt.

Literatur

S. Fornaçon, Gregor Meyer, in: Musik und Gottesdienst X, 1956.

Krzysztof Meyer (geboren 1943)

Leben

Krzysztof Meyer wurde am 11. 8. 1943 in Krakau geboren. Von 1962 bis 1965 studierte er an der Musikhochschule seiner Vaterstadt bei Stanisław Wiechowicz und Krzysztof Penderecki. Er wurde an dieser Lehranstalt 1966 Assistent und 1972 Professor.

Werke

Bei seinem frühen Schaffen bediente sich Krzysztof Meyer der Dodekaphonik, später traten Klangstrukturen und Aleatorik in den Vordergrund; zuletzt war sein Schaffen an Mathematik, mathematischer Philosophie und Kombinatorik orientiert. Er schrieb eine Oper, 3 Sinfonien, ein Violinkonzert, ein Cellokonzert, ein Konzert für Oboe, Schlagzeug und Streicher, ein Quartett für Klarinette, Posaune, Klavier und Cello, 3 Streichquartette und 4 Klaviersonaten.

Philippe-Jacques Meyer (1737–1819)

ZEIT UND UMWELT
Die technischen Verbesserungen, die die Harfenbauer- und Harfenistenfamilie Hochbrucker an der Harfe angebracht hatten, bewogen viele Musiker, diesem alten Instrument erhöhte Aufmerksamkeit zu schenken. Die Spielmöglichkeiten vervielfältigten sich, die neue chromatische Harfe erlaubte ein polyphones modulatorisch bewegliches Spiel, so daß nahezu jede Cembalomusik damit wiedergegeben werden konnte. Zugleich bildete sich aber eine spezifische Diktion dafür aus, die die Klangschönheiten der Harfe in Szene setzte.

LEBEN
Philippe-Jacques Meyer wurde 1737 in Straßburg geboren. Er war in Paris Harfenschüler von Christian Hochbrucker und trat in den Jahren 1761 bis 1764 im Concert spirituel mit eigenen Kompositionen auf. Nach einem Auftritt in London ließ er sich dort als Harfenist, Harfenlehrer und Harfenkomponist nieder. Er starb 1819 in London.

WERKE
Vom Harfenisten Philippe-Jacques Meyer sind außer theoretischen Werken für Harfenisten 6 Divertimenti für Harfe und Violine, 12 Sonaten für Soloharfe, 8 Divertissements für Harfe mit Violine und Baß, 6 Sonaten für Harfe mit Violine und 2 Duos für zwei Harfen erschienen; außerdem Romanzen und Arietten mit Harfenbegleitung und mehrere Transkriptionen für Harfe.

Giacomo Meyerbeer (1791–1864)

ZEIT UND UMWELT
In der ersten Hälfte des 19. Jahrhunderts verlegte das Genre der »Grand Opéra« die Vorherrschaft auf dem Gebiet der Oper endgültig nach Paris. Dabei waren es vorwiegend Ausländer, die die Gattung am besten meisterten. Gasparo Spontini war ihr Wegbereiter, Gioacchino Rossini führte sie in die Höhe, und Giacomo Meyerbeer vollendete sie. Die »Große Oper« war ein Ausdruck der Zeit, die zwischen der Restauration und dem

Giacomo Meyerbeer

Zweiten Kaiserreich voll Unruhe und Unsicherheit verlief. Daher waren auch die Opernstoffe aufregend und zuweilen sogar revolutionär, blieben aber dennoch in erster Linie ein grandioses, unernstes Schaustück ohne politische Wirkung.

LEBEN
Giacomo Meyerbeer wurde als Jakob Liebmann Beer am 5.9.1791 in Tasdorf bei Berlin geboren. Da er frühzeitig musikalische Anlagen zeigte, erhielt er durch Franz Lauska (1764–1825), Bernhard Anselm Weber (1764 bis 1821), Carl Friedrich Zelter und Muzio Clementi eine gründliche Ausbildung zum Pianisten und Komponisten. Er trat bereits 1801 in Berlin als pianistisches »Wunderkind« öffentlich auf. Von 1810 bis 1812 nahm er noch bei Abbé Georg Joseph Vogler in Darm-

stadt Unterricht, wo auch seine erste Oper und ein Oratorium entstanden. Darauf gab er in Wien einige Klavierkonzerte. Nach Aufenthalten in Paris und London ging er 1816 nach Italien, wo er Opern von Gioacchino Rossini kennenlernte und selbst mit einigen italienischen Opern Erfolg hatte. Nach mehrjähriger Schaffenspause ließ er sich 1831 für 11 Jahre in Paris nieder, wurde dort zum französischen Komponisten ausgebildet und brachte mit viel Erfolg seine ersten »großen« Opern auf die Bühne. Sein Ruhm verbreitete sich über ganz Europa; 1832 erhielt er die Ernennung zum preußischen Hofkapellmeister, und 1842

Giacomo Meyerbeer, Beginn der berühmten Pagenarie aus den »Hugenotten«, 1. Akt

wurde er Generalmusikdirektor der Königlichen Oper in Berlin. Im Jahr 1846 kehrte er nach Paris zurück, um sich weiterhin nur mehr der Komposition zu widmen, und starb dort am 2.5.1864.

WERKE

Die 18 Opern von Giacomo Meyerbeer wurden viel gelobt und viel angegriffen; einige werden von großen Bühnen noch heute aufgeführt, weil es immer Sänger gibt, die ihre großartigen Rollen lieben, und genügend Publikum, das diese Sänger hören und sich am Prunk der Inszenierung erfreuen will. Zudem schrieb er einige Ballette und Bühnenmusiken, geistliche Gesänge, Elegien, Romanzen und Balladen, 4 Fackeltänze, Psalmen, Motetten, Hymnen, Kantaten, Festmärsche, Männerchöre, Lieder, ein Klavierkonzert, eine Sinfonie in Es-Dur, ein Konzert für Violine, Klavier und Orchester, eine Klaviersonate, eine Sonate für Klarinette und Streichquartett, ein Miserere, ein Stabat mater, ein Te Deum und das Oratorium »Gott und die Natur«, außerdem zahlreiche Klavierstücke. Von der Orchestermusik sind die »Fackeltänze« und »Die Schlittenfahrt« noch lebendig geblieben; auch einige Lieder werden heute noch gesungen. Alles andere außer seinen großen Opern ist vergessen. Stil und Instrumentation seiner Opern wirkten in seinem Jahrhundert noch lange nach.

LITERATUR

A. Pérez-Muños, Meyerbeer, Paris 1929.

Jan Meyerowitz (geboren 1913)

LEBEN

Jan Meyerowitz wurde am 23.4.1913 in Breslau (Wrocław) geboren. Er war ab 1927 in Berlin Schüler von Alexander Zemlinsky, mußte 1933 Deutschland verlassen und setzte seine Ausbildung in Rom bei Ottorino Respighi, Bernardino Molinari (11.4.1880, Rom, bis 25.12.1952, Rom) und Alfredo Casella fort. Nach Aufenthalten in Belgien und Frankreich kam er 1946 in die USA und wirkte zunächst am Berkshire Music Center in Tanglewood, sodann ab 1962 am New York City College als Pädagoge und weiter als Komponist.

WERKE

Außer 10 Opern schrieb Jan Meyerowitz 3 Sinfonien, ein Flöten- und ein Oboenkonzert, eine Musik für die Fastenzeit für Bläser, Harfe und Schlagzeug, ein Bläserquintett, ein Trio für Flöte, Cello und Klavier, ein Streichquartett, eine Klavier-, eine Flöten-, eine Violin- und eine Cellosonate, ein Oratorium, mehrere Kantaten, eine Messe, Motetten und Lieder mit Orchester oder mit Klavier. Er erweiterte seinen von deutscher Spätromantik und italienischem Neoklassizismus geprägten Stil mit Idiomen amerikanischer Musik.

René Mézangeau (um 1568–1638)

ZEIT UND UMWELT

Trotz des Vordringens der Tasteninstrumente verlor die Laute im 17. Jahrhundert kaum an Interesse. Lautenmusik war besonders mit dem höfischen Leben eng verknüpft. In Frankreich hielten die Könige und der hohe Adel neben ihren Kapellen und Kammermusikern stets auch einen oder mehrere Hoflautenisten, deren Technik sich immer mehr verfeinerte.

LEBEN

René Mézangeau (Mésangeau, Mesangio, Mésengeot, Mesengé, Meziniot, Meschanson, Mesangior) wurde um 1568 vermutlich in Paris geboren. 1621 war er Musiker König Ludwigs XIII., wahrscheinlich war er auch Lehrer des Lautenisten Ennemond Gaultier. Er starb im Januar 1638 in Paris.

WERKE

Der französische Lautenist René Mézangeau wurde als Vollender der Technik für dieses Instrument gerühmt. Seine Kompositionen – Originalstücke und Transkriptionen für Sololaute, Lautenduo, Vokalstücke mit Lautenbegleitung – sind in verschiedenen Sammelwerken enthalten, zum Teil aber nur handschriftlich überliefert.

LITERATUR

M. Le Moël, Pour une meilleure biographie de Mézangeau, in: Recherches sur la musique française classique III, 1963.

Madalena Mezari
(um 1540 bis nach 1583)

LEBEN

Madalena Mezari (Casulana genannt) wurde um 1540 in Vicenza geboren. Sie verbrachte ihr Leben in Venedig als Komponistin und vermutlich als Sängerin und dürfte dort nach 1583 gestorben sein.

WERKE

Die Madrigalistin Madalena Mezari war bei ihren Zeitgenossen als Komponistin sehr geschätzt. Die 3 Bücher mit Madrigalen, die sie veröffentlichte, erlebten mehrere Auflagen. Weitere Madrigale wurden in verschiedene Sammelwerke aufgenommen. Ihr Stil entspricht dem zeitgenössischen venezianischen.

Giovanni Nicolò Mezzogori
(um 1580 bis nach 1623)

ZEIT UND UMWELT

Der Dom der im Mittelalter blühenden Handels- und Hafenstadt Comacchio war zu Beginn des 17. Jahrhunderts bereits eingeweiht. Für den neugegründeten Domchor wurden aus dem nahen Ferrara und aus anderen oberitalienischen Städten Kräfte herangezogen.

LEBEN

Giovanni Nicolò Mezzogori wurde um 1580 vermutlich in Oberitalien geboren. Über sein Leben ist bis zu seiner Berufung als Kapellmeister des Domes von Comacchio im Jahr 1612 nichts bekannt, außer daß er schon ab 1611 Kompositionen veröffentlicht hat. Er dürfte in einem der Jahre nach 1623 in Comacchio gestorben sein.

WERKE

Von dem italienischen Komponisten Giovanni Nicolò Mezzogori ist zwischen 1611 und 1623 eine beträchtliche Anzahl Messen, Motetten, geistlicher Konzerte, Madrigale und anderer Gesänge erschienen, die alle dem venezianischen Stil des 17. Jahrhunderts folgen.

František Adam Miča (1746–1811)

ZEIT UND UMWELT

Nach den Erwerbungen durch den Spanischen Erbfolgekrieg und den Teilungen Polens wurde die österreichische Völkergemeinschaft stark erweitert, so daß die Volkszugehörigkeit des einzelnen Untertanen immer mehr an Bedeutung verlor. Das galt im erhöhten Maß für Beamte des Staates, die sehr oft fernab von ihrer eigentlichen Heimat ihren Dienst versehen mußten.

LEBEN

František Adam Miča (eigentlich Jan Adam František de Paula Ritter von Miča, auch Mitscha, Micza, Mischa) wurde am 11. 1. 1746 in Jarmeritz (Jaroměřice), Mähren, geboren. Er studierte Jura, wurde österreichischer Staatsbeamter, 1803 Hofrat und 1807 Landespräsident. Im Jahr 1810 wurde er in den Ritterstand erhoben. Er starb am 19. 3. 1811 in Lemberg (heute Lwiw, Ukraine).
Sein Onkel František Václav Miča (5. 9. 1694, Trebitsch [Třebič], Mähren, bis 15. 2. 1744, Jarmeritz) wurde 1722 Kapellmeister in Jarmeritz.

WERKE

Neben Opern und Singspielen verfaßte František Adam Miča mehrere Sinfonien, Orchestertänze, Violinkonzerte, ein konzertierendes Divertissement, 6 Streichquartette, 4 Harfensonaten, einige Konzertarien, eine »Studenten Cassation« für zwei Tenöre, Baß, Chor und Bläseroktett und ein Oratorium (Davids fünfzigster Psalm), außerdem ein berühmt gewordenes Concertino notturno in Es-Dur für Violine und Orchester sowie

ein Oboenquartett in C-Dur. Einiges davon wurde in unseren Zeiten neu herausgebracht.
František Václav Mica schrieb das Sepolcro »Abgesungene Betrachtungen über Etwelche Geheimnüsse des büttern Leyden und Sterbens Jesu Khristij«, Kantaten und 5 Opern, zum Teil auf tschechische Libretti.

LITERATUR

O. Veselý, Rod Míčů, in: Hudební věda V, 1968.

Rogier Michael (um 1554–1619)

ZEIT UND UMWELT

San Marco in Venedig war wegen der von zwei Emporen klingenden Chöre das Pilgerziel zahlreicher Musiker Europas. Es wurde versichert, daß die Mehrchörigkeit in keinem anderen Raum und keinem anderen Kirchenbau so eindrucksvoll klinge wie in Venedig, wie immer auch die verschiedenen Chöre postiert würden.

LEBEN

Rogier Michael (Rogier Michael von Bergen) wurde um 1554 in Mons geboren. Er kam im Kindesalter nach Wien und war dort bis 1564 Singknabe der Kaiserlichen Hofkapelle. Dann wurde er von der Hofkapelle in Graz übernommen. Über Anraten des dortigen Hofkapellmeisters Annibale Padovano ging Michael zu Andrea Gabrieli nach Venedig. Als er aus Italien zurückgekehrt war, bewarb er sich vergebens um eine erneute Aufnahme in die Wiener Hofkapelle, kam sodann 1572 bei der Hofkapelle von Ansbach unter und 1574 an der kursächsischen Kapelle in Dresden, wo er 1587 Hofkapellmeister wurde und es bis zu seinem Tod im Jahre 1619 zumindest formell blieb. In den letzten Jahren mußte er zuerst von Michael Praetorius und dann von Heinrich Schütz wegen seines hohen Alters unterstützt werden.
Sein Vater Simon Michael (um 1510, Mons, bis um 1570, Wien) war ebenfalls Kapellsänger an der Kapelle in Wien gewesen.

WERKE

Von Rogier Michael sind über 50 vierstimmige Choralsätze im Kantionalsatz, ein sechsstimmiges Te Deum, ein fünfstimmiger Introitus, eine Weihnachtshistorie und eine Empfängnishistorie überliefert. Die beiden Historien nähern sich der Kantatenform.

LITERATUR

O. Kade, Rogier Michael, Monatshefte für Musikgeschichte II, 1870.

Tobias Michael (1592–1657)

ZEIT UND UMWELT

Ein großer Teil der mitteldeutschen Kantoreien bestand während des großen Krieges nahezu nur dem Namen nach. Die Musiker, soweit sie nicht in alle Winde verstreut oder dem Krieg zum Opfer gefallen waren, konnten nur mangelhaft entlohnt werden, Archive und Musikinstrumente waren an manchen Orten zerstört, und das allgemeine Interesse war sehr oft auf vitalere Probleme als die Musik gerichtet.

LEBEN

Tobias Michael wurde am 13. 6. 1592 in Dresden als Sohn des franko-flämischen Musikers Rogier Michael (um 1554–1619) geboren. Er war ab 1601 Kapellsänger am Dresdner Hof, studierte sodann in Leipzig und Wittenberg und wurde 1619 Kapellmeister in Sondershausen. Im Jahr 1631 wurde er als Nachfolger von Johann Hermann Schein Thomaskantor in Leipzig, wo er am 26. 6. 1657 starb.

WERKE

Vom deutschen Komponisten Tobias Michael sind 2 Bände geistlicher Konzerte, »Musikalische Seelenlust«, und einzelne Gelegenheitsgesänge, außerdem konzertierende Motetten für sechs bis acht Stimmen überliefert. Der Stil dieser Musik ist venezianisch in der zu jener Zeit in Deutschland üblichen Fassung.

Hans Friedrich Micheelsen (1902–73)

Leben

Hans Friedrich Hinrich Micheelsen wurde am 9.6.1902 in Hennstedt, Dithmarschen, geboren. Er studierte in Hamburg und in Berlin und wirkte anschließend zunächst in Berlin und darauf in Hamburg als Organist und Chorleiter. Von 1954 bis 1962 war er Professor an der Musikhochschule in Hamburg, dann zog er sich nach Sasbachwalden, Schwarzwald, zurück. Er starb am 23.11.1973 in Glüsing bei Heide, Holstein.

Werke

Neben einem Konzert für Orchester, einem Concertino für Streicher, einer Partita für Streicher, Variationen und Fuge für drei Violinen, einem Konzert für Orgel und Streicher, einem Konzert für Orgel und Blechbläser, einer, Violinsonate, einer Violinsonatine schrieb Hans Friedrich Micheelsen 2 Oratorien, eine Johannes-Passion, eine Markus-Passion, ein Requiem, eine evangelische Messe, zahlreiche Orgelstücke, Kantaten und Chorwerke. Er verwendete bei seinen Orgelstücken zuweilen bitonale Fakturen.

Orgelkonzert, 3 Sätze, entstanden 1943

Dem Konzert liegt die Weise »Es sungen drei Engel« zugrunde. Der 1. Satz »Toccata« bringt das Thema in wuchtige Akkorde eingebaut. Dann schließen sich Duo- und Triosätze an, in denen der Cantus firmus zitiert wird, darauf schließen sich die schweren Akkorde erneut an. Der 2. Satz »Kanzona« ist ein liedhafter Triosatz. Das Thema selbst erscheint erst am Ende im Pedal. Im 3. Satz »Fuga« ist nur der Kopf des Themas verwendet.

Michel l'Affillard

(um 1650 bis nach 1717)

Zeit und Umwelt

Dem musikalischen Rhythmus wurde unter dem Einfluß von Jean-Baptiste Lully große Aufmerksamkeit zugewendet. Die Zeiteinteilung wurde mittels eines Pendels nach Art des ein Jahrhundert später erfundenen Metronoms gewonnen. Im Gesangstil trat dadurch eine gewisse Wende ein, weil dem bisherigen Rubatosingen gemäß dem jeweiligen Wortsinn einige Schranken auferlegt wurden.

Leben

Michel l'Affillard (l'Afillard) wurde um 1650 vermutlich in Paris geboren. Er war 1679 Sänger an der Ste-Chapelle in Paris, dann ab 1696 an der Königlichen Kapelle. Als Gesanglehrer war er sehr gesucht. Er starb in Paris nach 1717.

Werke

Neben seiner berühmten Gesangschule für das Blattsingen und für genaues Taktmaß verfaßte der französische Sänger und Komponist Michel l'Affillard eine Reihe von Airs sérieux et à boire, die teils handschriftlich, teils in Sammelwerken erhalten geblieben sind.

Michel Charles Du Boisson

(um 1525 bis nach 1573)

Zeit und Umwelt

Ferdinand I. wurde zwar von seinem Bruder Karl V. bereits 1521 und 1522 die Regentschaft über den habsburgischen Besitz in Österreich und Deutschland übertragen, durch den Tod seines Schwagers Ludwig II. (1526) fielen ihm die Kronen von Ungarn und Böhmen zu, im Jahre 1555 überantwortete ihm Karl alle kaiserlichen Rechte, dankte aber zu seinen Gunsten erst 1556 ab. Eine Hofkapelle hatte sich Ferdinand zwar schon längst errichten lassen; eine Kaiserliche Kapelle wurde erst daraus, nachdem er selbst Kaiser geworden war.

Leben

Michel Charles Du Boisson wurde um 1525 in Lille geboren und vermutlich an einer der franko-flämischen Sängerschulen ausgebildet. Im Jahre 1559 trat er der Kaiserlichen Hofkapelle Ferdinands bei und blieb in diesem Wirkungskreis bis zu seinem Tod in Wien nach 1573.
Jacques Du Boisson (um 1520, Lille, bis nach 1559, Lille) wirkte in seiner Geburtsstadt als

Organist. Er war ein Bruder oder naher Verwandter des Michel Charles Du Boisson.

WERKE

Von dem franko-flämischen Komponisten Michel Charles Du Boisson sind vier- bis sechsstimmige sakrale Gesänge (Cantiones) und eine Reihe Epithalamia (Hochzeitsgesänge) überliefert.
Jacques Du Boisson komponierte in den Jahren 1552 bis 1559 eine Anzahl Chansons für mehrere Stimmen.

Domenico Micheli

(um 1530 bis nach 1581)

ZEIT UND UMWELT

Die im 16. Jahrhundert errichtete Basilika Santa Maria in Porto war angeblich mit dem besten Chor von Ravenna ausgestattet. Jedenfalls bestand zwischen den Kirchen der Stadt und denen von Bologna ein reger Musikeraustausch.

LEBEN

Domenico Micheli wurde vermutlich in Bologna um 1530 geboren und dort ausgebildet. Er wirkte in seiner Geburtsstadt bis zu den siebziger Jahren des Jahrhunderts; dann ging er nach Ravenna, wo er Kapellmeister an Santa Maria in Porto gewesen sein soll. Er dürfte in Ravenna nach 1581 gestorben sein.

WERKE

Von Domenico Micheli sind ein Buch mit fünfstimmigen Messen, 5 Bücher mit fünf- und sechsstimmigen Madrigalen und einigen acht- bis zehnstimmigen Dialogen erhalten. Die Musik folgt dem Stil der römischen Schule und ist sehr klangvoll.

Romano Micheli

(um 1575 bis nach 1659)

ZEIT UND UMWELT

Papst Urban VIII. betonte seine Zugehörigkeit zu seiner Florentiner Familie Barberini dadurch, daß er den monodischen Stil der Camerata Florentina begünstigte. Dies bedeutete für viele eine ernste Bedrohung der nahezu dogmatisierten Polyphonie, weil sich Generalbaß und Instrumentalmusik gleichzeitig vordrängten.

LEBEN

Romano Micheli wurde um 1575 in Rom geboren. Er war Schüler von Francesco Soriano (1549–1621) und Giovanni Maria Nanino. Anschließend bereiste er Italien – Mailand, Ferrara, Bologna, Venedig, Florenz, Neapel – und nahm mit vielen zeitgenössischen Musikern Kontakt auf. In Neapel blieb er von 1596 bis 1598 im Kreis von Gesualdo da Venosa. Dann war er Kapellmeister in Tivoli (1609/10), in Udine (1616) und von 1618 bis 1621 in Aquileia, nahm enge Beziehungen zu Vertretern der venezianischen Schule auf und wurde schließlich 1625 Kapellmeister in Rom an San Luigi de'Francesi. Diese Stelle versah er bis zu seinem Tod nach 1659.
Vielleicht ein älterer Verwandter des Komponisten war Domenico Micheli (um 1540, Bologna, bis nach 1581, Ravenna), über dessen Lebensumstände nichts überliefert ist.

WERKE

Es scheint, als habe sich der italienische Komponist Romano Micheli eine gründliche Kenntnis aller Stilgattungen seiner Zeit angeeignet, um die konservative Polyphonie und die strenge Kontrapunktik um so leidenschaftlicher verteidigen zu können. Er selbst galt als Meister des Kanons. Bezeichnenderweise verwendete er bei seiner ersten Komposition, den Versperpsalmen, selbst den Generalbaß wie auch bei seinen sechsstimmigen Kompletorien. Dann folgte nur mehr eine Fülle von Werken in Kanonform, darunter ein Kanon für sechsunddreißig Stimmen.
Von Domenico Micheli sind ein Buch mit fünfstimmigen Messen und 5 Bücher mit fünf- und sechsstimmigen Madrigalen überliefert, außerdem etliche »Dialoge« für zehn Stimmen. Alles ist im venezianischen Stil gehalten.

LITERATUR

R. Casimiri, Romano Micheli (1575–1659) e la Cappella Sistina del suo tempo, in: Note d'archivio, III, 1926.

Ernst Mielck (1877-99)

LEBEN

Ernst Leopold Christian Mielck wurde am 24.10.1877 in Viipuri, Finnland (heute Wiborg, Rußland), geboren. Er wurde in St. Petersburg und in Berlin ausgebildet. Wegen einer schweren Erkrankung mußte er seinen Wohnsitz in ein mildes Klima verlegen und starb am 22.10.1899 in Locarno.

WERKE

Trotz seiner kurzen Schaffenszeit hat sich Ernst Mielck mit seinen Werken einen hohen Rang in der Reihe der finnischen Komponisten seiner Zeit erworben. Besonders seine »Finnische Sinfonie«, sein Konzertstück für Violine und Orchester und seine 2 Klavierkonzerte weisen eine stark kompositorische Begabung auf. Er schrieb ferner eine »Finnische Suite« für Orchester, eine »Macbeth-Ouvertüre«, eine »Dramatische Ouvertüre«, ein Streichquintett, ein Streichquartett, Gesänge und Klavierstücke.

Marcin Mielczewski (1590–1651)

ZEIT UND UMWELT

Der reine römische Stil, der für König Sigismund III. Wasa Symbol und Garant für die Reinerhaltung des Glaubens in Polen war, wurde unter seinem Sohn Władisław IV. an der Warschauer Hofkapelle nicht mehr so streng eingehalten. In Krakau allerdings pflegten die Rorantisten die alte Polyphonie bis in das 18. Jahrhundert hinein. Die neuen Stilformen, die im benachbarten Deutschland und in Italien bereits Fuß gefaßt hatten, drangen aber auch in die polnische Musik ein.

LEBEN

Marcin Mielczewski (Mielcowski, Milchevsky, Milczewski, Miszewski, Myltzewsky) wurde 1590 in Polen geboren. Nachdem er der Kapelle des Primas von Polen in Płock angehört hatte, kam er 1639 zur Kapelle König Władislaws IV. in Warschau. Er hat sich zuvor auch einige Zeit am Hof des Dänenkönigs Christian IV. aufgehalten. Ab 1644 war er Kapellmeister des Erbprinzen und späteren Königs Jan Kasimierz (1609–68). Er starb im September des Jahres 1651 in Warschau.

WERKE

Von dem polnischen Komponisten Marcin Mielczewski sind bei 20 Messen und Meßteile, weiters zahlreiche Motetten, a capella und monodisch – teilweise bis vierzehnstimmig –, ein Kirchenkonzert und ein Kanon zum Teil nur fragmentarisch überliefert, außerdem 6 Instrumentalkanzonen, ein Magnificat und einzelne Gesänge zur Orgel im monodischen Stil. Er kombinierte alten Stil und neue Formen zu sehr ansprechenden Klanggebilden.

Costin Miereanu (geboren 1943)

LEBEN

Costin Miereanu wurde am 27.2.1943 in Bukarest geboren. Er war am Konservatorium in Bukarest Schüler von Alfred Mendelsohn, Dan Constantinescu und Lazăr Octavian Cosma (geboren 15.2.1933, Tresnea-Sălaj) von 1960 bis 1966 und studierte darauf in Paris bei der Groupe de Recherches Musicales de l'ORTF (Gruppe für musikalische Forschungen des Rundfunks) und am Conservatoire bei Pierre Schäffer. Im Jahr 1967 wurde er in Bilthoven von der Gaudeamus-Stiftung mit einem Preis ausgezeichnet.

WERKE

Aleatorik und Musique concrète beherrschen das kompositorische Werk von Costin Miereanu. Er schrieb unter anderem »Monostrukturen I« für zwei Orchester und »II« für Streicher, Blechbläser und Tonband, »Das Ende krönt das Werk« für Klavier und sechs Instrumentengruppen, »In der Nacht der Zeiten«, aleatorische Musik für variable Besetzung und Tonband, »Farben der Zeit I« für Streichorchester, »II« für Streichquartett und Tonband, »III« für Doppelstreichquartett und Kontrabaß, »Räume II« für Streichorchester, Klavier und Tonband, ein Stück für Orchester und eines für Orchester mit aleatorischer Struktur, »Letzter Raum«, aleatorische Musik für Chor, sechs Instrumentengruppen und Tonband, »Raum jenseits von gestern«, aleatorische Musik für Kammerorchester, Stücke für Klavier und für Soloinstrumente.

Georges Migot (1891–1976)

LEBEN

Georges Elbert Migot wurde am 27.2.1891 in Paris geboren. Er studierte ab 1913 am Conservatoire in Paris unter Charles-Marie Widor, Maurice Emmanuel, Henri Expert (12.5.1863, Bordeaux, bis 18.8.1952, Tourrettes-sur-Loup, Alpes-Maritimes), André Gédalge, Vincent d'Indy, Félix Alexandre Guilmant und Eugène Gigaut. Von 1949 bis 1961 wirkte er als Konservator des Instrumentenmuseums am Conservatoire in Paris. Er starb am 5.1.1976 in Levallois.

WERKE

Das enorme kompositorische Werk von Georges Migot, der außerhalb seines Landes nahezu unbeachtet geblieben ist, nimmt eine wichtige Sonderstellung in der französischen Musikentwicklung ein, einerseits wegen seiner seltenen Vielfalt, andererseits wegen der Aufnahme der verschiedensten stilistischen Strukturen, denn in diesen Kompositionen sind sowohl Anregungen aus der Vokalmusik der Renaissance, aus der Kunst der französischen Lautenisten, aus den Werken von Jean-Philippe Rameau, von Gabriel Fauré und Claude Debussy wie auch aus fernöstlichen Kulturen und dem Vogelgesang verwertet, so daß es zu einer unverkennbaren originalen Tonsprache des Komponisten kam. Diese ist durch eine Verankerung der Diatonik, durch eine lyrische Grundhaltung und eine unvergleichliche Kantabilität in allen Bereichen gekennzeichnet. Migot hat die Vokal- und besonders die Chormusik Frankreichs zur gleichen Höhe mit der Instrumentalmusik geführt und erneuert. Er verfaßte 13 Sinfonien für Orchester, Kammerorchester und Blasmusik, von denen einige Titel tragen, Tanzstücke, ein Klavierkonzert, ein Cembalokonzert, Suiten für Violine, für Klavier, für Harfe, für Cello, für Orgel mit Orchester, 3 Streichquartette und Quartette mit verschiedener Besetzung, Trios mit verschiedener Besetzung, zum Teil mit Klavier, Duos für Violine, für Cello, für Flöte und Klavier, Gitarrenduos, Stücke für Violine, für Bratsche, für Klarinette, für Cello, für Fagott, für Gitarre, für Harfe solo, 3 Sonaten und zahlreiche andere Stücke für Orgel, 12 Konzertetüden, 8 Praeludien und viele andere Stücke für Klavier. Einen breiten Raum nahm in seiner kompositorischen Tätigkeit die Vokalmusik ein: 9 Oratorien, unter denen seine »Passion« starkes Aufsehen erregte – ihr schloß sich sein großartiger oratorischer Zyklus mit Begebenheiten aus den Evangelien an –, 35 Psalmen, 5 Gesänge, Responsorien, Liturgien, ein Requiem, profane Kantaten, zahlreiche Lieder und Liederzyklen für eine oder mehrere Stimmen, unbegleitet oder mit verschiedenen Instrumenten. Er publizierte eine Anzahl musikhistorischer und musikästhetischer Werke, dazu Abhandlungen über allgemeine Kunstfragen und Gedichte.

Miguel de Ambiela (1666–1733)

LEBEN

Miguel de Ambiela wurde am 29. 9. 1666 in La Puebla de Albortón, Zaragoza, getauft. Er studierte in Daroca, war 1686 bis 1688 Kapellmeister in Lerida, anschließend in Jaca, von 1700 bis 1707 an Nuestra Señora del Pilar in Zaragoza, sodann bis 1710 am Kloster der Descalzas Reales in Madrid und schließlich bis zu seinem Tod am 29. 3. 1733 an der Kathedrale in Toledo.

WERKE

Der spanische Komponist Miguel de Ambiela bemühte sich bei seinen zahlreichen Kirchenkompositionen, die polyphone Tradition zu wahren, nahm aber viele monodische Passagen auf und freundete sich sehr mit Chromatik und Dissonanzen an. Seine progressive Haltung geht schon daraus hervor, daß er eine Anzahl seiner Gesänge auf spanischen und nicht auf lateinischen Texten schrieb.

Miguel de Arizo (um 1590 bis nach 1633)

ZEIT UND UMWELT
Die enge Verknüpfung von Kirche und Musik in Spanien bis zum 17. Jahrhundert ist schon daraus ersichtlich, daß nahezu kein Komponist bekannt ist, der nur profane Musik komponiert hat. Es hat sie selbstverständlich gegeben wie in allen anderen Ländern, aber sie wurden einer Aufzeichnung nicht wert gehalten, wie auch sehr wenig von der Volksmusik aus jener Zeit überliefert ist.

LEBEN
Miguel de Arizo (Arizu) wurde um 1590 in Nordspanien geboren. Er war Chorknabe an der Königlichen Kapelle in Madrid und dort ab 1614 bis nach 1633 Altsänger. Er starb in einem der folgenden Jahre in Madrid, wo er sich als Sänger profaner Musik einen Namen gemacht hatte.

WERKE
Vom spanischen Sänger und Komponisten Miguel de Arizo sind nur 2 Kompositionen in der Sammlung »Cancionero de Sablonara« erhalten. Seine anderen angeblich zahlreichen Lieder sind verschollen.

Miguel de Fuenllana
(um 1500 bis um 1579)

ZEIT UND UMWELT
Philipp II. führte bereits in Abwesenheit seines Vaters Karl V. die Regentschaft und setzte, als er 1556 König von Spanien wurde, was die Hofhaltung betraf, dessen Stil fort. Wenn er auch das Gewicht auf die sakrale Musik legte, so konnte ein Hof des 16. Jahrhunderts einen Lautenisten nicht entbehren.

LEBEN
Miguel de Fuenllana wurde um 1500 in Navalcarnero, Madrid, blind geboren. Der Lautenist stand bis über sein 50. Lebensjahr hinaus als Kammermusiker im Dienst der Marquesa de Tarifa. Im Jahre 1554 widmete er dem nachmaligen König Philipp II. ein gedrucktes Lautenwerk und wurde 1562 in den königlichen Hofdienst aufgenommen. Er verblieb in dieser Stellung bis um 1569 und starb vermutlich in Valladolid um 1579.

WERKE
Der blinde Lautenist Miguel de Fuenllana hinterließ vor allem Bearbeitungen von Vokalsätzen berühmter Zeitgenossen, wie Vásquez, Morales, Guerrero, Flecha, Bernal, Arcadelt, Gombert, Josquin, Willaert, Verdelot, und von Messeteilen. Sie sind außerordentlich geschickt gesetzt und klangvoll und virtuos gehalten. Noch interessanter sind seine originalen »Fantasias«, die bereits die kompositorische Qualität des Jahrhunderts erreichten. Die Transkriptionen sind zum Teil für Gitarre, Vihuela oder spanische Laute gearbeitet.

LITERATUR
H. Riemann, Das Lautenwerk des Miguel de Fuenllana, Monatshefte für Musikgeschichte XXVII, 1895.

Leopoldo Miguéz (1850–1902)

ZEIT UND UMWELT
Die zahlreichen Musikvereinigungen, die in der zweiten Hälfte des 19. Jahrhunderts in Rio de Janeiro und in São Paulo gegründet wurden und sich vorwiegend klassischer und romantischer Musik Europas widmeten, bewiesen eine Verfeinerung des Publikumsgeschmacks, der sich immer mehr von der italienischen Oper und der Zarzuela abwandte.

LEBEN
Leopoldo Miguéz wurde am 9.9.1850 in Niterói bei Rio de Janeiro geboren. Er wurde in Porto und Paris zum Musiker ausgebildet, leitete von 1890 bis zu seinem Tod am 6.7. 1902 das Instituto Nacional de Música in Rio de Janeiro und wirkte als Operndirigent.

WERKE
Die 2 Opern von Leopoldo Miguéz standen im Schatten Richard Wagners, wie seine Orchesterwerke – eine Sinfonie in B-Dur, 6 sinfonische Dichtungen, mehrere Ouver-

türen, Märsche und Walzer – Franz Liszt zum Ahnherrn hatten. Auch seine Kammermusik – darunter eine ausgezeichnete Sonate für Violine und Klavier –, die Klavierstücke und zahlreiche Lieder sind »norddeutsch«. Er gehörte zu den Wegbereitern der modernen Musik seines Landes.

Ödön Mihalovich (1842–1929)

LEBEN

Ödön Péter Jozsef de Mihalovich wurde am 13.9.1842 in Fericzance, Slawonien (heute Feričance, Kroatien), geboren. Er war in Budapest Schüler von Mihály Mosonyi und in Leipzig von Moritz Hauptmann. In München, wo er noch bei Peter Cornelius Unterricht nahm, lernte er Richard Wagner kennen. Nach seiner Rückkehr in die ungarische Hauptstadt gründete er dort einen Wagner-Verein und leitete ihn. Nach dem Tod von Franz Liszt, der ihn förderte, leitete er bis 1919 die Landesmusikakademie. Er starb am 22.4.1929 in Budapest.

WERKE

Von Ödön Mihalovich sind 4 Sinfonien, mehrere sinfonische Dichtungen, Ouvertüren, ein Klavierkonzert, Chöre und Lieder überliefert. Von ihm wurden 3 Opern aufgeführt. Er war ein konservativer Wagner-Epigone, der an der von Liszt und Mosonyi eingeleiteten nationalungarischen Bewegung keinen Anteil nahm.

Marcel Mihalovici (1898–1985)

LEBEN

Marcel Mihalovici wurde am 22.10.1898 in Bukarest geboren. Er erhielt dort seine musikalische Grundausbildung. Im Jahr 1919 ging er nach Paris und studierte an der Schola Cantorum unter Vincent d'Indy. Von 1959 bis 1962 lehrte er an derselben Anstalt musikalische Morphologie. Danach war er nur noch als Komponist, ab und an auch als Dirigent tätig. Er starb am 12.8.1985 in Paris.

WERKE

Von Marcel Mihalovici sind 5 Opern und 5 Ballette aufgeführt worden. Er schrieb ferner 5 Sinfonien, zum Teil mit Singstimmen, ein Notturno, ein Divertissement, eine Fantasie, ein Capriccio, Variationen, Ouvertüren und andere verschiedene Orchesterstücke, ein Violinkonzert, ein Klavierkonzert, Stücke für verschieden besetzte Kammerensembles, 3 Streichquartette, ein Klavierquartett, ein Streichtrio, ein Bläsertrio, eine Sonate für drei Klarinetten, Stücke für Violine, Bratsche, Flöte, Oboe, Klarinette, Fagott, Horn, Baßsaxophon, Tenorsaxophon, zahlreiche Vokalwerke, Film- und Hörspielmusiken.

András Mihály (geboren 1917)

LEBEN

András Mihály wurde am 6.11.1917 in Budapest geboren. Er war an der Musikhochschule Schüler von Leó Weiner, Pál Kadosa und Imre Waldbauer (13.4.1892, Budapest, bis 3.12.1953, Iowa City). Ab 1946 wirkte er als Solocellist im Staatsopernorchester; seit 1950 ist er Professor für Kammermusik an der Musikhochschule. Im Jahr 1967 gründete er das Ungarische Kammerensemble zur Pflege der Avantgarde.

WERKE

Neben einer Oper schrieb András Mihály 3 Sinfonien, ein Cellokonzert, ein Klavierkonzert, ein Violinkonzert, eine Fantasie für fünf Bläser und Orchester, 3 Sätze für Kammerensemble, 2 Streichquartette, ein Klaviertrio, ein Duo für Cello und Klavier, eine Sonate und weitere Werke für Klavier, außerdem Chöre und Lieder.

LITERATUR

J. Kárpáti, Mihály András, Budapest 1965.

Jurij Mihevec (1805–82)

ZEIT UND UMWELT

Paris war für Musiker immer aufnahmebereit, doch als mit dem 19. Jahrhundert das Bürgertum zum Publikum wurde, vervielfältigten sich die Wirkungsmöglichkeiten für Tonkünstler jeder Art. Nicht wenigen gelang es sogar, ohne eine feste Stellung als freie Künstler ihr Auskommen zu finden.

LEBEN

Jurij Mihevec (Georg Micheuz) wurde am 22.3.1805 in Ljubljana (Laibach) geboren. Er betrieb bereits als Gymnasiast Musikstudien und lernte Klavier und Violine zu spielen. In Wien studierte er Rechtswissenschaft und vervollständigte seine musikalische Ausbildung. Von 1840 bis 1842 wirkte er als Musiklehrer in Ungarn, darauf ließ er sich in Paris nieder. Eine feste Stellung nahm er nicht an, sondern gab nur fallweise Instrumentalunterricht oder trat als Pianist auf. Er starb am 21. 8. 1882 in Mennécy, Essonne.

WERKE

Von Jurij Mihevec sind 251 Klavierkompositionen – Klavierkonzerte mit Orchester, Variationen, Fantasien, Tanzstücke, Studienwerke, Transkriptionen – überliefert. Er verfaßte auch einige Lieder mit Instrumentalbegleitung. Seine Klavierstücke werden zum Teil heute noch in seiner Heimat gespielt.

LITERATUR

L. M. Škerjanc, Jurij Mihevec, slovenski skladatelj i pianist, Ljubljana 1957.

Johann Aloys Miksch (1765–1845)

LEBEN

Johann Aloys Miksch (Mieksch) wurde am 19. 7. 1765 in Georgental (Jurki), Böhmen, geboren. Er war ab 1778 Kapellknabe in Dresden, ab 1786 Sänger an der Hofkirche, ab 1801 Gesanglehrer der Kapellknaben, ab 1820 Chordirektor der Hofoper. Er starb am 24. 9. 1845 in Dresden.

WERKE

Der Sänger Johann Aloys Miksch schrieb eine Reihe Messen, Requiem, Kantaten und andere sakrale Musik, die zwar nicht gedruckt wurden, aber wegen ihres Wohlklangs zu ihrer Zeit sehr beliebt waren.

Luys Milan (um 1500 bis nach 1561)

ZEIT UND UMWELT

Unter der Regierung der Katholischen Könige Ferdinand und Isabella wurden Kastilien und Aragón vereinigt, das aber eine gewisse Selbständigkeit behielt und von einem Vizekönig im Namen des Königs regiert wurde. Wenn auch schon unter Karl V. der Abbau der Privilegien begann, um eine allmähliche Verschmelzung der spanischen Provinzen zu einem einheitlichen Reich einzuleiten, der Hof des Vizekönigs blieb doch als mehr oder weniger leeres Symbol der Selbständigkeit intakt. Auch Philipp II. rührte daran nicht, obwohl gerade er die Freiheit der Aragonesen gründlich ausgehöhlt hatte.

LEBEN

Don Luys Milan wurde um 1500 in einer adeligen Familie vermutlich in Valencia geboren. Er wirkte am Hof des Vizekönigs von Aragón als Lautenist, Vihuelaspieler und Komponist. Er ist nach 1561 in Valencia gestorben.

WERKE

Der Vihuelavirtuose Luys Milan hinterließ neben schriftstellerischen Werken ein Buch mit Stücken für die Vihuela, das spanische, portugiesische und italienische Sologesänge und instrumentale Fantasien, Tientos und Pavanen enthält. In diesem Werk bringt der Meister verschiedenartige Begleitungsmethoden wie einfache Akkorde, stimmnachahmende Partien, Arpeggien und am Ende der Verse rasche, brillante kadenzartige Passagen. Seine Sätze sind echte Solostücke und keine bloße Transkription polyphoner Musik.

LITERATUR

J. B. Trend, Luys Milan, London 1925.

Teresa Milanollo (1827–1904)

LEBEN

Domenica Maria Teresa Milanollo wurde am 28.8.1827 in Savigliano bei Turin geboren. Sie war Schülerin von Charles Philippe Lafont und bereiste mit ihrer Schwester Maria Margherita Lucia Milanollo (19.6.1832, Savigliano, bis 21.10.1848, Paris), die sie selbst zur Violinvirtuosin ausgebildet hatte, mit größtem Erfolg ganz Europa. Sie starb am 25.10.1904 in Paris.

WERKE
Von Teresa Milanollo sind Violinstücke, Variationen und Transkriptionen für Violine und Klavier überliefert. Sie komponierte auch ein sehr schönes Ave Maria für Männerchor a cappella.

Carlo Milanuzzi
(um 1590 bis nach 1647)

ZEIT UND UMWELT
Mit Frescobaldi hatte die italienische Orgelkunst einen hohen Stand erreicht, stagnierte aber dann. Vorläufig gab es keine Weiterentwicklung. Es spielten zwar in jeder Kirche Organisten, es wurde auch für Orgel komponiert, aber das Instrument wurde nahezu ausschließlich als Begleitinstrument für Vokalmusik oder andere Instrumente verwendet. Selbständige solistische Orgelmusik war selten geworden; man traf sie nur jenseits der Alpen im Norden.

LEBEN
Carlo Milanuzzi wurde um 1590 in Esanatoglia bei Camerino, Marken, geboren. Er trat dem Augustinerorden bei und wurde im Kloster ausgebildet. Im Jahr 1619 wurde er Organist seines Ordens in Perugia, 1622 Kapellmeister an Sant'Eufemia in Verona und wirkte in gleicher Eigenschaft von 1623 bis 1629 an Santo Stefano in Venedig, sodann in Finale di Modena. Ab 1636 war er Kapellmeister am Dom in Camerino, 1642 erneut an Sant'Eufemia in Verona und endlich ab 1643 Kapellmeister und Organist an San Mauro Martire in Noventa di Piave, wo er nach 1647 starb.

WERKE
Von dem italienischen Komponisten Carlo Milanuzzi ist eine nicht geringe Anzahl kirchlicher Konzertmusik mit Generalbaß erhalten, wie vierstimmige konzertante Messen für drei und vier Stimmen, zweistimmige Vesperpsalmen, fünfstimmige sakrale Gesänge, mehrstimmige Psalmen, Motetten. Diese Werke schreiben zum Teil auch Instrumentalbegleitung vor. Seine profanen Gesänge sind auf 9 Bücher verteilt, in denen sich auch Gitarrenstücke, Tänze und etliche Werke anderer Komponisten befinden; Buch 9 ist verschollen. Musik für Orgelsolo liegt nicht vor.

LITERATUR
S. L. Astengo, Musici agostiani, Florenz 1929.

Johann Peter Milchmeyer (1750–1813)

ZEIT UND UMWELT
Auch das Pianoforte regte Instrumentenbauer zu skurrilen Erfindungen an. In Erinnerung an das Cembalo wurden Instrumente mit mehreren Manualen und Registerzügen gebaut, um verschiedene Klangqualitäten zu gewinnen. In der Regel blieben alle diese Versuche Einzelerscheinungen, die nicht weiterentwickelt wurden, aber aus ihrer Vielfalt entstanden doch Anregungen zu tatsächlich brauchbaren Verbesserungen.

LEBEN
Johann Peter Milchmeyer wurde 1750 in Frankfurt am Main geboren. Er wirkte zuerst als Pianist in Lyon, sodann durch 10 Jahre als »Clavier- und Harfenmeister« in Paris. Er konstruierte nach 1780 in Ockstadt bei Friedberg, Hessen, ein Pianoforte mit 3 Manualen und 11 Registern, die mehr als 250 Klangvariationen erzeugten; er erhielt dafür den Titel eines bayrischen Hofmechanikus. Nach längeren Konzertreisen hielt er sich ab 1797 in Dresden auf und ließ sich 1803 in Straßburg als Klavierlehrer nieder, wo er am 15. 3. 1813 starb.

WERKE
Neben theoretischen Werken über das Piano-

forte und das Spiel des Instruments brachte Johann Peter Milchmeyer Stücke für Pianoforte in 17 Heften heraus, die in erster Linie als Lehrwerke gedacht waren, aber auch einen gewissen musikalischen Wert besaßen.

Robin Milford (1903–59)

LEBEN

Robin Humphrey Milford wurde am 22.1. 1903 in Oxford geboren. Er war am Royal College of Music in London Schüler von Ralph Vaughan Williams, Gustav Holst und Reginald Owen Morris (3.3.1886, York, bis 15.12.1948, London). Er lebte in London als freischaffender Komponist und starb am 29.12.1959 in Lyme Regis, Dorsetshire.

WERKE

Außer 2 Opern schrieb Robin Milford 2 Ballette, eine Suite für Streicher, eine weitere für Oboe und Streicher und eine für Klavier und Streicher, eine Doppelfuge für Orchester, ein Violinkonzert, 3 Konzerte für Streichorchester, ein Konzert für Cembalo und Streicher, mehrere Konzerte für Kammerorchester, ein Streichquartett, ein Klaviertrio, ein Trio für Klarinette, Cello und Klavier und eines für zwei Violinen und Klavier, mehrere Kantaten und Chorwerke. Sein Stil steht der englischen Spätromantik noch sehr nahe.

Darius Milhaud (1892–1974)

LEBEN

Darius Milhaud wurde am 4.9.1892 in Aix-en-Provence geboren. Im Jahr 1909 nahm er am Conservatoire in Paris seine Musikstudien bei André Gédalge, Paul Dukas, Charles-Marie Widor und Xavier Leroux auf. Er kam mit dem Dichter und Diplomaten Paul Claudel in Kontakt, der ihn als Gesandtschaftsattaché nach Rio de Janeiro mitnahm. Nach zwei Jahren kehrte er nach Paris zurück und trat der Gruppe der »Six« bei. Vor dem Einmarsch der Deutschen flüchtete er 1940 in die USA und wurde Lehrer am Mills College in Oakland, Calif. Nach seiner Rückkehr 1945 lebte er abwechselnd in den USA und in Frankreich, wo er am Conservatoire unterrichtete. Ein Leiden hinderte seine Bewegungsfähigkeit im fortschreitenden Maß, doch er trotzte diesem Schicksal und komponierte bis in sein hohes Alter. Er starb am 22.6.1974 in Genf.

WERKE

»Darius Milhaud komponierte mit der selbstverständlichen Leichtigkeit, mit der andere atmen. Er arbeitete nicht nur mit einem Überangebot von Ideen, er beherrschte alles Handwerkliche mit erstaunlicher Virtuosität. Es

Darius Milhaud

gibt kaum eine Musikgattung, für die er nicht geschrieben hätte, Miniaturformen gelangen ihm ebenso mühelos wie Monumentalwerke.« Sein Stilprinzip war die Polytonalität. Seine Instrumentation wirkte durch die selbständige Behandlung des Schlagwerks sehr eigenwillig, aber rhythmisch eindringlich und differenziert. Er schrieb 13 Sinfonien, teilweise mit programmatischen Titeln, einige mit Chor, 6 Kammersinfonien, eine Anzahl Suiten und Serenaden, 3 Violinkonzerte, 2 Bratschenkonzerte, 2 Cellokonzerte, 5 Klavierkonzerte, ein Konzert für Schlagzeug und Orchester, 2 Konzerte für zwei Klaviere und Orchester, ein Klarinettenkonzert, ein Marimbakonzert, ein Harfenkonzert, Concertini für Violine, für Bratsche und Orchester, ein Cembalokonzert, ein Konzert für zwei Klaviere und acht Instrumente, ein Konzert für Posaune und Streicher, 2 Tongedichte für Klavier und Orchester, Tänze, Oden, Ouvertüren, ein Kammerkonzert für Klavier, Blas- und Streichquintett, ein Streichseptett, 3 Streichquintette, ein Klavierquintett, ein Bläserquintett, 18 Streichquartette, 6 Stücke für vier Klaviere, ein Streichtrio und viele andere Kammermusik mit verschiedener Besetzung, zahlreiche Sonaten für verschiedene Instrumente, Klavier- und Orgelwerke, Kantaten und Chorwerke, Lieder mit Klavier oder anderen Instrumenten, ungefähr 20 Opern und 15 Ballette, zahlreiche Bühnen- und Filmmusik. Sein gesamtes kompositorisches Werk umfaßt etwa 450 Stücke. Es ist sehr schwer, daraus eine Auswahl zu treffen. Gespielt wird nahezu alles, was er geschaffen hat.

Sinfonie Nr. 4 »1848«, 4 Sätze, entstanden 1947

Dieses Werk ist im Auftrag der französischen Regierung zur 100-Jahr-Feier der Revolution von 1848 verfaßt. Der 1. Satz »Der Aufstand« setzt mit Schlagzeugsoli ein, denen ein Marsch im Fortissimo folgt. Der 2. Satz »Den Toten der Republik« bringt einen Trauergesang der Celli. Der 3. Satz »Die Freuden der wiedererreichten Republik« ist ein Scherzo. Im Finale »Gedenken 1948« werden die Themen des 1. Satzes wieder aufgenommen und auf die Gegenwart bezogen.

Sechs kleine Sinfonien

Nr. 1 »Der Frühling«, Opus 43, 3 Sätze, entstanden 1917, ist vorwiegend pastoral und leicht impressionistisch. Ein fröhliches Andante bringt der 1. Satz, eine klagende Oboenmelodie der 2. Satz; das Finale ist lebhaft und volkstümlich.

Nr. 2 »Pastorale«, Opus 49, 3 Sätze, entstanden 1918, ist ähnlich gebaut. Der 1. Satz ist fröhlich und freudig, im 2. Satz spielt das Englischhorn eine Hirtenmelodie, das Finale ist tänzerisch erregt.

Nr. 3 »Serenade«, Opus 71, 3 Sätze, entstanden 1921, ist sehr farbig und eigenwillig instrumentiert. Der 1. Satz ist lebhaft, der 2. Satz bringt eine sangliche Streichermelodie, das Finale ist durch eine ostinate Klarinettenfigur, von Bläsern begleitet, in einem ausgelassenen Klima gekennzeichnet.

Nr. 4, Opus 74, 3 Sätze, entstanden 1921, wird von zehn Streichinstrumenten bestritten. Der 1. Satz »Ouvertüre« ist sehr bewegt, der 2. Satz »Choral« ist langsam und bringt geheimnisvolle Kontrabaßpassagen; das Finale ist eine freie fugierte Etüde.

Nr. 5, Opus 75, 3 Sätze, entstanden 1922, ist für zehn Blasinstrumente geschrieben. Der 1. Satz bringt ein sehr formfrei gehaltenes einleitendes Konzertstück, der langsame Mittelsatz gleicht einer Serie unzusammenhängender Monologe, das Finale ist munter und kraftsprühend.

Nr. 6, Opus 79, 2 Sätze, entstanden 1923, schreibt neben Oboe und Cello ein Vokalisen singendes Vokalquartett vor. Der 1. Satz beginnt langsam, geht aber in ein lebhaftes Tempo über, der 2. Satz ist gemessen und sehr ausdrucksvoll. Es liegt unbedingte absolute Musik ohne irgendwelche Deutungsmöglichkeit vor.

Die vier Jahreszeiten

Frühlings-Concertino für Violine und Kammerorchester, Opus 135, entstanden 1934, stellt polytonal und polyrhythmisch die Erneuerung der Natur und deren vielfache Spannung dar.

Sommer-Concertino für Solobratsche und neun Instrumente, Opus 311, entstanden 1950. Geschmeidig und schmachtend beginnt das Werk. Nach einigen Einwürfen der Bläser erhebt sich ein tänzerischer Rhythmus, dessen Derbheit durch immer mehr Farben bekräftigt wird und ebbt dämmerhaft mild ab.

Herbst-Concertino für zwei Klaviere und acht Instrumente, Opus 309, entstanden 1950. Den Beginn des Werks beherrschen tiefe Register der Hörner. Die Holzbläser bringen einen freien Zwischenteil, der sich in ein Divertimento verwandelt und mit seinem melodischen Überfluß trunkene Landleute darstellt. Das Ende strömt melancholische Ruhe aus.

Winter-Concertino für Posaune und Streichorchester, Opus 327, entstanden 1953. Abseits von jeder Schablone der Winter-Darstellung beginnt die Posaune das Werk. Erst der zweite Teil lehnt sich an das traditionelle Bild eines pastoralen Winters an, doch ohne die übliche fröstelnde Meditation über Eis und Schnee. Das Stück endet voll Hoffnung auf den wiederkehrenden Frühling.

Le boeuf sur le toit (Der Ochse auf dem Dach), Cinéma-Fantasie, Opus 58, ein Satz, entstanden 1919

Den Titel übernahm der Komponist von einem populären brasilianischen Lied. Das Stück wurde als Ballett uraufgeführt, dessen Szene in einer amerikanischen Bar spielte, wo Gäste surrealistische akrobatische Tänze vorführten. Die Musik besteht aus Tanzmelodien – Tangos, Maxixes, Sambas und einem portugiesischen Fado. Zwischen den Tänzen ist ein rondoartiges Thema eingefügt.

Die Erschaffung der Welt, Ballettmusik, Opus 81b, 5 Teile, entstanden 1923

Die Handlung dieses Balletts, das als erstes sinfonisches Werk Jazzelemente verwendete, fußt auf afrikanischen Volksmythen. Nach einem Vorspiel in ruhigem Tempo und mit einem Saxophonsolo stellt der 1. Teil das Chaos vor der Schöpfung und dem magischen Eingreifen der Götter dar. Im 2. Teil erwachen Pflanzen und Tiere zu Soli von Flöte und Oboe. Der 3. Teil bringt Tänze der Tiere und das Erwecken des Menschen, ausgedrückt durch Synkopenmelodik in wechselnder Formation. Im 4. Teil führt das Menschenpaar einen orgiastischen Tanz auf. Im 5. Teil beruhigt sich die Szene; es erklingen Reminiszenzen früherer Themen.

Streichseptett, Opus 408, 4 Sätze, entstanden 1964
Das erste Thema des 1. Satzes ist der Ersten Violine zugeteilt, während die anderen Instrumente es begleiten. Das Zweite Cello führt ein zweites Thema ein, das zur Grundlage des zweiten Abschnitts des Satzes wird. In der Durchführung werden beide melodischen Linien von allen Instrumenten streckenweise übernommen. Im 2. Satz ist jedem Takt die Dauer einer Sekunde zugewiesen. Diese streng eingehaltene Mensur erzeugt eine kaleidoskopartige Wirkung. Der 3. Satz wird vom Kontrabaß intoniert. Er besteht aus fünf Teilen, die durch Soli getrennt sind. Seine Stimmung ist stark meditativ. Das Finale ist symmetrisch gebaut, sehr energisch und lebhaft.

Suite de Quatrains (Vierzeiler-Folge), Opus 398, 18 Teile, entstanden 1962
Von den »Quatrains« von Francis Jammes (1868 bis 1938) werden 18 Gedichte nacheinander frei rezitiert und von sieben Instrumenten begleitet und interpretiert. Bei drei Stücken ist die Musik mensuriert, sonst aber von keinen Taktstrichen beengt. Nach Anweisung des Komponisten »verfolgt jedes Instrument frei seine melodische Linie ohne Zusammenhang mit den gleichzeitig von anderen Instrumenten gespielten Melodien, so daß eine völlig horizontale Musik entsteht«. Die Klänge verstummen am Ende jeder Rezitation, um die Zuhörer der Meditation zu überlassen.

Literatur

H.H. Stuckenschmidt, Schöpfer der neuen Musik, Frankfurt/M. 1958. J. Roy, Darius Milhaud, Paris 1969. R.J. Swickard, The symphonies of Darius Milhaud, Los Angeles 1973.

Edward Miller (1731–1807)

Zeit und Umwelt

Doncaster, unweit von Leeds mitten im mittelenglischen Industrie- und Minengebiet, verfügte über eine reiche Bürgerschaft, die für die Kapelle an St. George's, ihrer Pfarrkirche, fähige Musiker engagieren konnte.

Leben

Edward Miller wurde 1731 in Norwich geboren. Er wurde 1756 als Organist an die Pfarrkirche in Doncaster bestellt und versah diesen Dienst bis zu seinem Tod am 12. 9. 1807.

Werke

Von Edward Miller sind Elegien, Lieder, Cembalosonaten, Flötensoli, Psalmvertonungen, Services, Anthems und Hymnen erschienen. Seine Kompositionen eigneten sich besonders für kleinere Kirchenkapellen; sie waren so gesetzt, daß sie auch mit kleiner Besetzung einen schönen Klang erzielten.

Lluis Millet (1867–1941)

Leben

Lluis (Luis) Millet wurde am 18.4.1867 in Masnou bei Barcelona geboren. Er war Schüler von Felipe Pedrell. Mit dem Komponisten vieler Zarzuelas, Amadeo Vives (18.11.1871, Collbató, Barcelona, bis 2.12.1932, Madrid), gründete er den gemischten Chor Orfeó Català, den er durch viele Jahre dirigierte und zu einem wichtigen Zentrum des katalonischen Musiklebens entwickelte. Er starb am 7.12. 1941 in Barcelona.

Werke

Von Lluis Millet sind zahlreiche Chorgesänge und Lieder auf katalanische Texte bekannt geworden. Er schrieb außerdem zahlreiche Orchesterfantasien auf Volkslieder aus Katalonien.

Alessandro Milleville (um 1521–89)

Zeit und Umwelt

Modena kam im 13. Jahrhundert unter die Herrschaft der Herzöge d'Este, so daß das Schicksal der Stadt eng mit dem von Ferrara verbunden war. Die Familien der Herzöge hielten sich abwechselnd in einer der beiden

Städte auf. Der letzte Vertreter des Hauses, Alfonso II., hielt gern in Modena Hof.

LEBEN
Alessandro Milleville wurde um 1521 in Ferrara als Sohn des Musikers Jean de Milleville, der in der ersten Hälfte des 16. Jahrhunderts im Dienst des Hauses d'Este stand, geboren. Er wurde vermutlich von seinem Vater ausgebildet. Von 1544 bis 1573 war er Musiklehrer der Familie d'Este in Modena mit der Unterbrechung von etlichen Jahren ab 1552, in denen er als päpstlicher Sänger wirkte. Von 1575 bis 1584 war er Hoforganist in Ferrara, wo er am 8. 9. 1589 starb.

WERKE
Von Alessandro Milleville sind 3 Bücher Madrigale und 2 Bücher sakrale Lieder erhalten, die dem in der Mitte des Jahrhunderts voll ausgebildeten italienischen Stil getreu folgten. Von einer Abhängigkeit von der franko-flämischen Schule ist dabei nichts mehr zu merken.

Francesco Milleville
(um 1560 bis nach 1639)

ZEIT UND UMWELT
Unter König Sigismund III. von Polen versuchten viele italienische Musiker ihr Glück in Krakau. Sie waren willkommen, weil der König als fanatischer Katholik nur Anhänger seiner Konfession in seiner Kapelle duldete und außer den Reformierten auch viele Polen abwanderten, die bei dem im ganzen Land äußerst unbeliebten Herrscher nicht bleiben wollten, wenngleich sie Katholiken waren. Es ist auffällig, daß auch von den Zugewanderten keiner seßhaft wurde, sondern jeder nach einigen Jahren Krakau verließ.

LEBEN
Francesco Milleville wurde um 1560 in Ferrara als Sohn des Organisten und Komponisten Alessandro Milleville geboren und von seinem Vater ausgebildet. Er wirkte eine Zeitlang an verschiedenen Kirchen seiner Heimat und ging gegen Ende des Jahrhunderts nach Krakau in den Dienst des Polenkönigs und darauf an den Hof Kaiser Rudolfs II. in Prag. Im Jahre 1614 begab er sich nach Rom, wurde bald darauf Kapellmeister am Dom in Volterra und darauf an San Giorgio in Ferrara; 1627 übernahm er den Organistendienst an San Benedetto in Siena und zog sich 1639 in das Kloster seines Ordens, dem er unter dem Namen Barnaba angehörte, nach Arezzo zurück, wo er einige Jahre darauf starb.

WERKE
Von Francesco Milleville sind 3 achtstimmige Messen und eine für vier Stimmen, 5 Bücher zwei- bis sechsstimmige Motetten, Psalmen, geistliche Solokonzerte, mehrstimmige Madrigale und geistliche Konzerte mit Generalbaß erschienen. Basso continuo und Monodie werden von ihm bereits sehr geschickt gehandhabt.

Giuseppe Millico (1739 – 1802)

LEBEN
Giuseppe Vito Millico wurde am 19. 1. 1739 in Terlizzi bei Bari geboren und vermutlich in Neapel zum Sopranisten ausgebildet. Er trat in Italien, Wien, Berlin und London mit größtem Erfolg auf, ließ sich 1780 in Neapel endgültig nieder, wo er 1802 starb.

WERKE
Von dem Eviraten Giuseppe Millico sind zahlreiche Canzonetten, Arien, eine vierstimmige Kantate und mehrere Opern bekannt geworden. Er bewies damit ein bedeutendes kompositorisches Können.

Karl Millöcker (1842–99)

LEBEN
Karl Millöcker wurde am 29. 4. 1842 in Wien geboren. Seine Ausbildung erhielt er am Wiener Konservatorium der Musikfreunde und wurde mit 16 Jahren Flötist am Theater in der Josefstadt. Ab 1864 wirkte er als Kapellmeister

Karl Millöcker

am Landestheater Graz, ab 1866 in gleicher Eigenschaft am Harmonietheater Wien und von 1869 bis 1883 am Theater an der Wien. Er starb am 31.12.1899 in Baden bei Wien.

WERKE
Von Karl Millöcker sind 23 Operetten, von denen einige durch ihren Melodienreichtum sehr erfolgreich waren, und eine Reihe Bühnenmusiken bekannt geworden. Er ist als bedeutender Repräsentant der klassischen Wiener Operette einzustufen.

Nicolas Millot (um 1510 bis nach 1585)

LEBEN
Nicolas Millot wurde um 1510 in Paris geboren und ausgebildet. Er kam als Sänger an die Chapelle Royale, an der er von 1567 bis 1585 als Vizekapellmeister wirkte. Er ist in den Jahren nach seinem Ausscheiden aus der Kapelle in Paris gestorben. Im Jahre 1575 erhielt er vom Puy d'Evreux für eine Chanson einen Preis.

WERKE
Von dem französischen Komponisten Nicolas Millot sind ungefähr 30 Chansons für mehrere Stimmen überliefert, außerdem eine Vertonung der Sprüche Salomons für vier Stimmen.

John Mills-Cockell (geboren 1943)

LEBEN
John Mills-Cockell wurde am 19.5.1943 in Toronto geboren. An der Universität und am Konservatorium seiner Vaterstadt studierte er Komposition und Elektronische Musik. Im Jahr 1966 schloß er sich der Mixed-Media-Gruppe »Intersystem« an, die eine audiokinetische Kompositions- und Interpretationsmethode entwickelte, in der Musik, Film und bildende Kunst integriert wurden. Er wurde Mitglied mehrerer Bands in Toronto und Vancouver, die dieses Ziel verfolgten, und schrieb dafür Kompositionen.

WERKE
Außer zahlreichen Mixed-Media-Stücken verfaßte John Mills-Cockell »Kanonische Variationen« für Prepared piano, Fagott und Stereotonband, ein Bläserquartett, ein Stück für Soloposaune und zwei Stereobandschleifen, elektronische Stücke, Fernseh- und Filmmusik.

Carl Borromäus Miltitz (1780–1845)

ZEIT UND UMWELT
Burg Scharfenstein bei Meißen war der Mittelpunkt romantischer Literaten um Friedrich de la Motte Fouqué (1777–1843), der das Libretto zur Oper »Undine« (Ernst Theodor Amadeus Hoffmann und Albert Lortzing) schrieb, und Johann Friedrich Kind (1768–1843), Verfasser der Libretti zu den Opern »Das Nachtlager in Granada« (Conradin Kreutzer) und »Der Freischütz« (Carl Maria von Weber), und Johann August Apel (1771–1816), Autor des Gespensterbuchs (dem der Freischütz-Stoff entnommen ist). Sagen, Märchen, Rittergeschichten, unheimliche Begebenheiten bildeten ihre Hauptthemen.

LEBEN
Carl Borromäus von Miltitz wurde am 9.11. 1780 in Dresden geboren. Er diente von 1797 bis 1810 als Offizier und war daneben Schüler von Joseph Schuster (1748–1812) und Christian Ehregott Weinlig. Von 1810 bis 1824 lebte er auf Burg Scharfenstein als Komponist, Musikschriftsteller und Kritiker. Dann erhielt er eine Hofstellung in Dresden, wo er am 19.1. 1845 starb.

WERKE
Von Carl Borromäus Miltitz wurden 8 Opern und Singspiele aufgeführt. Der Text seines Oratoriums »Die Frauen am Grabe des Heilands« stammt von Friedrich de la Motte Fouqué. Er schrieb 5 Messen, darunter die sehr bekannte h-Moll-Messe, die heute noch gesungen wird und ein interessantes Beispiel romantischer Kirchenmusik darstellt. Neben kleineren sakralen Werken verfaßte er eine Sinfonie, mehrere Ouvertüren, einige Kammermusik und Lieder, davon 12 auf Texte von Friedrich de la Motte Fouqué und 6 auf Gedichte von Christoph August Tiedge (1752–1841).

John Milton (um 1563 – 1647)

ZEIT UND UMWELT
Die Gründung der ersten Kolonie, Virginia, im Jahre 1584, der Sieg der englischen Flotte über die spanische Armada (1588) und die Bildung von überseeischen Handelskompanien machten das englische Königreich zur führenden Großmacht der Welt der frühen Neuzeit. Hand in Hand damit ging eine Hochblüte der kulturellen Entwicklung des Landes, die durch den Namen Shakespeare allein genügend gekennzeichnet ist. Auf welchem Höhepunkt das Musikleben der Elisabethanischen Epoche angelangt war, veranschaulicht recht klar die Festausgabe »The Triumphes of Oriana« aus 1601 für den Sieger über die spanische Invasionsflotte, Charles Howard of Nottingham (1536–1624), die 25 Madrigale von 23 zeitgenössischen Komponisten enthält, wenngleich daran die damalige »Prominenz«, wie Byrd oder Dowland, nicht beteiligt war.

LEBEN
John Milton wurde um 1563 in Stanton St. John bei Oxford geboren und dürfte von 1575 bis 1577 dem Christ Church College in Oxford als Singknabe und Student angehört haben. Im Jahre 1595 begab er sich nach London und wurde dort Mitglied und dann Notar einer Maklergesellschaft. Um 1632 zog er sich von den Geschäften, die ihn zum reichen Mann gemacht hatten, zurück und ließ sich in Horton, Buckinghamshire, nieder; 1641 übersiedelte er nach Reading und zwei Jahre darauf nach London, wo er im März 1647 starb.
Sein Sohn John Milton (1608 – 74) war einer der bedeutendsten Dichter der Weltliteratur, von dessen Dichtungen einzelne mehrfach vertont wurden.

WERKE
Die bekannteste Komposition von John Milton war ein vierzigstimmiges »In nomine«, das völlig der italienischen Vielstimmigkeit der Zeit folgte. Verschiedene sakrale Vokalwerke, 5 fünf- und sechsstimmige Violen-Fantasien, 4 Lamentationen und 2 Psalmen, mehrere Madrigale, von denen eines in die Sammlung »The Triumphes of Oriana« aufgenommen wurde, erklären die Wertschätzung, die man dem Komponisten entgegenbrachte.

LITERATUR
E. Brennecke, John Milton the Elder and His Music, New York 1938.

Antoni Milwid (um 1740 bis um 1800)

ZEIT UND UMWELT
Mit der dritten Teilung Polens im Jahr 1795 war der letzte Rest der Selbständigkeit seines Volkes vorläufig aufgehoben. Seine kulturellen Leistungen jedoch setzten sich auch unter den politisch widrigsten Zuständen fort, vor allem auf dem Gebiet der Musik.

LEBEN

Antoni Milwid wurde um 1740 vermutlich im schlesischen Raum geboren. Er soll an der Kirchenkapelle in Rothenburg (Czerwieńsk), Oder, als Instrumentalist bis zu seinem Tod um 1800 gewirkt haben.

WERKE

Von Antoni Milwid sind Sinfonien, Messen, Offertorien, Litaneien und ein Zyklus aus 12 Kantaten für Sopran, Baß, zwei Violinen, Flöten, Klarinetten und Orgel bekannt geworden. Er wird als der erste polnische Sinfoniker angesehen. Sein Stil stand der Wiener Klassik sehr nahe.

Konzertante Sinfonie für Oboe und Orchester,
4 Sätze

Der Einfluß Joseph Haydns ist bereits in der langen langsamen Einleitung spürbar, in der die Oboe das von Cello und Baß angestimmte Thema aufnimmt. Dann setzt das Allegro des 1. Satzes ein, das nur aus einem Thema besteht. Im Gegensatz dazu bringt das Andantino einen Dialog zwischen Oboe und Orchester. Das anschließende Menuetto wird im Hauptteil vom Orchester bestritten; der Solist kommt erst im Mittelteil zu Wort. Das Finale ist ein Rondo, das die Oboe mit einer Kadenz abschließt.

Ludwig Minkus (1826 bis nach 1890)

ZEIT UND UMWELT

Um die Mitte des 19. Jahrhunderts kam es, von Adolphe Adam ausgehend, zu einer gründlichen Reorganisation des Balletts, das bisher zu einer bloßen Aneinanderreihung von Tanznummern mit nur losem Zusammenhang und einer oft belanglosen Musik geraten war. Im neuen französischen Ballett wurde der Pantomime der Vorzug eingeräumt, so daß wieder »Ballethandlungen« entstanden, und die Musik neben der choristischen Leistung zum gleichwertigen tragenden Element des Kunstwerks erhoben.

LEBEN

Aloysius Ludwig Minkus (Léon) wurde am 23.3.1826 in Wien geboren. Er wirkte von 1853 bis 1855 als Orchesterdirigent in St. Petersburg, von 1861 bis 1872 als Musikinspektor der kaiserlichen Theater der russischen Hauptstadt und anschließend bis 1890 als Ballettkomponist. Darauf kehrte er über Aufenthalte in Italien und in der Türkei nach Österreich zurück, wo er in einem der folgenden Jahre starb.

WERKE

Von Ludwig Minkus sind 16 Ballettkompositionen erhalten, von denen er einige in Zusammenarbeit mit Léo Delibes, der durch seine Kompositionen ebenfalls viel zur Hebung des Balletts beitrug, verfaßte.

Ambrogio Minoia (1752–1825)

ZEIT UND UMWELT

Der »Maestro di cembalo« eines Opernorchesters hatte, soweit es sich um Opern mit Generalbaß handelte, die Füllstimmen zu spielen und zudem die Rezitative zu begleiten. Bei Orchestern, die ohne Dirigenten spielten, fiel dem Maestro die Aufgabe zu, die Musik vom Cembalo aus zu leiten.

LEBEN

Ambrogio Minoia wurde am 22. 10. 1752 in Ospitaletto bei Lodi geboren. Seine Grundausbildung erhielt er in Lodi, dann setzte er seine Studien in Neapel unter Nicola Sala fort. An der Scala in Mailand wirkte er von 1784 bis 1802 als »Maestro di cembalo«. Von 1814 bis 1824 lehrte er am Mailänder Konservatorium Komposition. Er starb am 3. 8. 1825 in Mailand.

WERKE

Von Ambrogio Minoia sind 6 Duos für Violinen, 6 Streichquartette, 8 Sinfonien, sakrale und profane Vokalwerke und Solfeggien bekannt geworden. Sein Stil bewegte sich bereits deutlich vom neapolitanischen weg.

Guillaume Minoret (um 1650–1717)

ZEIT UND UMWELT

Unter Ludwig XIV. hatte die Königliche Kapelle vier Kapellmeister, die wiederum streng in Rangstufen eingeteilt waren, wie alle Höflinge ihren bis in das letzte bestimmten Wirkungskreis zugeteilt bekamen. Die einmal erworbenen Posten konnten verkauft und vererbt werden. Diese ausgeklügelte Hierarchie bildete eine der Voraussetzungen der absolutistischen Regierungsform des Königs. Die Kapellmeisterstellen wurden aber doch zumeist aufgrund eines Wettbewerbes zugeteilt.

LEBEN

Guillaume Minoret wurde um 1650 vermutlich in Paris geboren. Er war Kapellmeister an der Abtei St-Victor, dann an St-Germain-l'Auxerrois in Paris. Im Jahr 1683 wurde er einer der Kapellmeister der Königlichen Kapelle und trat davon erst 1714 zurück. Er starb in Paris im Jahr 1717.

WERKE

Vom französischen Komponisten Guillaume Minoret sind ein Te Deum, eine Weihnachtsmesse für Chor und Orchester und Motetten mit ähnlicher Besetzung erhalten. Er soll für die von ihm betreuten Kirchen viel komponiert haben, überliefert ist davon nichts. Er repräsentierte in der französischen Kirchenmusik der Zeit den konzertanten Stil.

Franciszek Mirecki (1794–1862)

ZEIT UND UMWELT

Krakau, das bei der dritten Teilung Polens 1795 Österreich zufiel, wurde 1809 von Napoleon dem Herzogtum Warschau zugeteilt. Obwohl die Stadt mit Umgebung im Wiener Kongreß (1815) als unabhängige Republik statuiert und erst 1846 Österreich neu angegliedert wurde, waren ihre Beziehungen zu Wien bereits vom Beginn des 19. Jahrhunderts an intensiver als zur polnischen Hauptstadt.

LEBEN

Franciszek Mirecki wurde am 1.4.1794 in Krakau geboren. Er war von 1814 bis 1817 in Wien Schüler von Johann Nepomuk Hummel, anschließend von Luigi Cherubini in Paris und wirkte sodann als Operndirigent in Lissabon, Genua und Krakau, wo er am 29.5.1862 starb.

WERKE

Von Franciszek Mirecki sind 9 Opern – darunter eine polnische –, eine Sinfonie, ein »Adagio et Allegro concertant« für Klavier, zwei Violinen, Bratsche und Cello, ein Klaviertrio, 2 Violinsonaten, 9 Klaviersonaten und viele Lieder bekannt geworden; er gab außerdem 50 Psalmen von Benedetto Marcello (1686–1739) mit hinzukomponierter Begleitung heraus und schrieb eine Instrumentationslehre.

Jean-Baptiste Miroglio
(um 1725 bis um 1785)

ZEIT UND UMWELT

Obwohl gerade in Paris mehrere Musikdruckereien voll beschäftigt waren, herrschte doch auch im 18. Jahrhundert bei Schülern und Interpreten ein empfindlicher Mangel an Notenmaterial. Man behalf sich wohl mit Abschriften, aber in vielen Fällen waren die Originale schwer beschaffbar, denn die Erzeugnisse der Verlagsfirmen waren nicht für jedermann erschwinglich. Eine Leihanstalt für Musiknoten war daher trotz der Proteste der Verleger, die um ihren Umsatz fürchteten, eine vorzügliche Einrichtung, diesem Mangel einigermaßen abzuhelfen.

LEBEN

Jean-Baptiste Miroglio wurde um 1725 in Piemont geboren. Er war Schüler seines älteren Bruders und von Jean-Pierre Guignon, also Enkelschüler von Giovanni Battista Somis. Anschließend wirkte er als Lehrer für Violine und Viole. Im Jahr 1765 gründete er eine Musiknotenleihanstalt als erste dieser Art in Paris. Sie florierte trotz vieler Widerstände und trug viel zur Entwicklung des Musiklebens in Paris bei. Er starb um 1785 in Paris.

Sein Bruder Pierre Miroglio (um 1715, Piemont, bis um 1763, Paris) war Schüler von Giovanni Battista Somis in Turin. Um 1738 kam er nach Paris und wurde in die Dienste des Generalpächters Alexandre Jean Joseph Le Riche de La Pouplinière als Violinist aufgenommen.

WERKE
Von Jean-Baptiste Miroglio sind 10 Suiten für zwei Violinen oder Mandolinen, 6 Divertissements für Harfe, Piano oder Cembalo, 12 Duos für zwei Celli, 6 Sonaten für Soloviolinc und Generalbaß, 6 Sonaten für zwei Violinen ohne Generalbaß, eine Suite aus Menuetten für zwei Violinen oder Violen und Generalbaß, 6 vierteilige Ouvertüren und 6 Sinfonien für großes Orchester zum Großteil erhalten. Es handelte sich um typische Musik der Turiner Schule, die in Paris durch Giovanni Battista Somis bereits heimisch und beliebt war.
Pierre Miroglio verfaßte 6 in einem brillanten italienischen Stil gehaltene Violinsonaten.

Luis Misón (um 1720–76)

ZEIT UND UMWELT
Die Tonadilla besteht aus einem Dialog mit volkstümlichen Themen; ihre Sprache und ihre Musik sind ebenfalls volksverbunden. Sie wurde wie die italienischen Intermedien als Zwischenaktunterhaltung während des Bühnenumbaus aufgeführt. Ihr Umfang wurde bald auf mehrere Personen ausgebaut, aus den ursprünglich reinen Gesprächen wurden gespielte Handlungen.

LEBEN
Luis Misón (Misson) wurde um 1720 in Barcelona geboren. Er trat 1748 als Flötist in die Königliche Kapelle ein und wirkte später auch in gleicher Eigenschaft am Teatro del Buen Retiro, wo er 1756 Dirigent wurde. Er starb am 13. 2. 1776 in Madrid.

WERKE
Der Flötenvirtuose Luis Misón gilt als Erfinder der Tonadilla escenica (gespielter Zwischendialog). Die erste brachte er 1757 auf die Bühne und ließ mehr als 80 Stück folgen. Er schrieb außerdem mehrere Opern auf spanische und italienische Texte, Zarzuelas und Sainetes. An Instrumentalmusik hinterließ er 12 Sonaten für Flöte, Bratsche und Generalbaß. Seine Musik gehörte dem spanischen Spätbarock an.

Vincent Misonne (um 1470 bis um 1530)

ZEIT UND UMWELT
Die intensive Kulturpolitik des Mediceerpapstes Leo X. begünstigte auch die päpstliche Kapelle, deren Sängerzahl erweitert wurde. Die zu jener Zeit ausgezeichneten Sängerschulen in Flandern empfahlen jeden Sänger aus dem franko-flämischen Raum, der in Italien Aufnahme suchte.

LEBEN
Vincent Misonne wurde um 1470 um oder in Cambrai geboren. Über seinen Aufenthalt in der Heimat ist nichts bekannt. Er dürfte die berühmte Sängerschule in Cambrai besucht haben. Im Jahre 1515 fand er Aufnahme an der päpstlichen Kapelle in Rom. Nach dem Tod des Papstes Leo X. (1521) verließ er Rom wieder und kehrte nach Cambrai zurück, wo er um 1530 starb.

WERKE
Der flämische Komponist Vincent Misonne wurde von seinen Zeitgenossen als großer Kontrapunktiker sehr geschätzt. Jedenfalls ist seine Musik stilistisch dem 15. Jahrhundert zuzurechnen. Seine 3 Messen (2 davon tropiert) und 2 Motetten, die überliefert sind, bestätigen diese Einordnung.

LITERATUR
A.-M. Bragard, Musiciens flamands et wallons à la cour du pape Léon X (1513–21), in: Bulletin de l'Institut historique belge de Rome XXXII, 1960.

Shukichi Mitsukuri (1895–1971)

LEBEN
Shukichi Mitsukuri wurde am 21. 10. 1895 in Tokio geboren. Nach dem Universitätsstudium in seinem Geburtsort war er in Berlin

Schüler von Georg Schumann und in Tokio von Joseph Rosenstock (geboren 27.1. 1895, Krakau). Er gründete 1935 die japanische Sektion der ISCM (International Society for Contemporary Music) und fungierte bis 1953 als deren Generalsekretär. Ab 1939 war er Professor an der Universität in Tokio. Er starb am 10.5.1971 in Kanagawa.

WERKE
Der sich um die Wende zum 20. Jahrhundert anbahnende Anschluß Japans an die abendländische Musik mit gleichzeitiger Integration nationaler Melodik und Instrumentation wurde bereits von den ersten Kompositionen des neuen Jahrhunderts vollzogen. Shukichi Mitsukuri bemühte sich mit Erfolg um eine Synthese östlicher und westlicher Musikformen. Er schrieb 2 Sinfonien, 2 sinfonische Dichtungen, eine Sinfonietta, 2 Orchestersätze, ein Klavierkonzert, ein Concertino für Klavier und Orchester, eine »Klassische Suite«, 10 Haikai, eine Sonate für Violine und Orchester, ein Klavierquintett, Lieder ohne Worte für Klarinette und Orchester, eine Violinsonate, mehrere Klavierstücke, eine Elegie für Chor und Orchester, 14 Liedersammlungen, 6 Volksliedersammlungen, 5 Sammlungen zeitgenössischer Gedichte für Singstimme und sieben bis acht Instrumente.

Ignaz Mitterer (1850–1924)

ZEIT UND UMWELT
Von den vielen süddeutschen und österreichischen Kirchenkomponisten, die sich den Vorschriften des Caecilianismus unterwarfen, gelang es nur wenigen, eine gewisse Originalität zu erreichen, die jedoch auch in diesen Fällen zumeist zur Routine erstarrte und zum sofort erkennbaren Merkmal des jeweiligen Meisters wurde.

LEBEN
Ignaz Martin Mitterer wurde am 2.2.1850 in St. Justina, Südtirol, geboren. Er war in Regensburg Schüler des Musikforschers Franz Xaver Haberl (12.4.1840, Oberellenbach, Niederbayern, bis 5.9.1910, Regensburg) und des Kirchenmusikers Michael Haller. Nach einer dreijährigen Tätigkeit als Domkapellmeister in Regensburg übernahm er die Stelle des Chormeisters und Musikdirektors am Dom in Brixen, wo er am 18.8.1924 starb.

WERKE
Unter den mehr als 200 kompositorischen Werken von Ignaz Mitterer befinden sich 45 Messen, der Rest besteht aus Proprien und anderen sakralen Gesängen. Er war ein strenger Vertreter des vom Caecilianismus vorgeschriebenen Palestrina-Stils, erschöpfte sich aber nicht in reiner Nachahmung. Er verfaßte einige viel verwendete Lehrwerke.

Michio Miyagi (1894–1956)

LEBEN
Michio Miyagi (Pseudonym Nakasuga) wurde am 7.4.1894 in Kobe geboren. In seinem siebten Lebensjahr erblindete er. Ab 1917 lebte er als Kotovirtuose in Tokio und unterrichtete ab 1930 bis zu seinem Tod am 25.6.1956 in Aichi an der Kunstuniversität. Er hatte eine verbesserte Form des Koto mit 17 Saiten erfunden.

WERKE
Die rund 1000 Kompositionen für Koto von Michio Miyagi sind zum größten Teil Soli; es sind aber auch zuweilen verschiedene Begleitinstrumente oder Orchesterbegleitung vorgeschrieben. Einzelne, wie »Verwandlung des Wassers«, »Etenraku-Variationen mit Orchester«, »Meer im Frühling« für Violine und Orchester und »Banshikichô-Konzert« für Sô und Orchester, sind über die Grenzen Japans hinaus bekannt geworden.

Nikolai Mjaskowski (1881–1950)

LEBEN
Nikolai Jakowlewitsch Mjaskowski wurde am 8.4.1881 in Nowo-Georgiewsk bei Warschau geboren. Er studierte bei Reinhold Glier und Iwan Krischanowski und schließlich bei Anatoli Ljadow; Instrumentation lernte er bei

Nikolai Rimski-Korsakow. Im Jahr 1921 wurde er Professor für Komposition am Konservatorium in Moskau, wo er am 8.8.1950 starb.

WERKE

Die 27 Sinfonien, die Nikolai Mjaskowski verfaßte, lehnen sich an die russische Tradition an, ohne diese weiter zu entwickeln. Er schrieb außerdem 3 Sinfonietten, 2 sinfonische Dichtungen, 2 Ouvertüren, ein lyrisches Concertino, eine Slawische Rhapsodie, eine »Pathetische Suite«, ein Divertimento, ein Violinkonzert, ein Cellokonzert, 13 Streichquartette, 2 Cellosonaten, 9 Klaviersonaten und ungefähr 90 weitere Klavierstücke, 2 Kantaten, 125 Romanzen, 17 Lieder und Chorwerke.

Sinfonie Nr. 3 in a-Moll, Opus 15, 2 Sätze, entstanden 1914

Das »Schicksalsthema«, das den 1. Satz einleitet und seinen tragischen und pathetischen Gehalt bestimmt, ist für das gesamte Werk maßgebend. Es erklingt erst am Ende des Satzes in gemilderter Fassung, um die Spannung, die den Satz beherrscht, etwas zu lösen. Heftigen Kampf mit der »satten, selbstgenügsamen Welt« drückt der 2. Satz aus. Es kommt zum Sieg, doch der Trauermarsch, der das Werk abschließt, deutet auf die ungeheuren Opfer dieses Sieges.

Sinfonie Nr. 5 in D-Dur, Opus 18, 4 Sätze, entstanden 1918

Das Kopfthema des 1. Satzes erzeugt eine pastorale Stimmung. Ein schweres episches Thema beherrscht anschließend das gesamte Orchester. Doch am Ende behält das ländliche Milieu die Oberhand. Der 2. Satz bleibt bei der Romantik, er ruft die Erinnerung an eine nächtliche Landschaft wach. Die Melodie eines Wiegenlieds wird von unruhigen Motiven bedroht, verklingt aber gegen das Ende friedlich in der Nachtluft. Der 3. Satz ist ein Scherzo mit Tanzrhythmen. Das Finale ist von festlichem Jubel erfüllt. Es klingt wie der 3. Satz an Sinfonien von Aleksandr Borodin und Aleksandr Glasunow an und endet mit dem epischen Thema des 1. Satzes.

Sinfonie Nr. 6 in es-Moll, Opus 23, 4 Sätze, entstanden 1923

In diesem Werk drückt sich der Widerhall der revolutionären Ereignisse aus, die zur Gründung und Festigung der Sowjetunion geführt haben; sein Motiv nannte der Komponist selbst: »Opfer für die Revolution«. Der 1. Satz rollt Bilder des angespannten Kampfes auf, bis nach einer Generalpause ein lyrisches Thema der Opfer gedenkt. Im 2. Satz setzt sich der Kampf fort und wird nur einmal von pastoraler Stimmung unterbrochen. Der 3. Satz beginnt mit poetischen Lyrismen, dann kommt es zur Revolutionsfeier. Das Thema der »Carmagnole« klingt auf und das französische »Ça ira«. Dann setzt der Chor mit seinem Trauergesang, der den Toten gewidmet ist, ein und schließt mit einer Apotheose ab.

Sinfonie Nr. 21 in fis-Moll, Opus 51, ein Satz, entstanden 1940

Es handelt sich um ein lyrisches Gedicht mit Bildern aus der Heimat des Komponisten, deren unendliche Weite und Schönheit. Russische Volksmusik bildet das Material für die Komposition. Schon die Einleitung ist liedhaft-poetisch. Dann reihen sich Volksliedintonationen mit farbensatter Instrumentation an, die die Größe und Macht des Landes darstellen, bis das Werk in pastoraler Landschaftsstimmung endet.

Sinfonie Nr. 22 in h-Moll, Opus 54, 3 Sätze, entstanden 1942

Es liegt eine sinfonische Ballade vor, die im Kaukasus geschrieben wurde. Sie spiegelt die melancholische Landschaft dieses Gebirges, die dunklen Mythen und Bräuche ihrer Bewohner und auch ihre Heldenhaftigkeit wider: Es handelt sich um kein spezielles balladeskes Geschehen, denn »der Kaukasus ist eine Ballade für sich«, aber der übliche Ablauf einer Heldenballade: Aufbruch zum Kampf gegen finstere Mächte, Sorge der Frauen, schrecklicher Kampf, endlicher Sieg und Jubel, Trauer wegen der im Kampf Gefallenen können aus dem Ablauf der Musik abgelesen werden, wenn man offen läßt, daß viele Varianten möglich sind.

Sinfonie Nr. 23 in a-Moll, Opus 56, 3 Sätze, entstanden 1942

Trotz des starken Aufgebots an Bläsern – verdoppelte Holzbläser, vermehrtes Blech, verstärktes Schlagwerk mit Xylophon – blieb die bei zeitgenössischen Werken übliche Färbigkeit aus. Die Instrumentierung wirkt erklügelt und nicht intuitiv. Das mag davon kommen, daß das Werk zuerst in Klavierfassung vorlag. Es handelt sich um absolute Musik. Die düstere Haltung ist vermutlich nicht von den Zeitereignissen beeinflußt, sondern die übliche Stimmung aller Sinfonien des Komponisten. Es liegt aber dennoch ausgezeichnete Musik vor, die so viele melodische und harmonische Schönheiten bringt, daß man von einer Überraschung zur anderen gerät.

Sinfonie Nr. 27 in c-Moll, Opus 85, 3 Sätze, entstanden 1949

Dieses Werk wurde vor allem wegen seines liedhaften Wohlklanges gerühmt, und das mit Recht. Bereits der 1. Satz beginnt mit einer Kantilene, die zu seinem Hauptthema wird. Auch das zweite Thema ist lyrisch und fließt wie ein Volkslied dahin. Der 2. Satz beginnt hymnisch-feierlich, dann folgt eine blühende liedhafte Melodie, die in der Mitte von einer konfliktbeladenen Episode unterbrochen wird, darauf aber weiterläuft und den Satz in ruhiger Schönheit beendet. Ein finsteres Moll-Thema kennzeichnet den 3. Satz. Diese Stimmung wird jedoch überwunden. Ein an Volksgesang anklingender Triumphmarsch beendet das Werk mit strahlendem Glanz.

LITERATUR

T. N. Liwanowa, Mjaskowski, Moskau 1954.

Willi Moellendorff (1872–1934)

LEBEN

Willi von Moellendorff wurde am 28.2.1872 in Berlin geboren und studierte dort bei Woldemar Bargiel und Philipp Spitta (1841–94). Er war eine Zeitlang als Theaterkapellmeister und Pianist tätig, dann widmete er sich nur mehr der Komposition und der Musikschriftstellerei. Am bekanntesten wurde er mit seinen Arbeiten über Vierteltonmusik; bei seinen Vorträgen führte er das von ihm erfundene bichromatische Harmonium mit Vierteltönen vor. Er starb am 27.4.1934 in Stettin (Szczecin).

WERKE

Außer 3 Opern, einem Ballett, 4 sinfonischen Dichtungen, 2 Sinfonien, Kammermusik, Orchestergesängen, vielen Chören und Liedern schrieb Willi Moellendorff »Fünf kleine Stücke«, »Andante religioso orientale« mit Cello und »Drei Gesänge« mit Vierteltonharmonium. Er vermochte mit seinem Experiment ebensowenig weitere Kreise zu interessieren wie seine Nachfolger in diesem gewiß nicht uninteressanten musikalischen Neuland.

Johann Möller (um 1585 bis um 1650)

ZEIT UND UMWELT

Nach dem Tod des Landgrafen von Hessen, Philipp des Großmütigen (1504–67), wurde das Land unter seinen vier Söhnen aufgeteilt. Georg I. (1547–96) erhielt Hessen-Darmstadt, das aus der Obergrafschaft Katzenelnbogen und Darmstadt entstanden war. Darmstadt wurde Residenz des Landes.

LEBEN

Johann Möller wurde um 1585 vermutlich in Darmstadt geboren und nach seiner Ausbildung zum Stadt- und Hoforganisten der noch jungen Residenzstadt ernannt. Er versah diesen Dienst bis zu seinem Tod um 1650.

WERKE

Von dem deutschen Komponisten und Organisten Johann Möller sind eine Sammlung deutscher fünf- bis achtstimmiger Motetten, ein sechsstimmiges Vaterunser und 2 Bücher mit verschiedenen Tänzen für fünfstimmige Instrumentenensembles überliefert. Die sakrale Musik ist polyphon, die Unterhaltungsmusik für Instrumente hingegen verwendet den Stil des 17. Jahrhunderts.

Der Mönch von Salzburg
(um 1350 bis nach 1400)

ZEIT UND UMWELT

Salzburg wurde um 1300 Reichsfürstentum unter einem Fürsterzbischof, dessen Sitz, die Stadt Salzburg, von seiner Begründung an ein Musikzentrum des Alpenraumes war. Die Salzburger Antiphone reichen bis in das 11. Jahrhundert zurück.

LEBEN

Identität und Lebensdaten des Mönches von Salzburg sind unbekannt. Sein Wirken kann während der Amtszeit des Erzbischofs von Salzburg, Pilgram II. (1365–96), vermutet werden. Die Versuche, ihn mit dem Benediktinerabt Johannes Rosses II. (Amtszeit 1364–75) zu identifizieren, sind gescheitert. Er starb in Salzburg nach 1400.

WERKE

Der Mönch von Salzburg hinterließ ungefähr 40 deutsche geistliche Lieder, die textlich Umdichtungen lateinischer Hymnen und Sequenzen darstellen. Außerdem liegen bei 60 weltliche Lieder vor, von denen ein großer Teil mit mehrstimmigen Melodien versehen ist.

LITERATUR
E. Hintermaier, Die mehrstimmigen Lieder des Mönches von Salzburg, Österreichische Musikzeitschrift XXV, 1970.

Ernest John Moeran (1894–1950)

LEBEN
Ernest John Moeran wude am 31.12.1894 in Heston, Middlesex, geboren. Er war vorwiegend Autodidakt, besuchte aber doch 1913 bis 1914 das Royal College of Music in London und studierte privat von 1920 bis 1923 bei John Ireland. Er widmete sich hauptsächlich der Komposition und wirkte nur fallweise als Musiklehrer oder als Interpret. Er starb am 1.12.1950 in Kenmare, Irland.

WERKE
Das kompositorische Schaffen von Ernest John Moeran war stark von Frederick Delius und von seinem Zeitgenossen, dem Liederkomponisten Philipp Heseltine (Pseudonym Peter Warlock; 30.10.1894, London, bis 17.12. 1930, London), beeinflußt. Er schrieb 3 Orchesterrhapsodien, eine Sinfonie, 2 Stücke für Kammerorchester, eine Orchesterserenade, ein Sinfonietta, ein Violinkonzert, ein Cellokonzert, ein Streichtrio, eine Sonate für zwei Violinen, eine Cellosonate, 2 Chorzyklen a cappella, Lieder und Volksliedbearbeitungen für Singstimme mit Klavier.

Richard Mohaupt (1904–57)

LEBEN
Richard Mohaupt wurde am 14.9.1904 in Breslau (Wrocław) geboren. Er war dort Schüler von Julius Prüwer (20.2.1874, Wien, bis 8.7.1943, New York). Bis zu seiner Emigration 1933 wirkte er als Theaterkapellmeister und Pianist. Von 1939 bis 1955 lebte er als Komponist und Musiklehrer in New York. Dann kehrte er nach Europa zurück. Er starb am 3.7.1957 in Reichenau, Niederösterreich.

WERKE
Von Richard Mohaupt sind 5 Opern auf die Bühnen gekommen, außerdem 4 Ballette. Er schrieb ferner 2 Sinfonien, Stadtpfeifermusik für Orchester, ein Klavierkonzert, ein Violinkonzert, ein Orchesterkonzert, eine »Offenbachiana« für Orchester, ein »Banchetto musicale« für zwölf Soloinstrumente und Orchester, Klavierstücke, mehrere Kantaten, Chöre und Lieder. Sein Stil war tonal eindeutig, rhythmisch prägnant und bevorzugte knappe Formen.

Roderich Mojsisovics-Mojsvár (1877–1953)

LEBEN
Ladislaus Anton Julius Roderich Mojsisovics, Edler von Mojsvár, wurde am 10.5.1877 in Graz geboren. Er studierte bei Erich Wolf Degner, Otto Adolf Klauwell, Franz Wüllner in Köln und bei Ludwig Thuille in München, war von 1903 bis 1905 Dirigent des Männergesangvereins in Brünn und von 1912 bis 1931 Direktor des Steiermärkischen Musikvereins. Nach seiner Tätigkeit als Lektor am Konservatorium in Berlin und Musikkritiker in München sowie als Dozent an der Musikhochschule in Mannheim kehrte er 1944 nach Graz zurück, wo er am 30.3.1953 starb.

WERKE
Von Roderich Mojsisovics-Mojsvár sind 3 Opern, 2 Ballette, ein Marionettenspiel und 2 Melodramen aufgeführt worden. Er schrieb ferner 5 Sinfonien, 2 Ouvertüren, 2 Orchesterserenaden, 2 Klavierkonzerte, ein Violinkonzert, 3 Streichquartette, ein Streichtrio, eine Sonate für Bratsche und Klavier, eine Sonate für Violine solo, Klavier- und Orgelstücke, Lieder und Chöre. Er stand der Münchner Schule nahe.

Vasilije Mokranjac (geboren 1923)

LEBEN
Vasilije Mokranjac wurde am 11.9.1923 in Belgrad geboren, wo er an der Musikakademie bei Stanojlo Rajičić studierte. Seit 1956 unterrichtet er selbst an derselben Lehranstalt als Professor für Komposition.

WERKE
Von Vasilije Mokranjac sind 3 Sinfonien, ein Streichquartett, eine Suite für drei Flöten, Harfe, Vibraphon, Klavier und Celesta, mehrere Klavierwerke, Bühnen- und Filmmusik bekannt geworden. Er entfernte sich deutlich von der Folklore seiner Heimat.

Antonio Molina (geboren 1894)

LEBEN
Antonio J. Molina wurde am 26.12.1894 in Manila geboren. Er wirkte nach seiner Ausbildung zunächst als Cellist am Orchester und an der Oper seiner Geburtsstadt. Im Jahr 1939 wurde er Professor am Konservatorium und 1948 dessen Direktor.

WERKE
Das kompositorische Werk von Antonio Molina ist vom Impressionismus und zugleich von der Folklore der Philippinen beeinflußt. Er schrieb ein Streichquintett, ein Klavierquintett, 2 Streichquartette, ein Klavierquartett, ein Trio für Violine, Bratsche und Klavier, eine Weihnachtshymne für gemischten Chor und Orchester, eine Messe für Chor und Orchester und eine »Glockenkantate«.

Simone Molinaro
(um 1565 bis um 1615)

ZEIT UND UMWELT
Die kleine, der Insel Elba gegenüberliegende Stadt Piombino wurde 1594 zum Fürstentum erhoben. Es kam nicht zum Bau einer Residenz, nicht einmal zu einer Kathedrale, weil das Fürstentum bald wieder seine Selbständigkeit verlor und im Verlauf des nächsten Jahrhunderts mehrmals den Herrn wechselte.

LEBEN
Simone Molinaro wurde um 1565 in Genua geboren. Er war Neffe und Schüler des Komponisten Giovanni Battista Dalla Gostena, folgte ihm, nachdem er ab 1594 im Dienst des Fürsten von Piombino gestanden war, 1599 in seine Stellung als Kapellmeister an der Kathedrale von Genua, San Lorenzo, nach und versah sie bis zu seinem Tod um das Jahr 1615.

WERKE
Von Simone Molinaro sind eine zehnstimmige Messe, 3 Bücher mit fünfstimmigen Motetten, Canzonetten, geistliche Konzerte mit Basso continuo erhalten. Er war auch Lautenist und verfaßte eine »Intavolatura di liuto« mit Saltarelli, Passamezzi und Gallarden, außerdem mit einer Anzahl Fantasien seines Onkels Gostena. Hierbei vernachlässigte er den Kontrapunkt vollkommen und zeigt sich nur als Melodiker und Harmoniker.

LITERATUR
Th. Dart, Simone Molinaro's Lute-book of 1599, Music & Letters XXVIII, 1947.

Antonio Molino
(um 1520 bis nach 1571)

ZEIT UND UMWELT
Die Greghesca war ein venezianisches Musikstück des 16. Jahrhunderts, dessen volkstümlicher, zumeist komischer Text in der Lingua greghesca e stratiotesca, einem Gemisch von venezianischem Volksdialekt und damaligem Griechisch der Söldner, abgefaßt war. Sie wurde häufig als Zwischenakt bei Komödien gesungen, war aber auch sonst sehr beliebt.

LEBEN
Antonio Molino (Burchiella genannt; Pseudonym Manoli Blessi) wurde um 1520 in Vicenza geboren. Er war Dichter, Schauspieler

und Komponist, aber auch Kaufmann. Willaert und Andrea Gabrieli lieferte er Texte in Lingua greghesca e stratiotesca (Sprache griechischer Söldner) zur Komposition. Nach 1571 dürfte er in Venedig gestorben sein.

WERKE
Neben den »Greghesche«, die er für Sammlungen von Willaert und Andrea Gabrieli nicht nur textierte, sondern auch vertonte, sind von Antonio Molino 2 Bücher mit vierstimmigen Madrigalen und ein für acht Stimmen komponierter Dialog erhalten. Berühmt wurde er aber durch seine witzigen volkstümlichen Texte.

Bernhard Molique (1802–69)

ZEIT UND UMWELT
Bis zum Ende der Monarchie und darüber hinaus war der Hof in München der stärkste Initiator des Musiklebens. Wo kam es sonst noch vor, daß ein Souverän wie König Maximilian I. Joseph von Bayern (1756–1825) auf eigene Kosten talentierte Musiker ausbilden ließ?

LEBEN
Wilhelm Bernhard Molique wurde am 7.10.1802 in Nürnberg geboren. Der bayrische König ließ ihn in München von Pietro Rovelli ausbilden. Nachdem er kurze Zeit als Violinist des Orchesters des Theaters an der Wien in Wien gewirkt hatte, wurde er 1820 Hofkonzertmeister in München. Bald nach dem Tod des Königs nahm er die Hofkonzertmeisterstelle in Stuttgart an. Im Jahr 1849 ging er nach London, wo er als Solist, Quartettspieler und Lehrer hohes Ansehen erlangte, und zog sich 1866 nach Cannstatt bei Stuttgart zurück. Er starb am 10.5.1869 in Cannstatt.

WERKE
Von Bernhard Molique sind ein Oratorium (»Abraham«), 2 Messen, 6 Violinkonzerte – von denen Nr. 3 in d-Moll und Nr. 5 in a-Moll am bekanntesten wurden –, ein Cellokonzert, ein Klarinettenkonzert in f-Moll, das heute noch gespielt wird, eine Sinfonie, mehrere Kammermusikstücke und eine Anzahl Violinstücke überliefert. Seine Musik stand unter dem Einfluß von Louis Spohr.

Simon Molitor (1766–1848)

ZEIT UND UMWELT
Der italienische Gitarrenvirtuose Mauro Giuliani (1781–1828), der sich von 1807 bis 1819 in Wien aufhielt, war Begründer der Wiener Gitarristik des 19. Jahrhunderts. Das Interesse dafür war bereits von einigen seiner Vorläufer geweckt worden.

LEBEN
Alois Franz Simon Joseph Molitor wurde am 3. 11. 1766 in Neckarsulm geboren. Er kam gegen 1790 als Violinist nach Wien und wurde Beamter im Kriegskommissariat. Zugleich und nach seiner Pensionierung war er als Musikhistoriker und Gitarrist tätig. Er starb am 21. 2. 1848 in Wien.

WERKE
Von Simon Molitor sind eine Ouvertüre, 5 Violinkonzerte, ein Klarinettenkonzert, 6 Streichquartette, Klavierstücke mit Blas- und Streichinstrumenten, Männerchöre und Lieder, etwa 60 Tanzstücke für Orchester und zahlreiche Kompositionen und Arrangements für Gitarre, die dieses Instrument in Wien wieder populär machten, erhalten. Er brachte auch eine viel benützte Gitarrenschule heraus.

LITERATUR
J. Zuth, Simon Molitor und die Wiener Gitarristik um 1800, Wien 1920.

Henry Molle (um 1590 bis nach 1640)

ZEIT UND UMWELT
Die Universität Cambridge hatte in den Jahren 1610 bis 1635 durchschnittlich 400 Hörer. Beim Ausbruch des Bürgerkrieges sank die Anzahl auf einen Bruchteil, und es erforderte zwei Jahrhunderte, um den alten Hörerstand wieder zu erreichen.

LEBEN

Henry Molle wurde um 1590 in England geboren und kam zur Ausbildung an das King's College in Cambridge. Welche musikalische Tätigkeit er dort ausübte, ist nicht bekannt, ebensowenig, wo und wann er nach 1640 gestorben ist.

WERKE

Der englische Kirchenkomponist Henry Molle hat angeblich eine große Anzahl sakraler Musikwerke geschrieben. Erhalten sind davon eine für »Benjamin Cosyn's Virginal Book« verfaßte englische Litanei, 2 Abendservice und eine Reihe von Anthems. Alles andere fiel den Zeitumständen zum Opfer.

Antal Molnár (geboren 1890)

LEBEN

Antal Molnár wurde am 7.1.1890 in Budapest geboren, wo er bei Victor von Herzfeld studierte. Er wirkte darauf als Bratschist, sodann ab 1919 als Theorielehrer an der Musikakademie.

WERKE

Von Antal Molnár sind außer einer großen Zahl musikhistorischer und theoretischer Werke eine Orchestervariation, eine Suite für doppeltes Streichorchester, eine »Kurutzen-Musik« für 4 Tárogató und Kammerorchester, eine Serenade für Violine, Klarinette und Harfe, ein Cellokonzert, ein Bläserquintett, ein Klavierquartett, 3 Streichquartette, eine »Ungarische Fantasie« für Violine und Klavier, eine Sonatine und eine Suite für Violine und Klavier, 2 Impromptus, 5 »Leichte Stücke« für Klavier, eine Missa brevis für Chor und Orgel, eine Kantate für drei Frauenstimmen a cappella und über 100 Lieder bekannt geworden. Er zählt zu den Begründern der ungarischen Musikwissenschaft.

Johann Melchior Molter (1696–1765)

ZEIT UND UMWELT

Markgraf Karl Wilhelm von Baden-Durlach (1679–1738) erhob 1715 Karlsruhe zur Residenz- und Hauptstadt seiner Markgrafschaft, die er früher von Durlach aus regierte. Zur Übersiedlung der Hofkapelle aus der alten Residenz in Durlach kam es erst im Verlauf der dreißiger Jahre des Jahrhunderts.

LEBEN

Johann Melchior Molter wurde am 10. 2. 1696 in Tiefenort an der Werra geboren. Er trat 1717 in den Dienst des Markgrafen von Baden-Durlach, dessen Hofkapellmeister er nach einem Studienaufenthalt in Italien von 1719 bis 1721 wurde. Von 1733 bis 1743 wirkte er als Kirchenmusikdirektor in Eisenach und darauf neuerlich bis zu seinem Tod am 12. 1. 1765 in Durlach.

WERKE

Die Anzahl der von Johann Melchior Molter geschaffenen Werke ist sehr groß: 169 Sinfonien, 14 Ouvertüren, 61 kleine Konzerte für fünf Stimmen, 12 vierstimmige und 22 dreistimmige Konzerte, 66 Sonaten, 14 Kantaten. Dazu kamen eine Passion und 3 deutsche Opern. Von besonderem Interesse sind seine 4 Konzerte für D-Klarinette, die als eine der ältesten dieses Instrument solistisch einsetzten und damit die stattliche Reihe von Klarinettenkonzerten der folgenden Epochen eröffneten. Sie hielten sich noch im Rahmen der spätbarocken Concerto-grosso-Faktur.

LITERATUR

H. Becker, Zur Geschichte der Klarinette im 18. Jahrhundert, in: Die Musikforschung III, 1955.

Jérôme Joseph Momigny (1762–1842)

LEBEN

Jérôme Joseph de Momigny wurde am 20. 1. 1762 in Philippeville, Namur, geboren. Er war bereits mit 12 Jahren Organist in St-Omer, dann in Ste-Colombe, Rhône, und ab 1785 in Lyon, wo er sich 1793 am Aufstand der Stadt gegen die Jakobiner beteiligte. Im Jahr 1794 flüchtete er in die Schweiz, kehrte aber 3 Jahre darauf wieder nach Lyon zurück, wo er bis 1828 eine Musikalienhandlung mit Verlag leitete. Er brachte neben seinen eigenen ungefähr 750 Werke von 153 Komponisten heraus. Darauf erkrankte er und starb am 25. 8. 1842 in Charenton-St-Maurice bei Paris.

WERKE
Neben seinem umfangreichen und zum Teil epochemachenden musiktheoretischen Werk schrieb Jérôme Joseph Momigny 6 Streichquartette, 6 Violinsonaten, 9 Sonaten für Klavier, Violine und Generalbaß, ein Trio, eine große Nocturne für Klavier und Flöte oder Violine, 2 Klaviersonaten, 12 Fantasien und Variationen sowie 4 Potpourris für Klavier, 2 Opern, eine Operette, eine Pantomime, 5 Kantaten, 137 Romanzen, außerdem 2 Klavierschulen.

Federico Mompou (1893–1987)

LEBEN
Federico Mompou wurde am 16.4.1893 in Barcelona geboren. Er war Schüler des Konservatoriums seiner Geburtsstadt und von 1911 bis 1913 des Conservatoire in Paris, wo er bis 1941 lebte. Dann kehrte er nach Barcelona zurück und lebte dort als freier Komponist und Musiklehrer bis zu seinem Tode im Jahre 1987.

WERKE
Vom Impressionismus ausgehend, bildete sich Federico Mompou einen höchst persönlichen Stil, der auf Mensur verzichtete, jede Chromatik und Kadenzierung vermied und die größte Primitivität der Ausdrucksmittel pflegte, damit aber eine beachtliche künstlerische Wirkung erreichte. Neben einem Ballett und einem Oratorium verfaßte er eine große Zahl Gesänge auf katalanische, spanische und französische Texte und Klavierstücke in Suitenform.

LITERATUR
M. S. Kastner, Federico Mompou, Madrid 1946.

Jesús de Monasterio (1836–1903)

ZEIT UND UMWELT
Die Gründung der Sociedad de Conciertos und der Sociedad de Cuartetos (Konzertgesellschaft, Quartettgesellschaft) in der zweiten Hälfte des 19. Jahrhunderts in Madrid war kräftiger Anstoß für das Musikleben in Madrid, wenn auch nur wenig Konzerte stattfanden, weil einerseits die schwankenden politischen Verhältnisse sehr hemmend wirkten, andererseits das allgemeine Publikumsinteresse noch gering war.

LEBEN
Jesús de Monasterio wurde am 21.3.1836 in Potes, Santander, geboren. Er studierte zunächst in Madrid, sodann in Brüssel und wurde 1857 Violinist der Königlichen Kapelle und Lehrer am Konservatorium in Madrid, das er von 1894 bis 1897 leitete. Er war Begründer der Quartettgesellschaft und häufiger Dirigent der Veranstaltungen der Konzertgesellschaft. Neben dieser Tätigkeit absolvierte er einige Konzertreisen in England, Belgien, den Niederlanden und Deutschland. Er starb am 28.9.1903 in Casar de Periedo, Santander.

WERKE
Von Jesús de Monasterio sind für Orchester ein »Scherzo fantastico«, eine »Marcha fúnebre y triunfal«, ein »Andante religioso« und ein »Estudio de concierto«, für Violine und Orchester ein Konzert in B-Dur und eine Fantasie über spanische Melodien, für Violine und Klavier »Adiós a la Alhambra«, »20 Estudios artisticos« (Künstlerische Etüden), ein Melodienalbum für Singstimme und Klavier und verschiedene andere Lieder, außerdem die noch heute in Spanien gesungene Kantate »El triunfo de España« überliefert.

Natale Monferrato (um 1603–85)

ZEIT UND UMWELT
Das Conservatorio dei Mendicanti war im 13. Jahrhundert als Leprosenspital gegründet worden. Es wandelte sich im Verlauf der Zeit zu einem Mittellosenasyl, bis im 16. Jahrhun-

dert eine Musikschule daraus wurde, was in Italien nicht selten vorkam. Diese war bis 1777 in Tätigkeit und genoß einen sehr guten Ruf.

LEBEN
Natale Monferrato wurde um 1603 in Venedig geboren. Er war ab 1639 Kapellsänger, ab 1647 Vizekapellmeister und ab 1676 bis zu seinem Tod am 23. 4. 1685 Kapellmeister an San Marco in Venedig. Zugleich wirkte er als Chorleiter am Conservatorio dei Mendicanti.

WERKE
Der italienische Komponist Natale Monferrato hinterließ vorwiegend Vokalwerke: mehrstimmige Psalmen, Motetten, Messen, aber auch einstimmige Antiphonen und Motetten sowie zweistimmige konzertante Psalmen. Durch Erschwerung der Aufnahmebedingungen trug er zum Niveau des Chores an San Marco entscheidend bei. Er war auch als Musikverleger tätig.

Avenir Monfred (1903–74)

LEBEN
Avenir Henry de Monfred wurde am 4.9.1903 in St. Petersburg geboren. Er studierte am Konservatorium seiner Geburtsstadt bei Feliks Blumenfeld Klavier und bei Jāzeps Vītols, Aleksandr Schitomirski (11.5.1881, Cherson, bis 16.12.1937, Leningrad), Wasili Kalafati und Aleksandr Glasunow Komposition. Im Jahr 1923 verließ er Rußland und studierte in Paris an der Schola Cantorum bei Vincent d'Indy und ab 1929 bei Maurice Ravel, 1936 wurde er Direktor der Société Electro-Acoustique in Paris. Er beschäftigt sich mit neuen diatonischen Modalprinzipien, die auf einer gleich temperierten Tonart basieren. Er starb in Paris am 11.4.1974.

WERKE
Außer einem Ballett schrieb Avenir Monfred 2 Sinfonien, eine sinfonische Suite, ein Klavierkonzert, ein Violinkonzert, sinfonische Variationen für Klavier und Orchester, 2 Streichquartette, ein Klaviertrio, 3 Sonaten für Violine und Klavier als seine ersten polymodalen Kompositionen, »Fünf Stücke« für Orgel, ebenfalls polymodal, »Fünf Orchesterstücke«, polymodal, ferner Chöre, Lieder und Filmmusik.

LITERATUR
P. Lemel, Avenir de Monfred, Paris 1967.

Moniot d'Arras
(um 1190 bis nach 1239)

ZEIT UND UMWELT
Der Jeu parti (provenzalisch: Joc partit) ist eine Art des mittelalterlichen Streitgesanges, den die Troubadours ausgebildet und die Trouvères übernommen haben. Er wurde vor allem in den Puis gepflegt. Ein Sänger formulierte mit seiner Eingangsstrophe eine Behauptung oder warf eine Frage auf (zum Beispiel über das Thema der höfischen Liebe), der Gegner widersprach oder antwortete auf die gestellte Frage. Dann entwickelten sich Rede und Gegenrede in jeweils einer Strophe, bis es in den meisten Fällen zu einer Einigung kam. Die Polemik war nie scharf, die Meinungsverschiedenheiten hatten mehr spielerischen Charakter. Mit einer gemeinsamen Schlußstrophe wurden zuweilen die Zuhörer aufgefordert, den Streit zu entscheiden.

LEBEN
Moniot d'Arras ist um 1190 vermutlich in Arras geboren. Er war Mönch und möglicherweise adeliger Abkunft; jedenfalls hatte er in Adelskreisen wichtige Freunde und Gönner. Er gehörte dem Pui d'Arras an, wo er mit Guillaume le Vinier mit einem überlieferten Jeu parti angetreten ist. Er starb in Arras nach 1239.

WERKE
Es wurden Moniot d'Arras 23 Lieder zugeschrieben, von denen 13 mit Musik versehen und unzweifelhaft echt sind. Das volkstümliche Element tritt darin stark zutage. Die Zuschreibung von 3 Motetten ist ungesichert.

LITERATUR

Fr. Gennrich, Troubadours, Trouvères, Minne- und Meistergesang, Köln 1951.

Stanisław Moniuszko (1819–72)

LEBEN

Stanisław Moniuszko wurde am 5.5.1819 in Ubiel, Gouvernement Minsk, geboren und erhielt dort von einem Organisten die erste musikalische Ausbildung. Von 1837 bis 1839 war er in Berlin Schüler von Carl Friedrich Rungenhagen. Nach längerem Wirken als Organist und Privatmusiklehrer in Vilnius wurde er 1858 Opernkapellmeister in Warschau und einige Jahre darauf Lehrer am Konservatorium. Er starb am 4.6.1872 in Warschau.

WERKE

Neben seinen 24 zum Teil noch heute aufgeführten Opern verfaßte Stanisław Moniuszko bei 300 Lieder, von denen ein Teil noch heute lebendig ist, ferner 5 Ballette, eine Ouvertüre, 6 Messen, ein Requiem, 4 Marienlitaneien, mehrere Schauspielmusiken, 2 Streichquartette und zahlreiche Klavierstücke. Besonders seine

Stanisław Moniuszko

Balladen und seine Kirchenlieder mit Orchesterbegleitung werden in Polen noch viel gesungen. Er verfaßte auch ein Lehrbuch der Harmonielehre. Moniuszko wird mit Recht für den Begründer der polnischen Oper und der modernen polnischen Musik gehalten.

LITERATUR

T. Joteyko, Stanisław Moniuszko, Warschau 1932.

Edwin George Monk (1819–1900)

ZEIT UND UMWELT

Die in Mehrzahl katholischen Kirchen in Irland konnten sich zumeist mit einheimischen Kräften versorgen. Für die anglikanischen Kirchen standen zu wenig Iren zur Verfügung, so daß Musiker aus England oder Schottland leicht unterkamen.

LEBEN

Edwin George Monk wurde am 13.12.1819 in Frome, Somerset, geboren. Er war in Bath Schüler des bekannten Klavierlehrers Henry Field (6.12.1797, Bath, bis 19.5.1858, Bath). Sodann studierte er in London bei George Alexander Macfarren. Er ging nach Irland und bekleidete dort mehrere Organistenstellen, danach wurde er 1848 in Oxford als Organist und musikalischer Leiter an St. Peter eingestellt. Ab 1856 wirkte er in gleicher Eigenschaft an der Kathedrale von York. Er starb am 3.1.1900 in Radley bei Oxford.

WERKE

Von Edwin George Monk sind ein Service, einige Anthems, eine Veni Creator und andere sakrale wie profane Gesänge bekannt geworden. Er wurde durch die Herausgabe mehrerer Choral- und Hymnensammlungen für den anglikanischen Gottesdienst sehr geschätzt.

Matthias Monn (1717–50)

ZEIT UND UMWELT

Der über alle Musikländer verbreitete neapolitanische Stil bildete im 18. Jahrhundert die Grundlage zur Weiterentwicklung der Instrumentalmusik in Italien, Österreich, Deutschland, Frankreich und England bis zum Durchdringen der Sonatenform und ihrer Ausbildung.

Leben

Matthias Georg Monn (eigentlich Johann) wurde am 9. 4. 1717 in Niederösterreich geboren. Er war vermutlich Sängerknabe in Klosterneuburg und erlernte dort das Violin- und Orgelspiel. Anschließend wirkte er bis zu seinem Tod am 3. 10. 1750 als Organist in Wien.

Werke

Das kompositorische Werk von Matthias Monn steht zwischen der Diktion von Antonio Caldara und der hochklassischen Sonatenkunst. In diesem Stil verfaßte er 16 Sinfonien, 6 Quartette, 10 Orchesterpartiten, 7 Konzerte und ein Divertimento für Cembalo und Orchester, ein Violin- und ein Cellokonzert, 14 Sonaten, 6 Präludien und Fugen sowie 3 weitere Stücke für Cembalo, je 2 Präludien und 6 Versetten in den 8 Kirchentönen für Orgel, 4 Violinsonaten und 3 Messen.

Cellokonzert in g-Moll, 3 Sätze

Der 1. Satz beginnt mit einem Tuttiritornell, das an die neapolitanische Sinfonia erinnert. Dann setzt das Solo mit reicher Verzierung ein. Im ganzen bringt der Satz sechs Ritornelle und fünf Soli, von denen das dritte neue Gedanken heranträgt. Darauf werden die ersten zwei Soli wiederholt, wodurch eine Reprise wie in einem Sonatensatz entsteht. Der 2. Satz ist ein Siciliano mit schöner Melodie. Das Finale ist wie der 1. Satz aufgebaut: fünf Ritornelle und vier Soli. Es kommt zu einem lebhaften Dialog zwischen Cello und dem Orchester, aber zu keinem dramatischen Wettstreit. Das reizende, interessante Werk wurde 1940 neu herausgebracht.

Literatur

W. Fischer, Zur Entwicklungsgeschichte des Wiener klassischen Stils, in: Studien zur Musikwissenschaft III, 1915.

Bartholomäus Monoetius
(um 1540–85)

Zeit und Umwelt

Während das katholische Kirchenlied neben dem liturgischen Gesang mit festgelegten Texten immer nur eine zweitrangige Rolle spielte, war das protestantische – entweder in der erstarrten Form der reformierten Kirche oder der sich frei entwickelnden lutherischen – neben der Predigt zum Zentralfaktor des Gottesdienstes geworden.

Leben

Bartholomäus Monoetius (Monachius, Monoecius, Mönnich, Monch) wurde um 1540 in Kronach, Oberfranken, geboren. Er studierte in Wittenberg (1560) und wurde Rektor der Lateinschule in Crailsheim (1563). Ab 1569 wirkte er als Pfarrer in Triensbach, Württemberg, und ab 1573 in Niederstetten, wo er 1585 starb.

Werke

Das Hauptwerk von Bartholomäus Monoetius war die 1565 in Crailsheim verfaßte Handschrift mit deutschen und lateinischen Motetten, Kirchenliedsätzen und einstimmigen liturgischen Melodien. Kleinere Werke finden sich in einzelnen Handschriften. Die Crailsheimer Handschrift ist für die Geschichte der protestantischen Kirchenmusik eine wichtige Quelle.

Literatur

M. Simon, Ansbachisches Pfarrerbuch, Nürnberg 1956.

Hippolyte Monpou (1804–41)

Zeit und Umwelt

Das Cénacle war ein literarischer Zirkel in Paris, dem neben anderen die Dichter Victor Hugo, Alfred de Musset (1810–57) und Charles Nodier (1780–1844) angehörten. Diese Vereinigung eifriger Verfechter der Romantik in Leben und Kunst gab die Zeitschrift »Globe« heraus und übte auf die zeitgenössische Dichtung einen starken Einfluß aus.

Leben
François Louis Hippolyte Monpou wurde am 12. 1. 1804 in Paris geboren. Er war dort Chorknabe an St-Germain-l'Auxerrois mit 5 Jahren und mit 9 an Notre-Dame. Von 1817 bis 1819 war er Schüler der von Alexandre Étienne Choron gegründeten Schule und wirkte darauf als Organist an der Kathedrale in Tours, kehrte sodann zu Choron zurück und wurde sein Assistent und Akkompagnist. Gleichzeitig nahm er noch Unterricht bei Hippolyte André Chelard und François Joseph Fétis in Harmonielehre. Anschließend wirkte er als Organist an St-Nicolas-des-Champs, an St-Thomas-d'Aquin und an der Sorbonne. Er pflegte enge Beziehungen zu den romantischen Dichtern seiner Zeit und verlegte sich auf die Opernkomposition, als das Institut von Choron seine Tätigkeit beendete. Er starb am 10. 8. 1841.

Werke
Von Hippolyte Monpou sind zahlreiche Romanzen auf Texte von Victor Hugo, Alfred de Musset und anderen romantischen Dichtern überliefert. Außerdem brachte er 6 Opern mit beachtlichem Erfolg heraus.

Henry Monro (1774 bis nach 1820)

Zeit und Umwelt
Um die Wende zum 19. Jahrhundert erschienen einzelne Persönlichkeiten im Bereich der englischen Musik, die sich als Komponisten profaner Instrumentalmusik versuchten und bescheidene Grundsteine zu einer englischen Musikentwicklung legten. Es waren aber noch zu wenige und ihre Werke nicht durchschlagskräftig genug, um beispielgebend zu wirken; aber der Anfang war gemacht.

Leben
Henry Monro wurde 1774 in Lincoln geboren und an der Kathedrale seiner Geburtsstadt ausgebildet. Seine weitere Ausbildung zum Musiker erhielt er vom Organisten, Pianisten und Gesanglehrer John James Ashley (1772 bis 1815), von Domenico Corri (1744–1825) und von Jan Ladislav Dusík. Im Jahr 1796 wurde er Organist an St. Andrew's in Newcastle-upon-Tyne, wo er in den Jahren nach 1820 starb.

Werke
Neben kirchlichen Werken veröffentlichte Henry Monro eine Sonate für Klavier und Violine, einige Klavierstücke sowie Lieder mit Klavierbegleitung und schuf damit die ersten englischen Kompositionen am Beginn der romantischen Epoche.

Pierre Alexandre Monsigny
(1729–1817)

Zeit und Umwelt
Der französische Dichter und Librettist Michel Jean Sedaine (1719–97) arbeitete mit einer Reihe namhafter Opernkomponisten seiner Zeit zusammen. An seinen Libretti rühmte man die feine Stimmungsmalerei und die dramatische Kraft nach, die Denis Diderot (1713–84) sogar als »Erbe Shakespeares« bezeichnete.

Leben
Pierre Alexandre Monsigny wurde am 17. 10. 1729 in Fauquembergues, Pas-de-Calais, geboren. Seine Grundausbildung als Violinist erhielt er am Jesuitenkolleg in St-Omer. Dann erhielt er in Paris eine Beamtenstelle, die ihm die Fortsetzung des Musikstudiums bei Pietro Giannotti erlaubte. Nach kurzer Zeit hatte er die Technik der Opernkomposition erlernt und brachte eine Reihe Bühnenstücke – ab 1761 nur mehr auf Texte des berühmten Librettisten Michel Jean Sedaine – heraus. Im Jahr 1777 stellte er nach einem großen Erfolg die kompositorische Tätigkeit ein, weil er ein Ende seiner Erfolgsserie befürchtete. Er war inzwischen Haushofmeister und Domänenverwalter des Herzogs von Orléans geworden. Durch die Revolution verlor er diese Stellung, erhielt aber ab 1798 eine Pension der Opéra Comique. 1800 wurde er zum Studieninspektor des Pariser Konservatoriums ernannt, legte jedoch die Stelle, der er sich nicht gewachsen fühlte, nach 2 Jahren nieder; 1813 wurde er Mitglied

der Académie des Beaux-Arts und starb am 14. 1. 1817 in Paris.

WERKE
Außer einem Prolog hat Pierre Alexandre Monsigny nur etwa 15 Opern verfaßt, die zum größten Teil sehr erfolgreich waren. Man muß ihn zu den Mitschöpfern der französischen komischen Oper zählen, wozu ihn seine außerordentliche Begabung für Melodie und sein dramatischer Instinkt befähigten.

Bartolomeo Montalbano
(um 1595–1651)

ZEIT UND UMWELT
Die große gotische Kirche San Francesco d'Assisi in Palermo aus dem 13. Jahrhundert war neben der Hofkapelle der spanischen Vizekönige die einzige bedeutende Pflegestätte der Musik in Sizilien. Die Kapelle der Franziskaner war wie überall der eigenen Tradition verhaftet und hielt mit den anderen Ordenskirchen Italiens mehr Kontakt als mit den Spaniern. Dabei verschloß sie sich keiner Neuerung.

LEBEN
Bartolomeo Montalbano wurde um 1595 in Bologna geboren, trat dem Franziskanerorden bei, erhielt im Kloster seine musikalische Ausbildung und war ab 1629 Kapellmeister an San Francesco d'Assisi in Palermo. Von 1642 bis zu seinem Tod im Jahr 1651 wirkte er als Kapellmeister an San Francesco in Bologna.
Sein Bruder Guido Montalbano (1600, Bologna, bis 26. 8. 1698, Bologna) folgte ihm als Kapellmeister in Bologna nach und wirkte bis 1675.

WERKE
Der italienische Komponist Bartolomeo Montalbano verfaßte Sinfonien für eine Violine, für zwei Violinen, für zwei Violinen und Posaune mit Orgelbegleitung, für vier Violen, weiters Motetten für eine bis acht Stimmen mit Orgelbegleitung und eine vierstimmige Messe. Diese Musik ist teils polyphon, teils monodisch.
Guido Montalbano soll Kirchenmusik geschrieben haben. Erhalten ist davon nichts.

LITERATUR
Fr. Vatielli, Primizie del sinfonismo, in: Rivista musicale italiana XLVII, 1943.

Francesco Montali
(um 1720 bis nach 1759)

ZEIT UND UMWELT
Obwohl Toledo in der Neuzeit seine politische und kulturelle Bedeutung an Madrid abtreten hatte müssen, blieb die Kathedrale eine wichtige Pflegestätte der Musik des Landes. Die Kapelle stand ständig in engem Kontakt mit dem nahen Hof in Madrid und seinem Musikleben.

LEBEN
Francesco Montali wurde um 1720 in Italien geboren und kam nach seiner Ausbildung als erster Violinist an die Kathedrale in Toledo, wo er vermutlich bis zu seinem Tod nach 1759 gewirkt hat.

WERKE
Von Francesco Montali sind 12 Triosonaten, 12 Violinsonaten, 6 Sonaten für Violine und Cello und ein Konzert für Flöte, zwei Violinen und Generalbaß erhalten. Er verfaßte gemeinsam mit Manuel Pla eine Oper für Madrid. Sein Stil gehört dem Spätbarock an.

Francesco Montanari
(um 1680–1730)

ZEIT UND UMWELT
Die Violinsonate – Solovioline mit Generalbaß – war in der ersten Hälfte des 18. Jahrhunderts eine der beliebtesten Kompositionsformen. Der Violinist konnte seine Virtuosität zeigen, die zu jener Zeit sehr bewundert wurde, auch wenn die Technik den musikalischen Gehalt weit übertraf. Es handelte sich in vielen Fällen um reine Virtuo-

senmusik – von Virtuosen für Virtuosen geschrieben.

Leben

Francesco Montanari wurde um 1680 in Padua geboren und vermutlich auch dort ausgebildet. Er war ab 1717 Violinsolist an San Pietro in Rom, wo er 1730 starb.

Werke

Vom italienischen Violinvirtuosen und Komponisten Francesco Montanari sind 12 Violinsonaten mit Generalbaß und eine Reihe von Violinkonzerten, bei denen die technischen Erfordernisse sehr hoch sind, erhalten.

Monge de Montaudo

(um 1160 bis um 1220)

Zeit und Umwelt

Otto IV. (um 1175–1218), Sohn des Welfen Heinrich des Löwen und dessen Frau Mathilda (Tochter Heinrichs II. von England), deutscher König ab 1198, Kaiser ab 1209, wuchs am Hof von Richard I. Löwenherz auf, der ihn zum Earl von York, Grafen von Poitiers und Herzog von Aquitanien machte. Daraus resultierten die Beziehungen des nachmaligen Kaisers zu den provenzalischen Troubadours und die Freundschaft zu einzelnen von ihnen, ob sie nun freie Ritter, Vasallen oder Kleriker waren.

Leben

Monge de Montaudo (Mönch von Montaudon) wurde um das Jahr 1160 vermutlich in Vic-sur-Sère (Dordogne) geboren. Der provenzalische Troubadour und Prior in Montaudon pflegte zu einer Reihe von Troubadours und auch mit dem späteren Kaiser Otto IV. freundschaftliche Beziehungen. Er starb um 1220 in seinem Kloster zu Montaudon.

Werke

Der Mönch von Montaudon hat 17 Dichtungen hinterlassen, darunter 7 Cansos (Lieder), 2 Tensos (Streitlieder) und 4 Enogs (Rügelieder, Kritik an Zuständen oder Ereignissen). Melodien sind nur 2 überliefert, die, im »Leichten Stil« gehalten, sich durch große Sanglichkeit auszeichnen.

Literatur

C. Fabre, Le moine de Montaudon et l'empereur Othon IV., Annales du Midi XX, 1908.

Giovan Domenico Montella

(um 1570–1607)

Zeit und Umwelt

Die spanischen Vizekönige in Neapel pflegten mit dem kulturellen und gesellschaftlichen Leben der Provinz wenig Kontakt. Ihr Hofstaat bestand aus Spaniern, sie hatten ihren spanischen Klerus aus der Heimat mitgebracht, und auch die Kapelle beschäftigte nur Spanier. Die neapolitanische Musik entwickelte sich ohne Beziehung zur Hofkapelle. Die Spanier waren und blieben, so zahlreich und prächtig sie auch auftraten, Fremde. Ein Italiener als Musiker am Königlichen Hof stellte eine Seltenheit dar.

Leben

Giovan Domenico Montella (Mico genannt) wurde um 1570 in Neapel geboren. Er war ab 1591 Lautenist der Kapelle des Vizekönigs in Neapel, wo er 1607 starb.

Werke

Der trotz seines verhältnismäßig kurzen Lebens sehr fleißige italienische Komponist Giovan Domenico Montella hat 8 Bücher mit vorwiegend fünfstimmigen Madrigalen, 4 mit vierstimmigen Villanellen und Arien, 2 mit Messen und Motetten, 2 mit Lamentationen und Offizien und eines mit fünfstimmigen Motetten verfaßt, sowie weitere Gesänge, die in Sammelwerken aufgenommen worden sind. Sein Stil ist polyphon und kontrapunktisch, sehr schön klingend und der zeitgenössischen neapolitanischen Musik angenähert.

Italo Montemezzi (1875–1952)

LEBEN
Italo Montemezzi wurde am 4. 8. 1875 in Vigasio bei Verona geboren. Nach einem technischen Studium war er bis 1900 Schüler des Konservatoriums in Mailand. Dann widmete er sich allein der Komposition. Von 1939 bis 1949 lebte er als Emigrant in den USA. Er starb am 15. 5. 1952 in Vigasio.

WERKE
Von den 6 Opern des italienischen Spätromantikers Italo Montemezzi war »Die Liebe der drei Könige« am erfolgreichsten. Er schrieb ferner 2 sinfonische Dichtungen, ein Chorwerk »Das Hohe Lied« und eine Elegie für Cello und Klavier.

José Angel Montero (1832–81)

ZEIT UND UMWELT
Seit der Unabhängigkeitserklärung der Republik Venezuela nahm ihre Hauptstadt Caracas einen gigantischen wirtschaftlichen Aufschwung, dem bis in unsere Tage ein ebenso starker auf allen Gebieten des kulturellen Lebens folgte. Die durch Erdbeben 1812 zerstörte Stadt entwickelte sich zur modernsten Siedlung der Welt. Daß es auf dem Gebiet der Musik lange bei Einzelleistungen blieb, findet seine Ursache in der in vielen ehemaligen Kolonien herrschenden Isolation der Städte.

LEBEN
José Angel Montero wurde 1832 in Caracas geboren. Er erlernte mehrere Instrumente, spielte sodann in einem von ihm selbst gegründeten Streichquartett Cello, wurde an der Kathedrale der Stadt Kapellmeister und Lehrer an der Musikakademie und leitete die staatliche Blaskapelle. Er starb am 24. 8. 1881 in Caracas.

WERKE
Von José Angel Montero sind mehrere Zarzuelas, Ouvertüren, Messen, von denen die »Missa del Nazareno« hervorzuheben ist, 3 Te Deum, ein Graduale, ein Offertorium, Märsche für Blaskapelle und Salonmusik überliefert. Er schrieb die erste venezolanische Oper »Virginia«, die noch in unserer Zeit gegeben wird. Sein Stil lehnt sich an den zeitgenössischen spanischen an.

Claudio Monteverdi (1567–1643)

ZEIT UND UMWELT
Die Übertragung baugeschichtlicher oder der Literaturgeschichte entnommener Bezeichnungen auf die Stilepochen der Musik ist wenig zutreffend. Dies gilt auch für die »Renaissancemusik«, wenn man darunter nicht allein die Musik der Renaissancezeit ohne nähere Charakterisierung verstehen will, jener Zeit des geistigen Aufbruches, in der die Bewohner Europas die Welt und den Menschen entdeckten und ihr Dasein auf der Erde nicht mehr als Übergang zu einem schöneren Reich hinnahmen.
Das Wort Renaissance wurde zum ersten Mal in seiner italienischen Form (Rinascita – Wiedergeburt) vom italienischen Maler, Baumeister und Schriftsteller Giorgio Vasari (1511–74) in seinen »Lebensbeschreibungen« gebraucht und sollte nur auf den Umwandlungsprozeß der Bildauffassung in einigen zeitgenössischen Werken der italienischen Malerei und zugleich auf deren Aufblühen hinweisen. Die neue Weltsicht, die wirklichkeitsnahe Darstellung, die Tiefenwirkung und damit der Übergang von der statischen Flächigkeit zur dynamischen Gestaltung, erhielt erst im 19. Jahrhundert die Bezeichnung Renaissance in ihrer echten Bedeutung als Wiedererwachen antiker Vorstellungs- und Denkmodelle.
In der Architektur wurden die neuen Leitziele am deutlichsten. Das antike Formgut konnte, mit dem Schönheitssinn der Zeit verschmolzen, nachvollzogen werden. Weiträumig, unter hoch gewölbten Kuppeln und mit lebendig gegliederten Wänden, großzügig in allen Dimensionen und doch in sich geschlossen, wurde die Baukunst jener Zeit zum Ausdruck des neuen Lebensgefühles des Menschen.
In der Literatur und Wissenschaft hieß der

Claudio Monteverdi nach einem zeitgenössischen Gemälde

neue Geist der Zeit Humanismus. Er beschränkte sich auf die Lektüre der antiken Autoren und ihre Nachahmung. Es wurde zwar viel von der Freiheit des Menschen gesprochen und geschrieben, sie wurde aber niemandem geschenkt, sondern nur dem gewährt, der selbst mächtig genug war, sie zu verteidigen. Die Kerker waren voll, die Scheiterhaufen loderten, und Galileo Galilei mußte die wissenschaftliche Wahrheit verleugnen, um am Leben zu bleiben. Und auch die theoretischen Erörterungen wurden matter, weil Reformation und Gegenreformation alle Kräfte in den Kampf gegeneinander einsetzten und Renaissance wie Humanismus zum Erlahmen brachten.

Parallelen von Architektur und Musik jener Epoche lassen sich erkennen. Der Vielfalt der Bauelemente und deren Gleichwertigkeit im Gesamtwerk entsprach die Selbständigkeit der einzelnen Stimmen im polyphonen Satz. Die Ablösung des Cantus firmus durch frei geschaffene Melodien kann dem Aufgeben mystischer Bauformeln früherer Zeiten gleichgesetzt werden. Und wie in allen Kunstgattungen wurde auch die Musik vom Manierismus überwuchert, weil die eklatante Differenz zwischen den humanistischen Ideen und der Wirklichkeit alle originären Einfälle immer mehr versanden ließ.
Damit war auch das Ende der geistes- und kunstgeschichtlichen Epoche angebrochen. Das Zeitalter der Renaissance war ein jähes Aufflackern des Willens des Menschen zu einer wahren Menschlichkeit gewesen. Die Flamme wurde erstickt. Doch die Leistungen sind zum größten Teil erhalten.
Es kam jedoch gegen das Ende des 16. Jahrhunderts auch zu einer »echten« Renaissancemusik. Die Camerata Florentina bildete, um dramatische Dialoge zu vertonen, den Rezitativgesang heraus. Damit sollte die Musik der griechischen Tragödie möglichst getreu nachgeahmt werden. Wenn auch die schwachen Rezitative vorerst kein breites Publikum gewannen, so wurde damit doch eine der Grundlagen der Oper geschaffen.
In Frankreich wurde »humanistische« Musik komponiert. Es handelte sich um die Vertonungen im Rahmen der Académie du Palais, die in klassischem Versmaß gehaltene Dichtungen in rhythmisch genau angepaßte Musik setzte und dafür einen beschränkten Anhängerkreis begeistern konnte. Trotzdem entwickelte sich zum Teil auch daraus die Vormachtstellung Frankreichs als Musikland.

Leben

Claudio Zuan Antonio Monteverdi (Monteverde) wurde am 15. 5. 1567 in Cremona getauft. Er war der älteste Sohn des Arztes Baldassare Monteverdi. Seine musikalische Ausbildung, die Komposition, Gesang und Spiel der Viole umfaßte, erhielt er von Marc' Antonio Ingegneri. Er besuchte vermutlich

MADRIGALI
GVERRIERI, ET AMOROSI
Con alcuni opuscoli in genere rappresentatiuo, che saranno per breui Episodij frà i canti senza gesto.
LIBRO OTTAVO
DI CLAVDIO MONTEVERDE
Maestro di Capella della Serenissima Republica di Venetia.
DEDICATI
Alla Sacra Cesarea Maestà
DELL' IMPERATOR
FERDINANDO III
CON PRIVILEGIO
IN VENETIA.
Appresso Alessandro Vincenti. MDCXXXVIII.

Titelblatt des Erstdrucks des achten Buches der Madrigale von Monteverdi

auch die Universität von Cremona. Bereits mit 15 Jahren wandte er sich der Komposition zu, fiel mit seinen Publikationen bald auf und wurde 1590 am Hof des Herzogs von Mantua, Vincenzo I., als Sänger und Violenspieler in den Dienst genommen. Er hatte sich bereits 1588 um den Posten des Kapellmeisters am Mailänder Dom, der durch den Weggang von Pietro Pontio frei geworden war, beworben. Trotz der guten Beziehungen seines Vaters erhielt Claudio Monteverdi die Stelle nicht. Er sei zu jung, hieß es. In Wahrheit waren seine Kompositionen für die Anhänger der Mailänder Schule zu fortschrittlich. Er mußte sich mit der bescheidenen Stellung in Mantua abfinden. Die Congregazione de Accademia di Santa Cecilia in Rom verlieh ihm die Mitgliedschaft. Ein Ruf auf eine Stelle in Rom traf nicht ein.

Vincenzo I. Gonzaga verfügte nicht über die geistige und moralische Größe seiner Vorfahren. Mit ihm endete die glänzende Geschichte seiner Familie, die er auch wirtschaftlich in den Ruin gestürzt hatte. Er behandelte die an seinem Hof bediensteten Künstler wie Bediente und war auch außerstande, ihre Leistungen einzuschätzen. Einzig Peter Paul Rubens (1577–1640) ließ sich von ihm nichts bieten. Er war Ausländer und daher unabhängig. Eine gleichzeitige Tätigkeit Monteverdis an der Hofkirche Santa Barbara wird angenommen. Ihm oblag aber die Komposition für regelmäßig im herzoglichen Palast veranstaltete Musikaufführungen.

Im Jahre 1595 verheiratete sich Monteverdi mit einer Sängerin der herzoglichen Kapelle, mußte jedoch den Herzog noch im gleichen Jahr im Gefolge des Haushaltes nach Ungarn begleiten, wo dieser am Türkenkrieg teilnahm. Eine zweite Reise als Hofbediensteter, die ihn 1599 über Trient, Innsbruck, Basel, Nancy, Spa, Lüttich, Antwerpen nach Brüssel führte, war wegen der in diesen Städten gesammelten musikalischen Eindrücke ergiebiger. Der Tod des herzoglichen Kapellmeisters Benedetto Pallavicino im Jahre 1601 bot ihm die Gelegenheit, sich um diese Stelle zu bewerben. Er wurde Kammer- und Kirchenkapellmeister des Herzoghofes.

Diese gehobene Stellung schützte den Meister jedoch nicht vor der weiteren schlechten Behandlung seitens des Herzogs, so daß er sich 1608 nach Cremona zurückzog und 1612, nach dem Tod des Herzogs, ein Rücktrittsgesuch einreichte, das von Vincenzos Nachfolger Ferdinando genehmigt wurde. Versuche, in Mailand, Florenz oder Rom eine angemessene Stellung zu erhalten, scheiterten. Dafür wählten ihn 1613 die Prokuratoren von San Marco in Venedig zum Kapellmeister des Domes und verliehen ihm damit die hervorragendste Stelle, die zu jener Zeit in Italien vergeben werden konnte. Das

Honorar von 400 Dukaten jährlich war fürstlich.
Der Rest seines Lebens war nunmehr von Kompositionsaufträgen und der Arbeit als Kapellmeister ausgefüllt. In seinem Leben hatte sich seit dem Tod seiner Frau (1607) nur mehr wenig ereignet. Seine beiden Söhne besuchten die Universität. Francesco (1601, Mantua, bis um 1650, Venedig) wurde Jurist, trat in den Karmeliterorden ein, wandte sich der Musik zu und wurde 1623 in den Domchor an San Marco aufgenommen. Massimiliano (1604, Mantua, bis um 1655, Venedig) wurde Arzt. Er selbst trat 1633 in den Priesterstand ein. Am 29. 11. 1643 starb er in Venedig und wurde mit großer Feierlichkeit in der Kirche Santa Maria dei Frari beigesetzt. Venedig wußte, daß die musikalische Welt einen der ganz Großen verloren hatte.
Sein Bruder Giulio Cesare Monteverdi (getauft 31. 1. 1573, Cremona, bis um 1630, Salò) wirkte bis 1612 in Mantua neben Claudio Monteverdi als Sänger, darauf als Organist in Castelleone und wurde 1622 Domkapellmeister in Salò.

Werke

Man darf ohne zu übertreiben Claudio Monteverdi als die bedeutendste Gestalt der frühen Barockmusik ansehen, deren Stil auf profanem und sakralem Gebiet zum großen Teil von ihm selbst geschaffen wurde. Er hat mit seinen Opern den schwachen Erzeugnissen der Camerata Florentina lebende künstlerische Gebilde an die Seite gestellt, er hat so viele stilistische und technische Neuerungen eingeführt, daß sie, zusammengenommen nahezu eine neue Musik begründeten, er hat das Streichinstrumentenspiel durch die Aufnahme der Violine als Soloinstrument neben den Violen als einer der ersten verwendet, das Tremolo und das Pizzicato erfunden und die Stimmbildung der Sänger verbessert.
Es entspricht ohne Einschränkung den Tatsachen, daß sein Auftreten eine deutliche Zäsur in der Musikgeschichte erzeugte. Die Ideale der Antike waren bereits verblaßt, der Humanismus, der praktisch nur in wenigen Fällen realisiert wurde, flüchtete in die Gelehrtenstuben, weil der Absolutismus brutalen Einzug hielt, die Renaissancekunst mündete in seelenlosem Manierismus. Monteverdi unterstellte seine musikalische Aussage nicht dem Pendelschlag dieser Kulturentwicklung. Er tat nichts, weil es dem Geist der Zeit entgegenkam, sondern machte sich selbst zum Maß seiner Musik. Er trat unmittelbar und von vornherein mit seinem nur der eigenen Intuition verpflichteten Stil, den er selbst als neu, als Seconda Prattica, bezeichnete, und dem alten, der Prima Prattica, entgegenstellte, vor sein Publikum. Die Übergänge vom alten zum neuen Stil waren nicht abrupt, sondern liefen evolutiv ab, immer mit dem gleichen Ziel, mit der Kunst menschliche Affekte zu erregen und auszudeuten.
Im einzelnen sind den Werken von Claudio Monteverdi seine 8 Bücher mit Madrigalen voranzustellen, die einen deutlichen Überblick über die fortschreitende Entwicklung des »Neuen Stiles« geben. Ihnen werden fallweise die Canzonetten für drei Stimmen, die noch im alten Stil gehalten sind, die Scherzi Musicali für drei Stimmen mit Instrumenten, bei denen sich die Seconda Prattica voll durchgesetzt hatte, und die »Dreistimmigen Tanzlieder« aus 1632 als Buch neun und zehn angereiht. An sakraler Musik sind mehrere Messen, Motetten, Magnificat, Hymnen und Vespern zu verzeichnen, vor allem sein »Vespro della Beata Vergine«.
Einen breiten Raum im Schaffen des Komponisten nahmen seine Opern ein. Er hat sich verhältnismäßig spät dazu entschlossen, eine Oper zu komponieren. Das macht den Anschein, als hätte er seinen neuen Stil erst durch eine Reihe von Madrigalen festigen müssen. Seine erste Oper »Orfeo« aus 1607 wurde in der Accademia degl'Invaghiti in Mantua uraufgeführt und am Hof des Herzogs wiederholt. Von der zweiten, 1608 verfaßten Oper ist nur die Arie »Ariadnes Klage« erhalten; sie ist zum beliebten Konzertstück geworden. Die Ballettoper »Tanz der Spröden« nahm der Komponist später in sein VIII. Madrigalenbuch auf, das Ballett »Tirsi und Clori« fand im VII. Madrigalen-

Seite aus dem ersten Magnificat von Claudio Monteverdi

buch Aufnahme. Eine Reihe weiterer Opern und Opernballette ist verlorengegangen. Erhalten sind noch seine größten Erfolge auf diesem Gebiet, »Die Heimkehr des Odysseus« aus 1640 und »Die Krönung Poppeas« aus 1642.

Zu erwähnen sind noch sein Frühwerk Sacrae Cantiunculae tribus vocibus (Kleine geistliche Lieder für drei Stimmen), eine »Klage der Erminia«, einzelne Soli und Instrumentalstücke und eine Anzahl von Werken in Sammeldrucken und Manuskripten, deren Zuschreibung nicht immer gesichert ist.

Von Giulio Cesare Monteverdi, dessen Oper »Der Raub der Proserpina« verlorengegangen ist, sind 2 Canzonetten und eine Reihe mehrstimmiger Motetten mit Orgel-Continuo erhalten.

Madrigale Buch III

20 Madrigale für fünf Stimmen, veröffentlicht 1592, die einen Übergang von der vom Komponisten durchaus beherrschten überkommenen Form zum neuen musikalischen Ausdruck darstellen. Schon in seinen Büchern I und II aus den Jahren 1587 und 1590 mit fünfstimmigen Madrigalen, die die polyphone Satztechnik des 16. Jahrhunderts aufweisen, setzte sich Monteverdi mit dem Problem der Verständlichkeit des Textes auseinander und vermeidet dessen Überlagerung durch zu dicht geführte Stimmen. Im vorliegenden Buch III ist der Bogen, der sich in diesem Buch von der Prima Prattica zur Seconda spannt, am stärksten deutlich, wenn man »Sovra tenere herbette« (Auf zartem Gras) mit »Rimanti in pace« (Bleibe hier in Frieden) vergleicht. Im ersten Madrigal wird mit alter Technik ein Höchstmaß an ergreifender Schönheit erreicht, das zweite gewinnt seine erstaunliche Ausdrucksstärke bereits mit neuen Mitteln.

Madrigale Buch IV

Die 20 Madrigale dieses Buches aus 1603 werden als die bedeutendste Leistung des Komponisten auf dem Gebiet des Madrigals angesehen. Schon das erste »Oh schmerzlicher Abschied« überrascht durch die enge Integration der Musik mit dem Text, dessen Gefühlsgehalt durch eine Kette von Dissonanzen und deren Auflösungen deutlich gemacht wird. Die folgenden sind ebenso meisterhaft konzipiert und ragen mit der Verwendung von Soli bereits in die Seconda Prattica hinein. Den Höhepunkt der Sammlung stellt »Er weinte und seufzte« dar, dessen bittersüße Traurigkeit überwältigend ist.

Madrigale Buch VII

Das Buch V aus dem Jahr 1605 ließ die fünfstimmigen Madrigale mit Generalbaß begleiten und erregte durch neue Strukturen die Bewunderung breiter Kreise, zugleich aber auch Kritik aller, die immer aus »Heute« ein »Gestern« machen wollten. Das Buch VI brachte eine Bearbeitung des »Lamento d'Arianna« aus der Oper L'Arianna als Pianto della Madonna.

Das Buch VII endlich verläßt die Fünfstimmigkeit, die wegen des Basso continuo und der Füllstimmen ihre Funktion verloren hatte, vollends. Die Madrigale sind ein-, zwei-, drei-, vier- und sechsstimmig, von mehreren Instrumenten begleitet und mittels Instrumentalsätzen eingeleitet oder unterbrochen. Aus den Chorsätzen sind fallweise opernhafte Arien geworden. Die Seconda Prattica ist dabei voll zum Durchbruch gekommen. Das erste Stück des 1619 veröffentlichten Buches »Ich stimme die Lyra« beginnt

L'ORFEO
FAVOLA IN MVSICA
DA CLAVDIO MONTEVERDI
RAPPRESENTATA IN MANTOVA
Anno 1607 & nouamente data in luce
AL SERENISSIMO SIGNOR
D. FRANCESCO GONZAGA
Prencipe di Mantoua, & di Monferato, &c
In Venetia Appresso Ricciardo Amadino.
M D C IX.

Titelblatt zur Partitur von Monteverdis »L'Orfeo«, Venedig 1609

BASSVS GENERALIS.
SANCTISSIMÆ
VIRGINI
MISSA SENIS VOCIBVS
AD ECCLESIARVM CHOROS
Ac Vesperę pluribus decantandæ
CVM NONNVLLIS SACRIS CONCENTIBVS,
ad Sacella siue Principum Cubicula accommodata.
OPERA
A CLAVDIO MONTEVERDE
nuper effecta
AC BEATISS. PAVLO V. PONT. MAX. CONSECRATA.
Venetijs, Apud Ricciardum Amadinum.
M D C X.

Monteverdis »Marien-Vesper«, Titelblatt der Ausgabe von 1610

mit einer Sinfonia für Streicher, die am Ende nach einem tänzerischen Interludium wiederholt wird. Die einzelnen Madrigale steigern ihre Ausdruckskraft bis zu den beiden vertonten Liebesbriefen im Rezitativstil, die sich stark an theatralische Darstellung annähern.

Madrigale Buch VIII

Dieses 1638 gedruckte Buch bringt 7 Canti guerrieri (Kriegerlieder), deren bedeutendstes das Sonett von Petrarca »Nun, da Himmel und Erde und Wind schweigen« ist, anschließend den dramatischen Dialog »Kampf von Tancred und Clorinda« aus dem »Befreiten Jerusalem« von Tasso und das Huldigungsballett für Kaiser Ferdinand III. »Il Ballo« für Chor und Instrumente, sodann Canti amorosi (Liebeslieder) für Chöre, Soli und Instrumente mit Generalbaß und am Ende das Opernballett »Il ballo delle ingrate« (Tanz der Undankbaren). Von besonderer Schönheit sind die beiden Madrigale für Soli, Chor und Instrumente »Nymphe, die du barfuß« und »Phöbus hatte noch nicht der Welt das Licht des Tages gegeben«.

Madrigale Buch IX

Posthume Sammlung von Stücken in verschiedenen Stilarten und aus verschiedenen Schaffensperioden des Komponisten von Alessandro Vincenti aus 1651 und Scherzi Musicali aus 1632. Das Strophenlied für Solostimme, Streicher, Continuo »So ist es denn wahr« ist dadurch bemerkenswert, daß jede Strophe sich von den anderen unterscheidet, so daß man den Eindruck einer Durchkomposition gewinnt.

Lamento d'Arianna

Wenn Monteverdi auch nicht die ersten Opern geschrieben hat, so war er doch ihr erster Meister, der diese Kunstgattung zur Entfaltung brachte.

Von seiner Oper »Arianna« aus 1608 ist nur der Klagegesang der verlassenen Ariadne erhalten. Er ist ungeheuer populär geworden und hat eine Flut von »Klagegesängen« ausgelöst, von denen keiner an die »Arianna« heranreichte. Ariadne erinnert sich nach einem Ausbruch höchster Verzweiflung an die glückliche Heimkehr von Theseus; ihre Empörung wächst zur ohnmächtigen Wut und mündet in völliger Mutlosigkeit.

Messe für vier Stimmen mit Posaunen, sechs Teile, entstanden um 1635

Unter dem Einfluß der Gegenreformation mußte für die Kirchenmusik der alte Stil beibehalten bleiben. Der Komponist ordnete sich diesem Grundsatz unter und zeigte, daß er die Strenge und Schönheit des kontrapunktischen Stils noch immer meisterhaft beherrschte. Doch trotz des Konservativismus klingen barocke Gedanken mit.

Messe »In illo tempore« für sechs Stimmen und Continuo, fünf Teile, entstanden 1610

Dieser Papst Paul V. gewidmeten Messe liegt die Motette von Nicolaus Gombert »In illo tempore« zugrunde, die durch alle Teile der Komposition imitiert wird. Sie ist im alten Stil gehalten, doch auf einen Generalbaß gestellt, dem allerdings keine kontrapunktische Funktion zugewiesen wurde. Das Agnus Dei ist siebenstimmig.

Vesperae Mariae Virginis (Marienvesper) für Soli, Chor und Instrumente, 12 Teile, erschienen 1610

Im Gegensatz zur gleichzeitig erschienenen Messe »In illo tempore«, die im alten Stil gehalten ist, wendete der Komponist seine sogenannte Seconda Prattica an. Soli, Chöre, Orchestereinlagen wechseln ab, alle Ausdrucksmittel des »Neuen Stiles« wurden herangezogen, um der für den liturgischen Gebrauch geschaffenen Vesper konzertierenden Charakter zu verleihen. Die Einleitung und Psalm 109 setzen mit sechsstimmigem Chor, Streichern, Bläsern und Continuo ein. Dann folgt ein von Laute und Gambe begleitetes Solo. Psalm 112 ist achtstimmig, das folgende Duett begleiten wiederum Gambe und Laute. Psalm 121 wird von sechs Stimmen zur Orgel, Cello und Violone vorgetragen, Psalm 126 nach einem Terzett von zehn Stimmen gesungen. Ein Sextett leitet zu Psalm 147, den zwei Chöre und ein Tenorsolo bestreiten, über. Schließlich erklingt eine instrumentale Sonata, bis mit allem Chor- und Orchesterklang der Hymnus Ave Maris Stella das Werk abschließt.

LITERATUR

G. Fr. Malipiero, Claudio Monteverdi, Mailand 1892. H. Prunières, La vie et l'œuvre de Claudio Monteverdi, Paris 1962. D. Stevens, Monteverdi, London 1978. D. de Paoli, Monteverdi, Mailand 1979.

Hugh Montgomery (1739–1819)

ZEIT UND UMWELT

Der schottische Musikant Niel Gow (22. 3. 1727, Inver bei Dunkeld, bis 1. 5. 1807, Inver) begründete eine Familie von Komponisten und Interpreten schottischer Volksmusik, die sich gegen Ende des 18. Jahrhunderts auch dem Notendruck und dem Musikalienhandel zuwandten.

LEBEN

Hugh Montgomery, Earl of Eglintoun, wurde am 29. 11. 1739 in Ayrshire geboren. Er widmete sich als Amateur der Komposition und war zu seiner Zeit eine prominente Persönlichkeit des Musiklebens in Edinburgh. Seine tatkräftige Protektion ließ er dem schottischen Musiker Niel Gow und seinen Söhnen angedeihen. Er starb am 15. 12. 1819 vermutlich in Edinburgh.

WERKE

Als hoher Adeliger und Oberst konnte Hugh Montgomery nach der Sitte seiner Zeit nicht als Komponist von Volksmusik aufscheinen, daher ließ er seine Kompositionen von der Familie Gow anonym veröffentlichen: »New Strathspey Reels, composed by a gentleman«. Darin befand sich »Ayrshire Lasses«, seine beste Tanzweise. Ein Band mit Volksliedern und Märschen wurde erst in der Mitte des 19. Jahrhunderts herausgebracht. Ein großer Teil der Kompositionen von Hugh Montgomery scheint verloren zu sein. Er wird zu den »Klassikern« schottischer Volksmusik gerechnet.

Carlo Monza (um 1735–1801)

ZEIT UND UMWELT

Die Bravourarie war nachgerade ein essentieller Bestandteil der Oper und verschaffte ihr zusätzlichen Glanz, falls das Werk nicht damit überladen wurde, so daß die übrige Musik den Charakter von Zwischenspielen der Arienketten erhielt. Ein zumindest innerer Zusammenhang der gesamten Musik mit den Arien gab ihnen ihre Existenzberechtigung, auf die allerdings nicht selten verzichtet wurde.

LEBEN
Carlo Monza wurde um 1735 in Mailand geboren. Er war Schüler von Giovanni Andrea Fioroni und ab 1768 Organist der herzoglichen Kapelle unter Gian Battista Sammartini, den er 1775 als Kapellmeister ablöste. Daneben wirkte er als Kapellmeister an San Giovanni in Conca, an Santa Maria Segreta und an der Chiesa della Rosa. Im Jahr 1787 wurde er Kapellmeister am Mailänder Dom, 1771 ernannte ihn die Accademia Filarmonica in Bologna zu ihrem Mitglied. Er starb in Mailand am 19. 12. 1801.

WERKE
Neben einer Reihe Opern, in denen eine Fülle rein schematisch angelegter Bravourarien vorherrschten, verfaßte Carlo Monza eine große Anzahl Kirchenmusik - Messen, Proprien, Psalmen, Litaneien, Responsorien - und 6 Trios für zwei Violinen und Cello, 6 Streichquartette und 6 Sonaten für Cembalo und Violine.

Emánuel Moór (1863–1931)

LEBEN
Emánuel Moór wurde am 19.2.1863 in Kecskemét, Ungarn, geboren, in seinem Geburtsort, in Prag, Wien und Budapest zum Komponisten, Organisten und Pianisten ausgebildet und unternahm von 1885 bis 1897 weite Konzertreisen bis in die USA. Er erfand ein Doppelklavier (Duplex-Coupler Grand Pianoforte) mit zwei übereinanderliegenden Manualen, die durch Pedale gekoppelt werden konnten. Er starb am 20.10.1931 in Chardonne, Vaud, Schweiz.

WERKE
Neben 5 Opern schrieb Emánuel Moór 8 Sinfonien, 4 Klavierkonzerte, 4 Violinkonzerte, 2 Cellokonzerte, ein Bratschenkonzert, ein Harfenkonzert, ein Tripelkonzert für Violine, Cello und Klavier, Kammermusik, viele Klavierstücke, eine Sonate für vier Harfen, ein Requiem für Soli, Chor und Orchester und andere Kirchenmusik sowie ungefähr 50 Lieder. Sein Stil gehörte der Spätromantik an.

Douglas Moore (1893–1969)

LEBEN
Douglas Stuart Moore wurde am 10.8.1893 in Cutchogue, N. Y., geboren. Er studierte an der Yale University und von 1919 bis 1921 in Paris bei Vincent d'Indy und Nadia Boulanger, schließlich bei Ernest Bloch in Cleveland. Von 1926 bis 1962 unterrichtete er an der Columbia University in New York. Er starb am 25.7.1969 in Greenport, N. Y.

WERKE
Von Douglas Moore sind 7 Opern - darunter die berühmte »Ballad of Baby Doe« - und 2 Operetten aufgeführt worden. Er schrieb ferner 2 Sinfonien, eine Suite für Streichorchester, eine Anzahl weiterer Orchesterstücke, Stücke für Kammerorchester, eine Suite für Violine und Klavier, Ouvertüren, ein Bläserquintett, ein Quintett für Klarinette und Streichquartett, ein Klaviertrio, Klavierstücke, »Gebet für die Vereinten Nationen« für Alt, Chor und Orchester, Lieder, Chöre und Filmmusiken.

John Moorehead (um 1750–1804)

LEBEN
John Moorehead wurde um 1750 in Irland geboren und erhielt dort seine musikalische Grundausbildung. Darauf wirkte er an verschiedenen Orchestern Englands, war Violinist beim Worcester Festival des Jahres 1794 und wurde 1796 erster Bratschist am Sadler Wells Theatre; 1798 kam er als Instrumentalist und Komponist an das Covent Garden Theatre. Im Jahr 1802 wurde er geisteskrank und beging einige Gesetzesübertretungen, die ihn in das Gefängnis brachten. Nachdem er freigelassen wurde, trat er als einfacher Seemann der Marine bei und wurde sofort Kapellmeister; er endete im März 1804 bei Deal durch Selbstmord in geistiger Umnachtung.

WERKE

Von John Moorehead sind nur ungefähr 12 Opern überliefert, die er zum Teil gemeinsam mit anderen Komponisten (William Reeve, Thomas Attwood, John Braham, John Davy) verfaßte. Von seinen angeblich vorzüglichen Violinstücken ist nichts erhalten.

Estévão Lopes Morago
(um 1570 bis nach 1628)

ZEIT UND UMWELT

Wenngleich König Philipp II. von Spanien den Portugiesen volle kulturelle Selbständigkeit zusicherte, als er 1580 ihr Land unter seine Regierungsgewalt nahm, betonten besonders die Musiker in Lissabon sehr deutlich ihre Eigenständigkeit. Das führte zu einer gewissen Animosität gegen Spanier, mit denen bisher gute Beziehungen gepflegt worden waren. In der Kapelle zu Évora lagen die Dinge weniger schlimm, vermutlich weil sich unter den Mitgliedern der Kapelle viele Spanier befanden und die Zwischenstaatlichkeit, die sich dort gebildet hatte, durch die politischen Ereignisse nicht ausgelöscht werden konnte.

LEBEN

Estévão Lopes Morago wurde um 1570 in Valleca bei Madrid geboren, war aber im portugiesischen Évora Domchorknabe und somit Mitschüler von Filipe de Magalhães. Nach Abschluß seines Studiums an der Universität von Évora übertrug man ihm die Kapellmeisterstelle an der Kathedrale von Viseu, Beira Alta, wo er bis 1628 wirkte. Er dürfte kurz darauf in Viseu gestorben sein.

WERKE

Der größte Teil der Werke des Kirchenmusikers Estévão Lopes Morago ging 1755 beim Erdbeben in Lissabon mit vielen anderen unschätzbaren Kulturwerten zugrunde, so daß nur ein Bruchteil seines Schaffens überliefert ist. Dieser reicht allerdings aus, ihn den bedeutendsten Meistern der Iberischen Halbinsel seiner Zeit zuzuordnen. Erhalten geblieben sind einige Messen, Responsorien, Motetten, Psalmen, Hymnen, Magnificat, außerdem 2 Passionen nach Matthäus und nach Johannes.

LITERATUR

M. Joaquim, Nótulas sobre a música na Sé de Viseu, Viseu 1944.

Pablo del Moral (um 1745 bis nach 1805)

ZEIT UND UMWELT

Auch die Wende zum 19. Jahrhundert brachte keine wesentliche Änderung der spanischen Musikszene. Die Kriege, die politische und wirtschaftliche Unsicherheit und der mehrmalige Thronwechsel ließen eine namhafte kulturelle Betätigung kaum zu. Die Musik beschränkte sich auf die Kirchen und das Theater.

LEBEN

Pablo del Moral wurde um 1745 vermutlich in Madrid geboren. Er war Violinist an der Kirche San Cayetano in Madrid und ab 1778 auch an verschiedenen Musiktheatern, für die er als dramatischer Komponist wirkte. Im Jahr 1805 zog er sich aus gesundheitlichen Gründen von allen Pflichten zurück und dürfte bald darauf in Madrid gestorben sein.

WERKE

Von Pablo del Moral sind ungefähr 150 Tonadillas, 24 Comedias, zahlreiche Sainetes, 3 Loas und eine Oper auf spanischen Text erhalten. Er verfaßte überdies eine Sinfonie, einige Seguidillas und Boleros für Pianoforte und eine Anzahl Messen, Komplets und ein sehr bekannt gewordenes Salve regina. Seine Musik bildete die ersten Ansätze zum Aufschwung der spanischen Musik des 19. Jahrhunderts.

Cristóbal de Morales (um 1500–53)

ZEIT UND UMWELT

In der Bibliothek der Kapelle der Kathedrale von Sevilla befand sich ein Manuskript mit

Chören von Josquin und Motetten von Gombert, der wahrscheinlich als Kapellmeister Karls V. im Jahre 1526 nach Sevilla gekommen war. Das beweist, wie hoch die franko-flämische Tradition in jener südspanischen Stadt gehalten wurde. Wer also dort musikalisch erzogen wurde, wuchs in diese Stiltradition hinein, wenn ihr auch typisch

Cristóbal de Morales

spanische Elemente beigefügt waren. Die spanischen Musiker, die zeitweise an der päpstlichen Kapelle in Rom bedienstet gewesen waren, brachten den italienisch modifizierten flandrischen Stil mit.

LEBEN

Christóbal (Cristoval) de Morales wurde um 1500 in Sevilla als Sohn eines Sängers gleichen Namens geboren. Sein erster Lehrer war Fernández de Castilleja, seine erste Stellung die eines Kapellmeisters von Ávila und von Plasencia (8. 8. 1526 bis 12. 10. 1530). Am 1. 9. 1535 wurde er unter Papst Paul III. in die päpstliche Kapelle als Tenorist aufgenommen und 1536 zum Comes Sacri Palatii et Aulae Lateranensis ernannt. Gleichzeitig mit ihm sangen in Rom Escribano, Escobedo und Ordoñez. Im Jahre 1545 kehrte er nach Spanien zurück und wirkte bis 1547 als Kapellmeister in Toledo, dann in Marchena und Sevilla und schließlich ab 1551 in Málaga, wo er wahrscheinlich im September 1553 gestorben ist.

WERKE

Cristóbal de Morales war bei seinen Zeitgenossen außerordentlich geschätzt. Man rühmte an ihm die ausgezeichnete Führung der Stimmen, das Zurückgreifen auf homophonen Ausdruck, wenn es die Wortbedeutung erforderte, und die Ausnützung der Gestaltungskraft der phrygischen Tonart nach, die auch für die spanische Volksmusik typisch ist. Seine gewissenhafte Kontrapunktik wurde sehr gelobt. Er selbst war leidenschaftlich auf Klarheit des Ausdrucks bedacht. In einer Auseinandersetzung mit dem andalusischen Musikwissenschaftler und Komponisten Juan Bermudo erklärte er: »Wenn das, was etliche Organisten machen, klargelegt würde, könnten wir alle ihre Fehler entdecken.« Die Musik hatte nach seiner Meinung der Seele Adel und Erhabenheit zu verleihen. Er verfolgte diesen Grundsatz genau, auch auf Kosten des Klanges.
Von seinen Kompositionen sind 21 Messen für vier bis sechs Stimmen, ein Fragment einer vierstimmigen Totenmesse und ein Totenofficium, 14 vierstimmige Magnificat, 91 Motetten für drei bis acht Stimmen, vier- bis sechsstimmige Lamentationen, 11 Hymnen und ein vierstimmiges Madrigal erhalten.

Jubilate omnis terra (Jauchzet dem Herrn, alle Welt), Motette für sechs Stimmen, zwei Teile

Diese Motette wurde für die von Papst Paul III. arrangierte Friedenskonferenz zwischen Karl V. und Franz I., die 1538 in Nizza stattfand, geschrieben. Der Papst brachte zwanzig Sänger seiner Kapelle mit, die er mit Samtröcken und weißen Chorhemden ausstattete; Instrumentalisten wurden auf der Reise aufgenommen – Posaunisten in Bologna, Geiger in Mailand,

Notendruck aus dem Werk »Magnificat« von Cristóbal Morales

Trompeter, Trommler und Pommerbläser in Genua.
Die beiden Sätze sind mittels einer achtzehnmaligen Wiederholung eines Motives eng miteinander verbunden, wobei die Repetition von einer Mittelstimme gebracht und der Text vorgetragen wird, während die anderen über die Verdienste des Papstes, des Kaisers und des Königs dialogisieren und die gesamte Welt aufmuntern, Gott zu loben, weil der Abschluß eines wahrhaft christlichen Friedensvertrages ein neues, glückliches Zeitalter eingeleitet habe. Der Text lautet: Jauchzet dem Herrn, alle Welt, singet ihr alle, jauchzet und musizieret, denn, überzeugt durch Paul, haben Karl und Franz, Fürsten der Welt, Eintracht gefunden, und der Friede ist vom Himmel herabgestiegen. O glückliches Zeitalter, o glücklicher Paul. O ihr glücklichen Fürsten, die ihr dem christlichen Volk Frieden brachtet. Es lebe Paul! Es lebe Karl! Es lebe Franz! Sie mögen leben, alle zugleich, und uns Frieden schenken in Ewigkeit! Freuen wir uns.

Missa quaeramus cum pastoribus

Pastoralmesse für fünf Stimmen auf der Motette »Quaeramus cum pastoribus«, deren Autor nicht identifiziert wurde. Möglicherweise diente dem unbekannten Komponisten die gleichnamige Weihnachtsmotette von Jehan Mouton als Vorlage. Das Kyrie setzt mit sattem Vollklang ein. Der Cantus firmus wird vom Tenor und von der Oberstimme, begleitet vom dichten Geflecht der anderen Stimmen, alternierend und imitierend vorgetragen. Der Mittelsatz – Christe – läßt bereits den pastoralen Charakter der ganzen Messe erkennen. Das Gloria beginnt nahezu rezitierend, dann schwingt sich die Oberstimme jubilierend in die Höhe, und die anderen Sänger mit dem Tenor voran entwickeln die Durchführung des Cantus wie einen feingewobenen Teppich, allerdings ohne die Textbedeutung zu berücksichtigen. Zu einem Ansatz zur Wortausdeutung kommt es erst beim Crucifixus im Credo. Stärker wird diese Tendenz am Beginn des Sanctus mit einer Reihe homophoner Akkordklänge und im Osanna. Unwirklich schwebend, wie von oben herab klingend betont das Benedictus den Anlaß zu dieser Messe und wird dadurch zum Glanzstück des ganzen Werkes. Im Agnus wird der Cantus firmus erneut angestimmt und mit überraschender Wendung zu einem ruhig ausklingenden Pacem geführt.

LITERATUR

R. Stevenson, Spanish Cathedral Music in the Golden Age, Berkeley, Calif., 1961.
H. Anglés, Der sakrale Charakter der Kirchenmusik von Cristóbal de Morales, in: Musicus magister, Reinbek 1963.

Melesio Morales (1838–1908)

ZEIT UND UMWELT

Mexiko hatte sehr früh ein reges Musikleben, das sich nicht nur auf die Kirchen beschränkte. Bestritten wurde es allerdings zum großen Teil von reisenden Virtuosen und Operntruppen. Einheimische Opern waren auch um die Wende zum 20. Jahrhundert noch selten. Der Musikunterricht lag zum großen Teil in privaten Händen. Das Conservatorio Nacional de Música wurde erst im letzten Viertel des 19. Jahrhunderts errichtet und ausgebaut.

LEBEN
Melesio Morales wurde am 4.12.1838 in Mexiko-Stadt geboren und dort zum Musiker ausgebildet. Er brachte bereits mit 18 Jahren seine erste Oper auf die Bühne des Teatro Nacional. Er organisierte das Conservatorio und schloß ihm ein ständiges Orchester und einen Chor an. Sein kompositorisches und organisatorisches Wirken brachte der mexikanischen Musikentwicklung starke Impulse; er war auch der erste mexikanische Komponist, dessen Werke auch im Ausland aufgeführt wurden. Er starb am 12.5.1908 in Mexiko-Stadt.

WERKE
Von Melesio Morales sind ungefähr 10 Opern aufgeführt worden, darunter eine 1869 in Florenz. Er schrieb außerdem 2 Kantaten, zahlreiche Kirchenmusik, darunter eine berühmte »Missa di Gloria« und Orchesterwerke.

Johann Baptist Moralt
(1777 – 1825)

LEBEN
Johann Baptist Moralt (Muralter, von Muralt) wurde am 10.3.1777 in Mannheim geboren. Er war Zweiter Violinist im Moralt-Quartett, dem seine Brüder Joseph Moralt (5.8.1775, Schwetzingen, bis 13.11.1855, München), Konzertmeister der Münchner Hofkapelle und ab 1836 Musikdirektor am Opernhaus, als Erster Violinist, Philipp Moralt (19.12. 1780, München, bis 10.1.1830, München), Mitglied der Münchner Hofkapelle, als Cellist, Jakob Moralt (29.12.1780, München, bis 21.5.1820, München), als Violinist, und Georg Moralt (1781, München, bis 1818, München) als Bratschist angehörten. Er starb am 7.10.1825 in München.

WERKE
Von Johann Baptist Moralt sind eine Messe, 2 Sinfonien, 2 Streichquartette, Violinduette und Violinetüden bekannt geworden. Sein Stil ist stark von der Wiener Klassik beeinflußt.

Ginés de Morata
(um 1535 bis nach 1576)

ZEIT UND UMWELT
In Vila Viçosa errichteten die Herzöge von Bragança, die von 1640 bis 1910 Portugal als Könige regierten, ein prächtiges Schloß, als wollten sie von ihrem nordportugiesischen Sitz näher an die Hauptstadt rücken, um bereit zu sein, sobald der Weg zum Thron frei wird.

LEBEN
Ginés de Morata wurde vermutlich in Morata um 1535 geboren. Über die Ausbildung dieses spanischen Komponisten und den Wirkungskreis in seinem Land gibt es keine Nachrichten. Um 1560 wurde er Kapellmeister der Herzöge von Bragança auf ihrem Schloß in Vila Viçosa, gab aber diese Stelle in dem Jahr auf, in dem König Sebastião seinen unglücklichen Feldzug gegen Marokko (1576) begann. Er dürfte in seine Heimat zurückgekehrt und dort gestorben sein. Ort und Zeit seines Todes sind nicht bekannt.

WERKE
An sakralen Werken sind von Ginés de Morata ein Pangue lingua, 2 Motetten und ein Hymnus – alles vierstimmig – überliefert, an profanen Kompositionen 7 vierstimmige und 5 dreistimmige Stücke in einem weitgehend homophonen Madrigalstil. Sein Stil ist stark an den französischen angelehnt.

Eugeniusz Morawski (1876–1948)

LEBEN
Eugeniusz Morawski (Morawski-Dabrowa) wurde am 2.11.1876 in Warschau geboren,

wo er bei Zygmunt Noskowski studierte. Im Revolutionsjahr 1905 mußte er Polen verlassen und wurde in Paris Schüler von André Gédalge und Camille Chevillard (14.10.1859, Paris, bis 30.5.1923, Chatou, Seine-et-Oise); er besuchte auch Lehrgänge für Plastik und Malerei. Im Jahr 1930 erhielt er die Leitung des Konservatoriums in Poznan und wurde 2 Jahre darauf Rektor des Konservatoriums in Warschau, welches Amt er 1939 infolge des Kriegs verlor. Er starb am 23.10.1948 in Warschau.

WERKE

Von den 5 Opern von Eugeniusz Morawski blieben 2 unvollendet. Er verfaßte außerdem 6 Sinfonien, 6 sinfonische Dichtungen, 2 Klavierkonzerte, ein Violinkonzert, 8 Streichquartette, 8 Klaviersonaten, 2 Violinsonaten, 4 Ballette, 2 Schauspielmusiken und Lieder. Die Musik dieses Spätromantikers ist äußerst klangvoll und farbenreich und wird wohl zu Unrecht wenig beachtet.

Henri Moreau (1728–1803)

ZEIT UND UMWELT

In der zweiten Hälfte des 18. Jahrhunderts wurde die musikalische Tätigkeit im ehemaligen flämischen Raum lebhafter. Zur Bildung eines eigenständigen Stils kam es aber nicht. Es wurden die Stilformen der Nachbarländer und von Italien übernommen.

LEBEN

Henri Moreau wurde am 16. 7. 1728 in Lüttich getauft. Er studierte von 1752 bis 1756 am Lütticher Kollegium in Rom und wirkte sodann als Kapellmeister an St-Paul und als Kompositionslehrer in Lüttich bis zu seinem Tod am 3. 11. 1803.

WERKE

Von Henri Moreau sind 6 Triosonaten, Kantaten, Te Deum und ein Tantum ergo für Alt und Orchester erhalten, das sehr berühmt geworden ist. Er war auch als Musikschriftsteller tätig.

Jean-Baptiste Moreau (1656–1733)

ZEIT UND UMWELT

Die Tragödie »Phèdre« (1677) von Jean Racine fiel durch, weil sie vom Publikum als »unsittlich« abgelehnt wurde. Daraufhin wandte sich der Dichter biblischen Stoffen zu und schrieb für St-Cyr, eine Schule für Mädchen aus verarmten adeligen Familien, die Dramen »Esther« (1689) und »Athalie« (1691), die zeitgenössische Autoren zu ähnlichen Werken anregten.

LEBEN

Jean-Baptiste Moreau wurde 1656 in Angers geboren und an der Maîtrise seiner Vaterstadt ausgebildet. Von 1682 bis 1683 war er Kapellmeister an der Kathedrale in Langres, 1686 kam er nach Paris und wurde bei Hof eingeführt. Da dem König seine Motetten gefielen, erhielt er zahlreiche Aufträge und wurde schließlich Musiklehrer an der Mädchenschule St-Cyr. Daneben wirkte er als gesuchter Gesang- und Kompositionslehrer bis zu seinem Tod am 24. 8. 1733.

WERKE

Von dem französischen Komponisten Jean-Baptiste Moreau sind die Chorkompositionen zu den Dramen »Esther« und »Athalie«, einstimmige sakrale Gesänge mit Generalbaß, weitere Schauspielmusiken und eine Anzahl Motetten überliefert, außerdem mehrere kleine Kantaten, die zu seiner Zeit sehr geschätzt wurden.

Segundo Luis Moreno (1882–1972)

LEBEN

Segundo Luis Moreno wurde am 3.8.1882 in Cotacachi, Provinz Imbabura, Ecuador, geboren. Er studierte am Conservatorio Nacional in Quito, wo er selbst von 1909 bis 1913 Theorieunterricht gab, war von 1915 bis 1937 Militärkapellmeister an verschiedenen Orten und wirkte dann als Leiter des Conservatorio Nacional de Música in Cuenca und von 1945 bis 1952 des Konservatoriums in Guayaquil. Im Rahmen seiner Bemühungen um die Erforschung und Erhaltung der Eingeborenenmusik veranstaltete er zwischen 1942 und 1948 mehrere Festivals für indianische Tänze. Er starb am 18.12.1972 in Quito.

WERKE

Außer zahlreichen Stücken für Blasorchester schrieb Segundo Luis Moreno ein sinfonisches Praeludium, 2 Ouvertüren, 3 Suiten, eine Orchester-Elegie und eine Kantate. Seine Versuche, indianische Musik in modernen Formen zu integrieren, müssen als geglückt bezeichnet werden. Er veröffentlichte mehrere Abhandlungen über Musik und Tänze der Eingeborenen Ecuadors, insbesonders der Inkas.

LITERATUR

Ch. Sigmund, Segundo Luis Moreno, Minn. 1971.

George Washbourne Morgan
(1822–92)

ZEIT UND UMWELT

Da die Musik der USA praktisch aus dem Kirchengesang und der Kirchenmusik geboren wurde – nahezu alle Komponisten jener Zeit des Beginns waren Chorregenten und Organisten –, bestand für Orgelmusik ein starkes allgemeines Interesse. Gute Organisten wurden von Kirche zu Kirche gereicht, und es gab schon sehr früh Orgelmusik in Konzertsälen, was für die gleiche Zeit in Europa verhältnismäßig selten war.

LEBEN

George Washbourne Morgan wurde am 9.4.1822 in Gloucester geboren und trat bereits mit 12 Jahren dort und in London als Organist vor die Öffentlichkeit. Im Jahr 1853 kam er nach New York, wo er an verschiedenen Kirchen als Organist wirkte. Seine Orgelkonzerte erregten größtes Interesse und trugen zur Entwicklung des Orgelspiels in den USA erheblich bei. Er starb im Juli 1892 in Tacoma, Wash.

WERKE

Von George Washbourne Morgan sind ein Morgenservice, mehrere Anthems, einige davon mit Orchesterbegleitung, Lieder und brillante Orgelstücke überliefert.

Frank Mori (1820–73)

LEBEN

Frank Mori wurde am 21.3.1820 in London als Sohn des Violinisten Nicolas Mori (24.1.1796, London, bis 14.6.1839, London) geboren. Er genoß als Komponist und Orchesterleiter einen bedeutenden Ruf bis zu seinem Tod am 2.8.1873.
Sein Bruder Nicholas Mori (14.1.1822, London – Todesdatum und Sterbeort unbekannt) studierte in London und Paris und wirkte in London als Komponist.

WERKE

Von Frank Mori sind eine Kantate und eine Operette mit großem Erfolg aufgeführt worden. Seine übrigen Kompositionen sind verschollen.
Nicholas Mori verfaßte eine bekannte Vertonung des Psalms 137, eine Schauspielmusik und Klavierstücke.

Jean-Baptiste Morin (1677–1745)

ZEIT UND UMWELT

In Frankreich wurde die Kantate aus ihrer italienischen Heimat in der Zwei-Arien-Form übernommen. Eine dritte Arie mit Rezitativ, in der die moralische Absicht der Arien deutlich gemacht wurde, kam oft hinzu. Der Lyriker Jean-Baptiste Rousseau (1670–1741) führte die Gattung der Kantate in die französische Literatur ein. Antike Sujets überwogen, aber es wurden auch aktuelle Stoffe verwendet.

LEBEN

Jean-Baptiste Morin wurde 1677 in Orléans geboren und an der Maîtrise von St-Aignan in seiner Vaterstadt ausgebildet. Er stand im Dienst des Herzogs von Orléans in Paris, wo er im Jahr 1745 starb.

WERKE

Der französische Komponist Jean-Baptiste Morin hat als erster französische Kantaten nach italienischem Vorbild verfaßt. Er brachte 3 Bücher mit ein- bis dreistimmigen Kantaten mit Ritornellen heraus, außerdem 2 Bücher mit Motetten, beides mit Orchesterbegleitung und Generalbaß. Seine profanen Kantaten erhielten nahezu den Umfang eines Opernaktes. Berühmt ist sein Divertissement »Chasse du cerf« (Hirschjagd) für zwei Soli, dreistimmigen Chor, Generalbaß und Orchester geworden, das 1708 anläßlich des Aufenthaltes König Ludwigs XIV. in Fontainebleau aufgeführt wurde und eine Kombination des Epithalamiums »Hymen und Amor« mit Airs à boire darstellte.

Moritz, Landgraf von Hessen
(1572–1632)

ZEIT UND UMWELT

Landgraf Philipp der Großmütige (1504 bis 1567), eine der bedeutendsten Fürstengestalten der deutschen Reformation, teilte Hessen unter seine vier Söhne auf. Der älteste, Wilhelm IV. der Weise (1532–92) erhielt Niederhessen mit Schmalkalden und Ziegenhain und wurde damit zum Begründer des Fürstenhauses Hessen-Kassel, das bis zur Annexion Kurhessens durch Preußen im Jahr 1866 herrschte.

LEBEN

Moritz, Landgraf von Hessen-Kassel, wurde am 25. 5. 1572 in Eschwege als Sohn des Landgrafen Wilhelm IV. des Weisen geboren, dem er 1592 in die Regierung folgte. Er erhielt vom Kapellmeister am Hof zu Kassel, Georg Otto (um 1550–1618), Musikunterricht. Seine Neigung zum Calvinismus, den er 1605 in seinem Land als herrschendes Bekenntnis einführen wollte, erregte starke Widersprüche der Lutheraner unter den Untertanen, die zu großen Schwierigkeiten führten. Er überantwortete im Jahr 1627 die Regierung seinem Sohn Wilhelm V. dem Beständigen (gestorben 1637) und starb am 14. 3. 1632 in Eschwege.

WERKE

Die Schwierigkeiten, die sich aus dem Anschluß Hessen-Kassels an die reformierte Kirche ergaben, und der Dreißigjährige Krieg, in dem das Land die Partei der Schweden unterstützte, hinderten Moritz von Hessen nicht, an seinem Hof gute Musik zu pflegen. Seine Kompositionen standen anfänglich unter dem Eindruck des Schaffens von Orlando di Lasso (1532–94). Nachdem Heinrich Schütz, dessen Studienreise nach Italien er finanziert hatte, 1613 zurückgekehrt war, flossen auch Neuerungen der venezianischen Schule in seine Werke ein.

Seinem Bekenntnis entsprechend vertonte er die deutsche Fassung der calvinistischen Psalmen für vier Stimmen und »Geistliche Psalmen, Gesänge und Lieder« im vierstimmigen Satz; weiters ein »Christliches Gesang Buch Von allerhand Geistlichen Psalmen und Liedern«, einstimmig mit 24 Melodien. Er ergänzte die Motettensammlung, die Valentin Geuck in seinem Auftrag verfaßt und nicht vollendet hatte, mit eigenen 30 Stücken. Manuskript geblieben sind mehrere Magnificat, 24 Villanellen für Gesang und Instrumente, Cantiones, Pavanen und Gaillarden für Instrumente, 13 vierstimmige Fugen und 2 mehrchörige Psalmen. Alles andere ist nur mit Titel bekannt und verschollen.

LITERATUR

W. Dane, Moritz von Hessens Tonwerke, Marburg 1934.

Francesco Morlacchi
(1784–1841)

ZEIT UND UMWELT

Um das Jahr 1840 ging die Herrschaft der italienischen Oper in Deutschland endgültig unter. Äußere Zeichen für diesen Umschwung waren der Abgang von Gasparo Spontini von der Berliner Oper (1841), der Tod des Komponisten Vincenzo Rastrelli (1760–1839) in Dresden, der glänzende Aufstieg Richard Wagners und nicht zuletzt der Tod des Dirigenten der Italienischen Oper in Dresden.

LEBEN
Francesco Morlacchi wurde am 14. 6. 1784 in Perugia geboren. Er war Schüler von Luigi Caruso (1754 – 1822) in seiner Geburtsstadt, von Nicola Antonio Zingarelli (1752 – 1837) in Loreto und ab 1805 von Stanislao Mattei in Bologna. Nachdem er bald darauf einige sakrale Werke herausgebracht hatte, debütierte er 1807 mit seinem ersten Bühnenwerk. Sein Ruhm verbreitete sich rasch durch Italien und über seine Grenzen, so daß er 1810 als Kapellmeister der Italienischen Oper nach Dresden berufen wurde. Er betreute diese Stelle bis zu seinem Tod am 28. 10. 1841 in Innsbruck, auf einer Reise nach Pisa.

WERKE
Neben mehr als 20 Opern hinterließ Francesco Morlacchi ein umfangreiches kompositorisches Werk: 10 große Messen mit Orchester, eine Messe a cappella nach orthodoxem Ritus, ein Requiem für Friedrich August I. (1750 bis 1827), König von Sachsen, eine Passion, 2 Oratorien und zahlreiche kirchliche Gesänge, eine Vertonung der Ugolino-Erzählung aus der »Göttlichen Komödie« von Dante Alighieri (1265–1321), Inferno XXXIII, und Orgelsonaten. Alle diese Kompositionen stehen seinen Opern stilistisch sehr nahe.

LITERATUR
G. Ricci Des Ferres-Cancani, Francesco Morlacchi, in: Historiae Musicae Cultores, Biblioteca XI, 1958.

Guillaume Morlaye
(um 1515 bis nach 1560)

LEBEN
Guillaume Morlaye ist um 1515 in Frankreich geboren. Er wurde in Paris Schüler des berühmten Lautenisten Alberto da Ripa und erreichte einen hohen Grad der Spieltechnik. Er dürfte in Paris nach 1560 gestorben sein.

WERKE
Von dem französischen Lautenisten sind 3 Lautentabulaturen und 6 Bücher mit eigenen Kompositionen und solchen seines Lehrers Ripa erhalten. Darunter befinden sich Chansons, Gallarden, Pavane, Branlen, Allemandes und Fantasien, alles sehr klangvolle, etwas schwer zu spielende Musik.

LITERATUR
D. Heartz, Parisian Music Publishing Under Henry II, The Musical Quarterly XLVI, 1960.

Thomas Morley (1557 – 1602)

ZEIT UND UMWELT
Trotz der Entfernung war der Kontakt der Engländer mit der italienischen Musikentwicklung sehr stark. So wie die englische Dramatik sehr häufig auf italienische Stoffe zurückgriff, übernahmen englische Komponisten die italienischen Stile und Strukturen. Italienische Madrigale wurden französischen Chansons vorgezogen. Die Canzonetta und alle Tanzformen wurden nicht selten Note für Note nachgebildet und mit Eigenständigem nur lose verschmolzen, so daß die italienische Form intakt blieb, weil das von Publikum und Interpreten so gewünscht wurde. Sogar im Bereich der Kirchenmusik verwendete man gerne italienische Melodien in Hymnen und Anthems. Die Konfessionsverschiedenheit bildete hierbei keine Schranken.

LEBEN
Thomas Morley wurde 1557 in Norwich geboren, wo sein Vater das Amt eines Küsters an der Kathedrale versah. Dadurch bot sich dem Sohn sehr früh die Möglichkeit, sich auf der Orgel zu versuchen. Er erhielt von William Byrd Musikunterricht, studierte in Oxford und erhielt vorerst die Organistenstelle an St. Giles', Cripplegate, und um 1590 an St. Paul's. Im Jahre 1592 wurde er Gentleman der Chapel Royal und später Gospeller. Er erhielt 1598 ein Druckprivileg für Musik auf 21 Jahre, das er allerdings nicht mehr lange ausnützen konnte, weil er im Oktober 1602 in London starb.

WERKE
Die Kompositionen von Thomas Morley werden wegen ihrer graziösen Musikalität und ihres frischen Klanges heute noch gerne gespielt und gehört. Seine Canzonetten, die vierstimmigen Madrigale, die fünfstimmigen italienischen Ballette, die es auch mit deutschem Text gibt, seine Arien mit Lauten- und Baßviolenbegleitung und alle weiteren Stücke für Solo- oder Chorgesang mit oder ohne Instrumentalbegleitung sind oftmals aufgelegt worden. Morley gab mehrere Sammlungen von Tanzstücken und Vokalkompositionen anderer englischer und italienischer Komponisten heraus, zu denen er selbst einiges beisteuerte. Die sakrale Musik ist mit Psalmen, Services, Anthems und Motetten vertreten, wovon einiges auch für Orgel oder Virginal arrangiert wurde.
Besondere Beachtung verdient seine Publikation »The first Book of Consort Lessons«, die profane Lieder und Tanzstücke und sakrale Musik verschiedener Komponisten für Sopranviole, Flöte, Baßviole, Laute, Gittern und Pandora enthält. Es handelt sich um die erste englische Instrumentalmusik, bei der die einzelnen Instrumente speziell vorgeschrieben wurden. Bisher war es den Ausführenden überlassen, welche Instrumente gewählt wurden.

LITERATUR
E. H. Fellowes, The English Madrigal Composers, Oxford 1948.

William Morley (um 1690–1731)

ZEIT UND UMWELT
In der anglikanischen Kirche war bis zum 17. Jahrhundert nur der einfache (»single«) Chant gebräuchlich, das heißt, daß jeder einzelne Psalmen- und Hymnenvers mit einer kurzen Melodie gesungen wurde. Dann wurden die Melodien verlängert und zwei oder mehreren Versen angepaßt – »double«, »triple« und »quadruple« Chant – sowie mit mehr Tönen angereichert. Seine Monotonie, aber auch seine Eigenart verschwand dadurch.

LEBEN
William Morley wurde um 1690 vermutlich in London geboren. Er studierte in Oxford und wurde 1715 als Gentleman in die Chapel Royal aufgenommen, der er bis zu seinem Tod am 29. 10. 1731 angehörte.

WERKE
Die vielen Lieder, die William Morley geschrieben hat, sind in verschiedene Sammelwerke aufgenommen und viel gesungen worden. Ihm wurde der erstmalige Gebrauch der Technik des »Double chant« zugeschrieben, und zwar bei seinem sehr bekannten Chant in d-Moll.

Jacopo Moro (um 1555 bis nach 1610)

ZEIT UND UMWELT
Der 1233 in Florenz gegründete Servitenorden war neben einer ausgedehnten missionarischen Tätigkeit intensiver wissenschaftlicher Forschung, wie Bibelexegese und Patristik, gewidmet. Damit ging selbstverständlich die Pflege der Musik Hand in Hand, die einerseits im Sakraldienst eine bedeutende Funktion ausübte, auf der anderen Seite dem damit eng verflochtenen ästhetischen Bedürfnis entgegenkam.

LEBEN
Jacopo Moro wurde um 1555 in Viadana, Mantua, geboren. Er trat dem Servitenorden bei und wurde Kirchenkapellmeister seines Klosters. Nach seinem Wirken an verschiedenen Kirchen seines Ordens dürfte er in Loreto, dem letzten Ort seiner Tätigkeit, nach 1610 gestorben sein.

WERKE
Von dem italienischen Kirchenkomponisten Jacopo Moro sind fünfstimmige Psalmen und Vespern, eine achtstimmige Totenmesse, Canzonetten mit sakralem Text, »Encomii musicali« (Musikalische Lobeshymnen), »Kirchenkonzerte« und eine achtstimmige Messe mit Litaneien für die Santa Casa in Loreto erhalten. Alle diese Kompositionen neigen dem konzertanten venezianischen Stil zu.

Makoto Moroi (geboren 1930)

Leben

Makoto Moroi wurde am 17.12.1930 in Tokio als Sohn des Saburo Moroi geboren. Er studierte bei Tomojiro Ikenouchi in seinem Geburtsort Komposition. Heute unterrichtet er Gregorianik am Musikinstitut in Hiroshima und Komposition am Konservatorium in Tokio.

Werke

Der Stil, den Makoto Moroi, Mitbegründer des Instituts für Musik des 20. Jahrhunderts in Tokio, anwendet, ist seriell in Nachfolge von Anton Webern. Er schrieb unter anderem 5 »Orchesterkompositionen«, eine konzertante Suite für Violine und Orchester, ein Klavierkonzert, eine Sinfonie, »My home« für Sopran, Bariton, Chor, Orchester und elektronische Klänge, Kammerkantate Nr. 1 für Sprecher, Männerchor, Ondes Martenot, Cembalo und Schlagzeug, Nr. 2 für Sprecher, Chor, Kammerorchester und Tonband, Nr. 3 für Tonband, »Ein roter Kokon« für Sprecher, Pantomime, Chor, Kammerorchester, Tonband, Dias und Filmprojektion, ein Stück für Sprecher, Chor, Kammerorchester und Tonband, Orchesterkomposition mit Kammerchor, mehrere elektronische Musiken, 5 Epigramme für Flöte, Klarinette, Vibraphon, Celesta, Harfe, Violine und Cello, »Pilze« für zwei Stimmen und elektronische Klänge, 5 Sätze für Shakuhachi, 5 Dialoge für zwei Shakuhachi, »Metamorphosis« für tiefe Männersprechstimme und Tonband, mehrere verschieden besetzte Duos und Soli.

Saburo Moroi (1903–77)

Leben

Saburo Moroi wurde am 7.8.1903 in Tokio geboren. Er bildete sich in seiner Geburtsstadt aus und setzte sein Studium von 1932 bis 1934 in Berlin an der Hochschule für Musik unter Walther Gmeindl und Max Trapp fort. In seiner Heimat organisierte er das gesamte Musikunterrichtswesen grundlegend um, wirkte von 1965 bis 1976 als Intendant des Städtischen Orchesters in Tokio und anschließend als Leiter der Musikabteilung der Universität in Kawasaki. Er starb am 24.3.1977 in Tokio.

Werke

Von den zahlreichen Werken von Saburo Moroi sind 5 Sinfonien, eine Sinfonietta, ein Klavierkonzert, ein Cellokonzert, ein Streichsextett, ein Streichquartett, ein Klavierquartett, ein Streichtrio, eine Sonate für Bratsche und Klavier, eine für Flöte und Klavier, 2 Klaviersonaten bemerkenswert. Er schrieb zahlreiche Lieder. Seine Musik stellt eine geniale Synthese abendländischer Stile mit fernöstlichen Klangvorstellungen dar.

Virgilio Mortari (geboren 1902)

Leben

Virgilio Mortari wurde am 6.12.1902 in Pasirana di Lainate, Mailand, geboren. Er war am Konservatorium in Mailand Schüler von Costante Adolfo Bossi und von Ildebrando Pizzetti. Von 1933 bis 1940 wirkte er als Lehrer am Konservatorium in Venedig und anschließend an der Accademia di Santa Cecilia in Rom; 1963 wurde er Vizepräsident der Accademia di Santa Cecilia.

Werke

Von Virgilio Mortari sind 4 Opern auf die Bühnen gekommen. Er verfaßte außerdem 3 Ballette, eine Anzahl verschiedener Orchesterwerke, ein Klavierkonzert, ein Cellokonzert, ein Konzert für Streichquartett und Orchester, zahlreiche Kammermusik, darunter ein Streichquartett, ein Streichtrio, Stücke für Soloinstrumente, Klaviermusik, zudem ein Oratorium, eine Messe, weitere sakrale Chöre und Gesänge mit Instrumentalbegleitung. Sein Stil war sehr konservativ.

Antonio Mortaro
(um 1565 bis nach 1620)

Zeit und Umwelt

Obschon Brescia, das im späten Mittelalter

von verschiedenen italienischen Herrscherhäusern regiert wurde, bereits 1456 zur Republik Venedig kam, blieb es kulturell der Lombardei verbunden. Der Einfluß des nahen Mailand war zu gewichtig, um ausgeschaltet zu werden. Das ist besonders auf dem Gebiet der Kirchenmusik feststellbar, die trotz aller Eigenständigkeit im Bann der Mailänder Schule stand.

LEBEN
Antonio Mortaro wurde um 1565 in Brescia geboren. Er ist vermutlich von Costanzo Antegnati zum Organisten ausgebildet worden. Er trat dem Franziskanerorden bei und erhielt 1598 in Mailand die Organistenstelle an der Kirche des Ordens. Im Jahre 1602 war er Domorganist in Novara und ab 1606 bis zu seinem Tod nach 1620 Organist des Domes von Brescia.

WERKE
Der italienische Kirchenkomponist Antonio Mortaro brachte 4 Bücher sakrale Lieder für drei Stimmen heraus, die mehrere Auflagen erlebten, außerdem 3 Bücher mit vielstimmigen Messen, Psalmen und Marienliedern sowie Motetten. Es ist bezeichnend, daß die Messen und ein Teil der Lieder bei späteren Auflagen mit Generalbaß ausgestattet wurden. Auch seine Orgelstücke folgen dem Zug der Zeit. Die Kompositionen waren lange in der Kirchenmusik seines Ordens in ständigem Gebrauch.

Michele Mortellari (um 1750–1807)

ZEIT UND UMWELT
Neben Italien selbst, Wien und einigen deutschen Städten war London auch um die Wende zum 19. Jahrhundert nahezu unbeschränkt für italienische Opern aufnahmebereit, besonders wenn diese zuvor in Italien mit einigem Erfolg aufgeführt worden waren. Willkommen waren Opere serie und Opere buffe, auch wenn ihre Qualität den Durchschnitt nicht überragte.

LEBEN
Michele Mortellari wurde um 1750 in Palermo geboren und in Neapel von Nicolò Piccinni ausgebildet. Nach zahlreichen Opernerfolgen in Italien ging er nach London, erntete auch dort viel Beifall mit seinen Opern und wirkte zugleich als Trompeter im Orchester des King's Theatre. Gegen Ende des Jahrhunderts versuchte er sein Glück auch in St. Petersburg. Da er dort wenig Anklang fand, ließ er sich erneut in London nieder, wo er am 27. 3. 1807 starb.

WERKE
Neben mehr als 25 Opern im Stil von Niccolò Piccinni schrieb Michele Mortellari einige Kirchenmusik, Arien, Lieder und sehr gute Quartette, außerdem klangvolle Kantaten.

Jan Morthenson (geboren 1940)

LEBEN
Jan Wilhelm Morthenson wurde am 7.4. 1940 in Örnsköldsvik, Västernorrlands län, Schweden, geboren. Er studierte bei Ingvar Lidholm in Stockholm und am Studio für Elektronische Musik beim Nordwestdeutschen Rundfunk in Köln. Er lebt als freischaffender Komponist in Stockholm.

WERKE
Unter dem Einfluß von György Ligeti entwickelte Jan Morthenson einen nonfigurativen Stil, der sich jeder musikalischen Gestik enthält und lediglich Klang und Dynamik betont. Er schrieb unter anderem eine Kammersinfonie, »Angelus« für verschiedene Instrumente und Tonband, »Wechselspiel I« für Cello solo, »II« für Flöte solo und drei Lautsprecher, »III« für Klavier und Schlagzeug, »Coloratura I« für Streicher, »II« für Orchester, »III« für Kammerensemble, »IV« für Orchester, »Canzona« für sechs Chöre, Schlagzeug und mehrere Lautsprecher, »Einwürfe« für Schlagzeug, »Antiphonia I« für Orchester, »II« für Kammerorchester, »Decadenza« für Orgel und Tonband, verschiedene Klavierwerke und Orgelstücke und »Citydrama« für Multimediakomposition.

Peter Mortimer (1750–1828)

Zeit und Umwelt

Nikolaus Ludwig Graf von Zinzendorf (1700 bis 1760) sammelte ab 1722 auf seinem Gut Berthelsdorf in Herrnhut Emigranten aus Kreisen der Böhmischen Brüder, die von der Gegenreformation aus Böhmen und Mähren vertrieben wurden, zu einer christlichen Lebensgemeinschaft. Es entstanden bald in Europa und in Nordamerika, überall, wo es die politischen Zustände erlaubten, zahlreiche Tochtergemeinschaften.

Leben

Peter Mortimer wurde am 5. 12. 1750 in Puttingham, Surrey, geboren. Er wurde in einer Herrnhuter Brüdergemeine in Niesky, Schlesien, erzogen, wirkte sodann dort als Lehrer und lebte schließlich in Herrnhut, Sachsen, wo er am 8. 1. 1828 starb.

Werke

Von Peter Mortimer, der ein vorzügliches Werk, »Der Choralgesang zur Zeit der Reformation«, schrieb, sind zahlreiche Choräle in Kirchentonarten erhalten. Seine Texte stammten zum Großteil von dem Dichter Nikolaus Ludwig Graf von Zinzendorf.

Robert Morton (um 1440–75)

Zeit und Umwelt

Unter Philipp III. dem Guten erreichte Burgund durch den Erwerb des Hennegaus, der Picardie, Brabants und Hollands den Höhepunkt seiner Macht und wurde zu einem europäischen Kultur- und Wirtschaftszentrum. Zur burgundischen Hofkapelle kamen Musiker aus allen Richtungen, um zu spielen, zu singen, zu lehren und zu lernen und schließlich auch von der freigebigen Hand des Herzogs zu leben.

Leben

Robert Morton wurde um 1440 in England geboren. Im Jahre 1457 trat er als Sänger der burgundischen Hofkapelle bei. Er ist Anfang des Jahres 1475 vermutlich auf dem Kontinent gestorben.

Werke

Von Robert Morton ist nur profane Musik überliefert. Die erhaltenen 8 Chansons und 3 textlosen dreistimmigen Stücke bezeugen deutlich ihren englischen Ursprung.

Literatur

J. Marix, Histoire de la musique et des musiciens de la cour de Bourgogne sous le règne de Philippe le Bon, Sammlung musikwissenschaftlicher Abhandlungen XXVIII, Straßburg 1939.

Giuseppe Mosca (1772–1839)

Leben

Guiseppe Mosca wurde 1772 in Neapel geboren und in seiner Geburtsstadt am Conservatorio Santa Maria di Loreto von Fedele Fenaroli (1730–1818) ausgebildet. Er brachte bereits 1791 in Rom seine erste Bühnenkomposition heraus und führte in der Folge in Mailand, Venedig, Turin und auch am Théâtre italien in Paris seine Opern auf. Von 1817 bis 1820 wirkte er als Musikdirektor am Real Teatro Carolino in Palermo und von 1827 bis zu seinem Tod am 14. 9. 1839 als Theater- und Domkapellmeister in Messina, wo man offenbar an der Kombination dieser Wirkungskreise noch keinen Anstoß nahm.
Sein Bruder Luigi Mosca (1775, Neapel, bis 13. 11. 1824, Neapel) erhielt die gleiche Ausbildung, wirkte anschließend als Cembalist am Teatro San Carlo in Neapel und gleichzeitig als Koadjutor von Giovanni Paisiello (1740 bis 1816) an der Hofkapelle. Im Jahr 1813 wurde er Gesanglehrer am Collegio di Musica San Sebastiano und betreute diese Stelle bis zu seinem Tod am 13. 11. 1824.

Werke

Außer ungefähr 40 sehr gefälligen Opern verfaßte Giuseppe Mosca als Domkapellmeister eine Anzahl Kirchenmusik – Messen, Proprien, Litaneien –, mit denen er seine gründliche Ausbildung am Conservatorio in Neapel bewies. Sie sind Manuskript geblieben.
Luigi Mosca verfaßte 16 vorübergehend erfolgreiche Opern für die Bühnen in Neapel, ein

Oratorium und etliche sakrale Musik, bei der die Klangfülle der Chorsätze auffiel.

Giovanni Battista Moscaglia
(um 1545 bis nach 1587)

Zeit und Umwelt
Die vom Konzil von Trient der Kirchenmusik auferlegten Restriktionen übten ihre Wirkung auch auf die profane Musik aus. Es fehlte auch nicht an Bestrebungen, sämtliche Musiker zu reglementieren und die 1566 von Papst Pius V. gegründete »Congregazione dei Musici di Roma« zur Zwangsorganisation zu machen. Eine lückenlose Erfassung aller Musiker gelang jedoch nie, weil viele von ihnen unter der Protektion eines Kardinals oder Adelshauses standen, denen allein sie verantwortlich waren.

Leben
Giovanni Battista Moscaglia wurde um 1545 in Rom geboren. Welche Stelle er nach seiner Ausbildung einnahm, ist unbekannt. Er soll die Privatkapelle eines Kardinals geleitet haben und nach 1587 in Rom gestorben sein.

Werke
Von Giovanni Battista Moscaglia sind 4 Bücher mit fünfstimmigen und 2 Bücher mit vierstimmigen Madrigalen erhalten, die stark der oberitalienischen Form angenähert sind. Auch seine »Napolitane« fügten sich der in Rom geforderten Struktur nicht ein. Sie sind dafür äußerst klangreich, wenn auch die Textverständlichkeit wenig beachtet wurde. Einzelne Stücke des Komponisten finden sich in Sammelwerken, zum Teil für Laute arrangiert.

Ignaz Moscheles (1794–1870)

Leben
Ignaz (Isaak) Moscheles wurde am 23.5.1794 in Prag geboren, wo er zunächst Schüler von Dionys Weber war; in Wien setzte er seine Ausbildung bei Antonio Salieri und Johann Georg Albrechtsberger fort. Dann brachte er sich mit Klavierunterricht fort und begann mit seiner Konzertreisetätigkeit. Nachdem er in Paris großes Aufsehen mit seinem Spiel erregt hatte, ließ er sich 1821 in London als Pianist, Klavierlehrer und Dirigent nieder. Im Jahr 1846 folgte er einem Ruf nach Leipzig und übernahm dort am Konservatorium die Klavierklasse, die er bis zu seinem Tod am 10.3.1870 leitete.

Werke
Die 142 Opuszahlen von Ignaz Moscheles betreffen zum großen Teil virtuose Stücke und Etüden für Klavier. Er schrieb außerdem 8 Klavierkonzerte, ein Sextett für Klavier, Violine, Flöte, zwei Hörner und Cello, ein Septett für Klavier, Streichquartett, Klarinette und Horn. Von den Klavierwerken verdienen »Hommage à Haendel« für zwei Klaviere, die »Sonate mélancolique«, die »Sonate caractéristique« und »Allegri di bravura« besondere Erwähnung. Seine Schulwerke »24 Etudes« und »Charakteristische Studien« finden heute noch starke Beachtung. Er gab die Klaviersonaten und Violinsonaten von Ludwig van Beethoven heraus.

Ignaz Moscheles, nach einer Lithographie von C. Baugniert (1846)

Klavierkonzert in g-Moll, Opus 58, 3 Sätze
Dieses unter dem Einfluß von Ludwig van Beethoven und Franz Schubert stehende klassiknahe Werk »sichert für sich allein dem Komponisten seinen Platz in der ersten Reihe der zeitgenössischen Klavierkomponisten« (Robert Schumann). Es war mit seiner Fülle überraschender tiefgefühlter Einfälle und seiner romantischen Färbung zum Muster zahlreicher jüngerer Konzerte geworden. Der 1. Satz bringt interessante Skalen und virtuose Passagen; seine Orchestrierung ist reine Hintergrundmusik. Der 2. Satz erinnert an den Beginn des langsamen Satzes in Beethovens zweitem Konzert; die romantische Stimmung wird vor allem durch die rezitativischen Figuren über den Orchestertremoli erzeugt. Der 3. Satz schließt ohne Pause an, dessen erregendes Oktaven-Prestissimo von einem langsamen Teil kurz unterbrochen wird und sodann dem Ende zurast.

Ignaz Mosel (1772–1844)

Zeit und Umwelt
Die 1812 in Wien in das Leben gerufene Gesellschaft der Musikfreunde veranstaltete ab ihrer Gründung jährliche Musikfeste, deren Leitung stets nur bewährten Kräften übertragen wurde; ihr Programm umfaßte neben den Werken der Wiener Klassik im steigenden Maß auch ältere Kompositionen.

Leben
Ignaz Franz de Paula Vinzenz Ferrerius Joseph, Edler von Mosel, wurde am 1.4.1772 in Wien geboren. Er dirigierte von 1812 bis 1816 die jährlichen Feste der Gesellschaft der Musikfreunde und wirkte ab 1821 als Vizedirektor der Hofbühnen. Im Jahr 1829 wurde er Erster Kustos der Wiener Hofbibliothek. Er starb am 8.4.1844 in Wien.

Werke
Von Ignaz Mosel sind 3 Opern, außerdem Lieder, Psalmen, Hymnen, Orchestertänze und Orchestermärsche bekannt geworden. Sein Hauptverdienst lag in seiner Tätigkeit als Dirigent und Konzertveranstalter. Er entfaltete auch eine umfangreiche musikschriftstellerische Tätigkeit, die uns eine Reihe musikgeschichtlich wichtiger Daten überliefert. Er versuchte sich außerdem in der Bearbeitung von Oratorien von Georg Friedrich Händel (1685–1759) im Zug des romantischen Historismus.

Joseph Mosenthal (1834 – 96)

Zeit und Umwelt
Der 1866 in New York gegründete »Mendelssohn Glee Club« pflegte vor allem den mehrstimmigen unbegleiteten Gesang. Die Mitglieder waren durchweg Berufssänger, die Leitung wurde bewährten Musikern von Rang anvertraut.

Leben
Joseph Mosenthal wurde am 30.11.1834 in Kassel geboren. Er war Schüler von Louis Spohr. Im Jahr 1853 wanderte er nach New York aus, wo er von 1855 bis 1868 als Mitglied des von William Mason und Theodore Thomas gegründeten Quartetts und von 1860 bis 1887 zugleich als Organist an Calvary Church und als Erster Violinist an der Philharmonic Society wirkte. Ab 1867 war er auch Dirigent des »Mendelssohn Glee Club«, der unter seiner Leitung einen großen Aufschwung nahm. Er starb am 6.1.1896 in New York.

Werke
Von Joseph Mosenthal sind mehrere Anthems und andere sakrale Gesänge erhalten. Er schrieb eine Reihe sehr klangvoller Männerquartette für den Glee Club, von denen einzelne noch heute gesungen werden, außerdem zahlreiche einstimmige Lieder und Duette.

Franz Joseph Moser (1880–1939)

Leben
Franz Joseph Moser wurde am 20.3.1880 in Wien geboren. Er studierte am Konservatorium seines Geburtsorts, wirkte von 1901 bis 1904 an verschiedenen Theatern als Kapellmeister, spielte von 1904 bis 1926 und von 1929 bis 1932 bei den Wiener Philharmonikern Kontrabaß; von 1926 bis 1929 war er Chordirigent der Staatsoper. An der Musik-

akademie unterrichtete er Klavier und Gesang. Er starb am 27.3.1939 in Wien.

WERKE
Neben 4 Sinfonien schrieb Franz Joseph Moser eine bemerkenswerte Serenade für 15 Bläser und eine Suite für 17 Bläser, außerdem ein Streichsextett, ein Klavierquintett, 2 Streichquartette, Klavierstücke, Chöre und Lieder. Sein Stil war sehr konservativ.

Rudolf Moser (1892–1960)

LEBEN
Albert Rudolf Moser wurde am 7.1.1892 in Niederuzwil, St. Gallen, geboren. Er war in Basel Schüler von Karl Nef (22.8.1873, St. Gallen, bis 9.2.1935, Basel) und in Leipzig von Hans Sitt, Stephan Krehl und Max Reger. Kompositionsstudien betrieb er noch in der Schweiz bei Hans Huber, Hermann Suter und Joseph Lauber. Er war ab 1917 in Basel Chorleiter, Dirigent und Violinist und ab 1928 Kompositionslehrer am Konservatorium. Er starb am 20.8.1960 in Silvaplana, Graubünden.

WERKE
Von Rudolf Moser sind eine Oper, ein Singspiel und 2 Tanzspiele aufgeführt worden. Er schrieb ferner 2 Orchestersuiten, ein Concerto grosso und eine Suite für Streichorchester, ein Klavierkonzert, 2 Cellokonzerte, ein Streichquartett und weitere Kammermusik, Klavierwerke, darunter eine »Dorische Rhapsodie«, 2 Suiten, Orgelstücke, Chöre, Gesänge und Lieder. Er neigte stark zu polyphoner Arbeit und vorklassischen Formen, die er mit feinem Klangsinn integrierte.

Mihály Mosonyi (1815–70)

ZEIT UND UMWELT
Der Impuls, den Ferenc Erkel der ungarischen Musikentwicklung verliehen hatte, wirkte sich sehr rasch aus. Es traten bald weitere Opernkomponisten auf, die auch die Konzertmusik und Kammermusik in die neue Linie einbezogen. Das erstarkende ungarische Nationalbewußtsein gewann im Verlauf des Jahrhunderts immer mehr Boden, so daß weite Bevölkerungsteile eigenständige ungarische Musik in ständig erhöhtem Maß vorzogen.

LEBEN
Mihály Mosonyi (eigentlich Michael Brand) wurde am 2.9.1815 in Boldogasszonyfalva, Komitat Moson, Ungarn (heute Frauenkirchen in Burgenland, Österreich) geboren. Während seiner Tätigkeit als Hauslehrer adeliger Familien bildete er sich autodidaktisch zum Musiker aus und lebte ab 1842 als Kontrabassist und Musiklehrer, Komponist und Musikschriftsteller in Budapest, wo er am 31.10.1870 starb.

WERKE
Von Mihály Mosonyi sind 3 Opern, 5 Messen, Offertorien und Gradualien, ein Jubilate, ein Paternoster, 3 Kantaten, 2 Sinfonien in D-Dur und a-Moll, ein Trauermarsch, 6 Streichquartette, ein Streichsextett, 2 Klaviertrios, ein Klavierkonzert und verschiedene Klaviermusik überliefert, die neben dem Wirken Erkels die romantische Epoche der ungarischen Musik einleiteten.

Giovanni Battista Mosto (um 1540–96)

ZEIT UND UMWELT
Zsigmond Báthory (1572–1613), Fürst von Siebenbürgen, brach mit der türkenfreundlichen Tradition seiner Vorgänger, trat der Liga christlicher Fürsten gegen die Türken bei und heiratete die österreichische Erzherzogin Maria Christina (1574–1612). Dieser Anschluß an das christliche Europa drückte sich auch in seiner Kulturpolitik aus.

LEBEN
Giovanni Battista Mosto wurde um 1540 in Udine geboren. Er war Schüler von Claudio Merulo (vermutlich in Venedig) und erhielt 1580 die Kapellmeisterstelle am Dom in Padua. Im Jahre 1589 wurde er an den Hof

des Fürsten von Siebenbürgen Zsigmond Báthory gerufen, wo er bis zu seinem Tod im Juni 1596 in Gyulafehérvár (heute Alba Iulia) als Kapellmeister wirkte.

WERKE
Von Giovanni Battista Mosto sind 3 Bücher mit fünfstimmigen und eines mit sechsstimmigen Madrigalen erhalten. Eine große Anzahl anderer Madrigale befindet sich in Sammelwerken, von denen er einige selbst herausgab.

LITERATUR
E. Kastner, Un compositore italiano alla corte transilvana, in: Corvina I, 1921.

Moritz Moszkowski (1854–1925)

ZEIT UND UMWELT
Manche Komponisten werden von Kritik und Musikwissenschaft verdammt, weil sie »gefällige« Musik schrieben. Es handelt sich zumeist um Virtuosen, die für sich und ihre Kollegen die Möglichkeit schufen, mit Technik und eingängiger Melodik zu brillieren und das Publikum zu unterhalten, auch nicht mehr prätendierten, aber die Konzertsäle füllten, während Werke von Persönlichkeiten, die sich bemüht haben, alles über Komposition zu erlernen, unbeachtet blieben, weil ihnen der musikalische Einfall fehlte. Es ist auch auffällig, daß gerade sehr gut Verdienende den Grimm der »Fachleute« erregen.

LEBEN
Moritz (Moric) Moszkowski wurde am 23.8. 1854 in Breslau (Wrocław) geboren. Er wurde zunächst in Breslau und Dresden, sodann in Berlin bei Julius Stern und Theodor Kullak zum Pianisten ausgebildet. Nach ausgedehnten Konzertreisen ließ er sich 1897 in Paris nieder, wo er am 8.3.1925 starb.

WERKE
Neben einer Oper und einem Ballett (»Laurin«) verfaßte Moritz Moszkowski die sinfonische Dichtung »Jeanne d'Arc«, 3 Orchestersuiten, ein Klavierkonzert in E-Dur, das noch heute zuweilen gespielt wird, 6 Orchesterstücke zu »Don Juan und Faust« von Christian Dietrich Grabbe, »Prélude et fugue« für Streichorchester und zahlreiche kleinere Vortragsstücke und Opernparaphrasen für Klavier. Seine Kompositionen nähern sich sehr der Salonmusik, klingen aber außerordentlich flüssig und melodiös.

Georg Motz (1653 – 1733)

ZEIT UND UMWELT
Der pietistische Theologe Christian Gerber (1660, Görnitz bei Leipzig, bis 25. 5. 1731, Lockwitz) wandte sich mit seiner Schrift »Unerkannte Sünden der Welt« gegen die Kirchenmusik der Zeit und verurteilte besonders die Figuralmusik. Dieser wenig wirkungsvolle Angriff galt vor allem der fortschreitenden Profanierung der Musik in den Kirchen.

LEBEN
Georg Motz wurde 1653 in Augsburg geboren und war zunächst Musiker in Eggenberg bei Graz, sodann Organist in Ceský Krumlov und schließlich Kantor und Musikdirektor in Sowetsk (Tilsit), wo er am 29. 9. 1733 starb.

WERKE
Bekannt wurde der deutsche Kirchenmusiker Georg Motz vor allem durch seine Publikationen gegen die Angriffe des Theologen Christian Gerber auf die zeitgenössische Kirchenmusik und die Verteidigung der neuen Kirchenkantate. Die von ihm verfaßten und von den Zeitgenossen gerühmten Kantaten sind nicht erhalten.

LITERATUR
A. Prümers, Georg Motz, in: Altpreußische Monatsschrift LI, 1919.

Raymond Moulaert (1875–1962)

LEBEN
Raymond Moulaert wurde am 4.2.1875 in

Brüssel geboren. Er studierte am Konservatorium in Brüssel unter Arthur de Greed (10. 10. 1862, Löwen, bis 29. 8. 1940, Brüssel) Klavier und unter Joseph Dupont dem Jüngeren und Edgar Tinel Theorie. Von 1896 bis 1939 wirkte er als Theorielehrer an diesem Institut und von 1913 bis 1938 zugleich als Leiter der Musikschule in Saint-Gilles bei Brüssel. Er starb am 18. 1. 1962 in Brüssel.

WERKE
Der Stil von Raymond Moulaert knüpfte beim französischen Impressionismus an, nahm aber auch Barockelemente auf. Er schrieb eine »Symphonie de valses« (Walzersinfonie) und eine »Symphonie de fugues« (Fugensinfonie), ein Klavierkonzert, Variationen für Orchester, ein Konzert für Flöte, Oboe, Klarinette, Horn, Fagott und Harfe, einige Kammermusik, eine Sonate, eine Toccata und Paganini-Paraphrasen für Klavier, eine Sonate, 3 »Biblische Gedichte« und »Prélude et Choral« für Orgel, verschiedene Lieder, Chorwerke und eine nicht aufgeführte Oper.

Estienne Moulinié
(um 1600 bis um 1670)

ZEIT UND UMWELT
Die Provinz Languedoc hatte sich bis zur Revolution eine gewisse Selbständigkeit bewahren können. König Karl VII. (1403–61) hatte als Dauphin 1420 in Toulouse ein »Parlament« bewilligt und 1428 als König die »Estates« der Provinz endgültig anerkannt. Seit König Ludwig XI. (1432–83) waren die Herzoge von Bourbon bis 1523 Gouverneure in Toulouse und sodann mit kleinen Unterbrechungen die Herzoge von Montmorency, deren letzter, Henry II. de Montmorency (1595–1632), wegen Einverständnisses mit Gaston Herzog von Orléans (1608–60) gegen Richelieu 1632 enthauptet wurde. Sodann wurde die Verwaltung der Provinz zwischen den »Estates« in Toulouse und einem »Intendant« in Montpellier geteilt.

LEBEN
Estienne Moulinié (Molinier, Moulinier) wurde um 1600 vermutlich in Carcassonne geboren. Er war Chorknabe an der Kathedrale von Narbonne, dann von 1628 bis 1660 Kapellmeister bei Herzog Gaston von Orléans und schließlich bis zu seinem Tod um 1670 in Carcassonne Musikdirektor der Estates der Provinz Languedoc.
Sein Bruder Antoine Moulinié (um 1595, Carcassonne, bis 1655, Paris) war ein berühmter Bassist und gehörte ab 1619 bis zu seinem Tod der Königlichen Kapelle an.

WERKE
Der französische Komponist Estienne Moulinié verfaßte 4 Bücher Airs de cour mit Lautenbegleitung, ein fünftes mit Laute oder Gitarre und 5 weitere mit vier- bis fünfstimmigen Airs. Mit seinen Airs bürgerte er den neuen italienischen Vokalstil in Frankreich ein und steuerte den Melos seiner südlichen Heimat zur Entwicklung dieser Musikgattung bei. In 2 weiteren Büchern nahm er auch eigene Bearbeitungen fremder Kompositionen auf. Seine fünfstimmige Totenmesse ist im alten polyphonen Stil gehalten, ebenso seine 3 Fantasien für Violen. In seinen anderen sakralen Kompositionen wandte er den konzertanten mehrchörigen Stil an.

LITERATUR
D. Launey, Notes sur Estienne Moulinié, in: Mélange Masson II, Paris 1955.

Pierre Moulu (um 1500 bis um 1560)

LEBEN
Der franko-flämische Komponist Pierre Moulu wurde um 1500 vermutlich in Nordfrankreich geboren und war ein Schüler Josquins. Über sein Leben und Wirken ist nichts bekannt, außer daß es sich wahrscheinlich im französischen Raum abgespielt hat. Er dürfte um 1560 auch dort gestorben sein.

WERKE
Pierre Moulu hat mehrere sehr geschätzte Messen hinterlassen. Davon wurde die vierstimmige Missa duarum facierum (Messe mit

zwei Gesichtern), die mit oder ohne Pausen gesungen werden konnte, am stärksten vorgezogen. Von den Motetten ist die vierstimmige »Sicut malus« mehrfach in Tabulaturen aufgenommen worden, was für ihre Beliebtheit spricht. Eine andere verwendete Palestrina für eine seiner Messen als Cantus firmus. In diesem Werk ist der Stil von Josquin sehr deutlich. Die erhaltenen Chansons hingegen folgen dem in Paris mittlerweile entstandenen eigenständigen Stil.

LITERATUR

J. C. Chapman, The Works of Pierre Moulu, A Stylistic Analysis, New York 1964.

Ann Sheppard Mounsey (1811–91)

ZEIT UND UMWELT

Im Vergleich zum Kontinent treten in England, abgesehen von den Sängerinnen, britische Interpretinnen und Komponistinnen erst spät in Erscheinung. Pädagoginnen für Gesang und Tasteninstrumente gab es schon im 18. Jahrhundert nicht wenige, an die Komposition wagte sich nahezu keine Frau; es fehlte die Ermunterung seitens der Verleger, die doch nicht einmal das Vorurteil abzulegen in der Lage waren, daß ein Engländer kein ernstzunehmender Komponist sein könne, und diese Fähigkeiten einer Engländerin auf keinen Fall zutrauen wollten.

WERKE

Ann Sheppard Mounsey wurde am 17.4.1811 in London geboren. Sie war Schülerin von Johann Bernhard Logier und wirkte anschließend ab 1828 an einer Kirche in Clapton, ab 1829 an St. Michael's und ab 1837 an St. Vedast's in London als Organistin. Im Jahr 1834 wurde sie als außerordentliches Mitglied von der Philharmonic Society aufgenommen. Sie starb am 24.6.1891.

Ihre Schwester Elizabeth Mounsey (8.10.1819, London, bis 3.10.1905, London) wirkte 1834 bereits mit 14 Jahren als Organistin an St. Peter's in London und wurde 1842 als außerordentliches Mitglied von der Philharmonic Society aufgenommen. Neben ihrem Organistendienst, von dem sie erst 1882 zurücktrat, ihrer Konzerttätigkeit an der Orgel und am Klavier, gab sie auch regelmäßig Gitarrenkonzerte. Beide Schwestern genossen als Lehrerinnen einen großen Ruf.

WERKE

Von Ann Sheppard Mounsey sind über 100 einstimmige und 40 mehrstimmige Lieder und eine große Anzahl Werke für Klavier und für Orgel bekannt geworden.

Elizabeth Mounsey schrieb vorzügliche Musik für Orgel, für Klavier und für Gitarre.

Jean-Joseph Mouret (1682 – 1738)

ZEIT UND UMWELT

Anne Louise Bénédicte de Bourbon-Condé (1676 – 1753) heiratete 1692 Louis Auguste de Bourbon, Duc de Maine. Die Herzogin entfaltete in ihrem Schloß in Sceaux eine glänzende soziale und literarische Tätigkeit und eine intensive Musikpflege. Diese wurde wegen ihrer unglücklich verlaufenden politischen Bestrebungen gegen Krone und Regentschaft 1718 durch eine einjährige Haft des Herzogspaares unterbrochen. Dann versuchte die Herzogin, dem Schloß den alten gewohnten Glanz und Ruhm wieder zu verleihen.

LEBEN

Jean-Joseph Mouret wurde am 11. 4. 1682 in Avignon geboren. Er spielte ab 1697 in der Kapelle eines Tanzmeisters und erhielt gleichzeitig an der Maîtrise der Kathedrale von Avignon seine Ausbildung zum Komponisten. Im Jahr 1707 ging er nach Paris, wurde dort Leiter der Musik der Herzogin von Maine und betreute diese Stellung bis ungefähr 1736. Gleichzeitig war er von 1714 bis 1718 Kapellmeister der Oper und von 1717 bis 1737 Hauskomponist der Comédie Italienne. Von 1728 bis 1734 war er künstlerischer Leiter des Concert spirituel. Er starb in Charenton am 22. 12. 1738.

WERKE

Auch der französische Komponist Jean-

Joseph Mouret gehörte zu den Verfechtern der Vereinigung der Stilrichtungen Italiens und Frankreichs. Er war einer der angesehensten Komponisten in Paris zwischen Jean-Baptiste Lully und Jean-Philippe Rameau. Seine Ballettopern und lyrischen Opern folgten dem Stil von André Campra und waren sehr erfolgreich. Er schrieb ungefähr 8 musikalische Bühnenwerke. An Instrumentalmusik verfaßte er für die »Nuits de Sceaux« (Nächte in Sceaux) der Herzogin von Maine 2 Kammerkonzerte, 2 Suiten und 6 Sonaten für zwei Flöten. Seine Vokalmusik besteht aus 3 Büchern Airs sérieux et à boire, 2 Sammlungen mit Solokantaten, vielen Divertissements für das Italienische Theater, ein- und zweistimmigen Motetten mit Ritornellen und weiteren Kirchenwerken.

Literatur

R. Viollier, Jean-Joseph Mouret: le musicien des grâces, Paris 1950.

Charles Mouton (1626 bis um 1699)

Zeit und Umwelt

Am königlichen Hof und in den Adelspalästen in Paris wurde das ganze 17. Jahrhundert hindurch die Lautenmusik instrumental und als Liedbegleitung unvermindert gepflegt. In den Häusern der Bürger ahmte man den Adel stets nach, so hatten Lautenlehrer über keinen Schülermangel zu klagen.

Leben

Charles Mouton wurde 1626 vermutlich in Paris geboren und von Denis Gaultier ausgebildet. Er ging als Lautenist und Lautenlehrer an den Herzoghof in Turin und kehrte um 1678 nach Paris zurück, um sich als freier Lautenist und Lautenlehrer niederzulassen. Er unterrichtete namhafte Lautenisten und gab ihnen weiter, was er von seinem großen Lehrer gelernt hatte. Er starb in Paris um 1699.

Werke

Vom französischen Lautenisten und Komponisten Charles Mouton sind 2 Bücher seiner »Lautenstücke in verschiedenen Tonarten« erhalten, in denen 9 Suiten verschiedener Länge aufscheinen. Es handelt sich dabei zumeist um Tanzrhythmen. Zahlreiche weitere Kompositionen sind in verschiedenen Sammelbänden enthalten.

Literatur

M. Rollin, La suite pour luth dans l'œuvre de Charles Mouton, in: Revue Musicale CCXXVI, 1955.

Jehan Mouton (1459–1522)

Zeit und Umwelt

Franz I. (1494–1547) wird mit Recht der König der französischen Renaissance genannt. Seine Großzügigkeit gegenüber Künstlern und Humanisten übertraf selbst die der Burgunder. Er zog vor allem italienische Maler und Bildhauer an seinen Hof in Fontainebleau, darunter Meister wie Benvenuto Cellini (1500–71) und Francesco Primaticcio (1504–70). Leonardo da Vinci verbrachte seine letzten Lebensjahre in Amboise. Neben diesen Künstlern wurden Baumeister, Gelehrte und Musiker gerufen, mit denen sich der König ganz besonders in den letzten 20 Jahren seiner Regierung mit Vorliebe umgab.

Leben

Jehan Mouton (Jean d'Holluigue, M. Sameracensis) wurde 1459 in Holluigue (Pas-de-Calais) geboren. Er war 1477 Sängerknabe an Notre-Dame in Nesles, wo er 1483 zum Priester geweiht, zum Kantor gewählt und mit einer Pfründe ausgestattet wurde. 1500 scheint er als Knabenkapellmeister an der Kathedrale von Amiens auf, 1501 wurde er in Grenoble als Orgel- und Gesanglehrer angestellt. Bereits 1502 verließ er diese Stelle, um in den Dienst der Königin Anne (1477 bis 1514) zu treten, deren Kapelle er leitete. In der Kapelle des Königs Ludwig XII. ist er 1512 feststellbar. König Franz I. übernahm ihn nach Ludwigs Tod in seine Kapelle. Er ist am 30. 10. 1522 in Saint Quentin, wo er eine Pfründe hatte, gestorben.

WERKE

Jehan Mouton ist vielleicht ein Schüler Josquins gewesen. Auf alle Fälle kann er als hervorragender Vertreter der Schule Josquins im weiteren Sinn gelten. Er ist zu den berühmtesten französischen Hofmusikern neben Josquin, La Rue und Isaac zu zählen, wie von vielen Theoretikern des 16. und 17. Jahrhunderts bezeugt wird. Seine Techniken sind sehr vielfältig und reichen von der altertümlichen Cantus-firmus-Technik bis zur Auflösung des Cantus firmus in ein durchimitiertes Stimmengeflecht. Die Vollstimmigkeit des Satzes ist stärker als bei Josquin. Die Melodik ist energisch und klar, das Satzbild immer durchsichtig und gut gegliedert.

Von Mouton sind erhalten: 14 vollständige Messeordinarien, ein Credo, 10 Magnificat, um 110 Motetten und ca. 25 Chansons. Es ist sicherlich viel von seinem Werk verlorengegangen, aber was vorliegt, läßt ihn vorbehaltlos zu den großen Renaissancemeistern zählen.

LITERATUR

J. Delporte, L'école polyphonique francoflamande: Jean Mouton, Revue liturgique et musicale XVI–XIX, 1932–35.

Alexander Moyzes (1906–84)

LEBEN

Alexander Moyzes wurde am 4.9.1906 in Kláštor pod Znievom, Slowakei, geboren. Er studierte von 1925 bis 1930 in Prag bei Otakar Šin (23.4.1881, Rokytno, Mähren, bis 21.1. 1943, Prag), Vítězslav Novák und Rudolf Karel. Er unterrichtete seit 1929 in Preßburg an der Musikakademie, seit 1949 an der Musikhochschule. Er starb am 20.11.1984.

Sein Vater Mikuláš Moyzes (6.12.1872, Velká Slatina, bis 2.4.1944, Přesov, Slowakei) erhielt seine Ausbildung an der Musikakademie in Budapest. Im Jahr 1907 wurde er Direktor der Städtischen Musikschule und Professor am Lehrerseminar in Přesov (damals Eperjes, Ungarn).

WERKE

Die Kompositionen von Alexander Moyzes waren anfänglich von Igor Strawinsky und der Jazzmusik beeinflußt, später weisen sie eine intensive Beschäftigung mit der slowakischen Volksmusik auf. Ihre Farbigkeit wurde Antonín Dvořák abgelauscht. Er schrieb eine Oper, 9 Sinfonien, eine Sonatine für Cembalo und Streichorchester, ein Concertino für Klavier und Orchester, 2 Ouvertüren, eine sinfonische Suite, ein Violinkonzert, ein Flötenkonzert, ein Bläserquintett, 2 Streichquartette, ein Duo und eine kleine Sonate für Violine und Klavier, eine Balladenkantate, einen Liederzyklus, einen Chorzyklus a cappella, eine szenische Kantate.

Mikuláš Moyzes schrieb eine »Kleine Bergsinfonie«, eine Ouvertüre, eine Messe, einige Kammermusik, Klavierstücke, Lieder und Chorwerke. Er verfaßte eine Anzahl musikalischer Lehrbücher.

Leopold Mozart (1719–87)

ZEIT UND UMWELT

Gaukler, Taschenspieler, Akrobaten, Entfesselungskünstler, Wahrsager, Affen- und Hundedresseure, Konstrukteure mechanischer Tiere und Menschen sowie Eltern mit Wunderkindern suchten einen Fürstenhof nach dem anderen auf, um für die gebotene Unterhaltung entlohnt zu werden. Unter den Wunderkindern gab es Rechenphänomene, Gedächtniskünstler, Deklamatoren, frühreife Virtuosen und Komponisten. Die Entlohnung richtete sich in der Regel nach dem Erstaunen, die die vorgeführten Kinder erregten. Sie mußten ihre Kunst zeigen, zuweilen wurde sogar bezahlt, wenn man sie nur besichtigte. Der Unterschied zwischen diesen Kindern und den auf Marktplätzen gegen Geld gezeigten Zwergen, Riesen, Albinos oder absonderlichen Gestalten war schwer zu ziehen. In keinem Fall wurden die Schauobjekte geschont, sie gingen nicht selten bald zugrunde oder mußten ihr weiteres Leben mit physischen und psychischen Schäden verbringen. Sie waren Opfer der Geldgier und des Ehrgeizes der Persönlichkeiten, in deren Gewalt sie sich befanden.

LEBEN

Johann Georg Leopold Mozart wurde am 14. 11. 1719 in Augsburg als ältester Sohn des Buchbindermeisters Johann Georg Mozart (1679–1736) geboren. Er besuchte das Salvatorgymnasium seiner Geburtsstadt und sang in den Kirchenchören von St. Ulrich und des Klosters zum Heiligen Kreuz. Im Jahr 1737 ging er nach Salzburg, um an der Universität zu studieren, mußte aber seine Absicht aus wirtschaftlichen Gründen nach zwei Jahren aufgeben und trat als Kammerdiener und als Violinist in gräfliche Dienste. Sein Dienstgeber brachte ihn 1743 an der Fürsterzbischöflichen Hofkapelle zunächst als vierten, sodann als zweiten Violinisten unter; er stieg 1757 zum Hof- und Kammerkomponisten und 1763 zum Vizekapellmeister auf. Allen Anstrengungen entgegen, erreichte er den hochbegehrten Posten eines Ersten Kapellmeisters nie.

Von 1760 an, nachdem er die geniale Veranlagung seines Sohnes Wolfgang Amadeus erkannt hatte, widmete er sich ganz dessen Ausbildung und Erziehung. Ab 1762 folgte eine Reise nach der anderen, um den Sohn mit der Tochter und später den Sohn allein als Wunderkinder der Welt vorzustellen. Seine Frau, Anna Maria Mozart, geborene Pertl (25.12.1720, St. Gilgen, bis 3.7.1778, Paris), die er 1747 geheiratet hatte, mußte trotz ihrer geschwächten Gesundheit den Sohn nach Paris begleiten und in der Fremde sterben.

Es hat den Anschein, daß Leopold Mozart erst 2 Jahre vor seinem Tod am 28. 5. 1787 in Salzburg zumindest zu ahnen begann, welches Format der Sohn hatte, den er zu seinem Geschöpf machen wollte.

WERKE

Vom kompositorischen Werk Leopold Mozarts kann man sein gründliches Musikstudium ablesen. Viele Stilgattungen – Barock und Frühklassik, Wiener, Mannheimer, süddeutscher, norddeutscher und italienischer Stil – mischen sich darin. Er hatte einen starken Hang zur illustrativen Musik, er setzte

Leopold Mozart, Bleistiftzeichnung von F. Lactanz Graf Firmian (?), um 1762

seltene Musikinstrumente wie Dudelsack, Radleier, Kuhhörner und Geräuscherzeuger wie Hackbrett, Schellen, Peitschen, Pistolen ein und erzeugte gerne nach Barockmanier außermusikalische Effekte in seinen zahlreichen Sinfonien, Divertimenti und Serenaden für verschiedene Instrumente. Von seinen 28 erhaltenen Sinfonien sind am meisten bekannt: die Bauernhochzeit, Musikalische Schlittenfahrt, Sinfonia burlesca, Sinfonia da caccia und Kindersinfonie, deren Zuschreibung in letzter Zeit angefochten wird, obschon sie gerade Leopold Mozart am meisten zuzutrauen wäre. Er verfaßte außerdem Tänze und Märsche und Konzerte für Flöte, Oboe, Fagott, Trompeten und zwei Hörner. Bemerkenswert sind seine 6 Stücke für das Hornwerk auf Hohensalzburg. Seine 12 Violinduette und 6 Triosonaten sind zum Großteil konventionell, die 3 Klaviersonaten sind von Domenico Scarlatti abhängig. Die Messen, Litaneien, Vespern, kleineren sakralen Gesänge, Kantaten, Schuldramen und Oratorien liegen nur handschriftlich vor. Epochemachend war sein »Versuch einer gründlichen Violinschule«, die oftmals aufgelegt und in viele Sprachen übersetzt wurde. Sie verfolgte das Ziel, nicht nur gute Violinisten, sondern auch gute Musiker heranzuziehen und sie den »guten Geschmack« zu lehren. Selbst beweist er in seinen Kompositionen den guten Geschmack seiner Zeit. Er wurde und wird auch heute noch als Kirchen- und als Instrumentalkomponist geschätzt, wenn er auch nicht über die zeitgenössische Komposition hinausragte.

Die Bauernhochzeit, burleske Sinfonie, entstanden 1755

Witzig und zugleich derb wird das Alltagsleben des Volkes geschildert. Pistolenschüsse, Jauchzen und Pfeifen wirken sehr realistisch, Dudelsack und Radleier betonen die Volkstümlichkeit. Die Melodien grenzen an primitive Gassenhauer. Stampfende Tanzrhythmen, hüpfende Tonfolgen, kecke Wendungen kennzeichnen und vermitteln ländliche Fröhlichkeit.

Musikalische Schlittenfahrt, entstanden 1755

Der Komponist gab selbst das Programm dieses beliebten Stücks: »Den Anfang macht eine Intrada von einem artigen Andante und Allegro. Nach diesem folget alsogleich eine Intrada mit Trompeten und Pauken. Auf dieses kommt die Schlittenfahrt mit dem Schlittengeläut und allen anderen Instrumenten.« Am Ende der Fahrt »hört man, wie sich die Pferde schütteln. Dann geht die Fahrt weiter bis zu einem Tanzsaal. Der Ball beginnt mit einem Menuett und einem Trio. Durch deutsche Tänze erwärmt sich die Gesellschaft, dann besteigt alles erneut die Schlitten und fährt nach Hause.« Trotz der Penetranz der Programmatik liegt dennoch ein schönes Stück Musik vor.

Trompetenkonzert in D-Dur, 2 Sätze, entstanden 1762

Als Solotrompete wird ein ventilloses Instrument, das nur Naturtöne hervorbringt, verwendet. Das Hauptthema des 1. Satzes ist locker und graziös, läuft eine Oktave aufwärts, fällt sodann zum Ausgangston zurück und wiederholt sich bis zur Hälfte. Dann setzt nach einer Sequenz die Trompete mit dem ganzen Orchester ein. An der Durchführung bleibt das Soloinstrument nahezu ununterbrochen beteiligt. Dem Thema des 2. Satzes liegt ein Dreiklang in D-Dur zugrunde; es kommt daher den Möglichkeiten der Naturtrompete sehr entgegen. Hörner begleiten es, und Cembalo und Streicher zieren die Dreiklänge der Bläser aus. Nach einem abwechslungsreichen Musizieren schließt das elegante Stück mit triumphierenden Rufen der Solotrompete.

Divertimento in G-Dur für zwei Violinen und Cello, 3 Sätze, entstanden um 1760

Im Allegro des 1. Satzes erklingt der Kuckucksruf, der vortrefflich nachgeahmt ist. Das Andante des 2. Satzes ist schlicht und sehr sanglich, und das anschließende Menuett bringt ein klagendes Trio in Moll.

Divertimento in C-Dur für zwei Violinen und Cello, 3 Sätze, entstanden um 1760

Im Allegro des 1. Satzes kommt es zu einem virtuosen Einsatz der ersten Violine. Das Andante ist ernst und voll dunkler Klänge. Das Presto des 3. Satzes bringt die Fröhlichkeit des 1. wieder und schließt das Werk in heiterer Stimmung ab.

Divertimento in D-Dur für zwei Violinen und Cello, 3 Sätze, entstanden um 1760

Der Beginn ist auch hier ein spritziges Allegro. Das folgende Andante bringt ein elegisches Thema in Moll. Aber der 3. Satz feuert die Stimmung wieder energisch an.

LITERATUR

J. Kay, Mein Sohn Wolfgang Amadeus, Glück und Tragik des Vaters Leopold Mozart, Wien 1965. L. Wegele (Hrsg.), Leopold Mozart, Bild einer Persönlichkeit, Augsburg 1969.

Wolfgang Amadeus Mozart
(1756 – 91)

ZEIT UND UMWELT

Am 12. Dezember 1771 schrieb Kaiserin Maria Theresia ihrem Sohn, Erzherzog Ferdinand, Generalgouverneur der Lombardei, der beabsichtigte, Wolfgang Amadeus Mozart bei sich aufzunehmen, nach Mailand: »Du fragst mich, ob Du den jungen Salzburger in Deine Dienste nehmen sollst. Ich wüßte nicht, wozu und warum, da Du doch nicht nötig hast, einen Komponisten und ähnlich nutzloses Volk anzustellen. Ich sage es Dir nur, um Dich nicht mit unnützen Leuten zu belasten. Zudem hängt ihm eine große Familie an.«

Als Mozart 1781 bei Fürsterzbischof Hieronymus Graf von Colloredo um seine Entlassung nachsuchte, wurde er wie ein Kutscher beschimpft und als »Bettelmusikant« hinausgeworfen.

Die Intriganten in Wien und anderswo rannten offene Türen ein. Man lehnte Mozart überall wegen seiner Musik ab, ohne daß sich die meisten klar bewußt wurden, was sie dazu bestimmte; sie empfanden ihn störend und unbequem. Nicht seine Musik wurde angegriffen und abgelehnt, sie wurde nur gemieden, ihren Komponisten traf die allgemeine Gegnerschaft, so daß er überall wie ein Aussätziger isoliert und kaltgestellt wurde. Es ist kein Wunder, daß die Diskrepanz zwischen der eigenen Leistung und der materiellen Lage Mozart schwer bedrückte; es ist auch kein Wunder, daß frühzeitig der Gedanke an den Tod, als einzigen Ausweg aus seiner verzweifelten Lage, in ihm aufstieg. Wenn auch die rastlosen Reisen in seiner Kindheit den Grund zu seiner letzten Krankheit legten, so waren es doch vor allem die Müdigkeit und die Erschöpfung als natürliche Folge seiner ungeheuren Arbeitsleistung, die er, jeden Auftrag annehmend, von Konzert zu Konzert und von Schüler zu Schüler hetzend, durch seine stets bedrängte Lage zu erbringen genötigt war, im Verein mit den vielen Demütigungen und Enttäuschungen, den unerfüllten Hoffnungen und nicht gehaltenen Versprechungen, den mitunter ihm aus Bosheit oder nur aus Unverstand zugefügten Kränkungen, die ihn ein frühes Ende ahnen ließen, ja eine gewisse Sehnsucht danach nährten. Er bekannte in einem Brief, im Tod das wahre Ziel des Lebens zu erkennen und sich nicht davor zu ängstigen, sondern ihn für das Tor zum Segen anzusehen.

Leben

Wolfgang Amadeus Mozart (getauft als Joannes Chrysostomus Wolfgangus Theophilus) wurde am 27. 1. 1756 in Salzburg als Sohn des Hofmusikers Leopold Mozart geboren. Sehr früh zeigten sich seine musikalischen Anlagen, er verfolgte aufmerksam den Musikunterricht seiner älteren Schwester Maria Anna, er suchte auf dem Cembalo Zusammenklänge und erfreute sich daran, er merkte sich kleine Stücke, die der Vater spielte. Das ermutigte den Vater, Wolfgang einige kleine Menuette spielen zu lassen, aber aus dem Spiel wurde bald Ernst, und der Schwierigkeitsgrad der Lehrstücke wuchs.

Mozart spielt als sechsjähriger Knabe vor Kaiser Franz I.

Jugendbildnis Wolfgang Amadeus Mozarts

Daines Barrington, englischer Wissenschafter, berichtete über Mozarts Besuch in London

Die Versuche, selbst Stücke zu erfinden, stellten sich bald ein und bauten sich parallel mit den Fortschritten auf dem Cembalo aus. Mit fünfeinhalb Jahren nahm Wolfgang mitten unter 150 Chorknaben und Studenten an einer Aufführung der musikalischen Komödie »Sigismundus Hungariae Rex« von Johann Ernst Eberlin teil. Der rasche Fortschritt des Sohnes festigte in Leopold Mozart die Meinung, ein echtes Wunderkind vor sich zu haben, das man der Welt vorstellen müsse. Dazu kam, daß auch die Tochter ein weit über ihr Alter hinaus entwickeltes Musiktalent aufwies, so daß man ein Geschwisterpaar vorführen konnte.

Die erste Reise ging bereits im Januar 1762 nach München, wo der Kurfürst die beiden musikalischen Kinder freundlich empfing, anhörte und bewunderte. Das ermutigte die Familie, es auch mit Wien zu versuchen. Der Ruf der außerordentlichen Salzburger Kinder war ihnen bereits vorausgeeilt, die Familie Mozart, vor allem Wolfgang, wurde vom Kaiserpaar und dem Adel freundlich empfangen. Die beiden Kinder gaben, nachdem sie bereits in Linz konzertiert hatten, eine Vorführung. Wolfgang produzierte sich als Blindspieler auf dem Cembalo; Vater Mozart sah die Verwirklichung seiner Träume nahe. Wolfgang bekam jedoch eine Krankheit, die man für ansteckend hielt, man vermied begreiflicherweise jeden Kontakt mit der Familie, die nach einem kurzen Besuch Preßburgs nach Salzburg zurück mußte, ohne einen greifbaren Erfolg mitzubringen. Im selben Jahr noch (1763) kam es zu einer größeren Reise über München, Augsburg, Schwetzingen, Mainz, Frankfurt, Koblenz, Aachen und Brüssel nach Paris. In allen Städten gaben die Wunderkinder Konzerte, Wolfgang spielte Violine und in verschiedenen Kirchen die Orgel, in Schwetzingen machte er sich mit dem Mannheimer Orchesterstil bekannt. In Paris wurde er nach Versailles geladen. Dort widmete er einer Tochter des Königs zwei Sonaten. Er wurde überall bestaunt und zweimal porträtiert. In Versailles lernte er damals bekannte deutsche Musiker kennen wie Johann Schobert, Leontzi Honauer und Johann Gottfried Eckardt.

Die nächste Station war London (April 1764). Auch hier empfingen ihn der König und sein Hofstaat; Mozart mußte sein Können im Blattspiel, auf der Orgel, am verdeckten Cembalo, mit der Violine, als Improvisator und Komponist vorführen und machte auf alle großen Eindruck. Er kam mit Johann Christian Bach in Verbindung, gab öffentliche Konzerte und erhielt Gelegenheit, Händels Musik zu hören. Dann erkrankte der Vater, und Wolfgang konnte sich mehr der Komposition widmen. Als Leopold Mozart sich erholt hatte, ging der Konzertbetrieb weiter, seine Kinder spielten eine Komposition von Wolfgang vierhändig auf einem zweimanualigen Pedalcembalo. Im Juli 1765 wurde die Rückreise angetreten, auf der Wolfgang in Den Haag schwer erkrankte, so daß die Familie erst im Januar 1766 in Amsterdam eintraf. Weiter ging die Reise nach Paris und von dort über die Schweiz nach Hause. In allen Städten, an allen Höfen gab es Konzerte, Vorführungen neuer Originalkompositionen, viel Beifall und Bewunderung.

Der Vater unterwarf nun den Sohn ein Jahr lang einem strengen Studium des Kontrapunkts, dann versuchte er es ein zweites Mal in Wien, wo gerade die Blattern ausgebrochen waren. Es nützte nichts, nach Olmütz (Olomouc) auszuweichen, die Kinder wurden dennoch angesteckt, überstanden aber die Krankheit. Der Erfolg dieser Reise war unbefriedigend. Die Intrigen gegen das Wunderkind Mozart, in dem manche bereits den gefährlichen Konkurrenten witterten, setzten ein. Leopold Mozart lernte Franz Aspelmayr kennen, Hilfe brachte ihm jedoch auch diese neue Bekanntschaft keine.

Ein Jahr darauf dirigierte der nun zwölfjährige Mozart in der Salzburger Waisenhauskirche eine eigene Messe und wurde vom damaligen Erzbischof Siegmund Christoph Graf von Schrattenbach 1769 zum Hofkapellmeister ernannt. Im Dezember 1769 reiste der Vater mit Wolfgang nach Italien (Maria Anna war bereits zu alt, um noch als Wunderkind zu gelten). Der Weg führte über Verona, Mantua nach Mailand, wo mit Sammartini und Piccinni Fühlung genommen wurde. Wolfgang erhielt für die kommende Saison einen Opernauftrag. In Bologna nahm er bei Padre Martini Unterricht, in Florenz konzertierte er mit Nardini. In Rom schrieb er zum allgemeinen Erstaunen das Miserere von Gregorio Allegri nach einmaligem Anhören fehlerfrei nieder. In Neapel gab es Kontakt mit den Opernkomponisten De Majo und Paisiello. Auf der Rückreise verlieh ihm der Papst den Orden vom Goldenen Sporn. In Bologna wurde er in die Accademia dei Filarmonici aufgenommen. Wieder in

Mozart bei Madame Pompadour

Emanuel Schikaneder, Stich von P. Richter

Ludwig Ritter von Köchel

Mailand, schrieb er die bestellte Oper »Mitridate, re di Ponto«, die 1770 mit großem Erfolg über die Bühne ging, 1772 trafen die Reisenden wieder in Salzburg ein. In allen italienischen Städten wurden die Konzerte, die Kompositionen Mozarts bestaunt und bejubelt. Der Hauptgewinn Mozarts bestand jedoch in der gründlichen und unmittelbaren Bekanntschaft mit der italienischen Musik. Noch 1772 war er ein zweites Mal in Italien, um in Mailand seine Oper »Lucio Silla« aufzuführen. Das Jahr 1773 fand ihn erneut in Salzburg und in Wien, wo er Joseph Haydns Quartettstil kennenlernte. Etliche Jahre intensiven Schaffens schlossen sich an, doch trotz aller Achtungsbezeugungen und Lobsprüche hatte er noch immer keine angemessene Stellung als Musiker. Hinzu kam die Abneigung, die ihm der neue Erzbischof Graf Colloredo deutlich entgegenbrachte. Im Jahr 1777 ging er neuerlich auf Reisen, dieses Mal von der kränkelnden Mutter begleitet. Das Ziel war vorläufig Mannheim, wo er zu den Meistern des vorklassischen Mannheimer Stils in Beziehung trat, wie mit Cannabich, Holzbauer, Schweitzer, Filtz, Carlo Giuseppe Toeschi und anderen. Seine Zuneigung zur Sängerin Aloysia Weber hielt ihn etwas länger als beabsichtigt zurück, aber auf Befehl des Vaters reiste er dann doch nach Paris weiter. Die Hoffnungen, die sein Vater und wohl auch er auf diese Reise gesetzt hatten, wurden enttäuscht. Er war kein Wunderkind mehr, sondern ein junger Musiker, von denen es viele gab. Er erhielt einige Kompostitionsaufträge, eine seiner Sinfonien und seine Musik zur Ballettpantomime »Les petits riens«, die vor zehn Jahren bereits Aspelmayr vertont hatte, wurden aufgeführt, er traf Johann Christian Bach aus London und Piccinni. Aber seine Mutter, die ihre Krankheit bereits aus Salzburg mitgebracht hatte, starb am 3. Juli 1778. Mozart wandte sich zur Heimreise. 1779 nahm er seine Konzertmeistertätigkeit in Salzburg wieder auf und wurde sogar Hoforganist. In die folgenden Jahre fielen viele seiner Meisterwerke, wie zum Beispiel Messen, Kirchensonaten, Sinfonien, Konzerte, Sonaten, das Singspiel »Zaide« und 1781 die Opera seria »Idomeneo«. Im selben Jahr kam es zum Bruch mit dem Erzbischof.

Wolfgang ließ sich in Wien nieder, um als freier Künstler zu leben. Er veranstaltete

Konstanze Mozart, Ölbild von J. Lange (?), 1782

Akademien mit eigenen Werken, er gab Unterricht, er übernahm Kompositionsaufträge. Trotz höchsten Fleißes gelang es ihm nie, seine wirtschaftliche Lage in Ordnung zu bringen, seine ständige Geldverlegenheit nahm zuweilen durch unbedachte Ausgaben zu und dauerte bis zu seinem Tod an. Daher bemühte er sich mehrmals um eine feste Anstellung, aber es gelang ihm nie. 1782 wurde sein Singspiel »Die Entführung aus dem Serail« aufgeführt und freundlich aufgenommen. Der finanzielle Erfolg war aber nicht sehr hoch und besserte seine allgemeine Situation nur für kurze Zeit.

Am 4. August desselben Jahres heiratete er gegen den Willen seines Vaters Konstanze Weber, die jüngere Schwester der Sängerin Aloysia Weber und Kusine des Komponisten Carl Maria von Weber. Die Ehe führte zu einer schweren Verstimmung zwischen Vater und Sohn, die sich erst wenige Jahre vor dem Ableben Leopold Mozarts milderte. Auch die Schwester Maria Anna war als gehorsame Tochter gegen Konstanze. In jener Zeit bildete sich eine starke menschliche und künstlerische Annäherung zwischen Mozart und Joseph Haydn heraus, die für beide Männer außerordentlich fruchtbar war. Um 1782 wurde Mozart in das Haus des Gesandten van Swieten eingeladen, wo vorwiegend Bach und Händel gespielt wurden, so daß er seine Kenntnis davon noch mehr vertiefen konnte; die Beschäftigung mit diesem Stil, die Arrangements von Präludien und Fugen von Bach für Streichquartett und die Instrumentation der Oratorien Händels mit Bläsern schlugen sich auch im eigenen Schaffen nieder. Als äußeren Ausdruck seiner Weltanschauung, welche die Freundschaft und Verbrüderung aller Menschen zum Hauptziel hatte, trat Mozart 1784 einer Freimaurerloge bei und betonte von da an diese Gesinnung bei jeder Gelegenheit in seinen Werken. Im Jahr 1786 wurde anläßlich eines Festes in Schönbrunn die Musikkomödie »Der Schauspieldirektor« neben einer Oper von Antonio Salieri gegeben. Im selben Jahr kam es zur Aufführung der ohne Auftrag geschriebenen Oper »Le nozze di Figaro« trotz schwerer Intrigen der Konkurrenten. Der Erfolg der Oper in Wien war durchschlagend, wurde aber von der Begeisterung, mit der sie in Prag aufgenommen wurde, weit übertroffen. Speziell für Prag schrieb er hierauf 1787 den »Don Giovanni«, mit dem er viel Applaus erntete. Die Ouvertüre zur Oper stellte er erst in der Nacht vor der Premiere fertig. Als im selben Jahr in Wien Gluck starb, hoffte Mozart, seine Stelle zu bekommen, aber der Kaiser hatte es damit nicht eilig. Erst nach dem großen Erfolg in Prag ließ er sich herbei, Mozart als Kammerkomponisten eine kleine jährliche Zahlung zukommen zu lassen (»Zu viel für das, was man von mir verlangt, und zu wenig, für das, was ich leisten könnte«, erklärte hierzu Mozart). Seine letzten Sinfonien entstanden 1788 (Es-Dur, g-Moll, C-Dur).

Das Jahr 1789 führte Mozart auf eine Reise über Dresden und Leipzig nach Berlin, wo er den Thomaskantor Johann Friedrich Doles kennenlernte und auf der Orgel der Thomaskirche spielte. König Friedrich Wilhelm II. erteilte ihm in Potsdam den Kompositionsauftrag für ein Streichquartett. Im Jahr 1790 brachte er die Oper »Così fan tutte« heraus und 1791 die Krönungsoper für Prag »La clemenza di Tito«, bei der ihm Franz Xaver Süßmayr behilflich sein mußte, damit sie rechtzeitg fertig wurde. Sie wurde am 6. September 1791 in Prag aufgeführt. Inzwischen hatte Mozart bereits die Arbeit an der »Zauberflöte« nahezu vollendet, die am 30. September auf die Bühne kam. Jener Graf Walsegg, der geheim Kompositionen aufkaufte, um sie als eigene Werke aufführen zu lassen, sandte seinen Boten auch zu Mozart. Das geheimnisvolle Betragen des Boten und die durch Arbeitsfülle der letzten Jahre überreizten Nerven wie sein allgemeiner schlimmer Gesundheitszustand ließen in Mozart die Vorstellung entstehen, daß der Auftrag, ein Requiem zu schreiben, aus dem Jenseits gekommen und die Totenmesse für ihn selbst bestimmt sei. Mit dieser Gewißheit machte er sich an die Arbeit, während sein Zustand sich verschlimmerte. Süßmayr half, so viel er konnte. Mozarts Lebenszeit reichte aber nicht aus, um das Werk zu vollenden; er starb am 5. 12. 1791. Die medizinische Todesursache ist nicht feststellbar. Am folgenden Tag mußte er auf dem St. Marxer Friedhof von Wien in ein Schachtgrab gelegt werden, weil die Witwe mittellos und niemand anders bereit war, die Kosten einer Beerdigung zu übernehmen. Sein Grab konnte, als man sich in Wien endlich dafür interessierte, nur mehr annähernd identifiziert werden. Die wenigen, die seinen Sarg begleiteten, kehrten bereits beim Stadttor um.

Seine Frau Konstanze, geborene Weber (6. 1. 1763, Zell im Wiesenthal, Schwarzwald, bis 6. 3. 1842, Salzburg), heiratete 1809 den dänischen Diplomaten Georg Nikolaus von Nissen (1761–1826), der Materialien zu einer Biographie Mozarts sammelte. Im Jahr 1820 zog das Ehepaar von Kopenhagen nach Salzburg, wo Konstanze die von Nissen begonnene Biographie 1828 herausgab. Von Mozarts 6 Kindern blieben nur 2 am Leben. Karl Thomas Mozart (1784 – 1858) war ein guter Pianist, wählte aber die Musik nicht als Beruf, sondern wurde Kaufmann und schließlich österreichischer Beamter. Franz Xaver Wolfgang Mozart (1791 – 1844) – er nannte sich Wolfgang Amadeus Mozart –, schlug die Laufbahn eines Musikers ein und wurde Komponist, Dirigent und Musiklehrer in Lemberg (Lwiw).

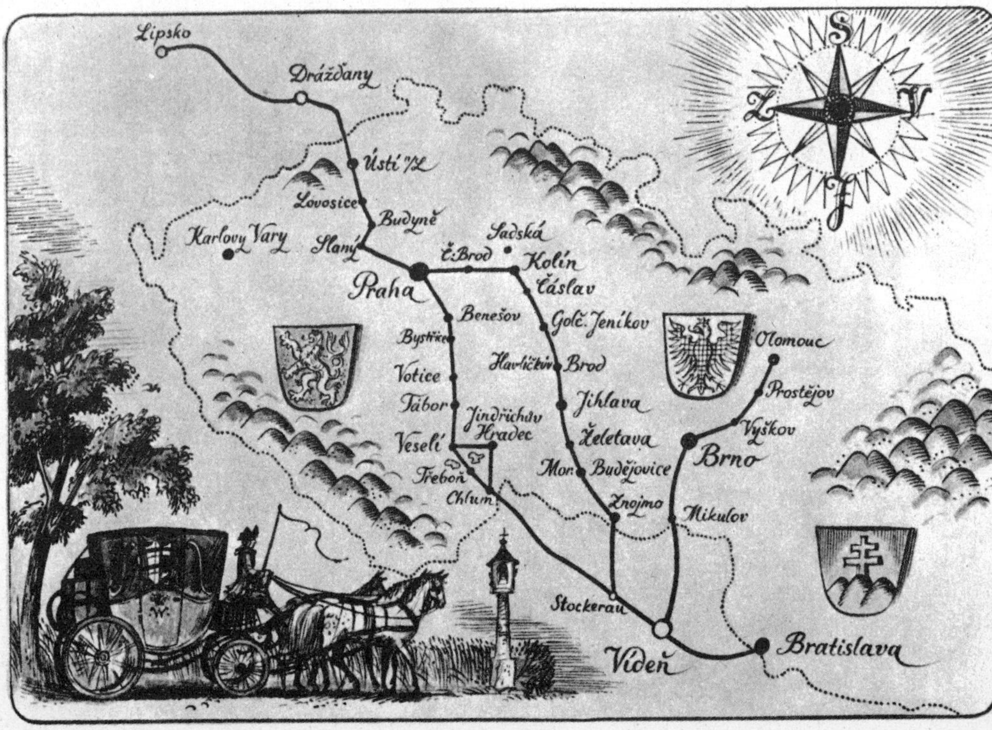

Mozarts Reisen durch Böhmen, Mähren und die Slowakei

Aus dem Noten-Skizzenbuch des achtjährigen Mozart

WERKE

Mozarts kompositorisches Werk umfaßt mehr als 600 Nummern, die erhalten sind, darüber hinaus gibt es eine Anzahl Kompositionen, deren Urheberschaft zweifelhaft ist. Ein nicht geringer Teil seiner Stücke ist verlorengegangen und uns nur nominell bekannt. Diese für ein kurzes Leben so ungeheure Leistung ist das Ergebnis eines ungewöhnlichen Fleißes, zum Teil auch des Umstandes, daß er sehr früh zu komponieren begann; nicht zuletzt verdankte er die große Anzahl der Werke seiner Fähigkeit, auch große Kompositionen rasch in einem Zug niederzuschreiben, ohne sich lang mit Skizzen abzugeben, weil die Musik in ihm zumeist schon fertig durchdacht war und nur mehr zu Papier gebracht werden mußte.

Der stilistische Horizont ist sehr weit gespannt, umfaßt alle Gattungen der Musik seiner Epoche und umgreift dazu als Erbe die Wiener und Salzburger Barocktradition, das italienische Barock und das Reich Bachs und Händels. Wenn auch in seiner Musik ein gewisses Fortschreiten vom Spätbarock, Rokoko und dem galanten Stil über Frühklassik zum reinen klassischen Stil verfolgbar ist, so betrifft das oft nur Äußerlichkeiten; tatsächlich sind alle Stilgattungen, wenngleich sie sehr verschieden sind, zu einer höheren Einheit verschmolzen und dadurch neu eingeordnet. Es mag für den Analytiker interessant sein, den einzelnen Einflüssen nachzugehen und festzustellen, was deutsch, was italienisch, was empfindsam und was kontrapunktisch ist – aber der Zuhörer bekommt alles in vollendeter Synthese an das Ohr, als neue, völlig eigenartige Musik, wie sie eben nur Mozart schreiben konnte, der sich seinen Stil selbst gebildet hatte. Er hat auf seinen vielen Reisen als Kind und junger Mann sehr viel Musik gehört und in sich aufgenommen – das ist auch der einzige Gewinn aus diesen Anstrengungen –, er hat alles, intuitiv zuerst und später bewußt, verarbeitet und umgestaltet, so daß daraus der nur ihm eigene Mozart-Stil geworden ist. Dabei war er nur sehr selten unabhängig wie die späteren Romantiker, sondern auftragsgebunden. Er war zwar kein Musikerzeuger mehr wie die Meister des Barock, denen Auftraggeber, Gesellschaft und Weltanschauung eine bestimmte, sehr starre, allerdings dann von vielen meisterhaft erfüllte Form vorgeschrieben hatten, die auf die Gesellschaft, den Adel und das Großbürgertum hingeordnet war. Er ordnete sich jedoch – vielleicht zum persönlichen Schaden, sicher aber zum Nutzen seiner Musik – der Gesellschaft nicht mehr unter, sondern zwang ihr seinen Willen auf. Dem Kontakt wich er nicht aus, sondern suchte ihn als Mensch und als Künstler; sein Leben und seine Musik waren gesellschaftsgebunden, doch beides wurde zur Herausforderung, die Gegner erzeugte.

Die erste seiner mindestens 46 Sinfonien schrieb Mozart im Alter von 8 Jahren, im 18. Lebensjahr lagen bereits 30 vor. Sie waren anfänglich den italienischen Mustern nachempfunden und standen zugleich unter dem Einfluß seines Vaters und des Bach-Sohnes Johann Christian; sie waren zumeist dreisätzig, doch das Vorbild der Wiener Vorklassik, die als 3. Satz ein Menuett einschob, wirkte sich auf Mozarts sinfonisches Schaffen aus. Schon ab 1773 machten sich neue Ausdrucksformen bemerkbar. Die Sinfonien neigten zu kontrapunktischer Konzeption, die Sätze wurden zyklisch untereinander verschränkt. Das läßt Haydns Handschrift ahnen. Darauf kamen Werke mit galantem Duktus wie zum Beispiel A-Dur KV 201. Bei D-Dur KV 297 (die in Paris geschrieben wurde) machte sich der Orchesterstil von Mannheim deutlich. Die Sinfonien der Wiener Zeit entfernten sich immer mehr von der Serenadenhaltung. Die »Linzer« (C-Dur KV 425) wendete sich wieder Haydn zu, und in der »Prager« (D-Dur KV 504) liegt eine vollkommene Synthese durchgebildeter Kontrapunktik mit neuer Sinfonik vor. Die letzten drei (1788 innerhalb von nur sechs Wochen geschrieben) stellen, obgleich völlig voneinander verschieden, den Höhepunkt der von der Es-Dur KV 16 aus 1764 stetig ansteigenden Entwicklung dar.

Mozart hat außer den Sinfonien eine große Anzahl Orchesterwerke verfaßt, die zwischen Sinfonie, Konzert und Kammermusik stehen, als Serenade, Divertimento, Sinfonia, Partita, Cassation, Notturno, Nachtmusik, Ständchen oder ähnlich bezeichnet sind und die Form einer Sonate, eines Rondo, Konzertes usw. haben. Gemeinsam ist dieser Gelegenheitsmusik die Aneinanderreihung vieler Sätze, die oft keinen Zusammenhang haben. Es handelt sich zumeist um Gebrauchsmusik, was aber ihren künstlerischen Wert nicht schmälert. Die Serenaden sind in der Regel glanzvoller instrumentiert, die Divertimenti komplizierter motivisch oder auch kontrapunktisch durchgearbeitet. Auch die ungefähr 36 Märsche und Tänze zählen dazu. Die 21 Klavier- und die 5 Violinkonzerte (3 weitere sind umstritten) sind vorwiegend zum eigenen Konzertgebrauch verfaßt, die Konzerte mit anderen Soloinstrumenten sind Auftragskompositionen. Seine Klavierkonzerte bringen im Gegensatz zu älteren einen starken Ausbau des Orchesters, wodurch das Klavier von seiner rein begleitenden Rolle befreit und dem Soloinstrument gleichgestellt wird. Mozart kommt damit besonders bei seinen letzten Klavierkonzerten in die Nähe Beethovens. Dazuzurechnen sind ein Konzert für zwei Klaviere, eines für drei und zwei Rondos für Klavier und Orchester. Dazu kommen ein »Concertone« für zwei Soloviolinen, eine konzertante Sinfonie für Solovioline und Soloviola, ein Konzert für Fagott aus dem Jahr 1774, eines für Klarinette aus dem Jahr 1791, 2 Flötenkonzerte, 4 Hornkonzerte und ein Konzert für Harfe und Flöte. Wie die Klavierkonzerte sind diese keine von Orchesterinstrumenten begleitete Virtuosenkonzerte, vielmehr steht das Soloinstrument im ständigen Dialog mit einem sinfonisch durchgearbeiteten Orchester, auf das zuweilen die Führung übergeht.

Von den 10 Quintetten Mozarts sind 7 nach dem Vorbild von Luigi Boccherini mit Streichern besetzt, aber mit dem Unterschied, daß der Cellist Boccherini zwei Celli verlangt, während Mozart die Bratschen verdoppelt. Die anderen drei haben Bläserbesetzung (Klarinette mit Streichern, Horn mit Streichern, Oboe, Klarinette, Horn, Fagott und Klavier).

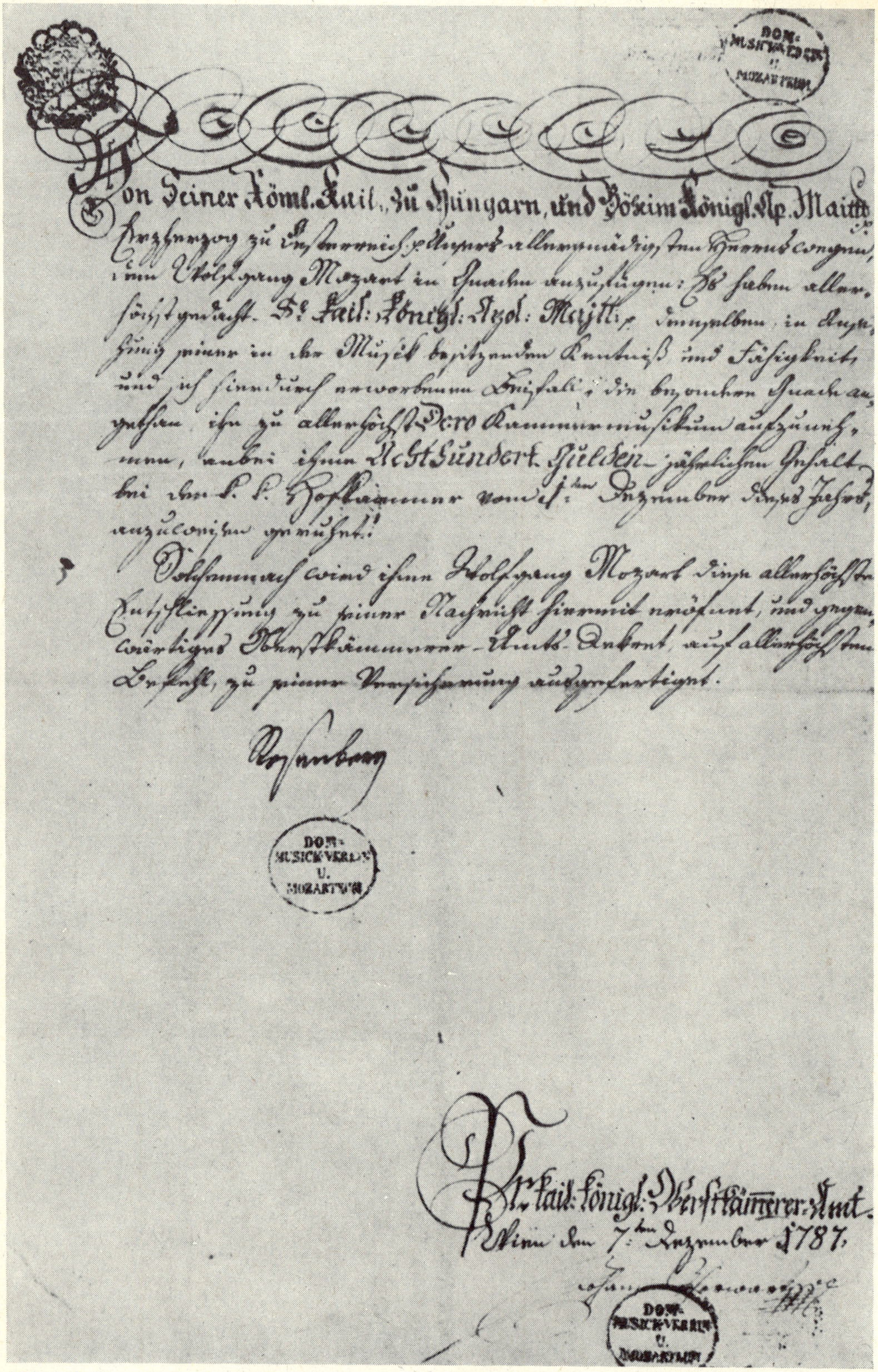
Von Seiner Röml. Kais. zu Hungarn, und Böheim Königl. Ap. Majtt.
Erzherzog zu Oesterreich etc. Unsers allergnädigsten Herrns wegen,
dem Wolfgang Mozart in Gnaden anzufügen: Es haben aller-
höchstgedacht Se. Kais. Königl. Apol. Majtt. demselben in Rück-
sicht seiner in der Musik besitzenden Kentniß und Fähigkeit,
und sich hierdurch erworbenen Beyfalls, die besondere Gnade zu-
gehen, ihn zu allerhöchst Dero Kammermusikum aufzuneh-
men, anbei ihm Achthundert Gulden jährlichen Gehalt
bei dem k. k. Hofkammer vom 1ten Dezember dieses Jahrs
anzuweisen geruhet.

Welchemnach wird ihm Wolfgang Mozart diese allerhöchste
Entschließung zu seiner Nachricht hiermit eröffnet, und gegen-
wärtiges Oberstkämmerer-Amts-Dekret, auf allerhöchsten
Befehl, zu seiner Versicherung ausgefertigt.

Rosenberg

Vom kais. königl. Oberstkämmerer-Amt.
Wien den 7ten Dezember 1787.

Dekret der Ernennung Mozarts zum Kammer-Musiker bei Hof

Sie tragen zum Teil das Gesicht eines Divertimento.
Das erste der 23 Streichquartette schrieb der Komponist mit 14 Jahren. Die frühen Quartette haben Divertimentocharakter, sind dreisätzig, passen sich zum Teil der italienischen Manier an und stehen unter dem Einfluß von Johann Christian Bach, der von Haydn sodann abgelöst wird, so daß die Quartette ab 1773 viersätzig werden, eine noch erweiterte Selbständigkeit der einzelnen Instrumente aufweisen und die Prävalenz der ersten Violine zurückdrängen; das Finale wird vom reinen Abschluß des Stückes zur Krönung und letzten Steigerung, der italienische Stil gibt dem deutschen Raum. Haydns »Russische Quartette« regen Mozart an, deren Stil zu übernehmen; die Themen werden motivisch verarbeitet, Einwicklungsprinzip ist die Variation. Dennoch unterscheiden sich die Quartette grundsätzlich von denen Haydns, besonders durch ihren süßen, sinnlichen, oft schwermütigen und stets vieldeutigen Klang. Haydn zielt auf eine ferne und vielleicht unerreichbare Schönheit, Mozarts Musik findet ihr Ziel in sich selbst. Da der Auftraggeber der »Preußischen Quartette«, Friedrich Wilhelm von Preußen, begeisterter Cellist ist, wird das Cello in den drei von ihm 1789/90 bestellten Quartetten bevorzugt.
Dazu sind die 2 Klavierquartette zu stellen, die zum Muster der vielen Stücke dieser Art geworden sind; 7 Trios für Klavier, Violine und Cello und eines für Klavier, Klarinette und Bratsche dienen ebenfalls dem eigenen Konzertgebrauch, es sind Spielmusiken höchster Qualität, wirken improvisatorisch, sind aber dennoch beste Kammermusik. Das gleiche gilt für die Streichtrios mit verschiedener Besetzung und den Bearbeitungen fremder Musik für Bläsertrios. Mozarts 2 Streichduos haben Sonatenform.
Bei den 40 Violin-Klavier-Sonaten sind beide Instrumente solistisch behandelt und gleichberechtigt. An der Spitze der Klaviermusik stehen 18 Sonaten, die eine den Streichquartetten ähnliche Entwicklung aufweisen; italienische Vorbilder am Beginn, anschließend von der Mannheimer Orchesterdynamik beeinflußt, am Ende konzertdramatische Gestaltung. Rondos, Fantasien und verschiedene Variationen über fremde Themen, Stücke für zwei Klaviere und für vierhändiges Spiel runden das Klavierwerk ab.
Seine Chorwerke sind Kirchenmusik, der das unvollendet und von Süßmayr fertiggestellte Requiem und die vierstimmige Motette mit Streichquartett und Orgel »Ave verum« voranzustellen sind. Neben einigen kleineren sakralen Werken hat Mozart 19 Messen und mehrere Messeteile mit verschiedenen Besetzungen geschrieben, von denen die 2 c-Moll-Messen (Missa solemnis KV 139 und Große Messe KV 427) und die C-Dur-Messe (»Krönungsmesse« KV 317) hervorzuheben sind. Größtes Interesse verdienen seine 17 Kirchensonaten für Orgel und Orchester (Epistelsonaten).
Seine Klavierlieder nähern sich der Opernarie, bleiben aber echte Lieder. Das beliebte Wiegenlied »Schlafe mein Prinzchen« stammt aber nicht von Mozart, sondern von Bernhard Flies. Mehr dem Bereich der Oper

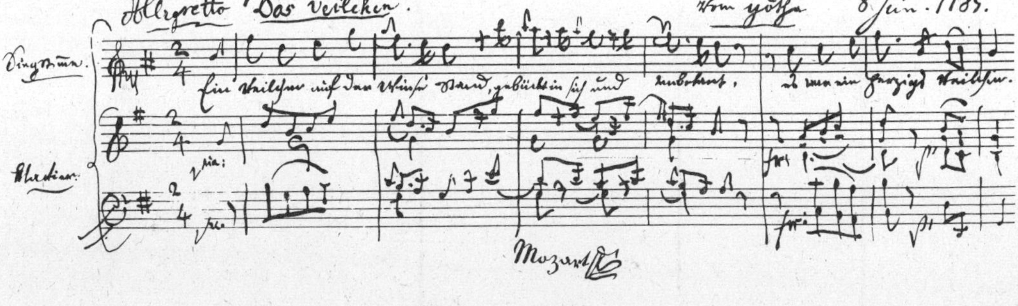

Autograph der ersten Takte des »Veilchens« von Mozart

Mozarts Grabdenkmal auf dem St. Marxer Friedhof in Wien

zugehörig sind die Konzertarien (27 für Sopran, eine für Alt, 8 für Tenor, 6 für Baß mit Orchester).

Von den 22 Bühnenwerken (die Bühnenmusiken, theatralischen Serenaden und das Ballett »Les petits riens« hinzugerechnet) muß das Singspiel »Bastien und Bastienne« als frühes Meisterwerk des Zwölfjährigen genannt werden. Die Komödie »Die Gärtnerin aus Liebe« (nicht vollständig erhalten), die heroische Oper »Idomeneo«, das Singspiel »Die Entführung aus dem Serail«, »Figaros Hochzeit«, das Dramma giocoso »Don Giovanni«, die komische Oper »Così fan tutte«, »Die Zauberflöte« und »La clemenza di Tito« (um die bekanntesten zu nennen) schließen sich an. Sie beherrschen noch heute den Spielplan der Opernhäuser der Welt, wie auch die Orchester-, Kammer- und Solomusik in allen Konzertsälen erklingt und die Messen, Kantaten, Motetten und das Requiem zum festen Bestand aller Kirchenchöre gehören.

Missa solemnis in c-Moll KV 139, 5 Teile, entstanden 1768

»Waisenhaus-Messe« genannt, weil sie zur Einweihung der Waisenhaus-Kirche in Wien komponiert wurde. Ihre reiche Besetzung und Ausdehnung entsprechen dem feierlichen Anlaß. Sie ist der italienischen Kantatenmesse nachgebildet. Das Kyrie bringt eine langsame, feierliche Einleitung, die in ein fröhliches Allegro übergeht; das Christe wird von Soli vorgetragen. Gloria und Credo sind in Chor-, Ensemble- und Soli aufgespalten und enden mit prächtigen Doppelfugen. Sanctus und Benedictus sind voll Lyrismen; das Agnus schließt die Feier nach dem Geschmack der Zeit fröhlich ab. Die kompositorische Leistung dieses Werks ist derart gediegen, daß es schwerfällt zu glauben, daß der Komponist erst 13 Jahre alt war.

Missa in C-Dur »Krönungsmesse« KV 317, 5 Teile, entstanden 1779

Die Meinung, daß diese Messe zum Jahrestag der Krönung des Bildes in der Wallfahrtskirche Maria Plain bei Salzburg verfaßt worden sei, hat man vor einiger Zeit fallengelassen; wahrscheinlicher ist, daß sie zur Osterfeier im Salzburger Dom uraufgeführt wurde. Sie ist jedenfalls eine echte »Festmesse« für einen großen Kirchenraum. Das Kyrie signalisiert schon mit den ersten Takten die Festesfreude. Das Gloria ist ein Jubelgesang, das Credo hat Rondoform und endet mit einer großen Fuge. Unvergleichlich schön sind Benedictus und Agnus dieses konzertanten, sinfonisch durchgearbeiteten Werkes.

Große Messe in c-Moll KV 427, unvollendet, 4 Teile, entstanden vermutlich 1783

Das Kyrie ist ernst und frei kontrapunktisch, das Gloria schwungvoll, als wäre es in Italien entstanden, und mündet in eine brillante Doppelfuge. Noch stärker ist der italienische Einfluß im Credo sichtbar; das »Et incarnatus« fällt mit seiner Sopran-Koloraturarie – von drei Bläsern begleitet – völlig aus dem Rahmen des Üblichen. Sanctus und Benedictus sind wahre Konzertstücke. Obwohl es sich um einen Torso handelt, zählt diese Messe zu den bedeutendsten Werken des Komponisten.

Requiem KV 626, von Franz Xaver Süßmayr vollendet, 8 Teile, entstanden 1791

Der erste Teil (Requiem aeternam) wird vom schweren Klang der Bassetthörner und Fagotte, denen nur Hörner beigegeben sind, eingeleitet, dann setzt der Chor ein, forte und energisch, und steigert sich beim »Exaudi« zu einem Ausbruch der Verzweiflung. Das Kyrie ist eine weit ausladende Fuge. Das anschließende Dies irae ist

Die »Zauberflöte«, Libretto von Emanuel Schikaneder, Kupferstich von J. H. Ramberg

völlig naturalistisch gehalten und drückt die Angst des Menschen vor dem unbegreiflichen Ende aus. Dann verkündet die Posaune im Tuba mirum das Jüngste Gericht, die Solisten bekunden ihre Furcht vor dem höchsten Richter, der Chor sekundiert mit einem dreimaligen Angstschrei; die Bitte um Milde und Rettung wird zuerst von den Frauenstimmen, dann von den Männern vorgebracht und am Ende vom ganzen Chor wiederholt. Weiche Bassetthörnerklänge begleiten das lyrische »Recordare Jesu pie«, doch die Schrecken der Verdammnis malt der Chor im »Confundatis maledictis« in den düstersten Farben. Das Flehen um Schonung klingt zart auf, hierauf folgt das schwermütige Lacrimosa. Der dramatische Ablauf dieses Teils endet mit einer Fuge. Das Sanctus ist im Gegensatz zum Bisherigen tröstend und innig wie das Benedictus und das Agnus Dei. Die Fuge des Kyrie bildet den Abschluß des Werkes, das Mozart als Torso zurückgelassen hat. Es waren bei seinem Ableben nur das Requiem und Kyrie fertig gearbeitet. Vom Dies irae bis zum Hostias liegen nur Teilausfertigungen und Skizzen vor. Die Witwe mußte jedoch ein vollständiges Werk abliefern, das bestellt und bezahlt war. Süßmayr übernahm die Aufgabe und löste sie nach bestem Können, so daß Konstanze Mozart ein fertiges Werk dem Hochstapler Walsegg abliefern konnte, der es kopierte und mit dem Vermerk: »Requiem composto dal Conte Walsegg« versah, so daß die Erstaufführung unter dem Namen dieses Betrügers am 14. Dezember 1793 stattfinden konnte. Es war damals noch unbekannt, daß Mozart ein Requiem geschrieben hatte, sonst wäre nicht bei der Gedächtnisfeier in Prag 1792 das Requiem von František Antonín Rösler aufgeführt worden. Es vergingen viele Jahre, bis alle Fragen um dieses Werk geklärt waren. Maximilian Stadler setzte sich stark für die Echtheit des Requiems als Mozarts Werk ein. Spätere Komponisten versuchten mehrmals eine Ergänzung des Torsos, die besser als Süßmayrs Leistung sein sollte, fanden aber keine Zustimmung, denn wenn einer die künstlerischen Absichten Mozarts kannte, so war das nur der Mann, der eng mit ihm zusammengearbeitet hatte.

Ave verum corpus für vier Singstimmen und Streicher, Fronleichnamsmotette, entstanden 1791

Gerade durch seine Einfachheit ein höchst vollendetes Werk von unvergleichlicher Schönheit. Die Melodielinie des Soprans, der sich wie eine Lerche im Morgenlicht in die Höhe schwingt, schenkt ein seltenes musikalisches Erlebnis.

Sinfonie in Es-Dur KV 16, 3 Sätze, entstanden 1764

Der 1. Satz dieser ersten Sinfonie des achtjährigen Komponisten stellt ein energisches Akkordthema an den Beginn; darauf folgen langsame Bläserakkorde. Das zweite Thema steht in der Dominante. Die Reprise schwingt lyrisch aus. Im 2. Satz zieht sich ein Baßmotiv bis zum Ende durch. Das Prestofinale ist tänzerisch und fröhlich.

Sinfonie in B-Dur KV 17, 4 Sätze, entstanden 1765

Im 1. Satz erscheint die den Mannheimern abgelauschte dreimalige Motivbekräftigung. Das folgende Adagio bringt eine versonnene Träumerei. Dann schließen sich zwei gekoppelte Menuette an; ein elegantes Finale schließt das reizende Werk ab.

Sinfonie in D-Dur KV 48, 4 Sätze, entstanden 1768

Mit theatralischer Geste setzt das Kopfthema des 1. Satzes ein, der wirbelnd endet. Der 2. Satz in G-Dur ist ein schlichter melodischer Gesang der Streicher. Dann folgt das Menuett mit vollem Orchesterklang; in seinem Trio schweigen die Trompeten und Pauken. Das Allegro des 4. Satzes erinnert mit seinen vergnügten Triolen an eine Gigue.

Sinfonie in A-Dur KV 114, 4 Sätze, entstanden 1771

Der 1. Satz beginnt im Piano, dann wird das Thema forte wiederholt. Das zweite Thema wird von Violinen und Bratschen gebracht und endet mit einer reizenden Durchführung. Das Adagio in D-Dur ist eine schöne Kantilene. Daran schließt sich ein elegantes Menuett, dessen Trio nur von den Streichern gespielt wird. Trotz aller Fröhlichkeit wirkt das Finale sehr innig.

Sinfonie in F-Dur KV 130, 4 Sätze, entstanden 1772

Der Beginn des 1. Satzes ist pikant tänzerisch, aber leise und steigert die Dynamik erst gegen das Ende. Das Andantino grazioso des 2. Satzes ist äußerst elegant und läßt die Bläser kantabel hervortreten. Nach einem kräftigen Menuett mit einem lustigen Trio setzt molto allegro der 4. Satz gewichtig ein. Sein zweites Thema steht in Moll, die Durchführung wirkt sehr plastisch; die Reprise ist kontrapunktisch gearbeitet.

Sinfonie in D-Dur KV 133, 4 Sätze, entstanden 1772

Drei Tutti-Akkorde leiten den 1. Satz ein, eine aufsteigende Sequenz und darauf festliche Fanfarenklänge folgen. Die Exposition weist lombardischen Rhythmus auf. Die Durchführung kehrt nicht zum Anfangsthema zurück; das erfolgt erst in der glänzenden Schlußapotheose. Im Andante erklingt neben den Streichern eine Querflöte. Das Menuett ist kurz, einfach und rasch, sein

Autograph Mozarts: »Don Giovanni«, 2. Akt

Trio eigenwillig und spritzig. Das Finale bringt eine weite, atemlos dahineilende Gigue in Sonatenform.

Sinfonie in A-Dur KV 134, 4 Sätze, entstanden 1772

Der 1. Satz besteht nur aus einem Thema, dem eine Coda angehängt ist. Das Andante ist äußerst kantabel und wird zu einem sonatenförmigen Satz mit feinen Linien ausgebaut. Das etwas derbe Menuett erinnert an Joseph Haydn, und das Finale beginnt mit einer Bourrée, die voll in Sonatenform durchgeführt wird und in eine Coda mündet.

Sinfonie in D-Dur KV 135, 3 Sätze, entstanden 1772

Wie die italienische »Ouvertüre« oder »Sinfonia« ist dieses Werk dreisätzig und beginnt mit einem strahlenden Allegro. Das folgende Andante ist im galanten Stil geschrieben. Das Finale bringt eine Gigue in rasendem Tempo.

Sinfonie in g-Moll KV 183, 4 Sätze, entstanden 1773

Dieses schwermütige Werk beginnt mit einem Unisonothema, das tiefen Schmerz ausdrückt. Auch das von sordinierten Streichern vorgetragene Andante ist voll Trauer. Das Menuett gibt sich auffällig derb und fest, als sollte es ungebändigten Trotz ausdrücken. Das Finale nimmt das Menuett in umgebildeter Form auf, was der Sinfonie einen zyklischen Charakter verleiht.

Sinfonie in A-Dur KV 201, entstanden 1774 in Salzburg, 4 Sätze

Sie läßt die Vorbilder – Italiener und vor allem Michael Haydn – deutlich erkennen, dennoch ist die Sinfonie vom ersten bis zum letzten Ton, wie Mozart selbst vermerkt, »Del Signor Cavaliere Amadeo Wolfgango Mozart«. Der Schwung und die Heiterkeit, die durch das Werk ziehen, die Ausgewogenheit der 4 Sätze und deren thematische Beziehung zueinander gehen weit über die Vorbilder hinaus. Schon der 1. Satz, in dem die Streicher ein tänzerisches Thema gleich einer Sequenz vortragen, zieht die Aufmerksamkeit durch seine dynamische Rhythmik auf sich. Im 2. Satz singen sordinierte Streicher das Andante und werden von den Bläsern zart sekundiert. Das Menuett, energisch und straff, spinnt Anregungen des Andantes weiter und lenkt in das Thema des 1. Satzes ein, um es zu einem geistreichen, fröhlichen Finale zu verarbeiten.

Sinfonie in D-Dur KV 297 »Pariser Sinfonie«, 3 Sätze, in Paris Juni 1778 für das Concert spirituel verfaßt

Mit dreimal wiederholtem Grundton, forte von den Streichern energisch gespielt, beginnt das reich besetzte Orchester den 1., mit mehreren Nebenthemen, Soli der Bläser und Streicher ausgebauten konzertanten Satz. Der 2. Satz ist ähnlich üppig nach Mannheimer Muster ausgestattet. Menuett gibt es keines, dafür einen langen Schlußsatz voll Leben und voll französischer Effekte. Die Durchführung beschäftigt sich nur mit dem zweiten Thema und mündet in ein Finale, das alle Klangreize und Überraschungen des Mannheimer und des Pariser Stiles bietet.

Sinfonie in C-Dur KV 338, 3 Sätze, entstanden 1780

Diese Sinfonie wurde 1781 in Wien mit vierzig Violinen, zehn Bratschen und zehn Kontrabässen aufgeführt. Nach der feierlichen Fanfare erklingt im 1. Satz sofort der zweite Thementeil, dann folgt ein Marsch, der piano in Moll endet. Die Durchführung ist dramatisch konzentriert. Den 2. Satz bestreiten die Streicher allein, der schnelle Schlußsatz klingt wie eine leidenschaftliche Tarantella.

Sinfonie in D-Dur KV 285, 4 Sätze, entstanden 1782, in endgültiger Form erst 1783 in Wien aufgeführt.

Feurig mit Sprüngen über zwei Oktaven setzt der 1. Satz ein, dann läuft er abwechslungsreich weiter. Anstelle eines zweiten Themas wird das erste verarbeitet und über einem Orgelpunkt zweistimmig vorgetragen. Es gibt überraschenderweise auch keine Reprise, an deren Stelle das Thema erneut variiert erklingt. Im 2. Satz spielen Streicher, Oboen, Fagotte und Hörner ein ruhiges Andante, das Menuett ist bürgerlichbehäbig, und das Rondofinale muß nach Anweisung des Komponisten »so geschwind, als es möglich ist« die Streicherpassagen dahinwirbeln lassen.

Sinfonie in C-Dur KV 425 »Linzer Sinfonie«, 4 Sätze, entstanden 1783

Der 1. Satz beginnt wie eine Haydn-Sinfonie mit einem langsamen, aus feierlichen Akkorden bestehenden Thema. Nach einer Wendung zum Moll folgt ein Allegro, zuerst piano, dann aber zu einem Marsch geformt; eine kurze Überleitung führt zum zweiten Thema, das unvermittelt in e-Moll alla turca einfällt, darauf piano wiederholt wird und einer strahlenden Durchführung weicht. Der 2. Satz ist kantabel-pastoral, ein drohendes Baßmotiv setzt dramatische Akzente. Das Menuett ist kraftvoll, aber heiter, und das Finale wirkt anfangs naiv fröhlich; ernste Akkordthemen zwingen aber zu dramatischen Auseinandersetzungen, so daß das sieghafte Ende erkämpft werden muß.

Sinfonie in D-Dur KV 504 »Prager Sinfonie«, 3 Sätze, entstanden 1786

Der 1. Satz beginnt spannend mit einem Erwartung erregenden Adagio, ein von den ersten Violinen synkopiertes Allegro schließt sich an, ein Gegenthema wird von den Bläsern eingeworfen. Hierauf wiederholt sich das Kopfthema in der Dominante und wird in der Durchführung kontrapunktisch erweitert. Das Ganze schwankt zwischen Heiterkeit und Trauer. Die Stimmung des um jene Zeit entstandenen »Don Giovanni« lastet auf der Sinfonie. Auch der 2. Satz bringt keine bleibende Aufheiterung. Das pastorale Thema wird von den folgenden Motiven verdunkelt. Ein Menuett fehlt, es hätte sich schlecht in die Grundhaltung der Sinfonie gefügt. Erst im Finale sprüht ungetrübte Lebensfreude auf; hier herrscht der Buffoton des »Figaro«.

Sinfonie in Es-Dur KV 543, 4 Sätze, entstanden 1788

Hell und klar malt ein kurzes Adagio sozusagen den Hintergrund, vor dem sich das Geschehen des 1. Satzes abwickelt. Das Hauptthema ist elegant und grazil beschwingt, sein Rhythmus kräftig, die Melodie strahlend, kurz vorbeiziehende Wolken zerstreuen sich immer rasch. Eine hinzugeführte Streicherpassage wird in einer kurzen Durchführung verarbeitet und verstärkt noch den Elan und die Prägnanz des Satzes. Der 2. Satz ist filigran gearbeitet, aber trotzdem schlicht und stimmungsvoll. Die Melodie ist ein graziöses Volksliedthema, das reizvoll entwickelt ein nahezu bukolisches Bild ergibt, obwohl zuweilen ein zweites Thema den Frieden stören will. Das Menuett ist besonders wegen des idyllischen Trios beliebt und berühmt geworden. Das Finale ist von Haydns Geist beherrscht; Humor und Laune dieses Meisters werden noch potenziert und mozartisch umgedeutet.

Sinfonie in g-Moll KV 550, 4 Sätze, entstanden 1788

Das Werk hebt sich durch seine Moll-Tonart von den anderen ab. Der schwermütige Charakter der Sinfonie prägt sich schon im Kopfthema des 1. Satzes aus. Das zweite verstärkt diese Stimmung, anstatt sie zu erhellen. Moll-Akkorde auf Moll-Akkorde verkünden, daß es auf die Klage des ersten Themas keinen Trost gibt. Das traurige Andantethema des 2. Satzes wird zwar milde verklärt, fällt jedoch wieder in seine düstere Grundstimmung zurück. Daß in einer solchen Nähe das Menuett kein fröhlicher Tanz sein kann, versteht sich von selbst. Schwere Rhythmik tritt wuchtig hervor, nur das Trio versucht durch beruhigende Motive die Spannungen zu lösen. Daß dies nicht gelingt, zeigt das erste Thema des Finales. Das zweite Thema setzt zwar mit zärtlichen Gesten ein, fällt aber in sich zusammen. Die Reprise klingt schmerzlich und bitter aus.

Sinfonie in C-Dur KV 551 »Jupiter-Sinfonie«, 4 Sätze, entstanden 1788

Die Benennung stammt von Johann Peter Salomon. Der 1. Satz bringt den Gegensatz feierlicher Betonung des Grundtones zu einer kantablen Phrase. Beide Thementeile werden zu einer ansteigenden Periode über einem Orgelpunkt verarbeitet und zum Abschluß geführt. Auch das zweite Thema besteht aus zwei gegensätzlichen Motiven. Das erste bildet, vom Baß imitiert, den Untergrund für das zweite. Im dramatischen Tuttiabschnitt kommt erneut der zweite Teil des ersten Themas zu Wort und wird mehrmals wiederholt. Nach einer Generalpause erklingt ein schöner Nachsatz, der das Material zur Durchführung liefert; in der Reprise hört man nun das zweite Motiv des ersten Themas in Moll. Das innige Andante des 2. Satzes wird vom Baß weitergeführt. Die Durchführung beginnt im dramatischen Moll. Ein Gegenmotiv entwickelt sich überraschenderweise zu mächtiger sinfonischer Steigerung. Das Menuett ist mehr sanglich als tänzerisch. Das Finale verbindet Sonatenform und Fugato in glänzender Technik. Die Fugendurchführung ersetzt das zweite Thema, ein neues Motiv tritt erst in der Fortführung auf. In der Coda sind alle Motive und Themen kunstvoll zu einer hinreißenden Musik voll Kraft zusammengefaßt.

Sinfonia concertante in Es-Dur für Oboe, Klarinette, Horn und Fagott KV 287b, Anh. I/9; 3 Sätze, entstanden 1778

Im 1. Satz spielen die vier Soloinstrumente, Oboe, Klarinette, Horn, Fagott, allein, dann wird das Thema von den übrigen Instrumenten tutti und auch einzeln übernommen. Der 2. Satz bringt schöne, beinahe nur von den Solisten bestrittene Melodien. Und der Schlußsatz besteht aus Variationen einer von der Oboe gebrachten Arietta, wobei die Solisten ihre Virtuosität glanzvoll entfalten können.

Konzert in C-Dur für Flöte und Harfe KV 299, 3 Sätze, entstanden 1778

Die Sonatenform wird im 1. Satz sehr frei gehandhabt. Die Soloinstrumente bringen ständig neues Material und brillantes Figurenwerk heran. Der 2. Satz ist voll von innigen Gefühlsausdrücken, bleibt aber elegant und geistreich. Der Finalsatz ist ein munteres »Rondeau«, dem der Komponist anfänglich italienischen, in weiterer Folge dann französischen Gavottenrhythmus verleiht.

Erste Seite der Partitur »Jupiter-Sinfonie«

Sinfonia concertante in Es-Dur für Violine und Viola KV 364, 3 Sätze, entstanden 1779

Der 1. Satz ist vom Gegensatz von forte und piano bedingt, aus dem sich sodann die Soli entwickeln und einander ablösen. Das Orchester tritt zurück und greift nach Art des alten Concerto grosso nur zuweilen bestätigend ein. Vor dem Schluß haben beide Solisten eine Kadenz, die vom Orchester konzertant abgeschlossen wird. Den langsamen 2. Satz könnte man als Trauergesang bezeichnen, man denkt daran, daß der Komponist in Paris seine Mutter begraben hat. Die Kantilene weitet sich dramatisch, bis sie in eine Kadenz, der Struktur des Werkes folgend, übergeht. Das Finale ist fröhlich. Mozart ist Klassiker und erlaubt seiner Musik keinen deutlichen Ausdruck persönlicher Gefühle. Das lebendige Hauptthema wird von den Solisten immer wieder neu virtuos vorgetragen.

Fagottkonzert in B-Dur KV 191, 3 Sätze, entstanden 1774

Im 1. Satz tragen die Violinen ein einfach gebautes, aber weiträumiges Hauptthema vor. Im 2. Satz beweist der Komponist durch kantable Passagen des Soloinstruments, daß es nicht allein für komische und bukolische Musik reserviert ist. Dafür nützt das Rondofinale die bukolische Klangfarbe des Fagotts selbst aus.

Klarinettenkonzert in A-Dur KV 622, 3 Sätze, entstanden 1791

Das Konzert geht auf einen früheren unvollendeten Allegrosatz für Bassetthorn zurück und ist seinem Freund, dem hervorragenden Klarinettisten Anton Stadler, gewidmet. Nach einer langen Orchestereinleitung löst sich das Soloinstrument mit dem Hauptthema ab, wird wiederholt, fugiert und verziert. Dann bringt die Klarinette ein zweites Thema, zu dem der Orchestersatz kunstvoll ausgearbeitet gleichberechtigt konzertiert. Den 2. Satz eröffnet der Solist. Sein Adagio wird vom Orchester übernommen, die Klarinette besorgt die Verzierung und nützt alle ihre Möglichkeiten aus. Das Finale ist ein tänzerisch sehr ausgedehntes Rondo mit vielen reizvollen Wendungen und Kontrasten, die sich nahezu zur Groteske steigern.

Violinkonzert in G-Dur KV 216, 3 Sätze, entstanden 1775

Der 1. Satz bringt ein sehr verspieltes Presto mit liebenswürdigem und fröhlichem Duktus. Einem zarten, sehr sanglichen Adagio folgt ein übermütiges Rondo, in dem die Violine auf einem liegenbleibenden Grundton eine volksliedartige Melodie spielt und damit die damals in Paris neu aufgekommene Mode der Drehleier nachahmt.

Violinkonzert in D-Dur KV 218, 3 Sätze, entstanden 1775

Das von dem damals viel gespielten Konzert von Luigi Boccherini (1768) inspirierte Violinkonzert bringt mit einer langen Orchestereinleitung das Thema des 1. Satzes, dann erklingt die Solovioline in hoher Lage und figuriert das Thema. Das zweite Thema ist weich und tief und bildet mit dem ersten Thema die Substanz des Satzes, der mit einer Kadenz endet. Das Andante gehört zu den schönsten Melodien Mozarts. Das Rondofinale ist suitenartig aufgebaut und hat drei Themen. Das erste führt als eigentliches Rondothema zierlich zum zweiten, das von Solisten mit den Orchesterviolinen fröhlich und rasch in eine Volkstanzmelodie mündet.

Violinkonzert in A-Dur KV 219, 3 Sätze, entstanden 1775

Im 1. Satz werden die Themen vom Orchester nur angedeutet und dann vom Solisten vorgetragen. Der 2. Satz bringt ein breites Adagio mit elegischer Kantilene der Violine, während im Rondo der Solist das Menuett einleitet und virtuos verziert; darauf folgen ein kräftiger Mollteil alla turca und eine Violinphrase, die slawischer Herkunft ist. Das Menuett kehrt wieder und führt zum Schluß.

Klavierkonzert in F-Dur KV 413, 3 Sätze, entstanden 1782

Dem Wunsch der Verleger nach Konzerten, die auch von einem Kammerensemble gespielt werden konnten, und der Pianisten, daß Klavierkonzerte geschrieben werden, bei denen man das Orchester auch weglassen konnte, kam der Komponist nicht entgegen. Klavierpart und Orchesterpart sind hier voll durchgearbeitet und so aufeinander abgestimmt, daß sie untrennbar sind. Der 1. Satz fällt durch seinen klaren Grundriß auf und der folgende durch seinen besonderen Charme. Dem Rondofinale ist ein Refrain beigegeben, der in eine schöne feine Coda mündet.

Klavierkonzert in A-Dur KV 414, 3 Sätze, entstanden 1782

Einem eleganten 1. Satz folgt ein wunderbar elegisches Andante, das die bereits heraufdämmernde Romantik ahnen läßt und das Konzert zu einem der beliebtesten macht. Der 3. Satz ist bei aller Pathetik liebenswürdig, heiter und sorglos.

Klavierkonzert in C-Dur KV 415, 3 Sätze, entstanden 1782

Im gewichtigen Tutti beginnt dieses Konzert, für das ein großes Orchester aufgeboten wird. Mit brillanten Soli und interessanten orchestralen Passagen kommt es zu einem eleganten Finale. Das Andante ist dreiteilig mit einem schönen Hauptthema. Die Coda versöhnt den Hörer mit der häufigen Themenwiederholung. Das Allegro des Finales nimmt die Pathetik des 1. Satzes zum Teil wieder auf.

Klavierkonzert in Es-Dur KV 449, 3 Sätze, entstanden 1784

Themenreich stellt sich der 1. Satz vor, der durch seine vielen Modulationen eine große Lebendigkeit erhält. Der 2. Satz, ein Andantino, gewinnt seinen Reiz vorwiegend durch die Instrumentierung. Das abschließende Sonaten-Rondo – Allegro ma non troppo – wird mit einer Vielzahl musikalischer Gedanken bereichert.

Klavierkonzert in B-Dur KV 450, 3 Sätze, entstanden 1784

Dieses Werk stellt an das Können des Pianisten hohe Anforderungen. Schon der Solopart nach der Exposition ist äußerst bravourös. Es kommt zu keinem Konflikt zwischen den beiden Themen des Satzes, die nur nacheinander vorgeführt werden. Das hymnenartige Andante ist zweistrophig, es wird nicht variiert, aber reizend umspielt. Das Rondofinale ist pianistisch brillant wie das Wechselspiel zwischen Solo und Orchester.

Klavierkonzert in D-Dur KV 451, 3 Sätze, entstanden 1784

Der 1. Satz fällt durch seine sinfonische Durchführung der Themen und seine breite Orchestrierung auf. Die Melodien des 2. Satzes sind in viel Rankenwerk eingekleidet, er ähnelt formal stark einer Romanze. Im Rondo kommt es zu prächtigen Bläserpassagen, die das virtuose Spiel des Klaviers begleiten.

Klavierkonzert in G-Dur KV 453, 3 Sätze, entstanden 1784

Der 1. Satz läuft heiter, klangvoll und mit vielen reizenden Wendungen ab. Der 2. Satz bringt eine Arie mit Ritornellen. Das Finale besteht aus fünf Variationen, die sich jedesmal weiter vom Thema entfernen, und einer schwungvollen Coda.

Klavierkonzert in B-Dur KV 456, 3 Sätze, entstanden 1784

Der 1. Satz beginnt zwar mit einem Marsch, bleibt aber lustig mit witzigen Rhythmen. Im 2. Satz breitet sich die im 1. Satz kurz angedeutete düstere Stimmung aus. Das Thema klingt wie eine Ballade. Das Finale kehrt zur fröhlichen Stimmung zurück.

Klavierkonzert in F-Dur KV 459, 3 Sätze, entstanden 1784

Die Einleitung zum 1. Satz bringt militärisches Gepränge und ist für den ganzen Satz bestimmend. Das Seitenthema klingt, als zöge von ferne eine Militärkapelle vorbei. Der 2. Satz ist elegant und zart-schwärmerisch; das Kriegsspiel ist vergessen. Das Finale ist durchaus humoristisch, ähnlich einem Tanz von Elfen und Gnomen.

Klavierkonzert in d-Moll KV 466, 3 Sätze, entstanden 1785

Es fällt durch seine Moll-Tonart aus der Reihe der Klavierkonzerte und weicht von der klassischen Objektivität durch romantiknahen Persönlichkeitsausdruck ab. Das Hauptthema des 1. Satzes bringt eine düstere Stimmung, aber das zweite Thema klingt milder und wird vom Solo-Klavier übernommen und ausgedeutet. Auch die sanfte Romanze des 2. Satzes klingt im Mittelteil düster drohend. Der Beginn des Schlußsatzes, in dem die Rondoform mit einer Sonatenstruktur verquickt ist, bringt tragische Klänge, schließt aber mit einem Durakkord.

Klavierkonzert in C-Dur KV 467, 3 Sätze, entstanden 1785

Nach einer großen Orchestereinleitung werden acht musikalische Gedanken und einige solistische Einwürfe dem 1. Satz zugrunde gelegt. Der Marschcharakter wird bis zum Ende beibehalten. Das Andante bringt gedämpften Streicherklang. Die Kantilene ist vornehm und ohne Gefühlsausbrüche. Das Finale – ein neckisches Rondo – schnurrt ab, als käme es aus einem mechanischen Musikinstrument, ist aber trotzdem voll klarer, heiterer Klassizität.

Klavierkonzert in Es-Dur KV 482, 3 Sätze, entstanden 1785

Nach der Orchestereinleitung und dem Eingangssolo des Pianisten bringen Orchester und Klavier das Hauptthema des 1. Satzes. Nach einer Moll-Episode erklingt das Seitenthema mit auffälliger Eleganz. Die Durchführung besteht aus glänzenden Klavierpassagen. Das Thema des Andante in c-Moll zeigt trostlose Trauer und Tragik. Es wird von den Streichern vorgetragen und vom Solisten anschließend dreimal variiert. Das abschließende Rondo ist voll konzertanter Brillanz.

Klavierkonzert in A-Dur KV 488, 3 Sätze, entstanden 1786

Der 1. Satz beginnt mit einem kantablen Thema; auch das Klavier spielt ein liebenswürdiges Solo. Der ganze Satz ist mit heiterer Harmonie erfüllt. Der 2. Satz bringt einen Dialog zwischen Solisten und Orchester in kummervoller Stimmung, die keine Aufheiterung erfährt. Das Rondo ist der Welt der Buffooper entnommen.

Klavierkonzert in c-Moll KV 491, 3 Sätze, entstanden 1786

Mit diesem Konzert stößt Mozart in die Ausdrucksformen der Romantik vor. Der 1. Satz ist von einer starken Spannung beherrscht, die Abschnitte schließen jeweils mit einem verminderten Septimenschritt, der ein persönliches Auflehnen gegen das widrige Lebensschicksal markiert. Vom »ewig heiteren Mozart« ist hier nichts zu bemerken. Auch das Klavier, das mit virtuosem Konzertieren brilliert, steht im Dienst der Aussage des Komponisten, der mit diesem Werk aus der Objektivität des Klassikers heraustritt. Den 2. Satz eröffnet der Pianist. Das Thema will mit schlichter Kantilene beruhigend wirken, wird aber von düsteren Einwürfen ständig unterbrochen. Der Schlußsatz ist eine Variationenfolge, in der zuweilen die schmerzliche Klage zum grimmigen Humor umschlägt und der Solist zugleich Gelegenheit erhält, seine Virtuosität glänzen zu lassen.

Klavierkonzert in C-Dur KV 503, 3 Sätze, entstanden 1786

Der 1. Satz dieses Konzerts bringt nach dem Auftakt sofort eine außerordentliche Verarbeitung des Motivs mit blendenden Modulationen, das zweite Thema bringt eine Eintrübung, die aber zurückgewiesen wird. Das delikate Klangbild des Mittelsatzes vermittelt innige Freude, und im Finale setzt Marschmusik der Bläser ein, die mehrmals in dunkles Moll abgleitet, aber in gehobener Stimmung endet.

Klavierkonzert in D-Dur KV 537 »Krönungskonzert«, 3 Sätze, entstanden 1788. Der Komponist spielte das Konzert 1790 in Frankfurt am Main anläßlich der Kaiserkrönung Leopolds II. Seine Hoffnung, daß ihm das eine Anstellung einbringe, erfüllte sich nicht

Es ist sehr auf Wirkung abgezielt, verläßt aber den Bereich seriöser Musik nie. Der 1. Satz ist virtuos angelegt, die gemächlich dahinfließenden Soli werden geistreich moduliert. Der 2. Satz bringt zwei große brillante Kadenzen. Das Finale betont eine virtuose Klaviertechnik.

Klavierkonzert in B-Dur KV 595, 3 Sätze, entstanden 1791

Mit lyrischem Ausdruck beginnt der 1. Satz; der schwermütige Charakter der Musik hält bis zum Ende an. Den Mittelsatz eröffnet das Klavier mit einer romanzenähnlichen Melodie. Im letzten Satz bringt der Solist das Refrainthema mit der Melodie seines Liedes »Komm, lieber Mai, und mache die Bäume wieder grün«. Dies schreibt Mozart neun Tage nach dem Rondo, um seine Sehnsucht nach dem Frühling auszudrücken.

Cassation B-Dur, KV 99, 7 Sätze, entstanden 1769

Das Werk beginnt mit einer festlichen Marcia, der ein schwungvoller Sinfoniesatz folgt. Das anschließende Andante spielen sordinierte Streicher allein. Dann erklingt ein kräftiges Menuett in B-Dur; ein spielerischer Andantesatz fügt sich an und ein zweites Menuett. Ein festliches Finale schließt die reizende Komposition ab.

Serenade in G-Dur KV 63, 7 Sätze, entstanden 1769

Dem Zeitgeschmack entsprechend beginnt auch diese Musik mit einer »Marche«. Ein bewegtes Allegro schließt sich an, dann folgt ein Andante mit sordinierten Streichern. Auch das erste Menuett – in Form eines Kanons – wird nur von Streichern bestritten. Hernach stimmt die Solovioline eine zierliche, von Streichern gitarrenartig begleitete Melodie an. Auch das zweite Menuett – ein dreistimmiger Kanon – wird nur von Streichern gespielt. Das tänzerische Finale jedoch entfaltet den vollen Orchesterklang.

Serenade in D-Dur KV 185, 8 Sätze, entstanden 1773

Die bunte Satzfolge des Werkes beginnt mit einem Marsch im festlichen Sinfoniesatz. Ein Allegro assai, ein Andante und ein Allegro schließen sich an und bilden ein kleines Violinkonzert innerhalb der Komposition. Ein schönes Andante grazioso wird von zwei Menuetten umschlossen; ein Allegrosatz beendet fröhlich das Stück.

Serenata notturna in D-Dur KV 239, 3 Sätze, entstanden 1776

Diese »Nächtliche Serenade« wird von zwei Streichorchestern vorgetragen, die nach Art des Concerto grosso konzertieren. Der 1. Satz bringt eine Marcia, die mit viel Figurenwerk ausgeschmückt ist. Das Menuett ist gravitätisch – mit Ausnahme des Trios mit seinem zierlich tändelnden Thema. Das Rondofinale zitiert einen Salzburger Gassenhauer der Zeit.

Serenade in D-Dur KV 250 »Haffner-Serenade«, 9 Sätze, entstanden 1776 zum Polterabend der Tochter des Salzburger Bürgermeisters Sigmund Haffner

Die Serenade beginnt mit einem majestätischen Marsch, dann folgt als Allegro ein Sinfoniesatz. Im anschließenden Andante tritt eine Solovioline auf, die auch im Trio des ersten Menuetts melodieführend ist. Ein breites Rondo reiht sich mit Buffofiguration im Refrain an. Das nächste Menuett ist lang und im galanten Stil gehalten, das Andante weit gespannt, bis das dritte Menuett mit zwei Trios erklingt. Ein kantables Adagio leitet zum Schlußsatz, in dem der überschäumenden Freude über den Anlaß der Komposition keine Schranken gesetzt sind.

Notturno in D-Dur KV 286, 3 Sätze, entstanden 1777

Das Werk erfordert vier Streichorchester mit je zwei Hörnern und ist so angelegt, daß das erste das Thema vorträgt und die anderen es nacheinander, immer mehr verkürzt, wiederholen. Besonders schön ist das Andante, dessen Melodie wir in der Oper »La Traviata« von Giuseppe Verdi wiederfinden.

Divertimento in D-Dur KV 334, 6 Sätze, entstanden 1779

Es handelt sich um mehr als eine »Unterhaltung«, der nur der 1. Satz und das tänzerische Finale gerecht werden. Der 2. Satz ist ein »Thema mit sechs Variationen«, voll Schwermut und Verzweiflung. Auch das folgende Menuett in D-Dur ist schmerzlich akzentuiert, nur sein Trio bringt etwas Fröhlichkeit. Das anschließende Adagio ist voll Sehnsucht nach Freiheit, und das abschließende zweite Menuett mit seinen zwei Trios bleibt in der ernsten Stimmung des Stückes.

Bläser-Serenade in B-Dur KV 361, 7 Sätze, entstanden 1781

Die Largoeinleitung ist sehr gewichtig und leitet zu einem Allegro molto in Sonatenform über. Erstes Menuett, Adagio und zweites Menuett gehen mit prächtigen Melodielinien einer Romanze in Es-Dur voraus. Dann folgt ein erfindungsreiches »Thema mit Variationen«, das sich vom Serenadenstil weit entfernt. Erst das Finale erfüllt wieder den Unterhaltungszweck des Werks.

Bläser-Serenade in Es-Dur KV 375, 5 Sätze, entstanden um 1780

Hier liegt ein empfindsames, besinnliches, nahezu romantisches Stück voll beschwingter Heiterkeit und schwärmerischer Innigkeit vor, das von den übrigen galanten Serenadenmusiken weit entfernt ist.

»Eine kleine Nachtmusik« in C-Dur KV 525, 4 Sätze, entstanden 1787

Das Werk ist für Streichquartette geschrieben. Der 1. Satz dieser berühmten Serenade beginnt mit einer Fanfare wie ein Weckruf, dann erklingt ein beruhigendes Thema wie ein höflicher Gruß. Der Nachsatz wird lustiger. Der 2. Satz bringt eine Romanze, der 3. ein kräftig einsetzendes Menuett. Ein Sonatenrondo mit einem interessant modulierten Refrain schließt das reizende Stück ab.

»Maurische Trauermusik« in e-Moll KV 477, 1 Satz, entstanden 1785 zum Tod zweier Logenbrüder des Komponisten

Das Werk stellt eine ernste Auseinandersetzung mit dem Problem des Todes und dessen Lösung im Sinn des freimaurerischen Stoizismus dar. Der Cantus firmus ist den Psalmtönen des kirchlichen Begräbnisgesanges entnommen und von Mozart marschähnlich alteriert. Das Stück beginnt mit dreimaligem Einsatz der Bläser, denen ein schmerzliches Streicherthema folgt, dann spielen die tiefen Bläser den Marsch. Die Streicher nehmen im Anschluß daran wieder das Wort und steigern ihre Klage zum vollen Ausdruck des Schmerzes. Der Schluß verhaucht im Pianissimo.

Streichquintett in C-Dur KV 515, 4 Sätze, entstanden 1787

Eine Fülle gegensätzlicher Gedanken und Empfindungen ballt sich in diesem Werk zu vollendeten Formen. Im 1. Satz wird alles zu spielerischen Wendungen mit zahlreichen überraschenden Modulationen verarbeitet. Das Menuett ist fein gezeichnet. Das folgende Andante bringt ein schlichtes Thema mit außerordentlicher Ausdruckskraft. Ein monumentales Rondofinale schließt das interessante Werk ab.

Streichquintett in g-Moll KV 516, 4 Sätze, entstanden 1787

Die düstere Stimmung des Werkes hellt sich in seinem Ablauf tröstlich auf. Das Hauptthema des 1. Satzes drückt bittere Resignation aus, die sich bis zum Ende trotz einiger Ansätze nicht löst. Das folgende Menuett findet erst im Trio einige Entspannung. Versöhnende, wenn auch wehmütige Klänge bringt erst das Adagio, so daß nach einer Fermate das Finale heiter und beglückend ausklingen kann.

Streichquintett in D-Dur KV 593, 4 Sätze, entstanden 1790

Ein kurzes ernstes Larghetto leitet das Werk ein und wird von einem spritzigen Allegro abgelöst. Das folgende Adagio erfährt ausdrucksvolle Steigerungen, klingt aber friedlich aus. Das energische Menuett umschließt ein Trio, in dem die erste Violine das Liedchen von Bernhard Flies, »Schlafe mein Prinzchen, schlaf ein«, vorträgt. Das Finale ist leichtfüßig und außerordentlich lebhaft.

Streichquintett in Es-Dur KV 614, 4 Sätze, entstanden 1792

Dieses Werk nähert sich der Struktur der Divertimenti des Komponisten und beginnt mit einem Allegro, dessen Thema in allen weiteren Sätzen verarbeitet wird, im Andante in freier Rondoform variiert, im Trio des Menuetts als Ländler und im Finale in einer dem 1. Satz sehr nahen Form.

Streichquartett in G-Dur KV 387, 4 Sätze, entstanden 1782

Dieses Quartett ist das erste der Haydn gewidmeten 6 Quartette, in denen Formprinzipien dieses Meisters übernommen und verarbeitet sind, ohne irgendwie einer Nachahmung zu verfallen. Es zeigt eine besonders elegante Linienführung. Das Allegro vivace assai ist zwar ein Sonatensatz, wie ihn Haydn schreibt, aber deutlich von zwei Themen gespeist. Das kraftvolle und dennoch anschmiegsame Hauptthema ist für die Durchführung wichtig, das zweite Thema – marschähnlich und sehr klangvoll – wird von der zweiten Violine eingeführt und von der ersten mit satten Tönen wiederholt. Im Menuett bringt die erste Violine eine äußerst interessante Introduktion, dann stellt sich erst das Thema vor, dem die Bratsche eine chromatische Bewegung entgegenstellt. Das Trio ist abruptem Stimmungswechsel unterworfen. Im Andante wird das Hauptmotiv des Trios in Dur imitiert. Im Finale kommt es zu einer herrlichen Fuge, die mit einemmal abbricht und einem kantablen Thema den Vortritt läßt, das zur Fuge mit seiner Homophonie im scharfen Kontrast steht, ohne das Gleichgewicht des Gesamtbildes zu verschieben. Dieser Wechsel von Fuge und Homophonie wiederholt sich, dann kehrt in der Coda das Fugenthema wieder und klingt jetzt selbständig, von den anderen Instrumenten begleitet, aus.

Streichquartett in D-Dur KV 575, 4 Sätze, entstanden 1789

Dieses Werk gehört zu den drei sogenannten »Preußischen Quartetten«, die König Friedrich Wilhelm II. von Preußen bei Mozart bestellt hat. Der 1. Satz begnügt sich mit einem einzigen Thema, von dem sich das zweite ableitet, so daß es zu keiner Konfliktsituation kommen kann. Das Andante ist betont schlicht, das Menuett beschwingt und im Trio zart. Das Rondo-Allegretto verwendet ein Thema, das an den 1. Satz erinnert. Mit Rücksicht auf den Besteller, der ein begeisterter Cellist war, wird das Cello an vielen Stellen sehr bevorzugt.

Streichquartett in B-Dur KV 589, 4 Sätze, entstanden 1790

In diesem 2. »Preußischen Quartett« tritt die Musizierfreudigkeit in den Vordergrund: schon der 1. Satz fängt wie ein Menuett an. Das Cello trägt eine Arie vor. Es kommt zu keiner Dramatik. Einfallsreichtum und kunstvolle Verarbeitung erfreuen das Ohr. Im 2. Satz erhält das Cello die Führung, sein Thema wird von der ersten Violine imitiert. Das Menuett verdient durch seine rein tänzerische Struktur seine Bezeichnung im verstärkten Maß, sein Trio enthält eine weitgespannte melodische Linie. Das Finale ist als Rondo angelegt und bringt im Refrain ein sequenziertes Thema, das von einer glanzvollen Fuge abgelöst wird.

Streichquartett in F-Dur KV 590, 4 Sätze, entstanden 1790

Dieses letzte Streichquartett des Komponisten und 3. der »Preußischen Quartette« ist von reiner Freude am Musizieren beherrscht und hat nur eine Aussage, und die heißt: Musik. Im 1. Satz herrscht uneingeschränkt das Hauptthema, das mit großem Elan durchgeführt wird und ausklingt. Der langsame Satz ist durch ein graziöses Allegretto ersetzt. Das Menuett ist farbenfroh und ahmt Vogelstimmen nach. Das Finale ist voll stürmischer Sechzehntel, die einmal von einem ernsten barockisierenden Thema unterbrochen werden.

Trio für Klarinette, Bratsche und Klavier in Es-Dur KV 498, 3 Sätze, entstanden 1786

Die beiden Ecksätze sind gedanklich aneinandergebunden. Das Andante des 1. Satzes hat Rondoform, sein zweites Thema ist eine Ableitung des ersten und damit eng verwandt, so daß die Entwicklung kein Gegeneinander, sondern nur ein poetisches Nebeneinander ergeben kann. Das folgende Menuett und das Finale sind jedes mit eigener Thematik ausgestattet. Trotz dieser Verschiedenheit fließt aus dem Klangbereich die Einheit des Trios.

Klaviersonate in C-Dur KV 309, 3 Sätze, entstanden 1777

Der 1. Satz dieser ersten der Mannheimer Sonaten scheint in gehobener Spiellaune geschrieben zu sein: improvisatorisch und dennoch gebändigt und formgerecht. Das graziös verzierte und dennoch ernste Andante voll expressiver Stellen zeigt den Mannheimer Geist. Das abschließende Rondo bringt eine flüssige liedhafte Melodie.

Klaviersonate in D-Dur KV 311, 3 Sätze, entstanden 1777

Idylle und Intimität bestimmen die Atmosphäre dieses Werkes, dazu Behaglichkeit und frohe Laune, was sich besonders in den Themen des 1. Satzes ausdrückt. Das folgende Andante con espressione ist ein anmutiges Spiel mit leisen, verhaltenen Gefühlen. Ein temperamentvolles Rondeau beendet das Stück.

Klaviersonate in a-Moll KV 310, 3 Sätze, entstanden 1778

In dieser ersten in Paris komponierten Sonate ist bereits im 1. Satz das Heroisch-Pathetische des französischen Stilideals spürbar. Im 2. Satz überwiegen tragisch-großartige Züge. Das Finale ist ein schattenhaft dahinhuschendes Presto voll dämonischer Wildheit.

Klaviersonate in F-Dur KV 332, 3 Sätze, entstanden 1778

Bei diesem Werk ist keine Rücksichtnahme auf den französischen Geschmack bemerkbar. Dafür ist die Sonatenform von liebenswürdiger Herzlichkeit der Empfindungen erfüllt. Eine innige, schwärmerische Melodie bringt das Adagio; es ist zweiteilig; der zweite Teil stellte nur eine transponierte Wiederholung des ersten Teiles dar. Mit schillernden Laufketten setzt das Finale ein. Der virtuose Satz verklingt still mit einigen Calandotakten.

Klaviersonate in B-Dur KV 333, 3 Sätze, entstanden 1778

Diese letzte Pariser Sonate ist ein besonders repräsentatives Beispiel des Sonatenschaffens des Komponisten. In ihr ist die klassische Sonatenform so rein ausgeprägt wie selten anderswo. Doch die Strenge der Form wird wegen der weiten Melodiebogen, der virtuosen Auszierung und der Spannung, die den 1. Satz beherrscht, auf den ersten Blick kaum sichtbar. Das Andante ist feierlich ernst, sagt aber als echtes klassisches Stück nichts Persönliches aus. Das Finale ist im höchsten Grad konzertant und stellt absolute Musik im wahrsten Sinne des Wortes dar.

Klaviersonate in c-Moll KV 457, 3 Sätze, entstanden 1784

Erschreckende Trostlosigkeit und Verzweiflung sprechen aus diesem Werk. Das viergliedrige Thema des 1. Satzes ist voll dramatischer Akzente; in der Coda steigert sich noch die düstere Stimmung durch Engführungen. Das Adagio in Es-Dur bringt ein Stück Rokoko ins Spiel, als sollte an bessere Zeiten erinnert werden. Im Finale vertieft sich das dunkle Stimmungsbild noch um einiges. Eine Aufhellung wird auch am Ende des Stückes nicht geboten.

Klaviersonate in C-Dur KV 545, 3 Sätze, entstanden 1788

Der Komponist bezeichnete das Werk als »Kleine Klaviersonate für Anfänger«, aber das für Unterrichtszwecke verfaßte Stück errang Weltruhm, nicht nur als Vorläufer der nachklassischen Sonatenliteratur, sondern ebenso als Konzertnummer. Sein schönster Teil ist der Mittelsatz, ein Andante voll lieblicher Melodie.

Klaviersonate in B-Dur KV 570, 3 Sätze, entstanden 1789

Die äußerste Einfachheit des Werkes und sein Verzicht auf allen pianistischen Schmuck, kompositorischen Glanz, auf dramatische Affekte und Kontraste gestalten es zu einem Juwel absoluter Musik, die nichts anderes sein will als Musik. Der 1. Satz ist ein zerlegter legato auf- und absteigender Dreiklang voll Lyrik, der Mittelsatz ein schmerzlich-süßes Adagio mit einer traurigen Moll-Episode, das Finale ein behagliches Rondo.

Klaviersonate in D-Dur KV 576, 3 Sätze, entstanden 1789

Dieses im Auftrag des Königs Friedrich Wilhelm II. von Preußen verfaßte Werk stellt an den Pianisten hohe Anforderungen. Der 1. Satz beginnt mit einem Hornruf. Dann folgen Motive und Episoden voll kontrapunktischem Raffinement und überraschender Modulationen – eine Synthese von galanten und polyphonen Stilmerkmalen. Der langsame Satz bringt eine rührende kantable Melodie mit dem unbeschreiblichen Zauber aller Gesangsätze des Komponisten. Das homophone Rondothema des Finales ist kontrapunktisch fein durchgearbeitet und führt zu einem Abschluß, der auf jedes Pathos verzichtet, dafür jedoch von einer ungeheuren gefühlstiefen, nahezu außerirdischen Musikalität durchströmt ist.

LITERATUR

B. Paumgartner, Mozart, Zürich 1973; E. Schenk, Wolfgang Amadeus Mozart, Wien 1975; K. Höcker, Das Leben des Wolfgang Amadeus Mozart, München 1980. W. Hildesheimer, Mozart, Frankfurt/M. 1980.

Friedrich Johann Albrecht Muck
(1763–1839)

ZEIT UND UMWELT

Lieder und Chöre neigten vor und nach 1800 auch in Süddeutschland stark zum Pietismus, der bereits viel von der anbrechenden Romantik in sich aufnahm.

LEBEN

Friedrich Johann Albrecht Muck wurde am 24. 4. 1763 in Forheim, Nördlingen, geboren. Er studierte in Erlangen und wurde nach mehreren Pfarrerstellen 1809 Dekan und Distriktsschulinspektor in Rothenburg ob der Tauber, wo er am 4. 11. 1839 starb.

WERKE

Von Friedrich Johann Albrecht Muck sind Lieder, Chöre und liturgische Gesänge – Vaterunser – erhalten. Sie hatten textlich und musikalisch starken pietistischen Einschlag, konnten aber bereits der Frühromantik zugezählt werden. Das gleiche gilt für sein Oratorium »Die Nazarener in Pompeji«. Er war auch als Musikschriftsteller tätig und setzte sich sehr für den Schulgesang ein.

Thomas Mudd (um 1560 bis um 1600)

ZEIT UND UMWELT

Kaufmännische Berufsvereinigungen und Zünfte in London (wie auch in mehreren Städten des Kontinentes) setzten für begabte Söhne ihrer Berufskollegen Studienstipendien aus. Fallweise kamen auch Kinder Berufsfremder in den Genuß solcher Unterstützungen.

LEBEN

Thomas Mudd (Mudde, Mudes, Muds) wurde um 1560 vermutlich in London geboren, wo er die Schule an St. Paul's besuchte. Im Jahre 1578 ging er als Stipendiat der Londoner Textilhändler nach Cambridge. Darauf lebte und wirkte er in Pembroke und starb dort um 1600.

John Mudd (um 1560, London, bis nach 1629, Peterborough) wurde vermutlich auch in London geboren und dort ausgebildet. Er wurde 1583 Organist an der Kathedrale in Peterborough, wo er bis zu seinem Lebensende verblieb. Ob zwischen beiden Komponisten ein Verwandtschaftsverhältnis bestand, ist ungeklärt.

WERKE

Bei einzelnen mit »Mudd« gezeichneten Werken ist es zweifelhaft, welchem Komponisten sie zugeschrieben werden müssen, und das um so mehr, als weitgehende Stilähnlichkeiten vorliegen. Thomas Mudd scheint der Verfasser des überlieferten Service und der meisten Anthems zu sein. Die für drei Violen gesetzten Tänze hingegen stammen wahrscheinlich von John Mudd, ebenso das für Violen arrangierte »In nomine«. Von den beiden Organisten scheint John Mudd der fortschrittlichere gewesen zu sein.

Thomas Molleson Mudie (1809–76)

ZEIT UND UMWELT
Um englische Interpreten und Komponisten zu ermutigen und zu fördern und das Überhandnehmen ausländischer Musik einzudämmen, wurde 1834 in London »The Society of British Musicians« gegründet. Die ursprünglichen Satzungen bestimmten, daß ihre Konzerte keine Musik aus dem Ausland aufführten und keine Ausländer daran mitwirkten. Diese strenge Vorschrift wurde 1841 gemildert; die neue Forderung lautete, daß zwischen ausländischen Kompositionen und Interpreten und inländischen ein tragbares Gleichgewicht einzuhalten war. Es sollte jedenfalls der in England weitverbreiteten Meinung entgegengetreten werden, daß die Musik keine Sache des Engländers sei.

LEBEN
Thomas Molleson Mudie wurde am 30.11. 1809 in London geboren. Er war Schüler von William Crotch in Kompositionslehre, von Cipriani Potter im Klavierspiel und von Thomas Lindsay Willman (um 1783, London, bis 28.11.1840, London) im Klarinettenspiel. Im Jahr 1823 war er einer der 10 Kandidaten, die nach einem strengen Examen in die Royal Academy of Music aufgenommen wurden. Von 1832 bis 1844 wirkte er als Klavierlehrer an der Academy; ab 1834 spielte er häufig bei den Konzerten der Society of British Musicians. Er starb am 24.7.1876 in London.

WERKE
Von Thomas Molleson Mudie sind 4 Sinfonien – C-Dur, B-Dur, F-Dur, D-Dur –, ein Klavierquintett in Es-Dur, ein Klaviertrio in D-Dur, zahlreiche Klavier- und Vokalstücke und viele Lieder bekannt geworden. Er war ein eindeutiger Vertreter der Romantik in England.

Müelich von Prag
(um 1285 bis um 1350)

ZEIT UND UMWELT
Bereits unter König Johann von Luxemburg (1296–1346) bahnte sich die Entwicklung von Prag zu einer der bedeutendsten Städte Europas an, die sodann der Nachfolger Karl IV. (1316–78) und dessen Kaiserhof glänzend weiterführten. Die engen verwandtschaftlichen Beziehungen der Könige brachten deren Ländern einen regen wirtschaftlichen und geistigen Austausch von Gütern und Ideen. Prag wurde dem Kreis der mittel-, west- und südeuropäischen Städte angeschlossen.

LEBEN
Müelich von Prag wurde um 1285 vermutlich in Prag geboren. Er hat zumindest einen Teil seines Lebens in seiner Heimatstadt gewirkt und dürfte dort um 1350 als frühester Minnesänger Böhmens gestorben sein.

WERKE
Von dem Sänger Müelich von Prag sind nur 4 Gedichte erhalten, davon 2 mit Melodien. Müelich soll eine stattliche Reihe dichterisch und musikalisch sehr ansprechender Lieder verfaßt haben, die viel gesungen wurden. Es ist nichts davon überliefert.

LITERATUR
R. Batka, Geschichte der Musik in Böhmen I, Prag und Leipzig 1906.

August Mühling (1786–1847)

ZEIT UND UMWELT
Die Ausstrahlungskraft der Thomasschule in Leipzig hatte auch im 19. Jahrhundert nichts von ihrer Intensität verloren. Magdeburg war eine der deutschen Städte, die ganz besonders im Einflußbereich von Leipzig standen und

ihr Musikleben Meistern unterstellten, die in Leipzig ausgebildet worden waren.

LEBEN

August Mühling wurde am 26.9.1786 in Raguhn, Anhalt, geboren. Er war in Leipzig Thomasschüler unter Johann Adam Hiller (1728–1804) und August Eberhard Müller (1767–1817). Er wurde 1809 Städtischer Musikdirektor, Organist der Marktkirche und Gymnasialkantor in Nordhausen. Ab 1823 wirkte er als Leiter der Logen- und Harmoniekonzerte und des Singvereins sowie als Seminar-Musikdirektor und Organist an St. Ulrich und ab 1843 am Dom in Magdeburg, wo er am 3.2.1847 starb.
Sein Sohn Julius Mühling (3.7.1810, Nordhausen, bis 10.2.1880, Magdeburg) war Organist an St. Ulrich und Musikdirektor in Magdeburg.

WERKE

Von den zahlreichen Kompositionen von August Mühling, die zu ihrer Zeit sehr geschätzt waren, sind zu erwähnen: 2 Sinfonien, 2 Ouvertüren, viele Klavierwerke, darunter 12 vierhändige Walzer, eine Klaviersonate, mehrere Hefte mit Orgelstücken, Kammermusik, Kanons, zweistimmige Kinderlieder, Lieder, Vokalquartette, Psalmen, 4 Oratorien. Er genoß einen großen Ruf als Orgelimprovisator.
Julius Mühling veröffentlichte Kompositionen für Orgel und Klavier.

August Eberhard Müller (1767–1817)

ZEIT UND UMWELT

Die innerhalb des deutschen Sprachgebiets mit Beginn des 19. Jahrhunderts einsetzende intensivere Bach-Pflege ging zumeist mit einer verstärkten Verbreitung der Werke der Wiener Klassik – vorwiegend von Joseph Haydn und von Wolfgang Amadeus Mozart – Hand in Hand.

LEBEN

August Eberhard Müller wurde am 13.12.1767 in Nordheim, Niedersachsen, geboren. Er war Schüler von Johann Christoph Friedrich Bach in Bückeburg, wo er sodann ab 1788 als Organist der Ulrichskirche wirkte, kam 1794 an die Nikolaikirche in Leipzig und wurde dort 1800 Adjunkt und 1804 Kantor an der Thomasschule und Städtischer Musikdirektor, schließlich 1810 Hofkapellmeister in Weimar, wo er am 3.12.1817 starb.

WERKE

Als Thomaskantor bemühte sich August Eberhard Müller um eine neue verstärkte Bach-Pflege und um die Verbreitung der Werke der Wiener Klassik. Er führte 1801 in Leipzig als erster »Die Jahreszeiten« von Joseph Haydn außerhalb Wiens auf. Trotz seines Leipziger Amtes widmete er sein kompositorisches Schaffen wenig der Vokalmusik, dafür um so mehr der Entwicklung der Pianistik. Er schrieb 2 Klavierkonzerte, 14 Sonaten, 17 Capricen, Variationen und weitere Stücke für das Klavier, 7 Flötenkonzerte, Polonaisen für Flöte und Orchester, Flötenstücke und Flötenduos, Orgelstücke und Klaviertrios. Mit seinen Etüden für Flöte und Klavier trug er viel zur Förderung eines virtuosen Konzertstils bei.

LITERATUR

Zur Lebensgeschichte August Eberhard Müllers, in: Die Musik IX, 1909/10.

Carl Christian Müller (1831–1914)

ZEIT UND UMWELT

Phineas Taylor Barnum (1810–91), der größte amerikanische Showman, amüsierte sein Publikum in seinem »Museum« in New York mit jeder Art Schaustellungen, darunter auch mit Konzerten, in denen er die berühmtesten Interpreten, derer er habhaft werden konnte, auftreten ließ. Er unterhielt ein Orchester, für das er nur ausgezeichnete Musiker anwarb.

LEBEN

Carl Christian Müller wurde am 3.7.1831 in Meiningen geboren. Er war – vermutlich in Leipzig – Schüler von Carl Zöllner. Im Jahr

1854 kam er nach New York, trat dem Orchester am Barnum's Museum bei und wurde dessen Leiter. Von 1879 bis 1895 unterrichtete er an verschiedenen Musiklehranstalten in New York Harmonielehre. Er starb am 4.6.1914 in New York.

WERKE
Von Carl Christian Müller sind 3 Orgelsonaten, ein Streichquartett, eine Sonate für Violine und Klavier, Chöre, zahlreiche Orgel- und Klavierstücke, ferner eine Sinfonie, eine Orchestersuite, eine Ouvertüre, ein »Idyll« für Orchester, eine Vertonung von »Die Kraniche des Ibycus« von Friedrich von Schiller für Soli, Chor und Orchester und eine »Romanza« für Horn, Harfe und Orchester überliefert. Er war einer der bedeutendsten Vertreter der Romantik in Nordamerika.

Franz Xaver Müller (1870–1948)

LEBEN
Franz Xaver Müller wurde am 10.5.1870 in Dimbach, Oberösterreich, geboren, war ab 1880 Sängerknabe in St. Florian, Oberösterreich, wo er Chorherr wurde. Er war Schüler von Johannes Evangelista Habert (1833–96) in Gmunden und von Josef Venantius Wöß (13.6.1863, Cattaro, Dalmatien [Kotor, Kroatien], bis 22.10.1943, Wien) in Wien. Er wirkte ab 1904 als Stiftsorganist, von 1906 bis 1924 als Regens chori in St. Florian und anschließend bis 1943 als Domkapellmeister in Linz, wo er am 3.2.1948 starb.

WERKE
Von Franz Xaver Müller sind eine Sinfonie, ein Oratorium »Der heilige Augustinus«, die Kantaten »Die Geburt Christi« für Frauenchor, Streichquintett und Klavier und »Herr, Du bist groß« für Frauenchor und Harmonium, außerdem 7 Messen, ein Requiem und 4 deutsche Messen, darunter eine Festmesse, bekannt geworden. Er hatte den klangvollen Stil von Habert adoptiert und war damit für die österreichische Messenkomposition maßgebend und richtungweisend geworden.

Heinrich Müller (1631–75)

ZEIT UND UMWELT
Die pietistische Welle setzte sich über alle Konfessionsgrenzen hinweg. Allumfassende Frömmigkeit, Weltentsagung und wirklichkeitsfremde Mystik wurden von Katholiken wie Protestanten erlebt und ausgedrückt und regten zu manchen schönen Versen und Melodien an. Der größte Teil davon ist allerdings ein ständiges Abwandeln der immer gleichen Gedanken und Gefühle.

LEBEN
Heinrich Müller wurde am 18. 10. 1631 in Lübeck geboren. Er war ab 1653 bis zu seinem Tod am 17. 9. 1675 Pastor und Erzdiakon der Marienkirche in Rostock und zugleich Theologieprofessor an der Universität der Stadt.

WERKE
Der deutsche Theologe, Dichter und Komponist Heinrich Müller brachte unter dem Titel »Geistliche Seelen-Musik« 400 Hymnen heraus, von denen 126 mit Generalbaß versehen sind. Diese Hymnen zeichnen sich durch einen Überschwang von religiösen Gefühlen aus. Ein Teil davon ist von Müller selbst gedichtet und komponiert, ein zweiter, weit größerer, bringt Dichtungen von Angelus Silesius. Sie zeigen den Übergang von der älteren Geschmacksrichtung zur »modernen«; der Chorrhythmus wird von der ariosen Form in Dur-Moll-Tonarten abgelöst. Dadurch kommt ihnen auf dem Feld der evangelischen Kirchenmusik Pioniercharakter zu.

Iwan Müller (1786–1854)

ZEIT UND UMWELT
Reval (Tallinn), das ab 1710 in russischer Hand lag, war zu einem beträchtlichen Teil von Deutschen besiedelt, die am kulturellen Leben Mitteleuropas teilnahmen. Deutsche und italienische Musiker und Schauspieltruppen wirkten in der Stadt, die entweder unmittelbar von oder über St. Petersburg kamen. Der Musikunterricht unterlag ebenso

einer ständigen Pflege, wenn auch in bescheidenem Rahmen, der aber zu einer Grundlage zur Weiterbildung in Rußland oder im Westen ausreichte.

Leben
Iwan Müller wurde am 3.12.1786 in Reval (heute Tallinn) geboren und erhielt dort seine erste Ausbildung zum Klarinettisten. Es ist unbekannt, wo er sich weiterbildete, ehe er nach Wien und 1809 nach Paris kam, um seine verbesserte »Clarinette omnitonique« (alltönige Klarinette) vorzulegen, die sich durch eine streng nach akustischen Grundsätzen durchgeführte Bohrung der Grifflöcher und eine Vermehrung der Klappen auf 13 auszeichnete. Sie wurde aber ebenso abgelehnt wie später die Verbesserung von Johann Adam Heckel, die zum Teil darauf fußte. Müller verließ 1820 Paris und lebte als Klarinettist und Klarinettenlehrer in Rußland, Kassel, Berlin und London und starb als Hofmusiker am 4.2.1854 in Bückeburg.

Werke
Von Iwan Müller sind 6 Klarinettenkonzerte und 2 Quartette für Klarinette sowie mehrere Klarinettenstücke bekannt geworden. Seine weiteren Werke sind offenbar verlorengegangen. Er nimmt in der Entwicklungsgeschichte der Klarinette eine wichtige Stellung ein, weil die Konstruktion der modernen Klarinette zum Teil auf ihn zurückgeht.

Karl Müller (1829–1907)

Zeit und Umwelt
Das sogenannte »jüngere« Müller-Quartett bildete sich in Meiningen aus den Söhnen des Ersten Violinisten des »älteren« Müller-Quartetts Karl Friedrich Müller (11.11.1797, Braunschweig, bis 4.4.1873, Braunschweig) Bernhard Müller (24.2.1825, Braunschweig, bis 4.9.1895, Rostock), Bratschist, Hugo Müller (21.9.1832, Braunschweig, bis 26.6. 1886, Braunschweig), Zweiter Violinist, Wilhelm Müller (1.6.1834, Braunschweig, bis September 1897, New York), Cellist, und Karl Müller. Es wirkte ab 1866 in Wiesbaden und sodann bis zu seiner Auflösung im Jahr 1873 in Rostock.

Leben
Karl Müller (Müller-Berghaus) wurde am 14.4.1829 in Braunschweig geboren. Er war Konzertmeister in Berlin und später Kapellmeister in Rostock, Wiesbaden, Nizza und schließlich in Stuttgart, wo er am 11.11.1907 starb.

Werke
Von Karl Müller sind 2 Streichquartette, eine Ouvertüre, eine Operette, eine Kantate »Jephtas Tochter« und mehrere Stücke für Violine und für Cello überliefert.

Marian Müller (1724 bis nach 1775)

Zeit und Umwelt
Doppelte Orchesterensembles, doppelte Chöre und konzertantes Spiel auf zwei Orgeln waren im 16. Jahrhundert die weltberühmte Besonderheit des Markusdomes in Venedig. Von da ausgehend, wurde das Konzertieren mit zwei oder mehreren Orgeln überall gepflegt, wo die nötigen Instrumente vorhanden waren. Im 18. Jahrhundert waren zwei Orgeln besonders in Oberitalien nicht mehr selten.

Leben
Marian Müller wurde 1724 vermutlich in der Schweiz geboren. Er trat in das Benediktinerkloster in Einsiedeln ein und wurde zur Ausbildung als Organist nach Mailand gesandt. Er wirkte einige Zeit als Organist in Bellinzona und sodann in Einsiedeln, wo er als Abt nach 1775 starb.

Werke
Das konzertante Spiel mit mehreren Orgeln dürfte Marian Müller in Mailand gelernt haben. Er verfaßte mehrere einsätzige Sonaten für vier Orgeln für bestimmte Festtage, wie die »Weihnachtssonate« in C-Dur, eine Oster- und eine Pfingstsonate. Der Kompositionsstil gehörte dem Barock an.

Paul Müller (geboren 1898)

Leben

Paul Müller (Müller-Zürich) wurde am 19.6. 1898 in Zürich geboren. Er studierte bei Volkmar Andreae und Philipp Jarnach (26.7.1892, Noisy-le-Sec, bis 17.12.1982, Hamburg), sodann in Berlin und Paris. Ab 1922 war er Chor- und Orchesterleiter und von 1927 bis 1969 Professor für Kontrapunktik, Komposition und Dirigieren in Zürich. Von 1960 – 63 war er Präsident des Schweizerischen Tonkünstlervereins.

Werke

Von Paul Müller sind eine Sinfonie für Orchester, 4 Sinfonien für Streichorchester, 2 Sinfoniettas, eine Sonate für Streichorchester, ein Cellokonzert, ein Bratschenkonzert, 2 Violinkonzerte, ein Konzert für Cembalo, zwei Violinen und Streichorchester, ein Streichquintett, ein Quintett für Klarinette, Fagott, Violine, Cello und Klavier, 2 Streichquartette, ein Trio für Flöte, Klarinette und Klavier, ein Capriccio für Flöte und Klavier, »8 Stücke für neun Instrumente«, 45 Choräle und eine Passacaglia für Orgel, Chorkantaten, zahlreiche Chöre und Lieder mit verschiedener Besetzung und Begleitung sowie Klavierwerke bekannt geworden.

Robert Müller-Hartmann (1884–1950)

Leben

Robert Müller-Hartmann wurde am 11.10. 1884 in Hamburg geboren. Er war in Berlin Schüler des Sternschen Konservatoriums und von Eduard Behm. Ab 1913 wirkte er in Hamburg als Theorielehrer am Bernuthschen Konservatorium, von 1923 bis 1933 an der Universität und leitete von 1933 – 37 den Jüdischen Kulturbund in Hamburg. Anschließend emigrierte er nach England. Er starb am 15.12.1950 in Dorking, Surrey.

Werke

Neben einigen Schauspielmusiken schrieb Robert Müller-Hartmann eine Sinfonie, 2 sinfonische Variationen, eine sinfonische Ouvertüre, 2 Suiten, eine Suite für Streichorchester, eine Sinfonietta für Kammerorchester, ein Streichquartett, 2 Violinsonaten, verschiedene Klavierstücke und eine Sonate, eine Passacaglia und 24 Praeludien für Orgel.

Johanna Müller-Hermann (1878–1941)

Leben

Johanna Müller-Hermann wurde am 15.1. 1878 in Wien geboren. Sie war Schülerin von Karel Navrátil (7.10.1836, Wien, bis 6.4.1914, Wien), Guido Adler, Alexander Zemlinsky und Josef Bohuslav Foerster (1859–1951) in Wien, wo sie ab 1918 am Konservatorium Musiktheorie unterrichtete. Sie starb am 19.4. 1941 in Wien.

Werke

Obwohl Johanna Müller-Hermann mit ihren Kompositionen der Spätromantik folgte, unterlag sie dennoch auch dem Einfluß der reichen Harmonik des frühen Arnold Schönberg und adoptierte die farbensatte Instrumentation von Franz Schreker. Sie schrieb eine sinfonische Fantasie, eine Ouvertüre, ein Klavierquintett, ein Streichquintett, ein Streichquartett, eine Sonate für Klavier und Violine, eine Sinfonie für Soli, Chor und Orchester, ein Oratorium, 2 Chorwerke mit Orchester, Klavierwerke und Lieder.

Johann Gottfried Müthel
(1728–88)

Zeit und Umwelt

Noch im Jahr 1750 wurden junge Schüler nach Leipzig zu Johann Sebastian Bach geschickt, »um sich in seinem Metier daselbst zu perfectioniren«, und erst als dieser nicht mehr am Leben war, wandte man sich fallweise an Johann Christoph Altnikol, in dem man als Schüler und Schwiegersohn des Thomaskantors einen Kenner und Bewahrer der Kunst vermutete, die man erlernen wollte.

Leben

Johann Gottfried Müthel wurde am 17. 1. 1728 in Mölln, Lauenburg, geboren. Er wurde von Johann Paul Kunzen in Lübeck ausgebildet und trat 1747 in den Dienst des Herzogs Christian Ludwig II. von Mecklenburg-Schwerin, der ihn 1750 zu weiteren Studien zu Johann Sebastian Bach nach Leipzig schickte. Im Jahr 1753, nach seiner Entlassung aus den Diensten des Herzogs, übernahm er die Leitung einer adeligen Hauskapelle in Riga und wurde dort zusätzlich Organist an der Petrikirche. Den Rest seines Lebens verbrachte er in dieser Stadt als »starker Klavierspieler und Componist für sein Instrument«. Am 14. 7. 1788 starb er in Bienenhof bei Riga.

WERKE

Als einer der letzten Schüler von Johann Sebastian Bach bemühte sich Johann Gottfried Müthel, das Erbe seines großen Lehrers zu bewahren und nachzuahmen. Das wirkte sich besonders in seinen Orgelwerken aus, die der barocken Tradition, vermengt mit vorklassischen Stilelementen, verpflichtet blieben. Er schrieb auch viele Bach-Werke ab. Er verfaßte für Orgel 3 Choräle, ein Präludium, eine Fuge und »Technische Übungen«. Seine Hauptstärke lag auf dem Gebiet der Cembalomusik, wenn auch hier der Umfang seines kompositorischen Werks nicht groß ist. Er schrieb 7 Cembalokonzerte, ein Konzert für Cembalo solo, 2 Duette für zwei Cembali, 9 Cembalosonaten, von denen 3 gedruckt wurden, 2 Ariosi mit 12 Variationen, 41 Menuette, 2 Märsche, ein Allegro und ein Prestissimo; außerdem verfaßte er ein Konzert für zwei Fagotte und Streicher, eine Sonate für Flöte und Baß, 3 Polonaisen für 3 Instrumente, 2 Menuette für Instrumente, eine Kantate, ein vierstimmiges Trinklied und 45 Lieder und Oden. Charles Burney schrieb über die Kompositionen: »Sie sind so voller Neuheit, Geschmack, Anmut und Erfindung, daß ich keinerlei Bedenken trage, sie unter die bedeutendsten Schöpfungen des gegenwärtigen Zeitalters einzureihen. Obwohl Genie und Werk dieses Musikers außergewöhnlich sind, ist er in Deutschland nur wenig bekannt.«

Cembalosonate Nr. 1 in F-Dur, 3 Sätze

Alle Sonaten des Komponisten machen einen rhapsodischen Eindruck, weil sie sich keinem Schema einfügen. Das Prinzip der Gegensätzlichkeit ist nicht formbestimmend. Das Hauptthema wechselt mit einem Gegenthema ab oder ist in ein unthematisches Figurenwerk gebettet. Diese Sonate beginnt mit einem kraftvollen Allegro, seine Entwicklung ist fantasieartig und stützt sich auf zwei gegensätzliche Themen. Auch der 2. Satz in f-Moll wird von zwei Themen bestritten. Eines davon – Largo e staccato – stellt sich als Oktaven-Unisono in punktierten Rhythmen vor, das zweite bringt lyrische Gedanken; beide begegnen einander teils dramatisch, teils rezitativisch. Das Finale ist eine konventionelle Gigue.

Cembalosonate Nr. 2 in G-Dur, 3 Sätze

Der 1. Satz ist ein Vivace, das stilistisch Bach verpflichtet ist. Auch das Adagio in g-Moll hält sich an ältere Vorbilder; es ähnelt einem Orgeltrio, in dem zwei kanonisch geführte Oberstimmen über einen stützenden Baß gelegt sind. Mit dem Finale bekennt sich der Komponist zur Vorklassik.

Cembalosonate Nr. 3 in C-Dur, 3 Sätze

Der 1. Satz ist lyrisch-heiter und außerordentlich flüssig. Der Mittelsatz in a-Moll kontrastiert spannungsreich zwei verschiedene Zeitmaße. Dies und die nebeneinandergestellten akkordischen Klangschichten und Unisono-Passagen erzeugen ein phantastisches Bild. Das Finale ist feinlinig, aber problemfrei.

LITERATUR

E. Kemmler, Zur Biographie Johann Gottfried Müthels, in: Musik des Ostens II, Kassel 1963.

Georg Muffat (1653–1704)

ZEIT UND UMWELT

Die zwei Violinenensembles am Hof in Paris trugen ungeheuer viel zur Entwicklung des Violinspiels in Frankreich bei, denn auch andere Adelshäuser hielten sich Violinorchester, wodurch sich die Zahl der Violinschüler ständig erhöhte. Die notwendige Folge war eine verstärkte Kompositionstätigkeit für Violine und Violinenorchester.

LEBEN

Georg Muffat wurde am 1. 6. 1653 in Megève getauft. Er verbrachte seine Jugend in Molsheim (Elsaß), wurde Organist der Pfarrkirche des Ortes und ging 1672 für sechs Jahre nach Paris, um seine Ausbildung zu vervollkommnen, vor allem im Violinspiel. 1674 studierte er in Ingolstadt, hielt sich anschließend in Wien und Prag auf und wurde 1678 Organist am fürsterzbischöflichen Hof in Salzburg. Im Jahr 1682 suchte er Rom auf, um bei Bernardo Pasquini und Arcangelo Corelli zu lernen, 1690 wurde er zum Kapellmeister des Fürstbischofs von Passau ernannt, wo er am 23. 2. 1704 starb.

Werke

Der französische Komponist Georg Muffat vereinigte französischen, italienischen und deutschen Stil. Seine Werke waren wichtige Beiträge zur Entwicklung der Orchestermusik in Deutschland vor Johann Sebastian Bach, und seine Orgelstücke gehören zu den bedeutendsten deutschen am Ende des 17. Jahrhunderts, weil zur vorhandenen Substanz noch die Vorbilder eines Pasquini und der französischen Organisten traten. Er schrieb 5 fünfstimmige Kammersonaten, 12 Toccaten, eine Chaconne und eine Passacaglia, 15 vier- bis fünfstimmige Orchesterouvertüren für Streicher und Generalbaß, 12 Concerti grossi, unter denen die 5 Kammersonaten, gründlich umgearbeitet, wieder erscheinen, 3 Opern, eine Messe, eine Violinsonate und Tänze für Tasteninstrumente.

Toccata VII in C-Dur für Orgel

Ein feierliches Grave leitet das Stück ein. Dann folgt ein schneller Teil mit Motivwechsel in Ober- und Unterstimme. Schließlich setzt nach einem akkordischen Abschnitt eine mehrteilige Fuge ein, deren zwei Themen durch ein Zwischenspiel getrennt sind und am Ende zu einem dichten Abschluß gekoppelt werden.

Toccata XI in B-Dur für Orgel

Die Einleitung ist homophon. Ihr schließt sich ein fugierter Abschnitt an, diesem folgt ein Fugato mit einem zweistimmigen Thema und darauf neuerlich eine Fuge im Allegro. Das Pedal wird nur sparsam verwendet und kann auch völlig wegbleiben.

Literatur

A. Goehlinger, Georges Muffat, in: Caecilia 62, Straßburg 1954.

Gottlieb Muffat (1690–1770)

Zeit und Umwelt

Das blühende Musikleben Wiens unter dem musischen Kaiser Karl VI., der, von wo immer, Talente an sich zog und sie in seine Kapellen einstellte, fand mit dessen Tod ein jähes Ende. Wer von den Musikern in der Stadt blieb, mußte den Niedergang der Hofmusik erleben. Die Musik in Wien starb jedoch nicht. Es gab genügend Kreise außerhalb der Hofgesellschaft, die zu Trägern des Musikgeschehens wurden, das sich zu den Höhen der Wiener Klassik erheben konnte.

Leben

Gottlieb Muffat (Theophil) wurde am 25. 4. 1690 in Passau getauft. Seinen ersten Musikunterricht erhielt er von seinem Vater Georg Muffat (1653–1704), sodann um 1704 in Wien von Johann Joseph Fux (1660–1741). Im Jahr 1714 wurde er Accompagnist, 1717 Zweiter und 1751 Erster Hoforganist; 1763 zog er sich von seinen Pflichten zurück und starb am 9. 12. 1770 in Wien.

Werke

Neben einer großen Anzahl Toccaten, Präludien, Capricci, Ricercari, Kanzonen, Versetten und Tänzen für Tasteninstrumente verfaßte Gottlieb Muffat »72 Versetl Sammt 12 Toccaten« für Orgel und »Componimenti Musicali per il Cembalo«.

Mit Muffat, der zu den ersten Komponisten für Tasteninstrumente der ersten Hälfte des 18. Jahrhunderts gehörte, erreichte die Barockepoche im österreichisch-deutschen Raum ihren endgültigen Abschluß. In seinen Werken verschmolzen sich eine gründliche Kenntnis des Kontrapunkts, eine gewisse Pathetik mit der Grazie des Rokoko und volkstümlichem Melos. Georg Friedrich Händel hat zahlreiche Themen des Komponisten für seine Concerti grossi entlehnt.

Componimenti Musicali per il Cembalo, Sammlung verschiedener Stücke für Cembalo, entstanden 1739

Diese Sammlung war ein wichtiger Beitrag zur Musik für Tasteninstrumente ihrer Zeit. Einzelstücke wechseln mit Suiten und mehrsätzigen

Variationen ab. Eine Chaconne mit 38 Variationen schöpft diese Kompositionsform ganz aus, wirkt aber etwas trocken und doktrinär. Dafür wird der Hauptteil des Werkes von 6 Suiten bestritten, die den Gipfelpunkt damaliger klavieristischer Kunst darstellen. Sie weisen noch die traditionelle Form: Allemande - Courante - Sarabande - Gigue, auf, die einem mehrsätzigen Vorspiel folgt. Fugierte Sätze und strenge Fugen, neue Tanzformen des Jahrhunderts sind herangezogen, ältere und zeitnahe Stilgattungen sind ineinander verschränkt.

LITERATUR

S. T. Morris, Gottlieb Muffats Clavier Suites, Boston 1959.

Thomas Mulliner
(um 1535 bis um 1600)

ZEIT UND UMWELT

Wenn auch noch im 16. Jahrhundert keine Musik für ein bestimmtes Tasteninstrument verfaßt wurde – man bezeichnete sie sehr oft einfach als Klaviermusik –, so wurden von den Organisten diese Kompositionen in Kirchen auf einer Orgel gespielt. Die Werke dieser Komponisten waren daher den Möglichkeiten der Orgel am besten angepaßt, so daß echte Orgelmusik daraus wurde, die auf den Tasten-Saiten-Instrumenten weniger gut klang. Einer der Gründe für die bald einsetzende Abtrennung der spezifischen Orgelmusik war dann die Einführung der Pedale, die es bei Clavichord, Cembalo und Klavier in der Regel nicht gab.

LEBEN

Thomas Mulliner wurde um 1535 vermutlich in London geboren. Die erste Stelle dieses englischen Organisten war wahrscheinlich an St. Paul's in London. Im Jahre 1563 ist er als Organist des Corpus Christi College in Oxford nachweisbar. Er dürfte in Oxford um 1600 gestorben sein.

WERKE

Neben kleinen typischen Orgelstücken zeichnete Thomas Mulliner 131 Stücke für Orgel, Virginal und Gittern von verschiedenen Komponisten wie Redford, Tallis, Blitheman und von sich selbst auf. Dabei fällt auf, daß gerade seine eigenen Kompositionen besonders »orgelgerecht« sind. Diese Arbeit nahm ihn während des ganzen letzten Drittels des 16. Jahrhunderts in Anspruch. Sie übermittelt uns eine Reihe von Stücken bekannter Meister jener Zeit, die anderweitig nirgends auftauchen.

LITERATUR

W. Apel, Geschichte der Orgel- und Klaviermusik bis 1700, Kassel 1967.

John Mundy (um 1570–1630)

ZEIT UND UMWELT

Deskriptive Musik, die bis zur Schallnachahmung mittels außermusikalischer Effekte geht, trat schon sehr früh auf. Es handelte sich allerdings zumeist um den Ausdruck von Emotionen, Stimmungen und um statische Bilder. Im 17. Jahrhundert mehren sich jedoch bereits die Beispiele, die Vorgänge darstellten. Das Wort allein genügte nicht mehr, um ein dramatisches Geschehen mitzuteilen, die Musik mußte es mit allen ihren Klangmitteln illustrieren.

LEBEN

John Mundy wurde um 1570 (oder früher) in London als Sohn des Gentleman der Chapel Royal William Mundy (um 1520–91) geboren. Seine Ausbildung erteilte ihm sein Vater. Er wurde Organist am Eton College und sodann an der St. Georg's Chapel in Windsor, wo er 1630 starb.

WERKE

Vom englischen Komponisten John Mundy sind eine Reihe von Liedern, Psalmen für drei bis fünf Stimmen, Anthems und andere Chöre und einige Kompositionen für Tasteninstrumente erhalten. Er trug auch ein Madrigal zu der Sammlung »The Triumphes of Oriana« bei. Einige seiner Kompositionen für Tasteninstrumente stehen im Fitzwilliam Virginal Book, darunter eigentümliche Fantasien mit dem Titel »Schönes Wetter«,

»Blitze«, »Donnern«, »Ruhiges Wetter« und »Ein schöner Tag«. Hier sind Prinzipien der Programmusik der Romantik vorweggenommen.

William Mundy (um 1529–91)

ZEIT UND UMWELT
Die Königliche Kapelle (Chapel Royal) Englands hat eine weit zurückreichende Geschichte. Sie wird bereits 1135 erwähnt. Die frühesten Berichte darüber stammen aus der Zeit des musikliebenden Königs Heinrich V. Sie spielte in der englischen Musikgeschichte in allen folgenden Jahrhunderten eine maßgebende Rolle. Die Aufnahme in ihren Kreis und die Ernennung zum Gentleman der Kapelle galt in allen Epochen als besondere Auszeichnung, die den meisten bedeutenden Musikern des Landes verliehen wurde.

LEBEN
William Mundy wurde um 1529 vermutlich in oder bei London geboren. Er war ab 1543 Sänger an Westminster Abbey und in den fünfziger Jahren an St. Paul's Cathedral. Im Jahre 1564 wurde er zum Gentleman der Chapel Royal ernannt und blieb bis zu seinem Tod im Jahre 1591 in deren Dienst.

WERKE
Von William Mundy sind 2 vierstimmige Messen und eine Anzahl Motetten, Anthems und anderer kirchlicher Gesänge erhalten, die sich stark an die franko-flämische Schule anlehnen, aber Dissonanzen so viel wie möglich vermeiden; akkordischer Klang wird vielfach exakter Kontrapunktik vorgezogen.

LITERATUR
H. Baillie, A London Church in Early Tudor Times, Music & Letters XXXVI, 1955.

Herbert Murrill (1909–52)

LEBEN
Herbert Henry John Murrill wurde am 11.5. 1909 in London geboren. Er war von 1925 bis 1928 an der Royal Academy of Music in London Schüler von York Bowen und Alan Dudley Bush und studierte anschließend bis 1931 am Worcester College in Oxford bei William Harris (28.3.1883, London, bis 6.9.1973, Petersfield, Hampshire) und Ernest Walker. Im Jahr 1933 wurde er Kompositionsprofessor an der Royal Academy of Music in London und nach vorangegangener Assistententätigkeit 1950 Musikalischer Leiter bei der BBC. Er starb am 25.7.1952 in London.

WERKE
Neben einer Jazzoper und einem Ballett schrieb Herbert Murrill »Ländliche Tänze« für Streicher, 2 Cellokonzerte, ein Streichquartett, ein Capriccio für Cello und Klavier, »Vier französische Wiegenlieder« für Cello oder Bratsche und Klavier, eine Sonate für Blockflöte oder Querflöte und Cembalo oder Klavier, mehrere Chorwerke, Klavierwerke, Orgelstücke, Lieder, Film- und Bühnenmusik.

Franz Xaver Anton Murschhauser (1663–1738)

ZEIT UND UMWELT
Neben der Hofkapelle wurden in München auch die Kapellen an den großen Kirchen sehr gepflegt und mit ersten Kräften besetzt. Die Frauenkirche nahm darunter immer den ersten Rang ein.

LEBEN
Franz Xaver Anton Murschhauser wurde am 1. 7. 1663 in Saverne (Zabern) getauft. Er war in München Schüler von Johann Kaspar Kerll und wirkte dort ab 1691 bis zu seinem Tod am 6. 1. 1738 als Organist an der Frauenkirche.

WERKE
Vom deutschen Kirchenmusiker Franz Xaver Anton Murschhauser sind Orgelstücke in den acht Kirchentönen, 10 Psalmen, von denen 5 a cappella gesetzt sind, ein Laudate und Orgelstücke erhalten. Sein Stil ist sehr konservativ gehalten.

Georgi Muschel (geboren 1909)

LEBEN
Georgi Aleksandrowitsch Muschel wurde am 16.7.1909 in Tambow geboren. Er war von 1930 bis 1936 Schüler am Konservatorium in Moskau unter Nikolai Mjaskowski, Michail Gnessin und Lew Nikolajewitsch Oborin (29.8.1907, Moskau, bis 5.1.1974, Moskau) und unterrichtete anschließend am Konservatorium in Taschkent.

WERKE
Das kompositorische Schaffen von Georgi Muschel befaßt sich vorwiegend mit usbekischen Themen, so daß es für die usbekische Musikkultur eine wichtige Rolle spielt. Er schrieb eine Oper, 3 Ballette, 3 Sinfonien, 6 Klavierkonzerte, ein Violinkonzert, 2 Klavierquintette, einige Klavierwerke, Romanzen, Lieder und Bühnenmusik.

Colin Muset (um 1190 bis um 1250)

LEBEN
Colin Muset wurde um 1190 vermutlich im champagnisch-lothringischen Raum geboren und war einer der ersten Ménestrels, die zu Trouvères wurden. Über sein Leben und Wirken ist nichts bekannt. Auch Ort und Zeit seines Todes sind nicht feststellbar.

WERKE
Die von Colin Muset hinterlassenen 15 Stücke wirken außerordentlich persönlich und originell und zeigen eine reiche formale und metrische Begabung.

LITERATUR
J. Bédier, Les chansons de Colin Muset, Paris 1938.

Gavriil Musicescu (1847–1903)

ZEIT UND UMWELT
Die Musikentwicklung Rumäniens wie die der Balkanländer setzte erst in der zweiten Hälfte des 19. Jahrhunderts nach endgültiger Befreiung von der Türkenherrschaft ein. Sie konstituierte sich aus dem byzantinisch-slawischen liturgischen Gesang, merkbaren orientalischen Einflüssen und der Volksmusik, die bis heute das herrschende Element blieb.

LEBEN
Gavriil Musicescu wurde am 20.3.1847 in Izmail (heute Ismail, Ukraine) geboren. Er wurde an den Konservatorien in Iaşi und St. Petersburg ausgebildet. Im Jahr 1872 wurde er Lehrer und 1901 Leiter des Konservatoriums von Iaşi, wo er am 8.12.1903 starb.

WERKE
In den sakralen und profanen Chorliedern von Gavriil Musicescu sind rumänische Volksmelodien eingearbeitet. Damit trat der Chorgesang aus den Kirchen heraus und bildete die Grundlage zur Entwicklung einer eigenständigen Musik Rumäniens, die bald zu einem beachtlichen Niveau anstieg.

Muskatblüt (vor 1390 bis nach 1458)

ZEIT UND UMWELT
Der deutsche Meistergesang war eine Fortsetzung des Minnesanges in der bürgerlichen Welt. In den deutschen Städten wurden Meistersingerschulen begründet. Die älteste entstand in Mainz (1370); im Verlauf des 15. und 16. Jahrhunderts erhielt jede größere Stadt eine solche Schule, in der die Musik nach genauen Regeln handwerksmäßig gepflegt wurde. Es waren nur Stadtbürger zugelassen, Spielleute und Fahrende waren ausgeschlossen.

LEBEN
Muskatblüt (Muschkatblüt, Muschkenblut) wurde in Ostfranken vor 1390 geboren. Er war Dichter und Fahrender und ist von 1410 bis 1443 in Süddeutschland nachweisbar. In späteren Jahren lebte er am Hof der Erzbischöfe von Mainz, wo er nach 1458 gestorben ist.

Werke

Muskatblüt war kein Meistersinger, weil er kein Stadtbürger war oder zumindest nicht wie ein seßhafter Bürger lebte. Er soll sich im Alter einer der Meistersingerschulen in Mainz angeschlossen haben, nachdem er sich am Hof des Erzbischofs niedergelassen hatte. Nach seiner Art, seine eigenen Gedichte zu vertonen und selbst vorzutragen, könnte er als später Minnesänger bezeichnet werden, wenn nicht die Thematik seiner Lieder dagegen spräche. Er hat 104 Lieder hinterlassen, außerdem eine Reihe gelehrter Dichtungen. Die Musik der Lieder ist den Formen des frühen Meistergesanges angepaßt.

Literatur

G. Münzer, Die Lieder Muskatblüts, Köln 1970.

Modest Mussorgski (1839–81)

Leben

Modest Petrowitsch Mussorgski wurde am 9.3. 1839 in Karewo, Gouvernement Pskow, geboren. Er sollte die Offizierslaufbahn einschlagen und trat 1856 in ein Garderegiment ein, kam aber, immer schon musikalisch interessiert, mit Aleksandr Dargomischski, Mili Balakirew und Zesar Kjui in Verbindung und gab seine Laufbahn auf, um sich ganz der Musik zu widmen; er glaubte, sie nicht wie seine Freunde mit einem Beruf kombinieren zu können, weil er sich dazu berufen fühlte, durch seine Musik für das russische Volk zu sprechen, und dafür seine ganze Kraft einsetzen wollte. Ihn drängte es, selbst Musik zu schaffen, und er »schmiert hin, wie es ihm gerade einfällt, indem er an die Unfehlbarkeit seines Genies glaubt«, wie Pjotr Tschaikowski behauptete, dem es nicht gegeben war, die Kraft dieses Genies zu begreifen. Durch eine Fehlspekulation büßte er sein väterliches Erbe ein und mußte, um sein Leben fristen zu können, eine untergeordnete Stelle im Eisenbahnministerium annehmen. Dieser Beruf neben der mit einer fanatischen Besessenheit betriebenen kompositorischen Tätigkeit, die zusätzlichen Leistungen als Klavierlehrer und Korrepetitor rieben seine ohnehin anfällige Konstitution auf, so daß er schon am 16.3. 1881 in St. Petersburg starb. Er wurde auf dem Friedhof des Aleksandr-Newski-Klosters neben Michail Glinka beigesetzt.

Werke

»Wehe dir, armes Volk, du hungernd Volk!« heißt es am Ende der Urfassung der Oper »Boris Godunow« von Modest Mussorgski, der als einziger der von Mili Balakirew mobilisierten nationalrussischen Komponisten die Lage seines Volks klar sah und sich nicht nur an Volksweisen begeisterte. Er mußte selbst

Modest Mussorgski

sein karges Leben in untergeordneter Stellung verdienen wie viele Tausende seinesgleichen, er wußte um die Not der kurz zuvor von der Leibeigenschaft befreiten Bauern, deren Arbeitstag 14 bis 16 Stunden dauerte, er kannte die Bedingungen, unter denen die Arbeiter in den Manufakturen zumindest 12 Stunden täglich tätig waren, und die Situation der kleinen Händler und Handwerker, die bis spät in die Nacht fleißig sein mußten, um nicht zu verhungern. Ihn quälte

Klosterszene aus Mussorgskis Originalpartitur des »Boris Godunow«

die bittere Not seines Volks; das war sein Nationalismus. Er schrieb zwei Volksszenen, die eine Vision des aus der Unterdrückung befreiten Volks darstellten, Szenen, die in der von Nikolai Rimski-Korsakow bearbeiteten Fassung der Oper »Boris Godunow« gestrichen wurden. Er öffnete die Bühnentür für das Volk, damit es sich selbst darstellen konnte, und daher sagte Pjotr Tschaikowski von ihm: »Außerdem ist er eine niedrige Natur, die alles Grobe, Ungeschliffene und Ungeschlachte liebt.« Tatsächlich war es aber die ungeschminkte Wahrheit, die mit ihm in die Musik einkehrte, einige Zeit, ehe das Wort Verismus geprägt wurde. Was Lew Tolstoi (1828–1910) elegant verpackt und Fjodor Dostojewski (1821–81) unverblümt ihren Lesern vor Augen führten, was in vielen Publikationen der Zeit zwischen den Zeilen deutlich ausgesprochen wurde, verkündete er durch seine Musik. »Niemals hat eine so bis ins Letzte verfeinerte Sensibilität durch so einfache Mittel sich auszudrücken vermocht; man wird dabei an den Tanz eines Wilden erinnert, der bei jedem Schritt, den ihm sein Gefühl vorzeichnet, die Musik entdeckt«, urteilte Claude Debussy, der eben als »Späterer« den seiner Zeit vorausgeschrittenen Mussorgski besser verstand als dessen Zeitgenossen. Mit dem Namen Mussorgski ist die Oper »Boris Godunow« eng verknüpft, die in die Musikgeschichte einbrach wie ein Naturereignis und zum nationalen und sozialen Dokument wurde. Seine beiden anderen Opern »Chowanschtschina« und »Der Jahrmarkt von Sorotschinzi« stoßen ebenfalls in musikalisches Neuland wie die hinterlassenen Entwürfe und Skizzen zu mehreren weiteren Bühnenwerken. Gegen die Opern trat sein sinfonisches Werk weit zurück. Der Komponist war der Ansicht, daß es Aufgabe der Musik sei, »der Wahrheit gemäß mit den Menschen zu reden«, also die sachliche Rede wiederzugeben, wozu eben die Oper die geeignetste Form sei. Neben einigen interessanten Entwürfen für ein Scherzo und eine Sinfonie liegt eine vollendete sinfonische Dichtung mit »Eine Nacht auf dem Kahlen Berge« vor, die noch heute viel gespielt wird. Aus seiner Klaviermusik, von der ein Teil verschollen ist, ragt die Suite »Bilder einer Ausstellung« hervor, die sowohl in ihrer ursprünglichen Form wie in Orchesterfassungen, von denen die von Maurice Ravel (1875–1937) die beste zu sein scheint, auf vielen Konzertprogrammen steht. Von den etwa 60 Liedern sind die »Lieder und Tänze des Todes« und die Zyklen »Kinderstube« und »Ohne Sonne« wie die Vertonung des »Flohliedes« aus Faust am bemerkenswertesten.

Eine Nacht auf dem Kahlen Berge, Sinfonisches Gedicht, 4 Teile, entstanden 1867

Der Komponist nannte das Stück »ein original russisches Werk, das aus den heimatlichen Feldern hervorgekrochen und mit russischem Brot genährt worden ist«. Die einzelnen Teile stellen dar: Versammlung der Hexen, ihr Gerede und Geklatsche auf dem Kahlen Berge (in der Nähe von Kiew), die Erscheinung der Geister der Finsternis und des Satans, die Huldigung vor Satan und die Feier der Höllenmesse, schließlich das wilde Bacchanal des Hexensabbats, auf dessen Höhepunkt das Glöckchen einer Dorfkirche erklingt und die Geister der Finsternis vertreibt; der Tag bricht strahlend an.

Bilder einer Ausstellung, Suite für Klavier, 10 Teile, entstanden 1874

Die Suite wurde anläßlich einer posthumen Ausstellung von Bildern des mit dem Komponisten befreundeten Malers und Architekten Victor Hartmann (gestorben 1873) geschrieben und entspricht zehn Bildern: 1. Gnomus (Nußknacker), dessen schwankender hinkender Gang vorzüglich zum Ausdruck kommt; 2. Das alte Schloß, das mittelalterliche Ständchen eines Minnesängers vor einem italienischen Schloß; 3. Tuilerien, spielende streitende Kinder im Park; 4. Bydlo, Ochsenwagen mit großen Rädern in Anfahrt; 5. Ballett der Küchlein in ihren Eierschalen; 6. Samuel Goldenberg und Schmuyle, Zwiegespräch eines armen und eines reichen Juden; 7. Marktplatz von Limoges mit keifenden Marktweibern; 8. Katakomben von Paris; 9. Hütte der Baba-Jaga und Hexenritt; 10. Das große Tor von Kiew, Einzug der siegreichen Heere unter Glockengeläut. Die einzelnen Bilder sind miteinander mit einer stereotypen Überleitung, »Promenaden«, verbunden.

Literatur

P. Petscherski, Modest Mussorgski, Riga 1961. S.I. Schlifstein, Mussorgski, Moskau 1975. H.C. Worbs, Mussorgski, Reinbek 1976. L. Hübsch, M. Mussorgski, Bilder einer Ausstellung, München 1978.

Zygmunt Mycielski (geboren 1907)

Leben

Zygmunt Mycielski wurde am 17.8.1907 in Przeworsk, Galizien (heute Polen), geboren. Er war Schüler von Nadia Boulanger, Paul Dukas und Karol Szymanowski. Ab 1936 wirkte er als Musikreferent, seit 1945 als Chefredakteur einer Musikzeitschrift.

Werke

Außer 2 Balletten schrieb Zygmunt Mycielski 3 Sinfonien, ein Klavierkonzert, ein Klavierquintett und weitere Kammermusik, Klavierstücke, Lieder, Chöre, eine Kantate, Hörspiel- und Bühnenmusiken.

Thomas Myriell
(um 1545 bis nach 1616)

ZEIT UND UMWELT
Wie auf dem Kontinent wurden in England im 16. Jahrhundert umfangreiche Sammlungen von Musik der Gegenwart und der jüngsten Vergangenheit angelegt und publiziert. In manchen Fällen mag vorerst die Absicht zugrunde gelegen haben, die Sammlungen zum Eigengebrauch herzustellen. Der Gedanke, sie drucken zu lassen und zu verkaufen, entstand sicherlich bald. Der Käufer erhielt eine Blütenlese der besten Werke der besten Komponisten. Urheberrechtliche Schwierigkeiten gab es nicht, weil man einen Schutz des geistigen Eigentums noch nicht kannte.

LEBEN
Thomas Myriell wurde um 1545 vermutlich in London geboren. Über sein Leben und seine Tätigkeit gibt es keine Nachrichten. Er war vermutlich an einer Kirchenkapelle als Sänger tätig, vielleicht auch als Lehrer und Kapellmeister. Er dürfte in London in einem der Jahre nach 1616 gestorben sein.

WERKE
Sein Hauptverdienst hat sich Thomas Myriell durch die Sammlung und Herausgabe von Kompositionen englischer und auch italienischer Meister des 16. und 17. Jahrhunderts erworben, weil dadurch manches Wertvolle der Nachwelt überliefert wurde. Darunter befinden sich auch eigene Kompositionen, und zwar Vokal- und Instrumentalmusik, die als guter Durchschnitt gewertet werden können.

Josef Mysliveček (1737–81)

ZEIT UND UMWELT
Die böhmischen Komponisten Josef Seger und Franz Habermann übermittelten beide ihren Schülern Orgelkunst und Kontrapunkt, wie sie es von Bohuslav Černohorský mittelbar oder unmittelbar gelernt hatten, zugleich aber auch die Sehnsucht nach der italienischen Landschaft, dem Leben in Italien und nach dem Glanz der italienischen Opernhäuser, so daß sich nicht wenige aufmachten, um alles das selbst zu sehen, zu erleben und als Musiker daran mitzuwirken.

LEBEN
Josef Mysliveček (Mysliweczek) wurde am 9. 3. 1737 in Šárka bei Prag geboren. Er studierte in Prag bei Josef Seger und Franz Habermann und veröffentlichte 1760 6 Sinfonien. Um die Opernkomposition zu erlernen, ging er 1763 zu Giovanni Battista Pescetti nach Venedig, verfaßte schon ein Jahr darauf eine Oper, die in Parma Erfolg hatte und ihm einen weiteren Auftrag aus Neapel eintrug. Ab nun lebte er in Italien als gefeierter Opernkomponist unter dem Namen »Il Boemo« oder auch »Venatorini« (kleiner Jäger = Mysliveček). Er starb in Rom am 4. 2. 1781.

Josef Mysliveček, Stich von A. Widerhofer

WERKE

Außer seinen mehr als 30 Opern verfaßte Josef Mysliveček 9 Oratorien, von denen »Abramo e Isacco« lange Mozart oder Haydn zugeschrieben wurde, Ouvertüren, Violinkonzerte, Klavierkonzerte, ein Cellokonzert, Flötenkonzerte, 12 Triosonaten, Streichquintette, 12 Streichquartette, 6 Divertimenti, 6 Sonaten für Violine und Klavier, Klavierstücke, Klaviersonaten, Messen, ein Requiem und mehrere Kantaten. Wolfgang Amadeus Mozart brachte seinem Werk große Wertschätzung entgegen. Er war ein typischer Vertreter der tschechischen Vorklassik.

Ouvertüre zur Oper »Enzio«, 3 Sätze, uraufgeführt 1775

Es handelt sich um eine frühklassische Sinfonie, die als solche gedruckt und oft aufgeführt wurde.

Der 1. Satz weist voll ausgearbeitete Sonatenform auf, die Durchführung verarbeitet aber das Hauptthema nicht, sondern moduliert es nur zur Reprise hin. Der Satz weist eine ungeheure thematische Vielfalt auf. Der 2. Satz ist pastoral. Die wiegenden Violin- und Holzbläserpassagen werden von Bratschen, Celli und Kontrabässen diskret begleitet. Das Finale ist ein einfacher Tanzsatz. Die Violinen eröffnen ihn mit feinen Linien, das ganze Orchester kontrastiert mit kräftigen Einwürfen. Alles ist sehr unbeschwert und fröhlich gehalten.

LITERATUR

R. Stolz, Joseph Mysliveček, in: Auftakt XVII, 1937.

N

Jaime Nadal (1789–1844)

Zeit und Umwelt
Aus dem Benediktinerkloster Montserrat gingen im Verlauf von Jahrhunderten viele namhafte Kirchenmusiker hervor. Ihnen allen war eine stark konservative Haltung gemein, obwohl man auch auf dem Montserrat sich Neuerungen nicht völlig verschloß. Einzelne Schüler zeigten sich sehr bereit, Anschluß an die Musikentwicklung des Abendlandes zu suchen.

Leben
Jaime Nadal wurde am 2.5.1789 in Lérida geboren und von 1802 bis 1807 im Benediktinerkloster Montserrat ausgebildet. Sodann wirkte er von 1830 bis 1834 als Kapellmeister an der Kathedrale von Palencia und anschließend bis zu seinem Tod am 28.12.1844 in gleicher Eigenschaft an der Kathedrale von Astorga, Léon.

Werke
Von Jaime Nadal sind zahlreiche sakrale Werke – Messen, Requiem, Psalmen, Lamentationen, Hymnen, Vilancicos – erhalten. Die Struktur dieser Musik ist dem Frühbarock entnommen, nur die Requiem ergehen sich in deutlicher Tonmalerei.

Gustave Nadaud (1820–93)

Zeit und Umwelt
Während das Chanson bis zur Mitte des 19. Jahrhunderts von Straßensängern verbreitet wurde, erhielt es während der folgenden Jahrzehnte durch das Café-concert eine erhöhte Popularität. Hier traten die Autoren der Chansons zumeist selbst als Interpreten auf.

Leben
Gustave Nadaud wurde am 20.1.1820 in Roubaix geboren. Er wirkte in Paris als einer der bekanntesten Chansonniers, die sowohl Text wie Musik verfaßten und selbst vortrugen. Er starb am 28.4.1893 in Paris.

Werke
Außer 3 Salonoperetten verfaßte Gustave Nadaud Text und Musik von über 300 Chansons, die er selbst mit viel Erfolg vortrug.

François Joseph Nadermann (1781–1835)

Zeit und Umwelt
Jean Henri Nadermann, Harfenbauer der Königin Marie-Antoinette (1755–93), stellte noch Hakenharfen her. Er geriet mit Sébastien Erard (1752–1831), der 1810 die erste Doppelpedalharfe baute, in schwere Kontroversen, bei denen er mit seinen unzulänglichen Instrumenten den kürzeren ziehen mußte.

Leben
François Joseph Nadermann wurde 1781 als Sohn des Jean Henri Nadermann (um 1750, Paris, bis 1802, Paris) in Paris geboren. Er war Schüler von Johann Baptist Krumpholtz (1742–90), ohne auf dessen Ideen zur Verbesserung des Harfenbaues einzugehen, wie es Sébastien Erard tat, sondern trat vielmehr energisch für das veraltete Pedalsystem seines Vaters ein. Ab 1818 wirkte er als Harfenist an

der Königlichen Kapelle und ab 1825 als Harfenlehrer am Conservatoire in Paris, wo er am 3.4.1835 starb.

WERKE
Von den zahlreichen Stücken von François Joseph Nadermann für Harfe – Solo oder begleitet –, Konzerte, Quartette, Trios, Duos, Sonaten und Solostücke werden einzelne noch heute zum Konzertgebrauch und noch mehr im Harfenunterricht verwendet. Daß sie für ein Instrument geschrieben wurden, das man heute nicht mehr verwendet, tut ihrem schönen Klang und der großen Geste ihrer Melodik keinen Abbruch.

Hubert Naich (um 1515 bis um 1560)

ZEIT UND UMWELT
Die Idee der Renaissance prägte sich in Italien am deutlichsten aus. Wenn auch gerade auf dem Gebiet der Musik Angehörige anderer Völker mehrfach eine bevorzugte Rolle spielten, so war es doch vor allem die gesamte Atmosphäre des Landes – Volk und Landschaft –, die den vielleicht gewaltigsten und wichtigsten Kulturaufschwung Europas, die »Entdeckung der Welt und des Menschen« ermöglichte. Die durch tausend Jahre vergessene Hochkultur der Antike konnte trotz aller Gegenbewegungen nicht mehr aus dem Bewußtsein des Kontinentes verdrängt werden – sie erlebte ihre Wiedergeburt.

LEBEN
Hubert Naich wurde um 1515 im franko-flämischen Raum geboren. Über seine Persönlichkeit und sein Leben ist nahezu nichts bekannt. Aus dem Stil seiner Kompositionen kann geschlossen werden, daß er seine Ausbildung in der Heimat erhalten hatte. Er kam vermutlich noch vor 1540 nach Rom und wurde Mitglied der Accademia degli Amici. Er dürfte um 1560 in Rom gestorben sein. Eine Identität des Komponisten mit dem 1587 in Lüttich bezeugten Organisten gleichen Namens kann nicht angenommen werden.

WERKE
Von Hubert Naich erschien um 1540 in Rom ein Band mit 30 vier- und fünfstimmigen Madrigalen, die dem Florentiner Bindo Altoviti, Freund Raffaels und Gönner Celinis, gewidmet sind. Weitere Kompositionen von Naich finden sich in verschiedenen Sammelwerken des Jahrhunderts. Mit seinem gesamten Werk bekundete er sich als echter und vollwertiger Vertreter der franko-flämischen Schule. Die Bewertung seiner Madrigale ergibt sich daraus, daß man ihn für den Begründer der Madrigalform des 16. Jahrhunderts gehalten hat.

LITERATUR
A. Einstein, The Italian Madrigal I, Princeton 1949.

Romulo Naldi (um 1560 bis nach 1600)

ZEIT UND UMWELT
Die Kapelle an San Pietro galt in Rom als die zweitbeste nach der Sixtina. Diese Beurteilung entsprang aber nur einem hierarchischen Denken. Tatsächlich war sie gleichwertig und mit ebenso guten Kräften ausgestattet wie die Kapelle im Vatikan. Diese wurden auch sehr oft ausgetauscht. Im Verlauf der Stilentwicklung waren die Kapellmeister des Petersdomes doch wesentlich beweglicher und freier.

LEBEN
Romulo Naldi wurde in Rom um 1560 geboren und an einer Musikschule der Stadt ausgebildet. Er wirkte einen Teil seines Lebens an einer Kirche in Bologna, kam sodann an San Pietro als Sänger und starb nach 1600.

WERKE
Von Romulo Naldi ist ein Buch mit fünfstimmigen Madrigalen und eines mit Motetten für zwei Chöre erschienen. Die Motetten zeigen, daß die venezianische Mehrchörigkeit auch in Rom ihre Jünger gefunden hatte.

Valentine Nalson (um 1690–1722)

ZEIT UND UMWELT
Die Kathedrale von York, »The Minster« genannt, war seit Jahrhunderten wegen ihres vorzüglichen Chores bekannt, der stets von gründlich ausgebildeten Chorleitern geführt wurde. Der Wohlstand der Handelsstadt erlaubte es, stets gute Kräfte anzuwerben.

LEBEN
Valentine Nalson wurde um 1690 vermutlich in Yorkshire geboren. Er war Chorknabe am »Minster« von York, später Sänger und schließlich stellvertretender Chorleiter bis zu seinem Tod im Jahr 1722.

WERKE
Von Valentine Nalson sind ein Abendservice in G-Dur und ein Morgenservice in der gleichen Tonart, anläßlich des Friedens von Utrecht (1713) geschrieben, außerdem einige vorzügliche Anthems erhalten, die in ihrer Gleichartigkeit nahezu zeitlos wirken, als wäre eine Weiterentwicklung dieser Musikgattung überhaupt nicht mehr möglich.

Giovanni Bernardino Nanino
(um 1560–1623)

ZEIT UND UMWELT
Die Orgel, die in der Renaissance beinahe in allen größeren Kirchen Einzug gehalten hatte, machte auch vor den Toren Roms nicht halt. Nur die der Kurie unmittelbar unterstellten Kapellen mußten darauf verzichten, weil Instrumentalmusik im Kreis der Orthodoxie immer noch als heidnisch galt und dazu die Orgel in Rom erstmals im Circus Maximus gedröhnt hatte. Orgeln beten nicht, während der Gesang aus frommen Herzen Gott wohlgefällig ist, lautete ein Ausspruch eines Teilnehmers des Konzils von Trient.
Einzelne Komponisten Roms jedoch wollten nicht nur für die Kapellen, denen die Instrumente verboten waren, schreiben. Sie dachten darüber nicht nach, ob Orgeln beten oder nicht, es genügte ihnen, daß die Orgeln klangen.

LEBEN
Giovanni Bernardino Nanino (Nanini) wurde in Vallerano um 1560 geboren. Er war Schüler seines Bruders Giovanni Maria Nanino und wirkte als Lehrer an dessen Musikschule. Im Jahre 1591 wurde er Kapellmeister in Rom an San Luigi de'Francesi und 1608 an San Lorenzo in Damaso, wo er bis zu seinem Tod im Jahre 1623 tätig blieb.

WERKE
Von Giovanni Bernardino Nanino sind 3 Bücher mit dreistimmigen Madrigalen und 4 Bücher mit ein- bis fünfstimmigen Motetten mit Orgelbaß überliefert, außerdem vierstimmige Vesperpsalmen und ein »Venite exultemus« (Kommet und frohlocket mit uns) mit Orgelbegleitung. Weitere kirchliche Kompositionen finden sich in Sammeldrucken. Handschriftlich sind Psalmen, achtstimmige Motetten und ein zwölfstimmiges Salve Regina erhalten. Seine Kompositionen bezeugen, daß die römische Schule sich dem Stilumbruch nicht verschließen konnte. Sie entfernten sich um ein gutes Stück von Technik und Stil des Bruders und Palestrinas, dessen Zeitalter sich dem Ende zugeneigt hatte.

LITERATUR
H.-Frey, Die Kapellmeister an der französischen Nationalkirche San Luigi dei Francesi in Rom im 16. Jahrhundert, Archiv für Musikwissenschaft XXII, 1965 – XXIII, 1966.

Giovanni Maria Nanino
(um 1545–1607)

ZEIT UND UMWELT
Die frühen Musikschulen Roms waren seit den Zeiten des Papstes Silvester I. (314–35) bis Palestrina eng mit der Kurie verbunden. Die Sixtina war aber nicht die einzige Kapelle, die eine Schule hielt, sondern nur die älteste. Papst Sixtus IV. (1471–84) schlug die

Bildung einer von der Sixtina getrennten »Cappella musicale« vor, aber erst Julius II. verwirklichte den Gedanken mit der Gründung der »Cappella Giulia« (1513) mit 12 Sängern, 12 Schülern und zwei Leitern für Musik und Text. Palestrina war der erste musikalische Leiter der inzwischen mit San Pietro verbundenen Kapelle. Im Jahre 1535 wurde die Kapelle an San Giovanni in Laterano gegründet und ihr ein Knabenchor angegliedert. Palestrina übernahm die Leitung dieser Kapelle, nachdem er die Sixtina hatte verlassen müssen. In die gleiche Zeit fiel die Gründung der Kapelle an Santa Maria Maggiore, die Palestrina von 1561 bis 1571 betreute. Neben diesen ausschließlich kirchlichen Schulen gab es im 16. Jahrhundert mehrere private Gründungen wie die von Nicola Vicentino oder Filippo Neri.

LEBEN
Giovanni Maria Nanino (Nanini) wurde um 1545 in Tivoli geboren. Er war Chorknabe in Vallerano, darauf in Rom Schüler Palestrinas und dessen Nachfolger an Santa Maria Maggiore im Jahre 1571. Vier Jahre später übernahm er die Kapellmeisterstelle an San Luigi de'Francesi, wurde 1577 päpstlicher Kapellsänger als Tenorist und 1604 dort Kapellmeister. Er gründete 1580 in Rom eine Schule für Komposition, an der außer ihm auch sein Bruder Giovanni Bernardino Nanino und Palestrina unterrichteten. Er starb in Rom am 11. 3. 1607.

WERKE
Von Giovanni Maria Nanino sind ein Buch drei- bis fünfstimmige Motetten, kanonisch mit Cantus firmus, 3 Bücher mit fünfstimmigen Madrigalen und eines mit dreistimmigen Canzonetten erhalten. Einzelne Kompositionen finden sich in Sammelwerken der Zeit, darunter 3 achtstimmige Psalmen, die zu seinen besten Werken zählen. Sein Meisterstück: 157 Kontrapunkte und zwei- bis elfstimmige Kanons über einen Cantus firmus von Costanzo Festa sind nur handschriftlich überliefert. Der Komponist gehört zu den vorzüglichsten Vertretern der sogenannten Palestrinaschule.

LITERATUR
R. J. Schuler, The life of Giovanni Maria Nanino, in: Caecilia XC, 1963.

Artur Napoleão (1843–1925)

ZEIT UND UMWELT
Die großzügige Förderung, die beide brasilianischen Kaiser nach 1821 dem Musikleben Brasiliens angedeihen ließen, bewog eine Reihe Musiker, die vorerst nur als Konzertreisende in das Land kamen, zu bleiben und am Musikleben des ersten freien Staates in Südamerika mitzuwirken.

LEBEN
Artur Napoleão wurde am 6.3.1843 in Porto geboren. Er bereiste europäische Höfe als pianistisches Wunderkind, studierte darauf in Paris und Manchester und setzte weiter seine Konzerttätigkeit fort, bis er 1868 in Rio de Janeiro, anläßlich einer Konzertreise dorthin, eine Musikalien- und Instrumentenhandlung und einen Musikverlag eröffnete und sich dem Dirigieren zuwandte. Er starb am 12.5.1925 in Rio de Janeiro.

WERKE
Außer seiner in Rio de Janeiro aufgeführten Oper »O remorso vivo« (Das wache Gewissen) schrieb Artur Napoleão ungefähr 90 Werke: Klavierstücke, Orchesterstücke, Hymnen, Märsche und Etüden. Für die brasilianische Musikentwicklung war besonders seine organisatorische und verlegerische Tätigkeit wichtig.

Eduard Naprawnik (1839–1916)

LEBEN
Eduard Franzewitsch Naprawnik (Nápravník) wurde am 24.8.1839 bei Parduwitz (Pardubice), Böhmen, geboren. Er studierte in Prag, wo er auch als Lehrer tätig war. Im Jahr 1861 wurde er Dirigent eines Privatorchesters und 1862 Kapellmeister an der Kaiserlichen Oper in St. Petersburg, wo er zwischen 1869 und 1881 auch die Sinfoniekonzerte der Kaiserlich Russischen Musikgesellschaft dirigierte. Bis

zu seinem Tod prägte er als Dirigent den Stil des Mariinski Theaters in St. Petersburg. Er leitete die Erstaufführung der Oper »Boris Godunow« in St. Petersburg, wo er am 23. 11. 1916 starb.

WERKE

Außer 4 Opern (»Die Nishegoroder«, »Harold«, »Dubrowski« und »Francesca da Rimini«) schrieb Eduard Naprawnik 4 Sinfonien, ein Klavierkonzert, eine Anzahl Orchesterstücke, 2 Streichquartette, ein Klavierquartett, 2 Klaviertrios, mehrere Duos, Klavierstücke, Lieder und Chöre. Sein Stil neigte zum Klassizismus.

LITERATUR

Eduard Naprawnik: Autobiographisches Material, Material zu Werken, Dokumente, Briefe. (Awtobiografitscheskije, twortscheskije materialy, dokumenty, pisma.), herausgegeben von L. Kutateladse, Leningrad 1959; Ljudmila Michewa: Eduard Franzewitsch Naprawnik. Moskau 1985.

Eduard Naprawnik, nach einer Zeichnung von W. Repin (1870)

Pietro Nardini (1722–93)

ZEIT UND UMWELT

Der Einfluß des Virtuosen Giuseppe Tartini, den er auf seine Schüler und über sie auf das Violinspiel des 18. Jahrhunderts ausübte, kann nicht hoch genug eingeschätzt werden. Das betraf in vielen Fällen nicht so sehr die Spieltechnik selbst, die auch die treuesten Schüler selbständig weiterentwickelten, sondern den Kompositionsstil, der ungeachtet des Zeitfortschritts unverändert übernommen wurde. Die Virtuosen bemühten sich, mit ihrem Instrument über ihren Lehrer hinauszuwachsen, das begleitende Orchester war für sie immer nur eine Klangkulisse, deren Gestaltung man nicht antastete.

LEBEN

Pietro Nardini wurde am 12. 4. 1722 in Livorno geboren. Er wurde im Alter von 12 Jahren Schüler von Giuseppe Tartini. Von 1740 bis 1760 lebte er in seiner Vaterstadt als geschätzter Violinist und Violinlehrer. Sodann wurde er zur Vermählung des nachmaligen Kaisers Joseph II. mit Isabella von Parma (1741–63) nach Wien gerufen. Von dort begab er sich über Dresden nach Italien zurück und wurde von Karl Eugen von Württemberg 1762 nach Stuttgart an die von Niccolò Jommelli geleitete Hofkapelle als Kammervirtuose und Konzertmeister verpflichtet. Im Jahr 1765 war er erneut in Livorno, das er nur mehr für einige Konzertreisen nach Rom und Neapel verließ; 1769 erhielt er den Ruf nach Florenz als Leiter der Großherzoglichen Kapelle, dem er erst Folge leistete, nachdem sein alter Lehrer Giuseppe Tartini, den er in Padua aufgesucht hatte, gestorben war (1770). Er starb am 7. 5. 1793 in Florenz.

WERKE

»Sein Spiel füllt die Augen der kaltherzigen Höflinge mit Tränen, während seine eigenen Tränen über seine Geige fließen«, urteilte Daniel Schubart über Pietro Nardini. Leopold Mozart rühmte die »Schönheit, Reinigkeit und Gleichheit seines Tones«, Charles Burney hielt ihn für den vollendetsten Violi-

Pietro Nardini, Stich von H. E. v. Winter, 1816

nisten seiner Zeit. Jedenfalls wird er als bedeutendster Repräsentant der Tradition Giuseppe Tartinis angesehen, der bei der Komposition seiner dreisätzigen Sonaten mit Generalbaß der Faktur des Lehrers treu blieb, mit Schmelz und Schönheit der Melodien aber bereits die Klassik vorausahnen ließ.
Von seinen Werken erschienen im Druck: 6 Konzerte für fünf Instrumente mit Soloviolinе, 6 Streichquartette, 6 Triosonaten, 14 Menuette für zwei Violinen und Generalbaß, eine große Anzahl Violinsonaten mit Generalbaß und 6 Tenorduette. Handschriftlich liegen vor: 4 Violinkonzerte, 2 Sinfonien, 19 Violinsonaten, 2 Cembalosonaten. Die Zuschreibung der unter seinem Namen überlieferten 110 Capricci für Violine ist zumindest für einen Teil davon sehr zweifelhaft.

LITERATUR

C. Pfäfflein, Pietro Nardini, Seine Werke und sein Leben, Stuttgart 1935.

Benedetto Serafico Nardò
(um 1540 bis nach 1581)

ZEIT UND UMWELT

Unter den spanischen Vizekönigen wuchs die Bevölkerungszahl Neapels im 16. Jahrhundert rasch an. Der kommerzielle Aufschwung Spaniens als Folge der Entdeckungen wirkte sich auch für Neapel aus. Es waren allerdings in erster Linie Spanier, die in Massen eingewandert waren und von den günstigen Umständen bevorzugt wurden, aber auch den Neapolitanern erging es kaum schlechter. Die Folge war ein Aufleben der gesellschaftlicher Situation und damit auch der Bedarf an Spiel, Theater und Musik. Madrigale, die große Mode in ganz Italien waren, fanden gerade in Neapel ein aufnahmebereites Publikum.

LEBEN

Benedetto Serafico Nardò wurde um 1540 in oder bei Neapel geboren. Er trat dem Predigerorden bei, wurde zum Priester ausgebildet und nahm dazu Musikunterricht. Als ausübender Kirchenmusiker wirkte er ab 1575 in Neapel und ab 1581 bis zu seinem Tod in Lecce.

WERKE

Kirchenmusikalische Werke von Benedetto Serafico Nardò sind keine erhalten, dafür 3 Bücher mit mehrstimmigen Madrigalen, die ganz im neapolitanischen Stil gehalten sind.

James Nares (1715–83)

ZEIT UND UMWELT

Von englischen und ausländischen Interpreten wurde viel französische Cembalomusik in die Konzertsäle Londons gebracht und regte selbstverständlich zur Nachahmung an. In erster Linie bemühten sich Organisten darum, die mit der Komposition für Tasteninstrumente vertraut waren. Es kam daher im 18. Jahrhundert immer wieder zu vielversprechenden Ansätzen zu einer eigenständigen Entwicklung.

Leben
James Nares wurde am 19. 4. 1715 in Stanwell, Middlesex, getauft. Er war Chorknabe der Chapel Royal unter Bernard Gates, William Croft und Johann Christoph Pepusch. Dann wirkte er ab 1734 als Organist an der Kathedrale in York; 1756 folgte er Maurice Green als Organist und Komponist der Chapel Royal nach, wo er ein Jahr darauf Leiter des Knabenchores wurde. Im Jahr 1780 zog er sich von seinen Verpflichtungen zurück und starb am 10. 2. 1783 in London.

Werke
Vom kompositorischen Werk von James Nares ist die Cembalomusik am meisten bemerkenswert. Er veröffentlichte 3 Sammlungen mit 16 Lehrstücken für Cembalo, eine Cembaloschule mit Übungsbeispielen von beachtlichem künstlerischem Wert, 6 Orgelfugen, englische Duette, 20 Anthems, eine dramatische Ode, ein Morgen- und Abendservice mit weiteren 6 Anthems, ein weiteres Service in F-Dur mit einer Anzahl Anthems, außerdem Kanons, Rounds, Catches und Glees, für die er preisgekrönt wurde.

Maria Francesca Nascimbeni
(um 1640 bis nach 1674)

Zeit und Umwelt
Es gilt nahezu als Regel, daß komponierende Frauen in früheren Jahrhunderten entweder Sängerinnen oder Nonnen waren. Doch auch diese Regel ist nicht ohne Ausnahme. Frauen, die weder einen Klosterchor leiteten noch wegen ihrer Stimme aktiv am Musikleben teilnahmen, sondern nur Kompositionsunterricht nahmen, waren jedoch äußerst selten.

Leben
Maria Francesca Nascimbeni wurde um 1640 in Ancona geboren. Sie nahm bei Scipione Lazarini Kompositionsunterricht. Über ihr sonstiges Leben ist nichts bekannt. Sie dürfte nach 1674 in Ancona gestorben sein.

Werke
Die italienische Komponistin Maria Francesca Nascimbeni verfaßte Kanzonen, Madrigale und Motetten, die zwar sehr konservativ, aber gut und klangwirksam gearbeitet waren.

Stefano Nascimbeni
(um 1570 bis nach 1616)

Zeit und Umwelt
Mehrchörigkeit und Vielstimmigkeit brachten, solange sie nicht in das Kolossale wucherten, interessante Klangwirkungen. Es haftete ihnen zwar stets eine gewisse Theatralik an, die ihre Beliebtheit jedoch nur erhöhte. Besonders das italienische Publikum hatte dafür von jeher eine Vorliebe, wie der gewaltige Siegeszug der Oper später bewies.

Leben
Stefano Nascimbeni (Nasimbeni) wurde um 1570 in Mantua geboren, dürfte dort an einer Kirche als Musiker beschäftigt gewesen und nach 1616 gestorben sein.

Werke
Der italienische Komponist Stefano Nascimbeni verfaßte achtstimmige Messen und Psalmen, Kirchenkonzerte für zwölf Stimmen und drei Chöre, die allerdings noch den polyphonen Stil vertraten. Einige Gesänge finden sich in Sammelwerken.

Pompeo Natale (um 1620 bis nach 1681)

Zeit und Umwelt
Die Solmisation legt jeden Ton eines Gesanges mit Hilfe von Silben, zumeist bezogen auf den Grundton, fest. Verschiedentlich wurde diese erweitert, um die absolute Tonhöhe festzuhalten. Diese Silben dienten auch zu Gesangsübungen. Daraus sind die Solfeggien hervorgegangen, deren Silben in der Regel keinen Bezug zur Tonhöhe mehr herstellten, sondern lediglich eine Aussprache-

grundlage bildeten und sich am besten für die Phrase, die geübt werden sollte, eigneten. Daß diese »Übungen« nicht selten auch von musikalischem Wert waren, erhöhte ihre pädagogische Zweckrichtung.

Leben

Pompeo Natale (Natali) wurde um 1620 in Ripatransone, Marche, geboren und in Rom ausgebildet. Er war in den Jahren 1651 und 1652 als Kapellmeister am Dom in Tivoli und dann als Kapellsänger an Santa Maria Maggiore in Rom tätig, wo er nach 1681 starb. Er war außerdem ein gesuchter Gesangslehrer.

Werke

Vom italienischen Komponisten Pompeo Natale erschienen dreistimmige Madrigale, zwei- und dreistimmige Canzoni spirituali e morali (profane Lieder religiösen Inhaltes) und 2 Bücher mit zwei- bis dreistimmigen Solfeggien, die vermutlich für den eigenen Unterricht bestimmt waren, außerdem eine Motette. Der Stil dieser Musik ist ohne barocke Breitenwirkung, aber äußerst eingängig.

Isaac Nathan (1790–1864)

Zeit und Umwelt

Das rasch wachsende und aufstrebende Sydney zählte in den vierziger Jahren des 19. Jahrhunderts bereits über 100.000 Einwohner, was naturgemäß auch zu einer kulturellen Aufwärtsbewegung führte. Im großen und ganzen allerdings blieb das Musikleben noch sehr lange in Abhängigkeit von England und später auch von den USA, aber es kam trotzdem schon 1847 zur ersten australischen Oper.

Leben

Isaac Nathan wurde 1790 in Canterbury geboren, studierte in Cambridge und erhielt in London von Domenico Corri (1744–1825) seine musikalische Ausbildung. Er trat 1816 in Covent Garden als Sänger auf und wanderte 1841 nach Australien aus, wo er am 15. 1. 1864 in Sydney starb.

Werke

Von Isaac Nathan wurden eine Oper, eine Operette und eine Bühnenmusik aufgeführt. In Sydney schrieb er 1847 »Don John of Austria« als erste Oper Australiens. Er verfaßte ferner eine Anzahl musikalisch sehr wertvoller Gesänge und vertonte gemeinsam mit John Braham die »Hebrew Melodies« von Lord Byron (1788–1824), des typischen romantischen Menschen und Dichters.

Literatur

Ch. H. Bertie, Australia's First Composer, Sydney 1922.

Louis Naudé (um 1701–47)

Zeit und Umwelt

Die Liedkunst des französischen Rokoko lehnte sich stark an die Opernariette an. Leichte, oft witzige Texte, zuweilen etwas sentimental, aber doch das Leben von der leichten Seite nehmend, erhielten eine adäquate Musik ohne jeden Tiefgang und überspielten jedes Leid und jede Tragik des Daseins.

Leben

Louis Naudé wurde um 1701 in Paris geboren. Er war Musiklehrer bis zu seinem Tod am 10. 5. 1747.
Jacques Naudé (um 1700, Paris, bis 6. 3. 1765, Paris) war Sänger. Er arbeitete mit Jean-Marie Leclair beim Arrangement mehrerer Ballette zusammen. In welchem Verhältnis beide zueinander standen, ist ungeklärt. Sie waren möglicherweise Brüder.

Werke

Von Louis Naudé ist eine Anzahl Lieder überliefert.
Von Jacques Naudé sind mehrere Sammlungen mit Airs, »Zarte Lieder« und »Gassenhauer und Rundgesänge« erhalten. Die Zuschreibungen sind für beide Komponisten in manchen Fällen unsicher.

Jacques Christophe Naudot
(um 1700–62)

ZEIT UND UMWELT
Die aus der Querpfeife entstandene Querflöte fand, ehe sie unter dem Namen »Deutsche Flöte« in anderen Ländern aufgenommen wurde, zuerst im deutschen Sprachgebiet Verbreitung. Frankreich, das auf dem Gebiet der Musik Neuerungen gegenüber immer etwas zurückhaltend war, freundete sich mit dem neuen Instrument erst während der ersten Hälfte des 18. Jahrhunderts an. Dann allerdings entstand eine Fülle von Kompositionen dafür.

LEBEN
Jacques Christophe Naudot wurde um 1700 vermutlich in Paris geboren. Er etablierte sich in Paris als Flötenlehrer und machte die »Deutsche Flöte« populär, indem er sie virtuos spielte und dafür schrieb. Er starb am 25. 11. 1762 in Paris.

WERKE
Musette und Drehleier gehörten auch im 18. Jahrhundert noch zu den beliebten Instrumenten, obwohl sie anderswo schon völlig aufgegeben waren. Jacques Christophe Naudot verfaßte 6 »Ländliche Festmusiken« für Musetten, Drehleiern, Flöten, Oboen, Violinen mit Generalbaß, 6 leichte Unterhaltungsstücke für zwei Drehleiern, Musetten, Schnabelflöten, Querflöten, Oboen oder Violinen ohne Generalbaß, außerdem 6 siebenteilige Konzerte für eine Querflöte, drei Violinen, eine Altviole und zwei Bässe, 6 vierstimmige Konzerte, ferner Solosonaten, Triosonaten, Divertissements und Menuette mit Flöten und Stücke für zwei Waldhörner. Alle Musik ist im empfindsamen Stil gehalten.

Emil Naumann (1827–88)

ZEIT UND UMWELT
Mit der im Auftrag des preußischen Königs Friedrich Wilhelm IV. angefertigten Vertonung der Psalmen auf alle Sonn- und Feiertage des evangelischen Kirchenjahres wurde die Erneuerung der evangelischen Kirchenmusik eingeleitet.

LEBEN
Emil Naumann wurde am 8. 9. 1827 in Berlin geboren. Er war Enkel von Johann Gottlieb Naumann (1741–1801). Seine Lehrer waren Xaver Schnyder von Wartensee und Felix Mendelssohn-Bartholdy. Im Jahr 1856 wurde er als Hofkirchen-Musikdirektor nach Berlin gerufen, nachdem er durch seine Publikation über den Psalmengesang in der evangelischen Kirche zur Erneuerung des Kirchengesanges einen starken Impuls gegeben hatte. Ab 1873 wirkte er als Lehrer am Konservatorium in Dresden, wo er am 23. 6. 1888 starb.

WERKE
Durch die Teilnahme an der Vertonung der Psalmen für das evangelische Kirchenjahr mit 17 Stücken, aber noch mehr durch die Schrift »Über Einführung des Psalmengesanges in die evangelische Kirche«, wurde Emil Naumann zu einer der bedeutendsten Persönlichkeiten des evangelischen Kirchengesangwesens im 19. Jahrhundert. Er veröffentlichte außerdem 2 musikgeschichtliche Werke.

Johann Gottlieb Naumann
(1741–1801)

ZEIT UND UMWELT
Der literarische Kreis um Elisa von der Recke (1756–1833) und Christian Gottfried Körner (1756–1831) in Dresden pflegte die Empfindsamkeit im Sinn der Frühromantik und beeinflußte eine Reihe von Komponisten, die Entwicklung der süddeutschen und Wiener Vorklassik zur Klassik unbeachtet zu lassen und romantische Elemente vorwegzunehmen. Gefördert wurde diese Entwicklung durch die aufstrebende nordische Geisteskultur, die mit ihrer romantischen Zielrichtung stark auf den Norden Deutschlands abfärbte.

LEBEN
Johann Gottlieb Naumann wurde am 17. 4. 1741 in Blasewitz bei Dresden geboren. Er

war Schüler der Kreuzschule in Dresden, 1757 von Giuseppe Tartini in Padua, 1762 von Padre Martini in Bologna und von Johann Adolf Hasse in Venedig, wo er 1763 als erstes musikalisches Bühnenstück ein Intermezzo herausbrachte. Über Empfehlung von Giovanni Ferrandini und Johann Adolf Hasse wurde er ein Jahr darauf als Zweiter Kirchenkomponist an den Dresdener Hof verpflichtet, wo er 1765 zum Kammerkomponisten aufstieg. In der Folgezeit reiste er zweimal nach Italien und brachte dort eine Reihe Opern mit Erfolg heraus; nach seiner Rückkehr erhielt er die Ernennung zum Kurfürstlichen Kapellmeister. Im Jahr 1777 wurde er zur Reform der Hofkapelle und als Mitarbeiter an den Opernplänen König Gustafs III. nach Stockholm berufen, wo er 3 Opern auf schwedische Texte komponierte und aufführte. Nach einer kurzen Tätigkeit als Operndirigent in Kopenhagen kehrte er 1786 als Musikdirektor und Kapellmeister nach Dresden zurück und wirkte dort, unterbrochen von einer Einladung König Friedrich Wilhelms nach Berlin, bis zu seinem Tod am 23. 10. 1801.

Johann Gottlieb Naumann, Stich von G. W. Hüllmann

WERKE

Man bezeichnete Johann Gottlieb Naumann als den letzten Vertreter der neapolitanischen Schule in Deutschland. Er entfernte sich jedoch sehr bald davon, gesellte sich zu den Neo-Neapolitanern, näherte sich der französischen Oper und der von Christoph Willibald Gluck und geriet immer mehr in den Bereich der Empfindsamkeit, die romantische Elemente vorausnahm. Außer 21 Opern verfaßte er eine Reihe von Pianofortesonaten, 6 Sonaten für Glasharmonika, 6 Quartette für Pianoforte mit Flöte, Violine und Baß und ein Konzert für Cembalo oder Pianoforte. An Vokalmusik liegen 40 Freimaurerlieder vor, außerdem eine Sammlung deutscher, französischer und italienischer Lieder »beym Clavier zu singen«, 24 neue Lieder verschiedenen Inhalts, Kantaten, zahlreiche sakrale Musik – Messen, Psalmen, Offertorien, Vespern, Magnificat, Te Deum, ein Hymnus –, 11 italienische, 3 deutsche Oratorien und ein französisches. In dieser Kirchenmusik weisen sowohl Hamonisierung wie Instrumentation bereits deutlich durch eine sorgfältige Nuancierung des Gefühlsausdrucks auf das Zeitalter der Romantik hin.

LITERATUR

R. Engländer, Zur Vorgeschichte der musikalischen Romantik in Dresden, in: Zeitschrift für Musik XLIII, 1926.

Johann Nauwach
(um 1595 bis um 1630)

ZEIT UND UMWELT

Der Entwicklungsgang vom durchimitierten Vokalsatz zum begleiteten Sologesang ist bereits seit dem Beginn des 16. Jahrhunderts zu beobachten. Es war eine Rückkehr zum Gesang der Gotik, deren Form in der Volksmusik ohne Unterbrechung weiter gepflegt wurde. Das Sololied (oder das Duett) beließ dem Liedtext die Verständlichkeit und ermöglichte es weiten Kreisen, Lieder nicht nur zu hören, sondern auch selbst zu singen.

Leben
Johann Nauwach wurde um 1595 in Brandenburg geboren. Er war von 1607 bis 1612 Hofkapellknabe in Dresden. Darauf sandte ihn der Kurfürst zur Ausbildung nach Florenz. Um 1623 wirkte er als Kurfürstlich-Sächsischer Hoflautenist unter Heinrich Schütz in Dresden, wo er um 1630 starb. Die Kriegsereignisse hatten ihm seine letzten Jahre sehr schwer gemacht und allem Anschein nach seinen frühen Tod verursacht.

Werke
Der deutsche Komponist Johann Nauwach war einer der ersten, der monodische Liedmelodien, wie er es in Florenz erlernt hatte, für deutsche Texte verwendete. Er brachte ein Buch einstimmiger Arien mit Chitarronebegleitung und Villanellen für eine bis drei Stimmen mit beliebiger Instrumentalbegleitung – Theorbe, Laute, Cembalo und andere – heraus. Damit gehört er zu den Wegbereitern des modernen deutschen Liedes.

Literatur
H. Kretzschmar, Geschichte des Neuen deutschen Liedes, Leipzig 1911.

Francisco Navarro (um 1600–50)

Zeit und Umwelt
Die valencianische Schule der Kirchenmusik hat ihren Stil auch im 17. Jahrhundert beibehalten. Eine Weiterentwicklung ist nur in der Richtung einer verstärkten Vielstimmigkeit festzustellen. Es gab keine grundlegende Änderung des Kompositionsstils, eher eine gewisse Erstarrung älterer Strukturen.

Leben
Francisco Navarro wurde um 1600 im Raum der Provinz Valencia geboren und vermutlich an der Kathedrale von Valencia ausgebildet. Ab 1630 war er Kapellmeister in Segorbe und ab 1643 als Nachfolger von Juan Bautista Comes Kapellmeister an der Kathedrale von Valencia, wo er 1650 starb.

Werke
Der spanische Komponist Francisco Navarro verfaßte 2 Magnificat und ein »Beatus vir« für zwölf Stimmen, 2 Psalmenvertonungen für ebensoviele Stimmen, eine Motette für neun und mehrere für acht Stimmen. Über seine weitere kompositorische Tätigkeit ist nichts bekannt. Vermutlich wies sie den gleichen breiten Chorklang auf. Der Stil dieser Musik ist trotz der Vielstimmigkeit sehr konservativ und sogar etwas glanzlos.

Literatur
J. Climent, La música en Valencia en el siglo XVII, in: Anuario musical 1966.

Juan Navarro (um 1530–80)

Zeit und Umwelt
Der spanische Dichter und Schriftsteller Vicente Martínez Espinel (1550–1624), der angeblich die spanische Gitarre um eine fünfte Saite erweitert hat, berichtete über den Kapellmeister der Kathedrale von Sevilla Fernández de Castilleja, daß sich dieser immer sehr anstrengte, seinen Schülern außerhalb Sevillas gute Stellungen zu besorgen, weil er sich ihre Konkurrenz in Sevilla selbst vom Hals schaffen wollte. Ob das nun der Wahrheit entspricht oder nicht, sicher ist, daß sowohl Morales wie Guerrero – die berühmtesten Schüler – außerhalb der Heimat gut versorgt wurden und auch weitere nicht ohne Stellungen geblieben sind.

Leben
Juan Navarro (Johannes Navarrus Hispalensis) wurde um 1530 in Marchena geboren. Er wurde Chorknabe an der Kathedrale von Sevilla und Schüler von Fernández de Castilleja. Dann war er 1565 Kapellmeister in Ávila, 1566 in Salamanca, in Ciudad Rodrigo 1574 und 1578 bis zu seinem Tod im Jahre 1580 in Palencia.
Die Behauptung, er sei nach 1604 in Mexiko gestorben, dürfte auf eine Verwechslung mit dem Ordensmann Juan Navarro (Juan Navarrus Gaditanus) zurückgehen, der um 1560 in Cádiz geboren wurde, sich um 1590

in Rom aufgehalten hat, sodann nach Mexiko ausgewandert und dort nach 1604 gestorben ist.

Werke

Von Juan Navarro (Hispalensis) sind eine Anzahl Psalmen, Hymnen, Magnificat für vier bis sechs Stimmen, etliche Antiphone und kleinere kirchliche Werke erhalten, die ohne Ausnahme im damaligen sevillanischen Stil geschrieben sind.
Juan Navarro (Gaditanus) hinterließ ein Buch mit 4 Motetten-Passionen, 8 Lamentationen und eine vertonte Rede Jeremias.

Literatur

G. Chase, Juan Navarro »Hispalensis« and Juan Navarro »Gaditanus«, The Musical Quarterly XXXI, 1945.

Juan Navas (um 1650 bis um 1710)

Zeit und Umwelt

Die weltliche Vokalmusik in Spanien um die Wende zum 18. Jahrhundert weist vier Typen auf, nämlich den madrigalesken, vierstimmigen Typus, den polyphonen Satz, bei dem die Oberstimme dominiert, den mehrstimmigen, in dem die Solostimme deutlich überwiegt, und die reine Monodie. Daneben gab es noch weitere Zwischenformen.

Leben

Juan Navas wurde um 1650 vermutlich in Madrid geboren. Er war Harfenist der Königlichen Kapelle und starb in seinem Geburtsort um 1710.

Werke

Der spanische Komponist Juan Navas verfaßte neben einigen kirchlichen Werken Tonadas, Solos, Duos, Pasacalles mit Gitarrenbegleitung, etliche Zarzuelas und »Fiestas cantadas« (Opern). Seine Musik ist zeitgemäß monodisch und volkstümlich.

Guillaume Navoigille (um 1745–1811)

Zeit und Umwelt

Louis Bonaparte (1778–1846) wurde 1806 von seinem Bruder Napoleon Bonaparte als König von Holland eingesetzt. Seine Herrschaft von Gnaden des Bruders dauerte bis 1810, als Napoleon Holland besetzte und Frankreich einverleibte. Damit war seiner Hofhaltung in Holland, das er verließ, ein Ende gesetzt.

Leben

Guillaume Navoigille wurde um 1745 in Givet geboren. Er stand im Dienst des Herzogs von Orléans Louis Philippe (1747–93), betätigte sich während der Revolution als Violinist und Dirigent in Paris und trat 1806 in den Dienst des Königs von Holland, Louis Bonaparte. Nach der Einverleibung Hollands durch Napoleon kehrte er nach Paris zurück, wo er im November 1811 starb.
Sein Bruder Julien Navoigille (um 1749, Givet, bis nach 1811, Paris) war Führer der zweiten Violinen, sodann Dirigent des Orchesters am Théâtre de Monsieur bis 1792. Dann dirigierte er bis 1798 das Orchester des Théâtre de la Cité. Im Jahr 1806 trat er mit seinem Bruder in die Dienste des Königs von Holland und kehrte mit ihm 1810 nach Paris zurück, wo er nach 1811 starb.
Beider Neffe, Joseph Navoigille (um 1760, Givet, bis um 1820, Paris) lebte in Paris als Violinist und Komponist.

Werke

Von Guillaume Navoigille sind 6 Duos für zwei Violinen, 12 Sonaten für zwei Violinen und Baß, 6 Sinfonien für großes Orchester und 9 Trios für verschiedene Instrumente sowie eine Reihe von Bühnenwerken, bei denen es unsicher ist, ob sie ihm oder seinem Bruder zuzuschreiben sind, überliefert.
Von Julien Navoigille sind Bühnenstücke, sofern sie ihm zugeschrieben werden dürfen, 6 Trios für zwei Violinen und Baß, 6 konzertante Quartette sowie Stücke für Violine und Harfe und außerdem Cembalostücke erhalten.
Von Joseph Navoigille erschienen 6 Trios für

zwei Violinen oder Querflöten und Baß und 6 Suiten für zwei Violinen oder Querflöten und Baß.
Alle diese Kompositionen näherten sich zwar der Vorklassik, zielten aber bereits auf das Zeitalter der Romantik hin.

Karel Navrátil (1867–1936)

LEBEN
Karel (Karl) Navrátil wurde am 24.4.1867 in Prag geboren. Er war in Wien Schüler des Musikforschers Guido Adler (1.11.1855, Eibenschitz [Ivančice], bis 15.2.1941, Wien) und des Violinlehrers František Ondříček (29.4.1857, Prag, bis 12.4.1922, Mailand). Ab 1915 lebte er als Privatmusiklehrer und freier Komponist in Prag, wo er am 23.12.1936 starb.

WERKE
Außer 2 Opern schrieb Karel Navrátil eine Sinfonie, 5 sinfonische Dichtungen, 2 Klavierkonzerte, ein Violinkonzert, Kammermusik, Klavierstücke, Chöre und Lieder. Er war Spätromantiker.

Alexius Neander (um 1565–1605)

ZEIT UND UMWELT
Der irische Bischof Kilian in Thüringen wurde um 689 mit seinen Mitarbeitern in Würzburg getötet. Die Stadt bewahrte sein Andenken durch alle folgenden Jahrhunderte, unter anderem auch durch die Gründung des Collegium Kilianeum.

LEBEN
Alexius Neander wurde um 1565 in Kolberg (Kołobrzeg) geboren. Er studierte ab 1580 in Frankfurt an der Oder und trat 1590 in das Priesterseminar in Würzburg ein. Nach etlichen Jahren wurde er Musikpräfekt am Collegium Kilianeum. Er starb 1605 auf einer Romreise.

WERKE
Von dem Kirchenmusiker Alexius Neander sind mehrere Sammlungen geistlicher Lieder für vier bis zwölf Stimmen posthum veröffentlicht worden. Er hatte sich Lasso und Lechner zum Vorbild für seine Kompositionen genommen, die gut und klangreich gearbeitet sind.

José de Nebra (1702–68)

ZEIT UND UMWELT
Der Brand des königlichen Schlosses in Madrid im Jahr 1734 vernichtete das gesamte kirchenmusikalische Repertoire der Hofkapelle. Es bedurfte intensiver Bemühungen, ein neues zu sammeln, indem man Abschriften aus ganz Spanien anfertigen ließ. Vieles blieb jedoch unwiederbringlich verloren. Es wurde durch neue Kompositionen ersetzt, was aber die Verluste für die Traditionspflege und die spanische Musikgeschichte nicht wettmachen konnte.

LEBEN
José de Nebra wurde am 6. 1. 1702 in Catalayud, Zaragoza, geboren. Er war Organist im Kloster der Descalzas Reales in Madrid, wurde Zweiter Organist der Real Capilla und 1751 Vizekapellmeister. Nach der Vernichtung des Kirchenmusikrepertoires beim Brand des königlichen Schlosses arbeitete er mit Antonio Literes Carrión (1675–1747) am Neuauffüllen der Bestände, zum Teil mit eigenen Kompositionen. Er starb am 11. 7. 1768 in Madrid.

WERKE
Um das verbrannte kirchenmusikalische Notenmaterial der Königlichen Kapelle zum Teil zu ersetzen, komponierte José de Nebra eine Anzahl Messen, Psalmen und Litaneien, außerdem schrieb er ein achtstimmiges Requiem zum Tod der Königin Barbara de Bragança im Jahr 1758. Für die Bühne komponierte er ungefähr 20 Zarzuelas.

LITERATUR
N. A. Solar-Quintes, El compositor español José de Nebra, in: Anuario musical IX, 1955.

Christian Gottlob Neefe (1748–98)

ZEIT UND UMWELT
Der Einmarsch der Franzosen in Bonn und die Aufhebung des Kurfürstentums Köln im Jahr 1794 brachten für Ludwig van Beethoven die Folge, daß die Unterstützungen, die ihm der Kurfürst zur Ausbildung in Wien gewährt hatte, wegfielen und ihm die Rückkehr in die Heimat verwehrt war, so daß er in Wien verblieb. Auch sein Lehrer Christian Gottlob Neefe verlor sein Betätigungsfeld in Bonn.

LEBEN
Christian Gottlob Neefe wurde am 5. 2. 1748 in Chemnitz (Karl-Marx-Stadt) geboren. Er studierte in Leipzig Jura und war dort Schüler von Johann Adam Hiller. Nach seiner Tätigkeit als Musikdirektor einer reisenden Theatergesellschaft erhielt er 1779 die gleiche Stellung am Bonner Kurfürstlichen Nationaltheater. Ab 1782 wirkte er als Hoforganist und unterrichtete Ludwig van Beethoven; gleichzeitig war er Cembalist bei den Hofkonzerten und beim Hoftheater. Im Jahr 1794 mußte er Bonn verlassen, 1796 erhielt er die Stelle eines Musikdirektors der Theatergesellschaft in Dessau, wo er am 16. 1. 1798 starb.

Christian Gottlob Neefe, Stich von C. G. Liebe

WERKE
Die Singspiele, Opern und Operetten von Christian Gottlob Neefe wurden in Norddeutschland mit Erfolg aufgeführt. Neben einem Monodram verfaßte er zahlreiche Klavierwerke, wie »Sechs Klavier-Sonaten mit willkürlicher Violin-Begleitung«, »Klavierkonzert in G-Dur«, »Fantasie per il Clavicembalo«, weiters an Vokalwerken »Klopstocks Oden mit Melodien«, »Vademecum für Liebhaber des Gesangs und Klaviers«, »Bilder und Träume«. Er übersetzte Operntexte, fertigte Klavierauszüge vorwiegend Mozartscher Opern an und schrieb Beiträge für Musikzeitschriften.

Staf Nees (1901–65)

LEBEN
Staf Frans Nees wurde am 2.12.1901 in Mechelen geboren. Er wurde in seinem Geburtsort am Konservatorium, am Institut für katholische Kirchenmusik und an der Koninklijke Beiaardschool (Königliche Glöcknerschule) ausgebildet. Ab 1924 unterrichtete er selbst am Kirchenmusikinstitut Klavierspiel, Harmonielehre und Improvisation. Im Jahr 1932 wurde er Stadtglockenspieler von Mechelen und 1945 Leiter der Glöcknerschule. Er unternahm zahlreiche Konzertreisen durch Europa, Kanada und die USA, wo er auch Meisterkurse für Glockenspiel abhielt. Er war auch Leiter der Chorvereinigung von Mechelen und ab 1955 Vorsitzender des flämischen Chorbundes Madrigaal, der aus ungefähr 130 Chören bestand. Er starb am 25.1.1965 in Mechelen.

WERKE
Von Staf Nees ist ein umfangreiches kirchenmusikalisches Werk bekannt geworden, davon sind 3 Oratorien, 4 Messen, 4 Kantaten, ein Te Deum, Motetten und Lieder bemerkenswert. Er schrieb außerdem Orgel- und Klavierstücke, einige profane Lieder und

Werke für Glockenspiel - Praeludien, Fantasien, Suiten, Bearbeitungen fremder Melodien. Er verfaßte auch einige Bühnenmusiken.

Marţian Negrea (1893–1973)

LEBEN
Marţian Negrea wurde am 29.1.1893 in Vorumloc, Rumänien, geboren. Von 1910 bis 1914 studierte er in Sibiu und darauf in Wien bei Eusebius Mandyczewski und Franz Schmidt. Im Jahr 1921 wurde er Lehrer für Komposition am Konservatorium in Cluj und 1941 am Konservatorium in Bukarest, wo er am 13.7.1973 starb.

WERKE
Neben einer Oper schrieb Marţian Negrea eine sinfonische Fantasie, 2 »Rumänische Rhapsodien«, eine sinfonische Suite, eine »Frühlingssinfonie«, ein Konzert, ein Streichquartett, eine Suite für Klarinette und Klavier, 4 Harfenstücke, eine Sonate, eine Sonatine und eine Suite für Klavier, ein Oratorium, ein Requiem, Chöre a cappella, zahlreiche Lieder und Filmmusik. Sein Stil ist von der heimischen Folklore beeinflußt.

Johann Georg Neidhardt
(um 1685 – 1739)

ZEIT UND UMWELT
Das nie erlahmende eminente Interesse an theoretischen Erörterungen über das Phänomen der Musik, die vielen Versuche, ihrem Wesen auf philosophischen, mathematischen und physikalischen Wegen näherzukommen, erfuhren ab dem 17. Jahrhundert neuerlichen Aufschwung, weil der Mensch der Aufklärung bestrebt war, zu erklären, zu messen und wiegen, zu entzaubern. Er stand davor, alle Rätsel der Welt zu lösen, und war überzeugt, daß dies auch bei der Musik gelingen müsse.

LEBEN
Johann Georg Neidhardt wurde um 1685 in Bernstadt (Bierutów), Schlesien, geboren. Er studierte in Jena und Leipzig Theologie und wurde 1720 königlich-preußischer Kapellmeister in Königsberg (Kaliningrad), wo er am 1. 1. 1739 starb.

WERKE
Neben einer Reihe von musiktheoretischen Werken verfaßte der deutsche Komponist Johann Georg Neidhardt »Die Sieben Buss-Psalmen des Königs und Propheten Davids, in deutsche Oden gebracht«, den Choral »Meinen Jesum lasse ich nicht« und eine Anzahl kirchlicher und profaner Gesänge, die nicht erhalten sind.

Neidhardt von Reuenthal
(um 1180 bis um 1240)

ZEIT UND UMWELT
Das Erstarken des städtischen Bürgertums im süddeutsch-österreichischen Raum brachte ihm auch ein gewisses Mitspracherecht auf geistiger Ebene, so daß der gehobene ritterliche Minnesang sich zu Konzessionen bereit finden mußte. Volkstümliche Melodien, Anklänge an den Vagantengesang, Bauerntanzweisen verwischten die Grenzen zwischen höfischem Singen und Sagen und bürgerlichem Vergnügen. Die Minne wird nicht mehr als sittliche Macht, sondern als sinnliche Erfüllung gefeiert. Neidhardt wurde daher sehr viel nachgeahmt, so daß nicht wenige Lieder unter seinem Namen liefen, die nicht von seiner Hand stammen. »Neidhardte« wurden zum Gattungsbegriff und er selbst später zur Figur des deutschen Fastnachtsspieles.

LEBEN
Neidhardt von Reuenthal (Neithart von Reuental) wurde um 1180 geboren. Er lebte zuerst am bayrischen, sodann am österreichischen Hof und starb um 1240.

WERKE
Neidhardt von Reuenthal ist neben Walther von der Vogelweide einer der ältesten deutschen Dichter, von dem Gedichte mit Melodien erhalten geblieben sind. Es liegen zahl-

Herr Neidhart – Miniatur aus der Manessischen Liederhandschrift

reiche Lieder verschiedener Gattung vor, die sehr ansprechend sind. Dabei bevorzugte er die zur damaligen Zeit sehr beliebten Tanzliedmodelle. Bei einzelnen ist die Entscheidung, ob es sich um Nachahmungen oder Originale handelt, sehr schwierig.

LITERATUR

Kl. H. Kohrs, Zum Verhältnis von Sprache und Musik in den Liedern Neidhardts von Reuenthal, Vierteljahresschrift zur Literaturwissenschaft und Geistesgeschichte XLIII, 1969.

Vít Nejedlý (1912–45)

LEBEN

Vít Nejedlý wurde am 22.6.1912 in Prag geboren, wo er Schüler von Otakar Jeremiaš und Václav Talich war. Nach seiner Tätigkeit als Musikkritiker, Kapellmeister und Korrepetitor emigrierte er 1939 nach Moskau, wo er bei Lew Ginsburg (1907–82) Unterricht nahm und am Rundfunk als Filmkomponist wirkte. Im Jahr 1943 wurde er Militärkapellmeister. Er fiel am 1.1.1945 bei Dukla, Beskiden.

WERKE

Außer 2 unvollendeten Opern schrieb Vít Nejedlý 3 Sinfonien, eine Sinfonietta, eine Suite, ein Nonett, 2 Bläserquintette, ein Concertino für neun Instrumente, ein Streichquartett, Duos, Klavierwerke, mehrere Kantaten, Lieder und Filmmusik. Er war ein Vorkämpfer der modernen tschechischen Musik.

Pomponio Nenna

(um 1550 bis um 1618)

ZEIT UND UMWELT

In der zweiten Hälfte des 16. Jahrhunderts trat das Madrigal in eine neue Entwicklungsphase, in der es sich von allen bisher gültigen Regeln befreite und zum »Versuchsfeld für alle Wagnisse der Musica nova« wurde. Chromatische Modulationen, Verdeutlichung des Wortes durch starke Affekte, Geräuschnachahmungen, rezitative Stimmführung, akkordische Progressionen anstelle des Kontrapunktes wurden angewendet und sogar Ansätze zum Generalbaß.

LEBEN

Pomponio Nenna wurde um 1550 in Bari geboren und an einer der Schulen Neapels zum Musiker ausgebildet. Über sein Wirken, bis er 1594 in die Dienste von Gesualdo da Venosa kam, ist nichts bekannt, außer, daß er schon 1574 mit Kompositionen an die Öffentlichkeit trat. Ab 1608 hielt er sich in Rom auf und dürfte dort um 1618 gestorben sein.

WERKE

Das Hauptwerk von Pomponio Nenna bildeten 8 Bücher mit fünfstimmigen und eines mit vierstimmigen Madrigalen. Die Kühnheit der freien chromatischen Modulation dieser Madrigale wurde nur noch von den Kompositionen seines Dienstgebers Gesualdo übertroffen. Schon seine 1574 erschienenen dreistimmigen Villanellen erregten Aufsehen, ebenso seine vier- und fünfstimmigen Responsorien für Weihnachten und Ostern, die erst nach seinem Tod erschienen und sehr lange im kirchlichen Gebrauch Neapels waren. Eine gewisse Berühmtheit hat auch sein »Veni Creator« erlangt.

LITERATUR

G. Pannain, Istituzioni e monumenti dell' arte musicale italiana, Mailand 1934.

Johann Nenning (1615–85)

ZEIT UND UMWELT

Verständlicherweise unterlag die deutsche katholische Kirchenmusik weit mehr dem italienischen Einfluß als die evangelische. Zu vielen anderen Ursachen zählt zweifellos auch die Tatsache, daß katholische Musiker häufiger nach Italien reisten, um sich dort auszubilden oder in irgendeiner musikalischen Stellung zu wirken.

LEBEN

Johann Nenning (Spiridio, Spiridion a Monte Carmel) wurde am 16. 7. 1615 in Neustadt, Saale, geboren. Er war Karmelitermönch und Prediger und wirkte ab 1643 als Organist am Deutschen Seminar in Rom. Nach einem Aufenthalt in Belgien kehrte er 1650 nach Deutschland zurück und war in Neustadt, Prag, Bamberg, Föhrbrück, Hausen und zuletzt Obergriesheim als Prediger tätig. Von 1676 bis 1682 war er dort Subprior des Klosters St. Theodor, wo er am 21. 11. 1685 starb.

WERKE

Der deutsche Komponist und Musiklehrer Johann Nenning brachte unter dem Titel Musica Theo-Liturgica 4 Messen für drei Stimmen und zwei Violinen heraus, die dem italienischen Stil der Zeit folgen. Außerdem veröffentlichte er eine Sammlung von Werken römischer Meister für drei Singstimmen und zwei Violinen und eine Orgel- und Cembaloschule.

Alberto Nepomuceno (1864–1920)

LEBEN

Alberto Nepomuceno wurde am 6.7.1864 in Fortaleza do Ceará, Brasilien, geboren. Er genoß seine Ausbildung in Rom, Berlin und Paris und wurde 1895 Orgellehrer am Instituto Nacional de Música in Rio de Janeiro, das er von 1902 bis 1916 leitete; gleichzeitig unterstand ihm ab 1896 das Orchester der Gesellschaft für Volkstümliche Konzerte. Er starb am 16.10.1920 in Rio de Janeiro.

WERKE

Durch die häufige Aufnahme brasilianischer Volksmusik in seine Kompositionen stellte sich Alberto Nepomuceno in die Reihe der südamerikanischen Meister, die die Basis für die Entwicklung der südamerikanischen Musik für ihren heutigen Stand schufen. Er verfaßte 3 Opern, eine Sinfonie in g-Moll, eine »Suite brasileira« für Orchester, ein Klaviertrio in fis-Moll, zahlreiche Klavierstücke und Lieder.

Massimiliano Neri
(um 1605 bis nach 1666)

ZEIT UND UMWELT

Bis ungefähr zur Mitte des 17. Jahrhunderts spielte die Violine als Soloinstrument nur eine unwichtige Rolle. Erst mit der Herausbildung der Sonatenform rückte das Instrument in den Bereich größeren Interesses. Die ersten Violinsonaten waren zumeist Kirchensonaten, bis es zur Abtrennung der Kammersonate kam, die sodann zur beliebten Kompositionsform wurde.

LEBEN

Massimiliano Neri wurde um 1605 in Brescia geboren. Im Jahr 1644 war er Organist am Markusdom in Venedig. 1651 verlieh ihm Kaiser Ferdinand II. den Adel, 1664 berief ihn der Kurfürst von Köln als Hoforganisten und Kapellmeister nach Bonn, wo er nach 1666 starb.

WERKE
Der italienische Komponist Massimiliano Neri hat den Begriff der Kammersonate geprägt. Seine erste Publikation betitelt er noch »Sonate e Canzoni a 4 da sonarsi con diversi stromenti in Chiesa e in camera« (Vierstimmige Kirchen- und Kammersonate und Kirchen- und Kammerkanzonen für verschiedene Instrumente). Seine »Sonate da sonarsi con varii stromenti a 3 sino 12« (Sonaten mit verschiedenen Instrumenten zu spielen für drei bis zwölf Stimmen) stellten bereits echte Kammersonaten dar. Außerdem brachte er zwei- und dreistimmige Motetten heraus. Seine Sonaten gehören zu den interessantesten Kompositionen ihrer Zeit.

LITERATUR
W. S. Newman, The Sonata in the Baroque Era, Chapel Hill 1959.

Vicenzo Neriti da Salò
(um 1560 bis nach 1599)

ZEIT UND UMWELT
Kaiser Rudolf der II. wurde am spanischen Hof erzogen und für die Gegenreformation gewonnen. Gebildet und wissenschaftlich interessiert zog er die Astronomen Tyge (Tycho) Brahe (1545 – 1601) und Johannes Kepler (1571 – 1630) an seinen Hof in Prag, um sich in die Geheimnisse des weiten Kosmos einführen zu lassen. Auch an der Musik fand er großen Gefallen. Musiker fanden bei ihm stets eine offene Tür, besonders wenn sie dem Klerikalstand angehörten.

LEBEN
Vicenzo Neriti da Salò (Nerito) wurde um 1560 in Salò geboren. Nach der Ausbildung und einer Tätigkeit als Sänger am Dom in seiner Geburtsstadt wurde er als Musiker und Kaplan am Hof Kaiser Rudolfs II. in Prag angestellt. Vom Jahr 1593 bis 1599 wirkte er als Kapellmeister am Dom in Salò, wo er in einem der folgenden Jahre starb.

WERKE
Von dem italienischen Komponisten sind 3 Bücher mit Canzonetten, einige Madrigale und Motetten wie ein Magnificat erhalten. Einzelne sakrale Kompositionen liegen handschriftlich vor. Seine Musik folgte dem Stil der Mailänder Schule.

Jan Křitel Jiří Neruda (1706–80)

ZEIT UND UMWELT
In Böhmen verbreitete sich die Violine so rasch, daß sie nachgerade zum Volksinstrument wurde. Es gab bald kein Dorf, in dem nicht Violine gespielt wurde. Es wurde behauptet, daß im 18. Jahrhundert auch kein Haus ohne Violine gefunden werden konnte. Es entstand eine Fülle von Violinisten, die das Spiel zu ihrer Lebensaufgabe machen wollten; sie strömten nach allen Richtungen über die Landesgrenze und erhielten bei allen Orchestern und Kapellen leicht Stellen, denn wenn auch nicht alle Virtuosen waren, zu guten Ensembleviolinisten brachten es die meisten.

LEBEN
Jan Křitel Jiří (Johann Baptist Georg) Neruda wurde 1706 in Rositz (Rosice) bei Pardubitz (Pardubice) geboren. Er kam nach seiner Ausbildung nach Dresden und wurde dort 1742 in die Hofkapelle aufgenommen, wo er bis 1772 als Violinist wirkte. Er starb um 1780 in Dresden.

WERKE
Vom umfangreichen Werk, das Jan Křitel Jiří Neruda verfaßte, ist nur ein Bruchteil erhalten. Gedruckt wurden 6 Triosonaten, 3 vorzügliche Violinkonzerte, 4 Sinfonien und ein Opernfragment. Seine Sonate für Viola d'amore, Flöte und Generalbaß wurde besonders ihres melodischen Gehaltes wegen geschätzt.

Josef Nešvera (1842–1914)

ZEIT UND UMWELT
Wenn auch Brünn mit seinem vorzüglichen Konservatorium und lebhaften Konzertleben im 19. Jahrhundert zum ersten Musikzentrum Mährens wurde, behielt Olmütz (Olomouc) seinen bereits traditionellen Rang als erste Pflegestätte des Landes für Kirchenmusik bei.

LEBEN
Josef Nešvera wurde am 24.10.1842 in Praskolesice, Böhmen, geboren. Er war Chordirigent des Domes von Olmütz, wo er im Jahr 1914 starb.

WERKE
Neben seiner vorzüglichen sakralen Musik – ein Oratorium, eine Passion, ein sehr oft gesungenes De Profundis, mehrere Messen und eine Anzahl Proprien – verfaßte er 4 Opern, in die er viel mährische Volksmusik aufnahm. Sehr bekannt wurde er durch seine Klavierstücke – Walzer, Mazurken, Etüden –, bei denen er sich als Meister der »kleinen« Form zeigte.

Marcos Coelho Neto (um 1760–1823)

ZEIT UND UMWELT
Villa Rica, die Hauptstadt der brasilianischen Capitania Minas Gerais, war wegen ihrer ausgedehnten Gold- und Diamantenfelder außerordentlich reich und entwickelte ein intensives Musikleben, dessen Träger musikalisch sehr begabte Mulatten waren, die sich in verschiedene religiöse Bruderschaften gruppierten. Ihre Musikausbildung erhielten sie von farbigen Lehrern.

LEBEN
Marcos Coelho Neto, Filho, wurde um 1760 in Villa Rica geboren. Er gehörte zu den bedeutenden Mulattenkomponisten der Kolonialperiode Brasiliens, war Mitglied der Irmandade de São José dos Homems Pardos und wirkte in seiner Geburtsstadt bis zu seinem Tod am 23. 10. 1823 als Dirigent, Hornist und Trompeter.

Sein Vater Marcos Coelho Neto, Pai (um 1740, Villa Rica, bis 21. 8. 1806, Villa Rica), wirkte in seiner Geburtsstadt als Dirigent, Horn- und Trompetenvirtuose und Musiklehrer.

WERKE
Von Marcos Coelho Neto sind zahlreiche kirchenmusikalische Werke überliefert, von denen allerdings ein Teil seinem Vater Marcos Coelho Neto zugeschrieben werden muß. Ihr Stil geht zum Teil auf deutsche Quellen zurück. Seine bekannteste Komposition ist die Hymne »Maria mater gratiae« (Maria, Mutter der Gnade), die in Brasilien heute noch gesungen wird.

Joseph Netzer (1808–64)

ZEIT UND UMWELT
In den Hauptstädten der österreichischen Kronländer bildeten sich im 19. Jahrhundert Musikvereins- oder Konzerthausgesellschaften, die die Funktion der ehemaligen Hof- oder Stadtkapellen übernahmen und in engem Kontakt mit Wien ein reges, hochentwickeltes Konzertleben führten.

LEBEN
Joseph Netzer wurde am 18.3.1808 in Zams, Tirol, geboren und in Innsbruck und Wien ausgebildet. Er wirkte als Kapellmeister am Leipziger Stadttheater und ab 1845 am Theater an der Wien in Wien, kehrte aber bald wieder nach Leipzig zurück. Im Jahr 1853 ging er nach Graz und wirkte dort bis 1864 als Kapellmeister des Ständischen Theaters, des Musikvereins für Steiermark und als Chormeister des Grazer Männergesangvereins. Er starb am 28.5.1864 in Graz.

WERKE
Von Joseph Netzer sind 3 Opern aufgeführt worden. Er schrieb außerdem 3 Sinfonien, eine Ouvertüre und eine Reihe vielgesungener Lieder.

LITERATUR
J. Kessler, Joseph Netzer, Graz 1864.

František Kryštof Neubauer
(1750–95)

ZEIT UND UMWELT
Der Schweizer Dichter Albrecht von Haller (1708–77) schuf mit seinem Gedicht »Die Alpen«, das die Erhabenheit des heimatlichen Hochgebirges schildert, eines der ersten europäischen literarischen Werke, die die Natur selbst zum Stoff machten, denn bisher ging allen früheren Kunstwerken das Naturgefühl völlig ab. Diese Hinwendung eröffnete dem Künstler und dem Publikum neue Imaginations- und Emotionsräume, die sodann in der Romantik reich ausgestattet wurden.

LEBEN
František Kryštof (Franz Christoph) Neubauer (Neubaur, Neupaur) wurde am 21. 3. 1750 in Melnik (Mělník), Böhmen, geboren. Er kam, nachdem er in München 1784 eine Oper aufgeführt hatte, als Violinist nach Wien, wirkte sodann in Winterthur als Kapellmeister, ging nach Minden und darauf nach Bückeburg, wo er Johann Christoph Friedrich Bach als Hofkapellmeister ablöste und am 11. 12. 1795 starb.

WERKE
Neben einer Oper schrieb František Kryštof Neubauer mehrere Violinsonaten, zahlreiche Duos für zwei Violinen und für Violine und Bratsche oder Cello, Trios mit verschiedenen Besetzungen, Cello-, Flöten- und Klavierkonzerte, Streichquartette, Lieder, viele Sinfonien, Messen, Kantaten und eine »Hymne an die Natur«, deren Gedanken- und Stimmungsgehalt die Einstellung der Romantik zur Natur einleitete.

Johann Neubauer
(um 1610 bis nach 1650)

ZEIT UND UMWELT
Kassel stand im 17. Jahrhundert ebenso ganz unter dem Einfluß der französischen Barockmusik wie etwa München. Pariser Opern wurden, wie die Lebensform des Hofes von Versailles überhaupt, bereitwillig übernommen und im Ottoneum, dem ältesten europäischen Theaterbau aus 1603, aufgeführt.

LEBEN
Johann Neubauer ist um 1610 vermutlich im Raum von Kassel geboren. Er war Mitglied der Hofkapelle in Kassel, wo er nach 1650 starb.

WERKE
Vom deutschen Komponisten Johann Neubauer ist eine Sammlung »Neue Pavanen, Galliarden, Balletten, Couranten, Allemanden und Sarabanden mit 4 und 5 Stimmen mit dem Basso Continuo« überliefert. Es handelt sich um typische Tafelmusik. Seine weiteren Werke, unter denen sich mehrere Opern befanden, sind verlorengegangen.

Sigismund Neukomm (1778–1858)

ZEIT UND UMWELT
Don Pedro (1798–1834), Sohn des portugiesischen Königs João VI. (1767–1826), floh mit seinem Vater und dem gesamten Hof nach Rio de Janeiro, blieb aber auch nach der Rückkehr des Hofes nach Lissabon (1821) in Brasilien und proklamierte ein Jahr darauf die Unabhängigkeit des Landes, dessen Regierung er als Kaiser Pedro I. antrat.

LEBEN
Sigismund Ritter von Neukomm wurde am 10.7.1778 in Salzburg geboren. Er war Schüler von Michael Haydn in Salzburg und darauf von Joseph Haydn in Wien, ging 1806 nach Stockholm und St. Petersburg, wo er die Kapellmeisterstelle am Deutschen Theater übernahm. Im Jahr 1810 ließ er sich in Paris nieder und wurde dort Pianist des Ministers Charles Maurice de Talleyrand-Périgord (1754–1838), den er zum Wiener Kongreß begleitete. Darauf fuhr er nach Rio de Janeiro und erhielt die Hofkapellmeisterstelle beim aus Lissabon geflüchteten König João VI. Nach der Unabhängigkeitserklärung Brasiliens kehrte er nach Paris zu Talleyrand zurück und verbrachte den Rest seines Lebens als

Pianist und Dirigent in London und Paris, wo er am 3. 4. 1858 starb.

WERKE

Von den ungefähr 1000 Werken von Sigismund Neukomm sind 8 Oratorien, 15 Messen, 5 Te Deum, 5 Kirchenkantaten, Psalmen und zahlreiche andere Kirchenwerke, 10 deutsche Opern, 3 italienische dramatische Szenen, eine Bühnenmusik, viele Lieder und Chöre, 8 Sinfonien, 10 Sonaten und Capricen, 5 Ouvertüren, Quintette und Quartette für Klavier, ein Klavierkonzert, 9 Variationen, mehrere Fantasien, 57 vorzügliche Orgelstücke und ein Requiem zum Andenken König Ludwigs XVI., für das er zum Chevalier der Ehrenlegion ernannt wurde, bekannt geworden. Seine streng klassische Musik wurde zu seiner Zeit sehr geschätzt, aber dann bald vergessen. Einzig sein Tantum ergo in D-Dur für Chor, Orchester und Orgel, sein Klavierquintett in D-Dur und die 3 Fanfaren für vier Trompeten wurden in unserer Zeit neu aufgelegt.

LITERATUR

G. Pellegrini, Sigismund Ritter von Neukomm, Salzburg 1936.

Marc Neukrug (geboren 1946)

LEBEN

Marc Neukrug wurde am 24. 9. 1946 in New York geboren. Er studierte zunächst in Los Angeles Klavier und Musiktheorie und wurde sodann 1964 an der Musikakademie in Detmold Kompositionsschüler von Giselher Klebe; seine pianistische Ausbildung ergänzte er bei Stefan Askenase (geboren 10. 7. 1896, Lwiw). Er lebt in Rolandseck bei Bonn.

WERKE

Von Marc Neukrug sind eine Oper, eine Fantasie für großes Orchester, ein Klavierkonzert, ein Klarinettenkonzert, 2 Streichquartette und 2 Solosonaten für Cello bekannt geworden. Sein Stil ist neuklassizistisch.

Georg Neumark (1621–81)

ZEIT UND UMWELT

Die Empfindsamkeit der deutschen Barockdichtung, die bereits bei Martin Opitz ihre Ansätze erkennen ließ, nahm eine Literaturepoche voraus, die über das Barock hinausreichte. Das strahlend Pompöse des Barock, die satten Farben für Freude und Schmerz wurden zu Wehleidigkeit, tiefe Gefühle zu gespielten Gefühlen ohne Glaubwürdigkeit.

LEBEN

Georg Neumark wurde am 7. 3. 1621 in Langensalza getauft. Er studierte ab 1643 Rechtswissenschaft in Königsberg (Kaliningrad), hielt sich 1646 in Danzig (Gdańsk), 1649 bis 1650 in Toruń und Hamburg auf und kam als Bibliothekar an den Hof von Weimar, wo er am 8. 7. 1681 starb.

WERKE

Der deutsche Dichter und Komponist Georg Neumark versah einen Teil seiner Gedichte selbst mit Melodien und instrumentaler Begleitung, wie zu »Betrübt-Verliebter Filamon«, »Fortgepflanzter musikalisch-poetischer Lustwald«, »Ecloge Filirenus« und etliche mehr. Berühmt wurden Worte und Musik seines Liedes: »Wer nur den lieben Gott läßt walten«.

LITERATUR

Fr. Knauth, Georg Neumark, Langensalza 1881.

Karl Neuner (1778–1830)

ZEIT UND UMWELT

Joseph Graetz (2. 12. 1760, Vohburg, Bayern, bis 17. 7. 1826, München), Schüler von Michael Haydn in Salzburg, erreichte als Komponist von Opern, Messen und anderen kirchlichen Gesängen keinen großen Erfolg. Dafür war er als Pianist und besonders als Musiktheoretiker und Lehrer außerordentlich geschätzt. Eine Reihe namhafter Komponisten wurden von ihm ausgebildet.

LEBEN
Karl Neuner wurde am 29.7.1778 in München geboren und von Joseph Graetz sowie dem berühmten Sänger und Gesanglehrer Johann Evangelist Valesi ausgebildet. Welche musikalische Stelle er in München, wo er im Juli 1830 starb, eingenommen hatte, ist unbekannt.

WERKE
Neben Balletten für den Münchener Hof schrieb Karl Neuner Sinfonien, Ouvertüren, Lieder, Psalmen und Kirchenlieder, die der Romantik zugerechnet werden müssen.

Ignacio Parreiras Neves (um 1720–94)

ZEIT UND UMWELT
Der heutige brasilianische Staat Minas Gerais wurde 1720 unmittelbar nach der Entdeckung seiner Goldvorkommen ein selbständiger Distrikt, der erst 1824 zur Provinz des Kaiserreiches und 1889 zum Bundesstaat der Republik Brasilien wurde. Er war bereits im 18. Jahrhundert stark von Einwanderern und Sklaven bevölkert.

LEBEN
Ignacio Parreiras Neves wurde um 1720 vermutlich in Villa Rica, Minas Gerais, geboren. Er war als Sänger, Dirigent und Komponist Mitglied der Irmandade de São José dos Homens Pardos, die ausschließlich aus Mulatten bestand. Er starb in Villa Rica im Jahr 1794.

WERKE
Von dem bodenständigen Musiker Ignacio Parreiras Neves sind ein Credo, der Teil einer Messe (Credo bis Agnus), eine Oratorio do Menino Jesús (Oratorium vom Kinde Jesus) und eine Ladainha (Litanei) erhalten. Er verfaßte zum Tod Königs Dom Pedro III. von Portugal (1717–86) eine Trauermusik für sechzehn Vokalsolisten, vier Kontrabässe, zwei Fagotte und zwei Cembali.

LITERATUR
Fr. C. Lange, Die Musik von Minas Gerais, in: Musica XI, 1957.

William Newark (um 1450–1509)

ZEIT UND UMWELT
Während König Richard III. (1452–1485) über mehrere Mordtaten auf den englischen Thron gelangte und ihn mit schwerer Mühe behauptete, bis er im Kampf gegen die Invasionstruppen des Tudors Heinrich VII. fiel und, als nackter, blutüberströmter Leichnam über den Rücken eines Pferdes gebunden, nach Leister gebracht und dort sang- und klanglos begraben wurde, während der erste Tudor bis zum Ende seines Lebens Angriffen von außen und einer Serie von Mordkomplotten im eigenen Land ausgesetzt war, versah die Chapel Royal unbeirrt ihren Dienst, sang bei den Gottesdiensten, den Hoffestlichkeiten und bei den Beerdigungen.

LEBEN
William Newark wurde um 1450 in Newark-on-Trent geboren. Er trat der Königlichen Kapelle bei und wurde 1477 zum Gentleman der Chapel Royal und 1493 zum Knabenchormeister ernannt. Bei den Trauerfeierlichkeiten für Königin Elisabeth (1465 bis 1503) und ihren Mann König Heinrich VII. (1509) trat er als Chormeister in Erscheinung und starb in den ersten Regierungsmonaten Heinrichs VIII. im November 1509.

WERKE
Von dem englischen Komponisten William Newark sind ungefähr 8 zwei- und dreistimmige Madrigale erhalten, die allerdings strukturell und stilistisch von den späteren italienischen Madrigalen noch weit entfernt waren.

Melchior Newsidler (1531–92)

ZEIT UND UMWELT
Lautenbau und Lautenspiel hatten vornehmlich in Nürnberg schon früh eine Heimat gefunden, wie diese Stadt überhaupt zu einem Brennpunkt der Kultur in allen ihren Ausprägungen geworden und durch lange Zeiten geblieben ist.

LEBEN

Melchior Newsidler (Neusiedler, Neysidler) wurde in Nürnberg im Jahre 1531 geboren. Er wurde von seinem Vater zum Lautenisten ausgebildet. Zwischen 1552 und 1565 lebte er in Augsburg und stand in Diensten des Hauses Fugger und anderer Bürgerfamilien als Repräsentant der »Stillen Musica«, worunter man die Hausmusik verstand. Darauf reiste er nach Italien, trat 1580 in den Dienst Erzherzog Ferdinands in Innsbruck, kehrte aber gegen 1590 nach Augsburg zurück, wo er 1592 starb.

Sein Vater Hans Newsidler, 1508 in Preßburg geboren, erwarb als Lautenmacher und Lautenschläger das Bürgerrecht von Nürnberg und war in kleinem Ausmaß kompositorisch tätig. Er starb 1563 in Nürnberg.

Sein Bruder Conrad Newsidler, 1541 in Nürnberg geboren, war Lautenist und Komponist einiger Lautenstücke. Er siedelte sich 1564 ebenfalls in Augsburg an, wo er 1604 starb.

WERKE

Von Melchior Newsidler sind 2 Bücher Lautentabulaturen erschienen, dann ein »Teütsch Lautenbuch« mit Motetten und profanen Gesängen bester Komponisten der Zeit (Josquin, Arcadelt, de Rore, Lasso und andere), die »artlich und zart coloriert« sind, außerdem einige Tänze und Fantasien eigener Komposition.

Hans Newsidler veröffentlichte Lautenlehrwerke zum Selbstunterricht, in denen auch eigene Kompositionen vorkommen.

Auch von Conrad Newsidler sind in verschiedenen Lautenbüchern einige Stücke enthalten.

Die Veröffentlichungen der Familie Newsidler zeigen, daß die Laute im 16. Jahrhundert auch in Deutschland zum beliebten Hausinstrument geworden war wie in Frankreich und Italien.

LITERATUR

K. Dorfmüller, Studien zur Lautenmusik in der ersten Hälfte des 16. Jahrhunderts, Tutzing 1967.

Joseph Napoléon Ney de la Moskova
(1803–57)

ZEIT UND UMWELT

Die 1843 in Paris gegründete Societé de musique vocale religieuse et classique machte sich die Aufführung der Vokalwerke des 16. und 17. Jahrhunderts zur Aufgabe. Diese stark um sich greifende Zuwendung zur älteren Musik war ebenso ein Symptom der Romantik, in der der Mensch seine Daseinssicherheit in einer verklärten Vergangenheit zu verankern suchte, wie die Bevorzugung der Vokalmusik wegen ihrer Unmittelbarkeit und Ursprünglichkeit.

LEBEN

Joseph Napoléon Ney prince de la Moskova wurde am 8.5.1803 als Sohn des Marschalls Michel Ney (1769–1815), Herzog von Elchingen, prince de la Moskova, geboren und war unter Kaiser Napoleon III. Senator und Brigadegeneral. Er war ein geschulter Musiker. Im Jahr 1831 führte er in der Musikschule von Alexandre Étienne Choron eine Orchestermesse auf und brachte in den Jahren darauf 2 Opern heraus. Er gründete die »Gesellschaft religiöser und klassischer Musik« und dirigierte viele ihrer Konzerte. Die von François Joseph Fétis veranstalteten historischen Konzerte und die Gründung der École Niedermeyer fanden seine Unterstützung. Er starb am 25.7.1857 in St-Germain-en-Laye.

WERKE

Außer seiner großen Messe und seinen Opern verfaßte Joseph Napoléon Ney de Moskova eine Reihe von Kompositionen im alten Stil. Wertvoller als jene Nachahmungen sind jedoch seine in 11 Bänden herausgegebenen Werke alter Musik.

Niccolò da Perugia
(um 1300 bis nach 1350)

ZEIT UND UMWELT

Einzig Mailand und Florenz bildeten ein Bollwerk gegen den allgemeinen wirtschaftlichen und kulturellen Rückgang. Dort wurde auch die Botschaft eines Francesco Petrarca und eines Giovanni Boccaccio (um 1313, Paris, bis 21. 12. 1375, Certaldo) am begierigsten und am verständnisvollsten aufgenommen. Der Humanismus ergriff alle Geister, nicht nur Gelehrte und Künstler, auch regierende Häuser stellten ihre Kräfte im Sinn des Kulturauftrages, der die Vorrechte des Adels rechtfertigte, in den Dienst der Wiedererweckung der Antike. Nicht mehr das Jenseits, sondern das in vielen Fällen allerdings sehr fragwürdige Diesseits, nicht mehr die Bewohner des Himmels, sondern der Mensch wurde Mittelpunkt des Geschehens und des Interesses.

LEBEN

Niccolò da Perugia ist zu Beginn des 14. Jahrhunderts als Sohn eines Verwaltungsbeamten in Perugia geboren. Über sein Leben ist nur bekannt, daß er in der zweiten Hälfte des 14. Jahrhunderts in Florenz gewirkt hat und zu den Begründern der Liedkunst Italiens im Trecento gezählt werden muß. Er ist in Florenz nach 1350 gestorben.

WERKE

Niccolò da Perugia gehörte zu den ersten, die die mehrstimmige Ballade der französischen Ars nova für den italienischen Raum übernommen hatten. Er vertonte ungefähr 10 Texte des florentinischen Lyrikers Franco Sacchetti (um 1330–1400), von denen 5 mit Musik erhalten sind. Überdies sind ein dreistimmiges und 15 zweistimmige Madrigale, 4 dreistimmige Cacce, eine einstimmige und 15 zweistimmige Ballate überliefert. Für den Komponisten sind sehr kurze, syllabisch vertonte Texte charakteristisch.

LITERATUR

A. v. Königslöw, Die italienischen Madrigalisten des Trecento, Würzburg 1940.

Christoph Nichelmann (1717–62)

ZEIT UND UMWELT

Die Hof- und die Domkapelle in Potsdam und Berlin waren dem Zug der Zeit entsprechend und nach dem Willen des Königs der Empfindsamkeit verbunden. Diese Art leicht faßlicher und eingängiger Musik war zum norddeutschen Stil geworden und hatte, von Meisterhand gehandhabt, eine Reihe von bedeutenden Werken hervorgebracht.

LEBEN

Christoph Nichelmann wurde am 13. 8. 1717 in Treuenbrietzen, Brandenburg, geboren. Er war von 1730 bis 1733 Thomasschüler in Leipzig, wo ihn Johann Sebastian und Wilhelm Friedemann Bach unterrichteten. In Hamburg, seinem nächsten Aufenthaltsort, pflegte er enge Beziehungen zu Georg Philipp Telemann und zu Johann Mattheson. In Berlin nahm er Kontrapunktikunterricht bei Johann Joachim Quantz. Im Jahr 1744 wurde er zweiter Cembalist in der Königlichen Kapelle neben Carl Philipp Emanuel Bach und gab diese Stelle 1756 auf, um sich dem Musikunterricht zu widmen. Er starb am 20. 7. 1762 in Berlin.

WERKE

Neben seinen theoretischen Schriften und der Mitarbeit an 2 Opern, gemeinsam mit Johann Joachim Quantz, Carl Heinrich Graun und Friedrich II., verfaßte Christoph Nichelmann eine Reihe von Cembalokonzerten, mehr als 12 Cembalosonaten, viele Lieder und einzelne Cembalostücke, die in Sammelwerke der Zeit aufgenommen wurden. Seine Cembalosonate in Es-Dur und sein Konzert für Cembalo und Streicher werden heute noch geschätzt.

LITERATUR

D. A. Lee, Christoph Nichelmann and the Early Clavier Concerto in Berlin, The Musical Quarterly LVII, 1971.

Richard Nicholson (um 1570–1639)

ZEIT UND UMWELT

Ehe der englische Historiker William Camden (1551–1623) starb, begründete er an der Universität Oxford einen Lehrstuhl für Geschichte. Er ernannte seinen Freund William Heyther (um 1584–1627), Mitglied der Chapel Royal, zu seinem Testamentsvollstrecker und beauftragte ihn, den Lehrstuhl finanziell zu betreuen. In den Jahren 1626 und 1627 erweiterte Heyther die Stiftung um einen Lehrstuhl für Musik.

LEBEN
Richard Nicholson wurde um 1570 vermutlich in London geboren. Er war ab 1595 in Oxford, wo er studiert hatte, Chorleiter und Organist am Magdalen College der Universität; 1626 wurde er Professor für Musik an der William-Heyther-Stiftung in Oxford und betreute seine Ämter bis zu seinem Tod im Jahr 1639.

WERKE
Der englische Komponist Richard Nicholson steuerte zu »The Triumphes of Oriana« ein Madrigal »Sing Shepherds all« (Singt, ihr Hirten) bei. Außer seinen Madrigalen im Zeitstil schrieb er zahlreiche Anthems und einen Dialog für drei Stimmen in 11 Teilen, »Joane, quoth John« (Joane, sagte John), und schuf damit einen der frühesten Liederzyklen.

Jean Louis Nicodé (1853–1919)

ZEIT UND UMWELT
Die sinfonische Dichtung erhielt in der deutschen Spätromantik neue Impulse durch die Ablöse epischer Programme durch lyrische. Dadurch erfolgte zwangsläufig eine Hinwendung zu »malerischer« Musik, die sodann der Impressionismus zu seinem Ziel machte.

LEBEN
Jean Louis Nicodé wurde am 12.8.1853 in Jerczik, Posen (Poznan), geboren. Er studierte in Berlin bei Friedrich Kiel und wirkte sodann von 1878 bis 1885 in Dresden als Klavierlehrer am Konservatorium sowie anschließend bis 1888 als Leiter der Philharmonischen Konzerte. Von 1893 bis 1900 war er als Konzertveranstalter tätig und starb am 5.10.1919 in Langebrück bei Dresden.

WERKE
Die sinfonischen Dichtungen von Jean Louis Nicodé, »Maria Stuart«, »Die Jagd nach dem Glücke« und »Gloria« – mit Schlußchor –, waren zu großartig angelegt, so daß ihr musikalischer Kern von den aufgewendeten Klangmitteln erdrückt wurde; das gleiche gilt für die »Sinfonischen Variationen«. Er schrieb ferner 2 Orchestersuiten, das sinfonische Stimmungsbild »Nach Sonnenuntergang«, die A-cappella-Sinfonie für Männerstimmen »Morgenwandeung im Gebirge«, das Chorwerk »Das Meer« und ein Requiem für Männerchor a cappella.

David Traugott Nicolai (1733–99)

ZEIT UND UMWELT
Enkel- und Urenkelschüler übernahmen Stil und Lehre von Johann Sebastian Bach und gaben sie ihren Schülern weiter. Die unmittelbaren Schüler hatten ihre Stellen als Organisten und Kantoren sehr oft der Empfehlung des Thomaskantors zu verdanken. Für deren Schüler genügte es in der Regel, daß sie Bachs Musikerziehung aus zweiter oder dritter Hand genossen hatten.

LEBEN
David Traugott Nicolai wurde am 24. 8. 1733 in Görlitz als Sohn des Organisten und Schülers von Johann Sebastian Bach (der ihn für die Stelle empfohlen hatte) David Nicolai (22. 2. 1702, Görlitz, bis 20. 2. 1764, Görlitz) geboren. Er folgte seinem Vater als Organist der Peter-Paul-Kirche in Görlitz nach und betreute diese Stelle bis zu seinem Tod am 20. 12. 1799.

WERKE
Von David Traugott Nicolai wurden mehrere Kantaten und kleinere Cembalostücke in die von Johann Adam Hiller herausgegebenen Sammlungen aufgenommen. Sie beweisen, daß der Komponist die vom Vater übernommenen Lehren des großen Thomaskantors getreu befolgte.

Johann Michael Nicolai
(1629–85)

ZEIT UND UMWELT
Die profane Konzertmusik nahm im letzten Drittel des 17. Jahrhunderts in Deutschland immer mehr zu. Die Aufführungen fanden zwar noch immer zum größten Teil vor den Gästen der einzelnen Fürstenhöfe statt, von denen der Bürger in der Regel ausgeschlossen war. Da sich aber auch die Stadtmusiker, deren Wirkungskreis immer größer wurde, der profanen Kompositionen, besonders wenn es sich um Instrumentalmusik handelte, annahmen, wurden diese auch breiten Kreisen zur Kenntnis gebracht.

LEBEN
Johann Michael Nicolai wurde 1629 in Ulrichshalben geboren. Er war Mitglied der Kapelle des Herzogs Julius Heinrich von Sachsen-Lauenburg. Im Jahr 1655 wurde er Instrumentalist und Leiter des Knabenchores in der Hofkapelle von Stuttgart, wo er am 26. 1. 1685 starb.

WERKE
Der deutsche Komponist Johann Michael Nicolai verfaßte »Geistliche Harmonien« für Alt, Tenor, Baß, zwei Violinen und Generalbaß, sodann »Instrumentalische Sachen«, 3 Teile für Violinen, Gamben, Violen, Violon und Fagott in verschiedener Besetzung mit Generalbaß. Weitere Sonaten für Violinen, Violen, Gamben sind handschriftlich erhalten. Er kultivierte bereits die später im 18. Jahrhundert beliebte Sonatenform für zwei Violinen und Baß.

Otto Nicolai (1810–49)

ZEIT UND UMWELT
Die Wiederkehr absolutistischer Regierungsformen in Europa nach dem Sturz Napoleons stattete auch in Preußen Adel und Beamtentum mit der alten Machtvollkommenheit aus. Sie konnten, wie im Jahrhundert zuvor, Künstler fördern und in Stellungen bringen, die diesen ein sorgenfreies Dasein gewährten. Musiker wurden vorgezogen, offensichtlich weil ihre Sprache zu vieldeutig war, um als revolutionär eingestuft zu werden. Viele davon hatten auch keine politischen Ambitionen, sie wünschten nur, ihrer Musik zu leben, und beugten sich widerspruchslos vor den Mächtigen, wer immer sie auch waren.

LEBEN
Otto Carl Ehrenfried Nicolai wurde am 9.6. 1810 in Königsberg (Kaliningrad) geboren. Er kam mit 16 Jahren nach Berlin, wo er unter Carl Friedrich Zelter, Bernhard Klein und Ludwig Berger die bis dahin sehr mangelhafte Ausbildung vervollkommnete. Im Jahr 1833 wurde er Organist an der Kapelle der preußischen Gesandtschaft in Rom, 1835 erhielt er Unterricht von Giuseppe Baini. Er komponierte als letzter Deutscher eine Serie italienischer Opern mit wechselndem Erfolg. Conradin Kreutzer, unter dem er bereits von 1837 bis 1838 als Kapellmeister am Kärntnertor-Theater gewirkt hatte, folgte er 1841 als Hofkapellmeister in Wien nach, wo er die Philharmonischen Konzerte ins Leben rief und 1843 mit einer Aufführung der 9. Sinfonie von Ludwig van Beethoven eröffnete. Auf

Otto Nicolai

Grund inzwischen angeknüpfter Beziehungen zu Berlin wurde er 1847 Dirigent des dortigen Domchors und Kapellmeister der Königlichen Oper. Er starb am 11.5.1849 in Berlin.

WERKE

Von Otto Nicolai sind 2 Sinfonien (c-Moll, D-Dur), eine Weihnachtsouvertüre über das Thema »Vom Himmel hoch«, ein Trauermarsch, ein Klavierkonzert, eine Fantasie für Klavier und Streichquartett, eine Klaviersonate, eine Cellosonate, eine Messe in D-Dur, ein Requiem, ein Te Deum und eine Festouvertüre zur Zweihundertjahrfeier der Universität Königsberg erschienen. Von seinen Opern errang »Die lustigen Weiber von Windsor« einen durchschlagenden Erfolg; sie wird heute noch oft gegeben. Die Ouvertüre mit der hochromantischen Schilderung des Mondaufganges ist zum Konzertstück geworden.

LITERATUR

U. Konrad, Otto Nicolai, Studien zu Leben und Werk, Baden-Baden 1986.

Philipp Nicolai (1556–1608)

ZEIT UND UMWELT

Hamburg hatte eine weit zurückliegende kirchenmusikalische Tradition. Von den großen Kirchen der Stadt erhielt Sankt Katharinen bereits 1543 eine große Orgel. Der Chor der Kirche genoß einen weitreichenden Ruf.

LEBEN

Philipp Nicolai wurde am 10. 8. 1556 in Mengeringshausen, Waldeck, geboren. Er war Theologe, Dichter und Musiker und erhielt, nachdem er in Wildungen als Hofprediger und in Unna als Pfarrer gewirkt hatte, die Stelle eines Hauptpastors an St. Katharinen in Hamburg, wo er am 26. 10. 1608 starb.

WERKE

Von Philipp Nicolai stammen Text und Vertonung mehrerer sehr bekannter Kirchenlieder, darunter »Wachet auf, ruft uns die Stimme« und »Wie schön leuchtet der Morgenstern«, die für das deutsche Kirchenlied an der Wende zum 17. Jahrhundert typisch sind.

LITERATUR

W. Blankenburg, Die Kirchenliedweisen von Philipp Nicolai, Musik und Kirche XXVI, 1956.

Nicolas de Grigny (1672–1703)

ZEIT UND UMWELT

Die kleine Entfernung zwischen Paris und Reims begünstigte den Kontakt zwischen den Kirchenkapellen der beiden Städte. Es war nicht schwierig für Musiker in Reims, sich ihre Ausbildung in Paris zu holen.

LEBEN

Nicolas de Grigny, dessen Großvater Robert de Grigny (1584, Reims, bis 1661, Reims) und dessen Vater Louis de Grigny (1644, Reims, bis 1709, Reims) Organisten in Reims gewesen waren, wurde am 8. 9. 1672 in Reims geboren. Er war Schüler von Nicolas Lebègue in Paris und anschließend von 1693 bis 1695 Organist an der Abtei St-Denis bei Paris, sodann in gleicher Eigenschaft ab 1697 bis zu seinem Tod am 30. 11. 1703 an der Kathedrale in Reims.

WERKE

Vom französischen Organisten und Komponisten Nicolas de Grigny ist nur ein »Premier Livre d'Orgue«, der eine Orgelmesse und 5 Hymnen enthält, überliefert. Diese entwickelte neue Stilformen wie etwa die fünfstimmige Orgelfuge.

Messe aus dem Premier Livre d'Orgue

In dieser Messe, die zum Großteil fünfstimmig gehalten ist, wechseln Stücke mit gregorianischem Cantus firmus und freie Kompositionen, wie Duo, Trio, Fughetto, Solo, Dialog, ab, so daß sich ein abwechslungsreiches Bild ergibt. Sie muß auf zwei Manualen mit verschiedener Registrierung gespielt werden, was viel Farbigkeit bringt.

Nicolas de la Grotte
(um 1530 bis um 1600)

ZEIT UND UMWELT
Die homophone (und homorhythmische) Kompositionstechnik, bei der die einzelnen Stimmen ihre Eigenständigkeit verlieren und die Melodiestimme im Gleichschritt entweder akkordisch oder kontrapunktisch begleiten, setzte sich in der Liedkomposition des ausgehenden 16. Jahrhunderts immer stärker durch. Sie entsprach dem Bestreben, eine erhöhte Textverständlichkeit der komponierten Dichtung zu sichern und der Musik eine rein illustrierende Funktion zuzuweisen. Hand in Hand ging damit, daß die Komponisten literarisch wertvolle Texte verwendeten, die für sich allein genügend künstlerische Ausdruckskraft hatten und durch eine Vertonung kaum gewinnen konnten.

LEBEN
Nicolas de la Grotte (Crotte) wurde um 1530 vermutlich in Paris geboren. Er war nach seiner Ausbildung bei Antoine de Bourbon, Duc de Vendôme (1518–62), als Cembalist und Organist tätig. Nach dessen Tod trat er in die Dienste des Herzogs von Anjou, dem späteren König Heinrich III., und versah die Stellung als Hoforganist bis zu seinem Tod um 1600.

WERKE
Die homophone Kompositionstechnik wurde von Nicolas de la Grotte als einem der ersten französischen Komponisten konsequent angewendet. Seine »Chansons de P. de Ronsard, Ph. Desportes et autres, mises en Musique« (Lieder von P. de Ronsard, Ph. Desportes und anderen, in Musik gesetzt) erlebten bis 1580 sechs Auflagen, seine drei- bis sechsstimmigen »Airs et chansons« wurden viel nachgedruckt und beeinflußten eine Reihe von zeitgenössischen und jüngeren Komponisten.

LITERATUR
R. Lebègue, Ronsard corrigé par un de ses musiciens, Revue de Musicologie XXXIX, 1927.

Nicolas de Marle
(um 1530 bis nach 1571)

ZEIT UND UMWELT
Die Musiktradition von Noyon reicht weit zurück. Die romanisch-gotische Kathedrale aus dem 12. und 13. Jahrhundert bewahrt einige sehr seltene Handschriften mit früher Musik auf. Der bischöflichen Kapelle war schon seit ihrem Bestehen eine Knabensingschule angeschlossen, in der die Sänger für die Kathedrale ausgebildet wurden.

LEBEN
Nicolas de Marle wurde um 1530 in oder bei Noyon geboren und an der Kathedrale der Stadt zum Sänger ausgebildet. Im Jahre 1568 wurde ihm die Leitung der Knabensingschule anvertraut. Er versah diese Stelle bis 1571 und starb in Noyon in einem der folgenden Jahre.

WERKE
Der französische Komponist Nicolas de Marle hinterließ 3 Messen und über 15 Chansons im Stil des 16. Jahrhunderts. Die Messen sind sehr klangschön, die Chansons frisch und lebendig.

Nicolaus de Senis
(um 1370 bis um 1430)

ZEIT UND UMWELT
Musica figurata oder Musica mensurabilis (mit Noten festgehaltene oder meßbare Musik) stand im 14. und 15. Jahrhundert im Gegensatz zur Musica plana (ebene, unrhythmisierte Musik) des Kirchengesanges. Es traten bald Mischformen auf, in denen unmensurierter Gesang in der Art der Gregorianik und in längere und kürzere Notenwerte eingeteilte Musik einander ablösten.

LEBEN
Nicolaus de Senis wurde um 1370 in Südspa-

nien geboren. Er war Mönch, Musiktheoretiker und Komponist und dürfte um 1430 gestorben sein.

WERKE
In seinem Werk »Regulae in discantu« (Kontrapunktregeln) behandelte Nicolaus de Senis auch die Ballata, den Rondellus und den Virondellus und gibt davon selbstkomponierte Beispiele, die diese Musikarten seiner Zeit kennzeichnen.

LITERATUR
H. Anglès, Dos tractats medievals de música figurada, Berlin 1929.

Filippo Nicoletti
(um 1550 bis nach 1605)

ZEIT UND UMWELT
Es ist auffällig, daß aus dem verhältnismäßig kleinen Ferrara eine beträchtliche Anzahl Musiker hervorging. Man muß das dem Bestreben der regierenden Familie d'Este zuschreiben, viele einheimische Kräfte zu ihren Kapellen heranzuziehen und auszubilden, die dann, wenn sie anderswo Stellungen suchten, gern aufgenommen wurden. Denn der Ruf der Stadt in der Musikwelt war zu jenen Zeiten dem der großen Städte Italiens ebenbürtig.

LEBEN
Filippo Nicoletti (Niccoletti) wurde um 1550 in Ferrara geboren und dort ausgebildet. Er blieb zumindest bis 1592 in seinem Geburtsort. Es ist aber nicht feststellbar, ob er dort in der Hofkapelle oder an einer Kirche tätig war. Als Komponist trat er erstmals 1578 an die Öffentlichkeit. Im Jahre 1605 erhielt er die Kapellmeisterstelle an San Lorenzo in Damasco in Rom, die er vermutlich bis zu seinem Tod versah. Sein Todesjahr ist unbekannt.

WERKE
Von Filippo Nicoletti erschienen zwei- und fünfstimmige Madrigale, deren Struktur etwas konservativ anmutet, während die 1604 veröffentlichten Villanellen einen sehr »modernen« Charakter aufweisen; es handelt sich um einfach gesetzte dreistimmige Lieder im Volkston der Zeit. Einzelstücke verschiedener Art finden sich in zeitgenössischen Sammelwerken.

Giuseppe Nicolini (1762–1842)

ZEIT UND UMWELT
Die Massenerzeugung von Opern setzte sich in Italien auch in den ersten Jahrzehnten des 19. Jahrhunderts fort. Sie wurden gleichmäßig gefällig und zum Teil mit interessanten melodischen Einfällen hergestellt, erhoben sich aber nur in einzelnen Fällen über das Niveau der Unterhaltungsmusik.

LEBEN
Giuseppe Nicolini wurde am 29. 1. 1762 in Piacenza geboren und von 1778 bis 1784 in Neapel am Conservatorio Sant'Onofrio von Giacomo Insanguine und Domenico Cimarosa ausgebildet. Im Jahr 1781 brachte er mit Erfolg ein Oratorium und 1793 in Parma seine erste Oper heraus. Ab 1816 stand er im Dienst des Teatro Comunale in Parma, 1819 wurde er Domkapellmeister in Piacenza, wo er am 18. 12. 1842 starb.

WERKE
Die etwa 70 Opern von Giuseppe Nicolini wurden zum Großteil mit Erfolg in Mailand, Venedig, Genua, Livorno, Bologna, Neapel, Rom, Wien, Piacenza, Padua und Verona aufgeführt. Außerdem schrieb er 7 Oratorien, ungefähr 40 Messen, 100 Psalmen, 2 Requiem, bei 20 Kantaten, Arien, Canzonetten, Sinfonien, Kammermusik, Sonaten und andere Stücke für Cembalo und Gitarre sowie Gelegenheitskompositionen.

LITERATUR
A. Rapetti e C. Censi, Un maestro di musica piacentino: Giuseppe Nicolini, Piacenza 1944.

Nicolle des Celliers d'Hesdin
(um 1470–1538)

Zeit und Umwelt
Chansons de geste waren Heldenlieder in Frankreich. Dann wurde das Chanson ein improvisiertes, meist instrumental begleitetes einstimmiges Lied der Troubadours. Nach 1500 entstanden Lieder neben den Madrigalen, die mehrstimmigen französischen a capella-Chansons. Viele Komponisten jener Zeit huldigten dieser heiter ausgelassenen, oft volkstümlichen Form. Zahlreiche Sammlungen erschienen damals.

Leben
Nicolle des Celliers d'Hesdin wurde um 1470 vermutlich in Paris geboren und dort zum Musiker ausgebildet. Er dürfte als Sänger an der Königlichen Kapelle gewirkt haben, bis man ihm die Leitung des Knabenchores an der Kathedrale Saint-Pierre in Beauvais übertrug. Er ist in Beauvais am 21. 8. 1538 gestorben.

Werke
Der Kirchenkomponist Nicolle des Celliers d'Hesdin hat mehrere äußerst eindrucksvolle Messen und Motetten geschrieben und gleichzeitig eine Anzahl sehr ansprechender Chansons, die als sehr pikant bezeichnet wurden. Die Texte sind aber nur voll von geistreichen, witzigen Wendungen, die von der Musik gut profiliert werden.

Tomasz Napoleon Nidecki (1806–52)

Zeit und Umwelt
Nachdem der polnische Aufstand der Jahre 1830/31 niedergeschlagen war, kehrte in das Land die Ruhe ein, die eben von einer absolutistischen Herrschaft garantiert wird. Das kulturelle Leben wurde von dem unterdrückten Volk mit allen Kräften gepflegt, besonders auf dem Gebiet der Musik, die der russischen Zensur naheliegend am wenigsten ausgesetzt war. Persönlichkeiten, die den Wirren nur ausgewichen waren, kehrten zum Großteil in die Heimat zurück, um sich am Kampf auf geistiger Ebene zu beteiligen.

Leben
Tomasz Napoleon Nidecki (Nidetzki) wurde 1806 bei Radom geboren. Er war am Konservatorium in Warschau Schüler von Józef Elsner und vollendete seine Ausbildung in Wien, wo er anschließend von 1833 bis 1838 als Dirigent am Theater in der Leopoldstadt wirkte. Im Jahr 1838 kehrte er nach Warschau an die Oper zurück, deren Leitung er bis zu seinem Tod am 5. 6. 1852 innehatte.

Werke
Außer einer Anzahl Bühnenmusiken zu Parodien, Possen und Zauberstücken hat Tomasz Napoleon Nidecki zahlreiche Instrumental- und Vokalmusik, besonders für die Kirche – Messen, Proprien, Marienlieder – geschrieben. Es wurde nur wenig davon gedruckt, ein Großteil der Manuskripte ist verschollen. Die Bühnenmusiken beweisen jedoch seine beachtliche kompositorische Fähigkeit.

Louis Niedermeyer (1802–61)

Zeit und Umwelt
Dem sich immer mehr verstärkenden allgemeinen Interesse für ältere und alte Kirchenmusik entgegenkommend, subventionierte auch in Frankreich die öffentliche Hand deren Pflege und Unterricht. Voererst von privater Seite gegründete Institutionen, die sich damit befaßten, wurden ganz oder zumindest teilweise mit staatlicher Unterstützung weitergeführt. Dadurch wurden wertvolle Forschungsarbeiten ermöglicht.

Leben
Louis Abraham Niedermeyer wurde am 27. 4. 1802 in Nyon am Genfer See geboren. Er nahm bei Ignaz Moscheles Klavierunterricht und studierte in Wien bei Emanuel Aloys Förster, in Rom bei Valentino Fioravanti (1764 bis 1837) und in Neapel bei Nicola Antonio Zingarelli Komposition. Er lebte zuvor in Genf als Liederkomponist, sodann ab 1823 in Paris, kehrte 1828 nach Nyon zurück und ließ

sich 1836 endgültig in Paris nieder. Nachdem er mit seinen Opern erfolglos geblieben war, wandte er sich der Kirchenmusik zu und rief 1853 die von Alexandre Étienne Choron gegründete Kirchenmusikschule unter dem Titel École Niedermeyer mit staatlicher Unterstützung neu ins Leben. Er starb am 13.3.1861 in Paris.

WERKE
Neben einer Reihe wenig erfolgreicher Opern veröffentlichte Louis Niedermeyer eine Reihe von Liedern, die sehr populär wurden, sowie Klavier- und Orgelstücke. In Kirchen werden noch heute seine Messen und zahlreiche Motetten gesungen. Seine Bemühungen um die Kirchenmusik hat diese sehr gefördert.

LITERATUR
M. Galerne, L'École Niedermeyer, Paris 1928.

Friedrich Erhardt Niedt (1674–1708)

ZEIT UND UMWELT
Kopenhagen bezog auch in der ersten Hälfte des 18. Jahrhunderts den Großteil seiner Musiker aus Deutschland, besonders aus dem nahen Hamburg. Für eine eigenständige dänische Musikentwicklung war offenbar die Zeit noch nicht gekommen.

LEBEN
Friedrich Erhardt (Erhard) Niedt wurde am 31. 5. 1674 in Jena getauft, studierte dort Jurisprudenz und war zugleich Musikschüler von Johann Nikolaus Bach. Er wirkte bis vor 1700 als Notar in Jena, ging sodann als Musiker nach Hamburg und von dort als Organist nach Kopenhagen, wo er im April 1708 starb.

WERKE
Der deutsche Komponist und Musiktheoretiker Friedrich Erhardt Niedt verfaßte eine Generalbaß- und Kompositionslehre (die Johann Sebastian Bach seinem Unterricht zugrunde legte) mit 60 Orgeldispositionen und Musikbeilagen, außerdem 6 Suiten für Oboe und Generalbaß.

Manfred Niehaus (geboren 1933)

LEBEN
Manfred Niehaus wurde am 18.9.1933 in Köln geboren. Von 1957 bis 1961 studierte er an der Hochschule für Musik seiner Geburtsstadt bei Bernd Alois Zimmermann Komposition. Von 1963 bis 1965 wirkte er als Dramaturg und Spielleiter der Landesbühne in Eßlingen am Neckar und anschließend freischaffend als Komponist und Regisseur. Im Jahr 1967 wurde er Redakteur der Musikabteilung des Westdeutschen Rundfunks in Köln. Er gehört der »Gruppe 8 Köln« an.

WERKE
Neben 7 musikalischen Stücken für Bühne oder Bildschirm schrieb Manfred Niehaus ein Orchesterstück, ein Violinkonzert, eine Sinfonia I–III, ein Stück für Orchester und Live-Electronic, eine Fantasie über ein Thema von Paganini für Orchester, »Sequenzen und Blenden« für Bratsche, Schlagzeug und beliebiges Begleitensemble, ein Quintett für Oboe, Es-Klarinette, Es-Saxophon, Tenorhorn und Flügelhorn, ein Streichquartett in Negativform, ein Streichtrio, lyrische und elektrische Szenen für Fagott, Cello und elektrische Baßgitarre und Baritonsolo ad libitum, 6 Orgelstücke, eine Kantate für Vokalquartett, Streichorchester, Klavier und Schlagzeug, eine Kantate für Sopran, Kontratenor, Tenor, Bariton, drei Violinen, Bratsche und Schlagzeug, »Landkarte« für Gesang, drei Violinen, Bratsche, Akkordeon oder Harmonium, »7 Haikai« für Sopran, Sprecherin, Piccolo, Violine, Gitarre und Gläserspiel, »Verkündigung« für Sopran, Harfe und Orgel oder Sopran, Harfe, zwei Klarinetten, Harmonium, Celesta und Kontrabaß, außerdem Bühnen-, Film- und Hörspielmusik.

Carl Nielsen (1865–1931)

LEBEN
Carl August Nielsen wurde am 9.6.1865 in Nørre Lyndelse bei Odense, Insel Fünen, geboren. Mit 14 Jahren trat er in eine Militärkapelle in Odense als Trompeter und Posau-

nist ein, mit 18 fand er bei dem von Niels Wilhelm Gade geleiteten Konservatorium in Kopenhagen Aufnahme. Im Jahr 1891 erhielt er an der Königlichen Kapelle die Stelle eines Zweiten Violinisten, 1908 wurde er ihr Dirigent. Von 1915 bis 1927 wirkte er als künstlerischer Leiter des Kopenhagener Musikvereins, von 1918 bis 1925 dirigierte er auch neben Wilhelm Stenhammar die Konzerte in Göteborg, ab 1915 wirkte er als Kompositionslehrer am Konservatorium in Kopenhagen, dessen Leitung ihm 1931 anvertraut wurde. Er starb jedoch bereits am 3.10. desselben Jahres in Kopenhagen.

WERKE

Die Werke von Carl Nielsen, der unbestreitbar einer der hervorragendsten Komponisten des gesamten nordischen Musikschaffens war, wurden zu seinen Lebzeiten außerhalb seiner Heimat kaum zur Kenntnis genommen. Seine der Zeit weit vorausgreifende Musik konnte das von den Klangorgien der Spätromantiker faszinierte Publikum nicht gewinnen. Erst unsere Gegenwart wandte sich wie bei Gustav Mahler (1860–1911), dessem nordischen Gegenstück, das auf die neuere Musik Skandinaviens einen bedeutenden Einfluß ausgeübt hat, das Interesse zu, das ihm gebührte. Vor allem setzte sich Leonard Bernstein für sein Werk ein. Nielsen war vor allem Sinfoniker. Seine Fakturen gehen weit über den Impressionismus hinaus. Polytonalität, unaufgelöste Dissonanzen, Quartenakkorde, Polyharmonik bestimmen den Klang seiner Kompositionen. Von seinen 6 Sinfonien tragen zwar 4 programmatische Titel, sind jedoch von jeder Programmusik weit entfernt. Die Titel deuten nur einen poetischen Stimmungsgehalt an. Die Nummern 3 bis 6 werden am häufigsten gespielt. Er schrieb ferner mehrere Orchesterfantasien, Ouvertüren und Suiten, ein Violin-, ein Flöten- und ein Klarinettenkonzert, ein Bläserquintett, eine »Serenata in vano« (vergebliche Serenade) für Klarinette, Fagott, Horn, Cello und Kontrabaß, 4 Streichquartette, 2 Sonaten für Violine und Klavier, 2 Suiten und eine Chaconne für Klavier, 29 »Kleine Präludien« und ein »Commotio« (Bewegung) für Orgel. Von seinen Chorwer-

Carl Nielsen

ken sind der lateinische »Hymnus amoris«, »Der Schlaf« und »Finnischer Frühling« am bekanntesten. Er verfaßte außerdem 2 Opern und mehrere Schauspielmusiken.

Sinfonie Nr. 1 in g-Moll, Opus 7, 4 Sätze, entstanden 1892

Dieses Werk ist architektonisch noch von Johannes Brahms abhängig. Es trägt auch im Gegensatz zu den folgenden Sinfonien eine Tonartbezeichnung, obwohl es in C-Dur beginnt und endet. Die Themen sind typisch dänisch, aber es fehlt jede Sentimentalität. Man könnte sagen, daß die volkstümlichen Wurzeln der Musik blank und realistisch dargestellt sind. Für den Komponisten war Kunst »eine menschliche Angelegenheit, und die menschliche Geisteskultur und all das, was wir persönlichen Geschmack nennen, der Bestimmung durch die Wirklichkeit unterworfen.«

Sinfonie Nr. 2, »Die vier Temperamente«, Opus 16, 4 Sätze, entstanden 1902

Nach seiner eigenen Mitteilung wurde der Komponist zu diesem Werk von einer bis in das Groteske übertriebenen Darstellung der »Vier Temperamente« angeregt. Er hatte dabei seine Abhängigkeit von der Tradition abgestreift; es fehlen auch schon die Tonart bestimmende Vorzeichen. Der 1. Satz, »Allegro collerico«, setzt mit einer ungestümen Phrase ein, Fanfaren, rasende Streichpassagen, Dissonantenhäufungen, dramatische Engführungen, kennzeichnen den »Koleriker«. Im 2. Satz, »Allegro comodo e flemmatico«, tritt der »Phlegmatiker« auf, den nichts aus seiner tatenlosen Ruhe reißen kann. Der 3. Satz, »Andante melancolico«, ist voll elegischer Trauer, die streckenweise auf zweiter harmonischer Ebene von überlegenem Hohn begleitet ist. Das Finale, »Allegro sanguineo«, beginnt mit einem energischen, scharf rhythmisierten, stark dissonanten Marsch, in dem einige harte Einwürfe die fallweisen Mißerfolge des vorwärtsstürmenden Sanguinikers kennzeichnen; diese werden jedoch vom Optimismus überspielt. Es handelt sich im ganzen Stück um keinerlei Programmusik, sondern um realistische Darstellungen ohne poetische Verbrämung.

Sinfonie Nr. 3, »Sinfonia espansiva«, Opus 27, 4 Sätze, entstanden 1911

Der 1. Satz gibt dem Werk mit seinem Allegro espansivo Namen und Gestalt. Mit weit ausholender Melodik und energischem Rhythmus drängt die Musik von Spannungsfeld zu Spannungsfeld, die Themen werden weiträumig ausgesponnen bis zu einem breiten Abschluß. Der 2. Satz bringt ein pastorales Naturbild. Dem Orchester sind Sopran- und Baritonvokalisen beigegeben, gleichsam um zu betonen, daß auch der Mensch ein Bestandteil der Natur ist. Der heitere 3. Satz besteht aus einem Tanz aus der Heimat des Komponisten. Im 4. Satz ist das Hauptthema volkstümlich intoniert und gehalten, um der Sinfonie ein liedhaftes Ende zu verleihen.

Sinfonie Nr. 4, »Das Unauslöschliche«, Opus 29, 4 Sätze, entstanden 1916

Das Werk, während des Ersten Weltkriegs geschrieben, ist ein musikalischer Ausdruck des unbedingten Willens, zu leben und zu überleben: »Musik ist Leben, unauslöschlich wie dieses.« Schon im 1. Satz kommt es zu einer explosiven Konfliktspannung, einem Kampf zwischen formbildenden und zerstörenden Elementen. Ein kammermusikalisches Holzbläserintermezzo leitet zum 2. Satz, der selbst nur einen Ruhepunkt vor dem gewaltigen 3. Satz bildet, in dem barocke Musikformen in grandioser Polyphonie gebracht werden. Im 4. Satz wird an den Krieg erinnert, die beiden Paukenpaare dröhnen wie Kanonendonner, aber mit einer Blechbläserhymne wird am Ende die Unzerstörbarkeit des unauslöschlichen Lebens triumphal verkündet.

Sinfonie Nr. 5, Opus 50, 2 Sätze, entstanden 1920

Der 1. Satz entwickelt in freier Tonalität über ein langes Bratschentremolo eine Fagottmelodie, die von einem Duo der Flöten und Hörner abgelöst wird. Dann übernehmen die Bratschen die Führung, die Ersten Violinen treten hinzu und am Ende die Kleine Trommel. Hartnäckige Ostinati, extrem hoch geführte Holzbläser und reichliches Schlagwerk bieten ein eigentümliches faszinierendes Klangbild, das in ein polyphones Adagio non troppo übergeht. Rücksichtslos läuft »ein Kampf zwischen der wilden Üppigkeit der Natur und der ordnenden Macht der Kultur« auf zwei verschiedenen musikalischen Ebenen ab, die sich erst am Ende zu einer mächtigen Klangballung vereinen. Im 2. Satz ist auf Schlagwerk verzichtet. Das kräftige Eröffnungsthema wird zerlegt, der Streicherchor durch nahezu unspielbare Passagen gejagt, eine Fuge zerfällt, ermattet durch die ständig störenden Einwürfe, bis es zu einer neuen fünfstimmigen Fuge im Andante un poco tranquillo kommt, die geordnet und strahlend ausklingt.

Sinfonie Nr. 6, »Sinfonia semplice«, ohne Opuszahl, 3 Sätze, entstanden 1925

Dieses Werk sollte nach der Ansicht des Komponisten einen »ganz idyllischen Charakter, ganz fern von zeitbedingtem Geschmack und Mode«, enthalten, doch trifft das höchstens für den 1. Satz zu. Es handelt sich keineswegs um eine »Sinfonia semplice« (einfache Sinfonie), sie ist im Gegenteil äußerst differenziert und problembeladen angelegt; das geplante Divertissement wandelt sich bald zur Tragödie, zum burlesken und grimmigen Ausdruck völliger Desillusionierung und des Wissens um die völlige Nutzlosigkeit jedes Bemühens. Schon der 1. Satz deutet an, daß der Komponist jeden Kampf für sinnlos und vergebens ansieht. Seine schneidenden Dissonanzen klingen anfangs wie Scherze, sie weichen aber bald der Resignation und münden in grotesken, blutigen Humor. Der 2. Satz ist mit »Humoreske« überschrieben und wird von einem Kammerensemble – Pikkolo, zwei Klarinetten, zwei Fagotte, Glockenspiel, Triangel, Kleine Trommel, gestopfte Posaune – gebracht. Böser Humor, ätzende Satire schrecken vor keiner klanglichen Provokation zurück. Der 3. Satz, »Proposta seria« (ernsthafter Vorschlag), hat strenge Linienführung und bringt in einer Variationenreihe einen vagen Ausblick auf kommende bessere Zeiten, die allerdings in weiter Ferne liegen.

Violinkonzert, Opus 33, 2 Sätze, entstanden 1911

Die Absicht, ein Violinkonzert zu schreiben, stürzte den Komponisten nach seinem eigenen Bekenntnis in das Dilemma, auf der einen Seite dem Publikum und den Interpreten zuliebe die alte Form des Konzerts mit Kantilenen, virtuosen Wendungen, Kadenzen und klingenden Mehrfachgriffen zu wahren, auf der anderen seinen persönlichen Stil nicht aufzugeben. Dies ist ihm aber im höchsten Maß gelungen. Das Werk, dessen zwei Sätze mit einer langsamen Einleitung versehen sind, bringt schöne sangliche Melodien, sein Schwierigkeitsgrad könnte kaum noch überboten werden, so daß viele Violinisten sich nicht heranwagten, und dabei ist es so expressiv wie alle Musik des Meisters. Es ist eines der interessantesten Violinkonzerte seiner Zeit geworden.

Flötenkonzert, ohne Opuszahl, 2 Sätze, entstanden 1926

»Sein Umfang ist nicht groß, aber voll liebenswürdiger Wendungen, wie zum Beispiel die Dialoge zwischen Flöte und Pauken und Fagott. Es ist reizvoll, fließend und nicht ohne Humor«, urteilte Arthur Honegger über das Werk. Dem ist hinzuzufügen, daß das Konzert eine wertvolle Bereicherung der Flötenliteratur darstellt. Der Ausdruckskraft des Orchesters ist der Flötenpart als liebenswürdige Geste beigegeben, so daß das Werk trotz der neuartigen Faktur gut aufgenommen wurde.

Klarinettenkonzert, Opus 57, 3 Sätze, entstanden 1928

Zur Klarinette tritt als zweites Soloinstrument eine Kleine Trommel. Der Klarinettenpart ist außerordentlich schwierig und schöpft alle Möglichkeiten des Instruments voll aus. Das Werk ist in freie Fugenform gefaßt, in der klassische Elemente mit völlig neuer Konzeption glücklich verschmolzen sind. Der rondoförmige Schlußsatz wirkt volkstümlich musikantisch und klingt kantabel und friedlich aus.

Serenata in vano für Klarinette, Fagott, Horn, Cello und Kontrabaß, ohne Opuszahl, 3 Teile, entstanden 1914

Dieses Stück kommt der Programmusik nahe. Es handelt sich um einen liebenswürdigen Scherz. Die Musikanten spielen vor dem Haus einer Schönen eine kavalereske Serenade, um die Dame auf den Balkon zu locken. Sie erscheint nicht. Nun versuchen sie es mit sehnsuchtsvollen, einschmeichelnden Weisen, aber auch das ist vergebens. Darauf geben es die Spieler auf und machen zu ihrem Trost für sich selbst Musik. Mit einem Marsch treten sie den Rückzug an.

Commotio für Orgel, Opus 58, 4 Teile, entstanden 1931

Der Komponist schrieb zu seinem Werk: »Ich habe versucht, den einzig echten und sachgerechten Orgelstil neu zu beleben, eine polyphone Musik, die auf dieses Instrument zugeschnitten ist, das so lange fälschlich für eine Art Orchester gehalten wurde.« Der Stil des Werks könnte als »neubarock« angesprochen werden, aber die Handschrift des Komponisten wird in jeder Zeile deutlich. Es beginnt mit einem freien einleitenden Adagio, darauf folgt die erste Fuge; ein langsamer Satz führt zur zweiten, grandios in C-Dur ausgearbeiteten Fuge, die in eine prächtige Coda mündet.

Literatur

T. Meyer und F. Schandorf Petersen, Carl Nielsen, Kopenhagen 1947/48. R. W. Simpson, Carl Nielsen, London 1952. D. Fog, Carl Nielsen, Kopenhagen 1965.

Ludolf Nielsen (1876–1939)

Leben

Ludolf Nielsen wurde am 29.1.1876 in Nørre-Tvede, Dänemark, geboren. Er studierte am Konservatorium in Kopenhagen. Nach Aufenthalten in Berlin und Leipzig wirkte er als Solobratschist und Vizedirigent des Tivoli- und Palaisorchesters bis 1907, dann vollendete er seine Ausbildung in Deutschland, Österreich und Italien. Darauf lebte er in Kopenhagen als Musiklehrer bis zu seinem Tod am 11.5.1939.

Werke

Von Ludolf Nielsen sind 3 Sinfonien, 3 sinfonische Dichtungen, 4 Suiten, 3 Streichquartette, 2 Ballette, Chöre und zahlreiche Lieder, außerdem mehrere Opern, von denen zwei aufgeführt wurden, bekannt geworden. Er gehört zur nordischen Spätromantik.

Francesco Nigetti (1603–80)

Zeit und Umwelt

Das von Nicola Vicentino (1511–76) erfundene Archicembalo sollte die drei antiken Tongeschlechter spielbar machen und besaß dafür sechs Tastenreihen auf zwei Manualen angeordnet. Die Obertasten waren gebrochen, zwischen e–f und h–c waren je eine Taste eingeschoben. Der Musiktheoretiker Giovanni Battista Doni (um 1594, Florenz, bis 1. 12. 1647, Florenz) erfand ein ähnliches Instrument mit drei Manualen, das weitere Nachahmer fand.

LEBEN

Francesco Nigetti wurde am 26. 4. 1603 in Florenz geboren. Er war Schüler von Girolamo Frescobaldi und Marco da Gagliano. Ab 1629 wirkte er als Kapellmeister und Organist am Dom in Prato und wurde 1649 erster Organist am Dom in Florenz, wo er am 12. 2. 1680 starb.

WERKE

Vom angeblich umfangreichen kompositorischen Werk des italienischen Komponisten, Organisten und Theorbisten Francesco Nigetti sind nur eine Soloarie mit Generalbaß und ein Terzett mit Generalbaß erhalten. Seine Sinfonien sowie alle sonstigen Kompositionen sind verschollen. Er konstruierte ein fünfmanualiges Cembalo, das so gestimmt war, daß jeder Ton fünfgeteilt war und man so die drei antiken Tongeschlechter rein spielen konnte. Für dieses Instrument, das er Omnicordo nannte, nahm er das Archicembalo von Nicola Vincentino zum Vorbild.

Tolia Nikiprowetzky (geboren 1916)

LEBEN

Tolia Nikiprowetzky wurde am 12.9.1916 in Feodosija, Krim, geboren. Seine erste musikalische Ausbildung erhielt er am Konservatorium in Marseille. Ab 1937 studierte er in Paris bei Simone Plé-Caussade (geboren 14.8.1897, Paris) und Louis Laloy (18.2.1874, Gray, Haute-Saône, bis 3.3.1944, Dole, Jura) sowie bei René Leibowitz. Von 1950 bis 1955 wirkte er im Vorstand der Musikabteilung des marokkanischen Rundfunks. Anschließend wurde er in Paris für den Überseeradiodienst verpflichtet. Er beschäftigte sich intensiv mit afrikanischer Volksmusik.

WERKE

Außer 2 Bühnenwerken schrieb Tolia Nikiprowetzky eine Sinfonie, eine Sinfonietta, ein Diptychon, ein Adagio, eine konzertante Sinfonie für Bläserquintett und Streichorchester, ein Streichquartett, eine Sonate und weitere Klavierwerke, Kantaten und Lieder. In seinen Kompositionen ist viel afrikanische Folkore verarbeitet.

Lasar Nikolow (geboren 1922)

LEBEN

Lasar Nikolow wurde am 26.8.1922 in Burgas, Bulgarien, geboren. Er studierte an der Musikakademie in Sofia bei Dimitar Nenow. Seit 1961 wirkt er an derselben Lehranstalt als Lehrer. Von 1965 bis 1969 war er Sekretär des bulgarischen Komponistenverbandes.

WERKE

Außer einer Kammeroper schrieb Lasar Nikolow 2 Sinfonien, ein Konzert für Streichorchester, eine Sinfonie für 13 Streicher, ein Divertimento für Kammerorchester, 2 Klavierkonzerte, ein Concertino für Klavier und Kammerorchester, ein Klavierquintett, 2 Streichquartette, mehrere Duos mit verschiedener Besetzung, 4 Sonaten und weitere Werke für Klavier, Gesänge für gemischten Chor und kleines Instrumentalensemble, Bühnen- und Filmmusik. Er stützt sich zumindest teilweise auf die heimische Folklore.

Józef Nikorowicz (1827–90)

ZEIT UND UMWELT

Der politische Druck der Wiener Regierung auf die bei der dritten Teilung Polens gewonnenen Gebiete war im allgemeinen nicht sehr groß. Der polnische Adel konnte in Wien sogar nachhaltigen Einfluß ausüben. Die Lage im ukrainischen Teil war schlimmer, weil dort die soziale Oberschicht, soweit sie nicht deutsch war, fast ausschließlich aus Polen bestand und ihre Macht ausüben konnte. Lemberg zum Beispiel war völlig von Polen beherrscht. Die Ukrainer – Ruthenen genannt – waren völlig entrechtet und nahmen am kulturellen Leben der Stadt nur am Rand teil.

Leben
Józef Nikorowicz wurde am 2.4.1827 in Zboiska bei Lemberg (Lwiw) geboren. Er studierte in Lemberg und darauf in Wien beim Musikologen Martin Gustav Nottebohm (22.11.1817, Lüdenscheid, bis 29.10.1882, Graz). Es ist nicht bekannt, ob er eine musikalische Stelle bekleidete. Er starb am 6.1.1890 in Chyrów bei Rzeszów.

Werke
Von Józef Nikorowicz wurden zahlreiche Klavierstücke – Marzurkas, Fantasien –, die er in Lemberg und anderen galizischen Städten vortrug, bekannt. Er schrieb ferner Lieder, von denen ein Ave Maria sehr verbreitet war.

Guillaume Gabriel Nivers
(1632–1714)

Zeit und Umwelt
Nirgends erfuhr die kirchenmusikalische Tradition eine intensivere Pflege als in Frankreich. Während die profane Musik und die Oper die Entwicklungsphasen anderer Länder bald überholte und zurückließ, erklang in den Kirchen eine Gregorianik, die sich von der ursprünglichen stark abhob, Melos und Stimmung aber mit dem Menschen des 17. Jahrhunderts in Einklang zu bringen suchte. Wenn in späteren Jahrhunderten solche Bestrebungen verurteilt wurden, hatte das seinen Grund wohl auch darin, daß diese strengen Richter keine Menschen des Barock waren.

Leben
Guillaume Gabriel Nivers wurde 1632 bei Paris geboren. Er studierte an der Universität in Paris und erhielt den Titel eines Magister artium. Ab 1654 war er Organist an Saint-Sulpice in Paris und betreute dieses Amt bis zu seinem Tod am 30. 11. 1714. Gleichzeitig wirkte er ab 1678 als einer der vier Organisten der Königlichen Kapelle und ab 1681 als Musikdirektor der Königin. Nachdem das Stift St-Louis in St-Cyr errichtet worden war, wurde ihm dort 1686 die Stelle des Organisten und Musikdirektors übertragen. Um die Leitung der Königlichen Kapelle bewarb er sich vergebens.

Werke
Der französische Komponist Guillaume Gabriel Nivers verdient vor allem wegen seiner liturgischen Kompositionen Beachtung; er verfaßte »Graduale romanum iuxta missale«, »Antiphonarium romanum iuxta Breviarium«, »Passiones Domini nostri Jesu Christi cum benedictione cerei Paschalis« (Osterkerzenweihe), »Graduale romanum in usum monialum ordinis sancti Augustini«, »Lamentationes Jeremiae Prophetae«, »Graduale monasticum iuxta missale in usum monialum ordinis sancti Benedicti« (Prozessionsgesang). Weiters schrieb er für den kirchlichen Gebrauch 3 Orgelbücher mit 100 Stücken auf allen Kirchentönen, Messen und Hymnen, Motetten für eine und zwei Stimmen und Generalbaß, kirchliche Gesänge für Frauenstimmen und eine Kantate zu Ehren von Françoise d'Aubigné, Marquise de Maintenon, der heimlich angetrauten Gemahlin Ludwigs XIV. (1638 bis 1715).

Literatur
W. Pruitts, Bibliographie des œuvres de Guillaume Gabriel Nivers, in: Recherches XIII, 1973.

Henry George Nixon (1796–1849)

Zeit und Umwelt
Die katholische Kirchenmusik Englands im 19. Jahrhundert hielt mit der des Kontinents, die zum größeren Teil die Fakturen der Romantik übernahm und nur zum geringen alte Stilgattungen wieder aufleben ließ, gleichen Schritt. Es gab wenige katholische Kirchenkomponisten in England selbst; die Kirchen mußten sich vom Kontinent versorgen. Schon dieser Umstand bewirkte ein mehr oder minder starkes Einordnen der einheimischen Kirchenkomposition in den allgemeinen Entwicklungsgang.

Leben

Henry George Nixon wurde am 20.1.1796 in Winchester geboren und dort zum Organisten ausgebildet. Von 1817 bis 1820 versah er an St. George's Chapel den Organistendienst, sodann bis 1836 an Warwich Street Chapel und schließlich bis 1839 an St. Andrew's Roman Catholic Chapel in Glasgow; die letzten Jahre bis zu seinem Tod 1849 wirkte er an St. George's Cathedral in Southwark (Großlondon).

Werke

Von Henry George Nixon sind 5 Messen, ein Te Deum, 2 Hymnen, eine Kantate, Vespern für die Festtage des gesamten Kirchenjahres, ferner Klaviersoli und Lieder erhalten. Sämtliche Musik gehörte rückhaltlos der Romantik an.

Andrzej Niżankowski (um 1580–1655)

Zeit und Umwelt

Der polnische Musikwissenschafter Hieronim Feicht (22. 9. 1894, Mogilno, Poznan, bis 31. 3. 1967, Warschau) lehnte die Annahme ab, daß die 1660 in Nordostpolen aufgefundene Orgeltabulatur von der Hand des polnischen Organisten Andrzej Niżankowski stamme. Trotzdem wird diese Meinung von anderen nicht unbegründet aufrechterhalten.

Leben

Andrzej Niżankowski (Nizankowius) wurde um 1580 in Polen geboren. Zwischen 1625 und 1635 war er Schüler von Girolamo Frescobaldi in Rom, wo er ungefähr drei Jahre lang als Organist an Santa Maria sopra Minerva wirkte. Darauf wurde er Organist der Abtei des Dominikanerordens in Krakau, dem er selbst angehörte, wo er am 3.4.1655 starb.

Werke

Unter den vielen Schülern, die aus allen Ländern nach Rom kamen, um beim Orgelmeister Girolamo Frescobaldi Unterricht zu nehmen, und sodann dessen Stil in ihrer Heimat einführten, war Andrzej Niżankowski, der Technik und Stil aus Rom nach Polen brachte und dort durch Spiel und Komposition heimisch machte. Die Orgeltabulatur, die man ihm zuschreibt, ist eindeutig im Frescobaldi-Stil gehalten, so daß die Zuschreibung mindestens so viel Berechtigung hat wie viele andere. Die aufgefundenen Orgelsätze fielen besonders durch ihren improvisatorischen Charakter auf.

Stepan Njaga (1900–51)

Leben

Stepan Timofejewitsch Njaga wurde am 24.11.1900 in Kischinjow, Bessarabien (heute Moldauische SSR) geboren. Er studierte am Konservatorium in Budapest und in Paris und wurde 1940 Lehrer am Konservatorium in Kischinjow und 1942 in Moskau. Im Jahr 1946 wurde er zum Vorsitzenden des moldauischen Komponistenverbandes bestellt. Er starb am 30.5.1951 in Kischinjow.

Werke

Die moldauische Folklore bildete die Hauptquelle für die Melodik und Harmonik von Stepan Njaga. Er schrieb 2 Sinfonien und kleinere Orchesterwerke, eine Doina für Oboe und Orchester, ein Violinkonzert, »Moldauische Fantasie« für Sopran, Violine, Klavier und Streichorchester, eine Doina für Sopran und Orchester, eine Violinsonate, »Improvisation« für Violine und Klavier, Klavierwerke, ein Oratorium, Chöre und Lieder sowie Volksliedbearbeitungen. Er verfaßte die Hymne der Moldauischen Republik.

Marlos Nobre (geboren 1939)

Leben

Marlos Nobre wurde am 18.2.1939 in Recife, Brasilien, geboren. Er studierte von 1945 bis 1959 am Konservatorium und an der Universität seiner Geburtsstadt, war sodann Schüler von Hans Joachim Koellreutter und Camargo Guarnieri und darauf in Buenos Aires von Alberto Ginastera, Olivier Messiaen, Riccardo

Malipiero und Luigi Dallapiccola. Ab 1968 arbeitete er in New York im Elektronischen Laboratorium der Columbia University. Gegenwärtig leitet er die Musikabteilung des Rundfunks des brasilianischen Erziehungs- und Kulturministeriums.

WERKE
Außer einer szenischen Kantate schrieb Marlos Nobre unter anderem die Orchesterwerke »Convergencias«, »Ludus instrumentalis«, »Mosaico«, sodann für Streichorchester »Biosfera«, ein Concertino, ein Divertimento, außerdem ein Klavierkonzert, ein Konzert für Bratsche und Streicher, »Rhythmetron« für Schlagzeug, ein »Canticum instrumentale« für Flöte, Harfe, Klavier und Pauken, »Tropicale« für Piccolo, Piccoloklarinette, Klavier und Schlagzeug, »Rhythmische Variationen« und »Zusammenklänge« für Klavier und Schlagzeug, ein Bläserquintett, ein Streichquartett, ein Klaviertrio, ein Stück für Oboe solo, eines für Bratsche solo, verschiedene Klavierwerke, eine Kantate für Sopran, Bläser und Klavier, eine für Sopran und Streichorchester, Chöre a cappella und Klavierlieder.

Augustus Nörminger (um 1560–1613)

ZEIT UND UMWELT
Die Feuerzeichen der großen Auseinandersetzung im 17. Jahrhundert waren bereits am Ende des 16. sichtbar. Die Fronten formierten sich. Bündnisse wurden – zuweilen unbeschadet der religiösen Bekenntnisse – geschlossen und aufgekündigt, territoriale Ambitionen kreuzten sich mit Machtansprüchen. Das Kurfürstentum Sachsen hatte zwar die Führungsrolle im protestantischen Lager, aber der Zwist zwischen Calvinern und Lutheranern war so verschärft, daß Annäherungen an das katholische Österreich möglich wurden. Noch sangen und spielten die Kapellen in Kirchen und Höfen, zu einer Zeit, als man noch alle Gegensätze auf dem Wege der Verhandlungen auszugleichen suchte.

LEBEN
Augustus Nörminger (Nöringer, Noringer) wurde um 1560 in Dresden geboren. Er war bereits 1581 Hoforganist in seiner Geburtsstadt und blieb in diesem Amt bis zu seinem Tod am 22. 7. 1613.

WERKE
Von dem deutschen Organisten Augustus Nörminger ist neben kleineren Orgelstücken nur das »Tabulaturbuch auff dem Instrumente« mit für Tasteninstrumente gefaßten protestantischen Kirchenliedern, profanen Liedern und Tänzen aus 1598 erhalten. Der Satz ist vorzugsweise für die Orgel eingerichtet, schließt aber die Verwendung anderer Tasteninstrumente nicht aus.

LITERATUR
W. Apel, Geschichte der Orgel- und Klaviermusik bis 1700, Kassel 1967.

Luigi Nono (geboren 1924)

LEBEN
Luigi Nono wurde am 29. 1. 1924 in Venedig geboren. Neben seinem Jurastudium in Padua war er am Konservatorium in seinem Geburtsort Schüler von Giovanni Francesco Malipiero, bei Bruno Maderna und Hermann Scherchen setzte er seine Studien fort. Bis 1961 nahm er regelmäßig an den Ferienkursen für Neue Musik in Darmstadt teil, zuletzt auch als Dozent. Anschließend unterrichtete er in verschiedenen europäischen Ländern, dann bereiste er Lateinamerika und die UdSSR. Ab 1975 lebt er vorwiegend in Venedig, wo er seit 1979 die Zeitschrift Laboratorio Musicale (Musikalisches Laboratorium) herausgibt. Er wirkt seit kurzem auch als künstlerischer Leiter des Experimentalstudios in Freiburg im Breisgau.

WERKE
Neben einer Oper und einem Ballett schrieb Luigi Nono »Kanonische Variationen« auf eine Reihe von Schönberg, »Due espressioni per orchestra«, »Gesänge für 13«, »Begegnungen für 14 Instrumente«, »Composizioni per

orchestra« Varianten für Violine und Orchester, weiters eine Reihe für Tonband oder für Tonband mit konventionellen Instrumenten sowie elektronische Stücke, ferner zahlreiche Gesänge für Solisten und Chöre, mit Sprecher, mit Tonband, mit elektronischen Klängen und mit verschiedenen Klangobjekten sowie Bühnenmusik für Tonband. Der Komponist ging von der seriellen Technik aus, gelangte aber bald zur Konstruktion seiner »harmonischen Felder«, einer vielschichtigen Konzeption, mit der er eine Musik erreichen wollte, die zur »Bewußtwerdung, Diskussion und zur Teilnahme führte und dem gesellschaftlichen und politischen Auftrag der Musik und der Kunst überhaupt gerecht wurde«. Er veröffentlichte zahlreiche theoretische Traktate.

Due espressioni per orchestra, 2 Teile, entstanden 1953
Zu diesem frühen Stück gab der Komponist folgende Einführung: »Das Stück verarbeitet eine melodische Linie nach bestimmten klanglichen Gesichtspunkten. Die Möglichkeiten der ›Klangfarbenmelodie‹ sind hier bewußt auf Instrumente der gleichen Größe – Streicher – beschränkt; die klanglichen Abstufungen dieser Gruppe dienen den vielfältigsten Ausdrucksmöglichkeiten einer einheitlich konzipierten melodischen Linie. Der Linie, die von den Streichern mit dem Bogen gespielt wird, stehen kontrapunktische Entwicklungen anderer Linien entgegen, die von den Streichinstrumenten beinahe nach Art eines Schlaginstruments realisiert werden – col legno –. Sie werden ergänzt durch rhythmisch-kanonische Gestalten in Becken und Triangel sowie durch Vorentwicklungen in Flöten und Klarinetten. Das zweite Stück stützt sich auf den Rhythmus des italienischen Volkstanzes ›Furlana‹. Die Verwendung und Verarbeitung dieses Rhythmus, vereinigt mit einer spezifisch klanglichen und dynamischen Entwicklung, dient nur dazu, den Charakter des Tanzes auszudrücken.«

Luigi Nono

Christoph Friedrich Wilhelm Nopitsch (1758–1824)

Zeit und Umwelt

Der empfindsame Stil, der in Süddeutschland neben dem Mannheimer eine beträchtliche Anzahl Anhänger hatte, schlug neben der Klassik eine direkte Brücke zur Vorromantik, nahm aber nicht wenig klassische Elemente in sich auf. Viele Kompositionen jener Art machen einen stark eklektischen Eindruck.

Leben

Christoph Friedrich Wilhelm Nopitsch wurde am 4. 2. 1758 in Kirchensittenbach bei Nürnberg geboren. Er nahm in Nürnberg bei Georg Wilhelm Gruber, in Regensburg bei Joseph Riepel und in Gotha bei Jan Jiří Benda und Anton Schweitzer Unterricht. Er wirkte ab 1781 bis zu seinem Tod am 22. 5. 1824 als Kantor und Städtischer Musikdirektor in Nördlingen.

Werke

Neben einer Oper und einer Reihe Kirchenkantaten schrieb Christoph Friedrich Wilhelm Nopitsch 3 Sinfonien, Klavierwerke und Lieder auf Texte von Gottfried August Bürger, Karl Wilhelm Ramler und Friedrich

Leopold Stolberg (1750–1819). Er verfaßte auch ein »Elementarbuch der Singkunst«.

Daniel Norcome (1576 bis vor 1626)

ZEIT UND UMWELT
Die unablässigen Angriffe katholischer Kreise auf dem Kontinent gegen Königin Elisabeth I. von England, die Kette von Mordkomplotten gegen ihre Person hatten natürlich nachteilige Folgen für die in England verbliebenen Katholiken. Einzelne Anhänger des Papsttums blieben wohl zumeist unbehelligt, wenn sie sich in keine politische Intrige einließen; in der näheren Umgebung der Königin und der Regierung jedoch wurden keine Katholiken geduldet, daher konnten sie auch nicht in den Kapellen des Königshauses verbleiben, wenn ihr Bekenntnis offenkundig wurde.

LEBEN
Daniel Norcome (Norcum) wurde 1576 in Windsor geboren. Er war Mitglied der St. Georg's Chapel in Windsor, mußte diese aber verlassen, als er sich zum Katholizismus bekannte. Er ging als Instrumentalist nach Brüssel, trat 1599 in dänische Dienste und landete nach einer Reise durch Deutschland und Ungarn in Venedig. Bald nach 1600 kehrte er nach London zurück, über seine weitere Tätigkeit ist jedoch nichts bekannt. Da das Jahr 1626 als Todesjahr seiner Witwe festgestellt ist, muß er bereits früher gestorben sein.

WERKE
Von dem englischen Komponisten Daniel Norcome wurde ein Madrigal in die Sammlung »The Triumphes of Oriana« aufgenommen. Außerdem sind mehrere Stücke für Violen erhalten, die in einer Sammlung von Christopher Simpson enthalten sind.

Heinrich Noren (1861–1928)

LEBEN
Heinrich Suso Johannes Noren (eigentlich Gottlieb) wurde am 5. 1. 1861 in Graz geboren. Er studierte ab 1878 in Brüssel bei Henri Vieuxtemps (1820–81) und ab 1883 bei Joseph Massart (1811–92), wirkte anschließend als Konzertmeister in Belgien, Spanien, Rußland und Deutschland. In Berlin setzte er sodann sein Musikstudium bei Friedrich Gernsheim (1839–1916) und dem Musiktheoretiker Ludwig Bußler (26. 11. 1838, Berlin, bis 18. 1. 1901, Berlin) fort und ergänzte es, nachdem er in Krefeld 1895 ein Konservatorium gegründet hatte, mit Kontrapunktstudien beim Komponisten und Musikschriftsteller Otto Adolf Klauwell (7. 4. 1851, Langensalza, bis 11. 5. 1917, Köln). Im Jahr 1902 wurde er Mitglied des Lehrkörpers des Sternschen Konservatoriums in Berlin. Er starb am 6. 6. 1928 in Kreuth-Oberhof, Bayern.

WERKE
Seine geschmeidige Melodik und farbenreiche Harmonik rückten Heinrich Noren in die Nähe des Spätromantikers Richard Strauss. Er schrieb eine Sinfonie in h-Moll, eine bekannte Serenade für großes Orchester, eine Orchestervariation »Kaleidoskop« über ein Thema aus dem »Heldenleben« von Richard Strauss, ein Violinkonzert in a-Moll, ein Ave Maria für Sopran, Violine und Orgel, Kammermusik, Männerchöre, Lieder und Klavierstücke. Besonders die Orchestermusik dieses großen Vertreters der Spätromantik würde es verdienen, aufgeführt zu werden.

John Norman (um 1480 bis um 1530)

ZEIT UND UMWELT
Das musikalische Zeitalter eines Hugh Ashton, Robert Fayrfax und John Taverner leitete zum Stilumbruch der Wende zum 16. Jahrhundert über. Es waren nur wenige, die sofort mit ihnen gingen. Die Entwicklung der Kunst in England war immer zähflüssig gewesen. Die Traditionen wurden gewahrt, bis bereits das Neue zur Tradition geworden war.

LEBEN
John Norman wurde um 1480 vermutlich in

London geboren und dort zum Organisten ausgebildet. Er wirkte als Organist und Chorleiter an verschiedenen Kirchen. Ort und Zeit seines Todes sind unbekannt.

WERKE
Von dem englischen Kirchenmusiker John Norman sind eine Messe und 2 Motetten überliefert. Sie sind im Stil Dunstables gehalten, also für ihre Entstehungszeit stark konservativ, aber vermutlich für zeitgenössische Komponisten typisch.

Ludvig Norman (1831–85)

ZEIT UND UMWELT
Obschon Stockholm in der zweiten Hälfte des 19. Jahrhunderts über eine sehr leistungsfähige Musikakademie verfügte, glaubte die Mehrzahl schwedischer Komponisten nicht ohne eine Ausbildung in Deutschland auszukommen. Bevorzugt wurden die Konservatorien in Dresden oder Leipzig, wo bereits eine beachtliche Anzahl Meister aus dem Norden gelernt, gewirkt und sogar unterrichtet hatten.

LEBEN
Fredrik Vilhelm Ludvig Norman wurde am 28. 8. 1831 in Stockholm geboren. Er war dort Schüler von Adolf Fredrik Lindblad und von 1848 bis 1852 des Konservatoriums in Leipzig. Er wurde 1857 Kompositionslehrer an der Musikakademie in Stockholm, 1860 Dirigent der »Nya harmoniska sällskapet« (Neue harmonische Gesellschaft), 1861 Kapellmeister der Oper, 1879 Leiter der Sinfoniekonzerte, 1881 Dirigent der Chorkonzerte der Musikforeningen (Musikverein). Er starb am 28. 3. 1885 in Stockholm.

WERKE
Von Ludvig Norman sind 4 Sinfonien, 4 Ouvertüren, 4 Bühnenmusiken, 4 Märsche, 6 Streichquartette, 4 Violinsonaten, 2 Klaviertrios in D-Dur und h-Moll, ein Klavierquartett in E-Dur, ein Streichsextett in A-Dur, eine Cellosonate in D-Dur, eine Bratschensonate in g-Moll, ein Streichquintett in c-Moll und eine große Menge Vokalwerke überliefert. Seine Kompositionen, insbesondere die Kammermusik, weisen zuweilen klassizistische Züge auf.

Thomas Norris (1741–90)

ZEIT UND UMWELT
Unter der Stabführung des angesehenen Dirigenten Joah Bates (getauft 8. 3. 1741, Halifax, bis 8. 6. 1799, London) fand am 29. 5. 1784 als drittes Konzert der Feiern zum 100. Geburtstag Georg Friedrich Händels eine Aufführung des »Messias« mit 525 Mitwirkenden in der Westminster Abbey statt.

LEBEN
Thomas Norris wurde am 15. 8. 1741 in Mere bei Salisbury geboren. Er war Chorist an der Kathedrale von Salisbury und nahm als Sopranist am Worcester Festival (1761) und dem Hereford Festival (1762) teil. Im Jahr 1765 wurde er Organist an Christ Church Cathedral in Oxford, 1766 trat er als Tenorist beim Gloucester Festival auf und bis 1788 regelmäßig bei den Three Choirs. Er wurde 1771 in das Magdalen College von Oxford aufgenommen und wirkte 1784 an den Gedächtnisfeiern für Händel mit. In der Folge zog man ihn zu mehreren Oratorienaufführungen heran, zum letzten Mal in Birmingham, zehn Tage vor seinem Tod am 3. 9. 1790 in Himley Hall bei Stourbridge.

WERKE
Von Thomas Norris sind 6 Sinfonien für Streicher, zwei Oboen und zwei Hörner, eine Anzahl Anthems, einige Glees, ein Catch und eine Ouvertüre zu »Tempest« von Henri Purcell überliefert. Sein Stil war flüssig und klangreich, aber wenig fortschrittlich.

William Norris (um 1674 bis um 1710)

ZEIT UND UMWELT
König Jakob II. von England zeigte sich als Kronprinz in Glaubensfragen äußerst konziliant und tolerant, so daß seine Thronbesteigung im Jahr 1685 auf keine ernsten Wider-

stände stieß, obwohl er Katholik war. Nach seiner Krönung wurde aber bald klar, daß er eine systematische Rekatholisierungspolitik verfolgte. Daher währte seine Regierungszeit nur drei Jahre. Die Chapel Royal erfuhr in der kurzen Zeit keine Umgestaltung, andere Institutionen waren wichtiger. Die leitenden Stellen wären aber mit Sicherheit bald mit Katholiken besetzt worden, wie es an den Universitäten zum Teil bereits geschehen war.

LEBEN
William Norris wurde um 1674 vermutlich in London geboren. Er war Mitglied des Knabenchors der Chapel Royal und sang zur Krönung König Jakobs II. Er wurde nach dem Stimmbruch Sänger und 1691 Chorleiter in Lincoln, wo er um 1710 starb.

WERKE
Vom englischen Komponisten William Norris sind mehrere Anthems und Services und eine Cäcilien-Ode erhalten. Sein Stil bewegt sich in der Tradition von John Blow und Henry Purcell.

Zygmunt Noskowski (1846–1909)

ZEIT UND UMWELT
Der Expansionsdrang gegen Osten und den Balkan und die sich ständig verstärkenden innenpolitischen und ökonomischen Schwierigkeiten im gesamten Reich lenkten die zaristische Regierung in der zweiten Hälfte des 19. Jahrhunderts von Polen ab, das sich vorläufig ruhig verhielt und sein kulturelles Leben mit allen Kräften, von St. Petersburg wenig behindert, ausbaute und auf den vorläufig noch in weiter Ferne liegenden Zeitpunkt wartete, in dem das Zarenreich durch Konflikt mit Nachbarstaaten und inneren Unruhen so geschwächt sein würde, daß der nie vergessene Traum von der nationalen Freiheit in greifbare Nähe kommen würde.

LEBEN
Zygmunt Noskowski wurde am 2.5.1846 in Warschau geboren. Er war Schüler von Stanisław Moniuszko und sodann Lehrer am Blindeninstitut von Warschau. Nach einem Studienaufenthalt bei Friedrich Kiel in Berlin und einer Tätigkeit als Städtischer Musikdirektor in Konstanz wurde er 1881 Dirigent der Musikgesellschaft und 1888 Lehrer am Konservatorium in Warschau. Ab 1904 wirkte er als Zweiter Dirigent der Warschauer Philharmonie und ab 1906 daneben auch als Zweiter Dirigent der Oper der Stadt, in der er am 23.7.1909 starb.

WERKE
Von Zygmont Noskowski wurden 3 Sinfonien, mehrere sinfonische Dichtungen und Ouvertüren, 3 Streichquartette, ein Klavierquartett, Klavierstücke, Chorwerke und Lieder bekannt, ferner 18 Opern, 2 Operetten und ein Ballett. Er arbeitete an 2 Volksliedersammlungen mit. Seine Musik gehörte voll der Hochromantik an.

LITERATUR
A. Sutkowski, Zygmunt Noskowski, Krakau 1957.

Angelo Notari (1590–1664)

ZEIT UND UMWELT
König Karl I. von England hielt sich neben der Hofkapelle ein privates Ensemble aus Sängern und Instrumentalisten (Lautenisten und Violisten), die er besonders sorgfältig aussuchte. Er hat diese Musiker offensichtlich gut behandelt, denn einige davon zogen sogar für ihn in den – allerdings erfolglosen – Kampf um die Krone. Wer von ihnen das Jahr der Restauration (1660) noch erlebte, wurde vom Sohn des hingerichteten Königs wieder eingestellt.

LEBEN
Angelo Notari (Notary, Notario) wurde um 1590 vermutlich in England von italienischen Eltern geboren. Jedenfalls hat er sich bereits im Jahr 1613 in London befunden. Er war ab 1625 Sänger und Lautenist der Privatkapelle des Königs. Wo er die Zeit des Bürgerkrieges und der Cromwell-Herrschaft verbracht hat,

ist unbekannt. Im Jahr 1660 wurde er erneut bei Hof eingestellt und starb in London im November 1664.

WERKE
Der in England lebende italienische Komponist, Sänger und Lautenist Angelo Notari schrieb ein- bis dreistimmige Lieder zur Theorbe und zu anderen Instrumenten, die sehr geschätzt und beliebt waren.

Joseph Notot (1755 bis um 1800)

ZEIT UND UMWELT
Das Partiturenspiel wurde bereits im 18. Jahrhundert fleißig geübt, und Organisten und Cembalisten, die in der Lage waren, das Wesentliche aus einer Partitur sofort improvisatorisch auf ein Tasteninstrument zu übertragen, wurden hoch geschätzt.

LEBEN
Joseph Notot wurde 1755 in Arras, Pas-de-Calais, geboren. Er zeigte sehr früh musikalische Anlagen, bildete sich bald zum vorzüglichen Organisten aus und wirkte in dieser Eigenschaft an der Kathedrale seiner Geburtsstadt bis zum Ausbruch der Revolution im Jahr 1789. Dann ging er nach England. Es ist nicht feststellbar, in welcher Funktion er dort beschäftigt war. Er dürfte um 1800 in England gestorben sein.

WERKE
Die 4 Sinfonien, die 3 Pianofortekonzerte und die Pianofortesonaten von Joseph Notot wurden von Johann Christian Bach sehr bewundert. Es besteht auch eine gewisse Stilähnlichkeit der Werke dieser beiden Meister. Notot war für seine Fähigkeit, spontan aus einer Orchesterpartitur zu begleiten, berühmt.

Adolphe Nourrit (1802–39)

ZEIT UND UMWELT
Es wurden zwar gegen Ende des 18. Jahrhunderts unzählige Ballette geschrieben und von ausgezeichneten Tänzern aufgeführt, ihre Struktur war jedoch schon veraltet; auch wurde die musikalische Seite immer mehr vernachlässigt; es handelte sich in den meisten Fällen nur darum, den jeweiligen Tänzern die Möglichkeit zu bieten, ihre Kunst zu zeigen, der Tanz als künstlerische Ausdrucksform war von den Bühnen nahezu verschwunden. Erst mit beginnendem 19. Jahrhundert zeigten sich Ansätze zu einer Erneuerung dieser Kunstgattung, der Christoph Willibald Gluck (1714–87) ungeheure Impulse verliehen hatte.

LEBEN
Louis Adolphe Nourrit wurde am 3.3.1802 in Montpellier geboren. Er debütierte 1821 als Tenor an der Opéra in Paris und wurde sofort zum Liebling des Publikums. Weil 1837 ein Rivale engagiert wurde, verließ er die Opéra und gastierte in Belgien, Südfrankreich und Italien. Er starb am 8.3.1839 in Neapel.

WERKE
Neben seiner Tätigkeit als Sänger komponierte Adolphe Nourrit eine Anzahl sehr berühmter Ballette, in denen neben dem Tanz auch die Pantomime zu Wort kam; auch die Musik ist sinnfälliger gearbeitet. Rückblickend ist die Entwicklung zum Ballett der romantischen Epoche deutlich erkennbar.

Ottokar Nováček (1866–1900)

LEBEN
Ottokar Eugen Nováček wurde am 13.5.1866 in Fehértemplom, Ungarn (heute Bela Crkva, Vojvodina), geboren. Er war von 1880 bis 1883 in Wien Schüler des Violinisten Jakob Dont (1815–88) und anschließend von Adolf Brodsky am Konservatorium in Leipzig. Dann wirkte er als Zweiter Violinist und später als Bratschist am Leipziger Gewandhausorchester und im Brodsky-Quartett. Ab 1891 spielte er im Bostoner Symphony Orchestra, sodann im Orchester der Metropolitan Opera in New York, wo er am 3.2.1900 starb.

WERKE
Von Ottokar Nováček sind ein Klavierkon-

zert, ein »Perpetuum mobile« für Violine und Orchester, 3 Streichquartette, 8 Capricen, ein Air und Bulgarische Tänze für Violine und Klavier, 2 Capricen für Klavier und 6 Lieder bekannt geworden. Sein Stil gehörte der Spätromantik an.

Janez Baptist Novak

(um 1756 bis 1833)

ZEIT UND UMWELT

Laibach (Ljubljana), ehemalige Hauptstadt des Herzogtums Krain und heutige der jugoslawischen Republik Slowenien, setzte in der zweiten Hälfte des 18. Jahrhunderts mit einem intensiven Musikleben ein. Im Jahr 1794 wurde die Philharmonische Gesellschaft der Stadt gegründet, deren Konzerte von Beginn an auf hohem Niveau standen.

LEBEN

Janez Baptist Novak (Johannes Baptista) wurde um 1756 in Laibach (Ljubljana) geboren. Er war Mitbegründer der Philharmonischen Gesellschaft der Stadt, in den Jahren 1799 und 1800 ihr Orchesterdirigent und von 1808 bis 1825 ihr Musikdirektor. Er starb am 29. 1. 1833 in Laibach.

WERKE

Von Janez Baptist Novak sind eine Kantate und eine Bühnenmusik erhalten, die ihn als unbedingten Anhänger und Nachahmer Wolfgang Amadeus Mozarts ausweisen.

LITERATUR

Dr. Cvetko, Janez Baptist Novak, ein slowenischer Anhänger Mozarts, Wien 1956.

Vítězslav Novák (1870–1949)

LEBEN

Vítězslav Novák wurde am 5.12.1870 in Kamenitz (Kamenice nad Lipou) geboren. Er studierte in Prag an der Universität und am Konservatorium unter Josef Jiránek (24.3. 1855, Ledce, Böhmen, bis 9.1.1940, Prag), Karel Stecker (22.1.1861, Kosmanos, bis 13.3.1918, Jungbunzlau [Mladá Boleslav]) und Antonín Dvořák; 1909 wurde ihm die Meisterklasse für Komposition an derselben Lehranstalt übertragen, deren Leitung von 1920 bis 1922 in seinen Händen lag. Er starb am 18.7. 1949 in Skuteč, Slowakei.

WERKE

Man darf Vítězslav Novák ohne Einschränkung zu den bedeutendsten tschechischen Komponisten der ersten Hälfte des 20. Jahrhunderts zählen. Sein Stil wurde stark von mährischer und slowakischer Volksmusik beeinflußt, er gehörte noch zur Spätromantik, obschon er deutliche impressionistische Züge aufwies. Er schrieb die sinfonischen Dichtungen »In der Tatra«, »Von ewiger Sehnsucht«, »Toman und die Waldfee«, »Slowakische Suite«, »Südböhmische Suite«, »De profundis«, »Pan«, »Maisinfonie«, eine Suite, Serenaden für Kammerorchester, 3 Ouvertüren, 4 Opern, 2 Ballette, die Chorkantaten »Der Sturm«, »Die Totenbraut«, »Herbstsinfonie«, Orchesterlieder, ein Klavierquintett, ein Klavierquartett, 3 Streichquartette, ein Klaviertrio, eine Violinsonate, eine Cellosonate, 3 Violinstücke, ferner für Klavier Sonaten, Tänze, Balladen, Barkarolen, Eklogen, Suiten, Sonatinen, ein Triptychon für Orgel und Klavierlieder. Er gab slowakische Volkslieder heraus.

In der Tatra, Tondichtung, Opus 26, entstanden 1902

Wie die meisten sinfonischen Dichtungen des Komponisten ist dieses Stück rein deskriptiv und nicht narrativ. Es schildert den Morgennebel über den Bergen der Tatra, durch den allmählich die aufgehende Sonne bricht. Das Licht des Tages erhellt nun auch die tiefen Täler, so daß die gesamte Gebirgslandschaft im hellen Sonnenlicht strahlt, bis der Abend anbricht, die letzten Strahlen der untergehenden Sonne die Bergspitzen vergolden und sich schließlich das Dunkel der Nacht über die Berge senkt.

LITERATUR

G. Garrit, Vítězslav Novák, The Monthly Musical Record LXX, 1950.

Johannes Nucius (um 1562–1620)

ZEIT UND UMWELT
Bei der Reformation wandte sich nahezu ganz Schlesien dem protestantischen Bekenntnis zu. Da aber das Land den Habsburgern unterstand, setzte die Gegenreformation sofort ein. Sie war zwar weniger unbedingt als in anderen österreichischen Landesteilen, aber die Rekatholisierung gelang bis auf kleine Reste besonders bei der Landbevölkerung und den unteren Ständen der Städte. Zahlreiche Klostergründungen dienten diesem Erfolg.

LEBEN
Johannes Nucius (Nux, Nucis) wurde um 1562 in Görlitz geboren und erhielt dort seine erste Ausbildung zum Musiker. Vor 1590 trat er in das Zisterzienserkloster in Rauden (Rudno), Oberschlesien, ein und wurde 1591 Abt der Tochtergründung in Himmewitz (Jemielnica), wo er am 25. 3. 1620 starb.

WERKE
Der deutsche Musiktheoretiker und Komponist Johannes Nucius wurde als »Altmeister klassischer Polyphonie« angesehen. Seine 2 Bücher mit fünf- und sechsstimmigen Motetten bestätigten seine Verehrung für Josquin und Lasso. Auch seine 2 überlieferten Messen sind sehr konservativ gehalten.

LITERATUR
B. Widmann, Johannes Nucius, in: Der Oberschlesier, 1927.

José Maurício Nunes Garcia
(1761–1830)

ZEIT UND UMWELT
Die im Jahre 1784 gegründete Bruderschaft der heiligen Caecilia bestritt Kirchen- und Staatsmusik der brasilianischen Kolonie auch in den ersten Jahren der Regentschaft des aus Lissabon geflohenen portugiesischen Königs João VI. Erst nachdem der Großteil des Hofes aus dem Mutterland in Rio de Janeiro angelangt war, ging die Leitung der Hofkapelle an Portugiesen über.

LEBEN
José Maurício Nunes Garcia wurde am 20.9.1761 in Rio de Janeiro geboren. Er wurde im Jahre 1792 Priester und im selben Jahr Kapellmeister der Kathedrale von Rio de Janeiro. Er eröffnete in seinem Haus eine Musikschule, die er zeitlebens leitete. Nachdem der König von Portugal, João VI., seinen Regierungssitz von Lissabon nach Rio de Janeiro verlegen mußte, wurde Nunes Garcia zum Inspektor und Dirigent der Königlichen Kapelle ernannt, mußte aber diese Stellung an den 1811 gleichfalls aus Lissabon emigrierten Marcos Portugal abgeben. Er starb am 18. 4. 1830 in Rio de Janeiro.
Sein Sohn José Maurício Nunes Garcia Filho (10. 12. 1808, Rio de Janeiro, bis 19. 10. 1884, Rio de Janeiro) war Arzt und Musiker.

WERKE
José Maurício Nunes Garcia war ein vorzüglicher Kenner der europäischen Musik, vor allem der Werke von Joseph Haydn. Seine kompositorische Tätigkeit erstreckte sich vorwiegend auf die sakrale Musik. Er schrieb 11 Antiphonen, 2 Magnificat, 28 Litaneien, 7 Motetten, 7 Te Deum, 5 Psalmen, 11 Tantum ergo, 27 Graduale, 4 Offertorien, 4 Stabat mater, 18 Messen, 3 Requiem und eine »Symphonia fúnebre« (Trauersinfonie), außerdem eine Oper, mehrere Bühnenmusiken, eine Ouvertüre, eine Sinfonie und Chöre.
José Maurício Nunes Garcia Filho verfaßte 2 Messen und weitere sakrale Musik, außerdem profane Gebrauchsmusik – Walzer, Romanzen usw.

LITERATUR
L. H. Corrêa de Azevedo, Um velho compositor brasileiro, in: Boletim latino-americano de música, 1935.

Jaime Nuno (1824–1908)

Zeit und Umwelt

Dirigenten und Impresarios von Operntruppen und Instrumentalensembles bereisten im 19. Jahrhundert mit ihren aus Europa zugewanderten Kräften die Orte in den USA, in Mexiko, Mittelamerika und Kuba, die noch keinen eigenen Opern- und Musikbetrieb begründet hatten und erst durch diese Gastspiele dazu angeregt wurden.

Leben

Jaime (James) Nuno wurde am 8.9.1824 in San Juan de las Abadesas, Katalonien, geboren. Er war Chorknabe der Kathedrale von Barcelona, studierte bei Saverio Mercadante in Italien und leitete darauf in Barcelona mehrere kleinere Orchester. Im Jahr 1851 wurde er Militärkapellmeister und kam nach Kuba, um dort die Militärmusik einzurichten. Anschließend wurde er in Mexiko zum Generalinspektor der Militärkapellen und zu einem der beiden Direktoren des neugegründeten Konservatoriums in Mexiko-Stadt bestellt. Er veranstaltete ab 1856 Gastspielreisen mit einer italienischen Operntruppe in den USA, in Kuba und Mittelamerika. Ab 1870 lebte er in Buffalo, N.Y., als Gesanglehrer, Dirigent verschiedener Vereinigungen und Organist an mehreren Kirchen und auch in Rochester, N.Y., bis zu seinem Tod am 17.7.1908.

Werke

Im Jahr 1904 lud der langjährige Präsident von Mexiko, Porfírio Diaz (1830–1915), Jaime Nuno, den Komponisten der mexikanischen Nationalhymne, zu sich, um ihn zur Fünfzigjahr-Feier der 1854 entstandenen Komposition zu beglückwünschen. Außer dieser Hymne verfaßte er eine Reihe populärer patriotischer Gesänge und ungefähr 50 Kirchenwerke – Messen, Proprien –, die der zeitgenössischen spanischen Kirchenmusik nachgebildet wurden.

Walther Nußgruber (geboren 1919)

Leben

Walther Nußgruber wurde am 8.8.1919 in Wien geboren. Er war an der Akademie für Musik und darstellende Kunst in Wien Schüler von Alfred Uhl. Im Jahr 1962 wurde er selbst an diesem Institut Lehrer für Improvisation, Harmonielehre und Korrepetition und 1963 Professor.

Werke

Neben einigen Tanzbühnenwerken schrieb Walther Nußgruber eine sinfonische Dichtung, eine Sinfonietta, »Elegie für Liebende« für Oboe, Englischhorn und Streicher, ein Rondo für Klavier, Pauke und Streichorchester, eine Abendmusik für Oboe, Englischhorn, zwei Hörner und Streicher, ein Klavierkonzert, Dialoge für Klavier mit Flöte, mit Klarinette, mit Fagott, mit Violine, mit Bratsche, mit Cello, 10 Klaviersonaten, »Das große Choralwerk« für Orgel, 2 Oratorien, 2 Messen, Kantaten, Motetten, Chöre und Lieder.

Elegie für Liebende für Oboe, Englischhorn und Streicher, ein Satz, entstanden 1966

Die beiden Soloinstrumente entspinnen einen Dialog zweier in Liebe verbundener Menschen; sanft getönte Streicherklänge kontrapunktieren ihn als Klanghintergrund.

Abendmusik für Oboe, Englischhorn, zwei Hörner und Streicher, »Die Salzburgische«, 4 Sätze, entstanden 1969

Das Stück ist nach abendlichen Eindrücken vom Kapuzinerberg in Salzburg entstanden. Seine vier Sätze, »Preludio«, »Romanza«, »Menuetto« und »Rondo«, gehen ineinander und ergeben sich ganz den Schwingungen der Atmosphäre des Ortes wie der Zeit. Die Blasinstrumente breiten vor dem von den Streichern sonor gebildeten Hintergrund ihre musikalischen Rezitationen aus.

Pierre de Nyert (um 1597–1682)

Zeit und Umwelt

Die Ausdruckskunst des Sologesanges hatte in Italien bereits zu Beginn des 17. Jahrhunderts einen Höhepunkt erreicht, hinter dem die anderen Länder noch weit zurückstanden. Atemtechnik, textgerechte Aussprache, Prosodie, sinnentsprechende Deklamation mit allen Registern des Gefühlsausdrucks und jede Form der Auszierung waren höchst entwickelt und verfeinert. Daher waren italienische Sänger überall sehr willkommen und fanden bald Nachahmer.

LEBEN
Pierre de Nyert (Niert, Niel) wurde um 1597 in Bayonne geboren. Er studierte aus Liebhaberei Gesang und Lautenspiel, während er bei den Königen Ludwig XIII. und XIV. als Kammerdiener beschäftigt war. Auf einer Reise nach Italien lernte er den dortigen Gesangstil kennen und brachte ihn nach Frankreich, was zu einer Umformung des Air de cour führte. Er starb als berühmter Sänger am 12. 2. 1682 in Paris.

WERKE
Die Bedeutung des französischen Sängers, Lautenisten und Komponisten Pierre de Nyert liegt in seinen Bemühungen um die Reformation des französischen Gesangstils nach italienischem Muster. Er hat damit auch auf die zeitgenössische französische Gesangkomposition starken Einfluß gewonnen. Als Sänger und Komponist hat er sich selbst an zahlreichen Ballets de cour beteiligt. Von seinen Airs ist nur eines überliefert.

Gösta Nystroem (1890–1966)

LEBEN
Gösta Nystroem wurde am 13. 10. 1890 in Silvberg, Dalarna, geboren. Er erhielt seine Ausbildung in Stockholm, Kopenhagen und Paris und war als Kritiker und freischaffender Komponist in Särö tätig. Er starb am 9. 8. 1966 in Varberg, Halland.

WERKE
Eine Oper, ein Ballett und eine Anzahl Schauspielmusiken von Gösta Nystroem sind mit Erfolg aufgeführt worden. Er schrieb ferner 6 Sinfonien mit programmatischen Titeln, 2 sinfonische Dichtungen, 2 Orchestersuiten, eine sinfonische Ouvertüre, 2 Konzerte für Streichorchester, ein Violinkonzert, ein Bratschenkonzert, ein Cellokonzert, eine Partita für Flöte und Streicher, ein Rondo für Violine und Orchester, ein »Concerto ricercante« für Klavier, Streicher, Harfe, Celesta und Schlagzeug, ein Streichquartett und weitere Kammermusik, eine »Sommermusik« für Sopran und Kammerorchester, Gesänge und Lieder. Der vielfach geehrte und sehr beliebte Komponist ging bei seinem Werk vom Impressionismus aus und näherte sich mit fortschreitender Zeit immer mehr dem Neuklassizismus.

O

Herbert Oakeley (1830–1903)

Zeit und Umwelt

Die formale Lockerung des etwas erstarrten englischen Kirchengesangs im 19. Jahrhundert und seine Fortentwicklung hatten zum Teil auch darin ihre Ursache, daß immer wieder einzelne Musiker einige Jahre ihrer Ausbildung auf dem Kontinent verbrachten. Die von Lehrern an Schüler ständig in gleichen Bahnen weitergereichte Tradition erhielt dadurch fördernde Impulse, die sich als sehr wertvoll erwiesen.

Leben

Herbert Stanley Oakeley wurde am 22.7. 1830 in Ealing, Middlessex, geboren. Er erhielt seine Ausbildung an Christ Church in Oxford und von Stephen Elvey. Sodann studierte er in Dresden bei Johann Gottlob Schneider Orgelspiel und Musiktheorie bei dem Musiklehrer und Musikschriftsteller Heinrich Carl Breidenstein (28.2.1796, Steinau, Hessen, bis 13.7.1876, Bonn) in Bonn. Nach einer glänzenden akademischen Laufbahn wurde er Professor der Musik in Edinburgh. Er starb am 26.10.1903 in Eastbourne.

Werke

Von Herbert Oakeley sind zahlreiche Lieder mit Klavier- oder Orchesterbegleitung – 20 davon sind Königin Victoria in einem »Jubileums-Album« gewidmet –, 3 Vokalduette, 12 mehrstimmige Lieder, Studentenlieder, Chorarrangements von 18 schottischen Nationalvolksmelodien und zahlreiche andere für Männerstimmen erhalten. Er schrieb ferner für die Kirche einige Dutzend Anthems, eine Jubileumskantate, eine Motette mit Orchesterbegleitung, ein Morgen- und ein Abendservice und viele Hymnen. Überliefert sind noch einige Kompositionen für Orgel und Klavier sowie für Orchester, einschließlich eines Fest- und eines Trauermarsches. Seine Kompositionen weisen deutliche Merkmale seiner Ausbildung in Deutschland auf.

Heinrich Oberhoffer (1824–85)

Zeit und Umwelt

Die Grundsätze des Caecilianismus wurden von einem Teil der katholischen Kirchenmusiker wegen der Empfehlung seitens kirchlicher Würdenträger befolgt, er bot ihnen auch ein gewisses Stilgerüst, an dem sie sich ausrichten konnten. Es lag aber nicht nur an ihnen selbst, daß die Ergebnisse wenig Anklang fanden, sondern auch an der Fehlrechnung, daß die Komposition ein erlernbares Handwerk sei, bei dem es genüge, bewährte Regeln zu beachten.

Leben

Heinrich Oberhoffer wurde am 9.12.1824 in Pfalzel bei Trier geboren. Er wurde im Seminar in Brühl ausgebildet, wirkte sodann als Organist in Trier, dann ab 1856 als Musiklehrer in Luxemburg und schließlich als Organist an St-Michel in Brüssel. Er starb am 30.5.1885 in Luxemburg.

Werke

Von Heinrich Oberhoffer ist eine Anzahl Messen und andere sakrale Gesänge erschienen, die sehr streng die Vorschriften des Caecilianismus befolgten, bekannt geworden. Sie bezeugen eine gründliche Kenntnis älterer Stilgattungen, aber wenig Originalität. Mit einer Reihe Publikationen verfocht der Komponist das Ideengut des Caecilianismus, seine Harmonie- und Kompositionslehre erklärt den von ihm vertretenen Kirchenstil bis in alle Einzelheiten, aber die Frage, wie es zu einer echten Musik kommt, ist darin nicht berührt.

Max Oberleithner (1868–1935)

Leben

Max von Oberleithner wurde am 11.7.1868 in Mährisch-Schönberg (Šumperk) geboren. Er studierte an der Wiener Universität und nahm bei Anton Bruckner Musikunterricht. Im Jahr 1895 wurde er Theaterkapellmeister in Teplitz (Teplice) und 1896 in Düsseldorf. Ab 1897 lebte er in Wien als freier Komponist. Er starb am 5.12.1935 in Teplitz.

Werke

Neben einer Anzahl Opern schrieb Max Oberleithner 4 Sinfonien, die mehr von Johannes Brahms abhingen als von seinem Lehrer, und ungefähr 50 Lieder.

David Oberndörffer (um 1580 bis um 1630)

Zeit und Umwelt

In der vor dem Dreißigjährigen Krieg noch reichen Handelsstadt Frankfurt am Main waren Instrumentalisten gesucht, denn die gehobene Gesellschaft traf sich gern bei musikalischen Ereignissen.

Leben

David Oberndörffer wurde um 1580 vermutlich in Hessen geboren. Er hielt sich in Frankfurt als Instrumentalist auf. In welcher Kapelle er spielte, ist nicht bekannt. Wahrscheinlich war er Stadtpfeifer und ist in Frankfurt am Main nach 1630 gestorben.

Werke

Von dem deutschen Musiker und Komponisten David Oberndörffer ist »Allegrezza musicale« (Fröhliche Musik) erhalten, die eine große Sammlung Pavanen, Gaillarden, Canzonetten und andere Tanz- und Liedformen für verschiedene Instrumente, vier- bis sechsstimmig gesetzt, und außerdem auch eine Anzahl arrangierter Stücke zeitgenössischer Komponisten enthält (Thomas Simpson, Johann Hermann Schein, Valentin Haußmann, William Brade). Die Sammlung gewährt einen guten Einblick in die Instrumentalpraxis Deutschlands in der ersten Hälfte des 17. Jahrhunderts.

Charles Oberthür (1819–95)

Zeit und Umwelt

Harfenmusik und Harfenkompositionen fanden im Rahmen der Romantik stets ein aufmerksames Publikum, besonders seit das Instrument zum vollwertigen Orchestermitglied aufgerückt ist. Kirchenkapellen, Opernorchester und Sinfonieorchester waren ohne Harfe kaum mehr denkbar; zuweilen wurden sogar Harfenchöre aufgeboten. Eine betont romantische Aura umgab und umgibt die Harfe auch außerhalb dieser Epoche, weil sie immer irgendwie an die Zeit der großen Rhapsodien erinnert.

Leben

Charles Oberthür wurde am 4.3.1819 in München geboren. Er erhielt nach seiner Ausbildung 1837 ein Engagement als Harfenist am Züricher Theater. Nach einer Konzertreise durch die Schweiz erhielt er die gleiche Stelle in Wiesbaden und 1842 in Mannheim, wo er bis 1844 verblieb. Dann nahm er Aufenthalt in London, wo er zuerst an der Italienischen Oper wirkte, sodann als freier Komponist, Harfenlehrer und Harfenvirtuose lebte. Er starb am 8.11.1895 in London.

Werke

Außer 2 Opern schrieb Charles Oberthür über 200 Kompositionen, darunter eine Messe, mehrere Kantaten, Ouvertüren, Trios für Harfe, Violine und Cello, ein Concertino für Harfe und Orchester, »Loreley«, eine Legende für Harfe und Orchester, ein Quartett für vier Harfen und weitere Stücke für Harfe solo und von verschiedenen Instrumenten begleitet, außerdem zahlreichen Harfenlieder.

Jacob Obrecht (1450–1505)

Zeit und Umwelt

Nicht wenige Kleriker hatten sich den Ideen des Humanismus verschrieben. Sie unterschieden sich in ihrem künstlerischen Schaffen nicht von den Laien; ihre Musik zum Beispiel folgte den gleichen Tendenzen, ob sie im Dienst einer fürstlichen Kapelle entstand oder für eine Kirche, ob es sich um Messen, Motetten oder um profane Gesänge handelte, denn Form und Ziel der Kunst waren nur mehr Regeln unterworfen, die sich der Mensch selbst setzte und nicht irgendwelchen höheren Mächten gehorchen sollten. Erasmus von Rotterdam (1466–1556), einer der größten Humanisten jener Zeit, war selbst Mönch und Priester und wie sein Lehrer Obrecht Kleriker gewesen. Am stärksten prägte sich diese Entwicklung in Italien aus, wo weltliche und geistliche Fürsten die Fesseln mittelalterlichen Denkens abzustreifen versuchten.

Leben

Jacob Obrecht (Hobrecht, Obertus, Hobertus, Obreth) wurde am 22. 11. 1450 in Bergen-op-Zoom geboren. Sein ganzes Leben lang pendelte er zwischen verschiedenen Stellungen in den Niederlanden und Italien hin und her. Dieses unstete Leben war jedoch weniger durch seine Wesensart bedingt als durch seinen Ruf als vorzüglicher Musiker, der ihm ständig bessere Angebote einbrachte.

Seine Familie ist in Bergen-op-Zoom seit 1397 nachweisbar. Nach einer anderen Version ist er auf einer Reise seiner Eltern durch Sizilien geboren worden. Auch daß er mit dem 1470 in Löwen immatrikulierten Jacobus Obrecht identisch ist, ist zweifelhaft. Sicher ist, daß er zwischen 1479 und 1484 das Amt eines Sangmeisters in Bergen-op-Zoom bekleidete; 1480 wurde er zum Priester geweiht. Seine nächste Stelle als Sangmeister trat er 1485 in Cambrai an und kam in gleicher Eigenschaft 1486 nach Brügge, wo er, unterbrochen von einer Reise nach Ferrara (1487/88), bis 1491 blieb. Sodann löste er Barbireau als Sangmeister an der Kathedrale von Antwerpen ab. Ein Jahr darauf wurde er dort Kapellmeister, mußte aber diese Stelle wegen einer Erkrankung 1496 aufgeben. Im Jahre 1498 war er Vorsänger in Brügge, ging 1501 neuerlich nach Antwerpen und reiste 1504 abermals nach Ferrara, wo er 1505 der Pest erlag.

Werke

In Jacob Obrechts Musik ist der niederländische Renaissancestil voll ausgeprägt. Die klare Disposition, der Einsatz der Sequenzen, die Imitation und das Ostinato, die Motivwiederholungen und die scharf akzentuierten Rhythmen verschmelzen zu einer vollendeten Einheit. Obrecht war bereits zu seinen Lebzeiten als Meister der niederländischen Kontrapunktik berühmt. Seine melodischen Einfälle sind zwar häufig italienischer Herkunft, ihre Fassung ist jedoch echt niederländisch. An erster Stelle stehen die Messekompositionen, deren Ordinarium zyklisch durchgearbeitet wurde. Der Cantus firmus, der zuweilen nicht nur von einzelnen Stimmen, sondern von allen gemeinsam vorgetragen wird, ist in klar getrennte Abschnitte zerlegt. Es sind ungefähr 25 Messen überliefert, dazu 32 Motetten und über 10 weltliche Werke (Lieder). Die 1500 verfaßte Passion nach Matthäus ist die älteste Motetten-Passion der Musikgeschichte und bildete den Auftakt für alle nachfolgenden. Sie wurde ursprünglich dem Komponisten Antoine de Longaval zugeschrieben. Die moderne Forschung will in der Musik Obrechts ein Zahlengeflecht mit symbolischer Bedeutung erkennen. Das wirft allerdings höchst interessante Fragen zum Verständnis und der Interpretation von Werken der Renaissance auf.

Missa Fortuna desperata

Diese Messe nimmt als Cantus firmus die dreistimmige Fassung der Chanson von Busnois »Fortuna desperata«. Es werden alle drei Stimmen einzeln und gleichzeitig verwendet und verarbeitet. Im ersten Kyrie z. B. singt der

Tenor die ersten 17 Takte der zweiten Stimme; dem zweiten Kyrie ist die ganze zweite Stimme zugrunde gelegt, es klingt jedoch mit allen drei Stimmen zugleich aus. Die Konstruktion des gesamten Werkes ist sehr klar und ausgewogen. Die drei Kyrie zum einen und die Agnusteile zum anderen bilden die Eckpfeiler der Messe. Gloria und Credo sind gleich lang und beginnen mit dem gleichen Kennmotiv. Im Gloria folgen 10 Takte ohne Cantus firmus, 30 mit und wieder 12 ohne Cantus. Das Credo ist völlig gleichartig konstruiert. Im Sanctus erklingt das Pleni sunt dreistimmig zwischen zwei vierstimmigen Sätzen. Das Benedictus ist wieder dreistimmig. Übrigens haben alle dreistimmigen Teile keinen Cantus firmus und variieren andere Motive der Messe.

Missa super Sub tuum praesidium confugimus
Diese Messe ist auf der Melodie des Antiphons »Sub tuum praesidium« als Cantus firmus aufgebaut, den die Oberstimme vom Anfang bis zum Ende trägt. Die drei Phrasen des Antiphons sind im ersten Kyrie, im Christe und im zweiten Kyrie der Reihe nach verwendet. Das Gloria, das mit Et in terra einsetzt, beginnt mit der ersten Antiphonphrase und endet im ersten Teil mit der zweiten Phrase des Cantus; der zweite Teil des ersten Satzes verwendet die dritte Phrase des Antiphons. Vom Credo an finden in der Oberstimme Melodie und Text von Sequenzversen und der Antiphon selbst Verwendung.

LITERATUR

A. Salop, Jacob Obrecht and the Early Development of Harmonic Polyphony, Journal of the American Musicological Society XVII, 1964.

Turlogh O'Carolan (1670–1738)

ZEIT UND UMWELT

Die irischen Barden sind bis heute nicht ausgestorben. Immer wieder zog und zieht ein Sänger mit seiner Harfe von Siedlung zu Siedlung, um seine Weisen – selbst erdacht oder dem im irischen Volk seit Jahrhunderten verbreiteten Volksliedgut entnommen – vorzutragen.

LEBEN

Turlogh O'Carolan (Terence Corolan) wurde 1670 bei Nobber, Grafschaft Meath, geboren. Er bildete sich zum Harfenisten und Sänger aus, erblindete mit 22 Jahren und zog darauf als Barde durch Irland, um seine Lieder in irische Sprache zur irischen Rahmenharfe vorzutragen, die zum Großteil selbst gedichtet und komponiert waren. Er starb bei Kilronan am 25. 3. 1738.

WERKE

Von den weit über 200 Liedern des irischen Komponisten Turlogh O'Carolan haben alle irischen Text mit Ausnahme »O'Carolan's Devotion«, das englisch ist. Es wurden jedoch viele im Verlauf des 18. Jahrhunderts in das Englische und auch in andere Sprachen übersetzt. Sie wurden häufig in Sammlungen aufgenommen, weil sie allgemein gefielen. Zahlreiche vom irischen Barden improvisatorisch vorgetragene Lieder dürften nie aufgezeichnet worden sein. Er war zweifellos der größte Barde der Neuzeit, aber nicht der letzte, wie zuweilen behauptet wurde. Seine Kunst wird bis in unsere Tage weitergepflegt.

Andrej Očenáš (geboren 1911)

LEBEN

Andrej Očenáš wurde am 8. 1. 1911 in Selče bei Banská Bystrica geboren. Er war in Preßburg Schüler von Alexander Moyzes und in Prag von Vítězslav Novák. Anschließend wirkte er in Preßburg in verschiedenen Ämtern, unterrichtete von 1949 bis 1954 Komposition am slowakischen Konservatorium, das er zeitweise leitete, und war von 1958 bis 1962 Leiter der Musikabteilung des Rundfunks und bis 1970 Erster Sekretär des slowakischen Komponistenverbands.

WERKE

Außer einem Bühnenspiel nach Volksliedern und einem Ballett schrieb Andrej Očenáš eine Sinfonietta, 3 Orchestersuiten, eine sinfonische Trilogie, eine sinfonische Tetralogie, »Maivorspiele« für Orchester, ein Klavierkonzert, ein Cellokonzert, ein Konzert für Zimbal, Streicher und Klavier, 2 Streichquartette, ein Concertino für Flöte und Klavier, »Fresken« für Violine und Klavier, eine Suite für Violine und Klavier, ein Klaviertrio, Variationen für Flöte und Klavier, 2 Klaviersonaten, ein »Poem« für Violine solo, Kantaten, Chorwerke und Lieder. Sein Stil war anfänglich stark im nationalen Boden verwurzelt, befreite sich jedoch später davon und entwickelte für sein Schaffen äußerst realistische Fakturen.

»Von der Erde und vom Menschen«, Sinfonie für Chor und Orchester, Opus 43, 4 Teile, entstanden 1970

Diese Sinfonie, die als Kantate angesprochen werden kann, ist im 1. Teil voll düsterer, grüblerischer Stimmung. Dieser beginnt mit einer Bordunmelodie, die die Soprane in hoher Stimmlage kurz übernehmen. Der 2. Teil ist ein Scherzo und schildert den ersten Auftritt eigenen menschlichen Willens. Im 3. Teil tritt der Chor in den Vordergrund und besingt das erfolgreiche Streben der Menschen nach freier Entfaltung, die im 4. Teil erreicht ist, so daß sich der Mensch mit Liebe und Dankbarkeit der Erde, deren Fesseln er abgeschüttelt hat, zuwendet. Ein leise verklingender Chorsatz schließt das Werk ab.

Sebastian Ochsenkhun (1521–74)

ZEIT UND UMWELT

Der wirtschaftlich und kulturell hohe Stand der Stadt Nürnberg hielt noch weit über das 16. Jahrhundert hinaus an. Erst die durch die Entdeckung der Neuen Welt veränderten Handelsverkehrswege brachten einen gewissen Abstieg, bis die Stadt im Dreißigjährigen Krieg grausam verwüstet wurde.

LEBEN

Sebastian Ochsenkhun wurde am 6. 2. 1521 in Nürnberg als Sohn des Instrumentenmachers Jörg Ochsenkhun geboren. Er trat 1534 in die Dienste des Pfalzgrafen Ottheinrich (1502–59) als Lautenist und blieb auch bei dessen Nachfolgern bis 1571 in Heidelberg. Er starb in Heidelberg am 20. 8. 1574.

WERKE

Von Sebastian Ochsenkhun ist ein »Tabulaturbuch auff die Lauten« überliefert, in dem sich neben eigenen Kompositionen Bearbeitungen von Motetten sowie deutscher und französischer Lieder befinden. Seine eigenen Lieder weisen noch die Vielstimmigkeit auf, wie sie zu seiner Zeit von der Heidelberger Schule gepflegt wurde.

LITERATUR

K. Dorfmüller, Studien zur Lautenmusik in der ersten Hälfte des 16. Jahrhunderts, Tutzingen 1967.

Johannes Ockeghem (um 1425–97)

ZEIT UND UMWELT

Durch den Tod Karls des Kühnen von Burgund (1432–77) und die Verehelichung seiner Tochter Maria (1457–82) mit dem nachmaligen Kaiser Maximilian I. (1459–1519) gingen die Niederlande und die Freigrafschaft Burgund an das Haus Habsburg über, wie bald darauf auch Flandern, während die ehemaligen burgundischen Städte in der Picardie und das alte Herzogtum Burgund der französischen Krone anheimfielen. Dadurch verlagerte sich der Schwerpunkt des musikalischen wie des gesamten kulturellen Geschehens nach Norden, so daß die flandrischen Städte zu Zentren der Musikentwicklung wurden. Aber auch der französische Königshof konnte neben dem Landgewinn sich enger dem Raum der franko-flämischen Schule anschließen und zu ihrem Ausbau beitragen.

LEBEN

Johannes Ockeghem (Okeghem, Ockenheim, Okenghen, Jean de Hoquegan) wurde um 1425 vermutlich in Termonde (Ostflandern) geboren. Er dürfte zu den Schülern von Binchois gezählt haben, zu dessen Tod er eine Trauermotette verfaßte (1460). Gesichert ist, daß er in den Jahren 1443 und 1444 im Chor der Kathedrale von Antwerpen gesungen hat. Von 1446 bis 1448 stand er im Dienst des Herzogs Karl I. von Bourbon (1401–56) in Moulins, 1452 trat er in den Dienst des französischen Königshofes als Erster Kapellsänger und Kapellmeister.

Zwischen 1456 und 1459 ernannte ihn König Karl VII. (1403–61) zum Schatzmeister der Abtei St. Martin von Tours. Diese hohe Stellung führte ihn im Jahre 1470 nach Spanien und 1484 nach Flandern. Er starb 1497 in Tours als allseitig geachteter und geehrter Musiker; mehrere Klagegedichte in französischer und lateinischer Sprache wurden anläßlich seines Todes verfaßt, aus denen die ihm von den Zeitgenossen beigemessene Bedeutung hervorgeht.
Zu seinen bedeutendsten Schülern zählen Josquin Desprez, Antoine Busnois, Loyset Compère, Antoine Brumel, Pierre de la Rue und Jean Verbonnet.

WERKE

Johannes Ockeghem wird als wichtigster und führender Meister der zweiten Epoche der franko-flämischen Schule eingestuft. Trotz der etwas altertümlichen Struktur seiner Werke und ihrer Zuneigung zur ersten Epoche, die von Dufay geprägt wurde, und trotz des Fehlens der damals »modernen« niederländischen Tonkünste wurde von ihm die Polyphonie seiner Zeit zu einer bisher unerreichten Ausdruckskraft vertieft.

Johannes Ockeghem im Kreis seiner Sänger – Miniatur aus dem 15. Jahrhundert

Der größte Teil seiner Kompositionen ist sakral. Es liegen 10 vollständig komponierte Messeordinarien und 3 unvollständige vor, dazu ein Requiem und ein Credo. Von seinen Motetten ist wenig überliefert. Die wichtigsten davon sind der Trauergesang auf den Tod des Komponisten Binchois und das fünfstimmige Gaude Maria, das im Gegensatz zum gesamten übrigen Werk seiner Zeit stilistisch weit vorauseilt. Aus zeitgenössischen Berichten geht hervor, daß Ockeghem eine 36stimmige Motette geschrieben hat, die allgemein bestaunt wurde. Von den Chansons sind ungefähr 20 erhalten.

Requiem

Das zwei- bis vierstimmige Requiem ist die früheste mehrstimmige Totenmesse, weil das Requiem von Dufay nicht erhalten ist. Das Rückgrat des Werkes bildet die gregorianische Messe Pro defunctis, deren melodisches Material zumeist von der höchsten Stimme vorgetragen wird. Die anderen Stimmen werden der Melodie entgegengeführt.

Der Introitus und das Kyrie sind sehr einfach gehalten. Im Graduale werden die Stimmen lebhafter. Der Tractus wird vom Beginn an von einem Duett einer hohen und einer tiefen Stimme bestritten. Im Oratorium übernimmt der Tenor den Cantus firmus; es ist wieder einfach gehalten und entfaltet sich erst beim Quam olim Abrahae zu äußerst komplizierter Führung. Sanctus, Agnus und Communio sind nicht komponiert; hier kommt die Gregorianik voll zur Geltung.

Das ganze Werk ist der Spätgotik zuzuordnen. Die Melodien erstrecken sich ohne Symmetrie weit in irrationale Fernen, als wollten sie die Seele des Toten in das Jenseits begleiten.

Missa Mi-Mi

Die Benennung dieser vierstimmigen, für die kompositorische Technik Ockeghems typischen Messe weist darauf hin, daß der Baß bei jedem Abschnitt mit dem Ton Mi (e) einsetzt und zu A (das tiefe A wurde seinerzeit mit der Bezeichnung Mi angedeutet) gleitet. Es handelt sich bei diesem Werk also um einen selbsterfundenen Cantus firmus.

Im einzelnen muß auf das Credo hingewiesen werden, das wegen der Länge des Textes einer Gliederung bedurfte, so daß ein dreistimmiges Et incarnatus est mit Melodiewiederholungen in den nichtführenden Stimmen eingesetzt wurde (Imitationstechnik). Diese Belebung findet sich noch einmal am Ende des Stückes Et unam sanctam. Dann kehrt der Satz wieder zur Vierstimmigkeit zurück.
Die Struktur dieser Messe trägt alle Merkmale der Frührenaissance.

LITERATUR

R. Reese, Music in the Renaissance, New York 1954. Fr. Lessure, Ockeghem à Notre Dame de Paris, Pittsburgh 1969.

Krsto Odak (1888–1965)

LEBEN

Krsto Odak wurde am 20.3.1888 in Siverić, Kroatien, geboren. Er studierte in München bei Hartmann An der Lan-Hochbrunn und in Prag bei Vítězslav Novák. Von 1922 bis 1961 wirkte er als Kompositionslehrer an der Musikakademie in Zagreb, wo er am 4.11.1965 starb.

WERKE

Neben 2 Opern und einer Operette schrieb Krsto Odak 4 Sinfonien, ein Klavierkonzert, ein Saxophonkonzert, ein Concertino für Fagott und Orchester, eine Passacaglia für Orchester und eine für Streicher, 4 Streichquartette, ein Stück für Violine und Streichorchester, eine Kantate, 2 altslawische Messen, Chöre und Lieder.

Wladimir Odojewski (1804–69)

ZEIT UND UMWELT

Die russischen Literaten Aleksandr Gribojedow (1795–1829), Aleksandr Puschkin (1799 bis 1837), Nikolai Gogol (1809–52) und Aleksandr Ostrowski (1823–86) bildeten mit Gleichgesinnten eine Avantgarde für den romantischen Lebens- und Kunststil, der sich in einem starken Volksbewußtsein ausdrückte. Sie wurden dadurch zwangsläufig zu Vor- und Mitkämpfern Michail Glinkas und dessen Musikepoche.

LEBEN

Wladimir Fjodorowitsch Odojewski wurde am 30.7.1804 in Moskau geboren. Er lebte ab den zwanziger Jahren als Schriftsteller in St. Petersburg in enger Fühlungnahme mit den bedeutendsten Dichtern Rußlands seiner Zeit und setzte sich mit ihnen stark für den von Michail Glinka verfochtenen Romantizismus der Musik ein; seine Stellung als Vizedirektor der Kaiserlichen Öffentlichen Bibliothek bot ihm hiezu viele Gelegenheiten. Im Jahr 1846 wurde er auch Direktor des Rumjanzew-Museums und übersiedelte 1862 nach Moskau, als es dorthin verlegt wurde. Er starb am 27.2.1869 in Moskau.

WERKE

Von den zahlreichen Kompositionen von Wladimir Odojewski ist nur eine Berceuse im Druck erschienen, alles andere – vor allem Volksliedbearbeitungen – blieb Manuskript. Er trat als Schriftsteller für eine rückhaltlose Aufnahme der Volksmusik in die Kunstmusik ein, um deren Bodenständigkeit zu verstärken; auch den Kirchengesang wollte er in dieser Richtung entwickelt sehen. Wertvoll sind auch seine Musikernovellen.

LITERATUR

K. A. Kusnezow, Glinka i jewo sowremenniki, Moskau 1926.

Oede de la Couroierie
(um 1230 bis nach 1274)

ZEIT UND UMWELT

Das Artois gehörte vom 9. bis zum 12. Jahrhundert den Grafen von Flandern, ging 1180 als Mitgift für Isabella von Hennegau an Philipp II. Augustus von Frankreich über und wurde von Ludwig IX. von Frankreich seinem Bruder Robert als Apanage übergeben. Nach Roberts Tod (1250) erhielt dessen Sohn Robert II. (gestorben 1302) die Provinz. Er galt als besonderer Förderer der im Arras gepflegten Trouvèrekunst.

LEBEN

Oede de la Couroierie (Ode de Corigiara) wurde um 1230 im Artois geboren und stand als Hofbeamter im Dienst des Grafen Robert II. von Artois. Im Jahre 1274 wird er als Gesandter des Grafen beim Heiligen Stuhl erwähnt. Ort und Zeit des Todes dieses nordfranzösischen Trouvères sind unbekannt.

WERKE

Von Oede de la Couroierie sind 5 Lieder mit Melodien überliefert, die stark volksliedhaften Charakter haben.

LITERATUR

Johann Spanke, Zwei altfranzösische Minnesinger, Leipzig 1907.

Franz Joseph Oehlschlägel (1724–88)

ZEIT UND UMWELT

Die von Bohuslav Černohorský auf ein hohes Niveau gebrachte altböhmische Orgeltradition wurde von Tschechen wie Deutschen weiterentwickelt, so daß sie bis in das 19. Jahrhundert hinein auch über die Landesgrenzen hinaus rege Beachtung genoß.

LEBEN

Franz Joseph Oehlschlägel (Oelschlägel, sein Ordensname war Johann Lohelius) wurde am 31. 12. 1724 bei Brüx (Most) geboren. Er war 1741 Organist an der Marienkirche in Prag, trat 1747 in den Praemonstratenserorden ein und wurde nach seiner Ausbildung bei Franz Habermann 1756 Musikdirektor im Stift Strahov. Er versah diese Stelle bis zu seinem Tod am 22. 2. 1788.

WERKE

Viele Werke von Franz Joseph Oehlschlägel, von denen zu seinen Lebzeiten keines gedruckt wurde, liegen heute in modernen Partituren vor. Von seinen vielen Messen, Oratorien und anderen sakralen Gesängen ist ein beträchtlicher Teil in moderne Sammlungen aufgenommen worden und wird heute wieder gespielt.

LITERATUR

P. R. Perlik, Johann Lohelius Oelschlägel, Prag 1927.

Georg Österreich (1664–1735)

ZEIT UND UMWELT

Schleswig war durch Jahrhunderte Sitz der Herzoge von Schleswig, die zugleich Herzoge von Holstein waren. Im Verlauf der Auseinandersetzungen mit den dänischen Königen wurde der Hof 1702 aufgelöst. Die Zwistigkeiten wurden allerdings erst gegen Ende des Jahrhunderts behoben.

LEBEN

Georg Österreich wurde am 17. 3. 1664 in Magdeburg getauft. Er besuchte 1678 bis 1680 die Thomanerschule in Leipzig, an der damals Johann Schelle als Kantor wirkte. Von 1686 bis 1689 war er Sänger in Wolfenbüttel, nachdem er einige Zeit als Altist an der Hamburger Ratskapelle tätig gewesen war. Anschließend kam er an den Hof in Schleswig, später nach Braunschweig und dann neuerlich nach Wolfenbüttel, wo er bis zu seinem Tod am 6. 6. 1735 als Kantor der Schloßkirche wirkte.

WERKE

Vom deutschen Kantor und Komponisten Georg Österreich sind 45 Kantaten und einige Kirchenkonzerte überliefert. Das Konzert »Ach Herr, wie sind meiner Feinde so viele« für zwei Violinen, Bratsche, Fagott und Generalbaß wurde viel gespielt. Es ist wegen seiner üppigen Auszierung stilistisch sehr interessant.

Jacques Offenbach (1819–80)

ZEIT UND UMWELT

Das protzige Gehabe reichgewordener Bürger im Zweiten Kaiserreich, das oft hohle Pathos der Prunkentfaltung auf den Bühnen, die zuweilen weinerliche Lyrik zeitgenössischer

»tragischer« Opern mußten ihren Spötter finden, sonst wäre Paris nicht Paris gewesen.

LEBEN

Jacques Offenbach (Jakob), Sohn des Kantors und Musiklehrers Isaac Juda Eberst (26.10. 1779, Offenbach am Main, bis 26.4.1850, Köln), der sich Offenbach nannte, wurde am 20.6.1819 in Köln geboren. Nach der musikalischen Ausbildung bei seinem Vater trat er 1833 in das Conservatoire in Paris ein, danach wirkte er in verschiedenen Theaterorchestern als Cellist. Während er 3 Jahre an der Opéra Comique spielte, trat er in verschiedenen Vergnügungsstätten und in Salons in Paris auf und spielte inzwischen auch mehrfach in Köln und London. Im Jahr 1850 wurde er Kapellmeister am Théâtre Français, schrieb Bühnenmusiken und Romanzen, trat sodann mit seinen ersten Bühnenstücken hervor und leitete damit die ungeheure Erfolgsserie seiner Pariser Operetten ein, als deren Klassiker er am 4.10.1880 in Paris starb.

WERKE

Von Jacques Offenbach sind über 100 Bühnenwerke aufgeführt worden; einzelne seiner vorzüglichen Operetten mit ihrer einprägsamen Melodik und den zündenden Rhythmen - frei von Phrasentum und Schwulst - behaupten sich noch immer auf den Spielplänen und bilden einen sympathischen Gegensatz zur sentimentalisierten Wiener Operette. Seine einzige Oper »Hoffmanns Erzählungen«, erst nach seinem Tod uraufgeführt, gehört noch zum festen Bestand des Opernrepertoires der Welt. Außerdem schrieb er eine Ballettpantomime, Duette für zwei Celli, verschiedene Lieder und andere Gelegenheitskompositionen.

Jacques Offenbach

LITERATUR

A. Decaux, Offenbach, König des Zweiten Kaiserreichs, München 1960.

Michał Kleofas Ogiński (1765–1833)

ZEIT UND UMWELT

Die letzte Teilung Polens (1795) zwang viele Adelige, das Land zu verlassen. Wer sich von ihnen gegen die Zerreißung ihrer Heimat auflehnte, verlor auch sein Vermögen. Viele wandten sich nach Frankreich.

LEBEN

Fürst Michał Kleofas Ogiński wurde am 25. 9. 1765 in Guzów bei Warschau geboren. Er war Schüler von Józef Kozłowski und Giovanni Battista Viotti. Seine diplomatische Laufbahn wurde durch die Teilung Polens unterbrochen. Er ging nach Paris, hielt sich aber nach seiner Aussöhnung mit Zar Alexander I. von 1802 bis 1807 und von 1810 bis 1815, nachdem er einen Teil seiner Güter zurückbekommen hatte, wieder in Polen auf. Dann ließ er sich in Florenz nieder, wo er am 15. 10. 1833 starb.
Sein Onkel, Fürst Michał Kasimierz Ogiński (1728, Guzów, bis 31. 5. 1800, Warschau), war Komponist.

WERKE

Neben einer Oper schrieb Michał Kleofas Ogiński französische Romanzen und Märsche und zahlreiche Mazurken, Walzer und

Polonaisen für Klavier. Seine über ganz Europa verbreiteten Polonaisen bildeten eine Übergangsform von der getanzten Polonaise zur Konzertpolonaise, wie sie später Frédéric Chopin komponierte, dessen Eleganz und Sentimentalität er vorausnahm.
Michał Kasimierz Ogiński schrieb Klaviermusik im Stil von Józef Kozłowski.

LITERATUR

I. F. Belsa, Michał Kleofas Ogiński, Krakau 1967.

Maurice Ohana (geboren 1914)

LEBEN

Maurice Ohana wurde am 12.6.1914 in Casablanca (Ed Dar el Baida) geboren. Er war nach seinem Klavierstudium in Paris und Barcelona in Rom Schüler von Alfredo Casella und neuerlich in Paris von Daniel-Lesur (geboren 19.11.1908, Paris) an der Schola Cantorum. Im Jahr 1947 beteiligte er sich an der Gründung der Gruppe »Zodiaque« (Tierkreis), die die völlige Freiheit des musikalischen Ausdrucks gegen jede Einschränkung verteidigte. Neben seiner kompositorischen Tätigkeit wirkte er als Pianist.

WERKE

Neben 2 Opern, einem szenischen Oratorium und einem Ballett schrieb Maurice Ohana ein Konzert für zwei Klaviere, Schlagzeug und Orchester, ein Gitarrenkonzert, ein Stück für Klavier, Flöte, Kithara, auf Dritteltöne gestimmt, und Orchester, ein Streichquartett, ein Stück für zehnsaitige Gitarre, ein Konzert für Cembalo und 21 Instrumente, »Choreographische Studien« für sechs Schlagzeuger, ein Oratorium, »Cantigas« für sechs Chöre und siebzehn Instrumente, »Trauergesang für Claude Debussy« für Klavier, dritteltönige Kithara, Singstimmen und Kammerorchester, 24 Praeludien für Klavier, eine Sonatine für Klavier und eine Schauspielmusik. Sein Stil, der sich an Manuel de Falla und Claude Debussy anlehnt, zieht alle instrumentalen Möglichkeiten heran, um den jeweiligen Ausdruck zu gewinnen.

Kane O'Hara (1711–82)

ZEIT UND UMWELT

Die Burletta war eine musikalische Bühnenstückform, die zwischen der Balladenoper und der komischen Oper lag. Sie gelangte über Frankreich aus Italien nach England, erhielt aber dort ihre spezielle Form und wurde vom Publikum begeistert aufgenommen. Sie bestand wie die Balladenoper aus Volksmelodien und zahlreichen konzertanten Teilen; die Rezitative wurden als rhythmisierte Couplets gesungen.

LEBEN

Kane O'Hara wurde im Februar 1711 in England geboren. Nach seinem Universitätsstudium wandte er sich der Komposition von musikalischen Bühnenstücken zu. Es ist unbekannt, ob er eine musikalische Stelle innehatte. Er starb in Dublin am 17. 6. 1782.

WERKE

Die englische Form der Burletta wurde von Kane O'Hara ins Leben gerufen. Er errang mit dieser Form ungeheure Erfolge. Das englische Publikum war für diese volkstümlichen Bühnenstücke sehr empfänglich. Seine berühmteste Burletta trug den Titel »Midas«.

Robert Okeland
(um 1500 bis nach 1560)

ZEIT UND UMWELT

König Edward VI. von England folgte als Neunjähriger seinem Vater Heinrich VIII. auf den Thron nach (1547). Er war fünfzehn, als er starb, und hatte nie tatsächlich regiert. Musik wurde komponiert anläßlich seiner Krönung, zum Tode des Vaters und für seine eigene Beisetzung.

LEBEN

Robert Okeland (Hockland) wurde um 1500 vermutlich in London geboren. Er war an irgendeiner Kirche Londons tätig, ehe er Gentleman der Chapel Royal wurde. Die Restauration unter Königin Maria I. dürfte er heil überstanden haben und erst unter Elisabeth I. in London nach 1560 gestorben sein.

Werke
Von dem Kirchenmusiker Robert Okeland ist eine vierstimmige Messe überliefert, die ihn den englischen Meistern der Hochrenaissance an die Seite stellt. Darüber hinaus sind etliche schöne Anthems erhalten, die anläßlich verschiedener Hoffeierlichkeiten komponiert wurden.

John Oker (um 1590 bis nach 1644)

Zeit und Umwelt
Bürgerkrieg und Cromwell-Zeit zeichnen sich in der englischen Musikgeschichte ab wie ein lebenbedrohender Riß. Nur einzelne Musiker überdauerten diese Zeit und versuchten nach der Restauration dort anzuknüpfen, wo sie aufhören mußten. Wie die folgenden Zeiten zeigten, vermochte sich die englische Musik erst nach zwei Jahrhunderten von dem Eingriff in ihren Entwicklungsgang zu erholen.

Leben
John Oker (Ockeover, Okar) wurde um 1590 vermutlich in Wells geboren, wo er von 1619 bis 1639 als Organist wirkte. Von 1640 bis 1644 war er Organist an der Kathedrale von Gloucester. Ab da verliert sich seine Spur, weil er vermutlich ein Opfer des Bürgerkrieges wurde wie auch ein Großteil seiner Kompositionen.

Werke
Vom angeblich umfangreichen Werk des englischen Komponisten John Oker sind nur 2 fünfstimmige Pavanen für Violen und eine fünfstimmige Fantasia mit gleicher Besetzung überliefert. Auch seine Anthems sind nur unvollständig erhalten. Seine Musik ist sorgfältig und einfallsreich gearbeitet, gehört aber dem alten Stil an.

Tiberiu Olah (geboren 1928)

Leben
Tiberiu Olah wurde am 26.12.1928 in Arpăşel, Rumänien, geboren. Er studierte am Konservatorium in Cluj. Im Jahr 1958 wurde er Lektor am Konservatorium in Bukarest und in der Folge Professor.

Werke
Das kompositorische Schaffen von Tiberiu Olah orientierte sich anfänglich an Béla Bartók, George Enescu und Igor Strawinsky und später an der Zweiten Wiener Schule, Olivier Messiaen und Edgar Varèse; dann versuchte er, die Folklore durch neue innere musikalische Gesetzmäßigkeiten zu verallgemeinern; ihre »Ur-Mikrostrukturen« erhielten durch Zahlen- und Reihenverhältnisse, die ihnen zuweilen deutlich aufoktroyiert wurden, verschiedene Gestaltungen. Er schrieb ein Stück für Orchester, eines für 16 Streicher, eines für zwei Kammerensembles, eines für fünf Instrumentalisten, einen dem Bildhauer Constantin Brâncuşi (1876–1957) gewidmeten Zyklus: Nr. 1 Stück für Orchester, Nr. 2 Sonate für Klavier, Nr. 3 Stück für Schlagzeug, Nr. 4 und Nr. 5 je ein Orchesterstück; ein Streichquartett, ein Trio für Klarinette, Violine und Klavier, »Ereignisse« für Orchester, eine Sonatine für Violine und Klavier, eine für Klavier solo, eine Kantate für Chor und Schlagzeug, eine für Kinderchor, zwei Flöten, Saiteninstrumente und Schlagzeug, »Äquinoktien« für Stimme, Klarinette und Klavier, ein Oratorium, außerdem Chor- und Filmmusik. Er veröffentlichte einige theoretische Traktate.

Arne Oldberg (1874–1962)

Leben
Arne Oldberg wurde am 12.7.1874 in Youngstown, O., geboren. Er war von 1893 bis 1895 Schüler des Klavierpädagogen Teodor Leszetycki in Wien und von Joseph Rheinberger in München. Von 1899 bis 1941 wirkte er als Leiter der Klavierklasse der Northwestern University Evanston, Ill., wo er am 17.2.1962 starb.

Werke
Von Arne Oldberg sind 5 Sinfonien und weitere Orchesterwerke, außerdem mehrere Klavierkonzerte, Kammermusik und Klavierstücke bekannt geworden. Er folgte dem klassiknahen romantischen Stil seines Lehrers in München.

Juan Manuel Olivares
(um 1760 bis nach 1800)

Zeit und Umwelt
Pedro Ramón Palacios y Sojo (17. 1. 1739, Valle de Santa Cruz de Pacayrigua bei Caracas, bis Juli 1799, Caracas) errichtete in Caracas ein Oratorium nach dem Vorbild des Filippo Neri (1515–95) in Rom, das zum Ausgangspunkt der Musikentwicklung im kolonialen Caracas im 18. Jahrhundert wurde.

Leben
Juan Manuel Olivares wurde um 1760 in Caracas geboren. Er war der älteste Musiker der von Pedro Ramón Palacios y Sojo eingeleiteten Musikblüte der Kolonialperiode von Caracas. Er starb nach 1800 vermutlich in Caracas.

Werke
Von Juan Manuel Olivares sind zweistimmige Motetten mit Generalbaß, Vesperpsalmen mit Streicher- und Bläserbegleitung, ein dreistimmiges Salve regina mit Orchester, ein vierstimmiges Stabat mater mit Orchester und Karfreitagslamentationen mit großem Orchester erhalten.

Literatur
J. B. Plaza, Juan Manuel Olivares, el mas antiguo compositor venezolano, Caracas 1960.

Jamary Oliveira (geboren 1944)

Leben
Jamary Oliveira wurde am 21.3.1944 in São Salvador da Bahia, Brasilien, geboren. Er studierte in seinem Geburtsort bei Ernst Widmer (geboren 25.4.1927, Aarau, Schweiz) und Edino Krieger (geboren 17.3.1928, Brusque, Santa Catarina, Brasilien) und lebt seitdem als freischaffender Komponist in São Salvador.

Werke
Von Jamary Oliveira sind 7 Orchesterwerke und zahlreiche weitere Kompositionen für verschiedene Instrumente bekannt geworden. Er schrieb weiters ein Stück für Schlagzeug, 4 Sätze für Jazz, »Conjunto I« (Zusammenstellung) für Stimme, Oboe, Klarinette und Horn, »II« für Schlagzeug, »III« für Smetak-Instrumentarium, ein Klaviertrio, ein Nonett für Bläserquintett und Streichquartett, »Wiederholungen« für Flöte, Klarinette, Trompete, Horn, Cello, Kontrabaß und Klavier, »Suggestionen« für Oboe, Saxhorn, Bandoneon, Tuba, Kontrabaß und Schlagzeug, Klavierstücke, eine Kantate für Chor, Sprecher und Große Trommel, »Conjunto IV« für Chor und Flaschen, »Monologe« für Chor und Schlagzeug sowie 4 Klavierlieder.

Jocy de Oliveira (geboren 1936)

Leben
Jocy de Oliveira wurde am 11.4.1936 in Curitiba, Brasilien, geboren. Sie studierte in São Paulo bei José Klíass (11.8.1905, Poltawa, Rußland, bis 29.1.1970, São Paulo), in Paris bei Marguérite Long und an der Universität in St. Louis, Mo. Sie wirkt als Interpretin von vorwiegend Klaviermusik des 20. Jahrhunderts und konzertiert in Nord- und Südamerika sowie in Europa. Sie ist die Frau des brasilianischen Komponisten und Dirigenten Eleazar de Carvalho (geboren 28.6.1915, Iguatú, Brasilien).

Werke
Die elektronischen Multimedia-Kompositionen von Jocy de Oliveira vermitteln eine »totale Musik«. Sie schrieb unter anderem »Probalistic Theater I, II, III« für mehrere Musiker, Schauspieler, Tänzer, Fernsehen und Dirigenten, »Polinterações I, II, III« und »Die Dritte Welt« und weitere Multimedia-Werke.

Willy Oliveira (geboren 1938)

LEBEN
Willy Correa de Oliveira wurde am 11.2.1938 in Recife, Brasilien, geboren. Bis 1961 studierte er in São Paulo bei George Olivier Toni und war bei den Ferienkursen für Neue Musik in Darmstadt Schüler von Henri Pousseur, Luciano Berio, Karlheinz Stockhausen und Pierre Boulez; er arbeitete an den Elektronischen Studios der Hochschule für Musik in Karlsruhe, des Westdeutschen Rundfunks in Köln, des Italienischen und des Französischen Rundfunks. Er wirkte am Konservatorium in Santos als Professor für Musiktheorie und Komposition. Derzeit unterrichtet er an der Universität in São Paulo Komposition.

WERKE
Von Willy Oliveira sind ein »Praeludium und Fuge«, ein Stück für Streichorchester und Klavier, ein Divertimento für Orchester, Sprecher, Propagandamädchen und Streichquartett, eine Kammermusik für zehn Instrumente, Klavierwerke, eine Kantate für Soli, Chor und Streichorchester, ein Stück für Stimme, Klavier und Streicher, mehrere Gesänge nach Texten portugiesischer Trobadors, Chöre a cappella, Bühnen- und Filmmusik bekannt geworden.

Pauline Oliveros (geboren 1932)

LEBEN
Pauline Oliveros wurde am 30.5.1932 in Houston, Tex., geboren. Von 1949 bis 1952 studierte sie an der Universität ihrer Geburtsstadt, von 1954 bis 1956 in San Franzisko und privat bei Robert Erickson. Seit 1967 wirkt sie als Lektorin für Elektronische Musik an der Universität in San Diego, Calif.

WERKE
Von Pauline Oliveros sind unter anderem »Variationen für Sextett«, »Klangmuster« für gemischten Chor, ein Trio für Flöte, Klavier und Blattumwender, eines für Flöte, Schlagzeug und Kontrabaß, ein Duo für Akkordeon und Bandoneon, ein Stück für Bläseroktett und Tonband, ein Schauspiel für 15 Schauspieler, Film und Projektionen, Tonband und elektronisch verarbeitetes Live-Tonmaterial, ein Stück für elektronisch modifiziertes Klavier, Tonband und Lichteffekte, ein Stück für Viola d'amore, Tonband und Projektionen, eine »Improvisation«, ein Stück für Streichquartett, ein Stück für Orchester und Flaschenchor und »Meditationen« bekannt geworden.

Pauline Oliveros

Joaquín Homs Oller (geboren 1906)

LEBEN
Joaquín Homs Oller wurde am 22. 8. 1906 in Barcelona geboren. Er war Autodidakt und trat in Sachen Atonalität und Zwölftonmusik in Spanien bahnbrechend hervor. Neben seinen Kompositionen widmete er sich auch in Schriften dieser neuen Strömung. Er war ein Gegner der Nationalisten.

WERKE
Von seinen Werken sind bemerkenswert 2 Stücke für Streicher, ein Sextett, 3 Streichquartette, ein Trio für Violine, Flöte und Klarinette, Sonaten für Flöte und Klarinette, für Oboe und Klarinette und für Violine, seine zahlreichen Klavierwerke, die Chormusik sowie Lieder.

Federico Olmeda de San José
(1865–1909)

Leben
Federico Olmeda de San José wurde 1865 in El Burgo de Osma, Sória, geboren. Er wurde in Burgos in Violinspiel und Musiktheorie ausgebildet, war 1887 Organist an der Kathedrale von Tudela, 1888 in Burgos, wo er 1893 Leiter der städtischen Musikakademie und 1894 künstlerischer Leiter der Liedertafel (»Orfeón Burgalés«) wurde. Ab 1903 wirkte er als Kapellmeister an der Kathedrale von Burgos und ab 1908 als Chorleiter im Kloster der Descalzas Reales in Madrid, wo er am 11.2.1909 starb.

Werke
Von den ungefähr 350 Werken – zum größten Teil sakrale Kompositionen und Volksmusikbearbeitungen –, sind 4 Sinfonien, ein Streichquartett, eine Klaviersonate, eine Messe, ein Salve regina und seine Orgelfugen bemerkenswert. Er gehörte zu den Wegbereitern der spanischen Musik des 20. Jahrhunderts.

Statius Olthoff (um 1555–1629)

Zeit und Umwelt
Der große schottische Humanist und Latinist George Buchanan (1506–82) verfaßte, während er in Coimbra als Ketzer in ein Kloster verbannt war, Psalmenparaphrasen in lateinischer Sprache, die lange Zeit zum Lateinunterricht für die schottische Jugend verwendet wurden. Sie wurden auch an einigen deutschen Lateinschulen wegen ihrer vorzüglichen Sprache eingeführt.

Leben
Statius Olthoff ist um 1555 in Osnabrück geboren. Im Jahre 1579 wurde er in Rostock als Kantor angestellt und stieg bis 1593 zum Konrektor auf. Gleichzeitig lehrte er an der Universität lateinische Sprache und Poetik. Im Jahre 1614 zog er sich von seinen Ämtern zurück und starb in Rostock am 28. 2. 1629.

Werke
Der Lateinlehrer und Kantor Statius Olthoff setzte die Psalmenparaphrasen von George Buchanan für vierstimmigen Chor in Musik und veröffentlichte das Werk unter dem Titel: Psalmorum Davidis paraphrasis poetica Georgii Buchanan Scoti argumentis ac melodiis explicata atque illustrata (Die poetische Paraphrase der Psalmen Davids vom Schotten George Buchanan, durch Anmerkungen und Melodien erklärt und illustriert). Das Schulwerk erlebte viele rasch einander folgende Auflagen. Die Vertonung ist homorhythmisch und homophon wie humanistische Odenkompositionen.

Mihael Omerza (1679–1742)

Zeit und Umwelt
Die Musik im ehemaligen Herzogtum Krain, dem österreichischen Kronland, stand in der ersten Hälfte des 18. Jahrhunderts unter dem Einfluß der österreichischen und der venezianischen Stilentwicklung. Elemente der slowenischen Volksmusik fanden vorläufig keinen Eingang.

Leben
Mihael Omerza wurde am 28. 9. 1679 in Kamnik, Slowenien, geboren. Er war von 1706 bis 1715 Domvikar in Ljubljana und darauf bis zu seinem Tod am 23. 4. 1742 Pfarrer in Ig bei Ljubljana.

Werke
Vom slowenischen Komponisten Mihael Omerza sind 5 Oratorien überliefert: »Diva Magdalena poenitens« (Heilige Büßerin Magdalena), »Pastor bonus« (Der gute Hirte), »Mater dolorosa« (Schmerzensmutter), »Christus bajulans crucem« (Christus trägt das Kreuz), »David deprecans pro populo« (David betet für sein Volk). Alle anderen Werke des fähigen Kirchenmusikers sind verschollen.

Pierre Onfroy de Bréville (1861–1949)

Leben
Pierre Onfroy de Bréville wurde am 21.2.1861

in Bar-le-Duc, Meuse, geboren. Er wurde in Paris von Théodore Dubois (1837–1924) und César Franck (1822–90) ausgebildet. Durch eine Reihe von Jahren wirkte er als Kontrapunktlehrer an der Pariser Schola Cantorum; von 1914 bis 1918 war ihm die Leitung der Kammermusikklasse des Conservatoire anvertraut. Er starb am 23.9.1949 in Paris.

WERKE
Das kompositorische Schaffen von Pierre Onfroy de Bréville nahm eine Übergangsstellung von Romantik zum Impressionismus ein. Seine Chorwerke für Soli und Orchester »Das Fest von Kenwarch« und »Medeia«, die »Hymne an die Venus« für zwei Singstimmen, Bläser und Harfe und die »Mystische Szene der Rose von Lima« für Soli, Chor und Orchester lassen die Lehrer des Komponisten ebenso deutlich erkennen wie seine dreistimmige Messe mit Chor und Blasorchester, die Messe für eine Singstimme und Orgel sowie die Motetten. Die Bühnenmusiken, die 2 Sonaten in Cis-Dur für Violine und Klavier, die Sonate für Oboe und Klavier und die Klaviersonate, die Werke für Cello und Klavier und das Stück für Flöte und Klavier sind um vieles in die Richtung zum Impressionismus weiter entwickelt. Auch die Orgel- und Klavierstücke rücken weit von der Romantik ab. Pierre Onfroy de Bréville wurde ebenso durch seine musikschriftstellerische Tätigkeit bekannt.

Georges Onslow (1784–1853)

ZEIT UND UMWELT
Begüterte, angesehene Dilettanten erlernen mit den besten Lehrern, die sie gut bezahlen, mit eigenem Fleiß und beharrlicher Hingabe alles, was ein Komponist benötigt. Sie finden leicht Interpreten und Ensembles, die ihre Kompositionen spielen, die Konzertsäle stehen ihnen offen, die Bühnen führen ihre Opern auf, und die Kritiker loben sie. Musik wird aber keine daraus, wenn sie künstlerische Begabung durch Ehrgeiz ersetzen wollen. Man verleiht ihnen auch Ehrenstellen, weil sie durch ihr Geld, ihren Einfluß und durch ihr Organisationstalent sehr nützlich sein können.

LEBEN
André Georges Louis Onslow (George) wurde am 27.7.1784 in Clermont-Ferrand geboren. Er war in seiner Jugend in London Schüler von Nicolas Joseph Hüllmandel (1756–1823), Jan Ladislav Dusík (1760–1812) und Johann Baptist Cramer; Bühnenkomposition studierte er bei Antonín Rejcha. Er verbrachte seine Zeit abwechselnd in seinem Geburtsort und in Paris, wo er in die Académie des Beaux-Arts gewählt wurde, und starb am 3.10.1853 in Clermont-Ferrand.

WERKE
Neben 3 komischen Opern, die einen knappen Achtungserfolg erreichten, verfaßte Georges Onslow 34 Streichquintette für zwei Violinen, Bratsche und zwei Celli oder zwei Violinen, zwei Bratschen und Cello oder zwei Violinen, Bratsche, Cello und Kontrabaß, 36 Streichquartette, 6 Klaviertrios, ein Sextett, ein Septett und ein Nonett für Bläser und Streicher, 4 Sinfonien, Violin-, Cello- und Klaviersonaten, Klavierstücke und ein Orchesterlied für Baß. Alles ist gekonnt geschrieben, kann aber wenig überzeugen.

Henryk Opieński (1870–1942)

LEBEN
Henryk Opieński wurde am 13.1.1870 in Krakau geboren. Er war in seinem Geburtsort Schüler von Władysław Żeleński und in Paris von Vincent d'Indy. Nach einem Studienaufenthalt in Berlin wirkte er in Warschau als Dirigent und Kritiker sowie als Lehrer an der Musikschule. Im Jahr 1920 wurde er Leiter des Konservatoriums in Poznan (Posen); 1926 ließ er sich als Leiter des Chorvereins »Motet et Madrigal« in Morges am Genfer See nieder, wo er am 21.1.1942 starb.
Seine Frau Lydia Barblan-Opieńska (geboren 12.4.1890, Morges) war nach dem Studium in Freiburg im Breisgau, Paris, Brüssel und Basel Gesanglehrerin in Basel, Freiburg, Poznan, Lausanne und Neuchâtel. Sie gründete mit ihrem Mann 1916 die Chorvereinigung »Motet et Madrigal«.

WERKE

Neben 2 Opern, mehreren Bühnenmusiken und Chorwerken schrieb Henryk Opieński 3 sinfonische Dichtungen, »Lyrische Szenen für Streichquartett«, Klavierstücke, Violinstücke und Lieder. Er veröffentlichte zahlreiche polnische Volkslieder. Sein Stil war spätromantisch und schöpfte die Melodien aus der polnischen und kaschubischen Folklore. Er verfaßte mehrere musikhistorische Werke. Lydia Barblan-Opieńska schrieb eine Kantate, Klavierstücke, Chöre und Lieder.

Marcel Orban (1884–1958)

LEBEN

Laurent François Marcel Orban wurde am 13.11.1884 in Lüttich geboren. Er studierte am Konservatorium in Lüttich bei Charles Smulders und in Paris an der Schola Cantorum bei Vincent d'Indy und Albert Roussel. Anschließend war er in Lüttich als freier Komponist, Musiklehrer und Maler tätig. Er starb am 7.11.1958 in Wimereux, Pas-de-Calais.

WERKE

Von Marcel Orban sind 3 Sinfonien und mehrere andere Orchesterstücke, eine Sinfonie für Streicher, 3 Streichquartette, ein Trio, eine Violinsonate, Stücke für Blasinstrumente, Klavierstücke, Chorwerke und Lieder bekannt geworden. Er neigte zu modernen Fakturen.

Julián Orbón (geboren 1925)

LEBEN

Julián Orbón wurde am 7.8.1925 in Avilés, Spanien geboren. Er studierte zunächst am Konservatorium in Oviedo, sodann in Habana bei José Ardévol und ab 1946 in Tanglewood bei Aaron Copland. Darauf leitete er das Konservatorium in Habana. Im Jahr 1960 verließ er Kuba und unterrichtete am Konservatorium in Mexiko, bis er sich 1963 in New York niederließ.

WERKE

Neben den Orchesterwerken – ein Kammerkonzert, eine Sinfonie, 3 sinfonische Sätze, sinfonische Tänze, ein Concerto grosso, eine Partita – schrieb Julián Orbón ein Klavierquintett, ein Streichquartett, eine Partita für Cembalo, Streichquartett, Vibraphon, Celesta und Harmonium, eine Toccata und eine Sonate für Klavier, eine Partita für Cembalo, einen lateinischen Hymnus, 3 Gesänge für Sopran, Streichquartett, Cembalo und Schlagzeug auf Texten des Königs Alfonso X. el Sabio (1221–84) und weitere Gesänge und Chöre mit Orchester und a cappella.

Himnus ad Galli cantum (Hymnus auf das Krähen des Hahnes) für Sopran und Kammerensemble, 4 Sätze, entstanden 1956

Der Kantate liegt der lateinische Text des Dichters Aurelius Prudentius Clemens (348–404) über die Szene zugrunde, in der Petrus durch dreimaliges Krähen des Hahns an seine Verleugnung Christi gemahnt wird. Das aus Flöte, Oboe, Klarinette, Harfe und einem Streichquartett bestehende Kammerensemble untermalt die vom Sopran mit expressivem Pathos vorgetragenen Verse mit der glutvollen Farbgebung, die für lateinamerikanische Kompositionen typisch ist.

William Orchard (1867–1961)

LEBEN

William Arundel Orchard wurde am 13.4.1867 in London geboren. Nach seiner Ausbildung in London und in Durham ging er 1903 nach Australien, wo er das Sydney Symphony Orchestra und die Sydney Madrigal Society leitete. Von 1923 bis 1934 leitete er das New South Wales State Conservatory, an dessen Ausbau er maßgebend beteiligt war. Anschließend wirkte er als Lehrer an der University of Tasmania. Er starb am 7.4.1961 auf hoher See.

WERKE

Von William Orchard wurde eine Oper aufgeführt. Er schrieb außerdem ein Violinkonzert, ein Streichquartett, ein Streichquintett, Chöre und Lieder, ferner das Chorwerk »Ullen the Bowman« (Ullen der Bogenschütze). Sein Wirken war für die Musikentwicklung im australisch-neuseeländischen Raum von großer Bedeutung.

Pedro Ordoñez (um 1500–50)

Zeit und Umwelt
König Alfonso VIII. von Kastilien (1155 bis 1214) gründete in Valencia 1208 die erste Universität auf spanischem Boden. Die Kathedrale des altehrwürdigen Bischofssitzes wurde 1221 von Alfonso IX. begonnen und war bereits im Mittelalter eine bekannte Pflegestätte der Kirchenmusik.

Leben
Pedro Ordoñez, spanischer Kirchenmusiker, ist um 1500 in Kastilien geboren. Am 29. 4. 1539 wurde er Mitglied der päpstlichen Kapelle in Rom, am 11. 1. 1545 fand seine Wahl zum Abt statt; er nahm am 13. 12. desselben Jahres an der Eröffnung des Konzils in Trient teil und begleitete es 1547 nach Bologna. An der Behandlung der Form der Kirchenmusik nahm er nicht mehr teil, weil diese erst 1562 begann und er 1550 in Rom verstarb.

Werke
Die Kompositionen von Pedro Ordoñez standen im Schatten seines Landsmannes Morales. Die Messen, Motetten und Psalmen sind mustergültig gearbeitet und beweisen, daß der flämische Stil sich bereits in ganz Spanien durchgesetzt hatte, sind aber etwas glanzlos und klangleer.

Antonio Orefice (um 1685 bis um 1727)

Leben
Antonio Orefice (Orefici) wurde um 1865 in Neapel geboren. Er studierte Rechtswissenschaft (wurde dabei Doktor der Rechte), wandte sich aber der Komposition zu und errang besonders mit musikalischen Komödien im neapolitanischen Dialekt große Erfolge. Er starb in Neapel um 1727.

Werke
Von dem italienischen Komponisten Antonio Orefice ist eine Reihe von Opern, vorwiegend mit heiteren Sujets, erhalten. Am Teatro S. Bartolomeo in Neapel wurde 1708 seine erste Oper »Il Maurizio« uraufgeführt. Ihr folgten 1709 »Petrò Calienno della Costa« und »Engelberta« im selben Jahr. Erhalten ist zudem »Le finte zingare«. Von seinen übrigen Kompositionen ist nur eine sehr schöne Kantate, »Sopra un verde colle« (Über einem grünen Hügel), bis in unsere Zeit erhalten.

Giacomo Orefice (1865–1922)

Leben
Giacomo Orefice wurde am 27.8.1865 in Vicenza geboren. Er war am Liceo musicale in Bologna Schüler von Luigi Mancinelli (1848 bis 1921) und Alessandro Busi (28.9.1833, Bologna, bis 8.7.1895, Bologna). Ab 1909 wirkte er als Kompositionslehrer am Conservatorio Giuseppe Verdi in Mailand, wo er am 22.12.1922 starb.

Werke
Außer 9 Opern und einem Ballett schrieb Giacomo Orefice 2 Sinfonien, die sinfonischen Suiten »Sinfonie des Waldes«, »Anakreon« und »Franzeskanische Lauden«, ein Klavierquintett, ein Klaviertrio, 2 Violinsonaten, eine Cellosonate, Klavierstücke und Lieder. Stilistisch gehörte er der Romantik an.

José de Orejón y Aparicio
(um 1705–65)

Zeit und Umwelt
Das von Francisco Pizarro (um 1478–1541) im Jahr 1535 gegründete Lima, jetzt Hauptstadt von Peru, wurde bald zum Brennpunkt der spanischen Kolonisation Südamerikas und zum Herzen der Macht Spaniens in der Neuen Welt. Der Grundstein zur ersten

Kathedrale der Stadt wurde im selben Jahr gelegt. Der erste Erzbischof zog 1545 ein, nachdem ein Jahr zuvor der erste spanische Vizekönig die Regierung der Kolonie übernommen hatte. Im 18. Jahrhundert bildete sich eine eigenständige Kirchenmusik aus, die allerdings noch stark von der spanischen abhängig war.

Leben
José de Orejón y Aparicio wurde um 1705 in Huacho, Lima, geboren. Er war Schüler des aus Spanien eingewanderten Tomás de Torrejón y Velasco (1644–1728), von 1742 bis 1760 Organist und sodann bis zu seinem Tod im Mai 1765 Kapellmeister an der Kathedrale von Lima.

Werke
Von den kirchenmusikalischen Werken des José de Orejón y Aparicio, Messen, Passionen, Chorwerke, sind »Pasión del Viernes Santo« (Karfreitagspassion) für Tripelchor und Orchester, »Aria al Santisimo Sacramento« (Sakramentsgesang) für Singstimme, zwei Violinen und Generalbaß und »Contrapunto a la Concepsión de Nuestra Señora« (Kontrapunktik zu Maria Empfängnis) am meisten bemerkenswert. Sie folgen dem spanischen Barockstil.

Carl Orff (1895–1982)

Leben
Carl Orff wurde am 10.7.1895 in München geboren. Nach früher Musikerziehung im Elternhaus studierte er bis 1914 an der Akademie der Tonkunst in München unter Anton Beer-Walbrunn und Hermann Zilcher. Nach mehreren Stellungen als Theaterkapellmeister vervollständigte er noch seine Ausbildung bei Heinrich Kaminski. Er beschäftigte sich intensiv experimentierend und lehrend mit neuen Verbindungsmöglichkeiten von Musik und rhythmischen Bewegungen. Um seine musikpädagogischen Ideen zu verwirklichen, entwickelte er von 1930 bis 1935, gemeinsam mit dem Klavier- und Cembalobauer Karl Mändler (22.3.1872, München, bis 2.8.1958, München), das sogenannte »Orff-Instrumentarium«. Gleichzeitig dirigierte er den Münchner Bach-Verein. Ab 1950 leitete er eine Meisterklasse für Komposition an der Hochschule für Musik in München. Er starb am 30.3.1982 in München als vielseitig geehrte und ausgezeichnete Musikerpersönlichkeit, insbesondere auch wegen seiner bahnbrechenden Leistungen auf dem Gebiet der Musikerziehung, deren Originalität einzigartig ist.

Werke
Die meisten vor 1935 verfaßten Werke wurden von Carl Orff zurückgezogen; es handelte sich um Chorwerke, ein Konzert für Bläser und Cembalo, mehrere Bühnenwerke und Schauspielmusiken, zu denen ihn die Werke von Claude Debussy, Arnold Schönberg, Richard Strauss und Hans Pfitzner angeregt hatten. Geblieben ist nur »Entrada« für fünf getrennte Orchester. Sodann wandte er sich nahezu ausschließlich der szenischen Musik zu, bei der er seinen inzwischen herangereiften persönlichen Stil anwandte. Er verschmolz die Ausdruckskraft seiner Musik mit der der Sprache, die er je nach Gefühlsgehalten und Vorstellungen änderte – Deutsch, Lateinisch, Mittellateinisch, Altgriechisch, Altfranzösisch, Mittelfranzösisch, Mittelhochdeutsch und ein aus dem Dialekt seiner Heimat selbst gebildetes »bairisches« Idiom. Seine Bühnenstücke kann man nur als Opern bezeichnen, wenn man den Begriff sehr weit faßt; es handelt sich jedoch vielmehr um Schauspiele, in denen Klang und Rhythmus zum sprechenden Wort werden und das Gesprochene zur Musik und beides auf Gestik und Handlung basieren. Er schrieb die szenische Kantate »Trionfi«, eine Trilogie, die aus »Carmina Burana«, »Catulli Carmina« und »Trionfo di Afrodite« besteht, weiters ein »Osterspiel« und ein »Weihnachtsspiel«, »Das Spiel vom Ende der Zeiten« und 8 Bühnenwerke, das Orchesterspiel »Tanzende Faune«, 13 Liederzyklen, »Zarathustra« für Bariton, drei Männerchöre und Orchester, die Hymne »Die Sänger der Vorwelt« für sechsstimmigen Chor und Orchester, »Nänie und Dithyrambe« für vierstimmigen gemischten Chor und Instrumente, und 2 »Werkbücher« mit

Kantaten. Außerdem veröffentlichte er 5 Bände mit »Musik für Kinder« (Orff-Schulwerk) für Orff-Instrumentarium, das aus diatonischen und chromatischen Glockenspielen, Xylophonen und Metallophonen, aus Zylinderpauken, Drehpauken, Kesselpauken, Doppelfell-Handtrommeln, Großer Trommel, Bongos, Kleiner Trommel, Rahmentrommel, Rahmen-Schellentrommel, Triangel, hängenden Becken, Cimbeln , Fingercimbeln, Kastagnetten, Holzbocktrommel, Holzröhrentrommel, Blockrassel, Rohrrassel, Kugelrassel, Schellenrassel, Schellenkranz, Glockenkranz und Schellenbändern besteht. Wenn man die Liste der Komponisten, die im Dritten Reich (abgesehen von den aus »rassischen« oder politischen Gründen eliminierten) als »entartet« bezeichnet und dementsprechend behandelt wurden, durchgeht, wundert man sich, den Namen Carl Orff darunter nicht zu entdecken, denn er ging weit über alles, was man den Avantgardisten vorwarf, hinaus. Er begnügte sich nicht damit, Melodik und Harmonik frei und ohne traditionelle Bindung zu gestalten, sondern verzichtete auf diese Strukturelemente gänzlich und stellte sich außerhalb jeder Regel und überkommene Formen, so daß er in weit höherem Maß »destruktiv« war als die Verfemten. Daß er dennoch seine »Carmina Burana« in mehreren deutschen Städten und in Wien herausbringen konnte, dürfte im beschränkten Fassungsvermögen der maßgebenden Stellen zu suchen sein, die die Derbheit vieler Passagen als »Urwüchsigkeit«, die am Kitsch hart vorbeigleitenden Sentimentalitäten als gefühlvolle Romantik und seine Rhythmik als Befreiung von einer überspitzten Kultur mißverstanden und nicht entdeckten, daß seine Musik sich jeder Klassifizierung, jeder Registrierung, jeder Reglementierung und Rekrutierung entzog. Kein Komponist unserer Zeit hat mehr individuelle Freiheit für sich in Anspruch genommen als Carl Orff. Aber es haben auch die strengsten Zensoren des Absolutismus manches sehr verfängliche Druckwerk passieren lassen, weil es ihren Intelligenz- und Bildungsgrad überforderte. Der Dramatiker des Worts und des Klangs wurde von nicht wenigen Zeitgenossen nachgeahmt, aber der Einmaligkeit seiner Tonsprache, die eine Urmusik in völlig unbegrenztem Raum darstellt, ist keiner so recht nahe gekommen.

Carmina Burana. Weltliche Gesänge aus der Benediktbeuerner Handschrift, 3 Teile (25 Gesänge), entstanden 1937

Es handelt sich um mittelalterliche Vagantenlieder, teils in mittellateinischer, teils in mittelhochdeutscher Sprache. Dem 1. Teil »Primo vere« und »Auf dem Anger« ist ein Hymnus an »Fortuna« vorangestellt. Darauf folgen Lobpreisungen der Frühlingsfreuden, Tanzmusik und Liebeslieder. Im 2. Teil »In Taverna« (In der Schenke) wird die Nichtigkeit des Lebens beklagt, das nur wert ist, der Lust geweiht zu werden. Der Gesang steigert sich zu orgiastischer Fröhlichkeit. Der 3. Teil »Cour d'amour« (Liebeshof) bringt Gesänge des werbenden Ritters und der umworbenen Dame. Ein Chorhymnus feiert ekstatisch die »Venus generosa«. Mit der Wiederholung des Hymnus an »Fortuna« schließt das Werk.

Catulli Carmina. Szenisches Spiel nach Liebesgedichten von Gaius Valerius Catullus (um 84 bis um 54 v. Chr.), 3 Teile, entstanden 1942

In der Praelusio (Vorspiel) besingen junge Männer und Mädchen die Liebe, Greise warnen vor ihrer Vergänglichkeit und zeigen ihnen zur Abschreckung ein Spiel: »Hört und seht Catulli carmina«. Im 1. Teil bekennt der Dichter seine Liebe zu Lesbia und seinen Kummer wegen ihrer Flat-

Carl Orff

terhaftigkeit. Im Traum erfreut er sich ihrer Liebe, dann erwacht er und sieht sie in den Armen des Rivalen. Im 2. Teil beklagt der Chor das Unglück des Liebenden. Im 3. Teil ruft Lesbia in Gesellschaft des Rivalen Catullus zu sich, der sich verzweifelt abwendet. Die jungen Leute beachten jedoch sein tragisches Geschick nicht, sondern geben ihrem Liebesverlangen ekstatischen Ausdruck.

Trionfo di Afrodite. Szenisches Konzert nach Texten von Catullus, Euripides (um 480 bis 406 v. Chr.) und Sappho (lebte um 600 v. Chr.), 7 Teile, entstanden 1954

Es handelt sich um eine Hochzeitskantate für Solisten, Chöre, Tänzer und großes Orchester. Der 1. Teil ist ein »Liebeslied der Jungfrauen und Jünglinge am Abend in Erwartung der Braut und des Bräutigams« und schließt mit einer weiten Unisono-Koloratur aller Singstimmen ab. Der 2. Teil stellt den schreitenden Hochzeitszug dar. Der 3. Teil bringt einen Dialog der Braut und des Bräutigams im antiken Melos. Im 4. Teil setzt ein rauschender Hymnus an Hymenäos ein, im 5. gibt es »hochzeitliche Spiele und Lieder vor dem Brautgemach«. Der 6. Teil ist ein »Gesang der Neuvermählten im Brautgemach«. Im 7. Teil erscheint Aphrodite; die Liebesfeier wird mit einer Klangapotheose abgeschlossen.

Ludus de nato infante mirificus. Ein Weihnachtsspiel für Solisten, Chöre und Orchester, 3 Teile, entstanden 1960

Im 1. Teil beschwören die Wetterhexen die Naturgewalten des Winters, die Herberge suchende Familie mit dem Kind zu vernichten. Im 2. Teil wird den vor dem Unwetter in eine Mulde geflüchteten Schafhirten durch ein Traumgesicht das Weihnachtsgeschehen bis zur Ankunft der Heiligen Drei Könige verkündet. Im 3. Teil trägt ein Kind den Lichtschein über das Schneefeld, von weit her singen die Engel, man vernimmt die Stimmen der schlafenden Blumen und die tiefe Stimme der Erdmutter. Die Hexen sind für das erste gebannt, aber »die Menschenleit, die, die bringen, wann's sein muß, an jed'n ans Kreiz«.

Comoedia de Christi Resurrectione. Ein Osterspiel für Solisten, Chöre und Orchester, 3 Teile, entstanden 1956

Im 1. Teil berichten, von Klage- und Jubelchören umrahmt, die Wächter am Grab vom Kreuzweg Christi. Im 2. Teil vertreiben sich die Wächter die Nachtwache mit Gesprächen und Würfel- und Kartenspiel. Der Teufel bewacht auch das Grab, um die Auferstehung zu verhindern, wird aber verlockt, sich am Spiel zu beteiligen, und verpaßt den Augenblick, in dem Christus aus dem Grab tritt. Im 3. Teil wird die Auferstehung mit einem Ausbruch jubelnder Klänge gefeiert.

LITERATUR

A. Liess, Carl Orff, Idee und Werk, Zürich 1955. G. Keetman, Elementaria, Erster Umgang mit dem Orff-Schulwerk, Stuttgart 1970. Carl Orff und sein Werk, Dokumentation, 8 Bände, Tutzing 1975ff.

Hannibal Orgas (um 1575–1629)

ZEIT UND UMWELT

Die Rorantistenkapelle wurde von König Zygmund Stary (1467–1548) im Jahr 1543 in Krakau gegründet. Der Name dieser Sängerkapelle leitete sich von der anfänglich täglich gesungenen Roratemesse (müßte daher Roratisten heißen) ab. Sie war als Hof- und Domkapelle bis 1872 tätig und pflegte die Tradition des italienischen A-cappella-Stils.

LEBEN

Hannibal Orgas (Annibale) wurde um 1575 in Ancona geboren und studierte unter dem Chormeister Asprilio Pacelli am Collegium Germanicum in Rom. Von 1614 bis 1619 war er selbst Kapellmeister an diesem Kollegium, ging 1522 nach Polen und wurde in Krakau Domkapellmeister und Leiter der Rorantistenkapelle, außerdem Propst in Raciborowice bei Krakau, wo er am 5. 7. 1629 starb.

WERKE

Von dem italienischen Komponisten Hannibal Orgas sind eine Sammlung von 22 Kompositionen für vier bis acht Singstimmen, Basso continuo und Instrumentalbegleitung, außerdem 2 vierstimmige Motetten überliefert. Von den übrigen angeblich zahlreichen Kirchenkompositionen ist nichts erhalten.

LITERATUR

A. Chybiński, Mucycy włoscy w kapelach katedralnych krakowskich 1619–57, in: Przegląd muzyczny, 1926 und 1927.

Paolo Orgitano (um 1745 bis um 1807)

Zeit und Umwelt
In Italien hielt sich das Cembalo während des gesamten 18. Jahrhunderts und darüber hinaus im allgemeinen Gebrauch; das Pianoforte eroberte seinen Platz nur langsam, weil es zum Hauptverwendungszweck des Cembalo, zum Generalbaßspiel und zur Begleitung der Rezitative in Oper und Oratorium, unverwendbar war.

Leben
Paolo Orgitano wurde um 1745 in Neapel geboren. Er wirkte bis 1770 als Cembalist und Organist in seiner Geburtsstadt und ging 1771 nach London, wo er am King's Theatre als Cembalist tätig war. Im Jahr 1779 wurde er Hoforganist in Neapel und betreute diese Stelle bis zu seinem Tod um 1807.
Sein Bruder Vincenzo Orgitano (um 1740, Neapel, bis um 1790, Neapel) lebte als Cembalist und Organist in Neapel.

Werke
Von Paolo Orgitano sind eine Anzahl Sinfonien und mehrere Cembalosonaten erhalten.
Von Vincenzo Orgitano sind 2 Opern, Kirchenmusik, Cembalosonaten und eine Cembaloschule überliefert.
Beider Musik wurde sehr konservativ gehalten.

Raffaele Orgitano (um 1780–1812)

Zeit und Umwelt
Aus dem Unterricht von Nicola Sala am Conservatorio della Pietà de'Turchini in Neapel gingen eine Reihe Opernkomponisten hervor, deren Werke in ganz Europa gespielt wurden, wie zum Beispiel Gasparo Spontini.

Leben
Raffaele Orgitano wurde um 1780 in Neapel als Sohn des Paolo Orgitano (um 1745 bis um 1807) geboren und von Nicola Sala zum Opernkomponisten ausgebildet. Er ließ sich in Paris nieder. Welche Position er einnahm, ist nicht bekannt. Er starb dort im Jahr 1812.

Werke
Die Opern von Raffaele Orgitano wurden in Venedig, Rom und Neapel aufgeführt. Es ist nicht feststellbar, ob sie auch auf Pariser Bühnen kamen. Der Erfolg seiner Opern wird als gut bezeichnet, was bei der Ausbildung des Komponisten erklärlich ist.

Or'in Dio Bartolini (um 1585–1640)

Zeit und Umwelt
Der konzertante Stil der Venezianer erfuhr nach 1600 eine starke Durchdringung durch neue Stilelemente. Der strukturumwälzende Generalbaß wurde nach und nach geradezu zur Selbstverständlichkeit wie innerhalb kurzer Zeit die Monodie.

Leben
Or'in Dio Bartolini wurde um 1585 in Arcidosso bei Siena geboren und vermutlich in Siena zum Musiker ausgebildet. Von 1609 bis 1635 war er Kapellmeister am Dom von Udine. Dann wirkte er in gleicher Eigenschaft am Dom von Siena bis zu seinem Tod im Jahr 1640.

Werke
Von dem italienischen Komponisten Or'in Dio Bartolini sind 2 Bücher mit fünf- bis achtstimmigen Messen im konzertanten Stil, ein- bis achtstimmige Motetten mit Generalbaß und teilweiser Monodie, achtstimmige Marienlitaneien, fünfstimmige Madrigale und dreistimmige Canzonetten überliefert. Außerdem ist eine achtstimmige Kanzone für Blechinstrumente (Trompeten, Hörner, Posaunen) erhalten.

Giuseppe Maria Orlandini (1688–1760)

Zeit und Umwelt
Da die meisten Opernkomponisten des 17. und der ersten Hälfte des 18. Jahrhunderts

auch Oratorien schrieben, mußte nach dem Muster der erzeugten Opern zwangsläufig eine Depravierung des volkstümlichen Oratorio volgare eintreten, in dem auch nur die Brillanz der Gesangvirtuosen wichtig war und die Musik oft sehr zu kurz kam.

LEBEN

Giuseppe Maria Orlandini wurde am 4. 2. 1688 in Bologna geboren. Er wurde 1718 in die Accademia Filarmonica seiner Geburtsstadt aufgenommen und 1723 als Kapellmeister des Hofes nach Florenz berufen. Ab 1732 wirkte er auch als Kapellmeister des Domes von Florenz bis zu seinem Tod am 24. 10. 1760.

WERKE

Neben ungefähr 50 Opern verfaßte Giuseppe Maria Orlandini eine Reihe von Oratorien, außerdem Kantaten von beachtlichem musikalischem Wert.

Leo Ornstein (geboren 1892)

LEBEN

Leo Ornstein wurde am 29.11.1892 in Krementschug, Ukraine, geboren. Er trat 1911 in New York als Klaviervirtuose auf und bereiste anschließend als Interpret zeitgenössischer Musik Amerika und Europa. Nach mehrjähriger Unterrichtstätigkeit an der Philadelphia Musical Academy wurde er 1940 Leiter einer Klavierklasse an der Ornstein School of Music.

WERKE

Die ersten Kompositionen von Leo Ornstein verfolgten einen extrem futuristischen Stil, fanden aber nur für kurze Zeit Beifall, dann schwenkte er selbst von dieser Richtung ab und fügte sich der modernen Musik Amerikas. Er schrieb 2 Orchesterstücke, ein Klavierkonzert, eine Suite, eine Sinfonie, ein Notturno, einige Kammermusiken und Klavierstücke, 3 russische Chöre und Lieder, mit denen er bis zur Spätromantik abgeglitten war.

Alessandro Orologio (um 1555–1633)

ZEIT UND UMWELT

Die Intrada war ursprünglich ein Trompetensatz, »welch bey grosser Herren Einzug oder Auffzügen in Turnieren vnd sonsten zu gebrauchen pflegt« (Praetorius). Wenn es auch im 16. Jahrhundert keine Turniere mehr gab, so fehlten die Anlässe – Auftritte von Fürstlichkeiten, Beginn von Festlichkeiten, Einleitung zu kirchlichen Feierlichkeiten – nicht, um Intradae auf Trompeten, Zinken oder anderen Instrumenten zu blasen. In früherer Zeit war das Aufgabe der Stadtpfeifer, später fiel auch diese Musik den Kapellen zu. Damit war für die Komponisten ein neues Betätigungsfeld geschaffen.

LEBEN

Alessandro Orologio (Horologius) wurde um 1555 in Oberitalien geboren. Er war ab den siebziger Jahren des 16. Jahrhunderts Trompeter bei Kaiser Rudolf II. in Prag, sodann an den Höfen in Kassel, Dresden und Wolfenbüttel. Im Jahre 1603 kehrte er nach Prag zurück und wurde Vizekapellmeister am kaiserlichen Hof, 1613 ging er nach Wien und von dort nach Steyr. Anschließend trat er im Kloster Garsten, Oberösterreich, die Stelle eines Chorregenten an (1618). Gegen das Jahr 1630 begab er sich neuerlich nach Wien, wo er 1633 starb.

WERKE

Von dem italienischen Trompeter Alessandro Orologio sind 4 Sammlungen Madrigale, 2 mit Canzonetten und eine mit Intradae, die zu den ältesten gedruckten Instrumentalstücken dieser Art zu zählen sind, überliefert. Der Stil dieser Komposition ist konservativ, aber auf breite Klangwirkung angelegt.

LITERATUR

K. Nef, Die Intraden von Alessandro Orologio, in: Festschrift für F. Scheurleer, Den Haag 1925.

Léon Orthel (geboren 1905)

Leben

Léon Orthel wurde am 4.10.1905 in Roosendaal, Niederlande, geboren. Er war am Konservatorium in Den Haag Schüler von Eduard van Beinum (3.9.1900, Arnhem, bis 13.4. 1959, Amsterdam) und Johan Wagenaar und in Berlin bei Paul Juon und Curt Sachs (29.6. 1881, Berlin, bis 5.2.1959, New York). Von 1941 bis 1971 wirkte er als Professor für Klavier am Konservatorium in Den Haag und gleichzeitig von 1949 bis 1971 als Kompositionslehrer am Konservatorium in Amsterdam.

Werke

Von Léon Orthel sind 6 Sinfonien, eine »Kleine Ballettsuite«, 2 Scherzi, 3 Orchestersätze, ein Cellokonzert, ein Trompetenkonzert, ein Streichquartett, ein Trio für Flöte, Cello und Klavier, 2 Cellosonaten, eine Bratschensonate, »Fünf kleine Stücke« für Klarinette und Klavier, 5 Sonatinen und mehrere andere Stücke für Klavier, eine Kantate und zahlreiche Klavierlieder bekannt geworden.

Diego Ortiz (um 1525 bis nach 1570)

Zeit und Umwelt

Die Spanier regierten das Königreich Neapel mittels Vizekönigen, die praktisch absolut herrschten und ihre Aufgabe vor allem darin sahen, Geld und Truppen für Madrid aus dem Land herauszuholen. Alle maßgebenden Stellen wurden mit Spaniern besetzt. Der neapolitanische Adel behielt seine Vorrechte, so daß er keinen Anlaß hatte, gegen die Fremdherrschaft zu rebellieren. Auch die Hofkapelle war nahezu ausschließlich mit Spaniern besetzt und wurde selbstverständlich von Spaniern geleitet.

Leben

Diego Ortiz wurde um 1525 in Toledo geboren. Über seine Tätigkeit in Spanien, ehe er 1555 nach Neapel in die Dienste des Vizekönigs Herzog Alba kam, ist nur bekannt, daß er 1547 einige Motetten veröffentlichte. Möglicherweise gehörte er bereits in der Heimat der Königlichen Kapelle an. In Neapel wurde ihm die Leitung der Kapelle bis 1570 anvertraut. Seine Sänger und Instrumentalisten waren nahezu durchweg Spanier. Er dürfte bald nach 1570 in Neapel verstorben sein.

Werke

Mit seinem in Spanisch und Italienisch erschienenen Buch über Variationen für Baßviole und Cembalo war Diego Ortiz einer der ersten Komponisten, die die Variation zu einem Kompositionsprinzip machten, das vor ihm Hugh Ashton in England anscheinend als erster überhaupt und Silvestri Ganassi als erster Italiener anwandten. Weiters veröffentlichte er einen Band mit vier- bis siebenstimmigen Hymnen, Magnificat, Motetten, Psalmen und anderen kirchlichen Gesängen.

Literatur

J. Subirá, La Música en la Casa de Alba, Barcelona 1927.

George Alexander Osborne (1806–93)

Zeit und Umwelt

Die Epoche zwischen ungefähr 1830 bis 1870 brachte Paris und Frankreich einen ungeheuren wirtschaftlichen und geistigen Aufschwung. Künstler jeder Art, vor allem Musiker, kamen aus aller Herren Länder, um zu lernen oder zu bleiben. Es wurde viel Geld verdient und auch ausgegeben, so daß Künstler mit einem guten Verdienst rechnen konnten. Die Freiheit des Lebens und des Denkens, die man in Frankreich genoß, war weitergehend als sonst in Europa, und die politischen Wechselfälle wirkten sich sehr selten ungünstig für Kunstschaffende aus, denn die Achtung vor geistigem Schaffen war so stark verbreitet wie vor der Revolution.

Leben

George Alexander Osborne wurde am 24.9. 1806 in Limerick (Luimneach), Irland, geboren. Er bildete sich im Selbstunterricht zum

Pianisten aus und kam 1825 nach Belgien; er wurde Musiklehrer des nachmaligen Königs der Niederlande, Wilhelm III. (1817–90). Im Jahr 1826 ging er nach Paris, wo er bei François Joseph Fétis Kompositionsunterricht nahm und sich von Johann Peter Pixis Klavierstunden geben ließ. Anschließend vollendete er seine Ausbildung bei Friedrich Kalkbrenner. Er brachte es bald zum angesehenen Pianisten und nahm an dem zu jener Zeit blühenden Musikleben der Stadt teil, wobei er Beziehungen zu Hector Berlioz und Frédéric Chopin aufnehmen konnte. Im Jahr 1843 begab er sich nach London, wo er bis zu seinem Tod am 16.11.1893 als angesehener Klavierlehrer wirkte.

WERKE
Von George Alexander Osborne sind 3 Klaviertrios und ein Sextett für Klavier, Flöte, Oboe, Horn, Cello und Kontrabaß erschienen. Von seinen zahlreichen Duos für Klavier und Violine stammten 33 von ihm allein, den Rest schrieb er gemeinsam mit anderen Komponisten. Das Klaviersolo »Der Perlenregen« war zu seinen Tagen außerordentlich geschätzt.

Slavko Osterc (1895–1941)

LEBEN
Slavko Osterc wurde am 17.6.1895 in Veržej, Slowenien (damals Wernsee, Steiermark) geboren. Er war von 1925 bis 1927 am Konservatorium in Prag Schüler von Karel Boleslav Jirák, Vítězslav Novák und Alois Hába. Darauf wirkte er bis 1939 als Professor am Konservatorium in Ljubljana und anschließend bis zu seinem Tod am 25.5.1941 an der dortigen Musikakademie.

WERKE
Von Slavko Osterc sind 6 Opern und 5 Ballette auf die Bühne gekommen. Er schrieb weiters eine Sinfonie, 2 sinfonische Dichtungen, eine Bagatelle, eine Suite, eine Ouvertüre, ein Konzert, eine Passacaglia, »Tänze«, 5 sinfonische Stücke, ein Konzert für Klavier und Bläser, ein Nonett, ein Konzert für Violine und sieben Instrumente, eine Suite für acht Instrumente, ein Bläserquintett, 3 Streichquartette, ein Klavierquartett, ein Quartett für Oboe, Klarinette, Horn und Bratsche, 4 Trios für Bläser, ein Streichtrio, Sonaten mit Klavier, für Bratsche, für Saxophon, für Cello, eine Suite für Violine und Klavier, Kompositionen für Klavier und für Orgel, ein »Praeludium und Fuge« für Vierteltonklavier, Chorwerke und Lieder mit verschiedener Instrumentalbegleitung, darunter Lieder im Vierteltonsystem. Er publizierte auch eine Harmonielehre.

Otakar Ostrčil (1879–1935)

LEBEN
Otakar Ostrčil wurde am 25.2.1879 in Prag geboren. Er war Schüler von Zdeněk Fibich und wurde 1901 Professor an der Handelsakademie in Prag. Nachdem er bereits ab 1909 als Dirigent tätig gewesen war, wurde er 1920 Leiter des Nationaltheaters in Prag, wo er am 20.8.1935 starb.

WERKE
Von Otakar Ostrčil sind ungefähr 10 Opern auf die Bühnen gekommen. Er schrieb außerdem eine Sinfonie, ein Impromptu, eine Sinfonietta, ein Stimmungsbild, Variationen für Orchester, ein Streichquartett, eine Sonatine für Violine, Bratsche und Klavier, 5 Melodramen mit Orchester, Kantaten, Orchester- und Klavierlieder. Sein Stil ist deutlich von Gustav Mahler beeinflußt. Ostrčils Einfluß auf die Entwicklung der tschechischen Musik war sehr nachhaltend.

Henrique Oswald (1852–1931)

ZEIT UND UMWELT
Es war den Bemühungen des letzten Kaisers Don Pedro II. um die Hebung des Schul- und Bildungswesens in Brasilien zu verdanken, daß Konzerte und Opern sehr rasch ein zahlreiches Publikum gewannen und sich dadurch für Komponisten und Interpreten ein breites Betätigungsfeld bildete. Die Folge war ein gewaltiger Aufschwung des Musikwesens, mit

dem das Land alle anderen lateinamerikanischen Staaten überflügelte.

LEBEN

Henrique Oswald wurde am 14.4.1852 in Rio de Janeiro geboren. Nach seiner Grundausbildung in São Paulo war er ab 1868 Schüler des Pianisten Giuseppe Buonamici (12.2.1846, Florenz, bis 18.3.1914, Florenz) in Florenz. Er erhielt die Stelle eines Vizekonsuls in Le Havre und später in Genua. Ab 1903 wirkte er als Direktor des Instituto Nacional de Música in Rio de Janeiro, kehrte jedoch nach 3 Jahren zum diplomatischen Dienst zurück, widmete sich erst ab 1911 allein der Musik und lebte als Musiklehrer und Komponist in Rio de Janeiro bis zu seinem Tod am 9.6.1931.

WERKE

Von Henrique Oswald sind 3 Opern aufgeführt worden. Er schrieb ferner eine Sinfonie, ein Klavierkonzert, ein Violinkonzert, Klavierstücke und viele Lieder. Seine kompositorische Tätigkeit war aber vor allem der Kammermusik für Streicher und für Bläser in verschiedenen Besetzungen gewidmet. Sein Einfluß auf das brasilianische Musikleben war sehr groß.

James Oswald (um 1705–69)

ZEIT UND UMWELT

Der Musikverleger und Instrumentenhändler John Simpson (um 1680 bis um 1747) brachte in London neben sehr interessanter älterer Musik und zeitgenössischen Werken anonyme Kompositionen heraus, die von Standespersonen oder solchen, die sich dafür hielten, verfaßt waren.

LEBEN

James Oswald wurde um 1705 vermutlich in Dunfernline geboren. Er war dort ursprünglich Tanzmeister und trat 1734 mit seinen ersten Kompositionen hervor. Zwei Jahre darauf übersiedelte er nach Edinburgh und wirkte dort als Violinist, Organist, Komponist und Tanzlehrer. Im Jahr 1741 ging er nach London, wo er die Protektion des Prince of Wales Frederick Louis und der Prinzessin Augusta von Sachsen-Gotha genoß. Er dürfte als Musikerzieher des Sohnes des Prinzenpaares, George, des nachmaligen Königs Georg III., herangezogen worden sein. Er starb im Januar 1769 in London.

WERKE

Ein Teil der kompositorischen Werke von James Oswald, die vorwiegend aus Liedern bestanden, ist nicht feststellbar, weil er eine Anzahl seiner Kompositionen anonym oder unter einem Pseudonym wie andere Standespersonen jener Zeit bei John Simpson oder über die »Society of the Temple of Apollo« veröffentlichte. Seine Lieder sind, so weit man sie kennt, sehr ansprechend und lehnen sich an zeitgenössische Rokokomusik an.

Oswald von Wolkenstein
(1377–1445)

ZEIT UND UMWELT

Das Mittelalter neigte sich seinem Ende zu. In Italien kamen allmählich die Ideen des Humanismus auf, die Europa den Weg in die Neuzeit bahnten. Es waren aber nur einzelne, die sie sahen und erkannten. Für die Masse hatte es keine Bedeutung, weil es ihr vorderhand keine Verbesserung der Lebensumstände brachte. Die Waffen wurden weiterhin wegen Herrschafts- und Gebietsstreitigkeiten gegeneinander getragen, es änderten sich nur die Kriegswerkzeuge, nicht aber ihre Träger und ebensowenig die Gewaltmethoden der Unterdrückung jeder Freiheit, und es blieb die Unfähigkeit, gegen Hungersnöte und Seuche etwas zu unternehmen. Der Humanismus beschränkte sich eben nur auf Gelehrtenstuben, Bibliotheken, Ateliers der Maler und Bildhauer, auf Bauhütten, auf Wissenschaftler, bildende Künstler, Dichter und Musiker und deren Anhänger. Der Masse der Völker verblieben Fetische und Tabus, um Elend und Angst zu überstehen. Die Zeiten, in denen man versuchte, aus den Ideen des Humanismus praktische Folgerungen zu ziehen, waren noch nicht angebrochen.

Beim Konzil zu Konstanz mag es manch einen Humanisten gegeben haben; der Prager Professor Jan Hus mußte dennoch wegen einer an sich unerheblichen Glaubensdifferenz auf den Scheiterhaufen, ohne daß jemand dagegen Einspruch erhob. Und der »Letzte Minnesänger« Oswald von Wolkenstein, der auch dort war, hatte dafür kein Wort und kein Lied übrig.

Leben

Oswald von Wolkenstein wurde am 2.5.1377 auf Schloß Schöneck im Pustertal (Südtirol) geboren. Sein Name leitete sich vom Stammschloß seiner Familie im Grödner Tal ab. Als er zehn Jahre alt war, »da wollte ich die Welt kennenlernen. In Not und Armut, in manchem heißen, manchem kalten Winkel habe ich seither gehaust, bei Christen, Orthodoxen, Heiden. Ich lief zu Fuß wie ein Büßer, vierzehn Jahre lang, bis mein Vater starb. Ich war Laufbote, Koch, wahrhaftig, und Pferdemeister, und am Ruder zog ich, das war schwer, bis nach Kreta und sonstwohin und wieder zurück.« Um 1400 kehrte er nach Hause zurück und begann zu dichten und zu komponieren. In den Jahren 1401 und 1402 hielt er sich in Italien auf und lernte dort die Liedkunst des Trecento kennen. Seine Verbindung mit der Brixner Bürgerstochter Sabine Jäger, die damals noch mit einem gewissen Hausmann verheiratet war, begann im Jahre 1406. Von ihr gedrängt, zog er 1409 in das Heilige Land. Ab 1415 diente er im Gefolge König Sigismunds »als Diener und Hofgesinde«, nahm mit ihm am Konzil zu Konstanz teil und begleitete ihn anschließend durch Frankreich bis nach Marokko.

Auf dieser Reise kam er mit französischen Musikern in Verbindung, unter anderem mit Jean Vaillant, der als erster in seinen Kompositionen Vogelstimmen nachahmte. Aus unbekannten Gründen kam es mit Sabine, obwohl ihr Mann gestorben war, nicht zur Ehe, Oswald von Wolkenstein heiratete 1417 Margarete von Schwangau aus einem schwäbischen Adelsgeschlecht. Zu Beginn der zwanziger Jahre kam es mit Sabine Hausmann zu Besitzstreitigkeiten, in deren Folge

Oswald von Wolkenstein – Stich von Blasius Höfel

Wolkenstein die Jahre bis 1427 teilweise im Gefängnis verbringen mußte. Eine letzte Reise führte ihn von 1430 bis 1432 zum Konzil in Basel und nach Oberitalien; dann zog er sich auf seine Tiroler Güter zurück. Er starb am 2.8.1445 in Meran, wurde aber im Augustinerchorherrenstift Neustift bei Brixen beigesetzt, weil er dort schon Jahre zuvor eine Pfründe und eine Begräbnisstätte erworben hatte.

Werke

»Französisch, maurisch, katalanisch, kastilisch, deutsch, lateinisch, windisch, lombardisch, russisch und rumänisch, diese zehn Sprachen habe ich gesprochen, wenn mich die Not ankam, auch konnte ich fiedeln, trommeln, pauken, pfeifen«, singt Wolkenstein selbst. Er hat auch viel von der Welt gesehen und die Musik kennengelernt, besonders die italienische und die französische, der er manche Melodie und Technik entnahm. Seine künstlerische Hinterlassenschaft besteht aus mehr als 120 Werken, Liebesliedern, geistlichen Gesängen, biographischen und zeitgeschichtlichen Liedern; 36 davon sind zwei- und dreistimmig gesetzt. Die musikgeschichtliche Bedeutung des Meisters besteht darin, daß er den geregelten mehrstimmigen Satz in das häusliche Musizieren Mitteleuropas einführen half und damit eine Ausgangssituation schuf, auf der die erste Blüte mehrstimmiger Liedkunst sich entfalten konnte. Die vielseitigen Eindrücke, die der polyglotte Dichter und Musiker auch aufzunehmen und zu verarbeiten Gelegenheit hatte, formten sich unter seiner Hand zu einem neuen, reichen Stil, der für die weitere Entwicklung des Kunstliedes bestimmend wurde.

Literatur

E. Timm, Die Überlieferung der Lieder Oswalds von Wolkenstein, Lübeck 1972.

Caspar Othmayr (1515–53)

Zeit und Umwelt

Der Streit der Konfessionen, Katholiken gegen Protestanten, Reformierte gegen Lutheraner, griff tief in die Entwicklung der Länder, aber nicht weniger einschneidend in das Privat- und Berufsleben einzelner ein. In erster Linie waren Kleriker und Kirchenmusiker betroffen, die, je nach ihrem Aufenthaltsort, die Stellungen verloren, weil sie sich neuen religiösen Vorstellungen ergaben oder weil sie es nicht taten. Es ist kein Wunder, wenn selbst Kirchenmusiker die Zeiten »turbulent« nannten.

Leben

Caspar Othmayr wurde am 12. 3. 1515 in Amberg geboren. Er wuchs am Hof Friedrichs II. von der Pfalz in Amberg und Neumarkt auf, studierte in Heidelberg zugleich mit Georg Forster und nahm bei Lorenz Lemlin Musikunterricht. Im Jahre 1547 wurde er Kanonikus an St. Gumbert in Ansbach, 1548 Propst der inzwischen evangelisch gewordenen Kirche, verlor die Stelle wegen Unstimmigkeiten in Glaubensdingen wieder und begab sich nach Nürnberg, wo er am 4. 2. 1553 starb. Der Rektor der Lateinschule in Ansbach Conrad Praetorius (um 1515, Windsheim, bis 30. 12. 1555, Alerheim) komponierte einen Gesang für das Epitaph seines verstorbenen Freundes.

Werke

Von Caspar Othmayr sind nahezu nur sakrale Kompositionen überliefert: ein Epitaph für Martin Luther, Bicinia sacra, zweistimmige deutsche Hymnen und dreistimmige lateinische Motetten, außerdem Symbola (vertonte Wahlsprüche von angesehenen Persönlichkeiten der Zeit) und »Reutterische und Jegerische Liedlein«. Seine künstlerischen Vorbilder waren Lemlin und Senfl. Seine Kompositionen bildeten einen neuen Höhepunkt der deutschen Liedkunst.

Literatur

H. Albrecht, Caspar Othmayr, Basel 1950.

Bernardo Ottani (1736–1827)

Zeit und Umwelt

Padre Giambattista Martini, der große Lehrmeister von Bologna, versah eine gesamte Komponistengeneration mit einem breiten Grundwissen, das sie befähigte, jede Kompositionsgattung zu meistern. Kirchenkomponisten wie Verfasser von Opern konnten gleicherweise darauf aufbauen und erfolgreiche Werke schaffen.

Leben

Bernardo (Bernardino) Ottani wurde am 8. 9. 1736 in Bologna geboren. Er war Schüler von Padre Martini und wirkte an verschiedenen Kirchen seiner Geburtsstadt. Im Jahr 1765 wurde er Mitglied der Accademia Filarmonica von Bologna und war 1774 ihr Oberhaupt. Nachdem er 2 Opern in Dresden herausgebracht hatte, wandte er sich immer mehr dem Musiktheater zu und übernahm 1779 in Turin die Leitung des Opernorchesters, kehrte aber zur Kirchenmusik zurück und wirkte für den Rest seines Lebens bis zum 26. 4. 1827 dort als Domkapellmeister.

WERKE

Außer 15 Opern schrieb Bernardo Ottani eine große Anzahl sakraler Musik – 2 Oratorien, 46 Messen, viele Gesänge jeder Art – in sehr konservativem Stil, außerdem einige Instrumentalmusik.

Hans Otte (geboren 1926)

LEBEN

Hans Günther Franz Otte wurde am 3.12. 1926 in Plauen geboren. Er studierte bei Johann Nepomuk David und Paul Hindemith Komposition, bei Wlodzimierz Poźniak (28.6. 1904, Krakau, bis 29.1.1967, Krakau) und Walter Gieseking (5.11.1895, Lyon, bis 26.10. 1956, London) Klavier, bei Fernando Germani Orgel und bei Hermann Abendroth Dirigieren. Er wirkt als Pianist, seit 1959 ist er Leiter der Musikabteilung von Radio Bremen. Im Jahr 1961 gründete er die Bremer Tage für Neue Musik »pro musica nova«.

WERKE

Das musikalische Schaffen von Hans Otte stand anfänglich im Einfluß von Paul Hindemith, Johann Nepomuk David und Arnold Schönberg, dann wandte er sich dem musikalischen Theater zu, wobei Aleatorik und Multimediakunst in den Vordergrund rückten. Schließlich langte er bei einer amerikanisch orientierten Happening-, Minimal- und Monotonie-Ästhetik an. Er schrieb unter anderem für Orchester »momente«, »Buch«, »terrains«; ferner »ensemble« für Streichorchester, »passages« für Klavier und Orchester, »modell« für zwei Sänger und zwei Pianisten, »nolimetangere« für eine Schauspielerin, einen Pianisten, Film und Ton, »live« für Klavier, TV-Tagesschau und Bühne, »alpha omega« für zwölf Tänzer, zwölf Männerstimmen, zwei Schlagzeuger und einen Organisten und weitere Hör- und Schauspiele, Stücke für Klavier, für Orgel, für Schlagzeuger, für Bläser und andere Instrumente, zuweilen auf mehrere Räume verteilt, und Elektronische Musik.

Thorvald Otterstrom (1868–1942)

LEBEN

Thorwald Otterstrom wurde am 17.7. 1868 in Kopenhagen geboren. Er war in St. Petersburg Schüler der Pianistin Sophie Menter (29. 7. 1846, München, bis 23.2.1918, Stockdorf bei München). Er lebte von 1892 bis zu seinem Tod am 16.8.1942 als Klavierlehrer und Komponist in Chicago.

WERKE

Von Thorvald Otterstrom sind »Kanon, Choral und Fuge für Orchester«, ein Klavierquintett, 24 »Praeludien und Fugen« und 7 Konzertstudien für Klavier, 11 »Kanons und Fuge« auf ein Thema von Edvard Grieg, 11 symmetrische Doppelkanons und zahlreiche andere Klavierstücke, eine Violinsonate, eine Cellosonate, 43 für vierstimmigen Chor harmonisierte Negerlieder und 27 als Klavierlieder arrangierte Indianerlieder erschienen.

Georg Otto (1550–1618)

ZEIT UND UMWELT

Kassel war seit 1567 Residenz der Landgrafen von Hessen-Kassel, die, ihrer Familientradition folgend, eine intensive Kunstförderung zu einer der wichtigsten Regierungspflichten machten. Moritz der Gelehrte, Landgraf von Hessen (1572–1632), selbst Komponist und Dichter, ließ sich von den Schwierigkeiten, die sich durch den Anschluß seines Landes an die Reformation ergaben, nicht von einer Pflege guter Musik abhalten.

LEBEN

Georg Otto wurde 1550 in Weimar geboren. Im Jahre 1561 war er Chorknabe an der Dresdner Hofkantorei, 1564 Schüler in Schulpforta und 1568 Hörer der Leipziger Universität. Ein Jahr darauf wurde er Kantor in Langensalza und 1586 Kapellmeister der Hofkapelle in Kassel, wo er 1618 starb. Er wurde am 30. 11. begraben. Landgraf Moritz und Heinrich Schütz waren seine bekanntesten Schüler gewesen.

WERKE

Von Georg Otto ist ein umfangreiches Werk erhalten. Fünfstimmige Introitusmelodien, fünf- bis sechsstimmige geistliche deutsche Gesänge, 3 Bände mit Evangelienvertonungen für fünf bis acht Stimmen, 3 Psalmen Davids, 2 Marienlieder, ein Deutscher Psalter und viele Gelegenheitskompositionen. Seine Musik gehört noch dem 16. Jahrhundert an, läßt aber den Stilumbruch bereits ahnen.

LITERATUR

E. Zulauf, Beitrag zur Geschichte der Landgräflich-hessischen Hofkapelle zu Cassel, Kassel 1902.

Julius Otto (1804–77)

ZEIT UND UMWELT

Die eigentliche kunstmäßige Form des Männerchors wurde von Franz Schubert begründet; seine zahlreichen Werke für Männerchöre, teils unbegleitet, teils mit Klavier- oder Orchesterbegleitung, blieben für das gesamte 19. Jahrhundert und darüber hinaus grundlegend. Für die Weiterentwicklung und Ausbreitung des Männergesangs waren das neuerwachte vaterländische Empfinden und die Wiedererweckung des Volkslieds bedeutend.

LEBEN

Ernst Julius Otto wurde am 1.9.1804 in Königstein, Sachsen, geboren. Er war an der Kreuzschule in Dresden Schüler von Christian Theodor Weinlig und in Leipzig von 1822 bis 1825 von Johann Gottfried Schicht. Von 1830 bis 1875 wirkte er als Kantor der Kreuzkirche und zugleich als Dirigent der Liedertafel in Dresden, wo er am 5.3.1877 starb.
Sein Bruder Franz Otto (3.6.1809, Königstein, bis 30.4.1842, Mannheim) war ein bekannter Männerchorkomponist, der als Kantor in Mannheim wirkte.

WERKE

Von Julius Otto ist unter dem Titel »Ernst und Scherz« eine mehrbändige Männerchorliedersammlung erschienen. Seine Chöre waren wegen ihrer breiten Klangwirkung sehr bekannt und beliebt.
Franz Otto verfaßte zahlreiche Männerchöre, die in das Repertoire der Männergesangvereine aufgenommen wurden.

LITERATUR

H. Schurz, Julius und Franz Otto, zwei namhafte Meister des deutschen Chorliedes im 19. Jahrhundert, Sächsische Heimatblätter VI, 1960.

Stephan Otto (1603–56)

ZEIT UND UMWELT

Die fortschrittliche Hofkapelle von Dresden übte auf die sächsischen Kantoreien einen anregenden Einfluß aus, der sich allerdings erst richtig auswirken konnte, nachdem für das Land die schlimmsten Folgen des Krieges überstanden waren. Die überragende Gestalt eines Heinrich Schütz spielte dabei eine entscheidende Rolle.

LEBEN

Stephan Otto wurde am 28. 3. 1603 in Freiberg, Sachsen, getauft. Er war dort Schüler von Christoph Demantius. Im Jahr 1625 kam er als Succentor nach Augsburg an St. Anna, war 1631 Kantor in Weesenstein und ab 1639 bis zu seinem Tod 1656 in Schandau (Bad Schandau). Er wurde am 2. 10. begraben.

WERKE

Das Hauptwerk des deutschen Kantors und Komponisten Stephan Otto trägt den Titel: »Kronen-Krönlein oder musicalischer Vorläuffer, auf geistliche Concert-Madrigal-Dialog-Symphon-Motetische Manier, drei- bis achtstimmig mit Generalbaß«. Es gewährt einen interessanten Einblick in die Nomenklatur der einzelnen musikalischen Formen des 17. Jahrhunderts.

Valerius Otto (1579 bis nach 1611)

ZEIT UND UMWELT
Erzherzog Matthias (1557–1619) zwang seinen Bruder, den deutschen Kaiser Rudolf II. (1552–1612), ihm 1605 die Regentschaft von Ungarn abzutreten. Rudolf schmiedete daraufhin Rachepläne gegen den Bruder. Das kam den böhmischen Protestanten zugute, weil der Kaiser seine gegenreformatorischen Maßnahmen zurückstellte, um sich von den deutschen protestantischen Fürsten Hilfe gegen Matthias zu sichern. Dies führte 1609 zum Majestätsbrief, der den Evangelischen religiöse Freiheit und politische Privilegien zusicherte.

LEBEN
Valerius Otto wurde am 25. 7. 1579 als Sohn des Thomaskantors Valentin Otto (um 1530, Leipzig, bis 1594, Leipzig) in Leipzig geboren. Er war 1593 Schüler der Schulpforta und wurde 1607 Organist an der lutherischen Kirche in Prag. Ab 1611 war er Hofmusiker der Fürsten von Lichtenberg. Datum und Ort seines Todes sind unbekannt.

WERKE
Von dem deutschen Organisten und Komponisten Valerius Otto sind »Newe Paduanen, Galliarden, Intraden und Currenten« erhalten, die venezianischen Vorbildern folgen und bereits den Charakter der Kammermusik des 17. Jahrhunderts aufweisen. Seine Kirchenmusik ist außer einem interessanten Magnificat verloren.

LITERATUR
R. Wustmann, Musikgeschichte Leipzigs I, Leipzig 1909.

Claude Oudot (um 1640–96)

ZEIT UND UMWELT
Die vom französischen Literaten Valentin Conrart (1603–75) im Jahr 1629 in das Leben gerufene private Schriftstellervereinigung wurde 1635 von Kardinal Richelieu unter dem Titel Académie Française zur Wirkungskreis auch auf andere kulturelle Gebiete.

LEBEN
Claude Oudot wurde um 1640 vermutlich in Paris geboren. Er war von 1662 bis 1692 Musiklehrer im Haus des Herzogs von Orléans, Philippe (1640–1701), und zugleich Komponist der Académie Française wie auch Kapellmeister des Jesuitenkollegs bis zu seinem Tod im Jahr 1696.

WERKE
Der französische Komponist Claude Oudot war von 1680 bis 1695 von der Académie Française beauftragt, jedes Jahr für die Kapelle im Louvre die Motetten und das Te Deum zur Gedenkfeier für König Ludwig IX. den Heiligen (1214–70) zu komponieren. Er verfaßte daneben eine Reihe von sakralen Werken und einige Bühnenstücke, die er »Kleine Opern in Konzertform« nannte. Es handelte sich um zum Teil pantomimische, zum Teil gesungene Allegorien. In einem Sammelwerk scheinen 6 Airs für eine Stimme mit Generalbaß auf.

Cristóbal Oudrid y Segura (1825–77)

ZEIT UND UMWELT
Spanische Komponisten wandten sich zumeist bald der Zarzuela zu, auch wenn sie für seriösere Musik ausgebildet waren, denn auf dem Feld dieser leichten Bühnenmusik war außer Ruhm und Ruf auch ein beachtliches Stück Geld zu ernten, jedenfalls mehr als mit Musikunterricht und Kompositionen, die niemand hören wollte.

LEBEN
Cristóbal Oudrid y Segura wurde am 7.2. 1825 in Badajoz geboren. Er war ab 1844 in Madrid Schüler von Baltasar Saldoni und wirkte darauf als Pianist und Klavierlehrer, wechselte aber bald zur Komposition von Zarzuelas über, dirigierte an verschiedenen Thea-

tern, zuletzt am Teatro Real in Madrid, wo er am 12. 8. 1877 starb.

WERKE
Von Cristóbal Oudrid y Segura sind um 100 Zarzuelas auf die Bühnen gekommen, die er zum Teil allein, teilweise in Zusammenarbeit mit Manuel Fernández Caballero, Joaquín Gaztambide y Garbayo und Francisco Barbieri verfaßte. Er schrieb auch einige Bühnenmusik für die damals in Spanien beliebten »Zauberkomödien«.

Frederick Arthur Gore Ouseley
(1825–89)

ZEIT UND UMWELT
Die Bibliothek des St. Michaels' College in Tenbury, Worcestershire, ist die größte und wichtigste private Musikbücherei Großbritanniens. Ihre zahlreichen Handschriften und alten Drucke englischer Musik, Partituren und Traktate sind für die englische Musikgeschichtsschreibung außerordentlich wertvoll.

LEBEN
Baronet Sir Frederick Arthur Gore Ouseley wurde am 12. 8. 1825 in London geboren. Er bewies frühzeitig musikalische Anlagen und komponierte mit 8 Jahren eine Oper. Nach dem Studium in Oxford wurde er dort Professor; zugleich ernannte man ihn zum Praecentor an der Kathedrale von Hereford. Im Jahr 1854 wurde der Grundstein zu dem von ihm begründeten St. Michael's College in Tenbury gelegt. Er starb als angesehener Pianist, Organist, Dirigent, Komponist und Musikwissenschafter am 6. 4. 1889. Seine umfangreiche musikalische Bibliothek hinterließ er dem College als Grundstock der berühmten Privatbibliothek in Tenbury.

WERKE
Von Frederick Arthur Gore Ouseley sind mehrere Opern, Oratorien und Kantaten bekannt geworden. Er schrieb ferner 11 Services, 70 Anthems, zahlreiche Chor- und Klavierlieder, Kammermusik und viele vorzügliche Orgelstücke. Seine Kompositionen trugen viel zur Modernisierung der englischen Kirchenmusik bei.

Wjatscheslaw Owtschinnikow
(geboren 1936)

LEBEN
Wjatscheslaw Aleksandrowitsch Owtschinnikow wurde am 29. 5. 1936 in Woronesch geboren. Er war bis 1962 am Konservatorium in Moskau Schüler von Tichon Chrennikow. Er lebt heute als freischaffender Komponist in Moskau.

WERKE
Von Wjatscheslaw Owtschinnikow sind 5 Sinfonien, mehrere sinfonische Dichtungen und Suiten, ein Violinkonzert, ein Klavierkonzert, mehrere Streichquartette, eine Violinsonate, verschiedene Klavierwerke und Lieder bekannt geworden, außerdem Musik zu zahlreichen großen Filmen und Suiten daraus. Stilistisch hat sich der Komponist von den Vorstellungen seines Lehrers bald frei gemacht; seine Vorbilder sind Gustav Mahler und Dmitri Schostakowitsch. Seine Musik ist als neuklassizistisch anzusprechen, weist aber expressionistische Passagen auf. Von der romantischen Tradition ist kaum etwas zu merken.

Wjatscheslaw Owtschinnikow

Étienne Ozi (1754–1813)

Zeit und Umwelt

Das Orchester der Garde Nationale nahm einen Großteil der Musiker auf, die durch die Revolution des Jahres 1789 ihre Stellung bei den verschiedenen Klangkörpern des Hofes und der Adelshäuser verloren hatten. Da dieses Orchester häufig bei Massenkundgebungen als Harmonieensemble ausrückte, wurden besonders Bläser gerne aufgenommen.

Leben

Étienne Ozi (Ozy) wurde am 9. 12. 1754 in Nîmes als Sohn des Pierre Ozi geboren. Er bildete sich zum Fagottisten aus und ging 1777 nach Paris, wo er zwei Jahre darauf als Virtuose seines Instruments und als Komponist im Concert spirituel auftrat. Im Jahr 1783 wurde er Mitglied der Königlichen Kapelle und zugleich Kammerfagottist des Königs, 1793 trat er dem Orchester der Garde Nationale bei. Im folgenden Jahr wurde er zum Fagottlehrer am Institut National de la Musique (dem späteren Konservatorium) ernannt und gründete eine Musikalienhandlung. Er starb am 5. 8. 1813 in Paris.

Werke

Von Étienne Ozi, dem Begründer der französischen Fagottschule, sind Airs, Variationen, Soli, Capricen und Sonaten für Flöte, für Fagott und für Serpent, konzertante Duos und Sonaten für zwei Flöten, für zwei Fagotte, für zwei Serpents, für Violine und Cello oder zwei Celli, Stücke für zwei Klarinetten, zwei Hörner und zwei Fagotte, 8 Fagottkonzerte, 3 konzertante Sinfonien für Klarinette und Fagott und 2 Militärmärsche für Harmonieorchester erhalten, außerdem eine Kantate für drei Singstimmen und Chor. Er verfaßte eine Reihe theoretischer Schriften und Schulwerke. Einiges von diesen Kompositionen wurde in unserem Jahrhundert neu herausgebracht.

Pierre Ozi (1715 bis nach 1773)

Zeit und Umwelt

Die südfranzösischen Städte hatten im 18. Jahrhundert ein bereits beachtliches Konzert- und Opernleben entwickelt. Sie litten wie die gesamten französischen Provinzen unter der starken Anziehung der Hauptstadt, in die der Großteil ihrer Kräfte früher oder später übersiedelte, so daß stets nur die jüngeren und schwächeren zurückblieben. Es konnte daher nie zur Bildung von Zentren kommen, die neben Paris eine gesonderte Entwicklungslinie verfolgten. Der Zentralismus der staatlichen Struktur wirkte sich auch hier nachteilig aus.

Leben

Pierre Ozi (Ozy) wurde 1715 in Nîmes geboren. Er wirkte als Violinist in seiner Vaterstadt, sodann in Montpellier und schließlich in Paris, wo seine Kompositionen im Concert spirituel und in der Hofkapelle von Versailles aufgeführt wurden. Im Jahr 1759 gab die Pariser Oper ein Ballett von ihm. Er dürfte bis zu seinem Tod in den Jahren nach 1773 als Violinist und Violinlehrer in Paris gewirkt haben.

Werke

Außer den zwei Balletten »Phaétuse« und »Zémide«, einigen Kantaten und einer Motette ist vom kompositorischen Werk von Pierre Ozi nichts erhalten geblieben. Über seine zahlreiche Violinmusik, die er geschrieben haben soll, ist nichts bekannt. Er ist den Rokokomusikern zuzuzählen.

P

Antonio Maria Pacchioni
(1654–1738)

ZEIT UND UMWELT
Als Francesco II. d'Este 1694 starb, folgte ihm sein Onkel Rinaldo d'Este (1655–1737) – Sohn Francescos I. – in die Regierung. Dessen Nachfolger war sein Sohn Francesco III. (1698–1780), der im Spanischen Erbfolgekrieg neutral bleiben wollte, sich aber dann, nachdem die österreichische Armee sein Herzogtum besetzt und verwüstet hatte, auf die spanische Seite schlug. Das Musikleben am Hof von Modena erlitt durch den Krieg einige längere Unterbrechungen.

LEBEN
Antonio Maria Pacchioni wurde am 5. 7. 1654 in Modena geboren und dort als Sänger, Violinist und Komponist ausgebildet. Ab 1694 war er Kapellmeister am Dom der Stadt, ab 1699 Vizekapellmeister und ab 1732 Kapellmeister am Herzoghof. Er starb in Modena am 15. 7. 1738.

WERKE
Der italienische Komponist Antonio Maria Pacchioni verfaßte 3 Oratorien und zahlreiche sakrale Gesänge – Messen, Messeteile, Requiem, Psalmen, Stabat mater usw. –, alle für mehrere Stimmen, zum Teil mit Orgel und Streicher und Generalbaß. Einzelne davon wurden wegen kühner Modulation sehr gerühmt. An profaner Musik liegen eine Kantate, eine Serenata, ein Concerto grosso und ein Concertino vor.

Pietro Paolo Pacciotto
(um 1550 bis um 1614)

ZEIT UND UMWELT
Gegen Ende des 16. Jahrhunderts beherrschte Palestrina die Musikszene von Rom derart uneingeschränkt, daß Musik, die nicht seinem Stil folgte, als zweitrangig angesehen wurde. Das war für die zeitgenössischen Komponisten Roms wohl anspornend, sich in diesem Stil zu üben, es blieben aber die meisten im Technischen stecken, weil man sie gehindert hatte, einen eigenen Stil zu bilden.

LEBEN
Pietro Paolo Pacciotto (Pacciotti) wurde um 1550 in Tivoli geboren. Im Jahre 1585 erhielt er die Kapellmeisterstelle am Collegio inglese in Rom, bald darauf auch am Seminario romano. Ab 1611 bis zu seinem Tod in Rom im Jahre 1614 wirkte er am Dom in Tivoli als Zweiter Kapellmeister.

WERKE
Der italienische Komponist Pietro Paolo Pacciotto hatte sich rückhaltlos dem Palestrinastil verschrieben. Daher sind seine Kompositionen zwar technisch einwandfrei richtig, aber es fehlt ihnen der künstlerische Gehalt. Er hinterließ ein Buch Messen für vier und fünf Stimmen, 2 Credo, eine fünfstimmige Festmotette für das ganze Kirchenjahr, außerdem einen Band sechsstimmige Madrigale, die ebenso wirken wie die Kirchenmusik.

Pietro Pace (1559–1622)

Zeit und Umwelt

Der Generalbaß (Basso continuo), der um die Wende des 16. zum 17. Jahrhundert seine Herrschaft in der europäischen Musik antrat, bewirkte einen völligen Umbau ihrer Architektonik. Bisher wurden die einzelnen Stimmen – vokal oder eventuell auch instrumental – selbständig geführt. Eine übernahm die Melodie, während die anderen sie imitierend, kanonartig, parallel oder auch nur auszierend begleiteten. Dissonante Verknotungen und mißtönende Engführungen wurden zuweilen zugunsten des Wohlklanges durch Abweichen von den strengen Regeln vermieden. Diese oft äußerst kunstvolle Struktur verlieh der Musik einen schwebenden, unirdischen Charakter, weil auch die tiefen Stimmen ihr Eigenleben führten. Das Bedürfnis nach einer festen Grundlage entstand bald und konnte durch eine Verstärkung der tiefen Stimmen nicht befriedigt werden, sondern nur durch eine grundlegende Strukturänderung, bei der der Baß – kontrapunktisch, akkordisch oder auch gleichbleibend obstinat – den melodieführenden Diskant stützte und die anderen Stimmen dazwischen, innerhalb des Abstandes von Baß und Melodie, die Klangausfüllung übernahmen. Diese Aufgabe wurde anfänglich nur etwas primitiv akkordisch gelöst, bald aber durch kunstreiche Fugierung.

Leben

Pietro Pace (Paci, Pacius) wurde 1559 in Loreto geboren. Er war in den Jahren 1591 und 1592 und zwischen 1613 und 1622 an der Santa Casa von Loreto als Organist tätig. In der Zwischenzeit wirkte er in gleicher Eigenschaft am Dom von Pesaro und für die in Pesaro und Urbino regierende Familie Della Rovere. Er starb in Loreto am 11. 4. 1622.

Werke

Nahezu bei allen Kompositionen verwendete Pietro Pace die neue Technik des Generalbasses. Seine 5 Bücher mit Madrigalen und 9 Motetten-Bücher, die nur zum Teil erhalten sind, folgen dem konzertierenden Stil der Venezianer, ebenso seine achtstimmigen Psalmen und Scherzi. Für Urbino verfaßte er 1621 eine Festoper »Der Hilarokosmos oder die fröhliche Welt«, die stark den ersten in Florenz entstandenen Opern verpflichtet ist.

Literatur

A. Einstein, The Italian Madrigal, Princeton 1970.

Asprilio Pacelli (um 1570–1623)

Zeit und Umwelt

König Sigismund III. von Polen ging nach seiner Thronbesteigung mit allem Fanatismus daran, den unverfälschten römischen katholischen Glauben in Polen wieder einzuführen. Dafür nahm er sogar die Risiken eines Bürgerkrieges in Kauf und scheute auch keine Kosten, die besten italienischen Sänger, Musiker und Dirigenten anzuwerben. Seine Kapelle war die am besten bezahlte in Europa. Luca Marenzio (1553–99) stellte er mit dem fürstlichen Salär von tausend Dukaten als Chormeister ein.

Leben

Asprilio Pacelli wurde um 1570 in Vasciano, Umbrien, geboren. Er dürfte in Rom ausgebildet worden sein und erhielt 1589 die Stelle eines Kapellmeisters an Santa Maria di Monserrato, wirkte ab 1594 an Trinità dei Pellegrini und von 1595 bis 1597 am Collegium Germanicum. Im Jahr 1602 wurde er Kapellmeister am Petersdom in Rom. Von 1603 bis zu seinem Tod wirkte er als Kapellmeister der Königlichen Kapelle des Polenkönigs Sigismund III. als Nachfolger seines Landsmannes Luca Marenzio, zuerst in Krakau und später in Warschau, wo er am 4. 5. 1623 starb. Der König ließ ihm in einer Seitenkapelle der Kathedrale von Warschau einen Gedenkstein setzen.

Werke

Vom italienischen Komponisten Asprilio Pacelli sind ein Buch mit vierstimmigen Madrigalen, 4 Bücher mit vier- bis achtstimmigen Motetten und Psalmen und ein Buch mit fünf-bis zwanzigstimmigen »Sacrae Cantiones« erhalten; weitere Kompositionen sind in Sammelwerken enthalten. Alles andere von den angeblich zahlreichen Werken ist verschollen.

LITERATUR

M. Gliński, Asprilio Pacelli, Rom 1941.

José Pacheco (1784–1865)

ZEIT UND UMWELT

Zu den weiter abgelegenen Provinzen Spaniens kamen fortschrittliche Stilelemente in der Regel mit großer Verspätung. In den Kirchen war noch im 19. Jahrhundert das Spätbarock die letzte erreichte Stufe. Auch die zeitweilige französische Besatzung hatte daran nichts geändert. Dafür wurde im Rahmen dieser antiken Fakturen oft Erstaunliches geleistet, weil der Stillstand der Entwicklung nachgerade eine Vertiefung des musikalischen Gehalts erzwang.

LEBEN

José Pacheco wurde am 15.12.1784 in Mondoñedo, Lugo, geboren. Er wurde 1806 Kapellmeister an der Kathedrale seiner Geburtsstadt und betreute diese Stelle bis zu seinem Tod am 23.3.1865.

WERKE

Von José Pacheco ist eine große Anzahl kirchlicher Werke bekannt geworden: Motetten, Hymnen, Psalmen, Lamentationen, Te Deum, Miserere, Litaneien und Villancicos. All diese Musik strahlte im Glanz spätbarocker Diktion mit seltener Klangschönheit und Würde.

Johann Pachelbel (1653–1706)

LEBEN

Johann Pachelbel wurde am 1. 8. 1653 in Nürnberg getauft. Er war in seiner Vaterstadt Schüler der Orgelmeister Heinrich Schwemmer und Georg Kaspar Wecker. Ab 1669 studierte er in Altdorf und spielte die Orgel der Pfarrkirche. Von 1670 bis 1673 studierte er in Nürnberg, darauf wurde er Hilfsorganist am Stephansdom in Wien unter Johann Kaspar Kerll, 1677 Organist in Eisenach, 1678 in Erfurt, 1690 in Stuttgart, 1692 in Gotha und von 1695 bis zu seinem Tod im Jahr 1706 in Nürnberg. Er wurde am 9. 3. 1706 begraben.

WERKE

Das Orgelwerk des deutschen Komponisten Johann Pachelbel zeichnete sich durch klare, wenn auch etwas einfache Kontrapunktik aus und spiegelt die schöpferische Verschmelzung des süddeutsch-italienischen und mitteldeutsch-norddeutschen Stils wider, was sich besonders deutlich in seiner Technik des Orgelchorals ausdrückt. Er schrieb »Musicalische Sterbens-Gedanken«, Choralvariationen, »Hexachordum Apollinis«, Aria-Variationen, 8 Choräle »zum präambulieren«, bestechend durch die Vielfalt (Tonart- und Tempowechsel) ihrer Durchführung, »94 Fugen über ein Magnificat«. Dazu kamen freie Kompositionen für die Orgel, Präludien, Fugen, Toccaten, Chaconnen, Fantasien und Ricercari, außerdem Suiten und Partiten für Tasteninstrumente und Kammerensembles, wie »Musicalische Ergötzungen«, 6 Partiten für zwei scordierte Violinen und Generalbaß. Die Vokalmusik ist mit 26 Motetten über Psalmentexte, 7 Kantaten, mehreren Messen, 15 Magnificat und 19 Arien vertreten. Die ganze Vokalmusik ist konservativ gehalten, die Magnificat weisen Motettenform auf. Die Kammermusik – Suiten, Violinsonaten – läßt erkennen, daß der Meister die Werke von Corelli gekannt hat.

Präludium d-Moll, 3 Teile

Am Beginn bringt das Pedal das Thema, das die beiden Manuale imitieren. Dann werden die Themen auf der Dominante wiederholt. Der Mittelteil ist ruhig gehalten, der dritte Abschnitt rein akkordisch, er klingt mit einer Erinnerung an das Eingangsthema aus.

Aria Sebaldina in B-Dur für Orgel

Die Aria (aus dem »Hexachordum Apollinis«) besteht aus einem liedhaften f-Moll-Thema, das achtmal variiert wird, und zwar hauptsächlich in den Oberstimmen. Interessant ist die Variation

Nr. 2 mit Arpeggierung durch gegenseitige Ergänzung zweier von Pausen unterbrochenen Stimmen. Die Variation 5 bringt rhythmische Gruppierungen, Variation 7 Taktverschiebungen und Variation 8 durchlaufende, rasche Bewegungen.

Ricercar in c-Moll für Orgel

Der Meister belebt mit diesem Stück die zu seiner Zeit bereits veraltete Form zu neuer Blüte. Das chromatische Grundthema wird fugiert wie die Umkehrung des Themas, das chromatisch absteigt. Ein neues Thema wird ebenfalls zur Fuge verarbeitet, dann werden beide Motive so verbunden, daß das 2. Thema mit dem umgekehrten ersten und Thema 1 mit dem umgekehrten zweiten verknüpft sind.

Vater unser im Himmelreich, Choralbearbeitung für Orgel

Jede Choralzeile wird, ehe der Sopran einsetzt, von den anderen drei Stimmen, die nacheinander beginnen, vorimitiert, so daß der einstimmige Sopransatz immer erst beginnt, sobald die anderen Stimmen das Thema vorgespielt haben. Dadurch wird eine gewisse Eintönigkeit erzeugt, der aber eine leichte Figuration begegnet.

Wir glauben an einen Gott, Choralbearbeitung für Orgel

Der Cantus firmus wird auf einem Manual derart dicht umspielt, daß er kaum mehr zu erkennen ist. Die beiden Begleitstimmen auf dem zweiten Manual bilden das Fundament des Satzes, dessen Auszierung äußerst reichhaltig ist.

Triosuite in F-Dur für zwei Violinen und Generalbaß, 6 Teile

Der Komponist schreibt eine Scordatur der Violinen vor, die aber für das Spiel nicht erforderlich ist. Die Suite beginnt mit einer frei fugierten Sonata mit energischem Duktus. Darauf setzt die Reihe der Tänze ein: Allemande, Courante, Ballett mit schnellen Variationen und eine kurze Sarabande; eine muntere Gigue bildet den Schluß.

Triosuite in c-Moll für zwei Violinen und Generalbaß, 6 Teile

Der Gesamtcharakter dieser Suite ist ernst. Die Sonate am Beginn ähnelt einer Toccata, die fein figuriert ist. Nun folgt eine feierliche Gavotte mit einer Variation, in der eine Violine das Thema der Gavotte wiederholt. Mit einer »Treza« (alte Bezeichnung für Courante oder Gaillarde), einer kantablen Arie, einer trockenen Sarabande geht es weiter bis zur abschließenden Gigue.

Partita in G-Dur für zwei Violinen, zwei Bratschen und Generalbaß, 6 Teile

Die einleitende Sonatina bringt das Grundthema, das darauf in einem bewegten Balletto, einer energischen Sarabande, einer kantablen Arie, einer fröhlichen Gigue frei abgewandelt wird. Ein ganz kurzes Finale schließt das reizende Werk ab.

LITERATUR

H. J. Moser, Johann Pachelbel, in: Musik und Kirche XXIII, 1953.

Karl Theodor Pachelbel
(1690–1750)

ZEIT UND UMWELT

Zu Ansätzen zur Bildung eines Musiklebens in Nordamerika kam es erst nach 1700. Die Zeit davor war wegen der dünnen Besiedlung, des Fehlens größerer Städte, der Kämpfe der Kolonisten aus verschiedenen europäischen Staaten und zuweilen auch dringender materieller Sorgen für eine Musikentwicklung nicht förderlich. Es gab kaum Musikinstrumente. Im 18. Jahrhundert setzte jedoch durch Zuwanderung, Kinderreichtum, gute hygienische Verhältnisse und relativen Wohlstand eine rasche Bevölkerungsvermehrung ein. Große Städte entstanden, und damit begann ein urbanes Leben. Ein von eingewanderten Musikern bestrittenes Konzertleben setzte ein; in Charleston und New York wurde 1703 öffentlich Musik gemacht, 1733 gab es in New York das erste Konzert. Instrumentalisten, Musik- und Tanzlehrer begannen ihre Tätigkeit.

LEBEN

Karl Theodor (Charles Theodore) Pachelbel wurde am 24. 11. 1690 in Stuttgart getauft. Er emigrierte um 1730 nach Nordamerika und wirkte nach Aufenthalten in Boston und Newport von 1730 bis zu seinem Tod am 17. 9. 1750 als Organist an St. Philip's in Charleston, South Carolina.

WERKE

Der amerikanische Musikforscher Oscar George Theodore Sonneck (6. 10. 1873, Jersey City, bis 30. 10. 1928, New York) stellte fest, daß »Charles Theodore Pachebel« in den Jahren 1736 und 1737 in New York und Charleston mehrere Orgelkonzerte gab, nachdem er ab 1733 in Newport als Organist an Trinity Church gewirkt hatte. Der Emigrant hatte also maßgebenden Anteil an den Anfängen der nordamerikanischen Musikentwicklung. Von seinen Kompositionen ist lediglich ein noch in Deutschland verfaßtes achtstimmiges Magnificat erhalten.

LITERATUR

O. Sonneck, Early Concert-Life in America, New York 1949.

Wilhelm Hieronymus Pachelbel
(1686–1764)

ZEIT UND UMWELT

Um an einer Nürnberger Kirche als Organist aufgenommen zu werden, mußte man eine vorzügliche Ausbildung nachweisen, denn diese Stadt war durch viele Generationen hindurch gewohnt, nur bestes Spiel zu hören.

LEBEN

Wilhelm Hieronymus Pachelbel wurde am 29. 8. 1686 in Erfurt getauft. Er war der Sohn und Schüler des berühmten Organisten Johann Pachelbel (1653–1706), dem er 1719 an der Orgel von St. Sebaldus, nachdem er bereits an St. Jakob und an St. Egidien gewirkt hatte, nachfolgte. Er versah diesen Dienst bis zu seinem Tod im Jahr 1764.

WERKE

Das kompositorische Werk von Wilhelm Hieronymus Pachelbel ist nicht umfangreich: Präludium und Fuge in C-Dur und »Musikalisches Vergnügen«, bestehend aus Präludium, Fuge und Fantasie, außerdem im Manuskript einige Choralfantasien und Variationen. Auch diese geringe Hinterlassenschaft beweist eine beachtliche Befähigung des Organisten, dessen Stil unter dem Einfluß seines Vaters und Domenico Scarlattis stand.

Andrei Pachtschenko (1885 – 1972)

LEBEN

Andrei Filippowitsch Pachtschenko wurde am 3. 8. 1885 in Rostow geboren. Von 1913 bis 1917 studierte er am Konservatorium in Petrograd unter Maksim Osejewitsch Steinberg. Er spielte im Musikleben seiner Geburtsstadt als Komponist und Lehrer eine beachtliche Rolle. Er starb am 16. 11. 1972 in Moskau.

WERKE

Von Andrei Pachtschenko sind 9 Opern aufgeführt worden. Er schrieb 15 Sinfonien, 3 Sinfoniettas, 3 sinfonische Gedichte, ein Oratorium »Lenin«, ein Requiem, eine Kantate, 9 Streichquartette, Romanzen und Lieder. Sein Stil gehörte dem »Russischen nationalen Realismus« an und war außerdem von Aleksandr Skrjabin und dem französischen Impressionismus beeinflußt.

Antonio Francesco Saverio Pacini
(1778–1866)

ZEIT UND UMWELT

Es gab auch im 19. Jahrhundert in Paris genügend Kräfte, die eine Verdrängung der italienischen Oper zu verhindern suchten – italienische Impresari, Dirigenten, Sänger, Instrumentalisten und sogar Verleger. Das Théâtre italien blieb in voller Tätigkeit, spielte aber doch schon eine zweitrangige Rolle; die großen italienischen Opernkomponisten wie Gioacchino Rossini wollten an der Opéra aufgeführt werden, mußten aber französische Opern schreiben.

LEBEN

Antonio Francesco Saverio Pacini wurde am 7. 7. 1778 in Neapel geboren und am Conservatorio della Pietà de'Turchini ausgebildet. Er ging darauf nach Frankreich, wirkte zunächst als Dirigent des Theaterorchesters von Nîmes, ab 1804 am Théâtre italien in Paris und als Verleger bis zu seinem Tod am 10. 3. 1866.

WERKE

Von Antonio Francesco Saverio Pacini sind in

Italien und in Paris mehrere Opern aufgeführt worden. Er setzte sich sehr für die italienischen Opern in Paris ein, konnte aber ihre allmähliche Verdrängung durch französische Werke nicht verhindern. Er verfaßte außerdem eine große Anzahl französischer Romanzen, die dem Geist der Zeit entsprechend allseitig günstig aufgenommen wurden.

LITERATUR

H. Gougelot, La romance française sous la Révolution et l'Empire, Melun 1938.

Giovanni Pacini (1796–1867)

ZEIT UND UMWELT

Im Wiener Kongreß (1815) wurde Lucca zum Herzogtum erhoben und der spanischen Infantin Luisa (1782–1824), Witwe nach dem König von Etrurien, Louis (1773–1803), unterstellt. Ihr Nachfolger als Herzog von Lucca war ihr Sohn Carlo (1799–1883), der 1847 das Herzogtum an Parma abtrat. Trotz der unruhigen politischen Zustände wurde an der für Lucca traditionellen Kulturpflege nach Kräften festgehalten.

Giovanni Pacini, nach einer Lithographie von J. Kriehuber (1827)

LEBEN

Giovanni Pacini wurde am 17.2.1796 in Catania geboren. Ab 1806 studierte er in Bologna bei Luigi Marchesi (1754–1829) Gesang und bei Stanislao Mattei Komposition; bei Bonaventura Furlanetto (1738–1817) setzte er in Venedig seine Studien fort. Sein erstes Bühnenstück brachte er 1813 in Mailand heraus, dem sich zahlreiche mit steigendem Erfolg anschlossen. Im Jahr 1822 ging er nach Lucca, gründete 1834 in Viareggio ein Liceo Musicale und wurde 1837 in Lucca Herzoglicher Kapellmeister; ab 1842 leitete er das Liceo Musicale in Lucca. Für seine letzten Lebensjahre zog er sich nach Pescia, Pistoia, zurück, wo er am 6.12.1867 starb.

WERKE

Neben ungefähr 90 Bühnenwerken komponierte Giovanni Pacini 5 Oratorien, etwa 15 profane Kantaten, mehrere Orchesterwerke – darunter eine vierteilige Programmsinfonie »Dante« –, Kammermusik – darunter ein Oktett für drei Violinen, Oboe, Fagott, Horn, Cello und Kontrabaß –, 6 Streichquartette, 3 Klaviertrios, Messen mit Orchester oder Soloinstrumenten oder Orgel, vier- bis achtstimmige Vespern mit Orchester und weitere Kirchenmusik. In der Entwicklung der italienischen Oper stellte der Komponist eine neue Etappe zu der von Giuseppe Verdi geschaffenen Höchstform dar; er war der erste, der Soli, Solistenensemble und Chor zu lyrischen Szenen kombinierte und damit eine eindrucksvolle musikalische und theatralische Wirkung erzielte.

LITERATUR

M. Davidi, Giovanni Pacini, Palermo 1927.

Tadeusz Paciorkiewicz (geboren 1916)

LEBEN

Tadeusz Paciorkiewicz wurde am 17.10.1916 in Sierpc bei Warschau geboren. Er studierte am Konservatorium in Warschau bei Bronisław Rutkowski (27.2.1898, Komaje, bis 1.6.1964, Leipzig) und Kazimierz Sikorski. Von 1945 bis 1949 leitete er die von ihm gegründete Musikschule in Płock. Anschließend wirkte er bis 1954 als Professor für Musiktheorie an der Musikhochschule in Łódź. Seitdem lehrt er an der Musikhochschule in Warschau.

WERKE
Außer einer Funkoper und einem Ballett schrieb Tadeusz Paciorkiewicz 2 Sinfonien, 2 Klavierkonzerte, ein Violinkonzert, ein Posaunenkonzert, ein Orgelkonzert, ein Bläserquintett, ein Streichquartett, eine Sonate für Violine und Klavier, eine Sonatine für zwei Violinen, 4 Capricci für Klarinette und Klavier, eine Orgelsonate, Klavierstücke, Kantaten, Chöre, Lieder, Bühnen- und Filmmusik.

Fredrik Pacius (1809–91)

ZEIT UND UMWELT
Im Jahr 1809 wurde ganz Finnland als Großfürstentum dem russischen Reich einverleibt, nachdem bereits im Jahrhundert zuvor Schweden Teile des Landes abtreten mußte. Die starken kulturellen Beziehungen zu Schweden blieben jedoch aufrecht.

LEBEN
Fredrik (Friedrich) Pacius wurde am 19.3.1809 in Hamburg geboren und in Kassel von Louis Spohr im Violinspiel und von Moritz Hauptmann in der Komposition ausgebildet. Von 1828 bis 1834 war er Erster Violinist in der Königlichen Hofkapelle in Stockholm und darauf Universitätsmusikdirektor in Helsinki. Er veranstaltete ab 1845 regelmäßig Sinfoniekonzerte in der finnischen Hauptstadt und machte das Publikum vor allem mit den Werken der deutschen Romantiker bekannt. Damit und mit seinen eigenen Kompositionen schuf er die Grundlage zu einer finnisch-nationalen Musik. Er starb in Helsinki am 9.1.1891.

WERKE
Von Fredrik Pacius sind in Helsinki drei Opern (in schwedischer Sprache) aufgeführt worden. Er schrieb außerdem Kantaten und Lieder auf finnische Texte, darunter die finnische Nationalhymne und »Suomen laulu« (Finnischer Gesang), ferner einzelne Orchestersätze, eine Fantasie für Violine und Orchester und ein Violinkonzert. Diese Musik lehnt sich deutlich an die deutsche Romantik an.

LITERATUR
T. Elmgren-Heinonen, Fredrik Pacius ja hänen aikansa, Helsinki 1959.

Henry Pack
(um 1640 bis nach 1685)

ZEIT UND UMWELT
Im zweiten Jahrzehnt der Herrschaft Karls II. von England war der Mangel an Musikern, der durch die Cromwell-Zeit eingetreten war, bereits einigermaßen behoben. Die Hofkapelle und die Privatkapelle des Königs waren voll besetzt. Komponisten für die Schauspielaufführungen konnten gewonnen werden, und auch die Liedkomposition erlebte wieder einen Aufschwung. Es handelte sich allerdings in den meisten Fällen nur um durchschnittliche Talente.

LEBEN
Henry Pack wurde um 1640 vermutlich in London geboren. In welcher Beziehung er zur Hofmusik stand, kann nicht nachgewiesen werden. Seine Lieder wurden jedenfalls am Hof gesungen. Er dürfte nach 1685 in London gestorben sein.

WERKE
Eine Anzahl Lieder des englischen Komponisten Henry Pack ist in Sammelwerken aufgenommen worden. Sein Schäferlied »Tell me, Thyrsis« (Sage mir, Thyrsis) wurde sehr populär und erlebte mehrere Nachdrucke. Formal leitet es bereits zum empfindsamen Lied des nächsten Jahrhunderts über.

Thomas Packe (um 1480 bis vor 1550)

ZEIT UND UMWELT
Die Reformation brachte in England naturgemäß eine neue Liturgik, die sich erst all-

mählich herausbildete und mehrere Übergangsformen durchlaufen mußte. Innerhalb der großen Richtlinien, von denen eine den Ersatz der lateinischen Kultsprache durch die englische forderte, konnte es nicht mit einem Schlag zur Einheitlichkeit kommen; die Differenzen zwischen den einzelnen Kirchen waren nicht gering. Auch von der lateinischen Kirchensprache kam man nicht sofort weg. Es fehlten die Übersetzungen einzelner liturgischer Gesänge, und manche Texte waren derart populär, daß man anfänglich nicht darauf verzichten wollte.

LEBEN

Thomas Packe wurde um 1480 vermutlich in London geboren. Informationen über sein Leben und Wirken gibt es nicht. Seine Zugehörigkeit zur Chapel Royal wird angenommen, ist aber nicht belegt. Auch Ort und Zeit des Todes des englischen Kirchenmusikers, der in den überlieferten Handschriften stets mit dem Titel Sir erwähnt wird, sind unbekannt.

WERKE

Von den Kompositionen Thomas Packes, die erhalten sind, ist das Te Deum die interessanteste. Der einleitende Vers (Te Deum laudamus) wird von einer Solostimme vorgetragen, ein fünfstimmiger Chor fährt mit »Te Dominum confitemur« fort. Dann erst beginnt das eigentliche Te Deum in englischer Sprache von drei Solostimmen gesungen, doch jeden Vers schließt der Chor mit dem lateinischen »Te Dominum confitemur« ab. Der Aufbau dieser Komposition war zukunftsweisend, die Sprachmischung bezeichnend für den Übergang vom alten Ritus zum neuen. Weiters sind 2 Messen und 3 Motetten, alle lateinisch, überliefert. Die Kompositionen mit englischen Texten dürften verlorengegangen sein.

Cornelis Tymenszoon Padbrué
(um 1591 – 1670)

LEBEN

Cornelis Tymenszoon Padbrué wurde um 1591 in Haarlem geboren. Er war von 1629 bis 1635 Stadtmusiker seines Geburtsortes. Welche musikalische Tätigkeit er sonst ausgeübt hat, ist unbekannt. Er ist in Haarlem im Januar 1670 gestorben.

WERKE

Der niederländische Komponist Cornelis Tymenszoon Padbrué bemühte sich, das stark reduzierte Musikleben seiner Heimat zu heben. Seine »Kusjes« (Küsse) sind Madrigale auf niederländischen Texten und schon dadurch eine Rarität. Ihr Stil ist konservativ, jedoch durch einzelne harmonische und rhythmische Strukturen sehr interessant. Er vertonte Texte des berühmten zeitgenössischen Dichters Joost van den Vondel, wie »Vondels Kruisbergh« (Vondels Kreuzweg) und »De Tranen Petri ende Pauli« (Petri und Pauli Tränen) für mehrere Stimmen und Generalbaß. Außerdem ist eine Anzahl von Instrumentalwerken überliefert.

Ignacy Paderewski (1860–1941)

LEBEN

Ignacy Jan Paderewski wurde am 6. 11. 1860 in Kurilowka, Ukraine, geboren. Seine Ausbildung zum Pianisten und Komponisten erhielt er ab 1872 am Konservatorium in Warschau, wo er von 1878 bis 1883 als Klavierlehrer wirkte. Nach kurzem Studium bei Friedrich Kiel (1821–85) in Berlin bereitete er sich von 1884 bis 1887 beim Klavierpädagogen Teodor Leszetycki (22. 6. 1830, Lancut, Ukraine, bis 14. 11. 1915, Dresden) auf seine Virtuosenlaufbahn vor. Er unternahm ausgedehnte Konzertreisen, bis er sich 1913 in Paso Robles, Calif., niederließ. Im Jahr 1915 unterbrach er seine Konzerttätigkeit, um sich für die Gründung eines unabhängigen Polens einzusetzen. Von 1918 bis 1919 war er polnischer Botschafter in Washington und von 1919 bis 1920 1. Vorsitzender des Ministerrates und Außenminister der Republik Polen. Darauf nahm er seine Konzertreisen erneut auf. Im Jahr 1940 wurde er Präsident der polnischen Exilregierung. Er starb am 29. 6. 1941 in New York.

WERKE

Sowohl als Interpret wie als Komponist bekannte sich Ignacy Paderewski vorbehaltlos zur Romantik. Während seines langen Lebens, Wirkens und Schaffens blieb er von aller stilistischen und technischen Neuerung, von Impressionismus und Expressionismus, von Neuklassizismus, Dodekaphonik, serieller Struktur, Polytonalität, Atonalität und jeder Art von Ton- und Klangverfremdung unberührt. Er füllte bis in sein hohes Alter mit seinem hinreißenden Spiel, wie seinerzeit Franz Liszt, mit vorwiegend der Romantik entnommenen Programmen und eigenen stark konservativen Kompositionen, stets die größten Konzertsäle und erreichte bereits um die Jahrhundertwende den Ruf eines der bedeutendsten Pianisten seiner Zeit. Sein kompositorisches Schaffen bestand aus einer noch heute viel aufgeführten Sinfonie, einem sehr klangreichen Klavierkonzert, einer Fantasie über polnische Volksweisen für Klavier und Orchester, zahlreichen Klavierstücken, darunter »6 Humoresken« mit dem berühmten Menuett in G-Dur, und einer Anzahl Lieder. Seine konservative Grundhaltung knüpfte bei Frédéric Chopin (1810–49) und Pjotr Tschaikowski (1840–93) an; seine einzige Oper lehnte sich an Richard Wagner (1813–83) an.

Sinfonie in h-Moll, »Polonia«, Opus 29, 3 Sätze, entstanden 1907

Ursprünglich waren 4 Sätze geplant, aber das Scherzo gedieh nur bis zu einer unorchestrierten Skizze. Die Sinfonie wurde zum vierzigjährigen Gedenken des vergeblichen Aufstandes der Polen gegen die zaristische Regierung (1863/64) komponiert und trägt programmatischen Charakter. Der 1. Satz soll die heroische Geschichte des polnischen Volks darstellen. Es sind dafür 3 Sarusophone und ein »Tonitruon« (ein vom Komponisten selbst konstruiertes Schlaginstrument, das aus einer aufgehängten Zinnplatte besteht und angeschlagen einen geheimnisvollen düsteren Klang von sich gibt) vorgeschrieben. Polnische Volksmusik ist ebenso wenig verwendet wie im 2. Satz, dessen lyrische Haltung Trauer und Wehmut des unfreien Volks ausdrückt. Der 3. Satz, in dem Fragmente der polnischen Nationalhymne (»Noch ist Polen nicht verloren«) variiert und transformiert, aber doch deutlich genug aufklingen, führte zum Verbot des Werks in Rußland und in Deutschland; in Österreich-Ungarn, wo der polnische Adel einen starken Einfluß ausübte, durfte es gespielt werden. Der Satz endet mit sieghaften Klängen, die die Befreiung des Volks von jeder Fremdherrschaft vorausnahmen.

Klavierkonzert in a-Moll, Opus 17, 3 Sätze, entstanden 1888

Dieses bis zu den ersten Jahrzehnten des 20. Jahrhunderts außerordentlich beliebte Konzert wurde vom Komponisten in erster Linie zum eigenen Gebrauch geschrieben. Das Soloinstrument steht ständig im Mittelpunkt des musikalischen Geschehens; klangreiche Passagen, bravouröse Soli und farbige Instrumentierung sicherten der Sinfonie, die viel polnisches Volksliedgut verarbeitete, ihre Publikumserfolge. Es hat auch heute seinen besonderen Reiz nicht verloren, sondern wird noch immer gern gehört.

LITERATUR

H. Opieński, Ignacy Jan Paderewski, Krakau 1960.

Alessandro Padoano

(um 1525 bis nach 1563)

ZEIT UND UMWELT

Die 1222 gegründete Universität von Padua betrieb von ihrem Beginn an Musikwissenschaft. Musikunterricht wurde bis zur Gründung von Musikschulen für die Knabenchöre an den verschiedenen Kirchen erteilt, von denen die Chöre am Dom und an der Basilika den größten Ruf hatten.

LEBEN

Alessandro Padoano wurde um 1525 vermutlich in Padua geboren. Er hat angeblich am Hof von Ferrara und später an einer Kirche in Venedig als Sänger gewirkt. Er soll auch in Venedig nach 1563 gestorben sein.

WERKE

Von dem Kirchenkomponisten Alessandro Padoano sind nur 5 Motetten überliefert, die im franko-flämischen Stil gehalten sind. Alle anderen angeblich zahlreichen kirchenmusikalischen Werke sind verlorengegangen.

Annibale Padovano (1527–75)

ZEIT UND UMWELT
Kaiser Ferdinand I. von Habsburg teilte das von seinem Bruder Kaiser Karl V. übertragene Reich unter seinen Söhnen Maximilian, Ferdinand und Karl (1540–90) auf. Erzherzog Karl fiel Innerösterreich (Herzogtümer Steiermark, Kärnten, Krain und Grafschaft Görz) zu. Nach dem Tod des Vaters (1564) schlug er seinen Regierungssitz in Graz auf und begründete dort seine Hofkapelle.

LEBEN
Annibale Padovano (Padoano) wurde in Padua 1527 geboren. Seine Ausbildung dürfte er in seinem Geburtsort oder in Venedig genossen haben. Im Jahre 1552 erhielt er die Stelle als Erster Organist am Markusdom unter den Kapellmeistern Willaert, de Rore und Zarlino, 1566 wurde er Hoforganist Erzherzog Karls von Österreich in Graz, 1570 Hofkapellmeister. Er starb in Graz am 15. 3. 1575.

WERKE
Von den Kompositionen des Organisten Annibale Padovano sind ein Buch mit fünfstimmigen Messen, weitere Bücher mit fünf- und sechsstimmigen Motetten, fünfstimmigen Madrigalen, ein Buch mit vierstimmigen Ricercari und eines mit Toccaten und Ricercari erhalten. Weitere Werke finden sich in Sammeldrucken. Sein Stil ist rein venezianisch, sehr klangvoll und lebendig.

LITERATUR
H. Federhofer, Musikpflege und Musiker am Grazer Habsburgerhof der Erzherzöge Karl und Ferdinand von Innerösterreich, Mainz 1967.

Newton Padua (geboren 1894)

LEBEN
Newton Padua wurde am 3.11.1894 in Rio de Janeiro geboren. Er studierte in seiner Geburtsstadt an der Musikschule der Universität Cello, Dirigieren und Komposition. Anschließend wirkte er an derselben Anstalt als Lehrer für Harmonielehre und unterrichtete zugleich am Konservatorium Komposition und Instrumentation.

WERKE
Die Kompositionen von Newton Padua integrierten vorwiegend brasilianische Volksmusik. Er schrieb eine Oper, eine Sinfonie, 3 Orchestersuiten, eine Suite für Streichorchester, mehrere Praeludien, Variationen und Fuge für Klavier und Orchester, »Lied und Tanz« für Cello und Orchester, ein Bläserquintett, 2 Streichquartette, ein Klaviertrio, eine Klaviersonate, Praeludium und Fuge und Choralvariationen über Themen von Johann Sebastian Bach für Orgel, 2 Messen und verschiedene Motetten für Chor und Orgel sowie Orchestergesänge.

Ferdinando Paer (1771–1839)

LEBEN
Ferdinando Paer (Paër) wurde am 1.6.1771 in Parma geboren, brachte bereits 1791 seine erste Oper heraus und erhielt im selben Jahr eine Theaterkapellmeisterstelle in Venedig, wo er mit Erfolg eine Serie weiterer Opern schrieb. Im Jahr 1798 übersiedelte er nach Wien, 1803 wurde er Hofkapellmeister in Dresden. Er begleitete Napoleon nach Polen und Paris, wo er 1807 zum Kaiserlichen Kapellmeister ernannt wurde. Von 1812 bis 1827 wirkte er als Kapellmeister des Théâtre italien in Paris, 1832 wurde er Dirigent der Königlichen Kammermusik und stand bis zu seinem Tod am 3.5.1839 als Komponist in hohem Ansehen, wenn auch Rossini seine Opern von den Bühnen verdrängte.

WERKE
Von den 43 Opern Ferdinando Paers hat sich keine dauernd erhalten, seiner »Leonora« (1804) wird noch heute ein gewisses Interesse entgegengebracht, weil ihr derselbe Stoff zugrunde liegt, den Ludwig van Beethoven (1770–1827) für den »Fidelio« verwendete. Er schrieb außerdem 2 Oratorien, eine Passion, 13 Kantaten, eine Reihe Arien und Duette,

eine Sinfonie, Orchestervariationen, Violinsonaten, Klaviervariationen und eine Fantasie für Klavier mit zwei Flöten, zwei Hörner und Fagott. Sein Stil war gefällig, konventionell und dem Zeitgeschmack angepaßt.

LITERATUR

G. Tebaldini, Ferdinando Paer, in: Aurea Parma II, 1939.

Arvo Pärt (geboren 1935)

LEBEN

Arvo Pärt wurde am 11.9.1935 in Paide, Estland, geboren. Er war bis 1963 Schüler von Heino Eller am Konservatorium in Tallinn. Von 1958 bis 1967 wirkte er als Tonmeister am estnischen Rundfunk. 1980 übersiedelte er in den Westen, wohnte einige Jahre in Österreich und lebt heute in Berlin (West).

WERKE

Die Werke von Arvo Pärt weisen verschiedene Kompositionstechniken, Funktionsharmonik und tonalitätsfreie Klangverbindungen auf. Er schrieb unter anderem 2 Sinfonien, eine »Musica sillabica« für Orchester, eine Collage über B-A-C-H für Kammerorchester, »Unser Garten« für Kinderchor und Orchester, ein Oratorium, mehrere Klavierwerke, Bühnen-, Film- und Fernsehmusiken.

Giuseppe Antonio Paganelli
(1710 bis nach 1762)

ZEIT UND UMWELT

Der Übergang von der Generalbaßmusik zum freien Spiel der begleitenden Instrumente, die ihrerseits gelegentlich auch melodieführende Passagen zugeteilt erhalten, bis zur völligen Gleichberechtigung aller Orchestermitglieder und Ausnützung ihrer spezifischen Klangfarben und deren Mischungen zum intellektuellen und emotionalen Ausdruck erforderte nahezu ein Jahrhundert. Dieser relativ lange Zeitraum war nötig, weil eine grundlegende Umstellung nicht nur mit der Kompositionstechnik, sondern auch mit den Hörgewohnheiten des Publikums Hand in Hand gehen mußte.

LEBEN

Giuseppe Antonio Paganelli wurde am 6. 3. 1710 in Padua geboren. Er war Schüler von Giuseppe Tartini. Ab 1733 wirkte er, nachdem er ein Jahr zuvor am Teatro Sant'Angelo in seiner Geburtsstadt und in Venedig seine ersten Opern herausgebracht hatte, als Cembalist einer Operntruppe, die auch in Deutschland gastierte. In den vierziger Jahren des 18. Jahrhunderts dürfte er nach Madrid übersiedelt sein, jedenfalls war er ab 1756 bis zu seinem Tod nach 1762 Kammermusikdirektor des spanischen Königshauses.

WERKE

Neben seinen Opern komponierte Giuseppe Antonio Paganelli in Kantatenform »Quinti Horatii Flacci odae sex« (Sechs Oden von Quintus Horatius Flaccus) – davon eine in Duettform –, »Premier recueil d'ariettes italiennes et françaises« (Erste Sammlung italienischer und französischer Arietten), »VI Sinfonie a quattro« (6 vierstimmige Sinfonien), Sonaten für Cembalo, für Flöte und zwei Flöten und eine Anzahl Trios mit verschiedener Besetzung, in denen sich deutlich der Übergang von der Continuotechnik zur komponierten Begleitung vollzieht. Der Komponist muß zu den wichtigsten Vertretern der italienischen Vorklassik gezählt werden.

Niccolò Paganini (1782–1840)

ZEIT UND UMWELT

Virtuosen mit den Durchschnitt übersteigender Technik sind schon in früheren Zeiten stark bewundert worden, aber ihre Konzerte fanden vorwiegend in Adelspalästen und auf Schlössern statt, jedenfalls meistens vor einem ausgewählten Publikum. Mit dem Erstarken des Bürgertums kamen die öffentlichen Konzerte für jedermann, der den Eintritt bezahlte, was eine breite Publikumsschicht schuf, die mit naivem Staunen den Unterschied des Könnens der Dilettanten ihres Bekannten-

Niccolò Paganini, nach einem Gemälde von J. B. Siber

kreises zur Akrobatik des Virtuosen maß. Wenn auch die gehobenen Gesellschaftskreise sich an die Spitze dieser Bewunderer stellten, so hallten die Begeisterungsstürme doch aus der Masse. Daß in vielen Fällen die Darbietungen dieser Virtuosen künstlerisch nicht sehr hoch zu veranschlagen waren, kümmerte wenige. Die Technik allein war es, die verlangt und bestaunt wurde: Die rasenden Klavierpassagen, die dröhnenden, eiligst aufeinanderfolgenden Akkorde und die weiten Griffe, auf der Violine und dem Cello die Mehrstimmigkeit, die doppelten Triller, die Flageoletts, die rennenden Finger auf dem Griffbrett, die weiten Spannen, das Spiel mit drei, zwei oder auch nur einer Saite, dazu die künstlich herbeigeführten und überwundenen Unfälle, wie das Reißen von Saiten oder das Zerbrechen des Bogens, der durch einen Spazierstock ersetzt wurde, und allerlei andere Mätzchen entzückten unbegreiflicherweise sogar ernste Musiker. Manche wurden zu legendären Gestalten bereits bei Lebzeiten.

Leben

Niccolò (Nicolo) Paganini wurde am 27.10. 1782 in Genua geboren. Er erhielt frühzeitig Mandolin- und Violinunterricht, so daß er bereits mit 9 Jahren zum ersten Mal als Violinist auftreten konnte. Der Kapellmeister und Opernkomponist Francesco Gnecco (um 1769, Genua, bis 1810, Mailand) erteilte dem jungen Violinisten den ersten systematischen Unterricht, der von Alessandro Rolla in Parma vollendet wurde. Darauf setzte die Konzerttätigkeit des Virtuosen ein, der vorerst die oberitalienischen Städte bereiste. Im Jahr 1805 wurde er Soloviolinist und Kapellmeister der Schwester Napoleons, Élisa Baciocchi (1777–1820), Fürstin von Lucca und ab 1809 Großherzogin von Toskana, mit der ihn eine enge Freundschaft verband. Als sie nach Florenz übersiedelte, ging er auf Konzertreisen nach Wien, Deutschland, Paris, England, Schottland und Irland und erntete überall frenetische Beifallsstürme und hohe Honorare. Seine angegriffene Gesundheit zwang ihn, das milde Klima Südfrankreichs aufzusuchen. Seinen letzten Winter verbrachte er in Nizza, wo er am 27.5.1840 starb. Er hinterließ ein beträchtliches Vermögen und mehrere kostbare Streichinstrumente der Meister von Cremona; seine Lieblingsvioline, eine Guarneri-del-Gesù, vermachte er seiner Vaterstadt Genua, die sie in der Sala Rossa des Municipio aufbewahrt. Jährlich erhält einer der jeweils berühmtesten Virtuosen die Erlaubnis, die Violine zu Ehren des einstigen Eigentümers zu spielen.

Werke

Die Kompositionen für Violine von Niccolò Paganini waren nur für seinen eigenen Konzertgebrauch geschrieben. Er wachte streng darauf, daß sie niemand zu Gesicht bekam. Daher fertigte er Solostimme und Orchesterbegleitung stets gesondert aus. Im Druck erschienen ist zu seinen Lebzeiten nur sein Opus 1 »24 Capricen für Soloviolíne«. Von seinen 6 Violinkonzerten sind Nr. 4 bis Nr. 6 erst geraume Zeit nach dem Tod des Virtuosen aufgefunden worden. Der musikalische Wert der Konzerte ist nicht hoch, sie bieten nur die

Gelegenheit, mit technischen Fähigkeiten zu brillieren.
Daß der Virtuose dennoch ein Vollblutmusiker war, beweisen seine erst spät entdeckten Kompositionen für Gitarre, die er ebenso vollendet beherrschte: 6 Sonaten für Gitarre, 6 Sonaten für Gitarre und Violine, 60 Variationen für Violine, Bratsche, Gitarre und Cello, außerdem Trios, Rondos und Nokturnen für Gitarre und Streicher. Stilistisch muß man alle diese Musik bereits der Hochromantik zuteilen.

Violinkonzert Nr. 1 in D-Dur, Opus 6, 3 Sätze, entstanden 1811

In diesem Konzert sind zwar zahlreiche Schwierigkeiten und technische Kunstgriffe enthalten, es weist aber dennoch so viel musikalische Substanz auf, daß es durch Erfindungsgabe und Themenwahl den Werken der großen zeitgenössischen Violinkomponisten gleichzustellen ist. Seine Themen reizten mehrere Komponisten zu Bearbeitungen und Variationen.

Violinkonzert Nr. 2 in h-Moll, Opus 7, 3 Sätze, entstanden 1811

Hier gewann das virtuose Element deutlich den Vorrang vor der Musik. Die Themenwahl scheint nur mehr Vorwand für die Aneinanderreihung technischer Schwierigkeiten gewesen zu sein. Das Orchester ist zur Hintergrundmusik geworden, vor der sich die Akrobatik des Solisten abspielt.

Violinkonzert Nr. 3 in E-Dur, 3 Sätze, entstanden vermutlich 1830

Dieses Konzert wurde erst im 20. Jahrhundert aus einzelnen Stimmen rekonstruiert und veröffentlicht. Es handelt sich um ein reines Schaustück violinistischer Virtuosität. Bereits der 1. Satz überrascht mit mächtigen Oktavengängen. Der technische Wagemut steigert sich im 3. Satz zu einer atemberaubenden Serie von harmonischen Dezimen und ergeht sich in jeder erdenklichen Art von Staccati und Pizzicati der linken Hand.

Capriccio op. 1 Nr. 9, Autograph von Niccolò Paganini

Sechs Sonaten für Violine und Gitarre, Opus 2, entstanden zwischen 1805 und 1809

Diese zweisätzigen sechs Duosonaten zeugen von einem gründlichen kompositorischen Können des Komponisten. Sie sind dem Belcanto und der Koloratur der italienischen Oper deutlich verhaftet, aber immer eigenständig in Melodieführung und Harmonisierung und voll überraschender reizender Wendungen. Beide Instrumente sind gleichberechtigt behandelt, wobei der Gitarre oft der Vortritt zugestanden wird.

Paganinis Lieblingsvioline

Große Sonate für Gitarre mit Begleitung einer Violine in A-Dur, 3 Sätze, entstanden zwischen 1805 und 1809

In dieser Sonate führt die Gitarre mit großer Geste. Die Violine ist nur klangverstärkend und akkordfüllend eingesetzt und profiliert den Gitarrensatz dort, wo dessen 6 Saiten nicht ausreichen, und bietet sich in einer seltenen, aber interessanten Funktion dar.

Quartett Nr. 7 in E-Dur für Violine, Viola, Gitarre und Cello, 4 Sätze

In allen 4 Sätzen tritt die Gitarre neben den Streichern als selbständiges Instrument auf, dem eine Reihe von Solopassagen zugeteilt ist. Der Komponist wußte, als Meister beider Instrumente, den Klang des Zupfinstruments und der Streicher zu einem harmonischen Ganzen vorzüglich zu verschmelzen.

Terzetto Concertante in D-Dur für Viola, Gitarre und Cello, 4 Sätze

Das Zusammenspiel der beiden tiefen Streicher mit der Gitarre ergibt ein selten schönes Klangbild. Von besonderem Reiz ist der 4. Satz »Waltz a rondo«, eine Spielmusik im besten Sinn des Wortes.

LITERATUR

W. G. Armando, Paganini, eine Biographie, Hamburg 1960. P. Berri, Paganini, Genua 1962. F. Farga, Niccolò Paganini, Prag 1969. J. Pulver, Paganini, The romantic Virtuoso, New York 1971.

André Noël Pagin (1721 bis nach 1785)

ZEIT UND UMWELT

Zu Giuseppe Tartini, der bekanntlich alle Einladungen nach dem Ausland ablehnte, kamen Schüler aus aller Herren Länder nach Padua, die, nach ihrer Ausbildung in ihre Heimatländer zurückgekehrt, Ruhm und Werk ihres Lehrers verbreiteten und zugleich auch Namen und Musik anderer großer italienischer Violinisten bekannt machten.

LEBEN

André Noël Pagin wurde 1721 in Paris geboren. Er war bis 1750 Schüler von Giuseppe Tartini in Padua. Nach seiner Rückkehr nach Paris trat er als Violinist im Concert spirituel auf. Daneben betätigte er sich als Violinist in den Häusern musikliebender Adeliger und Bürger und als Violinlehrer. Er starb in Paris nach 1785.

WERKE
Von André Noël Pagin sind 6 Sonaten für Solovioline und Generalbaß, von denen einige später mit Cembalobegleitung erschienen sind, überliefert.

Giovanni Maria Pagliardi
(1637–1702)

ZEIT UND UMWELT
Obwohl die Geburtsstätte der Oper in Florenz liegt, hat sich in der Stadt nie ein so reges Opernleben entwickelt wie etwa in Venedig, Rom oder später in Neapel. Es gab auch vorläufig kein allgemein zugängliches Opernhaus. Die Fürsten zogen vermutlich Aufführungen in Palästen vor geladenen Gästen vor, so daß die in Florenz geschaffenen Opern zu keiner Breitenwirkung gelangten. Es ist bezeichnend, daß florentinische Opernkomponisten ihre Erstaufführungen anderswo bekamen.

LEBEN
Giovanni Maria Pagliardi wurde 1637 in Genua geboren und dort ausgebildet. Er war Kapellmeister an der Chiesa del Gesù in Genua. Um 1679 trat er als Organist und Gesanglehrer an San Lorenzo und als Domkapellmeister in den Dienst des Großherzogs in Florenz. Er starb dort am 9. 12. 1702.

WERKE
Vom italienischen Komponisten Giovanni Maria Pagliardi sind Arien, Kantaten und Motetten erhalten. Sein Schaffen galt aber der Oper. Er schrieb Bühnenmusikwerke, von denen nur ein Teil in Florenz herausgebracht wurde; die anderen gingen nach Venedig.

Jaime Pahissa (1880–1969)

LEBEN
Jaime Pahissa wurde am 7.10.1880 in Barcelona geboren. Er war Architekt, studierte sodann in Barcelona Musik und ging 1935 nach Buenos Aires, wo er als Lehrer, Komponist und Schriftsteller wirkte. Er starb am 27.10. 1969 in Buenos Aires.

WERKE
Neben 3 Opern und einem Ballett schrieb Jaime Pahissa 2 Sinfonien, 3 sinfonische Dichtungen, 4 Ouvertüren, »Kinderträume« für Streichorchester und Klavier, 6 katalanische Volkslieder für Streichorchester, ein Bläserquintett, ein Streichquartett, ein Klaviertrio, eine Violinsonate, mehrere Schauspielmusiken, Chöre und Lieder. Er war auch als Musikschriftsteller tätig.

John Knowles Paine (1839–1906)

LEBEN
John Knowles Paine wurde am 9.1.1839 in Portland, Me., geboren und erhielt dort seine erste Ausbildung. Er ging 1858 nach Berlin, wo er beim Gesanglehrer Gustav Wilhelm Teschner (26.12.1800, Magdeburg, bis 7.5. 1883, Dresden) und Carl August Haupt studierte. Er konzentrierte sich auf die Orgel und gab vor seiner Rückkehr in die USA (1861) bereits in Deutschland einige Orgelkonzerte. Im Jahr 1862 erhielt er den ersten Lehrstuhl für Musik in Amerika an der Harvard-Universität, den er zu einem echten Universitätsstudienfach nach englischem Muster ausbaute. Nachdem er sich 1905 von seinen Pflichten zurückgezogen hatte, starb er am 25.4.1906 in Cambridge, Mass.

WERKE
Von John Knowles Paine ist eine Anzahl Kompositionen überliefert, von denen einige auch in Europa aufgeführt wurden. Sein Stil war konservativ. Er schrieb mehrere Sinfonien mit programmatischen Titeln, die Bühnenmusik zu mehreren antiken Dramen,

Hymnen, Kantaten, ein Streichquartett, ein Klaviertrio, eine Sonate für Violine und Klavier, ein »Duo concertante« für Violine, Cello und Orchester, zahlreiche Klavierstücke und viele Variationen und Fantasien für Orgel sowie verschiedene Vokalmusik.

Jacques Paisible (um 1650–1721)

Zeit und Umwelt
Einige Theaterbauten Londons hatten die theaterfeindliche Cromwell-Zeit überlebt und konnten nach der Restauration ihren Betrieb wieder aufnehmen. Für den Hof erbaute der berühmte Architekt Christopher Wren 1674 in der Drury Lane das »Zweite Hoftheater«, das den damals modernsten Anforderungen entsprach.

Leben
Jacques Paisible (James Peasable) wurde um 1650 in Frankreich geboren, kam als junger Mann nach London und trat 1674 als Oboist und als Sänger in die Dienste König Karls II. Er folgte König Jakob II. nach dessen Abdankung in das französische Exil, kehrte aber wieder nach London zurück und spielte bei Konzerten die Längsflöte und im Königlichen Theater in der Drury Lane die Oboe. Er starb in London im August 1721.

Werke
Der französische Oboen- und Längsflötenvirtuose und Komponist Jacques Paisible stellte seine Kompositionen in erster Linie darauf ab, seine Virtuosität zur Geltung zu bringen. Er schrieb neben zahlreichen Bühnenmusikwerken 6 Sonaten für zwei Flöten, »Six Setts of Ayres« für zwei Längsflöten und Generalbaß, Stücke für Trompete und Streicher und eine Reihe weiterer virtuoser Instrumentalstücke.

Louis Henri Paisible (1745–82)

Zeit und Umwelt
Maria Fortunata d'Este (1731–1803) war, als sie 1759 Gemahlin des prince de Conti Louis François de Bourbon wurde, der kulturellen Tradition ihrer Familie treu geblieben. Sie gründete eine eigene Musikkapelle, zu der sie namhafte Kräfte verpflichtete.

Leben
Louis Henri Paisible wurde 1745 in Paris geboren. Er war Violinschüler von Pierre Gaviniès, den er angeblich »schon nach einem Jahr übertraf«. Darauf wurde er in die Dienste der Gemahlin des prince de Conti genommen und trat zum wiederholten Male mit großem Erfolg im Concert spirituel auf. Im Jahr 1776 verließ er Frankreich und ging auf eine ausgedehnte Konzertreise durch die Niederlande und Deutschland, die in Rußland endete, wo er am 30. 3. 1782 starb.

Werke
Von Louis Henri Paisible sind 2 Violinkonzerte erhalten. Er veröffentlichte außerdem 12 Streichquartette. Seine weiteren Werke sind verschollen. Sein Stil ist von der Mannheimer Vorklassik sehr beeinflußt, trägt aber schon deutliche romantische Züge.

Giovanni Paisiello (1740–1816)

Zeit und Umwelt
Nachdem die erste Revolution in Neapel von 1799 noch im selben Jahr gescheitert war, so daß der nach Sizilien geflohene König Ferdinand erneut seinen Thron einnehmen konnte, mußte er 1806 erneut flüchten, weil Joseph Bonaparte einmarschierte und von Napoleon Bonaparte als König von Neapel eingesetzt wurde. Nachdem dieser zwei Jahre darauf von seinem Bruder mit der spanischen Krone betraut wurde, folgte ihm sein Schwager Joachim Murat (1767–1815) als König Joachim I. Napoleon nach und regierte, bis ihn der Wiener Kongreß 1815 absetzte und Ferdinand die Herrschaft erneut antrat.

Leben
Giovanni Paisiello (Paesiello) wurde am 9. 5. 1740 in Tarento geboren. Nach dem Besuch der Jesuitenschule in seinem Geburtsort

wurde er 1754 Schüler von Francesco Durante und Girolamo Abos am Conservatorio Sant'Onofrio a Capuana in Neapel. Schon ein 1763 im Conservatorio aufgeführtes Intermezzo zeigte seine Begabung für die Opera buffa. Durch eine Serie von weiteren Opern stieg er rasch zu einem der bedeutendsten Opernkomponisten des Landes auf. Im Jahr 1776 wurde er von Katharina II. als Kapellmeister und Direktor der italienischen Oper nach St. Petersburg gerufen. Nach seiner Rückkehr ernannte ihn der König von Neapel zum Hofkapellmeister. Er behielt die Kapellmeisterstelle als Leiter der Nationalmusik auch nach der ersten Flucht des Königs, fiel aber dafür bei ihm für 2 Jahre in Ungnade; sodann wurde er in seine Stellungen neu eingesetzt, die er auch unter den Königen Joseph und Joachim beibehielt und erst 1815 verlor, als König Ferdinand zum zweiten Male zurückkehrte. Er hielt sich auch einige Zeit in Paris und in Wien auf und starb am 5. 6. 1816 in Neapel.

Giovanni Paisiello, Stich von V. Alloja

WERKE

Ruhm und Bedeutung von Giovanni Paisiello lagen auf dem Gebiet der Opera buffa, von denen noch heute einige sich auf den Bühnen halten, wie »Die Dienerin als Herrin« und der »Barbier von Sevilla«. Er verfaßte außerdem 12 Kaiser Joseph II. gewidmete Sinfonien, 6 Cembalokonzerte, 12 Cembaloquartette, 6 Streichquartette, eine Anzahl Cembalo- und Harfenstücke, einige weltliche Oratorien und Kantaten, Messen, Offertorien und Psalmen, 2 Requiem, ein Te Deum für zwei Chöre, ein fünfstimmiges Miserere und 3 geistliche Oratorien. Einzelnes wurde mehrmals bis in unsere Zeit aufgelegt. Sein Stil könnte als italienische Vorklassik bezeichnet werden.

Cembalokonzert in F-Dur, 3 Sätze

Es handelt sich um eines der 6 Cembalokonzerte, die der Komponist für Kaiserin Katharina II. schrieb. Der Solopart ist sehr leicht gehalten, damit die Widmungsträgerin ihn bewältigen konnte. Der 1. Satz bringt reizende Dialoge zwischen Solo und Orchester, das in der Regel von den Flöten geführt ist. Im 2. Satz kommt die Operndiktion des Komponisten zu Wort. Das Orchester breitet alle Farben aus, mit denen er seine Opern ausstattete, während das Cembalo den »Gesangspart« übernimmt. Das Finale ist ein klangvolles Rondo, das dem Cembalo einige technische Probleme bringt, die aber nicht unlösbar sind.

Jakob Paix (1556 bis nach 1623)

ZEIT UND UMWELT

Deutsche Organisten des beginnenden 17. Jahrhunderts gingen dazu über, mehrstimmige Vokalsätze getreu auf das Tasteninstrument zu übertragen und nur mit stereotypen Formeln auszuzieren. Dadurch wurden diese Orgelsätze stark konventionell. Die Bemühungen um echte Orgelsätze sind dennoch in den meisten Fällen spürbar.

LEBEN

Jakob Paix wurde 1556 in Augsburg als Sohn des aus Antwerpen stammenden Organisten Peter Paix (um 1510, Antwerpen, bis 23. 2. 1567, Augsburg) geboren. Er war Schüler seines Vaters und erhielt 1576 in Lauingen an der Donau seine erste Organistenstelle. Er unterrichtete dort zugleich am Gymnasium und betätigte sich als Orgelbauer. Im Jahre 1601 wurde er Hoforganist in Neuburg an der Donau, verlor aber die Stelle 1617 im Zug der Gegenreformation. Sein Sohn Jakob Paix (23. 1. 1578, Lauingen, bis um 1650, Neuburg) folgte ihm in die Stelle nach. Er selbst verließ seinen Dienstort und spielte in verschiedenen protestantischen Ländern. Er starb nach 1623. Der Ort seines Todes ist unbekannt.

WERKE
Der deutsche Organist Jakob Paix hinterließ als sein Hauptwerk ein Orgeltabulaturbuch mit Motetten, Liedübertragungen, Tänzen, Fantasien und Chansons verschiedener Meister, dazu an eigenen Kompositionen eine Motette, verschiedene Lieder und Tanzsätze. Der Orgelsatz stellte eine mechanische Übertragung des Vokalsatzes mit einigen immer wiederkehrenden Verzierungen dar. Weiters veröffentlichte Paix »Zway New Teutsche Liedlen«, eine Imitationsmesse und eine Parodiemesse, eine Kanonsammlung, eine Fugensammlung und eine weitere Sammlung intabulierter Motetten, unter denen sich eine eigene befindet.

LITERATUR
A. G. Ritter, Zur Geschichte des Orgelspieles, Leipzig 1884.

Giovanni Paolo Paladino
(um 1505–66)

ZEIT UND UMWELT
Cattarina de'Medici war lange Zeit ehrlich bemüht, ein friedliches Zusammenleben von Protestanten und Katholiken in Frankreich zu ermöglichen. Die Reformation hatte einen so starken Zulauf aus allen Bevölkerungsschichten vom höchsten Adel bis zu den Bauern erfahren und war zu einer Macht angewachsen, die mit Edikten und Verboten nicht mehr zu brechen war. Im Januar 1562 wurde ihnen das Versammlungsrecht außerhalb der Städte zugestanden. Weitere Zugeständnisse standen in Aussicht.
Die Katholiken hatten eine andere Lösung des Konfliktes im Auge. Daher brach der offene Religionskrieg aus, der sich über viele Jahre hinzog und den Protestantismus vernichtete.

LEBEN
Giovanni Paolo Paladino (Paladini, Jean Paul Paladin) wurde um 1505 in Mailand geboren, wo er vermutlich eine Ausbildung als Lautenist erhalten haben dürfte. Er ist schon mit jungen Jahren nach Frankreich gegangen, um sich in Lyon als Lautenlehrer und Instrumentalist niederzulassen. Er veröffentlichte seine Lautenkompositionen in der Stadt, die zu seiner zweiten Heimat geworden war. Ob die Religionskämpfe irgendwie störend in sein Leben und Wirken eingegriffen haben, ist unbekannt. Er starb in Lyon im Sommer des Jahres 1566.

WERKE
Giovanni Paolo Paladino brachte von 1553 bis 1560 2 Lautentabulaturbücher heraus. Die Bücher enthalten Chansons, Fantasien, Pavanen, Gallarden, Motetten und Ricercari, die äußerst kunstvoll angelegt sind, aber ein virtuoses Spiel erfordern. Der Meister ist eine wichtige Erscheinung im Rahmen der französischen Lautenmusik.

LITERATUR
Giovanni Paolo Paladino, Revue de Musicologie, XVI, 1958.

Francisco Fernández Palero
(um 1530–97)

ZEIT UND UMWELT
Granada wurde 1492 als letztes Maurenreich von den Katholischen Königen Ferdinand II. und Isabella I. erobert und damit die Reconquista abgeschlossen. Daher wandte das königliche Paar dieser Stadt seine besondere Zuneigung zu, die sich unter anderem durch den Bau einer Königlichen Kapelle ausdrückte; es wurde dort auch beigesetzt. Die

Kathedrale Santa María de la Encarnación wurde 1529 begonnen und war in der 2. Hälfte des Jahrhunderts schon benützbar, so daß Auswahlprüfungen der Organisten für ihren Chor abgehalten werden konnten.

LEBEN
Francisco Fernández Palero wurde um 1530 im südlichen Spanien geboren. Der spanische Organist und Komponist wirkte durch 40 Jahre als Organist an der Königlichen Kapelle in Granada. In den Jahren 1568 bis 1569 führte er den Vorsitz bei den Auswahlprüfungen für die Organistenstelle an der Kathedrale in Málaga. Er starb in Granada am 26. 9. 1597.

WERKE
Von Francisco Fernández Palero sind 14 Orgelstücke, Variationen (Tientos) und Glosas (Paraphrasen) liturgischer Hymnen und Motetten spanischer und französischer Meister überliefert. Alle anderen Werke sind verlorengegangen. Der Orgelsatz verlangt eine entwickelte Spieltechnik, die der Meister sicherlich beherrscht hat. Einzelne Variationen weisen weit über die zeitgenössische Renaissancemusik hinaus.

LITERATUR
J. López-Calo, La música en la catedral de Granada, Granada 1964.

Roman Palester (geboren 1907)

LEBEN
Roman Palester wurde am 28.12.1907 in Śniatyń (heute Snjatin, Ukraine) geboren. Er studierte in Lemberg (Lwiw) bei Adam Sołtys und in Warschau bei Kazimierz Sikorski. Im Jahr 1925 siedelte er nach Paris über, wo er mit der Gruppe der »Six« in Verbindung kam. Nach einem neuerlichen Aufenthalt von einigen Jahren in Polen ließ er sich 1947 endgültig in Paris nieder.

WERKE
Neben einer Oper und 2 Balletten schrieb Roman Palester 4 Sinfonien, eine Sinfonietta, eine Sinfonie für zwei Streichorchester, ein Adagio für Streicher, ein Konzert für zwei Klaviere und Orchester, ein Concertino für Cembalo und Kammerensemble, ein Konzert für Kammerorchester, Orchestervariationen, ein Violinkonzert, Metamorphosen für Orchester, eine Suite für Oboe und Streichtrio, 2 Streichtrios, ein Trio für Flöte, Harfe und Bratsche, Duette für zwei Violinen, Préludes für Klavier, 3 Sonette für Sopran und Kammerorchester, eine Messe, ein Te Deum für zwei gemischte Chöre und Kammerorchester, ein Requiem, Chorwerke, Lieder, Musik für Bühne, Funk und Film sowie die musikalische Handlung »Don Juans Tod«. Er war sehr stark von Igor Strawinsky beeinflußt und legte bei seinem Schaffen größten Wert auf lebhafte Rhythmik und klassizistisch strengen Formbau.

Giovanni Pierluigi da Palestrina
(um 1525–94)

ZEIT UND UMWELT
Rom trat erst seit dem Beginn des 16. Jahrhunderts musikalisch produktiv in Erscheinung. Das hatte zum größten Teil in dem langsamen wirtschaftlichen und kulturellen Aufschwung nach der Rückkehr der Päpste aus Avignon seine Ursache. Nunmehr stellte sich Rom in den europäischen Mittelpunkt und wurde auch musikalisch zu einem Brennpunkt, und zwar mit einer ganz besonderen Eigenart. Vor allem die päpstliche Kapelle prägte diese Eigenart der römischen Schule ganz besonders deutlich aus und nahm dadurch auf die Entwicklung dieser Schule starken Anteil. Diese Besonderheit war durch einen strengen Kirchenstil und eine im Vergleich zu den oberitalienischen Schulen starre, konservative Haltung gekennzeichnet. Die scharfe Abtrennung des christlichen Kirchengesanges von jeder profanen Musik war, wenn auch in modifizierter Form, erhalten geblieben.
Nun machte die Renaissance, die gerade in Rom üppige Blüten trug, vor den Kirchentoren nicht halt. Dichte Vielstimmigkeit mit gegenseitig kontrapunktisch oder kanonisch

verschobenen Texten degradierte diese zum reinen Vorwand; Melodie, Klang, Schönheit und Kunstfertigkeit rückten in die Ziellinie; Verzierungen und Verzärtelungen überlagerten das Wort bis zur Unverständlichkeit, so daß die Grenzen zwischen profaner und sakraler Musik immer unkenntlicher wurden. Der Cantus firmus wurde nicht selten populären Liedern, deren ursprünglicher Text sehr vulgär war, entnommen. Gegen solche Verletzungen der frommen Würde, gegen die Abkehr der Musik von ihrer Aufgabe als dienendes Element der Sakralhandlung, gegen den Ersatz des Singens als Intensivierung des Gebetes durch eine Musik der Menschen für Menschen wurden von maßgebenden Stellen ständig Einwendungen erhoben, die wohl in den den Päpsten unmittelbar unterstellten Kapellen mehr oder minder streng befolgt wurden, während man in den Kirchen der Kardinäle und den Palästen des Adels die Mahnungen vielfach überhörte.

Zwei Ereignisse brachten jedoch die Wendung. Das erste traf die Stadt, die unter den großen Renaissancepäpsten Alexander VI. (1492–1503), Julius II. (1503–13), Leo X. (1513–21) und Clemens VII. (1523–34) zum glänzenden Zentrum der Renaissancekultur geworden war, selbst. Der »Sacco di Roma«, der Einfall deutsch-spanischer Söldner vom 6. 5. 1527 in die Stadt und ihre vandalische Plünderung, vernichtete unersetzbare Schätze und unermeßliche Werte. Die Verarmung der Stadt, der Tod vieler Kulturträger, die Zerstörung zahlreicher Kulturdenkmäler entthronten die Götter der Antike und damit auch den Menschen als Mittelpunkt des Weltgeschehens für den Bereich von Rom.

Das zweite war um vieles weitreichender, es erschütterte das Gebäude der gesamten Christenheit und war durch die Namen Martin Luther, Jean Calvin und König Heinrich VIII. von England gekennzeichnet. Der Aktionsraum der römischen Kirche, der schon durch das Schisma des Jahres 1054 eine empfindliche Einengung erlitten hatte, büßte nunmehr weite Gebiete unwiderruflich ein; Bistum um Bistum bröckelte ab; der Verlust an politischer und wirtschaftlicher

Giovanni Pierluigi da Palestrina

Macht war ungeheuer. Dazu trat die akute Gefahr, daß sich noch mehr Länder und Völker dem Machtbereich Roms entziehen würden, so daß auch die Kirchenfürsten des Südens für sich selbst bangen mußten. Um diese Gefahr zu bannen, um zu retten, was noch gerettet werden konnte, wurde zu Maßnahmen gegriffen, von denen manche den Forderungen der Reformation entsprachen – auch Luther wollte ursprünglich nur reformieren.

Diesem Ziel war das Konzil zu Trient gewidmet, das sich zwangsläufig auch mit der Kirchenmusik befassen mußte. Es gab Modelle genug, nach denen man sich orientieren konnte. In der Vergangenheit lag der einstimmige, schmucklose gregorianische Gesang mit seinen Varianten, die verschiedenen reformierten Gemeinden boten alle Abstufungen von der völligen Verbannung der Musik jeder Art aus der Kirche über den deklamatorischen Gemeindegesang bis zur Auffassung Luthers, der jede Musik zuließ, sofern sie nur dem sakralen Zweck dienlich war. Ein Verbot der Musik in der Kirche wurde von dem Konzil nie erwogen. Dafür

sorgten schon die musikliebenden spanischen Kardinäle, die ausdrücklich vor einer Zertrümmerung der Musik warnten. Die Klagen, die beim Konzil gegen den Zustand der Kirchenmusik erhoben wurden, deckten sich im großen und ganzen mit den bereits seit dem Beginn des Jahrhunderts vorgebrachten Beanstandungen wegen fehlender Textverständlichkeit, weltlichen Geistes und Verwendung von Instrumenten.
Die von Papst Pius IV. (1559–65) eingesetzte Kommission mehrerer Kardinäle zog den flämischen Komponisten Jacobus de Kerle bei, der 1561 für das Konzil sozusagen als Muster die »Preces speciales« (Sondergebete) in einem polyphon-homophon gemischten, sehr gemäßigt modernen Stil komponierte und damit Beifall erntete. Damit war der »Konzilsstil« geschaffen und die »Kirchenmusik gerettet«. Der Konzilsbeschluß aus 1563 erkannte die zeitgenössische Mehrstimmigkeit an, forderte aber klare Textverständlichkeit, kirchliche Würde und Vermeidung »alles Weltlichen und Unreinen«. Einer Kardinalskommission wurde die Durchführung des Beschlusses anvertraut und damit die Kirchenmusik einer ständigen Kontrolle unterworfen, was für sie das Ende jedes Liberalismus bedeutete.

Leben

Giovanni Pierluigi da Palestrina wurde um 1525 in der kleinen, ungefähr 40 km von Rom entfernten Landstadt Palestrina geboren. Sein Vater Sante Pierluigi war vermutlich ein kleiner Gutsbesitzer und Weinbauer gewesen und hatte mit seiner ganzen Familie dem kleinen Bürgertum jener einstmals als etruskisch-römisches Praeneste bedeutenden Siedlung der Antike angehört. Man darf annehmen, daß Giovanni Pierluigi, der später den Namen seines Geburtsortes zu seinem eigenen machte, schon sehr früh im Chor des Domes seiner Vaterstadt gesungen hatte, nachdem er 1537, also im Alter von ungefähr 12 Jahren, als Chorknabe an der Kirche Santa Maria Maggiore in Rom Aufnahme fand. Gewohnt dürfte er bei einer Tante haben, die am Stadtrand eine Herberge betrieb. Er war unter dem Namen Joannes de Palestrina einer der sechs Chorknaben der Kirche, die von Giaccomo Coppola und Rubino Malapert unterrichtet und dirigiert wurden. Er selbst nannte sich Gianetto Prenestino oder Palestrino oder auch lateinisch Petraloisius Praenestinus. Im Jahre 1540 übernahm Firmin le Bel, der vermutlich Schüler Josquins war, die Leitung und die Ausbildung der Knaben.
Seine erste Stelle erhielt er 1544 in seiner Heimatstadt als Kapellmeister und Organist. Mit dieser Tätigkeit erwarb er sich die Aufmerksamkeit und Zufriedenheit des Bischofs von Palestrina, Kardinal Giovanni Maria Ciocchi del Monte, der 1550 als Julius III. Papst wurde und den Organisten aus Palestrina 1551 als Singmeister des Knabenchores und Kapellmeister an die Cappella Giulia von San Pietro nach Rom berief. Palestrina bedankte sich bei seinem Gönner mit der Widmung des ersten Buches seiner Messen, von denen die erste den Titel »Ecce sacerdos magnus« (Siehe den hohen Priester) trug. Im Jahre 1555 wurde Palestrina auf Sonderanordnung des Papstes ohne weitere Formalitäten oder Prüfungen in die Cappella Sistina als Sänger aufgenommen, wenngleich er kein Priester war, sondern 1547 Lucrezia de Gori geheiratet hatte. Jedoch Julius III. verstarb noch im gleichen Jahr (am 23. 3.). Sein Nachfolger Marcellus II. (Marcello Cervini) brachte Palestrina die gleiche Wertschätzung entgegen, starb aber wenige Wochen nach seiner Inthronisation (am 1. 5. 1555).
Der nächste auf dem Heiligen Stuhl war Paul IV. (Ciampetro Caraffa), der als unduldsamer Eiferer mittels eines Motu proprio Palestrina, Leonardo Barré und Domenico Maria Ferrabosco als »verheiratete Individuen, die zum Skandal des Gottesdienstes und der heiligen Kirchengesetze mit den päpstlichen Kapellsängern zusammen lebten« mit einer ärmlichen Pension entließ (30. 7. 1555). Die finanzielle Einbuße hatte Palestrina offenbar weniger getroffen als die persönliche Kränkung. Er und seine Frau waren nicht unbemittelt, überdies trat er bereits am 1. 10. des gleichen Jahres die Kapellmeisterstelle an San Giovanni in Laterano,

der zweiten Hauptkirche Roms, an, gab aber bereits 1560 diese Tätigkeit wegen zu knapper Dotierung der Kapelle wieder auf und übernahm im folgenden Jahr die Kapellmeisterstelle an der dritten Hauptkirche der Stadt, Santa Maria Maggiore, wo er als Chorknabe seine Ausbildung genossen hatte.
1566 wurde er mit der gleichen Funktion am Collegium Romanum der Jesuiten, das als gegenreformatorische Maßnahme zur Heranbildung deutscher Priester gegründet worden war, betraut. Unter seinen Schülern befanden sich damals seine beiden Söhne Rodolfo und Angelo. Aber auch dort hielt es ihn nicht lange; 1567 wurde ihm die Kapellmeisterstelle am Hof des Kardinals Ippolito d'Este II. in Rom und in Tivoli übertragen. Im gleichen Jahr knüpfte er Verhandlungen mit dem Wiener Hof an. Kaiser Maximilian II. hatte ihm ein gutes Angebot gemacht, das er aber angeblich wegen zu hoher Honorarforderungen Palestrinas zurückzog. Möglicherweise verfolgten diese Verhandlungen nur taktische Zwecke.
Im Jahre 1571 wurde der Meister an die Peterskirche zurückberufen, um die durch den Tod des Komponisten Giovanni Animuccia vakant gewordene Kapellmeisterstelle an die Cappella Giulia zu übernehmen. In die Cappella Sistina wurde er nicht mehr aufgenommen. Er war kein Sänger mehr – seine Stimme war immer dünn gewesen – und konnte daher vom Sängerkollegium abgelehnt werden. Papst Pius V. (Antonio Ghislieri, 1566–72) vermochte dies ebensowenig durchzusetzen wie später Papst Sixtus V. (Felice Peretti, 1585–90), der ihn zum Kapellmeister bestellen wollte und sich damit begnügen mußte, ihn zum Komponisten der päpstlichen Kapelle zu ernennen.
Am 13. 5. 1572 gelangte Ugo Buoncampagni als Gregor XIII. (1572–85) auf den päpstlichen Stuhl. Er fühlte sich den großen Trägern seines Namens verpflichtet und wollte ihre Reformen fortsetzen. Neben vielen Maßnahmen zur Aktivierung der Gegenreformation, der genauen Durchführung der bereits gefaßten Beschlüsse des Konzils von Trient, das seit 1545 lief, und der nach ihm benannten umfassenden Kalenderreform beabsichtigte er, den Gregorianischen Choral zu revidieren und neu zu beleben, und übertrug die Bearbeitung der musikalischen Seite des Vorhabens Palestrina und Annibale Zoilo. Diese Arbeiten gerieten aber bald ins Stocken, weil seitens Philipps II. von Spanien gegen die Entfernung einzelner Melismen Einspruch erhoben wurde. Erst Felice Anerio und Francesco Suriano stellten 1614 die geplante Neuausgabe des Chorals fertig (Editio Medicaea).
Neben seinem Wirken an der Peterskirche war Palestrina als Kapellmeister der Verwandten des Papstes, der Fürsten Buoncampagni, und als Leiter der Musikschule seines Schülers Giovanni Maria Nanino tätig. In jenen Jahren wurden seine Söhne Rodolfo und Angelo wie sein Bruder Silla, die alle drei als Musiker und Komponisten tätig waren, durch die Pest hinweggerafft. Am 23. 8. 1580 starb seine Frau Lucrezia. Kurz darauf ging Palestrina die Ehe mit der wohlhabenden Pelzhändlerswitwe Virginia Dormili ein (23. 3. 1581), die ihn um 17 Jahre überlebte.
1583 lud der Komponist Guglielmo Gonzaga, Herzog von Mantua, Palestrina, mit dem er schon längere Zeit in Verbindung gewesen war, zu sich und bot ihm die Leitung seiner Hofkapelle an. Angeblich sollen auch diese Verhandlungen an den überhöhten Honorarforderungen des Meisters gescheitert sein.
Es ist anzunehmen, daß Palestrina neben seinem Wirken als Kapellmeister und Komponist auch eine rege Tätigkeit als Lehrer entfaltet hat. Es sind aber nur wenige Komponisten bekannt, die sich als echte Schüler (und nicht nur im übertragenen Sinn) bezeichnen durften. Neben seinem dritten Sohn Iginio, der den Vater überlebte, können nur Giovanni Maria Nanino, Annibale Stabile, der Verwandte seiner zweiten Frau Giovanni Andrea Dragoni, Francesco Suriano und Don Romano da Siena genannt werden.
Am Beginn der neunziger Jahre wurde Palestrina auch von Kardinal Pietro Aldobrandini, dem Neffen Papst Clemens VIII. (Ippolito Aldobrandini, 1592–1605), des dreizehnten und letzten Papstes im Leben des

Meisters, für dessen Privatkapelle beansprucht. Jedoch Palestrina überkam die Sehnsucht nach seiner Vaterstadt, in deren Hauptkirche er als Kind gesungen und später als Kapellmeister und Organist gewirkt hatte. Es war gewiß nicht schwierig, die Kapellmeisterstelle neuerlich zu erhalten, kompliziert dürfte es nur gewesen sein, sich den verschiedenen Verpflichtungen in Rom zu entziehen. Es gelang, doch zu spät, weil er erkrankte und am 2. 2. 1594 noch in Rom starb. Er wurde als »Fürst der Musik« in der Peterskirche beigesetzt, im Zuge des Kirchenumbaues aber verlegt und nicht mehr zurückgebracht, so daß seine Begräbnisstätte in Vergessenheit geriet.

WERKE

Die Gesamtausgabe der Kompositionen Palestrinas umfaßt nahezu 1000 Nummern. Mit Ausnahme der in seiner Jugendzeit entstandenen profanen Madrigale ist alles Kirchenmusik, und zwar reine Vokalmusik, wenn man von den 8 Ricercari für Orgel absieht. Mit seinem umfangreichen Werk hat der Meister den mehrstimmigen kontrapunktischen Vokalstil, der auf die frankoflämische Schule zurückgeht, zur höchsten Vollendung durchgebildet und von der bisherigen Vier- und Fünfstimmigkeit bis zu zwölf Stimmen ausgebaut. Alle seit der Gregorianik entwickelten Stilmittel wurden zur echten Polyphonie der kontrapunktisch geführten gleichberechtigten und dennoch harmonisch zusammenklingend angelegten melodischen Linie gehoben, wobei durch ein neues Wort-Ton-Verhältnis dem Wortklang und dem Wortsinn voll Rechnung getragen wurde. Infolge der weiten Melodiebogen entstand innerhalb der Vielstimmigkeit viel Raum im Gegensatz zur Gebundenheit und zum massiven Klang der flämischen Meister und zur Flächigkeit der Venezianer.

Mit dieser Weiträumigkeit, die das Wort zur Geltung kommen ließ, kam Palestrina – wie Michelangelo in der Architektur – bereits dem aufkommenden Barock nahe. Diese Musik war eine lyrisch-epische Tonsprache und ohne Zweifel stark konservativ. Sie ließ auch der Phantasiekraft und Affektsprache wenig Raum. Ihre Eigenart lag in der einzigartigen Konzentration und genialen Ausgewogenheit der Musiksprache, die auf dramatische Akzente verzichtete und somit zum Spiegelbild des päpstlichen Rom mit seinem aristokratischen, konservativen, auf Ewigkeit eingestellten Machtanspruch und seinem Maß aller Dinge, in dem es keine Gefühlsregungen gibt, wurde. Dieser Stil entsprach auch vollkommen den Forderungen des Konzilsbeschlusses von 1563, und zwar vor und nach seiner Fassung. Die zur Überwachung der Kirchenmusik eingesetzte Kommission konnte sämtliche Kompositionen Palestrinas als einwandfreie Muster bezeichnen.

Der Schwerpunkt seines Schaffens lag auf seinen 105 Messen. Einzelne davon werden heute noch beim Gottesdienst oder im Konzertsaal gesungen. Palestrina verwendete dabei häufig Themen eigener oder fremder Madrigale oder Motetten in der Cantus-firmus-Manier. In manchen Fällen dürfte es sich dabei um Melodien gehandelt haben, deren ursprüngliche Texte nicht einwandfrei waren und den Komponisten zwangen, die jeweilige Messe unbenannt zu belassen, so daß es zu einer Reihe von Messen »sine nomine« (ohne Namen) kam. Zu einem beträchtlichen Teil der Messen verwendete er neu gebildete Themen. Ungeheuer groß ist sein Motettenwerk, das über 350 Werke zählt, darunter 56 für acht und 9 für zwölf Stimmen. Die verwendeten Texte sind liturgisch, manche stützten sich auf die Gregorianik und paraphrasieren sie zuweilen sehr kunstvoll, der größte Teil aber bringt neue Melodik.

Eine Mittelstellung zwischen den Motetten und den Madrigalen nehmen seine Vertonungen der »Lieder Salomons« ein, die den freieren Madrigalstil mit strenger Kontrapunktik geschickt verbinden, wie man das auch bei seinen anderen 60 sakralen Madrigalen feststellen kann. Noch freier und ohne Cantus firmus sind seine 66 fünfstimmigen Offertorien, die heute noch oft in Kirchen gesungen werden, weil sie »ganz modern« klingen. Die 35 Magnificat sind mit Verwendung der acht Kirchentöne angelegt. Dazu kommen noch 46 vierstimmige Hymnen, 9 Psalmen (einige zwölfstimmig) und Antiphone und schließlich die Orgelricercari. Die Nachwirkung dieser Fülle an Werken, die uns Palestrina hinterlassen hat, war gewaltig. Er war und bleibt vermutlich immer der Großmeister und das unerreichbare Vorbild aller Kirchenmusiker, gleichgültig von welcher Warte aus man ihn beurteilt.

Missa Papae Marcelli für sechsstimmigen gemischten Chor, entstanden 1562

Geschrieben zu Ehren des Papstes Marcellus II. (Marcello Cervini), dessen Pontifikat nur einige Wochen des Jahres 1555 dauerte. Die Messe dürfte von der vom Konzil zu Trient eingesetzten Überwachungskommission als für die zulässige Kirchenmusik richtunggebend anerkannt worden sein. Sie gilt als Inbegriff der Kunst Palestrinas. Das Werk bringt eine vollendete Verknüpfung alter Polyphonie mit neuem Zusammenklang; fugierte Einsätze, kanonartige Wendungen wechseln mit akkordischen Stellen ab; es kommt sogar zu Terzenparallelen.

Die einzelnen Teile der Messe sind motivisch miteinander verwandt. Das Kyrie beginnt mit einem nach einem Quartensprung stufenweise absteigenden Motiv, mit dem alle sechs Stimmen nacheinander einsetzen. Erster und Zweiter Baß sind kanonisch geführt, die anderen Stimmen setzen das Thema frei fort. Im folgenden Christe eleison werden mehrmals je zwei Stimmen in Terzenparallelen geführt. Auch im nochmaligen Kyrie erfolgt der Einsatz der Stimmen imitatorisch nacheinander. Nach dieser Disposition im Kyrie verlieren die einzelnen Stimmen ihre Selbständigkeit. Das Gloria und das streckenweise vierstimmige Credo ballen die Stimmen zu homophonen Akkordketten, deren Melodie von der höchsten Stimme getragen wird. Besonders lebendig und vielgestaltig sind das Sanctus und das vierstimmige Benedictus mit dem Osanna, weil darin ständig neue Gruppierungen der Stimmen eine starke Färbigkeit erzeugen. Im Agnus spaltet sich der Chor in sieben Stimmen auf. Ein dreistimmiger, breit angelegter Kanon greift das Thema des Kyrie neu auf, die anderen vier umrahmen dieses Geschehen mit weit gespannter Kontrapunktik und münden im feierlichen Abschluß des Werkes, durch dessen Stimmengewebe jedes Wort deutlich verstanden wird, ohne daß es zu einer speziellen Wortausdeutung kommt. Die Distanzierung der Musik von der Wortbedeutung läßt keine subjektive Stellungnahme des Komponisten erkennen, der nur »die Frömmigkeit fördern durch süße Melodien und vielfältige Melodien« wollte und sich damit dem Bereich einer viel späteren Klassik näherte.

Missa de Beata Virgine für vierstimmigen gemischten Chor, entstanden 1566

Gewidmet wurde sie König Philipp II. von Spanien. Dem Werk liegen als Cantus firmi Melodien der gregorianischen Messe gleichen Namens zugrunde, die durch alle fünf Teile paraphrasiert werden. Das Kyrie ist auf dem ersten, das Gloria auf dem siebenten, das Credo auf dem vierten, das Sanctus auf dem elften Kirchenton aufgebaut wie auch das Agnus Dei. Die gesamte Messe ist von der klaren Atmosphäre der Gregorianik durchflutet, es gibt keine dramatischen Momente und keine Wortausdeutung, nur einen ruhigen Fluß der vier Stimmen, die zuweilen paarweise einander imitieren. Gerade diese Messe zeigt den musikalischen Standort des Meisters, der kein »Neuerer« und kein »Pionier« war, weil seine Musik den Gipfelpunkt mittelalterlicher Sakralmusik darstellt. Denn er war wie Johann Sebastian Bach ein Vollendeter und ein Vollender alles vor ihm Liegenden im wahren und wörtlichen Sinn des Wortes.

Missa sine nomine (Missa mantovana) für vier gleiche Stimmen, entstanden 1568

Gewidmet dem Komponisten Guglielmo Gonzaga, Herzog von Mantua. Palestrina komponierte nahezu ausschließlich für gemischten Chor und nur wenige Werke für gleiche Stimmen. Diese Messe ist die einzige bisher bekannte Messe dieser Art und war für die Hofkapelle des Widmungsträgers bestimmt, für den er zehn Jahre später noch 9 Messen verfaßte. Das Werk hat eine freie Thematik. Erst im Credo erscheint ein Cantus firmus, der jedoch in Rhythmus und Melodieverlauf stark verändert ist. Damit wich der Komponist vom Stil der römischen Liturgie ab, wenn auch nur im Rahmen des Zulässigen. Aber der Herzog hatte es für seine Kapelle so verlangt. In Rom wurde die Messe nicht aufgeführt. Trotz dieser Freiheit steht das Werk der Marcellusmesse sehr nahe, besonders wegen der häufigen Parallelführung der Stimmen. Der damit erzielte akkordische Klang wird hier jedoch stärker profiliert als bei der Missa Marcelli.

Die Missa mantovana beweist wie auch die anderen 9 für Gonzaga geschriebenen Messen, daß Palestrina jeden Stil, auch den freiesten, vorzüglich beherrschte und auch in diesem erweiterten

Rahmen den Forderungen zu entsprechen vermochte, die das Konzil und er selbst an die Kirchenmusik stellte. »Leichte Musik« verabscheute er: »Wehe denen, die ihre Begabung zu leichtfertiger oder unwürdiger Musik mißbrauchen und so die Menschheit, welche stets zum Bösen geneigt ist, zur Sünde verführen.«

Missa »Tu es Petrus« für sechsstimmigen gemischten Chor, entstanden nach 1572, veröffentlicht posthum 1601

Das Werk wurde als Parodiemesse nach der gleichnamigen 1572 veröffentlichten Motette angelegt. Die einzelnen Sätze, Kyrie, Gloria, Credo, Sanctus und Benedictus und Agnes Dei, stellen kunstvolle Variationen der Motetten oder Meditationen darüber dar. Die Vorlage ist sehr einfach und übersichtlich verarbeitet; der zweite Abschnitt ihrer Teile wiederholt sich wie ein Refrain. Dementsprechend einfach tritt auch die Messe auf, die gerade dadurch einen besonders eindringlichen Vortrag gewinnt. Sie wird daher auch heute gerne gespielt und gehört, weil »die Ahnung des Höchsten und Heiligsten, der geistigen Macht, die den Lebensfunken in der ganzen Natur entzündet, sich hörbar ausspricht«. Man könnte sie wegen ihrer Schlichtheit als Musterbeispiel des strengen, konservativen Kirchenstiles, also als »Prima Prattica« bezeichnen, die sich scharf von der neuen »Seconda Prattica« des affektgeladenen Sologesanges und der bereits angebrochenen Welt der Oper abhebt.

Missa asumpta est für sechsstimmigen gemischten Chor, erstaufgeführt 1585

Diese Messe gilt als eine der bedeutendsten des Komponisten. Das Kyrie ist ein zartes Geflecht fein geführter Stimmen. Das Gloria folgt mit feierlichem Chorklang, in dem tiefe und hohe Stimmen lebendig abwechseln. Das Credo wird einfach und ernst deklamiert, jedes Wort bleibt verständlich. Leichte Tonmalerei bietet das »descendit de coelo« (Steigt vom Himmel), das mit abgleitender Tonleiter den Vorgang illustriert. Kreuzigung und Auferstehung werden mit hohen Klängen innig gekennzeichnet. Das Sanctus entfaltet allen Glanz eines dichten Chorklanges, Benedictus und Agnus bilden einen weichen Abgesang des Werkes.

Missa Aeterna Christi Munera für vierstimmigen gemischten Chor, veröffentlicht 1590

Die Messe nimmt ihre Benennung von den ersten Worten eines einstimmigen Hymnus des Offiziengottesdienstes. Die Melodie dieses Hymnus liegt dem gesamten Werk zugrunde. Im Gloria und im Credo wird sie nur von der

Das erste Messebuch – von Palestrina dem Papst Julius III. überreicht, Holzschnitt aus dem Jahr 1554

Oberstimme gebracht, in den anderen Teilen jedoch imitatorisch von allen vier Stimmen. Die beibehaltene gregorianische Melodie bewirkt eine enge Verbindung der fünf Messeteile zu einer Einheit, wie das im vorhergehenden Jahrhundert von den Niederländern geübt worden ist. Es ist aber geradezu überraschend, welche Klangwirkung er als Vollender der niederländischen Satzkunst erreicht, ohne daß auch nur ein Wort des Textes überdeckt wird. Akkordketten, Parallelführungen und Rezitation sind hier keine »modernen« Stilmittel, sondern ergeben sich gerade aus der mathematisch exakten kontrapunktischen Themenverarbeitung von selbst.

Missa Hodie Christus natus est für achtstimmigen gemischten Chor, entstanden nach 1575, veröffentlicht posthum 1601

Dieser Messe liegt die gleichnamige achtstimmige Weihnachtsmotette, die Palestrina 1575 erstmalig veröffentlicht hat, zugrunde. Es handelt sich um eine Imitationsmesse, bei der der Motettenanfang zu Beginn eines jeden der sechs Messeteile verwendet und ihr Schlußmaterial am Ende der Teile verarbeitet wurde. Im Inneren der Messeteile wird das Thema unabhängig von der

Motette entwickelt, wenn auch die nahe Verwandtschaft beider Werke ständig zutage tritt. Obschon es sich um eine Weihnachtsmesse handelt, wird darin kein pastoraler Klang angestrebt. Da der Text des Ordinarium auch für solche Festtage keine Änderungen kennt und spezielle Bezugnahme dem Proprium überläßt, ist kein besonderer Charakter der Musik der Messe feststellbar. Eigentümlich ist nur, daß die Friedensbitte (Dona nobis pacem) des Agnus Dei fehlt.

Incipit Oratio Jeremiae Prophetae, Lamentationes Jeremiae 5, 1–5 (Es beginnt die Rede des Propheten Jeremias, Lamentationen 5, 1–5), für achtstimmigen gemischten Chor, entstanden 1574

Wie alle Klagereden von Jeremias endet auch diese Karsamstaglesung (Lectio III) mit dem Bekehrungsruf: »Jerusalem, bekehre dich zum Herrn, deinem Gott.« Die Rahmenteile des Werkes sind imitatorisch und äußerst klangreich ausgearbeitet, der Textvortrag ist eher knapp. Die einzelnen Verse werden abwechselnd von hohen oder tiefen Stimmen gesungen, nur der erste und die letzten Verse beschäftigen beide Klangräume. Durch Wechsel von schlichtem akkordischem Satz und in verschiedenen Stimmlagen verfeinerter Imitation wurde eine seltene Ausdruckskraft erreicht, die das Werk rasch berühmt machte.

Literatur

K. Jeppesen, Palestrinastil, Kopenhagen 1925. K.G. Fellerer, Der Palestrinastil und seine Bedeutung in der vokalen Kirchenmusik des 18. Jahrhunderts, Augsburg 1929. Ders., Palestrina, Reinbek 1930.

Sachari Paliaschwili (1871–1933)

Leben

Sachari Petrowitsch Paliaschwili wurde am 4. 8. 1871 in Kutaisi, Grusinien, geboren. Nach seiner Ausbildung in der Heimat studierte er bei Nikolai Semjonowitsch Klenowski und bei Michail Ippolitow-Iwanow (1859–1935) sowie am Konservatorium in Moskau bei Sergei Tanejew. Von 1903 bis 1917 unterrichtete er in Tbilisi (Tiflis) an der Musikschule und anschließend bis 1930 am Konservatorium. Er starb am 6. 10. 1933 in Tbilisi.

Werke

Mit seiner Oper »Abesalom da Eteri« (Absalom und Eteri) begründete Sachari Paliaschwili 1919 die grusinische Nationaloper. Neben 2 weiteren Opern verfaßte er eine »Grusinische Suite« für Orchester, eine Festkantate für Soli, Chor, Orchester und Harmoniemusik und zahlreiche Chorlieder und Romanzen. Er bearbeitete Volkslieder der Grusinen und anderer georgischer Völker.

Literatur

P. Chutschua, Sachari Paliaschwili, Tiflis 1972.

David Palladius (um 1545–99)

Zeit und Umwelt

Unter der toleranten Regierung des Kardinal-Erzbischofs und Kurfürsten von Mainz, Albrecht von Brandenburg, konnte Magdeburg bereits 1524 ungehindert protestantisch werden und bleiben. Das Magdeburger Gymnasium bildete eine stattliche Reihe sehr guter Kantoren aus.

Leben

David Palladius wurde um 1545 in Magdeburg geboren und dort am Gymnasium von Gallus Dreßler zum Kantor ausgebildet. Er erhielt 1572 die Kantorenstelle an der St.-Martin-Schule in Braunschweig, die er bis zu seinem Tod im Jahre 1599 versah.

Werke

Vom deutschen Kantor David Palladius sind 22 vier- bis sechsstimmige Hochzeitslieder im Stil von Orlando di Lasso, Psalmen, Sprüche und Motetten in Sammelwerken erhalten.

Benedetto Pallavicino (1551–1601)

Zeit und Umwelt

Unter Herzog Vincenzo I. Gonzaga ging durch Unfähigkeit, Verschwendungssucht und geschmacklosen Luxus das wirtschaftliche, politische und kulturelle Erbe der Herren von Mantua verloren. Die Hofkapelle wurde weiter gepflegt, aber die Musiker und die Kapellmeister waren nicht mehr Freunde des Herzogs, sondern Bedienstete.

Leben

Benedetto Pallavicino (Pallavicini) wurde 1551 in Cremona geboren und vermutlich auch ausgebildet. Er dürfte sich darauf nach Venedig begeben haben, wo er 1579 seine ersten Kompositionen herausbrachte. Im Jahre 1582 scheint er bereits in Mantua am Hof der Gonzaga auf, wo er anfänglich als Sänger und ab 1596 als Kapellmeister wirkte. Er starb in Mantua am 6. 5. 1601.

Werke

Von Benedetto Pallavicino sind (zum Teil erst nach seinem Tod) eine große Anzahl mehrstimmiger Madrigale, Messen, Psalmen und Lauden erschienen. Einzelnes findet sich in Sammelwerken. Besonders die Lauden für bis zu sechzehn Stimmen, die sehr dicht geführt sind, weisen den Komponisten als konservativen Renaissancemusiker aus, der neuen Experimenten auswich.

Literatur

A. Einstein, The Italian Madrigal, Princeton 1949.

Carlo Pallavicini

(um 1630–88)

Zeit und Umwelt

Auch in Deutschland rückte die Oper im Verlauf des 17. Jahrhunderts immer mehr in den Mittelpunkt des Musikgeschehens. Allen voran war das Musikzentrum Dresden, wo Opernkomponisten und Operninterpreten aus Italien besonders bereitwillig aufgenommen wurden.

Leben

Carlo Pallavicini wurde um 1630 in Salò geboren. Er war von 1665 bis 1666 Organist an Sant'Antonio in Padua, wurde sodann als Vizekapellmeister nach Dresden berufen und 1672 dort zum Kapellmeister ernannt. Im Jahr 1673 kehrte er nach Italien zurück, wirkte kurze Zeit wieder als Organist in Padua und darauf bis 1685 als Kapellmeister am Ospedale degl'Incurabili in Venedig, bis er neuerlich als Hofkapellmeister nach Dresden gerufen wurde. Er starb in Dresden am 29. 1. 1688.

Sein Sohn Stefano Benedetto Pallavicini (31. 3. 1672, Padua, bis 16. 4. 1742, Dresden) begab sich 1686 mit seinem Vater nach Dresden, wo er 1689 zum Hofpoeten ernannt wurde. Er wirkte auch in Düsseldorf.

Werke

Der italienische Komponist Carlo Pallavicini hat mehr als 20 Opern verfaßt, die in Venedig oder in Dresden uraufgeführt wurden, außerdem ein Oratorium »Il trionfo della castità« (Der Triumph der Keuschheit) sowie Kirchenmusik, die, wie das Oratorium, ausgeprägt opernhaft wirkt.

Stefano Benedetto Pallavicini war ein gesuchter Librettist für Opern und auch für Oratorien.

Vincenzo Pallavicini

(um 1700 bis nach 1755)

Zeit und Umwelt

Obwohl Brescia schon seit 1456 zur Republik Venedig gehörte, tendierte das kulturelle Leben mehr zu dem nahen Mailand. Als aber Mailand zum Ende des Spanischen Erbfolgekrieges 1714 in die Hände Österreichs geriet, verstärkte sich die Bindung zu Venedig um ein Vielfaches.

Leben

Vincenzo Pallavicini wurde um 1700 in Brescia geboren. Er wurde in Venedig ausgebildet und erhielt darauf die Kapellmeisterstelle am Conservatorio degl'Incurabili der Stadt. 1743 wurde er in einem Manuskript von Bologna als Komponist einiger Stücke genannt, die als Probearbeit für die Aufnahme in die Accademia Filarmonica eingereicht worden waren, 1755 trat er als Opernkomponist auf. Er dürfte in Venedig in den folgenden Jahren gestorben sein.

Werke
Vom kompositorischen Werk von Vincenzo Pallavicini ist wenig bekannt. Man hat nur Informationen über einige Instrumentalstücke, ein Cembalostück und Teile von Opern. Seine Kapellmeisterstelle beweist seine hohe Befähigung als Musiker.

Johan Fredrik Palm (1753–1821)

Zeit und Umwelt
Die im 18. Jahrhundert bereits hoch entwickelte Dichtkunst der Schweden regte die Komponisten des Landes, deren Anzahl sich langsam hob, zu Vertonungen an. Beispielgebend waren hiefür die Berliner Liederschule und das eigene Volksliedgut.

Leben
Johan Fredrik Palm wurde am 19. 8. 1753 in Stockholm geboren. Er wirkte ab 1772 in seiner Geburtsstadt als Klavierlehrer, von 1778 bis 1787 als Akkompagnist am Königlichen Theater und von 1818 bis zu seinem Tod am 15. 3. 1821 als Gesanglehrer am Konservatorium.

Werke
Von Johan Fredrik Palm wurden 36 Lieder in die Sammlung von Olof Åhlström »Skaldestycker satte i musik« (In Musik gesetzte Skaldengedichte) aufgenommen.

Silvestro Palma (1754–1834)

Zeit und Umwelt
Nur wenige Schüler von Giovanni Paisiello erreichten seine Melodiosität und die außerordentliche Lebhaftigkeit seines Rhythmus. Sie wirkten durch ihr Bestreben dennoch mit, die musikalische Atmosphäre des ausgehenden 18. Jahrhunderts zu bilden, die der romantischen Epoche voranging.

Leben
Silvestro Palma (De Palma) wurde am 15. 3. 1754 in Barano d'Ischia geboren. Er war Schüler des Conservatorio Santa Maria di Loreto und darauf von Giovanni Paisiello in Neapel. Ob er außer seiner kompositorischen Tätigkeit noch eine Stelle betreute, ist nicht bekannt; wahrscheinlich war er auch Kirchenmusiker. Er starb am 8. 8. 1834 in Neapel.

Werke
Von Silvestro Palma ist eine beträchtliche Anzahl Opern in verschiedenen Städten Italiens aufgeführt worden. Sie gehörten bereits der Vorromantik an. Auch einige nicht sehr bedeutende Kirchenmusiken von ihm sind handschriftlich erhalten.

Henry Palmer (um 1590 bis nach 1645)

Zeit und Umwelt
Die Services, die in England vor dem Ausbruch des Bürgerkrieges geschrieben wurden und noch verfügbar waren, bildeten die Muster für Organisten und Sänger in der Zeit nach der Restauration, als die alte Gottesdienstordnung wieder aufgenommen werden konnte. Es hatten nur wenige Kirchenmusiker überlebt, so daß es oft schwierig war, dort anzuknüpfen, wo man hatte aufhören müssen. Ungeheuer viele Kompositionen und Aufzeichnungen waren vernichtet worden, das wenige, das erhalten geblieben war, diente als kostbare Unterlage für eine einheitliche Neuordnung.

Leben
Henry Palmer wurde um 1590 in England geboren. Er war vermutlich Organist an der Kathedrale von Durham. Über sein Lebensende ist nur bekannt, daß auch er die politischen Wirren nicht überdauert hat. Ort und Zeit seines Todes sind nicht feststellbar.

Werke
Von den Werken des englischen Komponisten Henry Palmer sind etliche Services und Preces sowie eine Anzahl Anthems erhalten, die vor dem Bürgerkrieg verfaßt wurden und den Stil ihrer Entstehungszeit aufweisen. Die Anthems wurden viel verwendet.

Selim Palmgren (1878–1951)

LEBEN
Selim Palmgren wurde am 16.2.1878 in Pori, Finnland, geboren. Von 1895 bis 1899 war er Schüler des Konservatoriums in Helsinki, darauf von Ferruccio Busoni, Conrad Ansorge (15.10.1862, in Liebau [Lubawka], Schlesien, bis 13.2.1930, Berlin) und Wilhelm Berger in Berlin. Von 1923 bis 1926 wirkte er als Klavier- und Kompositionslehrer in Rochester, N. Y. Ab 1936 war er Professor an der Sibelius-Akademie in Helsinki, wo er am 13.12.1951 starb.

WERKE
Das folkloristische Element spielte bei den Kompositionen von Selim Palmgren eine bevorzugte Rolle. Außer 3 Opern schrieb er mehrere programmatische Orchesterwerke, 5 Klavierkonzerte, eine Fantasie für Violine und Orchester, Männerchöre mit Orchester, Klavierstücke und Lieder. Die Werke zeichnen sich durch fließende, sehr ansprechende Melodik und Harmonik aus und müssen als spätromantisch eingeordnet werden.

Juan Palomares (um 1585 bis um 1640)

ZEIT UND UMWELT
»La Dorotea« ist ein 1632 von Lope Félix de Vega Carpio verfaßter, offensichtlich autobiographischer, dramatischer Dialog, der dem im 15. und 16. Jahrhundert außerordentlich beliebten Dialogroman »Celestina« von Fernando de Rojas (um 1465 – 1541) nachgebildet wurde. Wie bei vielen anderen seiner Werke ließ der Autor auch hier einzelne lyrische Passagen komponieren.

LEBEN
Juan Palomares wurde um 1585 in Sevilla geboren. Er komponierte vorwiegend für die großen Dramatiker seiner Zeit und lebte in Madrid, wo er um 1640 starb.

WERKE
Das bekannteste Werk des spanischen Komponisten Juan Palomares ist die Vertonung der lyrischen Passagen in »La Dorotea« von Lope de Vega. Weitere Kompositionen für andere dramatische Stücke und sonstige Lieder finden sich in verschiedenen Cancioneros (Turin, München usw.). Sie gehören stilistisch dem 16. Jahrhundert an.

José Palomino (um 1740–1810)

LEBEN
José Palomino wurde um 1740 in Madrid geboren. Er war Schüler von Rodriguez de Hita und wurde nach seiner Ausbildung als Violinist in die Königliche Kapelle in Madrid aufgenommen. Um 1785 trat er in die Königliche Kapelle in Lissabon ein, flüchtete aber nach dem Einmarsch der Franzosen 1808 nach Las Palmas auf Gran Canaria, wo er Kapellmeister der Kathedrale wurde. Er starb am 9. 4. 1810 in Las Palmas.

WERKE
Von José Palomino kamen in Madrid und in Lissabon mehrere Tonadillas und Opern heraus, die dem italienischen Stil folgten. Für Las Palmas verfaßte er mehrere Kirchenwerke, von denen die »Responsorios de Navidad« (Weihnachtsresponsorien) bis zum Ende des 19. Jahrhunderts gesungen wurden.

Matteo Palotta (um 1688–1758)

ZEIT UND UMWELT
Der A-cappella-Gesang war trotz aller Stilentwicklungen aus der Kirchenmusik auch im 18. Jahrhundert nicht verschwunden. Wenn auch die strenge Polyphonie der Renaissance starken Modifikationen unterworfen war, wurde der »Palestrina-Stil«, wie man ihn zu jener Zeit eben verstand, gepflegt, so daß es von Fall zu Fall mit diesen antikisierenden Stilmitteln zu beachtlichen Leistungen kam.

LEBEN
Matteo Palotta wurde um 1688 in Palermo

geboren und in Neapel am Conservatorio Sant'Onofrio, nachdem er dort die Weihen erhalten hatte, ausgebildet. Kaiser Karl VI. berief ihn über Empfehlungen 1733 als Hofkapellmeister nach Wien; er erbat sich jedoch die Stelle eines Komponisten für A-cappella-Musik und wurde zum Hofkomponisten ernannt. Im Zuge der einschneidenden Reduktion der Wiener Hofkapelle nach dem Tod des Kaisers wurde Palotta entlassen, aber 1749 doch wieder eingestellt, und wirkte dort bis zu seinem Tod am 28. 3. 1758.

WERKE

Von Matteo Palotta sind zahlreiche Messen im Palestrina-Stil sowie vier- und achtstimmige Motetten erhalten, die stilgerecht gearbeitet sind, aber zum Teil sehr doktrinär wirken. Einzelne Motetten jedoch fallen durch schönen Klang und elegante Stimmführung auf. Er schrieb eine Abhandlung über Gregorianik.

LITERATUR

K. G. Fellerer, Der Palestrinastil, Augsburg 1929.

Stefan Paluselli (1748–1805)

ZEIT UND UMWELT

Die von den Zisterziensern geübte strenge Askese drückte sich auch in ihrer Musik aus, bei der alle nichtliturgischen Zusätze, Sequenzen und Tropen, überflüssige Melismen, vermieden wurden. Instrumentalmusik wurde erst sehr spät zu besonderen Feierlichkeiten zugelassen. Eine darüber hinausgehende musikalische Betätigung wurde erst im 18. Jahrhundert möglich.

LEBEN

Stefan Paluselli (Johann Anton) wurde am 9. 1. 1748 in Kurtatsch, Südtirol, geboren. Er studierte in Innsbruck Philosophie und trat in das Zisterzienserstift Zams, Tirol, ein, wo er ab 1785 als Violinlehrer, von 1791 bis 1795 als Musikinstruktor und als Chorregent wirkte. Er starb am 27. 2. 1805 in Zams.

WERKE

Außer seiner zahlreichen Kirchenmusik – Messen, Offertorien, Proprien, Lieder – verfaßte Stefan Paluselli mehrere Singspiele, Balletteinlagen zu Schauspielen, eine Sinfonie, 4 Partiten, Divertimenti, ein Streichquartett, ein Streichtrio, Kantaten, Lieder und Arien. Die Kompositionen sind zur Vorklassik zu stellen.

Leonhard Paminger (1495–1567)

ZEIT UND UMWELT

Das Verhalten in den katholischen Landesteilen gegenüber den Anhängern der Reformation reichte von scharfer Gegnerschaft und Verfolgung bis zur verständnisvollen Duldung. Wider jede Erwartung wurden nicht selten Protestanten in Bistümern auf ihren Posten belassen, sofern diese nicht sakraler Natur waren, während das in säkularen Gebieten weniger häufig vorkam.

LEBEN

Leonhard Paminger (Päminger) wurde am 29. 3. 1495 in Aschach (Oberösterreich) geboren. Seine erste Ausbildung erhielt er 1505 in Wien, die er nach einem Aufenthalt in Passau 1513 fortsetzte. Im Jahre 1516 wurde er Lehrer und bald darauf Rektor an St. Nikola in Passau und verlor naturgemäß diese Stellungen, als er sich zum Protestantismus bekannte, behielt aber seinen Posten als Sekretär bis zu seinem Tod am 3. 5. 1567.

WERKE

Leonhard Paminger hinterließ ein vierbändiges Motettenwerk mit kirchlichen Texten für vier und mehr Stimmen. Sein Stil ist etwas konventionell und lehnt sich an Hofhaymer an. Obschon es nicht bekannt ist, wer ihn in Wien unterrichtet hatte, so zeigt sich in seinen Werken erkennbar der Einfluß der Wiener Schule, die auch nach dem Abgang von Senfl erhalten geblieben ist.

LITERATUR

I. Roth, Leonhard Paminger, München 1935.

Oscar Pander (1883–1968)

Leben
August Heinrich Gerhard Peter Oscar von Pander wurde am 31. 3. 1883 in Ogre, Lettland, geboren. Nach seiner Ausbildung bei Rudolf Louis (30. 1. 1870, Schwetzingen, bis 15. 11. 1914, München) und Friedrich Gernsheim von 1908 bis 1912 und längerer Dirigententätigkeit wirkte er als Musikreferent in Frankfurt am Main und München, wo er am 2. 2. 1968 starb.

Werke
Neben einer Oper schrieb Oscar Pander eine »Tragische Ouvertüre«, 2 Orchestersuiten, ein Klavierkonzert, ein Balalaikakonzert, 4 Streichquartette, 2 Klaviertrios, eine Cellosonate, eine Klavierballade, ein Oratorium, eine Goethe-Kantate, »Lieder alter Gauner« für Bariton und Orchester, und Klavierlieder. Er publizierte eine Anzahl musikwissenschaftlicher Traktate.

Cenobio Paniagua (1821–82)

Zeit und Umwelt
Die Rivalitätskämpfe der mexikanischen Generale nach der Proklamation der Republik, der Verlust der Nordprovinzen durch den Krieg mit den USA (1846–48), der Bürgerkrieg (1858–61) und die Kämpfe gegen den als Kaiser eingesetzten österreichischen Erzherzog Maximilian (1832–67) waren für die kulturelle Entwicklung des Landes äußerst hinderlich. Auch das Musikleben war stark gehemmt und beschränkte sich zum größten Teil auf Kathedralen und Musikschulen.

Leben
Cenobio Paniagua wurde am 30. 9. 1821 in Tlalpujahua, Michoacán, geboren. Nach seiner Ausbildung zum Violinisten wurde er Zweiter Dirigent des Orchesters der Kathedrale in Mexiko-Stadt, wo er eine Musikakademie gründete und an Musikern des Landes sammelte, was erreichbar war. Um politischen Kämpfen auszuweichen, lebte er eine Zeitlang in La Habana und ließ sich 1868 in Córdoba, Veracruz, nieder, wo er am 2. 11. 1882 starb.

Werke
Von Cenobio Paniagua sind mehrere Opern aufgeführt worden. Er verfaßte außerdem zahlreiche Kirchenmusik, darunter etwa 70 Messen und das Oratorium »Tobías«, ferner etwas Unterhaltungsmusik. Er veröffentlichte mehrere musiktheoretische Werke.

Marcello Panni (geboren 1940)

Leben
Marcello Panni wurde am 24. 1. 1940 in Rom geboren, wo er an der Accademia di Santa Cecilia bei Boris Porena, Goffredo Petrassi und Franco Ferrara (geboren 4. 7. 1911, Palermo) studierte. In Paris ergänzte er seine Ausbildung bei Manuel Rosenthal (geboren 18. 6. 1904, Paris) und Max Deutsch. Er ist seit 1965 in Italien, Frankreich und den USA tätig.

Werke
Neben einer Reihe Kompositionen für Elektronische Musik verfaßte Marcello Panni unter anderem eine konzertante Sinfonie für Streichtrio und 32 Instrumente, ein Stück für Orchester und eines für Kammerorchester, ein Konzert für Streicher und Klavier, 2 Streichquartette, ein Stück für Harfe und drei Schlagzeuger, »Vier Melodien« für Stimme, Oboe, Mandoline und Cello, ein Stück für verschiedene Stimmen und Instrumente, ein Lied für Bariton und Orchester, ein »Veni creator« für sieben Ausführende und ein Stück für ein Tasteninstrument.

Joseph Panny (1794–1838)

Leben
Joseph Panny wurde am 23. 10. 1794 in Kollmitzberg, Niederösterreich, geboren. Er war ab 1815 in Wien Schüler von Joseph Leopold Eybler. Nach erfolgreicher Tätigkeit als Violinist in Wien ging er auf Konzertreisen durch Deutschland und nach Bergen, Norwegen. In Weißenburg (Wissembourg), Elsaß, gründete

er eine Musikschule, die er, unterbrochen von Konzertreisen nach Paris und London, einige Jahre leitete. Er starb am 7.9.1838 in Mainz.

WERKE
Für das Abschiedskonzert, das Niccolò Paganini 1828 in Wien gab, komponierte Joseph Panny eine »Scéne dramatique« für die »Vierte Saite allein«, die seinen Ruhm begründete. Er schrieb außerdem Streichquartette, Trios, Duos und Soli für Violine, Cello, Klarinette, einen »Kriegerchor« für Männerstimmen, Lieder und eine Oper, die Manuskript geblieben ist. Er veröffentlichte auch musikgeschichtliche Essays.

Heinrich Panofka (1807–87)

ZEIT UND UMWELT
Die Anzahl der Violinisten und Pianisten wurde gegen die Mitte des 19. Jahrhunderts bereits sehr groß, so daß vom Publikum und den Konzertunternehmern nur mehr Spitzenkräfte akzeptiert wurden, wobei noch immer eine hochentwickelte Technik den Vorzug genoß. Minder ausgebildete Instrumentalisten waren nicht selten gezwungen, ihr Fach zu wechseln, und wichen zum Dirigieren, zum Unterrichten oder zur Musikwissenschaft aus.

LEBEN
Heinrich Panofka wurde am 2.10.1807 in Breslau (Wrocław) geboren, wo er Rechtswissenschaft studierte. In Wien nahm er bei Joseph Mayseder Violinunterricht, ging sodann nach München und Berlin und auf einige Konzertreisen, bis er sich 1832 in Paris niederließ, wo er nach mehreren Auftritten als Violinist beim Gesanglehrer am Conservatoire, Giovanni Marco Bordogni (23.1.1789, Gazzaniga bei Bergamo, bis 31.7.1856, Paris), Gesangunterricht nahm und mit ihm eine Laiensingakademie gründete. Im Jahr 1847 übersiedelte er nach London über und wirkte dort mit viel Erfolg als Gesanglehrer, kehrte jedoch 1852 nach Paris zurück und widmete sich erneut der Konzerttätigkeit sowie der Musikkritik. In Florenz, wo er von 1866 bis zu seinem Tod am 18.11.1887 lebte, beschäftigte er sich mit der Geschichte der italienischen Gesangkunst.

WERKE
Von Heinrich Panofka sind Rondos, Variationenwerke, Charakterstücke, Etüden für Violine und 2 Konzerte für Violine und Klavier überliefert. Sein Traktat »Die Kunst des Gesangs« erlangte internationale Geltung.

Auguste Mathieu Panseron
(1796–1859)

LEBEN
Auguste Mathieu Panseron wurde am 26.4.1796 in Paris geboren und studierte dort am Conservatoire unter Jean Henri Levasseur (1764–1826), Henri-Montan Berton und François Joseph Gossec und erhielt 1813 den Rompreis. In Italien beschäftigte er sich vor allem mit Problemen des Gesanges und Gesangunterrichts. Nach Paris zurückgekehrt, begann er sofort Gesangunterricht zu geben und wurde 1826 dem Conservatoire als Gesanglehrer zugeteilt. Er starb am 29.4.1859 in Paris.

WERKE
Neben mehreren erfolgreichen Komischen Opern brachte Auguste Mathieu Panseron einige sakrale Werke und rund 200 Romanzen, die sehr günstig aufgenommen wurden, heraus. Außerdem verfaßte er einige Lehrwerke für den Gesangunterricht, die zum Teil heute noch im Gebrauch stehen.

Andrzej Panufnik (geboren 1914)

LEBEN
Andrzej Panufnik wurde am 24.9.1914 geboren. Er war Schüler von Kazimierz Sikorski und Felix Weingartner. Im Jahr 1945 wurde er Dirigent des Philharmonischen Orchesters in Krakau, 1946 Direktor der Warschauer Philharmonie; 1954 ging er nach England und leitete von 1957 – 1959 das Sinfonieorchester von Birmingham. Seitdem widmet er sich ausschließlich seinem kompositorischen Schaffen.

WERKE

Die Kompositionen von Andrzej Panufnik sind sehr stark von der polnischen Folklore beeinflußt; auch spätromantische Züge sind darin bemerkbar. Er schrieb außer 3 Balletten 3 Sinfonien, mehrere Ouvertüren, Suiten, Rhapsodien, ein Klavierkonzert, ein Violinkonzert, ein Wiegenlied für 29 Streicher und zwei Harfen als erstes polnisches vierteltöniges Werk, weitere Orchesterstücke und Werke für Kammermusik mit verschiedener Besetzung, ein Klaviertrio, Chöre und Lieder.

Aretino Paolo (um 1520 bis nach 1565)

ZEIT UND UMWELT

Ferrara lag im 16. Jahrhundert etwas abseits der Kämpfe, die sich um Mailand und Florenz abspielten, so daß seine kulturelle Entwicklung weniger Störungen ausgesetzt war. Dies mag einer der Gründe für den starken Zuzug von Künstlern aus dem übrigen Italien und aus dem Ausland gewesen sein.

LEBEN

Aretino Paolo (oder Paolo Aretino) wurde um 1520 in Arezzo geboren. Er trat bald nach seiner Ausbildung in den Dienst des Hauses Este in Ferrara. Im Jahre 1558 ging er aber in seine Vaterstadt zurück, wo er Kapellmeister an der Kathedrale wurde und nach 1565 starb.

WERKE

Von Aretino Paolo sind ein Buch mit fünf- bis achtstimmigen Madrigalen, ein Te Deum, mehrere Magnificat und weitere Kirchenmusik erhalten, dazu eine Johannes-Passion. Seine interessanteste Komposition ist jedoch ein Buch »Madrigali cromati« von 1549, das für seine frühe Zeit überraschende chromatische Modulationen aufweist.

Giuseppe Paolucci (1726–76)

ZEIT UND UMWELT

Die fortschreitende Profanierung der Kirchenmusik, die im 18. Jahrhundert einerseits von der Opernkomposition, andererseits vom Bestreben der Meister, die konzertante Diktion vergangener Zeitläufte zu echten Konzertaufführungen zu erweitern und dazu sogar die Grenzen der liturgischen Form zu überschreiten, verursacht wurde, erzeugte naturgemäß auch starke Reaktionen. Kirchenkapellmeister setzten ihr besonders in den Klosterkirchen glänzend gearbeitete klangreiche Kompositionen im alten Stil entgegen und bemühten sich mit umfangreichen Lehrwerken, die Kunst des Kontrapunkts davor zu bewahren, vergessen zu werden.

LEBEN

Giuseppe Paolucci wurde am 25. 5. 1726 in Siena geboren. Er studierte bei Padre Martini in Bologna, trat dem Franziskanerorden bei und wirkte als Chorregent in Venedig, in Sinigaglia und ab 1771 in Assisi, wo er am 26. 4. 1776 starb.

WERKE

Neben seinem dreibändigen Werk über Kontrapunktik mit Beispielen aus dem 16. bis 18. Jahrhundert veröffentlichte Giuseppe Paolucci eine Sammlung »Preces piae« (Fromme Gebete) für achtstimmigen Doppelchor.

Yannis Papaioannou (geboren 1910)

LEBEN

Yannis Papaioannou wurde am 24.12.1910 in Kavalla, Griechenland, geboren. Er studierte am Odeion in Athen und bei Arthur Honegger in Paris. Seit 1953 wirkt er als Professor für Musiktheorie und Komposition in Athen. 1965 – 75 war er Präsident der griechischen Gesellschaft für Neue Musik.

WERKE

Außer einem Ballett sind aus der umfangreichen Werkliste von Yannis Papaioannou bemerkenswert: 5 Sinfonien, ein »Choreographisches Praeludium«, 5 Tongemälde, ein Triptychon für Streicher, 2 sinfonische Dichtungen, »Korsarentänze«, ein Orchesterkonzert, 3 Suiten, ein Klavierkonzert, ein Violinkonzert, ein Concertino für Klavier und Streichorchester, ein Konzert für Violine und Streicher, ein Doppelkonzert für Violine und Klavier, ein Blechbläserquintett, ein Streichquartett, ein Quartett für Flöte, Klarinette, Gitarre und Cello und eines für Oboe, Klarinette, Bratsche und Klavier, Trios für Oboe, Klarinette und Fagott, für Violine, Bratsche und Cello und für Flöte, Bratsche und Gitarre, eine Sonate für Violine und Klavier, eine Sonatine für Flöte und Gitarre, eine Suite für Gitarre, ein Stück für zwei Gitarren, 24 Praeludien, 2 Suiten, 12 Inventionen, eine Sonate und weitere Werke für Klavier, Kantaten, Sololieder und Chöre mit Orchester, Oden, Hymnen und Bühnenmusik. Er kam über freie Atonalität zur Dodekaphonik und weiter zu seriellen Strukturen.

Boris Papandopulo (geboren 1906)

LEBEN
Boris Papandopulo wurde am 25.2.1906 in Bad Honnef am Rhein geboren. Nach Studium in Zagreb und Wien und einer Dirigententätigkeit in Zagreb wurde er 1945 Chefdirigent des Theaters in Rijeka, 1948 Dirigent der Nationaloper und der Philharmonie in Sarajewo. Im Jahr 1959 wurde er Erster Kapellmeister und 1963 Chefdirigent am Nationaltheater in Zagreb, von 1964 bis 1968 wirkte er in gleicher Eigenschaft in Split und Rijeka und seitdem als Gastdirigent neben seinem kompositorischen Schaffen.

WERKE
Neben 6 Opern, 4 Balletten und 5 Ballettszenen schrieb Boris Papandopulo 2 Divertimenti, 4 Klavierkonzerte, eine »Konzertante Musik« für Flöte, Harfe, Vibraphon, Schlagwerk und Streicher, ein Konzert für vier Pauken und Streicher, ein Concerto grosso für Bläserquintett, Schlagzeug und Streichorchester, ein Cembalokonzert, ein Kontrabaßkonzert, ein »Mosaik« für Streich- und Jazzquartett, ein Kammerkonzert, 5 Streichquartette, ein »Dialog« für Flöte und Cembalo, ein dodekaphonisches Konzert für zwei Klaviere und 4 Kantaten. Sein Stil ist zeitgenössisch.

J. Papavoine (um 1720 bis nach 1789)

ZEIT UND UMWELT
Die Revolution von 1789 setzte auch mehreren Theatergründungen ein Ende. Die Baulichkeiten wurden anderen Zwecken zugeführt, Leitung und Personal zerstreuten sich in alle Winde, so daß in vielen Fällen über ihre Lebensumstände nichts mehr in Erfahrung gebracht werden kann.

LEBEN
J. Papavoine – der Vorname ist nicht gesichert – wurde um 1720 in der Normandie geboren. Er war zunächst erster Violinist in Rouen und kam sodann 1760 in Paris zum Orchester der Comédie Italienne. Um 1767 beteiligte er sich an der Gründung des Théâtre de l'Ambigue Comique, dem er bis zum Ausbruch der Revolution im Jahr 1789 angehörte. Wann und wo er in den folgenden Jahren verstorben ist, kann nicht festgestellt werden.

WERKE
Von J. Papavoine wurden ab 1752 im Concert spirituel 6 Sinfonien für zwei Violinen, Bratsche und Baß, Klaviertrios, 6 viersätzige Sinfonien mit obligatem Fagott, eine Sinfonie mit Oboen, Flöten und Jagdhörnern und eine Soloviolinsonate aufgeführt. Die Werke sind, soweit sie überliefert wurden, noch heute wegen ihrer fortschrittlichen Faktur interessant.

Heinrich Pape (1609–63)

ZEIT UND UMWELT
Der Orgelstil des »Organistenmachers« Jan Pieterszoon Sweelinck wirkte besonders auf die Mitglieder der Hamburger Organistenfamilie Praetorius und deren Schüler in Norddeutschland und den nordischen Ländern. Er bildete dort den Ausgangspunkt für Orgelkomposition und Orgelspiel des gesamten 17. Jahrhunderts und darüber hinaus.

LEBEN
Heinrich Pape wurde am 27. 6. 1609 in

Ratzeburg geboren. Er war mit dem Dichterkomponisten Johann Rist verschwägert. Seinen Musikunterricht erhielt er von Jakob Praetorius dem Jüngeren (1586–1651), der wie auch andere Mitglieder seiner Familie Schüler Sweelincks gewesen war. Pape wurde 1628 Organist in Mittelnkirchen, 1630 in Ottensen und Altona, 1662 in Stockholm an St. Jakobi, wo er am 25. 4. 1663 starb.
Sein Vater Heinrich Pape (1563, Steinkirchen, bis 10. 3. 1637, Wedel, Holstein) war Organist in Ratzeburg.

WERKE
Der deutsche Organist und Komponist Heinrich Pape vertonte 36 der »Daphnislieder« sowie 20 geistliche und 6 profane Lieder von Johann Rist.

LITERATUR
H. Kretzschmar, Geschichte des Neuen deutschen Liedes, Leipzig 1911.

Heinrich Pape (um 1630 bis nach 1677)

ZEIT UND UMWELT
Das Kunstlied bringt nicht nur eine zum Text passende und sangbare Melodie, sondern verstärkt den Ausdruck und die Bedeutung der Worte. Grundsätzlich wiederholt sich die Musik mit jeder Strophe, doch oft geht der Affektausdruck so weit, daß jede Strophe verschieden komponiert (durchkomponiert) wird. Zuweilen differiert nur die letzte Strophe als Abgesang musikalisch von den anderen.

LEBEN
Heinrich Pape wurde um 1630 vermutlich in Holstein geboren. Er war Musiker – Sänger und Instrumentalist – am Hof in Husum und dürfte dort nach 1677 gestorben sein. Es ist nicht bekannt, ob er mit Heinrich Pape (1609–63) verwandt war.

WERKE
Vom deutschen Komponisten Heinrich Pape sind 8 Lieder »Flüchtige Feld-Rosen«, 11 Instrumentalstücke »Liebesgrillen« und eine Komposition »Neu ausgeschlagener Frühlingsknospen Erstlinge« erhalten.

Yoram Paporisz (geboren 1944)

LEBEN
Yoram Paporisz wurde am 13.2.1944 in Kosliw, Ukraine, geboren. Er war in Katowice Schüler von Ludomir Różycki und studierte von 1962 bis 1965 an der Musikakademie in Tel Aviv bei Alexander Uria Boscovich. Bei Franco Donatoni in Mailand und bei Wolfgang Fortner in Freiburg im Breisgau ergänzte er seine Ausbildung. Seit 1965 lebt er in Deutschland als Komponist.

WERKE
Außer seinem fünfbändigen Kompendium »Entdeckungen am Klavier«, in dem er verschiedene Kompositionsstile und Techniken für den Pianisten zusammenstellt, schrieb Yoram Paporisz »Arrougances« (Anmaßungen) für Flöte, Violine, Cello und Schlagzeug, ein Streichquartett, »Kleine Duette« für Violine und Klarinette und für Flöte und Bratsche, ein Stück für Soloflöte, eine Kindersuite für Klavier und weitere Klavierwerke sowie ein »Hexameron« für Cembalo.

Désiré Pâque (1867–1939)

LEBEN
Marie Joseph Léon Désiré Pâque wurde am 21.5.1867 in Lüttich geboren und studierte am Konservatorium seiner Geburtsstadt, wo er anschließend als Klavier- und Orgellehrer wirkte. Sodann verlegte er seine Lehrtätigkeit nach Sofia, wo er 1897 ein Konservatorium gründete, sowie nach Athen, Lissabon und Genua. Im Jahr 1914 ließ er sich, nach Aufenthalten in der Schweiz, in Deutschland und England, als Lehrer und Komponist in Paris nieder. Er starb am 20.11.1939 in Bessancourt.

WERKE
Stilistisch schritt Désiré Pâque über seine Zeitgenossen weit hinaus; er verließ die themati-

sche Einheitlichkeit und näherte sich stark der Atonalität Arnold Schönbergs. Er schrieb eine Oper, eine Bühnenmusik zu »Die Jungfrau von Orleans« von Friedrich von Schiller (1759–1805), weiters 8 Sinfonien, 2 Klavierkonzerte, ein Cellokonzert, ein Sextett für zwei Violinen, zwei Bratschen, zwei Celli, 3 Klavierquintette, ein Klavierquartett, 9 Streichquartette, eine Kleine Suite für Klarinette, Flöte, Oboe und Klavier, 5 Suiten für Violine und Bratsche, 3 Klaviertrios, eine Sonate für Klavier und Bratsche, 4 Sonaten für Klavier und Violine, eine Orgelsinfonie und weitere Orgelstücke, »Zehn atonale Stücke für die Jugend« für Klavier, 5 Klaviersonaten und zahlreiche weitere Klavierstücke. An Vokalmusik liegen vor: ein Requiem für Soli, Chor, Orchester und Orgel, 3 Messen, Chöre und Lieder.

Girolamo Parabosco (um 1520–57)

ZEIT UND UMWELT

Gegen Mitte des 16. Jahrhunderts setzte in Italien eine deutliche Abkehr von der franko-flämischen Schule ein. Der Befreiungskampf der Niederländer gegen die spanische Herrschaft dürfte dabei eine Rolle gespielt haben, weil dieser zum Teil auch ein Kampf der feindlichen Konfessionen war. Die Gleichsetzung des Nordens mit ketzerischem Protestantismus und des Südens mit Treue zum Althergebrachten war naheliegend. Die italienischen Musiker hatten den eigenen Stil gefunden, der allerdings ohne die aus Flandern gekommenen Grundlagen nicht möglich geworden wäre. Auch der Zuzug aus dem Ausland war schwächer geworden.

LEBEN

Girolamo Parabosco wurde um 1520 in Piacenza geboren. Er war ein Sohn des Organisten am Dom in Brescia, Vicenzo Parabosco (gestorben 15. 8. 1556). Im Jahre 1541 ging er nach Venedig, um bei Willaert Unterricht zu nehmen. Von 1546 bis 1551 hielt sich der Organist, Komponist und Dichter in Florenz, Urbino, Ferrara, Piacenza, Brescia, Padua und Verona auf, 1551 trat er die Nachfolge von Buus an der Orgel von San Marco in Venedig an. Er starb in Venedig am 21. 4. 1557.

WERKE

»Mit der Vertonung des eigenen Sonetts erreichte Parabosco den ersten entscheidenden Sieg italienischen Geistes über die Einwanderer aus dem Norden«, schreibt der Musikhistoriker Alfred Einstein (1880 bis 1932) und trifft damit den Kern der Sache. Die italienische Musik war mündig geworden. Für die überragenden Gestalten eines Palestrina und Monteverdi war die Bühne frei zum Auftritt. Parabosco war einer der Vorläufer, von dem vor allem Madrigale überliefert sind, außerdem 2 vierstimmige Ricercari und ein zweistimmiges Benedictus. Seine besten Leistungen waren aber die Vertonungen eigener Gedichte.

LITERATUR

A. Einstein, The Italian Madrigal, Princeton 1970.

Pietro Domenico Paradies (1707–91)

ZEIT UND UMWELT

Da gerade in London neben der Oper das Schauspiel mit Musik ebenso intensiv gepflegt wurde, war der Bedarf an Gesangseinlagen für die Bühne gleichbleibend groß, und Komponisten von Arien wurden viel beschäftigt. Diese Arien und Gesänge fanden ihren Weg auch in die Konzertsäle. Sie wurden, weil sie zumeist nicht übermäßig kompliziert waren, auch vom Publikum gesungen, so daß es für Musikverleger lukrativ wurde, sie zu drucken.

LEBEN

Pietro Domenico Paradies (Paradisi) wurde 1707 in Neapel geboren. Er war in seinem Geburtsort Schüler von Nicola Antonio Porpora. Nachdem er in Italien mehrere Opern herausgebracht hatte, ging er um 1745 nach London, wo er ohne Erfolg eine Oper herausbrachte, für Bühnen zahlreiche Arien verfaßte und Gesang- und Cembalounterricht gab. Im Jahr 1760 kehrte er nach Italien zurück und starb am 25. 8. 1791 in Venedig.

WERKE
Neben seinen Opern verfaßte Pietro Domenico Paradies eine Vielzahl von Arien für Bühnenstücke, einzelne andere Vokalstücke, Konzerte für Cembalo oder Orgel, mehrere Cembalostücke und - als sein bekanntestes und mehrfach aufgelegtes Werk - 12 Cembalosonaten, die der Vorklassik zugerechnet werden können.

Maria Theresia von Paradis
(1759–1824)

ZEIT UND UMWELT
Die öffentlichen Konzerte, die in der zweiten Hälfte des 18. Jahrhunderts in allen Musikländern immer häufiger wurden, boten auch Musikerinnen, die keine Opernsängerinnen waren, große Möglichkeiten aufzutreten. Solange nämlich die Musikausübung an Kirchen, Theater und Höfe gebunden war, konnten Frauen schwer unterkommen und wurden daher in den seltensten Fällen ausgebildet. Daß eine adelige Herkunft eine gründliche Ausbildung sehr förderte, war natürlich auch für jene Zeiten noch eine Selbstverständlichkeit.

LEBEN
Maria Theresia von Paradis wurde am 15. 5. 1759 in Wien geboren. Sie war von früher Kindheit an blind und wurde wegen ihrer offensichtlichen musikalischen Anlagen von Leopold Koželuch im Klavierspiel, von Antonio Salieri und Vincenzo Righini im Gesang und von Karl Friberth und Abbé Vogler in Komposition ausgebildet. Sie unternahm eine Konzertreise als Pianistin nach Paris, London, Brüssel und an deutsche Höfe. Nach Wien zurückgekehrt, gründete sie eine Musikschule und widmete sich bis zu ihrem Tod am 1. 2. 1824 dem Unterricht.

WERKE
Für ihre Kompositionen bediente sich Maria

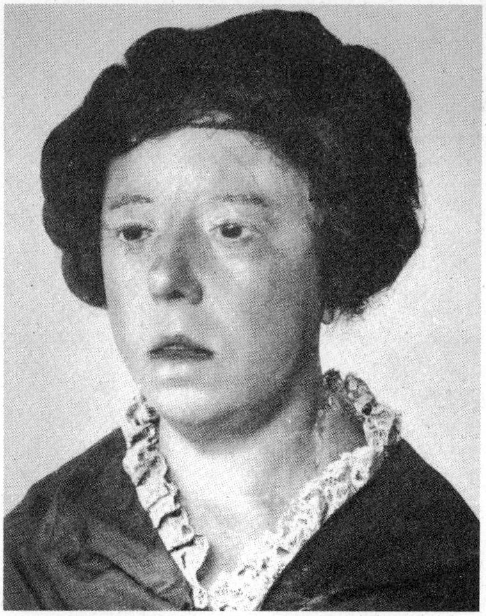

Maria Theresia von Paradis (Wachsbüste)

Theresia von Paradis einer von einem Freund erfundenen Blindenschrift. Sie schrieb ein Melodram, ein Singspiel und eine Oper, eine Trauerode auf den Tod Ludwigs XVI., ein Klaviertrio, Sonaten und Variationen für Klavier und eine Anzahl Lieder. Wolfgang Amadeus Mozart schrieb für sie ein Klavierkonzert und unterhielt zu ihr freundschaftliche Beziehungen.

LITERATUR
E. Komorzynski, Mozart und Maria Theresia Paradis, in: Mozart-Jahrbuch, 1952.

Ivan Parík (geboren 1938)

LEBEN
Ivan Parík wurde am 17.8.1938 in Preßburg geboren. Er war in seiner Geburtsstadt Schüler von Alexander Moyzes und Ján Cikker und lebt dort als freischaffender Komponist.

WERKE
Der slowakische Komponist der Avantgarde, Ivan Parík, schrieb neben 2 Balletten unter anderem eine Musik für vier Streicher, ein

Fragment für Streicher, ein Vorspiel für Orchester, ein Epitaph für Flöte, Bratsche und Cello, ein Trio für Flöte, Oboe und Klarinette, »Rotationen« für sieben Instrumente, ein Requiem für Kammerchor, »Collagen« für Kammerorchester, »Turmmusik« für zwölf Bläser, zwei Reproduktionssysteme und Glocken, eine elektronische Collage, eine Flötenklangstudie, eine Sonate für Cello solo und eine für Trompete solo, eine Sonate für Flöte und Tonband und eine Anzahl elektronischer Kompositionen.

LITERATUR

I. Hrušovský, Ivan Parík. – In: Slovenská hudba, Preßburg 1964.

Elias Parish-Alvars (1808–49)

ZEIT UND UMWELT

Die Anforderungen, die an einen Harfenisten im 19. Jahrhundert gestellt wurden, waren bereits sehr hoch, wurden aber nur von wenigen bewältigt, weil Fingersatz und Übungsprogramm noch zu wenig erarbeitet war und es dem einzelnen Lehrer überlassen blieb, wie er seine Schüler zur Virtuosität führen wollte. Jedenfalls war die Geläufigkeit und Anschlagtechnik damals noch schwer erreichbar.

LEBEN

Elias Parish-Alvars wurde am 28. 2. 1808 in Teignmouth, Devonshire, geboren. Er war Harfenschüler von François-Joseph Dixi, Robert Nicolas Charles Bochsa und Théodore Labarre. Er bereiste als Harfenvirtuose Deutschland, Frankreich, Oberitalien, England und den Osten. Nach Aufenthalten in Neapel und Leipzig ließ er sich 1847 in Wien nieder, wo er am 25. 1. 1849 starb.

WERKE

Von Elias Parish-Alvars sind 2 Harfenkonzerte, ein Concertino für 2 Harfen und Orchester und zahlreiche Stücke für Harfe solo und mit Klavierbegleitung bekannt geworden. Sie gehören zum Besten der Harfenliteratur überhaupt und werden noch heute viel gespielt.

Albertus Parisiensis (um 1110–80)

ZEIT UND UMWELT

Mit dem Anwachsen der Macht der Kapetinger gewann auch die französische Hauptstadt immer mehr an Bedeutung. Die Einwohnerzahl stieg rasch an, die ersten Gilden bildeten sich, Handwerk und Handel hoben den Wohlstand, eine starke Bautätigkeit setzte ein. Die Stadt dehnte sich aus. Die ersten Kirchen von bleibendem Wert wurden errichtet. Ihre Kapellen hielten mit der Entwicklung der Musik West- und Südeuropas Schritt. Sequenz, Tropus und Conductus waren auch im Paris jener Zeit nicht unbekannt.

LEBEN

Magister Albertus Parisiensis ist um 1110 vermutlich in oder bei Paris geboren und wurde Kapellsänger an einer der Kirchen der Stadt. Sollte er, wie behauptet wurde, tatsächlich auch Sänger an Notre-Dame gewesen sein, so konnte das nur seine letzten Lebensjahre betreffen, denn er starb in Paris im Jahre 1180 und der Bau der Notre-Dame wurde 1163 begonnen.

WERKE

Von Magister Albertus Parisiensis ist als einziges kompositorisches Werk ein Benedicamus-Tropus im Conductusstil von ungefähr 1140 erhalten. Der Tropus ist dreistimmig und stellt somit die älteste bekannte dreistimmige Komposition dar. Sein übriges Werk ist verlorengegangen.

John Parke (1745–1829)

ZEIT UND UMWELT

Daß nicht wenige Kompositionen von Virtuosen nie im Druck erschienen und daher verlorengegangen sind, hat nicht selten seinen Grund in der Absicht des Komponisten, sein Werk nur selbst zu spielen. Man weiß, daß manche Virtuosen ihre Kompositionen dem Begleitorchester erst knapp vor der Aufführung vorlegten und hernach die Noten sofort wieder einsammelten, damit sie kein Konkurrent zu Gesicht bekam.

LEBEN

John Parke wurde 1745 in London geboren. Er war ab 1768 erster Oboist der Londoner Oper, löste 1771 Johann Christian Fischer als Konzertoboisten an Vauxhall ab und wurde erster Oboist am Drury Lane Theatre. Nach mehreren hervorragenden Stellungen zog er sich 1815 zurück. Er starb am 2. 8. 1829 in London.

Sein Bruder William Thomas Parke (1762, London, bis 26. 8. 1847, London) war ab 1776 Bratschist, ab 1779 Oboist an Vauxhall und wurde 1783 erster Oboist an Covent Garden. Er erweiterte den Tonumfang seines Instruments um eine Terz.

WERKE

Von der beträchtlichen Anzahl Oboenkonzerte von John Parke, die nie gedruckt wurden, ist nichts erhalten.

Von William Thomas Parke sind mehrere Oboenkonzerte, 2 Ouvertüren und zahlreiche Lieder und Glees zumindest handschriftlich überliefert.

Beider Kompositionen wurden von den Zeitgenossen sehr geschätzt.

Maria Hester Parke (1775–1822)

ZEIT UND UMWELT

Die Klavierkompositionen der englischen Komponisten des beginnenden 19. Jahrhunderts hielten ihre Fakturen ähnlich den Liederkomponisten sehr volkstümlich. Die Stücke waren leicht spielbar und im Gegensatz zur Klavierkomposition des Kontinents einfach und führten Volksmelodien in die Kunstmusik ein.

LEBEN

Maria Hester Parke wurde 1775 als Tochter des John Parke (1745–1829) in London geboren. Sie war Sängerin und Pianistin und trat vorwiegend bei Oratorienaufführungen und Musikfesten auf. Sie starb am 15.8.1822 in London.

WERKE

Von Maria Hester Parke sind mehrere Serien Klaviersonaten, einige Lieder und eine Reihe Glees erschienen. Die Sonaten sind sehr einfach gehalten und lehnen sich etwas an Joseph Haydn an.

Horatio Parker (1863–1919)

LEBEN

Horatio William Parker wurde am 15.9.1863 in Auburndale, Mass., geboren. Er war in Boston Schüler von Stephen Albert Emery (1841–91) und George Whitefield Chadwick. Im Jahr 1881 ging er nach München, um bei Joseph Rheinberger Unterricht zu nehmen. Anschließend wirkte er in New York als Organist und Chordirektor, außerdem als Lehrer am National Conservatory of Music; 1893 wurde er Organist und Chordirektor in Boston; ein Jahr darauf berief man ihn an die Yale University in New Haven, Conn., wo er das Symphonic Orchestra gründete und leitete. Er starb am 18.12.1919 in Cedarhurst, N. Y.

WERKE

Von Horatio Parker sind 84 Opuszahlen bekannt geworden. Neben 2 Opern schrieb er ein Oratorium, eine Reihe Chorwerke mit Orchester und A-cappella-Chöre, Orchester- und Klavierlieder, eine sinfonische Dichtung, ein Concertino mit Orgel und weitere Orchesterwerke, einige Kammermusik, Orgel- und Klavierstücke. Viele seiner Kompositionen sind programmatisch, sein Stil ist stark von Rheinberger beeinflußt.

James Cutler Dunn Parker (1828–1916)

ZEIT UND UMWELT

Um die Mitte des 19. Jahrhunderts und noch später war Leipzig eines der Hauptziele amerikanischer Musiker, die ihre in der Heimat empfangene Ausbildung ergänzen wollten. Später allerdings wurde Paris bevorzugt. Der Brauch jedoch, einige Zeit in Europa zu studieren, hielt sich bei Musikern der USA bis weit in das 20. Jahrhundert hinein, wenngleich die eigenen Ausbildungsmöglichkeiten schon längst den europäischen Standard erreicht hatten.

LEBEN

James Cutler Dunn Parker wurde am 2.6.1828 in Boston geboren. Nach seinem Rechtsstudium an der Harvard Universität und in Boston beschloß er, Musiker zu werden und ging 1851 nach Leipzig, um bei Ignaz Moscheles und dem bekannten Musiklehrer Louis Plaidy (28.11.1810, Wermsdorf, Sachsen, bis 3.3.1874, Grimma) Klavierspiel und bei Julius Rietz sowie Ernst Friedrich Richter Komposition zu studieren. In seiner Heimat wirkte er von 1864 bis 1897 als Organist an Trinity Church und im Rahmen der Händel- und Haydn-Gesellschaft; von 1871 bis 1897 unterrichtete er am Konservatorium und zeitweise auch an der Universität Klavier, Orgel und Harmonielehre. Er starb am 27.11.1916 in Brookline, Mass.

WERKE

Von James Cutler Dunn Parker sind seine »Erlösungshymne« für Soli, Chor und Orchester, die Kantaten »Der blinde König« und »Heiliger Johannes«, das Oratorium »Das Leben des Menschen«, verschiedene Kirchenmusik und zahlreiche Klavierstücke überliefert. Weitere Chorwerke sind handschriftlich erhalten. Er veröffentlichte 2 Unterrichtswerke und übersetzte die Harmonielehre Richters ins Englische.

Nicola Parma (um 1570 bis nach 1611)

LEBEN

Nicola Parma wurde um 1570 in Mantua geboren, wirkte ab 1592 in Pavia und ab 1611 am Dom zu Novara als Kapellmeister. Er dürfte in einem der folgenden Jahre in Novara gestorben sein.

WERKE

Das kompositorische Werk des Italieners Nicola Parma besteht aus 2 Büchern mit Madrigalen und 3 mit mehrstimmigen Motetten. Der Stil dieser Musik ist konservativ. Bei einzelnen vielstimmigen Motetten sind Ansätze zur Konzertform bemerkbar.

Bernard Parmegiani (geboren 1927)

LEBEN

Bernard Parmegiani wurde am 27.10.1927 in Paris geboren. Er nahm Klavierunterricht und studierte Fernseh-Tontechnik. Von 1954 bis 1959 arbeitete er als Toningenieur beim französischen Fernsehen. Im Jahr 1960 stieß er zur Groupe de Recherches Musicales beim französischen Rundfunk, ab 1965 führte er elektroakustische und später auch audiovisuelle Experimente durch.

WERKE

Außer der Mitwirkung an Gemeinschaftskompositionen der Groupe de Recherches Musicales, einer Oper und mehrerer Ballette, schrieb Bernard Parmegiani »Danse«, »Alternaces«, »Jazzex«, ein Mobile, »Outremer« für Tonband und Ondes Martenot, mehrere Stücke für Tonband und Jazzquartett und weitere kammermusikalische Stücke mit teilweise elektronischen Klängen. Die Ergebnisse seiner Experimente sind für die Entwicklung der Gegenwartsmusik sehr ausschlaggebend.

Renato Parodi (geboren 1900)

LEBEN

Renato Parodi wurde am 14.12.1900 in Neapel geboren und studierte dort am Conservatorio di Musica San Pietro a Maiella bei Camillo de Nardis (26.5.1857, Orsogna, Chieti, bis 5.8.1951, Neapel) und Gennaro Napoli (19.5.1881, Neapel, bis 28.6.1943, Neapel). Er wurde an derselben Anstalt 1941 Lehrer für Harmonielehre und Kontrapunktik und 1959 Professor für Komposition. Von 1961 bis 1970 wirkte er in gleicher Eigenschaft am Conservatorio di Musica di Santa Cecilia in Rom und seitdem als freischaffender Komponist.

WERKE

Neben einer »Sacra rappresentazione« schrieb

Renato Parodi ein Concertino, eine Villanella und weitere Orchesterstücke, ein Konzert für Flöte, 2 Streichorchester, Harfe und Celesta, ein Fagottkonzert, ein Trio für Flöte, Violine und Cello, Klavierstücke, Stücke für Chor und für Gesang mit Orchester und Bühnenmusik. Er bearbeitete Opern aus dem 18. Jahrhundert. Sein Stil näherte sich dem Neubarock.

Charles Hubert Parry (1848–1918)

ZEIT UND UMWELT

Die lange Zeitspanne von Henry Purcell und John Christopher Pepusch (1667–1752) bis zu den letzten Jahrzehnten des 19. Jahrhunderts, in der die Listen der Komponisten von Weltgeltung nahezu keine Engländer aufwiesen und die Musikentwicklung auf der Insel sich nur von wenigen Namen getragen in sehr engem Rahmen fortentwickelte, war keine musiklose Zeit. Es lag keine Abwendung der Engländer von der Musik vor, wenn man vom kulturfeindlichen Wirken des Puritanismus absieht, dem doch bald Einhalt geboten wurde. Man bezog die Musik vom Kontinent und zog sie den Werken der wenigen Einheimischen vor. Nach vielen Ansätzen kam es erst knapp vor der Wende zum 20. Jahrhundert zu einem tatsächlichen Aufschwung des englischen Musiklebens, weil sich inzwischen endlich namhafte Kräfte auf dem Gebiet der Komposition und der Musiktheorie zu Wort gemeldet hatten und nicht mehr überhört werden konnten.

LEBEN

Charles Hubert Hastings Parry wurde am 27.2.1848 in Bournemouth geboren. Er trat bereits mit 8 Jahren als Komponist von Liedern und Hymnen hervor und wurde von Samuel Sebastian Wesley zum Sänger, Pianisten und Komponisten ausgebildet. Weitere Studien betrieb er bei George Alexander Macfarren und Heinrich Hugo Pierson. Viele Anregungen verdankte er seiner Freundschaft mit dem Pianisten Edward George Dannreuther (4.11.1844, Straßburg, bis 12.2.1905, Hastings). Er wurde 1883 Chorleiter an der Universität in Oxford und 1898 Musiklehrer. Im Jahr 1894 wurde ihm die Leitung des Royal College of Music anvertraut. Er starb am 7.10. 1918 in Knight's Croft, Rustington.

WERKE

Der Großteil der Meister des Landes, die während seines Lebens und Schaffens die Musiklandschaft Englands zum Niveau erhoben, auf dem sie seit dem Beginn des 20. Jahrhunderts steht, bezogen ihre künstlerischen Anregungen von ihm, von seiner Kompositionstechnik und seinen theoretischen Anleitungen. Er verfaßte 5 Sinfonien, eine »Suite moderne«, eine »English Suite« für Streicher, eine Ouvertüre, »Guillem de Cabestanh«, ein Klavierquartett, 3 Klaviertrios, ein Streichquintett, 3 Streichquartette, »Characteristic Popular Tunes of the British Isles« (Charakteristische Volksweisen der britischen Inseln) für zwei Klaviere, ein Duo für zwei Klaviere, 2 Klaviersonaten, Bühnenmusiken, verschiedene Chorwerke – »Promotheus«, »Judith«, »König Saul«, »Te Deum«, »Magnificat« –, mehrere Oden für Chor und Orchester und Chorlieder, Kantaten, Motetten und Lieder. Seine musikologischen und didaktischen Werke waren für die Entwicklung der englischen Musik zu neuer Weltgeltung richtungweisend.

LITERATUR

Ch. L. Graves, Hubert Parry, London 1926.

John Parry (1710–82)

ZEIT UND UMWELT

Die keltischen Völker der britischen Inseln – Gälen, Iren, Kymrer und Corner – hielten (und halten zum Teil heute noch) an ihren altüberlieferten Gesängen fest, die von ihren Barden von Ort zu Ort getragen wurden. Einzelne dieser Sänger lebten bei einem Adeligen als »Hausbarde« wie andere festangestellte Musiker.

LEBEN

John Parry wurde 1710 in Nevin, South Caernarvonshire, geboren. Er war blind, lebte als Hausbarde und starb am 7. 10. 1782 in Ruabon.

WERKE
Der kymrische Barde John Parry brachte unter dem Titel »Ancient British Music of the Cambro-Britons« die erste bekannte Sammlung ausschließlich walisischer Melodien heraus, weiters mit »A Collection of Welsh, English and Scotch Airs« und »Cambrian Harmony« eine Sammlung der traditionellen Reste der alten kymrischen Bardengesänge.

John Parry (1776–1851)

ZEIT UND UMWELT
In Wales ist eine sehr frühe intensive Musikpflege feststellbar. Träger dieser Musik waren die Barden, die zumeist zur Harfe alte Balladen und Epen oder eigene Kompositionen eigener oder fremder Dichtungen vortrugen. Diese Volkssänger traten bei Festlichkeiten auf und hielten Kongresse (Eisteddfodau) ab, bei denen die Stücke durch die Verleihung des Ehrentitels »Bardd Alaw« (Gesangmeister) prämiert wurden. Solche Zusammenkünfte finden auch in unserem Jahrhundert noch statt. Einzelne Barden zogen mit ihrer Kunst in die Städte, um dort Konzerte zu geben; sie übersetzten ihre Gesänge ins Englische und verfälschten sie nicht selten, indem sie sie dem englischen Geschmack anpaßten. Auch bei ihren Publikationen durch englische Verleger büßten die Gesänge oft viel von ihrer Ursprünglichkeit ein. Durch Sammlungen »echter« walisischer Volksmusik versuchten Traditionsbewußte dieser Entwicklung entgegenzuwirken.

LEBEN
John Parry wurde am 18. 2. 1776 in Denbigh, Wales, geboren. Er wurde im Klarinettenspiel ausgebildet, trat einer Militärkapelle bei, deren Leiter er wurde, ging aber 1807 nach London, wo er zunächst als Flageolettlehrer wirkte, dann Hauskomponist der Vauxhall Gardens wurde. Seine Beziehungen zur Volksmusik seiner Heimat wurden dadurch nicht unterbrochen; er dirigierte die Barden-Kongresse in Wrexham, Flint (1820) und in Brecon (1822). Im Jahr 1821 wurde er mit der Ernennung zum Bardd Alaw ausgezeichnet. Von 1834 bis 1848 widmete er sich der Musikkritik sowie der Sammlung und Veröffentlichung von Volksmusik aus Wales; er schrieb auch mehrere Abhandlungen zu diesem Thema. Gleichzeitig war er bis 1849 als Schatzmeister der Royal Society of Musicians tätig. Er starb am 8. 4. 1851 in London.
Sein Sohn John Orlando Parry (3. 1. 1810, London, bis 20. 2. 1879, East Molesey) war Harfenschüler von Robert Nicolas Charles Bochsa und wirkte sodann als Harfenist, Pianist und Sänger. Nachdem er seine Konzerttätigkeit aus gesundheitlichen Gründen aufgeben hatte müssen, betreute er die Organistenstelle an St. Jude's in Southsea.

WERKE
Von John Parry sind eine große Anzahl Gesänge und eine Bühnenmusik bekannt geworden. Seine umfangreichen Sammlungen von Volksmusik aus Wales trugen viel zu ihrer Erforschung bei.
John Orlando Parry komponierte Romanzen und humoristische Gesänge, die er größtenteils mit viel Erfolg selbst vortrug.

Joseph Parry (1841–1903)

ZEIT UND UMWELT
An den Universitäten in Aberystwyth und Cardiff wurde ab dem 19. Jahrhundert die Erforschung und Pflege walisischer Volksmusik intensiv betrieben. Hand in Hand damit ging die Förderung zeitgenössischer walisischer Komponisten, die durch eine starke Anlehnung an die heimische Volksmusik eine eigene Gattung des angelsächsischen Stils herausbildeten.

LEBEN
Joseph Parry wurde am 21. 5. 1841 in Merthyr Tydvil, Wales, geboren. Seine ohnehin geringe Ausbildung wurde im 10. Lebensjahr, weil er bei den Hochöfen arbeiten mußte, unterbrochen. Erst als er mit seinen Eltern 1854 in

die USA ausgewandert war, konnte er etwas Musikunterricht erhalten, der, nachdem er nach etlichen Jahren nach Wales zurückgekehrt war, ergänzt werden konnte, so daß er 1862 beim Llandudno Eisteddfod mehrere Preise erhielt. Nun wurde man auf ihn aufmerksam und ermöglichte ihm ein Studium an der Royal Academy of Music. Sein kompositorisches Wirken erregte in England und in den USA Aufsehen. Er wurde 1872 Musikprofessor an der Universität von Aberystwyth und 1888 Lektor für Musik an der Universität in Cardiff. Er starb am 17.2.1903 in Penarth bei Cardiff.

WERKE
Von Joseph Parry sind 4 Opern mit Erfolg aufgeführt worden. Er verfaßte außerdem die Oratorien »Emmanuel«, »Saul aus Tarsus«, »Das Mädchen von Cefu Idfa«, die Kantaten »Cambria«, »Die Vögel«, »Joseph«, »Der verlorene Sohn« und »Nebuchadnezzar«, eine Orchesterballade, Ouvertüren, ein Streichquartett und kleinere Instrumentalwerke.

Osbert Parsley (1511 – 85)

ZEIT UND UMWELT
Norwich hatte unter Königin Elisabeth I. ca. 16.000 Einwohner. Davon waren 6000 Fremde, Niederländer, Flamen und Wallonen, die als Protestanten ihre Heimat verlassen mußten. Dadurch neigte die Stadt stark zum Puritanismus, der aber nie so weit ging, Chormusik in der Kirche zu verbieten.

LEBEN
Osbert Parsley wurde 1511 vermutlich in Norwich geboren und um 1535 in den Kathedralenchor seiner Vaterstadt als Sänger aufgenommen. Er blieb in dieser Stellung bis zu seinem Tod im Jahre 1585.

WERKE
Der englische Sänger und Komponist Osbert Parsley hinterließ eine Anzahl mehrstimmiger Motetten zu englischen und lateinischen Texten und eine Reihe kirchlicher Gesänge. Einige sind in Bearbeitungen für Violenensemble erschienen. Die Musik des Komponisten entspricht dem zeitgenössischen englischen Stil.

Robert Parsons (um 1515–70)

ZEIT UND UMWELT
Die Verbindung von Bühne und Musik ist so alt wie die Schauspielkunst selbst. Im 16. Jahrhundert setzte bei Dramatikern in verstärktem Maß die Gepflogenheit ein, Schauspielmusik und in Lied- oder Chorform vorgetragene Dichtung vorzuschreiben. Die Komponisten konnten somit an der Ausgestaltung der Bühnenstücke beitragen.

LEBEN
Robert Parsons wurde um 1515 in Exeter geboren. Über das Leben des englischen Komponisten bis zu seiner Aufnahme in die Chapel Royal in London im Jahre 1563 ist nichts bekannt. Er war vermutlich an einer Londoner Kirche als Organist tätig. Seine in jener Zeitspanne erschienenen Kompositionen gehören nahezu ausschließlich der Kirchenmusik an. Er starb am 25. 1. 1570 in Newark-on-Trent.
Sein Sohn John Parsons (um 1560, London, beerdigt 3. 8. 1623, London) war ab 1616 Organist an St. Margaret's und ab 1621 an Westminster Abbey.
William Parsons (um 1505, London, bis nach 1555, Wells), vermutlich ein Verwandter von Robert Parsons, war Chorleiter an der Kathedrale in Wells von 1548 bis 1554. Er war als Notenkopist sehr bekannt.

WERKE
Wegen seiner Geschicklichkeit, seltene Klangeffekte zu erzeugen, wurde Robert Parsons für eine wichtige Gestalt der englischen Musikgeschichte gehalten. Von seiner Kirchenmusik sind einige Gottesdienst- und Beerdigungsmusiken, eine Anzahl Anthems und Motetten und mehrere Madrigale erhalten. Die Kompositionen bieten tatsächlich überraschende Modulationen, deren Kühn-

heit zukünftige Techniken vorausnimmt. Das gleiche gilt für seine Werke für Violen und den »Klagegesang Pandolpho« für Mezzosopran, der einer Schauspielmusik entnommen ist. Er soll eine Reihe äußerst wirkungsvoller Schauspielmusiken geschrieben haben.
Von John Parsons ist nur seine Beerdigungsmusik für König Karl II. erhalten.
William Parsons hat 81 Stücke an dem Psalmenwerk »The whole psalms in foure parts«, herausgegeben von John Day, beigetragen.

LITERATUR

G. Arkwright, Early Elisabethan Stagemusic, in: The Musical Antiquary I., 1909.

Harry Partch (1901–74)

LEBEN

Harry Partch wurde am 24.6.1901 in Oakland, Calif., geboren. Er war Autodidakt. Nachdem er im 28. Lebensjahr alle seine Jugendwerke verbrannt hatte, beschäftigte er sich intensiv mit Instrumenten, die Mikrointervalle hervorbrachten und auf denen seine Kompositionen mit einer Skala von 43 Tönen in der Oktave aufgebaut wurden. Er blieb als Außenseiter der modernen Musik lange nahezu unbekannt, aber sein Einfluß auf die junge amerikanische Komponistengeneration nahm sodann ständig zu. Er starb am 3.9.1974 in San Diego, Calif.

WERKE

Seine zahlreichen überaus interessanten Werke für seine Spezialinstrumente oder für Ensembles, in denen diese mit konventionellen Tonquellen – Instrumente, Tonbänder, elektronische Tonerzeuger, Geräuscherzeuger –, mit den vom Komponisten erfundenen zusammengestellt und daneben zuweilen komplizierte Vokalisen vorgeschrieben wurden, sind nicht nach konventionellen Formprinzipien zu klassifizieren. Ihre Titel sind zumeist programmatisch, die Klangkombinationen und Linienführung oft faszinierend.

Ödön Partos (1907 – 77)

LEBEN

Ödön Partos wurde am 1.10.1907 in Budapest geboren. Er war dort Schüler von Jenö Hubay und Zoltán Kodály, wirkte darauf als Konzertmeister in Luzern, von 1928 bis 1933 in Berlin, 1935 – 37 in Baku (UdSSR) und darauf bis 1938 in Budapest. Dann emigrierte er nach Palästina, wurde Solobratschist des Israelischen Philharmonischen Orchesters und Mitglied des Israelischen Streichquartetts und wirkte seit 1951 als Leiter der Israelischen Musikakademie und seit 1961 als Professor der Universität in Tel Aviv. Dort starb er am 6.7.1977.

WERKE

Von Ödön Partos sind »Sinfonische Sätze«, eine sinfonische Elegie, eine sinfonische Fantasie, 2 Bratschenkonzerte, ein Rondo über ein sephardisches Thema für Kammerorchester, ein Violinkonzert, ein Bratschenkonzert, ein Stück für zwölf Harfen, ein Konzert für Flöte, Klavier und Streicher, ein Concertino für Streichquartett, Maquammat für Flöte und Streicher, ein Stück für Bratsche, Klavier und Schlagzeug, ein Concertino für Flöte und Klavier, eine Psalmvertonung für Chor und Kammerorchester, eine Fantasie über jemenitische Themen für Chor und Orchester, eine Kantate, Lieder und Gesänge bekannt geworden. Er holte sich viele Anregungen aus der Volksmusik und wandte sein Interesse auch der Musik des gesamten Orients zu; er zog die Form des Maquam mehrfach heran.

Thomas Pasatieri (geboren 1945)

LEBEN

Thomas Pasatieri wurde am 20.10.1945 in New York geboren. Er studierte in seiner Geburtsstadt an der Juilliard School of Music, an der er anschließend Komposition unterrichtete, bis er in gleicher Eigenschaft an der Manhattan School wirkte.

WERKE

Das kompositorische Schaffen von Thomas

Pasatieri ist zum größten Teil der Oper gewidmet, wenn man von seinen mehr als 400 Liedern absieht. Er schrieb ungefähr 10 Opern, außerdem eine balladeske Kantate für Sopran, Bariton und Klavier. Der Stil des Komponisten ist neuklassizistisch, er nützt jedoch alle Klangkombinationen aus, um seinen Bühnenstücken möglichst viel Farbe zu verleihen.

Claude Pascal (geboren 1921)

LEBEN

Claude Pascal wurde am 19.2.1921 in Paris geboren. Er war am Conservatoire seiner Vaterstadt Schüler von Henri Busser, Jean Gallon, Noël Gallon, Louis Laloy und Yves Nat (28. 12.1890, Béziers, bis 31.8.1956, Paris). Er wirkte ab 1944 an der Opéra-Comique als Leiter des Chorwesens, seit 1956 unterrichtet er am Conservatoire Chorführung und Komposition.

WERKE

Neben einer lyrischen Szene und einem Ballett schrieb Claude Pascal ein Harfenkonzert, ein Cellokonzert, ein Konzert für Klavier und Kammerkonzert, ein Bläseroktett, ein Streichquartett, ein Triptychon für Cello und Klavier, »Sechs Stücke« für Klavier mit Flöte, mit Klarinette, mit Trompete, eine Sonate für Oboe mit Klavier und eine für Cello mit Klavier, ein Saxophonquartett, eine Sonate für Horn, 2 Violinsonaten, eine Sonatine und ein Impromptu für Altsaxophon und Klavier, Chöre und Lieder. Er veröffentlichte eine Orchesterbearbeitung von »Die Kunst der Fuge« von Johann Sebastian Bach.

Pascal de l'Estocart
(um 1540 bis nach 1584)

ZEIT UND UMWELT

Die Psalmübersetzungen von Clément Marot und Théodore de Bèze wurden von Komponisten des 16. Jahrhunderts immer wieder vertont. Die wirklich vorzüglichen Texte waren überall bekannt, ihre musikalische Ausdeutung erweckte stets neues Interesse.

LEBEN

Pascal de l'Estocart (Paschal) wurde um 1540 in Noyon geboren. Er reiste viel in Italien und dürfte dort auch seine Ausbildung empfangen oder zumindest vervollständigt haben. Im Jahre 1582 wirkte er in Nancy und 1583 in Basel und in Genf. Obschon er selbst kein Hugenotte war, hielt er enge Beziehungen zur Reformation aufrecht. Er ist nach 1584 gestorben. Sein Sterbeort ist unbekannt.

WERKE

Die Kompositionen von Pascal de l'Estocart sind stark dem italienischen Madrigalstil verpflichtet, besonders seine 8 Motetten und 34 sakralen Chansons. Seine mehrstimmigen Gesänge wurden über die Grenzen der Konfessionen hinaus sehr geschätzt, vor allem jedoch seine 150 Psalmenvertonungen. Für eine fünfstimmige Motette erhielt er beim Puy d'Evreux im Jahre 1584 den Preis einer silbernen Harfe.

LITERATUR

S. Fornaçon, L'Estocart und sein Psalter, Die Musikforschung XIII, 1960.

Wassili Paschkjewitsch (um 1742 – 97)

ZEIT UND UMWELT

Zarin Katharina II. holte nicht nur viele ausländische Musiker an ihren Hof, sie ermutigte auch einheimische Talente, an der Bildung einer russischen Musik mitzuwirken. Sie förderte die Komposition von Opern auf russische Texte und verfaßte selbst etliche Libretti. Italienische Stilformen waren allerdings auch zu ihrer Zeit vorherrschend; große Chorstellen und Anklänge an die Volksmusik legten aber bereits den Grundstein für die Blüte der russischen Musik im kommenden Jahrhundert.

LEBEN

Wassili Aleksejewitsch Paschkjewitsch wurde um 1742 in St. Petersburg geboren. Er war ab 1763 Violinist am Hoforchester in St. Petersburg und ab 1789 Konzertmeister, Mitglied der Hofsängergesellschaft und Hofballdirektor und starb am 9. 3. 1797 in St. Petersburg.

WERKE

Außer einer Messe a cappella und einer Reihe von Liedern hat Wassili Paschkjewitsch eine Anzahl Singspiele auf russische Texte, die musikalisch der Tradition der Opera buffa folgten, verfaßt. Auch die Michail Matinski (1750, Pokrowskoje, bis um 1825, St. Petersburg), der nur Schriftsteller und kein Komponist war, zugeschriebene Oper »Der St. Petersburger Kaufhof« stammt von ihm. Er räumte in den Singspielen, den Chören einen breiten Platz ein.

Andrei Paschtschenko (1883–1972)

LEBEN

Andrei Filippowitsch Paschtschenko wurde am 3.8.1883 in Rostow geboren, wo er seine erste musikalische Ausbildung erhielt. Während seiner Tätigkeit als Bibliothekar des Hoforchesters und späteren Leningrader Philharmonie studierte er von 1914 bis 1917 bei Maksim Osejewitsch Steinberg (4.7.1883, Vilnius, bis 6.12.1946, Leningrad) Komposition. Er starb am 16.11.1972 in Moskau.

WERKE

Neben 17 Opern, zahlreichen Schauspiel- und Filmmusiken schrieb Andrei Paschtschenko 15 Sinfonien, 4 Sinfoniettas, 8 sinfonische Dichtungen, eine Anzahl kleinere Orchesterstücke, ein Violinkonzert, ein Cellokonzert, 9 Streichquartette, ein Oratorium, eine Anzahl Kantaten, Oden, Chöre, Lieder und Volksliedbearbeitungen.

Francesco Pasquali
(um 1580 bis nach 1633)

ZEIT UND UMWELT

So sehr sich das Madrigal im Verlauf des 16. Jahrhunderts in Struktur und Technik verändert hatte, blieb es doch die beliebteste Form der verschiedenen Gesangstypen. Der Begriff des Madrigals wurde immer weiter gefaßt, so daß man nahezu jede Liedgattung so bezeichnen durfte. Auch Soli und Duette mit Instrumentalbegleitung fielen darunter, obgleich sie sich von der Urform sehr weit entfernt hatten.

LEBEN

Francesco Pasquali (Paschali, Pascale) wurde um 1580 in Cosenza geboren, aber in Rom ausgebildet, wo er auch sein Leben verbrachte. Über sein Wirken als Musiker ist nichts bekannt, sein Name ist nur im Zusammenhang mit seinen Werken überliefert. Er dürfte in Rom nach 1633 gestorben sein.

WERKE

Von dem italienischen Komponisten Francesco Pasquali sind 3 Bücher Madrigale und einige weitere mit profanen und sakralen Gesängen für eine bis fünf Stimmen erschienen, die dem Mischstil (Stile misto) aus alten und neuen Strukturen zuzurechnen sind.

Nicolò Pasquali (um 1713–57)

ZEIT UND UMWELT

Dublin und Edinburgh waren für nach London zugereiste Musiker, die dort kein zusagendes Betätigungsfeld fanden, Ausweichstellen, von wo sie zuweilen mehrmals nach London zurückkamen, um erneut zu versuchen, dort Fuß zu fassen – und sich dann doch mit dem Wirkungskreis, den sie in Schottland oder Irland gefunden hatten, zufriedengaben.

LEBEN

Nicolò Pasquali wurde um 1713 in Italien geboren. Über seine Tätigkeit, ehe er 1740 nach Edinburgh und 1743 nach London kam, ist nichts bekannt. Er ließ sich in der englischen Hauptstadt als Violinist nieder und erhielt 1745 die Leitung des Opernorchesters. Im Jahr 1748 ging er nach Dublin, kehrte aber 1750 nach London zurück und versuchte es zwei Jahre darauf erneut mit Dublin, erhielt dann bald darauf die Stelle eines ersten Violinisten an der Musical Society in Edinburgh, wo er auch Konzerte arrangierte und als Violinlehrer bis zu seinem Tod am 13. 10. 1757 wirkte.

WERKE
Außer einem Pasticcio und einigen Arien verfaßte Nicolò Pasquali ein »Solemn Dirge on Romeo and Juliet« (Feierlicher Trauergesang für Romeo und Julia), 6 Sonaten für Violine und Generalbaß, 6 Sonaten für zwei Violinen, Bratsche und Generalbaß, 12 Ouvertüren für Streicher, Bläser und Pauken. Er veröffentlichte eine Generalbaßlehre und eine Fingersatzschule für Cembalo.

Marc'Antonio Pasqualini
(1614–91)

ZEIT UND UMWELT
Maffeo Barberini sorgte als Papst Urban VIII. großzügig für seine Familie. Zwei Neffen wurden Kardinäle, ein dritter Fürst von Palestrina, ein Bruder erhielt lukrative Ämter und ein zweiter einen Kardinalshut. Alle verwendeten wie der Papst selbst einen großen Teil ihres Reichtums zur Ausgestaltung der Stadt Rom und zur Hebung des kulturellen Lebens. Neben den Prachtbauten und der Förderung der bildenden Künste war die Musik für alle ein besonderes Anliegen.

LEBEN
Marc'Antonio Pasqualini wurde am 23. 4. 1614 in Rom geboren. Er erhielt seine musikalische Ausbildung als Chorknabe an San Luigi de'Francesi und wurde zum Kastraten. Er wirkte von 1634 bis 1659 als päpstlicher Kapellsänger und gleichzeitig im Palast des Kardinals Antonio Barberini. Als der Kardinal nach dem Tod des Papstes vor einer peinlichen Untersuchung des nächsten Papstes nach Paris flüchtete, begleitete ihn Pasqualini und trat dort als Opernsänger auf, kehrte aber wieder zurück und starb in Rom am 1. 7. 1691.

WERKE
Der italienische Sänger und Komponist verfaßte 9 Kantaten für eine Stimme mit Generalbaß.

LITERATUR
A. Cametti, Marc'Antonio Pasqualini, in: Musica d'oggi III, 1921.

Bernardo Pasquini (1637–1710)

ZEIT UND UMWELT
Wie die römischen Kirchenfürsten gegeneinander in Wettbewerb traten, um die bedeutendsten Musiker für ihre Kirchen zu gewinnen und deren Kapellen Glanz und auch Zugkraft zu verleihen, so strengten sich die führenden Adelshäuser an, Musiker von Rang in ihre Paläste zu bekommen. Sehr oft liefen diese Bemühungen parallel, weil ein Großteil der höchsten kirchlichen Amtsträger ohnehin diesem Adel entstammte. Welche Beweggründe im einzelnen zur Förderung von Komponisten und Interpreten führten, ist rückblickend unwichtig, sie haben sich für die Entwicklung der Musik jedenfalls günstig ausgewirkt. Der Künstler konnte sich frei entfalten und entwuchs auch allmählich seiner Stellung als Bedienter, die er im Bereich der Kirchen ohnehin nur selten gehabt hatte; er durfte, umworben und geachtet, zuweilen sogar den Schritt zum unabhängigen Künstlertum ohne Dienstverhältnis wagen. Das galt allerdings vorläufig nur für Rom, wo der Bedarf an Musikern nahezu grenzenlos war.

LEBEN
Bernardo Pasquini wurde am 7. 12. 1637 in Massa di Valdinievole geboren. Er war Schüler von Loreto Vittori und Marc'Antonio Cesti und betreute den Organistendienst verschiedener römischer Kirchen: Chiesa Nuova von 1661 bis 1663, Santa Maria in Aracoeli 1664, Santa Maria Maggiore 1665 bis 1667 und San Luigi de'Francesi 1673 bis 1675. Von 1664 bis 1685 wirkte er auch als erster Organist am Oratorio del Santissimo

Crocifisso. Gleichzeitig wurde er von bedeutenden Adelshäusern als Cembalist und Kapellmeister engagiert und als Gast aufgenommen. Er spielte auch bei Opernaufführungen und war ein gesuchter Lehrer. Auf seinen Reisen trat er am Hof Ludwigs XIV. und in Wien vor Kaiser Leopold I. auf. Er starb in Rom am 21. 11. 1710.

WERKE
Die bemerkenswertesten Werke des italienischen Komponisten Bernardo Pasquini sind jene für Tasteninstrumente: 24 Toccaten, 18 Partiten, 11 Suiten, 14 Sonaten für zwei Cembali und eine Anzahl weiterer Stücke in Sammelwerken. Seine Vokalmusik besteht aus zahlreichen Arien, Motetten und Kantaten, die zum Teil polyphon, zum weit größeren Teil aber monodisch gearbeitet sind, und aus über 10 Oratorien. Außerdem brachte er 14 Opern heraus, die sehr gefielen. Pasquini war der erste Suitenkomponist Italiens und hat diese Kompositionsgattung mit seiner freien Technik populär gemacht. Seine Toccaten sind noch traditionsgebunden.

LITERATUR
V. Virgili, Bernardo Pasquini, Pescia 1908.

Ercole Pasquini (um 1555 bis nach 1608)

ZEIT UND UMWELT
Die hohe Qualität der Musikausbildung in Ferrara wurde in ganz Italien sehr geschätzt. Es gingen ausgezeichnete Organisten daraus hervor, die überall willkommen waren, auch an Kirchen, die die höchstmöglichen Anforderungen an ihre Musiker stellten.

LEBEN
Ercole Pasquini wurde um 1555 in Ferrara geboren und dort von Alessandro Milleville zum Organisten ausgebildet. Von 1583 bis 1587 war er in seiner Geburtsstadt selbst als Organist und Orgellehrer tätig. Dann erhielt er den Ruf an die Cappella Giulia am Petersdom in Rom als Domorganist. Er wirkte in dieser Stelle bis 1608 und dürfte bald darauf in Rom gestorben sein.

WERKE
Die Orgelkompositionen des italienischen Komponisten Ercole Pasquini stehen stilistisch zwischen dem venezianischen und dem Stil des Barockmeisters Girolamo Frescobaldi. Von Pasquini sind zahlreiche Messen, kirchliche Gesänge und Madrigale, außerdem noch viele Stücke für Orgel oder Cembalo überliefert, die von Zeitgenossen sehr geschätzt, aber über die großen Leistungen des 17. Jahrhunderts auf diesem Gebiet bald vergessen wurden.

Francesco Passarini (1636–94)

ZEIT UND UMWELT
Neben den öffentlichen Musikschulen, den Domschulen und den Akademien wurde und wird heute noch in verschiedenen Ordenshäusern vorzüglicher Musikunterricht erteilt, an dem allerdings zumeist nur Ordensmitglieder oder Anwärter auf die Mitgliedschaft teilnehmen. Damit haben einige große Orden, wie zum Beispiel der Franziskanerorden, eine eigene Musiktradition herausgebildet, die wohl mit der allgemeinen Entwicklung Schritt hielt, aber dennoch bestimmte, für sie typische Eigenarten besonders pflegte.

LEBEN
Francesco Passarini (Passerini, Taufname: Camillo) wurde am 10. 11. 1636 in Bologna geboren. Er wurde Franziskaner und erhielt seine Ausbildung im Ordenshaus in Bologna. Von 1662 bis 1663 war er Organist in Ferrara, dann in Correggio und in Bologna, wirkte 1666 als Kapellmeister in Ravenna, darauf von 1667 bis 1672 an San Francesco in Bologna, 1673 an San Giovanni in Persiceto und bis 1680 an Santa Maria Gloriosa dei Frari in Venedig. Ab 1681 war er erneut Kapellmeister in Bologna an San Francesco, wirkte von 1691 bis 1692 in Florenz und bis 1693 in Pistoia. Er starb in Bologna am 23. 9. 1694.

WERKE
Der italienische Komponist Francesco Passa-

rini schrieb im konzertanten Barockstil mit großem Instrumentenaufgebot. Er verfaßte 4 Oratorien »Il sacrifizio d'Abramo« (Das Opfer Abrahams), »Dio placato« (Versöhnung Gottes), »Abramo sacrificante« (Abraham bei der Opferung) und »Il martirio di San Sebastiano« (Das Martyrium des heiligen Sebastian), weiters konzertante Psalmen für drei bis sechs Stimmen mit Violinen und unbegleitet, fünfstimmige Marienlitaneien mit zwei Violinen und Orgel, Marienantiphonen für eine Stimme, konzertante Kompletorien für fünf Stimmen, Violinen und Orgel, achtstimmige Messen mit Generalbaß der Orgel und zahlreiche weitere sakrale Werke, die alle die typische Lebhaftigkeit der »Franziskanermusik« aufweisen.

Passereau
(um 1485 bis um 1550)

ZEIT UND UMWELT
Die Chansons von Paris waren stets etwas locker. Auch ein Kleriker konnte davor nicht die Ohren verschließen. Sie blieben dabei immer elegant und geistreich. Textdichter überboten einander mit zweideutigen, aber gut geschliffenen Versen.

LEBEN
Passereau, sein Vorname ist unbekannt, dürfte in Paris um 1485 geboren sein. Im Jahre 1509 war er Kurat an St. Jacques de la Boucherie in Paris, wirkte dann als Kapellsänger am Hof des Herzogs von Angoulême, der später als Franz I. König wurde, und wurde 1535 Sänger an der Kathedrale Saint-Etienne von Bourges, wo er vermutlich um 1550 gestorben ist.

WERKE
Von Passereau sind eine Motette und 23 sehr obszöne vierstimmige Chansons erhalten, die nicht nur wegen des Textes sehr berühmt und beliebt waren. Musikgeschichtlich sind sie als Chansons im echten Volkston, die trotzdem das künstlerische Niveau nicht verließen, interessant.

LITERATUR
Fr. Lesure, 2 Chansons, in: Anthologie de la chanson parisienne au XVIe siècle, Monaco 1953.

Georg von Pasterwitz (1730–1803)

LEBEN
Georg von Pasterwitz (Pasterwiz, eigentlicher Taufname: Robert) wurde am 7. 6. 1730 in Bierhütten bei Passau geboren. Er war Schüler der Stiftsschulen Niederaltaich und Kremsmünster, wo er in den Benediktinerorden eintrat. Anschließend studierte er in Salzburg Theologie, Jurisprudenz und bei Johann Ernst Eberlin Musik. Von 1767 bis 1783 wirkte er in Kremsmünster als Lehrer und Regens chori, anschließend nach kurzem Pfarrdienst als Vertreter des Stiftes beim Hof in Wien bis 1795 und sodann bis zu seinem Tod am 26. 1. 1803 als Dekan der Stiftsschulen in Kremsmünster.

WERKE
Mit seinen mehr als 300 Werken war Georg von Pasterwitz einer der fleißigsten Komponisten der zweiten Hälfte des 18. Jahrhunderts. Gedruckt wurden von ihm 8 Fugen für Orgel oder Cembalo und »Dreyhundert Themata und Versetten« für Orgel. Handschriftlich liegen 10 Messen, ein Requiem, eine große Anzahl kirchlicher Gesänge, viele Orgelstücke, 22 Menuette für Orchester und zahlreiche Bühnenstücke vor. Daß ihn sein Aufenthalt in Wien der Klassik nahebrachte, ist vielen seiner Werke anzusehen. Grundsätzlich ging er bei seiner Kirchenmusik von der Gregorianik und der neapolitanischen Gesangskunst aus.

Edward Paston (um 1500 bis nach 1560)

ZEIT UND UMWELT
König Heinrich VIII. von England war selbst Musiker und Komponist und wünschte auch für seine Kinder eine umfassende musikalische Ausbildung. Ihm lag die Musikkultur

seines Landes sehr am Herzen; er wollte ihr Niveau dadurch sichern, daß er die Mitglieder seines Hauses zu Musikliebhabern und Musikkennern erziehen ließ.

LEBEN
Edward Paston wurde um 1500 vermutlich in London geboren. König Heinrich VIII. bestellte ihn zum Musiklehrer für seine Tochter Maria, der nachmaligen Königin Maria I. Noch ehe diese den Thron bestieg (1553), verließ Paston England und begab sich nach Italien. Dort sammelte er Stücke für Lautentabulaturen, zu denen er selbst eine Anzahl komponierte. Er dürfte in Italien nach 1560 gestorben sein.

WERKE
In den Büchern mit Lautentabulaturen, die der englische Lautenist Edward Paston in Italien veröffentlichte, findet sich eine Anzahl eigener Kompositionen – frei komponierte Fantasien für Laute –, die sehr ansprechend und für den Entwicklungsstand der Lautenkomposition in England bezeichnend sind.

Pedro de Pastrana
(um 1485 bis nach 1555)

ZEIT UND UMWELT
Stadt und Provinz Valencia wurden zwar mit den anderen Ländern der aragonesischen Krone unter den Katholischen Königen Ferdinand und Isabella vereinigt, behielten aber doch eine gewisse verwaltungstechnische Sonderstellung.

LEBEN
Pedro de Pastrana wurde um 1485 vermutlich in Aragón geboren. Ab dem Jahr 1510 war er Kaplan und Kantor in der Kapelle König Ferdinands V. von Aragón, von 1527 bis 1534 wirkte er in der Kapelle Kaiser Karls V., darauf in Valencia beim Herzog von Kalabrien als Kapellmeister und in gleicher Eigenschaft 1547–55 bei Philipp, dem nachmaligen König Philipp II. von Spanien (1527 bis 1598). Er starb nach 1555 vermutlich in Valladolid.

WERKE
Von Pedro de Pastrana sind eine sechsstimmige Messe, 4 vierstimmige Magnificat, eine sechsstimmige und 4 vierstimmige Motetten, ein einstimmiges, ein dreistimmiges und ein vierstimmiges Villancico erhalten. Der Stil dieser Kompositionen ist etwas schwerfällig, aber klangvoll.

LITERATUR
H. Anglès, La música en la corte de Carlos V, Barcelona 1965.

Carlos Patiño (um 1600–75)

ZEIT UND UMWELT
Bis in das 14. Jahrhundert war Gallego, die Sprache von Galicia, neben dem Katalonischen das von lyrischen Dichtern und Sängern der Landschaft südlich der Pyrenäen bevorzugte Idiom. Die berühmten Canatigas von Alfonso el Sabio (1230–84) haben Texte in Gallego. In den folgenden Jahrhunderten wurde die Sprache vom Spanischen und dem Portugiesischen zurückgedrängt. Die Kulturträger der Provinz bedienten sich einer der beiden Sprachen.

LEBEN
Carlos Patiño wurde um 1600 in Santa Maria del Campo, Cuenca, geboren. Im Jahr 1628 wurde er Leiter des Knabenchores am königlichen Kloster Incarnación in Madrid und wirkte ab 1633 als Nachfolger von Matheo Romero als Hofkapellmeister bis zu seinem Tod am 5. 9. 1675.

WERKE
Vom galicischen Komponisten Carlos Patiño sind zahlreiche Messen für acht Stimmen (eine für zwölf Stimmen), Motetten und Psalmen und eine beträchtliche Anzahl Bühnenmusik überliefert. Man kann Patiño als einen der ersten echten Barockkomponisten der Iberischen Halbinsel bezeichnen. Sein Werk hat bislang wenig Beachtung gefunden.

Literatur

V. Silvari, Galería biográfica de músicos gallegos, La Coruña 1874.

Serafino Patta (um 1565 bis nach 1619)

Zeit und Umwelt

Der Benediktinerorden, der im 15. Jahrhundert viel von seiner ehemaligen Bedeutung eingebüßt hatte, konzentrierte besonders in Italien und vor allem in seiner Stammabtei Monte Cassino seine Kräfte auf das wissenschaftliche und künstlerische Feld und zeigte sich allen neuen Tendenzen der Zeit gegenüber äußerst aufgeschlossen. Daher schwenkten seine Musiker ohne Zögern in den Stil des 17. Jahrhunderts ein und setzten sich auf dem Gebiet der Kirchenmusik sogar an die Spitze des Fortschrittes.

Leben

Serafino Patta wurde um 1565 in Mailand geboren. Er trat in den Benediktinerorden des Klosters Monte Cassino ein und wurde dort zum Organisten ausgebildet. Darauf wirkte er als Organist in Cesena (ab 1606), Reggio Emilia (ab 1609), Pavia (1613/14) und neuerlich ab 1619 in Cesena, wo er in einem der folgenden Jahre starb.

Werke

Der Organist Serafino Patta war der erste Vertreter der Monodie in der Kirchenmusik. Seine Canzone instrumentali für zwei Stimmen und Basso continuo waren die ersten ihrer Art. Seine Psalmen, Litaneien und geistlichen Lieder sind monodisch auf Basso continuo aufgebaut, seine »Motetti e Madrigali per cantar solo sull'organo, clavicembalo o chitarrone« (Motetten und Madrigale für Solo und Orgel, Cembalo oder Chitarrone) sind rückhaltlos dem Frühbarock zuzurechnen. Außerdem sind von Patta fünfstimmige Psalmen mit Orgelbegleitung überliefert, die derselben Stilgattung angehören.

Ernst Pauer (1826–1905)

Leben

Ernst Pauer wurde am 21.12.1826 in Wien geboren. Dort war er Schüler von Simon Sechter und Wolfgang Amadeus Mozart dem Jüngeren (1791–1844) und in München von Franz Lachner. Ab 1847 wirkte er als Musikdirektor in Mainz. Nachdem er ab 1851 in London mehrfach mit Erfolg als Pianist aufgetreten war, wurde er 1859 Professor an der Royal Academy of Music. Er veranstaltete in der englischen Hauptstadt laufend historische Klavierkonzerte und hielt Vorträge über die Geschichte der Harfen- und der Klaviermusik. Er starb am 9.5.1905 in Jugenheim bei Darmstadt.

Werke

Von Ernst Pauer sind Klaviersonaten, Kammermusik, einige Orchesterstücke und 3 Opern überliefert. Bedeutender als diese Kompositionen waren seine Arbeiten über alte Meister der Tasteninstrumente und die Herausgabe ihrer Werke. Ebensowichtig für seine Zeit waren seine Bearbeitungen der Sinfonien von Ludwig van Beethoven und Robert Schumann für Klavier zu vier und acht Händen, weil solche Arrangements das einzige Mittel darstellten, sinfonische Musik einem breiten Publikum zur Kenntnis zu bringen, das keine Möglichkeit hatte, sie im Konzertsaal zu hören.

Jiří Pauer (geboren 1919)

Leben

Jiří Pauer ist am 22.2.1919 in Libušín, Böhmen, geboren. Er war zunächst Schüler von Alois Hába, sodann an der Musikakademie in Prag von Pavel Bořkovec (10.6.1894, Prag, bis 22.7.1972, Prag). Von 1947 bis 1952 war er im Prager Schulministerium tätig, wirkte sodann bis 1955 als Leiter des Nationaltheaters. Seit 1958 ist er künstlerischer Leiter der tschechischen Philharmonie und ab 1963 Generalsekretär des tschechischen Komponistenverbands.

WERKE
Neben 6 Opern schrieb Jiří Pauer eine Sinfonie, mehrere Orchesterstücke, ein Oboenkonzert, ein Hornkonzert, ein Fagottkonzert, ein Nonett, ein Bläserquintett, 3 Streichquartette, ein Klaviertrio, eine Sonatine für Baßklarinette und Klavier und eine für Violine und Klavier, 12 Duette für zwei Celli, Stücke für Soloklarinette und für Soloflöte, Bagatellen für Klavier, Gesänge mit Orchester und mit Klavier, Kinderlieder und Massenlieder, außerdem ein Concertino für Vierteltonklarinette und Kammerorchester.

Paul de Villesavoye (1683–1760)

ZEIT UND UMWELT
Die zentrale Stellung der französischen Hauptstadt war auch im 18. Jahrhundert derart eindeutig, daß aus den Provinzen – und aus dem Ausland – zahlreiche aufstrebende Künstler zuwanderten. Daß ein Musiker aus Paris seinen Wirkungskreis in einer Provinzstadt suchte, muß als Ausnahmefall bezeichnet werden.

LEBEN
Paul de (la) Villesavoye wurde 1683 in Paris geboren. Ab 1703 hielt er sich in Lyon auf und dirigierte von 1718 bis 1731 die Konzerte der Académie des Beaux-Arts. Im Jahr 1738 wurde er zum Kapellmeister am Münster von Straßburg ernannt, wo er am 28. 5. 1760 starb.

WERKE
Die Kirchenwerke des französischen Komponisten Paul de Villesavoye sind außer der Motette »O mi Jesu salus« (O mein Jesus, Du Heil) verlorengegangen. Erhalten sind eine Idylle und mehrere Airs à boire.

Frédéric Hubert Paulin (1678–1761)

ZEIT UND UMWELT
Die Musik in den französischen Kirchen ging im 18. Jahrhundert sehr verschiedene Wege. Diese bewegten sich zwischen strengstem Traditionalismus – Gregorianik, Polyphonie – und Kompositionen, die der Profanmusik sehr angenähert waren und bei denen die Empfindsamkeit immer mehr überwog.

LEBEN
Frédéric Hubert Paulin wurde 1678 vermutlich in Paris geboren. Er war von 1706 bis 1715 Serpentbläser an St-Honoré, dann wurde er Kapellmeister und blieb in dieser Stellung bis zu seinem Tod am 25. 1. 1761.

WERKE
Vom französischen Komponisten Frédéric Hubert Paulin sind ein Buch Motetten für eine und zwei Stimmen mit Generalbaß und Airs sérieux et à boire überliefert. Seine übrigen Werke sind verlorengegangen.

Holger Simon Paulli (1810–91)

ZEIT UND UMWELT
Das Musikleben in Kopenhagen stand um die Mitte des 19. Jahrhunderts völlig unter dem Einfluß von Emil Hartmann und Niels Wilhelm Gade, die zwar einen unaufdringlichen nationalen Ton anschlugen, im Grund aber Schüler der deutschen Romantik waren, insbesondere von Felix Mendelssohn-Bartholdy und Robert Schumann einerseits und Richard Wagner auf der anderen Seite.

LEBEN
Holger Simon Paulli wurde am 22. 2. 1810 in Kopenhagen geboren. Er war Violinschüler von Claus Schall und trat hierauf in das Königliche Orchester ein, wo er 1864 Kapellmeister wurde. Er dirigierte auch andere Ensembles der Stadt, wie das der Caecilia Foreningen, und wurde 1866 einer der Direktoren des Konservatoriums. Als einer der ersten Anhänger Richard Wagners in Dänemark dirigierte er die ersten Aufführungen des »Lohengrin« und der »Meistersinger«. Er starb am 23. 12. 1891 in Kopenhagen.

WERKE
Von Holger Simon Paulli sind eine Oper, 13 Ballettmusiken, eine Ouvertüre, mehrere

Violinstücke und Lieder bekannt geworden. Als Dirigent erwarb er sich große Verdienste.

Paulus de Florentia (nach 1350 – 1419)

Zeit und Umwelt

Neben Wissenschaften und Künsten wurde in der Renaissance das gesellschaftliche Leben gepflegt; verfeinerte Sitten zogen ein, die Feste der oberen Schichten wurden zu kulturellen Veranstaltungen. Das galt auch für den Klerus, der rege daran teilnahm und, je nach Fähigkeit und Neigung, zu ihrer Ausgestaltung beitrug.

Leben

Paulus de Florentia (Dom Paghollo, Paolo da Firenze) wurde nach 1350 geboren. Er war, zumindest dem Titel nach, Abt des Camadulsenserklosters Pozzoveri bei Lucca und hielt sich nach der Jahrhundertwende in Rom beim florentinischen Kardinal Acciaiuoli auf. Er starb im September 1419 in Arezzo.

Werke

Von Paulus de Florentia sind 31 weltliche Stücke und ein dreistimmiges Benedicamus erhalten. Etwa ein Drittel der Stücke sind Madrigale. Seine Musik wirkt im Verhältnis zu zeitgenössischen Kompositionen anderer Meister stark retrospektiv.

Literatur

K. v. Fischer, Paolo da Firenze, Serie musicologica IX, Bologna 1969.

Paulus de Roda (um 1445 bis um 1500)

Zeit und Umwelt

Die Mehrstimmigkeit hatte sich in der zweiten Hälfte des 15. Jahrhunderts nahezu im gesamten Bereich der europäischen Musik durchgesetzt, auch für die volkstümliche Tanzmusik. Mehrere Jahrhunderte mußten vergehen, bis das gleichzeitige Erklingen mehrerer Töne in Intervallabständen zum allgemeinen Bedürfnis wurde und einstimmige Melodik unbefriedigend wirkte.

Leben

Paulus de Roda (Rhoda) wurde um 1445 vermutlich in Deutschland geboren. Über seine Lebensumstände ist außer seiner vermutlichen Zugehörigkeit zum Klerus nichts bekannt. Es kann auch nicht festgestellt werden, wo und wann er gestorben ist.

Werke

Von Roda sind etliche mehrstimmige Sätze und ein Tanz überliefert. Seine Musik wirkt stark volkstümlich und ist für das Eindringen des mehrstimmigen Satzes in das Gebiet der Volksmusik bemerkenswert.

Literatur

H. Riemann, Der Mensuralkodex des Magisters N. Apel, Kirchenmusikalisches Jahrbuch XII, 1897.

Conrad Paumann (1409–73)

Zeit und Umwelt

Die ab 1219 reichsfreie Stadt Nürnberg erfuhr im 15. Jahrhundert durch ihre günstige verkehrspolitische Lage einen starken Aufschwung zu wirtschaftlichen, politischen und kulturellen Höhepunkten. Die Stadt schenkte der Welt Künstler vom Format eines Veit Stoß (um 1445–1533), Adam Kraft (1469–1509), Peter Vischer d. Ä. (1460 bis 1529), Albrecht Dürer (1471–1528), Peter Vischer d. J. (1487–1528), Hans Sachs und Conrad Paumann als zeitlich ersten deutschen Organisten und Orgelkomponisten von Rang.

Leben

Conrad Paumann wurde zu Nürnberg am 23. 10. 1409 (nach anderen Quellen zwischen 1410 und 1415) blind geboren. Der Nürnberger Patrizier Ulrich Grundherr (und nach dessen Tod sein Sohn Paul) erkannten das frühe Talent Paumanns und sorgten für seine musikalische Ausbildung. Im Jahre 1446 heiratete er die Bürgerstochter Marga-

rete Weichserin, nachdem er kurz davor an der von Heinrich Traxdorf in der Nürnberger Sebalduskirche neu erbauten Orgel als Organist bestellt worden war. Im Jahre 1451 trat Paumann in den Dienst der Herzöge von Bayern und wohnte von da an in München, wo er ein eigenes Haus besaß. Auf einer Kunstreise nach Italien erregte er durch sein Spiel auf der Orgel und auf verschiedenen anderen Instrumenten als Cieco miracoloso (wunderbarer Blinde) großes Aufsehen. Mehrere Fürsten bemühten sich, ihn an ihre Höfe zu holen. Auf dem Reichstag des Jahres 1471 zu Nürnberg spielte er vor den deutschen Fürsten und wurde mit Ehren überhäuft. Er starb in München am 24. 1. 1473 und wurde in der Marienkirche als Ritter Paumann beigesetzt.
Der Nürnberger Dichter und Komponist Hans Rosenplüt feierte in seinem Lobgedicht auf die Stadt (1447) den Ruhm seines Landsmannes mit begeisterten Worten.

Conrad Paumann mit all seinen Instrumenten

Sein Sohn und Schüler Paul Paumann (gestorben 1517, München) folgte ihm in sein Amt als Münchner Hoforganist und setzte die Tradition der vom Vater begründeten deutschen Orgelkunst fort.

WERKE

Von den zahlreichen Werken des Magisters Conrad Paumann Caecus ist sehr wenig erhalten. Ein dreistimmiges Lied auf den Text »Weiblich Figur, bei Dir ist nur Aller Welt mein höchstes Heil« ist berühmt geblieben. Außerdem sind etliche Orgelstücke und Liedsätze überliefert, die von der kompositorischen Kraft des Meisters zeugen.
Seine Lehrwerke (Fundamenta) für Orgelspiel und Kontrapunkt liegen in mehrfachen Ausgaben vor. Es handelt sich dabei um Kompositions- und Spielanweisungen in systematischer Ordnung, einem Tenor-Cantus-firmus, zwei- und dreistimmig, mit griffgerechten Figuren und Formeln eine oder zwei Parallelstimmen hinzuzufügen.

LITERATUR

Chr. Wolff, Conrad Paumanns Fundamentum organisandi und seine verschiedenen Fassungen, Archiv für Musikwissenschaft XXV, 1968.

Bernhard Paumgartner (1887–1971)

LEBEN

Bernhard Paumgartner wurde am 14.11.1887 in Wien geboren. Er studierte in Wien Rechtswissenschaft, Musikgeschichte und Musik und wirkte von 1917 bis 1938 und von 1945 bis 1959 als Direktor des Mozarteums in Salzburg, war Mitbegründer der Salzburger Festspiele, Mitglied ihres Kuratoriums und ab 1960 deren Präsident – seit 1970 Ehrenpräsident. Ab 1922 leitete er das Mozarteum-Orchester, 1945 gründete er die Camerata academica in Salzburg, wo er am 27.7.1971 starb.

WERKE

Neben 3 Opern und 3 Balletten schrieb Bernhard Paumgartner mehrere Schauspielmusiken, eine »Ouvertüre zu einem ritterlichen Spiel«, ein Concerto für Singstimmen, Oboe, Streicher und Cembalo, Frauenchöre und Lieder. Er veröffentlichte außerdem zahlreiche Traktate und Essays über musikhistorische und musiktheoretische Themen.

Bernhard Paumgartner

Stefano Pavesi (1779–1850)

LEBEN
Stefano Pavesi wurde am 22.1.1779 in Casaletto Vaprio bei Cremona geboren und am Conservatorio della Pietà de'Turchini in Neapel von Fedele Fenaroli ausgebildet. Er wirkte von 1818 bis zu seinem Tod am 28.7.1850 als Kapellmeister am Dom von Cremona und gastierte zwischen 1826 und 1830 jedes Jahr als Theaterdirektor in Wien.

WERKE
Von Stefano Pavesi sind ungefähr 60 Opern mit nahezu durchweg großem Erfolg aufgeführt worden. Sie erregten die besondere Bewunderung von Gioacchino Rossini. Seine Kirchenmusik war weniger bedeutend.

Stephen Paxton (1735–87)

ZEIT UND UMWELT
Im England jener Zeit war das leichte, anspruchslose Lied die lukrativste Kompositionsgattung für Verleger, Musikalienhändler und Komponisten, die neben dem Honorar auch noch mit Preisen von verschiedenen Klubs bedacht wurden. Der künstlerische Wert dieser Erzeugnisse war zumeist nicht sehr hoch, wurde aber auch nicht beansprucht. Sie dienten der Unterhaltung, und das war es, was das damalige Publikum von der Musik erwartete.

LEBEN
Stephen Paxton wurde 1735 in London geboren und von William Savage ausgebildet. Er lebte als Komponist und Musiklehrer in London, wo er am 18. 8. 1787 starb.
Sein Bruder William Paxton (1737, London, bis 1781, London) war Cellist und Cellolehrer.

WERKE
Von Stephen Paxton wurde eine große Anzahl Glees und Catches herausgebracht, die begeisterte Aufnahme fanden. Er wurde dafür mit mehreren Preisen bedacht. Er verfaßte auch 2 Messen, die nur durchschnittliche Qualität aufwiesen. Seine Glees wurden wegen ihrer Liebenswürdigkeit und Eleganz sehr gerühmt.
William Paxton erhielt für zwei Kanons ebenso einen Preis des Catch Clubs. Sein Glee »Breathe soft, ye winds« (Blast sanft, ihr Winde) wurde noch lang nach seinem Tod gesungen. Er verfaßte auch Soli und Duos für Celli.

Nicolas Payen (um 1512 – 59)

ZEIT UND UMWELT
Die vom 10. bis zum 11. Jahrhundert erbaute frühromantische Klosterkirche St. Vincent in Soignies war schon früh eine bekannte Stätte der Kirchenmusik. Die Singschule an der Kirche hatte einen sehr

guten Ruf. Dort ausgebildete Sänger wurden überall gerne aufgenommen.

LEBEN
Nicolas Payen (Colin) wurde um 1512 in Soignies geboren. Er war Singknabe an St. Vincent und wurde 1525 von der Königlichen Kapelle Karls V. in Madrid als Sänger übernommen. 1556 erhielt Nicolas Payen, der inzwischen Priester geworden war, die Kapellmeisterstelle des königlichen Hofes, die er bis zu seinem Tod im Jahre 1559 betreute.

WERKE
Von dem flämischen Komponisten Nicolas Payen sind eine Anzahl mehrstimmiger Motetten und über 30 Chansons erhalten. Sein Stil folgt dem der franko-flämischen Schule.

Juan Carlos Paz (1901–72)

LEBEN
Juan Carlos Paz wurde am 5.8.1901 in Buenos Aires geboren. Er war Schüler von Constantino Gaito. Im Jahr 1929 gründete er zur Förderung zeitgenössischer Musik die »Grupo Renovación« (Vereinigung zur Erneuerung) und 1937 mit dem gleichen Ziel die »Agrupación Nueva Música« (Vereinigung für Neue Musik). Er wirkte neben seiner kompositorischen Tätigkeit als Kompositionslehrer und Kritiker bis zu seinem Tod am 25.8.1972 in Buenos Aires.

WERKE
An Hand der Werkgeschichte von Juan Carlos Paz läßt sich die musikalische Stilentwicklung der ersten Hälfte des 20. Jahrhunderts in Argentinien studieren. Er ging von spätromantischen und dann von polytonalen Strukturen aus, gelangte sodann zur Dodekaphonik, die er in den fünfziger Jahren gegen eine freiere, intuitive Technik vertauschte. Er schrieb für Orchester einen »Weihnachtsgesang«, eine Suite, eine Passacaglia, einen sinfonischen Satz, ein Klavierkonzert, eine Passacaglia für Streicher, »Kanonische Transformationen«, 2 Konzerte für Klavier und Bläser und weitere Stücke für Orchester und für Streichorchester, eine Musik für Fagott, Streicher und Schlagzeug, eine Musik für Klavier und Orchester, eine Musik für Schlagzeugensemble, eine Ouvertüre für zwölf Instrumente, ein Stück für elf Bläser, ein Bläseroktett, ein Bläserseptett, 2 Konzerte mit Klavier für Flöte, Oboe, Klarinette, Fagott und Trompete, ein Konzert für Oboe, Trompete, zwei Hörner und Fagott, ein Konzert für Klarinette, elektrische Gitarre, Celesta, Trompete, Posaune und Cello, ein Stück für Flöte, Klarinette, Violine, Cello und Klavier, 3 Streichquartette, ein Trio für Flöte, Saxophon und Klavier, zahlreiche Trios und Duos mit verschiedener Besetzung, 3 Sonaten, 3 Sonatinen, 3 Jazzsätze, 10 dodekaphonische Stücke und weitere Stücke für Klavier, Orgelstücke und Filmmusik. Er publizierte einige musikhistorische Essays. Durch sein unermüdliches Eintreten für avantgardistische Bestrebungen wurde er zur bedeutendsten Persönlichkeit der zeitgenössischen Musik in Argentinien.

Albert Lister Peace (1844–1912)

ZEIT UND UMWELT
Die von William Thomas Best gepflegte Verwendung der Orgel als profanes Instrument, um das englische Publikum mit den Werken bedeutender Komponisten der Gegenwart und der Vergangenheit bekannt zu machen, hat ungeheuer viel zur Hebung des Musikinteresses und zur Verbreitung des Musikverständnisses beigetragen. Diese Art Orgelkonzerte erfreute sich eines ständigen starken Zuspruchs.

LEBEN
Alber Lister Peace wurde am 26.1.1844 in Huddersfield geboren. Er zeigte sehr früh ein auffälliges Musiktalent und spielte bereits mit 9 Jahren in der Pfarrkirche von Holmfirth die Orgel. Im Jahr 1865 wurde er Organist an der Trinity Congregational Church und 1879 nach seinem Studium in Oxford an der Kathedrale von Glasgow; 1897 erhielt er die Organi-

stenstelle an der St. George's Hall in Liverpool, wo er als Nachfolger von William Thomas Best dessen Orgelkonzerte fortsetzte. Er starb am 14.5.1912 in Liverpool.

WERKE

Von Albert Lister Peace sind zahlreiche Anthems, Services und Orgelstücke, eine Vertonung des 138. Psalms für Soli, Chor und Orchester und eine Kantate, »Heiliger Johannes der Täufer«, überliefert. Sein Hauptverdienst bestand aus der Popularisierung guter profaner Musik durch Orgelkonzerte.

Stephen Austen Pearce (1836–1900)

ZEIT UND UMWELT

Das im Zug der Revolution des Jahres 1776 in New York 1754 gegründete King's College »zum Unterricht und der Erziehung der Jugend« wurde 1784 unter dem Titel »Columbia College« neu eröffnet, dessen Umfang sich im Verlauf des 19. Jahrhunderts zur Columbia Universität erweiterte. Auf dem Gebiet der Musik wurden lediglich die theoretischen Fächer - Geschichte, Harmonie- und Kompositionslehre usw. - gelehrt.

LEBEN

Stephen Austen Pearce wurde am 7.11.1836 in London geboren. Er studierte in Oxford, betreute hierauf den Organistendienst verschiedener Londoner Kirchen und gab Orgelkonzerte. Im Jahr 1872 kam er nach New York, wo er seine Organistentätigkeit aufnahm und an mehreren Unterrichtsinstituten, darunter an Columbia College, Harmonie und Komposition lehrte und als Musikschriftsteller und Herausgeber mehrerer Musikzeitschriften wirkte. Zuletzt unterrichtete er an der Universität in Baltimore. Er starb am 9.4.1900 in Jersey City, N.J.

WERKE

Von Stephen Austen Pearce sind eine Kinderoper, ein Oratorium (»Himmlische Vision«), eine Kantate, eine Ouvertüre, ein »Allegro Agitato« für Orchester, Lieder und Stücke für Orgel und für Klavier überliefert. Seine Unterrichtstätigkeit und seine Publikationen waren für die Musikentwicklung der USA von großem Wert.

Robert Lucas Pearsall (1795–1856)

ZEIT UND UMWELT

Alte Madrigale und Kompositionen im Madrigalstil fanden in England im 19. Jahrhundert immer stärkeren Anklang. Der musikalische Historismus der Romantik wies Interpreten und Publikum auf die Zeit der Hochblüte der englischen Kultur, besonders der Dichtung und der Musik des elisabethanischen Zeitalters hin, gegen die alle Leistungen der Gegenwart schwer bestehen konnten. Das Studium alter Musik verstärkte sich von Jahrzehnt zu Jahrzehnt und hatte neben einer deutlichen Verinnerlichung der Gegenwartskomposition eine Fülle von vorzüglichen Nachahmungen alter Stilgattungen zur Folge.

LEBEN

Robert Lucas de Pearsall wurde am 14.3.1795 in Clifton, Bristol, geboren. Er war Jurist und begeisterter sowie begabter Musiker. Ab 1842 lebte er auf seinem Schloß Wartensee am Bodensee und widmete sich der Komposition und der Musikaliensammlung. Er starb dort am 5.8.1856.

WERKE

Von Robert Lucas Pearsall sind ein Miserere für drei Stimmen in Kanonform, ein Requiem, weitere Kirchenmusik verschiedener Gattungen, Chöre im Madrigalstil für vier bis zehn Stimmen, die von Spezialensembles noch heute gesungen werden, und als beliebte Bühnenmusik Ouvertüre und Hexenchor zu »Macbeth« bekannt geworden. Dabei sind Stilformen der Renaissance und des Barock meisterhaft verarbeitet.

Tomaso Pecci (1576–1606)

ZEIT UND UMWELT

Wie in allen italienischen Städten entstanden

auch in der alten Kunststadt Siena Akademien, deren Mitglieder Wissenschaften und Künste entweder selbst pflegten oder zumindest förderten. Ihr Wirken stellte einen bedeutenden Kulturfaktor dar. Da an diesen Vereinigungen auch Vertreter der oberen Bürgerschichten teilnahmen, kann man darin die ersten Ansätze zur Ablösung von Adel und Kirchen als Basis kultureller Entwicklung durch das Bürgertum erblicken.

LEBEN
Tomaso Pecci wurde 1576 in Siena geboren und dort zum Musiker ausgebildet. Er war Mitglied der Accademia dei Filomeli (Musikfreunde) mit dem Klubnamen »L'Invaghito« (Der Verliebte). In welcher Stellung er gewirkt hat, ist nicht bekannt. Er starb im Jahr 1606 in Siena.
Sein Bruder Desiderio Pecci (1587, Siena, bis 1632, Siena) Komponist und Jurist, gehörte der Accademia degli Intronati (Begeisterte) mit dem Namen »Ghiribizzoso« (Der Grübler) an.

WERKE
Der italienische Komponist Tomaso Pecci war ein Vertreter der Seconda Prattica (Neuer Stil) und muß wegen seiner gesuchten Ausdrucksformen und Harmonien dem sehr fortschrittlichen Neapolitaner Carlo Gesualdo da Venosa an die Seite gestellt werden. Von ihm sind 3 Sammlungen Canzonetten, 2 Bücher Madrigale und Responsorien erhalten. Vereinzelte Werke sind in verschiedenen Sammelwerken zu finden.
Auch Desiderio Pecci verfocht die neue, von Claudio Monteverdi begründete Stilrichtung. Von ihm sind ein- bis dreistimmige monodische Arien, Messen und in Sammelwerken einige religiöse Gesänge und profane Madrigale überliefert.

LITERATUR
D. Arnold, Seconda Prattica: a Background to Monteverdi's Madrigals, in: Music and Letters XXXVIII, 1957.

František Pecháček (1763–1816)

ZEIT UND UMWELT
Gegen Ende des 18. Jahrhunderts ergoß sich die böhmische Musikeremigration in erster Linie nach Wien, das wenigstens als erste Station gewählt wurde; Auswanderungen nach Dresden, Berlin oder Mannheim waren seltener geworden. Das aufstrebende Musik- und Theaterleben in Wien war für Musiker zu einem Anziehungspunkt geworden, der hinter Paris nur mehr wenig zurückstand.

LEBEN
František Martin Pecháček (Pechatschek, Pechaczek, Behatschek) wurde am 10. 11. 1763 in Wildenschwert (Ústi nad Orlicí), Böhmen, geboren. Er lernte sehr früh das Violinspiel und wurde in Leitomischl (Litomyšl) und in Weißwasser (Bélá Voda) ausgebildet. Im Jahr 1783 kam er nach Wien und wirkte bis zu seinem Tod am 26. 9. 1816 als Kapellmeister am Landstraßer Theater.

WERKE
Von František Pecháček sind neben einer Reihe von Singspielen 12 Sinfonien, zahlreiche Orchestertänze, Harmoniemusik, Klavierwerke und einige Kirchenmusiken – Messen, Gesänge – bekannt geworden. Vieles davon ist der Unterhaltungsmusik zuzuordnen. Die Sinfonien bewegten sich im Schatten der Klassik.

Franz Pecháček (1793–1840)

ZEIT UND UMWELT
Die hervorragende kulturelle Stellung von Karlsruhe im 19. Jahrhundert verdankte die Stadt vor allem Karl Friedrich (1728–1811), Markgraf ab 1738, Kurfürst ab 1803 und Großherzog von Baden ab 1806, der im Sinne der Aufklärung Wissenschaft und Kunst seines Landes nach Kräften förderte, Schulen, Universitäten, Rechtsprechung und Verwaltung reformierte, Gelehrte und Künstler in das Land lockte und die Hofkapelle mit Meistern ausstattete, die seinem Ruf Folge leisteten.

LEBEN

Franz Xaver Pecháček wurde am 4.7.1793 in Wien als Sohn des František Pecháček (1763–1816) geboren. Er war Schüler seines Vaters und nahm außerdem bei Ignaz Schuppenzigh und Emanuel Aloys Förster Unterricht. Von 1809 bis 1822 wirkte er als Violinist im Orchester des Theaters auf der Wieden, anschließend bis 1826 als Konzertmeister an der Hofkapelle in Stuttgart und darauf bis zu seinem Tod am 15.9.1840 in gleicher Eigenschaft an der Hofkapelle von Karlsruhe. Seine Konzertreisen führten ihn durch Süddeutschland und nach Paris.

WERKE

Von Franz Pecháček sind eine Reihe Werke für Violine und Orchester – Polonaisen, Variationen, Rondos, Potpourris –, weiters 2 Streichquartette und ein »Adagio et Polonaise« für Klarinette und Orchester bekannt geworden. Seine Kompositionen wiesen viele klassizistische Wendungen auf.

André Péchon
(um 1600 bis nach 1652)

ZEIT UND UMWELT

Viele französische Kirchenmusiker akzeptierten zwar den Generalbaß, weil er dem Bedürfnis, dem polyphonen Satz eine Grundlinie zu verleihen, entsprach, man behielt jedoch die gewohnte strenge Kontrapunktik bei, so daß die Stimmen zwischen Diskant und Baß weit mehr waren als Füllstimmen und Stützakkorde. Diese Einstellung führte schließlich zu einer in allen Stimmen komponierten Musik.

LEBEN

André Péchon wurde um 1600 in der Picardie geboren. Er war Kapellmeister von St-Germain-l'Auxerrois bis ungefähr 1650. Ab 1652 wirkte er an der Kathedrale von Meaux, wo er in einem der folgenden Jahre gestorben sein dürfte.

WERKE

Vom französischen Komponisten und Kirchenmusiker André Péchon ist eine Serie Motetten für mehrere Stimmen, streng kontrapunktisch gearbeitet, teils mit, teils ohne Generalbaß überliefert. Sein sonstiges Werk scheint verlorengegangen zu sein.

Mogens Pedersøn (um 1585–1623)

ZEIT UND UMWELT

Nahezu alle Völker, die sich später dem Block des musikalischen Europa anschlossen, der Italien, Spanien, Portugal, Frankreich, England, Deutschland und Österreich umfaßte, besetzten ihre Kapellen zuerst mit ausländischen Kräften, dann entweder mit naturalisierten Ausländern oder Inländern, die im Ausland ausgebildet worden waren, bis endlich einheimische Kräfte zum Zug kamen. Dadurch blieb die Musik lange Zeit »ausländisch«, während eine eigenständige Musikentwicklung erst spät eine Förderung erfuhr.

LEBEN

Mogens Pedersøn (Pedersen, Magno Petreo) wurde um 1585 in oder bei Kopenhagen geboren und erhielt von Melchior Borchgrevinck (um 1565–1632) Musikunterricht. Von 1605 bis 1609 hielt er sich in Venedig als Schüler von Giovanni Gabrieli auf. Er war bereits 1603 Mitglied der Königlichen Kapelle in Kopenhagen geworden und kehrte nach seinem Italienaufenthalt in seine alte Stellung zurück, wo er 1618 Vizekapellmeister wurde. Er starb in Kopenhagen im Jahr 1623. Sein angeblicher Englandaufenthalt zwischen den Jahren 1611 und 1614 ist nicht ausreichend belegt.

WERKE

Dieser erste wirklich dänische Komponist (die älteren waren naturalisiert) Mogens Pedersøn ist dem venezianischen Stil der Jahrhundertwende verpflichtet, obwohl der zweite Band seiner 2bändigen Madrigalsammlung bereits eine modernere Behandlung der Dissonanzen und des Wort-Ton-Verhältnisses aufweist. Seine Sammlung dänischer und lateinischer Motetten und anderer

Gesänge, denen fünfstimmige Choralbearbeitungen im Stil von Hans Leo Haßler (1564 bis 1612) und Johannes Eccard (1553–1611) angeschlossen sind, zeigen bereits einen sehr persönlichen, vom venezianischen emanzipierten Stil und Ansätze zu einer typisch nordischen Musik.

LITERATUR

A. Hammerich, Musiken ved Christian den Fjerdes Hof, Kopenhagen 1892.

Felipe Pedrell (1841-1922)

ZEIT UND UMWELT

Da sich im 19. Jahrhundert das musikalische Schwergewicht Spaniens offensichtlich nach Katalonien verlagert hatte, ist es nicht verwunderlich, daß dort auch die Musikwissenschaft am intensivsten und am erfolgreichsten gepflegt wurde und die bedeutendsten Musikologen des Landes aus jener Provinz hervorgingen.

LEBEN

Felipe Pedrell wurde am 19.2.1841 in Tortosa geboren, wo er als Chorknabe seine erste Ausbildung erhielt. Seine Weiterbildung zum Musikologen und Komponisten verschaffte er sich durch Selbststudium. Nach kurzer Dirigententätigkeit in Barcelona hielt er sich in Italien und in Paris auf, dann widmete er sich ab 1882 in Barcelona der musikwissenschaftlichen Publizistik und der Komposition. Von 1895 bis 1923 wirkte er als Professor für Musikgeschichte und Musikästhetik am Konservatorium in Madrid und ab 1904 als künstlerischer Leiter eines Verlags in Barcelona, wo er am 19.8.1922 starb.

WERKE

Von Felipe Pedrell sind 6 Opern, einige Zarzuelas, die Chorwerke »Cançó llatina« (Lateinischer Gesang), »Lo comte l'Arnau« (Graf Arnau) und einige weitere, außerdem Orchesterwerke, Kammermusik, Lieder und Kirchenmusik überliefert. Seine Kompositionen sind äußerst doktrinär und sollten der Absicht dienen, die spanische Musik aus dem Bann der italienischen zu lösen. Sie treten weit hinter seine zahlreichen Publikationen über spanische Musikgeschichte und verwandte Themen in katalanischer, spanischer und französischer Sprache zurück.

Pedro de Araújo (um 1620–84)

ZEIT UND UMWELT

Braga, Sitz des Erzbischofprimas von Portugal, war im Mittelalter zeitweilig Residenz der portugiesischen Könige. Der romanische Dom aus dem 11. und 12. Jahrhundert war seit seinem Bestehen eine Pflegestätte guter Kirchenmusik, die sich im Gleichklang mit der spanischen Musik entwickelte.

LEBEN

Pedro de Araújo wurde um 1620 in Portugal geboren. Er war Organist und Kompositionslehrer in Braga, wo er am 9. 12. 1684 starb.

WERKE

Der portugiesische Organist und Komponist Pedro de Araújo verfaßte zahlreiche Tentos, Batalhas und andere Werke für Tasteninstrumente – Orgel, Cembalo, Clavichord –, die ziemlich traditionsverhaftet gestaltet sind.

Pedro de Cristo (1545–1618)

ZEIT UND UMWELT

Das im 12. Jahrhundert gegründete ehemalige Augustinerkloster Santa Cruz in Coimbra hat in seiner Kirche eine sehenswerte Kanzel aus dem 16. Jahrhundert. In ihrer Capelamór (Totenkapelle) befinden sich gotische Königsgräber aus der Zeit, in der die Stadt Portugals Hauptstadt war. Der Chor an der Kirche war ebenso vorzüglich wie der an den beiden Kathedralen. Denn Coimbra war zu allen Zeiten ein musikalisches Zentrum des Landes wie Évora.

LEBEN

Pedro de Cristo wurde 1545 in Coimbra geboren. Er trat dem Augustinerkloster Santa Cruz bei und betreute den Kirchenchor und die gesamte Musik des Klosters. Er starb in Coimbra im Jahre 1618.

Werke
Von dem portugiesischen Komponisten Pedro de Cristo sind eine Serie von lateinischen Stücken, erhaben und mystisch in Musik und Text, zudem kleinere Stücke auf spanischen Texten religiösen Inhaltes, aber in Wort und Ton frisch, ausdrucksvoll und realistisch, überliefert.

Pedro de Escobar
(um 1460–1513)

Zeit und Umwelt
Die Errungenschaften der franko-flämischen Schule erlangten in Spanien erst um die Wende zum 16. Jahrhundert Geltung; Morales war noch nicht geboren. Trotzdem klangen die Orgeln und Chöre in den Kathedralen, und die Hofkapellen verschönerten die Feste mit dem dunklen Klang ihrer der Pariser Notre-Dame-Schule abgelauschten und weiterentwickelten Mehrstimmigkeit. Die Melodik des mozarabischen Gesanges war zwar schon längst verklungen, aber maurischer Melos nicht ganz vergessen.

Leben
Pedro de Escobar wurde um 1460 vermutlich in Sevilla geboren. Der andalusische Kirchenkomponist veröffentlichte bereits vor der Jahrhundertwende eine Sammlung Hymnen. Wann er zur Kapelle der Kathedrale gekommen ist, läßt sich nicht feststellen. Jedenfalls war er 1507 zum Kapellmeister aufgerückt und wurde um 1513 zum Leiter des Knabenchores bestellt. Er ist in Sevilla kurz darauf gestorben.

Werke
Von Pedro de Escobar sind eine Messe, mehrere Messeteile, Motetten, 8 Hymnen und 18 Villancicos erhalten. Die Villancicos verdienen das größte Interesse, weil sie den damaligen sevillanischen Volkston sehr getreu wiedergeben.

Literatur
La polyphonie religieuse péninsulaire antérieure á la venue des musiciens flamands en Espagne, Kongreß-Bericht, Lüttich 1930.

Pedro de Heredia (um 1570–1648)

Leben
Pedro de Heredia (Eredia) wurde um 1570 in Vercelli in einer spanischen Familie geboren. In den Jahren 1595 und 1596 war er Hofmusiker in Turin und darauf Kapellmeister am Dom zu Vercelli. Von 1623 bis 1629 wirkte er neben Frescobaldi als Organist am Petersdom in Rom und ab 1639 als Kapellmeister am Seminario und an Del Gesù in Rom, wo er 1648 starb.

Werke
Die Musik des italienischen Komponisten Pedro de Heredia ist konservativ gehalten. Die Orgelbegleitung seiner Messen ist die einzige Konzession an die modernen Strömungen, eine Messe (»super cantu romano«) ist für vier Stimmen a cappella gesetzt. Auch die einzige erhaltene Motette und sein vierstimmiges Madrigal folgen dem alten Stil. Nur das handschriftlich überlieferte »Dixit dominus« für sechzehn Stimmen und 2 Magnificat schließen sich dem zeitgenössischen Stil an.

Arrigo Pedrollo (1878–1964)

Leben
Arrigo Pedrollo wurde am 5.12.1878 in Montebello Vicentino geboren. Nach seinem Studium am Konservatorium in Mailand wirkte er als Dirigent, unter anderem von 1922 bis 1929 in Vicenza, und anschließend bis 1934 bei den Rundfunksendern Mailand und Turin. Ab 1931 unterrichtete er am Konservatorium in Mailand und leitete von 1939 bis 1959 das Liceo musicale in Padua und ab 1942 gleichzeitig das Liceo musicale in Vicenza, wo er am 23.12.1964 starb.

WERKE

Außer 10 Opern und mehreren Schauspielmusiken schrieb Arrigo Pedrollo 2 Ballette, eine Sinfonie, eine sinfonische Dichtung, eine »Elegie« für Streichorchester, ein Konzertallegro für Klavier und Orchester, ein Concertino für Oboe und Orchester, ein Klavierquartett, eine Violinsonate und mehrere Chorwerke. Er gehörte stilistisch noch der italienischen Spätromantik an.

Carlo Pedrotti (1817-93)

ZEIT UND UMWELT

Um die Mitte des 19. Jahrhunderts verfügten die Niederlande in Den Haag über ein Französisches Theater, das vorwiegend französische Opern aufführte, und in Amsterdam über eine Italienische Oper, also zu einer Zeit, in der in Deutschland und Österreich außer den Standardwerken von internationaler Bedeutung nur mehr selten Opern aus dem Ausland aufgeführt wurden. Es gab aber wenig niederländische Opern, und diese wurden vom Publikum nur zögernd akzeptiert.

LEBEN

Carlo Pedrotti wurde am 12.11.1817 in Verona geboren. Er war von 1840 bis 1845 Dirigent der Italienischen Oper in Amsterdam, wo er auch eigene Opern mit Erfolg auf die Bühne brachte. Anschließend wirkte er in gleicher Eigenschaft an der Oper in Verona und ab 1868 am Teatro Regio in Turin, wo er zugleich die Concerti Sinfonici Popolari leitete. Ab 1882 war er Direktor des Liceo Musicale in Pesaro. Er starb am 16.10.1893 in Verona.

WERKE

Von Carlo Pedrotti sind zahlreiche Opern in Amsterdam und in Italien zumeist mit gutem Erfolg aufgeführt worden. Sie erfüllten das Verlangen des Publikums nach schönen Arien und klangvoller Orchesterbegleitung.

David Peebles (um 1500–79)

ZEIT UND UMWELT

Jakob V. (1512–42), König von Schottland, kam bereits 1513 an die Regierung, die er aber erst 1528 tatsächlich antrat. Seine Politik war stark england- und reformationsfeindlich. Saint Andrews genoß als kirchliches Zentrum des katholischen Landes die besondere Pflege des Königs.

LEBEN

David Peebles wurde um 1500 vermutlich in St. Andrews geboren und an der Kathedrale der schottischen Stadt ausgebildet. Welche Stellung er darauf in St. Andrews einnahm, ist nicht bekannt, es ist nur gesichert, daß seine musikalische Tätigkeit eng mit der Kathedrale verbunden war. Er starb in St. Andrews im Dezember 1579.

WERKE

Von dem schottischen Kirchenmusiker David Peebles ist ein Buch mit mehrstimmigen Psalmenvertonungen erhalten, außerdem eine fünfstimmige Motette, die er 1530 König Jakob V. widmete. Alles andere dürfte während der konfessionellen Kämpfe, unter denen gerade St. Andrews stark zu leiden hatte, zugrunde gegangen sein.

Martin Peerson (um 1572–1650)

ZEIT UND UMWELT

Die Hochblüte der englischen Kultur unter Elisabeth I. und Jakob I. hielt auch noch während des ersten Jahrzehnts der Regierung König Karls I. (1600–49) an. Der 1642 ausgebrochene Bürgerkrieg leitete einen kulturellen Verfall ein, der mit dem Sieg des Puritanismus seinen Tiefpunkt erreichte.

LEBEN

Martin Peerson (Pearson) wurde um 1572 in March bei Doddington, Cambridgeshire, geboren. Er studierte bis 1613 in Oxford, dann wurde er Chormeister und Organist an der St. Paul's Cathedral in London, wo er im Dezember 1650 starb.

WERKE

Seine »Ayres and Dialogues« und »Motects« konnte der englische Komponist Martin Peerson 1620 und 1630 noch vor dem Beginn des Bürgerkrieges veröffentlichen. Bei der zweiten Sammlung bezeichnete er die Instrumentalbegleitung bereits als obligat. Damit entfernte er sich schon sehr weit von der Madrigalform. Seine Instrumentalstücke für Streicher und für Virginal heben sich ebenso deutlich von der Musik des 16. Jahrhunderts ab. Seine – nur handschriftlich erhaltene – Kirchenmusik, Anthems und Hymnen, ist konservativer.

LITERATUR

M. Wailes, Martin Peerson, in: The Monthly Musical Record LXXXII, 1952.

Flor Peeters (1903 – 86)

LEBEN

Flor Peeters wurde am 4.7.1903 in Tielen, Antwerpen, geboren. Er war ab 1919 am Lemmensinstitut in Mecheln Schüler von Lodewijk Mortelmans und Jules van Nuffel (21.3. 1883, Hemiksem bei Antwerpen, bis 25.6. 1953, Wilrijk). Von 1923 bis 1952 wirkte er als Orgelprofessor am Lemmensinstitut in Mecheln und zugleich von 1931 bis 1948 am Konservatorium im Gent. Im Jahr 1948 wurde er Orgelprofessor am Flämischen Konservatorium in Antwerpen, das er von 1952 bis 1968 leitete. Er starb am 4.7.1986 in Mecheln.

WERKE

Für Orchester schrieb Flor Peeters ein Klavierkonzert, an Kammermusik eine Suite für vier Posaunen, ein Bläsertrio und Klavierstücke. Für die Orgel verfaßte er ungefähr 450 Werke, außerdem ein Konzert für Orgel und Klavier. Die Chormusik ist mit ungefähr 10 Messen, einem Te Deum, einem Oratorium, Motetten, Kantaten und ungefähr 100 Liedern vertreten. Obwohl der Komponist häufig auf die Gregorianik und die Vokalpolyphonie zurückgriff, sind seine Werke von einem modernen sinfonischen Ideal geprägt.

Drei Praeludien und Fugen für Orgel, Opus 72, 3 Teile
Der 1. Teil in F-lydisch benützt die absteigende Tonleiter. Im 2. Teil in F-dorisch scheinen nur große Notenwerte auf, so daß er ruhig dahinfließt. Der 3. Teil in A-mixolydisch ist lebhaft und toccatenähnlich; das Praeludium gleicht einem Fantasiestück, die anschließende Fuge ist lustig beschwingt.

Jacobus Peetrinus
(um 1553 bis um 1591)

ZEIT UND UMWELT

Wenn auch Mecheln katholisch war und blieb, hatte es unter den Kämpfen um die Freiheit der Niederlande und dem Streit der Konfessionen sehr zu leiden. Mit dem geruhsamen Musikbetrieb in den Kirchen der Stadt war es vorbei. Manch einer von den Musikern der Kirchen nahm den Wanderstab. Ihr Ziel war Frankreich, Madrid oder Italien.

LEBEN

Jacobus Peetrinus (Peetrino, Peeters) wurde um 1553 in Mecheln geboren und an einer der Kirchen der Stadt ausgebildet. Er wirkte zuerst in seiner Vaterstadt als Sänger an St. Rombaut. Dann verließ er seine Heimat und sang am Dom in Mailand. Schließlich fand er 1572 Aufnahme in die päpstliche Kapelle. Er blieb in dieser Stellung bis zu seinem Tod um 1591.

WERKE

Von dem flämischen Komponisten Jacobus Peetrinus sind ein Buch vierstimmige Madrigale, ein Buch dreistimmige geistliche Lieder, drei- bis vierstimmige geistliche Canzonetten und fünfstimmige Motetten erhalten. Der Stil des Komponisten gehört dem 16. Jahrhundert an und entsprach einwandfrei den Beschlüssen des Konzils von Trient.

LITERATUR

L. G. van Doorslaer, Jacobus Peetrinus, compositeur malinois, in: Bulletin du Cercle archéologique, littéraire et artistique du Malines XXVII, 1922.

Nikolai Peiko (geboren 1916)

LEBEN

Nikolai Iwanowitsch Peiko wurde am 12.3. 1916 in Moskau geboren. Er war Schüler von Genrich Litinski und Nikolai Mjaskowski am Konservatorium in Moskau, wo er 1944 als Assistent von Dmitri Schostakowitsch wirkte und 1958 Professor wurde. Er beschäftigt sich mit jakutischer Folklore.

WERKE

Außer einer Oper und 3 Balletten schrieb Nikolai Peiko 6 Sinfonien, 2 sinfonische Suiten, eine Konzertfantasie für Violine und Orchester, ein Klavierkonzert, ein Klavierquintett, 2 Streichquartette, eine Sonate und andere Werke für Klavier, eine Kantate, 20 Romanzen, Bühnen- und Filmmusik.

Peire d'Alvergne

(um 1130 bis nach 1180)

ZEIT UND UMWELT

Die Zustände in der alten französischen Provinz Auvergne (heute die Départements Cantal und Puy-de-Dôme), im 12. Jahrhundert anfänglich aquitanische Grafschaft Auvergne, dann durch die Heirat Eleanores von Aquitanien mit König Heinrich II. unter englischer Oberhoheit, waren für eine kulturelle Entwicklung nicht günstig.

LEBEN

Peire d'Alvergne wurde um 1130 geboren. In der Zeit zwischen 1150 und 1180 wirkte er bei verschiedenen Regenten Nordspaniens und am Hof des Grafen Raimond V. von Toulouse. Das genaue Datum und der Ort seines Todes sind unbekannt.

WERKE

Peire d'Alvergne ist ein Exponent des sogenannten »Dunklen Stiles« (Trobar clus), der sich durch schwierige Wortfiguren und schwer verständliche Anspielungen und Wortbedeutungen im Vers sowie in der Musik durch eine ernste Stimmung kennzeichnet. Er hinterließ an die 20 Lieder, von denen etliche religiös sind. Melodien sind nur zwei überliefert, die jedoch durch ihren Ausdrucksreichtum bemerkenswert sind.

LITERATUR

R. Zenker, Die Lieder Peires d'Alvergne, Romanische Forschungen XII, 1900.

Peire Raimon de Toloza

(um 1180 bis nach 1230)

ZEIT UND UMWELT

Die italienische Adelsfamilie Malaspina, die vermutlich von dem Markgrafen Otbert II. (11. Jahrhundert) abstammte, verfügte im 12. Jahrhundert über ausgedehnte Gebiete im westlichen Apennin, wo sie sich wegen des gebirgigen Terrains erfolgreich gegen die Zugriffe von seiten Genuas und Piacenzas zur Wehr setzen konnte. Die Malaspina luden Troubadours ein und trugen dadurch viel zur gegenseitigen Bekanntschaft des italienischen Stils und der Musik der Provenzalen bei.

LEBEN

Peire Raimon de Toloza dürfte um 1180 in Toulouse geboren sein. Sein erstes Auftreten als Troubadour fand in Spanien statt, wo er an verschiedenen Höfen seine Kunst zeigte. Darauf wanderte er in Südfrankreich von Hof zu Hof, bis er in Italien am Hof der Grafen von Malaspina eine bleibende Stätte fand. Wo und wann er gestorben ist, kann nicht festgestellt werden.

WERKE

Von den 20 Liedern, die Peire Raimon de Toloza zugeschrieben werden können, ist nur eines mit Musik überliefert. Es zeigt aber deutlich den Einfluß des italienischen Stilo dolce nuovo (Neuer süßer Stil), der überhaupt stark auf die Ausformung der Troubadourmusik gewirkt hat.

LITERATUR

J. Anglade, Poésies du troubadour Peire Raimon de Toloza, Toulouse 1919.

Peirol (um 1160 bis nach 1221)

ZEIT UND UMWELT
Durch die Heirat Eleanores d'Aquitaine mit Heinrich Plantagenet (dem späteren König von England) ging die Lehenshoheit über die Grafen der Auvergne auf die englische Krone über, aber Guilhem VII. le Jeune (1145–68) verlor einen großen Teil der Grafschaft an seinen Onkel Guilhem VIII. le Vieux und behielt nur das Gebiet zwischen Allier und Coux (später Dauphiné d'Auvergne genannt), so daß das Erbe, das er seinem Sohn Dalfin d'Auvergne (d'Alvernhe) hinterließ, sehr schmal war. Die Familienstreitigkeiten der Grafen nahm der französische König zum Anlaß, einzugreifen und sich eines Großteils des Landes zu bemächtigen. Der König von England machte seine Ansprüche als Lehensherr geltend, so daß sich die Auseinandersetzungen auf höherer Ebene fortsetzten. Doch trotz aller widrigen Umstände fand Dalfin d'Auvergne (um 1160 bis 22. 3. 1235) Zeit und Muße, sich der Dichtkunst und der Komposition zu widmen. Zehn seiner zarten Lieder sind überliefert, aber ohne Musik. Enge Freundschaft verband ihn mit Gaucelm Faidit und Peirol.

LEBEN
Peirol ist um 1160 in Perol (Auvergne) geboren. Der provenzalische Troubadour wurde von Dalfin d'Auvergne stark protegiert. Er starb nach dem Jahr 1221. Der Ort seines Todes ist nicht feststellbar.

WERKE
Von Peirol sind ungefähr 32 Gedichte erhalten. Darunter befinden sich bei 25 Cansos (Lieder), 3 Tensos (Streitgedichte, eines gemeinsam mit Dalfin d'Auvergne und Gaucelm Faidit) und 2 Kreuzzugslieder (von 1188 und 1221). Zu 17 Dichtungen wurde uns auch die Musik überliefert. Sie gehört dem »Leichten Stil« an und war von den Zeitgenossen sehr geschätzt.

LITERATUR
M. L. Switten, Text and Melody in Perols Cansons, Publications of the Modern Language Association of America LXXVI, 1961.

César Guerra Peixe (geboren 1914)

LEBEN
César Guerra Peixe wurde am 18.3.1914 in Petrópolis, Rio de Janeiro, geboren. Er studierte von 1932 bis 1940 an der Escola Nacional de Música in Rio de Janeiro und anschließend bei Newton Padua. Sodann leitete er die Orchester verschiedener brasilianischer Rundfunkanstalten, unterrichtete von 1963 bis 1970 in Rio de Janeiro und leitete eine Schule für brasilianische Volksmusik.

WERKE
Außer 2 Sinfonien schrieb César Guerra Peixe 5 »Instantaneos« (Momentaufnahmen, Improvisationen), 2 Divertimenti, 2 sinfonische Suiten, eine Suite für Streicher, ein Kleines Klavierkonzert, »Gaucho-Karwoche« für Orchester, ein Nonett, 2 Streichquartette, ein Streichtrio, 2 Trios für Flöte, Klarinette und Fagott, ein Klaviertrio, Duos mit verschiedener Besetzung, 2 Sonaten, 2 Sonatinen und weitere Klavierstücke, eine Suite, eine Sonate, 4 Praeludien für Gitarre, Klavierlieder, Chöre und Filmmusiken. Trotz seiner intensiven Beschäftigung mit der brasilianischen Folklore ist in seinen Kompositionen keine Volksmusik integriert.

Jorge Rosado Peixinho (geboren 1940)

LEBEN
Jorge Rosado Peixinho wurde am 20.1.1940 in Montijo bei Lissabon geboren. Er studierte am Konservatorium in Lissabon und war in Rom Schüler von Boris Porena (geboren 27.9.1927, Rom) und Goffredo Petrassi, außerdem von Luigi Nono in Venedig. In Kursen von Pierre Boulez und Karlheinz Stockhausen sowie am Elektronischen Studio in Bilthoven ergänzte er seine Ausbildung. Er wirkt als Professor für Komposition in Porto.

WERKE
Von Jorge Rosado Peixinho sind 2 Orchesterstücke, ein Políptico für Kammerorchester, »Kinetofonias« für 25 Streichinstrumente, ein Saxophonkonzert, ein Konzert für Harfe,

Celesta, Cembalo, Metallschlagzeug und zwölf Streichinstrumente, eines für zwölf Instrumente, ein Stück für Flöte und drei Schlagzeuger, eine Sequenz für G-Flöte, Celesta, Vibraphon und Schlagzeug, »Rezitativ« für Harfe, Flöte und Schlagzeug, ein Stück für Flöte, Klarinette, Trompete, Harfe und Bratsche, eines für Klavier und zwei Tonbänder, eines für drei Tonbänder, eines für zwei Harfen, »Episoden« für Streichquartett, Klavierstücke, zahlreiche Kantaten für Singstimmen oder Chor mit Orchesterbegleitung oder mit einzelnen Instrumenten - vereinzelt mit Tonbändern - unter anderem bekannt geworden.

Bartłomiej Pękiel

(um 1610 bis um 1670)

ZEIT UND UMWELT

Sigismund III. Wasa zog für seine Hofkapelle Italiener vor, weil er bei ihnen sicher war, daß sie den echten römischen Kirchengesang pflegten. Seine Nachfolger Władysław IV. und Jan Kasimierz waren weniger streng. Sie wählten ihre Hof- und Domkapellmeister nach deren musikalischen Fähigkeiten aus.

LEBEN

Bartłomiej Pękiel (Pechel, Peckel, Pekel) wurde um 1610 in Polen geboren. Er trat 1633 in die Hofkapelle in Warschau ein und wurde 1658 als Nachfolger von Marco Scacchi Hofkapellmeister und bald darauf Domkapellmeister in Krakau, wo er um 1670 starb.

WERKE

Der polnische Komponist Bartłomiej Pekiel folgte dem konzertanten venezianischen Stil. Durch sein enges Zusammenarbeiten mit der Rorantistenkapelle in Krakau, die den alten polyphonen Stil pflegte, verfaßte er auch Werke im A-cappella-Stil. Eine Messe, die als »pulcherrima« (schönste) bezeichnet wurde, ahmt den Palestrina-Stil mit feiner Einfühlung nach. Er verfaßte eine Anzahl Messen, Motetten, Kantaten und lateinische Lieder sowie Konzerte für die Kirche, außerdem 40 Lautentänze. In seinen sakralen Kompositionen verwendet er neben gregorianischen auch polnische Melodien. Unter den Lautenliedern befinden sich Arrangements volkstümlicher Weihnachtslieder.

LITERATUR

H. Opieński, La musique polonaise, Lausanne 1918.

Domenico Pellegrini

(um 1620 bis nach 1650)

LEBEN

Domenico Pellegrini wurde um 1620 in Bologna geboren und lebte in der Stadt als Gitarrist und Gitarrelehrer. Er gehörte der Accademia dei Filomusi an. Über weitere musikalische Tätigkeiten ist nichts bekannt. Er dürfte in Bologna nach 1650 gestorben sein.

WERKE

Der italienische Gitarrist und Komponist Domenico Pellegrini veröffentlichte eine Sammlung von Gitarrestücken unter dem Titel »Armoniosi concerti sopra la chitarra spagnuola« (Harmonische Konzerte für die spanische Gitarre). Er verwendete für seine Kompositionen eine aus Buchstaben gebildete Notenschrift.

Ferdinando Pellegrini

(um 1720 bis nach 1786)

ZEIT UND UMWELT

Im 18. Jahrhundert ist man bei aus Neapel stammenden Kirchenmusikern nahezu erstaunt, wenn sie keine Opern verfaßt haben, denn auch sie verschmähten selten diese lukrative Musikgattung. Die Abstinenz dieser Meister erklärte sich zumeist dadurch, daß sie Neapel und Italien früh verließen und sich in Ländern aufhielten, in denen die Scheidewand zwischen sakraler und profaner Musik noch markanter war als in der Heimat.

Leben
Ferdinando Pellegrini (Pellegrino) wurde um 1720 in Neapel geboren. Er war Instrumentalist an verschiedenen Kirchen in Rom, darauf in Paris und schließlich in London, wo er auch als Cembalist aufgetreten sein soll. Seine letzte Publikation erschien 1786 in London, wo er in einem der folgenden Jahre gestorben sein dürfte.

Werke
Das kompositorische Werk von Ferdinando Pellegrini, in dessen Mittelpunkt die Cembalomusik steht, umfaßte Sonaten, Präludien, Übungsstücke für Cembalo, 4 große Konzerte für Cembalo oder Orgel mit Orchester, Trios für zwei Violinen und Baß. Alles ist der Vorklassik stark angenähert.

Literatur
W. S. Newman, The Sonata in the Classic Era, Chapel Hill 1963.

Vincenzo Pellegrini (um 1565–1630)

Zeit und Umwelt
Die Domkirche Sant'Agostino in Pesaro, der Residenz der Herzöge von Urbino, hatte wegen ihrer vorzüglichen Kapelle einen weiten Ruf. Die engen Beziehungen zu Rom wirkten sich im Bereich der Musikpflege sehr fördernd aus, weil ein reger Kräfteaustausch stets neue Impulse brachte. Auch die dem Dom angeschlossene Musikschule wurde stets von ausgezeichneten Lehrern betreut.

Leben
Vincenzo Pellegrini wurde um 1565 in Pesaro geboren und an der Domschule ausgebildet. Er blieb in seiner Heimatstadt, bis er Priester und Kanonikus am Dom geworden war. Erst 1611, als der Kapellmeister am Mailänder Dom Giulio Cesare Gabussi gestorben war, nahm er dessen Stelle ein und behielt sie bis zu seinem Tod am 23. 8. 1630.

Werke
Der Kirchenmusiker Vincenzo Pellegrini veröffentlichte in Mailand Kompositionen unter seinem Namen und unter dem seines Vorgängers im Amt des Domkapellmeisters Giulio Cesare Gabussi, denen er noch Werke anderer Mailänder Musiker hinzufügte: Vespern und Litaneien. Von ihm allein waren die in Venedig herausgebrachten Messen, Kanzonen mit Orgel, Magnificat und sakralen Gesänge für sechs Stimmen und Orgel. In Sammelwerken und Manuskripten finden sich noch weitere Werke. Pellegrini ist trotz der einzelnen Kompositionen mit Orgelbegleitung stilistisch sehr konservativ, wie es um jene Zeit ein Mailänder Domkapellmeister sein mußte.

Juan Peñalosa (um 1525 bis um 1570)

Zeit und Umwelt
Bis König Philipp II. von Spanien seine Residenz nach Madrid verlegte (1560), war Toledo ein politischer, wirtschaftlicher und kultureller Mittelpunkt des Landes, wenn auch der Glanz der früheren Jahrhunderte bereits im Verblassen war. In der 1493 vollendeten »Catedral Primada« mit ihren ungefähr 90 Pfeilern und mehr als 750 strahlenden Glasfenstern wurde die Musik immer noch nur von Meistern erster Ordnung – Organisten wie Sänger – gepflegt.

Leben
Juan Peñalosa wurde um 1525 in Zentralspanien geboren und kam vermutlich früh zur Ausbildung in die Hauptstadt Toledo. Im Jahre 1549 wurde er Organist an der Kathedrale der Stadt und versah dort seinen Dienst bis 1560. Es ist nicht gesichert, ob er mit dem Hof nach Madrid übersiedelt oder in Toledo geblieben ist. Es ist nicht ausgeschlossen, daß er in Granada einen neuen Wirkungskreis gefunden hat. Über Ort und Zeit seines Todes gibt es keine verläßlichen Informationen.

Werke
Der spanische Kirchenkomponist Juan Peñãlosa hat 8 Motetten und ein Requiem hinterlassen, die durch lange Zeit Francisco Peña-

losa zugeschrieben worden sind, der zur Zeit der Entstehung dieser Kompositionen bereits gestorben war.

Krzysztof Penderecki (geboren 1933)

LEBEN

Krzysztof Penderecki wurde am 23.11.1933 in Dębica, Polen, geboren. Er studierte privat bei Frantiszek Skołyszewski (24.8.1904, Wieliszka, Polen, bis 8.5.1969, Krakau) und in Krakau bei Stanisław Wiechowicz und Artur Malawski an der Musikhochschule, an der er 1959 Kompositionsprofessor und 1972 Direktor wurde. Von 1966 bis 1968 wirkte er an der Folkwang-Hochschule in Essen, seit 1973 ist er auch Professor für Komposition an der Yale University in New Haven.

Krzysztof Penderecki

WERKE

Wie viele seiner Zeitgenossen steht der Komponist unter dem Einfluß des Serialismus Anton Weberns, die Anregungen aber, die ihm von Pierre Boulez zukamen, sind stärker. Einem orthodoxen Serialismus unterlag er aber auch in seinen Anfängen nicht, wie sein Frühwerk »Emanationen für zwei Streichorchester« zeigt, bei dem ein Orchester um einen Halbton höher gestimmt ist als das zweite. »Anaklasis« für Streicher und Schlagzeug und »Threnos. Den Opfern von Hiroshima« bringen Flächenklänge mit ständig wechselnder Oszillation und einzelne unbegleitete Töne, die stetig um Mikrointervalle verschoben werden; außergewöhnliche Handhabung der Streicherbogen, dichte Tontrauben; mit den Instrumenten erzeugte vielgestaltige Geräusche bewirken ein unaufhörliches Schwirren, Strömen und Gleiten. Das »Stabat mater« für drei sechzehnstimmige A-cappella-Chöre überträgt diese Kompositionstechnik auf Singstimmen, die »Lukas-Passion«, in die das »Stabat mater« eingebaut ist, entfaltet diesen Stil in vollem Umfang. Die Oratorien »Dies irae« und »Grablegung« entwickeln alle Möglichkeiten der Klangerzeugung, Klangbrechung und Klangballung. Das »Magnificat« für Soli, Chor und Orchester beweist, daß der Komponist nicht bei seinen Erfolgen stehen bleibt, sondern sich stetig weiterentwickelt und nur die Aussage sich immer gleich darbietet, wie er immer das gleiche sagen will, sich jedoch jedesmal einer veränderten Sprache bedient. Er schrieb ferner »Epitafium Artur Malawski in memoriam« für Streichorchester und Pauken, »Phonogramme« für Flöte und Kammerorchester, »Fluorescences« und »Kanon« für Streicher und zwei Tonbandgeräte, »Capriccio« für Oboe und elf Streicher, 2 Cellokonzerte, 2 Violinkonzerte, »Pittsburgh Ouvertüre« für Blasorchester, Schlagzeug, Harfe und Klavier, »Praeludium« für Bläser, Schlagzeug, Tasteninstrument und Kontrabaß, eine Partita für Cembalo, Gitarre, Elektro-Baßgitarre, Harfe, Kontrabaß – alles elektronisch verstärkt – und Orchester, 2 Sinfonien, ein Intermezzo für 24 Streicher, 3 Miniaturen für Violine und Klavier, 2 Streichquartette, »Psalmus« für Tonband und Elektronische Musik, ein Capriccio für Cello solo, »Enchecheireia« für Tonband, »Aus den Psalmen Davids« für gemischten Chor, Schlagzeug und Celesta, zwei Klaviere, Harfe und vier Kontrabässe, »Strophen« (Texte verschiedener Dichter) für Sopran, Sprecher und zehn Instrumente, »Dimensionen der Zeit und der Stille« für gemischten Chor, Schlagzeug und Streicher, »Auferstehung Christi« für fünf Soli und zwei gemischte Chöre, »Kosmogonia« für drei Soli, gemischten Chor und Orchester, »Ecloga« für sechs Männerstimmen a cappella, »Das Hohe Lied« für sechzehnstimmigen Chor und Orchester, »Te Deum« für vier Soli, gemischten Chor und Orchester, »Lacrymosa« für Sopran, gemischten Chor und Orchester, eine Oper, eine Rappresentazione sacra und als vorläufig letztes Werk großen Formates sein »Polnisches Requiem« für Soli, Chor und großes Orchester.

Passio et mors Domini nostri Jesu Christi secundum Lucam (Leiden und Tod unseres Herrn Jesus Christus nach Lukas), für drei Soli, Sprecher, Knabenchor, drei gemischte Chöre und Orchester, 2 Teile, entstanden 1966

Teile der Kapitel 22 und 23 des Lukas-Evangeliums sind mit Hymnen, Psalmen und anderen liturgischen Texten zu einem dramatischen Oratorium zusammengefaßt. Die Musik bedient sich aller Ausdrucksmittel, die dem Komponisten zur Verfügung standen, so daß das Werk über die Christus-Passion zu einer Passion der gesamten Menschheit wurde. Die Komposition mit Klangfarben, Klangflächen und Klangbändern ist hier in einen weiten Raum eingeordnet, so daß die experimentellen und neu entdeckten Klangfarben in eine glückliche Beziehung zu traditionellen Elementen treten.

Stabat mater für drei sechzehnstimmige A-cappella-Chöre, entstanden 1962

Diese Kantate wurde später der »Lukas-Passion« eingegliedert. Schon hierin zeigt sich das Bestreben des Komponisten, Altes und Neues zu verschmelzen.

Dies irae, Oratorium zum Gedenken an die Ermordeten in Auschwitz, für drei Solisten und Orchester, 3 Teile, entstanden 1967

Die verwendeten Texten der Bibel, von Louis Aragon (1897–1983), Paul Valéry (1871–1945), Władysław Broniewski (1897–1962) und Tadeusz Różewicz (geboren 1921) sind in das Lateinische übersetzt, die Zitate von Aischylos original belassen. Dadurch wird eine überzeitliche Dimensionierung erreicht. Obwohl die Texte der drei Teile Lamentatio, Apocalypsis, Apotheosis das Geschehen bestimmen, kommt ihnen auch eine klangliche Bedeutung zu. Das Klangmaterial ist mit Vierteltönen, forcierten Anschwellungen, abrupten Pausen, kantig-scharfen Farbkontrasten und um einige Töne kreisenden Melismen ausgestattet, Sirenengeheul und Kettenrasseln ergänzen das provozierend dramatische Klangbild.

Utrenija (Grablegung) für fünf Solisten, Knabenchor, zwei gemischte Chöre und Orchester, 5 Teile, entstanden 1970

Der 1. Teil »Troparion« setzt mit tiefen Männerstimmen ein, die ihn auch abschließen, dazwischen erklingen ein Durakkord und durch Mikroglissandi und Zischfloskeln strukturierte Schichtungen. Der 2. Teil »Psalm 50« wird vom Orchester eingeleitet. Ein modaler liturgischer Gesang wird zitiert; Vokalsolisten und Chor bringen die Lobpreisungen des Psalms; Klanggewoge, schnelle Orchesterpassagen, exaltierte Massierungen und phonetische Ableitungen beruhigen sich erst vor der Reprise der Einleitung, nach der zwei Solistinnen das »Erbarme dich meiner« vortragen. Das abschließende Halleluja wird von einem Gelächter des Orchesters begleitet. Im 3. Teil »Hirmos I« entladen sich unruhige Chormassierungen durch laute Schreie. Dann verebben sie plötzlich. Den 4. Teil »Hirmos II« gestalten die Baßsolisten in hymnischer Steigerung. Im 5. Teil »Idiomelon« sind alle kompositorischen Mittel des Werks noch einmal zusammengefaßt. Der kirchenslawische Text ist in einzelnen Teilen wenig verständlich, er tritt zugunsten einer allgemein akustischen Deutung des Wortsinnes zurück.

Magnificat für Solisten, gemischten Chor, Knabenchor und Orchester, 7 Teile, entstanden 1974

Unter den neueren Werken des Komponisten ist dieses am stärksten konservativ geprägt. Es weist, abgesehen von einigen Vierteltonbewegungen, charakteristischen, langsamen mikrotonalen Glissandi und einigen isolierten Klanghäufungen, nur wenig akustische Effekte auf. Die »Neue Einfachheit«, zu der etliche ultra-avancierte Komponisten unserer Zeit greifen, kündigt sich auch hier an, weil die »Lösung aus dem Dilemma nicht darin besteht, weiterzuschreiten und somit vielleicht am Ende den Geist der Musik völlig zu zerstören, sondern darin, Inspiration aus der Vergangenheit zu saugen und auf das von der Vergangenheit hinterlassene Erbe zurückzublicken«.

Anaklasis (Strahlenbrechung) für 42 Streicher, Celesta, Harfe, Klavier, Schlagzeug, entstanden 1960

Die Grundhaltung des Werks ist ein völliges Abkommen von traditionellen Satzprinzipien und üblicher Instrumentation. Extrem gelegene Vierteltöne, Bogenschlagen, Steg- oder Griffbrettspiel, breite Streuung von Register Zeitablauf und Farbe, höchste Lagen, Handschlagen auf die Saiten ergeben neue Geräusch- und Klangeffekte, die konsequent weiterentwickelt wurden und die Faszination erzeugen, die von allen Werken des Komponisten ausgeht.

Polymorphia für 48 Streichinstrumente, entstanden 1961

Die Stiltendenzen von »Anaklasis« werden aufgegriffen und weiterentwickelt. Der Klangverlauf ist äußerst expressiv und kompliziert, findet jedoch plötzlich in einem C-Dur-Akkord seine Auflösung.

Fluorescences für Orchester, entstanden 1962

In diesem Stück ist anscheinend alles zusammengetragen, was der Komponist an unkonventionellen Ideen heranziehen konnte. Schon anfangs wird die tiefste Klaviersaite mit einem Triangelschlegel gerieben, dann folgt Sägen von Holz und Eisen, Reiben von Glas mit einer Feile, Bogenstriche über Steg und Saitenhalter der Streicher. Die Tradition des Bruitismus und der Futurismus eines Edgar Varèse wird bis zu den letzten Möglichkeiten intensiviert.

Threnos. Den Opfern von Hiroshima für 52 Streichinstrumente, entstanden 1961

An den extremen Ausdruck der Streicher knüpft sich eine starke ungelöste Spannung. Zehnmal setzen alle Streicher in höchstmöglicher Lage an, dann wird der gesamte Tonraum erfaßt. Cluster verändern ihre Breite, berühren einander und bilden, ineinanderfließend und erlöschend, neue. Ein Klangblock aus 42 Vierteltönen stürzt herein und verklingt.

Literatur

D. H. Linthicum, Penderecki's Notation, Illinois 1972. K. Lisicki, Krzysztof Penderecki, Warschau 1973. W. Schwinger, Penderecki, Begegnungen, Lebensdaten, Werkkommentare, Stuttgart 1979.

Hilaire Penet (1461 bis nach 1522)

Zeit und Umwelt

Giovanni de'Medici (1475–1521), Sohn Lorenzos de'Medici des Prächtigen, wurde im Alter von 14 Jahren zum Kardinal-Diakon ernannt. Er studierte von 1489 bis 1491 Theologie und Kirchenrecht, reiste, als die Medici aus Florenz vertrieben wurden (1494), in Deutschland, den Niederlanden und Frankreich, kehrte 1500 nach Rom zurück, widmete sich dort dem Studium der Kunst und der Literatur und wurde 1503 Haupt seiner Familie. Im Jahre 1513 wurde von den jüngeren Kardinälen seine Wahl zum Papst durchgedrückt. Er wurde am 15. 3. 1513 zum Priester geweiht, am 17. 3. zum Bischof konsekriert und am 19. 3. 1513 als Papst Leo X. inthronisiert. Das Pontifikat dieses Medici brachte Rom einen gewaltigen Kulturaufschwung auf allen Linien. Daß sich dieser Papst eine Privatkapelle hielt wie die meisten Kardinäle, war eine Selbstverständlichkeit.

Leben

Hilaire Penet wurde 1461 bei Poitiers geboren, wo er seine Ausbildung zum Musiker und Kleriker erhielt. Nach längerer Tätigkeit in Poitiers kam er nach Rom als Sänger an die päpstliche Kapelle und wurde 1514 von Papst Leo X. in dessen Privatkapelle übernommen, die besonders die profane französische Chanson pflegte. Nach dem Tod des Papstes (1521) verlor er seine Stellung und dürfte einige Jahre darauf in Rom gestorben sein.

Werke

Von Hilaire Penet sind 6 Motetten, eine Chanson und eine vierstimmige Messe erhalten. Alles andere, insbesondere seine Chansons, ist verlorengegangen. Sein Kompositionsstil läßt seine Ausbildung in Frankreich deutlich erkennen.

Literatur

Fr. X. Haberl, Bausteine für Musikgeschichte III, Leipzig 1888.

Smith Newell Penfield (1837–1920)

Zeit und Umwelt

The Music Teachers National Association (Nationale Musiklehrervereinigung) wurde 1876 in Delaware, O., gegründet. Sie entwickelte sich sehr rasch aus einer lokalen Vereinigung zu einem über das Land reichenden Verband, der dem gegenseitigen Erfahrungsaustausch und den wirtschaftlichen Interessen der Lehrer diente. Er hat zur Entwicklung des

Musikunterrichtswesens der USA viel beigetragen.

Leben
Smith Newell Penfield wurde am 4.4.1837 in Oberlin, O., geboren. Er studierte zunächst am Oberlin College, sodann in New York. In Leipzig, wohin er sich zur weiteren Ausbildung begeben hatte, war er Schüler von Ignaz Moscheles, Carl Reinecke, Ernst Friedrich Richter und Moritz Hauptmann. Er wirkte als Musiklehrer in Rochester, sodann in Savannah, wo er das Konservatorium und den »Mozart Klub« gründete. Ab 1882 war er als Organist und Chordirigent tätig; 1885 wurde er Präsident der Nationalen Musiklehrervereinigung. Er starb am 7.1.1920 in New York.

Werke
Von Smith Newell Penfield sind eine Vertonung des 18. Psalms für Soli, Chor und Orchester, eine Ouvertüre, ein Streichquintett, Stücke für Orgel und Klavier, Chöre und Lieder erhalten. Sein Stil gehört noch der Romantik an.

Lorenzo Penna (1613–93)

Zeit und Umwelt
Von den vier Akademien in Bologna, die sich der Musik widmeten, war die 1633 gegründete Accademia dei Filarmonici die bedeutendste. Sie besteht unter dem Titel Accademia Filarmonica noch heute. Aus ihr ist eine stattliche Reihe berühmter Musiker hervorgegangen.

Leben
Lorenzo Penna wurde 1613 in Bologna geboren und vermutlich dort an einer der Musikschulen der Stadt ausgebildet. Über sein Leben ist bis zum Jahr 1656, in dem er die Stelle eines Kapellmeisters an Sant'Ilario in Casale Montferrato übernahm, nichts bekannt. Im Jahr 1660 begann er an der Universität Ferrara das Studium der Theologie. Er promovierte und wirkte von 1667 bis 1669 als Kapellmeister an San Cassiano in Imola und von 1672 bis 1673 an der Kirche des Karmeliterordens, dem er inzwischen beigetreten war, in Parma. Ab 1676 lebte er in Bologna als Kapellmeister der Accademia dei Filarmonici bis zu seinem Tod am 31. 10. 1693.

Werke
Vom italienischen Komponisten und Musikschriftsteller Lorenzo Penna sind eine fünfstimmige Messe und Psalmen mit zwei Violinen, vier- bis fünfstimmige Psalmen für das Kirchenjahr, Kammersonaten für zwei Violinen, Violone, Violetta und Continuo, vier- bis achtstimmige Festpsalmen und sakrale Gesänge mit Instrumentalbegleitung überliefert. Sein übriges umfangreiches Werk ist verlorengegangen. Er verfaßte außerdem eine ausführliche Kompositionslehre des polyphonen Stiles, des Generalbasses und der Cantus-firmus-Technik.

Literatur
J.-H. Lederer, Zur Lebensgeschichte Lorenzo Pennas, in: Kirchenmusikalisches Jahrbuch LV, 1971.

Jean Pennequin (um 1540 bis um 1590)

Zeit und Umwelt
Arras, das lange ein ständiges Streitobjekt zwischen Frankreich und Burgund war, fiel 1493 im Frieden von Senlis an Kaiser Maximilian I., der Maria, die Tochter Karls des Kühnen, des Herzogs von Burgund, geheiratet hatte. Die Habsburger übernahmen das burgundische Kulturerbe und setzten es ebenbürtig fort. Die berühmte Sängerschule von Arras behielt ihren weitreichenden Ruf.

Leben
Jean Pennequin wurde um 1540 in Arras geboren und dort ausgebildet. Er blieb in seiner Vaterstadt und erhielt die Leitung des Knabenchores an der Kathedrale, die er bis zu seinem Tod um 1590 innehatte.

Werke
Der französische Komponist Jean Pennequin erhielt mit einer Chanson 1577 vom

Puy d'Evreux den Preis der Silberlyra. Von ihm sind vier- bis fünfstimmige Chansons Nouvelles (Neue Chansons), die stilistisch der franko-flämischen Schule folgen, und sechsstimmige Motetten überliefert.

Barbara Pentland (geboren 1912)

Leben

Barbara Pentland wurde am 2.1.1912 in Winnipeg, Kanada, geboren. Sie studierte 1929/30 an der Schola Cantorum in Paris bei Cécile Gauthiez (7.9.1873, Paris, bis 20.8. 1946, Paris), anschließend an der Juilliard School of Music in New York bei Bernard Wagenaar und Frederick Jacobi und darauf am Bergshire Music Center in Tanglewood, Mass., bei Aaron Copland. Ab 1942 unterrichtete sie Theorie und Komposition am Konservatorium in Toronto und von 1949 bis 1963 an der Universität in Vancouver. Seitdem widmet sie sich ihrem kompositorischen Schaffen und der Interpretation ihrer Werke.

Werke

Für die Bühne verfaßte Barbara Pentland eine Kammeroper und eine Ballettpantomime. Sie schrieb ferner 4 Sinfonien und eine für Kammerorchester, ein Konzert für Violine und Kammerorchester, ein Konzert für Klavier und Streicher, ein Konzert für Barockorgel und Streicher, Variationen für Klavier und Orchester, ein Bläseroktett, ein Septett, ein Klavierquartett, 3 Streichquartette, verschiedene Klavierwerke, einen Liederzyklus und weitere Vokalwerke, Radio- und Filmmusik. Sie veröffentlichte Studienwerke für Klavier.

Barbara Pentland

Ernst Pepping (1901–81)

Leben

Ernst Pepping wurde am 12.9.1901 in Duisburg geboren. Er war von 1922 bis 1926 an der Hochschule für Musik in Berlin Schüler von Walther Gmeindl. Darauf lebte er in Mülheim an der Ruhr und in Essen als freischaffender Komponist. Ab 1924 wirkte er als Lehrer für Musiktheorie und Komposition an der Evangelischen Kirchenmusikschule in Berlin-Spandau, 1953 wurde er Professor für Komposition an der Hochschule für Musik in Berlin, wo er am 1.2.1981 starb.

Werke

Die Kompositionen von Ernst Pepping weisen eine stilistische Kontinuität der Auseinandersetzung mit der Tradition auf. Nach anfänglichem Experimentieren machte er den protestantischen Choral und den Vokalstil des 16. und 17. Jahrhunderts zum Mittelpunkt seines musikalischen Denkens. Seine Setzweise greift auf die Kirchentonarten zurück, wobei die Tonalität durch Quartenschichtungen und gelegentliche Chromatizismen erweitert ist. Damit wurde er zu einem der hervorstechendsten Vertreter der Erneuerung der evangelischen Kirchenmusik. Für Orchester schrieb er 3 Sinfonien, ein Praeludium, eine Invention, 2 Variationen, eine Serenade und ein Klavierkonzert, an Kammermusik ein Streichquartett, eine Sonate für Flöte und Klavier und eine Suite für zwei Violinen. Für das Klavier verfaßte er 4 Sonaten, 2 Romanzen, 3 Fugen, eine Sonatine, Variationen und einige weitere Stücke. Umfangreich ist sein Orgelwerk: 25 Orgelchoräle, 2 Konzerte, 12 Choralvorspiele, 3 Partiten, ein Böhmisches Orgelbuch, ein Großes Orgelbuch, ein Kleines Orgelbuch, Fugen, Hymnen und Praeludien. Die profane Vokalmusik ist durch eine Anzahl A-cappella-Chöre und durch rund 70 Klavierlieder vertreten. Den breitesten Raum seines Schaffens nimmt die sakrale Vokalmusik ein. Voranzustellen sind seine Passion, das Te Deum, die Evangelienmotette »Das Weltgericht« und 3 weitere, mehrere Messen, darunter die berühmte »Missa dona nobis pacem«, Motetten, Hymnen, Psalmen, Bicinien, »Gesänge der böhmischen Brüder in Variationen«, »Die Weihnachtsgeschichte des Lukas« und die Vesper »Johannes der Täufer«.

Der Passionsbericht des Matthäus für Chor a cappella, 12 Episoden, entstanden 1950

Es handelt sich um eine Motetten-Passion ohne Evangelisten. In der Einleitung sind zwei Chöre gegenübergestellt, die ein Jesaja-Zitat vortragen, dann beginnt der Passionsbericht mit dem Verrat des Judas. Anschließend wird das Abendmahl mit einem breiten zweichörigen Tongemälde geschildert. Die 3. Episode »Jesus und Petrus« ist narrativ. Die 4. Episode »Gethsemane« wird mit expressiver Dramatik dargestellt wie auch die »Gefangennahme« – 5. Episode –; eine abwärts eilende Tonleiter deutet die Flucht der Jünger an. Ein tröstend auf die Zeit nach der Auferstehung vorgreifendes Intermedium leitet zu dem teilweise rezitativisch geschilderten Verhör vor dem Hohen Rat über. Die Szenen bis zum Geschrei »Laßt ihn kreuzigen« werden mit unüberbietbarer Drastik dargestellt, der Chorgesang wird dabei nahezu zum Orchester. Der Kreuzigungsbericht hingegen ist über allen Naturalismus auf eine lyrische Ebene gehoben. Der Bericht endet mit dem Tod Jesu. Stockend und leise setzt der Schlußchor ein, der aber rasch laut anschwillt, dann in das Pianissimo zurücksinkt; ein doppelchöriger Satz beendet das Werk mit dem ersten Vers des Johannes-Evangeliums: »Im Anfang war das Wort«.

Te Deum für Chor, zwei Solostimmen und Orchester, 3 Sätze, entstanden 1955

Der 1. Satz, der bis zum »Tu rex gloriae« reicht, gehört ausschließlich dem Chor, während der 2. Satz von den Solisten vorgetragen wird, und zwar vom Sopran mit den Männerstimmen des Chors, vom Bariton mit den Frauenstimmen; erst in der Mitte des Satzes kommt der ganze Chor zur Entfaltung, der mit einer Fuge hervortritt. Im 3. Satz – ab »salvum fac populum« – sind Solisten, Chor und Orchester gleich stark beansprucht.

Ernst Pepping

Nach einer Generalpause setzt eine Doppelfuge über die Schlußverse des Hymnus ein, die sich zu höchster Intensität verdichtet. Darauf übernimmt der Sopran die Führung und intoniert, vom Bariton und dem Chor kontrapunktiert, ein virtuoskonzertantes »Amen«, das das Werk strahlend abschließt.

Orgelkonzert Nr. 1, 3 Sätze, entstanden 1941

Der 1. Satz »Intrada« läuft spielmusikartig heiter ab. Der 2. Satz »Aria alla Passacaglia« bringt als ostinate Figur eine abwärts bewegte Molltonleiter. Darüber spielen sich die Variationen ab, deren letzte den Anfang – zum Teil mit vertauschten Stimmen – wieder aufnimmt. Die Doppelfuge des Finales »Fuga« wird anfänglich getrennt durchgeführt, bis es am Ende zu einer Synthese der beiden Themen kommt.

Orgelkonzert Nr. 2, 3 Sätze, entstanden 1941

Der 1. Satz »Praeludium« ist dreiteilig; er beginnt mit einem Quintenmotiv, dann folgt eine leise Passage, die zu einem beschwingten Schluß führt. Der 2. Satz »Kanzone« ist ein Schreittanz. Die folgende »Chaconne« bringt ein ostinates Thema mit einstimmiger Kontrapunktierung, zu dem erst allmählich weitere Stimmen treten. Im Ablauf der sehr bewegten Variationen scheint der cantus firmus im Tenor und im Sopran auf. Nach einer Kadenz beenden mächtige Akkorde das Werk.

Johann Christoph Pepusch
(1667–1752)

Zeit und Umwelt
Um das Jahr 1710 gründete eine Gruppe Berufsmusiker und Amateure eine Academy of Ancient Music mit der Aufgabe, die Musik des 16. Jahrhunderts wiederzubeleben und dem Publikum näherzubringen. Diese älteste Gesellschaft jener Art sammelte Drucke und Handschriften aus der vergangenen Zeit, veranstaltete Aufführungen und erweckte allseitig großes Interesse. Die Akademie setzte ihre rege Tätigkeit bis 1792 fort. Dann erlahmte das öffentliche Interesse dafür. Eine um 1725 gegründete Academy of Vocal Music verfogte ähnliche Ziele.

Leben
Johann Christoph Pepusch (John Christopher) wurde 1667 in Berlin geboren. Er fand bereits mit 14 Jahren Aufnahme am Berliner Hof als Sänger und blieb in dieser Stellung bis 1698. Dann verließ er seine Heimat; er war Augenzeuge der Enthauptung eines Offiziers geworden, den Kurfürst Friedrich III. (1657–1713, ab 1701 als Friedrich I. König in Preußen) ohne Gerichtsurteil wegen Majestätsbeleidigung hinrichten ließ, und wollte in ein Land, wo das Leben nicht von der Willkür eines einzelnen abhing. Er begab sich nach Holland und um 1700 nach London. Dort wirkte er als Organist, Komponist und Musiklehrer, leitete die Academy of Ancient Music und versah in der Folge viele Jahre hindurch die Stelle eines Musikdirektors am Lincoln's Inn Fields Theatre. Im Jahr 1713 promovierte er in Oxford zum Doctor Musicae, 1718 heiratete er die berühmte italienische Sängerin Francesca Margherita de l'Épine (um 1670–1746). Er starb in London am 20. 7. 1752.

Werke
Der deutsche Komponist Johann Christoph Pepusch verfaßte 12 Kantaten, Oden, von denen die Ode auf den Frieden von Utrecht sehr berühmt wurde, Motetten, Anthems, Services, Lieder, Catches, Tanzstücke, Violinkonzerte, Violin- und Gambensonaten und Flötensonaten, die als seine besten Kompositionen gelten, außerdem viele Maskenspiele, Schauspielmusiken und Balladenopern (Liederopern). Seinen Weltruf begründete »The Beggar's Opera« (Bettleroper, 1728, von mehreren späteren Komponisten wie Benjamin Britten, 1913–76, neu bearbeitet, Modell für die »Dreigroschenoper« von Kurt Weill, 1900–50). Diese treffende Satire auf das englische Gesellschaftsleben und auf die damals herrschende italienische Oper zwang Georg Friedrich Händel, seine Opernakademie zu schließen. Der Komponist war auch als Musikwissenschafter tätig.

Literatur
A. J. E. Lello, Dr. Pepusch, in: Musical Times, 1942.

Samuel Pepys (1633–1703)

Zeit und Umwelt
Nachdem die Begeisterung über den Einzug König Karls II. am 29. Mai 1660 in London verklungen war, mußte in das Chaos, das Cromwell hinterlassen hatte, Ordnung gebracht werden; die politischen Gefangenen wurden befreit, die konfiszierten Vermögen zurückerstattet. Der König und sein Lordkanzler Edward Hyde Clarendon (1609–74) bemühten sich aufrichtig, wie aus privaten und halbamtlichen chronistischen Aufzeichnungen der Zeit hervorgeht.

Leben
Samuel Pepys wurde am 23. 2. 1633 in London geboren. Er war Beamter des Marineamtes und ein großer Musikliebhaber und starb am 26. 5. 1703 in London.

Werke
Die für die englische Musikgeschichte der zweiten Hälfte des 17. Jahrhunderts und für die Zeitgeschichte überhaupt wichtigste Leistung des englischen Musikliebhabers und Komponisten Samuel Pepys stellt sein Tagebuch über die Jahre 1659 bis 1669 mit laufenden Berichten über das englische Musikleben

dar. Er sammelte auch englische Balladen und komponierte eine Reihe Lieder im Balladenton, die eine gründliche Ausbildung verraten.

LITERATUR

I. Bennet, Mr. Pepys and His Musique, Oxford 1944.

Ernst Perabo (1845–1920)

ZEIT UND UMWELT

Durch die Gastspiele erstklassiger Virtuosen und Dirigenten, die starke Zuwanderung vorzüglich ausgebildeter Musiker aus Europa und nicht zuletzt durch die große Zahl von Amerikanern, die in Europa und in der eigenen Heimat hohen Leistungsstand erreichten, stiegen gegen die Wende zum 20. Jahrhundert die Anforderungen, die das Publikum in den USA an musikalische Darbietungen stellte, ständig, so daß es schon ganz besonderer Leistungen bedurfte, damit ein Emigrant an Musikzentren wie New York oder Boston ein Betätigungsfeld fand.

LEBEN

Ernst Perabo wurde am 14.11.1845 in Wiesbaden geboren. Er zeigte schon, ehe er 1852 mit seinen Eltern nach New York kam, beachtliche musikalische Anlagen. Perabo wurde daher nach Deutschland zur Ausbildung gesandt und studierte am Konservatorium in Leipzig unter Ignaz Moscheles, Ernst Friedrich Richter und Carl Reinecke. Im Jahr 1885 ließ er sich in Boston nieder und errang bald einen guten Ruf als Pianist und Komponist.

WERKE

Von Ernst Perabo sind ein Scherzo, »Drei Studien«, »Pensées« (Gedanken), »Prélude, Romance und Toccatina« für Klavier bekannt und beliebt geworden; er verfaßte zahlreiche Transkriptionen und Fantasien aus beliebten Opern und Orchesterstücken für den eigenen Konzertgebrauch, die auch in Programmen anderer Pianisten auftauchten.

Mario Peragallo (geboren 1910)

LEBEN

Mario Peragallo wurde am 25.3.1910 in Rom geboren. Er war Schüler von Alfredo Casella. Von 1950 bis 1954 wirkte er dort als Direktor der Accademia Filarmonica und als Sekretär der IGNM, deren Präsident er 1956 wurde.

WERKE

Neben 4 Opern schrieb Mario Peragallo, der seine ursprüngliche veristische Diktion nach dem Zweiten Weltkrieg aufgab und sich einer sehr freizügig behandelten Zwölftontechnik zuwandte, ein Orchesterkonzert, eine Fantasie für Orchester, 3 Klavierkonzerte, ein Violinkonzert, 3 Streichquartette, ein Klavierquartett, ein Konzert für doppeltes Streichquartett, ferner ein De profundis und weitere Chöre, ein szenisches Madrigal, Klavierstücke, Orgelwerke und Lieder.

Bernardo de Peralta Escudero
(um 1575–1632)

ZEIT UND UMWELT

Die alte aragonesische Königsresidenz Zaragoza hatte schon im 16. Jahrhundert kein Eigenleben mehr. Sie war auf dem Gebiet der Musik eindeutig nach Madrid orientiert und hatte keine eigene Schule herausgebildet, obschon in den beiden Kathedralen der Stadt stets gute Musik gepflegt wurde.

LEBEN

Bernardo de Peralta Escudero wurde um 1575 in Zaragoza geboren. Seine Familie gehörte dem niedrigen Adel an. Er wurde in seiner Vaterstadt zum Musiker ausgebildet und erhielt die Kapellmeisterstelle an der Kathedrale in Burgos (1604); 1611 wurde er als Kapellmeister an den Dom von Zaragoza berufen und versah diese Stelle bis zu seinem Tod im Jahr 1632.

WERKE

Von dem spanischen Komponisten Bernardo de Peralta Escudero sind ein achtstimmiges

Requiem, bei 15 Villancicos, 2 zwölfstimmige Magnificat und ein siebenstimmiges Salve Regina überliefert. Alles ist im polyphonen Stil mit spanischer Prägung geschrieben.

Marco Giuseppe Peranda
(um 1625–75)

ZEIT UND UMWELT
Die Hofkapellen in Österreich, in München und in Dresden nahmen auch im 17. Jahrhundert viele italienische Musiker auf, wenngleich heimische Kräfte ausreichend zur Verfügung standen. Aber die Vorstellung, daß die Musik eine Domäne der Italiener sei und nur in Italien erlernt werden könne, war zu verbreitet. Es mußte noch eine geraume Zeit vergehen, ehe sie aufgegeben wurde.

LEBEN
Marco Giuseppe Peranda wurde um 1625 in Rom geboren. Christoph Bernhard brachte ihn als Sänger nach Dresden, wo er 1661 als Vizekapellmeister und 1663 als dritter Kapellmeister wirkte. Er starb in Dresden am 21. 1. 1675.

WERKE
Der italienische Komponist Marco Giuseppe Peranda schrieb Messen, Motetten, Madrigale und geistliche Konzerte von beachtlicher Qualität. Sein Weihnachtsoratorium und die Passion nach Markus sind verlorengegangen.

Francisco Peraza (1564–98)

ZEIT UND UMWELT
Die über Auftrag Kaiser Karls V. gebaute Orgel der Kathedrale von Toledo, die große Orgel im Escorial mit ihren prachtvollen Zungenregistern und dem waagrecht herausragenden Rohrwerk waren Muster für die Instrumente in den anderen Städten wie Madrid, Sevilla und Palencia. Die Orgel nahm im spanischen Musikgeschehen einen breiten Raum ein, so daß sich viele Musiker diesem Instrument widmeten und zu einem hohen Grad der Virtuosität gelangten.

LEBEN
Francisco Peraza (de Pereza) wurde 1564 in Salamanca geboren und vermutlich auch dort zum Organisten ausgebildet. Er war ein allseitig bekannter und geschätzter Meister seines Faches, erhielt die Organistenstelle an der Kathedrale von Sevilla, die nur erstklassige Kräfte in den Dienst stellte, und betreute sie bis zu seinem Tod am 24. 6. 1598.
Sein Bruder Jerónimo Peraza (um 1570, Salamanca, bis 1617, Toledo) war gleich ihm ein bedeutender Organist. Er wirkte an den Kathedralen von Sevilla, Palencia und schließlich an der großen Orgel von Toledo.

WERKE
Von dem Orgelmeister Francisco Peraza sind zahlreiche Orgelwerke, Tientos, Toccaten, Fantasien erhalten, die auf anderen Tasteninstrumenten nicht ausführbar sind, weil sie ein Pedalspiel erfordern. Stilistisch gehörte diese Musik dem 16. Jahrhundert an. Sie nützt die Möglichkeiten einer großen Orgel gut aus.

LITERATUR
S. Kastner, Contribución al estudio de la música española y portuguesa, Lissabon 1941.

John Percy (1749–97)

ZEIT UND UMWELT
Die feste Form der mittelalterlichen Ballade als einstimmiges volkstümliches Tanzlied wurde von den Trobadors und Trouvères ausgebildet. Sie unterlag im Lauf der Entwicklung einschneidenden Veränderungen und verlor bereits im 15. Jahrhundert zugunsten anderer Liedformen an Beliebtheit. In manchen Teilen Europas jedoch blieb die Balladendichtung lebendig wie zum Beispiel in Schottland, wo sie unvermindert einen großen Raum innerhalb der Volksdichtung und Volksmusik einnahm.

LEBEN
John Percy wurde 1749 in Schottland geboren. Er machte sich als Sammler und Herausgeber alter schottischer Volksballaden verdient. Neben seiner Balladenkomposition wirkte er als Organist und Tenorist in Schottland, wo er am 24. 1. 1797 starb.

WERKE
Von den vielen von John Percy komponierten Balladen leben einzelne als Volkslieder weiter; das meiste davon ist vergessen. Außer seinen eigenen Kompositionen brachte er eine umfangreiche Sammlung, »Reliquies of ancient English Poetry« (Relikte alter englischer Dichtung), mit alten Volksballaden heraus, die besonders Johann Gottfried Herder zu seinen Bemühungen um das Volkslied anregten und die deutsche Balladendichtung des Sturm und Drang und der Romantik stark beeinflußten.

Perdigon (um 1175 bis vor 1250)

ZEIT UND UMWELT
Das Provenzalische, die Sprache der Troubadours, war nicht auf die Provence beschränkt. Es war zur literarischen Umgangssprache des gesamten Südens des Landes geworden. Dazu sind zahlreiche provenzalische Lieder der Troubadours außerhalb Südfrankreichs entstanden, weil die Troubadours oft weit reisten. Überdies gab es unter den Troubadours auch Katalanen und Italiener. In Genua wurde zu Beginn des 13. Jahrhunderts eine Dichter- und Komponistenschule für den Troubadourgesang gegründet. Das reiche Bürgertum der Seestadt wollte nicht hinter den Städten des Nachbarlandes zurückstehen. Der Genuese Lanfranc Cigala (um 1200 bis vor 1258) zum Beispiel, von dem an die 30 Liedertexte, aber keine Musik bekannt sind, ist aus der Troubadourschule seiner Vaterstadt hervorgegangen. Viel zu dieser Entwicklung haben ohne Zweifel die kunstliebenden Grafen von Montferrat, das nicht weit von Genua liegt, beigetragen. Bei Bonifatius I. haben sich außer Raimbaud de Vaqueiras und Gaucelm Faidit auch noch andere Troubadours eingefunden.

LEBEN
Von Perdigon, der um 1175 geboren wurde, sind keinerlei biographische Informationen bekannt geworden. Man vermutete, daß er Zisterziensermönch in Aiguebelle (Var) gewesen sei. Schlüssige Beweise dafür liegen jedoch keine vor. Sein Wirken fiel ungefähr in den Beginn des 13. Jahrhunderts. Ein längerer Aufenthalt am Hof Montferrat wird vermutet. Jedenfalls war er mit Raimbaud de Vaqueiras und Gaucelm Faidit bekannt. Daten über seinen Tod gibt es nicht.

WERKE
Perdigon wurden 15 Texte zugeschrieben, darunter 7 Cansos und 3 Tensos. Die Musik zu drei Stücken ist erhalten. Sie ist im Gegensatz zu der von Gaucelm Faidit mehr an Kirchenmodi angelehnt.

LITERATUR
E. Höpfner, La biographie de Perdigon, in: Romania LIII, 1927.

Domingo Nuñes Pereira
(um 1650–1729)

ZEIT UND UMWELT
Obschon das Haus Bragança mit João IV. selbst einen namhaften portugiesischen Komponisten hervorgebracht hatte, taten seine Nachfolger sehr wenig für die Entwicklung der Musik ihres Landes. Auf dem Feld der portugiesischen Literatur war die Lage ähnlich, denn der Hof zog italienische Oper, spanische Zarzuela und französisches Schauspiel portugiesischen Werken vor, so daß Literatur und Musik verkümmerten. Eine volksverbundene Kulturpolitik war auch durch die allgemeine politische Entwicklung behindert. Affonso VI. (1643–83) regierte praktisch nur von 1662 bis 1667 und wurde sodann von seinem Bruder Pedro II. (1648 bis 1706) verdrängt, der 1668 Frieden mit Spanien schloß und die Wirtschaft des Landes

mit Hilfe der brasilianischen Bodenschätze zu heben versuchte; er wurde gegen seinen Willen in den Spanischen Erbfolgekrieg verwickelt, in dem er 1703 von der französischen Seite auf die österreichisch-englische wechselte. Erst sein Sohn João V. (1689 bis 1750) vermochte eine ruhige Entwicklung des Landes einzuleiten. Er war geistigen Interessen sehr aufgeschlossen, förderte aber hauptsächlich wissenschaftliche Arbeiten und die Literatur. Die Musik blieb Stiefkind und erhielt höchstens über den Umweg der Klöster und Kirchen, die der überaus fromme König reich bedachte, eine Unterstützung.

LEBEN
Domingo Nuñes Pereira wurde um 1650 in Lissabon geboren. Er war Kapellmeister der Kathedrale in Lissabon und starb am 29. 3. 1729.

WERKE
Der portugiesische Kirchenkomponist Domingo Nuñes Pereira verfaßte achtstimmige Responsorien für die Karwoche, mehrere Requiem und Villancicos. Weitere Werke sind verlorengegangen.

Marcos Soares Pereira (um 1590–1655)

ZEIT UND UMWELT
König João IV. (1604–56), Begründer der portugiesischen Dynastie Bragança, baute bei seinem Regierungsantritt 1640 die Hofkapelle neu auf, wenngleich die alte Kapelle auch während der spanischen Herrschaft uneingeschränkt tätig geblieben war. Der König wünschte seine Kapelle vorwiegend mit Portugiesen zu besetzen, um auch so die wiedergewonnene Selbständigkeit des Landes zu betonen.

LEBEN
Marcos Soares Pereira wurde um 1590 in Caminha geboren. Er war ab 1640 Hofkapellmeister des Königs João IV. und starb in Lissabon am 7. 1. 1655.

WERKE
Der portugiesische Kirchenmusiker Marcos Soares Pereira verfaßte eine große Anzahl acht- und zwölfstimmiger Psalmen, Motetten, Vespern, eine Messe und ein Te Deum.

Daniel Ayala Pérez (1906–75)

LEBEN
Daniel Ayala Pérez wurde am 21.7.1906 in Abalá, Yucatán, Mexiko, geboren. Er studierte an der Musikhochschule in Mérida und am Konservatorium in Mexiko, an dem er dann neben seiner Tätigkeit als Violinist selbst unterrichtete. Er starb am 20.6.1975 in Veracruz.

WERKE
Den meisten Kompositionen von Daniel Ayala Pérez liegen musikalisches Material und Legendenstoffe aus der Mayaperiode zugrunde. Er schrieb eine sinfonische Dichtung, 5 Suiten, ein Stück für Kammerensemble und indianische Schlagzeuge, ein Quartett für Oboe, Klarinette, Fagott und Klavier, einen »Tanz« und »Fünf kleine Stücke« für Streichquartett, Klavierwerke, mehrere Kantaten in Mayasprache für Singstimmen, Kammerorchester und indianische Schlaginstrumente und Lieder. Er ist den Spätromantikern zuzuordnen.

Davide Pérez (1711-78)

ZEIT UND UMWELT
König von Portugal José (1714–77) überließ seinem Minister Sebastião José de Carvalho e Mello Marquês de Pombal praktisch die gesamte Regierungsgewalt, die dieser diktatorisch handhabte. Vom »aufgeklärten« Absolutismus, der unter König José angeblich in das Land Einkehr gehalten hat, war nichts zu bemerken. Es geschah aber viel für dessen wirtschaftlichen und kulturellen Aufstieg.

LEBEN
Davide Pérez wurde 1711 in Neapel geboren

und von 1723 bis 1733 am Conservatorio Santa Maria di Loreto ausgebildet, wo Francesco Mancini (1672–1737) sein Lehrer war. Dann wandte er sich der Opernkomposition zu, wirkte aber gleichzeitig 1740 als Kapellmeister der Königlichen Kapelle in Palermo. Nach Aufenthalten in Neapel und Wien wurde er 1753 vom portugiesischen König José nach Lissabon eingeladen, wo er als Hofkapellmeister, Hofmusiklehrer und Komponist bis zu seinem Tod am 30. 10. 1778 tätig war.

WERKE
Der Neapolitaner Davide Pérez übte auf das Opern- und Konzertleben von Lissabon einen nachhaltigen Einfluß aus, trug aber nichts zur Bildung einer eigenständigen Musikentwicklung bei. Er schrieb eine Reihe erfolgreicher Opern, außerdem fünf- bis achtstimmige Messen, Lamentationen, Toten-Responsorien, Motetten und Psalmen; alles war sehr konservativ gehalten.

LITERATUR
U. Prota-Giurleo, Musicisti napoletani alla Corte di Portogallo nel '700, Neapel 1923.

Juan Ginés Pérez (1548–1612)

ZEIT UND UMWELT
Die in der zweiten Hälfte des 16. Jahrhunderts immer häufigeren Kompositionen für Solostimmen, deren Melos stark vom gesungenen Wort abhängig ist, können nur zum Teil dem Bestreben der Humanisten, antike Musik nachzuahmen und neu zu formen, zugeschrieben werden. Man war auch von der Vielstimmigkeit, wie kunstvoll sie auch von den einzelnen Meistern gehandhabt wurde, übersättigt. Die Herausbildung des französischen Air de cour aus dem mehrstimmigen Chanson, die unisonen Gesänge der Reformation und die rezitativischen Vertonungen antiker oder der Antike nachempfundener Gedichte zielten gleichgerichtet auf das Sololied, das wortgerecht die dichterische Sprache intensivierte und nicht unter acht und mehr dicht geführten mathematisch exakt kontrapunktierten Stimmen begrub.

LEBEN
Juan Ginés Pérez wurde am 7. 10. 1548 in Orihuella, Alicante, getauft. Er wurde an der Kathedrale seiner Geburtsstadt ausgebildet, erhielt dort die Kapellmeisterstelle und wirkte von 1581 bis 1595 in Valencia. Darauf ging er wieder nach Orihuella zurück und starb dort im Jahre 1612.

WERKE
Der spanische Kirchenmusiker Juan Ginés Pérez hat eine Anzahl Motetten, Psalmen und Magnificat hinterlassen, in denen lange monodische Partien vorkommen. Der etwas exzentrische Komponist schrieb den Sängern zuweilen ungewöhnlich weite Intervalle vor, um den Ausdruck der Texte zu verstärken. Seine Werke wurden von den Zeitgenossen trotzdem sehr geschätzt. Er schrieb auch einiges für die Mysterienspiele von Elche.

LITERATUR
F. Pedrell, Hispaniae schola musica sacra V., New York 1970 (Nachdruck).

César Pérez Sentenat (geboren 1896)

LEBEN
César Pérez Sentenat wurde am 18.11.1896 in Habana geboren. Er studierte von 1911 bis 1913 am Konservatorium in Habana bei Hubert De Blanck (11.6.1856, Utrecht, bis 28.11.1932, Habana), anschließend bis 1922 in Paris an der Schola Cantorum bei Joaquín Nin y Castellanos (29.9.1879, Habana, bis 24.10.1949, Habana) und Léon Saint-Requier. Von 1926 bis 1945 wirkte er als Klavierprofessor am Konservatorium in Habana, von 1945 bis 1966 war er Musikbeauftragter des kubanischen Erziehungsministeriums.

WERKE
Von César Pérez Sentenat sind zahlreiche Klavierwerke – Kubanische Suite, Praeludien,

Sonaten –, Transkriptionen für Klavier und viele Gesänge mit Klavierbegleitung bekannt geworden. Sein Bemühen um eine moderne kubanische Pianistik war sehr erfolgreich.

Karl Perfall (1824–1907)

LEBEN

Karl Freiherr von Perfall wurde am 29. 1. 1824 in München geboren. Er war zunächst Staatsbeamter, nahm sodann bei Moritz Hauptmann Musikunterricht und übernahm 1850 die Leitung der Münchner Liedertafel. Den von ihm 1854 gegründeten Oratoriumverein leitete er durch 10 Jahre, dann wurde er Hofmusikintendant und 1867 auch Intendant des Königlichen Hoftheaters. Er starb am 14. 1. 1907 in München.

WERKE

Außer einigen unbedeutenden Opern verfaßte Karl Perfall Chorwerke, Männerchöre und Lieder. Wertvoller sind seine theatergeschichtlichen Publikationen. Er zählte während seiner Amtszeit zu den Hauptgegnern der Musik von Richard Wagner und verhinderte nach Kräften ihre Aufführung.

Giovanni Battista Pergolesi (1710–36)

ZEIT UND UMWELT

Im Zuge des Spanischen Erbfolgekriegs besetzte Österreich 1707 Neapel, das ihm sodann durch die Friedensverträge von Utrecht und Rastatt (1713 und 1714) vorläufig zufiel. Beim Ausbruch des Polnischen Erbfolgekriegs im Jahr 1733 stimmten Frankreich, Spanien und Sardinien-Savoyen zu, daß Don Carlos von Bourbon (nachmaliger spanischer König Karl III.) sich Neapels bemächtigte, falls er es eroberte. Er besiegte die Österreicher 1734 in der Schlacht bei Bitonto, trat im selben Jahr die Regierung des Königreiches an und erhielt hierzu im Frieden von Wien 1738 die Zustimmung der europäischen Mächte.

Giovanni Battista Pergolesi

LEBEN

Giovanni Battista Pergolesi (Pergolese) wurde am 4. 1. 1710 in Iesi, Ancona, geboren. Seine Familie hatte ursprünglich den Namen Draghi getragen und ihn in Pergolesi geändert. Er erhielt seine erste Ausbildung als Chorknabe am Dom von Iesi. Im Jahr 1723 kam er nach Neapel und wurde dort im Conservatorio dei Poveri di Gesù Cristo von Gaetano Greco und Francesco Durante unterrichtet; 1725 wirkte er dort bereits als Knabensopran und 1729 als erster Violinist und Hilfslehrkraft. Nach Beendigung seiner Ausbildung verließ er 1731 das Konservatorium und begann in Neapel als Kirchen- und Bühnenkomponist wie als Kapellmeister unter der Protektion mehrerer Klöster und Adelshäuser zu arbeiten. Er verließ 1734 die Stadt ein einziges Mal, um in Rom eine Oper in Szene zu setzen. Dann zog er sich wegen seiner schlechten Gesundheit in das Franziskanerkloster in Pozzuoli zurück, wo er am 17. 3. 1736 starb.

Die 26 Jahre, die sein Leben gedauert hatte, genügten, ihn unsterblich zu machen.

Alles wurde bei ihm auf knappsten Zeitraum zusammengedrängt, so daß er im Konservatorium in kürzester Zeit vom Schüler zum Interpreten und Lehrer wurde und seine ersten Kirchenkompositionen wie die erste Oper nicht nur Anfangserfolge eines aufstrebenden Talents waren, sondern sofort ihren Platz im Repertoire europäischer Musik besetzten und ihn unbestritten behielten.

Werke

Die allgemeine Wertschätzung, die Giovanni Battista Pergolesi entgegengebracht wurde, führte nicht nur zu phantastischen Ausschmückungen seiner Biographie, sondern auch zu vielen ihm unterschobenen Kompositionen, denn sein Name galt als untrügliches Gütezeichen. Mit einiger Sicherheit werden ihm 2 Oratorien, 5 Messen, zahlreiche andere sakrale Musiken, zahlreiche Kantaten, Psalmen, Arien mit verschiedener Besetzung, ein Konzert für Flöte und Streicher und zwei Hörner, ein Violinkonzert, eine Cellosonate, ungefähr 30 Triosonaten, verschiedene Konzertstücke und weit über 10 Opern und Intermezzi, außerdem das berühmte Stabat mater zugeschrieben. Von seinen Opern steht »La serva padrona« (Die Dienerin als Herrin) noch heute als eine der ältesten auf dem ständigen Repertoire der Opernhäuser der Welt. Ihr Einfluß auf die Operngestaltung war bis in das 19. Jahrhundert hinein wirksam.

Stabat mater für 2 Solisten, Streichquartett, Kontrabaß und Orgel, 13 Teile, entstanden 1736

Es handelt sich um das letzte vollendete Werk des Komponisten im Stil des Lamento. Nur die Arie in Nummer 4 und das Allegroduett in Nummer 11 fallen durch ihre liebenswürdige Heiterkeit und ihre volkstümlichen Melodien auf. Es hat auch die Kritik des strengen Padre Martini herausgefordert, der beide Nummern in den Rahmen einer Opera buffa verweisen wollte. Ungeachtet dessen jedoch werden gerade diese beiden Nummern als Schmuck des Werkes geschätzt, das den tiefen Schmerz der Mutter unter dem Kreuz mit ergreifender Einfachheit schildert.

Es fehlte nicht an späteren Bearbeitungen. Man hatte der Kantate einen Chor beigegeben. Der tote Komponist konnte sich gegen solche häufig anmaßende »Verbesserungen« nicht wehren.

Konzert in B-Dur für Mandoline, Streichorchester und Continuo, 3 Sätze

Die Zuschreibung dieses Werkes ist nicht gesichert, es dürfte aber von Giovanni Battista Pergolesi stammen. Gerade dem Neapolitaner lag die Mandoline sehr nahe. Es wäre ein Wunder, wenn er sich dieses anmutigen Volksinstrumentes nie angenommen hätte.

Der 1. Satz bringt einen Dialog zwischen Orchesterritornell und Solopart; seine flächige Terrassendynamik folgt den Fakturen von Antonio Vivaldi. Das Largo alla siciliana nimmt die Eingangsmelodie von Schuberts »Ständchen« – »Leise flehen meine Lieder« – vorweg. Im Finale treten energische Menuettschritte auf, die sich in spielerische Bewegungen auflösen. Der Solist erhält Gelegenheit zu virtuosem akkordischem Spiel.

Triosonate in G-Dur, 3 Sätze

Die Gliederung des 1. Satzes nähert sich dem vorklassischen Sonatensatz. Seine ausgewogene Grazie in der Melodieführung bringt eine völlig neue Musiksprache, die in der Wiener Klassik ihre Fortsetzung findet. Der Mittelsatz fällt durch seine Symmetrie der Form auf, die aber wie selbstverständlich dem melodischen Gedanken entspringt. Das Finale ist eine melodienreiche Fuge, die mit der barocken Fugenform wenig zu tun hat.

Triosonate in D-Dur, 3 Sätze

Der 1. Satz bringt ein Fugato, der 2. ein Largo voll Würde wie eine Kirchensonate. Seinem edlen Thema steht ein fröhliches Finale gegenüber, dessen Themen eine erhebende Helligkeit anstreben.

Triosonate in A-Dur, 3 Sätze

Im 1. Satz erklingt ein rasches Fugato voll Spannung, ein wahres Jagen der Melodien. Das anschließende Larghetto bringt ein sehr eingängiges Thema, das durch reiche Synkopierung einen besonderen Reiz gewinnt. Das Finale ist ein Capriccio voll Humor, der mit interessantem bizarrem Taktwechsel erzeugt wird.

Literatur

G. Radiciotti, Giovanni Battista Pergolesi, Vita, opere e influenza su l'arte, Mailand 1935.

Jacopo Peri (1561–1633)

ZEIT UND UMWELT
Ferdinando I., ehemaliger Kardinal, Großherzog von Toskana, erwies sich als einer der tüchtigsten Regenten in Florenz. Durch seine Ehe mit Christine von Lothringen und seine Hilfe für Heinrich IV. bei dessen Bewerbung um den Thron in Paris verpflichtete er sich Frankreich. Er verhinderte das Vordringen der Spanier nach Marseille, er sicherte sich das Wohlwollen Kaiser Rudolfs durch die Vermählung seines Sohnes Cosimo (1590–1621) mit der Erzherzogin von Österreich Maria Magdalena (1589 bis 1631), er beteiligte sich erfolgreich am Kampf gegen die Türken; aber der Erbauer der Villa Medici förderte auch in der Toskana den Schüler Michelangelos Bernardo Buontalenti (1536–1608) und den Bildhauer des Frühbarocks Giovanni da Bologna, die Musiker Giulio Caccini, Jacopo Peri und die anderen Mitglieder der Camerata Florentina.

LEBEN
Jacopo Peri wurde am 20. 8. 1561 in Rom geboren. Er war Schüler von Cristoforo Malvezzi in Florenz, wohin seine Eltern, die sich nur vorübergehend in Rom aufgehalten hatten, zurückgekehrt waren. Er stand bereits in jungen Jahren im Dienst der Familie Medici, für die er später diplomatisch tätig war. Im Jahre 1591 wurde er »Erster Leiter der Musik und der Musiker« am Hof der Medici und blieb in dieser Stellung unter den Großherzögen Ferdinando I., Cosimo II. und Ferdinando II. (1610–1670) bis zu seinem Tod am 12. 8. 1633.

WERKE
Im Jahre 1595 schrieb er (vermutlich gleichzeitig mit Caccini) die Komposition zur Oper »Dafne« von Ottavio Rinuccini, die im Karneval 1597 im Palazzo Corsi in Florenz als erste Oper uraufgeführt wurde. Sie ist nicht erhalten. Er ließ ihr 1600 als zweite Oper »Euridice« folgen, die als erste öffentlich aufgeführte Oper gelten muß. Caccini steuerte einige Arien bei. Sie hob sich von der Technik des Komponisten Caccini durch eine starke Hinneigung zum Ariosen und Verzierten ab. Als weitere Bühnenkompositionen sind zu vermerken: Rezitative zu »Ariana« von Rinuccini, »Tetide« (nie aufgeführt), »Der Liebeskrieg«, »Adone und Flora«, außerdem eine Reihe Intermedien und Balletti.
An sonstigen Kompositionen des Bühnenkomponisten Peri sind eine dreistrophige Kantate mit ostinatem Strophenbaß und ein Madrigal überliefert.

LITERATUR
A. Solerti, Musica, Ballo e Drammatica alla Corte Medicea, Florenz 1905.

Piotr Perkowski (geboren 1901)

LEBEN
Piotr Perkowski wurde am 4.3.1901 in Owetschatsche, Ukraine, geboren. Er studierte in Warschau bei Karol Szymanowski und bei Albert Roussel in Paris. Von 1931 bis 1933 leitete er in Warschau die »Gesellschaft der Freunde sinfonischer Musik« und anschließend das Konservatorium in Toruń. Er war einer der Hauptinitiatoren des polnischen Musiklebens nach 1945, wirkte von 1947 bis 1951 als Kompositionsprofessor an der Musikhochschule in Warschau, sodann in Breslau (Wrocław) bis 1954 und erneut in Warschau bis 1972.

WERKE
Neben einer Funkoper und 5 Balletten schrieb Piotr Perkowski für Orchester »Skizzen aus Toruń«, eine »Dramatische Sinfonie«, ein Notturno, »Schottische Impressionen«, 2 Violinkonzerte, eine Sonatine für Trompete und Klavier, »5 Sappho-Lieder« für Sopran, zwei Flöten und zwei Klarinetten, eine Kantate für Rezitation, Chor, Orchester und Tonband und einen Liederzyklus.

George Perle (geboren 1915)

LEBEN
George Perle wurde am 6.5.1915 in Bayonne,

N. J., geboren. Nach Studium an der Universität in Chicago unter Wesley La Violette und Privatunterricht bei Ernst Křenek promovierte er 1956. 1957 – 61 lehrte er an der University of California in Davis, seither ist er Professor am Queen's College der City University of New York.

WERKE
Von seinem umfangreichen kompositorischen Werk sind bemerkenswert: 2 Sinfonien, eine Rhapsodie, »Drei Orchestersätze«, 6 Bagatellen für Orchester, 2 Serenaden für Kammerorchester, ein Cellokonzert, ein Streichquintett, 3 Bläserquintette, 7 Streichquartette, ein Duo für Cello und Klavier, eine Partita für Violine und Bratsche, eine Sonate für Klarinette und Klavier, Solosonaten für Bratsche, für Klarinette, für Cello, für Violine, für Flöte, für Kontrabaß, für Fagott, verschiedene Klavierwerke, Chöre und Lieder. Sein Stil ist modern, teilweise dodekaphonisch. Er veröffentlichte eine große Anzahl musikhistorischer und musikästhetischer Abhandlungen.

François Louis Perne (1772–1832)

ZEIT UND UMWELT
Der Impuls, der von dem bedeutenden Musikologen Alexandre Étienne Choron ausging, bewog eine Reihe zeitgenössischer Musiker, sich musikgeschichtlichen Forschungen zu widmen. Das von Choron erarbeitete Material wurde zur Grundlage einer französischen Schule der Musikwissenschaft und im besonderen der Musikepigraphik.

LEBEN
François Louis Perne wurde am 4. 10. 1772 in Paris geboren. Er trat 1792 als Tenor der Opéra bei und wirkte dort von 1799 bis 1816 als Kontrabassist; von 1802 bis 1824 war er auch Kontrabassist der Kaiserlichen und später Königlichen Kapelle. Inzwischen war er mit Alexandre Étienne Choron in Verbindung getreten und hatte sich der Musikwissenschaft zugewandt. Seine Publikationen hatten die Ernennung zum Harmonielehrer des Conservatoire zur Folge; 1816 wurde er Generalinspektor und 1819 Bibliothekar des Conservatoire. Er starb am 26. 5. 1832 in Laon.

WERKE
Von Françoise Perne sind 2 Messen, ein dreistimmiges Veni creator und ein Officium erschienen, außerdem einige Chöre. Berühmt wurde er aber durch seine musikgeschichtlichen Publikationen, besonders auf dem Gebiet der altgriechischen Musik, die für die weitere Erforschung dieses Gebietes grundlegend waren.

Lorenzo Perosi (1872–1956)

LEBEN
Lorenzo Perosi wurde am 21. 12. 1872 in Tortona, Piemont, geboren. Er wurde 1898 zum Dirigenten des Chors der Sistina ernannt. Aus gesundheitlichen Gründen zog er sich 1915 von dieser Stelle zurück, nahm sie aber 1923 erneut auf und betreute sie bis zu seinem Tod am 12. 10. 1956 in Rom.
Sein Bruder Marziano Perosi (20. 10. 1875, Tortona, bis 21. 2. 1959, Rom) war Schüler von Franz Xaver Haberl (1840–1910) in Regensburg und Hugo Riemann in Leipzig. Von 1906 bis 1908 war er Kirchenkapellmeister in Zürich und anschließend bis 1912 in Wien, sodann in Berlin und schließlich Organist der Päpstlichen Kapelle von Valle di Pompei, sodann am Dom zu Mailand.

WERKE
Mit seinen kirchenmusikalischen Werken gelang es Lorenzo Perosi, den »Neu-Palestrina-Stil« mit jüngeren Fakturen elegant zu verbinden; wirkliche Meister bewähren sich auch innerhalb von Beengungen und Beschränkungen. Seine Messen gelten noch heute in Italien und Spanien als Vorbild für Kirchenmusiker. Er verfaßte ungefähr 40 Messen, ein dreistimmiges Requiem, ein Te Deum, ein Stabat mater für Soli und Orchester, eine »Vespertina oratio«, ungefähr 150 ein- bis vierstimmige Psalmen und Motetten, 13 Oratorien und einige Kammermusik.

Marziano Perosi schrieb eine Oper, eine geistliche Elegie, 2 Kantaten und 3 Sinfonien für Orgel und Orchester.

LITERATUR

M. Rinaldi, Lorenzo Perosi, Rom 1967.

Giovanni Agostino Perotti
(1769–1855)

ZEIT UND UMWELT

Wie die Violinmusik artete um 1800 auch die Klaviermusik zuweilen exzentrisch aus. Klaviersonaten für sechs Hände waren für ein gewisses Konzertpublikum gewiß eine willkommene Sensation, wohl weniger wegen des außerordentlich hohen künstlerischen Werts der Komposition als wegen der Kuriosität.

LEBEN

Giovanni Agostino Perotti wurde am 12. 4. 1769 in Vercelli, Piemont, geboren. Er war Schüler seines Bruders Giovanni Domenico Perotti und von Stanislao Mattei in Bologna. Er wurde 1795 Cembalist am österreichischen und 1798 am englischen Hof, ließ sich darauf in Venedig nieder, wo er von 1811 bis 1817 als Kapellmeister an San Marco wirkte und am 28. 6. 1855 starb.
Sein Bruder Giovanni Domenico Perotti (um 1750, Vercelli, bis 1824, Vercelli) studierte bei Padre Martini und Stanislao Mattei in Bologna und wurde 1779 Kapellmeister am Dom von Vercelli.

WERKE

Von Giovanni Agostino Perotti wurden mehrere Opern mit Erfolg in Italien und London aufgeführt. Er schrieb außerdem ein Oratorium, mehrere Kantaten, Messen, Motetten, Miserere und 5 Sonaten für Klavier sechshändig. Er war auch als Musikschriftsteller tätig.
Giovanni Domenico Perotti schrieb eine Anzahl Opern, eine sehr geschätzte Sinfonie in D-Dur, Kantaten und verschiedene Kirchenmusik – Messen, Proprien, Litaneien.

Julien Perrichon
(um 1567 bis nach 1612)

LEBEN

Julien (Jean) Perrichon wurde um 1567 in Paris geboren. Über sein Leben und Wirken, bis er 1595 Kammerdiener und Lautenist bei König Heinrich IV. wurde, ist nichts bekannt. Er blieb im Dienst des Königs bis zu dessen Tod (1610) und dürfte hernach keine feste Stellung mehr angenommen haben. Er starb in Paris nach 1612.

WERKE

Der französische Lautenist und Komponist hat eine Reihe von Lautenstücken hinterlassen, darunter 5 Gallarden, 10 Consorts, 4 Volten und Präludien. Seine Musik gehört bereits dem 17. Jahrhundert an.

Perrin d'Angicourt (um 1220–1300)

ZEIT UND UMWELT

Die Grafschaft Anjou, die Philipp II. Augustus am Beginn des 13. Jahrhunderts von England erobert und seinem Bruder Karl I. 1246 als Apanage übergeben hatte, fiel durch den Vertrag von Paris im Jahre 1259 endgültig an Frankreich. Karl, ein Sohn Ludwigs VIII. und Blancas von Kastilien, heiratete selbst eine Provenzalin, so daß seine Beziehungen zum südlichen Kulturraum sehr eng wurden. Die geplante Eroberung des Hennegaues gelang ihm nicht, dafür wurde er mit Hilfe des Papstes König von Neapel und Sizilien (1266), dehnte seine Macht über das östliche Mittelmeer und über Teile Italiens aus, forderte jedoch sein Volk durch hohe Steuern und Mißwirtschaft derart heraus, daß er und seine Anhänger vertrieben wurden (Sizilianische Vesper, 1282). Auf dem kulturellen Sektor war Karl sehr tätig gewesen. Er ließ arabische Manuskripte übersetzen und zog Gelehrte und Künstler an seinen Hof. Daß er sich von einem französischen Trouvère von Frankreich nach Palermo begleiten ließ, war nahezu eine Selbstverständlichkeit.

LEBEN
Perrin d'Angicourt wurde um 1220 vermutlich im Hennegau geboren. Über sein Wirken ist nur bekannt, daß er sich in Löwen am Hof der Grafen von Brabant aufgehalten und zur Begleitung des Königs von Neapel und Sizilien, Karl von Anjou, gehört hatte. Ein Aufenthalt des nordfranzösischen Trouvères in Palermo ist zwar nicht belegt, aber anzunehmen. Nach der Vertreibung der Franzosen aus Sizilien ist Perrin d'Angicourt sicherlich nach Frankreich zurückgekehrt. Es ist aber unbekannt, wo er die letzten Lebensjahre verbracht hat und gestorben ist.

WERKE
Von Perrin d'Angicourt sind ungefähr 30 Lieder erhalten, die mehrfach in Handschriften aufscheinen, was auf ihre große Beliebtheit weit über seinen Tod hinaus schließen läßt.

LITERATUR
Fr. Gennrich, Troubadours, Trouvères, Minne- und Meistergesang, Köln 1960.

Giovanni Perroni (1688–1748)

ZEIT UND UMWELT
Seit das Cello um 1700 zum Soloinstrument geworden war, machten es immer mehr Musiker zum Mittelpunkt ihres Interesses, sei es, daß sie sich zum Virtuosen auf dem Cello ausbildeten, sei es, daß sie dafür komponierten. Sein Klangfarbenreichtum und seine breite Ausdrucksmöglichkeit hoben seine Beliebtheit von Jahr zu Jahr, ohne natürlich jemals die der Violine zu erreichen.

LEBEN
Giovanni Perroni wurde 1688 in Oléggio bei Novara geboren. Er stand von 1704 bis 1714 als Cellist im Dienst des Herzogs von Parma, Francesco Farnese, war von 1718 bis 1720 Kapellmeister an Santa Maria delle Grazie und zugleich Mitglied des Hoforchesters in Mailand, wo sich die politischen Verhältnisse ebenso ungünstig auswirkten wie in Parma. Daher begab er sich nach Wien, wo er von 1721 bis zu seinem Tod am 10. 3. 1748 der Hofmusikkapelle angehörte.

WERKE
Dem Oratorium galt das kompositorische Schaffen des Cellisten Giovanni Perroni in erster Linie. Er verfaßte bei 10 äußerst klangvolle, sehr farbig begleitete, stark an die Oper angelehnte Oratorien, von denen »Das Opfer des Noah« und »Job« am meisten geschätzt wurden. Außerdem schrieb er Kantaten für den Kirchengebrauch und ein Cellokonzert mit zwei Violinen, Trompeten, Bratsche und Cello.

George Frederick Perry
(1793–1862)

ZEIT UND UMWELT
Die Sacred Harmonic Society (Gesellschaft für sakrale Musik) wurde 1832 in London gegründet, um der Verflachung und Sterilität der Musik in den Kathedralen und Kirchen entgegenzuwirken. Die Ergebnisse der Versuche einer Erneuerung dieser Musik, die sowohl von der Volksmusik wie von der zeitgenössischen profanen Komposition ausgingen, und auch die katholische Kirchenmusik, die auf dem Kontinent den Schritt zur Romantik bereits vollzogen hatte, heranzogen, waren wenig ermutigend, denn man hatte die Rechnung ohne das Kirchenvolk gemacht, das Neuerungen zum größten Teil ablehnte. Die Vereinigung löste sich 1882 auf, und die Bestrebung, einen neuen ähnlichen Verein zu beleben, nahm bereits 3 Jahre später ihr Ende.

LEBEN
George Frederick Perry wurde 1793 in Norwich geboren. Er war Chorist an der Kathedrale seiner Heimatstadt unter John Beckwith (1750–1809) und einige Jahre darauf Leiter der Theaterkapelle. Im Jahr 1812 wurde er in London Musikdirektor des Haymarket Theatre und zugleich Organist der Quebec Chapel in London, wo er sich 1832 an der Gründung der Sacred Harmonic Society maßgebend beteiligte und die Leitung der Gesellschaft bis 1847 führte. Von 1846 bis zu seinem Tod am 4.3.

1862 wirkte er als Organist der Trinity Church.

WERKE

Für seine Oratorien knüpfte George Frederick Perry bei Georg Friedrich Händel an. »The Dead of Abel« (Abels Tod), »Elijah and the Priests of Baal« (Elias und die Baalspriester), »The Fall of Jerusalem« (Der Untergang Jerusalems) und »Hezekiel« gefielen außerordentlich und wurden oft aufgeführt. Skeptischer stand man seiner Kantate »Belhazzar's Feast« (Belhazars Fest) und besonders seinen Anthems mit Orchester gegenüber, die Ansätze zur Erneuerung der englischen Kirchenmusik aufweisen.

Vincent Persichetti
(1915 – 87)

LEBEN

Vincent Persichetti wurde am 6. 6. 1915 in Philadelphia, Pa., geboren. Er studierte am Konservatorium seiner Vaterstadt und darauf bei Fritz Reiner am Curtis Institut. Von 1942 bis 1962 unterrichtete er selbst Komposition am Konservatorium in Philadelphia und ab 1947 gleichzeitig an der Juilliard School of Music in New York. Er starb 1987 in Philadelphia.

WERKE

Die Kompositionen von Vincent Persichetti sind nahezu durchwegs traditionell, nur von Fall zu Fall weisen sie atonale und polytonale Passagen auf. Er schrieb 9 Sinfonien, darunter eine für Streicher und eine für Bläser, 13 Serenaden – für zehn Bläser, für Klavier, für Klaviertrio, für Violine und Klavier, für Orchester, für Posaune, Bratsche und Cello, für Klavier, für Klavier vierhändig, für Sopran- und Altblockflöten, für Flöte und Harfe, für Blasorchester, für Tuba, für zwei Klarinetten –, ein Klavierkonzert, Parabel 1–5: für Flöte, für Blechbläserquintett, für Oboe, für Fagott, für Glockenspiel, 3 Streichquartette, 11 Klaviersonaten, eine Orgelsonate, eine Messe, ein Stabat Mater, ein Te Deum für Chor und Orchester sowie 4 Kantaten.

Giacomo Antonio Perti (1661 – 1756)

ZEIT UND UMWELT

Papst Julius II. (Giuliano della Rovere, 1443 bis 1513) verleibte Bologna 1506 dem Kirchenstaat ein. Dadurch wurde es zwar politisch bedeutungslos, genoß aber durch mehr als 300 Jahre Frieden, in dem sich die Musikpflege entfalten konnte.

LEBEN

Giacomo Antonio (Jacopo Antonio) Perti wurde am 6. 6. 1661 in Crevelcore, Bologna, geboren. Er studierte in Bologna und wurde dort zum Musiker ausgebildet. Im Jahr 1680 trat er bereits an San Petronio als Dirigent einer eigenen Messe auf, ging darauf nach Venedig, Rom und Parma, kehrte 1690 nach Bologna zurück und wurde dort zunächst Kapellmeister an San Pietro und 1696 an San Petronio. Er starb in Bologna am 10. 4. 1756. Er war bis zu seinem Tod fünfmal zum Leiter der Accademia Filarmonica gewählt worden.

WERKE

Der italienische Komponist Giacomo Antonio Perti war vor allem Kirchenmusiker. Er hinterließ etwa 600 Werke, darunter bei 25 Messen für mehrere Chöre, viele Messesätze, Lauden und Hymnen, 15 Oratorien, 6 Passionen, konzertante Psalmen, außerdem über 100 Solokantaten, Dialoge, Serenaden und eine Anzahl Opern.

LITERATUR

Fr. Giegling, Giacomo Antonio Perti, in: Die Musikforschung VIII, 1955.

Giovanni Battista Pescetti
(um 1704–66)

ZEIT UND UMWELT

Es war im 17. und 18. Jahrhundert in Italien keine seltene Erscheinung, daß erfolgreiche Opernkomponisten im vorgerückten Alter die Organisten- oder Kapellmeisterstelle einer Kirche annahmen. Das wirkte für den

Profanierungsprozeß der Kirchenmusik des Landes beschleunigend. Die opernhafte Faktur der Musik dieser Kirchenmusiker erinnerte stark an ihr früheres Betätigungsfeld, und die Kirchenbesucher hatten nichts dagegen einzuwenden, einen Stil zu hören, an den sie durch die Oper gewöhnt waren.

LEBEN
Giovanni Battista Pescetti wurde um 1704 in Venedig geboren. Er war ein Schüler von Antonio Lotti und schrieb nach seiner Ausbildung zuerst gemeinsam mit Baldassare Galuppi und sodann selbständig von 1726 bis 1738 jährlich eine Oper für die Operntheater Venedigs. Im Jahr 1739 wurde er in London Leiter des Covent Garden Theatre und 1740 des King's Theatre, kehrte jedoch noch in den vierziger Jahren nach Italien zurück und brachte dort erneut eine Reihe von vorwiegend komischen Opern heraus, bis er 1762 zur Kirchenmusik überwechselte und Zweiter Organist am Markusdom wurde. Er versah diesen Dienst bis zu seinem Tod am 20. 3. 1766.

WERKE
Außer seinen 26 zum Teil sehr erfolgreichen Opern schrieb Giovanni Battista Pescetti 9 Cembalosonaten, einige Messesätze und Orgelstücke, Kantaten, zahlreiche Arien und ein Oratorium.

Gregor Peschin (um 1500 bis nach 1547)

ZEIT UND UMWELT
Die Schüler Hofhaymers sind im 16. Jahrhundert überall im österreichisch-süddeutschen Raum anzutreffen. Eine Übersicht über die Kapellen, an denen sie wirkten und lehrend Enkelschüler des bedeutenden Meisters ausbildeten, würde nahezu alle einigermaßen namhaften erfassen, in denen einer der Meister den Stil des Altmeisters zur Basis weiterer Entwicklung machte.

LEBEN
Gregor Peschin (Pesch, Pesthin, Petschin, Posthinus) wurde um 1500 in Böhmen geboren. Er war Schüler Hofhaymers und von 1530–37 Stadtorganist in Salzburg, dann in Weingarten. Im Jahre 1543 wurde er Hoforganist des Pfalzgrafen Ottheinrich in Neuburg und erhielt kurz darauf die gleiche Stellung in Heidelberg, wo er nach 1547 starb.

WERKE
Von Gregor Peschin sind 6 Messen, mehrere liturgische Sätze, über 30 Motetten und ein Psalm, überdies mehr als 50 deutsche Lieder erhalten. Der Stil der sakralen Musik ist durch den Lehrer, der eine Ode seines Schülers veröffentlichte, geprägt.

LITERATUR
A. Lager, Pfalzgraf Ottheinrich und die Musik, Archiv für Musikwissenschaft XV, 1958.

Martino Pesenti (um 1600–47)

ZEIT UND UMWELT
Für die musikgeschichtliche Bedeutung eines Claudio Monteverdi, der den Stil des 16. Jahrhunderts mit polyphonen Meisterwerken verabschiedete und die Tore zum neuen Stil öffnete, kann nur das oft mißbrauchte Wort »epochemachend« verwendet werden. Sowohl Schüler im echten oder übertragenen Sinn, die ihn nachahmten oder seinen Stil weiterzuentwickeln versuchten, wie Gegner, die sich von ihm abheben wollten, um zu einer Eigenständigkeit zu gelangen, Traditionsbewußte, denen er zu fortschrittlich, Avantgardisten, denen er zu konservativ war, alle waren in irgendeiner Form von ihm abhängig und mußten sich mit ihm und seiner Musik auseinandersetzen.

LEBEN
Martino Pesenti wurde um 1600 in Venedig geboren. Er war von Geburt an blind. Ob er echter Monteverdi-Schüler war, ist ungeklärt. Sicher dürfte sein, daß er von dem Monteverdi-Schüler Giovanni Battista Grillo unterrichtet wurde. Er lebte in Venedig im Dienst verschiedener Adelshäuser und starb gegen das Ende des Jahres 1647.

WERKE

Der italienische Komponist Martino Pesenti verfaßte 5 Bücher mit konzertanten Madrigalen, eines mit Soloarien mit Instrumentalbegleitung, eines mit Messen und Motetten für eine bis drei Stimmen und Generalbaß und 4 Bücher mit Tänzen für Cembalo. Sein Stil ist eine unmittelbare Fortsetzung der musikalischen Ideen Monteverdis.

Michele Pesenti
(um 1475 bis nach 1521)

ZEIT UND UMWELT

Bis in das 15. Jahrhundert hinein bezog Mantua sein Musikleben sozusagen aus zweiter Hand, von Mailand, Florenz, Ferrara und anderen Hochburgen der italienischen Musik. Mit der Heirat des vierten Marchese Francesco II. Gonzaga mit Isabella d'Este trat hier eine durchgreifende Änderung ein. Diese Tochter des Herzogs Ercole I. von Ferrara war selbst Dichterin und Musikerin und liebte das Vortragen von Gedichten und auch ihr Singen, sofern man die Worte noch verstand. Das zwang die Komponisten, die Kompositionen so einzurichten, daß die Sänger den Text gleichzeitig im gleichen Rhythmus homophon aussprachen, so daß Imitation und Kontrapunkt wenig Verwendung fanden. Sie verlangte von den Musikern Stücke zur Unterhaltung des Hofes, die wenig Ansprüche stellten und den volkstümlichen Formen folgten, wie etwa das französische Chanson in seinem Anfangsstadium.
Damit erhielt Mantua eine eigene Musik, die Frottola, deren hervorragendste Vertreter Marco Cara und Bartolomeo Tromboncino waren, beide bereits bekannte Künstler Oberitaliens, sodann Fogliano von Modena und schließlich noch Lodovico Milanese und Rossino Mantovano, von denen nichts bekannt ist, außer daß sie zwischen 1490 und 1510 für die Marchesa komponierten.
Diese italienische Musikform verbreitete sich überaus rasch in ganz Europa und fand überall ihre Komponisten. Sie verschwand jedoch nach drei Jahrzehnten ebenso plötzlich, wie sie gekommen war, weil sich das allgemeine Interesse dem anspruchsvolleren Madrigal zuwandte.

LEBEN

Michele Pesenti ist um 1475 in Verona geboren. Er gehörte ebenfalls zu den Komponisten, die für Mantua Frottole schrieben. Ob er sich am Hofe der Gonzaga aufgehalten hat, ist unbekannt. Er war Priester und übte zumindest einen Teil seines Lebens diesen Beruf an einer Kirche von Verona aus. Er dürfte auch als Organist gewirkt haben. Zeit und Ort seines Todes stehen nicht fest.

WERKE

Michele Pesenti zählte zu den Meistern der Frottola. Es sind 33 Stücke überliefert, deren Texte er zum Teil selbst verfaßte. Einige davon haben einen hohen künstlerischen Wert und dürfen als Vorläufer der Chansons und Villanellen des 16. Jahrhunderts angesehen werden. Es wird ihm auch einige Orgelmusik zugeschrieben.

LITERATUR

Kn. Jeppesen, Die italienische Orgelmusik am Anfang des Cinquecento, Kopenhagen 1960.

Olavi Pesonen (geboren 1909)

LEBEN

Olavi Samuel Pesonen wurde am 8.4.1909 in Helsinki geboren. Er studierte an der Universität seiner Geburtsstadt und wirkte von 1933 bis 1946 dort als Schulmusiker, sodann bis 1955 als Lehrer an der Sibelius-Akademie und gleichzeitig von 1935 bis 1941 als Chordirigent und 1946 bis 1955 als Organist. Von 1956 bis 1959 war er Lektor an der Pädagogischen Hochschule und ist seitdem der obersten finnischen Schulbehörde beigeordnet.

WERKE

Von Olavi Pesonen sind 2 Sinfonien, eine Suite, eine Ouvertüre und ein Melodram bekannt geworden. Er schrieb ferner zahlreiche Chöre und Orgelstücke. Sein Stil ist ziemlich konservativ.

Johann Friedrich Peter
(1746 – 1813)

ZEIT UND UMWELT
Teile der aus Böhmen und Mähren vertriebenen Brüdergemeinden wanderten nach Nordamerika aus und ließen sich vorwiegend in North Carolina und Pennsylvania nieder, wo sie ihr religiöses Leben weiterführten. Sie pflegten mit den englischen Glaubensgemeinschaften wenig Verkehr, so daß auch ihre Musik eine von der im übrigen Nordamerika gepflegten verschiedene Entwicklung nahm.

LEBEN
Johann Friedrich (John Frederik) Peter wurde am 19. 5. 1746 in Heerendijk geboren. Er wanderte 1770 nach Nordamerika aus und wurde Organist Böhmischer Brüdergemeinden in North Carolina und Pennsylvania, zuletzt in Bethlehem, wo er am 13. 7. 1813 starb.

WERKE
Die 6 Steichquintette von Johann Friedrich Peter zählen zur ältesten nordamerikanischen Kammermusik. Er verfaßte außerdem über 80 Anthems für Chor mit Streichern oder Holzbläsern und Orgel.

LITERATUR
A. G. Rau, Johann Friedrich Peter, The Musical Quarterly XXIII, 1937.

Guido Peters (1866–1937)

LEBEN
Guido Peters wurde am 29.11.1866 in Graz geboren. Er studierte am Konservatorium in Wien, lebte sodann als Musiklehrer in München und von 1905 bis zu seinem Tod am 11.1.1937 in Wien.

WERKE
Von Guido Peters sind 3 »Ländliche Sinfonien«, ein »Sinfonisches Vorspiel zu einer Tragikomödie«, einige Kammermusik, Lieder und Chöre bekannt geworden. Sein Stil bewegte sich in der Nachfolge von Johannes Brahms.

Wilhelm Peterson-Berger (1867–1942)

LEBEN
Olof Wilhelm Peterson-Berger wurde am 27.2.1867 in Ullången, Schweden, geboren. Nach seiner Ausbildung in Stockholm und Dresden wirkte er von 1896 bis 1908 in Stockholm als Musikkritiker, sodann bis 1911 als Regisseur der Oper und darauf erneut als Kritiker. Im Jahr 1930 zog er sich nach Frösö, Jämtland, zurück, wo er am 3.12.1942 starb.

WERKE
Neben 4 Opern und einer dramatischen Kantate verfaßte Wilhelm Peterson-Berger 5 Sinfonien, 2 weitere Orchesterstücke, ein Violinkonzert, eine Romanze für Violine und Orchester, 2 Sonaten und eine Suite für Violine und Klavier, Klavierstücke, Lieder und Chöre. Er gehörte der schwedischen Spätromantik an.

François Pétouille (1681 – 1730)

ZEIT UND UMWELT
Obwohl die Kapelle an Notre-Dame in Paris vom Hof sehr beeinflußt wurde, setzte sich der reine Unterhaltungscharakter der sakralen Musik der Hofkapellen in Paris und Versailles nie durch. Sie war traditionsgebunden und folgte den Stilentwicklungen nur zögernd.

LEBEN
François Pétouille wurde 1681 vermutlich in oder bei Langres geboren. Er war von 1723 bis 1727 Kapellmeister an der Kathedrale von Langres und anschließend an Notre-Dame in Paris, wo er am 27. 10. 1730 starb.

WERKE
Ein Großteil der Werke des französischen Komponisten François Pétouille ist verschollen. Erhalten sind nur eine Musette für eine Stimme, 2 Psalmen, eine Kantate für drei

Männerstimmen und Generalbaß und ein Confiteor tibi für großen fünfstimmigen Chor und Orchester.

LITERATUR

F. Raugel, François Pétouille, in: Recherches II., Paris 1962.

Goffredo Petrassi (geboren 1904)

LEBEN

Goffredo Petrassi wurde am 16.7.1904 in Zagarolo bei Palestrina geboren. Ab 1913 gehörte er einem römischen Kirchenchor an und arbeitete bis 1930 in einer Musikalienhandlung, während er bei Alessandro Bustini Unterricht nahm. Auch am Konservatorium in Rom war er von 1928 bis 1933 Schüler von Bustini und außerdem von Fernando Germani (geboren 5.4.1906, Rom). Von 1937 bis 1940 war er Intendant des Teatro La Fenice in Venedig; ab 1939 unterrichtete er am römischen Konservatorium, an dem er seit 1960 eine Meisterklasse für Komposition leitet.

Goffredo Petrassi

WERKE

Mit Luigi Dallapiccola gehört Goffredo Petrassi zu den hervorstechendsten italienischen Komponisten seiner Generation. Sein Schaffen ist stark von Alfredo Casella, Igor Strawinsky und Paul Hindemith beeinflußt. Angeregt wurde es auch von der Polyphonie und der Madrigalkunst des 16. Jahrhunderts. Sein Neuklassizismus hat im wesentlichen italienisches Gepräge. Die chromatische Skala wandte er auf eine höchst persönliche Art an, ohne die Dodekaphonik konsequent zu verfolgen. Er schrieb 8 große Orchesterkonzerte, eine Partita, ein Klavier- und ein Flötenkonzert. Von seinen zahlreichen Kammermusikwerken seien erwähnt: Kammersonate für elf Instrumente und Cembalo, eine Serenade für Cembalo, Flöte, Bratsche, Kontrabaß und Schlagzeug, ein Streichquartett, eine Triosonate für Harfe, Gitarre und Mandoline, eine Musik für Blechbläser und Pauken, ein Bläseroktett, ein Septett für Klarinette, Trompete, Posaune, Violine, Cello, Gitarre und Schlagzeug und viele Stücke für Soloinstrumente. Seine umfangreiche Vokalmusik bringt teilweise hochbarocke Formen. Seine Kantaten, Motetten, sakralen und profanen Gesänge – instrumentalbegleitet oder a cappella – sind von seltener Ausdruckskraft. Er verfaßte außerdem 2 Opern und 2 Ballette, dazu mehrere Filmmusiken.

Errico Petrella (1813–77)

LEBEN

Errico Petrella (Enrico) wurde am 10.12.1813 in Palermo geboren. Er war am Real Collegio di Musica von Neapel Schüler von Vincenzo Bellini, Giovanni Furno und Nicola Antonio Zingarelli. Mit seiner ersten Oper debütierte er 1829 in Neapel und erlangte bald den Ruf eines gefeierten Opernkomponisten, der nur an Giuseppe Verdi nicht heranreichte. Er starb am 7.4.1877 in Genua.

WERKE

Von Errico Petrella sind 25 Opern auf italienischen Bühnen, zum Teil mit großem Erfolg, aufgeführt worden. Sie bewiesen auch neben den Werken von Giuseppe Verdi die ungebrochene Durchschlagskraft der neapolitanischen Oper. Über weitere Werke des Komponisten ist nichts bekannt.

Georg Gottfried Petri (1715–95)

ZEIT UND UMWELT

Außer der Berliner Liederschule waren in Deutschland besonders in der zweiten Hälfte des 18. Jahrhunderts zahlreiche Meister mit der Komposition von Liedern beschäftigt, denn das Publikum, angeregt durch die lyrische Dichtung des Sturm und Drangs, verlangte danach.

LEBEN

Georg Gottfried Petri wurde am 9. 12. 1715 in Sorau geboren. Er studierte in Halle Jurisprudenz und war ab 1748 Musikdirektor in Guben. Im Jahr 1764 wurde er Kantor an St. Petri und Pauli und am Gymnasium in Görlitz, wo er am 6. 7. 1795 starb.

WERKE

Von den 3 liturgischen Kantatenzyklen von Georg Gottfried Petri, seinen vertonten Schuldramen und Schulreden und den verschiedenen Gelegenheitskompositionen sind nur geringe Teile erhalten. Überliefert ist lediglich ein Band seiner »Musicalischen Gemüths-Belustigungen«, die aus Liedern und aus Stücken für Violine und für Pianoforte bestehen. Er hat zur Entwicklung der deutschen Liedform Entscheidendes beigetragen.

LITERATUR

M. Friedlaender, Das deutsche Lied im 18. Jahrhundert, Berlin 1902.

Johann Samuel Petri (1738 – 1808)

ZEIT UND UMWELT

Das echte Schuldrama war ein von Schülern aufgeführtes Schauspiel, in das Lieder, Chöre, Tänze und pantomimische Szenen eingearbeitet waren. Die Handlung wurde gesprochen, der Text der Lieder war nur illustrierend, die Tendenz erzieherisch im Sinn der Zeit. Es kam zuweilen zu Ensembleaktschlüssen, womit sich das Schuldrama schon stark der Schuloper näherte.

LEBEN

Johann Samuel Petri wurde am 1. 11. 1738 als Sohn des Musikdirektors und Pastors Baltasar Abraham Petri (3. 12. 1704, Sorau, bis 8. 7. 1793, Behnau) in Sorau geboren. Er war Schüler von Wilhelm Friedemann Bach in Halle und wurde darauf Kantor in Lauban. Von 1770 bis zu seinem Tod am 12. 4. 1808 wirkte er als Kantor an St. Petri in Bautzen.
Sein Bruder Christoph Petri (1758, Sorau, bis nach 1786, Sorau) studierte in Leipzig und wurde 1782 Kantor in Sorau.

WERKE

Von Johann Samuel Petri sind Messen, Kantaten und Musik zu Schuldramen erhalten. Er verfaßte eine vielbeachtete »Anleitung zur praktischen Musik«.
Von Christoph Petri sind 1786 »Sechs kleine Klaviersonaten« erschienen.

Francesco Petrini (1744–1819)

ZEIT UND UMWELT

Seit die Harfe durch das Doppelpedal das Spiel in allen Tonarten und chromatische Gänge erlaubte, wandten sich immer mehr Musiker ihr zu. Es entstand ein eigener Kompositionsstil für dieses Instrument, es wurde solistisch und häufig auch kammermusikalisch eingesetzt. Die Aufnahme der Harfe als vollwertiges Instrument in das große Orchester folgte sodann im Verlauf des 19. Jahrhunderts.

LEBEN

Francesco Petrini wurde 1744 in Berlin geboren. Er wurde 1765 Hofmusikus in Schwerin und ließ sich 1770 in Paris als Harfenlehrer und Harfenvirtuose nieder. Er starb 1819 in Paris.

WERKE

Von Francesco Petrini sind 4 Harfenkonzerte, 8 Harfensonaten, Harfenduette und Variationenwerke erschienen, außerdem eine Harfenschule und eine Harmonielehre. Seine Kompositionen sind im Rahmen der Entwicklung der Kammermusik für Harfe bedeutend.

Francesco Petrobelli

(um 1620 – 95)

ZEIT UND UMWELT

Neben der Orgel fand die Instrumentalbegleitung in der zweiten Hälfte des 17. Jahrhunderts in die italienische Kirchenmusik immer mehr Eingang. Vor allem waren es Violen und Violinen, die herangezogen wurden; Blasinstrumente – Trompeten, Posaunen – waren seltener. Reine Instrumentalmusik kam vorläufig noch kaum zum Erklingen, weil der Gottesdienst hiefür wenig Gelegenheit bot, aber Ansätze für längere Interludien zeigten sich bereits.

LEBEN

Francesco Petrobelli wurde um 1620 in Vicenza geboren. Er erhielt im Jahr 1647 die Kapellmeisterstelle am Dom in Padua, wo er am 31. 3. 1695 starb.

WERKE

Der italienische Komponist Francesco Petrobelli veröffentlichte ein- und mehrstimmige Motetten, Litaneien und Psalmen mit Orgel und Violinen, achtstimmige Psalmen ohne Begleitung und ein Ave Beata Virgo für eine Stimme und Generalbaß, weiters Liebeslieder mit Instrumenten und Kantaten für eine und zwei Stimmen. Den Violinen wurden dabei eigene melodische Linien zugeordnet, die die Gesangslinien begleiteten und nicht nur verstärkten, so daß dadurch eine echte Ensemblewirkung erzielt wurde.

LITERATUR

G. Mantese, Storia musicale vicentina, Vicenza 1956.

Emil Petrovics (geboren 1930)

LEBEN

Emil Petrovics wurde am 9. 2. 1930 in Nagybecskerek, Ungarn (heute Zrenjanin, Jugoslawien) geboren. Von 1949 bis 1951 studierte er in Budapest bei Rezsö Sugár (geboren 9. 10. 1919, Budapest), sodann an der Musikhochschule bei Ferenc Szabó, János Viski und Ferenc Farkas. Anschließend war er als Dirigent tätig und wirkte von 1960 bis 1964 als Musikdirektor am Petöfi-Theater. Er ist gegenwärtig Professor an der Akademie für dramatische Künste in Budapest.

WERKE

Neben 3 Werken schrieb Emil Petrovics eine Sinfonie für Streicher, ein Flötenkonzert, ein Bläserquintett, eine Passacaglia in Blues für Fagott und Klavier, ein Streichquartett, »4 Selbstporträts in Masken« für Cembalo, ein Oratorium und Filmmusik. Sein Stil ist neuklassizistisch mit spätromantischen Passagen und zahlreichen expressionistischen Elementen.

Andrei Petrow (geboren 1930)

LEBEN

Andrei Pawlowitsch Petrow wurde am 2. 9. 1930 in Leningrad geboren. Er war von 1949 bis 1954 am Konservatorium in Leningrad Schüler von Orest Jewlachow (4. 1. 1912, Warschau, bis 15. 12. 1973, Leningrad). Im Jahr 1954 wurde er Musikreferent eines Leningrader Verlags und 1964 Vorsitzender des Leningrader Komponistenverbands.

WERKE

Neben einer musikalischen Komödie und 3 Balletten schrieb Andrei Petrow eine sinfonische Dichtung, eine Festouvertüre, 3 Suiten, einen sinfonischen Zyklus »Lieder unserer Tage«, ein Poem für Streicher, Trompeten, Orgel, zwei Klaviere und Schlagzeug, ein »Pathetisches Poem« für zwei Klaviere, Schlagzeug und Solostimmen, einen Liederzyklus für Singstimme und Orchester, Bühnen- und Filmmusik.

Poem für Streicher, Orgel, vier Trompeten, zwei Klaviere und Schlagzeug, ein Teil, entstanden 1965

Das Werk wurde »der Erinnerung an das Verlorene in den Jahren der Blockade Leningrads« gewidmet. Die Einleitung ist der Orgel anvertraut, dann stimmen die Streicher ein lyrisches Thema an, das sich zu schnellen Tempi steigert; die Bläser nehmen an den hastigen Bewegungen teil, bis dumpfe Schläge ein zartes Andante ankünden. Ein zweites Mal bricht darauf ein hektisches Furioso los, dann kommt es nach einem pathetischen Trompetenthema zur letzten Steigerung, in der die Orgel die Führung übernimmt. Schmerzlich und traurig endet das Werk mit weichen Klängen.

Brizio Petrucci (1737–1828)

ZEIT UND UMWELT

Ferrara, das seit 1598 dem Kirchenstaat einverleibt war, mußte während der Napoleonischen Zeit alle Veränderungen über sich ergehen lassen, denen das übrige Ober- und Mittelitalien unterworfen war, bis im Wiener Kongreß (1815) der Kirchenstaat neu errichtet wurde. Die Musikliebe der Stadt, aus der die Familie d'Este einst ein Kulturzentrum geschaffen hatte, war unverändert geblieben. Dilettanten gründeten für sich sogar eine eigene Akademie.

LEBEN

Brizio Petrucci wurde am 12. 1. 1737 in Massalombarda bei Ravenna geboren. Er studierte in Ferrara Rechtswissenschaft und gleichzeitig Musik. Im Jahr 1762 gründete er mit Musikliebhabern der Stadt die Accademia dei Dilettanti di Musica, 1784 wurde er Leiter der Musikkapelle am Dom in Ferrara und betreute diese Stelle über alle politischen Auseinandersetzungen hinweg bis zu seinem Tod am 15. 6. 1828.

WERKE

Von Brizio Petrucci ist in Oberitalien eine Reihe von Opern aufgeführt worden. Außerdem verfaßte er ein Oratorium, eine Totenmesse, eine »Messa solenne«, Motetten, Hymnen, Psalmen, Offertorien und weitere sakrale Gesänge in einem etwas antiquierten Stil.

Petrus de Cruce (um 1240 bis nach 1298)

ZEIT UND UMWELT

Vom Beginn des 12. bis weit über das 13. Jahrhundert hinaus kam Paris eine führende Rolle auf geistiger Ebene zu. Die Pariser Universität zählte bereits um das Jahr 1200 ca. 20.000 Studenten. Die Notre-Dame-Schule blieb trotz der hervorragenden Leistungen der Dom- und Klosterschulen (Winchester, Chartres, Worchester, Limoges, Compostela, St. Gallen) weiterhin die wichtigste Stätte der Musikpflege. Ruf und Ruhm der großen Meister Leoninus und Perotinus Magnus wirkten lange nach. Organum und Conductus wurden als Ars antiqua (Alte Kunst) weiter gepflegt und entwickelt; es kam zur Drei- und Vierstimmigkeit und zur Adoption der Motettenform. Zugleich wurden Vorzeichen eingeführt und die diatonische Skala verlassen.

Wir kennen diese Musik nur zum geringen Teil aus überlieferten ganzen Stücken, sondern mehr durch Notenbeispiele in verschiedenen Werken namhafter Musiktheoretiker, die vorwiegend in Paris ihren Wirkungskreis hatten, wie Johannes de Garlandia der Ältere, Franco von Paris, Hieronymus de Moravia, Johannes de Grocheo, Johannes de Garlandia der Jüngere, Jacobus von Lüttich (alle 13. Jahrhundert) und Petrus de Cruce selbst. Wir kennen sie aber auch aus Beschreibungen der Interpretationsmethoden, mit denen die Sänger das Publikum zum spirituellen und emotionalen Miterleben von Text und Musik heranzogen, weil nach damaliger Auffassung »... instrumentale und vokale Kunst erst dann zu voller sinnlicher Auswirkung gelangten, wenn sie von mimischen Gebärden und körperlichen Bewegungen begleitet seien ...«

LEBEN

Petrus de Cruce wurde um 1240 in Amiens geboren und lebte in Paris. König Philipp IV. (1268–1314) beauftragte ihn im

Jahre 1298, ein Offizium zu Ehren des heiligen Ludwig zu verfassen. Neben seiner kompositorischen Tätigkeit widmete sich Petrus de Cruce theoretischen Problemen der Musik und deren Verkündung in Wort und Schrift. Er dürfte in Paris gestorben sein. Sein genaues Todesdatum ist nicht feststellbar.

WERKE
Die Kompositionen des Musikwissenschaftlers Petrus de Cruce sind nur bruchstückweise erhalten. Das vom König bestellte Offizium kennen wir nicht. Jacobus Leoninus (um 1260 bis nach 1330), Musikwissenschaftler aus Lüttich, stellt uns Petrus de Cruce als Vertreter der Ars veterum (Alte Kunst) vor und nennt die 2 dreistimmigen Motetten »Au renouveler« und »Aucun ont trouvé«, die überliefert sind, als Beispiele. Sie zeichnen sich durch bevorzugte kleinere Notenwerte, ein freizügig rhythmisiertes Triplum (dritte Stimme) und viele Terz- und Sextklänge aus. Im übrigen weisen die Kompositionen des Meisters eine gewisse Ähnlichkeit mit der zeitgenössischen italienischen Musik auf.

LITERATUR
E. de Coussemaker, L'art harmonique au XIIe et XIIIe siècle, Hildesheim 1964.

Petrus de Domarto
(um 1450 bis um 1500)

ZEIT UND UMWELT
Obwohl in der zweiten Hälfte des 15. Jahrhunderts die »Niederländer« die italienische Musiklandschaft souverän beherrschten, gab es dort bereits den einen oder anderen Italiener, der ihnen die Mehrstimmigkeit, die Ausdrucksformen und Stimmführungen ablauschte und die glückliche Synthese des franko-flämischen Stils mit dem italienischen Klang des folgenden Jahrhunderts vorbereitete.

LEBEN
Petrus de Domarto dürfte um 1450 in Italien geboren sein. Über sein Leben und Wirken ist nichts bekannt, ebensowenig über Ort und Zeit seines Todes.

WERKE
Von Petrus de Domarto sind eine vierstimmige und eine dreistimmige Messe überliefert, außerdem ein dreistimmiges Et in terra pax. Trotz der dürftigen Informationen über den Meister und der kargen Hinterlassenschaft ist er musikgeschichtlich als Vorbereiter jener Zeit bemerkenswert, in der bodenständige Komponisten die Weiterentwicklung ihrer Musik in die Hand nahmen. Der Stil der angeführten Werke ist stark konservativ, aber außerordentlich klangvoll.

Vilém Petrželka (1889–1967)

LEBEN
Vilém Petrželka wurde am 10.9.1889 in Königsfeld (Královo Pole, heute Teil von Brünn) geboren. Er war Schüler von Leoš Janáček, Vítězslav Novák und Karel Hoffmeister (26.9.1868, Liblice, bis 23.9.1952, Hluboká) und unterrichtete selbst ab 1914 an der Schule der Philharmonischen Gesellschaft, dem Konservatorium und der Janáček-Akademie Komposition in Brünn, wo er am 10.1.1967 starb.

WERKE
Außer einer Oper und einem sinfonischen Drama für Soli, Rezitation, Chor, Jazzorchester, Orchester und Orgel verfaßte Vilém Petrželka 4 Sinfonien, 2 Sinfoniettas, ein Nonett, 2 Bläserquintette, 7 Streichquartette, ein Streichtrio, Stücke für Bratsche und Klavier, für Klavier solo, für Cello solo, Kantaten, Chöre und Lieder. Sein Stil näherte sich dem Expressionismus.

Allan Pettersson (1911–80)

LEBEN
Gustaf Allan Pettersson wurde am 19.9.1911 in Västra Ryd, Uppland, geboren. Von 1930

bis 1939 studierte er an der Musikhochschule in Stockholm Bratsche und Kontrapunktik und bei Karl-Birger Blomdahl Komposition, dann noch in Paris bei Arthur Honegger und René Leibowitz. Anschließend wirkte er bis 1951 als Bratschist im Konzertverein in Stockholm, wo er als freischaffender Komponist bis zu seinem Tod am 20.6.1980 lebte.

WERKE
Von Allan Pettersson sind 16 Sinfonien und 3 Konzerte für Streichorchester bekannt geworden. Er schrieb außerdem ein Violinkonzert, ein Streichquartett, 7 Sonaten für zwei Violinen und mehrere Liederzyklen. Sein Stil neigt zum Neuklassizismus.

Johann Christoph Petz (1664–1716)

ZEIT UND UMWELT
In der Schlacht bei Blenheim (1704) zerrannen alle hochfliegenden Pläne des bayrischen Kurfürsten Maximilian II. Emanuel. Er wollte dem Hause Habsburg seine Stellung als dominierende Macht Mitteleuropas streitig machen. Dabei verlor er selbst sein Land und wurde nach der Schlacht bei Ramillies 1706 auch aus den Niederlanden vertrieben, wo er Zuflucht gesucht hatte. Dies setzte auch seiner Hofkapelle, die er zum Teil mit sich genommen hatte, in Brüssel und in München ein Ende.

LEBEN
Johann Christoph Petz (Pez, Betz) wurde am 9. 9. 1664 in München geboren. Er war vermutlich Schüler von Johann Kaspar Kerll. Von 1676 bis 1686 war er Sänger und Violinist an St. Peter in München und wurde 1687 Hof- und Kammermusiker des Kurfürsten Maximilian II. Emanuel von Bayern und Chorregent an St. Peter. Von 1689 bis 1692 hielt er sich zu Studien in Rom auf, dann wurde er kurköllnischer Kapellmeister in Bonn und kehrte 1701 nach München zurück, wo er den Musikunterricht der Söhne des Kurfürsten übernahm. 1706, als die bayrische Hofkapelle vorläufig aufgelöst wurde, ging er als Hof- und Opernkapellmeister nach Stuttgart, wo er am 25. 9. 1716 starb.

WERKE
Der deutsche Komponist Johann Christoph Petz schrieb 12 Sonaten im italienisch-französischen Stil, einen vierstimmigen Psalm für drei Instrumente und vier Ripienostimmen, 6 vierstimmige Messen mit Instrumenten und doppeltem Generalbaß, Kammersuiten für zwei Flöten und Generalbaß, weiters eine Reihe Sonaten und Suiten mit verschiedener Besetzung und eine Triosonate, außerdem ein Ballett, eine Oper mit Balletteinlagen und eine Serenata teatrale.

Christian Petzold (1677–1733)

ZEIT UND UMWELT
Die politischen Erfolge der Kurfürsten von Sachsen spiegelten sich auch im Aufschwung des kulturellen Lebens des Landes wider. Die Pflege der Musik in den Städten Leipzig und Dresden erhielt eine weitere Intensivierung.

LEBEN
Christian Petzold (Pezold) wurde 1677 in Königstein an der Elbe geboren. Er war Kammerkomponist und Organist an der Sophienkirche in Dresden, wo er am 2. 7. 1733 starb.

WERKE
Vom deutschen Komponisten Christian Petzold sind 25 dreisätzige Cembalokonzerte ohne Orchester, 11 Fugen für Orgel oder Cembalo und Kammermusik erhalten. Unter den Fugen befindet sich eine in F-Dur auf den »Namen des berühmten Herrn Bach« und eine weitere in C-Dur, die zunächst Johann Sebastian Bach zugeschrieben worden ist.

LITERATUR
G. Hempel, Johann Sebastian Bach und der Dresdener Hoforganist Christian Petzold, in: Bach-Jahrbuch XLIII, 1956.

Paul Peuerl (um 1575–1625)

ZEIT UND UMWELT
In Österreich fanden sich viele Adelige in den Reihen der Vorkämpfer der Reformation. Kaiser Maximilian II. (1527–76) war selbst dem Protestantismus stark zugeneigt und gewährte 1571 Religionsfreiheit. Unter seinem Nachfolger Rudolf II. (1552–1612) setzte die Gegenreformation ein, wenngleich er 1609 den böhmischen Ständen Religionsfreiheit zusicherte. Äußerst verschärft wurde die Verfolgung der Protestanten durch Erzherzog Ferdinand (1578–1637), dem späteren Kaiser Ferdinand II., von der Steiermark aus. Dennoch hielten sich einzelne protestantische Gemeinden bis in die Zeit des Dreißigjährigen Krieges hinein.

LEBEN
Paul Peuerl (Bäurl, Payerl, Peyerl) wurde um 1575 vermutlich in Nürnberg geboren. Er kam als ausgebildeter Organist und Orgelbauer nach Österreich, und zwar 1602 nach Horn, Niederösterreich, sodann 1609 nach Steyr, Oberösterreich, an die evangelische Schulkirche. Diese mußte 1624 den Katholiken übergeben werden, so daß Peuerl seine Stelle verlor. Er ist in einem der Jahre nach 1625 gestorben. Der Ort seines Todes ist nicht festzustellen.

WERKE
Der Komponist, Organist und Orgelbauer Paul Peuerl war einer der ersten Meister der deutschen Variationensuite und der erste der österreichisch-deutschen Ensemblemusik. Er verfaßte viersätzige Suiten mit freier Beibehaltung der Motive und wurde damit richtungweisend für die folgende deutsche Komponistengeneration. Sein grundlegendes Werk dieser Art, »Newe Padouan, Intrada, Däntz und Galliarda« für Streicher, vierstimmig, erschien 1611. Es folgten: »Weltspiegel«, fünfstimmig – 12 Gesänge und Instrumentalkanzonen, »Etliche lustige Padovanen« – 40 Tänze und 2 Kanzonen, »Gantz Neue Padouanen, Auffzüg, Balleten, Couranten, Intraden vnd Däntz« für drei Streicher mit einfachem und doppeltem Generalbaß (1625).

LITERATUR
I. Neumann, Paul Peuerl, Organist und Orgelbauer in Steyr, in: 75. Jahresbericht des Bundesrealgymnasiums Steyr, 1955/56.

Andries Pevernage (1543–91)

ZEIT UND UMWELT
In den Kathedralen von Flandern wurde auch in der zweiten Hälfte des 16. Jahrhunderts nach wie vor in der Hauptsache die Vokalmusik gepflegt. Die franko-flämische Schule, die im Fortschreiten der Musikentwicklung einst in vorderster Reihe gestanden war, wurde nunmehr überholt. Nur zögernd wurden die Entwicklungsphasen der Schulen, die auf der Basis der frankoflämischen Musik entstanden waren, zur Kenntnis genommen und berücksichtigt.

LEBEN
Andries Pevernage (Bévernage, Beuernaige) wurde 1543 in Harelbeke bei Kortrijk geboren. Er erhielt in Kortrijk seine Ausbildung und 1564 seine erste Stelle als Chormeister an der Hauptkirche. Ab 1585 wirkte er in gleicher Eigenschaft an Notre-Dame in Antwerpen, wo er am 30. 7. 1591 starb.

WERKE
Der Chormeister und Komponist Andries Pevernage hinterließ 5 Bücher weltliche und geistliche Chansons, ein Buch sechs- bis achtstimmige Cantiones sacrae und ein Buch mit fünf- bis siebenstimmigen Messen, außerdem weitere Chansons, Motetten und Madrigale in Sammelwerken. Die exakte Kontrapunktik der vielstimmigen Werke bringt zuweilen etwas rauhe Zusammenklänge. Trotzdem ist alles recht klangreich und ansprechend.

LITERATUR
J. A. Stellfeld, Andries Pevernage, Löwen 1943.

José Peyro (um 1660 bis um 1710)

Zeit und Umwelt

Für viele Stücke des spanischen Dichters und Bühnenautors Pedro Calderón de la Barca (1600–81) wurden von verschiedenen zeitgenössischen und späteren Komponisten Bühnenmusiken verfaßt. Es handelte sich am Beginn seiner Schaffenszeit zumeist um motettische Chormusik mit Instrumentalbegleitung. Gegen das Ende des 17. Jahrhunderts fanden auch monodische Fakturen Anwendung wie in den italienischen Opern, die inzwischen in Spanien beliebt geworden waren. Das gleiche gilt für die Stücke anderer Autoren aus jener Zeit.

Leben

José Peyro (Peiro) wurde um 1660 in Katalonien oder auf Mallorca geboren. Er war um 1700 als Vizedirektor einer Theatergruppe in Palma tätig und dürfte dort um 1710 gestorben sein.

Werke

Der spanische Komponist José Peyro schrieb zahlreiche Bühnenmusiken für Stücke von Calderón, Lope de Vega und andere Autoren für die Theatergruppe, an deren Leitung er beteiligt war, außerdem die Musik für »Autos sacramentales« (Geistliche Spiele), von denen 10 erhalten sind. Über weitere Werke des Komponisten ist nichts bekannt.

Literatur

J. Subirá, Un manuscrito musical de principios del siglo XVIII, in: Anuario Musical, Barcelona 1949.

Johann Pezel (1639–94)

Zeit und Umwelt

Bläser wurden zwar in der zweiten Hälfte des 17. Jahrhunderts von Hof- und Kirchenkapellen bereits sehr viel verwendet, meistens aber doch von den Stadtpfeifereien, die ihre Darbietungen sehr oft im Freien hatten. Ein sehr beliebtes Melodieinstrument war das Clarino, eine hohe Solotrompete, die sehr nahe nebeneinanderliegende Naturtöne durch Überblasen lieferte. Um die fehlenden Naturtöne zu erzeugen, erhielt das Clarino kleine Löcher, um entweder die geradzahligen oder die ungeradzahligen Naturtöne auszuschalten, und ein Transpositionsloch. Mit dem Aufkommen der Ventiltrompete verlor das Clarino seine Bedeutung.

Leben

Johann Christoph Pezel (Bässel, Betzel, Betzeld, Petzel, Petzold, Bezelius) wurde am 5. 12. 1639 in Glatz (Kłodzko) geboren. Er wirkte ab 1664 in Leipzig als Kunstgeiger und von 1669 bis 1670 als Stadtpfeifer und leitete ab 1672 das Collegium musicum der Stadt. Obwohl er als ausgezeichneter Clarinobläser bekannt war, bewarb er sich mehrmals vergeblich um die Stelle eines Ratsmusicus in Dresden, auch die Bewerbung um die Stelle des Thomaskantors in Leipzig schlug fehl. Daher ging Pezel im Jahr 1681 als Stadtmusikus nach Bautzen, wo er am 13. 10. 1694 starb.

Werke

Der deutsche Clarinobläser und Komponist Johann Pezel verfaßte eine beträchtliche Anzahl Instrumental- und Vokalmusik: Unter dem Titel »Musica Vespertina Lipsica« 12 fünf- bis siebzehnsätzige Suiten für zwei Violinen, Viola und Generalbaß, »Musicalische Arbeit zum Abblasen und um 9 Uhr Vormittage«, 40 Sonaten für zwei Zinken und drei Posaunen oder zwei Violinen, zwei Bratschen und Violone, Arien mit sechs Instrumenten, 111 Bicinien für verschiedene Instrumente, 7 Suiten für zwei Violinen, zwei Bratschen und Generalbaß, »Fünffstimmige blasende Music« – 76 Stücke für zwei Zinken und drei Posaunen –, 25 Sonaten für zwei Violinen, drei Bratschen und Generalbaß, schließlich Lieder, eine fünfstimmige Messe und weitere Gesänge, eine Trauermusik und instrumentale Kanons. Das kompositorische Werk dieses Instrumentalisten war für die Entwicklung der deutschen Instrumentalmusik von großer Wichtigkeit, seine Vokalmusik tritt dagegen etwas in den Hintergrund.

LITERATUR

E. H. Meyer, Die mehrstimmige Spielmusik, Kassel 1934.

Philippe Jacob Pfeffinger

(1765–1821)

LEBEN

Philippe Jacob Pfeffinger wurde am 15. 12. 1765 in Straßburg geboren. Er war Schüler von Ignaz Pleyel und wurde 1790 Kapellmeister am Temple Neuf. Im Jahr 1794 ließ er sich in Paris nieder und erlangte dort mit seinen revolutionären Liedern und seinen Romanzen eine gewisse Berühmtheit. Er starb um 1821 in Paris.

WERKE

Philippe Jacob Pfeffinger verfaßte zunächst eine Reihe religiöser Kantaten, deren Wert nicht sehr hoch anzuschlagen war. Seine patriotischen Gesänge, die er darauf komponierte, fanden großen Anklang wie auch seine Romanzen, die den Zeitgeschmack gut trafen.

Johann Pfeiffer (1697–1761)

ZEIT UND UMWELT

Im Gegensatz zu seinem Vater König Friedrich Wilhelm I. (1688–1740) war Friedrich II. Kunst und Künstlern gegenüber äußerst aufgeschlossen. Musik und Musiker standen ihm am nächsten und wurden von ihm am meisten gefördert.

LEBEN

Johann Pfeiffer wurde am 1. 1. 1697 in Nürnberg geboren. Er studierte in Leipzig und Halle Rechtswissenschaft und bildete sich zum Musiker aus, so daß er 1720 als Violinist nach Weimar gehen konnte und 1726 Konzertmeister wurde. Ab 1732 lebte er in Berlin in der Umgebung des Kronprinzen Friedrich; durch dessen Vermittlung erhielt er 1734 die Stelle des Hofkapellmeisters in Bayreuth, wo er am 7. 10. 1761 starb.

WERKE

Außer einer deutschen Oper schrieb Johann Pfeiffer Sinfonien, Konzerte, Suiten, Sonaten sowie sakrale und profane Kantaten. Seine Technik war anfänglich streng kontrapunktisch, wurde aber dann zunehmend homophon. Hervorzuheben sind eine zierliche Sonate in D-Dur für Viola da gamba und Cembalo concertato und eine in G-Dur für Flöte, Oboe, Horn, Fagott und Cembalo, die wegen ihrer zu jener Zeit noch seltenen Bläserbesetzung interessant ist.

LITERATUR

L. Sander, Johann Pfeiffer, in: Archiv für Geschichte von Oberfranken XLVI, 1966.

Heinrich Pfendner (um 1588–1631)

ZEIT UND UMWELT

Würzburg mit seiner bischöflichen Residenz auf der Festung Marienberg war eine Hochburg des Katholizismus und der Gegenreformation. Der imponierende romanische Dom mit seinen vier Türmen war und ist heute noch eine bedeutende Pflegestätte der katholischen Kirchenmusik.

LEBEN

Heinrich Pfendner (Pfendtner, Pfentner, Pfentter) wurde um 1588 in Hollfeld, Oberfranken, geboren. Er studierte bei Gregor Aichinger (1564–1628) und Christian Erbach in Augsburg und anschließend bei Antonio Cifra in Loreto und Rom. Ab 1613 war er Organist am Dom in Gurk, ab 1614 am Hof Erzherzog Ferdinands in Graz. Im Jahr 1618 wurde er Kapellmeister und Organist in Würzburg. Er dürfte 1631 bei den Kämpfen um die Festung Marienburg umgekommen sein.

WERKE

Von den zahlreichen breit angelegten Motetten des deutschen Komponisten Heinrich Pfendner, die teilweise mit Generalbaß und Orgelbegleitung ausgestattet sind, ist nur ein Bruchteil erhalten. Sie nähern sich stark dem geistlichen Konzert und sind auf großartige

Klangwirkung hin geschrieben wie seine achtstimmige Psalmvertonung. Seine von den Zeitgenossen sehr geschätzten Messen und Marianischen Gesänge sind verlorengegangen.

LITERATUR
M. Sack, Leben und Werk Heinrich Pfendners, Berlin 1954.

Hans Pfitzner (1869–1949)

LEBEN
Hans Erich Pfitzner wurde am 23.4.1869 in Moskau geboren. Er war in Frankfurt am Main Schüler des Musikpädagogen Iwan Knorr (3.1.1853, Mewe [Gniew], Westpreußen, bis 22.1.1916, Frankfurt am Main) und des Pianisten James Kwast (23.11.1852, Nijkerk, Niederlande, bis 31.10.1927, Berlin) und in Wiesbaden von Hugo Riemann (18.7. 1849, Großmehlra bei Sondershausen, Thüringen, bis 10.7.1919, Leipzig). Ab 1892 wirkte er als Lehrer am Konservatorium in Koblenz, ab 1894 als Theaterkapellmeister in Mainz, von 1897 bis 1907 als Kompositionslehrer am Sternschen Konservatorium in Berlin, sodann nach einjähriger Tätigkeit als Dirigent in München bis 1918 in Straßburg als Städtischer Musikdirektor und Leiter des Konservatoriums, von 1920 bis 1929 als Leiter der Meisterklasse für Komposition der Berliner Akademie der Künste und von 1929 bis 1934 in gleicher Eigenschaft an der Akademie der Tonkunst in München. Hernach war er ohne feste Bindung als Dirigent, Opernregisseur und Pianist tätig, lebte aber weiterhin in München. Erst kurz vor seinem Tod übersiedelte er nach Wien und sodann nach Salzburg, wo er am 22.5.1949 starb. Er wurde in Wien in einem Ehrengrab beigesetzt.

WERKE
Es wird immer Künstler geben, deren Werke »romantisch« sind, weil sie selbst in ihrem Wesen Romantiker sind, wie Hans Pfitzner, der die Tochter seines Lehrers Kwast entführte und in England heiratete; das hat mit der zeitlich willkürlich abgegrenzten romantischen Kunstepoche nichts zu tun. Sie sind

Hans Pfitzner

daher weder Vor- oder Frühromantiker noch Spät- oder Nachromantiker, weil sie die Technik ihrer Gegenwart verwenden und Gehalt und Ausdrucksform nicht von den »Romantikern«, sondern von der Vorstellungswelt entnehmen, die ihr Gefühl aufbaut. Sie können daher auch keine Programmusik schreiben, denn so »romantisch« ein Programm, vom literarischen Standpunkt aus gesehen, auch sein mag, es bildet für diese Musiker eine Realität, die logische Folgerungen hat; ihre »romantische« Musik wird vom musikalischen Einfall gestaltet und nicht vom literarischen. Es ist daher unrichtig, Hans Pfitzner als »Letzten Romantiker« zu preisen und abzutun, denn das würde heißen, ihn den »Romantikern« des 19. Jahrhunderts zuzuordnen; er war jedoch ein Künstler des 20. Jahrhunderts, der die in seiner Epoche zur Verfügung stehenden Ausdrucksmittel heranzog, wie es ihm notwendig erschien. Ebenso unrichtig ist es, seiner Musik bestimmte Aussagen und Ziele anzudichten. Es ist gleicherweise verkehrt, Pfitzner zu beschuldigen, daß er rückwärts gewendet und fortschrittsfeindlich gewesen sei. Einige Schuld daran trägt wohl auch sein literarischer Kampf gegen Ferruccio Busoni, den er als »Futuristen« bezeichnete, obwohl dieser nur Zukunftswege wies, aber nie selbst beschritt, und Hans Pfitzner selbst »futuristisch« im wahren Sinn des Worts war, weil er zeit seines Lebens ein Zukünftiger war und wohl noch längere Zeit bleiben wird. Seine Kompositionen sind alle noch lebendig, sie werden nur verhältnismäßig selten gespielt. Die Sinfonien in cis-Moll, G-Dur (für kleines Orchester) und C-Dur, die Fantasie für Orchester (letztes Orchesterwerk), die Ouvertüre zu »Käthchen von Heilbronn« mit ihrer überraschenden Harmonik und glänzenden Instrumentation, das Klavierkonzert, das Violinkonzert, die 2 Cellokonzerte stehen fallweise auf Konzertprogrammen. Mehr Beachtung finden seine Kammermusikwerke: ein Klaviersextett, ein Klavierquintett, 3 Streichquartette und ein Klaviertrio. Zahlreiche Chöre und über 100 Lieder nahmen einen breiten Raum im Schaffen des Komponisten ein. Der Höhepunkt seiner Vokalkompositionen ist die Kantate »Von deutscher Seele«. Zu wenig Aufmerksamkeit wird seiner Chorfantasie »Das dunkle Reich« gewidmet. Seine Kantate »Fons salutifer« (Heilbringende Quelle) wurde von Robert Rehan (geboren 13.3.1901, Kiel) vollendet. Von seinen 5 Opern errang die musikalische Legende »Palestrina« Welterfolg und einen festen Platz im Programm aller Opernhäuser.

Von deutscher Seele. Eine romantische Kantate auf Texte von Joseph von Eichendorff für vier Soli, gemischten Chor, Orchester und Orgel, Opus 38, 3 Teile, entstanden 1921

Zum Werk schrieb der Komponist: »Was diese Entstehung anbelangt, so wollte ich vor allen Dingen nichts damit, nichts anstreben oder sagen oder einer Weltanschauung Ausdruck geben, sondern das Werk ist entstanden wie alles andere, was ich bisher gemacht habe, aus einem Gestaltungstrieb, der im Grund nichts als ein höherer Spieltrieb ist... Wer also an mein neues Werk herantritt mit dem Weltanschauungs- oder Entwicklungsstandpunkt, dem werde ich hier schwer Auskunft geben können, weil ich über diese Dinge nichts weiß...« Was Eichendorff an »Nachdenklichem, Übermütigem, Tiefernstem, Kräftigem und Heldischem« als charakteristisch für die deutsche Seele empfand, sollte sich in dem Werk widerspiegeln; und das gelang dem Komponisten bei der Vertonung der tiefempfundenen Verse des Dichters in einer nahezu greifbaren Anschaulichkeit, ohne naturalistische Effekte heranzuziehen. Der 1. Teil »Mensch und Natur« handelt von Leben und Tod, Sonnenschein und Sturm, Morgenlicht und Nacht. Nach Spruch 1 und 3 aus »Wandsprüche« erklingt das Orchesterstück »Tod des Postillion« mit einem dämonischen Furioso. Darauf folgen Spruch 2 und 5 und das Orchesterintermezzo »Abend« – »Nacht«, Spruch 4, ein Lied aus »Wanderlieder«, Spruch 6 und 7 und »Nachtgruß« vollenden den 1. Teil. Den 2. Teil »Leben und Singen« leitet das Orchester ein. Dann tragen Chor und Soli »Werktag«, »Der Umkehrende« und »Trost« aus »Geistliche Gedichte« und Spruch 2 aus »Sängerleben« vor. Der 3. Teil »Liederteil« bringt »Der alte Garten« aus »Romanzen«, Spruch 1 aus »Sängerleben«, »Die Nonne und der Ritter«, wieder aus »Romanzen« und »Intermezzo« und Spruch 3 aus »Sängerleben« und »Der Friedensbote« aus »Zeitlieder«. Mit »Schifferspruch« aus »Geistliche Lieder« schließt das Werk ab.

Das dunkle Reich, Chorfantasie mit Orchester, Orgel, Sopran- und Baritonsolo, Opus 38, 8 Teile, entstanden 1930

Der Gedanke an den Tod als unvermeidliches Ende des Daseins zieht sich durch alle Teile dieser Kantate auf Texte von Johann Wolfgang von Goethe, Conrad Ferdinand Meyer (1825–98), Michelangelo Buonarotti (1475–1564) und Richard Dehmel (1863–1920), eines »Deutschen Requiems« jenseits aller religiöser Tradition. Es setzt mit Nr. 1 dem Chor der Toten ein: »Wir Toten sind größere Heere als ihr auf der Erde, als ihr auf dem Meere.« Das Schnitterlied »Chor der Lebenden« schließt sich als Nr. 2 an. Nach dem Orchesterstück »Tanz des Lebens« stimmt Nr. 4 den Chorspruch an: »Es ist ein Brunnen, der heißt Leid.« Als Sopransolo folgt Goethes »Gretchen vor der Mater dolorosa«. In Nr. 6 trägt der Chor nach einem Orgelsolo die Betrachtung: »Alles endet, was entstehet« vor. Der Bariton bittet in Nr. 7 »Scheiden im Licht« um einen Tod im frühen Morgenlicht. In Nr. 8 ist der Chor der Toten wiederholt, schließt jedoch im strahlenden Dur ab.

Sinfonie in cis-Moll, Opus 36a, 4 Sätze, entstanden 1932

Das Werk ist aus dem Streichquartett in cis-Moll, Opus 36, aus dem Jahre 1925 gebildet und kammermusikalisch gehalten. Ein kurzes unpathetisches Motiv ist für alle Sätze maßgebend. Der 1. Satz hat gründlich durchgearbeitete Sonatenform. Das Scherzo schließt sich ohne Pause an und huscht wie gejagte Schemen gespenstig vorüber. Der 3. Satz ist langsam und kantabel. Eine Überleitung führt zum Finale, in dem das Themenmaterial der vorangehenden Sätze in komplizierter Form polyphon verarbeitet wird.

Kleine Sinfonie in G-Dur, Opus 44, 4 Sätze, entstanden 1939

Mit äußerst sparsamer Besetzung werden in diesem Werk interessante Klangbilder erzeugt, die an klassische Vorbilder denken lassen, obwohl die Sätze pausenlos ineinander übergehen. Der »gemächliche« 1. Satz bringt ein kontrapunktisches Spiel der Streicher, sein zweites Thema mahnt an Robert Schumann, dann führt ein Fanfarenmotiv zum Scherzo, das Schumanns Geist ganz deutlich beschwört. Der 3. Satz, von sordinierten Violinen vorgetragen und von den Holzbläsern respondiert, ist ein unmittelbarer reizender Einfall des Komponisten. Eine Flötenkadenz leitet zum Finale, das humorvoll und liebenswürdig wie eine Sinfonie von Joseph Haydn (1732–1809) das Werk abschließt.

Sinfonie in C-Dur, Opus 46, 3 Sätze, entstanden 1940

Drei kurze Sätze gehen ineinander über. Der 1. Satz »Allegro« ist in Sonatenform gefaßt, der Mittelsatz bringt eine Romanze mit einer vom Englischhorn vorgetragenen kantablen Melodie. Das Finale »Presto« ist voll Schwung und schließt das Werk mit dem Hauptthema des 1. Satzes triumphierend ab.

Klavierkonzert in Es-Dur, Opus 31, 4 Sätze, entstanden 1923

Das Werk steht auf der Linie Ludwig van Beethoven – Robert Schumann – Johannes Brahms. Der 1. Satz beginnt »pomphaft, mit Kraft und Schwung« mit dem Klavier. Das Thema bringt einen »sehr empfindungsvollen, schweren und ernsten Hauptgedanken«, den der Solist rhapsodisch verziert. Dann kehrt das erste Thema nach klassischem Muster wieder. Der 2. Satz schließt eng an, es kommt zu einem anmutigen Dialog zwischen Pianisten und den Bläsern. Der 3. Satz ist ruhig und versonnen. Plötzlich setzt das Finale »ungeschlacht und launig« ein; die Idylle wird zerrissen und die Schlußkadenz nicht virtuos, sondern in streng fugierter Form angefügt.

Violinkonzert in h-Moll, Opus 34, ein Satz, entstanden 1924

Das erste der vier Themen des Werks ist rein konzertant, das zweite eine weitgespannte kantable Melodie, das dritte, stark chromatisch, ähnelt dem ersten und wird in sieben Variationen vorgetragen. Eine Kadenz leitet zum langsamen Teil über, in dem die Erste Oboe das Wort erhält. Dann schließt sich nach einer Kadenz des Solisten das Schlußrondo an, in dem das vierte Thema liebenswürdig, ohne Sprödigkeit, und humorvoll das Werk beendet.

Cellokonzert Nr. 2 in a-Moll, Opus 52, 4 Sätze, entstanden 1944

Das Hauptthema des 1. Satzes spannt einen weiten melodischen Bogen, ein Jugendthema des Komponisten ist als Zitat eingebaut, eine Doppelkadenz des Solisten und der Ersten Klarinetten schließt sich an. Der 2. Satz ist ein Intermezzo, im 3. Satz klingt ein Thema aus einem frühen, nie aufgeführten Cellokonzert erneut auf, das auch im Finale verwoben ist.

Sextett in g-Moll für Klarinette, Violine, Bratsche, Cello und Klavier, Opus 55, 5 Sätze, entstanden 1945

Die Satzfolge beginnt mit einem Allegro con passione, das erregt vorwärtsdrängt, aber von einem liedhaften Seitenthema beruhigt wird. Der 2. Satz hat tänzerischen Charakter, sein Trioteil erinnert an Franz Schubert (1797–1828). Im ersten

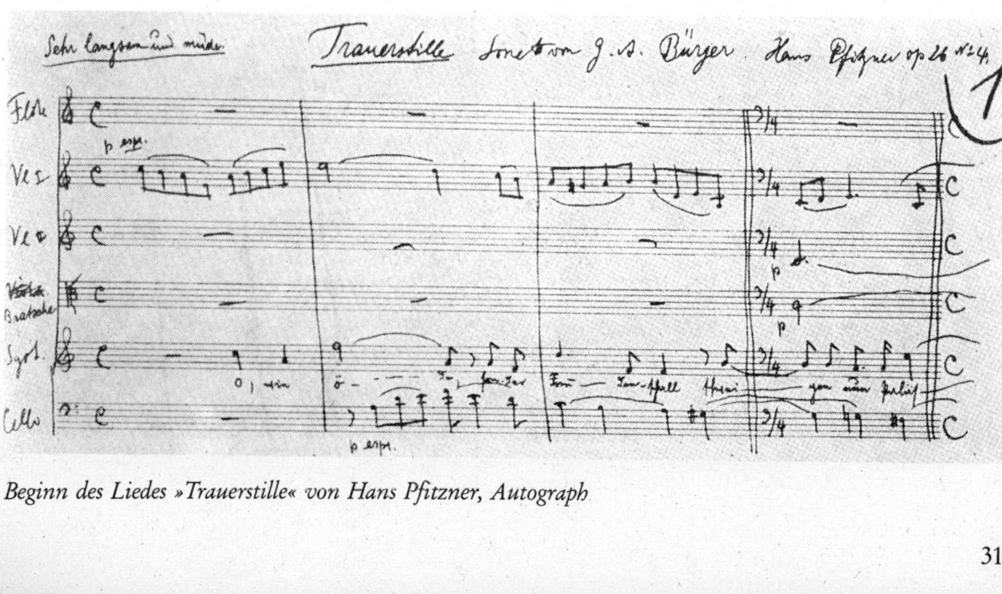

Beginn des Liedes »Trauerstille« von Hans Pfitzner, Autograph

Teil des 3. Satzes »Rondoletto« schweigt das Klavier, seine Thematik ist scherzoähnlich. Auch der 4. Satz ist anfänglich lebhaft und filigran, bringt sodann viel Ausdruck und Bewegung und leitet schließlich zum Finale, das von einem gemächlichen und einem energischen Thema beherrscht ist.

Klavierquintett in C-Dur, Opus 23, 4 Sätze, entstanden 1908

Im 1. Satz erklingt über einen Orgelpunkt des Cello ein schlichtes Thema, aus dem sich ein vielverzweigtes interessantes Klangbild entwickelt. Der 2. Satz beginnt »mit ruhiger Grazie« und bringt heitere Klänge plastischer Motive. Das Adagio des 3. Satzes besteht aus einer weitreichenden expressiven Kantilene mit phantastischen Klangeffekten. Nach einer Kadenz der Violine schließt sich das Finale unmittelbar in entspannter Stimmung an.

Streichquartett Nr. 1 in D-Dur, Opus 13, 4 Sätze, entstanden 1903

Der 1. Satz beginnt »in mäßig gehender Bewegung« mit einem gesanglichen Thema der Ersten Violine, das mit hinzutretenden energischen Motiven zu einem dicht verwobenen Bild verarbeitet wird. Das folgende Scherzo hat Rondoform. Der 3. Satz »Adagio« malt Einsamkeit und Stille, während das Rondofinale in heiterem Reigentempo tanzt.

Streichquartett Nr. 2 in cis-Moll, Opus 36, 4 Sätze, entstanden 1925

Der 1. Satz ist nach ruhigem Beginn leidenschaftlich bewegt. Der unmittelbar anschließende 2. Satz ist tänzerisch und steigert sich zu höchster Erregung. Der kantable langsame 3. Satz bringt erst eine Beruhigung der Gedanken, führt aber zu einem stark expressiven Finale.

Streichquartett Nr. 3 in c-Moll, Opus 50, 4 Sätze, entstanden 1942

Die Sätze des Werks gehen pausenlos ineinander über. Das Thema des 1. Satzes ist ruhig, es erhebt sich nur gegen das Ende zu leidenschaftlichem Ausdruck. Im 2. Satz erklingen Variationen über ein Thema mit Rokokofaktur. Der 3. Satz ist ernst: sein ruhiges Hauptthema steht im interessanten Gegensatz zu einem ausdrucksreichen Nebenthema. Das Finale ähnelt einem klassischen Sonatensatz.

Literatur

H. Rutz, Hans Pfitzner , Wien 1949. K.F. Müller, In Memoriam Hans Pfitzner, Wien 1950. B. Adamy, Hans Pfitzner, Literatur, Philosophie und Zeitgeschehen in seinem Weltbild und Werk, 1980.

Augustin Pfleger
(um 1635 bis nach 1686)

Zeit und Umwelt

Die Verwendung lateinischer Texte in der protestantischen Kirchenmusik ging im 17. Jahrhundert sehr zurück. Es gab aber immer wieder Meister, die vom klaren, knappen Satzgefüge der Sprache angeregt wurden, sie in Musik zu setzen. Ein grundsätzlicher Unterschied zu katholischen Kompositionen läßt sich aber feststellen. Im evangelischen Bereich wird im Gegensatz zu den katholischen Prunkmessen höchst selten ein konzertanter Stil angewendet, es wird auch nicht genau auf die Wortbedeutung gesehen. Das blieb den Vertonungen deutscher Texte vorbehalten, bei denen alle Stilmöglichkeiten zur Anwendung kamen.

Leben

Augustin Pfleger wurde um 1635 in Schlackenwerth (Ostrov) geboren. Er war 1661 Kapellmeister des Herzogs von Sachsen-Lauenburg, stand von 1662 bis 1663 im Dienst des herzoglichen Hofes in Güstrow und war sodann bis 1673 Kapellmeister in Gottorf. Im Jahr 1686 kehrte er nach Schlackenwerth zurück, wo er etliche Jahre darauf starb.

Werke

Der deutsche Komponist Augustin Pfleger brachte zwei- bis fünfstimmige »Psalmi, Dialogi et Motettae«, 4 Oden und Evangelienteile für zwei oder drei Stimmen in lateinischer Sprache heraus, dazu einen Inaugurationshymnus zur Gründung der Universität Kiel (1665). Mit deutschem Text liegen 2 Oden, ein Jahrgang Evangelienkantaten und eine Passionsmusik vor. Die lateinischen Psalmen sind nur zusammenhängende Bibeltexte, die deutschen Werke treten in verschiedenen Formen, wie kurzen Instrumentalkompositionen, Liedern, Arien, geistlichen Konzerten und echten Dialogen, auf.

Literatur

A. Nausch, Augustin Pfleger, Leben und Werke, Kassel 1955.

Hans Georg Pflüger (geboren 1944)

LEBEN

Hans Georg Pflüger wurde am 26.8.1944 in Schwäbisch Gmünd geboren. Er war von 1965 bis 1971 in Stuttgart Schüler von Henk Badings, in Köln von Wolfgang Fortner, in München von Karl Richter (15.10.1926, Plauen, bis 15.2.1981, München), in Salzburg von Hubert Giesen (13.1.1898, Cornelimünster bei Aachen, bis 11.2.1980, Leonberg) und schließlich noch 1972 in Siena Schüler von Fernando Germani. Im Jahr 1970 wurde er Organist an der Liebfrauenkirche und Dekanatskirchenmusiker in Stuttgart, 1975 gründete er die »Cannstatter Kirchenmusiktage«. Neben seiner kompositorischen Tätigkeit wirkt er als Lehrer für Theorie, Gehörbildung, Improvisation, Orgel und Klavier an der Kirchenmusikschule Rottenburg.

WERKE

Außer einer Oper schrieb Hans Georg Pflüger ein Sextett für zwei Violinen, zwei Bratschen und zwei Celli, Figurationen für acht Instrumente, 2 Streichquartette, ein Klaviertrio, eine Sonate für zwei Kontrabässe, Klangfiguren für Horn und Orgel, Solosonaten für Kontrabaß, für Cello, für Gitarre, Praeludium und Fuge für Orgelpedal, Soli für Blockflöte und für Querflöte, »Ruhm und Ewigkeit« für Gesang und Orchester, »Legende« für Gesang und neun Streicher, Choralkantaten, zahlreiche Sololieder, Elektronische Musik und Musik für Tonband.

Ellsworth C. Phelps (1827 bis nach 1857)

LEBEN

Ellsworth C. Phelps wurde 1827 in Middletown, Conn., geboren. Er wirkte ab 1846 als Organist in New London, Syracuse, New York und ab 1857 in Brooklyn, wo er gestorben sein dürfte. Sein genaues Sterbedatum ist unbekannt.

WERKE

Von Ellsworth C. Phelps sind 2 Sinfonien, 4 sinfonische Gedichte, mehrere Konzertouvertüren, 2 Opern, die Kantate »David«, ein großes Chorwerk, »Elegie«, eine Vertonung des Psalms Nr. 145 und weitere Chöre und Gesänge wie auch Schulmusik überliefert.

André Philidor (um 1647–1730)

LEBEN

André Philidor (l'Aîné genannt) wurde um 1647 in Versailles geboren. Er war ab 1659 Trommler in der Grande Écurie in Paris, dann Kammeroboist und schließlich Musiker in der Kapelle Ludwigs XIV., wo er neben der Oboe Krummhorn, Trumscheit und Fagott spielte. Nach seiner Pensionierung im Jahr 1729 wirkte er als Bibliothekar der königlichen Musiksammmlung bis zu seinem Tod am 11. 8. 1730 in Dreux.

Sein Vater Jean Philidor (um 1620, Paris, bis 8. 9. 1679, Versailles), der in seiner Jugend noch den ursprünglichen Namen der Familie, »Danican«, trug, war Pfeifer der königlichen Stabsmusik und Bläser.

Dessen Bruder Michel Danican (um 1600, Paris, bis August 1659, Paris), dem angeblich Ludwig XIII. in Erinnerung an einen vorzüglichen italienischen Oboisten namens Fidori den Namen Philidor verliehen hatte, war Oboist der königlichen Stabsmusik.

Sein Bruder Jacques Philidor (le Cadet, 5. 5. 1657, Paris, bis 27. 5. 1708, Versailles) war ab 1670 Pfeifer und Bläser in der Stabsmusik, ab 1683 Mitglied der Königlichen Kapelle und ab 1690 Kammerviolinist.

Sein zweiter Bruder Alexandre Philidor (um 1660, Paris, bis nach 1683, Versailles) war Bläser in der königlichen Stabskapelle.

Sein Sohn Anne Philidor (11. 4. 1681, Paris, bis 8. 10. 1728, Paris) war ab 1698 Flötist der Stabsmusik, ab 1704 in gleicher Eigenschaft in der Königlichen Kapelle und ab 1712 Kammerflötist. Er gründete 1725 das Concert Spirituel, das erste ständige Orchester für öffentliche Konzerte, das er bis 1727 selbst dirigierte.

Sein zweiter Sohn, Michel Philidor (2. 9. 1683, Versailles, bis nach 1722, Versailles) war Paukist des Gardecorps und Kammertrommler.

Sein dritter Sohn, François Philidor (17.3.1689, Versailles, bis um 1717, Versailles), war ab 1708 Bläser der Königlichen Kapelle und sodann bis zu seinem Tod Kammeroboist.
Sein vierter Sohn, François-André Philidor (7.9.1726, Dreux, bis 31.8.1795, London) studierte bei André Campra und wurde in früher Jugend in die Königliche Kapelle aufgenommen. Er war mit 18 Jahren Schachmeister und ging als Berufsschachspieler nach London, von wo ihm die politischen Umwälzungen in der Heimat eine Rückkehr unmöglich machten.
Sein Neffe (Sohn von Jacques le Cadet) Pierre Philidor (22.8.1681, Paris, bis 1.9.1731, Paris), war Oboist und Kornettist in der Stabsmusik und Kammerflötist.
Dessen Bruder Jacques Philidor (7.9.1686, Versailles, bis 25.6.1709, Pamplona) war Mitglied der königlichen Stabsmusik und der Kapelle des Herzogs Philippe von Orléans, dem er nach Spanien folgte.
Dessen zweiter Bruder, François Philidor (12.1. 1695, Paris, bis 25. 6. 1726, Paris), spielte Oboe und Baßviole in der Stabsmusik und der Kammermusik des Königs.
Dessen dritter Bruder, Nicolas Philidor (3.11.1699, Versailles, bis um 1769, Paris), wurde 1731 Kammerviolist und 1747 Serpentbläser der Königlichen Kapelle.

Werke

Von den Musikern der Familie Philidor, die der Einheitlichkeit halber in einem gemeinsamen Artikel dargestellt wurde, sind einzelne als Komponisten des französischen Barock hervorgetreten.
Jean Danican-Philidor hat eine Reihe von Airs de dansi komponiert, die von der Stabsmusik gespielt wurden.
Von seinen drei Söhnen (André, Jacques, Alexandre) hat Jacques Philidor etliche Militärmärsche und Tänze für seine Kapelle verfaßt. André (l'Aîné) hat Stücke für zwei Baßviolen, Baßviolen und Fagott, eine Tanzsuite für Violinen und Oboen, Armeemärsche, Ballettopern, Hofmaskeraden und Divertissements (Dialoge) komponiert.
Von dessen Söhnen hat François Philidor 2 Bücher mit Stücken für Querflöte herausgebracht, François-André Philidor (der Bekannteste der gesamten Familie) hat Motetten, ein Requiem und ein Te Deum geschrieben, außerdem 6 Quartette für Violinen, Oboe und Baß, ein profanes Oratorium, eine Kantate (Carmen saeculare nach Horaz) und bei 25 komische Opern, Anne Philidor verfaßte Motetten, ein Te Deum und eine Messe, weiters ein Buch mit Stücken für Quer- und Längsflöte, Violine und Baß, außerdem eine Pastorale.
Pierre Philidor, Sohn des Jacques le Cadet, schrieb 3 Sammlungen mit Suiten für zwei Querflöten und 6 Trio-Suiten für Flöte, dazu eine Pastorale, die in Versailles großen Erfolg hatte.

Achille Philip (1878–1959)

Leben

Achille Philip wurde am 22.10.1878 in Arles geboren. Seine Ausbildung erhielt er von Félix Alexandre Guilmant in Paris und Charles Lenepveu in Marseille. Anschließend wirkte er in Paris als Organist an verschiedenen Kirchen und als Lehrer an der Schola Cantorum. Ab 1951 war er Organist an St-Aphrodise, in Béziers, Hérault, wo er am 12.1.1959 starb.

Werke

Von Achille Philip wurde eine Oper aufgeführt. Er schrieb außer einer Bühnenmusik 6 sinfonische Dichtungen, eine Sonate für Violine, 3 Messen, 45 Motetten – teils a cappella, teils mit Orgel – und andere Chorwerke, 30 Klavierlieder und Klavierstücke. Er war einer der bedeutendsten französischen Organisten seiner Zeit.

Thomas Philipp (um 1430 – 80)

Zeit und Umwelt

Man muß trotz der mangelhaften Informationen über das Musikleben des Mittelalters nicht befürchten, daß ein großer Meister unbekannt geblieben ist, aber über die vielen »mittleren«, die für die Musiklandschaft milieubildend waren, leidet die Musikgeschichte sehr am Mangel überlieferter Nachrichten. Und von nicht wenigen wissen wir zur Not den Namen und ungefähr die Zeit ihres Wirkens. Für die Würdigung ihres kompositorischen Werkes stehen uns nur wenige erhaltene Stücke zur Verfügung, die zwar die Meister einstufen, aber uns bedauern lassen, nicht mehr von ihrer Musik und über sie selbst zu erfahren.

LEBEN
Thomas Philipp (Phelyppes) wurde um 1430 vermutlich in London geboren. Er entstammte der gehobeneren Gesellschaftsklasse und war vielleicht Mitglied der Chapel Royal. Über sein sonstiges Leben und Wirken ist ebensowenig bekannt wie über Ort und Zeit seines Todes.

WERKE
Von dem englischen Komponisten Thomas Philipp ist ein einziges Lied im Umfang von sechs Zeilen erhalten. Es beweist eine beträchtliche kompositorische Fähigkeit des Komponisten, der zur Gruppe gehört, die von Dunstable zu Fayrfax überleitete.

Philippe de Monte (1521–1603)

ZEIT UND UMWELT
Die klassische Blütezeit des Madrigals unterschied sich vor allem dadurch von vorausgehenden Perioden, daß nunmehr keine Ausländer wie Arcadelt, Verdelot, Willaert, de Rore, Gero als Komponisten auftraten, sondern Italiener. Die Fünfstimmigkeit wurde typisch, die einzelnen Stimmen wurden zuweilen einander gegenübergestellt. Homophone und imitierende Teile wechselten ab; durch gelegentliche Alternierungen wurde eine harmonische Bereicherung erzielt, die malerische und bildliche Wendungen stark hervorhob. Die Tonmalerei wurde zur Versinnbildlichung der Texte, die Natur nachgeahmt, aber nicht naturalistisch, sondern durch Steigerung des Ausdruckes.

LEBEN
Philippe de Monte (Filippo de, Philippe de Mons) wurde 1521 in Mecheln geboren. In den Jahren 1541 bis 1554 hielt er sich in Neapel auf und wurde dort mit Orlando di Lasso bekannt. Über seine Tätigkeit in jener Stadt gibt es keine Informationen. 1555 ging er nach Aufenthalten in Rom und Antwerpen nach England und trat der Kapelle der Königin Mary bei, verließ diese Stellung aber sehr bald und kehrte nach Neapel zurück. 1567 war er neuerlich in Rom, 1568 wurde er Kapellmeister Kaiser Maximilians II. (1527 bis 1576) und ab 1580 Kaiser Rudolfs II. (1552–1611) und wirkte in Wien und sodann in Prag, wo er am 4. 7. 1603 als »one alles widersprechen der pest Componist, der in dem ganzen land ist, der fürnehmlich auf die new art und Musica riseruata« starb.

WERKE
Man zählt mit Recht Philippe de Monte zu den produktivsten und bedeutendsten Komponisten des Madrigalzeitalters, wenn er auch an Inspiration und Universalität, jedenfalls auch an Musikalität an Meister vom Format eines Palestrina oder Lasso nicht heranreichte. Er läßt aber an Gediegenheit und Kunstfertigkeit des Madrigalsatzes viele seiner Zeitgenossen hinter sich. Er stand anfänglich stark unter dem Einfluß von de Rore, übernahm sodann den konzertierenden venezianischen Stil, ohne der Chromatik einen breiteren Raum zu bieten.
Es sind von ihm 1073 drei- bis zehnstimmige profane und 144 fünf- bis siebenstimmige sakrale Madrigale überliefert, außerdem 45 vier- bis siebenstimmige Chansons, 319 fünf- bis zwölfstimmige Motetten und 38 vier- bis achtstimmige Messen.

LITERATUR
G. Reese, Music in the Renaissance, New York 1954.

Philippe de Rogier (um 1560–96)

ZEIT UND UMWELT
Der Kampf um die Freiheit von der spanischen Fremdherrschaft und das Ringen des Volkes um die Möglichkeit, sein Bekenntnis

ungehindert auszuüben, erschütterten die Niederlande in der zweiten Hälfte des 16. Jahrhunderts und schmälerten naturgemäß jede kulturelle Betätigung. Die Kapellen in den Kirchen und am Hof der Regenten wurden durch den Lärm der Waffen, durch Angst und bange Hoffnung empfindlich gestört. Wer nicht am Streit beteiligt war und die Gelegenheit dazu hatte, verließ das Land.

LEBEN

Philippe de Rogier wurde um 1560 in Namur geboren. Er kam 1572 als Chorknabe zur Hofkapelle Philipps II. in Madrid, wo er 1582 zum Vizekapellmeister aufstieg und de la Hèle nach dessen Tod (1588) in das Amt des Kapellmeisters folgte. Er starb in Madrid am 29. 2. 1596.

WERKE

Von dem französischen Komponisten Philippe de Rogier sind mehrere Messen, Motetten, Magnificat, Antiphone, Responsorien und noch eine Reihe sakraler Gesänge erhalten. In seiner Messe »Philippus secundus Rex Hispaniae« (Philipp II., König Spaniens) singt der Tenor während des ganzen Werkes den Titel in der Melodie des Cantus firmus. Außerdem sind von dem Komponisten Villancicos und mehrere Chansons überliefert. Der Stil der Musik folgt der franko-flämischen Schule mit den Modifikationen, die sie in Spanien erfahren hat. Die Philippus-Messe ist sehr klangbetont, muß aber schon damals konservativ gewirkt haben.

LITERATUR

P. Becquart, Musiciens néerlandais à la cour de Madrid. Philippe de Rogier et son école (1560–1647), Brüssel 1967.

Philippe de Vitry (1291 – 1361)

ZEIT UND UMWELT

Die Pest raffte im 14. Jahrhundert ein Viertel der europäischen Bevölkerung dahin, in Frankreich wütete der Hundertjährige Krieg.
Abgesehen von etlichen Handelsplätzen (Flandern, Venedig) trat eine allgemeine Verschlechterung der Wirtschaftslage ein. Das von den Scholastikern geschaffene Weltbild und die ohnehin gescheiterten Bemühungen, Wissen und Glauben zu versöhnen, konnten das trost- und hilfebedürftige Volk nicht befriedigen. Es wollte an Gott glauben und seine Nähe fühlen und nicht seine Existenz beweisen. Die Mystiker lösten die Logiker ab. Die Zwiesprache mit dem Himmel, die als einzige Zuflucht in dem Massenelend blieb, wurde durch meditatives Schauen und gnostisches Erkennen vertraulicher. Man betete nicht mehr nur neben in dunkle Höhen aufragenden Säulen zu einem fernen Gott, man tat etwas, um ihn zu versöhnen und um Schonung zu bitten. Geißler zogen von Ort zu Ort und schlugen ihre Körper im ekstatischen Opferdrang blutig. Dazu sangen sie Bußlieder, nicht psalmodierend lateinisch zur höheren Ehre Gottes, sondern in der Volkssprache.
Die Tore der Kathedralen öffneten sich für neue Texte und neue Formen in der sakralen Musik. Aus Rom kam das Verbot aller Auswüchse der Kontrapunktik. Bei Kirchenstrafen wurden die Verbindung des Gregorianischen Chorals mit Gegenstimmen oder seine Ersetzung durch weltliche Melodien, außerdem alle untraditionellen Verzierungen und die Anwendung anderer Tonarten anstelle der Kirchentonarten untersagt. Papst Johannes XXII. forderte 1322 die Wiederherstellung der von allen Zutaten gereinigten Gregorianik und duldete nur die Intervalle der Quint, Quart und Oktav. Damit war der Eintritt der volkstümlichen Mehrstimmigkeit in die Kirche vorläufig abgewehrt.
Die dreistimmige Messe von Tournai (um 1300) hingegen, die von Toulouse und von Paris zeigen jedoch, daß der päpstlichen Bulle keine volle Durchschlagskraft beschieden war. Es war auch eigentümlicherweise ein Kleriker, der als Komponist und Musiktheoretiker den Anstoß zur Weiterbildung und Verbreitung der von den Pariser Magistri Leoninus und Perotinus eingeleiteten Entwicklungsprozesse der Mehrstimmigkeit

gab und ihr die Bezeichnung Ars nova (Neue Kunst) verlieh.

Leben

Philippe de Vitry wurde am 21. 10. 1291 in Vitry als Sohn eines Notarius der königlichen Kanzlei gleichen Namens geboren. Über seine Ausbildung ist nichts bekannt, man nimmt an, daß er Schüler des Musiktheoretikers Petrus de Cruce gewesen sei. Jedenfalls dürfte er sehr früh Clericus und Notarius des Königs Karl II. geworden sein. Er hatte auch unter den folgenden französischen Königen Philippe VI., Jean II. und Karl V. hohe Hofstellungen inne, hielt sich im Auftrag des Königs mehrere Male am päpstlichen Hof in Avignon auf, nahm an der Belagerung von Aiguillon teil und wurde 1351 zum Bischof von Meaux ernannt. Er starb am 9. 6. 1361 in Meaux.
Vitry stand bei seinen Zeitgenossen als universaler Geist, als Philosoph, Mathematiker, Musiktheoretiker und Komponist in hohem Ansehen. Seine wissenschaftlichen Werke, die nur zum Teil erhalten sind, wurden vielfach zitiert. Der italienische Dichter Francesco Petrarca (20. 7. 1304, Arezzo, bis 18. 7. 1374, Acquà) nannte ihn seinen Freund und bezeichnete ihn als einen der bedeutendsten Dichter und Schriftsteller Frankreichs. Er stand mit vielen Gelehrten seiner Zeit in Verbindung, besonders mit Johannes de Muris (um 1290, Lisieux, bis nach 1351, Paris), der um die Notationspraxis der Ars nova und deren mathematische Begründung bemüht war. Wir können aber die wahre Bedeutung dieses Mannes auf den verschiedenen Gebieten nur aus zeitgenössischen Äußerungen über ihn ermessen.

Werke

Philippe de Vitry schrieb neben vieler sakraler Musik Lais, Ballades und Rondeaux, doch davon ist nichts erhalten. Überliefert ist nur eine Serie Motetten mit lateinischen Texten. Dazu kommt sein kompositorischer Beitrag zum Roman de Fauvel.

Roman de Fauvel, Singspiel in zwei Teilen aus den Jahren 1310 bis 1314 und 1316 von Gervais du Bus, Raoul Chaillou du Pesstain und Philippe de Vitry auf mittelfranzösischen und spätlateinischen Texten

Es handelt sich um einen Protest gegen Kirche, König und Beamtentum in verschlüsselt-allegorischer Form. Der erste Teil, die »Karriere des Esels Betrug«, weist auf die Falschheit und Betrügerei von Kirche und Staat hin (Fauvel ist aus Fauvain aisne – gelber Esel, allegorisch für Betrug – gebildet). Fortuna hat Fauvel zum Herrn der Welt gemacht; Könige, Herzöge, Grafen, Vizegrafen, Pröpste, Landvögte, Bürger und Bauern kommen herbei, um den »Esel zu streicheln« (der Korruption zu frönen), Barfüßer und Dominikaner, Templer, Bischöfe und Kardinäle mit dem Papst selbst vervollständigen den Reigen. Im zweiten Abschnitt heiratet der Esel die schöne Dame »Eitle Ruhmsucht«, nachdem ihn Fortuna als Freier abgewiesen hat. Zur Hochzeitsfeier sind die Fleischeslust, die Liebelei, die Göttin des Ehebruchs und der Begierde und Venus selbst geladen. Unter der Führung der »Jungfräulichkeit« treffen auch die dreißig Tugenden ein, um die Laster im Hochzeitsturnier zu schlagen. Fortuna bricht den Kampf aber vorzeitig ab, weil die Stunde des Sieges der Tugend noch nicht gekommen ist. Jesus Christus wird am Schluß angefleht, den Tugenden doch noch zum Sieg zu verhelfen.
Wenn auch diese beißende Satire auf die Zeitverhältnisse mit ihren über 3000 Versen in erster Linie literarisch-theatralischen Charakter aufweist und zum größeren Teil deklamiert und auf einer mehrstöckigen Bühne dargestellt wird, so ist die Musik ein wesentlicher und nicht nur illustrierender Bestandteil des Werkes. Es beginnt mit einem Trompetenstoß und der Ankündigung: Betrug und schmutziger Ehrgeiz sitzen jetzt auf dem Thron und am höchsten Ort der Kurie. Monodische und mehrstimmige, zum größten Teil von Instrumenten begleitete »Gesangsnummern« wechseln mit Instrumentalpassagen ab.
Fünf Motetten können Philippe de Vitry mit Sicherheit zugeschrieben werden, sie sind vorzügliche Beispiele der Ars nova. Weitere Stücke sind wahrscheinlich ebenso von dem Meister der Gotik, vermutlich auch die Bitte am Ende des Spieles: »Verdamme Fauvel mit seinem schlimmen Anhang, und uns wird wohl sein, wenn seine Brut vernichtet und vertrieben ist.«

Literatur

E. Droz und G. Thibault, Un chansonnier de Philippe le Bon, Revue de Musicologie X,

1926. Gr. A. Harrison, The Monophonic Music in the Roman de Fauvel, Stanford University, 1963.

Philippo de Luprano
(um 1470 bis nach 1517)

ZEIT UND UMWELT
Die Dichtungsform der Frottola war ein Ableger der Ballata in ihrer einfachsten und kunstlosesten Art. Die Texte wurden zwar von der Volksdichtung inspiriert, aber für die gehobene Großbürgerschichte und den Adel verfaßt. Daher wiesen sie sehr selten dialektische Wendungen auf außer solchen, die allgemein verständlich waren.

LEBEN
Philippo de Luprano (Lurano) wurde um 1470 in Oberitalien geboren, lebte vermutlich in Venedig und starb in dieser Stadt nach 1517.

WERKE
Von Philippo de Luprano sind mehr als 30 vorzügliche Frottole bei Petrucci in Venedig erschienen. Sie zählen zu den besten ihrer Art.

Michel Philippot (geboren 1925)

LEBEN
Michel-Paul Philippot wurde am 2.2.1925 in Verzy, Marne, geboren. Nach naturwissenschaftlichen Studien nahm er am Konservatorium in Reims und am Conservatoire in Paris bei Georges Dandelot (2.12.1895, Paris, bis 17.8.1975, St-Georges-de-Didonne) und darauf privat von 1946 bis 1949 bei René Leibowitz Musikunterricht. Er wurde dann Tontechniker, 1964 Leiter der Musikabteilung beim französischen Rundfunk und 1973 musikalischer Berater des Präsidenten der ORTF in Paris; gleichzeitig arbeitete er von 1951 bis 1961 bei der Groupe de Recherches Musicales der Rundfunkanstalt. 1970 wurde er Professor für Komposition am Conservatoire und ging später als Dekan der Universität von São Bernardo do Campo nach Brasilien.

WERKE
Der Komponist, Musiktheoretiker, Mathematiker und Kybernetiker Michel Philippot strebt eine Synthese zwischen Musik als Kunst und Musik als Wissenschaft an. Daher sprechen seine Werke nur ein Publikum an, das selbst solche Bestrebungen verfolgt, denn die Wissenschaft und das Experiment sind in der Regel stark in den Vordergrund gerückt. Er schrieb eine Anzahl Stücke für Musique concrète, außerdem für konventionelle Instrumente »Dreieckige Transformationen« für Flöte, Klarinette, Baßklarinette, Horn, Trompete, Posaune, Violine, Cello, Vibraphon, Xylophon, Triangel, Tempelblock, Holzblock, Große Trommel, zwei Pauken und Gong, ein Stück für Doppelorchester, eine Orchesterouvertüre, ein Oktett, Variationen für zehn Instrumente, ein Streichtrio, eine Violinsonate, ein Stück für Streichorchester, ein Scherzo für Akkordeon, Gesänge mit Instrumentalbegleitung sowie Bühnen-, Film- und Rundfunkmusik.

William Lovell Philipps (1816–60)

ZEIT UND UMWELT
Sinfonien oder Teile von Sinfonien waren sehr häufig auf den Programmen der verschiedenen englischen Konzertunternehmungen. Sie stammten jedoch gegen die Mitte des 19. Jahrhunderts noch selten von einem englischen Komponisten. Das Publikum war daran gewöhnt, die Sinfonie als ein kontinentales Werk anzusehen, so daß es einer englischen von vornherein mit einer gewissen kritischen Ablehnung gegenüberstand.

LEBEN
William Lovell Philipps wurde am 26.12.1816 in Bristol geboren. Er trat sehr früh dem Kathedralenchor seiner Geburtsstadt bei, dann ging er nach London, wo er mit Erfolg als Sänger auftrat und an der Royal Academy of Music bei Cipriani Potter studierte. Bei Robert Lindley nahm er Cellounterricht. Er

spielte sodann in nahezu allen Orchestern Londons und bei vielen Festspielaufführungen. Zeitweilig wirkte er am Olympic Theatre und dem Princess's Theatre als musikalischer Leiter sowie als Organist an St. Katherine's. Er starb am 19.3.1860 in London.

WERKE
Von William Lovell Philipps sind eine Anzahl Schauspielmusiken und Lieder überliefert. Er schrieb ferner eine vielgespielte Sinfonie in f-Moll, die vom englischen Publikum sehr geschätzt wurde. Die Cellomusik, die er geschrieben haben soll, ist nicht überliefert.

Philippus de Caserta
(um 1380 bis um 1440)

LEBEN
Philippus de Caserta (Filipoctus, Philipot) wurde in Caserta oder in Neapel in der 2. Hälfte des 14. Jahrhunderts geboren. Er wirkte vermutlich in Avignon, wie die Texte einiger seiner Lieder zeigen, aber auch in Oberitalien (wahrscheinlich in Mailand); man nimmt außerdem an, daß er mit dem »Tenorista Philippot« ident war, der 1420 bei Alfonso V. in aragonesischen Diensten stand.

WERKE
Der Komponist und Musiktheoretiker Philippus de Caserta ist in der aus seiner Zeit erhaltenen Musik mit 7 Werken mit französischen Texten vertreten (Balladen auf Papst Clemens VII., Ludwig I. von Anjou und Bernabò Visconti). Seine Musik gehört der französischen Ars nova in der nach Machaut entwickelten Form an.

LITERATUR
N. Wilkins, Some Notes on Philioctus de Caserta, Nottingham 1964.

Peter Philips (1561–1628)

LEBEN
Peter Philips (Petrus Philippus, Poetro Filippo) wurde 1561 vermutlich in England geboren und war ab 1574 Sänger an St. Paul's Cathedral. Da er Katholik war, verließ er England, ging nach Rom und fand dort Anschluß an englische Emigrantenkreise, in deren Dienste er trat. Nach Reisen durch Spanien, Frankreich und die Niederlande ließ er sich in Antwerpen nieder. Bei einem Besuch, den er Jan Pieterszoon Sweelinck 1593 in dem damals von protestantischen Niederländern kontrollierten Amsterdam machte, wurde er wegen des Verdachtes der Teilnahme an einem der vielen Mordkomplotte gegen Königin Elisabeth I. von England verhaftet, aber mangels Beweisen freigesprochen. Im Jahre 1597 erhielt er die Stelle eines Organisten an der Hofkapelle des Statthalters der Niederlande, Erzherzog Albrecht, in Brüssel, wo er bis zu seinem Ableben im Jahre 1628 blieb.

WERKE
Als Vermittler zwischen dem englischen Stil seiner Zeit und dem kontinentalen nahm Peter Philips eine bedeutende Stellung ein. Von ihm sind eine große Anzahl sakraler Gesänge mit Generalbaß auf französischem und lateinischem Text, Motetten, Litaneien und Madrigale überliefert. Seine Musik ist teils mehrstimmig, teils monodisch. Der Generalbaß ist nahezu überall durchgeführt. Als sein bedeutendstes Werk wird seine große vierstimmige Orgelfuge angesehen, die bereits Umkehrung, Vergrößerung und Verkleinerung des Themas kennt.

LITERATUR
P. Bergmann, L'organiste des archiducs Albert et Isabelle, Gent 1903.

Elizabeth Philp (1827–85)

ZEIT UND UMWELT
Die Ballade als gesungene Geschichte, als Bericht aus alten Zeiten von denkwürdigen Begebenheiten und Persönlichkeiten, war ein Produkt der Romantik und fand gerade in Ländern, in denen Sagen – in Prosa und in Versen – noch lebendig waren, am meisten

Anklang. Daß England, Schottland und Irland hier in vorderster Linie standen, ist bei ihrem umfangreichen Mythenschatz verständlich.

LEBEN
Elizabeth Philp wurde 1827 in Falmouth, Cornwall, geboren. Sie wurde in Bristol zur Sängerin ausgebildet; von Ferdinand Hiller erhielt sie Unterricht in Komposition und Harmonie und wirkte anschließend als Konzertsängerin und Gesanglehrerin in London, wo sie am 28.11.1885 starb.

WERKE
Von Elizabeth Philp ist eine große Anzahl Balladen bekannt und äußerst populär geworden, die sie selbst bei ihren Konzerten vortrug. Einzelne gingen in den englischen Volksliedschatz über.

Dominicus Phinot
(um 1500 bis um 1558)

ZEIT UND UMWELT
Im 16. Jahrhundert erlebte Lyon seine höchste Blütezeit. Es wurde während der Kriege in Italien Sitz des französischen Hofes und der Regierung. Der Wohlstand der Kaufleute und der Banken, die Druckereien und die Leistungen der Dichter und Schriftsteller wie Maurice Scève (1501–64), Pernette du Guillet (1520–45) oder Louise Charly Perrin Labé (1520–66) hoben die Stadt zu einem politischen, ökonomischen und literarischen Zentrum Frankreichs.

LEBEN
Dominicus Phinot (Dominique Finot) wurde um 1500 vermutlich in oder bei Lyon geboren. Ob er in Lyon gelebt und gewirkt hat, ist nicht gesichert, obschon es wahrscheinlich ist. Er dürfte auch in der Stadt um 1558 gestorben sein.

WERKE
Der neapolitanische Musikforscher Don Pietro Cerone (1566–1625) bezeichnete Dominicus Phinot als Vorbild Palestrinas. Ein Stilvergleich beider Meister hat diese Ansicht bestätigt. Die von Phinot überlieferten Werke, eine vierstimmige Messe, ein Buch mit vierstimmigen Psalmen, 2 Magnificat, je 2 Bücher mit fünf- bis achtstimmigen Motetten und vierstimmigen Chansons, weisen in manchen Teilen eine gewisse Ähnlichkeit mit den Frühwerken des großen Meisters des Jahrhunderts auf. Besondere Aufmerksamkeit verdienen die Lamentation »Incipit Oratio« und die 3 Motetten »Sancta Trinitas«, »Jam non dicam« und »Tanto tempore nobiscum«, die für zwei antiphonal eingesetzte Chöre geschrieben sind.

LITERATUR
P. S. Hansen, The Life and Works of Dominicus Phinot, North Carolina 1939.

Alfredo Piatti (1822–1901)

ZEIT UND UMWELT
Neben einem außerordentlich regen Konzertleben im Paris der zweiten Hälfte des 19. Jahrhunderts gab es während der Saison jeden Samstag und Montag populäre Konzerte zu niedrigen Preisen, in denen zwar zuweilen auch leichtere Musik, in der Regel jedoch zeitgenössische Kompositionen der bedeutendsten Meister in vorzüglichen Aufführungen geboten wurden. Dirigenten und Interpreten ersten Ranges betrachteten es als eine Ehre, dafür verpflichtet zu werden.

LEBEN
Alfredo Carlo Piatti wurde am 8.1.1822 in Borgo Canale bei Bergamo geboren. Er war Sohn und Schüler des Violinvirtuosen Antonio Piatti (1801, Bergamo, bis 27.2.1878, Bergamo). Er debütierte als Cellovirtuose 1834 in Mailand und spielte 1843 in München mit Franz Liszt. Von 1859 bis 1898 wirkte er als Erster Cellist und Solist an den populären Samstags- und Montagskonzerten in Paris. Er starb am 18.7.1901 in Borgo Canale.

WERKE
Von Alfredo Piatti sind 2 Cellokonzerte, ein Concertino für Cello, 6 Cellosonaten, mehrere Lieder mit obligatem Cello und Solo-

stücke überliefert. Seine Kompositionen sind zwar virtuos gesetzt, stellen aber die Technik nicht in den Vordergrund.

LITERATUR

M. Latham, Alfred Piatti, London 1901.

Karel Frant Pič (1789–1858)

ZEIT UND UMWELT

Die Orgelschule von Prag hatte bereits im 18. Jahrhundert einen großen Ruf, weil aus ihr eine Reihe bedeutender Musiker hervorging. Neuer Ruhm fiel ihr zu, als im folgenden Jahrhundert ihr Schüler Antonín Dvořák zu einem der bedeutendsten Komponisten der Zeit wurde.

LEBEN

Karel Frant Pič (Pitsch) wurde 1789 in Bartošovice bei Roketnice (Rokitnitz), geboren. Er war Kirchenorganist, Direktor der Orgelschule und ein gesuchter Orgellehrer in Prag, wo er am 13. 6. 1858 starb.

WERKE

Von den angeblich zahlreichen Werken von Karel Frant Pič sind nur einige Orgelwerke und eine Messe überliefert. Aber bereits diese weisen ihn als befähigten Musiker aus.

Giovanni Picchi (um 1580 bis nach 1625)

ZEIT UND UMWELT

Das Cembalo war neben der Orgel im 17. und 18. Jahrhundert das häufigste Tasteninstrument zum konzertanten oder solistischen Spiel und besonders für den Generalbaß. Es wurden schon früh zweimanualige Instrumente gebaut, die entweder verschieden hoch gestimmt waren oder verschiedene Klangfarben hatten, wie harfen- oder lautentönige Klänge; es wurden damit auch dynamische Differenzen erzielt. Der festlich rauschende, strahlende Klang des Instrumentes, der weite Tonumfang und die Möglichkeit des Akkordspieles machten das Cembalo zum beliebtesten Instrument, das erst vom Hammerklavier abgelöst wurde.

LEBEN

Giovanni Picchi wurde um 1580 vermutlich in Venedig geboren. Im Jahr 1615 war er Organist an der Basilika Santa Maria dei Frari in Venedig und dürfte diesen Dienst bis zu seinem Tod nach dem Jahr 1625 versehen haben. Über seine persönlichen Lebensumstände ist nichts bekannt.

WERKE

Von dem italienischen Komponisten und Organisten Giovanni Picchi sind Tänze für Cembalo, Kanzonen mit Generalbaß und von beliebigen Instrumenten spielbar, außerdem eine Reihe vokaler Kirchenmusik erhalten. Er war einer der ersten Komponisten für das Cembalo. Sein Stil ist venezianisch.

Alessandro Piccinini (1566–1639)

ZEIT UND UMWELT

Der Chitarrone war eine Theorbe mit zwei langen Hälsen mit Metallsaiten und zwei Stimmkasten. Der Arciliuto (Erzlaute) unterschied sich davon durch einen verlängerten Corpus, der die Spannweite der Baßsaiten ermöglichte. Beide Instrumente wurden im Ensemble für die Baßstimmen eingesetzt.

LEBEN

Alessandro Piccinini wurde am 30. 12. 1566 in Oberitalien geboren. Er entstammte einer Musikerfamilie, in der er zum Musiker ausgebildet wurde. Ab 1581 stand er als Lautenist im Dienst der Höfe in Modena und Ferrara und ging 1597 nach Bologna, wo er in gleicher Eigenschaft dem päpstlichen Legaten bis zu seinem Tod im Jahre 1639 diente.

WERKE

Der italienische Lautenist Alessandro Piccinini behauptete, den Chitarrone erfunden zu haben. Damit kann er nur den Arciliuto gemeint haben, weil es den Chitarrone schon längst gab. Ob der Arciliuto in Wahrheit seine Erfindung war oder er nur versuchte, an diesem Instrument Verbesserungen anzubringen, ist nicht geklärt. Jedenfalls verfaßte er eine zweihändige Intavolatura di Liuto e di Chitarrone, in der sich Kompositionen des Autors befinden. Von seinen sonstigen Kompositionen, die sehr gerühmt worden sind, ist nichts erhalten.

Literatur

G. Kinsky, Alessandro Piccinini, Acta Musicologica X, 1938.

Niccolò Piccinni (1728–1800)

Niccolò Piccinni, Stich von L. J. Cathelin

Zeit und Umwelt

Der Dichter, Librettist und Kritiker Jean François Marmontel (1723–99) und der Schauspieler und Komponist Jean-Baptiste Quinault (1685–1744) führten einen erbitterten Feldzug gegen die Opern von Christoph Willibald Gluck, der das musikalische Paris in zwei Lager spaltete, ähnlich den Auseinandersetzungen der Lullisten und der Ramisten. Die beiden Proponenten der italienischen Oper einerseits und der Erneuerung der Musikbühne auf der anderen Seite wurden gegen ihren Willen in den Streit in den literarischen und gesellschaftlichen Zirkeln, an dem sich sogar Königin Marie Antoinette beteiligte, hineingezogen. Sie selbst waren miteinander nie verfeindet, sondern brachten einander viel Achtung entgegen.

Leben

Niccolò Vito Piccinni (Nicola Vincenzo Piccini) wurde am 16. 1. 1728 in Bari geboren. Er war Neffe des Opernkomponisten Gaetano Latilla und Schüler von Leonardo Leo und von Francesco Durante am Conservatorio Sant'Onofrio in Neapel. Im Jahr 1754 brachte er seine erste Oper in Neapel heraus. Nach großen Erfolgen in Rom übersiedelte er nach Paris, wo er im künstlerischen Wettstreit mit Christoph Willibald Gluck, abgesehen von einigen Rückschlägen, sehr erfolgreich blieb. Er wurde zum Leiter einer neuengagierten Operntruppe und zum Professor an der École Royale de Chant et de Déclamation ernannt. Beim Ausbruch der Revolution floh er nach Neapel, wo er sich mühsam durchschlug. 1798 kehrte er nach Paris zurück, wurde dort freundlich aufgenommen und für seine Verluste durch die revolutionären Ereignisse teilweise entschädigt. Noch kurz vor seinem Tod am 7. 5. 1800 in Passy bei Paris wurde für ihn eine 6. Inspektorenstelle am Pariser Conservatoire geschaffen.

Sein Sohn Luigi Piccinni (1766, Neapel, bis 31. 7. 1827, Passy bei Paris) kam 1795 als Hofkapellmeister nach Stockholm, kehrte aber 1801 nach Paris zurück.

Werke

Neben weit über 100 Opern, mit denen er zur Entwicklung der Oper neue entscheidende Impulse beitrug, schrieb Niccolò Piccinni 2 Sinfonien, 4 Sonaten und eine Toccata für Cembalo oder Pianoforte, weiters 2 Andantino für Pianoforte, Vokalisen und 6 Duette mit Pianofortebegleitung, Kantaten, Arietten, Romanzen, Lieder, eine Messe, mehrere Oratorien und Psalmen.

Luigi Piccinni hat für Paris eine Reihe von Opern geschrieben, die die Qualität und den

Erfolg der Werke seines Vaters nicht erreichten.

LITERATUR
N. Pascazio, L'uomo Piccinni e la »Querelle célèbre«, Bari 1951.

Giovanni Piccioni
(um 1550 bis nach 1619)

ZEIT UND UMWELT
Der Maler Giovanni Battista Cima (um 1459 bis 1517) wurde in Conegliano geboren. Im Jahre 1492, ehe er nach Venedig übersiedelte, erhielt er den Auftrag, für den Dom der Stadt ein Altarbild zu malen. Stifter des Bildes war das Adelshaus de'Desiosi, das auch eine Accademia dei Magnifici Signori Desiosi gründete und erhielt.

LEBEN
Giovanni Piccioni (Pizzoni, Pisoni) wurde um 1550 in Rimini geboren. Er war bereits 1577 Musikmeister der Akademie der Signori Desiosi in Conegliano. Um 1590 wurde er Domorganist in Orvieto und 1616 Kapellmeister in Montefiascone. Er kehrte 1619 nach Orvieto zurück, wo er einige Jahre darauf starb.

WERKE
Die Madrigale und Kanzonen des italienischen Komponisten Giovanni Piccioni gehörten stilistisch noch dem 16. Jahrhundert an, ebenso die Messen und einzelne Psalmen. Seine Kirchenkonzerte (Concerti ecclesiastici) haben Orgelbegleitung wie auch etliche Psalmvertonungen. Bei seiner Stimmführung ist eine gewisse Experimentierfreudigkeit und das Suchen nach neuen Klängen bemerkbar.

Václav Pichl (1741–1805)

ZEIT UND UMWELT
Nach dem Aussterben der Medici (1737) wurde Franz Stephan von Lothringen Herzog der Toskana; nach dessen Tod fiel das Großherzogtum an Leopold, und, als dieser als Leopold II. Kaiser wurde, an dessen Sohn Ferdinand III. Dieser trat zwar der Koalition gegen Frankreich bei, schloß aber 1795 Frieden mit der Republik und hielt in der Folge strikte Neutralität ein, so daß er bis 1799 von einem Einmarsch der republikanischen Armee verschont blieb. Dann wurde er gezwungen abzudanken, erhielt den Thron kurz darauf wieder, verlor ihn aber zum zweiten Mal 1801 durch den Frieden von Lunéville und zog sich mit seinem Hofstaat nach Wien zurück.

LEBEN
Václav Pichl (Wenzel, Wenceslav Pichel) wurde am 23. 9. 1741 in Bechin bei Tabor (Bechyně), Böhmen, geboren. Er studierte in Prag Theologie und Philosophie und wurde von František Jiři Pokorný im Violinspiel und von Josef Seger in der Komposition ausgebildet. Von 1763 bis 1769 wirkte er als erster Violinist in der bischöflichen Kapelle in Oradea unter Karl Ditters von Dittersdorf. Darauf war er 2 Jahre Musikdirektor in Prag, dann Mitglied des Wiener Opernorchesters und kam 1775 über Empfehlung der Kaiserin Maria Theresia nach Mailand zu ihrem Enkel Erzherzog Ferdinand, dem nachmaligen Großherzog von Toskana. Er blieb im Dienst des Großherzogs bis zu dessen Rückkehr nach Wien und dort bis zu seinem Tod am 23. 1. 1805.

WERKE
Bei den über 700 Werken von Václav Pichl ist in vielen Fällen die Zuschreibung nicht gesichert. Er komponierte 89 Sinfonien, von denen 66 gedruckt wurden, 172 Quartette, von denen 163 im Druck erschienen sind, 21 Quintette, 6 Sextette, 7 Septette, 7 Oktette, 148 Stücke für Baryton (verfaßt für den Fürsten Anton Esterházy), ungefähr 30 Instrumentalkonzerte, 13 Serenaden, 6 überaus bemerkenswerte Fugen für Violine, Partiten für Blasinstrumente, einige italienische Arien, über 20 Messen und andere sakrale Stücke. Seine Musik hält stilistisch zwischen italienischer und deutscher die Waage, sie ist

melodisch und kontrapunktisch vorzüglich ausgearbeitet.

Eustache Picot (um 1575 – 1651)

ZEIT UND UMWELT
Prozessionen waren seit dem Mittelalter sehr beliebt. Einen wichtigen Teil dieser Umzüge, die oft über beträchtliche Strecken geführt wurden, bildete die Musik; Gesänge und Instrumentalstücke waren nicht selten spezifisch für bestimmte Prozessionen komponiert. Sie entnahmen ihre Melodien sehr oft der Volksmusik, weil sich in der Regel alle Beteiligten als Sänger betätigten. Es marschierten aber zuweilen auch Sänger- und Instrumentalensembles mit, so daß die übrigen Teilnehmer zum Konzertpublikum wurden.

LEBEN
Eustache Picot wurde um 1575 im Raum von Évreux geboren und trat ungefähr um 1592 der Kapelle an der Kathedrale von Évreux als Sänger bei. Bald darauf wurde er von der Brüderschaft des Puy von Évreux aufgenommen und zum Kapellmeister der Kathedrale ernannt. Noch zu Lebzeiten von Eustache du Caurroy (1549 – 1609) übte er neben ihm die Tätigkeit eines Vizekapellmeisters der Königlichen Kapelle aus. Als du Caurroy starb, übernahm er gemeinsam mit Nicolas Formé (1567 – 1638) dessen Funktionen und nach dessen Tod auch die Tätigkeit eines Komponisten der Kapelle. Er begründete eine jährliche Prozession, für die er eine Reihe Gesänge schrieb. Er starb am 26. 6. 1651 in Paris.

WERKE
Die Prozessionsmusik des französischen Komponisten Eustache Picot, die äußerst wertvoll gewesen sein soll, ist verschollen wie ein Großteil seiner anderen Werke. Das wenige, das erhalten ist, bestätigt die zeitgenössische hohe Meinung.

LITERATUR
M. Brenet, Les musiciens de la Ste-Chapelle du Palais, Paris 1910.

Dieudonné Pascal Pieltain
(1754–1833)

ZEIT UND UMWELT
Die Hofkapelle in Brüssel allein hatte für die Musiker des späteren belgischen Raums eine zu kleine Aufnahmefähigkeit, und die Mitwirkung an Kirchenkapellen dürfte in vielen Fällen zu wenig lukrativ gewesen sein, so daß sich viele nach Paris wandten, von wo sie allerdings gegen Ende des 18. Jahrhunderts wegen der sich zuspitzenden politischen Verhältnisse nicht selten weiterwanderten.

LEBEN
Dieudonné Pascal Pieltain wurde am 4. 3. 1754 in Lüttich geboren. Nach seiner Ausbildung zum Violinisten trat er von 1778 bis 1783 im Concert spirituel mit Erfolg auf. Dann ging er nach London und wurde dort erster Violinist an den Professional concerts und 1791 Dirigent an Vauxhall Gardens. Ab 1793 unternahm er Konzertreisen durch Deutschland, nach Rußland und Polen und kehrte darauf nach Lüttich zurück, wo er als Lehrer bis zu seinem Tod am 10. 12. 1833 wirkte.

WERKE
Von Dieudonné Pascal Pieltain sind Violinkonzerte, Violinsonaten, Duette für zwei Violinen und Violinsoli bekannt geworden. Er verwendete bei den meisten Kompositionen Generalbaß.

Pierekin de la Coupele
(um 1230 bis um 1280)

ZEIT UND UMWELT
Die Bürger der Stadt Amiens verstanden es, die Streitigkeiten zwischen Bischof und Grafen geschickt auszunützen und sich dadurch eine Reihe von Privilegien zu sichern. Im Jahre 1185 wurde die picardische Stadt französisches Lehen, blieb aber auf kulturellem Gebiet stark vom Artois abhängig, obwohl sie selbst einen Pui errichtet hatte.

LEBEN
Pierekin de la Coupele ist um 1230 im Artois

geboren, lebte und wirkte, wie sein Zeitgenosse, der Trouvère Guillaume d'Amiens, vermutlich in Amiens, wo er um 1280 gestorben sein dürfte.

WERKE
Pierekin de la Coupele hinterließ 6 Lieder mit Melodien, die sich stark an die um jene Zeit in Arras gepflegten Stilgattungen anlehnen.

LITERATUR
A. Langfors, Mélanges de poésies lyriques françaises VII, in: Romania LXII, 1937.

Denis Pierlot
(um 1740 bis um 1800)

ZEIT UND UMWELT
Die Sinfonik in Frankreich näherte sich gegen das Ende des 18. Jahrhunderts immer mehr der Wiener Klassik, blieb aber dennoch in den meisten Fällen bei vorklassischen Fakturen stehen, an die sodann im folgenden Jahrhundert die Romantiker anknüpften. Das Ideal des unbedingten reinen Klassizismus, dem die geistigen Führer der Revolution huldigten, kam in der Musik nie zur Auswirkung.

LEBEN
Denis Pierlot wurde um 1740 vermutlich in Paris geboren. Er gehörte als Violinist dem Concert spirituel an und dürfte um 1800 in Paris gestorben sein.

WERKE
Die 3 im Concert spirituel aufgeführten Sinfonien mitsamt den Auszügen für Cembalo von Denis Pierlot sind verlorengegangen. Erhalten sind nur 2 konzertante Sinfonien, die interessante klassische Züge aufweisen.

LITERATUR
B. Brook, La symphonie française dans la 2de moitié du XVIIIe siècle, Paris 1962.

Gabriel Pierné (1863–1937)

LEBEN
Henri Constant Gabriel Pierné wurde am 16. 8. 1863 in Metz geboren. Am Conservatoire in Paris studierte er unter Antoine François Marmontel, Alexandre Jean Albert Lavignac, Émile Durand (16. 2. 1830, St. Brieuc, Côtes-du-Nord, bis 6. 5. 1900, Nancy), César Franck, Jules Massenet und erhielt den Rompreis. Von 1890 bis 1898 wirkte er als Organist an Ste-Clotilde und von 1903 bis 1932 als Dirigent an dem von Édouard Colonne (23. 7. 1838, Bordeaux, bis 28. 3. 1910, Paris) 1873 gegründeten »Concert National« (Concerts Colonne). Er starb am 17. 7. 1937 in Ploujean, Finistère.
Sein Cousin Paul Pierné (30. 6. 1874, Metz, bis 24. 3. 1952, Paris) war am Conservatoire in Paris Schüler des Musikpädagogen Georges Yvelines Caussade (20. 11. 1873, Port-Louis, Mauritius, bis 5. 8. 1936, Chanteloup-les-Vignes, Yvelines) und von Charles Lenepveu (4. 10. 1840, Rouen, bis 16. 8. 1910, Paris); er erhielt 1904 den Rompreis. Er war Organist an St-Paul-St-Louis in Paris.

Gabriel Pierné

Werke

Neben 6 Opern verfaßte Gabriel Pierné eine Anzahl Ballette und Pantomimen sowie Bühnenmusiken. Er schrieb ferner die Oratorien »Die Weihnachtsnacht 1870«, »Die Kinder in Bethlehem« und »Der heilige Franziskus von Assisi« sowie zahlreiche Chor- und Sologesänge mit Klavier- oder Orchesterbegleitung, eine Serenade für Streichorchester, ein Konzertstück für Violine und Orchester, ein sinfonisches Gedicht für Harfe und Orchester, eine »Fantaisie basque« für Violine und Orchester und weitere Orchesterwerke, Kammermusik und Stücke für Orgel, für Harfe und Klavier. Er war ein typischer Spätromantiker, der sich von neuen Formen fernhielt, aber im Rahmen seines Stils höchste Vollendung erreichte.

Paul Pierné schrieb 2 Sinfonien, ein sinfonisches Gedicht, ein Konzert für Oboe, Cello und Orchester, eine Messe, ein Oratorium, Chorwerke, Kammermusik, Klavier- und Orgelstücke, mehrere Ballette und 2 Opern. Auch sein Stil orientiert sich an der Romantik.

Piero di Firenze

(um 1310 bis nach 1350)

Zeit und Umwelt

Die ghibellinischen Scaliger in Verona und die Visconti in Mailand wollten hinter den Florentinern nicht zurückstehen und verschrieben sich neben Jacopo da Bologna und Giovanni da Cascia auch Magister Piero di Firenze, alle namhafte Vertreter des neuen Stiles italienischer Musik. Die italienischen Fürstenhöfe entwickelten sich bereits in der ersten Hälfte des 14. Jahrhunderts zu Brennpunkten der Gelehrsamkeit, der Dichtkunst und Musik, die von den Klöstern und Kathedralen in die Adelspaläste gekommen waren.

Leben

Piero di Firenze (Petrus de Florentia) ist um 1310 geboren. Bereits 1330 ist sein Aufenthalt in Verona feststellbar. Nach längerem Wirken in Mailand kehrte er nach Florenz zurück, wo er irgendwann nach 1350 starb.

Werke

Piero di Firenze schrieb als erster zweistimmige kanonische Madrigale und dreistimmige Cacce. Überliefert sind von ihm 4 zweistimmige Madrigale, 2 zweistimmige kanonische Madrigale und 2 Cacce. Die Zuschreibung einer weiteren Caccia ist ungesichert.

Literatur

K. v. Fischer, Studien zur italienischen Musik des Trecento, Bern 1956.

Pierquin de Thérache

(um 1470 bis nach 1530)

Zeit und Umwelt

Es fällt auf, daß die Werke der Mitglieder der franko-flämischen Schule zu einem großen Teil sakralen Charakter tragen und dazu nicht wenige Komponisten selbst dem geistlichen Stand angehörten. Der Grund für die erstgenannte Erscheinung mag in der verstärkten Nachfrage nach Kirchenmusik gelegen haben, für die zweite, daß für Kleriker die Ausbildungsmöglichkeiten an den verschiedenen Dom- und Klosterschulen um vieles besser waren.

Leben

Pierquin de Thérache (Therachet) wurde um 1470 vermutlich im lothringischen Raum geboren. Er war von 1492 bis 1527 Kapellmeister der Herzöge von Lothringen, René (regierte 1473–1508) und Antoine (regierte 1508–44). Im Jahre 1505 wurde er Domherr an der Eglise collégiale St-Georges in Nancy. Sein Ableben ist nach dem Jahr 1530 anzusetzen. Es ist nicht feststellbar, wo er gestorben ist.

Werke

Pierquin de Thérache war Angehöriger einer lothringischen Schule, der auch Desprez einige Zeit (1493) angehört hatte. Sie wird zwar bereits im 16. Jahrhundert erwähnt, ist jedoch bis heute noch wenig erforscht. Der Meister hat 2 vierstimmige Messen geschrieben, dazu 3 Motetten, zu denen die bekannte »Gaude Maria virgo« (Freue dich, Jungfrau

Maria) gehört. Der Stil dieser Kompositionen unterscheidet sich von dem der frankoflämischen Schule nicht wesentlich.

Pierre de Manchicourt (um 1510–62)

Leben

Pierre de Manchicourt ist um 1510 in Béthune (Pas-de-Calais) geboren und wurde in Arras ausgebildet, wo er 1525 als Sänger an der Kathedrale wirkte. Von 1529 bis 1554 war er Chorleiter an Notre-Dame in Tournai, 1557 erhielt er die Stelle eines Domkapellmeisters in Antwerpen. Im Jahre 1561 ging er als Leiter der flämischen Kapelle Philipps II. nach Madrid, wo er im Januar 1562 starb.

Werke

Von Pierre de Manchicourt sind 2 Bücher mit vier- bis sechsstimmigen und fünf- bis sechsstimmigen Motetten und ein Buch mit vierstimmigen Chansons erhalten. Dazu sind mehrere Messen und weitere Motetten, Chansons und Madrigale zu rechnen. Alle Kompositionen gehören der franko-flämischen Schule an und wirken etwas epigonal. Bezeichnend war, daß der König, dem eine gute spanische Kapelle zur Verfügung stand, der flämischen den Vorzug gab.

Literatur

A. Dunning, Die Staatsmotette, Utrecht 1970.

Pierre de Villiers (um 1535 bis um 1570)

Zeit und Umwelt

Der Dichterkreis um Maurice Scève und Clément Marot dokumentierte den hohen kulturellen Stand der Stadt Lyon im 16. Jahrhundert. Die konfessionellen Kämpfe in Frankreich trafen die Stadt später besonders schwer, so daß sie sich nicht mehr davon erholte, wenngleich die wirtschaftlichen Einbußen im Verlauf der Zeit wettgemacht werden konnten.

Leben

Pierre de Villiers wurde um 1535 in oder bei Lyon geboren. Über sein Leben und Wirken ist nichts bekannt, ebensowenig über Ort und Zeit seines Todes.

Werke

Der französische Komponist Pierre de Villiers legte seinen zahlreichen Chansons vor allem Gedichte des Dichterkreises von Lyon – Scève, Marot und andere – zugrunde. Die gewählte dichterische Sprache und die diskrete, elegante Vertonung machten daraus echte Kunstwerke. Eine Chanson »Elle est un'ange« (Sie ist ein Engel) ist zu einem perfekten Kanon gestaltet. Auch seine Motetten haben Chanson-Charakter. Von seinen Messen fand besonders die »De beata virgine« Beachtung.

Heinrich Hugo Pierson (1815–73)

Zeit und Umwelt

Die deutschen Musikzentren Dresden, Leipzig und Berlin hatten gegen die Mitte des 19. Jahrhunderts eine derart starke Ausstrahlung und Anziehungskraft, daß sie Musiker aus allen Nachbarländern anzogen und manche sogar bewogen, die eigene Heimat aufzugeben und bis an ihr Lebensende zu bleiben.

Leben

Heinrich Hugo Pierson (Henry Hugh Pearson) wurde am 12. 4. 1815 in Oxford geboren. Er war Schüler von Thomas Attwood und Arthur Thomas Corfe. Zur weiteren Ausbildung begab er sich nach Deutschland, wo er bei Václav Jan Tomášek, Christian Heinrich Rinck und Carl Gottlieb Reißiger Unterricht nahm. Nach England zurückgekehrt, wurde er 1844 an der Universität Edinburgh mit der Reid-Professur für Musik betraut, ging jedoch erneut nach Deutschland, um sich dort endgültig niederzulassen. Nach einem Aufenthalt in Wien lebte er in Hamburg und darauf in Leipzig, wo er am 28. 1. 1873 starb.

Werke

Von Heinrich Hugo Pierson sind eine Oper,

2 Oratorien, »Jerusalem« und »Hezekiah« (unvollendet), Musik zu Teilen von Faust II., mehrere Ouvertüren (»Macbeth«, »Was ihr wollt«, »Romeo und Julia« und andere), Chöre und Lieder überliefert. Seine Musik gehörte der deutschen Hochromantik an.

Lambert Pietkin (1613 – 96)

ZEIT UND UMWELT
Noch im 17. Jahrhundert versuchten einzelne Komponisten des ehemaligen frankoflämischen Raumes, die alte Polyphonie, die von dort ausgegangen war, zu beleben. Es gelang nur mehr der technische Nachvollzug, die Blütezeit dieser Musiklandschaft war vorbei. Die Komponisten mußten sich dem importierten Stil der Zeit anschließen.

LEBEN
Lambert-Jean Pietkin (Pietquain) wurde am 22.6.1613 in Lüttich geboren. Er war Schüler von Léonard Collet de Hodemont an der Kathedrale von Lüttich, wurde 1630 dort zweiter Organist, 1632 erster Organist, 1640 Vizechormeister und 1644 Chormeister. Im Jahr 1674 trat er in den Ruhestand und starb am 26.9.1696.

WERKE
Der wallonische Komponist Lambert Pietkin schwankte zwischen dem alten polyphonen und dem modernen italienischen Stil. Von ihm sind mehrere Motetten im polyphonen Stil und 2 Sonaten für vier Instrumente und Generalbaß in d-Moll und D-Dur überliefert.

LITERATUR
J. Quittin, Lambert Pietkin, in: Revue Belge de Musicologie VI, 1952.

Loyset Piéton (um 1510 bis nach 1545)

ZEIT UND UMWELT
Die franko-flämische Schule hatte in der ersten Hälfte des 16. Jahrhunderts noch immer Ausstrahlungskraft genug, um eine große Anzahl Musiker in ihren Bann zu ziehen. Ihre Kompositionen wurden zumeist sehr rasch in den Sammelwerken der Musikdrucker über das ganze musikalisch interessierte Europa verbreitet, so daß der Einfluß mehr oder minder stark noch lange anhielt.

LEBEN
Loyset Piéton wurde um 1510 in Bernay (Normandie) geboren. Über sein Leben und Wirken ist ebensowenig bekannt wie über seine Aufenthalte. Er dürfte nach 1545 im franko-flämischen Raum gestorben sein.

WERKE
Vom kompositorischen Werk ist eine Anzahl Motetten, Psalmen und Chansons in verschiedenen Sammeldrucken erschienen. Dazu sind eine fünfstimmige Messe, 2 sechsstimmige Motetten, eine sechsstimmige Sequenz und ein sechsstimmiger Hymnus überliefert. Besonders die letztgenannten Stücke verraten den Anhänger der frankoflämischen Schule.

LITERATUR
H. Zenck, A. Willaert, Opera omnia, Rom 1950.

Guillaume Pietrequin
(um 1480 bis um 1530)

ZEIT UND UMWELT
Der wirtschaftliche Aufschwung der Stadt Bordeaux, den sie unter der Herrschaft Englands genoß, nahm in der Mitte des 15. Jahrhunderts sein Ende. Bestehen blieben jedoch die damals errichteten profanen und sakralen Bauwerke, bestehen blieben ebenfalls die Kapellen an den Kathedralen und die Tradition der kirchlichen Musikpflege.

LEBEN
Guillaume Pietrequin ist um 1480 vermutlich in Paris geboren. Er wurde 1502 an Notre-Dame von Paris Clerc de matines (Frühmesser). Im Jahre 1504 kam er an die Maîtrise (Singschule) in Langres als Kapell-

sänger und von 1517 bis 1528 leitete er den Chor an der Kirche Saint-Seurin in Bordeaux. Er dürfte in Bordeaux um 1530 gestorben sein.

WERKE
Von Pietrequin sind nur 7 dreistimmige Chansons überliefert, deren Stil dem von Pierre de la Rue so stark ähnlich ist, daß sie zuweilen diesem zugeschrieben wurden. Von seiner Kirchenmusik ist nichts erhalten.

LITERATUR
Fr. Lesure, La maîtrise de Langres au XVIe siècle, Revue de Musicologie LII, 1966.

Pietro degli Antonii
(um 1648 bis um 1720)

ZEIT UND UMWELT
Die Akademien »dei Concordi«, gegründet 1615, »dei Filomusi« und »dei Filaschisi«, 1622 und 1633 gegründet, widmeten ihre Kräfte vorwiegend der Musikpflege in Bologna. Sie alle gingen gegen das Ende des Jahrhunderts in die Accademia dei Filarmonici, die 1666 gegründet und später Accademia Filarmonica genannt wurde, auf. Ihr Wirken mußte das Fehlen eines Fürstenhofes mit Hofkapelle ersetzen.

LEBEN
Pietro degli Antonii (degli Antoni) wurde um 1648 in Bologna geboren. Er war am Beginn seiner musikalischen Laufbahn Kornettist und wirkte an verschiedenen europäischen Fürstenhöfen. Nach seinen Konzertreisen kehrte er nach Bologna zurück, wurde 1676 Vorsitzender der Accademia dei Filaschisi und nahm ab 1678 in der Accademia dei Filarmonici die gleiche Stellung ein, wurde um 1680 Kapellmeister an Santa Maria Maggiore, ab 1686 an Santo Stefano und ab 1697 an San Giovanni. Er starb in Bologna um 1720. Seine Frau war die berühmte Sängerin Maria Magddalena Musi, Mignata genannt (1669–1751).
Sein Bruder Giovanni Battista degli Antonii (um 1660, Bologna, bis nach 1690, Bologna) war Organist an San Giacomo Maggiore in Bologna.

WERKE
Der italienische Komponist Pietro degli Antonii schrieb 3 Opern, 3 Oratorien, Messen, (zum Teil konzertant), Motetten und Vespern, weiters Tänze für Violine, Violone und Spinett, Soloviolinsonaten mit Generalbaß, zweistimmige Tänze für Violine und Violone und einstimmige Kammerkantaten.
Von Giovanni Battista degli Antonii sind Ricercate für Violine oder Cembalo, Orgelversetten, Tänze für Violine und Cembalo und Ricercate für Violine, Cello und Cembalo erhalten.

Pietro della Valle (1586–1652)

ZEIT UND UMWELT
Das Oratorium entwickelte sich in Italien in zwei verschiedenen Gattungen. Eines hatte italienischen Text und wurde als Oratorio volgare bezeichnet, es entstand aus der Lauda und aus dem geistlichen Madrigal. Die zweite Spielart verwendete lateinische Texte und hieß daher Oratorio latino; es hatte seine Wurzel im liturgischen Dialog und auch im liturgischen Drama des Mittelalters. Beide Arten übten im Verlauf des 17. Jahrhunderts aufeinander starken Einfluß aus, behielten jedoch ihre Eigenentwicklung bei.

LEBEN
Pietro della Valle wurde am 11. 4. 1586 in Rom geboren. Er wurde Il Pellegrino genannt (Der Pilger), weil er zwischen 1614 und 1626 ausgedehnte Reisen zu den Hauptschauplätzen der Bibel und der antiken Geschichte bis nach Indien unternahm. Darauf wurde er Mitglied der berühmten Accademia degli Umoristi di Roma und spielte im Musikleben der Stadt als Initiator und Publizist eine wichtige Rolle; er war einer der ersten Librettisten. Am 21. 4. 1652 starb er in Rom.

WERKE
Der italienische Musikwissenschafter, Libret-

tist und Komponist Pietro della Valle hat als erster die Bezeichnung Oratorio für diese neben der Oper zu hoher Blüte ausgebildete Musikgattung verwendet. Er selbst verfaßte zu einigen nicht nur das Textbuch, sondern auch die Musik, unter anderem zu einem Oratorium »Esther«, das er später zum »Dialogo di Ester« umarbeitete. Von seinen sonstigen Kompositionen, in denen er offenbar den von ihm lebhaft propagierten modernen Stil angewendet hatte, ist nichts erhalten. Die Zuschreibung von einigen erhaltenen kirchenmusikalischen Werken, wie eines mehrstimmigen Tantum ergo, hat sich als falsch herausgestellt.

LITERATUR

V. Losito, Pietro della Valle, Varese 1928.

Karol Pietrowski
(um 1760 bis nach 1800)

ZEIT UND UMWELT

Obwohl zwischen den polnischen Musikern und den Kapellen in Dresden und Berlin ständig enge Bindungen herrschten, ist für die zweite Hälfte des 18. Jahrhunderts eine verstärkte Zuwendung der Polen zur Wiener Vorklassik und Klassik zu beobachten. Eine Reihe polnischer Komponisten holte sich ihre Ausbildung in Wien und gab das dort Erlernte in der Heimat an Schüler weiter.

LEBEN

Karol Pietrowski wurde um 1760 in Polen geboren. Er dürfte in Wien zum Musiker ausgebildet worden sein und an einer polnischen Kirche als Organist oder Kapellmeister bis zu seinem Tod in den Jahren nach 1800 gewirkt haben.

WERKE

Von Karol Pietrowski sind 2 der Wiener Klassik nahestehende Sinfonien in D-Dur, ein Veni Creator für Sopran, Alt, Baß, zwei Violinen, zwei Hörner und Generalbaß und ein Offertorium »Benedictus sit Deus« (Gott sei gepriesen) für vier Singstimmen, zwei Violinen und Orgel-Generalbaß überliefert. Seine sakrale Musik ist offensichtlich konservativer als die Sinfonien.

Louis François Barthélemy Piffet
(1731–79)

ZEIT UND UMWELT

Die Mitgliedschaft zum Opernorchester in Paris galt bereits an und für sich als Auszeichnung und als Beweis für einen hohen Ausbildungsstand, so daß einzelne Instrumentalisten, die gerade nicht unterkommen konnten, gerne als Überzählige und Unbesoldete mitspielten. Sie kamen trotzdem auf ihre Kosten, weil sie Engagements für die verschiedenen privaten Salons, für Auftritte bei Konzerten und als Lehrer genug erhielten, vor allem, wenn sie sich Mitglieder des Orchesters nennen durften.

LEBEN

Louis François Barthélemy Piffet wurde am 22. 4. 1731 in Amiens geboren und zum Violinisten ausgebildet. Er war ab 1751 überzähliger Violinist am Pariser Opernorchester und erhielt ein Jahr darauf die Erlaubnis, sich als Mitglied des Orchesters zu bezeichnen. Er spielte in den Salons des Adels und reicher Bürgerhäuser der Stadt und betätigte sich bis zu seinem Tod im Jahr 1779 als Violinlehrer. Er wurde am 19. 8. in Port-au-Prince beerdigt.

WERKE

Von Louis François Barthélemy Piffet sind 3 oft aufgeführte Kantaten erhalten; 6 Sonaten für Solovioline und Generalbaß und mehrere Sonaten für Violine und Musette oder Drehleier werden ihm mit großer Wahrscheinlichkeit zugeschrieben.

Francis Pigott (um 1650–1704)

ZEIT UND UMWELT

Das von John Blow und Henry Purcell zu seinem Höhepunkt entwickelte, unter deutlichem italienischem Einfluß stehende

Anthem näherte sich der konzertanten Kantate für Solostimmen, Chor und Orchester. Es wurde mit Vorliebe für Terzett aus Männerstimmen gesetzt.

LEBEN
Francis Pigott (Piggott) wurde um 1650 vermutlich in London geboren. Er war zunächst Organist am St. John's College in Oxford, sodann von 1686 bis 1687 am Magdalen College; im Jahr 1688 wurde er erster Organist an der Temple Church, 1695 außerordentlicher Organist der Chapel Royal und 1697 ordentlicher. Er starb am 15. 5. 1704 in London.

WERKE
Der englische Komponist Francis Pigott verfaßte eine Anzahl Anthems im Stil von John Blow und Henry Purcell, außerdem »Ayres for the harpsichord« (Arien für Cembalo), die in einem Sammelwerk herausgegeben worden sind.

Willem Pijper (1894–1947)

LEBEN
Willem Frederik Johannes Pijper wurde am 8.9.1894 in Zeist bei Utrecht geboren. Er war von 1911 bis 1916 in Utrecht Schüler von Johan Wagenaar. Ab 1918 war er als Musikreferent einer Zeitung und Lehrer an der Musikschule in Amsterdam tätig, ab 1922 dirigierte er das Utrechter Bläsersextett. Von 1925 bis 1930 wirkte er als Kompositionsprofessor am Konservatorium und anschließend bis zu seinem Tod am 18.3.1947 als Direktor des Konservatoriums in Rotterdam.

WERKE
Das Frühwerk von Willem Pijper war von Gustav Mahler beeinflußt, seine späteren Werke standen unter dem Einfluß von Claude Debussy, Darius Milhaud, Arnold Schönberg und Igor Strawinsky, bis er einen, auf selbst erfundenen Skalen basierenden, »peritonalen« Stil entwickelte, der im Grund polytonal war. Er schrieb 2 Opern, 5 Schauspielmusiken, 3 Sinfonien, 6 »Epigramme«, 6 Adagios, ein Orchesterstück mit Klavier, ein Divertimento für Klavier und Streicher, ein Klavierkonzert, ein Violinkonzert, ein Cellokonzert, ein Sextett für Bläser und Klavier, ein Septett für Bläser, Kontrabaß und Klavier, ein Bläserquintett, 4 Streichquartette, 2 Klaviertrios, ein Bläsertrio, 2 Violinsonaten, 2 Cellosonaten, eine Flötensonate, eine Sonate für Violine solo, eine Sonate, 3 Sonatinen und Stücke für Klavier, eine Sonate für zwei Klaviere, zahlreiche Orchestergesänge, 8 niederländische Liebeslieder und 4 altniederländische Lieder.

Francis Pilkington (um 1562–1638)

ZEIT UND UMWELT
König Heinrich VIII. von England hob 1540 die große Benediktinerabtei in Chester auf und begründete die Christus-Kathedrale, der er 1544 eine »King's school«, also eine von der Krone finanzierte und beaufsichtigte Schule angliederte, die nach dem Willen des Königs vor allem Musiker für die Kathedrale auszubilden hatte.

LEBEN
Francis Pilkington wurde um 1562 vermutlich in Lancashire geboren. Durch Vermittlung adeliger Gönner kam er an die King's school in Chester und an das Lincoln College in Oxford, wo er bis 1595 studierte. Im Jahre 1602 war er Sänger an der Kathedrale in Chester, 1612 wurde er Priester und 1631 Rektor. Er starb in Chester im Jahre 1638.

WERKE
Von dem englischen Madrigalisten Francis Pilkington sind eine Anzahl Arien, Pastorale und vor allem Madrigale erschienen, die von Sängern ohne Begleitung vorgetragen oder von Laute und Gamben gespielt werden konnten. Einzelne Sätze finden sich noch in Sammelwerken oder handschriftlich. Die Kompositionen sind sehr kunstvoll gesetzt und verraten ein großes Talent. Ein besonderer Erfolg war sein Madrigal »Du sanft klingende Laute«.

LITERATUR
E. H. Fellowes, The English Madrigal Composers, London 1948.

Giuseppe Pilotti (1784–1838)

ZEIT UND UMWELT
Infolge der politischen und militärischen Vorgänge in Italien um die Wende zum 19. Jahrhundert ging auch in Bologna das Musikleben zurück. Es erhielt zwar durch die Gründung des Liceo Musicale im Jahr 1804, dessen Kompositionsklasse Stanislao Mattei anvertraut wurde, neue Impulse; die allgemeine Stagnation jedoch konnte erst überwunden werden, als 1839 Gioacchino Rossini zum Berater der Musikschule bestellt wurde.

LEBEN
Giuseppe Pilotti wurde 1784 in Bologna geboren. Er wirkte ab 1826 als Kapellmeister an San Petronio und ab 1829 zugleich als Lehrer für Kontrapunktik am Liceo Musicale in seiner Vaterstadt, in der er am 12. 6. 1838 starb.

WERKE
Außer 2 Opern verfaße Giuseppe Pilotti zahlreiche sakrale Kompositionen, die allerdings Manuskript geblieben sind. Davon sind seine Messen, seine achtstimmigen Psalmen und ein Requiem mit Orchester, die wegen ihrer interessanten Kontrapunktik Aufsehen erregten, besonders hervorzuheben.

Solomon Pimsleur (1900–62)

LEBEN
Solomon Pimsleur wurde am 19. 9. 1900 in Paris geboren. Er studierte in New York an der Columbia University und an der Juilliard School of Music bei Rubin Goldmark und 1929 am Mozarteum in Salzburg. Er gab anschließend selbst Kompositionsunterricht und Klavierstunden in New York, wo er am 22. 4. 1962 starb.

WERKE
Neben einer Oper schrieb Solomon Pimsleur 3 Sinfonien, eine Ouvertüre, ein Streichsextett, ein Streichquintett, 6 Streichquartette, ein Klaviertrio, eine Suite für Violine und Klavier, zahlreiche Sonaten und andere Klavierwerke, 2 Oratorien, mehrere Kantaten mit Instrumentalbegleitung und Lieder. Sein Stil bewegte sich im Rahmen des zeitgenössischen in den USA.

Pinaire (um 1710 bis nach 1751)

ZEIT UND UMWELT
Der Mannheimer Kompositions- und Aufführungsstil fand sehr bald in Paris dadurch Eingang, daß Mannheimer Instrumentalisten nicht selten im Concert spirituel auftraten. Die »neue« Musik wurde von einem Teil des Publikums bereitwillig aufgenommen und von französischen Komponisten nachgeahmt. Ihre Gegensätzlichkeit zu dem in Versailles gepflegten Stil dürfte dabei einen der fördernden Gründe gebildet haben.

LEBEN
Pinaire – der Vorname ist unbekannt – wurde um 1710 in Frankreich geboren. Er hielt sich zwischen 1748 und 1752 in Paris auf. Über seine Lebensumstände ist nichts überliefert. Bekannt ist nur, daß eine seiner Sinfonien um 1751 im Concert spirituel aufgeführt wurde. Er dürfte in einem der folgenden Jahre gestorben sein, der Ort seines Todes ist nicht bekannt.

WERKE
Von Pinaire sind 1748 6 dreistimmige Sinfonien für zwei Violinen und Baß und 1751 6 vierstimmige Sinfonien für zwei obligate Violinen, Bratsche und Baß veröffentlicht worden. Beide Kompositionen stehen dem Mannheimer Stil sehr nahe.

Roberto Pineda-Duque (geboren 1910)

LEBEN
Roberto Pineda-Duque wurde am 29. 8. 1910 in Santuario, Kolumbien, geboren. Er studierte in Medellín und in Cali sowie am Konserva-

torium in Bogotá, an dem er anschließend Lehrer für Orgel und Komposition wurde.

WERKE
Von Roberto Pineda-Duque sind eine Sinfonie, ein sinfonisches Praeludium, ein Klavierkonzert, ein Violinkonzert, 2 Streichquartette, ein Streichtrio, eine Kantate für zwei Sprecher, Sprechchor, gemischten Chor und Orchester, 4 Messen, ein Requiem und ein Oratorium bekannt geworden. Er lehnte sich nur wenig an die Folklore seines Landes an.

Germain Pinel (um 1600–64)

LEBEN
Germain Pinel wurde um 1600 vermutlich in Paris geboren. Er war Lautenist und Theorbist König Ludwigs XIV. und wahrscheinlich auch sein Lautenlehrer. Er starb in Paris im Oktober 1664.
Sein Sohn Séraphin Pinel (um 1630, Paris, bis um 1667, Paris) übernahm das Amt des Vaters im Jahr 1659.
Sein zweiter Sohn François (um 1635, Paris, bis 18. 5. 1709, Paris) folgte dem Bruder nach dessen Tod als Hoflautenist nach.

WERKE
Die Lautenkompositionen des französischen Hoflautenisten Germain Pinel sind wegen ihres starken Gefühlsausdrucks und der deutlichen Situationsschilderung sehr beachtet worden. Sie scheinen in verschiedenen zeitgenössischen und auch späteren Tabulaturen auf.
Von seinen Söhnen sind keine Werke überliefert.

LITERATUR
Fr. Lesure, Trois instrumentalistes français du XVIIe siècle, in: Revue de musicologie XXXVII, 1955.

Giovanni Battista Pinello (1544–87)

ZEIT UND UMWELT
Kurfürst August I. von Sachsen (1526–86) bemühte sich um eine Einigung der verschiedenen protestantischen Glaubensrichtungen und nahm selbst eine stark gemäßigte Haltung ein. Calvinisten lehnte er rundweg ab. Er war auch überzeugt, daß weder Katholiken noch Protestanten in Deutschland die Oberhand gewinnen würden, daher befürwortete er die friedliche Koexistenz beider Konfessionen. In seiner Hofkapelle in Dresden waren Anhänger aller Bekenntnisse tätig. Der Kapellmeister Antonio Scandello war Katholik gewesen, August versuchte, Orlando die Lasso nach Dresden zu holen. Lasso war auch Katholik, er lehnte aber das Angebot ab, weil er München nicht aufgeben wollte. Der Kurfürst interessierte sich nicht dafür, welches Bekenntnis der nächste Kapellmeister hatte. Nur in der Kapelle gab es Unruhe, weil manche Mitglieder Toleranz zwar für sich in Anspruch nahmen, selbst aber nicht üben wollten.

LEBEN
Giovanni Battista Pinello (Pinello de Gerardis, di Ghirardi) wurde 1544 in Genua geboren. Er dürfte in seinem Geburtsort die Jugend verbracht und an der Kathedrale ausgebildet worden sein. In den Jahren 1569 und 1570 wirkte er als Baptista aus Genua oder Baptista Genovese unter Orlando di Lasso an der bayrischen Hofkapelle, ab 1571 am Dom zu Vicenza, 1577 und 1578 am herzoglichen Hof in Innsbruck, 1580 an der Kaiserlichen Hofkapelle in Prag und sodann als Nachfolger Scandellos als Hofkapellmeister in Dresden. Dort kam es zu Unstimmigkeiten, weil der italienische Katholik Missionstätigkeit ausüben wollte. Daher mußte er nach Prag zurück (1584), wo er am 15. 6. 1587 starb.

WERKE
Von den Werken des italienischen Komponisten Giovanni Battista Pinello sind 20 deutsche Magnificat, vierstimmig, 11 Benedicamus, 6 fünf- bis fünfzehnstimmige Motetten, 18 fünfstimmige »Newe kurtzweilige Teutsche Lieder«, fünfstimmige Motetten und einzelne Sätze in Sammelausgaben erhal-

ten. Alles andere, insbesondere seine 6 vierstimmigen Messen, ist verlorengegangen.

LITERATUR

Der Dresdner Kapellmeister Giovanni Battista Pinello, Monatshefte für Musikgeschichte XXI, 1889.

Michel Pinolet de Montéclair
(1667–1737)

ZEIT UND UMWELT

Der Kontrabaß, der sich aus der tiefsten Viola da gamba entwickelt hatte, wurde bis in das 18. Jahrhundert nur als oktavierende Verstärkung des Cello eingesetzt und nicht gesondert notiert. Er wurde zum ersten Mal von Marin Marais als selbständiges Baßinstrument vorgeschrieben.

LEBEN

Michel Pinolet (Pignolet) de Montéclair wurde am 4. 12. 1667 in Andelot, Haute-Marne, geboren und ab 1676 an der Maîtrise der Kathedrale von Langres ausgebildet, wo einige Zeit Jean-Baptiste Moreau sein Lehrer war. Im Jahr 1687 ging er nach Paris und von dort nach Italien. 1695 kehrte er nach Paris zurück, um sich dort als Musiklehrer niederzulassen. Im Jahr 1699 trat er als Kontrabassist dem Opernorchester bei. Er starb in Paris am 27. 9. 1737.

WERKE

Der französische Komponist Michel Pinolet de Montéclair schrieb ein Konzert mit 3 Suiten für zwei Violinen und Generalbaß, mehrere Sammlungen von Tänzen und Trios, Konzerte für eine Flöte und Generalbaß und zwei Flöten ohne Generalbaß, alte und moderne Brunetten für Flöte oder Singstimme mit Generalbaß, 26 Airs, 3 Bücher mit Kantaten für eine bis drei Stimmen und Generalbaß, Motetten und Kanons. Für das Theater verfaßte er mehrere Stücke. Er brachte auch Lehrhilfen zum Musikunterricht heraus.

Ciro Pinsuti (1829–88)

ZEIT UND UMWELT

Die Zeit der Einigung von Italien bot vielen Komponisten Gelegenheit, die Aufmerksamkeit der Patrioten durch Siegeshymnen, Triumphmärsche und Huldigungskantaten auf sich zu lenken. Der König bedankte sich mit Orden, Ehrenzeichen, Nobilitierungen und Ehrenrenten.

LEBEN

Ciro Pinsuti wurde am 9. 5. 1829 in Sinalunga, Siena, geboren. Er studierte in Rom und sodann in London bei Cipriani Potter und beim bekannten Violinlehrer Henry Blagrove und ab 1845 bei Gioacchino Rossini in Bologna. Im Jahr 1848 kehrte er nach England zurück und wirkte als Gesanglehrer in London und in Newcastle. Nach der Begründung des Königreichs Italien kam er erneut in seine Heimat und starb am 10. 3. 1888 in Florenz. Er wurde vom italienischen König in den Ritterstand erhoben.

WERKE

Von Ciro Pinsuti sind mehr als 230 Gesänge in italienischer und englischer Sprache bekannt geworden, darunter 35 Duette, 14 Terzette, 45 Quartette und viele Chöre, außerdem 30 Klavierstücke, ein Te Deum zur Befreiung der Toskana und 3 Opern.

George Frederic Pinto (1786–1806)

LEBEN

George Frederic Pinto wurde am 25. 9. 1786 in London als Enkel von Thomas Pinto (1714 bis 1783) geboren. Seine Begabung wurde früh erkannt und bewog Johann Peter Salomon, ihn als Schüler anzunehmen und in seinen Konzerten als Violinisten auftreten zu lassen. Die Konzertreisen führten ihn in viele englische und schottische Städte und schließlich nach Paris. Er betätigte sich auch als Sänger und Pianist. Sein früher Tod am 23. 3. 1806 in London setzte einer hoffnungsvollen Karriere ein Ende.

WERKE

Von George Frederic Pinto sind 3 Sammlungen reizender Canzonetten, 3 Duos für zwei Violinen, 3 Sonaten für Klavier und Violine und 3 für Klavier allein, von denen eine seinem Freund John Field gewidmet wurde, überliefert. Schon diese wenigen Werke zeigten, daß starkes kompositorisches Talent vorlag.

Luiz Alvares Pinto (1719 bis um 1780)

ZEIT UND UMWELT

Recife im brasilianischen Staat Pernambuco war bis 1709 Hafen von Olinda und wurde sodann im 18. Jahrhundert zur wichtigsten Hafenstadt Brasiliens. Der Reichtum der Stadt drückte sich auch in den prächtigen Sakralbauten aus.

LEBEN

Luiz Alvares Pinto wurde 1719 in Recife, Pernambuco, geboren. Er studierte in Lissabon, wurde nach seiner Rückkehr nach Brasilien Kapellmeister an São Pedro dos Clérigos in Recife und gründete nach portugiesischem Vorbild eine Caecilienbruderschaft zur Pflege der Kirchenmusik, die er leitete. Er dürfte seine Stellungen bis zu seinem Tod um 1780 betreut haben.

WERKE

Von Luiz Alvares Pinto, einem der ältesten in Brasilien geborenen Komponisten, sind ein Te Deum, ein Salve regina und ein Mandatum überliefert. Sein Schaffen gehört dem portugiesischen Spätbarock an.

LITERATUR

Fr. C. Lange, A organização musical durante o periodo colonial brasileiro, Coimbra 1966.

Christoforo Piochi
(um 1600 bis nach 1675)

ZEIT UND UMWELT

Die Domkapellen der Städte in der Umgebung Roms wurden laufend von römischen oder zumindest in Rom ausgebildeten Musikern betreut. Das hatte zur Folge, daß mit wenigen Ausnahmen der jeweils in Rom gelehrte und gepflegte Stil in jenen Kapellen vorherrschend war.

LEBEN

Christoforo Piochi wurde um 1600 vermutlich in Umbrien geboren. Er war ab 1623 Kapellmeister am Dom in Amelia und ab ungefähr 1668 bis nach 1675 am Dom in Siena, wo er in einem der folgenden Jahre gestorben ist.

WERKE

Der italienische Komponist Christoforo Piochi verfaßte Motetten, sakrale Gesänge, Responsorien, Litaneien und Messen, außerdem Ricercari in dem in Rom herrschenden Stil der ersten Hälfte des 17. Jahrhunderts.

Matthaeus Pipelare
(um 1475 bis nach 1545)

ZEIT UND UMWELT

Die kleine brabantische Landstadt s'Hertogenbosch war um die Wende des 15. zum 16. Jahrhundert sehr bekannt wegen ihres eigenwilligen Malers Hieronymus Bosch (1450 bis 1516), wegen ihrer prächtigen spätgotischen Johannes-Kathedrale und des Chores der Illustre Lieve Vrouwe Broederschap, der den Kapellen der großen Städte nicht nachstand und als gute Pflegestätte niederländischer Musik galt.

LEBEN

Matthaeus Pipelare wurde um 1475 vielleicht in s'Hertogenbosch geboren. Er war dort von 1498 bis 1500 Sangmeister der Illustre Lieve Vrouwe Broederschap. Über sein weiteres Leben und Wirken ist nichts bekannt. Es ist auch nicht feststellbar, wo und wann er gestorben ist. Seine Kompositionen sind in Venedig, Rom und Wittenberg zwischen 1505 und 1545 erschienen.

WERKE

Von Matthaeus Pipelare sind 3 Messen (eine auf L'homme armé), ein Credo, ein fünfstimmiges Ave Maria, ein vierstimmiges Magnificat, mehrere Motetten (darunter eine siebenstimmige), französische Chansons und niederländische Lieder überliefert. Sein Stil ist Josquin verpflichtet, nur die Chansons ahmen den Pariser Stil nach.

LITERATUR

G. Reese, Music in the Renaissance, New York 1954.

Lubomir Pipkow (1904–74)

LEBEN

Lubomir Panajotow Pipkow wurde am 6.9. 1904 in Lowetsch geboren. Nach seinem Studium an der Musikakademie in Sofia war er von 1926 bis 1932 in Paris Schüler von Paul Dukas. Anschließend wirkte er in Sofia als Korrepetitor, Chordirigent und schließlich als Direktor der Oper. Im Jahr 1948 wurde er Professor der Gesangsklassen des Konservatoriums. Als eine der bedeutendsten Gestalten des bulgarischen Musiklebens im 20. Jahrhundert starb er am 9.5.1974.
Sein Vater, Panajot Christow Pipkow (21.11. 1871, Plowdiw, bis 25.8.1942, Sofia), studierte ab 1892 am Konservatorium in Mailand und wirkte ab 1899 als Dirigent zunächst in Warna und Ruse, sodann in Sofia, wo er 1920 bis 1921 Chordirigent an der Oper und von 1924 bis 1930 als Dirigent der Polizeimusik tätig war.

WERKE

Außer 3 Opern schrieb Lubomir Pipkow 4 Sinfonien, ein Klavierkonzert, ein Violinkonzert, ein Klarinettenkonzert, ein Cellokonzert, 3 Streichquartette, ein Klaviertrio, Sonaten für Violine und Klavier, Sonaten für Solovioline, Klavierwerke, ein Oratorium, eine Kantate, Chöre, Lieder und Filmmusik. Sein Stil neigt besonders in den Opern zu expressionistischen Fakturen.
Panajot Pipkow schrieb eine Oper, 2 Kinderoperetten, Klavier- und Violinstücke, Chorlieder, Bühnenmusiken und Bearbeitungen von Volksliedern sowie Märsche für Blasorchester.

Adolphe Piriou (1878–1964)

LEBEN

Adolphe Piriou wurde am 7.8.1878 in Morlaix, Finistère, geboren. Er studierte bei Vincent d'Indy in Paris, wo er vorwiegend als freier Komponist lebte und am 3.2.1964 starb.

WERKE

Von Adolphe Piriou sind 3 Sinfonien, »Trois Contes« (Drei Erzählungen) für Klavier und Orchester, ein Streichquartett, eine Sonate für Violine und Klavier, ein Oratorium für Chor, Bläser und Orgel, ein gesungener Dialog, eine Kantate, eine Oper, Chöre und Lieder bekannt geworden. Sein Stil ist stark von seinem Lehrer beeinflußt.

Charles Piroye
(um 1665 bis um 1730)

LEBEN

Charles Piroye wurde um 1665 in Paris geboren. Er war Schüler von Jean-Baptiste Lully und Anhänger seines Stils. Er wirkte als Organist an St-Séverin, ab 1690 an der Kirche Des Jacobins und ab 1708 an St-Honoré. Im Jahr 1712 zog er sich von seinem Organistendienst zurück und widmete sich bis zu seinem Tod in Paris um 1730 ausschließlich der Lehrtätigkeit.

WERKE

Der französische Komponist Charles Piroye schrieb »Ausgewählte Stücke für Orgel oder Cembalo«, 3 Bücher Airs sérieux et à boire und 9 weitere Airs für ein Sammelwerk, ein Weihnachtslied für eine Stimme und Generalbaß, eine Kantate für Singstimme und Orchester, »Rückkehr der Eurydike in die Unterwelt«, und eine musikalische Tragödie »Jephta«.

LITERATUR

Ch. Bouvet, Un musicien oublié, Charles Piroye, in: Revue de Musicologie XII, 1928.

Diego Pisador (um 1509 bis nach 1557)

ZEIT UND UMWELT
Beinahe jede spanische Stadt bot zu jenen Zeiten das Bild einer sich völlig widersprechenden Geisteshaltung. In der Hochburg der Wissenschaft Salamanca legte Francisco de Vitoria (1483–1546) die ersten Grundlagen zu einem internationalen Rechtssystem. Im Jahre 1486 wurde Christoph Columbus in derselben Stadt von einem Theologenkollegium streng verhört. Die Universität Salamanca rühmt sich heute noch, weil der Theologe und Dichter Fray Ponce de Léon (1527–91) zu ihren Lehrern gezählt hat. Die Lehrtätigkeit dieses Gelehrten war aber durch eine vierjährige Haft der Inquisition unterbrochen. Hohe Geistigkeit und grausame Borniertheit liefen parallel. Die Musik gedieh nur, weil viele Musiker doch nicht in den Interessenkreis der Inquisitoren gerieten. Ihre Sprache schien harmlos zu sein.

LEBEN
Diego Pisador wurde in Salamanca um 1509 geboren. Sein Vater war Angestellter des Erzbischofs von Santiago und außerdem vermögend. Er konnte dem Sohn das Studium ermöglichen, der es aber nur bis zu den niederen Weihen brachte und sich dann allein der Musik widmete. Die Protektion des erzbischöflichen Palais blieb ihm aber gewahrt, so daß er sich sorgenfrei der Komposition und dem Spiel widmen konnte. Er starb nach 1557 in seiner Heimatstadt Salamanca und war trotz mancher gefährlicher Bekanntschaft unbehelligt geblieben.

WERKE
Diego Pisador brachte 1552 einen Libro de música de vihuela heraus, in dem altspanische Balladen, Villancicos, Madrigale eigener Komposition und 15 Transkriptionen von Messen und 17 von Motetten von Morales und anderen Meistern enthalten sind. Der Klang der Polyphonie des Meisters wird durch eine intensive Chromatik erhöht. Für die Transkriptionstechnik ist Pisador beispielgebend.

LITERATUR
M. Honegger, La tabulature de Diego Pisador et le problème des altérations au XVIe siècle, Revue de Musicologie LIX, 1973.

Pasquale Pisari (um 1725–78)

ZEIT UND UMWELT
Der Ehrentitel eines »Palestrina« wurde im Lauf der Musikgeschichte öfters verliehen, und zuweilen nicht immer mit voller Berechtigung. Aber wenn der Meister von Bologna, Padre Martini, ihn aussprach, gebührte er dem Geehrten mit vollem Recht.

LEBEN
Pasquale Pisari (Pizari, Piseri) wurde um 1725 in Rom geboren. Er war ein bemerkenswerter Bassist und wurde 1752 in die päpstliche Kapelle als überzähliges (unbezahltes) Mitglied aufgenommen, weshalb er in außerordentlicher Dürftigkeit lebte und arbeitete, so daß er sich angeblich sogar die Tinte für seine Kompositionen selbst herstellen mußte. Gegen Ende seines Lebens erhielt er vom portugiesischen Hof für eine Komposition ein umfangreiches Honorar, das jedoch erst nach seinem Tod am 27. 3. 1778 in Rom eintraf.

WERKE
Padre Martini nannte Pasquale Pisari den »Palestrina des 18. Jahrhunderts«. Seine Werke, ein vierchöriges »Dixit« für sechzehn Stimmen, ein vollständiger Jahrgang vierstimmiger Motetten, ein Kyrie und ein Gloria für achtundvierzig Stimmen, 2 achtstimmige und ein vierstimmiges Te Deum, achtstimmige Messen, Psalmen und ein neunstimmiges Miserere, weisen ihn als bedeutenden Meister des polyphonen Stils aus.

LITERATUR
K. G. Fellerer, Der Palestrinastil, Augsburg 1929.

Johann Georg Pisendel (1687–1755)

Zeit und Umwelt

Durch die Collegia musica – Vereinigungen von Musikfreunden zu privatem gemeinschaftlichem Musizieren – wurde bereits im 17., aber besonders im 18. Jahrhundert das öffentliche Konzertwesen eingeleitet. Die ersten öffentlichen Konzerte eines Collegium musicum fanden in Hamburg seit 1600 statt. In Frankfurt wurden im 17. Jahrhundert vom Collegium musicum regelmäßig öffentliche Konzerte gegeben, und das seit 1729 von Johann Sebastian Bach geleitete Collegium musicum in Leipzig bereitete den Boden für die späteren Gewandhauskonzerte.

Leben

Johann Georg Pisendel wurde am 26. 12. 1687 in Cadolzburg bei Nürnberg geboren. Er war in Ansbach als Kapellknabe Schüler von Francesco Antonio Pistocchi und von Giuseppe Torelli (1658–1709) und bereits mit 16 Jahren Violinist der dortigen Hofkapelle. Sein Studium in Leipzig ab 1709 gab er bald zugunsten der Musik auf und vertrat ab 1711 den Leiter des Leipziger Collegium musicum. Im Jahr 1712 wurde er Violinist an der Hofkapelle in Dresden, von wo er mehrere Auslandsreisen unternahm, auf denen er sich mit der italienischen und französischen Violintechnik vertraut machen konnte. Nach dem Tod des Konzertmeisters Jean-Baptiste Volumier (1670–1728) übernahm er dessen Stelle und wurde zum führenden Musiker der Hofkapelle in Dresden, wo er am 25. 11. 1755 starb.

Werke

Von Johann Georg Pisendel sind 7 Violinkonzerte, 4 Concerti grossi mit einem Satz, eine Soloviolinsonate, 2 Violinsonaten mit Generalbaß und eine Sinfonia erhalten. Man vermutet, daß sich unter den anonymen Kompositionen der Sächsischen Landesbibliothek in Dresden weitere Werke des Komponisten befinden. Er war vom Publikum und den zeitgenössischen Musikern hochgeschätzt und stand mit vielen bedeutenden Komponisten seiner Zeit in freundschaftlicher Verbindung. Johann Sebastian Bach schrieb seine Solosonaten für Violine vermutlich für ihn.

Johann Georg Pisendel

Literatur

H. R. Jung, Johann Georg Pisendel, Leben und Werk, Jena 1956.

Paul Pisk (geboren 1893)

Leben

Paul Amadeus Pisk wurde am 16.5.1893 in Wien geboren und studierte dort Klavier bei Julius Epstein (7.8.1832, Zagreb, bis 1.3.1926, Wien), Komposition bei Franz Schreker und Arnold Schönberg, Dirigieren bei Ferdinand Hellmesberger und Musikwissenschaft bei Guido Adler. Von 1922 bis 1934 wirkte er als

Musiklehrer an einer Volkshochschule in Wien und 1931–1933 am Austro-Amerikanischen Konservatorium in Mondsee, Salzburg. Dann verließ er Österreich und unterrichtete von 1937 bis 1951 an der University of Redlands in Kalifornien, sodann an der University of Texas in Austin und von 1963 bis 1972 an der Washington University in St. Louis, Mo. Schließlich ließ er sich als Lehrer, Komponist und Musikschriftsteller in Los Angeles nieder.

WERKE
Von Paul Pisk sind »3 Ceremonial Rites«, eine sinfonische Ouvertüre, eine Partita, ein Divertimento, eine Passacaglia, »Adagio und Fuge«, »Suite über amerikanische Volkslieder«, »Sonnet« und Suite für Kammerorchester, »Elegie«, »Bukolische Suite« für Streichorchester, Sextett für Oboe, Klarinette, Fagott, Violine, Bratsche und Cello, Duo für Klarinette und Fagott, eine Ballade für Ballett, Sprecher und Orchester, 5 Kantaten, A-cappella-Chöre und Lieder. Er schrieb eine Reihe musiktheoretischer und didaktischer Werke.

Paul Pisk

Josef Pišna (1826–96)

ZEIT UND UMWELT
Das Klavier als Hausinstrument hatte sich in der zweiten Hälfte des 19. Jahrhunderts beim Adel und dem Großbürgertum Rußlands, das zu einem großen Teil aus Ausländern bestand, voll eingebürgert. Klavierunterricht wurde zum essentiellen Bestandteil der Erziehung in jenen Kreisen. Das erhöhte den Bedarf an Lehrern, so daß zugewanderte Pianisten unschwer Stellungen erhielten.

LEBEN
Josef Pišna (Pischna) wurde am 15.6.1826 in Erdischowitz (Erdišovice), Böhmen, geboren. Er wurde am Konservatorium in Prag zum Pianisten ausgebildet und lebte 35 Jahre als Klavierlehrer in Moskau. Er starb am 19.10.1896 in Prag.

WERKE
Von Josef Pišna sind in Moskau zahlreiche Klavierkompositionen erschienen. Von bleibendem Wert waren seine 60 Klavierübungen, die in erschwerter und in erleichterter Fassung mehrfach aufgelegt wurden.

Francesco Antonio Pistocchi
(1659 – 1726)

ZEIT UND UMWELT
Die Pflege der Gesangskunst ist bereits in der Antike feststellbar. Aus der Literatur kann entnommen werden, daß Sängerschulen und Gesanglehrer ständig bemüht waren, gute Sänger heranzubilden. An den Kirchen und in den Klöstern des Mittelalters wurde der kirchliche Gesang gelehrt, Gesangsausbildung war Bestandteil jedes musikalischen Unterrichts. Zur systematischen Stimmbildung kam es aber erst im 16. Jahrhundert, nachdem man die ersten Kenntnisse über die Anatomie der Stimmorgane erarbeitet hatte. Die Voraussetzungen zu einem streng methodischen Unterricht lagen erst um die Wende zum 18. Jahrhundert vor.

LEBEN

Francesco Antonio Pistocchi (Pistocchino genannt) wurde 1659 in Palermo geboren. Er war ein außerordentliches Frühtalent und legte bereits im Alter von acht Jahren Proben seiner Kompositionskunst ab, so daß er in die Accademia Filarmonica von Bologna aufgenommen wurde. Mit elf Jahren wurde er Sänger an San Petronio in Bologna, trat bald darauf als Opernsänger in Italien, Deutschland und Wien auf und gründete 1705 in Bologna eine Gesangschule mit streng methodischem Unterricht, aus der einige berühmte Sänger hervorgingen. Im Jahr 1710 wurde er Leiter der Accademia Filarmonica in Bologna, wo er am 13. 5. 1726 starb.

WERKE

Der italienische Komponist Francesco Antonio Pistocchi veröffentlichte als Achtjähriger »Capricci puerili« (Knabenscherze), 40 Variationen für Cembalo oder andere Instrumente. An Vokalmusik liegen vor: Scherzi musicali (italienische, französische und deutsche Arien), Duette und Terzette und eine Vertonung des 147. Psalms, 6 Oratorien und 6 Opern.

LITERATUR

A. Herriot, The Castrati in Opera, London 1956.

Walter Piston (1894–1976)

LEBEN

Walter Hamor Piston wurde am 20.1.1894 in Rockland, Me., geboren. Nachdem er zunächst sich zum Maler hatte ausbilden wollen und als Kaffeehausmusiker tätig gewesen war, kam er nach seinem Kriegsdienst 1920 zum Musikstudium an die Harvard University, verbrachte zwei Jahre bei Nadia Boulanger in Paris und erhielt 1926 an der Harvard University eine Stelle als Kompositionslehrer und 1944 als Professor. Er starb am 12.11.1976 in Belmont, Mass.

WERKE

Außer einem Ballett verfaßte Walter Piston keine Bühnenwerke. Er schrieb 8 Sinfonien, ein Concerto, 2 Orchestersuiten, ein »Praeludium und Fuge«, eine Toccata und eine Serenade für Orchester, ein Violinkonzert, ein Bratschenkonzert, ein Konzert für zwei Klaviere, ein Klarinettenkonzert, ein Flötenkonzert, ein Capriccio für Harfe und Streicher, eine Fantasie für Violine und Orchester, eine Fantasie für Englischhorn, Harfe und Streicher, ein Streichsextett, ein Klavierquintett, 5 Streichquartette, 3 Streichtrios, 3 Stücke für drei Bläser, 2 Klaviertrios, eine Partita für Violine, Bratsche und Orgel, ein Divertimento für neun Instrumente, ein Duo für Violine und Cello, ein Bläserquintett, einen »Carnival Song« für Männerchor und einen Blechbläser, eine Kantate für Chor und sieben Instrumente. Sein neuklassizistischer Stil neigte zu kontrapunktischer Strenge, die zuweilen durch harte und dem Jazz nahe Klänge durchbrochen ist.

Sinfonie Nr. 2, 3 Sätze, entstanden 1943

Der 1. Satz besteht aus zwei Themen, deren erstes, von Bratschen und Celli legato fließend vorgetragen, die Grundlage zur Durchführung bildet; das zweite – staccato und rhythmisch – spielt die Oboe, von Klarinetten und Fagotten begleitet. Der Satz endet pianissimo mit einem kanonischen Bläserchor. Der 2. Satz ist ruhig und sehr lyrisch und bringt Anklänge an Spirituals und Blues. Im Finale treten drei Themen nacheinander auf. Es endet mit einer kurzen Coda, sobald alle drei Themen variiert wurden, mit triumphalen Klängen.

Giuseppe Ottavio Pitoni (1657–1743)

ZEIT UND UMWELT

Die gigantomane Vielstimmigkeit der römischen Barockmusik trieb auch noch nach der Wende zum 18. Jahrhundert zuweilen ihre Blüten. Bis zu neun Chöre und vierzig Stimmen und mehr wurden aufgeboten, um die Großartigkeit der Kompositionen zu dokumentieren.

LEBEN

Giuseppe Ottavio Pitoni wurde am 18.3. 1657 in Rieti geboren. Er war in Rom Schüler von Pompeo Natale, wurde 1668 Chorknabe an San Giovanni de'Fiorentini und nahm bei Francesco Foggia Unterricht. Sodann wirkte er als Kirchenkapellmeister, und zwar ab 1673 in Monterodondo, ab 1674 in Assisi, ab 1676 in Rieti und ab 1677 an San Marco in Rom und gleichzeitig ab 1686 an Sant'Apollinare, darauf ab 1689 an San Lorenzo in Damaso, ab 1708 an San Giovanni in Laterano und ab 1719 an San Pietro in Rom bis zu seinem Tod am 1. 2. 1743.

WERKE
Vom italienischen Komponisten Giuseppe Ottavio Pitoni kam nur ein Buch mit zweistimmigen Motetten zum Druck. Dafür liegt eine gewaltige Anzahl handschriftlicher Werke vor: ungefähr 100 Messen für vier und bei 150 für acht Stimmen, eine Messe für zwölf und eine für sechzehn Stimmen, zahlreiche Ordinarium- und Propriumsätze, ungefähr 700 Psalmen, bei 200 Magnificat, bei 200 Motetten, bei 50 Improperien, bei 30 Lauretanische Litaneien, 2 Passionen und noch viele weitere kirchliche Gesänge. Mehrere Kompositionen sind vielchörig und vielstimmig angelegt (bis zu neun Chören und sechsunddreißig Stimmen – eine achtundvierzigstimmige Messe blieb unvollendet) und verwendet viel volkstümliche Melodien; die Dur-Moll-Harmonik herrscht vor, solistische Abschnitte sind häufig, wie auch Solistenchöre, die Ripienochören gegenüberstehen.

Giovanni Pittoni (um 1630–77)

ZEIT UND UMWELT
Die Accademia della Morte in Ferrara, die sich neben der Pflege aller Künste vorwiegend mit der Förderung der Komposition und der Interpretation italienischer Musik befaßte, entwickelte sich im Verlauf der Zeit zu einer sehr bedeutenden Musikschule, die einem Konservatorium gleichkam. Die Kapellmeister der Accademia wurden sorgfältig ausgesucht, und die Darbietungen, die ursprünglich nur für den eigenen Kreis gedacht waren, wurden zum Konzertereignis der Stadt.

LEBEN
Giovanni Pittoni wurde um 1630 in Ferrara geboren. Er studierte an der Accademia della Morte seiner Geburtsstadt und lebte dort als Theorbist und Theorbenlehrer. Ob er auch eine andere musikalische Stellung innehatte, ist nicht bekannt. Er starb in Ferrara am 18. 10. 1677. Einem Ruf Kaiser Leopolds I. nach Wien konnte er aus gesundheitlichen Gründen nicht folgen.

WERKE
Der italienische Theorbist und Komponist Giovanni Pittoni setzte die Theorbe, die bisher zumeist nur als Baß verwendet wurde, solistisch und melodieführend ein. Von ihm sind erhalten: 12 Kirchensonaten für Theorbensolo mit Orgel als Generalbaß, 12 Kammersonaten für Theorbensolo mit Cembalo als Generalbaß. Man mußte allerdings über die Virtuosität des Komponisten verfügen, um diese Werke auch spielen zu können.

Karl Piutti (1846–1902)

LEBEN
Karl Piutti wurde am 30.4.1846 in Elgersburg, Thüringen, geboren. Er wirkte ab 1875 als Lehrer am Konservatorium in Leipzig, wo er selbst ausgebildet worden war. Im Jahr 1880 wurde er Organist an der Thomaskirche in Leipzig, wo er am 17.6.1902 starb.

WERKE
Von Karl Piutti sind ungefähr 200 Präludien, Fantasien in Fugenform und Charakterstücke überliefert. Er schrieb ferner eine »Trauungssonate«, eine »Pfingstfeier«, eine Anzahl Motetten, darunter die Vertonung der Psalmen 100, 103, 116, profane Chorlieder, Lieder mit Orgel und mit Klavierbegleitung und Klavierstücke.

Johann Peter Pixis (1788–1874)

Zeit und Umwelt

Gegen die Mitte des 19. Jahrhunderts erreichte die Pianistik mit den großen Virtuosen der Zeit einen Höhepunkt, der alles Vorangegangene in den Schatten stellte und erst weit später überschritten wurde, als man davon abkam, die brillante Technik als das Hauptkriterium zu betrachten. Was das Publikum damals als vollendete Kunst ansah, wurde später zur selbstverständlichen technischen Voraussetzung, auf die der Pianist sein Künstlertum erst aufbauen mußte.

Leben

Johann Peter Pixis wurde am 10.2.1788 in Mannheim geboren. Nach ausgedehnten Konzertreisen mit seinem Bruder Friedrich Wilhelm Pixis (12.3.1785, Mannheim, bis 20.10. 1842, Prag), Violinist und Dirigent, ließ er sich 1825 in Paris und 1845 in Baden-Baden als Klaviervirtuose und Klavierlehrer nieder. Er starb am 22.12.1874 in Baden-Baden.

Werke

Außer 3 Opern für Wien und einem Singspiel schrieb Johann Peter Pixis ungefähr 150 Klavierstücke, von denen das meiste reine Salonmusik war und schon längst vergessen ist. Auch seine Klavierkonzerte und Sonaten hatten kein langes Leben, obwohl sie um vieles seriöser waren. Trotzdem stellten sie eine wichtige Stufe der Pianistik des 19. Jahrhunderts dar.

Ildebrando Pizzetti (1880–1968)

Leben

Ildebrando Pizzetti wurde am 20.9.1880 in Parma geboren. Seinen Klavierunterricht erhielt er von seinem Vater, dem Pianisten Odoardo Pizzetti (30.6.1853, Parma, bis 3.8. 1926, Parma); sodann studierte er von 1895 bis 1901 am Konservatorium bei Giovanni Tebaldini (7.9.1864, Brescia, bis 11.5.1952, San Benedetto del Tronto) Komposition und wurde 1908 selbst Kompositionslehrer am Konservatorium in Florenz, dessen Leitung er

Ildebrando Pizzetti

1917 übernahm; im Jahr 1924 übertrug man ihm die Leitung des Konservatoriums in Mailand, ab 1936 wirkte er als Kompositionslehrer an der Accademia Nazionale di Santa Cecilia in Rom, als deren Präsident er von 1948 bis 1951 fungierte. Er starb am 13.2.1968 in Rom.

Werke

Gemeinsam mit den italienischen Komponisten Alfredo Casella und Gian Francesco Malipiero gehört Ildebrando Pizzetti zu den Begründern der neueren Musik seines Landes. Sein Stil entwickelte sich deutlich auf den Neuklassizismus zu, obwohl er anfänglich impressionistische Strukturen bevorzugte. Er schrieb 13 Opern, die dadurch bemerkenswert sind, daß sie im diametralen Gegensatz zum Verismus stehen und durch besondere Berücksichtigung des Sprachrhythmus und der Textausdeutung eine neue Kantabilität bringen, die den Gegensatz zwischen Dramatik und Lyrik aufhebt. Weiters verfaßte er zahlreiche Bühnenmusiken, eine Sinfonie, ein Klavierkonzert, 2 Violinkonzerte, ein Cellokonzert, ein Harfenkonzert, 2 Streichquartette, ein Klaviertrio, »Drei Kanzonen« für Singstimme und Streichquartett, Stücke für Violine oder für Cello und Klavier und für Soloklavier, ein Requiem, ein De profundis, Gesänge, Lieder und Chöre.

Francisco Llager Pla (geboren 1918)

Leben

Francisco Llager Pla wurde am 2.10.1918 in Valencia geboren. Er studierte am Konservatorium seiner Vaterstadt bei Manuel Palau Boix, widmet sich vorwiegend der Chorführung und wirkt seit 1964 als Leiter der »Coral Polifónica Valentina« (Polyphonischer valencianischer Chor).

Werke

Neben 2 Tongemälden für Orchester schrieb Francisco Llager Pla ein Divertimento und eine Invention für Streichorchester, ein Streichtrio, ein Bläsertrio, »Neue Lieder« für Sopran, Tenor, Baß, Flöte, Klarinette, Fagott und Klavier, weitere Gesänge mit Instrumentalbegleitung und Klavierlieder. Er zählt zur Avantgarde Kataloniens.

Juan Bautista Pla
(um 1710 bis nach 1770)

Zeit und Umwelt

Karl Eugen, Herzog von Württemberg (1728 bis 1793), belastete sich wegen seiner prachtliebenden Hofhaltung mit hohen Schulden. Er gestaltete seine Hofkapelle durch Aufnahme bedeutender Musiker aus allen Ländern zu einer der bedeutendsten des deutschen Sprachraumes aus.

Leben

Juan Bautista Pla (Plats) wurde um 1710 in Katalonien geboren. Er war als Oboist am Hof in Lissabon, sodann von 1755 bis 1766 an der Hofkapelle in Stuttgart und schließlich in London tätig. Seine letzten Publikationen erschienen 1770. Er dürfte in einem der folgenden Jahre gestorben sein, der Ort seines Todes ist nicht bekannt.
Sein Bruder Manuel Pla (um 1715, Katalonien, bis 13. 9. 1766, Madrid) lebte als Oboist und Komponist in Madrid.

Werke

Von Juan Bautista Pla sind eine Anzahl Instrumentalmusiken, besonders für Oboen, Triosonaten und Duette, in denen der Oboe eine stimmführende Stellung eingeräumt wurde, erhalten.
Von Manuel Pla sind außer einer Zarzuela Autos sacramentales und Tonadillas überliefert.

Literatur

J. R. Carreras, Els germans Pla, oboistes de la XVIII centuria, Revista musical catalana VII, 1910.

Josef Antonín Planický
(1691–1732)

Zeit und Umwelt

Das 739 von Bonifatius (um 675–754) gegründete Bistum (spätere Fürsterzbistum) Freising war bis zu seiner Säkularisierung im Jahr 1803 eine wichtige Pflegestätte katholischer Kirchenmusik, an der nur bewährte Kräfte Aufnahme fanden.

Leben

Josef Antonín Planický wurde am 27. 11. 1691 in Manětin, Böhmen, geboren. Er wurde von Mauritius Vogt (1669–1730) ausgebildet und wirkte als Tenorist in Österreich und Süddeutschland, bis er 1722 in die fürsterzbischöfliche Kapelle in Freising aufgenommen wurde. Er starb in Freising am 17. 9. 1732.

Werke

Die Festoper »Zelus divi Corbiniani« (Die Hingabe des seligen Corbinianus) von Josef Antonín Planický ist verschollen. Von seinen weiteren Werken ist lediglich eine Sammlung von 12 Solomotetten, »Opella ecclesiastica« (Kleine kirchliche Stücke), erhalten, die noch dem Spätbarock angehören.

Jean Planson
(um 1558 bis nach 1612)

ZEIT UND UMWELT
Die Lautenlieder, die in Frankreich in der 2. Hälfte des 16. Jahrhunderts in Mode kamen, erhielten die Bezeichnung Airs de cour. Sie waren bis in das 18. Jahrhundert populär, obschon sie ihren anfänglichen volkstümlichen Charakter bald abgestreift hatten und, ihrer Benennung entsprechend, zu einer gehobenen Musikgattung wurden. Auch die Texte wurden sprachlich und inhaltlich feiner.

LEBEN
Jean Planson (Jehan Plançon) wurde um 1558 in Paris geboren. Er war nach seiner Ausbildung an St. Germain-l'Auxerrois (1575) und an St. Sauveur (1586) als Organist tätig. Im Jahre 1578 erhielt er für eine Motette und eine Chanson am Puy d'Evreux zwei Preise. Er starb in Paris nach 1612.

WERKE
Der französische Komponist brachte 2 Sammlungen von Motetten und Airs für mehrere Stimmen heraus, von denen ein Teil von ihm selbst verfaßt worden war. Die Airs waren von der Rhythmik der antikisierenden Musik des damaligen Paris beeinflußt und hatten großen Erfolg. Sie galten als Airs de cour für den gehobenen Geschmack als mustergültig.

Charles Henri Plantade
(1764–1839)

ZEIT UND UMWELT
Die Romanze, die bereits in den Salons des Ancien régime sehr beliebt war, rückte während des Kaiserreichs und noch mehr nach der Restauration in den Mittelpunkt der französischen Liedformen. Abgesehen davon, daß viele Opern mindestens eine Romanze brachten, wurde sie zur beliebtesten Programmnummer der Liederabende der Konzertsäle und privaten Soireen.

LEBEN
Charles Henri Plantade wurde am 14. 10. 1764 in Pontoise geboren. Er war Gesanglehrer am Konservatorium, sodann Kapellmeister des Königs von Holland, Louis Napoleon, wirkte dann bis 1815 an leitender Stelle bei der Opéra in Paris und darauf bis 1830 an der Königlichen Kapelle. Er starb am 18. 12. 1839 in Paris.

WERKE
Mit seinen ungefähr 20 Sammlungen von Romanzen wurde Charles Henri Plantade berühmt. Er schrieb außerdem einige Opern, mehrere Messen, ein Requiem, ein Te Deum, Motetten und eine sehr beliebte Harfensonate.

Peter Planyavsky (geboren 1947)

LEBEN
Peter Felix Planyavsky wurde am 9.5.1947 in Wien geboren. Er war dort von 1959 bis 1966 an der Akademie für Musik und darstellende Kunst Orgelschüler von Anton Heiller und Kompositionsschüler von Alfred Uhl; anschließend nahm er bei Hans Gillesberger (geboren 29.11.1909, Ebensee, Oberösterreich) Unterricht in Chorleitung. Im Jahr 1969 wurde er Domorganist am Stephansdom in Wien. Ausgedehnte Konzertreisen führten ihn in die USA, nach Japan, Australien und Deutschland. Neben seinem Dienst an der Domorgel wirkt er als Orgel- und Improvisationslehrer an der Diözesanmusikschule in Wien.

WERKE
Neben zahlreichen Orgelstücken schrieb Peter Planyavsky eine Deutsche Messe für Vorsänger, gemischten Chor, Gemeinde und Orgel, eine »Wiener Messe« für Knabenchor, mehrere Proprien für Singstimmen und Orgel, Psalmenvertonungen und Psalmenlieder für Chor und Orgel, »Zwei Stücke zur Passion« für gemischten Chor und sieben Instrumente, »Gurk, 900 Jahre Diözese in Kärnten« für Orgel, Cembalo und Celesta.

Nicolas Joseph Platel (um 1777–1835)

Zeit und Umwelt
Die Brüder Jean-Pierre Duport (1741–1818) und Jean-Louis Duport (1749–1819) begründeten einen Stil des Cellospiels, der, von ihren Schülern und deren Schülern weitervermittelt, zur Entwicklung des Spiels dieses Instruments im 19. Jahrhundert entscheidend beigetragen hat.

Leben
Nicolas Joseph Platel wurde um 1777 in Versailles geboren und als Musikpage König Ludwigs XVI. (1754–93) erzogen. Er war Schüler von Jean-Louis Duport. Ab 1796 wirkte er als Cellist am Théâtre Feydeau in Paris; nach Aufenthalten in Lyon und England und einigen Konzertreisen trat er in Antwerpen auf und wurde schließlich 1819 Solocellist am Theater und 1831 Lehrer am Konservatorium in Brüssel, wo er am 25. 8. 1835 starb.

Werke
Von Nicolas Joseph Platel sind 5 Cellokonzerte, weiters Sonaten und Soli für Cello und einige Duette für Violine und Cello bekannt. Seine Kompositionen galten vor allem seinem eigenen Konzertgebrauch und sind dementsprechend virtuos gehalten.

Giovanni Platti (1697–1763)

Zeit und Umwelt
Man kann unter dem Epochenbegriff Klassik nur die Wiener Klassik verstehen und diese auf die drei Wiener Klassiker (die keine Wiener waren) Haydn, Mozart und Beethoven beschränken, weil diese das tautologische Postulat der höchsten Vollendung allein erfüllen. Nomenklaturen und Klassifikationen sind immer mehr oder weniger willkürlich, aber eben methodisch nötig. Wenn man aber dann verneint, daß die Klassik sich aus der Vorklassik entwickelte, weil »diese sich, von der Wiener Klassik wenig berührt, in ihren eigenen Bahnen wandelte und später in der romantischen Musik aufging«, wird die Benennung sinnlos, außer, wenn man sie rein zeitlich verstehen will, während »klassisch« zur Wertung wird.

Leben
Giovanni Benedetto Platti wurde am 9. 7. 1697 in Padua geboren. Er war von 1722 bis 1749 Kammervirtuose – Tenorist, Violinist, Oboist, Cembalist – am fürstbischöflichen Hof in Bamberg und darauf in Würzburg, wo er am 11. 1. 1763 starb.

Werke
Der Musikforscher Fausto Torrefranca (1. 2. 1883, Monteleone Calabro, bis 26. 11. 1955, Rom) sah in Giovanni Platti den Schöpfer der »dramatischen Klaviersonate« mit bipolarer Thematik. Im Druck sind von Platti erschienen: 12 Cembalosonaten, 6 Cembalokonzerte und 6 Flötensonaten; handschriftlich: 22 Cellokonzerte, 5 Cembalokonzerte, ein Oboen- und ein Violinkonzert, 12 Cellosonaten, 4 Ricercari für Violine und Cello, 2 Messen, ein Miserere, ein Offertorium, eine Serenata, mehrere Oratorien und Kantaten.

Cembalokonzert Nr. 2 in c-Moll, 3 Sätze
Das Werk steht stilistisch zwischen Barock und Vorklassik, was sich schon im 1. Satz deutlich ausdrückt, in dem die Melodie eindeutigen Barockcharakter aufweist, während die Begleitung von einer kontrapunktischen Diktion abgeht. Die gleiche Stilmischung zeigt der 2. Satz auf eine reizende Art. Der 3. Satz ist eine Gigue und folgt barocken Tendenzen um vieles getreuer als die beiden Vorgänger.

Literatur
F. Torrefranca, La creazione della Sonata drammatica, in: Rivista Musicale Italiana XVII, 1910.

Gabriel Plautzius (um 1580–1641)

Zeit und Umwelt
Die Erzbischöfe von Mainz waren seit 965 Reichserzkanzler mit der Befugnis der Berufung zur Königswahl und seit dem 13. Jahrhundert die ersten Kurfürsten. Seit dem 16. Jahrhundert hatten sie auch das Direkto-

rium im Reichstag inne und nahmen unter den Fürsten des Deutschen Reiches den höchsten Rang ein. Die kurfürstliche Hofkapelle war stets mit vorzüglichen Kräften besetzt.

LEBEN
Gabriel Plautzius (Plautz, Plavec) wurde um 1580 im Raum des ehemaligen Herzogtums Krain (jetzt Teil Sloweniens) geboren. Er wurde in die kurfürstliche Hofkapelle in Mainz aufgenommen und wirkte dort ab 1612 bis zu seinem Tod am 11. 1. 1641 als Hofkapellmeister.

WERKE
Von den Kompositionen des Slowenen Gabriel Plautzius (mit dem Beinamen Carniolus) ist eine einzige Sammlung erhalten, die sakrale Gesänge, Messen, Marienlieder für drei bis sechs und acht Stimmen mit Generalbaß enthält. Die Musik nimmt eine Mittelstellung zwischen altem und neuem Stil ein.

LITERATUR
A. Gottron, Gabriel Plautz dvorni kapelnik v Mainzu, in: Muzikološki zbornik IV, 1968.

Hans Pless (1884–1966)

LEBEN
Hans Pless (Pischinger) wurde am 18. 1. 1884 in Wien geboren. Er studierte in Wien an der Universität und am Konservatorium bei Robert Fuchs. Ab 1908 war er Opernkapellmeister in Breslau (Wrocław), Czernowitz (heute Tschernowzy, Ukraine) und Detmold, ab 1919 in Ostrava, dann wirkte er als Konzertdirigent in Wien, wo er von 1945 bis 1952 Lehrer am Konservatorium war und am 30. 4. 1966 starb.

WERKE
Außer 4 Opern schrieb Hans Pless 2 Sinfoniettas und ein Scherzo für Orchester, ein Quintett für Streicher und Harfe, ein Klavierquartett, ein Streichquartett, ein Klaviertrio, eine Fantasie für Violine und Klavier, Klavierstücke, Kantaten, Chöre, Duette, Lieder und Bühnenmusiken. Sein Stil war konservativ.

Ignaz Pleyel (1757–1831)

ZEIT UND UMWELT
Es schien ein geschickt angelegter Schachzug zu sein, Ignaz Pleyel, der soeben wegen der Französischen Revolution seine Stelle in Straßburg verlassen hatte müssen, nach London einzuladen und ihn mit der Leitung der Konzerte der »Professional Concerts« zu betrauen, die Joseph Haydn zugunsten der Salomon-Konzerte ablehnte. Man rechnete damit, daß die leichten, eingängigen Werke des Komponisten den Massenandrang bei jenen Konzerten schmälern würden. Diese gut gesponnene Intrige Londoner Geschäftsgeistes durchkreuzte jedoch Pleyel, indem er eine Sinfonie seines ehemaligen Lehrers und Freundes Haydn in das Programm des ersten Konzerts, das er dirigierte, aufnahm.

LEBEN
Ignaz Joseph Pleyel wurde am 18. 6. 1757 in Ruppersthal, Niederösterreich, geboren. Seine erste Ausbildung erhielt er von Johann Baptist Vanhall in Wien und sodann von Joseph Haydn. Nach einer mehrjährigen Kapellmeistertätigkeit unternahm er eine Studienreise nach Italien, an deren Ende er 1783 die Zweite-Kapellmeister-Stelle am Münster in Straßburg erhielt. Die Stelle des Ersten Kapellmeisters, die er 1789 bekam, gab er wegen der revolutionären Ereignisse auf. Im Jahr 1791 wurde er von »Professional Concerts« in London eingeladen, als Konkurrent Joseph Haydns aufzutreten, was aber mißlang. Im Jahr 1795 ließ er sich in Paris nieder, eröffnete dort eine Musikalienhandlung zum Vertrieb seiner eigenen Kompositionen und 1807 eine Klavierfabrik. Er starb bei Paris am 14. 11. 1831.

WERKE
Von den über 60 Sinfonien von Ignaz Pleyel sind 33 gedruckt erschienen. Er verfaßte außerdem 8 Instrumentalkonzerte, über 60

Streichquartette, ungefähr 9 Quartette für Flöte und Streicher, 15 Streichquintette, 4 Quintette für Bläser und Streicher, ein Sextett, ein Septett, ungefähr 12 Trios ohne Piano, ungefähr 50 Duos mit verschiedener Besetzung, etwa 4 Sonaten für Violine oder Flöte und Pianoforte, 14 Sonaten für Pianoforte zu vier Händen und noch zahlreiche Sonatinen, Rondos, Variationen und kleinere Stücke. An Vokalmusik verfaßte er mehrere Revolutionsgesänge, Kantaten und Lieder mit Klavierbegleitung, außerdem 2 Opern. Die Beliebtheit dieser Kompositionen beweist die Tatsache, daß sie von 200 Verlagen in etwa 50 europäischen und amerikanischen Städten veröffentlicht und viele Male transkribiert und arrangiert wurden. Wenn sie auch die Originalität und Genialität der Werke Joseph Haydns nie erreichten, so sind sie doch sorgfältige Werkarbeit eines sensiblen, einfallsreichen Musikers. Seine Duos werden noch heute von Instrumentalisten als Übungsstücke verwendet. Nicht wenig des Gesamtwerks wurde in unserem Jahrhundert neu aufgelegt.

John Plummer

(um 1410 bis nach 1484)

ZEIT UND UMWELT

Der starke Einfluß des englischen Komponisten Dunstable und seiner Schüler auf die kontinentale Musik des 15. Jahrhunderts ist augenfällig. Er wurde erst durch das Echo seiner Musik auf dem Festland zur Berühmtheit. Umgekehrt sind zur gleichen Zeit wenig Einflüsse der Musikentwicklung des franko-flämischen Raumes auf die Engländer festzustellen. Die zahlreichen (namentlich zumeist unbekannten) englischen Komponisten jener Zeit hielten an ihrer Tradition fest. Erst im folgenden Jahrhundert öffneten sich die Türen Englands für die Klänge diesseits des Kanals.

LEBEN

John Plummer (Plomar, Polumier) ist um 1410 geboren. Der Geburtsort ist nicht feststellbar. Zwischen 1441 und 1462 leitete er den Knabenchor der Königlichen Kapelle und war anschließend Mitglied der St.-George-Kapelle in Windsor, wo er nach 1484 starb.

WERKE

Der englische Kirchenkomponist John Plummer hat Teile einer Messe und 5 Motetten, von denen eine vierstimmig ist (Anna, mater matris Christi – Anna, Mutter der Mutter Christi), hinterlassen. Seine Musik beweist eine treue Gefolgschaft Dunstables und ist für die zeitgenössischen englischen Komponisten typisch.

LITERATUR

M. und L. Bent, Dufay, Dunstable, Plummer, Journal of the American Musicological Society XXII, 1969.

Ludvík Podéšt' (1921–68)

LEBEN

Ludvík Podéšt' wurde am 19.12.1921 in Dubňany, Mähren, geboren. Er war am Konservatorium in Brünn Schüler von Jaroslav Kvapil. Von 1947 bis 1951 war er Mitarbeiter von Radio Brünn und von 1958 bis 1960 Direktor der Musikabteilung des tschechischen Fernsehens. Bis zu seinem Tod am 27.2.1968 in Prag widmete er sich nahezu ausschließlich der Komposition.

WERKE

Außer mehreren Opern schrieb Ludvík Podéšt' eine Sinfonie, 4 Orchestersuiten, eine sinfonische Dichtung, 2 mährische Tänze, sinfonische Variationen, 2 Klavierkonzerte, ein Violinkonzert, ein Concertino für zwei Celli und Kammerorchester, ein Bläserquintett, 3 Streichquartette, eine Partita für Streicher, Gitarre und Schlagzeug, Sonaten für Klavier mit Violine und für Cello, eine Sonate und eine Sonatine für Klavier, Variationen für Orgel und Orchester, Kantaten, Chöre, Lieder, Bühnen- und Filmmusik.

Alessandro Poglietti (um 1630–83)

ZEIT UND UMWELT

Es wurde im Verlauf des 17. Jahrhunderts immer seltener, daß Organisten aus Italien in Österreich und Deutschland zuwanderten, weil dort die von Girolamo Frescobaldi begründete Schule wenige italienische Nachfolger fand und die Mehrzahl seiner Schüler ohnehin aus dem Norden gekommen war. Der italienische »Export« beschränkte sich immer mehr auf das Gebiet der Oper.

LEBEN

Alessandro Poglietti wurde vermutlich um 1630 in der Toskana geboren. Über seine Lebensumstände ist wenig bekannt. Er dürfte, ehe er nach Wien gekommen war, in Kremsier (Kroměříž) als Organist gewirkt haben. Ab 1661 war er Hoforganist in Wien, wo er im Juli 1683 im Verlauf der zweiten Türkenbelagerung umkam.

WERKE

Vom italienischen Komponisten Alessandro Poglietti sind 12 Ricercari, Fugen, Toccaten, ein »Capriccio über das Henner- und Hannergeschrey« und eine Suite »Über den Aufstand in Ungarn« für Cembalo, außerdem Tänze für die Orgel und für Orchester und einige Stücke Vokalmusik erhalten. Sehr bekannt wurde seine Aria »Il rossignolo« (Die Nachtigall) mit Variationen. Er war auch als Musikschriftsteller tätig.

LITERATUR

A. Koczirz, Zur Lebensgeschichte Alessandro de Pogliettis, in: Studien zur Musikwissenschaft IV, 1916.

David Pohle (1624–95)

ZEIT UND UMWELT

Der Lyriker und Arzt Paul Fleming (1609 bis 1640) war Vertreter des Petrarkismus, also der auf Francesco Petrarca (1304–74) zurückgehenden Form der Liebesdichtung, die von der Renaissance bis in das 18. Jahrhundert gepflegt wurde. Aus der Grundstimmung des Leides werden antithetisch seelische Vorgänge deutlich gemacht, die Macht der Liebe wird zum Lebensgrundsatz erhoben.

LEBEN

David Pohle wurde 1624 in Marienberg, Sachsen, geboren. Er war Schüler von Heinrich Schütz in Dresden, sodann von 1648 bis 1649 Instrumentalist in der Hofkapelle des Kurprinzen Johann Georg II. und anschließend an den Höfen in Weißenfels, Zeitz, Merseburg und Kassel. Ab 1660 wirkte er am Hof zu Halle und wurde dort 1667 Kapellmeister »in der Kirche, vor der Tafel und auf dem Theater«. Er wurde im Jahr 1680 Bürger von Merseburg und starb dort am 20. 12. 1695.

WERKE

Der deutsche Komponist David Pohle gehörte zu den hervorragendsten Schütz-Schülern. Er verfaßte Messen, geistliche Konzerte, 30 vier- bis achtstimmige Sonaten und Suiten. Seine »Geistlichen Oden auf die fürnehmsten Feste und alle Sonntage« und seine »Arien« für zwei Singstimmen, zwei Violinen und Generalbaß wurden besonders geschätzt. Er hat 12 der schönsten Gedichte aus dem »5. Buch der Oden von Liebesgesängen« von Paul Fleming teils als Lieder, teils als Kantaten mit Vor- und Zwischenspielen für zwei Violinen, zwei Violen und Generalbaß komponiert.

LITERATUR

W. Serauky, Musikgeschichte der Stadt Halle, Berlin 1939.

Jean Alexandre Ferdinand Poise (1828–92)

LEBEN

Jean Alexandre Ferdinand Poise wurde am 3.6.1828 in Nîmes geboren. Er war am Conservatoire in Paris Schüler von Adolphe Adam. Anschließend widmete er sich der Komposition von leichten Lustspielopern, die in Paris gut ankamen. Er starb am 13.5.1892 in Paris.

Werke
Von Jean Alexandre Ferdinand Poise sind zahlreiche leichte Lustspielopern von Pariser Bühnen aufgeführt worden. Sie zeichneten sich durch eine flüssige, heitere Musik mit guter Instrumentation aus.

Johann Nepomuk Poißl (1783–1865)

Zeit und Umwelt
Die Übergangsepoche der deutschen Opernkomposition zwischen Wolfgang Amadeus Mozart und Carl Maria von Weber war noch durch viele deutsche Bearbeitungen italienischer und französischer Textvorlagen gekennzeichnet. Das Zurückweichen der Oper aus Italien und Frankreich ging nur allmählich vor sich, weil beim Publikum die Vorstellung, daß die importierte Oper der einheimischen auf jeden Fall überlegen sei, nur langsam schwand.

Leben
Johann Nepomuk Freiherr von Poißl wurde am 15.2.1783 in Haukenzell, Bayern, geboren. Er war ab 1805 Schüler von Franz Danzi (1763–1826), ab 1823 Substitut des Hofmusikintendanten und von 1825 bis 1848 Erster Hofmusik- und Hoftheaterintendant in München, wo er am 17.8.1865 starb.

Werke
Neben 2 italienischen Opern verfaßte Johann Nepomuk Poißl eine Reihe deutsche Opern, darunter 2, die der deutschen Romantik zuzurechnen sind, außerdem etliche deutsche Singspiele. Sein sonstiges kompositorisches Werk umfaßt eine Serie sehr klangvoller Chöre für Gesangvereine.

Guillaume Poitevin (1646–1706)

Zeit und Umwelt
Der Serpent, der um 1590 in Frankreich aus dem Zink entwickelt wurde, diente nach einigen Verbesserungen in den französischen Kirchen vom 17. bis in das 19. Jahrhundert zur Verstärkung der Männerstimmen. In England unterstützte er bei Militärkapellen das Fagott, bis er diese Rolle an die Ophikleide abgab.

Leben
Guillaume Poitevin wurde am 2. 10. 1646 in Boulbon, Tarascon-sur-Rhône, geboren und an der Maîtrise in Avignon ausgebildet. Er trat in die Kapelle der Kathedrale in Aix-en-Provence als Serpentbläser ein und war dort von 1667 bis zu seinem Tod am 26. 1. 1706 Kapellmeister.

Werke
Von dem angeblich umfangreichen Werk des französischen Komponisten Guillaume Poitevin sind nur einige unvollständige Messen erhalten: ein Kyrie in D-Dur, Introitus, Offertorium und Lux aeterna einer Totenmesse und ähnliches. Diese Reste zeigen eine große Meisterschaft. Er war außerdem ein gesuchter Lehrer.

František Xaver Pokorný (1728–94)

Zeit und Umwelt
Die Hofkapelle der Fürsten Thurn und Taxis in Regensburg bildete im 18. Jahrhundert eine wichtige Ausbildungsstätte für junge Musiker; besonders seit der Komponist und Musiktheoretiker Joseph Riepel dort als Kammermusikus wirkte.

Leben
František Xaver Pokorný (Pokorny, Pockorny, František Jiři, auch Frantz, nannte sich ab 1755 Franz Thomas) wurde am 20. 12. 1728 in Königstadtl (Městec Králové) geboren. Er wurde in Mannheim von Ignaz Holzbauer, Jan Stamic und Franz Xaver Richter, in Regensburg von Joseph Riepel ausgebildet. Von 1753 bis 1766 war er als Violinist Mitglied der Hofkapelle von Oettingen-Wallerstein und sodann bis zu seinem Tod am 2. 7. 1794 der Hofkapelle der Fürsten Thurn und Taxis in Regensburg.

Werke

Von František Xaver Pokorný sind über 100 Sinfonien und über 50 Konzerte überliefert, deren Zuschreibung nicht in allen Fällen gesichert ist, außerdem an Kammermusik ein Streichquartett, ein Streichtrio und eine Sonate für Cembalo.

Dietmar Polaczek (geboren 1942)

Leben

Dietmar Polaczek wurde am 26. 10. 1942 in Bendsburg (Będzin), Oberschlesien, geboren. Von 1961 bis 1970 studierte er in Graz an der Musikakademie bei Waldemar Bloch und bis 1971 an der Universität Musikwissenschaft. Nach journalistischer Tätigkeit in Graz siedelte er nach München über, wo er von 1971–76 als Redakteur bei der »Süddeutschen Zeitung« arbeitete. Seither ist er Musikredakteur bei der »Frankfurter Allgemeinen Zeitung«.

Werke

Neben seinen bekannten Klavierparodien »Variazioni della moderna« schrieb Dietmar Polaczek eine »Vernissage« für Orchester, Metamorphosen und Fuge für Gitarre, ein Bläserquintett, ein Klavierkonzert, »Applaus I und II« für Dirigenten, Sprecher, Chor und zwei Schlagzeuger, »Laternengesänge« mit Klavier, eine Ballade für gemischten Chor, »Lobgesang« für Chor und Instrumente, ein Stück für Soloflöte und eines für Orgel.

Jakub Polak (um 1545 bis um 1605)

Zeit und Umwelt

König Sigismund III. Wasa (1566–1632), der István Báthory 1587 auf den polnischen Thron folgte, konnte nur einen sehr geringen Beliebtheitsgrad bei seinen Untertanen erreichen. Er blieb Schwede und umgab seinen Thron mit Schweden; er beschränkte die Freiheitsrechte des polnischen Adels; er gebärdete sich als fanatischer Katholik, so daß das tolerante Nebeneinander verschiedener Bekenntnisse mit einem Schlag beendet war. Kulturträger verließen nach Möglichkeit das Königreich, dessen düstere Zukunft man voraussehen konnte.

Leben

Jakub Polak (Jacques le Polonais, le Polonois) wurde um 1545 in Augustów (nördlich von Białystok) geboren. Über sein Leben in Polen ist nichts bekannt, außer daß er bald nach der Thronbesteigung des schwedischen Königs Sigismund III. das Land verließ und nach Paris ging. Dort wurde er 1588 zum Joueur de luth du Roi (Lautenspieler des Königs) ernannt. Er wirkte um 1593 auch in Tours als Lautenist und Lautenlehrer, dürfte aber um 1605 in Paris gestorben sein.

Werke

Der polnische Lautenist Jakub Polak schrieb Praeludien, Fantasien, Couranten, Voltas, Gallarden, ein Ballett, eine Sarabande, einen Branle und 2 Liedbearbeitungen für die Laute. Diese Kompositionen sind in verschiedenen Lautentabulaturen erschienen und vom Publikum begeistert aufgenommen worden. Die Verwendung verschiedener zeitgenössischer Tanzrhythmen bereitete musikgeschichtliche Tatbestände vor, die der Renaissance nachfolgten.

Literatur

Kr. Wilkowska-Chomińska, A la recherche de la musique pour luth, Paris 1958.

William Pole (1814–1900)

Zeit und Umwelt

Durch die Erfindung der Stimmgabel (angeblich 1711) konnte eine gewisse Übereinstimmung des Normaltones der verschiedenen Ensembles und Instrumente erzielt werden. Die Divergenzen waren aber noch immer unbefriedigend groß. Die vielen von Musikern und Physikern abgehaltenen Konferenzen führten zu keiner echten Einigung und konnten nicht verhindern, daß seit der Klassik der Normalton ständig etwas erhöht wurde.

Leben

William Pole wurde am 22. 4. 1814 in Birmingham geboren. Er war Physiker, Literat und Musiker, ferner Musikhistoriker und Musikkritiker. Bekannt wurde er durch seine Bemühungen um eine Festlegung des Normaltones innerhalb bestimmter Grenzen. Er nahm an mehreren Kommissionen, die sich mit dieser Frage befaßten, teil. Es wurden wohl Annäherungen erzielt, eine endgültige, für die gesamte musikalische Welt verbindliche Tonhöhe konnte auch er nicht durchsetzen; es ist bis heute nicht gelungen. Er starb am 30.12.1900 in London.

WERKE

Neben seinen umfangreichen Untersuchungen über das Problem des musikalischen Normaltones brachte William Pole eine Sammlung Psalmvertonungen, eine achtstimmige Motette und einige vierhändige Begleitungen zu klassischen Liedern heraus. Eine Reihe anderer Kompositionen - Chöre, Lieder, Klavierstücke - sind Manuskript geblieben.

Armande de Polignac (1876–1962)

LEBEN

Armande de Polignac wurde am 8.1.1876 in Paris geboren. Sie studierte bei Eugène Gigaut, Gabriel Fauré und Vincent d'Indy und lebte sodann als Komponistin in Neauphle-le-Vieux, Seine-et-Oise, wo sie am 29.4.1962 starb.

WERKE

Außer 2 Opern schrieb Armande de Polignac eine Sinfonie »Tausend und eine Nacht«, die als Ballett aufgeführt wurde, 4 weitere Ballette, ein Quintett, eine Suite für Streichquartett, eine Violinsonate und mehrere Liederzyklen. Die außerordentlich ansprechenden Kompositionen bewegten sich im Rahmen der französischen Romantik.

Carlo Francesco Pollarolo
(um 1653 – 1722)

LEBEN

Carlo Francesco Pollarolo (Pollaroli) wurde um 1653 in Brescia geboren. Er trat 1665 der Kapelle am Markusdom in Venedig als Sänger bei. Mit Ausnahme eines Aufenthaltes von 1685 bis 1690 als Domkapellmeister in Brescia verblieb er an San Marco und wurde dort 1709 zweiter Organist. Er war gleichzeitig von 1697 bis 1718 Musiklehrer am Conservatorio degl'Incurabili in Venedig, wo er 1722 starb.
Sein Sohn und Schüler Antonio Pollarolo (um 1680, Venedig, bis 4. 5. 1746, Venedig) trat 1702 als Hilfskraft seines Vaters der Kapelle an San Marco in Venedig bei, 1723 erhielt er dessen Organistenposten und wurde 1740 Kapellmeister.

WERKE

Der italienische Komponist Carlo Francesco Pollarolo schrieb über 85 Opern von sehr bescheidenem Wert, außerdem 10 Oratorien, einige andere sakrale Werke und eine Anzahl Orgelstücke.
Auch Antonio Pollarolo komponierte eine beträchtliche Anzahl Opern, die zwar als reine Routinearbeiten bezeichnet werden müssen, aber dennoch alle in Venedig aufgeführt wurden; außerdem verfaßte er etliche Kirchenkompositionen.

Giovanni Battista Polledro (1781–1853)

ZEIT UND UMWELT

Nach dem Tod des Königs Vittorio Amadeo III. von Savoyen (1726–96) folgte ihm sein Sohn Carlo Emmanuele IV. (1751–1819) auf den Thron von Sardinien nach. Im selben Jahr mußte er Savoyen und Nizza an Frankreich abtreten und wurde 1802 zur Abdankung genötigt. Sein zweiter Sohn, Vittorio Emmanuele I. (1759 – 1824), konnte Krone und Land im Wiener Kongreß (1815) wiedergewinnen. Die Tätigkeit des Hoforchesters war in der Zeit der französischen Herrschaft unterbrochen.

LEBEN

Giovanni Battista Polledro wurde am 10.6. 1781 in Piovà bei Turin geboren. Er war Schüler von Gaetano Pugnani und darauf Violinist am Hoforchester in Turin. Nach 1802 wirkte er als Violinsolist am Theater in Bergamo, ging nach 1804 als Virtuose auf Konzertreisen, blieb durch 5 Jahre in Moskau und wurde 1814 Konzertmeister in Dresden. Im Jahr 1824 berief ihn der Bruder und Nachfolger des Königs Vittorio Emmanuele I., Carlo Felice (1765 bis 1831), als Hofkapellmeister nach Turin, wo er noch unter den Königen Carlo Alberto (1798 bis 1849) und Vittorio Emmanuele II. (1820 bis 1878) wirkte. Er starb am 15. 8. 1853 in Piovà bei Turin.

WERKE

Von Giovanni Battista Polledro sind 2 Violinkonzerte, mehrere Variationen für Violine und Orchester, Streichtrios, Violinduos, Etüden für Solovioline erschienen, außerdem eine Pastoralsinfonie, eine Messe und ein Miserere. Die konservative Haltung der Turiner Schule drückte sich auch in seinen Werken aus.

Jean Joseph Benoît Pollet
(1753–1823)

ZEIT UND UMWELT

Da die Doppelpedalharfe ein verhältnismäßig teures Instrument war, begnügten sich viele mit einfacheren Harfen, so daß auch die Komponisten von Harfenstücken für die Hausmusik darauf Rücksicht nahmen und komplizierte Modulationen vermeiden mußten. Trotz dieser Beschränkung wurden aber mitunter sehr schöne, klangvolle Stücke geschrieben.

LEBEN

Jean Joseph Benoît Pollet wurde 1753 in Béthune, Pas-de-Calais, geboren. Er betätigte sich als Harfenist, Harfenlehrer und Komponist, ab 1800 auch als Musikalienhändler. Er starb am 16. 4. 1823 in Paris.
Sein Bruder Charles François Alexandre Pollet (1746, Béthune, bis um 1815, Évreux) war Gitarrist, Cisterspieler und auch Lehrer für beide Instrumente.

WERKE

Von Jean Joseph Benoît Pollet sind Harfenkonzerte, Duos für Harfe und Cembalo oder für zwei Harfen und verschiedene Arien mit Harfenbegleitung erschienen. Seine Kompositionen waren auf einfachen Instrumenten ausführbar.
Charles François Alexandre Pollet verfaßte Sonaten, verschiedene Arien mit Cisterbegleitung und für Cister arrangierte Opernarien mit deutlich romantischen Zügen.

Franz Pollini (1762–1846)

LEBEN

Franz Pollini (Francesco Giuseppe) wurde am 25. 3. 1762 in Ljubljana geboren. Er war Schüler von Wolfgang Amadeus Mozart und von Nicola Antonio Zingarelli, wirkte zunächst in seinem Geburtsort als Sänger und Schauspieler, ging sodann als Opernsänger, Violinist und Pianist nach Italien und ließ sich schließlich 1790 in Mailand als Klavierlehrer nieder, wo er am 17. 9. 1846 starb.

WERKE

Von Franz Pollini, der als Pianist neue Techniken des Spiels fand und ausübte, ist eine große Anzahl Sonaten, Variationen, Fantasien und kleinerer Stücke für Pianoforte und für Cembalo erhalten. Er schrieb außerdem einige Kammermusiken, 2 Opern, ein Melodram, eine Kantate und das sehr bekannte Oratorium »Stabat mater« für Sopran, Alt, zwei Violinen, zwei Celli und Orgel. Er verfaßte auch eine viel verwendete Cembaloschule.

Pierre Louis Pollio (1724–96)

ZEIT UND UMWELT

Noch in der zweiten Hälfte des 18. Jahrhunderts wurde in französischen Kirchen der improvisatorische Gesang in der Form gepflegt, daß sich der Sänger eine »Basse fondamentale« (Grundbaß) vorstellte und seine Stimme improvisatorisch danach richtete. Dieser Grundbaß war nicht mit dem Generalbaß identisch, sondern leitete sich vom jeweiligen akkordischen Gebäude unmittelbar ab und wurde nicht gesungen oder gespielt. Im

Volksgesang ist dieses »Zusammensingen« mehrerer Stimmen »nach dem Gehör« heute noch üblich. Allerdings begleiten dabei die Sänger einander oft in Terzen oder Sexten, während beim Singen auf gedachtem Grundbaß, falls es nicht nur einstimmig abläuft, nur versucht wird, Dissonanzen zu vermeiden.

LEBEN
Pierre Louis Pollio wurde am 15. 6. 1724 in Dijon geboren und dort ausgebildet. Er wirkte als Kirchenkapellmeister in Péronne, Dijon, Beauvais und ab 1768 bis zu seinem Tod am 7. 12. 1796 an St-Vincent in Soignies, wo er 1784 auch Kanonikus geworden war.

WERKE
Die große Zahl an Kirchenkompositionen von Pierre Louis Pollio wird in 18 Bänden in Soignies aufbewahrt. Er verfaßte außerdem die »Principes de chant sur le livre suivant les anciens« (Grundlagen zum Stegreifsingen nach alter Art), womit er den improvisatorischen Choralgesang empfahl und lehrte.

LITERATUR
R. Wangermée, Le traité du chant sur le livre de Pierre Louis Pollio, Antwerpen 1945.

Leonid Polowinkin (1894–1949)

LEBEN
Leonid Aleksajewitsch Polowinkin wurde am 1.8.1894 in Kurgan, Tobolsk, geboren. Nach seinem Jura-Studium in Moskau war er von 1917 bis 1924 Klavier- und Kompositionsschüler bei Georgi Katuar, Sergei Wasilenko und Reinhold Glier; anschließend wirkte er am Kindertheater in Moskau, wo er am 8.2.1949 starb.

WERKE
Der Stil von Leonid Polowinkin bewegte sich in den Bahnen der russischen Spätromantik. Er schrieb 9 Sinfonien und mehrere kleinere Orchesterwerke, ein Klavierkonzert, 4 Streichquartette, ein Klaviertrio, ein Streichtrio, 5 Sonaten, 2 Suiten und andere Stücke für Klavier sowie Lieder.

Manuel Ponce (1882–1948)

LEBEN
Manuel Maria Ponce wurde am 8.12.1882 in Fresnillo de González Echevarría geboren. Er war in Bologna Kompositionsschüler von Marco Enrico Bossi und Klavierschüler von Martin Krause (17.6.1853, Lobstädt, Sachsen, bis 2.8.1918, Plattling, Bayern). Im Jahr 1906 wurde er Lehrer am Konservatorium in Mexiko-Stadt, lebte darauf in Habana, New York und Paris und ab 1925 als Komponist und Dirigent wieder in Mexiko-Stadt, wo er am 24.4.1948 starb.

WERKE
Neben einer Reihe von Orchesterwerken, bei denen er anfänglich folkloristische Elemente verarbeitete, aber später klassizistische Linien einhielt, verfaßte Manuel Ponce ein Klavierkonzert, ein Gitarrenkonzert, ein Violinkonzert, Orchesterlieder, 4 Miniaturen für Streichquartett, »Eine kleine Suite im antiken Stil« für Streichtrio, eine Sonate für Violine und Bratsche, Klavier- und Gitarrenwerke sowie viele Lieder.

LITERATUR
D. L. Alonso, Manuel Maria Ponce, Mexiko 1950.

Antoine Ponchard (1758–1827)

LEBEN
Antoine Ponchard wurde 1758 in Boussu bei Péronne geboren. Er bekleidete eine Reihe von Stellungen an den Kirchen und Kathedralen der Provinzen, bis er Orchesterdirigent am Grand Théâtre in Lyon wurde. Im Jahr 1815 gelang es ihm jedoch, die Kapellmeisterstelle an St-Eustache in Paris zu erhalten. Er starb im September 1827 in Paris.

WERKE
Von Antoine Ponchard sind 4 Messen, ein Requiem, eine Kantate und zahlreiche Motetten handschriftlich überliefert. Diese Kompositionen folgen dem zeitgenössischen Kirchenmusikstil in Frankreich.

Louis Antoine Ponchard (1787–1866)

Zeit und Umwelt
Der Opernbetrieb, der in Paris im Barock mit Jean-Baptiste Lully (1632–87) mit aller Intensität einsetzte, hat im Verlauf seiner Entwicklung zu keiner Zeit eine Schwächung erlitten, er verstärkte sich vielmehr von Epoche zu Epoche, bis er mit dem Beginn des 19. Jahrhunderts eine erstaunliche Dichte erreichte. Er war in den Mittelpunkt des gesamten Kulturgeschehens der Stadt gerückt, so daß das Ansehen der Opernkomponisten und aller an den Aufführungen Mitwirkenden sich in den Augen des Publikums sehr hob, und Sänger sogar zu Chevaliers der Ehrenlegion ernannt wurden.

Leben
Louis Antoine Ponchard wurde am 31.8.1787 in Paris als Sohn des Antoine Ponchard (1758 bis 1827) geboren. Er war Kapellmeister in mehreren französischen Städten, nahm sodann bei Pierre Jean Garat Gesangunterricht und debütierte 1812 an der Opéra Comique als Tenor. Er verblieb bis 1837 im Ensemble dieses Theaters und wurde 1819 Gesanglehrer am Conservatoire. Als erster Opernsänger wurde er in die Ehrenlegion aufgenommen. Er starb am 6.1.1866 in Paris.

Werke
Von Louis Antoine Ponchard ist eine große Anzahl Kirchenmusik – Messen, Oratorien und andere Proprien, Litaneien, Psalmen – erhalten. Er gehörte zu den ersten, der in Frankreich Kirchenmusik romantischen Fakturen näherte.

Amilcare Ponchielli (1834–86)

Leben
Amilcare Ponchielli wurde am 31.8.1834 in Paderno Fasolare bei Cremona geboren. Er war von 1843 bis 1854 Schüler des Mailänder Konservatoriums. Er wirkte als Organist in Cremona und von 1861 bis 1883 als Domkapellmeister in Bergamo, bis er 1876 mit seiner Oper »La Gioconda« einen durchschlagenden Erfolg errang und 1883 Professor am Konservatorium in Mailand wurde, wo Giacomo Puccini, Pietro Mascagni (1863 bis 1945) und Ruggero Leoncavallo seine Schüler waren. Er starb am 16.1.1886 in Mailand.

Werke
Neben »La Gioconda« hat Amilcare Ponchielli weitere 10 Opern geschrieben, die den Erfolg der erstgenannten bei weitem nicht erreichten. Er verfaßte ferner einige Ballette, eine Kantate zu Ehren von Gaetano Donizetti, eine Hymne zum Andenken von Giuseppe Garibaldi (1807–82), einen Trauermarsch für Alessandro Manzoni und einige Kirchenmusik.

Literatur
A. Damerini, Amilcare Ponchielli, Turin 1940.

Józef Poniatowski (1816–73)

Zeit und Umwelt
Charles Louis Napoléon (1808–73), Neffe Napoleons I., wurde 1848 zum Präsidenten der Zweiten Französischen Republik gewählt und 1852 zum Kaiser der Franzosen. Unter dem Namen Napoleon III. regierte er bis zur Ausrufung der Dritten Republik im Jahr 1870. Er emigrierte nach England und ließ sich in Camden Place, Chislehurst, nieder.

Leben
Józef Michal Xawery Franciszek Jan Poniatowski, prince de Monte Rotondo, wurde am 20.2.1816 in Rom geboren. Er war Neffe des napoleonischen Marschalls Józef Antoni Poniatowski (1763–1813). Nach seiner Ausbildung am Liceo Musicale in Florenz trat er dort als Operntenor auf. Im Jahr 1848 ging er nach Paris, wo er zum Senator ernannt wurde. Er folgte Kaiser Napoleon III. in dessen Exil in England, wo er am 3.7.1873 in Chislehurst, Kent, starb.

Werke
Von Józef Poniatowski wurden in Italien, Frankreich und England ungefähr 30 Opern

auf italienische oder französische Texte aufgeführt, die wegen ihrer volkstümlichen Melodien sehr gefielen. Andere Kompositionen dürfte er nicht geschrieben haben.

José Pons (1768–1818)

ZEIT UND UMWELT

Der auffällige Unterschied des katalonischen und des valencianischen Stils blieb auch um die Wende zum 19. Jahrhundert noch bestehen. Die engen Beziehungen der Katalanen zu Frankreich wirkte sich auf ihre Musik entwicklungsfördernd aus, während in Valencia die Kirchenmusik weit stärker der Tradition verhaftet blieb.

LEBEN

José Pons wurde 1768 in Gerona geboren und in Córdoba von Jaime Balins y Vila (um 1750, Gerona, bis 3. 11. 1822, Córdoba), Kapellmeister, Komponist, von dem 3 Rondos und eine Cembalosonate erhalten sind, ausgebildet. Er wirkte als Kapellmeister in seiner Geburtsstadt, sodann in Valencia, wo er 1818 starb.

WERKE

Berühmt wurde José Pons durch seine Weihnachts-Villancicos, die von Singstimmen, Orchester oder Orgel aufgeführt wurden und strukturell Oratorien ähnlich waren. Von seinen weiteren Werken sind mehrere Miserere für die Karwoche erhalten. Sein Stil ist typisch katalonisch.

Pons de Capdoill (um 1180–1228)

ZEIT UND UMWELT

Barbarossas Enkel, Kaiser Friedrich II. (1194 bis 1250), genoß schon zu seinen Lebzeiten den Ruf überirdischer Größe, sein Andenken blieb nach seinem Tod in Sagen und Legenden lebendig. Seine Genialität, die in seinen verschiedenen wissenschaftlichen Interessensgebieten wie Mathematik, Naturwissenschaften, Philosophie Ausdruck fand, wies weit über seine Zeit hinaus. Dichtkunst und Musik wurden von ihm besonders bevorzugt. Er liebte Sizilien über alles und baute es zu einem vorbildlich verwalteten Staatswesen aus, er liebte noch mehr Palermo, wo ihn Gelehrte und Künstler umgaben und auch Troubadours sich einfanden, um ihre Gedichte vorzutragen und zu singen.

LEBEN

Pons de Capdoill, ein Edelmann aus St.-Julien-Chapteuil, wurde um 1180 geboren. Seine Wirkungszeit als provenzalischer Troubadour ist um die Wende des 12. zum 13. Jahrhundert anzusetzen. Er dürfte ein Verwandter der zeitgenössischen Trobairitz Azalais de Mercour gewesen sein. Die illustre Gesellschaft, mit der sich der Schöngeist und Vorläufer des Humanismus, Kaiser Friedrich II., umgab, zog auch Pons de Capdoill nach Palermo, von wo aus er den Kaiser auf dem V. Kreuzzug, dessen Erfolge mehr diplomatischer als kriegerischer Natur waren, begleitete. Er kehrte davon nicht mehr zurück, sondern starb 1228 im Orient.

WERKE

Von Pons de Capdoill sind 22 Cansos (Strophenlieder), 3 Kreuzzugslieder und ein Planctus erhalten sowie zu 4 Cansos auch die Musik, die stark vom italienischen Stil beeinflußt ist.

LITERATUR

A. Thomas, L'identité du Troubadour Pons de Chapteuil, Annales du Midi V., 1893.

Pietro Pontio (1532–95)

ZEIT UND UMWELT

Wie der Bildhauer Benedetto Antelami (um 1160 bis um 1220) und die Maler Parmigianino (1503–40) und Correggio das künstlerische, hat Cyprian de Rore das musikalische Antlitz der von vierzig Burgen umgebenen Stadt Parma geprägt. Besonders der relativ kurze Aufenthalt des Musikers in den sechziger Jahren des 16. Jahrhunderts war ausschlaggebend, weil er sich sofort mit einer

Reihe von Schülern aus der Stadt umgab, die den franko-flämischen Stil übernahmen und weiterbildeten.

LEBEN
Don Pietro Pontio (Ponzio) wurde am 23. 3. 1532 in Parma geboren. Der italienische Kirchenmusiker erhielt seine Ausbildung zum Musiker und Priester in seiner Vaterstadt; in der ersten Hälfte des 16. Jahrhunderts wurde er von Cyprian de Rore unterrichtet. Ab dem Jahr 1565 war er Kapellmeister am Dom von Bergamo, von 1567 bis 1569 an Santa Maria della Steccata, 1577 bis 1582 am Mailänder Dom und von da an bis 1592 neuerlich in Parma. Er starb in Parma am 27. 12. 1595.

WERKE
Das von Pietro Pontio hinterlassene Werk umfaßt 6 Bücher mit vier- und fünfstimmigen Messen, 2 Bücher mit fünfstimmigen Motetten, vierstimmige Magnificat und Hymnen, außerdem als einzige profane Komposition ein fünfstimmiges Madrigal. Alle diese Musik lehnt sich stark an de Rore an, ist aber trotzdem eigenständig. Dazu ist noch eine Anzahl von Kadenzen für Orgelsolo zu rechnen, die eine gut ausgebildete Orgeltechnik verlangen.

Stefan Bolesław Poradowski (1902–67)

LEBEN
Stefan Bolesław Poradowski wurde am 16. 8. 1902 in Włocławek geboren. Er war von 1922 bis 1926 am Konservatorium in Poznan Schüler von Henryk Opieński und 1929 in Berlin von Emil Nikolaus Rezniček (1860–1945), von 1930 bis 1939 Professor für Musiktheorie und Komposition in Poznan und ab 1945 an der Musikhochschule in Wrocław (Breslau). Er starb am 9.7. 1967 in Poznan.

WERKE
Neben einer Oper schrieb Stefan Bolesław Poradowski 7 Sinfonien, eine sinfonische Dichtung, eine Suite, ein Konzert für Viola d'amore und Orchester, ein Kontrabaßkonzert, ein Konzert für Flöte, Harfe und Streichorchester, 4 Streichquartette, 2 Trios für Violine, Bratsche und Kontrabaß, 2 Streichtrios, ein Trio für drei Kontrabässe, eine Sonate für Violine und Klavier, Klavier- und Orgelwerke, ein Oratorium, 2 Messen, Orchester- und Klavierlieder. Er veröffentlichte auch didaktische Werke.

David Porcelijn (geboren 1947)

LEBEN
David Porcelijn wurde am 7. 1. 1947 in Achtkarspelen, Niederlande, geboren. Er war am Konservatorium in Den Haag Flötenschüler von Frans Vester (geboren 22. 5. 1922, Den Haag) und Kompositionsschüler von Kees van Baaren; in Genf nahm er Dirigierunterricht bei Michel Tabachnik. Er wirkt neben seiner kompositorischen Tätigkeit als Flötist und Flötenlehrer in Den Haag.

WERKE
Von David Porcelijn sind »Cybernetic Object« für Orchester, eine Ballettmusik für 26 Instrumente, »Combinations« für 26 Soloinstrumente, »Confrontations and Indoctrinations« (Gegenüberstellungen und Unterweisungen) für Jazzquintett, Jazz-Bigband und 19 Instrumente, »1000 Frames« (1000 Rahmen) für ein oder mehrere Blasinstrumente und ein oder mehrere Klaviere, »Interpraetations Nr. 1« für Klavier und »Nr. 4« für Streichquartett, »Continuations« (Fortsetzungen) für elf Blasinstrumente, Requiem für Schlagzeugensemble, ein Stück für zwei Streichquartette, ein Bläserquintett und zwei Vibraphone, »Zen« für Soloflöte, ein Bläserquintett, ein Stück für 52 Streicher bekannt geworden. Er verfaßte auch eine Methode des Flötenspiels.

Marco Antonio Pordenon
(um 1530 bis nach 1580)

ZEIT UND UMWELT
Der Maler Giovanni Antonio de' Sachis Pordenone (um 1483–1539) schmückte den

Dom seiner Vaterstadt Pordenone in Nordostitalien mit prächtigen Bildern in venezianischer Manier. Auch die Musik des Domes hatte ihren Ursprung in der Lagunenstadt.

LEBEN
Marco Antonio Pordenon wurde um 1530 in Padua geboren und vermutlich dort zum Musiker ausgebildet. Über eine Tätigkeit in seiner Geburtsstadt ist nichts bekannt. Er erhielt in den fünfziger oder sechziger Jahren die Kapellmeisterstelle an San Marco in Pordenone, die er bis 1580 versah. Er dürfte in Pordenone etliche Jahre später gestorben sein. Es ist fraglich, ob Pordenon sein echter Name war.

WERKE
Von Marco Antonio Pordenon sind 5 Bücher mit fünfstimmigen und eines mit vierstimmigen Madrigalen erhalten. Er zeigt sich darin als Meister der oberitalienischen Madrigalkunst und einfallsreicher Erfinder neuer Melodien.

Nicola Porpora

Nicola Porpora (1686–1768)

ZEIT UND UMWELT
»Die Opernkomponisten bemühen sich nur um die Singstimmen, die reich mit Verzierungen überladen werden, aber keinen Bezug zu den dramatischen Vorgängen haben. Die Musik hat nur begleitende Funktion und bringt weder Farbe noch Spannung. Aber das Publikum nimmt sie ebenso wenig zur Kenntnis wie die Handlung der Opern, es hört nur auf den Gesang berühmter Stimmen, der oft zu der vom Sänger dargestellten Person in starkem Widerspruch steht.« Dieser Bericht eines Reisenden aus Neapel beleuchtete den neapolitanischen Opernbetrieb in der ersten Hälfte des 18. Jahrhunderts und hatte nicht nur für Neapel Geltung, sondern ebenso für Rom, Venedig, Wien, Dresden und jeden Ort, wo Opern aufgeführt wurden.

LEBEN
Nicola Antonio Giacinto Porpora wurde am 17. 8. 1686 in Neapel geboren und kam mit 10 Jahren zu Gaetano Greco (um 1657–1728) an das Conservatorio di Gesù Cristo. In den Jahren 1707–13 schrieb er für Neapel 3 Opern, war Kammervirtuose und Kapellmeister des Landgrafen Philipp von Hessen-Darmstadt, der sich in der Stadt aufhielt. Von 1715 bis 1722 war er als Kapellmeister am Conservatorio Sant'Onofrio und privat als Gesanglehrer tätig. Da seine Versuche, mit Wien in Verbindung zu kommen, vergebens waren, ging er 1726 als Lehrer an das Ospedale degl'Incurabili in Venedig und 1733 nach London, wo er als Operndirektor und Komponist zu Georg Friedrich Händels Rivalen wurde. Im Jahr 1736 verließ er England, kehrte nach Italien zurück, wirkte als Kapellmeister ab 1739 am Conservatorio Santa Maria di Loreto in Neapel, ab 1742 am Ospedale della Pietà und ab 1746 am Ospedaletto in Venedig. Von 1747 bis 1751 war er Gesanglehrer der Kurprinzessin Maria Antonia Walpurgis in Dresden, wirkte neben Johann Adolf Hasse ab 1748 auch als Hofkapellmeister, verließ jedoch den sächsischen Hof 1752, um nach Wien zu gehen. Das Jahr

1458 sah ihn in Neapel, 1759 war er neuerlich in Wien und 1760 wieder in Neapel als Kapellmeister am Conservatorio Santa Maria di Loreto. Seine letzten Lebensjahre bis zum 3.3.1768 verbrachte er in Neapel ohne feste Anstellung.

WERKE
Nicola Porpora hat ungefähr 50 Opern und dramatische Serenaten geschrieben, die trotz ihrer virtuosen Partien für große Sänger keinen langen Bestand hatten, weil bei Wiederholungen mit weniger berühmten Interpreten ihr Mangel an Musikalität sofort zutage trat. Ähnlich verhielt es sich mit seinen 10 Oratorien, den Messen, Motetten, Kantaten und Arien. Seine Kammermusiken – 6 Kammersinfonien, 6 Sonaten für zwei Celli und zwei Violinen mit Generalbaß, 12 Violinsonaten mit Generalbaß, ein Cellokonzert und eine Cellosonate – sind glänzend und virtuos, entbehren aber auch nicht der musikalischen Tiefe und zeigen die kompositorischen Fähigkeiten des Meisters.

Konzert in G-Dur für Cello und Streichorchester, 4 Sätze

Das Konzert zeigt die Form der Kirchensonate, überschreitet jedoch das von Antonio Vivaldi geprägte Barockmuster. Der ständige Wechsel von Solo und Tutti fehlt, diese spielen nicht gegeneinander, sondern zumeist miteinander. Das einleitende Adagio ist ruhig und sozusagen vorbereitend. Das darauf folgende Allegro bringt eine rhythmisch drängende Musik, die im 3. Satz von einer elegischen Melodie in e-Moll abgelöst wird. Das rasche Finale klingt fröhlich bewegt aus.

LITERATUR
E. Walkers, A Chronology of the Life and Works of Nicola Porpora, in: Italian Studies VI, Cambridge 1951.

Ennio Porrino (1910–59)

LEBEN
Ennio Porrino wurde am 20.1.1910 in Cagliari geboren. Er war zunächst in Rom Schüler von Cesare Dobici und Giuseppe Mulè (28.6.1885, Termini Imerese, Sizilien, bis 10.9.1951, Rom), sodann von 1932 bis 1935 bei Ottorino Respighi an der Accademia di Santa Cecilia, an der er 1936 Lehrer für Harmonie und Kontrapunktik wurde, daneben wirkte er ab 1943 als Kompositionslehrer am Konservatorium in Neapel. Im Jahr 1957 wurde er Direktor des Konservatoriums und Leiter der Konzerte in Cagliari. Er starb am 25.9.1959 in Rom.

WERKE
Von Ennio Porrino sind 3 Opern und 5 Ballette auf die Bühnen gekommen. Er schrieb außerdem eine sinfonische Dichtung, »3 altsardische Tänze« für Orchester, ein Klavierkonzert, ein Gitarrenkonzert, ein Konzert für Cembalo und Streicher, ein Oratorium, eine Motette, Klavierwerke, Gesänge und Lieder. Sein Stil war, von Respighi stark beeinflußt, neuklassizistisch mit impressionistischen und spätromantischen Rückgriffen.

LITERATUR
M. Rinaldi, Ennio Porrino. – In: Musica d'oggi XVII (1935).

Giovanni Giacomo Porro
(um 1590–1656)

ZEIT UND UMWELT
Bayern litt in der letzten Phase des Dreißigjährigen Krieges am meisten: Schweden und Franzosen verwüsteten das Land. Trotzdem gelang es Herzog Maximilian I. (1573–1651), das Kulturniveau, das seine Vorgänger auf dem Thron erreicht hatten, zu halten.

LEBEN
Giovanni Giacomo Porro (Johann Jakob Borro) wurde um 1590 in Lugano geboren. Er war ab 1622 Organist des Herzogs von Savoyen und ab 1628 Kapellmeister an San Lorenzo in Damaso in Rom und von 1630 bis 1634 Organist am Petersdom. Im Jahr 1636 wurde er Kapellmeister am Hof der Herzoge von Bayern, Maximilian I. und Ferdinand Maria (1636–79). Er starb im September des Jahres 1656 in München.

WERKE

Der italienische Komponist Giovanni Giacomo Porro hat ein ungeheures kompositorisches Werk von über 1100 Nummern hinterlassen: 32 Messen, 60 Proprien, ein Requiem, 64 Magnificat, 2 Te Deum, 60 Cantiones, 187 Psalmen, 208 Antiphonen, 20 Litaneien, 7 Stabat mater, 274 Motetten, 200 Madrigale und 10 Ballette. Davon sind nur 3 Kompositionen in Sammelwerken erhalten, die ihn als Meister des konzertanten Stils kennzeichnen. Während seiner langen Tätigkeit am Hof in München wirkte er entscheidend an der Einführung der Oper mit.

Pierre Jean Porro

(1750–1831)

ZEIT UND UMWELT

Im 18. Jahrhundert erhielt die Gitarre ihre endgültige Standardform mit 6 einchörigen Saiten. Nebenformen hatten nur mehr regionale Bedeutung. Das akkordische Solospiel wurde neben der Liedbegleitung, wenn auch nicht häufig, in allen Musikländern gepflegt und fand immer sein Publikum.

LEBEN

Pierre Jean Porro wurde 1750 in Béziers geboren und dort ausgebildet. Er kam 1783 nach Paris und wirkte dort als Gitarrist und Gitarrenlehrer bis zu seinem Tod am 31. 5. 1831 in Montmorency.

WERKE

Von Pierre Jean Porro erschienen von 1787 bis 1803 periodisch Sammlungen von Gitarrenkompositionen. Dann gründete er einen eigenen Musikverlag und veröffentlichte sakrale Musik verschiedener zeitgenössischer Komponisten und seine eigenen Kompositionen: Divertissements, Canzonetten, Sonaten und Serenaden für Gitarre, Duette für Gitarre und verschiedene andere Instrumente und einige Vokalstücke. Er brachte auch eine Gitarrenschule heraus.

LITERATUR

F. Donnadieu, Porro, Béziers 1897.

Giuseppe Porsile

(1680 – 1750)

ZEIT UND UMWELT

Kaiser Karl VI. nahm alle, die in der Zeit, als er sich um den spanischen Thron bewarb, in seinen Diensten in Barcelona standen, an seinem Hof in Wien auf. Das geschah wohl aus Dankbarkeit für die erwiesene Treue, aber auch in Erinnerung an die Jahre, in denen er davon träumte, das Weltreich Karls V. durch die Vereinigung der habsburgischen und der spanischen Länder neu entstehen zu lassen.

LEBEN

Giuseppe Porsile wurde am 5. 5. 1680 in Neapel geboren. Er war zunächst Vizekapellmeister in Neapel, sodann Hofkapellmeister des nachmaligen Kaisers Karl VI. in Barcelona und schließlich dessen Hofkomponist in Wien, wo er am 29. 5. 1750 starb.

WERKE

Der italienische Komponist Giuseppe Porsile verfaßte 6 Opern, 13 Serenaden, 12 Oratorien, Kantaten und Canzonetten, die bereits die Schwelle des Barock überschritten.

Bernardo Porta (1758–1829)

ZEIT UND UMWELT

Der französische Gelehrte, Musikologe und Komponist Alexandre Étienne Choron (1771 bis 1834) begründete 1817 eine Schule für klassische und religiöse Musik, die als erste in Paris Werke von Giovanni Pierluigi Palestrina, Johann Sebastian Bach und Georg Friedrich Händel aufführte. Es wurden in erster Linie Sänger für diese Werke ausgebildet.

LEBEN

Bernardo Porta wurde 1758 in Rom geboren. Er war 6 Jahre lang Kapellmeister in Tivoli. Nach einem weiteren Aufenthalt in Rom ging er zwischen 1785 und 1788 nach Paris, wo er mit wechselndem Erfolg mehrere Opern herausbrachte und Musikunterricht gab. Im Jahr 1812 übernahm ihn Alexandre

Étienne Choron als Harmonielehrer in seine Gesangschule. Er starb am 11. 6. 1829 in Paris.

WERKE
Neben ungefähr 15 Opern verfaßte Bernardo Porta mehrere Kammermusikwerke, eine Kantate und Lieder. Sein Stil lehnte sich an ältere römische Fakturen an.

Costanzo Porta (um 1529 – 1601)

ZEIT UND UMWELT
Ab 1405 wurde Padua von Venedig regiert und verwaltet und teilte wirtschaftlich und kulturell sein Schicksal. Die Entwicklung der Stadt jedoch, von der sich durch den Maler Andrea Mantegna (1431 – 1506) die Kunst der Renaissance in ganz Oberitalien ausbreitete, in der Baumeister, Bildhauer, Erzgießer, Maler, Musiker und Dichter Vorbildliches und Ewiges schufen, in der die zweitälteste Universität Italiens mit Lehrern wie Galileo Galilei stand, in der der Portugiese Antonio (1195 – 1231) in einer Basilika voll Pracht begraben liegt, bedingte ein großes Maß an Eigenständigkeit auf allen Linien, zumal die von Venedig unabhängigen kulturellen Leistungen weiterhin erbracht wurden. Der Orden der Minderen Brüder zum Beispiel, dem Obhut und Pflege der Basilika des »Santo« anvertraut waren, förderte im Sinn der lebensbejahenden Lehre ihres großen Gründers Franciscus (1181 – 1226) jeden seiner Brüder, der künstlerische Talente zeigte, und ließ ihm gediegene Ausbildung angedeihen.

LEBEN
Costanzo Porta wurde um 1529 in Cremona geboren. Er trat dem Orden der Minderen Brüder bei, wurde von Willaert in Venedig ausgebildet und erhielt 1552 die Chormeisterstelle in Osimo bei Ancona. Im Jahre 1565 wurde er Kapellmeister an der Basilika San Antonio in Padua, 1567 an der Kathedrale in Ravenna, 1574 an der Basilika von Loreto, kam 1580 in gleicher Eigenschaft erneut nach Ravenna und 1589 vorerst an die Kathedrale von Padua und dann 1595 an San Antonio. Er ist am 19. 5. 1601 in Padua gestorben.

WERKE
Nach übereinstimmendem Zeugnis zeitgenössischer und späterer Musikwissenschaftler war Costanzo Porta einer der bedeutendsten Kontrapunktiker seiner Zeit. In seinen Motetten verband er die denkbar genialste kontrapunktische Stimmführung der frankoflämischen Schule mit feinem italienischem Wohlklang. Seine Motettenbücher zu fünf, sechs und vier bis acht Stimmen erschienen in Venedig. Dann veröffentlichte er Introitus für Sonn- und Festtage, eine Anzahl vier- bis sechsstimmiger Messen, vierstimmige Hymnen, achtstimmige Psalmen und 4 Bücher mit Madrigalen, von denen eines verschollen ist. Verschiedene Vokalwerke sind in Sammeldrucken herausgekommen. Alle diese Musik, einschließlich der Madrigale, weist die von Willaert erlernte niederländische Strenge auf, zugleich aber die weiche, graziöse Melodik Italiens.

LITERATUR
A. Garbelotto, Il Padre Costanzo Porta, Rom 1955.

Ercole Porta (1585 – 1630)

ZEIT UND UMWELT
Die gegenreformatorische Zweckrichtung der Kirchenkunst des Barock kehrte den Grundsatz der Renaissance um: Wollte man dort hinter sparsamer Fassade ein Höchstmaß an Gehalt bieten, gestaltete man hier die Fassaden mit aller Pracht aus, wenn auch der Inhalt die Erwartungen nicht immer erfüllte. Die Musik der Zeit wurde mit der breiten Pracht des Instrumentalklanges satt ausgestaltet. Wie die Kirchenbauten des Jahrhunderts zur Machtdemonstration wurden, mußte auch die Kirchenmusik mit allen verfügbaren Mitteln zum festlichen Erlebnis werden.

LEBEN
Ercole Porta wurde am 10. 9. 1585 in Bologna

geboren. Er war ab 1609 Organist und ab 1612 auch Kapellmeister an San Giovanni in Persiceto. Von 1622 bis 1625 wirkte er in gleicher Eigenschaft in Carpi, sodann in Rubiera, schließlich war er von 1628 bis zu seinem Tod am 30. 4. 1630 wieder in Carpi tätig.

WERKE
Von dem italienischen Komponisten und Organisten Ercole Porta sind geistliche Konzerte für zwei bis vier Stimmen mit Generalbaß, Instrumentalmusik mit Generalbaß, ein Kompletorium mit Orgelbegleitung und eine zweistimmige Konzertmusik mit Instrumentalbegleitung erhalten. Kleinere Instrumentalstücke sind in Sammelwerken zu finden.

Giovanni Porta (um 1690–1755)

ZEIT UND UMWELT
Kurfürst Karl Albert von Bayern (1697 bis 1745), der mit Erzherzogin Maria Amalia (1701–56), Tochter Kaiser Josephs I. (1678 bis 1711), verheiratet war, erhob nach dem Tod Karls VI. Anspruch auf das Erbe, obgleich das Haus Bayern die Pragmatische Sanktion, die Maria Theresia als Nachfolgerin vorsah, anerkannt hatte. Er wurde mit Unterstützung Frankreichs als Karl VII. zum deutschen Kaiser gewählt, während österreichische Truppen in Bayern einmarschierten, so daß er erst 1744 den Thron in München besteigen konnte. Ein Jahr darauf starb er. Sein Sohn Maximilian III. Joseph (1727–77) verzichtete auf die österreichischen Gebiete und wandte sich der kulturellen Förderung seines Landes zu. Auch der Betrieb der Hofkapelle, der durch die politischen Wirren zeitweise gehemmt war, nahm erneut starken Aufschwung.

LEBEN
Giovanni Porta wurde um 1690 in Venedig geboren, hielt sich von 1706 bis 1716 vermutlich in Diensten des Kardinals Pietro Ottoboni (1667–1740) in Rom auf, wirkte anschließend als Chormeister und als Leiter des Ospedale della Pietà in Venedig, war einige Zeit in London tätig und erhielt 1737 die Stelle des Hofkapellmeisters in München, die er bis zu seinem Tod am 21. 6. 1755 betreute.

WERKE
Neben 32 Opern für Venedig, London, München und Bologna komponierte Giovanni Porta eine große Anzahl Messen und Psalmen, die von seinem Opernschaffen stark beeinflußt sind, so daß die Chöre etwas flach, dafür aber die häufigen Solostellen um so glänzender ausfielen.

Samuel Porter (1733–1810)

ZEIT UND UMWELT
Canterbury, der Sitz des Erzbischofs und Primas der anglikanischen Kirche, war und ist heute noch eine der bedeutendsten Pflegestätten der englischen Kirchenmusik-Tradition. Daß die Kapelle zu allen Zeiten mit hervorragenden Kräften besetzt wurde, ergab sich daraus mit Notwendigkeit.

LEBEN
Samuel Porter wurde 1733 in Norwich geboren. Er war Chorist an St. Paul's in London und zugleich Schüler von Maurice Greene. Im Jahr 1757 wurde er Organist an der Kathedrale von Canterbury und zog sich 1803 von dieser Pflicht zurück. Er starb am 11. 12. 1810 in Canterbury.

WERKE
Von Samuel Porter ist ein Band »Kathedralenmusik« erschienen, der 2 Services, 5 Anthems, ein Sanctus, ein Kyrie und 9 Chants enthält.

Walter Porter (um 1595–1659)

ZEIT UND UMWELT
Als der englische Bürgerkrieg ausbrach, ließen Tätigkeit und Bedeutung der Hofkapelle rasch nach. Einzelne Mitglieder verließen die Kapelle freiwillig, andere wurden entlassen, der Klangkörper schmolz bald zusammen und bestand eigentlich nur noch auf dem Papier, als er mit dem vorläufigen Ende des

Königtums auch formell aufgelöst wurde. Die Musiker gingen in das Ausland, zu Adelsfamilien in England und Schottland oder fristeten ihr Dasein als Musiklehrer in London.

LEBEN

Walter Porter wurde um 1595 vermutlich in London geboren. Er war ab 1603 Chorknabe an der Westminster Abbey und ab 1518 Tenor in der Chapel Royal. Die Jahre 1613 bis 1616 verbrachte er in Spanien und Italien, wo er mit Claudio Monteverdi in Berührung kam und von ihm Musikunterricht erhielt. Im Jahr 1639 wurde er Chormeister der Kapelle, verlor aber 1644 alle Hofstellungen. Die Restauration erlebte er nicht mehr; er starb 1659 in London und wurde am 30. 11. begraben.

WERKE

Bei den zweistimmigen Motetten mit Generalbaß des englischen Komponisten Walter Porter merkt man den Unterricht von Monteverdi sehr deutlich. Die Anlage der monodischen Gesangsmelodien ist italienisch im Stil des 17. Jahrhunderts. Auch die zweistimmigen »Madrigals and Ayres, Toccatas, Sinfonias and Ritornelles« für zwei Violen oder Violinen und Generalbaß tragen durchweg italienischen Charakter.

LITERATUR

Gh. W. Hughes, Porter, Pupil of Monteverdi, in: Monthly Quarterly XX, 1914.

Francesco Portinaro
(um 1520 bis um 1578)

ZEIT UND UMWELT

Plato versammelte im Jahre 387 v. Chr. im Garten des Heros Akademos seine Schüler zu philosophischen Gesprächen. Daraus wurde eine Lehrstätte, die erst 529 n. Chr. ihre Tätigkeit einstellte. Daran knüpfte der byzantinische Gelehrte Michailos Konstantinos Psellos (1018–78) an, als er im 11. Jahrhundert in Konstantinopel eine neue Akademie gründete, und darauf fußten die um 1450 in Florenz, Rom und Neapel mit Hilfe griechischer Wissenschaftler ins Leben gerufenen platonischen Akademien.
In der Renaissance- und Barockzeit entwickelten sich in Italien über 1000 Akademien, die von Adeligen oder den Höfen erhalten wurden. Es waren Zentren des Humanismus, die in ihrer Tätigkeit, von allen kirchlichen und staatlichen Bindungen frei, die wissenschaftliche und künstlerische Ausbildung ihrer Mitglieder förderten und durch ihre Korrespondenz untereinander eine Art internationale Republik des Geistes bildeten. Viele italienische Akademien stellten ganz bestimmte Fächer in den Mittelpunkt ihres Interesses, unter anderem die Musik.

LEBEN

Francesco Portinaro (Portenari, Portenarius, Portinarius) wurde um 1520 in Padua geboren. Er war von 1557 bis 1560 Musiklehrer an der Accademia degli Elevati in Padua, trat sodann um 1565 in den Dienst des Kardinals Ippolito in Ferrara. Im Jahre 1573 kehrte er nach Padua zurück und wurde Mitglied der Accademia dei Rinascenti. Von 1576 bis zu seinem Tod um 1578 wirkte er als Kapellmeister am Dom zu Padua.

WERKE

Von Francesco Portinaro sind eine Vielzahl von Madrigalen und Motetten, alles fünf- und mehrstimmig, weiters Kantaten und eine sechsstimmige Messe erhalten. Die Musik dieses oberitalienischen Meisters bewegt sich in den von Adrian Willaert vorgezeichneten Bahnen, ohne dessen Niveau zu erreichen.

LITERATUR

B. Brunelli, Francesco Portinaro e le cantate degli accademici padovani, Atti del Reggio Istituto Veneto, Venedig 1919/20.

Richard Portman (um 1590–1659)

ZEIT UND UMWELT

Im Jahr 1644, als die Parlamentstruppen London bereits seit einiger Zeit fest in Händen hatten, wurden nicht nur die Orgeln aus den Kirchen der englischen Hauptstadt entfernt, sondern auch alle Services im Chorgesang untersagt. Das zwang Organisten, Kapellmeister und Sänger, sich nach einer anderen Beschäftigung umzusehen. Von vielen verlor sich jede Spur, sie gingen in den Kämpfen um die Macht irgendwie zugrunde. Einzelne schlugen sich als Musiklehrer durch.

LEBEN

Richard Portman wurde um 1590 vermutlich in London geboren. Er war Schüler von Orlando Gibbons und wurde 1633 Organist an der Westminster Abbey. Im Jahr 1644 verlor er seine Stelle wie alle anderen Musiker und arbeitete in London als Orgel- und Virginallehrer. Die Restauration erlebte er nicht mehr, er starb in London im November 1659.

WERKE

Der englische Komponist Richard Portman hat etliche Services und Serviceteile und eine größere Anzahl Anthems verfaßt, die nur teilweise erhalten sind. Das vollständig überlieferte Anthem »Oh God my heart is ready« (Gott, mein Herz ist bereit) wurde in englischen Kirchen sehr lange verwendet.

Marcos António da Fonseca Portugal (1762–1830)

LEBEN

Marcos António da Fonseca Portugal (eigentlich Marcos António da Ascenção) wurde am 24. 3. 1762 in Lissabon geboren und im Seminário patriarcal und von João de Sousa Carvalho ausgebildet. Als Dirigent des Salitre-Theaters in Lissabon legte er sich 1785 den Namen eines Freundes seiner Familie zu. Nachdem er bereits eine Reihe von Bühnenwerken geschrieben hatte, begab er sich 1792 nach Italien, wo er bis 1799 eine große Anzahl sehr erfolgreicher Opern auf die Bühne brachte. In die Heimat zurückgekehrt, wurde er Königlicher Kapellmeister und Leiter des Teatro San Carlos in Lissabon. Als die Königsfamilie 1807 nach Brasilien flüchtete, blieb er zunächst auf seinem Posten als Theaterdirektor. Da aber das Niveau des Musiklebens in Lissabon stark abfiel, folgte er 1810 dem König nach Rio de Janeiro und nahm dort sein Hofkapellmeisteramt erneut auf. Im neu gegründeten Teatro São João der brasilianischen Hauptstadt wurden mehrere Opern von ihm aufgeführt. Als der König 1821 nach Lissabon zurückkehrte, war Portugal aus gesundheitlichen Gründen nicht mehr imstand, die Seereise in die Heimat zu unternehmen, sondern blieb in Rio de Janeiro, wo er am 7. 2. 1830 starb.
Sein Bruder Simão da Ascenção (um 1765, Lissabon, bis um 1835, Rio de Janeiro) war Kirchenmusiker. Er begleitete den Bruder nach Rio de Janeiro und dürfte auch dort ein kirchenmusikalisches Amt betreut haben.

WERKE

Von Marcos António da Fonseca Portugal sind ungefähr 50 Opern auf italienische und auf portugiesische Texte aufgeführt worden. Ihr Erfolg war weltweit. Außerdem schrieb er 5 große Messen, 5 Orgelmessen, 2 Te Deum mit Orchester, fünfstimmige Psalmen, Psalmen mit großem Orchester, mehrere Miserere, Matutin und Sequenzen.
Simão da Ascenção verfaßte zahlreiche Kirchenmusiken für Lissabon und für Rio de Janeiro, von denen nur ein geringer Teil handschriftlich erhalten ist.

LITERATUR

M. de Sampayo Ribeiro, No centenário da morte de Marcos Portugal, Coimbra 1933.

Ciprian Porumbescu (1853–83)

LEBEN

Ciprian Porumbescu wurde am 2. 10. 1853 in Sipotele-Sucevei, Bukowina (heute Ukraine), geboren. Er war als Violinist ein Autodidakt und kannte nicht einmal die Noten. Erst während seines Theologiestudiums in Czernowitz (heute Tschernowci, Ukraine) beschäftigte er sich mit Musiktheorie und organisierte und leitete verschiedene Chor- und Kammermusikgruppen. Von 1879 bis 1881 studierte er am

Konservatorium in Wien und wirkte anschließend als Musiklehrer in Braşov (damals Brassó, Ungarn). Er starb am 25.5.1883 in Stupca (heute Ciprian-Porumbescu), Suceava.

WERKE
Von dem frühen Repräsentanten des rumänischen nationalen Musiklebens Ciprian Porumbescu sind zahlreiche Lieder und Chöre überliefert, die stark von der rumänischen Folklore beeinflußt sind. Auch seine Instrumentalstücke fußten auf der heimischen Volksmusik und waren damit für spätere Komponisten richtunggebend.

Isaac Posch (um 1565–1623)

ZEIT UND UMWELT
Die Reformation gewann im Raum Kärnten und Krain sehr rasch eine starke Anhängerschaft. Die protestantischen Landstände von Kärnten errichteten in Zusammenarbeit mit der Bürgerschaft den Dom in Klagenfurt als bedeutendsten protestantischen Kirchenbau Österreichs. Im Zuge der Gegenreformation wurde der Dom 1604 von den Jesuiten übernommen. In Krain wurde die Rekatholisierung weniger drängend vorangetrieben, so daß sich dort einzelne reformierte Gemeinden – slowenische und deutsche – noch länger halten konnten.

LEBEN
Isaac Posch wurde um 1565 vermutlich in Kärnten geboren und war wahrscheinlich bis zum Ende des 16. Jahrhunderts in Klagenfurt als Organist tätig. Vor der Gegenreformation wich er sodann nach Krain aus und betätigte sich dort als Orgelbauer in verschiedenen Gemeinden und schließlich 1621 in Laibach, wo er 1623 starb.

WERKE
Von dem österreichischen Komponisten Isaac Posch sind ein- bis vierstimmige Konzerte mit Generalbaß unter dem Titel »Harmonia concertans« und die Suitensammlungen »Musicalische Ehrnfreudt« und »Musicalische Tafelfreudt« erhalten. Die Suitensammlungen sind aus sakralen und profanen Sätzen für Singstimmen und Instrumente zusammengesetzt.

LITERATUR
H. J. Moser, Die Musik im frühevangelischen Österreich, Kassel 1954.

Georg Poss (um 1560 bis nach 1637)

LEBEN
Georg Poss wurde um 1560 in Franken geboren. Er studierte in Venedig. Von 1597 bis 1618 war er Instrumentalist und Musiklehrer am Hof Erzherzog Ferdinands von Österreich, des späteren Kaisers Ferdinand II., in Graz. Anschließend berief ihn Ferdinands Bruder, Erzherzog Karl Joseph (1590–1624), Fürstbischof von Brixen und Breslau, als Hofkapellmeister nach Neiße (Nysa), wo er nach 1637 starb.

WERKE
Der deutsche Komponist verfaßte eine Anzahl Motetten, 2 Magnificat für zwölf und achtzehn Stimmen, Messen zu acht, dreizehn, sechzehn, siebzehn und achtundzwanzig Stimmen, bei denen er die Vielchörigkeit Venedigs mit feiner Technik anwendete. Seine klangreichen Kompositionen trugen viel zur ständig zunehmenden Vorherrschaft italienischer Stile bei den habsburgischen Kapellen bei.

LITERATUR
H. Federhofer, Musikpflege und Musiker am Grazer Habsburgerhof der Erzherzöge Karl und Ferdinand von Innerösterreich (1564–1619), Mainz 1967.

Pellegrino Possenti
(um 1590 bis nach 1628)

LEBEN
Pellegrino Possenti wurde um 1590 vermutlich in oder bei Venedig geboren. Er lebte in Venedig und in Vincenza. Es ist nicht bekannt, welche musikalische Tätigkeit er aus-

geübt hatte, ebensowenig ist der Ort seines Todes in den Jahren nach 1628 feststellbar.

WERKE
Vom italienischen Komponisten Pellegrino Possenti sind eine Sammlung Monodien und zwei- bis dreistimmige Gesänge, Canzonetten für eine Stimme, eine Sonatensammlung für zwei bis vier Instrumente und Madrigale für mehrere Stimmen und Generalbaß überliefert. Es handelt sich um reine Barockmusik, die allerdings etwas glanzarm klingt.

Cipriani Potter (1792–1871)

LEBEN
Philipp Cipriani Hambly Potter wurde am 2.10.1792 in London geboren. Er war Schüler von Thomas Attwood (1765–1838), John Wall Callcott (1766–1821), William Crotch und Joseph Wölfl. Im Jahr 1817 ging er nach Wien, um als Pianist aufzutreten, und nahm dort bei Emanuel Aloys Förster Kompositionsunterricht. Nach Konzertreisen in Deutschland und Italien wurde er 1822 Klavierlehrer und 1832 Direktor der Royal Academy of Music in London. Von 1855 bis 1870 leitete er die Madrigal Society in seiner Vaterstadt, in der er am 28.9.1871 starb. Er spielte als erster in England die Klavierkonzerte von Ludwig van Beethoven.

WERKE
Von Cipriani Potter sind zahlreiche Fantasien, Romanzen und Tänze für Klavier bekannt geworden. Außerdem veröffentlichte er 2 Klaviersonaten, 9 Rondos, 2 Toccaten, 6 Variationen, 3 Klaviertrios und ein Sextett für Klavier und Streicher. Sein Wirken brachte der englischen Klaviermusik bedeutende Impulse.

Francis Poulenc (1899–1963)

LEBEN
Francis Poulenc wurde am 7.1.1899 in Paris geboren. Er studierte dort bei Ricardo Viñes (5.2.1885, Lérida, bis 29.4.1943, Barcelona)

Francis Poulenc

Klavierspiel und bei Charles Koechlin Komposition. Er trat der Gruppe der »Six« bei, ging aber bald eigene Wege, die von der Neuklassik weitab führten. Solange er von seiner kompositorischen Tätigkeit noch nicht leben konnte, wirkte er als Klavierbegleiter und Konzertpianist, konnte diese Betätigung aber bald aufgeben, weil alles, was er schrieb, gerne aufgeführt wurde. Eine Lehr- oder Dirigentenstelle bekleidete er nie. Er starb am 30.1.1963 in Paris als einer der geistreichsten und interessantesten Komponisten seiner Epoche.

WERKE
»In Poulenc wohnen zwei Seelen, die eines Mönches und die eines Lausbuben«, schrieb der bekannte Kritiker und Musikschriftsteller Claude Rostand (3.12.1912, Paris, bis 9.10. 1970, Villejiuf, Val de Marne). Es ist auch erstaunlich, welche Gegensätze zwischen seinen sakralen Werken einerseits und seinen witzigen, charmanten Instrumentalwerken, den Liedern und den Bühnenmusiken andererseits bestehen. Sein Stil war stark expressionistisch und offenbar Igor Strawinsky angenähert. Nur seine sakrale Musik ist mit deutlicher Anlehnung an die franko-flämische Vokal-

polyphonie der Renaissance und an das französische höfische Barock gestaltet. Er schrieb 3 Opern, 3 Ballette, eine Sinfonietta, ein »Ländliches Konzert« für Cembalo und Orchester, ein Konzert für zwei Klaviere und Orchester, ein Konzert für Orgel und Orchester, ein Klavierkonzert, ein Bläsersextett, 2 Bläsertrios, Sonaten für verschiedene Instrumente, für Klavier zwei- und vierhändig oder für zwei Klaviere, Stücke für Kammermusik mit verschiedener Besetzung, zahlreiche Lieder und Chöre mit Orchester und mit einzelnen Instrumenten, an sakraler Musik Messen und Gesänge a cappella und begleitet, Motetten, Ave verum, Stabat mater, Salve regina, Gloria, Litanei und Lamentationen.

Messe in G-Dur, 6 Teile, entstanden 1937
Die Struktur des Werks ist durchwegs diatonisch, Dissonanzen treten aber an textlichen Höhepunkten auf. Trotz der archaischen Diktion kommt es an mehreren Stellen, wie dem Sanctus und dem Agnus, zu höchster Melodiosität und gewaltigem Orchesterklang; barocke Wendungen sind nicht selten. Die Messe wirkt wie ein Gesamtausdruck der französischen Kirchenmusik aller Zeiten.

»Aubade« (Morgenständchen), Concerto choréographique für Klavier und 18 Instrumente, 7 Sätze, entstanden 1929
Der 1. Satz »Toccata« begrüßt Diana, die Göttin der Jagd, mit schmetternden Signalen. In »Die Gespielinnen der Diana« tragen die Klarinetten ein wiegendes Duo vor. Das folgende Rondeau »Diana und ihre Gespielinnen« wird vom Klavier intoniert, dann schließt sich der Auftritt der Diana an. Mit ironischer Rhythmik wird die »Toilette der Diana« begleitet. Darauf kommt es zu den »Variationen über Diana« bis zu einem Allegro feroce »Die Verzweiflung der Diana«, für die der Komponist nicht wenig Spott übrig hat. Der letzte Satz »Abschied und Trennung« wiederholt die Themen der vorangehenden Sätze.

Konzert für zwei Klaviere und Orchester in d-Moll, 3 Sätze, entstanden 1932
Mit einem kräftigen Akkordschlag beginnt der 1. Satz, die Klaviere fallen mit rasanten Passagen, hämmernden Akkorden und chromatischen Läufen ein; Kastagnetten markieren die Tanzrhythmen. Der 2. Satz ist voll ausgelassenen Musizierens. Er wird vom Ersten Klavier eröffnet, dessen Begleitung an die Romanze des d-Moll-Klavierkonzerts von Wolfgang Amadeus Mozart erinnert. Das turbulente Finale steht formal klassischer Musik nahe, die vom Komponisten locker und witzig gehandhabt wird.

LITERATUR

J. Roy, Francis Poulenc, L'homme et son œuvre, Paris 1964.

Henri Pousseur (geboren 1929)

LEBEN

Henri Pousseur wurde am 23.6.1929 in Malmédy, Belgien, geboren. Nach seinem Studium an den Konservatorien in Lüttich und Brüssel kam er 1951 mit Pierre Boulez in Fühlung und wandte sich der avantgardistischen Musik zu. Er nahm an den Ferienkursen für Neue Musik in Darmstadt und Donaueschingen teil und wirkte bei den elektronischen Studios in Mailand und Köln. In Brüssel gründete er 1958 ein Studio de musique électronique, das er leitete. Er ließ sich in seinem Geburtsort nieder, lehrte aber von 1963 bis 1964 an der Musikakademie in Basel und von 1966 bis 1968 an der Universität in Buffalo, N.Y. Im Jahr 1970 wurde er Dozent an der Universität in Lüttich, wo er ein Centre de recherches musicales gründete.

WERKE

Die geistige Nachfolge Anton Weberns ist für Henri Pousseur Hauptprinzip seines kompositorischen Schaffens; er bemühte sich durch moderne Techniken, Aleatorik und Elektronische Musik die von seinem Vorbild erfaßten Klangbereiche zu erweitern. Neben einem Fernsehfilm und einem kammermusikalischen Spiel schrieb er unter anderem »Symphonies« für 15 Spieler, ein Stück für drei Orchestergruppen und Tonband, eines für 15 Streicher und 2 weitere Orchesterstücke, »Madrigal I« für Klarinette, »Madrigal II« für vier alte Instrumente, »Madrigal III« für Klarinette, Violine, Cello, zwei Schlagzeuger und Klavier, »Madrigal IV« für Oboe, »Madrigal V« für Solostimme, Quintett für Klarinette, Baßklarinette, Violine, Cello und Klavier, ein Streichquartett, ein Stück für Klavier und Instrumente, verschiedene Duos, ein Mobile für zwei Klaviere und weitere Klavierstücke, verschiedene Elektronische Musik, zahlreiche Vokalwerke für Stimmen mit Instrumenten, mit Tonband, mit Elektronischer Musik. Er veröffentlichte eine Anzahl theoretischer Traktate.

Joseph Pouteau (1739 – 1823)

ZEIT UND UMWELT
Auch die Nonnenklöster von Paris überstanden die Revolutionszeit ohne Beeinträchtigung. Ihr Leben und Wirken, ihre sakralen Aufgaben und ihr Musikbetrieb erfuhren keine Störung, zumal auch ihre Musiker in keiner Weise behindert wurden.

LEBEN
Joseph Pouteau wurde am 7.2.1739 in Chaumes-en-Brie, Seine-et-Marne, geboren und in Paris zum Komponisten und Organisten ausgebildet. Nach verschiedenen Hilfsorganistendiensten erhielt er 1756 die Organistenstelle an St-Jacques-de-la-Boucherie und am Kloster der Filles-Dieu. Nach der Revolution wirkte er als Organist an St-Merry. Er starb am 3.12.1823 in Paris.

WERKE
Von Joseph Pouteau sind Sonaten für Cembalo und Violine, Kantaten und Arietten für eine Stimme mit Orchesterbegleitung, zahlreiche Lieder für eine Stimme und Generalbaß sowie Transkriptionen von Opernarien für Pianoforte erschienen. Sein Stil war stark dem Rokoko verhaftet.

John Powell (1882–1963)

LEBEN
John Powell wurde am 6.9.1882 in Richmond, Va., geboren und in Klavier- und Harmonielehre ausgebildet. Darauf studierte er an der University of Virginia in Charlottesville und ab 1904 in Wien bei Teodor Leszetycki und bei Karel Navrátil. Nach ausgedehnten Konzertreisen durch Europa kehrte er 1912 in die USA zurück und konzertierte dort in verschiedenen Städten mit größtem Erfolg. Er starb am 15.8.1963 in Charlottesville, Va.

WERKE
Von den zahlreichen Kompositionen von John Powell sind 2 Sinfonien, eine Ouvertüre, 2 Orchesterstücke, eine »Rapsodie nègre« für Klavier und Orchester, ein Violinkonzert, ein Streichquartett, eine Sonate für Klavier und Violine, eine Klaviersuite und einige weitere Klavierstücke, Chöre und Lieder sowie Volksliedbearbeitungen bemerkenswert.

Lionel Power (nach 1380 – 1445)

ZEIT UND UMWELT
Der Reformprediger John Wyclif (1330 – 84) bekämpfte die weltliche Herrschaft der Kirche. Die Lehre wurde als ketzerisch verworfen, fand aber auch nach dem Tod ihres Verfechters zahlreiche Anhänger, sicherlich auch wegen ihres sozialen Gehaltes (Einzug des Kirchengutes). Sie hielt sich weit in das 15. Jahrhundert hinein, obwohl sie, vor allem von dem überaus frommen König Heinrich V. (1413 – 22), blutig verfolgt wurde. Die Wanderprediger (Lollarden) lehnten die Messe ab und ersetzten die Liturgie durch Psalmen und Hymnen, deren Melodiengut, der Volksmusik entnommen, zum Nährboden für die eigenständige Entwicklung der englischen Kunstmusik wurde.

LEBEN
Lionel Power (Leonell Powero oder Polbero) ist nach 1380 geboren und 1423 und 1441 bis 1445 mit der Kathedrale von Canterbury – vielleicht als Gesangslehrer – in Verbindung gestanden. Weitere biographische Daten über diesen englischen Komponisten, der zeitweise mit Dunstable verwechselt wurde, fehlen, außer daß er am 5. 6. 1445 zu Canterbury gestorben ist.

WERKE
Von Lionel Power sind eine Messe (Alma redemptoris), 22 Ordinariumsätze und 14 Motetten erhalten. Seine früheren Werke, zumeist Ordinariumteile, sind anfänglich

stark von der französischen Ars nova beeinflußt (bis etwa 1413), die späteren nähern sich dem Stil Dunstables, weisen daher wenig dissonante Vorhalte auf. Die meisten Werke sind dreistimmig.

Ettore Pozzoli (1873–1957)

LEBEN

Ettore Antonio Modesto Pozzoli wurde am 22.7.1873 in Seregno bei Mailand geboren. Er war am Konservatorium in Mailand Schüler von Vincenzo Ferroni (17.2.1858, Tramutola, Potenza, bis 11.1.1934, Mailand) und Luca Fumagalli (1837–1908) und wurde 1899 selbst an diesem Institut Lehrer für Theorie und Solfège. Er starb am 9.11.1957 in Seregno.

WERKE

Von den Orchesterwerken von Ettore Pozzoli sind »Thema mit Variationen«, sein Klavierkonzert und sein Konzertallegro für Klavier und Orchester erwähnenswert. An Kammermusik schrieb er ein Streichquartett, ein Klaviertrio und mehrere Stücke für Violine und Klavier. Außerdem verfaßte er eine Anzahl interessante Klavierwerke, Orgelstücke und Stücke für Ziehharmonika, weiters ein Oratorium, eine Messe, Motetten und Lieder. Er war Spätromantiker, stieß aber mit einzelnen Werken bis über den Impressionismus hinaus. Er veröffentlichte didaktische und theoretische Werke.

Louis Barthélemy Pradher (1781–1843)

LEBEN

Louis Barthélemy Pradher (Pradère) wurde am 18.12.1781 in Paris geboren. Er heiratete, noch nicht zwanzigjährig, eine Tochter von François-André Philidor (1726–95) und wurde nach seiner Ausbildung am Pariser Conservatoire bereits 1802 Professor für Klavierspiel. Die Art seines Unterrichts ist damit bezeichnet, daß die Brüder Henri und Jacques Simon Herz, die bekanntesten Erzeuger von Salonmusik, seine Schüler waren. Er wirkte neben seiner Unterrichtstätigkeit als Akkompagnist am Hof Ludwigs XVIII. und Karls X. Um 1830 zog er sich nach Toulouse zurück und starb am 18.10.1843 in Gray, Haute-Saône.

WERKE

Außer mehreren komischen Opern verfaßte Louis Barthélemy Pradher einige Kammermusik, ein Klavierkonzert, 5 Klaviersonaten, Rondos, Variationen, Potpourris und 22 Hefte Lieder, darunter wenige Kompositionen, die als Salonmusik bezeichnet werden können. Er überließ das offenbar seinen Schülern.

Ferdinand Christian Wilhelm Praeger (1815–91)

ZEIT UND UMWELT

Trotz des sich im 19. Jahrhundert stetig steigernden Nationalismus der europäischen Völker wurde die Kommunikation der Musikzentren immer intensiver. Zusammenarbeit und gegenseitiger Austausch von Werken zwischen Österreich, Deutschland, Frankreich und zu guter Letzt auch England verstärkten sich zusehends. Auch die Interpreten und Lehrer reisten von einem Land in das andere und fanden überall Aufnahme, weil ihr Name dort zumindest bereits bekannt war.

LEBEN

Ferdinand Christian Wilhelm Praeger wurde am 22.1.1815 in Leipzig geboren. Er war schon mit 9 Jahren ein guter Cellist, wechselte aber auf Anraten von Johann Nepomuk Hummel zu Klavier über. Mit 16 Jahren wirkte er bereits als Musiklehrer in Den Haag, während er selbst sich im Klavierspiel, im Violinspiel und in der Komposition weiter ausbildete. Im Jahr 1842 ließ er sich in London als Pianist, Komponist und Klavierlehrer nieder. Von dort unternahm er Konzertreisen nach Paris und Deutschland, um zu dirigieren und seine eigenen Werke aufzuführen. Er starb am 2.9.1891 in London.

WERKE

Von Ferdinand Christian Wilhelm Praeger sind mehrere Ouvertüren, eine sinfonische Einleitung zu »Manfred« von Lord Byron, ein Klaviertrio, Kantaten, Chöre und Lieder überliefert. Er war begeisterter Anhänger von Richard Wagner und schrieb ein Buch über ihn.

Michael Praetorius (1571–1621)

Zeit und Umwelt

David Beck (um 1590), Orgelbauer in Halberstadt, Mitglied der berühmten Orgelbauerfamilie des 16. Jahrhunderts, die Hans Beck vom Hayne (um 1520) begründet hatte, errichtete in der Schloßkapelle in Gröningen über Auftrag des Bischofs Heinrich Julius von Halberstadt, des späteren Herzogs von Braunschweig und Lüneburg (gestorben 1613) eine neue Orgel. Zu deren Einweihung wurden im Jahr 1596 über fünfzig bedeutende deutsche Organisten, darunter Antonius Schmidt aus Hannover (um 1570–1629), Antonius Mors aus Rostock (1575–1615), Hieronymus Praetorius der Ältere aus Hamburg (1569–1629), Hans Leo Haßler (1564 bis 1612) und Caspar Haßler (1562–1618), beide aus Augsburg, eingeladen. Der Gedankenaustausch dieser namhaften Vertreter der deutschen Orgelkunst der Zeit führte zu einer Standortbestimmung, die für die Entwicklung der Orgelkomposition und des Orgelspiels des kommenden Jahrhunderts richtunggebend wurde.

Leben

Michael Praetorius (Schultheiß, Schulz, Schulte) wurde am 15. 2. 1571 in Creuzburg an der Werra als Sohn des lutherischen Pfarrers Michael Schulteis (um 1515 bis nach 1583) geboren. Er wuchs in Torgau auf, besuchte die Lateinschule in Zerbst und ging 1585 an die Universität Frankfurt an der Oder. Schon während des Studiums versah er den Organistendienst an der Marienkirche, 1589 trat er dann als Organist an der Schloßkapelle in Gröningen bei Halberstadt in die Dienste des Bischofs Heinrich Julius von Halberstadt. Im Jahr 1594 wurde der Bischof Herzog von Braunschweig und Lüneburg und übersiedelte nach Wolfenbüttel. Der Organist folgte ihm in die neue Residenz, wo er 1604 Hofkapellmeister wurde und am 15. 2. 1621 starb.

Neben seiner Tätigkeit in Wolfenbüttel hielt er sich häufig an verschiedenen Fürstenhöfen als musikalischer Berater auf, besonders am kursächsischen Hof in Dresden, in Halle und in Magdeburg, im Jahr 1617 auch in Sonderhausen. Er war weithin zur Autorität auf dem Gebiet der Musik geworden.

Sein Onkel Christoph Praetorius (um 1530, Bunzlau, bis 1609, Lüneburg), deutscher Kantor und Komponist, studierte in Wittenberg, wirkte von 1562 bis 1582 an Kirche und Schule St. Johannis in Lüneburg, wo er den Rest seines Lebens als Pensionär verbrachte.

Werke

Für uns ist der Name des deutschen Komponisten Michael Praetorius vor allem mit seinem vierbändigen Werk Syntagma Musicum, von dem nur 3 Bände zum Druck gelangten, verbunden. Dieses Standardwerk der Musikgeschichte gewährt einen umfassenden Ein-

Titelseite des Theatrum Instrumentorum im ersten Band des »Syntagma musicum« von Michael Praetorius aus dem Jahr 1620

Michael Praetorius

blick in die Musik und in das Musizieren zur Zeit des Verfassers. Der erste Band befaßt sich eingehend mit der liturgischen und paraliturgischen, sodann mit der profanen Musik und bringt eine allgemeine Musiklehre; der zweite enthält Abbildungen zeitgenössischer Instrumente, ihre Terminologie, Klassifikation und Beschreibung einschließlich der Orgel. Im dritten Band findet sich eine Beschreibung der vokalen und instrumentalen Musikformen, eine Notationskunde, Regeln für den musikalischen Satz, den Generalbaß und die Besetzung, der vierte hätte sich mit dem Kontrapunkt befassen sollen.

Als Komponist bearbeitete Praetorius den gesamten Bestand an liturgischen Gesängen der lutherischen Kirche in deutscher und lateinischer Sprache. Davon sind erhalten: Musae Sioniae – 9 Bände mit 1244 Kompositionen mit deutschem Text; Musarum Sioniarum Motectae et Psalmi latini – 36 Motetten; Motectae et Psalmi latini – 36 Motetten, eine Messe und ein Magnificat; Megalynodia Sionia – 14 Magnificat; Missodia Sionia – 104 Messensätze; Eulogodia Sionia – 60 Benedicamus und andere Cantica; Hymnodia Sionia – 145 Hymnensätze (davon 6 für Orgel); Urania – 24 mehrchörige deutsche Kirchengesänge; Terpsichore – 312 Tanzmelodien; außerdem viele einzelne Kompositionen für Soli und Chöre, Gelegenheitskompositionen, Bearbeitungen von Liedern und Tanzrhythmen für Stimmen oder Orgel, einzelne Orgelsätze sowie Instrumentalstücke wie seine letzte Komposition, die er sich selbst zum »Valet« (Abschied vom Leben) geschrieben hat, den 116. Psalm für fünf Singstimmen und fünf Instrumente.

Grundlage dieses Schaffens bildete die lutherische Kantoreitradition, die Lassus-Schule und dazu die venezianische Konzerttechnik der Mehrchörigkeit: »Damit nach dem Exempel der Italorum auch in Germania nostra patria die Musica gleich als andere Scientiae und Disciplinae nicht allein excoliret, besondern auch propagiret werden möge.«

Von Christoph Praetorius sind vierstimmige »Fröhliche und liebliche Ehrenlieder von züchtiger Lieb«, mehrere Kirchengesänge und etliche Gelegenheitskompositionen überliefert.

Terpsichore Musarum Aoniarum quinta. Darinnen Allerley Frantzösische Daentze und Lieder – Wie dieselbige von den Frantzösischen Dantzmeistern in Franckreich gespielet – unnd vor Fürstlichen Taffeln – auch sonsten in Conviviis zur recreation und ergötzung gantz wol gebraucht werden können für vier bis sechs Stimmen, entstanden 1612

Sammlung von 312 Tanzmelodien Pariser Tanzmeister und ihre harmonische Bearbeitung, wodurch sie erst musikalischen Gehalt gewinnen und über ihre ursprüngliche Zweckbestimmung gehoben werden. Der Satz ist kontrapunktisch, der Wohlklang wird jedoch der exakten Linienführung vorgezogen. Monodische Passagen mit akkordischer Begleitung oder zumindest Ansätze dazu sind nicht selten. Dem Charakter der einzelnen Stücke entsprechend sind die Rhythmen genau betont.

Der Komponist hat derartige Sammlungen englischer und italienischer Tänze angekündigt, die aber nicht erschienen sind.

LITERATUR

A. Forchert, Das Spätwerk des Michael Praetorius, Berlin 1959. W. Gurlitt, Michael Praetorius, Hildesheim 1968. K. Gudewill und H. Haase, Michael Praetorius Creutzbergensis, Wolfenbüttel 1971.

Jacob Praetorius der Ältere

(um 1530–86)

ZEIT UND UMWELT

Der frühprotestantische Schulmusiker Martin Agricola war für eine Reihe von Meistern, die sich um die Kirchenmusik der Reformation bemühten, ein Ausgangspunkt. In stürmischer Entwicklung bildete sich in wenigen Jahrzehnten ein neuer Sakralstil heraus, der einerseits zum klingenden Ausdruck der neuen Lehre wurde, auf der anderen Seite aller zeitgenössischen Musik den Impuls gab, der sich bis zu Sebastian Bachs Vollendung fortpflanzte.

LEBEN

Jacob Praetorius der Ältere, der Stammvater einer deutschen Organistenfamilie, wurde

um 1530 in Magdeburg geboren. Er trat vom Katholizismus zur Reformation über und wurde Schüler von Martin Agricola. Ab 1550 lebte er in Hamburg und erhielt 1558 die Stelle eines Kirchenschreibers und Organisten an St. Jakobi, die er bis zu seinem Tod im Jahre 1586 versah.
Sein Sohn und Schüler Hieronymus Praetorius wurde am 10. 8. 1560 in Hamburg geboren, studierte in Köln, wurde 1580 Organist in Erfurt, ging 1582 nach Hamburg zurück, um seinen Vater zu unterstützen, dem er 1586 als Organist an St. Jakobi nachfolgte. Er starb in Hamburg am 27. 1. 1629.
Dessen Sohn Jacob Praetorius der Jüngere wurde am 8. 2. 1586 in Hamburg geboren. Den ersten Unterricht erhielt er von seinem Vater; im Jahre 1602 ging er nach Amsterdam zu Jan Pieterszoon Sweelinck, um das Orgelspiel gründlich zu erlernen. Nach zwei Jahren kam er nach Hamburg zurück und trat die Organistenstelle an St. Petri und 1629 auch an der St.-Gertruden-Kapelle an. Er starb in Hamburg am 21. 10. 1651.
Ein weiterer Sohn, Johannes Praetorius, erblickte um 1595 in Hamburg das Licht der Welt. Er war Schüler seines Vaters, nahm sodann 1609/10 Unterricht bei Sweelinck, wurde aber nicht Nachfolger seines Vaters, sondern ab 1612 Organist an St. Nicolai in Hamburg, wo er am 25. 7. 1660 starb.
Dessen Schwager, Johannes Lorentz, geboren um 1605 vermutlich in Hamburg, Schüler von Frescobaldi, Organist an der Olai-Kirche in Kopenhagen, starb an seinem Dienstort am 19. 4. 1689.

Werke

Von Jacob Praetorius dem Älteren sind außer einem umfangreichen Orgelgraduale eine Anzahl Orgeltabulaturen, 204 große liturgische vier- bis achtstimmige Kompositionen und zahlreiche Gelegenheitskompositionen erhalten. Mit diesem Organisten setzte die evangelische Kirchenmusik zu einer neuen Entwicklung an.
Hieronymus Praetorius trug zum von angesehenen Organisten 1604 herausgegebenen vierstimmigen »Melodeyen-Gesangbuch« 21 Choralsätze bei. Weiters ist eine vollständige Reihe Magnificat in Orgeltabulatur erhalten. Seine Hauptleistung liegt aber auf dem Gebiet der Vokalmusik. Fünf- bis zwölfstimmige sakrale Gesänge, achtstimmige Magnificat, fünf- bis achtstimmige Messen, fünf- bis fünfzehnstimmige Gesänge verschiedener Art, ein sechsstimmiges Te Deum und ein achtstimmiges »Ein Kindlein so löbelich« sind von einer künstlerischen Reife und Höhe eines Sweelinck oder Haßler. Er sammelte in Hamburgs Kirchen gebräuchliche lateinische, nieder- und hochdeutsche Liedmelodien und brachte sie heraus.
Der deutsche Kantor Franz Elers (um 1500, Ülzen, bis 22. 2. 1590, Hamburg) verwendete diese Publikation 1588 für sein Gesangbuch.
Jakob Praetorius der Jüngere ist im »Melodeyen-Gesangbuch« mit 19 Choralsätzen vertreten. Überdies sind von ihm wertvolle Orgeltabulaturen erhalten.
Die Familie Praetorius begründete die Hamburger Orgeltradition.

Literatur

L. Krüger, Die hamburgische Musikorganisation im XVII. Jahrhundert, Sammlung musikwissenschaftlicher Abhandlungen XII, Straßburg 1933.

Balilla Pratella (1880–1955)

Leben

Francesco Balilla Pratella wurde am 1. 2. 1880 in Lugo, Romagna, geboren. Er war Schüler von Antonio Ricci-Signorini und Pietro Mascagni. Ab 1910 leitete er das Liceo musicale in Lugo und von 1927 bis 1945 das Liceo musicale in Ravenna, wo er am 17. 5. 1955 starb.

Werke

Der italienische Schriftsteller Filippo Tommaso Marinetti (1876–1944) formulierte das Programm des Futurismus als »radikalen Bruch mit der Vergangenheit« und der Erklärung der »technifizierten Welt zum einzig kunstwürdigen Gegenstand«. Der Maler und Musiker Luigi Russolo konstruierte verschiedene mechanische und elektrische Geräuschinstrumente für ein futuristisches Orchester, und Ballila Pratella schloß sich, zumindest theoretisch, fanatisch dieser Richtung an. In seiner »Musica futurista« (Hymne des Lebens) setzte er sich das Ziel, »der Masse, den großen Industriebetrieben, den Autos und Flugzeugen ihre musikalische Seele zu geben und den großen innersten Motiven der Tondichtung das Reich der Maschine hinzuzufügen«. Es ist offensichtlich nicht hier und auch nicht bei seinen 6 Opern, den Schauspielmusiken, den anderen Orchesterwerken, der Kammermusik, seiner Sonate für Orgel oder Harmonium und den Klavierstücken sowie den Gesängen gelungen. Aber die Zeiten, in denen das Geräusch an sich als musikalisches Element und nicht mehr als außermusikalischer Effekt mit bestimmter Bedeutung, wie Schlachtenlärm, Donner, Tierlaute usw. integriert wurde, waren nicht mehr fern.

LITERATUR

A. Chigi, Francesco Balilla Pratella, Ravenna 1929.

Alessio Prati (1750–88)

ZEIT UND UMWELT

Großfürst Pawel Petrowitsch, der nachmalige Zar Pawel I. von Rußland, erhielt 1781 von seiner Mutter, der Zarin Katharina II., die Erlaubnis zu einer Reise nach Westeuropa. Er nahm besonders in Paris mit verschiedenen Persönlichkeiten der Wissenschaft und Kunst Fühlung.

LEBEN

Alessio Prati wurde am 19. 7. 1750 in Ferrara geboren und von 1768 bis 1774 in Neapel am Conservatorio Santa Maria di Loreto von Fedele Fenaroli und Niccolò Piccinni ausgebildet. Darauf kam er über Rom und Marseille nach Paris, wo er sich als Cembalist und Musiklehrer niederließ. Im Jahr 1781 nahm ihn Großfürst Pawel Petrowitsch nach St. Petersburg mit, das er aber schon nach einem Jahr verließ, um über Warschau, Wien und München nach Italien zurückzukehren, wo er 1784 eintraf. Er starb am 17. 1. 1788 in Ferrara.

WERKE

Neben ungefähr 10 Opern verfaßte Alessio Prati »Sei romanze in lingua italiana e francese con accompagnamento di cembalo o arpa« (Sechs Romanzen in italienischer und französischer Sprache mit Cembalo- oder Harfenbegleitung) und eine weitere ähnliche Sammlung, 3 Sonaten für Cembalo oder Harfe mit Violine, 3 Harfensonaten mit Violine und 6 Cembalosonaten mit Violine. Die wahlweise Verwendung von Cembalo und Harfe zeigt, daß die kompositorischen Techniken beider Instrumente noch sehr ähnlich waren.

Iwan Pratsch (um 1750–1818)

ZEIT UND UMWELT

Der russische Chordirigent und Volksliedforscher Fjodor Petrowitsch Lwow (1766 bis 1836) regte zeitgenössische Komponisten an, russisches Volksmusikgut zu sammeln und zu veröffentlichen, weil er, wie er selbst ausdrückte, darin die Hauptgrundlage zur Entwicklung einer »in Wahrheit russischen Musik« sah.

LEBEN

Iwan Pratsch (Jan Bogumir Prač, Johann Gottfried) wurde um 1750 in Böhmen geboren und kam um 1770 nach St. Petersburg, wo er am Smolni-Institut und an der Musikschule des Hoftheaters als Pianofortelehrer bis zu seinem Tod im Jahr 1818 wirkte.

WERKE

Angeregt vom russischen Volksliedforscher Fjodor Petrowitsch Lwow veröffentlichte Iwan Pratsch eine Sammlung von 150 russischen Volksliedern, die er mit einer Pianofortebegleitung versah. Die wissenschaftliche Einleitung dazu verfaßte Lwow. Er schrieb außerdem zahlreiche Werke für Pianoforte, darunter eine »Große Sonate nach russischen

Liedern«, einen Trauermarsch auf den Tod des Napoleonbesiegers General Michail Illarionowitsch Golenischtschew Kutusow, Fürst von Smolensk (1745–1813), einen Fandango für Piano mit Violine und eine Cellosonate. Er verfaßte außerdem eine Klavierschule und mehrere Opernklavierauszüge.

Robert Sidney Pratten (1824–68)

Zeit und Umwelt

Es ist bezeichnend für das 19. Jahrhundert, daß sich viele Engländer ihre musikalische Ausbildung in Deutschland holten und nicht mehr, wie früher, in Italien. In der Vorstellung des Engländers hatte sich die Ansicht gebildet, daß man in Italien wohl die Technik der Oper lernen könne, für sinfonische Musik jedoch die deutschen Musikschulen maßgebend seien. Der Grund hierfür liegt auf der Hand, denn aus Italien kam nahezu keine Sinfonik für den englischen Konzertsaal. Den eigenen vorzüglichen Ausbildungsstätten brachte man noch zu wenig Vertrauen entgegen.

Leben

Robert Sidney Pratten wurde am 23.1.1824 in Bristol geboren. Er trat bereits mit 12 Jahren in Bath und in seinem Geburtsort als Flötist auf. Dann wirkte er als Erster Flötist in Dublin am Theatre Royal und bei Konzerten; ab 1846 wurde er Flötist am Königlichen Italienischen Theater in London. Sodann ermöglichte ihm der Herzog von Cambridge, Adolphus, Onkel der Königin Victoria, einen Aufenthalt in Deutschland, um Komposition und Musiktheorie zu erlernen. Er starb am 10.2.1868 in Ramsgate.

Werke

Von Robert Sidney Pratten ist eine Reihe vorzüglicher Kompositionen für die Flöte erhalten, darunter sein »Konzertstück und Fantasie über Maria Stuart«, das sehr bekannt geworden ist.

Václav Praupner (1745–1807)

Zeit und Umwelt

Zu einem profanen Konzertleben kam es in Prag auch im letzten Drittel des 18. Jahrhunderts nicht. Für einzelne Aufführungen anläßlich irgendwelcher Festlichkeiten wurden Werke und zum Teil auch Interpreten von auswärts engagiert. Auch die Opernaufführungen wurden von Landfremden bestritten. Böhmische Musik konnte sich nur in den Kirchen entfalten.

Leben

Václav Josef Bartoloměj Praupner wurde am 18. 8. 1745 in Leitmeritz (Litoměřice) geboren. Er wurde in Prag am Venceslaus-Seminarium zum Organisten und Violinisten ausgebildet. Dann war er Hauslehrer und Kapellmeister in Adelshäusern und anschließend Chorregent an verschiedenen Prager Kirchen, zuletzt bis zu seinem Tod am 1. 4. 1807 an der Kreuzherrenkirche.

Werke

Die Sinfonien und Konzerte von Václav Praupner sind verschollen. Er schrieb außerdem zahlreiche Kirchenmusik, auch a cappella. Sehr bekannt geworden ist sein Melodram »Circe«; die instrumentalen Zwischenspiele und Ballettmusiken des Stückes zählen zu den besten Werken seiner Zeit.

Angelo Predieri (1655–1731)

Zeit und Umwelt

Die Tatsache, daß gerade der Franziskanerorden nahezu ab seiner Gründung in jeder Phase der Musikgeschichte namhafte Komponisten aufwies, erlaubt den Schluß auf eine intensive Musikpflege der Klöster des Ordens und die Qualität des darin ständig erteilten Musikunterrichts, dessen Lehrer nur in seltenen Fällen überliefert sind.

Leben

Angelo Predieri (Taufname: Tommaso) wurde am 14. 1. 1655 in Bologna geboren. Er trat 1672 in den Franziskanerorden ein, nachdem er bereits ein Jahr zuvor Mitglied der Accademia Filarmonica in Bologna geworden war. Ab 1673 war er als Kapellmeister an Santa Maria della Carità in Bologna bis zu seinem Tod am 22. 2. 1731 tätig.

WERKE

Der italienische Komponist Angelo Predieri war wegen seiner kirchenmusikalischen Tätigkeit vor allem als Lehrer des Gesangs und des Cembalospieles außerordentlich geschätzt. Von seinem kompositorischen Werk ist nur wenig erhalten – etliche Messeteile, Motetten und Fragmente von Kirchenkonzerten.

Giacomo Cesare Predieri (1671 – 1753)

ZEIT UND UMWELT

Musikschulen, deren Lehrer verhinderten, daß die Musik von Bologna hinter der Entwicklung des übrigen Italiens zurückblieb, vorzügliche Kirchenkapellen, vor allem die an San Petronio, ständiger Nachwuchs von Talenten, denen alle Förderungen geboten wurden, die Accademia Filarmonica als höchste künstlerische Instanz, dazu politischer Friede in einer unruhigen Welt und ein hohes Maß an Freiheit, weil sich Rom sehr wenig in die Vorgänge der Stadt einmischte.

LEBEN

Giacomo Cesare Predieri wurde am 26. 3. 1671 in Bologna geboren. Er war Schüler und Neffe von Giacomo Maria Predieri (9. 4. 1611, Bologna, bis 1695, Bologna), Organist an San Pietro, Kapellmeister an Santa Maria Regina Coeli und Gründungsmitglied der Accademia Filarmonica in Bologna. Von 1696 bis 1742 war er Kapellmeister an San Pietro und ab 1690 Mitglied und wiederholt Vorsitzender der Accademia Filarmonica. Er starb im Jahr 1753 in seiner Vaterstadt.

WERKE

Der italienische Komponist Giacomo Cesare Predieri verfaßte eine Anzahl Oratorien, von denen 9 in Bologna aufgeführt wurden, außerdem ein Buch Kantaten parasakralen Inhaltes für zwei bis drei Stimmen und Violinen.

Luca Antonio Predieri (1688–1767)

ZEIT UND UMWELT

Kaiser Karl VI. (1685–1740) war die letzte musische Herrschergestalt auf dem Thron in Wien. Mit seinem Tod setzte jede Förderung des Musiklebens seitens des Hofes aus. Kaiserin Maria Theresia (1717–80) reduzierte die Hofkapelle auf ein Minimum, der Opernbetrieb stagnierte. Das vermochte jedoch den Aufstieg der Musik zur »Wiener Klassik« nicht aufzuhalten.

LEBEN

Luca Antonio Predieri, Neffe des Giacomo Cesare Predieri (1671–1753) wurde am 13. 9. 1688 in Bologna geboren, wo er 1716 Mitglied der Accademia Filarmonica wurde und an verschiedenen Kirchen (San Paolo, 1728 bis 1731, San Pietro 1731–35) als Kapellmeister tätig war. Im Jahr 1737 kam er nach Wien und löste Antonio Caldara (1670–1736) auf dem Posten des Zweiten Hofkapellmeisters ab, 1746 wurde er Erster Hofkapellmeister, verließ aber Wien bereits 1751, um nach Bologna zurückzukehren, wo er am 3. 1. 1767 starb.

WERKE

Neben 24 Opern und Serenaden sowie 9 Oratorien verfaßte Luca Antonio Predieri eine Reihe von Violinkonzerten und einige Kirchenmusiken von beachtlichem Wert. Davon stechen das h-Moll-Konzert für konzertierende Violine und Streichorchester und das Stabat mater besonders hervor.

Joseph Preindl (1756–1823)

ZEIT UND UMWELT

Die Kapellmeisterstelle an St. Stephan in Wien war bereits seit Georg Reutter in Händen österreichischer Kräfte, während Hofkapelle und Oper als Domäne der Italiener galten. Seit dem Regierungsantritt der Kaiserin Maria Theresia (1740) war die Stelle auch sehr sparsam dotiert. Die Zeiten, in denen für Hof- und Domkapelle von Kaiser Karl VI. jährlich 100.000 Gulden aufgewendet wurden, waren schon längst vorbei.

LEBEN
Joseph Preindl wurde am 30. 1. 1756 in Marbach, Niederösterreich, geboren. Er war Schüler von Johann Georg Albrechtsberger, dann zunächst Chordirektor an der Peterskirche und ab 1809 Kapellmeister an St. Stephan in Wien, wo er am 26. 10. 1823 starb.

WERKE
Von Joseph Preindl sind mehrere Messen, Offertorien, ein Requiem, Phantasien und Variationen für Pianoforte und ein Konzert für zwei Cembali erhalten. Er veröffentlichte »Melodien aller deutschen Kirchenlieder, welche in St. Stephan in Wien gesungen werden« und mehrere Lehrwerke.

Peter Prelleur (um 1700 bis vor 1758)

ZEIT UND UMWELT
Komponisten von Schauspielmusiken, leichten Arien und Liedern durften in London stets mit guten Erfolgen rechnen. Die Theater und die Vergnügungsunternehmen hatten großen Bedarf. Voraussetzung dafür war nur, daß dem Publikum »Unterhaltung« geboten wurde.

LEBEN
Peter Prelleur wurde um 1700 vermutlich in Frankreich geboren. Er kam als junger Mann nach London und ließ sich als Schreiber nieder. Daneben wirkte er als Organist an St. Alban's und außerdem bis 1737 als Cembalist an Goodman's Field-Theatre. Im Jahr 1735 wurde er Organist an Christ Church. Später versorgte er das New Wells Theatre mit Kompositionen. Seine letzte Publikation kam 1758 heraus; darin wurde er bereits als verstorben bezeichnet; man muß daher annehmen, daß er kurz davor in London gestorben war.

WERKE
Von Peter Prelleur sind Schauspielmusiken, Lieder, Arien, 2 Pantomimen, Duette und ein Intermedium erschienen. Seine Musik war leicht und eingängig. Er war auch als Musikschriftsteller tätig.

Stanko Premrl (1880–1965)

LEBEN
Stanko Premrl wurde am 28. 9. 1880 in Vid bei Vitava, Slowenien, geboren. Er studierte Orgelspiel und Komposition am Konservatorium in Wien. Von 1909 bis 1939 war er Regens chori am Dom und von 1919 bis 1945 Orgellehrer am Konservatorium in Ljubljana. Er starb am 14. 3. 1965 in Ljubljana.

WERKE
Von Stanko Premrl sind eine »Weihnachtssuite«, eine Sinfonietta, ein Scherzo, ein Bläseroktett, ein Streichquartett, ein »Thema mit Variationen« für Klavier und weitere Klavierwerke, eine Kantate für Soli, Chor, Orgel und Orchester bekannt geworden. Er schrieb zahlreiche Kirchenmusik – Messen, Requiem, Offertorien, Passionen, Magnificat, Te Deum – und gilt als Erneuerer der slowenischen Kirchenmusik, die er völlig aus der Bindung an den Caecilianismus löste.

Jacques de la Presle (1888–1969)

LEBEN
Jacques Paul Gabriel Guillaume de Sauville de la Presle (Lapresle) wurde am 5. 7. 1888 in Versailles geboren. Er war ab 1908 Schüler des Conservatoire in Paris und erhielt den Rompreis. Von 1930 bis 1943 wirkte er bei Radio Paris und unterrichtete ab 1937 am Conservatoire in Paris, wo er am 6. 5. 1969 starb.

WERKE
Von Jacques de la Presle sind eine Sinfonie, ein Klavierkonzert, ein Cellokonzert, 5 Kantaten, eine Suite für Streichquartett, eine Violinsonate, Klavierstücke, Lieder und Unterrichts-

material bekannt geworden. Seine Musik gehörte teilweise noch der Spätromantik an.

Thomas Preston (um 1475–1563)

LEBEN

Thomas Preston ist um 1475 vielleicht in Leicester, wo er im Dienst der Abtei im Jahre 1493 auftaucht, geboren. In die Zeit bis 1559 fielen die vorreformatorischen Werke dieses englischen Komponisten und Organisten. Dann verrichtete er bis 1563 den Organistendienst in der St.-George-Kapelle in Windsor, wo er 1563 gestorben ist. Es wird angenommen, daß er zumindest einen Teil der Zeit zwischen 1493 und 1559 in London verbracht hat.

WERKE

Thomas Preston verfaßte ein beträchtliches Werk, von dem 12 Offertorien für Orgel, eine Reihe Motetten und eine Ostermesse erwähnenswert sind. Die Messe bringt 12 Verse der Ostersequenz als einziges Beispiel einer Sequenzvertonung für ein Tasteninstrument aus jener Zeit. Sein Stil ist dem von John Redford angenähert.

LITERATUR

Fr. Ll. Harrison, Music in Medieval Britain, London 1958.

Gottfried Preyer (1807–1901)

ZEIT UND UMWELT

Für die bemerkenswerte Toleranz in der Wiener Musiklandschaft des 19. Jahrhunderts war bezeichnend, daß ein und derselbe Musiker Organist einer reformierten Kirche, Hoforganist, Hof- und Domkapellmeister sein, dazu Hymnen für den griechisch-orthodoxen Gottesdienst und katholische Kirchenmusik schreiben konnte.

LEBEN

Gottfried Preyer wurde am 15.3.1807 in Hausbrunn, Niederösterreich, geboren. Er war in Wien Schüler von Simon Sechter und wurde 1835 Organist der reformierten Kirche der Stadt, 1844 Überzähliger Vizekapellmeister des Hofs, 1846 Hoforganist und 1862 Vizekapellmeister. Ab 1853 wirkte er gleichzeitig als Domkapellmeister und bereits ab 1838 als Harmonie- und Kontrapunktlehrer und Dirigent der Schülerkonzerte des Konservatoriums. Er starb am 9.5.1901 in Wien.

WERKE

Das Oratorium »Noah« von Gottfried Preyer wurde mehrmals aufgeführt. Er veröffentlichte eine Sinfonie, mehrere Messen und kleinere Kirchenwerke, Klavier- und Orgelstücke, Chöre, eine große Anzahl sehr populärer Lieder sowie für den griechisch-orthodoxen Gottesdienst 3 Bände mit Hymnen und eine Messe für Männerchor und Orgel.

Giovanni Leonardo Primavera (um 1540 bis nach 1585)

ZEIT UND UMWELT

Wie die neapolitanischen Musikschulen in ihren Anfängen durch private Initiative entstanden, so war auch die Gründung der verschiedensten Akademien in Neapel und den meisten anderen Städten Italiens die Sache von Künstlern und zuweilen reichen interessierten Adeligen oder Persönlichkeiten, die wie Don Carlo Gesualdo beides zugleich waren. Die spanische Regierung nahm daran keinen Anteil.

LEBEN

Giovanni Leonardo Primavera wurde um 1540 in Barletta geboren. Er war 1573 Kapellmeister des spanischen Statthalters in Mailand, übersiedelte noch im gleichen Jahrzehnt nach Neapel und trat der von Carlo Gesualdo ins Leben gerufenen Akademie für Musik bei, der eine Reihe prominenter Madrigalisten angehörte. Über seine sonstige Tätigkeit in der Stadt, in der er nach 1585 starb, ist nichts bekannt.

WERKE

Von Giovanni Leonardo Primavera sind 7 Bücher mit Madrigalen, 4 mit dreistimmigen neapolitanischen Kanzonen, eines mit vierstimmigen Liedern, eine Serie fünfstimmiger Stücke und einzelnes in verschiedenen Sammelwerken überliefert. Obschon er erst spät nach Neapel gekommen ist, weisen ihn seine Kompositionen als echten neapolitanischen Musiker aus. Das läßt den Schluß zu, daß er vor seinem Mailänder Aufenthalt in Neapel oder einer anderen Stadt Süditaliens ausgebildet wurde und gewirkt hat, vielleicht in seinem Geburtsort selbst.

Jean-Baptiste Prin
(um 1660 bis nach 1742)

Zeit und Umwelt
Das Trumscheit (Trompette marine), dessen schnarrender, trompetenähnlicher Ton der über einen schmalen Kasten von zwei Metern Länge gespannten Saite dadurch entsteht, daß eine Seite des Stegs lose auf dem Klangkörper aufliegt und beim Spielen vibriert, wurde angeblich bei der Marine zu Signalzwecken verwendet, aber bis zum 18. Jahrhundert auch musikalisch eingesetzt.

Leben
Jean-Baptiste Prin wurde um 1660 in England geboren und trat dort und später in Lyon als Trumscheitspieler auf. In Lyon entfaltete er eine umfangreiche Lehrtätigkeit; es fanden sich immer genügend Schüler, die sein Instrument erlernen wollten. Er starb in Lyon nach dem Jahr 1742.

Werke
Der französische Musiker Jean-Baptiste Prin hat neben einer Abhandlung über sein Instrument eine Reihe von Stücken für das Trumscheit verfaßt.

Jacob Cubitt Pring (1771–99)

Zeit und Umwelt
Das Niveau des Chores an St. Paul's in London war unter Robert Hudson (1732–1815) ohne Zweifel sehr hoch. Dem entsprach auch der Ausbildungsstand der Chorknaben der Kathedrale, der jedoch wie an den anderen großen Kathedralen des Landes in einem gewissen Perfektionismus gelandet war und offenbar kein Weiterschreiten zuließ. Die erstarrten, wenn auch hoch entwickelten Kompositionsformen der Services und Anthems blieben von der Entwicklung der Musik auf dem Kontinent, deren Meisterwerke in allen britischen und irischen Städten zu Gehör gebracht wurden, nahezu unbeeinflußt, und die ständig gleichen Catches, Glees und Canons, die reinem Unterhaltungsbedürfnis dienten, waren selbst zu steril, um die englische Musiklandschaft zu beleben.

Leben
Jacob Cubitt Pring wurde 1771 in Lewisham geboren. Er war Chorknabe an St. Paul's unter Robert Hudson, darauf Organist an St. Botolph in London, studierte in Oxford, nahm an der Gründung der »Concentores Sodales« – Vereinigung akademisch graduierter Musiker zum Zweck der Komposition und Pflege der Vokalkomposition (Canons, Glees, Catches) und deren Prämierung – teil und starb 1799 in seiner Geburtsstadt.
Sein Bruder Isaac Pring (1777, Kensington, bis 18.10.1799, Oxford) war nach seiner Ausbildung an St. Paul's Organist in Oxford.
Sein zweiter Bruder Joseph Pring (15.1.1776, Kensington, bis 13.2.1842, Bangor) wurde nach seiner Ausbildung als Chorknabe an St. Paul's Organist in Bangor.
Dessen Sohn, James Sharpe Pring (um 1811, Bangor, bis 3.1.1868, Bangor), folgte seinem Vater als Organist nach.

Werke
Von Jakob Cubitt Pring sind zwei Bücher mit Canons und Glees, 8 Anthems und eine Reihe Cembalosonatinen erschienen. Weitere Vokalmusik hat in verschiedene Sammlungen Eingang gefunden.
Von Isaac Pring sind etliche Anthems bekannt geworden.
Joseph Pring veröffentlichte eine Sammlung von 12 Anthems.
James Sharpe Pring schrieb sehr viel verwendete Chants, die in Sammlungen erschienen.
Alle diese Kompositionen wurden technisch

einwandfrei gearbeitet und entbehrten nicht eines gewissen Reizes. Stilistisch waren sie sozusagen zeitlos.

Johann Jakob Prinner (1624–94)

ZEIT UND UMWELT
Erzherzogin Maria Antonia (1669–92), Tochter Kaiser Leopolds I. und seiner ersten Gemahlin Margarita Teresa (1651–73), wurde 1685 die Gemahlin des Kurfürsten von Bayern, Maximilian II. Emanuel (1662 bis 1726). Sie hielt sich nach ihrer Verehelichung häufig in Wien auf, wo sie auch starb.

LEBEN
Johann Jakob Prinner (Prumer, Preiner) wurde 1624 in Brünn (Brno) geboren. Nach einem Italienaufenthalt wirkte er von 1652 bis 1659 als Organist im Stift Kremsmünster, war darauf bis 1670 Kapellmeister auf Schloß Eggenberg in Graz und bis 1685 Klavierlehrer der Erzherzogin Maria Antonia in Prag und Wien. Er starb in Wien am 18. 3. 1694.

WERKE
Von dem österreichischen Komponisten Johann Jakob Prinner sind 4 Suiten und 47 Lieder für eine Singstimme und Generalbaß erhalten. Diese Hinterlassenschaft beweist das Können dieses österreichischen Barockmeisters.

Wolfgang Caspar Printz (1641–1717)

ZEIT UND UMWELT
Neben der Musik entwickelte sich auch die Musikwissenschaft. Theoretische Erörterung über musikalische Fragen gab es bereits in der Antike, in der Neuzeit schwoll die musikwissenschaftliche Literatur mächtig an. Schon im 17. Jahrhundert gab es neben Lehrwerken Ansätze zur Musikgeschichtsschreibung.

LEBEN
Wolfgang Caspar Printz wurde am 10. 10. 1641 in Waldthurn, Oberpfalz, geboren. Er studierte an der Universität Altdorf. Nach längerer Wanderschaft wurde er Musikdirektor in Sorau, wo er am 13. 10. 1717 starb.

WERKE
Vom deutschen Musikwissenschafter und Komponisten Wolfgang Caspar Printz ist nur eine siebenstimmige Canzonette handschriftlich erhalten. Alle anderen Kompositionen sind verloren. Seine Bedeutung lag vor allem auf dem Feld der Musikwissenschaft. Seine »Historische Beschreibung der Edelen Sing- und Kling-Kunst« war die erste musikgeschichtliche Darstellung in deutscher Sprache. Seine weiteren Werke, die sich besonders mit rhythmischen Problemen befaßten, sind zum größeren Teil so wie seine Kompositionen einem Brand zum Opfer gefallen.

Johannes Prioris
(um 1460 bis nach 1520)

ZEIT UND UMWELT
Auch in Rom wurden die Musikerstellen häufig mit Meistern der franko-flämischen Schule besetzt. Sie wirkten dort als Sänger oder Organisten und konnten auch ihre Kompositionen aufführen. Es herrschte bei diesen Fremden allerdings ein ständiges Kommen und Gehen, während die Italiener seßhafter waren. Sie nahmen mitunter Stellen an den italienischen Fürstenhöfen an, kamen oft für etliche Jahre wieder und kehrten nicht selten im vorgerückten Alter in ihre Heimat zurück, wo sie eben wegen ihres Italienaufenthaltes gute Stellungen erhielten.

LEBEN
Johannes Prioris wurde im franko-flämischen Raum um 1460 geboren. Er dürfte zu den Schülern Ockeghems gezählt haben. Auf alle Fälle muß er eine gründliche Ausbildung als Organist erhalten haben, weil er 1490 an die Orgel von St. Peter in Rom berufen wurde. Im Jahre 1507 erhielt er die Kapellmeisterstelle am Hof des Königs Ludwig XII. Ort und Zeit seines Todes sind unbekannt.

WERKE
Von Johannes Prioris sind 3 vierstimmige Messen, ein vierstimmiges Requiem, 5 vierstimmige Motetten und 2 vierstimmige Magnificat erhalten. Die Schule Ockeghems ist in allen diesen Kompositionen deutlich bemerkbar. Es werden ihm auch 5 Chansons auf französischem und eine auf italienischem Text zugeschrieben, die weniger konservativ gefaßt sind als die sakrale Musik.

LITERATUR
G. Reese, Music in the Renaissance, New York 1954.

Giovanni Priuli (um 1575–1629)

ZEIT UND UMWELT
Einer der Wege, auf denen der neue Stil von Oberitalien nach Wien kam, führte über die Grazer Hofkapelle, die ständig Talente aus dem venezianischen Raum übernahm. Erzherzog Ferdinand brachte nämlich, als er 1619 Kaiser wurde, einen Großteil seiner Kapelle nach Wien.

LEBEN
Giovanni Priuli (Prioli) wurde um 1575 in Venedig geboren. Er wirkte als Instrumentalist in Urbino, ehe er 1607 in gleicher Eigenschaft an San Marco in Venedig tätig war. Um 1614 war er Hofkapellmeister in Graz, und ab 1619 hatte er diese Stellung bis zu seinem Tod im Jahr 1629 in Wien inne.

WERKE
Von dem italienischen Komponisten Giovanni Priuli sind 3 Bücher mit fünfstimmigen Madrigalen erhalten, von denen das dritte mit Instrumentalbegleitung gespielt werden kann, außerdem vielstimmige konzertante Musik mit Instrumenten, Motetten und Kanzonen für fünf bis zwölf Stimmen, achtstimmige Psalmen, Orgel- und Instrumentalmessen und 4 Generalbaßmotetten. In Sammelwerken und Manuskripten finden sich weitere ähnliche Kompositionen. Diese sehr klangvolle und gut rhythmisierte Musik gehört ohne Einschränkung dem Barock an.

LITERATUR
H. Federhofer, Musikpflege und Musiker am Grazer Habsburgerhof der Erzherzöge Karl und Ferdinand von Innerösterreich (1564 bis 1619), Mainz 1967.

Heinrich Proch (1809–78)

ZEIT UND UMWELT
Nach dem Tode Ludwig van Beethovens und Franz Schuberts trat in Wien ein gewisser Stillstand des kompositorischen Schaffens ein. Es wurde zwar ziemlich viel geschrieben, aber nichts erhob sich vorläufig über ein bestimmtes Mittelmaß, alles war entweder klassizistisch oder romantisch epigonal.

LEBEN
Heinrich Proch wurde am 22.7.1809 in Wien geboren. Er studierte in seiner Geburtsstadt Rechtswissenschaft und Violine und war von 1834 bis 1867 Mitglied der Wiener Hofkapelle und daneben von 1837 bis 1840 Kapellmeister des Josephstädter Theaters und anschließend bis 1870 Erster Kapellmeister des Kärntnertor-Theaters, das später zur Hofoper wurde. Er war bis zu seinem Tod am 18.12.1878 auch als Gesanglehrer tätig.

WERKE
Von Heinrich Proch sind eine Oper, 3 Operetten und mehrere Schauspielmusiken auf die Bühne gekommen. Er schrieb ferner einige Orchesterwerke und Kammermusik und über 200 Lieder, von denen manche sehr populär geworden sind.

Ambrosius Profe (1589–1661)

ZEIT UND UMWELT
In Schlesien wurde die Gegenreformation vor allem propagandistisch und mit großem wirtschaftlichem Druck durchgeführt, erreichte aber nie die Intensität und die Erfolge wie in den anderen habsburgischen Ländern. Die Möglichkeiten der Protestanten, ihr Bekenntnis auszuüben, war von Ort zu Ort verschieden.

LEBEN

Ambrosius Profe (Profius) wurde am 12. 2. 1589 in Breslau (Wrocław) geboren. Er studierte in Wittenberg, wurde 1617 Lehrer am Elisabethgymnasium in Breslau und übernahm zugleich die Kantorenstelle in Jauer (Jawor). Als Jauer 1629 restlos rekatholisiert wurde, übersiedelte Profe wieder nach Breslau und eröffnete ein Handelsgeschäft. Im Jahr 1633 wurde ihm die Organistenstelle an der Elisabethkirche übertragen. Dieser Dienst endete nach einigen Jahren, weil ein Teil der Kirche einstürzte, wodurch die Orgel zertrümmert wurde. Er widmete sich nun bis zu seinem Tod am 27. 12. 1661 nur mehr seinem Geschäft und der Komposition.

WERKE

An eigenen Werken brachte der deutsche Komponist Ambrosius Profe »Ruhm- und Dank-Liedlein« für sechs Stimmen mit Generalbaß, eine sechsstimmige Motette und 2 Weihnachtslieder heraus. Seine musikgeschichtliche Bedeutung wird ihm aber wegen seiner Tätigkeit als Herausgeber vorwiegend italienischen Liedgutes beigemessen. Die vierteiligen »Geistlichen Concerte vnd Harmonien« für eine bis sieben Stimmen mit Generalbaß und Violinen ad libitum, die Weihnachtslieder, unter denen sich seine 2 eigenen befinden, und ein »Collorarium Geistlicher Collectaneorum« sind wichtige Quellen aus seiner Zeit.

LITERATUR

R. Starke, Ambrosius Profe, in: Monatshefte für Musikgeschichte XXXIV, 1902.

Carl Prohaska (1869–1927)

LEBEN

Carl Prohaska wurde am 25.4.1869 in Mödling, Niederösterreich, geboren, und zwar in dem Haus, in dem Ludwig van Beethoven seine »Missa solemnis« geschrieben hat. Er war Klavierschüler von Eugen d'Albert und Kompositionsschüler von Franz Krenn (1816–97), Eusebius Mandyczewski und Heinrich Herzogenberg. Von 1894 bis 1895 unterrichtete er am Konservatorium in Straßburg, von 1901 bis 1905 wirkte er als Dirigent der Philharmonie in Warschau und ab 1908 als Klavier- und Theorielehrer am Konservatorium in Wien, wo er am 28.3.1927 starb.

WERKE

Die Kompositionen von Carl Prohaska sind sehr stark von Johannes Brahms, mit dem er befreundet war, beeinflußt. Die stilistische Entwicklung der Musik seiner Zeit fand darin keinerlei Niederschlag. Er schrieb eine Oper, mehrere Orchesterstücke – eine Serenade, eine Passacaglia –, ein Streichquartett, ein Klaviertrio, ein Quintett für zwei Violinen, Bratsche, Cello und Kontrabaß, Klavierwerke und Orgelstücke, außerdem Chorwerke mit Klavier, Orgel oder Orchester.

Sergei Prokofjew (1891–1953)

LEBEN

Sergei Sergejewitsch Prokofjew wurde am 11.4.1891 in Sonzowka, Jekaterinoslaw (heute Dnjepropetrowsk), geboren. Er nahm bei Reinhold Glier Privatunterricht und sodann von 1904 bis 1914 am Konservatorium in St. Petersburg bei Anatoli Ljadow, Nikolai Rimski-Korsakow, Jāzeps Vītols, Nikolai Tscherepnin und Anna Nikolajewna Jessipowa (12.2.1851, St. Petersburg, bis 18.8.1914, Petrograd). Anschließend betätigte er sich neben der Komposition als Pianist. Im Jahr 1918 verließ er Rußland, hielt sich einige Zeit in Japan auf und lebte sodann von 1920 bis 1933 in den USA und Europa, vor allem in Paris. Er war von 1939 bis 1941 Stellvertretender Vorsitzender des Moskauer Komponistenverbands; 1948 wurde er zweimal wegen seiner »formalistischen« Musik vom Zentralkomitee der Sowjetischen Kommunistischen Partei gemaßregelt. Die Accademia di Santa Cecilia in Rom und die Musikakademie in Stockholm ernannten ihn zu ihrem Ehrenmitglied. Er starb am 5.3.1953 in Moskau als einer der bedeutendsten russischen Komponisten des 20. Jahrhunderts.

WERKE

Der Ausbruch des Ersten Weltkrieges überraschte viele russische Künstler in Westeuropa oder Amerika. Da es sich hierbei zumeist um neutrale oder mit Rußland befreundete Länder handelte, konnten diese Künstler ohne Schwierigkeiten bleiben und wirken. Sie blieben aber auch der Heimat fern, als dort die Revolution ausbrach, zuerst weil die Umwälzungen alle kulturellen Möglichkeiten stark reduzierten, dann aber auch wegen der neuen Beziehungen, die sie inzwischen anknüpfen konnten, wogegen die gesellschaftlichen und wirtschaftlichen Gegebenheiten in der Heimat wenig verlockend waren. Sie wurden zu Emigranten, erwarben eine neue Staatsangehörigkeit und eine neue Heimat. Nachdem sich die Verhältnisse im neuen Rußland konsolidiert hatten, machte sich diese umfangreiche Auswanderung von Kulturträgern stark bemerkbar, und man bemühte sich, die prominentesten zurückzugewinnen.

Sergei Prokofjew, der am Beginn seiner Schaffenszeit expressionistische und später neuklassizistische Fakturen bevorzugte, in der Harmonik bis zur Atonalität fortschritt und bitonale Linienführung mit harten Dissonanzen verband, fügte sich nach seiner Rückkehr nach Rußland der amtlichen Kulturpolitik und schrieb ungetrübte Diatonik; er verlieh seiner Tonsprache große Einfachheit und Verständlichkeit, indem er mit einer breiten Melodik sich eng der russischen Tradition des 19. Jahrhunderts anschloß. Von seinen 8 Opern errangen »Krieg und Frieden« und »Die Liebe zu den drei Orangen« Welterfolge; von seinen 7 Balletten sind »Romeo und Julia« und »Aschenbrödel« feste Bestandteile der Ballettprogramme der Welt; auch »Die steinere Blume« wird nicht selten auf die Bühne gebracht. Von seinen Bühnen- und Filmmusiken haben »Leutnant Kische« und »Aleksandr Newski« Berühmtheit erlangt, sie werden als selbständige Konzertnummern aufgeführt. Er schrieb außerdem 7 Sinfonien, eine Anzahl Suiten nach seinen Opern, Balletten, Bühnen- und Filmmusiken, eine »Skythische Suite« und eine »Vaterländische Suite«, 5 Klavierkonzerte, 2 Violinkonzerte, ein Cellokonzert, ein Concertino, eine Sinfonietta, Märsche, Festliche Gedichte, eine sinfonische Skizze, ein sinfonisches Bild, Oden, Hymnen, eine Ouvertüre über hebräische Themen, ein Klavierquintett, ein Scherzo für vier Fagotte, 2 Streichquartette, 2 Sonaten für Cello und Klavier, Sonaten für Solovioline, für zwei Violinen, für Violine und Klavier. Einen breiten Raum im Schaffen des Komponisten nahm die Klaviermusik ein. Er verfaßte 9 Sonaten, 2 Sonatinen, eine »Toccata«, »Sarkasmen«, »Flüchtige Visionen«, »Erzählungen einer alten Großmutter«, »Gedanken«, »Musik für Kinder«, »4 Etüden«, Bearbeitungen eigener Werke; seine Stücke erfordern durchwegs hohes pianistisches Können. Sein Vokalwerk besteht aus einem Oratorium, den Kantaten »Winterlagerfeuer«, »Aleksandr Newski« und weiteren, zumeist politischen Chorwerken sowie dem beliebten Stück für Sprecher und kleines Orchester »Peter und der Wolf«.

Auf Friedenswacht, Oratorium für Sprecher, Mezzosopran, Knabensopran, gemischten Chor, Knabenchor und Orchester, Opus 124, 10 Teile, entstanden 1950

Sprecher, Solisten und Chöre schildern das Elend

Sergei Prokofjew

des Kriegs, den Heldenkampf des unzerstörbaren Wolgograd, wo durch den Sieg die Grundlage zum Frieden geschaffen wurde. »Friede allen Völkern der Erde; wir brauchen keinen Krieg«, lautet die Parole. Weiße Friedenstauben erheben sich von allen Orten in die Luft, die Kinder dürfen ohne Angst schlafen gehen, weil der Friede bewacht ist. Der Krieg ist vorbei, das Volk feiert den Frieden, der Waffenhandel wird durch Streik der Hafenarbeiter unterbunden. Die gesamte Welt ist einig im Kampf gegen den Krieg.

Aleksandr Newski, Kantate für Chor und Orchester, Opus 78, 7 Teile, entstanden 1939 aus der Musik zum gleichnamigen Film

Wie das Röhren wilder Tiere klingt im 1. Teil der Einsatz der Tuba, die das schwere, auf dem alten Rußland lastende Joch der Mongolen darstellt; Land, Dörfer und Städte sind verwüstet. Im 2. Teil stellt ein mächtiger Choral die legendäre Welt des russischen Heldenzeitalters vor. Aleksandr Newski tritt auf den Plan. Der 3. Teil schildert den Angriff der Kreuzritter, der Tod und Zerstörung bringt. Der 4. Teil ist der Erhebung des russischen Volks gegen die Eindringlinge gewidmet. Im 5. Teil beginnt der Kampf auf dem Eis des Tschudskoje See (Peipsi järvi). Schlachtenepisoden lösen einander ab, bis der Sieg der russischen Streitkräfte errungen ist. Der Chor verkündet: »Kein Feind darf den teuren russischen Boden betreten.« Im 6. Teil sucht ein russisches Mädchen ihren Verlobten auf dem Schlachtfeld: »Ich will seine toten Lippen küssen, weil er für Rußland einen ehrenvollen Tod starb.« Im 7. Teil zieht Aleksandr Newski in Pskow ein, das Volk empfängt jubelnd seinen Helden.

Winterlagerfeuer, Suite für Knabenchor und Orchester, Opus 122, 8 Teile, entstanden 1949

Mit abgemessenen Beckenschlägen, Wirbel der Kleinen Trommel, gedämpfter Trompete und verträumten Waldhornklängen, mit dem Rhythmus eines fahrenden Zuges beginnt die Abfahrt im 1. Teil. Der 2. Teil malt den Schnee hinter den Fenstern. Im 3. Teil wird auf dem Eis ein Walzer getanzt. Das Lagerfeuer wird im 4. Teil angezündet, im 5. Teil stimmen die Knaben einen Chor an. Im 6. Teil fällt der Winterabend über die Landschaft. Im 7. Teil wird zurückmarschiert. Die Heimkehr im 8. Teil ist so fröhlich wie die Ausfahrt.

»Peter und der Wolf«, ein Märchenspiel für Sprecher und kleines Orchester als »Instrumentenlehre für kleine und große Kinder«, Opus 67, entstanden 1936

Der Sprecher stellt die Instrumente und deren Bedeutung vor: der Vogel – Flöte, die Ente – Oboe, die Katze – Klarinette, der Großvater – Fagott, der Wolf – Hörner, Peter – Violinen. Dargestellt werden Peters Liebe zu den Tieren, die Sorge des Großvaters und die fruchtlose Jagd der Katze nach dem Vogel, der böse Wolf, der die Ente verschlingt, und das Einfangen des Wolfs mit Hilfe des Vogels, um den Missetäter in den Zoo zu bringen.

Sinfonie Nr. 1 in D-Dur, »Klassische«, Opus 25, 4 Sätze, entstanden 1917

Der 1. Satz ist freudig bewegt und hat Sonatenform. Die Durchführung seiner beiden Themen fällt durch originelle harmonische Wendungen auf. Im 2. Satz bringen die Violinen im Rhythmus einer Polonaise ein Ständchen. Der 3. Satz ist eine Gavotte, der 4. Satz hat wiederum Sonatenform und steigert noch die Fröhlichkeit des ersten.

Sinfonie Nr. 2 in d-Moll, Opus 40, 2 Sätze, entstanden 1925

Der 1. Satz bringt ein völlig zerklüftetes Thema, dem ein zweites tragisch-choralhaftes gegenübergestellt wird. Harmonische und kontrapunktische Ballungen verstärken die dramatische Entwicklung, die mit einem Fanfarenruf endet. Der 2. Satz besteht aus einem Thema mit sechs Variationen; sie sind teilweise sehr aggressiv, dann wieder stark verinnerlicht und am Ende durch einen vielschichtigen Akkord verfremdet. Dieses Werk weckte im Verein mit einigen Klavierkompositionen offenbar berechtigte Hoffnungen auf eine Entwicklung des Komponisten zu einem Großen der zeitgenössischen Musik, der er auch wurde, wenn auch nicht im Sinn der Avantgardisten.

Sinfonie Nr. 3 in c-Moll, Opus 44, 4 Sätze, entstanden 1928

Der 1. Satz beginnt mit einem von düsteren Akkorden unterbauten Thema, dem zwei weitere entgegengeführt werden. Noch einige Motive treten hinzu und werden mit dem bereits vorhandenen Material ekstatisch verarbeitet. Der 2. Satz ist von einer Kantilene beherrscht, drohende Kurzmotive verweisen aber auf die tragische Grundhaltung des Werks. Das Scherzo ist außerordentlich bewegt, in seinem Trio kommt es zu Walzeranklängen. Das Finale ist hektisch erregt und führt zu einem faszinierenden Abschluß.

Sinfonie Nr. 4 in C-Dur, Opus 47, 4 Sätze, entstanden 1930, 1947 als Opus 112 umgearbeitet

Der 1. Satz beginnt mit heroisch-lyrischer Geste und besteht aus einer Reihe plastischer kontrastreicher Bilder. Der 2. und 3. Satz sind dem Ballett »Der verlorene Sohn« entnommen und kennzeichnen in der Zweitbearbeitung das Bestreben des Komponisten, »schlichte und einfache« Melodik zu liefern. Das Finale ist brillant instrumentiert, »Die endgültige Heimkehr in die sowjetische Heimat zeichnet sich in der Musik der Sinfonie deutlich ab«, sagte ein Kommentator. »Der sozialistische Realismus bahnte sich an und kam in den folgenden Sinfonien immer stärker zum Ausdruck.«

Sinfonie Nr. 5 in B-Dur, Opus 100, 4 Sätze, entstanden 1944

Im 1. Satz exponieren Erste Flöte und Erstes Fagott ein Andantethema. Das zweite Thema ist hell und licht und wird mit dem ersten im Verlauf des Sonatensatzes ständig verwandelt und bereichert. Der 2. Satz bringt eine lustige Klarinettenmelodie zu einem Violinenstakkato; im Trio erklingt ein Walzer; in der Reprise wird der Beginn elegant und übermütig in rasanter Steigerung etwas verändert wiedergegeben. Der 3. Satz ist wieder langsam, voll Sanglichkeit, schönem Klang und Wehmut, aber dennoch auch kämpferisch entschlossen. Das Finale setzt mit dem Thema des Kopfsatzes ein. Sein von der Klarinette vorgetragenes Hauptthema ist quirlig, es erhält einen poetischen Seitengedanken, der zu einem triumphalen Schluß führt.

Sinfonie Nr. 6 in es-Moll, Opus 111, 3 Sätze, entstanden 1947

Nach schweren Bläserakkorden beginnt der 1. Satz mit einer tragischen Melodie, die vielfach variiert und wiederholt wird, bis sie in eine innige melodische Linie mündet, deren ruhiger Fluß durch heftige Aufschreie unterbrochen ist. In der Durchführung erscheint eine weitere Kantilene, die, in der Tiefe von dunklen Stimmen begleitet, leise verklingt. Der 2. Satz ist ein Largo, das schmerzlich beginnt, dann einprägsame melodische Linien aneinanderfügt und intensiviert. Ein Scherzo fehlt. Das Finale ist ein eleganter federnder Satz mit dämonischen Zwischenfarben.

Sinfonie Nr. 7 in cis-Moll, Opus 131, 4 Sätze, entstanden 1952

Der 1. Satz wird von einem Moderato eingeleitet. Das zweite Thema ist weit gesponnen, aber mit tragischen Akzenten versehen. Das Scherzo bringt einen Walzer in der Art von Pjotr Tschaikowski. Der 3. Satz ist schlicht und sanglich, das Finale wirbelnd und quirlig; seine übermütigen Melodien eilen rasant zum Schluß.

Sinfonietta in A-Dur, Opus 48, 5 Sätze, entstanden 1929 als zweite Fassung einer Komposition aus 1909

Der Stil des Stücks ähnelt dem der 1. Sinfonie des Komponisten. Der 1. Satz ist hell und transparent, sein Mittelteil bringt klangscharfe und marschähnliche Rhythmen. Der 2. Satz baut sich auf einer breiten Melodie auf, die von einem Basso ostinato begleitet ist. Der 3. Satz erinnert an Joseph Haydn. Der 4. Satz ist sehr grotesk und stellt sehr differente Orchesterklänge gegenüber. Das Finale wiederholt Stimmung und Stil des 1. Satzes.

»Ala und Lolli«, Skythische Suite für Orchester, Opus 20, 4 Sätze, entstanden 1914

Diese Suite ist eine Adaptierung der Musik für ein Ballett »Ala und Lollie« für Sergei Diaghilew, das der Ballettmeister nicht angenommen hatte. Es behandelt die altrussische Sage von den Skythen, die den Sonnengott Veles, die Frühlingsgöttin Ala und den Todesgott Tschubog verehrten. Der Todesgott will das Standbild Alas rauben, wird aber von skythischen Helden daran gehindert. Mit Hilfe des Sonnengottes siegt Lolli über Tschubog, der in den Strahlen des Sonnenaufgangs untergeht. Der 1. Satz »Die Anrufung des Sonnengottes und Alas« bringt einen orgiastischen Huldigungstanz, dessen massive grelle Klangfarben rein expressionistisch sind. Der 2. Satz »Tschubog und der Tanz der bösen Geister« hält mit acht Hörnern und einer wuchtigen Motorik denselben Stil ein. Im 3. Satz »Nacht« herrscht impressionistische Farbigkeit. Der 4. Satz »Der Aufbruch Lollis und der Sonnenaufgang« stellt den Kampf des Guten gegen das Böse und den Sieg des Lichts dar; der Sonnenaufgang steigert sich in der Verdichtung des Klangs bis zum dreifachen Forte.

Klavierkonzert Nr. 1 in Des-Dur, Opus 10, ein Satz, entstanden 1912

Das Orchester beginnt lautstark in der Manier von Franz Liszt, der Solist kommt erst nach der Kulmination der Entwicklung zu Wort. Es folgt ein Andante mit virtuos gehaltener Melodik. Das Werk schließt mit dem Anfangsthema, was die Einheitlichkeit des Werks unterstreicht.

Klavierkonzert Nr. 2 in g-Moll, Opus 16, 4 Sätze, entstanden 1913

Im 1. Satz trägt das Klavier ein schönes Hauptthema vor, ein grotesk-virtuoses zweites Thema wird herangeführt, eine gewaltige Kadenz folgt, und eine kurze Reprise schließt den Satz ab. Der 2. Satz ist ein Perpetuum mobile mit immer neuen Einfällen, der 3. Satz ist russisch gefärbt, das Finale lehnt sich thematisch an den 1. Satz an und beendet das Konzert, das technisch zu den schwierigsten des 20. Jahrhunderts zählt.

Klavierkonzert Nr. 3 in C-Dur, Opus 26, 3 Sätze, entstanden 1921

Dieses wirkungssicherste und populärste Konzert des Komponisten stellt sich mit den Konzerten von Béla Bartók in eine Reihe. Der 1. Satz bringt eine volksliedhafte Melodie, dann erklingt das Hauptthema mit rasanten Läufen der Streicher, zu denen ein burleskes Seitenthema tritt. Der 2. Satz gehört zu den schönsten und stimmungsvollsten Einfällen des Komponisten überhaupt. Das Finale entwickelt sich aus tiefen Tönen zu einem brillanten Scherzo, dann leitet eine lyrische Episode zu einer begeisternden Stretta über.

Klavierkonzert Nr. 4 in B-Dur, Opus 53, 4 Sätze, entstanden 1931

Dieses Konzert wurde für die linke Hand allein für den einarmigen Pianisten Paul Wittgenstein geschrieben, der es aber nicht gespielt hat. Der 1. Satz beginnt mit einem etüdenartigen Thema, das das zweite aufklingende Thema bald überflutet. Der 2. Satz bringt eine lyrische Kantilene, ein zweites kantables Thema wird vom Solisten vorgetragen, darauf vereinen sich beide musikalischen Gedanken zu einem Hymnus. Der 3. Satz ist der Sonatenhauptsatz des Werks, in dem markante Themen und eine lyrische Episode entwickelt werden. Das Finale hat den Charakter eines Epilogs und klingt in hoher Lage pianissimo aus.

Klavierkonzert Nr. 5 in G-Dur, Opus 55, 5 Sätze, entstanden 1932

Der 1. Satz ist tänzerisch, seine Dissonanzen werden immer aufgelöst. Der 2. Satz hat Marschform und erinnert an »Peter und der Wolf«. Im 3. Satz erklingt mit dem Thema des 1. eine Toccata. Den 4. Satz beherrscht ein schlichter melodischer Gedanke. Ein vielfältig gegliedertes und stark variiertes Scherzo beschließt als Finale das Werk.

Violinkonzert Nr. 1 in D-Dur, Opus 19, 3 Sätze, entstanden 1917

Der 1. Satz beginnt mit einer lyrischen Kantilene der Violine, der ein groteskes Thema entgegengeführt wird. Der 2. Satz ist ein Scherzo von höchster Virtuosität, das dem Solisten äußerstes Können abverlangt. Das Finale verbindet Virtuosität mit Sanglichkeit und weist den Komponisten auf einen Weg, den er allerdings nur eine Strecke seines Lebens geht.

Violinkonzert Nr. 2 in g-Moll, Opus 63, 3 Sätze, entstanden 1935

Den 1. Satz eröffnet ein volksliedhaftes russisches Thema, zu dem sich ein zweites, lyrisches gesellt. Der 2. Satz ist eine großangelegte Serenade, dessen Themen ganz auf Kantabilität abgestellt sind. Das Finale ist bizarr-grotesk, voll tänzerischer Impulse und technisch sehr anspruchsvoll.

Cellokonzert in e-Moll, Opus 125, 3 Sätze, entstanden 1952

Es liegt eine zweite Fassung des Cellokonzerts Opus 58 aus 1938 vor. Der 1. Satz besteht aus zwei äußerst kantablen Themen, die in einem zarten Adagio verklingen. Der 2. Satz bringt ein dämonisch erregtes Thema, dem ein tänzerisches entgegengestellt ist. Beide werden von einer schönen kantablen Melodie abgelöst, die sich in der Reprise mit dem tänzerischen Thema verbindet. Anstelle der Durchführung erklingt eine virtuose Kadenz. Das Finale besteht aus Variationen über zwei Themen, von denen das eine breit ausschwingend lyrisch-episch ist, das andere tänzerisch. Die Themen werden stark verändert und auch ineinander verschränkt, bis das erste sich durchsetzt. Virtuose Figuren beenden das Werk mit starker Wirkung.

Quintett für Oboe, Klarinette, Violine, Bratsche und Kontrabaß, Opus 39, 6 Sätze, entstanden 1924

Das Werk wurde als Ballett »Das Trapez« verfaßt. Der 1. Satz enthält zwei Variationen zu einem Thema, das am Anfang und am Ende vorgetragen wird. Der 2. Satz bringt eine große Gestik mit freitonaler Chromatik. Der 3. Satz ist tänzerisch und wegen der wechselnden Metrik sehr schwierig, aber zugleich äußerst amüsant und vital. Der 4. und der 5. Satz geben mit ihrer rhythmischen Exzentrik Musikern und Tänzern Gelegenheit, ihr Können zu beweisen. Der letzte Satz beginnt mit pathetischer Grazie, dann bricht barbarische Wildheit aus, die mit einem tumultuösen Fortissimo endet.

Streichquartett Nr. 1, Opus 50, 3 Sätze, entstanden 1930

Das Thema des 1. Satzes folgt klassischen Vorbildern und klingt dazu an die »Klassische Sinfonie« und an den Siegesmarsch in »Aleksandr Newski« an. Es wird durch ein zweites, weit ausgesponnenes Thema kontrastiert, das russischen Charakter trägt. Das dritte Thema ist markant und marschartig. Der 2. Satz hat Rondoform und weist auf Volkstanzszenen hin. Im 3. Satz erklingt eine Andantemelodie von echter Tiefe bei großer melodischer Linie und Intensität.

Streichquartett Nr. 2, Opus 92, 3 Sätze, entstanden 1941

Dem gesamten Werk haftet der Einfluß der Örtlichkeit – Naltschik in der Kabardinischen Autonomen Sozialistischen Sowjetrepublik –, in der es verfaßt wurde, an. Im 1. Satz liegen zwei Themen, ein Tanz und ein Lied aus Labardinien, vor, die nach klassischem Muster verarbeitet sind. Eine Nachahmung kaukasischer Volksinstrumente leitet den 2. Satz ein, in dem ein Tanz und eine Hirtenserenade aus dem Kaukasus verarbeitet sind. Das Finale – ein Sonatenrondo – wird von einem kabardinischen Tanzmarsch beherrscht. Die verwendeten kaukasischen Volksmelodien gliederte der Komponist der Harmonisation seines Stils und der polyphonen Struktur des Quartetts genial ein.

LITERATUR

M. Sabinina, Sergei Prokofjew, Moskau 1960. I. W. Nestjew, Prokofjew, Der Künstler und sein Werk, Berlin 1962. W. M. Blok, Sergei S. Prokofjew, Moskau 1972. N. P. Sawkina, Sergei S. Prokofjew, Berlin 1984.

Josef Proksch (1794–1864)

ZEIT UND UMWELT

Die von Johann Bernhard Logier verfochtene Unterrichtshilfe des Chiroplasten wurde trotz anfänglicher begeisterter Aufnahme bald wieder aus den Klavierschulen verbannt. Allgemeine Zustimmung fand jedoch seine zweite Neuerung des simultanen Spielens mehrerer Schüler. Es wurden damit technische Fortschritte erzielt, mit denen man sich zu jenen Zeiten zufriedengab. Virtuosen wurden auf diese Art allerdings keine erzogen.

LEBEN

Josef Proksch wurde am 4. 8. 1794 in Reichenberg (Liberec) geboren. Er war in Prag Schüler von Jan Antonín Koželuh. Der in jungen Jahren erblindete Pianist eröffnete 1830 eine Klavierschule, in der er die Unterrichtsmethode des Simultanspiels der Schüler anwandte; sie bestand, von Nachkommen fortgeführt, bis in die erste Hälfte des 20. Jahrhunderts. Er starb am 20. 12. 1864 in Prag.

WERKE

Neben einer Reihe vorzüglicher Lehrwerke für den Klavierunterricht schrieb Josef Proksch eine Anzahl Messen, Kantaten, Kirchengesänge und Klaviersonaten und ein sehr bekanntes Konzert für drei Klaviere. Er arrangierte zu Lehrzwecken klassische Orchesterwerke für vier bis acht Klaviere. Seine Kompositionen könnte man als Romantik in klassischem Rahmen bezeichnen.

Félix Jean Prot (1747–1823)

LEBEN

Félix Jean Prot wurde 1747 in Senlis geboren. Er war Kompositionsschüler von Pietro Giannotti und wurde zum Violinisten ausgebildet. Er wirkte von 1775 bis 1822 als Bratschist an der Comédie Française und starb 1823 in Paris.

WERKE

Außer seinen komischen Opern verfaßte Félix Jean Prot eine große Anzahl Duos für Bratsche und Violine, ein Trio und 4 Sinfonien. Bei diesen Werken sind der Bratsche durchwegs dominierende Melodieführungen anvertraut. Er schrieb auch etliche Vokalwerke.

Tommaso Prota (um 1727 bis nach 1764)

ZEIT UND UMWELT

Die Theater und Konzertunternehmen in London hatten im 18. Jahrhundert ständig einen großen Bedarf an Musikern aus dem Ausland, weil zu wenig heimische Kräfte zur Verfügung standen und das Publikum außerdem aus Gewohnheit Ausländer, besonders Italiener, vorzog. Man war in London auch bestrebt, immer neue Musiker dem Publikum vorzustellen, das sowohl im Programm wie in der Darstellung starke Abwechslung forderte.

LEBEN

Tommaso Prota wurde um 1727 in Neapel geboren und am Conservatorio Santa Maria di Loreto ausgebildet. Er dürfte sich kurz darauf nach London begeben haben, wo er am Opernleben in nicht näher bekannter Eigenschaft bis zu seinem Tod in den Jahren nach 1764 mitwirkte.

Sein Vater Ignazio Prota (15. 9. 1690, Neapel, bis Januar 1748, Neapel) wirkte in Neapel als Opernkomponist und von 1722 bis zu seinem Tod als Lehrer am Conservatorio Sant' Onofrio.

Dessen Enkel Gabriele Prota (19. 5. 1755, Neapel, bis 22. 6. 1843, Neapel) war ab 1780 Kapellmeister an Sant'Annunziata und später an Santa Chiara.

WERKE

Neben einer Oper und einem Intermedium

sind von Tommaso Prota 6 Kammersonaten für zwei Flöten oder Violinen und Generalbaß und verschiedene kleinere Kompositionen überliefert.
Ignazio Prota verfaßte Buffoopern und Arien für Neapel.
Gabriele Prota hat 3 Buffoopern und einige Kammermusik hinterlassen.

LITERATUR
U. Prota-Giurleo, La famiglia neapolitana dei Prota nella storia della musica, Mailand 1957.

Ebenezer Prout (1835–1909)

ZEIT UND UMWELT
The National Training School for Music wurde 1873 über eine Anregung des Prinzgemahls Albert von Sachsen-Coburg-Gotha (1819–61) unter der Ägide seines Sohnes, des Herzogs von Edinburgh, Alfred (1844–1900), als Musikschule neben der Royal Academy of Music gegründet. Sie ging in das 1882 gegründete Royal College of Music auf. Eine Zusammenlegung dieser Institution mit der Academy gelang nicht.

LEBEN
Ebenezer Prout wurde am 1.3.1835 in Oundle, Northamtonshire, geboren. Er beschäftigte sich vorerst mit Musiktheorie, wirke sodann als Organist an Union Chapel und als Klavierlehrer in London. Im Jahr 1876 wurde er Theorielehrer an der National Training School for Music und ab 1879 Harmonie- und Kompositionslehrer an der Royal Academy of Music; 1894 wurde er Musikprofessor an der Universität Dublin. Er starb am 5.12.1909 in London.

WERKE
Neben seinen vielen bedeutenden musikalischen Lehrwerken und musikhistorischen Publikationen komponierte Ebenezer Prout 6 Chorkantaten, 4 Sinfonien, 2 Ouvertüren, 2 Orgelkonzerte und Kammer- und Kirchenmusik. Seine Musik gehört der Romantik an. Auch seine Orchestrierung des »Messiah« von Georg Friedrich Händel, die heute noch in England verwendet wird, gehört zu den Veranstaltungen älterer Werke durch Auffüllung des Orchesterklangs, die den Romantikern und ihrem Publikum gefiel.

Francesco Provenzale
(um 1627–1704)

ZEIT UND UMWELT
Das Conservatorio di Santa Maria di Loreto in Neapel, das 1566 aus einer 1535 gegründeten bescheidenen Musikschule für Waisenkinder hervorgegangen war, behielt neben dem Conservatorio della Pietà de'Turchini seinen Rang als hervorragende Ausbildungsstätte bei. Eine Reihe bedeutender neapolitanischer Komponisten ist daraus hervorgegangen.

LEBEN
Francesco Provenzale wurde um 1627 in Neapel geboren. Er war Schüler von Gian Maria Sabino, von 1663 bis 1674 Lehrer am Conservatorio Santa Maria di Loreto und von 1673 bis 1701 Leiter des Conservatorio della Pietà de'Turchini. Im Jahr 1680 war er Vizekapellmeister des Vizekönigs und ab 1686 zugleich an Tesoro di Gian Gennaro. Er zog sich 1701 von allen Pflichten zurück und starb in Neapel am 6. 9. 1704.

WERKE
Der italienische Komponist Francesco Provenzale wird als eigentlicher Begründer der neapolitanischen Oper angesehen. Seine 10 Opern betonen im Sinn Monteverdis die dramatischen und lyrischen Aspekte. Er bereicherte sie stark mit neapolitanischen Volksmelodien. Seine Oratorien – »Das Martyrium des heiligen Gennaro«, »Die verwundete Taube«, »Der Phönix von Avila« – haben opernhafte Faktur. 2 von seinen 9 Kantaten sind für obligate Begleitung von zwei Violinen geschrieben. Außerdem sind ein neunstimmiges Pange lingua und mehrere Motetten erhalten.

LITERATUR
U. Prota-Giurleo, Francesco Provenzale, in: Archivi, Rom 1958.

Emile Racine Gauthier Prudent
(1817–63)

Zeit und Umwelt
Transkriptionen und Variationen von Opernmelodien gehörten zu den häufigsten pianistischen Kompositionsformen des 19. Jahrhunderts. Es war nicht immer die eigene Einfallslosigkeit der Komponisten daran Schuld; das Publikum verlangte diese Stücke, weil es gerne Musik hörte, die es zumindest in den Grundzügen bereits kannte, und sich an Bühnenarien mit virtuoser Verzierung und vollgriffigen Akkordeon erfreute. Dazu kam noch das Vergnügen an der hochentwickelten Technik, die dabei stets entfaltet wurde.

Leben
Emile Racine Gauthier Prudent wurde am 3.4.1817 in Angoulême geboren. Er fiel früh durch seine musikalische Veranlagung auf und wurde bereits mit 10 Jahren am Pariser Conservatoire aufgenommen, wo er 1833 den Ersten Klavierpreis und ein Jahr darauf den Zweiten Kompositionspreis erhielt. Er entwickelte sich bald aus eigener Kraft zum angesehenen Virtuosen und Klavierlehrer und absolvierte zahlreiche Konzertreisen in Frankreich und über dessen Grenzen hinaus. Im Jahr 1848 trat er mit Erfolg in London auf. Er starb am 13.5.1863 in Paris.

Werke
Von den ungefähr 70 Kompositionen von Emile Racine Gauthier Prudent war der Großteil dem Klavier gewidmet. Seine Etüden, Charakterstücke und Fantasien über Opernarien waren sehr beliebt, ebenso seine Paraphrasen und Variationen. Sein Klaviertrio und seine konzertante Sinfonie erreichten nicht die Qualität der Klavierstücke.

François Hubert Prume (1816–49)

Zeit und Umwelt
Salonmusik für Violine wurde zwar in weit geringerem Maß komponiert, weil sie als Hausmusik weniger gefragt war, aber einzelne Virtuosen legten sich gerne sentimentale Unterhaltungsstücke zurecht, um sie bei ihren Konzerten als Zugaben zu spielen. Sie wurden wegen solcher kleiner Stücke zuweilen berühmter als wegen ihrer großen Kompositionen.

Leben
François Hubert Prume wurde am 3. 6. 1816 in Stavelot bei Lüttich geboren. Nach seiner Grundausbildung in Malmédy studierte er am Konservatorium in Lüttich und ab 1830 durch 2 Jahre am Conservatoire in Paris bei François Antoine Habeneck. Bereits mit 17 Jahren wurde er Violinlehrer am Konservatorium in Lüttich. Ab 1839 bereiste er mit großem Erfolg Deutschland, Rußland und Skandinavien. Er starb am 14. 7. 1849 in Stavelot.

Werke
Von den Kompositionen von François Hubert Prume sind nur einige einschmeichelnde Salonstücke überliefert. »La Mélancholie« war für lange Zeit außerordentlich populär.

Antoine Prumier (1794–1868)

Zeit und Umwelt
Seit Sébastien Érard die moderne Harfe konstruiert hatte, auf der ein chromatisches Spiel in allen Tonarten möglich ist, wurde eine Reihe von Techniken des Anschlags und des Fingersatzes erdacht, um dem Instrument möglichst vielfältige Klänge abzugewinnen. Die Harvenvirtuosin Stéphanie Félicité Du Crest de Genlis, comtesse de Saint-Aubin (25.1. 1746, Champcéry près Autun, bis 31.12.1830, Paris), schlug vor, alle fünf Finger zu verwenden, was allerdings wenig Anklang fand. Man spielte lieber wie heute allgemein mit Daumen, Zeige-, Mittel- und Ringfinger.

Leben
Antoine Prumier wurde am 2.6.1794 in Paris geboren. Er besuchte von 1812 bis 1815 die Polytechnische Schule in Paris, wechselte sodann zum Conservatoire über, um seine musikalische Ausbildung, die er bereits vorher unter Charles Simon Catel begonnen hatte, zu

vollenden. Er wurde Harfenist am Théâtre italien, sodann an der Opéra Comique. Im Jahr 1835 wurde er Harfenlehrer am Conservatoire. In seinem Unterricht propagierte er den von Stéphanie Félicité Du Crest de Genlis vorgeschlagenen Fünffingersatz. Er starb am 20.1.1868 in Paris.
Sein Sohn Ange Conrad Antoine Prumier (5.1.1820, Paris, bis 3.4.1884, Paris) war Harfenvirtuose und Harfenlehrer am Conservatoire von Paris.

WERKE
Von Antoine Prumier sind etwa 100 Fantasien, Rondos, Variationen und Transkriptionen von beliebten Melodien für Harfe bekannt geworden.
Ange Conrad Antoine Prumier schrieb geschmackvolle und schöne Harfenstücke, die ebenso wie die Werke seines Vaters zu seiner Zeit viel und gern gespielt wurden.

Giacomo Puccini (1858–1924)

ZEIT UND UMWELT
Es ist eine nicht seltene Erscheinung, daß Musikwissenschaft und Kritik einen Musiker einmütig ablehnen, während sein Publikum ihm Beifall spendet. Die Argumentationen für diese Haltung lautet immer – vereinfacht – so: »Er schreibt nicht so, wie wir es gelernt haben und gewohnt sind, und das Publikum ist zu dumm, das zu erkennen.«

LEBEN
Giacomo Antonio Domenico Michele Secondo Maria Puccini wurde am 22.12.1858 in Lucca geboren. Sein Vater war Organist, Musikpädagoge und Komponist und kam aus einer Familie von Kirchenmusikern aus der Toskana. Als Puccini 5 Jahre alt war, starb sein Vater, doch mit Unterstützung eines Onkels konnte Puccini das Musikstudium 1880 aufnehmen. Er war am Konservatorium in Mailand Schüler von Antonio Bazzini und Amilcare Ponchielli. Darauf begann er sofort seine Opernkomposition, die ihn bald auf die Höhe seines Ruhmes führte. Er starb am 29.11.1924 in Brüssel und wurde in Torre del Lago, Pisa, als weltberühmter und hochgeehrter Opernkomponist beigesetzt.

WERKE
Die 12 Opern von Giacomo Puccini, mit denen er neben Wolfgang Amadeus Mozart, Richard Wagner, Giuseppe Verdi zu den meist aufgeführten Opernkomponisten der Welt wurde, sind zu seiner Zeit sehr heftig kritisiert worden. Die Namen dieser Kritiker sind heute nur mehr schwer festzustellen. So schrieb er: »Le villi« (Die Willis), uraufgeführt 1884 in Mailand, »Edgar«, 1889 in Mailand, »Manon Lescant«, 1893 in Turin, »La Bohème«, 1896 in Turin, »Madama Butterfly«, 1904 in Mailand, »La fanciulla del West« (Das Mädchen aus dem goldenen Westen), 1910 in New York, Triptychon: »Der Mantel«, »Schwester Angelika«, »Gianni Schicchi«, 1918 in New York, »Turandot« (unvollendet), vervollständigt von F. Alfano, 1926 in Mailand, und die Operette »La rondine« (Die Schwalbe), 1917 in Monte Carlo. Außer seinen Opern hat Puccini sehr wenig geschrieben: ein »Capricio sinfonico« (als Diplomarbeit am Konservatorium), ein Streichquartett, »Crisantemi«, 3 Menuette für Streichquartett, ein Requiem, eine Messe und mehrere Gesänge. Alles ist im Vergleich zu seinen Opern unbedeutend, zeigt aber doch ganz deutlich die Hand des Meisters.

Messa di Gloria für Soli, Chor und Orchester, 5 Teile, entstanden 1880

Diese Jugendarbeit des großen Opernmeisters läßt in ihrer melodischen Konzeption und der harmonischen Anlage die kommende Musikerpersönlichkeit erkennen. Er hat Teile des Werks in einigen seiner Opern neu verwertet. Die opernhaften Züge teilt diese Messe mit den sakralen Werken von Bellini, Verdi und anderen Italienern. Es scheinen darin herrliche Arien auf, die jede Oper schmücken würden. Die Fuge »Cum sancto spiritu« im Gloria ist von seltener dramatischer Kraft, das Credo ist voll theatralischer Effekte. Das Agnus Dei bringt einen zauberhaften Chor mit Soli der Männerstimmen. Alles in allem, es handelt sich um ein klangreiches, interessantes Werk, das das Verständnis für den Meister der Oper vertieft.

LITERATUR

M. Greenfield, Puccini, London 1958 (dt. 1982). E. Siciliano, Puccini, Mailand 1976. W. Weaver, Puccini – The Man and His Music, London 1978. W. Marggraf, Giacomo Puccini, Wilhelmshaven 1979.

Vincenzo Puccita
(1778–1861)

LEBEN

Vincenzo Puccita wurde 1778 in Civitavecchia geboren und in Neapel am Conservatorio della Pietà de'Turchini von Fedele Fenaroli zum Opernkomponisten ausgebildet. Seine Bühnenkompositionen waren zu seiner Zeit in Italien und auch im Ausland sehr gefragt. Er starb am 20.12.1861 in Mailand.

WERKE

Die 30 Opern von Vincenzo Puccita wurden in Italien und im übrigen Europa häufig aufgeführt. Sie waren, mit leichter Hand geschrieben, ähnlich der Salonmusik ohne jeden musikalischen Kern, aber sehr eingängig und daher außerordentlich beliebt.

Johann Vesque von Püttlingen
(1803–83)

ZEIT UND UMWELT

Es war für das Musikleben in Wien sehr förderlich, daß es in den Reihen der höchsten Beamten und unter den Repräsentanten der ersten Gesellschaftsschicht stets eine Anzahl musischer und oft selbst Musik ausübender Persönlichkeiten gab, die in der Lage waren, ihren Einfluß und ihre gehobene Stellung für musikalische Vereinigungen wirksam einzusetzen. Sie ersetzten die Funktion eines Hofes, der in anderen Residenzen als oberster Protektor von Wissenschaft und Kunst wirkte, im vollen Maß.

LEBEN

Johann Vesque Freiherr von Püttlingen wurde am 23.7.1803 in Oppeln (Opole), Schlesien, geboren. Er war im österreichischen Staatsdienst bis 1872 als Diplomat tätig. Seine Ausbildung im Klavierspiel erhielt er von Ignaz Moscheles und Jan Václav Voříšek sowie in Kompositionslehre von Eduard Lannoy und Simon Sechter. Er war einige Zeit Präses-Stellvertreter der »Gesellschaft der Musikfreunde« in Wien und wirkte als namhafter Vertreter der gesellschaftlichen Musikpflege seiner Zeit. Er starb am 29.10.1883 in Wien.

WERKE

Die Kompositionen von Johann Vesque von Püttlingen erschienen zumeist unter dem Pseudonym J. Hoven. Er schrieb 9 Opern, 2 Messen und kleinere sakrale Chormusik, 3 Streichquartette, Tänze und Märsche für Klavier und ungefähr 300 Lieder, deren Qualität die zeitgenössichen zum Teil um vieles überragten, dazu Duette und Männerchöre. Er pflegte vor allem das feingeistige Stimmungslied, aber auch das ironisierende Chanson. In seinem Zyklus »Die Heimkehr« sind 88 Lieder von Heinrich Heine vertont; ein Teil davon wurde in unserer Zeit neu aufgelegt.

Loïsa Puget (1810–89)

LEBEN

Loïsa Puget (Louise Françoise) wurde am 11.2.1810 in Paris geboren. Sie war wegen ihrer Romanzen und Chansonnetten, die sie in Konzerten und in den Salons um 1830 selbst vortrug, sehr berühmt und beliebt. Später wandte sie sich der Bühnenkomposition zu, ohne selbst darin aufzutreten. Sie starb im Jahr 1889 in Pau.

WERKE

Von den Vokalkompositionen von Loïsa Puget sind einige, wie »Le Soleil de ma Bretagne« (Die Sonne meiner Bretagne), »Ave Maria«, »La Bénédiction d'un père« (Der Segen eines Vaters) oft und durch lange Zeit als Konzert- und Hausmusik gesungen worden. Auch ihre Bühnenkompositionen hielten sich einige Zeit auf den Programmen. Ihre Kompositionen grenzten oft an reine Unterhaltungsmusik.

Gaetano Pugnani (1731–98)

Zeit und Umwelt

Die von Giovanni Battista Somis in Turin gegründete piemontesische Violinistenschule bereicherte Italien und Frankreich bis in das 19. Jahrhundert hinein mit hervorragenden Musikern, die mit ihrem schönen, breiten Klang das Publikum begeisterten. Der Begründer der Schule wie alle seine Schüler suchten ihre Erfolge nicht mit gekünstelter Virtuosität zu erreichen.

Leben

Giulio Gaetano Girolamo Pugnani wurde am 27. 11. 1731 in Turin geboren. Ab seinem 10. Lebensjahr spielte er als Violinist am Teatro Reggio in Turin unter Giovanni Battista Somis und trat 1748 in die Dienste des Königs von Sardinien, Carlo Emmanuele III., der ihn mit einem Stipendium nach Rom sandte. Dort studierte er bei Vincenzo Legrenzio Ciampi Kontrapunktik. Im Jahr 1754 spielte er im Concert spirituel in Paris, darauf in Holland, London und Deutschland; 1764 wurde er Führer der zweiten Violinen des Turiner Hoforchesters. Von 1767 bis 1770 wirkte er als Dirigent am King's Theatre in London und brachte dort seine erste Oper heraus, weitere führte er in Turin, Neapel, Paris, Wien und London mit großem Erfolg auf, was ihm 1770 die Stellung eines ersten Violinisten und Dirigenten der Hofkapelle in Turin und 1776 den eines Kammerkomponisten und Generaldirektors der Instrumentalmusik eintrug. Er starb am 15. 7. 1798 in Turin.

Werke

Die interessanteste Seite des kompositorischen Werks von Gaetano Pugnani ist seine Instrumentalmusik, deren Faktur und Stil sich stark der Klassik näherten, obwohl gewisse Relikte des Barock beibehalten sind, wie der Generalbaß und die Satzfolge. Er schrieb 18 Sonaten für Violine und Generalbaß, 6 Duette für zwei Violinen, 36 Triosonaten und 12 Menuette für drei Stimmen, 6 Quartette, 8 Quintette und 12 Orchesterouvertüren. Außer diesen im Druck erschienenen sind 3 Sonaten für Violine und Generalbaß, 12 Duette, 7 Triosonaten, 7 Orchestersinfonien, eine Suite »Werther« (Goethe), Militärmärsche und ein Violinkonzert handschriftlich überliefert. Außerdem sind Arien, 2 Kantaten und ein Oratorium und 6 seiner Opern erhalten.

Literatur

E. M. Zschinsky-Troxler, Gaetano Pugnani, Berlin 1939.

Cesare Pugni (1802–70)

Zeit und Umwelt

Obwohl um die Mitte des 19. Jahrhunderts bereits russische Opern auf die Bühnen der russischen Städte kamen, fanden italienische Kompositionen noch immer auf den Programmen ihren Platz. Sehr willkommen waren aber noch Ballette, weil es zur Bildung eines eigenständigen Balletts bisher nicht gekommen war. Etliche Jahrzehnte später wurde Rußland auch auf diesem Gebiet selbständig.

Leben

Cesare Pugni wurde am 31. 5. 1802 in Genua geboren und am Konservatorium in Mailand ausgebildet. Im Jahr 1851 wurde er Ballettkomponist am Kaiserlichen Theater in St. Petersburg, wo er am 14. 1. 1870 starb.

Werke

Von Cesare Pugni wurden ungefähr 300 Ballette aufgeführt. Diese hohe Anzahl beweist schon für sich allein, daß die Ballettkomposition zu jener Zeit zur Routine abgesunken war. Er schrieb außerdem 10 Opern und (noch in Italien) 40 Messen.

Juan Pujol (um 1573–1626)

Zeit und Umwelt

Katalonien, dessen separatistische Bestrebungen nie völlig erloschen und im 17. Jahrhundert wegen der zentralistischen Politik der Regierung in Madrid neu aufflammten, bildete neben den Musikerschulen von Kastilien, Andalusien und Valencia eine katalonische Schule heraus, die sich von diesen deutlich abhob. Ein Hauptmerkmal dieser Schule war, daß sie sich der Musikentwicklung in Frankreich und Italien aufgeschlossener zeigte als die anderen; das ist zum Teil auf die engen Kontakte zu Frankreich zurückzuführen, das den katalonischen Freiheitskampf zumindest zeitweilig unterstützte.

Leben

Juan Pablo Pujol wurde um 1573 in Barcelona geboren, wo er auch seine musikalische Ausbildung erhielt. Nach Beendigung seines Studiums wurde er zum Kapellmeister an der Kathedrale von Tarragona bestellt und wirkte ab 1596 in gleicher Eigenschaft an der Kathedrale von Zaragoza. Im Jahr 1613 erhielt er die Kapellmeisterstelle an der Kathedrale von Barcelona, wo er im Mai 1626 starb.

Werke

Das kirchenmusikalische Werk des katalonischen Komponisten Juan Pujol ist umfangreich: vier- bis achtstimmige Messen, Motetten, Psalmen, Lamentationen, Responsorien, Hymnen, Gesänge und Villancicos. Seine profanen Kompositionen sind weniger zahlreich, aber ebenso wertvoll. Der Meister war ein ausgezeichneter Kontrapunktiker und wußte mit seinem polyphonen Stil den Affekten starken Ausdruck zu verleihen. Zuweilen bediente er sich bereits des Basso continuo.

Giovanni Domenico Puliaschi
(um 1570 bis nach 1620)

Zeit und Umwelt

Papst Paul V. (Camillo Borghese, 1552 bis 1621) war weitblickend genug, um vorauszusehen, zu welchem Unglück der Glaubenskonflikt in Mitteleuropa führen mußte. Er verweigerte daher den katholischen Mächten jede Unterstützung, was allerdings den Dreißigjährigen Krieg nicht verhinderte. Seine echt humanistische, wenn auch zuweilen undogmatische Gesinnung drückte sich in seiner tatkräftigen Förderung der Künste aus, insbesondere der Baukunst, und dem großen Interesse, das er seiner Kapelle zuwandte.

Leben

Giovanni Domenico Puliaschi wurde um 1570 in Rom geboren und dort zum Sänger und Komponisten ausgebildet. Im Jahr 1612 wurde er päpstlicher Kapellsänger und Kanonikus und blieb bis 1620 in dieser Stellung. Er dürfte bald darauf in Rom gestorben sein.

Werke

Der italienische Musiker Giovanni Domenico Puliaschi war ein Stimmphänomen; er war imstande, Baß-, Tenor und Kontraaltpartien zu singen. Er verfaßte eine Reihe einstimmiger Madrigale, Arien und Kanzonen mit Generalbaßbegleitung, die zu einem großen Teil von Giovanni Francesco Anerio (um 1567–1630) herausgegeben wurden (Gemma musicale, 1618). Puliaschi hatte sich damit völlig der neuen Stilrichtung angeschlossen.

Gabriello Puliti (um 1570 bis nach 1635)

Zeit und Umwelt

Die Halbinsel Istrien war bereits im 13. Jahrhundert zum größten Teil venezianisch, nur der Norden gehörte teils den Grafen von Görz, teils den Habsburgern, die 1382 auch die Grafschaft Mitterburg (Pisono) und Triest und 1500 die Grafschaft Görz erwarben. Der venezianische Einfluß, besonders auf die Stadt Triest und ihre Umgebung, ist in allen Bereichen der Kultur erhalten geblieben.

Leben

Gabriello Puliti wurde um 1570 in Montepulciano, Toskana, geboren. Er trat dem Franziskanerorden bei und erhielt seine Ausbildung im Kloster. Im Jahr 1600 war er Chordirigent an San Francesco in Pontremoli, Toskana, und 1602 Organist der Franziskanerkirche in Piacenza; 1605 wurde er als Organist und Kapellmeister nach Muggia bei

Triest berufen, wirkte ab 1609 als Domorganist in Capodistria (Koper) und in gleicher Stellung von 1609 bis 1612 an San Giusto in Triest, dann erneut von 1614 bis 1621 in Capodistria, hernach kurze Zeit in Albona (Labin), im damals venezianischen Teil Istriens, später wieder in Capodistria und ab 1630 neuerlich am Dom zu Triest. Er starb dort nach 1635.

WERKE

Obwohl die Musiker des Franziskanerordens ihre eigene Tradition pflegten, waren sie stets allem Fortschritt gegenüber sehr aufgeschlossen. Es ist daher nicht überraschend, daß man unter den Werken des italienischen Kirchenmusikers Gabriello Puliti konzertante Stücke, monodische Gesänge und den Generalbaß findet. Seine vier- bis fünfstimmigen Motetten, die fünfstimmigen Vesperpsalmen, die zweistimmigen »Scherzi, capricci et fantasie«, die fünfstimmigen Madrigale gehören noch dem älteren Stil an. Ab ungefähr 1614 trat bei den Werken des Komponisten ein Stilwandel ein. Seine ein- bis dreistimmigen geistlichen Lieder, die »Psalmodia« für vier gleiche Stimmen haben bereits Generalbaß, dann kamen einstimmige Lieder, konzertante Instrumentalstücke und weitere Psalmen und Messen mit Generalbaß.

Giuseppe Puppo (1749–1827)

ZEIT UND UMWELT

Von der endgültigen Gründung der Comédie Italienne im Jahr 1660 an wurden in Paris bis 1800 etwa 22 Theater zur Aufführung musikalischer Bühnenwerke gegründet. Im 19. Jahrhundert kamen ungefähr 30 dazu. Manche davon bestehen heute noch, andere hatten nur eine kurze Dauer und wurden durch Neugründungen abgelöst. Jedenfalls war Paris stets eine der Städte mit den meisten Musiktheatern und ist es heute noch.

LEBEN

Giuseppe Puppo wurde am 12. 6. 1749 in Lucca geboren. Er war Schüler eines Konservatoriums in Neapel und war bereits, ehe er 1775 nach Paris ging, wegen seines virtuosen Violinspiels berühmt. Nach einigen Auftritten in Paris begab er sich nach Spanien, Portugal und England, kehrte sodann nach Paris zurück, wo er am Théâtre de Monsieur, am Théâtre Feydeau und schließlich am Théâtre Français als Dirigent wirkte. Er war als Begleiter sehr gesucht. Im Jahr 1811 verließ er plötzlich Paris und erhielt in Neapel die Leitung eines Theaterorchesters, blieb aber nicht lange, sondern ging nach Lucca, dann nach Florenz und endlich nach Pontremoli, wo er als Musiklehrer wirkte. Später kehrte er nach Florenz zurück, erkrankte und starb am 18. 4. 1827.

WERKE

Von Giuseppe Puppo sind 3 Violinkonzerte, 8 Lehrstücke für Violine, einige Duette für zwei Violinen und eine Reihe Stücke für Pianoforte erschienen. Sie sind von großer Musikalität und weisen den Komponisten als Virtuosen der Violine und des Pianoforte aus.

Henry Purcell (1659–95)

ZEIT UND UMWELT

Außerhalb der Kirchen und des Hofes gab es, von einigen Adelssitzen abgesehen, auch in der Zeit nach der Restauration in England wenig Verdienstmöglichkeiten für Musiker und Komponisten. Der Einfluß puritanischer Ideen wurde zwar zurückgedrängt, war aber immer noch so stark, daß profane musikalische Veranstaltungen nur unter Schwierigkeiten stattfinden konnten. Wenn auch die Ansicht, daß Musik an sich schon unsittlich und sündhaft sei, nur von Teilen des englischen Volkes vertreten wurde, so war doch die Meinung weit verbreitet, daß sie unnütz sei, außer um der Repräsentation bei Festlichkeiten zu dienen. Gewerbefleiß und Handel wurden immer mehr zum Lebensziel und Lebensinhalt dieses Volkes, und darin hatte die Musik nur sehr beengten Raum, so daß es für den Musiker wirklich sehr schwer war,

sich in der kultur- und besonders musikfeindlichen Umwelt durchzusetzen.
Unter König Karl II. gab es noch Ansätze, das Elisabethanische Zeitalter erneut heraufzubeschwören; es gelang aber nicht. Unter seinen Nachfolgern wurden die Versuche nicht mehr wiederholt, die Könige begnügten sich mit politischen und wirtschaftlichen Erfolgen. Das Staatsvolk teilte die Haltung, weil es begriff, daß kulturelle Bedürfnisse den Erwerbssinn schmälerten. Und falls man auf Musik nicht verzichten wollte, bestand die Möglichkeit, Musiker zu importieren, denn man war in der Lage, gut dafür zu bezahlen.

LEBEN

Henry Purcell (Pursell, Pourcell) wurde 1659 in London geboren. Er entstammte einer Familie aus Musikern, sein Vater Henry Purcell (um 1620, London, bis 11. 8. 1664, London) war Musiklehrer, Schauspieler und ab 1660 Gentleman der Chapel Royal, Chorleiter an der Westminster Abbey und ab 1663 Mitglied der King's Band of Musick. Er selbst wurde nach dem frühen Tod des Vaters von dessen Bruder Thomas Purcell erzogen und um 1670 in den Knabenchor der Königlichen Kapelle aufgenommen, die er 1673 wieder verließ. Darauf mußte er sich als Orgelstimmer an der Abbey und Verwalter der Instrumente der Chapel Royal durchbringen. Erst 1679 löste er seinen Lehrer John Blow als Organist der Westminster Abbey ab und behielt diese Stellung bis zu seinem Tod am 21. 1. 1695.
Sein Onkel Thomas Purcell (um 1620, London, bis 31. 7. 1682, London) war ab 1660 Gentleman der Chapel Royal, Hofkomponist, Lautenist und Sänger zu Hof.
Sein Bruder Daniel Purcell (um 1660, London, bis 12. 12. 1717, London) war von 1688 bis 1695 Organist am Magdalen College in Oxford, lebte sodann in London, wo er 1713 zum Organisten an St. Andrew in Holborn ernannt wurde.
Sein Sohn Edward Purcell (getauft 6. 9. 1689, London, bis 1. 7. 1740, London) war Organist an St. Clement's Eastcheap, sodann an St. Paul's und an St. Margaret's in Westminster.

Henry Purcell

WERKE

Die Hinterlassenschaft des englischen Komponisten Henry Purcell ist gewaltig, obwohl er nur 36 Jahre alt geworden ist. Sein Betätigungsfeld war weit: Kirche, Bühne, höfische und private Unterhaltung. Er verarbeitete sämtliche Stilelemente der Vergangenheit, vor allem die italienische Melodik. Der Kontrapunkt war für ihn eine Selbstverständlichkeit. Von seinen Zeitgenossen wurde er als »Orpheus Britannicus« gepriesen. Es gelang ihm, die Wege zu einer nationalbritischen Tonkunst vorzubereiten, indem er die im Elisabethanischen Zeitalter hochentwickelte Mehrstimmigkeit mit dem geradezu feierlichen Operngesang der Italiener und der Chortechnik Frankreichs verschmolz. Seine Opern haben sich bis in unsere Tage auf den Bühnen gehalten, seine kraftvollen Anthems, Hymnen und anderen Gesänge, seine Oden und Kantaten werden in Kirchen und Konzertsälen gesungen und seine Instrumentalwerke gespielt. Sie gehören zum Standardrepertoire der musikalischen Welt.
Seine Kirchenmusik besteht aus ungefähr 70 Anthems, teils mit Orgel, teils mit Orchester, bei 30 Hymnen für eine Stimme mit

zweistimmigem Chor und mehreren Services. Sie weist einen, dem damaligen Geschmack folgend, stark profanen Charakter auf. Die Texte sind größtenteils dem Alten Testament entnommen und könnten ebensogut bei einer mosaischen Feier gesungen werden; ihr Bezug zum Christentum ist wenig ausgeprägt. Ihr Zweck war die Unterhaltung.
An profaner Musik liegen eine große Anzahl Oden zu Feierlichkeiten und Empfängen und mehr als 200 Lieder, Duette, Trios, Kantaten vor, außerdem eine beträchtliche Menge Schauspielmusiken, »Halbopern« und Maskenspiele und schließlich die Opern »Dido und Aeneas« und »König Arthur«. Die reine Instrumentalmusik ist mit drei- bis achtstimmigen Fantasien, bei 30 Sonaten, einiger Cembalo- und Orgelmusik und vielen verschiedenen Stücken – Konzerten, Präludien, Tänzen, Toccaten, Ouvertüren – für Ensembles und Instrumente jeder Art vertreten.
Von Thomas Purcell sind eine Anzahl Lieder erhalten geblieben, die sehr bekannt waren.
Von Daniel Purcell, der einige unvollendete Werke seines Bruders vervollständigte, sind bei 40 Bühnenmusiken und Maskenspiele, mehrere Oden, 6 Kantaten für eine Singstimme und Generalbaß, Anthems, Gesänge, Sonaten für Flöte, für Violine und für zwei Flöten und Generalbaß, für Trompeten, Streicher und Generalbaß und eine Psalmenvertonung für Orgel oder Cembalo überliefert.
Von Edward Purcell ist nur ein einziges Lied erhalten.

Triosonate G-Dur für zwei Violinen und Generalbaß, 4 Sätze, entstanden 1683

Die Viersätzigkeit der Triosonate ist bei Purcell noch gewahrt, eigentümlich ist nur die Reihung von 2 langsamen Sätzen vor 2 raschen. Der erste Satz bringt ein Fugato über ein elegantes Thema. Er gleitet frisch, aber sozusagen unverbindlich dahin, ohne einen bestimmten Affektausdruck hervorzukehren. Das anschließende Poco-Largo hingegen ist voll von persönlichen Gefühlsausdrücken. In der Folge erklingt nach einem überleitenden Grave ein lebhaftes Allegro moderato mit heftiger Erregung, und das abschließende Vivace löst die Konflikte mit breiten Klängen auf.

Triosonate h-Moll für zwei Violinen und Generalbaß, 4 Sätze

Die beiden vorangestellten, langsamen Sätze halten einen höchst persönlichen, subjektiven Stil ein und leiten zum dritten Satz, der »Canzona«, die mit ihrer großartigen Fuge den Gipfelpunkt des Stückes bildet. Das Finale dagegen verläuft ausgleichend und unverbindlich.

Triosonate F-Dur, »Goldene Sonate«, für zwei Violinen und Continuo

Der Grund für die Benennung der Sonate ist nicht bekannt. Ihre Sätze Nr. 1 und 2 sind langsam – Largo, Adagio – und lenken zum dritten, die figurierte »Canzona« mit äußerst kunstvollem Satzbild. Das energische Finale bringt derart strahlende Klangfolgen, wie sie nur ganz großen Meistern gelingen.

Literatur

A. K. Holland, Henry Purcell, London 1932. R. Sietz, Henry Purcell, Leipzig 1955. I. Holst, Henry Purcell, London 1961. F. B. Zimmerman, Henry Purcell, His Life and Times, London 1967.

Charles Henry Purday (1799–1885)

Zeit und Umwelt

Der ursprünglich nur länderweise durch Privilegien für einzelne Werke der Wissenschaft und der Kunst gewährte urheberrechtliche Schutz wurde im 19. Jahrhundert durch einen allgemeinen gesetzlichen ersetzt, dem die »Berner Übereinkunft« von 1886 internationale Geltung verlieh. Vorausgegangen waren in den einzelnen Staaten Teilbestimmungen, die von einzelnen Verlegern, Schriftstellern und Musikern angeregt und gefordert wurden.

Leben

Charles Henry Purday wurde am 11. 1. 1799 in Folkestone geboren. Er war als Komponist, Schriftsteller, Musikwissenschafter und Sänger tätig und setzte sich stark für eine gesetzliche Regelung des Urheberschutzes ein; außerdem wirkte er als Dirigent an der Scotch Church in London. Er starb am 23. 4. 1885 in London.

Werke

Von Charles Henry Purday, der einer bekannten Musikverlegerfamilie entstammte, ist eine Anzahl sakraler und profaner Gesänge bekannt geworden. Einige Lieder haben einen beachtlichen Bekanntheitsgrad erreicht. Die Kompositionen sind sehr traditionsgebunden.

John Purser (geboren 1942)

Leben

John W. Purser wurde am 10. 2. 1942 in Glasgow geboren. Von 1960 bis 1963 studierte er an der Royal Scottish Academy of Music in Glasgow, sodann in London ein Jahr bei Michael Tippett und anschließend bis 1967 bei Hans Gál in Edinburgh. Seither lebt er als freischaffender Komponist in Glasgow.

Werke

Für sein Orchesterwerk »Epitaph« erhielt John Purser 1966 den irischen Staatspreis. Er schrieb ferner unter anderem Orchestervariationen, eine Sinfonietta, ein Bratschenkonzert, eine Intrada für Streichorchester, ein Streichquartett, Klavierwerke, »5 Landschaften« für mittlere Stimme und Klavier oder mit Orchester, ein »Nunc dimittis« und ein »Magnificat« für Chor a cappella, eine Kantate für Tenor, gemischten Chor, Bläser, Klavier und Kontrabaß, Lieder und Bühnenmusik. Er wendete teilweise serielle Fakturen an, zuweilen auch expressionistische Wendung, bleibt aber im Grund Neuklassizist.

Adam Puschman (1532–1600)

Zeit und Umwelt

Der deutsche Meistergesang setzte seine Tradition in mehreren Städten noch weit über seinen größten Repräsentanten Hans Sachs hinaus fort. Einzelne Schulen überdauerten sogar noch die Wende vom 16. zum 17. Jahrhundert.

Leben

Adam Puschman (Puschmann) wurde 1532 in Görlitz geboren. Um 1555 hielt er sich bei

»Meistergesang« Adam Puschmanns, Schüler von Hans Sachs, 1532–1600

Hans Sachs in Nürnberg auf. Von 1569 bis um 1578 lebte und wirkte er in Görlitz. Dann begab er sich nach Breslau, wo er am 4. 4. 1600 starb.

Werke

Dem »Gründlichen Bericht des deutschen Meistergesanges« ist eine Tabulatur mit verschiedenen eigenen und fremden Melodien beigefügt. In dem »Singebuch« Adam Puschmans befinden sich alle Weisen von Hans Sachs, aber auch solche vom Verfasser. Die formale Entwicklung, Höhepunkt und Abstieg des Meistergesanges werden in beiden Publikationen sehr deutlich.

Literatur

G. Sieg, Der Meistersinger Adam Puschman und der Kantor Zacharias Puschman, Neues Lausitzisches Magazin XCVIII, 1922.

Richard Pygott
(um 1485 bis nach 1552)

Zeit und Umwelt

Thomas Wolsey (um 1473–1530), Kardinal, Lordkanzler und päpstlicher Legat, beherrschte in den zwei ersten Jahrzehnten der Regierung Heinrichs VIII. die politische Bühne. Er war der letzte große Kirchenmann der englischen Geschichte. Im Jahre 1529 büßte er Machtstellung und Würden ein. Er war außerstande gewesen, die Scheidung des Königs von Katherina von Aragon durchzusetzen. Die Kapelle dieses Schülers von Erasmus von Rotterdam entsprach den höchsten Anforderungen und soll sogar die des königlichen Hofes übertroffen haben.

LEBEN

Richard Pygott wurde um 1485 vermutlich in London geboren. Er dürfte seine Ausbildung im Knabenchor des Kardinals genossen haben, den er bereits ab 1517 selbst leitete. Unter seiner Hand und infolge großzügiger Dotierung seitens des musikliebenden Kardinals gewann der Chor großes Ansehen. Pygott wurde wegen seiner außerordentlichen Leistungen zum Gentleman der Königlichen Kapelle ernannt, blieb aber in seiner Stellung beim Kardinal bis zu dessen Sturz. Er erhielt 1532 eine Pfründe in Essex und später eine regelmäßige Pension vom Hof. Er dürfte bald nach 1552 in London gestorben sein.

WERKE

Der englische Chormeister und Komponist Richard Pygott brachte seinen Chor – wie William Cornyshe die Königliche Kapelle – auf das Niveau der kontinentalen Renaissancezentren. Auch in seinen erhaltenen Kompositionen ist der Einfluß der frankoflämischen Schule sehr stark. Von ihm sind eine Messe, mehrere vierstimmige Lieder und Motetten überliefert. Von der Messe und den Motetten kennen wir allerdings nur einzelne Stimmen.

Tauno Pylkkänen (geboren 1918)

LEBEN

Tauno Kullervo Pylkkänen wurde am 22.3. 1918 in Helsinki geboren. Er studierte an der Sibelius-Akademie seines Geburtsorts bei Leevi Madetoja und Selim Palmgren und an der Universität, außerdem in Paris, Rom und Wien. Er war anschließend als Musikreferent tätig und wirkte von 1960 bis 1967 als künstlerischer Leiter der finnischen Nationaloper in Helsinki, wo er seitdem als freischaffender Komponist lebt.

WERKE

Von Tauno Pylkkänen sind ungefähr 10 Opern und ein Ballett auf die Bühnen gekommen. Er schrieb ferner eine Sinfonie, eine sinfonische Fantasie, 6 sinfonische Dichtungen, ein Cellokonzert, ein Streichquartett, eine Fantasie für Violine und Klavier, eine Kantate für drei Sprecher, gemischten Chor und Orchester, 2 Liederzyklen, Einzellieder und einen Chorzyklus für Frauenstimmen a cappella.

William Pysing (um 1615 bis nach 1683)

ZEIT UND UMWELT

In Canterbury, dem Sitz des Erzbischofs der anglikanischen Kirche, mußte zur Zeit des Bürgerkrieges wie im übrigen England die gottesdienstliche Musik eingestellt werden. Sie konnte erst 1660 nach der Restauration des Königtums wieder im alten Umfang aufgenommen werden.

LEBEN

William Pysing (Pising) wurde um 1615 vermutlich in Canterbury geboren und an der Kathedrale des Erzbischofssitzes ausgebildet. Er war mit der durch Bürgerkrieg und Cromwell-Zeit bedingten Unterbrechung 1635 bis 1683 in der Kapelle der Kathedrale tätig und starb in Canterbury in einem der folgenden Jahre.

WERKE

Vom englischen Kirchenkomponisten William Pysing sind 2 Anthems erhalten. Alle seine angeblich zahlreichen Kompositionen sind verlorengegangen. Die Anthems fallen durch besonders vollen Klang auf.

Q

Josep Mestres Quadreny (geboren 1929)

LEBEN

Josep María Mestres Quadreny wurde am 4.3. 1929 in Manresa, Katalonien, geboren. Er studierte von 1950 bis 1956 in Barcelona bei Cristóbal Taltabull Balaguer. Im Jahr 1960 beteiligte er sich an der Gründung der Gruppe »Offene Musik«, 1970 war er Mitbegründer des Laboratoriums für Elektronische Musik in Barcelona.

WERKE

Außer einer Kammeroper und 3 Balletten schrieb Josep Mestres Quadreny ein Teatro musical für sechs Musiker und sechs Schauspieler und eines für einen singenden Pianisten und eine Tänzerin, weiters ein Stück für Streichorchester, 3 Stücke für Kammerorchester, ein Doppelkonzert für Ondes Martenot, Schlagzeug und Orchester, ein Konzert für Flöte, Klarinette, Trompete, zwei Posaunen, Tuba, vier Schlagzeuger, elektroakustische Installation und sechs Schauspieler, ein Triptychon für Joan Miró (1893–1984) mit den Teilen »Kammermusik Nr. 1« für Flöte, Klavier, Schlagzeug, Violine und Kontrabaß, »Nr. 2« für drei Klarinetten, Englischhorn, Trompete, Posaune, Schlagzeug, Violine, Bratsche und Cello und »Nr. 3« für Kammerorchester, »Mobile 1« für Flöte, Klarinette und Klavier, »Mobile 2« für Singstimme, Trompete und Gitarre, ein Trio für Violine, Bratsche und Schlagzeug, ein Steichquartett, ein Streichtrio, Variationen für Violine, Bratsche, Cello und Schlagzeug, Klavier- und Orgelsonaten, 3 Kanons, die einzeln oder gleichzeitig gespielt werden können, für Klavier, für Schlagzeug, für Ondes Martinot und drei Tonbänder, ein Stück für Gitarre und Schlagzeug, mehrere Kantaten mit verschiedener Besetzung und Musik für unbestimmte Instrumentalgruppen.

Paolo Quagliati (um 1555–1628)

ZEIT UND UMWELT

Die Opern, die in Florenz, angeregt von den humanistischen Ideen der Camerata Florentina, komponiert wurden, die dialogischen Gesänge des Oratorio, die sich zu den Sacrae Rappresentationes (Geistliche szenische Darstellungen) entwickelten, die Musik- und Gesangseinlagen zu den Volksschauspielen zeigen den allgemeinen Zug zum musikalischen Theater. Es war nur ein Beispiel dieser immer stärker um sich greifenden Tendenz, wenn in Rom zum Karneval des Jahres 1606 ein Karren durch die Straßen fuhr, auf dem Sänger ein Schauspiel im Wechsel von Soli und Chorpartien sangen und spielten.

LEBEN

Paolo Quagliati wurde um 1555 in Chioggia geboren und vermutlich im nahen Venedig zum Musiker ausgebildet. Er kam 1574 nach Rom und wirkte dort an verschiedenen Kirchen als Organist. Im Jahre 1588 veröffentlichte er seine ersten Kompositionen. 1601 erhielt er die Organistenstelle an Santa Maria Maggiore und trat im Verlauf der folgenden Jahre in den Dienst des Bologneser Alessandro Ludovisi (1554–1623), der 1616 als Gregor XV. Papst wurde. Er starb in Rom als Apostolischer Pronotar am 16. 11. 1628.

WERKE

Im Jahre 1588 veröffentlichte Paolo Quagliati noch Canzonetten für drei Stimmen.

Sein nächstes Werk enthielt bereits vierstimmige Ricercate und Canzoni zum Spielen und Singen. Dem folgten vierstimmige Madrigali concertati (Konzertmadrigale) mit Instrumentenverwendung ad libitum und im Jahre 1606 die Musik zur Karnevalsaufführung der dramatischen Kantate »Carro di fedeltà d'amore« (Der Wagen der treuen Liebe), deren Text vom Komponisten Pietro Della Valle (11. 4. 1586, Rom, bis 21. 4. 1652, Rom) stammte. Diesem Beitrag zur Entwicklung des Musiktheaters folgten acht- bis zwölfstimmige Motetten, dreistimmige geistliche Lieder und weitere Motetten. Am interessantesten sind jedoch seine Monodien mit obligater Viole und zweistimmigen Gesänge mit Instrumentalbegleitung, die unter dem Titel »La sfera armoniosa« (Harmonienkreis) herauskamen und eine Vorstufe zur Kammerkantate und dem Kammerduett mit obligaten Instrumenten darstellten. Diese Kompositionen öffneten die Tore zur Musikepoche des 17. Jahrhunderts bereits sehr weit.

LITERATUR

A. Einstein, The Italian Madrigal, Princeton 1970.

Johann Joachim Quantz (1697–1773)

ZEIT UND UMWELT

Hofkomponisten waren, wenn sie sich ihre Stellung erhalten wollten, gezwungen, den Geschmack ihres Brotgebers zu berücksichtigen, und wenn diese selbst Musiker waren, auch deren technische Fähigkeiten. Das zog der kompositorischen Tätigkeit oft enge Grenzen und führte zu einer gewissen Routine, bei der die Musik viel zu kurz kam. Dadurch gerieten diese Komponisten in die gleiche Lage, in der sich alle Höflinge befanden. Doch solchen Zwängen sind auch Künstler in diktatorisch gelenkten Staaten ausgesetzt, in denen Ideologien das Leben regeln. Es gab und gibt jedoch so potente Künstlernaturen, die innerhalb jeder Beschränkung Kunstwerke von hoher Bedeutung schaffen.

LEBEN

Johann Joachim Quantz wurde am 30. 1. 1697 in Oberscheden bei Göttingen geboren. Verwandte in Merseburg, wo er das Hufschmiedgewerbe erlernen sollte, waren Stadtmusikanten und seine ersten Musiklehrer, so daß er selbst 1713 als Stadtpfeifer nach Radeberg und später nach Pirna gehen konnte und 1716 in die Stadtkapelle von Dresden aufgenommen wurde. 1717 kam er nach Wien, um bei Jan Dismas Zelenka (1679–1745) und Johann Joseph Fux Kontrapunktik zu studieren, und 1718 trat er als Oboist in die polnische Königliche Kapelle in Dresden ein, in der er die Querflöte zu seinem Hauptinstrument machte. Nach einer Studienreise nach Rom, Neapel, Florenz, Venedig, Genf, Lyon, Paris und London von 1724 bis 1727 nahm er seine Tätigkeit in Dresden wieder auf. Ab 1728 wurde er jährlich zweimal vom preußischen Kronprinzen Friedrich zu einem Flötenunterricht empfangen, nach dessen Thronbesteigung wurde er als »Musikvertrauter« – Kammermusiker und Hofkomponist – nach Potsdam berufen, wo er am 12. 7. 1773 starb.

WERKE

Als preußischer Hofkomponist verfaßte Johann Joachim Quantz die beachtliche Zahl von ungefähr 300 Flötenkonzerten und 200 kammermusikalischen Werken, in denen die Flöte dominiert; sie waren zwar gründlich gearbeitet, lassen aber wegen des Geschmacks und der instrumentalen Fähigkeiten des Königs zum Teil persönliches Gepräge und Abwechslungsreichtum vermissen. Das Galante und Graziöse dominiert besonders in den dreisätzigen Konzerten, die den Solokonzerten von Antonio Vivaldi entsprechen. Es sind darin aber französische und italienische Fakturen geschickt mit deutscher kontrapunktischer Technik verschmolzen. Sein melodiöser Einfallsreichtum reichte auch nicht immer für diese Massenproduktion aus. Die Flötenwerke, die vor der Potsdamer Zeit entstanden, wurden freier und eindrucksvoller gestaltet, wie die 6 Solosonaten für Flöte und Generalbaß und die 6 Flötenduette. Außerdem schrieb er »Neue Kirchen-Melodien« zu den geistlichen Liedern von Christian Fürchtegott Gellert (1715–69). Sein Schulwerk, »Versuch einer Anweisung die Flöte transversiere zu spielen«, war die erste deutsche Flötenschule und bis in das 19. Jahrhundert hinein allgemein im Gebrauch. Sein gesamtes kompositorisches Werk muß dem galanten Stil zugerechnet werden.

Flötenkonzert in G-Dur für Soloflöte, zwei Violinen, Bratschen und Generalbaß, 4 Sätze

Im 1. Satz sind vier Solostellen von fünf Tuttieinsätzen umrahmt. Das Hauptthema ist melodisch und rhythmisch sehr einfach gehalten; auch die akkordische Begleitung ist schlicht. Aber gerade diese Anspruchslosigkeit birgt einen ganz besonderen Reiz in sich, so daß man versteht, daß dieses Konzert eines der am meisten gespielten ist. Das Arioso des 2. Satzes bringt eine schön geschwungene Melodik und kontrastierende Dynamik, wie es die empfindsame Zeit verlangte. Geradezu rührend wirkt der B-Dur-Einschub in den in d-Moll gehaltenen Ablauf. Im dreiteiligen 3. Satz umrahmen zwei Tuttiabschnitte den Soloteil. Das Finale bringt ein frisches Allegro vivace, das dem Flötisten bedeutendes technisches Können abfordert.

Johann Joachim Quantz

Triosonate in C-Dur für Blockflöte, Flöte und Generalbaß, 4 Sätze

Die Klangkontraste des älteren Barockinstruments und der modernen Querflöte treten deutlich hervor, weil beide gleichwertig geführt sind. ein Affettuoso leitet die Sonate ein. Das graziöse Thema der Flöte wird etwas steif begleitet, gleichsam, um jeden Gefühlsüberschwang zu verhindern. Das anschließende Alla breve klingt befreiter, die Flöte begleitet das von der Blockflöte vorgetragene Thema mit aufgelösten Harmonien in »klassischer« Manier. Dann tauschen sie die Rollen, bis ein zweites Thema eingeführt wird. Nun werden beide Themen durchgeführt, aber es kommt zu keinen Konflikten, sondern zu einem friedlichen Ausklang. Der 3. Satz, Larghetto, verteilt sein elegisches Thema auf beide Solisten, und der 4. schildert dann mit tänzerischen Figuren die Lebensauffassung des Rokoko.

LITERATUR

A. Raskin, Johann Joachim Quantz, Köln 1923.

Jean-Baptiste Quentin

(um 1700 bis nach 1750)

ZEIT UND UMWELT

Die »24 violons du roy« bildeten ein Reservoir von Violinisten, die die Linie der »Französischen Schule« des 18. Jahrhunderts mehr oder minder getreu einhielten. Auch die Streicher des Opernorchesters darf man dazurechnen, so daß bis zur Revolution genügend Kräfte vorhanden waren, eine völlige Überfremdung durch italienische Violinmusik aufzuhalten und die eigenständige Entwicklung zu gewährleisten.

LEBEN

Jean-Baptiste Quentin (le Cadet) wurde um 1700 vermutlich in Paris geboren. Er war von 1718 bis zu seinem Tod nach 1750 erster Violinist im Opernorchester von Paris.
Sein Bruder Bertin Quentin (um 1690, vermutlich Paris, bis 1767, Paris) war ab 1706 Violinist im Opernorchester von Paris und von 1720 bis 1751 Mitglied der »24 violons du roy«. Die weiteren Jahre bis zu seinem Tod verbrachte er als Pensionist der Oper.

Werke
Zwischen 1724 und 1750 erschienen von Jean-Baptiste Quentin 4 Bücher mit Sonaten für Solovioline und Generalbaß, 7 Bücher mit Triosonaten für zwei Violinen, Querflöten und Generalbaß, 5 Bücher mit drei- und vierstimmigen Sonaten, ein Buch mit Sinfonien für drei und vier Stimmen, die in der Faktur der alten Suiten gehalten sind. Auch die übrigen Kompositionen sind einigermaßen konservativ.
Von Bertin Quentin sind 10 Sonaten für Solovioline und Flöte mit Generalbaß überliefert.

Literatur
La Laurencie, L'école française de violon, Paris 1922.

Joseph Quesnel (1749–1809)

Zeit und Umwelt
Nach häufigen und langen Auseinandersetzungen zwischen den französischen Siedlern in Kanada und der angloamerikanischen Kolonie trat Frankreich nach dem Sieg des englischen Generals James Wolfe auf den Abrahamsfeldern 1763 im Frieden zu Paris alle nordamerikanischen Festlandsbesitzungen an Großbritannien ab. Daran konnten in der Folge auch die Angriffe der amerikanischen Revolutionäre nichts ändern. Kanada blieb britisch.

Leben
Joseph Quesnel wurde am 15. 11. 1749 in St-Malo geboren. Er wanderte nach Kanada aus und wirkte in Montreal als Kirchenmusiker, Dichter und erster kanadischer Opernkomponist. Er starb am 3. 7. 1809 in Montreal.

Werke
Von Joseph Quesnel sind 2 »Prosakomödien mit Arietten gemischt« teilweise erhalten. Seine Kirchen- und Instrumentalmusik ist verlorengegangen.

Jesson Quinart (1583–1670)

Zeit und Umwelt
Da nach der Überlieferung der fränkische König Chlodwig (466–511) in Reims getauft worden war, nahmen die Erzbischöfe dieser Stadt das Vorrecht in Anspruch, die französischen Könige zu krönen. Sie wurden von Philipp Augustus (1165–1223) bis Karl X. (1757–1836) mit wenigen Ausnahmen in der prächtigen Kathedrale gekrönt, darunter 1429 Karl VII. (1403–61) in Gegenwart von Jeanne d'Arc (um 1412–31). Die Musikpflege an der französischen Krönungskirche war stets den besten Kräften anvertraut.

Leben
Jesson (Jean) Quinart wurde 1583 in oder bei Reims geboren. Seine musikalische Ausbildung erhielt er als Chorknabe an der Kathedrale von Reims, an der er ab 1606 als Organist und gleichzeitig bis 1623 als Kapellmeister wirkte. Er starb als Kanonikus der Kathedrale am 28. 4. 1670.

Werke
Der französische Kirchenmusiker Jesson Quinart hinterließ einige vier- und sechsstimmige Messen, die im alten polyphonen Stil gehalten sind. Sie fallen durch ihre festliche Klangwirkung auf.

Jean-Baptiste-Maurice Quinault
(um 1685–1744)

Zeit und Umwelt
Die Comédie Française, eines der berühmtesten Schauspielhäuser der Welt, gegründet 1680 von König Ludwig XIV., wurde von ihrem Beginn an auch Théâtre Français genannt, bis die Bezeichnung nach der Verschmelzung der Truppe mit der des Théâtre des Variétés-Amusantes während der Revolution offiziell wurde. Im Jahr 1812 lebte durch ein Dekret Napoleons I. die alte Benennung wieder auf und damit auch ihr zweiter Name als »La Maison de Molière«.

Leben
Jean-Baptiste-Maurice Quinault wurde um 1685 in Paris geboren. Er war ab 1712 Sänger und Schauspieler am Pariser Théâtre Français. Um 1740 zog er sich nach Gien, Loiret, zurück, wo er 1744 starb.

Werke
Der Schauspieler, Sänger und Komponist Jean-Baptiste-Maurice Quinault verfaßte für das Théâtre Français ungefähr 20 Intermedien und Ballette und überdies ein Opernballett »Les Amours des déesses« (Die Liebschaften der Göttinnen). Seine Musik gehört dem galanten Stil an.

Héctor Quintanar (geboren 1936)

Leben
Héctor Quintanar wurde am 15.4.1936 in Mexiko-Stadt geboren. Er studierte am Konservatorium seiner Geburtsstadt bei Rodolfo Halffter Harmonielehre und bei Carlos Jiménez-Mabarak Komposition. Im Jahr 1960 trat er dem »Composition Workshop« von Carlos Chavéz bei und wirkt als Assistent und später als Leiter der Abteilung für Elektronische Musik.

Werke
Für Orchester schrieb Héctor Quintanar eine Sinfonie und 2 weitere Stücke, an Kammermusik ein Quintett für Klavier, Violine, Kontrabaß, Flöte und Trompete, ein Streichtrio und eine Sonate für drei Trompeten. Seine Vokalmusik wird durch eine Kantate für Orchester, Chor und Tonband und eine Anzahl Lieder repräsentiert. Er verfaßte außerdem eine Anzahl von Werken für Elektronische Musik.

Lucrezio Quinziani
(um 1560 bis nach 1599)

Zeit und Umwelt
Der Zisterzienserorden, der sich in den ersten Jahrhunderten seines Bestehens vorwiegend mit Rodung und Landbau beschäftigte und dadurch zu einem beträchtlichen Reichtum kam, wandte sich später dem Unterricht und der Kunstpflege zu. Einfachheit und Schlichtheit waren stets ein Gebot des Ordens. Sein Kirchenbau folgte einem ordenseigenen Stil. Und wie der Zisterzienserstil über Sparsamkeit und Zweckmäßigkeit zur Schönheit gelangte, so zeichnete sich auch seine Musik durch schmucklose Würde aus.

Leben
Lucrezio Quinziani (Quintianus) wurde um 1560 in Cremona geboren und vermutlich an der Domkapelle der Stadt ausgebildet. Er trat in das Zisterzienserkloster Santa Maddalena bei Cremona ein, betreute die Musik der Klosterkirche und starb dort nach 1599.

Werke
Von Lucrezio Quinziani sind 3 achtstimmige Messen, je ein Buch mit Magnificat und Psalmen, vierstimmige Introitus, Madrigale und Canzonetten erschienen. Seine Motetten sind handschriftlich erhalten. Seine Musik folgt dem konservativen Mailänder Stil und meidet jede Auszierung und allen Pomp, ist aber sehr schön.

Literatur
R. Monterosso, Mostra bibliografica dei musicisti cremonesi, Cremona 1949.

Quirijn van Blankenburg
(1654–1739)

Zeit und Umwelt
Obwohl am Beginn des 18. Jahrhunderts bereits genügend originale Orgelmusik vorhanden war, wurden noch immer viele Kompositionen für Cembalo so eingerichtet, daß sie für alle Tasteninstrumente verwendbar waren. Organisten fügten oft selbst Pedalbässe hinzu und erzeugten mittels entsprechenden Registrierungen ähnliche Klangeffekte, die man einem zweimanualigen Cembalo abgewinnen konnte.

LEBEN

Quirijn Gerbrand van Blankenburg (Blanckenburgh) wurde im Dezember 1654 in Gouda geboren. Er war Organist in Amsterdam an der Nieuwe Kerk und dann in Den Haag, wo er am 12. 5. 1739 starb.

WERKE

Vom niederländischen Komponisten Quirijn van Blankenburg sind eine Kantate für Bariton, zwei Violinen und Gambe, »L'Apologie des femmes« (Apologie der Frauen), und eine Reihe Cembalostücke erhalten. Auch in der von ihm herausgegebenen Sammlung von Cembalo- und Orgelstücken für den Kirchengebrauch scheinen mehrere seiner Kompositionen auf. Er war ein entschiedener Gegner der Temperatur und trat dagegen publizistisch auf.

LITERATUR

D. J. Balfoort, Quirijn Gerbrand van Blankenburg, Den Haag 1939.

R

Pedro Rabassa (um 1690–1760)

Zeit und Umwelt
Vom Barockstil, der im Verlauf des 17. Jahrhunderts in die spanische Kirchenmusik eindrang, übernahm diese vor allem die Klangpracht der Vielstimmigkeit, weil dadurch die Sakralhandlungen repräsentativer wurden. Die Monodie wurde nur für gelegentliche Passagen verwendet, anscheinend um durch den Kontrast den Vollklang noch eindrucksvoller zu gestalten.

Leben
Pedro Rabassa wurde um 1690 in Katalonien geboren. Er war Kapellmeister an den Kathedralen in Vich, in Valencia und von 1724 bis zu seinem Tod im Jahr 1760 in Sevilla.

Werke
Das kirchenmusikalische Werk von Pedro Rabassa bestand aus vier- bis zwölfstimmigen Messen, Motetten, Psalmen und Villancicos. Es liegt handschriftlich in den Archiven verschiedener spanischer Kathedralen.

Henri Rabaud (1873–1949)

Leben
Henri Rabaud wurde am 10.11.1873 in Paris geboren. Er studierte am Conservatoire bei André Gédalge und Jules Massenet und erhielt den Rompreis. Von 1908 bis 1918 wirkte er als Dirigent der Opéra, sodann durch ein Jahr als Leiter des Symphony Orchestra in Boston und von 1920 bis 1940 als Direktor des Conservatoire in Paris, wo er am 11.9.1949 starb.

Werke
Sowohl die 5 Opern wie seine 2 Sinfonien neigten zum Neuklassizismus vieler seiner zeitgenössischen Komponisten in Frankreich. Auch seine sinfonische Dichtung, sein »Divertissement sur des chansons russes«, »Prélude et Toccata« für Klavier und Orchester, das Oratorium »Job« und die Vertonung des 4. Psalms für Soli, Chor und Orchester zeichnen sich durch klare, elegante klassiknahe Musik aus. Er schrieb auch mehrere Bühnenmusiken und – als einer der ersten – Filmmusiken.

Sergei Rachmaninow (1873–1943)

Leben
Sergei Wasiljewitsch Rachmaninow wurde am 20.3.1873 in Oneg, Gouvernement Nowgorod, geboren. Nach einem dreijährigen Studium am Konservatorium in St. Petersburg nahm er auf Anraten seines Cousins, des Liszt-Schülers Aleksandr Iljitsch Siloti (27.9.1863, bei Charkow, bis 8.12.1945, New York), in Moskau bei Sergei Tanejew und Antoni Arenski Klavierunterricht. Im Jahr 1893 wurde er Klavierlehrer und 1897 Dirigent einer Privatoper in Moskau, wo er dann von 1904 bis 1906 am Bolschoi-Theater dirigierte. Anschließend lebte er als Klaviervirtuose in Dresden. Von 1910 bis 1917 war er erneut in seiner Heimat tätig. Dann hielt er sich zunächst in Paris und später abwechselnd am Vierwaldstätter See, Schweiz, und in New York als Konzertpianist und Komponist auf. Er starb am 28.3.1943 in Beverly Hills, Calif.

Werke
Neben 4 Opern, von denen eine unvollendet blieb, schrieb Sergei Rachmaninow 3 Sinfonien, eine Fantasie »Der Felsen«, ein »Caprice bohémien«, »Drei sinfonische Tänze« für Orchester, eine Tondichtung »Die Toteninsel«,

4 Klavierkonzerte, eine »Rhapsodie über ein Thema von Paganini für Klavier und Orchester«, die Kantaten »Der Frühling« und »Die Glocken«, 2 Streichquartette, ein Klaviertrio, mehrere Stücke für Violine und Klavier, eine Cellosonate, ferner für Klavier 2 Sonaten, 15 Préludes, 3 Nokturnen, Romanzen und Fantasien, verschiedene Variationen, Moments musicaux, Serenaden und weitere Stücke für zwei, vier und sechs Hände und für zwei Klaviere. An Vokalmusik liegen vor »Das große Abend- und Morgenlob« (Russische Oster-Vesper), »Liturgie des heiligen Johannes Chrysostomos« und weitere verschiedene Chöre, außerdem zahlreiche Lieder. Stilistisch war Rachmaninow ein »Westler«, der stark unter dem Einfluß von Tschaikowski stand, als Pianist spielte er neben eigenen Werken vor allem Frédéric Chopin und Franz Liszt.

Das große Abend- und Morgenlob, Russische Oster-Vesper für gemischten Chor, Opus 37, 15 Teile, entstanden 1915

Die Teile 1, 3, 6, 7, 10, 11 bringen frei erfundene Melodien des Komponisten, die anderen sind der einstimmigen Sammlung der Synode entnommen. Der 1. Teil bringt das Invitatorium, der 2. Teil den 103. Psalm und der 3. den 1. Psalm. Im 4. Teil beginnt der »Abendhymnus« und mit dem 7. Teil der »Morgenhymnus«, der im 12. Teil zum Höhepunkt des Werks, der »Großen Doxologie«, im 14. Teil zum Auferstehungstropus und im 15. zum feierlichen Schlußgesang – Hymne an die Gottesmutter – führt.

Die Glocken, Chorsinfonie für Soli, gemischten Chor und Orchester, Opus 35, 4 Sätze, entstanden 1910

Der Sinfonie ist ein gleichnamiges Gedicht von Edgar Allan Poe (1809–49) zugrunde gelegt. Sie schildert im 1. Satz mit silbernem Glockengeklingel den Eintritt des Menschen in das Leben. Goldene Hochzeitsglocken begleiten den zweiten Lebensabschnitt. Scharfe Töne kündigen im 3. Satz die Widrigkeiten des Lebens an, und im 4. Satz läutet die Todesglocke über des Menschen unvermeidlichem Ende.

Sinfonie Nr. 1 in d-Moll, Opus 13, 4 Sätze, entstanden 1895

Das »Leitmotiv« des Werks bildete eine russische Kirchenmelodie, die in allen 4 Sätzen in eine Fülle melodischer Linien, kraftvoller, zum Großteil ernster Akkorde und markanter Rhythmen eingebettet ist. Glockengeläute – feierlich und festlich

Sergei Rachmaninow

oder ängstlich warnend, brillante Intonationen und elegante Satzschlüsse zeichnen die Sinfonie aus, die zu Lebzeiten des Komponisten nur einmal – ohne Erfolg – aufgeführt wurde und erst ab 1945 die Beachtung fand, die sie verdient.

Sinfonie Nr. 2 in e-Moll, Opus 27, 4 Sätze, entstanden 1907

Die breit ausladende, balladeske Melodie, mit der der 1. Satz beginnt, bildet die Quelle aller Themen und Motive des Werks. Das Seitenthema ist lyrisch und verstärkt den ernsten Charakter des Satzes. Im Scherzo wechseln Fröhlichkeit und Trauer ab. Der 3. Satz bringt eine elegische Kantilene, der im 4. Satz zündende Freudenausbrüche folgen.

Sinfonie Nr. 3 in a-Moll, Opus 44, 3 Sätze, entstanden 1936

»Die Musik eines Komponisten soll den Geist seines Landes ausdrücken«, äußerte sich der Komponist kurz vor seinem Ableben. »Sie soll Produkt der ganzen Summe seiner Lebenserfahrung sein.« Die russische Intonation dieses Werks setzt bereits im 1. Satz ein. Das Scherzo des Mittelsatzes ist grotesk und skurril und mit Jazzelementen durchsetzt. Das Finale zitiert das »Dies irae« der katholischen Liturgie, endet aber trotzdem betont festlich und optimistisch, als wäre der Tod besiegt.

Rhapsodie über ein Thema von Paganini in a-Moll, Opus 43, 24 Variationen, entstanden 1934

Das Thema dieser Variationenreihe bildete »Caprice in a-Moll« von Niccolò Paganini (1782 bis 1840). Die 1. Variation erklingt noch vor dem Thema in Form einer Passacaglia. Dann folgen die weiteren in drei großen Abschnitten, von denen die erste eine Art Disposition darstellt. Die 7. Variation bringt das vom Komponisten öfters herangezogene Dies-irae-Thema. Die 11. Variation leitet zum nächsten Abschnitt, der scherzoartig an einen Sonatensatz erinnert. Von der 18. Variation führen lyrische Passagen noch einmal zum »Dies irae«, das Blechbläser in der letzten Variation vortragen.

Sinfonische Tänze, Opus 45, 3 Teile, entstanden 1940

Der 1. Teil in c-Moll beginnt mit einem langsamen russischen Thema, das von leidenschaftlichen Volkstanzrhythmen abgelöst wird. Der Mittelteil wird von elegischen Oboen und Klarinetten eingeleitet und bringt eine nachdenkliche Kantilene des Saxophons. Der 2. Teil besteht aus einem sinfonisch stilisierten Konzertwalzer. Der 3. Teil hat den Charakter eines sinfonischen Finalsatzes.

Der Felsen, Fantasie für Sinfonieorchester, Opus 7, ein Satz, entstanden 1893

»Dem verehrten und hoch geschätzten Antoni Pawlowitsch Tschechow, dem Verfasser der Erzählung ›Auf dem Weg‹, deren Inhalt für dieses Musikstück als Programm gedient hat«, setzte der Komponist 1898 auf die Partitur dieses Werks, mit dem er einen gewaltigen Felsen und die darüberhängenden Wolken vorstellt. Träume und Gedanken, Ängste und Hoffnungen, Licht und Dunkel werden von diesem Stück Natur, das vom Dichter umd vom Tonsetzer belebt wird, symbolisiert.

Klavierkonzert Nr. 1 in fis-Moll, Opus 1, 3 Sätze, entstanden 1891

Schwungvoll setzt der 1. Satz mit einem kraftvollen Thema ein. Mit jugendlicher Frische wird es weiterentwickelt bis zu einer groß angelegten Solokadenz. Der 2. Satz wirkt durch seine ausdrucksstarke Harmonik, die dem Zeitgeschmack entsprach. Das Finale weist in dem turbulenten Geschehen einzelne Passagen besinnlicher Gedankengänge auf.

Klavierkonzert Nr. 2 in c-Moll, Opus 18, 3 Sätze, entstanden 1901

Man hat mit Recht dieses Konzert als reifstes Werk des Komponisten bezeichnet. Es wird von zwei musikalischen Gedanken beherrscht, von denen einer energische, betont rhythmische Klänge bringt, der andere in schwärmerischen Kantilenen verströmt. Beide verschmelzen sich im Hauptthema des 1. Satzes, das von schweren Glockenschlägen untermalt wird. Dann spielt das Klavier das fröhliche Seitenthema. Der 2. Satz führt eine Elegie zu ausdrucksvollen Höhepunkten. Das Finale ist virtuos und klingt freudig aus.

Klavierkonzert Nr. 3 in d-Moll, Opus 30, 3 Sätze, entstanden 1909

Der 1. Satz bringt einen metrisch unregelmäßigen breiten Gesang über einer marschähnlichen Begleitung. Die Polyphonie ist sehr unübersichtlich, vermittelt jedoch einen großartigen Eindruck. Der Mittelsatz ist voll freier, oft seltsamer Harmonik, die sehr reizvoll wirkt. Das Finale brilliert mit pathetischen Höhepunkten und einem virtuosen Klaviersatz.

Klavierkonzert Nr. 4 in g-Moll, Opus 40, 3 Sätze, entstanden 1926

Der 1. Satz bringt nach einer orchestralen Einleitung ein weitgespanntes Thema. Das zweite ist sehr sanglich und wird vom Soloklavier vorgetragen. Die Durchführung beinhaltet viel Spannung und Erregung. Der langsame Mittelsatz wird von einer traurigen, düsteren Kantilene bestritten, deren Melancholie durch nichts erhellt wird. Das Finale ist lang und virtuos mit zahlreichen neuen Motiven.

LITERATUR

R. Walker, Rachmaninow, His Life and Times, Turnbridge Wells 1980.

Nicolas Racot de Grandval
(1676–1753)

ZEIT UND UMWELT

Jean Laurent Le Cerf de la Viéville des Fresneuse (1674, Rouen, bis 9. 11. 1707, Rouen), Dichter und großer Opernfreund, trat sehr entschieden für die französische Musik ein, die »schön diatonisch, wenig mit Zutaten und Akkorden überladen sein soll, wenig moduliert und einheitlich rhythmisiert. Die Gefühle können nur durch den Gesang ausgedrückt werden, Instrumentalmusik ist dafür ungeeignet«. Dieses Ideal stellte er der »italianisierenden Oper« entgegen und leitete damit den Streit zwischen den Anhängern der Oper, wie sie Jean-Baptiste Lully (Lullysten) schrieb, und der im Stil von Jean-Philippe Rameau (Ramisten) ein.

LEBEN
Nicolas Racot de Grandval wurde 1676 in Paris geboren. Er war neben seiner kompositorischen Tätigkeit Organist an Ste-Croix en la Cité und starb in Paris am 16. 11. 1753.

WERKE
Der französische Komponist Nicolas Racot de Grandval schrieb 21 Divertissements für die Comédie Française, Arien, die in Sammelwerken und Zeitschriften erschienen, ein- und zweistimmige Kantaten, eine sinfonische Kantate »Orphée« und 12 zumeist komische Kantaten im burlesken Stil. Er war selbst ein ausgezeichneter Cembalist und verfaßte mehrere Stücke für sein Instrument. Als Musikschriftsteller schloß er sich eng an Jean Laurent Le Cerf de la Viéville an.

Charles Racquet
(um 1598 – 1664)

ZEIT UND UMWELT
Die Pflege der Orgelmusik in den französischen Kathedralen hatte nie eine nennenswerte Unterbrechung erlitten. Die vorzüglichen Instrumente, die man in Frankreich baute, wurden überall von gut ausgebildeten Organisten gespielt. Parallel zur Entwicklung der Cembalomusik zeigt die Orgelkomposition eine starke Neigung zur liedähnlichen Melodik und zu vielen Solostellen, wie überhaupt die gesamte Anlage der Orgelmusik Frankreichs jede einzelne Stimme profiliert, wodurch das gesamte Werk eine starke Transparenz erhält.

LEBEN
Charles Racquet (Racquette) wurde um 1598 in Paris geboren. Er studierte bei seinem Vater Orgel und Komposition und wurde Organist der Königinmutter Maria de'Medici. Im Jahr 1618 erhielt er die Organistenstelle an Notre-Dame in Paris, wo er am 1. 1. 1664 starb.

Sein Vater Balthasar Racquet (um 1575, Paris, bis 22. 12. 1630, Paris) war Organist an St-Germain-l'Auxerrois.

WERKE
Von den vielen Orgelwerken, die der französische Komponist und Organist Charles Racquet angeblich verfaßt hat, sind nur seine »Zwölf Psalmenverse« und eine Fantasie, die »zeigen sollte, was man auf der Orgel machen kann«, und das auch tat, erhalten. Der Komponist stellte sie dem Musikwissenschafter Marin Mersenne für dessen Werk zur Verfügung. Auch diese schmale Hinterlassenschaft beweist, daß die hohe Wertschätzung, die Mersenne ihm entgegenbrachte, gerechtfertigt war.

LITERATUR
P. Hardouin, Les Racquet. Notes biographiques, in: Recherches IV, Paris 1964.

Robert Radecke (1830–1911)

ZEIT UND UMWELT
Der Zustrom von in Dresden oder Leipzig ausgebildeten Musikern nach Berlin nahm in der zweiten Hälfte des 19. Jahrhunderts an Häufigkeit nicht ab, sie hatte ihre Ursache in der engen Bindung des Musiklebens der drei Musikstädte aneinander. Jedenfalls waren Kräfte aus Sachsen an den verschiedenen musikalischen Institutionen von Berlin jederzeit äußerst willkommen.

LEBEN
Albert Martin Robert Radecke wurde am 31. 10. 1830 in Dittmannsdorf (Dziećmarowice) bei Waldenburg (Wałbrzych) geboren. Er war am Konservatorium in Leipzig Schüler von Moritz Hauptmann, Julius Rietz, Ignaz Moscheles und Ferdinand David. Darauf wurde er Violinist im Gewandhausorchester und 1852 Zweiter Dirigent der Singakademie. Von 1863 bis 1887 wirkte er als Musikdirektor der Berliner Hofoper, von 1883 bis 1888 als künstlerischer Leiter des Sternschen Konservatoriums in Berlin und von 1892 bis 1907 als Direktor des Königlichen Instituts für

Kirchenmusik. Er starb am 21.6.1911 in Wernigerode am Harz.
Sein Bruder Rudolf Radecke (6.9.1829, Dittmannsdorf, bis 15.4.1893, Berlin) studierte am Institut für Kirchenmusik in Breslau (Wrocław) und dem Konservatorium in Leipzig. Er war von 1864 bis 1871 Lehrer am Sternschen Konservatorium in Berlin und zugleich bis 1868 Dirigent des Caecilienvereins und ab 1869 Inhaber eines eigenen Musikinstituts sowie Dirigent des Radeckeschen Gesangvereins.

WERKE
Von den Kompositionen von Robert Radecke sind eine Sinfonie, Klaviertrios und eine Anzahl verschiedener Orchesterwerke, weiters Lieder und Chöre sowie ein Liederspiel bemerkenswert.
Rudolf Radecke brachte eine Anzahl Lieder und Chorwerke heraus.

Enrico Radesca di Foggia
(um 1560 bis nach 1615)

ZEIT UND UMWELT
Der Herzog von Savoyen, Emmanuel Philibert I. (1528–80), gewann 1562 Turin wieder zurück und machte es zu seiner Hauptstadt. Im Zuge der Ausgestaltung seiner Hofhaltung richtete er sich eine Hofkapelle ein, deren Kräfte er zum Teil der Domkapelle entnahm.

LEBEN
Enrico Radesca di Foggia wurde um 1560 in Foggia geboren. Über sein Leben und Wirken ist nichts bekannt, bis er um das Jahr 1605 Organist am Dom von Turin, Bürger der Stadt und herzoglicher Kammermusiker wurde. Er erhielt 1615 die Stelle des herzoglichen Kapellmeisters und starb in einem der folgenden Jahre.

WERKE
Von dem italienischen Komponisten Enrico Radesca di Foggia sind ein Buch mit vierstimmigen Messen und 7 Bücher mit Motetten, Madrigalen und verschiedenen Liedern erhalten. Stilistisch gehört diese Musik noch dem 16. Jahrhundert an. Der Komponist hat vielleicht seine Ausbildung in Mailand genossen, wo die alte Tradition noch lange gepflegt wurde.

Felice Radicati (1775–1820)

ZEIT UND UMWELT
Aus der Schule des Turiner Kapellmeisters Gaetano Pugnani (1731–98) gingen einige bedeutende Violinisten hervor, die auch die Musikalität ihres Lehrers übernommen hatten und daher nie zu reinen Technikern ausarteten. Die von Giovanni Battista Somis (1686–1763) begründete Piemonteser Violinistenschule hat viel beigetragen, den Stil der italienischen und französischen Virtuosen und ihrer Kompositionen zu formen.

LEBEN
Felice Alessandro Radicati wurde 1775 in Turin geboren. Er war Schüler von Gaetano Pugnani und bereiste nach seiner Ausbildung als Violinvirtuose Italien, Frankreich und England. Ab 1815 wirkte er in Bologna als Erster Violinist und Leiter des Stadtorchesters, als Kapellmeister an San Petroneo und als Violinlehrer am Liceo Filarmonico. Er starb am 19.3.1820 in Bologna.

WERKE
Neben einigen Opern und Opernarien komponierte Felice Radicati mehrere Violinkonzerte und Quintette, Quartette, Trios und Duos für Streicher in einem aufdringlich homophonen Stil, der die Virtuosität des führenden Violinisten herausstellte, aber den Boden der Musikalität dennoch nicht verließ.

Giovanni Maria Radino
(um 1560 bis nach 1607)

ZEIT UND UMWELT
Seit dem späten 16. Jahrhundert gab es in Italien zweimanualige Cembali. Auch die kleinere Form dieses Instrumentes – Arpicordo genannt – wurde mit zwei Manualen ge-

baut, von denen zumeist eines eine Quart tiefer gestimmt war. Gleichgestimmte Manuale konnten zuweilen mittels Handzügen gekoppelt werden, um die Lautstärke zu erhöhen. Literatur speziell für Cembalo gab es nur in Einzelfällen, weil in der Regel kein Unterschied zwischen den verschiedenen Tasteninstrumenten gemacht wurde.

LEBEN

Giovanni Maria Radino wurde um 1560 in Padua geboren und wirkte dort von 1592 bis 1598 an San Giovanni als Organist. Vorher dürfte er in Österreich oder Deutschland gewesen sein. Näheres darüber ist nicht feststellbar. Er ist vermutlich in Padua nach 1607 gestorben.
Sein Sohn Giulio Radino (um 1585 bis um 1605, Padua) war ein frühreifer, vielversprechender Komponist, der noch vor dem Vater gestorben ist.

WERKE

Von Giovanni Maria Radino sind Tänze für Laute und für Arpicordo erschienen, die abgesehen von dem vorgeschriebenen Instrument inhaltlich ident sind. Die Tänze für Arpicordo sind die frühest gedruckte Cembalo-Musik. Außerdem veröffentlichte er eine Sammlung Madrigale für vier Stimmen. Seine Musik ist vorbehaltlos dem Frühbarock zuzurechnen.
Von dem früh verstorbenen Giulio Radino brachte der Vater 1607 »Concerti per sonar et cantar« (Konzerte zum Spielen und Singen) heraus, die eine starke Genialität des jungen Künstlers bezeugen.

LITERATUR

G. Tebaldini, L'Archivio musicale della Cappella Antoniana a Padova, Padua 1895.

Miklós Radnai (1892–1935)

LEBEN

Miklós Radnai wurde am 1.1.1892 in Budapest geboren. Er war Schüler von Hans Koessler, Victor von Herzfeld und Felix Mottl. Von 1919 bis 1925 wirkte er als Harmonielehrer an der Musikhochschule und anschließend als Direktor der Oper in Budapest, wo er am 4.11.1935 starb.

WERKE

Von Miklós Radnai sind 2 Opern und eine Ballettpantomime aufgeführt worden. Er schrieb außerdem eine sinfonische Suite, eine »Mosaische Suite für Orchester«, eine große Chorkantate »Sinfonie der Ungarn« und eine Kantate für Tenor und Orchester.

Nicolaus Radomski
(um 1400 bis nach 1450)

ZEIT UND UMWELT

Im 15. Jahrhundert stieg das Polen der Jagiellonen zur Großmacht auf. Der Anschluß an das mittel- und westeuropäische Kulturgeschehen war eine zwangsläufige Folge der politischen Erfolge und der damit verbundenen Hebung der Wirtschaft. Noch mehr Künstler als im vorangegangenen Jahrhundert strömten in das Land, darunter selbstverständlich auch Musiker, die ebenfalls als Lehrer wirkten, so daß es bald zu eigenständigen polnischen Schöpfungen kam.

LEBEN

Nicolaus Radomski (Mikolaj z Radomia) wurde um 1400 in Radom geboren und wirkte als Instrumentalist am Hof zu Krakau, wo er nach 1450 gestorben ist.

WERKE

Von dem polnischen Kirchen- und Hofmusiker sind 9 dreistimmige Sätze überliefert, außerdem 3 Et in terra, 3 Patrem, ein Magnificat und eine Motette. Alle Kompositionen stehen stark unter dem Einfluß der Musik des italienischen Trecento, verleugnen aber nicht, daß es sich um bodenständige polnische Musik handelt.

LITERATUR

M. Szczepańska, Über die Werke des Nicolaus Radomski, in: Polnisches Musiklexikon II, 1936.

Horatio Radulescu (geboren 1942)

Leben

Horatio Radulescu wurde am 7.1.1942 in Bukarest geboren. Er war bis 1969 in seiner Geburtsstadt Schüler von Tiberiu Olah und Ştefan Niculescu (geboren 31.7.1927, Moreni); er ergänzte seine Ausbildung bei den Ferienkursen in Darmstadt und verschiedenen Festivals für Neue Musik. Anschließend unterrichtete er am Institut Notre-Dame-des-Champs in Paris. Seit 1973 lehrt er an der Universität in Ottawa.

Werke

Von den Kompositionen von Horatio Radulescu ist »Einstimmende Algebra« mit einer Spieldauer von 73 Stunden, die auch simultan mit einer zweiten mit beliebiger Dauer von beliebigen Mitwirkenden vorgetragen werden kann, am meisten bekannt geworden. Er schrieb ferner ein Stück für 13 Kontrabässe und 97 Gold- und Silbermünzenspieler und Lauten menschlicher Stimmen, eines für Sopran, einen Komponisten, fünf Blechbläser und sechs Schlagzeuger, eines für sieben Holzbläser, eine alte Orgel und 42 Kinder, »Ewige Sehnsucht« für 24 Solostreicher, ein Stück für Streichquartett und zwei elektronisch präparierte Klaviere, ein Streichquartett, eine Klaviersonate, ein »Sonetto« für Bariton und Cello sowie zahlreiche elektronische, aleatorische und bruitistische Stücke.

Antoni Henryk Radziwiłł (1775–1833)

Zeit und Umwelt

Das litauisch-polnische Fürstenhaus Radziwiłł spielte in der Geschichte des Königreichs Polen seit dem 15. Jahrhundert eine bedeutsame Rolle. In allen seinen Generationen war die Pflege und Förderung von Musik und Dichtung ein traditionelles Anliegen. Die kulturellen Kontakte pflegten die Fürsten vor allem mit Sachsen und gegen das Ende des 18. Jahrhunderts mit dem preußischen Königshaus, mit dem sie auch politisch konform gingen.

Leben

Antoni Henryk Fürst Radziwiłł wurde am 13.6.1775 in Vilnius geboren. Er war Autodidakt, ein begabter Sänger und Cellist und stand mit vielen zeitgenössischen Komponisten in freundschaftlicher Verbindung. Er heiratete 1796 die preußische Prinzessin Luise (1770–1836), Tochter des Prinzen Ferdinand, bemühte sich, ein neues Polen unter preußischer Schutzherrschaft zu errichten und verwaltete von 1815 bis 1831 das Großherzogtum Posen als Stadthalter Preußens. Er starb am 7.4.1833 in Berlin.

Werke

Die bekannteste Komposition von Antoni Henryk Radziwiłł ist seine aus 25 Nummern bestehende Bühnenmusik zu »Faust« von Johann Wolfgang von Goethe, die bis zur Mitte des Jahrhunderts öfters ganz oder teilweise gespielt wurde. Er verfaßte außerdem Lieder und Romanzen im französischen Stil, zahlreiche Duette für Singstimmen und Männerchöre für Liedertafeln, Lieder mit Cello und Gitarre und Cellowerke. Seine Musik gehörte ganz der Romantik an.

Literatur

Z. Jachimecki und W. Poźniak, Antoni Radziwiłł i jego musyka do »Fausta«, Krakau 1957.

Jan Rääts (geboren 1932)

Leben

Jan Rääts wurde am 15.10.1932 in Tartu geboren. Von 1954 bis 1957 studierte er am Konservatorium seiner Geburtsstadt unter Heino Eller. Von 1958 bis 1966 leitete er die Musikabteilung des Estnischen Rundfunks. Dann wurde er Musikdirektor des Estnischen Fernsehens. Für sein kompositorisches Wirken wurde er mehrmals ausgezeichnet.

Werke

Die Musik von Jan Rääts ist neuklassizistisch und deutlich von Dmitri Schostakowitsch beeinflußt. Avantgardistischen Bestrebungen schloß er sich nicht an. Er schrieb 7 Sinfonien, ein Violinkonzert, ein Cellokonzert, ein Klavierkonzert, ein Concertino für Klavier und Orchester, ein Konzert für Kammerorchester, ein Nonett, eine Partita für Kammerensemble, ein Klavierquintett, 3 Streichquartette, ein Klaviertrio, 4 Sonaten und 24 Praeludien für Klavier und ein Oratorium.

Sinfonie Nr. 7, 3 Sätze, entstanden 1973
Im 1. Satz folgt auf eine kurze Einleitung eine Kadenz, dann erklingen Marschepisoden, kammermusikalische Passagen und Pizzicatoflächen. Nach einem Unisono des gesamten Orchesters schließt der Satz fanfarenartig ab. Auch der 2. Satz weist barockes Pathos auf. Über rhythmisierte Fakturen der Streicher breiten sich die Aktionen der einzelnen Instrumente. Der 3. Satz wird vom Kontrabaß eingeleitet, dessen Thema nach einem Intermezzo das Kontrafagott übernimmt. Eine von den Trompeten vorgetragene Passacaglia, deren Thema vierzehnmal wiederholt wird, folgt. Darüber entwickeln die übrigen Instrumente ihre Motive in immer mehr verdichteter Verflechtung, bis das Werk mit eindrucksvollen Bläserakkorden ausklingt.

Jan Rääts

Hans-Karsten Raecke (geboren 1941)

LEBEN
Hans-Karsten Raecke wurde am 12.9.1941 in Rostock geboren. Er war an der Deutschen Hochschule in Ost-Berlin Schüler von Rudolf Wagner-Régeny und an der Deutschen Akademie der Künste von Paul Dessau. Von 1968 bis 1973 unterrichtete er an der Humboldt-Universität in Ost-Berlin Tonsatz und Musiktheorie. Seitdem widmet er sich allein seinem kompositorischen Schaffen.

WERKE
Die Kompositionen von Hans-Karsten Raecke bewegen sich nahezu ausschließlich im Rahmen der Neuen Musik. Er schrieb unter anderem »Stufenspiele und Variationssuite« für Orchester, »Impuls 1 und 2« für zwei Prepared pianos, »Raster« für zwei Prepared pianos und drei bis sechs Spieler, »Verbindungen 1 und 2« für Oboe und Tonband und »3« für Oboe oder Flöte oder für Oboe und Flöte, »Jazz 1 und 2« für Klavier, »Klangstücke 1–11« für Klavier, »Klangstücke 12–24« für zwei Klaviere, »Montage« für elektronische Orgel, »Klagegesang über den Krieg« für Chor, zwölf Chorsolisten, Bariton, Sprecher, Klavier und Bildprojektion.

Joachim Raff (1822–82)

LEBEN
Joseph Joachim Raff wurde am 27.5.1822 in Lachen bei Zürich geboren. Da er keine Möglichkeit eines Musikstudiums hatte, wählte er den Ausweg des Selbstunterrichts und sandte Felix Mendelssohn-Bartholdy etliche Klavierkompositionen, der diese einem Musikverlag weiterempfahl. Der Tod dieses Gönners verhinderte, daß Raff dessen Einladung, bei ihm zu studieren, folgen konnte. Von 1849 bis 1853 assistierte er Franz Liszt bei der Instrumentation seiner sinfonischen Dichtungen,

hielt sich sodann in Wiesbaden als Klavierlehrer auf, bis er 1877 zum Direktor des Hochschen Konservatoriums in Frankfurt am Main bestellt wurde. Er starb am 24.6.1882 in Frankfurt am Main.

Werke
Die 214 Werke von Joachim Raff verschwanden nach dessen Tod sehr bald von den Programmen, denn sie waren wohl kontrapunktisch glänzend gearbeitet und geschickt instrumentiert, aber bar jeder Originalität. Das gilt für seine 6 Opern, von denen 2 aufgeführt wurden, wie für seine 11 Sinfonien, die wohl alle programmatische Titel tragen (»An das Vaterland«, »Im Walde«, »Leonore«, »In den Alpen«, »Zur Herbstzeit« usw.), aber diese musikalisch nicht ausdrücken. Er schrieb ferner eine Sinfonietta für acht Holzbläser und zwei Hörner, Orchestersuiten und Ouvertüren, ein Klavierkonzert und eine Klaviersuite, 2 Violinkonzerte, ein Cellokonzert, 8 Streichquartette, 3 Klaviertrios, 5 Violinsonaten, 2 Klaviersonaten, ein Oratorium und weitere Chorwerke mit Orchester, ferner geistliche Chormusik, Klavierstücke und zahlreiche

Joachim Raff, Stahlstich von A. Weger

Paraphrasen. Er war als Musikjournalist und Autor musikgeschichtlicher Werke tätig. Als Bannerträger der Neudeutschen Schule verfaßte er eine vielgelesene Schrift unter dem Titel »Die Wagnerfrage«; das Buch erschien im Jahre 1854. Liszt führte 1851 Raffs Oper »König Alfred« ohne nachhaltigen Erfolg auf. 1870 kam seine Oper »Dame Kobold« in Weimar zur Uraufführung.

Literatur
A. Schäfer, Chronologisch-systematisches Verzeichnis der Werke Joachim Raffs, Wiesbaden 1888, Neudruck Tutzing 1974. H. Raff, Joachim Raff, Regensburg 1925. J. Kälin, A. Marty, Leben und Werk des Komponisten Joseph Joachim Raff, Jubiläumsschrift, Zürich 1972.

Guido Ragni (1899–1968)

Leben
Guido Ragni wurde am 15.8.1899 in Cremona geboren. Er studierte an den Konservatorien in Parma und Pesaro, wirkte als Konzertmeister an der Scala und zugleich als Lehrer an der Scuola Civica di Musica in Mailand, wo er am 3.4.1968 starb.

Werke
Von Guido Ragni sind 7 Opern und eine Operette auf die Bühnen gekommen. An Orchesterwerken schrieb er eine Sinfonie, »Introduktion und Fuge«, ein Violinkonzert, außerdem ein Streichquartett und ein Oratorium. Sein Stil war konservativ und etwas steif.

Louis Charles Ragué
(um 1760 bis nach 1793)

Zeit und Umwelt
Die breite Spielmöglichkeit der neu erfundenen Doppelpedalharfe verschaffte ihr in die Pariser Salons Eingang, wo sie mit ihrem vollen und dennoch weichen Klang, ja sogar durch ihre Gestalt und Spielgebärde der poetischen Neigung jener elitären Gesellschaft entgegenkam wie kein anderes Instrument.

Leben

Louis Charles Ragué wurde um 1760 vermutlich in Paris geboren. Er war ab ungefähr 1783 Schüler von Antonio Maria Gasparo Sacchini, setzte aber schon im selben Jahr mit der Publikation seiner Kompositionen ein, die, dem Zug der Zeit entsprechend, vorwiegend der Harfe gewidmet waren. Nachdem die Salons, für die er vor allem komponierte, 1789 ihre gesellschaftliche Funktion vorläufig verloren hatten, betätigte er sich als Musiklehrer bis zu seinem Tod nach 1793 in Moulins.

Werke

Von Louis Charles Ragué sind außer 2 Opern, einem Ballett und einem Oratorium zahlreiche Sonaten für Harfe - solo oder mit Begleitung verschiedener Instrumente -, Harfenkonzerte, Arrangements von Arien für Harfe und 3 Sinfonien für großes Orchester erschienen. Seine Harfenmusik, die viel im Concert spirituel gespielt wurde, stand unter dem Einfluß des Mannheimer Stils und der aufkommenden französischen Romantik. Er verfaßte auch eine Harfenschule mit Übungsbeispielen.

Dieudonné Raick (1703–64)

Zeit und Umwelt

Da es im niederländischen Raum auch in der ersten Hälfte des 18. Jahrhunderts zu keiner öffentlichen Konzerttätigkeit kam, blieb das Musikgeschehen vorwiegend den Kathedralen vorbehalten, deren Kapellmeister und Organisten jedoch über ihren Wirkungskreis hinaus auch profane Musik schrieben und veröffentlichten.

Leben

Dieudonné Raick wurde am 1. 3. 1703 in Lüttich getauft. Er war Chorknabe der Kathedrale von Antwerpen und wirkte als Organist von 1621 bis 1626 in Antwerpen, ab 1727 in Löwen, von 1741 bis 1757 an Sint Baafs in Gent und schließlich erneut an der Kathedrale von Antwerpen, wo er am 30. 11. 1764 starb.

Werke

Gedruckt sind von Dieudonné Raick eine Anzahl Cembalosuiten, 3 Cembalosonaten und 6 kleine Suiten für Cembalo, Flöte oder Violine erschienen. Seine Kirchenmusik, die er angeblich verfaßt hat, ist verschollen. Die Cembalostücke lassen die Nachfolge François Couperins erkennen.

Raimbaud de Vaqueiras
(um 1155–1207)

Zeit und Umwelt

Im 12. Jahrhundert wurde Montferrat (zwischen Turin und Alessandria) von den Herzögen Aleramici regiert. So klein und wenig bedeutend das Herzogtum war, so einflußreich vermochte die regierende Familie durch Ehen und geschickte Parteinahme ihre Stellung in der großen Politik der Zeit zu gestalten. Conrado Aleramici (gestorben 1192) wurde König von Jerusalem, sein Bruder Bonifatius I. (gestorben 1207) König von Saloniki.

Leben

Raimbaud de Vaqueiras wurde um 1155 geboren. Über die Herkunft ist nichts bekannt, außer daß er den größten Teil seines Lebens am Hof des Herzogs von Montferrat Bonifatius I., der selbst Schöngeist und Poet war, verbrachte. Er begleitete den Herzog 1202 auf dem IV. Kreuzzug, durch den dieser König von Saloniki wurde. Er starb vermutlich im Jahre 1207. Der Ort seines Todes ist unbekannt.

Werke

Von Raimbaud de Vaqueiras sind mehr als 25 Lieder erhalten. Von den überlieferten 7 Melodien ist die Estampie (auf dem Prinzip der fortschreitenden Wiederholung beruhende Kompositionsform) Kalenda maya (1. Mai) am bekanntesten. Die Lieder zeigen deutlich italienischen Einfluß.

Erster Mai

Erster Mai ist gekommen, aber weder das junge Laub der Buchen, noch Vogelgesang, noch Gla-

diolenblüten können mich erfreuen, meine edle, reizende Dame, wenn ich nicht rasch von Euch höre, daß mir neue Liebesfreuden winken, wenn mich nicht die Lust zu Euch führen darf, hohe Dame, und wenn ich nicht unter den Streichen eines Eifersüchtigen zusammensinke, ehe ich Euch verlasse.
Meine schöne Dame, Gott darf nicht zulassen, daß ein Eifersüchtiger über mich lachen kann. Schwer würde er seine Eifersucht büßen, wenn er Liebende wie uns trennte. Ich könnte nicht mehr froh sein, denn ohne Euch gäbe es für mich keine Freude. Ich würde einen Weg gehen, wo mich niemand mehr sieht, ich würde sterben an dem Tag, meine Herrin, an dem ich Euch verlöre.

LITERATUR

Th. G. Bergin, Raimbaldo di Vaqueiras, Florenz 1956.

Raimbaut d'Orange (um 1143–73)

ZEIT UND UMWELT

Die unabhängige Grafschaft Orange (Oranien) des 11. Jahrhunderts wurde im 12. Jahrhundert zum Fürstentum und konnte seine Freiheit bis weit in die Neuzeit behaupten. Diese Selbstbehauptung und ein beträchtlicher Reichtum verliehen dem Adel des Fürstentumes die Möglichkeit, die schweren Auseinandersetzungen in Nord- und Südfrankreich und Nordspanien als unbeteiligte Zuschauer zu erleben und sich der Ausgestaltung ihres Daseins zu widmen. An einem Fürstenhof als Troubadour zu wirken, hatte ein Edelmann aus Orange keinen Anlaß.

LEBEN

Raimbaut d'Orange wurde um 1143 in Orange geboren und verbrachte dort vermutlich sein Leben. Er stand mit den ritterlichen Troubadours Giraut de Bornelh und Peire d'Alvergne in Verbindung. Beide haben sich wahrscheinlich eine gewisse Zeit in Orange aufgehalten. Raimbaut d'Orange starb im Jahre 1173 vermutlich in Orange.

WERKE

Raimbaut d'Orange hinterließ ungefähr 40 Gedichte, davon nur eines mit Musik, das aber den Komponisten als extremen Vertreter des »Reichen Stiles« (Trobar ric – bis zum Äußersten getriebene Kompliziertheit des Strophenbaues, schwere, seltene Reime, üppige, ausgeklügelte, aber sehr klangvolle Musik) charakterisiert.

LITERATUR

W. T. Pattison, The Life and Works of Raimbaut d'Orange, Minneapolis 1952.

Raimond de Miraval
(um 1160 bis nach 1229)

ZEIT UND UMWELT

Die Grafschaft Toulouse stellte im 12. Jahrhundert den Prototyp ungeschmälerter Feudalherrschaft dar. Die Grafen waren praktisch souverän, wenn sich auch Anzeichen der zukünftigen Konzentration der Macht in weiteren Staatsverbänden bemerkbar machten. Raimond VI. von Toulouse, der seinem Vater Raimond V. 1194 folgte, war einer der letzten souveränen Grafen. Er war bereits zu schwach, sich gegen Simon de Montfort zur Wehr zu setzen, und mußte dem Führer des Albigenserkreuzzuges für mehrere Jahre die Regierung überlassen. Sein Nachfolger Raimond VII. übergab die Grafschaft seinem Schwiegersohn Alphonse de Poitiers, nach dessen Tod Toulouse an die französische Krone fiel. Mit dem Ende des Feudalismus hörte auch der Troubadourgesang auf, denn er war mit wenigen Ausnahmen die künstlerische Äußerung eines freien Adelsstandes.

LEBEN

Raimond de Miraval wurde um 1160 in Miraval-Cabardès bei Carcassonne geboren. Eine Reihe Adeliger des Languedoc, wie besonders Raimond VI. von Toulouse, dann Peire II. von Aragon und Uc de Mataplana, gewährten ihm Freundschaft und Förderung. Er starb nach 1229. Der Ort seines Todes ist nicht bekannt.

WERKE

Raimond de Miraval hinterließ die Texte zu

37 Cansos (Lieder) und 5 Sirventes (Dienstlieder). Zu 22 Stücken ist uns die Musik überliefert, die sich stark an katalanische und spanische Vorbilder anlehnte.

LITERATUR

L.-T. Topsfield, Raimond de Miraval and the Art of Courtly Love, Modern Language Review LI, 1956.

Ignazio Raimondi (um 1735–1813)

ZEIT UND UMWELT

Das Konzertleben von Amsterdam wurde in der zweiten Hälfte des 18. Jahrhunderts nahezu ausschließlich von zugereisten Musikern bestritten. Italiener, Deutsche, Franzosen traten als Dirigenten, Instrumentalisten oder Sänger auf. Bodenständige Kräfte waren nur in geringer Anzahl verfügbar, und von diesen wenigen verblieben nur einzelne in der Heimat; sie verließen sie bei jeder sich bietenden Gelegenheit, um in den europäischen Musikzentren einen Wirkungskreis zu finden.

LEBEN

Ignazio Raimondi wurde um 1735 in Neapel geboren. Er war Schüler von Emanuele Barbella und von 1759 bis 1762 Violinist am Teatro San Carlo. Um 1760 kam er als Orchesterdirigent nach Amsterdam, um 1780 begab er sich nach London, wo er als bekannter Violinist, Dirigent, Komponist und Konzertveranstalter bis zu seinem Tod am 14. 1. 1813 wirkte.

WERKE

Neben seiner in Paris uraufgeführten Oper verfaßte Ignazio Raimondi zwei Programmsinfonien: »Les Aventures de Télémaque« (Die Abenteuer des Telemach) und »The Battle« (Die Schlacht), die wegen ihrer plastischen Tonmalerei große Beliebtheit errangen, außerdem 3 konzertante Sinfonien, Streichquartette, Streichtrios und Sonaten für zwei Violinen, für Violine und Bratsche und für Violine und Cello. Seine Kavatine »Risplende o sol beato« (Leuchte du selige Sonne) für Sopran und vier Instrumente wurde äußerst berühmt.

Pietro Raimondi (1786–1853)

ZEIT UND UMWELT

Das erstaunliche Phänomen, daß ein Komponist zahlreicher erfolgreicher Opern zugleich als geschätzter Kontrapunktiker Kirchenmusik im strengen Stil der römischen Schule des 16. Jahrhunderts verfaßte, konnte nur bei Schülern der neapolitanischen Konservatorien möglich werden, weil diese sowohl für die Oper wie für die Kirche gründlichst ausgebildet wurden. Es kamen nicht wenige aus diesen Schulen, die sowohl für die Kirche wie für die Bühne Werke von bleibendem Wert schufen, oft waren die Kompositionen beider Gattungen allerdings einander sehr angenähert. Eine so gründliche Trennung, daß Stilarten nebeneinander bewältigt wurden, zwischen denen 200 Jahre vergangen waren, bildete auch bei den besten Schülern Neapels eine Seltenheit.

LEBEN

Pietro Raimondi wurde am 20.12.1786 in Rom geboren und früh von Giacomo Tritto am Conservatorio della Pietà de'Turchini ausgebildet. Er war um 1807 in verschiedenen italienischen Städten als Opernkomponist tätig. Von 1824 bis 1833 wirkte er als Direktor des Königlichen Theaters in Neapel und zugleich ab 1825 als Lehrer für Kontrapunktik am Königlichen Konservatorium, von 1832 bis 1850 als Kontrapunktlehrer am Konservatorium in Palermo und von 1852 bis zu seinem Tod am 30.10.1853 als Kapellmeister am Petersdom in Rom.

WERKE

Für italienische Bühnen verfaßte Pietro Raimondi 62 Opern und 21 Ballette; außerdem schrieb er 8 Oratorien und eine Trilogie »Joseph«, bestehend aus den biblischen Dramen »Potifar«, »Jakob und Joseph«, die auf dreigeteilter Bühne gleichzeitig aufgeführt werden konnten, 4 Messen mit Orchester, 2 doppelchörige Messen a cappella, 2 Requiems, ein vollständiges Buch der Psalmen für vier bis acht Stimmen und viele andere Kirchenmusiken, von denen ein großer Teil im strengen Stil der römischen Schule des 16. Jahrhunderts gehalten wurde. Seine Kunst als Kontrapunktiker bewies er durch 4 vierstimmige Fugen, die als sechzehnstimmige Quadrupelfuge, als 6 vierstimmige Fugen, als vierundzwanzigstimmige Sextupelfuge gespielt werden konnten, weiters eine vierundsechzigstimmige Fuge für 16 vierstimmige Chöre. Bemerkenswert an dieser kompliziert gebauten Musik war, daß sie auf keinen Fall doktrinär, sondern klangvoll und lebendig wirkte, als stamme sie von der Hand eines Meisters aus jenen alten Zeiten.

LITERATUR

C. Gray, Pietro Raimondi, Musical Review I, 1940.

André Raison (um 1640–1719)

ZEIT UND UMWELT

Parallel zur Dur-Moll-Tonalität wurden in der französischen Kirchenmusik die modalen Töne noch gegen das Ende des 17. Jahrhunderts vielfach gepflegt. Es ist, als könnten diese immer etwas erdfern klingenden Tongruppen und Tonfolgen von der Architektonik vieler Kirchen nicht getrennt werden.

LEBEN

André Raison wurde um 1640 in Nanterre geboren. Er wirkte von 1666 bis 1716 als Organist an der Abtei Ste-Geneviève in Paris. Ab 1678 spielte er auch an St-Jacques die Orgel. Im Jahr 1719 starb er in Paris.

WERKE

Vom französischen Komponisten André Raison sind 5 Messen in Kirchentönen, ein Magnificat und 2 Orgelbücher erhalten. Einige Messen fallen durch eine äußerst kühne Registrierung auf.

LITERATUR

W. Apel, Geschichte der Orgel- und Klaviermusik bis 1700, Kassel 1967.

Väinö Raitio (1891–1945)

LEBEN

Väinö Eerikki Raitio wurde am 15.4.1891 in Sortavala, Finnland (heute Sowjetunion), geboren. Er erhielt seine Ausbildung in Helsinki, Moskau, Berlin und Paris. Von 1926 bis 1932 wirkte er als Kompositionslehrer am Konservatorium in Viipuri (heute Wiborg, Sowjetunion) und lebte ab 1938 in Helsinki, wo er am 10.9.1945 starb.

WERKE

Als einer der ersten finnischen Komponisten, die sich den modernen Strömungen der europäischen Musikentwicklung zuwandten, schrieb Väinö Raitio 5 Opern, 2 Ballette, eine Sinfonie, 10 sinfonische Gedichte, ein Konzert für Violine und Cello, ein Tongedicht für Cello und Orchester, ein Klavierquintett, ein Streichquartett, eine Violinsonate und einige Lieder.

Aleksandar Raitschew (geboren 1922)

LEBEN

Aleksandar Iwanow Raitschew wurde am 11.4.1922 in Lom, Bulgarien, geboren. Von 1943 bis 1947 studierte er an der Musikakademie in Sofia bei Pantscho Wladigerow und Asen Karastojanow und anschließend bis 1950 am Konservatorium in Budapest bei János Viski und János Ferencsik (geboren 18.1.1907, Budapest). Im Jahr 1952 wurde er Dozent und 1962 Professor für Harmonielehre am Konservatorium in Sofia.

WERKE

Von Aleksandar Raitschew sind außer einer Operette und einem Ballett unter anderem 3 Sinfonien, ein Klavierkonzert, ein Violinkonzert, eine Violinsonate, Klavierstücke, eine Kantate, Chöre, Lieder, Bühnen- und Filmmusik bekannt geworden. Sein Stil, der auf der heimischen Folklore fußt, ist äußerst expressiv.

Stanojlo Rajičić (geboren 1910)

Leben

Stanojlo Rajičić wurde am 16.12.1910 in Belgrad geboren. Er erhielt seine Ausbildung in seinem Geburtsort, in Wien, Berlin und Prag. Seit 1954 wirkt er als Kompositionsprofessor an der Musikakademie in Belgrad.

Werke

Die frühen Werke von Stanojlo Rajičić sind dodekaphonisch, später wandte er sich dem Neuklassizismus zu. Neben 2 Opern, einem Melodram und 3 Balletten schrieb er 6 Sinfonien, eine sinfonische Dichtung, 2 Ouvertüren, 3 Klavierkonzerte, 3 Violinkonzerte, 2 Klarinettenkonzerte, ein Fagottkonzert, ein Cellokonzert, 2 Streichquartette, ein Klaviertrio, eine Violinsonate, 5 Klaviersonaten, zahlreiche Klavierstücke, eine Kantate, mehrere Liederzyklen mit Orchester, Einzellieder mit Klavier sowie Filmmusik. Er zählt zu den bedeutendsten serbischen Komponisten unseres Jahrhunderts.

Literatur

V. Peričić, Stvaralački put Stanojlo Rajičića (Der schöpferische Weg von Stanojlo Rajičić), Belgrad 1971; mit einer englischen Zusammenfassung.

Bruno Ramann (1832–97)

Leben

Bruno Ramann wurde am 17.4.1832 in Erfurt geboren. Er war Kaufmann, gab jedoch seinen Beruf 1858 auf und wurde Schüler des Gründers und Leiters zahlreicher Gesangensembles Carl Riedel (6.10.1827, Kronenberg, bis 3.6. 1888, Leipzig) und Karl Franz Brendels, Kritiker und Musikschriftsteller. Anschließend studierte er in Leipzig unter Moritz Hauptmann und wirkte darauf als Musiklehrer und Komponist in Dresden bis zu seinem Tod am 13.3. 1897.

Werke

Die zahlreichen Kompositionen von Bruno Ramann bestehen zum großen Teil aus ein- oder mehrstimmigen Liedern und kleinen mehr oder weniger sentimentalen Klavierstücken.

Jean-Philippe Rameau (1683–1764)

Zeit und Umwelt

Der Streit zwischen den Anhängern des Hochbarock von Versailles, des Stils von Jean-Baptiste Lully, die jede Weiterbildung als Sakrileg gegen das Kulturerbe, das König Ludwig XIV. hinterlassen hatte, ansahen, und den Gegnern kultureller Denkmalpflege und des Verzichts auf Entwicklung wurde vor allem in der Oper ausgetragen, weil dort die Differenzen zwischen der rein »französischen« Oper, die Lully in das Leben gerufen und der König nach Kräften gefördert hatte, und der italianisierenden am deutlichsten zutage traten. Im Grunde waren jedoch diese Differenzen nicht groß. Die Neuerer hatten das alte Opernschema nur erweitert, die Arien reicher und das Orchester klangvoller gestaltet. Die Ouvertüren allerdings formten sich in stimmungsvolle Sinfonien um, bei denen alle neuen Stilmittel angewendet wurden. Das Barock klang eben aus, und neue Klänge, neue melodische und harmonische Wendungen kamen in Geltung, verdrängten das Alte, entwickelten sich zu einem Höhepunkt und wurden schließlich selbst zum »Alten Stil«, der wieder einem nachfolgenden weichen mußte.

Leben

Jean-Philippe Rameau wurde am 25. 9. 1683 in Dijon getauft. Sein Vater Jean Rameau (um 1640, Dijon, bis 1714, Dijon) war Organist in Dijon an der Kollegialkirche St-Étienne, sodann an der Abtei St-Bénigne und schließlich an Notre-Dame. Jean-Philippe war trotz des Widerstandes seines Vaters schon früh entschlossen, Musiker zu werden, und begab sich, um den italienischen Stil kennenzulernen, 1701 nach Mailand, kehrte jedoch noch im selben Jahr nach Frankreich zurück. Er wirkte in Südfrankreich in einer Theatergruppe als Violinist mit, sodann vertretungsweise als Organist an

Notre-Dame in Avignon und an der Kathedrale in Clermont. Im Jahr 1706 kam er nach Paris und wurde dort Organist an verschiedenen Kirchen. Im März 1709 ging er nach Dijon, um seinen Vater an der Orgel der Notre-Dame abzulösen, und 1713 nach Lyon, um an der Jakobinerkirche die Orgel zu spielen. Es folgte ein kurzer Aufenthalt in Montpellier und ein weiterer in Clermont, bis er sich 1722 endgültig in Paris als Organist, Komponist, Musiklehrer und Theoretiker niederließ. König Ludwig XV. ernannte ihn 1745 zum Kammerkomponisten. Er starb in Paris am 12. 9. 1764.

WERKE

Der französische Komponist Jean-Philippe Rameau wurde als Opernkomponist von den bedingungslosen Anhängern Jean-Baptiste Lullys (Lullisten) heftig angefeindet, fand aber ebensoviele Parteigänger (Ramisten). Dabei hatte er lediglich der bereits erstarrten Opernform von Lully neues Leben eingeflößt, ihre musikalische Charakteristik erweitert und mit ausdrucksvoller Melodik, reicherer Harmonik und farbiger Instrumentation verfeinert. Von seinen 28 Bühnenwerken blieb am bekanntesten »Les Indes Galantes«. Weniger bedeutend waren seine Kirchenkompositionen – Messen, Kantaten – und seine Airs. Dafür begründeten seine Werke für Cembalo seinen Ehrenplatz in der Musikgeschichte. Die 4 Bände mit Cembalostücken waren zu Lehrzwecken geschrieben, stellen jedoch vorzügliche kompositorische Werke dar, die die Cembalo- und später die Klaviermusik auf lange Zeit beeinflußten. Auch seine Suiten für Cembalo mit Instrumentalbegleitung und einzelne Charakterstücke programmatischen Inhaltes zählen zu den Kostbarkeiten der Musik für Tasteninstrumente. Seine theoretischen Schriften sind vor allem der Harmonik gewidmet, die er als Fundament aller Musik der Melodik und dem Kontrapunkt vorausgehen läßt. Mit ihm beginnt in der Geschichte der Musik, analog dem mathematisch geordneten Weltbild der Aufklärung, die mathematisch errechnete Harmonie.

LITERATUR

Y. Tiénot, Jean-Philippe Rameau, Paris 1954. P. Berthier, Réflexions sur l'art et la vie de Jean-Philippe Rameau, Paris 1957. H. Pinscher, Die Harmonielehre Jean-Philippe Rameaus, Leipzig 1963, 1967. L. Lang-Becker, Szenentypus und Musik in Rameaus tragédie lyrique, München, Salzburg 1978.

Lazare Rameau (1757–94)

ZEIT UND UMWELT

Claude Rameau (1690, Dijon, bis 1761, Autun), Bruder von Jean-Philippe Rameau, war Organist an Notre-Dame, an der Abtei St-Bénigne und an St-Étienne in Dijon, sodann an St-Lazare in Autun. Er hatte in Dijon eine »Académie de Concerts« gegründet. Von seinen Werken ist nur ein Gassenhauer überliefert.
Sein ältester Sohn Jean-François Rameau (30. 1. 1716, Dijon, gestorben 1767 in einem Asyl) brachte sich kümmerlich als Musiklehrer durch. Seine Kompositionen sind verschollen.

LEBEN

Lazare Rameau wurde als zweiter Sohn des Claude Rameau am 28. 1. 1757 in Autun geboren. In ihm lebte die Genialität seines Onkels, Jean-Philippe Rameau, wieder auf. Er war bereits im Alter von 9 Jahren Organist in Autun und wirkte in der Folge an einer Reihe von Kirchen, zuletzt in Mâcon, wo er am 11. 10. 1794 starb.

WERKE

Von den Kompositionen von Lazare Rameau sind nur 3 Sonaten für Cembalo oder Pianoforte mit Violinbegleitung erhalten. Alles andere ist verlorengegangen.

Günther Ramin (1898–1956)

LEBEN

Günther Werner Hans Ramin wurde am

15.10.1898 in Karlsruhe geboren. Er war, nachdem er die Thomasschule in Leipzig absolviert hatte, dort am Konservatorium Orgelschüler von Karl Straube, Klavierschüler bei Robert Teichmüller und Kompositionsschüler bei Stephan Krehl. Ab 1918 wirkte er als Organist an der Thomaskirche, ab 1920 als Organist der Gewandhauskonzerte und zugleich als Orgellehrer am Konservatorium. Er leitete den Leipziger Lehrergesangverein von 1922 bis 1935 und anschließend bis 1943 den Philharmonischen Chor in Berlin. Im Jahr 1940 wurde er Thomaskantor. Er starb am 27.2. 1956 in Leipzig.

WERKE

Der ausgezeichnete Organist und Cembalist Günther Ramin erfreute sich sowohl als Orgelimprovisator wie auch als Interpret klassischer Orgelwerke eines großen Rufs. Er nahm lebhaften Anteil an der Orgelerneuerungsbewegung und förderte sie durch eine große Anzahl Publikationen. Er schrieb eine Violinsonate, eine achtstimmige Motette, eine Orgelfantasie, ein Praeludium, Largo und Fuge für Orgel, eine Orgelchoral-Suite, eine Vertonung des 13. Psalms für Männerchor und Orgel, sowie eine »Canzona« für Orgel.

Lewis Ramondon

(um 1670 bis nach 1720)

ZEIT UND UMWELT

Schon die ersten in London projektierten Opern zogen Sänger und Instrumentalisten aus Italien und Frankreich an. Sie wurden gerne aufgenommen, weil sie bereits eine Opernpraxis erworben hatten und die englischen Kräfte darin einführen konnten. Dabei darf nicht außer acht gelassen werden, daß die Entlohnung in London um einiges höher war als in Frankreich oder Italien.

LEBEN

Lewis Ramondon (Louis) wurde um 1670 in Frankreich geboren und kam zwischen 1700 und 1705 nach London. Er trat bis 1711 in einer Reihe von Opern als Sänger auf, dann widmete er sich der Komposition und dem Unterricht und dürfte einige Jahre nach 1720 gestorben sein.

WERKE

Der französische Sänger und Komponist Lewis Ramondon brachte unter dem Titel »The Lady's Entertainment« mehrere Serien von Opernarien, für Cembalo arrangiert, heraus. Er verwendete dafür eine Notierung auf fünf Linien anstelle der bisher für Tasteninstrumente gebräuchlichen sechs Linien. Seine Vokalkompositionen erfreuten sich hoher Beliebtheit und wurden in mehrere Sammlungen aufgenommen.

Bartolomé Ramos de Pareja

(um 1440 bis nach 1491)

ZEIT UND UMWELT

Salamanca wurde in den Jahren 1078 bis 1102 nach der Vertreibung der Mauren von den christlichen Spaniern wieder besiedelt. König Ferdinand II. von Léon (1137–88) hielt in dieser Stadt 1178 seine Cortes ab und stattete sie mit Privilegien aus, so daß sie zur zweitwichtigsten Stadt des Königreiches wurde. Unter Alfonso IX. (1171–1230) wurde die Universität von Salamanca ins Leben gerufen, doch die eigentliche Gründung nahm Alfonso X. der Weise, König von Kastilien und Léon, vor. Bis zum Ende des 16. Jahrhunderts bildete diese Universität ein wissenschaftliches Zentrum Europas.

LEBEN

Bartolomé Ramos de Pareja (Ramis) wurde um 1440 in Baeza (Provinz Jaén) geboren. Der spanische Musiktheoretiker und Komponist lehrte um 1470 an der Universität Salamanca, wo er mit Urreda Freundschaft schloß. Nach einem Aufenthalt in Florenz wirkte er 1472 bis 1484 als Lehrer an der Universität von Bologna und ging sodann nach Rom, wo er 1491 noch nachgewiesen werden kann. Er ist in einem der folgenden Jahre vermutlich in Rom gestorben.

WERKE

Ramos de Pareja war vor allem Musikwis-

senschaftler. Im Gegensatz zu Guido von Arezzo entwickelte er ein neues, auf der Oktave beruhendes Skalensystem und wandelte die mathematische Intervallbestimmung grundlegend um, so daß erstmals eine Definition des konsonanten Dreiklanges gegeben werden konnte.
Von seinen Kompositionen wurden eine kanonische Messe, ein Requiem, ein Magnificat und eine Motette genannt; überliefert ist nur ein vierstimmiger Kanon, der ein stark konservatives Klangbild vermittelt.

LITERATUR

F. Pedrell, Los músicos españoles en sus libros, Barcelona 1888.

Mattio Rampollini
(um 1505 bis nach 1550)

ZEIT UND UMWELT

Der kulturellen Tradition des Hauses entsprechend, feierten die Medici ihre Hochzeiten immer auch mit musikalischen Darbietungen, und zwar mit »Erstaufführungen« von Werken ihrer Kapellmeister und Musiker. Da Hofchronisten solche Feierlichkeiten gerne schilderten, blieben Namen und Werke dieser Komponisten der Nachwelt erhalten.

LEBEN

Mattio Rampollini wurde um 1505 in Florenz geboren und nach seiner Ausbildung in den Dienst der herzoglichen Familie Medici genommen. Welche Stellung er am Florentiner Hof einnahm, ist nicht bekannt. Wir wissen aber, daß er zur Hochzeit des Herzogs Cosimo I., des späteren Großherzogs von Toskana, mit Leonor von Toledo, der Tochter des Vizekönigs von Spanien, im Jahre 1539 etliche Lieder komponierte und vortragen ließ. Er dürfte nach 1550 in Florenz gestorben sein.

WERKE

Von Mattio Rampollini wurde ein Buch Kanzonen auf Texten von Petrarca herausgebracht, die den Versen des großen Dichters mit großem Geschick Rechnung tragen. Außerdem finden sich in verschiedenen Sammelwerken Lieder von dem Komponisten, die zu ihrer Zeit offensichtlich sehr beliebt waren.

Robert Ramsey (um 1585 bis nach 1644)

ZEIT UND UMWELT

Neben einer starken Reduzierung der Hörerzahl an den Universitäten hatte der Bürgerkrieg eine empfindliche Schmälerung des wissenschaftlichen Betriebes und ein völliges Erlahmen der Musik gebracht. Ungefähr um 1644 stellten die Kapellen und die Musikschulen ihre Tätigkeit ein, und die Orgeln in den Kirchen verstummten. Was aus den Organisten und Sängern wurde, läßt sich nur in einzelnen Fällen feststellen.

LEBEN

Robert Ramsey wurde um 1585 in England geboren. Er studierte in Cambridge, wurde dort 1628 Organist am Trinity College und 1631 Leiter des Knabenchores. Diese Tätigkeiten endeten im Jahr 1644. Ramsey dürfte in einem der folgenden Jahre gestorben sein. Sein Sterbeort ist nicht feststellbar.

WERKE

Der englische Komponist und Organist Robert Ramsey verfaßte eine Reihe vorzüglicher Madrigale. Sehr bekannt geworden ist das Madrigal »What teares deere Prince« (Was frommen Tränen, lieber Prinz) anläßlich des Todes des Prince of Wales, Henry (1594–1612). Außerdem sind mehrere Services, etwa 8 Anthems, 2 Motetten, einige Kanons und ein komponierter Dialog zwischen der Hexe von Endor und einem Geist überliefert. Ramsey bediente sich eines Übergangstils, der noch stark konservativ war.

John Randall (1715–99)

ZEIT UND UMWELT

Am 23. 2. 1732 wurde von den Chorknaben der Chapel Royal das Oratorium »Esther«

von Georg Friedrich Händel im Haus von Bernard Gates (1685–1773) aufgeführt und einige Tage darauf im Haymarket Theatre wiederholt. Dieses künstlerische Erlebnis war für die gesamte Musikerlaufbahn mancher Chormitglieder bestimmend.

LEBEN
John Randall wurde 1715 in London geboren. Er war Chorknabe der Chapel Royal unter Bernard Gates, ab 1743 Organist am King's College in Cambridge und ab 1755 Musikprofessor. Im Jahr 1777 wurde er dazu Organist am Trinity College in Cambridge, wo er am 18. 3. 1799 starb.

WERKE
Die überlieferten Werke von John Randall zeigen eine deutliche Abhängigkeit von Händels Diktion. Das meiste davon ist allerdings verlorengegangen. Erhalten sind eine Ode und mehrere Hymnen.

Benedikt Randhartinger (1802–93)

ZEIT UND UMWELT
Wie in fast allen Musikländern erweiterte sich in Österreich die Liedkomposition im 19. Jahrhundert explosiv. Dazu ist nicht das kompositorische Wirken von Franz Schubert zu rechnen, der nicht für die Öffentlichkeit, sondern für sich oder für einen kleinen Freundeskreis schrieb. Aber auch ohne die Anzahl, die er dazu beitragen hätte können, erhielten die Verleger Massen angeboten und publizierten sie auch, falls die Lieder dem Publikumsgeschmack entsprachen. Die Nachfrage war groß. Zu jener Zeit wurde in jedem Bürgerhaus viel gesungen und musiziert. Es war wohl eine Flucht aus der Härte des Lebens in ein schöneres Traumland.

LEBEN
Benedikt Randhartinger wurde am 27.7.1802 in Ruprechtshofen, Niederösterreich, geboren. Er war von 1812 bis 1819 Schüler des Stadtkonvikts in Wien, wo er sich mit Franz Schubert befreundete und gleichzeitig mit ihm bei Antonio Salieri Unterricht bekam. Von 1825 bis 1832 diente er als Privatsekretär in einem Adelshaus, darauf wurde er Tenorist an der Wiener Hofkapelle, 1844 Vizekapellmeister und 1862 Hofkapellmeister. Zugleich leitete er ab 1840 das Hofopernorchester. Er starb am 22.12.1893 in Wien.

WERKE
Neben einer Oper schrieb Benedikt Randhartinger mehrere Sinfonien und Streichquartette, 20 Messen, 60 Motetten, 76 Chöre und bei 400 Lieder, die zum Großteil gedruckt wurden. Sein Stil ist von Franz Schubert beeinflußt.

Ture Rangström (1884–1947)

LEBEN
Anders Johan Ture Rangström wurde am 30.11.1884 in Stockholm geboren. Er war von 1903 bis 1904 Schüler von Johan Lindegren in Stockholm, vom Gesangpädagogen Julius Hey (29.4.1832, Irmelshausen, Franken, bis 22.4. 1909, München) in München und von Hans Pfitzner in Berlin. Von 1907 bis 1942 wirkte er als Musikreferent mehrerer schwedischer Zeitungen, von 1922 bis 1925 als Dirigent des Orchestervereins in Göteborg und gleichzeitig als Gesanglehrer in Stockholm, wo er am 11.5.1947 starb.

WERKE
Seine zahlreichen Lieder machten Ture Rangström auch außerhalb seiner Heimat sehr bekannt. Er schrieb 3 Opern, mehrere Bühnenmusiken, 4 Sinfonien mit programmatischen Titeln, 4 sinfonische Dichtungen, Ouvertüren, 3 sehr beliebte Suiten, 2 Stücke für Streichorchester, eine Ballade für Klavier und Orchester, eine Partita und ein Capriccio für Violine und Orchester, »Zwei Melodien« für Klarinette und Streichorchester, einige Kammermusik, eine Sonatine, Klavierstücke, Chorwerke und Lieder mit Orchester oder Klavier. Er war ein hervorragender Repräsentant nordischer Musik seiner Zeit. Die Titel seiner Opern: »Kronbruden«, »Middelaldering« und »Gilgamesj«.

György Ránki (geboren 1907)

LEBEN

György Ránki wurde am 30.10.1907 in Budapest geboren. Er war von 1926 bis 1930 an der Musikakademie in Budapest Schüler von Zoltán Kodály. Neben fallweiser Tätigkeit als Lehrer oder als Dirigent lebt er als freischaffender Komponist in Budapest.

WERKE

Außer 7 musikalischen Bühnenwerken schrieb György Ránki ein Praeludium für Orchester, die Fantasie »1514« für Klavier und Orchester, ein Bläserquintett, ein Stück für Oboe mit Klavier und Oboe mit Kammerorchester, eine Klaviersonate, 2 Oratorien, mehrere Kantaten, ein Klagelied zur Erinnerung an Kodály für Singstimmen, Cimbalom und gemischten Chor, ungefähr 30 Bühnenmusiken und 60 Filmmusiken.

1514 – Fantasie für Klavier und Orchester, 5 Teile, entstanden 1961

Die Jahreszahl weist auf den großen ungarischen Bauernkrieg hin, den der Komponist anhand einer Holzschnittserie zu diesem Thema von Gyula Derkovits (1894–1934) darstellte. »Außer den einzelnen Bildern und der ihnen innewohnenden Bewegung wollte ich auch die dramatische Einheit und die Wirkung der historischen Kräfte darstellen, die die im Hintergrund sich drängenden Menschenmassen bewegen.«

1944, Oratorium für Baritonsolo, gemischten Chor und Kammerorchester, ein Satz, entstanden 1966

Das Werk wurde zur Zwanzig-Jahr-Feier der Befreiung Ungarns verfaßt und legt das Gedicht »A la recherche« (Auf der Suche), das Miklós Radnóti (1909–44) kurz vor seiner Hinrichtung in einem deutschen Vernichtungslager verfaßt hatte, zu Grunde. Die elegische erinnerungsreiche Stimmung der Dichtung vermittelt der Komponist in einem dramatischen Chorbild, das sich einem A-cappella-Werk nähert, weil das Instrumentalensemble die Stimmen bloß unterstützt und färbt.

Karl Rankl (1898–1968)

LEBEN

Karl Franz Rankl wurde am 1.10.1898 in Gaaden, Niederösterreich, geboren. Er war Schüler von Arnold Schönberg und Anton Webern. Er wirkte von 1928 bis 1931 an der Kroll-Oper in Berlin, anschließend ein Jahr in Wiesbaden, sodann bis 1937 als Operndirektor in Graz und darauf bis 1938 in Prag, von wo er nach London emigrierte. Dort war er als Konzertdirigent tätig und von 1946 bis 1951 als Musikalischer Direktor der Covent Garden Opera. Ab 1952 leitete er die Schottischen Nationalorchester in Glasgow und Edinburgh, von 1958 bis 1960 wirkte er als Musikalischer Direktor der Elizabethan Opera Company in Sydney. Sodann lebte er in Österreich, wo er am 6.9.1968 in Salzburg starb.

WERKE

Von Karl Rankl sind 8 Sinfonien, eine Suite für Streicher, eine Sinfonietta, ein Streichquartett, 4 schottische Volkslieder für Mezzosopran und Orchester, ein Oratorium sowie ungefähr 60 Lieder auf deutsche und englische Texte bekannt geworden. Er verfaßte auch eine Oper. Seine Kompositionen bewegten sich hauptsächlich im Rahmen der Tonalität, die Technik seiner Lehrer wandte er nur selten an.

Edwin Ransford (1805–76)

ZEIT UND UMWELT

Nachdem das Eis endlich gebrochen und die ersten wirklich englischen Opern auf die Bühnen gekommen waren, stellten sich auch sofort die Interpreten ein, die sich im neuen Bühnenstil zurechtfanden, bei ihren Rollen auf das italienische Pathos verzichteten und ihnen dennoch großen Eindruck abgewannen.

LEBEN

Edwin Ransford wurde am 13.3.1805 in Bourton-on-the-Water, Gloucestershire, geboren. Er gewann als Bariton bald die Gunst des Londoner Opernpublikums und trat an den verschiedenen Musiktheatern der Stadt, vor allem in zeitgenössischen englischen Opern, mit viel Erfolg auf und beschloß seine Karriere an Covent Garden. Er starb am 11.7.1876 in London.

WERKE

Neben seiner Tätigkeit als vielbeschäftigter Opernbariton und Liedtextdichter schrieb Edwin Ransford eine Anzahl Divertissements für Orchester, die viel gespielt wurden, und zahlreiche beliebte Lieder zu eigenen und fremden Texten.

Michael Ranta (geboren 1942)

LEBEN

Michael Ranta wurde am 17. 4. 1942 in Duluth, Minn., geboren. Er studierte an der Universität in Urbana, Ill., an der Universität und Musikhochschule in München und an den Universitäten in Tokio und Taipeh. Nach Tätigkeit als Schlagzeuglehrer ist er als Schlagzeuger und freischaffender Komponist in Europa, den USA, Japan und Taiwan tätig.

WERKE

Die meisten Kompositionen von Michael Ranta sind für Schlagzeug geschrieben. Er verfaßte: Erste Improvisation, »Algo Rhythmus«, »Heliopolan Egg« und eine weitere Anzahl Werke für Schlagzeugensemble, wie »Aspects I« und »Schlagzeugduo«.

Raoul de Beauvais
(um 1220 bis nach 1270)

ZEIT UND UMWELT

Der berühmte Roman de la Rose, dessen ersten Teil Guillaume de Lorris (um 1205 bis nach 1240) im Jahre 1235 abgeschlossen hatte, machte mit seiner allegorischen romantischen Liebesgeschichte eine Abart der ehemaligen »Höfischen Liebe« populär. Die süßliche Darstellung, die Jean de Meung (1240 bis um 1305) vollendete, übte eine starke Wirkung auf die Dichtung, vor allem auf die Trouvèrekunst, aus. Eine Reihe von Trouvères bemühten sich, Einflüsse der Volksmusik thematisch und formell zu vermeiden, obwohl sie den volkstümlichen Refrain nur mehr schwer entbehren konnten.

LEBEN

Raoul de Beauvais wurde in Beauvais (Oise) um 1220 geboren. Über sein Leben und Wirken ist nichts bekannt. Ebensowenig kennt man die genaue Zeit und den Ort seines Todes.

WERKE

Von Raoul de Beauvais sind 3 Liebeslieder, eine Pastourelle (Dialog eines ritterlichen Bewerbers mit einem Landmädchen) und ein Damendialog erhalten. Die Lieder sind mit Refrain versehen. Die Musik ist elegant, aber trotzdem volksnahe.

LITERATUR

T. Newcombe, Les poésies du trouvère Raoul de Beauvais, Romania XCIII, 1972.

Raoul de Soissons (um 1210–1270)

ZEIT UND UMWELT

Thibaut IV. de Champagne et Brie, König von Navarra, zog Vasallen seines Geistes, die also selbst Dichter und Komponisten waren, allen anderen als Kampfgefährten und Freunde vor.

LEBEN

Raoul de Soissons, Sire de Cœuvers, wurde um 1210 in Soissons geboren. Er war Trouvère und Vasall Thibauts IV., den er von 1239 bis 1244 auf Überseefahrten begleitete. Im Jahr 1248 nahm er mit ihm am VI. Kreuzzug im Gefolge König Ludwigs IX. teil, von dem sie 1253 zurückkehrten. Nun erst setzte die dichterische und kompositorische Tätigkeit des Trouvères ein. Er betätigte sich am Pui d'Arras als Preisrichter und als Preiswerber, trat als Vortragender und als Partei bei Jeux partis auf, bei denen er öfter Gegner Thibauts war. Er begleitete König Ludwig auch auf dem VII. Kreuzzug, auf dem er wie der König 1270 zugrunde ging.

WERKE

Von dem französischen Trouvère Raoul de Soissons sind Chansons und 2 Jeux partis mit Melodien überliefert. Sie sind stark vom Schaffen Thibauts IV. beeinflußt.

Jean Marie Raoul (um 1766–1837)

ZEIT UND UMWELT
Die Instrumentenfamilien, aus denen sich das Sinfonieorchester der Klassik zusammensetzte, wurden auch von den Romantikern nahezu unverändert übernommen. Die Verwendung älterer Instrumente wie Violen, Längsflöten, Lauten, Cembali hörte auf. Einzelne Virtuosen und Komponisten, die darauf zurückgriffen, konnten nur beschränktes Interesse erwecken. Eine Renaissance dieser Instrumente setzte erst gegen Ende des 19. Jahrhunderts ein.

LEBEN
Jean Marie Raoul wurde um 1766 in Paris geboren. Obwohl er als Cellovirtuose große Erfolge hatte, wandte er sich dem Gambenspiel zu, mit dem er noch bestimmte Kreise anzusprechen, aber keine Schule zu begründen imstand war. Er starb 1837 in Paris.

WERKE
Von Jean Marie Raoul sind Sonaten, Etüden und Soli für Cello erschienen. Er schrieb auch eine Reihe von Stücken für die von ihm gepflegte siebensaitige Gambe, die er »Heptachord« nannte, und veröffentlichte eine Celloschule.

Kurt Rapf (geboren 1922)

LEBEN
Kurt Rapf wurde am 15.2.1922 in Wien geboren. Er studierte von 1936 bis 1942 an der Musikakademie seiner Geburtsstadt, gründete dort das Kammerensemble »Collegium Musicum« und leitete es bis 1956. Von 1953 bis 1960 wirkte er als Musikdirektor der Stadt Innsbruck. Seit 1960 lebt er als freischaffender Komponist und Interpret in Wien, wo er 1970 Musikreferent der Stadt wurde.

WERKE
An Orchesterwerken schrieb Kurt Rapf »8 Miniaturen«, »Aphorismen«, ein Violinkonzert, an Kammermusik »4 Impressionen für neun Spieler«, »Musik für sieben Instrumente«, ein Bläserquintett, ein Quintett für Harfe und vier Bläser, außerdem zahlreiche vorzügliche Orgelstücke, einen Psalm für Chor und Orchester und einen für Chor, Orgel, Schlagzeug und Tonband. Er verfaßte auch eine Anzahl Klavierstücke.

Günter Raphael (1903–60)

LEBEN
Günter Albert Rudolf Raphael wurde am 30.4.1903 in Berlin geboren. Er war Schüler von Arnold Ebel (15.8.1883, Heide, Holstein, bis 4.3.1963, Berlin), Robert Kahn, Wilhelm Fischer (19.4.1886, Wien, bis 26.2.1962, Innsbruck), Max Trapp und Arnold Ludwig Mendelssohn. Von 1926 bis 1934 unterrichtete er Komposition am Konservatorium und dem Kirchenmusikalischen Institut in Leipzig, von 1934 bis 1945 hatte er Berufsverbot; anschließend lebte er bis 1949 in Laubach, Hessen, und wirkte sodann bis 1953 als Kompositionslehrer am Konservatorium in Duisburg und ab 1956 als Professor an der Musikhochschule in Köln. Er starb am 19.10.1960 in Herford.

WERKE
Von Günter Raphael sind 5 Sinfonien, eine Sinfonia breve, ein Divertimento, eine Ballettsuite, weiters ein Stück für Streichorchester, 3 Violinkonzerte, ein Concertino für Saxophon und eines für Flöte, außerdem zahlreiche Chorwerke – ein Oratorium, Requiem, Te Deum, Vater unser, Glaubensbekenntnis, mehrere Kantaten –, schließlich einige Solosonaten, Klavier- und Orgelstücke bekannt geworden.

Sonate für Orgel, Opus 68, 3 Teile, entstanden 1949
Der 1. Teil »Praeambulum« bringt den Cantus firmus vorwiegend im Pedal; im Manual herrschen flüssige Achtelbewegungen. Ein Andante bildet das Mittelstück, dessen Thema mehrmals vorge-

tragen wird. Der Schluß ist stark verdichtet. Im 2. Teil »Canzone« erklingt eine weitreichende Melodie, während der Baß stufenweise durch eine Oktave aufsteigt. Im 3. Teil »Soprano Ostinato« wird eine ostinate Melodie von Quarten und Quinten begleitet. Gegen das Ende erscheint das Ostinato in breiten Notenwerten auch im Pedal.

Eduard Rappoldi (1831–1903)

ZEIT UND UMWELT
Das von Joseph Joachim 1869 in Berlin gegründete Streichquartett, an dem bis zu seiner Auflösung ausschließlich erstklassige Violinisten, Bratschisten und Cellisten, mit den besten Instrumenten ausgestattet, teilnahmen, galt für die Zeit seines Bestehens als eines der hervorragendsten Quartette Europas.

LEBEN
Eduard Rappoldi wurde am 21.2.1831 in Wien geboren. Er war früh vielseitig begabt, wandte sich der Violine zu und wurde am Wiener Konservatorium Schüler von Georg Hellmesberger und Joseph Böhm; Theorie studierte er bei Simon Sechter. Er wirkte zunächst als Violinist an der Wiener Hofoper, sodann von 1861 bis 1866 als Konzertmeister in Rotterdam, anschließend bis 1870 als Kapellmeister in Lübeck, Stettin (Szczecin) und Prag und darauf als Violinlehrer an der Hochschule für Musik in Berlin, wo er dem »Joachim-Quartett« beitrat. Schließlich war er bis 1898 Konzertmeister am Hoforchester in Dresden, wo er daneben bis zu seinem Tod am 16.5.1903 Privatunterricht gab.

WERKE
Von Eduard Rappoldi sind mehrere Sinfonien, Quartette, Violinsonaten und Lieder zum Teil gedruckt, zum Teil handschriftlich überliefert. Seine Musik wurde von seinen Zeitgenossen sehr geschätzt, noch mehr aber seine Bemühung um die Entwicklung des Quartettspiels.

Andreas Raselius (um 1563–1602)

ZEIT UND UMWELT
Der Zwiespalt zwischen dem lutherischen und calvinischen Bekenntnis vertiefte sich in Deutschland trotz aller Vermittlungsversuche immer mehr. Die streitenden Konfessionen vergaßen darüber sogar zuweilen die gemeinsame Gefahr der Gegenreformation.

LEBEN
Andreas Raselius (Rasel) wurde um 1563 in Hahnbach, Oberpfalz, geboren, studierte in Heidelberg, mußte aber als Calvinist die Stadt verlassen. Er wurde 1584 Lehrer am Gymnasium poeticum in Nürnberg und schließlich 1600 doch Hofkapellmeister in Heidelberg, wo er am 6. 1. 1602 starb.

WERKE
Von dem deutschen Komponisten Andreas Raselius sind im Druck erschienen: »Teutsche Sprüche aus den Sonntäglichen Evangeliis« für fünf Stimmen, »Teutsche Sprüche auff die Fürnehmsten Järlichen Fest- und Aposteltäge« für fünf bis neun Stimmen, »Regenspurgischer Kirchencontrapunkt«, verschiedene Kirchengesänge und Psalmen.

LITERATUR
L. Roselius, Andreas Raselius als Motettenkomponist, Berlin 1924.

Amadeo Rasetti (1754–99)

ZEIT UND UMWELT
Seit der 2. Hälfte des 18. Jahrhunderts wurde die Romanze als volkstümliches Strophenlied sehr populär. Sie hatte mit der spanischen »Romance« nicht mehr als den Namen gemeinsam, denn in Frankreich handelte es sich um einen leichten Air mit gefälliger Melodik sentimentalen oder balladesken Inhalts.

LEBEN
Amadeo Rasetti wurde 1754 in Turin geboren. Er war Schüler von Charles François

Clément. Nach seiner Ausbildung lebte er in Paris als Pianist und Pianolehrer bis zu seinem Tod im Jahr 1799.

WERKE
Von Amadeo Rasetti erschienen ab 1780 Sonaten für Cembalo und für Pianoforte, Sonaten für Pianoforte und Violine, Trios, Quartette, ein »Neues arabisches Konzert für Pianoforte mit Begleitung eines großen Orchesters« und 2 Sammlungen Romanzen mit Pianofortebegleitung, die zu den ersten ihrer Art zählen.

Francesco Rasi (um 1575 bis nach 1620)

ZEIT UND UMWELT
Die Florentiner Camerata hat für die neue Oper, deren Dialoge nicht durch Chöre vorgetragen werden konnten, den monodischen Gesang geschaffen, der zum Rezitativ und zur Arie führte und die vielen Sololieder und Duette mit Instrumentalbegleitung der Musikgeschichte vorbereitete.

LEBEN
Francesco Rasi wurde um 1575 in Arezzo geboren. Er war um 1595 als Sänger in Ferrara tätig und stand in enger Verbindung zur Camerata Florentina. Von Giulio Caccini (um 1550–1618), dem Vorkämpfer des monodischen Gesanges, dürfte er Musikunterricht erhalten haben. Er reiste 1612 nach Österreich, um eine Komposition vorzulegen, und hielt sich als Sänger und Komponist anschließend am Hof des Herzogs von Mantua auf. Vermutlich sang er dort schon 1607 die Titelrolle in Monteverdis »Orfeo«. Er ist in einem der Jahre nach 1620 gestorben. Ort und Datum seines Todes sind nicht überliefert.

WERKE
Der italienische Sänger und Komponist Francesco Rasi schrieb eine Serie Madrigale, eine Oper und als eines der frühesten italienischen Kantatenwerke »Dialoghi rappresentativi«. Mit »Musiche da camera e chiesa« (Weltliche und kirchliche Musik), die er in Wien und Salzburg vorlegte, brachte er als einer der ersten den monodischen Stil in das deutsche Sprachgebiet. Sein kompositorisches Schaffen stand unter dem Einfluß der Ziele der Florentiner Camerata.

LITERATUR
A. Einstein, Ein Emissär der Monodie in Deutschland: Francesco Rasi, Festschrift J. Wolf, Berlin 1929.

François Rasse (1873–1955)

LEBEN
François Rasse wurde in Helchin bei Tournai geboren. Er studierte am Konservatorium in Brüssel bei Eugène Auguste Ysaye (1858 bis 1931), François Auguste Gevaert und Gustave Huberti und erhielt den Rompreis. Nach seiner Rückkehr aus Italien wirkte er als Dirigent am Kapitoltheater in Toulouse, an den Opernhäusern in Amsterdam, Brüssel, Gent und im Kursalon von Ostende. Im Jahr 1920 wurde er Harmonielehrer am Konservatorium in Brüssel, von 1925 bis 1938 leitete er das Konservatorium in Lüttich. Er starb am 4.1. 1955 in Brüssel.

WERKE
Von François Rasse wurden ungefähr 200 Werke gedruckt. Er schrieb 2 Opern, ein Ballett, 3 Sinfonien – Symphonie Romantique, Mélodique, Rythmique –, 4 Suiten, 6 Tänze, einen Militärmarsch, eine Romanze für Violine und Orchester, ein Tongedicht für Klavier und Orchester, ein Streichquintett, 2 Streichquartette, Trios, Sonaten für Violine und für Cello mit Klavier und 3 Sammlungen Klavierstücke, außerdem mehrere Liederzyklen und zahlreiche einzelne Lieder. Sein Stil steht an der Schwelle zur »Neuen Musik«.

Vincenzo Rastrelli (1760–1839)

ZEIT UND UMWELT
Für die Zeit, in der neben den ausgesprochenen Opernkomponisten in Italien Kirchenmusiker, Sänger, Instrumentalisten, Musiklehrer und Musikologen zumindest einige

Opern geschrieben haben, drängt sich die Frage auf, ob es überhaupt einen italienischen Komponisten gegeben hat, der keine Oper verfaßte. Es gab in der Tat nicht viele, die abstinent blieben und zugleich ihre Komposition vom Einfluß der Oper frei hielten.

LEBEN

Vincenzo Rastrelli wurde 1760 in Fano geboren. Er war Schüler von Stanislao Mattei, also ein Enkelschüler von Padre Martini. Nach der Ausbildung wurde er Domkapellmeister in Fano. Hernach wirkte er als Komponist an der Hofkirche in Dresden, ging 1802 für 4 Jahre nach Moskau und betätigte sich anschließend als Gesanglehrer des Königlichen Hofes in Dresden bis zu seinem Tod am 20. 3. 1839.

WERKE

Von Vincenzo Rastrelli sind eine Messe, ein Kyrie, mehrere Magnificat und Offertorien überliefert. Weitere Kirchenmusik ist verlorengegangen. Sein Stil entsprach den von Padre Martini verfochtenen Grundsätzen.

Karol Rathaus (1895–1954)

LEBEN

Karol Rathaus wurde am 16. 9. 1895 in Tarnopol (Galizien, heute Ternopol, Ukraine) geboren. Er war Schüler von Franz Schreker. Bis 1938 wirkte er in Berlin, Paris und London als Kompositionslehrer. Dann Emigration in die USA, wo er seine Lehrtätigkeit in New York bis zu seinem Tod am 21. 11. 1954 fortsetzte.

WERKE

Von Karol Rathaus sind eine Oper und 2 Ballette aufgeführt worden. Er schrieb ferner 4 Sinfonien, ein »Kontrapunktisches Triptychon«, eine Suite, eine Serenade, eine Polonaise, ein Praeludium, 2 Ouvertüren, 2 Klavierkonzerte, 2 Stücke für Streicher, ein Divertimento für zehn Holzbläser, eine Serenade für Klarinettenquintett, eine Serenade für vier Bläser und Klavier, eine Suite für Violine und Kammerorchester, 5 Streichquartette, ein Klaviertrio, ein Trio für Violine, Klarinette und Klavier, zahlreiche Sonaten mit verschiedener Besetzung, viele verschiedene Klavierwerke – Sonaten, Variationen, Balladen, Tänze –, Orgelstücke, ein Oratorium, eine Kantate, Chöre und Lieder.

Valentin Rathgeber (1682–1750)

ZEIT UND UMWELT

Die Opernarie wirkte in Deutschland nie so intensiv auf das Liedschaffen wie etwa in Italien. Die enge Bindung des deutschen profanen Liedes an die Kirchenmusik war hinderlich. Es war immer sehr textabhängig, und Sänger wie Publikum verlangten bei jedem Lied einen Textsinn, den die Opernarie nicht immer bieten konnte. Man hielt sich lieber an den Dichter als an einen Librettisten. Außerdem wurde vielfach der mehrstimmige Gesang vorgezogen, der keiner Oper entnommen werden konnte. Dennoch ist eine gewisse Einflußnahme der Oper nicht zu übersehen.

LEBEN

Johann Valentin Rathgeber wurde am 3. 4. 1682 in Ober-Elsbach geboren. Er war Schulmeister in Würzburg, trat dem Benediktinerorden bei, verließ aber 1729 das Kloster, um bis 1738 an verschiedenen deutschen Höfen als Musiker zu wirken. In der Folge kehrte er ins Klosterleben, und zwar nach Banz in Franken, zurück und starb dort am 2. 6. 1750.

WERKE

Der deutsche Komponist Valentin Rathgeber verfaßte eine beträchtliche Anzahl Kirchenmusik – Messen, Offertorien, Litaneien, Hymnen –, bekannt wurde er aber durch seine 25 Instrumentalkonzerte unter dem Titel »Chelys sonora« und seine Sammlung »Musikalischer Zeit-Vertreib auf dem Clavier, bestehend in LX Schlag-Arien, worunter die letzte Pastorellen vor die Weynacht-Zeit«. Anonym schrieb er die ersten 3 Teile der Sammlung quodlibetischer Gesellschaftslieder »Ohren-vergnügendes und Gemüth-ergötzendes Tafel-Confect« für eine bis vier Stimmen, womit er sich als Meister des deutschen mehrstimmigen Gesellschaftsliedes einstufte. Den vierten Teil fügte im Jahr 1746 der evangelische Kantor in Augsburg Johann Caspar Seyfert (1697–1767) hinzu. Bei den Liedern ist die Verwandtschaft mit der italienischen Opernarie deutlich zu erkennen.

LITERATUR

H. Kretzschmar, Geschichte des neuen deutschen Liedes, Wiesbaden 1966.

Gawrila Ratschinski (1777–1843)

ZEIT UND UMWELT

Neben der eigenständigen russischen Oper setzte mit Beginn des 19. Jahrhunderts auch eine bodenständige Komposition für den Konzertsaal ein, die vorerst überwiegend von russischen Virtuosen zum eigenen Konzertgebrauch verfaßt wurde.

LEBEN

Gawrila Andrejewitsch Ratschinski (Raczinski) wurde 1777 in Nowgorod-Sewerski, Ukraine, als Sohn des Kirchenmusikkomponisten und Kapellmeisters Andrej Andrejewitsch Ratschinski (1729 bis um 1795) geboren. Er war Violinschüler seines Vaters und studierte in Kiew und Moskau, wo er anschließend bis 1805 als Musiklehrer wirkte. Darauf war er als Violinvirtuose tätig, bis er am 30. 3. 1843 in Nowgorod-Sewerski starb.

WERKE

Von Gawrila Ratschinski sind eine Anzahl Violinkonzerte und Violinstücke mit Klavierbegleitung erschienen. Außerdem schrieb er zahlreiche Vokalwerke und Stücke für die siebensaitige Gitarre. Seine Violinkompositionen eröffneten die glänzende Reihe russischer Violinwerke des 19. und 20. Jahrhunderts.

Bartolomeo Ratti (1565–1634)

ZEIT UND UMWELT

Neben der Domkapelle nahm in Padua die Kapelle an der Basilika Sant' Antonio einen gleichwertigen Rang ein. Auch die Schulen dieser Kirchen zogen gleichwertige junge Kräfte heran, um die jeweiligen Lücken ihrer Kapellen aufzufüllen. Es waren ständig bedeutende Meister tätig, die einen ausreichenden Unterricht gewährleisteten.

LEBEN

Bartolomeo Ratti (genannt »Il Moro«) wurde 1565 in Padua geboren und dort an der Singschule der Basilika Sant' Antonio ausgebildet. Er war außerdem Schüler von Costanzo Porta. Im Jahre 1591 war er Sänger an Sant' Antonio, von 1594 bis 1600 Kapellmeister am Dom in Gemona, sodann Vizekapellmeister an Sant' Antonio, bis er 1603 Kapellmeister wurde. Er verblieb in dieser Stelle bis zu seinem Tod am 21. 4. 1634.

WERKE

Stilistisch war Bartolomeo Ratti ein Mann des 16. Jahrhunderts bis zu seinem Tod. Seine »Cantiones in laudem Mariae« (Gesänge zum Lob Marias) für eine bis fünf Stimmen, seine vierstimmigen Madrigale und die Canzonetten sind stark konservativ und den Vorschriften Roms unterworfen. Seine »Salmi secondo il rito del Sacro Concilio di Trento« (Psalmen gemäß dem Ritus des heiligen Konzils von Trient) für fünf Stimmen stellen Würde und Textverständlichkeit als Leitprinzip auf, sind aber als Konzession gegenüber der zeitgenössischen Komposition auf einen Generalbaß gestellt, dem aber keine kontrapunktische Funktion obliegt.

LITERATUR

G. Tebaldini, L'archivio musicale della Cappella Antoniana in Padova, Padua 1895.

Lorenzo Ratti (1590–1630)

ZEIT UND UMWELT
Die ersten Opern wurden in den Palästen der Adeligen und Kirchenfürsten gegeben. Bald jedoch stellten sich Impresari ein, die Aufführungen für die Öffentlichkeit veranstalteten, es wurden Opernhäuser adaptiert oder neu gebaut, und die Oper war bald aus dem gesellschaftlichen Leben nicht mehr wegzudenken. Die neue Musik- und Unterhaltungsform war für alle Mitwirkenden auch sehr lukrativ. Daher fanden sich nicht wenige Kapellsänger auch auf den Opernbühnen ein, und ausgesprochene Kirchenkomponisten stellten ihre Kunst diesem reinen Unterhaltungszweck zur Verfügung.

LEBEN
Lorenzo Ratti (Laurentius Rattus) wurde 1590 in Perugia geboren. Seine musikalische Ausbildung erhielt er von seinem Onkel Vincenzo Ugolini (um 1570–1638). Von 1599 bis 1601 war er Chorist an der Cappella Giulia in Rom, von 1614 bis 1616 Organist am Dom zu Perugia und anschließend bis 1619 als Kapellmeister am Seminario Romano. Dann wirkte er bis 1620 am Germanicum und bis 1623 an San Luigi de'Francesi, darauf war er bis 1629 neuerlich am Germanicum und schließlich bis zu seinem Tod am 10. 8. 1630 an Santa Casa in Loreto tätig.

WERKE
Der italienische Kirchenkomponist Lorenzo Ratti hat neben seiner Oper »Der Zyklop« 2 Bücher mit mehrstimmigen Madrigalen und 2 mit Litaneien und Motetten mit Orgelbegleitung ad libitum, Motetten, Marienlitaneien mit Generalbaß, Lieder Salomons und andere sakrale Gesänge, zum Teil mit Generalbaß, verfaßt. Er wendete einen zwischen Altem und Neuem liegenden Stil an, der in seiner Zeit in Rom in den Kirchen üblich war.

LITERATUR
R. Casimiri, »Disciplina Musicae«, in: Note d'Archivio XIX, 1942.

Andreas Rauch (1592–1656)

ZEIT UND UMWELT
Die Staatsräson wurde auch in habsburgischen Ländern nicht selten über den Glaubenseifer gestellt. Daher war auf ungarischem Gebiet, wo alle wirtschaftlichen und militärischen Kräfte im Kampf gegen die Türken benötigt wurden, die Religionsausübung der Protestanten nie sehr behindert worden.

LEBEN
Andreas Rauch wurde 1592 in Pottendorf, Niederösterreich, geboren. Er wirkte von 1621 bis 1625 als Organist an der evangelischen Kirche in Hernals (heute Wiener Bezirk) und 1627 in Inzersdorf (heute Teil von Wien). Nach der Übergabe dieser Kirchen an das katholische Bistum übersiedelte er nach Sopron (Ödenburg), wo er 1656 starb.

WERKE
Der österreichische Komponist Andreas Rauch brachte 9 Sammlungen geistlicher und weltlicher Gesänge heraus, darunter »Missa, Vespera et alii sacri concentus concertati«, »Currus triumphalis musici« und »Newes Thymiaterium oder Rauchfäßlein« (Messe, Vespern und andere geistliche Konzerte – Musikalischer Triumphzug – Räucherfaß). Die Kompositionen sind zum Teil mit Instrumentalbegleitung gesetzt und stellen frühe Beispiele barocker Kantorenmusik dar.

Johann Georg Rauch (1658–1710)

ZEIT UND UMWELT
Das Münster in Straßburg kann auf eine vorzügliche, ununterbrochene Musikpflege zurückblicken. Es waren stets alle Stellen der Kapelle gut besetzt, besonders die der Organisten und Kapellmeister.

LEBEN
Johann Georg Rauch wurde in Soultz, Haut-Rhin, am 6. 11. 1658 getauft. Er war ab 1687 Organist am Münster in Straßburg, wo er am 21. 7. 1710 starb. Von 1698 bis 1703 wirkte er auch als Kapellmeister des Münsters.

Werke

Vom französischen Komponisten Johann Georg Rauch sind »Novae sirenes sacrae harmoniae« für zwei bis acht Stimmen (Neue sakrale Klänge), »Harmonicus missarum concentus« (Sammlung von Messen) und »Cithara Orphei duodecim Sonatorum« (12 Sonaten) erhalten. Sein Stil ist dem von Jean-Baptiste Lully angenähert.

Literatur

A. Goelinger, Die Musikpflege am Straßburger Münster, Straßburg 1920.

Michail Rauchwerger (geboren 1901)

Leben

Michail Rafailowitsch Rauchwerger wurde am 22.11.1901 in Odessa geboren. Er war am Konservatorium in Moskau Schüler von Feliks Blumenfeld. Von 1930 bis 1941 wirkte er an derselben Lehranstalt als Klavierlehrer. Dann widmete er sich ausschließlich seinem kompositorischen Schaffen.

Werke

Die Kompositionen von Michail Rauchwerger basieren nahezu alle auf der Folklore der Kirgisen. Er schrieb 2 Opern, ein Opernballett, 3 Ballette, eine Sinfonie, eine sinfonische Suite, ein Cellokonzert, 3 Streichquartette, Klavierstücke, über 400 Chöre und Lieder, Bühnen- und Filmmusik.

Félix Rault (1736 bis nach 1800)

Zeit und Umwelt

Solange die Klarinette nicht bei allen Orchestern eingeführt war, stellte die Flöte neben der Violine das wichtigste Melodieinstrument dar. Besonders beliebt waren der warme Ton der Querflöte und ihre durch ein großes Klappenwerk ermöglichte Beweglichkeit und Ansprechbarkeit. Auch die Veränderlichkeit der Tonfarbe je nach der Tonhöhe wurde immer mehr geschätzt, weil man den verschiedenen Farbmischungen des Ensembleklanges zunehmende Aufmerksamkeit schenkte.

Leben

Félix Rault wurde 1736 in Bordeaux geboren. Er kam 1753 nach Paris, war als Flötist Mitglied des Opernorchesters und 1768 des Königlichen Orchesters. Wo und wie er die Revolutionsjahre überdauerte, ist nicht bekannt. Jedenfalls publizierte er 1797 in Offenbach eine Komposition; muß aber nach Paris zurückgekehrt sein, weil er dort nach 1800 gestorben ist.

Werke

Der Flötist Félix Rault brachte zahlreiche Werke für sein Instrument heraus: Sonaten, Arien, Duos und Trios, die vor allem durch ihr Figurenwerk seine Virtuosität beweisen. Musikalisch wertvoller waren seine 2 Konzerte für Flöte und Orchester, bei denen allerdings dem Orchester die Rolle einer Hintergrundmusik zugewiesen wurde.

Christoph Raupach (1686–1744)

Zeit und Umwelt

Die mittelalterliche ehemalige Hansestadt Stralsund am Strelasund mit ihren vielen Toren, Türmen und Kirchen war von 1648 bis 1807 schwedisch. Ihre Organisten und Kantoren kamen jedoch aus Norddeutschland und waren zumeist in Lübeck oder Hamburg ausgebildet worden.

Leben

Christoph Raupach wurde am 5. 7. 1686 in Tondern (Tønder) geboren. Er war Schüler von Georg Bronner (1666–1724) in Hamburg und erhielt 1703 die Organistenstelle an der Nikolaikirche in Stralsund, wo er 1744 starb.

Werke

Johann Mattheson rühmt in seiner »Grundlage einer Ehren-Pforte« Oratorien, Kantaten und Cembalosuiten von Christoph Raupach. Erhalten ist davon nichts.

Hermann Raupach (1728–78)

Zeit und Umwelt

Der Zustrom von Musikern aus Mittel-, West- und Südeuropa nach Rußland wurde im 18. Jahrhundert immer dichter. Ein aufgeschlossenes Publikum und gute Verdienstmöglichkeit wirkten verlockend.

Leben

Hermann Friedrich Raupach wurde am 21. 12. 1728 in Stralsund als Sohn von Christoph Raupach geboren. Er wurde 1758 Kapellmeister der Hofoper in St. Petersburg. Im Jahr 1762 hielt er sich in Hamburg und 1766 in Paris auf, kehrte aber 1768 wieder nach St. Petersburg zu seiner Stelle zurück. Er starb in St. Petersburg im Dezember 1778.

Werke

Von Hermann Raupach sind 2 Opern, 15 Ballettmusiken als Operneinlagen und Sonaten für Klavier und Violine erhalten.

Literatur

R.-A. Mooser, Annales de la musique en Russie au XVIIIe siècle, Genf 1948–51.

Einojuhani Rautavaara (geboren 1928)

Leben

Einojuhani Rautavaara wurde am 9.10.1928 in Helsinki geboren. Er studierte in seiner Geburtsstadt an der Universität und der Sibelius-Akademie, sodann in Wien und darauf in den USA bei Vincent Persichetti, Aaron Copland und Roger Sessions, in der Schweiz bei Wladimir Vogel und in Köln bei Rudolf Petzold (geboren 17.7.1908, Liverpool). Seitdem lebt er als freischaffender Komponist in Helsinki.

Werke

Der Kompositionsstil von Einojuhani Rautavaara ist in seinen Grundzügen expressionistisch, weist aber viele impressionistische Passagen auf. Er schrieb 2 Opern, 2 Ballette, 4 Sinfonien, eine sinfonische Suite und weitere 3 Orchesterstücke, ein Konzert für Vögel und Orchester, »Gesang I und II« für Streichorchester, eine »Soldatenmesse« für Janitscharen-Orchester, ein Cellokonzert, ein Bläseroktett, 3 Streichquartette, ein Quartett für Oboe und Streichtrio, ein »Requiem in unserer Zeit« für Blechbläser und Schlagzeug, Klavierstücke, ein Praeludium für gemischten Chor und Schlagzeug, ein Stück für Sprechchor, mehrere Gesangszyklen und eine Kantate für gemischten Chor, Ensemble, Solisten und Tonband.

Venanzio Rauzzini (1746–1810)

Zeit und Umwelt

Bezeichnend für das Ende des Kastratenunwesens war die Tatsache, daß die letzten Vertreter dieser Klasse als Gesanglehrer nicht etwa andere Kastraten unterrichteten, sondern Sängerinnen ausbildeten, die später ihre Rollen übernahmen. Da auch in der Kunst die Nachfrage eine gewisse steuernde Rolle ausübt, gab es kaum mehr Kastraten auf den Bühnen. Sie hielten sich nur in bestimmten Kirchenkapellen noch bis in das 19. Jahrhundert hinein.

Venanzio Rauzzini, Stich von J. Landseer, 1801

LEBEN

Venanzio Rauzzini wurde am 18. 12. 1746 in Camerino getauft. Er trat 1765 im Teatro della Valle in Rom als Kastratensopran auf, wurde 2 Jahre darauf an den Hof in München verpflichtet, sang in Venedig, Wien, Padua und Mailand und ließ sich 1774 in London nieder. Dort trat er in eigenen Opern auf, übernahm 1781 die Leitung der Konzerte in der New Assembly in Bath, wo er bis zu seinem Tod am 8. 4. 1810 als Gesanglehrer wirkte und eine Reihe berühmter Sängerinnen ausbildete.

Sein Bruder Matteo Rauzzini (1754, Camerino, bis 1791, Dublin) trat 1772 in München auf, sodann in London und ließ sich schließlich als Gesanglehrer in Dublin nieder.

WERKE

Von Venanzio Rauzzini sind neben einigen Opern ein Requiem, eine Sinfonie, Kantaten, Arien und Kanzonen, Streichquartette, Klavier- und Violinsonaten und 12 Solfeggien erhalten.

Matteo Rauzzini schrieb 3 Opern.

Sebastián Raval (um 1550 bis nach 1601)

ZEIT UND UMWELT

Den ursprünglich mit karitativem Ziel gegründeten Johanniterorden wandelte Raimond de Puy (1118–60) in einen Ritterorden um. Mit dem Verlust sämtlicher Eroberungen der Kreuzzüge schwand auch die Bedeutung aller Ritterorden. Das Vordringen der Türken im 15. und 16. Jahrhundert gab diesem Rittertum einen neuen Sinn. Es trat zwar kaum mehr als geschlossene Formation in Erscheinung, aber die einzelnen Ritter beteiligten sich im Rahmen der kämpfenden Heere am Einsatz.

LEBEN

Sebastián Raval wurde um 1550 als Sohn spanischer Eltern vermutlich in Neapel geboren. Seine Familie dürfte dem spanischen Adel angehört haben. Er wurde Mitglied des Johanniterordens und nahm wahrscheinlich an der Seeschlacht bei Lepanto (1573) teil. Er wandte sich verhältnismäßig spät der Musik zu und wirkte als Kapellmeister in Neapel, Urbino und (um 1600) in Palermo, wo er nach 1601 starb.

WERKE

Der Johanniter Sebastián Raval war bei den Zeitgenossen wegen seiner kontrapunktischen Improvisationskunst berühmt. Er ließ sich mehrmals in Wettkämpfe, wie sie im folgenden Jahrhundert immer häufiger geübt wurden, mit bekannten Komponisten ein, darunter mit Giovanni Maria Nanino, Francesco Suriano, Achille Falcone und anderen, und schnitt dabei stets sehr gut ab. Von seinen Kompositionen sind mehrere Bücher mit mehrstimmigen Motetten, Madrigalen und Canzonetten erhalten. Seine kompositorische Fähigkeit zeigte sich vor allem in den 1594 in Rom erschienenen fünfstimmigen »Lamentationes Hieremie Prophete«. Sein Stil entspricht dem neapolitanischen seiner Zeit.

Maurice Ravel (1875–1937)

LEBEN

Joseph Maurice Ravel wurde am 7.3.1875 in Ciboure bei St-Jean-de-Luz, Basses-Pyrénées, geboren. Er begann bereits mit 6 Jahren Klavier zu spielen. Ab 1889 war er am Conservatoire in Paris Klavierschüler von Charles Wilfrid de Bériot, Harmonieschüler von Émil Louis Fortuné Pessard (1843–1917), Kontrapunktschüler von André Gédalge und Kompositionsschüler von Gabriel Fauré. Er bewarb sich viermal um den Rompreis, seine inzwischen entstandenen unorthodoxen Kompositionen fanden jedoch bei den Akademiemitgliedern keinen Gefallen. Kritiker und Publikum gewann er erst 1908 mit seiner »Rapsodie espagnole«. Ab da besteht sein Lebenslauf fast nur aus Aufführungs- und Erscheinungsdaten seiner Werke. Er lebte zurückgezogen seinen Werken. Als Pianist trat er nur als Interpret eigener Kompositionen hervor, als Dirigent seiner Musik reiste er nach Amsterdam, Venedig, Schweden, England, Schottland und Amerika. Er wurde im

Ausland sogar früher berühmt als in Frankreich, aber bald fiel die Führungsrolle der Komponisten Frankreichs in seiner Epoche, vorerst neben Claude Debussy, dann nach dessen Tod unbestritten ihm allein zu. Er starb am 28.12.1937 in Paris als neben Claude Debussy bedeutendster und beliebtester französischer Komponist des 20. Jahrhunderts. Er hat großen Einfluß auf die französische Musik und die Musik der Moderne insgesamt genommen.

WERKE

»Mit Claude Debussy verkörpert Maurice Ravel an der Schwelle des 20. Jahrhunderts eine zugleich erlesene und ergreifende Seite unserer Sensibilität. Doch so erlesen er war, er verfiel niemals in Affektiertheit oder Preziosität und, um uns zu ergreifen, fand er bis zum letzten Tag den natürlichen Ausdruck«, schrieb ein Pariser Blatt nach dem Tod des Komponisten und polemisierte gegen die Ansicht, daß er ein Epigone von Claude Debussy gewesen sei. Er wies darauf hin, daß zwischen ihnen beiden zwar Ähnlichkeiten der Harmonik und Färbung bestanden, aber sonst grundsätzliche Abweichungen voneinander vorlagen. Bei Debussy war die Form vom rhythmischen, harmonischen und melodischen Material abgeleitet; er wollte »die Ordnung in der Freiheit suchen«. Ravel übernahm vorgeprägte Formen wie Menuett, Pavane, Habanera, Bolero und ebenso Blues und Foxtrott und ahmte sie nach, kopierte sie jedoch nicht, sondern entdeckte an ihnen neue Eigenarten und bereicherte sie durch seine eigenen vielfältigen Einfälle. In einem jedoch war er ein echter »Epigone«. Wie durch das Auftreten von Debussy verlagerte sich durch die Konzerte von Ravel das Schwergewicht des musikalischen Geschehens eindeutig von der Oper in den Konzertsaal. Die Komponisten mußten nicht mehr unbedingt Opern verfassen, um auch im Konzertleben Beachtung zu finden. Diese Befreiung der Sinfonik, die mit ihrem impressionistischen Gepräge dem Einfluß Richard Wagners Gleichwertiges entgegenzuhalten imstand war, rief eine Reihe von Talenten auf den Plan, die das künstlerische Gedankengut von Debussy aufnahmen, nach eigener

Maurice Ravel

Individualität verwerteten und weiterbildeten. Einer der ersten, die sich vom damaligen Impressionismus lösten, war unbestreitbar Maurice Ravel, der seinen Kollegen um mindestens 20 Jahre voraus war. Man hat ihn einen »Geometer der Töne« genannt und ihm kühle Berechnung ohne künstlerische Notwendigkeit vorgeworfen. Solche verständnislosen Urteile waren keineswegs Einzelfälle; wie die Behauptung, er mische die Farben der Instrumente mit raffiniertem Vorbedacht ohne emotionale Intuition. Es ist richtig, daß der Komponist über Impressionismus und Expressionismus hinweg sehr bald zu klassizistischer Allgemeingültigkeit gelangte, die aber weder konstruiert noch gekünstelt, sondern durch Verallgemeinerung der persönlichen Aussage geprägt war. Er stand hinter seinem Werk, aber jederzeit sichtbar und spürbar. Besonders entwickelt war bei ihm seine Instrumentationskunst. Sein Orchesterklang entstand nicht durch Verschmelzung einzelner Instrumente, sondern aus der Schichtung von Mischklängen. Er instrumentierte eigene und fremde Klavierstücke vollendet. Zu seinen Meisterleistungen zählt die Instrumentation von »Bilder einer Ausstellung« von Modest Mussorgski. Trotz seiner Vorliebe für differenzierte Klangfarben schrieb er wenig Orchesterstücke, und auch von diesen besteht ein Teil nur aus instrumentierten Klavierkompositionen. »Rapsodie espagnole« ist original für Orchester verfaßt, während »Ma mère l'oye« ursprünglich ein Klavierstück war. Das choreographische Poem »La valse« war als Ballett geplant, »Boléro« ist Ballettmusik wie »Daphnis und Chloé« und zugleich das umfangreichste Orchesterstück des Komponisten, der die kleine Form sonst stets vorzog. »Le Tombeau de Couperin« war ursprünglich ein Tanzstück für Klavier; auch »Valses nobles et sentimentales« wurde ursprünglich für Klavier geschrieben. Von der Kammermusik werden das Streichquartett, das Klaviertrio und die Violinsonate oft gespielt. Die Klaviermusik war und ist immer noch eine Herausforderung für viele Pianisten, weil sie – technisch und musikalisch sehr problemreich – immer ein begeistertes Publikum findet. »Wasserspiele«, »Spiegelungen« und die »Sonatine« sind wegen ihrer faszinierenden Farbigkeit am beliebtesten. An der Spitze der Vokalmusik stehen »Shéhérazade« und »Zwei hebräische Melodien« für Singstimme und Orchester; aber seine anderen zahlreichen Lieder und Chöre figurieren immer wieder auf Konzertprogrammen. Von seinen 2 Klavierkonzerten ist eines für die linke Hand geschrieben. Für die Bühne verfaßte Ravel außer den genannten Balletten »Adelaide oder die Sprache der Blumen«, die Kantaten »Myrrha«, »Alcyone«, »Alyssa«, sodann »Die spanische Stunde« und »Das Kind und der Zauberer«. Er schrieb auch mehrere theoretische Werke.

»Rapsodie espagnole« (Spanische Rhapsodie) für großes Orchester, 4 Sätze, entstanden 1907

Bei der Uraufführung 1908 in Paris war der Komponist bereits so sehr bekannt, daß die Aufnahme beim Publikum »normal« war: Begeisterung auf der »Gallerie« und hochmütige kühle Skepsis »unten«, wo man mit Indignation den Zuruf von Florent Schmitt quittierte: »Spielt es noch einmal für die da unten, die es nicht verstanden haben!« Der 1. Satz »Prolog zur Nacht« ist ein spanisches Nachtstück: Nächtliche Stille, Sehnsucht, Wolken, Sternenlicht, ein leichter Wind, der Duft der Nachtblumen sind in Klänge sublimiert – aber auf keinen Fall dargestellt –, die über dem Umweg des Gefühls diese Vorstellungen erzeugen. Die »Malagueña« des 2. Satzes ist ein andalusischer Tanz. Die »Habanera« des 3. Satzes ist ein orchestriertes Stück des Komponisten für vier Hände. Der 4. Satz bringt ein buntfarbiges Karnevalstreiben, bei dem das Orchester alle Klangmischungen und Tonballungen ertönen läßt, die möglich sind.

»Ma mère l'oye« (Meine Gänsemutter) für mittelgroßes Orchester, 7 Sätze, entstanden 1912

Das Ballett wurde 1908 in Form von 5 Kinderstücken nach den der Märchensammlung von Charles Perrault (1628–1703) entnommenen Geschichten als Suite für Klavier verfaßt, dann orchestriert und erweitert. Der 1. Satz bringt die Einleitung, der 2. Satz den »Tanz des Spinnrads«, der 3. Satz die Pavane »Dornröschen«, der 4. Satz das »Gespräch der Schönen mit dem Ungeheuer«, der 5. Satz den »Kleinen Däumling«, der 6. Satz »Laideronette, die Kaiserin der Pagoden« und der 7. Satz den »Zaubergarten«.

Daphnis und Chloé, Ballett, 3 Teile, entstanden 1912

Das Ballett handelt von der Liebe des Schäferpaars Daphnis und Chloé, die von Piraten entführt wird. Gott Pan rettet sie, und zu seinen Ehren tanzt das Paar eine Pantomime von der Nymphe Syrinx, die in ein Schilfrohr verwandelt wird, um der Nachstellung des Gottes zu entgehen; Pan schnitt sich aus dem Rohr eine Hirtenflöte, um seine Enttäuschung in der Musik zu überwinden.

La valse, Choreographisches Poem für großes Orchester, ein Satz, entstanden 1920

Das Stück war als eine Art Apotheose des Wiener Walzers geplant, wurde aber unter dem Eindruck, den Wien nach dem Ersten Weltkrieg bot, zur traurigen Reminiszenz an schönere Zeiten. Es gehört zu den am meisten gespielten Werken des Komponisten.

Boléro für großes Orchester, ein Satz, entstanden 1928

»Es ist ein Tanz in sehr gemäßigter Bewegung und stets gleichförmig sowohl in der Melodie und der Harmonie wie in seinem Rhythmus, den die Trommel unaufhörlich markiert. Das einzige Element der Abwechslung bringt hier das orchestrale Crescendo«, schrieb der Komponist. Der große Reiz und psychologische Effekt liegt, abgesehen vom unaufhörlichen Ostinato, im Hinzutreten der einzelnen Instrumente und deren Kombinationen sowie in der ständig sich steigernden Ver-

»Jeux d'eau« von Maurice Ravel, Autograph 1901

stärkung der Rhythmusgruppe. Es ist für Dirigenten sehr schwierig, das betont langsame Grundzeitmaß durchzuhalten, aber: »Wenn man das Stück schnell spielt, so scheint es lang, wenn man es aber langsam spielt, scheint es kurz« (Furtwängler).

Klavierkonzert in G-Dur, 3 Sätze, entstanden 1931

Es »ist ein Konzert im strengsten Sinn des Worts und im Geist der Konzerte von Mozart und Saint-Saëns geschrieben«, erklärte der Komponist. Im 1. Satz wird nach einer knappen Disposition und einer gedrängten Durchführung ein breites melodisches Seitenthema herangeführt, das Jazzelemente aufweist. Im 2., langsamen Satz trägt das Soloinstrument eine ausgedehnte Kantilene vor, die nach dem Bekenntnis des Komponisten »Takt für Takt unter Zuhilfenahme des Klarinettenquintetts von Mozart entstanden ist«. Das Finale ist knapp, brillant und von jazzartigen Akzenten unterbrochen.

Klavierkonzert in D-Dur für die linke Hand, ein Satz, entstanden 1931

Das Werk ist für den einarmigen Pianisten Paul Wittgenstein geschrieben. »Das Konzert für die linke Hand ist von ziemlich abweichendem Charakter; es hat nur einen Satz mit vielen Jazzeffekten, und seine Schreibweise ist etwas komplizierter«, erklärte der Komponist. Trotz der Einsätzigkeit wird die Einteilung in drei große Abschnitte deutlich. Die hochgetriebene Leidenschaftlichkeit des Konzerts läßt keine Besinnlichkeit zu. Im Mittelteil kommt es zu intensiven Jazzepisoden verschiedener Instrumentengruppen. Eine große lyrische Kadenz leitet zum in scharfen Rhythmen gehaltenen Schluß.

Tzigane, Konzertrhapsodie für Violine und Orchester, ein Satz, entstanden 1924

In diesem Stück hat der Komponist wesentliche Elemente der Zigeunermusik erfaßt und eine mit technischen Schwierigkeiten überhäufte Form gebracht, vermutlich um das bedeutende violinistische Können vieler Zigeuner zu kennzeichnen. Es gehört zu den schwierigsten Stücken der Violinliteratur überhaupt.

Streichquartett in F-Dur, 4 Sätze, entstanden 1903

Der Stil dieses Werks ist eindeutig impressionistisch. Das Thema des 1. Satzes ist äußerst filigran und pentaphon und wird von Terzenketten begleitet. Interessante Seitenmotive werden herangeführt; zu einer eigentlichen Durchführung kommt es nicht; alles bleibt verwischt und konturenlos. Das Scherzo des 2. Satzes ist mit Pizzicati ausgestattet. Spanische Wendungen klingen auf. Das rhapsodische Trio ist langsam und verträumt. Der 3. Satz – sehr langsam – wechselt dauernd Tonalität und Rhythmus, er schwebt wie unwirklich zwischen nicht erkennbaren Schwerpunkten. Der 4. Satz ist ein Rondo in Sonatenform mit wechselnden Rhythmen. Eine Stretta schließt ihn elegant ab.

Trio für Klavier, Violine und Cello in a-Moll, 4 Sätze, entstanden 1914

Dieses Stück bringt echte absolute Musik, die nicht erklärt werden kann. Seine Harmonik ist außertonal, die Rhythmik apart, die Instrumentation willkürlich wechselnd und das Melos überaus feinsinnig. Es ist schwer zu entscheiden, ob es sich um Impressionismus oder Neuklassizismus handelt, diese Musik scheint entmaterialisiert zu sein. Der Schluß erhebt sich mit ungeheurer instrumentaler Eskalation zu ekstatischem Ausbruch.

Sonate für Violine und Klavier, 3 Sätze, entstanden 1927

Der 1. Satz fällt durch seinen verhaltenen Gefühlsausbruch und seine kühle Distanzierung auf, als handle es sich um ein Werk des 18. Jahrhunderts. Der 2. Satz bringt einen melancholischen Blues. Im 3. Satz rast ein Perpetuum mobile vorbei, gleichsam um die Kühle und Trauer der vorangehenden Sätze vergessen zu lassen.

Shéhérazade, drei Gedichte von Tristan Klingsor für Singstimme und Orchester, 3 Teile, entstanden 1903

Der Komponist wählte aus den mit subtiler Sensibilität und feiner Sprachkunst ausgestatteten lyrischen Gedichten, die der Autor unter dem Titel »Shérézade« veröffentlicht hatte, drei zur kongenialen Vertonung aus, und zwar als Nr. 1 »Asie«, einen Hymnus auf die vielfältigen Schönheiten Asiens, als Nr. 2 »Die bezaubernde Flöte«, die Schilderung der unerfüllten Sehnsucht einer jungen Sklavin, die mit Entzücken und Wehmut dem von fern erklingenden Flötenspiel ihres Geliebten lauscht, während ihr Herr schläft, und als Nr. 3 »Der Unbekümmerte«, die Enttäuschung über einen achtlos vorbeigehenden Fremden, der jede freundliche Einladung überhört und nicht einmal zu erkennen gibt, ob er Frau oder Mann ist.

LITERATUR

P. Petit, Ravel, Paris 1970. W. Tappolet, Maurice Ravel, Leben und Werk, Olten 1950. G. Léon, Maurice Ravel, Paris 1964. H.H. Stuckenschmidt, Maurice Ravel, Frankfurt/M. 1966. R. Nichols, Maurice Ravel, London 1977.

John Ravenscroft (um 1650 bis um 1708)

Leben

John Ravenscroft wurde um 1650 vermutlich in London geboren. Er behauptete, Schüler vom Arcangelo Corelli gewesen zu sein, es ist aber unsicher, ob es sich dabei nicht nur um eine Stilnachfolge handelte. Jedenfalls hat er sich einige Zeit in Rom aufgehalten. Welche Stellung er bekleidete, ist nicht feststellbar. Er starb in London um das Jahr 1708.
Ein zweiter John Ravenscroft (um 1670, vermutlich London, bis um 1745, London) war Mitglied des Orchesters des Goodmans Fields Theatre. Es ist nicht bekannt, ob die beiden Namensvettern in verwandtschaftlicher Beziehung zueinander standen.

Werke

Der englische Violinist und Komponist John Ravenscroft brachte in Rom 12 Triosonaten heraus. Posthum erschienen von ihm 6 Kammersonaten. Sein Stil ist dem von Corelli so ähnlich, daß einzelne seiner Werke unter dem Namen des Römers herausgegeben werden konnten.
Der zweitgenannte John Ravenscroft schrieb Hornpipes und Lieder.

Literatur

W. S. Newman, Ravenscroft et Corelli, in: Music and Letters 38, 1957. W. S. Newman, The Sonata in the Baroque Era, Chapel Hill 1958, revidiert New York, London 1972.

Thomas Ravenscroft
(um 1592 bis um 1633)

Zeit und Umwelt

Der englische Musikverleger Thomas Harper (um 1590 bis nach 1653) druckte 1621 »The Whole Booke of Psalmes« (Das gesamte Psalmenbuch), in dem 100 »Evangelische Hymnen und geistliche Gesänge, die in England, Schottland, Wales, Deutschland, Italien, Frankreich und den Niederlanden gewöhnlich gesungen werden und wurden«, gesammelt sind. Damit wurde eine Grundlage für die Weiterentwicklung des englischen Kirchengesanges geschaffen, die allerdings wegen der politischen und gesellschaftlichen Zustände erst sehr spät eine Wirkung erlangte.

Leben

Thomas Ravenscroft wurde um 1592 vermutlich in London geboren. Er studierte in Cambridge, wirkte von 1618 bis 1622 als Chorist an St. Paul's und später als Musiklehrer am Christ's Hospital in London, wo er um 1633 starb.

Werke

Der englische Komponist und Sänger Thomas Ravenscroft hat sich durch die Sammlung »The Whole Books of Psalmes«, die Thomas Harper herausbrachte, große Verdienste um die englische Kirchenmusik erworben. Zu den 100 von ihm harmonisierten Stücken, die unter dem Titel »Ravenscroft's Psalter« bekannt wurden, befinden sich 48 vom Herausgeber selbst. Seine Melodiensammlungen »Pammelia«, »Deuteromelia« und »Melismata« brachten Songs und Tänze verschiedenster Art, zum Teil von ihm selbst verfaßt oder zumindest bearbeitet. Die Stücke sind teils für Stimmen, teils für Instrumente (Violen, Virginal) gesetzt und fanden eine große Verbreitung.

Literatur

E. H. Meyer, English Chamber Music, London 1951. D. G. Mateer, A Critical Study and Transcription of »A Brief Discourse« by Thomas Ravenscroft, London 1970.

Jean Henri Ravina (1818–1906)

Zeit und Umwelt

Es war eine eigentümliche Erscheinung des 19. Jahrhunderts, daß bestens ausgebildete Musiker, hervorragende Pianisten, die mit einer Reihe von Preisen in den verschiedensten Fächern das Conservatoire verließen, sich auf die Komposition von trivialer Salonmusik verlegten und daneben Proben ihrer vorzüglichen kompositorischen Leistungsfähigkeit ablegten. Solche Pianisten spielten in ihren eigenen Konzerten seriöse Klaviermusik und lehrten sie auch ihren Schülern. Der Grund für dieses Verhalten muß ein wirtschaftlicher gewesen sein, der sich in der einfachen Formel ausdrückt, daß diese Musiker auch ihren Lebensunterhalt bestreiten mußten, und das am leichtesten erreichten, indem sie dem Publikum das lieferten, wonach es verlangte.

Leben

Jean Henri Ravina wurde am 20.5.1818 in Bordeaux geboren und mit 13 Jahren am Conservatoire von Paris als Schüler aufgenommen, erhielt eine Reihe von ersten Preisen und gab 4 Jahre darauf bereits dort Klavierunterricht. Ab dem Jahr 1837 wirkte er in Paris als Klaviervirtuose und gesuchter Klavierlehrer, nur unterbrochen durch je eine Konzertreise nach Rußland und nach Spanien, bis zu seinem Tod am 30.9.1906.

Werke

Außer wenigen Sonaten, Fantasien und Etüden für Klavier sind von Jean Henri Ravina nur viele Salonstücke erhalten, die wegen ihrer vielseitigen Klangschattierungen außerordentlich beliebt waren, aber dennoch der Trivialmusik zuzuzählen sind. Die weiteren Kompositionen, die er angeblich verfaßt hat, sind offenbar verlorengegangen; gedruckt wurde nichts davon. Er veröffentlichte auch ein Arrangement der 9. Sinfonie von Ludwig van Beethoven für Klavier zu vier Händen.

Alan Rawsthorne (1905–71)

Leben

Alan Rawsthorne wurde am 2.5.1905 in Haslingden, Lancashire, geboren. Er erhielt seine Ausbildung in Manchester und Berlin. Von 1932 bis 1934 wirkte er als Musiklehrer in Dartington Hall, dann widmete er sich ausschließlich der Komposition und lebte ab 1953 in Great Sampford, Essex. Er starb am 24.7.1971 in Cambridge.

Werke

Neben einem Ballett schrieb Alan Rawsthorne 3 Sinfonien, 4 Ouvertüren, »Thema und Variationen«, »Sinfonische Studien«, ein Triptychon, 2 Klavierkonzerte, 2 Violinkonzerte, ein Cellokonzert, ein Oboenkonzert, ein Klarinettenkonzert, ein Konzert für Flöte, Horn und Streicher, ein Divertimento für Kammerorchester, ein Konzert und eine Rhapsodie für Streicher, ein Konzert für zwei Klaviere und Orchester, ein Konzert für zehn Instrumente, ein Quintett für Klavier und Holzbläser, 3 Streichquartette, ein Klaviertrio, ein Trio für Flöte, Oboe und Klavier, ein Klarinettenquartett, eine Suite für Flöte, Harfe und Bratsche, eine Cellosonate, eine Bratschensonate, eine Sonate für Violine und Klavier, Klavierstücke, mehrere Kantaten, Chöre und Liederzyklen. Sein Stil war konservativ.

William Rea (1827–1903)

Zeit und Umwelt

In der zweiten Hälfte des 19. Jahrhunderts entstanden in Großbritannien und in Irland eine große Zahl musikalischer Vereine jeder Art. Neben den offiziellen Orchestern und Chören bildeten sich überall Orchestervereine, Männerchöre, Frauenchöre, gemischte Chöre, Kammerensembles, Harmonievereine, Vereinigungen für Kirchenmusik und für alte Musik und spezielle Vereine zur Pflege des Werks eines bestimmten Komponisten. Sie bestanden zum größten Teil aus Dilettanten, wurden aber zumeist von einem geschulten Dirigenten geleitet, der auch ihre Ausbildung besorgte. Diese Vereinigungen traten bei Festivals in gegenseitige Konkurrenz und wurden zuweilen so leistungsfähig, daß sie Gastkonzerte im Ausland wagen durften. Da sie keine ideologischen Ziele verfolgten, außer daß sie bei Staatsfeierlichkeiten oft in Erscheinung traten, blieb ihre gesellschaftliche Rolle auf die Musik beschränkt.

Leben

William Rea wurde am 25.3.1827 in London geboren. Er war Orgel- und Klavierschüler des

Organisten, Pianisten und Komponisten zahlreicher sehr konventioneller Kirchenmusik Josuah Pittman (3.9.1816, London, bis 23.4. 1886, London) und, während er bereits als Organist wirkte, von William Sterndale Bennett. Im Jahr 1849 ging er nach Leipzig und studierte bei Ignaz Moscheles und Ernst Friedrich Richter, anschließend nach Prag, um bei Alexander Dreyschock Unterricht zu nehmen. Nach seiner Rückkehr nach London konzertierte er als Pianist und Organist und gründete 1856 den Polyhymnian Choir. Nachdem er 1860 als Organist nach Newcastle-on-Tyne berufen wurde, gründete er dort einen Chor und erhielt die Leitung des gesamten Konzertwesens der Stadt. Er starb am 8.3. 1903 in Newcastle.

WERKE
Von William Rea sind mehrere Lieder, 3 Orgelstücke und eine Anzahl Anthems überliefert. Er schrieb auch einige Oden zu festlichen Anlässen. Sein Hauptverdienst liegt in seiner Tätigkeit als Organisator der Laienmusikvereine, als Dirigent und Ausbilder von Laienvereinen und eifriger Förderer des gesamten englischen Musiklebens.

John Reading (um 1630–92)

ZEIT UND UMWELT
Das von Wilhelm I. dem Eroberer (um 1028 bis 1087) erbaute Schloß in Winchester wurde im Bürgerkrieg vernichtet; die Stadt hatte wegen ihrer Treue zum König viel zu leiden. Wenn es auch König Karl II. nicht gelang, eine neue Residenz zu bauen, die Tradition der Kathedrale und des College, die bestehen blieben, überdauerte alle Wechselfälle der Politik.

LEBEN
John Reading (Redding) wurde um 1630 vermutlich in Lincoln geboren. Er war ab 1667 Leiter des Knabenchores an der Kathedrale von Lincoln und von 1675 bis 1681 Organist an der Kathedrale von Winchester, wo er 1692 starb.

WERKE
Vom englischen Komponisten und Organisten John Reading sind lateinische Danksagungen, die im College von Winchester traditionell vor und nach den Mahlzeiten gesungen wurden, englische Lieder, Gesellschaftslieder und Catches erhalten. Seine übrigen Werke sind verlorengegangen.

John Reading (1677–1764)

ZEIT UND UMWELT
Instrumentalbegleitung und Generalbaß sind in der englischen Kirchenmusik ebenso selbstverständlich geworden wie anderswo. Trotzdem behielten die Kompositionen einen konservativen Charakter, weil Akkorde und Modulation nur zögernd kontinentalen Beispielen folgten. Die sakralen Texte waren noch immer das Hauptanliegen; die Musik hatte weiterhin die Aufgabe, das Wort zu bekräftigen und zu unterstreichen. In England konnte die Kirchenmusik nie zur Unterhaltung der Kirchenbesucher werden.

LEBEN
John Reading wurde 1677 in London geboren. Er war unter John Blow Chorknabe der Chapel Royal, von 1696 bis 1698 Organist am Dulwich College, darauf Sänger und ab 1703 Chorleiter an der Kathedrale in Lincoln. Von 1708 bis zu seinem Tod am 2. 9. 1764 wirkte er in London als Organist.

WERKE
Vom englischen Organisten und Komponisten John Reading sind ein Buch »Neue Gesänge auf italienische Art« mit Begleitung und Generalbaß und ein Buch »Neue Anthems« mit Generalbaß erhalten. Sie sind trotz der »italienischen Art« typisch englisch.

Samuel Reay (1822–1905)

ZEIT UND UMWELT
Im Gegensatz zu kontinentalen Musikländern – Österreich, Deutschland, Frankreich –

wurde in England weniger der Chorgesang als der mehrstimmige Sologesang gepflegt (Part-song). Es handelte sich um drei- bis sechsstimmige Lieder, bei denen den einzelnen Stimmen mehr Selbständigkeit belassen wurde als beim Chorsatz. Sie unterschieden sich daher grundsätzlich vom Chorlied, wenn auch die einzelnen Stimmen mehrfach besetzt wurden.

LEBEN
Samuel Reay wurde am 17.3.1822 in Hexham geboren und an der Kathedrale von Durham als Chorknabe ausgebildet. Seine weitere Ausbildung erhielt er in Birmingham vom Organisten und Dirigenten James Stimpson (29.2. 1820, Lincoln, bis 4.10.1886, Birmingham). Darauf betreute er eine Anzahl von Organistendiensten in England, bis er 1864 »Gesanglehrer und Organist« an der Pfarrkirche in Newark wurde und bis 1901 blieb. Er starb am 21.7.1905 in Newark.

WERKE
Von Samuel Reay sind ein Morgen- und Abendservice in F-Dur, einige Anthems und 2 Madrigale überliefert. Seinen Bekanntheitsgrad verdankt er aber seinen beliebten mehrstimmigen Liedern, die noch heute gesungen werden.

François Rebel (1701–75)

ZEIT UND UMWELT
Mit fortschreitendem 18. Jahrhundert rückte die Oper immer mehr in den Mittelpunkt des Musikgeschehens von Paris. Die Königlichen Kapellen, die »24 violons« für die Hofgesellschaft und das Concert spirituel für das breite Publikum beschäftigten sicherlich die Elite der Interpreten und Komponisten, jedoch auch diese strebten ein Betätigungsfeld bei der Oper an, weil es am meisten für die Zukunft versprach.

LEBEN
François de Rebel wurde am 19. 6. 1701 als Sohn von Jean-Ferry Rebel (1666–1747) in Paris geboren. Er war bereits mit 13 Jahren Mitglied des Pariser Opernorchesters und wurde 1727 Mitglied der »24 violons« und Königlicher Kammerkomponist. Von 1757 bis 1767 leitete er gemeinsam mit François Francœur die Oper. 1760 wurde er vom König geadelt. Er starb am 7. 11. 1775 in Paris.

WERKE
In Zusammenarbeit mit François Francœur verfaßte François Rebel 10 Opern. Er schrieb außerdem eine Reihe von Airs, die in einem Sammelwerk erschienen sind, ein Te Deum und ein De Profundis, die im Concert spirituel mit Erfolg gesungen wurden.

Jean-Ferry Rebel (1666–1747)

ZEIT UND UMWELT
Neben der Königlichen Kapelle und den Violinenensembles des Hofes nahm auch die Académie Royale de Musique bereitwillig fähige Violinisten auf. Im 18. Jahrhundert gab es in Paris keinen Mangel an guten Kräften, denn die starke Nachfrage und die vielseitige Verwendungsmöglichkeit der Violinisten wie der Cembalisten führte zu einem intensiven Unterrichtswesen für Instrumentalisten.

LEBEN
Jean-Ferry (Jean-Baptiste-Ferry) Rebel wurde am 18. 4. 1666 in Paris geboren. Er war Schüler seines Vaters und Jean-Baptiste Lullys. Nach seiner Ausbildung wurde er Violinist an der Académie Royale de Musique, sodann Cembalobegleiter und schließlich Orchesterleiter. Ab 1705 war er auch Mitglied der »24 Violons« des Hofes. Er starb in Paris am 2. 1. 1747.
Sein Vater Jean Rebel (um 1630, Paris, bis 1692, Paris) war Sänger an der Chapelle Royale und Instrumentalist der Ballets de la cour.
Seine Schwester Anne-Renée Rebel (1662, Paris, bis 1722, Versailles) war eine gefeierte Sängerin und die Frau des Komponisten Michel-Richard Delalande.

WERKE
Der französische Violinist und Komponist

Jean-Ferry Rebel verfaßte zahlreiche Stücke für Soloviolіne und Generalbaß, Sonaten für eine bis drei Violinen, instrumentale Sinfonien, einige Ballette, Chansons und Airs sérieux et à boire, 6 Karwochenlesungen (in Zusammenarbeit mit Delalande) und eine Oper.

LITERATUR

P. Aubry, Jean-Ferry Rebel, in: Revue musicale V, Paris 1905.

João Lourenço Rebelo (1610–61)

ZEIT UND UMWELT

Das Aufgebot von vielstimmigen Massenchören zu besonderen Festlichkeiten oder zu Ehren bestimmter Persönlichkeiten fand im 17. Jahrhundert auch in die Iberische Halbinsel Eingang. Mangelnde Tiefe wurde durch kolossale Breite ersetzt. Damit entsprach man dem Wunsch der Gegenreformation nach möglichst prächtiger Ausstattung.

LEBEN

João Lourenço Rebelo (João Soares Rebello) wurde 1610 in Caminha geboren. Er war Chorknabe der Kapelle der Herzoge von Bragança in Villa Viçosa und avancierte zum Kapellmeister. Als sein Jugendfreund Herzog João de Bragança König von Portugal wurde, nahm ihn dieser nach Lissabon mit und machte ihn zum Chormeister seines Hofes. Er starb in Lissabon am 16. 9. 1661.

WERKE

Das Werk des portugiesischen Komponisten João Lourenço Rebelo umfaßt 17 Bände und trägt den Titel »Psalmi tum vesperarum tum completarum, item Magnificat, Lamentationes et Miserere« (Psalmen sowohl für Vespern wie Kompletorien, ebenso Magnificat, Lamentationen und Miserere). Erhalten ist davon nur ein Teil. Auch seine Messen, darunter eine zu Ehren des königlichen Freundes für neununddreißig Stimmen, sind verloren. Sein Stil ist polyphon mit sehr feiner Kontrapunktik.

Napoléon Henri Reber (1807–80)

ZEIT UND UMWELT

Lärmende bombastische Instrumentierung, gehäufte melodische Effekte ohne hinreichenden Anlaß, exaltierte Stimmungsmalerei bildeten bei der französischen und italienischen Oper des 19. Jahrhunderts häufige Stilmittel. Wenn aber Komponisten versuchten, mit den relativ einfachen natürlichen Mitteln der alten französischen komischen Oper zu arbeiten, blieb der Beifall aus. Denn die Masse liebte die grellen Übertreibungen und die satten Farben und verlangte sogar ältere Werke derart auszustatten. Ein Kampf dagegen war aussichtslos.

LEBEN

Napoléon Henri Reber wurde am 21. 10. 1807 in Mulhouse (Mühlhausen), Elsaß, geboren. Er war am Conservatoire von Paris Schüler von Antonín Rejcha und Jean-François Lesueur und wurde selbst dort 1851 Professor für Harmonielehre und 1862 Kompositionslehrer. Im Jahr 1871 erhielt er die Ernennung zum Inspektor aller Zweigstellen des Conservatoires. Er starb am 24. 11. 1880 in Paris.

WERKE

Mit seinen 5 Opern, von denen nur 3 aufgeführt wurden, hatte Napoléon Henri Reber wenig Erfolg; seine Bemühung, die Faktur der älteren französischen komischen Oper wiederzuerwecken, war vergebens. Mehr Erfolg brachte sein Ballett »Der verliebte Teufel«. Seine 4 Sinfonien (d-Moll, C-Dur, es-Moll, G-Dur) wurden hingegen viel gespielt wie auch die Ouvertüren seiner Opern und die Suite für Orchester. Er schrieb außerdem eine sehr beliebte Kantate, »Roland«, 3 Streichquartette, ein Streichquintett, ein Klavierquartett, 7 Klaviertrios, Violinstücke, Klavierstücke, 33 Klavierlieder, Männerchöre, einige sakrale Vokalmusik und Vokalisen. Er verfaßte eine mehrmals aufgelegte Harmonielehre.

Paul Rebhuhn (um 1505–46)

Zeit und Umwelt
Der deutsche Dichter Martin Opitz von Boberfeld (1597–1639), Begründer der deutschen Dichtkunst und Stilistik (»Vater der deutschen Dichtung«), stützte sich bei seinen Bemühungen um eine deutsche Poetik auf eine Reihe humanistischer Literaten und Musiker, die vor ihm bestrebt waren, die antiken Versmaße wieder aufleben zu lassen.

Leben
Paul Rebhuhn (Rebhun, Rephun) wurde um 1505 in Waidhofen an der Ybbs, Niederösterreich, geboren. Er war Schulmeister und Pfarrer und verfaßte protestantische Schuldramen, in denen er antike Dramentechnik mit christlichen Stoffen verband, die er sodann vertonte. Er starb in Voigtsberg, Sachsen, im Jahre 1546.

Werke
Von den Dramen, die er zum Teil in Jamben verfaßte und komponierte, ist das Spiel »Ein Geystlich spiel von der Gottfürchtigen und keuschen Frawen Susannen« (Erstaufführung in Zwickau 1536) am bekanntesten. Die Komposition folgt homorhythmisch den Versen. Das zweite »Ein Hochzeitspil auff die Hochzeit zu Cana Galileae« (1538) ähnelt musikalisch der deutschen Odenkomposition. Die dichterischen und musikalischen Bemühungen regten den deutschen Dichter Opitz zu seinen Arbeiten über Poetik an. Von Rebhuhn sind außerdem Lieder und Chöre erhalten, die ursprünglich Bestandteile von Dramenkompositionen waren. Daß Rebhuhn einer der Vorläufer der deutschen Opernkomposition war, ist augenscheinlich.

Wladimir Rebikow (1866–1920)

Leben
Wladimir Iwanowitsch Rebikow wurde am 19.5.1866 in Krasnojarsk, Sibirien, geboren. Er war in Moskau Theorieschüler von Nikolai Semjonowitsch Klenowski (1857, Odessa, bis 6.7.1915, Petrograd). Nach kurzer Lehrtätigkeit in Berlin und Wien lebte er von 1901 bis 1919 als Komponist und Musiklehrer in Moskau. Er starb am 4.8.1920 in Jalta.

Werke
Die Kompositionen von Wladimir Rebikow folgten anfänglich dem Stil von Pjotr Tschaikowski, dann verwendete er die Ganztonleiter und schuf sich neue Formen. Er verfaßte 6 Opern, mehrere Pantomimen, 2 Suiten für Orchester, Kirchenmusik, darunter eine Liturgie des Johannes Chrisostomos, zahlreiche »Melomomiken« (kleine lyrische Szenen mit Musik und Mimik ohne Text) und »Musikpsychologien« (musikalisch dargestellte psychische Vorgänge und Tatbestände ohne Text). Er war einer der wenigen russischen Komponisten der Zeit, die eine Weiterentwicklung der Musik anstrebten.

Siegfried Reda (1916–68)

Leben
Siegfried Reda wurde am 27.7.1916 in Bochum geboren. Er studierte Kirchenmusik bei Ernst Pepping und Hugo Distler. Nach Organistentätigkeit in Bochum, Gelsenkirchen und Berlin wurde er Kirchenmusikdirektor in Mülheim an der Ruhr und Leiter des Instituts für evangelische Kirchenmusik sowie Professor in Essen. Er starb am 13.12.1968 in Mülheim.

Werke
Neben einem Triptychon über ein Kirchenlied, einem Praeludium, Fuge und Quadruplum, 3 Choralkonzerten, 3 Orgelkonzerten, einer Sonate, einer Choralfantasie, einer Toccata, zahlreichen Choralvorspielen und Meditationen für Orgel verfaßte Siegfried Reda ein Krippenspiel für drei Chorgruppen, Soli und Instrumente, ein Psalmbuch, ein Gradualliederbuch, 6 Evangelienmusiken, ein Requiem, Psalmvertonungen und verschiedene Kantaten für Soli, Chor, Instrumente und Orgel. Seine Werke zeichnen sich besonders durch ihre Klangfülle aus.

Orgelkonzert Nr. 1, 3 Teile, entstanden 1947
Der 1. Teil nähert sich in seiner Anlage einem Concerto grosso. Das Thema wird als erster Abschnitt verwendet, die folgenden zwei sind motivisch neu gestaltet. Der 2. Teil ist ein Pastorale im Sicilianorhythmus. Der 3. Teil ist eine Chaconne, die aus 20 Variationen über einen gleichbleibenden Baß besteht. Das Werk ist ein glänzendes Beispiel moderner Orgelkomposition in traditionellem Rahmen.

Martin Redel (geboren 1947)

LEBEN
Martin Christoph Redel wurde am 30.1.1947 in Detmold geboren. Er war an der Musikakademie in seiner Geburtsstadt Schüler von Rudolf Kelterborn, Giselher Klebe und Johannes Driessler. Von 1970 bis 1971 ergänzte er seine Ausbildung an der Musikhochschule bei Isang Yun. Darauf erhielt er eine Dozentur für Theorie und Gehörbildung an der Musikakademie in Detmold.

WERKE
Von Martin Redel sind ein Variationensatz für Orchester, »Strophen« für Orchester, 2 Kammersinfonien, Reliefs für Kammerensemble, »Dispersionen« für Kammerensemble, Musik für Klavier und verschiedene Schlaginstrumente, Quartett für Flöte, Oboe, Klarinette und Fagott, ein Streichquartett, Duo für Viola d'amore und Cembalo, Epilog für Baßbariton, Flöte und Gitarre, Symbolismen für Sopran und Kammerensemble, Metamorphosen für zwei Klaviere und Orgelstücke bekannt geworden.

John Redford (um 1485–1547)

ZEIT UND UMWELT
Unter der Regierung des im echten Sinn musikalischen Königs Heinrich VIII. wurde die Pflege der Chorschulen sehr intensiviert, nicht nur an der Königlichen Kapelle, sondern auch an den übrigen Kirchen wie St. George's, St. Paul's und anderen. Als Leiter dieser Schulen wurden tüchtige Musiker bestellt, die zumeist imstande waren, das Repertoire der Chöre mit eigenen Kompositionen zu bereichern.

LEBEN
John Redford, der englische Komponist, Organist und Dramatiker, ist um 1485 vermutlich in London geboren. Er wurde angeblich im Chor der St. Paul's Kathedrale ausgebildet, wo er später Chorleiter wurde. Im Jahre 1530 war er bereits Organist, Chordirigent und Meister der Knabenchorschule. Dabei wurde er von Richard Sampson stark angeregt. Er wurde auch für die Königliche Kapelle herangezogen. Er starb in London im Jahre 1547.

WERKE
John Redford machte sich bei seinen Zeitgenossen durch die Dichtung von dramatischen Stücken für die Knaben der Singschulen und deren Einstudierung einen großen Namen. Von seinen Kompositionen sind eine Reihe von Motetten, mehrere Orgelstücke und eine Anzahl von Phantasien über gregorianische Melodien erhalten, die alle stark der Vergangenheit verhaftet sind, aber doch einiges, wie teilweise Imitationen, von der franko-flämischen Schule übernommen haben.

LITERATUR
Fr. Ll. Harrison, Music in Medieval Britain, London 1958.

Richard Redhead (1820–1901)

ZEIT UND UMWELT
Musiker, die sich auf sakrale Musik allein beschränkten, waren im 19. Jahrhundert in England schon selten, weil sie sich neben ihrem Kirchendienst zumeist in irgendeiner Form profaner Vereinigungen annehmen mußten. Außerdem war die Komposition von Songs, Rounds und Catches bei englischen Kirchenmusikern geradezu traditionell.

LEBEN
Richard Redhead wurde am 1.3.1820 in Harrow geboren. Er war von 1829 bis 1836

Chorist am Magdalen College in Oxford, dann von 1839 bis 1864 Organist an All Saints' Church in London und darauf an St. Mary Magdalene in Paddington. Er starb am 27.4.1901 in Hallingley, Sussex.

WERKE

Von Richard Redhead ist ausschließlich Kirchenmusik bekannt geworden. Abgesehen von den äußerst praktischen Handbüchern für den Gottesdienst komponierte er selbst Anthems und andere sakrale Gesänge, Psalmen, Morgen- und Abendservices, Hymnen, Orgelstücke, die im Gottesdienst verwendet wurden; seine Festhymnen wie seine Handbücher werden heute noch verwendet.

Tommaso Redi (um 1675–1738)

ZEIT UND UMWELT

Der Aufschwung der italienischen Opernmusik hatte einen gewissen profanierenden Einfluß auf die Kirchenkomposition. Es kam zwar in Italien nie so weit wie in Frankreich, daß die Musik in der Kirche der Unterhaltung diente, es flossen aber genügend Wendungen aus Opernarien in die sakrale Musik ein.

LEBEN

Tommaso Redi wurde um 1675 in Siena geboren. Er war Organist am Dom von Provenzale und darauf in Siena. Von 1706 bis 1709 hielt er sich in Spanien auf, wurde darauf Kapellmeister am Dom von Siena und 1731 an Santa Casa von Loreto, wo er am 20. 6. 1738 starb.

WERKE

Der italienische Komponist Tommaso Redi verfaßte eine Anzahl Messen und andere Kirchenmusik. Die Werke wurden von den Zeitgenossen sehr geschätzt, obwohl sie zum Teil ziemlich seicht waren.

LITERATUR

G. Tibaldini, L'archivio musicale della Cappella Lauretana, Loreto 1921.

William Reeve (1757–1815)

ZEIT UND UMWELT

Pantomimen, Ballettpantomimen, Schauspiele mit Musik, Singspiele und Opern wurden in England um die Wende zum 19. Jahrhundert sehr oft von Theatermusikern oder Sängern verfaßt, und zwar in vielen Fällen in Zusammenarbeit mehrerer. Da diese Theaterleute das sichere Gefühl dafür hatten, was bei ihrem Publikum gut ankam, konnten die Erfolge nicht ausbleiben. Manchmal wurden bereits vorliegende Werke ausgebeutet, um ein zugkräftiges neues zurechtzuschneidern, manchmal Lieder und Tänze aus Schottland oder Irland herangezogen, immer jedoch wurde das Stück mit wenigstens einem neuen Song versehen, der oft das Ganze trug. Und dieser Song mußte von einem der Mitarbeiter geschaffen werden, so daß auch hier trotz des stark handwerklichen Anscheins eine gewisse kompositorische Fähigkeit nicht fehlen durfte.

LEBEN

William Reeve wurde 1757 vermutlich in London geboren. Er war zuerst Schreiber, erlernte sodann das Orgelspiel und wurde 1781 Organist in Totnes, Devonshire. Dann trat er auf mehreren Bühnen als Schauspieler auf und sang ab 1791 im Chor des Covent Garden Theatre mit. Nun versuchte er sich mit Kompositionen und hatte Erfolg. Im Jahr 1802 wurde er Teilhaber des Sadler Wells Theatre, wo er seine eigenen Kompositionen auf die Bühne brachte. Er starb am 22. 6. 1815 in London.

WERKE

Die zahlreichen musikalischen Bühnenstücke verfaßte William Reeve zu einem großen Teil gemeinsam mit John Braham (1777 bis 1856), Joseph Mazzinghi, John Moorehead oder John Davy, alles erfahrene Theatermänner, die dem Publikum bieten konnten, was es verlangte.

Licinio Refice (1883–1954)

Leben

Licinio Refice wurde am 12.2.1885 in Patrica bei Rom geboren. Er war am Liceo di Santa Cecilia in Rom Schüler von Ernesto Boezi (11.2.1856, Rom, bis 30.12.1946, Rom) und Stanislao Falchi und wirkte sodann von 1910 bis 1950 als Lehrer an der Scuola Pontifica Superiore di Musica Sacra (Päpstliche höhere Lehranstalt für Kirchenmusik) und zugleich als Dirigent an Santa Maria Maggiore in Rom. Er starb am 11.9.1954 in Rio de Janeiro.

Werke

Von Licinio Refice sind 2 Opern aufgeführt worden. Er schrieb außerdem 2 Oratorien, 2 Chorwerke, 3 Kantaten, mehrere Messen, von denen die sechsstimmige Missa Jubilei berühmt geworden ist, Requiem, Te Deum, Stabat mater, Psalmen und zahlreiche Motetten. Er war Anhänger des traditionellen römischen Stils, erreichte jedoch trotz strenger Fakturen erstaunliche Klangwirkungen.

Constantin Regamey (1907–82)

Leben

Constantin Regamey wurde am 28.1.1907 in Kiew geboren. Er lehrte an der Universität in Warschau zunächst Indologie, begann sodann als Musikkritiker zu arbeiten und in den vierziger Jahren, autodidaktisch ausgebildet, zu komponieren. Seit 1944 lebt er als Komponist in der Schweiz und unterrichtet an den Universitäten in Lausanne und Fribourg Slawistik und Orientalistik. Von 1969 bis 1973 war er Präsidiumsmitglied der IGNM. Er starb am 27.12. 1982 in Lausanne.

Werke

Neben einer Märchenoper schrieb Constantin Regamey Orchestervariationen, Musik für Streicher, ein »Konzert 4×5« für vier Quintette, »Autograph« für Kammerorchester, ein Quintett für Violine, Cello, Klarinette, Fagott und Klavier, ein Streichquartett, eine Sonatine für Flöte und Klavier, Orchesterlieder, Chöre mit Orchester und a cappella. Er war für die in Europa immer mehr um sich greifende Integration asiatischer Klangvorstellungen richtunggebend.

Max Reger (1873–1916)

Leben

Johann Baptist Joseph Max (Maximilian) Reger wurde am 19.3.1873 in Brand, Oberpfalz, geboren, wo sein Vater Joseph Reger (1847 bis 1905) Hauptlehrer war. Seine Mutter Philomena Reichenberger (1852–1911) stammte aus Grötschenreuth. Seine erste musikalische Ausbildung erhielt er von den Eltern und dem jungen Lehrer und Organisten Adalbert Lindner (1860–1946). Er selbst bereitete sich auf den Lehrerberuf vor, wirkte aber bereits in den Jahren 1886 bis 1889 als Organist an der katholischen Kirche in Weiden, ging sodann 1890 mit dem Entschluß, Musiker zu werden, nach Sondershausen zu Hugo Riemann und folgte diesem ein Jahr darauf nach Wiesbaden. Im Jahr 1901 übersiedelte er, nachdem er schon eine Reihe Orgel- und Kammermusikwerke veröffentlicht hatte, nach München, wo er sich als Pianist und Musiklehrer durchschlug. Er setzte sich nur schwer durch, weil er sich weder den »Neudeutschen« noch den »Klassikern« im Sinn von Johannes Brahms anschloß, und wurde viel angegriffen und angefeindet. Der Pianist und Akademielehrer August Schmid-Lindner (15.7.1870, Augsburg, bis 21.10.1959, Auerberg, Oberbayern) war einer der wenigen, die sich für ihn einsetzten, wie auch Philipp Wolfrum (17.12.1854, Schwarzenbach, Oberfranken, bis 8.5.1919, Samaden, Schweiz). Seine Orgelkompositionen wurden von seinem Freund Karl Straube (6.1.1873, Berlin, bis 27.4.1950, Leipzig), dem späteren Thomasorganisten, häufig gespielt, so daß zumindest dieser Sektor seines kompositorischen Schaffens Beachtung fand. Er wurde 1907 Universitäts-Musikdirektor und Kompositionslehrer am Konservatorium in Leipzig; 1911 wurde er zum Hofkapellmeister in Meiningen und 1913 zum Generalmusikdirektor ernannt. Seiner geschwächten

Gesundheit wegen trat er 1914 von seinem Posten zurück, wählte 1915 seinen Wohnsitz in Jena und starb in Leipzig am 11.5.1916. Er wurde in München beigesetzt.

WERKE

Max Reger war voller Schaffensdrang, als er starb; er wollte seine »Erste Sinfonie« schreiben, ein großes Oratorium, eine große Messe und ein Te Deum, und er wußte selbst, daß er dazu imstande gewesen wäre. Aber eines war ihm nicht bewußt: Ebenso wenig wie der von ihm verehrte Johann Sebastian Bach (1685–1750) seine eigene Bedeutung nie abzuschätzen in der Lage war, vermochte es Max Reger; er war vielmehr der Meinung, daß er noch viel zu leisten und zu schaffen habe, um der Prophezeiung seines Lehrers Riemann: »Wenn Sie wollen, können Sie ein zweiter Bach werden« einigermaßen nahe zu kommen. Die recht große Zahl seiner bedeutenden Schüler beweist das. Er entschloß sich verhältnismäßig spät zur sinfonischen Musiksprache, seine Sinfonietta stammt aus dem Jahr 1905. Dann folgten »Serenade für zwei Streichergruppen«, die »Hiller-Variationen«, der »Symphonische Prolog zu einer Tragödie«, die »Lustspielouvertüre«, das »Konzert im alten Stil«, die »Romantische Suite«, »Vier Tondichtungen nach Arnold Böcklin«, ein Violin- und ein Klavierkonzert sowie an Kammermusik eine Serie von Stücken für Violine solo, Bratsche solo und Cello solo, Duetten mit zwei Violinen, 7 Sonaten für Klavier und Violine, 4 für Klavier und Cello, 3 für Klavier und Klarinette, 2 Streichtrios, 2 Klaviertrios, 2 Trios für Flöte, Violine und Bratsche, 6 Streichquartetten, 3 Klavierquintetten, einem Klarinettenquintett und einem Streichsextett. Seine umfangreiche Klaviermusik wird stark vernachlässigt; davon müssen »Variationen und Fuge über ein Thema von Beethoven«, »Introduktion, Passacaglia und Fuge h-Moll« – beides für zwei Klaviere – hervorgehoben werden. Die Orgelwerke begründeten den Ruhm des Komponisten. Es liegen 35 Stücke vor, bei denen alle Farbenmixturen und Klanggegensätze der Instrumente ausgenützt sind. (»Seit Bach ist kaum etwas ähnlich Orgelgerechtes geschrieben worden.«) Seinen zahlreichen Chorwerken ist »Der 100. Psalm« voranzustellen. »Requiem« und »Der Einsiedler« werden seltener gesungen. Sein umfangreiches Liedschaffen ist zu Unrecht heute in den Hintergrund getreten. Der Stil aller dieser Werke unterscheidet sich grundsätzlich von allen zeitgenössischen und vergangenen Fakturen. Obwohl er die Tonalität nicht verläßt, wirkte er unbedingt »modern«. Seine dicht verflochtenen bis in das kleinste Detail ausgezierten melodischen Linien, die kühne Kontrapunktik, die überraschenden Modulationen und die oft originelle Harmonik machen seine Musik für das breite Publikum schwer zugänglich. In jedem Falle läßt sich feststellen, daß die künstlerische Ausstrahlung Max Regers auf das ganze 20. Jahrhundert ihre Auswirkung hatte.

Max Reger, Gemälde von L. Nauer

»Der 100. Psalm« für gemischten Chor, Orgel und Orchester, Opus 106, 4 Sätze, entstanden 1909

Mit einem mächtigen Unisono beginnt der 1. Satz »Maestoso«, ein lyrisches Seitenthema tritt hinzu; im Wechselspiel werden beide Themen zu einem gewaltigen Satzschluß geführt. Der 2., langsame Satz entwickelt sich aus Akkorden im Pianissimo zu harten erregenden Dissonanzen, die sodann wieder von weichen Klängen abgelöst werden. Der 3. Satz ist pastoral, nahezu kultisch-tänzerisch, der 4. Satz steigert die Komposition zu einem grandiosen polyphonen Ausklang.

Sinfonietta in A-Dur, Opus 90, 4 Sätze, entstanden 1905

Der 1. Satz, in freie Sonatenform gefaßt, hat Serenadencharakter. Das Scherzo ist lustig-polternd. Der 3. Satz – Larghetto – ist ausgesprochen volksliedhaft, und der 4. Satz verläuft in ausgelassener Fröhlichkeit.

Serenade in G-Dur, Opus 95, 4 Sätze, entstanden 1906

Die Streicher des Orchesters sind in zwei Teile geteilt, von denen einer mit Dämpfer spielt, so daß laufend reizende Klangbilder entstehen. Der 1. Satz bringt ein besonders schönes echtes Serenadenthema, das auch im Scherzo Verwendung findet. Im 3. Satz erklingt ein melodisches Andante, das durch leidenschaftliche Ausbrüche unterbrochen wird. Im Finale erscheint das Serenadenthema erneut in prächtiger Instrumentierung.

Variationen und Fuge für Orchester über ein lustiges Thema von J. A. Hiller, Opus 100, 11 Variationen, entstanden 1907

Das Thema ist dem Singspiel von Johann Adam Hiller (1728–1804) »Der Erntekranz« aus 1772 entnommen. Für jede der 11 Variationen ist ein besonders charakteristisches Motiv erfunden, das mit dem Thema von Hiller zu einem geschlossenen Ganzen verbunden wird. Gegen die Mitte des Stücks entfernen sich die Variationen immer mehr vom Thema und kehren in der 11. Variation zu dessen einfachen Vortrag zurück.

Symphonischer Prolog zu einer Tragödie, Opus 108, ein Satz, entstanden 1908

Das mit großem Orchesteraufwand in Sonatenform gefaßte Werk zerfällt in vier Themengruppen. Nach einer spannungsreichen Einleitung setzt der Hauptgedanke energisch ein, ein Seitenthema und eine kontrastierende Episode sorgen für Belebung. Die zweite Themengruppe ist kürzer und kontrastärmer. Ein weitgespannter lyrischer Melodiebogen kann sich aber gegen das tragische Hauptmotiv nicht durchsetzen. Die dritte Themengruppe ist eine Variation der ersten, und die vierte bezieht sich deutlich auf die zweite. Darauf werden alle Motive gekoppelt und zu zwei großen Steigerungen geführt, von denen die zweite den Höhepunkt des Werks darstellt. Schließlich kommt es zu einer Wiederholung der Themen und zum Ausklang im Pianissimo.

Konzert im alten Stil, Opus 123, 3 Sätze, entstanden 1912

In diesem Werk ließ der Komponist die alte »Concerto-grosso-Form« wiederaufleben, indem er eine kleine Solistengruppe (Concertino) dem Orchester (Tutti) gegenüberstellte. Der Satz ist archaisierend, aber nicht nachahmend, Reger zeigte damit nur, »daß er es auch konnte«. Der 1. Satz ist lebhaft und schnell. Hörner, Trompeten und Soliviolne konzertieren mit dem Tutti. Pathetische Klänge beschließen den Satz. Ein schöner, langsamer Orchestersatz bestreitet mit klanglich ausgewogener Pracht den 2. Satz. Hinreißend ist der 3., rasche Satz und führt mit Trompetengeschmetter zu einer breiten, machtvollen Krönung dieses grandiosen Werks.

Eine romantische Suite, Sinfonische Dichtung, Opus 125, 3 Sätze, entstanden 1912

Die »Romantik« des Werks wird durch die jedem Satz vorangestellten Eichendorff-Verse gekennzeichnet. Die Musik steht aber dem Impressionismus mit seinen irisierenden, verwischten Farben nahe. Der 1. Satz »Notturno« (»Hörst du nicht die Quellen gehen zwischen Stein und Blumen weit«) bringt reine poetische Stimmungsmalerei. Der 2. Satz »Scherzo« ist voll des geheimnisvollen Zaubers einer Sommernacht (»Johanneswürmchen erleuchten den Saal, die Heimchen spielen zum Tanz«). Im 3. Satz steigt die »Sonne auf die Höh'n! Schauer wehn, und die Erde bebt vor Wonne«.

Vier Tondichtungen nach Arnold Böcklin, Opus 128, 4 Teile, entstanden 1913

Der 1. Teil »Der geigende Eremit« hat Liedform. Die Solovioline trägt eine Kantilene vor, die Harmonik hat modalen Charakter, die Stimmung ist die eines Gebets. Der 2. Teil »Im Spiel der Wellen« ist dreigeteilt und hat spielerischen Charakter, ohne naturmalerisch zu wirken. Der 3. Teil »Die Toteninsel« vermittelt das Gefühl der Trauer und Verlassenheit und schließlich die Hoffnung auf Erlösung. Eine Fanfare eröffnet den 4. Teil »Bacchanal«. Das gesamte Orchester rauscht auf, ein chromatisches Thema erklingt und verbindet

»Phantasie für Orgel über den Choral Wachet auf, ruft uns die Stimme«, Autograph von Max Reger

sich mit dem Fanfarenthema zu einem Fugato, bis es zu einem wahrhaft bacchantischen Abschluß kommt.

Eine Ballettsuite, Opus 130, 6 Sätze, entstanden 1913
Diese äußerst kunstvolle Unterhaltungsmusik wurde auch als Ballettpantomime aufgeführt. Im 1. Satz führen Marschrhythmen die Masken in den Ballsaal. Im 2. Satz tritt eine verliebte Columbine auf, im 3. Satz ein Harlekin. Solocello und Oboe charakterisieren im 4. Satz Pierrot und Pierrette und führen ein verliebtes Gespräch. Dann mischt sich das Paar unter die fröhlichen Ballgäste, die die schwungvolle Valse d'amour tanzen. Mit einem spritzigen Presto endet das reizende Werk.

Variationen und Fuge über ein Thema von Mozart, Opus 132, 9 Teile, entstanden 1914
Zu dieser seiner letzten größeren Orchesterkomposition schrieb der Komponist: »Ich kann nicht immer schweren Bordeaux trinken – so ein klarer Mosel ist doch auch sehr schön!« Das Thema stammt aus der Klaviersonate KV 331 von Wolfgang Amadeus Mozart (1756–91). Ähnlich den »Hiller-Variationen« entfernt sich diese Variationenreihe mit der fünften am weitesten vom Thema und endet in der neunten mit einer großangelegten Schlußfuge.

Violinkonzert in A-Dur, Opus 101, 3 Sätze, entstanden 1908
Das Konzert ist stark sinfonisch und wenig konzertant, sonst jedoch Johannes Brahms verpflichtet. Im 1. Satz ist vielfältiges thematisch-melodisches Material verarbeitet; seine Kadenz stammt vom Komponisten selbst. Der 2. Satz ist ernst und grüblerisch. Den 3. Satz kommentiert der Meister selbst als »...eine Photographie von Teufels Großmutter, als selbige würdige Dame noch jung war, auf alle Hofbälle ging, sich da unglaublich satanisch benahm. Das Ding wird gut, froh und frech. Sollen sich alle degenerierten Gehirnfatzken ärgern!«

Klavierkonzert in f-Moll, Opus 114, 3 Sätze, entstanden 1910
Es handelt sich um kein konzertantes Stück, so daß man es besser »Sinfonie mit obligatem Klavier« nennen sollte. Es fehlen die Kadenzen, der Klavierpart ist auch sonst keineswegs virtuos gehalten. Der 1. Satz bringt ein erregtes Hauptthema, dem ein besinnliches Seitenthema gegenübergestellt ist; seine Anlage ist streng klassisch. Religiöse Versunkenheit vermittelt der langsame Mittelsatz. Die Verwendung des una-corda-Pedals verleiht dem Thema verklärten Klang. Die verschiedenen Choralzitate vertiefen die Stimmung. Es kommt auch stellenweise zu interessanten Dialogen zwischen Solisten und Orchester. Das Finale führt wieder zur Wirklichkeit des Daseins zurück, weist einige humorvolle Stellen auf und beendet das Werk nach etlichen Reminiszenzen an die vorangehenden Sätze sinnvoll.

Sextett für zwei Violinen, zwei Bratschen, zwei Celli in F-Dur, Opus 118, 4 Sätze, entstanden 1910
Dieses Werk ist außerordentlich polyphon verdichtet, so daß es mehr einer Sinfonie als einem Kammermusikstück gleicht. Aber gerade der Vollklang verleiht ihm seine allseitige Beliebtheit. Der 1. Satz ist von ungeheurer Vitalität und täuscht ein großes Streichorchester vor, das Scherzo ist ebenso orchestral massiert, so daß man Bläser zu vernehmen meint. Im 3. Satz versenkt sich eine Kantilene in ein frommes Gebet. Das Finale schließt das Stück mit sich überstürzender Fröhlichkeit ab.

Streichquartett in g-Moll, Opus 54,1, 4 Sätze, entstanden 1901
Der 1. Satz beginnt mit einem bewegten Thema mit weiten Intervallen; das Nebenthema ist eher einfach. Der dreiteilige 2. Satz ist durch und durch markant. Im 3. Satz – Largo mesto – werden alle Gedanken mit starkem Pathos vorgetragen. Das Finale bringt eine großartige Doppelfuge, die dem gesamten Werk seinen Glanz verleiht.

Streichquartett in A-Dur, Opus 54,2, 3 Sätze, entstanden 1901
Auch dieses Werk ist harmonisch prall, aber klanglich ausgezeichnet nuanciert. Der 1. Satz ist außerordentlich dynamisch, vital und voll Ausdruckskraft; es nimmt viel von den Fakturen des 20. Jahrhunderts voraus. Der Mittelsatz bringt knappe, flüssige Variationen und wirkt wie eine Ruhepause vor dem Finale, das wuchtig und überschäumend, zuweilen humorvoll fesselnd, abschließt.

Streichquartett in d-Moll, Opus 74, 4 Sätze, entstanden 1904
»Ein tolles Stück Musik«, lobt der Komponist sein eigenes Werk, und hatte damit recht. Wild und pathetisch setzt der 1. Satz in jagendem Tempo ein, das erst durch die hinzutretende Kantilene besänftigt wird. Das durch ein kurzes Arioso zweigeteilte Scherzo ist durch motorisch klopfende Achtel charakterisiert. Dann folgen Thema und 11 Variationen des 3. Satzes, dem schönsten

und interessantesten des Werks. Das Finale ist rasch und heiter.

Streichquartett in Es-Dur, Opus 109, 4 Sätze, entstanden 1909

Dieses beliebteste und wohl auch bedeutendste Quartett setzt mit zwei sehr ansprechenden Themen ein, die geschmeidig nebeneinanderlaufen. Das Scherzo entnimmt sein Thema der Tonleiter in eilenden Bewegungen. Der 3. Satz bringt schön differenzierte Harmonik mit einer Fülle Melismen. Das Finale beschließt das Werk mit einer großräumigen Doppelfuge.

Trio für Violine, Bratsche und Cello in a-Moll, Opus 77b, 4 Sätze, entstanden 1904

Mit kräftiger Aussage beginnt der 1. Satz, der sich stark an Johann Sebastian Bach orientiert. Der 2. Satz ist voll harmonischen Reichtums und vermeidet sorgsam die Klischees der Klassik, an die sich das Scherzo allerdings deutlich anlehnt. Das Finale hat Rondoform und erzeugt früh-expressionistische Wirkungen.

Suite in e-Moll für Orgel, Opus 16, 4 Sätze, entstanden 1895

»Den Manen Joh. Seb. Bachs«, lautet die Überschrift dieses Werks. Sein 1. Satz setzt mit einem dissonanten Akkord ein. Dann erklingt nach kurzen Takten die »Fuga«, die sich über zwei Themen erstreckt. Im 2. Satz werden im Mittelsatz zwei Choralthemen verarbeitet, nachdem eine solistische Oberstimme über Begleitfiguren Melismen vorgetragen hat. Der 3. Satz ist ein Intermezzo im raschen Tempo. Eine dreiteilige Passacaglia schließt das weiträumige Werk ab.

Introduktion, Passacaglia und Fuge für Orgel in e-Moll, Opus 127, 5 Sätze, entstanden 1913

Dieses mächtige Werk wurde zur Einweihung der Orgel in der Jahrhunderthalle in Breslau (Wrocław) komponiert. Der 1., einleitende Satz, besteht aus Akkorden, Läufen, dynamischem Wechsel, alles auf knappem Raum. Darauf setzt mit dem 2. Satz das Ostinato-Thema der Passacaglia ein. Es folgen nun 12 Variationen, die ständig bewegter, rascher und dichter werden; die nächsten 4 Variationen sind pianissimo gehalten, und die letzten 10 nehmen die Steigerungen erneut auf. Der 3. Satz bringt eine Fuge mit großer Durchführung; die Fuge des 4. Satzes bleibt ohne Durchführung. Im Finale kommt es zu einer Vereinigung beider Fugenthemen.

LITERATUR

O. Eberhard, Max Reger, Sinnbild einer Epoche, 1957. H. Wirth, Max Reger, Hamburg 1973. H. Mersmann, Max Reger und unsere Zeit, 1949.

Pietro Reggio (1632–85)

ZEIT UND UMWELT

Königin Christiana von Schweden nahm vor allem Italiener in ihre Hofkapelle auf. Ihre ideologische Hinwendung zu Rom übertrug sich auf ganz Italien, dessen Kultur sie überaus hoch schätzte und dessen Menschen sie liebte. Sie wählte auch Rom nach ihrer Abdankung zu ihrem Wohnsitz.

LEBEN

Pietro Francesco Reggio (Il Genovese genannt) wurde am 6. 12. 1632 in Genua geboren. Er stand von 1652 bis 1653 im Dienst der Königin Christiana von Schweden, musizierte sodann am französischen Königshof, reiste in Frankreich, Deutschland und Spanien umher und kam 1664 nach London, wo er sich als Gesang- und Kompositionslehrer betätigte. Er starb in London am 23. 7. 1685.

WERKE

Der italienische Sänger, Lautenist und Komponist Pietro Reggio verfaßte eine große Anzahl Lieder auf englische und italienische Texte, Madrigale, Terzette und Duette auf italienische und lateinische Texte, die besonders in England sehr gefielen.

LITERATUR

G. Rose, Pietro Reggio, A Wandering Musician, in: Music & Letters XLVI, 1965.

Johannes Regis (um 1430 bis um 1485)

ZEIT UND UMWELT

Im Jahre 1460 wurde zu Antwerpen die erste Börse Europas gegründet. Durch die Verschlammung des Zwyn nahm die Bedeutung Brügges als Hafen ab, Antwerpen trat an seine Stelle. Die Stadt wurde reich. Brügge wurde auch als Zentrum der flämischen Kunst abgelöst. Aber auch die Kathedrale und die übrigen Kirchen Antwerpens wurden zum Anziehungspunkt franko-flämischer Musiker, weil sie in dieser Stadt aufgeschlossenes Verständnis für den neuen Renaissancestil fanden, der in der zweiten Epoche der franko-flämischen Musikentwicklung voll zum Durchbruch kam.

LEBEN

Johannes Regis ist um 1430 in Antwerpen oder Cambrai geboren und wirkte an der Kathedrale dieser Stadt 1463 kurze Zeit als Magister puerorum (Dirigent der Chorknaben), dann als Sekretär Dufays bis zu dessen Tod. Im Jahre 1474 wurde er Kanonikus zu Soignies und behielt diese Stelle bis 1482. Er starb in Soignies um das Jahr 1485.

WERKE

Von seinem angeblich umfangreichen kompositorischen Werk sind nur 2 vollständige Messen erhalten: Dum sacrum mysterium mit dem Tenor-Cantus-firmus L'homme armé und Ecce ancilla Domini; überdies ein Messefragment, 2 Chansons und 8 Motetten. Regis war ein Zeitgenosse Ockeghems, wurde von dessen Stil stark beeinflußt, machte sich aber dennoch von der konservativen Haltung seines Vorbildes deutlich frei.

LITERATUR

C. W. H. Lindenburg, Het Leven en de Werken van Johannes Regis, Amsterdam 1938.

Jakob Regnart (um 1540–99)

ZEIT UND UMWELT

Die Kaiserliche Hofkapelle in Prag gewann im 16. Jahrhundert unter den Kaisern Ferdinand I., Maximilian II. und Rudolf II. immer mehr an Ruf und Bedeutung. Sie stand den anderen habsburgischen Kapellen in Wien, Graz und Innsbruck in nichts nach. Auch sie zog Italiener und vor allem Flamen heran, weil man damals darin eine Garantie für ein hohes Niveau einer Kapelle sah.

LEBEN

Jakob Regnart wurde um 1540 in Douai geboren. Seine erste Ausbildung erhielt er von seinem Bruder Franz Regnart. Dann kam er um 1557 als Alumnus und Sänger zur Kaiserlichen Hofkapelle in Prag unter Jacobus Vaet. Im Jahre 1573 wurde ihm die Leitung des Knabenchores der Kapelle übertragen und 1576 das Amt eines Vizekapellmeisters. Einen Ruf nach Dresden, die Nachfolge des verstorbenen Kapellmeisters Antonio Scandello (1580) zu übernehmen, lehnte er ab, nahm dafür die Einladung Erzherzog Ferdinands nach Innsbruck an und wirkte dort von 1582 bis 1584 als Zweiter und sodann bis 1596 als Erster Hofkapellmeister. Nach dem Tod des Erzherzogs kehrte er nach Prag zurück und übernahm dort erneut die Stelle des Vizekapellmeisters und versah sie bis zu seinem Tod am 16. 10. 1599.

Sein Bruder Franz Regnart (um 1530, Douai, bis um 1600, vermutlich Brüssel) wurde in Douai zum Kirchenmusiker ausgebildet und war später Sänger in Tournai. Im Jahre 1574 erhielt er die Leitung der Kapelle des österreichischen Erzherzogs Matthias (1557 bis 1619), des späteren Kaisers, der aber 1581 Brüssel verließ. Ob Franz Regnart mit ihm gegangen ist, steht nicht fest. Es wird vermutet, daß er in Brüssel geblieben ist.

Von den weiteren Brüdern Karl, Pascasius und August Regnart, die ebenfalls als Musiker und Komponisten wirkten, sind keine Daten bekannt.

WERKE

Das umfangreiche kompositorische Werk von Jakob Regnart umfaßt 376 Stücke, darunter 37 Messen für vier bis sechs Stimmen, 195 drei- bis zwölfstimmige Motetten auf lateinischen und deutschen Texten, 4 Staatsmotetten, eine siebenstimmige Trauermotette auf den Tod seines Lehrers Vaet, dreistimmige »Kurtzweilige teutsche Lieder nach Art der Neapolitanen oder Villanellen« in drei Teilen, deutsche Lieder und italienische Kanzonen, eine Matthäuspassion, eine sechsstimmige Litanei, 2 Oden und ein fünfstimmiges Madrigal. Alles, was Jakob Regnart geschrieben hat, ist niederländische

Musik, wie sie damals von den habsburgischen Kapellen gepflegt wurde.
Franz Regnart vertonte Gedichte von Ronsard und anderen Mitgliedern der »Pléiade« und brachte Messen und Chansons heraus.
August Regnart brachte 1590 in Douai Novae cantiones sacrae (Neue geistliche Lieder) heraus und nennt als Komponisten neben Jakob und Franz seine Brüder Karl und Pascasius. Die meisten Stücke sind von Jakob und Franz, Karl und Pascasius können nur je 3 Stücke zugeschrieben werden. August Regnart selbst scheint nur die Herausgabe besorgt zu haben.

LITERATUR

H. Osthoff, Die Niederländer und das deutsche Lied – Neue deutsche Forschungen CXCVII, Berlin 1930.

Steve Reich (geboren 1936)

LEBEN

Steve Reich wurde am 3. 10. 1936 in New York geboren. Er studierte zunächst Philosophie, dann Komposition bei Vincent Persichetti, Luciano Berio und Darius Milhaud. 1965 gründete er in New York ein Tonbandstudio, 1966 das »Ensemble Steve Reich and Musicians«. Auf zahlreichen Konzert- und Studienreisen beschäftigte er sich eingehend mit traditionellen afrikanischen, asiatischen und jüdischen Musikformen, die seine Kompositionen stark beeinflußen.

WERKE

Steve Reichs zur Minimal Music zählende Kompositionen zeichnen sich durch ein ausgedehntes, sich nur langsam veränderndes Klangkontinuum und die Kombination von traditionellen afrikanischen und fernöstlichen Instrumenten mit elektronischer Musik aus. Außerdem verwendet er Elemente der Aleatorik und des Jazz der fünfziger Jahre.

Johann Friedrich Reichardt
(1752–1814)

ZEIT UND UMWELT

Die Jahrzehnte um die Wende vom 18. zum 19. Jahrhundert waren durch die Ablösung des Rokoko und des Sturm und Drang einerseits durch die Klassik, andererseits durch die bereits aufsteigende Romantik gekennzeichnet. Gerade im Liedschaffen, das durch Wort und Ton die Entwicklung zweier Kunstgattungen widerspiegelt, wird dieser Stilwandel besonders deutlich, denn auf dem Gebiet der Musik allein sind Stilabgrenzungen äußerst schwierig, wenn nicht unmöglich, während die Literatur, der die Stilbezeichnungen auch entnommen sind, die einzelnen Epochen klar voneinander abhebt. Daher weist das Werk von Komponisten, die vorwiegend Lieder verfaßten, wesentliche Stilverschiedenheiten in den verschiedenen Phasen ihres Schaffens auf, die offener zutage liegen als bei reinen Sinfonikern.

LEBEN

Johann Friedrich Reichardt wurde am 25. 11. 1752 in Königsberg (Kaliningrad) als Sohn des Stadtpfeifers, Lautenisten und Lautenlehrers Johann Reichardt (um 1720, Oppenheim am Rhein, bis 18. 5. 1780, Königsberg) geboren. Nach dem ersten Musikunterricht, den ihm sein Vater erteilte, war er Schüler von Franz Adam Veichtner und von Carl Gottlieb Richter. Anschließend studierte er in Leipzig Philosophie und nahm zugleich bei Johann Adam Hiller und darauf bei Gottfried August Homilius Unterricht. Ab 1771 unternahm er eine Konzertreise als Cembalist nach Berlin, Leipzig, Dresden, Prag, Hamburg, Lübeck und andere deutsche Städte und nahm dabei mit Johann Abraham Peter Schulz, Johann Philipp Kirnberger, František Benda, Johann Gottlieb Naumann, Carl Philipp Emanuel Bach und Friedrich Gottlieb Klopstock Fühlung auf; 1775 berief ihn König Friedrich der Große als Kapellmeister nach Potsdam. Er gründete 1783 in Berlin nach Pariser Vorbild ein Concert spirituel und erbat sich 1785 Urlaub, um nach London zu fahren, wo er Georg Friedrich

Händels Musik kennenlernte, und nach Paris, wo er einige seiner Werke aufführte. Seine Stellung in Berlin wurde jedoch durch seine zu offen bekundete Sympathie mit der Französischen Revolution erschüttert, er wurde 1793 für 3 Jahre beurlaubt und suchte vergebens eine Stellung in London, Kopenhagen und Stockholm; daher übernahm er den Posten eines Salineninspektors in Halle. Im nahen Gibichenstein erwarb er einen Landsitz und gestaltete ihn zum Treffpunkt bedeutender Vertreter der literarischen und philosophischen Romantik, wie Johann Gottlieb Fichte (1762–1814), Friedrich Ernst Daniel Schleiermacher (1768 bis 1834), August Wilhelm und Friedrich von Schlegel (1767–1845 und 1772–1839), Novalis (1772–1801), Ludwig Tieck (1773–1834), Friedrich Wilhelm Joseph Schelling (1775 bis 1854), Clemens Brentano (1778–1842), Achim von Arnim (1781–1831) und Bettina von Arnim (1785–1859); auch Jean Paul Richter und Johann Wolfgang von Goethe nahmen fallweise daran teil. Nach der Niederlage der Preußen bei Jena und Auerstedt floh Reichardt nach Königsberg (1806); im Jahr 1808 zwang ihn der König von Westfalen, Jerôme Bonaparte (1784–1860), die Hofkapellmeisterstelle in Kassel zu übernehmen. Er entwich aber bald nach Wien, wo er Joseph Haydn und Ludwig van Beethoven kennenlernte. Dann kehrte er nach Gibichenstein zurück, wo er am 27. 6. 1814 starb.

Seine Frau Juliana Reichardt geborene Benda (1752, Potsdam, bis 9. 5. 1783, Berlin), Tochter von František Benda, war Komponistin.

Johann Friedrich Reichardt

WERKE

Außer zahlreichen Bühnenwerken – Opere buffe, Singspielen, Melodramen, Liederspielen – verfaßte Johann Friedrich Reichardt einige Kirchenmusik – Psalmen, Te Deum und eine Passion –, Kantaten, 7 Sinfonien, 14 Klavierkonzerte, 2 Klavierquartette, Klavierquintette mit zwei Flöten und zwei Hörnern, 6 Streichtrios, ein Violinkonzert, 11 Violinsonaten, eine Flötensonate, 12 Klaviersonaten. Am umfangreichsten und musikgeschichtlich bedeutendsten ist sein Liedschaffen; er veröffentlichte mehr als 1000 Lieder. Die wichtigsten Sammlungen sind: »Gesänge für das schöne Geschlecht«, »Oden und Lieder von Klopstock, Stolberg, Claudius, Hölty, Goethe, Bürger und Herder«, »Lieder für Kinder«, »Lieder von Gleim und Jakobi«, »Lieder geselliger Freunde«, »Gesänge der Klage und des Trostes«, »Wiegenlieder für gute deutsche Mütter«, »Lieder der Liebe und Einsamkeit«, »Lieder für die Jugend«, »Goethes Lieder, Oden, Balladen und Romanzen« (116 Dichtungen) und »Schillers lyrische Gedichte« (46 Dichtungen). Seine Lieder fußen auf den Postulaten der Berliner Liederschule, nahmen aber viele zeitgenössische Stilelemente bis zur Klassik auf und bereiteten das Liedgut der Romatik vor. Er veröffentlichte zahlreiche theoretische Werke. Juliana Reichardt schrieb Lieder und Pianofortesonaten, die zum Teil veröffentlicht wurden.

LITERATUR

W. Pauli, Johann Friedrich Reichardt, sein Leben und seine Stellung in der Geschichte des deutschen Liedes, Berlin 1903.

Johann Gottfried Reiche

Johann Gottfried Reiche (1667–1734)

ZEIT UND UMWELT
Kompositionen für Blechblasinstrumente waren noch im 17. Jahrhundert selten, vermutlich weil diese Instrumente durch ihr Unvermögen, alle Töne innerhalb ihres Tonumfanges wiederzugeben, dem Komponisten zu wenig Anreiz boten. Erst mit fortgeschrittener Instrumentenbau- und Blastechnik wandte sich die Komposition ihnen mehr zu. Allerdings war der Schwierigkeitsgrad dieser Kompositionen sehr hoch, weil die Komponisten zumeist selbst Virtuosen des Instruments waren, für das sie schrieben.

LEBEN
Johann Gottfried Reiche wurde am 5. 2. 1667 in Weißenfels geboren. Er kam 1688 nach Leipzig und wurde 1706 als Stadtpfeifer aufgenommen. Er starb in Leipzig am 6. 10. 1734.

WERKE
Vom deutschen Trompeter und Komponisten Johann Gottfried Reiche sind 24 Quartette für drei Trompeten und ein Kornett sowie etliche kleinere Bläserstücke erhalten. Seine 40 fünfstimmigen Sonaten für Blasinstrumente sind verschollen.

Aribert Reimann (geboren 1936)

LEBEN
Aribert Reimann wurde am 4.3.1936 in Berlin als Sohn des Leiters der Abteilung für Kirchenmusik an der Hochschule für Musik in Berlin Wolfgang Reimann (3.9.1887, Neusalz an der Oder [Nowa Sól], bis 16.11.1971, Tegernsee, Bayern) geboren. Von 1955 bis 1959 studierte er am selben Unterrichtsinstitut bei Boris Blacher und Ernst Pepping. Ab 1958 trat er als Klavierbegleiter auf. Für sein kompositorisches Schaffen erhielt er eine Reihe von Preisen. Im Jahr 1975 übernahm er einen Lehrauftrag an der Musikhochschule Hamburg. Seit 1983 ist er Professor an der Hochschule der Künste in Berlin.

Aribert Reimann

WERKE

Neben 4 äußerst erfolgreichen Opern und 3 Balletten schrieb Aribert Reimann unter anderem »Elegie und Variationen« für Orchester, »Rondes« für Streichorchester, ein Cellokonzert, 2 Klavierkonzerte, »Reflexionen« für sieben Instrumente, Inventionen für zwölf Spieler, ein Trio für Flöte, Bratsche und Cello, Sonaten für Violine und für Cello mit Klavier, Nokturnen für Cello und Harfe, eine Anzahl Klavier- und Orgelwerke, zahlreiche Kantaten für Chöre oder Singstimmen mit Orchester oder Instrumentalbegleitung, fallweise mit Sprecher, darunter ein Requiem für Soli, Chor und Orchester, und Chöre a cappella.

Matthieu Reimann
(um 1565 bis nach 1625)

ZEIT UND UMWELT

Toruń (Thorn) konnte 1454 die Herrschaft des Deutschen Ritterordens abschütteln und wurde polnisch. Die Stadt war aber bereits im 15. und 16. Jahrhundert zu einem Teil von Deutschen besiedelt. Diese standen im engen Kontakt mit den deutschen Nachbarländern, der sich durch die gemeinsamen, im Zuge der Reformation ergebenden Interessen verstärkte. Zudem war in jener Zeit der kulturelle Einfluß des Westens auf das Königreich Polen sehr stark und erstreckte sich naturgemäß auch auf das Feld der Musik. Dafür übernahmen deutsche Komponisten gerne polnische Rhythmen und Volksweisen in ihre Werke.

LEBEN

Matthieu Reimann (Matthäus Reymann) wurde um 1565 in Toruń geboren. Er studierte 1582 in Leipzig Musik und Jurisprudenz. Er dürfte in Leipzig eine juristische Laufbahn eingeschlagen haben und Notar geworden sein. Gleichzeitig war er auch als Lautenist und Lautenlehrer tätig. Er ist in Leipzig einige Jahre nach 1625 gestorben.

WERKE

Von dem Lautenisten Matthieu Reimann sind seine »Noctes musicae« (Musikalische Abende) in französischer Lautentabulatur und »Cythara sacra« (Heiliges Saitenspiel), eine Vertonung der Psalmen Davids für Laute, erhalten, die einen hohen Stand der Komposition für Laute und ebenso der Spieltechnik auf diesem Instrument bezeugen.

Conrad Rein (um 1470 bis nach 1522)

ZEIT UND UMWELT

Das künstlerische und wissenschaftliche Leben der reichsfreien Stadt Nürnberg hatte bereits im 15. Jahrhundert einen steilen Aufstieg genommen, der sich im folgenden in verstärktem Maß fortsetzte. Das von Philipp Melanchthon (1497–1560) im Jahre 1526 gegründete Gymnasium Aegidianum zählte zu den ersten derartigen Institutionen Deutschlands. Die Lateinschule bei der Kirche zum Heiligen Geist, zu deren Schülern Hans Sachs gehörte, genoß vor und nach dem Anschluß der Stadt an die Reformation (1525) einen großen Ruf.

LEBEN

Conrad Rein (Rain) wurde um 1470 in Arnstadt (Thüringen) geboren. Er wirkte von 1502 bis 1515 als Rektor der Lateinschule der Kirche zum Heiligen Geist. Im Jahre 1507 wurde er Priester, aber später Anhänger der Reformation. Er starb vermutlich nach 1522 in Erfurt.

WERKE

Von Conrad Rein sind nur Werke für den evangelischen Gottesdienst überliefert. Seine früheren Kompositionen sind verloren. Erhalten sind eine vierstimmige Messe, 4 vierstimmige und 2 zweistimmige Messeteile, 2 vierstimmige Magnificat und ungefähr 10 vierstimmige lateinische Motetten. Sie folgen stilistisch der franko-flämischen Schule, wirken nur etwas steif und gekünstelt, verdienen aber als sehr frühe Kompositionen für den evangelischen Sakralgebrauch Beachtung.

LITERATUR

W. Schulze, Die mehrstimmige Messe im

frühprotestantischen Gottesdienst, Kieler Beiträge zur Musikwissenschaft VIII, Wolfenbüttel 1940.

Sisto Reina (um 1610 bis nach 1664)

ZEIT UND UMWELT

Die Vermutung, daß die Franziskaner mehr tüchtige Musiker – Interpreten, Kapellmeister, Komponisten – heranbilden als andere Orden, dürfte zu Recht bestehen. Der Grund liegt in der starken Musiktradition des Ordens. Damit sich aber eine solche Tradition bilden konnte, bedurfte es einer bestimmten Grundeinstellung der Ordensmitglieder, der Ordensregel und des Ordensgründers.

LEBEN

Sisto Reina wurde um 1610 in Saronne, Lombardei, geboren. Er trat dem Franziskanerorden bei und war ab 1648 Organist an Beata Vergine dei Miracoli del Borgo in Saronne. Im Jahr 1669 wurde er Kapellmeister an San Francesco in Piacenza, 1662 Organist und Kapellmeister an San Bartolomeo in Modena, wo er ab 1664 nur mehr als Organist wirkte. Er ist in einem der folgenden Jahre gestorben.

WERKE

Der italienische Komponist Sisto Reina schrieb eine Anzahl Messen und andere kirchliche Gesänge. Seine »Danza delle voci« (Tanz der Stimmen) enthält Psalmen, ein Te Deum und außerdem 2 Sonaten für vier Violinen, die zu den Frühwerken dieser Art zählen.

Alexander Reinagle (1756–1809)

ZEIT UND UMWELT

Das rasch aufblühende Philadelphia entwickelte bald ein reges Kulturleben. Eine Konzertgesellschaft zog die besten Kräfte an, von wo sie sie bekommen konnte; ein Theater spielte den europäischen Bühnen alles nach und brachte daneben auch schon in Amerika entstandene Stücke, Singschulen und Musiklehranstalten trugen viel zur Hebung des Musiklebens bei. Aus England einreisende Musiker waren schon wieder willkommen, aber Franzosen und Deutsche kamen immer mehr und schufen die ersten Grundlagen zu einer eigenständigen Musikentwicklung in den Vereinigten Staaten.

LEBEN

Alexander Reinagle wurde am 23. 4. 1756 in Portsmouth getauft. Er studierte in Edinburgh und ging 1786 nach New York und von dort nach Philadelphia, wo er als Musiklehrer, Konzertunternehmer, Sänger und Pianist wirkte. Im Jahr 1793 wurde er musikalischer Leiter eine Theatergesellschaft. Er starb am 21. 9. 1809 in Baltimore.

Sein Bruder Joseph Reinagle (1762, Portsmouth, bis 12. 11. 1825, Oxford) studierte zuerst Horn und Trompete, sodann Cello bei Christoph Schetky, seinem Schwager, wirkte aber zunächst als Violinist und Bratschist und dann als Dirigent in Edinburgh, ging darauf nach London und spielte dort in den Konzerten von Joseph Haydn. Schließlich übersiedelte er nach Oxford.

WERKE

Von Alexander Reinagle, der zu den Begründern des Konzertlebens in den USA zu zählen ist, sind Bühnenmusiken, Kammermusik, Cembalosonaten mit Violine und eine Sammlung »der beliebtesten schottischen Melodien mit Variationen für Cembalo« erhalten.

Joseph Reinagle schrieb »24 fortschreitende Pianoforteübungen«, Duos für Celli, Streichquartette und einige Reels, außerdem eine Celloschule.

Alexander Robert Reinagle (1799–1877)

ZEIT UND UMWELT

Die Musikpflege in Cambridge und in Oxford war stark traditionsverhaftet. Es wurde an den beiden Universitäten zwar Vorzügliches durch Vertiefung und Ausschöpfung der älteren Stilgattungen geleistet, aber, wenn vielleicht nur indirekt, ein Weiterentwickeln der englischen Musik gehemmt. Auf dem Gebiet der Instrumentalmusik zog dennoch die Romantik in das Land ein, denn ein Fortschreiten der Kunst kann nicht verhindert werden.

LEBEN

Alexander Robert Reinagle wurde am 21.8. 1799 in Brighton als Sohn des Joseph Reinagle (1762–1825) geboren. Er ließ sich mit seinem Vater in Oxford nieder, wo er Musiklehrer und Organist wurde und nahm auch als Violinist und Cellist am profanen Musikleben der Stadt lebhaften Anteil. Zuletzt wirkte er als Organist an St. Peter's in the East. Er starb am 6.4.1877 in Killington bei Oxford.
Seine Frau Caroline Reinagle (1818, London, bis 11.3.1892, vermutlich London) war Pianistin und Klavierlehrerin.

WERKE

Von Alexander Robert Reinagle ist eine Anzahl sakraler Gesänge in einem konservativen Stil erhalten. Er veröffentlichte mehrere Lehrwerke des Violin- und Cellospiels, in die er sehr wertvolle Übungsbeispiele in einem der Romantik sehr angenäherten Stil einfügte.
Caroline Reinagle schrieb ein Klavierkonzert und einige Kammermusik mit Klavier im zeitgenössischen Stil, außerdem eine Reihe Übungsstücke für den Klavierunterricht.

Carl Reinecke (1824–1910)

LEBEN

Carl Heinrich Carsten Reinecke wurde am 23.6.1824 als Sohn des angesehenen Musikpädagogen Johann Peter Rudolf Reinecke (22.11.1795, Hamburg, bis 14.8.1883, Altona) geboren. Der Vater versah ihn und seinen Freund Cornelius Gurlitt mit einer vollständigen musikalischen Ausbildung, so daß er bereits 1836 in der Tonhalle in Altona öffentlich konzertieren konnte. Nach 3 Studienjahren in Leipzig wirkte er in Kopenhagen als Hofpianist König Christians VIII., lebte anschließend in Bremen und in Paris; in Paris unterrichtete er Liszts Töchter; war von 1854 bis 1859 Musikdirektor in Barmen, darauf Leiter der Singakademie in Breslau (Wrocław) und ab 1860 Kapellmeister der Gewandhauskonzerte und Lehrer für Klavier und Komposition am Konservatorium in Leipzig. 1875 wurde er als Mitglied in die Königliche Akademie der Künste in Berlin aufgenommen und 1885 zum Professor ernannt. 1895 war A. Nikisch sein Nachfolger beim Gewandhausorchester. Zu seinen Schülern zählte auch E. Grieg. Reinecke starb am 10.3.1910 in Leipzig.

WERKE

Aufenthalte in vielen deutschen und ausländischen Städten und eine Vielzahl von Interpreten und Komponisten der zweiten Hälfte des 19. Jahrhunderts – darunter auch Richard Strauss (1864–1949) – bildeten die Umgebung, und die politische, soziale und kulturelle Entwicklung bis in die ersten Jahre des 20. Jahrhunderts begleiteten den Lebenslauf Carl Reineckes, aber er blieb von seiner Jugend an ein Epigone von Felix Mendelssohn-Bartholdy und Robert Schumann. Er war vom Gedankenkreis seiner Vorbilder geprägt, so daß bereits Franz Liszt und Richard Wagner an ihm spurlos vorbeigingen; sie waren in seinen Augen zu ausschweifend und zu ungeregelt. Er nahm an keiner Entwicklung teil, weil er über nichts verfügte, was entwickelt werden hätte können, und er auch nicht wie seine Idole gut erlernte Regeln mit einer Persönlichkeit zu vereinen imstand war. Er schrieb 4 Opern und ein Singspiel, mehr als 10 Ouvertüren, 3 Sinfonien – A-Dur, c-Moll, g-Moll –, 4 Klavierkonzerte – fis-Moll, e-Moll, C-Dur, h-Moll –, ein Konzertstück für Klavier und Orchester in g-Moll, ein Violinkonzert, ein Cellokonzert, ein Harfenkonzert, einen »Romanzero« für Cello und Orchester, ein Oktett, ein Sextett für Holzbläser, ein Klavierquintett in A-Dur, das heute noch zuweilen gespielt wird, 4 Streichquartette, 2 Klavierquartette, 2 Klaviertrios, ein Trio für Klavier, Oboe und Horn, ein Trio für Klavier, Klari-

nette und Bratsche, eines für Klavier, Klarinette und Horn, eine Sonate und eine Fantasie für Violine und Klavier, 3 Cellosonaten, eine Flötensonate, Sonaten, Sonatinen und andere Stücke für Klavier, eine Sonate für Klavier zu vier Händen, ein Oratorium (»Belsazar«), 2 Messen, Chöre für verschiedene Besetzungen, Arien, 20 Kanons und über 100 Kinderlieder, die seinerzeit sehr beliebt waren. Er veröffentlichte eine Anzahl theoretischer Abhandlungen. Sein letztes Streichquartett, das Klavierquintett und die Klavierkonzerte zeigen auch einige Originalität, die nur durch ein zu starkes Haften an seinen Vorbildern gehemmt zu sein scheint.
Carl Reinecke veröffentlichte auch eine Reihe von Schriften, darunter »Zur Wiederbelebung der Mozartschen Clavierkonzerte«, Leipzig 1891, und seine Erinnerungen unter dem Titel »Und manche lieben Schatten steigen auf«, Leipzig 1900.

Klavierkonzert Nr. 1 in fis-Moll, 3 Sätze, entstanden 1967

Das Klavierkonzert von Carl Reinecke ist kein Virtuosenstück wie die etwa von Franz Liszt. Es wurde in London sehr gut aufgenommen, weil dort Felix Mendelssohn-Bartholdy sehr beliebt war. Es ist romantisch in irgendeiner Form, doch ohne Emotionen; es reißt nicht mit, klingt jedoch angenehm geordnet und nahezu klassisch. Das Adagio - 3. Satz - ist der schönste und eindrucksvollste Teil. Seine blühende Kantilene verführt zum Träumen.

LITERATUR

B. Schrader, Carl Reineckes 90. Geburtstag, in: Neue Zeitschrift für Musik LXXXI, 1914.

Ambrosius Reiner (1604–72)

ZEIT UND UMWELT

Die Hofkapelle in Innsbruck wurde von Erzherzog Ferdinand von Tirol (1529–95) ins Leben gerufen und war stets mit ausgezeichneten Kräften besetzt. Die folgenden Regenten, insbesondere Erzherzog Leopold von Tirol (1586–1632), führten sie – abgesehen von der zeitbedingten Unterbrechung von 1619 bis 1623 – auf gleichem Niveau weiter, bis sie nach dem Erlöschen dieser habsburgischen Nebenlinie mit Erzherzog Sigismund Franz (1630–65) aufgelöst wurde. Ein Großteil der Mitglieder wurde in die neue kaiserliche Hofmusik Leopolds I. aufgenommen.

LEBEN

Ambrosius Reiner, Sohn des deutschen Komponisten Jacob Reiner (um 1559–1606), wurde am 7. 12. 1604 in Altdorf geboren. Im Jahr 1630 kam er zur Hofkapelle Erzherzog Leopolds von Tirol in Innsbruck, ein Jahr darauf wurde er zweiter Hoforganist und Instruktor der Kapellknaben und 1635 erster Hoforganist. Er heiratete 1642 in zweiter Ehe die Tochter des damaligen Hofkapellmeisters Johann Stadlmayr, dessen Nachfolger er 1648 wurde. Nach dem Aussterben der tirolischen Linie der Habsburger im Jahr 1665 wurde die herzogliche Hofkapelle aufgelöst. Reiner erhielt 1666 die Kapellmeisterstelle der neu gegründeten Kaiserlichen Hofmusik Kaiser Leopolds I. und betreute sie bis zu seinem Tod in Innsbruck am 4. 7. 1672.

WERKE

Der deutsche Komponist Ambrosius Reiner verfaßte 2 Bände Sacrae cantiones (Sakrale Gesänge), Vesperpsalmen, Magnificat, Marienlitaneien für vier bis sechs Stimmen, fünfstimmige Messen mit drei Instrumenten, außerdem einige Oden. Über weitere Werke ist nichts bekannt.

LITERATUR

W. Senn, Musik und Theater am Hof zu Innsbruck, Innsbruck 1954.

Jacob Reiner (um 1559–1606)

ZEIT UND UMWELT

Die Musik in den deutschen katholischen Kirchen war an die Anweisungen der Kurie gebunden wie in Italien. Gregorianischer Gesang genoß den Vorzug, bei feierlichen Anlässen war die Mehrstimmigkeit zugelassen. Die Instrumentalbegleitung beschränkte sich auf die Orgel. Stilistisch stützte sie sich gegen das Ende des 16. Jahrhunderts vorwiegend auf Orlando di Lasso und dessen Schüler. Zu Neuerungen kam es nur sehr zögernd, weil ein starker Konservativismus systemeigen war.

LEBEN
Jacob Reiner wurde um 1559 in Altdorf bei Weingarten, Württemberg, geboren und in der Klosterschule der Benediktiner in Weingarten zum Musiker ausgebildet. In den Jahren 1573 bis 1575 war er Schüler von Orlando di Lasso in München. Hierauf erhielt er, ohne in den Orden einzutreten, die Stelle des Gesanglehrers an der Schule, die er selbst besucht hatte, und wurde 1586 dort Chordirektor und 1589 Kapellmeister. Er übte diese Funktion bis zu seinem Tod am 12. 8. 1606 aus.

WERKE
Die Kompositionen des Kirchenmusikers Jacob Reiner sind stilistisch von seinem Lehrer Orlando di Lasso abhängig. Eine Eigenständigkeit ist nur schwach ausgeprägt. Es handelt sich dennoch um Musik eines technisch gut ausgebildeten Praktikers, der sich auf Klangwirkung verstand. Seine Messen, Motetten, Magnificat, Offiziengesänge, Antiphone und anderen Kirchenlieder wurden ebenso geschätzt wie seine deutschen Lieder und Psalmen und waren in gewisser Hinsicht auch schätzenswert. Daß die Vielzahl seiner Kompositionen zu einer fallweisen Gleichartigkeit führte, war selbstverständlich.

Karel Reiner (1910–79)

LEBEN
Karel Reiner wurde am 27.6.1910 in Žatec (Saaz), Böhmen, geboren. Er studierte am Konservatorium in Wien, sodann in Prag bei Zdeněk Nejedlý (10.2.1878, Litomyšl, Böhmen, bis 9.3.1962, Prag), Alois Hába und Josef Suk. Von 1931 bis 1938 setzte er sich als Konzertpianist vorwiegend für die Werke der Neuen Musik ein und brachte auch das Vierteltonwerk seines Lehrers Hába zu Gehör. Nach überstandener Konzentrationslagerhaft war er ab 1945 in verschiedenen musikalischen Institutionen und als freier Komponist tätig. Er starb am 17.10.1979 in Prag.

WERKE
Neben einer Oper und einem Ballett schrieb Karel Reiner eine Sinfonie, eine Ouvertüre, eine Suite, ein Klavierkonzert, ein Violinkonzert, ein Konzert für Baßklarinette, Streicher und Schlagzeug, eine Suite für Bläser und Schlagzeug, ein Divertimento für Klarinette, Harfe und Kammerorchester, ein Nonett, eine Suite für neun Instrumente, ein Sextett für Klavier und Bläserquintett, 2 Bläserquintette, 4 Streichquartette, ein Klavierquartett, ein Trio für Bratsche, Cello und Klavier, eines für Flöte, Baßklarinette und Schlagzeug, eines für Klarinette, Cello und Klavier, 2 Stücke für Horn und Klavier, 4 Stücke für Klarinette und Klavier, ein Stück für Cello und Klavier, eine Sonate für Kontrabaß und Klavier, 2 Stücke für Harfe und Oboe, 6 Studien für Flöte und Klavier, 2 Stücke für Altsaxophon und Klavier, Duette für Klarinetten, für Oboen, für Flöten, für Trompeten, ein Stück für Baßklarinette und Klavier, eine Suite und Sonate für Violine solo, eine Suite für Harfe, eine Sonate für Schlagzeug, 3 Konzertetüden für Zimbal, 3 Praeludien für Orgel, 3 Klaviersonaten, Chöre, Lieder, Film- und Bühnenmusik. Der Komponist, der anfänglich sehr avantgardistisch schrieb, griff sodann auf spätromantische Fakturen zurück, neigte aber später erneut zu experimenteller Musik und jeder Art von Modernismen.

Johann Georg Reinhardt
(um 1676–1742)

ZEIT UND UMWELT
In Wien näherte sich bereits am Beginn des 18. Jahrhunderts die Faktur der Musikstücke sehr rasch der klassischen Form. Kirchensonate und Kammersonate verschmolzen und entwickelten sich zur Solosonate. Die

Sinfonie wurde zum selbständigen Musikstück für Orchester. Das Concerto grosso verschwand, dafür drängte sich das Solokonzert vor, bei dem ein Solist – oder zuweilen zwei – einem Orchester gegenübergestellt wurde. Es bildeten sich streng voneinander getrennte Formtypen heraus.

LEBEN

Johann Georg Reinhardt (Reinhard) wurde um 1676 vermutlich in oder bei Wien geboren. Er trat 1701 der Kaiserlichen Hofkapelle in Wien bei, wurde dort 1710 zweiter und 1728 erster Organist, war von 1727 bis zu seinem Tod am 6. 11. 1742 Kapellmeister am Stephansdom und wurde 1734 zum »Hofcompositor« ernannt.

WERKE

Neben 3 Opern verfaßte der österreichische Organist und Komponist Johann Georg Reinhardt die Orchesterwerke Symphonie G-Dur und Sonata pastorella A-Dur, ein Oratorium »Il divino imeneo di Santa Caterina« (Die göttliche Hochzeit der heiligen Katharina), 22 Messen, 3 Requiem, 12 Vespern, 6 Magnificat, 2 Te Deum, 7 Salve Regina, 21 Litaneien, 15 Psalmen, 35 Graduale, Offertorien und Antiphonen, eine große Anzahl Motetten und deutsche Arien und Lieder.

Karl Matthias Reinhardt (1710–67)

ZEIT UND UMWELT

Wenn auch die Hofkapelle von Kaiserin Maria Theresia auf ein Minimum reduziert wurde, waren für den Sakraldienst immer noch ausreichend Kräfte belassen worden. Die glänzenden Aufführungen zu Zeiten Kaiser Karls VI. und seiner Vorgänger gehörten allerdings der Vergangenheit an.

LEBEN

Karl Matthias Reinhardt wurde 1710 in Wien als Sohn des Konzertmeisters der Hofkapelle Kilian Reinhardt (1654, Wien, bis 25. 3. 1729, Wien) geboren. Er wirkte von 1739 bis zu seinem Tod am 31. 1. 1767 als Kammerorganist des Kaiserhofes.

WERKE

Von Karl Matthias Reinhardt sind handschriftlich Litaneien und ein vierstimmiges Requiem mit Instrumenten überliefert. Sein Stil ist sehr traditionsgebunden.

LITERATUR

L. von Köchel, Die kaiserliche Hofmusikkapelle in Wien von 1543 bis 1867, Wien 1869.

Otto Reinhold (1899–1965)

LEBEN

Otto Reinhold wurde am 3.7.1899 in Thum geboren. Er studierte in Leipzig bei Hermann Grabner und wirkte darauf als freischaffender Komponist in Dresden, wo er schließlich von 1951 bis 1960 an der Volksmusikschule unterrichtete. Er starb am 27.8.1965 in Dresden.

WERKE

Die Tonsprache von Otto Reinhold zeichnete sich durch Klarheit, Verständlichkeit, Eingängigkeit und Einfachheit aus; eine gewisse musikantische Grundhaltung und ein betonter Zug zum Expressiven finden sich in vielen seiner Kompositionen. Er schrieb eine Sinfonie, ein Triptychon, eine Ouvertüre, eine sinfonische Ballade, »Musik nach Bildern der Dresdner Gemäldegalerie« für Kammerorchester, ein Violinkonzert, eine Suite für Klavier und Orchester, ein Konzert für Flöte, Klavier und Streichorchester, eine konzertante Musik für Flöte, Bratsche und Orchester, ein Bläsersextett, ein Bläserquintett, eine Musik für Orgel, zwei Trompeten und Posaunen, ein Streichquartett, ein Klaviertrio, ein Trio für Klarinette, Bratsche und Klavier, eine Musik für Bratsche und Klavier, Sonaten mit Klavier mit Violine und mit Cello, verschiedene Klaviermusik, verschiedene Kantaten und Gesänge mit variabler Begleitung, Chöre und Lieder, Schul- und Jugendmusik.

Theodor Christlieb Reinhold
(1682–1755)

ZEIT UND UMWELT
Andreas Silbermann (16. 5. 1678, Kleinbobritsch bei Frauenstein, bis 16. 3. 1734, Straßburg), seine Söhne Johann Andreas Silbermann (26. 6. 1712, Straßburg, bis 11. 2. 1783, Straßburg), Johann Daniel Silbermann (31. 3. 1717, Straßburg, bis 9. 5. 1766, Leipzig), Johann Heinrich Silbermann (24. 9. 1727, Straßburg, bis 15. 1. 1799, Straßburg) und sein Bruder Gottfried Silbermann (14. 1. 1683, Kleinbobritsch, bis 4. 8. 1753, Dresden) bauten vorzügliche Klavier-Instrumente und vor allem Orgeln für zahlreiche Kirchen Deutschlands und im Elsaß, die lange als mustergültig angesehen, im 19. Jahrhundert von Riesenwerken verdrängt und in jüngster Zeit wiederum hoch geschätzt wurden.

LEBEN
Theodor Christlieb Reinhold wurde am 13. 9. 1682 in Eppendorf geboren. Er war Schüler der Kreuzschule und ab 1720 Kantor an dieser Schule und an der Kreuzkirche in Dresden, wo er am 24. 3. 1755 starb.

WERKE
Der deutsche Kantor und Komponist Theodor Christlieb Reinhold verfaßte eine Anzahl Motetten und Festkantaten zur Grundsteinlegung der Frauenkirche in Dresden (1726), ihrer Einweihung im Jahr 1734 und der Einweihung der darin aufgestellten Silbermann-Orgel 1736.

Jan Adams Reinken (1623–1722)

ZEIT UND UMWELT
Die niederländische Orgeltradition, deren hervorragendster Vertreter Jan Pieterszoon Sweelinck war, wurde von dessen Schülern und Enkelschülern bis in die Zeiten Johann Sebastian Bachs gepflegt. Sie war auch später immer noch erkennbar, obwohl die süddeutsche Tradition viele neue Elemente dazu beitrug.

LEBEN
Jan Adams Reinken (Johann Adam Reincken) wurde am 26. 4. 1623 in Wildeshausen, Oldenburg, geboren und 1654 bis 1657 von Heinrich Scheidemann ausgebildet. Ab 1658 war er nach einer kurzen Tätigkeit als Organist in Deventer, Niederlande, Adjunkt des Sweelinck-Schülers Scheidemann und ab 1663 dessen Nachfolger an der Katharinenkirche in Hamburg. Im Jahr 1678 war er an der Gründung der Hamburger Oper beteiligt und durch einige Zeit auch an ihrer Leitung. Johann Sebastian Bach besuchte ihn wiederholt in den Jahren 1700 bis 1703 und 1720. Er starb hochbetagt am 24. 11. 1722 in Hamburg.

WERKE
Der deutsche Organist und Komponist Jan Adams Reinken galt nach dem Tod Dietrich Buxtehudes (1707) als der bedeutendste Organist Norddeutschlands. Sein »Hortus Musicus« (Musikalischer Garten) enthält eine Reihe von Stücken für zwei Violen, eine Gambe und Generalbaß. Die Stücke bestehen aus einem Sonatensatz und einem Divertimento. Sie erreichen weder die Klangfülle eines Johann Rosenmüller noch die Tiefe eines Dietrich Buxtehude. Seine Musik für Cembalo bewegt sich im Fahrwasser Sweelincks und ist sehr ansprechend. Von seinen Vokalstücken ist eine einzige Kirchenkantate im Opernstil erhalten.

LITERATUR
W. Stahl, Zur Biographie Jan Adams Reinkens, in: Archiv für Musikwissenschaft 3, 1921.

Reinmar von Hagenau
(um 1165 bis vor 1210)

ZEIT UND UMWELT
Die Minnesänger fanden am österreichischen Babenberger Hof stets offene Tür und offene Hand und trafen dort eben aus diesem Grund ihre Zunftgenossen aus allen Ländern deutscher Sprache. Diese Begegnungen wa-

ren für manchen sehr vorteilhaft, weil er dabei »singen und sagen« lernte.

LEBEN
Reinmar von Hagenau (Reimar von Hagenau, Reinmar der Alte) wurde um 1165 in Hagenau, Elsaß, geboren. Seine Fahrten führten ihn um 1190 an den Babenberger Hof in Wien, wo er unter den Herzögen Leopold V. (1157–1194), Friedrich I. (1174 bis 1198) und Leopold VI. (1176–1230) wirkte. Walther von der Vogelweide war dort sein Schüler. Er ist in Wien vor 1210 gestorben.

WERKE
In seinen Dichtungen preist Reinmar von Hagenau die französische Courtoisie. Erhalten sind von ihm 35 Lieder. Zu einigen konnten die Melodien erschlossen werden. Er war einer der ersten »hauptberuflichen« Minnesänger und bei seinen Zeitgenossen außerordentlich geschätzt.

Herr Reinmar der Alte – Miniatur aus der Manessischen Liederhandschrift

LITERATUR
U. Aarburg, Melodien zum frühen deutschen Minnesang, in: Der deutsche Minnesang, Darmstadt 1961.

Reinmar von Zweter
(um 1200 bis nach 1252)

ZEIT UND UMWELT
Auch unter dem letzten Babenbergerherzog Friedrich II. (um 1210–1246) wurde die Tradition aufrechterhalten, Minnesänger bereitwillig aufzunehmen und einzuladen, solange sie in Wien bleiben wollten.

LEBEN
Reinmar von Zweter wurde um 1200 in Zeutern bei Heidelberg geboren. Auf seinen Fahrten kam er 1236 nach Wien an den Babenberger Hof und 1240 an den Hof des Königs von Böhmen Vaclav I. (1205–1253). Ab 1241 befand er sich auf ständiger Wanderschaft, bis er nach 1252 in Eßfeld bei Ochsenfurt starb.

WERKE
Der formal sehr stark von Walther von der Vogelweide abhängige Minnesänger und Spruchdichter Reinmar von Zweter hat als »Lehrbuch« ritterlicher Ethik »Der Frauen Ehrenton« mit 129 Sprüchen verfaßt, deren Melodien zum Teil erhalten sind, wie ein Lied aus dem Jahr 1227. Sein Einfluß auf den deutschen Meistergesang war sehr nachhaltend.

Karl Reinthaler (1822–96)

ZEIT UND UMWELT
Wenn auch die vielen komponierenden Chordirigenten zu einem größeren Teil reine Eklektiker waren und schon Vorhandenes

ausbeuteten, so waren ihre Werke dennoch zumeist äußerst klangvoll, weil sie aus ihrer Praxis die wirksamste Stimmführung und die eindruckvollsten Modulationen auszuwählen verstanden.

LEBEN

Karl Martin Reinthaler wurde am 13.10.1822 in Erfurt geboren. Er war in Berlin Schüler von Adolf Bernhard Marx, studierte sodann in Paris bei dem Tenoristen und Gesanglehrer am Conservatoire Giovanni Marco Bordogni und darauf 3 Jahre in Rom. Im Jahr 1853 wurde er Gesanglehrer am Konservatorium in Köln. Von 1858 bis 1887 war er Städtischer Musikdirektor, Domorganist, Domchorregent und Dirigent der Singakademie und der Liedertafel in Bremen, wo er am 13.2.1896 starb.

WERKE

Von Karl Reinthaler sind 2 Opern aufgeführt worden. Er verfaßte ein Oratorium (»Jephta«), eine Sinfonie in D-Dur, eine Kantate und viele Lieder und Chöre. Seine zahlreichen Chöre klingen sehr eindrucksvoll, dennoch wird man dabei das Gefühl nicht los, das alles schon einmal gehört zu haben.

Carl Gottlieb Reißiger (1798–1859)

ZEIT UND UMWELT

Gegen die Mitte des 19. Jahrhunderts bildete sich bereits die von Franz Liszt in Weimar versammelte Opposition gegen die Meister, die sich der Wiener Klassik verpflichtet fühlten, als musikalische Fortschrittspartei. Sie gab sich den Namen »Neudeutsche Schule« und förderte die Programmsinfonie und das Musikdrama. Die Uraufführung des »Rienzi« von Richard Wagner im Jahr 1842 war für diese Entwicklung symptomatisch.

LEBEN

Carl Gottlieb Reißiger wurde am 31.1.1798 in Belzig bei Wittenberg geboren. Er war ab 1811 Zögling der Thomasschule unter Johann Gottfried Schicht und studierte 1821 in Wien bei Antonio Salieri, 1822 in München bei Peter Winter und 1824 in Italien. Im Jahr 1826 erhielt er die Stelle des Musikdirektors der Deutschen Oper in Dresden und wirkte eine Zeitlang auch als Direktorstellvertreter an der Italienischen Oper. Ab 1830 wirkte er als Erster Dirigent der Dresdener Liedertafel und ab 1856 auch als Künstlerischer Leiter des Konservatoriums. Unter seiner Leitung ging die Uraufführung des »Rienzi« von Richard Wagner über die Bühne, 1858 richtete er die Abonnementskonzerte der Dresdener Hofkapelle ein. Er starb am 7.11.1859 in Dresden.
Sein Bruder Friedrich August Reißiger (26.7. 1809, Belzig, bis 2.3.1883, Frederikshald [Halden], Norwegen) war Thomasschüler unter Johann Gottfried Schicht und Christian Ehregott Weinlig in Leipzig und nahm in Berlin beim bedeutenden Theoretiker und Pädagogen Siegfried Wilhelm Dehn (25.2. 1799, Altona, bis 12.4.1858, Berlin) Kompositionsunterricht. Von 1840 bis 1850 wirkte er als Theaterkapellmeister in Kristiania (Oslo) und anschließend als Organist und Militärkapellmeister in Frederikshald.

WERKE

Von Carl Gottlieb Reißiger sind über 200 Werke bekannt geworden. Er hatte mit mehreren Opern Erfolg. Bemerkenswert sind sein Melodrama »Yelva oder die Stumme« und das Oratorium »David«. Er schrieb außerdem 10 Messen mit Orchester, eine Sinfonie in Es-Dur, viel Kammermusik, Klavierstücke, Variationen, Rondos und Walzer für Klavier, zahlreiche Klavierlieder und Duette. Sein Stil ist sehr programmatisch.
Friedrich August Reißiger verfaßte zahlreiche Lieder und Chöre für Männerstimmen, außerdem 6 Messen und Musik für Blaskapellen.

August Reißmann (1825–1903)

ZEIT UND UMWELT

Die unbedingten Gegner der »Neudeutschen« und insbesonders der hervorstechendsten Vertreter der Richtung von Franz Liszt und Richard Wagner zeichneten sich nicht selten in ihrem Schrifttum durch vorzügliche Dialektik aus. Weniger glücklich waren mitunter ihre Kompositionen.

LEBEN
August Friedrich Wilhelm Reißmann wurde am 14.11.1825 in Frankenstein (Zabkowice Śląskie), Schlesien, geboren. Er war in Breslau (Wrocław) Schüler von Johann Theodor Mosewius und in Weimar von Franz Liszt. Er war in Halle und dann in Berlin als Musikschriftsteller, Musikhistoriker, Musikkritiker und Lexikograph bis zu seinem Tod am 13.7. 1903 tätig.

WERKE
Die scharfe Gegnerschaft gegen die »Norddeutschen« drückte sich auch in den Kompositionen von August Reißmann aus; sie wurden als »erzreaktionär« bezeichnet. Er schrieb 3 Opern, ein Ballett, die dramatischen Szenen »Drusus' Tod« und »Loreley« für Soli, Chor und Orchester, eine Kantate »König Drosselbart« für Sprecher, Singstimme, Chor und Klavier, das Oratorium »Wittekind«, eine Sinfonie, ein Violinkonzert, 2 Violinsonaten und zahlreiche Lieder. Seine ganze Musik ist bald nach seinem Tod aus den Spielplänen verschwunden.

Josef Reiter (1862–1939)

LEBEN
Josef Reiter wurde am 19.1.1862 in Braunau am Inn geboren. Er wirkte von 1886 bis 1907 als Musiklehrer, Chor- und Orchesterdirigent in Wien und anschließend bis 1911 als Direktor des Mozarteums in Salzburg; von 1917 bis 1918 war er Kapellmeister des Wiener Hofburgtheaters. Er starb am 2.6.1939 in Bad Reichenhall.

WERKE
Von Josef Reiter sind eine Goethe-Sinfonie, ein Requiem für Soli, Chor und Orchester und weitere Kirchenmusik und Kantaten, zahlreiche Chöre, Kammermusik, Klavierstücke und Lieder bekannt geworden. Er verfaßte die Bühnenmusik zu »Der Bauer als Millionär« von Ferdinand Raimund (1770–1836) und 4 Opern. Seine Kompositionen hielten sich an den Stil der deutschen Romantik.

Franz Reizenstein (1911–68)

LEBEN
Franz Theodor Reizenstein wurde am 7.6. 1911 in Nürnberg geboren. Von 1930 bis 1934 studierte er an der Musikhochschule in Berlin bei Paul Hindemith und Leonid Kreutzer (1.3.1884, St. Petersburg, bis 30.10.1953, Tokio). 1934 emigrierte er nach England und setzte seine Ausbildung am Royal College of Music in London bei Ralph Vaughan Williams und Constant Lambert bis 1936 fort. Er war außerdem noch Schüler von Felix Weingartner in Basel und von Solomon Cutner (geboren 9.8.1902, London) in London. 1958–68 wirkte er als Klavierprofessor an der Royal Academy of Music in London und 1962–68 in gleicher Eigenschaft am Royal Manchester College of Music. Er starb am 15.10.1968 in London.

WERKE
Das kompositorische Schaffen von Franz Reizenstein war tonal und stand im Schatten von Paul Hindemith. Neben einer Funkoper schrieb er eine Ballettsuite, eine Konzertouvertüre, ein Konzert für Streichorchester, ein Violinkonzert, ein Cellokonzert, 2 Klavierkonzerte, »Variationen und Finale« für Violine und Orchester, ein Bläserquintett, ein Klavierquintett, ein Streichquartett, Trios für Flöte, Oboe und Klarinette, für Flöte, Klarinette und Fagott, für Flöte, Oboe und Klavier, für Violine, Cello und Klavier, Sonaten für Klavier mit Violine, mit Cello, eine konzertante Fantasie für Violine und Klavier, ein Duo für Oboe und Klarinette, eine Konzertfantasie für Bratsche und Klavier, eine Sonatine für Klarinette und Klavier, 2 Sonaten und weitere Stücke für Klavier, ein Oratorium, eine Kantate sowie Lieder.

Antonín Rejcha (1770–1836)

ZEIT UND UMWELT

Josef Rejcha (13. 3. 1752, Chudenice, bis 5. 3. 1795, Bonn) war von 1774 bis 1785 erster Cellist am fürstlichen Orchester in Wallerstein und trat mit erfolgreichen Cellokonzerten, Duos und konzertanten Sinfonien für Cello und Violine auf. Er wurde in Bonn 1785 Konzertmeister am kurfürstlichen Orchester, in dem Ludwig van Beethoven Bratsche spielte, und bald darauf Kapellmeister am Nationaltheater.

LEBEN

Antonín Josef Rejcha (Anton, Antoine Reicha) wurde am 26. 2. 1770 in Prag als Neffe des Cellisten Josef Rejcha geboren. Als jener in Bonn die Theaterkapellmeisterstelle erhielt, nahm er seinen Neffen, der bisher ab 1790 im kurfürstlichen Orchester als Violinist gewirkt hatte, als zweiten Flötisten in das Nationaltheater auf. Nach der Auflösung der kurfürstlichen Residenz im Jahr 1794 begab sich Antonín Rejcha nach Hamburg und betätigte sich dort als Musiklehrer. Sein Plan, in Paris eine Oper herauszubringen, schlug fehl, dafür hatte er mit Instrumentalstücken Erfolg. Von 1802 bis 1808 lebte er in Wien, wo er seine in Bonn angebahnte Bekanntschaft mit Beethoven erneuern konnte und eine Oper auf die Bühne brachte. Im Jahr 1808 ließ er sich in Paris nieder und wurde 1818 Kompositionslehrer am Conservatoire. Er betreute diese Stelle bis zu seinem Tod am 28. 5. 1836.

WERKE

Von Antonín Rejcha sind 106 Opuszahlen und eine große Anzahl unnumerierter Kompositionen im Druck erschienen. Sein Werk umfaßt nahezu alle Musikgattungen vom Solo bis zur Sinfonie, vom Lied bis zur Oper. Er brachte den bereits vergessenen Kontrapunkt wieder zu Ehren und öffnete der Harmonik neue Wege, die von seinen zum Teil sehr berühmten Schülern in ihren heute noch geschätzten Werken begangen wurden. Er schrieb 2 Sinfonien, eine Ouvertüre, ein Oktett für vier Streich- und vier Blasinstrumente, 3 Streichquintette, 20 Streichquartette, ein Quartett für Klavier, Flöte, Cello und Fagott, 24 Bläserquintette, die zu seinen wertvollsten Werken zählen, 6 Quartette für Flöte, Violine, Bratsche und Cello, ein Quartett für vier Flöten, 7 Klaviertrios, ein Trio für drei Celli, 24 Horntrios, 4 Violinduos, 22 Flötenduos, Sonaten für Violine und Klavier, zahlreiche Klavierstücke – Sonaten, Etüden, Fugen, Fantasien, Variationen – und Orgelstücke. Viele Werke – Sinfonien, Ouvertüren, Konzerte, Kammermusik, Klavier- und Orgelwerke und die meisten Vokalwerke –, ein Requiem, ein Te Deum, die Kantate »Leonore« (Bürger), eine Fuge für zwei Chöre a cappella, das Melodram »Abschied der Johanna d'Arc« (nach Schiller) blieben Manuskript. Bei einer Reihe weiterer Kompositionen ist die Zuschreibung noch nicht gesichert. Sein musiktheoretisches Schrifttum zählt zum besten seiner Zeit. Er wurde auf vielen Gebieten stark von Beethoven beeinflußt, ohne jemals dessen Niveau zu erreichen.

LITERATUR

O. Šotolová, Antonín Rejcha, pedagog a skladatel, in: Hudební věda VII, 1970.

Friedrich Rellstab (1759–1813)

LEBEN

Johann Karl Friedrich Rellstab wurde am 27. 2. 1759 in Berlin geboren. Er wurde von Johann Friedrich Agricola und von Carl Friedrich Fasch gründlich, aber vor allem theoretisch ausgebildet, mußte aber nach dem Tod seines Vaters dessen Druckerei übernehmen, der er einen Musikalienhandel und einen Notenverleih anschloß. Er versuchte auch, Liebhaberkonzerte zu organisieren, was nicht glückte. Als er durch den Krieg 1806 sein Vermögen verlor und 1812 die Druckerei schließen mußte, war er Musiklehrer, Kritiker und Musikschriftsteller. Er starb am 19. 8. 1813 in Berlin.

WERKE

Außer einem nie aufgeführten Singspiel und

einigen Kantaten verfaßte Friedrich Rellstab mehrere Sinfonien, Ouvertüren und Lieder. Seine Bedeutung lag auf dem Feld der Musiktheorie und Musikdidaktik. Auch seine Kritiken und sonstigen schriftstellerischen Arbeiten sind sehr interessant und beweisen ein umfangreiches musikalisches Wissen. Dazu gehören unter anderem »Über die Bemerkungen eines Reisenden, die Berlinischen Kirchenmusiken, Concerte, Oper und die königliche Kammermusik betreffend«, Berlin 1788.

Johann Ernst Rembt (1749–98)

Zeit und Umwelt

Reisende Orgelvirtuosen waren um die Wende zum 19. Jahrhundert bei weitem häufiger als später. Sie führten in vielen Fällen ihr Instrument – zumeist ein Positiv – selbst mit sich; man stellte ihnen die Kirchenorgeln nicht immer zur Verfügung, weil ihr Repertoire in der Regel nicht auf sakrale Musik beschränkt war. Zuweilen war ihr Instrument eine Spezialanfertigung mit besonderen Klangeffekten.

Leben

Johann Ernst Rembt (Rempt) wurde am 27. 8. 1749 in Suhl, Thüringen, getauft. Er reiste als Orgelspieler durch Deutschland und spielte neben eigenen Kompositionen und Improvisationen Werke von Johann Sebastian Bach, der also auf keinen Fall zu den vergessenen Komponisten zählte. Ab 1773 wirkte er als Organist in Suhl, wo er am 26. 2. 1798 starb.

Werke

Von dem Orgelvirtuosen Johann Ernst Rembt sind eine »Sammlung kleiner Clavier- und Singstücke«, Fugetten, Trios und mehrere Choralvorspiele für Orgel erhalten. Sein Stil weist den Organisten als späten Bach-Jünger aus. Bezeichnend ist, daß er damit ein zahlreiches Publikum gewinnen konnte.

Eduard Reményi (1828–98)

Zeit und Umwelt

In den letzten Dezennien des 19. Jahrhunderts fügten die reisenden Virtuosen Japan und China den bisherigen Zielen hinzu. Das Publikum, für das sie dort spielten, bestand selbstverständlich aus europäischen und später auch aus amerikanischen Interessensvertretern. Kontakte mit der Musik der aufgesuchten Länder wurden erst später angebahnt.

Leben

Eduard Reményi wurde am 17. 1. 1828 in Miskolc, Ungarn, geboren. Er war von 1842 bis 1845 am Wiener Konservatorium Violinschüler bei Joseph Böhm. Im Jahr 1848 wurde er wegen Beteiligung am ungarischen Aufstand aus Österreich verwiesen und ging in die USA. Nach seiner Rückkehr nach Europa 1852 nahm er Johannes Brahms als Pianisten auf Konzertreisen mit. Er suchte 1854 England auf und erhielt dort die Ernennung zum Soloviolinisten der Königin Victoria. Nach einem Aufenthalt in Ungarn bereiste er zahlreiche westeuropäische Städte, ging 1878 neuerlich nach den USA und spielte auch in Kanada und Mexiko; 1887 trat er eine Weltreise an, die ihn bis nach Japan, China und Südafrika führte. Auf seiner letzten Tournee in Amerika starb er am 15. 5. 1898 in San Francisco.

Werke

Von Eduard Reményi sind ein Violinkonzert, mehrere Solostücke für Violine und zahlreiche Transkriptionen erhalten.

Alfonso Rendano (1853–1931)

Zeit und Umwelt

Leipzig genoß bis in das 20. Jahrhundert einen so großen Ruf als Ausbildungsstätte in allen Sparten der Musik, daß sogar Italiener in das Konservatorium der Stadt eintraten, obschon es im eigenen Land ausgezeichnete Musikschulen gab.

Leben
Alfonso Rendano wurde am 5.4.1853 in Carolei bei Cosenza geboren. Er war in Neapel Klavierschüler von Sigismund Thalberg, studierte nach Konzertreisen nach Paris und London in Leipzig bei Carl Reinecke und bei Ernst Friedrich Richter. Dann wurde er Klavierlehrer am Konservatorium in Neapel, wo er für einige Jahre eine private Musikschule gründete. Er lebte zuletzt in Rom, wo er am 10.8.1931 starb.

Werke
Neben einer Oper und mehreren Orchesterwerken verfaßte Alfonso Rendano ein viel gespieltes Klavierkonzert, einige Kammermusik und eine Anzahl Klavierstücke. Er war einer der letzten romantischen Komponisten Italiens.

Adam Rener (um 1485–1520)

Zeit und Umwelt
Die Hofkapelle Maximilians I. gewährleistete den Mitgliedern neben einer hervorragenden Ausbildung eine vorzügliche Empfehlung für andere Kapellen. Wer durch die Schule gegangen war, in der Meister von Isaac bis Senfl gewirkt hatten, mußte selbst zum Meister geworden sein. Auch seine ideologische Einstellung war dadurch gekennzeichnet, denn des Kaisers Toleranz und Großzügigkeit waren bekannt und wurden nur vom Kurfürsten Friedrich dem Weisen in Torgau übertroffen.

Leben
Adam Rener (Renerus Leodiensis, Adam von Lüttich) wurde um 1485 in Lüttich geboren. Er trat 1498 in die Hofkapelle Maximilians I. ein, ging 1500 zum Studium nach Brabant und nahm von 1507 bis zu seinem Tod in Altenburg im Jahre 1520 bei Friedrich dem Weisen in Torgau die Stelle eines Komponisten und Hofhistoriographen ein.

Werke
Der niederländische Komponist Adam Rener hinterließ mehrere Messen, Hymnen, Sequenzen, Magnificat, Motetten und 2 Liedsätze. Alle Kompositionen sind vierstimmig und zeigen den Stil von Isaac.

Literatur
J. Kindermann, Die Messen Adam Reners, Kiel 1963.

Javier Rengifo (1884–1958)

Leben
Javier Rengifo wurde am 17.3.1884 in Santiago de Chile geboren. Er studierte an seinem Geburtsort, gründete 1925 ein Konservatorium, wurde 1928 Leiter der Musikakademie und des Kammerorchesters. Er starb am 26.10. 1958 in Santiago de Chile.

Werke
Von Javier Rengifo sind 2 Opern, eine Zarzuela und eine Ballettpantomime aufgeführt worden. Er schrieb ferner die Orchesterwerke »Pastorales Gedicht«, »Suite española« und ein sinfonisches Bild, an Kammermusik eine Sonate und eine Ballade für Cello und Klavier und an Vokalwerken eine Hymne für Soli, Chor und Orchester, eine Hymne für Chor und Streichorchester und eine Kantate für Solostimme und Orchester. Er machte als einer der ersten Südamerikaner den Schritt von lokalgebundener Folkloristik zu internationalen Strukturen.

Henriette Renié (1875–1956)

Leben
Henriette Renié wurde am 18.9.1875 in Paris geboren. Sie war Schülerin des Harfenlehrers Alphonse Jean Hasselmans (Lüttich, 5.3.1845, Lüttich, bis 19.5.1912, Paris) und erhielt bereits mit 12 Jahren den Ersten Preis im Harfenspiel des Pariser Conservatoire. Später war sie Kompositionsschülerin von Théodore Dubois und Charles Lenepveu. Sie unternahm zahlreiche Konzertreisen, regte eine Anzahl

zeitgenössischer Komponisten an, für Harfe zu schreiben, und bildete viele Schüler aus. Sie starb am 1.3.1956 in Paris.

WERKE
Von Henriette Renié sind ein Harfenkonzert, eine Elegie für Harfe und Orchester, Trios für Harfe, Violine und Cello und für Harfe, Flöte und Fagott, zahlreiche Solostücke und Bearbeitungen älterer und neuer Klaviermusik für die Harfe bekannt geworden. Sie verfaßte eine Methode des Harfenspiels.

Nicolas Renier (um 1670 bis um 1731)

ZEIT UND UMWELT
Die Ausweitung des Opernbetriebes erhöhte auch in Paris den Bedarf an ausgebildeten Sängern. Die Ausbildung an den verschiedenen Maîtrisen war vor allem auf den Kirchengesang ausgerichtet. Zur wirklichen Stimmbildung mußten Gesanglehrer aufgesucht werden, die sich in immer steigender Anzahl etablierten.

LEBEN
Nicolaus Renier wurde um 1670 vermutlich in Paris geboren. Er lebte als Gesanglehrer in Paris und starb dort um 1731.

WERKE
Der französische Gesanglehrer und Komponist Nicolas Renier brachte ab 1707 nahezu jedes Jahr eine Sammlung Arien heraus, die zu den besten seiner Zeit zählten. Er schrieb auch französische Kantaten mit Instrumentaleinlagen.

Hubert Renotte (1704–45)

ZEIT UND UMWELT
Das Zusammengehörigkeitsgefühl der alten Musiklandschaft des franko-flämischen Raums war auch noch in Zeiten, in denen seine »Schule« nicht mehr lebendig war, wirksam. Französische Musiker fanden ebensoleicht in flämischen Gebieten ein Betätigungsfeld, wie Flamen bei französischen Kapellen willkommen waren.

LEBEN
Hubert Renotte wurde am 24. 2. 1704 in Outre-Meuse getauft. Er war zunächst Gesanglehrer in Tongeren, darauf von 1730 bis 1735 Phonascus an St-Martin in Lüttich und schließlich bis zu seinem Tod am 23. 6. 1745 Organist der Lütticher Kathedrale St-Lambert.

WERKE
Von Hubert Renotte sind 6 Sonaten für Querflöte und Continuo, 6 Triosonaten und mehrere Cembalostücke erhalten, die dem herrschenden französischen Stil folgen. Von seiner Kirchenmusik sind nur Vespern und ein vierstimmiges Magnificat mit Violinen und Orgel handschriftlich überliefert.

Balthasar Resinarius (um 1486–1544)

ZEIT UND UMWELT
Böhmisch-Leipa (Česká Lîpa) muß als bescheidener Bischofssitz angesehen werden. Doch in den Rand- und Streugebieten der Reformation standen zumeist keine größeren Siedlungen zur Verfügung, und die großen bischöflichen Palais in den großen Städten waren von den Katholiken besetzt.

LEBEN
Balthasar Resinarius (Herzer, Hertzer) wurde um 1486 in Tetschen (Děčín) geboren und war unter Isaac Sängerknabe in der Hofkapelle Maximilians I. Er hat vermutlich 1515 in Leipzig Theologie studiert und bis 1522 als katholischer Geistlicher gewirkt. Er konvertierte und fungierte von 1534 bis zu seinem Tod in Böhmisch-Leipa am 12. 4. 1544 als lutherischer Bischof.

WERKE
Balthasar Resinarius brachte 80 Responsorien für Lateinschulen heraus, daneben einzelne Motetten und 30 Sätze in »Newe deud-

sche geistliche Gesenge«. Außerdem liegen zahlreiche nur handschriftlich überlieferte Werke, wie Passionen, Hymnen, Gesänge und Orgelstücke, vor.

LITERATUR

J. Moser, Die Musik im frühevangelischen Österreich, Kassel 1954.

Ottorino Respighi (1879–1936)

LEBEN

Ottorino Respighi wurde am 9.7.1879 in Bologna geboren. Er studierte von 1891 bis 1899 in Bologna am Liceo musicale Violine und Bratsche und bei Luigi Torchi (7.11.1858, Mordano, Bologna, bis 18.9.1920, Bologna) und Giuseppe Martucci Komposition und anläßlich seines Wirkens als Erster Bratschist der italienischen Opernstagione in St. Petersburg noch bei Nikolai Rimski-Korsakow. Nach mehrjähriger Tätigkeit als Quartettspieler wurde er Kompositionslehrer am Konservatorium in Rom, das er von 1924 bis 1926 leitete. Als Pianist und Gastdirigent bereiste er ganz Europa, Nord- und Südamerika. Er starb am 18.4.1936 in Rom als einer der bekanntesten italienischen Komponisten der ersten Hälfte des 20. Jahrhunderts.
Seine Frau Elsa Olivieri Sangiacomo-Respighi (geboren 24.3.1894, Rom) studierte am Konservatorium in Rom bei Giovanni Sgambati und ihrem späteren Mann und trat neben ihrer kompositorischen Tätigkeit als Konzertsängerin auf.

WERKE

Von den 10 Opern von Ottorino Respighi wird die eine oder andere zuweilen in Italien aufgeführt, ebenso seine Bearbeitungen von »Orfeo« und »Lamento d'Arianna« von Claudio Monteverdi (1567–1643). Von seinen 3 Balletten hat sich der »Zauberladen« nach Musik von Gioacchino Rossini (1792 bis 1868) bis in unsere Gegenwart auf den Bühnen erhalten. Seine Orchesterwerke »Römische Brunnen«, »Römische Pinien«, »Römische Feste«, »Kirchenfenster«, »Brasilianische Impressionen«, »Triptychon von Botticelli« und »Die

Ottorino Respighi

Vögel« haben weltweit seinen Ruf begründet. Er schrieb außerdem eine »Dramatische Sinfonie«, die Orchestersuite »Antike Tänze und Arien für die Laute«, »Metamorphosen«, 2 Klavierkonzerte, eine »Fantasie und Toccata« für Klavier und Orchester, 2 Violinkonzerte, ein Cellokonzert, ein Konzert für Violine, Oboe, Trompete, Kontrabaß, Klavier und Streicher, 3 Streichquartette, 11 Stücke für Violine und Klavier, ein Klavierquintett, Klavierstücke, 4 Kantaten und Lieder.
Elsa Olivieri Sangiacomo-Respighi schrieb 3 Opern, 3 Orchesterlieder, 3 Chöre, eine Kantate, eine sinfonische Dichtung, ein »Romantisches Intermezzo« für Bratsche, Flöte und Harfe sowie Klavierlieder.
Die Musik von Ottorino Respighi ist spätromantisch, enthält jedoch viele moderne Züge, insbesonders polytonale und polyrhythmische Passagen.

Le Fontane di Roma (Römische Brunnen), Sinfonische Dichtung, 4 Teile, entstanden 1916

Mit diesem Werk gibt der Komponist Empfindungen und Vorstellungen wieder, die in ihm bei vier römischen Brunnen aufsteigen: der 1. Teil, Fontana in Valle Giulia im Morgengrauen, erzeugt die Vision einer Hirtenlandschaft am Morgen; der 2. Teil, La Fontana del Tritone am Vormittag, zaubert Najaden und Tritonen herbei, die inmitten der Wasserstrahlen einen Tanz aufführen; Teil 3, La Fontana di Trevi zu Mittag, zeigt Neptun, der auf einem von Seepferdchen gezogenen Wagen mit einem Gefolge aus Sirenen und Tritonen vorüberzieht; Teil 4, La Fontana di Villa Medici am Abend, vermittelt die Stimmung des Sonnenuntergangs und des Anbruchs der Nacht.

I Pini di Roma (Römische Pinien), Sinfonische Dichtung, 4 Teile, entstanden 1924

Der Komponist bemerkt zum 1. Teil »I pini di villa Borghese«: »Zwischen den Pinien der Villa Borghese spielen Kinder. Sie tanzen Ringelreihen, führen militärische Märsche und Schlachten auf und berauschen sich an ihrem eigenen Geschrei wie Schwalben am Abend; dann laufen sie davon . . .«; zu Teil 2, »Pini presso una catacomba«: »Unvermutet wechselt die Szene. Zum Schatten der Pinien rings um den Eingang einer Katakombe erklingt aus deren Tiefe ein wehmütiger Gesang, erhebt sich zur feierlichen Hymne und verklingt dann wieder«; zum 3. Teil, »I pini del Gianicolo«: »Ein Zittern geht durch die Luft; in klarer Vollmondnacht wiegen die Pinien des Janiculus sanft ihre Wipfel. In den Zweigen singt eine Nachtigall«; zu Teil 4, »Pini della Via Appia«: »Morgennebel über der Via Appia. Einsame Pinien stehen Wacht in der tragischen Landschaft der römischen Campagna. Undeutlich, aber immer wieder glaubt man den Rhythmus zahlloser Schritte zu hören. Man sieht im Geist uralten Ruhm wieder aufleben. Unter dem Geschmetter der Buccinen naht ein Konsul mit seinen Legionen, um im Glanz der aufgehenden Sonne zur Via sacra und zum Tempel auf dem Kapitol zu ziehen.«

Elsa Respighi

Feste Romane (Römische Feste), Sinfonische Dichtung, 4 Teile, entstanden 1928

Teil 1: Circenses. Das Volk erwartet im Circus Maximus die Spiele; die eisernen Tore werden geöffnet, man hört einen Choral und zugleich das Brüllen der wilden Tiere; der Gesang der Märtyrer schwillt an, bis er im Tumult untergeht. Teil 2: Giubilio (Das Jubiläum). Betende Pilger ziehen auf der Straße dahin. Endlich erblicken sie vom Monte Mario aus die heilige Stadt, Rom. Zum Geläute aller Kirchenglocken brechen die Pilger in eine jubelnde Hymne aus. Teil 3: L'ottobrata (Herbstfest). In den römischen Kastellen, Jagdsignale, Pferdeschellen, Liebeslieder, von ferne erklingt eine Serenade. Teil 4: La Befana (Epiphanie). Feier auf der Piazza Navena, Gassenhauer, Drehorgeln, Ausrufer, buntes Treiben, Gegröle Betrunkener.

Vetrate di chiesa (Kirchenfenster), Sinfonische Dichtung, 4 Teile, entstanden 1927

Teil 1: Die Flucht nach Ägypten. Eine Karawane mit dem Jesuskind. Teil 2: Erzengel Michael mit dem Flammenschwert gegen die revoltierenden Engel. Teil 3: Der Morgen der heiligen Clara. Diese Heilige des 13. Jahrhunderts wird auf wunderbare Weise in eine kleine Kirche entrückt, um am Frühgottesdienst teilnehmen zu können. Teil 4: Gregor der Große. Der Papst segnet in seinem Ornat eine Volksmenge.

Trittico Botticelliano (Triptychon von Botticelli), Sinfonisches Gedicht, 3 Teile, entstanden 1927

Der Komponist gibt den Eindruck wieder, den drei Bilder des florentinischen Renaissancemalers Sandro Botticelli (1444–1510) auf ihn ausübten. Teil 1: »Frühling«. Ekstatische Triller mit fröhlichen Hornrufen schildern die Jahreszeit. Das Trio bestreiten Oboe, Klarinette und Fagott im antiken Stil, dann setzt das Jubilieren der Triller erneut ein. Drauf tragen Holzbläser, Streicher, Celesta und das mit äußerster Farbigkeit eingesetzte Klavier ein tänzerisches Thema vor, das im Krebsgang wiederholt wird. Teil 2: »Die Anbetung der Weisen«. Das Fagott und darauf die Oboe spielen eine liebliche Siciliana, dann setzt das gesamte Orchester mit herrlicher Farbgebung fröhlich ein. Der Teil schließt aber in pastoraler Ruhe ab. Teil 3:

»Die Geburt der Venus«. Ein Dialog von Flöte und Klarinette wird von Streichern piano begleitet. Dann blüht die Musik ekstatisch auf und mündet in einen ruhigen, verklärten Abschluß.

Rossiniana, Suite, 4 Sätze, entstanden 1925
Der Komponist entnahm die Themen zu diesem reizenden Stück den Kompositionen, die Gioacchino Rossini »Sünden seines Alters« nannte, und zwar aus der Sammlung zahlreicher kleiner Klavierstücke »Einige Nichtigkeiten für das Album«. Der 1. Satz, »Capri e Teormina«, beschwört den Zauber des italienischen Südens herauf. Der 2. Satz, »Lamento«, beginnt mit drei Tam-tam-Schlägen, dann tragen Celli und Bratschen eine ausdrucksreiche Melodie vor. Nach einer Harfenkadenz erklingt ein kurzes Zwischenspiel, das mit einer Kadenz der Klarinette endet. Darauf setzt erneut das traurige Thema ein, das schließlich mit drei leisen Tam-tam-Schlägen abschließt. Der 3. Satz, »Intermezzo«, bringt zartes tänzerisches Spiel. Der 4. Satz ist eine leidenschaftliche »Tarantella«, die im Mittelteil von einer frommen Prozession unterbrochen wird.

Die Vögel, Suite, 5 Teile, entstanden 1927
Das Stück fußt wie mehrere andere Werke des Komponisten auf alten Arien und Tänzen, und zwar Nr. 1: »Praeludium« auf einer Komposition von Bernardo Pasquini (1637–1710), Nr. 2: »Die Taube« auf einem Werk des Lautenisten und Komponisten Jacques de Gallot (nach 1600, bis um 1690), Nr. 3: »Die Henne« auf einem berühmten Stück für Tasteninstrumente von Jean-Philippe Rameau (1683–1764), Nr. 4: »Die Nachtigall« auf einem Werk eines anonymen englischen Komponisten des 17. Jahrhunderts, Nr. 5: »Der Kuckuck« auf ein weiteres Stück von Bernardo Pasquini. Die Suite klingt mit einer Coda aus melodischen Fragmenten der verwendeten Themen aus.

LITERATUR

R. de Rensis, Ottorino Respighi, Turin 1935. E. Respighi, Ottorino Respighi, Mailand 1954. Ph. L. Skoldberg, The String Quartets of Ottorino Respighi, Indiana 1967.

Julius Reubke (1834–58)

ZEIT UND UMWELT

Franz Liszt hat die Form der sinfonischen Dichtung auch in die Orgelmusik einbezogen und dadurch diesem Instrument einen weiten Wirkungsbereich im Rahmen der profanen Musik geöffnet und gleichzeitig eine neue Musikgattung geschaffen. Die bisher gespielten Choräle gaben deren bereits allen Kirchenbesuchern bekannte Melodien wieder, so daß sie wörtlich »mitgedacht« werden konnten. Die sakrale sinfonische Dichtung folgt dem textlichen Vorwurf nur sinngemäß interpretierend und damit auch vertiefend.

LEBEN

Julius Reubke wurde am 23.3.1834 in Hausneindorf, Harz, als Sohn des Orgelbauers Adolf Reubke (6.12.1805, Hausneindorf, bis 3.3.1875, Hausneindorf) geboren. Er war Lieblingsschüler von Franz Liszt, der ihm eine große Zukunft als Komponist voraussagte, die jedoch durch dessen frühen Tod am 3.6.1858 in Pillnitz vereitelt wurde.
Sein Bruder Otto Reubke (2.11.1842, Hausneindorf, bis 18.5.1913, Halle) war Schüler von Adolf Bernhard Marx und Hans von Bülow am Sternschen Konservatorium in Berlin, von Moritz Hauptmann in Leipzig und von Franz Liszt und Alexander Ritter in Weimar. Er wirkte von 1867 bis 1911 als Dirigent der Singakademie in Halle und daneben ab 1892 als Universitätsmusikdirektor.

WERKE

Von Julius Reubke sind außer verschiedenen Klavierstücken und Liedern eine Sonate in b-Moll und eine programmatische Orgelsonate in c-Moll überliefert.
Otto Reubke verfaßte Chöre, Lieder und Klavierstücke.

Sonate »Der 94. Psalm« für Orgel in c-Moll, 3 Sätze
Nach einer Graveeinleitung interpretiert ein Larghetto die ersten zwei Psalmverse und anschließend ein Allegro con fuoco den dritten. Der 2. Satz drückt im Adagio aus: »Ich hatte viel Bekümmernisse in meinem Herzen; aber deine Tröstungen ergötzten meine Seele.« Das Finale schließt diese ausgeprägt orchestrale sinfonische Dichtung mit einer freien Fuge grandios ab.

LITERATUR

H. Keller, Der Orgelkomponist Julius Reubke, in: Musik und Kirche XXIX, 1959.

Maurice Reuchsel (1880–1968)

Leben

Louis Joseph Maurice Reuchsel wurde am 22.11.1880 in Lyon geboren. Er war Schüler seines Vaters, studierte darauf am Conservatoire in Paris und reiste als Violinist und Virtuose auf der Viola d'amore durch Westeuropa. Von 1900 bis 1950 wirkte er als Musiklehrer und als Musikkritiker in Lyon, wo er am 12.7.1968 starb.
Sein Bruder Amédée Reuchsel (21.3.1875, Lyon, bis 10.7.1931, Montereau, Loiret) war in Brüssel Schüler von Edgar Tinel und Joseph Dupont und in Paris von Gabriel Fauré. Er wirkte als Organist an St-Denis in Paris.
Sein Vater Pierre-Léon Reuchsel (11.2.1840, Vesoul, Haute-Saône, bis 11.8.1915, Lyon), Sohn des Theaterkapellmeisters in Würzburg, Johannes Reuchsel (28.3.1791, Bettenhausen bei Meiningen, bis 15.3.1871, Lyon), war von 1861 bis 1915 Organist an St-Bonaventura und Dirigent des Caecilien-Vereins in Lyon.

Werke

Von Maurice Reuchsel sind ein Ballett, ein Konzertstück, eine Suite italienne für Violine und Orchester, ein Konzertstück für Saxophon und Orchester, mehrere Kammermusik, 3 Psalmen, Motetten, eine Messe für gemischten Chor und Lieder bekannt geworden. Sein Stil war neuromantisch.
Amédée Reuchsel schrieb eine Oper, ein Oratorium, ein Cellokonzert, ein Klavierquartett, ein Streichquartett, ein Klaviertrio, ein Bläsersextett mit Klavier, eine Cellosonate, 2 Violinsonaten, 3 Orgelsonaten, Klavierstücke, Männerchöre und Lieder.
Pierre-Léon Reuchsel schrieb Messen, Motetten und Kantaten.
Die zahlreichen Kompositionen von Johannes Reuchsel wurden nicht veröffentlicht.

Johannes Reusch (um 1523–82)

Zeit und Umwelt

Kurfürst Moritz von Sachsen gründete mit dem Erlös des eingezogenen Klosterbesitzes 1543 protestantische Internats-Gymnasien in Pforta und Meißen (1550 auch in Grimma), in denen im Sinn des humanistischen Bildungsideals die Musikpflege eine große Rolle spielte. Die Schüler kamen zumeist aus adeligen Familien, es wurden aber auch begabte Söhne bürgerlicher Väter aufgenommen, in speziellen Fällen sogar kostenlos. Sie erhielten die gleiche Ausbildung und gesellschaftliche Erziehung wie die Adeligen.

Leben

Johannes Reusch (Johann) wurde um 1523 in Rotach, Coburg, geboren. Er war 1538 in Naumburg Schüler von Heinrich Faber und studierte ab 1543 an der Universität Wittenberg. Im Jahre 1547 wurde er Kantor an der Fürstenschule von Meißen, fungierte von 1548 bis 1555 als Rektor der Stadtschule und darauf als Kanzler des Stiftes Wurzen, der ehemaligen Residenz der Bischöfe von Meißen. Er starb in Wurzen am 27. 2. 1582.

Werke

Der Kantor und Komponist Johannes Reusch hinterließ Vertonungen der Oden von Georg Fabricius für vier Stimmen, »Zehen deutscher Psalm Davids« für vier Stimmen, eine Anzahl Motetten und etliche Gelegenheitskompositionen. Reusch war ein Kontrapunktiker strengster Richtung, kannte aber auch schon eine motivische Verarbeitung des Themas. Sein Beitrag zur Entwicklung des deutschen Liedes war beträchtlich.

Literatur

Th. W. Werner, Die im Herzoglichen Hausarchiv zu Zerbst aufgefundenen Musikalien, Zeitschrift für Musikwissenschaft, 1919/20.

Esaias Reusner (1636–79)

Zeit und Umwelt

Bogusław Radziwill (1620–69) war der letzte Calvinist seiner fürstlichen Familie. Er verband sich mit Schweden und dann mit Brandenburg gegen Polen. Gemeinsam mit dem Kosakenhetman Bohdan Michailowitsch Chmelnizki (um 1595–1657) und dem Fürsten von Siebenbürgen György Rákóczy II.

(1621–60) betrieb er Pläne, Polen aufzuteilen. Er wurde von Kurfürst Friedrich Wilhelm von Brandenburg (1620–88) im Jahr 1657 zum Gouverneur des Herzogtums Preußen ernannt.

LEBEN
Esaias Reusner (Reussner) wurde am 29. 4. 1636 in Löwenberg (Lwówek Śląski), Schlesien, geboren und ab 1661 am Hof des litauischen Fürsten Bogusław Radziwill als Lautenist ausgebildet und gefördert. Er kam zunächst an den herzoglichen Hof in Brieg (Brzeg). Im Jahr 1672 übersiedelte er nach Leipzig, wo er an der Universität Lautenunterricht erteilte und als Theorbist in Kirchenkapellen mitwirkte; 1674 wurde er von Kurfürst Friedrich Wilhelm als Kammerlautenist nach Berlin gerufen, wo er am 1. 5. 1679 starb.

WERKE
Der deutsche Lautenist und Komponist Esaias Reusner ist zu den bedeutendsten Lautenisten des 17. Jahrhunderts zu zählen. Er führte den neuen Stil der französischen Lautenschule in Deutschland ein. Unter dem Titel »Deliciae Testudinis« (Lautenfreude) schrieb er 15 Lautensuiten und eine Courante. Weiters verfaßte er »Musikalische Taffelerlustigungen« (Orchestersuiten für Violine, zwei Violen da braccio und Generalbaß), »Musikalische Gesellschaftsergetzung« (Orchestersuiten mit gleicher Besetzung), »Neue Lauten-Früchte« (13 Suiten und eine Passacaglia für Laute) und »Hundert geistliche Melodien evangelischer Lieder«.

Georg Reutter (1656–1738)

ZEIT UND UMWELT
Unter den drei Kaisern Ferdinand III., Leopold I. und Joseph I. wurde in Wien eine Orgeltradition begründet, die wohl in Italien ihren Ursprung genommen hatte, aber sich rasch zu einem selbständigen Zweig der Musikentwicklung geformt hat. Auch sie bereitete den Boden für das Einsetzen der Wiener Klassik vor, die der gesamten abendländischen Musik ein neues Profil verlieh.

LEBEN
Georg Reutter wurde am 4. 11. 1656 in Wien getauft. Er dürfte Schüler von Johann Kaspar Kerll gewesen sein, dem er 1686 als Organist am Stephansdom nachfolgte. Von 1697 bis 1703 war er Theorbist an der Wiener Hofkapelle, ab 1700 auch Hof- und Kammerorganist, wurde um 1712 zweiter Kapellmeister und ab dem Jahr 1715 erster Kapellmeister am Stephansdom. Er starb in Wien am 29. 8. 1738.

WERKE
Der österreichische Organist und Komponist Georg Reutter verfaßte eine Anzahl Messen und andere sakrale Gesänge mit verschiedenen Besetzungen, außerdem eine Reihe interessanter Orgelwerke und Stücke für Tasteninstrumente. Sein Orgelstil ist klar und etwas lapidar und vermeidet viele Zutaten, die Barockmeister in der Regel für unerläßlich hielten.

LITERATUR
N. Hofer, Die beiden Reutter als Kirchenkomponisten, Wien 1915.

Georg Reutter (1708–72)

ZEIT UND UMWELT
Kaiserin Maria Theresia setzte bald nach ihrem Regierungsantritt die Anzahl der Hofmusiker drastisch herab, so daß von einem störungsfreien Einsatz der Hofkapelle kaum noch gesprochen werden konnte. Im Jahr 1751 wählte die Kaiserin die Methode, ihrem Hofkapellmeister jährlich 20.000 Gulden zu übergeben. Mit diesem Betrag sollte er sich selbst und den gesamten vokalen und instrumentalen Klangkörper der Kapelle bezahlen und alle anderen Aufwendungen bestreiten. Die Summe reichte bei weitem nicht aus. Die Anzahl der Hofmusiker wurde weiter gesenkt, indem man Abgänge nicht mehr ersetzte. Der mehrfach ausgesprochene Ver-

dacht, daß der Hofkapellmeister die Kapelle reduziere, um sich selbst ein möglichst hohes Honorar zu sichern, ist bereits durch das geringe jährliche Budget widerlegt.

LEBEN

Johann Adam Joseph Karl Georg Edler von Reutter wurde am 6. 4. 1708 in Wien als Sohn von Georg Reutter (1656–1738) geboren. Er war Schüler seines Vaters und von Antonio Caldara. Nach einer Italienreise wurde er 1731 Hofkomponist und 1738 Erster Domkapellmeister am Stephansdom in Wien. Im Jahr 1747 erhielt er die Stelle des Zweiten Hofkapellmeisters und Leiters der gesamten Kirchenmusik und 1759 die des Ersten Hofkapellmeisters, nachdem er 1756 auch Zweiter Kapellmeister an St. Stephan geworden war. Kaiserin Maria Theresia überantwortete ihm 1751 gegen einen jährlichen festen Betrag die gesamte Hofkapelle. Er wurde 1740 geadelt, am 11. 3. 1772 starb er in Wien.

WERKE

Das kompositorische Werk von Georg Reutter umfaßte 677 Nummern. Darunter befanden sich 41 Opern und andere dramatische Kompositionen, zahlreiche Oratorien, etwa 80 Messen, viele Kantaten und Motetten sowie Sinfonien und andere Instrumentalwerke sowie Musik für Tasteninstrumente. Seine Musik wurde von den Zeitgenossen wegen ihrer wirkungsvollen Instrumentierung sehr geschätzt, seine »rauschenden Violinen« wurden zum stehenden Begriff. Es muß aber zugegeben werden, daß alles, was er schrieb, wenig Tiefgang hatte.

Georg Reutter

LITERATUR

L. Stollbrock, Leben und Wirken des k. k. Hofkapellmeisters Johann Georg Reutter junior, Vierteljahresschrift für Musikwissenschaft VIII, 1892.

Silvestre Revueltas (1899–1940)

LEBEN

Silvestre Revueltas wurde am 31.12.1899 in Santiago Papasquiaro, Mexiko, geboren. Er studierte in Mexiko, Chikago und New York und trat anschließend als Violinist auf. Nachdem er in verschiedenen Städten des Südens der USA bis 1928 tätig gewesen war, wirkte er als Assistent von Carlos Chávez, als Zweiter Dirigent des Sinfonieorchesters und als Professor für Violine und Kammermusik am Konservatorium in Mexiko-Stadt, wo er am 5.10. 1940 starb.

WERKE

Die Kompositionen von Silvestre Revueltas sind von der mexikanischen Folklore inspiriert. Glanzvolle Melodik, kraftvolle Rhythmik und auch überlegener Humor sowie bitterer Sarkasmus sind ihre Kennzeichen. Er schrieb 3 Stücke für großes Orchester und 3 für Kammerorchester, eine Toccata für Violine und kleines Orchester, 3 Streichquartette, 3 Stücke für Klavier und Violine, »Sieben Lieder« für Singstimme und verschiedene Instrumente, ein Lied für Sopran und Orchester, eine Anzahl Filmmusiken und 2 Ballette.

Lewko Rewucki (1889–1977)

Leben

Lewko Mikolajewitsch Rewucki wurde am 8.2.1889 in Irschawec bei Piltawa (Poltawa), Ukraine, geboren. Am Konservatorium in Kiew studierte er bei Reinhold Glier. Ab 1924 unterrichtete er in Kiew am Musikalisch-dramatischen Institut und ab 1933 am Konservatorium; von 1941 bis 1944 wirkte er als Musiklehrer in Taschkent. Er wurde mit hohen Preisen ausgezeichnet und war Mitglied der Ukrainischen Akademie der Wissenschaft. Er starb am 4.4.1977 in Kiew.

Werke

Von Lewko Rewucki sind 2 Sinfonien, 2 Klavierkonzerte, ein Tongedicht für Soli, Chor und Orchester, ein Chorwerk sowie arrangierte ukrainische Volksmelodien bekannt geworden. Er nahm in der Entwicklung der modernen ukrainischen Musik eine wichtige Position ein.

Literatur

G. Kisselow, Lewko Mikolajewitsch Rewucki, Kiew 1949.

Cemal Reşid Rey (geboren 1904)

Leben

Cemal Reşid Rey wurde am 25.10.1904 in Istanbul geboren. Er studierte in Paris bei Marguérite Long Klavier, von 1914 bis 1919 am Konservatorium in Genf und von 1920 bis 1923 erneut in Paris bei Marguérite Long und bei Raoul Laparra Komposition. Ab 1923 ist er Professor für Klavier und Komposition am Konservatorium in Istanbul, ab 1946 Dirigent des Sinfonieorchesters und Chefdirigent der Philharmonischen Gesellschaft und ab 1949 Leiter der Musikabteilung bei Radio Istanbul.

Werke

Von Cemal Reşid Rey sind mehrere Opern, Operetten und eine Revue in seiner Heimat aufgeführt worden. Er schrieb außerdem 2 Sinfonien, 2 sinfonische Dichtungen, 3 »sinfonische Scherzi«, einen »Instrumentalen Dialog« für Flöte, zwei Hörner, Harfe und Streicher, 3 Klavierkonzerte, 2 Violinkonzerte, ein Cellokonzert, Klavierstücke, »10 türkische Volkslieder« für gemischten Chor und Klavier. Sein Stil war von Debussy, Ravel und Strawinsky beeinflußt, stützte sich jedoch auch auf die türkische Folklore.

Jean-Baptiste Rey (1734–1810)

Zeit und Umwelt

Auch hohe Stellungen im Musikbetrieb des Königshofes und Auszeichnungen aus der Hand des Königs bildeten in den Wirren der Französischen Revolution keine Gefahr. Sobald die Musikbühnen wieder zu spielen begannen und die Konzertunternehmen erneut in Funktion traten, wurden die Musiker herangeholt und in ihre alten oder in neu geschaffene Stellungen eingesetzt.

Leben

Jean-Baptiste Rey wurde am 18. 12. 1734 in Lauzerte, Tarn-et-Garonne, geboren. Er wurde in jungen Jahren in Toulouse zum Musiker ausgebildet, wo er später Dirigent des Opernorchesters war. Bis zu seinem 40. Lebensjahr wirkte er in ähnlicher Eigenschaft in Montpellier, Marseille, Bordeaux und Nantes. Im Jahr 1776 wurde er an die Oper in Paris berufen und 3 Jahre darauf zum Leiter der Privatkapelle des Königs ernannt. Gleichzeitig erhielt er den Michaelsorden und die Stelle des Oberaufsehers der Königlichen Kapelle, 1781 wurde er Dirigent der Großen Oper. Zwischen 1782 und 1786 dirigierte er die Aufführungen des Concert spirituel. Nach den ersten Revolutionsjahren wurde er Mitglied des Institut National de Musique und später Kompositionslehrer am Konservatorium. Als er diese Stelle wegen seines Konservativismus 1802 verlor, ernannte ihn Napoleon zum Kapellmeister. Er starb am 15. 7. 1810.
Sein Bruder Louis Charles Joseph Rey (26. 10. 1738, Lauzerte, bis 12. 5. 1811, Paris) war Chorknabe an der Abtei St-Sernin in Tou-

louse. Im Jahr 1755 ging er nach Paris, um bei dem berühmten Cellolehrer Martin Berteau Unterricht zu nehmen. Zwei Jahre darauf wurde er Cellist am ersten Theater von Bordeaux, 1766 Mitglied des Pariser Opernorchesters und 1772 des Orchesters der Königlichen Kapelle. Mit einiger Unterbrechung während der ersten Revolutionsjahre wirkte er im Opernorchester bis 1806.

WERKE

Außer seiner Ballettmusik verfaßte Jean-Baptiste Rey eine Anzahl vorzüglicher Motetten mit Orchester, mehrere Solfeggien und 2 Opern. Sein Hauptverdienst bestand in der Dirigententätigkeit für zeitgenössische Opern.
Von Louis Charles Joseph Rey sind einige Trios für zwei Violinen und Cello und Duos für Violine und Cello erhalten.
Beide näherten sich dem Stil der Vorklassik.

Jean-Baptiste Rey (um 1760–1822)

LEBEN

Jean-Baptiste Rey wurde um 1760 in Tarascon geboren. Er soll sich im Selbstunterricht zum Cembalisten, Violinisten und Cellisten ausgebildet haben. In den Kathedralen von Viviers und von Uzes wirkte er als Kapellmeister, bis er 1785 nach Paris ging und sich dort als Musiklehrer niederließ. Ein Jahr darauf wurde er bereits als Cellist in das Opernorchester aufgenommen und blieb in dieser Stelle bis zu seinem Tod im Jahr 1822.

WERKE

Von Jean-Baptiste Rey kam ein Potpourri beliebter Melodien für Pianoforte heraus, außerdem 12 Cellosonaten. Er schrieb ein Lehrwerk und eine musiktheoretische Abhandlung.

Ernest Reyer (1823–1909)

ZEIT UND UMWELT

Nahezu zwangsläufig floß in die französische Romantik das koloniale Element in breiten Strömen ein. Nordafrikanische, vorderasiatische und indische Thematik, oft oberflächlich kopiert und mißverstanden, erschienen in der Literatur und in den Libretti. Musik dieser Landstriche wurde mit europäischer Melodik kombiniert und harmonisiert, Fünftonskalen in Kontrapunktik eingebaut, exotische Schlaginstrumente mußten das Kolorit konturieren, synkopierte Rhythmen die fremde Landschaft heraufbeschwören. Es entsprach auch völlig der Gesinnung der Romantik, nicht die echten Farben, Formen, Ideen und Konflikte der fernen Länder zu übernehmen, wie sie waren, sondern so, wie sie dem europäischen Betrachter erschienen.

LEBEN

Ernest Reyer (eigentlich Louis Ernest Étienne Rey) wurde am 1. 12. 1823 in Marseille geboren. Seinem frühen Hang zur Musik suchte sein Vater dadurch zu begegnen, daß er ihn zu einem Verwandten nach Algier sandte, wo Studium und Ausübung der Musik nahezu unmöglich waren. Trotzdem komponierte der junge Mann mit seinen dürftigen theoretischen Kenntnissen eine Messe, die bei einem Festgottesdienst in Algier aufgeführt wurde. Im Jahr 1848 verließ er Algier, ging nach Paris und erhielt dort die Möglichkeit, bei seiner Tante Louise Farrenc Unterricht zu nehmen. Er kam dort mit Félicien César David in Verbindung, der dem exotischen Element in die französische Musik Eingang verschafft hatte. Sein Leben bestritt er durch Mitarbeit an mehreren Zeitungen als Kritiker. Eine feste Anstellung erhielt er erst 1866, als er Bibliothekar der Opéra wurde. Er starb am 15. 1. 1909 in Le Levandou.

WERKE

Neben 5 Opern, die zum Teil exotisches Kolorit aufweisen und kaum mehr aufgeführt werden, verfaßte Ernest Reyer eine sinfonische Ode (»Le Sélam«), die zuweilen noch auf Programmen steht; sie hatte seinerzeit großen Erfolg und wirkte sich stilistisch und klanglich bis in unser Jahrhundert besonders auf die Impressionisten aus. Seine Kantate »Victoire« (Sieg), das Ballett »Sakuntala«, die dramatische

Szene »La Madeleine au désert« (Die Magdalena in der Wüste) sind bereits vergessen wie seine Klaviermusik und seine Klavierstücke. Seine Kirchenmusik – Messen, Gesänge – wird zuweilen gesungen. Alle diese Kompositionen sind entwicklungsgeschichtlich als Überleitung zum Impressionismus sehr interessant.

Literatur

H. de Curzon, Ernest Reyer, Paris 1924.

Roger Reynolds (geboren 1934)

Leben

Roger Reynolds wurde am 18.7.1934 in Detroit, Mich., geboren. Er studierte an der Universität in Ann Arbor, Mich., Physik und Komposition und setzte seine Studien in Köln 1962/63 am Elektronischen Studio der Musikhochschule, in Paris 1963/64 und in Italien 1964/65 fort. Im Jahr 1969 wurde er Dozent an der University of California in San Diego.

Werke

Für Orchester komponierte Roger Reynolds 4 Werke und eines für Kammerorchester, weiters ein Stück für Kammerorchester und Elektronik; außerdem verfaßte er ein Bläserquintett, 4 Etüden für Flötenquartett, ein Trio für Flöte, Kontrabaß und Klavier, ein Duo für Flöte und Klavier, ein Stück für Soloflöte und mehrere Klavierwerke, ferner eine Kantate für acht Stimmen, Klavier, Schlagzeug und Kontrabaß, eine für Erzähler, Blasinstrumente, Schlagzeug und Tonband, »Masken« für gemischten Chor und Orchester, ein Werk für gemischten Chor, Blechbläser, Schlagzeug und Projektion, »Spuren« für Klavier, Flöte, Cello, Elektronik und Tonband und eines für mehrere Flöten, Klavier, Harmonium, Cimbal, Tamtam, elektronische Klänge, Film, Ringmodulator und 35 Tonbänder und »In and Out« für neun Frauenstimmen, neun Schauspieler, zwei Flöten, Klarinette, Elektronik und Projektion.

Emil Nikolaus von Rezniček
(1860–1945)

Zeit und Umwelt

Das Auslaufen der Romantik bedeutete kein Ende der Programmusik. Ob sie in der bildhaften Tonsprache der Spätromantik, mit den Farben des Impressionismus oder expressionistisch-symbolisch gearbeitet war, das Publikum wünschte auf alle Fälle zu erfahren, was sich der Komponist »vorgestellt« hat, um diese Vorstellung ohne viel eigene geistige Leistung zu übernehmen; es verlangte das Erfolgserlebnis, die Musik »verstanden« zu haben. Aber wie bei der absoluten Musik sich ein weiter Bogen vom reinen Techniker bis zum Genius einzelner Komponisten spannt, so finden sich ebenso unter den Programmusikern echte Künstler, bei denen hinter dem Programm und dessen Ausdruck und Darstellung noch die künstlerische Idee lebt und sich durch das mittels Klang und Rhythmus behandelte Programm hindurch dem dafür Empfänglichen darbietet, wie in einem Werk der Dichtung die Fabel und das Wort nur Ausdrucksmittel und nicht Ausdrucksziel sind.

Leben

Emil Nikolaus von Rezniček wurde am 4.5. 1860 in Wien geboren. Er holte sich seine Ausbildung bei Wilhelm Mayer in Graz, sodann am Konservatorium in Leipzig bei Carl Reinecke und Salomon Jadassohn. Anschließend wirkte er als Kapellmeister in Graz, Zürich, Stettin (Szczecin), Jena, Bochum, Mainz und Prag. Im Jahr 1896 wurde er Hofkapellmeister in Weimar und darauf in Mannheim, 1902 richtete er in Berlin Orchester-Kammerkonzerte ein und leitete sie und betätigte sich als Lehrer am Klindworth-Scharwenka-Konservatorium. Er gab 1907 Konzerte in London, dirigierte 1907/08 an der Oper in Warschau und 1909 bis 1911 an der Komischen Oper in Berlin. Von 1920 bis 1926 lehrte er an der Berliner Musikhochschule Komposition und Instrumentation und lebte sodann in der deutschen Hauptstadt als freier Komponist bis zu seinem Tod am 2.8.1945.

WERKE

Von den 12 Opern von Emil Nikolaus von Rezniček errang »Donna Diana« einen weltweiten Erfolg, ihre Ouvertüre bildet heute noch ein beliebtes Konzertstück. Er verfaßte außerdem ein Ballett und eine Schauspielmusik. Ferner schrieb er 5 programmatische Sinfonien, 2 sinfonische Suiten, sinfonische Variationen über Kol Nidrey, eine Suite im alten Stil, 5 Ouvertüren, eine Serenade für Streichorchester, ein Violinkonzert, ein »Nachtstück« für Cello, Harfe, vier Hörner und Orchester, ein Requiem für Chor, Orchester und Orgel, Chorwerke und Gesänge, 4 Streichquartette, 3 Präludien und Fugen, eine Fantasie in e-Moll, Klavierstücke und Lieder. Seine Musik gehörte der Spätromantik an, ist sehr ansprechend, geistreich und klangvoll; sie ist zu Unrecht nahezu völlig vergessen.

LITERATUR

M. Chop, Emil Nikolaus von Rezniček – Sein Leben und seine Werke, Wien 1920. F. von Rezniček, Gegen den Strom. Leben und Werk von E.N. von Rezniček, Edinburgh 1960.

Georg Rhaw (1488 – 1548)

ZEIT UND UMWELT

Die neue Zeit war für Georg Rhaw bereits angebrochen, als er Thomaskantor in Leipzig wurde, denn sie hatte am 31. 10. 1517 begonnen, als Martin Luther seine Thesen an der Schloßkirche zu Wittenberg anschlug. Er wußte es nur noch nicht. Aber im Juli 1519, bei der Leipziger Disputation zwischen J. Eck und Martin Luther, erkannte er, daß seine Zeit die des Reformators Luther war und daß er seine bisherige Umwelt, die Thomasschule und die Universität, gegen eine neue Schule, gegen eine Gemeinschaft von Männern eintauschen mußte, die sich entschlossen hatten, einen neuen Weg in die Zukunft vorzuzeichnen und zu gehen.

LEBEN

Georg Rhaw (Jörg, Rhau, Hirsutus) wurde 1488 in Eisfeld (Franken) geboren. Er studierte in Erfurt und Wittenberg und wurde 1518 Kantor an der Thomasschule in Leipzig und Assessor an der Universität. Zur Disputation in Leipzig wurden von ihm eine (verlorengegangene) zwölfstimmige Messe und ein Te Deum aufgeführt. Er wurde zu einem der ersten Anhänger Luthers, legte 1520 seine Ämter nieder und verließ Leipzig. Er war zunächst Schulmeister an den neuen evangelischen Schulen in Eisleben und Hildburghausen, eröffnete sodann 1525 eine Druckerei in Wittenberg, in der er vor allem Sammelbände mit frühprotestantischer Kirchenmusik und zum Teil auch eigene Kompositionen und Werke von Dietrich, Resinarius und Walter herausbrachte. Er starb in Wittenberg am 6. 8. 1548.

WERKE

Seine Berühmtheit hat Georg Rhaw als Drucker erworben. Die von ihm veröffentlichten Sammelwerke sind für die Musikgeschichte seiner Zeit eine äußerst wichtige Informationsquelle. Von seinen eigenen Kompositionen ist wenig erhalten. Es werden ihm etliche Choräle aus seiner protestantischen Zeit zugeschrieben.

LITERATUR

W. Wölbing, Der Drucker und Musikverleger Georg Rhaw, Berlin 1922.

Joseph Rheinberger (1839–1901)

ZEIT UND UMWELT

Immer mehr Komponisten begannen sich in der zweiten Hälfte des 19. Jahrhunderts gegen die Hochromantik zu wehren; sie kehrten sich von der oft plakativen Klangbreite, von der allzu deutlichen musikalischen Wiedergabe literarischer Aussagen, die jedes Orchesterstück den »Liedern ohne Worte« annäherten, ab und wandten sich klassischen Konzeptionen zu oder griffen auf noch ältere Fakturen zurück. Diese Rückentwicklung wurde jedoch vom Publikum nur zum Teil gutgeheißen, das entweder in der Klangwelt der Romantik verharren wollte oder – davon übersättigt – neue Formen vorzog. Diese Haltung hat viele vorzügliche Musik ins Abseits gestellt. Diese Musik gilt es heute wieder zu entdecken.

Leben

Joseph Gabriel Rheinberger wurde am 17.3. 1839 in Vaduz geboren. Er war in München Schüler Johann Georg Herzogs im Orgelspiel und des Musikforschers und Musiklehrers Julius Joseph Maier (29.12.1821, Freiburg im Breisgau, bis 21.11.1889, München) in Kontrapunktlehre und später auch von Franz Lachner in Kompositionslehre. Im Jahr 1859 wurde er selbst Lehrer an der Königlichen Musikschule in München, 1860 daneben Organist an St. Michael und 1865 Repetitor der Hofoper und 1867, nach Neuordnung der Musikschule daran Professor für Orgel und Musiktheorie; 1877 erhielt er die Ernennung zum Hofkapellmeister. Er starb am 25.11. 1901 in München.

Autograph der 1. Seite der Orgelsonate gis-Moll von Joseph Rheinberger

Werke

Neben überragenden Leistungen als Lehrer verfaßte Joseph Rheinberger 4 Opern, 2 Bühnenmusiken, eine »Florentiner Sinfonie« in F-Dur, ein Tongemälde, »Wallenstein«, eine »Symphonische Phantasie«, die Ouvertüren »Der Widerspenstigen Zähmung«, »Akademische Festouvertüre« und »Demetrius«, ein Klavierkonzert, eine Suite für Orgel, Violine, Cello und Streichorchester, die Legenden »Christophorus« für Soli, Chor und Orchester und »Montfort«, das Oratorium »Der Stern von Bethlehem«, weiters Chöre mit Orchester und a cappella, 18 Messen, 4 Requiem, 4 Stabat mater, 2 Vespern, 5 geistliche Oratorien, 45 begleitete und unbegleitete Hymnen und 36 Motetten, 25 geistliche Lieder, 2 Orgelkonzerte mit Orchester, 20 Orgelsonaten, ein Nonett, 2 Streichquintette, ein Klavierquintett, 2 Streichquartette, ein Klavierquartett, 4 Klaviertrios, Sonaten für Violine, Cello und Horn, Klaviersonaten, Gesänge mit Orchester, Klavierlieder, Vokalquartette und Duette. Seine Kompositionen sind in einem höchstpersönlichen Stil gehalten und sehr ansprechend, obschon ihnen wirkliche ursprüngliche Einfälle abgehen.

Der Stern von Bethlehem, Oratorium, Opus 164, 9 Teile, entstanden 1890

Dieses »Weihnachtsoratorium«, dem eher der Titel einer Kantate zukäme, bringt im 1. Teil, »Erwartung«, das Stern-Motiv mit einem kontrapunktischen Chorsatz, der in seinem Höhepunkt zum das ganze Werk beherrschenden Erlöser-Motiv wird. Der 2. Teil weckt mit den Klängen des Englischhorns die Erinnerung an süddeutsche Volksmusik. Ein reizendes Pastorale wird dem Titel »Die Hirten« gerecht. Anschließend verkündet die »Erscheinung des Engels«: »Ein Zeichen wird euch bekunden«. Nach dem zweiten Halleluja intoniert der Chor das gregorianische »Gloria«. Der 4. Teil, »Der Lichtglanz schwindet«, bildet eine Überleitung zu »Die Hirten an der Krippe«, das im Volkston über Bordunquinten mit Harfenbegleitung die Weihnacht feiert. Im 6. Teil wird farbenkräftig mit modalen Wendungen die Erscheinung des Sterns und das Nahen der Drei Magier dargestellt. Ein Vokaltrio ist der »Anbetung der Weisen« gewidmet. Ein schönes Sopransolo besingt im Teil »Maria« die Andacht und die Freude der Gottesmutter. Eine großangelegte Chorfuge und triumphierender Orchesterklang schließen in Teil 9, »Erfüllung«, diese innige Weihnachtsmusik ab, die der Anschauung des Komponisten, daß Musik Freude zu bringen habe, gerecht wird.

Orgelsonate Nr. 3 in G-Dur, Pastoralsonate, Opus 88, 3 Teile

Das Präludium zitiert der 8 Psalmton und entwickelt mit wiegendem Rhythmus einen dreistimmigen kanonischen Satz. Das Intermezzo ist schlicht und stellt gleichsam die Besinnung zur im 3. Teil einsetzenden Fuge dar, die ebenfalls pastorale Rhythmen und Melodieführungen aufweist.

Orgelsonate Nr. 11 in d-Moll, Opus 148, 4 Teile

Mit ihrer Länge kommt diese Sonate der sinfonischen Form nahe. Der 1. Teil, Agitato, ist eine Fantasie. Die anschließende Kantilene erinnert an barocke Formen, bringt aber der Romantik entsprechend ein wehmütiges Stimmungsbild. Der 3. Teil, Intermezzo, leitet zur Fuge des Finales über, die einen strahlenden Höhepunkt erreicht.

Orgelsonate Nr. 20 in F-Dur, »Zur Friedensfeier«, Opus 196, 4 Teile

Das Präludium ist weiträumig angelegt und hymnisch. Der 2. Teil, Intermezzo, ist liedhaft und leitet zum Pastorale über, das ein Schalmeienthema variiert. Das Finale ist akkordisch gehalten und beendet das Werk mit pompösen Klängen.

Christoph Rheineck (1748–97)

ZEIT UND UMWELT

Heinrich Philipp Carl Boßler (22. 6. 1744, Darmstadt, bis 9. 12. 1812, Leipzig), Musikverleger und Musikdrucker, brachte eine Reihe von Werken süddeutscher Komponisten des 18. und 19. Jahrhunderts heraus, darunter auch »Blumenlese« und »Neue Blumenlese für Klavierliebhaber«. Er war auch Ludwig van Beethovens erster Verleger.

LEBEN

Christoph Rheineck wurde am 1. 11. 1748 in Memmingen geboren. Er war Kaufmann und zuletzt Gastwirt. Als Komponist dürfte er Autodidakt gewesen sein. Er starb am 29. 7. 1797 in Memmingen.

WERKE

Neben einer Oper und einem Singspiel komponierte Christoph Rheineck 6 Sammlungen volkstümlicher Lieder mit Klaviermelodien, von denen ein großer Teil in »Blumenlese« von Heinrich Philipp Carl Boßler erschienen ist. Die Lieder waren als Hausmusik sehr beliebt.

Philip Ap Rhys (um 1500 bis nach 1559)

ZEIT UND UMWELT

König Heinrich VIII. von England löste ab 1532 alle Klöster Londons auf und zog ihr Eigentum ein. Von den Kirchen wurden zehn übernommen und zu Pfarrkirchen der neuen Konfession gemacht, die übrigen anderen Zwecken zugeführt. Da doch eine Reihe von Musikern den Konfessionswechsel ihrer Kirche nicht mitmachen wollte, fanden zugewanderte ein verhältnismäßig leichtes Unterkommen.

LEBEN

Philip Ap Rhys wurde um 1500 vermutlich in Wales geboren. Es ist unbekannt, wo er gewirkt hatte, ehe er die Organistenstelle an St. Mary-at-Hill in London bekam. Im Jahre 1547 gab er diese Stelle auf, weil er Chorleiter an St. Paul's in London wurde. Er starb in London nach dem Jahr 1559.

WERKE

Von dem walisischen Kirchenmusiker Philip Ap Rhys sind eine Motette, ein Miserere und eine Orgelmesse überliefert. Den drei Werken liegen gregorianische Melodien zugrunde. Alles andere ist verschollen. Die Orgelmesse verdient besonderes Interesse als frühes Beispiel ihrer Art.

LITERATUR

H. Naillie, A London Church in Early Tudor Times, in: Music and Letters 36, 1955.

Emilios Riadis (1885–1935)

LEBEN

Emilios Riadis (eigentlich Khu-Elefteriadis) wurde am 13.5.1885 in Saloniki geboren. Er studierte in Griechenland, dann in München bei Felix Mottl und in Paris bei Gustave Charpentier (1860–1956) und Maurice Ravel. Im Jahr 1915 wurde er Professor für Klavierspiel und 1918 Vizedirektor des Konservatoriums in Saloniki, wo er am 17.7.1935 starb.

WERKE
Von Emilios Riadis sind 3 Opern aufgeführt worden. Er schrieb außerdem ein Tongedicht, einige Kammermusik und Klavierstücke, darunter 3 griechische Tänze, ferner eine Byzantinische Messe. Er arrangierte eine Vielzahl griechischer Volksmelodien.

Luigi Ricci (1805–59)

ZEIT UND UMWELT
Der Bedarf an Stücken war an den italienischen Opernhäusern im 19. Jahrhundert noch stark anwachsend. Dadurch wurde die verminderte Aufnahme im Ausland, wo immer mehr eigene Werke auf die Bühnen gebracht wurden, weitestgehend wettgemacht. In den Opernhäusern des übrigen Europa wurden nur mehr die Werke der italienischen Komponisten ersten Ranges gespielt.

LEBEN
Luigi Ricci wurde am 8.7.1805 in Neapel geboren und am Konservatorium der Stadt ausgebildet; er war auch eine Zeitlang Privatschüler von Pietro Generali. Seine erste Oper wurde 1823 am Theater des Konservatoriums aufgeführt. Im Jahr 1836 wurde er in Triest Domkapellmeister und Dirigent der Oper, übersiedelte in den fünfziger Jahren nach Prag, wo er am 31.12.1859 starb.
Sein Bruder Federico Ricci (22.10.1809, Neapel, bis 10.12.1877, Conegliano) studierte am Konservatorium von Neapel, wurde 1853 Inspektor der Gesangsklassen der Opernschule in St. Petersburg, lebte ab 1869 in Paris, wo er vergeblich versuchte, sich mit seinen Opern durchzusetzen, und zog sich 1876 nach Conegliano zurück.
Sein Sohn Luigi Ricci-Stoltz (27.12.1852, Triest, bis 10.2.1906, Mailand) wirkte von 1870 bis 1902 als Opern- und Operettenkomponist.

WERKE
Von Luigi Ricci sind in Italien 30 Opern aufgeführt worden, von denen eine (»Docteur Crispine«) 1919 an der Metropolitan Opera in New York wieder herausgebracht wurde. Er schrieb außerdem einige sakrale Vokalmusik und Lieder.
Federico Ricci verfaßte 19 Opern, die in Italien auf die Bühnen kamen – 4 schrieb er gemeinsam mit seinem Bruder. Außerdem komponierte er mehrere Messen und kleinere Vokalstücke.
Luigi Ricci-Stoltz brachte 10 Opern und Operetten heraus.

LITERATUR
L. Gasparini, Luigi e Federico Ricci, musicisti napoletani, in: Napoli LXXVII, 1951.

Pasquale Ricci (1732–1817)

ZEIT UND UMWELT
Im letzten Drittel des 18. Jahrhunderts waren in Europa bereits Pianofortevirtuosen unterwegs, die das Spiel auf dem neuen Instrument populär machten und in manchen Fällen durch schriftliche oder mündliche Unterweisung lehrten. Das Instrument erfuhr inzwischen grundlegende Verbesserungen, so daß man darauf tatsächlich piano und forte spielen und der vom Publikum gestellten und von Orchester-, Kammer- und Chormusik bereits erfüllten Forderung nach dynamischer Differenzierung entsprechen konnte.

LEBEN
Francesco Pasquale Ricci wurde am 17. 5. 1732 in Como geboren. Er war Schüler von Giuseppe Vignati in Mailand und absolvierte als Dirigent und Pianist Konzertreisen durch die Niederlande, England und Frankreich. Schließlich wurde er Kirchenkapellmeister in Como und starb am 7. 11. 1817 in Lovenio di Menaggio bei Como.

WERKE
Von Pasquale Ricci ist an sakralen Werken nur ein vierstimmiges »Dies irae con Sinfonia« herausgekommen. Dafür veröffentlichte

er eine große Anzahl Instrumentalwerke wie Sinfonien, ein Cello- und ein Flötenkonzert, Quintette, Quartette und Trios für Streicher, Triosonaten, Duette, Violin- und Pianosonaten. Außerdem schrieb er eine Elementarschule für das Spiel des Pianoforte.

Giovanni Antonio Riccieri
(1679–1746)

ZEIT UND UMWELT
Der Spanische Erbfolgekrieg berührte die Republik Venedig überhaupt nicht. Der Kirchenstaat war nur nach dem Friedensschluß betroffen, als die österreichischen Truppen durchmarschierten, um Neapel zu erreichen, das Österreich zugefallen war. Daher erfuhr das Musikleben in beiden Ländern keine nennenswerte Störung.

LEBEN
Giovanni Antonio Riccieri (Ricieri) wurde am 12. 5. 1679 in Vicenza geboren und in seiner Geburtsstadt von Kapellmeister Gian Domenico Freschi zum Sänger ausgebildet. Darauf begab er sich nach Ferrara, wo er als Sänger auftrat und zugleich bei Giovanni Battista Bassani seine Ausbildung vervollständigte. Im Jahr 1701 wurde er an San Petronio in Bologna als Sänger eingestellt und 1704 in die Accademia Filarmonica aufgenommen, 1716 aber wegen Unstimmigkeiten wieder ausgeschlossen. Von 1722 bis 1726 wirkte er in Polen, dann in Padua und Venedig und schließlich ab 1738 in Bologna, bis er 1744 Kapellmeister in Cento wurde, wo er am 15. 5. 1746 starb.

WERKE
Der italienische Sänger und Komponist Giovanni Antonio Riccieri verfaßte 10 Oratorien, darunter »Die Geburt des Jesuskindes«, »Die Versuchung der Ungläubigkeit«, »Das menschliche Herz«, »Das Opfer Isaaks«, außerdem Madrigale und sakrale Gesänge. Er folgte dem Bologneser Stil.

Teodoro Riccio (um 1540 bis um 1600)

ZEIT UND UMWELT
Georg Friedrich (1539–1603), Markgraf von Brandenburg-Ansbach und Bayreuth, Herzog in Jägerndorf und in Preußen, wurde 1578 mit dem Herzogtum Preußen belehnt, in dem er nach fränkischem Vorbild das lutherische Kirchenregiment neu ordnete und das Schulwesen wie die Königsberger Universität stark förderte.

LEBEN
Teodoro Riccio (Theodor Riccius) wurde um 1540 in Brescia geboren und zum Kirchenmusiker ausgebildet. Im Jahre 1567 war er bereits Kirchenkapellmeister in seiner Geburtsstadt. 1575 lud ihn Markgraf Georg Friedrich nach Ansbach und ernannte ihn zum Leiter seiner Kapelle. Als der Markgraf Herzog in Preußen wurde, nahm er Riccio nach Königsberg mit. Der Musiker wurde Protestant und wirkte als Kapellmeister in der damaligen preußischen Hauptstadt bis 1586. Dann ging er wieder nach Ansbach zurück und versah dort seinen Dienst bis 1599. Er starb in Ansbach um 1600.

WERKE
Der Glaubenswechsel des Kirchenmusikers aus Brescia, Teodoro Riccio, ist in der Abfolge seiner Kompositionen kaum sichtbar, weil er auch als Protestant nur lateinische Texte komponierte. Die für den gottesdienstlichen Gebrauch nötigen deutschen Texte vertonte sein Mitarbeiter Johann Eccard. Von seinem kompositorischen Werk sind 2 Bücher sakrale Gesänge, Messen, Magnificat und Psalmen erhalten, außerdem neapolitanische Kanzonen und – noch in der italienischen Heimat verfaßt – eine Anzahl Madrigale. Die sakrale Musik paßte sich den Erfordernissen der lutherischen Kirche an, mit den Madrigalen und den Kanzonen zeigt sich Riccio als echter italienischer Komponist.

LITERATUR
A. Mayer-Reinach, Zur Geschichte der Königsberger Hofkapelle in den Jahren 1578

bis 1720, Sammelbände der internationalen Musikgeschichte VI, 1904/05.

Antonio Ricci-Signorini (1867–1965)

LEBEN
Antonio Ricci-Signorini wurde am 22.2.1867 in Massalombarda, Ravenna, geboren. Er war Schüler von Giuseppe Martucci (1856–1909) am Liceo musicale in Bologna, wo er anschließend bis zu seinem Tod am 10.3.1965 als Komponist und Musiklehrer lebte.

WERKE
Von den zahlreichen Kompositionen von Antonio Ricci-Signorini sind bemerkenswert: ein Mysterium »Die Ägypterin«, die Tondichtungen »Juda von Kerioth«, »Daphne und Cloe«, »Die Jagd des Verucchio«, 2 Suiten für großes Orchester, 2 Suiten für Streichorchester, eine Ouvertüre, mehrere Stücke für Soloinstrumente und Ochester, »Legende« für Klaviertrio, eine »Fantasia burlesca« für fünf Bläser, eine Messe, ein Requiem, die Kantate »Die Traurigkeit des Teufels« für Bariton, Bläser, Pauke und Klavier. Er schrieb außerdem viele Klavierstücke und Lieder.

Jean Richafort (um 1480–1548)

ZEIT UND UMWELT
Die Tochter Philipps des Schönen von Burgund, Maria, wurde durch Heirat mit Ludwig II. (regierte 1516–26) Königin von Ungarn und nach dessen Tod Regentin der Niederlande, wo sie, ähnlich der Regentin Margarete, die burgundische Tradition der Kunstförderung fortsetzte.

LEBEN
Jean Richafort (Ricartsvorde, Ricciaforte, Rycefort) wurde um 1480 im Hennegau geboren. Er war ein Schüler Josquins. Von 1507 bis 1509 wirkte er als Gesangmeister in Brügge und trat 1531 in die Dienste der Regentin Maria von Ungarn, die Künstler jeder Art an ihren Hof zog. 1543 ging er nach Brügge zurück und übernahm die Kapellmeisterstelle an St. Gilles. Im Jahre 1548 starb er vermutlich in Brügge.

WERKE
Der franko-flämische Komponist Jean Richafort verfaßte mehrere Messen, ein Requiem, Motetten und Chansons. Seine Technik geht sichtlich über Josquin hinaus; die Kontrapunktik bringt einen reineren Zusammenklang und stärkeren Ausdruck. Sein sechsstimmiges Requiem versucht den Ausdruck der Trauer mit dem Kunstgriff zu verstärken, daß die Tenöre, während die anderen Stimmen den rituellen Text vortragen, sich unabhängig davon in Bekundungen des Schmerzes ergehen. Etliche Werke des Meisters sind ernst und konservativ gehalten, während andere der allgemeinen Musikentwicklung vorauseilen.

LITERATUR
G. van Doorslaer, Jean Richafort, Antwerpen 1930.

Richard de Fournival (um 1190–1260)

ZEIT UND UMWELT
Gegen Ende des 12. Jahrhunderts wandte sich auch das Bürgertum der nordfranzösischen und flandrischen Städte der Dichtkunst zu und bemühte sich um eine Orientierung an höfischer Lebensart. Der Pui d'Arras, dem ursprünglich vorwiegend Adelige oder Kleriker, die auch zumeist aus adeligen Familien kamen, angehörten, füllte sich immer mehr mit Vertretern des Patriziates; bei den Wettstreiten der Dichter und Sänger waren bald Adelige, Kleriker und Bürger völlig gleichberechtigt. Dadurch wurde die Dichtung persönlicher und realistischer, als es die höfische war, und die Musik volksnaher und klangvoller.

LEBEN
Maistre Richard de Fournival wurde um 1190 als Sohn eines Arztes geboren. Sein

Titel besagt, daß dieser nordfranzösische Trouvère bürgerlicher Abstammung war. Bischof Arnoul von Amiens (1190–1246) war sein Halbbruder. Er selbst war ab 1246 Kanzler der Kirche von Amiens, wo er 1260 starb.

WERKE
Neben schriftstellerischen Arbeiten (allegorisierende Traktate über die Liebe und eine erotische Dichtung in lateinischer Sprache) sind von Richard de Fournival ungefähr 20 Lieder erhalten, deren Musik eine starke Neigung zum Volkstümlichen aufweist.

LITERATUR
Fr. Gennrich, Troubadours, Trouvères, Minne- und Meistergesang, Köln 1951.

Richard de Loqueville
(um 1370–1418)

ZEIT UND UMWELT
Die Wende vom 14. zum 15. Jahrhundert brachte eine neue Einstellung der Komponisten und des Publikums zur Musik. War bisher exakte Stimmführung ohne Rücksicht auf den jeweiligen Zusammenklang der technische Leitgedanke, so wurde nunmehr die Forderung nach Wohlklang und logischer polyphoner Konstruktion gestellt. Die Musik sollte zum Vergnügen werden, wie es die Volksmusik immer schon gewesen war.

LEBEN
Richard de Loqueville wurde in Nordfrankreich um 1370 geboren. Seine erste Tätigkeit entfaltete er als Sänger am Herzoghof in Bar-le-Duc. Im Jahre 1413 wurde er Chormeister an der Kathedrale in Cambrai. Unter seinen Schülern befand sich Guillaume Dufay. Er starb in Cambrai im Jahre 1418.

WERKE
Von dem französischen Komponisten Richard de Loqueville sind 7 drei- und vierstimmige Messefragmente überliefert, darunter ein tropiertes Sanctus, außerdem 3 Motetten, 4 Rondeaux und eine Ballade. Loquevilles kompositorisches Schaffen stand zwischen dem 14. und 15. Jahrhundert und nimmt vom neuen Stil bereits viel voraus, auf das der Schüler Dufay aufbauen konnte.

Richard de Renvoysky (um 1520–86)

ZEIT UND UMWELT
Der Glanz der ehemaligen Hauptstadt von Burgund, Dijon, hatte sich nicht bis zum 16. Jahrhundert erhalten. Einzig und allein die Sainte-Chapelle hatte die Pflege der Musik auf dem gleichen Niveau fortgesetzt, das sie seinerzeit erreicht hatte.

LEBEN
Richard de Renvoysky wurde um 1520 geboren. Sein Geburtsort ist unbekannt. Er war in Dijon als Kanonikus, Lautenist und Leiter des Knabenchores an der Sainte-Chapelle tätig, bis er am 6. 3. 1586 wegen Unsittlichkeit verbrannt wurde.

WERKE
Der Knabenchorleiter Richard de Renvoysky soll der beste Lautenist seiner Zeit gewesen sein. Von seiner kompositorischen Leistung sind vierstimmige Psalmen Davids und eine vierstimmige Ode an Anakreon überliefert. Beide Kompositionen sind Meisterwerke des französischen Zeitstils und besonders durch überraschende Modulationen interessant.

Étienne Richard (1622–69)

ZEIT UND UMWELT
Henriette Marie (1609 – 69), die Gemahlin König Karls I. von England, hielt im Bürgerkrieg mutig an der Seite des Königs bis zum Jahr 1644 durch. Dann mußte sie England verlassen. Sie blieb auch nach der Restauration und der Krönung ihres Sohnes, Karl II., in Frankreich und stattete England nur drei kurze Besuche ab.

LEBEN

Étienne Richard wurde 1622 in Paris geboren. Aus seiner Familie waren im Verlauf des 17. Jahrhunderts mehrere fähige Musiker – Lautenisten, Organisten, Komponisten – hervorgegangen. Er wirkte als Cembalist König Ludwigs XIV. und Organist an St-Martin-des-Champs (1645 – 62), an St-Nicolas (1650 – 52) und an St-Jacques (1652 – 69). Im Jahr 1663 wurde er Cembalist der Königin-Witwe Henriette Marie, der bereits François Richard 1625 nach England gefolgt war. Er starb 1669 in Paris.

WERKE

Der französische Organist, Cembalist und Komponist Étienne Richard hat mehrere Stücke für Tasteninstrumente handschriftlich hinterlassen. Sie weisen alle improvisatorischen Charakter auf.

François Richard (um 1580 – 1650)

ZEIT UND UMWELT

Bei den europäischen Fürstenhäusern hatte sich schon durch Jahrhunderte der Brauch eingebürgert, daß Prinzessinnen, die in ein anderes Land verheiratet wurden, neben einigen Vertrauten und Bediensteten auch Musiker mitnahmen, um die Musik der Heimat nicht entbehren zu müssen. In manchen Fällen handelte es sich nur um einen Lautenisten und Sänger, der allerdings sehr oft zugleich die Dienste eines Privatsekretärs und Ratgebers leistete.

LEBEN

François Richard wurde um 1580 in Paris geboren. Er folgte der englischen Königin Henriette Marie, der Gemahlin Karls I., 1625 nach London. Bereits 1629 kehrte er nach Paris zurück und wurde Kammerkomponist bei der Gemahlin Ludwigs XIII., Anna von Österreich (1601 – 66), und 1634 ihr Kammerlautenist. Er starb in Paris im Oktober 1650.

Sein Bruder Louis Richard (um 1595, Paris, bis nach 1640) war ebenfalls Musiker der Königin Henriette Marie.

Sein Sohn François Richard (um 1604, Paris, bis 1646, Paris) war Kammerkomponist des französischen Hofes.

Ein Verwandter, Pierre Richard (um 1580, Paris, bis 1630, Paris), war Hoforganist.

Dessen Neffe Pierre Richard (um 1595, Paris, bis Oktober 1652) war Organist an St-Nicolas-des-Champs (1619 – 28 und 1633 – 50) und an St-Jean (1628 – 33).

Dessen ältester Sohn Charles Richard (1. 3. 1620, Paris, bis September 1652, Paris) war Organist des Kanzlers Pierre Séguier (1588 bis 1672) und ab 1643 an St-Jacques-de-la-Boucherie.

Dessen jüngerer Bruder Étienne Richard (1622, Paris, bis 1669, Paris) war Spinettmeister König Ludwigs XIV. und Organist an St-Martin-des-Champs (1645 – 61), an St-Nicolas (1650 – 52) sowie an St-Jacques (1652 – 1669).

WERKE

François, der älteste der französischen Musikerfamilie Richard, hat vierstimmige Airs de cour und einstimmige mit Lautenbegleitung herausgebracht und damit den Übergang vom rein vokalen mehrstimmigen zum begleiteten monodischen Stil vollzogen.

Von Étienne Richard sind einige Stücke für Spinett überliefert.

Von den anderen Mitgliedern der Familie, die Orgelmusik geschrieben haben sollen, ist nichts erhalten.

LITERATUR

N. Dufourcq, Notes sur les Richard, in: Revue de Musicologie XXXVI, 1954.

Lewis Richard (um 1570 bis nach 1639)

ZEIT UND UMWELT

William Davenant (1606 – 68), englischer Dichter, Dramatiker und Schauspielunternehmer, der die erste englische Oper herausbrachte, soll nach einer unverbürgten Behauptung ein illegitimer Sohn von William Shakespeare (1564 – 1616) gewesen sein, der tatsächlich sein Pate war. Er war Autor verschiedener Maskenspiele, die besonders von König Karl I. sehr geschätzt wurden.

LEBEN
Lewis Richard wurde um 1570 vermutlich in London geboren. Er war Leiter der Privatkapelle der Königin Elisabeth I. und nach deren Tod (1603) Organist am Magdalen College in Oxford, wo er nach 1639 gestorben ist.

WERKE
Das kompositorische Werk des englischen Komponisten Lewis Richard ist außer der Musik zu einigen Maskenspielen von William Davenant zur Gänze verlorengegangen. Diese nimmt einen derart dominierenden Raum ein, daß man die Spiele als Vorstufe zur englischen Oper betrachten darf.

Henry Brinley Richards (1817–85)

ZEIT UND UMWELT
Die ersten Sammlungen mit Volksmusik aus Wales erschienen um 1727. Ab da wandte sich das Interesse mit der gleichen Intensität diesem Zweig der keltischen Musikgeschichte zu wie der alten irischen und schottischen Musik, neben der die walisische als ebenso alt, ebenso klangreich bald erkannt wurde. Gegenüber den genannten Volksmusiken weist die walisische eine sehr frühe Mehrstimmigkeit auf, die offenbar auf die englische abgefärbt hat und vielleicht eine der Wurzeln der »Sarum use«, jener in der Kathedrale von Salisbury entwickelten Sonderform der römischen Liturgie, bildete, wenn diese auch aus der Normandie zu stammen scheint.

LEBEN
Henry Brinley Richards wurde am 13.11.1817 in Camarthen, Wales, geboren. Er gab das in London projektierte Medizinstudium bald auf und wurde Schüler der Royal Academy of Music. In London wurde er als Pianist sehr bekannt, konnte auch einige kompositorische Erfolge verzeichnen und wandte sich bald der Erforschung der walisischen Volksmusik zu, von der er viel in die eigenen Kompositionen einfließen ließ. Die Chorvereinigungen in Wales wurden von ihm intensiv gepflegt und zu mehreren Konzerten nach London eingeladen. Er starb am 1.5.1885 in London.

WERKE
Die Hymnen, Lieder, Chöre und Klavierkompositionen von Henry Brinley Richards wurden vom Publikum sehr geschätzt. Seine Ouvertüre in f-Moll stand lange auf den Konzertprogrammen. Sie weist mehr Anklänge an die Musik der Heimat des Komponisten auf als seine Vokalkompositionen und war gerade deshalb sehr beliebt. Der Rückgriff auf ältere Volksmusik kennzeichnet Richards als echten Romantiker.

Ferdinand Richardson
(um 1558–1618)

ZEIT UND UMWELT
Die an den Höfen beschäftigten Musiker hatten in vielen Fällen ein zweites Amt zu versehen. Einzelne wurden als Musikerzieher für die Prinzen, andere als Sekretäre, als diplomatische Vertreter oder für andere Hofämter eingesetzt. Man findet unter ihnen Hofkapläne und Hofprediger, Ärzte und Juristen, aber auch Kammerdiener. Mancher den Künsten huldigende Herrscher ließ seine Musiker vergessen, daß sie trotz allem nur Lakaien waren, viel öfter jedoch wurde ihnen ihr gesellschaftlicher Rang bei jeder Gelegenheit vor Augen gestellt. Die Zeiten, in denen der Troubadour sich mit dem Gastgeber gleichgestellt fühlen durfte und an seiner Tafel saß, waren schon längst vergangen.

LEBEN
Ferdinand Richardson (eigentlich Ferdinando Heybourne) wurde um 1558 vermutlich in Middlesex geboren. Er war Schüler von Thomas Tallis und hatte am königlichen Hof von England irgendeine musikalische Stellung. Daneben war er Privatkammerdiener. Im Jahre 1611 trat er in den

Ruhestand und zog sich in seinen Heimatort in Tottenham, Middlesex, zurück, wo er am 4. 6. 1618 starb.

WERKE
Von Ferdinand Richardson sind 8 Musikstücke im Fitzwilliam Virginal Book aufgenommen worden, weitere sind handschriftlich erhalten. Ein von ihm vertontes lateinisches Gedicht findet sich in einem von Tallis und Byrd herausgegebenen Sammelwerk.

Joseph Richardson (1814–62)

LEBEN
Joseph Richardson wurde 1814 geboren; sein Geburtsort ist nicht bekannt. Er war Flötenvirtuose mit einer außergewöhnlich hochentwickelten Spieltechnik. Die Reinheit und Schnelligkeit seiner Griff- und Blastechnik stellte nach zeitgenössischer Behauptung ein einmaliges Phänomen dar. Er wurde nahezu von allen Orchestern Londons beansprucht. Er starb am 22.3.1862 in London.

WERKE
Von Joseph Richardson sind zahlreiche Fantasien für Flöte - solo oder begleitet - bekannt geworden, die wohl äußerst brillant gesetzt wurden, aber eine außergewöhnliche Spieltechnik erforderten.

Vaughan Richardson
(um 1670–1729)

ZEIT UND UMWELT
John Blow, der 1674 die Leitung des Knabenchors der Chapel Royal übernommen hatte, schloß sich keiner der modernen Richtungen seiner Zeit an. Er bildete auf der Grundlage der englischen Tradition einen eigenen Stil, der sich durch überraschende, harmonische Wendungen auszeichnete, und gab ihn seinen Schülern weiter.

LEBEN
Vaughan Richardson wurde um 1670 in London geboren. Er war ab 1675 Chorknabe der Chapel Royal unter John Blow. Im Jahr 1692 wurde er Organist an der Winchester Cathedral, nachdem er von 1686 bis 1688 in gleicher Eigenschaft an der Kathedrale von Worcester gewirkt hatte. Er starb in Winchester im Juni 1729.
William Richardson (um 1675, London, bis um 1732, Deptford), möglicherweise ein Verwandter Vaughan Richardsons, gehörte ebenfalls dem Knabenchor unter John Blow an. Er wurde 1697 Organist an St. Nicholas in Deptford.

WERKE
Vom englischen Komponisten Vaughan Richardson sind 12 ein- bis dreistimmige, instrumentenbegleitete Gesänge, mehrere sehr klangvolle Anthems, ein Service, eine Caecilien-Ode, ein Divertimento und 6 Sonaten erhalten.
Von William Richardson sind »Lessons« (Übungsstücke) für Cembalo, Psalmenvertonungen »The Pious Recreation« (Fromme Erholung) und mehrere Lieder in Sammlungen überliefert.

Carl Gottlieb Richter (1728–1809)

ZEIT UND UMWELT
Die Kontakte zwischen Berlin und der alten preußischen Hauptstadt Königsberg (Kaliningrad), die Krönungsstadt geblieben war, wurden noch bis in unsere Gegenwart aufrechterhalten und drückten sich besonders in einem lebhaften Kräfteaustausch zwischen der ehemaligen und späteren Residenz aus.

LEBEN
Carl Gottlieb Richter wurde 1728 in Berlin geboren. Er war Schüler von Carl Philipp Emanuel Bach und von Christoph Schaffrath. Im Jahr 1761 übersiedelte er nach Königsberg und wirkte dort nacheinander als Organist der Schloßkirche, der Altstädti-

schen Kirche und am Dom. Er starb im Jahr 1809 in Königsberg.

WERKE
Von seinen Klavierkonzerten, die Carl Gottlieb Richter bei Liebhaberkonzerten der Stadt Königsberg selbst vortrug, sind 5 veröffentlicht worden. Er schrieb außerdem 10 Menuettsammlungen für Orchester und Lieder im Stil der Berliner Liederschule.

Ernst Friedrich Richter (1808-79)

ZEIT UND UMWELT
Neben der traditionellen Musikpflege an der Leipziger Thomasschule, deren Niveau bis in unsere Gegenwart auf gleicher Höhe geblieben ist, bildete die Stadt von alters her ein Zentrum der Musiktheorie und der Musikdidaktik. Besonders im 19. Jahrhundert bereicherten mehrere Musikwissenschafter, die in Leipzig wirkten, die Musikliteratur um vorzügliche Standardwerke, die noch heute ihren Wert nicht eingebüßt haben.

LEBEN
Ernst Friedrich Eduard Richter wurde am 24. 10. 1808 in Großschönau, Lausitz, geboren. Er studierte in Leipzig Theologie und Musik und wurde 1843 Theorielehrer des neugegründeten Konservatoriums. Bis 1847 leitete er auch die Singakademie. Im Jahr 1851 wurde er Organist an der Peterskirche, 1862 an der Neukirche und kurze Zeit darauf an der Nikolaikirche, 1868 Thomaskantor und Musikdirektor der Hauptkirchen und außerdem Professor sowie Universitätsmusikdirektor. Er starb am 9. 4. 1879 in Leipzig.

WERKE
Neben dem »Lehrbuch der Harmonie«, dem »Lehrbuch der Fuge« und dem »Lehrbuch des einfachen und doppelten Kontrapunkts«, die vielfach und in mehrere Sprachen übersetzt aufgelegt wurden, neben weiteren äußerst wichtigen Traktaten verfaßte Ernst Friedrich Richter das Oratorium »Christus der Erlöser«, die Kantate über Friedrich von Schillers »Dithyrambe«, mehrere Messen, Motetten, Psalmen, Kammermusikwerke, Orgelstücke, Klaviersonaten und Lieder. Sein Stil ist sehr konservativ und auch etwas doktrinär.

Ferdinand Tobias Richter
(1651 – 1711)

ZEIT UND UMWELT
Die drei Barockkaiser Ferdinand III., Leopold I. und Joseph I. (1678 – 1711) haben nicht nur die Musik geliebt und gefördert, sondern selbst als ernstzunehmende Musiker und Komponisten gewirkt. Kaiserinnen wie Maria Leopoldine von Tirol (1632 – 49), Eleonora von Mantua, die Gemahlinnen Ferdinands III., Margarita Teresa von Spanien (1651 – 73), Claudia Felicitas von Tirol (1652 bis 1676), die Gemahlinnen Leopolds I., hielten eigene Kapellen. Diese von Musik sozusagen durchtränkte Atmosphäre strahlte auf ganz Wien, die Adelspaläste und Bürgerhäuser aus und bildete eine der Grundlagen für die Wiener Klassik, die hundert Jahre später das Musikgeschehen Europas beherrschte.

LEBEN
Ferdinand Tobias Richter wurde 1651 in Würzburg geboren. Er war ab 1683 Organist der Kaiserlichen Hofkapelle in Wien und ab 1692 auch Musiklehrer der Kinder Kaiser Leopolds I. Den Organistendienst versah er bis zu seinem Tod am 3. 11. 1711.

WERKE
Der deutsche Komponist Ferdinand Tobias Richter verfaßte 3 Oratorien, ein Requiem, Marienvespern, ein Magnificat, 2 Sonaten, Suiten und Toccaten für Tasteninstrumente, eine Serenata und 5 Jesuitendramen.

Franz Xaver Richter (1709-89)

ZEIT UND UMWELT
Pfalzgraf Karl Theodor (1724-99), Kurfürst von der Pfalz und von Bayern, folgte in der

Pfalz seinem Vetter Karl Philipp (1661–1742) und erbte 1777 Bayern. Der pracht- und kunstliebende Fürst war ein großer Förderer der Baukunst, des Theaters und vor allem der Musik. Seine Hofkapelle in Mannheim erlangte Weltruf; ihre Leistungen bildeten eine der wichtigsten Etappen zur Wiener Klassik.

Franz Xaver Richter auf dem Chor des Straßburger Münsters

LEBEN

Franz Xaver Richter wurde am 1. 12. 1709 in Holleschau (Holešov), Mähren, geboren. Über sein Leben bis zum Jahr 1740, in dem er Vizekapellmeister in Kempten wurde, ist nichts bekannt. Auch sein Geburtsort ist nicht völlig gesichert; es wird auch Chrast in der heutigen Slowakei (früher Ungarn) angenommen. Ab 1747 wirkte er als Sänger, Violinist und Komponist an der Hofkapelle in Mannheim. 1769 wurde er Kapellmeister am Münster in Straßburg, wo er am 12. 9. 1789 starb.

WERKE

Man teilt die Werke von Franz Xaver Richter in die während seiner Mannheimer Zeit verfaßten Instrumentalwerke und in die in Straßburg geschriebenen Vokalkompositionen ein. Die erstgenannten bestehen aus 69 Sinfonien, 6 Klavierkonzerten mit Streichern, 6 Streichquartetten, 8 Trios für Klavier, Flöte und Cello, 6 Solosonaten für Flöte, Triosonaten und einer Anzahl Instrumentalkonzerte. An Vokalmusik sind 30 Messen, 3 Requiem, 18 Psalmen, 43 Kantaten und Motetten, 2 Te Deum und ein Lamentationenzyklus erhalten.

Franz Xaver Richter war einer der Hauptvertreter der Mannheimer Schule. Seine Diktion weist teilweise bereits das Gepräge des Mozart-Stils auf und zielt unmittelbar auf die kommende Klassik hin.

Kammersonate in D-Dur für Cembalo, Flöte und Cello, 3 Sätze

Hier betont die Bezeichnung Kammersonate nicht einen Unterschied von der Kirchensonate, sondern ist im modernen Sinn zu verstehen; es handelt sich also um eine Komposition für ein Solistenensemble. Das Cembalo ist dabei ein konzertierender Partner, der nur fallweise kurz als bezifferter Baß auftritt. Der Abschied von der Generalbaßtechnik ist nahezu endgültig vollzogen. Im einleitenden Allegretto trägt die Flöte das Thema vor, dem das Cembalo mit einer Spielfigur begegnet wie ein zweites Motiv. Dann kommt es zu einer regelrechten Durchführung, so daß für einen formgerechten klassischen Satz nur die Reprise fehlt. Das folgende Larghetto und der 3. Satz sind mehr der barocken Tradition verhaftet und folgen mehr klanglichen Aspekten als thematischen.

Streichquartett Nr. 1 in C-Dur, 3 Sätze

Hiermit trat das Streichquartett als musikalische Gattung zum ersten Mal in einer geschlossenen Werkgruppe auf.

Es liegt eine Kammersonate vor, bei der der Generalbaß endgültig ausgeschaltet ist und alle vier Partner zur Teilnahme am klanglichen und thematischen Geschehen herangezogen werden. Die erste Violine nimmt keine dominierende Stellung ein, alle Instrumente treten gleicherweise führend hervor. Der 1. Satz weist die klassische Allegroform auf. Das Andante ist polyphon, aber doch sehr sanglich. Das rasche Finale vollendet den klassischen Zuschnitt der neuen Form.

Konzert in D-Dur für Trompete, Streicher und Generalbaß, 3 Sätze

Es liegt das einzige Trompetenkonzert des Komponisten vor. Es ist noch der Musiksprache des Hochbarock verpflichtet. Vom Solisten wird höchstentwickelte Spieltechnik gefordert. Die Stimmen der begleitenden Streicher sind selbständig behandelt. Ein interessantes, wertvolles Werk des ausgehenden Barock.

LITERATUR

R. Schwarz, František Xaver Richter, jeho život a působení, Holleschau 1969.

Johann Christian Christoph Richter
(1727–79)

ZEIT UND UMWELT

Die Hofkapelle der Fürsten Thurn und Taxis nahm in steigendem Ausmaß erstklassige Kräfte auf, so daß sie im 18. Jahrhundert zu einer beachtenswerten Pflegestätte der Orchestermusik wurde und außerdem jungen Mitgliedern eine gründliche Ausbildung bieten konnte.

LEBEN

Johann Christian Christoph Richter – Vater des Dichters Jean Paul Friedrich Richter (1763–1825) – wurde am 16. 12. 1727 in Neustadt am Kulm geboren. Er war Alumnus am Gymnasium poeticum in Regensburg, wo er an der Kapelle der Fürsten Thurn und Taxis mitwirkte, studierte in Erlangen und Jena und wurde Lehrer und Organist in Wunsiedel. Später wurde er Pastor in Joditz bei Hof und in Schwarzenbach, wo er am 25. 4. 1779 starb.

WERKE

Von Johann Christian Christoph Richter sind nur handschriftliche Kompositionen erhalten. Es handelt sich durchwegs um Kirchenmusik – Choralvorspiele, Hymnen, Motetten –, die zu seiner Zeit sehr beliebt war. Sie folgten der Berliner Schule.

John Riddell (1718–95)

ZEIT UND UMWELT

Schottische wie irische Lied- und Tanzweisen waren (und sind) in England außerordentlich beliebt und bildeten ein unerschöpfliches Reservoir an Melodien für die Kunstmusik. Viele kontinentale Komponisten holten sich an dieser Quelle Themen und Rhythmen für ihre Werke. Schöpfer originaler Volksmusik standen in hohem Ansehen.

LEBEN

John Riddell (Riddle) wurde am 2. 9. 1718 in Ayr geboren. Er war seit seiner Kindheit blind, lebte als Sänger und Komponist schottischer Lieder und Tänze in seiner Geburtsstadt, in der er am 5. 4. 1795 starb.

WERKE

Von dem schottischen Volksmusiker John Riddell sind zahlreiche Lieder und Tänze bekannt geworden. Berühmt war das Lied »Jenny's Bawbee« (Jennys Halbpenny). Im Jahr 1766 veröffentlichte er eine Sammlung schottischer »Reels« (ein Volkstanz) und andere Tänze und Menuette. Seine Melodien fanden wie andere aus Schottland besonders in der Musik der Romantik ihren Niederschlag.

Jaroslav Řídký (1897–1956)

LEBEN

Jaroslav Řídký wurde am 25. 8. 1897 in Liberec (Reichenberg), Böhmen, geboren. Er war am Konservatorium in Prag Schüler von Karel Boleslav Jirák, Josef Bohuslav Foerster sowie Jaroslav Křička und sodann von 1924 bis 1949 als Lehrer tätig; von 1924 bis 1938 war er in Prag Harfenist der Tschechischen Philharmonie und von 1925 bis 1930 Chordirigent des Philharmonischen Orchesters. Er starb am 14. 8. 1956 in Lázně Poděbrady.

WERKE

Von Jaroslav Řídký sind 7 Sinfonien, eine Sinfonietta, eine Serenade für Streichorchester, eine Kammersinfonietta, ein Violinkonzert, ein Klavierkonzert, 2 Cellokonzerte, 2 Nonette, ein Klarinettenquintett, ein Bläserquintett, 5 Streichquartette, ein Klaviertrio, 2 Sonaten für Cello und Klavier, eine Serenade und eine Sonatine für Violine und Klavier, Klavierstücke, mehrere Kantaten und Volksliedbearbeitungen bekannt geworden.

Karl Friedrich Rieck (um 1650–1704)

ZEIT UND UMWELT
Schon der große Kurfürst Friedrich Wilhelm (1620–88) verstärkte die Hofkapelle in Berlin mit ausgezeichneten Kräften. Sein Sohn Friedrich, ab 1701 König in Preußen, ein großer Förderer von Kunst und Wissenschaft, setzte den Ausbau der nunmehr Königlichen Kapelle in großzügigster Weise fort.

LEBEN
Karl Friedrich Rieck wurde um 1650 vermutlich in Berlin geboren. Er fand 1683 als Violinist Aufnahme in die kurfürstliche Kapelle und wurde 1698 zum Dirigenten des Kammerorchesters des Kurfürsten Friedrich ernannt. Als dieser König wurde, betraute er Rieck mit der Funktion des Oberkapellmeisters. Rieck starb am 14. 7. 1704 in Berlin.

WERKE
Der deutsche Violinist und Komponist Karl Friedrich Rieck verfaßte die Kantaten »Peleus und Thetis« und »Der Streit des alten und neuen Saeculi«, außerdem gemeinsam mit Attilio Ariosti ein Opernballett. Von seinen weiteren Werken ist wenig erhalten.

Georg Riedel (1676–1738)

ZEIT UND UMWELT
Königsberg, das heutige Kaliningrad, war 1525 bis 1618 Sitz der preußischen Herzoge, die ein intensives Musikleben förderten. An ihrer Hofkapelle wirkten namhafte Musiker als Kapellmeister. Ihre Fortsetzung war die kurbrandenburgische und spätere Königliche Hofkapelle in Berlin.

LEBEN
Georg Riedel wurde am 6. 6. 1676 in Sensburg (Mrągowo) geboren. Er war von 1709 bis zu seinem Tod am 5. 2. 1738 Kantor in Königsberg (Kaliningrad).

WERKE
Der deutsche Kantor und Komponist Georg Riedel verfaßte zahlreiche Gelegenheitskompositionen wie eine Abendmusik der Studentenschaft von Königsberg zur Krönung König Friedrichs I., außerdem großangelegte Werke wie eine Vertonung des gesamten Matthäus-Evangeliums, aller 150 Psalmen und der ganzen Offenbarung Johannis.

LITERATUR
H. Güttler, Königsbergs Musikkultur im 18. Jahrhundert, Königsberg 1925.

Ambros Rieder (1771–1855)

ZEIT UND UMWELT
Die Kirchen der Landgemeinden Österreichs und im katholischen Teil Deutschlands litten chronisch am Mangel an Kompositionen, die von kleinen, wenig ausgebildeten Chören und Instrumentalensembles aufgeführt werden konnten. Die meiste verfügbare Kirchenmusik war dafür zu schwierig. Daher fanden auf solche beengte Verhältnisse zugeschnittene Messen und Gesänge immer weite Verbreitung, besonders dann, wenn der Komponist es verstand, auch einen kleinen Rahmen mit guter Musik zu füllen.

LEBEN
Ambros Rieder wurde am 10.10.1771 in Wien geboren. Er war Schüler von Leopold Hofmann (1738–93) und Johann Georg Albrechtsberger (1736–1809) und wirkte von 1797 bis 1802 als Chorregent in Wien, sodann bis zu seinem Tod am 19.11.1855 in Perchtoldsdorf, Niederösterreich. Gleichzeitig spielte er im Quartett des Violinisten Ignaz Schuppanzigh die Bratsche.

WERKE
Von den über 500 Kompositionen von Ambros Rieder fanden besonders seine »Landmessen« und einfachen Proprien wegen ihrer Brauchbarkeit für bescheidene Ensembles große Verbreitung. Ebenso beliebt waren seine zahlreichen Präludien und Fugen für Orgel, weil sie leicht spielbar und dennoch sehr klangvoll waren; er verfaßte außerdem

Kammermusik und Klavierwerke, denen weniger Bedeutung zukam. Sein Stil war von der Wiener Klassik bestimmt.

LITERATUR

G. Beneš, Ambros Rieder, Sein Leben und sein Orgelwerk, Wien 1967.

Friedrich Wilhelm Riedt (1710–83)

ZEIT UND UMWELT

Um die Mitte des 18. Jahrhunderts wurden im gesamten deutschen Sprachgebiet Dilettantenorchester gegründet, die gleich Berufsmusikern mit regelmäßigen Konzerten in Erscheinung traten. Eine klare Scheidung dieser Amateure von den ausgebildeten Musikern erfolgte aber noch im selben Jahrhundert, als ihre Kräfte für die zu bewältigenden Kompositionen nicht mehr ausreichten. In Berlin gründete der Domorganist Johann Philipp Sack 1752 eine »Musikausübende Gesellschaft« und Anton Bachmann eine ähnliche Institution, die wöchentlich Konzerte veranstaltete. Fallweise wurden auch Berufsmusiker herangezogen.

LEBEN

Friedrich Wilhelm Riedt wurde am 5. 1. 1710 in Berlin geboren. Er war Schüler von Johann Gottlieb Graun und wurde 1741 als Flötist Mitglied der Hofkapelle König Friedrichs II. Im Jahr 1749 wurde er Leiter der von Johann Philipp Sack gegründeten »Musikausübenden Gesellschaft« und starb am 5. 1. 1783 in Berlin.

WERKE

Neben einigen musiktheoretischen Publikationen veröffentlichte Friedrich Wilhelm Riedt 6 Trios für zwei Flöten und Generalbaß und Sonaten für zwei Flöten und für Flöte und Cello. Sein Stil war der der Berliner Schule.

LITERATUR

C. von Ledebur, Tonkünstler-Lexikon Berlins, Berlin 1861.

Wallingford Riegger (1885–1961)

LEBEN

Wallingford Constantin Riegger wurde am 29.4.1885 in Albany, Ga., geboren. Seine Ausbildung erhielt er in New York und Berlin. Er war anschließend an verschiedenen Opernhäusern als Cellist tätig und unterrichtete von 1918 bis 1922 Theorie und Cellospiel an der Universität von Iowa. Von 1930 bis 1956 wirkte er in einem Musikverlag und unterrichtete an verschiedenen Colleges in New York, wo er am 2.4.1961 starb.

WERKE

Außer 4 Sinfonien, einer Orchesterrhapsodie, einem »Kanon mit Fuge«, einem Tanzstück und Variationen für Klavier und Orchester schrieb Wallingford Riegger zahlreiche Stücke mit den verschiedensten Instrumentalbesetzungen, zum Teil auch für Jazzensembles und für Tanzkapellen. Die Kammermusik ist durch ein Nonett für Bläser, ein Klavierquintett, ein Holzbläserquintett, 2 Streichquartette vertreten, zu denen eine Reihe kleinerer Werke mit vielgestaltiger Besetzung kommen. Ein großer Teil davon nähert sich der Dodekaphonik; es sind auch die meisten modernen Stilarten – Atonalität, Polytonalität, Polyrhythmik – verarbeitet; manches ist sehr expressionistisch.

Wilhelm Heinrich Riehl (1823–97)

ZEIT UND UMWELT

Lieder für die Hausmusik, leicht und sangbar gesetzt, waren in Deutschland stets willkommen und wurden den »erleichterten« Kompositionen berühmter Meister für den Hausgebrauch vorgezogen, denn man hatte Originale vor sich, die bewältigt werden konnten, und keine »leicht gemachten«, die das Gefühl aufkommen ließen, daß man eben für das Original über zu wenig Fähigkeiten verfügte.

LEBEN

Wilhelm Heinrich Riehl wurde am 6.5.1823 in Biebrich am Rhein geboren. Er war Musikschriftsteller und Musikhistoriker, von 1848 bis 1851 Leiter der Oper am Hoftheater in Wiesbaden und ab 1885 Direktor des Bayrischen Nationalmuseums und Generalkonservator in München, wo er am 16. 11. 1897 starb.

WERKE
Neben seinen wertvollen kulturhistorischen Publikationen verfaßte Wilhelm Heinrich Riehl die Liederhefte »Hausmusik 50 Lieder deutscher Dichter in Musik gesetzt« und »Neue Lieder für das Haus«. Es handelt sich um anspruchslose Gesänge, die recht klangvoll gesetzt sind.

Rolf Riehm (geboren 1937)

LEBEN
Rolf Riehm wurde am 15.6.1937 in Saarbrücken geboren. Von 1958 bis 1961 studierte er Schulmusik in Frankfurt am Main und anschließend bei Wolfgang Fortner in Freiburg im Breisgau Komposition. Ab 1968 wirkte er als Dozent für Theorie und Gehörbildung an der Hochschule für Musik in Köln. Im Jahr 1974 wurde er Kompositionsprofessor an der Hochschule für Musik in Frankfurt am Main. Er war Mitbegründer der Komponistenvereinigung »Gruppe 8 Köln«, die sich die Entwicklung von Gemeinschaftskompositionen als Ziel nahm.

WERKE
Neben dem Stück für Bühne, Schauspieler, Sänger und Instrumentalisten »In einer Landschaft« und dem stereophonischen Hörspiel für Männer- und Frauenstimmen »Der Seefahrer« schrieb Rolf Riehm »Studien« für drei Sänger, Schauspielerin, Englischhornspieler, Pianisten, Tonband und Bildprojektion, »Gebräuchliches« für Altblockflöte solo, »Ungebräuchliches« für Oboe solo, Stück für Sopran, Tenor, Bariton und Orchester, 2 musikalische Porträts für Klavier, 5 Stücke für Bariton und Klavier, »Zentrifuge« für Klavier sowie Chöre, Instrumentalsoli.

Joseph Riepel (1709–82)

ZEIT UND UMWELT
Die Fürsten von Thurn und Taxis wurden im 15. Jahrhundert mit der Beförderung der kaiserlichen Kurierpost im Reich, Burgund und den Niederlanden betraut und 1615 zu Reichserbgeneralpostmeistern ernannt. Dieses Postrecht wurde ihnen erst im 19. Jahrhundert abgelöst. Bis dahin beschäftigten sie in Regensburg in ihrer Hofhaltung eine Kammermusikkapelle von beachtlicher Qualität.

LEBEN
Joseph Riepel wurde am 22. 1. 1709 in Hörsching, Oberösterreich, geboren. Er studierte von 1740 bis 1745 bei Jan Dismas Zelenka in Dresden, sodann lebte er ab 1751 bis zu seinem Tod am 23. 10. 1782 als Kammermusiker des Fürstenhauses Thurn und Taxis in Regensburg.

WERKE
Das Hauptverdienst von Joseph Riepel lag vorwiegend auf dem Gebiet der Musikwissenschaft. Seine Kompositionen, 3 Violinkonzerte, Sinfonien, Klavierkonzerte und verschiedene Kirchenmusik, waren etwas blutleer, gehörten aber eindeutig dem empfindsamen Stil an.

LITERATUR
J. Merkl, Joseph Riegel als Komponist, Kallmünz 1937. W. Twittenhoff, Die musiktheoretischen Schriften Joseph Riepels, Berlin 1935, Nachdruck Hildesheim 1971. A. Feil, Satztechnische Fragen in den Kompositionslehren von F. E. Niedt, J. Riepel und H. Ch. Koch, Heidelberg 1955 (Diss.).

Ferdinand Ries (1784–1838)

LEBEN
Ferdinand Ries wurde am 28. 11. 1784 in Bonn als Sohn des Violinisten, Konzertmeisters und Musikdirektors des Kurfürsten Maximilian Franz von Köln (1756–1801) Franz Anton

Ries (10. 11. 1750, Bonn, bis 1. 11. 1846, Godesberg) geboren. Er wurde von 1801 bis 1805 von Ludwig van Beethoven als Gegenleistung für den Violinunterricht, den dieser seinerzeit in Bonn vom Vater erhalten hatte, zum Pianisten ausgebildet; Kompositionsunterricht nahm er bei Johann Georg Albrechtsberger. In den folgenden Jahren reiste er als Virtuose nach Paris, Kassel, Stockholm und Rußland und darauf 1813 nach London, wo er bis 1824 häufig mit Erfolg in den Konzerten der Philharmonic Society als Pianist mitwirkte. Im Jahr 1826 ließ er sich in Frankfurt am Main nieder und dirigierte dort ab 1837 bis zu seinem Tod am 13. 1. 1838 die Konzerte des Caecilienvereins.
Sein Bruder Hubert Ries (1. 4. 1802, Bonn, bis 14. 9. 1886, Berlin) wurde von seinem Vater und von Louis Spohr zum Violinisten und von Moritz Hauptmann zum Komponisten ausgebildet. Er wirkte ab 1825 als Violinist in der Königlichen Kapelle in Berlin und wurde 1836 Konzertmeister. Von 1851 bis 1872 unterrichtete er an der Königlichen Theater-Instrumentalschule, die sich bemühte, deutsche Kräfte auszubilden, damit keine Italiener engagiert werden mußten.

Werke

Von Ferdinand Ries sind 4 Opern und die im Stil Ludwig van Beethovens geschriebenen Oratorien »Der Sieg des Glaubens« und »Die Könige Israels« überliefert, weiters 6 Sinfonien, 3 Oratorien, 9 Klavierkonzerte, einige Kammermusik für Streicher, 52 Sonaten und Fantasien und Rondos für Klavier. Sein Stil ist klassizistisch, mit Konzessionen an die Romantik. Er brachte »Biographische Notizen über Ludwig van Beethoven« heraus.
Hubert Ries hat 2 Violinkonzerte und mehrere Violinduette komponiert und außerdem umfangreiche Studienwerke für den Violinunterricht veröffentlicht.

Literatur

D. W. Mac Ardle, Beethoven and Ferdinand Ries, in: Music and Letters 45, 1965. W. E. Sand, The Life and Works of Ferdinand Ries, Wisconsin 1973 (Diss.).

Vittorio Rieti (geboren 1898)

Leben

Vittorio Rieti wurde am 28. 1. 1898 in Alexandria (El Iskandariya) geboren. Er studierte in Mailand und darauf in Rom bei Alfredo Casella und Ottorino Respighi. Nachdem er bis 1940 als freier Komponist und Musiklehrer teils in Rom, teils in Paris gewirkt hatte, siedelte er in die USA über, wo er zunächst am Konservatorium in Baltimore, sodann am Musical College in Chicago und schließlich von 1960 bis 1964 am Queens College in New York unterrichtete.

Werke

Bis zur Übersiedlung in die USA waren die Kompositionen von Vittorio Rieti von der italienischen Spätromantik, vom Impressionismus und dem Neuklassizismus der französischen Gruppe der »Six« beeinflußt. Dann schloß er sich immer enger an die amerikanische Musik des 20. Jahrhunderts an. Er schrieb 7 Opern, 8 Ballette und zahlreiche Bühnenmusiken, weiters 5 Sinfonien, 2 Suiten, 3 Konzerte, 3 Klavierkonzerte, 2 Cellokonzerte, ein Violinkonzert, ein Konzert mit zwei Klavieren, ein Konzert mit Bläserquintett, ein Tripelkonzert für Violine, Bratsche und Klavier, »Madrigali« für zwölf Instrumente, ein Oktett, 4 Streichquartette, Variationen für Flöte, Klarinette und Violine, ein Klaviertrio, eine Partita für Harfe und sechs Instrumente, ein Concertino für fünf Klarinetten, eine Sonate für Violine und Klavier, Werke für Klavier und für zwei Klaviere, eine Cembalosonate und Klavierlieder.

Julius Rietz (1812–77)

Zeit und Umwelt

Felix Mendelssohn-Bartholdy war ständig bemüht, Musikern, die er schätzte, Positionen zu vermitteln, sie nach Kräften zu fördern und ihre Werke in den eigenen Konzerten dem Publikum vorzustellen.

LEBEN

August Wilhelm Julius Rietz wurde am 28.12. 1812 in Berlin als Sohn des Königlichen Kammermusikers und Bratschisten Johann Christian Rietz (12.6.1767, Lübben an der Spree, bis 25.12.1828, Berlin) geboren. Er war Celloschüler von Moritz Ganz (1806–68) und Bernhard Heinrich Romberg und Kompositionsschüler bei Carl Friedrich Zelter. Mit 16 Jahren trat er in das Orchester des Königstädtischen Theaters in Berlin ein. Durch Vermittlung Felix Mendelssohn-Bartholdys wurde er Zweiter Dirigent am Theater in Düsseldorf. Als dessen Nachfolger wurde er 1835 Erster Dirigent und 1836 Städtischer Musikdirektor. Von 1847 bis 1854 wirkte er als Theaterkapellmeister in Leipzig, leitete die Singakademie und wurde 1848 Dirigent der Gewandhauskonzerte und Kompositionslehrer am Konservatorium. Im Jahr 1860 wurde er Hofkapellmeister in Dresden, wo er 1870 die künstlerische Leitung des Konservatoriums übernahm. Nachdem er 1874 zum Generalmusikdirektor ernannt worden war, starb er am 12.9.1877 in Dresden.

WERKE

Von Julius Rietz sind 4 Opern – 2 ungedruckt –, mehrere Schauspielmusiken und ein Singspiel, 2 Sinfonien, Ouvertüren, Konzerte, Kammermusik, sakrale und profane Chorwerke und Lieder erhalten. Seine Bedeutung lag jedoch auf seiner Dirigier- und Lehrtätigkeit.

Giovanni Antonio Rigatti
(1615–49)

ZEIT UND UMWELT

Außer den Waisen- und Findelhäusern waren in Italien einzelne karitative Heime bedeutende Stätten der Musikpflege. Von den vier Heimen Venedigs, dem Ospedale della Pietà, dem Ospedale de'Mendicanti, dem Ospedaletto und dem Ospedale degl'Incurabili (Heim der Unheilbaren), galt das Letztgenannte (gegründet 1522) als das berühmteste. Es betreute nur Mädchen, die eine ausgezeichnete Musikerziehung erhielten und einen weit über die Stadt hinaus bekannten Chor bildeten. Die Bestellung zum Musiklehrer und Dirigenten dieses Mädchenchores, dessen Darbietungen großen Zulauf hatten, galt als Auszeichnung, die nur sehr befähigte Musiker erlangten.

LEBEN

Giovanni Antonio Rigatti (Rigati) wurde 1615 in Venedig geboren. Er war von 1635 bis 1637 Kapellmeister am Dom in Udine und ab 1646 Chormeister an San Marco in Venedig, wo er gleichzeitig als Gesanglehrer am Ospedale degl'Incurabili bis zu seinem Tod am 25. 10. 1649 wirkte.

WERKE

Der italienische Komponist Giovanni Rigatti verfaßte 4 Bücher mit ein- bis vierstimmigen Motetten, 3 Bücher mit Messen und Psalmen für drei bis acht Stimmen, verschiedene Psalmen für eine bis vier Stimmen, 2 Bücher mit ein- und zweistimmigen Musikstücken und Madrigale für zwei bis vier Stimmen. Weitere Kompositionen finden sich in Sammelwerken.

LITERATUR

H. A. Sander, Beiträge zur Geschichte der Barockmesse, in: Kirchenmusikalisches Jahrbuch XXVIII, 1933. J. L. A. Roche, Giovanni Antonio Rigatti and the Development of Venetian Church Music in the 1640s, in: Music and Letters 57, 1976.

Rigaut de Barbezieux
(um 1150 bis nach 1210)

ZEIT UND UMWELT

Die alte französische Provinz Angoumois war in den Zeiten des französischen Feudalismus in der Hand der Grafen von Angoulême. Dann wurde sie Aquitanien angegliedert und mußte das Schicksal dieses Landes teilen, das durch die zweimalige Heirat Eleanores von Aquitanien zuerst dem französischen König Ludwig VII. und sodann König Heinrich II. von England zugefallen war. Es wurde von Poitiers aus regiert, wo es für Trouvères und Troubadours immer offene Türen gab.

LEBEN

Rigaut de Barbezieux wurde um 1150 in Barbezieux geboren und wirkte als provenzalischer Troubadour vermutlich zwischen 1170 und 1210 in Poitiers. Zeit und Ort seines Todes sind nicht feststellbar.

WERKE

Die fünf von Rigaut de Barbezieux überlieferten Gedichte mit Musik lassen eine gewisse Beziehung zu Jaufré Rudel ahnen. Jedenfalls wird sein Bestreben deutlich, sich von den konventionellen Traditionen des höfischen Gesanges zu lösen und eine persönliche Einstellung zur Umwelt deutlich zu machen.

LITERATUR

R. Lejeune, Le troubadour Rigaut de Barbezieux, Saarbrücken 1957.

Henri Joseph Rigel (1741–99)

ZEIT UND UMWELT

Der Sieg des Pianoforte über das Cembalo in der zweiten Hälfte des 18. Jahrhunderts dokumentierte sich durch die immer häufigeren Kompositionen speziell für das neue Tasteninstrument und das Abnehmen der Werke für »Cembalo oder Pianoforte«. Endgültig besiegelt wurde er jedoch durch die Einrichtung einer Professur für Pianoforte in dem nach der Revolution gegründeten Pariser Conservatoire Nationale.

LEBEN

Henri Joseph Rigel (Riegel) wurde am 9. 2. 1741 in Wertheim, Franken, geboren, in Stuttgart von Niccolò Jommelli und in Mannheim von Franz Xaver Richter ausgebildet. Er ließ sich 1767 in Paris nieder, wo François Joseph Gossec seine Sinfonien im Concert spirituel aufführte. Ab 1783 gehörte er dem Concert spirituel als Komponist an. Im Jahr 1784 wurde er Lehrer an der Königlichen Gesangschule und 1795 Pianofortelehrer am neu gegründeten Konservatorium. Er starb am 2. 5. 1799 in Paris.

Sein Bruder Anton (Antoine) Rigel (um 1745, Wertheim, bis nach 1807, vermutlich Mannheim) kam 1776 nach Paris, wo er als Lehrer für Pianoforte und Flöte tätig war. Kurz nach 1787 verließ er Paris und lebte als Klavierlehrer in Heilbronn und Mannheim.

Sein Sohn Louis Rigel (1769, Paris, bis 25. 2. 1811, Le Havre) lebte als Klavierlehrer in Paris. Er war ab 1784 Bratschist am Concert spirituel und ab 1790 Violinist am Opernorchester.

Sein zweiter Sohn, Henri Jean Rigel (11. 5. 1772, Paris, bis 16. 12. 1852, Abbeville), war bereits mit 13 Jahren Hilfslehrer an der Königlichen Gesangschule. Er war ab ungefähr 1787 Pianist und Komponist am Concert spirituel und von 1795 bis 1797 Lehrer am Konservatorium, begleitete Napoleon 1798 nach Ägypten und wurde Leiter des neuen französischen Theaters in Kairo. Im Jahr 1800 kehrte er nach Paris zurück und genoß bald den Ruf als einer der besten Klavierlehrer seiner Zeit. Von 1816 bis 1825 war er Präsident der »Societé Académique des Enfants d'Apollon« (Akademische Gesellschaft der Kinder Apollos).

WERKE

Von Henri Joseph Rigel, einem der bedeutendsten Komponisten des letzten Drittels des 18. Jahrhunderts, sind außer 14 Opern, 4 Oratorien, 2 Motetten und 2 revolutionären Hymnen zahlreiche Sonaten, Suiten, Konzerte für Cembalo oder Pianoforte oder speziell für Pianoforte, Quartette und Duos mit Pianoforte, Streichquintette und über 20 Sinfonien für Orchester bekannt geworden. Er war einer der ersten, der das Pianoforte kammermusikalisch einsetzte.

Anton Rigel schrieb eine große Anzahl Sonaten für Cembalo oder Pianoforte mit Violinbegleitung, Klaviertrios und Klavierquartette und 2 Sinfonien.

Louis Rigel arrangierte die Pariser Sinfonien von Joseph Haydn für Pianoforte und verfaßte außerdem eine Reihe von Romanzen

und andere Stücke für Cembalo oder Pianoforte.
Von Henri Jean Rigel sind Opern, ein Oratorium, Klavierkonzerte, Klaviersonaten, Klavierstücke, ein großes Klavierquintett und eine Anzahl Orchesterwerke erhalten, die bereits der vorromantischen Periode angehören.

LITERATUR

G. de Saint-Foix, Les premiers pianistes parisiens, in: Revue Musicale V/8, 1924.

Vincenzo Righini (1756–1812)

ZEIT UND UMWELT

Die oft vertretene Ansicht, daß Musik nur in Italien oder zumindest von Italienern gelernt werden konnte, daß nur italienische Musik wert sei, gehört zu werden, war auch in den letzten Jahrzehnten des 18. Jahrhunderts noch nicht überholt. Besonders an verschiedenen Höfen wurden nur Italiener als Hofkapellmeister und Musiklehrer eingestellt.

LEBEN

Vincenzo Righini wurde am 22. 1. 1756 in Bologna geboren, wo er als Chorknabe an San Petronio sang und seine Ausbildung von Padre Martini und Antonio Bernacchi erhielt. Er trat zunächst als Operntenor in Parma auf, ging 1776 nach Prag, wo er 2 Opern herausbrachte, und wurde von Kaiser Joseph II. als Gesanglehrer des Hofes und Direktor der Opera buffa nach Wien berufen. Von 1787 bis 1792 wirkte er als Hofkapellmeister in Mainz und erhielt 1793 die Hofkapellmeisterstelle in Berlin, die er bis ungefähr 1806 betreute. 1810 kehrte er nach Bologna zurück, wo er am 19. 8. 1812 starb.

WERKE

Außer seinen etwa 20 Opern verfaßte Vincenzo Righini zahlreiche Orchesterwerke, Kammermusik, Klavierstücke, profane Kantaten, Chöre, deutsche und italienische Lieder mit Klavierbegleitung, Ballette, Kirchenmusik – Messen, Offertorien – und ein Oratorium (Der Tod Jesu). Über seine Arie »Vieni amore« schrieb Ludwig van Beethoven Variationen. Er gehörte zu den letzten großen Vertretern der neapolitanischen Oper und wurde zu seiner Zeit als Sänger, Gesanglehrer und Komponist sehr geschätzt.

Gregor Rihar (1796–1863)

ZEIT UND UMWELT

Parallel zu einem lebhaften Konzertleben wurde in Ljubljana auch die Kirchenmusik intensiv gepflegt. Ihr Repertoire glich dem der Wiener, Prager und Grazer Kirchen, führte aber auch die Werke slowenischer Komponisten auf, deren Anzahl und Leistung im 19. Jahrhundert kräftig anstiegen.

LEBEN

Gregor Rihar wurde am 1.3.1796 in Polhov Gradec (Billichgrätz), Slowenien (früher Herzogtum Krain), geboren. Er war Kleriker und Organist und Regens chori des Domes von Ljubljana (Laibach) bis zu seinem Tod am 24.9.1863.

WERKE

Von Gregor Rihar sind eine große Anzahl Messen, Lamentationen, Hymnen, Tantum ergo und andere Gesänge erhalten. Außerdem veröffentlichte er an profaner Musik einen »Kranz vierstimmiger Lieder« und eine Sammlung »Volksmelodien«. Im Zeichen der Romantik war seine Musik stark volksverbunden.

Wolfgang Michael Rihm (geboren 1952)

LEBEN

Wolfgang Michael Rihm wurde am 13.3.1952 in Karlsruhe geboren. Von 1968 bis 1972 studierte er an der Musikhochschule in Karlsruhe und besuchte Kurse bei Humphrey Searle; anschließend war er in Köln Schüler von Karlheinz Stockhausen. Von 1973 bis 1976 studierte er in Freiburg im Breisgau Musikwissenschaft bei Hans Heinrich Eggebrecht und Komposition bei Wolfgang Fortner und Klaus

Huber; gleichzeitig unterrichtete er bis 1978 an der Musikhochschule in Karlsruhe Musiktheorie; in den Jahren 1978, 1980 und 1982 wirkte er als Dozent bei den Ferienkursen für Neue Musik in Darmstadt. Seitdem lebt er als freischaffender Komponist in Karlsruhe und in Freiburg.

Werke

An deutscher Spätromantik wie an Gustav Mahler, Alban Berg und Karl Amadeus Hartmann orientiert, folgt Wolfgang Michael Rihm seinem Bedürfnis nach unmittelbarem, spontanem Ausdruck, der sich bei ihm mit einer komplexen Klangphantasie – zumeist in extremen dramatischen Kontrasten und breitflächiger Struktur gestaltet – verbindet. Es geht ihm dabei um »unverstellbaren Tonfall und eine unverdrängte Emotionalität«. Seine unmittelbar ansprechende Musik ist durch weitgespannte Melodiebogen von hochexpressivem Pathos und massig dissonanten Akkordfolgen, kontrapunktiert von weichen, in der Regel tonalen Abschnitten, gekennzeichnet. Die »Sachverständigen« haben sie deshalb bereits als »Neue Romantik«, »Neue Einfachheit« und »Neue Expressivität« etikettiert und den Komponisten als hervorstechendsten Vertreter der angeblich heraufdämmernden »Gruppe der Jungen« ernannt. Der Komponist jedoch hat diese »Einfachheit«, falls es sie je gab, bald hinter sich gelassen und in seinem Ballett mit »Tutuguri« vulkanische Eruptionen und einem Klangfeld voll gewaltiger Ballungen gezeigt, wie weit er bereits geschritten und den anderen vorausgegangen war. Neben 2 Kammeropern schrieb er 3 Sinfonien, 5 »Abgangsszenen« für Orchester, weiters die Orchesterstücke »Dis-Kontur«, »Sub-Kontur«, »Cuts and Dissolves«, ein Violinkonzert, ein Bratschenkonzert, ein Konzert für zwei Klaviere und Orchester, »Ländler« für 13 Streicher, »Nachtordnung« für 15 Streicher, »Segmente« für 18 Streicher, 5 Streichquartette, 2 Streichtrios, Stücke für Cello solo, 7 Klavierstücke, mehrere Orgelstücke und verschiedene Gesänge mit Orchester und mit Klavier.

Wolfgang Michael Rihm

Klavierstück Nr. 5 von Wolfgang Michael Rihm

Knudåge Riisager (1897–1974)

Leben

Knudåge Riisager wurde am 6.3.1897 in Kunda, Estland, geboren. Er studierte in Kopenhagen neben Staatswissenschaft Musik bei Otto Malling (1848–1915) und Peder Gram und vervollständigte seine Ausbildung in Paris bei Albert Roussel und Paul le Flem. Von 1926 bis 1947 wirkte er als Beamter in Kopenhagen und von 1956 bis 1967 als Leiter des Konservatoriums. Er starb am 26. 12. 1974 in Kopenhagen.

WERKE

Von Knudåge Riisager ist eine Oper aufgeführt worden. Er verfaßte 10 Ballette, 9 Sinfonien, 4 Ouvertüren, Tänze, ein Konzert für Trompete und Streichorchester, ein Concertino für fünf Violinen und Klavier, 2 Bläserquintette, ein Bläserquartett, 6 Streichquartette, eine Serenade für Flöte, Violine und Cello, Sonaten und Sonatinen für Klavier, 2 Kantaten für Soli, Chor und Orchester. Er veröffentlichte eine Reihe musikwissenschaftlicher Essays.

Qarrtsiluni, Ballett, Opus 36, ein Satz, entstanden 1936

»Majuaq, eine alte, einfältige, ungebildete Eskimofrau, erzählte, daß die Stille, die wir Qarrtsiluni nennen, das Warten auf einen Ausbruch bedeutet. Die Alten glaubten, daß ihre Lieder in jenem Schweigen entstanden, während jedermanns Gedanken sich ausschließlich mit schönen Vorstellungen beschäftigten, die im Sinn des Menschen ihre Wurzel hatten und aufstiegen, wie die Wirbel aus den Tiefen des Meeres mit einem Ausbruch zur Luft drängen, und sich so die ehrwürdigen Gesänge bildeten.« Dieses Bild der endlosen, schweigenden Polarnacht mit ihrem kalten Nordlicht gibt der Komponist mit schrillen Dissonanzen in einer Art wieder, die bislang in der dänischen Musik nie erklungen war.

Terry Riley (geboren 1935)

LEBEN

Terry Riley wurde am 24.6.1935 in Colfax, Kalifornien, geboren. Nach Studien in San Francisco und Berkeley verdiente er seinen Lebensunterhalt zunächst als Kabarett-Pianist und -Saxophonist. Bei dem indischen Musiker Pandit Pran Nath studierte er die traditionelle hinduistische Musik und lehrt seit 1972 als Professor am Mills College in Oakland, Kalifornien.

WERKE

Terry Riley schrieb seine zur Minimal Music zählenden Werke, die Elemente des Blues und des Jazz sowie indischer Musik aufweisen, vor allem für elektronische Tasteninstrumente, darunter ein Ballett (»Genesis 70«) und Filmmusik.

LITERATUR

D. Schnebel, Tendenzen in der neuen amerikanischen Musik, in: Avantgarde – Jazz – Pop, Mainz 1978.

François Anatole Laurent Rillé
(1828–1915)

LEBEN

François Anatole Laurent Rillé wurde 1828 in Orléans geboren. Er war Schüler von Antoine Aimable Élie Elwart in Paris, wo er anschließend im Operettenbetrieb als Dirigent und Komponist tätig war. Er starb am 26.8.1915 in Paris.

WERKE

Von François Anatole Laurent Rillé sind zahlreiche ganz leichte Operetten aufgeführt worden. Er schrieb außerdem eine große Menge mehrstimmige Lieder und Chöre für Gesangvereine sowie einige Kirchenmusik.

Nikolai Rimski-Korsakow (1844–1908)

ZEIT UND UMWELT

Zu den gemeinsamen Merkmalen der nationalrussischen Komponisten der zweiten Hälfte des 19. Jahrhunderts gehörte, daß sie weitab von den großen Städten auf Landgütern ihre erste Kindheit erlebten und dadurch mit dem Volksmusikgut des Landes in unmittelbare Berührung kamen. Gemeinsam war ihnen auch eine entweder aristokratische oder zumindest großbürgerliche Abstammung, die eine ihrer Gesellschaftsschicht entsprechende Ausbildung ermöglichte; sie wurden zu Offizieren, Beamten oder Technikern herangebildet. Ihre musikalische Tätigkeit beschränkte sich in früher Jugend darauf, was eben im Rahmen ihrer Erziehung zur Allgemeinbildung gerechnet wurde. Spät erst stießen sie zur Musik, spät erst entschlossen sie sich, ihre Berufe, wenn überhaupt, aufzugeben. Die Beziehungen ihrer Familien und die durch ihren Beruf gewonnenen Kontakte waren auch noch als Musiker nützlich und verhalfen ihnen rasch zu Stellen, die sich Musiker anderer Länder durch Jahre mühsam erarbeiten mußten. Es waren keine Wunderkinder und Frühbegabungen darunter, aber sie holten rasch auf, sowohl an musikalischer Technik wie an Karriere. Sie waren und blieben Repräsentanten ihrer gesellschaftlichen Klasse – Modest Mussorgski ausgenommen – als Beamte und Offiziere, als Musiklehrer und Dirigenten und als Komponisten.

Leben

Nikolai Andrejewitsch Rimski-Korsakow wurde am 6.3.1844 in Tichwin, Gouvernement Nowgorod, geboren, erhielt als Kind den damals in aristokratischen Kreisen üblichen Musikunterricht, trat mit 12 Jahren in das Petersburger Seekadettenkorps ein und wurde 1862 als Seeoffizier für 3 Jahre auf hohe See gesandt. Während der Kadettenzeit entdeckte er seine steigende Liebe zur Musik, er nahm Cello- und Klavierunterricht und lernte noch vor seiner Seereise Mili Balakirew kennen, der ihn zu einem ernsthaften Musikstudium überredete und seine auf hoher See entstandene Sinfonie – die erste russische Sinfonie überhaupt – 1865 aufführte. Nach dem Erfolg seines sinfonischen Gedichts »Sadko« und seiner ersten Oper »Das Mädchen von Psowk« quittierte Rimski-Korsakow den Seedienst, wurde Inspektor der russischen Marinekapellen und 1871 Lehrer für Komposition und Instrumentation am Konservatorium von St. Petersburg. Die ihm mehrmals angebotenen Leiterstellen der Konservatorien von St. Petersburg und Moskau lehnte er ab. Von 1874 bis 1881 war er Direktor und Dirigent der Musik-Freischule, von 1883 bis 1894 stellvertretender Direktor der Hofsängerkapelle; von 1886 bis 1900 wirkte er als Dirigent der vom Musikverleger Mitrofan Petrowitsch Meljajew (10.2.1836, St. Petersburg, bis 28.12.1903, St. Petersburg) in Moskau und St. Petersburg veranstalteten russischen Sinfoniekonzerte. Er errang auch im Ausland als Dirigent bedeutende Erfolge. Er starb am 8.6.1908 auf seinem Landgut Ljubensk unweit von St. Petersburg, geachtet und geehrt als einer der Großen der neueren russischen Musik.

Nikolai Rimski-Korsakow

Werke

Keine der 15 Opern von Nikolai Rimski-Korsakow konnte im Westen Fuß fassen, in Osteuropa werden die meisten davon noch heute ständig aufgeführt; Hauptursache daran sind vermutlich die typisch russischen Libretti. Er schrieb ferner 3 Sinfonien, die sinfonischen Dichtungen »Sadko« (nach einer gleichnamigen Oper), »Antar«, »Russische Ostern«, »Scheherezade«, Suiten nach eigenen Opern, eine Ouvertüre über russische Themen, eine »Märchensuite«, ein Klavierkonzert in cis-Moll, ein »Spanisches Capriccio«, ein Klavierquintett in b-Moll, ein Streichquartett in F-Dur, eine Serende für Cello und Klavier, ungefähr 65 Klavierlieder und 4 Duette, 140 bearbeitete russische Volkslieder und 30 A-cappella-Chöre. Alle seine Kompositionen zeichnen sich durch originale, farbenreiche Harmonik aus.

Antar, Sinfonische Suite, Opus 9, 4 Sätze, entstanden 1868

Der 1. Satz schildert die Errettung einer Gazelle vor einem Raubvogel, den Antar tötet, und den Palast der Peri Gül-Nasar, in der Antar die Gazelle wieder erkennt. Sie gewährt ihm als Dank die Erfüllung von 3 Wünschen: Rache, Macht und Liebe. Im 2. Satz wird in einer blutigen Schlacht Antar die Wonne der Rache geschenkt, im 3. Satz drückt ein prunkvoller Marsch die Macht aus, die Antar verliehen wird. Im 4. Satz malt eine zärtliche orientalische Melodie die Liebe der Peri und des Mannes, der sie gebeten hatte, ihn zu töten, ehe seine Zuneigung zur Fee schwindet. Mit einem letzten Kuß erfüllt sie auch diese Bitte.

Scheherezade, Sinfonische Suite, Opus 35, 4 Sätze, entstanden 1888

Dieses wirkungsvollste und erfolgreichste Orchesterwerk des Komponisten leitet den 1. Satz wie alle folgenden mit einer Melodie der Solovioline mit Harfenbegleitung ein; dann folgt die erste Erzählung aus »Tausendundeiner Nacht«, die Geschichte von Sindbad dem Seefahrer, mit der Scheherezade den Sultan abhält, sie ebenfalls zu töten wie alle anderen Frauen, um sich für die Untreue einer seiner Geliebten zu rächen. Im 2. Satz schildert sie die Späße des »Prinzen Kalender«, im 3. Satz erzählt sie vom »Jungen Prinzen und der jungen Prinzessin«. Nachdem sie nun bereits durch 3 Nächte ihr Leben bewahren konnte, berichtete sie dem Herrscher von einem rauschenden Fest in Bagdad, vom stürmischen Meer und dem Schiff, das am Magnetberg zerschellt. Besänftigt durch die Geschichten macht der Potentat Scheherezade zu seiner Sultanin und begeht keine Grausamkeiten mehr. Sergei Diagilew (1872–1929) und Michail Fokin (1880–1942) haben daraus ein allgemein beliebtes Ballett gestaltet.

Sadko, Sinfonische Suite, Opus 5, ein Satz, entstanden 1867, überarbeitet 1892

Das Stück gibt den Inhalt der Oper gleichen Namens wieder, nach der Sadko dem Meereskönig geopfert wird, weil das Schiff eines Nowgoroder Kaufmanns mitten auf dem Meer unbewegt stehen blieb und in dessen Reich gelangt. Dort muß er diesem und dessen Untertanen zum Tanz aufspielen, der den Ozean aufwallt und alle Schiffe versenkt. Sadko zerreißt die Saiten seiner Gusli, Musik und Tanz hören auf, und das Meer beruhigt sich.

Russische Ostern, Ouvertüre, Opus 36, ein Satz, entstanden 1888

Diese Ouvertüre kommt einer sinfonischen Dichtung sehr nahe. Sie verwendet altslawische Kirchengesänge, die in der Einleitung, zwischen Dur und Moll pendelnd, mit dunklen verhaltenen Tönen die vorösterliche Zeit schildern, dann mit Fanfarenklängen die österliche Erwartung malen. Glockenklang und Posaunenchöre führen zu einem enormen Klangrausch des gesamten Orchesters, mit dem Jubel und Freude des Festes verdeutlicht werden.

Capriccio espagnol, Suite, Opus 34, 5 Sätze, entstanden 1887

Die Suite bringt malerische Bilder aus der Natur und dem Leben Spaniens. Der 1. Satz (Alborada) besteht aus einem feurigen spanischen Volkstanz. Im 2. Satz (Variazioni) wird ein leidenschaftliches Thema glänzend variiert. Der 3. Satz wiederholt das Thema des ersten mit veränderter Instrumentation. Darauf folgt der 4. Satz (Szene und Lied der Zigeuner), in dem ein elegantes, kapriziöses Thema eine spanische Tänzerin porträtiert und ein zweites ihren stürmisch bewegten Tanz erklingen läßt. Im 5. Satz (Fandango asturiano) wird das Bild eines spanischen Volksfestes themenreich dargestellt.

Klavierkonzert in cis-Moll, Opus 30, ein Satz, entstanden 1882

Das Hauptthema des Konzerts besteht aus der Melodie des russischen Volkslieds »Versammelt euch, Brüder«. Darüber kommt es nach einer langsamen Einleitung und einer virtuosen Episode zu einem reizenden Dialog zwischen Solisten und Orchester, der mit einer Kadenz abschließt. Darauf kommt es zu einer Art Reprise und einer stürmischen Coda.

LITERATUR

A. N. Rimski-Korsakow, N. A. Rimski-Korsakow, 5 Bände, Moskau 1933–46. J. F. Kunin, N. A. Rimski-Korsakow, Berlin 1981.

Rinaldo Del Mel (1554–97)

ZEIT UND UMWELT

Solange Portugal selbständig blieb, war der Austausch von Musikern mit Spanien sehr häufig. Daher gelangten auch Flamen nach Lissabon, die entweder in der Kapelle zu Madrid oder in der Kapelle der Statthalter der Niederlande gewirkt hatten. Es ist jedoch auffällig, daß Spanier und Flamen Lissabon verließen, als Portugal von Spanien einverleibt wurde. Man muß annehmen, daß in den portugiesischen Kapellen das Einvernehmen zwischen Portugiesen und Spaniern, zu denen auch die Flamen zu rechnen waren, durch die Besetzung des Landes gelitten hatte.

LEBEN
Rinaldo Del Mel (Raynaldus, René, Renatus) wurde 1554 in Mecheln geboren und kam 1562 als Chorknabe zu St. Rombaut. Nach seiner Ausbildung wurde er in die Hofkapelle von Lissabon aufgenommen, wo er es zum Kapellmeister brachte. Im Jahre 1580 verließ er Portugal und ging an die päpstliche Kapelle in Rom. Ab 1583 bis 1587 wirkte er in mehreren italienischen Städten als Kapellmeister, sodann in gleicher Eigenschaft bis 1588 in Lüttich, 1589 in Antwerpen und schließlich bis 1596 an Dom und Schule von Magliano di Sabina. Darauf kehrte er in seine Heimatstadt Mecheln zurück, wo er nach 1597 starb.

WERKE
Von dem franko-flämischen Komponisten Rinaldo Del Mel sind ungefähr 15 Bücher mit drei- bis sechsstimmigen Madrigalen, 5 mit vier- bis zwölfstimmigen Motetten und fünf- bis zwölfstimmigen geistlichen Liedern überliefert. Obgleich sein Stil die Züge der letzten franko-flämischen Schule aufweist, ist ein gewisser italienischer Einfluß nicht zu verkennen.

Christian Heinrich Rinck (1770–1846)

ZEIT UND UMWELT
Was die Schüler von Johann Sebastian Bach übermittelt bekamen, gaben sie an ihre eigenen Schüler weiter, so daß die Bach-Tradition bis in die Mitte des 19. Jahrhunderts und länger lebendig blieb, also bis in eine Zeit, in der man bereits daranging, alle überlieferten Werke des Thomaskantors neu aufzulegen, intensiv zu studieren und aufzuführen.

LEBEN
Johann Christian Heinrich Rinck wurde am 18. 2. 1770 in Elgersburg, Thüringen, geboren. Er studierte von 1786 bis 1789 in Erfurt bei Johann Christian Kittel, einem Schüler von Johann Sebastian Bach, und wirkte ab 1790 als Stadtorganist in Gießen, ab 1805 als Stadtorganist und Gymnasialkantor in Darmstadt, wo er ab 1813 auch Hoforganist und ab 1817 Kammermusiker war und am 7. 8. 1846 starb.

WERKE
Von Christian Heinrich Rinck, der als einer der besten Organisten seiner Zeit galt, sind 2 Messen, 3 Kantaten, eine Motette, eine Hymne für Chor und Orgel und Choräle, zahlreiche Orgelchoräle – figuriert oder mit Variationen –, Choralpräludien und Choralpostludien, Fughetten, Fugen, ferner Studienwerke über das Orgelspiel und den Choralgesang erschienen, außerdem Klavier- und Kammermusik und sakrale Gesänge. Die Bach-Tradition wird bei allen diesen Werken deutlich.

Philipp Jakob Riotte (1776–1856)

ZEIT UND UMWELT
Im zweiten Jahrzehnt des 19. Jahrhunderts war in Wien die Vorherrschaft der italienischen Oper mindestens zum Teil gebrochen. Es wurden bereits viele deutsche Opern angeboten, die allerdings den Singspielcharakter noch nicht völlig abgestreift hatten, aber gerade deshalb vom Publikum gern aufgenommen wurden.

LEBEN
Philipp Jakob Riotte wurde am 16. 8. 1776 in St. Wendel, Saar, geboren. Er war Schüler von Johann André in Offenbach. Im Jahr 1805 war er Theaterdirektor in Gotha und 1806 in Danzig (Gdańsk). Dann übersiedelte er nach Wien, wo er ab 1818 als Dirigent des Theaters an der Wien wirkte. Er starb am 20. 8. 1856 in Wien.

WERKE
Mit über 50 Bühnenwerken, die nicht als überzeugend eingestuft werden können, ver-

lieh Philipp Jakob Riotte in Wien der deutschen Oper ein gewisses Übergewicht vor der italienischen. Er verfaßte außerdem eine Sinfonie, Klavier-, Flöten- und Klarinettenkonzerte, verschiedene Kammermusikwerke, zahlreiche Stücke für Klavier, von denen die programmatische »Schlacht bei Leipzig« sehr beliebt geworden ist, und verschiedene andere Instrumentalwerke. Sein vorzügliches Klarinettenkonzert in B-Dur wurde in unserem Jahrhundert neu herausgebracht.

LITERATUR

G. Spengler, Der Komponist Philipp Jakob Riotte aus St. Wendel. Sein Leben und seine Instrumentalmusik, Saarbrücken 1973.

Guiraut Riquier (um 1230–92)

ZEIT UND UMWELT

»Gesang soll freudig sein, aber mich drücken Sorgen; ich bin zu spät auf die Welt gekommen«, klagte der letzte Troubadour des Languedoc. Die Zeit der Troubadours war endgültig vorbei. Denn ritterliche Dichtung und Gesang diesseits und jenseits der Pyrenäen waren nicht nur Freude an Wort und Spiel, sondern auch Ausdruck starken Freiheitswillens. Das Untertanen- oder Lehensverhältnis zu den jeweils Mächtigen war nicht sehr straff, der Hofdienst beruhte zum größten Teil auf Freiwilligkeit. Auch war die Kunst der Troubadoure eine höchst persönliche. Der eigene Waffen- und Minnedienst, die eigene Freude an Natur, an Gelagen, an Spiel und Tanz und die eigene Trauer um verlorene oder nie erreichbare Liebe, die Klage um verstorbene Freunde, Selbstironie und kritischer Spott, Liebeswerben und Entsagung, Lob den Freunden und Schimpf den Feinden, das waren die Themen. Viel Lyrik und wenig Epik wurde uns überliefert. Es gab keine Organisationen oder Schulen, einer lernte vom anderen und bildete seinen eigenen Stil. Daher mußte diese Art künstlerischer Betätigung ihr Ende nehmen; mit der Freiheit des Ritterstandes verklang auch sein Lied.

Der Albigenserkreuzzug hat die provenzalische Kultur endgültig zertrümmert. Wenn auch der Adel in seine Sitze zurückgekehrt war und die Bürger die Verluste durch neuen Fleiß wettmachten, wenn auch die Verfolgung der Ketzer aufhörte, weil es nur mehr wenige gab, das Rad der Geschichte ließ sich nicht mehr zurückdrehen. Guiraut Riquier hatte recht: es war sinnlos und wirkungslos geworden, zu dichten und zu singen wie seine künstlerischen Vorfahren.

In Italien blühte noch ein Seitenzweig der Troubadourkunst. Sordello aus Mantua (um 1220 bis um 1270), der bedeutendste Troubadour des Landes, war noch freier Künstler. Nach ihm rückten die Vertreter des italienischen Liedes vor und leiteten zu einer glanzvollen Weiterentwicklung über.

Die Trouvères in Nordfrankreich überdauerten das 13. Jahrhundert ebensowenig; an ihrer Stelle erhob sich die franko-flämische Musik. Jedoch im Languedoc gab es keine Weiterentwicklung. Das Provenzalische sank zum Rang eines Provinzialdialektes herab. Seine klingenden Vokale fanden keinen Widerhall mehr.

LEBEN

Guiraut Riquier wurde um 1230 in Narbonne geboren. Er hielt sich durch zehn Jahre (1269–79) am Hof des Königs von Kastilien Alfonso X. el Sabio auf. Gegen Ende seines Lebens wirkte er am Hof Heinrichs II., des Grafen von Rodez. Er starb in Rodez im Jahre 1292.

WERKE

Das dichterische und schriftstellerische Werk Guiraut Riquiers besteht aus ungefähr 90 Liedern und 15 Episteln; 48 Lieder sind mit ihren Melodien erhalten, denen eine gewisse Kraftlosigkeit anhaftet. Er war der letzte echte Vertreter der Troubadourkunst, die Dichtung, Komposition und Interpretation in einer Persönlichkeit vereinte. Er hat aber am Hof Kastiliens bereits selbst einen Teil seiner Werke von Jongleurs vortragen lassen. In einer Epistel an Alfonso (1274) zieht er einen scharfen Trennungsstrich zwischen dem schöpferischen Troubadour und dem Musikanten, ohne zu erkennen, daß diese Trennung bereits überholt war, da es keine Troubadours mehr gab.

Ples de tristor marritz e doloiros (Voller Trauer, Kummer und Sorge), Planctus auf den Tod des Vizegrafen von Narbonne Amalrich IV. (1270)

Guiraut Riquier hat diese Klage in Burgos am Hof des Königs Alfonso el Sabio, wohin er sich vor den unerträglichen Zuständen des Albigenserkrieges geflüchtet hatte, verfaßt. Der Text bringt neben dem Ausdruck echter Trauer um den Tod des Gönners auch die Bitte an den Toten, aus dem Jenseits dem »leidgeprüften Land« den Frieden zu erhalten. Die Musik zählt zum Besten, was der Troubadour geschaffen hat; sie macht die bedrückte Stimmung des Liedes nahezu plastisch deutlich.

Literatur

J. Anglade, Le Troubadour Guiraut Riquier, étude sur la décadence de l'ancienne poésie provençale, Paris 1905.

Salvatore Rispoli (um 1736 – 1812)

Zeit und Umwelt

Das neapolitanische Opernschaffen hielt auch im 18. Jahrhundert mit unverminderter Intensität an. An den Konservatorien wurde die Opernkomposition exakt von ausgezeichneten Lehrkräften gelehrt, so daß ständig gute Komponisten hervorgingen, und der Bedarf der Opernhäuser in Italien und den Nachbarländern ließ nicht nach.

Leben

Salvatore Rispoli wurde um 1736 in Neapel geboren und am Conservatorio Sant'Onofrio ausgebildet. Dann wandte er sich der Komposition von Opern zu, die in Neapel und anderen italienischen Städten herauskamen. Im Jahr 1782 ernannte man ihn zum Hilfslehrer und 1793 zum Lehrer am Konservatorium, an dem er seine Ausbildung genossen hatte. Er dürfte auch an einer Kirche beschäftigt gewesen sein. 1812 starb er in Neapel.

Werke

Außer seinen 5 Opern verfaßte Salvatore Rispoli gut gearbeitete Toccaten für Cembalo, mehrere Arien und Kirchenmusik, darunter eine Totenmesse, ein Salve regina, 2 Kantaten und das Oratorium »Il trionfo di Davide« (Der Triumph Davids).

Johann Rist (1607 – 67)

Zeit und Umwelt

Die »Fruchtbringende Gesellschaft (Palmenorden)« war die erste und wichtigste deutsche Sprachgesellschaft. Sie wurde 1617 über Anregung von Kaspar von Teutleben (1576 bis 1629) von mehreren deutschen Fürsten in Weimar nach dem Vorbild der Accademia della Crusca in Florenz zur Pflege und Reinigung der Muttersprache gegründet und bestand bis 1680. Der »Pegnitzorden (Pegnitzschäfer, Löblicher Hirten- und Blumenorden an der Pegnitz)« wurde 1644 von den Barockdichtern Georg Philipp Harsdörffer (1607 bis 1658) und Johann Klaj (1616 – 56) zur Pflege von Sprache und Dichtkunst in das Leben gerufen. Beide galten als Muster für spätere ähnliche Gründungen, von denen aber keine jemals die Autorität etwa der Florentiner Accademia oder der Académie Française erreichte.

Leben

Johann Rist wurde am 8. 3. 1607 in Ottensen, Hamburg, geboren. Er studierte Theologie an der Universität in Rinteln und war bis zu seinem Tod am 31. 8. 1667 Pfarrer in Wedel, Holstein. Er war Schwiegersohn des Orgelbauers Gottfried Fritsche (1578, Meißen, bis 1638, Ottensen). 1656 gründete er die Sprachgesellschaft »Elbschwanenorden«, wurde von der »Fruchtbringenden Gesellschaft« 1647 als »Rüstiger« aufgenommen und war Mitglied des »Pegnitzordens«. Im Jahr 1644 verlieh ihm Kaiser Ferdinand III. (1608 – 57) den Poeta laureatus und 1653 den Adelstitel.

Werke

Der deutsche Dichter und Komponist Johann Rist erlangte seine Bedeutung vorwiegend durch sein Wirken als Dichter deutscher Kirchenlieder, die von anderen zeitgenössischen Komponisten vertont wurden. Einzelne in Sammlungen aufgenommene eigene Kompositionen waren sehr verbreitet, wie »O Ewigkeit, du Donnerwort« und »O Traurigkeit, o Herzeleid«, in denen er sich auch als sehr fähiger Liederkomponist erweist.

LITERATUR

H. Kretzschmar, Geschichte des Neuen deutschen Liedes, Leipzig 1911.

Giovanni Alberto Ristori (1692–1753)

ZEIT UND UMWELT

Kurfürst Friedrich August II., Sohn Augusts des Starken (1670–1733), folgte diesem als König August III. auf den polnischen Thron. Die neben der deutschen in Dresden errichtete polnische Hofkapelle war, abgesehen von den wenigen polnischen Kräften, ebenso mit Deutschen und Italienern besetzt, vielleicht mit dem Unterschied, daß berühmte Musiker in die kursächsische Kapelle aufgenommen wurden und der Königlichen polnischen Kapelle die zweite Garnitur zugewiesen wurde. Man ging aber nicht in jedem Fall so vor, so daß auch die polnische Kapelle eine Reihe von berühmten Namen aufzuweisen hatte.

LEBEN

Giovanni Alberto Ristori wurde 1692 in Bologna geboren. Er kam nach Dresden und wurde dort 1717 Komponist des Italienischen Theaters und Leiter der Königlichen polnischen Hofkapelle, sodann im Jahr 1733 Kammerorganist, 1746 Kirchenkomponist und wirkte von 1750, unter dem Oberkapellmeister Johann Adolf Hasse, bis zu seinem Tod am 7. 2. 1753 als Vizekapellmeister.

WERKE

Von den 3 Oratorien, die Giovanni Alberto Ristori geschrieben hat, ist »La deposizione della croce« (Die Kreuzabnahme) das bekannteste. Außer 20 Opern und Intermedien verfaßte er 15 Kantaten, 15 Messen, 3 Requiem, 21 Motetten, das berühmte Stabat mater in c-Moll und einige Konzerte für verschiedene Instrumente. Seine Musik ist vom Barock schon weit entfernt.

LITERATUR

C. R. Mengelberg, Ein Beitrag zur Geschichte italienischer Kunstherrschaft in Deutschland im 18. Jahrhundert, Leipzig 1916.

Alexander Ritter (1833–96)

ZEIT UND UMWELT

Der Weimarer Kreis um Franz Liszt, der von seinen Gegnern als »Neudeutsche Schule« abgestempelt wurde, hielt auch nach dessen Tod an der Programmusik fest, so daß das »Sinfonische Gedicht« in die Zeit der Spätromantik weitergetragen wurde und sich zu neuer Blüte entfalten konnte.

LEBEN

Alexander Ritter wurde am 27.6.1833 in Narva, Estland, geboren. Er war in Dresden Violinschüler von Franz Schubert und am Konservatorium in Leipzig von Ferdinand David und Ernst Friedrich Richter. In Weimar schloß er sich der Neudeutschen Schule an. Im Jahr 1856 wurde er Theaterkapellmeister in Stettin (Szczecin), hielt sich ab 1858 als freischaffender Komponist in Dresden, Schwerin und Würzburg auf und wirkte von 1882 bis 1886 in Meiningen, wo er sich mit Richard Strauss befreundete. Er starb am 12.4. 1896 in München.

WERKE

Die Tongedichte von Alexander Ritter weisen zwar wenig Originalität auf, erfüllen jedoch musikgeschichtlich die Funktion einer Brücke zwischen Franz Liszt und Richard Strauss, der in der Spätromantik die Programmusik zu neuer Blüte entwickelte. Interessant sind seine knappen impressionistischen Lieder, die den Komponisten als Mittler zwischen der ausgehenden Romantik und dem aufkommenden Impressionismus kennzeichnen. Von seiner Kammermusik ist ein Streichquartett bemerkenswert. Seine Klavierstücke und seine 2 Opern sind vergessen.

August Gottfried Ritter (1811–85)

ZEIT UND UMWELT
Der Musikforscher Carl Georg August Vivigens von Winterfeld (28.1.1784, Berlin, bis 19.2.1852, Berlin) trug durch seine Publikationen über Musik und Musiker vergangener Zeiten zur Vertiefung musikgeschichtlicher Erkenntnisse ungeheuer bei und führte eine Reihe von zeitgenössischen Musikern in historische Musikepochen ein.

LEBEN
August Gottfried Ritter wurde am 25.8.1811 in Erfurt geboren. Er war in seiner Vaterstadt Schüler von Michael Gotthard Fischer und wirkte ab 1831 dort als Lehrer und Organist an der Andreaskirche. Von 1834 bis 1835 studierte er bei Johann Nepomuk Hummel in Weimar und bei Ludwig Berger, August Wilhelm Bach und Carl Friedrich Rungenhagen in Berlin, wo er auch von Carl von Winterfeld in die Kenntnis älterer Musik eingeführt wurde. Von 1839 bis 1843 war er Organist an der Kaufmannskirche in Erfurt, anschließend Domorganist in Merseburg und 1847 in Magdeburg, wo er am 26.8.1885 starb.

WERKE
Von August Gottfried Ritter, der als vorzüglicher Orgelimprovisator berühmt war, sind für Orgel 4 Sonaten, Choralvorspiele, Variationen und Fugen, außerdem eine Sinfonie in c-Moll, ein Klavierkonzert, mehrere Klaviersonaten und Lieder bekannt geworden. Er veröffentlichte – von Carl von Winterfeld angeregt –, grundlegende Werke über das Orgelspiel und dessen Geschichte, die mehrmals aufgelegt worden sind.

Christian Ritter (um 1650 bis nach 1725)

ZEIT UND UMWELT
Wenn auch das schmückende Beiwort »epochemachend« so oft mißbraucht worden ist, daß man es am liebsten vermeidet, trifft es doch auf einige wenige Persönlichkeiten der Geschichte der Künste zu. Eine davon war Heinrich Schütz. »Mit ihm hat alles begonnen«, äußerte sich ein namhafter Kulturhistoriker und meinte damit die deutsche Musik des 17. und 18. Jahrhunderts. Diese Feststellung ist sicherlich allzu summarisch, denn Schütz ist bekanntlich nicht die einzige Säule, auf der die Entwicklung der deutschen Musik ruht. Jedoch sein Einfluß, unmittelbar oder über seine Schüler und Enkelschüler, ist überall spürbar, auch noch zu Zeiten, in denen sein Name nahezu vergessen war.

LEBEN
Christian Ritter wurde um 1650 wahrscheinlich in Sachsen geboren. Er war Schüler des Schütz-Schülers Christoph Bernhard in Dresden, ab 1672 »Cammer-Musicus« und Organist am Hof in Halle und von 1680 bis 1682 und von 1688 bis 1699 in gleicher Eigenschaft am Hof in Stockholm. Von 1682 bis 1688 war er am Hof in Dresden als Vizekapellmeister und Organist tätig. Ab 1700 lebte er in Hamburg, wo er nach 1725 starb.

WERKE
Der Stil des deutschen Komponisten Christian Ritter ist von der über Christoph Bernhard vermittelten Schule Heinrich Schütz' geprägt. Erhalten sind von seinen vorzüglichen Werken eine Suite, Sonatina und viele Kantaten, darunter ein doppelchöriges Te Deum.

Sonatina d-Moll
Dieses Orgelstück besteht aus 5 stark kontrastierenden Abschnitten und würde eher den Titel Toccata verdienen. Die Akkordfolgen zeichnen sich durch eine lebhafte Farbgebung aus. Die Fuge ist streckenweise zweistimmig angelegt, am Schluß steht eine ausgeweitete Kadenz.

LITERATUR
Th. Nordlind, Zur Biographie Christian Ritters, in: Sammelbände der Internationalen Musikgesellschaft XII, 1910/11.

Johann Christoph Ritter (1715–67)

Zeit und Umwelt
Das kulturelle Leben der »Königlich Grossbritannischen und Churfürstlichen Braunschweigisch-Lüneburgischen freien Bergstadt« Clausthal im Oberharz konnte der geringen Einwohnerzahl entsprechend nur im bescheidenen Rahmen ablaufen. Es hielt sich dennoch auf einer beachtlichen Höhe, besonders was die Pflege der Kirchenmusik und das Konzertleben anlangte.

Leben
Johann Christoph Ritter wurde 1715 in Clausthal, Harz, geboren. Er war Schüler von Johann Sebastian Bach und von 1744 bis zu seinem Tod im Jahr 1767 Organist der Marktkirche, der größten Holzkirche Deutschlands aus 1642.

Werke
Das Hauptverdienst des Bach-Schülers Johann Christoph Ritter beruht auf seiner vollständigen Abschrift der Clavier-Übung – BWV 825–30, 971 und 831 –, die er 1740 anfertigte. Von seinen Cembalosonaten sind 3 veröffentlicht worden. Sie stehen völlig unter dem Einfluß seines großen Lehrers.

Peter Ritter (1763–1846)

Zeit und Umwelt
Trotz der Verlegung des kurfürstlichen Hofes nach München im Jahr 1778 blieb der zurückgebliebene Rest der Hofkapelle auf dem Niveau, das sie einmal erreicht hatte, und behielt ihre bevorzugte Stellung noch lang im 19. Jahrhundert bei.

Leben
Peter Ritter wurde am 2. 7. 1763 in Mannheim geboren und von Abbé Vogler ausgebildet. Er wirkte ab 1784 an der Mannheimer Hofkapelle als Cellist und von 1803 bis 1823 als Kapellmeister, nachdem er zuvor Konzertmeister und Musikdirektor gewesen war. Er starb am 1. 8. 1846 in Mannheim.
Sein Onkel, Georg Wenzel Ritter (7. 4. 1748, Mannheim, bis 16. 6. 1808, Berlin), wirkte ab 1768 in der Mannheimer Kurfürstlichen Kapelle, nach deren Übersiedlung im Jahr 1778 in München und ab 1788 am Berliner Hoforchester als Fagottist.

Werke
Von Peter Ritter sind 21 Opern und Singspiele aufgeführt worden, darunter die älteste Vertonung des Falstaff-Stoffes von William Shakespeare. Er verfaßte außerdem ein Oratorium (Der verlorene Sohn) und zahlreiche Kammermusiken. Von ihm stammt die Melodie des bekannten Kirchenliedes »Großer Gott, wir loben dich«.
Georg Wenzel Ritter komponierte 2 Fagottkonzerte und 6 Quartette für Violine, Bratsche, Cello und Fagott.

Literatur
W. Schulze, Peter Ritter, Berlin 1895.

Paul Rivander (um 1575 bis nach 1621)

Zeit und Umwelt
Das deutsche Lied wurde um die Wende zum 17. Jahrhundert bis zum Lied mit Generalbaß um 1620 stark vom italienischen Gesellschaftslied beherrscht. Die italienische Satztechnik vereinigte sich mit deutschen Formen und deutschem melodischem Empfinden und kam so auch dem Bedürfnis des Publikums, das nicht nur hören, sondern vor allem selbst singen wollte, entgegen.

Leben
Paul Rivander (Bachmann) wurde um 1575 in Lößnitz, Sachsen, geboren. Über sein Leben ist wenig bekannt, außer daß er von 1612–15 Musikus am Hohenzollernhof in Ansbach war. Er ist nach 1621 gestorben. Das genaue Datum und der Ort seines Todes sind unbekannt.

Werke
Die Lieder des deutschen Komponisten Paul Rivander sind für das nicht fugierte, sehr schlicht gesetzte deutsche Lied der Jahrhundertwende beispielhaft. Die einfache Melodik

und Harmonik hat immer großen Anklang gefunden und weit später zum durchschlagenden Erfolg mancher Kantate und mancher Oper, in deren Partitur es aus dem komplizierten Tongewebe aufklang, viel beigetragen. Erhalten sind von dem Liederkomponisten »Newe weltliche Gesäng, benebens etlichen Psalmen und Intraden«, »Neue lustige Couranten auff Instrumenten und Geigen«, »Ein neues Quodlibet« und »Studenten Freud, darinnen weltliche Gesänge beneben Paduanen«.

Jean Rivier (geboren 1896)

Leben

Jean Rivier wurde am 21.7.1896 in Villemomble, Seine-St-Denis, geboren. Er war am Conservatoire in Paris Schüler von Jean Gallon, Georges Caussade und Maurice Emmanuel. Von 1947 bis 1966 unterrichtete er am Conservatoire Komposition.

Werke

Neben einer Oper, einem Ballett und zahlreichen Werken für den Rundfunk schrieb Jean Rivier 7 Sinfonien, ein Klavierkonzert, ein Violinkonzert, ein Bratschenkonzert, ein Cellokonzert, ein Konzert für Saxophon und Streicher, eines für Flöte und Streicher und außerdem zahlreiche Stücke für Orchester, für Streichorchester, für Kammerensembles verschiedener Besetzung und Solistenkonzerte mit verschieden besetzten Orchestern, ein Septett für Blechbläser, ein Bläserquintett, ein Saxophonquartett, 2 Streichquartette, ein Streichtrio und Duos verschiedener Art, Klavierwerke, ein Requiem, Psalmvertonungen für Chöre, weitere Chormusik mit Orchester und a cappella und Lieder mit Orchester oder Klavier. Sein Stil war von Maurice Ravel und noch mehr von Albert Roussel abhängig; auch Diktionen von Igor Strawinsky, von Sergei Prokofjew und des Jazz sind zuweilen bemerkbar.

François Roberday (1624–80)

Zeit und Umwelt

Infantin Anna (1601–66), die Tochter Philipps III. von Spanien und Margaretes von Innerösterreich (1584–1611), heiratete 1615 König Ludwig XIII., die Infantin Marie Thérèse (1638–83), Tochter Philipps IV. von Spanien und Isabellas von Frankreich (1602 bis 1644), vermählte sich 1659 mit Ludwig XIV.

Leben

François Roberday wurde am 21. 3. 1624 in Paris geboren. Er war Schwager des französischen Komponisten Jean Henri d'Anglebert und verdingte sich als Kammerdiener der Königinnen Anna und Marie Thérèse. Sein Protektor war Kardinal Mazarin, nach dessen Tod (1661) er in Ungnade fiel. Er zog sich nach Auffargis, Rambouillet, Seine-et-Oise, zurück, wo er am 13. 10. 1680 starb.

Werke

Der französische Komponist François Roberday veröffentlichte einen Band mit Fugen und Capricci für Orgel, die er auf vier Zeilen notierte, um sie für Violinen spielbar zu machen. Er verfaßte eine große Anzahl von Variationen mit Themen zeitgenössischer Meister, die allgemein sehr gefielen.

Robert de Fevin
(um 1475 bis um 1540)

Zeit und Umwelt

Durch geschicktes Lavieren zwischen den Großmächten konnte Savoyen seine Selbständigkeit bis in das 17. Jahrhundert behalten; die Grafschaft wurde 1416 zum Herzogtum erhoben, verlor und gewann Landesteile, baute seine politischen Beziehungen ständig durch Verträge und Heiraten aus und hielt dabei einen Hof ähnlich den großen Renaissancefürsten, wenn auch in bescheidenerem Format.

Leben

Robert de Fevin ist um 1475 in Cambrai geboren und wurde Kapellmeister der Herzöge von Savoyen, Philibert II. (1480–1504) und Charles III. (1486–1553). Er dürfte um 1540 im Bereich des Herzogtums gestorben sein. Ob er mit Antoine de Fevin in einem verwandtschaftlichen Verhältnis stand, kann nicht festgestellt werden.

WERKE
Von Robert de Fevin sind 3 Messen erhalten, ein Patrem und etliche Motetten. Auch sein Stil folgt stark dem von Josquin, ohne sich jedoch so deutlich anzulehnen wie die Kompositionen seines Namensvetters.

Robert de Visée
(um 1650–1725)

ZEIT UND UMWELT
Im dritten Drittel des 17. Jahrhunderts wurde in Paris auch die Gitarre heimisch, ohne jedoch die Laute endgültig zu verdrängen. Das auf 5 Saiten beschränkte Gitarrenspiel kam der französischen Kunstauffassung, die die Auslotung begrenzter Räume über alles stellte, sehr entgegen.

LEBEN
Robert de Visée wurde um 1650 vermutlich in Paris geboren. Er war zweifellos Schüler von Francesco Corbetta und wirkte selbst ab 1680 als Gitarrenlehrer. Im Jahr 1682 wurde der Dauphin sein Schüler. Ab 1708 war er Kammersänger, ab 1716 Instrumentalist und ab 1719 Gitarrenlehrer des Königs. Er starb in Paris um 1725.

WERKE
Der französische Gitarrist und Komponist Robert de Visée schrieb 3 Bücher mit Gitarrenkompositionen. Handschriftlich ist eine große Anzahl seiner Werke überliefert. Seine Suiten sind in klassischer Weise geformt, sein Stil ist klar und expressiv, vermeidet aber jede Exaltation. Dem Andenken seines Lehrers widmete er das elegante Stück »Tombeau de Corbette«.

LITERATUR
O. Chilesotti, Notes sur le guitarriste Robert de Visée, in: Sammelbände der Internationalen Musikgesellschaft, IX, 1907/08.

Pierre Robert (um 1618–98)

ZEIT UND UMWELT
Die französische Motette des 17. Jahrhunderts war entweder einstimmig mit Generalbaß oder mehrstimmig mit solistischen oder mehrchörigen Abschnitten und zumeist von Instrumenten begleitet, denen selbständige Teile – Präludien, Interludien, Postludien – zugeteilt waren.

LEBEN
Pierre Robert wurde um 1618 in Louvres-en-Parisis, Val-d'Oise, geboren und an der Maîtrise der Notre-Dame in Paris ausgebildet. Ab 1648 war er Kapellmeister an der Kathedrale in Senlis, ab 1650 an der Kathedrale von Chartres, ab 1653 an Notre-Dame in Paris und ab 1663 an der Chapelle Royale. Im Jahr 1672 wurde er Komponist der Ste-Chapelle und der Privatkapelle des Königs. Er starb am 26. 12. 1698 in Paris.

WERKE
Die 24 großen Motetten des französischen Komponisten Pierre Robert weisen zwei Chöre lange instrumentale Einlagen – teils harmonisch, teils kontrapunktisch – und ein- bis dreistimmige Solostellen mit Rezitativen auf. Ihr Stil ist sehr eindrucksvoll. Robert verfaßte außerdem eine Reihe kleinerer Motetten im italienischen Stil. Die großen Motetten gehörten zum ständigen Programm der Ste-Chapelle.

Leroy Robertson (1896–1971)

LEBEN
Leroy Jasper Robertson wurde am 21. 12. 1896 in Fountain Green, Uh., geboren. Er studierte bei George Whitefield Chadwick, Ernest Bloch und Hugo Leichtentritt. Ab 1925 unterrichtete er an der Universität in Provo, Uh.,

und ab 1948 an der Universität in Salt Lake City, Uh., wo er am 25.7.1971 starb.

WERKE
Das kompositorische Werk von Leroy Robertson wurde in erster Linie für das Sinfonieorchester und den Universitätschor von Utah geschrieben. Er verfaßte für Orchester 2 Sinfonien, »Praeludium, Scherzo und Ricercare«, eine Passacaglia, mehrere Ouvertüren, ein Violinkonzert, 2 Klavierkonzerte, ein Cellokonzert, außerdem verschiedene Kammermusik, eine Orgelfantasie, Klavieretüden, Chöre und Lieder für die Mormonengemeinde und das Oratorium »Aus dem Buch Mormon«.

Alexandre Robineau
(um 1744 bis nach 1790)

ZEIT UND UMWELT
Für Kleriker in der Umgebung des Hofes waren die ersten Jahre der Französischen Revolution nicht ohne Gefahr. Die Privilegien, die der Klerus in der vorrevolutionären Zeit genoß, stempelten seine Angehörigen in Bausch und Bogen zu Reaktionären ab, gleichgültig, welche Haltung der Einzelne eingenommen hatte. Daher verbargen sich viele in den Provinzen oder gingen in das Ausland.

LEBEN
Alexandre Robineau wurde um 1744 in Paris geboren. Er war Chorknabe der Ste-Chapelle und wurde sodann von Pierre Gaviniès zum Violinisten ausgebildet. Im Jahr 1767 trat er zum ersten Mal im Concert spirituel mit einer Komposition auf. Als Abbé fühlte er sich durch die ausgebrochene Revolution bedroht und floh nach Deutschland, wo er in den Jahren nach 1790 gestorben sein dürfte.

WERKE
Von Alexandre Robineau sind 6 Sonaten für Solovioline mit Baß und einige Violinkonzerte mit großem Orchester bekannt geworden. Sein Stil hing stark von Pierre Gaviniès ab.

Melchor Robledo (um 1515–87)

LEBEN
Melchor Robledo wurde um 1515 vermutlich in oder bei Tarragona geboren, wo er seine Ausbildung genoß. Im Jahre 1549 war er Kapellmeister an der Kathedrale in Tarragona, ging für etliche Jahre nach Rom, um in der päpstlichen Kapelle zu singen, kehrte zurück und übernahm 1569 die Kapellmeisterstelle an der Seo in Zaragoza, wo er im April 1587 starb.

WERKE
Von dem spanischen Kirchenkomponisten Melchor Robledo sind 6 Messen, eine große Anzahl Messeteile, Magnificat, Motetten, Psalmen und andere sakrale Gesänge überliefert. Alles ist vielstimmig, mit dichter Führung in unteren Lagen. Der Klang der Kompositionen ist sonor und schwer, die Modulationen sind konventionell, aber die Melodien weit gespannt wie der siebenbogige Puente de Piedra über den Ebro.

LITERATUR
A. Lozano, La música popular religiosa y dramática en Zaragoza, Los Angeles 1895.

José García Robles (1835–1910)

ZEIT UND UMWELT
Für den Anschluß der Iberischen Halbinsel an das musikalische Europa wurden gegen Ende des 19. Jahrhunderts beachtliche Anstrengungen gemacht. Die wirkungsvollsten Anstöße hiezu kamen jedoch aus Barcelona, das auf allen Gebieten dem Land voranschritt.

LEBEN
José García Robles wurde am 28.7.1835 in Olot geboren. Er erhielt seine musikalische Ausbildung in Reus, Vich und Barcelona, wo

er als Lehrer wirkte und an der Gründung des Orfeó Català (Katalanischer Gesangverein) beteiligt war. Er starb am 28.1.1910 in Barcelona.

WERKE
Von José García Robles sind 4 Schulopern, mehrere Oratorien – darunter »Santa Isabel de Hungría« für vier Chöre, Orchester und Orgel –, Kammermusik und einige Kirchenmusik – Messen, Proprien, Litaneien – erhalten.

George Rochberg (geboren 1918)

LEBEN
George Rochberg wurde am 5.7.1918 in Paterson, N. J., geboren. Er studierte am Staatlichen College in Upper Montclair, N. J., und darauf in New York an der Mannes Music School bei György Szell (7.6.1897, Budapest, bis 30.7.1970, Cleveland, O.) und Leopold Damrosch Mannes (26.12.1899, New York, bis 11.8.1964, Martha's Vineyard, Cape Cod, Mass.), sodann noch von 1945 bis 1948 am Curtis Institut of Music und an der Universität in Philadelphia, Pa. Anschließend unterrichtete er bis 1954 am Curtis Institut; nach verlegerischer Tätigkeit wirkte er von 1960 bis 1968 als Präsident des Music Department an der University of Pennsylvania, an der er seitdem Professor ist.

WERKE
Neben 4 Sinfonien – die dritte für Soli, Kammerchor, Doppelchor und Orchester – und einem Zyklus von 12 Orchesterstücken schrieb George Rochberg unter anderem eine Kammersinfonie für neun Instrumente, eine Sommerserenade für sechs Instrumente, ein Konzert für kleines Orchester, ein Stück für 15 Instrumente und eines für Bläser, weiters 2 Streichquartette, ein Klaviertrio, Duos für Violine und Cello, für Oboe und Klavier und für Violine und Klavier, eine Anzahl Klavierwerke, eine Fantasie für Cembalo, Gesänge für Singstimme und Orchester, ein Werk für Chor, Solisten, Sprecher, verschiedene Instrumente und Tonband. Er publizierte eine Anzahl musiktheoretischer Werke. Sein Stil gehört der Neuen Musik an.

LITERATUR
A. L. Ringer, The Music of George Rochberg, in: The Musical Quarterly 52, 1966. Ch. Wilkinson, George Rochberg, Morgantown 1979.

Jean-Baptiste Rochefort (1746–1819)

ZEIT UND UMWELT
Im letzten Jahrzehnt des 18. Jahrhunderts wurde in Paris ein Theater nach dem anderen eröffnet. Ihre Lebensdauer war zumeist nur kurz, weil sie einer weiteren Neugründung Platz machen mußten. Diese Gründungen waren für die Opernkomponisten sehr belebend, weil sie die Kompositionsaufträge und Aufführungen vermehrten. Außerdem wurde durch niedrige Eintrittspreise, die allerdings in manchen Fällen das Unternehmen ruinierten, ein breites Publikum gewonnen.

LEBEN
Jean-Baptiste Rochefort wurde am 24. 6. 1746 in Paris geboren. Er war Chorknabe an der Maîtrise der Notre-Dame in Paris und ab 1775 Kontrabassist der Oper. Nach einem fünfjährigen Aufenthalt ab 1780 in Kassel als Direktor der Französischen Oper kehrte er an die Pariser Oper zurück, wo er Stellvertretender Orchesterleiter wurde. Im Jahr 1797 wurde ihm die musikalische Leitung des Théâtre des Arts übertragen. Er starb 1819 in Paris.

WERKE
Außer einer großen Anzahl Ballette, Ballettkomödien, Pantomimen und komische Opern verfaßte Jean-Baptiste Rochefort eine Kantate, 3 Motetten, einige Romanzen, die im Concert spirituel aufgeführt wurden, und 6 Streichquartette, die den Einfluß von Mannheim verraten.

Friedrich Rochlitz (1769–1842)

Zeit und Umwelt

Der Übergang von der Aufklärung zur Romantik wurde nicht nur von einer gewaltigen Anzahl von Meisterwerken der Klassiker und der ersten Romantiker getragen, sondern auch von einem umfangreichen musikalischen, literarischen und ästhetischen Schrifttum, das neben den künstlerischen die ideologischen und philosophischen Grundlagen zur Abkehr vom Rationalismus auf breiten Lebensgebieten vorbereitete. Die zu einem reinen Absolutismus zurückgekehrten Regierungen förderten natürlich bald eine geistige Haltung ihrer Untertanen, die zwar ihre Bindung an transzendente Leitvorstellungen gelockert oder ganz gelöst und dafür ihr Dasein in ihrem »Volkstum« und dessen legendär ausgeschmückter Vergangenheit integriert hatten.

Leben

Johann Friedrich Rochlitz wurde am 12. 2. 1769 in Leipzig geboren. Er war Thomasschüler in seiner Geburtsstadt und wirkte anschließend zeitweilig als Organist an der Thomaskirche. Sein Lehrer war Johann Friedrich Doles. Schon während seines Studiums widmete er sich der literarischen Tätigkeit und errang bald eine hervorragende Stellung in der musikalischen Welt durch seine Leitung der »Allgemeinen Musikalischen Zeitung«. Über die Vermittlung Goethes wurde er sächsisch-weimarischer Hofrat. Er widmete sein Wirken der Musikgeschichte und Musikkritik, vor allem der Gesangsmusik, verfaßte eine Reihe musikästhetischer Schriften, Oratorien- und Kantatentexte, mehrere Schauspiele und Opernlibretti. Er starb am 16. 12. 1842 in Leipzig als einer der bedeutendsten Musikologen seiner Zeit.

Werke

Das kompositorische Schaffen von Friedrich Rochlitz tritt an Bedeutung weit hinter sein literarisches zurück. Er schrieb Lieder, Chöre, vor allem Männerchöre, Klavierstücke und mehrere sehr klangschöne Kirchenkantaten, die bereits voll der Romantik angehörten.

Literatur

E. Ehinger, Friedrich Rochlitz als Musikschriftsteller, in: Sammlung musikwissenschaftlicher Einzeldarstellungen IV, Leipzig 1929.

Pierre Rode (1774–1830)

Zeit und Umwelt

Im Gegensatz zu den italienischen Virtuosen, die sich zu einem beträchtlichen Teil in überspitzte Techniken verloren und dabei auf den musikalischen Gehalt verzichteten, verließen die Violinisten der neuen französischen Schule den Boden der Musikalität nie, wenngleich auch sie in ihren Kompositionen alle Möglichkeiten des Instruments ausschöpften.

Leben

Jacques Pierre Joseph Rode wurde am 16. 2. 1774 in Bordeaux geboren. Er war ab 1787 Schüler von Giovanni Battista Viotti in Paris und wurde hierauf Führer der Zweiten Violinen am Théâtre Feydeau und bald darauf Soloviolinist an der Opéra. Ab 1794 unternahm er Konzertreisen nach den Niederlanden, Deutschland und England, wurde 1795 Violinlehrer am neugegründeten Conservatoire, trat 1799 in Spanien auf und ging 1803 nach St. Petersburg, wo ihn Zar Alexander I. (1777–1825) zum Soloviolinisten ernannte. Im Jahr 1811 kehrte er nach Paris zurück, nahm seine Reisetätigkeit wieder auf und ließ sich schließlich in Bordeaux nieder. Er starb am 25. 11. 1830 auf Château-Bourbon bei Damazan, Lot-et-Garonne.

Werke

Pierre Rode gehörte mit François de Sales Baillot und Rodolphe Kreutzer (1766–1831) zu den Begründern der modernen französischen Violinistenschule. Er schrieb 13 Violinkonzerte, 4 Streichquartette, zahlreiche Violinsonaten, Duos und Variationen für Violinen und Orchester, 24 Capricen, die noch heute im Violinunterricht verwendet werden. Seine

Kompositionen sind klassizistisch im wahren Sinn des Wortes; einige Konzerte wie Nr. 4 in A-Dur, Nr. 5 in B-Dur, Nr. 7 in a-Moll, Nr. 8 in e-Moll und Nr. 9 in C-Dur stehen bei Violinisten noch heute in hohem Ansehen.

LITERATUR

H. Algrimm, Pierre Rode, Wien 1929.

Karl Joseph Rodewald (1735–1809)

ZEIT UND UMWELT

Kassel, die Residenz der Landgrafen von Hessen-Kassel, die 1785 unter Kurfürst Wilhelm I. (1743–1821) die Kurfürstenwürde erhielten, blühte im 18. Jahrhundert zur prächtigen Residenzstadt auf, in der unter anderen Prunkbauten die berühmte Gemäldegalerie und das Schloß Wilhelmshöhe entstanden. Die Hofkapelle, die bereits im 17. Jahrhundert einen großen Ruf genoß, nahm an vorzüglichen Kräften auf, was sie bekommen konnte.

LEBEN

Karl Joseph Rodewald wurde am 11. 3. 1735 in Seitsch (Siciny), Schlesien, geboren. Er erhielt in Berlin seine Ausbildung von František Benda als Violinist und von Johann Philipp Kirnberger in Komposition und wurde 1762 Mitglied der Landgräflich-Hessischen Hofkapelle. Nach ihrer Auflösung (1785) betätigte er sich als Musiklehrer bis zu seinem Tod am 11. 7. 1809 in Hanau.

WERKE

Von dem angeblich umfangreichen kompositorischen Werk von Karl Joseph Rodewald ist nur ein Stabat mater für zwei Singstimmen und Orchester im Druck erschienen. Handschriftlich überliefert sind außerdem eine Oper und mehrere Instrumentalwerke.

Rocco Rodio (um 1535 bis um 1615)

ZEIT UND UMWELT

Trotz der drückenden Herrschaft der spanischen Vizekönige, die Neapel mit harten Abgaben belasteten, war das kulturelle Leben in voller Blüte. Im Jahre 1537 wurde eine öffentliche Musikschule von Rang gegründet, Gesualdo da Venosa rief eine private Musikakademie ins Leben, nahezu gleichzeitig entstand die »Camerata di propaganda per l'affinamento del gusto musicale« (Vereinigung zur Verbreitung eines verfeinerten musikalischen Geschmacks).

LEBEN

Rocco Rodio wurde um 1535 in Bari geboren und vermutlich in Neapel zum Musiker ausgebildet. Er blieb dem Musikleben der Stadt eng verbunden und war Mitglied der Accademia des Fürsten Gesualdo da Venosa; an der Gründung der »Camerata di propaganda per l'affinamento del gusto musicale« wirkte er mit. Ob er als Organist oder Kapellmeister tätig war, ist nicht bekannt. Er starb in Neapel um das Jahr 1615.

WERKE

Vom kompositorischen Werk Rocco Rodios sind ein Buch mit vierstimmigen Ricercate und einigen Fantasien für Orgel, Cembalo, Clavichord oder Harfe, ein Buch mit zehn Messen, 2 Bücher mit vierstimmigen Madrigalen und etliche weitere Stücke (Motetten, Madrigale) in Sammelwerken enthalten. Eine fünfstimmige Messe ist so gearbeitet, daß sie auch vier- oder dreistimmig gesungen werden kann. Der Stil der Musik ist neapolitanisch, das heißt: klangvoll, gut rhythmisiert, ausdrucksreich und verziert.

Jean Joseph Rodolphe (1730–1812)

ZEIT UND UMWELT

Musiker im Dienst der französischen Krone oder staatlicher Institutionen verloren bei Ausbruch der Revolution 1789 nahezu in den meisten Fällen ihre Stellungen. Im Direktorium (1795–99) oder spätestens während des Konsulats erhielten viele davon ihre Stellungen oder eine ähnliche zurück, nachdem die durch die Wirren der ersten Jahre eingestellte Tätigkeit vieler Institute wieder aufgenommen worden war. Es ist interessant festzustellen, daß kein Künstler wegen seiner künstlerischen Tätigkeit, in welchen Diensten immer, behelligt wurde.

LEBEN
Jean Joseph Rodolphe (Rudolphe) wurde am 14. 10. 1730 in Straßburg geboren. Er war mit 15 Jahren Violinschüler von Jean-Marie Leclair in Paris und wirkte darauf als Orchestermusiker in Bordeaux, in Montpellier und Parma, wo er zum Horn überging und unter Tommaso Traetta Komposition studierte. Im Jahr 1760 wurde er Mitglied der Hofkapelle in Stuttgart und konnte dort unter Niccolò Jommelli seine Ausbildung vollenden. Er trat 1764 im Concert spirituel in Paris als Hornvirtuose auf und wurde einige Jahre darauf in die Königliche Kapelle aufgenommen; 1784 wurde er Kompositionslehrer an der École Royale du Chant et de Déclamation, verlor diese Stelle durch die Revolution, konnte jedoch von 1798 bis 1802 am inzwischen gegründeten Conservatoire de Musique als Gesangprofessor arbeiten und wirkte hernach bis zu seinem Tod am 18. 8. 1812 als Privatmusiklehrer in Paris.

WERKE
Neben einer Reihe Opern und Ballette veröffentlichte Jean Joseph Rodolphe Violinetüden, Violinduette, 24 Fanfaren für drei Hörner und 2 Hornkonzerte, die die Mannheimer Schule verraten. Er war auch als Musikschriftsteller tätig.

Rodrigo de Ceballos (um 1530–81)

ZEIT UND UMWELT
Die Entdeckung der Neuen Welt leitete für Spanien einen gewaltigen politischen und besonders wirtschaftlichen Aufschwung ein, der zu einem kulturellen Aufstieg hätte führen können, wenn es zu einer Befreiung vom Denk- und Verhaltenszwang gekommen wäre. Die Ansätze des Humanismus wurden aber bald unterdrückt. Auch die Musik durfte sich nur in den Kathedralen entfalten.

LEBEN
Rodrigo de Ceballos (Çavallos) wurde um 1530 in Aracena, Sevilla, geboren. Er wurde vermutlich in Sevilla ausgebildet und erhielt 1554 die Zweite Kapellmeisterstelle an der Kathedrale von Málaga. Im Jahre 1556 war er Kantor an der Kathedrale von Sevilla, wurde im gleichen Jahr zum Priester geweiht und mit der Kapellmeisterstelle an der Kathedrale von Córdoba betraut. Ab 1561 war er Kapellmeister an der Königlichen Kapelle in Granada, wo er 1581 starb.

WERKE
Von Rodrigo de Ceballos sind 3 Messen, 52 vier- bis sechsstimmige Motetten, ein Salve Regina und etliche Madrigale erhalten. Er verfaßte auch einige Villancicos. Sein Stil ähnelt dem von Morales oder Guerrero und muß als typisch sevillanisch bezeichnet werden.

LITERATUR
R. Stevenson, Spanish Cathedral Music in the Golden Age, Berkeley 1961.

Antonio Rodriguez de Hita
(1724–87)

ZEIT UND UMWELT
Der spanische Schriftsteller Ramón de la Cruz Cano y Olmedilla (1731–94) pflegte vor allem die Sainete – traditionelle Form des Bühnenschwanks – und die Zarzuela und lieferte den zeitgenössischen Komponisten unzählige Libretti seines Genre.

LEBEN
Antonio Rodriguez de Hita wurde 1724 in Kastilien geboren. Er war zunächst Kapellmeister an der Kathedrale in Palencia und ab 1757 bis zu seinem Tod am 21. 2. 1787 am Königlichen Kloster de la Encarnación in Madrid.

WERKE
Von Antonio Rodriguez de Hita stammt eine große Anzahl Kirchenmusik, die stili-

stisch dem Spätbarock angehört. Seine Bedeutung gewann er jedoch durch seine Zarzuelas, die er zum größten Teil in Zusammenarbeit mit dem Schriftsteller Ramón de la Cruz herausbrachte.

LITERATUR

E. Cotarelo y Mori, Historia de la Zarzuela, Madrid 1934.

Carl Leopold Röllig (um 1745–1804)

ZEIT UND UMWELT

Zu allen Zeiten haben Instrumentenbauer versucht, neue Instrumente mit neuen Techniken und Klängen zu konstruieren. Es kam dabei häufig nur zu Kuriositäten, mit denen ein neugieriges Publikum unterhalten wurde. Aus diesen zahlreichen Experimenten sind aber immer wieder tatsächlich brauchbare Instrumente entstanden, mit denen das Klangbild der Ensembles mit neuen Farben bereichert werden konnte.

LEBEN

Carl Leopold Röllig wurde um 1745 in Wien geboren. Er war Instrumentenbauer und Musikdirektor einer Theatergruppe, die in Hamburg und Hannover gastierte. Im Jahr 1780 trat er in Dresden als Glasharmonikavirtuose auf. Er konstruierte ein tragbares Hammerklavier (Orphika) und einen Bogenflügel (Xänorphika) und führte sie in Konzerten vor. Er starb am 4. 3. 1804 in Wien.

WERKE

Von Carl Leopold Röllig wurde ein Singspiel (Clarisse) in Hannover aufgeführt. Er komponierte außerdem eine Reihe von Liedern, die im Volkston gehalten waren, und Stücke für seine Instrumente, die er selbst in Konzerten vortrug. Ihr musikalischer Wert war gering. Er betätigte sich auch als Musikschriftsteller.

Johann Georg Röllig (1710–90)

ZEIT UND UMWELT

Fürst Johann August von Anhalt-Zerbst war der Letzte seines Stammes. Nach seinem Tod wurde die Zerbster Hofkapelle, die durch die Leitung von Johann Friedrich Fasch auf ein hohes Niveau gebracht worden war, aufgelöst.

LEBEN

Johann Georg Röllig wurde 1710 in Berggießhübel, Sachsen, geboren. Er war Schüler der Kreuzschule in Dresden und wurde in Musik von Jan Dismas Zelenka und Theodor Christlieb Reinhold (1682–1755) ausgebildet. Er wurde darauf Hoforganist, Kammermusikus und 1758 Kapellmeister in Zerbst, wo er am 19. 9. 1790 starb.

WERKE

Von Johann Georg Röllig sind 14 Sinfonien, Konzertstücke für verschiedene Instrumente, Kammermusik und Kantaten teilweise überliefert. Sein Stil näherte sich der Vorklassik.

Johann Theodor Römhild (1684–1756)

ZEIT UND UMWELT

Der Thomaskantor Johann Schelle förderte bei seinen Schülern alle Ansätze zum galanten Stil des 18. Jahrhunderts, der in Leipzig bereits günstige Aufnahme gefunden hatte, so daß man den »konservativen« Bach nicht schätzte. Die verschiedenen Thomanerschüler trugen den neuen Stil an ihre Dienstorte, und der »gebundene, gelehrte« Stil des Barock geriet in Mitteldeutschland bald in Vergessenheit.

LEBEN

Johann Theodor Römhild (Theoderich Römhildt) wurde am 23. 9. 1684 in Salzungen, Thüringen, geboren. Er war ab 1697 Thomaner in Leipzig und Schüler von Johann Schelle. Im Jahr 1708 wurde er Kantor in Spremberg und 1715 Musikdirektor in Freystadt (Kożuchów), wirkte ab 1726 neuerlich in Spremberg und ab dem Jahr 1731 als Hofkapellmeister in Merseburg, wo er 1735 Domorganist wurde und am 26. 10. 1756 starb.

WERKE
Der deutsche Kantor und Komponist Johann Theodor Römhild verfaßte zahlreiche kirchliche Werke, von denen 238 Kirchenkantaten, 2 Oratorien, 2 Messen, 2 Kyrie, ein Magnificat, eine Motette, eine Matthäus-Passion und ein Passionskonzert erhalten sind, außerdem 19 weltliche Kantaten und eine Partita für Cembalo, Violine und Cello. Diese gesamte Vokalmusik ist instrumental begleitet und gehört klar dem galanten Stil an.

LITERATUR
K. Paulke, Johann Theodor Römhild, in: Archiv für Musikwissenschaft I, 1919.

Valentin Roeser (um 1735 bis nach 1782)

ZEIT UND UMWELT
Die sechziger Jahre des 18. Jahrhunderts brachten einen starken Zustrom ausländischer Musiker nach Paris. Das Ende des Mäzenatentums in Italien und der Krieg in Mitteleuropa hatten viele Künstler vertrieben. Frankreich war zwar ebenfalls am Krieg beteiligt, aber er wurde weitab von Paris geführt, und der Niedergang der wirtschaftlichen Verhältnisse trat nicht störend auf, denn für Musik war in Paris immer Geld vorhanden.

LEBEN
Valentin Roeser wurde um 1735 in Deutschland geboren. Über sein Leben ist wenig bekannt. Er dürfte um 1762 nach Paris gekommen, im Dienst verschiedener Fürstenhäuser gestanden und nach 1782 dort gestorben sein.

WERKE
Von Valentin Roeser erschienen 12 Sonaten für zwei Violinen, 12 Klarinettenduette, 12 Sonaten für Cembalo oder Pianoforte, 12 Sonaten für Fortepiano mit Violine, 6 Sonaten für zwei Violinen und Baß, 6 Quartette für Klarinette, Oboe, Violine, Bratsche und Baß, 6 Triosonaten, 14 Sinfonien, zahlreiche Werke für Blasinstrumente und Arrangements für verschiedene Instrumente, außerdem eine Romanze für Singstimmen. Er verfaßte eine Instrumentationsanweisung für Blasinstrumente und mehrere andere Schulwerke.

Marguerite Roesgen-Champion
(1894–1976)

LEBEN
Marguerite Sara Roesgen-Champion (Pseudonym Jean Delysse) wurde am 25.1.1894 in Genf geboren. Sie wurde am Konservatorium ihrer Geburtsstadt zur Pianistin und bei Émile Jaques-Dalcroze und Ernest Bloch zur Komponistin ausgebildet. Ab 1913 ging sie auf Konzertreisen, auf denen sie auch eigene Werke vortrug. Von 1915 bis 1936 unterrichtete sie am Konservatorium in Genf; dann widmete sie sich erneut nur mehr der Komposition und ihren Konzerten. Sie starb am 30.6.1976 in Genf.

WERKE
Das Klavier und das Cembalo standen im Mittelpunkt des kompositorischen Schaffens von Marguerite Roesgen-Champion. Sie schrieb 6 Cembalokonzerte, 4 Klavierkonzerte, ein Violinkonzert, Hymne und Fuge für Cembalo und Streichorchester, ein Blechbläserquintett, ein Trio für Oboe, Klarinette und Cello und eines für Saxophon, Cembalo und Fagott, Stücke für Flöte und Cembalo und für Flöte und Harfe, Violinsonaten, Klaviersonaten, zahlreiche Kantaten, Chöre und Lieder mit verschiedener Begleitung, Cembalo- und Klavierstücke.

František Antonín Rösler
(um 1750–92)

ZEIT UND UMWELT
Die Hofkapelle der Herzoge von Mecklenburg-Schwerin in Ludwigslust zählte im

18. Jahrhundert zu den bedeutendsten Klangkörpern des deutschen Sprachraumes; es wurde dort vor allem der norddeutsche Stil gepflegt, der von der Berliner Hofkapelle begründet war. Sie wurde von einem Zeitgenossen als »eines der besten Orchester Deutschlands, reich an äußerst verdienstvollen Männern« bezeichnet.

LEBEN

František Antonín Rösler (Rößler, nannte sich Francesco Antonio Rosetti) wurde um 1750 im Raum von Leitmeritz (Litoměřice), Böhmen, geboren. Er war für den Klerikerstand bestimmt, schwenkte aber zur Musik ab, erhielt 1773 in der Kapelle des Fürsten Oettingen-Wallerstein die Stelle eines Kontrabassisten und stieg 1786 zum Kapellmeister und Chorregenten auf. Um 1782 hielt er sich in Paris auf und lernte die Kompositionen von Christoph Willibald Gluck, Niccolò Piccinni und Joseph Haydn kennen. Von 1789 bis zu seinem Tod am 30. 6. 1792 in Schwerin wirkte er als Kapellmeister am Hof der Herzoge von Mecklenburg-Schwerin in Ludwigslust.

WERKE

Neben einigen Opern verfaßte František Antonín Rösler 2 oft aufgeführte Oratorien – »Der sterbende Jesus«, »Jesus in Gethsemane« –, die sehr bekannte Kantate »Das Winzerfest der Hirten«, ein Halleluja, ein 1792 in Prag zum Tod Wolfgang Amadeus Mozarts aufgeführtes Requiem, 34 Sinfonien, zahlreiche Instrumentalkonzerte, Kammermusik, Quartette, Sonaten für Klavier mit Violine oder Cello und Klavierstücke, von denen viele in »Blumenlese für Klavierliebhaber«, die Heinrich Philipp Carl Boßler herausgab, enthalten waren. Sein Stil kombinierte den von Mannheim und von Wien. Harmonisch und melodisch sind seine Werke um vieles interessanter als die Kompositionen vieler seiner Zeitgenossen. Das trifft vor allem bei seinen Konzerten für Blasinstrumente und Orchester zu.

Sinfonie in g-Moll, 4 Sätze

Durch eine glückliche Synthese vorklassischer Fakturen mit spätbarocken Elementen erzielt diese Sinfonie wie viele andere des Komponisten eine starke Ähnlichkeit mit dem sinfonischen Werk Joseph Haydns. Die Reihenfolge der Sätze ist ungewöhnlich; zwei rasche Sätze – Vivace, Menuetto Fresco – gehen einem Andante voraus, das mit seinem lyrischen Duktus romantische Töne anschlägt. Das folgende Allegro scherzante gleicht einer Aufforderung, die wehmütige Klage nicht zu ernst zu nehmen.

Konzert für Flöte und Orchester in G-Dur, 3 Sätze

Das einleitende Allegro bringt ein frisches Spiel des Solisten, das sich trotz aller virtuosen Passagen dem Orchesterklang schön einfügt. Das Adagio con espressione reiht sich mit seiner schönen Kantilene der Romantik des kommenden Jahrhunderts zu. Das Rondo wiederum weckt Rokokostimmung.

Konzert für Horn und Orchester in d-Moll, 3 Sätze

Aus diesem Konzert strömen eine urwüchsige Kraft und naive Einfachheit, das Horn klingt einschmeichelnd und süß-tändelnd, mit einem Wort »schön«. Das Allegro schlägt zuweilen heroische Töne an, die aber sofort von übersprudelnder Munterkeit abgelöst werden. Die Romanze gehört der Empfindsamkeit an, und das Rondo drängt zum fröhlichen Abschluß.

LITERATUR

H. Fitzpatrick, Alias Antonio Rosetti – a Biographical Précis, in: Music & Letters XLIV, 1962.

Johann Joseph Rösler (1771–1813)

ZEIT UND UMWELT

Der Einfluß der Wiener Klassiker auf die zeitgenössischen Komponisten war in manchen Fällen so nachhaltig, daß nicht selten frappante Stilparallelen auftraten, die die vielen betrügerischen Zuschreibungen der Verleger ermöglichten. Auch sehr gewiegten Musikologen unterliefen in der Beiordnung von später entdeckten unsignierten Kompositionen aus jener Zeit Irrtümer.

LEBEN

Johann Joseph Rösler (Rössler) wurde in Banská Stiavnica, Slowakei (damals Ungarn), am 22. 8. 1771 geboren. Ab dem Jahr 1795 wirkte er als Orchesterleiter am Ständetheater in Prag. Im Jahr 1805 erhielt er die Leitung des Hoftheaterorchesters in Wien, wo er einige Jahre darauf (um 1809) von Fürst Franz Joseph Maximilian Lobkowitz (1772–1816) zum Kapellmeister bestellt wurde. Er starb am 28. 1. 1813 in Prag.

WERKE

Außer 7 Bühnenwerken schrieb Johann Joseph Rösler eine Reihe Sonaten für Klavier, das er virtuos beherrschte, eine Anzahl Lieder, 3 Streichquartette und 3 Sinfonien, außerdem ein Klavierkonzert in D-Dur, dessen 1. Satz erst gegen Ende des 19. Jahrhunderts entdeckt und für eine Komposition von Ludwig van Beethoven gehalten wurde. Der Stil aller genannten Kompositionen lehnte sich stark an den Beethovens an.

LITERATUR

H. Engel, Der angeblich Beethovensche Klavierkonzertsatz, Neues Beethoven-Jahrbuch II, 1925.

Heinz Röttger (geboren 1909)

LEBEN

Heinz Röttger wurde am 6. 11. 1909 in Herford, Westfalen, geboren. Er war in München von 1928 bis 1931 an der Akademie der Tonkunst Schüler von Hugo Röhr (13. 2. 1866, Dresden, bis 7. 6. 1937, München) und Walter Courvoisier und an der Universität Schüler von Adolf Sandberger und Alfred Lorenz (11. 7. 1868, Wien, bis 20. 11. 1939, München). Nach Dirigententätigkeit in Augsburg, Stralsund und Rostock wurde er Generalmusikdirektor in Dessau.

WERKE

Von Heinz Röttger sind 5 Opern aufgeführt worden. Er schrieb außerdem 3 Sinfonien, eine Sinfonietta für Streicher, »Orchestrale Aphorismen«, »Inventionen für Orchester«, 2 Violinkonzerte, ein Klavierkonzert, ein Cellokonzert, ein Kontrabaßkonzert, ein Konzert für Bratsche, Kontrabaß und Streicher, ein Harfentrio und weitere Kammermusik, eine Chorkantate und Lieder.

Dessauer Sinfonie, 3 Sätze, entstanden 1965

Das Hauptthema des 1. Satzes ist energisch und rhythmisch gespannt, es wird zuerst von den Streichern unisono vorgetragen, dann mit kunstvoller Kontrapunktik entwickelt und verändert. Ein lyrisches Andantemotiv wird entgegengeführt, das Flöte und Streicher zu weit geschwungenen Kantilenen ausweiten. Eine Stretta beschließt den Satz. Der 2. Satz bringt nachdenkliche, wehmütige Stimmung. Im Mittelteil erklingt ein Wiegenlied. Ein thematischer Rückgriff auf den 1. Satz bildet das Ende. Das Finale ist tänzerisch angelegt. Gegen das Ende nimmt der orchestrale Aufwand stetig zu, bis das Werk mit triumphalen Klängen abschließt.

LITERATUR

K. Schönewolf, Heinz Röttger. – In: Konzertbuch, 3. Bd., VEB Deutscher Verlag für Musik, Leipzig 1976.

Kurt Roger (1895–1966)

LEBEN

Kurt George Roger wurde am 3. 5. 1895 in Oświęcim, Polen, geboren. Er war Schüler der Musikakademie und der Universität in Wien. Von 1923 bis 1938 leitete er die Kompositionsabteilung der Akademie. Dann mußte er emigrieren und wirkte in den USA an verschiedenen Universitäten und Konservatorien; 1958 kehrte er nach Wien zurück, wo er am 4. 8. 1966 starb.

WERKE

Außer einer Oper komponierte Kurt Roger 3 Sinfonien, ein Konzert für zwei Hörner, Pauken und Streichorchester, ein Streichsextett, 2 Streichquintette, 4 Streichquartette, Solosonaten für Bratsche, für Violine, für Cello, mehrere Gesangswerke mit Instrumentalbegleitung – darunter Lieder auf Texte von Christian Morgenstern (1871–1914) – und Chöre a cappella.

Benjamin Rogers (1614–98)

ZEIT UND UMWELT

1658, im Jahr seiner Wahl zum römisch-deutschen Kaiser, erhielt Leopold I. aus England einige vierstimmige Stücke für Violinen und Orgel zum Geschenk. Der Kaiser, der außerordentlich musikliebend und selbst ein fähiger Komponist war, nahm das Geschenk sehr gerne entgegen, zumal es sich um das Werk eines bedeutenden englischen Meisters handelte.

LEBEN
Benjamin Rogers wurde im Mai 1614 in Windsor geboren. Er begann seine musikalische Laufbahn als Chorknabe an der St. Georg's Chapel in Windsor. Von 1639 bis 1641 wirkte er als Organist an der Christchurch in Dublin. Darauf kehrte er nach London zurück und betätigte sich in Windsor und London als Orgellehrer. Gegen 1660 wurde er Organist am Eton College und leitete sodann von 1664 bis 1685 den Knabenchor am Magdalen College in Oxford, wo er im Juni 1698 starb.

WERKE
Von dem englischen Komponisten und Organisten Benjamin Rogers sind ein Hymnus Eucharisticus, 4 Glees, zahlreiche Instrumentalstücke, außerdem Services und mehrere Anthems erhalten, dazu vierstimmige Ayres für Violinen und Orgel, die Rogers Kaiser Leopold I. zum Geschenk machte. Von den Anthems werden noch heute einige in Englands Kathedralen gesungen. Auch seine Orgelstücke wurden in der Folgezeit mehrfach in Sammelwerke aufgenommen.

LITERATUR
R. Rastall, Benjamin Rogers, Some Notes on His Instrumental Music, in: Music & Letters XLVI, 1965.

Bernard Rogers (1893–1968)

LEBEN
Bernard Rogers wurde am 4.2.1893 in New York geboren. Er war Schüler von Arthur Farwell, Ernest Bloch, Nadia Boulanger und Frank Bridge. Von 1929 bis 1967 wirkte er als Kompositionslehrer an der Eastman School of Music in Rochester, N. Y., wo er am 24.5. 1968 starb.

WERKE
Neben 5 Opern schrieb Bernard Rogers 5 Sinfonien und 8 weitere Stücke für Orchester, ein Stück für Violine und Orchester, 4 Stücke für Kammerorchester, ein Streichtrio, eine Ballade für Fagott, Bratsche und Klavier, eine Violinsonate, 3 Kantaten, eine Anzahl Chöre und Gesänge. Der Komponist hielt Tuchfühlung mit der zeitgenössischen Stilentwicklung Europas.

John Rogers
(um 1635 bis um 1663)

ZEIT UND UMWELT
König Karl II. von England führte ein ziemlich ausschweifendes Leben. Er hatte zahlreiche Mätressen und von ihnen 14 illegitime Kinder. Die Regierungsgeschäfte überließ er gern seinem Lordkanzler Edward Hyde, Earl of Clarendon (1609–74). Dem Aufbau seiner Privatkapelle wandte er selbst hohes Interesse zu. Er nahm besonders viele Lautenisten auf, die er für seine Gelage und Unterhaltungen benötigte.

LEBEN
John Rogers wurde um 1635 in London geboren. Er war ein berühmter Lautenist und stand von 1661 bis zu seinem Tod um 1663 im Dienst des Königs Karl II.

WERKE
Vom englischen Lautenisten und Komponisten John Rogers sind etliche Lautenstücke in Sammelwerken erhalten, deren Zuschreibung allerdings nicht völlig gesichert ist. Seine Virtuosität und seine außerordentliche Fähigkeit zu experimentieren sind verbürgt.

Riccardo Rognoni
(um 1560 bis vor 1620)

ZEIT UND UMWELT
Es wurde bereits in der Gotik darüber Klage geführt, daß die Sänger sich zu stark in Szene setzten, indem sie ihren Part mit Mimik und Gesten begleiteten und ihre Stimme nasalierten oder abquetschten. Der Drang, einen Part nicht nur nachschöpfend wiederzugeben, sondern sozusagen neu zu schöpfen, ist schwer zu bekämpfen. Die Monodie eröffnete hierfür große Möglichkeiten. Mit dem Barock setzte das Zeitalter des Diminuierens und Kolorierens ein. Das beste Zeichen dafür ist das Erscheinen von Lehrwerken dieser Kunst.

LEBEN
Riccardo Rognoni (Rognioni, Rognone) wurde um 1560 bei Bergamo geboren. Er dürfte schon in jungen Jahren nach Mailand gekommen und dort zum Musiker ausgebildet worden sein. Er war sodann an einer Mailänder Kapelle vermutlich als Instrumentalist tätig; er starb vor 1620.
Sein Sohn Giovanni Domenico Rognoni Taeggio (um 1590, Mailand, bis vor 1626, Mailand) lebte als Komponist und Instrumentalist und ab 1605 als Organist in Mailand.
Sein zweiter Sohn Francesco Rognoni Taeggio (um 1590, Mailand, bis vor 1626, Mailand) wurde 1620 Kapellmeister an Sant' Ambrogio in Mailand.

WERKE
Von Riccardo Rognoni, der zum Unterschied zu seinen Söhnen den zweiten Namen Taeggio nicht trug, sind drei- bis vierstimmige neapolitanische Canzonetten und vier- bis fünfstimmige Tänze für Singstimmen und Instrumente erschienen. Er veröffentlichte ein sehr verbreitetes Lehrbuch der Verzierkunst für Sänger und Instrumentalisten mit Musterbeispielen.
Von Giovanni Domenico Rognoni Taeggio ist eine ambrosianische Totenmesse erhalten, die sehr geschätzt wurde. Außerdem sind von ihm vorzügliche Orgelkanzonen, Madrigale und eine Reihe Motetten überliefert.
Von Francesco Rognoni Taeggio sind Messen, Motetten, Madrigale und Tänze mit Generalbaß erschienen, außerdem 1624 eine der frühesten Violinschulen.

LITERATUR
G. Barblan, I »Rognoni« musicisti milanesi tra il 1500 e il 1600, Mainz 1962.

Andrzej Rohaczewski
(um 1590 bis nach 1630)

ZEIT UND UMWELT
Fürst Mikolaj Radziwill der Schwarze (1515 bis 1565), Marschall und Kanzler von Litauen, wurde Calvinist und unterstützte die Reformation in Polen. Seine Söhne Mikolaj Krzysztof (1549–1616), Marschall von Litauen ab 1579, Jerzy (1556–92), Bischof in Vilnius und Kardinal in Krakau, Albrycht (1558–92), Marschall ab 1586, und Stanislaw (1559–99), Marschall ab 1592, kehrten zum Katholizismus zurück und unterstützten die Gegenreformation König Sigismunds III. Wasa. Stanislaws Sohn Albrycht Stanislaw (1595–1656) wurde 1623 Kanzler von Litauen, hielt aber zumeist in Polen hof, weil dort praktisch seine Verwandten Janusz Radziwill (1579–1620) und Krzysztof Radziwill (1585–1640), Söhne Mikolajs des Roten (1512–84), die Calvinisten geblieben waren, die Herrschaftsgewalt ausübten.

LEBEN
Andrzej Rohaczewski wurde um 1590 in Polen geboren. Er wurde Hoforganist des Fürsten Albrycht Stanislaw Radziwill in Ołyce und Nieśwież und dürfte nach 1630 gestorben sein.

WERKE
Von den Werken des polnischen Organisten und Komponisten Andrzej Rohaczewski sind eine neunstimmige Motette für gemischten A-cappella-Chor und 2 vierstimmige Kanzonen für Orgel oder Instrumente in

einer erst 1957 im Zisterzienserkloster in Pelplin entdeckten Orgeltabulatur erhalten.

LITERATUR

A. Sutkowski, Nieznane polonica muzyczne z 16. i 17. wieku, in: Muzyka V, 1960.

Amadeo Roldán (1900–39)

LEBEN

Amadeo Roldán wurde am 12.7.1900 in Paris geboren. Ab 1916 war er am Konservatorium in Madrid Schüler von Antonio Fernandez Bordas (12.1.1870, Orense, bis 18.2.1950, Madrid) und Conrado del Campo y Zabaleta. Im Jahr 1924 wurde er Konzertmeister und 1932 Dirigent des Philharmonischen Orchesters in Habana. Ab 1935 wirkte er als Professor am Konservatorium in Habana – zeitweise auch als Direktor – bis zu seinem Tod am 2.3.1939.

WERKE

Unter dem Einfluß der Volksmusik schrieb Amadeo Roldán ein Ballett, ein Mysterienspiel und mehrere Orchesterstücke, außerdem 4 »Rítmicas« für Flöte, Oboe, Klarinette, Horn, Fagott und Klavier und weitere 3 für kubanische Schlaginstrumente, ein Stück für vier Lauten, ein Streichquartett, 8 Stücke für Singstimme und sieben Instrumente und Klavierstücke. Er verwendete als einer der ersten afrokubanische Elemente.

Alessandro Rolla (1757–1841)

ZEIT UND UMWELT

Giuseppe Ferdinando Brivio (um 1670 bis nach 1738) leitete in der ersten Hälfte des 18. Jahrhunderts in Mailand eine gut besuchte Gesangschule, eine »Musikakademie« oder ein Konservatorium gibt es in der Stadt jedoch erst seit 1808, in welchem Jahr der Vizekönig Eugène de Beauharnais (1781 bis 1824) das Königliche Konservatorium von Mailand eröffnete. Es wurde nach dem Muster der alten neapolitanischen Konservatorien organisiert.

LEBEN

Alessandro Rolla wurde am 6. 4. 1757 in Pavia geboren. Nach seiner Ausbildung wirkte er von 1782 bis 1802 als Solobratschist und Kammervirtuose, später als Violinist und Konzertmeister am Herzoghof in Parma. Sodann wurde er Konzertmeister am Teatro della Scala in Mailand, 1805 Soloviolinist des Vizekönigs Eugène de Beauharnais und Violinlehrer am Mailänder Konservatorium ab dessen Gründung bis zu seinem Tod am 15. 9. 1841.

WERKE

Von Alessandro Rolla sind Violin- und Bratschenkonzerte, Serenaden, Divertimenti, Streichquartette, Streichtrios, Duos, ein konzertantes Quintett und eine Reihe Ballette überliefert. Eine beträchtliche Anzahl davon ist in unserem Jahrhundert neu herausgebracht worden.

LITERATUR

G. Zampieri, L'epoca e l'arte di Alessandro Rolla, Pavia 1941.

Christian Friedrich Rolle (1681–1751)

ZEIT UND UMWELT

Auch noch um die Wende zum 18. Jahrhundert und später nahm der Dienst an den Orgeln im deutschen Musikleben eine zentrale Stellung ein. Organisten und Kantoren beherrschten in weit höherem Maß das Feld der Musik als in Italien oder Frankreich, wo die Opernbühne oft den Wettstreit der Meister entschied.

LEBEN

Christian Friedrich Rolle wurde in Halle am 14. 4. 1681 geboren. Er war ab 1709 Kantor in Quedlinburg und ab 1721 Generalkantor an der Johanniskirche in Magdeburg, wo er am 25. 8. 1751 starb.

WERKE

Von den Werken des deutschen Komponisten Christian Friedrich Rolle, unter denen sich auch mehrere Passionen befanden, ist nur ein Trio für Orgel und Violinen erhalten. Seine kompositorischen Fähigkeiten wurden von den Zeitgenossen sehr geschätzt.

Johann Heinrich Rolle (1716–85)

ZEIT UND UMWELT
Im Bereich des Königreiches Preußen war eine Zugehörigkeit zur Berliner Hofkapelle die beste Empfehlung für eine musikalische Anstellung. Besonders Magdeburg, die Waffenkammer Friedrichs II., erfreute sich der Aufmerksamkeit des Königs, der die Stellen der Stadt mit Vorliebe mit Persönlichkeiten aus seiner nächsten Umgebung besetzte.

LEBEN
Johann Heinrich Rolle wurde am 23. 12. 1716 in Quedlinburg als Sohn des Christian Friedrich Rolle (1681–1751) geboren und von seinem Vater ausgebildet. Er studierte zunächst Philosophie und Jurisprudenz in Leipzig und wurde 1734 Organist an St. Peter in Magdeburg. Ab 1740 wirkte er als Violinist und später als Bratschist in der Kapelle Friedrichs II. Im Jahr 1746 erhielt er die Organistenstelle an der Johanniskirche in Magdeburg und wurde 1752 als Nachfolger seines Vaters Musikdirektor und Kantor. Er starb am 29. 12. 1785 in Magdeburg.

WERKE
Unter dem Einfluß von Friedrich Gottlieb Klopstock komponierte Johann Heinrich Rolle 21 »Musikalische Dramen«, weiters schrieb er Passionen, Kantaten, Motetten, Oden, eine »Sammlung geistlicher Lieder für Liebhaber eines ungekünstelten Gesanges«, Kammermusik, Sinfonien und Konzerte. Sein Liedschaffen gehörte der norddeutschen Schule an.

LITERATUR
Johann Heinrich Rolle, in: Jahrbuch für Sachsen-Anhalt V, 1933.

José Rolón (1883–1945)

LEBEN
José Rolón wurde am 22.6.1883 in Ciudad Guzman, Mexiko, geboren. Er studierte von 1903 bis 1907 bei Moritz Moszkowski Klavier, bei Paul Dukas und Nadia Boulanger Komposition. Nach seiner Heimkehr wurde er Kompositionslehrer am Konservatorium von Mexiko-Stadt, wo er am 2.3.1945 starb.

WERKE
Von José Rolón sind eine Sinfonie, 2 sinfonische Gedichte, ein Klavierkonzert, ein Klavierquartett und zahlreiche Klavierstücke und Lieder bekannt geworden. Seine Kompositionen stützen sich auf mexikanische Volksmusik.

Johan Helmich Roman (1694–1758)

ZEIT UND UMWELT
Der schwedische König Friedrich I. (von Hessen-Kassel) nahm, als er 1720 die Regierung antrat, eine Reihe Musiker aus seiner alten Hofkapelle mit nach Stockholm und bot auch schwedischen Kräften großzügige Entfaltungsmöglichkeiten, so daß sich eine bodenständige schwedische Musikentwicklung anbahnen konnte. Mag er außen- und innenpolitisch keine glückliche Hand gehabt haben, seine Bereitschaft, Begabungen mit allen Kräften zu fördern, hat den kulturellen Aufschwung für die kommenden Jahrhunderte eingeleitet.

LEBEN
Johan Helmich Roman (Rohman) wurde am 26. 10. 1694 in Stockholm als Sohn des Konzertmeisters der schwedischen Hofkapelle Johan Roman (um 1660, Stockholm, bis 1720, Stockholm) geboren. Er trat bereits mit sieben Jahren als Violinist auf, als Sechzehnjähriger wurde er in die Hofkapelle aufgenommen. Seit 1715 war er Schüler von Johann Christoph Pepusch und von Attilio Ariosti (1666–1740) in London; 1721 kehrte er nach Stockholm zurück und trat die Stelle des Vizehofkapellmeisters an; 1727 wurde er

Hofkapellmeister. Von 1735 bis 1737 reiste er durch mehrere europäische Länder und nahm sodann seine Tätigkeit in Stockholm wieder auf, die er dann 1745 aus gesundheitlichen Gründen niederlegte. Er starb am 20. 11. 1758 in Haraldsmåla bei Kalmar, Småland.

WERKE
Das kompositorische Werk von Johan Helmich Roman umfaßt etwa 400 Stücke aller Musikgattungen, mit Ausnahme der Oper und des Oratoriums. An Instrumentalmusik des Begründers der schwedischen Musik sind 21 Sinfonien, 5 Ouvertüren, 7 Suiten, 4 Violinkonzerte, ein Oboenkonzert in B-Dur, eine Festmusik (Musique till en Festin) aus 45 Instrumentalsätzen und eine Hochzeitsmusik zur Vermählung des schwedischen Königs Adolf Friedrich (1710–71) mit Luise Ulrike (1720–82) im Jahr 1744 auf Schloß Drottningholm erhalten, zudem 17 Triosonaten und zahlreiche Violinsonaten mit Generalbaß. An Vokalmusik liegen 13 Kantaten für Hoffestlichkeiten und eine schwedische Messe (Svenska Messan) vor.
Mit diesen Kompositionen trat Schweden zum ersten Mal mit Musik hervor, die der zeitgenössischen der anderen Musikländer ebenbürtig war.

Drottningholms Musiquen, Suite aus 24 Instrumentalsätzen

Diese Suite des »Vaters der schwedischen Musik« zeigt deutlich, daß der Komponist sich in den Musikländern gründlich umgesehen hatte. Sie bringt Reminiszenzen von überall, ohne nachzuahmen. Die Tanzsätze sind nur zum Teil französisch oder italienisch, in manchen erklingen heimische Rhythmen. Schwedisch sind jedoch einzelne langsame Sätze, die in der Manier der Vorromantik verhalten und verträumt die Sehnsucht nach den nordischen Sommerabenden wecken.

LITERATUR
P. Vretblad, Johan Helmich Roman, Svenska Musikens Fader, Stockholm 1914.

Juan Romaña (um 1610 bis um 1660)

ZEIT UND UMWELT
Das im 11. Jahrhundert gegründete Benediktinerkloster Montserrat hatte mit seiner Escolanía (Kapelle) schon früh einen weitreichenden Ruf erworben. Die Mönche dieses berühmten Klosters hatte eine besondere Art des Gregorianischen Chorals zu ihrer Tradition gemacht, die einige spezifisch iberische Formen aufweist, obwohl sie keine Fortsetzung des mozarabischen Kirchengesanges ist.

LEBEN
Juan Romaña wurde um 1610 in Piera, Barcelona, geboren. Er erhielt seine Ausbildung an der Escolanía von Montserrat und wurde selbst Benediktiner. Er war Prior einiger Benediktinerklöster, unter anderen in Castellfullit de la Roca, wo er um 1660 gestorben ist.

WERKE
Der spanische Komponist Juan Romaña war von seinen Zeitgenossen als Musiker sehr hoch geschätzt. Von ihm sind Toccaten für Cembalo und »Gallardas para chirimía« (Gaillarden für Schalmei) erhalten. Im Gegensatz zu seinen spanischen Zeitgenossen erweist sich Romaña als sehr fortschrittlich.

Alessandro Romano
(um 1686 bis um 1730)

ZEIT UND UMWELT
Das Violinkonzert mit Generalbaß allein bot dem Violinisten die Möglichkeit, ohne Konkurrenten vor dem Publikum zu brillieren, denn die konventionelle Cembalo- oder Orgelbegleitung bildete nur eine Klangkulisse, vor der der Virtuose seine Technik zeigen konnte. Wenn dazu der Solist sein eigener Komponist war, schrieb er Konzerte, in denen er sein instrumentales Können besonders beweisen durfte.

LEBEN
Alessandro Romano wurde um 1686 vermutlich in Rom geboren. Ob der Name Romano sein echter Name oder nur eine Herkunftsbezeichnung war, ist unbekannt. Er war vermutlich in Brüssel als Violinist tätig und dürfte dort nach 1730 gestorben sein.

WERKE
Vom Violinisten Alessandro Romano sind zwei Bücher mit Violinsonaten und Generalbaß überliefert. Es handelt sich dabei um echte Virtuosenmusik. Über weitere Werke des Komponisten ist nichts bekannt.

Antonius Romanus
(um 1380 bis um 1440)

ZEIT UND UMWELT
Mit der Einverleibung von Aquileia im Jahre 1420 dehnte die Republik Venedig ihren Machtbereich über die heutigen Gebiete Veneto, Friuli-Venezia Giulia und Istrien aus. Der damalige Doge Tommaso Mocenigo meinte, daß sich die Stadt auf ihrem erreichbaren politischen und wirtschaftlichen Höhepunkt befand, der die Verluste im Osten durch die Türken aufwog, und hielt weitere Expansionsbestrebungen für gefährlich. Sein Nachfolger Francesco Foscari verfocht die Ansicht, daß jedes Stehenbleiben ein Rückschritt sei; er brach zu Eroberungen auf, nahm Brescia und drang bis zur Adda vor. Das Ende jener anfänglich erfolgreichen Politik war bekanntlich die Liga von Cambrai (1508) eines Großteiles der europäischen Mächte gegen die Seestadt und deren Niederlage bei Agnadello.

LEBEN
Antonius Romanus wurde um 1380 in oder bei Rom geboren. Er hielt sich in Venedig als Sänger und Komponist auf und betätigte sich vermutlich auch als Musiklehrer. Seinen Bekanntheitsgrad kann man an den staatlichen Kompositionsaufträgen ermessen, die ihm zukamen. Er ist um 1440 in Venedig gestorben.

WERKE
Vom kompositorischen Werk des Meisters Antonius Romanus sind 2 Gloria und ein Credo erhalten, außerdem 3 vierstimmige Motetten, eine anläßlich der Wahl des Dogen Tommaso Mocenigo (1414), die zweite zu der Verleihung der Dogenwürde an Francesco Foscari (1423) und die dritte zu Ehren des Herzogs von Mantua, Giovanni Francesco Gonzaga. Der Kompositionsstil näherte sich den zeitgenössischen franko-flämischen Formen.

Andreas Jakob Romberg (1767–1821)

ZEIT UND UMWELT
Große Kantaten, die zumeist als Oratorien bezeichnet werden, obwohl das Libretto keinen Handlungsablauf schildert, lagen auf der Linie der Romantik. Mit dem Aufgebot von Solisten, mächtigen Chören und vollem Orchester konnten gewaltige Klangbilder entworfen, heroische und sentimentale Emotionen plakativ deutlich gemacht und so dem Publikum ein gemeinsames Erleben geschenkt werden, das als Zuhörer über seine Grenzen hinauswächst und mit Herz und Seele gleichsam mitschaffend wird.

LEBEN
Andreas Jakob Romberg wurde am 24. 4. 1767 in Vechta bei Münster als Sohn des Klarinettisten und Musikdirektors in Münster, Gerhard Heinrich Romberg (8. 8. 1745, Münster, bis 14. 11. 1819, Münster), geboren. Er machte mit seinem Vetter als Violinist Konzertreisen durch Deutschland, Holland, Italien und Frankreich. Im Jahre 1784 spielte er im Concert spirituel in Paris, wirkte von 1790 bis 1793 als Violinist im kurfürstlichen Orchester in Bonn, hielt sich dann als Dirigent in Hamburg auf und wurde 1815 Hofkapellmeister in Gotha, wo er am 10. 11. 1821 starb.
Sein Vetter Bernhard Heinrich Romberg (11. 11. 1767, Dinklage, Oldenburg, bis 13. 8. 1841, Hamburg), Sohn des Fagottisten Anton Romberg (6. 3. 1742, Münster, bis 14. 12.

1814, Münster), reiste als Cellist mit Andreas Jakob Romberg von 1784 bis 1790 durch Europa, spielte sodann bis 1793 an der Hofkapelle in Bonn, reiste allein nach Spanien und England, wirkte von 1801 bis 1803 als Cellolehrer am Conservatoire in Paris, spielte von 1805 bis 1806 in der Berliner Hofkapelle, lebte hierauf in Hamburg und wurde 1815 zum Hofkapellmeister in Berlin ernannt. Im Jahr 1819 ging er neuerlich auf Konzertreisen und kehrte schließlich nach Hamburg zurück.

WERKE

Das bekannteste Werk von Andreas Jakob Romberg ist die Kantate für Chor und Orchester »Das Lied von der Glocke« (Schiller), die noch heute von Amateurvereinen aufgeführt wird. Er schrieb ferner die Vokalwerke »Die Kindsmörderin«, »Die Macht des Gesanges«, »Monolog der Jungfrau von Orleans«, »Harmonie der Sphären«, »Der Graf von Habsburg« (alle nach Friedrich von Schiller), außerdem kirchliche Lieder und Oden. An Instrumentalkompositionen liegen zahlreiche Violinstücke, Streichquartette, Streichquintette, 4 Sinfonien und ungefähr 20 Violinkonzerte vor.
Bernhard Heinrich Romberg schrieb verschiedene Stücke auf Volksmelodien, Fantasien, Rondos, Capriccios und Variationen für Cello und Orchester, 10 Cellokonzerte, 3 Celloconcertinos und eine Kindersinfonie.

LITERATUR

K. Stephenson, Anton Romberg, Hamburg 1938. H. Schäfer, Bernhard Romberg, Münster 1931.

Cyprian Romberg (1807–65)

ZEIT UND UMWELT

Ehe gegen Ende des 19. Jahrhunderts der Zug europäischer Sänger und Instrumentalisten nach Amerika einsetzte, war Rußland noch immer das Mekka der Musiker, die eine einträgliche Betätigung suchten. Der Verdienst, der sie dort erwartete, war in der Regel um vieles höher als die Einnahmen, die sie in der Heimat erreichten. Sie mußten aber auch eine entsprechende Leistung vollbringen, denn das russische Publikum war durch den starken Zuzug von Virtuosen sehr verwöhnt. Es war auch günstig, wenn dem Meister ein guter Ruf aus seiner Heimat vorauseilte.

LEBEN

Cyprian Romberg wurde am 28.10.1807 in Hamburg als Sohn des Andreas Jakob Romberg geboren. Er war Celloschüler seines Verwandten Bernhard Heinrich Romberg. Nach ausgedehnten Konzertreisen wurde er 1835 Cellist in der Hofkapelle in St. Petersburg. Er betätigte sich auch als Cellolehrer. Um 1860 kehrte er nach Hamburg zurück und starb dort am 14.10.1865.

WERKE

Von den Konzertstücken für Cello, die Cyprian Romberg vorwiegend für sich selbst schrieb, ist wenig erhalten; die Manuskripte sind den politischen Ereignissen zum Opfer gefallen. Soweit man sie kannte, wurden sie als virtuos, aber auch musikalisch wertvoll beurteilt.

Matheo Romero (1575–1647)

ZEIT UND UMWELT

Der Musiker und Kopist der Königlichen Kapelle in Madrid Claudio de la Sablonara (um 1580 bis nach 1633) legte für den Pfalzgrafen Wolfgang Wilhelm von Neuburg (1578 bis 1653) einen Cancionario Musical del siglo XVII (Liedersammlung des 17. Jahrhunderts) mit 75 Kompositionen zu weltlichen spanischen Texten an, der eine kostbare Quelle für die Kenntnis der spanischen Mehrstimmigkeit des frühen 17. Jahrhunderts darstellt.

LEBEN

Matheo Romero (Mateo, eigentlich Matthieu Rosmarin oder Romarin) wurde 1575 in Lüttich geboren. Er kam 1593 als Sänger zur Königlichen Kapelle in Madrid und wurde dort 1598 Kapellmeister. Ab 1633 war ihm bis zu seinem Tod am 10. 5. 1647 die Leitung der gesamten Hofmusik in Madrid anvertraut.

WERKE
Im Cancionero von Claudio de la Sablonara nimmt der spanische Komponist Matheo Romero mit 22 Stücken für drei und vier Stimmen den breitesten Raum ein. Außerdem sind von ihm Messen, Motetten, Magnificat, Psalmen, Villancicos, Romanzen und Canciones handschriftlich erhalten. Diese Kompositionen sind durchwegs im Stil des 16. Jahrhunderts gehalten.

LITERATUR
P. Becquart, Matheo Romero ou Matthieu Rosmarin (1575–1647), maître de chapelle et compositeur de Philippe III et Philippe IV, in: Archives, bibliotèques et musées de Belgique XXXIV, 1963.

Wilhelm Ferdinand Rong (1759–1842)

ZEIT UND UMWELT
Im Gegensatz zu Wien, wo die Hofkapelle in der zweiten Hälfte des 18. Jahrhunderts im Rahmen der intensiven Musikpflege der Stadt keine sehr bedeutende Rolle spielte, bildeten die einzelnen Kapellen der Angehörigen des Königshauses Berlins wichtige Sammelpunkte tüchtiger Musiker, die gemeinsam mit den bürgerlichen musikalischen Institutionen die breite Basis formten, von der ausgehend das Musikleben der Stadt im nächsten Jahrhundert sein ansehnliches Ausmaß entwickelte.

LEBEN
Wilhelm Ferdinand Rong wurde am 5. 8. 1759 in Niedertrübenwasser, Böhmen, geboren. Er wirkte ab 1786 als Kammermusiker des Prinzen Heinrich von Preußen und ab dessen Tod (1802) als Musiklehrer in Berlin, ab 1812 in Mecklenburg und von 1824 bis zu seinem Tod am 13. 11. 1842 in Bützow.

WERKE
Das Duodrama von Wilhelm Ferdinand Rong ist im Manuskript erhalten. Er verfaßte außerdem eine Messe und andere Kirchenmusik und patriotische Gesänge. Bedeutender als seine Musik waren seine Schulwerke.

Raffaello Rontani (um 1580–1622)

ZEIT UND UMWELT
Der Großherzog von Toskana, Francesco de'Medici (1541–87), heiratete nach dem Tod seiner ersten Frau, Johanna von Österreich (1547–78), im Jahr 1579 seine Geliebte Bianca Capello (1548–87), die ihm 1576 ein Kind aus dem Volk als eigenes und als Thronerben unterschoben hatte. Der Betrug wurde entdeckt, so daß der angebliche Sohn Antonio nicht als Nachfolger anerkannt wurde. Doch nachdem das Großherzogspaar 1587 in einem Abstand von wenigen Tagen unter sehr verdächtigen Umständen gestorben war, verblieb Antonio im Haus Medici und hielt noch bis in das zweite Jahrzehnt des 17. Jahrhunderts, offenbar mit Duldung der Familie Medici, unter dem Namen Antonio de'Medici einen eigenen Hof. Dann allerdings verschwand er aus den Augen der Zeitgenossen.

LEBEN
Raffaello Rontani wurde um 1580 in Florenz geboren und vermutlich dort zum Musiker ausgebildet. Er trat in die Dienste von Antonio »de'Medici« und ging sodann um 1616 nach Rom, wo er Konzertleiter bei den Herzogen Sforza und Kapellmeister an San Giovanni de'Fiorentini wurde. Er starb in Rom im Jahr 1622.

WERKE
Der italienische Komponist Raffaello Rontani hinterließ dreistimmige Madrigale, die nur gesungen, aber auch mit dem Chitarrone gespielt werden können, 6 Bücher ein- bis dreistimmiger Stücke mit Cembalo- oder Chitarronebegleitung und einige Stücke in Sammelwerken. Natürlich gewährte er als Florentiner der Monodie breiten Raum.

William Michael Rooke (1794–1847)

Zeit und Umwelt

Die Iren wurden einmal ein »singendes Volk« genannt, und das offenbar mit Recht. Man könnte diese Feststellung auf alle Kunstgattungen und alle keltischen Völker ausdehnen, denn es ist auffällig, daß man im Verlauf der Geschichte der Künste in dereinst von Kelten bevölkerten Gebieten einen besonderen Hang zur künstlerischen Betätigung sieht. Beispiele hiefür sind Ostösterreich, Böhmen und der gesamte französisch-flämische Raum. Diese Aussage ist selbstverständlich im höchsten Maß unexakt und kann durch viele Einwände entwertet werden. Unbestritten dürfte aber sein, daß gerade Schottland und Irland mehr musikalische »Naturtalente« aufweisen als irgendein anderes Land.

Leben

William Michael Rooke wurde am 29.9.1794 in Dublin geboren. Er war als Sänger und Komponist völlig Autodidakt und brachte bereits 1818 eine Oper auf die Bühne. Im Jahr 1821 konnte man ihm bereits die Dirigentenstelle des Orchesters am Drury Lane Theatre in London anvertrauen, wo er mehrere eigene-Opern herausbrachte. Er wirkte auch als gesuchter Gesanglehrer in London und später in Dublin, wo er am 14.10.1847 starb.

Werke

Von William Michael Rooke sind nur einige Opern und viele Lieder bekannt geworden. Von den Instrumentalkompositionen, die er angeblich geschrieben hat, ist nichts überliefert. Da aber die Instrumentation seiner Opern und Lieder als einigermaßen dürftig bezeichnet wird, darf man annehmen, daß seine Begabung ausschließlich auf dem Gebiet der Vokalkomposition lag.

George Frederick Root (1820–95)

Zeit und Umwelt

Der Sezessionskrieg in Nordamerika (1861 bis 1865) ließ wie bisher jede andere kriegerische Auseinandersetzung neue Gesänge entstehen und daneben Lieder voll süßlicher Sentimentalität. »Schlachtgeschrei«, »Marschlieder«, »Siegesjubel«, »Abschied von Mutter, Mädchen, Heimat« und ähnliches waren die Themen. Das Elend des Krieges wurde seltener besungen.

Leben

George Frederick Root wurde am 30.8.1820 in Sheffield, Mass., geboren. Im Jahr 1839 war er Musiklehrer und Organist in Boston. 1844 ging er nach New York, wo er als Gesanglehrer an verschiedenen Instituten und auch als Organist wirkte. Hier setzte auch seine kompositorische Tätigkeit ein, die sich besonders während des Bürgerkriegs intensivierte. Nach dem Krieg ließ er sich in Chicago nieder. Er starb am 6.8.1895 in Bailey's Island, Me.

Werke

Neben einer Reihe von Kantaten und Chören verfaßte George Frederick Root Worte und Musik patriotischer Gesänge, Marschlieder und sentimentale Heimatlieder. Er veröffentlichte auch ungefähr 70 Sammlungen von Kirchen- und Schulliedern.

Guy Ropartz (1864–1955)

Leben

Joseph Guy Marie Ropartz wurde am 15.6.1864 in Guingamp, Côtes-du-Nord, geboren. Er war am Conservatoire in Paris Schüler von Théodore Dubois, Jules Massenet und César Franck. Von 1894 bis 1919 war er Direktor des Konservatoriums und Dirigent der Sinfoniekonzerte in Nancy und wirkte anschließend bis 1929 in gleicher Eigenschaft in Straßburg; dann lebte er bis zu seinem Tod am 22.11.1955 zumeist in Lanloup-par-Plouha, Côtes-du-Nord.

Werke

Die Werke von Guy Ropartz sind häufig durch bretonische Volksweisen beeinflußt. Er stand auch sonst der französischen Spätromantik sehr nahe, obwohl er sich bemühte, für sich einen eigenen Stil zu schaffen, indem er Elemente des Impressionismus aufnahm. Er schrieb eine Oper, Bühnenmusik, 2 Legenden, 2 Ballette, 5 Sinfonien, davon eine mit Soli und Chor, 6 sinfonische Dichtungen, 2 Divertissements, Konzertstücke mit Orchester für Violine, für Cello, für Oboe, für Trompete, 6 Streichquartette, ein Streichtrio, ein Klaviertrio, ein Quintett für Flöte, Violine, Bratsche, Cello und Harfe, eine Flötensonate, 3 Messen, ein Requiem, ein De Profundis für Solostimme, Chor und Orchester und eine Reihe kleinerer Werke.

Ned Rorem (geboren 1923)

Leben
Ned Rorem wurde am 23.10.1923 in Richmond, Ind., geboren. Er studierte an der Universität in Evanstone, Ill., sodann am Curtis Institut of Music in Philadelphia und ab 1947 an der Juilliard School of Music in New York bei Bernard Wagenaar und überdies bei Aaron Copland und Virgil Thomson. Nach einem mehrjährigen Europaaufenthalt wurde er Kompositionsprofessor an der Universität in Buffalo, N. Y., und darauf in Salt Lake City, Utah.

Werke
Neben 7 Opern und 6 Kammeropern schrieb Ned Rorem unter anderem 3 Sinfonien, ein »Lento« für Streichorchester, 3 Klavierkonzerte, eine »Sinfonia« für 15 Holzbläser und Schlagzeug, ein Stück für Streichorchester, ein Konzert für Cembalo und sieben Instrumente, 2 Streichquartette, ein Trio für Flöte, Cello und Klavier und ein szenisches Stück für Cembalo, Oboe und Schlagzeug, eine Violinsonate, mehrere Klavierwerke, eine Anzahl Kantaten, Gesänge und über 200 Lieder mit Instrumentalbegleitung. Sein Stil ist neuklassizistisch mit expressionistischen Passagen.

Sinfonie Nr. 3, 5 Sätze, entstanden 1957
Der 1. Satz ist eine Art Passacaglia, die in ein pastorales Allegretto übergeht. Der 2. Satz bringt die Orchestrierung eines bereits 1949 entstandenen Jazz-Stücks für zwei Klaviere mit dauernd synkopiertem Rhythmus. Im 3. Satz erklingt ein langsames träumerisches Thema voll dynamischer Kontraste. Der 4. Satz ist ein »Gruß an Frankreich«, und das Finale stellt für sich allein ein vollständiges Orchesterkonzert dar. Das Schlagwerk eröffnet den Satz, Marschrhythmen und Jazz-Elemente schichten sich übereinander, bis die Trompeten das Werk abschließen.

Antonio Rosales (um 1740–1801)

Zeit und Umwelt
Die burlesken Sainetes und die volkstümlichen Zarzuelas stellten neben den Tonadillas die vom spanischen Publikum auch im 18. Jahrhundert am meisten geschätzte Musik dar.

Leben
Antonio Rosales wurde um 1740 in Madrid geboren. Er war Kapellmeister am Kloster de la Encarnación in Madrid und ab 1789 Musiker an den Theaterorchestern der Stadt. Er starb 1801 in Madrid.

Werke
Von Antonio Rosales sind zahlreiche Zarzuelas, ungefähr 150 Tonadillas, eine Sainete und 3 Comedias erhalten. Er zählte zu den fruchtbarsten und beliebtesten Theaterkomponisten seiner Zeit. Es ist nicht bekannt, ob er noch andere Werke komponiert hat.

Literatur
E. Cotarelo y Mori, Historia de la zarzuela, Madrid 1934.

Thomas Roseingrave (1690–1766)

Zeit und Umwelt
Als Sänger, Instrumentalist oder Dirigent eines Opernorchesters, aus Konzerten, Musikunterricht, dem Verkauf von gedruckten Kompositionen oder im Dienst einer Kirche mußten die Musiker in England im 18. Jahrhundert ihren Unterhalt verdienen; einzelne konnten an Hofkapellen mitwirken und davon leben. Die Förderung seitens des

Hofes gab es nicht mehr; auch das private Mäzenatentum war selten. Diese Entwicklung trat nicht in England allein auf. Die Sonderheit daran war nur, daß anderswo die Emanzipation der Musik von Gunst und Huld der Regierenden sie zu einem Aufschwung antrieb, in England aber lähmte; einzelne hervorstechende Leistungen veränderten dieses Bild nicht, weil sie eben vereinzelt blieben.

LEBEN

Thomas Roseingrave wurde 1690 in Winchester geboren und studierte ab 1707 am Trinity College in Dublin. Im Jahr 1710 begab er sich zu weiterer Ausbildung nach Italien und lernte dabei Alessandro und Domenico Scarlatti kennen. 1720 kehrte er zurück und trat 1725 den Organistendienst an St. George's in London an. Krankheitshalber mußte er 1737 dieses Amt aufgeben. Er übersiedelte nach Irland und starb am 23.6.1766 in Dunleary.
Sein Vater Daniel Roseingrave (um 1650, London, bis Mai 1727, Dublin) war von 1678 bis 1681 Organist in Gloucester, von 1682 bis 1692 in Winchester, sodann bis 1698 in Salisbury und schließlich in Dublin.
Sein Bruder Ralph Roseingrave (um 1695, Salisbury, bis 1747, Dublin) wirkte ab 1617 als Vikar und sodann bis zu seinem Tod als Organist an St. Patrick's.

WERKE

Von Thomas Roseingrave sind 15 Voluntaries und Fugen, 6 Doppelfugen für Orgel oder Cembalo, 8 Suiten für Cembalo oder Spinett, 12 Flötensoli mit Generalbaß auf dem Cembalo und 6 Kantaten auf italienische Texte überliefert. Er schrieb auch eine Oper. Sein Stil ist stark von Alessandro Scarlatti beeinflußt und beweist, daß in England das Barock noch nicht zu Ende war.
Von Daniel Roseingrave, der ein sehr fruchtbarer Kirchenkomponist gewesen sein soll, ist außer einigen Anthems nichts erhalten.
Auch Ralph Roseingrave soll viel Kirchenmusik geschrieben haben. Überliefert sind nur 2 Services in C-Dur und F-Dur und ungefähr 10 Anthems.

LITERATUR

V. Butcher, Thomas Roseingrave, Music & Letters MLXIX, 1938.

Lars-Erik Rosell (geboren 1944)

LEBEN

Lars-Erik Rosell wurde am 9.8.1944 in Nybro, Schweden, geboren. Er studierte an der Musikhochschule in Stockholm unter anderen bei Ingvar Lidholm. Anschließend wurde er an demselben Institut Lehrer für Musiktheorie.

WERKE

Von Lars-Erik Rosell sind unter anderem ein Stück für Cembalo, Hammondorgel und Streicher, eines für Orgel und Tonband und eines für Kammerensemble, außerdem eine Kantate für Alt, Tenor und Kammerensemble bekannt geworden.

Henri Rosellen (1811–76)

ZEIT UND UMWELT

Die Erfolge, die Henri Herz mit seinen Salonstücken für Klavier errang, verlockte nicht wenige seiner Schüler zur Nachahmung. Einige konnten durchaus zu vergleichbaren Erfolgen kommen.

LEBEN

Henri Rosellen wurde am 13.10.1811 in Paris geboren. Er war am Conservatoire seiner Vaterstadt Schüler von Henri Herz, trat in seine Fußstapfen und konnte als Pianist und Klavierkomponist beachtliche Erfolge verzeichnen. Er starb am 18.3.1876 in Paris.

WERKE

Von Henri Rosellen sind ungefähr 200 Stücke für Klavier erschienen, unter denen sich neben einem progressiven Übungswerk ein Klaviertrio und zahlreiche Salonstücke befanden. Sein Stück »Rêverie« (Träumerei) war viele Jahre lang in ganz Europa populär.

Francesco Roselli
(um 1515 bis nach 1577)

Zeit und Umwelt
Die römische Schule des 16. Jahrhunderts war allein auf sakrale Musik beschränkt und bildete das franko-flämische Erbe weiter. Ihre Klangfülle und Homophonie entnahm sie der italienischen Tradition. Palestrina war ihr Hauptmeister, aber nicht ihr Begründer.

Leben
Francesco Roselli (Rosselli) wurde um 1515 vermutlich in Rom geboren. Von 1548 bis 1550 war er Kapellmeister am Petersdom und Magister puerorum (Leiter des Knabenchores) und wahrscheinlich ein Lehrer Palestrinas. Hernach war er in Lyon tätig und hielt sich in Venedig auf, um seine ersten Kompositionen herauszubringen. Von 1562 bis 1573 wirkte er als Kapellmeister an San Giovanni in Laterano, reiste hierauf vielleicht nach Paris, um die Veröffentlichung seiner französischen Chansons zu überwachen, dürfte aber nach 1577 in Rom gestorben sein.

Werke
Von Francesco Roselli sind mehrere teils in Venedig, teils in Rom erschienene Madrigale für vier oder fünf Stimmen und eine Anzahl französischer Chansons (erschienen in Paris) erhalten, außerdem in zeitgenössischen Sammelwerken weitere 25 Madrigale, bei 30 Chansons und eine Motette. Die sakralen Werke weisen bereits die Eigenschaften der römischen Schule auf, die Chansons folgen dem Pariser Stil.

Hilding Rosenberg (geboren 1892)

Leben
Hilding Constantin Rosenberg wurde am 21.6.1892 in Bosjökloster, Schweden, geboren. Nach seiner Ausbildung zum Organisten, Pianisten und Violinisten legte er 1909 sein Examen als Organist und Kantor ab und wirkte sodann als Kantor und Musiklehrer. Zusätzlich war er Klavierschüler bei Richard Anderson (22.9.1851, Stockholm, bis 25.5.1918, Stockholm), Kompositionsschüler bei Ernst Henrik Ellberg und Wilhelm Stenhammar und studierte ferner in Berlin, Dresden, Wien und Paris; Dirigierunterricht nahm er bei Kurt Striegler und Hermann Scherchen (21.6. 1891, Berlin, bis 12.6.1966, Florenz). Er wirkte von 1932 bis 1934 als Kapellmeister an der Oper in Stockholm und anschließend als Gastdirigent in vielen Ländern Europas und in den USA. Er starb am 19.5.1985 in Stockholm.

Werke
Neben 7 Opern, einem Opernoratorium, 7 Balletten, 4 Oratorien und 2 Melodramen schrieb Hilding Rosenberg 7 Sinfonien, eine Kammersinfonie, 2 Kirchensinfonien, eine Sinfonie für Bläser und Schlagzeug, 2 sinfonische Metamorphosen, Reflexionen für Streicher, ein Kammerkonzert für Streichorchester, ein Klavierkonzert, 2 Violinkonzerte, ein Cellokonzert, ein Trompetenkonzert, Variationen für Violine und Orchester, eine konzertante Sinfonie, 12 Streichquartette, Trios für Flöte, Violine und Bratsche und für Oboe, Klarinette und Fagott, ein Divertimento, eine Serenade, ein Bläserquintett, Solosonaten für Violine und für Klarinette, Klavier- und Orgelstücke, Lieder und Chorwerke, Schauspiel-, Hörspiel- und Filmmusiken.

Sinfonie Nr. 2 »Sinfonia grave«, 3 Sätze, entstanden 1935

Eine expansive Motiventladung eröffnet den 1. Satz, darauf folgt ein Ostinato des Schlagwerks. In einem weiten Bogen schwingt das einsetzende erste Thema aus und führt schließlich mit Posaunen und Tuben zu einer dynamischen Kulmination. Sodann tritt ein zweiter, konstrastierender Gedanke heran, es kommt zu einer breiten Ausspinnung. In der Reprise sind beide Themen stark verändert; die anschließende Coda beendet den Satz mit einem triumphalen Höhepunkt. Der 2. Satz vereinigt Adagio und Scherzo. Der langsame Teil bringt herbe Sinfonik, das Allegro ist außerordentlich agil, scharf rhythmisiert und tänzerisch. Nachdem die Themen zweimal abgewechselt haben, schließt der Satz mit eleganter

Wendung. Das Finale ist drängend mit permanentem Taktwechsel. Die Coda bringt einen Hymnus, der sich zu einem jubelnden Ausbruch der Bläser erhebt und dann in jäher Wendung mit harten Schlägen endet.

Sinfonie Nr. 3 »Die vier Lebensalter«, 4 Sätze, entstanden 1939

Der 1. Satz ist sehr kompliziert und ausgedehnt. Es sind darin bereits alle Ausdruckselemente der folgenden Sätze vorgeprägt. Das erste Thema bringt alle Halbtöne der Skala, dann setzt ein lyrisches Bläsermotiv ein. Darauf wird neues Material herangeführt, bewegungsreiche Spannungsfelder folgen einander bis in die Reprise, eine Oboe schließt den Satz mit einer Kantilene stillversonnen ab. Träumerisch beginnt der 2. Satz, eine balladeske Melodie der Klarinette wird dreimal variiert, bis der Satz in seiner Anfangsstimmung endet. Das Scherzo des 3. Satzes ist dreiteilig. Es ist voll Energie und jäher Schroffheit. Grelle dissonante Bläsersynkopen kennzeichnen das Trio, dessen Stimmung auch im dritten Teil aufrecht bleibt. Dafür ist das Finale ein kurzes schlichtes Andante, das gerade durch seinen geringen Aufwand von sehr tiefer Wirkung ist. Heftige Tutti-Schläge schließen das Werk ab.

Wolf Rosenberg (geboren 1915)

Leben

Wolf Rosenberg wurde am 17.1.1915 in Dresden geboren. Er studierte in Berlin bei James Simon, Stefan Wolpe, Michael Taube (13.3. 1890, Łódż, bis 23.2.1972, Tel Aviv) und Hermann Scherchen. An den Universitäten in Florenz, Bologna und Jerusalem studierte er außerdem Geschichte und Philosophie. Von 1942 bis 1944 wirkte er als Lehrer für Analyse, Theorie und Komposition am Konservatorium in Jerusalem und darauf als Privatlehrer. Ab 1950 lebte er als freier Mitarbeiter von Zeitschriften und Rundfunk in München, von 1968 bis 1970 war er Gastdozent für Elektronische Musik an der Universität in Urbana, Ill., und anschließend bis 1971 in Columbus, O.

Werke

Die Frühwerke von Wolf Rosenberg sind verloren gegangen. Er schrieb außerdem 3 Streichquartette, eine Anzahl elektronische Stücke und »Crockett« für einen Schauspieler, einen Sänger, verschiedene Instrumente und Tonband. Er veröffentlichte eine Reihe musiktheoretischer und kritischer Traktate.

Jacob Rosenhain (1813–94)

Zeit und Umwelt

Neben den mitteleuropäischen Musikzentren Wien, Dresden, Leipzig, Berlin, München bestand in Südwestdeutschland ein reges Musikleben, das, von kulturfreundlichen Regierungen und Stadtverwaltungen kräftig gefördert, wichtige Beiträge zur abendländischen Musiklandschaft leistete. Die Beziehungen dieser Musiker zu den genannten Zentren waren zwar eng und sehr fruchtbar, sie tendierten aber dennoch stark zu Paris, denn der Ausstrahlung dieser Stadt auf allen Gebieten der Kunst vermochten sie sich kaum zu entziehen.

Leben

Jacob Rosenhain wurde am 2.12.1813 in Mannheim geboren. Er war Schüler von Jakob Schmitt, Jan Křitel Kalivoda und Xaver Schnyder von Wartensee und trat 1832 zum ersten Mal in Frankfurt am Main als Pianist auf. Nach erfolgreichen Konzerten in London im Jahr 1837 ließ er sich in Paris nieder, wo er als Virtuose wirkte, und gründete mit Johann Baptist Cramer eine Klavierschule. In den fünfziger Jahren verlegte er seine Tätigkeit nach Baden-Baden, wo er am 21.3.1894 starb.

Werke

Außer 3 Bühnenwerken komponierte Jacob Rosenhain 3 Sinfonien – g-Moll, f-Moll, F-Dur –, 4 Klaviertrios, 2 Klavierkonzerte, 3 Streichquartette, 2 Cellosonaten, »12 Charakteristische Studien« und »24 Melodische Studien« für Klavier, eine Klaviersonate, eine Sonate für Cello und Klavier, einige Klavierstücke, eine biblische Kantate und einige Lieder. Robert Schumann äußerte sich über diese Kompositionen sehr positiv.

Johann Rosenmüller (um 1619–84)

Zeit und Umwelt

Das Ospedale della Pietà entwickelte sich wie die anderen venezianischen Musikschulen aus einem Findelhaus, in dem die Kinder neben dem Elementarunterricht auch im Singen unterwiesen wurden. Dazu trat bald auch der Instrumentalunterricht, so daß die »Pietà« binnen kurzem über eines der besten Orchester der Stadt verfügte. Seine Leitung wurde stets hochqualifizierten Kräften anvertraut. Die Konzerte dieser Schule waren ebenso beliebt und besucht wie die Chordarbietungen der Mädchen im Ospedale de'Mendicanti und degl'Incurabili.

Leben

Johann Rosenmüller (Giovanni Rosenmiller) wurde um 1619 in Ölsnitz, Vogtland, geboren. Er studierte um 1640 an der Universität Leipzig und wurde bald darauf neben Tobias Michael stellvertretender Kantor, mußte aber aus privaten Gründen Leipzig verlassen. Für kurze Zeit ging er nach Hamburg und sodann nach Venedig, wo er durch etliche Jahre als Hauskomponist am Ospedale della Pietà wirkte. Im Jahr 1682 wurde er nach Wolfenbüttel als Kapellmeister und Reorganisator der Hofkapelle berufen und starb dort am 10. 9. 1684.

Werke

Der deutsche Komponist Johann Rosenmüller war einer der fruchtbarsten, vielseitigsten und populärsten seines Jahrhunderts. Seine vielen Sonaten und Suiten bilden eine Synthese deutscher und englischer Innerlichkeit und italienischer Klangpracht; die Violen herrschen dabei vor, es können jedoch auch andere Instrumente verwendet werden. Seine »Kern-Sprüche, mehrenteils aus Heiliger Schrift« und seine umfangreiche Sammlung von Gesängen mit Generalbaß und Violen bilden das Hauptwerk. Außerdem liegen zahlreiche Messen, Motetten, Magnificat, Psalmen und Gelegenheitsgesänge handschriftlich vor. Seine gesamte Musik verbindet die polyphone Tradition mit dem venezianischen Stil der Kammerkantate und der Opernarie.

Seine kompositorische Tätigkeit stellt Rosenmüller neben die großen Musiker seines Jahrhunderts. Der Musikschriftsteller Wolfgang Caspar Printz (10. 10. 1641, Waldthurn, Oberpfalz, bis 13. 10. 1717, Żary) streicht ihn wegen der »Reinlichkeit seiner Kompositionen« heraus. Auch der deutsche Musiktheoretiker und Komponist Johann Adolf Scheibe (getauft 5. 5. 1708, Leipzig, bis 22. 4. 1776, Kopenhagen) stellt Rosenmüller neben die ersten italienischen und französischen Komponisten seiner Zeit, der als einer der ersten Vertreter deutscher Kammermusik mit mehrstimmigen Suiten, Triosonaten und fünfstimmigen Kammersonaten angesehen werden müsse. Für die Qualität seiner Vokalmusik spricht, daß seine Kantate »Welt ade, ich bin dein müde« lange für eine Komposition von Johann Sebastian Bach gehalten wurde.

Sonate g-Moll für zwei Violinen und Generalbaß (Cello ad libitum), 4 Sätze, entstanden 1682

Satz Nr. 1 beginnt mit einem kraftvollen präludierendem Adagio aus 12 Takten, dann setzt ein straffes Allegro ein. Der kurze zweite Satz bringt ein kurzes Adagio, das eine frei verströmende Fantasie darstellt. Im dritten Satz wird das Thema des ersten im feurigen Prestissimo vorgetragen, während der vierte Satz ruhig und friedlich dahinfließt und am Ende verschwebt.

Sonate e-Moll für zwei Violinen und Generalbaß (Cello ad libitum), 4 Sätze, entstanden vor 1682

Diese Sonate bringt eine Seltenheit der gesamten Literatur für Tasteninstrumente; sie besteht nur aus langsamen Sätzen. In die Einleitung sind einzelne ganz kurze Allegropassagen eingestreut, die vom Fluß des Adagios durch eine Fermate abgegrenzt sind. Der zweite und dritte Satz, Largo und Adagio fließen gemächlich mit viel Romantik dahin, der vierte – auch ein Adagio – mündet in ein feierliches Largo.

Sonate Nr. 7 d-Moll für vier Instrumente und Generalbaß, 4 Sätze, entstanden vor 1682

Das Largo des ersten Satzes steigt chromatisch empor und bringt mit einer sehr kapriziösen Kontrapunktik eine starke Spannung, die sich auf einem strahlenden Höhepunkt löst und abklingt. Aus einem Adagio mit schönen Akkordfolgen entwickelt sich ein sprudelndes Prestissimo, ein pastorales Adagio reiht sich an, und ein kräftiges Allegro leitet zum Adagio über, mit dem das Werk endet.

Studentenmusik, 10 Suiten, für fünf Instrumente, erschienen 1654

Diese Suiten sind volkstümliche Gebrauchsmusik »meistenteils auff freundliches Begehren und Ansuchen denen Herren Studenten zu Dienst und Gefallen, wenn sie etwan vornehmen Herren und Standespersonen mit einer Nacht-Music beehren wollen«. Die Suiten sind nach einem Tonartplan geordnet und umschließen den damaligen Bereich des Tonsystems. Sie bringen Tänze verschiedener Art – Pavanen, Allemanden, Couranten, Ballo und eine Sarabande – in bunter Reihenfolge. Jede Suite schließt mit einem feierlichen Schreittanz.

LITERATUR

E. H. Meyer, Die mehrstimmige Spielmusik des 17. Jahrhunderts in Nord- und Mitteleuropa, Kassel 1934.

Hans Rosenplüt
(um 1400 bis um 1470)

ZEIT UND UMWELT

In Nürnberg, das sich im 16. Jahrhundert zur bedeutendsten Meistersingerstadt entwickelt hatte, bestand bereits ein Jahrhundert zuvor eine große Singschule, in der der einstimmige, unbegleitete Gesang mit allen seinen dogmatisch festgelegten Weisen gelehrt wurde. Er wies schon damals eine starre, gekünstelte Struktur auf, die von jeder künstlerischen Entfaltung weit entfernt war, und verhielt sich zum Minnesang wie eine mechanische Puppe zu einem lebenden Menschen. Es brachen freilich immer einige aus und übersprangen die Hürden der labyrinthischen Enge, weil sie nicht nur Meistersinger, sondern auch Musiker waren.

LEBEN

Hans Rosenplüt (Rosenblut), genannt der »Schnepperer« (Schwätzer), wurde in Nürnberg um 1400 geboren. Er war Büchsenmacher und Geschützmeister, gehörte also einer städtischen Zunft an und brachte damit die für die Mitgliedschaft in einer Meistersingerschule erforderliche persönliche Qualifikation mit. Er schrieb derbe Fastnachtspiele und Schwänke, Reimreden und Sprüche und auch Waffendichtungen. Im Rahmen der Singschule verfaßte er eine Anzahl den Regeln entsprechende Lieder. Er dürfte in der Singschule einen hohen Rang (Dichter oder Meister) bekleidet haben. Er starb zu Nürnberg um 1470.

WERKE

Vom kompositorischen Schaffen des Meistersingers und Dichters Hans Rosenplüt ist sehr wenig erhalten. Seine Melodien zeigen auch innerhalb der gegebenen engen Grenzen eine gewisse Beweglichkeit und damit Ähnlichkeit mit dem verklungenen Minnesang.

LITERATUR

B. Nagel, Der deutsche Meistersang, Heidelberg 1952.

Franz de Paula Roser (1779–1830)

ZEIT UND UMWELT

Die zahlreichen Schüler von Wolfgang Amadeus Mozart müssen zu den Klassizisten eingereiht werden, was aber nicht in jedem Fall bedeutet, daß es sich um reine Epigonen handelte, weil doch ein Teil davon sich auch an die bereits gleichzeitig wirkenden Frühromantiker anlehnte.

LEBEN

Franz de Paula Roser von Reiter wurde am 17.8.1779 in Naarn, Oberösterreich, geboren und von seinem Vater, dem Linzer Domkapellmeister Johann Georg Roser (1740–97), ausgebildet. 1789 kam er nach Wien, wo er Schüler von Wolfgang Amadeus Mozart und ab 1795 von Johann Georg Albrechtsberger war. Er wirkte als Sänger und Theaterkapellmeister in Linz und in Wien und von 1824 bis zu seinem Tod am 12.8.1830 in Budapest.

WERKE

Von Franz de Paula Roser wurden zahlreiche Bühnenwerke – Opern, Operetten, Melodramen, Ballette, Pantomimen, Possen – aufgeführt, die bald nach seinem Tod vergessen wurden. Auch seine Kirchen- und Kammermusik erzielte kein nachhaltiges Interesse, obwohl sie es wegen seiner sauberen thematischen und harmonischen Faktur verdient hätte.

José Roses (1791–1856)

ZEIT UND UMWELT
Die Escolanía auf Montserrat, die Kapelle der Kathedrale von Urgel und die Hauptkirchen und Klöster in Barcelona hielten an der vielstimmigen Pracht der Fakturen des Frühbarock und an der überkommenen Kontrapunktik fest, was zwar nie das düstere, dem katalanischen Volkscharakter nicht entsprechende Gepränge der Musik spanischer Kathedralen aufwies, dafür jedoch Würde und Feierlichkeit mit breitem Vollklang betonte.

LEBEN
José Roses wurde am 8.2.1791 in Barcelona geboren. Er wirkte in seiner Vaterstadt zunächst als Erster Organist an der Kirche des Klosters San Pablo und sodann durch 30 Jahre bis zu seinem Tod am 2.1.1856 an Santa Maria del Pino.

WERKE
Von José Roses sind Messen, Requiem, Motetten und Gradualien erhalten, die zeigen, wie wenig gerade die katalanische Kirchenmusik von der allgemeinen Entwicklung der abendländischen Musik beeinflußbar war.

Philip Rosseter (1568–1623)

ZEIT UND UMWELT
Neben dem polyphonen Madrigal entwikkelte sich im Zeitalter Elisabeths I. und Jakobs I. das monodische Lied mit Lautenbegleitung als Konzert- und als Hausmusik. Damit hatte die Barockmusik auch den englischen Raum erobert.

LEBEN
Philip Rosseter (Roseter) wurde 1568 vermutlich in London geboren. Er betätigte sich in London als Lautenist und Lautenlehrer und war wahrscheinlich Leiter einer Schauspielgruppe. Im Jahr 1604 wurde er in die Königliche Kapelle aufgenommen und wirkte bis zu seinem Tod am 5. 5. 1623 als Hoflautenist.

WERKE
Der englische Komponist und Lautenist Philip Rosseter brachte ein Buch mit 21 Arien für eine Stimme, begleitet von Laute, Cister und Baßviole, heraus, außerdem 5 Stücke für Sololaute, die eine sehr entwickelte Spieltechnik erfordern. Er bearbeitete auch 25 Stücke verschiedener Komponisten für sechs Instrumente, Diskant- und Baßviole, Flöte, Laute, Cister und Pandora, und legte damit das Fundament für die Entwicklung echter Ensemblemusik.

LITERATUR
M. Schneider, Die Anfänge des Basso continuo, Leipzig 1918.

Steffano Rossetti
(um 1520 bis nach 1580)

ZEIT UND UMWELT
Der Kapellmeisterposten an San Gaudenzio in Novara war für manchen Musiker ein Sprungbrett zu einem größeren Betätigungsfeld in Mailand, Florenz oder Rom. Wie viele andere Kapellen in kleineren Städten Italiens war die von Novara als vorzügliche Ausbildungsstätte bekannt, so daß es schon an sich als Empfehlung galt, dort einige Jahre gewirkt zu haben.

LEBEN
Steffano Rossetti (Rosetti, Roseto, Rosetus, Rossetto) wurde um 1520 in Nizza geboren und erhielt an San Gaudenzio in Novara seinen ersten Kapellmeisterposten. Um 1564 wurde er in gleicher Eigenschaft am Dom in Florenz angestellt. In den Jahren 1566 und 1567 wirkte er in der Kapelle des Kardinals Ferdinando de'Medici, des späteren Großherzogs Ferdinando I. de'Medici. Im Jahre

1579 nahm er die Organistenstelle an der Hofkapelle in München ein, wo er nach 1580 starb.

WERKE
Von Steffano Rossetti sind 3 Bücher mit Madrigalen für vier, fünf und sechs Stimmen, fünf- und sechsstimmige geistliche Lieder und ein Madrigalenzyklus »Il lamento d'Olimpia« (Die Klage der Olympia) erschienen. Der Zyklus mit thematisch zusammenhängenden Madrigalen näherte sich der Kantatenform. Auch die anderen Madrigale sind sehr eigenwillig gehalten.

Francesco Rossi
(1627 bis nach 1700)

ZEIT UND UMWELT
Das Conservatorio Sant'Onofrio a Capuana in Neapel, »Confraternità dei Bianchi« wegen der schwarz-weißen Uniform der Schüler genannt, nahm neben den Waisenkindern auch zahlende Schüler auf und solche, die sich verpflichteten, nach vollendeter Ausbildung der Musikschule in irgendeiner Form Dienste zu leisten.

LEBEN
Francesco Rossi wurde am 17. 6. 1627 in Bari geboren. Er war Schüler und von 1669 bis 1672 Lehrer am Conservatorio Sant'Onofrio in Neapel. Darauf zog er sich nach seinem Geburtsort zurück, wurde dort Kanonikus und starb nach 1700.

WERKE
Der italienische Komponist Francesco Rossi war vor allem Opernkomponist. Er schrieb über 6 Opern, die viel aufgeführt wurden, außerdem das Oratorium »La caduta degli angeli« (Der Fall der Engel), Messen, ein Requiem und vierstimmige Psalmen. Seine Kirchenmusik ist sehr vom Opernstil beeinflußt.

Giovanni Battista Rossi
(um 1550 bis nach 1630)

ZEIT UND UMWELT
Hieronymus Aemiliani (1486–1537) gründete 1528 in Somasca, Oberitalien, die Ordensgemeinschaft der Somaschi nach der Augustinerregel, die 1540 päpstlich approbiert wurde. Der Orden widmete sich vorwiegend dem Schulwesen und der Waisenbetreuung.

LEBEN
Giovanni Battista Rossi wurde um 1550 in Genua geboren. Er trat der Genueser Kongregation regulierter Kleriker bei, die 1568 dem Orden der Somaschi angeschlossen wurde. Im Rahmen seiner kirchlichen Funktion war er in seiner Heimatstadt als Organist tätig und starb dort nach 1630.

WERKE
Außer seinem interessanten Lehrbuch über Kontrapunkt veröffentlichte Giovanni Battista Rossi ein Buch vierstimmige Messen. Handschriftlich sind einige Lauden für drei Stimmen überliefert. Die Musik des Komponisten Rossi war schon zu seiner Zeit antiquiert, aber kontrapunktisch genau und sehr geschickt gearbeitet.

LITERATUR
R. Giazotto, La musica a Genova nella vita publica e privata dal XIII al XVIII secolo, Genua 1952.

Giovanni Gaetano Rossi (1828–86)

ZEIT UND UMWELT
Nachfolger des Herzogs von Parma Karl III. (1823–54) war sein Sohn Robert (1848–1907), dessen Regierung 1860 mit der Gründung des geeinigten Königreichs Italien endete. Beide Regenten ließen ihrer Hofkapelle und dem Theater, gemäß der Tradition ihres Hauses, dem das Herzogtum nach dem Aussterben der Familie Farnese (1731) zufiel, eine intensive Pflege angedeihen.

Leben

Giovanni Gaetano Rossi wurde am 5.8.1828 in Borgo San Donnino, Parma, geboren. Er wirkte nach seinem Studium am Konservatorium in Mailand von 1852 bis 1873 als Dirigent des Theaterorchesters und Organist der Hofkapelle in Parma; 1864 wurde er Direktor des Konservatoriums der Stadt. Von 1873 bis 1879 war er Dirigent des Teatro Carlo Felice in Genua. Er starb am 30.5.1886 in Parma.

Werke

Von Giovanni Gaetano Rossi sind 5 Opern in italienischen Theatern aufgeführt worden. Mit seiner Sinfonie »Saul« errang er in Paris einen Preis. Er schrieb außerdem ein Oratorium, ein Requiem und 3 Messen. Seine Kirchenmusik steht unter dem Einfluß seiner Opernkomposition.

Lauro Rossi (1812–85)

Zeit und Umwelt

Italienische Opernensembles nahmen gegen Mitte des 19. Jahrhunderts auch lateinamerikanische Städte zum Ziel ihrer Gastspielreisen und trugen wie schon seit Jahrzehnten in Nordamerika viel zur Entwicklung der Musik des neuen Kontinents bei, deren Niveau rasch anstieg und sich auch sehr bald von der europäischen emanzipierte.

Leben

Lauro Rossi wurde am 19.2.1812 in Macerata, Marken, geboren. Er war in Neapel Schüler von Nicola Antonio Zingarelli, Girolamo Crescentini und Giovanni Furno und brachte an La Fenice seine ersten Opern heraus. Im Jahr 1832 wurde er über Empfehlung von Gaetano Donizetti Kapellmeister des Teatro Valle in Rom. Von 1835 bis 1843 leitete er eine italienische Operntruppe, die in Mexiko, La Habana und New Orleans gastierte. Nach Europa zurückgekehrt, erhielt er 1850 die Ernennung zum Direktor des Konservatoriums in Mailand und 1871 zum Leiter des Konservatoriums in Neapel. Er starb am 5. 5. 1885 in Cremona.

Werke

Außer 29 zum Teil sehr erfolgreichen Opern komponierte Lauro Rossi ein Oratorium (»Saul«), Elegien, Kantaten, eine Messe, Chöre zur Komödie »Gefangene« von Titus Maccius Plautus (um 250 v. Chr., Rom, bis 184 v. Chr., Rom), verschiedene Kammermusik, Lieder und Gesangübungen.

Luigi Rossi (1598 – 1653)

Zeit und Umwelt

Die italienische Oper wurde im 17. und im folgenden Jahrhundert in fast allen europäischen Ländern von Portugal bis Rußland bekannt, vor allem aber in Frankreich, wo über Betreiben des Staatsmannes Jules Mazarin (1602–61), der Italiener war, bereits in den vierziger Jahren Werke römischer und venezianischer Meister mit größtem Erfolg aufgeführt wurden. Zur eigenständigen französischen Oper kam es erst 25 Jahre später.

Leben

Luigi Rossi (Aloysius de Rubeis) wurde 1598 in Torremaggiore geboren. Er war in Neapel Schüler von Jean de Macque (um 1550 – 1614) und trat darauf in Rom in die Dienste der Familie Borghese, ging 1635 nach Florenz an den Hof der Medici und kehrte 1641 nach Rom zurück, um im Dienst der Familie Barberini, der auch Papst Urban angehörte, zu wirken. Als Urban VIII. starb und sein Nachfolger Innozenz X. (Giambattista Pamfili, 1574 – 1655) gegen die Verwandten, die Urban zu Kardinälen gemacht hatte, eine Untersuchung wegen schwerer Unterschlagungen einleitete und diese damit zur Flucht in das Ausland trieb, übersiedelte auch Rossi nach Paris. Dort nahm ihn Kardinal Mazarin, ein Freund der Barberini, auf und ermöglichte ihm 1647 die Aufführung einer italienischen Oper. Er kehrte hochgeehrt nach Rom zurück. Bei seiner zweiten Reise nach Paris in den Jahren 1648 und 1649 war der Kampf der Frondisten gerade in vollem Gang, so daß er als Freund des Kardinals selbst flüchten mußte. Er starb in Rom am 19. 2. 1653.

Seine Frau Costanza de Ponte (1601, Rom, bis 1646, Rom) war eine zu dieser Zeit sehr berühmte Harfenistin.

WERKE
Der außerordentlich fruchtbare italienische Komponist Luigi Rossi hat 264 Airs, Chansons, Kantaten und sakrale Lieder für eine Stimme, 84 Duette, 28 Terzette, 4 Quartette, alle mit Generalbaß, 6 lateinische Gesänge mit Generalbaß, 3 Oratorien – »Joseph, Sohn des Jakob«, »Heilige Katharina auf dem Rad«, »Karwoche« – verfaßt, dazu die Oper »Der Palast des Atlas«, die in Paris mit großem Erfolg aufgeführt wurde. Die melodische Anlage seiner Arien nimmt den Stil der zweiten Hälfte des Jahrhunderts vorweg. Seine Fähigkeit, lyrische Melodien zu gestalten, kommt besonders in seiner Kantate »Un ferito cavaliere« (Ein verwundeter Ritter) als Klagelied der Königin von Schweden über den Tod Gustavs II. Adolf in der Schlacht bei Lützen (1632) zur Geltung.

LITERATUR
H. Goldschmidt, Studien zur Geschichte der italienischen Oper, Leipzig 1901.

Michel Angelo Rossi
(um 1602–56)

ZEIT UND UMWELT
Während sich die venezianische Oper rasch zum echten Schauspiel mit Musik entwikkelte, Rezitativ und Arie zur Hauptform machte und den Chor ganz zurückdrängte, weil er den Handlungsfortschritt aufhielt, blieb sie in Rom noch länger bei alten Formen. Sie bildete sogenannte »Choropern« aus, in denen die Handlung mehr berichtet als gespielt wurde.

LEBEN
Michel Angelo Rossi wurde um 1602 in Genua geboren und vermutlich dort zum Organisten und Violinisten ausgebildet. Im Jahr 1620 war er Organist an San Lorenzo in Genua und kam 1624 nach Rom in die Dienste des Kardinals Maurizio von Savoyen. Gleichzeitig nahm er als einer der wenigen Italiener bei Girolamo Frescobaldi Unterricht im Orgel- und Cembalospiel. 1638 ging er nach Modena in den Dienst des Herzogs Alfonso III. d'Este, wirkte ein Jahr darauf als Kapellmeister in Forlì, war kurze Zeit in Faenza und hielt sich sodann bis zu seinem Tod am 7. 7. 1656 in Rom auf.

WERKE
Von dem italienischen Organisten, Violinisten und Komponisten Michel Angelo Rossi sind »Toccate e Corrente per organo o cembalo« überliefert, die den Lehrer Frescobaldi erkennen lassen. Außerdem ist die Choroper »Erminia sul Giordano« erhalten, die trotz ihrer lyrischen Grundstimmung sehr steif wirkt. Seine zweite Oper und alle anderen Werke – auch die für Violine – sind verschollen.

Gioacchino Rossini (1792–1868)

ZEIT UND UMWELT
Daß sich in Italien die Musikentwicklung des 18. wie des 19. Jahrhunderts nahezu ausschließlich auf dem Gebiet der Oper vollzog, ergab sich aus der einseitigen Beschränkung des Publikumsinteresses für die Bühnenmusik. Außerdem fanden nur Virtuosenkonzerte ihr Publikum und in Verbindung mit der Sakralhandlung die Kirchenmusik. Die sinfonische Musik erschöpfte sich in Ouvertüren und Zwischenspielen für die Bühne. Die Virtuosenkonzerte, die in vielen Fällen nur mit instrumentaler Technik brillierten, wurden zum größeren Teil von den Interpreten selbst geschrieben. Daher wurden auch die italienischen Stilgattungen vorwiegend mit der Oper in das Ausland gebracht, wo man italienische Bühnenwerke in Massen aufführte. Auch im übrigen Europa wurde der Anteil der Oper an der Musikentwicklung breiter. Das hing zum Teil mit der Annäherung der Musik an die Literatur im Zeitalter der Romantik zusammen. Die Musik, die ohnehin »sprechend« sein sollte, verband sich leicht mit Texten im

Lied und im Bühnenstück, das allerdings seinerseits wiederum stark sinfonischen Charakter gewann.

LEBEN

Gioacchino Antonio Rossini (Gioachino, Giovachino) wurde am 19.2.1792 in Pesaro geboren. Da sein Vater aus politischen Gründen eingekerkert wurde und die Mutter ihren seinerzeitigen Beruf als Sängerin an Provinztheatern ausüben mußte, wurde er in Bologna, wohin die Familie übergesiedelt war, der musikalischen Erziehung des Meisters Stanislao Mattei überlassen, während er zugleich als Kirchensänger seine Eltern unterstützen konnte. Er betätigte sich früh als Violinist und Cellist. Im Jahr 1810 verließ er das Liceo Musicale in Bologna, wo er seine Ausbildung vollendet hatte. Er hatte inzwischen eine Oper, 2 Sinfonien, Arien und Bläservariationen verfaßt, sein Debüt war jedoch die Aufführung seiner zweiten Oper in Venedig. Die dritte folgte 1811 in Bologna, und ein Jahr darauf erhielt er die Aufträge für 9 weitere Opern. Sein »Tancred« und die »Italienerin in Algier« (beide 1813) begründeten seinen Ruf als Bühnenkomponist. Seinen größten Erfolg brachte ihm 1816 »Der Barbier von Sevilla«. Von 1815 bis 1823 verfaßte er 20 Opern. Die französische Regierung bestellte ihn 1824 als Leiter des Théâtre italien nach Paris, dann erhielt er die Ernennung zum »Ersten Komponisten des Königs« und »Generalinspektor des Gesangwesens in Frankreich«. Nachdem er 1829 seine französische Große Oper »Wilhelm Tell« herausgebracht hatte, verlor er 1830 seine Ämter im Zug der revolutionären Ereignisse, ging in Pension, stellte die Opernkomposition ein und schrieb nur fallweise einige Gelegenheitskompositionen. Von 1836 bis 1848 lebte er zuerst als Berater und sodann als Leiter des Liceo Musicale in Bologna. Die der Einigung Italiens vorangehenden Aufstände und Kämpfe vertrieben ihn 1848 nach Florenz und 1855 nach Frankreich. Er starb am 13.11.1868 in Passy bei Paris.

WERKE

Neben 34 italienischen und 5 französischen Opern verfaßte Gioacchino Rossini eine große

Gioacchino Rossini

Anzahl Hymnen und Kantaten, Arien, Lieder mit verschiedener Begleitung, die mit den Arien seiner Opern in einer Linie stehen. An Instrumentalwerken liegen vor: 2 Sinfonien, Variationen, Märsche, 5 Streichquartette, 6 Sonaten für zwei Violinen, Cello und Kontrabaß, eine Fanfare, Variationen, 12 Walzer für zwei Flöten, zwei- und vierhändige Klavierstücke verschiedener Art; an Kirchenmusik: ein Graduale und eine Messe für drei Stimmen, verschiedene Messeteile, eine »Messa solenne« für zwei Klaviere, Harmonium und Streicher, ein Ave Maria, ein Requiem, ein Tantum ergo und mehrere weitere Gesänge. Biographen und Musikgeschichtsschreiber rätselten, warum der Meister ab 1830 die Komposition von Opern nicht fortgesetzt hat. Mit wenig verhülltem Vorwurf stellten sie fest, daß er nur mehr das Leben eines »ungeistigen Gourmets« geführt habe. Einer sachlichen Auseinandersetzung und Würdigung hielten sie ihn nicht für wert. Er legte den Grund für die italienische Opernkomposition des 19. Jahrhunderts; festzustellen ist, daß mehr als die Hälfte seiner Opern noch heute zum Repertoire der Opernhäuser und der großen Sänger gehören. Sprühende Melodik, lebendige Rhythmik, dramatische Crescendi, echte Lyrik und sinfonische Harmonik ergaben ein völlig neues Opernbild; dazu trat der Ersatz des Recitativo secco durch das Recitativo stromentato und nicht zuletzt als völlig neue Methode, daß alle Verzierungen und Koloraturen vom Komponisten genau festgelegt und somit den Sängern jeder Spielraum für Extempores und Extravaganzen genommen wurde.

Stabat mater für vier Solostimmen, Chor und Orchester, 2 Teile, entstanden 1832

Dieses Werk verleugnet mit keiner Note, daß es von der Hand eines Opernkomponisten stammt. Die Einleitung beginnt mit dem Cello, die Holzbläser markieren mit einigen Akkorden die schmerzvolle Stimmung, dann setzen die Stimmen ein und tragen den ersten Vers vor. Die anschließende Tenorarie mit seiner aufsteigenden Kadenz ist zum beliebtesten Teil des Werks geworden. Darauf finden sich Sopran und Alt zu einem innigen Duett, und der Baß setzt den Klagegesang ernst fort. Der dem Gebet und der Andacht gewidmete zweite Teil fängt mit einem tröstenden Baßrezitativ, vom Chor begleitet, an. Darauf setzt das Soloquartett mit vielen Lyrismen ein, eine ganz dem Opernstil entnommene Alt-Kavatine folgt, und Solo- und Chorpartien wechseln ab bis zum triumphierenden, von Bläsern begleiteten »Paradisi gloria«. Der Schlußchor bringt eine prächtige Doppelfuge, die in eine Coda mündet. Die traurige Stimmung wird zum Ende erneut unterstrichen und von dem strahlenden Allegro-Abschluß nur wenig aufgehellt.

Sechs Streichersonaten für zwei Violinen, Cello und Kontrabaß, Nr. 1 G-Dur, Nr. 2 A-Dur, Nr. 3 C-Dur, Nr. 4 B-Dur, Nr. 5 Es-Dur, Nr. 6 D-Dur, entstanden 1804

Die Originalfassung dieser Jugendwerke des Komponisten wurde erst in den späten vierziger Jahren des 19. Jahrhunderts wiederentdeckt, sie waren vorher nur in Bearbeitungen bekannt. Sie sind dem Zeitgeschmack verpflichtet, auf reinen Wohl-

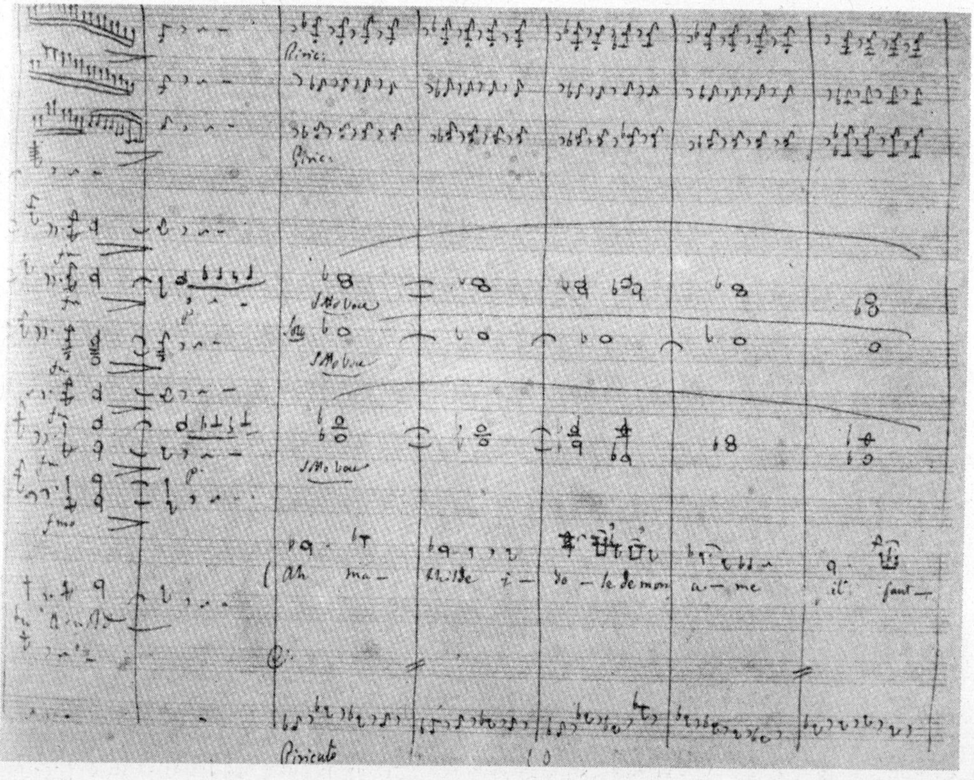

Aus dem Partiturautograph »Giullaume Tell« von Gioacchino Rossini

klang angelegt, oft spiel- und satztechnisch spontan und unbekümmert, verraten aber bereits die Beherrschung der formalen Gestaltungsprinzipien. Aus der Gleichförmigkeit der Sonaten fällt Nr. 3 heraus, sowohl was die Form wie den musikalischen Inhalt betrifft. Die Kontrabaßstimme ist deutlich durch ausgeprägte Solopassagen profiliert, der Themenkontrast im 1. Satz und die Empfindungstiefe im 2. Satz wie der Ersatz des Rondos durch Variationen weisen schon jene leichte Technik und jenen musikalischen Esprit auf, der die späteren Opern des jungen Meisters auszeichnen.

LITERATUR

R. Bacchelli, Gioacchino Rossini, Mailand 1954. H. Weinstock, Rossini, New York 1968. J. Harding, Rossini, London 1971. R. Zanetti, Gioacchino Rossini, Mailand 1971.

Nikolaus Rost (um 1542–1622)

ZEIT UND UMWELT

Der von der Reformation geforderte Gemeindegesang weckte eine ungeheure Anzahl musikalischer Kräfte. Der Bedarf an Kirchenliedern stieg gewaltig und regte die Kantoren an, ihr Talent auszuwerten. Sie konnten ohne Schwierigkeiten ihre Kompositionen, auch wenn sie nur mittelmäßig waren, aufführen. Wenn auch nicht immer höchste Qualität, so gab es immer wieder echte, vorzügliche Musik darunter, die die Entwicklung der gesamten Liedkompositionen förderte.

LEBEN

Nikolaus Rost (Rhost, Rosth, Rosthius) wurde um 1542 in Weimar geboren. Er war Kapellschüler in Torgau und kam 1579 als Kantor nach Linz. Im Jahre 1583 wurde er Hofkantor in Heidelberg und 1593 Kapellmeister in Altenburg. Ab 1602 war er als Pfarrer in Kosma tätig, wo er am 22. 11. 1622 starb.

WERKE

Von dem deutschen Kantor und Komponisten Nikolaus Rost sind »Fröhliche, neuwe teutsche Gesäng«, unter denen sich auch Jagdlieder befinden, lateinische Lieder, mehrstimmige Psalmen und Gallarden erhalten. Bekannt wurde er durch seine »Auferstehungshistorie« (1598) in Chorsätzen. Seine Musik ist den Vorbildern Orlando di Lasso und Leonhard Lechner verpflichtet. Viele seiner Lieder sind für den Gemeindegesang zum Gottesdienst bestimmt.

Andrea Rota (1553–97)

ZEIT UND UMWELT

Die früh gegründeten Musikschulen der größeren italienischen Städte, Bologna, Mailand, Rom, Neapel zum Beispiel, haben unendlich viel für die Entwicklung der italienischen Musik geleistet. Sie wirkten jedoch mit dem Ablauf der Zeit entwicklungshemmend. Die berühmten Namen, die als Lehrer oder Schüler mit den einzelnen Schulen in Zusammenhang standen, und deren Erfolge bildeten einen deutlichen Beweis dafür, daß die jeweils gelehrte Stilauffassung richtig und Änderungen überflüssig waren. Die kleineren Kapellen hingegen, die keine gewichtige Tradition zu verteidigen hatten, waren weit aufgeschlossener und beweglicher. Das wirkte sich auch auf die Schüler solcher Kapellen aus.

LEBEN

Andrea Rota wurde 1553 in Bologna geboren und vermutlich in Rom ausgebildet, wo er an einer Kirche als Sänger tätig war. Im Jahre 1583 kam er nach Bologna zurück und folgte Bartolomeo Spontoni als Kapellmeister an San Petronio nach. Er versah diese Stelle bis zu seinem Tod im Jahre 1597.

WERKE

Von dem italienischen Komponisten Andrea Rota sind 3 Bücher mit mehrstimmigen Madrigalen, 2 Bücher mit fünf-, acht- und zehnstimmigen Motetten, 2 Messen und ein zwölfstimmiges Magnificat überliefert. Weitere Madrigale und Motetten sind in Sammelwerken enthalten. Der Stil dieser Musik muß konservativ genannt werden, ist aber dennoch sehr ansprechend.

Antonio Rotta (um 1495–1549)

Zeit und Umwelt
Da in den Städten ohne Fürstenhof die Musikausübung zum größten Teil auf die Kirchen beschränkt war, für profane Musik höchstens eine zumeist fallweise zusammengestellte Stadtkapelle zur Verfügung stand und die Akademien, in denen sich Dilettanten ausbilden ließen, nur gehobeneren Klassen zugänglich waren, gewannen Lautenisten und Lautenlehrer viel Publikum und Schüler, weil sie das Musikbedürfnis der Kreise erfüllten, die sich mit dem Spiel der Straßenmusikanten nicht zufriedengeben wollten.

Leben
Antonio Rotta (Rota) wurde um 1495 in Padua geboren und vermutlich auch dort zum Lautenisten und Lautenlehrer ausgebildet. Er dürfte sonst keinen Beruf ausgeübt und seine Heimatstadt nie verlassen haben, in der er 1549 starb.

Werke
Von dem Lautenisten Antonio Rotta erschien 1546 eine Intavolatura de lauto mit bearbeiteten französischen Chansons, Madrigalen, Motetten, Tänzen und Ricercari, die zum größten Teil von ihm selbst komponiert wurden. Die Stücke erfordern allerdings eine gut ausgebildete Spieltechnik und dürften sich wenig für Hausmusik geeignet haben. Rotta selbst war ein geschätzter Virtuose auf seinem Instrument.

Literatur
W. Boetticher, Studien zur solistischen Lautenpraxis des 16. und 17. Jahrhunderts, Berlin 1943.

Rougeon (um 1720 bis nach 1778)

Zeit und Umwelt
Auch die Violine wurde bald zum Hausinstrument. Man spielte sie aber zumeist mit Begleitung, weil für ein Solospiel Amateure zuwenig ausgebildet waren, um eine Befriedigung zu finden. Beliebt waren Violinenduos, bei denen die Stimmführung abwechselte und damit die Gleichwertigkeit der Spieler betont wurde.

Leben
Rougeon, l'Aîné genannt – der Vorname ist unbekannt –, wurde um 1720 vermutlich in Paris geboren. Über sein Leben und seine Tätigkeit ist nur bekannt, daß er Violinist und Violinlehrer war. Seine letzte Publikation erschien 1778. Er dürfte in den Jahren darauf in Paris gestorben sein.

Werke
Von Rougeon ist eine Sammlung von Stücken verschiedener Komponisten, die er erweiterte und mit einer Begleitstimme versah, 1750 herausgekommen. Er schrieb außerdem als eigene Kompositionen 6 Violinenduos. Seine weiteren Kompositionen sind verlorengegangen.

Claude Joseph Rouget de Lisle
(1760–1836)

Zeit und Umwelt
Der im April 1792 in Straßburg entstandene »Kriegsgesang für die Rheinarmee« wurde von Freiwilligen aus Marseille bei ihrem Einzug in Paris im Juli desselben Jahres gesungen und erhielt dadurch den Titel »Marseillaise«. Sie wurde bei allen Schlachten der Revolution gesungen, bis sie der Convent 1795 zum Nationalgesang erhob. Im Kaiserreich und während der Restauration verstummte sie und erklang erneut erst bei den Revolutionen der Jahre 1830 und 1848 und wurde 1879 zur Nationalhymne der Republik Frankreich.

Leben

Claude Joseph Rouget de Lisle wurde am 10. 5. 1760 in Lons-le-Saunier geboren. Er war Offizier der Revolutionsarmee, verlor aber seinen Rang wegen seiner Weigerung, den Eid auf die Republik zu leisten, wurde über ein Jahr in Haft gehalten, dann wieder in die Armee aufgenommen, schließlich verwundet und verabschiedet. Anschließend lebte er von einer schmalen Pension, von einigen Freunden unterstützt, bis zu seinem Tod am 26. 6. 1836 in Choisy-le-Roi.

Werke

Weltruf erlangte Claude Joseph Rouget de Lisle durch seine »Marseillaise«, deren Text und Vertonung er am 24. 4. 1792 in Straßburg schrieb. Er verfaßte außerdem Text und Musik zu einer Reihe patriotischer Lieder und Hymnen, die in mehreren Sammlungen – »Erste Sammlung 24 Hymnen, Lieder oder Romanzen mit Violine«, »50 französische Gesänge« – erschienen sind, und Libretti zu mehreren Opern.

Literatur

E. Guéret, Rouget de l'Isle inconnu, Paris 1943.

Jean-Jacques Rousseau (1712–78)

Zeit und Umwelt

Rückblickend erscheint uns das 18. Jahrhundert in Frankreich als Agonie seiner Gesellschaftsform. Alles wies auf ihr explosives Ende hin: die zerrütteten Staatsfinanzen; die despotische Regierungsform, unter der besonders Kleinbürgertum und Bauern zu leiden hatten; die Verelendung des ganzen Landes; der Übermut des Klerus und des Adels; die korrupte Verwaltung und Justiz; die Publikationen der Literaten und Philosophen, die als Pornographien oder als wissenschaftliche Abhandlungen die an sich strenge, aber von ungebildeten Zensoren gehandhabte Zensur passieren konnten; das Beispiel des Freiheitskampfes und die Ansätze zur Demokratie in Nordamerika; die

Jean-Jacques Rousseau

Erkenntnisse der englischen Gelehrten; das gesamteuropäische Klima der einsetzenden Aufklärung und noch viele weitere Symptome.

Leben

Jean-Jacques Rousseau wurde am 28. 6. 1712 in Genf geboren. Seine musikalische Grundausbildung erhielt er als Chorknabe an der Kathedrale in Annency; alles Weitere eignete er sich autodidaktisch an. »Er lernte lehrend.« Er führte, ständig publizierend, ein unstetes Leben; sein Ruf und Ruhm als Philosoph verbreitete sich sehr rasch, so daß er bald in die Reihe der Persönlichkeiten einrückte, die dem 18. Jahrhundert ihr geistiges Gepräge verliehen. Er starb am 2. 7. 1778 in Ermenoville bei Paris.

Werke

Die Leistung und die Bedeutung des Philoso-

phen und Schriftstellers Jean-Jacques Rousseau für sein Jahrhundert und die folgende Zeit sind bekannt und müssen hier nicht näher beleuchtet werden. Im Rahmen der Musikgeschichte trat er vor allem als Theoretiker hervor. Von seinem umfangreichen Ideengut auf dem Gebiet der Musik sollen hier nur sein Eintreten für eine Zahlennotenschrift, die die von Pierre Davantès (1526, Rabastens, bis 31. 8. 1561, Genf) vorgeschlagene Notierung der Psalmenvertonung und die von Jean-Jacques Souhaitty (um 1630, Paris, bis nach 1679, Paris) erfundene Ziffern-tonschrift wiederaufleben ließen, und die seiner Ansicht, daß sich die französische Sprache nicht für den Kunstgesang eigne, folgende Propagierung des Melodrams, das im 18. und 19. Jahrhundert sehr beliebt wurde, angeführt werden.
Seine Kompositionen betrafen vorwiegend Bühnenmusik. Er verfaßte eine Ballettoper, ein Intermedium, das großen Erfolg hatte und bis 1828 oft aufgeführt wurde, ein Melodram, »Pygmalion«, mit teilweiser Benützung von Musik von Horace Coignet, 6 Arien und einen Band Romanzen. Im Streit der Opernkomponisten stand er auf italienischer Seite.

LITERATUR

H. V. Somerset, Jean-Jacques Rousseau as a Musician, Music & Letters XVII, 1936.

Jean-Marie Rousseau
(um 1730 bis um 1781)

ZEIT UND UMWELT

Die alte Musiklandschaft von Flandern brachte immer wieder fähige Musiker hervor. Selten war nur, daß sie im Land blieben und wirkten und nicht nach Paris zogen. Es waren aber ihrer zu wenige, um eine eigene Musikentwicklung zu begründen.

LEBEN

Jean-Marie Rousseau wurde um 1730 in Dijon geboren. Er war zunächst Chorist an der Kathedrale seiner Geburtsstadt, dann Kapellmeister an der Kathedrale von Arras und schließlich in gleicher Eigenschaft in Dijon, wo er um 1781 starb.

WERKE

Von Jean-Marie Rousseau sind zahlreiche Messen, ein Requiem und 3 Kantaten erhalten. Sein Stil gleicht dem der französischen Kirchenmusik der Zeit.

Albert Roussel (1869–1937)

LEBEN

Albert Charles Paul Marie Roussel wurde am 5.4.1869 in Tourcoing, Nord, geboren. Nachdem er seine Absicht, Marineoffizier zu werden, aufgegeben hatte, wurde er Schüler von Eugène Gigaut und Vincent d'Indy an der Schola Cantorum in Paris, wo er selbst von 1902 bis 1913 eine Kontrapunktklasse leitete. Im Jahr 1909 unternahm er eine ausgedehnte Reise nach Indien und Kambodscha. Während des Ersten Weltkrieges diente er in der französischen Armee. Hernach ließ er sich in Perros-Guirec, Côtes-du-Nord, und 1922 in Royan, Charente-Maritime, als Komponist nieder, wo er am 23.8.1937 starb.

WERKE

Die Stilgattungen, die in rascher Folge ab dem letzten Jahrzehnt des 19. Jahrhunderts neben der noch lange gepflegten Spätromantik entstanden – Impressionismus, Expressionismus, Neuklassizismus, Polytonalität –, wurden von Albert Roussel wie von allen anderen Tonsetzern mit starker Eigenpersönlichkeit zwar berücksichtigt, aber nicht übernommen, so daß er sich jedem Katalogisierungsversuch entzieht. Er schuf sich seine Fakturen unabhängig von den Zeitströmungen. Als erster nahm er Skalen exotischer Völker in seine Kompositionen auf. Er unterwarf sich keiner Stilregel, sondern nur dem eigenen künstlerischen Willen und Einfall. Er verfaßte 4 Sinfonien, eine Sinfonietta für Streicher und weitere sinfonische Stücke, ein Klavierkonzert, ein Violinkonzert, ein Concertino für Cello und Orchester, mehrere Suiten, weiters ein Streichquartett, ein Klaviertrio, ein Streichtrio, ein Divertissement für fünf Bläser und Klavier, eine Serenade für Flöte, Harfe, Violine, Bratsche und Cello, ein Trio für Flöte, Bratsche und Cello, mehrere Violinsonaten, über 10 Werke für Klavier solo oder mit anderen Instrumenten und ungefähr 4 Lieder, außerdem 3 Opern, 3 Ballette und Bühnenmusiken sowie Chorwerke.

Sinfonie Nr. 1, »Das Lied vom Wald«, Opus 7, 4 Sätze, entstanden 1906

Es handelt sich um ein sinfonisches Gedicht ohne narrativen Charakter, es gibt nur Stimmungen wieder. Der 1. Satz »Winterwald« malt die Trostlosigkeit der Landschaft und die Sehnsucht der Menschen nach Licht und Wärme; frostige Stürme rasen durch klirrende Baumwipfel. Im 2. Satz »Lenz« erwacht die Natur. Vogelrufe mischen sich in das erwartungsvolle Klangbild. Im 3. Satz »Sommerabend« stellt sich der Reichtum der Natur mit ihren Farben dar. Im 4. Satz »Faune und Dryaden« bringt ein ausgelassenes Treiben, an dessen Ende man an das Nahen des Winters gemahnt wird.

Sinfonie Nr. 3 in g-Moll, Opus 42, 4 Sätze, entstanden 1930

Trotz unbedingter Eigenständigkeit wahrt dieses Werk die große klassische Tradition der Sinfonie. Das Kopfthema des 1. Satzes ist lebhaft, knapp und nahe volkstümlich. Das zweite Thema ist lyrisch. In der Durchführung tragen die Bläser ein eigenes Motiv vor, auf das spätere Teile des Werks zurückkommen. Eine klassische Reprise schließt den Satz ab. Der 2. Satz ist dreiteilig. Ein lebhafteres Thema setzt sich dem langsamen Hauptthema entgegen und erzeugt ein anmutiges, typisch französisches Klima. Das Scherzo des 3. Satzes ist ein lebhafter spielerischer Tanz. Den 4. Satz beginnt ein leichtes, munteres Thema, ein lyrisches tritt hinzu und ein drittes bringen die Bläser wie einen Tusch. Eine lange Coda schließt das Werk mit prächtigen Klängen ab.

Sinfonie Nr. 4 in A-Dur, Opus 53, 4 Sätze, entstanden 1934

Der 1. Satz beginnt mit einem Lento, dem ein scharf rhythmisiertes Allegro folgt. Der 2. Satz bringt eine langsame lyrische Kantilene. Dem folgt ein kapriziöses Scherzando als 3. Satz. Das Finale strahlt ungetrübte Fröhlichkeit aus.

»Das Festmahl der Spinne«, Sinfonische Suite, Opus 17, 5 Sätze, entstanden 1912

Das Stück bringt die wichtigsten Abschnitte des »Tierballetts«, folgt aber nicht dem Ablauf der Handlung. Im »Prélude« werden die handelnden Personen der Pantomime in einem heiter ruhenden Garten vorgeführt. Im 2. Satz defilieren die Ameisen im Parademarsch. Darauf folgt der Tanz der Schmetterlinge, der im Netz der Spinne endet wie der Aufmarsch der Ameisen. Im 4. Satz tummelt sich eine Eintagsfliege, die sich ihres kurzen Lebens freut; ermattet fällt sie am Ende der Spinne anheim. Ihr zu Ehren erklingt im 5. Satz ein Trauermarsch.

Streichquartett in D-Dur, Opus 45, 4 Sätze, entstanden 1932

Der 1. Satz ist ein stark konzentriertes Sonatenallegro, dessen erstes Thema energische Rhythmen aufweist; das zweite Thema ist sehr melodisch. Nach einer vom ersten Thema beherrschten Durchführung und der Reprise schließt eine rasche Coda den Satz ab. Das folgende Adagio bringt eine gefühlvolle, weit ausgreifende Melodie mit einem sehr komplexen polytonalen Mittelteil. Das Scherzo ist kurz und kompliziert; sein Trio wird vom Cello in den höchsten Lagen angeführt. Der 4. Satz ist sehr umfangreich, er besteht aus einer großen Fuge, der sich ein lebhafter Abschnitt und eine glänzende Coda anschließen.

Literatur

M. Pincherle, Albert Roussel, Genf 1957.

François Roussel

(um 1510 bis nach 1577)

Zeit und Umwelt

Jacques de Savoie (1531–85) erbte 1533 von seinem Vater Philippe de Savoie (1490 bis 1533) den Titel eines Herzogs von Nemours (Gâtinais). Er hat sich durch seine Kriegstaten, seine Galanterie gegenüber Damen und seine offene Hand für Künstler den Ruf eines späten Repräsentanten echten französischen Rittertumes erworben.

Leben

François Roussel (Francesco Rosetti, Roscetti, Roscelli) ist um 1510 vermutlich in Nemours geboren. Jedenfalls genoß er die Protektion der Herzöge von Nemours. Über sein Wirken in Frankreich ist nichts bekannt. Er ist wahrscheinlich bald nach Rom gegangen und in die Kapelle von San Pietro aufgenommen worden, die ihm sodann 1548 bis 1550 die Kapellmeisterstelle anvertraute. Wo er anschließend gewirkt hat, ist nicht feststellbar. Im Jahre 1562 wurde er Kapellmeister an San Giovanni in Laterano und versah diese Aufgabe bis 1573. Er ist in Rom nach 1577 gestorben.

WERKE
Als letztes Werk widmete der französische Komponist François Roussel seinem Gönner Jacques de Savoie 1577 ein Buch vier- bis sechsstimmige Chansons nouvelles. Frühere erhaltene Werke sind: 6 Messen, mehrere Motetten, vier- und fünfstimmige Madrigale, Chansons. Sein Stil ist konservativ, aber äußerst elegant.

Václav Holan Rovenský (1644–1718)

ZEIT UND UMWELT
Im 17. Jahrhundert stieg die Zahl der tschechischen Komponisten stetig an, so daß man am Ende des Jahrhunderts ohne Einschränkung von einer eigenständigen tschechischen Musikentwicklung sprechen konnte. Die erste Blüte der tschechischen Musik, deren Vertreter in nicht geringer Anzahl nach Italien, Österreich und Deutschland abwanderten und wegen ihrer Fähigkeiten überall willkommen waren, brachte dann das folgende Jahrhundert.

LEBEN
Václav Karel Holan Rovenský wurde 1644 in Rovensko pod Troskami geboren. Er war 1662 Organist in Týn nad Rovenskem, sodann in Jičín und Rovensko (1668). Ab 1679 wirkte er als Organist in Dobrovice, ab 1690 in Vyšehrad, darauf wieder in Rovensko. Er starb 1718 auf Burg Valdštejn bei Sedmihorek.

WERKE
Der tschechische Organist und Komponist Václav Holan Rovenský verfaßte eine Matthäus-Passion und eine Johannes-Passion, die nur den Bibeltext ohne Zusätze zugrunde legten, außerdem ein Kantional mit mehreren hundert Melodien und Generalbaß, fallweise auch mit Instrumenten.

LITERATUR
J. Bužga, Holan Rovenský, představitel měšťanské hudební kultury koncem 17. století, in: Hudební věda IV, 1967.

Giovanni Rovetta (um 1596–1668)

ZEIT UND UMWELT
Nach der Eröffnung des ersten Opernhauses in Venedig durch Francesco Manelli traten sofort Komponisten auf den Plan, die sich dieser neuen Musikgattung widmeten. Daß sich darunter auch Kleriker und Mönche befanden, darf nicht verwundern, wenn man betrachtet, wieviel Profanmusik in Italien gerade von Klerikern geschaffen worden ist.

LEBEN
Giovanni Rovetta wurde um 1596 in Venedig geboren. Er studierte in Venedig und wurde Mönch und Kleriker. Musikunterricht erhielt er am Markusdom in dem von Monteverdi geleiteten Knabenchor. Im Jahr 1623 wurde er Sänger an San Marco, 1627 Vizekapellmeister und 1644, nach Monteverdis Tod, Kapellmeister. Er starb in Venedig am 23. 10. 1668.

WERKE
Der italienische Komponist Giovanni Rovetta verfaßte 2 Opern, die in Venedig aufgeführt wurden. Außerdem veröffentlichte er einige Bücher mit Psalmen, Motetten und Madrigalen für mehrere Stimmen im konzertanten Stil, die den Lehrer Monteverdi erkennen lassen.

Francesco Rovigo (1530–97)

ZEIT UND UMWELT
Unter Guglielmo Gonzaga, Musiker und Herzog, Freund und Bewunderer der Meister der Musik und bildenden Kunst, erlebte Mantua den Höhepunkt seiner Glanzzeit. Der Palazzo Ducale, dieser gewaltige, nach

dem Vatikan umfangreichste Schloßbau mit seinen 15 Höfen, Plätzen und Gärten und den 500 Räumen, erfuhr seine letzte wesentliche Ausgestaltung, die ihn vom Ausdruck des Machtwillens zum Symbol der Kulturgesinnung wandelte. Und die Pflege der Musik jeder Art hielt damit Schritt.

LEBEN
Francesco Rovigo wurde 1530 in Mantua geboren und zum Organisten ausgebildet. Seine Stellung als herzoglicher Hoforganist in Mantua versah er bis 1582, in welchem Jahr er Hoforganist Erzherzog Karls II. in Graz wurde. Nach dem Tod des Erzherzogs (1590) kehrte er nach Mantua zurück und erhielt bei Herzog Vincenzo I. (1562–1612) die Position eines Hofkomponisten und Organisten der herzoglichen Kapelle. Er starb in Mantua am 7. 10. 1597.

WERKE
Die Madrigale und Canzonetten von Francesco Rovigo sind verschollen. Dafür sind seine Canzoni a suonar (Instrumentalkompositionen), seine vielstimmigen Messen, die Lukaspassion, Magnificat und Litaneien überliefert. Der Stil des Komponisten muß als konservativ bezeichnet werden, obwohl in den Instrumentalkompositionen Anzeichen einer fortschrittlichen Konzeption vorhanden sind. Die Sätze für acht und zwölf Stimmen stellen beachtliche kontrapunktische Leistungen dar.

LITERATUR
H. Federhofer, Musikpflege und Musiker am Grazer Habsburgerhof der Erzherzöge Karl und Ferdinand von Innerösterreich (1564–1619), Mainz 1967.

Johann Jakob Rowaldt (1718–75)

ZEIT UND UMWELT
Marienburg (Malbork) im ehemaligen Westpreußen, die seinerzeitige (1309–1457) Residenz des Hochmeisters des Deutschritterordens, gehörte ab 1525 zum Herzogtum Preußen, in dessen Hauptstadt Königsberg (Kaliningrad) ein intensives Musikleben gepflegt wurde. Auch in den folgenden Zeiten, in denen Königsberg nur mehr (ab 1701) Krönungsstadt der preußischen Könige war, machte sich die Ausstrahlung der ehemaligen Residenz bemerkbar.

LEBEN
Johann Jakob Rowaldt wurde am 25. 8. 1718 in Marienburg geboren. Er war Organist an St. Georg, seiner Geburtsstadt, bis zu seinem Tod am 14. 10. 1775.

WERKE
Von Johann Jakob Rowaldt sind Kirchenkantaten für ein vollständiges Kirchenjahr handschriftlich in Marienburg aufbewahrt gewesen. Ihr Stil kommunizierte mit der Berliner Liederschule.

Walter Rowe
(um 1580 bis nach 1641)

ZEIT UND UMWELT
Für den sich ständig verstärkenden Kulturaustausch zwischen England und Deutschland bildete Hamburg, das am Dreißigjährigen Krieg nicht unmittelbar beteiligt war, eine wichtige Verbindung, weil auch enge wirtschaftliche Kontakte über diese Hansestadt liefen.

LEBEN
Walter Rowe wurde um 1580 in England geboren und vermutlich noch dort zum Gambisten ausgebildet, ehe er nach Hamburg übersiedelte und dort bis 1614 als Gambenvirtuose und Gambenlehrer wirkte. Von 1614 bis 1621 war er an der Hofkapelle in Berlin als Instrumentalist tätig und als Gambenlehrer des Berliner Hofes über diese Zeit hinaus bis 1641 beschäftigt. Er dürfte bald danach in Berlin gestorben sein.
Sein Sohn Walter Rowe (um 1620–71) war an verschiedenen Höfen, darunter in Güstrow, als Instrumentalist angestellt.

WERKE
Von dem englischen Gambisten und Kompo-

nisten Walter Rowe sind etliche Gambenstücke erhalten, die sehr beliebt waren. Er erweist sich damit als echter Komponist, der nicht nur Virtuosenmusik zu schreiben in der Lage ist.

Alec Rowley (1892–1958)

LEBEN

Alec Rowley wurde am 13.3.1892 in London geboren. Er war von 1908 bis 1917 an der Royal Academy of Music Kompositionsschüler von Frederick Corder. Ab 1920 wirkte er als Lehrer am Trinity College of Music und ab 1934 an der Royal Academy of Music in London. Er starb am 12.1.1958 in Weybridge, Surrey.

WERKE

Neben einem Ballett schrieb Alec Rowley für Orchester eine Suite und eine Quadrille, für Streichorchester ein Adagio und eine Suite, ferner 2 Klavierkonzerte, ein Oboenkonzert, ein Bratschenkonzert, Kantaten, Gesänge, Orgelwerke und zahlreiche Klavierwerke. Seine Musik lehte sich an die modernen Stilformen des Kontinents an.

Pancrace Royer (1705–55)

ZEIT UND UMWELT

Die Kontakte der Hofkapelle von Turin zu den Pariser Kapellen waren sehr eng, so daß Kräfte aus dem Piemont in der französischen Hauptstadt leicht Aufnahme fanden, zumal die Schulung in Turin als vorzüglich bekannt war.

LEBEN

Joseph Nicolas Pancrace Royer wurde 1705 in Turin geboren und vermutlich dort ausgebildet. Er kam sodann 1725 als Cembalist nach Paris, dirigierte von 1730 bis 1733 das Opernorchester, wurde 1734 Mitglied der Königlichen Kapelle, 1748 Dirigent des Concert spirituel und 1753 königlicher Kammermusiker. Er starb in Paris am 11. 1. 1755.

WERKE

Außer einer Reihe sehr erfolgreicher Opern und Ballettopern für Paris verfaßte Pancrace Royer brillante Cembalostücke, Sonaten und eine Ode, »An das Glück«, für Singstimme und Orchester.

Nicolas Roze (1745–1819)

ZEIT UND UMWELT

Besonders in den Kirchen der Provinzen wurden alte und älteste musikalische Formen im bewußten Gegensatz zur zeitgenössischen profanen Musik gepflegt, gleichsam, um eine Annäherung der sakralen Musik an weltliche Klänge hintanzuhalten. Der tatsächliche Gewinn dieser Haltung bestand aus den immer neuen Facetten, die älteren Formen abgewonnen wurden, und aus der Vertiefung des Verständnisses dafür.

LEBEN

Nicolas Roze wurde am 17. 1. 1745 in Bourgneuf, Saône-et-Loire, geboren. Er studierte in Beaune und Autun, wo er zur selben Zeit Chorknabe, dann Sänger und schließlich 1768 Kapellmeister an Notre-Dame in Beaune war. Im Jahr 1769 ging er nach Paris und wirkte dort ab 1775 als Kapellmeister an der Église des Innocents; ab 1779 widmete er sich nur mehr dem Unterricht in Harmonielehre und Generalbaß, 1807 wurde er Bibliotheksleiter am Conservatoire in Paris. Er starb am 30. 9. 1819 in St-Mandé bei Paris.

WERKE

Von Nicolas Roze sind mehrere kirchliche Werke in älteren Stilformen erhalten. Er veröffentlichte außerdem eine Reihe musikwissenschaftlicher Abhandlungen, darunter eine über Gregorianik.

Jacek Różycki (um 1630 bis vor 1707)

ZEIT UND UMWELT

Nach dem Ableben des Polenkönigs Jan III. Sobieski (1629–96) wurde der Kurfürst von Sachsen, August II. der Starke (1670–1733), zum König von Polen gewählt. Um die Wahl zu fördern, war er zum Katholizismus übergetreten. Er regierte das Königreich vorwiegend von Dresden aus, wo er eine Anzahl Polen beschäftigte und auch eine polnische Kapelle gründete.

LEBEN

Jacek Różycki (Hyacinthus Rositzky, Ruziski) wurde um 1630 in Łęczyca, Łódź, geboren. Sein Lehrer war vermutlich Bartlomej Pękiel, dem er als Leiter der Königlichen Kapelle in Warschau folgte. Nach dem Tod des Königs Jan III. Sobieski und der Wahl August II. des Starken zum polnischen König kam er mit vielen anderen Polen nach Dresden und leitete neben Johann Christoph Schmidt die neu gegründete polnische Kapelle bis zu seinem Tod vor 1707.

WERKE

Vom polnischen Komponisten Jacek Różycki sind zahlreiche Kirchenwerke erhalten, Konzerte, Messen, Hymnen a cappella und mit Instrumenten. Er wandte, solange er in Warschau war, den dort geforderten römischen Stil an. In Dresden wurde er zum Barockmusiker.

LITERATUR

A. Chyniński, Jacek Różycki, in: The Music Revue XLVIII, 1911.

Ludomir Różycki (1884–1953)

LEBEN

Ludomir Różycki wurde am 6.11.1884 in Warschau geboren. Er studierte am Konservatorium seines Geburtsorts bei Zygmunt Noskowski und in Berlin von 1904 bis 1908 bei Engelbert Humperdinck. Von 1908 bis 1912 war er Kapellmeister und Konservatoriumslehrer in Lemberg (Lwiw), lebte nach Reisen durch die Schweiz, Italien und Frankreich mehrere Jahre als freischaffender Komponist in Berlin, dann ab 1919 in Warschau und ab 1945 in Kattowitz (Katowice), wo er am 1.1. 1953 als einer der wichtigsten jungpolnischen Komponisten starb.

WERKE

Von Ludomir Różycki sind 7 Opern, 2 Ballette und mehrere Schauspielmusiken aufgeführt worden. Er schrieb außerdem mehrere programmatische Orchesterwerke, einige Kammermusik, Klavierstücke und Lieder. Seinem Stil haftete trotz moderner Strukturen viel Romantik an.

Edmund Rubbra (1901 – 86)

LEBEN

Edmund Rubbra wurde am 23.5.1901 in Northampton geboren. Er war am Royal College of Music Schüler von Gustav Holst und Reginald Owen Morris. Er wirkte als Lektor an der Universität in Oxford von 1947 bis 1968. Er konzertierte mit einem eigenen Klaviertrio und betätigte sich auch als Schriftsteller. Er starb am 14.2.1986.

WERKE

Neben Ralph Vaughan Williams war Edmund Rubbra der bedeutendste englische Sinfoniker seiner Zeit. Er schrieb 11 Sinfonien, ein Klavierkonzert, ein Violinkonzert, Improvisationen für Violine und Orchester, 4 Streichquartette, 2 Klaviertrios, ein Duo für Harfe und Cello, 8 Praeludien und 4 Studien für Klavier, ein Praeludium für Orgel, ein Stück für Harfe, eine Violinsonate, zahlreiche Kantaten, Gesänge und Lieder, zumeist sakralen Inhaltes, mit Instrumenten, mit Klavier oder Orgel und eine Messe. Sein Stil ist wohl konservativ, aber sehr klangschön.

Johann Martin Rubert (1615–77)

ZEIT UND UMWELT

Die Festung Plassenburg fiel 1340 an die fränkischen Hohenzollern. Sie war seit dem 15. Jahrhundert Residenz der Markgrafschaft Ansbach-Kulmbach und sodann von Ansbach-Bayreuth, bis sie 1792 zu Preußen und 1810 zu Bayern kam.

LEBEN

Johann Martin Rubert wurde 1615 in Nürnberg geboren. Im Jahr 1645 erhielt er den Ruf auf die Plassenburg zu Kulmbach als markgräflicher Hofmusiker und Hoforganist. Von 1646 bis zu seinem Tod im Jahr 1677 wirkte er als Organist an der Nikolaikirche in Stralsund.

WERKE
Der deutsche Komponist und Organist Johann Martin Rubert verfaßte »Musikalische Arien« für zwei bis drei Vokal- und zwei bis drei Instrumentalstimmen mit doppeltem Generalbaß, »Musicalische Seelenerquikkung« mit einer bis drei Vokalstimmen und zwei bis sechs Violen mit Generalbaß, vierstimmige Arien und eine Begrüßungsarie für Prinz Karl von Schweden (Karl XI., 1655 bis 1697) für Tenor und fünf Violen. Seine Musik weist viele Rückgriffe auf die ältere Polyphonie auf. Außerdem schrieb er einige Werke für Graf Anton Günther von Oldenburg (1603–67).

Marcel Rubin

Marcel Rubin (geboren 1905)

LEBEN
Marcel Rubin wurde am 7.7.1905 in Wien geboren, wo er bei Franz Schmidt studierte. Ab 1925 war er in Paris Schüler von Darius Milhaud. Im Jahr 1931 wurde er Sekretär der Konzerte »Musik der Gegenwart«, die er ab 1936 leitete, bis er 1938 emigrieren mußte. Er wandte sich erneut nach Paris, von wo er 1942 nach Mexiko ging, um als Korrepetitor und Liedbegleiter zu wirken. Seit 1947 lebt er in Wien als freier Komponist.

WERKE
Außer einer Oper schrieb Marcel Rubin 7 Sinfonien, eine Sonatine, eine Suite, eine Sinfonietta und ein Pastorale für Streicher, ein Violinkonzert, ein Kontrabaßkonzert, ein Trompetenkonzert, ein Fagottkonzert, ein Concertino für zwölf Celli, Variationen für elf Spieler, eine Serenade für fünf Bläser, ein Divertimento für Klaviertrio, ein Oratorium, einen »Heiligenstädter Psalm« (aus dem Heiligenstädter Testament von Ludwig van Beethoven) für Bariton, Chor und Orchester, verschiedene Lieder und ein sehr erfolgreiches Tanzspiel. Sein Stil wurde von der Polytonalität seines Pariser Lehrers und von der neueren russischen Musik beeinflußt.

Sinfonie Nr. 4, »Dies irae«, 3 Sätze, entstanden 1960
Dem 1. Satz »Kinderkreuzzug 1939« sind als Motto vier Strophen aus der gleichnamigen Ballade von Bert Brecht vorangestellt. Er stellt inhaltlich eine Trauermusik dar und ist formal ein Rondo, dessen Thema von der Solobratsche intoniert, sich zum Fortissimo des ganzen Orchesters steigert und in der Reprise melodisch verzerrt wird. Der Satz endet mit einem Paukenwirbel im Pianissimo. Das Hauptthema des 2. Satzes »Dies irae« klingt an den »Dies-irae-Choral« an. Es wird in seiner Entwicklung rhythmisch verkürzt. Dann trägt die Solovioline ein sangliches Seitenthema vor, das vom Orchester zu dissonantem Klang verwandelt wird. Eine Doppelfuge schließt sich an; in der Reprise erklingt das Dies irae im Original. Im Finale »Pastorale« bringt eine Passacaglia das Dies irae, doch die Trauer über die zerstörte Welt hellt sich hoffnungsvoll auf.

Nicolò Rubini (1584–1625)

Zeit und Umwelt

Als die Kurie 1598 das Herzogtum Ferrara an sich riß, verblieb Cesare d'Este die Stadt Modena, die schon seit längerer Zeit eine Art Nebenresidenz der Familie Este gewesen war, so daß kein neuer Hof eingerichtet werden mußte. Auch eine Hofkapelle war bereits vorhanden, die wegen des häufigen Kräfteaustausches der von Ferrara nicht nachstand. Doch ohne das politische Gewicht der Familie Este konnte Modena die kulturelle Rolle von Ferrara nicht übernehmen.

Leben

Nicolò Rubini wurde am 21. 10. 1584 in Crevalcore bei Bologna geboren. Er war Schüler des Komponisten Orfeo Vecchi (um 1550 bis vor 1604). Im Jahr 1607 wirkte er als Zinkenist in Modena, und zwar ab 1610 am estensischen Hof bis zu seinem Tod am 17. 1. 1625.

Werke

Über seinen Lehrer Orfeo Vecchi geriet der italienische Komponist und Instrumentalist Nicolò Rubini in den Bann der alten Mailänder Schule, so daß auch seine Kompositionen sehr konservativ gehalten sind. Er brachte ein Buch Motetten für vier bis zehn Stimmen sowie zwei- und fünfstimmige Madrigale mit Generalbaß heraus. Auch eine dreistimmige Kanzone, die zu seiner Zeit sehr beliebt war, ist erhalten.

Literatur

A. G. Soinelli, Nicolò Rubini, contrapuntista modenese, Florenz 1899.

Anton Rubinstein (1829–94)

Anton Rubinstein

Zeit und Umwelt

Die besonders durch Michail Glinka erweckte Zuwendung des Konzert- und Opernpublikums zu eigenständiger russischer Musik regte die Komponisten des Landes an, das volkstümliche Element immer stärker zu betonen. Die großen Meister, die Rußland in die erste Reihe der Musikländer stellte, waren noch nicht auf den Plan getreten, aber man sieht, rückblickend, ihre Zeit bereits anbrechen, in der nicht nur Musiker – Dirigenten und Virtuosen – nach Rußland kamen, sondern auch Russen nach dem Westen bis nach Amerika fuhren und dort auftraten, um russische Musik zu interpretieren.

Leben

Anton Grigorjewitsch Rubinstein wurde am 16. 11. 1829 in Wichwatinez bei Balta, Podolien, geboren. Er erhielt seinen ersten Klavierunterricht von seiner Mutter, sodann in Moskau von einem Privatlehrer. Im Alter von 10 Jahren trat er bereits in Paris auf, wohin er sich zur Weiterbildung begeben hatte. Im Jahr 1842 gab er in England, den Niederlanden, Deutschland und Schweden Klavierkonzerte, 1845 hielt er sich in Berlin auf, um bei Siegfried Wilhelm Dehn Kompositionsunterricht zu nehmen. Nach seiner Rückkehr nach Rußland brachte er einige Opern mit Erfolg heraus. Dann reihte sich Konzertreise an Konzertreise, sein Ruf als einer der bedeutendsten Virtuosen festigte sich immer mehr. Von 1872

bis 1873 konzertierte er als einer der ersten Russen in den USA. Dann versuchte er sich von seiner Konzerttätigkeit zurückzuziehen, aber das Publikum verlangte immer weitere Konzerte, bis er von 1885 bis 1887 seine Abschiedstournee durch ganz Europa machte. Anschließend leitete er das Konservatorium in St. Petersburg, das er 1862 gegründet hatte, bis 1890, reiste noch einmal nach Deutschland und starb am 8.11.1894 nach seiner Rückkehr in die Heimat in Peterhof (Petrodworec) bei St. Petersburg.
Sein Bruder Nikolai Rubinstein (2.6.1835, Moskau, bis 23.3.1881, Paris) war Pianist und Dirigent. Seine Lehrer waren Theodor Kullak und Siegfried Wilhelm Dehn in Berlin. Nach seiner Rückkehr begann er 1858 öffentlich zu konzertieren. Im Jahr 1859 wurde er Vorsitzender der Moskauer Russischen Musikgesellschaft und leitete das von ihm 1866 gegründete Moskauer Konservatorium. Er dirigierte viel in Moskau und St. Petersburg und 1878 in Paris.

Nikolai Rubinstein

WERKE
Von den 13 Opern von Anton Rubinstein hat sich »Der Dämon« bis heute auf russischen Bühnen gehalten. Er schrieb ferner 4 Oratorien, 6 Sinfonien, die allenthalben auch in Westeuropa wegen ihrer interessanten Klangwirkung gespielt werden, 5 Klavierkonzerte, die auch zuweilen zu hören sind, 3 Violinsonaten, eine Bratschensonate, 5 Klaviertrios, ein Klavierquartett, 2 Klavierquintette, 10 Streichquartette und viele Klavierwerke, die oft als Draufgaben in Konzerten verwendet werden. Von seinen Liedern sind die »Puschkingesänge« noch lebendig. Er hinterließ ein umfangreiches Schrifttum über verschiedene musikalische Probleme. Er schuf einen Doppelpreis für Klavierspiel und Komposition, der bis 1910 vergeben wurde.
Von Nikolai Rubinstein ist nur einige virtuose Klaviermusik erhalten. Sein Verdienst liegt auf dem Gebiet der Pädagogik und seinem Eintreten für »echte russische« Musik.

Sinfonie Nr. 6 in a-Moll, Opus 111, 4 Sätze, entstanden 1880

Diese letzte Sinfonie des Komponisten muß wegen ihrer Traumhaftigkeit, der Wärme ihrer breiten Themen und der einfallsreichen Farbigkeit ihrer Harmonik als typisch russisch angesprochen werden. Der breit angelegte 1. Satz verkündet mit den ersten Akkorden, daß es sich um romantische Musik handelt. Es gibt zwar Anklänge an klassische Werke, aber der melodische und harmonische Fluß kennt keine Konflikte; das Orchester entfaltet sich nie zu ganzer Klangfülle, sondern vermittelt seine romantischen Vorstellungen mit verhaltenen Tönen, bis es zu einem majestätischen Abschluß kommt. Der 2. Satz bringt eine Ballade in einfacher Melodik der Streicher; am Ende markiert das Horn das Absterben des Kaminfeuers, an dem die Geschichte erzählt wird. Im 3. Satz erklingt ein lebhaftes Scherzo mit ländlichen Bildern, und das Finale bringt die festliche Stimmung, mit der das Märchen abschließt.

Klavierkonzert Nr. 4 in d-Moll, Opus 70, 3 Sätze, entstanden 1864

Der 1. Satz ist ein Sonatensatz, doch ohne Entgegenführung. Es fehlt auch die Kadenz in traditioneller Form, die hier aus dem thematischen Material heraussteigt und zur Coda führt. Der 2. Satz, ein lyrisches Andante, bringt eine dreiteilige Romanze. Das Finale besteht aus Tanzrhythmen, die dem Virtuosen Gelegenheit geben, seine Technik brillieren zu lassen.

LITERATUR

L. A. Barenboim, Anton Grigorjewitsch Rubinstein, Moskau 1957.

Olof Rudbeck (1630–1702)

ZEIT UND UMWELT

Die 1477 gegründete Universität Uppsala ist heute noch das Zentrum schwedischer Wissenschaft und Kultur. Das systematische Studium der Musikwissenschaft nahm an dieser hervorragenden Bildungsstätte seinen Anfang.

LEBEN

Olof Rudbeck den äldre (Rudbeckius) wurde am 12. 12. 1630 in Västerås, Västmanland, getauft. Er studierte in Uppsala und Leiden und wurde 1661 Rektor der Universität Uppsala, wo er am 17. 9. 1702 starb.

WERKE

Vom schwedischen Musikwissenschafter und Komponisten Olof Rudbeck ist neben einer Reihe von wissenschaftlichen Schriften und einigen Vokalsätzen die Gelegenheitskomposition »Sorg- och klagesång« zum Tod des schwedischen Reichskanzlers Axel Oxenstierna (1583–1654) erhalten, die sehr konventionell klingt.

LITERATUR

C.-A. Moberg, Olof Rudbeck den äldre och musiken, Uppsala 1930.

Jaufré Rudel (um 1120 bis um 1147)

ZEIT UND UMWELT

Bernhard von Clairvaux (1093–1153) bewog König Ludwig VII. von Frankreich (1120 bis 1180) und den Staufen Konrad III. (1093 bis 1152) zum II. Kreuzzug, der für beide mit blutigen Niederlagen endete. Die Deutschen wurden bei Dorylaion und Laodikaia aufgerieben, die Franzosen erlitten auf ihrem Marsch nach Attaleia schwerste Verluste. Das gesamte Unternehmen fügte dem europäischen Adel einen starken Aderlaß zu.

LEBEN

Jaufré Rudel (vermutlich Prince de Blaya) wurde um 1120 in Blaye (Gironde) geboren. Über die Biographie dieses adeligen Troubadours gibt es kaum Informationen. Er nahm am II. Kreuzzug Ludwigs VII. teil und ist wahrscheinlich wie viele seiner Standesgenossen bei den Katastrophen, die das französische Kreuzfahrerheer 1147 erleiden mußte, zugrunde gegangen.

WERKE

In den sieben von Jaufré Rudel hinterlassenen Texten wird das Thema der Fernliebe (amor de lonh) behandelt, bei der die Frauengestalt, der das Gedicht gewidmet ist, nichts davon erfährt oder überhaupt nicht existiert. Bis in das 19. Jahrhundert wurden Verse »An die ferne Geliebte« gedichtet. Melodien sind nur vier erhalten, die trotz ihrer frühen Entstehungszeit (nach 1140) bereits einen hohen Entwicklungsgrad erreicht haben.

Vida de Jaufré Rudel (Biographie von Jaufré Rudel)

Jaufré Rudel de Blaya war ein echter Edelmann. Er war Prinz von Blaya und verliebte sich in die Comtessa von Tripolis, ohne sie gesehen zu haben, nur wegen des Lobes, das die aus Antiochien zurückkehrenden Kreuzfahrer über sie erhoben. Er verfaßte für sie viele Lieder mit schöner Musik und klingenden Worten.

Um sie endlich selbst zu sehen, wurde er Kreuzfahrer und schiffte sich ein. Aber es befiel ihn eine Krankheit auf dem Schiff. Man brachte ihn sterbend in eine Herberge in Tripolis und verständigte die Comtessa davon.

Und sie kam zu ihm an sein Bett und nahm ihn in ihre Arme. Und er erhielt, als er gewahr wurde, daß die Comtessa bei ihm war, sein Gehör wieder und kam zum Bewußtsein und lobte Gott, daß er ihn am Leben erhalten hatte, bis er sie sehen konnte. Und er starb in ihren Armen. Und sie, in ihrer Großmut, ließ ihn im Tempelgebäude begraben. Und seit jenem Tag wurde sie eine Nonne aus Kummer, den ihr sein Tod bereitet hatte.

LITERATUR

A. Stimming, Jaufré Rudel, sein Leben und seine Werke, Kiel 1873.

Dane Rudhyar (1895 – 1985)

LEBEN

Dane Rudhyar wurde am 23.3.1895 in Paris als Daniel Chennevière geboren und änderte seinen Namen nach seiner Übersiedlung in die USA. Er studierte in Paris an der Sorbonne und am Conservatoire. Ab 1916 lebte er in New York und dann in Hollywood als freier Komponist und Schriftsteller. Er starb am 13.9.1985 in San Francisco.

WERKE

Neben seiner Tätigkeit als Maler und als Verfasser von Werken über östliche Philosophie, Theosophie, Gnosis und Astrologie schrieb Dane Rudhyar, der mit Henry Dixon Cowell und Edgar Varèse die International Composers Guild gründete, 6 »Syntonys« (Sinfonien), eine Anzahl sinfonischer Dichtungen für großes Orchester, für Kammerorchester oder Streichorchester und Sinfoniettas, sinfonische Stücke mit Klavier, ein Klavierquintett, 3 Trios für Flöte, Cello und Klavier, zahlreiche Klavierwerke und Lieder.

Georg Rudolph (1595 – 1653)

ZEIT UND UMWELT

Der schlesische Adel pflegte, soweit er evangelisch war, enge Beziehungen zu den Fürstenhöfen von Sachsen und Brandenburg, der katholische stand vorwiegend mit Prag und auch mit Wien in Verbindung.

LEBEN

Georg Rudolph, Herzog von Liegnitz, Brieg und Goldberg wurde am 1. 2. 1595 in Ohlau (Oława) geboren. Er stand mit führenden Komponisten seiner Zeit, besonders mit Heinrich Schütz und Johann Hermann Schein, die ihm Werke vorlegten, in enger Verbindung. Bleibende Verdienste erwarb er sich durch die Gründung der Bibliotheca Rudolphina, für die er eine große Sammlung musikalischer Handschriften und Druckwerke zusammentrug. Er starb in Breslau (Wrocław) am 14. 1. 1653.

WERKE

Vom deutschen Komponisten Georg Rudolph sind mehrere geistliche Sätze für vier bis fünf Stimmen überliefert. Seine weiteren Werke, die von den Zeitgenossen sehr geschätzt wurden, sind verschollen. Seine Musik folgte dem Stil seiner Zeit.

LITERATUR

W. Scholz, Beiträge zur Musikgeschichte der Stadt Liegnitz bis zum Jahre 1800, Liegnitz 1941.

Rudolph von Österreich (1788–1831)

ZEIT UND UMWELT

Mit dem Tod des letzten Barockkaisers Karl VI. (1685–1740) reduzierte sich die Förderung der Musik in Österreich seitens des Hofes auf ein Minimum. Das Mäzenatentum ging auf den österreichischen Adel einschließlich einiger Mitglieder des Kaiserhauses und einiger Vertreter des Großbürgertums über. Mit dem Wiener Hof hatten daher die »Wiener Klassiker« kaum Konnex.

LEBEN

Rudolph Johann Joseph Rainer, Erzherzog von Österreich, wurde am 8. 1. 1788 in Florenz geboren. Seinen ersten Klavierunterricht erhielt er von Anton Teyber (1756–1822). Anschließend wurde er Schüler und Mäzen von Ludwig van Beethoven, der ihm eine Reihe bedeutender Werke widmete und zu dessen Inthronisation als Erzbischof von Olmütz die, allerdings zu spät fertiggestellte, Missa solemnis komponierte. 1814 übernahm er die Schutzherrschaft der neugegründeten Musikgesellschaft in Wien. Er starb am 23.7.1831 in Baden bei Wien, Niederösterreich.

WERKE

Von den Kompositionen Rudolphs von Österreich sind im Druck erschienen: 40

Variationen für Klavier auf ein Thema von Ludwig van Beethoven und eine Sonate für Klavier und Klarinette in A-Dur. Sein Stil lehnt sich an den seines Lehrers an.

Witold Rudziński (geboren 1913)

LEBEN

Witold Rudziński wurde am 14.3.1913 in Siebież geboren. Er studierte an der Universität und am Konservatorium in Vilnius und anschließend in Paris bei Nadia Boulanger und Charles Koechlin. Von 1939 unterrichtete er selbst am Konservatorium in Vilnius, von 1945 bis 1947 wirkte er als Professor am Konservatorium in Łódż und anschließend als künstlerischer Direktor der Philharmonie und Oper in Warschau. Im Jahr 1957 wurde er Dozent und 1965 Professor an der Musikhochschule in Warschau.

WERKE

Neben 5 Opern schrieb Witold Rudziński 2 Sinfonien, eine sinfonische Suite, »Sinfonische Bilder«, 2 Ouvertüren, ein Divertimento für Streicher, 2 Klavierkonzerte, ein Klavierkonzert für Kammerorchester, eine Musik für Flöte, Klarinette, Trompete und Streicher, ein Concerto grosso für Schlagzeug und zwei Streichorchester, Variationen und Fuge für Schlagzeug, ein Bläsernonett, ein Quintett für Flöte und Streicher, 2 Streichquartette, Praeludien für Bratsche, Klarinette, Harfe und Schlagzeug, eine Rhapsodie für Cello und Klavier, eine Fantasie für Gitarre, ein Largo für Harfe, 4 Oratorien, Lieder und Tanzmusik. Sein Stil neigt zum Expressionismus.

Gaude Mater Polonia (Freue dich, Mutter Polen), Oratorium für Rezitator, Sopran, Tenor, gemischten Chor und Orchester, 3 Sätze, entstanden 1966

Dem Werk liegen altpolnische Chroniktexte von Gallus Anonymus (gestorben um 1116), Jan Dlugosz (1415–80) und Janko Czarnkow (gestorben um 1387) sowie Auszüge aus den »Heiligenkreuzpredigten« der heiligen Katharina und dem Gedicht von Słota (um 1400), »Auf dem Tisch der Brote«, zugrunde. Drei Flügelhornsignale aus drei Ecken des Konzertsaals verkünden jeweils die Rezitation aus der Ruhmesgeschichte Polens. Die

Rudolph von Österreich

Musik aller drei Sätze bringt moderne Tonsprache mit thematischem Einsatz des Schlagwerks. Die archaisierenden Bläsereinleitungen wecken eine feierliche Stimmung für die Rezitation, die modernen Intonierungen der Sänger und Instrumente geben den Eindruck wieder, den die historischen Erinnerungen auf das Publikum unserer Zeit ausüben, so daß aus dem Ganzen ein echtes »Festkonzert« wird.

Samuel Rühling (um 1586–1626)

ZEIT UND UMWELT

Der monodische Satz verbreitete sich nach 1600 in Italien sehr rasch und wurde auch von den Kirchenmusikern vorgezogen, die den polyphonen Stil zwar beherrschen mußten, aber wenig anwandten, so daß man von einer »künstlichen Erhaltung der Polyphonie« sprach. Im Bereich der deutschen Musik hingegen wurden zwar die Monodie und der Generalbaß ebenso bereitwillig aufgenommen, die Polyphonie jedoch trotzdem nie aufgegeben, weil das »Zusammensingen« und »Zusammenspielen« gleichwertiger Stimmen einen Reiz bot, auf den man nicht verzichten wollte.

Leben

Samuel Rühling wurde um 1586 in Groitzsch geboren, war Kantor an der Paulanerkirche in Leipzig und ab 1612 an der Kreuzkirche in Dresden, wo er im Juni 1626 starb.
Sein Vater Hans Rühling (um 1550, Borna, bis um 1600, Groitzsch) war von 1572 bis 1575 Organist in Zeithain, dann bis 1582 in Döbeln und schließlich bis zu seinem Tod in Groitzsch.

Werke

Von dem deutschen Komponisten Samuel Rühling ist eine Anzahl acht- bis neunstimmiger Motetten im polyphonen Stil erhalten. Seine Kontrapunktik ist sehr ansprechend.
Von Hans Rühling ist 1583 ein »Tabulaturbuch auf Orgeln und Instrument« erschienen, das bei 90 deutsche und lateinische für die Orgel arrangierte sakrale Gesänge mit Angabe des jeweiligen Komponisten enthält.

Vincenzo Ruffo (um 1510–87)

Zeit und Umwelt

Bis zum Ende des 15. Jahrhunderts konzentrierte sich das Musikgeschehen Italiens vorwiegend auf die großen Dome und die Fürstenhöfe. Dann jedoch setzte ebenso in den kleineren Städten ein intensiver Musikbetrieb ein, wie auch Maler, Bildhauer und Baumeister überall Kunstwerke schufen. Es sind mit einem Mal allerortens künstlerische Kräfte freigeworden, die sich im geistigen Raum des Humanismus entfalteten. Und wenn auch sehr bald Frostwetter eintrat, so blieb erhalten, was geschaffen und überliefert, was erdacht, ersonnen und ersehnt worden war.

Leben

Vincenzo Ruffo wurde um 1510 in Verona geboren. Er wirkte nach seiner Weihe im Jahre 1531 bis 1534 als Priester und trat 1542 in Mailand in den Dienst des Marchese Alfonso d'Avalos. Im Jahre 1551 kehrte er nach Verona zurück, wo er »Maestro di musica« an der Accademia filarmonica und 1554 Domkapellmeister wurde. 1563 erhielt er die Stelle eines Domkapellmeisters in Mailand, wirkte sodann ab 1574 in gleicher Eigenschaft in Pistoia und zuletzt (1577) in Sacile bei Udine, wo er am 9. 2. 1587 starb.

Werke

Vincenzo Ruffo gehörte zu den bedeutendsten italienischen Komponisten des 16. Jahrhunderts. Trotz seines geistlichen Standes schuf er bis etwa 1560 nahezu ausschließlich profane Werke im Geist der Zeit. Dann allerdings schloß er sich der Gegenreformation an und richtete seine Kompositionen nach den Beschlüssen des Konzils von Trient. Er war daher beim Erzbischof von Mailand und in Rom hochgeachtet. Bezeichnend für die Zeit ist aber, daß er nach seinen hohen Stellungen in Verona und Mailand sein Wirken in Pistoia und Sacile als gleichwertig ansah, weil die Kapellen in diesen kleineren Städten das entsprechende Niveau gewonnen hatten.
Vom Schaffen des Meisters sind seine 7 Bücher mit mehrstimmigen Madrigalen und die dreistimmigen Capricci in musica am wichtigsten. Sie atmen noch ungebundenen Renaissancegeist. Das gleiche ist zum fünfstimmigen Magnificat zu sagen. Seine Messen, Motetten, Psalmen, Responsorien und Instrumentalstücke unterwarfen sich den Forderungen des Konzils, brachten aber trotz der Beengung echte, klangvolle Musik, wenn sie auch ein gewisses Mittelmaß selten überschritten. Es ist Kirchenmusik, die ihre Zweckgebundenheit nie verleugnete. Ihre technische Anlage muß als meisterhaft bezeichnet werden.

Literatur

L. Lockwood, The Counter-Reformation and the Masses of Vincenzo Ruffo, Wien 1970.

Filippo Ruge (um 1725 bis nach 1767)

ZEIT UND UMWELT
Der italienische Stil in Oper und Konzert war auch im 18. Jahrhundert in Paris mit starken Kräften vertreten. Das Concert spirituel, in dem nahezu jeder zugereiste Musiker selbst auftreten oder seine Kompositionen zu Gehör bringen durfte, nahm hiebei zugunsten der Vielfalt des Pariser Konzertlebens eine neutrale Stellung ein. Es hing vom Publikumserfolg ab, ob dem einzelnen Meister Gelegenheit gegeben wurde, sich öfters vorzustellen.

LEBEN
Filippo Ruge (Rugge, Rugi, Ruggi, Ruege Romano) wurde um 1725 in Rom geboren. Nach seiner Ausbildung zum Flötisten und einem kurzen Aufenthalt in London ließ er sich in Paris nieder, wo er von 1753 bis 1755 bei Alexandre Le Riche de La Pouplinière Hauskonzerte veranstaltete. Später präsentierte er mit großem Erfolg im Concert spirituel eine seiner Sinfonien, was sich auf seine weitere Konzerttätigkeit und die Publikation seiner Kompositionen sehr günstig auswirkte. Er starb in Paris als bekannter Virtuose, Komponist und Verleger eigener Werke nach 1767.

WERKE
Obwohl die Sinfonien von Filippo Ruge im italienischen Stil geschrieben sind, neigen sie doch stark zu französischer deskriptiver Faktur, was bereits aus einigen Titeln – Sturm, Neuer Sturm usw. – hervorgeht. Er brachte 6 Sinfonien mit vier Hörnern und eine Reihe weiterer mit großem Erfolg heraus, außerdem ein sehr beliebtes »Minuetto Amoroso« (Verliebtes Menuett). Auffällig sind dabei die stark lyrischen Andantesätze. Nicht weniger lyrisch ist auch seine Kammermusik, in der die Flöte bezeichnenderweise selten virtuos, sondern immer sehr sanglich eingesetzt wird. Er schrieb für Flöte: 6 Soli, 6 Sonaten, 6 Konzerte für sechs Stimmen, 6 Duette, 6 Sonaten für zwei Flöten und Baß, Duette für Querflöten, Flötensoli mit Baß, ungefähr 30 Sonaten für Soloflöte mit Baß, Duos, Trios und Menuette. An Vokalmusik liegen Duette, 6 Canzonetten für eine Stimme, 2 Kanzonen, 5 italienische Arien und eine Arietta vor. Der Komponist setzte sich in Paris durch seine verlegerische Tätigkeit sehr für die Verbreitung italienischer Musik ein.

LITERATUR
M. Brenet, La librairie musicale en France, in: Sammelbände der Internationalen Musikgesellschaft VIII, 1906/07.

Giovanni Maria Ruggeri
(um 1686 bis nach 1715)

ZEIT UND UMWELT
Die musikalische Atmosphäre von Venedig war im 18. Jahrhundert mehr von Opern und Opernmusik erfüllt als in jeder anderen Stadt. Es erscheint nahezu unmöglich, daß ein in dieser Stadt lebender Musiker keine Opern schrieb, weil ihn das erst als Komponisten legitimierte und bekannt machte.

LEBEN
Giovanni Maria Ruggeri (Rugieri, Ruggieri) wurde um 1686 vermutlich in Venedig geboren. Mehrfach wird seine Geburt um vieles früher angesetzt, nämlich zwischen 1665 und 1685. Welche Tätigkeit er außer der eines Komponisten ausübte, bis er 1715 Kapellmeister in Pesaro wurde, ist nicht bekannt. Es ist auch nicht feststellbar, in welchem Jahr und wo er gestorben ist.

WERKE
Außer 12 Opern, die mit Erfolg in Venedig aufgeführt wurden, verfaßte Giovanni Maria Ruggeri eine Anzahl Instrumentalstücke – Kammersonaten, Kirchensonaten, Kantaten –, die zum Großteil Generalbaß vorschrieben und auch sonst der Barockfaktur noch nicht entwachsen waren.

Carl Ruggles (1876–1971)

Leben

Carl (Charles) Sprague Ruggles wurde am 11. 3. 1876 in Marion, Mass., geboren. Er studierte bei Albert Spalding (15. 8. 1888, Chicago, bis 26. 5. 1953, New York) und John Knowles Paine. Von 1908 bis 1912 leitete er das Symphony Orchestra in Minneapolis, Minn., hielt sich sodann in Arlington, Tex., auf und wurde 1937 Lehrer für moderne Komposition an der Universität in Miami, Fla. In den letzten Jahrzehnten seines Lebens widmete er sich vorwiegend der Malerei. Er starb am 24. 10. 1971 in Bennington, Vt.

Werke

Die wenigen Werke von Carl Ruggles sind in einem sehr persönlichen, eigenwilligen Stil, der dem Expressionismus nahe steht, geschrieben. Er gehört zu den Pionieren der modernen amerikanischen Musik. Im einzelnen schrieb er die sinfonischen Suiten »Men and Angels« (Männer und Engel) für fünf Trompeten und eine Baßtrompete – später umgearbeitet in »Angels« für Blechbläser oder Streicher – und »Men and Mountains« (Männer und Berge), ein Stück für Streichorchester, ferner für Orchester »Sun-Treader« (Sonnengang) und »Organum«, »Polyphonic Compositions« für drei Klaviere und 4 »Evocations« für Klavier. Er hat seine Werke mehrmals umgearbeitet und verschieden orchestriert.

Sun-Treader für großes Orchester, ein Satz, entstanden 1931

Dieses bedeutendste Werk des Komponisten bringt lange kontrapunktische Linien, die in zahlreichen Klangfarben – zuweilen fein und zart, dann wieder hart und schrill – eingebettet sind und voll atonaler Chromatik ein drängendes Vorwärtsstreben und Zurückkehren zwar nicht darstellen, aber erfühlen lassen.

Pedro Ruimonte (um 1550–1618)

Zeit und Umwelt

Anläßlich des Friedensschlusses von Câteau-Cambrésis (1559) mit König Heinrich II. von Frankreich heiratete Philipp II., König von Spanien, dessen Tochter Elisabeth (1545 bis 1568) in dritter Ehe, der Isabella Clara Eugenia von Spanien (1566–1633) entsproß. Die Infantin wurde die Gemahlin Erzherzog Albrechts von Österreich, der als Statthalter in Brüssel residierte. Nach alter Tradition hielt das Regentenpaar seine Hofkapelle auf hohem Stand.

Leben

Pedro Ruimonte (Rimonte) wurde um 1550 in Zaragoza geboren. Anläßlich ihrer Übersiedlung nach Brüssel nahm Infantin Isabella 1598 den Musiker, der bisher an Seo de Zaragoza als Kapellmeister gewirkt hatte, nach Brüssel mit und ernannte ihn 1603 zum Kapellmeister am herzoglichen Hof. Im Jahre 1614 kehrte er nach Spanien zurück, kam aber 1618 erneut nach Brüssel, wo er noch im gleichen Jahr starb.

Werke

Von dem spanischen Komponisten Pedro Ruimonte sind Messen und Lamentationen für sechs Stimmen und geistliche Lieder für vier bis sieben Stimmen überliefert. Seine Madrigale auf spanischen Texten sind stark chromatisch. Er verfaßte außerdem eine Reihe volkstümlicher Villancicos, bei denen der Vers zwei- bis dreistimmig, der Refrain fünf- bis sechsstimmig gesetzt ist.

Lucas Ruiz de Ribayaz
(um 1630 bis nach 1672)

Zeit und Umwelt

Die Gitarre hatte im 17. Jahrhundert in Spanien die Vihuela nahezu vollständig verdrängt, während die Laute nie große Bedeutung gewinnen konnte. Gitarrenschulen erschienen von Fall zu Fall und geben uns genauen Einblick in die damalige Praxis dieses Instrumentes, das in den folgenden Jahrhunderten die ganze Welt erobern konnte.

Leben

Lucas Ruiz de Ribayaz wurde um 1630 in Santa María de Ribadedonda, Burgos, geboren. Er war Priester in seinem Geburtsort, sodann Stiftsherr der Kirche von Villafranca del Bierzo, wo er nach 1672 starb.

WERKE

Der spanische Gitarrist und Komponist Lucas Ruiz de Ribayaz verfaßte eine Gitarren- und Harfenschule, in die er eine große Anzahl spanischer Volkstänze, von ihm bearbeitet, aufnahm und so vor der Vergessenheit bewahrte. Darunter befinden sich auch eigene Kompositionen, die im Volkston gehalten sind.

Juan Ruiz de Robledo

(um 1570 bis nach 1644)

ZEIT UND UMWELT

Um die Wende zum 17. Jahrhundert war in den spanischen Kirchen der polyphone Stil noch voll in Geltung. Das Verbot König Philipps II. (1527–98), in den Kirchen Instrumente zu spielen, wurde nach dessen Tod stark gelockert, so daß die Vielstimmigkeit des Gesanges zu breiten Klangwirkungen ausgeweitet werden und dem Bedürfnis nach glanzvoller Prachtentfaltung entsprochen werden konnte. Konzertante Passagen wurden bereits fallweise angewendet.

LEBEN

Juan Ruiz de Robledo wurde um 1570 in Segovia geboren und an der Kathedrale der Stadt ausgebildet. Er war bis 1644 Kapellmeister an den Kathedralen von Léon und Valladolid. Dann übernahm er die Leitung der Musik der Kollegialkirche in Berlanga, wo er in den Jahren nach 1644 gestorben sein dürfte.

WERKE

Vom spanischen Komponisten Juan Ruiz de Robledo ist eine Sammlung von »Misas, Psalmos, Magnificats, Motetes y otras cosas tocantas al culto divino« (Messen, Psalmen, Magnificat, Motetten und andere gottesdienstliche Musik) erschienen, die zeigt, wie sehr die spanische Kirchenmusik am Beginn des 17. Jahrhunderts noch dem alten Stil verhaftet war.

Carl Friedrich Rungenhagen

(1778–1851)

ZEIT UND UMWELT

Die Dirigenten der verschiedenen Singakademien, Liedertafeln, Gesangvereine, die zum Beginn des 19. Jahrhunderts in ganz Österreich und Deutschland entstanden waren, machten einen großen Teil der städtischen Bevölkerung mit den bedeutenden Chorwerken der Musikgeschichte bekannt und förderten damit auch das allgemeine Interesse an sinfonischer Musik. Ihre eigenen Kompositionen waren zumeist für die Aufführung durch den geleiteten Klangkörper bestimmt. Was ihnen oft an Tiefe mangelte, wurde durch die mit der Dirigententätigkeit erworbene Routine wettgemacht.

LEBEN

Carl Friedrich Rungenhagen wurde am 27.9. 1778 in Berlin geboren. Er brachte sich durch Musikunterricht fort, bis er 1815 die Stelle des Ersten Dirigenten der Berliner Singakademie erhielt, die er bis zu seinem Tod am 21. 12. 1851 betreute.

Carl Friedrich Rungenhagen

WERKE
Neben 4 nicht sehr bedeutenden Opern und 3 Oratorien verfaßte Carl Friedrich Rungenhagen Sinfonien, Quartette, Klavierstücke, eine große Anzahl Lieder, deren Faktur von Carl Friedrich Zelter stark beeinflußt war, und sakrale Chöre.

Ottó Runólfsson (1900–70)

LEBEN
Ottó Runólfsson wurde am 24.10.1900 in Reykjavík geboren. Er studierte in Kopenhagen und darauf am Konservatorium in Reykjavík, wirkte zunächst als Erster Trompeter am Rundfunk in Reykjavík und ab 1939 auch als Lehrer am dortigen Konservatorium. Er starb in der Heimatstadt am 29.11.1970.

WERKE
Von Ottó Runólfsson sind eine Sinfonie, ein sinfonisches Gedicht, eine Violin- und eine Trompetensonate, ferner zahlreiche Vokalwerke – Chöre und Lieder – sowie Schauspielmusiken bekannt geworden. Er gehörte zu den führenden Persönlichkeiten der isländischen Musikentwicklung.

George Rush (um 1720 bis nach 1780)

ZEIT UND UMWELT
Im Verlauf des 18. Jahrhunderts hatte es sich in England immer mehr eingebürgert, die italienischen Opern mit in das Englische übersetzten Texten zu versehen, weil gerade für den Engländer das Schauspielerische auch bei der Oper eine große Rolle spielte; er sah auch in der durchkomponierten Oper ein Schauspiel mit Musik. Es lag daher für englische Komponisten nahe, englische Opern zu verfassen. Hiebei zeigte es sich, daß der italienischen Diktion nichts Gleichwertiges an die Seite gestellt werden konnte. Die Versuche, eine englische Operntradition zu begründen, waren unzureichend.

LEBEN
George Rush wurde um 1720 in England geboren und wirkte in London in verschiedenen musikalischen Stellungen, zuletzt von 1760 bis 1780 als Kapellmeister. Er dürfte bald darauf in London gestorben sein.

WERKE
Die Opern von George Rush wurden zwar in London aufgeführt, konnten aber keinen durchschlagenden Erfolg erreichen. Erfolgreicher waren seine Sonaten für Cembalo, für Gitarren, für Violine, seine 3 Streichquartette und seine 5 Cembalokonzerte. Seine Musik stand stark unter dem Einfluß zeitgenössischer französischer Meister.

William Russel (1777–1813)

ZEIT UND UMWELT
Es fügte sich folgerichtig in den Beginn der Musikentwicklung Englands in der ersten Hälfte des 19. Jahrhunderts, daß sich auch Kirchenmusiker nicht allein auf die Komposition sakraler Gesänge beschränkten, sondern in Nachahmung der großen Werke von Georg Friedrich Händel und Joseph Haydn darangingen, Oratorien zu verfassen.

LEBEN
William Russel wurde am 6.10.1777 in London geboren. Er war Schüler des Organisten und Hymnenkomponisten William Shrubsole (Januar 1760, Canterbury, bis 18.1.1806, London) und Samuel Arnold (1740–1802). Im Jahr 1798 wurde er zum Organisten an St. Ann's, London, gewählt, 1800 zum Pianisten an Sadler's Wells bestellt, 1801 an Covent Garden in gleicher Eigenschaft und zugleich als Organist der Findelhauskirche. Er starb am 21.11.1813.

WERKE
Die 3 Oratorien von William Russel weisen bereits deutliche Elemente der Romantik auf, während seine sehr klangreichen Odenvertonungen noch konservativer wirken wie auch seine verschiedenen Songs und Glees und

vor allem seine Orgelvoluntaries. Er verfaßte überdies ungefähr 20 musikalische Bühnenstücke und Pantomimen.

Friedrich Wilhelm Rust (1739–96)

ZEIT UND UMWELT
Der empfindsame Stil des 18. Jahrhunderts wurde von vielen Liedkomponisten adoptiert. Vertieft wurde er nicht selten durch die Verwendung von älteren Instrumenten wie der Laute oder der Viola da gamba. Dieser neben Vorklassik und Klassik gepflegte Stil mündete unmittelbar in die Romantik des nächsten Jahrhunderts.

LEBEN
Friedrich Wilhelm Rust wurde am 6. 7. 1739 in Wörlitz bei Dessau geboren. Er studierte Rechtswissenschaft in Halle, Musik bei Karl Hoeckh in Zerbst und bei František Benda sowie Carl Philipp Emanuel Bach in Berlin. In Italien ergänzte er seine Ausbildung bei Giuseppe Tartini und Gaetano Pugnani. Im Jahr 1775 wurde er Hofmusikdirektor und Leiter des Theaters in Dessau, wo er am 28. 2. 1796 starb.

WERKE
Die Vokalkompositionen von Friedrich Wilhelm Rust folgen eindeutig dem empfindsamen Stil. Seine Duo- und Monodramen, Schäferspiele, Kantaten, Oden und Lieder leiten unmittelbar zur Liedkomposition der Romantik; Sentimentalität, Rührseligkeit und Wehleidigkeit machten sich neben echter Lyrik breit. Dafür gehören seine 6 Klaviersonaten ohne Zweifel der Welt der Klassik an, zu der auch seine Variationen und anderen Klavierstücke zu zählen sind.

Giacomo Rust (1741–86)

ZEIT UND UMWELT
Das ursprüngliche Ziel aller neapolitanischen Konservatorien war die Ausbildung zu Kirchenmusikern und Kirchenkomponisten. Da jedoch die Lehrer größtenteils auch Opernkomponisten waren und die Schüler gegen Bezahlung für Opernaufführungen »ausgeliehen« wurden wie für kirchliche Aufführungen, wurde der Unterricht sehr bald auf die Oper ausgedehnt und ebenso gründlich betrieben wie die Kirchenmusik. Das brachte für die Schüler den Vorteil, daß sie in beiden Fächern ausgebildet wurden.

LEBEN
Giacomo Rust wurde 1741 in Rom geboren und in Neapel am Conservatorio della Pietà de'Turchini und später bei Rinaldo da Capua ausgebildet. Er wirkte von 1763 bis 1776 in Venedig, war ab 1776 zwei Jahre Kapellmeister in Salzburg und wurde nach einem weiteren Aufenthalt in Venedig 1783 Kapellmeister an der Kathedrale in Barcelona, wo er 1786 starb.

WERKE
Neben einer Reihe Kirchenmusik, die verlorengegangen ist, und einigen unbedeutenden Instrumentalwerken verfaßte Giacomo Rust eine Anzahl sehr erfolgreicher Opern, die eindeutig dem neapolitanischen Stil folgen.

Wilhelm Rust (1822–92)

ZEIT UND UMWELT
Der von Georg Vierling in Berlin gegründete Bach-Verein bemühte sich um authentische Wiedergaben der Werke des großen Meisters. Seine Leitung war stets bewährten Kräften anvertraut.

LEBEN
Wilhelm Rust wurde am 15. 8. 1822 in Dessau als Enkel von Friedrich Wilhelm Rust (1739 bis 1796) geboren. Er übte den Beruf eines Advokaten aus und beschäftigte sich vorläufig nur als Amateur mit Musik. Sodann nahm er Unterricht bei seinem Onkel Friedrich Schneider, trat darauf in Berlin der Singakademie bei. Nach einem Auftreten in der Philharmonischen Gesellschaft 1849 wurde er

vielseitig als Lehrer beansprucht. Im Jahr 1861 wurde er Organist an der St.-Lukas-Kirche und ein Jahr darauf Leiter des von Georg Vierling gegründeten Bach-Vereins. Ab 1870 lehrte er Kontrapunktik und Komposition am Sternschen Konservatorium, 1878 wurde er Organist und 1880 Kantor der Thomaskirche in Leipzig, wo er am 2.5.1892 starb.

WERKE
Von Wilhelm Rust sind 8 Klavierstücke und ungefähr 25 Vokalkompositionen überliefert, die sehr konservativ, aber nicht antikisierend gehalten sind. Im Zusammenwirken mit der 1850 gegründeten Leipziger Bach-Gesellschaft besorgte er die Herausgabe von 5 Bänden der »Vollständigen kritischen Ausgabe aller Werke Johann Sebastian Bachs«.

Rutebeuf (um 1230 bis nach 1285)

ZEIT UND UMWELT
Die endgültige Trennung von Musik und Text, die sich im 14. Jahrhundert vollzog, kündigte sich mit dem »Letzten Trouvère« Rutebeuf an, der bezeichnenderweise in Paris lebte und wirkte, wo man die Trouvèrekunst kaum beachtet hatte. Die Musik war dabei auch schon unwichtig geworden, sowohl für den Meister wie für das Publikum; es interessierte nur der Text, der entweder episch-berichtend, lyrisch-romantisch oder polemisch, tragisch oder witzig war; das musikalisch-rhythmische Element beruhte ausschließlich auf dem Wort und dem Vers. Wirkliche musikalische Werke wurden aus solchen dichterischen Erzeugnissen erst wieder, als Komponisten fertige Texte, von denen sie inspiriert waren, zur Grundlage ihrer Musik machten.

LEBEN
Rutebeuf (Rutebuef, Rustebuef) – der Name ist offensichtlich ein Pseudonym – ist vermutlich um 1230 in der Champagne geboren. Sein Wirken als Schriftsteller, Dichter und Komponist in Paris fiel ungefähr in die Zeit zwischen 1248 und 1285. Für seine Zeitgenossen war seine Tätigkeit als politischer und gesellschaftlicher Pamphletist am wichtigsten. Der Bruder König Ludwigs IX., Alphons, Graf von Poitiers und Toulouse (1220 – 71), äußerte, daß man die Fähigkeiten, die öffentliche Meinung zu lenken, als wichtigen Faktor beachten müsse. Die persönliche Integrität Rutebeufs dürfte dabei eine wichtige Rolle gespielt haben. Er starb wahrscheinlich in Paris nach dem Jahr 1285.

WERKE
Rutebeuf war Ménestrel, das heißt, daß er auch fremdes Liedgut vortrug; er ist aber noch zu den Trouvères zu rechnen, weil er Dichtung, Komposition und Interpretation in eigener Person vornahm. Dabei rangierte die Musik zweifellos an letzter Stelle, soweit er seine Dichtungen (Verserzählungen, Fabeln, Klagelieder, Kreuzzugsgedichte, Heiligenlegenden, Marienhymnen, Lyrik verschiedenen Inhaltes) mit Musik versah. Seine Musik war besonders bei den polemischen Gelegenheitsgedichten sehr volkstümlich, auch der sprachliche Ausdruck wurde auf Breitenwirkung eingestellt. Ob sein Mirakelspiel »Le Miracle de Théophile« (Das Wunder des Theophile), eines der ältesten Mirakelspiele überhaupt, gesungen oder gesprochen wurde, ist nicht bekannt. Seine Musik trug alle Merkmale des Verfalls der Trouvèrekunst in sich; seine Sprachkunst jedoch machte ihn zur bedeutendsten Gestalt der altfranzösischen Literatur. Daher war er nicht nur der »Letzte Trouvère«, sondern auch der »Erste große Dichter der Stadt Paris«.

LITERATUR
E. Faral und J. Bastin, Les Œuvres complètes de Rutebeuf, Paris 1959.

Ferdinando Rutini (1767–1827)

ZEIT UND UMWELT
Buffoopern wurden in Italien auch nach 1800 in beträchtlicher Menge geschrieben, aber in den großen Opernhäusern bereits seltener

aufgeführt. Sie wurden zum Standardrepertoire der kleineren Häuser. Das Publikum der großen zog in immer stärkerem Maß die Opera seria der primitiven Komik auf der Bühne vor.

Leben

Ferdinando Rutini wurde 1767 in Modena als Sohn von Giovanni Maria Rutini geboren. Er wirkte ab 1812 als Kapellmeister in Macerata, sodann in Terracina, wo er am 13. 11. 1827 starb.

Werke

Von Ferdinando Rutini sind über 30 Buffoopern, zumeist in kleineren Theatern in Florenz, aufgeführt worden. Er schrieb außerdem Kantaten und Klaviersonaten, die bereits der Romantik angehören.

Giovanni Maria Placido Rutini

(1723–97)

Zeit und Umwelt

Francesco III. d'Este, der im Verlauf des Österreichischen Erbfolgekrieges Modena verloren hatte, erhielt das Herzogtum im Vertrag von Aachen 1748 wieder zurück und wurde 1754 zum Gouverneur der Lombardei ernannt. Zu einer Hofhaltung in Modena wie vorher kam es aber nur zum Teil, eine Hofkapelle wurde nur fragmentarisch gehalten, der Titel des Kapellmeisters hatte nur symbolischen Charakter. Dem Nachfolger, Ercole III. d'Este, letztes männliches Mitglied des Hauses, entglitt die Regierungsgewalt immer mehr, bis er das Herzogtum 1797 endgültig verlor.

Leben

Giovanni Maria Placido Rutini (Giovanni Marco Placido) wurde am 25. 4. 1723 in Florenz geboren. Er trat 1739 in das Conservatorio della Pietà de'Turchini in Neapel ein, wo er von Leonardo Leo und Nicola Fago unterrichtet wurde. Nach dem Abschluß seiner Ausbildung begab er sich 1748 nach Prag, wo er 1753 seine erste Oper herausbrachte. Nach einem Aufenthalt um 1756 in Berlin wurde er in Prag Kapellmeister eines Adelshauses und ging 1758 als Cembalolehrer und Kapellmeister nach St. Petersburg. Nach Italien 1762 zurückgekehrt, wurde er in Bologna Schüler von Padre Martini und Mitglied der Accademia Filarmonica, wirkte sodann 1764 in Genua und 1765 in Florenz, wo er am 22. 12. 1797 starb. Im Jahr 1770 wurde er zum Titularkapellmeister des Erbprinzen Ercole in Modena ernannt, ohne jemals die Stelle wirklich antreten zu können.

Werke

Mit seinen 12 Divertimenti für Cembalo vierhändig (oder für Cembalo und Harfe) stellte sich Giovanni Maria Placido Rutini wegen ihrer verfeinerten Eleganz zu den besten Cembalokomponisten seiner Zeit. Als seine bedeutendsten Kompositionen müssen jedoch seine Hefte mit je 6 Klaviersonaten angesehen werden. Er schrieb außerdem 3 Bücher mit Sonaten für Cembalo und Violine, Arien, Kantaten und ungefähr 15 Bühnenwerke. Sein Stil näherte sich romantischen Fakturen.

Literatur

F. Torrefranca, Le origini italiane del Romanticismo musicale, Turin 1930.

Richard Rutter (um 1500 bis um 1550)

Zeit und Umwelt

Aus der Zeit vor der Reformation sind verhältnismäßig wenige Namen von englischen Komponisten überliefert, wenngleich die meisten Organisten und Kapellmeister an den verschiedenen Kirchen des Landes zweifellos komponiert hatten. In vielen Fällen waren sie dazu sogar genötigt, denn fremdes Notenmaterial war nicht immer leicht beschaffbar.

Leben

Richard Rutter wurde vermutlich um 1500 in London geboren. In den zwanziger Jahren des 16. Jahrhunderts wurde er als Mitglied der Königlichen Kapelle König Heinrichs VIII. als Trommler geführt. Ob er gleichzeitig noch ausübender Kirchenmusiker war, steht nicht fest, ist aber anzunehmen. Er dürfte um das Jahr 1550 in London gestorben sein.

WERKE
Vom kompositorischen Werk Richard Rutters sind eine Messe und ein Anthem erhalten, mit denen sich der Komponist als Renaissancemusiker ausweist.

Theodoricus Petri Ruutha
(um 1560 – 1617)

ZEIT UND UMWELT
Im 16. Jahrhundert begann der Anschluß des skandinavischen Raumes an das musikalische Europa. In Dänemark erlebte die Musik unter König Christian IV. ihre erste Blütezeit. In Schweden reorganisierte König Gustav I. Wasa (1496 – 1560) die Hofkapelle nach deutschem und englischem Vorbild. Enge Kontakte mit dem west- und südeuropäischen Raum ergaben sich auf dem Umweg über Krakau, wo der Schwede Sigismund III. und seine zum Teil schwedischen Beamten mit der polnischen Musik bekannt wurden.

LEBEN
Theodoricus Petri Ruutha (Didrik Persson Ruuta, Rwtha) wurde um 1560 in Finnland als Sohn eines in Finnland eingewanderten Dänen geboren. Er studierte in den Jahren 1581 bis 1584 in Rostock und erhielt das Amt eines Sekretärs am Hof des polnischen Königs Sigismund III. in Krakau, wo er 1617 starb.

WERKE
Theodoricus Petri Ruutha brachte 1582 ein Schulgesangbuch mit zum Teil eigenen Melodien für Schweden heraus. Eine finnische Ausgabe erschien 1616. Das Gesangbuch wurde bis 1900 immer wieder aufgelegt.

LITERATUR
T. Nordlind, Latinska skolsånger i Sverige och Finland, Lund 1909.

Daniel Ruyneman (1886–1963)

LEBEN
Daniel Ruyneman wurde am 8. 8. 1886 in Amsterdam geboren und dort von Bernard Zweers ausgebildet. Er war 1918 Mitbegründer der späteren Niederländischen Sektion der IGNM und von 1930 bis 1940 Chefredakteur der Zeitschrift »De moderne muziek«. Er starb am 25. 7. 1963 in Amsterdam.

WERKE
Vom französischen Impressionismus ausgehend wurde Daniel Ruyneman zum Vertreter der musikalischen Avantgarde in den Niederlanden. Er schrieb 2 Sinfonien, eine Partita für Streichorchester, ein Klavierkonzert, ein Violinkonzert, »Hieroglyphen« für drei Flöten, Celesta, Harfe, Cup-Bells, Klavier, zwei Mandolinen, zwei Gitarren, »Gilgamesch« für Orchester, »Die Weise von Liebe und Tod des Kornetts Christoph Rilke« für Sprecher und Orchester, »Réflexions I« für vokalisierenden Sopran, Flöte, Gitarre, Bratsche, Vivraphon, Xylophon und Schlagzeug, »III« für Flöte, Violine, Bratsche, Cello, Klavier, »IV« für Bläserquintett, Fantasie für Cello und Cembalo, »5 Mélodies« für Stimme und Klavier, 3 Sonaten für Violine und Klavier, »Ancient Greek Songs« (Altgriechische Lieder) für Baß, Flöte, Oboe, Cello, Harfe. »L'Appel« und »Sonate« für gemischten Chor mit einem vom Wort losgelösten Chorstil, »3 Pathematologien« und dazu eine Oper.

Peter Ruzicka (geboren 1948)

LEBEN
Peter Ruzicka wurde am 3. 7. 1948 in Düsseldorf geboren. Er studierte in Hamburg, war von 1980 bis 1988 Intendant des Radio-Sinfonieorchesters Berlin und ist seit 1988 Intendant der Hamburgischen Staatsoper.

WERKE

Neben 2 Modellen für musikalisches Theater schrieb Peter Ruzicka unter anderem eine Sinfonie für 25 Solostreicher, 16 Vokalisten und Schlagzeug, ein Stück für vier Orchestergruppen, »Emanazione« für Klavier und Orchester, Konzert für 87 Instrumentalisten, ein Concerto für Beatband und Orchester, Materialien für 26 Instrumentalisten und Cello, »Stress« für acht Schlagzeuggruppen und 2 Nachtstücke für Klavier.

Rudolf Růžička (geboren 1941)

LEBEN

Rudolf Růžička wurde am 25. 4. 1941 in Brünn geboren. Er studierte an der Janáček-Akademie seiner Geburtsstadt und wurde an derselben Lehranstalt anschließend Lehrer für Elektronische Musik und Musique concrète.

WERKE

Von Rudolf Růžička sind unter anderem eine Anzahl von Stimmvernissagen, 2 Melodramen für drei Sprecher, Kammerchor und sieben Instrumente, ein Quintett für Bratsche, Baßklarinette, Cembalo, Flöte und Schlagzeug, ein Bläserquintett mit elektronischen Klängen, »Aleatorische Sonate« für Orgel und Schlagzeug, eine Sinfonie für Orchester und Orgel, 2 Streichquartette, ein Trio für Flöte, Bratsche und Harfe, »Elektronia A« für Alt, Kammerorchester und elektronische Klänge, »B« für Kammerorchester, Orchester und elektronische Klänge, »C« für elektronische Klänge und Tonband, mehrere Stücke für Musique concrète und Stücke für elektronische Klänge bekannt geworden.

Ignác Ruzitska (1777–1833)

ZEIT UND UMWELT

Der Verbunkos, eine ungarische Musizierweise, die auf die Werbetänze für die österreichische Armee im 18. Jahrhundert zurückgeht, erreichte seinen Höhepunkt um 1840. Dann ging er in den Csárdás auf. Elemente davon wurden in die Konzert- und Opernkomposition Ungarns aufgenommen.

LEBEN

Ignác Ruzitska wurde am 18. 4. 1777 in Bazin, Ungarn, geboren. Er war ab 1827 Kapellmeister der Kathedrale von Veszprém (Weißbrunn) bis zu seinem Tod im Jahr 1833; am 18. 2. wurde er begraben.

WERKE

Die von 1823 bis 1832 erschienenen 15 Hefte mit Gesängen aus dem Komitat Veszprém stellten die umfangreichste Sammlung von Verbunkos-Musik dar. Sie wurden von Ignác Ruzitska bearbeitet, redigiert und mit eigenen Kompositionen bereichert, die ihn als vorzüglichen Komponisten ausweisen.

József Ruzitska (1775 bis nach 1822)

ZEIT UND UMWELT

Nachdem in Budapest laufend italienische und deutsche Opern aufgeführt wurden und kleinere Operntruppen auch die kleineren ungarischen Städte bereisten, entstand zwangsläufig der Wunsch nach Opern in der Landessprache wie früher oder später überall in Europa. Nach einigen Opern mit in das Ungarische übersetzten Libretti machten sich bald Komponisten daran, ein bodenständiges Werk zu schaffen, zu dem – auch wie überall – Elemente der Volksmusik herangezogen wurden.

LEBEN

József Ruzitska wurde 1775 in Pápa geboren. Er wirkte zunächst als Militärkapellmeister, sodann als Dirigent des Theaterorchesters in verschiedenen ungarischen Städten, zuletzt ab 1822 in Kolozsvár (Cluj), wo er in einem der folgenden Jahre starb.

WERKE

Von József Ruzitska stammen die ersten ungarischen Opern, deren Musik noch ein Konglomerat italienischer, ungarischer und Wiener Elemente darstellt.

Jan Jakub Ryba (1765–1815)

Zeit und Umwelt
Um 1800 setzte eine echte selbständige tschechische Musikentwicklung ein, die durch die ersten Kunstlieder in tschechischer Sprache gekennzeichnet ist.

Leben
Jan Jakub Šimon (Johann Jakob) Ryba wurde am 26. 10. 1765 in Prestitz (Přeštice), Böhmen, geboren. Er war ab 1788 Schulrektor und Kirchenmusikdirigent in Rozmital (Rožmital před Třemšinem), Böhmen, wo er am 8. 4. 1815 starb.

Werke
Ian Jakub Ryba hat angeblich weit über 1000 Werke verfaßt, festgestellt ist aber davon nur ein Teil, der immer noch umfangreich genug ist: zahlreiche Messen, Motetten, Kantaten, andere Kirchenmusik, Singspiele, Melodramen, Orchesterwerke und Kammermusik. Bemerkenswert an seinem kompositorischen Werk sind seine Kunstlieder auf tschechischen Text, der frühesten ihrer Art; einige davon sind auch mit übersetzten Texten (»Zwölf böhmische Lieder«, »Neue böhmische Lieder«) herausgekommen.

Jakub Kryštof Rybnický (1583–1639)

Zeit und Umwelt
Nach 1617 wurde der nichtkatholische Adel- und Bürgerstand gewaltsam aus Böhmen vertrieben. Die Mehrzahl der Gebildeten verließ das Land, wie der Pädagoge und Philosoph Jan Amos Komenský (1592–1670). Die Güter der Vertriebenen eigneten sich Zugewanderte aus Italien, Spanien oder Deutschland an, die zur Bevölkerung, auch wenn diese katholisch war, nahezu keine Beziehungen anbahnten. Außer der Volksmusik, über die es wenig Aufzeichnungen gibt, konnte es zu keiner Entwicklung der profanen Musik kommen. Nur die von Kirchen und Klöstern gepflegte Kirchenmusik erlitt keine Schmälerung und machte den allgemeinen Stilfortschritt des musikalischen Europa mit.

Leben
Jakub Kryštof Rybnický z Chřenovice (Ribniczki, Jacobo Christophoro) wurde 1583 in Roudnice nad Labe geboren. Er trat 1623 in das Kloster in Kladruby bei Střébro ein und wurde bereits vier Jahre darauf zum Abt gewählt. Er dürfte eine Reise über Wien nach Italien unternommen und sich dabei über den Entwicklungsstand der zeitgenössischen Musik informiert haben. Er starb in Řezno am 2. 8. 1639.

Werke
Von dem tschechischen Komponisten Jakub Kryštof Rybnický ist nur seine »Missa concertata super Exultabo Domine« für acht Stimmen erhalten. Es handelt sich trotz des Titels um kein Cantus-firmus-Werk, der genannte Choral wird nur zitiert, so daß man nicht einmal von einer Parodie sprechen kann. Die Messe beginnt mit einer Sinfonia und erhält dadurch den Charakter eines Oratoriums. Das Benedictus fehlt. Das Auffälligste daran ist die konzertante Faktur. Es dürfte sich dabei überhaupt um das älteste tschechische Werk im konzertanten Stil handeln. Der Komponist soll noch weitere Messen und andere sakrale Werke mit Orchesterbegleitung geschrieben haben. Erhalten ist davon nichts.

Literatur
E. Trolda, Česká cirkevní hudba v období generalbasu, Caril 49 (1934)

Jan Rychlík (1916–64)

Leben
Jan Rychlík wurde am 27.4.1916 in Prag geboren. Er studierte am Konservatorium seiner Vaterstadt und wirkte während des Studiums als Unterhaltungs- und Jazzmusiker. Dann wandte er sich der Kammer- und Orchestermusik zu und landete bei seriellen und experimentellen Strukturen, so daß er zum Vorkämpfer der Neuen Musik wurde. Er starb am 20.1.1964 in Prag.

Werke
Von seinen Kompositionen sind eine Partita

für Blasorchester, ein Divertimento für drei Kontrabässe, ein Streichtrio, eine Partita für Flöte und eine für Streichquartett, Cembalostücke, ein Trio für Altflöte, Englischhorn und Fagott, ein »Afrikanischer Zyklus« für neun Instrumente, zahlreiche Lieder und seine Filmmusik bemerkenswert. Er schrieb mehrere musiktheoretische Abhandlungen.

Joseph Ryelandt (1870–1965)

LEBEN
Joseph Victor Marie Ryelandt wurde am 7.4. 1870 in Brügge geboren und von Edgar Tinel (27.3.1854, Sinay, Flandern, bis 28.10.1912, Brüssel) ausgebildet. Von 1929 bis 1939 wirkte er als Kontrapunktlehrer am Konservatorium in Gent und bis 1945 als Leiter des Konservatoriums in Brügge, wo er am 29.6.1965 starb.

WERKE
Außer einer Oper schrieb Joseph Ryelandt 5 Oratorien, 7 Kantaten, zahlreiche Kirchenmusik, Choräle und Lieder. Dagegen treten seine Instrumentalwerke weit zurück; sie sind zum größten Teil unveröffentlicht geblieben.

Frederic Rzewski (geboren 1938)

LEBEN
Frederic Anthony Rzewski wurde am 13.4. 1938 in Westfield, Mass., geboren. Er studierte von 1954 bis 1958 an der Universität in Cambridge, Mass., und anschließend bis 1960 an der Universität in Princeton, N.J. In den Jahren 1963, 1964 und 1970 unterrichtete er bei den Kursen für Neue Musik in Köln. Im Jahr 1966 gründete er mit mehreren Interpreten in Rom die »Musica Elettronica Viva«, die Aufführungen musikalischer Mixturen aus Kollektivkompositionen und Gruppenimprovisationen mit elektronischen Klängen, traditionellen Instrumenten und Geräuscherzeugern veranstaltete und dabei auch das mitimprovisierende Publikum heranzog. Er lebt seit 1970 in New York.

WERKE
Neben der Beteiligung an mehreren Gemeinschaftswerken wie »Spacecraft« (Raumschiff) für verschiedene elektronische Geräuscherzeuger schrieb Frederic Rzewski eine Sinfonie für einige Interpreten, ein Oktett, ein Stück für Bläser, Trompete, Horn, Violine, Cello, Orgel, Klavier, Harfe und fünf Schlagzeuger, »Street Music« für mehrere Musiker, ein Stück für Sprecher und Instrumente, eines für beliebige Instrumente, 3 Rhapsodien für zwei Lotosflöten, mehrere Stücke für Klavier und Sprecher, für Klavier und Tonband und für Tonband allein, für Singstimme und Instrumente, ein Requiem für Chor und Kammerensemble, Chöre, »Musikalische Darstellungen« mit Projektion.

S

Mart Saar (1882–1963)

LEBEN
Mart Saar wurde am 16.9.1882 in Vastemõisa, Estland, geboren. Er war Schüler des Konservatoriums in St. Petersburg unter Nikolai Rimski-Korsakow und Anatoli Ljadow. Er wirkte von 1908 bis 1920 als Musiklehrer in Tartu und von 1943 bis 1956 als Professor für Komposition am Konservatorium in Tallinn, wo er am 28.10.1963 starb.

WERKE
Mit seinen auf volkstümlicher Melodik aufgebauten Kompositionen prägte Mart Saar einen estnischen Musikstil, der in Geltung blieb. Er verfaßte eine Reihe Orchesterwerke – zum Teil mit Chor –, verschiedene Klavierwerke – mehrere Suiten, etwa 40 Praeludien –, Kantaten a cappella, Klavierlieder und Chorlieder.

LITERATUR
K. J. Lejchter, Mart Saar, Tallinn 1964.

Nicola Sabatino (um 1720–96)

LEBEN
Nicola Sabatino wurde um 1720 in Neapel geboren und am Conservatorio Sant'Onofrio ausgebildet. Er bewarb sich 1742 um die Stelle eines Violinisten in der Königlichen Kapelle, die sein Vater Giovanni Sabatino (um 1680, Neapel, bis 1742, Neapel) innegehabt hatte, wurde aber abgewiesen. Auch seine Versuche, als Opernkomponist hochzukommen, scheiterten. Er wandte sich der Kirchenmusik zu und wurde 1758 Kapellmeister an San Giacomo degli Spagnuoli und ab 1763 an La casa dei Filippini. 1788 zog er sich von seinen Pflichten zurück und starb am 4. 4. 1796 in Neapel.

WERKE
Neben seinen erfolglosen Opern verfaßte Nicola Sabatino zahlreiche Kirchenmusik, von der ein Miserere, ein De profundis und das Oratorium »L'Aurora foriera della pace fra Giacobbe ed Esaù« (Die Morgenröte verkündet den Frieden zwischen Jakob und Esau) sehr bekannt geworden sind.

Galeazzo Sabbatini (um 1597–1662)

ZEIT UND UMWELT
Das Komponieren mit Generalbaß ging leichter und rascher von der Hand als der polyphone Satz. Es genügte, eine Melodie zu erfinden, den Baß dazu richtig auszuwählen und die Füllstimmen dazu mit Ziffern zu notieren. Eine kontrapunktisch richtige und dennoch gut klingende Anzahl von vier bis fünf Stimmen auszuarbeiten, erforderte mehr Mühe, Können und Musikalität.

LEBEN
Galeazzo Sabbatini wurde um 1597 in Pesaro geboren und war ab 1626 Kapellmeister in seiner Heimatstadt, wo er 1641 Kanonikus am Dom und bald darauf Generalvikar des Bischofs wurde. Er starb in Pesaro am 6. 12. 1662.

WERKE
Der italienische Komponist Galeazzo Sabbatini hat eine Anzahl Laudes und Madrigale für eine bis fünf Stimmen herausgebracht. Sein Stil ist leicht und konzertierend. Außerdem veröffentlichte er eine Generalbaßlehre,

in der er die begleitenden Stimmen bei Tasteninstrumenten in die linke Hand verlegte und eine Technik vorwegnahm, die später allgemein wurde. Er zeigte auch, wie einfach dieser Kompositionsstil zu handhaben ist.

Luigi Antonio Sabbatini (1732–1809)

Zeit und Umwelt
Cantus firmus, Parodie, Polyphonie, Monodie, alle Formen der Vergangenheit und der Gegenwart konnte ein Franziskanermusiker für seinen musikalischen Ausdruck verwenden, wenn er den sakralen Zweck seiner Kunst nicht verfehlte und zugleich die Tendenz der Franziskanermusik, »dem Höchsten in dankbarer Freude über die Herrlichkeit der Schöpfung zu huldigen«, einhielt.

Leben
Luigi Antonio Sabbatini wurde am 24. 10. 1732 in Albano Laziale bei Rom geboren. Er trat dem Franziskanerorden bei und war Schüler von Padre Martini in Bologna und von Francesco Antonio Vallotti in Padua. Nach einer Tätigkeit als Kapellmeister an der Apostelkirche in Rom wirkte er ab 1786 in gleicher Eigenschaft bis zu seinem Tod am 29. 1. 1809 an Sant'Antonio in Padua.

Werke
Das Bemerkenswerteste am kompositorischen Werk von Luigi Antonio Sabbatini ist seine Stilverschiedenheit. Unter den vielen in Padua aufbewahrten Kompositionen befinden sich Psalmen, 4 Messen, eine Vesper, ein Komplet für vier Stimmen und weitere Kirchenmusik für Singstimmen und Orchester, in denen der Komponist neue Wege suchte, indem er den Cantus firmus dem Sopran oder dem Baß zuteilte; Gesänge für zwei und fünf Stimmen mit Orchester, 3 Kyrie, 2 Gloria, 2 Credo für vier Stimmen mit Orchester, 21 vierstimmige Gesänge und einige zweistimmige mit Generalbaß liegen in Bologna, eine vierstimmige Messe mit Orgel in Wien. Er hinterließ ein umfangreiches musiktheoretisches Schrifttum.

Pietro Paolo Sabbatini
(um 1600 bis nach 1657)

Zeit und Umwelt
In Italien, wo bereits im vorhergehenden Jahrhundert eine beträchtliche Anzahl Musiker wirkte, wuchs diese im 17. Jahrhundert noch um vieles an. Das gilt besonders für Rom, wo sich das Musikgeschehen des Landes immer mehr konzentrierte.

Leben
Pietro Paolo Sabbatini wurde um 1600 in Rom geboren. Er war ab 1628 Kapellmeister der »Archiconfraternità della morte et oratione« (Erzbruderschaft des Todes und des Gebetes) und von 1630 bis 1631 Kapellmeister an San Luigi de'Francesi. Von 1650 bis zu seinem Tod nach 1657 wirkte er als Musikprofessor in Rom.

Werke
Von dem italienischen Komponisten Pietro Paolo Sabbatini sind geistliche Intermedien, Psalmen, Magnificat, geistliche Arien und Kanzonen, Canzonetten für drei Stimmen, zweistimmige und ein- bis dreistimmige Villanellen erhalten.

Giovanni Maria Sabino
(um 1595 bis um 1649)

Zeit und Umwelt
Das Conservatorio della Pietà de'Turchini in Neapel entstand aus dem Waisen- und Findelheim Santa Maria della Incoronatella, in dem die betreuten Kinder ursprünglich nur Elementarunterricht erhielten. Der Name »Barmherzigkeit für die Blauen« leitete sich von der blauen Uniform der Kinder ab. Sehr bald wurde intensiver Musikunterricht gegeben. Das Konservatorium bestand bis 1808 und hat bedeutende Musiker hervorgebracht.

Leben
Giovanni Maria Sabino wurde um 1595 in Turi, Bari, geboren. Er studierte in Neapel, wurde Kleriker und unterrichtete von 1622 bis 1626 am Conservatorio della Pietà

de'Turchini. Darauf wirkte er an verschiedenen neapolitanischen Kirchen als Organist und als Kapellmeister, bis er Organist an der Chiesa del'Annunziata in Neapel wurde. Er starb in Neapel um 1649.

WERKE
Der italienische Komponist Giovanni Maria Sabino verfaßte ein Buch mit zweistimmigen Motetten und eine Reihe vierstimmiger Psalmen. Über weitere Werke ist nichts bekannt. Die Struktur der Motetten entfernt sich stilistisch schon sehr weit von jener des 16. Jahrhunderts.

Ippolito Sabino
(um 1550 bis nach 1587)

ZEIT UND UMWELT
Trotz der vielen Drucke war es im 16. Jahrhundert nur größeren Kapellen möglich, sich ein Notenarchiv anzulegen. Die Drucke waren teuer. Die Eigenversorgung mit Musik war gerade für kleinere Kirchen der einzige Weg, Neues zum Gottesdienst zu bringen. Es hat ohne Zweifel wie in späteren Zeiten nahezu jeder Kapellmeister und Organist zum Bedarf seiner Kirche komponiert.

LEBEN
Ippolito Sabino wurde um 1550 in Lanciano geboren. Er bekleidete nach seiner Ausbildung die Organistenstelle an der Kathedrale seiner Heimatstadt und wirkte dort als Komponist bis zu seinem Tod nach 1587.

WERKE
Vom kompositorischen Werk des Kirchenmusikers Ippolito Sabino ist erhalten geblieben, was in Venedig veröffentlicht wurde: 6 vierstimmige Messen, Hymnen für das gesamte Kirchenjahr, eine Sammlung Marienlieder und ein fünfstimmiges Magnificat, dazu eine Anzahl Madrigale. Seine Musik lehnt sich stark an neapolitanische Meister an, ist aber dennoch eigenständig, besonders in der Auszierung. Viel Unveröffentlichtes dürfte verloren sein.

LITERATUR
C. Marciani, Organai lancianesi nel 1500 e il madrigalista Ippolito Sabino, Rivista abruzzese XXI, 1968.

Nicolas Saboly (1614–75)

LEBEN
Nicolas Saboly wurde am 30. 1. 1614 in Monteux, Vaucluse, geboren. Er war Schüler des Jesuitenkollegiums in Carpentras, studierte Theologie und Rechtswissenschaft und wurde an der Kathedrale der Stadt Kapellmeister. Von 1643 bis 1646 wirkte er in gleicher Eigenschaft an St-Trophime d'Arles und darauf bis nach 1660 an St-Pierre in Avignon, wo er am 25. 7. 1675 starb.

WERKE
Der provenzalische Komponist Nicolas Saboly verfaßte 2 Motetten und 2 Messen im gregorianischen Stil. Berühmt wurde er aber durch seine Sammlung provenzalischer Noëls (Weihnachtslieder) unter dem Titel »Noes nouveaux«.

Antonio Sacchini (1730–86)

ZEIT UND UMWELT
Erfolg und Mißerfolg der herausgebrachten Opern, mit allen Mitteln der Intrige ausgetragene Rivalitäten, Gnade und Ungnade der Fürstlichkeiten verschiedener Länder, Streit und Freundschaft mit Dirigenten, Sängern, Musikern und Impresari, Reisen von Stadt zu Stadt zu den Uraufführungen, hohe Einnahmen und Verluste, Geld im Überfluß und unerschwingliche Schulden – das war die Welt vieler Opernkomponisten, die oft von kleinsten Verhältnissen zu Berühmtheit und Reichtum aufstiegen und nicht selten in bitterste Armut zurückfielen.

LEBEN
Antonio Maria Gaspare Gioacchino Sacchini wurde am 14. 6. 1730 in Florenz geboren und in Neapel am Conservatorio Santa Maria di Loreto von Francesco Durante ausgebildet.

Er wirkte dort ab 1756 als Hilfslehrkraft und ab 1761 als Zweiter Kapellmeister. Bald darauf setzte sein Aufstieg als Opernkomponist ein, seine Werke wurde an allen Höfen Europas gespielt. Er hielt sich 6 Jahre in Rom auf und wurde in das Intrigenspiel der dort wirkenden Komponisten hineingezogen. In Venedig wich er den Streitigkeiten aus, indem er die Leitung der Musikschule des Ospedaletto übernahm. Darauf ging er nach Deutschland und 1772 für 10 Jahre nach London, wo er viel Erfolg, aber zugleich viele Widersacher hatte und Verleumdungen erntete und so sehr in Schulden geriet, daß er nach Paris flüchten mußte. Dort wurden er und seine Opern günstig aufgenommen. Er geriet zwar in Rivalitätsstreitigkeiten mit Niccolò Piccinni, genoß jedoch die Gunst der Königin Marie Antoinette, bis ihn auch diese aufgrund irgendwelcher Intrigen fallenließ. Er starb bald darauf am 6. 10. 1786.

WERKE
Neben seinen zahlreichen Opern verfaßte Antonio Sacchini 12 Sonaten für Cembalo, 12 für Cembalo und Violine, 6 Trios für Violinen und Generalbaß, 6 Streichquartette und 2 Sinfonien, außerdem Messen, Motetten, Psalmen und mehrere Oratorien. Seine Musik ist von der Opernfaktur stark beeinflußt.

LITERATUR
A. Julien, La cour et l'opéra sous Louis XVI, Paris 1878.

Hans Sachs (1494–1576)

LEBEN
Hans Sachs wurde am 5. 11. 1494 in Nürnberg geboren. Er war Schuhmacher und erhielt 1520 das Meisterrecht, nachdem er die Lateinschule seiner Vaterstadt besucht, seine Gesellenzeit absolviert und eine fünfjährige Wanderschaft gemacht hatte. Im Rahmen der Singschule stieg er bald zu höheren Rängen auf und wurde Merker und Spielleiter der Meistersingerbühne. Er starb in Nürnberg am 19. 1. 1576.

WERKE
Der Dichter und Komponist Hans Sachs hinterließ 1983 geistliche Lieder in Meistertönen, 2314 weltliche Meisterlieder und 1903 Spruchgedichte. In seinen Liedern verwendete er 301 Töne, von denen er 13 selbst erfunden hat. Künstlerisch besonders wertvoll ist sein »Salve, ich gruß dich schone«, eine protestantische Fassung des Salve Regina. Dazu kommen noch seine zahlreichen dramatischen Dichtungen, die ihm in der deutschen Literaturgeschichte einen hohen Rang einräumen.
Richard Wagner und Albert Lortzing haben Hans Sachs im 19. Jahrhundert durch ihre Opern »Die Meistersinger von Nürnberg« und »Hans Sachs« dem breiten Publikum wieder in Erinnerung gebracht.

LITERATUR
E. Geiger, Der Meistergesang des Hans Sachs, Bern 1936.

Johann Philipp Sack (1722–63)

ZEIT UND UMWELT
Als kompositorischer Grundsatz wurden peinlich genaue Wortbetonung und Wortverständlichkeit wie bei der französischen Ariette, Einfachheit der Melodie und ihr unbedingter Vorrang vor der Begleitung von den Liederkomponisten des friderizianischen Berlin festgelegt. Dieser Vorrang wurde bald auch dadurch betont, daß für die Singstimmen eigene Notenzeilen oberhalb der Begleitung verwendet wurden.

LEBEN
Johann Philipp Sack wurde 1722 in Harzgerode geboren. Im Jahr 1747 wurde er Hilfsorganist und 1755 Organist am Dom in Berlin. Er war Mitbegründer der »Musikübenden Gesellschaft« und nahm am Musikleben Berlins bis zu seinem Tod im Jahr 1763 lebhaften Anteil.

WERKE

Die Lieder und Klavierstücke von Johann Philipp Sack sind in Sammelwerken der Berliner Liederschule erschienen. Die Anforderungen, die diese an die Liedkomponisten stellte, wurden von seinen Werken voll erfüllt. Er war auch einer der ersten, die bei der Notierung für die Singstimme ein besonderes System anlegten, das über den zwei Zeilen der Begleitung verlief.

LITERATUR

M. Friedlaender, Das deutsche Lied im 18. Jahrhundert, Berlin 1902.

Francesco Paolo Sacrati (um 1600–50)

ZEIT UND UMWELT

Der große Bedarf an Opern führte bald zu einer Stilverflachung. Bei manchen spielte sich das Musikgeschehen nahezu ausschließlich in der Soloarie ab, Duette wurden seltener, die Chöre blieben auf kurze Einwürfe beschränkt.

LEBEN

Francesco Paolo Sacrati wurde um 1600 in Parma geboren. Er hielt sich als Opernkomponist in Venedig auf und erhielt 1649 die Hofkapellmeisterstelle in Modena, wo er am 20. 5. 1650 starb.

WERKE

Der italienische Komponist Francesco Paolo Sacrati hat zahlreiche Opern verfaßt, die mit großem Erfolg in Venedig aufgeführt wurden. Seine »Finta pazza« gehört zu den ersten italienischen Opern, die in Paris aufgeführt wurden. Er hat 2 Bücher mit Madrigalen herausgebracht, die sehr gelobt wurden, aber heute verschollen sind.

LITERATUR

H. Prunières, L'opéra italien en France avant Lully, Paris 1913.

Carl Heinrich Saemann (1790–1860)

ZEIT UND UMWELT

Königsberg (Kaliningrad), das als Residenz der preußischen Herzoge ein intensives Musikleben pflegte, behielt die Hofkapelle auch bei, als die preußische Hauptstadt nach Berlin verlegt wurde. Da Königsberg im Jahr 1701 Krönungsstadt der preußischen Könige wurde, konnte keine Minderung seiner Bedeutung als Musikstadt eintreten. In enger Fühlungnahme mit den deutschen Musikzentren nahm es an allen Phasen der Musikentwicklung uneingeschränkt teil.

LEBEN

Carl Heinrich Saemann wurde 1790 in Königsberg geboren. Er war in Berlin Schüler von Carl Friedrich Zelter und wirkte darauf in seiner Vaterstadt als Organist an der Altstädtischen Kirche und als Lehrer am Institut für Kirchenmusik und Gesang der Universität. Er nahm an der Gründung des Königsberger Singvereins zur Aufführung von Kirchenmusik teil, der als dritte deutsche Aufführung die Matthäus-Passion von Johann Sebastian Bach gab und zwei ostpreußische Musikfeste mit Oratorien von Georg Friedrich Händel veranstaltete. Er starb am 29. 1. 1860 in Königsberg.

WERKE

Von Carl Heinrich Saemann sind ein Oratorium (»Die Auferstehung«) und zahlreiche Kirchenkompositionen, ferner eine Anzahl Orgelstücke erhalten, die eine beachtliche kompositorische Fähigkeit ausweisen. Er war außerdem als Musikschriftsteller tätig.

LITERATUR

E. Kroll, Musikstadt Königsberg, Freiburg im Breisgau 1966.

Harald Sæverud (geboren 1897)

LEBEN

Harald Sigurd Johan Sæverud wurde am 17. 4. 1897 in Bergen geboren. Er studierte in Bergen und Berlin Komposition und wirkte anschließend als Dirigent und freischaffender Komponist.

Werke
Neben einem Ballett schrieb Harald Sæverud 9 Sinfonien (darunter die berühmte »Sinfonia dolorosa«), »Fünfzig kleine Variationen« und »Hirtenliedervariationen«, ein Cellokonzert, ein Oboenkonzert, ein Klavierkonzert, ein Violinkonzert, eine Romanze für Violine und Orchester, Violin- und Klavierstücke, Chöre und Lieder und die Musik zu »Peer Gynt« von Henrik Ibsen (1828–1906), die allerdings die Bühnenmusik von Edvard Grieg nur teilweise verdrängen konnte.

Louis Joseph Claude Saint-Amans
(1740–1820)

Leben
Louis Joseph Claude Saint-Amans wurde am 26. 6. 1740 in Marseille geboren. Über seine Tätigkeit, ehe er 1769 nach Paris kam, ist nichts bekannt. Er errang mit einer Motette im Concert spirituel und ein Jahr darauf mit einer Oper bei Hof Erfolg, blieb daher in der französischen Hauptstadt und widmete sich der Komposition von Opern und Balletten. Von 1778 bis 1784 wirkte er als Theaterdirektor in Brüssel, dann wurde er Musik- und Gesanglehrer in Paris, verlor aber 1800 diese Stelle wegen administrativer Umstellungen in der Schule. Er hielt sich darauf einige Zeit in Brest auf, kehrte aber nach Paris zurück, wo er im Jahr 1820 starb.

Werke
Außer ungefähr 30 Opern und Balletten verfaßte Louis Joseph Claude Saint-Amans einige Instrumentalwerke, Kantaten, Motetten und Solfeggien zum Unterrichtsgebrauch.

Jean Denis Saint-Aubin (1783–1810)

Zeit und Umwelt
Die von Rodolphe Kreutzer geführte Violinklasse am Conservatoire in Paris brachte eine Reihe ausgezeichneter Violinisten hervor, die als Interpreten, Komponisten Hervorragendes leisteten und als Lehrer die Tradition der Pariser Schule an ihre Schüler weiterreichten.

Leben
Jean Denis Saint-Aubin wurde am 8. 12. 1783 in Lyon geboren. Er war Schüler von Rodolphe Kreutzer am Conservatoire von Paris und von 1804 bis zu seinem Tod im Jahr 1810 Assistent seines Lehrers.

Werke
Von Jean Denis Saint-Aubin sind 6 Streichquartette und 3 Sonaten für Violine und Klavier bekannt geworden.

Arthur Saint-Léon (1821–70)

Leben
Charles Victor-Arthur Saint-Léon wurde am 17. 9. 1821 in Paris geboren. Er war Violinschüler von Niccolò Paganini, absolvierte darauf eine Ausbildung als Tänzer und Choreograph und ging schließlich als Violinist, Choreograph und Tänzer auf Europatournee. Von 1859 bis 1869 wirkte er als Ballettmeister am Kaiserlichen Theater in St. Petersburg und anschließend bis zu seinem Tod am 2. 9. 1870 in gleicher Eigenschaft an der Opéra in Paris.

Werke
Neben zahlreichen Ballett-Libretti und Choreographien hinterließ er die Komposition von 2 Balletten, ein Violinkonzert in e-Moll, Fantasien und Variationen über zeitgenössische Opern für Violine und zahlreiche Salonstücke für Violine und Klavier. Er war als Tänzer und als Violinist gleich stark begabt.

Léon de Saint-Lubin (1805–50)

Leben
Léon de Saint-Lubin wurde am 5. 7. 1805 in Turin geboren. Er wuchs in Hamburg auf und begann schon sehr früh in Berlin und in Dresden Konzerte zu geben, nachdem er seine

Ausbildung bei Louis Spohr und bei Giovanni Battista Polledro absolviert hatte. Im Jahr 1824 wurde er Zweiter Direktor des Josephstädter Theaters in Wien und 1830 Kapellmeister am Königstädtischen Theater in Berlin, wo er am 13. 11. 1850 starb.

WERKE
Von Léon de Saint-Lubin sind 3 konzertante Duos für zwei Violinen, 6 Capricen, 25 Übungen für zwei Violinen, ein Klavierquartett und eine konzertante Fantasie für Klavier und Violine erschienen. Diese Stücke verlangen ein ausgebildetes technisches Können.

Jacques Alexandre Saint-Luc
(1663 bis nach 1710)

ZEIT UND UMWELT
Die Gitarre war gegen die Wende zum 18. Jahrhundert bereits so verbreitet, daß Lautenisten, die zumeist auch die Theorbe spielen konnten, sich auch mit der Gitarre beschäftigen mußten, um ihr Publikum zufriedenzustellen. Viele Kompositionen wurden so eingerichtet, daß sie von beiden Instrumenten gespielt werden konnten. Die längere Gitarre wurde, wenn man darauf Lautenmusik spielen wollte, oft durch eine Sperrvorrichtung auf dem Griffbrett verkürzt.

LEBEN
Jacques Alexandre Saint-Luc wurde 1663 in Brüssel geboren. Sein Vater Jacques de Saint-Luc (19. 1. 1616, Ath, bis nach 1676, Brüssel) war Lautenist, wurde 1639 Mitglied der Hofmusik und bildete Jacques Alexandre zum Lautenisten, Theorbisten und Gitarristen aus. Er wirkte als Kammerlautenist am Hof Ludwigs XIV. und trat 1700 in die Dienste des Prinzen Eugen von Savoyen (1663–1736) in Wien, wo er vermutlich nach 1710 gestorben ist.

WERKE
Der französische Lautenist und Komponist Jacques Alexandre Saint-Luc veröffentlichte 2 Bücher mit Lautenstücken und 2 mit Stücken für Laute und eine Flöte oder Oboe, ein Menuett für Gitarre und zahlreiche, in verschiedenen Veröffentlichungen und handschriftlich erhaltene Stücke für Laute, Theorbe und Gitarre.

Sainte-Colombe
(um 1640 bis vor 1701)

ZEIT UND UMWELT
Während man für die Oberstimmen der Ensembles in der zweiten Hälfte des 17. Jahrhunderts zumeist Violinen verwendete, wurde dem Cello, das zu jener Zeit noch größer gebaut wurde und im Vergleich zu dem heutigen Instrument unhandlicher war, die Gambe vorgezogen. Es kam sogar noch zu einem Ausbau des Instruments, indem man eine 7. Saite hinzuzog.

LEBEN
Von Sainte-Colombe (genannt Monsieur de Sainte-Colombe) liegen keinerlei persönliche Daten vor, wenngleich er Lehrer der meisten namhaften Gambisten seiner Zeit war. Marin Marais, der ebenfalls sein Schüler war, widmete ihm 1701 ein »Tombeau« (Gedenkmusik für einen Verstorbenen). Die angegebenen Geburts- und Sterbedaten sind nur eine vorsichtige Annahme. Auch sein Vorname ist unbekannt.
In Durham befindet sich ein Manuskript: »Suites de Mons. de Sainte-Colombe le fils«. Das legt die Annahme nahe, daß es zwei Gambisten dieses Namens gegeben hat, die Vater und Sohn waren.

WERKE
Der französische Gambist und Komponist Sainte-Colombe war als Gambenvirtuose und Gambenlehrer sehr berühmt. Von ihm sind 67 Konzerte für zwei gleiche Gamben erhalten.

Prosper Philippe Catherine Sainton
(1813–90)

ZEIT UND UMWELT
Thomas Massa Alsager (1779–1846), viele

Jahre lang einer der Eigentümer und führenden Männer der »Times«, veranstaltete mit der von ihm begründeten Queen Square Select Society in seiner Wohnung private Konzerte, ja sogar Erstaufführungen bedeutender Werke. Eine seiner Hauptaufgaben sah er darin, das Kammermusikwerk von Ludwig van Beethoven dem Londoner Publikum näherzubringen. Auf seine Veranlassung kam es zur Gründung einer Beethoven Quartet Society.

LEBEN

Prosper Philippe Catherine Sainton wurde am 5.6.1813 in Toulouse geboren. Er sollte Rechtswissenschaft studieren, trat aber 1831 in das Conservatoire in Paris ein, wo er Violinschüler von François Antoine Habeneck wurde. Nach 2 Jahren wurde er Mitglied des Orchesters der Konzertgesellschaft und der Opéra; dann unternahm er Konzertreisen durch Italien, Deutschland, Rußland, Finnland, Schweden, Dänemark und Spanien. Im Jahr 1840 wurde er Violinlehrer am Konservatorium seiner Geburtsstadt. Nachdem er 1844 zum ersten Mal in England aufgetreten war, bot man ihm eine Lehrstelle an der Royal Academy of Music an, so daß er sich in London niederließ. Er nahm ständig an den Quartettabenden, die Thomas Massa Alsager veranstaltete, teil, und wirkte mit diesem bei der Veranstaltung anderer Konzerte zusammen. Er dirigierte Konzerte der meisten Konzertvereinigungen und leitete auch durch viele Jahre die Birmingham Festivals und andere Festaufführungen. Als Violinlehrer genoß er großen Ruf. Mit einem Konzert in der Albert Hall verabschiedete er sich 1883 von seiner vielseitigen Tätigkeit und starb am 17.10.1890 in London.

WERKE

Von Prosper Philippe Catherine Sainton sind 2 Konzerte für Violine und Orchester, ein Konzertsolo, ein Rondo Mazurka und 3 Romanzen für Violine, einige Arien mit Variationen und zahlreiche Fantasien über Opernmelodien bekannt geworden. Seine Kompositionen gehörten der französischen Hochromantik an.

Camille Saint-Saëns (1835–1921)

ZEIT UND UMWELT

Der Glanz des zweiten Kaiserreichs und dessen Sturz durch die militärische Niederlage Frankreichs, der politische, wirtschaftliche und kulturelle Aufstieg der Republik, der Erste Weltkrieg und der Sieg waren der Hintergrund der sozialen Kämpfe und Umschichtungen, der Veränderung des Lebensstils durch die Technologie, der Entzauberung der Welt, deren romantische Fassade zerfiel, und damit des Fortschreitens der Kunst von Schule zu Schule. Die alten Formen zerbrachen, die Richtungsstreitigkeiten verstummten, weil die Streitpunkte ihre Aktualität eingebüßt hatten.

LEBEN

Charles-Camille Saint-Saëns wurde am 9.10. 1835 in Paris geboren. Seine Mutter erteilte ihrem begabten Sohn bereits in dessen Kindheit Klavierunterricht, den sodann Camille-Marie Stamaty übernahm. In jene Zeit fielen bereits seine ersten Kompositionsversuche, mit 11 Jahren gab er sein erstes Konzert und wurde 1848 vom Conservatoire in Paris aufgenommen, wo er Kompositionsschüler von Fromental Halévy wurde. Im Jahr 1853 wurde er Organist an Ste-Marie und 1857 an der Madeleine. 1861 wurde er von der Schule Niedermeyer als Klavierlehrer verpflichtet. Seine erste Oper schrieb er 1865, die aber erst 1877 auf die Bühne kam. Auch seine nächsten Opern hatten nur mäßigen Erfolg, einzelne wurden überhaupt abgelehnt. Als Instrumentalkomponist wurde er jedoch allseitig anerkannt. Er galt als Wortführer und Wegbereiter der modernen französischen Sinfonik. Er wurde mit Ehrungen und Anerkennungen überhäuft. Er starb am 16.12.1921 in Algier.

WERKE

Die Opuszahlen von Camille Saint-Saëns reichen über 180. Es gibt keine Musikgattung, in der er nicht tätig gewesen war. Alles, was er schrieb, zeichnete sich durch meisterhaftes Konzept, formale Strenge und Eleganz des Klanglichen wie Melodischen aus. Er war der musikalischen Tradition Frankreichs und dem Erbe Johann Sebastian Bachs, Wolfgang dem Erbe Johann Sebastian Bachs, Wolfgang Amadeus Mozarts und Ludwig van Beethovens stark verbunden. Auch Liszt hat sein Werk beeinflußt. Gegen Richard Wagner bezog er eine betonte Frontstellung, weil er dessen ideologische Haltung streng mißbilligte; wenn er die zeitgenössischen französischen Komponisten nach Kräften förderte, so geschah das wenigstens zum Teil, um Gegengewichte gegen den Einfluß Wagners zu schaffen. Er trat publizistisch für eine fortschrittliche Musikentwicklung ein, lehnte jedoch die Impressionisten ab, ihm schwebte offenbar eine Weiterentwicklung innerhalb des Glanzes der französischen Hochromantik, zu deren bedeutendsten Vertretern er ohne Zweifel gehörte, vor. Er schrieb 5 Sinfonien, von denen Nr. 1 in Es-Dur im Jahr 1855 entstand und Robert Schumann verpflichtet ist; Nr. 2 in a-Moll stammt aus 1878; die großartige Nr. 3 in c-Moll wird heute noch gespielt, zwei weitere – in F-Dur aus 1856 und in D-Dur aus 1859 – sind Manuskript geblieben. Seine sinfonischen Dichtungen »Le rouet d'Omphale« (Das Spinnrad der Omphale), »Phaëton«, »La Danse macabre« (Der Totentanz) und »La jeunesse d'Hercule« (Die Jugend des Herkules) kommen zuweilen auf Konzertprogramme wie auch seine beiden Suiten; der geistreiche Scherz »Le carnaval des animaux« (Karneval der Tiere) ist bereits vergessen. Gespielt werden noch einige seiner 5 Klavierkonzerte in D-Dur, g-Moll, Es-Dur, c-Moll und F-Dur, die 3 Violinkonzerte in A-Dur, C-Dur und h-Moll, die 2 Cellokonzerte in a-Moll und d-Moll und das Harfenkonzert in G-Dur. Alles andere, soweit sich nicht die Schallplattenindustrie seiner annimmt, ist vergessen: Fantasie »Africa«, »Rapsodie d'Auvergne« und »Allegro Appassionato« für Klavier und Orchester, »Introduction et Rondo capriccioso«, »Romanze«, »Caprice andalou« für Violine und Orchester und eine Reihe kleinerer Konzertstücke. An Chor- und Vokalwerken liegen vor: Messe solenelle, Requiem, Weihnachtsoratorium, 2 weitere Oratorien, eine Anzahl Kantaten und kirchliche Werke. Sein reiches kammermusikalisches Schaffen besteht aus einem Septett für Trompete, Klavier und Streicher, 2 Klavierquintetten, einem Klavierquartett, 2 Streichquartetten, einer Serenade für Violine, Cello, Klavier und Orgel, einer Barcarole für Violine, Cello, Klavier und Harmonium, 2 Klaviertrios, einer Romanze für Violine, Klavier und Orgel, 2 Sonaten und 2 Elegien für Klavier und Violine, 2 Sonaten und einer Suite für Klavier und Cello, je einer Sonate für Oboe, Klarinette und Fagott, zahlreichen Variationen und Stücken mit verschiedener Besetzung. Sein Klavierwerk umfaßte kleinere Stücke jeder Art. Dazu kommen noch viele Orchestergesänge, Duette und Lieder. Von seinen 16 Opern sind 15 völlig vergessen, nur »Samson et Dalila« wurde zum Welterfolg und figuriert heute noch auf den Spielplänen.

Camille Saint-Saëns

Sinfonie Nr. 3 in c-Moll, »Orgelsinfonie«, Opus 78, 4 Sätze, entstanden 1886

Diese Sinfonie verbindet die Form klassischer Sinfonik mit Themenmetamorphosen im Sinn von Franz Liszt, aber ohne Programmatik. Der 1. Satz beginnt mit einer Adagiointroduktion, deren Thema auch in den folgenden Sätzen aufscheint.

Der breiten Exposition folgt eine knappe Durchführung. Die Coda klingt ruhig aus und leitet zum 2. Satz über, in dem die Orgel ein Unisono der Streicher begleitet. Dann erklingt das Hauptthema und ein Duett der Violinen folgt. Nun bringen die Bässe das Zentralthema des 1. Satzes; anschließend wiederholen die Violinen ihre Adagiomelodie. Der 3. Satz bringt ein robustes Scherzo, bis die Orgel zur Einleitung des Finales mächtig einsetzt. Das Ursprungsthema erscheint neuerlich, die Streicher lassen über Klavierakkorde einen Choral erklingen, den sodann die Orgel übernimmt und mit breiter Pracht, von den Bläsern begleitet, zu Ende führt.

»La Danse macabre«, Sinfonische Dichtung, Opus 40, 1 Satz, entstanden 1874

Diesem neben der Sinfonie Nr. 3 bedeutendsten und erfolgreichsten Orchesterstück des Komponisten liegt ein Gedicht von Henri Cazalis (1840 bis 1909) zugrunde, in dem eine mitternächtliche Friedhofszene dargestellt ist: Der Tod pocht um Mitternacht an die Gräber und weckt die Toten, die heraussteigen und zum Klang seiner Fidel zu tanzen beginnen. Mit dem ersten Hahnenruf endet der Spuk.

Klavierkonzert Nr. 2 in g-Moll, Opus 22, 3 Sätze, entstanden 1868

Es handelt sich um ein echtes Konzert, das ganz auf die Zwiesprache des Solisten mit dem Orchester gestellt ist. Die Soloeinleitung des Klaviers zeigt schon im 1. Satz, daß ein Virtuosenstück vorliegt und dem Orchester nur die Rolle der harmonischen Unterstützung zufällt. Auch das Hauptthema wird vom Klavier vorgetragen, erst auf seinem Höhepunkt fallen die Streicher hymnisch ein, vom Solisten mit Oktavenpassagen begleitet. Der 2. Satz ist ein luftiges Scherzo; ein leiser Paukenschlag gibt den Auftakt für ein virtuos behandeltes tänzerisches Thema. Das Finale gleicht einer Tarantella voll Schwung und Farbenglanz.

Klavierkonzert Nr. 4 in c-Moll, Opus 44, 2 Sätze, entstanden 1875

Beide Sätze bestehen aus je zwei deutlich abgesetzten Teilen, so daß die Viersätzigkeit gewahrt bleibt. Der 1. Satz beginnt im Allegro moderato mit einer Orchestereinleitung, die vom Pianisten wiederholt wird. Das Orchester antwortete mit der Hälfte des Themas. Nachdem das Klavier auch diese Passage wiederholt hat, wird das Thema dreimal variiert. Das pausenlos anschließende Adagio bildet mit seiner Kantilene den zweiten Teil des Satzes. Der erste Teil des 2. Satzes bringt das Thema, mit dem der 1. Satz begann. Ein kurzes Andante leitet zum brillanten Rondo, mit dem der Satz abschließt.

Klavierkonzert Nr. 5 in F-Dur, »Das Ägyptische«, Opus 103, 3 Sätze, entstanden 1896

Der vielgereiste Komponist verwendete in diesem Konzert ägyptische, aber auch chinesische Melodik. Der 1. Satz beginnt mit einer einfachen Orchestereinleitung; auch sein Hauptthema wirkt mit seiner Schlichtheit nahezu archaisch. Das zweite Thema ist lyrisch und liebenswürdig synkopiert. Der 2. Satz bringt eine ausgearbeitete orientalische Rhapsodie; ihr Thema ist einem nubischen Liebeslied entnommen. Er schließt mit einer Melodie ab, die an chinesische Musik erinnert. Im 3. Satz kommt es zu einem großangelegten Rondo virtuosen Charakters; sein Mittelteil malt das Rauschen eines Schiffsmotors und das Sausen eines Sturmwinds.

Violinkonzert Nr. 3 in h-Moll, Opus 61, 3 Sätze, entstanden 1880

Im 1. Satz trägt der Solist das Thema vor, das Gegenthema führt zu einer interessanten Durchführung, bei der das Orchester dominiert. Nach der Reprise schließt die Coda an, die das erste Thema verarbeitet. Der 2. Satz, ein Siciliano in B-Dur, wird in seinem ruhigen Melodienfluß von einer leidenschaftlichen Episode unterbrochen; die Coda voll Flageoletts bringt einen reizenden Abschluß des Satzes. Das Finale bietet eine kurze Auseinandersetzung des Solisten mit dem Orchester, ehe das Hauptthema erscheint und das Stück mit virtuosen Wendungen beendet.

Introduction et Rondo capriccioso, Opus 28, 2 Teile, entstanden 1870

Dieses virtuose Vortragsstück bringt nach einem einleitenden »Vorspiel« ein rhythmisch lebendiges und scharf akzentuiertes Thema voll eigenwilliger Wendungen und mit viel virtuosem Schwung. Die melodische und harmonische Eleganz, die das ganze Werk des Komponisten kennzeichnet, kommt hier ganz besonders zur Ausprägung.

Cellokonzert Nr. 1 in a-Moll, Opus 33, 1 Satz, entstanden 1873

Das Konzert beginnt mit einem knappen Sonatensatz. Das Cello trägt hierauf zweimal eine schlichte Kantilene vor, die aber von den Triolen des ersten Themas überlagert wird. Ein Marschthema leitet zur Durchführung, dann erscheint wiederum das Hauptthema nach einem Scherzoabschnitt. Erneut kommt der Solist nach einem kräftigen Aufschwung auf die Kantilene zurück, das Hauptthema meldet sich neuerlich, dann klingt das äußerst ansprechende Stück aus.

Konzertstück für Harfe mit Orchesterbegleitung in G-Dur, Opus 154, 4 Sätze, entstanden 1919

Camille Saint-Saëns war der einzige französische Meister des 19. Jahrhunderts, der die herkömmliche Form des Solokonzerts nahezu unverändert aus der Tradition übernahm und zu handhaben verstand. Seine Konzerte zielen durchwegs auf die Profilierung der Virtuosität und spielerische Eleganz des Solisten und wollen keine Emotionen erzeugen. Ihr glanzvolles Äußeres wurde und wird ihnen oft zum Vorwurf gemacht, besonders von Musikern, deren eigene kompositorische Leistung als sehr bescheiden eingestuft werden muß. In allen 4 Sätzen dieses Konzerts läßt der Solist die Harfe in vielen Farben mit feinem Klangsinn schillern; neben figurativen Akkordbrechungen, Skalen und Glissandi, die mit immer neuen überraschenden Klangeffekten die Brücken zwischen den feinen, sonor klingenden melodischen Passagen herstellen. »Ein grandioses Alterswerk eines grandiosen Tonkünstlers«, urteilte ein Kritiker, der sich der Mode, den Komponisten als veraltet abzutun, nicht anschloß.

Messe de Requiem für Soli, Chor, Orgel und Orchester, Opus 54, 8 Teile, entstanden 1878

Mit klagendem Klang der Streicher und Hörner setzt das Werk ein, das anschließende Lux perpetua wird von einer zarten lyrischen Passage eingeleitet, ein achtstimmiges Fugato gestaltet das Kyrie zur inständigen Bitte. Das folgende Dies irae wird durch seinen majestätischen Vollklang des Orchesters und der Orgel zum Höhepunkt des Werks. Mit schlichter klangreicher Diktion werden die folgenden Sätze vorgetragen, auch das Sanctus ist anspruchslos, erst das Benedictus mit seinen Holzblasinstrumenten und Harfen und dem gedämpft singenden Chor betritt mystische Klangbereiche, die im abschließenden Agnus voll zur Geltung kommen und das Werk zu den eigentümlichsten Schöpfungen des Komponisten prägen.

LITERATUR

J. Chantaboine, Camille Saint-Saëns, Paris 1947. S.T. Ratner, The Piano Works of Saint-Saëns, 1972. E.R. Harkins, The Chamber Music of Saint-Saëns, New York 1976.

Branimir Sakač (geboren 1918)

LEBEN

Branimir Sakač wurde am 5.6.1918 in Zagreb geboren. Nach Studium an der Musikakademie seiner Geburtsstadt arbeitete er einige Jahre am Rundfunk. Dann widmete er sich nur mehr seinem kompositorischen Schaffen.

WERKE

Bei seinen Kompositionen wandte Branimir Sakač die Techniken der Neuen Musik als einer der ersten seiner Heimat konsequent an und fand dafür einen beachtlich weiten Publikumskreis. Er schrieb unter anderem »Episode« und »Räume« für Orchester, »Studien I« für Klavier und Schlagzeug, »Strukturen I« für Kammerensemble, »Aleatorische Praeludien« für Klavier und Tonband, »Die Apokalyptischen Reiter« für Tonband, »Matrix-Sinfonie« für Rezitation, Sänger und Orchester und »Synthana« für elektronische Apparate.

Synthana, elektronische Komposition, entstanden 1973

Nach der Äußerung des Komponisten hielt er beim Entstehen und Präsentieren des Werks den Tonerzeuger unter strenger Kontrolle, damit dieser ohne Abweichung seine Emotion und Vorstellung durch Qualität, Intensität und Dauer wiedergab. Die »Maschine« wurde so in seiner Hand zum beherrschten Musikinstrument.

Nicola Sala (1713–1801)

ZEIT UND UMWELT

Der intensive Lehrbetrieb der vier außerordentlich leistungsfähigen Konservatorien in Neapel, an denen die bedeutendsten Komponisten und Musikwissenschafter, die zumeist selbst aus den Lehranstalten hervorgegangen waren, wirkten, bildete die Kraftquelle für die Musikentwicklung der Stadt, nahezu in keiner anderen Metropole waren Unterricht und Musikleben so eng miteinander verflochten.

LEBEN

Nicola Sala wurde am 7. 4. 1713 in Tocco-Caudio bei Benevento geboren. Er war ab 1732 am Conservatorio della Pietà de'Turchini Schüler von Nicola Fago und Leonardo Leo. Nach seiner Ausbildung wirkte er selbst an diesem Konservatorium als Lehrer, wurde 1787 »Primo maestro« (Erster Lehrer) und starb am 31. 8. 1801 in Neapel.

WERKE

Neben einer Anzahl Opern verfaßte Nicola

Sala Kantaten für Hoffeste, vokale Kanons, verschiedene Kirchenmusik – darunter eine berühmte Messe – und ein Oratorium.

LITERATUR

S. di Giacomo, I quattro antichi conservatori musicali di Napoli, Palermo 1924–28.

Oskar Sala (geboren 1910)

LEBEN

Oskar Sala wurde am 18.7.1910 in Greiz, Thüringen, geboren. Er studierte in Berlin, wo er ab 1930 mit Friedrich Trautwein (11.8. 1888, Würzburg, bis 20.12.1956, Düsseldorf) an der Entwicklung des Trautoniums, das dieser konstruiert hatte, mitarbeitete. In den Jahren 1949 bis 1952 wurde das sogenannte Mixtur-Trautonium erarbeitet, für das er eine Anzahl Kompositionen schrieb. Von 1957 bis 1959 wirkte er als Lehrer am Mikrophonstudio des Konservatoriums der Stadt Berlin und unterhält seitdem ein eigenes elektronisches Studio.

WERKE

Elektronische Tonerzeuger eroberten seit der Mitte unseres Jahrhunderts ein immer weiteres Terrain. Oskar Sala schrieb für elektronisches Orchester ein »Concertino«, »Konzertante Variationen«, »Musik für elektronisches Schlagwerk«, »Konzert für Mixturtrautonium und elektronisches Schlagwerk«, sowie »Elektronische Tanzsuite«. Er publizierte eine Anzahl Traktate über elektroakustische Probleme.

Salamone de'Rossi Ebreo
(um 1565 bis um 1630)

LEBEN

Salamone de'Rossi Ebreo wurde um 1565 in oder bei Mantua geboren. Er stammte aus einer Kantorenfamilie, in der Musikpflege und Tempelgesang zur Berufsausübung gehörten. Seine Schwester war unter dem Namen Madama Europa bekannt, weil sie im Jahre 1608 anläßlich der Hochzeitsfeierlichkeiten im Haus Gonzaga die Rolle der Europa in der Oper Arianna von Claudio Monteverdi gesungen hatte. Salamone de'Rossi Ebreo, der als Violinist und Komponist in Mantua eine beträchtliche Beliebtheit erreicht hatte, wurde 1588 vom regierenden Herzog Vincenzo I. Gonzaga als Hofmusiker aufgenommen und behielt diese Position auch unter den Nachfolgern Ferdinando (1587–1626) und Vincenzo II. (1594 bis 1627). Da beide Herzöge ohne Nachkommen verstorben waren, brach 1628 der Nachfolgestreit um Mantua aus, in dessen Verlauf Rossi um 1630 gestorben ist.

WERKE

In den Tempeln waren Instrumente und Mehrstimmigkeit untersagt und nur ausnahmsweise bei Hochzeitsfeierlichkeiten zugelassen. Daher erregte Salamone de'Rossi Ebreo bei der jüdischen Orthodoxie mit seiner Sammlung hebräischer Psalmen und Gebete »Schirim Ascher Li'Schlomoh« starken Anstoß. Sie sind stilistisch konservativ im Rahmen der Renaissancepolyphonie gehalten. Dem Frühbarock gehörten seine Instrumentalstücke an, die er mit jüdischen Musikern außerhalb des Ghettos selbst als Geiger dirigierte.
Gedruckt sind von ihm erschienen: 4 Bücher Instrumentalstücke, ein Buch Canzonetten, 7 Bücher Madrigale. Rossi hat für die Entwicklung der Instrumentalvariation einen großen Beitrag geleistet.

LITERATUR

A. Holde, Jews in Music, New York 1959.

Esteban Salas y Castro (1725–1803)

ZEIT UND UMWELT

Die von Christoph Kolumbus (1446–1506) im Jahr 1492 entdeckte Insel Kuba wurde für Spanien erobert und bildete wegen ihrer strategischen Lage ein ständiges Streitobjekt der Kolonialmächte. Das wirkte sich auf die wirtschaftliche und kulturelle Entwicklung der Kolonie sehr ungünstig aus. Erst im 18. Jahrhundert kam es zu einem Aufschwung auf allen Gebieten. Das 1514 am Südostende der Insel gegründete Santiago de Cuba war ursprünglich Hauptstadt der Kolonie, mußte aber 1689 den Rang an La Habana abtreten. Das kulturelle Leben in den Städten der Insel war vorwiegend von Mexiko abhängig.

LEBEN
Esteban Salas y Castro wurde am 25. 12. 1725 in La Habana geboren. Er studierte in seiner Vaterstadt Orgel, Komposition, gregorianischen Gesang, Philosophie, Theologie und kanonisches Recht und wurde Kleriker. Im Jahr 1763 wurde er als Kapellmeister an die Kathedrale von Santiago de Cuba berufen und wirkte dort als Reorganisator des gesamten Musikwesens bis zu seinem Tod am 14. 7. 1803.

WERKE
Von Esteban Salas y Castro ist eine Reihe von Autos sacramentales und Tonadillas erhalten. Seine sakrale Musik bestand aus 8 Messen, 12 Responsorien, 5 Psalmen, 3 Proprien, 2 Litaneien, 8 Lectiones, 5 Hymnen, 7 Sequenzen, 2 Motetten, 3 Passionen, 29 Versetten und 52 Villancicos. Sein Stil erinnert an die neapolitanische Schule; bei größeren Werken zog er zu Streichern und Generalbaß Flöten und Oboen heran. Kontrapunktische Passagen sind nicht selten.

LITERATUR
A. Carpentier, La Música en Cuba, Mexiko 1946.

Baltasar Saldoni (1807–89)

ZEIT UND UMWELT
Eines der ersten Anzeichen für den Einzug der Romantik in Spanien war das Entstehen von Instrumentalstücken mit bestimmten Titeln. Wenn auch programmatische Titel allein noch nicht für eine echte Programmmusik ausreichten, so kündigten sie doch eine bestimmte Widmung an.

LEBEN
Baltasar Saldoni wurde am 1. 1. 1807 in Barcelona geboren. Er war Schüler von Francisco Andreví und der Escolanía von Montserrat. Als 1830 in Madrid das Real Conservatorio gegründet wurde, bestellte man ihn zum Elementargesanglehrer und 1840 zum Ersten Gesangprofessor. Er betreute diese Stelle bis zu seinem Tod am 3. 12. 1889.

WERKE
Von Baltasar Saldoni sind 3 italienische Opern und 6 Zarzuelas aufgeführt worden. Seine interessanteste Komposition ist die Sinfonie »A mi patria« (An meine Heimat) für Orchester, Militärmusik und Orgel, die eine Vorstufe zur Programmsinfonie darstellte. Er schrieb außerdem einige Kirchenmusik, Chöre und Lieder. Seine schriftstellerische Tätigkeit war der spanischen Musikgeschichte und dem Gesangunterricht gewidmet.

John Bernhard Sale (1779–1856)

ZEIT UND UMWELT
Die sterile Erstarrung der englischen Kirchenmusik um die Wende des 18. Jahrhunderts wurde mindestens zum Teil von den Universitäten Cambridge und Oxford, aber noch viel mehr von den Kapellen des Hofs in London und Windsor verschuldet.

LEBEN
John Bernhard Sale wurde am 24. 6. 1779 in Windsor geboren. Er war Chorist an St. George's Chapel in Windsor, sodann im Eton College. Bei mehreren Three Choirs Festivals von Hereford wirkte er als Erster Sopran. Im Jahr 1803 war er Mitglied der Chapel Royal, 1809 Organist an St. Margaret's; 1826 wurde er Musiklehrer der Prinzessin Victoria (1819 bis 1901), der nachmaligen Königin, und 1838 Organist der Chapel Royal. Er starb am 18. 9. 1856 in London.
Sein Vater John Sale (1758, London, bis 11. 11. 1827, London) war ab 1767 Sänger an St. George's Chapel in Windsor. 1788 wurde er Gentleman der Chapel Royal und 1800 Chorleiter an St. Paul's in London. Er war als vorzüglicher Bassist bekannt.

WERKE
Von John Bernhard Sale sind Chants, Psalmen, mehrere Kyrie, ferner Glees, Songs und Duette bekannt geworden.
John Sale war wegen seiner Glees berühmt, die viel gesungen wurden.

François Sales (um 1540–99)

ZEIT UND UMWELT
Obschon die habsburgischen Hofkapellen in Österreich im 16. Jahrhundert immer mehr italienische Musiker aufnahmen, waren Sänger aus dem niederländischen Raum, wo die Statthalter ebenfalls gut besetzte Kapellen hielten, immer willkommen. Die hohe Qualität der Sängerschulen in den Niederlanden wurde von den Kapellmeistern sehr geschätzt.

LEBEN
François Sales (Franciscus Sale, Sole) wurde um 1540 in Namur geboren. Über seine Tätigkeit in den Niederlanden ist nichts bekannt. Von 1580 bis 1587 war er Sänger an der Hofkapelle in Innsbruck und sodann bis 1591 an der Stiftskirche in Hall in Tirol, die zum Adeligen Damenstift der Stadt gehörte, in das sich häufig Prinzessinnen des Hauses Habsburg in vorgerückten Jahren zurückzogen. Ab 1591 bis zu seinem Tod am 15. 7. 1599 wirkte er als Sänger an der Hofkapelle in Prag.
Sein Bruder Nicolas Sales (um 1542, Namur, bis 5. 4. 1606, Stuttgart) wirkte ab 1565 bis zu seinem Tod an der Hofkapelle in Stuttgart.

WERKE
Der flämische Kirchenkomponist François Sales veröffentlichte ein Buch mit fünf- bis siebenstimmigen Messen, außerdem Motetten, Canzonetten, Marienlieder und eine Anzahl anderer sakraler Gesänge. Er erweist sich in allen seinen Kompositionen als niederländischer Musiker von Rang.
Von Nicolas Sales sind keine Kompositionen überliefert.

Pietro Pompeo Sales (um 1729–97)

ZEIT UND UMWELT
Die Hofkapelle des Kurfürsten von Trier, die ursprünglich in Ehrenbreitstein und später in Koblenz wirkte, zählte im 18. Jahrhundert zu den bedeutendsten des deutschen Sprachraumes. Sie hielt sehr engen Kontakt mit dem Mannheimer Orchester und übernahm einige dort ausgebildete Musiker, so daß sie die exakte Interpretation, die neue Dynamik und die scharf ausgeprägte Rhythmik, die die Mannheimer auszeichneten, nachahmen konnte.

LEBEN
Pietro Pompeo Sales wurde um 1729 in Brescia geboren. Er studierte in Innsbruck und dirigierte darauf eine italienische Operntruppe. Im Jahr 1756 wurde er Fürstbischöflicher Hofkapellmeister in Augsburg, 1758 Mitglied der Accademia Filarmonica in Bologna, wo er bei Padre Martini einigen Unterricht nahm. Er konnte seinen Namen als Gambenvirtuose durch Konzertreisen in Italien bekannt machen. 1770 kehrte er nach Augsburg zurück und wurde zugleich Kurfürstlicher Hofkapellmeister des Fürsterzbischofs von Trier in Ehrenbreitstein und später in Koblenz. 1776 war er in London als Gambist aufgetreten. Der französische Einmarsch 1797 vertrieb ihn aus Koblenz. Er floh nach Hanau, wo er noch im selben Jahr am 21. 11. starb.

WERKE
Von Pietro Pompeo Sales sind Cembalosonaten, Sinfonien, Instrumentalkonzerte, Oratorien, verschiedene Kirchenmusik und Opern überliefert. Die Kompositionen sind im italienischen Stil der Zeit geschrieben. Von den neuen Fakturen der Vorklassik hat er nichts übernommen, mit Ausnahme bei seiner Cembalomusik, die fortschrittlich war. Gambenmusik ist keine überliefert.

François de Sales Baillot (1771–1842)

Zeit und Umwelt

Im Gegensatz zu den mitteleuropäischen Städten kam es in Paris erst im zweiten Jahrzehnt des 19. Jahrhunderts zu einem öffentlichen Quartettspiel im Konzertsaal. Bis dahin wurden das Streich- und das Klavierquartett nur als Hausmusik gepflegt. Ständige Quartettensembles gab es aber noch nicht; die Spieler waren zumeist Virtuosen ihres Instruments, die sich gelegentlich zusammenfanden. Es mußte noch einige Zeit vergehen, bis echte »Quartette« entstanden, in denen die Mitglieder ihre Musik, sorgfältig gegeneinander abgewogen, vortrugen.

Leben

Pierre Marie François de Sales Baillot wurde am 1.10.1771 in Passy bei Paris geboren. Nach seiner Ausbildung zum Violinisten in Paris und Rom brachte ihn Giovanni Battista Viotti (1755–1824) am Théâtre Feydeau in Paris als Ersten Violinisten unter. Er wechselte aber bald in eine Stelle im Finanzministerium über und vollendete neben seinem Dienst seine Ausbildung am Conservatoire unter Charles Simon Catel, Antonín Rejcha (1770–1836) und Luigi Cherubini (1760–1842); er wurde sodann selbst Violinlehrer dieses Unterrichtsinstituts. Ab 1802 unternahm er Konzertreisen durch Frankreich, die Niederlande, England, Italien und nach Rußland. Er wurde Soloviolinist des Kaisers, der Pariser Oper und der Könige Karl X. (1757–1836) und Louis Philippe (1773–1850). Im Jahr 1814 veranstaltete er in Paris die ersten öffentlichen Quartettaufführungen und begründete damit diese für die Stadt neue Musikgattung. Er starb am 15.9.1842 in Paris.

Werke

Außer seinen berühmten Schulwerken schrieb der bedeutende Violinist François de Sales Baillot 9 Violinkonzerte, ungefähr 30 Variationenwerke, 12 Präludien für Violine, Capricen und 24 Etüden für zwei Violinen, Nokturnen, 15 Trios für Violinen und Baß, kleinere Werke für Violine und Orchester, 3 Streichquartette und eine konzertante Sinfonie für zwei Violinen und Orchester. Seine Kompositionen sind vor allem virtuos.

Literatur

P. Soccane, Un maître du quatuor: Pierre Baillot, in: Guide du concert 1938.

Luis Salgado (geboren 1903)

Leben

Luis Humberto Salgado wurde am 10.12.1903 in Cayambe, Ecuador, geboren. Er war bis 1928 Schüler des Konservatoriums in Quito und wirkte von 1934 bis 1952 als Professor und Leiter dieser Lehranstalt. Seitdem lebt er als freischaffender Komponist in Quito.

Werke

Außer 3 Opern, einer Operette, einem Melodram und mehreren Balletten schrieb Luis Salgado 6 Sinfonien, eine sinfonische Dichtung, ein Violinkonzert, ein Bratschenkonzert, 3 Klavierkonzerte, ein Bläserquintett, ein Klavierquintett, 2 Streichquartette, 3 Klaviersonaten, weitere zahlreiche Klavierwerke und mehrere Chorwerke.

Antonio Salieri (1750–1825)

Leben

Antonio Salieri wurde am 18. 8. 1750 in Legnago bei Verona geboren. Er wurde Alumnus des Markusdomes in Venedig und erhielt dort von Giovanni Battista Pescetti seine Ausbildung. Florian Leopold Gaßmann wurde 1766 auf ihn aufmerksam, brachte ihn nach Wien, vervollständigte seine Ausbildung und führte ihn bei Hof ein. Salieri hatte mit seiner ersten Oper Erfolg und wurde nach Gaßmanns Tod (1774) Kammerkompositeur und Kapellmeister der italienischen Oper. Nach seinem Aufenthalt in Italien und Paris, wo er mit Opern erfolgreich war, wurde er 1788 in Wien Kaiserlicher Hofkapellmeister, legte aber 1790 die Leitung der Oper nieder und wirkte nur noch als Dirigent der Hofsängerkapelle und als Opernkomponist. Er starb am 7. 5. 1825 in Wien.

Antonio Salieri, Stich von A. Ehrenreich

Werke
Der Name Antonio Salieri ist in der Musikgeschichte mit dem von Wolfgang Amadeus Mozart eng verknüpft. Ihm wird ein Großteil der Schuld an dessen wirtschaftlicher Erfolglosigkeit zur Last gelegt. Es dürfte richtig sein, daß er die Bedeutung des Konkurrenten erkannte und fürchtete und daher manche Intrige gesponnen hat. Die Heftigkeit der Anschuldigungen, die sich bis zum Mordverdacht steigerten, läßt vermuten, daß die Kreise, die alles taten, Mozart das Leben schwer und nahezu unmöglich zu machen, einen Sündenbock benötigten. Er hat für Mozart nichts getan. Was aber haben die anderen getan? Er besaß großen Einfluß auf das Wiener Musikleben und hätte sich für Mozart verwenden können. Das steht außer Zweifel. Es hätte genügend Möglichkeiten gegeben, Mozart eine Anstellung zu verschaffen. Außerdem leitete er die Konzerte der Tonkünstlersozietät erst ab 1795 und wurde erst 1817 Oberleiter des Wiener Konservatoriums.
Das kompositorische Werk von Antonio Salieri bestand aus 39 Opern, mehreren Oratorien, Messen, einem Requiem, Kantaten, 4 Te Deum, 2 Heften mit Kanons und mehreren Instrumentalstücken. Seine gesamte Musik war leicht und flüssig im Sinn der italienischen Vorklassik, die auf die Vorromantik hinzielte.

Literatur
G. Magnani, Antonio Salieri, Legnago 1934.

Wadim Salmanow (1912–78)

Leben
Wadim Nikolajewitsch Salmanow wurde am 22.10.1912 in St. Petersburg geboren. Er studierte bei Michail Gnessin am Konservatorium in St. Petersburg bis 1941 und wirkte ab 1945 als Assistent am Gnessin-Institut in Moskau. Von 1947 bis 1951 war er Leiter der Kompositionsabteilung des Konservatoriums in Leningrad, wurde dort 1951 Dozent, 1961 Professor und starb am 27.2.1978.

Werke
Außer einem Ballett schrieb Wadim Salmanow 3 Sinfonien, eine »Kindersinfonie«, 2 sinfonische Bilder, ein Violinkonzert, eine Sonate für Klavier und Streicher, 4 Streichquartette, 2 Klaviertrios, 2 Violinsonaten, Klavierstücke, ein Oratorium, ein sinfonisches Gedicht für Sopran und Orchester, Chöre, Bühnen- und Filmmusiken.

Erkki Salmenhaara (geboren 1941)

Leben
Erkki Salmenhaara wurde am 12.3.1941 in Helsinki geboren. Er war von 1958 bis 1963 an der Sibelius-Akademie seiner Geburtsstadt Schüler von Joonas Kokkonen und studierte außerdem in Wien bei György Ligeti. Seit 1966 wirkte er als Lektor an der Universität in Helsinki, promovierte 1969 und wurde 1975 Professor. Seit 1969 ist er Vizepräsident der Finnischen Gesellschaft für Musikwissenschaft und war 1974–76 Präsident des Finnischen Komponistenverbandes.

Werke
Von Erkki Salmenhaara sind 4 Sinfonien, eine

sinfonische Dichtung, 4 Elegien für Kammermusik, ein Bläserquintett, ein Streichquartett, eine Legende für Harfe, ein Duo für zwei Violinen, 2 Klaviersonaten, mehrere Kantaten, Chöre und Lieder, außerdem Elektronische Musik bekannt geworden.

Franz Salmhofer (1900–75)

LEBEN
Franz Salmhofer wurde am 22. 1. 1900 in Wien geboren. Er war in Wien Schüler von Franz Schreker, Franz Schmidt und Guido Adler. Er wirkte von 1929 bis 1939 als Dirigent am Burgtheater, als Direktor von 1945 bis 1955 an der Staatsoper und anschließend bis 1963 an der Volksoper in Wien, wo er am 22. 9. 1975 starb.

WERKE
Neben 3 Opern und 4 Balletten schrieb Franz Salmhofer ungefähr 300 Bühnenmusiken und Filmmusik, ferner 2 Sinfonien, eine sinfonische Dichtung für Sprecher und Orchester, einen sinfonischen Prolog, ein Violinkonzert, ein Trompetenkonzert, einen Liederzyklus und zahlreiche einzelne Lieder. Sein Stil war spätromantisch.

Sigmund Salminger (um 1500–54)

LEBEN
Sigmund Salminger (Salbinger, Salblinger) wurde um 1500 in München geboren. Er trat dem Franziskanerorden bei, verließ ihn aber bereits in der ersten Reformationszeit, heiratete und kam 1527 nach Augsburg. Dort schloß er sich einer Wiedertäufergruppe an, kam als Sektierer in Haft, mußte 1530 abschwören und wurde ausgewiesen. Einige Jahre darauf durfte er wegen seines Wohlverhaltens zurückkehren, erhielt eine Stelle als Schullehrer und dann als Stadtpfeifer. Auch der Buchhandel wurde ihm gestattet. Er ist im Jahre 1554 gestorben.

WERKE
Das Hauptverdienst Sigmund Salmingers besteht in der Sammlung und Herausgabe von anderswo nur selten anzutreffenden Komponisten und deren Stücken. Außerdem veröffentlichte er die erste vollständige Ausgabe der Psalmen in deutscher Sprache mit Melodien und dem Titel: »Der gantz Psalter«. In seinen Publikationen von Vokalmusik sind auch eigene Kompositionen eingestreut, die von einer hohen Musikalität und Kompositionstechnik des Meisters sprechen.

Siegfried Salomon (1816–99)

ZEIT UND UMWELT
Seit dem Wirken Emil Hartmanns hatte sich die national-dänische Musikentwicklung bald fest etabliert und nahm am europäischen Musikgeschehen als selbständiger Zweig, wenn auch im engen Kontakt besonders mit der Musik Deutschlands und der skandinavischen Länder, teil. Ein markantes Anzeichen dafür war das Wirken dänischer Musiker als Interpreten und Lehrer im Ausland.

LEBEN
Siegfried Saloman (Salomon) wurde am 2. 10. 1816 in Tønder (Tøndern), Schleswig, geboren. Er war Schüler von Emil Hartmann in Kopenhagen und Karol Lipiński in Dresden. Ab 1847 ging er auf Konzertreisen und ließ sich 1859 in St. Petersburg als Virtuose und Lehrer nieder. Ab 1879 lebte er in Stockholm, wo er am 22. 7. 1899 starb. Er war mit der berühmten Sängerin und Gesanglehrerin Henriette Nissen (12. 3. 1819, Göteborg, bis 27. 8. 1879, Bad Harzburg) verheiratet.

WERKE
Von Siegfried Saloman sind 7 Opern aufgeführt worden. Er schrieb ferner Ouvertüren, brillante Violinstücke und Lieder auf verschiedensprachige Texte vorwiegend für seine Frau. Seine Kompositionen gehören der dänischen Romantik an.

Johann Peter Salomon (1745–1815)

ZEIT UND UMWELT
Prinz Heinrich von Preußen, Bruder Fried-

richs des Großen, versammelte in Rheinsberg einen geistigen Kreis um sich, der aufklärerisches und frankophiles Ideengut vertrat, außerdem eine Kapelle aus fähigen Musikern.

LEBEN
Johann Peter Salomon wurde am 20. 2. 1745 in Bonn getauft. Er war von 1758 bis 1764 als Violinist Mitglied des Kurfürstlichen Orchesters in Bonn, dann nach einer Konzertreise Konzertmeister des Prinzen Heinrich von Preußen in Rheinsberg. Im Jahr 1781 ging er nach London, wo er als Violinist, Konzertmeister und später als Konzertunternehmer tätig war. Er suchte Joseph Haydn 1790 in Wien auf und hatte maßgeblichen Anteil an dessen Reisen nach London. Er starb am 25. 11. 1815 in London.

WERKE
Von Johann Peter Salomon sind ein Oratorium, 6 Sonaten für Violine und Cello, 6 Soli für Violine und Cello und mehrere Gesangsstücke erhalten. Er arrangierte 24 Sinfonien von Joseph Haydn für Streichquintett. Als Konzertunternehmer war er der Besteller der letzten 12 Sinfonien und der letzten Streichquartette von Joseph Haydn.

Johann Peter Salomon, Stich von G. S. Facius

Joseph François Salomon
(um 1661–1731)

LEBEN
Joseph François Salomon wurde um 1661 in der Provence geboren. Er war von 1680 bis 1683 Cembalist der Königin Marie Thérèse und bis 1727 Violist der Kammermusik König Ludwigs XV. Er starb in Versailles im Jahr 1731.

WERKE
Der französische Instrumentalist und Komponist Joseph François Salomon verfaßte eine Anzahl Motetten und außerdem 2 Opern mäßigen Wertes, die in Versailles aufgeführt wurden.

Tadeáš Salva (geboren 1937)

LEBEN
Tadeáš Salva wurde am 22.10.1937 in Lúčky bei Ružomberok, Slowakei, geboren. Er war an der Musikakademie in Preßburg Schüler von Ján Cikker und in Warschau von Bolesław Szabelski und Witold Lutosławski. Von 1965 bis 1968 leitete er die Musikabteilung der Rundfunkstation in Košice, dann wurde er Dramaturg des Fernsehstudios in Preßburg.

WERKE
Außer einem musikalischen Märchen schrieb Tadeáš Salva eine »Sinfonie der Liebe« für Chor, Rezitator, drei Oboen, Kontrabaß, Horn, Klavier und Schlagzeug, ein »Konzert« für Klarinette, vier Stimmen, Rezitator und Schlagzeug, ein »Requiem« für drei Chöre, drei Rezitatoren, Blechbläser, sechs Pauken, Schlagzeug und Orgel, ein Konzert für Cello und Kammerorchester, ein Te Deum für Orgel, eine »Glagolitische Messe« für Soli, Chor, zwei Harfen, drei Oboen, Blechbläser, Schlagzeug und Orgel, mehrere Chöre und Lieder und Elektronische Musik.

Carlos Salzedo (1885–1961)

LEBEN
Carlos León Salzedo wurde am 6.4.1885 in Arcachon, Gironde, geboren. Er wurde zunächst in Bordeaux ausgebildet und studierte sodann am Conservatoire in Paris bei Charles Wilfrid de Bériot Klavier und bei Alphonse Jean Hasselmans Harfe. Von 1909 bis 1913 war er Harfenist an der Metropolitan Opera in New York; 1921 gründete er mit Edgar Varèse die International Composers' Guild zur Pflege der Gegenwartsmusik, wurde sodann 1934 Professor am Curtis Institut in Philadelphia und gründete 1931 in Camden, Me., von Harfenisten der ganzen Welt besuchte Sommerkurse für Harfenspiel. Er starb am 17.8.1961 in Wateville, Me.

WERKE
Zahlreiche Kompositionen von Carlos Salzedo sind der Harfe gewidmet; er forderte von den Interpreten schwer zu bewältigende Klangeffekte. Sein Stück »Wirbelwind« ist voll schwieriger Glissandi. Außerdem schrieb er ein Konzert für Harfe und sieben Bläser, ein Harfenkonzert, eine sinfonische Dichtung, »Schwanengesang« für Singstimme, Harfe und Cello und weitere Lieder und Chöre. Er veröffentlichte mehrere didaktische Werke für den Harfenunterricht.

Crescentino Salzilli
(um 1580 bis nach 1616)

ZEIT UND UMWELT
Die Musikschule De'Poveri di Gesù Cristo wurde 1589 von den Franziskanern für neapolitanische Findelkinder gegründet, die man in den Elementarfächern und in Musik unterrichtete. Sie existierte in ihrer ursprünglichen Form bis 1744 und brachte eine beträchtliche Zahl bedeutender Musiker hervor.

LEBEN
Crescentino Salzilli wurde um 1580 vermutlich in Neapel geboren und wahrscheinlich in der Musikschule De'Poveri di Gesù Cristo ausgebildet. Über sein weiteres Leben und Wirken ist nichts bekannt. Er dürfte nach 1616 in Neapel gestorben sein.

WERKE
Vom italienischen Komponisten Crescentino Salzilli sind 3 Madrigale und 3 Bücher Canzonetten veröffentlicht worden.

Eric Salzman (geboren 1933)

LEBEN
Eric Salzman wurde am 8.9.1933 in New York geboren. Er war an der Columbia University in seiner Vaterstadt Schüler von Otto Luening, Vladimir Ussachevsky, William Mitchel (21.11.1906, New York, bis 17.8.1971, Binghamton, N. Y.) und Jack Hamilton Beeson (geboren 15.7.1921, Munice, Ind.), an der Universität in Princeton, N. J., von Roger Sessions und Milton Babbitt; Kurse über Musikwissenschaft absolvierte er bei Oliver Strunk (22.3.1901, Ithaka, N. Y., bis 24.2.1980, Grottaferrata, Italien), Arthur Mendel (6.6.1905, Boston, bis 14.10.1979, Newark, N. J.) und Nino Pirrotta (geboren 13.6. 1908, Palermo). Im Jahr 1957 ergänzte er seine kompositorische Ausbildung bei Goffredo Petrassi in Rom und bei Karlheinz Stockhausen in Darmstadt. Darauf war er bis 1966 in New York als Musikkritiker tätig. Seitdem wirkt er als Lehrer und als Direktor der Hunter-College-Konzerte in New York.

WERKE
Neben einem Multimedia für die Ausstellung des Naturhistorischen Museums in New York, dem aleatorischen Stück »Das elektrische Ohr«, einem Multimediawerk für Tonband und Filme schrieb Eric Salzman Inventionen für Orchester, »Lob der Eule und des Kuckucks« für Sopran, Gitarre und Kammerensemble, »Verse und Lieder« für vier Stimmen und verschiedene Instrumente mit elektronischer Verstärkung, »Verse I, II, III, IV« für Stimme, Gitarre und Tonband, ein Stück für Tonband, ein Streichquartett und eine Partita für Violine solo.

Luis Sambucetti (1860–1926)

LEBEN
Luis Sambucetti wurde am 29.7.1860 in Montevideo geboren. Nach seiner Ausbildung in der Heimat wurde er in Paris Schüler des Violinpädagogen Hubert Léonard (1819–90) sowie der Komponisten Jules Massenet (1842–1912) und Léo Delibes (1836–91). In seinen Geburtsort zurückgekehrt, wirkte er als Dirigent, Violinist und Musiklehrer; er gründete das Instituto Verdi als Musikschule, ein Streichquartett, eine Konzertgesellschaft und 1908 das Nationalorchester, das sich bald zu einem Klangkörper von Niveau entwickelte. Er starb am 7.9.1926 in Montevideo als eine der bedeutendsten Musikerpersönlichkeiten von Uruguay.

WERKE
Von Luis Sambucetti, der zu den Begründern des modernen Musiklebens in Uruguay zählte, sind neben einer Operette und einer Zarzuela die sinfonische Dichtung »San Francisco d'Assisi« und weitere Orchesterwerke bekannt geworden; besondere Beliebtheit errang sein Kammermusikwerk »Meditación religiosa« für Flöte, Streichquartett, Harmonium und Klavier. Er verfaßte außerdem zahlreiche Streichquartette, Klavier- und Violinstücke, Chorwerke und Lieder.

Lazar Saminski (1882–1959)

LEBEN
Lazar Semjonowitsch Saminski (Lazare Saminsky) wurde am 27.10.1882 in Wale-Gozulowo bei Odessa geboren. Er studierte bei Nikolai Rimski-Korsakow, Nikolai Tscherepnin und Anatoli Ljadow. Von 1915 bis 1918 dirigierte er das Sinfonieorchester in Tbilisi und unterrichtete am dortigen Konservatorium. Im Jahr 1919 verließ er Rußland und ließ sich 1920 in New York nieder, wo er 1924 Musikdirektor der Synagoge Emanu-El wurde. Er starb am 30.6.1959 in Port Chester, N. Y.

WERKE
Neben 4 Opern verfaßte Lazar Saminski 5 Sinfonien mit programmatischen Titeln – die letzte mit Chor –, ein sinfonisches Triptychon, ein Orchesterstück »Nach einer neuen Welt«, eine Suite für Violine und Orchester, ein Requiem, sakrale Musik, Gesänge, Lieder und Klavierstücke.

Giovanni Battista Sammartini (1700–75)

LEBEN
Giovanni Battista Sammartini (San Martino, San Martini), Bruder des Giuseppe Sammartini, wurde 1700 in Mailand geboren. Nach seiner Ausbildung zum Organisten und Dirigenten erhielt er 1728 die Kapellmeisterstelle an Sant'Ambrogio und bei der Congregazione del Santissimo Entierro (heiligstes Grab) an San Fedele. Zwischen 1761 und 1770 war er an mindestens sieben Kirchen in Mailand als Kapellmeister tätig, wo er am 15. 1. 1775 starb.

WERKE
Obgleich ein Großteil des kompositorischen

Giovanni Battista Sammartini

Schaffens von Giovanni Battista Sammartini verlorengegangen ist, profiliert das Erhaltene ihn dennoch als eine der bedeutendsten Gestalten der italienischen Instrumentalmusik des 18. Jahrhunderts. Überliefert sind etwa 15 Klaviersonaten, 24 Flötenduette, ungefähr 50 Sonaten für Violine oder Flöte mit Generalbaß, 187 Triosonaten, 20 Streichquartette, die auch mit Flöten und Streichern gespielt werden können, 78 Sinfonien, 17 Konzerte. An sakraler Musik liegen vor: 8 Karfreitagskantaten für Soli und Orchester, 3 Messen, 4 Messenfragmente, ein Miserere, 8 Psalmen und ein Magnificat. Außerdem schrieb Sammartini 3 Opern.

Konzert in C-Dur für Viola Pomposa und Streichorchester, 3 Sätze

Es handelt sich hier um die echte Viola Pomposa, eine fünfsaitige größere Viole, und nicht um das Violoncello piccolo, das Johann Sebastian Bach so benannte. Es sind nur 5 Stücke mit diesem Instrument überliefert: 2 von Georg Philipp Telemann, eines von Johann Gottlieb Graun, eines von Cristiano Giuseppe Lidarti und das vorliegende. Das Konzert hat reine Barockfaktur. Die beiden schnellen Sätze folgen mit vier Tutti- und drei Soloabschnitten dem von Antonio Vivaldi vorgezeichneten Muster. Der Mittelsatz bringt eine kantable Arie. Man sagte, daß Antonio Vivaldi es unterlassen habe, ein Konzert für Viola Pomposa zu schreiben und Giovanni Battista Sammartini dies an seiner Stelle nachgeholt habe.

Literatur

G. Barblan, Contributo alla biografia di Giovanni Battista Sammartini, in: Festschrift E. Schenk, Wien 1962.

Giuseppe Sammartini (um 1693–1751)

Leben

Giuseppe Sammartini, Sohn des Oboisten Alexis Saint-Martin (um 1660, Frankreich, bis nach 1720, Mailand), wurde um 1693 in Mailand geboren. Er war bis ungefähr 1726 wie sein Vater Orchestermitglied des herzoglichen Theaters in Mailand, ging sodann nach London, wo er von 1732 bis 1744 an verschiedenen Orchestern als Oboist wirkte. Darauf wurde er Kammermusikdirektor des Prince of Wales Frederick Louis (1707–51) und starb in der ersten Hälfte des Jahres 1751.

Werke

Der Oboist Giuseppe Sammartini gehörte in der ersten Hälfte des 18. Jahrhunderts zu den bedeutendsten Persönlichkeiten des Londoner Musiklebens. Sein kompositorisches Werk erstreckte sich vor allem auf die Instrumentalmusik. Es sind eine große Anzahl Concerti grossi, Sonaten für eine und mehrere Oboen, für Querflöten, für Violinen und Ouvertüren überliefert, außerdem im Manuskript Menuette, Lieder und Kantaten. Von dem – ihm zugeschriebenen – Oratorium »La calunnia delusa« (Die vereitelte Verleumdung) stammen nur eine Sinfonia und eine Arie von ihm selbst.

Konzert in F-Dur für Sopranblockflöte und Streicher, 3 Sätze

Die Faktur dieses Konzerts ist beispielgebend für die Technik des Komponisten. Das einleitende Allegro teilt dem Soloinstrument eine prächtige melodische Linie zu, mit der es Orchesterpausen des Satzes überbrückt. Das folgende Siciliano weicht zur Molltonart aus und bringt mit seinem reizenden Rhythmus viel bukolische Stimmung, und das Allegro assai des Finales brilliert mit virtuos weiten Sprüngen der Flöte.

Richard Sampson (um 1470–1554)

Zeit und Umwelt

Die Weigerung des Papstes Clemens VII., die Scheidung Heinrichs VIII. zu genehmigen, verlieh der antikirchlichen Partei in England großen Auftrieb. Kleriker wurden aus ihren staatlichen Stellungen gedrängt, und die völlige Abtrennung Englands von der katholischen Kirche leitete sich ein. Für die Musiker der Kapellen an den Kathedralen war die Umstellung weniger abrupt und einschneidend. Es blieb in vielen Fällen bei den alten Gesangstexten, die Entfernung von der alten Lehre erfolgte nur allmählich, soweit es sich nicht nur um rein organisatorische Angelegenheiten handelte.

LEBEN
Richard Sampson wurde um 1470 in England geboren. Der Kirchenkomponist und Kleriker wurde 1520 Dekan von St. Stephen's in Westminster, zwei Jahre darauf Kanonikus der St. Paul's Kathedrale und schließlich Dekan der Königlichen Kapelle. Im Jahre 1533 ernannte man ihn zum Dekan von Lichfield und 1536 von St. Paul's. Etliche Monate darauf wurde er Bischof von Chichester, und im Jahre 1543 verlieh ihm der König den Erzbischofssitz von Lichfield und Coventry. Er starb in Eccleshall am 25. 9. 1554.

WERKE
Vom kompositorischen Werk Richard Sampsons ist wenig erhalten. Es liegen nur eine fünfstimmige und eine vierstimmige Motette vor, von denen die letztere ein langer lateinischer Gesang zu Ehren des Königs ist. Aber auch diese schmale Hinterlassenschaft beweist, daß sich der Einfluß der franko-flämischen Schule am Beginn des 16. Jahrhunderts auch in England immer mehr bemerkbar machte.

Eugène Samuel-Holeman (1863–1942)

LEBEN
Eugène Samuel-Holeman wurde am 3. 11. 1863 in Brüssel geboren. Nach einem Studium der Philosophie wurde er Schüler des Konservatoriums in Gent. Darauf wirkte er als Pianist in Paris und wurde 1897 Orchesterleiter in Monte Carlo. Er starb am 25. 1. 1942 in Brüssel.

WERKE
Das kompositorische Schaffen von Eugène Samuel-Holeman war dem Impressionismus stark angenähert und ging sogar weit darüber hinaus. Er war einer der ersten Komponisten, die sich in das Gebiet der Atonalität wagten. Er verfaßte neben einigen nicht aufgeführten lyrischen Opern eine Sinfonie, ein Konzert für Harfe und Orchester, ein Te Deum, mehrere Lieder. Sein Mimodrama »Das junge Mädchen am Fenster« war für seine Entstehungszeit (1914) ausgesprochen avantgardistisch.

Giovanni Felice Sances (um 1600–79)

ZEIT UND UMWELT
Ferdinand III. eröffnete die Reihe der österreichischen Barockkaiser, jener musischen Herrscher, die, selbst Musiker und Dichter, aufgeschlossen für jede Art Kust, tatkräftige Förderer des Geistes- und Kunstlebens waren. Zu ihnen gehörten in der Folge Leopold I. (1640–1705) und Joseph I. (1678 bis 1711).

LEBEN
Giovanni Felice Sances (Sanci) wurde um 1600 in Rom geboren. Er war 1614 Sänger in Rom und anschließend in Bologna und Venedig, 1637 kam er als Tenorist zur Kaiserlichen Hofkapelle in Wien, wurde 1649 dort Vizekapellmeister und 1669 Hofkapellmeister. Er starb am 24. 11. 1679 in Wien.

WERKE
Der Italiener Giovanni Felice Sances, der zum österreichischen Komponisten geworden war, verwendete als erster die Bezeichnung Kantate für mehrteilige Sologesänge. Es sind zwei solcher Kantaten überliefert, außerdem ein- und mehrstimmige Motetten, Antiphonen, Psalmen und weitere Kirchenmusik – alles mit Generalbaß. Weitere sakrale Werke sind Manuskripte geblieben. An profaner Musik liegen vor: »Capricci poetici« und »Tratenimenti musicali«, sodann Oratorien, zum Teil mit Arien von Kaiser Leopold I., der sich auch an mehreren Opern von Giovanni Felice Sances als Textdichter und Komponist maßgebend beteiligte.

Adolf Sandberger (1864–1943)

LEBEN
Adolf Sandberger wurde am 19. 12. 1864 in Würzburg geboren. Er studierte in Würzburg, München und Berlin, wurde 1894 Privatdozent an der Universität München und 1909

ordentlicher Professor. An seiner Universität zählte er zu den großen Persönlichkeiten der Musikwissenschaft. Er starb am 14. 1. 1943 in München.

WERKE

Hinter den zahlreichen, äußerst wertvollen wissenschaftlichen Publikationen traten die Kompositionen von Adolf Sandberger weit zurück. Er schrieb 2 Opern - eine unvollendet -, einige Orchesterwerke, 2 Streichquartette, ein Klaviertrio, eine Triosonate, eine Violinsonate, Klavierstücke, Chöre und Lieder. Sein Stil war konservativ.

Pier Giuseppe Sandoni
(um 1680–1748)

LEBEN

Pier (Pietro) Giuseppe Sandoni wurde um 1680 in Bologna geboren. Er war Schüler von Giovanni Battista Bononcini und bereits mit 13 Jahren Organist an San Giacomo in Monte und von ungefähr 1701 bis 1706 an San Giacomo Maggiore in Bologna. Im Jahr 1702 wurde er in die Accademia Filarmonica in Bologna aufgenommen und war mehrmals deren Vorsitzender. Er machte Konzertreisen als Cembalist, unter anderem nach Wien, München und London, wo er in Händels Opernorchester spielte. Im Auftrag Händels holte er die italienische Opernsängerin Francesca Cuzzoni (1700–70), die er später heiratete, nach London. In London gab es zwischen seiner Frau und Faustina Bordoni schwere Rivalitätskämpfe, er selbst wurde in die Streitigkeiten zwischen Georg Friedrich Händel und seinen Konkurrenten hineingezogen. Im Jahr 1728 reiste er nach Wien und Venedig und kehrte 1734 wieder nach London zurück, 1740 ging er als Cembalist und Organist nach Amsterdam. Er starb im Jahr 1748. Der Ort seines Todes nicht bekannt.

WERKE

Der italienische Cembalist, Organist und Komponist Pier Giuseppe Sandoni verfaßte eine Anzahl Opern und Oratorien, Kammerkantaten, Cembalosonaten und 6 weitere Stücke für Cembalo. Im Mittelpunkt seines Schaffens stand wie bei vielen Komponisten seiner Zeit die Oper.

Pierre Sandrin (um 1500 bis um 1560)

ZEIT UND UMWELT

Als Ippolito d'Este 1539 Kardinal wurde und somit nach Rom übersiedelte, ließ er in dem klimatisch gesunden Tivoli eine Villa nach erlesenem Geschmack bauen. Seine Kapelle nahm er aus Ferrara mit und ergänzte sie wie die anderen Kardinäle mit Sängern aus der Sistina oder anderen Kapellen Roms. Wenn sich ein fähiger Musiker meldete, nahm er ihn bereitwillig auf, denn in Rom wurde ständig geklagt, daß die Kapellenmitglieder von den Palästen der Kardinäle und Adeligen abgeworben wurden.

LEBEN

Pierre Sandrin (eigentlich Pierre Regnault) wurde um 1500 vermutlich in der Picardie geboren. Er war in seiner Jugend wahrscheinlich Schauspieler und übernahm den Namen Sandrin einem Lustspiel seiner Zeit. Er wurde Musiker und trat um 1540 der Königlichen Kapelle bei, deren ständiger Komponist er wurde. Im Jahre 1554 berief ihn Kardinal Ippolito d'Este als Kapellmeister nach Tivoli, wo er vermutlich bis zu seinem Tod um 1560 blieb.

WERKE

Von Pierre Sandrin sind ein Madrigal und ungefähr 50 vierstimmige Chansons erhalten, die genau im Pariser Stil gehalten sind. Einige davon, wie zum Beispiel »Doulce mémoire« (Süße Erinnerung), sind sehr berühmt geworden.

LITERATUR

Fr. Lesure, Un musicien d'Hippolyte d'Este, Pierre Sandrin, Collectanea historiae musicae II, Florenz 1936.

Sven-David Sandström
(geboren 1942)

LEBEN
Sven-David Sandström wurde am 30.10.1942 in Motala, Schweden, geboren. Nach Studium der Musikwissenschaft und Kunstgeschichte an der Universität bildete er sich von 1968 bis 1972 an der Musikhochschule in Stockholm bei Ingvar Lidholm zum Komponisten aus. Er wirkt an derselben Lehranstalt als Assistent für Komposition.

WERKE
Von Sven-David Sandström sind unter anderem »Bilder« für Schlagzeug und Orchester, »Invention« für 16 Solostimmen, ein Konzert für Klarinette, Posaune, Cello und Schlagzeug, ein Stück für Klarinette, Posaune, Cello und Schlagzeug, 2 Orchesterstücke, ein Stück für Soloposaune, ein Stück für Blechbläser und eines für Kammerensemble, ein Posaunensextett, ein Lamento für drei Chorgruppen und vier Posaunen, ein Gesang für Sopran, Fagott, Violine und Harfe und weitere Vokalwerke, Instrumentalsoli, Orchesterstücke und Konzerte bekannt geworden.

Pietro Sanmartini (1636–1700)

LEBEN
Pietro Sanmartini (Sammartini, San Martino) wurde am 18. 9. 1636 in Florenz geboren. Er wurde Kleriker und erhielt 1686 die Stelle des Domkapellmeisters in seiner Geburtsstadt. Zugleich beanspruchte ihn der Großherzog als Kammermusiker für Laute, Cembalo und Orgel. Im Jahr 1692 ernannte ihn die Accademia Filarmonica in Bologna zu ihrem Mitglied. Er starb in Florenz am 31. 12. 1700.

WERKE
Vom italienischen Komponisten Pietro Sanmartini sind eine Sammlung einstimmiger Motetten und Sinfonien für zwei Violinen, Laute und Gambe erhalten. Die Sinfonien nehmen Stilformen des kommenden Jahrhunderts voraus.

Carlo Giuseppe Sanromano
(um 1630 bis nach 1680)

ZEIT UND UMWELT
Obwohl die Instrumentalmusik gegen die Mitte des 17. Jahrhunderts auch in die Kirchen Mailands eingezogen war, beherrschte der mehrstimmige Vokalsatz noch lange Zeit die Musik. Die Orgelbegleitung war in vielen Fällen nur eine Stimmverstärkung, selbständige Führungen waren verhältnismäßig selten. Traditionelle Formen und ältere Kontrapunktik, die auf akkordische Stimmung wenig Rücksicht nahm, gab es noch sehr häufig.

LEBEN
Carlo Giuseppe Sanromano wurde um 1630 in Mailand geboren. Er trat mit zwölf Jahren als Sopranist der Domkapelle in Mailand bei und wurde von Marc'Antonio Grancino ausgebildet. Mit achtzehn Jahren war er bereits Organist an der Chiesa dei Celestini, von 1650 bis 1655 in Casorate; darauf wirkte er als Kapellmeister und Organist an mehreren Kirchen der Stadt, so ab 1667 an Santa Maria presso Celso und von 1668 bis 1680 an Santa Maria della Passione. Er starb nach 1680 in Mailand.

WERKE
Der italienische Komponist Carlo Giuseppe Sanromano verfaßte ein- und mehrstimmige Motetten, unter dem Titel »Sirena sacra« fünfstimmige Motetten, Messen und Psalmen mit Orgel und eine »Armonia sacra« mit mehrstimmigen Motetten und Orgel.

Francesco Santa Croce
(um 1478–1556)

ZEIT UND UMWELT
Auch die kleineren Städte Italiens nahmen am geistigen Aufschwung der Renaissance lebhaft teil, der immer breitere Bevölkerungsschichten erfaßte. In jeder Stadt wirkten Gelehrte und Künstler und bildeten in gegebenem Rahmen kulturelle Zentren. Die Städte waren zumeist bis zum Ausgang des

Mittelalters selbständig gewesen und hatten, jede für sich, einen beachtlichen Schatz an Kulturgut geschaffen, der nunmehr in Abhängigkeit von einem stärkeren politischen und wirtschaftlichen Mittelpunkt zum fruchtbaren Ideenaustausch und Wettstreit innerhalb eines größeren Gebietes führte. Das trifft vor allem innerhalb des venezianischen Bereiches zu, wo alle diese Städte, wie Udine, Gemona, Treviso, Chioggia und andere, ihre Impulse zum weiteren kulturellen Aufstieg von der mächtigen Lagunenstadt erhielten.

LEBEN
Francesco Santa Croce (auch Francesco Patavino) wurde um 1478 in Santa Croce (Padua) geboren. Seine Laufbahn begann 1511 an der Domkapelle von Padua, wo er als Sänger eingestellt und ein Jahr darauf zum Priester geweiht wurde. Anschließend erhielt er in Treviso die Stelle eines Kapellmeisters, die er bis 1528 versah. Im Jahre 1529 wurde er Domkapellmeister in Chioggia, 1531 in Udine, 1533 in Gemona und 1537 neuerlich in Treviso. Ab 1551 war er Kanonikus an der Basilika in Loreto, wo er im Jahre 1556 starb.

WERKE
Von Francesco Santa Croce sind mehrere Stücke für Coro spezzato überliefert, frühe Beispiele der Verwendung mehrteiliger Chöre, die später gerade in der Musik Venedigs eine bedeutende Rolle spielten.

LITERATUR
G. D'Alessi, La cappella musicale del duomo di Treviso (1300–1633), Treviso 1954.

Orlando Santi (um 1570–1619)

ZEIT UND UMWELT
Als Francesco de'Medici (1541–87) starb, war sein einziger männlicher Nachkomme Filippo (1577–82) bereits verstorben. Von seinen legitimen Brüdern waren Ferdinando (1549–1609), der seit 1563 Kardinal war, und Pietro (1554–1604), der seine Frau ermordet hatte, am Leben. Da Pietro für die Nachfolge ungeeignet war, mußte der Kardinal die Großherzogwürde übernehmen.

LEBEN
Orlando Santi wurde um 1570 vermutlich in Florenz geboren. Im Jahr 1608 übernahm er vorübergehend die Kapellmeisterstelle am Hof des Großherzogs Ferdinando I. von Toskana, 1612 trat er nach Claudio Monteverdi die Kapellmeisterstelle in Mantua an, wo er im Juli 1619 starb.

WERKE
Der italienische Komponist Orlando Santi verfaßte 5 Bücher mit Madrigalen, eine Reihe Arien und Duette im Monteverdi-Stil, außerdem eine Oper, die in Mantua aufgeführt wurde.

Fortunato Santini (1778–1861)

LEBEN
Fortunato Santini wurde am 5.1.1778 in Rom geboren. Er war Schüler von Giuseppe Jannaconi und lebte – zurückgezogen in einem römischen Kloster – der Sammlung von zumeist älterer Musik, so daß er eine der reichsten Musikbibliotheken der Welt zusammenbrachte, die für die Musikgeschichtsschreibung von unschätzbarem Wert ist. Er machte sich auch dadurch verdient, daß er Musik von Georg Friedrich Händel und Johann Sebastian Bach dem italienischen Publikum näherbrachte. Er starb am 14.9.1861 in Rom.

WERKE
Sehr große Verdienste hat sich Fortunato Santini durch seine Sammeltätigkeit erworben; dagegen tritt seine kompositorische Leistung weit zurück. Sein Requiem, das Stabat mater und die Motetten sind im altrömischen Stil geschrieben, den ihm sein Lehrer vermittelt hatte.

Francesco Santoliquido (1883–1971)

LEBEN
Francesco Santoliquido wurde am 6.8.1883 in

San Giorgio a Cremano, Neapel, geboren. Er studierte am Liceo musicale di Santa Cecilia in Rom, lebte ab 1912 in Hammâmèt, Tunesien, und ab 1933 in Anacapri, wo er am 26.8.1971 starb.

WERKE

In den Werken von Francesco Santoliquido sind stellenweise Elemente arabischer Volksmusik aufgenommen; im großen und ganzen folgen sie dem französischen Impressionismus. Er schrieb außer 4 Opern und einem Mimodram eine Sinfonie, eine Reihe programmatischer Orchesterstücke, 2 Bläserquintette, ein Streichquartett, Stücke für Violine und Klavier, Klavierstücke, eine Messe für Chor und Orgel, eine Kantate und Gesänge.

Cláudio Santoro (1919–89)

LEBEN

Cláudio Santoro wurde am 23.11.1919 in Manáos, Brasilien, geboren. Nach seiner Ausbildung in Rio de Janeiro studierte er in Paris bei Nadia Boulanger. Er wirkte von 1939 bis 1946 als Kompositionslehrer an der Musikhochschule, von 1951 bis 1953 als Musikdirektor beim Rundfunk in Rio de Janeiro und von 1962 bis 1965 als Professor an der Universität in Brasilia. Seit 1970 war er Dozent für Komposition und Dirigieren an der Musikhochschule in Heidelberg-Mannheim. Er starb am 27.3.1989 in Brasilia.

WERKE

Außer 6 Balletten schrieb Cláudio Santoro 8 Sinfonien, Variationen über eine Zwölftonreihe, eine Trauerode und eine Anzahl weiterer Stücke für großes Orchester, für Streichorchester und für Kammerorchester, 2 Klavierkonzerte, ein Violinkonzert, ein Cellokonzert, Konzerte für Kammerorchester mit Klavier und mit Violine, ein Konzert für Flöte, Oboe, Klarinette, Trompete, Posaune, Klavier und Streicher, ein Bläserquintett, 7 Streichquartette, ein Streichtrio, ein Trio für Flöte, Bratsche und Cello, zahlreiche Sonaten mit Klavier für Violine, für Flöte, für Oboe, für Cello, für Trompete, ein Stück für Schlagzeug und Klavier, ein aleatorisches Stück für Bratsche und Klavier, Mutationen für Cembalo, für Cello, für Klavier, für Bratsche, für zwei Violinen, für eine Violine und Tonband, wobei mehrere Mutationen als Duo, Trio oder Quartett kombiniert werden können, Sonaten, Sonatinen und 30 Praeludien für Klavier, ein Oratorium, eine Kantate, aleatorische Stücke und über 300 Musiken für Bühne, Film, Funk und Fernsehen.

Joly Braga Santos (geboren 1924)

LEBEN

José Manuel Joly Braga Santos wurde am 14.5. 1924 in Lissabon geboren. Er war in seiner Geburtsstadt Schüler von Frederico de Freitas Branco. Zum Dirigieren wurde er von Hermann Scherchen und Antonino Votto (geboren 30.10.1896, Piacenza) ausgebildet, weiters in Venedig, Siena und Mailand; Kompositionsunterricht erhielt er auch in Rom von Virgilio Mortari. Von 1955 bis 1959 wirkte er als stellvertretender Dirigent des Sinfonieorchesters in Porto. Seitdem widmete er sich vorwiegend seinem kompositorischen Schaffen und tritt gelegentlich als Gastdirigent auf.

WERKE

Neben 3 Opern und 2 Balletten schrieb Joly Braga Santos 5 Sinfonien, eine Elegie, Variationen, ein Divertimento, 3 sinfonische Skizzen, Ouvertüren, ein Bratschenkonzert, ein Konzert für Streichorchester, ein Notturno, eine Sinfonietta, konzertante Variationen für Streichorchester, ein Konzert für Violine, Cello, Harfe und Streichorchester, Klavierwerke, ein Requiem und eine Ode für Chor und Orchester. Der Komponist hing anfänglich dem Neuklassizismus an, dann versuchte er, Elemente der portugiesischen Renaissance mit modernen Techniken zu verschmelzen.

Sinfonie Nr. 5, »Virtus Lusitaniae« (Die Mannhaftigkeit Lusitaniens), 4 Sätze, entstanden 1966

Das Werk ist weder dodekaphonisch noch pointilistisch, sondern mit freier Chromatik geschrieben; es weist einen einzigen vollständigen Akkord auf, der am Ende der Komposition steht. Der 1. Satz »Preludio« bringt ein sangliches Bratschenthema, das frei variiert und transformiert wird.

Der 2. Satz trägt den Titel »Zavala« nach einem Dorf in Mozambique, das eine alte Volksmusiktradition hat. Dutzende Marimbas spielen verschiedene Melodien mit sehr originellen Intervallen; zwei Vibraphone, ein Cembalo, zwei Harfen und ein Klavier begleiten diese Volksmusik. Der 3. Satz »Largo« stellt eine Kombination von nach speziellem Muster arrangierten Harmonien mit polyphon entwickelten melodischen Linien dar. Im 4. Satz »Allegro energico ed appassionato« (Energisches und leidenschaftliches Allegro) wird das Grundthema von sechs Hörnern geblasen und von den Pauken rhythmisch markiert. Über zahlreiche interessante Variationen wird der Satz zu einem triumphalen Ende geführt.

Marco Santucci (1762–1843)

Leben

Marco Santucci wurde am 4. 7. 1762 in Camaiore, Toskana, geboren. Er war Schüler von Fedele Fenaroli und wirkte von 1797 bis 1806 als Kapellmeister an San Giovanni in Laterano in Rom und sodann als Kanonikus am Dom in Lucca, wo er am 19. 11. 1843 starb.

Werke

Von Marco Santucci sind mehrere Sinfonien, Solokantaten und eine beträchtliche Anzahl Kirchenmusik erhalten. Er schrieb eine Reihe Kanons bis zu sieben Stimmen. Seine vierchörige sechzehnstimmige Motette wurde von der Accademia Napoleone als etwas ganz Besonderes und Neues prämiert.

Gaspar Sanz (1640–1710)

Zeit und Umwelt

Don Juan d'Austria der Jüngere (1629 bis 1679) war der berühmteste illegitime Sohn König Philipps IV. von Spanien. Er hielt Hof wie ein regierender Fürst, sofern er nicht aus politischen oder militärischen Gründen abwesend war, und beschäftigte eigene Kammermusiker.

Leben

Gaspar Sanz wurde 1640 in Calanda, Aragón, geboren. Er studierte in Salamanca Musik, Theologie und Philosophie. Dann wurde er Organist am königlichen Hof in Neapel, wo ihn Lelio Colista im Gitarrenspiel unterwies. Nach seiner Rückkehr nach Spanien wurde er Gitarrenlehrer von Don Juan d'Austria dem Jüngeren. Er starb in Madrid im Jahr 1710.

Werke

Der spanische Gitarrist, Organist und Komponist Gaspar Sanz schrieb für seinen Schüler Don Juan ein Lehrbuch des Gitarrenspieles mit zahlreichen, selbst komponierten Übungsbeispielen – Tientos, Aires, Danzas, Canzones –, die noch heute zum Repertoire der Gitarrenvirtuosen gehören.

Claudio Saracini (1586 bis nach 1649)

Zeit und Umwelt

Der italienische Mathematiker Giovanni Battista Benedetti (1530, Venedig, bis 1590, Turin) beschäftigte sich auch mit Fragen der musikalischen Stimmung und Temperatur und den Begriffen Konsonanz und Dissonanz, die er nicht auf Zahlenverhältnisse, sondern auf das Zusammentreffen der Schwingungspunkte beruhen ließ. Damit bereitete er ein System der gleichschwebenden Temperatur vor und eröffnete der Chromatik und Modulation neue Felder. Einzelne Komponisten des 17. Jahrhunderts griffen auf diese Theorie zurück und erzielten damit überraschende harmonische Wirkungen.

Leben

Claudio Saracini wurde am 1. 7. 1586 in Siena als Sproß einer adeligen Familie geboren. Er unternahm in Italien und im Ausland viele Reisen und kam mit vielen zeitgenössischen Musikern in Berührung, wie mit den Vertretern der Florentiner Camerata und mit Monteverdi. Welchen musikalischen Beruf er ausgeübt hat, ist nicht bekannt. Wahrscheinlich ging er kein festes Dienstverhältnis ein. Er starb nach 1649 in Siena.

Werke

Der italienische Sänger, Lautenist und Komponist Claudio Saracini war einer der bedeutendsten Vertreter der frühen Monodie und zeichnete sich vor allem durch seine neue Handhabung der Dissonanzen und der Chromatik, bei der er sich auf die Erkenntnisse von Giovanni Battista Benedetti stützte, sowie durch neue Rhythmen aus. Seine 6 Bücher mit Gesängen für eine Stimme mit Instrumentenbegleitung, von denen das vierte verschollen ist, waren für die Gesangkomposition des 17. Jahrhunderts grundlegend.

LITERATUR

B. Szabolcsi, Benedetti und Saracini, Beitrag zur Geschichte der Monodie, Leipzig 1923.

Tibor Sárai (geboren 1919)

LEBEN

Tibor Sárai wurde am 10.5.1919 in Budapest geboren. Er studierte dort bei Pál Kadosa. Nach seiner Tätigkeit als Leiter der Musikabteilung im Ministerium für Volksbildung wirkte er von 1950 bis 1953 als Leiter der Musikabteilung im ungarischen Rundfunk und anschließend bis 1959 als Professor an der Béla-Bartók-Musikfachschule, dann wurde er Professor an der Musikhochschule in Budapest. Im Jahr 1972 wurde er auf sechs Jahre zum Mitglied des internationalen Musikrats der UNESCO gewählt.

WERKE

Neben einem Bühnenstück schrieb Tibor Sárai 2 Sinfonien, eine Serenade für Streichorchester, eine Musik für 45 Streicher, ein Frühlingskonzert für Flöte, Bratsche, Cello und Streicher, 2 Streichquartette, ein Quartett für Flöte, Violine, Bratsche und Cello, ein Oratorium, »Diagnosis '69« für Tenor und Orchester sowie »Dorfszenen«, 5 Lieder für Bariton und Klavier. Er ist eine der bedeutendsten Gestalten des ungarischen Musiklebens der Gegenwart.

Sinfonie Nr. 1, 3 Sätze, entstanden 1967

Dieses Werk ist eine Huldigung für den griechischen Komponisten Mikis Theodorakis. Der 1. Satz hat Sonatenform und schildert die kämpferische Natur des Griechen. Der lyrische Mittelsatz bringt innige Instrumentalsoli, die offenbar die Zuneigung des Komponisten zum Gefeierten ausdrücken sollen. Der letzte Satz ist stürmisch und heftig; explosiv mengen sich Fragmente des »Sirtaki-Tanzes« von Theodorakis ein, bis am Ende der gesamte Tanz zitiert wird.

Sinfonie Nr. 2, 4 Sätze, entstanden 1973

Das gesamte Werk ist von der Melodie einer ungarischen Vokalmelodie aus dem 17. Jahrhundert durchdrungen. Im 1. Satz wird vorerst nur eine kurze Geste der Melodie zitiert. Dann kommt es zu einer Auftürmung der Klänge, die wie eine Fuge wirkt; darauf wird der erste Teil der Melodie wiedergegeben. Der 2. Satz ist pastoral gehalten; die von den Klarinetten weich vorgetragene Melodie umspielen Triller der Streicher. Der 3. Satz bringt ein Scherzo mit interessanten Dialogen der einzelnen Instrumente, die in ein großartiges Crescendo münden. Breit ausgeschwungene Melodien kennzeichnen den 4. Satz, dann erklingt die alte Weise, zuerst nur instrumental, dann von einem Sopran gesungen. Ein verebbender Klang schließt das Werk ab.

Musik für 45 Saiten, ein Satz, entstanden 1971

Obgleich das Werk einsätzig ist, zeichnen sich vier größere Formeneinheiten darin ab. Es beginnt mit einer fächerförmig sich entfaltenden Themenvielfalt, die sich wieder schließt. Mit rhythmischem Wechsel wird das Klangmaterial teils akkordisch, teils polyphon weitergeführt, dann folgt eine kantable Melodie in tiefen Registern. Die Musik wird zusehends dichter und reicher. Sodann schließt sich eine Folge wilder barbarischer Klänge an, die am Ende von einem sanften kantablen Andante in ruhige Bahnen und zu einem schönen Ausklang gelenkt werden.

Pablo de Sarasate (1844–1908)

LEBEN

Pablo Martín Méliton de Sarasate y Navascuez wurde am 10.3.1844 in Pamplona geboren. Er konzertierte mit 12 Jahren zum ersten Mal am Hof in Madrid. Von 1856 bis 1859 studierte er am Conservatoire in Paris bei Delphin Jean Alard. Dann setzte seine Tätigkeit als reisender Virtuose ein, die ihn durch ganz Europa, Nord- und Südamerika und in den Orient führte. Namhafte Komponisten, wie Camille Saint-Saëns, Edouard Lalo, Henryk Wieniawski und Max Bruch, schrieben für ihn Konzerte. Er starb am 20. 9. 1908 in Biarritz.

WERKE
Von den Violinstücken, die Pablo de Sarasate für den eigenen Konzertgebrauch verfaßte, sind seine »Zigeunerweisen« und die »Jota Aragonesa« am bekanntesten; sie wurden nicht selten von anderen Virtuosen in ihr Programm aufgenommen. Er schrieb außerdem eine Reihe arrangierte spanische Lieder und Tänze.

LITERATUR
A. Sagardia, Pablo Sarasate, Valencia 1964.

Giacomo Giuseppe Saratelli
(1714 – 62)

ZEIT UND UMWELT
Die Kapellen des Domes und der Basilika von Padua waren von jeher bedeutende Pflegestätten der Musik. Sie standen mit den Kirchenkapellen Venedigs in engem Kontakt, blieben jedoch dadurch, daß im Schatten des Sant'Antonio die Oper keine so entscheidende Rolle spielte wie in Venedig, gegen »Überfremdung« der Kirchenmusik durch opernhafte Fakturen gefeit. Dies wirkte sich auch teilweise auf die venezianische Kirchenmusik günstig aus, die trotz des intensiven Opernbetriebes in Venedig die sakralen Fakturen nie völlig aufgab.

LEBEN
Giacomo Giuseppe Saratelli wurde 1714 in Padua geboren. Er war Schüler von Antonio Lotti und wurde 1732 Organist an Sant'Antonio in Padua, sodann 1741 Zweiter und 1747 Erster Kapellmeister an San Marco in Venedig, wo er 1762 starb.
Sein Vater Giacomo Giuseppe Saratelli (um 1680, Ferrara, bis um 1730, Padua) wirkte als Vizekapellmeister der Accademia della Compagnia dello Spirito Santo in Ferrara und ab ungefähr 1710 in nicht näher bekannter Stellung in Padua.

WERKE
Von Giacomo Giuseppe Saratelli sind zahlreiche kirchliche Kompositionen handschriftlich und ein Oratorium, »Magdalenae conversio« (Magdalenens Bekehrung), das dem Typus des Oratorio latino angehört, erhalten.
Giacomo Giuseppe, der Vater, der auch Bühnenwerke verfaßte, schrieb einige sakrale Werke, deren Faktur weniger streng kirchlich war als die des Sohnes.

Domenico Sarri (1679 – 1744)

ZEIT UND UMWELT
Österreich besetzte 1707 im Zuge des Spanischen Erbfolgekriegs Neapel und erhielt es 1714 im Frieden von Rastatt zugesprochen. Dieser politische Umschwung brachte für manchen Musiker den Verlust seiner Position, weil die neuen Herren auch neue Diener mitbrachten.

LEBEN
Domenico Natale Sarri (Sarro, Sarra) wurde am 24. 12. 1679 in Trani geboren und in Neapel ausgebildet. Im Jahr 1703 wurde er an Stelle Alessandro Scarlattis Vizehofkapellmeister in Neapel, verlor diese Stelle 1707 mit dem Einrücken der österreichischen Truppen, wurde jedoch 1739, nachdem das Königreich Neapel durch den Frieden von Wien (1738) zugleich mit Sardinien an den spanischen König Karl III. (1716–88) fiel, erster Hofkapellmeister. Er starb in Neapel am 25. 1. 1744.

WERKE
Der italienische Komponist Domenico Sarri schrieb für Neapel bei 60 Opern, außerdem Oratorien, Messen, Kantaten, Chöre und ein Flötenkonzert.

LITERATUR
U. Prota-Giurleo, Domenico Sarri, in: Archivi XXVI/1, Rom 1959.

Giovanni Vincenzo Sarti
(um 1600 bis nach 1655)

ZEIT UND UMWELT
In der ersten Hälfte des 17. Jahrhunderts kann man die Entwicklung von zwei Musikgattungen feststellen, die Kirchenmusik und die Oper, wobei das Oratorium eine Art Mittelstellung einnimmt. Beide Zweige beeinflußten einander, wobei allerdings die Opernarie mehr Bedeutung für die Kirchenmusik erlangte als umgekehrt. Die Kammermusik als absolute Musik war zwar ein Kind der konzertanten Kirchenmusik, die überall gepflegt wurde; kräftige Ansätze davon waren aber nur in Venedig zu beobachten, das noch immer eine Vorrangstellung einnahm.

LEBEN
Giovanni Vincenzo Sarti wurde um 1600 in Sant'Agata geboren. Um 1643 war er Kapellmeister am Dom in Forlì und ab 1648 in Ravenna, wo er nach 1655 gestorben sein dürfte.

WERKE
Der italienische Komponist Giovanni Vincenzo Sarti schrieb 6 Bücher »Concerti sacri« (Sakrale Konzerte) für zwei bis sechs Stimmen, achtstimmige Litaneien und 2 Bücher mit Psalmen. Der Stil dieser Musik ist nur teilweise polyphon und bringt große monodische Passagen.

Giuseppe Sarti (1729–1802)

LEBEN
Giuseppe Sarti wurde am 1. 12. 1729 in Faenza getauft. Er war Schüler von Padre Martini und wirkte von 1748 bis 1750 als Organist am Dom in Faenza, wechselte zum Theater über, brachte am Stadttheater seine erste Oper heraus, leitete das Theater einige Zeit und wurde 1753 als Kapellmeister von der Operntruppe Mingotti nach Kopenhagen geholt, wo er von 1755 bis 1775 als Hofkapellmeister, unterbrochen von einem Italienaufenthalt von 1765 bis 1768, wirkte. Er verlor diese Stelle im Zug politischer Intrigen, kehrte nach Italien zurück und übernahm die Kapellmeisterstelle am Ospedaletto in Venedig; 1779 übertrug man ihm das Amt des Domkapellmeisters in Mailand, das er bis 1784 betreute. Sodann folgte er dem Ruf der Zarin Katharina II., die Hofkapellmeisterstelle und die Leitung der Oper in St. Petersburg zu übernehmen. Auf der Reise dorthin hielt er sich einige Zeit in Wien auf, wo er von Kaiser Joseph II. empfangen wurde und Wolfgang Amadeus Mozart kennenlernte. Wegen einer Verstimmung mit der Zarin begab er sich in den Dienst des Fürsten Grigori Aleksandrowitsch Potemkin (1739–91) in der Ukraine, wo er eine Gesangschule gründete und leitete; 1793 berief ihn die Zarin zurück nach St. Petersburg und beauftragte ihn mit der Planung eines Konservatoriums nach italienischem Muster. Ihr Tod (1796) verzögerte diese Pläne. Als ihr Sohn und Nachfolger, Zar Pawel I. Petrowitsch (1754–1801), ermordet wurde, verließ Sarti Rußland, um nach Venedig zurückzukehren, starb jedoch auf der Reise am 28. 7. 1802 in Berlin.

WERKE
Von den ungefähr 70 Bühnenwerken des Giuseppe Sarti sind 20 erhalten. Bemerkenswert davon sind eine Oper auf dänischen Text und eine auf russischen, den Zarin Katharina II. verfaßte, weil er damit einen erheblichen Beitrag zur Gründung eigenständiger Operntraditionen in Ländern leistete, die bisher von italienischen Werken abhingen. Er verfaßte außerdem: 24 Klaviersonaten, Sonaten für Violine oder Flöte mit Generalbaß, Sonaten für Violine und Klavier, Sinfonien, Terzette für Bläser, 2 Kantaten, Messen, Psalmen, Motetten, ein Te Deum für Doppelchor, Orchester mit Fanfaren und Kanonenschlägen, ein Requiem für Ludwig XVI., 2 Oratorien auf russischen Text. Seine Kompositionen entsprachen dem Zeitgeschmack und waren wegen der vielen melodischen Einfälle und der bestechenden Einfachheit der Harmonisierung sehr beliebt. Ein Teil der Kirchenmusik blieb bis in das 19. Jahrhundert hinein auf dem Repertoire des Mailänder Domchores.

PROPYLÄEN
WELT DER MUSIK
DIE KOMPONISTEN

PROPYLÄEN WELT DER MUSIK

PROPYLÄEN
WELT DER MUSIK
DIE KOMPONISTEN

EIN LEXIKON IN FÜNF BÄNDEN
VON ALFRED BAUMGARTNER

ZWEITER BAND

COOLS – HAUER

PROPYLÄEN VERLAG
BERLIN · FRANKFURT AM MAIN

Einband: Theodor Bayer-Eynck
unter Verwendung eines Portraits von Georg Friedrich Händel,
gemalt von T. Hudson 1749
Foto: Archiv für Kunst und Geschichte, Berlin

Gesamtherstellung: Franz Spiegel Buch GmbH, Ulm

Printed in Germany 1989

ISBN für diesen Band 3 549 07832 3
ISBN für das Gesamtwerk 3 549 07830 7

Baumgartner, Alfred: Propyläen Welt der Musik:
die Komponisten: ein Lexikon in 5 Bänden /
von Alfred Baumgartner. – Bearb. Ausg. –
Berlin; Frankfurt am Main: Propyläen Verl.
ISBN 3-549-07830-7
NE: HST

Bearb. Ausg.
Bd. 2. Cools – Hauer. – 1989
ISBN 3-549-07832-3

COOLS – HAUER

Eugène Cools (1877–1936)

LEBEN
Eugène Cools wurde am 27.3.1877 in Paris geboren. Er studierte am Conservatoire in Paris bei André Gédalge, Gabriel Fauré und Charles-Marie Widor. Von 1907 bis 1923 wirkte er als Assistent von Gédalge am Conservatoire und von 1919 bis 1928 als Musiklehrer. Er starb am 5.8.1936 in Paris.

WERKE
Neben mehreren Opern und Balletten, einer Bühnenmusik und einigen Orchesterwerken verfaßte Eugène Cools ein Streichquartett, eine Flötensonate, eine Violinsonate und ein sehr beliebtes Klavierquintett, außerdem eine Anzahl prächtiger Klavierstücke.

Robert Cooper (1474 bis um 1516)

ZEIT UND UMWELT
Die Kathedrale von Lincoln enthält mehrere echt gotische Bauelemente und dazu noch einige aus früheren Stilepochen. Ebenso alt ist die Musikpflege der Kirche, die es stets verstand, tüchtige Kräfte anzuwerben, so daß die Kapelle von Lincoln zu den wichtigen Punkten der englischen Musikentwicklung gerechnet werden darf.

LEBEN
Robert Cooper (Cowper) wurde 1474 in England geboren. Im Jahre 1494 löste er Fayrfax als Dirigent an der Kathedrale von Lincoln ab; 1506 gab er diese Stelle auf, um sein in Cambridge begonnenes Studium abzuschließen, und wurde 1507 zum Doktor der Musik promoviert. Der Erzbischof von Canterbury verlieh ihm 1516 zwei Pfründen. Der Meister starb aber noch im selben Jahr. Der Ort seines Todes ist unbekannt.

WERKE
Von Robert Cooper sind ein vierstimmiges Gloria, 6 Motetten und etliche dreistimmige Lieder erhalten. Der englische Komponist Thomas Morley hob in einer Publikation Robert Cooper besonders hervor (1597).

John Coperario (um 1575–1626)

ZEIT UND UMWELT
Ursprünglich war das englische Fancy die Wiedergabe sakraler Musik mit Instrumenten – Violen oder Laute – zum Zweck der Unterhaltung. Im Verlauf des 16. Jahrhunderts entwickelte sich das selbständige Instrumentalstück, das alle Formen der damaligen Kammermusik in sich aufnahm. Für das Fancy der ersten Jahrzehnte des 17. Jahrhunderts war das Streben nach Kontrastreichtum und das Eindringen volkstümlicher Elemente typisch.

LEBEN
John (Giovanni) Coperario (Coprario, eigentlich Cooper) wurde um 1575 in England geboren. Die Italianisierung des Namens wurde mit einer Italienreise des Komponisten, für die jedoch kein Beweis besteht, in Zusammenhang gebracht. Er war ungefähr ab 1606 am Londoner Hof als Lautenist, Gambist und überdies als Lehrer des nachmaligen Königs Karl I. und des späteren Sängers und Komponisten William Lawes bis zu seinem Tod im Jahre 1626 tätig.

WERKE
Von dem englischen Komponisten John Coperario sind Trauergesänge, Psalmen und über 100 Fancies und Villanellen erhalten. Seine Bedeutung liegt auf dem Gebiet der Instrumentalmusik. Er schrieb häufig dreistimmige Sätze mit der Folge Fantasia, Alman, Gallard und leitete damit zur Triosonate über.

LITERATUR
E. H. Meyer, English Chamber Music, London 1946.

Aaron Copland (geboren 1900)

Aaron Copland

LEBEN

Aaron Copland wurde am 14.11.1900 in New York geboren. Er studierte zunächst bei Rubin Goldmark, dann von 1921 bis 1924 bei Nadia Boulanger in Paris. In New York veranstaltete er mit Roger Sessions Konzerte mit Werken zeitgenössischer Komponisten, unterrichtete von 1927 bis 1937 an der New School of Social Research und von 1935 bis 1944 und von 1951 bis 1952 an der Harvard University in New Haven. Die Zustimmung, die das Publikum seinen Kompositionen entgegenbrachte, führte dazu, daß ihm zahlreiche organisatorische Ämter übertragen wurden, wie zum Beispiel die Stellung eines Assistant Director und Leiters des Music Center in Tanglewood, Mass., und die Mitgliedschaft zahlreicher Akademien, von denen er vielfach geehrt und ausgezeichnet wurde.

WERKE

Als Aaron Copland seine Sinfonie mit Orgel und Orchester aufführte, bemerkte Walter Damrosch (30.1.1862, Breslau, bis 22.12.1950, New York): »Wenn ein junger Mann eine Sinfonie wie diese schreiben kann, ist er innerhalb fünf Jahren fähig, einen Mord zu begehen!« Er beging aber keinen Mord und versprach, »zu versuchen, die älteren Konzertabonnentinnen nicht mehr mit seiner Musik zu schockieren«. Er hielt dieses Versprechen entlang des amerikanischen Trends, so daß er zum Haupt und großen alten Mann der amerikanischen Musik des 20. Jahrhunderts wurde; er verließ den Expressionismus und den Jazz, und nach Jahren unruhigen Experimentierens fand er zu einem wohl persönlichen, aber typisch amerikanischen freien Stil, unabhängig von der europäischen Musikentwicklung. Erst in den sechziger Jahren, als Arnold Schönberg schon längst in den USA bekannt war, setzte er sich auch mit der Dodekaphonik auseinander. Seine Sinfonie für Orgel und Orchester faßte er ohne Orgel neu, brachte sie als 1. Sinfonie heraus und ließ zwei weitere folgen. Er schrieb ferner eine nicht numerierte »Tanzsinfonie« und zahlreiche Orchesterstücke, ein Klavierkonzert, ein Konzert für Klarinette, Streichorchester, Harfe und Klavier, zahlreiche Stücke für Kammerorchester, eine Nonett, ein Sextett, 2 Streichquartette, ein Klaviertrio, Sonaten und andere Stücke für Klavier, außerdem 2 Opern und 6 Ballette. Er publizierte etliche musiktheoretische Werke.

Sinfonie für Orgel und Orchester, 3 Sätze, entstanden 1924

Der 1. Satz »Praeludium« ist eine Träumerei für die Orgel, die von einigen Instrumenten solistisch begleitet wird. Im 2. Satz »Scherzo« werden im ersten Teil zwei Themen exponiert, eines von der Oboe, das zweite von der Orgel und den Streichern; das ganze Orchester drängt zu einem Klimax, dann ergreift die Oboe wieder das Wort, wird aber vom Horn unterbrochen. Dann schließt sich ein Orgelsolo an, in das das gesamte Blech plötzlich kräftig einbricht. Eine kurze Coda beendet den Satz fortissimo. Das Finale hat nahezu Sonatenform. Ohne Einleitung stimmen die Bratschen das Thema an, das von allen Instrumenten und der Orgel mit aller Lautstärke übernommen wird. Das zweite Thema wird von einer großen Trommel begleitet, ein plötzlicher Ausbruch des ganzen Orchesters mit der Orgel folgt, dann beruhigt sich das Geschehen, bis das Thema von Trompeten und Posaunen fortissimo vorgetragen wird. Eine kurze Coda beendet das Werk.
Der Komponist hat die Sinfonie 1928 ohne Orgel

bearbeitet, stark geglättet und als Sinfonie Nr. 1 herausgebracht.

Sinfonie Nr. 3, 4 Sätze, entstanden 1946
Der 1. Satz hat Sonatenform und bringt drei Themen, die in der Durchführung nur geringen Veränderungen unterliegen, sondern ihren originalen Duktus beinhalten, als wollten sie ihre Erkennbarkeit für ihr zyklisches Wiedererscheinen im Verlauf des Werks wahren. Der 2. Satz ist ein Scherzo mit traditioneller Struktur. Der langsame 3. Satz wird von einer Abwandlung des dritten Themas des 1. Satzes eingeleitet und sodann in Variationsform weitergeführt. Ohne Pause schließt sich das Finale an, das wiederum Sonatenform aufweist. Diese wird allerdings uncharakteristisch gehandhabt, weil sie eine Fülle von einfallsreichen Strukturen heranzieht, wie die Einführung des zweiten Themas mitten in die Durchführung des ersten, die Einleitung der Rekapitulation mit einem stark dissonanten Tutti und die zyklische Vorführung aller Themen des Werks, wodurch der Satz zu einem Stück für sich gestaltet wird.

Tanzsinfonie, 3 Sätze, entstanden 1931
Diese aus Elementen des nie aufgeführten Balletts des Komponisten »Grohg« gestaltete Sinfonie figuriert in der Werkliste ohne Numerierung. Die drei Sätze werden ohne Pause gespielt. Der 1. Satz bringt die Tanznummer »Tanz eines Jünglings« mit erregenden Passagen. Der 2. Satz bringt den »Tanz eines jungen traumbefangenen Mädchens«, der mit einem Walzer beginnt und mit einem Klagegesang endet. Das Finale »Possenspiel« stellt eine diabolische Karnevalsszene vor.

Appelachischer Frühling, Ballettsuite, 8 Teile, entstanden 1944
Die Suite entnimmt ihre Elemente dem gleichnamigen Ballett, das ein Frühlingsfest der Siedler um eine eben fertiggestellte Farm in Pennsylvania zum Thema hat. Die Teile werden ohne Zwischenpause gespielt. Das Stück beginnt mit einer langsamen Einleitung, die die handelnden Personen vorstellt: Ein Pas-de-deux ist der Braut und dem Bräutigam gewidmet, dann führen mehrere ländliche Tänze die Festgäste vor, worauf ein Solotanz der Braut folgt. Nun werden in Variationenform die täglichen Tätigkeiten der Braut und des Mannes geschildert, bis in der Coda die Braut in der neuen Gemeinschaft und im Haus die ihr zukommende Stellung einnimmt. Eine gebetsähnliche Passage und eine Reminiszenz an das Eingangsthema schließen das reizende Werk ab.

Das rote Pony, Suite, 6 Sätze, entstanden 1948
Diese Suite basiert auf der vom Komponisten für den gleichnamigen Film »Das rote Pony« nach einer Erzählung von John Steinbeck (1902–68). Der 1. Satz schildert den »Morgen auf einer Ranch« mit einer volkstümlichen Melodie. Im 2. Satz »Das Geschenk« erhält Jody von seinem Vater ein rotes Pony zum Geschenk, das er seinen Kameraden zeigt. Im »Traummarsch und Zirkusmusik« des 3. Satzes werden Tagträume des Jungen geschildert, der sich als Führer einer Ritterarmee in silberner Rüstung und darauf als peitschenknallender Manegemeister eines Zirkusses fühlt. Im 4. Satz »Weg zur Unterkunft« zeigt Jody mit seinem Freund im Gespräch. Im 5. Satz »Großvaters Geschichte« wird die Zeit der Pioniere lebendig und ihr Vergehen beklagt. Im 6. Satz »Glückliches Ende« erklingt die volkstümliche Melodie erneut, dieses Mal aber überzeugt und tröstlich, weil das echte amerikanische Landleben noch immer wertvoll ist.

Musik für das Theater, Suite, 5 Teile, entstanden 1925
Diesem Stück liegt kein bestimmtes Schauspiel und keinerlei literarische Idee zugrunde, es soll aber abstrakt den Ablauf einer Vorstellung vermitteln. Die Solotrompete verkündet im 1. Teil den Beginn der Vorstellung, die Oboe beginnt mit dem zweiten Thema die Handlung und stellt den ersten Konflikt auf der Bühne dar. Der 2. Teil bringt einen Tanz. Der 3. Teil ist lyrisch. Das Englischhorn trägt ein »Lied ohne Worte« vor, das von der Klarinette, von Streichern, Klavier und Glockenspiel begleitet weitergesponnen wird. Der 4. Teil ist eine Burleske. Im 5. Teil werden alle Konflikte gelöst. Das Werk klingt mit Themen der vorangehenden Teile friedlich aus. Das Stück beinhaltet viele Jazzelemente.

Klavierkonzert, 2 Teile, entstanden 1926
Der Komponist bezeichnet sein Werk als »mein letztes Experiment mit sinfonischem Jazz«. Es wurde als eindrucksvollstes großes Werk der gesamten Jazz-Landschaft Europas und Amerikas, das bisher geschrieben wurde, bezeichnet. Jedenfalls handelt es sich um typischen amerikanischen Jazz, der sich vom zeitgenössischen französischer Komponisten grundlegend unterscheidet. Im 1. Teil stellt eine kurze Einleitung das thematische Material vor. Dann spielen nach einer kurzen Klavierimprovisation Flöte und Klarinette, von sordinierten Streichern begleitet, das Hauptthema, das in der Folge zweimal erscheint, einmal im Klavier mit Holzbläsern und sodann in den Hörnern mit

einem Kanon der Streicher. Nach einem klangvollen Höhepunkt folgt der 2. Teil in Sonatenform ohne Rekapitulation. Sein erstes Thema wird vom Klavier intoniert, das zweite von einem Sopransaxophon. Die Durchführung ist von einem rhythmisch äußerst komplizierten Klaviersolo unterbrochen. Den Abschluß bilden eine partielle Rekapitulation des 1. Teils und eine kurze Coda.

LITERATUR

A. Berger, Aaron Copland, 1953. A. Dobrin, Aaron Copland, New York 1967. C. O. Peare, Aaron Copland, New York 1969. V. Thomson, American Music since 1910, New York 1971.

Pier Antonio Coppola (1793–1877)

ZEIT UND UMWELT

Nachdem die Blüte der italienischen Opernhäuser in deutschsprachigen Städten vorbei war, wurden weiterhin Opern aus Italien aufgeführt, aber dabei handelte es sich zumeist um die Werke prominenter Komponisten, die in der ganzen musikalischen Welt über die Bühnen gingen und zum Großteil noch heute gehen. Nur in Spanien und Portugal blieb die italienische Oper noch dominierend, weil es keine oder nur den italienischen nachgeahmte einheimische Stücke für die Musikbühne gab.

LEBEN

Pier (Pietro) Antonio Coppola wurde am 11. 12. 1793 in Enna, Sizilien, geboren und am Real Collegio di Musica in Neapel ausgebildet. Von 1810 bis 1832 war er Vizedirektor an San Carlo in Neapel, 1836 ging er nach Wien, von 1839 bis 1843 und von 1850 bis 1871 wirkte er als Direktor des Theaters San Carlos in Lissabon, von 1871 bis 1873 als Kapellmeister am Dom in Novara. Er starb am 13. 11. 1877 in Catania.

WERKE

Neben 19 Opern – 14 italienische, eine französische und 3 portugiesische –, die alle dem neapolitanischen Stil folgten, schrieb Pier Antonio Coppola zahlreiche sakrale Werke – Messen, Proprien, außerdem ein Oratorium und ein Requiem mit Hymne zur Überführung der Asche des Komponisten Vincenzo Bellini. Seine Kompositionen lehnen sich deutlich an seinen Opernstil an.

Giampaolo Coral (geboren 1944)

LEBEN

Giampaolo Coral wurde am 22. 1. 1944 in Triest geboren. Er wurde in seiner Geburtsstadt und am Konservatorium in Venedig ausgebildet und wirkte anschließend als Chordirigent und Pianist, bis er Kapellmeister am Theater in Triest wurde.

WERKE

Von Giampaolo Coral sind unter anderem ein Requiem und »Dialoghi« für fünf Bläser bekannt geworden.

William Corbett (um 1670–1748)

ZEIT UND UMWELT

Seit der Epoche der englischen Madrigalisten versorgte sich England mit Musik und Musikern aus Italien, und wenn ein Engländer Anklang finden wollte, war es für ihn sehr förderlich, sich einige Zeit in Italien aufzuhalten. Italien wurde in England auch um die Wende zum 18. Jahrhundert als Ursprungsland der Musik angesehen.

LEBEN

William Corbett wurde um 1670 vermutlich in London geboren. Er war um 1700 Konzertmeister und Komponist am Lincoln's Inn Fields Theatre und ab 1705 am Opernhaus am Haymarket. Kurz darauf wurde er Mitglied der Queen's Band, hielt sich von 1711 bis 1713 in Rom auf und reiste auch später mehrmals nach Italien, während er von 1716 bis 1747 an der Royal Band of Music wirkte. Er starb in London am 7. 3. 1748.

WERKE

Der englische Violinvirtuose William Corbett schrieb außer zahlreichen Bühnenmusikwerken 36 »Concertos composed on All the New Gustos« (in allen neuen Geschmacksrichtungen komponiert), Band 1 für vier, Band 2 für sieben Stimmen, und 2 Bücher mit Triosonaten, die zu den frühesten englischen Kompositionen dieser Art zu zählen sind.

Francesco Corbetta (um 1620–81)

ZEIT UND UMWELT
Das Vordringen der Gitarre in Italien wird unter anderem dadurch augenscheinlich, daß Lautenisten Gitarrenmusik veröffentlichten. Das beweist, daß der Komponist einem vorhandenen Publikumsbedürfnis entgegenkommen mußte. Die – noch immer fünfsaitige – Gitarre war zum Modeinstrument geworden.

LEBEN
Francesco Corbetta wurde um 1620 in Pavia geboren. Er stand zunächst als Lautenist im Dienst des Herzogs von Mantua, Carlo II. (1629–65), der ihn 1656 an den Hof Ludwigs XIV. nach Paris und nach 1660 an den englischen Hof zu Karl II. sandte. Im Jahr 1669 war er erneut in Paris als Lautenist und Gitarrist tätig und starb dort im März 1681.

WERKE
Der italienische Lautenist und Komponist Francesco Corbetta veröffentlichte 3 Bücher mit Musik für die spanische Gitarre: »Scherzi Armonici«, »Varii capricci«, »La Guitarre Royalle«. In diesen sehr schwierigen Stücken übernimmt die Gitarre die Funktion des Generalbasses zu monodischen Melodien.

LITERATUR
M. Scholz, Francesco Corbetta und das Generalbaß-Spielen, in: Musikforschung IV, 1951.

Bartolommeo Cordans (um 1700–57)

ZEIT UND UMWELT
Welche wichtige Rolle die Oper im gesellschaftlichen Leben Italiens einnahm, kann man auch daran ermessen, daß Mönche sich ohne Schwierigkeiten der Opernkomposition widmeten und oft sogar von der Kurie von den Weihen entbunden wurden, damit sie am Opernbetrieb teilnehmen konnten.

LEBEN
Bartolommeo Cordans wurde um 1700 in Venedig geboren. Er trat in jungen Jahren in den Franziskanerorden ein, den er mit päpstlicher Erlaubnis wieder verließ, um als Opernkomponist zu wirken. Da in dieser Tätigkeit seine Erfolge nicht sehr groß waren, wurde er 1735 Domkapellmeister in Udine, wo er am 14. 5. 1757 starb.

WERKE
Außer 5 Opern, 2 Intermezzi und einem Oratorium verfaßte Bartolommeo Cordans über 60 Messen, mehr als 100 Psalmen – zum Teil doppelchörig –, eine große Anzahl Motetten und 24 Triosonaten. Seine Musik bewegt sich noch in den Bahnen des Spätbarock.

LITERATUR
G. Vale, La Cappella Musicale del Duomo di Udine, in: Note d'Archivio, 1930.

Paul Corder (1879–1942)

LEBEN
Paul W. Corder wurde am 14. 12. 1879 in London geboren und von seinem Vater ausgebildet. Er wirkte ab 1907 als Lehrer für Harmonie und Komposition an der Royal Academy of Music in London, wo er am 6. 8. 1942 starb.
Sein Vater Frederick Corder studierte an der Royal Academy of Music in London und sodann bei Ferdinand Hiller in Köln, wurde darauf Kapellmeister in Brighton und wirkte ab 1888 als Kompositionslehrer an der Royal Academy of Music.

WERKE
Neben mehreren Opern und Balletten schrieb Paul Corder eine gälische Orchesterfantasie, mehrere Kantaten und Klavierwerke.
Frederick Corder verfaßte eine Oper, einige Operetten und Melodramen, für Orchester

eine Suite, ein Notturno, eine Ouvertüre, ein Tongedicht »Abend an der Küste«, außerdem eine Elegie für vierundzwanzig Violinen und Orgel und mehrere Kantaten.
Beide waren Spätromantiker.

Roque Cordero (geboren 1917)

Leben
Roque Cordero wurde am 16.8.1917 in Panamá geboren. 1938 wurde er zum Leiter eines neugegründeten Symphonieorchesters in Panama City gewählt. Er nahm bei Dimitri Mitropoulus Dirigier- und bei Ernst Křenek Kompositionsunterricht. Von 1950 bis 1966 wirkte er als Professor für Komposition am Instituto Nacional de Música in Panamá, das er von 1953 bis 1964 auch leitete, und dirigierte das staatliche Sinfonieorchester. 1966–1969 wirkte er, inzwischen in die USA übergesiedelt, als Professor für Komposition am lateinamerikanischen Musikzentrum der Indiana University. Seit 1970 ist er musikalischer Berater der Southern Music Publishing Company, Inc.

Werke
Von Roque Cordero sind 3 Sinfonien, eine Rhapsodie, ein Klavierkonzert, ein Violinkonzert, ein Concertino für Bratsche und Streichorchester, 2 Streichquartette, Permutationen für Klarinette, Trompete, vier Pauken, Klavier, Violine, Bratsche und Kontrabaß, ein Werk für 57 Musiker, »Paz, Paix, Peace« für vier Trios und Harfe, Klavierwerke und A-cappella-Chöre bekannt geworden. Er schrieb ferner eine Ballettmusik für gemischten Chor und Trommel.

Baude Cordier (um 1380 bis vor 1440)

Zeit und Umwelt
Jeanne d'Arc, das einfache Bauernmädchen aus Domrémy an der Maas, sammelte einige Hauptleute um sich, zwang die Engländer, am 8. 5. 1429 die Belagerung von Orléans aufzuheben, und führte nach dem Sieg bei Patay den schwächlichen, willenlosen König Karl VII. von Frankreich nach Reims, wo er am 16.7. feierlich gekrönt wurde. Diese Erfolge änderten an Frankreichs Lage wenig. Jeanne d'Arc wurde schon 1431 gefangengenommen, als Ketzerin verbrannt und Heinrich VI. Lancaster in Paris gekrönt. Um dem Würgegriff der verbündeten Engländer und Niederländer zu entrinnen, mußte Karl VII. von Philipp dem Guten von Burgund mit Gebietsabtretungen und Verzicht auf die Lehenspflicht des Burgunders Frankreich gegenüber dessen Unterstützung erkaufen. Von da an ging es zwar wieder aufwärts, so daß 1453 die Engländer außer Calais Frankreich räumen mußten. Der kulturelle Schaden konnte nicht so rasch behoben werden, weil eben eine Reihe von Kulturträgern nach Norden abgewandert waren.

Leben
Baude Cordier wurde um 1380 in Reims geboren. Er wirkte (vermutlich als Kirchenmusiker) in Reims und in Paris, später im franko-flämischen Raum, wo er vor 1440 starb.

Werke
Von den Kompositionen Cordiers sind ein dreistimmiges Gloria und 10 Chansons erhalten, die bis auf eine vierstimmige Ballade dreistimmig gesetzt sind. Cordier ist mit Tapissier, Carmen, Cesaris als Vorläufer von Dufay in eine Linie zu stellen.

Arcangelo Corelli (1653–1713)

Zeit und Umwelt
Königin Christiana von Schweden entfaltete nach ihrer Abdankung neben ihrer wenig erfolgreichen politischen eine umfangreiche kulturelle Tätigkeit. In ihrem Palast in Rom legte sie die zu ihrer Zeit größte Sammlung venezianischer Malerei an, ihre Plastiken- und Medaillenkollektion gewann bald Weltruf. Sie gründete die Accademia degli Arcadi, eine höchst exklusive Vereinigung von Gelehrten und Künstlern für Philosophie und Literatur, die heute noch besteht. Sie versammelte Wissenschafter, Dichter, Maler, Bildhauer, Architekten und Musiker von Rang

um sich, förderte sie, regte sie zu Höchstleistungen an und verschaffte ihnen Verbindungen und Aufträge. Auf ihre Initiative wurde das erste Opernhaus in Rom eröffnet. Ihre Bibliothek und Handschriftensammlung war riesig; sie befindet sich heute im Besitz des Vatikans. Ihr künstlerischer Geschmack wurde zur Richtschnur für Rom und ganz Italien. Sie war darüber hinaus eine leidenschaftliche Verfechterin der persönlichen Freiheit der Menschen, spendete mit vollen Händen nach allen Seiten und trat als Beschützerin der Juden auf.

Arcangelo Corelli

LEBEN

Arcangelo Corelli wurde am 17. 2. 1653 in Fusignano, Faenza, geboren. Über seine Kindheit und seine Abstammung gibt es keine verläßlichen Informationen, er hat wahrscheinlich in Faenza, Lugo und sicherlich in Bologna Musikunterricht erhalten. Im Jahr 1670 wurde er als Siebzehnjähriger in die Accademia dei Filarmonici in Bologna aufgenommen. Über seinen Aufenthalt in den folgenden fünf Jahren herrscht Unklarheit, 1675 war er jedenfalls in Rom und spielte im Orchester des Teatro Capranico Violine. Er fiel bald durch seine sonore Kantilene und durch inzwischen veröffentlichte Kompositionen auf. Es ist aber unbekannt, wodurch er sich die Förderung der Kardinäle Benedetto Panfili und Pietro Ottoboni (1637 bis 1740) verdiente, die beide als große Mäzene dem jungen Musiker eine glänzende Karriere verschafften. Über ihre Vermittlung konnte Corelli sein Opus Nr. 1 der Königin von Schweden, Christiana, überreichen. Dies trug ihm die Einladung in ihren Palast ein, wo zum Beispiel Architekt und Bildhauer Giovanni Lorenzo Bernini (1598–1680), der Maler Carlo Maratti (1625–1713) und die Musiker Alessandro Scarlatti, Bernardo Pasquini und Marco Marazoli ständig verkehrten. Im Jahr 1687 ernannte ihn Kardinal Panfili zu seinem Maestro di musica. Pietro Ottoboni nahm ihn in seine Dienste und bot ihm seinen Palast als Residenz an. Die Konzerte bei Ottoboni waren der Treffpunkt des höchsten Adels und Klerus der Stadt.
Die glänzende gesellschaftliche Stellung führte dazu, daß Corelli selbst eine Art künstlerischen Hof um sich versammelte; von ihm als Schüler aufgenommen zu werden, war eine hohe Auszeichung.
Sein letztes Werk widmete Corelli dem Kurfürsten Johann Wilhelm von der Pfalz, der ihn mit dem Prädikat Marchese di Ladenburg in den Adelsstand erhob. Er starb am 8. 1. 1713 in Rom und wurde über besonderen Erlaß des Papstes Clemens XI. (Giovanni Francesco Albani, 1649–1721) in der Kirche Santa Maria della Rotonda, dem Pantheon der Antike, bestattet. Die Ehrung des Kurfürsten traf erst zwei Jahre später ein. Sie wurde auf dem Grabstein nachgetragen und bestätigte die Tatsache, daß er schon längst zum Aristokraten geworden war.

WERKE

In seinen Kompositionen begegnen einander Hochbarock und Klassik auf einer höheren

Ebene, wo die Stilgrenzen zwischen beiden Stiltypen keine Geltung mehr haben.
Das überlieferte Werk des Komponisten ist nicht umfangreich. Es besteht aus 48 Triosonaten für zwei Violinen und Generalbaß (Orgel, Baßlaute oder Cembalo mit Baßviole oder Cello), nämlich 12 Kirchensonaten und 12 Kammersonaten, 12 Violinsonaten für Violine und Cembalo und 12 Concerti grossi. Handschriftlich sind außerdem erhalten: ein Concerto grosso als Sinfonia, 2 Sonate a quattro (Streichquartette), eine vierstimmige Sonate für Trompete und Streicher und 6 posthum veröffentlichte Triosonaten. Bei weiteren 118 Kompositionen ist die Zuschreibung unsicher.

Concerti grossi

Arcangelo Corelli stand als Komponist in ebenso hohem Ansehen wie als Violinist und Dirigent. Sein Hauptverdienst ist aber der Ausbau der Technik des Concerto grosso, jenes Konzerttypus, der ein volles Orchester einem Solistenensemble gegenüberstellt. Im vorliegenden Fall besteht das Orchester (Tutti) aus Violinen, Bratschen und Continuoinstrumenten – Cembalo, Cello – und das Ensemble (Concertino) aus zwei Violinen und Cello.

Concerto Nr. 1 D-Dur, 4 Sätze

Mit weiten Intervallschritten stellt sich der erste Satz, ein Grave des Concertino und des Tutti zugleich, vor. Das anschließende Allegro beschäftigt mit drei langsamen Einschüben vorwiegend das Concertino. Der zweite Satz beginnt mit einem Largo, vom Concertino mit edlem Ernst vorgetragen, wobei das Tutti nur klangverstärkend wirkt. Ihm folgt ein zündendes Allegro mit akkordbrechenden Sechzehnteln der Violinen. Die Anlage des dritten Satzes ist ähnlich. Einem elegischen Largo folgt ein heiteres Allegro. Die Violinen des Concertino leiten mit einem Trioleduett den letzten Satz ein, der im eindrucksvollen Alla breve das Werk beendet, das in der Form einer Kirchensonate angelegt ist.

Concerto Nr. 2 F-Dur, 4 Sätze

Wie ein Signal setzt das Vivace des ersten Satzes ein, sein Dreiklangmotiv wird von den Soloviolinen im folgenden Allegro imitiert, ein wehmütiges Adagio in Moll reiht sich an, dann werden Vivace- und Allegroteil wiederholt, bis ein abschließendes Grave einsetzt. Im nächsten Allegrosatz sind chromatische Läufe kontrapunktisch verarbeitet, und ein d-Moll-Grave und anschließendes Alla breve setzen dem Stück, das in der Form einer Kirchensonate gebaut ist, einen eleganten Schluß.

Concerto Nr. 3 c-Moll, 3 Sätze

Der erste Satz beginnt wie eine französische Opernouvertüre mit einem punktierten Largo. Das folgende Allegro ist polyphon gesetzt und schließt adagio ab. Thematisch eng damit verbunden ist das ausdrucksvolle chromatische Grave des zweiten Satzes, das ein Vivace mit interessanten Baß-Achteln anschließt. Das Finale ähnelt einer Gigue.

Concerto Nr. 4 D-Dur, 3 Sätze

Der erste Satz beginnt mit einem kadenzierten Adagio und geht bald zu einem Allegro voll Bewegung über. Das h-Moll-Adagio des zweiten Satzes gleicht einer Elegie, zu der das anschließende tänzerische Vivace schön kontrastiert. Das Finale ist ein Allegro, das auf das thematische Material des ersten Satzes zurückgreift.

Concerto Nr. 5 B-Dur, 3 Sätze

Ein Adagio eröffnet den ersten Satz, sein Allegro zeichnet sich durch glänzendes Spiel der Violinen des Concertino aus, die auch im neuerlichen Adagio die Führung behalten. Die Kontrapunktik des zweiten Satzes – Allegro – ist fein und kunstvoll. Und das Finale erteilt nach einem akkordischen Largo wieder den Soloviolinen das Wort.

Concerto Nr. 6 F-Dur, 3 Sätze

Das deklamatorische Pathos des Adagio des ersten Satzes nimmt Formen des 18. Jahrhunderts voraus, dann treten die Soloviolinen mit melodisch schön ausgearbeiteten, raschen Passagen auf das Feld. Das kontrapunktisch gearbeitete h-Moll-Largo ist auffallend herb. Das Finale schreitet mit einem schwungvollen Allegro dem Ende zu.

Concerto Nr. 7 D-Dur, 3 Sätze

Das eröffnende Vivace ist punktiert und fließt in eine ständig imitierte Dreiklangbrechung. Das folgende Moll-Adagio zeichnet sich durch rollende Baßpassagen aus. Der zweite Satz übergibt die Stimmführung den Continuoinstrumenten und schließt mit einer lockeren Fuge ab. Der letzte Satz, ein Dreiachtel-Vivace, ist betont tänzerisch.

Concerto Nr. 8 g-Moll, »Weihnachtskonzert«, 6 Sätze

»Fatto per la notte di Natale« (für die Christnacht komponiert), stellt der Komponist dem beliebten Werk voran. Der erste Satz beginnt mit einem kadenzierten Vivace, das in ein fugiertes Grave übergeht. Im Allegro des zweiten Satzes übernimmt das Solocello die Führung, der die Violinen mit Kantilenen korrespondieren.

Im dritten Satz erklingt ein inniges Adagio, das die Stimmung voll ausschöpft, ein Allegro drückt die Weihnachtsfreude aus. Nun folgt ein tänzerisches Vivace als vierter Satz. Der fünfte ist ein rondoartiges, straffes Allegro. Und das Finale bringt eine Pastorale, die mit sanfter Melodie das Musizieren der Hirten darstellt.

Concerto Nr. 9 F-Dur, 5 Sätze

Dieses Konzert ist suitenartig aufgebaut. Das Preludio wird von den Tutti und dem Concertino vorgetragen. Nun spielen die Soloviolinen mit dem Cello die Allemanda, dann schließen sich Corrente im Vivace, Gavotta im Allegro und nach einem d-Moll-Adagio das Minuetto an.

Concerto Nr. 10 C-Dur, 5 Sätze

In dieser Suite ist das Preludio modulatorisch reich ausgebaut. Die Allemanda ist sehr einfach aus einem Dreiklang entwickelt. Nach einem überleitenden Adagio erklingt eine stürmische Corrente. Ein konzertanter Allegrosatz folgt und betont wiederum das Concerto-grosso-Prinzip. Ein fröhliches, mehrteiliges Menuett schließt das Konzert ab.

Concerto Nr. 11 B-Dur, 5 Sätze

Im ersten Satz spielen Tutti und Concertino ein kantables Preludio, in der folgenden Allemanda trägt das Cello ein prächtiges Solo vor. Der anschließende g-Moll-Satz besteht aus einem akkordischen Adagio und einem sanglichen, kontrapunktierten Andante largo. Darauf kommen eine knappe Sarabanda und eine fröhliche Giga.

Concerto Nr. 12 F-Dur, 5 Sätze

Die Stimmen des Preludio sind kantabel geführt. Im folgenden Allegro tritt die erste Violine konzertierend hervor. Ein d-Moll-Adagio schließt sich mit in gleichmäßige Achtelfiguren aufgelösten Akkorden an. Die folgende Sarabanda ist sehr rasch gehalten, und die Giga, die das Werk beendet, ist ziemlich ausgedehnt; sie enthält ein schönes Violinsolo.

Triosonate g-Moll für zwei Violinen und Generalbaß, 4 Sätze

Die Sätze dieser Kirchensonate folgen einander im Wechsel von langsam zu rasch. Die langsamen Sätze sind homophon, die schnellen polyphon. Der erste Satz, ein Grave, bildet eine feierliche Einleitung, das anschließende Allegro ist zweiteilig; das Thema des ersten Teiles wird im zweiten stark variiert. Das melodische Adagio und das lebhaft rhythmisierte Finale runden die Sonate schön ab.

Triosonate h-Moll, 4 Sätze

Diese Kirchensonate ist trotz ihrer erhabenen Geschlossenheit im Grund heiter. Die langsamen Sätze 1 und 3 – Largo und Adagio – verströmen warme Harmonik, die schnellen – Allegro und Allegro – bringen eine dichtgewobene Kontrapunktik. Das ganze Werk ist ein Bild einer durchgeistigten Harmonie.

Triosonate e-Moll, 4 Sätze

Diese Kammersonate ist formal den Kirchensonaten angenähert. Im Preludio führt die erste Violine. Eine Allemanda im Presto schließt sich ohne Pause elegant an. Dann folgt ein Adagio, das von einem Grave eingeleitet ist. Eine lebhafte Giga mit einem volkstümlichen Tanzthema schließt das interessante Werk fröhlich ab.

Violinsonate Nr. 9 A-Dur, 4 Sätze

Diese Sonate beginnt wie alle anderen des Zyklus mit einem langsamen Satz, der melodisch weit geschwungen ist. Auch der rasche zweite Satz hat keine Virtuosität zum Ziel, sondern Sanglichkeit und Schönheit der Melodieführung. Das Adagio ist kurz. Dann folgt als Abschluß ein tänzerisches Finale, rasch, aber dennoch klassisch gebändigt.

Literatur

M. Pincherle, Corelli, Paris 1933. M. Rinaldi, Arcangelo Corelli, Mailand 1953. F. Stillings, Arcangelo Corelli, 1955. H.J. Marx, Die Überlieferung der Werke Corellis, Köln 1979.

Arthur Thomas Corfe (1773–1863)

Zeit und Umwelt

Die Kapelle der Kathedrale in Salisbury war bereits im Mittelalter eine besondere Pflegestätte des Kirchengesangs. Es wurde dort im 13. Jahrhundert eine bemerkenswerte Eigentradition des Gregorianischen Gesangs (Sarum use) entwickelt, der sich über ganz England verbreitete. Das Einzigartige daran war die Mehrstimmigkeit. Wenn dies auch im 19. Jahrhundert bereits ohne Bedeutung war, so blieb doch die führende Stellung der Kapelle erhalten.

Leben

Arthur Thomas Corfe wurde am 9.4.1773 in Salisbury als Sohn des Joseph Corfe (1740 bis 1820) geboren. Er war ab 1783 unter Benjamin Cooke (1734–93) Chorknabe an Westminster

Abbey und nahm gleichzeitig bei Muzio Clementi Klavierunterricht. Im Jahr 1804 wurde er Organist und Leiter des Knabenchors an der Kathedrale in Salisbury und versah diesen Dienst bis zu seinem Tod am 28. 1. 1863. Die Festivals von Salisbury des Jahres 1828 standen unter seiner Leitung.

WERKE
Von Arthur Thomas Corfe sind ein Service, einige Anthems und mehrere Klavierstücke erhalten, die als fortschrittlich anzusprechen sind. Er schrieb auch eine Harmonie- und Generalbaßlehre, die für ihre Zeit sehr modern anmutet.

Joseph Corfe (1740–1820)

ZEIT UND UMWELT
Die Musik an der Kathedrale von Salisbury nahm bereits im Mittelalter durch ihre singuläre Mehrstimmigkeit (Sarum use) eine besondere Stellung ein. Auch ihre Orgeltradition wurde durch eine lange Reihe vorzüglicher Meister dieses Instruments auf unverändert hohem Niveau bis in die Gegenwart gehalten. Im 18. Jahrhundert war es der berühmte Organist John Stephens (um 1720, vermutlich Gloucester, bis 15. 12. 1780, Salisbury), der sein Können an seine Schüler weiterreichte.

LEBEN
Joseph Corfe wurde am 25. 12. 1740 in Salisbury geboren. Er war Chorist an der Kathedrale von Salisbury unter dem Organisten und Chorleiter John Stephens, von 1783 bis 1792 Mitglied der Chapel Royal und anschließend bis 1804 Organist und Chorleiter in Salisbury, wo er am 29. 7. 1820 starb.

WERKE
Von Joseph Corfe sind 11 Anthems, ein Service, ein Te Deum und 36 Glees erhalten. Weitere angeblich von ihm verfaßte Kompositionen sind verschollen.

William Corkine
(um 1580 bis nach 1612)

ZEIT UND UMWELT
Die Lyraviole (Lira da gamba und Lira da braccio) war zumeist 6saitig (mit Bordunsaiten) mit der Stimmung der Laute, so daß deren Tabulaturen mühelos gespielt werden konnten. Es wurde jedoch häufiger eine Buchstabennotierung verwendet, die den Namen Lyraviolen-Notierung erhielt. Das Instrument selbst war schlanker als die Violen und näherte sich stark den Instrumenten der Violinenfamilie, deren Vorläufer es war.

LEBEN
William Corkine wurde um 1680 in England geboren. Über sein Leben und seine persönlichen Verhältnisse ist nichts bekannt. Auch Ort und Zeit seines Todes sind nicht feststellbar.

WERKE
Der englische Lautenist William Corkine war einer der ersten, der für Lyraviolen geschrieben hat. Er brachte 1610 und 1612 je ein Buch Ayres für Singstimme, Laute und Baßviole, Pavanen, Gaillarden, Couranten und andere Tänze für Lyraviolen heraus. Außerdem ist von dem Komponisten ein fünfstimmiges Anthem erhalten.

Johannes Cornago
(um 1425 bis vor 1500)

ZEIT UND UMWELT
Die Katholischen Könige Ferdinand V. und Isabella von Kastilien waren von den Ideen des Humanismus unberührt geblieben. Ihre skrupellose Außenpolitik, ihre grausame Verfolgung aller Andersgläubigen erschienen als schrankenlose Willkür. Die Hofkapelle diente vor allem dem Gottesdienst. Daß die Musik, die entweder von eingeladenen Ausländern oder von Spaniern, die sich im Ausland unterrichtet hatten, aus dem geistigen Bereich der Humanisten kam, blieb ohne Einfluß auf ihre Politik.

Leben

Johannes Cornago wurde um 1425 in Spanien geboren. Er lebte am Hof zu Neapel, wo er 1466 zum Almosenier ernannt wurde. Im Jahre 1473 war er Sänger am Hof des Königs Ferdinand II. Er dürfte vor 1500 in Aragón verstorben sein.

Werke

Johannes Cornago gehörte zu den ersten Spaniern, die sich im Ausland eine Ausbildung im mehrstimmigen Satz der frankoflämischen Schule holten und diesem Eingang in ihre Heimat verschafften. Von ihm sind eine dreistimmige Messe, eine vierstimmige Motette und 17 mehrstimmige Chansons erhalten. Sein Kompositionsstil ist stark von Ockeghem abhängig.

Literatur

H. Anglès, La Música en la Corte de los Reyes Católicos, Monumentos de la Música española V, X und XIV.

Phileno Agostino Cornazzani

(um 1543–1628)

Zeit und Umwelt

Die aus der Zugtrompete hervorgegangene Zugposaune übertraf alle anderen Blasinstrumente an Reinheit der Intonation. Es lag allein in der Hand des Bläsers, durch genaue Einstellung des Zuges jeden Ton exakt zu treffen. Die Vielfalt ihrer durch verschiedenes Anblasen erzeugten Klangfarben und Lautstärken eignete das Instrument für schmetternde Festklänge sowie für lyrische Kantilenen.

Leben

Phileno Agostino Cornazzani wurde um 1543 vermutlich in Wien als Sohn des Wiener Hoftrompeters Baldassare Cornazzani (um 1520–1602) geboren. Der Posaunist und Komponist trat 1568 der kurfürstlichen Hofkapelle in München als »Instrumentist und Zinckplaser« bei. Sein virtuoses Posaunenspiel sicherte ihm auch nach der Reduzierung der Kapelle durch Herzog Wilhelm V. seine Stellung. Er starb im Juli 1628 in München.

Werke

Die Litaneien, Motetten, Madrigale und Lieder des Posaunisten Phileno Agostino Cornazzani fußen stilistisch auf Orlando di Lasso. Zur Einweihung der Münchner Michaelskirche schrieb er »ein stuckh mit 4 Chörn«, was beweist, daß zu seiner Zeit die venezianische Mehrchörigkeit in Deutschland nicht mehr fremd war.

Literatur

Fr. Liessem, Phileno Agostino Cornazzani, oberster Instrumentist der herzoglichen Hofkapelle zu München unter Orlando di Lasso, Musikforschung I, 1970.

Corneliszoon Henric van Utrecht

(um 1550–1609)

Zeit und Umwelt

Im Jahre 1577 erstürmten die Frauen von Utrecht die von Karl V. erbaute Festung Vredenburg. Damit war die spanische Herrschaft über Stadt und Provinz Utrecht praktisch beendet. Die niederländischen Nordprovinzen schlossen sich 1579 zur Utrechter Union zusammen und lösten sich 1581 als Republik der Vereinigten Niederlande endgültig von Spanien. Als Reaktion gegen die abgeschüttelte spanische Herrschaft ergab sich Utrecht dem Calvinismus, der inzwischen Chorgesang und Orgelspiel in der Kirche zuließ.

Leben

Corneliszoon Henric van Utrecht wurde um 1550 in Utrecht geboren. Er wirkte in seiner Vaterstadt als Organist an der Jacobskirche, dann an der Marienkirche bis zu seinem Tod im Jahre 1609.

Werke

Vom kompositorischen Werk des niederländischen Musikers ist sein »Parnassus Musicus a 5 instr.« erhalten. Diese Sammlung von Instrumentalkonzertstücken ist zwar stilistisch der niederländischen Schule verpflichtet, stellt aber eine der frühesten echten Instrumentalkompositionen des niederländischen Raumes dar, die weder vom Vokal- noch vom Orgelsatz abhängig gemacht wurden.

Peter Cornelius (1824–74)

Leben

Peter Cornelius wurde am 24.12.1824 in Mainz geboren, studierte in Berlin bei Siegfried Wilhelm Dehn Musik und geriet in Weimar in den Bannkreis von Franz Liszt und der Neudeutschen Schule. In Weimar brachte er auch seine anfänglich erfolglose, später bis in unsere Zeit hochgeschätzte Oper »Der Barbier von Bagdad« heraus. Richard Wagner, mit dem er in Wien in Verbindung kam, vermittelte ihm die Stelle eines Lehrers für Komposition und Rhetorik am Konservatorium in München. Er starb am 26.10.1874 in seiner Geburtsstadt.

Peter Cornelius, nach einer Zeichnung von F. Perler

Werke

Wenn auch die Oper »Der Barbier von Bagdad« den Ruhm des Dichterkomponisten Peter Cornelius bis in unsere Tage trug, so liegt seine Hauptbedeutung dennoch auf dem Gebiet des Liedes. Es sind nur wenige Opuszahlen, die er hinterlassen hat, doch jede hat die Zeit bis in die Gegenwart überdauert. Seine »Sechs Lieder zu eigenen Weisen« sind feine Miniaturen voll inniger Schönheit, »Trauer und Trott« sind neben dem Zyklus »Vater unser« Meisterwerke romantischen Liedschaffens. Opus 4 bringt unter 3 Liedern das »Komm', wir wandeln zusammen im Mondschein«. Aus den »Brautliedern« hat die Vertonung des Hölty-Gedichts »Auftrag« (Ihr Freunde, hänget, wenn ich gestorben bin, die kleine Harfe hinter dem Altare auf) allgemeine Beliebtheit erreicht. Am meisten gesungen aber wurden und werden noch immer die »Sechs Weihnachtslieder«. Neben insgesamt 3 Opern und seinen Liedern und Chören verfaßte er eine Messe in d-Moll, ein Domine für Tenorsolo, gemischten Chor und Orchester, ein Stabat mater für vier Solisten, gemischten Chor, Männerchor und Orchester und mehrere Orchesterouvertüren, darunter die zuweilen noch gespielte in D-Dur. Trotz seiner engen Beziehungen zu den Neudeutschen, hielt er sich von ihrem Einfluß ebenso fern wie von den Kompositionen von Richard Wagner.

Sechs Weihnachtslieder für Singstimmen und Klavier, Text vom Komponisten, entstanden 1870

Diese Lieder: »Der Weihnachtsbaum«, »Die Hirten«, »Die Könige«, »Simeon«, »Christus, Freund der Kinder«, »Das Christuskind« beschwören mit Text und Musik die Erinnerung an die Weihnachtsfeier in der Kindheit herauf. Die Komposition hält die Waage zwischen einfacher und komplizierter Diktion und verschmilzt so Kindheitserinnerungen mit der Vorstellungswelt des Erwachsenen.

John Henry Cornell (1828–94)

Zeit und Umwelt

Bezeichnend für den raschen Aufstieg der Musikentwicklung in den USA in der zweiten Hälfte des 19. Jahrhunderts war die Publikation zahlreicher Lehrwerke und wissenschaftlicher Traktate für den Unterricht und das Studium musikalischer Probleme aus der Hand amerikanischer Autoren neben den vielen Übersetzungen europäischer Musikliteratur.

LEBEN

John Henry Cornell wurde am 8.5.1828 in New York geboren, in seiner Geburtsstadt ausgebildet, studierte aber auch in England und Deutschland. Ab 1848 wirkte er als Organist an St. John's Chapel, von 1868 bis 1877 an St. Paul's Chapel und anschließend an der presbyterianischen Brick Church in New York, wo er am 1.3.1894 starb.

WERKE

Neben zahlreichen Lehrwerken und Übersetzungen aus dem Deutschen auf verschiedenen Gebieten der Musik verfaßte John Henry Cornell Kirchenmusik – Services, Anthems und Psalmen – und ein- und mehrstimmige Lieder. Sein Hauptverdienst lag in seiner Tätigkeit als Autor und Übersetzer.

Pieter Cornet (um 1562–1633)

ZEIT UND UMWELT

Die territoriale Reichweite der Souveränität, die dem habsburgischen Statthalter der Niederlande verblieb, war schmal geworden. Der Regierungssitz Brüssel selbst lag nicht außerhalb der Gefahrenzone. Doch das burgundische Kulturerbe, das zu den Zeiten Maximilians I. an Habsburg übergegangen war, wurde durch alle Stürme der politischen und konfessionellen Kämpfe bewahrt und gepflegt.

LEBEN

Pieter Cornet (Cornetta) wurde um 1562 im franko-flämischen Raum geboren. Er war vielleicht ein Nachkomme des französischen Komponisten Séverin Cornet. Über sein Leben bis zum Jahrhundertende ist nichts bekannt. Ungefähr ab 1600 wirkte er neben Peter Philips und John Bull als Organist der Hofkapelle in Brüssel, wo er 1633 starb.

WERKE

Von dem Organisten Pieter Cornet sind 5 Fantasien, eine Toccata, 2 Couranten, ein Salve Regina und weitere Orgelstücke – Tanzstücke und Variationen – überliefert. Die Struktur dieser Werke gleicht der von den zeitgenössischen Virginalisten in England angewendeten. Trotz der spärlichen Hinterlassenschaft läßt sich die hohe Qualität der kompositorischen Fähigkeit Cornets feststellen.

LITERATUR

Ch. van den Borren, Jan Pieterszoon Sweelinck en Pieter Cornet, De Praestant, 1932.

Séverin Cornet (um 1530–82)

ZEIT UND UMWELT

Neben der französischen Chanson, dem deutschen Lied, dem spanischen Villancico, dem italienischen Madrigal und den verschiedenen Arten von Tanzliedern hat sich in Neapel ein unverkennbarer Kanzonenstil entwickelt und gefestigt. Er haftet sozusagen jedem Komponisten an, der dort ausgebildet oder zumindest einige Zeit lang beschäftigt wurde. Neapolitanischer Klang und Rhythmus bleiben mehr oder minder vordergründig ihren Werken zumindest beigemischt.

LEBEN

Séverin Cornet wurde um 1530 in Valenciennes geboren. Der französische Komponist wurde in Neapel ausgebildet und trat darauf eine Stelle als Sänger in Antwerpen an (1559). Ab 1567 war er Leiter des Knabendomchores in Mecheln und ab 1572 Kapellmeister in Antwerpen. Als diese Stadt 1581 protestantisch wurde, verlor er seine Stelle. Seine Bewerbung um die Kapellmeisterstelle bei Erzherzog Ferdinand in Innsbruck schlug fehl. Er starb im März 1582 in Antwerpen.

WERKE

Von den Werken Séverin Cornets sind vierstimmige neapolitanische Kanzonen, fünf- bis achtstimmige Madrigale und französische

Chansons und in Sammelausgaben auch drei- bis vierstimmige Chansons überliefert. Sein Stil erinnert in vielem an Orlando di Lasso, verleugnet aber nie, daß der Komponist in Neapel ausgebildet worden ist.

LITERATUR

G. van Doorslaer, Séverin Cornet, Antwerpen 1925.

William Cornyshe (um 1468–1523)

ZEIT UND UMWELT

Unter König Heinrich VIII., selbst beachtenswerter Komponist, war das Musikleben am englischen Hof bereits stark entwickelt. Schon sein Vorgänger Heinrich VII. und dessen Frau zogen fähige Musiker heran, die nicht nur für den Sakraldienst, sondern gleicherweise für das Vergnügen der Hofgesellschaft zu sorgen hatten. Vokal- und Instrumentalkonzerte, Schäferspiele und andere dramatische Darbietungen erforderten Komponisten und Dichter, die unberührt von den beginnenden Religionskämpfen und den politischen Wirren ihre Kunst pflegen und auch davon leben konnten.

LEBEN

William Cornyshe (Cornish) wurde um 1468 in East Greenwich geboren. Im Jahre 1492 trat er in den Dienst Heinrichs VII. und wurde 1496 zum Gentleman der Chapel Royal ernannt. Seine Bestellung zum Master of the Children erfolgte 1513. Er stand in großer Gunst Heinrichs VIII., der ihn großzügig dotierte. Aus gesundheitlichen Gründen trat er 1521 von seinen Stellungen zurück, 1523 erhielt er das Gut Hylden in Kent, auf dem er im Oktober desselben Jahres starb.

WERKE

Von William Cornyshe sind 4 Chorkompositionen, ein Magnificat, ein Salve Regina und ein Ave Maria, beides fünfstimmig, erhalten. Dazu kommen eine Serie von profanen Liedern (Soli, Duette, Trios, Chöre), von Instrumentalstücken und Musik zu theatralischen Darbietungen, die zum Teil von ihm selbst textiert wurden. Im Stil des Meisters ist eine Annäherung an die frankoflämische Schule auffällig.

LITERATUR

W. H. Grattan Flood, Early Tudor Composers, Oxford 1925.

Gellio Coronaro (1863–1916)

LEBEN

Gellio Benvenuto Coronaro wurde am 30.11. 1863 in Vicenza geboren. Er war Schüler des Liceo filarmonico in Bologna und wandte sich darauf mit Erfolg der Opernkomposition zu. Er starb am 26.7.1916 in Mailand.

Sein Bruder Antonio Coronaro (29.6.1851, Vicenza, bis 24.3.1933, Vicenza) wirkte als Lehrer und Organist in seinem Geburtsort.

Sein zweiter Bruder Gaetano Coronaro (18.12.1852, Vicenza, bis 5.4.1908, Mailand) war am Konservatorium in Mailand Schüler von Franco Faccio (8.3.1840, Verona, bis 21.7.1891, Monza) und wurde anschließend Theorie- und Kompositionslehrer an diesem Institut.

Sein Neffe Arrigo Coronaro (6.8.1880, Vicenza, bis 7.10.1906, Vicenza) war Organist in seinem Geburtsort.

WERKE

Von Gellio Coronaro sind 5 Opern aufgeführt worden. Er verfaßte ferner 2 Messen, ein Streichquartett, Klavierstücke und Lieder.

Antonio Coronaro schrieb 2 Opern, einige Kirchenwerke, Klavierstücke und Lieder.

Gaetano Coronaro verfaßte 3 Opern, ein Chorwerk, eine Sinfonie und einige Kammermusik.

Arrigo Coronaro brachte eine Oper auf die Bühne.

Henrique Carlos Correa
(1680 bis nach 1747)

ZEIT UND UMWELT

Die portugiesische Kirchenmusik führte im

18. Jahrhundert ein Eigenleben. Zusammenhänge mit der profanen Musik, die aus Italien oder Spanien mit Oper und Zarzuela importiert wurde, bestanden nicht. Und die Förderung, die sie erfuhr, empfing sie nur im Rahmen der Zuwendungen, die das konfessionelle Leben unterstützten.

Leben
Henrique Carlos Correa wurde 1680 in Lissabon geboren. Er war Chordirigent in Coimbra, wo er nach 1747 starb.

Werke
Der portugiesische Komponist Henrique Carlos Correa verfaßte eine Anzahl Responsorien und Lamentationen.

Manuel Correa (um 1600–53)

Leben
Manuel Correa wurde um 1600 vermutlich in Sigüenza geboren und war einige Zeit Kapellmeister an der Kathedrale seines Geburtsortes. Ab 1650 wirkte er in gleicher Eigenschaft an der Kathedrale von Zaragoza bis zu seinem Tod im Jahr 1653.

Werke
Vom spanischen Komponisten Manuel Correa sind zahlreiche Villancicos, Motetten, Messen und Psalmen erhalten, die alle dem alten Stil folgen und einen beachtlichen künstlerischen Wert haben.

Literatur
H. Anglès, Historia de la música española, Barcelona 1944.

Francisco Correa de Arauxo
(um 1578–1655)

Zeit und Umwelt
Macht und Glanz des Reiches Karls V. und Philipps II. gingen in der ersten Hälfte des 17. Jahrhunderts Stück für Stück verloren. Einen gewissen Ausgleich brachten die Dichter und Maler von Weltgeltung dem Land, in dem eine »barocke Friedenssehnsucht« entstand. Diese drückte sich auf allen Gebieten der Kunst aus, die durch einen starken Manierismus zum Frühbarock hinführte. Auch die Musik folgte, wenn auch zögernd, diesem Weg.

Leben
Francisco Correa de Arauxo (Araujo) wurde um 1578 vermutlich in Andalusien geboren und in Sevilla zum Musiker ausgebildet. Von 1598 bis 1636 war er Organist an San Salvador in Sevilla, sodann an der Kathedrale von Caén und schließlich ab 1640 in Segovia, wo er bis zu seinem Tod kurz vor dem 13. 2. 1655 wirkte.

Werke
Der spanische Organist und Komponist Francisco Correa de Arauxo veröffentlichte 1626 eine intabulierte Facultad organica (Orgelschule) mit 70 Orgelsätzen (62 Tientos, 2 Chansons, 3 Variationen und 2 liturgischen Stücken) mit umfangreichen theoretischen Anweisungen zu Fingersatz und Registrierung, Phrasierung und Ausdruck, die als Auftakt zur spanischen Barockmusik betrachtet werden kann.

Literatur
M. S. Kastner, Música Hispánica, Lissabon 1936.

Michel Corrette (1709–95)

Zeit und Umwelt
Die Grenzen zwischen höfischer und volkstümlicher Musik wurden um die Mitte des 18. Jahrhunderts in Frankreich immer öfter durchschritten. Die gespielte Zuwendung zur Natur und zum einfachen Leben des Rokoko erforderte die Verwendung von Volksinstrumenten, um das Kolorit zu unterstreichen. Dadurch entstanden Kompositionen, die bei breiten Bevölkerungsschichten große Aufnahmebereitschaft fanden. Dieses Einströmen volkstümlicher Elemente wirkte außerordentlich befruchtend und belebend und bildete eine der Grundlagen, auf denen

sich die Musik Frankreichs in der folgenden Zeit zu ihrer Hochblüte entfalten konnte.

LEBEN

Michel Corrette wurde 1709 in Rouen geboren. Im Jahr 1726 erhielt er die Stelle des Organisten an Ste-Marie-Madeleine-en-la-Cité, 1737 beim Grand Prieur von Frankreich, 1750 bei den Jesuiten der Rue St-Antoine, 1759 bei prince de Condé Louis Joseph de Bourbon (1736–1818) und ab 1780 bei Charles, comte d'Artois, dem späteren König Karl X. (1757–1836). Er starb in Paris am 22. 1. 1795.

Sein Vater Gaspard Corrette (um 1670, Delft, bis um 1730, Rouen) war Organist in Rouen.

WERKE

Die 3 »Orgelbücher« schrieb Michel Corrette für den liturgischen Gebrauch – Versetten, reichverzierte Préludes, Fugen über gregorianische Themen usw. Außerdem verfaßte der vielseitige Komponist »Weihnachtsmusik« für Cembalo oder Orgel, zahlreiche Stücke für Cembalo, Programmstücke für Cembalo und zwei Flöten, Sonaten, Duette, Divertissements für zwei Hörner, Triosonaten, Konzerte für vier oder mehrere Instrumente, Stücke für Drehleier und Musette, 22 Konzerte mit charakterisierenden Titeln für verschiedene Instrumente, Sinfonien, eine große Anzahl Lieder, Arien, Arietten und Vaudevilles, Messen, Motetten, Te Deum, Leçons de ténèbres und weitere sakrale Werke, dazu Schulwerke für Violine, Cello, Cembalo, Gitarre, Mandoline, Harfe, Bratsche, Drehleier, Querflöte, Blockflöte und eine Gesangschule.

Von Gaspard Corrette sind eine Orgelmesse und eine Reihe von Stücken für Musette erhalten.

LITERATUR

F. Raugel, Les organistes, Paris 1923.

Domenico Corri (1744–1825)

ZEIT UND UMWELT

Edinburgh, neben Dublin das zweite Musikzentrum der britischen Inseln außerhalb der Hauptstadt, schuf mit den Konzerten der Musical Society im 18. Jahrhundert eine immer größere Nachfrage. Wie in London und anderen Städten führte dieses gesteigerte Musikbedürfnis zur Gründung privater Unternehmen, die in Ausflugsgärten, die auch andere Vergnügungen boten, Konzerte gaben. Während die Musical Society zumeist ältere Musik brachte, kamen in diesen Gärten auch zeitgenössische Komponisten zu Wort, vor allem der Gründer des Unternehmens selbst, falls er komponierte.

LEBEN

Domenico Corri wurde am 4. 10. 1744 in Rom geboren. Er wurde von Nicola Porpora von 1763 bis 1767 ausgebildet. Im Jahr 1771 erhielt er die Einladung, die Konzerte der Musical Society in Edinburgh zu dirigieren, und ließ sich in der Stadt als Gesanglehrer nieder. Durch seine ersten Kompositionen wurde er so bekannt, daß er es wagte, einen Musikverlag zu eröffnen und einen Vergnügungsgarten mit Musikdarbietungen aufzumachen, in dem er eigene Kompositionen spielen ließ. Die Unternehmen gingen in Konkurs, so daß er nach London übersiedelte, wo er einige Opern mit Erfolg herausbrachte. Der Musikverlag wurde später von seinem Sohn Montague Corri (1784, Edinburgh, bis 1849, London), dessen Bruder Natale Corri (1765–1822) und seinem Schwiegersohn Jan Ladislav Dusík in Edinburgh und London weitergeführt. Er starb am 22. 5. 1825 in Hampstead.

WERKE

Von Domenico Corri ist eine große Anzahl Lieder, Rondos, Arien und Sonaten erhalten. Er schrieb außerdem einige Opern im italienischen Stil und veröffentlichte mehrere Lehrwerke. Seine Kompositionen sind im zeitgenössischen kontinentalen Stil gehalten.

Montague Corri schrieb Bühnenmusiken.

Natale Corri verfaßte Instrumental-, Kammer- und Vokalstücke, denen keine große Bedeutung zukam.

Francisco Corselli (1702–78)

Leben

Francisco Corselli (Courselle) wurde 1702 in Parma geboren und wirkte zunächst dort als herzoglicher Kapellmeister. Als Don Carlos nach Madrid übersiedelte, um als Karl III. den spanischen Thron einzunehmen, folgte ihm Corselli und wurde Kapellmeister der Real Capilla und Musiklehrer der Infanten. Er starb am 3. 1. 1778 in Madrid.

Werke

Von Francisco Corselli, der in Italien und Spanien eine Reihe von Opern herausgebracht hatte, sind ferner 30 Messen, zahlreiche Miserere, Litaneien, Psalmen, Kantaten, Villancicos und verschiedene andere liturgische Kompositionen handschriftlich erhalten. Sie sind wie alle seine Opern im italienischen Stil der Zeit gehalten.

Literatur

A. Solar Quintes, El compositor Francisco Corselli, in: Anuario musical VI, 1951.

Jacopo Corsi (1561–1604)

Zeit und Umwelt

Die Geschichte der eigentlichen Oper begann, als der Rezitativstil der Camerata Florentina auf umfangreichere Bühnenstücke übertragen wurde. Die Tragödie der Antike, die geistlichen und weltlichen Spiele des Mittelalters, die Schuldramen mit Chören im 16. Jahrhundert, die Intermedien, Trionfi, Rappresentazioni, die italienischen Mascherate und Balletti, die französischen Ballets und die englischen Masques können zwar nicht als Vorläufer der Oper angesehen werden, haben aber ihren Stil und ihre Ausgestaltung ebenso stark beeinflußt wie spätere theatralische oder musikalische Erscheinungen, zum Beispiel das Bühnenballett, die Pantomime, die Deklamation, das Melodrama, das Oratorium und ähnliches.

Leben

Jacopo Corsi wurde am 17. 7. 1561 in Florenz geboren. Als Giovanni dei Conti di Vernico Bardi im Jahre 1592 als päpstlicher Kämmerer nach Rom berufen wurde, stellte Corsi der Camerata Florentina seinen Palast für weitere Tagungen zur Verfügung und nahm persönlich starken Anteil daran. Er starb in Florenz im Jahre 1604.

Werke

Der Mäzen der Camerata Florentina Jacopo Corsi nahm am Entstehen der ersten Oper »Dafne« (1595) in seinem Palast mit 2 Arien teil, die zufällig erhalten geblieben sind, während alles andere verschollen ist. Sie folgen dem von der Camerata geforderten monodischen Stil. Er wirkte an der Uraufführung 1597 in seinem Palast als Cembalist mit.

Literatur

A. Solerti, Gli albori del melodramma, Mailand 1905.

Bonaiuto Corsini
(um 1345 bis nach 1433)

Zeit und Umwelt

Wirtschaftliche Schwierigkeiten, die Pest und die unaufhörlichen Zwistigkeiten der Bürger begünstigten die reaktionären Bestrebungen der Welfenpartei im Florenz des 14. Jahrhunderts, in dessen zweiter Hälfte die demokratischen Rechte der Bürgerschaft auf ein Minimum reduziert wurden. Erfolgreiche Expansionsbestrebungen, Kämpfe wegen des päpstlichen Schisma stärkten die Diktatur, doch das Volk wählte einen Medici. Damit ging der Streit um die Herrschaftsgewalt weiter, der in ein völlig oligarchisches System mündete. Zum Glück für die Stadt ging schließlich die Familie der Medici daraus siegreich hervor, ohne die Florenz nie geworden wäre, was es heute ist. Künstler und vor allem Musiker waren durch den Lauf der Politik wenig gestört.

Leben

Der Schmuckkästchenmaler Bonaiuto Corsini wurde um 1345 in Florenz geboren. Im Jahre 1381 wurde er dem »Kunstrat« der

Stadt beigezogen; auch als »Buonomo« (Stadtrat) war er für künstlerische Fragen zuständig. Sein Schmuckkästchengeschäft verkaufte er 1416 und wurde im Alter noch Priester. Hochbetagt und allseitig geehrt starb er in Florenz nach dem Jahr 1433.

WERKE
Bonaiuto Corsini war Schüler des Komponisten Andrea de Florentia, dessen Stil er übernahm. Von seinen Kompositionen sind 4 zweistimmige Ballate überliefert, die bereits eine gut durchgebildete zweistimmige Kontrapunktik aufweisen und die Richtung anzeigen, die die Musik in Italien einschlug.

LITERATUR
E. Li Gotti, Per la biografia di due minori musicisti..., in: Restauri trecenteschi, Palermo 1947.

Francesco Corteccia (1502–71)

ZEIT UND UMWELT
Cosimo I. de'Medici, Herzog von Florenz und Großherzog der Toskana (1519–79), setzte, nachdem er sich seiner Gegner entledigt hatte, mit einer diktatorischen Beherrschung der Republik Florenz ein. Der Tradition seiner Familie entsprechend galten seine Bestrebungen zwar vor allem der Festigung und Erweiterung der außenpolitischen und innenpolitischen Macht, dann aber der ökonomischen Entwicklung der Republik und der kulturellen Förderung. Das geistige Bild der Stadt in jener Zeit prägten der Dichter und Sprachkünstler Agnolo Firenzuola (1493–1543) und die bildenden Künstler Agnolo Bronziano (1503–72), Bartolomeo Ammanati (1511–72), Benvenuto Cellini (1500–71) und Giorgio Vasari, die die Zeiten eines Lorenzo des Prächtigen wieder zurückriefen.

LEBEN
Francesco Corteccia (Corticius) wurde am 27. 7. 1502 in Florenz geboren, wo er sein ganzes Leben verbrachte. Im Jahre 1531 wurde er Organist an San Lorenzo und 1539 Kapellmeister am Hof des Herzogs Cosimo I. de'Medici. Er starb als Kanonikus in Florenz am 7. 6. 1571.

WERKE
Von Corteccia sind an profanen Werken 2 Bücher mit vierstimmigen Madrigalen, ein Buch mit fünf- bis sechsstimmigen Madrigalen und mehrere Intermedia erhalten, außerdem zahlreiche Gesänge und Instrumentalstücke. Die sakrale Musik ist mit 2 Bänden Responsoria, 2 Bänden fünf- und sechsstimmiger Motetten und einer Sammlung Hymnen vertreten.

LITERATUR
F. Corradini, Francesco Corteccia, Note d'archivio XI, 1914.

Camillo Cortellini
(um 1560 bis nach 1626)

ZEIT UND UMWELT
In den gedruckten oder handschriftlichen Kompositionen werden auch um die Wende vom 16. zum 17. Jahrhundert nur in einzelnen Fällen Anweisungen für die Verwendung von Instrumenten erteilt, wenn es sich nicht um reine Instrumentalmusik handelte. Vieles wurde gerade bei der Kirchenmusik den Kapellmeistern überlassen. Partituren in unserem Sinn gab es noch nicht, Sing- und Instrumentalstimmen wurden nicht selten in eine Zeile geschrieben, so daß es oft wirklich schwerfällt, die Absichten des Komponisten zu erraten.

LEBEN
Camillo Cortellini wurde um 1560 in Bologna geboren, wo er als Instrumentalist im Dienst der Stadtverwaltung stand. Ob er auch an einer Kirche tätig war, ist nicht feststellbar. Er starb in Bologna nach 1626.

WERKE
Der italienische Musiker Camillo Cortellini war wegen seiner Virtuosität auf der Violine so berühmt, daß er den Beinamen »Il violino« (Die Violine) erhielt. Als Komponist

veröffentlichte er 3 Bücher mit Madrigalen, Messen, Litaneien, Psalmen und andere sakrale Gesänge, die zum Großteil Instrumentalbegleitung vorschreiben und viele vokale und instrumentale Solostellen enthalten. Interessant ist seine achtstimmige Missa concertata aus 1626, in der er ausdrücklich Posaunensoli vorschreibt und damit der späteren Orchestermesse schon sehr nahekommt.

Francesco Cortesi (1826–1904)

ZEIT UND UMWELT
Das Schauerdrama des spanischen Dramatikers Antonio García-Gutiérrez (1813–84), »El trovador«, zählte trotz seiner unwahrscheinlichen Handlung zu den populärsten Stücken der spanischen Frühromantik. Es bewog daher mehrere Opernkomponisten, es zu vertonen.

LEBEN
Francesco Cortesi wurde am 11.9.1826 in Florenz geboren. Er war in Bologna Schüler von Gioacchino Rossini und wirkte ungefähr ab 1880 als Klavierlehrer in Florenz, wo er am 3.1.1904 starb.

WERKE
Neben einer Reihe von Studienwerken für den Klavierunterricht verfaßte Francesco Cortesi eine Anzahl Opern, die in kleineren italienischen Opernhäusern aufgeführt wurden. Im Jahr 1852 brachte er in Triest – ein Jahr vor Giuseppe Verdi – einen »Troubadour« auf die Bühne.

François Cosset (um 1610 bis um 1673)

ZEIT UND UMWELT
Die Konzentration des Musikgeschehens Frankreichs auf Paris drängte die Kapellen der übrigen Städte etwas in den Schatten, obschon an den verschiedenen Kathedralen viel gute Musik komponiert und gespielt wurde. Es war allerdings nahezu zur Regel geworden, daß jeder Musiker, dessen Ruf bis zur Hauptstadt drang, nach Paris ging, weil dort bessere wirtschaftliche Bedingungen und größere Entfaltungsmöglichkeiten auf ihn warteten.

LEBEN
François Cosset (Cossette, Cozette) wurde um 1610 in St-Quentin geboren. Er war im Jahr 1628 Leiter des Knabenchores an der Kathedrale in Reims, dann in gleicher Eigenschaft in Laon und Senlis; 1637 leitete er die Maîtrise in Reims; 1643 wurde er Knabenchorleiter an Notre-Dame in Paris, verlor aber die Stelle 1646 und wurde bald darauf Kapellmeister an Notre-Dame in Reims. Von 1658 bis 1664 leitete er die Maîtrise an der Kathedrale in Amiens und dürfte darauf nach St-Quentin gegangen sein, wo er um 1673 starb.

WERKE
Der französische Kirchenkomponist François Cosset war Anhänger des alten Palestrina-Stils und hielt sich bei seinen Kompositionen streng an die Beschlüsse des Konzils von Trient; 3 vierstimmige, 2 fünfstimmige und 3 sechsstimmige Messen sind auf gregorianische Cantus firmi geschrieben. Er hat aber auch mehrere Messen und ein Requiem mit Generalbaß und Orchesterbegleitung verfaßt und damit bewiesen, daß er auch diesen Stil vollendet beherrschte.

Carlo Donato Cossoni
(um 1625 – 1700)

ZEIT UND UMWELT
In Bologna bildete sich in der zweiten Hälfte des 17. Jahrhunderts ein spezifischer Kirchenmusikstil heraus, der besonders durch die Verwendung von Violinen, es waren zumeist zwei, charakterisiert war. Er fand auch in anderen italienischen Städten viel Anklang, besonders in Mailand, das sonst gegenüber Einflüssen von außen eher zurückhaltend war.

LEBEN
Carlo Donato Cossoni wurde um 1625 in

Mailand geboren. Er war von 1662 bis 1671 Kapellmeister an San Petronio in Bologna, ging sodann in seine Geburtsstadt, wo er von 1684 bis 1692 als Domkapellmeister wirkte. Im Jahr 1686 wurde er Kanonikus in Gravedona, Como, wo er am 8. 2. 1700 starb.

WERKE
Sämtliche Werke des italienischen Komponisten Carlo Donato Cossoni weisen den Kirchenmusikstil von Bologna auf. Seine Messen, Hymnen, Lamentationen, Psalmen, Vespern, Litaneien, Te Deum sind für eine bis acht Stimmen, zumeist mit Violinen, fallweise Ripienochor und Generalbaß gesetzt. Seine italienischen Kantaten für eine bis drei Stimmen sind mit Generalbaß ausgestattet. Der konzertante Stil ist überall vorherrschend. Vielstimmige Breitenwirkung wird dabei zugunsten musikalischer Tiefe vermieden.

LITERATUR
A. Schubiger, Carlo Donato Cossoni, in: Monatshefte für Musikgeschichte III, 1871.

Guilherme Cossoul (1828–80)

ZEIT UND UMWELT
In Lissabon wurde zwar bereits 1836 das Conservatorio Nacional gegründet. Seine Ausbildungsfächer waren jedoch in erster Linie auf Kirchenmusik und auf Musikinstrumente konzentriert. Um zum Komponisten zu werden, gingen die Schüler im 19. Jahrhundert zumeist noch nach Paris.

LEBEN
Guilherme António Cossoul wurde am 22.4. 1828 in Lissabon geboren. Er studierte bei Adolphe Adam am Conservatoire in Paris. Im Jahr 1860 wurde er Kapellmeister am Teatro São Carlos und ein Jahr darauf Cellolehrer am Konservatorium in Lissabon. Von 1864 bis 1873 war ihm die Leitung von São Carlos anvertraut. Er starb am 26.11.1880 in Lissabon.

WERKE
Von Guilherme Cossoul sind 3 Opern, 6 Ouvertüren, ein Klaviertrio und einige Kirchenmusik überliefert. Sein Stil lehnt sich an den zeitgenössischen französischen an.

Francesco Antonio Costa
(um 1580 bis nach 1626)

LEBEN
Francesco Antonio Costa wurde um 1580 in Voghera geboren. Er erhielt im Minoritenorden seine Ausbildung und wurde darauf Organist und Kapellmeister an San Francesco in Genua, wo er nach 1626 starb.

WERKE
Der italienische Komponist Francesco Antonio Costa veröffentlichte 1615 eine »Messa con sei salmi et un Magnificat et motetti« (Messe mit 6 Psalmen und ein Magnificat und Motetten) für zwei bis vier Stimmen, konzertant und für bescheidene Aufführungskräfte berechnet, und 1626 einen »Pianto d'Ariana« (Klage der Ariana), Madrigali und Scherzi für Solostimme und Generalbaß.

Gasparo Costa (um 1540 bis nach 1590)

ZEIT UND UMWELT
Die Bologneser Malerschule mit Francesco Francia (1448–1517), Pellegrino Tibaldi (1527–96), Ludovico Carraggi (1555–1619), Agostino Carraggi (1557–1602), Annibale Carraggi (1560–1601) und Guido Reni (1575 bis 1642) nahm einen wichtigen Rang in der italienischen bildenden Kunst ein. Ihr standen jedoch die Musiker aus dieser Stadt gleichwertig gegenüber.

LEBEN
Gasparo Costa wurde um 1540 in Bologna geboren und dort zum Organisten und Komponisten ausgebildet. Er war an verschiedenen Kirchen der Stadt tätig, zuletzt von 1580 bis 1584 an Madonna di San Celso. Von 1588 bis 1590 wirkte er als Organist am Mailänder Dom. Er starb vermutlich in Mailand nach 1590.

Werke
Obwohl Gasparo Costa Kirchenmusiker war, hat er keine sakrale Musik hinterlassen außer einem Buch mit fünfstimmigen Motetten und geistlichen Madrigalen. Sein Hauptwerk besteht aus 3 Büchern mit drei- und vierstimmigen Canzonetten, die tatsächlich vorzüglich sind, ohne manieriert zu wirken. Sie betonen sehr stark den musikalischen Ausdruck der Wortbedeutung.

Giovanni Marco Costa
(um 1585 bis nach 1656)

Zeit und Umwelt
Im 17. Jahrhundert kam es auch in Genua zu einem blühenden Musikleben. Dieses trat zwar nach außen nie so deutlich in Erscheinung wie das in anderen italienischen Städten der Fall war, hatte auch keine so starke Ausstrahlung, war aber für die Republik selbst, deren Kontakte mit dem übrigen Italien nie sehr intensiv waren, außerordentlich fruchtbar.

Leben
Giovanni Marco Costa wurde um 1585 in Genua geboren. Er wirkte in seiner Vaterstadt als Organist, Lautenist und Musiklehrer am Kloster Santa Brigida und erhielt den Titel eines Kapellmeisters der Republik Genua. Er starb nach 1656.
Sein Bruder Giovanni Paolo Costa (um 1580, Genua, bis nach 1620, Treviso) war Kirchenkapellmeister in Treviso.

Werke
Vom italienischen Komponisten Giovanni Marco Costa sind eine Reihe Litaneien und Motetten, darunter »Christe, sanctifica me« (Christus, mache mich heilig) für drei Stimmen und Orgel erhalten, die an der Grenze zur Monodie stehen. Er komponierte außerdem für Genua 3 Opern.
Giovanni Paolo Costa schrieb 3 Bücher vier- bis fünfstimmige Madrigale, sechsstimmige profane Lieder und Motetten. Sein Stil gehörte noch dem 16. Jahrhundert an. Von seiner Kirchenmusik, die er geschrieben haben soll, ist bis in unsere Zeit nichts erhalten geblieben.

Literatur
R. Giazotto, La musica a Genova nella vita pubblica e privata del XIII al XVIII secolo, Genua 1951.

Michel Costa (1808–84)

Zeit und Umwelt
Die Festspiele in Birmingham wurden 1768 mit 25 Instrumentalisten und einem Chor aus 40 Teilnehmern eröffnet. Man gab anfänglich nur Musik von Georg Friedrich Händel. Die vorerst in unregelmäßigen Intervallen gegebenen Spiele wurden ab 1796 regelmäßig alle 3 Jahre abgehalten und entwickelten sich sehr rasch zu einer der bedeutendsten musikalischen Veranstaltungen Großbritanniens.

Leben
Michel Andrew Agnus (Michele Andrea Agnello) Costa wurde am 4.2.1808 als Enkel von Giacomo Tritto in Neapel geboren. Er war Schüler des Großvaters und von Giovanni Furno, Nicola Antonio Zingarelli und Girolamo Crescentini. Im Alter von 15 Jahren begann er zu komponieren, 1829 kam er nach London als Dirigent eigener und fremder Werke, von 1846 bis 1854 leitete er das Philharmonic Orchestra und ab 1847 zugleich die Italienische Oper an Covent Garden. 1849 übertrug man ihm die Leitung des Birmingham Festival, die er bis 1882 behielt. Er hatte großen Anteil am Aufschwung dieser Festspiele, dirigierte aber auch verschiedene andere Festspiele Großbritanniens (Leeds, Bradford etc.). Zahlreiche Regenten Europas verliehen ihm Auszeichnungen und Orden, der britische König adelte ihn und ehrte ihn mit dem Titel »Musikdirektor, Komponist und Dirigent der Königlichen Oper«. Er starb am 29.4.1884 in Hove.

Werke
Noch in Neapel verfaßte Michel Costa eine

Kantate, 4 Opern, 3 Sinfonien, ein Oratorium und eine vierstimmige Messe. Eine weitere Oper und 4 Ballette, seine oft aufgeführten Oratorien »Eli« und »Naaman« schrieb er in England. Er verfaßte außerdem eine Reihe von Bearbeitungen. Seine Bedeutung lag jedoch in den Leistungen als Dirigent und Organisator von Konzerten.

Fabio Costantini
(um 1575 bis nach 1644)

ZEIT UND UMWELT
Auf dem Gebiet der profanen Musik hat sich auch in Rom schon im ersten Jahrzehnt des 17. Jahrhunderts der neue Stil durchgesetzt. Madrigale und Arien wurden monodisch angelegt; wenn weitere Stimmen herangezogen wurden, hatten diese begleitende Funktion wie Instrumente. Auch die Motette machte die Änderung mit.

LEBEN
Fabio Costantini wurde um 1575 in Staffolo, Ancona, geboren. Er dürfte in Ancona seine Ausbildung erhalten und vermutlich im Dom der Stadt als Sänger gewirkt haben. Um 1610 war er Kapellmeister in Orvieto, 1616 in Rom, 1618 wieder in Orvieto, 1625 in Loreto und von 1642 bis 1644 am Dom in Tivoli. Er ist in einem der folgenden Jahre vermutlich in Tivoli gestorben.
Sein Bruder Alessandro Costantini (um 1581, Staffolo, bis 20. 10. 1657, Rom) war Organist an Santa Maria in Trastevere.

WERKE
Vom italienischen Komponisten Fabio Costantini sind 2 Bücher mit Arien und Madrigalen für eine bis zu vier Stimmen erhalten. 2 vierstimmige Motetten finden sich in einem Sammelwerk. Seine Gesangskompositionen folgen dem neuen Stil. An Kirchenmusik, die er angeblich geschrieben hat, ist nichts überliefert.
Von Alessandro Costantini ist ein Buch Motetten überliefert, die konservativer sind als die Kompositionen des Bruders.

Giovanni Battista Costanzi (1704–78)

ZEIT UND UMWELT
Die Dome, Basiliken und Kirchen Roms mit ihren Kapellen und Chören, die Kapellen des Vatikans und der ihm unterstellten Institutionen, die Privatkapellen der Kardinäle und die Adelshäuser boten seit dem Beginn der Renaissance und schon früher zahlreichen Talenten ein weites Betätigungsfeld. Diese kulturelle und politische Metropole war und blieb mit ihrer Fülle an musikalischen Darbietungen und ihren nahezu zur Alltäglichkeit gewordenen Höchstleistungen ihrer Musiker – konservativ und traditionsbeladen und dennoch für jede Neuerung offen – die erste Musikstadt der Welt im wahren Sinn des Wortes.

LEBEN
Giovanni Battista Costanzi (Giovannino di Roma) wurde am 3. 9. 1704 in Rom geboren. Er trat 1725 als Cellist in den Dienst des Kardinals Pietro Ottoboni und nach dessen Tod in den des Kardinals Troiano Acquaviva d'Aragona, war gleichzeitig an verschiedenen Kirchen Roms Kapellmeister und schließlich von 1755 bis zu seinem Tod am 5. 3. 1778 in gleicher Eigenschaft an der Cappella Giulia tätig.

WERKE
Neben 7 in Rom uraufgeführten Opern verfaßte Giovanni Battista Costanzi 3 Oratorien, ein geistliches Schauspiel, eine vorzügliche Kantate, »La fenice« (Der Phönix), und zahlreiche Kirchenmusik – Messen, Messeteile, Offertorien, andere Proprien, Responsorien, Vespern, Litaneien. Der Stil der sakralen Musik ist zwar konzertant, unterscheidet sich jedoch von dem seiner Opern wesentlich. Kompositionen für das Cello, das er meisterhaft spielte, sind keine überliefert.

Gaspard Coste (um 1500 bis nach 1550)

ZEIT UND UMWELT
Avignon, das Papst Clemens VI. (1342–52) im Jahre 1348 von den Grafen von Provence

gekauft hatte, verblieb auch nach dem Exil im Besitz der Kurie und wurde von einem päpstlichen Legaten regiert. Zwischen der Kapelle der Kathedrale und den römischen Kapellen herrschte zuweilen ein Austausch von Kräften, aber nicht häufig, weil in Avignon ein deutlich ausgeprägter französischer Stil gepflegt wurde, der sich stärker vom römischen unterschied als der franko-flämische oder spanische.

LEBEN
Gaspard Coste wurde um 1500 in Südfrankreich geboren, kam vermutlich in jungen Jahren zur Ausbildung nach Avignon und blieb dort als Sänger an der Kathedrale bis zu seinem Tod nach 1550.

WERKE
Von Gaspard Coste sind in französischen und italienischen Sammelwerken Chansons und Madrigale veröffentlicht worden, denen ein gewisser künstlerischer Wert nicht abgesprochen werden kann. Die Kompositionen sind stilistisch von Paris abhängig, aber vielleicht noch mehr dem Volkston verhaftet. Provenzalisches Melodiengut klingt zuweilen mit. Einige Zuschreibungen müssen einem um ungefähr 40 Jahre jüngeren Italiener namens Gasparo Costa gelten.

Napoléon Coste (1806–83)

ZEIT UND UMWELT
Es gab wohl fallweise in Frankreich Gitarristen, die durch Spiel und Komposition die Aufmerksamkeit auf sich lenkten, zur Bildung einer französischen Gitarristenschule kam es jedoch nicht. Das Publikumsinteresse für Gitarrenmusik war nicht stark genug, um genügend Musiker zu veranlassen, dieses schwierige Instrument zu erlernen und dafür zu schreiben.

LEBEN
Napoléon Coste wurde am 28.6.1806 im Departement Doubs geboren. Er bildete sich in Valenciennes zum Gitarristen aus und übersiedelte 1830 nach Paris, wo er mit seiner Virtuosität Aufsehen erregte. Im Jahr 1863 setzte ein Unfall seiner Tätigkeit als Konzertgitarrist ein Ende. Er starb am 17.2.1883 in Paris.

WERKE
Von Napoléon Coste sind 53 Werke für sein Instrument erschienen - Arrangements, Rondos, Sonaten, Capricen –, die er vor allem für seine eigenen Konzerte verfaßt hatte; 12 seiner vorzüglichen Etüden wurden in unserer Zeit neu aufgelegt.

Guillaume Costeley (um 1531–1606)

ZEIT UND UMWELT
Komponistenwettstreite wurden bereits von den nordfranzösischen Trouvères in den verschiedenen Puis ausgefochten, im 14. Jahrhundert waren sie in den oberitalienischen Adelshäusern beliebt; auch der deutsche Meistergesang hielt in den verschiedenen Schulen seine Sängerkriege ab. Der 1575 in Evreux gegründete Puy de musique en l'honneur de Sainte Cécile jedoch, der alljährlich Preise für Komposition verlieh, hatte eine völlig modern anmutende Methode der Kunstförderung gefunden, die für alle späteren Institutionen dieser Art vorbildlich wurde. Bezeichnenderweise war Orlando di Lasso der erste Preisträger.

LEBEN
Guillaume Costeley wurde um 1531 vermutlich in Pont-Ademer, Normandie, geboren. Seine Familie war angeblich aus Irland eingewandert. Seine Ausbildung dürfte der französische Komponist in Paris genossen haben. Ungefähr ab 1560 war er Hoforganist der Könige Karl IX. und Heinrich III. von Frankreich und nahm maßgebenden Anteil an der Gründung des Puy de musique en l'honneur de Sainte Cécile in Evreux. 1570 schied er aus dem Hofdienst und lebte als Komponist und »Prince premier« der Bruderschaft Sainte Cécile in Evreux, wo er am 1. 2. 1606 starb.

WERKE
Das Hauptgewicht des kompositorischen

Schaffens von Guillaume Costeley liegt auf dem Gebiet der Chanson. Er war einer der führenden Chansonkomponisten nach Janequin. Seine Technik des vorwiegend homorhythmischen Satzes und der strophigen Gestaltung bildeten eine Vorstufe zum Air de cour des ausgehenden 16. und des 17. Jahrhunderts. Bei einigen versuchte er in Anknüpfung an Spekulationen von Nicola Vicentino eine besondere Chromatik, wodurch er zu 19 Tonstufen gelangte. Diese Bestrebungen dürften von dem humanistischen Dichterkreis La Pléiade, zu denen er enge Beziehungen pflegte, angeregt worden sein.

Costeley hat mehr als 100 vier- und fünfstimmige Chansons verfaßt, dazu eine Anzahl Motetten, die sich stark der Chansonform nähern, und mehrere Instrumentalwerke, darunter eine Fantasie für Orgel oder Épienette. Sein Versuch, der altgriechischen, von ihm wohl falsch verstandenen Enharmonik neue Geltung zu verschaffen, hat keine Schule gemacht.

LITERATUR

M. Cauchie, Documents pour servir à une biographie de Guillaume Costeley, Revue de Musicologie, IX, 1926.

Benjamin Cosyn (um 1570 bis nach 1644)

ZEIT UND UMWELT

Auf den Glanz der Elisabethanischen Epoche Englands fielen bald die Schatten des Puritanismus. Es war in erster Linie die Musik, die den Gegnern zum Opfer fiel. Die Kirchenorgeln verstummten, viele Organisten mußten mit einer kleinen Pension den Rest ihres Lebens fristen.

LEBEN

Benjamin Cosyn (Cosin, Cosens) wurde um 1570 vermutlich in oder bei London geboren. Über die Zeit seiner Ausbildung ist nichts bekannt. Im Jahr 1622 erhielt er die Organistenstelle an dem 1619 gegründeten Dulwich College, das armen Kindern Unterricht, Erziehung und Unterhalt bot, von 1626 bis 1643 wirkte er in gleicher Eigenschaft am Charterhouse von London, das ähnlichen Zwecken diente und dazu auch verarmten Erwachsenen Obdach und Aufenthalt gewährte. Nach dieser Tätigkeit dürfte er keine weitere Stelle erhalten haben und bald nach 1644, wahrscheinlich in London, gestorben sein.

WERKE

Der Organist, Virginalist und Komponist Benjamin Cosyn sammelte über 90 Virginalstücke namhafter Komponisten des 16. und 17. Jahrhunderts. Darunter befinden sich auch eigene Kompositionen für dieses Instrument. Unter den sakralen Werken, die dieser Handschrift beigefügt sind, befinden sich auch Kompositionen des Herausgebers. Bemerkenswert sind seine 3 »Voluntaries« für Orgel (freie Orgelsoli mit improvisatorischem Charakter) und mehrere Tänze für Virginal.

Ambrosio C. Cotes (um 1568–1603)

ZEIT UND UMWELT

Der politische Aufstieg Spaniens im 16. Jahrhundert war von einem Aufschwung der Musik, insbesondere der Kirchenmusik, begleitet. Dann allerdings stagnierte diese Entwicklung. Die politische Bedeutung des Landes sank, und auch die Musik des nächsten Jahrhunderts wies keine Höhepunkte auf.

LEBEN

Ambrosio C. (de) Cotes wurde um 1568 in Südspanien geboren. Er wirkte anfänglich in Granada, ab 1596 in Valencia und ab 1600 in Sevilla als Domkapellmeister. Am 3. 9. 1603 starb er in Sevilla.

WERKE

Von den angeblich zahlreichen kirchenmusikalischen Werken des spanischen Komponisten Ambrosio C. Cotes sind nur eine fünfstimmige Messe und eine Anzahl Motetten erhalten. Der Stil der Musik ist polyphon.

LITERATUR
H. Collet, Le mysticisme musical espagnol, Paris 1913.

Johannes Cotta (1794–1868)

LEBEN
Johannes Cotta wurde am 24.5.1794 in Ruhla, Thüringen, geboren. Er vertonte eine Reihe vaterländischer Lieder zeitgenössischer Dichter. Er starb am 18.3.1868 in Willerstedt.

WERKE
Durch die Vertonung des Liedes von Ernst Moritz Arndt »Was ist des Deutschen Vaterland?« wurde auch Johannes Cotta in ganz Deutschland bekannt, obwohl keine weitere Komposition von ihm Beachtung fand.

Guillaume Louis Cottrau (1797–1847)

LEBEN
Guillaume Louis Cottrau wurde am 9.8.1797 in Paris geboren. Er lebte von 1806 bis zu seinem Tod am 31.10.1847 in Neapel als populärer Komponist neapolitanischer Canzonetten. Er war Leiter eines Musikverlages.
Sein Sohn Teodoro Cottrau (27.11.1827, Neapel, bis 30.3.1879, Neapel) wurde Eigentümer des Verlages, in dem er seine eigenen Liedkompositionen herausbrachte.
Sein zweiter Sohn, Giulio Cottrau (29.10. 1831, Neapel, bis 25.10.1916, Rom), war Opernkomponist.

WERKE
Die neapolitanischen Canzonetten, von denen Guillaume Louis Cottrau zahlreiche schrieb, waren als Volkslieder in aller Munde.
Teodoro Cottrau war als Liederkomponist bald ebenso populär wie sein Vater. Von ihm stammen die bekannten Lieder »Santa Lucia« und »Addio mia bella Napoli«.
Giulio Cottrau schrieb neben seinen populären Liedern im Volkston 3 sehr erfolgreiche Opern.

Carlo Cotumacci (1698–1775)

ZEIT UND UMWELT
Die Organisation der neapolitanischen Musikschulen, die begabte Schüler auch umsonst aufnahmen und nach der Ausbildung verpflichteten, selbst einige Zeit als Lehrer an der Schule zu wirken, bewirkte eine kontinuierliche Tradition.

LEBEN
Carlo Cotumacci (Contumacci) wurde 1698 in Neapel geboren. Er war Schüler von Alessandro Scarlatti und sodann Lehrer am Conservatorio Sant'Onofrio in seiner Geburtsstadt, in der er 1775 starb. Neben seiner Lehrtätigkeit wirkte er als Organist.

WERKE
Von Carlo Cotumacci sind ein fünf- bis achtstimmiges Requiem, 4 sakrale Gesänge, Cembalotoccaten und eine Anzahl »Partimenti« (Skizzen zu polyphonen Sätzen als Stützen für improvisatorisches Spiel) erhalten. Der Kirchenmusiker schrieb 2 musikalische Lehrwerke.

Armand Louis Couperin (1727–89)

ZEIT UND UMWELT
Der Platz an der Orgel in der aus dem 6. Jahrhundert stammenden, während des 16. im spätgotischen Stil mit Renaissancezutaten völlig umgebauten Pariser Kirche St-Gervais war seit Mitte des 17. Jahrhunderts, als Louis Couperin (um 1626–61) dort Organist wurde, durch nahezu 2 Jahrhunderte von Angehörigen seiner Familie besetzt und bildete Zentral- und Ausgangspunkt ihrer sonstigen Tätigkeit als Komponisten und Interpreten.

LEBEN
Armand Louis Couperin wurde am 27. 2. 1727 in Paris als Sohn des Organisten an St-Gervais, Nicolas Couperin (1680, Paris, bis 25. 7. 1748, Paris), als Enkel von François Couperin (1630, Chaumes-en-Brie, bis nach

1708, Paris) und als Urenkel von Charles Couperin (um 1590, Chaumes-en-Brie, bis April 1662, Chaumes-en-Brie) geboren. Er folgte seinem Vater als Organist an St-Gervais nach und versorgte gleichzeitig die Orgeln an Ste-Marghérite, St-Barthélemy, St-Jean-en-Grève und an der Ste-Chapelle. Im Jahr 1770 trat er in die Königliche Kapelle ein und wurde einer der 4 Organisten an Notre-Dame. Er starb in Paris am 2. 2. 1789.

Seine Frau Elisabeth Couperin geborene Blanchet (1729, Paris, bis 1815, Paris), Tochter des berühmten Cembalobauers François-Étienne Blanchet (um 1700, Paris, bis 28. 11. 1761, Paris), folgte ihrem Mann als Organistin nach.

Sein Sohn Pierre Louis Couperin (14. 3. 1755, Paris, bis 10. 10. 1789, Paris) übernahm für die kurze Zeit, um die er den Vater überlebte, dessen Funktionen.

Sein zweiter Sohn, Gervais François Couperin (22. 5. 1759, Paris, bis 11. 3. 1826, Paris), folgte seinem Bruder in dessen Funktionen an der Ste-Chapelle, an Notre-Dame und St-Gervais nach.

Werke

Von Armand Louis Couperin sind Cembalosonaten mit Violine, Triosonaten, Motetten und die Kantate »L'Amour médecin« (Heilkräftige Liebe) erhalten.

Elisabeth Couperin soll Orgelstücke verfaßt haben. Überliefert ist davon nichts.

Von Pierre Louis Couperin sind einige Romanzen bekannt geworden.

Gervais François Couperin verfaßte eine Sinfonie, Cembalosonaten mit Violine oder Cello, Stücke für Pianoforte, Transkriptionen für Tasteninstrumente und 6 Romanzen für Sopran.

François Couperin (1668–1733)

Zeit und Umwelt

Es war die Zeit des sterbenden Barock Frankreichs, das mit seinem Repräsentanten Ludwig XIV. dahin ging, dem Sonnenkönig, der alle strahlenden Seiten der Epoche und alle ihre Schatten zu seinem Programm machte.

François Couperin

Es war die Zeit, in der die minutiöse Regelung des kleinsten Schrittes, jeder Äußerung, jeden Tones, diktiert von einer klassizistischen Ästhetik, zur Formelhaftigkeit ohne Inhalt erstarrte und zur Fassade für die desolaten sozialen Zustände wurde. Die Ballets de cour wurden weitergetanzt, die Airs de cour weitergesungen, die strengen Rangordnungen der Hofgesellschaft weiter peinlich und eifersüchtig eingehalten. Die Formen waren derart genau ausgewogen und in sich gefestigt, daß sie auch bestehen blieben, als sie längst ohne Inhalt und Substanz waren. Daß es sich um leere Formen und Formeln handelte, wurde erst nach Jahrzehnten sichtbar. Zwei Wege boten sich der Musik an, sich aus dieser Umklammerung zu lösen. Der erste wurde im 18. Jahrhundert häufig beschritten: Es war der galante Stil, der damals geboren wurde. So wie das Dasein der sogenannten führenden Schicht kein Leben mehr war, sondern nur ein Gesellschaftsspiel, bei dem nichts mehr ernst genommen wurde, brachte die Musik zuweilen nur aneinandergereihte Ornamentik, deren Fülle vergessen ließ, daß die Substanz nicht etwa nur überwuchert war, sondern fehlte. Den zweiten Weg hat vor allem die Kirchenmusik eingeschlagen, die aus der ihr allenthalben aufgezwängten Rolle einer lieblichen Unterhaltung der Kirchenbesucher »von Distinktion« ausbrach. Sie griff häufig auf die römische Polyphonie und auf die einstimmige Gregorianik zurück, deren Pflege in Frankreich nie aufgegeben worden war. Damit wurde ein deutlicher Abstand zur profanen Musik gewonnen. Und wenn sie Instrumentenklang und Monodie aufnahm, stammte beides aus Italien. Auch die Komponisten profaner Musik nahmen italienische Elemente auf. Das mußte aber mit großer Behutsamkeit geschehen, denn der König liebte die italienische Musik nicht. Für ihn waren die melodischen Bogen, die expressiven Wortdeutungen, die schrankenlosen Gefühlsausbrüche Symptome einer Zügellosigkeit, die seinen Anspruch auf uneingeschränkte Souveränität verletzten. Wie er jeden Verstoß gegen die von ihm aufgestellten Verhaltensregeln ahndete, wandte er sich gegen jedes Überfluten »klassischer« Schranken der Musik. Er lehnte auch die Pläne des italienischen Architekten Giovanni Lorenzo Bernini für die Gestaltung einer neuen königlichen Residenz als zu kostspielig ab, als hätte er jemals nach Kosten gefragt, wenn er einen seiner Wünsche ausführen wollte. Nach dem Tod des Königs waren einer »Italianisierung« der Musik nur mehr die Schranken des Publikumsgeschmackes gesetzt, und bald trat erneut ein großer Meister auf den Plan, der sich sogar an eine Erneuerung der im reinen Traditionalismus steckengebliebenen Oper wagen durfte. Damit war allerdings dem Nachbarock ein Ende gesetzt.

Leben

François Couperin, Le Grand, wurde in Paris am 10. 11. 1668 geboren. Er verlor mit elf Jahren seinen Vater und erbte von ihm die Organistenstelle an St-Gervais, konnte sie aber erst gegen 1685 antreten, weil seine Ausbildung noch nicht vollendet war. Inzwischen versah Michel-Richard Delalande den Dienst. Im Jahr 1693 wurde ihm das Amt eines Organisten der Königlichen Kapelle übertragen, das bis dahin sein Orgellehrer Jacques Thomelin (um 1653, Paris, bis 28. 10. 1693, Paris) innegehabt hatte. Ein Jahr darauf wurde er zum Musiklehrer der königlichen Prinzen bestellt, 1696 in den Adelsstand erhoben und 1701 ohne offizielle Berufung mit der Funktion des Hofmusikdirektors betraut. Seine Organistenstelle behielt er bis 1723, die Ämter bei Hof legte er 1730 nieder. Am 12. 9. 1733 starb er in Paris.

Sein Vater Charles Couperin (9. 4. 1638, Chaumes-en-Brie, bis 1679, Paris) übernahm 1661 die Organistenstelle an St-Gervais, die dessen Bruder Louis Couperin bis dahin versehen hatte. Seine Cembalowerke sind nicht überliefert.

Werke

Die Stärke und Bedeutung des französischen Cembalisten, Organisten und Komponisten François Couperin lag im Bereich der Komposition für das Cembalo, deren Leichtigkeit und Lebendigkeit, ornamentale Melodik und oft überraschende Harmonik sofort anspricht. Es war aber nicht das allein, was diesen Vollender der französischen Barockmusik auszeichnete, sondern zudem der künstlerische Kern, der hinter den zierlichen Saitenklängen des Cembalos deutlich wurde. »Bei der Komposition meiner Clavierstücke habe ich stets einen bestimmten Gegenstand vor Augen gehabt; verschiedene Gelegenheiten brachten ihn mir nahe und führten zu den Überschriften meiner Stücke«, sagte er selbst. Das sollte ausdrücken, daß er stets etwas in künstlerischer Form mitteilen wollte und auch mitzuteilen hatte.

Sein Hauptwerk waren die 240 Cembalostücke, die in 27 Ordres zusammengefaßt in 4 Büchern unter dem Titel »Pièces de Clavecin« (Cembalostücke) herauskamen. In seinem Lehrwerk »L'Art de toucher le Clavecin« (Die Kunst, Cembalo zu spielen) sind 8 Préludes für Cembalo enthalten.

An weiteren Instrumentalwerken liegen vor: mehrere Triosonaten für zwei Oberstimmen und Generalbaß, 4 Ludwig XIV. gewidmete Konzerte für Streicher und Holzbläser, 12 Konzerte mit gleicher Besetzung unter dem Titel »Les goûts réunis« (Der vereinigte Geschmack), die sein Bestreben, italienische Musik mit französischer zu verschmelzen, dokumentieren sollten, je eines davon ist dem Andenken an Arcangelo Corelli und an Jean-Baptiste Lully gewidmet, sowie 2 Suiten für Gamben und 2 Orgelmessen. Für Singstimmen schrieb er 7 Airs sérieux, einen Air à boire, ein Terzett, 2 Kanons, 3 Karwochenlesungen und zahlreiche Motetten und Versetten.

Wenn François Couperin König Ludwig XIV. auch um 18 Jahre überlebte, so war sein gesamtes kompositorisches Werk im Sinn und Willen des großen Barockherrschers geformt. Es war also noch echtes französisches Barock, verhalten und gebändigt, sparsam, aber treffend im Ausdruck, eng begrenzt, aber tief. Kein Ton und kein Ornament wurde als reiner Schmuck niedergeschrieben, sondern stets nur, weil es die Aussage erforderte.

L'Art de toucher le Clavecin (Die Kunst, Cembalo zu spielen)

Die Teile dieses Lehrwerkes sind: »Die Haltung des Körpers, die der Hände, die Spielverzierungen, die kleinen Vorübungen, die zur Erlangung eines guten Spiels unerläßlich sind, einige Bemerkungen über den richtigen Fingersatz und 8 verschiedene, den Fortschritten angepaßte und mit Fingersatz versehene Praeludien.«

Pièces de Clavecin (Cembalostücke), 240 Stücke in 27 Ordres, 4 Bücher

Es handelt sich um keine Suiten im landläufigen Sinn, wenn auch bei einzelnen Stücken der Tanzcharakter zutage tritt. Sie stellen aber in sich abgeschlossene Kompositionen dar, die nur entfernt mit anderen im Zusammenhang stehen. Ihre Überschriften sind programmatisch. Die Themen sind entweder die Skizzierung von Personen oder Personentypen und von Gegenständen des täglichen Lebens oder der Natur, wie zum Beispiel die Spinnerin, die Strickerin, die Neckische, die Übermütige, die Fliege, die kleinen Windmühlen, das Schilfrohr. Es sind mit Tönen gemalte Miniaturen, die scharf umrissen und treffend in dem Spieler und dem Zuhörer das Bild entstehen lassen, das sich der Komponist vorgestellt hat. Klanglich tendiert diese vortreffliche Kleinmalerei etwas zur Empfindsamkeit,

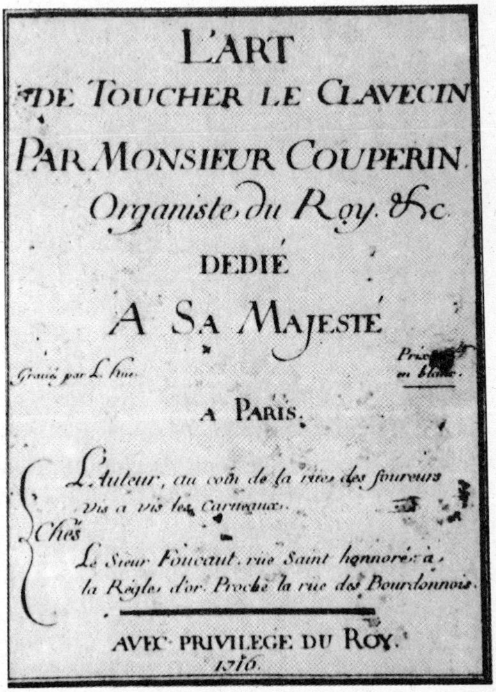
L'ART
DE TOUCHER LE CLAVECIN
PAR MONSIEUR COUPERIN
Organiste du Roy. &c.
DEDIÉ
A SA MAJESTÉ
Gravé par L. hue. Prix ... en blanc.
A PARIS.
Chés L'Auteur, au coin de la rüe des fourreurs vis a vis les Carneaux.
Le Sieur Foucaut, rüe Saint honnoré à la Regle d'or. Proche la rüe des Bourdonnois.
AVEC PRIVILEGE DU ROY.
1716.

Titelblatt zu François Couperins Lehrwerk

will aber nicht auf die Gefühlssphäre, sondern auf die Vorstellung und erst über diese auf das Gefühl wirken, was mit jedem Stück uneingeschränkt gelingt.

Orgelmesse zum Gebrauch in den Pfarreien

Die Messe besteht aus 21 Einzelstücken, die Form, Tempo und Registrierung ständig alternieren. Ein Teil davon ist auf einem gregorianischen Choral aufgebaut, ein zweiter ist thematisch völlig frei. Die genauen Registrieranweisungen verleihen der Messe eine ungeheure Färbigkeit. Die Faktur ist deutlich dem Cembalostil angenähert und strahlt seine Heiterkeit und Anmut aus, sie wirkt besonders in den Solopartien nahezu verspielt.

LITERATUR

A. Tessier, Couperin, Paris 1926. P. Citron, Couperin, Paris 1956. Sh. Hofman, L'œuvre de clavecin de F. Couperin, Paris 1961. H. Charlier, François Couperin, Lyon 1965.

Louis Couperin (um 1626–61)

Zeit und Umwelt
Das Cembalo, das vermutlich im 14. Jahrhundert aus dem Psalterium entstanden ist, war im 16., 17. und auch 18. Jahrhundert neben der Orgel das am meisten verwendete Tasteninstrument für das solistische und das konzertante Spiel. Seine Technik hatte sich im 17. Jahrhundert so hoch entwickelt, daß dem Komponisten – abgesehen vom fehlenden Pedal – kaum engere Schranken gesetzt waren als bei der Orgelmusik. Kompositionen und Spieltechnik entfalteten sich in einem Ausmaß, das nur mehr vom späteren Klavier eingeholt und überboten werden konnte. Sein Klang machte es zum echten Repräsentanten der Musik des Barock.

Leben
Louis Couperin wurde um 1626 in Chaumes-en-Brie als Sohn des Abteiorganisten Charles Couperin (um 1590, Chaumes-en-Brie, bis April 1662, Chaumes-en-Brie) geboren und von seinem Vater sowie von Jacques Champion de Chambonnières zum Organisten und Cembalisten ausgebildet. Ab 1653 war er Organist an St-Gervais in Paris und Violist der Kammermusik König Ludwigs XIV. und wirkte an den Ballets de cour mit. Er starb in Paris am 29. 8. 1661.

Werke
Der französische Organist, Cembalist, Violist und Komponist Louis Couperin dürfte mit Johann Jacob Froberger, als sich dieser 1652 in Paris aufhielt, zusammengetroffen und von ihm in den Stil des Italieners Girolamo Frescobaldi eingeführt worden sein. Das Bestreben, französischen Geschmack mit italienischer Musikalität zu verschmelzen, ist bei Couperin deutlich erkennbar. Seine Kompositionen sind nur handschriftlich überliefert. Sie umfassen 2 Fantasien für Violen, 2 für Oboen, 3 Sinfonien für Streichertrio, 130 Stücke für Cembalo und ungefähr 70 für Orgel. Die Cembalostücke sind vor allem Tanzsätze, die aber nicht in Suiten geordnet sind. Einige fallen durch kühne harmonische Wendungen auf. Die Orgelstücke bestehen vorwiegend aus Choralversetten, Fugen mit choralen Themen und Fantasiericercari.

Literatur
Ch. Bouvet, Les Couperin, Paris 1919; A. Pirro, Les clavecinistes, Paris 1926.

Philippe Courbois
(um 1690 bis nach 1729)

Zeit und Umwelt
Die Kirchenmusik in Versailles hatte Konzertcharakter und unterschied sich wesentlich von der in den französischen Kathedralen. Dafür war sie der profanen Musik des Schlosses eng angeschlossen. Ihr Zweck war einzig und allein, die Messebesucher zu unterhalten.

Leben
Philippe Courbois wurde um 1690 vermutlich in Paris geboren. Außer seiner Tätigkeit als Musiklehrer und als bekannter Komponist ist nichts über seine persönlichen Umstände bekannt. Er dürfte in Paris gestorben sein. Sein letztes Auftreten ist mit 1729 datiert. Dann verliert sich die Spur.

Werke
Die Motetten von Philippe Courbois, die mehrmals bei der Messe des Königs und auch im Concert spirituel gesungen wurden, sind nicht erhalten. Sie waren es, die den Namen des Komponisten berühmt machten. Aber die überlieferten »Französischen Kantaten« für eine oder zwei Stimmen, begleitet oder unbegleitet, und Airs sérieux et à boire sind ebenfalls sehr ansprechend.

Literatur
M. Brenet, Les concerts en France, Paris 1900.

Raphael Courteville
(um 1670 bis um 1735)

ZEIT UND UMWELT
Königin Mary II. von England (1662–94), Gemahlin König Wilhelms III., interessierte sich mehr für Architektur als für Musik. Die Hofkapelle wurde von ihr und ihrem Gemahl zwar nach wie vor betreut, doch wenig gepflegt. Obwohl John Blow und Henry Purcell viel dazu beitrugen, das Musikleben zu fördern, gelang es nicht, einen merklichen Aufschwung zu erreichen.

LEBEN
Raphael (Ralph) Courteville (Cortevil, Courtaville, Courtivill) wurde vermutlich in London um 1670 als Sohn des Gentleman der Chapel Royal, Raphael Courteville (um 1620, London, bis 28. 12. 1675, London), geboren. Er war Chorknabe der Chapel Royal, später Sänger und schließlich ab 1691 erster Organist an St. James in Westminster. Er starb um 1735 in London.

WERKE
Der englische Komponist Raphael Courteville schrieb 6 Sonaten für zwei Flöten und eine größere Anzahl Lieder und Arien für den Bühnengebrauch. Eine Hymne »St. James« ist sehr bekannt geworden.

Jehan Courtois (um 1500 bis vor 1567)

ZEIT UND UMWELT
Als Kaiser Karl V. am 20. Januar 1539 auf seinem Weg nach Gent Cambrai passierte, wurde zu seinen Ehren in der Kathedrale eine vom Kapellmeister für dieses Ereignis komponierte vierstimmige Motette uraufgeführt. Sie wurde mit einer Schilderung der Festlichkeiten des Ehrentages der Stadt gedruckt. Im Gegensatz zu vielen solchen Gelegenheitswerken ist die Motette musikalisch wertvoll. Der Komponist hieß Jehan Courtois.

LEBEN
Jehan Courtois (Cortois, Courtoys, Mourtois) ist um 1500 vielleicht in Cambrai geboren. Er wurde vermutlich an der Kathedrale der Stadt ausgebildet, blieb bei ihr als Sänger und brachte es bis zum Kapellmeister. Er ist vor 1567 in Cambrai gestorben.

WERKE
Von dem ausgezeichneten franko-flämischen Komponisten sind in Deutschland, Frankreich und Italien mehrere Motetten und Chansons in Sammeldrucken erschienen. Außerdem liegen 4 Messen und weitere Motetten vor. Alle Werke sind im Stil der letzten Phase der franko-flämischen Schule gehalten, vielleicht sogar allzu sklavisch, aber dennoch eigenständig, denn es kommt zuweilen zu eigentümlichen Klangeffekten.

LITERATUR
J. Jacquot, Les fêtes de la Renaissance, Paris 1960.

Walter Courvoisier (1875–1931)

LEBEN
Walter Courvoisier wurde am 7.2.1875 in Riehen bei Basel als Neffe des Violinisten und Gesanglehrers Karl Courvoisier (12.11.1846, Basel, bis 31.1.1908, Liverpool) geboren. Er wurde zunächst Arzt, nahm sodann Musikunterricht bei Selmar Bagge und bei Ludwig Thuille in München, wo er anschließend als Theorielehrer, Dirigent und schließlich als Kompositionsprofessor an der Akademie der Tonkunst wirkte. Er starb am 27.12. 1931 in Locarno.

WERKE
Obwohl Walter Courvoisier der Münchner spätromantischen Schule angehörte, übernahm er häufig modernere, vor allem impressionistische Fakturen, um der elegischen Stimmung seiner Werke Ausdruck zu geben; für das Lied und die Kammermusik bevorzugte er archaistische Wendungen. Er schrieb einen Sinfonischen Prolog, eine Anzahl Chor-Orchesterwerke, mehrere Klavierstücke, Sui-

ten für Violine solo, Chöre a cappella und eine Oper.

Jacques Georges Cousineau
(1760–1836)

ZEIT UND UMWELT
Die Entwicklung der Harfe zur vollen Modulationsfähigkeit und Chromatik eröffnete der Musik eine neue Klangwelt, die sowohl dem Rokoko wie der Romantik voll entsprach.

LEBEN
Jacques Georges Cousineau wurde am 13. 1. 1760 in Paris als Sohn des Lautenmachers und Harfenbauers Georges Cousineau (1733, Meschant, Vendée, bis 3. 1. 1800, Paris), dessen Mitarbeiter er wurde, geboren. Er war ab 1780 bis zu seinem Tod am 11. 1. 1836 Harfenist an der Pariser Oper und einige Zeit Harfenlehrer der Kaiserin Joséphine Beauharnais (1783–1814).

WERKE
Von Jacques Georges Cousineau sind mehrere Harfensonaten erschienen, die die Möglichkeiten des neu geschaffenen Instruments voll ausnützen. Außerdem schrieb er eine Harfenschule.

Edmond Henri de Coussemaker
(1805–76)

ZEIT UND UMWELT
Die Musikwissenschaft des 19. Jahrhunderts griff immer weiter zurück. Die Hinwendung zum Gregorianischen Choral erweckte das Bedürfnis, die Musik des gesamten Mittelalters zu durchforschen. Man sammelte alles erreichbare Material aus jener Frühzeit. Und wenn auch ihre Deduktionen zum größeren Teil heute nicht mehr aufrechterhalten werden können, so ist das von den einzelnen Musikwissenschaften im 19. Jahrhundert gesammelte Material für uns von ungeheurer Wichtigkeit.

LEBEN
Charles Edmond Henri de Coussemaker wurde am 19.4.1805 in Bailleul, Nord, geboren. Er studierte an der Pariser Universität und ergriff die Laufbahn eines Juristen. Daneben widmete er sich der Musik, und zwar vorwiegend der Musikgeschichte des Mittelalters und der Sammlung und Sichtung darauf bezüglicher Dokumente. Er starb am 10.1.1876 in Lille.

WERKE
Von Edmond Henri de Coussemaker sind nur einige Hefte mit Romanzen im Druck erschienen. Außerdem schrieb er mehrere Messen, ein Ave Maria, ein Salve regina und weitere sakrale Gesänge. Von Bedeutung sind seine musikhistorischen Arbeiten. Er machte sich auch als Herausgeber Alter Musik verdient; er brachte unter anderem die Werke von Adam de la Halle (um 1237 bis 1287) heraus.

James Coward (1824–80)

ZEIT UND UMWELT
Die Eröffnung des Kristallpalastes in London (1857) machte die profane Orgelmusik ungeheuer populär. In Ermangelung eingängiger Orgelstücke wurden Arrangements von Opernmelodien und vieles andere, was sich auf der großen Konzertorgel des Etablissements spielen ließ, vorgetragen, darunter aber auch sehr viel seriöse Musik. Die für diesen Dienst verpflichteten Organisten wurden immer sorgfältig ausgewählt.

LEBEN
James Coward wurde am 25.1.1824 in London geboren. Er wirkte als Organist im Kristallpalast und zugleich an mehreren Londoner Kirchen, eine Zeitlang auch an der Sacred Harmonic Society und der Freimaurer-Großloge. Er starb am 22.1.1880 in London.

WERKE
Von James Coward sind Anthems, Glees, Madrigale und viele Klavier- und Orgelstücke erhalten. Er verfaßte außerdem viele Transkriptionen von Opernmelodien für Orgel, die er selbst im Kristallpalast vortrug.

Henry Dixon Cowell (1897–1965)

LEBEN
Henry Dixon Cowell wurde am 11.3.1897 in Menlo Park, Calif., geboren. Nach autodidaktischer Ausbildung als Violinist, Pianist und Komponist studierte er ab 1931 in Berlin unter Erich Hornbostel. Er konstruierte ein elektroakustisches »Rhythmicon«. Eine Studienreise führte ihn nach Asien, dort lehrte er an den Musikakademien in Teheran und Madras. Sodann wurde er Professor an der Columbia University in New York. Er starb am 10.12. 1965 in Shady, N.Y.

WERKE
Die 19 Sinfonien von Henry Dixon Cowell tragen zum Großteil programmatische Titel, einige sind mit Chor ausgestattet, eine »Madras Symphony« verwendet außer dem Orchester drei indische Instrumente; er schrieb ferner zahlreiche andere Orchesterstücke mit verschiedener Besetzung, ein Konzertstück für Tonband, eines für Schlagzeug, ein Konzert für Akkordeon und Koro, eine Suite für Klaviersaiten und Kammerorchester, Sinfoniettas, verschiedene Kammermusik wie 5 Streichquartette und Quartette für andere Instrumente mit vokalisierenden Stimmen, ein Klaviertrio, eine Violinsonate, zahlreiche Chöre und Lieder mit verschiedener Begleitung, Klavierwerke mit Clusters. Er veröffentlichte mehrere musiktheoretische Essays, mit denen er sich für die Moderne Musik einsetzte.

Charles Coypeau d'Assoucy
(1605–77)

ZEIT UND UMWELT
Michel de La Guerre (um 1605, Paris, begraben 13.11.1679, Paris), Organist der Ste-Chapelle in Paris, Verfasser von Orgelstücken, Motetten und Airs de cour, die vollständig verlorengegangen sind, brachte 1654 die Pastorale »Le Triomphe de l'Amour sur des bergers et bergères« (Triumph der Liebe über Schäfer und Schäferinnen) heraus, das als erste echte französische Oper angesehen werden kann. Was vor diesem Bühnenstück geschrieben worden ist, muß als Vorstufe gelten.

LEBEN
Charles Coypeau sieur d'Assoucy (Dassoucy) wurde am 16. 10. 1605 in Paris geboren. Er stand ab 1635 als Gesandter im Dienst der Könige Ludwig XIII. und Ludwig XIV., ab 1653 reiste er viel in Frankreich und Italien und führte dabei ein abenteuerliches Leben, das ihn mehrmals hinter Gitter brachte. Um 1672 soll er auch etliche Zeit als Gefangener in der Bastille verbracht haben. Er starb in Paris am 29. 10. 1677.

WERKE
Vom französischen Dichter und Komponisten Charles Coypeau d'Assoucy ist nur eine Sammlung vierstimmiger Airs unvollständig erhalten. Sein Werk »Les amours d'Apollon et de Daphne« (Die Liebe Apollos und Daphnes) bestand aus gespielten Dialogen und kann noch nicht als Oper bezeichnet werden. Von dem Bühnenstück ist nur der vom Komponisten verfaßte Text erhalten. D'Assoucy war auch als Lautenist und Theorbist tätig und arbeitete mit der Theatergruppe von Molière (Jean Baptiste Poquelin, 1622–73) zusammen.

Michel Coyssard (1547–1623)

ZEIT UND UMWELT
Die Fülle an Liedern, die in der Folge der Reformation gedichtet, komponiert und gesungen wurden, zog auch die Aufmerksamkeit katholischer Kreise für den Volksgesang nach sich. In dem strengen Regeln unterworfenen liturgischen Geschehen konnte nur wenig davon untergebracht werden. Dafür wurde der paraliturgische Gesang ausgebaut. Geistliche Gesänge für fromme Vereinigungen, für Wallfahrten, für den Hausgebrauch wurden verlangt und auch gedichtet und komponiert.

LEBEN
Michel Coyssard wurde 1547 in Besse, Puy-

de-Dôme, geboren. Er wurde Kleriker und Theologe, lehrte einige Zeit in Wien und sodann in Lyon, wo er am 10. 6. 1623 starb.

WERKE

Der französische Theologe Michel Coyssard war einer der ersten katholischen Komponisten, der volkstümliche Lieder dichtete und mit Melodien versah. Sein Hauptwerk sind seine Paraphrases des hymnes et cantiques spirituels (Paraphrasen über Hymnen und geistliche Gesänge) für vier Stimmen.

LITERATUR

A. Gastoné, Le cantique populaire en France, Lyon 1924.

Nicolaus Cracoviensis
(um 1485 bis um 1550)

ZEIT UND UMWELT

Zygmunt I., König von Polen, heiratete als zweite Frau im Jahre 1518 Bona Sforza aus Mailand. Damit wurde der königliche Hof auf dem Wawel zu Krakau zu einem der bedeutendsten Zentren italienischer Renaissancekunst nördlich der Alpen. Die Musik hatte durch einzelne Musiker bereits früher in Polen Eingang gefunden und heimische Talente angeregt.

LEBEN

Nicolaus Cracoviensis (Mikolaj z Krakowa, Nikolaus aus Krakau) wurde um 1485 in Krakau geboren. Über sein Leben ist nichts bekannt außer seiner Tätigkeit als Hoforganist bis zu seinem Tod ungefähr um 1550 in Krakau.

WERKE

Von Nicolaus Cracoviensis sind in Tabulaturen Messe- und Offizienteile, Motetten, geistliche und profane mehrstimmige Lieder, Tänze und Präludien (Praeambula) überliefert. Sein Stil entspricht dem italienischen mit Ausnahme der Tänze, die deutsche Muster erkennen lassen.

LITERATUR

Kr. Wikowska-Chomińska, Nicolas de Cracovie et la musique de la Renaissance en Pologne, Chopin-Kongreß-Bericht, Warschau 1960.

Nikolaus Craen (um 1480 bis um 1530)

ZEIT UND UMWELT

Mit dem Ende des Mittelalters verblaßte auch der Glanz des »Venedig des Nordens« Brügge. Jedoch die Kirchenbauten der Stadt, Zeugen des ehemaligen Reichtumes, luden auch in den Zeiten des wirtschaftlichen Niederganges zur intensiven Pflege der Musik ein, so daß Orgeln und Chöre uneingeschränkt weiter klangen und sangen.

LEBEN

Nikolaus Craen ist um 1480 in 'sHertogenbosch geboren. Er wurde im Jahre 1504 Sänger an St. Donatian zu Brügge. Er dürfte in Brügge um 1530 gestorben sein.

WERKE

Von Nikolaus Craen sind 4 meisterhaft gebaute Motetten erhalten. Sie beweisen, wie auch bei den »kleineren« Meistern die Durchimitation nahezu zur Selbstverständlichkeit geworden und der mehrstimmige Satz virtuos gehandhabt worden ist.

LITERATUR

A. Smijers, Van Ockeghem tot Sweelinck, Amsterdam 1942.

Johann Baptist Cramer (1771–1858)

ZEIT UND UMWELT

Muzio Clementi (1752–1832) war der älteste der Begründer der Pianistik des 19. Jahrhunderts, ohne selbst bleibende kompositorische Werke für sein Instrument zu hinterlassen; ihr Feld war die Spieltechnik des zu jener Zeit noch neuen Instruments, die von der des Cembalo grundsätzlich unterschieden werden mußte. Die Anwendung der erarbeiteten Techniken war den großen Pianisten und Pianokomponisten vorbehalten. Das gleiche galt für das Übungswerk des Schülers von Clementi.

LEBEN

Johann Baptist Cramer wurde am 24.2.1771 in Mannheim als Sohn des Wilhelm Cramer (1746–99) geboren. Er war Klavierschüler von Muzio Clementi und Johann Samuel Schröter (um 1752–88) und Kompositionsschüler von Carl Friedrich Abel (1723–87). Nach einigen Konzertreisen als Pianist ließ er sich in London, dem Wohnsitz seines Vaters, nur durch einen Aufenthalt in Paris von 1832 bis 1845 unterbrochen, endgültig nieder und gründete dort den noch heute bestehenden Musikverlag J. B. Cramer & Cie., den er bis zu seinem Tod am 16.4.1858 in London leitete.

WERKE

Das bedeutendste Werk von Johann Baptist Cramer ist der 5. Teil seiner »Großen Pianoforteschule«, die 84 äußerst instruktive Klavieretüden enthielt. Diese Übungsstücke und weitere 16 werden noch heute im Klavierunterricht häufig verwendet. Sie wiesen zwar vielleicht nicht die pädagogische Konsequenz und technische Strenge der Übungen von Clementi auf, behandeln aber die meisten pianistischen Spielformen und sind auch von beachtlicher musikalischer Qualität. Er schrieb außerdem 105 Klaviersonaten, 7 Klavierkonzerte, ein Septett für Klavier und Streicher, ein Klavierquintett, ein Klavierquartett und mehrere Klaviertrios, dazu Violinsonaten, Variationen und Rondos. Alle diese Kompositionen, die bereits der Romantik zuzurechnen sind, wurden von den Werken der großen zeitgenössischen und nachfolgenden Meister überschattet und nach dem Tod des Komponisten bald vergessen, mit Ausnahme der Etüden.

Johann Baptist Cramer

LITERATUR

A. Tyson, A Fend between Clementi and Cramer, in: Musik & Letters 54, 1973.

Johann Thielemann Cramer
(1713 bis nach 1784)

LEBEN

Johann Thielemann Cramer (Johann Tobias) wurde 1713 in Mitteldeutschland geboren. Er war Schüler von Gottfried Heinrich Stölzel und Kapellknabe der Hofkapelle in Gotha. Im Jahr 1736 wurde er Diskantist der Kapelle und 1749 Musiklehrer des Hauses Sachsen-Gotha. Er wirkte nachweislich in dieser Stellung bis 1784 und dürfte in einem der folgenden Jahre gestorben sein.

WERKE

Von Johann Thielemann Cramer ist wenig überliefert. Kleinere Orgelstücke und 6 Gesänge wurden in »Musikalisches Vielerlay« von Carl Philipp Emanuel Bach aufgenommen. Sie sind in dem damaligen empfindsamen Stil gehalten.

Wilhelm Cramer (1746–99)

ZEIT UND UMWELT

Der Ausspruch, daß jedes Mitglied der Mannheimer Kapelle ein vollendeter Virtuose und zugleich ein ausgebildeter Dirigent sei, der selbst ein Orchester zu leiten imstand wäre, war vielleicht etwas übertrieben; richtig ist jedenfalls, daß in allen Musikländern »Mannheimer« erschienen, die als Solisten, als Kapellmeister oder als erste Violinisten oder Cellisten berühmt wurden.

LEBEN

Wilhelm Cramer wurde am 2. 6. 1746 in Mannheim getauft und von Jan Stamic und Christian Cannabich ausgebildet. Er war von 1757 bis 1772 als Violinist Mitglied des Mannheimer Hoforchesters. 1773 ging er nach London, wo er zum ersten Mal als Violinist auftrat. Er wurde Königlicher Kapellmeister und zugleich Konzertmeister an der Oper, am Pantheon, an den Ancient Concerts und den Professional Concerts. Er starb dort am 5. 10. 1799 als angesehener Violinsolist und Orchesterleiter.

WERKE

Von den Violinkonzerten von Wilhelm Cramer sind 8 im Druck erschienen, 2 weitere Manuskript geblieben. Er verfaßte weiters 6 Violinsonaten mit Generalbaß, 6 Soli für Violine und Cello, 12 Trios für zwei Violinen und Generalbaß sowie 6 Streichquartette. Er brachte den Mannheimer Stil nach England. Unmittelbare Nachahmer fanden sich dort aber nicht.

Andreas Crappius (um 1542–1623)

ZEIT UND UMWELT

Ab dem Jahr 1495 gehörte Hannover den welfisch-braunschweigischen Fürsten Calenberg-Göttingen-Grubenhagen und wurde im 17. Jahrhundert unter Herzog Ernst August (1629–98) zum Kurfürstentum. Die Reformation wurde unter Ernst dem Bekenner (1497–1546), Herzog von Braunschweig-Lüneburg-Celle, eingeführt.

LEBEN

Andreas Crappius wurde um 1542 in Lüneburg geboren. Er studierte bis um 1567 in Wittenberg und erhielt 1568 in Hannover das Amt des Kantors an der Lateinschule und der Marktkirche, das er bis 1616 versah. Er starb in Hannover am 8. 1. 1623.

WERKE

Von dem Kantor Andreas Crappius sind 3 Messen, 20 Motetten, 26 dreistimmige deutsche geistliche Lieder und Gelegenheitskompositionen überliefert. Der Stil dieser Kompositionen lehnt sich an niederländische Vorbilder an.

LITERATUR

Th. W. Werner, Andreas Crappius, Archiv für Musikwissenschaft V, 1923.

Jean Cras (1879–1932)

LEBEN

Jean Émile Paul Cras wurde am 22.5.1879 in Brest geboren. Er war Marineur und brachte es zum Contreadmiral und Generalmajor. Daneben studierte er bei seinem Freund Henri Duparc (1848–1933) Musik und komponierte. Er starb am 14.9.1932 in Brest.

WERKE

Neben einer in Paris preisgekrönten Oper

Jean Cras

schrieb Jean Cras ein Klavierquintett, ein Quintett für Harfe, Flöte und Streicher, ein Streichquartett, 2 Trios, 2 Orchestersuiten, ein Klavierkonzert, »Elegien« für Gesang und Orchester, »Die Panflöte« für Gesang, Streichtrio und Panflöte, mehrere Lieder und Kirchenwerke. Sein Stil war spätromantisch und ging auf César Franck zurück.

Richard Crassot (um 1530–72)

ZEIT UND UMWELT
Der deutsche Theologe Lukas Ossiander (16. 12. 1534, Nürnberg, bis 7. 9. 1604, Stuttgart), protestantischer Abt in Adelberg (Württemberg), war an der Redaktion des ersten württembergischen Gesangbuches beteiligt und brachte 1586 fünfzig geistliche Lieder und Psalmen mit vier Stimmen, kontrapunktisch für den Gemeindegesang im Kantionalsatz heraus, das heißt, daß der Cantus firmus nicht mehr dem Tenor, sondern der obersten Stimme zugeteilt war. Dieser neue mehrstimmige, homorhythmische Satz erreichte eine bessere Wortverständlichkeit und wurde daher immer mehr vorgezogen.

LEBEN
Richard Crassot wurde um 1530 in Lyon geboren. Er wirkte bis 1560 als Leiter der Maîtrise in Troyes, dann mußte er als Hugenotte die Stadt verlassen. Bis 1572 dürfte er in Orléans und Tours als Gesangmeister tätig gewesen, dann nach Lyon zurückgekehrt und dort zwischen dem 28. und 31. 8. 1572 gestorben sein.

WERKE
Der hugenottische Musiker Crassot war einer der ersten, der für die vierstimmige Bearbeitung des Genfer Psalters den Kantionalsatz bevorzugte, der von da an immer mehr in Übung kam.

LITERATUR
P. Pidoux, Le psautier huguenot du XVIème siècle, Kassel 1962.

Thomas Crecquillon
(um 1490–1557)

ZEIT UND UMWELT
Die ständigen Kriege zur Sicherung und Erweiterung seines Reiches stürzten Kaiser Karl V. in exorbitante Schulden, die beim damaligen Zinsfuß zwischen 20 und 50 Prozent ins Unermeßliche anstiegen. Sein Hof in Brüssel wurde dennoch mit aller Pracht ausgestattet. Die kulturelle Tradition des burgundischen Hofes war unter seiner Herrschaft noch lebendig, denn er selbst war viel mehr Burgunder als Deutscher. Er sprach vorwiegend französisch, und sein Verhalten war vom ritterlichen Ideal seiner burgundischen Vorfahren bestimmt.

LEBEN
Thomas Crecquillon (Créquillon, Crechillon, Griquillon) ist um 1490 vermutlich in Flandern geboren. Um das Jahr 1544 wurde er Kapellmeister Kaiser Karls V. in Brüssel. Er starb 1557 auf seiner Präbende in Béthune.

WERKE
Crecquillon war einer der bedeutendsten Meister zwischen Josquin und Orlando di Lasso. Er wurde von seinen Zeitgenossen wegen der Schönheit seiner Harmonik hochgeschätzt. Seine Kompositionen haben eine entfernte Ähnlichkeit mit der Art des Spaniers Morales und nehmen in gewisser Weise den Stil Palestrinas voraus. Von seinen Werken sind 11 vier- bis fünfstimmige Messen, über 70 vier- bis achtstimmige Motetten und ca. 40 Chansons erhalten. Sein Gesamtwerk soll aus 16 Messen, 116 Motetten, 5 Psalmen und 192 Chansons bestanden haben.

LITERATUR
W. Lueger, Ein vergessener Meister des 16. seculum, in: Zeitschrift für Kirchenmusik LXXIV, 1954.

Girolamo Crescentini (1762–1846)

Zeit und Umwelt
In Italien und in Wien fanden einzelne Kastratensoprane auch noch in den ersten Jahrzehnten des 19. Jahrhunderts ihr Publikum. Sie waren auch als Gesanglehrer gesucht.

Leben
Girolamo Crescentini wurde am 2. 2. 1762 in Urbania bei Urbino geboren. Er war Kastratensopran und trat in den meisten italienischen Städten mit Erfolg auf. Im Ausland war er in Lissabon, in Paris und in Wien willkommen, wo er als Gesanglehrer der kaiserlichen Familie wirkte. Im Jahr 1816 wurde er Gesanglehrer am Real Conservatorio di Musica in Neapel, wo er am 24. 4. 1846 starb.

Werke
Von Girolamo Crescentini sind mehrere Kantaten und Arien, außerdem eine mehrmals aufgelegte Sammlung von Gesangsübungen erhalten.

Crispin van Stappen
(um 1470–1532)

Zeit und Umwelt
Der Stilumschwung an der Wende des 15. zum 16. Jahrhundert prägte alle Züge der Renaissancemusik deutlich aus: klare Aufbaugliederung, Affektsprache, volle Durchimitation, breiter Chorklang und Harmonie beim Zusammengehen der Stimmlinien. Um die führenden Meister der Zeit Josquin und Obrecht gruppierte sich eine Anzahl angesehener Persönlichkeiten, die ihre Musik nach Italien brachten.

Leben
Crispin van Stappen wurde um 1470 in Cambrai geboren und dort ausgebildet. Der franko-flämische Musiker war 1492 Sänger an Sainte-Chapelle in Paris, verließ aber diese Stelle noch im gleichen Jahr, um einen Kapellmeisterposten in Padua anzutreten. Kurz darauf trat er der Sistina in Rom bei, wo er bis 1507 blieb. Sodann kehrte er als Kanonikus nach Cambrai zurück; er starb dort am 10. 3. 1532.

Werke
Der flämische Komponist Crispin van Stappen hinterließ ein sehr schönes Ave Maria und das Lied »Vale, vale de Padoa«. Beide Kompositionen weisen ihn als Meister des franko-flämischen Stils um die Wende zum 16. Jahrhundert aus.

Arcangelo Crivelli (1546–1617)

Zeit und Umwelt
Herzog Ottavio Farnese, Sohn des Herzogs Pier Luigi Farnese, verlor nach seinem Regierungsantritt im Jahre 1547 Piacenza an seine vom Schwiegervater Kaiser Karl V. begünstigten Gegner. Auch Papst Paul III., sein Großvater, streckte die Hand nach dem Herzogtum aus, das er selbst geschaffen hatte. Doch Ottavio verständigte sich mit seinem Schwager Philipp II. von Spanien und erhielt mit dessen Unterstützung Piacenza zurück. Er behielt jedoch den nach Parma verlegten Regierungssitz bei. Die Stadt nahm von da an ihren Aufstieg zum »Athen Italiens«.

Leben
Arcangelo Crivelli (Crivello, Cribelli) wurde am 21. 4. 1546 in Bergamo geboren. Er war 1568 Sänger und von 1569 bis 1575 Kapellmeister an Maria della Steccata. Im Jahre 1578 ging er nach Rom und wurde 1583 Mitglied und 1601 Kapellmeister der päpstlichen Kapelle. Er starb in Rom am 4. 5. 1617.

Werke
Von Arcangelo Crivelli erschienen ein Buch mit fünf- bis achtstimmigen Madrigalen und eines mit vier- bis sechsstimmigen Messen. Diese Kompositionen sind streng kontrapunktisch mit sehr enger Stimmführung.

Giovanni Croce (um 1557–1609)

Zeit und Umwelt
Paolo Sarpi (1552–1623), der venezianische

Staatstheologe, war der geistige Exponent der Republik Venedig in der Abwehr der Herrschaftsansprüche der Kurie. Obwohl der vielseitige Gelehrte und Staatsmann selbst Priester und Mönch (Servite) war, trat er dafür ein, das Interdikt des Jahres 1606, das Rom aus rein politischen Gründen über Venedig verhängt hatte, nicht zur Kenntnis zu nehmen. Weder die Exkommunikation noch ein Mordanschlag konnten ihn von seiner Haltung abbringen. Der Zwist wurde durch Intervention der Nachbarstaaten beigelegt. Venedigs politische Unabhängigkeit von Rom war gewahrt worden.

LEBEN

Giovanni Croce wurde um 1557 in Chioggia geboren. Er war Schüler Gioseffo Zarlinos im nahen Venedig, wo er 1565 als Sänger an San Marco aufgenommen wurde. Im Jahre 1594 erhielt er die Stelle des Vizekapellmeisters und folgte 1603 Baldissera Donato als Kapellmeister von San Marco nach. Er starb in Venedig am 15. 5. 1609.

WERKE

Der italienische Meister Giovanni Croce war einer der bedeutendsten Komponisten der venezianischen Schule und zählte zu den ersten Vertretern des konzertierenden Stiles. Die Liste seiner Kompositionen zeigt die ungeheure Vielseitigkeit des venezianischen Meisters. Die Kirchenmusik ist mit zahlreichen vier-, fünf- und achtstimmigen Motetten, fünfstimmigen sakralen Liedern, mit drei-, fünf- und sechsstimmigen Kirchengesängen mit Basso continuo und Füllstimmen, mit fünf-, sechs- und achtstimmigen Messen, mit achtstimmigen Psalmen und Vespern, Lamentationen und Bußpsalmen, die auch mit englischem Text erschienen sind, vertreten. An profaner Musik liegen zahlreiche Madrigale für drei und sechs Stimmen, Capricci und »Mascherate piacevoli et ridicolose per il carnevale« (Madrigalkomödien) vor. Alles wurde vielfach aufgelegt.

LITERATUR

D. Arnold, Giovanni Croce and the Concertato Style, Musical Quarterly XXXIX, 1953.

Henri Jacques de Croes

(1705–86)

ZEIT UND UMWELT

Prinz Karl Alexander von Lothringen (1712 bis 1780), Schwager der Kaiserin Maria Theresia, war Oberbefehlshaber der österreichischen Truppen gegen Friedrich den Großen. Im Jahr 1757 beendete er seine wenig erfolgreiche militärische Laufbahn und zog sich in die österreichischen Niederlande zurück, wo er seit 1748 Gouverneur war.

LEBEN

Henri Jacques de Croes wurde am 19. 9. 1705 in Antwerpen getauft. Er war ab 1723 Violinist und Vizekapellmeister an St-Jacques in Antwerpen und ab 1729 in Regensburg am Hof der Thurn und Taxis. Im Jahr 1744 ging er nach Brüssel und wirkte ab 1749 als Hofkapellmeister des Gouverneurs der österreichischen Niederlande, Prinz Karl Alexander von Lothringen. Er starb in Brüssel am 16. 8. 1786.

WERKE

Von Henri Jacques de Croes sind 15 Messen für vier Stimmen und Instrumente, ein Requiem und 34 Motetten für alle hohen Kirchenfeiertage, außerdem Sinfonien, Flöten- und Violinkonzerte, Sonaten und Divertimenti erhalten. Seine Musik folgt französischen Stilformen.

LITERATUR

S. Clercx, Henri Jacques de Croes, compositeur et maître de chapelle du prince Charles de Lorraine, Brüssel 1940.

William Croft (1678–1727)

ZEIT UND UMWELT

Seit der ersten Hälfte des 18. Jahrhunderts ist die Beerdigungsmusik nach anglikanischem Ritual dieselbe geblieben. Sie besteht aus drei Eröffnungsversen, die während des Schreitens zum Grab, den Versen, die beim Grab gesungen werden und mit »Der Mensch ist vom Weibe geboren« beginnen und dem

Anthem »Ich hörte eine Stimme vom Himmel« schließen.

LEBEN
William Croft (Crofts) wurde am 30. 12. 1678 in Nether Ettington, Warwickshire, getauft. Er war Mitglied des Knabenchors der Chapel Royal und ab 1700 Gentleman der Kapelle. Im Jahr 1704 folgte er gemeinsam mit Jeremiah Clarke dem bisherigen Organisten Francis Pigott nach und wurde nach Clarkes Tod 1707 erster und einziger Organist. Als John Blow ein Jahr darauf starb, erhielt er dessen Organistenstelle an der Westminster Abbey und die Leitung des Knabenchors der Königlichen Kapelle. Seine inzwischen übernommene Organistenstelle an St. Anne's legte er 1712 wieder zurück, um sich mehr der Komposition widmen zu können. Im Jahr 1725 wurde er Gründungsmitglied der Academy of Vocal Music. Er starb in Bath am 14. 8. 1727.

WERKE
Der englische Komponist William Croft schrieb »Ayres for the Harpsichord or Spinnet« (Lieder für Cembalo oder Spinett), englische und lateinische Choroden, 2 Bände Musica sacra mit 30 Anthems und das »Burial Service« (Beerdigungsmusik), das heute noch in Gebrauch steht, 6 Sonaten für Blockflöten, 3 Flötensonaten und Cembalostücke, außerdem Ouvertüren und Zwischenaktmusik für die Bühne. Er gehörte zu den bedeutendsten Kirchenkomponisten seiner Zeit.

William Crotch (1775–1847)

ZEIT UND UMWELT
Die Sinfonien, Ouvertüren und Klavierkompositionen, die sich in den ersten Jahrzehnten des 19. Jahrhunderts in England mehrten, schwenkten zum großen Teil in die Romantik ein. Wenn auch in den Konzertsälen Klassiker und Vorklassiker viel gespielt wurden, so folgten die Komponisten doch dem Zug der Zeit.

LEBEN
William Crotch wurde am 5.7.1775 in Norwich geboren. Er war ein erstaunlich frühreifes Kind, das bereits mit 4 Jahren konzertierte. Seine Begabung erlosch auch nicht mit dem fortschreitenden Alter. Mit 11 Jahren war er Assistent des Professors für Musik an der Universität in Cambridge, John Randall (1715–99), und Organist am Trinity und am King's College und darauf an der Great St. Mary's Church. Im Jahr 1788 ging er nach Oxford um zu studieren, wurde dort Organist an der Christ Church und 1797 am St. John's College und Professor für Musik. Nachdem er sich 1832 von seinen Verpflichtungen zurückgezogen hatte, wirkte er nur noch bei einigen musikalischen Darbietungen als Organist mit. Er starb am 19.12.1847 in Taunton.

WERKE
Die 3 Oratorien und die Anthems von William Crotch weisen noch viele konservative Merkmale auf. Dafür gehören seine 2 Sinfonien, die 2 Ouvertüren, sein Orgelkonzert, die Orgelfugen, die Klaviersonaten und die anderen Klavierstücke der zeitgenössischen Stilrichtung an. Es handelte sich um frühromantische Musik.

LITERATUR
J. E. Bumpus, The Compositions of Dr. Crotch, in: The Music News VII, 1897.

Frederick Crouch (1808–96)

ZEIT UND UMWELT
Das Astor Place Opera House war das erste allen Anforderungen entsprechende Opernhaus in New York. Es wurde 1847 errichtet, aber 1852 bereits wieder aufgegeben.

LEBEN
Frederick Nicholls Crouch wurde am 31.7. 1808 in London als Sohn des berühmten Cellisten Frederick William Crouch (um 1783 bis 1844) geboren. Er war Schüler seines Vaters und wirkte bereits mit 9 Jahren als Cellist am Royal Coburg Theatre. Nach einer Reisetätigkeit in Yorkshire und Schottland arbeitete er 2 Jahre lang als Matrose. Dann trat er dem Orchester des Drury Lane Theatre und den

Chören an Westminster Abbey und St. Paul's bei. Ab 1822 studierte er an der Royal Academy of Music unter William Crotch, Thomas Attwood, Robert Lindley und Gaetano Crivelli. Anschließend wirkte er als Cellist in der Kapelle der Königin Adelaide von England und betätigte sich in Plymouth als Gesanglehrer. Um 1838 ging er in die USA und wurde zuerst Cellist am Astor Place Opera House in New York, dann nach Boston, Portland, Philadelphia, wo er eine Reihe Samstag-Konzerte dirigierte, und schließlich nach Washington, wo er eine Musikschule gründete. Seine nächste Station war Richmond, wo er als Kirchenchorsänger wirkte. Später ließ er sich in Baltimore als Gesanglehrer nieder. Er starb am 18.8.1896 in Portland, Me.

WERKE

Von Frederick Crouch sind 2 Opern aufgeführt worden. Er schrieb außerdem viele äußerst populäre Lieder. Berühmt wurde er mit seinem irischen Lied »Kathleen Mavourneen« aus seiner Sammlung »Echo der Seen«.

Johann Crüger (1598–1663)

ZEIT UND UMWELT

Der evangelische Pfarrer Paul Gerhardt (12. 3. 1607, Gräfenhainchen, bis 27. 5. 1676, Lübben) amtierte ab 1657 an der Berliner Nicolaikirche und ab 1669 in Lübben. Er gilt als hervorragendster Liederdichter der evangelischen Kirche seit Martin Luther. Von ihm stammen unter anderem »O Haupt voll Blut und Wunden«, »Befiehl du deine Wege« und »Nun ruhen alle Wälder«.

LEBEN

Johann Crüger (Krüger) wurde am 9. 4. 1598 in Großbreesen bei Guben, Lausitz, geboren. Er besuchte Schulen in Guben, Breslau, Olmütz, Sorau, Preßburg und Regensburg und wurde schließlich 1615 Hauslehrer in Berlin. Dann studierte er in Wittenberg und war ab 1622 Kantor der lutherischen Nicolaikirche und Lehrer am Gymnasium zum Grauen Kloster in Berlin. Er blieb in dieser Stelle bis zu seinem Tod am 23. 2. 1663.

WERKE

Der deutsche Kantor und Komponist Johann Crüger wurde für den »bedeutendsten Melodienschöpfer der evangelischen Kirche nach Luther« gehalten. Er war der Begründer des wahren Erbauungsliedes, das nichts von der späteren Verflachung und falschen Süßlichkeit hatte. Viele seiner Texte stammen von Pfarrer Paul Gerhardt. Seine Lieder wurden in das »Newe vollkömliche Gesangbuch Augspurgischer Confession« (1640) aufgenommen, 16 davon sind im »Deutschen Evangelischen Kirchengesangbuch« aus 1950 enthalten. Neben dem genannten Gesangbuch veröffentlichte er: »Praxis pietatis melica« (Praxis musikalischer Frömmigkeit) und »Psalmodia sacra«. Neben diesen einstimmigen Liedern schrieb er »Paradisus musicus«, dreistimmig, der zweite Teil davon weist zwei- bis achtstimmige Stücke mit Generalbaß auf, vier- bis fünfstimmige Vespern mit Generalbaß und geistliche Kirchenmelodien für vier Stimmen, zwei Violinen und Generalbaß, außerdem zwei Hochzeitsgesänge für acht Stimmen. Von ihm stammt eine Reihe musiktheoretischer Werke über den Kirchengesang.

LITERATUR

J. Hoffmeister, Der Kantor zu St. Nicolai. Beschreibung des Lebens von Johann Crüger, Berlin 1964.

George Crumb (geboren 1929)

LEBEN

George Crumb wurde am 24.10.1929 in Charleston (West Virginia) geboren. Er studierte an der Universität von Michigan und bei Boris Blacher in Berlin. 1965 wurde er Professor an der Universität von Philadelphia und erhielt 1968 den Pulitzer-Preis für Musik.

WERKE
George Crumb schrieb – auch unter Verwendung elektronischer Elemente – in erster Linie Kammermusik, die von phantasievollen Kombinationen verschiedenartiger Instrumentengruppen und Singstimmen gekennzeichnet ist. Oft wurden seine Werke als Ballettmusik erwendet, mehrfach bereits »Ancient voices« für Sopran, Knabenstimmen und 7 Instrumente, 1970.

Ivo Cruz (1901–83)

LEBEN
Ivo Cruz wurde am 19.5.1901 in Corumbá, Brasilien, geboren. Er studierte in Lissabon, Leipzig, in München unter Richard Mors (18.8.1873, Mannheim, bis 14.3.1946, Taufkirchen an der Vils) und August Reuss (6.3.1871, Šumná [Liliendorf], Böhmen, bis 18.6.1935, München). Nach Lissabon zurückgekehrt, gründete er dort einen Chorverein und ein Orchester. Ab 1938 wirkte er als Direktor des Konservatoriums in Lissabon, gründete (1951) und leitete außerdem die Konzertreihe Pro Arte. Er starb am 8.9.1983 in Lissabon.

WERKE
Das künstlerische Hauptinteresse von Ivo Cruz galt der altportugiesischen Musik, um deren Herausgabe er sich stark bemühte. Die intensive Beschäftigung damit beherrschte auch sein eigenes kompositorisches Schaffen, das sich sehr alten Fakturen näherte. Er schrieb 2 Sinfonien, 2 Tondichtungen, 2 Klavierkonzerte, eine Suite für Klavier, Lieder und ein Ballett. Er war auch als Musikschriftsteller tätig.

Antal Csermák (1774–1822)

LEBEN
Antal György Csermák wurde 1774 vermutlich im Bereich der heutigen Slowakei geboren. Nach seiner Ausbildung zum Violinisten trat er in Wien und Preßburg auf und wurde um 1795 Konzertmeister des ungarischen Theaters in Budapest. Um 1810 zog er sich nach Veszprém (Weißbrunn) zurück, wo er nach zahlreichen Konzertreisen in Ungarn am 25.10. 1822 starb.

WERKE
Neben János Bihari (1764–1827) und Janós Lavotta (1764–1820) gehörte Antal Csermák zu den Hauptmeistern der ungarischen Verbunkos-Musik. Er versuchte, sie der westlichen Kunstmusik anzugleichen, und nahm ihr dadurch viel von ihrer Ursprünglichkeit. Die Arrangements seiner gesammelten Melodien veröffentlichte er in verschiedenen Sammelwerken und Zeitschriften, darunter ein Streichquartett und 6 Ungarische Tänze für Orchester. Viele seiner Werke sind Manuskript geblieben.

LITERATUR
B. Szabolcsi, A XIX. század magyar romantikus zenéje, Budapest 1951.

Dimitrie Cuclin (1885–1978)

LEBEN
Dimitrie Cuclin wurde am 5.4.1885 in Galați geboren. Er studierte am Konservatorium in Bukarest, sodann in Paris bei Charles-Marie Widor und bei Vincent d'Indy. Von 1922 bis 1930 wirkte er in New York als Musiklehrer. Dann lehrte er am Konservatorium in Bukarest Harmonielehre, Kontrapunktik und Komposition. Er starb am 7.2.1978 in Bukarest.

WERKE
Außer 4 Opern schrieb Dimitrie Cuclin 18 Sinfonien, ein sinfonisches Scherzo, eine Ouvertüre mit Chor, ein Klaviertrio, Suiten und Sonaten für Violine und für Cello, Klavierstücke und Lieder. Er muß noch zu den Spätromantikern gezählt werden.

Richard Cudmore (1787–1840)

ZEIT UND UMWELT
Manchester war bis zum Ersten Weltkrieg

zweifellos das bedeutendste Musikzentrum Englands nach London. Die älteste Konzertvereinigung der Stadt waren die »Gentlemen's Concerts«, die bis in die Mitte des 18. Jahrhunderts zurückgehen. Im Jahr 1857 wurde von Charles Hallé (1819–95) die Hallé Society gegründet, die im Verlauf das gesamte Konzertleben der Stadt an sich zog.

LEBEN

Richard Cudmore wurde 1787 in Chichester geboren. Er zeigte sehr früh große Anlagen zum Violinspiel und konnte bereits mit 11 Jahren an den von Johann Peter Salomon veranstalteten Konzerten teilnehmen. Im Jahr 1799 dirigierte er die Kapelle des Theaters in Chichester und erhielt darauf ein Engagement an der Italienischen Oper in London, wo er bei Joseph Wölfl Klavierunterricht nahm und der Kapelle der Philharmonic Society beitrat. Um 1820 übernahm er in Manchester die Leitung der Konzerte der »Gentlemen's Concerts« und führte sie, abgesehen von einigen Konzertreisen, bis zu seinem Tod am 29. 12. 1840.

WERKE

Von Richard Cudmore sind einige Violin- und Klavierkonzerte bekannt geworden. Er verfaßte weiters ein Oratorium (»Der Märtyrer von Antiochien«) für Soli, Chor und Orchester, das in Liverpool, Birmingham und Manchester mit Erfolg aufgeführt wurde. Über weitere Werke gibt es keine Informationen. Sein Stil neigte zum Klassizismus.

Ramón Cuellar (1777–1833)

ZEIT UND UMWELT

Die Kirchenmusik der Iberischen Halbinsel hat wohl im 17. Jahrhundert dem Barock gegenüber einige Konzessionen gemacht, ist aber sodann im großen und ganzen stehengeblieben. Die weitere Musikentwicklung des Abendlandes ging daran nahezu spurlos vorüber. Ebensowenig konnten die verschiedenen Formen der Bühnenmusik – Oper, Zarzuela – einen Einfluß auf die Musik der Kirchen ausüben.

LEBEN

Ramón Cuellar wurde 1777 in Zaragoza geboren. Er war ab 1814 Kapellmeister in seiner Geburtsstadt, ab 1817 in Oviedo und von 1828 bis zu seinem Tod im Jahr 1833 in Santiago de Compostela.

WERKE

Die Kompositionen von Ramón Cuellar sind nur als Manuskripte erhalten. Sie sind recht konservativ, aber sorgfältig und klangreich gearbeitet.

Edric Cundell (1893–1961)

LEBEN

Edric Cundell wurde am 29. 1. 1893 in London geboren. Er begann als Orchestermusiker an Covent Garden, wurde sodann Dirigent verschiedener Orchester und 1938 Direktor der Guildhall School of Music in London, wo er seine Tätigkeit als Orchesterdirigent bis zu seinem Tod am 19. 3. 1961 fortsetzte.

WERKE

Von Edric Cundell sind eine Sinfonie, eine Suite für Streichorchester, eine Orchestersuite, 2 sinfonische Dichtungen, ein Klavierkonzert, ein Streichsextett, ein Klavierquartett, mehrere Streichquartette, ein Sextett für drei vokale und drei instrumentale Stimmen, eine Rhapsodie für Bratsche und Klavier, verschiedene Klavierstücke und Lieder bekannt geworden. Sein Stil ist konservativ.

François Cupis de Camargo
(1719 bis um 1764)

ZEIT UND UMWELT

Sowohl Hof wie Kirchen boten eine gewisse Aufnahmemöglichkeit für einheimische Musiker; auch an den Bühnen gab es Wirkungsfelder, aber zu einer echten Karriere konnte in Brüssel niemand kommen. Die verhießen nur Paris und der Hof in Versailles. Daher wanderten alle Kräfte dahin ab.

LEBEN

François Cupis de Camargo wurde am 10. 3.

1719 in Brüssel geboren. Er kam mit seinem Vater Ferdinand Joseph Cupis de Camargo nach Paris, wurde 1741 Violinist der Opéra und dürfte diese Stelle bis zu seinem Tod um 1764 innegehabt haben.

WERKE
Von François Cupis de Camargo sind noch in Brüssel 3 Bücher mit Violinsonaten und Generalbaß erschienen. Sie wurden viel gespielt, weil sie mit ihrer zierlichen Melodieführung dem Zeitgeschmack des Rokoko gut entgegenkamen. Über weitere Kompositionen, die er verfaßt haben soll, ist nichts bekannt.

François Cupis de Camargo
(1732–1808)

ZEIT UND UMWELT
Die vielen Orchester von Paris und Versailles waren durch den Aufschwung des Virtuosentums im dritten Drittel des 18. Jahrhunderts gezwungen, immer neue Violinisten und Cellisten aufzunehmen, weil viele davon nach etlichen Jahren Orchesterspiel dieses zugunsten einer Virtuosenlaufbahn aufgaben. Einzelengagements des Concert spirituel, des Hofes und der Adelshäuser und die Möglichkeit, Konzertreisen durch ganz Europa zu unternehmen, ließen sich mit dem ständigen Dienst in einem Orchester nicht vereinbaren, der auch wenig Gelegenheiten bot, sich einen Namen zu machen.

LEBEN
François Cupis de Camargo wurde am 10. 11. 1732 als jüngster Sohn von Ferdinand Joseph Cupis de Camargo in Paris geboren. Er erhielt seine Ausbildung zum Cellisten von Martin Berteau und trat sodann in das Orchester der Großen Oper von Paris ein. Im Jahr 1770 verließ er diese Stelle, um als Cellovirtuose auf Konzertreisen zu gehen und sich dem Unterricht zu widmen. Er starb am 13. 10. 1808 in Paris.

WERKE
Von François Cupis de Camargo sind 2 Bücher Cellosonaten und eine Anzahl Solostücke für Cello erschienen, die die virtuose Technik und die starke Musikalität des Komponisten verraten. Er veröffentlichte überdies eine Bratschen- und eine Celloschule. Sein Stil weist deutliche Rokokoelemente auf.

Jean Cupis de Camargo (1711–88)

LEBEN
Jean Cupis de Camargo (Jean-Baptiste) wurde am 23. 11. 1711 in Brüssel getauft. Er war vorerst Schüler seines Vaters, des Musik- und Tanzlehrers Ferdinand Joseph Cupis de Camargo (getauft 29. 2. 1684, Brüssel, bis 19. 3. 1757, Paris), der sich später in Paris niederließ und ab 1750 am Opernorchester als Violinist mitwirkte. Bereits 1738 trat er zugleich mit Michel Blavet und Jean-Pierre Guignon mit großem Erfolg im Concert spirituel auf und erreichte als Virtuose, Komponist und Lehrer bald große Berühmtheit. Er starb am 30. 4. 1788 in Montreuil.
Seine Schwester Marie-Anne Cupis de Camargo (getauft 15. 4. 1710, Brüssel, bis 28. 4. 1770, Paris) war eine gefeierte Tänzerin der Opernhäuser in Brüssel, Rouen und Paris. Sie war für die Geschichte des Bühnentanzes dadurch bemerkenswert, daß sie als erste vorher nur Tänzern vorbehaltene Ballettsprünge ausführte und anstelle langer Tanzkleidung das Tutu trug.

WERKE
Von Jean Cupis de Camargo sind 2 Bücher Violinsonaten mit Continuo, weitere Sonaten für sein Instrument mit verschiedener Begleitung und 6 viersätzige Sinfonien erschienen. Die Sinfonien bestehen nur aus schnellen Sätzen, die eine gut ausgebildete Spieltechnik der Interpreten erfordern.

Thomas Cutting
(um 1560 bis nach 1611)

ZEIT UND UMWELT
Christian IV., König von Dänemark und

Norwegen, folgte seinem Vater 1588 auf den Thron nach, konnte aber wegen seiner Minderjährigkeit die Regierung erst 1596 übernehmen. In der Zwischenzeit wurden die Regierungsgeschäfte von einem viergliederigen Rigsraad (Reichsrat) geführt, der den jungen König auch nachher von kriegerischen Abenteuern zurückzuhalten versuchte. Das gelang bis 1611, als der Kalmarerkrieg gegen Schweden begann, der 1613 wohl erfolgreich endete, aber keinen Vorteil für Dänemark brachte.

LEBEN

Thomas Cutting wurde um 1560 in England geboren. Er war bis zum Jahr 1607 Lautenist bei Arabella Stuart (1575–1615). Dann kam er an den Hof König Christians IV. von Dänemark. Im Jahre 1611, als der König Krieg gegen Schweden führte, kehrte Cutting nach England zurück und trat in die Privatkapelle des Prinzen Henry (1594–1612) ein. Er blieb am Hof der Stuarts bis zu seinem Tod, dessen Ort und Zeit nicht feststellbar ist.
Francis Cutting (um 1560, England, bis nach 1596, England), vermutlich ein Verwandter von Thomas Cutting, lebte als Lautenspieler und Lautenlehrer in London.

WERKE

Sowohl von Thomas wie von Francis Cutting wurden in Sammelwerken Lautenkompositionen veröffentlicht, die bereits im Stil des 17. Jahrhunderts gehalten sind. Beide sind als Vorläufer der großen Lauten- und Virginalkomponisten der kommenden Zeit einzustufen.

Jean Cuvelier

(nach 1350 bis nach 1410)

ZEIT UND UMWELT

Die Bulle des Papstes Johannes XXII. in Avignon, die die Rückkehr zur Ars antiqua und zur Gregorianik für den kirchlichen Gebrauch anordnete, hatte die sogenannte »Avignon-Schule« zur Folge, in der Messen in einem asketischen Stil entstanden. Die kompositorische Tätigkeit dieser Schule reichte bis in den Beginn des 15. Jahrhunderts. Unberührt davon wurde in Paris am Hof der Könige Karl V. (1364–80) und Karl VI. (1380–1422) von hervorragenden Hofkapellen die von Machaut im profanen und sakralen Bereich geschaffene Ars nova fortgesetzt. Es entwickelte sich auf allen Gebieten eine gehobene höfische Kultur, die allerdings mit der Schlacht bei Azincourt (1514), bei der das französische Heer von Engländern vernichtet und Paris erobert wurde, zusammenbrach, so daß die politische und kulturelle Vormachtstellung Frankreichs verlorenging.

LEBEN

Jean Cuvelier (Jacquemart le Cuvelier, Cunelier) wurde nach 1350 vermutlich in Tournai geboren und kam 1372 an den Hof König Karls V. von Frankreich. Er soll 1387 eine Biographie des Connétable Bertrand de Guesclin verfaßt haben. Nähere Daten über ihn sind nicht bekannt. Er dürfte im Verlauf der ersten Hälfte des 15. Jahrhunderts gestorben sein.

WERKE

Von den Nachfolgern und Nachahmern Machauts, Jean Vaillant, Jehan de Suzay, Grimace, Galiot, Guido und anderen, sticht Cuvelier mit 3 Balladen, die von seinen Kompositionen erhalten sind, durch einen rhythmisch äußerst komplizierten Stil hervor. Alle drei Werke sind Sologesänge mit Instrumentalbegleitung.

LITERATUR

A. Pirro, La musique à Paris sous le règne de Charles VI., Straßburg 1930.

Vicente Cuyás (1816–39)

ZEIT UND UMWELT

Barcelona, die weltoffenste Stadt Spaniens, wies auch die ersten Anzeichen einer nationalspanischen Musikentwicklung auf und war auch Aufführungsort der ersten echt spanischen Oper.

Leben
Vicente Cuyás wurde am 6.2.1816 in Palma de Mallorca geboren und in Barcelona ausgebildet. Er zog sehr früh mit seinen Kompositionen die allgemeine Aufmerksamkeit auf sich, starb jedoch bereits am 7.5.1839 in Barcelona.

Werke
Die Oper »La fattucchiera« (Die Hexerei) war zwar auf italienischen Text komponiert, wies aber alle Elemente eines spanischen Werkes auf. Auch die nächste von Vincente Cuyás brachte die gleiche Faktur. Er schrieb außerdem eine »Sinfonia«, die als typisch spanisch empfunden wird.

Noël Cybot (1495–1556)

Zeit und Umwelt
Die Sainte-Chapelle in Paris erfuhr unter König Franz I. wie alle kulturellen Institutionen Frankreichs besondere Pflege und Aufschwung. Die Aufnahmebedingungen für die Mitglieder waren streng, erstreckten sich jedoch nur auf die künstlerische Leistung. Der König vertrat die Meinung, daß Tugend und Frömmigkeit allein niemanden zum guten Musiker machten.

Leben
Noël Cybot wurde 1495 in Limoges geboren und erhielt seine Ausbildung vermutlich in Paris, wo er 1522 als Sänger an der Sainte-Chapelle aufgenommen wurde und ab 1543 als Organist wirkte. Er blieb auf diesem Posten bis zu seinem Tod im Jahre 1556.

Werke
Von dem französischen Komponisten Noël Cybot sind nur 2 Chansons und ein Magnificat erhalten. Alle anderen angeblich zahlreichen Kompositionen sind verlorengegangen. Das Magnificat ist wegen seines festlichen Klanges sehr bemerkenswert; es wirkt wie ein Orgelsatz.

Cyprian de Rore (1516–65)

Zeit und Umwelt
Die Politik Venedigs wurde von der Notwendigkeit diktiert, Land und Wirtschaft gegen die Türken auf der einen Seite, gegen den Druck der westlichen Mächte auf der anderen zu verteidigen; dazu traten die ständigen Versuche der Kurie, sich in die inneren Verhältnisse der Stadt einzumischen. Die Zeiten, da Venedig den Seehandel beherrschte und große Politik machte, waren vorbei. Der venezianische Historiker und Staatsmann Paolo Paruta (1540–98) hatte das klar erkannt und gefordert, daß sich die Stadt in Zukunft nur auf die Wahrung der eigenen Interessen beschränken solle. Die Folge war ein politischer und wirtschaftlicher Konservatismus. Dem kulturellen Leben war diese Haltung eher günstig, weil geistige Leistungen politische und wirtschaftliche Erfolge ersetzen mußten, um den Venezianern die Illusion zu belassen, eine bevorzugte Kategorie von Menschen zu sein.

Leben
Cyprian de Rore (Cypriano) wurde 1516 in Mecheln geboren. Über sein Leben, ehe er 1542 Sänger an San Marco in Venedig wurde, ist nichts bekannt, ebensowenig über seine Ausbildung in der Heimat. Er wurde in Venedig von Adrian Willaert zum Komponisten ausgebildet und erhielt 1547 die Kapellmeisterstelle am Hof des Herzogs Ercole II. von Ferrara, wo er bis 1559 verblieb. Dann reiste er nach Antwerpen. Da im gleichen Jahr Herzog Ercole verstarb und dessen Nachfolger Alfonso II. die Anstellung nicht fortsetzte, bewarb er sich bei Ottavio Farnese, Herzog von Parma und Gemahl der niederländischen Statthalterin Margarete, um das Amt des Hofkapellmeisters von Parma, das er 1561 antrat. Im Jahre 1562 starb Adrian Willaert. De Rore wurde als sein Nachfolger bestellt, der aber nur bis zum Sommer 1564 in Venedig blieb. Er kehrte in seine alte Stellung in Parma zurück, wo er im Herbst 1565 starb.

Werke

Vom Werk des franko-flämischen Komponisten Cyprian de Rore sind 5 Messen, bei 65 Motetten, eine Passion, 8 Psalm- und Magnificatvertonungen, über 125 Madrigale und etliche Chansons überliefert. Bei vielen Stükken ist der Unterricht Willaerts deutlich kenntlich. Doch de Rore hat seinen Lehrer nicht einfach nachgeahmt, sondern seinen »venezianischen« Stil weitergebildet, indem er die Deklamation der Texte noch stärker profilierte (und damit den römischen Bestrebungen entgegenkam), den fünfstimmigen Satz dem vierstimmigen vorzog und bei Motetten kanonische Strukturen anwandte.
Das Hauptgewicht seines Schaffens lag auf dem Madrigal. Etwa ein Viertel der Texte seiner Madrigale stammte von Petrarca. Als erster verfaßte er eine zyklische Komposition einer poetischen Serie. Die Ausdeutung des einzelnen Wortes wurde durch stärkere Chromatik sehr intensiviert. »Modern« im damaligen Sinn wirkte auch die Verwendung »verbotener Intervalle« und Vorhaltsdissonanzen. Der Meister durfte sich der allseitigen Wertschätzung erfreuen. Seine Werke erlebten zahlreiche Neuauflagen. Bestellungen gingen von allen Seiten bei ihm ein. Herzog Albrecht V. von Bayern (1528–79) behauptete in einem Brief an Ercole II., daß Cyprian de Rore die Vorzüge von Josquin, Mouton und Willaert in sich vereine.

Literatur

J. C. Hol, Cyprian de Rore in: Festschrift K. Nef, Leipzig 1933.

Carl Czerny (1791–1857)

Zeit und Umwelt

Nachdem das Klavier im 19. Jahrhundert zum Hausinstrument und Statussymbol des Bürgertums geworden war, erwachte allseitig das Bedürfnis, es tatsächlich zu beherrschen und die viele ständig erscheinende Klaviermusik – Originale und Arrangements – spielen zu können. Das verlieh der Didaktik einen starken Impuls. Progressive Schulen, Geläufigkeits- und Ausdrucksübungen für den Unterricht, die auch von Autodidakten verwendet werden konnten, kamen in Massen in den Handel. Manches davon war so genial durchdacht, daß es noch bis heute nahezu unübertroffen geblieben ist.

Leben

Carl Czerny wurde am 20.2.1791 in Wien geboren. Er war von 1801 bis 1803 Klavierschüler von Ludwig van Beethoven und mit 15 Jahren bereits selbst ein gesuchter Klavierlehrer. Die Klavierpädagogik erlernte er von Muzio Clementi. Er trat sehr selten selbst als Konzertpianist auf und machte nur wenige Konzertreisen, sondern beschränkte sich auf seine intensive Lehr- und Kompositionstätigkeit in Wien, wo er am 15.7.1857 starb. Viele namhafte Pianisten zählten zu seinen Schülern.

Werke

Von den über 1000 Werken von Carl Czerny sind 861 für den Klavierunterricht geschrieben. Davon werden noch heute verwendet: »Vorschule der Fingerfertigkeit«, »Schule der Geläufigkeit«, »Schule der Fingerfertigkeit«, »Schule des Virtuosen«, »Schule der linken Hand«, »Schule des Legato und Staccato«, »Schule der Verzierungen«, »Schule des Fugenspiels« und »Toccata in C-Dur«. Von den übrigen Klavierkompositionen werden einige, vor allem die As-Dur-Sonate, von Pianisten in ihr Programm aufgenommen. Von seinen Sinfonien, Ouvertüren, Instrumentalkonzerten, Quartetten und Trios, Chören und Liedern sind sehr wenige lebendig geblieben. Auch seine Kirchenkompositionen – 24 Messen, 4 Requiem, bei 300 Gradualien und Offertorien – erklingen nur mehr gelegentlich. Außer seinen immer wieder aufgelegten didaktischen Kompositionen wurden in unserem Jahrhundert seine Fantasie concertante für Klavier, Flöte und Cello und ein Konzert für Klavier und Orchester herausgebracht. An theoretischen Werken veröffentlichte er eine Kompositionslehre und eine Musikgeschichte. Stilistisch steht seine gesamte Musik im Schatten der Wiener Klassik.

D

François d'Agincour (1684–1758)

Zeit und Umwelt
Schule und Beispiel von François Couperin formten eine ganze Generation von Komponisten für Tasteninstrumente, die, dem Zeitgeschmack entsprechend, der harmonischen Gestaltung ihrer Werke das größte Augenmerk zuwandten.

Leben
François d'Agincour (Agincourt, Dagincour) wurde 1684 in Rouen geboren. Er war dort Schüler von Jacques Boyvin und von Nicolas Lebègue in Paris, wo er 1701 Organist an Ste-Madeleine-en-la-Cité wurde. Im Jahr 1706 kehrte er in seine Vaterstadt zurück, um seinen Lehrer als Organist der Kathedrale abzulösen. Nachdem er ab 1714 als einer der vier Kapellmeister an der Königlichen Kapelle gewirkt hatte, nahm er 1726 die Stelle eines Organisten an St-Jean in Rouen an, wo er am 30. 4. 1758 starb.

Werke
Der französische Komponist François d'Agincour brachte ein Buch Cembalostücke, die in 4 Gruppen (ordres) geordnet sind, Orgelstücke, in 6 Suiten nach Kirchentönen geordnet, und mehrere Airs sérieux et à boire heraus. Er war stilistisch sehr von François Couperin beeinflußt.

Maria Teresa d'Agnesi Pinottini
(1720–95)

Zeit und Umwelt
Das 18. Jahrhundert weist bereits mehr Komponistinnen auf als die vorhergehenden. Es handelte sich zumeist um Angehörige des Adels, denen man eine musikalische Ausbildung angedeihen ließ, oder von Musikerdynastien, in denen die Musikerziehung für alle selbstverständlich war.

Leben
Maria Teresa d'Agnesi Pinottini wurde am 17. 10. 1720 in Mailand geboren. Sie war eine gefeierte Pianistin ihrer Zeit, die auch in Deutschland konzertierte. Ihr Hauptwirkungskreis war aber Oberitalien. Sie starb am 19. 1. 1795 in Mailand.

Werke
Von Maria Teresa d'Agnesi Pinottini sind zahlreiche Werke für Cembalo oder Pianoforte – Konzerte und Sonaten – bekannt geworden. Sie schrieb auch einige Kantaten und 5 Opern.

Nicolas-Marie d'Alayrac
(1753–1809)

Zeit und Umwelt
Die Phasen der französischen Revolution und ihre Kriege, das Konsulat und das Kaiserreich verhinderten nicht, daß in Paris in Theatern, Opern und Konzertsälen kaum eine Unterbrechung der Darbietungen eintrat, daß ein Konservatorium gegründet wurde, Bücher geschrieben und veröffentlicht wurden, kurz: Kunst und Wissenschaft blieben nahezu störungsfrei. Gelehrte und Künstler, die sich vorher der Gunst des Königshauses erfreuten, wurden von den Führern der Revolution gefördert und später vom Kaiser protegiert.

Leben

Nicolas-Marie d'Alayrac (Dalayrac) wurde am 13. 6. 1753 in Muret, Haute-Garonne, geboren und studierte in Paris Rechtswissenschaft und zugleich bei Honoré Langlé Musik. Er stand bei Königin Marie Antoinette in hoher Gunst. Eine ebensostarke Protektion gewährte ihm Napoleon Bonaparte, der ihn 1808 zum Chevalier der Ehrenlegion erhob. Eine feste musikalische Stellung dürfte er nicht innegehabt haben. Er starb am 27. 11. 1809 in Paris.

Werke

Außer 54 Musikbühnenwerken, denen man eine allzugroße Leichtigkeit und Seichtigkeit vorwarf, aber wegen der Ausdruckskraft ihrer Ouvertüren und instrumentalen Passagen die Anerkennung nicht versagen darf, verfaßte Nicolas-Marie d'Alayrac 6 Duos für zwei Violinen, 6 Streichquartette, 6 Trios und in der Revolutionszeit zahlreiche patriotische Hymnen und Lieder.

Charles Louis Napoléon d'Albert

(1809–86)

Zeit und Umwelt

Wenn auch zahlreiche Komponisten früherer Epochen unter anderem Tanzmusik verfaßt hatten, so gab es doch erst im 19. Jahrhundert Tondichter, die sich ausschließlich dieser Musikgattung widmeten. Tänze und Bälle waren zum gesellschaftlichen Vergnügen des Bürgertums geworden, das eine Musik verlangte, die keinem steifen höfischen Zeremoniell unterlag, sich aber dennoch vom Volkstanz deutlich abhob.

Leben

Charles Louis Napoléon d'Albert wurde am 25. 2. 1809 in Menstetten bei Hamburg geboren. Sein Vater war französischer Rittmeister, nach dessen Tod (1816) wanderte er mit seiner Mutter nach England aus. Er wurde Klavierschüler von Friedrich Kalkbrenner und Kompositionsschüler von Samuel Wesley; Tanzunterricht erhielt er am King's Theatre in

Marie Antoinette

London und am Conservatoire in Paris. Er wurde selbst Ballettmeister am King's Theatre und an Covent Garden, verließ aber diese Stellung bald, und widmete sich in Newcastle-on-Tyne ausschließlich dem Tanzunterricht und der Komposition. Er starb am 26. 5. 1886 in London.

Werke

Von den zahlreichen Tänzen, die Charles Louis Napoléon d'Albert verfaßte, erreichten einzelne wie »Bridal Polka« (Braut Polka), »Sweetheart's Waltz«, »Sultan's Polka« und »Edinburgh Quadrille« einen hohen Beliebtheitsgrad. Jedenfalls wurden seine Tänze allen anderen in seiner Zeit vorgezogen.

Eugen d'Albert (1864–1932)

Leben

Eugen Francis Charles d'Albert wurde am 10. 4. 1864 in Glasgow als Sohn des Komponisten Charles Louis Napoléon d'Albert (1809 bis 1886) geboren. Er studierte in London bei Ernst Pauer (1826–1905), in Wien bei Hans Richter (4. 4. 1843, Györ, Ungarn, bis 5. 12. 1916, Bayreuth) und Franz Liszt in Weimar, wo er einige Zeit als Opernkapellmeister wirkte. Seine Virtuosenlaufbahn schränkte er bald zugunsten der Opernkomposition ein. Er starb am 3.3.1932 in Riga.

WERKE
Von den 20 Opern, die Eugen d'Albert herausgab, brachte nur »Tiefland«, in dem der Komponist italienischen Verismus mit deutscher Opernstruktur meisterhaft kombinierte, einen Dauererfolg. Er schrieb außerdem eine Sinfonie in F-Dur, 2 Klavierkonzerte in h-Moll und E-Dur, ein Cellokonzert in C-Dur, die Ouvertüren »Esther« und »Hyperion«, eine Orchestersuite, eine Klaviersuite, eine Klaviersonate und weitere Klavierstücke, 2 Streichquartette in a-Moll und Es-Dur, 4 Gesänge für Sopran und Orchester und das sechsstimmige Chorwerk »Der Mensch und das Leben«. Er war Spätromantiker.

Giulio d'Alessandri
(um 1650 bis um 1700)

ZEIT UND UMWELT
Es ist für den Konservativismus in Mailand bezeichnend, daß dort die Oper erheblich später Eingang gefunden hat als in anderen italienischen Städten. Auch das anderswo nicht seltene Phänomen, daß Kirchenmusiker und auch Kleriker Opern verfaßten und ihre Aufführung betreuten, ist in Mailand bis zum Ende des 17. Jahrhunderts nur selten zu beobachten.

LEBEN
Giulio d'Alessandri wurde um 1650 in Ferrara geboren. Er war Kanonikus und vermutlich Kapellmeister an San Nazaro in Mailand, wo er um das Jahr 1700 gestorben sein dürfte.

WERKE
Der italienische Komponist Giulio d'Alessandri verfaßte 2 italienische Oratorien, die oft aufgeführt wurden, weil sie wegen ihrer ariosen Passagen und klangvollen Chöre sehr beliebt waren. Außerdem sind ein achtstimmiges Te Deum und Duette für Sopran und Baß erhalten. Seine übrige, angeblich zahlreiche Kirchenmusik ist verlorengegangen.

Francisco Antonio d'Almeida
(um 1680–1755)

ZEIT UND UMWELT
Während der ersten Hälfte des 18. Jahrhunderts erreichte die italienische Oper auch das portugiesische Publikum. Ihr Erfolg war so durchschlagend, daß neben ihr nur noch die spanische Zarzuela bestehen konnte. Wenn ein portugiesischer Komponist eine Oper mit Erfolgsaussicht auf die Bühne bringen wollte, mußte er eine »italienische« schreiben. Eigenständige Musik war nicht gefragt.

LEBEN
Francisco Antonio d'Almeida wurde um 1680 in Portugal geboren. Er hielt sich einige Zeit in Italien auf und wurde dort mit der italienischen Oper vertraut. Er brachte einige italienische Opern nach Lissabon, die begeistert aufgenommen wurden. Welche Stellung er innehatte, ist nicht bekannt. Er wirkte vermutlich an einer Kirche in Lissabon, wo er 1755 starb.

WERKE
Der portugiesische Komponist Francisco Antonio d'Almeida wird »Begründer der portugiesischen Oper« genannt. Das ist unzutreffend, weil er keine portugiesischen, sondern italienische Opern verfaßte. Zu einer wirklich portugiesischen Oper kam es erst geraume Zeit später. Außer seinen italianisierenden Opern schrieb d'Almeida Kirchenmusik, die nicht sehr bedeutend war.

Ignacio António d'Almeida
(1760–1825)

ZEIT UND UMWELT
Für das allmähliche Ansteigen der portugiesischen profanen Musik außerhalb der Bühne um 1800 ist bezeichnend, daß vor allem Kirchenkomponisten und keine Bühnenkomponisten profane Musik schrieben. Es handelte sich zumeist um Cembalo- und Gitarrenmusik für den häuslichen Gebrauch, es gab aber auch schon Streichquartette für den Konzertsaal.

Leben
Ignacio António d'Almeida wurde am 18. 2. 1760 in Guimarães bei Braga geboren. Er war Domkapellmeister und Abt in Braga, wo er am 25. 10. 1825 starb.

Werke
Von Ignacio António d'Almeida sind ein Requiem, ein Stabat mater, Karwochenoffizien und 3 Streichquartette überliefert. Sein Stil wurde vom zeitgenössischen französischen beeinflußt und mutete für seine Zeit modern an.

Jean-François d'Andrieu
(1682–1738)

Zeit und Umwelt
Die von einer Reihe französischer Komponisten des ausgehenden Barock angestrebte Synthese italienischer und französischer Stilelemente bedeutete im Grunde nichts anderes als eine Auflockerung der strengen Regeln, in die das Regime von Versailles das gesamte Dasein zwängen wollte. Das Ausbrechen aus den vorgegebenen Begrenzungen fand nicht nur auf dem Gebiet der Kunst statt.

Leben
Jean-François d'Andrieu (Dandrieu) wurde 1682 in Paris geboren. Er war um 1700 Organist an St-Merry und wurde 1721 zum Organisten der Königlichen Kapelle ernannt. Im Jahr 1733 übernahm er die Organistenstelle seines Onkels an St-Barthélemy. Er starb in Paris am 17. 1. 1738.
Sein Onkel Pierre d'Andrieu (1660, Paris, bis Oktober 1733, Paris) war Organist an St-Barthélemy in Paris.

Werke
Der französische Organist und Komponist Jean-François d'Andrieu bemühte sich um eine Verschmelzung der Stiltypen Jean-Baptiste Lullys und Arcangelo Corellis und leistete damit einen wichtigen Beitrag zur Entwicklung des französischen Stils des 18. Jahrhunderts. Er verfaßte ein Buch Triosonaten, Sonaten für Solovioline, die der Suitenform nahestehen, 3 Bücher mit Cembalostücken, die sehr von François Couperin beeinflußt sind, eine Suite Sinfonien, ein Buch mit Orgelstücken – eine Anzahl Noëls, Präludien und Fugen – und etliche Airs, die in Sammelwerken erschienen sind.
Von Pierre d'Andrieu sind eine Anzahl Orgelstücke, vor allem Noëls, und einige Airs sérieux erhalten.

Literatur
P. Brunold, Les Dandrieu in: L'Orgue Nr. 76 bis 79.

Ferdinand d'Antoine
(um 1750 bis um 1800)

Zeit und Umwelt
Es ist bei den im 18. Jahrhundert doch noch mangelhaften Kommunikationsmitteln erstaunlich, mit welcher Geschwindigkeit sich Werk und Ruhm Joseph Haydns in der musikalischen Welt verbreiteten. Die Folge war, daß nahezu spontan überall Bewunderer des Wiener Klassikers auftauchten und sein Stil zum Vorbild vieler Komponisten wurde.

Leben
Ferdinand d'Antoine wurde um 1750 in Bonn geboren. Er diente bis 1770 in der Armee des Kurfürsten von Köln, dann studierte er bei Friedrich Wilhelm Marpurg, Joseph Riepel und Johann Philipp Kirnberger Komposition. Er wirkte gleichzeitig als Violinist in Bonn, wo er um 1800 starb.

Werke
Die 5 Singspiele, die Ferdinand d'Antoine zwischen 1782 und 1794 herausbrachte, und seine Bühnenmusik lehnen sich stilistisch an František Benda an. Seine Sinfonien und Streichquartette sind aber im Stil Joseph Haydns geschrieben.

Antonio d'Antoni (1801 bis nach 1870)

Zeit und Umwelt
Das Musikleben in Kirche, Theater und Kon-

zertsaal in Triest stand stets auf hohem Niveau. Die Nähe Venedigs und die enge Verbindung mit Graz und darüber hinaus mit Wien gewährleisteten den Gleichschritt mit diesen Musikzentren. Die Kräfte, die in der Stadt leicht Aufnahme fanden, stammten vor allem aus Italien oder Österreich.

LEBEN
Antonio d'Antoni wurde am 25.6.1801 in Palermo geboren. Er war außerordentlich begabt, so daß er bereits mit 12 Jahren eine von ihm komponierte Messe zum Caecilientag dirigieren konnte. Mit 16 Jahren wurde er Leiter des Theaters in Palermo, an dem er ein Ballett und eine Oper herausbrachte. Nach Reisen in Italien, Frankreich und England ließ er sich in Triest nieder, wo er die 1851 von ihm gegründete Accademia Filarmonica leitete und sich eifrig für das Musikleben der Stadt einsetzte. Er starb nach 1870 vermutlich in Triest.

WERKE
Von Antonio d'Antoni sind ungefähr 10 Opern, einige Ballette und Bühnenmusiken aufgeführt worden. Seine anderen Kompositionen – Kantaten, Instrumentalstücke – sind nicht erhalten.

Nicola d'Arienzo (1842–1915)

ZEIT UND UMWELT
Das Real Conservatorio di Musica San Pietro a Maiella in Neapel erlebte nach dem Tod seines Leiters, Saverio Mercadante (1870), einen auffälligen Niedergang. Die Schülerzahl reduzierte sich auf die Hälfte, und es dauerte einige Zeit, bis die Lehranstalt wieder zum alten Niveau zurückkehrte und zur Ausbildungsstätte namhafter Meister wurde.

LEBEN
Nicola d'Arienzo wurde am 24.12.1842 in Neapel geboren. Er war Schüler von Saverio Mercadante und Vincenzo Fioravanti am Konservatorium seiner Vaterstadt. Im Jahr 1872 wurde er Musiklehrer am Armenhaus und 1877 Kontrapunkt- und Kompositionslehrer am Konservatorium. Er starb am 25.4. 1915 in Neapel.

WERKE
Von Nicola d'Arienzo wurden 9 Opern mit Erfolg aufgeführt, zwei weitere blieben Manuskript. Er schrieb außerdem eine Anzahl Kammermusik, 2 Cellokonzerte, 2 Violinkonzerte und mehrere verschiedene Orchesterstücke und Chorkompositionen. Er war auch als Musikschriftsteller tätig.

LITERATUR
A. Della Corte, Un maestro: Nicola d'Arienzo, Rivista Musicale Italiana XXII, 1915.

Antoine d'Auvergne (1713–97)

ZEIT UND UMWELT
König Ludwig XVI. (1754–93) trat 1774 nach dem Tod seines Großvaters Ludwig XV. die Regierung Frankreichs an. Er versuchte der ständig anwachsenden Unzufriedenheit breiter Volksschichten dadurch zu begegnen, daß er den reaktionären Kräften – Hochadel und Klerus – freie Hand ließ und sich jedem Kompromiß entgegenstellte. Die Hofgesellschaft führte ihr Dasein unbekümmert um die politische Entwicklung weiter, ihre Musikkapellen erfüllten ihre Funktion bis zum Ausbruch der Revolution.

LEBEN
Antoine d'Auvergne (Dauvergne) wurde am 3. 10. 1713 in Moulins geboren. Er war als Violinist ab 1741 Mitglied der Königlichen Kammermusik und ab 1744 des Opernorchesters. Im Jahr 1762 wurde er Mitdirektor des Concert spirituel und sein künstlerischer Leiter. In der Zeit von 1769 bis 1789 war er dreimal Leiter der Oper und ihr ständiger Komponist. Die Revolution und die folgenden Jahre bis zu seinem Tod am 23. 2. 1797 verbrachte er in Lyon.

WERKE
Von Antoine d'Auvergne sind dreistimmige Divertimenti, 12 Sonaten für Violine und Generalbaß, sinfonische Konzerte, Airs,

Oden, Kantaten und Motetten erhalten. Sein Hauptfeld war die Oper. Er war Anhänger des italienischen Stils, den er allerdings nur bei den instrumentalen Teilen seiner Bühnenwerke anwandte; Arien und Ballette sind im französischen Stil verfaßt. Mit dieser Synthese trug er viel zur Entwicklung der französischen komischen Oper bei.

LITERATUR

Du Roure de Paulin, La vie et les œuvres d'Antoine d'Auvergne, Paris 1911.

Pierre Just d'Avesnes
(um 1720 bis nach 1784)

ZEIT UND UMWELT

Das Cello hatte in der französischen Musik in der zweiten Hälfte des 18. Jahrhunderts den gleichen Platz im Orchester erobert wie in der übrigen musikalischen Welt. Die Gambe wurde verabschiedet, weil das Cello zum Soloinstrument geworden war. Mit der Aufgabe des Generalbasses fiel dem Cello die Baßstimme im Streichertrio zu, was das Feld seiner Verwendung noch erweiterte.

LEBEN

Pierre Just d'Avesnes (Davesnes) wurde um 1720 vermutlich in Paris geboren. Er war von 1750 bis 1766 Cellist der Oper und gab eine Reihe von Konzerten im Concert spirituel. Darauf war er bis zu seinem Tod nach 1784 als Cellist und Cellolehrer in Paris tätig.

WERKE

Im Concert spirituel brachte Pierre Just d'Avesnes 3 Motetten, 2 Sinfonien und das Oratorium »La conquête de Jéricho« (Die Einnahme von Jericho) heraus. Außerdem veröffentlichte er 6 Ouvertüren, 2 Tanzsuiten für Violinen und Baß und ein Buch mit für Orchester arrangierten italienischen Arietten.

Giuseppe d'Avossa (1708–96)

ZEIT UND UMWELT

Die neapolitanischen Konservatorien, die sehr viele mittellose Knaben in den Elementarfächern und in Musik ausbildeten, deckten ihre Kosten zum Teil dadurch, daß sie junge Sänger für Veranstaltungen jeder Art und zur Verstärkung von Kirchenchören »vermieteten«. Sie wurden nicht selten auch von den Opernhäusern angefordert und hatten so schon früh Gelegenheit, sich mit der Oper vertraut zu machen. Natürlich standen die Operninterpreten und Opernkomponisten im Mittelpunkt des Interesses der Schüler, von denen viele später versuchten, Ruf, Ruhm und Einkommen der Persönlichkeiten im Bereich des Opernbetriebes zu erreichen.

LEBEN

Giuseppe d'Avossa (Abos, Avos) wurde 1708 in Paola, Kalabrien, geboren und in einem der neapolitanischen Konservatorien ausgebildet. Er wirkte als Kirchenmusiker und als Lehrer am Konservatorium, dem er selbst seine Ausbildung zu verdanken hatte, bis zu seinem Tod im Jahr 1796.

WERKE

Von Giuseppe d'Avossa sind 4 Opern bekannt geworden, außerdem eine Reihe Messen und andere sakrale Gesänge, die nach damaliger Manier in Neapel Opernarien glichen.

Ram Da-Oz (geboren 1929)

LEBEN

Ram Da-Oz wurde am 17.10.1929 in Berlin geboren. 1933 emigrierte er mit seinen Eltern nach Palästina. Er studierte in Tel Aviv Oboe und Klavier am Konservatorium und an der Musikakademie ab 1950 Komposition. Er lebt als freischaffender Komponist in Haifa.

WERKE

Von Ram Da-Oz sind »Von Trauer und Trost« für Orchester, »Gesichter und Masken« für Kammerorchester, »Improvisationen über ein Lied« für zehn Instrumente, eine Suite für Cembalo, Flöte, Oboe und Cello, ein Klaviertrio, Klavierstücke, Stücke mit verschiedener Besetzung und Lieder bekannt geworden. Er schloß sich der Neuen Musik nur teilweise an.

Wolfgang Dachstein (um 1490–1561)

ZEIT UND UMWELT
Der Theologe Wolfgang Fabricius Capito (1478–1541) leitete mit einigen Predigern die Reformation in Straßburg ein, die bereits 1524 im großen und ganzen durchgeführt war. Die Kleriker der Stadt hatten die Wahl, sich dem neuen Bekenntnis anzuschließen oder abzuwandern. Ein nicht geringer Teil entschied sich dafür zu bleiben.

LEBEN
Wolfgang Dachstein wurde um 1490 im Elsaß geboren und dort zum Priester ausgebildet. Er erhielt um 1520 die Organistenstelle im Münster von Straßburg. Im Jahre 1524 schloß er sich der Reformation an, heiratete und wurde Vikar und Organist an der Thomaskirche. Er starb in Straßburg im Jahre 1561.

WERKE
Von dem Organisten Wolfgang Dachstein ist eine Anzahl von Chorälen überliefert, von denen »An den Wassern Babylons« der bekannteste ist. Die Choräle sind homophon und größtenteils homorhythmisch und auf ihren liturgischen Zweck ausgerichtet, aber sehr klangvoll.

João Guilherme Daddi (1814–87)

ZEIT UND UMWELT
Die innenpolitische Situation, in die Portugal nach der napoleonischen Ära geraten war, der Streit der Parteien und die schlechte Finanzlage des Landes währten nahezu bis zum Ende des 19. Jahrhunderts und wirkten sich auf das kulturelle Leben äußerst ungünstig aus. Zuweilen zeigten sich Ansätze zu einer eigenständigen Musikentwicklung.

LEBEN
João Guilherme Daddi wurde am 4.1.1814 in Porto geboren. Er lebte als bekannter Pianist und Komponist in Lissabon, wo er im Jahr 1887 starb.

WERKE
Von João Guilherme Daddi sind in Lissabon eine Reihe von komischer Opern aufgeführt worden. Sie zeigten eine deutliche Selbständigkeit. Seine Kirchenmusik hingegen – Messen, Proprien, Litaneien – verließen die etablierte Tradition nicht.

Pierre Dagues (um 1520 bis nach 1570)

ZEIT UND UMWELT
Der erste Genfer Psalter aus 1542 bestand aus 18 Psalmen, dem Lobgesang Simeons, dem Glaubensbekenntnis, den Zehn Geboten, einigen poetischen Versuchen von Calvin und mehreren von Marot übersetzten Psalmen und hieß: La Forme des prières et chants ecclésiastiques (Die Form der kirchlichen Gebete und Gesänge). Der erweiterte Psalter aus 1543 wurde auf 50 Psalmen, die Marot übersetzte, angereichert. Im Jahre 1562 erschien der vollständige Psalter mit 125 Melodien zu 150 Psalmen.

LEBEN
Pierre Dagues wurde um 1520 in Montricoux geboren. Er kam 1553 nach Genf, wo er als Gesanglehrer und Kantor wirkte. Im Jahre 1568 erhielt er das Bürgerrecht der Stadt Genf, wo er auch nach 1570 starb.

WERKE
Die Anreicherung des Genfer Psalters vom »mittleren« mit 50 Psalmen auf den »vollständigen« mit 150 Psalmen wurde von Pierre Dagues komponiert. Seine Melodien wurden von vielen calvinistischen Gemeinden – auch von deutschen und englischen – übernommen.

LITERATUR
P. Pidoux, Die Autoren der Genfer Melodien, Jahrbuch für Liturgik und Hymnologie V, 1962.

Ingolf Dahl (1912–70)

LEBEN
Ingolf Dahl wurde am 9.6.1912 in Hamburg geboren. Er studierte an der Musikhochschule in Köln und von 1932 bis 1936 am Konservatorium in Zürich, wo er bis 1938 als Korrepetitor und Kapellmeister wirkte. Dann verließ er Europa, ging in die USA und wurde dort nach verschiedenen Stellungen 1945 Professor an der Universität in Los Angeles, wo er auch bis 1958 das Sinfonieorchester leitete. Er starb am 7.8.1970 in Frutigen, Bern.

WERKE
Von Ingolf Dahl, der sich als Dirigent und Pianist leidenschaftlich für die Moderne einsetzte, ist nahezu ausschließlich Instrumentalmusik bekannt geworden. Er schrieb eine sinfonische Legende, eine konzertante Sinfonie für zwei Klarinetten und Orchester, eine Sinfonietta für Blasorchester, ein Bläserquintett, eine Serenade für vier Flöten, ein Klaviertrio, verschiedene Duos, ein Duett für Flöte und Schlagzeug und Klavierwerke.

Domenico Dal Pane (um 1630–94)

ZEIT UND UMWELT
An allen Kapellen, die keine Sängerinnen beschäftigten, wurden Kastraten sehr gerne aufgenommen, weil ihre Stimme bei weitem kräftiger klang als die von Knaben, deren Brustumfang zu wenig Resonanz gab. Gut klingende männliche Soprane waren sehr gesucht und wurden gut bezahlt.

LEBEN
Domenico Dal Pane (Del Pane, Pane) wurde um 1630 in Rom geboren. Er war Schüler von Antonio Maria Abbatini und trat dann, 1650, als Sopranist in die Kapelle Kaiser Ferdinands III. ein. Im Jahr 1654 wurde er Mitglied der Sistina, der er 25 Jahre angehörte. Er starb in Rom am 10. 12. 1694.

WERKE
Vom italienischen Sänger und Komponisten Domenico Dal Pane sind fünfstimmige Madrigale mit Generalbaß ad libitum, zwei- bis fünfstimmige Motetten, zwei- bis fünfstimmige geistliche Konzerte, Messen für fünf bis acht Stimmen erhalten, außerdem Bearbeitungen von Motetten von Palestrina, die eine große musikalische Einfühlungskraft beweisen.

Johann Friedrich Hugo Dalberg (1760–1812)

ZEIT UND UMWELT
Das Kurfürstentum Trier wurde 1794, das Bistum Worms 1797 von Frankreich eingenommen. Dadurch wurde die politische Bedeutung dieser alten Kulturzentren annulliert, ihre geistige Ausstrahlung konnte aber nicht geschmälert werden.

LEBEN
Johann Friedrich Hugo Nepomuk Eckenberg Reichsfreiherr von Dalberg wurde am 17. 5. 1760 in Mainz getauft. Er war Domkapitular in Trier und Worms und starb am 26. 7. 1812 in Aschaffenburg.

WERKE
Von Johann Friedrich Hugo Dalberg sind zahlreiche Kammermusikwerke, Sonaten, Variationen, Kantaten und die Melodramen »Evas Klage« und »Der sterbende Christ an seine Seele« überliefert. Seine Musik ist vom jüngeren Mannheimer Stil beeinflußt. Er verfaßte auch mehrere musiktheoretische Werke.

Martin Dalby (geboren 1942)

LEBEN
Martin Dalby wurde am 25.4.1942 in Aberdeen geboren. Von 1960 bis 1963 studierte er am Royal College of Music in London Komposition bei Herbert Howells und an der Universität in Durham. Er wirkt als Music Assistant bei der BBC London.

WERKE
Von Martin Dalby sind 2 Orchesterwerke,

Variationen für Bläseroktett, 3 Streichquartette, ein Klaviertrio, Variationen für Cello und Klavier, eine Orgelsuite, ein Requiem für Mezzosopran, Chor, Oboen und Streicher, Chöre mit Soli und Orchester, mehrere Klavierlieder bekannt geworden. Sein Stil ist konservativ.

Evaristo Felice Dall'Abaco

(1675–1742)

Zeit und Umwelt

Modena gehörte bis weit in das 18. Jahrhundert hinein zu den Hauptpflegestätten der Kirchensonate wie der Kammersonate. Die Kirchensonate war viersätzig. Die Kammersonate bestand aus einer freien Folge verschiedener Tanzsätze, denen zumeist ein Präludium voranging. Gegen Ende des 17. Jahrhunderts kam es zu einer Annäherung beider Typen und schließlich zu ihrer Verschmelzung.

Leben

Evaristo Felice Dall'Abaco wurde am 12. 7. 1675 in Verona geboren. Er war vermutlich Schüler von Giuseppe Torelli und wirkte sodann als Cellist von 1696 bis 1701 am Hof von Modena. Im Jahr 1704 wurde er Kammermusiker am bayrischen Hof und begleitete den Kurfürsten Maximilian II. Emanuel auf der Flucht nach Brüssel und Paris. Als der Kurfürst nach München zurückkehren konnte, wurde der Cellist zum Kammerkonzertmeister und Kurfürstlichen Rat (1715) ernannt. Er blieb in dieser Stellung bis 1740 und starb in München am 12. 7. 1742.

Werke

Der italienische Cellist und Komponist Evaristo Felice Dall'Abaco verfaßte 12 Kammersonaten für Violine und Generalbaß, 12 vierstimmige Kirchenkonzerte, 12 dreistimmige Kirchen- und Kammersonaten, 12 Kammersonaten für Cello und Generalbaß, 6 Concerti grossi und 6 Violinkonzerte. Dall'Abaco näherte Kirchen- und Kammersonaten einander so sehr an, daß der Unterschied verschwand. Seine gesamte Komposition fußt auf dem Vorbild Arcangelo Corelli, geht aber durch das Klangbild seiner Werke weit über ihn hinaus.

Triosonate in F-Dur für zwei Violinen und Generalbaß, 4 Sätze

Es liegt eine durchgehend polyphon gearbeitete Kirchensonate vor. In den 4 Sätzen sind alle Stimmen mit kanonischer Imitation des jeweiligen Themas am musikalischen Geschehen beteiligt. Die beiden schnellen Sätze sind fugiert. Es ist ein sehr geringes Motivmaterial mit äußerster Konzentration verarbeitet, so daß ein Werk wie aus einem Guß mit erstaunlichem Ebenmaß entstand.

Triosonate in a-Moll für zwei Violinen und Cello, 3 Sätze

Diese Kammersonate bringt nach Art einer Suite 3 stilisierte Tanzsätze: Allemande, Aria, Giga. Gang der polyphonen Entwicklung bleibt unbeachtet; die Architektur wird dem Klang und dem Rhythmus unterworfen. Die erste Violine trägt die melodische Linie vor und wird akkordisch unterstützt und begleitet.

Literatur

F. Manara, Un musicista poco noto, Triest 1908.

Joseph Dall'Abaco (1710–1805)

Leben

Joseph Maria Clemens Dall'Abaco wurde am 29. 3. 1710 in Brüssel als Sohn von Evaristo Felice Dall'Abaco (1675–1742) getauft. Er gehörte zu den großen Cellisten seiner Zeit, wurde als Virtuose und Komponist 1729 für die Kapelle des Kurfürsten von Köln in Bonn verpflichtet und 1738 zum Musikdirektor ernannt. Im Jahr 1765 kehrte er in den Heimatort seiner Familie, Arbizzano di Valpolicella, Verona, zurück, wo er am 31. 8. 1805 starb.

Werke

Von Joseph Dall'Abaco sind 29 Cellosonaten mit Generalbaß, eine dramatische Kantate und eine Reihe von Cellostücken, darunter ein Konzertstück für fünf Celli, überliefert.

Luigi Dallapiccola (1904–75)

Leben

Luigi Dallapiccola wurde am 3.2.1904 in Pisino (Mitterburg), Istrien, Österreich (heute Pazin, Kroatien), geboren. Während des Ersten Weltkriegs war er mit seiner Familie, die als politisch oppositionell galt, in Graz konfiniert. Sein Musikstudium absolvierte er von 1923 bis 1931 am Konservatorium in Florenz. Anschließend unternahm er als Pianist mit dem Violinvirtuosen Sandro Materassi (geboren 28.5.1904, Florenz) eine Reihe von Konzertreisen durch Europa. Von 1934 bis 1967 wirkte er als Professor für Klavier am Konservatorium in Florenz, kam aber nach dem Zweiten Weltkrieg mehreren Lehraufträgen in den USA nach. Als führender Kopf der italienischen Zwölftonmusiker starb er am 19.2.1975 in Florenz.

Werke

In seiner ersten Schaffensperiode war Luigi Dallapiccola von älteren Strukturen beeinflußt und ging häufig vom Musikgut seiner istrianischen Heimat aus, dann orientierte er sich am Werk von Alfredo Casella und Ferruccio Busoni. Verhältnismäßig spät stieß er zur Zwölftontechnik. »Meine Entwicklung ging sehr langsam voran«, bekannte er. »Erst 1936 begann ich, mich ernsthaft für das Zwölftonsystem zu interessieren, also gerade in den Jahren, in denen es eigentlich schon ›gestorben‹ war, nicht nur in Italien, sondern in der ganzen Welt. So ging ich allein meinen Weg. Für mich persönlich war das Gebiet, das mich am Zwölftonsystem am meisten anzog, das melodische. Man weiß, wie verschieden die Vorstellung von Melodie in den Jahrhunderten war. Ein Beweis dafür ist die Tatsache, daß jedem musikalischen Neuerer von seinen Zeitgenossen als erstes der Mangel an Melodie vorgeworfen wurde.« Dieser Vorwurf konnte ihn jedoch nicht treffen, denn er verband genial wie kein anderer die Dodekaphonik mit einer spezifisch italienischen Kantabilität und Klangsinnlichkeit. An Bühnenwerken schrieb er 4 Opern und ein Ballett. Auch sein Schaffen für Orchester ist nicht umfangreich: eine Partita, eine »Kleine Nachtmusik«, »Tartiniana I. und II.« für Violine und kleines Orchester, ein »Kleines Konzert« für Klavier und Kammerorchester, eine Sonatine, ein Cellokonzert, Variationen, ein Divertimento, eine Musik für drei Klaviere, »Studien« für Violine und Klavier, eine Chaconne für Solovioline. Ungleich umfangreicher ist seine Vokalmusik: »Sechs Chöre«, »Drei Laudi« für Sopran und 13 Instrumente, »Gesänge der Gefangenschaft« für gemischten Chor und Instrumente, »Gesänge der Befreiung« für gemischten Chor und Orchester und viele andere Chöre, Kantaten, Sologesänge mit verschiedener Instrumentalbegleitung, die die Vielfalt der Ausdrucksmöglichkeiten zeigen.

Kleines Konzert für Muriel Couvreux für Klavier und Kammerorchester, 2 Sätze, entstanden 1941

Das Stück ist für die siebenjährige Tochter Muriel der mit der Familie Dallapiccola eng befreundeten Madame Lucien Couvreux geschrieben. Beide Sätze sind dreiteilig. Der 1. Satz beginnt mit einem Pastorale von zarter Poesie, dem folgt ein

Luigi Dallapiccola

Girotondo im strahlenden Allegro und eine Reprise, die den Werkanfang in Gegenbewegung vorführt. Den 2. Satz beginnt das Klavier mit einer Kadenz, die zu einem schönen Notturno überleitet; ein brillantes Finale beendet das anmutige Werk.

Tartiniana I. für Violine und kleines Orchester, 4 Teile, entstanden 1951

Als Vorlagen zu diesem Divertimento dienten vier Sonatensätze von Giuseppe Tartini (1692–1770), und zwar das Larghetto, das Allegro assai und das Andante affettuoso aus einer g-Moll-Sonate und das Presto assai einer G-Dur-Sonate. Der Komponist formte aus der diatonischen ein Stück in seiner eigenen Tonsprache. Der 3. Teil ist unter dem Eindruck des Todes des namhaften russischen Dirigenten Sergei Kusewitzki (13. 6. 1874, Twer bei Moskau, bis 4. 6. 1951, Boston) besonders expressiv gestaltet. Im Finale tragen die Bratschen und dann die Holzbläser den bekannten »Teufelstriller« von Tartini vor.

Tartiniana II. für Violine und kleines Orchester, 5 Teile, entstanden 1956

Dieses Divertimento ist eine Paraphrase der Sonate Nr. 9 von Giuseppe Tartini aus der Sammlung der 27 handschriftlich überlieferten, in Padua aufbewahrten Sonaten für Violine und Generalbaß. Im 1. Teil dominiert die Violine, im 2. Teil bringt das Orchester eine kanonische zwölftönige Imitatio, im 3. Teil ein Intermezzo, im 4. Teil ein Zusammenspiel wiederkehrender symmetrischer Figuren. Das Finale besteht aus Variationen eines Dreiklangthemas.

Gesänge der Gefangenschaft für gemischten Chor und Instrumente, 3 Teile, entstanden 1941

Die vertonten drei Texte wurden im Bewußtsein des bevorstehenden gewaltsamen Todes geschrieben. Der 1. Teil bringt ein Gebet der Königin Maria Stuart (1542–87), der 2. Teil das Zitat III,12 aus »Trost der Philosophie« von Anicius Torquatus Severinus Boethius (um 480–524) und der 3. Teil eine Meditation über den Psalm XXXI von Girolamo Savonarola (1452–98). Die Chorpartien sind homophon mit freier Linienführung. Das auf Schlaginstrumente ausgerichtete Orchester setzt vorwiegend rhythmische Akzente, ohne sich dem vokal-instrumentalen Klang zu nähern. Die mittelalterliche Dies-irae-Melodie dient zur Verklammerung der drei Teile.

Gesänge der Befreiung für gemischten Chor und Orchester, 3 Teile, entstanden 1955

Der 1. Teil bringt ein Zitat von Sebastian Castellio (1515–63) aus »Brief an einen Freund« (1555), dem 2. Teil liegt Exodus 15,3–5 zugrunde, dem 3. Teil X,27 die Bekenntnisse des Aurelius Augustinus (354–430). Im 1. Teil konstrastieren die Stimmen mit der scharfen Skandierung der homophonen Abschnitte. Das Orchester gewinnt aber nirgends sinfonische Eigenständigkeit, sondern projiziert auch in den Vor-, Zwischen- und Nachspielen die chorischen Vorgänge, vervielfältigt und unterstreicht sie.

Guillaume Daman (um 1540–91)

Zeit und Umwelt

Thomas Sackville, Erster Earl of Dorset, Staatsmann, Dichter und Dramatiker (1536 bis 1608), unterhielt sein ganzes Leben lang »die merkwürdigsten Musiker, die irgendwo aufgetrieben werden konnten«. In der Elisabethanischen Zeit setzte bei mehreren englischen Adelshäusern die Tradition ein, Musiker aufzunehmen, um Privatkonzerte zu veranstalten.

Leben

Guillaume Daman (William Damon) wurde um 1540 in Lüttich geboren. Er wurde vermutlich von Thomas Sackville 1562 nach London eingeladen und 1579 in den Dienst der Königin Elisabeth I. aufgenommen. Er blieb in dieser Stellung bis zu seinem Tod im Jahre 1591.

Werke

Von dem flämischen Komponisten sind vertonte Psalmen Davids und eine zweibändige Sammlung von Liedern, deren Melodien entweder vom Tenor oder bereits moderner vom Diskant zu singen sind, außerdem Motetten erhalten. Am interessantesten sind seine beiden Fantasien für drei beziehungsweise sechs Violen als frühe Beispiele reiner Instrumentalmusik. Beide Stücke sind sehr klangvoll und schön.

Paul Damance (um 1650 bis um 1700)

Zeit und Umwelt

Die Vielfalt der Stilgattungen in der zweiten Hälfte des 17. Jahrhunderts – Monodie und

Generalbaß, neue harmonische Polyphonie, alte Polyphonie der Renaissance, Isorhythmik der Schuldramen, in das Musikalische übersetzte klassische Poetik, Homophonik und unisoner, unmensurierter altrömischer Chorgesang, reine vokale und instrumental begleitete Musik, schließlich der Zeit vorauseilende Suiten und Sonaten – ergibt in ihrer Gesamtheit ein barockes Bild.

Leben
Paul Damance (d'Amance) wurde um 1650 in oder bei Lisieux geboren. Er war Mönch des Trinitarierordens und Organist seines Klosters in Lisieux, wo er um 1700 starb.

Werke
Der französische Komponist Paul Damance schrieb 12 einstimmige Messen im gregorianischen Stil in der Tradition der Messes royales von Henry Du Mont.

Dambert (um 1510 bis nach 1550)

Leben
Von dem französischen Komponisten Dambert, der um 1510 in Paris geboren sein dürfte, ist der Vorname nicht feststellbar. Auch über seine Lebensumstände ist nichts bekannt. Daß er Mitglied der Königlichen Kapelle war, ist nicht belegt. Gesichert ist nur, daß er von den Zeitgenossen sehr geschätzt wurde. Er ist vermutlich in den fünfziger Jahren in Paris gestorben.

Werke
Die vierstimmige Motette »Omnis pulchridudo« (Alle Herrlichkeit) bringt eine prächtige Ausdeutung des Wortes »Herrlichkeit«, die ganz der Art der französischen Schule entspricht. Ebenso stilgerecht sind die überlieferten 3 vierstimmigen Chansons. Sein erhaltenes Lautenstück deutet mit seinem virtuosen Satz darauf hin, daß Dambert vermutlich selbst Lautenist gewesen ist.

Literatur
M. Honegger, Vierstimmige Chansons françaises, Paris 1965.

Berthold Damcke (1812–75)

Leben
Berthold Damcke wurde am 6.2.1812 in Hannover geboren. Er war in Frankfurt am Main Schüler von Aloys Schmitt (1788–1866) und Ferdinand Ries und trat 1834 als Bratschist in die Hofkapelle in Hannover ein. Nach seinem Wirken als Dirigent des Musikvereins und der Liedertafel in Kreuznach wurde er 1837 Dirigent in Potsdam und 1841 in Königsberg (Kaliningrad). Im Jahr 1845 ging er als Klavierlehrer nach St. Petersburg und 1855 nach Brüssel. Von 1859 bis zu seinem Tod am 15.2.1875 lebte er in Paris als Theorielehrer am Conservatoire und als Korrespondent russischer und deutscher Zeitungen.

Werke
Den ziemlich doktrinären Kompositionen von Berthold Damcke wurde bereits von den Zeitgenossen die Originalität abgesprochen, aber sie müssen angeführt werden, um das Bild der Epoche zu vervollständigen. Bekannt geworden sind von ihm das Oratorium »Deborah«, ein Weihnachtsoratorium, ein Ave Maria und eine Vertonung des 23. Psalms. Er schrieb außerdem für die Stadt Königsberg eine Oper.

Damião de Goes (1502–74)

Leben
Damião de Goes wurde 1502 in Alemquer, Portugal, geboren. Er schlug die diplomatische Laufbahn ein und kam 1523 als Gesandtschaftssekretär nach Antwerpen. In den folgenden Jahren erhielt er selbständige Aufträge und besuchte eine Reihe von Höfen Europas, bereiste Spanien, Frankreich, Polen, Schweden, Dänemark, lernte Luther, Melanchthon und Erasmus von Rotterdam kennen, studierte in Italien und promovierte in Padua; schließlich ließ er sich in Löwen nieder. Im Jahre 1544 wurde er nach Lissabon zurückberufen, erhielt ein hohes Hofamt und wurde außerdem Hofhistoriograph. Eine Beschuldigung wegen Ketzerei setzte seiner Laufbahn ein Ende. Er wurde

zu lebenslangem Kerker im Kloster Batalha verurteilt und starb darin am 30. 1. 1574.

WERKE
Glareanus rühmte Goes als vorzüglichen Komponisten und überlieferte eine dreistimmige Motette von ihm. Weitere Motetten für drei, fünf, sechs und sieben Stimmen sind gleichfalls erhalten. Die Lieder, die er angeblich geschrieben hat, sind verschollen. Die Motetten bezeugen, daß Glareanus nicht übertrieben hatte.

LITERATUR
S. Viterbo, Estudos sobre Damião de Goes, Coimbra 1900.

Étienne Grégoire Damoreau
(um 1710 bis nach 1759)

ZEIT UND UMWELT
Da sich die französische Kirchenmusik bereits seit dem 17. Jahrhundert mehr oder weniger deutlich von der profanen Musik abgegrenzt und dies zum Teil durch intensive Traditionspflege erreicht hatte, fielen manche Kirchenmusiker, falls sie sich auf dem profanen Feld bewegten, durch archaische Wendungen auf.

LEBEN
Étienne Grégoire Damoreau (Damoreau l'Aîné) wurde um 1710 vermutlich in Paris geboren. Er war an verschiedenen Kirchen der Stadt als Organist tätig. 1759 trat er mit Kompositionen im Concert spirituel auf. Er dürfte in einem der folgenden Jahre in Paris gestorben sein.
Damoreau le Jeune – Vorname ist unbekannt – lebte ungefähr zwischen 1720 und 1760 als Cembalist und Komponist in Paris. Ob zwischen beiden eine verwandtschaftliche Beziehung bestand, ist nicht feststellbar.

WERKE
Von Étienne Grégoire Damoreau sind 1754 6 Sonaten für zwei Violinen oder Diskantviolen ohne Generalbaß erschienen, deren Faktur sehr archaisch wirkt.
Damoreau le Jeune veröffentlichte eine Reihe von Cembalostücken, die wenig Originalität aufweisen.

Leopold Damrosch (1832–85)

ZEIT UND UMWELT
Die Männergesangvereine in den Städten der USA bestanden zum Großteil aus Einwanderern aus Deutschland und Österreich. Wenn sich unter ihnen sicherlich einzelne Mitglieder befanden, die einen Chor zu leiten imstande waren, so bestellte man sich doch noch gerne bewährte Chordirigenten aus der Alten Welt.

LEBEN
Leopold Damrosch wurde am 22. 10. 1832 in Posen (Poznan) geboren. Er studierte in Berlin Medizin, widmete sich sodann der Musik und wurde 1855 Konzertmeister in Magdeburg. Ab 1857 wirkte er an der Hofkapelle in Weimar als Violinist und von 1858 bis 1860 als Dirigent der Philharmonischen Gesellschaft in Breslau (Wrocław), wo er sich sehr für Hector Berlioz, Franz Liszt und Richard Wagner einsetzte und den von ihm gegründeten Orchesterverein, den Chorverein und den Verein für klassische Musik bis 1871 dirigierte. Sodann berief ihn der Männergesangverein »Arion« nach New York. Dort gründete er 1873 die Oratorio Society und 1878 die New

Leopold Damrosch

York Symphony Society. Er starb am 15.2. 1885 in New York.

WERKE
Von Leopold Damrosch sind ein Konzertstück für Violine und Orchester, eine Romanze für Violine und Orchester, eine Festouvertüre, ein Violinkonzert in d-Moll, die Kantaten »Ruth und Naomi« für Soli, Chor und Orchester und »Sulamith« für Soli, Chor und Orchester, weiters Violinstücke und einige Lieder bekannt geworden. Seine organisatorische Tätigkeit war für das Musikleben der Stadt New York sehr förderlich.

Józef Damse (1789–1852)

ZEIT UND UMWELT
Trotz schwerer Unterdrückung der Polen nach ihrem vergeblichen Aufstand gegen die Russen ging das kulturelle Leben und vor allem das Musikleben des Volkes weiter. Die Entwicklung der polnischen Oper setzte in den dreißiger Jahren des 19. Jahrhunderts nach vorangegangenen zögernden Anfängen ein.

LEBEN
Józef Damse wurde am 26. 1. 1789 in Sokołów geboren. Er wirkte in Warschau als Klarinettist und Komponist und starb am 15. 12. 1852 in Rudno bei Warschau.

WERKE
Neben vier Opern und einem Ballett schrieb Józef Damse Tänze und sehr beliebte Lieder, weiters 2 Messen im romantischen Stil.

John Danby (1757–98)

ZEIT UND UMWELT
Catches, Canons und Glees wurden von Musikverlegern in England um die Wende zum 19. Jahrhundert bereitwillig angenommen, gedruckt und verbreitet – Messen, Motetten blieben handschriftlich liegen. Das Musiktheater stand auf dem gleichen Niveau dieser beliebten Gesänge, und die Zeit, in der die englische Musik ihren Aufschwung nahm, war noch fern.

LEBEN
John Danby wurde 1757 in London geboren. Er war Organist der Kapelle der spanischen Gesandtschaft bis zu seinem Tod am 16. 5. 1798 in London.

WERKE
Von John Danby sind 4 Bücher mit Catches, Canons und Glees erschienen. Seine Messen, Motetten und anderen sakralen Gesänge sind Manuskript geblieben.

Nicolas Daneau (1866–1944)

LEBEN
Nicolas Adolphe Gustave Daneau wurde am 17.6.1866 in Binche, Heinaut, geboren. Er war am Konservatorium in Gent Schüler von Adolphe Abraham Samuel (11.7.1824, Lüttich, bis 11.9.1898, Gent) und erhielt den Rompreis. Von 1896 bis 1918 leitete er die Musikakademie in Tournai und anschließend bis 1931 das Konservatorium in Mons. Er starb am 12.7.1944 in Brüssel.
Seine Tochter Suzanne Daneau (17.8.1901, Tournai, bis 29.11.1971, Tournai) war Schülerin ihres Vaters und des Komponisten Paul Gilson. Sie wirkte als Pianistin.

WERKE
Von Nicolas Daneau sind 3 Opern, eine sinfonische Legende, eine Suite für Orchester, eine »Caprice Wallon« für Orchester, Kammermusik, Klavierstücke, Chöre und Lieder bekannt geworden.
Suzanne Daneau schrieb 2 Ballette, eine Sinfonietta für Streicher, Variationen für vier Bratschen, Kammermusik, Klavierstücke und Lieder.

Arnaut Daniel (um 1150 bis nach 1200)

ZEIT UND UMWELT
König Richard I. von England, Löwenherz, war ein Sohn Heinrichs II. und Eleanores

von Aquitanien und wurde 1172 Herzog von Poitiers. Diese Umwelt brachte ihm die Troubadourkunst nahe, so daß er sie selbst in altfranzösischer Sprache in Wort und Ton ausübte.

LEBEN
Arnaut Daniel wurde um 1150 in Ribérac (Dordogne) geboren. Sein Wirken fällt in die Jahre 1180 bis 1200, ebenso seine Verbindung mit Richard Löwenherz. Das genaue Datum und der Ort seines Todes sind unbekannt.

WERKE
Der »Dunkle Stil« wurde von Arnaut Daniel bis zur Vollendung ausgebildet. Die lyrische Gedichtform Sestina (6 reimlose, sechszeilige Strophen und eine dreizeilige Schlußstrophe, wobei die 6 Schlußwörter der jambischen Verse der 1. Strophe am Zeilenschluß aller anderen Strophen wiederholt werden), die Daniel geschaffen hatte, wurde bis in das 19. Jahrhundert gepflegt. Es sind 18 solche Gedichte erhalten, aber nur 2 Melodien, die aber zeigen, wie der Dichter-Komponist den Ton mit dem Vers eng verschmolz.

LITERATUR
K. Vossler, Die Dichtungen der Trobadors, Leipzig 1940.

Jehan Daniel (um 1480–1550)

ZEIT UND UMWELT
Schon der letzte Herrscher von Anjou, René I. (1407–80), zeichnete sich durch hervorragenden Kunstsinn aus. Die alte Hauptstadt Angers mit den vielen prächtigen gotischen Bauwerken bot dem König hierzu genügend Anregung. Im 16. Jahrhundert, als das Land wieder an Frankreich zurückgefallen war, nahm es an der literarischen und künstlerischen Entwicklung der französischen Renaissance lebhaften Anteil, wie die Schlösser aus jener Zeit und die Werke des Renaissancedichters Joachim du Bellay (1522 bis 1560) bezeugen. Die Musikpflege ging mit dieser Entfaltung Hand in Hand. In der Mauritius-Kathedrale von Angers stand eine der besten Orgeln Frankreichs. Wer darauf spielen durfte, mußte ein Meister sein.

LEBEN
Jehan Daniel (Mithou genannt) wurde um 1480 in Poitou geboren und war von 1524 bis 1540 als Organist an der Kathedrale von Angers tätig. Er starb in dieser Stadt im Jahre 1550.

WERKE
Es ist unbekannt, wer der Lehrer von Daniel gewesen ist. Zweifellos war es einer der vielen Orgelmeister, die damals in Frankreichs Kathedralen wirkten. Als Komponist hatte Jehan Daniel einen großen Ruf. Er verfaßte eine Reihe von geistlichen Chansons, zu denen er auch die Texte dichtete. Bemerkenswert sind seine Noëls (Weihnachtslieder), deren Melodien zum Teil der Volksmusik entnommen wurden.

LITERATUR
Y. Rokseth, La musique d'orgue au XVème siècle, Paris 1930.

Daniel Daniélis (1635–96)

LEBEN
Daniel Daniélis wurde am 1. 5. 1635 in Visé, Lüttich, getauft. Er war bereits im Alter von 22 Jahren Organist an St-Lambert in Lüttich, trat sodann in den Dienst des Herzogs Gustav Adolf von Mecklenburg-Güstrow und war von 1661 bis 1681 – von einigen Reisen nach Deutschland und Italien unterbrochen – Kapellmeister in Güstrow. Im Jahr 1683 hielt er sich in Paris auf und bewarb sich erfolglos um die Kapellmeisterstelle an der Chapelle Royale in Versailles; 1684 wurde er Kapellmeister an der Kathedrale in Vannes, wo er am 17. 9. 1696 starb.

WERKE
Vom wallonischen Komponisten Daniel Daniélis sind 72 Motetten für eine bis vier Stimmen und Generalbaß, von denen 7 in-

strumental begleitet sind, erhalten. Seine Messen, Vespern, Te Deum, Ballette, Lieder sind verschollen wie seine Bühnenwerke. Sein Schaffen ist dem zeitgenössischen deutschen Stil angepaßt.

Literatur

G. Bourligueux, Le mystérieux Daniel Daniélis, in: Recherches IV, Paris 1964.

Ghiselin Dankers

(um 1510 bis nach 1565)

Zeit und Umwelt

Wenn auch die römische Schule sich am Ende keiner Neuerung verschloß, so wurden dennoch stets ältere Formen vorgezogen. Diese retardierende Tendenz war schon längst zur Tradition geworden. Daher waren Musiker mit konservativen Neigungen, wenn sie sonst den hohen Anforderungen der päpstlichen Kapelle entsprachen, doppelt willkommen.

Leben

Ghiselin Dankers (Danckerts) ist um 1510 in Tholen (Zeeland) geboren. Im Jahre 1538 trat er als Sänger in die päpstliche Kapelle ein und blieb dort bis zu seiner Pensionierung (1565). Wo und wann er gestorben ist, kann nicht festgestellt werden.

Werke

Dankers war ein Musiker, der streng die Regeln der alten niederländischen Schule beachtete und sich vom Fortschritt in keiner Weise beirren ließ. Die von ihm überlieferten Kompositionen, 2 Motetten, 2 Madrigale und 3 Kanons, wirkten bereits zu seiner Zeit wie Petrefakte, sind aber musikgeschichtlich gerade dadurch interessant, weil der Komponist auch ohne moderne Stilmittel gute Musik schrieb.

Literatur

P. J. de Bruijn, Ghiselin Dankers, Tijdschrift der Vereeniging voor nederlandse Muziekgeschiedenis, 1946.

Wojciech Dankowski

(um 1762 bis nach 1800)

Zeit und Umwelt

Der sinfonische Stil Polens näherte sich in der zweiten Hälfte des 18. Jahrhunderts der Wiener Vorklassik und Klassik, während die Kirchenmusik in ihren alten, von italienischen Meistern festgelegten Bahnen verharrte.

Leben

Wojciech Dankowski wurde um 1762 in Polen geboren. Er war Kirchenmusiker in Lemberg (Lwiw), Gnesen (Gniezno) und Grodzisk (Wielkopolski), wo er nach 1800 gestorben sein dürfte.

Werke

Von Wojciech Dankowski sind ungefähr 50 Messen, viele Motetten, Litaneien, Psalmen, Offertorien und andere sakrale Werke in zahlreichen Kirchenarchiven abschriftlich erhalten. Er verfaßte außerdem 8 Sinfonien, die für die polnische Musikgeschichte von großer Wichtigkeit sind, weil sie unbestreitbar unter dem Einfluß der Wiener Vorklassik standen.

Isidor Dannström (1812–97)

Zeit und Umwelt

Daß die Oper von Stockholm im 19. Jahrhundert trotz großzügiger Förderung seitens der Krone wenig florierte, hatte ihre Ursache im mangelnden Zuspruch der Bevölkerung. Schwedische Opernsänger fanden in der Regel kein befriedigendes Betätigungsfeld und wechselten zu anderen Tätigkeiten über, wenn sie nicht in das Ausland gingen.

Leben

Isidor Dannström wurde am 14.12.1812 in Stockholm geboren. Er studierte in Berlin bei Siegfried Wilhelm Dehn und in Paris bei Manuel del Popolo Vicente García. Ab 1842 wirkte er als Bariton an der Oper in Stockholm, verließ sie aber bereits nach 2 Jahren und wurde ein angesehener und gesuchter

Gesanglehrer. Er starb am 17.10.1897 in Stockholm.

WERKE

Von Isidor Dannström sind in Stockholm 4 Operetten mit Erfolg aufgeführt worden. Er schrieb außerdem zahlreiche Lieder, die sehr populär geworden sind, und eine Gesangschule.

John Danyel (um 1565–1630)

ZEIT UND UMWELT

Der englische Dichter Samuel Danyel (1562 bis 1619) gehörte zu den Größen der Elisabethanischen Epoche. Seine Sonette standen sehr unter italienischem und französischem Einfluß. Eine Reihe zeitgenössischer und späterer Komponisten wurde durch die Musikalität der Verse angeregt, sie in Musik zu setzen, darunter auch sein Bruder.

LEBEN

John Danyel (Daniel) wurde um 1565 in Somersetshire geboren. Sein Bruder war der Renaissancedichter Samuel Danyel. Er studierte in Oxford, kam 1618 in den englischen Hofdienst und wurde 1625 zum Kammerlautenisten und Kammersänger des Königs ernannt. Er starb in London im Jahre 1630.

WERKE

An Ausdrucksfähigkeit nur von John Dowland übertroffen, gehörte John Danyel zu den bedeutendsten Meistern des englischen Lautenliedes. Er brachte eine Anzahl Lieder mit Lauten- und Gambenbegleitung heraus. In den 1606 veröffentlichten »Songs for the Lute, Viol and Voice« (Lieder für Laute, Viole und Singstimme) besteht die Begleitung bei 18 Stücken aus Laute und Baßviole, die restlichen 2 Lieder sind für vier Singstimmen, hohe und tiefe Laute geschrieben, angefügt ist noch ein Stück für Sololaute. Einzelne Stücke weisen eine sehr komplizierte chromatische Begleitung auf. Die Stücke von Danyel werden heute noch aufgeführt.

LITERATUR

Br. Pattison, Music and Poetry of the English Renaissance, London 1948.

Franz Danzi (1763–1826)

LEBEN

Franz Ignaz Danzi wurde am 15. 6. 1763 in Schwetzingen als Sohn des Cellisten der Mannheimer Kapelle Innocenzio Danzi (um 1730, Italien, bis 17. 4. 1798, München) getauft. Er war Celloschüler seines Vaters, Kompositionsschüler von Abbé Vogler und wurde 1778 Mitglied der Hofkapelle, blieb aber vorläufig in Mannheim, als diese im selben Jahr nach München übersiedelte, und wirkte als Repetitor des Mannheimer Hoftheaters. Als der Vater 1783 in Pension ging, nahm er in München dessen Stelle ein. Er begab sich auf mehrere Konzertreisen und gehörte einige Jahre einer Operntruppe an, nahm sodann 1798 seine Tätigkeit in der Hofkapelle in München erneut auf und wurde zum Vizekapellmeister ernannt. Im Jahr 1807 gab er die Stelle wegen Zwistigkeiten mit dem Hofkapellmeister Peter Winter auf und wurde Hofkapellmeister und Direktor des Königlichen Konservatoriums in Stuttgart. Von 1812 bis zu seinem Tod am 13. 4. 1826 wirkte er als Hofkapellmeister in Karlsruhe.

WERKE

Außer seinen 16 Opern und einem Oratorium schrieb Franz Danzi Schauspielmusiken, Ballette, Kantaten, mehrere Messen, ein Te Deum, Magnificat, 8 Sinfonien und mehrere Konzerte für Klarinette, für Flöte, für Klarinette und Flöte, für Klarinette und Fagott. Seine Kammermusik vom Sextett bis zum Duo wird heute noch geschätzt, nicht nur, weil man darin das allmähliche Nahen des romantischen Zeitalters deutlich spürt, sondern auch wegen der feinen Instrumentierung und Stimmführung. Besonders geschätzt werden die Bläserquintette in g-Moll und e-Moll und das Hornkonzert in E-Dur.

Konzert für Horn und Orchester in E-Dur, 3 Sätze

Die Melodik der Hornstimme im 1. Satz wird

vom Orchester gemütlich begleitet und entfaltet erst allmählich seine eigene Aussage. In der Schlußkadenz meldet sich das Soloinstrument erneut, wird aber sofort vom Orchesterklang überdeckt. Der 2. Satz bringt eine elegische Romanze in Moll. Dann folgt ein munteres Rondo, das der Formgebung der Klassik folgt.

Bläserquintett in g-Moll, 4 Sätze

Es handelt sich um Unterhaltungsmusik im besten Sinne des Wortes. Das Stück folgt dem Muster von Joseph Haydn: schnell – langsam – Menuett – Finale. Außer dem Menuett zeigen alle Sätze Sonatenform. Im 1. Satz fehlt aber die Reprise und im letzten die Durchführung. Die Romantik mit ihren Freiheiten war bereits angebrochen.

Literatur

O. Keller, Die Familie Danzi in München, in: Neue Musikzeitung, April 1926.

Louis-Claude Daquin (1694–1772)

Leben

Louis-Claude Daquin (d'Aquin) wurde am 4. 7. 1694 in Paris geboren. Er war ein Wunderkind und spielte bereits im achten Lebensjahr vor König Ludwig XIV. Im Jahr 1706 assistierte er dem Organisten Marin de La Guerre (1. 12. 1658, Paris, bis 16. 7. 1704, Paris) und wurde Organist am Kloster Petit-Saint-Antoine; 1727 übernahm er die Organistenstelle an St-Paul, 1732 bei den Cordeliers, 1739 an der Königlichen Kapelle und 1735 an Notre-Dame. Seine Lehrer waren Louis Marchand (1669–1732) und Nicolas Bernier. Er starb in Paris am 15. 6. 1772.

Werke

Die seriöse Linie, die Louis-Claude Daquin als Organist und Komponist entgegen dem Zeitstil einhielt, stellte ihn in die Reihe der bedeutendsten Meister des 18. Jahrhunderts. Sein »Erstes Buch mit Cembalostücken« mit reizenden deskriptiven Kompositionen liegt auf einer Linie mit den besten Werken von François Couperin und Jean-Philippe Rameau (1683–1764). Sein »Neues Weihnachtsliederbuch« für Orgel ist ein typisches Beispiel für Sammlungen dieser Art geblieben. Außerdem verfaßte er 2 Messen, ein Te Deum, ein Miserere, Lamentationen, mehrere Kantaten und Motetten mit Orchester sowie verschiedene Divertissements für das Concert spirituel.

Nouveau livre de Noël (Variationen über Weihnachtslieder) für Orgel

Eine Serie aus 10 französischen und 2 ausländischen Weihnachtsmelodien wird figurativ verändert, aber in ihrem naiven Volksliedton belassen. Es handelt sich mehr um ein zierliches Umspielen der Weisen, um ihnen noch mehr weihnachtliche Fröhlichkeit zu verleihen, als sie selbst aus ihren Ursprungsländern mitbringen.

Literatur

P.-L. Daquin, Lettres sur les hommes célèbres sous le règne de Louis XV, Paris 1752.

François Joseph Darcis
(1759 bis nach 1783)

Leben

François Joseph Darcis (d'Arcis, Darcy) wurde 1759 in Wien geboren und kam in Kindheitsjahren nach Paris, wo er von André Modest Grétry Unterricht erhielt. Er begann bereits mit 9 Jahren, in London und Paris als Pianist und Organist aufzutreten und Kompositionen zu veröffentlichen. Wegen Schwierigkeiten mit der Polizei verließ er Frankreich und ging nach Rußland, wo er 1778 eine russische Oper herausbrachte. Er starb vermutlich bald nach 1783 in Rußland.

Werke

Bei seinem ersten Auftreten im Jahr 1771 im Concert spirituel spielte François Joseph Darcis seine 6 Sonaten für Cembalo oder Pianoforte. Neben 3 französischen Opern und einer russischen schrieb er 6 weitere Sonaten für Cembalo oder Pianoforte mit Violine und für Klavier arrangierte Arien.

Dard (um 1730 bis nach 1780)

Zeit und Umwelt

Das bereits im 15. Jahrhundert in einer primitiven Form gebaute Fagott wurde um 1620 als Generalbaßinstrument eingesetzt (Heinrich Schütz) und bald darauf auch solistisch verwendet (Antonio Vivaldi). Ab der zweiten Hälfte des 18. Jahrhunderts wurde ihm parallel mit seiner fortschreitenden technischen Entwicklung eine immer bedeutendere Stellung im Orchester und als Soloinstrument zuerkannt.

LEBEN
Dard - der Vorname ist nicht überliefert - wurde um 1730 in Frankreich geboren. Er wirkte in den sechziger und siebziger Jahren als Fagottist in der Königlichen Kapelle und im Opernorchester und dürfte nach 1780 in Paris gestorben sein.

WERKE
Von dem Fagottisten Dard sind Flötensonaten, Fagottsonaten und eine Sammlung Arietten erschienen, außerdem eine musiktheoretische Abhandlung. Seine Fagottsonaten gehörten zu den ersten ihrer Art.

Aleksandr Dargomischski (1813–69)

ZEIT UND UMWELT
Die Führungsrolle, die Rußland nach dem Sieg über Napoleon zufiel, hob es zur europäischen Hegemonialmacht, es wurde im Kampf gegen die liberalen und revolutionären Bewegungen zum »Gendarmen Europas«. Gleichzeitig setzte eine kräftige Expansion des Staates mit Erfolg ein, Politik war für das zur Großmacht aufstrebende Rußland vorwiegend Außenpolitik. Das hatte zur Folge, daß bildende Kunst, Literatur und Musik sich ziemlich ungestört und unbeachtet entwickeln konnten. Allmählich kam der Realismus auf, die Versdichtung der ersten Jahrzehnte des 19. Jahrhunderts wurden durch eine von sachlicher Beobachtung durchsetzte Prosa abgelöst. Der Kampf zwischen den nach Europa orientierten Literaten und den Slawophilen konnte sich ungehindert abwickeln, wobei sich beide Parteien einer für Rußland erstaunlichen Unbekümmertheit der Behörden erfreuten. Um vieles freier noch war die

Aleksandr Dargomischski

Musik, die sogar von höchsten Stellen sehr gefördert wurde. Es wurden zwar noch immer Komponisten und ihre Werke aus dem Westen aufgenommen, doch um vieles seltener als früher, denn die russischen Meister wurden als Zeugen für die kulturelle Leistungsfähigkeit des russischen Volkes, aus eigener Kraft Meisterwerke zu schaffen, vorgezogen und gepflegt.

LEBEN
Aleksandr Sergejewitsch Dargomischski wurde am 2.2.1813 auf dem Gut Dargomisch bei Tula, wohin seine Eltern vor den einmarschierenden Franzosen aus Smolenks geflohen waren, geboren. Seinen ersten Klavierunterricht erhielt er mit 5 Jahren, 2 Jahre darauf begann er Violine zu spielen und mit 22 Jahren zu komponieren. Im Jahr 1833 lernte er, nachdem er bislang die Musik nur als Dilettant ausgeübt hatte, Michail Glinka kennen, von dem er den ersten Anstoß zu ernster kompositorischer Arbeit erhielt, er bildete sich anhand des Materials, das Michail Glinka in Berlin bei Siegfried Wilhelm Dehn erarbeitet hatte, in Harmonielehre und Kontrapunktik aus und erwarb so genügend technische Kenntnisse,

um eine Oper zu schreiben, die aber erst 1847 in St. Petersburg aufgeführt wurde; sie war noch sehr dem französischen Stil der Zeit verpflichtet. Eine Kantate folgte, dann schrieb er die Oper »Rusalka«, die seinen Ruhm als russischer Komponist begründete. Seine bekannteste Oper, »Der steinerne Gast«, konnte er nicht vollenden, weil er am 5.1.1869 in St. Petersburg starb.

WERKE
Mit seiner Oper »Der steinerne Gast«, zu der er das Drama von Aleksandr Puschkin wortgetreu als Libretto verwendete, wurde Aleksandr Dargomischski neben Michail Glinka zum Begründer der russischen Nationaloper; sie wurde von Zesar Kjui (César Cui) und Nikolai Rimski-Korsakow vollendet und bis heute aufgeführt. Neben 2 weiteren Opern verfaßte er das Fantasie-Scherzo »Baba-Jaga«, »Kleinrussischer Kasatschok« und eine »Fantasie russischer Tänze«, die auf Programmen russischer Konzerte noch aufscheinen. Von seinen ungefähr 90 Liedern auf Texte russischer Dichter werden die großen Balladen »Der alte Korporal« und »Der fahrende Ritter« noch gesungen.

LITERATUR
N. Findeisen, Aleksandr Sergejewitsch Dargomischski, St. Petersburg 1904.

Ludwig Daser (um 1525–89)

ZEIT UND UMWELT
Herzog Christopher von Württemberg war überzeugter Protestant. Seine Bemühungen um den Zusammenschluß der lutherischen Staaten machten ihn zum Führer des deutschen Protestantismus. Die von ihm organisierte lutherische Staatskirche im eigenen Land wurde für die anderen mustergültig. Da auch seine Hofkapelle in den Dienst der Festigung der Staatskirche gestellt war, nahm sie nur Protestanten auf.

LEBEN
Ludwig Daser wurde um 1525 in München geboren und in der Hofkantorei erzogen. Im Jahre 1552 erhielt er die Stelle des Kapellmeisters der Kantorei, verlor sie aber 1559, weil er Protestant geworden war. Er ging in das protestantische Württemberg, trat der Hofkapelle in Stuttgart bei, wurde ihr Kapellmeister im Jahre 1572 und verblieb in dieser Stellung bis zu seinem Tod am 27. 3. 1589.

WERKE
Von Ludwig Daser sind 22 vier- bis sechsstimmige Messen erhalten, die für ihre Zeit sehr altertümlich anmuten und an Senfl erinnern, außerdem 2 Propriumzyklen, 24 vier- bis achtstimmige Motetten und 35 deutsche geistliche Lieder aus der Stuttgarter Zeit. Seine vierstimmige Passion auf einen aus allen Evangelien kompilierten Text, den auch Jakob Obrecht, Johannes Galliculus und Paulus Bucenus ihren motettischen Passionen zugrunde legten, stellt sein Hauptwerk dar.

LITERATUR
A. Schneiders, Ludwig Daser, Beiträge zur Biographie und Kompositionstechnik, München 1953.

Ghinolfo Dattari (um 1540–1617)

ZEIT UND UMWELT
Die Musiktradition der Stadt Bologna reicht weit zurück. Eine wirkliche Musikschule wurde aber erst gegen Ende des 15. Jahrhunderts errichtet. Die ersten Impulse hierzu gab der Musikwissenschaftler Bartolomé Ramos de Pareja. Der wirkliche Begründer der Bologneser Schule war jedoch Giovanni Spartaro. Von da an ist Bologna eine Musikstadt geblieben. Ihre Oper hat zum Beispiel als erste Italiens Musikdramen von Richard Wagner aufgeführt.

LEBEN
Ghinolfo Dattari wurde um 1540 in Bologna geboren, war dort ab 1555 Sänger an San Petronio und von 1577 bis 1579 Vizekapellmeister. Ob er in der Zeit bis zu seinem Tod im

Mai 1617 in Bologna noch eine Stelle versah, ist nicht festzustellen.

WERKE

In der zweiten Hälfte des 16. Jahrhunderts hatte sich bereits ein typischer Bologneser Stil herausgebildet, der sich von dem römischen durch eine starke Auszierung und eine freiere Handhabung des Kontrapunktes unterschied. Für Bologna war die Renaissance noch nicht zu Ende. Von dem Bologneser Ghinolfo Dattari sind vierstimmige Canzoni villanesche und dreistimmige Villanellen erhalten. Sie nähern sich stark dem Volkston und sind sehr ansprechend.

Johann Friedrich Daube (um 1730–97)

ZEIT UND UMWELT

Generalbaßtheoretiker und Theorbisten wirken im Licht der Musikentwicklung des 18. Jahrhunderts bereits wie Relikte verflossener Zeiten. Daß es sie aber gab, beweist, wie stark die Barockepoche nachwirkte und ihre Formen und Fakturen bis zum Ende des Jahrhunderts lebendig blieben.

LEBEN

Johann Friedrich Daube wurde um 1730 im Raum Hersfeld-Marburg geboren. Er war bis 1744 am Hof in Berlin tätig und wurde sodann von der Stuttgarter Hofkapelle als Theorbist übernommen, wo er 1750 zur Flöte überging, weil keine Theorben mehr verwendet wurden. Im Jahr 1765 wurde er Sekretär der Augsburger Akademie der freien Künste und Wissenschaften und übersiedelte 1769 als deren Korrespondent nach Wien, wo er am 19. 9. 1797 starb.

WERKE

Der Musiktheoretiker Johann Friedrich Daube veröffentlichte eine Generalbaßlehre und eine Wochenschrift »Der musikalische Dilettant«, deren Nummern jeweils Lieder und Instrumentalkompositionen beigeschlossen waren. Handschriftlich sind von ihm 2 Sinfonien und ein Trio für Laute, Flöte und Generalbaß überliefert. Seine Kompositionen sind als »späte« Barockmusik sehr interessant.

Daude de Pradas
(um 1215 bis nach 1275)

ZEIT UND UMWELT

Im Jahre 1244 wurde das letzte Widerstandsnest der Albigenser, die Festung Montségur in den Pyrenäen, eingenommen und zerstört. Die Ketzer mußten in den Untergrund gehen und wurden ab nun von der Inquisition einzeln verfolgt, bis die gesamte Bewegung eliminiert war. Zerstört wurde dabei auch die provenzalische Kultur. Was blieb, war nur ein schwacher Nachhall der einstigen Größe.

LEBEN

Daude de Pradas wurde um 1215 im Languedoc geboren. Er stieg als Kleriker in der Diözese Rodez zu hohen Würden empor: 1241 Kanoniker, 1275 päpstlicher Legat. Dementsprechend tendierten die Werke dieses provenzalischen Troubadours zur sakralen Musik. Er ist nach 1275 in Rodez gestorben.

WERKE

Von Daude de Pradas sind ungefähr ein Dutzend Cansos (Strophenlieder) erhalten, außerdem ein Planctus und ein sakrales Gedicht.

LITERATUR

E. Lyon, Daude de Pradas et la croisade albigeoise, Paris 1928.

Louis François Dauprat (1781–1868)

ZEIT UND UMWELT

Durch die Mannheimer Schule wurde das bisher vorwiegend von Deutschen und Böhmen geblasene Waldhorn auch in Paris üblich. Die Chromatik wurde durch Einführen der Hand in die Stürze erzeugt. Diese »Stopftechnik« versuchte man durch Klappen zu ersetzen. Das gelang aber erst mittels der 1818 erfundenen Ventile. Einzelne Töne wurden jedoch weiterhin mit der Hand hervorgebracht.

LEBEN

Louis François Dauprat wurde am 24.5.1781 in Paris geboren und von P. Kenn (um 1760 bis nach 1808) zum Hornisten ausgebildet. Er nahm Musikunterricht bei Charles Simon Catel und François Joseph Gossec; sodann wirkte er als Erster Hornist am Theater in Bordeaux und ab 1808 an der Opéra in Paris. Ab 1817 war er auch Lehrer am Conservatoire. Er starb am 16.7.1868 in Paris.

WERKE

Von Louis François Dauprat sind eine Reihe Hornkonzerte und zahlreiche Kammermusikwerke mit Horn erschienen, die lange im Unterricht Verwendung fanden. Seine Sinfonien sind nur handschriftlich überliefert; auch darin kommt dem Horn eine prävalierende Stellung zu.

Abraham Daus (1902–74)

LEBEN

Abraham Daus wurde am 22.6.1902 in Berlin geboren. Er studierte bei Walter Courvoisier. Nachdem er an verschiedenen deutschen Theatern als Kapellmeister gewirkt hatte, mußte er 1933 emigrieren. Ab 1936 war er in Tel Aviv als Konzert- und Operndirigent tätig. Er widmete sich sehr der Chor- und Instrumentalerziehung in Israel. Er starb am 25.6.1974 in Tel Aviv.

WERKE

Von Abraham Daus sind eine sinfonische Ouvertüre, »Legende und Scherzo« für Streichorchester, Variationen über ein jemenitisches Thema für Flöte und Klavier, ein Streichquartett über eine Zwölftonreihe, eine Klaviersonate, ein Stück für Cello solo, »Lieder der Rachel« für Alt, Flöte und Bratsche, »Fünf Arabesken nach Bildern von Paul Klee« für hohe Sopranvokalisen, Flöte, Klarinette und Streichquartett, Chöre sowie Lieder bekannt geworden.

Pierre Davantès (1526–61)

ZEIT UND UMWELT

Der Reformator Calvin gründete 1559 gemeinsam mit dem Theologen Théodore de Bèze die Genfer Akademie zur Heranbildung protestantischer Missionäre. Dadurch wurde Genf, das Zufluchtsort verfolgter Protestanten war, zu einer Zentrale protestantischer Theologie.

LEBEN

Pierre Davantès (Antesignanus) wurde 1526 in Rabastens, Hautes-Pyrenées, geboren. Er suchte 1559 als Protestant Zuflucht in Genf, erhielt die Aufenthaltsgenehmigung und war an der Akademie tätig, bis er am 31. 8. 1561 starb.

WERKE

Der französische Kantor Pierre Davantès veröffentlichte 1560 eine monodische Vertonung der Psalmen Davids, die im Schul- und Kirchengebrauch stand, wo mehrstimmiger Gesang nicht zugelassen war.

Jean-Baptiste Davaux (1742–1822)

ZEIT UND UMWELT

Es war im 18. Jahrhundert noch nicht üblich, daß ganze Orchester Gastspielreisen unternahmen. Manche Klangkörper, wie das Hoforchester von Mannheim, bestanden zum großen Teil aus Musikern, die selbständig als Virtuosen Konzertreisen unternahmen und damit den Stil ihres Orchesters verbreiteten. Paris war ein beliebtes Ziel dieser Meister, so daß der Mannheimer Stil dort sehr früh Eingang und Anhänger fand.

LEBEN

Jean-Baptiste Davaux (D'Avaux) wurde am 19. 7. 1742 in La Côte-St-André, Isère, geboren. Er gehörte zu den französischen Komponisten, die den Mannheimer Stil sofort aufgriffen und dem eigenen Werk zugrunde legten. Nach seiner Ausbildung zum Violinisten und Komponisten hatte er bereits mit seinen ersten Sinfonien einen durchschlagenden Erfolg. Sie wurden ab 1773 regelmäßig im Concert spirituel aufgeführt und begeistert aufgenommen. Nach der Revolution schlug er eine Beamtenlaufbahn ein, widmete aber seine freie Zeit der Musik. Er starb am 2. 2. 1822 in Paris.

WERKE
Die Form der konzertanten Sinfonie wurde von Jean-Baptiste Davaux als erstem französischem Komponisten angewendet. Er verfaßte davon 14 Stück, weiters 3 Sinfonien für großes Orchester, 18 Streichquartette, 6 konzertante Trios für zwei Violinen und Bratsche, 6 Duos für Violinen und 4 Violinkonzerte, außerdem eine »Sammlung patriotischer Gesänge« für Violine. Seine Vokalmusik ist durch 2 Arietten und 2 Opern vertreten.

Francis William Davenport
(1847–1925)

ZEIT UND UMWELT
Gegen Ende des 19. Jahrhunderts mehrten sich in England die Komponisten, die nur profane Musik schrieben. Aber auch darin war der »Anthemklang« deutlich vernehmbar und vermutlich auch erforderlich, um den Beifall des Publikums zu erreichen.

LEBEN
Francis William Davenport wurde am 9.4. 1847 in Wilderslowe bei Derby geboren. Er war Schüler (und Schwiegersohn) von George Alexander Macfarren. Im Jahr 1879 wurde er in London Lehrer an der Royal Academy of Music und 1882 an der Guildhall School of Music. Er starb am 1.4.1925 in Scarborough, Yorkshire.

WERKE
Von Francis William Davenport sind 2 Sinfonien in d-Moll und C-Dur, ein »Prelude and Fugue« für Orchester, eine Ouvertüre, ein Klaviertrio in B-Dur, 10 Stücke für Cello und Klavier, Lieder und Chöre überliefert. Seine stark hymnische Musik gehört der Romantik an. Er verfaßte auch didaktische Werke.

Vincenzo Davico (1889–1969)

LEBEN
Vincenzo Davico wurde am 14.1.1889 in Monaco geboren. Er studierte zunächst in Turin, sodann bei Max Reger in Leipzig, lebte viele Jahre in Paris und schließlich in Rom als Mitwirkender des Rundfunks. Er starb am 8.12.1969 in Rom.

WERKE
In Paris schloß sich Vincenzo Davico dem Kreis um Claude Debussy an, was in seinem kompositorischen Werk deutlich erkennbar ist. Er schrieb 3 Opern und 9 Konzertopern für Solisten, Chor und Orchester, die zum Teil Kantaten sehr nahe kommen, ein Stück für Cello und Klavier, zahlreiche Klavierstücke und ungefähr 200 französische und italienische Lieder.

Félicien César David (1810–76)

ZEIT UND UMWELT
Das französische Bürgertum hatte über den Adel einen glänzenden Sieg erfochten, bestätigte jedoch die Behauptung, daß es sich durch die Revolution nur Stellung und Macht des Adels angeeignet habe, während das Volk leer ausging. Die Frühsozialisten suchten nach Methoden, diese Macht zu brechen. Claude Henri de Rouvroy comte de Saint-Simon (1760–1825) wählte den Weg der sittlich-religiösen Erneuerung und gewann mit seiner Forderung, damit eine klassenlose Gesellschaft aufzubauen, so viele Anhänger, daß ihre Zirkel und Vereinigungen die Aufmerksamkeit der Staatsmacht auf sich zogen. Die »Saint-Simonisten« wurden als Staatsfeinde verfolgt und ihre Organisationen aufgelöst. Das zwang eine Reihe von Parteigängern, das Land zu verlassen.

LEBEN
Félicien César David wurde am 13.4.1810 in Cadenet, Vaucluse, geboren. Er war Chorknabe an St-Sauveur an der Kathedrale von Aix-en-Provence, dann Jesuitenschüler und schließlich Zweiter Dirigent am Theater der

Stadt und Kapellmeister an der Kathedrale. Im Jahr 1830 kam er nach Paris und studierte am Conservatoire bei Luigi Cherubini, François Joseph Fétis, François Benoist und Napoléon Henri Reber. Er war begeisterter Anhänger des Saint-Simonismus und ging, als die Partei verboten und verfolgt wurde, 1833 als Missionar nach Ägypten und sammelte eifrig orientalische Melodien. Im Jahr 1835 kehrte er nach Paris zurück, wo er sich bis zu seinem Tod am 29.8.1876 in St-Germain-en-Laye als erfolgreicher Komponist betätigte.

WERKE

Das exotische Kolorit, das besonders französische Komponisten des 19. Jahrhunderts in ihre Werke mit großem Erfolg aufnahmen, wurde von Félicien César David als erstem verwendet. Er hatte zwar mit seiner Sammlung »Mélodies orientales« wenig Erfolg, dafür wurde seine sinfonische Ode »Le Désert« (Die Wüste), die orientalische Melodien beinhaltete, mit triumphalem Erfolg von den Concerts du Conservatoire aufgeführt. Der Erfolg blieb ihm auch bei seinen weiteren Werken treu. Er schrieb 5 Opern, das Oratorium »Moses auf Sinai«, die sinfonische Ode »Christoph Columbus«, das Mysterium »Eden«, 6 religiöse Motetten mit Orgel oder Harmonium, ungefähr 30 Männerchöre, zahlreiche Lieder, 12 Melodien für Cello und Klavier, 2 Trios, 4 Streichquartette, 24 Streichquintette mit Kontrabaß, 2 Nonette für Streicher und 4 Sinfonien. Seine kompositorische Tätigkeit hat die französische Hochromantik noch um einiges vertieft.

LITERATUR

R. Brancour, Félicien David, Paris 1911.

Ferdinand David (1810–73)

ZEIT UND UMWELT

Die alte Hansestadt Dorpat (Tartu) in Estland war von 1721 bis 1920 russisch, bildete aber ein geistiges und wirtschaftliches Zentrum des baltischen Deutschtums und pflegte enge kulturelle Beziehungen zu Deutschland. Das Theater- und Konzertleben der Stadt hatte

Ferdinand David

hohes Niveau. Auch die Verbindungen zu St. Petersburg waren sehr rege.

LEBEN

Ferdinand David wurde am 20.1.1810 in Hamburg geboren. Er war von 1823 bis 1824 Schüler von Louis Spohr und Moritz Hauptmann in Kassel, gab bereits 1825 seine ersten Violinkonzerte und wurde ein Jahr darauf Violinist am Königstädtischen Theater in Berlin. Im Jahr 1829 wurde er Erster Violinist in einem Privatquartett in Dorpat, von wo aus er Konzertreisen nach Riga, St. Petersburg und Moskau unternahm. Felix Mendelssohn-Bartholdy zog ihn 1835 als Konzertmeister an das Gewandhaus in Leipzig; ab 1843 wirkte er als Violinlehrer am im selben Jahr gegründeten Konservatorium von Leipzig. Er starb am 19.7.1873 in Klosters, Schweiz.

WERKE

Von Ferdinand David sind eine Oper, 2 Sinfonien, 5 Violinkonzerte, eine Anzahl Violinstücke und einige Lieder erhalten. Er bearbeitete Werke von Johann Sebastian Bach und gab sie heraus, weiters schrieb er einige didaktische Werke. Sein Ruf gründet sich in erster Linie auf seine Lehrtätigkeit.

Gyula Dávid (1913–77)

LEBEN

Gyula Dávid wurde am 6. 5. 1913 in Budapest geboren. Er war an der Musikhochschule seiner Geburtsstadt Schüler von Zoltán Kodály und wurde anschließend Bratschist im Städtischen Orchester; von 1945 bis 1949 leitete er das Budapester Nationaltheater. Ab 1950 wirkte er als Professor für Kammermusik in Budapest, wo er am 14. 3. 1977 starb.

WERKE

Von Gyula Dávid sind 4 Sinfonien, eine Sinfonietta, ein Violin-, ein Horn- und ein Bratschenkonzert, ein Concerto grosso für Bratsche und Streichorchester, 2 Streichquartette, ein brass sextett, 4 Windquintette, ein Flötentrio bekannt geworden. Er verließ um 1960 die Spätromantik seines Lehrers und wandte sich der Dodekaphonik zu, die er als echte Erneuerung ansah, ohne das Alte als überholt abzutun. Er wählte seine Ausdrucksmittel völlig frei: »Ich mag das dogmatische Komponieren nicht. Von allem verwende ich, was mir gefällt. In keinem theoretischen Professor sehe ich einen Gott.« Jedenfalls ist er einer der namhaftesten Vertreter der Neuen Musik in Ungarn.

Sinfonie Nr. 4, 3 Sätze, entstanden 1970

Der 1. Satz dieses sehr sparsam instrumentierten Werks bringt eine Bilderreihe, die den Eindruck dramatischer Kämpfe vermittelt. Im 2. Satz erklingt ein Klagelied, das sich um eine einzige Klimax verdichtet. Das Finale ist kraftvoll und triumphierend. Die Sinfonie ist zur Erinnerung an die Befreiung seiner Vaterstadt im Jahr 1945 verfaßt.

Sinfonietta, 3 Sätze, entstanden 1960

Dieses Werk, in dem die Zwölftontechnik konsequent durchgeführt wurde, war ursprünglich für Musikstudenten bestimmt, um diese mit den neuen Harmonien der Dodekaphonik vertraut zu machen. Aufbau und Klang sind sehr durchsichtig. Die drei Sätze basieren auf einer einzigen Zwölftonreihe und weisen die verschiedensten Möglichkeiten ihrer Verarbeitung auf, sind jedoch kein bloßes Lehrstück, sondern echte, sehr ansprechende Musik.

Johann Nepomuk David (1895–1977)

LEBEN

Johann Nepomuk David wurde am 30. 11. 1895 in Eferding, Oberösterreich, geboren. Er war Chorknabe des Stiftes St. Florian, Oberösterreich, und wurde Volksschullehrer. Nach autodidaktischer Ausbildung studierte er in Wien bei Joseph Marx. Von 1924 bis 1934 wirkte er als Organist und Leiter des Bach-Chors in Wels, Oberösterreich, sodann als Kompositionslehrer am Konservatorium in Leipzig, dessen Leitung ihm 1939 übertragen wurde. Von 1945 bis 1948 unterrichtete er in Salzburg und sodann bis 1963 als Kompositionslehrer an der Musikhochschule in Stuttgart, wo er am 21. 12. 1977 starb.

Sein Sohn Thomas Christian David (geboren 22. 12. 1925, Wels) studierte in Leipzig, Salzburg und Tübingen. Er wirkte zunächst als Kammermusiker und Chorleiter in Stuttgart und ab 1958 als Kompositionslehrer an der Musikakademie in Wien. Im Jahr 1967 wurde er Leiter der Musikabteilung der Universität in Teheran und ein Jahr darauf Chefdirigent des Orchesters des Iranischen Fernsehens, 1973 Professor der Hochschule für Musik und darstellende Kunst in Wien. Er entfaltete eine ausgedehnte Konzerttätigkeit in Europa, Asien und Amerika.

WERKE

Bei seinen Kompositionen ging Johann Nepomuk David von traditionellen Formen aus und arbeitete im Rahmen der Tonalität mit überkommenen Mitteln. In seinem späteren Werk verwendete er einen freitonalen Stil ohne Funktionsharmonik, aber mit bestimmten Tonalitätszentren, um den Hörer leichter anzusprechen. Er schrieb 8 Sinfonien, dazu eine »Sinfonia preclassica« (Vorklassische Sinfonie), eine »Sinfonia breve«, eine »Sinfonia per archi« (Streichersinfonie), eine sinfonische Fantasie, 2 Orchesterpartiten, einen Orchesterwalzer, 2 Konzerte für Streichorchester, 2 Violinkonzerte, ein Konzert für Orgel und Orchester, Variationen für Flöte, Horn und Streicher, »Melancholia« für Bratsche und Kammerorchester, Sonate für drei Celli, Divertimento für Kammerorchester, Intruitus, Choral und Fuge für Orgel und neun Bläser, Bach- und Schütz-Variationen für Orchester, 4 Streichtrios, zahlreiche Duos und Solosonaten mit verschiedenen Instrumenten, ein umfangreiches Orgelwerk, das einen vollständigen Überblick über die heutigen Möglichkeiten der Orgelkomposition und des Orgelspiels vermittelt, ein Oratorium, viele Motetten, Kantaten und andere Chöre a cappella, mit Instrumenten- oder Orgelbegleitung, Lieder mit Orgel, mit Klavier oder mehreren Instrumenten. Er veröffentlichte eine Anzahl musiktheoretischer Traktate.

Thomas Christian David schrieb eine Sinfonie, 3 Konzerte für Streichorchester, ein Violinkonzert, ein Konzert für neun Soloinstrumente, ein Klavierkonzert, ein Konzert für fünf Bläser und Streichorchester, ein Concertino für Violine und Streichorchester, ein Bläserquintett, ein Konzert für Gitarre und Kammerorchester, eine Serenade für Streichorchester, ein Quintett für Klarinette, Violine, Bratsche, Cello und Kontrabaß, ein Konzert für zwölf Solostreichinstrumente, 5 Streichquartette, 3 Kanzonen für drei Gitarren, ein Bühnenfestspiel, 14 Madrigale, Messen, Motetten, Chöre und Lieder.

Stabat mater für sechsstimmigen Chor a cappella, entstanden 1927

Diese frühe Komposition von Johann Nepomuk David war bereits für sein späteres Chorwerk richtunggebend; es ist streng polyphonisch, formal genial gestaltet und von außerordentlicher Klangpracht. Das Stück, das formal ein dreigeteiltes Variationenwerk darstellt, deutet den Text klar und sinnverstärkend aus.

Sonate Nr. 2 für Solovioline, Opus 58/1, 3 Sätze, entstanden 1963

Der 1. Satz dieses Spätwerks von Johann Nepomuk David ist formal ein Sonatenhauptsatz, dessen Hauptthema auf einer elftönigen Reihe aufgebaut ist. Der 2. Satz ist dreiteilig, beginnt und endet sehr ruhig, bietet aber in der Mitte dem Solisten die Möglichkeit, sein Können zu entfalten. Der Satz enthält freie Tonalitätszentren. Das Finale nimmt die Tonreihe des 1. Satzes erneut auf und spaltet davon eine Anzahl neuer Varianten ab. Das Werk endet mit grandioser Steigerung.

Konzert für Streichorchester Nr. 2, 3 Sätze, entstanden 1971

Dieses Werk von Thomas Christian David ist sehr fein angelegt und weist trotzdem erfrischenden musikantischen Schwung auf. Im 1. Satz erklingt nach einer Adagioeinleitung ein kräftiger Allegrosatz, der von eigenartigen Flageolettklängen unterbrochen wird. Seine Reprise ist weit ausgebaut. Der 2. Satz kontrapunktiert mit ostinaten Bässen das melodische Material. Das Finale ist ein rhythmisch scharf akzentuiertes Vivace, das über viele fantastische Abschweifungen zu einem Vivacissimoschluß führt.

Konzert für Streichorchester Nr. 3, ein Satz, entstanden 1974

Dieses Auftragswerk des Iranischen Fernsehens von Thomas Christian David läuft ununterbrochen ab. Sein thematisches Material beruht auf der kleinen Sekunde. Die einzelnen Abschnitte, von denen der lyrische Mittelteil ganz besonders feine Klänge bringt, stehen in strengem Kontrast zueinander. Streckenweise markieren tiefere Instrumente die Begleitung eines Schlaginstruments. Die Einfühlung in das asiatische Kolorit ist großartig.

Literatur

R. Klein, Johann Nepomuk David, Wien 1964. W. Szmolyan, Zeitgenössische Komponisten aus Oberösterreich, in: Österreichische Musikzeitschrift 25, 1970.

Karl Heinrich David (1884–1951)

Leben

Karl Heinrich David wurde am 30.12.1884 in St. Gallen geboren. Er erhielt seine Ausbildung am Konservatorium in Köln und in München bei Ludwig Thuille. Er war von 1910 bis 1914 als Theorielehrer am Konservatorium in Basel, von 1915 bis 1917 in Berlin tätig; ab 1918 wirkte er als Kritiker und Musikreferent in Zürich. Er starb am 17.5.1951 in Nervi.

Werke

Die zahlreichen Kompositionen von Karl Heinrich David verlassen zwar die Tonalität nur selten, sind aber sehr modern gehalten. Er verfaßte 3 Opern, eine Sinfonie, eine Sinfonietta, ein »Prélude et Scherzo«, 2 Serenaden, ein »Ballett«, ein »Sinfonisches Stück«, eine Partita für Streichorchester und Pauken, ein Konzert für Kammerorchester, 2 Violinkonzerte, ein Bratschenkonzert, ein Cellokonzert, ein Klavierkonzert, ein Konzert für Saxophon und Streicher, ein Concertino für Fagott und Streicher, 2 Streichsextette, ein Streichquintett, 5 Streichquartette, ein Quartett für Flöte und Streichtrio, 2 Quartette für Altsaxophon, Violine, Cello und Klavier, ein Duo für Flöte und Gitarre, ein Duo für Horn und Klavier, eine Violinsonate, 2 Stücke für zwei Klaviere und neun Bläser, Klavier- und Orgelstücke, 2 Festspiele, 3 Kantaten und Lieder.

LITERATUR

W. Schuh, Karl Heinrich David, Schweizerische Musikzeitung XCI, 1951.

Samuel David (1836–95)

ZEIT UND UMWELT

Riesenorchester und Massenchöre, gegen die das künstlerisch gerechtfertigte Aufgebot eines Hector Berlioz klein erscheint, kamen dem Geschmack des Publikums der Romantik entgegen.

LEBEN

Samuel David wurde am 12.11.1836 in Paris geboren. Er war am Conservatoire der Stadt Schüler von François Bazin und Fromental Halévy und wirkte ab 1872 als Musikdirektor am mosaischen Tempel bis zu seinem Tod am 30.10.1895.

WERKE

Für seine Kantate »Jephtha« erhielt Samuel David 1858 den Rompreis, für sein Männerchorwerk mit Orchester, »La génie de la terre« (Der Genius der Erde), das von 6.000 Sängern aufgeführt wurde, 1858 einen Sonderpreis. Er schrieb außerdem 4 Sinfonien, viele kleinere Gesänge und zahlreiche komische Opern und Operetten, die zum Teil Manuskript geblieben sind.

Mario Davidovsky (geboren 1934)

LEBEN

Mario Davidovsky wurde am 4.3.1934 in Médanos, Argentinien, geboren. Er studierte bei Guillermo Graetzer (geboren 5.9.1914, Wien), Teodoro Fuchs (15.3.1908, Chemnitz [Karl-Marx-Stadt], bis 28.10.1969, Buenos Aires), Ernesto Epstein (geboren 25.10.1910, Buenos Aires und Erwin Leuchter (10.10. 1902, Berlin, bis 4.7.1973, Buenos Aires). Er unterrichtete zunächst in Buenos Aires an einer privaten Musikschule, sodann in den USA an der Universität in Lansing, Mich. Derzeit wirkt er als Professor für Komposition an der Manhattan School of Music und als Vizedirektor des Columbia-Princeton-Electronic Center in New York.

WERKE

Nach mehreren Orchester- und Kammermusikwerken wandte sich Mario Davidovsky der Elektronischen Musik zu und schrieb unter anderem »Contrastes« für Streicher und elektronische Klänge, »Synchronismus I« für Flöte und elektronische Klänge, »II« für Klarinette, Violine, Cello und elektronische Klänge, »III« für Cello und elektronische Klänge, »Elektronische Studien I, II, III«, »Inflexions« (Modulationen) für 14 Instrumente und eine Reihe weiterer elektronischer Werke.

Thomas Davis (um 1720 bis nach 1751)

ZEIT UND UMWELT

Englische Komponisten des 18. Jahrhunderts hatten keine großen Schwierigkeiten, ihre Werke in Druck zu bringen. Die lebhafte Konzerttätigkeit in London und anderen Städten hatte großen Bedarf an neuer Musik, um ihre Veranstaltungen anziehend zu gestalten; man spielte oft auch englische, wenn auch das Publikumsinteresse vorwiegend der ausländischen galt. Sie mußte allerdings leicht und volkstümlich sein.

LEBEN

Thomas Davis wurde um 1720 vermutlich in Exeter geboren. Über seine Lebensumstände, seine musikalische Tätigkeit (außer der Komposition) ist ebensowenig bekannt wie über den Ort seines Todes nach 1751, dem Jahr seiner letzten Publikation.

WERKE

Von Thomas Davis sind 6 Soli für Querflöte oder Violine und Generalbaß im Cembalo, »Zwanzig englische und schottische Lieder« und eine Sammlung Tanzmelodien erschienen. Seine Musik war sehr volkstümlich.

John Davy (1763–1824)

ZEIT UND UMWELT

Vokalquartette waren im Verlauf des 18. Jahrhunderts sehr selten geworden. Sie traten erst wieder auf, als die Bühnenmusik und die Oper mehrstimmige Solistenensembles in ihrem Spielablauf, insbesondere bei Aktschlüssen, präsentierten.

LEBEN

John Davy wurde am 23. 12. 1763 in Upton Helions bei Exeter geboren. Er war in Exeter Schüler von William Jackson und ab 1777 sein Assistent an der Orgel. Einige Jahre darauf wurde er am Covent Garden Theatre Orchestermitglied. Zugleich betätigte er sich als Musiklehrer. Er starb am 22. 2. 1824 in London.

WERKE

Von John Davy sind zahlreiche Ballette und Singspiele bekannt geworden, außerdem eine Ode auf Nelsons Sieg und Tod, Harfenstücke, eine Klaviersonate und Lieder, von denen »The Bay of Biscay« (Die Bucht von Biskaya) noch heute gesungen wird.

Richard Davy (um 1467 – 1516)

ZEIT UND UMWELT

Die Pflege der Kirchenmusik ging in Oxford (wie in Cambridge) nahezu seit der Gründung der Universität (1133) mit dem theologischen Studium Hand in Hand. Das College an der St. Mary Magdalen Kirche hat sich seit seiner Gründung im Jahre 1458 dieser Aufgabe besonders angenommen und eine Reihe von vorzüglichen Kirchenmusikern herangebildet.

LEBEN

Richard Davy (Davys) wurde um 1467 geboren. Der Geburtsort ist nicht feststellbar. Im Jahre 1483 trat er in das Magdalen College in Oxford ein, wurde dort 1490 Organist und Chorleiter und erhielt 1497 die Priesterweihe. Von 1506 bis 1516 stand er in Blickling Sall (Norfolk) in Diensten von Sir William Boleyn (Großvater von Anna Boleyn) und dessen Sohn Sir Thomas Boleyn. Er dürfte dort noch 1516 gestorben sein.

WERKE

Die bemerkenswerteste Komposition von Richard Davy ist seine vierstimmige Matthäuspassion, die die älteste Passionsmusik Englands darstellt. Der Dirigent, Richard Runciman Terry, der sie 1921 in der Westminster Abbey aufführte, rühmte ihre hochentwickelte Kontrapunktik und ihren starken dramatischen Ausdruck. Bezeichnend ist, daß sie die »Volksmassen« als Chöre auftreten läßt. Außerdem sind von Davy 6 fünfstimmige und eine sechsstimmige Motette und 2 dreistimmige Carols erhalten. Die profane Musik ist sehr spärlich mit etlichen mehrstimmigen Liedern vertreten.

LITERATUR

W. H. Grattan Flood, Early Tudor Composers, Oxford 1925.

Stepan Dawidow (1777–1825)

LEBEN

Stepan Iwanowitsch Dawidow wurde 1777 in Moskau geboren und dort von Giuseppe Sarti (1729–1802) ausgebildet. Er wirkte von 1800 bis 1804 und von 1806 bis 1810 als Kapellmeister am Kaiserlichen Theater in St. Petersburg und sodann bis zu seinem Tod am 10. 5. 1825 als Gesanglehrer in Moskau.

WERKE

Von Stepan Dawidow sind 10 Ballette, eine Ouvertüre und eine Bearbeitung und Ergänzung eines Singspiels bekannt. Er schrieb ferner verschiedene Kirchenmusik und Ballette.

Esteban Daza (um 1530 bis nach 1576)

ZEIT UND UMWELT
Die Vihuela hatte noch im 16. Jahrhundert in Spanien die gleiche Bedeutung wie die Laute in Italien, Frankreich oder Deutschland. Sie hatte fünf bis sieben Saiten und ermöglichte ein volleres Akkordspiel als die viersaitige Gitarre. Dennoch war dieses Jahrhundert ihr letztes. Die Gitarre erhielt eine fünfte Saite, was zu einem Aufblühen der Gitarrenmusik führte. Daneben wandte sich das Interesse stark den Tasteninstrumenten und der Viola da gamba zu.

LEBEN
Esteban Daza wurde um 1530 in Valladolid geboren. Es ist unbekannt, wo er seine Ausbildung als Vihuelist erhielt und welche Stellung er bekleidete. Er dürfte in Valladolid sein Leben verbracht haben und dort auch nach 1576 gestorben sein.

WERKE
Von Esteban Daza ist die letzte Sammlung mit Vihuela-Kompositionen erschienen. Sie enthielt eigene Werke und Übertragungen von Kompositionen – Motetten, Chansons und Villancicos – anderer Meister wie Ceballos, Guerrero, Navarro, Ordoñez und Vasquez.

LITERATUR
H. Anglès, La musica en España, Barcelona 1934.

Frédéric d'Erlanger (1868–1943)

LEBEN
Frédéric d'Erlanger wurde am 29.5.1868 in Paris geboren. Er studierte in Paris und darauf in London, wo er durch viele Jahre einer der Mitdirektoren von Covent Garden war. Er starb am 23.4.1943 in London.

WERKE
Außer 4 Opern verfaßte Frédéric d'Erlanger eine Suite symphonique, ein Andante symphonique für Cello und Orchester, ein Violinkonzert, ein Klavierkonzert, ein Klavierquintett, ein Streichquartett und eine Violinsonate. Sein Stil gehört noch der Spätromantik an, obwohl darin die gleichzeitig entstehende »Moderne« bereits anklingt.

Barthélemy De Caix (1716 bis um 1760)

ZEIT UND UMWELT
In Frankreich, wo sich neben einer hochentwickelten Violinmusik ein starkes Interesse für die Violen noch lange hielt und in der ersten Hälfte des 18. Jahrhunderts in Versailles immer noch Gambenvirtuosen tätig waren, konnten Komponisten für diese Instrumente mit bereitwilliger Aufnahme ihrer Werke mit Sicherheit rechnen.

LEBEN
Barthélemy De Caix wurde am 20. 4. 1716 in Lyon geboren. Er wirkte als Violist um 1730 am Hof zu Versailles, kehrte jedoch in seine Vaterstadt zurück und ließ sich dort als Virtuose und Lehrer nieder. Er dürfte um 1760 gestorben sein.

WERKE
Von Barthélemy De Caix sind 6 Sonaten für zwei Gamben zu 5 Saiten gedruckt und viel gespielt worden. Über weitere Kompositionen ist nichts bekannt.

Serafino Amadeo De Ferrari (1824–85)

ZEIT UND UMWELT
Italienische Kapellmeister wurden im 19. Jahrhundert in den Niederlanden häufig herangezogen, weil es noch immer zu wenig einheimische Kräfte gab, denen man die Leitung eines Opernorchesters hätte übertragen können. Auch darin lag eine Ursache für die zögernde Entwicklung einer eigenständigen Musikentwicklung.

LEBEN
Serafino Amadeo De Ferrari wurde am 6.5. 1824 in Genua geboren. Er studierte am Konservatorium in Mailand und wirkte anschlie-

ßend als Theaterkapellmeister in Amsterdam und daneben auch als Organist. Im Jahr 1873 wurde er Direktor der Städtischen Musikschule in Genua, wo er am 27.3.1885 starb.

WERKE
Neben 4 Opern verfaßte Serafino Amadeo De Ferrari eine Anzahl Messen. Sie waren wie seine anderen kleineren Kirchenwerke – Proprien, Psalmen – sehr konservativ gehalten.

Nicola De Giosa (1819–85)

LEBEN
Nicola De Giosa wurde am 3.5.1819 in Bari geboren und war in Neapel Schüler von Gaetano Donizetti und Nicola Zingarelli. Zeitweilig wirkte er als Operndirigent an verschiedenen großen Häusern in Italien sowie in Kairo und Buenos Aires. Er starb am 7.7.1885 in Bari.

WERKE
Von Nicola De Giosa sind 24 Opern auf die Bühnen gekommen; Erfolg hatte nur eine einzige. Dafür verschafften ihm seine neapolitanischen Romanzen und Kanzonen als Salonkomponisten großes Ansehen. Seine sakralen Werke wurde nicht gedruckt und sind verschollen.

LITERATUR
M. Invagliati, Nicola De Giosa, Bari 1923.

Marinus De Jong (geboren 1891)

LEBEN
Marinus De Jong wurde am 14.8.1891 in Oostenhout, Brabant, geboren. Er war am Konservatorium in Antwerpen Schüler von Émile Bosquet (8.12.1878, Brüssel, bis 18.7. 1958, Uccle bei Brüssel) und Lodewijk Mortelmans (5.2.1868, Antwerpen, bis 24.6.1952, Antwerpen). Er wirkte vorerst als Konzertpianist und reiste von 1919 bis 1922 durch Amerika, dann widmete er sich dem Studium mittelalterlicher Modi. Im Jahr 1926 erhielt er einen Lehrauftrag am Kirchenmusikinstitut in Mecheln, 1932 bis 1958 leitete er eine Meisterklasse für Klavier am Konservatorium in Antwerpen, wo er ab 1946 auch Kontrapunktunterricht gab. Marinus De Jong erhielt mehrere belgische und internationale Kompositionspreise.

WERKE
Außer 3 Opern schrieb Marinus De Jong 3 Sinfonien, 2 sinfonische Dichtungen, ein Violinkonzert, ein Bratschenkonzert, ein Klavierkonzert, ein Bläserquintett, 6 Streichquartette, ein Holzbläserquartett, »Passacaglia und Fuge«, »Toccata, Choral und Tripelfuge« und »Praeludium und Quadrupelfuge« für Orgel, ein Oratorium, 2 Kantaten und eine Hymne »Civitas Dei« für vier Soli, Doppelchor, Knabenchor und Orchester.

Alfonso Maria de'Liguori (1696–1787)

ZEIT UND UMWELT
Die Trennung zwischen Kirchenmusik und profaner Musik war in Italien im gesamten Verlauf der Musikentwicklung nie so scharf wie etwa in Frankreich. Volksweisen, höfische Tanzmelodien klangen oft aus sakralen Kompositionen, und zur Laute und zum Cembalo wurden Passagen gesungen, die man in der Kirche gehört hatte; Opernarien erkennt man zuweilen in einer Kirchenkantate, wogegen manche Sätze in Instrumentalkonzerten Motettencharakter aufweisen.

LEBEN
Alfonso Maria de'Liguori wurde am 27. 9. 1696 in Marianella bei Neapel geboren. Er studierte in Neapel Rechtswissenschaft und übte durch 8 Jahre den Beruf des Juristen aus. Dann wurde er Kleriker, gründete den Redemptoristenorden und entfaltete eine umfangreiche schriftstellerische Tätigkeit. Seine Theologia moralis stellt ein grundlegendes Werk dar. Er starb am 1. 8. 1787 in Pagani bei Neapel.

WERKE
Vom kompositorischen Werk des Geistlichen und Kirchenlehrers Alfonso Maria

de'Liguori sind eine große Anzahl Hymnen noch in Italien lebendig, vor allem das Weihnachtslied »Tu scendi dalle stelle« (Du steigst von den Sternen herab) und sein »Recitativo e Duetto tra l'Anima e Gesù Cristo« (Rezitativ und Duett der Seele und Jesu Christi), das den Stempel eines »Rezitativ und Arie« der Oper trägt.

LITERATUR

I. Bogarts, Saint Alphonse de Liguori, musicien, Paris 1899.

Gian Francesco De Majo (1732–70)

ZEIT UND UMWELT

Neben der besonders in Italien beliebten Opera buffa gewann in der zweiten Hälfte des 18. Jahrhunderts die Opera seria immer mehr Raum, damit auch einen profilierten dramatischen Ausdruck der Musik und in zwangsläufiger Folge eine sorgfältigere Bearbeitung der Partituren und Vertiefung des musikalischen Gehaltes der Opernmusik. Die klassische Oper Mozarts kündigte sich bereits an. Dieser Entwicklungsgang ist zu einem großen Teil der Lehrtätigkeit Padre Martinis in Bologna zu verdanken.

LEBEN

Gian Francesco De (Di) Majo (Ciccio) wurde am 27. 3. 1732 in Neapel geboren. Er war Schüler des Conservatorio Sant'Onofrio in Neapel und Padre Martinis in Bologna. Im Jahr 1747 wurde er als Organist Mitglied der Königlichen Kapelle in Neapel und versah diesen Dienst bis zu seinem Tod am 17. 11. 1770.

Sein Vater Giuseppe De Majo (5. 12. 1697, Neapel, bis 18. 11. 1771, Neapel) war von 1706 bis 1718 Schüler von Nicola Fago am Conservatorio della Pietà de'Turchini und ab 1744 Dirigent der Königlichen Kapelle.

WERKE

Außer ungefähr 20 Opern verfaßte Gian Francesco De Majo 8 Oratorien, 5 Messen, Kantaten und verschiedene sakrale Gesänge. Sein Stil war neapolitanisch.

Giuseppe De Majo schrieb ein Konzert für zwei Violinen und Cello, 6 Opern und verschiedene sakrale Werke von geringerer Bedeutung.

Pierre De Mol (1825–99)

ZEIT UND UMWELT

In manchen instrumentalen Fächern wie zum Beispiel dem Cello, gab es um die Mitte des 19. Jahrhunderts in Belgien noch zu wenig Lehrkräfte von Rang, so daß belgische Cellisten lieber nach Paris gingen. Sie kehrten nicht selten in die Heimat zurück, falls sich dort ein Betätigungsfeld bot.

LEBEN

Pierre De Mol (Demol) wurde am 7.11.1825 in Brüssel geboren. Seine Ausbildung zum Cellisten erhielt er in Paris, dann wurde er Cellolehrer in Besançon. Später wirkte er in gleicher Eigenschaft in Brüssel. Er starb am 2.7.1899 in Aalst.

Sein Neffe Willem De Mol (1.3.1846, Brüssel, bis 7.9.1874, Marseille) war als Dirigent in Marseille tätig.

WERKE

Von Pierre De Mol sind 3 Kantaten (»Die christlichen Märtyrer«, »Herculaneum«, »Belsazars Fest«), ein Te Deum, eine Messe, ein Oratorium (»Heilige Caecilie«), 12 Streichquartette und eine Oper bekannt geworden.

Willem De Mol schrieb die Kantate »Der Traum des Christoph Kolumbus« und mehrere andere, ferner viele sehr beliebte Lieder.

Vittorio De Sabata (1892–1967)

LEBEN

Vittorio De Sabata wurde am 10.4.1892 in Triest geboren. Er war am Konservatorium in Mailand bis 1910 Schüler von Giacomo Orefice und wirkte darauf zunächst als Operndirigent in Monte Carlo. Von 1927 bis 1957 war er Dirigent an der Scala. Er starb am 11.12.1967 in Santa Margherita Ligure.

WERKE
Von Vittorio De Sabata sind 2 Opern, ein Ballett und eine Schauspielmusik aufgeführt worden. Er schrieb ferner 3 sinfonische Dichtungen und 2 Ouvertüren. Sein Stil lehnte sich deutlich an Richard Strauss und an die französischen Impressionisten an, er integrierte aber auch Elemente der italienischen Spätromantik.

Andrew Deakin (1822–1903)

ZEIT UND UMWELT
Bibliographische Werke auf dem Gebiet der musikalischen Publikation wurden in England schon seit langem in größerer Menge herausgebracht und bildeten für den Musikhistoriker eine willkommene Fundgrube, wenn sich diese zumeist auch nur mit englischen oder in England erschienenen Kompositionen befaßten. Verläßliche Kataloge aller gedruckten Musik und aller Werke über Musik seit dem 15. Jahrhundert sind im 19. Jahrhundert auch in anderen Ländern geschrieben worden, aber nicht in dem Ausmaß wie in England, wo man dafür weniger komponierte.

LEBEN
Andrew Deakin wurde am 13.4.1822 in Birmingham geboren. Er bildete sich im Selbstunterricht zum Musiker aus, wurde Organist und Musikreferent verschiedener Zeitungen. Er starb am 21.12.1903 in Birmingham.

WERKE
Von Andrew Deakin sind mehrere Messen und ein vorzügliches Stabat mater bekannt geworden. Über weitere Kompositionen, die er angeblich verfaßt hat, ist nichts bekannt. Sehr wertvoll sind seine bibliographischen Publikationen.

Thomas Deane (um 1675 bis nach 1731)

ZEIT UND UMWELT
Die Kompositionen von Arcangelo Corelli gelangten verhältnismäßig spät nach London. Die ersten Aufführungen wurden erst um 1710 veranstaltet. Dann allerdings interessierten sich dafür nicht nur das Publikum, sondern auch mehrere Verleger.

LEBEN
Thomas Deane wurde um 1675 in England geboren. Er war Organist in Warwick und Coventry und erhielt 1731 in Oxford den Doktorgrad. In welchem Jahr nach 1731 er gestorben ist, läßt sich ebensowenig feststellen wie der Ort seines Ablebens.

WERKE
Vom englischen Organisten, Violinisten und Komponisten Thomas Deane sind mehrere Services und andere sakrale Gesänge erhalten. Seine Kompositionen für Violine befinden sich auch in Sammelwerken. Er schrieb überdies Schauspielmusiken. Er war der erste in England, der eine Sonate von Arcangelo Corelli aufführte (1710).

Jean-Joseph Debillemont (1824–76)

ZEIT UND UMWELT
In der französischen Hochromantik wurde die lyrische Oper der heroischen immer vorgezogen. Zugleich wurde eine Flut von Operetten geschaffen, die ihr Publikum mit leichten, spritzigen Melodien und humorvollen Texten unterhielt.

LEBEN
Jean-Joseph Debillemont wurde am 12.12. 1824 in Dijon geboren. Er war am Conservatoire in Paris Schüler von Delphin Jean Alard, Michele Enrico Carafa und Aimé Ambroise Simon Leborne. Nachdem er seine ersten Bühnenstücke in seiner Vaterstadt herausgebracht hatte, ging er nach Paris, wo er besonders mit seinen Operetten beachtliche Erfolge erreichte. Er starb am 15.1.1876 in Paris.

WERKE
Von Jean-Joseph Debillemont sind eine Anzahl lyrische Opern aufgeführt worden; erfolgreicher als diese waren aber seine Operetten, die sowohl musikalisch wie textlich den

Geschmack des Pariser Publikums trafen. Seine Feerien waren schon zu ihrer Zeit etwas konservativ. Die Kantate ließ seine kompositorische Fähigkeit deutlich werden.

Claude Debussy (1862–1918)

LEBEN

Achille-Claude Debussy wurde am 22.8.1862 in St.-Germain-en-Laye, Seine-et-Oise, geboren. Er studierte von 1873 bis 1884 am Conservatoire in Paris bei Alexandre Jean Albert Lavignac (1846–1916), bei Marie Auguste Durand (1830–1909), Antoine François Marmontel, Ernest Guiraud und César Franck. Im Jahr 1884 erhielt er den Rompreis. Nach seiner Rückkehr aus Italien ließ er sich in Paris als Komponist, Dirigent, Pianist und Musikschriftsteller nieder. Eine feste Stellung bekleidete er nie. Er starb am 25.3.1918 in Paris.

WERKE

Obschon sich Claude Debussy immer dagegen wehrte, als Impressionist angesprochen zu werden, weil diese Bezeichnung zu seinen Zeiten im pejorativen Sinn verwendet wurde, galt und gilt er als bedeutendster Vertreter dieser Stilrichtung, die sich in Paris im Bereich der Malerei – Edouard Manet (1832–82), Alfred Sisley (1839–99), Paul Cézanne (1839–1906), Claude Monet (1840–1926), Auguste Renoir (1841–1919) – und der Literatur – Charles Baudelaire (1821–67), Stéphane Mallarmé (1842 bis 1898), Paul Verlaine (1844–96), Arthur Rimbaud (1854–91) – entwickelt hatte und auf die Musikepoche übertragen wurde. Die Form war zur Nebensache geworden, die Wiedergabe des Eindrucks der Vorgänge und Bilder der Umwelt zum Ziel. Bei Debussy, der zu den bedeutendsten Sinfonikern Frankreichs gehört und selbst stets als französischer Komponist verstanden werden wollte, bildet der universale Charakter seiner Musik eines ihrer Hauptmerkmale. Was die Musikgeschichte an Stilrichtungen, Techniken, Klängen und Rhythmen je geboten hat, vom Organum der Notre-Dame-Musik bis zum Gamelan Ostasiens, von Barock und Klassik bis zum mächtigen Ausdruck eines Modest Mussorgski, die Empfindlichkeit und Ornamentik des Rokoko, die polytonale Chromatik des »Tristan« und die süße Melodik der Pariser Oper, wurde verarbeitet und neu schattiert, um die vielen auf das feinste differenzierten Farbwerte zu gewinnen, die sein Werk auszeichnen. Exotische Tonleiter, Quartenakkordik, übermäßige Dreiklänge, unaufgelöste Vorhalte, nebeneinander- und sich überlagernde Tonarten, modale Harmonik und klassische Tonalität, alles diente dem Klang. Die Thematik verzichtete auf sinfonische Entwicklung, die Spannung trat hinter die Augenblickswirkung zurück, die Rhythmen wurden zerpflückt und verästelt. Universal war auch das Ergebnis. Debussy wurde zum Wegbereiter der französischen Musik des 20. Jahrhunderts, aber sein Einfluß befruchtete die Komposition der gesamten Alten und Neuen Welt bis in unsere Gegenwart, obgleich er selbst es immer abgelehnt hatte, eine Schule zu begründen, weil nach seiner Ansicht Schulen immer Stillstand bedeuteten, die Musik aber wie jede Kunst sich im stetigen Fluß weiterentwickeln müsse. Die Stilentwicklung des Komponisten selbst verläßt bald die musikalische Umwelt des 19. Jahrhunderts und betont ein unpathetisches Musizieren; seine Musik wurde zur sinnlichen Klang- und Farbkunst; alle zeichnerischen Umrisse verwischen sich, es wird nichts ausgesagt, sondern nur unscharf dargestellt. Erst später traten zeichnerische Elemente wieder deutlicher hervor und kündigten die nachfolgende Stilepoche des Expressionismus an, die der Komponist nicht mehr adoptierte. Alles, was Claude Debussy geschaffen hat, gehört mit wenigen Ausnahmen zum Programm unserer Konzertsäle oder Bühnen. Seine Oper »Pelléas et Mélisande« wird als einzigartiges Werk seiner Art noch viel gespielt. Auch sein »Martyrium des heiligen Sebastian« für Soli, Chor und Orchester erweckt wegen seiner Ausdruckskraft ungemindertes Interesse, wie – vor allem anderen – »Präludium zum Nachmittag eines Fauns«, »3 Nokturnen«, »Bilder für Orchester«, »Das Meer«, »König Lear« (unvollendet), »Tänze für Harfe mit Orchester«, das Streichquartett, die Sonaten für Saxophon, für Klarinette, für

Aus Claude Debussys »Trois Nocturnes«, Autograph

Cello und für Violine mit Klavier. Einen breiten Raum nimmt die Klaviermusik ein, die bei Virtuosen und Publikum auch heute nichts an Beliebtheit eingebüßt hat. Sie wirkt improvisatorisch, obwohl sie bis zur letzten Note genau durchgedacht ist. Es handelt sich durchweg um Stimmungsbilder, deren Inhalt die Aufschriften anzeigen; sie scheinen in manchen Fällen durch die Aufschriften erst erzeugt zu sein. Seine Ballette erscheinen nur noch selten auf den Bühnen, auch seine Lieder hört man nicht oft.

Jeux (Spiele), Ballettmusik, ein Satz, entstanden 1912

Die choreographische Handlung des Balletts stellt das Liebesspiel zwischen zwei Mädchen und einem jungen Mann beim Tennisspiel mit einer belanglosen Handlung dar, die an die Naivität der Schäferromane erinnert. Man trennte die Musik bald davon ab, ihre Konzertfassung entstand 1914. Dieses letzte Orchesterwerk des Komponisten stellt sich als freies Rondo vor, dessen Thema mehrfach variiert wird. Das Thema selbst ist wenig profiliert, gleicht eher einer Arabeske und hat keine formbildende Funktion. Es bildet aber Anlaß zu einem Bewegungsspiel mit zahlreichen Nuancen immer neuer melodischer Ornamente, fein getönten Klangfiguren und Ballungen, die entstehen und wieder entgleiten. Fallweise erklingt ein beschwingter Walzer. Der Balletthandlung entsprechend gibt es kaum emotionale Steigerungen, und auch die zeitweiligen Ausbrüche wirken nicht ernst, sondern eben, wie es der Titel vorschreibt, spielerisch.

Prélude à l'après-midi d'un faune (Präludium zum Nachmittag eines Fauns) für Flöte und Orchester, ein Satz, entstanden 1894

Dieses erste impressionistische Orchesterstück der Musikgeschichte bietet kein »Programm«, sondern eine Paraphrase zu einem Gedicht des impressionistischen Dichters Stéphane Mallarmé, die dessen Stimmung wiedergibt und vertieft. Das Flimmern warmer, schwüler Sommerluft, eine Landschaft im prallen Sonnenlicht, ein Flöte blasender Faun und das Locken der Nymphen werden nicht dargestellt, sondern nur die Stimmungen vermittelt, die diese Vorstellungen erzeugen.

Trois Nocturnes (3 Nokturnen) für Orchester und Frauenchor, 3 Teile – Wolken, Feste, Sirenen –, entstanden 1899

Der Komponist schreibt zu seinem Werk: »Der Titel Nocturnes will hier in einem allgemeineren, vor allem dekorativeren, Sinn verstanden werden. Es handelt sich also nicht um die gewohnte Form der Nokturne, sondern um all das, was dieses Wort an besonderen Impressionen und Beleuchtungen einschließt. Wolken – das ist das ewige Bild des Himmels mit dem langsamen und melancholischen Zug der Wolken, der in einem zartweiß getönten Grau erstirbt. Feste – das ist die Bewegung, der tanzende Rhythmus der Atmosphäre mit dem Aufflammen greller Lichter; darin auch die Episode eines Aufzuges (eine glänzende und geisterhafte Vision); der Zug durchquert das Fest und verliert sich dann darin. Aber die Hauptsache bleibt immer das Fest und sein Gewoge von Musik und tanzenden Lichtern in einem alles umfassenden Rhythmus; aus den vom Mondschein silbern überglänzten Wellen ertönt, sacht und verweht, der geheimnisvolle Gesang der Sirenen, den im 3. Teil ein Chor aus 16 Frauen mit Vokalisen repräsentiert.«

Bilder für Orchester, 3 Teile, entstanden 1906–12

Der 1. Teil »Gigues« wird mit den Klängen einer Oboe d'amore eingeleitet. Der ganze Satz ist voll Angst und Traurigkeit. Der 2. Teil »Iberia«, der zuweilen als gesondertes Konzertstück aufgeführt wird, besteht aus 3 Abschnitten, dessen erster »Auf Straßen und Wegen« Bilder und Szenen bringt, denen ein Wanderer durch die spanische Landschaft und ihre Städte und Dörfer begegnet: Schalmei der Hirten, Tanz zu Tamburin, Trommel und Kastagnetten, sonnenbestrahlte Wege, dunkle Nächte, Freuden und Ängste. Im zweiten Abschnitt »Düfte der Nacht« werden die schweren Blumendüfte aus den spanischen Gärten spürbar. Der dritte Abschnitt »Der Morgen eines Festtages« nimmt deskriptiven Charakter an. Festzüge marschieren in Marschrhythmen, Posaunenklänge mischen sich mit Glockengeläute, ein Tanz und der ausgelassene Trubel eines Volksfestes in Spanien schließen den Teil ab, in dem sich der Komponist zu schärferer Konturierung des musikalischen Geschehens verstand. Der 3. Teil »Rundgang im Frühling« ist voll visionärer Poesie, in der das stürmische Erwachen des Frühlings nicht selbst dargestellt wird, aber sich in der Freude des Menschen widerspiegelt.

Streichquartett in g-Moll, 4 Sätze, entstanden 1892

Obwohl das Quartett die überkommene Form seiner Gattung wahrt, warf ihm die zeitgenössische Kritik »allgemeine Formlosigkeit« vor, vermutlich durch neue harmonische Verknüpfungen erschreckt. In Wahrheit ist das Stück nahezu formstreng. Der 1. Satz hat echte Sonatenstruktur. Ein energisches Hauptthema eröffnet ihn, ein lyrisches träumerisches Thema wird ihm entgegengeführt. Die Verarbeitung mündet in eine schnelle brillante Coda. Der 2. Satz weist graziöse Pizzicatopassagen auf; er hat 3 Trios und eine Coda. Der 3. Satz ist dreiteilig. Die Eckteile bringen sordinierte Berceusen, der Mittelteil ist geradezu konservativ und erinnert an César Franck. Das Finale wächst aus einer langsamen Einleitung zu einem stürmischen Triumph an.

Literatur

F. Lesure, Claude Debussy, Genf 1975. H. K. Metzger / R. Riehn (Hrsg.), Claude Debussy, München 1977. A. Liess, Claude Debussy, 1978. T. Hirsbrunner, Debussy und seine Zeit, 1981.

Nikolaus Decius
(um 1485 bis nach 1546)

Zeit und Umwelt

Die Reformation öffnete die Pforten vieler Klöster. Es ist überraschend, wie rasch ganze Ordenshäuser sich dem neuen Glauben anschlossen und sich bereit erklärten, als Theologen, als Lehrer, als Musiker im neuen Rahmen weiter zu wirken, obwohl dies in vielen Fällen die Aufgabe gesicherter Positionen und die Aufnahme eines oft sehr harten Lebenskampfes bedeutete.

Leben

Nikolaus Decius (vom Hoff, Deeg, Tech) wurde um 1485 in Hof (Saale) geboren. Er studierte in Leipzig Theologie und Jura und trat in ein Kloster ein. Im Jahre 1515 begab er sich nach Braunschweig, wo er 1522 Schulmeister wurde. Nach theologischen Studien in Wittenberg wurde er 1524 Prediger in Stettin, 1540 Hofprediger in Königsberg und 1544 Prediger der reformierten Gemeinde Mühlhausen bei Elbing, wo er vermutlich nach 1546 starb.

Werke

Decius verfaßte 3 niederdeutsche Lieder als Ersatz für das lateinische Credo, Sanctus und Agnus und vertonte sie. Seine Lieder »Allein Gott in der Höh sei Ehr« und »O Lamm Gottes unschuldig« sind bis heute feste Bestandteile des evangelischen Gesangbuches.

Literatur

F. Bahlow, Wer war N. Tech? Archiv für Religionsgeschichte IV, 1906/07.

Neyizen Osman Dede
(um 1652–1729)

Zeit und Umwelt

Durch die Türkenkriege lernte Europa die Janitscharenmusik kennen. Diese Musik der türkischen Heere übte einen gewissen Einfluß auf die abendländische Militärmusik aus, es wurden etliche Rhythmusinstrumente – zum Beispiel Schellenbaum, Becken – und Rhythmen übernommen. Echte türkische Musik, die dem arabisch-persischen Kulturraum angehörte, war das ebensowenig wie das von Komponisten der Klassik und der Romantik eingeführte »türkische« Kolorit. Tatsächlichen Eingang in die europäische Musik fand mit anderen asiatischen Elementen die Musik der Türken erst im späteren 19. Jahrhundert und in der Gegenwart.

Leben

Neyizen Osman Dede wurde um 1652 in Istanbul geboren. Er war Kalligraph, Gelehrter, Dichter und Musiker (Flötist). Im Jahr 1672 trat er in das Derwischkloster in Galata ein, wo er 1680 Kapellmeister und Neyzenbaşi (erster Flötist) wurde und 1729 starb.

Werke

Neben einem umfangreichen musikwissenschaftlichen Lehrgedicht verfaßte der türkische Komponist Neyizen Osman Dede zahlreiche profane und sakrale Vokal- und Instrumentalmusik, die zum Großteil durch mündliche Tradition überliefert ist. Am bekanntesten ist davon seine zehnsätzige »Verherrlichung der Himmelfahrt des Propheten« (Miracı Nebi). Diese Musik ist einstimmig, aber reich verziert und kräftig rhythmisiert und dadurch sehr eindrucksvoll.

Literatur

Y. Öztuna, Türk bestecileri ansiklopedisi, Istanbul 1969.

Zekâi Dede (um 1825–97)

ZEIT UND UMWELT
Die vom persischen Dichter Jalal-ud-din-Rumi (1207–73) begründete, von außerislamischen Lehren beeinflußte asketisch-mystische Richtung im Islam bildete den Mevlevi-Orden, dessen Andachtsübungen aus ekstatischen Tänzen mit Flöten- und Trommelbegleitung bestanden. Dieser Orden gewann auch im Osmanischen Reich viele Anhänger und damit eine starke kulturelle Bedeutung, besonders auf dem Gebiet der Musik.

LEBEN
Hafiz Hoca Mehmed Zekâi Dede Efendi wurde um 1825 in Eyüp (heute Eyyûb) bei Istanbul geboren. Nach seinen Koranstudien und einer musikalischen Grundausbildung hielt er sich zum Studium der arabischen Musik von 1845 bis 1858 in Ägypten auf. Im Jahr 1864 trat er in Istanbul dem Mevlevi-Orden bei und wirkte in verschiedenen Klöstern als Musiker und von 1885 bis zu seinem Tod am 24. 11. 1897 im Bahâriye-Kloster in Eyüp als Leiter der Paukenisten.

WERKE
Von Zekâi Dede sind ungefähr 500 Kompositionen überliefert, die je zur Hälfte sakral und profan sind. Es handelt sich um monodische Vokalkompositionen, deren Paukenbegleitung nicht notiert ist. Zekâi Dede war einer der bedeutendsten Vertreter der traditionellen türkischen Kunstmusik.

LITERATUR
Y. Öztuna, Türk besticeleri ansiklopedisi, Istanbul 1969.

Constantin Christian Dedekind (1628–1715)

ZEIT UND UMWELT
Die Dichter des deutschen Barock komponierten ihre Verse nicht selten selbst. Musik und Dichtung liegen dabei sehr eng nebeneinander und brachten Naturverbundenheit und Religiosität zum Ausdruck.

LEBEN
Constantin Christian Dedekind wurde am 2. 4. 1628 in Reinsdorf als Sohn des Musikers Stephan Dedekind (1595–1636, zweiter Sohn des Komponisten Henning Dedekind, 1562–1626) geboren. Er war Schüler von Christoph Bernhard und von 1666 bis 1675 Kurfürstlich Sächsischer Konzertmeister, nachdem er in Meißen als Hofmusikus tätig gewesen war. Er starb in Dresden im Jahr 1715 und wurde am 2. 9. beerdigt. Für seine dichterischen Leistungen wurde er zum Poeta laureatus ernannt.

WERKE
Der deutsche Dichter und Komponist Constantin Christian Dedekind war einer der besten Liedmeister des 17. Jahrhunderts. Seine Gesänge waren zumeist von Instrumenten begleitet. Er schrieb »Geistliche Erstlinge«, »Davidischer Harfen-Schall«, »Musicalischer Jahrgang und Vespergesang«, der aus 120 Konzerten besteht, »Singende Sonn- und Festtags-Ahndachten«, an profanen Liedern außerdem noch »Aelbianische Musen-Lust«.

LITERATUR
Fr. Stege, Constantin Christian Dedekind, in: Zeitschrift für Musikwissenschaft VIII, 1925/26.

Henning Dedekind (1562–1626)

ZEIT UND UMWELT
In den ersten Jahrzehnten der Reformation schrieben und sangen auch die evangelischen Kleriker lateinisch. Die Schriften wurden jedoch bald in das Deutsche übersetzt, um sie breiteren Kreisen zugänglich zu machen. Die Söhne bedienten sich bereits der von Martin Luther geschaffenen deutschen Sprache für ihre Traktate und für die Liedtexte ihrer Kompositionen.

LEBEN
Henning Dedekind wurde am 30. 12. 1562 in Neustadt am Rübenberge als Sohn des Lüneburger Pastors und Verfassers des »Grobia-

nus« (1549, übersetzt 1551), Friedrich Dedekind (um 1525–98), geboren. Er war Kantor und später Diakon in Langensalza und ab 1615 Pastor in Gebesee, wo er am 28. 7. 1626 starb.
Sein Bruder Euricius Dedekind (1554–1619) wurde 1582 Kantor in Lüneburg.

WERKE
Der deutsche Komponist Henning Dedekind schrieb eine Sammlung Tricinien zu Texten zeitgenössischer Dichter, eine »Kindermusik« zu Lehrzwecken und eine Elementar-Musiklehre. 3 weitere Liedersammlungen: »Studentenleben«, »Jägerleben« und »Soldatenleben« sind mit Musophilos Dedekind gezeichnet. Es wird vermutet, daß hinter diesem Pseudonym nicht Henning Dedekind, sondern sein Sohn Friedrich Melchior Dedekind (um 1590 bis um 1640) steckt.
Von Henning Dedekind sind noch ein Kyrie und ein Gloria einer sechsstimmigen Messe erhalten.

James Monroe Deems (1818–1901)

LEBEN
James Monroe Deems wurde 1818 in Baltimore geboren. Er war ab 1839 in Dresden Celloschüler von Justus Johann Friedrich Dotzauer. Darauf wirkte er bis 1858 als Musiklehrer in Baltimore und an der Universität von Virginia. Nachdem er den Bürgerkrieg als Brigadegeneral mitgemacht hatte, ließ er sich erneut als Lehrer und Cellist in Baltimore nieder, wo er im Jahr 1901 starb.

WERKE
Von James Monroe Deems wurden eine Oper, eine Operette und das Oratorium »Nebuchadnezzar« aufgeführt.

Louis Pierre Deffès (1819–1900)

ZEIT UND UMWELT
Der Nimbus des Conservatoire von Paris war so groß, daß daneben kein zweites in Frankreich auch nur annähernd seinen Ruf erreichen konnte, wie gut auch dort die Lehrkräfte waren. Daher errichteten viele Städte der Provinzen keine eigenen Lehranstalten, sondern »Filialen« des Pariser Conservatoire.

LEBEN
Louis Pierre Deffès wurde am 25.7.1819 in Toulouse geboren. Er war in Paris Schüler von Fromental Halévy, erhielt den Rompreis und leitete ab 1883 die Filiale des Pariser Conservatoire in Toulouse, wo er am 10.6. 1900 starb.

WERKE
Von Louis Pierre Deffès sind zahlreiche komische Opern und Operetten aufgeführt worden. Sehr bekannt wurde er durch seine »Große Messe«, die heute noch gesungen wird.

Helmut Degen (geboren 1911)

LEBEN
Helmut Degen wurde am 14.1.1911 in Aglasterhausen, Baden, geboren. Er studierte an der Hochschule für Musik in Köln, wo er bereits 1933 ein »Kammerorchester für Neue Musik« gründete und seine Leitung übernahm. 1937 bis 1942 wirkte er als Dozent für Tonsatz am Konservatorium in Duisburg, 1942 bis 1947 in gleicher Eigenschaft am Landeserziehungsheim in Buchenau und von 1947 bis 1966 am Hochschulinstitut für Musik in Trossingen, seit 1954 als Professor für Komposition.

WERKE
Von Helmut Degen sind 3 Sinfonien, eine Kammersinfonie, ein sinfonisches Konzert, ein Tripelkonzert für Violine, Cello und Klavier mit Orchester, eine sinfonische Musik für Streicher, Flöte, Oboe und Pauke, ein Cellokonzert für Streichorchester mit Klavier, 2 Streichquartette, eine Sonate für Saxophon und Klavier, eine Johannes-Passion, ein szenisches Oratorium, Tanzspiele und Stücke für Akkordeon bekannt geworden. Sein Stil steht zwischen Spätromantik und Neuklassizismus.

Johann Degen (um 1585–1637)

ZEIT UND UMWELT
Die Beliebtheit und die propagandistische Kraft des Kirchengesanges in deutscher Sprache, wie er in den protestantischen Kirchen gepflegt wurde, die vielen parasakralen Gesänge für den außerkirchlichen Gebrauch bildeten für katholische Kirchenkomponisten einen starken Anstoß, für ihre Konfession Ähnliches zu schaffen. Die rasche Verbreitung katholischer Gesangbücher zeigte, daß ein echtes Bedürfnis vorlag, neben den lateinischen auch deutsche Texte zu hören und selbst zu singen.

LEBEN
Johann Degen wurde um 1585 in Weismain, Oberfranken, geboren. Er wurde 1613 Kaplan bei St. Martin in Bramberg und 1615 auch Organist. Er blieb in dieser Stellung bis zu seinem Tod am 29. 8. 1637.

WERKE
Der deutsche Komponist Johann Degen brachte 1628 nach dem Muster protestantischer Kantionalien ein »Catholisches Gesangbuch« (Konstanzer Gesangbuch) für vier Stimmen mit Cantus firmus im Diskant heraus. Es gilt als ältestes seiner Art und enthält auch protestantische Lieder. Zwei Jahre zuvor veröffentlichte er das Lied »Das Leben deß H. Heinrichs« für vier Stimmen und 5 Hymnen auf lateinischem Text. Sein Sammelwerk von vier- bis fünfstimmigen Motetten mit Generalbaß enthält auch 2 Kompositionen von ihm selbst und zeigt seinen Einstieg in den Stil des 17. Jahrhunderts an.

LITERATUR
H. Weber, Der Kirchengesang im Fürstbistum Bamberg, Köln 1893.

Stjepan Anikijewitsch Degtjarow (1766–1813)

ZEIT UND UMWELT
Dank den Bemühungen einiger russischer Komponisten um 1800 glich sich die russische Kirchenmusik um einiges der römischen an und gewann dadurch mehr Entwicklungsmöglichkeiten, weil sie sich von einer Reihe starrer beengender Regeln befreite. So konnte es im 19. Jahrhundert zu den klangerfüllten Chören kommen.

LEBEN
Stjepan Anikijewitsch Degtjarow wurde 1766 in Borisowka geboren. Er sang als Leibeigener im Chor und im Theater seines Dienstherrn, wurde sodann von Giuseppe Sarti in St. Petersburg ausgebildet, studierte darauf in Italien und wurde Konzertmeister der Theater in Kuskowo und Ostankino. Im Jahr 1809 ließ er sich in Moskau als Komponist und Musiklehrer nieder. Er starb am 5. 5. 1813 im Gouvernement Kursk.

WERKE
Die Kirchenmusik von Stjepan Anikijewitsch Degtjarow zeichnete sich durch besonderen Klangreichtum aus. Er verfaßte außerdem 60 Instrumentalkonzerte und 3 Oratorien: »Die Befreiung Moskaus« für Soli, drei Chöre, Sinfonieorchester und Blasorchester, »Der Triumph Rußlands und die Vernichtung der Feinde« und »Napoléons Flucht«.

Max Dehnert (geboren 1893)

LEBEN
Max Dehnert wurde am 11.2.1893 in Freiberg, Sachsen, geboren. Er studierte am Konservatorium in Dresden, lebte von 1919 bis 1936 als Lehrer und Dirigent in Freiberg, von 1948 bis 1961 als Lehrer für Theorie und Schulmusik an der Musikhochschule in Leipzig.

WERKE
Von Max Dehnert sind 2 Sinfonien, eine Suite für Orchester »Oper ohne Worte« und eine weitere Orchestersuite, ein Orchesterkonzert, eine Passacaglia, ein Konzert für Streicher und Blechbläser, eine Sinfonietta, ein Vorspiel, ein Divertimento, 2 Klavierkonzerte, ein Violinkonzert, ein Flötenkonzert, ein Cellokonzert,

mehrere Kammermusikstücke, Klavierstücke und verschiedene Vokalmusik bekannt geworden.

Michael Deiss (um 1510 bis um 1570)

ZEIT UND UMWELT
Erzherzog Ferdinand von Österreich übersiedelte 1521 nach Wien, um die ihm von seinem Bruder Karl V. überantworteten Länder zu regieren, und nahm seine Hofkapelle mit, die er anläßlich seiner Hochzeit mit Anna, der Tocher des Königs von Böhmen und Ungarn, Vladislav II. (1456–1516), stark erweitern ließ. Er nahm außer den Flamen und Italienern, die sich anboten, auch einheimische Kräfte auf, falls diese die erforderliche Ausbildung aufwiesen.

LEBEN
Michael Deiss wurde um 1510 vermutlich im österreichischen Raum geboren und in Wien ausgebildet. Er fand in der Hofkapelle des nachmaligen Kaisers Ferdinand I. Aufnahme und starb um 1570 wahrscheinlich in Wien.

WERKE
Das Mitglied der Kaiserlichen Hofkapelle zu Wien, Michael Deiss, komponierte die Trauermusik zum Tod Kaiser Ferdinands I. (1564). Außerdem sind von ihm 8 weitere Stücke verschiedener Art und eine Anzahl Motetten überliefert. Alles andere ist verlorengegangen. Als komponierendes Hofkapellenmitglied, das weder aus Italien noch aus Flandern kam, war er für seine Zeit noch eine Seltenheit. Der Stil seiner Kompositionen allerdings folgt franko-flämischen Vorbildern.

Del Sessa d'Aranda
(um 1520 bis nach 1571)

ZEIT UND UMWELT
Das oberitalienische Madrigal, das im Verlauf des 16. Jahrhunderts in Italien selbst und gleicherweise in Deutschland und England alle anderen Formen verdrängte, konnte jedem Stilwandel angepaßt und daher in jede folgende Stilperiode übernommen werden. Die ersten Ansätze, die dem Stilumbruch vorausgingen, zeigten sich daher zumeist beim Madrigal.

LEBEN
Del Sessa d'Aranda wurde um 1520 vermutlich in Venedig geboren. Über sein Leben und seine Tätigkeit ist nichts bekannt, obwohl er zu seiner Zeit als Madrigalist sehr geschätzt war. Er dürfte auch in Venedig nach 1571 gestorben sein.

WERKE
Von dem italienischen Madrigalisten Del Sessa d'Aranda ist eine umfangreiche Sammlung vierstimmiger Madrigale 1571 erschienen, die in der Folgezeit noch drei weitere Auflagen erlebten, was auf ihre starke Beliebtheit schließen läßt.

Michel-Richard Delalande
(1657–1726)

ZEIT UND UMWELT
Das Schloß in Versailles, das der französische Architekt François Mansart (1598–1666) nach den Wünschen König Ludwigs XIV. vollendete, wurde 1682 zur offiziellen Residenz; Versailles war somit bis 1789 Regierungssitz und Hauptstadt Frankreichs und gleichzeitig Zentrum des französischen Kulturgeschehens. Diese autoritäre Hochkultur blieb das ganze 18. Jahrhundert hindurch als Norm bestehen, so sehr sie auch durch das folgende Rokoko, das der Maler Antoine Watteau mit einmaliger Meisterschaft profiliert hatte, aufgelockert wurde.

LEBEN
Michel-Richard Delalande (La Lande) wurde am 15. 12. 1657 in Paris geboren. Er war Kapellknabe der Maîtrise an St-Germain-l'Auxerrois und lernte gleichzeitig Violine, Gambe und Cembalo. Er versuchte, als er wegen seines Stimmbruchs die Maîtrise verlassen mußte, im Orchester von Jean-Baptiste Lully unterzukommen, wurde aber abgewie-

sen. Dafür erhielt er den Organistendienst an drei Pariser Kirchen zugleich (St-Jean-en-Grève, Petit St-Antoine, Kirche des Jesuitenprofeßhauses). Es gelang ihm, die Stelle eines Musiklehrers der königlichen Prinzessinnen zu erhalten, 1683 erlangte er eine der vier Leiterstellen der Königlichen Kapelle. Ab 1704 leitete er die Kapelle praktisch allein und daneben auch die Königliche Kammermusik. Er starb in Paris am 18. 6. 1726.

Werke

Der französische Komponist Michel-Richard Delalande hat, abgesehen von einigen für die Jesuiten komponierten Schuldramen, sein gesamtes Werk in den Dienst der Musik der Residenz Versailles gestellt. Seine sakrale Musik besteht aus 71 großen Motetten (oder Kantaten), einem Magnificat, einem Te Deum und 3 Karwochen-Lesungen. Die Motetten sind für verschiedene Besetzungen geschrieben – Sänger, Instrumentalisten, Chöre, Soli, Duette, Terzette usw. Sie standen teilweise bis in das 19. Jahrhundert in Gebrauch. Außerdem liegen noch etliche Messen vor. Die profane Musik ist vor allem durch eine Reihe von Balletten vertreten, durch die berühmte Suitenfolge: »Symphonies pour les Soupers du Roy« sowie durch Divertissements mit verschiedenen Besetzungen, die Weihnachtssinfonien und die Suiten für Violine.

Delalande war einer der bedeutendsten Vertreter des französischen Barock, der, vom Stilwandel zum Rokoko unberührt, der »Musik von Versailles« bis zu seinem Tod treu geblieben ist.

Trompetenkonzert für die Feste auf dem Kanal von Versailles

Es handelt sich um eine für Blasinstrumente geschriebene Freiluftmusik, die mit 2 aneinandergereihten, sehr sanglichen Sätzen beginnt. Eine Chaconne mit Echowirkungen schließt sich an. Darauf folgt ein Menuett des gesamten Ensembles und ein zweites, das ein Oboen-Trio vorträgt. Eine ariose Melodie mit Echo wird von einer Fanfare abgelöst, die das Stück beendet.

Premier caprice

Mit großer Geste beginnt das Stück, geschmeidig fährt es fort, wird fröhlich mit entsprechender Gemessenheit, dann beschleunigt sich das Tempo, ohne auf elegante Wendungen zu verzichten, schließlich folgt ein rascher, nahezu ausgelassener Teil. Im angeschlossenen Trio ist dem Fagott ein Solo zugewiesen. Nun tritt eine zweite Arie auf, die das Finale – rasch, langsam, rasch – ablöst und das Stück ausklingen läßt.

Deuxième caprice

Das Stück beginnt mit einer Chaconne, der ein frisches Presto folgt. Eine Kantilene leitet zu einem liebenswürdigen Dialog zwischen Oboe und Fagott über, in den die anderen Bläser fröhlich einfallen, bis das lebhafte Finale alle Themen zusammenfaßt und abschließt.

Troisième caprice

Diese dritte Caprice beginnt mit einer eleganten Einleitung. Eine getragene Melodie folgt und darauf ein Presto. In der anschließenden Gigue lösen Solovioline und Tutti einander mehrmals ab. Sodann erklingt ein reizender Quartettsatz, nach dem ein Prélude ein sorgfältig gearbeitetes Fugato einleitet.

Literatur

A. Tessier, La carrière versailles de La Lande, in: Revue de Musicologie XII, 1928.

Herman-François Delange (1715–81)

Leben

Herman-François Delange wurde am 2. 6. 1715 in Lüttich getauft. Er bildete sich in Rom bei Giovanni Battista Costanzi zum Violinisten aus und kehrte 1760 nach Lüttich zurück, wo er an St-Martin und ab 1762 an St-Paul als Violinist wirkte. Er starb in Lüttich am 27. 10. 1781.

Werke

Neben Messen, Motetten und einem Magnificat verfaßte Herman-François Delange 6 Sinfonien, 6 Triosonaten, mehrere Violinsonaten, Ouvertüren, Liedersammlungen und 2 lyrische Bühnenwerke. Sein Stil war italienisch.

Petit Jehan Delattre (um 1510–69)

Leben

Petit Jehan Delattre (Delatre) wurde um

1510 in oder im Umkreis von Lüttich geboren und vermutlich in der Kapelle der Kathedrale Saint-Paul ausgebildet, an der er dann ab 1554 Kapellmeister war. Es ist nicht feststellbar, wann und in welcher Eigenschaft er nach Utrecht kam, wo er am 31. 8. 1569 gestorben ist.
Eine Identität mit Claude Petit Jehan Delattre (um 1520, Flandern, bis 1589, Metz), der ab 1571 Chorknabenmeister an der Kathedrale in Metz, darauf Kapellmeister in Verdun und 1576 Preisträger des Puy in Evreux war, ist nicht anzunehmen, aber eventuell eine nähere oder entferntere Verwandtschaft.

WERKE
Von Petit Jehan Delattre sind 25 drei- und sechsstimmige Lamentationen überliefert, die meisterhaft gearbeitet sind und der Wortbedeutung viel Ausdruck verleihen, außerdem 30 vierstimmige Chansons, die allerdings schwerfälliger wirken als zeitgenössische aus Paris. In Sammelwerken finden sich noch weitere Chansons und auch Motetten.
Von Claude Petit Jehan Delattre ist ein Chanson erhalten.

LITERATUR
J. van der Vliet, Jean Petit de Latre, Tijdschrift der Vereeniging voor nederlandse Muziekgeschiedenis, 1896.

Ernest Deldevez (1817–97)

ZEIT UND UMWELT
Die Haltung des Pariser Publikums des 19. Jahrhunderts, Komponisten nur dann als vollwertig anzuerkennen, wenn sie mit einigen Opern Erfolg hatten, bewog auch Virtuosen, sich nicht ausschließlich ihrem Instrument zu widmen, sondern sich auch als Bühnenkomponisten zu versuchen.

LEBEN
Edouard Marie Ernest Deldevez wurde am 31.5.1817 in Paris geboren. Er war am Conservatoire Violinschüler von François Antoine Habeneck und Kompositionsschüler von Fromental Halévy sowie von Henri-Montan Berton. Nach einer Tätigkeit als Violinist in einigen Pariser Orchestern wurde er 1860 Zweiter und 1872 Erster Dirigent der Konzerte des Conservatoire; von 1873 bis 1877 wirkte er daneben als Dirigent der Opéra und gleichzeitig als Lehrer am Conservatoire. Er starb am 6.11.1897 in Paris.

WERKE
Obwohl Ernest Deldevez beim Opernfachmann Berton studiert hatte und selbst durch Jahre im Dienst der Opéra stand, wurden seine 2 Opern nicht angenommen. Er schrieb hingegen einige ausgezeichnete Violinkonzerte, 3 Sinfonien, 2 Streichquartette, ein Klaviertrio, Kantaten, einige Kirchenmusik, darunter ein Requiem, außerdem 2 lyrische Szenen und mehrere Ballette. Er gab eine Anzahl älterer Violinmusik mit eigenen Kommentaren heraus und schrieb Monographien über das Violinspiel.

Luis Abraham Delgadillo (1887–1961)

LEBEN
Luis Abraham Delgadillo wurde am 25.8.1887 in Managua, Nicaragua, geboren. Er studierte am Konservatorium in Mailand und wirkte darauf in seiner Heimat als Orchesterleiter und Musiklehrer; große Aufmerksamkeit widmete er der südamerikanischen Volksmusik. Von 1943 bis 1945 unterrichtete er am Konservatorium in Panama. Er starb am 20.12. 1961 in Managua.

WERKE
Neben 2 Opern, 4 Operetten und einem Ballett verfaßte Luis Abraham Delgadillo eine Reihe von Sinfonien mit programmatischen Titeln, 12 »Sinfonias breves« (Kurzsinfonien), ein sinfonisches Capriccio, ein Konzert für Gitarre und Kammerorchester und weitere Kammermusik, Stücke für Violine und Klavier und für Klavier solo. In seine Kompositionen integrierte er viel Volksmusik. Er veröffentlichte mehrere musiktheoretische Werke.

Léo Delibes (1836–91)

ZEIT UND UMWELT

Seit Adolphe Adam das französische Ballett reorganisiert und selbst einige wertvolle Stücke auf die Bühnen gebracht hatte, war dessen Niveau Maßstab für spätere Komponisten und Choreographen sowie für das Publikum geworden. Es war daher nicht leicht, den Beifall des verwöhnten Pariser Publikums zu gewinnen; der einmal geschaffene Maßstab durfte nicht weit unterschritten werden. Ein Aneinanderreihen gefälliger Melodien, die keinen sinnvollen innerlichen Zusammenhang aufwiesen, wurde abgelehnt. Jedes Ballett mußte eine verständliche, möglichst geistreiche Handlung bringen, die mimisch und choristisch bei guter entsprechender Musik dargestellt wurde.

LEBEN

Clément Philibert Léo Delibes wurde am 21.2.1836 in St-Germain-du-Val, Sarthe, geboren. Im Jahr 1848 kam er nach Paris und wurde in die Gesangklasse des Conservatoire aufgenommen, gleichzeitig sang er in einigen Kirchenchören der Stadt. Zwei Jahre darauf begann er beim Klavierlehrer und Musikschriftsteller Félix le Couppey (14.4.1811, Paris, bis 4.7.1887, Paris), bei François Benoist, François Bazin und vor allem bei Adolphe Adam Klavier, Orgel, Harmonielehre und Komposition zu studieren. Adam brachte ihn am Théâtre Lyrique als Begleiter und als Organist an verschiedenen Kirchen unter. Er begann früh zu komponieren und brachte etliche Bühnenstücke heraus: komische Szenen und Operetten; 1863 kam er an die Opéra als Zweiter Chorleiter, 1881 wurde er Kompositionslehrer am Conservatoire. Er starb am 16.1.1891 in Paris.

WERKE

Von Léo Delibes sind mehrere Opern auf die Bühnen gekommen, einen Dauererfolg brachten nur die heute noch gespielten »Le roi l'a dit« (Der König hat es gesagt) und »Lakmé«; von seinen Balletten errangen »Coppélia ou la fille aux yeux d'email« (Coppelia oder das Mädchen mit den Emailaugen) und »Sylvia ou

Léo Delibes

la nymphe de Diane« (Sylvia oder die Nymphe der Diana) Welterfolg; ihre Beliebtheit hielt bis in unsere Gegenwart an. Er schrieb ferner Bühnenmusiken, mehrere Romanzen, Chöre, Lieder und eine Messe.

Coppélia, Ballett, 2 Akte, entstanden 1870

Die Balletthandlung fußt auf einer gleichnamigen Novelle von E. T. A. Hoffmann. Swanhilde argwöhnt, daß sich Franz, ihr Geliebter, in ein Mädchen verliebt habe, das durch das Fenster des Puppenerzeugers Coppelius gesehen werden kann. Sie dringt mit ihren Freundinnen in das Haus ein und entdeckt, daß es sich um einen Automaten handelt. Coppelius erscheint, die Mädchen laufen davon, nur Swanhilde bleibt und versteckt sich. Sie beobachtet, wie Franz sich einschleicht, aber von Coppelius entdeckt wird, dem er seine Liebe zu Coppelia gesteht. Coppelius faßt den Plan, die Lebenskräfte des Mannes auf den Automaten zu übertragen, schüttet in das Glas Wein, das er ihm anbietet, einen Schlaftrunk, um ihm für Coppelia seine Seele zu rauben. Es gelingt. Coppelia wird lebend, rast durch die Werkstätte, zerschlägt alles und wird auch Coppelius gefährlich, der sie nur mit Mühe in seine Gewalt bringt. Franz erwacht und wird von Coppelius vertrieben. Swanhilde verläßt ihr Versteck und flieht.

Alles löst sich im letzten Bild in Wohlgefallen auf. Franz und Swanhilde werden ein Paar, und Coppelius, dessen Automat zerstört wurde, erhält eine Entschädigung.

Sylvia, Ballett, 2 Akte, entstanden 1876
Die Nymphe Sylvia und ihre Jägerinnen überraschen den Schäfer Aminta im heiligen Hain, der sich hinter einer Erosstatue verbirgt, um die Nymphe, die er liebt, zu beobachten. Sylvia fühlt sich durch diese anmaßende Liebe beleidigt, will den Schäfer mit einem Pfeil töten, richtet aber den Schuß gegen Eros, den wahren Schuldigen. Aminta wirft sich dazwischen und wird getroffen. Nun belebt sich Eros und verwundet Sylvia mit einem Liebespfeil. Orion, der Sylvia auch liebt, hat alles beobachtet und beschließt, die Nymphe zu entführen. Eros verhindert die Entführung und erweckt Aminta zu neuem Leben. Orion verfolgt das Paar, das in einen Diana-Tempel flieht. Als Orion mit Gewalt dort eindringen will, erscheint die Göttin und streckt ihn nieder; sie will aber der Vereinigung einer Nymphe mit einem Sterblichen nicht zustimmen. Erst als sie erinnert wird, daß sie selbst vor Zeiten den Schäfer Endymion geliebt hat, gibt sie nach.

Literatur

A. Coquin, Léo Delibes, Paris 1958.

Frederick Delius (1862–1934)

Leben

Frederick Delius (Fritz Albert Theodor) wurde am 29.1.1862 in Bradford, Yorkshire, geboren. Er bildete sich in Florida, wo er eine Orangenplantage bewirtschaftete, autodidaktisch zum Komponisten aus und wurde 1886 in Danville, Va., Musiklehrer. Von 1886 bis 1888 war er Schüler von Salomon Jadassohn (1831–1902) und Carl Reinecke (1824 bis 1910) am Konservatorium in Leipzig. Anschließend lebte er als freier Komponist in Paris und in Grez-sur-Loing, Seine-et-Marne, wo er am 10.6.1934 starb.

Werke

Es ist den Bemühungen des englischen Dirigenten Thomas Beecham (29.4.1879, St. Helens, Lancashire, bis 8.3.1961, London) zu verdanken, daß das kompositorische Werk von Frederick Delius aufgeführt wurde und noch heute zum Großteil lebendig ist, obschon es von den Zeitgenossen stets kühl aufgenommen wurde, denn für den Engländer war die durch das Medium des Intellekts gebrochene Bildhaftigkeit zu kompliziert; die mit naiven Augen geschaute und wiedergegebene Natur lag ihm näher. Er schrieb 6 Opern, von denen »Romeo und Julia auf dem Dorfe« nach Gottfried Kellers (1819 bis 1890) Novelle am bekanntesten wurde. Der großen Kantate »Eine Messe des Lebens«, Text nach »Also sprach Zarathustra« von Friedrich Nietzsche (1844–1900), für Soli, Chor und Orchester, zweifellos sein bedeutendstes Werk, schließen sich das »Requiem« mit ähnlicher Besetzung, das »Idyll« für Sopran, Bariton und Orchester, die »Sonnenuntergangslieder« und eine Reihe weiterer Kantaten an. Reine Orchesterwerke sind die 2 Tanzrhapsodien, die Florida-Suite, das Klavierkonzert, das Violinkonzert, das Cellokonzert, das Konzert für Violine und Cello und mehrere rhapsodische Werke. Die Kammermusik ist mit 2 klangvollen Streichquartetten,

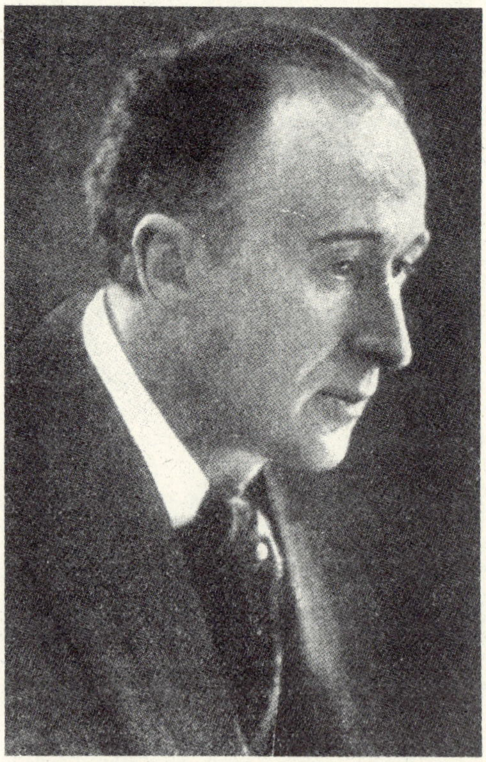

Frederick Delius

2 Sonaten für Violine und Klavier, einer für Bratsche und Klavier und einer für Cello und Klavier, vertreten.

Requiem zum Gedenken aller im Krieg gefallenen jungen Künstler, für Sopran, Bariton, Chor und Orchester, 2 Teile, entstanden 1922

Es handelt sich um kein Requiem im landläufigen Sinn, sondern um eine persönliche Klage des Komponisten über die sinnlos geopferten jungen Künstler und über die Sinnlosigkeit des menschlichen Lebens überhaupt, aus der uns niemand befreit. Die Texte sind Bibelsprüchen nachgeformt.

Florida-Suite, Tropische Szenen für Orchester, 4 Sätze, entstanden 1888–90

Das Stück besteht aus 4 Stimmungsbildern. Mit feinen aneinander- und übereinandergeschobenen Farben stellt der Komponist den Eindruck dar, den er bei »Tagesanbruch«, »An einem Fluß«, bei »Sonnenuntergang«' und »In der Nacht« in Florida empfing. Die Suite ist ein herrliches Beispiel des frühen Impressionismus.

Konzert für Cello und Orchester in D-Dur, 5 Sätze, entstanden 1921

Herbstliche Stimmung liegt über diesem Konzert, in dem weit gespannte Melodielinien von der leisen Trauer über das dem Winter zulaufende Jahr singen und in den letzten beiden Sätzen die Gewißheit ausdrücken, daß die Natur wiederkehrt, im Gegensatz zum Menschen, der endgültig vergeht. Diese Kontemplation wird so deutlich vermittelt, daß kein gesungenes Wort erforderlich ist, obwohl keine »sinfonische Dichtung« vorliegt, sondern eine unmittelbare Übertragung einer Stimmung ohne gegenständliche Vorstellung auf den empfänglichen Zuhörer.

LITERATUR

T. Beecham, Frederick Delius, London 1959.

Domenico Della Bella
(um 1686 bis nach 1740)

ZEIT UND UMWELT

Die alte Stadt Treviso wurde 1339 venezianisch. Ihr Bild ist von Romanik und Gotik bestimmt. Die Basilika Santa Maria und eine Reihe anderer Kirchen der Stadt sind mit herrlichen Fresken des großen italienischen Malers Tommaso da Modena (um 1325–79) geschmückt. Auch ihre Musik war trotz des ständigen Kontakts mit Venedig sehr konservativ.

LEBEN

Domenico Della Bella wurde um 1686 vermutlich in Treviso geboren, wo er Kirchenkapellmeister wurde und nach 1740 starb.

WERKE

Die von Domenico Della Bella überlieferten 12 Kirchensonaten für zwei Violinen und Generalbaß und die Cellosonate folgen dem zeitgenössischen italienischen Stil. Sehr konservativ waren jedoch seine 7 vierstimmigen A-cappella-Messen, seine Psalmen für Chor und Instrumente und das sechsstimmige Te Deum.

Azzolino Della Ciaja
(1671–1755)

ZEIT UND UMWELT

Der Ritterorden des heiligen Stephan unterhielt für seine Ordensanwärter eine eigene Musikschule an Santo Stefano in Pisa, aus der einige namhafte Musiker hervorgegangen sind.

LEBEN

Azzolino Bernardino Della Ciaja wurde in Siena am 21. 3. 1671 in vornehmer Familie geboren. Im Alter von sieben Jahren wurde er Ritter des heiligen Stephan. Er erhielt in der Musikschule des Ritterordens seine Ausbildung, ergriff aber keinen musikalischen Beruf, sondern machte auf den Schiffen des Ordens Dienst. Er schenkte der Kirche Santo Stefano in Pisa eine Orgel seiner eigenen Konstruktion mit 4 Manualen und 100 Registern, die 1637 eingeweiht wurde. Am 15. 1. 1755 starb er in Pisa.

WERKE

Der italienische Komponist Azzolino Della Ciaja verfaßte Cembalosonaten, die aus Toccata, Kanzone und 2 zweiteiligen Tanzstücken bestanden und damit die Form der zukünftigen Klaviersonate vorausnahmen, außerdem Kammerkantaten für eine Stimme, fünfstimmige konzertante Psalmen mit zwei Violinen und Violetta, weiters Messen, sakrale Gesänge, Ricercari und Orgelsonaten.

Pierre Antoine Dominique Della Maria (1769–1800)

ZEIT UND UMWELT
Die Erhebung der Bevölkerung von Marseille gegen die herrschende Adelsschicht war besonders heftig, so daß an eine Musikausübung nicht gedacht werden konnte, und Musiker und andere Künstler nach Möglichkeit die Stadt verließen.

LEBEN
Pierre Antoine Dominique Della Maria wurde am 14. 6. 1769 in Marseille geboren. Er verließ die Stadt bei Ausbruch der Revolution und begab sich nach Italien, wo er seine Ausbildung bei Giovanni Paisiello vervollkommnete. Nachdem er in Italien 3 lyrische Opern herausgebracht hatte, begab er sich 1796 nach Paris, wo er noch weitere 6 Bühnenwerke schuf und bereits am 9. 3. 1800 starb.

WERKE
Außer seinen Opern sind keine Werke von Pierre Antoine Dominique Della Maria bekannt geworden. Seine in Paris verfaßten Bühnenwerke sind insoweit interessant, als sie bereits starke lyrische Elemente aufweisen und somit der anbrechenden Romantik sehr nahestehen.

Florian Johann Deller (1729–73)

ZEIT UND UMWELT
Ballette nach Choreographien des großen Reformators des Balletts, Jean Georges Noverre, waren immer erfolgreich, ob sie nun in Wien oder in München auf die Bühne gebracht wurden. In der bayrischen Hauptstadt kam noch dazu, daß alles aus Paris oder zumindest von Franzosen Kommende mit starker Sympathie aufgenommen wurde.

LEBEN
Florian Johann Deller wurde am 2. 5. 1729 in Drosendorf, Niederösterreich, getauft. Er war ab 1751 Mitglied des Hoforchesters in Stuttgart, wo er bei Niccolò Jommelli Unterricht nahm und 1769 Konzertmeister und Hofkomponist wurde. Im Jahr 1771 ging er nach Wien, wo er mit Jean Georges Noverre am Burgtheater und Kärntnertortheater mehrere Ballette herausbrachte. Ein Jahr darauf wirkte er als Ballett- und Singspielkomponist in München, wo er am 19. 9. 1773 starb.

WERKE
Außer einer Reihe auf Choreographien von Jean Georges Noverre komponierter Ballette und einer Anzahl Singspiele und komischer Opern schrieb Florian Johann Deller einige Sinfonien und 6 Triosonaten im vorklassischen Stil.

Norman Dello Jojo (geboren 1913)

LEBEN
Norman Dello Jojo wurde am 24.1.1913 in New York geboren. Er studierte an der Juilliard School of Music und an der Yale School of Musik und war Kompositionsschüler von Paul Hindemith. Von 1934 bis 1940 wirkte er als Organist an St. Ann's Church in New York und anschließend bis 1943 als musikalischer Leiter einer Ballettruppe. Von 1945 bis 1950 war er als Kompositionslehrer am Sarah Lawrence College, 1957 wurde er Professor für Komposition am Mannes College of Music in New York.

WERKE
Außer 3 Opern und 3 Balletten schrieb Norman Dello Jojo eine Sinfonie, eine Serenade, »Epigraph«, und weitere Orchesterwerke, ein Trio für Flöte, Cello und Klavier, 5 lyrische Stücke für Orgel und eine Anzahl verschiedener Klavierstücke, Ricercari für Klavier und Orchester, ein Concertino für Harmonika und Orchester, Stücke für Harfe, mehrere Kantaten, eine Messe, Psalmenvertonungen und Lieder. Er neigt zum Neuklassizismus, integriert aber auch gregorianische Elemente und Jazzrhythmen.

Marc Delmas (1885–1931)

Leben

Marc Delmas wurde am 28.3.1885 in Saint-Quentin geboren. Er studierte am Conservatoire in Paris unter Xavier Leroux, Georges Caussade, Charles Lenepveu und Paul Vidal. Im Jahr 1919 erhielt er den Rompreis und später eine Reihe von Preisen für seine Kompositionen. Er lebte in Paris als freier Komponist und starb dort am 30.11.1931.

Werke

Neben 7 Opern und einer Operette schrieb Marc Delmas eine Reihe sonfinischer Stücke mit programmatischen Titeln: »Die zwei Wege«, »In Wallonien«, »Der Dichter und die Fee«, »Vom Traum zur Erinnerung«, »Das Narrenschiff«, »Penthésilée«, außerdem eine Rhapsodie für Cello und Orchester, ein Streichquartett, ein Trio, Klavierstücke und ein Oratorium.

Giuseppe Demachi
(um 1710 bis nach 1771)

Zeit und Umwelt

Turin wurde 1720 die Hauptstadt des Königreichs Sardinien. Herzog Karl Emanuel III. von Savoyen (1701–73) wurde 1730 als Nachfolger von Victor Amadeus II. von Savoyen König von Sardinien. Er bemühte sich wie sein Vorgänger, die sozialen und wirtschaftlichen Zustände seines Herrschaftsbereiches und die kulturelle Bedeutung der Hauptstadt zu heben.

Leben

Giuseppe Demachi wurde um 1710 in Alessandria della Paglia, Piemont, geboren. Er war ab 1740 als Violinist Mitglied des Hoforchesters in Turin. Im Jahr 1771 ließ er sich als Violinist und Violinlehrer in Genf nieder, wo er in einem der folgenden Jahre gestorben sein dürfte.

Werke

Von Giuseppe Demachi sind 6 Orchesterquartette, 6 Violinsonaten, 6 Triosonaten und eine Reihe konzertanter Sinfonien erschienen. Handschriftlich sind Konzerte für drei Violinen und Cello und weitere Sonaten für zwei Violinen und Baß, außerdem zahlreiche Violinsoli und andere Instrumentalstücke erhalten. Ein Trio für drei Flöten in G-Dur ist sehr bekannt geworden. Sein Stil lehnt sich an den zeitgenössischen französischen an.

Christoph Demantius (1567–1643)

Zeit und Umwelt

Die 1170 gegründete Bergwerksstadt Freiberg in Sachsen am Nordrand des Erzgebirges blühte besonders wegen ihres Silberreichtums rasch auf. Der Bergbau und die damit zusammenhängenden Industrien gewährleisteten Jahrhunderte hindurch steigenden Wohlstand, die »Goldene Pforte« der Nikolaikirche und die Türme und Tore der Petrikirche zeugen davon. Daher konnte die Stadt bis in den Dreißigjährigen Krieg hinein eine im ganzen Land geachtete Kantorei halten und Kantoren mit Ruf und Namen verpflichten.

Leben

Johannes Christoph Demantius (Demuth) wurde am 15. 12. 1567 in Reichenberg (Liberec), Nordböhmen, geboren. Er studierte in Wittenberg, vollendete seine Ausbildung in Leipzig, wurde 1597 Kantor in Zittau und wirkte in Freiberg in gleicher Eigenschaft von 1604 bis zu seinem Tod am 20. 4. 1643.

Werke

Der deutsche Kantor und Komponist Christoph Demantius war als vielseitig und gediegen bekannt. Er blieb in seinem gesamten Schaffen dem A-cappella-Stil verhaftet und erwies sich als Meister der Kontrapunktik, der er einen starken Wortausdruck abzugewinnen verstand. Seine profanen Werke bestehen vorwiegend aus mehrstimmigen Liedern, aus polnischen und deutschen Tänzen mit und ohne Text, Intraden, Madrigalen, Canzonetten, Villanellen, Gaillarden, vokal und instrumental; darunter befinden sich der

Zeit entsprechend auch Kriegs- und Siegeslieder. Sehr bekannt wurde sein »Tympanum militare, Ungerische Heerdrummel und Feldgeschrey« für sechs Stimmen, vokal und instrumental. An sakraler Musik liegen vor: mehrere Magnificat, Psalmen, Begräbnisgesänge, Hochzeitslieder, Lauden und Motetten; außerdem eine deutsche Johannes-Passion und die Weissagungen Esajae. Seine musikpädagogischen Veröffentlichungen fanden große Beachtung.

Weissagung des Leidens und Sterbens Jesu Christi aus dem 53. Kapitel des Propheten Esajae für sechs Stimmen, entstanden um 1610, 3 Teile

Diese kantatenähnliche Bearbeitung des Psalmtextes ist streng kontrapunktisch durchgeführt. Ihre Genauigkeit, der weiche Fluß der Stimmen und der stark bildhafte Wortausdruck trotz dichter Verflechtung der einzelnen musikalischen Linien sind erstaunlich. Besonders schön ist der Zusammenklang der Mittelstimmen im dritten Teil.

Literatur

B. Krickeberg, Das protestantische Kantorat im 17. Jahrhundert, Berlin 1965.

Johann Sebastian Demar (1763–1832)

Zeit und Umwelt

Schüler von Franz Xaver Richter in Straßburg genossen in Frankreich einen guten Ruf und wurden gern angestellt, wie sich überhaupt die Straßburger Tradition einer allgemeinen Beliebtheit erfreute.

Leben

Johann Sebastian Demar wurde am 29. 6. 1763 in Gauaschach, Bayern, geboren und von Franz Xaver Richter in Straßburg ausgebildet. Zunächst war er Organist in Weißenburg, hielt sich sodann in Wien, Italien und Paris auf und wurde um 1806 in Orléans Leiter des Grand Concert d'Amateurs. Er betrieb dort auch einen Musikverlag. Er starb um 1832 in Orléans.

Werke

Von Johann Sebastian Demar sind Konzerte für verschiedene Instrumente, Quartette, Trios, Duos und Sonaten veröffentlicht worden. Seine Musik lehnte sich stark an den Mannheimer Stil an. Er verfaßte auch Schulen für verschiedene Instrumente.

Charles Demars (1702–74)

Zeit und Umwelt

Neben den großen Violinisten wirkten in Frankreich im 18. Jahrhundert nicht wenige Cembalisten an der Fassung und Vertiefung der vorklassischen Klaviermusik. Die Musiktradition des Landes war zu mächtig, um von fremden Einflüssen überschattet zu werden. Dennoch wurden viele Anregungen aufgenommen.

Leben

Charles Demars (de Mars) wurde am 28. 4. 1702 in Sézanne, Champagne, geboren. Er erhielt 1728 die Organistenstelle an der Kathedrale in Vannes, Morbihan, und betreute sie bis 1774, dann übersiedelte er nach Paris, wo er kurz darauf starb.

Sein Bruder Jean-Odéo Demars (2. 2. 1695, Sézanne, bis 7. 2. 1756, Paris) war Organist an St-Jacques-de-la-Boucherie und an St-Nicolas-du-Chardonnet in Paris.

Werke

Von Charles Demars ist ein Buch mit Cembalostücken erhalten, die ihn eindeutig als Vorklassiker einstufen.

Von Jean-Odéo Demars sind Gesänge für die Demoiselles der Maison Royale de Saint-Cyr überliefert.

Christian Demelius (1643–1711)

Zeit und Umwelt

In den evangelischen Kantoreien, vor allem in Thüringen und Sachsen, wurde die mehrstimmige Motette neben anderen Formen bis in das 18. Jahrhundert hinein viel gepflegt. Auf die A-cappella-Motette griff man erst später wieder zurück.

Leben

Christian Demelius wurde am 1. 4. 1643 in

Schlettau bei Annaberg, Sachsen, geboren. Er studierte von 1666 bis 1669 in Jena und wurde darauf Stadtkantor in Nordhausen, wo er am 1. 11. 1711 starb.

WERKE
Vom deutschen Komponisten Christian Demelius ist nur eine Anzahl vierstimmiger Motetten und Arien bekannt, die in den Kirchen viel verwendet wurden. Er trat auch als Musikschriftsteller hervor.

Norman Demuth (1898–1968)

LEBEN
Norman Frank Demuth wurde am 15.7.1898 in South Croydon, Surrey, geboren. Er war Schüler des Royal College of Music in London. Anschließend war er als Organist, Chor- und Orchesterdirigent tätig, bis er 1930 Kompositionslehrer an der Royal Academy of Music in London wurde. Er war Mitbegründer der Gesellschaft für Neue Musik und gehörte zu den Bahnbrechern der Musikentwicklung des 20. Jahrhunderts. Er starb am 21.4.1968 in Chichester, Sussex.

WERKE
Von Norman Demuth sind 5 Opern aufgeführt worden. Er schrieb 5 Ballette, 3 Sinfonien, verschiedene sinfonische Stücke und Divertimenti, Variationen, eine Partita, eine Ouvertüre, eine Sinfonie für Streicher, mehrere Stücke und eine Suite für Streicher, ein Violinkonzert, ein Saxophonkonzert, 2 Klavierkonzerte – eines für die linke Hand –, einen sinfonischen Satz für Ondes Martenot und Orchester, eine Ballade für Bratsche und Orchester, ein Cellokonzert, eine Sinfonietta für Klavier und Orchester, ein Stück für Bläser, Schlagzeug und Cembalo, ein Streichquartett, ein Klavierquartett, mehrere Quartette mit verschiedener Besetzung, eine Sonate für Violine und Klavier, eine Fanfare für Orgel und drei Trompeten, eine Sinfonie, Choräle und andere Stücke für Orgel, ein Requiem a cappella, Orchesterlieder. Er publizierte zahlreiche musikhistorische und musiktheoretische Werke.

Alexandre Denéréaz (1875–1947)

LEBEN
Alexandre Denéréaz wurde am 31.7.1875 in Lausanne geboren. Er studierte in Dresden und wurde 1897 in seiner Vaterstadt Organist an St-François, nachdem er bereits seit 1886 als Theorielehrer am Konservatorium gewirkt hatte. Gleichzeitig leitete er mehrere Chorvereinigungen. Er starb am 25.7.1947 in Lausanne.

WERKE
Von Alexandre Denéréaz sind 4 Sinfonien – darunter eine mit Orgel –, mehrere sinfonische Dichtungen, ein Klavierkonzert, ein Violinkonzert, ein Cellokonzert, mehrere Streichquartette, Kantaten und Männerchöre, Orgel- und Klavierstücke sowie Lieder bekannt geworden. Er veröffentlichte eine Anzahl musiktheoretische und didaktische Werke. Stilistisch war er Anhänger der Spätromantik.

Martin Denis
(um 1686 bis nach 1727)

ZEIT UND UMWELT
Auch in Frankreich mehrten sich die Violinvirtuosen, so daß das Publikum sich nicht allein mit den aus Italien zugewanderten begnügen mußte, die dort nie derart bereitwillig aufgenommen wurden, wie etwa in Deutschland.

LEBEN
Martin Denis wurde um 1686 vermutlich in Paris geboren. Er war in verschiedenen Adelshäusern als Violinist und wahrscheinlich auch als Violinlehrer tätig. Er starb in Paris nach 1727.

WERKE
Die zweimal 12 »Sonates allemandes«, die Martin Denis in zwei Büchern herausbrachte, sind für Violinsolo mit Generalbaß gesetzt. Sie schließen sich, ihrem Titel entsprechend, dem zu seiner Zeit in Deutschland üblichen Stil an.

Edison Denisow (geboren 1929)

Leben

Edison Wasiljewitsch Denisow wurde am 6.4. 1929 in Tomsk geboren. Bis 1951 studierte er Mathematik an der Universität seiner Geburtsstadt, dann am Konservatorium in Moskau unter Wisarion Schebalin. Seit 1960 wirkte er selbst als Lehrer an diesem Institut.

Werke

Außer einer Oper schrieb Edison Denisow eine Sinfonie für Orchester, eine Sinfonie für zwei Streichorchester und Schlagzeug, eine »Kindersuite« für Kammerorchester, »Crescendo und Diminuendo« für Cembalo und zwölf Streicher, eine Musik für elf Bläser und Pauken, ein Konzert für Flöte, Oboe, Pauken, Schlagzeug und Klavier, »Silhouetten« für zwei Klaviere, Flöte und Schlagzeug, ein Trio für Violine, Klarinette und Fagott, »Improvisation« für Violine und Klavier, eine Sonate für Flöte und Klavier, eine Sonate für Saxophon und Klavier, Variationen für Klavier, 2 Stücke für Klavier vierhändig, »Herbstlied« für Sopran und Orchester, »Die Sonne der Inkas« für Sopran und elf Instrumentalisten und weitere Lieder mit Instrumental- oder Klavierbegleitung. Er pflegt einen sehr fortschrittlichen Stil.

Fabrizio Dentice
(um 1550 bis nach 1593)

Leben

Fabrizio Dentice wurde um 1550 in Neapel geboren. Er war bei seinen Zeitgenossen als Lautenist sehr berühmt. Nach seiner Ausbildung ging er nach Rom und sodann nach Parma. Welche Stellungen er dort eingenommen hat, ist nicht bekannt. Er dürfte in Parma nach 1593 gestorben sein.
Sein Neffe Scipione Dentice (um 1560, Neapel, bis 1633, Neapel) lebte in Rom als Mönch und Kirchenmusiker, kehrte aber im Alter in die neapolitanische Heimat zurück.
Luigi Dentice, ein älterer Verwandter (um 1520, Neapel, bis nach 1570, Neapel), war in Neapel als Musiker und Musiktheoretiker bis zu seinem Tod tätig.

Werke

Von Fabrizio Dentice sind fünfstimmige Lamentationen, Madrigale, Motetten und schöne Lautenstücke erhalten, die sehr viel gespielt wurden.
Scipione Dentice brachte 5 Bücher Madrigale, ein Buch Motetten, ein Buch mit geistlichen Madrigalen, 6 Lauden und weitere Stücke heraus. Alles ist fünfstimmig und entsprach genau den in Rom an die Kirchenmusik gestellten Anforderungen.
Von Luigi Dentice, der sich als Musikschriftsteller betätigte, liegt ein sehr gerühmtes Miserere vor.

Richard Dering (um 1580–1630)

Leben

Richard Dering (Deering, Dearing) wurde um 1580 vermutlich in London geboren. Er studierte in Oxford und ging 1612 nach Italien, wo er Katholik wurde. Bis ungefähr 1625 wirkte er als Organist am Kloster der Englischen Benediktinerinnen in Brüssel. Dann kehrte er nach London zurück und wurde Organist im Dienst der englischen Königin Henriette Marie. Er starb am 22. 3. 1630 in London.

Werke

Im kompositorischen Schaffen des englischen Komponisten Richard Dering sind zwei Perioden feststellbar. Die vor seiner Italienreise entstandenen Werke, Anthems für mehrere Stimmen, Stücke für Violenensembles und Motetten auf englischen oder lateinischen Texten, tragen typischen englischen Charakter und verwenden zum Teil volkstümliche Londoner Melodien. Was er nach der Reise in Brüssel und in London verfaßte, trägt den Stempel starken italienischen Einflusses. Seine mehrstimmigen geistlichen Gesänge aus jener Zeit haben Generalbaß, die Canzonetten wie auch seine Instrumentalstücke folgen dem konzertanten Stil Venedigs. Interessant ist, daß er auch vorher

(1597) sechsstimmige geistliche Lieder mit Generalbaß und Orgel geschrieben, sich also schon früh mit dem neuen Stil befaßt hat.

LITERATUR

P. Platt, Dering's Life and Training, in: Music and Letters XXXIII, 1952.

Derrick (um 1610 bis nach 1650)

LEBEN

Derrick (der Vorname ist nicht bekannt) wurde um 1610 in England geboren. Er dürfte in Cambridge studiert, möglicherweise als Kirchenmusiker gewirkt haben und dort gestorben sein. Das Jahr seines Todes nach 1650 ist nicht feststellbar.

WERKE

Vom englischen Kirchenkomponisten Derrick sind ein Short Service (Kyrie, Credo, Benedictus und Te Deum), ein Jubilate mit Kyrie und Credo und ein Benedicite überliefert. Der Stil der zum Teil lateinischen Gesänge ist konservativ.

Jean Jacques Deruyts (1790–1871)

ZEIT UND UMWELT

Die Kirchenmusik der flandrischen Kathedralen war bis zum Ende des 18. Jahrhunderts stark von der Frankreichs abhängig. Dann trat eine Wende hin zu den in Süddeutschland üblichen Fakturen ein. Zu einem eigenen Stil kam es jedoch nicht, wie überhaupt in der gesamten romantischen Epoche eine gewisse gleichförmige Entwicklung der katholischen Kirchenmusik trotz mehrerer Stilrichtungen feststellbar ist.

LEBEN

Jean Jacques Deruyts wurde 1790 in Lüttich geboren und dort ausgebildet. Er wirkte an verschiedenen Kirchen seiner Heimatstadt als Kapellmeister und Organist bis zu seinem Tod am 11.4.1871.

WERKE

Von Jean Jacques Deruyts ist eine Anzahl Kirchenmusik überliefert: Messen, Motetten, ein Te Deum mit Orchester, außerdem verfaßte er mehrere Oratorien. Sein Stil neigt der Romantik zu.

Marc-Antoine Desaugiers (1742–93)

ZEIT UND UMWELT

In allen größeren französischen Städten bildeten sich im Verlauf des 18. Jahrhunderts Konzertvereinigungen, die bald dominierende Stellungen im Musikleben einnahmen. Sie suchten durch eine selektive Aufnahmepraxis ihr Niveau zu halten, so daß für die, die früher oder später ihr Tätigkeitsfeld nach Paris verlegten, die Zugehörigkeit zu den provinzialen Konzertinstituten eine gewichtige Empfehlung bildete.

LEBEN

Marc-Antoine Desaugiers wurde 1742 in Fréjus geboren. Nach einer Tätigkeit als Kapellmeister in Fréjus und als Leiter des Grand Concert in Marseille begab er sich 1764 nach Paris, wo er als Opernkomponist wirkte und am 10. 9. 1793 starb.

WERKE

Neben seinen zahlreichen Opern, die durch ihre Natürlichkeit sehr ansprachen, verfaßte Marc-Antoine Desaugiers einige Kantaten, ein Requiem zum Tod seines Freundes Antonio Maria Gasparo Sacchini (1786) und ein »Hiérodrame«, eine Kantate in lateinischer Sprache mit dem Titel »La prise de la Bastille« (Die Erstürmung der Bastille), die 1790 in der Notre-Dame mit 600 Mitwirkenden aufgeführt wurde.

Wladimir Deschewow (1889–1955)

LEBEN

Wladimir Michailowitsch Deschewow wurde am 30.1.1889 in St. Petersburg geboren. Er war am Konservatorium seiner Geburtsstadt Schüler von Anatoli Ljadow und Maksim Osejewitsch Steinberg. Von 1920 bis 1923 wirkte er als Lehrer in Sewastopol, sodann bis

1933 an verschiedenen Musikschulen und als Leiter der Bühnenmusik an mehreren Theatern in Leningrad, wo er am 27.10.1955 starb.

WERKE
Mit kleinen Schritten näherte sich Wladimir Deschewow moderneren musikalischen Diktionen. Er schrieb eine sehr erfolgreiche Oper (»Eis und Stahl«), 2 Ballette, 2 Suiten und weitere Werke für Orchester, Kammermusik und Liederzyklen sowie über 100 Schauspiel- und 21 Filmmusiken.

Alfred Desenclos (1912–71)

LEBEN
Alfred Desenclos wurde am 7.2.1912 in Le Portel, Pas-de-Calais, geboren. Er studierte an den Konservatorien in Roubaix, Nord, und in Paris, wo er 1942 den Rompreis erhielt. Von 1943 bis 1950 leitete er das Konservatorium in Roubaix. Er starb am 3.3.1971 in Paris.

WERKE
Die Kompositionen von Alfred Desenclos schließen sich keinem der herrschenden Stilsysteme an, entnehmen ihnen jedoch Elemente und bilden daraus Fakturen, die als »reine Gefühlsmusik« bezeichnet worden sind und sehr stark ansprechen. Er schrieb eine Sinfonie, ein Trompetenkonzert, ein Violinkonzert, ein Streichquintett mit Klavier, ein Saxophonquartett, ein Streichtrio, ein Duo für Saxophon und Klavier, 3 Stücke für Flöte und Klavier, ein Praeludium für Cello und Klavier, 3 Stücke für Violine und Klavier, eine Fantasie für Harfe, einen Gesang mit Orchester sowie ein Requiem für Soli, Chor und Orchester.

Jean Desfontaines
(um 1658 bis nach 1752)

ZEIT UND UMWELT
Neben der richtungweisenden Musik von Versailles, die auch der Kirchenmusik, soweit diese in unmittelbarem Einflußbereich des Hofes stand, ihren klassizistischen Stempel aufdrückte und eine textadäquate Vertonung auf Kosten der Musikalität forderte, entwickelte sich an verschiedenen Kathedralen der Hauptstadt und in den Provinzen die kirchenmusikalische Schule des französischen Ancien Régime. Diese ist eher dem allgemeinen Begriff der Barockmusik unterzuordnen als die höfische Stilgattung.

LEBEN
Jean Desfontaines wurde um 1658 vermutlich in Paris geboren. Über sein Leben und Wirken ist nichts bekannt, er scheint nicht mit der Musik in Versailles in Berührung gestanden zu sein. Er dürfte nach 1752 in Paris gestorben sein. Es ist sehr wahrscheinlich, daß er für eine Ordenskirche arbeitete.

WERKE
Der französische Komponist Jean Desfontaines verfaßte eine große Anzahl lateinischer Motetten für eine bis drei Stimmen mit Generalbaß, eine Kantate, eine Pastorale und eine Reihe von Airs sérieux et à boire, die in verschiedene Sammlungen aufgenommen wurden. Die Motetten sichern ihm jedenfalls einen Platz unter den bedeutenden Kirchenkomponisten seiner Zeit.

Prosper Didier Deshayes
(um 1750 bis um 1815)

ZEIT UND UMWELT
Der Bedarf an Hymnen während der Revolutionsjahre in Frankreich war groß. Es handelte sich im Durchschnitt um musikalisch nicht sehr wertvolle Erzeugnisse; ihr Hauptgewicht lag auf den Texten, die den Freiheitswillen der Revolutionäre ausdrückten. Die Musik war zumeist breitflächig und isorhythmisch und klang in Apotheosen aus.

LEBEN
Prosper Didier Deshayes wurde um 1750 vermutlich in Paris geboren. Er war ab 1764 Ballettmeister und Choreograph an der Comédie Française. Der Musik wandte er sich erst später zu und brachte im Concert spirituel mehrere Kompositionen heraus. In der Revo-

lutionszeit lieferte er festliche Hymnen. Er starb um 1815 in Paris.

WERKE
Den stärksten Erfolg hatte Prosper Didier Deshayes mit seinen 11 komischen Opern, aber auch seine 2 Oratorien und 2 Motetten waren recht erfolgreich. Von seinen revolutionären Hymnen ist nichts überliefert.

Henry Desmarets (1661–1741)

ZEIT UND UMWELT
Philipp V., der Begründer der Bourbonendynastie auf dem spanischen Thron, pflegte neben seinen Regierungsgeschäften zwei Interessensgebiete, die Jagd und die Musik. Renommierte Musiker fanden an seinem Hof stets Aufnahme und ein weites Betätigungsfeld.

LEBEN
Henry Desmarets wurde im Februar 1661 in Paris geboren und war Kapellknabe bei Ludwig XIV. Er widmete sich vorerst der Kirchenmusik, denn als Opernkomponist durfte er, solange Jean-Baptiste Lully lebte, mit keiner Förderung rechnen. Im Jahr 1698 wurde er musikalischer Leiter am Jesuitenkolleg in Paris, mußte aber 1699 wegen einer Entführung, für die er in Abwesenheit sogar zum Tod verurteilt wurde, flüchten und trat in Brüssel in die Dienste des bayrischen Kurfürsten Maximilian II. Emanuel; im Jahr 1701 übertrug ihm der spanische König Philipp V. die Leitung seiner Kammermusik, 1707 verließ er Spanien und wurde Hofmusikdirektor des Herzogs von Lothringen in Lunéville, wo er am 7. 9. 1741 starb.

WERKE
Der französische Komponist Henry Desmarets schrieb an Kirchenmusik eine doppelchörige Messe, 18 große Motetten, 2 Te Deum für Soli und Chor, ein Veni Creator, Psalmen, an profaner Vokalmusik 4 französische Kantaten und Airs serieux et à boire, außerdem 6 Opern, 2 Opernballette und eine Reihe Divertissements.

LITERATUR
M. Brenet, Desmarets, un componiste publié du XVIII. siècle, in: Le Ménestrel, 1883.

Charles Desmazures
(um 1686 bis nach 1740)

ZEIT UND UMWELT
Die alte Kathedrale Ste-Marie-Majeure (La Major) in Marseille stammt aus dem 12. und diente bis zum späten 19. Jahrhundert kirchlichen Zwecken. Im 18. bildete sie neben St-Victor - erbaut im 13. Jahrhundert - den Mittelpunkt des kirchlichen Lebens der Stadt und der Kirchenmusik.

LEBEN
Charles Desmazures wurde um 1686 in Südwestfrankreich geboren. Er war Organist und Kapellmeister der Kathedrale La Major von Marseille, wo er vermutlich nach 1740 starb.
Sein Sohn Laurent Desmazures (um 1710, Marseille, bis 1778, Marseille) war Organist in Albi, sodann ab 1758 in Rouen. Im Jahr 1777 wurde er Organist an St-Ferréol in Marseille.

WERKE
Die unter dem Titel »Pièces de simphonie« veröffentlichten vierstimmigen 7 Suiten von Charles Desmazures für Violine, Flöte und Oboe bestehen aus je einer Ouvertüre, 2 Menuetten und ungefähr 10 anderen Tanzsätzen. Sie sind nach Tonarten geordnet und gehören dem galanten Stil an.
Von Laurent Desmazures ist ein Opernballett erhalten.

LITERATUR
A. Gouirand, La musique en Provence, Paris 1908.

Léopold-Bastien Desormery
(um 1740 bis um 1810)

LEBEN
Léopold-Bastien Desormery wurde um 1740

in Bayon, Meurthe-et-Moselle, geboren und in Nancy ausgebildet. Er kam um 1765 nach Paris, wo das Concert spirituel seine Motetten aufführte und seine Bühnenstücke gegeben wurden. Er starb um 1810 in Paris.

WERKE
Von Léopold-Bastien Desormery sind eine große Anzahl sehr guter Motetten erhalten und außerdem mehrere Stücke für die Musikbühne – Ballette, Opern –, die ziemlich erfolgreich waren. Seine Musik gehört dem Rokoko an.

Yvonne Desportes (geboren 1907)

LEBEN
Yvonne Berthe Melitta Desportes wurde am 18.7.1907 in Coburg geboren. Sie studierte am Conservatoire in Paris bei Jean und Noël Gallon, Paul Dukas und Marcel Dupré und erhielt den Rompreis. Im Jahr 1943 wurde sie am selben Institut Lehrerin für Kontrapunktik und Fuge sowie für Solfeggio.

WERKE
Von Yvonne Desportes sind 5 Opern und 3 Ballette aufgeführt worden. Sie schrieb außerdem 2 Sinfonien, 2 Konzerte für Schlagzeug, 3 sinfonische Dichtungen, ein Klavierkonzert, ein Trompetenkonzert, ein Violinkonzert, ein Konzert für zwei Schlagzeuge und Orchester, eine Suite für ein Schlagzeug und Orchester, ein Streichquartett, ein Requiem für Soli, Chor und Orchester, ein Konzert für zehn Instrumente, Schlagzeug und Vokalquartett, eine Kantate für Singstimmen und Schlagzeug und eine für Soli, Chor und Orchester.

Yvonne Desportes

Jean Desquesnes
(um 1570 bis nach 1630)

LEBEN
Jean Desquesnes wurde um 1570 vermutlich in Nordfrankreich geboren. Er hielt sich in seiner Jugend in Tournai auf und dürfte dort seine Ausbildung erhalten haben. Um die Jahrhundertwende wurde er Mitglied der Hofkapelle des Statthalters in Brüssel und blieb in dieser Stelle bis zu seinem Tod nach 1630.

WERKE
Von dem franko-flämischen Komponisten Jean Desquesnes sind 2 fünfstimmige Madrigale in 2 Büchern erschienen. Sie sind im Stil des 16. Jahrhunderts gehalten und sind sehr originell. Alles andere dürfte verloren sein.

Paul Dessau (1894–1979)

LEBEN
Paul Dessau wurde am 19.12.1894 in Hamburg geboren. Ab 1910 studierte er am Klindworth-Scharwenka-Konservatorium und bei Eduard Behm. Im Jahr 1912 wurde er Korrepetitor am Stadttheater in Hamburg, wo er zugleich bei Max Julius Loewengard (2.10. 1860, Frankfurt am Main, bis 19.11.1915, Hamburg) Kompositionsunterricht nahm. Nach dem Krieg wurde er Dirigent bei den Kammerspielen in Hamburg, wirkte von 1919 bis 1923 als Korrepetitor und später als Dirigent an der Oper in Köln, sodann als Erster Kapellmeister in Mainz und ab 1925 als Diri-

Paul Dessau

gent an der Städtischen Oper in Berlin, bis er 1933 emigrieren mußte. Er lebte ab 1939 erst in New York, dann in Hollywood, wo er mit Bertolt Brecht zusammenarbeitete. 1948 kehrte er in die damalige sowjetische Besatzungszone zurück. 1959 wurde er zum Professor ernannt. Er starb am 28. 6. 1979 in Berlin.

Werke

Von Paul Dessau sind 5 Opern und mehrere szenische Spiele aufgeführt worden. Er verfaßte ferner zahlreiche Bühnenmusiken und Ballettmusiken, weiters 2 Sinfonien, Suiten und viele Orchesterstücke verschiedener Art – Ouvertüren, Märsche, Trauer- und Festmusiken, Divertimenti –, ein Quattrodrama für vier Celli, zwei Klaviere und zwei Schlagzeuger, ein Concertino für Violine mit Flöte, Klarinette und Horn, 5 Streichquartette, Variationen für Klarinette, Fagott und Cembalo, 2 Kanons für Flöte, Klarinette und Fagott, 5 Tanzstücke für Mandoline, Gitarre und Akkordeon, viele Duos mit verschiedener Besetzung, zahlreiche Klaviermusik verschiedener Gattung, Cembalostücke, ein Oratorium, ein Melodram, Hymnen, Kantaten, Chöre a cappella, mit Instrumentalbegleitung, mit Solisten, mit Sprecher, sakrale jüdische und christliche Gesänge und Chöre, ferner viele Filmmusiken.

Joseph Dessauer (1798–1876)

Zeit und Umwelt

Das im Jahr 1811 in Prag gegründete Konservatorium ist nach dem Pariser Conservatoire das älteste in Europa. Wegen seiner bedeutenden Lehrer und seines hohen Ausbildungsstandes war und ist es sehr angesehen; seine Schüler waren und sind überall hochgeschätzt.

Leben

Joseph Dessauer wurde am 28. 5. 1798 in Prag geboren. Seine Ausbildung genoß er als Schüler des Konservatoriums bei Dionys Weber und zusätzlich an der von Václav Jan Tomášek geleiteten Privatschule. Er wirkte als geschätzter Liederkomponist in Prag und später in Wien. Er starb am 8. 7. 1876 in Mödling, Niederösterreich.

Werke

Von Joseph Dessauer sind 5 Opern, mehrere Ouvertüren, Streichquartette, Klavierstücke und zahlreiche Lieder, die sich für die Hausmusik sehr eigneten, bekannt geworden.

André Cardinal Destouches (1672–1749)

Zeit und Umwelt

Ludwig XIV. erhob 1688 gegen Elisabeth Charlotte, Herzogin von Orléans (Liselotte von der Pfalz, 1652–1722), die mit dem Bruder des Königs, Herzog Philippe I. von Orléans, verheiratet war, Ansprüche auf die Pfalz und ließ seine Truppen einmarschieren. Trotz militärischer Erfolge (Dritter Reunionskrieg, 1688–97) mußte er unter dem Druck der »Augsburger Allianz«, die vom Kaiser, allen Reichsfürsten, den Niederlanden, England, Savoyen, Spanien, Schweden gebildet wurde, die Pfalz räumen.

Leben

André Cardinal Destouches (des Touches) wurde am 6. 4. 1672 in Paris getauft. Er wurde zuerst Missionär und ging 1687 nach Siam, kehrte 1692 zurück und nahm bis 1698 am Krieg gegen die Augsburger Allianz teil.

Darauf nahm er Kompositionsunterricht bei André Campra, nachdem er schon als Soldat Airs zur Gitarre komponiert hatte. In der Folge betätigte er sich als Opernkomponist, wurde 1713 Generalinspektor der Pariser Oper, 1726 daneben Leiter der Königlichen Kapelle und 1718 Opernleiter. Der König schätzte ihn als vollwertigen Ersatz für den verstorbenen Jean-Baptiste Lully. Destouches starb in Paris am 3. 2. 1749.

WERKE
Neben seinen zahlreichen Opern verfaßte der französische Komponist André Cardinal Destouches eine Anzahl Airs sérieux et à boire, Kantaten, ein Te Deum und einige Motetten. Die Kompositionstechnik des Meisters wich in manchem von den damals hochgehaltenen Regeln ab und wurde als mangelhaft bezeichnet, ihre musikalische Wirkung aber anerkannt. Seine Musik war die Leistung eines genialen Dilettanten, der sich der künstlerischen Wirkung zuliebe über alle Schranken hinwegsetzte.

Franz Seraph von Destouches (1772–1844)

LEBEN
Franz Seraph von Destouches wurde am 21. 1. 1772 in München geboren. Er war von 1787 bis 1791 Schüler von Joseph Haydn in Wien, ab 1797 Musikdirektor in Erlangen, ab 1799 Konzertmeister und Musiklehrer in Weimar und ab 1810 Professor für Musiktheorie in Landshut. Von 1814 bis 1816 wirkte er als Kapellmeister des Fürstenhauses Oettingen-Wallerstein und von 1820 bis 1841 am landgräflich-hessischen Hof. Dann lebte er in München bis zu seinem Tod am 9. 12. 1844.

WERKE
Neben 3 Opern verfaßte Franz Seraph von Destouches die Bühnenmusik zu mehreren Dramen von Friedrich von Schiller (1759 bis 1805), von August von Kotzebue (1761–1819) und von Zacharias Werner (1768–1823), das Oratorium »Anbetung am Grabe Jesu« mit dem Text von Johann Gottfried von Herder (1744–1803), eine Anzahl Messen, Ouvertüren, ein Klarinettenkonzert und Konzerte, Trios, Sonaten, Fantasien für Klavier. Sein Stil weist auf den Lehrer Joseph Haydn.

Victor François Desvignes (1805–53)

ZEIT UND UMWELT
In den kleineren französischen Städten wurden im 19. Jahrhundert Operettentheater errichtet, an denen alternierend auch Sprechstücke gegeben und gelegentlich Opern aufgeführt wurden, wenn die erforderlichen Kräfte verfügbar waren. Die Dirigenten dieser Operettenbühnen waren zumeist vorzüglich ausgebildete Musiker, denen man daneben auch die Betreuung des gesamten Musiklebens der Stadt anvertraute. Sie wirkten daher nicht selten auch als Lehrer und Dirigent von Laienchören und Dilettantenorchestern.

LEBEN
Victor François Desvignes wurde am 5. 6. 1805 in Trier geboren. Er wirkte lange Zeit als Operettendirigent in verschiedenen Provinzstädten Frankreichs. Im Jahr 1835 gründete er in Metz ein Konservatorium von solcher Leistungsfähigkeit, daß es dem Conservatoire in Paris als Nebenstelle angeschlossen wurde. Er starb am 30. 12. 1853 in Metz.

WERKE
Die 2 Opern von Victor François Desvignes sind wohl aufgeführt, aber nicht gedruckt worden. Dasselbe Schicksal erlitten seine Oratorien und Kantaten. Erschienen ist nur eine Anzahl Kammermusikwerke und kirchliche Chöre.

Jules Deswert (1843–91)

ZEIT UND UMWELT
Der hohe Ausbildungsstand des Konservatoriums in Brüssel kann auch an den bedeutenden Stellungen gemessen werden, die viele Schüler der Lehranstalt im Ausland erreichten.

Leben
Jules Deswert (de Swert) wurde am 15.8. 1843 in Löwen geboren. Er war am Konservatorium in Brüssel Celloschüler von François Servais. Im Jahr 1865 wurde er Konzertmeister in Düsseldorf, 1868 Erster Cellist der Hofkapelle in Weimar und wirkte von 1869 bis 1873 als Konzertmeister und Lehrer an der Hochschule in Berlin. Nach Aufenthalten in Wiesbaden und Leipzig wurde er Lehrer an den Konservatorien von Gent und Brügge und Direktor der Musikschule in Ostende, wo er am 24.2.1891 starb.

Werke
Von Jules Deswert sind außer 2 Opern eine Programmsinfonie »Nordseefahrt«, 3 Cellokonzerte und mehrere Cellostücke erhalten. Sein Stil ist rein romantisch.

Robert Nathaniel Dett (1882–1943)

Leben
Robert Nathaniel Dett wurde am 11.10.1882 in Drummondville, Quebec, Kanada, geboren. Er wurde in New York, in Cambridge, Mass., und in Paris bei Nadia Boulanger ausgebildet, wirkte sodann an verschiedenen Colleges als Musikdirektor. Er starb am 2.10.1943 in Battle Creek, Mich.

Werke
Von Robert Nathaniel Dett sind neben vielen Bearbeitungen von Negro Spirituals 2 Chorkantaten mit Orchester, eine Klaviersuite und zahlreiche Motetten und Lieder bekannt geworden.

Moritz Deutsch (1818–92)

Zeit und Umwelt
Angeregt durch den ungeheuren Aufschwung des Chorgesangwesens in Deutschland und wohl auch im Sinn gewisser Assimilationsbestrebungen kam es im 19. Jahrhundert zu verschiedenen Neuerungen im jüdischen Tempelgesang, die allerdings nur von einem Teil der Judengemeinden gebilligt wurden. In einzelnen Tempeln wurden Orchester und konzertante Musik zugelassen.

Leben
Moritz Deutsch wurde am 16.12.1818 in Nikolsburg (Mikulov) geboren. Er war am Wiener Konservatorium Schüler von Joseph Fischhof und in Breslau (Wrocław) des Dirigenten und Musikwissenschafters Johann Theodor Mosewius (25.9.1788, Königsberg [Kaliningrad], bis 15.9.1858, Schaffhausen). Ab 1842 wirkte er als Zweiter Kantor am Wiener Tempel, ab 1844 in gleicher Eigenschaft an der Neuen Synagoge in Breslau, wo er am 27.2.1892 starb.

Werke
Von Moritz Deutsch, der um die künstlerische Ausgestaltung des traditionellen jüdischen Ritualgesangs bemüht war, sind »Deutsche Synagogen- und Schullieder«, »Vorbeterschule« samt Anhang und »Breslauer Synagogengesänge« erschienen.

Literatur
A. Friedmann, Lebensbilder berühmter Kantoren, Berlin 1918.

François Devienne (1759–1803)

Zeit und Umwelt
Die von Jacques Hotteterre (um 1680–1761) konstruierte Flötentype war um 1800 mit einigen Verbesserungen immer noch in Gebrauch und wurde erst ungefähr 50 Jahre später von der Böhm-Flöte, die Theobald Böhm (1794–1881) baute, abgelöst. Es gab jedoch während der gesamten Zeit, in der nur die ältere Type zur Verfügung stand, bedeutende Virtuosen auf diesem Instrument.

Leben
François Devienne wurde am 31. 1. 1759 in Joinville, Haut-Marne, geboren. Er war Flöten- und Fagottvirtuose und Mitglied der Musikbande der Pariser Schweizergarde. Ab 1789 spielte er im Théâtre de Monsieur; von 1795 bis 1802 wirkte er als Flötenlehrer am

Conservatoire. Er starb am 6. 9. 1803 in Charenton.

Werke
François Devienne, der letzte große Flötenvirtuose, ehe das Instrument seine heutige Form erhielt, verfaßte neben 11 Opern und Singspielen Sonaten für Cembalo oder Pianoforte mit Violine oder Flöte, Soli für Flöte und Generalbaß, Sonaten für Flöte, für Klarinette, für Fagott, für Violine und Generalbaß, Duos für zwei Flöten, für zwei Klarinetten, für zwei Fagotte, für zwei Flageoletts, für zwei Violinen oder Flöte mit Violine, für Flöte und Bratsche, für Klarinette und Fagott, Trios für zwei Flöten, für zwei Flöten und Generalbaß, für Flöte, Violine und Generalbaß, für Flöte, Bratsche und Generalbaß, für zwei Klarinetten und Fagott, für Horn, Klarinette und Fagott, für Violine, Fagott und Generalbaß, für Klavier, Flöte und Fagott oder Cello, Quartette für Flöte, Violine, Bratsche und Cello, für Fagott, Violine, Bratsche und Generalbaß, eine Sonate für Klavier, Flöte, Horn und Bratsche, 13 Konzerte für Flöte und Orchester, mehrere Konzerte für Fagott und Orchester, eine Sinfonie »La Bataille de Jemmapes« (Die Schlacht von Jemmapes), eine Harmoniemusik, Ouvertüren für Blasinstrumente, weitere Sinfonien und Konzerte. Alle diese Werke werden zu einem großen Teil heute noch gespielt; vieles davon wurde zu unserer Zeit neu aufgelegt. An Vokalmusik schrieb er Arien, Romanzen, Hymnen und patriotische Gesänge.

Literatur
E. Humblot, Un musicien joinvillois de l'époque de la Révolution, François Devienne, Saint-Dizier 1909.

Godfried Devreese (1893–1972)

Leben
Godfried Devreese wurde am 22.1.1893 in Kortrijk (Courtrai) geboren. Er studierte am Konservatorium in Brüssel, wirkte ab 1919 als Kapellmeister an der Oper in Antwerpen und sodann in Brüssel; 1930 wurde er Direktor des Konservatoriums in Mecheln und unterrichtete gleichzeitig ab 1944 am Konservatorium in Brüssel bis 1959. Er starb dort am 4.6.1972.

Werke
Von Godfried Devreese sind 4 Sinfonien, eine Sinfonietta, ein Ballett, cin Tongedicht, Variationen für Streichorchester, ein Capriccio für Violine und Streichorchester, ein Streichquartett, ein Klaviertrio, Klavier-, Violin- und Cellosonaten, Klavierstücke, ein Stabat mater, ein Te Deum und weitere Chorwerke, Kantaten und Lieder bekannt geworden.

Nicolas Dezède (um 1740–92)

Zeit und Umwelt
Opéra Comique, Comédie Italienne und noch mehrere Pariser Bühnen hatten einen großen Bedarf an komischen Opern und Singspielen. Zu einer Massenproduktion einzelner Komponisten wie in Italien kam es jedoch nie, denn die musikalischen Ansprüche waren in Paris höher und erforderten mehr Arbeit. Außerdem vernachlässigten nur wenige Komponisten ihr sonstiges Werk, denn auch dafür bot die Stadt eine weitreichende Aufnahmefähigkeit.

Leben
Nicolas (Alexandre) Dezède wurde um 1740 vermutlich im Raum des heutigen Kroatien geboren. Er lieferte um 1772 der Comédie Italienne in Paris ungefähr 20 komische Opern, die zum Teil sehr erfolgreich waren. Über seine sonstigen Lebensumstände gibt es keine Informationen. Er starb am 11. 8. 1792 in Paris.

Werke
Außer seinen Bühnenwerken verfaßte Nicolas Dezède eine Anzahl Lieder, Romanzen und 6 Harfensonaten, die sehr gefällig und klangvoll sind und dem Rokoko angehören.

Chevalier d'Herbain (1734–69)

Zeit und Umwelt
Innerhalb des Offizierskorps der französi-

schen Regimenter, das zum großen Teil aus Adeligen bestand, die bereits als Kinder im Rahmen ihrer Erziehung auch Musikunterricht erhalten hatten, fanden sich genügend Möglichkeiten zur musikalischen Weiterbildung gemeinsam mit Gleichgesinnten. Die Verlegung der Garnisonen von Stadt zu Stadt bot außerdem die Gelegenheit, viel und vielerlei Musik zu hören.

LEBEN

Chevalier d'Herbain - es ist kein Vorname überliefert - wurde 1734 in Paris geboren. Er trat mit 15 Jahren in die Armee ein und brachte es zum Capitaine. Dann wandte er sich der Musik zu und brachte in Rom mit Erfolg ein Divertimento heraus, dem er mehrere Bühnenstücke folgen ließ. Im Jahr 1756 trat er im Concert spirituel in Paris mit einer Sinfonie auf und verbrachte den Rest seines Lebens bis 1769 als angesehener Komponist in seiner Geburtsstadt.

WERKE

Außer seinen durchwegs erfolgreichen Bühnenstücken und Balletten verfaßte Chevalier d'Herbain 6 Triosonaten für zwei Violinen und Baß, 6 Cembalosonaten mit Violine oder Flöte und eine Sinfonie sowie an Vokalmusik mehrere Kantaten für eine Stimme. Er war stark von italienischen Stilformen beeinflußt, zeigte aber eine Vorliebe für das Groteske und Deskriptive im Sinn von Jean-Philippe Rameau.

Vincent d'Indy (1851-1931)

ZEIT UND UMWELT

Der Historismus der französischen Romantik holte die Werke der Renaissance und die Gregorianik der Benediktiner hervor, um sie in die Gegenwartsmusik einzubauen, und erreichte so eine Synthese des Vergangenen mit dem Gegenwärtigen, die in Frankreich auf allen Gebieten des Geistes und des Lebens angestrebt wurde. Aus diesem Bemühen ergab sich die »Moderne«, wie die »Neue Musik«, die der Romantik folgte, genannt wurde, von selbst und ohne abrupte Übergänge. Schon die Niedermeyer-Schule wählte den Weg, alte Musik nicht nachzuahmen, sondern neu zu entdecken und zur Grundlage der »neuen« zu gestalten; die 1896 in Paris gegründete Schola cantorum, deren Leitung der Musikologe Charles Bordes, der Musikschriftsteller Alexandre Guilmant gemeinsam mit Vincent d'Indy innehatten, widmete sich anfänglich der älteren Kirchenmusik allein, erweiterte ihr Programm aber sehr bald auf sämtliche Meister der - vorwiegend französischen - Musikgeschichte und der Gegenwart und gab innerhalb von 30 Jahren, abgesehen von zahlreichen Kammermusikwerken, über 200 Konzerte bester Qualität, die unzählige bereits vergessene Werke zu Gehör brachten und gleichzeitig ständig zeitgenössische Komponisten dem Publikum vorstellten. Damit wurde eine breite Basis für die Fortentwicklung des Musiklebens geschaffen, auf der sich die französische Musik und die des gesamten Abendlandes mit ständig erneuerten Stilgattungen, unabhängig vom Akademismus des Conservatoires, ihre Erscheinungsform der ersten Hälfte des 20. Jahrhunderts bilden konnte.

LEBEN

Paul Marie Théodore Vincent d'Indy wurde am 27.3.1851 in Paris geboren. Er war Klavierschüler bei Louis Diémer (14.2.1843, Paris, bis 21.12.1919, Paris) und Antoine François Marmontel und Kompositionsschüler bei Alexandre Jean Albert Lavignac (22.1.1846, Paris, bis 28.5.1916, Paris); seine letzte und richtunggebende Ausbildung erhielt er jedoch von César Franck. Er war von Haus aus reich, von der Gunst des Publikums unabhängig und mußte sich um keine Stellung bemühen. Als Mitbegründer der Schola cantorum und Mitglied ihres Lehrkörpers sowie als fruchtbarer Komponist übte er unmittelbar und über seine zahlreichen Schüler einen entscheidenden Einfluß auf die französische Musik seiner Zeit und ihre Fortentwicklung aus. Er starb am 2.12.1931 in Paris.

WERKE

Neben seinen 4 musikalischen Bühnenstükken verfaßte Vincent d'Indy 3 Sinfonien, die in

Wahrheit sinfonische Gedichte sind, wie die weiteren Orchesterstücke, die er ausdrücklich so benannte, und die Ouvertüren und Suiten; es handelt sich dabei aber um keine »sprechende« Musik, sondern um »darstellende«. Diese Kompositionen werden heute noch in Frankreich gespielt, wurden jedoch von den Werken der bedeutenden Meister, die nach ihm auftraten, etwas in den Schatten gestellt, zumal diese die von ihm aufgezeigten Wege bereits beschritten, ausgebaut und die aufgezeigten Ziele erreicht hatten. Das gleiche gilt

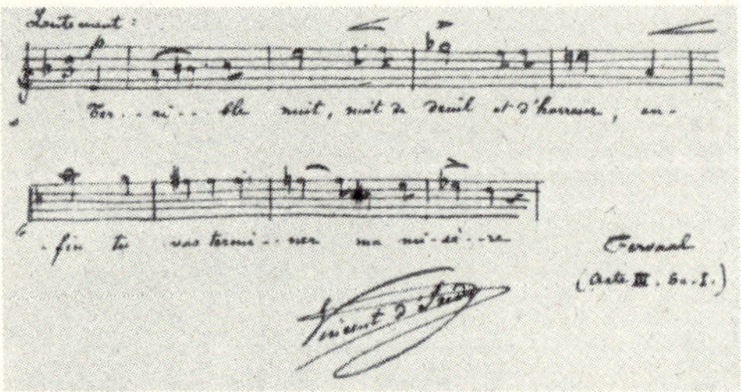

Aus der ersten Szene des 3. Aktes der Oper »Fervaal«, Autograph

von seiner Kammermusik, die von einer Suite aus Liedern und Tänzen für neun Bläser, einer weiteren für Trompete, zwei Flöten und Streichquartett, einem Streichsextett, 3 Streichquartetten, einem Klavierquartett, einem Klavierquintett, einem Trio für Klarinette, Cello und Klavier und einem weiteren Klaviertrio, einer Violinsonate, einer Cellosonate und Konzerten mit verschiedenen Besetzungen repräsentiert wird. Er schrieb außerdem zahlreiche Klavierstücke. Ferner verfaßte er zahlreiche Lieder und Chorgesänge, Kantaten, Oden, darunter ein »Lied von der Glocke« nach Friedrich von Schiller, und Volksliederbearbeitungen. Ein bedeutendes Verdienst erwarb er durch die Neuherausgabe von Kompositionen von Claudio Monteverdi (1567 bis 1643), die dadurch erneut in die Konzertsäle einkehrten. Da ihm noch eine Anzahl Spätromantiker folgten, wäre die Behauptung, daß d'Indy die französische Romantik abschloß, unrichtig, außer man versteht das in dem Sinn, daß er diese Epoche vollendete und zugleich die Tore zur nächsten geöffnet und die Wege dahin vorgezeichnet hat. Mit befriedigendem Ergebnis eingeordnet werden kann Vincent d'Indy ohnehin nicht. Man hat ihn zu Recht und zu Unrecht einen Spätromantiker, einen Klassizisten, einen Neuerer und sogar einen Rückschrittler genannt. Jedenfalls gehört er zu den überragenden Persönlichkeiten der Musikgeschichte.

Symphonie sur un Chant montagnard français (Sinfonie über ein französisches Berglied) für Klavier und Orchester, 3 Sätze, entstanden 1886

Es handelt sich um keine Sinfonie im herkömmlichen Sinn. Die Thematik ist alten Bauernliedern der Cevennen entnommen. Im 1. Satz trägt das Englischhorn ein pastorales Volkslied vor. Der 2. Satz bringt einen interessanten Dialog zwischen Soloinstrument und Orchester. Im Finale – ein vitales fröhliches Rondo – klingt das Volksliedthema erneut auf.

Literatur

L. Vallas, Vincent d'Indy, Paris 1950.

Anton Diabelli (1781–1858)

Zeit und Umwelt

Im Rokoko waren pastorale Gesänge in den Kirchen nicht selten. Sicilianorhythmen und Schalmeienklänge erzeugten bukolische Stimmung, Dudelsack und Drehleier täuschten ländliche Bilder vor. Es war aber doch alles nur gemacht, konstruiert und wenig echt. Das »Zurück zur Natur« war ein Modewort ohne Substanz. Es war der Romantik vorbehalten, nicht nur volkstümliche Musik heranzuziehen und zu verarbeiten oder nachzuahmen, sondern solche Musik zu schaffen, also keine Musik »im Volkston«, keine Surrogate und keine Plagiate, sondern ursprüngliche, echte Volksmusik.

Leben

Anton Diabelli wurde am 5.9.1781 in Mattsee bei Salzburg geboren. Er war ab 1788 Chorknabe im Kloster Michaelbeuern und ab 1790 in der Salzburger Domkapelle, wo er von Michael Haydn Unterricht erhielt. Von 1794 bis 1797 studierte er in Salzburg und trat darauf in das Zisterzienserkloster Raitenhaslach, Bayern, ein. Als das Kloster 1803 aufgehoben wurde, ging er nach Wien, um sich als Klavier- und Gitarrenlehrer niederzulassen. Er gründete einen Musikverlag, den er einige Zeit mit einem Partner führte und 1852 verkaufte. Für diesen Verlag fertigte er zahlreiche Arrangements an. Er starb am 8. 4. 1858 in Wien.

WERKE

Neben seinen vielen Arrangements verfaßte Anton Diabelli eine große Anzahl Klaviermusik für zwei und vier Hände – Sonatinen, Sonaten, Fantasien –, die lange im Klavierunterricht verwendet wurden. Er schrieb 2 Opern, 6 Schauspielmusiken, Orchestertänze, Gitarrenmusiken, Chöre und Lieder, außerdem 17 Messen, von denen einige heute noch aufgeführt werden, und Proprien, die auch gelegentlich noch gesungen werden.

Pastoralmesse in F-Dur, Opus 147, 6 Teile, entstanden 1830

Diese Weihnachtsmesse ist eines der frühesten sakralen Werke der Romantik, wenn man von den Messen von Franz Schubert absieht. Wie diese bewegt sie sich in den Bahnen der Messen von Joseph Haydn, löst sich aber strukturell von allen »klassischen« Fakturen los und begibt sich rückhaltlos auf das Gebiet der Volksmusik, die hier nicht »nachschaffend«, sondern originär erklingt. Die typischen pastoralen Formen des Barock und des Rokoko sind angewendet, aber nicht absichtlich eingebunden, sie entspringen unmittelbar und daher völlig unaufdringlich der künstlerischen Notwendigkeit. Das Werk ist voll schöner Melodik, aus denen das »et incarnatus« mit dem Flötensolo und die Duette im Benedictus mit alpenländischer Stimmführung hervorstechen.

Anton Diabelli, nach einer Lithographie von J. Kriehuber (1841)

»Angelus ad pastores« (Der Engel kam zu den Hirten), Motette

Dieses Weihnachtsoratorium beginnt in Moll, um das dunkle Hirtenfeld zu schildern. Der Verkündigungsengel singt in Dur. Die Hirten beschließen, nach Bethlehem zu wandern, Pastoralmotive kennzeichnen die heilige Familie, dann beendet ein jubelndes Alleluja das reizende Werk.

LITERATUR

L. Kanntner, Leben und Kirchenkompositionen von Anton Diabelli, in: Mitteilungen der Gesellschaft für Salzburger Landeskunde 98, 1958.

David Leo Diamond (geboren 1915)

LEBEN

David Leo Diamond wurde am 9.7.1915 in Rochester, N. Y., geboren. Er studierte in New York bei Roger Sessions und bei Nadia Boulanger in Fontainebleau. Von 1951 bis 1953 unterrichtete er an der Universität in Rom und lebte anschließend als freischaffender Komponist bis 1965 in Florenz. Dann wurde er Professor für Komposition an der Manhattan School of Music in New York.

WERKE

Von David Leo Diamond, dessen Kompositionen einen konservativen Neuklassizismus vertreten, sind 8 Sinfonien, eine Musik für doppeltes Streichorchester, Blechbläser und Pauken, eine konzertante Sinfonie und »Die Welt von Paul Klee« für Orchester, eine »Music« für 37 Instrumentalisten, 3 Violinkonzerte, ein Klavierkonzert, ein Concertino mit Klavier, 2 Elegien für Englischhorn und Streicher, ein Nonett für drei Violinen, drei Bratschen und drei Celli, ein Quintett für Klarinette, zwei Bratschen und zwei Celli, ein Bläserquintett, eine Nachtmusik für Akkordeon und Streichquartett, 10 Streichquartette, Solosonaten für Violine und für Cello, ein Akkordeonstück, Klavierstücke, eine Chorsinfonie, mehrere Kantaten, sakrale Musik für Chor und Orgel, Liederzyklen, Hebräische Melodien, Bühnen- und Filmmusiken bekannt geworden.

Eugenio Diaz de la Peña (1837–1901)

ZEIT UND UMWELT
Die mythologischen Figuren, mit denen der Maler Narcisse Virgile Diaz de la Peña (1808 bis 1876) seine phantastischen Wälder bevölkerte, entsprachen in Farb- und Formgebung voll der zeitgenössischen romantischen Musik. Sie entführten den Beschauer ebenso in das wirklichkeitsferne Land des Märchens.

LEBEN
Eugenio Diaz de la Peña wurde am 27.2.1837 in Paris als Sohn des Malers Narcisse Virgile Diaz de la Peña geboren. Er war Schüler des Conservatoire in Paris unter Fromental Halévy und Napoléon Henri Reber. Über den Verlauf seines Lebens ist wenig bekannt. Er starb am 12.9.1901 in Coleville, Calif.

WERKE
Von Eugenio Diaz de la Peña sind 3 Opern mit großem Erfolg aufgeführt worden. Als echten Vertreter der Hochromantik wiesen ihn aber seine zahlreichen Lieder aus.

Gabriel Diaz (um 1590 bis nach 1631)

ZEIT UND UMWELT
Während der Regierungszeit von König Philipp III. (1578–1621) begann der Abstieg Spaniens als Weltmacht. Von seinem Vater hatte dieser weder dessen Tatkraft noch dessen Klugheit geerbt, die Liebe zu den Künsten und deren Pflege erfuhr jedoch keine Einschränkung.

LEBEN
Gabriel Diaz wurde um 1590 vermutlich in Madrid geboren. Er dürfte Chorknabe in der flandrischen Kapelle des Königs Philipp III. gewesen sein. Jedenfalls wurde er Vizechormeister der Königlichen Kapelle und zugleich Kapellmeister im Kloster Encarnación. Im Jahr 1611 starb Doña Margarita von Österreich (1584–1611). Diaz war anscheinend von ihr protegiert worden, weil er nach ihrem Tod seine Stelle aufgab. Er wirkte darauf in Lerma, Granada und Córdoba, wo er bis 1631 Kaplan der Iglesia de Santa Inés war, 1631 wurde er Kapellmeister des Klosters der Descalzas Reales in Madrid. Dort ist er wahrscheinlich in einem der folgenden Jahre gestorben.

WERKE
Das umfangreiche kirchenmusikalische Werk des spanischen Komponisten Gabriel Diaz ging in Lissabon beim Erdbeben von 1755 zugrunde. 8 seiner profanen Kompositionen befinden sich im »Cancionero de Sablonara«. Man kann daraus schließen, daß auch seine Kirchenmusik sehr konservativ gewesen ist.

Charles Dibdin (1745–1814)

LEBEN
Charles Dibdin wurde am 4. 3. 1745 in Southampton getauft. Er begann seine Karriere als Chorknabe an der Kathedrale in Winchester, wirkte als Sänger in Richmond, kam bald darauf an das Covent Garden Theatre und wurde 1778 an das Drury Lane Theatre engagiert. Nach einem zweijährigen Frankreichaufenthalt wurde er Komponist an Covent Garden und 1782 Mitdirektor des Royal Circus, für den er zahlreiche kleine Stücke verfaßte. Im Jahr 1789 begann er mit der Veranstaltung gemischter Unterhaltungen, deren Textdichter, Komponist, Sänger und Sprecher er selbst war. Im Alter eröffnete er eine Musikschule und eine Musikalienhandlung, ging aber damit wie mit manchen früheren Unternehmungen in Konkurs. Sein Publikum ließ ihn nicht fallen. Eine öffentliche Sammlung sicherte ihm eine Pension bis zu seinem Tod am 25. 7. 1814 in London.

WERKE
Von den zahlreichen Werken von Charles Dibdin sind über 120 Singspiele – davon 45 mit eigenen Texten –, sehr viele Lieder, von denen eine Reihe bei der britischen Marine populär geworden ist, Cembalostücke und über 30 table entertainments (Mischung von Rezitationen, Erzählungen, Liedern, gesungenen und gesprochenen Dialogen vor einem um einen Tisch versammelten Publikum) hervorzuheben.

Henry Edward Dibdin (1813–66)

LEBEN
Henry Edward Dibdin wurde am 8.9.1813 in London als Enkel von Charles Dibdin (1745 bis 1814) geboren. Er studierte bei Robert Nicolas Charles Bochsa Harfe, Orgel, Klavier und Violine. Nach seinem Auftreten beim letzten Konzert des Virtuosen Niccolò Paganini in London im Jahr 1832 als Harfenist in Covent Garden wurde er Organist an Trinity Chapel in Edinburgh, wo er auch als Lehrer tätig war und in beiden Berufen bis zu seinem Tod am 6.5.1866 wirkte.

WERKE
Von Henry Edward Dibdin ist eine Anzahl ausgezeichneter Klavier- und Orgelstücke veröffentlicht worden. Bekannt wurde er durch die Herausgabe einer Sammlung von Psalmmelodien, die an Umfang und Authentizität alle bisherigen weit übertraf und daher zum Standardwerk auf diesem Gebiet wurde.

Didier le Blanc (um 1555 bis um 1590)

ZEIT UND UMWELT
Die Airs de cour, die die Chansons als Unterhaltungsmusik der gehobenen Stände abgelöst hatten, waren der Ausdruck der höfischen Etikette, streng formelhaft, gemessen und zurückhaltend, diszipliniert und vornehm und ebenso manieriert wie die höfischen Umgangsformen, deren innerer Sinn bereits vergessen war. Sie boten der Gesellschaft ein Amüsement auf hohem Niveau, und sie amüsierte sich, weil es die Sitte so verlangte.

LEBEN
Didier le Blanc wurde um 1555 in Paris geboren. Über sein Leben und Wirken ist nichts bekannt. Sein Name ist nur mit seinen Werken überliefert. Er dürfte um 1590 in Paris verstorben sein.

WERKE
Von dem französischen Komponisten Didier le Blanc sind 8 zweistimmige Chansons 1578 und ein Jahr darauf eine dreistimmige Chanson, außerdem 2 Bücher mit vierstimmigen Airs erschienen. Sein Beitrag zur Kirchenmusik war ein vierstimmiges Te Deum. Seine Airs de cour gehören zu den frühesten ihrer Gattung. Sie sind strophisch, vertikal und harmonisch angelegt und wurden von vielen späteren Komponisten als Muster genommen.

Didier Lupi Second
(um 1510 bis nach 1559)

ZEIT UND UMWELT
Bis zum Ausbruch des Religionskrieges in Frankreich bestand in Lyon ein mehr oder minder friedliches Zusammenleben beider Konfessionen. Die Hugenotten hatten noch den Vorteil, vor Verfolgungen über die Grenze in das nahe Genf auszuweichen. Musiker, die Psalmtexte komponierten, wurden deshalb nicht behelligt. Die Beschäftigung mit der Bibel in der Volkssprache wurde erst später zum Verbrechen.

LEBEN
Didier Lupi Second wurde um 1510 vermutlich in Lyon geboren. Er lebte in dieser Stadt als Musiker und Komponist. In welcher Stellung er gewirkt hat, ist unbekannt. Er ist nach 1559, dem Jahr seiner letzten Publikation, in Lyon gestorben.

WERKE
Von Didier Lupi Second wurden ein Buch mit sakralen Gesängen, ein weiteres mit 35

Chansons – zum Teil religiösen Inhaltes – und ein drittes mit 33 in das Französische übersetzten Psalmen herausgebracht. In Sammeldrucken finden sich weitere Sätze des Komponisten. Alle Kompositionen sind mehrstimmig, neigen aber stark zur Homophonie. Sie gehören zu den ältesten mehrstimmigen protestantischen Kirchengesängen Frankreichs.

LITERATUR

M. Honegger, Les chansons spirituelles de Didier Lupi et les débuts de la musique protestante en France au XVIe siècle, Lille 1971.

Diego de Pontac (1603–54)

ZEIT UND UMWELT

Der portugiesische Musiktheoretiker João Alvares Frouvo (16. 11. 1602, Lissabon, bis 29. 1. 1682, Lissabon), Bibliothekar des Königs João IV.von Portugal, äußerte sich über die zeitgenössische Musik der Iberischen Halbinsel nicht sehr freundlich. Die Stagnation des Musiklebens jener Länder ist tatsächlich auffallend. Es waren nahezu nur mehr die Kirchen, in denen Musik entstand, die aber in vielen Fällen kaum Neues brachte.

LEBEN

Diego de Pontac wurde 1603 in Zaragoza geboren und dort ausgebildet. Er wirkte als Kapellmeister an etlichen Kathedralen wie Zaragoza, Salamanca, Madrid, Granada, Santiago de Compostela, Valencia und wurde 1654 zum Vizekapellmeister der Königlichen Kapelle in Madrid ernannt, wo er am 1. 10. desselben Jahres starb.

WERKE

Von dem spanischen Kirchenkomponisten Diego de Pontac sind 6 vierstimmige Messen, 2 vierstimmige Salve Regina, mehrere Motetten und eine Reihe weiterer sakraler Gesänge erhalten. Einiges von seinen Kompositionen dürfte in der Bibliothek der portugiesischen Könige in Lissabon beim Erdbeben des Jahres 1755 zugrunde gegangen sein.

Diego del Castillo (um 1550–1601)

ZEIT UND UMWELT

Der spanische Dichter und Schriftsteller Vicente Martínez Espinel übermittelte uns in seinen Werken wertvolle Einzelheiten über einige seiner Zeitgenossen. Da er selbst Musiker war, zog er vorwiegend spanische Komponisten in den Kreis seines Interesses.

LEBEN

Diego del Castillo wurde um 1550 vermutlich in Sigüenza geboren und zum Organisten ausgebildet. Bis 1581 wirkte er in seiner Heimatstadt als Organist. Dann erhielt er die Organistenstelle an der Kathedrale von Sevilla und wurde 1583 als Organist und Hofgeistlicher von König Philipp II. nach Madrid berufen, wo er am 1. 5. 1601 starb.

WERKE

Vicente Martínez Espinel rühmt Diego del Castillo wegen seines überragenden Orgelspieles und seiner klangvollen Kompositionen. Man kann dieses Lob, was die Kompositionen betrifft, bestätigen. Seine Messen, Motetten und Hymnen zählen zu den besten Beispielen spanischer Kirchenmusik seiner Zeit. Sein Hauptverdienst fällt jedoch den Orgelstücken zu, die sich bereits vom Vokalsatz befreit haben und eine »orgelgerechte« Führung der Stimmen aufweisen.

LITERATUR

M. S. Kastner, Contribución al estudio de la música española, Lissabon 1941.

Alphons Diepenbrock
(1862–1921)

LEBEN

Alphons J. M. (Alphonsus Johannes Maria) Diepenbrock wurde am 2.9.1862 in Amsterdam geboren. Er lebte dort nach mehreren Jahren Schuldienst und autodidaktischer Ausbildung als Musiklehrer, Musikschriftsteller und Komponist bis zu seinem Tod am 5.4. 1921.

Werke

Von Alphons Diepenbrock sind zahlreiche ausgezeichnete Lieder und Chöre auf niederländische, französische und deutsche Texte erschienen. Er schrieb unter anderem 2 »Hymnen an die Nacht«, »Vondel's vaart naar Agrippina« (Vondels Reise nach Agrippina), »Im großen Schweigen«, »Die Nacht«, »Lydische Nacht« für Singstimme und Orchester, weiters ein Stabat mater für Männerchor, eine Messe für Tenor, Männerchor und Orchester, eine »Hymne aan Rembrandt« für Sopran, Frauenchor und Orchester, mehrere Schauspielmusiken und »Zegeklanken« (Siegesklang) für Glockenspiel. Sein Stiel ist stark chromatisch, zielt aber auf genaues Wortverständnis und gehört der Romantik an.

Gerhard Dießener
(um 1640 bis nach 1673)

Zeit und Umwelt

Nach dem Tod Philipps des Großmütigen (1504–67) wurde Hessen unter seinen Söhnen aufgeteilt. Der älteste, Landgraf Wilhelm IV. der Weise, erhielt Niederhessen mit Schmalkalden und Ziegenhain. Die Hofkapelle in der Residenzstadt Kassel genoß bis in das 19. Jahrhundert hinein einen vorzüglichen Ruf.

Leben

Gerhard Dießener (Diessener, Disineer, Diesener) wurde um 1640 in Deutschland geboren. Er wirkte von 1660 bis 1673 in der Kapelle der Landgrafen von Hessen-Kassel. Dann ließ er sich in London nieder. Welche musikalische Stellung er dort eingenommen hat, ist ebensowenig bekannt wie Ort und Zeit seines Todes.

Werke

Vom deutschen Komponisten Gerhard Dießener sind 19 Instrumentalsuiten für drei bis vier Stimmen mit bis zu 18 Sätzen, 4 Tänze für Tasteninstrumente und eine weitere Anzahl von Instrumentalstücken erhalten. Sein Instrumentalsatz zeichnet sich durch eine besondere barocke Originalität aus.

Literatur

E. H. Meyer, Gerhard Dießener, in: Zeitschrift für Musikwissenschaft XVI, 1934.

Christian Ludwig Dieter (1757–1822)

Zeit und Umwelt

Die Hofkapelle des Herzogs Karl Eugen von Württemberg verfügte ständig über vorzügliche Kräfte, die traditionsgemäß in Italien oder von italienischen Musikern, die einen großen Teil der Kapelle besetzten und aus der Schule des Kapellmeisters Niccolò Jommelli hervorgegangen waren, ausgebildet wurden.

Leben

Christian Ludwig Dieter wurde am 13. 6. 1757 in Ludwigsburg geboren und in Stuttgart entweder von Niccolò Jommelli selbst oder einem seiner Schüler ausgebildet. Er wirkte ab 1781 als erster Violinist bis zu seinem Tod am 12. 5. 1822 an der Stuttgarter Hofkapelle.

Werke

Von Christian Ludwig Dieter wurde eine beachtliche Serie Singspiele in Stuttgart aufgeführt. Er schrieb außerdem Violin-, Horn-, Flöten-, Oboen- und Fagottkonzerte, Violinsoli und konzertante Stücke für Flöten und für Oboen, die dem ausgehenden italienischen Rokokostil folgten. Gedruckt wurde davon wenig.

Literatur

K. Haering, Christian Ludwig Dieter, in: Schwäbische Lebensbilder, Stuttgart 1940.

Dietmar von Aist
(vor 1139 bis nach 1171)

Zeit und Umwelt

Im Jahre 1156 verzichtete der Babenberger Heinrich Jasomirgott auf Bayern, das Friedrich Barbarossa Heinrich dem Löwen als Lehen gab. Dafür wurde Österreich zum

Herr Dietmar von Aist – Miniatur aus der Manessischen Liederhandschrift

Herzogtum erhoben, das auf Minnesänger eine starke Anziehungskraft ausübte.

LEBEN
Dietmar von Aist ist vor 1139 in Oberösterreich geboren und gehörte dem Ritterstand an. Es ist anzunehmen, daß er sich am Babenberger Hof aufhielt. Urkunden erwähnen ihn 1171 zum letzten Mal. Zeit und Ort des Todes dieses ritterlichen Minnesängers sind unbekannt.

WERKE
Der Minnesang des Ritters Dietmar von Aist ist volksliedhaft, aber formvollendet. Er schuf das älteste Tagelied (Wächterlied). Sein Lied »Der winter waere mir ein zît« hat die Melodie des Lerchenliedes von Bernart de Ventadorn übernommen.

LITERATUR
H. Besseler, Die Musik des Mittelalters und der Renaissance, Potsdam 1931.

Albert Dietrich (1829–1908)

ZEIT UND UMWELT
Die Herzoge und späteren Großherzoge von Oldenburg hielten ständig eine gutbesetzte Hofkapelle, die von einer Reihe ausgezeichneter Kapellmeister geleitet wurde. Sie hielt besonders enge Kontakte mit dem Musikleben in Berlin.

LEBEN
Albert Hermann Dietrich wurde am 28.8. 1829 bei Meißen geboren. Er war in Dresden Schüler von Julius Otto und von 1847 bis 1851 am Konservatorium in Leipzig von Ignaz Moscheles und Julius Rietz. Von 1851 bis 1854 nahm er in Düsseldorf bei Robert Schumann Unterricht. Darauf wurde er Dirigent der Abonnementskonzerte in Bonn und Städtischer Musikdirektor; von 1861 bis 1890 wirkte er als Hofkapellmeister in Oldenburg. In Berlin, wohin er hernach gezogen war, erhielt er die Ernennung zum Mitglied der Königlichen Akademie der Künste und zum Königlichen Professor. Er starb dort am 20.11.1908.

WERKE
Von Albert Dietrich sind eine Sinfonie in d-Moll, eine Ouvertüre »Normannenfahrt«, 3 Chorwerke mit Orchester, »Morgenhymne«, »Rheinmorgen«, »Altchristlicher Bittgesang«, ein Violinkonzert, ein Cellokonzert, mehrere Klaviertrios, eine Cellosonate, eine vierhändige Klaviersonate, eine Romanze für Horn und Orchester, Lieder, Duette und Chorlieder sowie Klavierstücke überliefert, ferner 2 Opern. Seine Musik ist eine Nachfolge Robert Schumanns, entbehrt aber trotzdem nicht einer gewissen Originalität.

Sixtus Dietrich (um 1493–1548)

Zeit und Umwelt
Die ehemalige Reichsstadt Konstanz, berühmt durch das gigantische Konzil (1414 bis 1418), wurde im Zuge der Reformation unter dem Einfluß von Zwingli protestantisch. Im Jahre 1548 eroberte Karl V. die Stadt und führte den geflüchteten Bischof wieder zurück. Konstanz wurde wieder katholisch. Die Protestanten mußten es verlassen, sofern sie sich nicht bekehrten. Die Stadt verlor auch den Rang einer Reichsstadt und wurde der österreichischen Herrschaftsgewalt unterstellt.

Leben
Sixtus Dietrich (Xistus Theodericus) wurde um 1493 in Augsburg geboren. Er war 1504 bis 1506 Chorknabe am Münster in Konstanz, begann sein Universitätsstudium 1509 in Freiburg im Breisgau und wirkte darauf in Straßburg. Im Jahre 1517 wurde er Chorleiter der Konstanzer Domschule und 1522 Kaplan. In den folgenden Jahren nahm er Beziehungen zu protestantischen Kreisen auf und begann in den vierziger Jahren an der Wittenberger Universität Vorlesungen zu halten. Vor der Einnahme des inzwischen protestantisch gewordenen Konstanz durch Karl V. floh er nach St. Gallen, wo er am 21. 10. 1548 starb.

Werke
Dietrich gehörte zu den Meistern der Senfl-Generation, die die Synthese des frankoflämischen Chorstils mit bodenständigen Traditionen weiterentwickelten. Von seinem Werk sind ein Buch mit vierstimmigen Magnificat, sodann für den evangelischen Gottesdienst 36 vierstimmige Antiphone und 3 Bände mit vierstimmigen Hymnen erhalten, dazu noch zahlreiche Motetten und Lieder.

Literatur
H. Zenck, Sixtus Dietrich, Leipzig 1928.

Pierre Louis Dietsch (1808–65)

Zeit und Umwelt
Das eminente pädagogische Talent Alexandre Étienne Chorons konnte sich innerhalb der von einer erstarrten Tradition des Pariser Conservatoire gezogenen Grenzen nicht entfalten. Erst im Unterricht im Rahmen der von ihm selbst gegründeten und geleiteten »Schule der klassischen und religiösen Musik« kamen seine unorthodoxen, an Grundsätze moderner Methodik grenzenden Ideen zum Tragen. Die aus dieser Anstalt hervorgegangenen Musiker zeichneten sich alle durch eine umfassende, vielseitige Ausbildung aus.

Leben
Pierre Louis Philippe Dietsch wurde am 17.3. 1808 in Dijon geboren. Er war Schüler des Pariser Conservatoire und der Schule Chorons. Ab 1844 wirkte er als Kapellmeister an St-Eustache, ab 1849 an Ste-Madeleine und als Lehrer an der Niedermeyer-Schule, die aus Chorons Schule hervorgegangen war. Von 1860 bis 1863 war er Kapellmeister der Opéra. Er starb am 20.2.1865 in Paris.

Werke
Von Pierre Louis Dietsch sind 23 Messen – eine mit Orchester – ein fünfstimmiges Te Deum mit großem Orchester, ein Requiem und ein Stabat mater, ferner eine Oper und ein Ballett erhalten. Seine Musik gehört der französischen Hochromantik an.

François Dieupart
(um 1670 bis um 1740)

Zeit und Umwelt
Das Drury Lane Theatre in London wurde 1696 unter dem Titel Theatre Royal in Drury Lane eröffnet. Es brachte in der ersten Zeit seines Bestehens vorwiegend italienische Opern in englischer Übersetzung heraus.

Leben
François Dieupart wurde um 1670 in Frankreich geboren. Er kam gegen das Ende des 17. Jahrhunderts nach London und wirkte

als Cembalo- und Violinvirtuose. Im Jahr 1707 tat er sich mit Thomas Clayton und Nicolò Francesco Haym zusammen, um im Drury Lane Theatre italienische Opern herauszubringen. Nachdem das Interesse an solchen Opern nachgelassen hatte, widmete er sich dem Cembalounterricht und seinen Cembalokonzerten. Später nahm er die Gewohnheit an, in Bierlokalen Violinkonzerte zu geben. Er starb in London um 1740.

WERKE
Vom französischen Komponisten François Dieupart sind 6 Cembalosuiten mit Ouvertüren, Allemanden, Couranten, Sarabanden, Gavotten, Menuetten, Rondeaux, Gigues für Violine, Flöte, Baßviole und Erzlaute, 5 Airs für eine Stimme, Generalbaß und Flöte ad libitum und 3 Airs ohne Generalbaß erhalten.

Nikolai Pawlowitsch Dilezki
(um 1630–81)

ZEIT UND UMWELT
Der russische Patriarch Nikita Minin Nikon (1605–81), der große Reformer der russisch-orthodoxen Kirche, ließ die Vokalpolyphonie im orthodoxen Kirchengesang zu. Damit war die erste Plattform zur Annäherung der russischen Musikkultur an die westeuropäische Kompositionspraxis geschaffen.

LEBEN
Nikolai Pawlowitsch Dilezki (Mikołaj Dilecki) wurde um 1630 in Kiew geboren. Er erhielt seine Ausbildung in Warschau (1651 bis 1659) und Vilnius, wo er 1675 als Musiktheoretiker hervortrat. Im Jahr 1677 war er in Smolensk; ab 1678 bis zu seinem Tod im Jahr 1681 wirkte er in Moskau als Chorleiter und Musiklehrer.

WERKE
Die Bedeutung des ukrainischen Musiktheoretikers und Komponisten Nikolai Pawlowitsch Dilezki für die Entwicklung der russischen Musik liegt in seiner »Musikalischen Grammatik«, einem Lehrbuch der Komposition, das zu den Reformen des russischen Kirchengesanges durch den Patriarchen Nikita Minin Nikon entscheidend beigetragen hat. Er komponierte einige geistliche Konzerte, die seine Schulung an den Werken von Marcin Mielczewski und Jacek Różycki verraten.

Feierlicher Gesang für vierstimmigen Chor
Das nach dem Reformwerk des Patriarchen Nikon typische Stück weist anstelle des mittelalterlichen Mensuralgesanges helle Durklänge, harmonische Fülle, lebhafte Melodik und einen gut akzentuierten Rhythmus auf. Es steht am Beginn des Einfließens westeuropäischer Musikgestaltung, die der Komponist in Warschau kennengelernt hatte.

Johann Michael Dilherr (1604–69)

ZEIT UND UMWELT
Die pietistische Bewegung drückte sich anfänglich durch eine Abwendung von der erstarrten Orthodoxie des Protestantismus und eine geradezu rationalistische Haltung aus, entwickelte sich aber dann zu einer mystischen und enthusiastischen Form der Frömmigkeit. Das schlug sich literarisch wie auch musikalisch im religiösen Lied nieder, das in den letzten Jahrzehnten des 17. Jahrhunderts weite Verbreitung fand.

LEBEN
Johann Michael Dilherr wurde am 14. 10. 1604 in Themar, Thüringen, geboren, studierte in Leipzig, Altdorf und Jena, wo er später als Universitätslehrer für Rhetorik, Geschichte, Poetik und Theologie wirkte. Im Jahr 1646 wurde er Direktor des Aegidiengymnasiums und Pfarrer in Nürnberg. Er starb dort am 8. 4. 1669.

WERKE
Der deutsche Barockdichter und Komponist Johann Michael Dilherr veröffentlichte 1665 das Nürnberger Gesangbuch, in das er auch eigene Lieddichtungen und Liedkompositionen mit betont pietistischen Tendenzen aufnahm. Dilherrs übrige Lyrik wurde von anderen zeitgenössischen Musikern vertont.

LITERATUR
W. Kahl, Das Nürnberger historische Konzert, in: Archiv für Musikforschung XIV, 1957.

Johann Dilliger (1593–1647)

ZEIT UND UMWELT
Solange die kaiserlichen Heere durch Deutschland zogen, mußten sich die evangelischen Gemeinden bedroht fühlen. Die Kriegslage und die ständig wechselnde Kriegspolitik war für Bürger und Bauern unübersichtlich; sie konnten nie wissen, was die nächste Zeit bringen würde. Die aufmunternden Worte der Prediger und noch viel mehr die Verse des Gemeinschaftsgesanges schenkten eine gewisse, wenn auch trügerische Sicherheit. Daher war das Bedürfnis nach Liedern für den liturgischen und paraliturgischen Gebrauch, für Kirche und Heim ungeheuer, denn jedes neue Lied und jede neue Liedersammlung brachte neuen Trost und neue Hoffnung bis zur nächsten Katastrophe.

LEBEN
Johann Dilliger (Dillinger) wurde am 30. 11. 1593 in Eisfeld geboren. Er war vermutlich von 1611 bis 1618 Schüler von Michael Praetorius in Magdeburg, studierte sodann in Wittenberg Theologie und wirkte dort gleichzeitig als Kantor der Schloßkirche. Im Jahr 1625 ging er nach Coburg, wo er 1634 Diakon und Prediger wurde und am 28. 8. 1647 starb.

WERKE
Der deutsche Komponist Johann Dilliger hat in Sammelwerken bei 100 Bicinien, 100 Tricinien und mehr als 200 für vier und fünf Stimmen harmonisierte Choräle veröffentlicht, außerdem Motetten und geistliche Konzerte. Ein Teil davon ist auf Generalbaß aufgebaut. Sehr bemerkenswert sind seine 52 zweistimmigen Bußsprüche.

LITERATUR
H. Thümmler, Johann Dilliger, 1593–1647, Kantor in Wittenberg und Coburg, Halle 1941.

Anton Dimler (1753–1827)

ZEIT UND UMWELT
Wiener und Mannheimer Vorklassik waren die Wegbereiter zur Hochklassik, zu der der Wiener Stil aufstieg. In Mannheim stagnierte die Entwicklung jedoch, besonders seit die Kapelle nach München verlegt wurde. Dort formierten sich bereits die ersten Ansätze zur Vorromantik.

LEBEN
Franz Anton Dimler (Dimmler, Dümmler) wurde am 14. 10. 1753 in Mannheim geboren. Er war ab 1767 Hornist am Mannheimer Hoforchester und kam mit dem 1778 verlegten Orchester nach München, wo er aber als Kontrabassist wirkte. Er starb am 7. 2. 1827 in München.

WERKE
Von Anton Dimler sind Sinfonien, Konzerte, Quintette und Trios handschriftlich erhalten, die dem Mannheimer Stil folgen. Er schrieb überdies mehrere Operetten und ungefähr 185 Ballettmusiken.

Bojidar Dimow (geboren 1935)

LEBEN
Bojidar Dimow wurde am 31. 1. 1935 in Lom, Bulgarien, geboren. Von 1954 bis 1957 war er am Konservatorium Schüler von Weselin Stojanow (7. 4. 1902, Schumen, bis 29. 6. 1969, Sofia) und an der Hochschule für Musik und darstellende Kunst in Wien von Karl Schiske, Erwin Ratz (22. 12. 1898, Graz, bis 12. 12. 1973, Wien) und Hanns Jelinek. Er gehört der »Gruppe 8 Köln« an.

WERKE
Von Bojidar Dimow sind unter anderem »Komposition I« für Klavier, »II« für Streichsextett, »III« für Orchester, »Beschwörungen« für Sopran, Flöte, Trompete, Bratsche und Harfe, 5 Haikai für Sopran, Alt und Klavier, »Raumspiel« für Klavier, Kammerensemble und einen Dirigenten, sowie »Vereinigungen« für Orchester bekannt geworden.

Girolamo Diruta (1561 bis nach 1610)

ZEIT UND UMWELT

Die rasch aufeinanderfolgenden Verbesserungen des Orgelbaues, wie Vermehrung der Manuale, Ausbau des Pedals, zusätzliche Register, Koppelungen, Schweller und die Beschleunigung der Tonansprechbarkeit, regten die Komponisten immer mehr an, für dieses Instrument zu schreiben. Aus der Unterstützung der Intonierung, aus der Begleitung der Singstimmen ist der freie Orgelsatz, aus dem kleinen Portativ die »Königin der Instrumente« mit dem größtmöglichen Tonumfang und Vielfalt des Tonfarbenvorrates geworden. Der Organist herrscht über ein Reich der Töne, dem nur der Vollklang eines Orchesters gleichkommen kann.

LEBEN

Girolamo Diruta (eigentlich Mancini) wurde 1561 in Deruta, Perugia, geboren. Er trat 1574 in das Minoritenkloster in Correggio ein und wurde zuerst dort, dann in Venedig und Ravenna von Gioseffo Zarlino, Costanzo Porta und Claudio Merulo ausgebildet. Bis 1597 war er Organist in Venedig, darauf (1597) Domorganist in Chioggia und schließlich (1609) Domorganist in Gubbio, wo er nach 1610 starb.

Sein Neffe und Schüler Agostino Diruta (um 1590, Perugia, bis nach 1647, Rom) war Augustinermönch, von 1620 bis 1622 Kirchenkapellmeister in Asola und von 1630 bis 1647 in gleicher Stellung an Sant'Agostino in Rom.

WERKE

Der Organist und Orgelkomponist Girolamo Diruta ist durch seine Publikation »Il Transilvano« (Der Siebenbürger) – so genannt, weil der erste Teil davon dem siebenbürgischen Fürsten Zsigmond Báthory gewidmet wurde – berühmt geworden. Es handelte sich um eine spieltechnische Anweisung für Tasteninstrumente, besonders für die Orgel, um Toccaten verschiedener Meister und eigene Kompositionen. Der zweite, Fürstin Leonora Sforza Cesarini gewidmete Teil bringt einen Traktat über die Praxis des Intavolierens und Diminuierens mit einer Hymnensammlung, von der ein Teil vom Autor verfaßt wurde. Außerdem veröffentlichte Diruta eine Sammlung fünfstimmiger Antiphone.

Von Agostino Diruta sind mehrere Messen, Motetten, Psalmen, Litaneien und Gesänge – alle mit Basso continuo der Orgel – überliefert.

LITERATUR

O. Pannain, Le origini e lo sviluppo dell'arte pianistica in Italia, Neapel 1919.

Hugo Distler (1908–42)

LEBEN

Hugo Distler wurde am 24.6.1908 in Nürnberg geboren. Von 1927 bis 1933 studierte er in Leipzig bei Günther Ramin Orgel, bei Franziska Martienssen-Lohmann (6.10.1887, Bromberg [Bydgoszcz, Poznan], bis 2.2.1971, Düsseldorf) Klavier und Hermann Grabner Komposition. Anschließend wirkte er bis 1937 als Organist der Jakobikirche in Lübeck, sodann bis 1940 als Leiter des Hochschulchors und als Kompositions- und Orgellehrer an der Musikhochschule in Stuttgart. In gleicher Eigenschaft war er darauf in Berlin tätig. Die sich ständig verschärfende Verfemung durch die Nationalsozialisten trieben ihn in den Tod. Am 1.11.1942 nahm er sich das Leben.

WERKE

Die Instrumentalwerke von Hugo Distler bestehen nur aus seinem berühmten Cembalokonzert, einer Sonate für zwei Violinen und Klavier, einer Sonate für zwei Klaviere, Orgelpartiten und Choralbearbeitungen, kleinen Klavierstücken, 30 Spielstücken und einer Sonate für Orgel. Um so umfangreicher ist sein Vokalwerk, für das er, anknüpfend an neubarocke Tendenzen der Orgel- und Chorbewegung in den zwanziger Jahren, einen rhythmisch-melodischen, gelockerten Chorstil entwickelte, der sich vom Wortduktus herleitete. Er schrieb eine sechsstimmige Choralmesse, eine Choralpassion, »Die Weihnachtsgeschichte für vierstimmigen Chor, Sopran und vier Vorsänger«, zahlreiche Motetten und Kantaten, Gesänge und Lieder.

Cembalokonzert, Opus 14, 3 Sätze, entstanden 1936
Dieses Konzert, das als einer der wertvollsten Beiträge zur Literatur für Cembalo und Orchester gilt, wurde als »Muster volksfremder entarteter Musik« in einer Wanderausstellung dem Publikum vorgestellt. Der 1. Satz verschmilzt vorklassische Gestaltungsprinzipien mit neuen Kompositionstechniken und bringt eine sehr ausdrucksstarke Toccata, die mit einer Kadenz des Cembalo und einer raschen Coda endet. Im 2. Satz herrscht freies Zeitmaß; er ist horizontal und vertikal chromatisch angelegt; schmerzliche Fortissimokulminationen kennzeichnen die Stimmung. Im Finale wird die Melodie von Samuel Scheidt (1587–1654) »Ei du feiner Reiter« dreizehnmal variiert; sie wird vielfältig figuriert oder cantus-firmusmäßig bearbeitet. Der Satz schließt mit einer Wiederholung der besonders schwungvollen zehnten Variation.

Johann Georg Distler (1765–99)

LEBEN
Johann Georg Distler wurde 1765 in Wien geboren. Er war einer der liebsten Schüler von Joseph Haydn. Im Jahr 1781 trat er als Violinist der Hofkapelle in Stuttgart bei. Sein Gesundheitszustand zwang ihn, nach Wien zurückzukehren, wo er am 28. 7. 1799 starb.

WERKE
Von den Kompositionen von Johann Georg Distler sind 18 Streichquartette, 6 Streichquintette, ein Violinkonzert und ein Flötenkonzert erhalten. Alle weiteren Werke sind verlorengegangen. Die Kammermusik ist in getreuer Gefolgschaft seines Lehrers gearbeitet, betont aber das solistische Element mehr als die Vorbilder.

Louis Dité (1891–1969)

LEBEN
Louis Johann Dité wurde am 26.3.1891 in Wien geboren. Er studierte an der Musikakademie seiner Geburtsstadt und wurde Kirchenorganist. Von 1917 bis 1957 wirkte er an der Hofmusikkapelle in Wien, wo er am 18.11. 1969 starb.

WERKE
Von Louis Dité sind eine Sinfonie, eine Passacaglia und Fuge, 5 sehr schöne Messen, Männerchöre, ein Streichsextett, ein Bläserquintett, 3 Streichquartette, ein Trio, Klavierstücke und Orgelmusik bekannt geworden.

Karl Ditters von Dittersdorf
(1739 – 99)

LEBEN
Karl Ditters von Dittersdorf wurde am 2.11. 1739 in Wien geboren und frühzeitig zum Violinisten ausgebildet. Er wirkte als Knabe im Orchester der Wiener Benediktinerkirche und fiel durch sein Spiel dem Prinzen Josef von Hildburghausen auf, der ihn als Page einstellte, durch Joseph Bonno ausbilden ließ und ihm sodann eine Stelle im Opernorchester verschaffte. Dort kam er mit Christoph Willibald Gluck in Verbindung, der ihn 1763 mit nach Italien nahm. Dort trat er mit viel Erfolg als Violinvirtuose auf. Im Jahr 1765 wurde er als Nachfolger Michael Haydns Kapellmeister des Bischofs von Oradea, für den er ein kleines Privattheater gründete. Als der Kirchenfürst das Theater über Befehl der sittenstrengen Kaiserin Maria Theresia 1769 auflösen mußte, stellte ihn Graf Philipp Gotthard Schafgotsch, Fürstbischof von Breslau, als Leiter seiner kleinen Hausmusikkapelle und als Forstmeister des Fürstentums Neiße ein; 1773 wurde er zum Amtshauptmann in Freiwaldau ernannt, nachdem er bereits den päpstlichen Orden vom goldenen Sporn erhalten hatte, und wurde durch Vermittlung eines Agenten in den Adelsstand erhoben, was er selbst in seiner Autobiographie als das wichtigste Ereignis seines Lebens bezeichnete. Nach dem Tod des Fürstbischofs (1796) nahm ihn Graf Ignaz von Stillfried in sein Schloß Rothlhotta bei Neuhof (Nový Dvůr), Böhmen, auf, wo er am 24.10.1799 starb.

Karl Ditters von Dittersdorf

WERKE

Von den rund 130 Sinfonien von Karl Ditters von Dittersdorf wurden 30 gedruckt – 12 davon folgen den Metamorphosen von Publius Ovidius Naso (43 v. Chr. bis 18 n. Chr.). Weiters verfaßte er ungefähr 34 Solokonzerte für Cembalo, Violine, Bratsche, Kontrabaß, Oboe und Harfe, zahlreiche Serenaden und 34 Divertimenti, 12 Streichquintette, 8 Quartette, davon 2 mit Orchester, Trios, eine Anzahl Duos und 17 Sonaten für Cembalo und andere Instrumente, 136 Klavierstücke, 4 Oratorien, 6 Messen, Offertorien, Kantaten und Lieder. Von seinen 32 Opern ist das Singspiel »Doktor und Apotheker« noch heute auf den Spielplänen. Stilistisch ging er von Georg Christoph Wagenseil und der Wiener Tradition aus. Er war jedoch bei seinen Zeitgenossen wegen der Eingängigkeit und des Melodienreichtums seiner Musik äußerst beliebt, geriet aber bald, durch die Wiener Klassik und die folgenden Romantiker verdrängt, in Vergessenheit.

Sinfonie in C-Dur, 4 Sätze, erschienen 1788

Der 1. Satz ist eigentlich eine italienische Opernsinfonia, wie bereits der am Beginn mehrfach einsetzende kräftige Akkord zeigt. Der 2. Teil des Fortesatzes bringt eine liedhafte Melodie. Darauf erklingt das 2. Thema mit ungewöhnlichem Ernst. Die anschließende Durchführung ermattet bald, bis überraschend die Reprise plötzlich den Satz kraftvoll zu Ende führt. Im 2. Satz bietet sich eine sehr empfindsame dreiteilige Melodie an, die mit der Coda auf der Dominante endet und unmittelbar in das Menuett des 3. Satzes mündet. Im Finale vereinigen sich 3 Themen zu einer spritzigen Tripelfuge. Dieses heute wieder gespielte Werk zeigt den Beitrag, den der Komponist zur Klassik geleistet hat, sehr deutlich auf.

LITERATUR

K. von Dittersdorf, Lebensbeschreibung, wiederveröffentlicht Leipzig 1940.

Antonius Divitis (um 1475 bis um 1526)

ZEIT UND UMWELT

Mechelen, die »Stadt der Türme und der Glocken«, erlebte seine glänzendste Epoche unter Herzogin Margarete von Österreich, die in dieser Stadt ihren Hof aufschlug. Die Bedeutung der Stadt wurde jedoch bereits im vorangegangenen Jahrhundert stark gehoben, als Philipp der Gute sie 1473 zum Sitz des Großen Rates der Niederlande wählte. Die vom 13. bis zum 15. Jahrhundert erbaute Kathedrale St. Rombaut mit ihrem eindrucksvollen Glockenturm, in dem ein Glockenspiel aus 49 Glocken hing, war eine bedeutende Pflegestätte niederländischer Kirchenmusik.

LEBEN

Antonius Divitis (de Rijcke, le Riche) ist um 1475 in Löwen geboren. Er dürfte in Brügge ausgebildet worden sein. Im Jahre 1502 wurde er zum Priester geweiht und 1504 war er Chordirigent an St. Rombaut zu Mechelen, kam jedoch schon ein Jahr darauf mit der Kapelle Philipps des Schönen nach Spanien. Das Jahr 1515 findet ihn als Kapellsänger am Hof des Königs von Frankreich. Ob er mit dem 1526 als Mitglied der päpstlichen Kapelle zu Rom wirkenden Antonius Richardus ident war, ist nicht klargestellt. Er starb um 1526. Der Ort seines Todes ist nicht bekannt.

WERKE
Von Antonius Divitis sind 3 Messen, 2 Patrem, 4 Magnificat, ein Salve Regina, einzelne Messesätze, mehrere Motetten und Bicinien (Duette) und eine sehr schöne fünfstimmige Chanson erhalten. Sein Kompositionsstil entspricht der franko-flämischen Schule.

LITERATUR
G. van Doorslaer, Antonius Divitis, Tijdschrift der Vereeniging voor nederlandse Muziekgeschiedenis XIII, 1929.

François-Joseph Dixi (1780–1847)

LEBEN
François-Joseph Dixi wurde am 14.1.1780 in Namur geboren. Er erhielt in seiner Jugend Violinunterricht, als Harfenist war er Autodidakt. Als Sechzehnjähriger ging er nach London, wo er sich bald zu einem der berühmtesten Harfenisten entwickelte. Im Jahr 1830 übersiedelte er nach Paris, wo er Harfenlehrer der Töchter des Königs Louis Philippe, Louise (1812–50), Christine (1813–39) und Clementine (1817–1907), wurde. Er starb im November 1847 in Paris.

WERKE
Von François-Joseph Dixi sind zahlreiche Harfenstücke und Harfenetüden bekannt geworden. Sie waren zum Teil technisch sehr schwer zu bewältigen, weil sie für eine fünffingerige Methode und eine überlange Hand gesetzt wurden und einen Fingersatz voraussetzten, den nur der Komponist selbst beherrschte.

William Dixon (um 1760–1825)

ZEIT UND UMWELT
Lange vor der Gründung der Philharmonic Society (1840) fanden in Liverpool Sinfonie- und Kammermusikkonzerte statt. Die ersten Musikfestspiele wurden 1784 abgehalten. Die musikalischen Veranstaltungen bestritten allerdings noch Kräfte aus London oder Ausländer, mit Ausnahme der Kirchenmusik, die von eigenen Kapellen und fest angestellten Organisten und Kapellmeistern besorgt wurde.

LEBEN
William Dixon wurde um 1760 in London geboren. Er lebte als Komponist, Schriftsteller, Lehrer und Musikdrucker teils in seiner Geburtsstadt, teils in Liverpool, wo er an All Saint's Church wirkte. In London betätigte er sich vorwiegend als Gesanglehrer. Er starb im Jahr 1825 in London.

WERKE
Von William Dixon ist unter dem Titel »Psalmodia Christiana« eine Sammlung Kirchenmusik erschienen, unter »Euphonia« brachte er 62 Psalmen- und Hymnenmelodien für seine Kirche in Liverpool heraus, »Moralities« nannte er seine vertonten Verse über Musik, Freundschaft, Geiz und Wohltun. Einige seiner Hymnen sind in Sammelwerken erschienen. Er verfaßte auch eine Gesangschule.

Wojciech Długoraj
(um 1550 bis nach 1619)

ZEIT UND UMWELT
Die Polen nahmen bereits im 10. Jahrhundert das Christentum und damit westliche Kultur an. Daher war ihre Musikentwicklung den Nachbarländern, Skandinavien und Ungarn um mehr als ein Jahrhundert voraus. Ihre Renaissancemusik stand auf dem gleichen Niveau wie die westeuropäische. István Báthory, der in Padua studiert hatte, wurde 1574 König von Polen und setzte die Kulturpolitik seiner Vorgänger fort. Unter seinem Nachfolger Sigismund III. allerdings trat ein starker Kulturverlust ein.

LEBEN
Wojciech Długoraj wurde um 1550 in Gostynin geboren. Der polnische Lautenist

und Komponist erhielt 1583 die Stelle eines Hoflautenisten bei König István Báthory. Wo er nach dem Tod des Königs (1586) gelebt und gewirkt hat, ist nicht feststellbar, ebensowenig der Ort, wo er nach 1619 gestorben ist.

WERKE
Von Wojciech Długoraj sind mehrere Villanellen, Tänze und Fantasien überliefert. Seine Chorea polonica (Polnischer Tanz) hat Aufsehen erregt. Seine Kompositionen bezeugen ein hochentwickeltes tonales und harmonisches Gefühl. Sie beweisen auch, daß der Lautenist selbst über eine virtuose Spieltechnik verfügte.

LITERATUR
J. Dickmann, Die in deutscher Lautentabulatur überlieferten Tänze des 16. Jahrhunderts, Kassel 1931.

Carlos d'Ordoñez (1734–86)

ZEIT UND UMWELT
Solange es keine gesetzliche Regelung der Urheberrechte gab, waren erfolgreiche Komponisten Plagiatoren ausgeliefert, die sich ihre Kompositionen ganz oder teilweise aneigneten. Nahezu noch häufiger war der Mißbrauch berühmter Namen seitens einzelner Verleger, die Erzeugnisse irgendwelcher Zeitgenossen mit einem zugkräftigen Autor aufbesserten und den echten Namensträger und die Käufer betrogen. Diese Malversation war umso leichter durchführbar, je stärker die Stilähnlichkeit des unterschobenen Werkes und der Kompositionen des Meisters war, dessen Name mißbraucht wurde.

LEBEN
Carlos d'Ordoñez (Ordonitz) wurde am 19. 4. 1734 in Wien geboren. Er war Justizbeamter und zugleich als Violinist von 1771 bis 1784 Mitglied der »Wiener Tonkünstlersozietät«. Er starb am 6. 9. 1786 in Wien.

WERKE
Viele der Werke von Carlos d'Ordoñez wurden unter dem Namen Joseph Haydns verbreitet. Das Schaffen dieses Wiener Vorklassikers stand dem des Meisters Haydn so nahe, daß solche Fälschungen sehr glaubhaft wirkten. Ihnen verdankten sie ihre weite Verbreitung in Mitteleuropa, Italien, Schweden und besonders in Frankreich, wo die meisten Kompositionen erschienen sind. Er verfaßte 62 Sinfonien, 12 Menuette für Orchester, mehrere Konzerte, 32 Streichquartette, ungefähr 25 Streichtrios, ein Streichquintett, eine Marionettenoper und ein Singspiel. Man muß Carlos d'Ordoñez zu den namhaften Vertretern der Vorklassik in Wien einreihen.

Václav Dobiaš (1909–78)

LEBEN
Václav Dobiaš wurde am 22.9.1909 in Radčice, Böhmen, geboren. Er studierte in Prag bei Vítězslav Novák und Josef Bohuslav Foerster. Im Jahr 1950 wurde er Professor für Komposition an der Prager Akademie der musischen Künste. Er starb am 22.5.1978 in Prag.

WERKE
Von Václav Dobiaš sind 2 Sinfonien, eine Ouvertüre, eine Sinfonietta, eine Sonate für Klavier, Bläserquintett, Pauken und Streicher, ein Nonett, ein Bläserquintett, 4 Streichquartette, ein Klavierquartett, Klavierwerke, mehrere Kantaten, Liederzyklen und zahlreiche einzelne Lieder bekannt geworden.

Cesare Dobici (1873–1944)

LEBEN
Cesare Dobici wurde am 11.12.1873 in Viterbo geboren. Er war zunächst Kapellmeister in seinem Geburtsort, sodann Lehrer an der Chorschule Giosuè Carducci und schließlich Lehrer an der Höheren Schule für Kirchenmusik in Rom, wo er 1911 Kontrapunktlehrer am Konservatorium wurde. Er starb am 25.4.1944 in Rom.

Werke
Von Cesare Dobici sind 5 Messen für Chor und Orgel, ein achtstimmiges Requiem für König Umberto, ein »Tota pulchra es« für zwölf Stimmen und drei Orgeln, zahlreiche Psalmen, Hymnen, sakrale und profane Lieder bekannt geworden. Er schrieb auch einige Kammermusik und eine Oper. Sein Stil war konservativ.

Karl Doblhof-Dier (1762–1836)

Leben
Karl von Doblhof-Dier wurde am 13. 7. 1762 in Wien geboren. Er war Schüler von Antonio Salieri und ein fleißiger Komponist, der jedoch seine auf eigene Kosten gedruckten Werke nie publizierte. Er starb im Jahr 1836 in Wien.

Werke
Die Kompositionen von Karl Doblhof-Dier – Messen, andere Kirchenmusik, sakrale und profane Lieder für mehrere oder eine Stimme – wurden erst nach seinem Tod entdeckt.

Antun Dobronić (1878–1955)

Leben
Antun Dobronić wurde am 2.4.1878 in Jelsa auf Hvar, Kroatien, geboren. Er studierte bei Vítězslav Novák in Prag. Von 1921 bis 1939 wirkte er als Lehrer am Konservatorium in Zagreb, wo er am 12.12.1955 starb.

Werke
Neben 13 Opern und 6 Balletten schrieb Antun Dobronić, der zu den führenden Persönlichkeiten der kroatischen Musik seiner Zeit zählte, 8 Sinfonien, eine Sonate für Harfe und Streicher, zahlreiche Kammermusik, Chöre, Kantaten und Lieder. Seine Melodik stützt sich auf Volksmusik. Sein Stil gehörte der Spätromantik an.

Andrzej Dobrowolski
(geboren 1921)

Leben
Andrzej Dobrowolski wurde am 9.9.1921 in Lwiw geboren. Nach seiner Ausbildung in Orgel, Gesang und Klarinette in Lwiw studierte er an der Musikhochschule in Krakau Musiktheorie bei Stefania Łobaczewska (31.7. 1888, Lwiw, bis 16.1.1963, Krakau) und bei Artur Malawski Komposition. Er wirkt als Mitarbeiter des Experimentalstudios des polnischen Rundfunks und seit 1954 als Dozent für Komposition an der Musikhochschule in Warschau.

Werke
Von Andrzej Dobrowolski sind unter anderem eine Sinfonie, sinfonische Variationen, ein Fagottkonzert, ein Bläsertrio, Musik für Streicher und vier Bläsergruppen, Musik für Streicher, zwei Bläsergruppen und zwei Lautsprecher, 2 Orchesterstücke, ein Stück für Klarinette, Posaune, Cello und Klavier sowie Lieder und verschiedene Stücke für musique concrète bekannt geworden. Er spielt in der polnischen Neuen Musik eine richtunggebende Rolle.

Ignacy Feliks Dobrzyński
(1807–67)

Zeit und Umwelt
Nicht alle Schüler von Józef Elsner verließen Polen, als der Aufstand gegen die russische Regierung ausbrach. Was immer sie auch bewog zu bleiben, für die Fortführung der polnischen Kultur bestand die Rettung darin, daß doch genügend Kulturträger das Land nicht verließen oder bei nächster Gelegenheit zurückkehrten.

Leben
Ignacy Feliks Dobrzyński wurde am 15.2. 1807 in Romanow (heute Dserschinsk, Ukraine), geboren. Er war in Warschau zugleich mit Frédéric Chopin Schüler von Józef Elsner und wirkte darauf als Opern- und Konzertdirigent, unterbrochen von erfolgreichen

Konzertreisen als Pianist in Deutschland, bis zu seinem Tod am 9.10.1867.

WERKE
Die »Symfonia charakterystyczna« in c-Moll von Ignacy Feliks Dobrzyński wurde 1834 in Wien preisgekrönt. Er hatte bereits davor eine sehr interessante Sinfonie in B-Dur verfaßt. Außerdem schrieb er eine Orchesterfantasie, ein Klavierkonzert, ein Streichsextett, 2 Streichquintette, 3 Streichquartette, ein Streichtrio, eine Violinsonate, ein Notturno für Klavier und Cello, Variationen und andere Werke für Klavier, Lieder, ferner eine Oper und die Musik zum »Konrad Wallenrod«, des bedeutendsten Dichters der polnischen Romantik, Adam Mickiewicz (1798–1855). Sein »Andante und Rondo alla polacca« für Klavier wurde neu aufgelegt.

Joseph Denis Doche (1766–1825)

LEBEN
Joseph Denis Doche wurde am 22. 8. 1766 in Paris geboren. Er wirkte zunächst nach seiner Ausbildung als Kapellmeister an der Kathedrale von Coutance, dann ließ er sich 1891 in Paris nieder, wirkte als Instrumentalist am Théâtre du Vaudeville und schließlich von 1815 bis 1823 als Dirigent. Er starb am 20. 7. 1825 in Soissons.
Sein Sohn Alexandre Pierre Joseph Doche (1799, Paris, bis 1849, St. Petersburg) war ab 1820 erster Violinist am Théâtre du Vaudeville und wurde nach dem Abgang seines Vaters (1823) Zweiter und 1828 Erster Dirigent. Er beendete seine Karriere als Dirigent des Französischen Theaters in St. Petersburg.

WERKE
Von Joseph Denis Doche erschienen zahlreiche Bühnenmusiken und Arien für sein Theater, außerdem Romanzen im Geschmack der Zeit, Klavierstücke und eine Anzahl verschiedener Kirchenmusik.
Alexandre Pierre Joseph Doche schrieb nahezu ausschließlich für das Théâtre du Vaudeville.

Charles Dodge (geboren 1942)

LEBEN
Charles Dodge wurde am 5.6.1942 in Ames, Ia., geboren. Von 1960 bis 1964 studierte er an der University of Iowa und von 1964 bis 1968 an der Columbia University in New York bei Jack Hamilton Beeson, Chou Wen-chung (geboren 29.6.1923, Chefu, China) und Otto Luening, überdies Elektronische Musik bei Vladimir Ussachevsky. Er wirkt an der Columbia University als Instruktor und beim IBM-Forschungszentrum als Experimentator auf dem Gebiet der Computermusik.

WERKE
Von den Werken Charles Dodges sind »Rota« für Orchester, die Kompositionen für Cello und Klavier und für Violine, Oboe, Kontrabaß, Horn und Klavier, ein Stück für drei Posaunen, zwei Klaviere und Schlagzeug und besonders seine Kompositionen für verkehrtes digitales Tonband bekannt geworden.

Theodor Döhler (1814–56)

ZEIT UND UMWELT
König von Etrurien Charles II. (1799–1883) wurde 1824 Herzog von Lucca und regierte bis 1847. Dann erhielt er das Herzogtum Parma.

LEBEN
Theodor Döhler wurde am 20.4.1814 in Neapel geboren. Er wurde als pianistisches Wunderkind von Julius Benedict in Neapel und von Carl Czerny und Simon Sechter in Wien ausgebildet. Er bereiste als Virtuose Neapel, Paris, London, Holland, Polen, Dänemark und Rußland, wo er sich in St. Petersburg als Komponist niederließ. Im Jahr 1846 wurde er von Herzog Charles von Lucca geadelt und siedelte sich 1848 in Florenz an, wo er am 21.2.1856 starb.

WERKE
Außer einer Oper schrieb Theodor Döhler brillante Salonmusik für Klavier, die gute Technik verlangt, sonst aber wenig Tiefe aufwies.

Ernö von Dohnányi (1877–1960)

LEBEN

Ernö (Ernst) von Dohnányi wurde am 27.7. 1877 in Preßburg geboren. Er war von 1893 bis 1897 an der Musikakademie in Budapest Schüler von István Thomán und Hans Koessler. Dann trat er, nachdem er bereits in Preßburg und Budapest mit einigen Kompositionen Aufsehen erregt und noch bei Eugen d'Albert studiert hatte, in Berlin mit großem Erfolg als Klaviervirtuose auf. Von 1910 bis 1915 wirkte er als Klavierlehrer an der Berliner Musikhochschule, sodann am Konservatorium in Budapest, dessen Direktor er 1919 wurde, darauf bis 1944 als Dirigent der Philharmonischen Gesellschaft mit einer Unterbrechung von zwei Jahren, die er in Amerika verbrachte. Im Jahr 1948 ließ er sich in Tucumán, Argentinien, nieder, ab 1949 war er Lehrer an der Florida State University in Tallahassee. Er starb am 9.2.1960 in New York.

Ernö von Dohnányi

WERKE

Stilistisch gehört das kompositorische Werk von Ernö von Dohnányi der Spätromantik an und ist vor allem Johannes Brahms verpflichtet. Von ihm sind 3 Opern aufgeführt worden. Er schrieb weiters eine Pantomime, 3 Sinfonien, eine Orchestersuite, eine Festouvertüre, eine Rhapsodie, 3 Klavierkonzerte, Variationen über ein Kinderlied für Klavier und Orchester, sein berühmtestes Werk, 2 Violinkonzerte, ein Cellokonzert, ein Concertino für Harfe und Orchester, ein Sextett für Klarinette, Horn, Streicher und Klavier, 2 Klavierquintette, 3 Streichquartette, ein Streichtrio, eine Cellosonate, mehrere Klavierstücke, eine Messe, eine Kantate, ein Stabat mater, 3 Orchesterlieder, Klavierlieder.

Variationen über ein Kinderlied, Opus 25, entstanden 1914

Mit einer pompösen Orchestereinleitung beginnt das Stück, dann wird das Thema - ein bekanntes Kinderlied - vom Pianisten unbegleitet vorgetragen. In den folgenden 6 Variationen kommt es zu interessanten Dialogen zwischen dem Klavier und verschiedenen Orchestergruppen. In der 7. und 8. Variation erklingen ein Wiener Walzer und ein Marsch, die 9. ist voll orchestraler Effekte, die 10. bringt eine Passacaglia. Der folgende Choral ist eine Auseinandersetzung zwischen Bläsern und Klavier und Harfe, wobei plötzlich Ganztonskalen erklingen; ein Fugato schließt sich an. Dann kehrt das Originalthema wieder und wird noch einmal phrasiert. Eine rasche Coda klingt mit einem Klavierglissando über sechs Oktaven aus.

Nicolás Doizi de Velasco
(um 1590 bis um 1659)

LEBEN

Nicolás Doizi de Velasco wurde um 1590 in Portugal geboren. Er kam als Musiker an den Hof des spanischen Vizekönigs von Neapel und ab 1641 als Kammermusiker an den Hof König Philipps IV. Er starb in Madrid um 1659.

WERKE

Von dem portugiesischen Komponisten und Gitarristen Nicolás Doizi de Velasco ist außer der Gitarrentabulatur »Nuevo modo de cifra« nichts überliefert. Die Tabulatur gewährt einen interessanten Einblick in das spanische Gitarrenspiel jener Zeit.

Joannes Baptista Dolar
(um 1620–73)

Zeit und Umwelt
Ljubljana war als Hauptstadt des Herzogtums Krain schon früh eine angesehene Stätte der Musikpflege. Aus der Bevölkerung sind zahlreiche tüchtige Musiker hervorgegangen, die als Kirchenmusiker, als Opernkräfte oder als Komponisten in Wien ein größeres Betätigungsfeld suchten und fanden.

Leben
Joannes Baptista Dolar wurde um 1620 in Kamnik, Slowenien, geboren und in Ljubljana zum Musiker ausgebildet. Er war sodann Musiklehrer in Ljubljana und nach einigen Jahren in Passau. Um das Jahr 1661 wurde ihm die Leitung des Chores an der Kirche Am Hof in Wien übertragen, wo er am 13. 2. 1673 starb.

Werke
Der slowenische Komponist Joannes Baptista Dolar verfaßte mehrere Messen und Miserere, außerdem Sonaten und Ballette sowie eine Reihe verschiedener Vokal- und Instrumentalkompositionen. In seiner Tanzmusik sind auch die fröhlichen Rhythmen seiner Heimat enthalten.

Literatur
J. Hoefler, Slovenski skladatelj Joannes Krstnik Dolar, in: Delo, Ljubljana 1970.

Johann Friedrich Doles (1715–97)

Zeit und Umwelt
Die Gewandhauskonzerte wurden seit 1781 im Leipziger Gewandhaus, regelmäßig bis in unsere Tage, unter der Leitung erster Dirigenten veranstaltet, so daß sie bald internationalen Ruf erlangten. Ihr erster Dirigent war Johann Adam Hiller.

Leben
Johann Friedrich Doles wurde am 23. 4. 1715 in Steinbach-Hallenberg, Thüringer Wald,

Christian Fürchtegott Gellert

geboren. Er gründete als Gymnasiast in Schleusingen mit Mitschülern ein »Wöchentliches Concert«, für das er auch selbst Kompositionen schrieb. Im Jahr 1739 begann er in Leipzig das Studium der Theologie und wurde Schüler von Johann Sebastian Bach. Von 1743 bis 1744 dirigierte er in Leipzig das »Große Konzert«, den Vorläufer der »Gewandhauskonzerte«; sodann wirkte er von 1744 bis 1755 als Kantor in Freiberg, darauf bis 1789 als Thomaskantor in Leipzig. Er starb in Leipzig am 8. 2. 1797.

Werke
Die kompositorische Diktion von Johann Friedrich Doles war leicht verständlich und eingängig. Von der Ausbildung bei Bach ist dabei nichts zu bemerken. Er setzte sich für die Verbannung der Fuge aus der Kirchenmusik ein. Gedruckt wurden von ihm die Kantate zum Stiftungstag des »Großen Konzertes«, »Das Lob der Musik«, eine weitere über den Text von Christian Fürchtegott Gellert und Melodien zu seinen »Geistlichen Oden und Liedern«, die Kantate »Der Sechs und vierzigste Psalm«, »40 Singbare und leichte Choralvorspiele« und ein »Vierstim-

miges Choralbuch«. Handschriftlich überliefert sind 32 Motetten, 158 Kantaten, 3 Matthäus-, eine Markus-, eine Lukas- und 2 Johannes-Passionen, 4 Passionsmusiken, 8 Kurzmessen und ein Sanctus. Seine gesamte Musik gehört dem empfindsamen Stil an.

LITERATUR

H. Banning, Johann Friedrich Doles, Leipzig 1939.

Cesare Domeniceti (1821–88)

ZEIT UND UMWELT

Die seit 1825 unabhängige südamerikanische Republik Bolivien war im Verlauf des 19. Jahrhunderts mit ihren Nachbarn in mehrere Kriege verwickelt, die mit empfindlichen Gebietseinbußen endeten, und gleichzeitig ständigen innenpolitischen Wechseln unterworfen, so daß sich kein eigenständiges Kulturleben entwickeln konnte. Ihre damalige Hauptstadt Sucre (1539 als Chuquisaca vom Vizekönigreich Peru gegründet) wies trotz ihrer kleinen Einwohnerzahl (ungefähr 40.000) genügend wohlhabende Familien auf, daß sich für Musiker aus Europa eine Gastspielreise dorthin lohnte.

LEBEN

Cesare Domeniceti wurde am 12.7.1821 in Desenzano am Gardasee geboren. Er studierte in Mailand, wo er sodann mehrere Opern mit mittlerem Erfolg auf die Bühne brachte. Die Reise nach Bolivien, wo er in Sucre und in der heutigen Hauptstadt La Paz als Pianist und Musiklehrer wirkte, brachte ihm ein beachtliches Vermögen ein. Nach seiner Rückkehr betätigte er sich erneut mit der Opernkomposition, bis er 1881 Kompositionslehrer am Konservatorium in Mailand wurde. Er starb am 21.6.1888 in Sesto, Moura.

WERKE

Außer 6 Opern sind von Cesare Domeniceti keine weiteren Kompositionen überliefert. Er soll mehrere vorzügliche Kantaten geschrieben haben.

Ignazio Donati (um 1570–1638)

ZEIT UND UMWELT

Das Vordringen des barocken Musikstils – Generalbaß und vor allem Monodie – zeigte sich gerade bei den Kirchenmusikern Oberitaliens deutlich, die ihn auch für paraliturgische Texte anwandten und den alten nur für die unmittelbar gottesdienstlichen Kompositionen reservierten. Daß sich auch dort Neuerungen durchsetzten wie die Ablöse der Modi durch eine Dur-Moll-Tonalität, war wohl unvermeidlich.

LEBEN

Ignazio Donati wurde um 1570 in Casalmaggiore bei Cremona geboren. Seine erste Stelle war die eines Domorganisten in Pesaro, darauf war er von 1596 bis 1598 als Kapellmeister in Urbino tätig. Als Kleriker mußte er sehr häufig seine Wirkungsstätte wechseln, so daß er 1600 in Pesaro, 1601–05 in Fano, 1612–15 wieder in Urbino, 1616–19 in Ferrara, 1620–23 in Casalmaggiore, darauf in Novara und 1629/30 in Lodi als Kapellmeister wirkte. Zuletzt – von 1631 bis zu seinem Tod am 21. 1. 1638 – war er Domkapellmeister in Mailand.

WERKE

Der italienische Kirchenmusiker Ignazio Donati verfaßte 2 Bücher Motetten für eine Singstimme und Generalbaß, »Kirchenkonzerte« für eine bis fünf Stimmen und Generalbaß, 2 Bücher Motetten für fünf Stimmen und Basso continuo, konzertante Motetten für fünf bis sechs Stimmen und Generalbaß, 2 Konzertmessen mit Generalbaß und Madrigale im neuen Stil, außerdem mehrstimmige Messen für den Kirchengebrauch im alten Stil. Alle Kompositionen waren von den Zeitgenossen sehr geschätzt.

LITERATUR

H. Th. McElrath, A Study of the Motets of Ignazio Donati, New York 1967.

Baldissera Donato
(um 1530–1603)

ZEIT UND UMWELT
Die Villanella war eine volkstümliche, mehrstimmige Liedform des 16. Jahrhunderts in Italien, die von Neapel ihren Ausgang nahm, aber eine stilisierte Kunstliedform trotz ihrer einfachen Harmonik und Melodik. Als Sprache verwendete sie nicht selten den Dialekt ihres Entstehungsortes.

LEBEN
Baldissera Donato (Baldassare Donati) wurde um 1530 im Raum der Republik Venedig geboren. Er war wahrscheinlich Schüler von Adrian Willaert und Cyprian de Rore. Das Jahr 1550 trifft ihn bereits als Sänger von San Marco in Venedig. Von 1562 bis 1565 war er Leiter der »Cappella parva«, in der die Sänger für den Domchor ausgebildet wurden. Anschließend war er erneut als Sänger tätig. Im Jahre 1580 wurde er Kapellmeister am Dom in Padua und leitete zugleich das Seminar der Kapelle in Venedig. Er folgte Gioseffo Zarlino nach dessen Tod im Jahre 1590 in die Stelle des Ersten Kapellmeisters an San Marco nach und versah sie bis zu seinem Tod im Jahre 1603.

WERKE
Die Liste der Werke, die Baldissera Donato hinterlassen hat, ist nicht klein: 2 Bücher Madrigale für fünf bis sechs und für vier Stimmen, fünf-, sechs- und achtstimmige Motetten, ein Buch neapolitanische Villanellen und zahlreiche Madrigale und Kanzonen in verschiedenen Sammeldrucken, einige davon mit deutschem oder englischem Text oder als lateinische Parodien geistlicher Gesänge. Einzelne schreiben Instrumentalbegleitung vor. Berühmt wurde Donato vor allem durch seine Villanella, die von der Wortausdeutung zuweilen zur Lautmalerei schritt und ähnliche Stilmittel späterer Zeiten vorwegnahm. Die Canzon della Gallina (Lied der Henne) ahmt das Gackern einer Henne nach und war ungeheuer beliebt.

LITERATUR
E. Kiwi, Studien zur Geschichte des italienischen Liedmadrigals, Würzburg 1937.

Donato de Florentia
(um 1310 bis nach 1370)

ZEIT UND UMWELT
Im 14. Jahrhundert waren die berühmten Medici noch Kaufleute und Bankiers, jedoch bereits Kulturträger der Stadt, deren Geschicke sie ein Jahrhundert später in die Hand nahmen, ohne die republikanische Staatsform zu zertrümmern. Florenz blühte wirtschaftlich auf. Arnolfo di Cambio (um 1240, Colle di Valdelsa, bis 8. 3. 1302, Florenz) hatte bereits in Fortsetzung antiken Stiles seine großen plastischen Formen als Architekt und Bildhauer vollendet, Giotto di Bondone (1266, Colle di Vespigniano, bis 8. 1. 1337, Florenz) malte seine Fresken von Santa Croce (1317) in seiner neuen perspektivischen Technik, die irgendwie mit der aus Frankreich übernommenen Mehrstimmigkeit zusammenhing.

LEBEN
Donato de Florentia (da Cascia), geboren um 1310, ist einer der ältesten Vertreter der Ars nova in Florenz. Er ist ungefähr um das Jahr 1370 in Florenz gestorben.

WERKE
Magister Dominus Donato de Florentia hinterließ 14 zweistimmige Madrigale, eine zweistimmige Ballata, ein zweistimmiges Virelai und ein dreistimmiges kanonisches Madrigal.

LITERATUR
K. v. Fischer, Studien zur italienischen Musik des Trecento, Bern 1956.

Franco Donatoni (geboren 1927)

LEBEN
Franco Donatoni wurde am 9.6.1927 in Verona geboren. Nach seiner Ausbildung in sei-

nem Geburtsort studierte er in Mailand bei Ettore Desderi (10.12.1892, Asti, bis 23.11. 1974, Florenz), bei Adone Zecchi (geboren 23.7.1904, Bologna) und Lino Liviabella (7.4.1902, Macerata, bis 21.10.1964, Bologna), in Bologna und schließlich an der Accademia di Santa Cecilia in Rom bei Ildebrando Pizzetti. Ab 1953 unterrichtete er Harmonielehre und Kontrapunktik am Konservatorium in Bologna und ab 1955 am Konservatorium in Mailand, wo er 1961 Professor wurde. 1965 erhielt er einen Ruf an das Konservatorium in Turin.

WERKE
Außer einem Ballett schrieb Franco Donatoni eine Sinfonie für Streicher, ein Concertino für Streicher, Blechinstrumente und Pauke, ein Divertimento für Violine und Orchester, ein Konzert für Kammerorchester, eine Serenade für 16 Instrumente und Frauenstimmen, »Strophen« für Orchester, einen Satz für Cembalo, Klavier und neun Instrumente, Inventionen für Orchester, ein »Puppenspiel« für Orchester, ein Streichquartett, ein Stück für zehn Streicher und eines für 37 Streicher, ein »Puppenspiel« für Flöte, Piccolo und Orchester, »Übung« für Tasteninstrumente und weitere Stücke mit kammermusikalischer Besetzung und für Klavier, ein Stück für 14 Instrumente und einen Vorleser. Sein Anschluß an die zeitgenössische Neue Musik ist sehr lose, er sucht eine neue Avantgarde auf tonaler Basis zu gewinnen.

Johannes Donfrid (1585–1650)

LEBEN
Johannes Donfrid (Donfridt, Donfried) wurde 1585 in Veringenstadt, Hohenzollern, geboren. Er studierte in Dillingen und wirkte als Kantor an der Lateinschule in Rottenburg am Neckar. Im Jahr 1622 wurde er Rektor dieser Schule und starb in Rottenburg am 4. 8. 1650.

WERKE
Das Hauptverdienst des deutschen Komponisten Johannes Donfrid bestand in der Veröffentlichung von 4 Sammelwerken, in denen vor allem die italienischen Meister der Monodie berücksichtigt sind. In diese Sammlungen sind auch eigene Kompositionen eingestreut. Er hat damit der katholischen Kirchenmusik Deutschlands starken Anstoß gegeben.

LITERATUR
A. Adrio, Die Anfänge des geistlichen Konzerts, in: Neue deutsche Forschungen XXXI, Berlin 1935.

Gaetano Donizetti (1797–1848)

LEBEN
Gaetano Domenico Maria Donizetti wurde am 29.11.1797 in Bergamo geboren. Er studierte von 1806 bis 1815 Klavier, Bratsche und Gesang bei Simon Mayr und anschließend bis 1817 Kontrapunktik bei Stanislao Mattei in Bologna. Dann setzte seine unglaublich umfangreiche und vielseitige kompositorische Leistung ein, zu der noch seine Dirigententätigkeit trat. Er brachte in vielen italienischen Städten, in Wien und Paris 74 Opern heraus, von denen ein Teil noch heute auf den Spielplänen der großen Bühnen der Welt steht. Er starb am 8.4.1848 in Bergamo.

WERKE
Neben seinem riesigen Opernschaffen schrieb Gaetano Donizetti 16 Sinfonien, 5 weitere Orchesterwerke, 19 Streichquartette und eine Reihe anderer Kammermusikwerke, viele Stücke für Klavier zu zwei und vier Händen, 3 Oratorien, 28 Kantaten, über 100 sakrale Werke – darunter das bekannte Requiem zum Tod Vincenzo Bellinis – und eine große Anzahl Lieder. Bis auf etliche kammermusikalische Werke und das Requiem ist seine Musik heute vergessen, abgesehen von ungefähr 10 Opern, die noch immer ihre Sänger und ihr Publikum finden oder zumindest auf Schallplatten weiterleben; seine berühmteste »Lucia di Lammermoor« und seine liebenswürdigste »Die Regimentstochter« dürften ebenso unverwüstlich bleiben wie die echte Buffooper »Don Pasquale« oder »Der Liebestrank«.

Streichquartett in D-Dur, 4 Sätze, entstanden zwischen 1817 und 1821

Der 1. Satz bringt einen Sonatensatz, der besonders durch seine überraschenden Modulationen auffällt. Die Erste Violine übernimmt wie in allen anderen Sätzen die Führung. Der 2. Satz ist voll lyrischer Melodik und sehr farbig harmonisiert. Der 3. Satz ist ein Scherzo, und das buffoneske Finale, das den Opernkomponisten verrät, ist voll dramatischer Akzente und vollklingend mit geradezu orchestraler Wirkung.

LITERATUR

A. Geddo, Donizetti, Bergamo 1956.

José Antonio de Donostia (1886–1956)

LEBEN

José Antonio de Donostia (Ordensname für José Gonzalo Zulaica y Arregui) wurde am 10.1.1886 in San Sebastián geboren. Nachdem er im Colegio der Kapuziner in Lecároz ausgebildet worden war, wurde er selbst dort Organist. Seine Arbeit für das katholische Theater führte ihn nach Madrid, Barcelona und Paris. Wegen des Spanischen Bürgerkriegs ging er 1936 nach Toulouse und 1939 nach Paris; von 1941 bis 1943 war er Organist und Chorleiter in Bayonne. Er beschäftigte sich intensiv mit baskischer Volksmusik und leitete ab 1943 die folkloristische Abteilung des Instituto Español de Musicología. Er starb am 30.8.1956 in Lecároz.

WERKE

Die zahlreichen Kompositionen von José Antonio de Donostia für Orgel, Violine, Cello, Streichquartett, für unbegleitete und begleitete Singstimmen und Chöre integrierten als erste Elemente der baskischen Volksmusik. Neben einer Anzahl Bühnenwerke für Chor und Orchester, einem Stück für vier Ondes Martenot und Klavier, einem bekannten Requiem und vielen anderen sakralen Werken veröffentlichte er 4 Hefte mit »baskischen Praeludien« für Klavier. Sein Stil stand unter dem Einfluß von Maurice Ravel.

Jakob Dont (1815–88)

ZEIT UND UMWELT

François Tourte (um 1747, Paris, bis 4.4.1835, Paris) hat durch die Neukonstruktion des Violinbogens mittels Einführung der Metallzwinge am Frosch, Nachinnenwölbung der Bogenstange und Festlegung der optimalen Dimensionen, der Violine sozusagen den letzten Schliff verschafft. Damit war die Möglichkeit gegeben, das Violinspiel zu höchster Technik zu entwickeln.

LEBEN

Jakob Dont, am 2.3.1815 in Wien als Sohn des Cellisten Josef Valentin Dont (15.4.1776, Georgenthal, Jurki, bis 14.12.1833, Wien) geboren, war am Konservatorium in Wien Violinschüler von Joseph Böhm und Georg Hellmesberger. Im Jahr 1831 trat er in das Orchester des Hofburgtheaters und 1834 in die Hofkapelle ein und wirkte ab 1873 als Violinlehrer am Konservatorium bis zu seinem Tod am 17.11.1888.

WERKE

Von Jakob Dont sind über 50 Werke für Violine überliefert. Davon sind seine 24 Etüden und Capricen und die 24 Vorübungen zu Rodolphe Kreutzer und Pierre Rode am wichtigsten. Sie werden noch heute im Violinunterricht verwendet.

Cornelis Dopper (1870–1939)

LEBEN

Cornelis Dopper wurde am 7.2.1870 in Stadskanaal bei Groningen geboren. Er studierte von 1887 bis 1890 am Konservatorium in Leipzig und wirkte von 1908 bis 1931 als Zweiter Dirigent des Concertgebouw-Orkest in Amsterdam, wo er am 18.9.1939 starb.

WERKE

Von Cornelis Dopper sind 4 Opern aufgeführt worden. Er schrieb 7 Sinfonien, zum Teil mit programmatischen Titeln wie »Rembrandt«, »Amsterdam«, »Zuiderzee« und weitere Orchesterwerke, außerdem ein wertvolles

Cellokonzert, ein Streichquartett, mehrere Violin- und Cellosonaten, Chorwerke, Lieder und Klavierstücke. Seine Kompositionen sind spätromantisch und sehr publikumswirksam.

Albert Franz Doppler (1821–83)

ZEIT UND UMWELT
Nach der vergeblichen Revolution der Jahre 1848/49 kam es in Ungarn zu einer verstärkten Pflege der ungarischen Sprache und des ungarischen Schrifttums. Auch das Nationaltheater (Nemzeti Színház) in Budapest erhöhte die Anzahl der ungarischen Opern auf seinem Spielplan.

LEBEN
Albert Franz Doppler wurde am 16.10.1821 in Lemberg (Lwiw) geboren. Er wurde nach erfolgreichen Konzertreisen als Flötenvirtuose Erster Flötist am Nationaltheater in Budapest, wo er eine Reihe ungarischer Opern herausbrachte. Im Jahr 1858 wurde er Erster Flötist und Zweiter Ballettdirigent an der Hofoper und Flötenlehrer am Konservatorium in Wien. Er starb am 27.7.1883 in Baden bei Wien.
Sein Bruder Karl Doppler (12.9.1825, Lemberg, bis 10.3.1900, Stuttgart) war Flötenvirtuose und bis 1865 Musikdirektor am Theater in Budapest, dann wirkte er bis 1898 als Hofkapellmeister in Stuttgart.
Dessen Sohn Arpad Doppler (5.6.1857, Budapest, bis 13.8.1927, Stuttgart) war Schüler und später Lehrer am Konservatorium in Stuttgart, nachdem er von 1880 bis 1883 als Lehrer am Grand Conservatory in New York gewirkt hatte. Ab 1889 leitete er auch den Chor der Hofoper.

WERKE
Von Albert Franz Doppler sind mehrere ungarische Opern und eine deutsche aufgeführt worden. Er schrieb ferner 15 Ballette, verschiedene Orchesterwerke und mehrere Konzerte für Flöte und Orchester, außerdem zahlreiche Transkriptionen ungarischer Weisen.
Karl Doppler verfaßte mehrere ungarische Opern und Musik zu ungarischen Volksstücken, ferner eine Fantasie ungarischer Weisen für zwei Flöten und Klavier, eine Sammlung ungarischer Tänze und Männerchöre.
Arpad Doppler verfaßte mehrere Orchesterwerke, Lieder und Chöre.

Nicolò Dorati (um 1513–93)

ZEIT UND UMWELT
Lucca konnte sich bis weit in die Neuzeit hinein seine Unabhängigkeit erhalten. Es nahm trotz aller Rivalitäten am kulturellen Leben der Toskana und der oberitalienischen Städte teil und trug selbst nach eigenen Kräften dazu bei. In der Renaissance entfaltete sich das musikalische Leben der Stadt wie überall in Italien.

LEBEN
Nicolò Dorati wurde um 1513 in Granaiola bei Lucca geboren. Im Jahre 1543 trat er in die Stadtkapelle von Lucca als Posaunist ein, wirkte sodann als ihr Kapellmeister von 1557 bis 1579. Er starb in Lucca im Jahre 1593.

WERKE
Dorati brachte ein Buch mit sechsstimmigen und 4 Bücher mit fünfstimmigen Madrigalen heraus, außerdem ein weiteres mit vierstimmigen Madrigalen, denen Stanzen der mit Michelangelo befreundeten Dichterin Vittoria Colonna (1492–1547) zugrunde gelegt wurden. Der Stil der Madrigale ist perfekt, ihr musikalischer Wert beachtlich.

Gustave Doret (1866–1943)

LEBEN
Gustav Doret wurde am 20.9.1866 in Aigle, Schweiz, geboren. Er war in Berlin Violinschüler von Joseph Joachim und in Paris von Martin Pierre Joseph Marsick (9.3.1848, Jupille bei Lüttich, bis 21.10.1924, Paris). Komposition studierte er bei Théodore Dubois, Jules Massenet und Camille Saint-Saëns. Von 1893

bis 1895 wirkte er in Paris als Zweiter Dirigent der Concerts Harcourt, die der Komponist Eugène d'Harcourt (2.5.1859, Paris, bis 4.3. 1918, Locarno) begründet hatte, sodann als Orchesterchef der Société nationale de musique und ab 1907 auch als Dirigent der Opéra-Comique. Im Jahr 1914 kehrte er in die Schweiz zurück, wo er an verschiedenen Orten lebte und wirkte. Er starb am 19.4. 1943 in Lausanne.

WERKE

Neben 6 Opern verfaßte Gustave Doret 7 Schauspielmusiken, ein Oratorium (»Die sieben Worte Christi«), eine protestantische Liturgie für Soli, Chor und Orgel, eine Messe für A-cappella-Chor, mehrere Festspielmusiken, eine »Suite Tessinoise«, ein Klavierquintett, ein Streichquartett, Chöre und etliche Lieder. Sein Stil weist viele romantische Züge auf.

Heinrich Dorn (1800–92)

LEBEN

Heinrich Ludwig Egmont Dorn wurde am 14.11.1800 in Königsberg (Kaliningrad) geboren. Er studierte neben Musik auch Rechtswissenschaft. Seine musikalische Ausbildung erhielt er vorwiegend von Ludwig Berger, Bernhard Klein und Carl Friedrich Zelter. Nach einer kurzen Musiklehrertätigkeit in Frankfurt am Main war er 1828 Kapellmeister in Königsberg, 1829 am Hoftheater in Leipzig, 1832 in Hamburg und noch im gleichen Jahr in Riga, wo er zugleich als Kirchenmusikdirektor und Musiklehrer wirkte. Im Jahr 1843 kam er als Kapellmeister des Stadttheaters und Städtischer Musikdirektor nach Köln, wo er 1845 eine Musikschule gründete, die 1850 zu einem Konservatorium erweitert wurde, und 1844 und 1847 die Niederrheinischen Musikfeste dirigierte. Von 1849 bis 1869 fungierte er als Hofopernkapellmeister in Berlin, wo er am 10.1.1892 starb.

Sein Sohn Alexander Julius Paul Dorn (8.6. 1833, Riga, bis 27.11.1901, Berlin) wirkte als Musiklehrer, Vereinsdirigent und ab 1869 als Klavierlehrer an der Königlichen Hochschule in Berlin.

Sein zweiter Sohn, Otto Dorn (7.9.1848, Köln, bis 8.11.1931, Wiesbaden), lebte nach seiner Ausbildung am Sternschen Konservatorium in Berlin und nach Studienreisen nach Frankreich und Italien ab 1884 als Kritiker in Wiesbaden.

Sein Onkel Johann Friedrich Dorn (1777, Königsberg, bis 1845, Königsberg) war Schüler von Friedrich Ludwig Benda (1752–92). Er gründete 1806 in Elbling (Elblag) eine Gesangschule und 1808 in Königsberg einen Singverein. Von 1812 bis 1813 war er Musikdirektor des Königsberger Theaters und von 1818 bis 1821 Kantor der Altstädtischen Kirche. Er war auch als Kritiker tätig.

WERKE

Neben einer Serie erfolgreicher Opern, einer Operette und einem Ballett veröffentlichte Heinrich Dorn eine Anzahl ansprechender Lieder, von denen besonders die humoristischen große Verbreitung fanden. Er schrieb auch einige Orchesterwerke und Klavierstücke. Außerdem war er als Musikschriftsteller und Kritiker tätig.

Alexander Dorn schrieb 3 Messen, mehrere Chor- und Orchesterwerke, Klavierkonzerte, Klavierstücke und Lieder.

Otto Dorn verfaßte 3 Opern, mehrere Orchesterwerke – darunter die Sinfonie »Prometheus« –, Klavierkompositionen und sehr schöne Lieder.

Von den Kompositionen Johann Friedrich Dorns ist nur die Schauspielmusik zu »Der Flußgott Njemen« von August von Kotzebue überliefert.

Antoine Dornel (um 1685–1765)

ZEIT UND UMWELT

Anne Danican-Philidor gründete 1725 als erste kontinentale Konzertvereinigung das Concert Spirituel in Frankreich, das seine Darbietungen an kirchlichen Festtagen, an denen Oper und Theater geschlossen halten mußten, in der »Salle des Suisses« in den Tuilerien geistliche Musik spielte. Es wurde zum Muster für ähnliche Institutionen, die in verschiedenen europäischen Städten im Verlauf des Jahrhunderts ins Leben gerufen wurden.

LEBEN
Antoine Dornel wurde um 1685 in Paris geboren. Er war ab 1706 Organist an Ste-Madeleine-en-la-Cité und ab 1716 an Ste-Geneviève. Von 1725 bis 1742 hatte er für die jährliche Festsitzung der Académie Française Motetten zu komponieren, die im Concert Spirituel aufgeführt wurden. Er starb in Paris im Jahr 1765.

WERKE
Die für die Académie Française vom französischen Komponisten Antoine Dornel geschriebenen Motetten sind verlorengegangen. Seine »Symphonies en trio« sind Suiten aus 6 bis 8 Stücken im französischen und im italienischen Stil, seine Cembalostücke – nach Tonarten geordnet – sind ebenfalls Tanzstücke und stehen unter dem Einfluß von François Couperin. Interessant sind seine Violinsonaten und Suiten für Querflöte mit Generalbaß. Die Orgelkompositionen fallen durch chromatische Baßgänge auf. Er schrieb außerdem eine Kantate »Les Caractères de la musique« und eine Anzahl Airs sérieux et à boire.

LITERATUR
A. Pirro, La musique d'orgue française, Paris 1949.

Adolf Doß (1825–86)

LEBEN
Adolf von Doß wurde am 10.9.1825 in Pfarrkirchen, Bayern, geboren. Er studierte in München, trat dem Jesuitenorden bei und wirkte als Kirchenmusiker in Münster, Bonn, Mainz, Lüttich und zuletzt in Rom, wo er am 13.8.1886 starb.

WERKE
Von Adolf Doß sind mehrere Opern aufgeführt worden. Seine sonstigen Kompositionen waren ausschließlich sakraler Natur: Messen, Kantaten, Oratorien, Chöre und Lieder.

LITERATUR
J. Ilias, Un Jésuite musicien: Le Père de Doß, Lüttich 1938.

Justus Johann Friedrich Dotzauer
(1783–1860)

ZEIT UND UMWELT
Der Cellostil der Vettern Andreas Jakob Romberg (1767–1821) und Bernhard Heinrich Romberg (1767–1841) war für mehrere Generationen deutscher Cellisten richtunggebend. Die Neuerung bestand vor allem in der Bogenführung, die ein ausgedehntes, gleichmäßig schönes Kantilenenspiel ermöglichte.

LEBEN
Justus Johann Friedrich Dotzauer wurde am 20.1.1783 in Häselrieth bei Hildburghausen geboren. Nachdem er bereits von 1801 bis 1805 an der Hofkapelle in Meiningen als Cellist gewirkt hatte, nahm er bei Bernhard Heinrich Romberg in Berlin Unterricht und wurde sodann 1811 Mitglied der Hofkapelle in Dresden, in der er 1821 zum Ersten Cellisten aufrückte. Er blieb auch nach seiner Pensionierung als Cellolehrer in Dresden, wo er am 6.3.1860 starb.

WERKE
Von Justus Johann Friedrich Dotzauer sind mehrere Cellokonzerte, darunter ein Doppelkonzert, Variationen und Duette für Cello, außerdem mehrere Sinfonien, Ouvertüren, Messen und eine Oper bekannt geworden. Alle diese Kompositionen sind der Frühromantik zuzurechnen.

Victor Dourlen (1780–1864)

ZEIT UND UMWELT
Der Übergang vom Rokoko zur Romantik erfolgte in Frankreich nicht selten sehr abrupt in der Form, daß der Lehrer noch den alten Stil uneingeschränkt vertrat und sein Schüler

bereits in die Frühromantik eintrat, ohne den Weg über die Vorklassik zu nehmen.

LEBEN
Victor Charles Paul Dourlen wurde am 3.11. 1780 in Dunkerque geboren. Er war Schüler von François Joseph Gossec, der den Stil des 18. Jahrhunderts noch uneingeschränkt vertrat. Er wirkte von 1800 bis 1842 als Lehrer am Conservatoire in Paris, wo er am 8.1.1864 starb.

WERKE
Von Victor Dourlen wurden neben einigen kleinen Opern ein Klavierkonzert, Klavier-, Flöten-, Violinsonaten und Trios veröffentlicht, außerdem zahlreiche Kantaten. Sein Orchesterstück »Die Schlacht bei Marengo« ist Programmusik in Reinkultur. Er war auch als Verfasser von Lehrwerken tätig.

Daniel Dow (1732-83)

ZEIT UND UMWELT
Sammlungen schottischer Musik erschienen zum ersten Mal in der ersten Hälfte des 17. Jahrhunderts. Dann allerdings gab es in rascher Abfolge nacheinander mehrere Sammelwerke von Liedern und Tanzmelodien, die allgemeines Interesse erweckten.

LEBEN
Daniel Dow wurde 1732 in Pertshire geboren. Er lebte als Lehrer in Edinburgh und betätigte sich dort als eifriger Sammler und Nachahmer schottischer »Ports« (schottische Instrumentalkomposition, in der Regel für Harfe), Songs, Strathspeys und Reels (schottische Tänze) und »Pibrochs« (Dudelsackmusik) bis zu seinem Tod am 20. 1. 1783.

WERKE
Von Daniel Dow sind 2 sehr interessante Sammlungen von alten schottischen Liedern und Tänzen und einige Sammlungen neuer Musik, die zum größten Teil vom Herausgeber selbst komponiert wurde, erhalten. Er hat den schottischen Volkston ausgezeichnet getroffen und mit seinen Sammlungen einen wichtigen Beitrag zur Erschließung schottischer Musik geleistet.

John Dowland (1562–1626)

LEBEN
John Dowland wurde im Dezember 1562 in Dalkey geboren. Über Herkunft, Jugend und Ausbildung des englischen Komponisten und Lautenisten ist nichts bekannt. Von 1579 bis 1584 stand er im Dienst der englischen Gesandtschaft in Paris und trat in Beziehungen zu Bekannten aus London, die als Katholiken emigriert waren und ihn zum Übertritt zum Katholizismus überredeten. Er kehrte nach England zurück, um in Oxford zu studieren, bewarb sich 1594 um

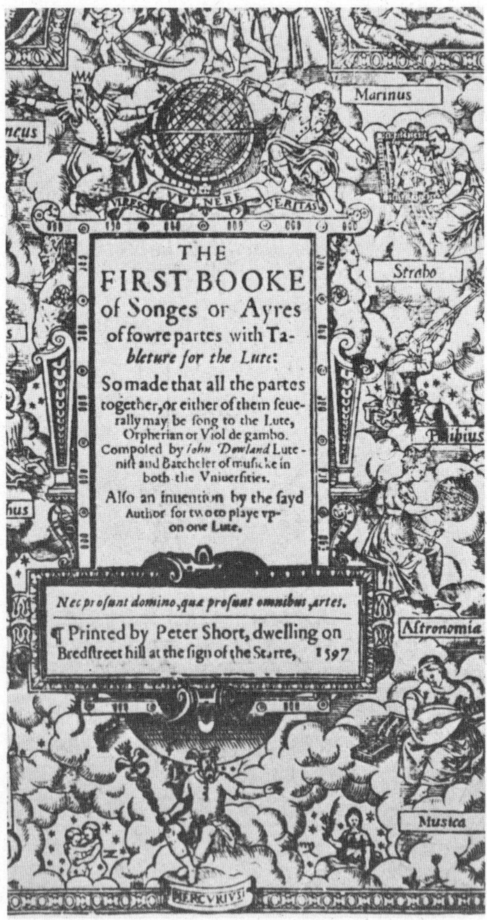

Titelblatt der ersten Liedersammlung von John Dowland

die Stelle des Hoflautenisten, die durch den Tod John Johnsons freigeworden war, wurde aber, vermutlich weil sein Übertritt bekanntgeworden war, abgewiesen. Darauf kehrte er seiner Heimat den Rücken, suchte als Lautenvirtuose die Höfe von Wolfenbüttel und Kassel auf, ging nach Rom, um Luca Marenzio zu treffen, und ließ sich in Florenz neuerlich mit Emigranten ein, die ihn in ein Mordkomplott gegen die englische Königin einweihten. Entsetzt über diese Methode des Glaubenskampfes verließ er Italien, begab sich nach Nürnberg, von wo er einen warnenden Brief an den englischen Hof schrieb. Er verließ auch die katholische Konfession.
Eine Reaktion aus England traf aber nicht ein. Dort war man an solche Verschwörungen gewöhnt und traf die erforderlichen Maßnahmen. Von den Anzeigern wußte man, daß sie sich in erster Linie selbst reinwaschen wollten. In Kassel, wohin sich Dowland neuerlich begeben hatte, erhielt er die Einladung des dänischen Königs Christian IV., in Kopenhagen die Stelle des Hoflautenisten zu übernehmen. Er versah diesen Posten gegen ein hohes Honorar und wirkte neben William Brade am Aufbau eines dänischen Musiklebens bis 1606 mit. Dann wurde er während einer Abwesenheit des Königs von Hofbeamten wegen Mißhelligkeiten entlassen. Die nächsten Jahre verbrachte er in London in privaten Diensten, 1612 erhielt er endlich die angestrebte Lautenistenstelle bei Hof, in der er bis zu seinem Tod am 21. 1. 1626 blieb.
Sein Sohn Robert Dowland (um 1591, London, bis 28. 11. 1641, London) folgte seinem Vater in die Hofstelle als hervorragender Lautenist nach.

WERKE

Das Hauptwerk von John Dowland bestand aus einer großen Anzahl vierstimmiger Gesänge mit Lautenarrangement. Außerdem schrieb er Virginalstücke, Chöre mit Instrumentalbegleitung, Stücke für eine und zwei Lauten ohne Gesang und Stücke für Violenensembles. Vieles davon wird auch heute gespielt, weil der Wohlklang, die Anmut und die feine Satztechnik noch immer gerne gehört werden. John Dowland muß zu den größten englischen Komponisten gerechnet werden.

LITERATUR

E. H. Fellowes, The English Madrigal Composers, London 1948.

Felix Draeseke (1835–1913)

LEBEN

Felix August Bernhard Draeseke wurde am 7.10.1835 in Coburg geboren. Er war am Konservatorium in Leipzig Kompositionsschüler von Julius Rietz, betätigte sich zunächst als Musikkritiker in Berlin und Dresden, sodann als Klavierlehrer in Lausanne und Genf. Im Jahr 1884 wurde er Kompositionslehrer am Konservatorium in Dresden, wo er am 26.2.1913 starb.

WERKE

Die zahlreichen Kompositionen von Felix Draeseke wurden mit Zurückhaltung aufgenommen. Sein neuklassizistischer Stil, den er selbst entwickelt hatte, fand wenig Beifall. Seine 4 Sinfonien in G-Dur, F-Dur, c-Moll (Sinfonia tragica) und e-Moll (Sinfonia comica) wurden als konstruiert und lehrhaft bezeichnet. Dasselbe Schicksal erlitten die sinfonischen Dichtungen »Julius Caesar«, »Frithjof« und »Thuner See« und die 5 Ouvertüren, die Schauspielmusiken und Serenaden. Er schrieb ferner ein Klavierkonzert in Es-Dur, ein Violinkonzert in e-Moll, ein Quintett für Horn, Streichtrio und Klavier in B-Dur, ein Streichquintett in A-Dur mit Violotta, ein Streichquintett in F-Dur, 3 Streichquartette in c-Moll, e-Moll und cis-Moll, 2 Sonaten für Viola alta und Klavier in c-Moll und F-Dur, eine Klaviersonate in cis-Moll, eine Klarinettensonate in B-Dur, eine Cellosonate in D-Dur, ein »Adventlied« für Soli, Chor und Orchester, eine Kantate »Kolumbus« für Soli, Männerchor und Orchester, ein Requiem in h-Moll für Soli, Chor und Orchester, ein weiteres in e-Moll für fünfstimmigen Chor, eine »Große Messe« in a-Moll für Chor a cappella und weitere Chorwerke, Lieder, Balladen und Klavierstücke, außerdem 7 Opern und das Mysterium »Christus«, bestehend aus einem Vorspiel »Die Geburt des Herrn« und 3 Oratorien »Christi Weihe«, »Christus der Prophet« und »Tod und Sieg des Herrn« als Gegenstück zum »Ring« von Richard Wagner. Seine Lehrwerke dienten der Bestätigung seines neuklassizistischen Stils.

Literatur

E. Roeder, Felix Draeseke, Berlin 1937.

Antonio Draghi
(1635–1700)

Zeit und Umwelt

Das Wiener Musikleben, dessen Niveau bereits seit zwei Jahrhunderten sehr hoch war, erhielt in der zweiten Hälfte des 17. Jahrhunderts unter den Kaisern Ferdinand III. und Leopold I., beide selbst Musiker und Komponisten, einen gewaltigen Aufschwung. Die Hofkapelle wurde zu einer der bedeutendsten im deutschen Sprachraum, die Oper entwickelte sich mit dem Wirken des Bühnenarchitekten Ludovico Ottavio Burnacini (1636, Mantua, bis 12. 12. 1707, Wien) und des Komponisten Marc'Antonio Cesti zum Modell für ganz Europa.

Leben

Antonio Draghi wurde 1635 in Rimini geboren. Er war zunächst um 1657 an der Oper Venedigs tätig, kam 1658 als Hofmusiker der Kaiserinwitwe Eleonora Gonzaga nach Wien, wurde 1673 unter Kaiser Leopold I. Leiter der Musiktheater und 1682 Hofkapellmeister und starb am 16. 1. 1700 in Wien.
Sein Sohn Carlo Domenico Draghi (21. 5. 1669, Wien, bis 2. 5. 1711, Wien), Schüler von Ferdinand Tobias Richter, hielt sich auf Kosten des Wiener Hofes zur Ausbildung in Italien auf und wurde 1698 Organist der Hofkapelle.
Sein Bruder Giovanni Battista Draghi (um 1640, Rimini, bis nach 1701, London), Organist und Cembalist, wirkte ab 1675 als Musikmeister des englischen Königs Karl II., ab 1677 als Organist der Königin Catarina von Bragança (1638–1705) und als Musiklehrer der nachmaligen Königinnen Mary II. (1662–94) und Anne (1665–1714).

Werke

Der italienische Komponist Antonio Draghi setzte das Wirken seines Vorgängers Marc'Antonio Cesti an der Ausgestaltung der Oper in Wien fort. Er verfaßte 172 Opern und kleinere Bühnenwerke, außerdem 43 Oratorien und Kantaten, 2 Messen, ein Stabat mater und eine Anzahl Hymnen. Seine Kirchenmusik tritt hinter dem Opernschaffen weit zurück und ist stilistisch voll davon abhängig.
Carlo Domenico Draghi verfaßte mehrere Arien als Einlagen in die Opern seines Vaters.
Giovanni Battista Draghi schrieb Gesänge zu Bühnenwerken, eine Ode zu Ehren der heiligen Caecilia und 6 Cembalosuiten zu Lehrzwecken.

Literatur

M. von Weilen, Zur Wiener Theatergeschichte, Wien 1901.

Sabin Drăgoiu (1894–1968)

Leben

Sabin V. Drăgoiu wurde am 6. 6. 1894 in Selişte, Rumänien, geboren. Er studierte an den Konservatorien in Timişoara und Prag. Von 1924 bis 1943 und von 1949 bis 1950 wirkte er als Direktor des Konservatoriums in Timişoara und anschließend bis 1964 als Direktor am Institut für Ethnographie und Folklore der Rumänischen Akademie der Wissenschaften in Bukarest, wo er am 31. 12. 1968 starb.

Werke

Von Sabin Drăgoiu sind 4 Opern aufgeführt worden. Er verfaßte ferner 3 sinfonische Dichtungen, ein Klavierkonzert, ein Dezett für Streicher, Bläser und Klavier, 30 Colinden und 10 Miniatoren für Klavier, ein Oratorium, eine Kantate, mehrere Messen und weitere Chorwerke sowie zahlreiche Lieder. Seinen Werken legte er Volksmelodien zugrunde. Er veröffentlichte mehrere Sammlungen rumänischer Volkslieder und zahlreiche Traktate über die Erforschung der rumänischen Volksmusik.

Domenico Dragonetti (1763–1846)

LEBEN
Domenico Dragonetti wurde am 7. 4. 1763 in Venedig geboren. Er war hauptsächlich Autodidakt und spielte bereits mit 13 Jahren am Teatro San Benedetto und 1787 im Markusdom als Kontrabassist mit. 1794 ging er nach London, wo er an der Oper, in den Ancient Concerts und in den Konzerten der Philharmonic Society mitwirkte. Er freundete sich mit Thomas Linley dem Jüngeren eng an. Beim Beethoven-Fest in Bonn im Jahr 1845 trat er als erster Kontrabassist auf. Er starb am 16. 4. 1846 in London.

WERKE
Von Domenico Dragonetti sind Konzerte, Sonaten und andere Stücke für Kontrabaß – solo und mit Klavier – erschienen, außerdem Streichquartette und 3 italienische Canzonetten. Er selbst spielte gern Cellomusik auf seinem Instrument, das er virtuos beherrschte.

LITERATUR
F. Caffi, Biografia di Domenico Dragonetti, Venedig 1846.

Giovanni Andrea Dragoni
(um 1540–98)

ZEIT UND UMWELT
Die römischen Komponisten, die mit Recht darauf pochen durften, daß sie von Palestrina persönlich unterrichtet wurden, waren eifrig bestrebt, die strenge Form ihres Lehrers zu wahren und sich genau an die Vorschriften des Konzils von Trient zu halten.

LEBEN
Giovanni Andrea Dragoni wurde um 1540 in Mendola geboren. Er war ein Verwandter der zweiten Frau Palestrinas, Virginia Dormili, und ein echter Schüler Palestrinas. Über dessen Vermittlung erhielt er die Kapellmeisterstelle an San Giovanni in Laterano, die er bis zu seinem Tod im Jahre 1598 versah.

WERKE
Von Giovanni Andrea Dragoni sind ein Buch sechsstimmige Madrigale, 4 Bücher fünfstimmige, ein Buch vierstimmige sowie ein Buch fünfstimmige Villanellen und ein Buch Motetten für fünf Stimmen erhalten. Alle diese Kompositionen sind formal völlig korrekt gearbeitet und bleiben streng innerhalb der von der Konzilskommission – allerdings nur für die Kirchenmusik – gesteckten Grenzen.

Erik Drake (1788–1870)

ZEIT UND UMWELT
Der Schriftsteller und Historiker Iwar Arwidsson (7. 8. 1791, Padasjoki, Finnland, bis 21. 6. 1858, Viborg) sammelte als Bibliothekar der Königlichen Bibliothek in Stockholm zahlreiche schwedische Volkslieder, die er in einem dreibändigen Werk herausgab.

LEBEN
Erik Drake wurde am 8. 1. 1788 in Föllinysö, Schweden, geboren. Er wirkte bis 1825 als Volksliedersammler und Komponist in seinem Geburtsort und anschließend in Stockholm, wo er ab 1826 als Lehrer für Musiktheorie tätig war. Er starb am 9. 6. 1870 in Stockholm.

WERKE
Die schwedischen Volksliedersammlungen von Erik Drake wurden von August Afzelius und Iwar Arwidsson für ihre Publikationen auf dem gleichen Gebiet viel benützt. Er komponierte »Sappho« für Sprecher und Chor, eine Mischung von Melodrama und Kantate, eine Operette, ein Violinkonzert, 2 Streich-

quartette, Stücke für Klavier und Lieder, außerdem schrieb er eine Harmonielehre.

LITERATUR

M. Tegen, Erik Drake, in: Svensk Tidskrift för Musikforsking XXV, 1943.

Sem Dresden (1881–1957)

LEBEN

Sem (Samuel) Dresden wurde am 20.4.1881 in Amsterdam geboren. Er studierte in Amsterdam bei Bernard Zweers (18.5.1854, Amsterdam, bis 9.12.1924, Amsterdam) und in Berlin bei Hans Pfitzner. Im Jahr 1919 wurde er Lehrer für Komposition und Musiktheorie am Konservatorium in Amsterdam, von 1937 bis 1945, unterbrochen durch die Zeit der deutschen Besetzung der Niederlande, wirkte er als Leiter des Konservatoriums in Den Haag. Er starb am 30.7.1957 in Den Haag.

WERKE

Das kompositorische Schaffen von Sem Dresden war stark von Claude Debussy beeinflußt. Von seinen zahlreichen Kompositionen sind ein Oratorium, »Thema und Variationen« für Orchester, 2 Violinkonzerte, ein Klavierkonzert, ein Oboenkonzert, ein Flötenkonzert, ein Orgelkonzert, eine Sinfonietta für Klarinette und Orchester, »Chorus tragicus« für gemischten Chor, Blechbläser und Schlagzeug, »Chorus sinfonicus« für Soli, Chor und Orchester, »99. Psalm« für Chor, vier Posaunen und Orgel, »84. Psalm« für Soli, Chor und Orchester, und 3 weitere Kantaten zu nennen. Er schrieb ferner 3 Sextette für Bläser und Klavier, ein Streichquartett, ein Klaviertrio, 2 Cellosonaten, Sonate für Flöte und Harfe und kleinere Klavierstücke. Im Verlauf seiner Schaffenszeit neigte er immer mehr dem Neuklassizismus zu.

Adam Drese (1620 – 1701)

ZEIT UND UMWELT

Das »Poetisch-Musikalische Lustwäldlein« wurde vom Dichter-Komponisten Georg Neumark 1652 in Hamburg herausgebracht. Die darin enthaltenen religiösen Gedichte weisen bereits einen starken Hang zu pietistischer Verzärtelung auf, die über den Rahmen dessen, was unter Barockdichtung verstanden wird, hinausgeht.

LEBEN

Adam Drese wurde im Dezember 1620 in Thüringen geboren. Herzog Wilhelm IV. von Weimar sandte ihn zu Mario Scacchi nach Warschau zur Ausbildung und stellte ihn 1652 selbst als Hofkapellmeister ein. Ab 1662 wirkte er in gleicher Eigenschaft in Jena und ab 1683 in Arnstadt, wo er am 15.2.1701 starb.

WERKE

Der deutsche Komponist Adam Drese brachte ein Buch mehrstimmiger Suiten heraus. Bekannt wurde er aber durch seine Choralmelodien zu dem von Georg Neumark herausgebrachten »Musikalischen Lustwäldlein«. Seine weiteren Kompositionen, Lieder, Motetten und andere Vokalwerke, sind verlorengegangen.

LITERATUR

H. Koch, Adam Drese, ein thüringischer Komponist, in: Thüringisch Fähnlein IV, Jena 1935.

Otto Dresel (1826–90)

LEBEN

Otto Dresel wurde am 20.12.1826 in Geisenheim am Rhein geboren. Er war Schüler von Ferdinand Hiller in Köln und von Felix Mendelssohn-Bartholdy in Leipzig. Er ging 1852 nach den USA und wirkte dort in New York und ab 1854 in Boston als Pianist und Musikschriftsteller. Im Jahr 1879 kehrte er nach Deutschland zurück, unterrichtete ein Jahr am Konservatorium und darauf als Privatlehrer bis 1883 in Leipzig. Dann fuhr er erneut nach Amerika. Er starb am 26.7.1890 in Beverly bei Boston.

WERKE

Von Otto Dresel sind ein Klavierquartett, ein Klaviertrio, eine Ballade für Sopran und Orchester und eine »Army Hymn« für Soli, Chor und Orchester bekannt und beliebt geworden, ferner eine Reihe von Klavierstücken. Er redigierte mit Robert Franz eine Ausgabe von Bachs Wohltemperiertem Klavier und allein ein vierhändiges Arrangement der Sinfonien von Ludwig van Beethoven.

Erwin Dressel (1909–72)

LEBEN

Erwin Dressel wurde am 10. 6. 1909 in Berlin geboren. Er studierte dort bei Wilhelm Klatte und Paul Juon. Von 1927 bis 1928 wirkte er als Musiklehrer am Schauspielhaus in Hannover, arbeitete sodann als freier Pianist und Arrangeur für Rundfunksendungen und von 1946 bis 1947 als Musikleiter an der »Jungen Bühne« in Hamburg. Anschließend war er als Solorepetitor an der Staatsoper und als freier Mitarbeiter am Rundfunk in Berlin tätig. Er starb am 17. 12. 1972 in Berlin.

WERKE

Neben einer Oper schrieb Erwin Dressel 4 Sinfonien, eine Cassation, ein »Caprice fantastique«, eine Serenade, ein Konzert für Oboe, Klarinette und Fagott mit Orchester, ein Klarinettenkonzert, ein Doppelkonzert für Sopran- und Altsaxophon, ein Bratschenkonzert, ein Klavierkonzert, 2 Streichquartette, ein Quartett für Oboe, Violine, Bratsche und Cello, ein Trio für Klarinette, Horn und Fagott, ein Streichtrio, 3 Gesänge, Lieder und Unterhaltungsmusik. Er ist Neuklassizist.

Ernst Christoph Dreßler (1734–79)

LEBEN

Ernst Christoph Dreßler wurde am 16. 8. 1734 in Greußen, Thüringen, geboren. Er studierte in Halle und Jena Theologie und Rechtswissenschaft und Poetik in Leipzig, nahm sodann Gesangstunden in Bayreuth, wo er Kammermusikus geworden war. Im Jahr 1763 wirkte er in gleicher Eigenschaft in Gotha und ab 1767 als Kapelldirektor in Wetzlar. Von 1771 bis 1774 war er Opernsänger in Wien und hierauf in Kassel bis zu seinem Tod am 6. 4. 1779.

WERKE

Das Liedschaffen von Ernst Christoph Dreßler – Sammlungen: »Meine Lieder«, »Melodische Lieder für das schöne Geschlecht« und »Freundschaft und Liebe« – tritt an Bedeutung weit hinter seine theoretischen Schriften über das Musiktheater zurück, mit denen er wertvolle Beiträge zum Entstehen einer deutschen Oper leistete.

Gallus Dreßler (1533 bis vor 1589)

ZEIT UND UMWELT

Die deutschen Gymnasien hatten für die Gestaltung ihrer Stundenpläne die sogenannten Freien Künste – Grammatik, Rhetorik, Dialektik, Arithmetik, Geometrie, Astronomie und Musik – als Grundmuster genommen, die seit der hellenistischen Zeit und besonders im Mittelalter als Allgemeinbildung verbindlich waren. Im Verlauf der Zeit traten mit Rücksicht auf die veränderten Lebensumstände Modifikationen der Lehrpläne ein, dem Musikunterricht wurde noch im 16. Jahrhundert und auch später ein breiter Raum belassen, weil gerade die Epoche des Humanismus die sittliche und pädagogische Wirkung der Musik ähnlich einschätzte wie die Antike. Die Kantoren spielten an den Schulen eine bedeutende Rolle und wurden deshalb sorgfältig ausgewählt.

LEBEN

Gallus Dreßler wurde am 16. 10. 1533 in Nebra an der Unstrut geboren. Er studierte in Jena und kam 1558 als Kantor an das Gymnasium in Magdeburg. Im Jahre 1575 erhielt er die Stelle eines Diakonus in Zerbst, wo er vor 1589 starb.

WERKE

Vom deutschen Komponisten und Musikerzieher Gallus Dreßler sind lateinische und deutsche Psalmen, 5 Bücher mit lateinischen Kirchenliedern, deutsche Gesänge und deutsche profane Lieder überliefert. Alle Werke sind vier- bis sechsstimmig und weisen eine Anlehnung an Clemens non Papa und Lasso auf, für die der Komponist offenbar eine große Vorliebe hegte; er entnahm bezeichnenderweise in seinen musiktheoretischen Werken die meisten Musikbeispiele seinen genannten Vorbildern.

Literatur

W. M. Luther, Gallus Dreßler. Ein Beitrag zur Geschichte des protestantischen Schulkantorats im 16. Jahrhundert, Kassel 1941.

Valentin Dretzel (1578–1658)

Zeit und Umwelt

Der Schwedenkönig Gustav II. Adolf (1594 bis 1632) rückte 1632 bis nach München und zum Bodensee vor. Die Stadt Nürnberg, wo sich seine Truppen festgesetzt hatten, wurde von seinen Gegnern belagert und dabei schwer beschädigt. Dadurch und durch die dem Dreißigjährigen Krieg folgende Zollpolitik der Großmächte büßte die Stadt ihre Bedeutung zu einem großen Teil ein, die Pflege der Musik wurde jedoch fortgesetzt.

Leben

Valentin Dretzel (Drechsel, Tretzel, Trexel) wurde am 30. 5. 1578 in Nürnberg getauft. Er erhielt eine Ausbildung im Orgelspiel und wirkte ab 1616 als Organist an der Spitalskirche, ab 1618 an der Lorenzkirche und ab 1634 an der Sebalduskirche bis zu seinem Tod im Jahr 1658. Er wurde am 23. 3. begraben.
Sein Bruder Michael Dretzel (getauft 23. 7. 1576, Nürnberg, begraben 13. 9. 1635, Nürnberg) war Lautenist in Nürnberg.
Sein Bruder Wolfgang Dretzel (getauft 11. 12. 1585, Nürnberg, begraben 1. 4. 1655, Nürnberg) war Instrumentalist in Nürnberg.
Dessen Sohn Georg Dretzel (um 1610, Nürnberg, bis nach 1676, Schwäbisch Hall) war von 1640 bis 1651 Organist in Schwäbisch Hall.

Werke

Von dem deutschen Organisten und Komponisten Valentin Dretzel sind »Vier Teutsche Geistliche Gesänglein« für vier bis fünf Stimmen, ein achtstimmiges deutsches Magnificat, eine Motettensammlung und viele Gelegenheitsgesänge erhalten. Alles gehört dem alten Stil an.
Georg Dretzel hat eine Reihe von Gelegenheitsgesängen im alten Stil verfaßt.

Johann Melchior Dreyer (1747–1824)

Zeit und Umwelt

Einfachheit, schöne Harmonien, ansprechende Melodien, naive Wortausdeutung, volksliedhafte Faktur fanden gerade in vorromantischer Zeit viel Anklang.

Leben

Johann Melchior Dreyer wurde am 24. 6. 1746 in Röttingen, Franken, geboren. Er war ab 1779 Organist am Reichsstift Ellwangen, Württemberg, und ab 1790 auch Stiftskapellmeister. Nach der Säkularisation des Stifts im Jahr 1803 war er als Kapellmeister für die Stadt Ellwangen tätig, wo er am 22. 3. 1824 starb.

Werke

Die von Johann Melchior Dreyer hinterlassene orchestral begleitete Kirchenmusik war sehr klangvoll. Er schrieb nach dem Vorbild Michael Haydns Messen auf deutschen Text und förderte damit den noch seltenen katholischen Kirchengesang in der Volkssprache.

Alexander Dreyschock (1818–69)

Zeit und Umwelt

Das »Zeitalter der Virtuosen« dauerte bis zum Ende des 19. Jahrhunderts an. Die Möglichkeiten für reisende Instrumentalisten und Sänger steigerten sich sogar von Jahr zu Jahr. Ihre technischen Fähigkeiten erfuhren jedoch keinen nennenswerten Aufstieg. Sie schrieben zum Großteil für sich selbst und konnten das

Alexander Dreyschock, nach einer Lithographie von J. Kriehuber

natürlich spielen. Fremden Kompositionen gingen sie zumeist aus dem Weg.

LEBEN

Alexander Dreyschock wurde am 15.10.1818 in Žak bei Čáslav, Böhmen, geboren. Er war in Prag Schüler von Václav Jan Tomášek. Dann reiste er viele Jahre als Klaviervirtuose durch Europa, bis er 1862 in St. Petersburg Lehrer am Konservatorium, Direktor der Theatermusikschule und Hofpianist wurde. Das strenge russische Klima zwang ihn, 1868 das Land zu verlassen. Er starb am 1.4.1869 in Venedig.

WERKE

Die zahlreichen Kompositionen von Alexander Dreyschock waren äußerst brillante Salonmusik, aus der sein Klavierkonzert in d-Moll herausragt.

Kurt Driesch (1904 – 88)

LEBEN

Kurt Wilhelm Cäsar Driesch wurde am 15.5. 1904 in Heidelberg geboren. Er studierte von 1919 bis 1922 am Konservatorium in Köln Theorie bei Friedrich Wilhelm Franke, am Konservatorium in Leipzig bis 1927 Tonsatz bei Stephan Krehl und Klavier bei Robert Teichmüller, sodann bis 1930 an der Kölner Musikhochschule Komposition bei Walter Braunfels und Philipp Jarnach. Nach anfänglicher Tätigkeit als Korrepetitor und Kapellmeister lebte er ab 1948 als freischaffender Komponist in Köln, wo er am 6.6.1988 starb.

WERKE

Die ungefähr 90 Werke von Kurt Driesch reichen von der Oper bis zur Filmmusik, von der Sinfonie bis zum Lied. Stilistisch steht er dem deutschen Expressionismus nahe. Er schrieb 2 Opern, eine Sinfonie, ein Divertimento für Flöte, Klarinette und Streichorchester, eine Cassation für Violine, Cello und Schlagzeug, »Drei Reihen« für Orchester, eine Serenade für acht Instrumente und Schlagzeug, ein Bläserquintett, eine Sinfonietta, 5 Streichquartette, verschiedene Chöre und viele Lieder.

Johannes Driessler (geboren 1921)

LEBEN

Johannes Driessler wurde am 26.1.1921 in Friedrichsthal, Saar, geboren. Nach seiner Ausbildung am Konservatorium in Saarbrükken studierte er bei Wilhelm Maler in Köln. Er wirkte von 1946 bis 1954 als Lehrer für Tonsatz an der Nordwestdeutschen Musikakademie in Detmold, wo er eine Kirchenmusikabteilung gegründet hatte. Seit 1958 ist er dort Professor für Komposition.

WERKE

Neben 6 Opern, mehreren Oratorien verfaßte Johannes Driessler zahlreiche Vokalwerke, zum Teil sakraler Natur: Chöre, Messen, Kantaten, Motetten, Passionen, Psalmen, Gesänge und Lieder mit Orchester, mit kleineren Ensembles und a cappella. Außerdem schrieb er 3 Sinfonien, ein Cellokonzert, ein Hornkonzert, ein Klavierkonzert, Chorsinfonien, ein Streichquartett, mehrere Trios, Gesänge und Lieder, Klavierstücke sowie Orgelstücke. Sein Beitrag zur Kirchenmusik unseres Jahrhunderts ist sehr bedeutend.

Karl Ludwig Drobisch (1803–54)

ZEIT UND UMWELT

Der Mathematiker und Philosoph Moritz Wilhelm Drobisch (16.8.1802, Leipzig, bis 30.9. 1896, Leipzig) beschäftigte sich eingehend mit der mathematischen Bestimmung der Tonhöhenverhältnisse und veröffentlichte mehrere äußerst instruktive Werke über dieses Problem; sie sind für die Orientierung im musikalischen Rechnungswesen grundlegend. Er verfocht das Zwölfhalbtonsystem, anerkannte jedoch in seiner letzten Schrift die »reine Stimmung und Temperatur der Töne«. Seine anderen musiktheoretischen Erörterungen haben zeitgenössische Komponisten stark beeinflußt.

LEBEN

Karl Ludwig Drobisch wurde am 24.12.1803 in Leipzig als Bruder von Moritz Wilhelm Drobisch geboren, der ihm theoretischen Musikunterricht erteilte. Im Jahr 1826 war er selbst Musiklehrer in München und ab 1837 Kapellmeister der evangelischen Kirchen der Stadt. Er starb am 20.8.1854 in Augsburg. Sein Sohn Eugen Drobisch (11.6.1839, Augsburg, bis 30.1.1901, Osnabrück) war Schüler von Franz Lachner in München und wirkte als Dirigent in Rotterdam, Landau und Minden.

WERKE

Von Karl Ludwig Drobisch sind zahlreiche sakrale Kompositionen im Druck erschienen, außerdem die Oratorien »Bonifacius«, »Des Heilands letzte Stunde«, »Moses auf Sinai«. Eugen Drobisch schrieb Chorwerke, Lieder und Klavierstücke, die deutlich klassizistische Merkmale aufweisen.

Maximilian Friedrich von Droste-Hülshoff (1762–1840)

LEBEN

Maximilian Friedrich Freiherr von Droste-Hülshoff wurde am 22. 10. 1762 in Hülshoff bei Münster geboren. Er war zuerst Domherr in Münster, lebte sodann ganz der Musik. Er starb am 8. 3. 1840 in Alst, Westfalen.

Annette von Droste-Hülshoff, Ölgemälde von W. Stiehl

Seine Nichte Annette Freiin von Droste-Hülshoff (10. 1. 1797, Hülshoff, bis 24. 5. 1848, Meersburg) war Dichterin und Musikerin.

WERKE

Von an Joseph Haydn geschulten Werken von Maximilian Friedrich von Droste-Hülshoff sind 3 Streichquartette und »Das große Halleluja« im Druck erschienen. Er schrieb außerdem 11 Streichquartette, 3 Streichdivertimenti, 5 Streichquintette, 4 Sinfonien, 4 konzertante Stücke, eine Konzertarie, 2 Messen, 3 Te Deum, mehrere Chorwerke und geistliche Lieder, 3 Opern und zahlreiche Klavierstücke.
Annette von Droste-Hülshoff schrieb 3 unvollendet gebliebene Opern, eine Anzahl Lieder und Volksliedbearbeitungen, darunter die Bearbeitung der Weisen des Lochamer Liederbuchs (1452–60), das 42 deutsche Lieder und eine lateinische Kontrafaktur enthält.

LITERATUR
Annette von Droste-Hülshoff als Musikerin, Archiv für Musikwissenschaft X, 1953.

Jean-Baptiste Drouart de Bousset
(1662–1725)

ZEIT UND UMWELT
Obwohl König Ludwig XIV. nahezu ausschließlich in Versailles residierte, waren auch in seiner Pariser Residenz im Louvre alle für einen Hofstaat erforderliche Dienerschaft und auch eine Königliche Kapelle verfügbar.

LEBEN
Jean-Baptiste Drouart (Drouas) de Bousset wurde 1662 in Asnières bei Dijon geboren. Er war Chorknabe an der Ste-Chapelle in Dijon und später Musiklehrer. Im Jahr 1696 kam er nach Paris und wirkte dort als Gesanglehrer und als Kapellmeister der Chapelle Royale des Louvre. Er starb in Paris am 3. 10. 1725.

WERKE
Der französische Komponist Jean-Baptiste Drouart de Bousset verfaßte 40 Bücher Airs sérieux et à boire für eine bis drei Stimmen und Generalbaß, Airs spirituels und weitere Sammlungen verschiedener Airs sowie etliche Motetten, von denen einzelne ein beachtliches Niveau erreichten.

Louis Drouet (1792–1873)

ZEIT UND UMWELT
In der Epoche der Romantik wurden Spielmöglichkeiten und Klang der Flöte erheblich verbessert, so daß sie weiterhin im Solo oder als melodieführendes Orchesterinstrument vielfache Verwendung fand. Die wahlweise Vorschreibung von Diskantinstrumenten – Violine, Oboe oder Flöte – hatte aber aufgehört, weil jedes Instrument klangfarbenspezifisch eingesetzt und damit auch seine Technik voll ausgenützt wurde.

LEBEN
Louis François Philippe Drouet wurde am 14.4.1792 in Amsterdam geboren. Er war in Paris Schüler von Étienne Nicolas Méhul und Antonín Rejcha und entwickelte sich bald zu einem der besten Flötisten der Zeit. Mit 15 Jahren wirkte er bereits als Solist in der Kapelle des Königs von Holland, Louis Bonaparte; Napoleon rief ihn 1810 nach Paris, Ludwig XVIII. ernannte ihn zum Ersten Flötisten der Königlichen Kapelle. Die Rivalität von Jean-Louis Tulou veranlaßte ihn 1817 jedoch, nach London überzusiedeln. Von dort aus bereiste er ganz Europa als Virtuose, bis er 1840 Hofkapellmeister in Coburg wurde. Im Jahr 1854 konzertierte er in New York, lebte darauf längere Zeit in Frankfurt am Main und zuletzt in Bern, wo er am 8.9.1873 starb.

WERKE
Von Louis Drouet sind ungefähr 150 Kompositionen für Flöte überliefert, darunter 10 Konzerte für Flöte und Orchester, Variationen und Fantasien über Opernarien, Duos für Flöten, eine Sonate für Flöte und Klavier und zahlreiche Etüden.

Learmont Drysdale (1866–1909)

LEBEN
George John Learmont Drysdale wurde am 3.10.1866 in Edinburgh geboren. Er wirkte bereits während seines Architekturstudiums als Organist an der Parochialkirche von Greenside und ab 1887 als Suborganist an All Saints' in Kensington. Im Jahr 1888 trat er in die Royal Academy of Music ein und leitete von 1906 bis 1907 den Glasgow Select Choir. Sodann lebte er in Edinburgh als Komponist, wo er am 18.6.1909 starb.

WERKE
Von Learmont Drysdale sind mehrere ausgezeichnete Kantaten und Chorballaden, Orchesterstücke, eine Konzertouvertüre, zahlreiche Klavierstücke und Lieder, außerdem eine Anzahl Opern erschienen. Er bearbeitete viele schottische Lieder.

Robert Du Buisson
(um 1650 bis um 1700)

ZEIT UND UMWELT
Ludwig XIV. beschäftigte eine große Anzahl Musiker. Neben der Hofkapelle, den verschiedenen Kirchenkapellen, den Violinenensembles, den Militärkapellen, den Lautenisten und Sängern, den Musikern der Oper und Begleitern der Ballette standen ihm noch verschiedene Instrumentalisten – zumeist ausgesuchte Virtuosen – zur Verfügung, die bei verschiedenen Gelegenheiten herangezogen wurden. Sie hatten zwar feste, in Rangstufen aufgeteilte Posten, wurden jedoch gelegentlich nach Bedarf ausgetauscht. Die Besoldung war in jedem Fall ausreichend, so daß sich die Musiker ohne Daseinssorgen der Komposition widmen konnten.

LEBEN
Robert Du Buisson wurde um 1650 vermutlich in Paris geboren. Er war Mitglied der Privatkapelle König Ludwigs XIV., dürfte sich vorwiegend in Versailles aufgehalten haben und dort um 1700 gestorben sein.
Ungefähr gleichzeitig lebte in Paris ein Du Buisson (um 1655, Paris, bis 1710, Paris), dessen Vorname nicht überliefert ist. Wahrscheinlich nahm auch er einen Posten bei Hof ein.

WERKE
Vom französischen Komponisten Robert Du Buisson sind Motetten und eine Kantate »Le Triomphe de la Paix« (Der Triumph des Friedens) überliefert.
Du Buisson ohne Vorname brachte 7 Bücher Airs sérieux et à boire heraus.

LITERATUR
G. Bouvet, Musiciens oubliés, musique retrouvée, Paris o. J.

Du Fault (um 1610 bis nach 1669)

ZEIT UND UMWELT
Obschon das Cembalo um die Mitte des 17. Jahrhunderts in England zum beherrschenden Instrument geworden war, wurden wirklich gute Lautenisten noch immer willkommen geheißen.

LEBEN
Du Fault (Dufault, du Faulx) – der Vorname ist nirgends überliefert – wurde um 1610 in Frankreich geboren und erreichte mit seinem Instrument schon bald einen großartigen Ruf. Er war Schüler von Denis Gaultier, was schon an und für sich eine Empfehlung war. Einen zumindest ebenso hohen Berühmtheitsgrad erreichte er in England, wohin er sich um 1669 begeben hatte. Es ist nicht bekannt, ob er dort oder in Frankreich gestorben ist.

WERKE
Vom französischen Lautenisten und Komponisten Du Fault sind 12 vorzügliche Lautenstücke in einer Tabulatur erschienen, weitere liegen in beträchtlicher Anzahl handschriftlich vor. Sie zeichnen sich durch gewagte Harmonien und eine improvisatorische Faktur aus.

LITERATUR
L. de la Laurencie, Les Luthistes, Paris 1928.

Pierre Du Mage (1674–1751)

ZEIT UND UMWELT
François Thierry (1677, Paris, bis 22. 5. 1749, Paris) war Abkömmling einer berühmten Pariser Orgelbauerdynastie. Er errichtete oder erweiterte einige berühmte Orgeln an Pariser Kirchen und baute in den Jahren von 1730 bis 1733 auch die Orgel an Notre-Dame um.

LEBEN
Pierre Du Mage wurde am 23. 11. 1674 in Beauvais geboren. Er war in Paris Schüler von Louis Marchand, dann wurde er Organist an der Kollegialkirche von Saint-Quentin und 1710 an der Kathedrale von Laon. Im Jahr 1733 spielte er an Notre-Dame in Paris die von François Thierry neu gebaute Orgel, kehrte aber nach einigen Jahren

wieder an die Kathedrale von Laon zurück, wo er am 2. 10. 1751 starb.

WERKE

Der französische Organist und Komponist Pierre Du Mage brachte 2 Bücher mit Orgelkompositionen heraus, von denen das erste erhalten ist.

Suite in d-Moll für Orgel, 8 Teile

Auf das einleitende Plenum, das aus 2 Teilen besteht, folgt eine vierstimmige Fuge, dann reihen sich das Trio mit interessanter Farbgebung, das Terzett, in dem der Baß die Stimmführung übernimmt, der Satz mit dem Baß im Trompetenregister, der Récit (Themenvortrag) und ein fröhliches Duo an. Den Schluß bildet wieder ein Plenumspiel mit breitem Ausklang.

Henry Du Mont (1610–84)

ZEIT UND UMWELT

Der Generalbaß wurde von der französischen Musik verhältnismäßig spät übernommen. Die Kirchenmusiker hielten lang an der alten Polyphonie fest und wandten auch den venezianischen konzertanten Stil nur zögernd an. Da die zeitgenössische Musik als klangabstinent bezeichnet werden muß, weil Wortbedeutung und Versrhythmus die Vertonung beherrschten, fehlte jede musikalische Anregung.

LEBEN

Henry Du Mont wurde 1610 in Villers-l'Évêque bei Lüttich geboren. Sein ursprünglicher Name lautete Henry de Thier, den er um 1635 französisierte. Er war Chorknabe an der Kollegialkirche in Maastricht, dann wurde er 1640 Organist an St-Paul in Paris und versah diese Stelle bis zu seinem Tod am 8. 5. 1684. Gleichzeitig wirkte er ab 1660 als Cembalist der Königin und ab 1663 als einer der vier Kapellmeister der Königlichen Kapelle; 1673 wurde er Leiter der Musik der Königin.

WERKE

Der wallonische Komponist Henry Du Mont hat, abgesehen von etlichen Liedern und Instrumentalstücken, nur Kirchenmusik geschrieben. Er gilt als Begründer der französischen Kirchenmusik des 17. Jahrhunderts; jedenfalls gehörte er zu den ersten in Frankreich, die dabei den Generalbaß anwendeten. Seine geistlichen Gesänge sind von Instrumenten begleitet, seine sakralen Chansons, Motetten und Magnificat haben Generalbaß, seine Präludien sind von einer Orgel und von Violinen begleitet. Auch die großen für die Ste-Chapelle verfaßten Motetten haben konzertanten Charakter. Außerdem schrieb er 5 gregorianische Messen, die er »Königsmessen« nannte, obschon sie nie in der Chapelle Royale gesungen wurden.

LITERATUR

H. Quittard, Un musicien en France au XVIIe siècle: Henry Du Mont, Paris 1906.

Jacques Du Phly (1715–89)

ZEIT UND UMWELT

Jacques Boyvin (um 1653–1706) und dessen Schüler François d'Agincour (1684–1758) bewiesen, daß auch in Rouen die Begründung eines eigenständigen, von der Hauptstadt losgelösten Musiklebens möglich gewesen wäre. Aber auch diese Meister gingen, wie ihre Schüler, nach Paris, um sich dort zu bewähren.

LEBEN

Jacques Du Phly (Duphly, Duflitz) wurde am 12. 1. 1715 in Rouen geboren und von François d'Agincour zum Komponisten und Cembalisten ausgebildet. Um 1730 erhielt er die Ernennung zum Organisten an der Kathedrale von Évreux, 1734 an St-Éloi in Rouen und 1740 an Notre-Dame-da-Ronde. Er trat in verschiedenen Salons von Paris als Virtuose auf und verließ 1742 Rouen endgültig, um sich in der Hauptstadt als Cembalist und Cembalolehrer niederzulassen. Er starb am 15. 7. 1789 in Paris.

WERKE

In den 4 Büchern mit Cembalostücken ist jedes mit Namen oder Titeln von Freunden,

Bekannten, Schülern und auch mehrerer fremder Persönlichkeiten betitelt, die nach dem Muster von François Couperin pianistisch beschrieben werden.

LITERATUR

A. Pirro, Les clavecinistes, Paris 1924.

Théodore Dubois (1837–1924)

ZEIT UND UMWELT

Neben dem profanen Oratorium wurde das sakrale besonders in Frankreich auch in der zweiten Hälfte des 19. Jahrhunderts gepflegt; allerdings waren seine Verfasser zumeist Kirchenmusiker, die ihre Komposition auch musikalisch streng von der profanen Musik abgrenzten, um den sakralen Gehalt nicht zu verwässern. Aufführungsschauplätze waren zumeist Kirchen. Nur manche wuchsen mit ihrem poetischen und musikalischen Gehalt über die reine Kirchenmusik hinaus und gewannen ihre künstlerische Allgemeingültigkeit im Konzertsaal.

LEBEN

François Clément Théodore Dubois wurde am 24. 8. 1837 in Rosnay, Marne, geboren. Er trat sehr früh in das Conservatoire in Paris ein und wurde dort Schüler von Antoine François Marmontel, François Bazin, François Benoist und Ambroise Thomas. Er erhielt den Rompreis und wurde nach seiner Rückkehr Kapellmeister und 1869 Chordirigent an Ste-Clotilde und wirkte sodann von 1877 bis 1896 als Organist an der Madeleine. Am Conservatoire wurde er 1871 Harmonielehrer und 1896 Direktor. Er starb am 11. 6. 1924 in Paris.

WERKE

Neben 5 Opern und einem Ballett, die mit Erfolg aufgeführt wurden, verfaßte Théodore Dubois die Oratorien »Die sieben Worte Christi« und »Das verlorene Paradies«, die beide zu den Spitzenleistungen der französischen Oratorienliteratur des 19. Jahrhunderts gezählt werden. Er schrieb ferner mehrere Orchestersuiten, ein Klavierkonzert, einige sehr wertvolle sinfonische Dichtungen, ein Doppelquintett, 2 Streichquartette, eine lateinische Ode für Solo, Chor und Orchester, Messen, Motetten, Klavierstücke und einige Lieder.

Matthew Dubourg (1703–67)

ZEIT UND UMWELT

Die kleinen privaten Konzertunternehmer in London trugen viel dazu bei, daß das Interesse für Musik bei den breiten Volksschichten wach blieb. Sie förderten auch Talente aus dem Volk, die sonst vermutlich nicht zur Entfaltung gekommen wären.

LEBEN

Matthew Dubourg wurde 1703 in London geboren. Er lernte als Autodidakt Violine und trat im »Konzertsaal« des Kohlenhändlers Thomas Britton mit einem Solo von Arcangelo Corelli auf. Von da an stieg seine Karriere steil an. Er wurde Kapellmeister in Dublin und 1752 Leiter der King's Band in London, wo er, hoch geehrt, am 3. 7. 1767 starb.

WERKE

Von Matthew Dubourg sind nur wenige Kompositionen erhalten. Es handelt sich um einige Gelegenheitswerke und Violinkonzerte, außerdem um Konzertstücke für Bläser. Von den Zeitgenossen wurden seine Solokadenzen (die nicht aufgezeichnet sind) bei Violinkonzerten gerühmt. Er hatte sich aus eigener Kraft zum Virtuosen, Dirigenten und Komponisten emporentwickelt.

Philippe Duc (um 1530 bis nach 1586)

ZEIT UND UMWELT

Wenn auch im 16. Jahrhundert die flandrischen Quellen allmählich versiegten, aus denen das damalige musikalische Europa mit Musikern und Musik versorgt wurde, und sich überall eigene Zentren der Musikentwicklung gebildet hatten, so fanden doch Musiker aus dem franko-flämischen Raum leicht Aufnahme und ein Betätigungsfeld, weil dieses Herkunftsland noch immer als Empfehlung galt.

LEBEN
Philippe Duc (le Duc, de Duc) wurde um 1530 in Flandern geboren. Über seine Jugend ist nichts bekannt; es ist auch nicht feststellbar, wann er nach Italien gekommen ist. Er dürfte in Padua gewirkt haben. Da er einzelne Kompositionen dem österreichischen Erzherzog Karl widmete, wird angenommen, daß er sich auch zeitweilig in Graz aufgehalten hat. Er ist vermutlich nach 1586 in Italien gestorben.

WERKE
Von Philippe Duc sind in der Zeit von 1570 bis 1586 in Venedig mehrere Bücher mit vier- bis sechsstimmigen Madrigalen erschienen. In Handschriften und Sammelpublikationen finden sich weitere Madrigale, Motetten und auch Messen. Alle diese Kompositionen weisen auf eine Ausbildung des Meisters in seiner Heimat hin. Sie sind gut gearbeitet und haben einen beträchtlichen künstlerischen Wert.

LITERATUR
A. Einstein, The Italian Madrigal, Princeton 1970.

Pauline Duchambge (um 1778–1858)

ZEIT UND UMWELT
Die Dichter François René de Chateaubriand (1768–1848), Pierre Jean de Béranger (1780 bis 1857), Alphonse de Lamartine (1790–1869), Alfred de Vigny (1797–1863) und Victor Hugo (1802–85) können als Hauptvertreter der französischen literarischen Frühromantik angesprochen werden. Ihre Gedichte, vor allem die Romanzen, wurden vielfach vertont.

LEBEN
Charlotte Antoinette Pauline Duchambge geborene du Montet wurde um 1778 auf Martinique geboren. Sie wurde von Luigi Cherubini, Jan Ladislav Dusík und François Auber ausgebildet und lebte als gefeierte Komponistin von Romanzen bis zu ihrem Tod am 23. 4. 1858 in Paris.

WERKE
Von Pauline Duchambge sind ungefähr 400 Romanzen auf Gedichte von zeitgenössischen romantischen Literaten wie Chateaubriand, Béranger, Lamartine, Vigny und Hugo und der Dichterin Marceline Desbordes-Valmore (1786–1859) erschienen, die durch ihre Melancholie und den Reichtum ihres Gefühlsausdrucks den Romantizismus des frühen 19. Jahrhunderts in Frankreich kennzeichneten.

Benedictus Ducis (um 1490–1544)

ZEIT UND UMWELT
Schon in den zwanziger Jahren des 16. Jahrhunderts bildeten sich zahlreiche evangelische Gemeinden, es gab jedoch zumindest anfänglich zu wenig, um allen Theologen, die der Lehre Luthers folgten, eine Pfarrerstelle zu geben. Es ist erstaunlich, wie zahlreiche Kleriker in gehobenen, gut dotierten Stellen alles aufgaben und sich mit einer kleinen Pfarrei, mit einer Kantorenstelle begnügten oder ihr Leben als Schullehrer oder Gemeindeschreiber fristeten.

LEBEN
Benedictus Ducis (Benedikt Herzog) wurde um 1490 in der Nähe von Konstanz geboren. Über sein Leben und seine Tätigkeit gibt es wenig gesicherte Informationen. Die Behauptung, daß er Organist an Notre-Dame in Antwerpen und sodann Mitglied der Königlichen Kapelle in London gewesen sei, ist nicht hinreichend belegt und wahrscheinlich so falsch wie die Annahme, daß er aus Flandern stamme. Es dürfte eine Verwechslung mit Benedictus de Opitiis vorliegen. Es wird vermutet, daß er sich nach 1520 in Österreich aufgehalten hat, um zu studieren. In den zwanziger Jahren schloß er sich der Reformation an, bewarb sich 1532 vergebens um eine Pfarrstelle in Ulm und mußte sich mit der Stelle in Stubersheim begnügen, bis er 1535 Pfarrer in

Schalkstetten (bei Ulm) wurde. Er starb in Schalkstetten im Jahre 1544.

WERKE
Die Behauptung, daß Ducis Schüler Josquins gewesen sei, ist nicht bewiesen und durch Stilvergleiche beider Meister sogar unwahrscheinlich. Ducis folgt in seinen Kompositionen deutlich den von Isaac vorgezeichneten Linien. Erhalten sind ungefähr 20 Gesänge mit deutschen religiösen Texten, in denen trotz ihrer Bestimmung als Gebrauchsmusik die Kunst nicht zu kurz kommt. Neben der dem Zweck entsprechenden einfachen Melodieführung und Harmonisierung liegt jene echte Musik darin, aus der sich die evangelische Kirchenmusik bis zu Bachs Kantaten entwickelte. Seine Horaz-Vertonungen sind nicht überliefert. Die Zuschreibung einer Elegie auf den Tod Josquins und einer zweiten zum Ableben von Erasmus von Rotterdam dürfte ebenso auf einem Irrtum beruhen wie die von einer Reihe französischer Chansons.

LITERATUR
Fr. Spitta, Benedictus Ducis, Monatsschrift für Gottesdienst und kirchliche Kunst XVIII, 1912.

Andreas Düben (um 1590–1662)

ZEIT UND UMWELT
Unter den Königen Gustav II. Adolf (1594 bis 1632) und Karl X. Gustav (1622–60) setzte die Entwicklung des schwedischen Musiklebens ein, soweit es die kriegerischen Ereignisse erlaubten. Die führenden Stellen wurden vorerst zum großen Teil von Ausländern besetzt, denen Angehörige naturalisierter Familien folgten, bis schließlich eigene Landsleute in genügender Anzahl ausgebildet waren.

LEBEN
Andreas Düben wurde um 1590 vermutlich in Wurzen geboren. Er war von 1614 bis 1620 Schüler von Jan Pieterszoon Sweelinck in Amsterdam. Darauf wurde er Hoforganist in Stockholm, 1625 Organist der deutschen Kirche der Stadt und 1640 Hofkapellmeister. Er starb in Stockholm am 7. 7. 1662.
Sein Vater Andreas Düben (27. 5. 1558, Lützen, bis 19. 5. 1625, Leipzig), Sohn des Musikers Michael Düben (um 1536, Lützen, bis 1600, Lützen), war Organist in Wurzen und ab 1595 Thomasorganist in Leipzig.

WERKE
Der deutsche Komponist und Organist Andreas Düben gehörte zu den Schülern Sweelincks, die dessen Orgelkunst in die nordischen Staaten brachten. Von seinen Kompositionen ist nicht viel erhalten: Zur Beerdigung des Königs Gustav II. Adolf schrieb er eine Motette für achtstimmigen Doppelchor und anläßlich der Beisetzung des Königs Karl X. Gustav ein Miserere für fünf Stimmen und Generalbaß. Außerdem sind von Düben mehrere vier- und fünfstimmige Tänze überliefert. Sein Kompositionsstil vereinigt traditionelle Haltung mit maßvoller Anwendung aller Neuerungen. Seine wenigen erhaltenen Kompositionen für Orgel erinnern an seinen Lehrer in Amsterdam.

Gustaf Düben (1624–90)

ZEIT UND UMWELT
Nach der kostspieligen Teilnahme am Dreißigjährigen Krieg und den Abenteuern König Karls X. Gustav gelang es dessen Sohn Karl XI. (1655–97), Schweden politisch und wirtschaftlich zu konsolidieren. Er förderte seine Hofkapelle weniger aus eigenem Interesse an Musik, sondern weil sie ein unerläßlicher Bestandteil einer Hofhaltung war.

LEBEN
Gustaf Düben, der Sohn von Andreas Düben dem Jüngeren, wurde 1624 in Stockholm geboren. Er trat 1647 in die königliche Hofkapelle in Stockholm ein und wurde 1663 Hofkapellmeister und Organist der deutschen Kirche der Stadt, in der er am 19. 12. 1690 starb.
Seine Söhne Gustaf Düben (1659, Stock-

holm, bis 1726, Stockholm) und Anders Düben (1673, Stockholm, bis 1738, Stockholm) waren Stockholmer Hofkapellmeister.

WERKE
Vom schwedischen Komponisten und Organisten Gustaf Düben ist eine Anzahl Arien, Chöre und Tänze erhalten. Die Kompositionen folgen dem in Norddeutschland, vor allem in Hamburg angewendeten Stil. Die aus Deutschland eingewanderte Familie Düben hat viel zur Entwicklung eines eigenständigen schwedischen Stils beigetragen.

Johannes Dürrner (1810–59)

ZEIT UND UMWELT
Die soziologische und politische Bedeutung der Männerchorvereinigungen wurde von den deutschen Regierungen des 19. Jahrhunderts bald erkannt. Wenn auch in den meisten Fällen die Musikausübung das primäre Ziel dieser Männerbünde war, so war doch ihre gesellschaftliche Funktion beinahe ebenso wichtig; sie pflegten nicht nur das deutsche Lied, sondern waren auch in vielen Fällen vaterländisch ausgerichtet.

LEBEN
Rupert Johannes Julius Dürrner wurde am 15.7.1810 in Ansbach geboren. Er studierte im Lehrerseminar in Nürnberg und erhielt dort auch seine musikalische Ausbildung. Im Jahr 1831 wurde er Stadtkantor in Ansbach, wo er einen Liederkranz gründete. Von 1840 bis 1843 nahm er in Leipzig bei Ferdinand David Unterricht im Violinspiel und bei Moritz Hauptmann in Komposition. 1844 folgte er einem Ruf als Dirigent und Musiklehrer nach Edinburgh. Er starb am 10.6.1859 in Edinburgh, wo er sich des Laienchorgesanges sehr angenommen hatte.

WERKE
Die zahlreichen Kompositionen von Johannes Dürrner, der zu den erfolgreichsten Männerchormeistern des 19. Jahrhunderts zählte, wurden in allen Chorvereinigungen Deutschlands bis in das 20. Jahrhundert gesungen. Er veröffentlichte außerdem eine große Anzahl von Liedern und Gesängen für eine Singstimme mit Klavierbegleitung, die sehr verbreitet waren.

LITERATUR
Th. Stettner, Johannes Dürrner, Erlangen 1936.

Antonio Dueto (um 1535 bis nach 1594)

ZEIT UND UMWELT
Andrea Doria, der durch die Constitution des Jahres 1528 Genua unter eine Adelsherrschaft stellte, machte die Stadt zum Satelliten und zugleich Geschäftspartner Spaniens. Das brachte für einzelne Unternehmer und Bankiers der Stadt einen ungeheuren wirtschaftlichen Aufschwung. Dieser Reichtum drückte sich durch eine Reihe von Prunkbauten und eine großzügige Dotierung kultureller Einrichtungen der Stadt aus, von denen der prächtige Dom San Lorenzo nicht ausgenommen war.

LEBEN
Antonio Dueto wurde um 1535 in Piemont geboren. Seine Ausbildung genoß er vermutlich in Genua, wo er 1583 Kapellmeister und 1584 Kanonikus am Dom wurde. Er starb nach 1594 in Genua.

WERKE
Der italienische Komponist Antonio Dueto brachte in Venedig 6 Bücher mehrstimmige Madrigale heraus, die im Schatten der konservativen Mailänder Schule stehen. Von der Kirchenmusik, die Dueto angeblich geschrieben hat, ist nur eine fünfstimmige Motette erhalten, die sehr schön ist. In zeitgenössischen Sammeldrucken finden sich weitere Madrigale des Komponisten und kleinere Sätze.

Guillaume Dufay (um 1400–74)

ZEIT UND UMWELT
Das 15. Jahrhundert bietet wie das darauffol-

gende ein vollkommen anderes Bild als das 14., in dem man allerdings in allen Zweigen der Wissenschaft und der Kunst die Vorboten der kommenden Umwälzungen deutlich erblicken kann. Die Humanisten, zu denen sich bald auch viele Mächtige der Kirche stellten, verfochten eine Synthese antiker Denkformen mit christlichen Grundsätzen. Gleichzeitig brannten aber in ganz Europa die Scheiterhaufen, auf denen Ketzer und Hexen starben. Krasseste Intoleranz und verstehendes Anerkennen gegnerischer Meinungen, tiefer Aberglaube und aristotelische Philosophie, mystische Geheimbünde und exakte Forschung existierten eng nebeneinander. Aber trotz Unwissenheit, Elend und Angst, Hilflosigkeit und Gewalt war die zentrale Stellung des Menschen mehr oder weniger verdeckt deutlich. Dieses neue Weltbild beherrschte auch die Musik jener Zeit. Sie wurde für den Menschen geschaffen und aufgeführt, sie rückte von ihrer Rolle als Bestandteil sakraler Vorgänge um einiges ab, sie diente nicht mehr nur als Ausdrucksverstärkung des Wortes, sie begann in ihre zukünftige Funktion als Kunstgattung, deren Zweck in ihr selbst liegt, hineinzuwachsen.
Der Hennegau wurde zur Wiege dieser neuen Musik, ihre erste Pflegestätte war Burgund, wo sich die Wege der Politik, des Handels und des wissenschaftlichen und künstlerischen Gedankenaustausches kreuzten und der Mittelpunkt des Dreieckes England–Italien–Frankreich lag. Man hatte daher dieser Musik die Bezeichnung burgundisch verliehen. Sie war nicht exakt genug, denn wenn auch die Herzöge von Burgund Macht und Reichtum in den Dienst dieser kulturellen Aufgabe stellten, so waren die Repräsentanten der Musik keine Burgunder, sondern überwiegend Franzosen (wie die Herzöge selbst), der Rest kam aus Flandern. Daher wurde die Benennung franko-flämische Musik gewählt. Bezeichnend für diese Staats- und Volksgrenzen überschreitende Kulturlandschaft ist, daß ihr bedeutendster Vertreter, Guillaume Dufay, wahrscheinlich in Frankreich geboren wurde, aber wünschte, daß sein Name niederländisch ausgesprochen wurde.

Leben

Guillaume Dufay (Du Fay) wurde um (vermutlich vor) 1400 in Fay geboren. Da es mehrere Siedlungen dieses Namens gibt, ist der Geburtsort nicht eindeutig bestimmbar. Seine erste Ausbildung erhielt Dufay an der Kathedrale von Cambrai, wo er 1409 als Kapellknabe »Willemet« aufschien. Bei Richard de Locqueville, einem zeitweiligen Musiker am burgundischen Hof, dürfte er seine Studien fortgesetzt haben. In den Jahren 1417 und 1418 reiste er im Gefolge des Bischofs von Cambrai zum Konzil in Konstanz. Darauf führte ihn sein Weg nach Italien in den Dienst der einflußreichen Familie Malatesta in Rimini, die enge Beziehungen zu Ostrom und zugleich zur römischen Kurie pflegte. Sein Aufenthalt in Italien

Dufay und Binchois – Hauptmeister der französischen Musik des 15. Jahrhunderts, dargestellt auf einer zeitgenössischen Miniatur

wurde durch mehrere Reisen in die Heimat unterbrochen, wo man ihm verschiedene Pfründen übertrug. Seine Ernennung zum ständigen Kaplan von St. Fiacre (Laon) und St. Jean-Baptiste (Nouvion-le-vineux) und zum Kanonikus von St. Pierre in Tournai hinderte ihn nicht, einen längeren Aufenthalt in Bologna zu nehmen, wo er 1428 zum Priester geweiht wurde. Im Oktober desselben Jahres wurde er päpstlicher Kapellsänger und 1431 Kanonikus an der Kirche von Lausanne, wodurch er mit dem Haus Savoyen in nähere Verbindung kam; 1434 trat er als Kapellmeister in dessen Dienste, jedoch von 1435 bis 1437 stand er erneut der päpstlichen Kapelle zur Verfügung, die damals in Florenz und darauf in Bologna Aufenthalt genommen hatte. Anschließend ging er nach Ferrara, kehrte aber schon nach einem Jahr an den Hof von Savoyen zurück, wo er mit Unterbrechungen sieben Jahre verblieb. Ab 1451 lebte Dufay in Cambrai als allseitig hochgeachteter Musiker, Komponist und Musiksachverständiger. Er trug den Titel eines Kaplans des Herzogs von Burgund und Baccalaureus des kanonischen Rechtes. Als er am 27. 11. 1474 zu Cambrai starb, hinterließ er mehr als 200 Kompositionen weltlicher und geistlicher Musik, die ihm einen Ehrenplatz in der Geschichte der europäischen Musik sicherten.

Werke

Die ersten Werke Dufays zeigen das Gepräge der französischen Ars nova, die er in Cambrai gelernt hatte, doch bald werden die Einflüsse der italienischen Formen, die Ciconia in das Land gebracht hatte, deutlich. Nach seiner Tätigkeit an der päpstlichen Kapelle weitete sich seine Technik zum persönlichen Stil aus, der für die gesamte franko-flämische Schule richtunggebend werden sollte. Die Weichheit des Klanges allerdings vermochte keiner nachzuahmen. In den letzten Abschnitt seiner Schaffensperiode fiel noch eine bisher unbekannte Vereinheitlichung und Konzentration der Messen, die nunmehr auf ein einziges Motiv gebaut wurden, und beim Chanson die Einführung einer unter dem Tenor liegenden Stimme mit gleichzeitiger Ausweitung des Tonraumes nach beiden Richtungen.

Sein hinterlassenes Werk präsentiert sich mit 9 Messen, 35 Messesätzen, 2 Magnificat, vielen Motetten, französischen Chansons, italienischen Kanzonen und profanen und sakralen Liedern, die eine starke Annäherung der weltlichen und der kirchlichen Musik vorantrieben. Kein Priester hat so viele Liebeslieder geschrieben wie der Kanonikus und Kaplan Guillaume Dufay, doch nicht wenige davon gleichen einem Kirchenlied, während manches sakrale Werk sehr weltlich klingt.

Missa l'homme armé, Messe für Stimmen und Instrumente, 5 Teile: Kyrie, Gloria, Credo, Sanctus, Agnus Dei

Als Cantus firmus (einer anderen eigenen oder fremden Melodie oder der Volksmusik entnommenes Thema) verwendete Dufay das populäre Trinklied »L'homme armé« (Der bewaffnete Mann) für alle Teile und verarbeitete das Thema mit einer dichten Polyphonie und warmen Harmonik. Dieses Thema wurde später von sehr vielen Messekomponisten als Cantus firmus aufgegriffen, die diese Technik übernommen hatten.

Missa Caput, Messe für Stimmen und Instrumente, 5 Teile: Kyrie, Gloria, Credo, Sanctus, Agnus Dei, entstanden ungefähr 1440 mit Ausnahme des Kyrie, das erst 1463 in Cambrai geschrieben wurde

Als Cantus firmus diente eine englische Antiphone, deren Text mit dem Wort caput (Haupt) endet und deshalb gewählt wurde, weil damit auf den Ausspruch des Erzbischofs von York (1433): »Das Haupt der gesamten Kirche ist Jesus Christus«, angespielt und im Streit auf dem Konzil zu Basel, ob der Papst oder Christus das Haupt der Christenheit sei, Stellung bezogen wurde (1431–49). Die Anlage des Werkes entsprach musikalisch den Kathedralen des 15. Jahrhunderts mit ihrer ausgewogenen Symmetrie. Die kirchenpolitische Bedeutung der Messe wurde durch den Einschluß in das Kyrie: »Deus Creator« (Gott, der Schöpfer) noch nach dem Ende des Konzils, bei dem Dufay der Delegation aus Cambrai angehörte, unterstrichen. Der während der gesamten Messe unveränderte Cantus firmus wird von zwei lebhafteren Stimmen überbaut und von einer Baßstimme untermalt. Dadurch erhält das Werk eine mächtige Architektonik und überwältigende Aussage.

Missa Ave Regina Coelorum, Messe für Stimmen und Instrumente, 5 Teile: Kyrie, Gloria, Credo, Sanctus, Agnus Dei, entstanden im letzten Lebensjahrzehnt des Komponisten

Der Cantus firmus ist einem alten Marienhymnus entnommen. Er wird hier freier behandelt als in den älteren Messen und läßt die Begleitstimmen an der Melodie teilnehmen, so daß ein gewisses Gleichgewicht aller Stimmen entsteht. Alle Teile beginnen mit den gleichen acht Takten, wodurch eine Einheitlichkeit des ganzen Werkes erreicht wird. Beim Gloria und Credo erweitert sich diese Parallelität auf dreizehn Takte. Rhythmisch teilt sich die Messe in dreischlägige und zweischlägige Abschnitte, in vier- und zwei- bis dreistimmige Teile und in Sätze mit voller Harmonik und solche mit linearer Polyphonie, wodurch eine starke Plastik des Werkes erzielt wird. Fanfarenklänge und Paukenschläge unterstreichen die Festlichkeit dieser Messe, die für hohe Feiertage bestimmt ist.

LITERATUR

R. Bockholdt, Die frühen Messekompositionen von Guillaume Dufay, München 1960.
Fr. X. Haberl, Wilhelm Du Fay, Leipzig 1885.
F. Otterbach, Kadenzierung und Tonalität im Kantilenensatz Dufays, Freiburg 1973.

Franjo Dugan (1874–1948)

LEBEN

Franjo Dugan wurde am 11.9.1874 in Krapina, Kroatien, geboren. Nach seinem Mathematik- und Physikstudium in Zagreb studierte er an der Hochschule in Berlin Musik. Er wirkte als Musiklehrer in Zagreb und Osijek, sodann als Domorganist und Lehrer an der Musikakademie in Zagreb, wo er am 12.12.1948 starb.

WERKE

Von Franjo Dugan sind 4 Streichquartette, eine Sonate für Violine und Klavier, Orgelstücke, sakrale und profane Chöre, außerdem ein Andante für Orchester bekannt geworden. Sein Stil stand der deutschen Spätromantik sehr nahe.

John Francis Duggan (1817–1900)

ZEIT UND UMWELT

Besonders die Opern in den großen Städten der USA nahmen in Europa ausgebildete Kräfte gerne auf. Da die Theater private Unternehmungen waren, mußten sie sehen, das Publikum mit besten Darbietungen anzuziehen. Amerikanische Musiker und Dirigenten waren jedoch noch nicht im ausreichenden Maß verfügbar.

LEBEN

John Francis Duggan wurde am 10.7.1817 in Dublin geboren und dort zum Pianisten sowie Kapellmeister ausgebildet. Er ging nach New York, erhielt anfänglich die Stelle eines Akkompagnisten an der Italienischen Oper der Stadt und wurde sodann dort Kapellmeister. Anschließend wirkte er in gleicher Eigenschaft an einem deutschen Opernunternehmen. Bis er 1841 Direktor eines Musikinstituts in Philadelphia wurde, lebte er als Musiklehrer in Baltimore und Washington. Von 1844 bis 1845 hielt er sich wieder in Europa auf – Paris, Edingburgh; ab 1854 war er Musikdirektor am Marylebone Theatre in London. Ab ungefähr 1870 bis zu seinem Tod im Jahr 1900 betätigte er sich in London als Gesanglehrer.

WERKE

Von John Francis Duggan sind 2 Opern aufgeführt worden. Er verfaßte außerdem 2 Sinfonien, 6 Streichquartette und zahlreiche Lieder, außerdem Vokalisen für den Gesangunterricht.

Paul Dukas (1865–1935)

LEBEN

Paul Dukas wurde am 1.10.1865 in Paris geboren. Er war am Conservatoire in Paris Schüler von Théodore Dubois und Ernest Guiraud und erhielt den Rompreis. Anschließend lebte er in Paris als Komponist, Musiklehrer und Kritiker. Von 1928 bis zu seinem Tod am 17.5.1935 wirkte er als Leiter einer Kompositionsklasse am Conservatoire.

Paul Dukas

Werke

Von Paul Dukas sind außer mehreren erfolglosen Opern eine Sinfonie (eine zweite, eine sinfonische Dichtung, ein sinfonisches Drama und mehrere Ballette vernichtete er), eine Tanzdichtung »La Péri« und eine Einleitungsfanfare dazu und das Orchesterstück »Der Zauberlehrling«, das rasch weltberühmt wurde, bekannt geworden. Er schrieb ferner eine Villanelle für Horn und Klavier, ein »Elegisches Praeludium auf den Namen Haydn« für Klavier, »Die von ferne klingende Klage eines Fauns« für Klavier zum Andenken für Claude Debussy und eine Sonnette für Gesang und Klavier. Er gehörte zu den Vertretern des französischen Impressionismus.

»La Péri«, Tanzgedicht in einem Bild, entstanden 1912

Stoff dieses Balletts ist das Märchen von dem Fabelwesen, der Péri, die dem jungen Perser, der nach der Blume der Unsterblichkeit sucht, den Tod bringt. Die außerordentlich farbige Musik des impressionistischen Stücks zieht orientalisches Kolorit heran. Es ist voll tonalitätsfremder Wendungen, die an Bitonalität grenzen.

»Der Zauberlehrling«, Scherzo in einem Satz, entstanden 1897

Diese sinfonische Dichtung nach der Tradition der »Neudeutschen Schule« folgt Vers für Vers der gleichnamigen Ballade von Johann Wolfgang von Goethe (1749–1832) mit meisterhafter Instrumentation, die den Handlungsablauf mit ungeheurer Bildhaftigkeit darstellt.

Literatur

G. Favre, Paul Dukas, Paris 1948.

Philippus Dulichius (1562–1631)

Zeit und Umwelt

Das slawische Fürstentum Pomorze (Pommern) mußte im 12. Jahrhundert für seinen West- und Zentralteil die deutsche Oberhoheit anerkennen wie der Ostteil mehr als hundert Jahre früher die polnische. Der Osten wurde bereits 1454 endgültig polnisch, während West- und Zentralpommern – seit 1625 geeinigt – 1637 ein Teil von Brandenburg wurden. In den vorhergehenden Jahrhunderten hatte eine starke deutsche Einwanderung und Besiedlung stattgefunden, wodurch die slawische Bevölkerung zur ethnischen Minderheit wurde. Zur Zeit der Reformation, die in das Land rasch Eingang gefunden hatte, war das Deutsche bereits Schul- und Kirchensprache, von einzelnen slawischen (kaschubischen oder slowinzischen) Dörfern abgesehen.

Leben

Philippus Dulichius (Deulich, Deilich, Teilich, Dulichs) wurde am 19. 12. 1562 in Chemnitz (Karl-Marx-Stadt) getauft. Er studierte in Leipzig und war ab 1587 Kantor des fürstlichen Pädagogiums und der Marienkirche in Stettin (Szczecin), wo er im Jahre 1631 starb und am 25. 3. begraben wurde. Seine Bemühungen anläßlich eines längeren Aufenthaltes in Danzig (Gdańsk), ein Kantorat an der dortigen Marienkirche zu erhalten, scheiterten.

Werke

Der deutsche Kantor Philippus Dulichius schrieb ungefähr 250 fünf- bis achtstimmige

Motetten, in denen er die imitatorische Technik von Orlando di Lasso mit dem Chorklang der venezianischen Meister zu verbinden suchte. Die Stilmittel des 17. Jahrhunderts – Generalbaß, Monodie – finden sich dabei nicht. Dulichius war bei seinen Zeitgenossen als Komponist sehr angesehen.

LITERATUR

G. Kittler, Philippus Dulichius, Monatsblätter der Gesellschaft für Pommersche Geschichte LI, 1937.

François Dulot (um 1480 bis nach 1535)

ZEIT UND UMWELT

Nachdem Rouen, die alte Hauptstadt des Herzogtums Normandie, 1449 endgültig der französischen Krone zugefallen war, wurde es zu einem Mittelpunkt der Kunst und Kultur. Erst die Religionskriege setzten diesem Aufschwung ein vorläufiges Ende. Inzwischen war aber die Kathedrale Notre-Dame, nach allgemeiner Ansicht eine der schönsten gotischen Kirchen Frankreichs, die im 13. Jahrhundert begonnen worden war, vollendet worden (1544). Sie war zu jenem Zeitpunkt schon längst in Verwendung gestanden und mit einer vorzüglichen Kapelle ausgestattet worden.

LEBEN

François Dulot wurde um 1480 in Saint-Omer geboren und vermutlich dort auch ausgebildet. Im Jahre 1523 kam er als Kapellmeister an die Kathedrale Notre-Dame in Rouen und blieb in dieser Stellung bis 1531. Über seine weitere Tätigkeit und den Ort seines Todes einige Jahre nach 1535 gibt es keine Informationen.

WERKE

Von François Dulot sind 4 vierstimmige Chansons, ein Magnificat und eine vierstimmige Motette erhalten. Die überall eingehaltene Vierstimmigkeit weist auf die frankoflämische Schule hin. Die Chansons sind sehr frisch. Die Harmonien beim Magnificat klingen wegen des genau gearbeiteten Kontrapunktes zuweilen recht hart.

LITERATUR

A. R. Collette und A. Bourdon, Histoire de la maîtrise de Rouen, Rouen 1892.

Guillaume Dumanoir
(1615 bis um 1690)

ZEIT UND UMWELT

König Ludwig XIII. ließ 1626 das Violinenensemble »Les vingt-quatre violons du roy« (Die 24 Violinen des Königs) zusammenstellen, das wegen der hohen technischen Aufgaben, die man an die Mitglieder stellte, bald zum berühmtesten Instrumentalensemble wurde. Ludwig XIV. fügte die »Petits violons«, aus 16 Spielern bestehend, hinzu, die gleichfalls eine Elite darstellten.

LEBEN

Guillaume Dumanoir wurde am 6. 11. 1615 in Paris geboren. Im Jahr 1639 nahm ihn das Ensemble des Hofes »Les vingt-quatre violons du roy« auf, 1645 wurde er Tanzmeister an der »Petite Écurie«, ab 1657 trug er den Titel eines »roi des joueurs d'instruments du royaume« (König der Instrumentalisten des Königsreiches). Er starb in Paris um 1690.
Sein Sohn Guillaume Michel Dumanoir (um 1635, Paris, bis 1697, Paris) folgte ihm 1668 als Tanzmeister nach und versah dieses Amt bis 1685.

WERKE

Der französische Komponist, Violinist und Tänzer Guillaume Dumanoir verfaßte etliche Tanzstücke, Airs und 5 Orchestersuiten. Seine Stücke für Violinenensembles zeigen die technischen Anforderungen, die an diese Klangkörper gestellt wurden.

Louis Dumas (1877–1952)

LEBEN

Louis Dumas wurde am 24. 12. 1877 in Paris geboren. Er studierte am Conservatoire unter

Xavier Leroux (11.10.1863, Velletri, bis 2.2. 1919, Paris) und Charles Lenepveu und erhielt den Rompreis. Ab 1919 leitete er das Konservatorium von Dijon, wo er am 9.5.1952 starb.

WERKE

Von Louis Dumas sind eine Sinfonie, eine Fantasie für Klavier und Orchester, eine Rhapsodie für Cello und Orchester, ein Klavierquintett, mehrere Streich- und Klavierquartette, ein Klaviertrio, 3 Violinsonaten und eine Cellosonate bekannt geworden. Sein Stil bewegte sich noch im Rahmen der Spätromantik.

Ion Dumitrescu (geboren 1913)

LEBEN

Ion Dumitrescu wurde am 20.5.1913 in Oteşani, Rumänien, geboren. Er war am Konservatorium in Bukarest Schüler von Dimitrie Cuclin, Constantin Brăiloiu, George Breazul (14.9.1887, Amărăstii de Jos, bis 3.8.1961, Bukarest), Mihail Jora und Ionel Perlea (30.11. 1900, Ograda, Rumänien, bis 30.7.1970, New York). An derselben Lehranstalt wirkt er seit 1948 als Professor für Harmonielehre. Er ist zugleich rumänischer Kulturpolitiker und Präsident des rumänischen Komponistenverbands.

Sein Bruder Gheorghe Dumitrescu (geboren 15.12.1914, Oteşani) war am Konservatorium in Bukarest Schüler von Mihail Jora, Dimitrie Cuclin und Constantin Brăiloiu. Er wirkte seit 1951 am selben Lehrinstitut als Professor für Harmonielehre.

WERKE

Ion Dumitrescus Musik fußt auf der Folklore, deren mannigfaltige Rhythmen voll Frische und Lebendigkeit sind. Er schrieb eine Sinfonie, 3 Suiten, ein sinfonisches Praeludium, ein Konzert für Streichorchester, eine Sinfonietta, ein Streichquartett, Chöre, Bühnen- und Filmmusik.

Gheorghe Dumitrescu schrieb 4 Opern, 3 Sinfonien, ein Tongedicht, 4 Oratorien, Chöre, Bühnen- und Filmmusik. Sein Stil bemüht sich, die Volksmelodien zu sinfonischen Themen zu erheben.

Charles François Dumonchau
(1775–1820)

ZEIT UND UMWELT

Das Sonatenwerk der Wiener Klassiker sowie die Klavierkompositionen von Muzio Clementi und Johann Baptist Cramer waren für zahlreiche Komponisten des frühen 19. Jahrhunderts Stilmodelle, die allerdings in den meisten Fällen mit romantischen Elementen modifiziert wurden.

LEBEN

Charles François Dumonchau (Dumoncheau) wurde am 11.4.1775 in Straßburg geboren. Er wurde in Paris ausgebildet und wirkte dort bis 1805 als Pianist und Klavierlehrer, dann kehrte er nach Straßburg zurück. Von 1809 bis zu seinem Tod am 21.12.1820 unterrichtete er in Lyon.

WERKE

Neben einer in Paris aufgeführten Oper verfaßte Charles François Dumonchau 33 Klaviersonaten, 24 Sonaten für Klavier mit Flöte oder Violine, ein Trio für Klavier, Violine und Baß, 3 Duos für zwei Fagotte, 2 Klavierkonzerte und eine Sammlung verschiedener Klavierstücke, Airs und Bagatellen.

Finlay Dun (1795–1853)

ZEIT UND UMWELT

Der autodidaktische Musiktheoretiker George Farquhar Graham (19.12.1789, Edinburgh, bis 12.3.1867, Edinburgh) hielt sich mehrere Jahre in Italien auf, aber nicht um Unterricht zu nehmen, sondern um die Volksmusik des Landes kennenzulernen. Dort erhielt er die Anregung zu seinem umfassenden Werk über die Volksmusik seiner Heimat: »The Songs of Scotland adpated to their apropriate Melodies« (Die Lieder Schottlands mit ihren dazugehörigen Melodien).

LEBEN

Finlay Dun wurde am 24.2.1795 in Aberdeen geboren. Er war Violinschüler von François de Sales Baillot in Paris und von Girolamo

Crescentini in Neapel, wo er mehrere Jahre am Teatro San Carlo als Bratschist wirkte. Um 1840 kehrte er in seine Heimat zurück, gab Violinunterricht und beschäftigte sich mit der Sammlung schottischer Volksmusik. Er starb am 28.11.1853 in Edinburgh.

WERKE
Von Finlay Dun sind 2 Sinfonien und eine Sammlung Solfeggien bekannt geworden. Seine weiteren Kompositionen sind nicht überliefert. Er brachte eine Serie schottischer Lieder mit Klavierbegleitung heraus, die auch auf dem Kontinent großen Anklang fanden. Im Sinne der Romantik hat sich die Beliebtheit, die die irische und schottische Volksmusik bereits im 18. Jahrhundert genoß, noch um ein Vielfaches gehoben. Finlay Dun leistete beträchtliche Beiträge zur Publikation von George Farquhar Graham über schottische Volkslieder.

William Edmondstoune Duncan
(1866–1920)

LEBEN
William Edmondstoune Duncan wurde am 22.4.1866 in Sale, Cheshire, geboren. Er studierte in London am Royal College of Organists und am College of Music, darauf noch bei George Alexander Macfarren. Nach mehrjähriger Tätigkeit als Musikkritiker wirkte er bis zu seinem Tod am 26.6.1920 in seinem Geburtsort.

WERKE
Von William Edmondstoune Duncan sind eine Oper, eine Ouvertüre, 2 Oden für Chor und Orchester, ein Sonett für Sopran und Orchester, eine Messe, ein Klaviertrio, Klavier- und Orgelstücke erschienen. Er gehörte zu den englischen Spätromantikern.

Egidio Romualdo Duni (1709–75)

LEBEN
Egidio Romualdo Duni (Duny) wurde am 9. 2. 1709 in Matera, Neapel, geboren. Er war Schüler von Francesco Durante (1684–1755). Er wirkte zunächst als Kapellmeister in Bari, sodann, nachdem er sich einige Zeit in London und Leiden aufgehalten hatte, in gleicher Eigenschaft am Hof des Herzogs Philipp von Parma (1720–65), dessen Gemahlin Louise Elisabeth (1727–59), Tochter Ludwigs XV., ihn anregte, nach französischem Geschmack zu komponieren. 1757 ließ er sich in Paris nieder und wurde 1761 Leiter der Comédie Italienne. Er starb am 11. 6. 1775 in Paris.
Sein Bruder Antonio Duni (um 1700, Matera, bis um 1766, Schwerin) übte seine Musik in ganz Europa aus: in Trier, Madrid und Norddeutschland, bis er Gesanglehrer an der Universität von Moskau wurde. Zuletzt wirkte er am herzoglichen Hof in Schwerin.

WERKE
Außer 12 Opern für Italien und 20 für Paris verfaßte Egidio Romualdo Duni 6 Triosonaten, eine Anzahl Menuette, Oratorien, Messen, Litaneien, Psalmen und einige profane Lieder.
Von Antonio Duni sind Duette, Ouvertüren, 6 Sinfonien, Arien, 6 Kammerkantaten, eine fünfstimmige Messe, 6 Motetten und ein Intermezzo erhalten.

John Dunstable (um 1380 – 1453)

ZEIT UND UMWELT
England mißachtete als einziges europäisches Land die Bulle des Papstes Johannes XXII., in der er die Verwendung moderner Mehrstimmigkeit in der Kirchenmusik verbot. Im Gefolge des englischen Heeres kamen auch Priester und Musiker über den Kanal nach Frankreich, so daß die englische Mehrstimmigkeit im Bereich der von den Engländern kontrollierten Gebietsteile ungehindert von den Kirchen Besitz nahm. Gleichzeitig jedoch gerieten die englischen Musiker mit der französischen Ars nova in enge Berührung und natürlich auch mit den Formen, die im burgundisch-niederländischen Raum im Entstehen waren. Dies

führte zur Bildung einer eigenständigen englischen Schule, die bereits im 14. Jahrhundert von einer Reihe von Meistern vertreten war; ihr bedeutendster in der 1. Hälfte des 15. Jahrhunderts war John Dunstable.

LEBEN

John Dunstable wurde um das Jahr 1380 geboren. Über seine Herkunft und seinen gesamten Lebenslauf ist sehr wenig bekannt. Wir wissen, daß er neben der Musik Astronomie und Mathematik betrieb. Im Besitzvermerk eines von ihm kopierten Traktates über jene Wissenschaften wird er als Kanonikus und Musikus des Herzogs von Bedfort bezeichnet, der als Bruder König Heinrichs V. nach dessen Tod die Regentschaft von Frankreich innehatte und seine Kapelle oft nach Paris und anderen Orten Frankreichs kommen ließ. Daß Dunstable auch enge Beziehungen zu Italien gehabt haben muß, geht aus der starken Verbreitung seiner Musik in italienischen Handschriften hervor. Er starb am 24. 12. 1453 in Walbrook (London) und wurde in der Stephanskirche beigesetzt. Sein Epitaph begann mit den Worten: »Dieses Grab umschließt einen Mann, der den Himmel im Herzen trug.«

WERKE

Die englische Musik war schon sehr früh mehrstimmig, und zwar mit Sexten und Terzen und absoluter Dur-Tonalität. Der Sommerkanon »Der Sommer ist gekommen« des Klosters Reading aus dem frühen 14. Jahrhundert zeigt eine der Festlandmusik weit vorauseilende Entwicklung. Die nicht seltene Behauptung, daß die englische Musik mit Dunstable ihren Anfang genommen habe, ist daher irrig. Er hat alle Elemente älterer musikalischer Schöpfungen Englands mit französischer und italienischer Musik verschmolzen und damit einen neuen kantablen Melodiestil geschaffen.
Von seinen Werken sind ungefähr 58 erhalten, die vorwiegend der sakralen Musik angehören. Davon ist besonders seine Messe »Rex seculorum« zu nennen, die mit seinen anderen Messen für das gesamte 15. Jahrhundert mustergültig blieb. Seine Motetten, besonders »Alma redemptoris«, »Veni sancte spiritus«, »Crux fidelis« und »Quam pulchra es«, mit ihrem polyphonen, harmonisch-akkordischen Stil zählen zu Prototypen der englischen Motette überhaupt. Von seinen reizenden Chansons wurde die dreistimmige italienische Ballata »O rosa bella« vielfach kopiert und bearbeitet.

LITERATUR

S. E. Brown, The Motets of Ciconia, Dunstable and Dufay, Indiana 1962.

Henri Duparc (1848–1933)

ZEIT UND UMWELT

Das sinfonische Gedicht, eine typische Form der Romantik, wurde um die Wende zum 20. Jahrhundert in der Form verabschiedet, daß man wohl einen epischen oder lyrischen Stoff zur Grundlage einer Komposition machte, den Text jedoch von einer Singstimme vortragen ließ, so daß man von der »sprechenden« Musik loskam und auf das musikalische »Vokabular« verzichten konnte. Die Musik erhielt illustrativen Charakter und war von der engen Bindung an die Dichtung befreit.

LEBEN

Marie Eugène Henri Fouques-Duparc, genannt Henri Duparc, wurde am 21. 1. 1848 in Paris geboren. Er war am Jesuitenkolleg Vaugirard Schüler von César Franck und setzte neben dem juristischen Studium seine musikalische Ausbildung bei diesem Lehrer fort. Eine frühe Erkrankung hinderte ihn, einen Beruf auszuüben, auch seine kompositorische Tätigkeit mußte er bald einstellen. Er starb am 12. 2. 1933 in Mont-de-Marsan.

WERKE

Von Henri Duparc sind die sinfonische Dichtung »Léonore« (nach Gottfried August Bürger), bei der noch keine Singstimme verwendet wurde, die Orchesterstücke »Poème nocturne« (Nachtgedicht), »Aux Étoiles« (Zu den Sternen), »Danse lente« (Langsamer Tanz), eine Walzersuite, eine Sonate für Cello und Klavier und eine Anzahl Klavierstücke und eine Anzahl Orchesterlieder, die gesungene sinfonische Dichtungen darstellen, mit denen er die Romantik verließ, erhalten. Sein Stil näherte sich dem Impressionismus und geht zuweilen sogar darüber hinaus.

Paul Dupin (1865–1949)

LEBEN

Paul Dupin wurde am 14.8.1865 in Roubaix, Nord, geboren. Er gab eine gute Stellung in der Industrie auf, um Musiker zu werden, und ging mit 22 Jahren nach Paris, wo er bei Marie Auguste Durand einigen Unterricht in Harmonielehre erhielt und sich sodann autodidaktisch weiterbildete. Er starb am 6.3.1949 in Paris.

WERKE

Von Paul Dupin, der sich einen originellen volkstümlichen Stil gebildet hatte, sind eine Oper, ein Oratorium, eine Sinfonie, 40 »Gedichte« für Streichquartett, ein Klaviertrio, eine Klaviersuite, Skizzen für Klavier, Klaviersonaten, Violinsonaten und zahlreiche Vokalwerke, darunter ungefähr 500 Kanons für drei bis zwölf Stimmen, bekannt geworden.

Auguste Dupont (1827–90)

ZEIT UND UMWELT

Da sich in der zweiten Hälfte des 19. Jahrhunderts das Musikleben Belgiens dank intensiver staatlicher Förderung immer mehr ausweitete, entstanden auch mehr Stellen für Musiker, so daß die an den Konservatorien Ausgebildeten im Land bleiben konnten, auch wenn sie keinen kirchenmusikalischen Dienst annehmen wollten.

LEBEN

Auguste Dupont wurde am 9.2.1827 in Ensival bei Lüttich geboren. Er war Schüler des Konservatoriums in Lüttich, reiste längere Zeit als Pianist und wurde Klavierlehrer am Konservatorium in Brüssel, wo er am 17.12. 1890 starb.

WERKE

Von Auguste Dupont sind 4 Klavierkonzerte, eine Polonaise und weitere Stücke und Etüden für Klavier, Lieder und eine Oper überliefert.

Joseph Dupont (1821–61)

ZEIT UND UMWELT

François Hubert Prume gestaltete durch seinen ausgezeichneten Violinunterricht das Konservatorium von Lüttich zu einer wichtigen Lehranstalt für Violinisten. Es ist eine Reihe bekannter Violinvirtuosen daraus hervorgegangen. Auch Schüler anderer Abteilungen dieses Konservatoriums machten als Musiker ihren Weg.

LEBEN

Joseph Dupont (der Ältere) wurde am 21.8. 1821 in Lüttich geboren. Er war am Konservatorium seines Geburtsortes Schüler von François Hubert Prume und wurde später Violinlehrer dieser Lehranstalt. Er starb am 13.2.1861 in Lüttich.

WERKE

Von Joseph Dupont sind 2 Opern, Lieder und zahlreiche vorzügliche Violinstücke erhalten, von denen allerdings nur wenige veröffentlicht wurden. Neben ihrem instruktiven Charakter bringen sie echte, tief empfundene Musik.

Jean-Louis Duport (1749–1819)

ZEIT UND UMWELT

Der schon vorher übliche Daumenaufsatz beim Cello wurde im letzten Viertel des 18. Jahrhunderts zusammen mit dem gesamten Fingersatz systematisiert. Das Instrument wurde, vollständig von seiner Rolle als Baß befreit, zum kantablen Spiel eingesetzt und erhielt den großen Stil, den bisher nur die Violine innehatte.

LEBEN

Jean-Louis Duport wurde am 4. 10. 1749 als Bruder von Jean-Pierre Duport in Paris geboren. Er war anfänglich Tänzer, wandte sich aber bald dem Cello zu. Bis zur Revolution war er Cellist an der Oper und am Concert spirituel. Dann begab er sich zu seinem Bruder nach Berlin. Im Jahr 1806 kehrte er zurück und erhielt eine Anstellung beim exilierten König von Spanien, Karl IV., sodann in der Kapelle Napoleons I.; gleichzeitig wurde er Lehrer am Konservatorium. Nach der Restauration trat er in die Dienste König Ludwigs XVIII. und verblieb in dieser Stelle bis zu seinem Tod am 7. 9. 1819.

WERKE

Von Jean-Louis Duport sind Konzerte, Sonaten, Variationen und Duos für Cello erhalten, außerdem Etüden und 21 Celloübungen in allen Dur- und Moll-Tonarten. Seine Celloschule, in der er den neuen Fingersatz lehrte, leitete eine neue Epoche des Cellospiels ein.

Jean-Pierre Duport (1741–1818)

ZEIT UND UMWELT

Mit seinem ersten Auftritt als Cellist im Concert spirituel hatte der Gambist Martin Berteau im Jahr 1739 die Ablöse der Viola da gamba durch das Cello beschleunigt. Schüler, die die Möglichkeiten des neuen Instruments erkannten und auszunützen erlernen wollten, stellten sich bald ein, so daß, von jenem ersten Auftreten angefangen, eine Cellistengeneration heranwuchs, die die heute noch mit geringen Korrekturen gültige Spieltechnik festlegte.

LEBEN

Jean-Pierre Duport wurde am 27. 11. 1741 in Paris geboren. Er war Schüler des Cellisten Martin Berteau und wurde 1761 ständiger Cellist am Concert spirituel. Gleichzeitig spielte er bis 1769 in der Kapelle des prince de Conti Louis François Joseph de Bourbon. Nach einer Konzertreise durch England, Italien und Spanien wirkte er an der Königlichen Preußischen Kapelle in Berlin bis zu seinem Tod am 31. 12. 1818.

WERKE

Von Jean-Pierre Duport sind ein Doppelkonzert in D-Dur für Violine und Cello, zahlreiche Sonaten für Cello und Generalbaß sowie Duos für zwei Celli erhalten. Sein Stil gehört noch zum Teil dem Rokoko an.

Jules-Laurent Duprato (1827–92)

LEBEN

Jules-Laurent Anarchis Duprato wurde am 20.8.1827 in Nîmes geboren. Er war am Conservatoire in Paris Schüler von Aimé Ambroise Simon Leborne und erhielt 1848 den Rompreis. Ab 1866 wirkte er als Harmonielehrer am Conservatoire in Paris, wo er am 20.5.1892 starb.

WERKE

Von Jules-Laurent Duprato sind eine Anzahl Lieder und mehrere vorzügliche Kantaten erhalten. Seine Operetten wurden selten aufgeführt und bald vergessen.

Laurent Dupré (um 1640 bis nach 1671)

ZEIT UND UMWELT

An den meisten Höfen nahmen die Kammerlautenisten eine bevorzugte Stellung ein. Die anderen Musiker traten fast immer in einem Ensemble auf, der Lautenist, der sehr oft auch als Sänger wirkte, war Alleinunterhalter. Dadurch gestaltete sich die Beziehung zwischen Musiker und Publikum, das nicht selten aus dem Dienstgeber allein bestand, enger und intimer; aus dem Bediensteten wurde ein Vertrauter, ähnlich dem Hofnarren in früheren Zeiten.

LEBEN

Laurent Dupré wurde um 1640 vermutlich in Paris geboren. Er war Lautenist und Theorbist und löste 1671 François Pinel als Kammertheorbist am französischen Hof ab. Ort und Zeit seines Todes sind unbekannt.

Gleichzeitig wirkte in Paris ein Lautenist namens Dupré d'Angleterre, dessen Vorname nicht bekannt ist. Es läßt sich nicht feststellen, ob er Engländer war oder nur dort gewirkt hatte. Seine Lebensdaten fehlen ebenso wie jede Information über seine Lebensumstände.

WERKE
Die ausgezeichneten Tänze und Tanzsuiten für Laute, die mit Dupré gezeichnet sind, müssen einem der beiden genannten Lautenisten zugeschrieben werden.

Marcel Dupré (1886–1971)

LEBEN
Marcel Dupré wurde am 3.5.1886 in Rouen geboren. Er studierte bei Félix Alexandre Guilmant, Louis Diémer und Charles-Marie Widor und erhielt neben mehreren anderen Preisen den Rompreis. Im Jahr 1926 wurde er Orgellehrer am Conservatoire und 1934 Organist an Saint-Sulpice, wirkte durch 4 Jahre als Substitut für Louis Vierne an Notre Dame und übernahm 1946 die Leitung des Conservatoire Américain in Fontainebleau. Er genoß als Improvisator und als Bach-Spieler einen sehr guten internationalen Ruf und trat in den meisten europäischen Ländern, in Australien, den USA und Kanada auf. Er starb am 30.5.1971 in Meudon, Hauts-de-Seine.

WERKE
Die Werke für Orgel nahmen im kompositorischen Schaffen von Marcel Dupré den ersten Rang ein: »3 Praeludien und Fugen«, 15 Vesperversetten, Variationen über ein altes Weihnachtslied, 2 Sinfonien, 79 Choräle, »Der Kreuzweg«, eine sinfonische Dichtung, eine Suite, eine »Vision«, »Psalm Nr. XVIII«, 24 Inventionen. Er schrieb ferner für Orgel und Orchester: eine Sinfonie, ein Konzert, ein heroisches Gedicht »Verdun« mit Blechbläsern; für Klavier und Orgel: eine Sinfonie, eine Ballade, Variationen. Außerdem verfaßte er ein Oratorium und ein De profundis für Soli, Chor, Orchester und Orgel und 4 Motetten für Chor und Orgel, weiters Klavierstücke, Cellostücke und eine Violinsonate. Sein Stil ist durch eine restlose Ausnützung der Tonalität gekennzeichnet. Er veröffentlichte mehrere didaktische Werke für den Orgelunterricht.

Der Kreuzweg für Orgelsolo, Opus 29, 14 Teile, entstanden 1932

Es handelt sich um Programmusik eigener Art, denn die Musik drückt die einzelnen Ereignisse des Kreuzwegs weder schallnachahmend noch mit traditionellen Motiven aus; es werden auch keine »Bilder« dargestellt und auch nicht die Impression derselben auf den Komponisten, sondern das emotionale und intellektuelle Erleben der sekundären Figuren des Dramas. So zum Beispiel wird im 11. Teil »Jesus wird seiner Kleider beraubt« das Lachen der Menge über den makabren Scherz dargestellt, im Teil 14 »Jesus wird in das Grab gelegt« der Gang zum Grab mit einem Trauermarsch gekennzeichnet.

Symphonie-Passion für Orgelsolo, Opus 23, 4 Teile, entstanden 1924

Das Programm dieses Werks ist das Leben Christi, das jedoch nicht vordergründig wie bei den Romantikern und ebensowenig mit der Bildhaftigkeit der Impressionisten, sondern intellektuell perzepiert und reproduziert wird. Der 1. Teil stellt die Welt in Erwartung des Heilands dar, der 2. Teil die Geburt Christi, die mit Hirtenschallmeien und Marsch der Könige nur angedeutet und nicht geschildert wird; Gegenstand der Darstellung ist die Bedeutung des Ereignisses für die Christen. Die »Kreuzigung« wird mit einem dröhnenden Crescendo bis zur höchsten Lautstärke markiert, die die Gewalt der Umwälzung, die durch dieses Ereignis herbeigeführt wurde, verdeutlicht. Die »Auferstehung« bildet mit einer rauschenden Toccata den Triumph der Gläubigen.

Marcel Dupré

Gilbert Duprez (1806–96)

LEBEN

Gilbert Louis Duprez wurde am 6. 12. 1806 in Paris geboren. Er war Schüler von Alexandre Étienne Choron und kam 1820 als Knabensopran zum ersten Mal auf die Bühne. Nach anfänglichen sehr bescheidenen Erfolgen, die er als Operntenor erreichte, wurde er in den dreißiger Jahren sehr bekannt, so daß er bis 1855 zu den ersten Tenören der Stadt zählte. Von 1842 bis 1850 wirkte er als Gesanglehrer am Conservatoire, 1853 gründete er eine eigene Gesangschule, die bis in das 20. Jahrhundert in Tätigkeit blieb und eine große Zahl ausgezeichneter Sänger ausbildete. Dann wandte er sich der Komposition zu. Er starb am 23. 9. 1896 in Paris.

WERKE

Die 8 Opern von Gilbert Duprez hatten keine große Durchschlagskraft. Er schrieb ferner ein Oratorium (»Das Jüngste Gericht«), ein Requiem, 2 Messen und andere sakrale Gesänge, einige Kammermusik und Romanzen. Alles folgte dem romantischen Stil.

Gilbert Duprez, nach einem Stich von Brandt

Albert Dupuis (1877–1967)

LEBEN

Albert Dupuis wurde am 1. 3. 1877 in Verviers geboren, wo er am Konservatorium studierte. Er war darauf Schüler von Vincent d'Indy und Félix Alexandre Guilmant an der Schola Cantorum in Paris; seine Ausbildung schloß er am Konservatorium in Brüssel ab, wo er den Rompreis erhielt. Von 1907 bis 1947 war er Leiter des Konservatoriums von Verviers. Er starb am 19. 9. 1967 in Brüssel.

WERKE

Von Albert Dupuis sind 13 Opern und 3 Ballette aufgeführt worden. Er schrieb außerdem 2 Sinfonien, ein Cellokonzert, ein Violinkonzert, ein Klavierkonzert, ein Hornkonzert, ein Doppelkonzert für Cello und Klavier, Kammermusik und Lieder, ferner 3 Chorwerke.

LITERATUR

R. Michel, Un grand musicien belge méconnu Albert Dupuis, Verviers 1967.

Thomas Sanders Dupuis (1733–96)

ZEIT UND UMWELT

Um 1760 wanderten ungefähr ein Dutzend deutscher Klavierbauer in England ein und entwickelten die Erfindung von Bartolommeo Cristofori weiter, bis um 1780 das Pianoforte bereits zum wichtigsten Tasteninstrument wurde. Dementsprechend wandte sich – zuerst zögernd und vereinzelt – die Komposition dem neuen Instrument zu. Hand in Hand mit den technischen Verbesserungen bildete sich der Pianofortestil heraus, der für die Zukunft maßgebend wurde.

LEBEN

Thomas Sanders Dupuis wurde am 5. 11. 1733 in London geboren. Er erhielt seine erste Musikausbildung als Chorknabe an der Chapel Royal unter Bernard Gates, wurde sodann Schüler von John Travers und schließlich einer der Organisten der Kapelle.

Um 1773 wurde er Organist an der Charlotte Street Chapel und folgte 1779 William Boyce als Organist der Chapel Royal nach. Er starb am 24. 7. 1796 in London.

WERKE
Am meisten bemerkenswert an den Kompositionen von Thomas Sanders Dupuis sind seine speziell für Pianoforte geschriebenen Sonaten und Konzerte. Damit trat die Literatur für Pianoforte in den Bereich der Komposition ein, um dort bald den breitesten Raum einzunehmen. Dupuis schrieb außerdem einige Orgelstücke, Chants, Anthems, 2 Celloduos. Ein Teil seiner sakralen Werke erschien nach seinem Tod unter dem Titel »Kathedralenmusik«.

Édouard Dupuy (1771–1822)

LEBEN
Jean-Baptiste Édouard Dupuy (Du Puy) wurde 1771 in Corcelles, Neuchâtel, Schweiz, geboren. Er kam in jungen Jahren nach Paris und studierte bei Carlo Francesco Chabran (1723 bis nach 1790) Violine und bei Jan Ladislav Dusík (1760–1812) Klavier. Im Jahr 1785 wurde er Violinist und 1787 Konzertmeister bei Prinz Heinrich von Preußen (1726–1802) in Rheinsberg und nahm gleichzeitig bei Carl Friedrich Fasch (1736–1800) Kompositionsunterricht. Seine 1793 aufgenommene Tätigkeit als Konzertmeister in Stockholm endete 1799 mit einer Landesverweisung, weil er ein Lied zu Ehren Napoleons (1769–1821) sang. Er ging nach Kopenhagen, wo er ebenfalls als Konzertmeister und als Opernsänger wirkte, aber nach anfänglichen Erfolgen auch wegen seiner Verehrung für Napoleon mißliebig auffiel und 1809 das Land verlassen mußte. Da inzwischen Jean Bernadotte (1763–1844) im Jahr 1810 zum schwedischen Kronprinzen gewählt wurde, konnte der exilierte Napoleonanhänger erneut nach einem Aufenthalt in Paris 1812 als Hofkapellmeister in Stockholm einziehen und dort, obwohl der ehemalige General Napoleons dessen politische Linie verließ, bis zu seinem Tod am 3.4.1822 seine Stelle behalten.

WERKE
Neben einem dänischen Singspiel sind von Édouard Dupuy eine Trauermusik zum Tod Karls XIII. (1748–1818), König von Schweden und Norwegen, mehrere Duos für zwei Violinen, eine Polonaise für zwei Violinen, zwei Gitarren und Baß, ein Flötenkonzert und eine Reihe Tänze verschiedener Art bekannt geworden, außerdem eine Romanze für drei Singstimmen und 6 Quartette für Männerstimmen. Sein Stil enthielt bereits deutliche romantische Elemente.

LITERATUR
A. Kjerulf, Nordens Don Juan, Edouard Du Puy, o. O. 1954.

Auguste Durand (1830–1909)

ZEIT UND UMWELT
In der Regel war das Harmonium ein Ersatzinstrument, weil man darauf in kleinen Räumen Orgelmusik wiedergeben konnte. Aber in Frankreich gab es eine Reihe Komponisten, die für den warmen, runden Ton der Zungenstimmen dieses Hausinstruments schrieben und, kombiniert mit Streichern, schöne Klangeffekte fanden. Man könnte es als ein typisches Instrument der Romantik bezeichnen. Es verschwand auch mit dem Ende der Romantik aus den Konzertsälen.

LEBEN
Marie Auguste Durand wurde am 18.6.1830 in Paris geboren. Er war Schüler von Camille Saint-Saëns und von François Benoist. Ab 1849 wirkte er als Organist an St-Ambroise, Ste-Geneviève, St-Roch und St-Vincent de Paul. Im Jahr 1870 übernahm er einen Musikverlag, der sich vorwiegend mit der Herausgabe der französischen Musik des 19. und der ersten Hälfte des 20. Jahrhunderts beschäftigte. Er starb am 31.5.1909 in Paris.

WERKE
Von Auguste Durand sind zahlreiche Messen, Lieder, Tanzstücke in »alter Manier« erschienen. Sein kompositorisches Interesse galt aber

vor allem dem Harmonium, für das er viele Solo- und Ensemblestücke verfaßte, die die Möglichkeiten dieses Instruments voll ausschöpften.

Francesco Durante (1684–1755)

ZEIT UND UMWELT

Unter den spanischen Vizekönigen, die Neapel von 1503 bis 1734 regierten, lief das Kulturgeschehen der Stadt ohne wesentliche Verbindungen zum Hof ab, an dem vorwiegend Künstler spanischer Herkunft in allen Bereichen den Ton angaben. Erst mit Alessandro Scarlatti und dem Beginn der neapolitanischen Oper kam es zu einer Annäherung zwischen der »spanischen« und der »neapolitanischen« Musik und mit dem steilen Aufstieg des neapolitanischen Stils des 18. Jahrhunderts und dem Übergang der Herrschaft über Stadt und Land an die Bourbonen auch zur kulturellen Synthese von Regierung und Regierten.

LEBEN

Francesco Durante wurde am 31. 3. 1684 in Frattamaggiore bei Neapel geboren. Er war Schüler seines Onkels Angelo Durante am Conservatorio Sant'Onofrio a Capuana in Neapel. Um 1700 studierte er bei Giuseppe Ottavio Pitoni in Rom. Von 1710 bis 1711 war er Lehrer am Conservatorio, an dem er selbst ausgebildet worden war. Er gab auch an den anderen neapolitanischen Musikschulen Unterricht – von 1728 bis 1739 am Conservatorio dei Poveri di Gesù Christo, ab 1742 am Conservatorio Santa Maria di Loreto und ab 1745 neuerlich an Sant'Onofrio. Er bildete eine Reihe bedeutender neapolitanischer Komponisten aus und wird daher zur Neapolitanischen Schule gezählt, obschon er selbst keine Opern geschrieben hat. Daß er im Verlauf seines Lebens auch einige Zeit in Rom tätig war, geht daraus hervor, daß er ab 1718 als Mitglied der Congregazione di Santa Cecilia geführt wurde. Er hielt sich auch einige Zeit am Dresdner Hof auf. Er starb in Rom am 30. 9. 1755.

WERKE

Der italienische Musiklehrer und Komponist Francesco Durante wiederholte am Ende der Barockperiode die »Doppelsprachigkeit« der Barockmeister am Beginn der Epoche, die für die Kirchenmusik den älteren polyphonen Stil des 16. Jahrhunderts und bei der profanen Komposition zeitgenössische Stilformen anwandten. Allerdings schrieb er auch bei den Messen Orchester vor. Eine einzige war wirklich »alla Palestrina«. Er schrieb 13 vier- bis neunstimmige Messen und Messefragmente, 14 ein- bis achtstimmige Psalmen, einige mit Instrumentalbegleitung, 3 Hymnen, 2 Magnificat, 14 Motetten, 6 Antiphonen, 4 Litaneien, 12 Madrigale mit Generalbaß und 3 Oratorien. Seine Instrumentalmusik besteht aus 6 Sonaten und mehreren Toccaten für Cembalo, einem Konzert für Cembalo und Streicher, 8 Konzerten für vier Streichinstrumente (Quartette). Außerdem verfaßte er mehrere didaktische Werke. Trotz seines umfangreichen Werkes beruht seine Bedeutung vor allem auf seiner Lehrtätigkeit.

LITERATUR

R. Fimmanò, Francesco Durante, in: Musica d'oggi XVIII, 1936.

Ottavio Durante
(um 1580 bis nach 1608)

ZEIT UND UMWELT

Giulio Caccini (um 1550–1618) gilt als Begründer des ariosen Stils, der aber nicht nur von Opernkomponisten übernommen, sondern auch bald für Liederkompositionen angewendet wurde.

LEBEN

Ottavio Durante wurde um 1580 in Rom geboren und war Kapellmeister in Viterbo, wo er nach 1608 starb.

WERKE

Der italienische Komponist Ottavio Durante war einer der frühesten Komponisten, die den ariosen Stil von Giulio Caccini übernahmen und auch bei der Komposition von Liedern verwendeten. Er schrieb eine Sammlung »Arie devote« (Fromme Arien), die neben ariosen Melodielinien die Wortbedeutung profilierten.

Louis Durey (1888–1979)

LEBEN

Louis Edmond Durey wurde am 27.5.1888 in Paris geboren. Er studierte bei Léon Saint-Requier (8.8.1872, Rouen, bis 1.10.1964, Paris) und war Mitglied der Gruppe der »Six«. Ab 1938 wirkte er als Generalsekretär der Fédération musicale populaire (Volksmusikvereinigung), 1948 wurde er Vizepräsident der Association française des musiciens progressistes. Er starb am 3.7.1979 in St. Tropez.

WERKE

Mit Erik Satie, Georges Auric und Arthur Honegger gründete Louis Durey 1917 die Gruppe der Nouveaux Jeunes, aus der 1919 die Gruppe der »Six« hervorging. Im Jahr 1948 fühlte er sich vom Prager Manifest, das die Aufgabe einer »individualistischen« zugunsten einer »volkstümlichen« Musik forderte, verpflichtet, verließ die bisher eingeschlagene Stilrichtung und streifte die Einflüsse von Arnold Schönberg, Igor Strawinsky und Claude Debussy, die in seinem Werk deutlich erkennbar waren, ab, soweit es ihm eben möglich war. Er schrieb eine Ouvertüre für Orchester, ein Concertino für Klavier, 16 Bläser, Kontrabaß und Pauken, einen »Sinfonischen Satz«, 4 Oktette für Streicher, eine Sinfonietta für Streicher, 3 Streichquartette, eine Trioserenade, ein Streichtrio, eine Sonatine für Flöte und Klavier, eine »konzertante Fantasie« für Violine und Cello, 3 Sonatinen und 10 Inventionen sowie weitere Stücke für Klavier. Er schrieb zahlreiche Vokalmusik – Lieder, Kantaten, Chorstücke, darunter »Der lange Marsch« mit Text von Mao Tse-tung (1896–1976) –, außerdem ein lyrisches Drama und Bühnenmusik.

Zsolt Durkó (geboren 1934)

LEBEN

Zsolt Durkó wurde am 10.4.1934 in Szeged, Ungarn, geboren. Er war von 1955 bis 1960 an der Musikhochschule in Budapest Schüler von Ferenc Farkas und 1962 bis 1963 in Rom an der Accademia di Santa Cecilia von Goffredo Petrassi. Er lebt seit 1963 als freischaffender Komponist in Budapest.

WERKE

Der vielfach in seiner Heimat und international ausgezeichnete Komponist Zsolt Durkó, der die Tradition von Béla Bartók insoweit fortsetzt, daß er die Technik der Neuen Musik mit der nationalen Musiktradition verschmilzt, schrieb unter anderem eine Oper, »Episoden« auf das Thema B-A-C-H für Orchester, »Organismen« für Violine und Orchester, »Fioriture« (Koloraturen) für Orchester, eine Ungarische Rhapsodie für zwei Klarinetten und Orchester, »Illustrationen« für Violine und Kammerorchester, ein Hornkonzert, »Ikonographien I« für Orchester, »Cantilene« für Klavier und Orchester, Kammermusik für zwei Klaviere und elf Instrumente, »Colloides« und »Feuermusik« für Kammerensemble, ein Bläserquintett, »Serenata« für vier Harfen, ein Quartett für Blechbläser, 2 Streichquartette, 11 Stücke für Streichquartett, »Ikonographien II« für zwei Baßviolen und Cembalo, 5 Stücke für Tuba und Klavier, 8 Duos für Hörner, Klaviermusik, Orgelstücke und mehrere Kantaten, darunter »Altamira« für zwölfstimmigen Kammerchor und Orchester, und das Oratorium »Grabrede«, das prämiiert wurde.

Grabrede, Oratorium für Tenor, Baß, Chor und Orchester, 14 Teile, entstanden 1972

Der Text ist dem ältesten ungarischen Sprachdenkmal, der um 1200 aufgezeichneten »Grabrede« entnommen. Die einzelnen Verse werden gemäß der Oratorientradition durch Arien, Rezitative, Orchesterpassagen und Turben vorgetragen, einzelne Stellen sind in der Art des gotischen Organums gebaut. Der Text steht überall im Vordergrund und wird von der Musik stimmungsgerecht ausgedeutet.

Altamira für Kammerchor und Orchester, ein Satz, entstanden 1968

Obschon der Titel auf die Altamira-Höhle mit ihrem prähistorischen Wandgemälde hinweist, liegt keine programmatische Schilderung des visuellen Eindrucks im Sinn der Romantik vor; der Komponist sucht nur die eigenartigen Flächen und Linien der Bisongestalt des Gemäldes klanglich zu verwirklichen. Die vielfältig geteilten Streicher, die in geschlossenen Blöcken auftretenden übrigen Instrumente, der schmale Bläserchor und die helle Celesta mit Vibraphon und Harfe im Vordergrund erzeugen mit dem Vokalisen singenden *Chor eine dem von dem alten Gemälde ausgehenden Eindruck ähnliche Stimmung.*

Ungarische Rhapsodie für zwei Klarinetten und Orchester, 6 Sätze, entstanden 1965

Der Komponist erklärte: »Da während unserer Geschichte die Mehrheit der vermutlich vorhanden gewesenen Kodices spurlos verschwunden ist, kann sich der Musikstoff des Stückes bloß auf Zitate stützen, die nur in der Vorstellung vorhanden sind.« Diese sind der Reihe nach wie folgt: Nr. 1 »Magischer Gesang aus der Heidenzeit«, Nr. 2 »Klagende Weisen für Geiger, Spielleute und Cimbalisten«, Nr. 3 »Magischer Gesang zum Fest des Kriegs- und Weibervolks«, Nr. 4 und 5 »Contrapunctus und Organum in motu contrario von Anfang des 14. Jahrhunderts«, Nr. 6 »Makabrer Czárdás«. Die Klarinetten und das Cimbal sind Träger der Tonfärbung des Stückes.

Sebastián Durón (1660–1716)

Zeit und Umwelt

Obgleich sich der letzte Habsburger auf dem spanischen Thron, Karl II. (1661–1700), überreden hatte lassen, den Bourbonen Philipp V. zu seinem Nachfolger zu bestimmen, ergriff seine Witwe, Anna Maria von Neuburg (1667–1740), die Partei des Sohnes Kaiser Leopolds I., der als Karl III. in Wien zum König von Spanien gekrönt worden war. Sie wurde nach Bayonne verbannt.

Leben

Sebastián Durón wurde in Brihuega, Guadalajara, am 19. 4. 1660 getauft. Er war ab 1679 Hilfsorganist an der Kathedrale von Zaragoza, dann Organist an den Kathedralen von Sevilla (1680), Burgo de Osma (1684) und Palencia (1686). Im Jahr darauf wurde er in gleicher Eigenschaft in die Königliche Kapelle aufgenommen und begleitete die Königinwitwe Maria Anna von Neuburg 1706 in ihr Exil nach Bayonne. Am 3. 6. 1716 starb er in Cambo, Basses-Pyrénées.

Werke

Vom spanischen Komponisten Sebastián Durón sind 3 Totenmessen, eine davon für zwei Chöre, 2 Totenoffizien, eine große Messe, alles für acht Stimmen, sodann Litaneien, Kompletorien, Villancicos und Orgelstücke (Tientos) überliefert. An profaner Musik verfaßte er Opern, Zarzuelas, Singspiele, Tänze und Zwischenaktmusik. Die Zarzuelas sind an spanische Volkslieder angelehnt.

Maurice Duruflé (1902–86)

Leben

Maurice Duruflé wurde am 11. 1. 1902 in Louviers geboren. Er war am Conservatoire in Paris Schüler von Paul Dukas, Louis Vierne und Charles Tournemire und wurde 1944 am selben Institut Professor für Harmonielehre; seit 1930 wirkte er als ständiger Organist an Saint-Étienne-du-Mont. Als Konzertorganist bereiste er Europa und Amerika. Er starb am 16. 6. 1986 in Paris.

Werke

Als bedeutendstes Werk von Maurice Duruflé wird sein Requiem für Soli, Chor, Orgel und Orchester weltweit anerkannt. Er schrieb ferner für Orchester »Drei Tänze« und »Andante und Scherzo«, an Vokalmusik eine Messe und Motetten und für Orgel »Praeludium und Fuge«, »Suite«, »Praeludium, Adagio und Choralvariationen« und ein »Scherzo«, die zwar im strengen Stil gefaßt sind, aber einen Anflug von impressionistischer Farbgebung aufweisen. Er zählt jedenfalls zu den Großmeistern der französischen Organistik unseres Jahrhunderts.

Suite, Opus 5, 3 Sätze, entstanden 1934

Der 1. Satz »Praeludium« ist sehr konzentriert. Sein Thema beherrscht seinen gesamten Ablauf trotz vieler Tempovariationen. Der 2. Satz »Sicilienne» erhält durch eine ständig wechselnde Begleitung viele Klangfacetten. Das Finale »Toccata« bringt das Thema zuerst im Pedal, dann wird es von der rechten Hand übernommen. Das zweite hinzutretende Thema läßt das Metrum zwischen Dreier- und Vierertakt schillern. Die Reprise führt zu einem pompösen virtuosen Schluß.

František Xaver Dušek (1731–99)

ZEIT UND UMWELT
Josepha Hambacher (7. 3. 1753, Prag, bis 8. 1. 1824, Prag), Schülerin und Frau von František Xaver Dušek, der sie zur berühmten Sängerin und Pianistin ausbildete, und die Freundschaft mit Wolfgang Amadeus Mozart, dessen wahre Bedeutung und Genialität er als einer der wenigen Zeitgenossen fühlte und erkannte, waren die vermutlich wichtigsten Personen im Leben des böhmischen Meisters.

LEBEN
František Xaver Dušek wurde am 8. 12. 1731 in Chotěborky geboren. Sein Gutsherr wollte ihn in Königgrätz (Hradec Králové) zum Kleriker ausbilden lassen, bestimmte ihn aber, weil er durch einen Sturz lebenslang gezeichnet war, zum Musiker und sandte ihn nach Wien zu Georg Christoph Wagenseil, der ihm Cembalounterricht gab. Er ließ sich sodann in Prag als Klavierlehrer nieder. In seiner Villa Bertramka in Košiře bei Prag vollendete Wolfgang Amadeus Mozart, als sein Gast, die Partitur zu »Don Giovanni«. Dušek starb am 12. 2. 1799 in Prag.

Josepha Dušek, Stich von A. Clar, 1796

WERKE
Die Zeitgenossen zählten František Xaver Dušek zu den bedeutendsten Cembalisten und Pianisten. In seinen Kompositionen für beide Instrumente schuf er einen Übergang zwischen ihnen. Er schrieb zahlreiche Sonaten, Variationen und Konzerte für beide Instrumente.

LITERATUR
V. J. Sýkora, František Xaver Dušek, Život a dílo, Prag 1958.

František Josef Dusík
(1765 bis nach 1816)

ZEIT UND UMWELT
Ljubljana hatte schon sehr früh ein reges Musikleben. Die Nähe des venezianischen Raumes und der Hofkapellen von Graz und Wien ermöglichte es, tüchtige Kräfte zu bekommen. Musiker aus Böhmen, die sich über Wien oder über Italien anboten, wurden besonders bereitwillig aufgenommen.

LEBEN
František Josef Dusík (Dussek, Benedikt Dussek-Cormundi) wurde am 22. 3. 1765 in Tschaslau (Časlav), Böhmen, geboren. Nach seiner Ausbildung in Prag war er Konzertmeister am Teatro San Benedetto in Venedig und an der Scala in Mailand, 1798 Militärkapellmeister in Venedig und ab 1806 Domkapellmeister in Ljubljana, wo er nach 1816 starb.

WERKE
Von František Josef Dusík sind mehrere

Buffoopern aufgeführt worden. Er schrieb außerdem das Oratorium »Gerusaleme distrutta« (Zerstörtes Jerusalem), Messen, Proprien, Streichquartette, Sinfonien, Serenaden und Klaviersonaten. Seine Musik läßt die klassiknahe Schulung von Prag erkennen.

Jan Ladislav Dusík (1760–1812)

ZEIT UND UMWELT

Die vielen Komponisten und Interpreten der Jahrzehnte um die Wende zum 19. Jahrhundert entsprachen dem herrschenden Bedürfnis. Die für Musik aufnahmebereite Gesellschaftsschicht wurde immer breiter. Viele Adelige hielten sich noch Kapellen, und das Bürgertum strömte in die vielen Konzerte, um die zeitgenössische Musik kennenzulernen, unbekümmert darum, welche Überraschungen die Kriege und die Politik brachten.

LEBEN

Jan Ladislav Dusík (Johann Ladislaus Dussek) wurde am 9. 2. 1760 in Tschaslau (Čáslav), Böhmen, geboren. Er studierte in Prag und bildete sich dort so weit aus, daß er eine Organistenstelle in Mecheln übernehmen und in gleicher Eigenschaft in Bergen op Zoom und Amsterdam wirken konnte. Er wurde darauf Erzieher der Söhne des Statthalters in Den Haag, trat sodann in Berlin und St. Petersburg als Klavier- und Glasharmonikavirtuose auf, hielt sich 2 Jahre in Litauen auf, spielte 1786 vor Marie Antoinette in Paris, begab sich nach Italien, kehrte nach Paris zurück, von wo er vor der Revolution nach London flüchtete. Der Musikverlag, den er dort gründete, fallierte, so daß er sich nach Hamburg zurückziehen mußte; er hielt sich nach kurzer Tätigkeit in Berlin erneut in Paris auf, wo er 1808 Konzertmeister des Fürsten Charles Maurice de Talleyrand-Périgord (1754–1838) wurde. Er starb am 20. 3. 1812 in St-Germain-en-Laye.

WERKE

Außer 2 Opern verfaßte Jan Ladislav Dusík eine große Messe, 12 Klavierkonzerte und ein Doppelkonzert, 80 Violinsonaten, 53 Klaviersonaten für zwei und 8 für vier Hände, 10 Trios, ein Klavierquartett, ein Klavierquintett, außerdem zahlreiche Solostücke für Klavier. Einige von seinen kleinen Stücken und einzelne Sonaten und Sonatinen sind heute noch beliebt.

Klaviersonate in As-Dur, Opus 70, 3 Sätze
Das Stück ist mit »Le retour à Paris« (Rückkehr nach Paris) betitelt und bringt viel romantisches Empfinden und Eleganz. Das Adagio in E-Dur vereinigt Grazie und Wärme und fließt mit einer nirgends unterbrochenen Melodie und feinem Passagenwerk bis zum Ende dahin. Das As-Dur-Menuett setzt in fis-Moll ein und hat ein interessantes Trio in E-Dur. Das Finale ist tänzerisch, aber voll sentimentaler Episoden. Die Sonate hat bis heute nichts von ihrem Reiz verloren.

Klaviersonate in f-Moll, Opus 77, 4 Sätze
Der Titel »L'Invocation« (Anrufung) deutet auf romantisch-magischen Gehalt hin. Der einleitende Satz ist drängend gesteigert mit stürmisch ausbrechenden Passagen und gipfelt wild bewegt mit reicher Harmonik. Das Menuett bringt einen Kanon. Das Adagio in Des-Dur bezeichnet der Komponist selbst mit »solenne« (feierlich), und das abschließende Rondo läßt bereits Phantasie und Dämonie eines Chopin ahnen. Es handelt sich um die vielleicht schönste Sonate des Meisters.

LITERATUR

M. Marek, Jan Ladislav Dusíc a Čáslav, Čáslav 1960.

Étienne Dutertre
(um 1510 bis nach 1557)

ZEIT UND UMWELT

In der franko-flämischen Schule spielte das Chanson von Ockeghem bis Willaert keine beachtenswerte Rolle. Ihre imitatorische Struktur des Satzes lebte sich in den großangelegten sakralen Formen der Messe und Motette aus. Einige Chansons wurden jedoch nahezu von jedem Meister der Schule vertont, so daß sozusagen auf einem Nebenfeld ein gewisser Entwicklungsstand dieser Musikgattung erreicht wurde; sie war vierstimmig und durchimitiert. Darauf trat eine Wendung zur

Vereinfachung ein, der Text wurde in den Vordergrund gestellt, die Musik erhielt die Aufgabe, das Wort zu profilieren, pointieren und illustrieren. Pariser Witz und Pariser Charme regierten die Chansons der Stadt in den Kneipen und in den Salons.

LEBEN
Étienne Dutertre (Du Tertre) ist um 1510 in oder bei Paris geboren. Er dürfte sich in Paris als Organist, Sänger und Musiklehrer betätigt haben. Die Annahme, daß er Angehöriger der Sainte-Chapelle gewesen sei, ist unverbürgt. Er dürfte vermutlich nach 1557 in Paris gestorben sein.

WERKE
Dutertre war einer der bedeutendsten Vertreter des französischen Chansons. Es sind von ihm ungefähr 60 Chansons für vier Stimmen erhalten. Ihre Texte sind zum Teil stark frivol, aber stets geistreich und charmant, und das war für jene Zeit ausschlaggebend. Außerdem ist von dem Meister eine Anzahl Instrumentalmusik überliefert, vorwiegend vierstimmige Tänze (Pavanen, Gallarden, Branles), deren künstlerische Qualität sehr hoch einzuschätzen ist.

LITERATUR
C. M. Cunningham, Étienne du Tertre and the Mid-Sixteenth Parisian Chanson, in: Musica Disciplina 25, 1971.

Pierre Dutillieu (1754–98)

LEBEN
Pierre Dutillieu wurde am 15. 5. 1754 in Lyon geboren und war dort bis ungefähr 1785 als Advokat tätig. Dann vertauschte er diesen Beruf mit dem eines Musikers, ging nach Italien und ließ sich 1787 in Neapel nieder, wo er mit einigen Balletten Erfolg hatte. Im Jahr 1791 erreichte ihn der Ruf, die Nachfolge von Domenico Cimarosa als Hofkomponist in Wien anzutreten. Er starb am 29. 6. 1798 während eines Aufenthalts in Venedig.

WERKE
Außer mehreren Balletten und 4 Opern verfaßte Pierre Dutillieu ein Violinkonzert und 6 Duos für zwei Violinen. Sein Stil neigte sich deutlich der Romantik zu.

François Duval
(um 1673–1728)

ZEIT UND UMWELT
Die Violinlehrer in Paris konnten sich ebensowenig über mangelnden Zuspruch beklagen wie die Cembalolehrer. Wenn auch der Hof mit seinen Ensembles sehr viele Stellen für Violinisten zu vergeben hatte, so standen doch stets genügend Anwärter, die den hohen Anforderungen entsprachen, zur Verfügung. Mancher ausgezeichnete Instrumentalist mußte Jahre warten, bis er an die Reihe kam.

LEBEN
François Duval wurde um 1673 in Paris geboren. Er stand im Dienst des Herzogs Philippe von Orléans und war zugleich Mitglied der Königlichen Kapelle, wurde aber erst 1714 zu den »24 Violons du roy« aufgenommen. Im Jahr 1723 gab er diese Stelle weiter und starb in Versailles am 27. 1. 1728.

WERKE
Der französische Violinist und Komponist François Duval schrieb 7 Bücher mit Violinsonaten, von denen eines für zwei Violinen gesetzt ist, außerdem ein Buch mit Triosonaten.

LITERATUR
La Laurencie, L'école française de violon, Paris 1922.

Frédéric Nicolas Duvernoy
(1765–1838)

ZEIT UND UMWELT
Neben der Klarinette wurde das Horn zum beliebtesten Blasinstrument der einsetzenden Romantik. Der warme runde Ton des Horns

ließ die Gefühlsinhalte und Vorstellungen jenes Musikzeitalters darstellen. Wenn es auch noch keine Ventile gab, so verbesserten sich doch die Spielmöglichkeiten von Jahrzehnt zu Jahrzehnt. Die im Naturhorn fehlenden Töne wurden durch Stege, die den Luftstrom verlängerten oder verkürzten, und später durch Klappen erzeugt. Auch die Hand des Hornisten in der Stürze brachte Veränderungen der angeblasenen Töne zustande.

Leben
Frédéric Nicolas Duvernoy wurde am 16. 10. 1765 in Montbéliard geboren. Er war ab 1788 Orchestermitglied der Comédie Italienne und ab 1797 der Opéra, wo er von 1801 bis 1817 als Solist wirkte. Gleichzeitig spielte er in der Musikbande der Nationalgarde und unterrichtete als Hornlehrer von 1797 bis 1815. Er starb am 19. 7. 1838 in Paris.

Werke
Beinahe alle Kompositionen von Frédéric Nicolas Duvernoy waren dem Horn gewidmet: 12 Hornkonzerte, 3 Quintette für Horn, zwei Violinen, Bratsche und Generalbaß, Trios für Horn, Violine und Cello, 3 Serien und Etüden für Horn, Soli und Duos für Horn und Klavier. Er schrieb auch Lehrwerke für sein Instrument mit schönen Beispielen.

Antonín Dvořák (1841–1904)

Zeit und Umwelt
Die Konflikte der Tschechen mit der Wiener Zentralregierung schwächten die österreichisch-ungarische Großmacht. Frankreich verfolgte dieses Ringen um die Freiheit eines Volkes mit Wohlwollen, und St. Petersburg förderte die Bestrebungen der slawischen Brüder, obgleich dies der von Rußland arrogierten Stellung als Hüterin der dynastischen Interessen in Europa widersprach; man träumte in der Zarenmetropole von einem panslawischen Reich unter Rußlands Hegemonie. In Prag zog man es aber vor, die Rechte der Tschechen vorläufig innerhalb der Monarchie auf allen

Antonín Dvořák

Gebieten zu vergrößern und zu vertiefen; die politische Entwicklung war hiefür günstig. Die Wiener Regierung mußte unter dem Eindruck der militärischen und politischen Niederlagen den Forderungen der Ungarn nachgeben und auch den Tschechen Stück für Stück entgegenkommen; zuerst auf dem Gebiet des Schulwesens, dann in ökonomischen Bereichen, in der Frage der Verwendung der tschechischen Sprache in Verwaltung und Justiz und vor allem im kulturellen Raum. Prag erhielt eine von der deutschen getrennte tschechische Universität, seine tschechischen Theater und Konzertvereinigungen, was der Entwicklung einer eigenständigen Musik ungeheuren Aufschwung und tschechischen Musikern uneingeschränkte Entfaltungsmöglichkeiten verlieh. Der erste, der weit über die Grenzen seines Sprachraumes hinaus Weltgeltung errang, war Bedřich Smetana, ihm folgte Antonín Dvořák. Smetana, der dem Kaiser in Wien seine Sinfonie mit dem Kaiserlied widmen wollte, wurde noch abgewiesen, Dvořák erhielt bereits von der »Österreichischen Kommission für Künstlerstipendien« eine monatliche Unterstützung zur Weiterbildung, obwohl sein Name durch die Kantate »Die Erben des Weißen Berges«, die an den Vernichtungsschlag Österreichs gegen sein Volk im Jahr 1620 erinnerte, bekannt geworden war.

LEBEN

Antonín Dvořák wurde am 8.9.1841 in Mühlhausen (Nelahozeves) bei Prag geboren. Im Jahr 1857 kam er in Prag an die Orgelschule von Karel František Pič, wo Josef Foerster einer seiner Lehrer war. Er lernte dabei neben einer gründlichen theoretischen und praktischen Ausbildung die alten Meister bis zur Klassik kennen, mit der Romantik konnte er sich als freiwilliges Mitglied am Violinpult im Orchester der Caecilien-Gesellschaft vertraut machen. Seinen Lebensunterhalt bestritt er als Kirchensänger und Gasthausmusikant, schließlich als Bratschist einer von dem Militärkapellmeister und Marschkomponisten Karel Komzák (4.11.1823, Netěchovice bei Týn nad Vitavou, bis 19.3.1893, Netěchovice) geleiteten Musikkapelle, bis es ihm gelang, zu dem Bedřich Smetana unterstellten Pozatimní Divadlo (dem Vorläufer des Narodní Divadlo) überzuwechseln; sein Einkommen blieb aber noch gering, so daß er gezwungen war, Musikunterricht zu geben. Zu komponieren begann er bereits, nachdem er 1859 die Orgelschule verlassen hatte, aber davon erfuhren durch 10 Jahre nur seine engsten Bekannten, obschon sich darunter bereits ansehnliche Werke – Kammermusik, Sinfonien, Messen, Liederzyklen und 2 Opern – befanden. Vor eine breitere Öffentlichkeit trat er 1872 mit seiner Kantate für Chor und Orchester »Die Erben des Weißen Berges«, die ihn sofort so bekannt machte, daß er das Orchester verließ und sich allein der Komposition widmete. Obwohl seine Musik allseitig gefiel, stellte sich ein wirtschaftlicher Erfolg erst ein, als Johannes Brahms auf ihn aufmerksam machte. Er erhielt ein Staatsstipendium, und bald darauf begannen die europäischen Verlage, sich für ihn zu interessieren; er wurde international bekannt, die ersten Virtuosen und Dirigenten bemühten sich, Werke dieses Nachfolgers des berühmten Smetana zu spielen und zu dirigieren; er leitete selbst die Aufführung eigener Werke in Deutschland und England; 1891 wurde er zum Kompositionsprofessor am Prager Konservatorium ernannt, 1892 als künstlerischer Leiter des National Conservatory of Music nach New York berufen, wo er bis 1895 blieb. Darauf übernahm er die Leitung des Konservatoriums in Prag, wo er am 1.5. 1904 starb. Er wurde als weltberühmter Kom-

Ansicht des Moskauer Kremls um die Jahrhundertwende

Antonín Dvořák, Karl Bendl, Zdenko Fibich, Karel Kovarovic, Heinrich von Kaan, J. B. Förster

ponist und großer Sohn seines Volkes mit allen Ehren auf dem Friedhof von Vyšehrad in Prag beigesetzt.

Werke

Mit seinen 9 Sinfonien (c-Moll, B-Dur, Es-Dur, d-Moll, F-Dur, D-Dur, d-Moll, G-Dur und e-Moll) trat Antonín Dvořák in die erste Reihe der Sinfoniker seines Jahrhunderts. Die ersten vier Sinfonien wurden zu seinen Lebzeiten nicht in sein Werkverzeichnis aufgenommen, so daß die 5. Sinfonie als 1. figuriert. Seine sinfonischen Dichtungen »Der Wassermann«, »Die Mittagshexe«, »Das goldene Spinnrad«, »Die Waldtaube« und »Das Heldenlied« stehen den Sinfonien an künstlerischem Wert und Beliebtheit nicht nach. Auch seine Ouvertüren bringen Programmusik und stehen den sinfonischen Dichtungen nahe, besonders die »Hussitische Ouvertüre«, »Mein Heim« und der Zyklus »Natur, Leben und Liebe«, bestehend aus »In der Natur«, »Karneval« und »Othello«. An weiteren Orchesterwerken liegen vor: »Drei slawische Rhapsodien«, die Orchesterfassung der für Klavier vierhändig komponierten »Slawischen Tänze«, eine Serenade für Streichorchester, »Sinfonische Variationen für großes Orchester«, eine Serenade für Blasinstrumente, Cello und Kontrabaß, »Tschechische Suite«, Orchesterfassung der für Klavier zu vier Händen komponierten »10 Legenden«, ein »Scherzo capriccioso« und eine Suite in A-Dur. Die Instrumentalkonzerte bestehen aus einer Violinromanze in f-Moll, einem Klavierkonzert in g-Moll, einem »Mazurek« für Violine und Orchester in e-Moll, einem Violinkonzert in a-Moll, einem Rondo für Cello und Orchester in g-Moll und dem Prunkstück jeden Virtuosen, dem Cellokonzert in h-Moll. Von seiner Kammermusik, 17 Streichquartette, 2 Klavierquartette, 5 Klaviertrios, eine Sonate und eine Sonatine für Violine und Klavier und eine Reihe weiterer Stücke, bildet jedes Stück für sich einen Schatz aus Melos und Rhythmus und hätte dem Meister allein schon einen Ehrenplatz in der Musikgeschichte gesichert. Dazu kommen zahlreiche Klavierkompositionen, von denen die »Slawischen Tänze« für vier Hände, die auch orchestriert vorliegen, und die »Acht Humoresken«, am bekanntesten sind. Die Chormusik ist durch ein Oratorium »Ludmilla«, die Kantate »Die Gespensterbraut«, ein Te Deum, ein Requiem, ein Stabat mater, eine Messe und sakrale Gesänge vertreten. Eine große Anzahl sehr ansprechender Lieder runden das Werk ab. Seine 9 Opern konnten zum Teil nur lokale Erfolge erreichen, am meisten gespielt wurden und werden heute noch »Rusalka« und »Die Teufelskäthe«. Dvořák war kein Mann des Theaters.

Vieles glaubt man schon gehört zu haben, als Volksweise oder als Kinderlied, es ist aber stets neu und ursprünglich, nur unvergleichlich eingängig. Der abgeklärte Klangzauber seiner Kammermusik, die Pracht der Sinfonien, die Wogen seiner Chöre, das Glitzern der Klavierstücke, die elegischen Kantilenen, die stampfenden Rhythmen, die rasenden Prestopassagen können nur aus der leidenschaftlichen Hingabe zu seiner Heimat, zur Schönheit der böhmischen Landschaft entstanden sein. Dvoăk war ein Meister aller musikalischen Formen und der raffiniertesten Instrumentation. Man hat bemängelt, daß er dem Effekt nachlief, und dabei nicht gesehen, daß er seine Effekte weniger für sein Publikum als für sich selbst suchte. Er hat sein Leben lang Musik gemacht, zuerst als Instrumentalist in verschiedener Umgebung und als Sänger, später als Komponist und Dirigent, er hat damit sein Publikum unterhalten und erfreuen wollen, aber anscheinend immer selbst mehr und freudiger seiner Musik gelauscht als seine Zuhörer.

Hinsichtlich Zählung und Bezifferung der Werke von Antonín Dvořák herrschte ziemliches Durcheinander. Verschiedene Kompositionen wiesen mehrere Opuszahlen auf, während wieder einzelne Opuszahlen für mehrere Werke verwendet wurden. Erst Jarmil Michael Burghauser (geboren 1921) gelang es, eine einigermaßen verwendbare Ordnung zu schaffen, die vielleicht noch einiger Korrekturen bedarf und auch keine uneingeschränkte Anerkennung fand, aber alle vorhergehenden Versuche weit übertrifft.

Die heilige Ludmilla, Oratorium für Soli, Chor und Orchester, B 144, 3 Teile, entstanden 1886

Der Přemyslide Vratislav hat seinem unmündigen Sohn Václav den Thron hinterlassen. Es kommt zu Auseinandersetzungen zwischen der Gattin des Verstorbenen und dessen Mutter Ludmilla über die Regentschaft für den Unmündigen, in deren Verlauf Ludmilla, die erste christliche Herrscherin Böhmens, getötet wird. Die Schwiegertochter Drahomíra wird wegen dieses Mordes von ihrem eigenen Sohn Václav vertrieben, der inzwischen die Herrschaft angetreten hat und Ludmilla als Märtyrerin feiern läßt. Diese hochdramatische der Geschichte Böhmens entnommene Legende wird durch fünf Solisten, große Chorszenen und mit großartigen Klangbildern dargestellt. Das Monumentalwerk wurde für ein Musikfest in Leeds komponiert und wird stets mit einem großen Aufgebot an Mitwirkenden aufgeführt.

Stabat mater für Soli, Chor und Orchester, B 71, 10 Teile, entstanden 1877

Nach einem Orchestervorspiel setzen die Tenöre zögernd mit dem 1. Vers der Sequenz ein, dann folgt der Chor, der sich zu gewaltigen Klangwirkungen steigert. Bläser beklagen das Leid der Mutter. Der Alt stimmt den 2. Vers ein, der Baß löst ihn ab, dunkle Bläserakkorde begleiten sodann den psalmodierenden Chor. Im Trauermarschrhythmus trägt der Chor den 3. Vers vor, der Solobaß deklamiert den 4. Vers. Der Frauenchor nimmt das Thema auf und führt über interessante Harmonik zum idyllischen 5. Vers. Tröstlich schließt sich der 6. Vers an und der 7. Vers erhebt sich zu einem melodienreichen innigen Gesang. Nach einem Duett des Soprans und des Tenors im 8. Vers intoniert der Alt den 9. Vers. Der letzte Teil greift thematisch auf den ersten zurück; ein strahlendes Amen schließt die Sequenz ab.

Requiem für Soli, Chor und Ochester, B 165, 13 Teile, entstanden 1890

Trotz des düsteren Textes fehlen in dem Werk allenorten Akzente des Schreckens. Sogar das »Dies irae« wird mit milder Trauer vorgetragen. Thematisch schlicht, ohne jede Theatralik und Trost spendend, voll volkstümlicher Melismen, bietet sich diese Vertonung eines streng liturgischen Textes als eine echte böhmische Totenmesse dar, die in der Sprache des Volks trauert und um ewigen Frieden bittet.

Messe in D-Dur für Soli, Chor, Orchester und Orgel, B 153, 6 Teile, entstanden 1887 als Orgelmesse, orchestriert 1892

Es handelt sich um ein einzigartiges Meisterwerk spätromantischer sakraler Musik, die unproblematisch dem Text seinen adäquaten Ausdruck verleiht und einen guten Teil Volksmusik integriert.

Te Deum für Soli, Chor und Orchester, B 176, 4 Teile, entstanden 1892

Trotz des sakralen Textes handelt es sich um ein Konzertwerk, das für die Kolumbus-Feiern in New York geschrieben wurde. Der Komponist verwendete den Text, weil der angekündigte englische Kantatentext nicht eintraf. Der Aufbau des Werks entspricht dem einer Sinfonie. Es trägt durchwegs folkloristischen Charakter und deutet den Text bildhaft demonstrierend aus.

Sinfonie Nr. 1 in c-Moll »Die Glocken von Zlonice«, B 9, 4 Sätze, entstanden 1865

Im 1. Satz, »Maestoso«, sind mit den Mitteln eines konventionellen Orchesters allein, ohne Glockenspiel, Geläute und Zusammenklang mehrerer Kirchenglocken mit raffinierter Tonmalerei verwirklicht. Das Werk ist von erstaunlich emotionaler Kraft und Spannung erfüllt. Die Fülle der melodiösen Einfälle, die alle Kompositionen des Meisters kennzeichnet, tritt bereits in diesem Frühwerk zutage.

Sinfonie Nr. 2 in B-Dur, B 12, 4 Sätze, entstanden 1865

Die musikalischen Einfälle dieses Werks hätten für mehrere Sinfonien ausgereicht. Hier werden sie verschwenderisch zu grandiosen Klangbildern intuitiv gehäuft.

Sinfonie Nr. 3 in Es-Dur, B 34, 3 Sätze, entstanden 1873

Pathos und epische Breite kennzeichnen dieses umfangreiche Werk, das einer sinfonischen Dichtung nahekommt, deren Thema allerdings nicht eruierbar ist. Das »Tempo di marcia« des 2. Satzes ist von seltener plastischer Intensität, das »Allegro vivace« des Finales nimmt bereits die Klangfülle und Rasanz späterer Finalsätze des Komponisten voraus.

Sinfonie Nr. 4 in d-Moll, B 41, 4 Sätze, entstanden 1874

Die heroische Romantik der vorangehenden drei Sinfonien weicht hier wirklichkeitsnahen Bildern bürgerlicher Prägung. Gleichzeitig bricht sich darin – besonders im 3. Satz – das Musikantentum des Komponisten ungehemmt Bahn und macht die musikalische Sprache des Meisters deutlich, die für sein gesamtes zukünftiges Schaffen in Geltung blieb.

Sinfonie Nr. 5 in F-Dur, B 54, 4 Sätze, entstanden 1875

Im 1. Satz der Sinfonie, die als »Pastorale« bezeichnet wurde, lädt ein Hörnersignal, das die Klarinetten und sodann die Flöten übernehmen, zu einem »Ausflug in die grüne Natur« ein; eine böhmische Tanzweise setzt ein und mündet in verträumte Stimmung; Vogelrufe klingen von fern. Die Durchführung mit dem zweiten hellen Thema ist voll Farben. Mit viel Stimmungsgehalt bringt der 2. Satz ein schwermütiges Thema, zu dem ein gelösteres tritt. Das anschließende Scherzo ist ein fröhlicher Tanz mit einem stimmungsvollen Trio als Atempause. Der 4. Satz bricht nach zögerndem Schwanken in einen stürmischen Freudentaumel aus.

Sinfonie Nr. 6 in D-Dur, B 112, 4 Sätze, entstanden 1880

Die Uraufführung fand, nachdem die für Wien geplante hintertrieben wurde, in Prag statt; anschließend wurde die Sinfonie in allen europäischen Musikzentren mit großem Erfolg aufgeführt. Das Thema des 1. Satzes ist lyrisch, aber doch kräftig; die Holzbläser tragen eine bukolische Note in den einfallsreichen Ablauf des musikalischen Geschehens. Das folgende Adagio betont die pastorale Haltung des Werkes noch stärker. Das Scherzo ist ein Furiant mit hinreißender Faktur, und das Finale konzentriert eine Überfülle farbiger Klangbilder, die vom Zuhörer kaum bewältigt werden können.

Sinfonie Nr. 7 in d-Moll, B 141, 4 Sätze, entstanden 1885

Der 1. Satz hat Sonatenform; sein Kopfthema ist energisch und kompakt, das zweite Thema stimmungsreich und pastoral; die Auseinandersetzung bringt keinen Kampf, sondern einen Austausch romantischer Gedanken. Das Adagio ist voll typisch slawischer Klangkontraste, eine aufsteigende Trauer wird mit pastoralen Wendungen besänftigt. Das Scherzo entnimmt seinen Rhythmus heimischen Tänzen. Im 4. Satz klingt das Thema des 1. wieder auf. Jeder tragische Gedanke wird sieghaft verdrängt.

Sinfonie Nr. 8 in G-Dur, »Die Englische«, B 163, 4 Sätze, entstanden 1889

Diese Sinfonie nähert sich dem Charakter einer sinfonischen Dichtung; die einzelnen Sätze machen einen improvisatorischen Eindruck, überschreiten aber die vorgezeichnete Form einer Sinfonie nicht. Der 1. Satz wird feierlich von Celli und Bläsern eröffnet, als nähere sich der Mensch der Natur mit Ehrfurcht, dann allerdings schiebt sich ein fröhliches Bild nach dem anderen vor das geistige Auge des Zuhörers. Der 2. Satz ist balladesk, als sollte in das Bild der Natur eine Episode gezeichnet werden. Im Scherzo erklingt eine geschmeidige Walzermelodie, die in der Coda in einen slawischen Tanz übergeht. Das Finale bringt eine vierfache Variation eines in der tschechischen Volksmusik wurzelnden Themas und endet mit einer Apotheose auf Heimat und Natur.

Sinfonie Nr. 9 in e-Moll, »Aus der Neuen Welt«, B 178, 4 Sätze, entstanden 1893

Diese Sinfonie gehört zu den Standardwerken aller Konzertsäle der Welt. Sie verwendet keine indianischen Melodien, sondern eigene Themen, denen die Besonderheiten der Indianermusik verliehen wurden. Der 1. Satz beginnt mit einer langsamen schwermütigen Einleitung, aus der sich das Hauptthema entwickelt; das zweite Thema ist davon abgeleitet und verbindet sich mit dem ersten zu einer völlig neuen Klangwirkung. Im 2. Satz trägt das Englischhorn einen Largogesang vor, in dem die endlose Ferne und die verlassenen Weiten der Prärie deutlich werden – wohl eine der schönsten Melodien, die der Komponist geschaffen hat. Das Scherzo bringt einen indianischen Festtanz, in dessen Mitte die Erinnerung an die böhmische Heimat des Komponisten aufsteigt. Das Marschthema des 4. Satzes klingt wie eine fröhliche Heimkehr.

Husitská (Hussitische Ouvertüre), B 84, Ouvertüre zu einer dramatischen Trilogie von František Šubert (1849–1915), entstanden 1867

Das Stück stellt programmatisch die Entstehung der Hussitenbewegung, die Hussitenkriege und den darauf endlich errungenen Frieden dar und verarbeitet den St.-Wenzel-Choral aus dem 13. Jahrhundert und das hussitische Kampflied aus dem 15. Jahrhundert.

Natur, Leben und Liebe, Zyklus aus drei konzertanten Ouvertüren, entstanden 1891 und 1892

bestehend aus: »In der Natur«, B 168, worin die Natur als große Spenderin und Hüterin allen Lebens dargestellt wird,

»Karneval«, B 169, die das berauschende Leben der Faschingszeit wiedergibt,

»Othello«, B 174, als Denkmal der Liebe in allen ihren Äußerungen, in ihrer beglückenden, aber auch vernichtenden Kraft.

Mein Heim, Konzertouvertüre, B 125a, entstanden 1882

Der Titel »Mein Vaterland« wäre diesem Stück angemessener, weil es sich um ein musikalisches Bekenntnis der Heimatliebe des Komponisten handelt. Es verarbeitet zwei tschechische Volkslieder, ein fröhliches mit dem Titel »Auf unserem Gut« und das spätere Nationallied »Wo ist meine Heimat?«, und besteht durch und durch aus tschechischen Melismen, Akkorden und Rhythmen.

Der Wassermann, Sinfonische Dichtung, B 195, entstanden 1896

Der Wassergeist ertränkt Menschen und hält ihre Seelen in umgestürzten Töpfen gefangen. Die Mutter warnt die Tochter, an das Seeufer zu gehen, aber diese betritt den Steg, bricht durch, kommt in die Gewalt des Geistes und wird seine Frau. Sie hat Sehnsucht nach der Mutter und bittet den Wassermann, sie besuchen zu dürfen. Er erlaubt es, behält aber das Kind als Geisel. Als die junge Frau beim Läuten der Abendglocken nicht zurückkehrt, tötet der Geist das Kind und schleudert es den beiden Frauen vor die Hütte.

Die Mittagshexe, Sinfonisches Gedicht, B 196, entstanden 1896

Die Mittagshexe ist ein böses Weib; es erscheint zur Mittagszeit auf dem Dorfplatz und raubt den Müttern ihre Kinder. Eine erzürnte Mutter ruft nach der Hexe, um ihr schlimmes Kind zu erschrecken. Diese kommt und fordert das Kind. Die Frau drückt ihr Kind ängstlich an sich, die Mittagsglocke schlägt an, das Gespenst muß verschwinden. Der Vater findet Mutter und Kind leblos vor, die Mutter bekommt das Leben zurück, das Kind bleibt tot.

Das goldene Spinnrad, Sinfonisches Gedicht, B 197, entstanden 1896

Der König lernt auf der Jagd die schöne Spinnerin Dornička kennen, die bei ihrer bösen Stiefmutter wohnt. Diese soll ihm das Mädchen in das Schloß bringen und macht sich mit der eigenen Tochter und der Spinnerin auf den Weg, ermordet aber Dornička und präsentiert dem König das eigene Kind. Da die Mädchen einander sehr ähnlich sahen, durchschaut der König den Betrug nicht, zieht in den Krieg, und weist seine junge Gattin an, recht viel zu spinnen. Der gute Waldgeist erweckt die Ermordete wieder zum Leben, der König kehrt zurück, und das goldene Zauberspinnrad kündet ihm die böse Tat. Er findet Dornička und bestraft die Mörderinnen mit dem Tod.

Die Waldtaube, Sinfonisches Gedicht, B 198, entstanden 1896

Diesem Stück liegt wie den drei vorangehenden eine Dichtung von Karel Jaromír Erben (1811 bis 1870) zugrunde. Es beginnt mit einem Trauermarsch; die junge Witwe trägt ihren Gatten zu Grab, den sie vergiftet hat, weil sie einen anderen liebt. Nun erklingen lustige Tanzrhythmen; die Mörderin heiratet ihren Geliebten. Aber das böse Gewissen kommt in Gestalt einer Taube, die von der Eiche am Grab des Ermordeten unaufhörlich an den Mord erinnert. Die Schuldige erträgt das nicht und sucht schließlich selbst den Tod.

Serenade in E-Dur für Streichorchester, B 52, 5 Sätze, entstanden 1875

Der 1. Satz ist wie auch bei klassischen Serenaden langsam, der die sehnsüchtige Stimmung des gesamten Stücks festlegt. Im 2. Satz klingt ein Walzer auf, der ein ruhigeres Trio umschließt. Der 3. Satz bringt ein fröhliches Scherzo, der 4. ist ein Notturno. Im Finale schließt ein Allegro vivace das reizende Ständchen ab.

Serenade für Blasinstrumente, Cello und Kontrabaß in d-Moll, B 77, 4 Sätze, entstanden 1878

Dieses Stück weist einen betont altertümlichen Charakter auf. Der Marsch als 1. Satz, das Menuett mit tschechischem Melos im 2. Satz, das anschließende kantable Andante und das sehr bewegte Finale sind voll Humor und Spielfreudigkeit.

Tschechische Suite in D-Dur, B 93, 5 Sätze, entstanden 1879

In diesem Werk erklingt rein tschechische Musik, die in der Vorstellung des Hörers die blühende böhmische Landschaft erstehen läßt. Im 1. Satz erklingt ein pastorales Präludium, der 2. Satz bringt eine lustige Polka und der 3. eine Sousedska. Im 4. Satz spielen Flöte und Englischhorn eine Romanze, ein feuriger Furiant bildet das Finale.

Scherzo capriccioso, B 131, 3 Teile, entstanden 1883

Trotz Melancholie und Zweifel verkündet dieses Stück Lebensfreude und Zuversicht. Das Thema wird im 1. Teil einer ausgedehnten Durchführung unterworfen, im Mittelteil singt das Englischhorn ein Lied voll Sehnsucht. Der 3. Teil schließt mit einem walzerartigen Thema das Werk ab.

Zehn Legenden für Orchester, B 122, entstanden 1881

Diese Legenden wurden vorerst für Klavier zu vier Händen komponiert und dann erst orchestriert. Es handelt sich um keine programmatische Musik, sondern um Stücke, die, »ob sie nun von der Liebe oder Sehnsucht, Leiden oder Opfern, Begeisterung oder Ruhm singen, doch immer von einer intensiven Glut erfüllt und immer in demselben schattenhaften Mystizismus eingehüllt sind, der ihnen ihren besonderen Charakter verleiht, eine besondere Süße und Spiritualität des Ausdrucks«.

Slawische Tänze, B 83 und B 147, 16 ursprünglich für Klavier zu vier Händen geschrieben und nachträglich orchestriert und bearbeitet, entstanden 1878 und 1887

Die Tänze bestehen aus: Nr. 1 einem böhmischen Furiant, Nr. 2 einer ukrainischen Dumka, Nr. 3 einer Polka, Nr. 4 einer Sousedska, Nr. 5 einer Skočná, Nr. 6 einer Sousedska, Nr. 7 einer Tetka aus Mähren, Nr. 8 einem Furiant, Nr. 9 einem slowakischen Odsemek, Nr. 10 einer ukrainischen Dumka, Nr. 11 einer böhmischen Skočná, Nr. 12 einer ukrainischen Dumka, Nr. 13 einer böhmischen Špacírka, Nr. 14 einer Polonaise, Nr. 15 einem serbischen Kolo, Nr. 16 einer langsamen böhmischen Sousedska. Es liegt eine geniale Umformung echter slawischer Tänze zu Konzertmusik, ohne ihre künstlerische Substanz anzutasten, vor.

Klavierkonzert in g-Moll, B 63, 3 Sätze, entstanden 1876

Der Solopart ist nicht virtuos gehalten, sondern dem Orchester sinfonisch beigeordnet. Das Hauptthema des 1. Satzes wirkt lapidar und zugleich nachdenklich, das zweite Thema gibt böhmische Sanglichkeit wieder. Durchführung und Reprise verleihen dem Satz ein dramatisch-pathetisches Gepräge. Die Themen des 2. Satzes sind hochpoetisch. Das sonatenförmige Finale bringt ein Capriccio voll Humor, dem ein lyrisches Seitenthema interessante Kontrastfarben beimengt.

Violinkonzert in g-Moll, B 96, 3 Sätze, entstanden 1879

Der 1. Satz ist kurz und rhapsodisch; er geht unmittelbar in den 2. Satz über, in dem der Solist eine weit gespannte, sehnsüchtige Kantilene vorträgt. Das Finale führt in das pulsierende Leben zurück; ein Furiant wird angestimmt, der an den Violinisten große Anforderungen stellt, obwohl die Virtuosität nirgends zum Selbstzweck gemacht wurde.

Cellokonzert in h-Moll, B 191, 3 Sätze, entstanden 1895

Es handelt sich um eines der bedeutendsten Werke des Komponisten (der das Cello nicht liebte, weil es »unten brummt und oben schreit«) und der gesamten Celloliteratur überhaupt. Der Solist übernimmt im 1. Satz sowohl das große kühne Kopfthema wie das lyrische zweite Thema, das die tiefe Sehnsucht nach der Heimat nahezu plastisch zum Ausdruck bringt. Der 2. Satz bringt im breiten Fluß innige Lyrik – das Englischhorn stimmt einen wehmütigen Gesang mit indianischer Melodik an; im pathetischen Mittelteil klingt neuerlich das Heimweh auf. Das Finale ist von der Freude über die bevorstehende Heimkehr erfüllt. Es entspinnt sich ein Duo zwischen dem Cello und einer Violine, das Hauptthema des 1. Satzes erscheint, darauf das des 2. Satzes, und schließlich wird das Bild der Heimat jenseits des Meeres breit entworfen; die Heimfahrt beginnt.

Sextett in A-Dur, B 80, 4 Sätze, entstanden 1878

Dieses Stück für zwei Violinen, zwei Bratschen und zwei Celli ist in der Nähe der »Slawischen Tänze« angesiedelt. Nach dem 1. Satz, der Sonatenform hat, erklingt als 2. Satz eine äußerst feine ukrainische Dumka mit zarten Akzenten auf den leichten Taktzeiten. Der 3. Satz bezeichnet sich als Furiant, obwohl ihm das kennzeichnende Merkmal dieses Tanzes, die Verlagerung der Betonung von den schweren auf die leichten Taktteile, abgeht, ist aber eines der schönsten Scherzi, die der Komponist geschrieben hat. Der 4. Satz besteht aus fünf Variationen und einer schwungvollen Stretta.

Klavierquintett in A-Dur, B 155, 4 Sätze, entstanden 1887

Das erste Thema des 1. Satzes wird vom Cello intoniert und beherrscht das gesamte Stück. Das zweite von der Bratsche vorgetragene ist stark lyrisch. Die interessante Durchführung mündet in eine triumphale Coda. Der 2. Satz bringt eine Dumka in Rondoform und hat balladenartigen Charakter. Im 3. Satz erklingt ein Furiant im Dreiertakt, in dem der Rhythmuskontrast durch Wechsel zum Zweiertakt durch melodische Verschiedenheiten ersetzt ist. Der 4. Satz weist wie der erste Sonatenform auf. Mit typisch tschechischen Wendungen wird fröhliche Stimmung erzeugt.

Streichquintett in Es-Dur, B 180, 4 Sätze, entstanden 1894

Nach einer Einleitung stellt sich das Hauptthema vor, dem sich ein Nebenthema in prononciertem Trommelrhythmus entgegenstellt. Das Scherzo des 2. Satzes ist pentatonisch und ebenfalls von einem Trommelrhythmus beherrscht; eine lyrische weit gespannte Kantilene bildet das Mittelstück des Satzes. Im 3. Satz gibt es eine Variationenreihe, und der 4. Satz ist neuerlich pentatonisch und von Trommelrhythmen begleitet.

Streichquintett in G-Dur, B 49, 4 Sätze, entstanden 1876

Die Besetzung dieses Stücks besteht aus einem Streichquartett mit Kontrabaß. Der 1. Satz ist in Sonatenform gefaßt; das erste Thema ist kurz und scharf rhythmisiert, das zweite sachlich. Der 2. Satz bringt ein elegantes Scherzo, dessen zweites Thema typische »mährische« Modulationen aufweist. Der 3. Satz ist besonders ausdrucksstark, voll Leidenschaft und äußerst klangreich. Das Finale greift thematisch auf den 1. Satz zurück. Der Exposition folgt eine Serie fröhlicher Varianten und Imitationen, die in einen kräftigen Abschluß münden.

Klavierquartett in D-Dur, B 53, 3 Sätze, entstanden 1875

Der 1. Satz ist sehr frei gehalten und kommt so einer Fantasie nahe; auch die Figuration ist mit großer Freiheit angelegt. Der 2. Satz bringt ein Thema mit Variationen, die sich davon um einiges entfernen; die fünfte und letzte ist ein Kanon, der zu einer vom Hauptthema abgeleiteten Coda führt. Das Finale besteht aus einem Allegretto scherzando mit Walzerrhythmen und einem Allegro agitato, in dem ein einfaches Thema frei variiert wird.

Klavierquartett in Es-Dur, B 162, 4 Sätze, entstanden 1889

Das erste Thema des 1. Satzes wird von den Streichern gebracht, das zweite vom Klavier. Die sonatenartige Durchführung ist voll klanglicher Überraschungen und Schönheiten. Im 2. Satz erklingen fünf Themen: das erste ist schwermüig und langsam, das zweite ruhig und ausdrucksvoll, das dritte lebendig und bewegt, das vierte leidenschaftlich und das fünfte voll jenseitiger Seligkeit. Das Scherzo im 3. Satz ist sehr kontrastreich, sein Trio äußerst lebhaft. Das Finale greift auf den Kopfsatz zurück und endet brillant.

Bagatelle für Harmonium, zwei Violinen und Cello, B 79, 5 Teile, entstanden 1878

Der 1. Teil bringt ein tschechisches Volkslied, im 2. Teil erklingt eine glänzende Sousedska, im 3. eine Polka, der 4. Teil ist ruhig fließend, sanft und voll lyrischer Schönheit, der 5. Teil schließt das reizende Werk mit rasanten Polkarhythmen ab.

Streichquartett in a-Moll, B 45, 4 Sätze, entstanden 1874

Dieses Quartett entfernt sich nicht weit von der klassischen Form. Der 1. Satz bringt eine ausgedehnte Entwicklung zweier kontrastierender Themen in Sonatenform, der 2. Satz basiert auf einer einfachen Kantilene; im 3. Satz erklingt ein Tanz im Dreiertakt mit einem Trio und der 4. beschließt das Werk humorvoll und energisch.

Streichquartett in E-Dur, B 57, 4 Sätze, entstanden 1876

Das Thema des 1. Satzes ist lebhaft und ausdrucksreich; es legt die ernste Stimmung des Stücks fest. Der 2. Satz, ein Andante con moto, ist voll trüber Gedanken, die auch durch das folgende Scherzo nur wenig aufgehellt werden. Auch das prächtige Finale ist von der verhaltenen Trauer des Komponisten über den Tod seines Kindes.

Streichquartett in d-Moll, B 75, 4 Sätze, entstanden 1877

Der 1. Satz ist voll Spannung und Dramatik, der 2. Satz bringt eine echte kräftige Polka im Stil einer Sousedska. Das Adagio im 3. Satz ist aus einigen Takten des 1. fein und zart konstruiert. Ein energisches Finale schließt das interessante Werk ab.

Streichquartett in Es-Dur, B 92, 4 Sätze, entstanden 1878

Im 1. Satz erklingt eine populäre tschechische

Melodie, im 2. eine Dumka mit ihren Tempokontrasten, im 3. eine lyrische Romanze voll Wärme und Zartheit. Das Finale bringt eine frische Skočná.

Streichquartett in C-Dur, B 121, 4 Sätze, entstanden 1881

Der 1. Satz dieses von der Wiener Klassik beeinflußten Stücks prägt die Themen in Sonatenform. Der 2. Satz quillt vor Harmonien über. Das Scherzo ist thematisch mit dem 1. Satz verwandt; sein Trio genial harmonisiert. Das Finale sprüht mit vielen fröhlichen Melodien vor Lebensfreude.

Streichquartett in F-Dur, »Das Amerikanische«, B 179, 4 Sätze, entstanden 1893

Dieses berühmteste Quartett des Komponisten ist von Melodien voll Sehnsucht nach der Heimat und böhmischem Musizieren geprägt. In jedem Satz mischt sich exotische Fünftonmusik mit heimischen Rhythmen. Es verdeutlicht, wo Dvořák, als er nach den USA ging, sein Herz gelassen hatte.

Streichquartett in G-Dur, B 192, 4 Sätze, entstanden 1895

Mit den ersten Takten des 1. Satzes kündigt der Komponist an, daß er wieder in seiner Heimat ist, wenn sich auch in die traulichen Vogelrufe manch exotischer Laut mischt. Das Adagio des 2. Satzes spricht ausdrucksstark von der tiefen Befriedigung von der Heimkehr. Das Scherzo ist voll Freude, und das Finale mit seiner tänzerisch rhythmisierten Thematik wirkt wie ein Versprechen, die Heimat nicht mehr zu verlassen.

Streichquartett in As-Dur, B 193, 4 Sätze, entstanden 1895

Nach einer Adagio-Einleitung setzt das Sonaten-Allegro des 1. Satzes kraftvoll ein. Das Scherzo tritt als 2. Satz mit einem Furiant-Thema auf. Der 3. Satz bringt eine Melodie im Volkston, und das Finale besteht aus einer Fülle von Melodien und Melodiefragmenten im fröhlichen Reigen.

Klaviertrio Nr. 1 in H-Dur, B 51, 4 Sätze, entstanden 1875

Der 1. Satz wird von zwei kontrastierenden Themen bestritten, die glänzend durchgeführt werden und in eine elegante Coda münden. Der 2. Satz bringt ein nahezu flehentliches Gebet, gepaart mit einer Melodie voll leidenschaftlicher Sehnsucht. Das Scherzo des 3. Satzes besteht aus einer kräftigen Polka und einem delikat gearbeiteten Trio. Im Finale kontrastieren vier Themen, die meisterhaft gegeneinander und miteinander geführt werden.

Klaviertrio Nr. 2 in g-Moll, B 56, 4 Sätze, entstanden 1876

Das Stück ist von schmerzvoller Sehnsucht erfüllt, die bereits in der lyrischen Phrase des 1. Satzes zum Ausdruck kommt. Auch der 2. Satz ist voll Wehmut, und das Scherzo bringt noch keine Befreiung von den trüben Gedanken. Erst das Finale hellt die Stimmung auf.

Klaviertrio Nr. 3 in f-Moll, B 65, 3 Sätze, entstanden 1883

Der 1. Satz beginnt in Sonatenform, das zweite Thema bringt Pathos und Leidenschaft in das Bild, das die schmerzvolle Stimmung des Komponisten wiedergibt. Das Scherzo atmet den Geist der Heimat und leitet zur Lyrik des 3. Satzes über. Der 4. Satz weitet sich zu nahezu sinfonischer Proportion aus und betont kraftvoll das Tschechentum des Komponisten.

Klaviertrio Nr. 4 in e-Moll, »Dumky«, B 166, 6 Sätze, entstanden 1891

Von diesen 6 Sätzen ist jeder einer Dumka gewidmet, von denen die ersten drei geschlossen wie ein 1. Satz zu spielen sind. Ihre Tempi sind: Lento maestoso – Allegro quasi doppio movimento, Poco adagio – Vivace non troppo, Andante – Vivace non troppo. Auch in den folgenden drei Dumky, die als Satz 2 bis 4 zu werten sind, wechseln je ein langsamer und ein schneller Satzteil entsprechend der Struktur der Dumka ab: Andante moderato – Allegretto scherzando, Allegro – Vivace, Lento maestoso – Vivace.

Sonatine in G-Dur für Violine und Klavier, B 183, 4 Sätze, entstanden 1894

Dieses während des Amerika-Aufenthaltes des Komponisten entstandene Stück ist eine liebenswürdige, eingängige Musik. Nach einem energischen 1. Satz folgt das Larghetto (»Indian Canzonetta«), das mit seiner Melodik und dem synkopierten Rhythmus von indianischen Tonfolgen beeinflußt ist. Auch der 4. Satz beschwört die Vorstellung der weiten Prärie herauf.

Literatur

O. Šourek, Antonín Dvořák, Prag 1947. J. Burghauser, Antonín Dvořák. Thematický katalog, bibliografie, přehled života a díla, Prag 1960. G. Huges, Dvořák, His Life and Music, London, New York 1967. K. Honolka, Antonín Dvořák in Selbstzeugnissen und Bilddokumenten, Reinbek 1977.

John Dygon (um 1480 bis um 1540)

Zeit und Umwelt

Unter König Heinrich VIII. ging die Auflösung und Übergabe der Abteien und Klöster einigermaßen friedlich und reibungslos vor sich. Die Funktionäre, die der Reformation nicht zu folgen gewillt waren, erhielten in manchen Fällen sogar eine Pension, wenn sie sich zurückziehen wollten. Würdenträger, die das Land zu verlassen wünschten, wurden in keiner Weise behindert.

LEBEN
John Dygon wurde um 1480 in England geboren und in Oxford zum Kleriker und Musiker ausgebildet. Darauf trat er der St. Augustine's Abbey bei, die ihn 1521 zur Fortsetzung seiner Studien zu dem spanischen Humanisten Juan Luis Vives (1492 bis 1540) entsandte. Am 30. 9. 1538 mußte er als Prior die Abtei übergeben. Wo er um 1540 gestorben ist, läßt sich nicht feststellen.

WERKE
Von dem englischen Kirchenmusiker John Dygon sind eine Anzahl Motetten erhalten, die deutlich dem franko-flämischen Stil folgen, so daß man annehmen muß, daß er mit kontinentalen Musikern in engen Kontakt getreten war. Als Engländer vermied er es aber, den akkordischen Zusammenklang durch strenge Kontrapunktik zu stören.

John Bacchus Dykes (1823–76)

ZEIT UND UMWELT
Neben den verschiedenen Chören und Musikgesellschaften wurde 1843 in Cambridge von Amateuren die »Peterhouse Musical Society« gegründet, aus der 1844 die »Cambridge University Musical Society« hervorging. Diese Gesellschaft wurde rasch zum wichtigsten Klangkörper der Universität für regelmäßige Aufführungen. Anfänglich wurden diese von den jeweiligen Präsidenten der Gesellschaft dirigiert, später Dirigenten von Rang gelegentlich engagiert. Eine kammermusikalische Abteilung wurde 1860 angeschlossen. Die Gesellschaft bildete einen wichtigen Faktor im Musikleben Großbritanniens.

LEBEN
John Bacchus Dykes wurde am 10.3.1823 in Kingston-upon-Hull geboren. Im Jahr 1843 wurde er an St. Catherine Hall in Cambridge als Schüler aufgenommen, 1847 war er Pfarrer in Malton, Yorkshire, 1849 an der Kathedrale und 1862 Vikar an St. Oswald in Durham. Er starb am 22.1.1876 in Ticehurst, Sussex.

WERKE
Von John Bacchus Dykes sind zahlreiche Hymnen, Services und Anthems bekannt geworden, von denen einige noch heute gesungen werden. Während seines Aufenthalts in Cambridge wirkte er mit Erfolg als Dirigent der University Musical Society und konnte dabei viel Erfahrung für seine eigene Komposition sammeln.

George Dyson (1883–1964)

LEBEN
George Dyson wurde am 28.5.1883 in Halifax geboren. Er war Schüler des Royal College of Music in London und wirkte sodann als Musikdirektor an verschiedenen Colleges. Im Jahr 1921 wurde er Lehrer am Royal College of Music, das er von 1938 bis 1952 leitete, nachdem er von 1924 bis 1937 Musikdirektor in Winchester gewesen war. Er starb am 28.8. 1964 in Winchester.

WERKE
Von George Dyson sind eine Sinfonie, eine Orchestersuite, »Prelude, fantasy and chaconne« für Cello und Orchester, ein Violinkonzert, ein »Concerto da camera« und ein »Concerto da chiesa« für Streicher, ein »Concerto leggiero» (Leichtes Konzert) für Klavier und Streicher und Kirchenmusik, außerdem 7 große Chorwerke, Kammermusik, Chöre und Lieder bekannt geworden. Stilistisch stand diese Musik noch in der Romantik.

E

John Earsden (um 1590 bis nach 1618)

Zeit und Umwelt
Der englische Liederkomponist und Liederdichter Thomas Campian (1567–1620) war Arzt und übte die Musik als Amateur aus. Obwohl er Musik und Dichtung als »überflüssige Blüten eines ernsteren Fragen gewidmeten Lebens« betrachtete, leistete er auf künstlerischem Gebiet Vorzügliches.

Leben
John Earsden wurde um 1590 vermutlich in London geboren. Über sein Leben und Wirken ist nichts bekannt. Er dürfte im Hofdienst gestanden und nach 1618 gestorben sein.

Werke
Von dem englischen Komponisten John Earsden ist nur die Musik überliefert, die er gemeinsam mit George Mason für die »Ayres that were sung and played in the King's Entertainment« (Lieder, die bei den Unterhaltungen des Königs gesungen und gespielt wurden) komponierte. Die Liedtexte stammten von Thomas Campian.

Michael East (um 1580–1648)

Zeit und Umwelt
In dem kleinen Lichfield mit der kleinsten Kathedrale Englands waren die Vorzeichen zum Bürgerkrieg der vierziger Jahre, der mit der Exekution des Königs endete, wenig bemerkbar. Die Orgel, die der Puritanismus nicht duldete, wurde verhältnismäßig spät aus der Kathedrale entfernt. Die kulturmordende Geisteshaltung setzte erst in der Mitte des für England unglücklichen 17. Jahrhunderts ein, in dem Händler und Heuchler Land und Volk beherrschten.

Leben
Michael East wurde um 1580 in London geboren. Er studierte in Cambridge und erhielt 1618 die Stelle eines Chormeisters und Organisten an der Kathedrale von Lichfield, wo er 1648 starb. Sein Vater Thomas East (um 1540, London, bis um 1608, London) war Musikverleger, der die Werke vieler zeitgenössischer englischer Meister publizierte, darunter das »Whole Booke of Psalmes«.

Werke
Von dem englischen Komponisten Michael East sind 7 Bücher mit Madrigalen, Gesängen, Instrumentalstücken und Werken für Violenensembles, außerdem eine Reihe Anthems überliefert. Die Musik dieses äußerst fruchtbaren und befähigten Komponisten leitet zum Stil des 17. Jahrhunderts über und hätte den Auftakt zu einer neuen Entwicklung bilden können, wäre in diesen Zeitläufen nicht jede Hochblüte der Kunst erstickt worden.

Literatur
E. H. Fellowes, The English Madrigal Composers, London 1921.

Richard Eastcott (1740–1828)

Zeit und Umwelt
Die Beschäftigung mit alten Liedern der britischen Inseln, mit den Gesängen der Barden und fahrenden Sänger, war in England jederzeit beliebt. Es verlieh den Briten die Gewiß-

heit, daß sie – als Kelten oder Angelsachsen – schon durch viele Jahrhunderte auf den Inseln seßhaft waren, und die Sicherheit, nie vertrieben werden zu können.

LEBEN
Richard Eastcott wurde 1740 in Exeter geboren. Er war Geistlicher und beschäftigte sich mit dem Sammeln alter englischer, schottischer und irischer Musik. Er starb 1828 in Livery Dale, Devonshire.

WERKE
Die Abhandlung von Richard Eastcott über Barden und Minstrels, die 1793 in Bath erschien, erfuhr eine weite Verbreitung. Außerdem schrieb er auch eigene Lieder in »The Harmony of the Muses« (Musenmusik) und 6 Cembalosonaten im französischen Stil der Zeit.

Thomas Ebdon (1738–1816)

ZEIT UND UMWELT
Festivals wurden im Verlauf des 18. Jahrhunderts in Großbritannien immer häufiger. Es handelte sich in vielen Fällen um gemeinsame Unternehmungen mehrerer benachbarter Städte, deren Chorvereinigungen und Orchester mit ihren Dirigenten in Wettstreit traten. Bezeichnend dafür ist, daß es sehr selten zu Uraufführungen zeitgenössischer Werke kam; man zog bewährte Musik vor. Favoriten waren überall Georg Friedrich Händel und Johann Christoph Pepusch.

LEBEN
Thomas Ebdon wurde 1738 in Durham geboren und an der Kathedrale der Stadt zum Choristen und Organisten ausgebildet. Ab 1763 wirkte er als Organist der Kathedrale bis zu seinem Tod am 23. 9. 1816. Er war durch mehrere Jahre hindurch Dirigent der Newcastle-Festivals mit Charles Acison und Matthias Hawdon.

WERKE
Von Thomas Ebdon wurden 2 Cembalosonaten, 6 Glees, eine Anzahl Anthems und Services sowie ein Marsch veröffentlicht, außerdem gab er 2 Bände Kathedralenmusik heraus.

Johann Georg Ebeling (1637–76)

ZEIT UND UMWELT
Im letzten Drittel des 17. Jahrhunderts wurde es immer häufiger, daß das Kirchenlied neben der Orgel auch von Violinen begleitet wurde. Konzertierende Musik wuchs immer mehr in den Sakraldienst hinein, Musikhören wurde zur Andacht.

LEBEN
Johann Georg Ebeling wurde am 8. 7. 1637 in Lüneburg geboren. Er war ab 1662 Musikdirektor an der Hauptkirche und Kantor an St. Nikolai in Berlin und ab 1668 Professor für Griechisch und für Musik am Gymnasium Carolinum in Stettin (Szczecin), wo er am 4. 12. 1676 starb.

WERKE
Das Hauptwerk des deutschen Kantors und Komponisten Johann Georg Ebeling sind »Geistliche Andachten, bestehend in 120 Liedern auf alle Sonntage« für vier Stimmen, zwei Violinen und Generalbaß. Davon gehören »Die güldene Sonne voll Freud und Wonne«, »Du meine Seele singe« und »Warum soll ich mich denn grämen« noch heute zum evangelischen Liedgut. Außerdem sind ein sechsstimmiger Begräbnisgesang und einige Kantaten erhalten.

LITERATUR
W. Blankenburg, Johann Georg Ebeling, in: Musik und Kirche 46, 1976.

Heinrich Karl Ebell (1775–1824)

ZEIT UND UMWELT
Um den Beginn des 19. Jahrhunderts gab es bereits deutsche Opernhäuser, in denen das Singspiel die italienischen Opern nahezu vollständig vom Spielplan verdrängte und bereits

eine breite Basis zur Entwicklung der deutschen Oper bildete.

LEBEN
Heinrich Karl Ebell wurde am 30.12.1775 in Neuruppin geboren. Er war Regierungsrat in Oppeln (Opole) und wirkte zugleich als Musiker. Von 1801 bis 1804 fungierte er als Theaterkapellmeister in Breslau (Wrocław), dann kehrte er in sein juristisches Amt nach Oppeln zurück, wo er am 12.3.1824 starb.

WERKE
Von Heinrich Karl Ebell sind 10 Opern und Singspiele aufgeführt worden, die einen wichtigen Beitrag zur Entwicklung der deutschen Oper bildeten. Er schrieb außerdem ein Oratorium, Arien und Lieder und zahlreiche verschiedene Instrumentalwerke, die zum Teil noch dem empfindsamen Stil Norddeutschlands folgten.

Anton Eberl (1765–1807)

ZEIT UND UMWELT
Es war die Zeit der Wiener Klassik, deren Vertreter die musikalische Welt bereicherten wie nie zuvor, jedoch nur von einer Elite ihrer Bedeutung entsprechend eingeschätzt wurden – die Zeit, in der Kompositionen, die heute kaum jemand mehr kennt, den allgemeinen Beifall auf sich zogen, während man der »Eroica« nur höfliche Achtung schenkte.

LEBEN
Anton Franz Joseph Eberl wurde am 13. 6. 1765 in Wien geboren. Er war Pianist und machte ausgedehnte Konzertreisen, die ihn bis nach St. Petersburg führten, wo er sich von 1796 bis 1800 aufhielt. Anschließend lebte er als Pianist und Klavierlehrer in Wien, wo er am 11. 3. 1807 starb.

WERKE
Unter den 7 musikalischen Bühnenwerken von Anton Eberl befindet sich eine »Zauberoper« (Die Königin der schwarzen Insel), die thematisch und musikalisch dem romantischen Zeitalter angehört. Er schrieb außerdem nahezu nur Instrumentalwerke: Sinfonien, Klavierkonzerte, verschiedene Kammermusik – Sextette, Streichquartette –, Klaviersonaten, Klaviervariationen, Klavierfantasien, außerdem einige Kantaten. Seine Klaviersonate in c-Moll und einige Variationen sind ursprünglich unter dem Namen Mozarts erschienen. Seine Es-Dur-Sinfonie wurde zugleich mit der »Eroica« uraufgeführt und erntete uneingeschränkten Beifall im Gegensatz zum Werk von Ludwig van Beethoven.

Daniel Eberlin (1647 bis um 1715)

ZEIT UND UMWELT
Die vielen deutschen Fürstenhöfe, die durch ständige Erbteilungen entstanden waren, hatten einen großen Bedarf an Musikern, weil überall eine Hofkapelle erhalten wurde. Für die politische und wirtschaftliche Entwicklung war das zwar ungünstig, für das Musikleben hatte es nur positive Auswirkungen, denn die vielen Stellen machten den Musikerberuf attraktiv und provozierten hohe Leistungen.

LEBEN
Daniel Eberlin wurde am 4. 12. 1647 in Nürnberg getauft. Er kämpfte als Hauptmann der päpstlichen Truppen auf Morea, kam nach Nürnberg zurück und wurde dort Bibliothekar. Von 1676 bis 1678 wirkte er als Kapellmeister in Eisenach und anschließend in Kassel, dann ab 1685 neuerlich in Eisenach, wo ihm die Leitung der Münze anvertraut wurde. Wegen Unstimmigkeiten in der Abrechnung mußte er fliehen. Er hielt sich ab 1713 wieder in Kassel auf, wo er 1715 starb. Georg Philipp Telemann war sein Schwiegersohn.

WERKE
Vom deutschen Komponisten Daniel Eberlin sind einige Kantaten für eine Singstimme, ein Choral und eine Sammlung wertvoller Triosonaten erhalten. Sein Schwiegersohn rühmte seine Kontrapunktik.

Johann Ernst Eberlin (1702–62)

ZEIT UND UMWELT

Das Barock war in Salzburg bis weit in das 18. Jahrhundert hinein wirksam, und zwar, um es summarisch auszudrücken, vorwiegend der positive Aspekt dieser Kulturepoche, denn der ideologische Hintergrund hatte sich im anbrechenden Zeitalter der Aufklärung bereits überlebt. Das heißt, daß Ausdruckskraft, künstlerische Tiefe, Wille zur absoluten Schönheit der Formung, in sich geschlossene Architektonik über die Barockzeit hinaus bestehenblieben und in den neuen Stil eingebunden wurden. Ohne die lange anhaltenden Impulse der Salzburger Barocktradition hätte es nie zur Vollendung der Wiener Klassik kommen können. Bezeichnend ist für die Stadt, daß sie weit stärker als anderswo das Schuldrama bis zum Jahr 1796 lebendig erhielt, das alljährlich am jeweiligen Schuljahrende der Universität von Studenten aufgeführt wurde und Vertonungen namhafter Komponisten brachte.

Siegmund Christoph Graf von Schrattenbach, aus einem Gemälde von R. Barducci (?)

LEBEN

Johann Ernst Eberlin wurde am 27. 3. 1702 in Jettingen bei Burgau, Bayern, geboren und am Jesuitenkolleg in Augsburg zum Organisten ausgebildet. Von 1721 bis 1723 studierte er in Salzburg Rechtswissenschaft, wechselte sodann zur Musik über und wurde 1726 fürsterzbischöflicher Hoforganist. Fürsterzbischof Andreas Jakob Graf von Dietrichstein (1689–1753) ernannte ihn 1749 zum Hofkapellmeister und dessen Nachfolger, Siegmund Christoph Graf von Schrattenbach (1698–1771), zum Titular-Truchseß. Er starb in Salzburg am 21. 6. 1762.

WERKE

Von Johann Ernst Eberlin sind lediglich 9 Orgeltoccaten gedruckt worden. Alle anderen Werke des äußerst fruchtbaren Komponisten – 23 Sinfonien als Einleitungsmusik zu Bühnenstücken, 3 dreisätzige Sinfonien im Stil der Vorklassik, ein Divertimento, 2 Cembalosonaten, 248 Orgelversetten, 4 Stücke für das mechanische Orgelwerk in Hellbrunn, 5 Stücke für das Hornwerk der Feste Hohensalzburg, rund 60 Messen, 18 Requiem, 2 Te Deum, 30 Litaneien, 70 Offertorien, 3 Introitus, 34 Vespern, 9 Miserere, 5 Regina coeli, ein Tenebrae und 7 kleinere sakrale Stücke – liegen nur handschriftlich vor. Außerdem verfaßte er 3 Opern, die verschollen sind, 22 Oratorien, von denen »Christus verurteilt«, »Augustinus« und »Der Blut schwitzende Jesus« am bekanntesten geworden sind, 3 musikalische Schwänke und etwa 60 Musiken zu Schuldramen.
Johann Ernst Eberlin muß als die stärkste Musikerpersönlichkeit der Salzburger Musikgeschichte zwischen Heinrich Ignaz Franz Biber (1644–1704) und Leopold Mozart bezeichnet werden.

Neun Toccaten mit Fugen

Die Toccaten weisen ohne Ausnahme die Struktur von Präludien auf. Jede führt jeweils eine Grundfaktur durch. Toccata I bringt Akkordbrechungen und eine einfache Fuge. Die folgenden Toccaten bestehen aus einer akkordbegleiteten Melodie oder aus ostinat rhythmisierten Figuren oder Synkopenhäufungen. Doppelfugen treten dreimal auf. Das Stück zeigt in seiner ungekünstelten, echt empfundenen Art den süddeutsch-österreichischen Stil des Musizierens am Vorabend der Klassik.

LITERATUR

C. Schneider, Geschichte der Musik in Salzburg, Salzburg 1935.

Carl Eberwein (1786–1868)

ZEIT UND UMWELT

Die »klassische« Atmosphäre beherrschte Musik- und Theaterleben des Hofes von Weimar noch weit über den Tod Johann Wolfgang von Goethes hinaus. Der Geist Carl Friedrich Zelters, den Goethe so sehr schätzte, wirkte auf die Musikentwicklung der Stadt stark hemmend, so daß romantische Elemente nur zögernd aufgenommen wurden. Aber die »Klassik« des musikalischen Weimar hatte nichts mit der Wiener Klassik zu tun, sondern bewegte sich noch im Reich der Empfindsamkeit.

LEBEN

Franz Carl Adalbert Eberwein wurde am 10.11.1786 in Weimar als Sohn des Hof- und Stadtmusikus Alexander Bartholomäus Eberwein (1751, Weimar, bis 30.5.1811, Weimar) geboren. Er war ab 1803 Violinist in der Weimarer Hofkapelle und studierte von 1808 bis 1810 bei Carl Friedrich Zelter in Berlin. Nach seiner Rückkehr wurde er Kammermusikus, 1818 Kapellmeister der Stadtkirche und 1826 Musikdirektor und Dirigent der herzoglichen Oper. Er starb am 2.3.1868 in Weimar.

Sein Bruder Traugott Maximilian Eberwein (27.10.1775, Weimar, bis 2.12.1831, Rudolstadt), war Schüler seines Vaters und studierte außerdem in Mainz und Frankfurt am Main. Im Jahr 1797 trat er als Violinist der Hofkapelle in Rudolstadt bei und wurde dort 1810 Kammermusikus und 1817 Kapellmeister.

Sein Sohn Maximilian (Max) Carl Eberwein (1814, Weimar, bis 19.3.1875, Dresden) war Schüler von Johann Nepomuk Hummel und wirkte als Pianist in Dresden.

WERKE

Neben vielen Liedern auf Texte von Johann Wolfgang von Goethe verfaßte Carl Eberwein Musik zu »Faust I.« und »Faust II.« und zu »Proserpina«. Großen Erfolg hatte seine Bühnenmusik zu »Lenore« von Karl von Holtei (1798–1880). Sein Studentenlied »Ergo bibamus« ist lange Zeit lebendig geblieben. Seine 7 Opern, Chöre und Kammermusik sind bald in Vergessenheit geraten.

Traugott Maximilian Eberwein komponierte die Singspiele von Johann Wolfgang von Goethes »Claudine von Villa bella« und »Der Jahrmarkt zu Plundersweilen«, außerdem über 10 Opern, viele Lieder, Kantanten, 3 Sinfonien, mehrere Konzerte und Kammermusiken, denen wenig Bedeutung zukam.

Maximilian Eberwein hinterließ einige sehr wirkungsvolle Klavierstücke.

LITERATUR

H. J. Moser, Goethe und die Musik, Leipzig 1949.

Eble de Ventadour (um 1090–1149)

ZEIT UND UMWELT

Die »Escola N'Eblo« auf Schloß Ventadour bei Egletons war ein Treffpunkt. Troubadours, Jongleurs, fahrende Ritter und Knappen trafen einander, tauschten ihre Lieder aus und berichteten von ihren Abenteuern, die sie erlebt oder erträumt hatten. Hier wurde der Verwandte des Schloßherrn Bernart de Ventadorn (Ventadour) zum bedeutendsten aller fahrenden Dichter und Sänger.

LEBEN

Eble II., seigneur de Ventadour, wurde um 1090 auf Schloß Ventadour geboren. Er war Vasall des Herzogs von Aquitanien Guilhem de Peiteus. Sein Schloß war ein Ort ständiger Begegnung der zeitgenössischen Troubadours, so daß es den Charakter einer »Schule« (Escola) erhielt. Eble begleitete König Ludwig VII. 1146 auf dem II. Kreuzzug und starb auf der Heimkehr 1149 im Kloster Monte Cassino.

Werke
Von dem Troubadour Eble de Ventadour sind nur einige Lieder erhalten, deren Zuschreibung nicht gesichert ist. Seine Haupttätigkeit soll vor allem anregenden, unterrichtenden und kritisierenden Charakter gehabt haben.

Wolfgang Ebner (1612–65)

Leben
Wolfgang Ebner wurde 1612 in Augsburg geboren. Er erhielt 1634 eine Organistenstelle am Stephansdom in Wien, kam 1637 in gleicher Eigenschaft an die Hofkapelle und wurde 1663 Kapellmeister am Stephansdom. Der spätere Kaiser Leopold I. war sein Musikschüler. Ebner starb in Wien am 12. 2. 1665.
Sein Zwillingsbruder Markus Ebner (1612, Augsburg, 18. 6. 1681, Wien) war von 1655 bis 1680 Organist an der Hofkapelle in Wien.

Werke
Von dem deutschen Komponisten Wolfgang Ebner sind Cembalovariationen über eine »Aria« von Kaiser Ferdinand III., eine dreistimmige Sonatine, einige Tänze, Ballettstücke und eine Motette überliefert.

Johannes Eccard (1553–1611)

Zeit und Umwelt
Magister Ludwig Helmbold (1532–98) aus dem thüringischen Mühlhausen wurde als Dekan der Philosophischen Fakultät der Universität Erfurt entlassen, weil er Protestant war. Er mußte sich mit der Stelle eines Superintendenten in seiner Vaterstadt und mit der Dichtung protestantischer Lieder und Oden begnügen, die ihm aber einen weiterreichenden Nachruhm eintrugen als seine Poetik-Vorlesungen an der Universität.

Leben
Johannes Eccard wurde 1553 in Mühlhausen, Thüringen, geboren. Von 1567 bis 1571 war er Chorknabe an der Weimarer Hofkapelle und anschließend bis 1573 Sänger an der Münchner Hofkapelle unter Orlando di Lasso. Im Jahre 1578 wirkte er bei der Familie Fugger in Augsburg, 1580 als Vizekapellmeister der Hofkapelle in Königsberg, deren Leiter er 1586 als Nachfolger von Teodoro Riccio wurde; zum Kapellmeister wurde er erst 1604 ernannt, verließ aber Königsberg 1608, weil ihm die Stelle eines kurfürstlichen Kapellmeisters in Berlin angeboten worden war, die er bis zu seinem Tod im Herbst 1611 versah.

Werke
Mit seinen ungefähr 250 geistlichen und weltlichen mehrstimmigen Liedern war Johannes Eccard ein bedeutender Meister des evangelischen Kirchenliedsatzes. Seine Texte stammten oft von seinem engeren Landsmann Ludwig Helmbold. Seine Lieder und Gesänge kamen teils in Mühlhausen, teils in Königsberg heraus. Neben den gedruckten Liedern sind von ihm mehrere Messen, ein Kyrie und viele Gesänge nur handschriftlich erhalten. Mit Joachim a Burck, dessen Schüler er vermutlich war, brachte er 4 Oden von Helmbold heraus. Zu seinem umfangreichen kompositorischen Schaffen müssen noch bei 80 Gelegenheitskompositionen gerechnet werden.

Literatur
C. v. Winterfeld, Der evangelische Kirchengesang, Leipzig 1843–45.

John Eccles (um 1668–1735)

Zeit und Umwelt
Schauspiel mit Musik – oft mit viel Musik – war in England auch im letzten Drittel des 17. Jahrhunderts neben den verschiedenen Maskeraden die beliebteste theatralische Form.

Leben
John Eccles wurde 1668 in London geboren. Er stand im Hofdienst und wurde 1700 nach Nicholas Staggins Leiter der Königlichen

Kapelle. Er starb in Kingston upon Thames am 12. 1. 1735.
Sein Vater Solomon Eccles (1618, London, bis 11. 2. 1683, London) war Violen- und Virginallehrer.
Sein Bruder Henry Eccles (um 1670, London, bis 1742, Paris) war von 1694 bis 1710 als Violinist Mitglied der englischen Hofmusik. Dann trat er in Paris der Königlichen Kapelle bei, wo er bis zu seinem Tod im Jahr 1742 wirkte.

WERKE
Der englische Komponist John Eccles schrieb ungefähr 100 Lieder, die zum Teil seinen 46 Bühnenmusiken entnommen sind, und 3 Bücher Melodien aus den Bühnenstücken für Violine, Cembalostücke und originale Violinsoli.
Henry Eccles brachte 2 Bücher Violinsonaten heraus, für die er bei Giuseppe Valentini große Anleihen machte.

LITERATUR
J. Jeffrys, The Eccles Family, a Little-Known Family of 17th Century English Musicians, Ilford 1951.

Victorino Echevarría (1900–65)

LEBEN
Victorino Echevarría wurde am 29.3.1900 in Becerril de Campos, Palencia, geboren. Er studierte am Konservatorium in Madrid, war anschließend Schüler von Paul Hindemith und wirkte als Harmonielehrer am Konservatorium sowie als Orchesterdirigent in Madrid, wo er am 1.3.1965 starb.

WERKE
Der Bewunderer von Igor Strawinsky und Béla Bartók bediente sich eines sehr strengen Stils, den er aber zuweilen farbenprächtig ausstattete. Er schrieb ein Streichquintett, ein Bläserquintett, ein Quintett für Klarinette und Streicher, ein Quintett für Harfe und Streicher und eine Ouvertüre für Kammerorchester. Sein nicht sehr umfangreiches Œuvre wird häufig gespielt.

Friedrich Eck (1767–1838)

ZEIT UND UMWELT
Selbst »Mannheimer« gewesen zu sein oder Schüler eines Orchestermitglieds aus Mannheim, war eine äußerst wichtige Empfehlung für Musiker dieser Zeit. Sie erfüllten in den meisten Fällen auch die Erwartungen, die man in sie setzte.

LEBEN
Johann Friedrich Gerhard Eck wurde am 24. 5. 1767 in Schwetzingen als Sohn des Waldhornisten und Mitglieds des Mannheimer Orchesters Georg Eck (um 1740, Böhmen, bis nach 1778, München) getauft. Schon 1778 wurde er als Accessist in die Hofkapelle von München aufgenommen, wo er 1780 Hofmusikus und 1788 Konzertmeister wurde. Von 1793 bis 1801 wirkte er als Musikdirektor des Kleinen Hoftheaters in München, dann übersiedelte er nach Frankreich. Er starb am 22. 2. 1838 in Bamberg.

WERKE
Von dem Violinisten Friedrich Eck sind 6 Violinkonzerte und eine konzertante Sinfonie mit zwei Violinen erhalten. Sein Stil lehnt sich an den jüngeren von Mannheim an.

Johann Gottfried Eckard (1735–1809)

ZEIT UND UMWELT
Johann Andreas Stein (1728–92), Angehöriger einer Orgel- und Klavierbauerfamilie des 18. und 19. Jahrhunderts in Österreich und Deutschland, wandte sich vor allem der Konstruktion des Pianoforte zu. Er war der Erfinder der sogenannten »deutschen Mechanik«, die später mit »Wiener Mechanik« bezeichnet wurde.

LEBEN
Johann Gottfried Eckard wurde am 21. 1. 1735 in Augsburg getauft. Da er glänzende pianistische Anlagen zeigte, nahm ihn der Augsburger Klavierbauer Johann Andreas

Stein nach Paris mit. Es gelang ihm bald, die Aufmerksamkeit der Öffentlichkeit auf sein pianistisches Können zu ziehen. Er wurde von Zeitgenossen für den ersten Pianisten der Stadt gehalten und war auch als Lehrer sehr gesucht. Er starb am 24. 7. 1809.

WERKE
Der Pianist Johann Gottfried Eckard war in Frankreich einer der ersten Komponisten, die Cembalo- oder Pianofortesonaten ohne Violinbegleitung, die in den meisten Fällen nur die oberste Stimme des Tasteninstruments mitspielte, herausbrachte. Er verfaßte 6 Sonaten für Cembalo und 2 Sonaten für Cembalo oder Pianoforte, außerdem ein Menuett mit Variationen für Cembalo.

Matthias Eckel
(um 1468 bis nach 1545)

ZEIT UND UMWELT
Mit dem 16. Jahrhundert setzte in der Geschichte des deutschen Liedes der vokale Cantus-firmus-Satz ein, der vom Tenor getragen wurde. Sehr bald trat an die Stelle des Tenors der Diskant mit melismatischen Begleitlinien, die ursprünglich instrumental gedacht waren, aber dann von Stimmen ersetzt wurden. Der durchimitierte Vokalsatz bildete eine weitere Entwicklungsstufe, die zum Generalbaßlied führte.

LEBEN
Matthias Eckel (vermutlich ident mit Matthias Heckel de Redwitz) wurde um 1468 wahrscheinlich in Dresden geboren. Er studierte um 1485 an der Universität Leipzig. Im Jahre 1516 war er Rentschreiber in Dresden und dürfte in dieser Position bis zu seinem Tode nach 1545 verblieben sein.

WERKE
Von Matthias Eckel sind außer einigen Motetten, Psalmen und Hymnen vier- bis fünfstimmige deutsche Lieder überliefert, die für den Entwicklungsstand des deutschen Liedes seiner Zeit typisch sind.

LITERATUR
R. Eitner, Das alte deutsche mehrstimmige Lied, Monatshefte für Musikgeschichte XXVI, 1894.

Johann Valentin Eckelt (1673–1732)

ZEIT UND UMWELT
Die Schüler von Johann Pachelbel wurden zum Großteil nicht nur im Orgelspiel und der Orgelkomposition unterwiesen. Auch ihre theoretische Ausbildung war durchwegs sehr gründlich. Viele von ihnen veröffentlichten musikwissenschaftliche Werke.

LEBEN
Johann Valentin Eckelt (Eckold) wurde am 8. 5. 1673 in Werningshausen bei Langensalza geboren. Er war 1690 in Erfurt Schüler Johann Pachelbels, von 1697 bis 1703 Organist in Wernigerode und darauf bis zu seinem Tod am 18. 12. 1732 an der Dreifaltigkeitskirche in Sondershausen.

WERKE
Der deutsche Organist und Komponist Johann Valentin Eckelt brachte ein Orgeltabulaturbuch mit Werken zeitgenössischer Meister heraus, denen eine Reihe eigener Kompositionen beigegeben sind. Diese Stücke zeichnen sich durch große Lebendigkeit aus. Er schrieb außerdem geistliche Arien und eine Passion und veröffentlichte mehrere theoretische Schriften.

LITERATUR
E. Jacobs, Der Orgelspieler und Musikgelehrte Johann Valentin Eckelt, in: Vierteljahrsschrift für Musikwissenschaft IX, 1893.

Karl Eckert (1820–79)

ZEIT UND UMWELT
Zahlreiche Kompositionen des 19. Jahrhunderts liegen qualitativ sozusagen auf einer mittleren Ebene. Sie wurden sorgfältig und sachkundig gearbeitet, zuweilen sogar mit

einer gewissen Originalität, blieben aber doch nur für kurze Zeit interessant, weil sie von ähnlichen - gleich guten oder gleich schlechten - Werken verdrängt wurden, denen zumeist auch kein langes Leben beschieden war. Es wäre ungerecht, sie als reine Gebrauchsmusik einzuordnen, aber es fehlte ihnen eben der geniale Duktus, der aus einem gut gekonnten Stück ein Kunstwerk macht.

LEBEN

Karl Anton Florian Eckert wurde am 7.12. 1820 in Potsdam geboren. Er war in Berlin Schüler von Carl Friedrich Rungenhagen und von Hubert Ries. Nach Studienreisen wurde er 1851 Akkompagnist am Théâtre italien in Paris und sodann Kapellmeister. Ab 1853 wirkte er als Technischer Direktor der Hofoper in Wien, war ab 1860 Hofkapellmeister in Stuttgart und ab 1869 Hofkapellmeister in Berlin. Er starb am 14.10.1879 in Berlin.

WERKE

Neben mehreren Opern, die durchschnittliche Erfolge errangen, verfaßte Karl Eckert Oratorien, Kirchenmusik, Kammermusik und Lieder. Seine Kompositionen waren bis zu einem gewissen Maß sehr klangwirksam, erzielten aber keinen durchschlagenden Erfolg, sondern wurden bald vergessen.

Sophie-Carmen Eckhardt-Gramatté (1901–74)

LEBEN

Sophie-Carmen Eckhardt-Gramatté (geborene Fridman-Kotschewskoi) wurde am 24.12. 1901 in Moskau geboren; sie war bis 1939 als Sonia Fridman-Gramatté bekannt. Sie studierte in Paris am Conservatoire Violine, Klavier und Komposition. Auf Reisen durch Westeuropa trug sie anschließend eigene Kompositionen als Violinistin oder Pianistin vor. Ab 1935 widmete sie sich nur noch der Komposition, nachdem sie noch in Berlin bei Max Trapp Kompositionsunterricht genommen hatte. Von 1939 bis 1953 lebte sie in Wien, sodann in Winnipeg, Kanada. Sie starb am 2.12.1974 in Stuttgart.

WERKE

Von Sophie-Carmen Eckhardt-Gramatté sind eine Sinfonie, ein Orchesterkonzert, ein Concertino für Streicher, ein Tripelkonzert für Trompete, Klarinette, Fagott, Streicher und Pauken, 3 Klavierkonzerte, ein Stück für zwei Klaviere und Orchester, 2 Violinkonzerte, ein Fagottkonzert, ein Nonett, ein Bläserquintett, 3 Streichquartette, ein Klaviertrio, eine Suite für Flöte, Klarinette und Fagott, ein Duo für Flöte und Violine und eines für Cello und Klavier, 6 Suiten und weitere Stücke für Klavier und 10 Capricen für Solovioline bekannt geworden, außerdem eine Reihe kammermusikalischer Werke mit oft exzentrischen Instrumentenkombinationen.

Jean Frédéric Edelmann (1749–94)

ZEIT UND UMWELT

Wer sich während der Französischen Revolution und der folgenden Jahre politisch exponierte, konnte unter die Räder der widersprüchlichen Entwicklung der Machtverhältnisse kommen. Nach dem Sturz der Girondisten im Jahr 1793 folgte die Diktatur der Jakobiner unter Maximilian de Robespierre, der sodann im Juli des folgenden Jahres mit vielen Parteigängern guillotiniert wurde.

LEBEN

Jean Frédéric Edelmann (Johann Friedrich) wurde am 5. 5. 1749 in Straßburg geboren. Er studierte Jura und Musik, lebte als Cembalist und Pianist von 1774 bis 1789 in Paris. Dann erhielt er die Ernennung zum Administrator des Departements Bas-Rhin und wurde als Jakobiner am 14. 7. 1794 in Paris guillotiniert.

WERKE

Von Jean Frédéric Edelmann sind 2 Opern, ein Oratorium (Esther) und 15 Sammlungen Kammermusik für Cembalo mit verschiedenen Begleitinstrumenten erschienen. Durch seine Tätigkeit als Pianist und Pianolehrer hat er zur Verbreitung des Pianoforte in Paris viel beigetragen.

LITERATUR

R. Benton, Jean Frédéric Edelmann, A Musical Victim of the French Revolution, in: The Musical Quarterly I, 1964.

Helmut Eder (geboren 1916)

LEBEN

Helmut Eder wurde am 26.12.1916 in Linz geboren. Er studierte am Konservatorium in Linz, an dem er 1950 Lehrer für Chorwesen, Tonsatz und Komposition wurde. Bei Fritz Lehmann (17.5.1904, Mannheim, bis 30.3. 1956, München), Carl Orff und Johann Nepomuk David ergänzte er seine Ausbildung. Im Jahr 1959 gründete er das erste elekronische Studio in Linz, seit 1967 wirkt er als Professor für Komposition und Tonsatz am Mozarteum in Salzburg.

WERKE

Von neubarocker Kontrapunktik ausgehend, verlief die stilistische Entwicklung von Helmut Eder unter den Einflüssen von Alban Berg, Johann Nepomuk David und György Ligeti über eine strenge Linearität zur Zwölftonmusik; Aleatorik, Cluster und Mikrointervalle werden herangezogen. Als Grundelemente seiner Musik können expressive Melodik und tänzerische Rhythmik angesehen werden. Er schrieb außer 5 Opern und 3 Balletten 4 Sinfonien, Variationen über ein Thema von Händel, ein Orchesterkonzert, 2 Klavierkonzerte, 3 Violinkonzerte, ein Oboenkonzert, ein Konzert für Fagott und Kammerorchester, ein Orgelstück, ein Werk für Orgel-Positiv und zwei Streichergruppen, eine Serenade für sechs Hörner und 46 Streicher, ein Doppelkonzert für Cello und Kontrabaß, ein Stück für zwölf Celli, ein Stück für Blockflöte, Cembalo und Schlagzeug, ein Oktett, ein Bläserseptett, 3 Bläserquintette, ein Streichquartett, Sonatinen für Violine, für Bratsche, für Fagott, für Flöte, für Klarinette, für Horn, für Cello mit Klavier, mehrere Orgelpartiten, ein Oratorium, Kantaten, A-cappella-Chöre, Bühnen- und Hörspielmusik.

Paul Walter Fürst, Marcel Rubin, Helmut Eder und Gottfried von Einem (v.l.n.r.)

Richard Edwards (um 1522–66)

ZEIT UND UMWELT

Die bedeutende Rolle des Schulmusikdramas im humanistischen Bildungswesen wurde auch im England des 16. Jahrhunderts erkannt. Es handelte sich dabei zumeist um antike oder antikisierende Stoffe. Die Musik kam in vielen Fällen erst bei den Schlußchören der Akte zu ihrem Recht; es gab aber auch Gesangseinlagen und später Zwischenaktmusik. Wenn der Textautor nicht nur selbst Lehrer, sondern auch Komponist war, kam es zu den besten, einheitlichsten Ergebnissen.

LEBEN

Richard Edwards wurde um 1522 bei Yeovil, Somersetshire, geboren. Der englische Dichter und Komponist kam nach seinem Studium in Cambridge und Oxford als Kinderchorleiter an die Königliche Kapelle (1561). Er starb am 31. 10. 1566 in London.

WERKE

Von Richard Edwards sind Motetten, Madrigale und eine Messe erhalten. Seine Hauptleistung lag jedoch auf dem Gebiet des Schuldramas. Er dichtete und komponierte eine Reihe von solchen Bühnenstücken mit Musik. »Damon and Pithias« und »Palamon und Arcite« sind noch teilweise erhalten. Es handelt sich dabei um die ältesten Beispiele dieser Art, aus denen sich die englische Oper entwickelte.

LITERATUR

T. R. Waldo, Music and Musical Terms in Richard Edward's »Damon and Pithias«, in: Music and Letters 49, 1968.

Tatyos Efendi (1855–1913)

ZEIT UND UMWELT

Das arabische Qānūn (Kanun) ist eine Brettzither, ähnlich dem abendländischen Psalterium. Es wurde in neuerer Zeit für virtuoses Spiel entwickelt. Die Bespannung besteht in der Regel aus 26 dreisaitigen Chören, die gezupft oder mit einem Plektron geschlagen werden. Bei zweihändigem Spiel wird die Melodie oktaviert; einzelne Spieler verkürzen spezielle Saiten mit der linken Hand, sonst muß das Instrument für jede Melodie umgestimmt werden.

LEBEN

Tatyos Efendi wurde 1855 in Istanbul geboren. Er war virtuoser Qānūnspieler und Violinist und trat mit eigenen Instrumentalgruppen auf. Er starb am 16.3.1913 in Istanbul.

WERKE

Von den zahlreichen Kompositionen türkischer Musik von Tatyos Efendi sind 61 überliefert, von denen die Instrumentalstücke sehr geschätzt werden. Sie bilden zum Teil die Grundlagen moderner türkischer Komposition.

Cecil Effinger (geboren 1914)

LEBEN

Cecil Effinger wurde am 22.7.1914 in Colorado Springs, Colo., geboren. Er studierte bei Bernard Wagenaar in seinem Geburtsort, dann in Paris bei Nadia Boulanger. Ab 1948 unterrichtet er an der University of Colorado. Er entwickelte eine Notenschreibmaschine.

WERKE

Von Cecil Effinger sind 2 Opern aufgeführt worden. Er schrieb außerdem 5 Sinfonien, 2 Sinfoniettas, ein Konzert für Klavier und Kammerorchester, eine konzertante Sinfonie für Harfe, Klavier und Orchester, ein Tongedicht, ein konzertantes Trio für Trompete, Horn, Posaune und Kammerorchester, 4 Streichquartette, Orgelwerke, eine Kantate und Chöre. Sein Stil ist neuklassizistisch.

Muzio Effrem (um 1555 bis nach 1626)

ZEIT UND UMWELT

Nachdem die älteste Musikschule Neapels ihr Heim nahe Santa Maria de Loreto aufgeschlagen und den Titel eines Conservatorio angenommen hatte, nahm sie talentierte Schüler auch auf, wenn sie nicht aus Neapel selbst stammten. Da sie sich aber weiterhin verwahrloster Kinder annahm und diese ausbildete, wenn sie sich auch nicht für eine musikalische Laufbahn eigneten, benötigte sie die Honorare, die die Musiker unter ihnen für ihr Auftreten in Kirchen und Adelspalästen erhielten. Es war nicht selten, daß der eine oder andere junge Sänger auffiel und eingeladen wurde, einer Kapelle beizutreten.

LEBEN

Muzio Effrem (Mutio) wurde um 1555 bei Bari geboren und kam in jungen Jahren nach Neapel, wo er seine erste Ausbildung erhielt. Von der Musikschule wurde er in die Dienste des Fürsten da Venosa, der sich eine Privatkapelle hielt, übernommen. Er blieb bis 1615 in dieser Stellung. Dann ging er nach Mantua, wo er Stellvertreter des Hofkapellmeisters wurde, trat 1622 der Kapelle des Florentiner Hofes bei und kehrte 1626 nach Neapel zurück. Er dürfte in einem der folgenden Jahre in Neapel gestorben sein.

WERKE

Von Muzio Effrem, der als äußerst konservativer Kritiker seines Zeitgenossen Marco da Gagliano auftrat, obgleich er selbst bei Gesualdo da Venosa mit dem für jene Zeit fortschrittlichsten Kompositionsstil vertraut sein mußte, sind nur etliche Madrigale in Sammelwerken erhalten. Sie sind sehr konservativ angelegt, als sollten sie einen Gegensatz zum Stil seines Dienstgebers Gesualdo bilden. Er beteiligte sich aber auch mit einem sehr schönen Duett an der »Sacra Rappresentazione Magdalena« von Monteverdi.

LITERATUR

A. Giovine, Musicisti e cantanti lirici baresi, Bari 1968.

Joachim Eggert (1779–1813)

ZEIT UND UMWELT

Gustaf IV. Adolf (1778–1837) wurde nach der Ermordung seines Vaters Gustaf III. (1746–92) König von Schweden. Nach einer Regierung, die die Finanzen des Landes zerrüttete und alle Besitzungen in Deutschland und Finnland verlor, mußte er 1809 abdanken und den Thron seinem Onkel Karl XIII. (1748–1818) überlassen, der bereits 1810 Jean Baptiste Bernadotte (1763–1844) adoptierte und zu seinem Nachfolger ernannte.

LEBEN

Joachim Georg Nikolas Eggert wurde am 22.2.1779 in Gingst, Rügen, geboren. Ab 1803 wirkte er als Violinist am Hoforchester in Stockholm und von 1808 bis 1812 als Vizekapellmeister. Er setzte sich stark für die Einführung und Verbreitung der Musik der Wiener Klassiker, besonders Ludwig van Beethovens, in Schweden ein. Er starb am 14.4.1813 in Thomestorp, Östergötland.

WERKE

Von Joachim Nikolas Eggert wurden mehrere Bühnenmusiken aufgeführt, außerdem 5 Sinfonien, 9 Streichquartette, ein Klavierquartett, 2 Sextette. Er schrieb auch mehrere Kantaten, Begräbnis- und Krönungsmusiken. Er beschäftigte sich mit der Sammlung schwedischer Balladen. Seine gesamte Musik stand im Schatten der Wiener Klassiker; Anklänge an schwedische Volksmusik sind darin sehr selten.

LITERATUR

I. Leux-Henschen, J. G. N. Eggert, in: Svensk Tidskrift för Musikforskning XXIV, 1942.

Werner Egk (1901–83)

LEBEN

Werner Egk (eigentlich Mayer) wurde am 17.5.1901 in Auchsesheim bei Donauwörth geboren. Er wurde am Konservatorium in Augsburg, sodann in Frankfurt am Main und schließlich in München von Carl Orff ausgebildet. Von 1930 bis 1933 war er freier Mitarbeiter des Bayerischen Rundfunks, von 1936 bis 1940 Kapellmeister an der Staatsoper in Berlin, von 1950 bis 1953 Leiter der Musikhochschule in West-Berlin. Dann wirkte er als Gastdirigent der Staatsoper in München. Er starb am 10.7.1983 in Inning am Ammersee.

WERKE

Die 7 Opern und die 4 Ballette stellen den wichtigsten Teil des kompositorischen Schaffens von Werner Egk dar. Auch der übrige Teil besteht vorwiegend aus Vokalmusik: Chöre,

Werner Egk

Lieder mit Instrumentalbegleitung wie »Die Versuchung des heiligen Antonius« für Alt, Streichquartett und Streichorchester oder – letzte Fassung – für Chor und Orchester. An Orchestermusik liegen vor: »Französische Suite«, »4 Bauernstücke«, 2 Orchestersonaten, ein Divertimento, »Olympische Festmusik«, »Variationen über ein karibisches Thema« und ein Violinkonzert. Er schrieb außerdem Musik für Schau- und für Hörspiele. Sein Stil, besonders seine Instrumentation, ist von Richard Strauss und von Igor Strawinsky wie von den modernen Franzosen beeinflußt, greift aber auch auf die heimische Folklore zurück.

Französische Suite, 5 Sätze, entstanden 1949

Grundlage der fünf Sätze sind die fünf »Pièces de Clavecin« von Jean-Philippe Rameau, aus denen der Komponist neue Klangbilder und neue melodische und rhythmische Gestalten formte. Der 1. Satz »Die Versammlung der Vögel« ist zierlich und luftig. Der 2. Satz »Gigue in Rondoform« entfaltet virtuosen festlichen Glanz. Im 3. Satz »Zärtliche Klagen« entsteht ein lyrisches Stimmungsbild, eine liebliche Harfenmelodie entwickelt sich über den Klängen sordinierter Streicher. Der 4. Satz »Die Venezianerin« ist voll schwunghafter Tanzrhythmen. Im Finale »Die Wirbelwinde« fegt ein virtuoser Orchestersatz in Rondoform brillant auf einen wirbelnden Kehraus zu.

Geigenmusik, Divertimento für Violine und Orchester, 3 Sätze, entstanden 1936

Der 1. Satz ist dreiteilig, zwei energische, virtuose Eckthemen umrahmen eine lyrische Passage. Bayerische Volksmelodien dominieren. Im 2. Satz trägt die Violine eine von der Harfe begleitete Rhapsodie voll Romantik vor. Das Finale ist volkstümlich fröhlich.

Literatur

B. Kohl, E. Nölle, Werner Egk. Das Bühnenwerk, München 1971. K. Schumann, Werner Egk, Mainz 1976.

Johann Heinrich Egli (1742–1810)

Zeit und Umwelt

Das Musikleben in der Schweiz bestand auch im 18. Jahrhundert lediglich aus fallweisen Konzerten von Ausländern. Eine eigenständige Musikentwicklung hatte sich noch nicht anbahnen können, nur die Liedkomposition zeigte einige Ansätze. Es ist aber für sie bezeichnend, daß sie sich vorwiegend an die Berliner Liederschule anlehnte, die forderte, daß jedes Lied von unausgebildeten Sängern zu bewältigen sein müsse.

Leben

Johann Heinrich Egli wurde am 4. 3. 1742 in Seegräben bei Wetzikon, Zürich, geboren. Er lebte in Zürich ab 1760 als Violinist und gesuchter Gesang- und Cembalolehrer. Seine Ausbildung zum Liederkomponisten eignete er sich im Selbstunterricht durch das Studium der Kompositionen und theoretischen Schriften der Berliner Liederschule an. Er starb am 19. 12. 1810 in Zürich.

Werke

Von Johann Heinrich Egli sind erschienen: »Sammlung geistlicher Lieder«, »Geistliche Gesänge«, »Schweizerlieder«, »Lieder der Weisheit und Tugend«, »Zwölf Kinderlieder«, »Gellerts geistliche Oden«, »Gesänge über Leben, Tod und Unsterblichkeit«. Weitere Lieder sind einzeln oder in Sammlungen herausgebracht worden. 1816 wurden 40 Lieder aus dem Nachlaß des Komponisten gedruckt; sie sind zum Teil ein-, zum Teil mehrstimmig. Die Cembalobegleitung ist nicht obligat.

Wilhelm Ehlers (1774–1845)

Leben

Wilhelm Ehlers wurde 1774 in Hannover geboren. Er wirkte als Opernsänger in Wien und in Breslau (Wrocław), als Regisseur in Frankfurt am Main und als Theaterdirektor in Mainz, wo er am 29. 11. 1845 starb. Zeitweise trat er in Weimar als Liedersänger zur Gitarre auf.

Werke

Die von Wilhelm Ehlers veröffentlichten »Gesänge mit Begleitung der Chitarra« sind bald nach seinem Tod in Vergessenheit geraten, obschon darin mehrere Gedichte von Johann Wolfgang von Goethe, der den Komponisten sehr geschätzt hatte, aufschienen, wie »Der Rattenfänger«, »Schäfers Klage«, »Jägers Abendlied«.

Louis Ehlert (1825–84)

ZEIT UND UMWELT

Das Leipziger Konservatorium vermittelte im 19. Jahrhundert seinen Schülern in erster Linie die Fakturen von Robert Schumann und Felix Mendelssohn-Bartholdy, also eine klassiknahe Glätte und Ausgewogenheit des Stils, der von einem großen Teil des Konzertpublikums sehr geschätzt wurde. Daher strömten Musiker von allen Seiten nach Leipzig, wo mehrere Jahre Studium bereits eine Karriere garantierte.

LEBEN

Louis Ehlert wurde am 23.1.1825 in Königsberg (Kaliningrad) geboren. Er war ab 1845 Schüler des Konservatoriums in Leipzig unter Robert Schumann und Felix Mendelssohn-Bartholdy. Im Jahr 1850 ließ er sich in Berlin als Musiklehrer nieder und wurde dort nach einem längeren Aufenthalt in Italien, wo er in Florenz den Gesangverein »Società Cherubini« dirigierte, Klavierlehrer an der von Karol Tausig gegründeten »Schule des höheren Klavierspiels«, war sodann in Meiningen als Lehrer tätig und hielt sich zuletzt in Wiesbaden auf, wo er am 4.1.1884 starb.

WERKE

Von Louis Ehlert sind zahlreiche Klavierstücke, Lieder und Chöre erschienen. Er schrieb außerdem eine »Frühlingssinfonie«, eine Ouvertüre, »Hafis«, und ein »Requiem für ein Kind«. Sein Stil folgte dem in Leipzig gelehrten. Er war auch als Musikschriftsteller tätig.

Carl Ehrenberg (1878–1962)

LEBEN

Carl Emil Theodor Ehrenberg wurde am 5.4. 1878 in Dresden geboren, wo er am Konservatorium unter Felix Draeseke studierte. Anschließend wirkte er als Kapellmeister in Dortmund, Würzburg, Posen (Poznan), Augsburg, Metz und Lausanne. Im Jahr 1922 wurde er Staatsopernkapellmeister in Berlin. Von 1925 bis 1935 leitete er eine Orchesterklasse an der Musikhochschule in Köln und bis 1945 an der Akademie der Tonkunst in München, wo er am 26.2.1962 starb.

WERKE

Außer einer Oper schrieb Carl Ehrenberg 2 Sinfonien, »Sinfonische Skizzen«, 2 Orchestersuiten, eine Ouvertüre, eine Tondichtung, Männerchöre mit Orchester, ein Cellokonzert, eine Sinfonietta, 6 Streichquartette, ein Bläserquartett, ein Streichtrio, eine Violinsonate, Schauspielmusiken, Lieder und Gesänge. Seine Musik ist spätromantisch, sehr gefällig mit wenig Tiefgang und ist bald aus den Konzertprogrammen verschwunden.

Abel Ehrlich (geboren 1915)

LEBEN

Abel Ehrlich wurde am 3.9.1915 in Cranz bei Königsberg (heute Zelenogradsk, UdSSR) geboren. Er wanderte 1934 nach Jugoslawien aus und studierte an der Musikakademie in Zagreb. Ab 1939 war er in Jerusalem Schüler von Solomon Rosowski (15.3.1878, Riga, bis 30.7.1962, New York). Im Jahr 1953 wurde er Musiklehrer am Seminar der Kibbuzbewegung; seit 1964 wirkt er als Kompositionslehrer an der Rubin-Akademie in Tel Aviv, seit 1972 Professor an der dortigen Universität.

WERKE

Außer einem dreiszenischen Spiel schrieb Abel Ehrlich ein Stück für Violine und Violinengruppen, 4 Holzbläserquintette, 6 Streichquartette, eine Anzahl Klavierwerke, mehrere Oratorien und Kantaten, ein Stück für Sänger, Sprecher und Instrumente, »Über die Schrift Hesekiel« für Sopran, Oboe, Fagott und Violine (auch in Orchesterfassung), »Seid nicht wie eure Väter«, für Chor a cappella, »König Salomo über den Wein« für Alt, Flöte und Klavier sowie weitere Chöre, Lieder, Ballett- und Bühnenmusik.

Heinrich Ehrlich (1822–99)

Zeit und Umwelt

Ein Anzeichen dafür, daß das Virtuosentum allmählich von seinem Streben nach perfekter Technik abkam und die Musikalität mehr in den Vordergrund schob, war die Beschäftigung vieler Solisten mit musiktheoretischen Problemen.

Leben

Karl Heinrich Alfred Ehrlich wurde am 5. 10. 1822 in Wien geboren. Er war Klavierschüler von Carl Maria von Bocklet, Adolf Henselt und Sigismund Thalberg und Kompositionsschüler von Simon Sechter. Nach seinem Wirken als Hofpianist bei König Georg V. von Hannover (1819–78) war er Klavierlehrer am Sternschen Konservatorium in Berlin, wo er am 30. 12. 1899 starb.

Werke

Neben zahlreichen Publikationen über das Klavierspiel und musikästhetische Probleme komponierte Heinrich Ehrlich eine Reihe von Konzertstücken für sein Instrument, unter denen das »Stück in ungarischer Weise« und die Variationen über ein Originalthema, »Lebensbilder«, sehr bekannt wurden. Er schrieb ferner eine oft gespielte Cellosonate. Auch setzte er sich ernstlich mit der Position des virtuosen Interpreten innerhalb des Musiklebens auseinander.

Julius Eichberg (1824–93)

Zeit und Umwelt

Boston entwickelte sich nach dem Bürgerkrieg zu einem der wichtigsten Bildungs- und Kunstzentren der USA. Neben einer Anzahl erstklassiger Schulen jeder Gattung, darunter die 1635 gegründete erste öffentliche Schule des Staates, neben einem hoch entwickelten Bibliothekswesen verfügte die Stadt bereits im 19. Jahrhundert über mehrere vorzüglich ausgestattete Galerien. Die Entwicklung des Musikwesens erhielt durch die Gründung des Boston Symphony Orchestra – heute einer der bedeutendsten Klangkörper der USA – den stärksten Impuls.

Leben

Julius Eichberg wurde am 13. 6. 1824 in Düsseldorf geboren. Er war in seiner Geburtsstadt Schüler von Julius Rietz. Dann studierte er am Konservatorium in Brüssel unter Charles Auguste de Bériot. Ab 1846 wirkte er als Violinlehrer am Konservatorium in Genf, ging sodann 1857 nach New York und 1859 nach Boston, Mass., wo man ihm die Leitung der Museumskonzerte, die Direktion des Konservatoriums und die Inspektion sämtlicher Musikschulen übertrug. Er starb am 19. 1. 1893 in Boston.

Werke

Am meisten bekannt wurde Julius Eichberg durch seine 4 Operetten, die viele Aufführungen erlebten. Er schrieb außerdem einige Kammermusik, Etüden, Duos und Charakterstücke für Violine, Studienmaterial für den Violin- und Gesangunterricht und mehrere patriotische Gesänge.

Ernst Eichner (1740–77)

Zeit und Umwelt

Der König von Preußen Friedrich Wilhelm II. war zwar kein ausübender Musiker wie sein Onkel Friedrich der Große, aber sehr musikliebend. Er hielt seine Kapelle stets auf dem hohen Niveau, mit dem er sie von seinem Vorgänger übernommen hatte. Gute Instrumentalisten wurden jederzeit bereitwillig in Potsdam aufgenommen.

Leben

Ernst Dietrich Adolph Eichner wurde am 15. 2. 1740 in Arolsen als Sohn des Fagottisten Johann Andreas Eichner (8. 3. 1694, Treuenbrietzen, bis 10. 12. 1768, Arolsen) getauft. Er war von 1762 bis 1772 Mitglied der Hofkapelle in Zweibrücken – zuletzt als Konzertmeister –, begab sich darauf nach Paris und London und anschließend nach Potsdam, wo er der Königlichen Kapelle beitrat. Er starb in Potsdam im Jahr 1777.

Werke

Von Ernst Eichner sind 31 Sinfonien, eine Anzahl Konzerte für Violine, Cello, Flöte, Oboe, Klarinette, Fagott und Harfe, Flötenquartette, Celloquartette, Klaviertrios, Sonaten für Klavier und Violine, Klaviersonaten, 2 Quintette für Flöte, Violine, Violetta, Cello und Kontrabaß, 2 Bläserdivertimenti, Arrangements von Opernarien und eine Vokalkomposition mit Klavier erhalten. Sein Stil ist vom Mannheimer geprägt. Die Sinfonie in D-Dur, Opus 7/5, wird heute noch geschätzt.

Herbert Eimert (1897 – 1972)

Leben

Herbert Eimert wurde am 8.4.1897 in Bad Kreuznach geboren. Er studierte bei Hermann Abendroth und Ernst Bücken in Köln, wo er mit einer Arbeit über musikalische Formstrukturen im 17. und 18. Jahrhundert promovierte. Als Redakteur und Musikkritiker arbeitete er zunächst für den Rundfunk und die Kölnische Zeitung; nach 1945 gründete er beim Nordwestdeutschen Rundfunk ein Studio für elektronische Musik und wurde zusammen mit Karlheinz Stockhausen zum Pionier und führenden Theoretiker dieser neuen Musikrichtung in Deutschland. Herbert Eimert starb am 15.12.1972 in Düsseldorf.

Werke

Herbert Eimert begann zunächst mit Kammermusik und Chorwerken, setzte sich als einer der ersten mit Arnold Schönbergs Zwölftontechnik auseinander und widmete sich nach dem Krieg der elektronischen Musik und der musikalischen Reihentechnik.

Sigfús Einarsson (1877–1939)

Leben

Sigfús Einarsson wurde am 30.1.1877 in Eyrarbakki, Island, geboren. Er war Autodidakt und wirkte als Gesanglehrer, Dirigent und Domorganist in Reykjavík bis zu seinem Tod am 10.5.1939.

Werke

Mit seinen klangreichen Chören mit Soli und Klavier, den Frauen- und Männerchören, Liedern und Klavierstücken, die isländische Volksmusik verarbeiteten, wurde Sigfús Einarsson zu einem der frühesten Vertreter eigenständiger isländischer Musik. Sehr bekannt geworden ist seine Festkantate.

Gottfried von Einem (geboren 1918)

Leben

Gottfried von Einem wurde am 24.1.1918 in Bern geboren. Er wurde nach seiner Ausbildung durch Edgar Rabsch (1.11.1892, Berlin, bis 4.9.1964, Kiel) im Jahr 1938 Korrepetitor der Staatsoper in Berlin; 1941 wurde er Kompositionsschüler von Boris Blacher. Nach dem Zweiten Weltkrieg siedelte er sich in Wien als freischaffender Komponist an, wurde Lektor der Wiener Konzerthausgesellschaft, 1948 Direktionsmitglied im Salzburger Festspielkomitee und Vorsitzender des Musikrats. Von 1963 bis 1973 war er Professor für Komposition an der Wiener Hochschule für Musik und darstellende Kunst.

Werke

Die Hauptstärke des kompositorischen Schaffens von Gottfried von Einem liegt auf dem Gebiet der Oper. Er schrieb nach seinem Welterfolg »Dantons Tod« noch 5 dramatische Werke, außerdem 5 ausgezeichnete Ballette. Für Orchester schrieb er 2 Sinfonien, »Sinfonische Szenen«, eine Ballade, ein Tanzrondo, ein »Nachtstück«, 2 Klavierkonzerte, ein Violinkonzert, »Bruckner-Dialog«, »Hexameron«, ein Capriccio, ein Konzert, eine Serenade für doppeltes Streichorchester; die Kammermusik ist mit einem Bläserquintett, 2 Streichquartetten, einem Divertimento für Violine, Bratsche, Horn und Klavier, Studien für Gitarre, einer Sonate für Violine und Klavier, 2 Sonatinen und weiteren Stücken für Klavier vertreten. Seiner Vokalmusik ist die Kantate »An die Nachgeborenen« voranzusetzen; seine Gesänge und Lieder sind von interessanter Eigenart. Stilistisch bleibt er im Rahmen der Tonalität, wenn man diesen Begriff nicht sehr eng faßt; Melodik, Harmonie und Rhythmik sind stets dem Erfordernis des jeweiligen Ausdrucks unterworfen.

An die Nachgeborenen, Kantate für Mezzosopran, Bariton, gemischten Chor und Orchester, 7 Teile und 2 Zwischenspiele, entstanden 1975

Der Titel des Gesamtwerks ist der seines 4. Teils, der thematisch und musikalisch Aussage und Stimmung der ganzen Kantate festlegt. Als Text ist das Gedicht von Bert Brecht »An die Nachgeborenen« gewählt, die der Dichter um Nachsicht bittet für unsere Unfähigkeit, Not und Hunger zu bannen. Beginn und Ende – 1. und 7. Teil – wenden sich mit Psalmworten an Gott. Der 2. Teil klagt die Menschheit an mit den Worten aus der Antigone: »Ungeheuer ist viel, doch nichts ungeheurer als der Mensch.« Im 3. Teil wird die Sonne von Hölderlin aufgefordert: »Geh unter... sie achten nur wenig dein.« Im 5. Teil fleht derselbe Dichter Diotima an, zurückzukehren und die Welt mit Schönheit und Liebe zu beglücken. Im 6. Teil mahnt Sophokles die Menschen, bei allem Macht- und Genußstreben an die Kürze des Lebens zu denken. Soli und Chor akzentuieren, unterstreichen die Worte der Dichter kongenial. Die orchestrale Einkleidung verzichtet auf jedes Raffinement, sondern begleitet geradezu lapidar.

Gottfried von Einem

Literatur

D. Hartmann, Gottfried von Einem, Wien 1967.

Will Eisenmann (geboren 1906)

Leben

Will Eisenmann wurde am 3.3.1906 in Stuttgart geboren. Er studierte von 1927 bis 1929 an der Musikhochschule in Stuttgart und darauf in Paris bei Paul Dukas und Charles Koechlin. Seit 1935 lebt er in der Schweiz als freischaffender Komponist.

Werke

Von dem umfangreichen Schaffen Will Eisenmanns sind bemerkenswert: Konzert für zwei Saxophone und Streichorchester, Musik für Flöte und drei Streicher, »Lamentatio« für Flöte, Violine und Klavier, Musik für Bratsche und Klavier, Zyklus »Haiku« für hohe Stimme und Klavier, »Threnoi« für A-cappella-Chor, Sätze für Saxophon und Klavier, eine Anzahl Gesänge mit Klavier, Duo für Flöte und Klavier und für Flöte und Harfe, 12 Zwölftonstücke und weitere Werke für Klavier, Orgelstücke und Bühnenmusiken. Sein Stil ist zeitgemäß.

Hanns Eisler (1898–1962)

Leben

Hanns (Johannes) Eisler wurde am 6.7.1898 in Leipzig geboren. Er war in Wien Schüler von Arnold Schönberg und Anton Webern. Darauf lebte er in Berlin als freier Komponist. Im Jahr 1933 emigrierte er und kam über Österreich, Dänemark und Spanien in die USA, wo er als Kompositionslehrer an der New School for Social Research in New York und darauf an der Universität in Los Angeles wirkte. Im Jahr 1950 ließ er sich endgültig in Berlin nieder und lehrte an der neugegründeten Hochschule für Musik in Ost-Berlin bis zu seinem Tod am 6. 9. 1962.

WERKE

Die Tonsprache von Hanns Eisler bezieht die Thematik der Klassiker, die Dodekaphonie, Elemente des Jazz, strenge Tonalität, erweiterte Tonalität, Atonalität, Polytonalität ein und formt daraus neue Aussagemöglichkeiten. Er schrieb eine »Kleine Sinfonie«, »Fünf Orchesterstücke«, eine Kammersinfonie, eine Rhapsodie für Orchester und Sopran, eine »Winterschlacht-Suite«, weitere Suiten aus seinen Bühnen- und Filmmusiken, außerdem über 600 Lieder, Kantaten, Chöre zumeist politischen Inhalts.

Kleine Sinfonie, Opus 29, 4 Sätze, entstanden 1932

Im 1. Satz wird ein von der Ersten Trompete intoniertes Thema aus neun Tönen – die fehlenden drei Töne der Skala scheinen in der Begleitung auf – dreiundzwanzigmal kontrastreich variiert. Der 2. Satz bringt ein spritziges, impulsives Allegro assai mit einem gravitätischen Mittelteil. Im 3. Satz »kritisieren Jazztrompete und Jazzposaune gefühlvolle Streicher«. Im Finale stellt sich ein zwölftöniges Rondo vor.

Kammersinfonie, 5 Sätze, entstanden 1940

Dem Werk liegt die Musik zur Filmsequenz »Naturszenen« zugrunde. »Die Instrumentation ging auf die Idee der ›Kälte‹ der Naturbilder ein. Sie verwendete neben einem normal zusammengestellten Kammerorchester noch ein elektrisches Klavier und ein Novochord. Die elektrischen Instrumente werden solistisch behandelt. Besonders ausgenutzt ist die Kälte und Schärfe ihrer Manieren wie Triller, Mordente, Vorschläge und Trillerketten«, erklärte der Komponist. Der 1. Satz bringt ein Zwölftonthema. Der 2. Satz verarbeitet einen Cantus firmus dodekaphonisch. Der 3. Satz ist ein Scherzo mit ostinater marschähnlicher Rhythmik. Im 4. Satz stehen beide Violinen im Vordergrund, dem Orchester ist nur eine begleitende Funktion zugeteilt. Der letzte Satz hat Sonatenform. Es handelt sich im ganzen Stück um keine »bildliche« Darstellung, sondern um das Verhalten der Menschen angesichts der Naturgewalten.

Hanns Eisler, Paul Hindemith, Bert Brecht (1929)

Rhapsodie für großes Orchester mit Sopransolo, 2 Teile, entstanden 1949

Das Werk verwendet Verse aus Faust II. von Johann Wolfgang von Goethe. Nach einer ruhigen Orchestereinleitung setzt das Solo ein: »Macht euch schnell von Fabeln frei! Eurer Götter alt Gemenge, laßt es hin, es ist vorbei!« Der 2. Teil ist orchestral mit Elementen des Kampf- und Massenlieds des Komponisten. Im Coda erklingt es hoffnungsvoll: »Doch erfrischet neue Lieder, steht nicht länger tief gebeugt!«

Winterschlacht-Suite, Vorspiel und 8 Teile, entstanden 1955

Die Suite fußt auf der Bühnenmusik zum Drama »Winterschlacht« von Johannes Robert Becher (1891–1958). Das von den Streichern vorgetragene Vorspiel drückt die Trauer über die Opfer der Schlacht aus. Mit Trompetenmotiven schildert das Agitato des 1. Satzes den Vormarsch des deutschen Heeres gegen Moskau. Im 2. Satz kommt der Angriff ins Stocken. Der 3. Satz, der die Aufschrift »Schnee« trägt, stellt den Winter vor Moskau dar. Der 4. Satz ist ein Melodram; ein Sprecher rezitiert Passagen aus dem Drama. Nach dem Zwischenspiel des 5. Satzes folgt ein zweites Melodram, in dem der Sprecher »Soldatenehre«, »Bürgerehre« und »Menschenehre« gegenüberstellt. Der 7. Satz stellt die Schlacht um Moskau dar. Der Angriff wird abgeschlagen. Im 8. Satz wird vom Sieg vor Moskau berichtet; die pathetische, traurige Musik des 1. Satzes erklingt erneut.

LITERATUR

H. A. Brockhaus, Hanns Eisler, Leipzig 1961.

Esteban Eitler (1913–60)

Leben

Esteban Eitler wurde am 25.6.1913 in Bozen geboren. Er studierte an der Universität in Budapest, ging 1936 nach Argentinien und wurde Mitglied der von Juan Carlos Paz gegründeten Agrupación Nueva Música und gründete in Buenos Aires einen Verlag zur Veröffentlichung moderner Musik. In Santiago de Chile, wohin er 1945 übergesiedelt war, gründete er die Gruppe »Tonus« zur Pflege moderner Musik. Er starb am 25.6.1960 in São Paulo.

Werke

Von Esteban Eitler sind verschiedene Werke programmatischer Natur für Orchester, ein »Dodecafónico A« für sinfonisches Jazzorchester, ein Divertimento, ein Stück für Flöte und Streicher, 3 Flötensonaten, weitere Werke für Bläser und Solostücke für Flöte, Oboe, Klarinette, Saxophon, Gitarre, Harfe und Klavier bekannt geworden. Er hat der Entwicklung der modernen Musik in Südamerika wertvolle Impulse verliehen.

André Frédéric Eler (um 1764–1821)

Leben

André Frédéric Eler wurde um 1764 im Elsaß geboren. Er wirkte zunächst als Bibliothekar am Konservatorium in Paris, dann als Lehrer für Begleitung und Solfeggien. Im Jahr 1816 ernannte ihn Luigi Cherubini zum Professor für Kontrapunkt und Fuge. Er starb am 21.4. 1821 in Paris.

Werke

Die kompositorische Tätigkeit von André Frédéric Eler war zu einem großen Teil den Blasinstrumenten gewidmet. Er schrieb 6 Sonaten für Violine, Cello und Pianoforte, 3 Trios für Flöte, Klarinette und Fagott, 3 Streichquartette, 3 Quartette für Flöte, Violine, Bratsche und Generalbaß, 9 Quartette für Flöte, Klarinette, Horn und Fagott, 3 Quartette für zwei Klarinetten, Horn und Fagott, eine konzertante Sinfonie für Flöte, Horn und Fagott, 2 Hornkonzerte, ein Oboenkonzert, 2 Ouvertüren, 12 Kanons für zwei, drei und vier Stimmen und Pianoforte, 4 Opern, eine republikanische Hymne und Kirchenmusik. Der Erfolg dieser Kompositionen war nicht groß; sie wirkten außerordentlich doktrinär.

Piotr Elert (um 1575 bis um 1653)

Zeit und Umwelt

Die preußischen Herzoge, die von 1525 bis 1618 ihren Sitz in Königsberg (Kaliningrad) hatten, betrieben eine sehr intensive Kulturpolitik. An ihrer Hofkapelle wurden nicht wenige aus dem ehemaligen Ostpreußen stammende Musiker ausgebildet, von denen immer etliche zumindest für einige Zeit an den polnischen Höfen in Krakau und ab 1609 in Warschau wirkten.

Leben

Piotr Elert (Peter, Pietro) wurde um 1575 in Frombork, Ostpreußen, geboren und vermutlich in Königsberg ausgebildet. Er hielt sich danach in Warschau auf, wo er nahe Beziehungen zum Königshof hatte, ohne der Hofkapelle anzugehören. Er wirkte als Violin- und Bratschenspieler und Musiklehrer und erhielt die königliche Erlaubnis zu einer Druckerei. In den vierziger Jahren des 17. Jahrhunderts dürfte er sich in Krakau aufgehalten haben, starb aber in Warschau um 1653.

Werke

Der polnische Komponist Piotr Elert veröffentlichte als Anhang zur kritischen Publikation von Marco Scacchi »Judicium Cribri musici« (Musikkritik) eine Sammlung Kanons, von denen der zweistimmige Kanon Xenia apollinea am bekanntesten ist. Die Zuschreibung einer »ersten polnischen Oper« beruht wahrscheinlich auf einem Irrtum.

Edward Elgar (1857–1934)

Zeit und Umwelt

Die Blütezeit des englischen Bürgertums unter Königin Victoria brachte neben dem wirtschaftlichen Aufschwung ein zumindest nach außen hin gefestigtes, den Grundsätzen des Großbürgertums angepaßtes Gesellschaftsbild, das sich auf die Garanten des Wohlstands und der politischen Machtstellung des Empire, Krone und Adel, emotional ausrichtete. Die Kunst folgte derselben Richtung; Konservativismus, Historismus, Patriotismus wurden gepflegt und fanden Beifall, so oberflächlich die einzelnen Erzeugnisse der mit Titel und Ehren überhäuften Persönlichkeiten oft waren. Die Musik dieser Zeit war glatt, gebändigt im Ausdruck und spiegelte das Wohlverhalten wider, das von einem britischen Untertanen erwartet wurde.

Edward Elgar

LEBEN

Edward William Elgar wurde am 2.6.1857 in Broadheath bei Worcester geboren. Er begann früh, verschiedene Instrumente zu spielen, betätigte sich als Organist, Klavierbegleiter und Leiter privater Orchester, ohne eine geregelte Ausbildung genossen zu haben. Erst 1879 nahm er in London Violinunterricht bei Adolph Pollitzer (23.7.1832, Budapest, bis 14.11.1900, London). Im Jahr 1882 wurde er Konzertmeister in Worcester und wirkte von 1885 bis 1889 als Organist an der römisch-katholischen Kirche St. George. In der Folge lebte er als freier Komponist auf seinem Landsitz Malvern, Worcestershire. Für sein kompositorisches Werk erhielt er das Ehrendoktorat von 7 Universitäten, wurde 1924 geadelt und 1931 zum Baronet ernannt. Er wurde in England gefeiert wie kein zweiter Komponist seit Henry Purcell, im Ausland fand er nie viel Beachtung. Elgar starb am 23.2.1934 in Worcester.

WERKE

Der Versuch von Edward Elgar, Romantik mit Klassizismus zu verbinden, hat sich auf Fluß und Gehalt seiner Kompositionen nicht immer gut ausgewirkt und ihnen einen stark antiquierten Charakter verliehen. Wenn er auch zuweilen moderne Klangeffekte aufnahm, so ist es doch nahezu erstaunlich, daß Claude Debussy und Gustav Mahler seine Zeitgenossen waren. Aber in England war und ist er beliebt wie kaum ein anderer. Seine Musik dürfte irgendwie die Gewißheit geweckt haben, daß die vom britischen Publikum hochgeschätzten Lebensumstände unverändert blieben oder, falls eine Änderung darin eintrat, in alter Form wiederkehren würden. Seine beiden Sinfonien in As-Dur und Es-Dur konnten sich auf dem Kontinent nie durchsetzen. Zu seinen am meisten ansprechenden Werken sind zweifellos das Cellokonzert in e-Moll und auch das Violinkonzert in h-Moll zu zählen. Sehr profiliert sind seine »Enigma«-Variationen; auch seine 2 Orchestersuiten, die Serenaden, die verschiedenen Stücke für Streich- und Kammerorchester bringen echte romantische Musik, sein Streichquartett wird auch auf dem Kontinent gespielt. Bemerkenswert ist auch seine Orgelsonate. Er schrieb zahlreiche Vokalmusik – Chöre mit verschiedener Begleitung, Lieder mit Klavier oder anderen Instrumenten, Motetten, Te Deum, Benedictus, wozu auch seine

Oratorien »Das Licht des Lebens«, »Die Apostel«, »Das Königreich« und – als berühmtestes – »Der Traum des Gerontius« zu zählen sind. Außerdem liegen noch 2 Melodramen, mehrere Schauspielmusiken, ein Ballett und eine Kinderoper vor. Eine dritte Sinfonie blieb unvollendet. Eine besondere Erwähnung verdienen seine Märsche: »5 Pomp and Circumstance Marches«, »Crown of India Marche« und »Imperial Marche«, durch die der Komponist nahezu in die Rolle eines »Staatsmusikers« geriet.

Sinfonie Nr. 1 in As-Dur, Opus 55, 4 Sätze, entstanden 1908

Der 1. Satz trägt die Anweisung »Nobilmente«, die man für alle seine Kompositionen anwenden könnte; der Satz ist ernst und würdig, sein ungehemmter Fluß wird durch keinerlei Einwürfe gestört. Im 2. Satz werden die Streicher von Trommelwirbel begleitet, als künde sich ein martialischer Marsch an, aber es kommt nur zu feierlichen Melodien der Holzbläser. Der 3. Satz wirkt nostalgisch, bringt aber schöne Wendungen. Das Finale ist stürmisch erregt und endet mit triumphierenden Klängen.

Sinfonie Nr. 2 in Es-Dur, Opus 63, 4 Sätze, entstanden 1910

Der Komponist bezeichnete dieses Werk als Rückblick auf sein eigenes Leben und auf die großen Sinfoniker der Klassik und der Romantik. Es versteht, alle Reminiszenzen zu einem neuen Bild zu fassen und diesen eine persönliche Note zu verleihen, so daß man der Sinfonie die Originalität nicht absprechen dürfte. Das Werk ist ein Beweis für seine ungeheuren kompositorischen Fähigkeiten und damit sehr interessant.

Klavierquintett a, Opus 84, von Edward Elgar

»Enigma«-Variationen, Opus 36, 14 Teile, entstanden 1899

Nach Mitteilung des Komponisten erhielt die Variationenfolge den Titel »Enigma« (Rätsel), weil im variierten Thema eine zweite Melodie verborgen sei, die allerdings nie gefunden wurde. Die Variationen sind als Porträts von Freunden des Komponisten gedacht, sie beginnen mit Elgars Frau Caroline Alice und enden mit ihm selbst.

Literatur

P. M. Young, Elgar, London 1956.

José Elías (um 1675 bis nach 1749)

Zeit und Umwelt

Die spanische Orgelmusik des beginnenden 18. Jahrhunderts weist eine Mischung von gelehrter und volkstümlicher, von nationaler und ausländischer Satzart und auch von Geistlichem und Profanem auf. Dieser Eklektizismus beherrschte das gesamte Jahrhundert.

Leben

José Elías wurde um 1675 in Katalonien geboren. Er war um 1690 Schüler von Juan Bautista Cabanilles und wurde 1715 zum Organisten an Santos Justo y Pastor in Barcelona ernannt. Etliche Jahre darauf wirkte er in gleicher Eigenschaft am Kloster der königlichen Barfüßerinnen in Madrid, wo er nach 1749 starb.

Werke

Der katalonische Organist und Komponist José Elías wurde als »Padre y Patriarca de los organistas españoles« (Vater und Patriarch der spanischen Organisten) bezeichnet und war unbestreitbar einer der großen Organisten seines Jahrhunderts in Spanien. Er schrieb 12 Orgelstücke »zwischen antikem und modernem Stil« sowie weitere Orgelmusik als Übungsstücke und auch als Duette.

Literatur

J. M. Llorens, La obra orgánica de José Elías,

discípolo de Juan Bautista Cabanilles, in: Anuario Musical XVII, 1962.

Manuel Jorge de Elías (geboren 1939)

LEBEN

Manuel Jorge de Elías wurde am 5.6.1939 in Mexiko-Stadt geboren. Er war Schüler seines Vaters und von Luis Herrera de la Fuente (geboren 25.4.1916, Mexiko-Stadt), Karlheinz Stockhausen und Jean-Étienne Marie; er studierte außerdem an der Universität und am Konservatorium in Mexiko-Stadt. Seit 1968 wirkt er als Direktionsassistent des staatlichen Orchesters, 1970 war er Mitbegründer der Komponistengruppe für Neue Musik »Grupo Proa«. Sein Vater Alfonso de Elías (geboren 30.8. 1902, Mexiko-Stadt) studierte am Konservatorium seiner Geburtsstadt und wirkte als Komponist, Dirigent und Pianist.

WERKE

Vom umfangreichen kompositorischen Schaffen von Manuel Jorge de Elías sind bemerkenswert: eine Sinfonietta, »Vitral 1« für Kammerorchester, »2« für Kammerorchester und Tonband, »3« für Orchester, ein Divertimento für Schlagzeug, »Aphorismus 1« für Chor a cappella, »2« für Flöte und Tonband, »3« für Flöte solo, »Speculamen« für zwei Violinen, zwei Bratschen, zwei Celli und Kontrabaß, ein Streichquartett, »Momento« für Blockflöten, Sprecher, gemischten Chor und Streicher, »Pro pax« für Tonband, »Sonante 1« für Klavier, »2« für Klavier, »3« für Trompete, Posaune und Horn, »4« für Orchester und mehrere Klavierwerke.

Alfonso Elías schrieb unter anderem ein Ballett, ein Triptychon für Orchester, 2 Sinfonien, 2 Streichquartette, 3 Stücke für Cello und Klavier, eine Violinsonate, eine »Suite nupcial« für Tenor, Orgel und Orchester, 3 Messen und Motetten.

José Mariano Elizaga (1786–1842)

ZEIT UND UMWELT

Nachdem 1824 unter Kaiser Augustín de Iturbide in Mexiko (Méjico Ciudad) die Sociedad Filarmónica gegründet worden war, entstand ein Jahr darauf dort das erste Konservatorium des amerikanischen Kontinents und nach einem weiteren Jahr die erste Druckerei für weltliche Musik. Von jener Zeit an erfuhr in Mexiko parallel mit einigen lateinamerikanischen Staaten das Musikleben einen erheblichen Aufstieg.

LEBEN

José Mariano Elizaga wurde am 27.9.1786 in Valladolid (heute Morelia, Michoacán) geboren. Er wurde in seiner Heimatstadt und in Mexiko zum Organisten und Komponisten ausgebildet und sodann von Kaiser Augustín zum Hofkapellmeister ernannt. Nach dem Tod des Kaisers (1824) betätigte er sich als Organist und Dirigent in der mexikanischen Hauptstadt und übernahm 1827 die Kapellmeisterstelle an der Kathedrale von Guadalajara. Im Jahr 1830 kehrte er in die Hauptstadt zurück. Von 1839 bis zu seinem Tod am 2.10. 1842 wirkte er in seiner Vaterstadt.

WERKE

Von José Mariano Elizaga sind ein 9 iserere, ein Responsorium, Lamentationen, 2 Offizien und 2 Messen erhalten. Sein Stil ist vom zeitgenössischen Spaniens stark beeinflußt.

Heino Eller (1887–1970)

LEBEN

Heino Eller wurde am 23.2.1887 in Tartu (Dorpat) geboren. Neben seinem juridischen Studium in St. Petersburg war er Musikschüler von Wasili Kalafati und Jāzeps Vītols. Anschließend wirkte er bis 1940 als Dozent an der Musikhochschule in Tartu und sodann bis zu seinem Tod am 16.6.1970 als Professor am Konservatorium in Tallinn.

WERKE

Von Heino Eller sind 3 Sinfonien, 6 sinfonische Dichtungen und kleinere, vorwiegend impressionistische Orchesterwerke, 2 Violinkonzerte, 5 Streichquartette, 4 Miniaturen für Streichquartett, 2 Violinsonaten, 4 Klaviersonaten und ungefähr 150 Klavierstücke bekannt geworden. Er war einer der bedeutendsten Vertreter der estnischen Musik.

Louis Eller (1820–62)

LEBEN

Louis Eller wurde am 9.6.1820 in Graz geboren. Er wirkte ab 1842 als Konzertmeister in Salzburg und starb auf einer seiner Konzertreisen am 12.7.1862 in Pau.

WERKE

Louis Eller verfaßte eine große Anzahl Violinstücke für den eigenen Konzertgebrauch und als Salonmusik. Sie wurden etwas sorglos hingeworfen, trafen jedoch den Geschmack des zeitgenössischen Publikums sehr gut. Heute sind sie vergessen.

John Lodge Ellerton (1801–73)

ZEIT UND UMWELT

Opern mit englischen Texten waren bereits viele über die Bühnen gegangen, aber es handelte sich immer noch um italienische Fakturen. Ein spezifisch englischer Stil war noch nicht gefunden. Die meisten Versuche endeten beim Schauspiel mit Musik. Die ersten vielversprechenden Ansätze zu einer wahrhaft englischen Oper zeigten sich erst um die Mitte des 19. Jahrhunderts. Daß sich diese an deutsche Vorbilder hielten, war eine verständliche Reaktion auf die bisherige Vorherrschaft der italienischen Oper.

LEBEN

John Lodge Ellerton wurde am 11.1.1801 in Chester geboren. Er studierte in Oxford und darauf noch 2 Jahre Kontrapunktik in Rom. Es ist unbekannt, ob er eine musikalische Stellung betreut oder sich allein der Komposition gewidmet hat. Er starb am 3.1.1873 in London.

WERKE

Von den 7 italienischen, 2 deutschen und 2 englischen Opern von John Lodge Ellerton sind die englischen am meisten bemerkenswert, weil darin der Versuch deutlich wird, eine Mitte zwischen Bühnenmusik und Singspiel einzuhalten, indem einzelnen Gesangspartien handlungsfördernde Texte zugeteilt wurden. Er schrieb ferner ein Oratorium (»Das verlorene Paradies«), 6 Messen, 6 Anthems, 17 Motetten, viele Lieder, Chöre und Glees, für die er prämiert wurde, außerdem 6 Sinfonien, 4 Ouvertüren, 54 Streichquartette, 5 Quintette, 8 Klaviertrios, 3 Streichtrios und viele weitere verschiedene Stücke. Der Ausbildung in Oxford und Rom entsprechend wurde diese Musik sehr konservativ gehalten. Daß einzelnes reine Routinearbeit war, ist bei der Fülle der Werke verständlich.

Stephanos Elmas (1864–1937)

LEBEN

Stephanos Elmas wurde am 24.12.1864 in Smyrna geboren. Er studierte am Konservatorium der Musikfreunde in Wien Klavier bei Anton Door (20.6.1833, Wien, bis 7.11.1919, Wien) und Komposition bei Franz Krenn. Ab 1886 unternahm er Konzertreisen als Pianist und ließ sich sodann in Genf nieder, wo er am 11.8.1937 starb.

WERKE

Der Kompositionsstil von Stephanos Elmas hatte wenig Beziehung zur gleichzeitigen Musikentwicklung in seiner Heimat. Er schrieb 4 Klavierkonzerte, ein Klavierquartett, ein Klaviertrio, 4 Klaviersonaten und einige Salonstücke.

Jean-Claude Éloy (geboren 1938)

LEBEN

Jean-Claude Éloy wurde am 15.6.1938 in Mont-Saint-Aignan, Seine-Maritime, geboren. Er war am Conservatoire in Paris Schüler von Darius Milhaud, Maurice Martenot (14.10.1898, Paris, bis 10.10.1980, Clichy bei Paris), Jacques Février (26.7.1900, St-Germain-en-Laye, bis 2.9.1979, Remiremont) und an der

Musikakademie in Basel von Pierre Boulez. Nachdem er mit mehreren Kompositionspreisen ausgezeichnet worden war, wurde er 1966 mit der Leitung eines Kurses für musikalische Analyse an der Universität in Berkeley, Calif., betraut. Er wirkt derzeit als Gastprofessor in Japan.

WERKE

Von Jean-Claude Éloy sind unter anderem »Etude III« für Orchester, Schlagzeug, Klavier, Harfe und Celesta, »Equivalenzen« für zwölf Instrumentalisten und sechs Schlagzeuger, »Polychronies« für Blasorchester, Klavier, Harfe und sechs Schlagzeuger, »Macles« für Blasinstrumente, Schlagzeug und elektrische Gitarre, »Bündel« für 28 Instrumente, »Kâmalkalâ« für Chöre und drei Orchester, »Gesänge für einen Schatten« für Sopran und neun Instrumente, »Shanti« für Synthesizer bekannt geworden.

Eloy d'Amerval
(um 1460 bis nach 1510)

ZEIT UND UMWELT

Die Kathedrale Ste. Croix von Orléans wurde im gleichen Stil und Ausmaß gebaut wie Notre-Dame in Paris. Der ursprünglich im 13. Jahrhundert begonnene gotische Bau wurde allerdings im 16. Jahrhundert von den Protestanten zerstört und erst in der Zeit vom 17. zum 19. Jahrhundert in ehemaliger Form wiederhergestellt. Auch die Musikpflege der Kathedrale hielt sich auf dem Niveau von Paris.

LEBEN

Eloy d'Amerval wurde in Frankreich um 1460 geboren. Im Jahre 1483 wurde er zum Musikmeister der Kathedrale Ste. Croix zu Orléans ernannt. Ort und Zeit seines Todes sind nicht näher feststellbar.

WERKE

Tinctoris und Gaffori erwähnen in ihren theoretischen Schriften Eloy d'Amerval als gediegenen Meister. Von seinen Kompositionen sind aber lediglich eine fünfstimmige Messe und ein Patrem erhalten. Beide Stücke atmen eine auffallende Frische; die Stimmen sind kühn geführt, ohne jemals den Wohlklang zu verlassen.
Der Meister ist auch als Dichter hervorgetreten.

LITERATUR

M. Brenet, Un poète-musicien français du XVe siècle: Eloy d'Amerval, in: Révue d'histoire et de critique musicales I, 1904.

Thomas Elsbeth (um 1570 bis nach 1624)

ZEIT UND UMWELT

Die schweren Glaubensauseinandersetzungen des 17. Jahrhunderts warfen ihre Schatten voraus. Im habsburgischen Breslau waren bereits gegen das Ende des 16. Jahrhunderts gegenreformatorische Maßnahmen spürbar, die den protestantischen Kantoren Leben und Wirken erschwerten, so daß es manch einer vorzog, weiter nordwärts sein Glück zu suchen.

LEBEN

Thomas Elsbeth wurde um 1570 in Neustadt, Franken, geboren. Nach seiner Ausbildung war er in Breslau (Wrocław) als Kantor tätig, verließ aber die habsburgische Stadt und begab sich 1599 nach Frankfurt an der Oder. Im Jahr 1602 ging er als Kantor nach Coburg, 1606 nach Liegnitz und 1616 nach Jauer (Jawor), Oberschlesien, wo er nach 1624 starb.

WERKE

Von dem deutschen Komponisten Thomas Elsbeth ist eine große Anzahl sakraler Lieder zu fünf und zu sechs Stimmen, Evangelienmotetten für das ganze Kirchenjahr, Oster- und Pfingstoffizien und »Auserlesene Weltliche Lieder« für fünf Stimmen überliefert. Alle Kompositionen gehören stilistisch der Renaissance an, nur der Klang mancher Chorsätze läßt eine neue Stilepoche vorausahnen.

LITERATUR

H. J. Moser, Die evangelische Kirchenmusik in Deutschland, Darmstadt 1954.

Józef Elsner (1769–1854)

ZEIT UND UMWELT

Im Jahr 1815 wurde in Warschau eine »Gesellschaft zur Erhaltung und Förderung der Tonkunst« gegründet. Daneben entstand ein Jahr darauf eine Gesangs- und Deklamationsschule, aus der sich 1821 das Warschauer Konservatorium entwickelte. Beide Institutionen trugen viel zur Weiterentwicklung der eigenständigen polnischen Kultur trotz der Fremdherrschaft bei. Aus ihnen gingen einige bedeutende Musiker hervor, unter anderen Frédéric Chopin.

LEBEN

Józef Franciszek Elsner wurde am 1. 6. 1769 in Grottkau (Grotków), Schlesien, geboren. Nach seinem Medizinstudium trat er als Violinist in die Kapelle des Theaters in Brünn ein, wurde 1792 Theaterkapellmeister in Lemberg (Lwiw) und 1799 in Warschau. Er war Gründer der »Gesellschaft zur Erhaltung und Förderung der Tonkunst« in Warschau und Direktor der Gesangs- und Deklamationsschule, war somit auch Lehrer von Frédéric Chopin. Er starb am 18. 4. 1854 in Elsnerowo bei Warschau.

WERKE

Von Józef Elsner wurden 32 Opern aufgeführt, die zu den Vorläufern der Werke von Stanisław Moniuszko (1819–72) gezählt werden können. Er schrieb ferner mehrere Ballette, Duodramen, Schauspielmusiken, 8 Sinfonien, Polonaisen mit Orchester, ein Septett, ein Streichquintett, 11 Streichquartette, 2 Klavierquartette, Klaviertrios, Sonaten für Klavier und Streicher, Klaviersonaten, Konzerte für verschiedene Instrumente, Kantaten, viele Lieder und 106 kirchliche Werke – ein Passionsoratorium, Messen, Requiem, Motetten. Er wirkte auch als Musikschriftsteller. Sein kompositorisches, pädagogisches und organisatorisches Wirken war ein wichtiger Faktor der polnischen Musikgeschichte.

LITERATUR

J. Herrmann, Józef Elsner und die polnische Musik, München 1969.

George Elvey (1816–93)

ZEIT UND UMWELT

Die Oratorienaufführungen der Sacred Harmonic Society in London trugen viel zur Öffnung des englischen Kirchengesangs für die zeitgenössische Musikentwicklung bei. Die hymnische Faktur der Anthems blieb zwar erhalten, aber mit Vielstimmigkeit und Instrumentenklang erweitert, so daß sie zur Eröffnung von Festspielen verwendbar wurden.

LEBEN

George Job Elvey wurde am 27.3.1816 in Canterbury geboren. Er wurde zunächst von seinem Bruder, sodann an der Royal Academy of Music von Cipriani Potter und William Crotch ausgebildet. Von 1835 bis 1882 wirkte er als Organist an St. George's Chapel in Windsor. Daneben dirigierte er die Windsor, Eton Choral Society und Glee Society. Er starb am 9.12.1893 in Windlesham, Surrey.
Sein Bruder Stephen Elvey (27.6.1805, Canterbury, bis 6.10.1860, Oxford) war Chorknabe an St. George's in Windsor und ab 1830 Organist am New College in Oxford. Von 1840 bis zu seinem Tod wirkte er als Chorleiter der Universität.

WERKE

Von George Elvey ist nur Kirchenmusik erhalten. Er schrieb 2 Oratorien (»Die Auferstehung und Himmelfahrt«, »Berg Karmel«), mehrere Oden, zahlreiche Anthems, zum Teil mit Orchester, und mehrere Services. Seine Fakturen sind sehr fortschrittlich.
Stephen Elvey verfaßte einige Anthems, Services und Chants.

Antoine Aimable Élie Elwart
(1808–77)

ZEIT UND UMWELT
Es war vielleicht nicht die beste Personalpolitik des Pariser Conservatoire, seine Lehrer in der Regel dem eigenen Schülerstock zu entnehmen. Es wurde damit sicherlich die einmal eingeschlagene Linie eingehalten, es brachte aber auch einen gewissen Stillstand der Entwicklung, denn die Lehrer wollten sich von ihren Schülern kopiert sehen und diese forderten von den Enkelschülern das gleiche. Die Folge war, daß sich im Verlauf des 19. Jahrhunderts die Entwicklung der französischen Musik immer mehr von dem entfernte, was im Conservatoire als einzig gültig gelehrt wurde.

LEBEN
Antoine Aimable Élie Elwart wurde am 18.11.1808 in Paris geboren. Er war am Pariser Conservatoire Schüler von François Joseph Fétis und Jean-François Lesueur, wurde bereits 1832 Hilfslehrer an der Kompositionsklasse unter Antonín Rejcha und erhielt den Rompreis. Aus Italien zurückgekehrt, wurde er 1840 Harmonielehrer am Conservatoire, das ihn ausgebildet hatte. Er starb am 14.10.1877 in Paris.

WERKE
Neben einer großen Anzahl musikgeschichtlicher Werke schrieb Antoine Aimable Élie Elwart mehrere Opern, von denen nur eine aufgeführt wurde, mehrere Oratorien, Messen, Kantaten, Te Deum und lyrische Szenen, 5 Sinfonien – darunter eine Chorsinfonie, »Le déluge« (Die Sintflut) –, Kammermusik und zahlreiche Lieder. Seine Fakturen sind stark von seinen Lehrern abhängig.

Luther Orlando Emerson (1820–1915)

ZEIT UND UMWELT
Die Bevölkerungsexplosion, die die USA durch die Einwanderermassen des 19. Jahrhunderts erfuhren, bedingte auch eine starke Ausweitung des religiösen Lebens jeder Art. Daher waren kirchliche Gesangbücher außerordentlich begehrt.

LEBEN
Luther Orlando Emerson wurde am 3.8.1820 in Paronsfield, Me., geboren. Er wirkte als Musiklehrer und Vereinsdirigent in Salem, Mass., und später als Organist und Musikdirektor in Boston. Er starb am 29.9.1915 in Hyde Park, Mass.

WERKE
Berühmt wurde Luther Orlando Emerson durch seine über 70 Sammlungen von Kirchengesängen. Er verfaßte außerdem 3 Messen, Anthems, Chorlieder, Klavierstücke und Unterrichtswerke für das Orgel- und Klavierspiel.

Maurice Emmanuel (1862–1938)

LEBEN
Marie François Maurice Emmanuel wurde am 2.5.1862 in Bar-sur Aube geboren. Er bildete sich am Conservatoire in Paris bei Augustin Savard (15.5.1861, Paris, bis 6.12.1942, Lyon), Théodore Dubois, Léo Delibes, und Louis Albert Bourgault-Ducoudray (1840–1910) zum Musikologen und Komponisten aus. Von 1904 bis 1907 wirkte er als Kapellmeister an Ste-Clotilde und anschließend bis 1936 als Lehrer für Musikgeschichte am Conservatoire in Paris, wo er am 14.12.1938 starb.

WERKE
Bekannt und geschätzt war Maurice Emmanuel wegen seiner Tätigkeit als Lehrer und Autor der Musikgeschichte. Daß er kompositorisch tätig war, drang erst gegen Ende seines Lebens in die Öffentlichkeit. Er schrieb 3 Opern über antike Stoffe, 2 Sinfonien, eine sinfonische Dichtung »Le Poème du Rhône« (Gedicht der Rhone), eine »Suite française« für Orchester, eine Ouvertüre, das Charakterstück »Zingaresca« für Streichorchester, zwei Klaviere, zwei Flöten und Pauken, 2 Streichquartette, ein Trio für Klavier, Klarinette und Flöte, eine Violinsonate, eine Cellosonate, ein Violinstück, 6 Sonatinen für Kla-

vier und Vokalwerke. Er schuf sich, wohl beeinflußt von seinen musikgeschichtlichen Studien, einen klassizistischen Stil, der sehr ansprechend ist, obwohl er wegen der vielen modalen Wendungen weit über die Klassik zurückgreift.

LITERATUR

Béclard-d'Harcourt, L'œvre musical de Maurice Emmanuel, in: Revue Musicale XVI, 1935.

Maurice Emmanuel

Daniel Decatur Emmet (1818–1904)

LEBEN

Daniel Decatur Emmet wurde 1818 in Mount Vernon, O., geboren. Er wurde 1859 Mitglied einer Negro Minstrel Company, die damals gerade in New York konzertierte, und begann für diese Gesellschaft zu komponieren. Es dürfte sich um die ersten »Dixielands« gehandelt haben. Er starb am 27.6.1904 in Mount Vernon.

WERKE

Von den »Dixielands« von Daniel Decatur Emmet sind alle bis auf eines verschollen, das am Bürgerkrieg in den Südstaaten zum Nationalgesang geworden ist. Sein kompositorisches Wirken jedoch regte eine große Zahl Musiker zu Kompositionen an, die rasch ganz Amerika beherrschten und bald auch die gesamte Welt.

George Enacovici (1891–1965)

LEBEN

George Enacovici wurde am 22.4.1891 in Focşani, Rumänien, geboren. Er war in Bukarest Schüler von Géza de Kresz (11.6.1882, Budapest, bis 2.10.1959, Toronto) und bis 1918 an der Schola Cantorum in Paris von Armand Parent (5.2.1863, Lüttich, bis 19.1. 1934, Paris) und Vincent d'Indy. Im Jahr 1919 wurde er Violinlehrer am Konservatorium in Bukarest, wo er am 26.1.1965 starb.

WERKE

Von George Enacovici sind eine Sinfonie, eine Fantasie für Orchester, 2 Tongedichte für Violine und Orchester, ein Violinkonzert, 3 Streichquartette, eine Klaviersonate, Violinstücke und Lieder bekannt geworden. Er neigte stark zu modernen Fakturen.

Wilhelm Gottfried Enderle (1722–90)

LEBEN

Wilhelm Gottfried Enderle (Enderlein) wurde am 21. 5. 1722 in Bayreuth geboren. Er war angeblich Autodidakt und wurde 1748 Kammermusikus in Würzburg, 1753 Konzertmeister in Darmstadt und 1762 Nachfolger des Kapellmeisters und Komponisten Johann Samuel Endler, unter dem er durch 9 Jahre als Konzertmeister gewirkt hatte. Man darf annehmen, daß er zumindest während dieser Zeit von seinem Vorgänger einiges erlernt hatte. Er starb in Darmstadt am 18. 2. 1790.

WERKE

Von Wilhelm Gottfried Enderle sind 7 Sinfonien, ein Cembalokonzert, 2 Violinkonzerte, 20 Trios und mehrere Gelegenheitskompositionen erhalten. Sein Stil ist sehr konservativ.

LITERATUR

W. Nagel, Zur Geschichte der Musik am Hofe von Darmstadt, Monatshefte für Musikgeschichte XXXII, 1900.

Johann Samuel Endler (1694–1762)

ZEIT UND UMWELT

Die westdeutschen Kapellen und deren Leiter tendierten zum großen Teil zur französischen Musik, ihr Zusammenhang mit der norddeutschen Schule war nur lose. Die Hofhaltung von Versailles wirkte auf viele deutsche Höfe faszinierend, ihre Schattenseiten waren auf die Entfernung nur mehr für wenige bemerkbar.

LEBEN

Johann Samuel Endler wurde am 30. 7. 1694 vermutlich in oder bei Darmstadt geboren. Im Jahr 1729 war er Mitglied der Hofkapelle von Darmstadt, 1740 ihr Konzertmeister und 1744 ihr Vizekapellmeister unter Kapellmeister Christoph Graupner, dem er nach dessen Tod nachfolgte. Er starb in Darmstadt am 23. 4. 1762.

WERKE

Von Johann Samuel Endler sind 31 Sinfonien, 7 Ouvertüren, 2 Orchesterstücke, eine Partita für Cembalo, 3 Kantaten und mehrere Kanons überliefert. Diese Kompositionen sind deutlich von Frankreich beeinflußt und erheben sich kaum über einen guten Durchschnitt.

LITERATUR

E. Noack, Musikgeschichte Darmstadts vom Mittelalter bis zur Goethezeit, Mainz 1967.

George Enescu (1881–1955)

LEBEN

George Enescu (in Paris nannte er sich Georges Enesco) wurde am 7.8.1881 in Liveni-Vîrnav (heute George Enescu, Botoşani) geboren. Er war zunächst am Konservatorium in Wien Schüler von Sigismund Bachrich, Joseph Hellmesberger (1855–1907) und Robert Fuchs. In Paris studierte er anschließend Violine bei Martin Pierre Joseph Marsick und Komposition bei André Gédalge, Jules Massenet und Gabriel Fauré. Er ging darauf mit größten Erfolgen als Violinvirtuose und als Dirigent auf Reisen. Seinen Wohnsitz schlug er in Paris auf, wo er am 4.5.1955 starb.

WERKE

Den zahlreichen Kompositionen von George Enescu sind seine 3 »Rumänische Rhapsodien« voranzustellen, von denen die erste zum Welterfolg wurde. Sie waren wie alle früheren Werke des Komponisten melodisch nicht der rumänischen Folklore entnommen, sondern verwendeten Zigeunermusik. Erst die späteren Werke integrierten echtes rumänisches Musikgut – rumänische Bauernmusik wie bei

George Enescu

Béla Bartók. Aus der Fülle seiner Werke sind 5 Sinfonien - die 3. mit Chor und Orgel -, ein sinfonisches Gedicht, eine Konzertouvertüre, eine Kammersinfonie, eine konzertante Sinfonie mit Cello, 3 Orchestersuiten, 2 Intermezzi für Streicher, ein Dezett für Bläser, ein Oktett für Streicher, 2 Klavierquintette, 2 Streichquartette, 2 Klavierquartette, Trios mit verschiedener Besetzung, Sonaten für Violine, Cello und Klavier, Suiten und Variationen für Klavier, Tänze mit verschiedener Besetzung und Chansons zu vermerken. Er schrieb eine Oper und zählt auch noch heute zu den bekanntesten und bedeutendsten rumänischen Komponisten.

Rumänische Rhapsodie Nr. 1 in A-Dur, Opus 11,1, entstanden 1901

Das Eröffnungsthema dieser außerordentlich beliebten, hinreißenden Rhapsodie ist einem volkstümlichen Trinklied entnommen, die übrigen Themen klingen an Tanzweisen der Karpathenzigeuner an. Das musikalische Geschehen ist vom ständigen Wechsel des Zeitmaßes, dem Auftürmen der sich in der Ausdruckskraft steigernden Themen und den häufigen Verschiebungen des Klangcharakters des Orchesters beherrscht.

LITERATUR

G. Bălan, George Enescu, Bukarest 1964.

Georg Engelmann (um 1570–1632)

ZEIT UND UMWELT

Leipzig, durch mehrere Jahrhunderte eine der bedeutendsten Musikstädte der Welt, verfügte über einige ausgezeichnete Chöre: den berühmten Thomanerchor, den Chor an der Paulinerkirche und den Chor der Universität, dessen Leitung stets in bewährten Händen lag.

LEBEN

Georg Engelmann wurde um 1570 in Mansfeld geboren. Er studierte an der Universität Leipzig, wurde um 1596 Organist an der Paulinerkirche und zugleich Universitätsmusikdirektor und war ab 1625 Organist an der Thomaskirche. Er starb in Leipzig im Jahr 1632 und wurde am 11. 11. begraben.

WERKE

Neben einer Reihe Gelegenheitsarbeiten verfaßte der deutsche Komponist und Organist Georg Engelmann 3 Hefte mit fünfstimmigen Pavanen und Gaillarden für Streicher sowie Vokalmusik mit Generalbaß.

LITERATUR

R. Wustmann, Musikgeschichte Leipzigs, Leipzig 1909.

Hans Ulrich Engelmann (geboren 1921)

LEBEN

Hans Ulrich Engelmann wurde am 8.9.1921 in Darmstadt geboren. Er war Kompositionsschüler von Wolfgang Fortner, René Leibowitz und Ernst Křenek. Von 1954 bis 1961 wirkte er als musikalischer Berater am Landestheater in Darmstadt. Seit 1969 unterrichtet er als Dozent für Neue Musik und Komposition an der Musikhochschule in Frankfurt am Main.

WERKE

Von Hans Ulrich Engelmann, der die Zwölftontechnik als totale Chromatik und als rhythmisch geordnete Reihentechnik entwickelt, Elektronik, Jazz, Tonbandmusik, musique concrète und Aleatorik verwendet, sind eine Reihe Opern und Ballette für Bühne und Radio, zahlreiche Orchesterstücke jeder Art, Konzerte, Stücke mit kammermusikalischer Besetzung, Mobiles, Kantaten, Chöre, Gesänge und Arien bekannt geworden. Sein Stil ist eigenständig klangfarbig und rhythmisch sehr expressiv. Er publizierte mehrere musiktheoretische Traktate. Seine Werke wurden vielfach prämiiert.

Anton Englert (1674–1751)

ZEIT UND UMWELT

Für den mitteldeutschen Raum war Leipzig um die Wende zum 18. Jahrhundert zu einer der wichtigsten Ausbildungsstätten für Musiker geworden. Dazu kam die hohe Qualität der Universität der Stadt, die für viele, die neben der Musik sich auf einen anderen Beruf vorbereiten wollten, starke Anziehungskraft hatte.

LEBEN
Anton Englert wurde am 4. 11. 1674 in Schweinfurt geboren. Er studierte in Leipzig und wurde dort von Johann Kuhnau und Nicolaus Adam Strunck zum Musiker ausgebildet. Im Jahr 1697 wurde er Kantor in seiner Geburtsstadt, 1717 Konrektor und 1729 Rektor des Gymnasiums und Organist. Er starb in Schweinfurt im Jahr 1751 und wurde am 22. 11. begraben.

WERKE
Von den zahlreichen Kirchenkompositionen des deutschen Kantors und Komponisten Anton Englert hatten 21 Kantaten großen Erfolg. Sie sind allerdings inzwischen verlorengegangen.

Sébastien Ennelin (um 1660–1747)

ZEIT UND UMWELT
St-Quentin war schon 1557 Schauplatz einer Schlacht zwischen spanischen und französischen Truppen. Im Deutsch-Französischen Krieg wurde 1871 bei St-Quentin erbittert gekämpft. Im Ersten Weltkrieg erlitt die Stadt im Zug des deutschen Vormarsches 1914 schwere Schäden und wurde 1918 Zeuge des kriegsentscheidenden Durchbruches der Engländer. Der Verlust der Stadt an kulturellen Werten war ungeheuer.

LEBEN
Sébastien Ennelin wurde um 1660 in Saint-Quentin geboren. Er war ab 1680 Chormeister an der Kollegialkirche der Stadt und ab 1697 an der Kathedrale von Laon. Gegen 1700 wurde er Kapellmeister an der Kathedrale von Noyon und 1713 an der Kollegialkirche in St-Quentin, wo er im Dezember 1747 starb.

WERKE
Der französische Komponist Sébastien Ennelin schrieb eine Anzahl Messen, Motetten, Responsorien und andere sakrale Gesänge, die samt seinen profanen Werken im Jahr 1914 zugrunde gegangen sind. Ein einziger Air sérieux ist erhalten geblieben.

Enríquez de Valderrábano
(um 1500 bis nach 1557)

ZEIT UND UMWELT
Vihuela, Laute und Gitarre haben gegenüber anderen polyphonen Instrumenten den Vorteil der leichten Transportmöglichkeit. Sie können von Instrumentalisten bedient werden, die gleichzeitig singen. Der Bedarf an Stücken für die genannten Instrumente war immer groß, er konnte mit Originalkompositionen nur teilweise gedeckt werden. Daher haben die Virtuosen schon früh zum Ausweg der Bearbeitung von Motetten, Villancicos, Volks- und Tanzliedern, ja sogar von Messeteilen gegriffen und damit ihrem Publikum das Vergnügen bereitet, bekannte Melodien in neuer Form zu hören.

LEBEN
Enríquez de Valderrábano (Arriquez, Enrique) wurde um 1500 in Peñaranda de Duero geboren. Über sein Leben gibt es keine Informationen. Es ist auch unsicher, ob er am spanischen Hof gespielt hat, obwohl er angeblich nach 1557 in Valladolid verstorben ist.

WERKE
Valderrábano hinterließ einen »Libro de música de vihuela«, der offenbar als Lehrgang für dieses Instrument gedacht war, aber gleichzeitig als Übungs- und Vortragsbeispiele Bearbeitungen von polyphonen Sätzen, Volks- und Tanzliedern und Stücken zeitgenössischer Meister bringt, aber auch einige Originale. Der Satz ist virtuos und zugleich sehr dicht und klangvoll. Sowohl die Bearbeitungen wie die Originalkompositionen sind das Werk eines Künstlers.

LITERATUR
W. Apel, Early Spanish Music for Lute and Keybord Instruments, The Music Quarterly XX, 1934.

John Ensdall (um 1500 bis um 1550)

ZEIT UND UMWELT
In England hatte die Motette um 1500 als kurzes, mehrstimmiges, kontrapunktisch angelegtes, unbegleitetes Vokalstück auf lateinischem, in der Regel liturgischem oder halbliturgischem Text ihre endgültige Form erreicht. Die im franko-flämischen Raum herausgebildete Vierstimmigkeit herrschte vor. Die Strenge der Kontrapunktik wurde zuweilen zugunsten des Wohlklanges gelockert. Zu einem Ausdruck der Wortbedeutung kam es nirgends.

LEBEN
John Ensdall wurde um 1500 in England geboren. Über seine Lebensumstände und sein Wirken ist nichts bekannt. Er soll vor der Reformation Chorleiter einer Londoner Kirche gewesen und um 1550 in London gestorben sein.

WERKE
Von dem Kirchenmusiker John Ensdall sind etliche Motetten überliefert, die als Beispiel der englischen Art dieser Musikgattung genommen werden können. Die Motette »Hic dies quam fecit dominum« (Dieser Tag, den der Herr machte) wurde (auch für drei Stimmen umgearbeitet) viel gesungen.

Emile Enthoven (1903–50)

LEBEN
Emile Enthoven wurde am 18. 10. 1903 in Amsterdam geboren. Er war in Den Haag Schüler von Johan Wagenaar und Willem Andriessen und in Berlin von Franz Schreker. Im Jahr 1940 verlegte er seine Tätigkeit als Lehrer und Pianist von Amsterdam nach New York, wo er am 26. 12. 1950 starb.

WERKE
Von Emile Enthoven sind 3 Sinfonien, 3 Orchestersuiten, eine sinfonische Fantasie für Violine und Orchester, Klavierwerke, eine Violinsonate, Orchesterlieder und Gesänge, außerdem die Musik zu einem Bühnenfestspiel bekannt geworden. Sein Stil ist sehr von dem Johan Wagenaars abhängig.

Ludovicus Episcopius (1520–95)

ZEIT UND UMWELT
Wenn auch die Funktion des franko-flämischen Raumes als Herz des musikalischen Europas mit dem 16. Jahrhundert endete, so formten die verschiedenen Kathedralen und Hofkapellen noch immer Musiker, deren exakte Ausbildung und umfangreiche Kenntnis der Tradition ihres Landes überall als Empfehlung galten.

LEBEN
Ludovicus Episcopius (de Bisschop) wurde 1520 in Mecheln geboren. Er war von 1545 bis 1564 und von 1577 bis 1582 als Kapellmeister und Leiter der Singschule an Sankt-Servatius in Maastricht tätig. Dann begab er sich nach Straubing in Bayern, wo er am 29. 4. 1595 starb.

WERKE
Von dem franko-flämischen Komponisten Ludovicus Episcopius sind eine Messe, 5 Motetten für vier und fünf Stimmen und eine Anzahl Lieder mit niederländischen Texten überliefert. Der Stil seiner Musik folgt der franko-flämischen Schule.

LITERATUR
A. Scharnagl, Ludovicus Episcopius, in: Kirchenmusikalisches Jahrbuch XXXIV, 1950.

Jehan Erart (um 1205 bis um 1258)

ZEIT UND UMWELT
In den Trouvèreweisen des 13. Jahrhunderts überwiegen volkstümliche Elemente. Der Formgrundriß der Melodien ist sehr einfach, Terzschritte, Dreiklanggänge, Sequenzen werden bevorzugt, Melismen fehlen oft. Die Lieder sind zuweilen mit einem Minimum an musikalischen Mitteln ausgestaltet, wie es eben auch Volkslieder sind, von denen eine gute Merkbarkeit verlangt wird.

LEBEN
Jehan Erart ist um das Jahr 1205 vermutlich in Arras oder im Umkreis der Stadt geboren. Er dürfte kein Angehöriger des Pui d'Arras gewesen sein, aber der Schule nahegestanden haben. Ob dieser nordfranzösische Trouvère dem Adel oder dem Großbürgertum angehört hat, ist nicht feststellbar, weil wir über sein Leben nichts wissen. Auch nähere Angaben über sein Ableben (um 1258) fehlen.

WERKE
Jehan Erart hat ungefähr 25 Liedtexte, teilweise in mehreren Fassungen, hinterlassen, die alle mit ihrer Musik überliefert sind. Sie betonen mit der Form der Dichtung wie mit der Musik die Tendenz der Trouvèrekunst seiner Zeit zur Volkstümlichkeit.

LITERATUR
G. Muraille, Le duc Henri III de Brabant et le trouvère Jehan Erart, in: Le lettres romanes XII, 1958.

Erasmo de Bartoli (1606–56)

ZEIT UND UMWELT
Die von Kardinal Pierre de Bérulle (1575 bis 1629) im Jahr 1611 gegründete Congregatio Oratorii Jesu et Mariae (Oratorianerorden) war dem von Filippo Neri (1515–95) im Jahr 1575 ins Leben gerufenen Institutum Oratorii Sancti Philippi Nerii nachgebildet. Beide Institutionen, die ihre Zweigstellen in ganz West- und Südeuropa hatten, widmeten sich vor allem der Jugenderziehung und der Musikpflege zum Zwecke religiöser Übungen.

LEBEN
Erasmo de Bartoli (Bartolo, genannt Padre Raimo) wurde 1606 in Gaeta geboren, lebte in Neapel für die Aufgaben seines Ordens und starb dort um den 13. 7. 1656.

WERKE
Der italienische Komponist Erasmo de Bartoli hinterließ eine ansehnliche Menge sakraler Kompositionen, Messen, Psalmen, Motetten, Gesänge – im Manuskript. Sie sind sehr konservativ und einfach gehalten.

Donald Erb (geboren 1927)

LEBEN
Donald Erb wurde am 17.1.1927 in Youngstown, O., geboren. Er studierte unter anderem am Institut of Music in Cleveland und an der Universität in Indianapolis. Von 1953 bis 1961 unterrichtete er am Cleveland Institute und wirkte dort bis 1966 als Composer-in-Residence und anschließend in gleicher Eigenschaft beim Sinfonieorchester in Dallas, Tex. Seitdem wirkt er erneut in Cleveland.

WERKE
Von Donald Erb sind eine »Ouvertüren-Sinfonie«, eine Fantasie für Flöte, Oboe, Kontrabaß und Cembalo, eine Sonate für Cembalo und Streichquartett, ein Duo für Trompete und Schlagzeug, ein Stück für vier Schlagzeuger, »Die siebte Trompete« für Instrumente, ein Konzert für Schlagzeug und Orchester, ein Stück für Trompete und Schlagzeug und Streichtrio bekannt geworden.

Die siebte Trompete, ein Satz, entstanden 1969
Das Werk nimmt Teile der Apokalypse – aus Buch 8, 9, 11 – zum Vorwurf und endet mit dem Trompetenstoß des siebten Engels. »Die Komposition hat einen Satz, zerfällt aber in drei große Teile. Der erste Teil beginnt mit einer freien Kadenz für Flöte, Klarinette, Baßklarinette und Kontrabaß. Das Material dieser Kadenz zieht sich in verschiedener Gestalt durch das gesamte Stück. Der Abschnitt ist eher statisch. Die Streicher fallen nacheinander ein und behaupten ihre Vorherrschaft bis zum Ende, bilden jedoch eine relativ unbewegliche Klangmasse, der einige Figuren aufgesetzt sind. Der zweite Teil ist stark rhythmisiert und zieht das gesamte Orchester heran, dessen Instrumente sehr extensive Klänge von sich geben. Der dritte Abschnitt beginnt langsam, gewinnt aber bald an Tempo und kumuliert am Ende den gesamten Klangkörper.«

Marie-Joseph Erb (1858–1944)

Zeit und Umwelt
Die politischen Veränderungen, denen Straßburg ständig unterworfen war, hinderten die Stadt nicht, ihr Musikleben ununterbrochen auf hohem Niveau zu halten. Sie warb laufend höchstqualifizierte Kräfte an und bemühte sich auch, befähigte elsässische Landeskinder an sich zu ziehen. Besondere Pflege wurde der Kirchenmusik zugewandt.

Leben
Marie-Joseph Erb wurde am 23. 10. 1858 in Straßburg geboren. Er war ab 1874 in Paris an der Niedermeyer-Schule Schüler des Organisten Eugène Gigaut (23. 3. 1844, Nancy, bis 9. 12. 1925, Paris) und von Charles Widor. Nach mehreren Jahren Konzerttätigkeit wurde er Organist in Sélestat (Schlettstadt). Im Jahr 1910 berief ihn Heinrich Pfitzner (1869–1949) als Professor für Klavier- und Orgelspiel und Komposition an das Konservatorium der Stadt; 1937 legte er diese Funktionen und seine Organistenstelle an St-Jean nieder und zog sich nach Andlau zurück, wo er am 9. 7. 1944 starb.

Werke
Von Marie-Joseph Erb sind ungefähr 10 Opern bekannt geworden. Er schrieb ferner 3 Sinfonien in c-Moll, F-Dur mit Orgel und G-Dur, 3 sinfonische Dichtungen, »Bilder aus dem Elsaß«, mehrere Orchestersuiten, ein Oktett für Bläser und Streicher, 2 Streichquartette, 3 Violinsonaten, Orgelwerke, Klavierstücke (Bilder und Legenden aus dem Elsaß), viele Chöre und Liedersammlungen, außerdem an Kirchenmusik 17 Messen, 15 Motetten, 20 Offertorien und weitere sakrale Gesänge.

Dionigi Erba
(um 1660 bis nach 1695)

Zeit und Umwelt
Der Oper wurde in Mailand im 17. Jahrhundert nicht mit solchem Enthusiasmus gehuldigt wie in anderen Musikzentren Italiens. Die Stadt nahm auf allen Linien eine zurückhaltendere Stellung ein. Es beteiligten sich auch musikalische Kleriker weit seltener als anderswo an der Komposition und Aufführung von Opern.

Leben
Dionigi Erba wurde um 1660 in der Lombardei geboren. Er stammte aus adeliger Familie und trat in den Franziskanerorden ein. Ab 1692 war er Kapellmeister an San Francesco in Mailand, wo er nach 1695 starb.

Werke
Vom italienischen Komponisten Dionigi Erba ist eine Anzahl sakraler Musik im konzertanten Stil erhalten, darunter ein Magnificat, an das Teile des Oratoriums »Israel in Ägypten« von Georg Friedrich Händel stark anklingen. Er beteiligte sich auch an der Komposition mehrerer in Mailand aufgeführter Opern.

Christian Erbach (um 1570–1635)

Zeit und Umwelt
Die finanzielle Macht der Familie Fugger hatte in der Mitte des 16. Jahrhunderts ihren Höhepunkt erreicht und ging von da an ebenso wie ihr politischer Einfluß zurück. Unverändert blieb jedoch ihr kulturelles Wirken und ihr Mäzenatentum.

Leben
Christian Erbach wurde um 1570 in Gau-Algesheim, Mainz, geboren. Er kam 1596 nach Augsburg und trat als Organist der Hauskapelle in die Dienste der Patrizierfamilie Fugger. Gleichzeitig war er als Nachfolger von Hans Leo Haßler (1564–1612) von 1602 bis 1625 Stadtorganist und Meister der Stadtpfeifer. Ab 1625 wirkte er als Domorganist in Augsburg bis zu seinem Tod im Jahr 1635. Er wurde am 14. 6. begraben.

Werke
Die Messen und Motetten des deutschen Komponisten Christian Erbach bringen die mehrchörige Klangfülle der venezianischen Schule. Um vieles wichtiger ist aber sein Wir-

ken auf dem Gebiet der Orgelmusik; seine Toccaten haben einen nachhaltigen Einfluß auf die süddeutsche Orgelschule ausgeübt. Er hinterließ 3 Bücher mehrstimmiger Motetten, 3 Bücher mit fünfstimmigen Propriumsätzen, sakralen Kanzonen, Messen und Motetten, weiters eine große Anzahl Orgelkompositionen, die sich ebenfalls an die venezianische Praxis anlehnen.

Friedrich Karl Erbach
(1680–1731)

Zeit und Umwelt

Die italienische Gepflogenheit, daß sich auch die kleinste Hofhaltung eine Kapelle hielt, wurde im 17. und 18. Jahrhundert auch in Deutschland üblich. Es handelte sich in den meisten Fällen um Bedienstete, die man ohnehin benötigte, und die eben auch Musiker waren, so daß die Kosten einer solchen Kapelle nicht hoch waren. Den Kapellmeister spielten nicht selten die Dienstherren selbst.

Leben

Friedrich Karl Graf zu Erbach (er nannte sich Frédéric Charles, comte d'Erpac) wurde am 21. 5. 1680 in Erbach, Odenwald, geboren. Er hielt sich eine Kapelle, die er selbst leitete, und starb in Erbach am 20. 2. 1731.

Werke

Der deutsche Komponist Friedrich Karl Erbach brachte eine Anzahl Divertissements heraus, von denen 12 dreistimmige Sinfonien (Kirchensonaten und Suiten) und 6 Duette für Cello und Fagott erhalten sind. Er war mit Georg Philipp Telemann befreundet, dem er seine Kompositionen vorlegte. Stilistisch lehnten sich diese sehr an die des Freundes an.

Balthasar Erben (1626–86)

Zeit und Umwelt

Sofern es sich nicht um calvinische Kirchen handelte, waren der Musik beim evangelischen Gottesdienst keine Grenzen gesetzt, weil bereits Martin Luther jede Art von Musik zuließ. In der zweiten Hälfte des 17. Jahrhunderts wurde der Gebrauch von Instrumenten immer häufiger, und der Stil lehnte sich zusehends an das profane konzertante Musizieren an.

Leben

Balthasar Erben wurde 1626 vermutlich in Weimar geboren, wo er 1657 als Organist an der Stadtkirche wirkte. Von 1658 bis zu seinem Tod im Jahr 1686 war er Kapellmeister der Marienkirche in Danzig (Gdańsk).

Werke

Der deutsche Komponist Balthasar Erben verfaßte eine Reihe von kirchlichen Gesängen mit Instrumentalbegleitung, die sehr häufig in gottesdienstlichem Gebrauch standen.

Heimo Erbse (geboren 1924)

Leben

Heimo Erbse wurde am 27.2.1924 in Rudolstadt, Thüringen, geboren. Er studierte Komposition bei Hermann Abendroth in Weimar und ab 1950 bei Boris Blacher in Berlin, wo er als Film- und Bühnenkomponist lebte, bis er sich 1957 in Taxenbach, Salzburg, als freischaffender Komponist niederließ.

Werke

Im Werk von Heimo Erbse ist die expressive Dodekaphonik von Alban Berg mit der Variationstechnik von Boris Blacher verschmolzen. Er schrieb unter anderem 3 Opern und ein Ballett, ferner eine Sinfonie, eine Sinfonietta, »Impression« und »Praeludium« für Orchester, ein Capriccio, Tangovariationen für Klavier, Schlagzeug und Streicher, 6 Miniaturen für Streicher, Klavier und Schlagzeug, ein Klavierkonzert, ein Tripelkonzert für Violine, Cello und Klavier, ein Nonett für Oboe, Klarinette, Fagott, Horn und Streichquartett, ein Bläserquartett, ein Klaviertrio, eine Sonate für Flöte und Klavier, eine Sonate für zwei Klaviere, »Das Hohelied Salomos« für Sopran, Bariton und Orchester, Gesänge mit Orchester,

Lieder mit Klavier und mit Cembalo, Bühnen- und Filmmusik.

Eduard Erdmann (1896–1958)

LEBEN
Paul Ernst Erdmann wurde am 5.3.1896 in Cēsis, Lettland, geboren und in Riga zum Pianisten ausgebildet. Im Jahr 1914 übersiedelte er nach Berlin, wo er Kompositionsschüler von Heinz Tiessen und Klavierschüler von Conrad Ansorge war. Von 1925 bis 1935 wirkte er als Klavierlehrer an der Musikhochschule in Köln, widmete sich sodann ausschließlich seiner Konzerttätigkeit, bis er 1950 Professor an der Musikhochschule in Hamburg wurde. Er starb dort am 21.6.1958.

WERKE
Als Pianist und Lehrer setzte sich Eduard Erdmann mit Nachdruck für die zeitgenössische Musik ein. Für Orchester schrieb er 4 Sinfonien, ein Klavierkonzert, ein Ständchen, ein Konzertstück für Klavier und Orchester, »Capricci« und »Serenade« für Orchester, ein Rondo, ferner ein Violinstück, eine Sonate für Solovioline und Lieder.

Eduard Erdmann

Francesco Eredi (um 1575 bis nach 1629)

ZEIT UND UMWELT
Obwohl Ravenna schon 1509 wieder zum Kirchenstaat kam, blieb die einstige Verbindung mit Venedig besonders auf kulturellem Gebiet erhalten. Die Musik der Stadt tendierte auch im 17. Jahrhundert mehr nach der Lagunenstadt als nach Rom.

LEBEN
Francesco Eredi (Heredi) wurde um 1575 in Ravenna geboren. Im Jahr 1623 erhielt er dort die Domkapellmeisterstelle, 1629 ernannte man ihn zum Stadtkapellmeister. Er ist in Ravenna in einem der folgenden Jahre gestorben.

WERKE
Die Musik des italienischen Komponisten Francesco Eredi folgte den Vorbildern der venezianischen Schule. Von ihm sind ein Buch Madrigale, Vesperpsalmen und etliche Gesänge überliefert.

Giulio Eremita (um 1555 bis um 1600)

ZEIT UND UMWELT
Neben der Hofkapelle gab es in Ferrara, so lange es der Familie Este unterstand, in jedem der Paläste der einzelnen Familienmitglieder größere oder kleinere Kapellen, und in allen Kirchen fanden sich genügend Beschäftigungsmöglichkeiten für Sänger und Organisten, so daß keiner der vielen Musiker, die aus dem Herzogtum selbst stammten, sich anderswo umsehen mußte, sondern trotz der vielen fremden Künstler, die herangezogen wurden, in der Heimat leben und wirken konnte.

LEBEN
Giulio Eremita (Heremita, eigentlich Giulio Giusberti oder Iusberti) wurde um 1555 in Ferrara geboren und an einer der Kirchen der Stadt zum Musiker ausgebildet. Er wurde Mönch und Organist an einer Klosterschule und starb in Ferrara um 1600.

WERKE

Von dem italienischen Organisten sind 3 Bücher mehrstimmige Madrigale und 2 mit achtstimmigen Motetten überliefert. Alles ist im spätvenezianischen Stil gehalten. In zeitgenössischen Sammelwerken finden sich noch weitere Madrigale. Die Kompositionen müssen als guter Durchschnitt eingeschätzt werden.

LITERATUR

A. Lazzari, La musica alla corte di Ferrara, Ferrara 1928.

Laurentius Erhard (1598–1669)

ZEIT UND UMWELT

Als Handelsstadt hatte sich Frankfurt am Main ähnlich Straßburg stets eine gewisse neutrale politische Haltung bewahrt. Dadurch war es immer wieder eine Zufluchtsstätte für Verfolgte aus religiösen Gründen (Hugenotten, Niederländer, Engländer), was der Entwicklung der Stadt nur förderlich war. Die Zuwanderer, zumeist Handwerker, Kaufleute und Intellektuelle, brachten nicht selten Vermögen mit. Auch die Musiker für die Kirchen kamen zuweilen als Zufluchtsuchende.

LEBEN

Laurentius Erhard (Erhardi) wurde am 5. 4. 1598 in Hagenau geboren, studierte in Saarbrücken und wurde 1625 Kantor der Katharinenkirche und des Gymnasiums in Frankfurt am Main, wo er am 6. 11. 1669 starb. Er dürfte sich einige Zeit in Straßburg aufgehalten haben und dort von Christoph Thomas Walliser unterrichtet worden sein.

WERKE

In dem von dem deutschen Komponisten und Musiktheoretiker Laurentius Erhard herausgegebenen »Harmonisches Chor- und Figural-Gesangbuch« für zwei bis sechs Stimmen befinden sich 6 eigene Stücke. Seine Kompositionen fallen durch eine eigenartige Harmonisierung auf.

Daniel Erich (1649–1712)

ZEIT UND UMWELT

Der deutsche Orgelbauer Arp Schnitger (9. 7. 1648, Schmalenfleth bei Oldenburg, bis 24. 7. 1720, Hamburg) versorgte einen großen Teil norddeutscher Kirchen mit seinen silberhell klingenden Orgeln, auf denen die Werke der norddeutschen Komponisten herrlich zur Geltung kamen, was zum Teil auf die vielen Flötenregister zurückzuführen war.

LEBEN

Daniel Erich wurde am 19. 2. 1649 in Lübeck geboren. Er war mehrere Jahre Schüler von Dietrich Buxtehude und wirkte fallweise als Regalist. Im Jahr 1679 erhielt er die Organistenstelle an der Pfarrkirche in Güstrow und übte dieses Amt bis zu seinem Tod am 30. 10. 1712 aus.

WERKE

Der deutsche Organist und Komponist Daniel Erich verfaßte eine Reihe schöner Choralvorspiele und Versetten, die die Schule Buxtehudes verraten. Er war als Orgellehrer sehr geschätzt und wurde oft als Orgelbegutachter herangezogen. Als solcher stand er mit dem Orgelbauer Arp Schnitger in enger Verbindung.

LITERATUR

W. Haacke, Der Buxtehudeschüler Daniel Erich und seine Orgel, in: Güstrow, Musik und Kirche XXXIX, 1969.

Robert Erickson (geboren 1917)

LEBEN

Robert Erickson wurde am 7. 3. 1917 in Marquette, Mich., geboren. Er studierte bei Ernst Křenek und an den Universitäten in St. Paul, Minn., und in Berkeley. Nach mehreren Lehrstellen wurde er Professor an der Universität in San Diego, Calif.

WERKE

Außer einer Oper für Solosopran und sechs Instrumentalisten schrieb Robert Erickson eine Fantasie für Cello und Orchester, Orchestervariationen, ein Kammerkonzert für 17 Spieler, ein Konzert für Klavier und sieben Instrumente, 2 Streichquartette, ein Trio für Violine, Bratsche und Klavier, ein Duo für Violine und Klavier, mehrere Klavierstücke, ein Pastorale für Chor, Sopran, Tenor und Streichquartett, Chöre und Lieder, ein Stück für Tonband und Prepared piano, ein Ricercar für Tonband und Posaune sowie ein Ricercar für Kontrabaß und Tonband.

Thomas Érier (um 1210 bis um 1260)

ZEIT UND UMWELT
Guillaume le Vinier und Gillebert de Berneville waren rührige Mitglieder des Pui d'Arras und trugen viel dazu bei, daß er zur maßgebenden Zentrale der Trouvère-Kunst des 13. Jahrhunderts wurde.

LEBEN
Thomas Érier (Hérier) wurde um 1210 in oder um Arras geboren. Er dürfte bürgerlicher Herkunft gewesen sein. Er beteiligte sich lebhaft an den Veranstaltungen des Pui d'Arras und trat oft als Partner in Jeux partis mit starkem Erfolg auf. Er dürfte um 1260 in Arras gestorben sein.

WERKE
Von dem nordfranzösischen Trouvère Thomas Érier sind 11 lyrische Gesänge und ein sprachlich und musikalisch äußerst interessanter Descort (unstrophische Liebesklage) erhalten.

LITERATUR
H. Peterson-Dyggve, Thomas Hérier, in: Neuphilologische Mitteilungen XLIV 1943.

Ludwig Erk (1807–83)

ZEIT UND UMWELT
Umfang und Anzahl deutscher Volksliedsammlungen und deren Bearbeitungen wuchsen um die Mitte des 19. Jahrhunderts außerordentlich stark an. Sie wurden von den verschiedenen Singvereinigungen und Schulen fleißig verwendet. Auch ihr Einfluß auf die Komposition der Romantik war noch sehr stark, ließ aber bald darauf merklich nach, was wohl darauf zurückzuführen ist, daß das Volkslied selbst sich wenig erneuerte, sondern vielmehr nur Altes wiederholte und deutliche Anzeichen einer gewissen Sterilität aufwies.

Ludwig Erk

LEBEN
Ludwig Christian Erk wurde am 6.1.1807 in Wetzlar geboren. Er war von 1826 bis 1835 Seminarmusiklehrer in Moers unter Diesterweg, sodann in Berlin, wo er 1836 Dirigent des liturgischen Chorgesangs der Domkirche wurde. Im Jahr 1857 wurde er Königlicher Musikdirektor und 1867 Professor. Er gründete 1843 den Erkschen Männergesangverein und 1852 den Erkschen Gesangverein für gemischten Chor. Er starb am 25.11.1883 in Berlin.
Sein Vater Adam Wilhelm Erk (10.3.1779, Herpf bei Meiningen, bis 31.1.1820, Dreieichenhain bei Darmstadt) war Organist in verschiedenen deutschen Städten.

WERKE

Von dem eifrigen Volksliedersammler Ludwig Erk sind ungefähr 20.000 aufgezeichnete deutsche Lieder in vielen Schulliederbüchern, Choralbüchern, Liedersammlungen für verschiedenartige Vereine in Solo- und Chorfassungen herausgekommen. Darunter befinden sich auch eigene Kompositionen. Er schrieb außerdem Übungsstücke für Klavier und didaktische Werke für den Gesangunterricht. Seine Publikationen stellen eine wertvolle Fundgrube für die deutsche Volksliedforschung dar.

Adam Wilhelm Erk veröffentlichte Orgelstücke und schrieb Schullieder.

Ferenc Erkel (1810–93)

ZEIT UND UMWELT

Während in Italien, Frankreich, Österreich und Deutschland sich die Kunstmusik zur hohen Blüte entwickelte und jene Meister geboren wurden, die die Musik der einzelnen Epochen zu klassischen Höhepunkten führten, hatten die osteuropäischen Völker im Verlauf ihrer Geschichte gegen nationale, kulturelle und politische Unterdrückung kämpfen müssen, so daß nahezu jede künstlerische Tätigkeit unmöglich war. Erst die revolutionären Bewegungen des 19. Jahrhunderts gaben die Wege zu einer nationalen Kunstmusik frei, die in den Dienst der neuen politischen Ideen gestellt wurde. Das konnte vor allem im ideologischen Schema der Romantik geschehen, in dem, um das Volksbewußtsein zu heben, episch und lyrisch die Heimat und ihre Vergangenheit dargestellt wurden; am deutlichsten aber in der Oper, die mit Bild, Sprache und Klang »die Gegenwart im Spiegel der Vergangenheit« am eindringlichsten zeichnete, so daß die Bühne nicht selten zum Tribunal wurde.

LEBEN

Ferenc Erkel wurde am 7.11.1810 in Gyula, Komitat Békés, geboren. Er war um 1830 Kapellmeister in Kolozsvár (Cluj), darauf am Deutschen Theater und ab 1837 am Nationaltheater in Budapest. Von 1875 bis 1886 wirkte er als Direktor der Landesmusikakademie und Leiter einer Klavierausbildungsklasse. Im Jahr 1853 begründete er die Philharmonischen Konzerte in Budapest und spielte bis zu seinem Tod am 15.6.1893 die am meisten maßgebende Rolle der ungarischen Musikentwicklung.

Sein Sohn Gyula Erkel (4.7.1842, Budapest, bis 22.3.1909, Budapest) war von 1856 bis 1860 Mitglied und von 1863 bis 1889 Kapellmeister des Orchesters des Nationaltheaters und ab 1891 Professor der Landesmusikakademie.

Sein zweiter Sohn Elek Erkel (2.11.1843, Budapest, bis 10.6.1893, Budapest) lebte als Dirigent des Volkstheaters und als Komponist in Budapest.

Ein weiterer Sohn, Sándor (2.1.1846, Budapest, bis 14.10.1900, Békéscsaba), war von 1876 bis 1886 Dirigent der Budapester Oper.

WERKE

Abgesehen von einer »Ouvertüre solenelle« und einigen unbedeutenden Gelegenheitskom-

Ferenc Erkel

positionen verfaßte Ferenc Erkel 8 Opern, von denen »Hunyadi László« und »Bánk Bán« noch heute auf den Spielplänen stehen. Obwohl bereits vorher Opern in ungarischer Sprache auf ungarische Bühnen kamen, werden die beiden genannten an den Beginn der ungarischen Nationaloper gestellt. In ihnen ist der Verbunkos anstelle des zu jener Zeit in Europa verwendeten Gesangstils eingeführt, bezeichnenderweise zur Charakterisierung »ungarischer« Persönlichkeiten, während für »Ausländer« der übliche Gesangstil Verwendung findet. Er komponierte auch die ungarische Nationalhymne.
Gyula Erkel schrieb mehrere Sinfonien, Bühnenmusiken und Gesangeinlagen für Volksschauspiele.
Elek Erkel komponierte Operetten und Bühnenmusik zu Volksschauspielen.
Von Sándor Erkel sind eine »Ungarische Ouvertüre«, verschiedene Chöre und eine Oper überliefert.

LITERATUR

F. Bónis, Erkel Ferenc, Budapest 1953.

Ulvi Cemal Erkin (1906–72)

LEBEN

Ulvi Cemal Erkin wurde am 14.3.1906 in Istanbul geboren. Er war in Paris Schüler der Brüder Jean und Noël Gallon und von Nadia Boulanger. Im Jahr 1930 wurde er Professor an der Musikschule (dem späteren Konservatorium) in Ankara. Neben seiner Lehrtätigkeit leitete er dort auch das Konservatoriumorchester und die Staatsoper. Er starb am 2.6. 1972 in Ankara.

WERKE

Von Ulvi Cemal Erkin sind 2 Sinfonien, eine Sinfonietta für Streichorchester, ein Concertino, ein Klavierkonzert, ein Violinkonzert, eine konzertante Sinfonie für Klavier und Orchester, ein sinfonisches Orchesterstück, ein Klavierquintett, ein Streichquartett, Ballettmusik, verschiedene Klaviermusik, »Zehn türkische Volkslieder für gemischten Chor«, Klavierlieder und Bearbeitungen von Volksweisen bekannt geworden. Die melodische Grundlage seiner Kompositionen war die Volksmusik.

Camille Erlanger (1863–1919)

LEBEN

Camille Erlanger wurde am 25.5.1863 in Paris geboren. Er war Schüler des Conservatoires in Paris unter Léo Delibes und erhielt den Rompreis. Nach seiner Rückkehr aus Italien lebte er in seinem Geburtsort als Pianist und Bühnenkomponist bis zu seinem Tod am 24.4. 1919.

WERKE

Neben 8 erfolgreichen Opern verfaßte Camille Erlanger die dramatische Legende »Saint Julien l'Hospitalier«, ein Requiem für Doppelchor und Orchester, die Orchesterstücke »Phantastische Jagd« und »Karnevalsserenade«, die sinfonische Dichtung »Herr und Diener«, zahlreiche Klaviermusik und Lieder. Seine Musik ist stark von C. M. v. Weber und R. Wagner beeinflußt.

Philipp Heinrich Erlebach (1657–1714)

ZEIT UND UMWELT

Der Affektausdruck, auf den viele Barockmusiker Gewicht legten, geht bei der Vokalmusik von der Wortbedeutung aus und betrifft entweder Tatbestände oder Vorgänge. Da gleiche oder ähnliche Anlässe sehr oft von den gleichen oder ähnlichen Ausdrucksformen begleitet sind, bildete sich eine Art Vokabular heraus, das sich auch bei reiner Instrumentalmusik verständlich machen konnte. In bedeutend stärkerem Ausmaß trat diese Erscheinung in der Programmusik des 19. Jahrhunderts auf.

LEBEN

Philipp Heinrich Erlebach wurde am 25. 7. 1657 in Esens, Ostfriesland, getauft. Er war ab 1679 Musiker und ab 1681 Kapellmeister in Rudolstadt, wo er am 17. 4. 1714 starb.

WERKE

Der deutsche Komponist Philipp Heinrich Erlebach lehnte sich stilistisch stark an Jean-Baptiste Lully an. Von seinen Werken sind 6 Ouvertüren für fünf bis sechs Stimmen, 6 Sonaten für Violine, Gambe und Generalbaß, 2 Bände mit 75 Liedern mit instrumentalen Ritornellen, 12 Lieder mit Instrumentalbegleitung, einige Kantaten und 2 Motetten erhalten. Seine Opern, Oratorien und seine vielen geistlichen und profanen Kantaten sind verschollen. Sowohl die Lieder wie auch die Instrumentalstücke weisen sehr profilierte Affektausdrücke auf, die die Empfindsamkeit des 18. Jahrhunderts vorauszunehmen scheinen.

LITERATUR

M. Friedländer, Das deutsche Lied im 18. Jahrhundert, Berlin 1902.

Erhart Ermatinger (1900–66)

LEBEN

Erhart Ermatinger wurde am 16.2.1900 in Winterthur geboren. Er war am Konservatorium in Zürich Schüler von Philipp Jarnach, wirkte anschließend dort als Musiklehrer und darauf in Freiburg im Breisgau; von 1926 bis 1930 als Musikreferent in Berlin. Nachdem er bis 1934 in Heesden, Niederlande, gelebt hatte, kehrte er nach Zürich zurück, wo er ab 1945 als Theorielehrer am Konservatorium und an der Musikhochschule tätig war. Er starb am 14.7.1966 in Arnhem.

WERKE

Außer einer Oper schrieb Erhart Ermatinger 3 Sinfonien – die letzte für Blasorchester –, ein Klavierkonzert, eine Fuge für Streichorchester, ein Streichquartett, 3 Hymnen für Sopran und Kammerorchester, 2 Kantaten, Chöre und Orgelstücke. Er war sehr konservativ.

František Antonín Ernst (1745–1805)

ZEIT UND UMWELT

Um etwa 1800 wurden Mensur und Spannungsdruck der Violine geändert, um sie zum vollendeten Konzertinstrument zu gestalten; die Saiten wurden stärker gespannt und die Stimmung angehoben, obwohl man längere Saiten aufzog und Griffbrett sowie Hals verlängerte, um das Spiel in höheren Lagen zu erleichtern. Die Wölbung des Steges wurde verstärkt und erhöht, der Hals wurde nach hinten geneigt, damit das Griffbrett wieder in die gleiche Richtung mit den Saiten kam. Auch das Griffbrett erhielt eine stärkere Wölbung und wurde gegen den Steg verbreitert. Das erzeugte einen stärkeren Druck auf die Decke, was einen kräftigeren Baßbalken erforderte. Die Folge war der glanzreiche Ton des Instruments, an den wir gewöhnt sind.

LEBEN

František Antonín Ernst wurde am 3. 12. 1745 in Georgenthal (Jurki) geboren. Er kam als Violinist an die Hofkapelle in Gotha, wo er 1778 zum Konzertmeister aufrückte. Er versah diese Stelle bis zu seinem Tod am 13. 1. 1805.

WERKE

Von dem angeblich umfangreichen kompositorischen Werk František Antonín Ernsts für Violine ist nur ein vorzügliches Violinkonzert in Es-Dur bekannt geworden. Er war auch als Musikschriftsteller tätig.

Heinrich Wilhelm Ernst (1814–65)

ZEIT UND UMWELT

Die Faszination, die von der für seine Zeit außergewöhnlichen Technik des Virtuosen Niccolò Paganini ausging, zog nicht nur sein Publikum, sondern dazu eine große Anzahl Violinisten an, die ihm nachzueifern versuchten. Einzelne folgten dem großen Musiker auf seinen Konzertreisen von Stadt zu Stadt, um seine Technik zu beobachten. Hinderlich dabei war nur, daß der Virtuose seine Stücke nicht drucken, ja nicht einmal betrachten ließ, sondern seinem Orchester die Noten erst vor dem Konzert aushändigte und hernach wieder einsammelte. Dennoch sind manche an seine Technik nahe herangekommen.

LEBEN

Heinrich Wilhelm Ernst wurde am 6.5.1814 in Brünn geboren. Er war in Wien Schüler von Joseph Böhm und von Ignaz Xaver von Seyfried. Mit 16 Jahren unternahm er seine erste Konzertreise und führte, abgesehen von seinem Aufenthalt in Paris von 1832 bis 1838, bis zu seinem Tod am 8.10.1865 in Nizza ein ständiges Wanderleben von Konzertsaal zu Konzertsaal.

WERKE

Viel von dem, was Heinrich Wilhelm Ernst komponiert hat, war für den eigenen Konzertgebrauch bestimmt, so daß dabei der Virtuosität vor dem musikalischen Gehalt der Vorzug gegeben wurde. Bei einigen Werken jedoch, wie »Deux Nocturnes«, »Elegie«, »Concertino in D-Dur«, »Konzertpolonaise«, »Rondo Papageno« und besonders bei seinem »Concerto pathétique« in fis-Moll, zeigte er, daß er ein echter Musiker war. Das letztgenannte Konzert wird wegen seiner packenden Melodiosität auch heute noch gespielt, stellt aber hohe Anforderungen an den Interpreten. Er verfaßte außerdem eine Anzahl sehr schöner Duette für Violine und Klavier sowie 2 Streichquartette in B-Dur und A-Dur.

Concerto pathétique in fis-Moll, Opus 23, ein Satz, entstanden 1849

Das Stück kommt der Sonatenform sehr nahe, aber es bringt von der balladenhaften Einleitung an so viele lyrische und deklamatorische Elemente, daß eher eine Rhapsodie vorliegt, die allerdings streng gegliedert ist. Es ist voll herrlicher Melismen, die an Volksmusik anklingen. Die virtuose Auszierung verläßt auch bei den technisch schwierigsten Stellen nie die Musikalität, überall schwingt eine nostalgische Kantilene mit, die erst am Ende in ein rasantes Feuerwerk von Klängen mündet, das erstaunen läßt, daß das alles nur von einem einzigen Instrument stammt.

LITERATUR

A. Heller, Heinrich Wilhelm Ernst, Wien 1904.

Ernst von Sachsen-Coburg-Gotha
(1818–93)

ZEIT UND UMWELT

Coburg und Gotha, die beiden Hauptstädte des Herzogtums Sachsen-Coburg-Gotha, bildeten kulturelle Pflegestätten, die weit über ihre politische und wirtschaftliche Bedeutung hinausragten.

LEBEN

Herzog Ernst II. (August, Karl, Johann, Leopold, Alexander, Eduard) von Sachsen-Coburg-Gotha wurde am 26.6.1818 in Coburg geboren. Er beschäftigte sich zeit seines Lebens mit Förderung und Ausübung von Musik und Komposition. Er starb am 22.8. 1893 auf Schloß Reinhardsbrunn.

WERKE

Von Ernst von Sachsen-Coburg-Gotha sind 4 Opern, einige Operetten, Kantaten, Hymnen und Lieder überliefert.

Jean Errars (um 1320–72)

ZEIT UND UMWELT

Der französische König Philipp VI. (1293 bis 1350) errichtete das Herzogtum Orléans für seinen jüngeren Sohn Philipp (1336–75). Als dieser kinderlos starb, wurde das Herzogtum wieder mit der französischen Krone vereinigt.

LEBEN

Jean Errars wurde um 1320 in Paris geboren. Da bereits sein Vater ein Hofamt hatte, wurde der Liederdichter und Komponist in die gleichen Dienste übernommen und als Sieur de Valery Kammerherr bei König Philipp VI. und nach dem Tod des Königs bei dessen Sohn Philipp, Herzog von Orléans. Er starb in Paris im Jahre 1372.

Sein Vater Jean Errars (um 1280, Paris, bis

um 1340, Paris) war ebenfalls Dichter und Komponist.

Werke

Es sind bei 30 Lieder überliefert, die mit »Jean Errars« gezeichnet sind. Sie werden dem Kammerherrn zugeschrieben. Von seinem Vater scheint nichts erhalten zu sein. Bemerkenswert sind beide Komponisten, weil sie nach Art der Trouvères Text und Musik zugleich verfaßten und damit eine bereits längst überholte Technik wieder aufleben ließen.

Jean Paul Ertel (1865–1933)

Leben

Jean Paul Ertel wurde am 22. 1. 1865 in Poznan (Posen) geboren. Er war Liszt-Schüler und lebte als Musiklehrer und Musikkritiker in Berlin, wo er am 11. 2. 1933 starb.

Werke

Von Jean Paul Ertel sind die sinfonischen Dichtungen »Maria Stuart«, »Der Mensch«, »Die nächtliche Heerschau«, »Hero und Leander«, »Pompeji«, die programmatische »Harald-Sinfonie«, 2 Streichquartette in d-Moll und h-Moll (mit hebräischen Melodien), eine Suite für Violine und Klavier und eine Violinsonate in c-Moll aufgeführt worden. Er schrieb außerdem 2 Opern. Sein Stil war »neudeutsch«.

Sebastian Ertel (um 1555 – 1618)

Zeit und Umwelt

Der Generalbaß ist in der 2. Hälfte des 16. Jahrhunderts in Italien entstanden und hatte sich bis zur Wende zum nächsten Jahrhundert bereits stark durchgesetzt. Nördlich der Alpen wurde diese neue Technik etwas später übernommen, aber dann bald allseitig angewendet, so daß sie für die Musik des ganzen 17. Jahrhunderts kennzeichnend wurde, weil die übrigen Musikländer sich gleichzeitig anschlossen.

Leben

Sebastian Ertel (Erthel, Ertelius) wurde um 1555 in Mariazell, Steiermark, geboren. Er trat in das Kloster Weihenstephan in Freising ein und dürfte dort als Kirchenmusiker gewirkt haben. Im Jahre 1611 scheint er als Angehöriger des Klosters in Garsten, Oberösterreich, auf. Er wurde dort 1613 Chorpräfekt und starb am 13. 7. 1618.

Werke

Der österreichische Komponist Sebastian Ertel war einer der ersten Vertreter der generalbaßbegleiteten Chorpolyphonie im deutschen Sprachgebiet, in dem sich kurze Jahre darauf diese Kompositionstechnik rasch verbreitete. Er hinterließ sechs- bis zehnstimmige Symphoniae sacrae, ein Buch Messen für ebensoviel Stimmen und je ein Buch Magnificat und Vesperpsalmen für acht Stimmen. Seine Musik ist ohne Vorbehalt dem Frühbarock einzureihen und für diese Epoche typisch.

Literatur

K. G. Fellerer, Beiträge zur Musikgeschichte Freisings, Freising 1926.

Gotthard Erythraeus (um 1560 – 1617)

Zeit und Umwelt

Die ursprüngliche Einstimmigkeit des protestantischen Kirchenliedes wurde im Verlauf des 16. Jahrhunderts parallel zur Entwicklung des profanen deutschen Liedes durch Mehrstimmigkeit ersetzt. Die mehrstimmigen Vertonungen im westeuropäischen Raum, die humanistische Odenkomposition und die katholische Motette standen dabei als Vorbilder Pate. Und die Kantoren waren im mehrstimmigen Satz zumeist vorzüglich ausgebildet.

Leben

Gotthard Erythraeus (eigentlich Roth) wurde um 1560 in Straßburg geboren. Er studierte in Altdorf, wurde an der Lateinschule der Stadt 1595 Kantor und 1610 Rektor. Er starb in Altdorf im Jahre 1617.

WERKE

Von dem Kantor Gotthard Erythraeus ist das Kantional »Herrn D. Martini Lutheri und anderer gottesfürchtiger Männer Psalmen und geistliche Lieder in vier Stimmen gebracht«. Es besteht aus 85 Sätzen mit gutem Chorklang. Von den weiteren Kompositionen, die er angeblich verfaßt hat, ist nichts erhalten.

LITERATUR

C. v. Winterfeld, Der evangelische Kirchengesang, Leipzig 1843.

Andrei Eschpai (geboren 1925)

LEBEN

Andrei Jakowlewitsch Eschpai wurde am 15.5.1925 in Kosmodemjansk als Sohn des Jakow Eschpai geboren. Er war am Konservatorium in Moskau Schüler von Jewgeni Golubjew, Aram Chatschaturjan und Wladimir Sofronicki (25.4.1901, St. Petersburg, bis 29.8.1961, Moskau) und wurde an derselben Lehranstalt Dozent. Er wirkt heute als Musiklehrer und Dirigent in den USA.

WERKE

Von Andrei Eschpai sind 3 Sinfonien, sinfonische Tänze auf Mari-Themen, »Ungarische Weisen« für Violine und Orchester, ein Violinkonzert, ein Klavierkonzert, ein Konzert für Trompete, Klavier, Vibraphon, Kontrabaß und Orchester, eine Suite für Flöte und Klarinette, eine Violinsonate, Klavierstücke, Orgelwerke, Chöre, Lieder, Volksliedbearbeitungen sowie Bühnen- und Filmmusik bekannt geworden.

Konzert für Trompete, Klavier, Vibraphon, Kontrabaß und Orchester, ein Satz, entstanden 1967

Dieses Werk will die alte Concerto-grosso-Form neu beleben, erfüllt sie aber neben folkloristischem Material mit Elementen neuerer Musik. Das Concertino trägt das Hauptthema vor, das darauf vom Tutti übernommen wird. Nach einer expressiven Kulmination tritt ein zweites lyrisches Thema auf, sodann ein ernster Choral, auf den eine gedämpfte Trompete eine rührende Kantilene bläst. Der Kontrabaß spinnt diese zu einer poetischen Melodie aus. Nun folgt eine fugierte Kadenz, deren Thema dem Initialthema entnommen ist, die Hörner spielen die Reprise, und eine Coda rafft das gesamte thematische Material, dem viele Jazzelemente beigemengt sind, und das verwendete Mari-Volkslied, dem ungewöhnliche Rhythmen ein eigentümliches Kolorit verleihen, zu einem klanglichen Ende zusammen.

Jakow Eschpai (1890–1963)

LEBEN

Jakow Andrejewitsch Eschpai (eigentlich Ischpaikin) wurde am 17.10.1890 in Kokschamara, Kasan, geboren. Er studierte an der Musikschule in Kasan und am Konservatorium in Moskau bei Georgi Konius. Sodann wirkte er ab 1913 als Gesanglehrer in Ufa, ab 1918 als Theorielehrer in Kokschamara und von 1924 bis 1927 als Lehrer in Kosmodemjansk. Im Jahr 1931 wurde er wissenschaftlicher Mitarbeiter am Wissenschaftlichen Forschungsinstitut der autonomen Sowjetrepublik Mari. Er starb am 20.2.1963 in Moskau.

WERKE

Die zahlreichen Instrumental- und Vokalwerke von Jakow Eschpai verwendeten Volksweisen der Mari und sind zum Teil für ihre Volksinstrumente geschrieben. Er veröffentlichte unter anderem »Lieder des Mari-Volks«, »Melodien der Berg- und Wiesen-Mari« und »Mari-Volkslieder«, und führte sein Volk der Gemeinschaft der abendländischen Musikländer zu.

Roberto Escobar-Budge (geboren 1926)

LEBEN

Roberto Escobar-Budge wurde am 11.5.1926 in Santiago de Chile geboren und studierte dort bei René Amengual Astaburuaga. Seit 1956 wirkt er als Kritiker in Concepción und als Lehrer an der katholischen Universität in Santiago.

WERKE

Außer 2 sinfonischen Werken schrieb Roberto Escobar-Budge eine Kammersuite für neun Instrumente, ein Bläserquintett, ein Stück für Cembalo, Trompete, Fagott, Cello und Schlagzeug, verschiedene Klavierstücke, 2 Kantaten, ein Stück für Stimmen und Schlagzeug und Filmmusik. Er gehört der chilenischen Avantgarde an.

Bartolomé Escobedo (um 1515–63)

LEBEN
Bartolomé Escobedo (Bartolomeo Scobedo) ist um 1515 in Zamora geboren. Er gehörte zunächst der Kathedrale von Salamanca als Sänger an, kam sodann 1536, ein Jahr nach Morales, zur päpstlichen Kapelle in Rom. Er unterbrach 1541 seine Tätigkeit in Rom, um seine Heimat aufzusuchen, kehrte 1545 zurück und blieb bis 1548. Anschließend wirkte er in der Kapelle des Hofes von Kastilien. Im Jahre 1552 wurde er Kanonikus in Segovia, wo er 1563 starb.

WERKE
Von Bartolomé Escobedo sind 2 sechsstimmige Messen und eine Anzahl Motetten für vier Stimmen erhalten, außerdem einige Magnificat und Miserere. Ihr Stil lehnt sich etwas an Morales an, zeigt aber viel Selbständigkeit und ist vor allem heller als die Schule von Sevilla.

LITERATUR
A. W. Ambros, Geschichte der Musik V, Leipzig 1911.

Pozzi Escot (geboren 1933)

LEBEN
Pozzi Escot wurde am 1. 10. 1933 in Lima geboren. Von 1954 bis 1957 studierte er an der Juilliard School of Music in New York und anschließend bis 1960 an der Musikhochschule in Hamburg unter anderen bei Andrés Sás Orchassal, William Bergsma und Philipp Jarnach. Er wirkte als Gastkomponist am Music Center in Tanglewood, Mass., und leitete die Konzertreihe New Event Ensemble in Boston und die Reihe »Space, Time and Sound« (Raum, Zeit und Klang). Er gehört der Kompositonsabteilung des Konservatoriums in Boston an.

WERKE
Von Pozzi Escot sind unter anderem »Drei Gedichte von Rilke« für Streichquartett und Sprecher, »Lamentos« für Sopran, zwei Violinen, zwei Celli, Klavier und drei Schlagzeuge, »Cristos« für Altflöte, Kontrafagott, Schlagzeug und drei Violinen, »Visione« für Kontrabaß, Flöte, Altsaxophon, Sopran, Schlagzeug und unsichtbaren Sprecher, ein Stück für fünf Saxophone, elektrische Gitarre, vier Baßtrommeln, 17 Violinen und neun Kontrabässe, außerdem mehrere Klavierwerke bekannt geworden.

Juan Escribano (um 1480–1557)

ZEIT UND UMWELT
Die spanische Inquisition war auch für einwandfrei glaubenstreue Katholiken nicht ungefährlich. Ignatius von Loyola wurde zweimal unter dem Verdacht der Häresie gefangengehalten, der Dominikaner Bartolomé de Carranza, Erzbischof von Toledo, mußte 17 Jahre im Kerker ausharren, bis Rom seine Befreiung und Rehabilitation durchsetzte. Manch einer ergriff gerne die Gelegenheit, dem Land den Rücken zu kehren. Für Musiker gab es die Möglichkeit, in Frankreich oder Italien bei einer Kapelle Aufnahme zu finden.

LEBEN
Juan Escribano (Scribano) wurde in Spanien um 1480 geboren und war von 1507 bis 1539 Sänger der päpstlichen Kapelle. Er verblieb in Rom bis zu seinem Tod am 7. 10. 1557.

WERKE
Der spanische Komponist Escribano hinterließ ein Magnificat, etliche Lamentationen, eine fünfstimmige Motette (Paradisi porta) und 2 Kanzonen. Sein Stil neigt zu vollem Akkordklang und liegt auf der Linie, die die italienische Musik im 16. Jahrhundert einschlug.

Literatur

J. M. Llorens Cisteró, Juan Escribao, Anuario Musical XII, 1957.

Jehannot de l'Escurel (um 1240–1303)

Zeit und Umwelt

Während die Kunst der Troubadours durch Sprache, Form und Thematik einigermaßen von der zeitgenössischen Musik abgegrenzt werden kann, wenn man von den italienischen Troubadours absieht, bei denen die Übergänge zum »Dolce stilo italiano« stark fließend sind, gelingt das beim Trouvèregesang nur sehr mangelhaft. Die Schulen wie die des Pui d'Arras öffneten sich für jede neue Kompositionsform bis zur mehrstimmigen Motette. Die in Paris entstandenen profanen Gesänge des 13. Jahrhunderts sind noch mehr von der sakralen Musik oder vom Volksgesang beeinflußt. Gemeinsam ist ihnen jedoch der Primat des Textes, die Musikalität des Wortes an sich, so daß die Melodie in die Rolle der reinen Vortragsstütze gedrängt zu sein scheint.

Leben

Jehannot de l'Escurel wurde um 1240 vermutlich in Paris geboren. Über seine Lebensumstände ist nichts bekannt, ebensowenig über seine Herkunft. Man weiß auch nicht, warum er im Jahre 1303 hingerichtet worden ist.

Werke

Jehannot de l'Escurel hinterließ 32 Lieder (Balladen, Rondeaux, Virelais) und 2 Spruchdichtungen mit 24 beziehungsweise 28 Refrains. Mit Ausnahme eines dreistimmigen Rondeau ist alles einstimmig. Seine Melodik ist stark von dem Verfechter der Ars antiqua (Alte Kunst) der Schule Notre-Dame, Petrus de Cruce, abhängig.

Literatur

P. Aubry, Les plus ancien monuments de la musique française, Paris 1905.

Hilarión Eslava y Elizando (1807–78)

Zeit und Umwelt

Die »Lira Sacro-Hispana«, die 1869 in Madrid in 19 Bänden erschien, ist die erste dokumentarische Sammlung spanischer Kirchenmusik aus dem 16., 17., 18. und 19. Jahrhundert. Es sind mehr als 80 spanische Kirchenmusiker neben 5 anonymen mit einem Großteil ihrer bekannten Werke vertreten. Die Sammlung stellt eine unschätzbare Fundgrube für den Musikhistoriker dar.

Leben

Miguel Hilarión Eslava y Elizando wurde am 21.10.1807 in Burlada, Pamplona, geboren. Er war Chorknabe der Kathedrale von Pamplona, an der er von 1824 bis 1827 als Violinist wirkte. Dann wurde er Kapellmeister der Kathedralen von Burgo de Osma (1828) und von Sevilla (1832) und an der Hofkapelle in Madrid (1847). Im Jahr 1854 erhielt er die Ernennung zum Kompositionslehrer und 1866 zum Direktor des Konservatoriums von Madrid, wo er am 23.7.1878 starb.

Werke

Die 3 Opern von Hilarión Eslava y Elizando hielten sich im Rahmen des italienischen Opernstils. Er schrieb außerdem ungefähr 140 sakrale Werke, eine Sinfonie und zahlreiche didaktische und musikwissenschaftliche Werke. Große Verdienste um die Dokumentation der spanischen Kirchenmusik erwarb er sich durch die Herausgabe der »Lira Sacro-Hispana« und einer Sammlung von Orgelwerken unter dem Titel »Museo orgánico«.

Nicolás Ruiz Espadero (1832–90)

Zeit und Umwelt

In den letzten Jahrzehnten des 19. Jahrhunderts tauchten in nahezu allen Staaten Südamerikas und auf den benachbarten Inseln bodenständige Komponisten und Interpreten auf, die die Musikentwicklung der einzelnen Regionen des Kontinents einleiteten und deren großartige Entfaltung im nächsten Jahrhundert vorausahnen ließen.

LEBEN

Nicolás Ruiz Espadero wurde am 15.2.1832 in La Habana geboren. Er studierte bei dem kubanischen Pianisten Fernando Arizti (1828, La Habana, bis 23.4.1888, La Habana) und trat als Konzertsolist und als Begleiter von Sängern und Instrumentalisten in seiner Heimat und in südamerikanischen Städten auf. Er starb am 30.8.1890 in La Habana.

WERKE

Von Nicolás Ruiz Espadero sind eine Sinfonie, ein »Rondó brillante« für Streichquartett, »El canto del esclavo« (Das Lied des Sklaven) für Violine und Klavier, 2 Sonaten und ein »Capricho« für Klavier, eine »Serenata cubana« für Gesang und Klavier und außerdem zahlreiche andere Klavierstücke erhalten. Er integrierte in seine Kompositionen zahlreiche kubanische Volksmelodien.

LITERATUR

L. Vidaurreta, El compositor y pianista Nicolás Ruiz Espadero, La Habana 1937.

Joaquín Espín y Guillén (1812–82)

ZEIT UND UMWELT

Um die Mitte des 19. Jahrhunderts zeigten sich in Spanien neben der Zarzuela Ansätze zu einer nationalen Oper. Es war nur vorerst schwierig, das Publikum, das an italienische Fakturen gewöhnt war, dafür zu gewinnen.

LEBEN

Joaquín Espín y Guillén wurde am 3.5.1812 in Velilla de Medinaceli, Soría, geboren. Neben seiner kompositorischen Tätigkeit gab er die erste spanische Musikzeitschrift heraus. Um 1850 wurde er Zweiter Organist der Capilla Real und Gesanglehrer am Konservatorium in Madrid, wo er am 24.6.1882 starb.

WERKE

Von seiner ersten Oper, die den Auftakt zu einem nationalspanischen Stil bildete, konnte Joaquín Espín y Guillén 1845 in Madrid nur den ersten Akt aufführen. Die Partitur wurde von Giuseppe Verdi und Gioacchino Rossini günstig beurteilt. Das Interesse des spanischen Publikums dafür war ebenso gering wie für seine weiteren Opern. Dafür fanden seine Zarzuelas Beifall. Auch seine übrigen Vokal- und Instrumentalwerke wurden wenig beachtet.

Oscar Esplá y Triay (1886–1976)

LEBEN

Oscar Esplá y Triay wurde am 5.8.1886 in Alicante geboren. Nach einem Ingenieurstudium wurde er in Paris Schüler von Camille Saint-Saëns und in München von Max Reger. Von 1931 bis 1936 war er Vorsitzender der Junta Nacional de Música, im Jahr 1936 wurde er Direktor des Konservatoriums in Madrid, verließ jedoch Spanien bald darauf und ging nach Brüssel; erst 1951 kehrte er zurück. Er vertrat Spanien im Internationalen Musikrat der UNESCO und war Präsident der spanischen Sektion der Internationalen Gesellschaft für Neue Musik (IGNM). Er starb am 6.1.1976 in Madrid.

WERKE

Außer 2 Opern und 2 Balletten schrieb Oscar Esplá y Triay eine Sinfonie, 2 Chorsinfonien, 3 sinfonische Dichtungen, 3 Suiten, ein Klavierkonzert, ein Klavierquintett, 2 Streichquartette, ein Klaviertrio, ein De profundis, eine Kantate, Klavierstücke, Chorwerke und Lieder. Seine Kompositionen fußten auf Volksmusik der spanischen Ostküste. Er stellte für sich mehrere verschiedene Skalen auf, wodurch er ein höchstpersönliches Klangkolorit erzielte.

Raúl Hugo Espoile (1889–1958)

LEBEN

Raúl Hugo Espoile wurde am 25.1.1889 in Mercedes, Buenos Aires, geboren. Nach seiner Ausbildung in Buenos Aires war er Schüler von Vincent d'Indy in Paris an der Schola Cantorium. Er wirkte in seiner Heimat von 1925 bis 1943 als Generalinspektor für Musik im Erziehungsministerium, von 1938 bis 1941 als

Direktionsmitglied des Teatro Colón und als Vizedirektor des Konservatoriums von Buenos Aires, wo er am 13.4.1958 starb.

WERKE

Neben 2 Opern schrieb Raúl Hugo Espoile eine choreographische und eine sinfonische Dichtung, ein Sextett für Bläser und Klavier, Klavierstücke, Chorwerke und Lieder. Er hatte sich von der folkloristischen Romantik bereits weit entfernt.

Juan Esquivel (um 1565 bis nach 1613)

ZEIT UND UMWELT

Die kleine Grenzstadt Ciudad Rodrigo war Begegnungs- und Vermählungsort der portugiesischen und spanischen regierenden Häuser, aber auch Festung. Als Sitz eines Bischofs mußte sie auch über einen leistungsfähigen Kathedralenchor verfügen, an dem Musiker aus beiden aneinandergrenzenden Ländern wirkten. Und in der Kathedralenschule wurden Kinder der Stadt und der Umgebung ausgebildet, die wiederum in beiden Ländern als Musiker tätig wurden.

LEBEN

Juan Barahona de Esquivel (Juan de Esquivel Barahona) wurde um 1565 in Ciudad Rodrigo geboren und vermutlich dort auch ausgebildet. In dem nahen Salamanca vollendete er seine Studien und wurde 1608 Kapellmeister an der Kathedrale der berühmten Universitätsstadt. Im Jahre 1611 kehrte er an seinen Geburtsort zurück, um dort als Kapellmeister zu wirken. Er blieb in Ciudad Rodrigo bis zu seinem Tod nach 1613.

WERKE

Allem Anschein nach dürfte von den Werken von Juan Esquivel viel verlorengegangen sein. Überliefert sind Messen, Motetten, Psalmen, Hymnen und Magnificat, die dem spanischen Stil des 16. Jahrhunderts folgen. Der mystisch-drohende Stimmungsgehalt der spanischen Musik jener Zeit ist ganz besonders deutlich ausgedrückt.

LITERATUR

A. Geiger, Juan Esquivel, München 1918.

Salvatore Essenga

(um 1516 bis nach 1566)

ZEIT UND UMWELT

Alfonso I. d'Este gelang es, Modena 1527 aus der Hand der Kurie zurückzugewinnen. Ab da war das Schicksal der Stadt eng mit dem der Familie d'Este verknüpft. Renaissancekunst und Renaissancemusik erfuhren unter den Herzögen von Ferrara die gleiche intensive Pflege wie in den anderen von ihnen beherrschten Städten.

LEBEN

Salvatore Essenga (Salvador del Essenga) ist um 1516 in Oberitalien geboren. Er wurde Mönch und Musiker und dürfte Kapellmeister in einer der Kirchen von Modena gewesen sein, wo er nach 1566 starb. Von seinem Leben ist nur bekannt, daß er Lehrer des Komponisten Orazio Vecchi war.

WERKE

Von Salvatore Essenga sind ein Buch mit fünfstimmigen Madrigalen und eines mit vierstimmigen erhalten (ein zweites mit fünfstimmigen ist verlorengegangen), dazu noch etliche einzelne Madrigale in Sammeldrucken. Sie weisen die typischen Merkmale der zeitgenössischen Kompositionen Oberitaliens auf und wirken sehr klangreich.

Heinrich Esser (1818–72)

ZEIT UND UMWELT

Obwohl das Mannheimer Musikleben durch die Abwanderung der kurfürstlichen Hofkapelle nach München 1778 einen schweren Aderlaß erlitt, erholte es sich doch bald davon. Besonders das Nationaltheater errang durch seine Opernaufführungen binnen kurzem einen beachtlichen Ruf.

LEBEN

Heinrich Esser wurde am 15.7.1818 in Mannheim geboren. Er wirkte dort ab 1838 als Konzertmeister und später als Kapellmeister des Nationaltheaters und auch als Dirigent der Liedertafel von Mainz. Im Jahr 1847 wurde er in Wien Kapellmeister der Hofoper, 1862 Vorstand der Tonkünstler-Societät und zeitweilig Dirigent der Philharmonischen Konzerte, bis er sich 1869 nach Salzburg zurückzog und am 3.6.1872 starb.

WERKE
Von Heinrich Esser sind 3 Opern auf die Bühnen gekommen. Er schrieb ferner 5 Sinfonien, von denen 2 gedruckt wurden, 2 Orchestersuiten, 2 Streichquartette, zahlreiche Männerquartette und Lieder. Seine Sinfonien weisen den Einfluß von F. Mendelssohn Bartholdy auf.

Michael Nikolaus Esser
(1737 bis um 1795)

ZEIT UND UMWELT
Von der Violenfamilie hielten sich, trotz der dominierenden Position, die von den Violinen erobert wurde, die Viola da gamba und die Viola d'amore in ständiger Verwendung. Besonders der helle Klang der Letztgenannten bewog bis in unsere Gegenwart viele Komponisten, ihr im Orchester eine Stimme zuzuweisen, und immer wieder interessierten sich Virtuosen dafür, um ihrem Publikum einen stimmungsvollen Genuß zu bereiten.

LEBEN
Michael Nikolaus (Karl Michael) Ritter von Esser wurde am 3. 4. 1737 in Aachen getauft. Er war ab 1763 zuerst Mitglied und dann Konzertmeister der Hofkapelle in Kassel, reiste darauf als berühmter Violinist und Viola-d'amore-Spieler durch Europa, erntete in Paris und London große Triumphe und wurde vom Papst zum Ritter geschlagen. Er starb um 1795. Der Ort seines Todes ist nicht bekannt.

WERKE
Von Michael Nikolaus Esser sind 12 Sinfonien, eine Anzahl Triosonaten und 6 Violinsonaten erhalten. Weitere 6 Violinsonaten, ein Konzert für Viola d'amore und ein Duett für Viola d'amore und Viola da gamba sind verlorengegangen. Seine Sinfonien folgen dem Mannheimer Stil, die Violinmusik stellt vor allem seine Virtuosität heraus.

Estacio de la Serna (um 1565–1625)

ZEIT UND UMWELT
Bald nach der Eroberung von Südamerika wurde die Hauptstadt des Vizekönigreiches Peru zum Zentrum der wirtschaftlichen und politischen Macht des Landes. Das religiöse Leben unterstand einem Erzbischof und dem Inquisitionsgericht, das für die Ausrottung der Ketzerei Sorge zu tragen hatte. Der Sakraldienst in den Kirchen und die Kirchenmusik wurden allein von Europäern betreut; den Einheimischen war allein die Rolle des Kirchenvolkes zugewiesen.

LEBEN
Estacio de la Serna (Laserna, Lacerna) wurde um 1565 in Sevilla geboren. Sein Vater war Sänger an der Kathedrale von Sevilla. Estacio de la Serna war ab 1593 Organist an der Iglesia Colegiata de San Salvador in Sevilla. Im Jahre 1595 wurde er als Organist an die Königliche Kapelle von Lissabon berufen und betreute diesen Dienst bis 1604. Dann wanderte er nach Peru aus und wurde Kapellmeister an der Kathedrale von Lima. 1614 übernahm er den Organistendienst der Kathedrale, den er bis zu seinem Tod im Jahre 1625 versah.

WERKE
Von dem Kirchenmusiker Estacio de la Serna sind zahlreiche Tientos überliefert, außerdem die Musik für die Trauerfeier für die Königin Margarita von Spanien (1584 bis 1611), die 1612 in der Kathedrale von Lima abgehalten wurde. Die Musik des Komponisten aus Spanien war sehr konservativ.

LITERATUR
R. Stevenson, The Musik of Peru. Aboriginal and Viceroyal Epochs, Washington 1960.

Paul Esterházy (1635–1713)

Leben
Fürst Paul Esterházy von Galántha wurde am 7. 9. 1635 in Kismarton, Ungarn (heute Eisenstadt, Österreich), geboren. Er gehörte dem ungarischen Hochadel an und starb in seinem Geburtsort am 26. 3. 1713.

Werke
Der ungarische Komponist Paul Esterházy hat unter dem Titel »Harmonia coelestis« (Himmlische Musik) 55 sakrale Gesänge – Soli, Duette und Chöre mit Orchesterbegleitung – herausgebracht, in die viel ungarisches Volksmusikgut aufgenommen wurde.

Fürst Paul Esterházy

Estevão de Brito (um 1595 bis nach 1640)

Zeit und Umwelt
Die Musikschule von Évora hatte in den politischen Auseinandersetzungen auf der Iberischen Halbinsel ihre neutrale Haltung auch nicht aufgegeben, als die Spanier Portugal einverleibten. Nach wie vor wurden enge Kontakte mit beiden Hofkapellen aufrechterhalten, nach wie vor gingen einzelne portugiesische Schüler nach Spanien.

Leben
Estevão de Brito (Britto) wurde um 1595 vermutlich in Portugal geboren. Da er Schüler des portugiesischen Meisters Filipe de Magalhães war, muß er seine Ausbildung in Évora erhalten haben. Darauf wurde er Chordirigent in Badajoz und anschließend in Málaga, wo er nach 1640 gestorben ist.

Werke
Vom portugiesischen Kirchenkomponisten Estevão de Brito ist eine Anzahl sakraler Werke, Messen, Motetten, Gesänge, alles im polyphonen Stil des 16. Jahrhunderts, überliefert. Ein großer Teil jedoch ging in Lissabon beim großen Erdbeben zugrunde.

Pablo Esteve y Grimau (um 1734–94)

Leben
Pablo Esteve y Grimau wurde um 1734 in Barcelona geboren. Er kam 1760 nach Madrid und machte sich mit seiner ersten Tonadilla einen Namen. Von 1778 bis 1790 wirkte er als Komponist einer Theatergruppe, für die er jährlich 62 Stücke zu schreiben hatte. Am 4. 6. 1794 starb er in Madrid als einer der berühmtesten Bühnenkomponisten seiner Zeit.

Werke
Außer über 400 Tonadillas verfaßte Pablo Esteve y Grimau viele Zarzuelas, Comedias, Loas, Sainetes. Er bearbeitete auch eine Reihe italienischer Opern für die spanischen Bühnen. Es fällt schwer, solchen Massenerzeugnissen eine Wertschätzung entgegenbringen zu können.

Literatur
J. Subirá, La tonadilla escénica. Sus obras y sus autores, Barcelona 1933.

Antonio Estevez (geboren 1916)

LEBEN
Antonio Estevez wurde am 3.1.1916 in Calabozo, Venezuela, geboren. Er erhielt an der Musikschule in Caracas von 1934 bis 1944 Oboenunterricht und bei Vicente Emilio Sojo Kompositionsunterricht. Nachdem er einige Jahre im Sinfonieorchester von Caracas als Oboist gewirkt hatte, ging er in die USA, um seine Ausbildung bei Aaron Copland zu ergänzen. Er lebt als Oboenlehrer und freier Komponist in Caracas.

WERKE
Von den Werken von Antonio Estevez wurden einige in Paris aufgeführt. Er schrieb unter anderen eine Orchestersuite, eine Orchesterouvertüre, eine Kantate, Chorwerke, Klavierstücke und Elektronische Musik wie »Cosmovivrafonía Nr. 1 und Nr. 2«.

Sampson Estwick (1657–1739)

ZEIT UND UMWELT
Unter dem Regiment von Henry Cooke wurde der Knabenchor der Chapel Royal vorzüglich ausgebildet. Es sind auch mehrere namhafte Musiker aus diesem Unterricht hervorgegangen. Jedenfalls galt auch in Oxford die Mitgliedschaft zu diesem Chor als gute Empfehlung.

LEBEN
Sampson Estwick wurde 1657 vermutlich in London geboren. Er war Mitglied des Knabenchors an der Chapel Royal, studierte nach seinem Stimmbruch in Oxford und wurde dort Kleriker, Prediger und Musiklehrer. Im Jahr 1701 wurde er Vikar an St. Helen's, Bishopsgate, und 1712 Rektor an St. Michael, Queenhithe, wo er am 16. 2. 1739 starb.

WERKE
Der englische Komponist Sampson Estwick schrieb eine Reihe sakraler Musik – Anthems, Services –, bekannt wurde er aber durch seine Odenkompositionen für besondere Anlässe in Oxford.

Mariano Etkin (geboren 1943)

LEBEN
Mariano Etkin wurde am 5.11.1943 in Buenos Aires geboren. Dort studierte er bei David Epstein (geboren 30.10.1930, New York), Guillermo Graetzer und Juan Emilio Martini (geboren 19.7.1913, Buenos Aires), sodann in New York an der Juilliard School of Music bei Luciano Berio und in Basel bei Pierre Boulez; er setzte seine Studien bei Franco Ferrara in Siena und bei Alberto Ginastera, Maurice Le Roux, Roger Sessions, Iannis Xenakis, Earle Brown und Mario Davidovsky fort und nahm schließlich bei Gottfried Michael Koenig (geboren 5.10.1926, Magdeburg) an der Universität in Utrecht Unterricht in Elektronischer Musik. Er wurde für seine Kompositionen vielfach ausgezeichnet.

WERKE
Neben »Elipses« für Streichorchester, für das Mariano Etkin ausgezeichnet wurde, schrieb er 3 Parabeln für Kammerorchester, ein aleatorisches Bläserquintett, »Entropías« für Trompete, zwei Posaunen, zwei Hörner und Tuba, »Estáticamóvil I« für drei Kontrabässe, zwei Posaunen, Cembalo, Harmonium und zwei Schlagzeuger und »II« für Violine, Cello und Kontrabaß, »Spiel Nummer eins« für zwei Posaunen, ein Stück für Bratsche, Kontrabaß, Horn, Posaune, Tuba und zwei Schlagzeuger sowie mehrere Klavierwerke.

Caspar Ett (1788–1847)

ZEIT UND UMWELT
Die Restaurationsbestrebung in der Kirchenmusik des 19. Jahrhunderts erhielt durch die Wiederentdeckung der Werke von Palestrina und Johann Sebastian Bach wirkungsvolle Impulse. Die Abgrenzung gegen die Formen der profanen Musik wurde durch die Rückwendung zu alten Stilgattungen, der fünfstimmi-

gen Polyphonie bis zur Gregorianik, angestrebt.

LEBEN
Caspar Ett wurde am 5.1.1788 in Eresing bei Landsberg, Bayern, geboren. Er studierte am Gregorianum in München und wirkte von 1816 bis zu seinem Tod am 16.5.1847 als Hoforganist an der Michaelskirche.

WERKE
Die Wiederbelebung der Kirchenmusik des 16. bis 18. Jahrhunderts, um die sich Caspar Ett als Organist bemühte, war auch das Ziel seiner Kompositionen. Seine Messen, mit Orchester oder unbegleitet, die Requiem, Miserere, Stabat mater, die allerdings nie gedruckt wurden, kamen ihren Vorbildern einigermaßen nahe. Er beschäftigte sich auch eingehend mit der »Reinigung« des Gregorianischen Chorals; seine Beschränkung jeder Textsilbe auf einen Ton fußte auf der Editio medicea aus 1614. Er komponierte auch Musik für den orthodoxen und jüdischen Kultus.

Max Ettinger (1874–1951)

LEBEN
Max Ettinger wurde am 27.12.1874 in Lemberg (Lwiw) geboren. Nach einem Jahr Unterricht in Harmonie in Berlin trat er 1900 in das Konservatorium in München ein. Im Jahr 1930 übersiedelte er nach Berlin, das er 1933 verlassen mußte. Er lebte in Ascona und starb am 19.7.1951 in Basel.

WERKE
Neben 6 Opern verfaßte er die Oratorien »Das Lied von Moses«, »Königin Esther«, »Jiddisch Lebn«, »Jiddisch Requiem«, eine Suite für großes Orchester, 3 Lieder ohne Worte für großes Orchester, die Kantate »Weisheit des Orients« für Soli, Chor und Orchester, ein Quintett für vier Holzbläser und Klavier, ein Streichquartett, eine Violin- und eine Cellosonate. Seine Kompositionen orientieren sich an der deutschen Spätromantik.

Akin Euba (geboren 1935)

LEBEN
Akin Euba wurde am 28.4.1935 in Lagos, Nigeria, geboren. Er studierte von 1952 bis 1957 am Trinity College in London Musik und leitete anschließend bis 1965 die Musikabteilung des nigerianischen Rundfunks. Dann studierte er bis 1966 an der Universität in Los Angeles Komposition und Musikethnologie, wirkte darauf bis 1968 an der Universität in Lagos als Lektor für Musik, anschließend wurde er Leiter der Forschungsabteilung an der Universität in Ife, Nigeria.

WERKE
In seinem kompositorischen Schaffen ist Akin Euba bestrebt, Elemente und Ausdruckswerte der afrikanischen Musik mit Mitteln der europäischen wiederzugeben. Er schrieb unter anderem eine Tanzsuite für 15 nigerianische Instrumente, 4 Stücke für afrikanisches Orchester auf Instrumenten der Stämme Joruba, Igbo, Ashanti und Lobi, eine sinfonische Studie für Orchester über eine Joruba-Sage, ein Stück für dreistimmigen Chor und fünf nigerianische Instrumente, ein Bläserquintett, ein Streichquartett, ein Stück für Klavier und Sprecher und ein Klavierwerk.

François Eustache du Caurroy (1549 – 1609)

ZEIT UND UMWELT
Wenn auch in der katholischen Kirchenmusik wegen der straffen Ordnung des Ritus der Choral keinen häufigen Bearbeitungen unterworfen wurde, so finden sich doch unter den mehrstimmig gesetzten Formen des Proprium und des Ordinarium echte mehrstimmige Sätze, die sich einer freien Komposition liturgischer Texte nähern. Parallel dazu entwickelte sich die instrumentale Choralbearbeitung, die anfänglich nahezu ausschließlich auf die Orgel beschränkt war. Aus Choralvorspielen, die das Thema zuweilen imitatorisch vorausnahmen und fugierten oder auszierten, wurden selbständige Choralfantasien, die später auch von ande-

ren Tasteninstrumenten (Cembalo, Clavichord, Klavier), von Bläsern und von Streicherensembles ausgeführt wurden.

LEBEN
François Eustache du Caurroy, sieur de Saint Frémin, wurde am 4. 2. 1549 in Beauvais getauft. Nach der Ausbildung in seinem Geburtsort trat er der Königlichen Kapelle in Paris als Sänger bei (um 1569) und wurde dort Kapellmeister. Im Jahre 1599 wurden für ihn Stelle und Titel eines Surintendant de la Musique du Roi (Superintendent der Musik des Königs) geschaffen. Er wirkte in dieser Eigenschaft bis zu seinem Tod am 7. 8. 1609 in Paris.

WERKE
Von den Werken des französischen Komponisten François Eustache du Caurroy sind eine fünfstimmige Totenmesse, die durch lange Zeit bei Trauerfeierlichkeiten des Hofes gesungen wurde, 2 Bücher kirchliche Gesänge, Chansons, Psalmen und Noëls überliefert, außerdem drei- bis sechsstimmige instrumentale Fantasien, die abschnittsweise imitatorisch oder fugiert oder mit breiten Notenwerten gefaßt sind und eine frühe Choralbearbeitung für Instrumente darstellen, eine Kompositionsform, die erst später zur Blüte kam.

LITERATUR
N. Dufourcq, A propos d'Eustache du Caurroy, Revue de Musicologic XXXII, 1950.

Eustorg de Beaulieu (um 1495–1552)

ZEIT UND UMWELT
In Frankreich hatte die Reformation weite Kreise erfaßt, obwohl die protestantische Lehre von den Königen und der Regierung nur teilweise geduldet wurde, bis die Ausrottung aller Ungläubigen zur Beendigung der Religionsstreitigkeiten einsetzte. Je nach den Landstrichen, in denen sie sich aufhielten, mußten Anhänger neuer Lehren mit stärkeren oder schwächeren Beeinträchtigungen ihrer Lebensumstände rechnen. Die in die Schweiz auswichen, konnten ebenfalls leicht in Schwierigkeiten kommen, wenn sie nicht der dortigen strengen Lebensführung huldigten, die ihnen Zwingli vorschrieb.

LEBEN
Eustorg (Hector) Beaulieu wurde um 1495 in Beaulieu-sur-Ménoire (Limousin) geboren. Von 1522 bis 1524 war er als Organist an der Kathedrale von Lectorure tätig, dann brachte er sich als Musiklehrer in Tulle und Bordeaux durch. Nach seiner eigenen Behauptung war er inzwischen Priester geworden. In den Jahren von 1534 bis 1537 lebte er in Lyon, veröffentlichte einen Gedichtband und nahm Beziehungen zum französischen Dichter Clément Marot auf, dem Schöpfer des französischen Renaissancestils, der von katholischen Kreisen stark verfolgt wurde. Er übersiedelte nach Genf, um eigenen Verfolgungen zu entgehen, studierte in Lausanne Theologie und wurde 1540 Pfarrer in Thierrens im Waadtland. 1547 verlor er seine Pfarrerstelle und ging nach Basel, wo er am 8. 1. 1552 starb.

WERKE
Eustorg de Beaulieu veröffentlichte 1546 in Genf eine Chrestienne Resiouyssance (Christliche Unterhaltung), in deren erstem Teil er 160 Kontrafakta weltlicher Lieder und Gedichte aufzeichnete; zu 39 Gedichten komponierte er die Musik selbst, die sich im Rahmen der damaligen protestantischen Kirchenmusik hielt und sehr ansprechend ist.

LITERATUR
H. J. Harvitt, Eustorg de Beaulieu, a Disciple of Marot, in: Romanic Review 7, 1916.

Antiochos Evangelatos (geboren 1903)

LEBEN
Antiochos Evangelatos wurde am 25.12.1903 in Lixourion auf Kephallinia geboren. Er studierte von 1923 bis 1928 am Konservatorium in Leipzig und war nach einer Studienreise nach Wien und Berlin in Basel Schüler von Felix Weingartner. Ab 1932 wirkte er in

Athen als Leiter des Konservatoriums sowie als Chefdirigent des Rundfunks und der Staatsoper.

WERKE
Von Antiochos Evangelatos sind 2 Sinfonien, »Grabgesang«, ein »Larghetto und Scherzo«, eine Suite, eine Ouvertüre, »Variationen und Fuge«, ein »Preludio e Rondo giocoso« und ein sinfonisches Gedicht bekannt geworden; er schrieb außerdem ein Klavierkonzert, 2 Streichsextette, ein Streichquartett, eine Violinsonate, eine Kantate, einen Liederzyklus, Orchesterlieder und Bühnenmusiken.

Franco Evangelisti (1926–80)

LEBEN
Franco Evangelisti wurde am 21.1.1926 in Rom geboren. Nach absolviertem Ingenieurstudium an der Universität in Rom wurde er 1948 Musikstudent bei Fernando Germani und Daniele Paris (geboren 18.11.1926, Frosinone, Latium), dann ging er nach Freiburg im Breisgau, um an der Musikhochschule Komposition zu studieren. Seit 1952 widmete er sich ausschließlich der Elektronischen Musik. Er war Mitbegründer der Woche für Neue Musik in Palermo, Gründer des Ensembles »Nuova Consonanza« und des elektronischen Studios »R7«, außerdem Dozent für Elektronische Musik an der Accademia di Santa Cecilia in Rom. Er starb dort am 28.1.1980.

WERKE
Nach sieben Jahren experimentellen Komponierens im temperierten System widmete sich Franco Evangelisti ab 1962 elektroakustischen Problemen. Er schrieb »Ordini« für Orchester, »Condensazioni« für Orchester, Skizzen für Orchester, »Spazio« (Der Raum) für vier Schlagzeuggruppen, Vokalklänge und elektronische Bearbeitung, Elektronische Studien, Aleatorische Studien für Streichquartett, verschiedene Klavierstücke, ein Theaterstück für sieben bis zehn Mimen, Bildprojektor und Kammerorchester und 2 Strukturen daraus, ferner eine Reihe experimenteller Stücke.

Charles Smart Evans (1778–1849)

LEBEN
Charles Smart Evans wurde 1778 vermutlich in London geboren und sang als Chorknabe an der Royal Chapel unter Edmund Ayrton. Im Jahr 1808 erhielt er die Ernennung zum Gentleman der Chapel Royal. Er wurde vom Glee Club und dem Catch Club mit Preisen ausgezeichnet. Für einige Zeit wirkte er als Organist an St. Paul's und an Covent Garden. Er starb am 4.1.1849 in London.

WERKE
Von Charles Smart Evans sind einige Anthems, Glees und andere Vokalstücke bekannt geworden. Er verfaßte außerdem Oden und einige vorzügliche Motetten. Er galt als einer der beliebtesten Vokalkomponisten seiner Zeit.

David Evans (1874–1948)

LEBEN
David Evans wurde am 6.2.1874 in Resolven, Glamorganshire, geboren. Er studierte in Oxford und wirkte von 1900 bis 1903 als Organist in London. Anschließend war er an verschiedenen Colleges von South Wales, Monmouthshire und Cardiff tätig. Er starb am 17.5.1948 in Rhos-on-Sea bei Wrexham.

WERKE
David Evans schrieb eine Orchestersuite, eine Kantate auf walisischen Text und eine weitere auf englischen, 2 walisische Oden, Chöre, Anthems und Services. Sein Stil ist spätromantisch. Er war die führende Kraft der walisischen Komposition der ersten Hälfte des 20. Jahrhunderts.

Carl Evers (1819–75)

ZEIT UND UMWELT
Der Kapellmeister des Stadttheaters im Hamburg, Karl Krebs, hatte aus seiner Wirkenszeit in Wien gute Verbindungen zu der österrei-

chischen Musikwelt, die er für einige seiner Schüler ausnützen konnte, weil seine Empfehlung einiges Gewicht hatte.

LEBEN
Carl Evers wurde am 8.4.1819 in Hamburg geboren. Er war Schüler von Karl Krebs in Hamburg und von Felix Mendelssohn-Bartholdy in Leipzig. Nachdem er in Paris seine Ausbildung zum Pianisten abgeschlossen hatte, wurde er über Empfehlung von Karl Krebs Kapellmeister in Graz. Im Jahr 1872 ließ er sich in Wien nieder, wo er am 31.12. 1875 starb.

WERKE
Von Carl Evers sind 4 Klaviersonaten, Fantasien und Fugen für Klavier sowie Lieder und Chöre erschienen. Sehr verbreitet waren seine »Chansons d'amour«, die der Salonmusik sehr nahekamen.

Sergei Ewsejew (1893–1956)

LEBEN
Sergei Wasiljewitsch Ewsejew wurde am 13.1. 1893 in Moskau geboren. Er war dort Schüler von Lew Konius (1871–1944), Aleksandr Goldenweiser und Sergei Tanejew. Er wirkte von 1919 bis 1930 als Theorielehrer an der Tanejew-Musikschule und ab 1922 bis zu seinem Tod am 16.3.1956 am Konservatorium in Moskau.

WERKE
Von den 3 Sinfonien von Sergei Ewsejew sind 2 mit Chor verfaßt. Er schrieb außerdem ein Klavierkonzert, ein Klarinettenkonzert, ein Trio, eine Sonate für Violine und Klavier, eine Sonate für Cello und Klavier, eine Sonate für zwei Klaviere, 2 Sonaten für Klavier solo, eine Dithyrambe für Singstimme, Violine, Cello und Klavier, Lieder und Chöre auf Volkslieder der Russen, der Mari und der Morwinen.

André Joseph Exaudet (um 1710–62)

ZEIT UND UMWELT
Trotz der dominierenden Position, die Paris und Versailles im Musikleben Frankreichs einnahmen, entwickelte dennoch jede der Provinzstädte ihr eigenes Musikgeschehen, das sich allerdings nahezu in allen Fällen nach der Haupt- und Residenzstadt orientierte. Die Städte bauten Opernhäuser und Konzertsäle, gründeten Akademien sowie Musikschulen, und sie boten jungen Talenten reiche Entfaltungsmöglichkeiten. Aber die meisten davon nützten doch jede Gelegenheit, nach Paris zu kommen, um dort wirken zu können.

LEBEN
André Joseph Exaudet wurde um 1710 in Rouen geboren. Er trat 1744 in der Académie de Musique als Violinist zum ersten Mal auf, ging sodann nach Paris, wurde 1749 in das Orchester der Oper und 1751 in das des Concert spirituel aufgenommen. Im Jahr 1758 erhielt er die Ernennung zum Königlichen Kammermusiker und 1759 die Mitgliedschaft der »24 violons du roy«. Er starb 1762 in Paris.

WERKE
Von André Joseph Exaudet sind 2 Bücher mit Sonaten für Solovioline und Generalbaß, 6 Triosonaten für zwei Violinen und Baß und ein Konzert für Solovioline, zwei weitere Violinen, Bratsche und Generalbaß erschienen. Das Menuett aus der Triosonate Nr. 1 ist außerordentlich berühmt geworden.

Josef Leopold Eybler (1765–1846)

ZEIT UND UMWELT
Ab dem Tod der Kaiserin Maria Theresia (1780) überstürzten sich die innen- und außenpolitischen Ereignisse in Österreich. Die Reformen Kaiser Josephs II., das Wetterleuchten der Revolution in Frankreich am Horizont des übrigen Europa, die Koalitions-

kriege, die Annahme des österreichischen Kaisertitels durch Franz II. und seine Niederlegung der deutschen Kaiserkrone, die Schlachten vor den Toren Wiens und der Einmarsch Napoleons in der österreichischen Hauptstadt, der Wiener Kongreß, die Geldentwertung, der damit verbundene wirtschaftliche Niedergang und die politischen Zustände des Vormärz griffen tief in den Lebensgang der Wiener Bevölkerung ein. Trotzdem blühte in jener Zeit – während der Klassik und im Anschluß daran – die Musik in Wien auf wie nie zuvor, so daß man den Eindruck gewinnt, daß sie sich von allen widrigen Umweltbedingungen emanzipiert habe, um, unabhängig von allem Zeitgeschehen, den eigenen Entwicklungsweg zu gehen.

LEBEN

Josef Leopold Edler von Eybler wurde am 8. 2. 1765 in Schwechat, Niederösterreich, geboren. Er war von 1776 bis 1779 in Wien Schüler von Johann Georg Albrechtsberger und gab darauf Klavier- und Violinunterricht; er betätigte sich auch als Orgel-, Waldhorn-, Bratschen- und Barytonspieler und als Sänger. Im Jahr 1792 wurde er Chorregent der Wiener Karmeliterkirche, wirkte von 1794 bis 1824 als Regens chori am Schottenstift und zugleich als Hofmusiklehrer, ab 1804 als Vize-Hofkapellmeister und, nachdem Antonio Salieri 1824 gestorben war, als Hofkapellmeister bis 1833. Er starb am 24. 7. 1846 in Wien.

WERKE

Von Josef Leopold Eybler sind 32 Messen, 7 Te Deum, ein Requiem, Psalmen, Sinfonien, Streichquartette, Oboenquintette und Lieder erhalten. Er schrieb außerdem die Oratorien »Die Hirten an der Krippe« und »Die vier letzten Dinge«. Er hat im Dezember 1791 als erster mit den Ergänzungen zum Requiemfragment von Wolfgang Amadeus Mozart begonnen. Erhalten sind davon die Abschnitte vom »Dies irae« bis zum »Lacrimosa«.

LITERATUR

R. Haas, Josef Leopold Edler von Eybler, Mozart-Jahrbuch, 1952; H. Herrmann, Thematisches Verzeichnis der Werke von Josef Eybler, 1976.

Johann Friedrich Eylenstein
(1757–1830)

LEBEN

Johann Friedrich Adam Eylenstein wurde 1757 in Weimar geboren. Er wirkte dort als Violinist, Repetitor der Oper, Kammermusikus und Organist der Stadtkirche bis zu seinem Tod im Jahr 1830.

WERKE

Von Johann Friedrich Eylenstein sind eine Klaviersonate und 25 »Lieder von beliebten Dichtern Teutschlands« erhalten. Die Gedichte stammen zum größten Teil aus dem Weimarer Dichterkreis.

F

Heinrich Faber (um 1500–52)

ZEIT UND UMWELT

Christian II., König von Dänemark und Norwegen (1481–1559), konnte 1520 auch die Krone Schwedens erobern. Im Jahre 1523 kam jedoch Gustav I. Eriksson Wasa auf den schwedischen Thron, und Christian mußte auch Kopenhagen verlassen. Der Versuch, mit Hilfe seines Schwagers Kaiser Karl V. zumindest Norwegen und Dänemark zu retten, scheiterte.

LEBEN

Heinrich Faber wurde um 1500 in Lichtenfels geboren. Er dürfte mit dem Altisten Heinrich Lichtenfels, der von 1515 bis 1523 in der Hofkantorei König Christians II. von Dänemark und Norwegen (1520 – 1523 auch von Schweden) wirkte, identisch sein. Ab dem Jahr 1538 war er Lehrer an der St.-Georgen-Schule und ab 1544 an der Stiftsschule in Naumburg, wo er 1549 Rektor der Lateinschule wurde, verlor aber 1551 diese Stelle, angeblich, weil er Spottlieder gegen den Papst verfaßte. Er nahm eine Schuldirektorstelle in Ölsnitz, Vogtland, an, wo er am 26. 2. 1552 starb.

WERKE

Der deutsche Kantor und Musikwissenschaftler Heinrich Faber hinterließ 2 vierstimmige Sätze und von 3 weiteren den Baß, außerdem eine Anzahl Stücke für den liturgischen Gebrauch. Alle anderen kompositorischen Werke sind verschollen. Sie waren für die Musikerziehung im Reformationsjahrhundert sehr wichtig.

LITERATUR

W. Gurlitt, Die Kompositionslehre des deutschen 16. und 17. Jahrhunderts, Bamberg 1953.

Johann Christoph Faber
(um 1660 bis nach 1729)

ZEIT UND UMWELT

Zahlen- und Wortsymbolik ist vermutlich in der älteren Musik (Romanik, Gotik, Renaissance) in bedeutend größerem Maß impliziert, als wir heute erkennen. Damit ist nicht die transparente Übermittlung von Vorstellungsbildern gemeint, wie zum Beispiel die Darstellung einer Zweisamkeit durch zwei Stimmen oder eines Affekts durch Aufwärtsbewegung des melodischen Flusses, auch nicht die Verwendung von Tonbezeichnungen (B-A-C-H = Bach) zur Wortbildung, sondern die Verbindung von Klängen, Figuren oder melodischen Linien mit mystischen Vorstellungs- oder Gefühlsinhalten. Noch wenig ist von diesen Geheimnissen enträtselt, vieles davon wird uns immer verschlossen bleiben, weil die Tatbestände, auf die sie sich beziehen, nicht mehr reproduzierbar sind. Kleine Texte – Ausrufe, Anrufe, Anspielungen usw. – können in einigen Fällen mit Hilfe von Schlüsseln klargelegt werden.

LEBEN

Johann Christoph Faber wurde um 1660 vermutlich im Raum von Wolfenbüttel geboren, wo er wahrscheinlich als Musiker tätig war und nach 1729 starb.

WERKE

Vom deutschen Komponisten Johann Christoph Faber sind überliefert: »Compositio obligata für 2 bis 4 Violinen, Bratsche, Cello und Cembalo«, »Compositio obligata in zweyen absonderlichen Mysteria für Oboe, 2 Violinen, Bratsche, Cello und Generalbaß«, »Parties sur les Flûtes douces à 3«, »Neu erfundene obligate Composition et Intention wie zwey Concerten«. Die Werke sind durch ihren Zahlen- und Buchstabensymbolismus interessant, der der Musik kleine, mittels beigegebener Schlüssel enträtselbare Texte beigibt.

Stephan Faber (um 1580–1632)

ZEIT UND UMWELT

Unter den Herzogen der ersten Jahrzehnte des 17. Jahrhunderts gewannen die württembergischen Landstände so starken politischen Einfluß, daß sich einzelne Gebiete, Städte und Dörfer einer nahezu unabhängigen Selbstverwaltung erfreuen konnten. Das geruhsame Leben endete jedoch mit dem Ausbruch des Dreißigjährigen Krieges. Das Land ergriff die Partei der protestantischen Fürsten und der Schweden, mit denen Herzog Eberhard III. (gestorben 1674) ein Bündnis einging. Nach der Niederlage der Schweden bei Nördlingen (1634) wurde Württemberg geplündert, der Herzog mußte nach Straßburg fliehen.

LEBEN

Stephan Faber wurde um 1580 in Lonnerstadt, Oberfranken, geboren und erhielt 1605 eine Präzeptorenstelle an der Lateinschule in Giengen an der Brenz, Württemberg, wo er 1632 starb.

WERKE

Von dem deutschen Kantor Stephan Faber ist ein Buch mit vorzüglichen Tricinien »Cantiones aliquot sacrae« (Einige geistliche Gesänge) überliefert. Der Krieg verhinderte die Drucklegung weiterer Werke, zum Teil wohl auch die kompositorische Arbeit selbst.

Eduardo Fabini (1882–1950)

LEBEN

Eduardo Fabini wurde am 18.5.1882 in Solís de Mataojo, Departamento Lavalleja, Uruguay, geboren. Seine Ausbildung erhielt er in Montevideo und Brüssel. Im Jahr 1907 beteiligte er sich an der Gründung des Konservatoriums von Uruguay und der »Kammermusikvereinigung«, an der er als Violinsolist mitwirkte. Er ging fallweise als Violinvirtuose in Südamerika auf Konzertreisen. Er starb am 17.5.1950 in Montevideo.

WERKE

Man bezeichnet Eduardo Fabini als Begründer der nationalen uruguayischen Musik. Er schrieb ein Ballett, 3 sinfonische Dichtungen, eine Fantasie für Violine und Orchester, die Kantate »Die alte Heimat« für Sopran, Sprecher, Frauenchor und Orchester, Stücke für Violine und Klavier, für Klavier solo und für Gitarre, ferner Chöre und Lieder.

Adam Fabri (um 1380 bis um 1440)

ZEIT UND UMWELT

In den ersten Jahrzehnten des 15. Jahrhunderts kam es zwischen den Musiktraditionen Frankreichs, Englands und Italiens zur lebhaften Wechselwirkung. Der Schauplatz dieses Vorganges war der franko-flämische Raum. Die Musiker der genannten Länder wirkten zwar in ihrer Heimat weiter, sie kamen aber über das entstandene neue Musikzentrum in ständige Kommunikation miteinander.

LEBEN

Adam Fabri wurde um 1380 vermutlich in Paris geboren. Er war Geistlicher an Notre-Dame in Paris und ist wahrscheinlich um 1440 dort verstorben.

WERKE

Von Adam Fabri sind mehrere Rondeaux für eine Singstimme und zwei Instrumente erhalten. Die Instrumentalbegleitung ist teilweise arpeggierend durch ganze Akkorde.

Aus diesem Grund kommt diesen Rondeaux eine besondere Bedeutung zu.
Unsicher ist, ob diese Rondeaux tatsächlich von dem Geistlichen Adam Fabri stammen. Es kommt dafür auch Adam Maigret in Frage, der um 1422 Erster Kaplan bei Karl VI. war, oder ein Sänger an Notre-Dame namens Erasmus Adam.

Petrus Fabricius (1587–1651)

ZEIT UND UMWELT
Der deutsche Musiktheoretiker Joachim Burmeister (um 1566, Lüneburg, bis 5. 5. 1629, Rostock) bezog in seiner Kompositionslehre zum ersten Mal die musikalische Rhetorik ein und legte damit die Grundlage für die Figuration des Barock, die nicht nur schmückenden Charakter hatte, sondern durch emphatisches Hervorheben einzelner Wörter oder Wortgruppen ihren Affektgehalt betonte und ihre Bedeutung bildhaft machte. Die Figuration wurde beim Lied nicht selten in die Begleitung verlegt.

LEBEN
Petrus Fabricius (eigentlich Peter Schmidt) wurde 1587 in Tondern, Nordschleswig, geboren. Er studierte in Rostock, wo er mit dem Musiktheoretiker Joachim Burmeister in Verbindung kam. Ab 1617 war er Pastor in Warnitz, wo er 1651 starb.

WERKE
Der deutsche Theologe und Komponist Petrus Fabricius brachte eine Sammlung von 196 vorwiegend niederdeutschen ein- und mehrstimmigen Gesellschafts- und Volksliedern und 26 Kirchenliedern heraus. Für diese schuf er eine interessant figurierte Lautenbegleitung, aus der neu gefaßte Musikstücke wurden.

LITERATUR
B. Engelke, Das Lautenbuch des Petrus Fabricius, in: Die Heimat XXXIX, 1929.

Werner Fabricius (1633–79)

ZEIT UND UMWELT
Neben der Dresdener Hofkapelle, der für das gesamte deutsche Musikleben wichtigen Pflegestätte, nahmen die Leipziger Kapellen und Chöre einen zumindest ebenso hohen Rang ein. Der Universitätschor und die Kapellen an den verschiedenen Kirchen brachten durch Jahrhunderte beste Musik zu Gehör. Schon die Mitgliedschaft zu einem dieser Klangkörper bedeutete eine Auszeichnung.

LEBEN
Werner Fabricius wurde am 10. 4. 1633 in Itzehoe geboren. Er war Schüler von Thomas Selle und Heinrich Scheidemann in Hamburg, studierte darauf Rechtswissenschaft in Leipzig, wurde dort Advokat, wirkte jedoch zugleich als Organist an der Nicolaikirche und als Musikdirektor an der Paulinerkirche der Stadt, in der er am 1. 9. 1679 starb.

WERKE
Der deutsche Komponist Werner Fabricius hinterließ unter dem Titel »Deliciae harmonicae« (Musikalisches Vergnügen) eine Anzahl fünfstimmiger Suiten, »Geistliche Lieder« und »Geistliche Arien« für vier bis acht Stimmen, die zum Teil gut kontrapunktisch gearbeitet und die Wiederkehr der Kontrapunktik, die in Deutschland nie ganz aufgegeben worden war, ankündigten. Außerdem sind kleinere Gelegenheitskompositionen des Meisters erhalten.

Albinus Fabritius (um 1550–1635)

ZEIT UND UMWELT
Die Musikpflege in den Klosterkirchen wurde in Österreich wie in anderen Ländern vorwiegend von den Mönchen und eventuell von an den Klöstern bediensteten Laien bestritten. Waren Schulen mit den Klöstern verbunden, wurden begabte Schüler herangezogen und ausgebildet. Die Musiker in den Klöstern blieben oft anonym. Die Musik

gehörte zu den kirchlichen Tätigkeiten wie alles andere. Wer musikalisches Talent hatte, mußte davon Gebrauch machen, ohne daß er besonders hervorgehoben wurde. Daher wissen wir über klösterliche Komponisten bis weit in die Neuzeit hinein sehr wenig. Ihre Kompositionen liegen in den Archiven, die Namen der Komponisten sind häufig überhaupt nicht oder sehr fragmentarisch vermerkt. Nur über Außenstehende, die für ein Kloster Musik machten, gibt es bessere Informationen.

Leben

Albinus Fabritius (Fabricius) wurde um 1550 in Görlitz geboren und vielleicht im nahen Dresden ausgebildet. Es ist nicht bekannt, wie er nach Österreich kam und 1597 Gutsverwalter des Benediktinerstiftes Sankt Lambrecht, Steiermark, wurde. Er starb in Bruck an der Mur am 19. 12. 1635.

Werke

Das Hauptwerk des Komponisten Albinus Fabritius stellen seine sechsstimmigen »Cantiones sacrae« (Geistliche Gesänge) dar, die aus 24 lateinischen Motetten bestehen und in Graz erschienen sind. Weitere mehrstimmige Motetten sind in verschiedenen deutschen Handschriften (Breslau, Freiberg, Zwickau usw.) enthalten.

Giacomo Facco (um 1670–1757)

Zeit und Umwelt

Sizilien war bis zum Tod des letzten Habsburgers Karl II. auf dem spanischen Thron in Madrid spanisch. Im darauffolgenden Erbfolgekrieg erhob Österreich auf die Insel Anspruch, sie wurde jedoch im Frieden von Utrecht dem Herzog von Savoyen, Victor Amadeus II. (1666–1732), zugesprochen. Im Frieden von Rastatt erhielt Österreich neben Neapel auch Sardinien, das es 1720 gegen Sizilien tauschte.

Leben

Giacomo Facco (Jaime Faco) wurde um 1670 in Venedig geboren. Er kam um 1700, also noch vor dem Krieg um die spanische Erbschaft, über Sizilien nach Madrid, wurde dort 1720 Violinist der Hofkapelle und war von 1731 bis 1739 auch Kapellmeister des Infanten Don Carlos, des nachmaligen Königs Karl III. (1716–88). Er starb 1757 in Madrid.

Werke

Der italienische Violinist und Komponist Giacomo Facco veröffentlichte 12 Konzerte und schrieb eine Oper im neapolitanischen Stil. Er trug zur Übernahme italienischer Stilelemente in Spanien viel bei.

Literatur

U. Zanolli, Giacomo Facco, maestro de reyes, Mexiko 1965.

Hans Fährmann (1860–1940)

Leben

Ernst Hans Fährmann wurde am 17.12.1860 in Beicha bei Lommatzsch geboren. Er wirkte von 1890 bis 1926 als Kantor und Organist an der Johanniskirche in Dresden, wo er ab 1891 am Konservatorium Unterricht im Orgelspiel gab und am 29.6.1940 starb.

Werke

Von Hans Fährmann sind ein Oratorium »Heimkehr«, ein »Heldenrequiem« für Soli, achtstimmigen Chor und Orchester, eine Sinfonie in C-Dur, ein Orgelkonzert, ein Streichquartett, 3 Klaviertrios, 14 Orgelsonaten, eine Klaviersonate und weitere Kammermusik, Orgelstücke und Lieder überliefert. Der Stil dieses ausgezeichneten Organisten gehört der deutschen Hochromantik an.

Zeit und Umwelt

An den Konservatorien in Neapel wurden ganze Familien ausgebildet. Die Lern- und Lehrstellen wurden von einer Generation zur nächsten weitergereicht, damit auch das

Wissen, Können und schließlich die späteren Wirkungskreise.

LEBEN
Lorenzo Fago wurde am 13. 8. 1704 in Neapel als Sohn des Nicola Fago geboren. Er war nach seiner Ausbildung am Conservatorio della Pietà de'Turchini zunächst Organist an San Gennaro in Neapel, sodann ab 1737 Lehrer am Konservatorium, aus dem er hervorgegangen war. Er wirkte dort nach dem Ableben von Leonardo Leo (1744) als Kapellmeister bis zu seinem Tod am 30. 4. 1793. Sein Sohn Pasquale Fago (um 1740, Neapel, bis 1794, Neapel) war ebenfalls Organist an San Gennaro.

WERKE
Von Lorenzo Fago ist eine Anzahl sakraler Musik – Messen, Offertorien – überliefert. Sein Stil war der seines Vaters.
Pasquale Fago hat einige Opern verfaßt, die in Neapel aufgeführt wurden, aber nicht erhalten sind.

LITERATUR
E. Faustini-Fasini, Il Tarantino e la sua famiglia, Tarent 1931.

Nicola Fago
(1677 – 1745)

ZEIT UND UMWELT
Das Musikleben von Neapel, das im 18. Jahrhundert einen mächtigen Aufschwung nahm, wurde zu einem großen Teil von den Schülern der Musikschulen der Stadt bestritten, wo einzelne dann ihrerseits wieder als Lehrer wirkten und weitere Meister ausbildeten.

LEBEN
Francesco Nicola Fago (genannt »Il Tarantino«) wurde am 26. 2. 1677 in Taranto geboren. Er war ab 1693 Schüler des Conservatorio della Pietà de'Turchini in Neapel, von 1704 bis 1708 Kapellmeister am Conservatorio Sant'Onofrio und von 1705 bis 1740 am Conservatorio della Pietà d'Turchini und zugleich an Tesoro di San Gennaro (1709 bis 1731), schließlich ab 1736 auch an San Giacomo degli Spagnuoli. Er starb in Neapel am 18. 2. 1745.

WERKE
Der italienische Komponist Nicola Fago verfaßte eine große Anzahl Kirchenmusik, wie Kantaten, sakrale Gesänge und mehrere Oratorien, außerdem einige Opern. Sein Stil ist der Oper sehr angenähert.

LITERATUR
E. Faustini-Fasini, Il Tarantino e la sua famiglia, Taranto 1931.

Gaucelm Faidit (um 1170 bis um 1230)

LEBEN
Gaucelm Faidit wurde um 1170 in Uzerche nahe Ventadorn (Corrèze) geboren. In seinen jungen Jahren verliebte er sich in Maria de Ventadorn und widmete ihr einige Gedichte. Es wurde über ihn berichtet, daß er keine gute Stimme gehabt habe. Und der Mönch von Montaudon, der mit der Familie Ventadorn befreundet war, läßt uns wissen, daß Gaucelm Faidit nur über einen sehr beschränkten Wirkungskreis verfügt habe. Seine Tätigkeit als Troubadour fällt in die Zeit um die Jahrhundertwende. Er hielt sich zeitweilig am Hof des Grafen Bonifatius von Montferrat auf, den er auf dem IV. Kreuzzug begleitete. Den zeitgenössischen abfälligen Urteilen über ihn steht die Tatsache gegenüber, daß er den berühmtesten Troubadour-Planctus verfaßt hat. Er ist um 1230 gestorben. Ein genaueres Datum und der Ort seines Todes sind nicht feststellbar.

WERKE
Von Gaucelm Faidit sind ungefähr 79 Liedtexte bekannt, 14 davon sind mit Musik überliefert. Darunter befinden sich Kanzonen, Tenzonen und Planhs. Seine Musik ist leicht faßlich und sehr sangbar.

Planctus um den Tod König Richard Löwenherz
3 neunzeilige und eine fünfzeilige gereimte Strophe, die mit den bei einem Nekrolog üblichen

Übertreibungen den Tod des Königs in einer aus Habsucht geführten Fehde (1199) beklagen. Der schwermütige Duktus der Melodie klingt etwas an den mozarabischen Kirchengesang an und drückt die Trauer unvergleichlich plastisch aus. Das Instrumentenspiel zwischen den Strophen lädt zur Meditation ein.

LITERATUR

J. Mouzat, Le troubadour Gaucelm Faidit en Provence, Kongreßbericht, Avignon 1964.

Noël Faignient (um 1540 bis um 1597)

ZEIT UND UMWELT

Heinrich Julius, Herzog von Braunschweig (1564–1613), Rektor der von seinem Vater Herzog Julius gegründeten Universität in Helmstedt, war eine repräsentative Gestalt des deutschen Frühbarocks und Begründer des modernen deutschen Schauspieles. Er folgte seinem Vater 1589 in die Regierung des Herzogtumes und setzte dessen kulturelle Bestrebungen in verstärktem Maß fort. Die Hofkapelle, zu der vorwiegend Kräfte aus dem flämischen Raum herangezogen wurden, erfuhr einen weiteren Ausbau.

LEBEN

Noël Faignient (Noé) wurde um 1540 in Cambrai geboren. Seine Ausbildung erhielt er vermutlich in Antwerpen, wo er 1561 das Bürgerrecht erwarb. Er hielt sich in dieser Stadt bis um 1577 auf. Welche Stellung er dort bekleidete, ist unbekannt. Vor 1580 kam er nach Braunschweig in den Dienst der Herzöge als Kapellmeister und wurde besonders von Herzog Heinrich Julius gefördert. Gegen 1594 kehrte er nach Antwerpen zurück und starb dort um 1597.

WERKE

Von dem franko-flämischen Komponisten Noël Faignient sind 1568 in Antwerpen vier- bis sechsstimmige Motetten, Madrigale und Chansons erschienen. Weitere Chansons und Motetten befinden sich in Sammelwerken. Von den Messen, die er komponiert hat, ist nichts erhalten. Seine Kompositionen schließen sich stilistisch stark an Orlando di Lasso an.

LITERATUR

R. Linaerts, Het Nederlands polifonies lied, Mecheln/Amsterdam 1933.

Blair Fairchild (1877–1933)

LEBEN

Blair Fairchild wurde am 23.6.1877 in Belmont geboren. Er war an der Harvard University Schüler von John Knowles Paine und in Florenz von Giuseppe Buonamici (1846 bis 1914). Nach kaufmännischer und dann diplomatischer Tätigkeit wandte er sich 1903 ganz der Musik zu, studierte noch in Paris bei Charles-Marie Widor und lebte als freier Komponist abwechselnd in New York und in Paris, wo er am 23.4.1933 starb.

WERKE

Der diplomatische Dienst in Istanbul und Teheran hat Blair Fairchild den orientalischen Legendenschatz nähergebracht. Er schrieb 2 sinfonische Dichtungen nach persischen Legenden; auch die Skizze für Orchester »Tamineh« verarbeitet persisches Sagengut. Er verfaßte außerdem eine weitere sinfonische Dichtung, eine »Sinfonische Etüde« für Violine und Orchester, ein Kammerkonzert für Violine, Klavier und Streichquartett, 2 »Novelletten« für Streichquartett, ein Klavierquintett, ein Streichquartett, ein Klaviertrio, 2 Violinsonaten, Stücke für Cello und Klavier, für Klarinette und Klavier, für Violine und Cello und für Klavier solo, ferner Orgelstücke, ein Requiem, Kantaten und Lieder mit verschiedener Begleitung. Er war Spätromantiker.

Immanuel Faißt (1823–94)

ZEIT UND UMWELT

Aus dem 1847 in Stuttgart gegründeten Verein für klassische Kirchenmusik ging 1857 das Konservatorium hervor, an dessen raschem Aufschwung der Klavierpädagoge Sigmund Lebert (9.12.1823, Ludwigsburg, bis 8.12. 1884, Stuttgart) maßgebend beteiligt war.

LEBEN
Immanuel Gottlob Friedrich Faißt wurde am 13.10.1823 in Eßlingen, Württemberg, geboren. Er war, abgesehen von einem kurzen Studium bei Siegfried Wilhelm Dehn und Carl August Haupt in Berlin, Autodidakt. Ab 1846 wirkte er als Klavier- und Orgellehrer in Stuttgart, wo er den »Verein für klassische Kirchenmusik« gründete und Orgel- und Kompositionslehrer und 1859 Direktor des Konservatoriums wurde. Er starb am 5.6.1894 in Stuttgart.

WERKE
Von Immanuel Faißt sind die oft gesungene Kantate »Des Sängers Wiederkehr« und zahlreiche Männerchöre, darunter der bekannte »Gesang im Grünen«, Lieder und sehr gute Orgelstücke überliefert, außerdem ein Teil der Übungsstücke und eine Doppelfuge in der »Großen Klavierschule«, die er mit Sigmund Lebert und Ludwig Stark herausbrachte. Seine musikhistorischen Publikationen und seine Harmonielehre wurden sehr geschätzt.

Francisco Javier García Fajer
(1731–1809)

ZEIT UND UMWELT
Die Beziehungen zwischen Spanien und Neapel, die während der einer Kolonialregierung sehr ähnlichen Administration der spanischen Vizekönige meistens sehr gespannt waren, hatten sich unter den Bourbonen, die die Throne beider Reiche besetzten, gründlich geändert. Neapel war seit langem wieder ein souveräner Staat geworden wie Spanien, die Angehörigen beider Reiche begegneten einander als Gleichberechtigte, was den Kulturaustausch außerordentlich förderte.

LEBEN
Francisco Javier García Fajer (Francesco Saverio Garcia, »Il Spagnoletto«) wurde 1731 in Nalda bei Logroño geboren. Er hielt sich zu seiner Ausbildung mehrere Jahre in Neapel auf und brachte dort ein Oratorium und mehrere Opern heraus. Im Jahr 1756 kehrte er nach Spanien zurück und wirkte an der Kathedrale von Zaragoza bis zu seinem Tod am 26. 2. 1809 als Kapellmeister.

WERKE
Außer seinem Oratorium »Il Tobia« (Tobias) und mehreren Opern auf italienischen Texten verfaßte Francisco Javier García Fajer eine Anzahl Kirchenmusik – Messen, Gesänge – im neapolitanischen Kirchenmusikstil. Berühmt wurden wegen ihres schönen Klanges seine 2 mehrstimmigen Lamentationen mit Orchester.

Rolande Falcinelli (geboren 1920)

LEBEN
Rolande Falcinelli wurde am 18.2.1920 in Paris geboren. Sie studierte am Conservatoire, wirkte von 1946 – 70 als Organistin an Sacré-Cœur de Montmartre und ist seit 1948 Professorin am Amerikanischen Konservatorium in Fontainebleau. In Vertretung von Mar-

Rolande Falcinelli

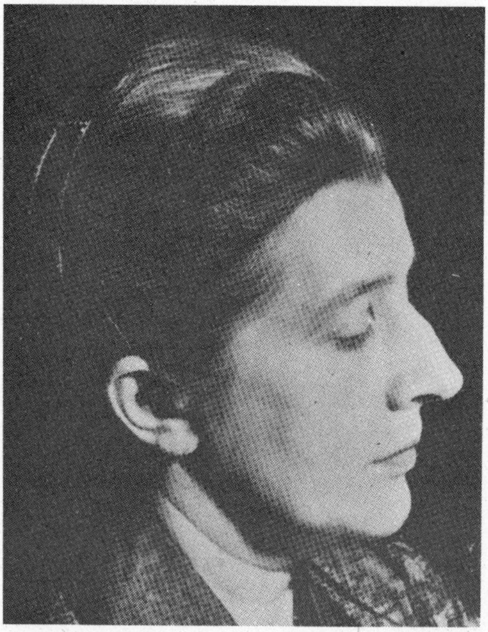

cel Dupré leitete si auch die Orgelklasse am Conservatoire, wo sie 1955 seine Nachfolgerin wurde, und versah den Organistendienst am Saint-Sulpice. Seit 1951 leitet sie auch die Orgelabteilung der École normale de musique in Paris.

WERKE
Außer einem Ballett schrieb Rolande Falcinelli 3 lyrische Szenen für Orchester, ein Streichquartett, 2 Stücke für Frauenstimmen und Orchester, ein Oratorium, eine Messe, ein Salve regina und zahlreiche Orgelstücke.

Placido Falconi (um 1530 bis nach 1600)

ZEIT UND UMWELT
Die Benediktinerabtei Monte Cassino war bereits im Mittelalter ein Zentrum der Künste und der Wissenschaft. Paulus Diaconus (um 720 bis um 799) zum Beispiel verfaßte dort seine Geschichte der Langobarden und begründete damit eine lange Tradition der Geschichtswissenschaft. Der Klosterchor war ständig mit vorzüglich ausgebildeten Stimmen besetzt. Wenn auch Musiker als Besucher gerne aufgenommen wurden, seine Musik und auch die Komposition bestritt der Orden mit eigenen geeigneten Kräften, an denen es nie mangelte.

LEBEN
Placido Falconi wurde am 1530 in Asola geboren. Er trat in Brescia 1549 dem Benediktinerorden bei und erhielt vermutlich dort seine musikalische Ausbildung. In der Zeit bis 1580 wurde er nach Monte Cassino überstellt, wo er bis zu seinem Tod als Komponist, Kapellmeister und Organist wirkte. Er starb in Monte Cassino nach dem Jahr 1600.

WERKE
Die Kompositionen des Kirchenmusikers Falconi sind in verschiedenen Niederlassungen seines Ordens zu finden. Es handelt sich um Messen, Messeteile, Motetten und andere sakrale Gesänge, deren Stil aus Rom gekommen ist.

Andrea Falconieri (1585–1656)

ZEIT UND UMWELT
Die Laute blieb auch in der ersten Hälfte des 17. Jahrhunderts in ihrer dominierenden Position, die sie sich im Jahrhundert zuvor erobert hatte. Trotz der Triumphe der Cembalisten hatte die Laute noch immer ein aufnahmebereites Publikum. Die Unmittelbarkeit der Musik, die erreicht wird, wenn ein Sänger sich selbst auf der Laute oder später auf der Gitarre begleitet, ist keiner anderen Kombination von Gesang und Spiel gegeben.

LEBEN
Andrea Falconieri wurde um 1585 in Neapel geboren und vermutlich dort an einer der Musikschulen der Stadt ausgebildet. Von 1610 bis 1614 wirkte er als Lautenist am Hof zu Parma als Nachfolger des Lautenvirtuosen Santino Garsi (1532–1603), darauf in Florenz und Rom und von 1620 bis 1621 in Modena. Reisen nach Spanien und Frankreich schlossen sich an, bis er von 1629 bis 1632 erneut in Parma tätig war und darauf bis 1637 am Collegio di Santa Brigida unterrichtete. Von 1639 bis zu seinem Tod am 29. 7. 1656 war er Kapellmeister am Hof des Vizekönigs in Neapel.

WERKE
Die Frische und Ursprünglichkeit seiner Melodik reiht den italienischen Komponisten und Lautenisten Andrea Falconieri zu den bedeutendsten Meistern Italiens der ersten Hälfte des 17. Jahrhunderts. Seine ein- bis dreistimmigen Villanellen (mit Gitarrentabulatur) sind trotz ihrer volkstümlichen Weisen von höchst künstlerischem Wert. Seine 2 Bücher »Musiche« (Musikstücke) für eine bis drei Stimmen, die fünf- bis zehnstimmigen Madrigale und die fünf- bis sechsstimmigen Motetten sind echte Konzertmusik. Richtungsweisend sind jedoch seine ein- bis dreistimmigen Instrumentalstücke, die als vollendete Barockmusik anzusehen sind.

Adam Falkenhagen (1697–1761)

Zeit und Umwelt

Obgleich die Gitarre im 18. Jahrhundert wegen ihres lauteren Klanges und größeren Tonumfanges zum beliebten Konzert- und Hausinstrument geworden war, konnte sie die Laute nicht verdrängen, weil diese mit ihren vielen Saiten ein volleres polyphones Spiel erlaubte und ihr warmer Ton noch immer sehr geschätzt wurde.

Leben

Adam Falkenhagen (Falckenhagen) wurde am 26. 4. 1697 in Groß-Daltzig bei Leipzig geboren. Er studierte ab 1719 an der Universität Leipzig, unterrichtete darauf durch 7 Jahre in Leipzig und Merseburg und war anschließend 4 Jahre lang am Hof in Weißenfels bedienstet. Nach Aufenthalten in Dresden und Jena kam er 1729 in den Dienst des Herzogs Ernst August von Sachsen-Weimar (1688–1745) und ging ungefähr 1734 nach Bayreuth, wo er 1761 starb.

Werke

Der Lautenvirtuose Adam Falkenhagen verfaßte für sein Instrument eine Anzahl Sonaten, darunter 6 für dreizehnchörige Laute, Konzerte, Partiten, Suiten, Lieder mit Lautenbegleitung, außerdem Divertimenti, Konzerte und Bearbeitungen von Opernarien für Laute und Streicher. Alle diese Werke beanspruchen eine gut ausgebildete Spieltechnik.

Manuel de Falla (1876–1946)

Leben

Manuel María de Falla y Matheu wurde am 23. 11. 1876 in Cádiz geboren. Er studierte am Konservatorium in Madrid unter Felipe Pedrell. Im jahr 1905 wurde seine Oper »La vida breve« (Ein kurzes Leben) preisgekrönt, 1907 übersiedelte er nach Paris, lebte dort zunächst als Musiklehrer und konnte mit der damaligen Elite der französischen Komposition Fühlung aufnehmen. 1914 kehrte er nach Spanien zurück und ließ sich in Granada nieder. Von einer Konzertreise nach Argentinien kam er wegen des Bürgerkriegs und der nachfolgenden politischen Zustände nicht mehr in seine Heimat zurück. Er starb am 14. 11. 1946 in Alta Gracia, Córdoba, Argentinien, als einer der hervorragendsten Gestalten des spanischen Kulturlebens, der der spanischen Musik Weltgeltung verliehen und die Komponisten anderer Länder auf die Folklore Spaniens hingewiesen hatte. Sein Leichnam wurde nach Cádiz zurückgebracht und dort in der Domgruft beigesetzt.

Werke

Neben seiner Oper, das Puppenspiel »Meister Pedro's Puppenspiel«, dem Ballett »Zauberin Liebe« und der Pantomime »Der Dreispitz« begründete vor allem das Klavierkonzert »Nächte in spanischen Gärten« den Weltruf von Manuel de Falla. Sein »Konzert für Cembalo, Flöte, Oboe, Violine und Cello« führte das Cembalo in die moderne Musik ein. Die »Fantasía baética« für Klavier wurde für Artur Rubinstein (28. 1. 1887, Lódz, bis 20. 12. 1982, Genf) geschrieben, wie viele andere seiner Kla-

Manuel de Falla

vierstücke. Er schrieb ferner Kompositionen für Gitarre, ein Klavierquintett, ein Andante und Scherzo für Klavierquartett und ein Stück für Cello und Klavier, zahlreiche Lieder und Chöre mit verschiedener Begleitung, außerdem ein großangelegtes Oratorium »Atlàntida« für Soli, Chöre und Orchester.

Atlàntida, Oratorium für Soli, 2 Chöre und Orchester, 3 Teile, Text nach dem (unvollendeten) Gedicht des katalanischen Dichters Jacint Verdaguer i Santaló (1845–1902) mit Zusätzen.

Der 1. Teil beginnt mit einem »Hymnus Hispanicus«. Dann schildern der Narrator und der gemischte Chor die Untat des dreiköpfigen Monsters Geryon, das die Königin Pyrene ihres Throns beraubte und mit brennenden Wäldern umgibt. Alcides (Herkules) kommt zu spät, um sie zu retten; er kann sie nur mehr bestatten und rächen. Er verfolgt das Ungeheuer in dessen Reich südlich der Berge. Er besiegt im 2. Teil Geryon, der sich ihm unterwirft und erklärt, daß im Süden ein bei weitem größeres und schöneres Reich bereit liegt: Atlantis. Alcides betritt dieses Reich und kommt in den Garten der Hesperiden, wo ein Drache einen Orangenbaum bewacht. Auch dieses Untier wird überwunden. Alcides kommt nach mehreren Abenteuern nach Gades, wo er vernimmt, daß die Bewohner von Atlantis wegen ihres Übermuts der Strafe Gottes verfallen sind. Atlantis versinkt vor seinen Augen. Im 3. Teil tritt ein Pilger aus Genua (Kolumbus) auf, der der Prophezeiung gemäß über den Ozean setzen und ein neues großes Reich für Spanien gewinnen wird.

Der Komponist konnte dieses gewaltige Werk nicht vollenden, Ernesto Halffter schuf die endgültige Fassung.

El amor brujo (Zauberin Liebe), Ballett für Orchester und Mezzosopran, entstanden 1915

Die Fabel stellt in 13 Abschnitten dar, wie das Zigeunermädchen Candelas von ihrem verstorbenen Liebhaber verfolgt wird, indem dieser stets als Gespenst auftaucht, wenn sie ihren neuen Liebhaber Carmelo küssen will. Da das Mädchen weiß, daß der Verstorbene einem schönen Gesicht nicht widerstehen kann, lädt sie zu ihrem Stelldichein mit Carmelo die schöne Lucia ein. Das Gespenst erscheint, wendet sich aber sofort Lucia zu, so daß Candelas und Carmelo einander endlich ungestört küssen dürfen. Die Konzertfassung rafft die Szenen, die Singstimme wird instrumental gebracht. Der Höhepunkt des Konzerts ist der Feuertanz mit bitonaler Struktur.

El sombrero de tres picos (Der Dreispitz), Ballett, 2 Teile, entstanden 1915

Die Fabel handelt vom Corregidor, der als Zeichen seiner Würde einen Dreispitz trägt. Er verliebt sich in die schöne Müllerin, die sich mit ihrem Mann über den hohen Beamten lustig macht. Diesem ist es aber möglich, den Müller aufgrund einer erfundenen Anklage festnehmen zu lassen. Dem Müller gelingt es jedoch, aus der Haft zu entkommen. Als er in seine Mühle kommt, findet er die Kleider des Corregidors vor, der sich ausziehen mußte, weil er bei der Verfolgung der Müllerin in den Mühlbach gefallen war. Der Müller zieht die Kleider des Beamten an, um so seiner Frau, von der er sich betrogen glaubt, den Hof zu machen. Der Corregidor muß nun mit den Kleidern des Müllers vorlieb nehmen und wird von seinen Häschern, die dem entflohenen Müller nachgesetzt waren, festgenommen. Das Volk läuft herbei, alles klärt sich auf, im Verlauf des allgemeinen Freudentanzes wird der unbeliebte Beamte mit einer Decke mehrmals in die Höhe geworfen und wieder aufgefangen. Die aus der Ballettmusik gebildete Suite faßt drei stilisierte Tänze des 2. Teils zusammen. Eine zweite Suite wurde aus Szenen und Tänzen des 1. Teils gebildet.

Noches en los jardines de España (Nächte in spanischen Gärten), Sinfonische Impressionen für Klavier und Orchester, 3 Sätze, entstanden 1916

Das Konzert war ursprünglich als Suite von 3 Nokturnen für Klavier geplant. Der 1. Satz »En el Generalife« (Im Generalife) schildert die Gärten der ehemaligen arabischen Residenz bei Granada mit kunstvollen Wasserspielen. Das Klavier, das nie solistisch eingesetzt ist, ahmt reizend den Klang von Gitarren nach. Der Mittelsatz »Danza lejana« (Ferner Tanz) bringt andalusische Folklore. Die Tanzrhythmen klingen zunächst aus der Ferne, kommen sodann näher und steigern sich zu ekstatischen Ausbrüchen. Das Finale »En los jardines de la Sierra de Córdoba« (In den Gärten der Sierra de Córdoba) bringt schwungvolle Tanzrhythmen, die verträumt ausklingen.

Konzert für Cembalo, Flöte, Oboe, Klarinette, Violine und Cello, 3 Sätze, entstanden 1926

Mit diesem Konzert tritt das durch viele Jahrzehnte völlig vernachlässigte Cembalo als gleichberechtigtes Instrument in das Konzertleben wieder ein. Frisch und energisch wird im 1. Satz die Klangfülle des Cembalos ausgenützt. Der 2., langsame Satz erinnert mit seinem feierlich schreitenden Rhythmus und mit scharfen Dissonanzen an eine Prozession. Das Finale weckt den Gedanken an gewisse Sonaten von Domenico Scarlatti (1685 bis 1757), dessen Musik in Spanien immer lebendig geblieben ist.

LITERATUR

A. Sagardía, Vida y obra de Manuel de Falla, Madrid 1967.

Evelyn Faltis (1890–1937)

LEBEN

Evelyn Faltis wurde am 20.2.1890 in Trautenau (Trutnov), Böhmen, geboren. Sie studierte in Wien und in Dresden und wirkte sodann bis 1933 als Solorepetitor bei den Festspielen in Bayreuth; ab 1924 oblag ihr auch an der Städtischen Oper in Berlin die gleiche Tätigkeit. Dann übersiedelte sie nach Wien, wo sie am 19.5.1937 starb.

WERKE

Außer der »Phantastischen Sinfonie«, für die Evelyn Faltis in Dresden den Kompositionspreis erhielt, schrieb sie ein Klavierkonzert, ein Streichquartett, ein Klaviertrio, eine »Fantasie und Doppelfuge mit dem Dies irae« für Orgel, ein »Adagio« und eine Sonate für Violine und Klavier, Lieder mit Kammerorchester und mit Klavier, »6 Zigeunerlieder« und Chorwerke a cappella.

Guido Alberto Fano (1875–1961)

LEBEN

Guido Alberto Fano wurde am 18.5.1875 in Padua geboren, wo er Musikschüler von Cesare Pollini (13.6.1858, Padua, bis 26.1.1912, Padua) wurde. Er studierte in Bologna Jurisprudenz und bei Giuseppe Martucci Musik. Anschließend wirkte er dort als Klavierlehrer am Liceo musicale. Ab 1905 war er Leiter des Konservatoriums in Parma, sodann ab 1912 in Neapel und ab 1917 in Palermo. Von 1921 bis 1938 unterrichtete er Klavierspiel am Konservatorium in Mailand. Er starb am 14.8.1961 in Tauriano di Spilimbergo, Udine.

WERKE

Von Guido Alberto Fano sind eine sinfonische Dichtung, mehrere Orchesterwerke, ein Konzertstück für Klavier und Orchester, ein Klavierquintett, eine Klaviersonate, eine Cellosonate, Klavier- und Violinstücke, Lieder mit Orchester- und Klavierbegleitung, außerdem eine musikdramatische Trilogie bekannt geworden. Er bewegte sich trotz mancher Modernismen im Rahmen der Romantik.

Carlo Farina (um 1600 bis um 1640)

ZEIT UND UMWELT

Bis in die zweite Hälfte des 17. Jahrhunderts wurde Violinmusik vorwiegend von Kapellmeistern und Organisten komponiert. Erst dann kam es zur sogenannten Virtuosenmusik. Vereinzelte Violinisten hatten aber schon in früheren Jahrzehnten eigene Werke geschaffen, die von ihrer hochentwickelten Technik Zeugnis ablegten.

LEBEN

Carlo Farina wurde um 1600 in Mantua geboren. Er war neben Heinrich Schütz Kammermusiker in Dresden am kursächsischen Hof und anschließend Stadtmusiker in Danzig. Im Jahr 1637 übersiedelte er in die Toskana und starb um 1640 in Massa.

WERKE

Der italienische Violinvirtuose und Komponist Carlo Farina brachte 5 Bücher mit Tänzen verschiedenster Art, Kanzonen und Sonaten für zwei bis vier Violinen heraus, die die gleiche brillante Technik erfordern, über die er selbst verfügte.

LITERATUR

G. Beckmann, Das Violinspiel in Deutschland vor 1700, Leipzig 1918.

Michel Farinel (1649 bis nach 1700)

ZEIT UND UMWELT

Aus dem portugiesischen Tanz »Folia« entwickelte sich über mehrere spanische Zwischenformen um 1650 die Struktur des »Les Folies d'Espagne«, bei der die ehemalige Formel der spanischen »Folía« in die Oberstimme verlegt und als Thema für Variationen verwendet wurde. Der Rhythmus ist zumeist ein Tripeltakt.

LEBEN

Michel Farinel wurde am 23. 5. 1649 in Grenoble getauft. Er trat als Violinist 1668 in Lissabon, 1672 in Paris und von 1675 bis 1679 am englischen Hof auf. Anschließend wurde er zum Königlichen Rat in Grenoble ernannt, wirkte als Gesanglehrer im Kloster Montfleury und ab 1697 als Kapellmeister in Toulouse, wo er nach 1700 gestorben sein dürfte.

Sein Vater Robert Farinel (um 1610, Grenoble, bis um 1664, Turin) war von 1623 bis 1642 Musiker am Hof zu Turin.

Sein Onkel François Farinel (um 1590, Auvergne, bis 1672, Turin) trat 1620 in die Dienste des Hofes in Turin und wurde 1642 Musikdirektor, Tanzmeister und Streichinstrumentenspieler bei Carlo Emmanuele I. von Savoyen (1562–1630).

Sein Bruder Jean-Baptiste Farinel (Giovanni Battista Farinelli, 15. 1. 1655, Grenoble, bis 1720, Venedig) war von 1680 bis 1691 Konzertmeister am Hof von Hannover, dann bis 1695 am Hof in Osnabrück und darauf neuerlich in Hannover, wurde vom dänischen König Friedrich IV. (1671–1730) geadelt und vom König von England, Georg I. (1660 bis 1727), als dieser 1714 die Regierung antrat, als Botschafter nach Venedig gesandt.

WERKE

Der französische Komponist Michel Farinel wurde durch seine »Folies d'Espagne« berühmt, denen er erst die endgültige Form verlieh. Er schrieb außerdem eine Reihe geistlicher Lieder (Vers spirituels).

Von François Farinel sind Tanzmusikstücke und das Ballett »La primavera trionfante« (Der triumphierende Frühling) überliefert.

Jean-Baptiste Farinel komponierte Flötenkonzerte und Opernarien.

LITERATUR

J. G. Prod'Homme, Musiciens dauphinois, in: Sammelbände der Internationalen Musikgesellschaft, 1905.

Giuseppe Farinelli (1769–1836)

ZEIT UND UMWELT

Domenico Cimarosa war mit seinen reizenden, klangvollen Opern bis in das 19. Jahrhundert hinein das Vorbild vieler Komponisten. Die Anlehnung einiger an Cimarosa ging so weit, daß man zuweilen ein Plagiat vermuten mußte.

LEBEN

Giuseppe Farinelli (eigentlich Giuseppe Francesco Finco – er änderte seinen Namen aus Dankbarkeit gegenüber seinem Förderer, dem Kastratensänger Farinelli, der in Wahrheit Carlo Broschi hieß) wurde am 7. 5. 1769 in Este geboren und am Conservatorio della Pietà de'Turchini in Neapel ausgebildet. Er lebte von 1810 bis 1817 in Turin, dann in Triest, wo er als Cembalist am Teatro Grande und ab 1819 auch als Kapellmeister am Dom San Giusto bis zu seinem Tod am 12. 12. 1836 wirkte.

WERKE

Von Giuseppe Farinelli sind 20 ernste und 38 komische Opern aufgeführt worden, die sich so eng an den Stil von Domenico Cimarosa anschlossen, daß die Stildifferenzen kaum merkbar waren. Er schrieb außerdem ein Oratorium, 8 dramatische Kantaten, 5 große Messen, 2 Te Deum, ein Stabat mater und weitere Kirchenwerke. Seine Musik gehörte noch dem 18. Jahrhundert an.

Harry Farjeon (1878–1948)

LEBEN

Harry Farjeon wurde am 6. 5. 1878 in Hohokus, N. J., geboren. Er studierte von 1895 bis 1901 an der Royal Academy of Music in London und wirkte an derselben Anstalt einige Jahre als Lehrer, ehe er ausschließlich als Pianist und Komponist tätig war. Er starb am 29. 12. 1948 in London.

WERKE

Neben einer Oper, 2 Operetten, 2 Melodramen und einem Ballett schrieb Harry Farjeon eine Orchestersuite, 2 Klavierkonzerte, 2 Streichquartette, 2 Cellosonaten, eine Messe, zahlreiche Klavier- und Orgelstücke, außerdem einige Stücke für Violine und Bratsche und Lieder. Seine Stärke lag auf dem Gebiet der Klavierkomposition. Sein Stil gehörte der Spätromantik an, mit Annäherungen an die neuere Musik.

Ferenc Farkas (geboren 1905)

LEBEN

Ferenc Farkas wurde am 15.12.1905 in Nagykanizsa, Ungarn, geboren. Er war von 1922 bis 1927 an der Musikakademie in Budapest Schüler von Leó Weiner und Albert Siklós und in Rom von 1929 bis 1931 von Ottorino Respighi. Zunächst war er in Wien und Kopenhagen als Filmkomponist tätig, unterrichtete von 1935 bis 1941 an der Höheren Musikschule in Budapest und erhielt sodann die Leitung des Opernchors und eine Professur in Kolozsvár, damals Ungarn (heute Cluj, Rumänien); ab 1949 lehrt er als Professor für Komposition und Instrumentation an der Musikhochschule in Budapest.

WERKE

Der Stil von Ferenc Farkas ist durch die ungarische Folklore und die italienische Musiktradition geprägt, später nahm er auch Elemente der Dodekaphonik auf. Neben 2 Opern, 8 Singspielen und 2 Balletten schrieb er für Orchester eine Sinfonie, ein Divertimento, eine Festouvertüre, eine Fantasie, eine Suite, eine »Musica pentatonica« für Streichorchester, »Trauer und Tröstung«, »Skizzen«, ein Concertino für Cembalo und Streicher, eines für Harfe und Orchester, ein Triptychon für Cello und Streicher, ein Konzert für Bariton und Streicher, eine Serenade für Flöte und Streicher, eine Serenade für Holzbläserquintett, ein Bläserquintett, 3 Sonatinen für Flöte und Klavier, ein Rondo für Violine und Bläserquintett, Stücke für Violine, für Cello, für Kontrabaß, für Bratsche und Klavier, Duos mit verschiedenen Instrumenten, ein Oratorium, mehrere Kantaten, eine Messe, Chöre und Lieder mit verschiedener Begleitung und Chöre a cappella, Film- und Bühnenmusik.

Frühlingserwarten, Kantate für Bariton, gemischten Chor, Kinderchor und Orchester, 4 Sätze, entstanden 1967

Der Kantate liegen Gedichte von Gyula Juhász (1883–1937) zugrunde. Der 1. Satz »Hymne an die Menschen« bringt würdige, erhaben intonierte Musik. Im 2. Satz »Lyrisches Intermezzo« stimmt der Bariton eine Weise voll inniger Poesie an. Im 3. Satz, der den Titel der Kantate trägt, drückt sich die Freude auf die kommende Jahreszeit aus. Im 4. Satz erstrahlt der Kinderchor mit einem feierlichen Choral: »Daß das Leben auf Erden ein Fest, die Wahrheit ein Rausch, der Mensch ein Mensch sei, frei und glücklich!«

LITERATUR

J. Ujfalussy, Farkas Ferenc, Budapest 1969.

John Farmer (um 1560 bis nach 1601)

ZEIT UND UMWELT

Die Christ-Church-Cathedral bildete das religiöse Zentrum der anglikanischen Einwohner von Dublin. Sie bezog ihre Sänger und Kapellmeister zumeist aus England, weil Irland selbst zum größten Teil katholisch war und blieb und daher aus dem Land zuwenig Reformierte zur Verfügung standen.

LEBEN

John Farmer wurde um 1560 vermutlich in London geboren, wo er an einer Kirche als Organist tätig war, bis er 1595 zum Organisten der Christ-Church-Cathedral ernannt wurde. Um 1599 war er wieder in London. In welcher Stellung er dort bis zu seinem Tod nach 1601 wirkte, ist nicht bekannt.

WERKE

Von dem englischen Komponisten ist ein Buch mit vierstimmigen Madrigalen erschienen, die italienischen Vorbildern folgen. Er war einer der Hauptmitarbeiter des Psalmenbuches von Michael East. In einem Sammelwerk ist er mit einem sechsstimmigen Madrigal vertreten, dessen Qualität um vieles höher steht als die der vierstimmigen.

Instrumentalkompositionen des Komponisten erscheinen in mehreren Sammelwerken. Sie wirken frischer und ursprünglicher als die Vokalwerke. Von der Kirchenmusik, die er angeblich verfaßt hat, ist außer den Psalmen nichts überliefert.

Thomas Farmer (um 1640 bis vor 1695)

ZEIT UND UMWELT

Obwohl die Instrumentalisten der King's Band of Musick am englischen Hof mehrere Instrumente beherrschten, war in der Regel doch jedem Musiker sein Instrument zugeteilt. Es gab sogar bei der Verwendung einzelner Instrumente Reservate, die nur bestimmten Mitgliedern des Orchesters offenstanden. So durfte der gewöhnliche Trompeter (in Deutschland Feldtrompeter genannt) keine Clarintöne blasen (hohe, im Halbtonintervall zueinander liegende Naturtöne, erzeugt durch starkes Überblasen). Das war den Clarinbläsern (Königstrompetern) vorbehalten, die diese Töne auf der normal mensurierten Trompete oder auf dem Clarino erzeugten.

LEBEN

Thomas Farmer wurde um 1640 vermutlich in London geboren. Er war von 1671 bis 1680 Clarinbläser in der Privatkapelle des Königs und wirkte an den Theateraufführungen des Hofes bis nach 1690 mit, dürfte aber vor 1695 gestorben sein.

WERKE

Der englische Musiker und Komponist Thomas Farmer schrieb, abgesehen von seinen Bühnenkompositionen für das königliche Theater, Arien und 44 vierstimmige Orchestermusikstücke zu Lehrzwecken, die zugleich vollendete Spielmusik sind.

Gilles Farnaby (um 1565–1640)

ZEIT UND UMWELT

Die Bezeichnung Klaviermusik ist für Kompositionen bis in das 18. Jahrhundert als Musik für Tasteninstrumente zu verstehen. Eine Abtrennung kann nur für spezifische Orgelmusik, die ein Pedalspiel erfordert, vorgenommen werden. In England wurde zwar im 16. und 17. Jahrhundert zumeist das Virginal vorgeschrieben, aber offensichtlich nur, weil dieses Instrument sehr häufig war und das Clavichord einen zu kleinen Tonumfang hatte. Aber trotz dieser Abweichungen konnte grundsätzlich jedes Tasteninstrument zum Spiel der für das »Klavier« geschriebenen Musik verwendet werden.

LEBEN

Gilles Farnaby wurde um 1565 in Truro, Cornwall, geboren. Er kam vermutlich früh nach London und wurde dort ausgebildet. Dann studierte er in Oxford. In welcher Stellung er darauf in London bis zu seinem Tod im Jahre 1640 gewirkt hatte, ist nicht feststellbar. Er wurde am 25. 11. in London begraben.
Sein Sohn Richard Farnaby (um 1594, London, bis um 1650, London) war ebenfalls Komponist. Auch über sein Leben und Wirken gibt es keine Informationen.

WERKE

Der englische Komponist Gilles Farnaby war nicht der erste, der für Tasteninstrumente geschrieben hat, wohl aber der früheste, der seine Kompositionen als »Klaviermusik« bezeichnete.
Er brachte 20 Canzonetten für vier Stimmen heraus, denen er eine achtstimmige mit einer eleganten Kadenz hinzugefügt hatte. Sie zeigen einen stark ausgeprägten individuellen Stil, der durch originelle chromatische Harmonik und eigenwillige Rhythmik gekennzeichnet ist. Zudem sind von ihm mehr als 50 Stücke für »Klavier«, darunter eines für zwei Instrumente, erhalten, die in das Fitzwilliam Virginal Book aufgenommen worden sind. Einzelne geistliche Vokalkompositionen finden sich in Sammelwerken. Seine vierstimmigen Psalmen und eine Reihe Motetten sind Manuskripte geblieben.
Richard Farnaby komponierte ebenfalls für das »Klavier«. 4 von seinen Stücken fanden

Eingang in das Fitzwilliam Virginal Book. Alles andere scheint verloren zu sein.

LITERATUR
A. E. B. Owen, Giles and Richard Farnaby in Lincolnshire, Musik & Letters XLII, 1961.

John Farrant (um 1570 bis um 1630)

ZEIT UND UMWELT
Die innenpolitischen Katastrophen, denen England im 17. Jahrhundert ausgesetzt war, zeichneten sich bereits unter der Regierung König Jakobs I. ab. Die Neigung der Krone zum Absolutismus schuf viele Gegner. Der Ausbruch des Dreißigjährigen Krieges auf dem Kontinent und die zwiespältige Haltung Englands in diesem Konflikt waren für das Land nur nachteilig. Die kulturelle Blüte, die unter Elisabeth I. erreicht worden war, erlitt vorläufig keine Schmälerung. Profane und sakrale Musik setzten ihre Aufwärtsentwicklung fort, bis ihnen durch den Bürgerkrieg ein brutales Ende gesetzt wurde.

LEBEN
John Farrant wurde um 1570 vermutlich in Salisbury geboren und an der Kathedrale der Stadt zum Organisten ausgebildet. Um die Jahrhundertwende erhielt er die Organistenstelle an der berühmten Kathedrale und betreute sie vermutlich bis zu seinem Tod nach 1630.
Ungefähr zur gleichen Zeit lebte und wirkte ein John Farrant in London an der Christchurch als Organist. Er dürfte die Stelle ebenfalls um die Jahrhundertwende angetreten und bis zu seinem Tod nach 1638 betreut haben.
Ein weiterer John Farrant (um 1540, England, bis nach 1693, Hereford), von 1567 bis 1572 Organist in Ely, von 1592 bis 1593 Organist in Hereford, war vermutlich ein älterer Verwandter der beiden Vorgenannten.
Daniel Farrant (um 1570, London, bis nach 1625, London), Sohn des Kirchenkomponisten Richard Farrant (um 1530, London, bis 1580, London) wirkte von ungefähr 1606 bis 1625 in der Königlichen Kapelle, nachdem er zuvor vermutlich in Durham als Organist tätig gewesen war.

WERKE
Von dem englischen Organisten und Komponisten John Farrant in Salisbury sind ein Service, ein Short Service, Morgen- und Abendgesänge, ein Jubilate und mehrere Anthems überliefert.
Von John Farrant in London sind ein Magnificat, ein Nunc dimittis und Orgelmusik erhalten.
John Farrant in Ely hat nur einige Stücke Orgelmusik hinterlassen.
Der englische Komponist, Organist und Violist Daniel Farrant hat ein Buch Orgelmusik und Lehrwerk für Violenspiel herausgebracht. Alle diese Musik ist konservativ gehalten und läßt den Stilumschwung kaum vorausahnen.

Richard Farrant
(um 1530–80)

ZEIT UND UMWELT
Seit Mitte des 16. Jahrhunderts wurde mit »Anthem« die sakrale, aber liturgisch ungebundene, zumeist auf Bibeltexte in der nationalen Sprache komponierte Chormusik Englands bezeichnet. Sie wurde zu allen möglichen Anlässen, am meisten jedoch in den Morgen- und Abendgottesdiensten gesungen und kam den Hymnen der kontinentalen reformierten Länder sehr nahe.

LEBEN
Richard Farrant wurde um 1530 vermutlich im Bereich von London geboren. Er war bereits während der Regierungszeit König Edwards VI. Gentleman der Chapel Royal. Im Jahre 1564 wurde er Chorleiter an der St.-George-Kapelle in Windsor und auch Organist. 1569 wurde er an die Königliche Kapelle zurückberufen und blieb an beiden Kirchen bis zu seinem Tod am 30. 11. 1580 tätig.

Sein Sohn Daniel Farrant (um 1560, London, bis nach 1625, London) war von 1606 bis 1625 als Musiker des Königs tätig.

WERKE
Der englische Kirchenkomponist Richard Farrant wurde wegen der besonderen Feinheit und des starken Ausdruckes seiner Services und Anthems sehr gerühmt. Seine Anthems wurden zum festen Bestandteil des anglikanischen Gottesdienstes. Auch etliche Orgelstücke sind von ihm überliefert. In der Regierungszeit der Königin Elisabeth mußte Farrant jedes Jahr vor der Königin mit den Chorknaben ein Spiel aufführen. Mehrere solcher Spiele wurden von Farrant verfaßt, sind aber nicht erhalten bis auf zwei Arien, die von einem Streichquartett begleitet sind. Das beweist, daß die englischen Schuldramen aus jener Zeit mit Instrumentalbegleitung aufgeführt worden sind.
Daniel Farrant hinterließ ein Buch mit Orgelstücken. Er soll als einer der ersten Musiker Lehrstücke für die Viole verfaßt haben, ähnlich den für Laute üblichen.

LITERATUR
G. E. P. Arkwright, Elizabethan Choirboy Plays, Proceedings of the Musical Association XXXIX, 1913/14.

Louise Farrenc (1804–75)

ZEIT UND UMWELT
Schriftstellerinnen und Komponistinnen wählten sehr häufig ein männliches Pseudonym anstelle des eigenen Namens, um der Aversion des Publikums gegen schöpferische Frauen auszuweichen. Denn eine Frau mußte bis in unsere Tage weit über dem Durchschnitt liegende Leistungen vorweisen, damit man es ihr verzieh, daß sie eine Frau war.

LEBEN
Jeanne Louise Farrenc, geborene Dumont, wurde am 31.5.1804 in Paris geboren. Sie war Klavierschülerin von Antonín Rejcha und von 1842 bis 1873 Lehrerin am Conservatoire in Paris, wo sie am 15.9.1875 starb.
Ihr Mann, Jacques Hippolyte Aristide Farrenc (9.4.1794, Marseille, bis 31.1.1865, Paris), war ab 1815 Zweiter Flötist des Théâtre italien in Paris, 1816 Schüler des Conservatoires, dann neben seiner Tätigkeit als Flötenlehrer und Komponist Musikverleger und Musikschriftsteller.

WERKE
Louise Farrenc veröffentlichte 3 Sinfonien, das Nonett, das Sextett, die Quintette, Quartette und Trios sowie ihre zahlreichen Klavierkompositionen unter dem Namen ihres Mannes. Sie war auch als Musikschriftstellerin tätig.
Aristide Farrenc verfaßte eine Reihe vorzüglicher Kompositionen für Flöte solo oder mit verschiedener Begleitung. Wertvoller als seine Kompositionen sind seine musikhistorischen Traktate.

Arthur Farwell (1872–1952)

LEBEN
Arthur George Farwell wurde am 23.4.1872 in Saint Paul, Minn., geboren. Er war in Boston Schüler von Homer Albert Norris (4.10.1860, Wayne, Me., bis 14.8.1920, New York), in Berlin von Engelbert Humperdinck und Hans Pfitzner und in Paris von Félix Alexandre Guilmant. Nach einer Lehrtätigkeit in Ithaca, N. Y., gründete er in Newton Centre, Mass., einen Musikverlag zur Veröffentlichung von Werken, die Melodik der Indianer und Neger integrierten. Von 1915 bis 1918 war er Leiter des Music School Settlement in New York, sodann ein Jahr Vorstand der Musikabteilung der Universität in Berkeley, Calif., und von 1921 bis 1925 der Music and Art Association in Pasadena, Calif.; von 1927 bis 1939 leitete er die Abteilung Musiktheorie am Michigan State College in East Lansing, Mich. Er starb am 20.1.1952 in New York.

WERKE
Das kompositorische Werk von Arthur Farwell gehörte der Spätromantik an; er verarbeitete aber darin viel indianisches Melodiengut.

Außer 2 Bühnenspielen mit indianischen Themen schrieb er mehrere sinfonische Werke, eine Sonate für Violinsolo, mehrere Chorwerke mit Orchester, ein Klavierquintett, Klavierstücke, Chöre und Lieder. Er gehörte zu den Komponisten des modernen amerikanischen Stils.

Carl Friedrich Fasch (1736–1800)

ZEIT UND UMWELT
Die Gründung der Berliner Singakademie erfolgte 1756. Ihre Tätigkeit wurde durch den Siebenjährigen Krieg unterbrochen und erst 1791 mit dem gleichen Zweck – Aufführung sakraler Werke für gemischten Chor – mit 27 Mitgliedern (7 Soprane, 5 Altistinnen, 7 Tenöre, 8 Bässe) wiederaufgenommen. Sie nahm einen raschen Aufschwung und zählte 1802 bereits 200 Mitglieder. Ein Ergebnis der Akademie war die Gründung der ersten Liedertafel im Jahr 1809.

LEBEN
Carl Friedrich (eigentlich Christian Friedrich Carl) Fasch wurde am 18. 11. 1736 in Zerbst geboren. Er war Sohn und Schüler von Johann Friedrich Fasch, der ihn zur weiteren Ausbildung zu Johann Christian Hertel nach Strelitz sandte. František Benda, den er 1751 aushilfsweise am Cembalo begleitet hatte, empfahl ihn 1756 König Friedrich dem Großen, der ihn neben Carl Philipp Emanuel Bach als Zweiten Cembalisten einstellte. Von 1774 bis 1776 wirkte er als Kapellmeister der Berliner Oper. Dann war Fasch auf den Privatunterricht angewiesen, weil der König nur mehr mit Schuldverschreibungen bezahlen konnte, die nur einen Bruchteil des Nominales wert waren. Als der König das Flötenspiel aufgab, widmete sich Fasch der Kirchenmusik und der Neubelebung der von ihm 1756 gegründeten Berliner Singakademie. Er starb am 3. 8. 1800 in Berlin.

Carl Friedrich Fasch

WERKE
Von Carl Friedrich Fasch sind nur wenige Kompositionen überliefert, weil er kurz vor seinem Tod einen Großteil seiner Manuskripte verbrennen ließ. Erhalten sind eine sechzehnstimmige Messe, ein Requiem, eine Kantate, einige Motetten, Lieder, Cembalosonaten, verschiedene Cembalostücke und eine Sinfonia. Von seinem Oratorium »Giuseppe riconosciuto« (Der wiedererkannte Josef) ist nur ein Terzett erhalten.

LITERATUR
G. Schünemann, Die Singakademie zu Berlin 1741–1941, Regensburg 1941.

Johann Friedrich Fasch (1688–1758)

LEBEN
Johann Friedrich Fasch wurde am 15. 4. 1688 in Büttelstedt bei Weimar geboren. Er war 1700 Diskantist der Hofkapelle in Weißenfels, 1701 Alumne der Thomasschule in Leipzig, wo er 1707 die Universität besuchte und ein Collegium musicum gründete. Seine musikalische Ausbildung vervollständigte er 1713 bei Christoph Graupner (1683–1760) in Darmstadt. Im Jahr 1714 wirkte er als Violinist in Bayreuth, war sodann bis 1719 als Kammerschreiber und Sekretär in Gera tätig,

dann bis 1721 als Organist in Greiz und noch im selben Jahr als Kapellmeister in Lukawitz (Lukavice), Böhmen. Ein Jahr darauf wurde er Hofkapellmeister in Zerbst, wo er am 5. 12. 1758 starb.

WERKE

Johann Sebastian Bach schätzte seinen Zeitgenossen Johann Friedrich Fasch so sehr, daß er für sich selbst eine Abschrift von dessen 5 Orchestersuiten anfertigte. Der vielseitige Komponist verfaßte mehrere Opern, 7 Jahrgänge Kirchenkantaten, 12 Messen, 69 Ouvertüren, 21 Konzerte für verschiedene Instrumente, Triosonaten, Quartette, Sinfonien, Motetten und Gelegenheitskompositionen. Obwohl keines seiner Werke zu seinen Lebzeiten gedruckt wurde, galt er als sehr fähiger Komponist. Die Nachwelt sieht in ihm einen Vorläufer der Klassik.

Sonate in B-Dur für Blockflöte, Oboe (oder Violine), Violine und Generalbaß, 4 Sätze

Im einleitenden Largo schlägt die Flöte das Thema an, das die Oboe und darauf die Violine wie bei einer Fuge aufgreifen, aber sofort selbständig abwandeln. Das Spiel wiederholt sich, aber bei der dritten Durchführung kommt es zu einer harmonischen Parallelität der drei Stimmen, die einander die Führung zuweilen streitig machen oder überlassen. Die gleiche motivische Verarbeitung, die das Heraufdämmern der Klassik deutlich ankündigt, findet sich im anschließenden Allegro, das genial fugiert ist, im 3. Satz, einem äußerst farbenfrohen Grave, und im Finale, das das Werk mit fröhlicher Stimmung abschließt.

Sonate in d-Moll für zwei Violinen, Bratsche und Cello, 4 Sätze

Schon die Besetzung nimmt das Streichquartett kommender Zeiten voraus. Der Generalbaß ist ausgeschaltet, die Füllstimmen werden durch eine echte Vierstimmigkeit ersetzt. Der musikalische Gedanke wandert von einer Stimme zur anderen, von denen jede selbständig auftritt, während sie die anderen harmonisch kontrapunktieren und die Aufmerksamkeit auf sich zieht. Diese Transparenz mag für die Ohren der Zeitgenossen, die an eine führende Stimme mit einer konventionellen Begleitung gewohnt waren, zu anspruchsvoll gewesen sein, wurde jedoch für die kommenden zwei Jahrhunderte zur Grundlage der musikalischen Faktur. Die einzelnen Sätze bringen ein klangreiches Largo wie bei einer Kirchensonate, ein Allegro voll Tiefe, ein mit harmonischen Spannungen angefülltes zweites Allegro und ein rasantes Finale.

Triosonate in d-Moll für Violine, Bratsche und Generalbaß, 4 Sätze

Die barocke Viersätzigkeit ist hier noch beibehalten, die anmutige Zierlichkeit nähert die Sonate dem Rokoko, jedoch nur oberflächlich, denn der Gedankenreichtum aller Sätze weist auf die zukünftige Stilentwicklung hin. Die beiden Melodieinstrumente sind streng kanonisch, vom Baß kontrapunktiert, eingesetzt. Die Themen spannen sich ohne Unterbrechung über die einzelnen Sätze und erzeugen so eine geradezu »klassische« Geschlossenheit. Der 1. Satz, ein Andante, wirkt ernst und kraftvoll, das folgende Allegro ist voll Bewegung und Spannung, das Largo verströmt in warmer Sanglichkeit, und das Finale ist geradezu musikantisch bis zur letzten Note.

Triosonate in D-Dur für Violine, Bratsche und Generalbaß, 3 Sätze

Im Andante und den beiden Allegri sind die Melodiestimmen durchgehend kanonisch angelegt, entfalten sich jedoch völlig frei, zumeist zu schönster sanglicher Führung. Das Thema des Finales ist beschwingt tänzerisch, bringt die Wiederholungen der zweiten Stimme nicht in gleicher Höhe, sondern in der Unterquart, was eine reizvolle Farbigkeit des Satzes erzeugt.

Triosonate in G-Dur für Violine, Bratsche und Generalbaß, 3 Sätze

Die Funktion des Generalbasses ist hier schon stark eingeschränkt, streckenweise wird auf Füllstimmen verzichtet, so daß die Harmonik von den Solisten mit dem Baß allein bestritten wird und viel an Farbe und Weiträumigkeit gewinnt. Die kanonische Faktur ist aufgegeben, die Stimmen entwickeln sich sehr freizügig, was das Werk der Triosonate des 18. Jahrhunderts stark annähert. Interessant ist das volkstümlich drastische Finale.

LITERATUR

C. A. Schneider, Johann Friedrich Fasch, München 1932.

Giovanni Battista Fasolo
(um 1600 bis nach 1659)

Zeit und Umwelt
In Palermo bestand neben der Kapelle des Vizekönigs noch die des Erzbischofs von Monreale, die allerdings wie diese zum großen Teil mit Spaniern besetzt wurde. Auch die Bischöfe dieses von Spanien regierten Teiles Italiens waren in den meisten Fällen keine Italiener.

Leben
Giovanni Battista Fasolo wurde um 1600 in Asti geboren. Er trat dem Franziskanerorden bei und wurde nach einer Tätigkeit als Organist an verschiedenen Ordenskirchen in Italien 1659 Kapellmeister des Erzbischofs von Monreale in Palermo, obgleich er Italiener war. Er ist in einem der folgenden Jahre vermutlich in Palermo gestorben.

Werke
Der italienische Komponist Giovanni Battista Fasolo brachte je ein Buch Kantaten und Arien, Lieder und Gitarrenstücke, sakrale Arien und eine sehr wertvolle Sammlung Orgelstücke, von denen ein Teil im 19. Jahrhundert nachgedruckt wurde, heraus. Seine Vokalmusik ist monodisch, seine Gitarrenstücke zählen zu den ältesten dieser Art auf italienischem Boden, die Orgelkompositionen sind schon wegen der Seltenheit dieser Musikgattung im Italien des 17. Jahrhunderts interessant.

Peter Faßbaender (1869–1920)

Leben
Peter Faßbaender wurde am 28.1.1869 in Aachen geboren. Er studierte am Konservatorium in Köln unter Gustav Jensen, Franz Wüllner und Isidor Wilhelm Seiss (23.12.1840, Dresden, bis 23.9.1905, Köln). Im Jahr 1880 wurde er Dirigent in Saarbrücken, 1895 städtischer Musikdirektor, Leiter der Sinfoniekonzerte und der Musikschule in Luzern und 1911 Dirigent des Männerchors »Harmonie« in Zürich, wo er am 22.2.1920 starb.

Werke
Von Peter Faßbaender sind 8 Sinfonien, 3 Klavierkonzerte, 2 Violinkonzerte, ein Cellokonzert, 3 Streichquartette, Sonaten für Violine solo und für Violine und Klavier, 2 Messen, Klavierstücke, viele Chöre und Lieder, außerdem 4 Opern aufgeführt worden. Trotz mancher moderner Züge in seinen Werken war er Spätromantiker.

Gabriele Fattorini
(um 1570 bis nach 1615)

Zeit und Umwelt
Neben dem polyphonen Gesang der Renaissance hat sich das Sololied und das Duett, wie es in der Gotik gepflegt wurde, im Volksgesang weiter erhalten. Die aus Florenz kommende Monodie war daher nichts grundsätzlich Neues. Und das Eindringen volkstümlicher Liedformen in die sakrale Musik war eine Folge des Umstandes, daß sowohl Kirchenbesucher wie Kirchenmusiker aus dem Volk stammten.

Leben
Gabriele Fattorini wurde um 1570 in Faenza geboren. Um 1600 war er Kapellmeister an Santa Maria delle Carceri in Venedig, wo er nach 1615 gestorben ist. Weitere persönliche Daten über den venezianischen Meister sind nicht feststellbar.

Werke
Von dem italienischen Komponisten Gabriele Fattorini sind 2 Bücher mit achtstimmigen Motetten und 2 Bücher Madrigale erschienen. Im Gegensatz zu dem in diesen Kompositionen angewandten konzertanten Stil sind seine geistlichen Gesänge zweistimmig und stark dem Volkston angenähert.

Vincent Faugues (um 1425 bis vor 1500)

Zeit und Umwelt
Im Gegensatz zum großen Vorbild Dufay weist die Musik der franko-flämischen Meister um Johannes Ockeghem altertümliche

Strukturen auf. Die Melodien sind noch zum Teil linear geführt ohne Rücksicht auf eine mögliche Klangverschmelzung, dissonante Klangfolgen sind nicht selten, die Komposition nimmt dabei wenig Rücksicht auf den Text. Die für die Entwicklung des europäischen Musikstils so eminent wichtige Ausprägung der neuen Ideen und das erwachende Lebensgefühl der Renaissance erzeugten eine Fülle von parallellaufenden Gestaltungen: retardierende, fortschrittliche, auf gotische Formen zurückgreifende und der Zeit weit vorauseilende. Die Breite dieser Fächerung war durch die Umwälzungen auf allen Lebensgebieten bedingt.

LEBEN
Vincent Faugues (Guillermus Fagus) dürfte im franko-flämischen Raum um 1425 geboren sein. Weitere Informationen über Leben und Wirken des Meisters fehlen.

WERKE
Von Faugues sind mehrere Cantus-firmus-Messen erhalten, wie die Messen auf »Basse Dance«, auf »L'homme armé«, auf »Le serviteur«. Die letztgenannte wurde früher Ockeghem zugeschrieben, mit dessen Werk eine auffällige Stilähnlichkeit vorliegt.

LITERATUR
Ch. van den Borren, Geschiedenis van de Muziek in de Nederlanden I., Antwerpen 1951.

Gabriel Fauré
(1845 – 1924)

ZEIT UND UMWELT
Viele französische Musiker haben ihren ersten Lebensunterhalt mit Orgelspiel erworben, und die sich nicht oder zumindest nicht ausschließlich der Oper zuwandten, sind oft lange bei diesem Beruf geblieben, so daß eine stattliche Reihe Musikerbiographien gleichlautend beginnen: »Er erhielt diese oder jene Organistenstelle und gab daneben Musikunterricht.« Etliche davon wechselten sodann

Gabriel Fauré, nach einem Gemälde von J. S. Sargent

zu gut dotierten Dirigentenposten oder Lehrstühlen und gaben die Orgel auf, manche jedoch blieben ihr neben ihren anderen Tätigkeiten und Aufgaben zeitlebens treu, weil sie die Vielseitigkeit der Ausdrucksmöglichkeiten dieses Instruments nicht mehr entbehren konnten. Das blieb naturgemäß nie ohne merkbare Spuren in der kompositorischen Tätigkeit jener Musiker, die bis in ihr Opernschaffen hinein wirksam wurden. So kühn nämlich der Stil der französischen Musik der zweiten Hälfte des 19. Jahrhunderts profanen Auffassungen angenähert wurde, so stark disziplinierend, wenn schon nicht archaisierend, war ihr Einfluß auf die profane Musik.

LEBEN
Gabriel Urbain Fauré wurde am 12.5.1845 in Pamiers, Ariège, geboren. Von 1854 bis 1864 war er Schüler der École Niedermeyer und studierte bei Camille Saint-Saëns und bei Pierre Louis Dietsch, von 1866 bis 1870 wirkte er als Organist an St-Sauveur in Rennes, dann an Notre-Dame de Clignancourt in Paris als

Hilfsorganist und ab 1871 als Lehrer an der École Niedermeyer und als Organist an mehreren Kirchen der Stadt, bis er 1877 Kapellmeister an der Madeleine wurde, wo er später wieder zur Orgel zurückkehrte. Im Jahr 1905 wurde er Leiter des Conservatoire in Paris, wo er am 4. 11. 1924 starb, nachdem er bereits seit Jahren ertaubt und zuletzt auch noch erblindet war.

WERKE

Gabriel Fauré ist zu den Wegbereitern des Impressionismus zu stellen. César Franck war zwar nicht sein unmittelbarer Lehrer, aber eines seiner Vorbilder, Maurice Ravel, der Vertreter des neuen Stils, sein Schüler. Schon das weist ihm die Mittlerstelle zwischen der auslaufenden Romantik und der folgenden Musikergeneration zu. Er selbst ließ im Verlauf seines Schaffens Stil, Struktur und Geisteshaltung der Romantik bereits hinter sich, machte aber den Schritt in die folgende Epoche nicht, sondern verblieb bei seinem nur für sich selbst geschaffenen Übergangsstil, aus dem die neue Musik wuchs. Er war außerdem mit Claude Achille Debussy (1862 – 1918) eng befreundet, den er überlebte. Von seinen Kompositionen für Orchester werden außerhalb Frankreichs nur mehr wenige gespielt: die Schauspielmusik zu »Pelléas et Mélisande« von Maurice Maeterlinck (1862–1949), die Suite »Masques et Bergamasques«, die Ballade für Klavier und Orchester und die Elegie für Cello und Orchester. Ferner sind zu nennen: 2 Sinfonien in F-Dur und d-Moll und die Musik zu »Caligula« von Alexandre Dumas. Von seiner Chormusik sticht sein Requiem am meisten hervor. Daneben werden zumindest in seiner Heimat die Werke »Cantique de Racine«, »Les Djinns« (Die Gespenster), »Le Ruisseau« (Der Bach), »Die Geburt der Venus« und mehrere andere noch gesungen. Er schrieb 3 Opern, denen nur ein mäßiger Erfolg beschieden war. Allgemein aufgeführt werden noch seine Kammermusikwerke, die Klavierquintette in d-Moll und c-Moll, die Klavierquartette in c-Moll und g-Moll, das Streichquartett in e-Moll, 2 Violinsonaten in A-Dur und e-Moll, 2 Cellosonaten in d-Moll und g-Moll und eine Fantasie für Flöte und Klavier. Seine Klaviermusik war nicht revolutionär, bildete aber dennoch eine Grundlage für die künftige Entwicklung dieser Musikgattung. Die 9 »Préludes«, die 13 »Nocturnes«, die 13 »Barcarolles«, die 5 »Impromptus«, die 3 »Romances« und die anderen kleinen Stücke sind Meisterwerke, die gerade in unserer Zeit wieder mehr zu Ehren kommen. Dazu sind außer Duetten und geistlichen Gesängen mehrere Liederzyklen und zahlreiche einzelne Gesänge zu rechnen, die das prächtige Œuvre dieses Meisters am Ende der französischen Romantik abrunden.

Messe de Requiem für Soli, Chor, Orchester und Orgel, Opus 48, 7 Teile, entstanden 1887

Es handelt sich in Wahrheit um keine »Totenmesse«, sondern um eine Trauerkantate; sie weicht durch das Fehlen eines Dies irae vom liturgischen Requiemtext ab und ist auch sonst unorthodox, weil die »Musik anstelle der sonst in den Vordergrund gestellten Angst vor dem Gericht eine menschliche Darstellung des Leides gibt«. Außerdem sind aus dem Beerdigungsritual zwei Abschnitte – »Pie Jesu« und »Libera« – hinzugefügt. Schon der 1. Teil – Introitus und Kyrie – ist eine einzige Klage wegen des Verlusts. Das Offertorium im 2. Teil ist ein vom Baritonsolisten vorgetragenes Gebet um Trost. Das Sanctus und das anschließende Pie Jesu setzen das Flehen fort. Der 5. Teil, »Agnus Dei«, leitet zum Beerdigungsgesang, »Libera«, mit dem der Betrauerte verabschiedet wird. Der 7. Abschnitt, »In paradisum«, verheißt allen Trauernden jenseitigen Trost.

Bühnenmusik zu Pelléas et Mélisande, Opus 80, 4 Sätze, entstanden 1898

Der 1. Satz, »Prélude«, schildert die allgemeine Atmosphäre des Dramas von Maurice Maeterlinck; ein Hornruf bezeichnet den Abschied des abreisenden Gatten Golaud und die Melancholie der Prinzessin. Der 2. Satz, »La Fileuse« (Die Spinnerin), führt Mélisande am Spinnrad wartend vor. Der 3. Satz ist ein Siciliano und hat keinen unmittelbaren Zusammenhang mit der Dramenhandlung. Der 4. Satz, »Tod der Prinzessin«, ist ein wehmutsvoller Gesang, der das tragische Schicksal der Frau mitleidig betrauert.

Ballade für Klavier und Orchester, Opus 19, ein Satz, entstanden 1881

Obwohl das Stück einsätzig ist, weist es doch in sich die Abschnitte einer Sonate auf. Als frühes Werk des Komponisten beinhaltet es viele romantische Züge. Die einzelnen Abschnitte fließen graziös und mit einer liebenswürdigen Spontaneität ineinander über. Manche Wendungen erinnern daran, daß der Meister Organist war.

Elegie für Cello und Orchester in c-Moll, Opus 24, ein Satz, entstanden 1883

Das Stück beginnt mit einer prächtigen Kantilene des Solisten, die ernst und elegant im großen melodischen Bogen zum zweiten etwas belebteren Thema leitet. Nach einem interessanten Dialog zwischen Cello und Orchester erklingt erneut das erste elegische Thema, das das Werk beendet.

Klavierquintett in d-Moll, Opus 89, 3 Sätze, entstanden 1906

Im 1. Satz sind dem Klavier nahezu ausschließlich Arpeggien zugewiesen, die die von den Streichern vorgetragenen Melodien begleiten. Das Adagio des 2. Satzes ist voll dichter Harmonien, hat aber rhapsodischen Charakter. Das Finale ist sehr lebhaft, liebenswürdig, nahezu fröhlich und schließt das Werk mit großen Gesten ab.

Klavierquintett in c-Moll, Opus 115, 4 Sätze, entstanden 1921

Den 1. Satz eröffnet die Bratsche mit einer über den begleitenden Klavierarpeggien schwebenden Melodie, die das Cello und dann die Violinen übernehmen und in Strettaform darbieten. Der 2. Satz, ein Scherzo, besteht aus raschen Läufen und Arpeggi des Klaviers, das die von den Streichern pizzicato scharf rhythmisiert vorgetragenen Melodien begleitet, wodurch der Eindruck eines »Totentanzes« entsteht. Das Trio kontrastiert mit einem sanften, stark ausgezierten Thema. Das Andante ist melancholisch, ja nahezu resignierend. Dem folgt ein melodisch, harmonisch und rhythmisch erfindungsreiches Finale mit zwei großartigen Themen, die mit geradezu unerschöpflicher Phantasie durchgeführt sind und dem Werk seinen Weltruf verliehen.

Klavierquartett in c-Moll, Opus 15, 4 Sätze, entstanden 1879

Dieses populärste Kammermusikwerk des Komponisten hat klassische Struktur, ist aber melodisch und kontrapunktisch von Felix Mendelssohn-Bartholdy abhängig. Im 1. Satz stimmen die Streicher das Thema an und bilden einen Chor, der mit dem Klavier dialogisiert; die Sonatenform ist streng eingehalten, aber mit den üppigen Klängen der Spätromantik bis zum Rand ausgefüllt. Der 2. Satz bringt ein Scherzo mit wirbelnden Tanzmelodien; es überschreitet die klassische Form und nähert sich einem Rondo. Der 3. Satz hat dreiteilige Liedform und leitet zum Finale über, dessen gehetzte Tempi über kühne Modulationen in eine stolze Coda münden.

Klavierquartett in g-Moll, Opus 45, 4 Sätze, entstanden 1886

Schon mit dem 1. Satz verläßt dieses Werk die klassischen Formen; drei Themen werden nacheinander angestimmt und in erstaunlicher Freiheit mit ständigem Wechsel der Tonart und des Rhythmus verarbeitet; die Übergänge sind oft abrupt, aber niemals gewaltsam; die Harmonie entwickelt eine Phantasie, die die Grenzen der Romantik auf allen Linien überschreitet. Das folgende Scherzo treibt die ständigen Rhythmusverschiebungen bis zum Humor. Ein Adagio von seltener Schönheit bingt der 3. Satz, vom Glockengeläute des Klaviers begleitet. Das Finale eilt über frappante Dissonanzen kraftvoll dem Ende zu.

Streichquartett in e-Moll, Opus 121, 3 Sätze, entstanden 1924

Dieses letzte Werk des Komponisten entbehrt eines echten Themenkontrasts, auch die rhythmische Kraft und das dynamische Feuer sind nur schwach entwickelt, aber der melodische Ausdruck und der Klang seiner Harmonik durchglühen es wie alle vorangehenden Kompositionen. Die Romantik ist dabei völlig aufgegeben, aber die Musik weist nicht gegen den Expressionismus, sondern eher auf neuklassizistische Gedanken, die sich vielleicht ausgeweitet hätten, wäre dem Schaffen des Meisters nicht ein Ende gesetzt worden.

Trio für Violine, Cello und Klavier in d-Moll, Opus 120, 3 Sätze, entstanden 1924

Das erste Thema des 1. Satzes wird vom Cello intoniert und von der Violine wiederholt; das zweite bringt das Klavier. Nach einer sehr kunstvollen Durchführung und einer verkürzten Reprise schließt eine Coda den Satz ab. Das Andantino, das den Mittelsatz bildet, gleicht durch seine sprechende Sanglichkeit einem »Lied ohne Worte«. Im Finale kontrastieren Klavier und Streicher mit verschiedenen Taktmaßen, von denen schließlich eines obsiegt und das liebenswürdige Werk beendet.

Dolly-Suite für zwei Klaviere, Opus 56, 6 Sätze, entstanden 1893–96

Diese für die junge Stieftochter Debussys, Dolly Bardac, geschriebene Klaviersuite, die sofort ungeheuer beliebt wurde, ist vom Bühnen- und Filmkomponisten Henri Benjamin Rabaud (10.11. 1873, Paris, bis 11.9.1949, Paris) vorzüglich orchestriert worden; der Reiz der Klavierfassung wurde aber nicht erreicht. Der 1. Satz, »Wiegenlied«, ist stark lyrisch und schildert wohl, wie das junge Mädchen mit ihrer Katze schläft, der 2. Satz, »Miau«, stellt die Katze vor, der 3. läßt uns erleben, wie das Mädchen mit der Katze im Garten spielt, und im 4., »Walzer«, wie sie beide tanzen. Der 5. Satz trägt den Titel »Zärtlichkeit« und spricht von der Zuneigung der Katze und des Mädchens; im 6. Satz tanzen beide einen »Pas Espagnol« (Spanischer Tanz).

LITERATUR
É. Vuillermoz, Gabriel Fauré, Paris 1960. J.M. Nectoux, G. Fauré, Paris 1972. J. Vuaillat, G. Fauré, Lyon 1973. V. Jankélévitch, De la musique au silence, Paris 1974.

John Fawcett (1789-1857)

ZEIT UND UMWELT
In England fanden sich in jeder Epoche Laien-Musiker, die sich zu beachtlichen Leistungen aufschwangen. In der Regel lag ihr Wirkungskreis auf dem Gebiet der sakralen Musik, was sich wohl aus dem Umstand erklären läßt, daß sie kaum andere Musik zur Kenntnis erhalten hatten, wenn man von populären Liedern und Volkstänzen absieht.

LEBEN
John Fawcett wurde am 8.12.1789 in Wennington, Lancashire, geboren. Er war Schuster in Bolton und entdeckte und entwickelte selbst seine musikalische Begabung. Er erfand neue Psalmweisen und Hymnenmelodien, mit denen er mit Erfolg vor die Öffentlichkeit trat. Er starb am 26.10.1857 in Bolton.
Sein Sohn John Fawcett (um 1824, Bolton-le-Moors, bis 1.7.1857, Manchester) erhielt bereits eine geregelte Ausbildung zum Organisten, wirkte schon als Elfjähriger als Organist an St. John's in Farnworth und mit 18 Jahren an der Hauptkirche in Bolton-le-Moors. Im Jahr 1845 ging er nach London zur weiteren Ausbildung und wurde dort Organist an Courzon Chapel. Um 1855 siedelte er nach Manchester über, wo er am 1.7.1857 starb.

WERKE
Von John Fawcett dem Älteren sind 3 Serien Psalmen und Hymnen unter den Titeln »The Voice of Devotion« (Die Stimme der Frömmigkeit), »The Harp of Zion« (Die Harfe Zions) und »The Cherub Lute« (Die Laute des Cherubs) bekannt geworden. Er verfaßte Begleitungen zu zahlreichen Psalmen und Hymnen und ein Oratorium »Paradise«.
John Fawcett schrieb zahlreiche Orgelstücke und eine Kantate.
Beider Musik war sehr konservativ.

Robert Fayrfax (1464 – 1521)

ZEIT UND UMWELT
Unter König Edward IV. erhielt das Musikleben am englischen Hof einen bemerkenswerten Aufschwung, der sich unter seinen Nachfolgern Heinrich VII. und Heinrich VIII. fortsetzte und unter der Führung von Christopher Tye seinen Höhepunkt erreichte.

LEBEN
Robert Fayrfax wurde in Deeping Gate (Lincolnshire) am 23. 4. 1464 getauft. Das Geburtsdatum steht nicht fest. Seine erste Stellung war die eines Chormeisters an St. Alban's in London; 1496 wurde er Gentleman of the King's Chapel. Er erfreute sich der Förderung der Königin Elisabeth von York (1466 – 1503) und des Königs Heinrich VIII. Im Jahre 1502 wurde er Organist an St. Alban's Abbey, behielt aber die Stellung in der Königlichen Kapelle bei. Zwei Jahre darauf promovierte er in Cambridge zum Doktor der Musik und erhielt die gleiche Würde 1511 in Oxford. Am 24. 10. 1521 starb er in St. Alban's.

WERKE
Von Robert Fayrfax sind 5 fünfstimmige Messen und eine vierstimmige überliefert, sodann 2 Magnificat, mehrere Motetten und englische profane Chöre. Dunstables Vorbild ist in allen diesen Werken erkennbar, daneben aber auch starke Einflüsse der franko-flämischen Schule.

LITERATUR
Dom A. Hugues, The Works of Robert Fayrfax, Music & Letters XXX, 1949.

Joseph Paris Feckler
(1666–1735)

Zeit und Umwelt
Die Ausbildung am Domchor der Barockstadt Salzburg war bei allen Kapellen eine wirksame Empfehlung, weil die intensive Musikpflege der Maîtrise des Domes allgemein bekannt und geschätzt war.

Leben
Joseph Paris Feckler (Feckhler, Föckler, Vöckler) wurde am 19. 3. 1666 in Laufen, heute Bayern, getauft. Er war Chorknabe an der fürsterzbischöflichen Domkapelle in Salzburg und studierte an der Universität der Stadt. Nach längerem Musikstudium in Italien wurde er 1707 Hofkaplan und Kabinettsmusikdirektor in Düsseldorf, wirkte darauf in Trier und ab 1728 als Kurmainzer Hofkapellmeister. Im Jahr 1731 wurde er Kanonikus am Stift Heiligenkreuz in Mainz, wo er am 4. 10. 1735 starb.

Werke
Vom umfangreichen Werk des österreichischen Komponisten Joseph Paris Feckler, das aus Kantaten, Arien, Cembalomusik, Märschen und verschiedenen geistlichen Werken bestand, ist lediglich eine umfangreiche Huldigungskantate für Kaiser Joseph I. erhalten, bei der er seine kompositorischen Fähigkeiten unter Beweis stellte.

Literatur
A. Gottron, Joseph Paris Feckler, in: Archiv für Musikwissenschaft XIX/XX, 1962/63.

Jehan Fedé (um 1425 bis nach 1474)

Zeit und Umwelt
Die 1245 bis 1248 von Pierre de Montereau (gestorben 1266) erbaute Sainte-Chapelle, die Schloßkapelle der französischen Könige, bietet gerade durch ihre geringen Dimensionen (35×11 m Fläche, 35 m Höhe) eine phänomenale Akustik.

Leben
Jehan Fedé (Phede, Sohier) ist um 1425 in Frankreich geboren und war von 1443 bis 1445 in der päpstlichen Hofkapelle, 1449 und 1450 an der Sainte-Chapelle in Paris und von 1473 bis 1474 Sänger an der französischen Hofkapelle. Er ist nach 1474 vermutlich in Paris gestorben.

Werke
Von Fedé sind 2 Kompositionen erhalten: Magne pater sancte und O lumen ecclesiae. Sie sind stilistisch stark von Ockeghem abhängig.

Literatur
M. Brenet, Les Musiciens de la Sainte-Chapelle, Paris 1910.

Ruggiero Fedeli (um 1655–1722)

Zeit und Umwelt
Kassel, seit 1567 Residenz der Landgrafen von Hessen-Kassel, nahm im 17. Jahrhundert durch die Aufnahme flüchtender Niederländer (1615) und Hugenotten (1688) einen gewaltigen Aufschwung, weil die Emigranten außer ihrer Arbeitskraft und ihrem Können auch ihr Vermögen mitbrachten. Dementsprechend hob sich auch das Einkommen der Landgrafen, die nicht wenig für kulturelle Erfordernisse aufwandten. Sie legten eine umfangreiche Gemäldesammlung und eine beachtliche Bibliothek an und statteten die Hofkapelle mit fähigen Kräften aus.

Leben
Ruggiero Fedeli wurde um 1655 in Venedig geboren. Er wirkte von 1673 bis 1677 als Sänger an San Marco, sodann bis 1681 am Hof in Bayreuth und von 1687 bis 1688 in Dresden; ab 1691 war er Hofkomponist in Berlin und ab 1700 Hofkapellmeister in Kassel, wo er 1722 starb und am 30. 1. begraben wurde.
Sein Vater Carlo Fedeli (um 1625, Venedig, bis 20. 1. 1686, Venedig) war ab 1660 Violinist an San Marco und bald darauf Konzertmeister.

Werke

Vom italienischen Komponisten Ruggiero Fedeli stammen eine größere Anzahl Kantaten, eine Trauermusik zum Tod der Königin von Preußen, Sophie Charlotte (1668 bis 1705), eine Orchestermesse, Messeteile, ein Magnificat und weitere sakrale Gesänge, außerdem eine Oper.

Carlo Fedeli hat ein Buch mit mehrstimmigen Sonaten mit Orgel als Generalbaß komponiert.

Literatur

S. J. Luin, La famiglia Fedeli, in: Rivista Musicale Italiana XXXVIII, 1931.

Vincenzo Federici (1764–1826)

Zeit und Umwelt

»Cembalomeister« wurden in den Opernhäusern noch weit bis in das 19. Jahrhundert hinein gebraucht. Abgesehen von ihrer Tätigkeit als Begleiter der Rezitative, erforderten doch noch viele Ouvertüren und Arien ein Continuospiel. Sie fungierten auch sehr oft als Repetitoren.

Leben

Vincenzo Federici wurde 1764 in Pesaro geboren, kam im Alter von 16 Jahren nach England und wurde dort am King's Theatre in London »Maestro di cembalo«, Arrangeur und Komponist. Ab 1808 bis zu seinem Tod am 26. 9. 1826 wirkte er als Harmonie- und Kontrapunktlehrer am Konservatorium in Mailand.

Francesco Federici (um 1750, Genua, bis nach 1803, vermutlich Mailand) war Opernkomponist. Ein Verwandtschaftsverhältnis beider kann nicht vermutet werden.

Werke

Von Vincenzo Federici sind ungefähr 15 Ballette und Opern in London und in Italien aufgeführt worden.

Francesco Federici schrieb für Rom und Mailand je eine Oper.

Jindřich Feld (geboren 1925)

Leben

Jindřich Feld wurde am 19. 2. 1925 in Prag geboren. Er studierte in seiner Geburtsstadt bei Emil Hlobil und Jaroslav Řídký und lebt seitdem dort als freischaffender Komponist.

Werke

Nach anfänglichen traditionsgebundenen Fakturen wandte sich Jindřich Feld den neuen Kompositionstechniken zu. Er schrieb unter anderem neben einer Kinderoper 2 Sinfonien, »Drei Fresken« für Orchester, Konzert für Kammerorchester, Konzert für Streichorchester, ein Flötenkonzert, ein Cellokonzert, ein Fagottkonzert, ein Doppelkonzert für Oboe und Fagott, ein Nonett, ein Blechbläserquintett, 4 Streichquartette und ein Trio für Flöte, Violine und Cello.

Ludovic Feldman (geboren 1893)

Leben

Ludovic Feldman wurde am 7. 6. 1893 in Galaţi, Rumänien, geboren. Er war am Konservatorium in Wien Schüler von František Ondříček und in Bukarest von Mihail Jora. Von 1927 bis 1940 wirkte er als Konzertmeister des Philharmonischen Orchesters in Bukarest.

Werke

Neben »8 Ballettszenen« schrieb Ludovic Feldman »Fünf sinfonische Stücke«, eine Sinfonietta, »Sinfonische Variationen«, eine »Sinfonische Ode«, eine Kammersinfonie, eine Tondichtung für Violine und Orchester, ein Konzert für Flöte und Kammerorchester, ein Konzert für zwei Streichorchester, ein Konzert für Klavier, Celesta und Schlagzeug, ein Streichtrio, 2 Sonaten für Bratsche und Klavier, 2 Sonaten für Violine und Klavier. Er entfernte sich von der Folklore und schloß sich der gesamteuropäischen Musikentwicklung an.

Morton Feldman (1926 – 87)

LEBEN
Morton Feldman wurde am 12.1.1926 in New York geboren. Er studierte bei Wallingford Riegger und Stefan Wolpe Komposition. Nachdem er 1950 mit John Cage Bekanntschaft gemacht hatte, orientierte er sich an dessen Technik und Stil. Er starb am 3.9.1987 in Buffalo.

WERKE
An die Stelle des Serialismus von Anton Webern setzte Morton Feldman die Indetermination des kompositorischen Ablaufs und trug dadurch viel zur Entwicklung der Aleatorik bei. Er schrieb unter anderem »Intersection I«, »Marginal Intersection« und »Structures« für Orchester, ein Stück für Kammerorchester und eines für kleines Orchester, ein Stück für elf Instrumente, eines für zehn Instrumente, eines für neun Instrumente, ein Septett, 2 Sextette, »Projection II« für Quintett, 2 Stücke für Klarinette und Streichquartett, 2 Streichquartette, ein Quartett für Violine, Cello, Glockenspiel und Klavier, verschiedene Trios und Duos, Stücke für Kammerensemble, für Klavier zu zwei, zu drei und zu vier Händen und für zwei Klaviere, Kantaten und Gesänge für Soli und für Chor mit Instrumenten und Instrumentalsoli.

LITERATUR
P. Dickinson, Feldman explains himself. – In: Music and Musicans XIV/11 (1966).

Andrea Feliciani (um 1545 bis um 1600)

ZEIT UND UMWELT
Nach langer Belagerung eroberten die Spanier 1555 das von einer französischen Garnison besetzte Siena. Die Einwohnerzahl war durch die Kämpfe von 40.000 auf 8000 gesunken, von denen noch viele emigrierten. Die politische und wirtschaftliche Kraft der einst blühenden Stadt war gebrochen. Sie konnte sich auch unter den Medici, denen der spanische König Philipp II. sie schließlich 1557 überantwortete, nicht mehr erholen. Daher ist Siena eine gotische Stadt geblieben. Was später noch an Bauwerken hinzukam, war nicht mehr entscheidend. Geblieben ist die Pflege der Bauten aus der Vergangenheit, der Bibliotheken, der alten Volksbräuche und der Musik, besonders seitens der Kapelle am Dom.

LEBEN
Andrea Feliciani (Felisiani) wurde um 1545 in Siena geboren und am Dom der Stadt ausgebildet. Er soll sich einige Zeit in Rom aufgehalten und bei Palestrina Unterricht genommen haben. Darauf wurde er Domorganist in Siena und Domkapellmeister. Er starb in Siena um 1600.

WERKE
Der italienische Komponist wurde von seinen Zeitgenossen für einen der größten Meister gehalten. Seine Messen, Vespern, Psalmen, besonders seine mehrstimmigen Marienlieder wurden ebenso hochgeschätzt wie seine fünf- bis sechsstimmigen Madrigale.

LITERATUR
L. Morocchi, La musica in Siena, Siena 1886.

Stefano Felis (um 1550 bis nach 1603)

ZEIT UND UMWELT
Bari ging 1557 aus der Hand der Sforza an Neapel über, mit dem der wirtschaftliche und kulturelle Kontakt schon immer sehr stark war. Musiker aus Bari ergänzten ihre Ausbildung häufig an einer der Musikschulen Neapels und verblieben nicht selten dort, denn das kleine Bari selbst konnte nur wenige von ihnen beschäftigen.

LEBEN
Stefano Felis wurde um 1550 in Bari geboren und nach seiner Ausbildung in Neapel im Jahre 1579 Kapellmeister und Kanonikus am Dom zu Bari (San Sabino). Er folgte einem Ruf nach Prag zur Hofkapelle und kehrte

1591 nach Italien zurück, um in Neapel die Kapellmeisterstelle am Dom anzutreten. Im Jahre 1596 ging er in seine Heimatstadt zurück, wo er bis 1603 an San Nicola als Kapellmeister wirkte. Er ist einige Jahre später in Bari gestorben.

WERKE
Von Stefano Felis sind Messen, Motetten, Madrigale, Villanellen überliefert, an Orgelmusik Ricercari und Fantasien. Die Orgelstücke sind im spanischen Stil gehalten, der in Neapel gepflegt wurde. Die Vokalmusik ist stark konventionell.

LITERATUR
Br. D. Hoagland, A Study of Selected Motets of Stefano Felis, University of Missouri, 1967.

William Felton (1715–69)

ZEIT UND UMWELT
Sobald englische Kirchenmusiker der ersten Hälfte des 18. Jahrhunderts den sakralen Bereich verließen, begaben sie sich zumeist in den Schatten des großen Meisters Georg Friedrich Händel. Ihn nachzuahmen, garantierte auf jeden Fall einen zumindest bescheidenen Erfolg.

LEBEN
William Felton wurde 1715 in Drayton, Shropshire, geboren und in Manchester und am St. John's College in Cambridge ausgebildet. Er war ab 1741 Vicar-choral an der Kathedrale in Hereford und Succentor und dirigierte in den Jahren 1744 und 1745 die Veranstaltungen der »Three Choirs« in Hereford und Gloucester. Ab 1769 leitete er ein College für Vicars-choral. Er starb am 6. 12. 1769 in Hereford.

WERKE
Obwohl William Felton Kleriker und Kirchenmusiker war, sind keine sakralen Werke von ihm erhalten. Er veröffentlichte 32 Konzerte für Orgel oder Cembalo, mit denen er Händel sehr nachahmte, und 16 Cembalosuiten. Es wird berichtet, daß seine Konzerte erst dann einen befriedigenden Absatz erhielten, als Händel selbst als Subskribent auftrat. Seine einzige überlieferte Vokalkomposition, »Fill the Glass« (Fülle das Glas), für drei Stimmen wurde unter dem Titel »Farewell Manchester« (Lebe wohl, Manchester) sehr berühmt.

Fedele Fenaroli (1730–1818)

ZEIT UND UMWELT
Im Jahr 1806 wurden die zwei neapolitanischen Konservatorien, die noch existierten – Conservatorio della Pietà de'Turchini und Santa Maria di Loreto –, zusammengelegt und zwei Jahre darauf geschlossen. Die Nachfolge trat das Real Conservatorio di Musica an, das ursprünglich Conservatorio di San Sebastiano und kurze Zeit darauf Conservatorio di San Pietro a Maiella benannt wurde.

LEBEN
Fedele Fenaroli wurde am 25. 4. 1730 in Lanciano, Abruzzen, geboren. Er war am Conservatorio Santa Maria di Loreto Schüler von Leonardo Leo und Francesco Durante und wurde 1763 Kapellmeister des Instituts. Nach der Gründung des Conservatorio di San Pietro a Maiella wurde ihm gemeinsam mit Giovanni Paisiello und Giacomo Tritto die Aufgabe der Reorganisation des gesamten Lehrbetriebs übertragen. Er starb in Neapel am 1. 1. 1818.

WERKE
Der Ruhm von Fedele Fenaroli beruhte vor allem auf seinen didaktischen Fähigkeiten. Seine Kompositionen zeichneten sich nicht durch besondere Originalität aus. Er verfaßte zahlreiche Messen, Motetten und Hymnen, Oratorien, Kantaten, Stücke für Cembalo und eine Oper.

LITERATUR
G. De Napoli, Fedele Fenaroli, in: Musica d'oggi XII, 1930.

Francesco Feo (1691–1761)

ZEIT UND UMWELT

Auf Anregung von Alessandro Scarlatti gründete Domenico Gizzi (1680, Arpino, Neapel, bis 14. 10. 1758, Neapel) eine Privatschule für Opernkomposition. Es gingen namhafte Kräfte daraus hervor, die der neapolitanischen Oper den Beliebtheitsgrad verliehen, den sie durch viele Jahrzehnte genoß.

LEBEN

Francesco Feo wurde 1691 in Neapel geboren und an der Privatschule von Domenico Gizzi, von Nicola Fago (1677–1745) am Conservatorio della Pietà de'Turchini und von Giuseppe Ottavio Pitoni (1657–1743) in Rom ausgebildet. Von 1723 bis 1738 war er Kapellmeister am Conservatorio Sant'Onofrio in Neapel und anschließend bis 1743 am Conservatorio dei Poveri di Gesù Cristo. Danach lebte er als Privatlehrer und Komponist in seiner Geburtsstadt, in der er am 28. 1. 1761 starb.

WERKE

Das Bühnenwerk von Francesco Feo bestand aus einem Dutzend Opern und mehreren Serenaden. Er war einer der bedeutendsten Vertreter der neapolitanischen Opernschule. Außerdem schrieb er 2 Oratorien mit deutlichem Operncharakter, 6 sehr klangvolle Messen, ein viel aufgeführtes Requiem und weitere Kirchenmusik, die den alten Stil nachahmte.

LITERATUR

U. Prota-Giurleo, Breve storia del teatro di Corte, Neapel 1952.

Beltrame Feragut
(nach 1380 bis um 1450)

ZEIT UND UMWELT

In Oberitalien lagen Mailand, Florenz und Venedig in ständigem Kampf um die Vorherrschaft. Der kulturelle Wettstreit der drei Zentren der Frührenaissance wurde dadurch wohl zuweilen gehemmt, aber nie unterbrochen. Die Künstler wechselten die Aufenthaltsorte je nach den Aufträgen und kümmerten sich, besonders wenn sie Ausländer waren, kaum um die politischen Auseinandersetzungen.

LEBEN

Beltrame Feragut (Feragu, Ferracutius, Bertrand) ist zwischen 1380 und 1400 vermutlich in Avignon geboren. Er wurde Augustinermönch. Im Jahre 1409 schrieb er eine Motette zur Inthronisation des Bischofs Pietro Emiliani von Vicenza, die 1433 mit etwas abgeändertem Text bei der Amtseinführung von dessen Nachfolger Francesco Malipieri neu aufgeführt wurde. Von 1425 bis 1430 war er Kapellmeister und Tenorist am Dom zu Mailand, 1439 Sänger an Santa Maria del Fiore und an San Giovanni in Florenz. Ort und Zeit seines Todes sind unbekannt.

WERKE

Beltrame Feragut hinterließ 3 dreistimmige Liedmotetten, 4 dreistimmige Ordinariumsätze mit Instrumentalstimmen, einen Hymnus, ein Magnificat und ein vierstimmiges Rondeau. Seine Musik trägt den Stil der Frühwerke von Dufay. Trotz seiner südfranzösischen Herkunft und seines ständigen Italienaufenthaltes ist er den Musikern des franko-flämischen Raumes zuzurechnen.

LITERATUR

J. F. R. und C. Stainer, Dufay and His Contemporaries, Amsterdam 1963.

Ferdinand III. (1608–57)

ZEIT UND UMWELT

Der Friede von Prag (1635) stellte den stillschweigenden Verzicht des Hauses Habsburg auf seine zentralistischen, absolutistischen Pläne dar. Es mußte die konfessionelle Situation im Reich hinnehmen und sich darauf beschränken, die Gegenreformation in den eigenen Ländern durchzusetzen. Damit war zumindest die Grundlage zur Beendigung des Krieges im Jahr 1648 geschaffen.

Leben
Ferdinand III., römisch-deutscher Kaiser, wurde am 13. Juli 1608 in Graz geboren. Im Jahr 1625 war er ungarischer König, 1636 römischer König und 1637 Kaiser. Er war als Kronprinz Führer der Friedenspartei. Der Friede von Prag, den sein Vater Ferdinand II. schloß, war sein diplomatisches Werk. Er starb in Wien am 2. 4. 1657.

Werke
Kaiser Ferdinand III. eröffnete die Reihe der österreichischen Barockfürsten, die nicht nur ihre Kapellen mit allen Kräften förderten, sondern auch selbst als Komponisten und Interpreten am Wiener Musikleben teilnahmen. Er machte die italienische Oper in Wien heimisch und verfaßte selbst ein »Drame musicum«. Von seinen Kompositionen sind eine achtstimmige und eine sechsstimmige Messe, 4 Motetten, 10 Hymnen, eine Miserere und ein Stabat mater überliefert. Die äußerst kunstvoll angelegten Werke entsprechen dem damals von der Wiener Hofkapelle gepflegten venezianischen Stil.

Literatur
O. Wessely, Habsburger Kaiser als Komponisten, in: Unica Austriaca, Neue Folge, Wien 1958.

Giovanni Battista Fergusio
(um 1580 bis nach 1612)

Zeit und Umwelt
Generalbaß, obligatorisch oder fakultativ vorgeschriebene Instrumentalbegleitung und Monodie kennzeichnen zum großen Teil die Kompositionen Oberitaliens im zweiten Jahrzehnt des 17. Jahrhunderts. Neben dem Fortbestehen des alten Stils kann also die Bildung der barocken Formgebung bereits als vollzogen angesehen werden.

Leben
Giovanni Battista Fergusio wurde um 1580 vermutlich in Savigliano, Piemont, geboren. Seine musikalische Ausbildung dürfte er in Bologna erhalten haben, wo er Rechtswissenschaft studierte. Er ließ sich 1612 in Savigliano als Advokat nieder und dürfte die Musik nur als Liebhaber ausgeübt haben. Wahrscheinlich ist er in seiner Heimatstadt gestorben. Das Todesdatum ist unbekannt.

Werke
Der italienische Jurist und Komponist Giovanni Battista Fergusio hinterließ 42 Motetten und Dialoge für eine bis neun Stimmen mit Orgel als Generalbaß oder Chitarrone. Die Gesänge sind zum Teil monodisch und verwenden volkstümliches Melodiengut. Die Technik des neuen Stils ist dabei schon sehr gut durchgebildet.

Lucas Fernández (um 1474–1542)

Zeit und Umwelt
Der von Alfonso el Sabio geschaffene Lehrstuhl für Musik an der Universität Salamanca war im Lauf seiner Geschichte bis zum Ende des 18. Jahrhunderts stets mit hervorragenden Gelehrten besetzt. Diesem Fach wurde stets große Bedeutung beigemessen. Er nahm im 16. Jahrhundert besonders als Wegbereiter des Renaissancetheaters für die spanische musikalische Bühne eine wichtige Stellung ein.

Leben
Lucas Fernández, spanischer Dichter und Musiker, ist um 1474 vermutlich in Salamanca geboren. Er wurde 1498 Chorsänger der Kathedrale von Salamanca. Ab 1522 hatte er den Lehrstuhl für Musik an der Universität Salamanca bis zu seinem Tod im Jahre 1542 inne.

Werke
Von einigen Ansätzen abgesehen, die im übrigen Europa geschaffen wurden, brachte Spanien als erstes Land Bühnenstücke mit Musik heraus. Die »farsas y églogas« (Possen und Schäferspiele) von Lucas Fernández leiten das spanische und das europäische Musiktheater ein. Außerdem sind von dem Meister mehrere Villancicos erhalten, die einen starken französischen Einfluß aufweisen.

Der bekannteste ist »Dí por qué mueres en cruz« (Sage, warum stirbst du am Kreuz).

Literatur

G. Chase, Lucas Fernández, Poet and Musician, in: The Chesterian XX, 1939.

Oscar Lorenzo Fernândez (1897–1948)

Leben

Oscar Lorenzo Fernândez wurde am 4.11. 1897 in Rio de Janeiro geboren. Er studierte am Instituto Nacional de Música unter Francisco Braga und Enrique Oswald (1852–1931). Im Jahr 1936 gründete er das Konservatorium seiner Geburtsstadt und leitete es bis zu seinem Tod am 27.8.1948.

Werke

Das kompositorische Schaffen von Oscar Lorenzo Fernândez ist durch starke Übernahme von Elementen der brasilianischen Volksmusik, insbesonders ihrer Rhythmen, gekennzeichnet. Er schrieb eine Oper, ein Ballett, 2 Sinfonien, eine sinfonische Suite über brasilianische Volksthemen, eine Suite, 5 sinfonische Dichtungen, ein Klavierkonzert, ein Violinkonzert, ein Bläserquintett, 2 Streichquartette, 3 Trios, ein Klaviertrio, zahlreiche Klavierwerke – Sonaten, Suiten, Tänze –, viele Chorwerke und Lieder.

Fernández de Castilleja
(um 1498–1574)

Zeit und Umwelt

Die Loyalität der Stadt Sevilla gegenüber der spanischen Krone war nahezu sprichwörtlich geworden. Trotzdem nahm sie zumindest in den ersten zwei Jahrhunderten der Neuzeit eine Sonderstellung im Königreich ein, weil sie zum Hauptausgangspunkt für die Wanderungsbewegung nach der Neuen Welt und zum Umschlagplatz des jungen Überseehandels geworden war. Die Casa de Contratación (Haus des Handels), gegründet 1503, und die Pilotos mayores (Oberste Seebehörde), der auch Amerigo Vespucci (1441 bis 1512) und Sebastian Capote (1472 bis 1557) angehörten, residierten in Sevilla. Eine gewisse Sonderstellung nahm auch die Musik in der 1506 im großen und ganzen fertiggestellten Kathedrale Santa Maria de la Sede ein.

Leben

Fernández de Castilleja wurde um 1498 in Sevilla geboren. Im Jahre 1514 wurde er als Nachfolger von Pedro de Escobar Kapellmeister der Kathedrale und behielt diese Stelle bis zu seinem Tod im Jahre 1574.

Werke

Der spanische Komponist Francisco Guerrero nannte Fernández de Castilleja einen »maestro de los maestros de España« (Meister der Meister Spaniens). Seine überlieferten Werke bestätigen dieses hohe Lob. Das Salve Regina und die vier- und fünfstimmigen Motetten gehören zu den Meisterwerken spanischer Kirchenmusik jener Zeit.

Literatur

R. M. Stevenson, Spanish Music in the Age of Columbus, Den Haag 1960.

Fernando d'Almeida (um 1618–60)

Zeit und Umwelt

Kapelle und Musikschule in Évora bildeten im 16. und im 17. Jahrhundert eine ständige Quelle für die portugiesische und die spanische Musikentwicklung. Die dort vermittelte gründliche Ausbildung wurde an die Kathedralen und Klosterkirchen der Länder, wo die ehemaligen Schüler sodann ihren Wirkungskreis fanden, und von dort wieder an Schüler weitergegeben.

Leben

Fernando d'Almeida wurde um 1618 in Lissabon geboren und dort von Duarte Lobo (um 1565–1646), der in Évora studiert hatte, ausgebildet. Er wirkte als Kapellmeister an der Kirche des Klosters Thomar, Estremadura, dem er 1636 beigetreten war. Ob er auch in Lissabon, wo er am 21. 3. 1660 starb, als Musiker tätig war, ist nicht feststellbar.

WERKE
Der portugiesische Komponist Fernando d'Almeida verfaßte für die Kirche seines Klosters eine zweistimmige Messe, Lamentationen, Responsorien und Miserere für die Karwoche, die den polyphonen Stil des 16. Jahrhunderts zum Teil verlassen.

Fernando de las Infantas
(1534 bis nach 1609)

ZEIT UND UMWELT
In der ehemaligen Kalifenstadt Cordoba wurde wie in Sevilla und anderen spanischen Städten die Erinnerung an den seinerzeit vom römischen Kirchengesang verdrängten mozarabischen Kirchengesang nie völlig zum Erlöschen gebracht. Unterschwellig vielleicht nur, aber doch bemerkbar, lebte er in gewissen Melismen fort. Die weitreichende Selbständigkeit der spanischen Kirche war solchen Nebenerscheinungen des Kirchengesanges günstig. Dazu kam, daß auch in Italien und in anderen Ländern der gregorianische Kirchengesang durch Tropen und Sequenzen von seiner Monotonie weiterentwickelt wurde. Im Zuge der Bestrebungen, altchristliches Verhalten den Reformationen als Gegenreformation entgegenzustellen, wurden für die gesamte Kirchenmusik neue Regeln aufgestellt oder vielmehr alte, durch die Renaissance, die die Position des Menschen in der Kunst dem Mittelpunkt des Geschehens zuschob, vernachlässigte, wiederum zur Geltung gebracht.
Papst Gregor XIII. beabsichtigte überdies, den gregorianischen Gesang in ursprünglicher Form wiederherzustellen, und beauftragte Palestrina und Annibale Zoilo mit dieser Aufgabe. Die Arbeit mußte nach einiger Zeit wegen des Einspruches des spanischen Klerus und König Philipps II. eingestellt werden, weil man in Spanien die geplante Purifikation ablehnte und die Differenzen zwischen dem spanischen und dem für alle katholischen Kirchen gültig erneuerten Choral nicht vertieft sehen wollte.

LEBEN
Fernando de las Infantas wurde 1534 in adeliger Familie in Cordoba geboren. Seine Ausbildung erhielt er in seiner Vaterstadt, wo er bis zu seiner Übersiedlung nach Rom in den frühen fünfziger Jahren als Musiker und Komponist wirkte. Als er von der Absicht Papst Gregors XIII., den Gregorianischen Choral zu reformieren und neu herauszubringen, erfuhr und davon Kenntnis erhielt, welche Tendenzen dabei verfolgt wurden, wandte er sich persönlich an König Philipp II. von Spanien, der seine Einwände übernahm und über den spanischen Gesandten die Einstellung der Arbeiten an dem Choral durchsetzte. Infantas veröffentlichte 1601 ein Traktat über die Prädestination und fand damit nicht den Beifall seiner kirchlichen Vorgesetzten, so daß er gezwungen war, sich 1607 und 1609 an den spanischen König Philipp III. (1578–1621) um einen bescheidenen Zufluchtsort für den Rest seines Lebens zu wenden. Ort und Zeit seines Todes sind nicht bekannt.

WERKE
Von Fernando de las Infantas sind 3 Bücher mit sakralen Gesängen verschiedener Art, eines mit kontrapunktischen Sätzen über gregorianische Melodien und etliche Motetten in Sammelwerken erhalten. Sein Stil wurde stark von Morales beeinflußt.

LITERATUR
R. Mitiana, Don Fernando de las Infantas, Madrid 1918.

Domenico Maria Ferrabosco
(1513–74)

ZEIT UND UMWELT
Bologna wurde in der ersten Hälfte des 16. Jahrhunderts von Papst Julius II. dem Kirchenstaat angegliedert und konnte nach langen Zeiten der inneren Unruhe eine im gro-

ßen und ganzen friedliche Entwicklung durch nahezu drei Jahrhunderte durchleben. Die weltberühmte Juristenuniversität der Stadt entfaltete sich erneut zu ihrem Glanz des 12. und 13. Jahrhunderts. Die Bologneser Malerschule stand vor ihrem Aufschwung. Baumeister und Bildhauer schmückten die Stadt. Die sakrale und profane Musik blühte dank der Musikschule im Rahmen selbständiger Formgebung auf.

Leben

Domenico Maria Ferrabosco (Ferabosco) wurde am 14. 2. 1513 vermutlich in oder bei Bologna geboren. Im Jahre 1540 war er Sänger, 1547 Kapellmeister an San Petronio in Bologna, 1546 Kapellmeister an der Peterskirche in Rom und ab 1551 Sänger an der päpstlichen Kapelle, wo er 1555 gleichzeitig mit Palestrina und Leonardo Barré von dem in diesem Jahr inthronisierten Papst Paul IV. (1555–59) als »verheiratetes Individuum« entlassen wurde. Er kehrte nach Bologna zurück und wirkte dort als Kapellmeister bis zu seinem Tod im Februar 1574.

Alfonso (I) Ferrabosco (getauft 18. 1. 1543, Bologna, bis 12. 8. 1588, Bologna), Sohn des Domenico Maria Ferrabosco, in England bekannt als Master Alfonso, kam nach kurzem Dienst in Lothringen 1562 nach London und trat in die Dienste der Königin Elisabeth I. 1578 kehrte er nach Italien zurück.

Alfonso (II) Ferrabosco (1572, Greenwich, begraben 11. 3. 1628, Greenwich), Sohn des Alfonso (I), wurde 1604 Violist der Chapel Royal und Musiklehrer der Söhne König Jakobs (1566–1625). Im Jahre 1626 folgte er John Coperario unter König Charles I. (1600–49) als »Composer of the King's music« nach.

Alfonso (III) Ferrabosco (um 1595, Greenwich, bis vor 1660, Greenwich), Sohn des Alfonso (II), war in der Königlichen Kapelle als Bläser und Violist tätig.

Dessen Bruder Henry Ferrabosco (um 1605, Greenwich, bis um 1658, Jamaika) folgte seinem Vater Alfonso (II) als königlicher Komponist und Instrumentalist der Kapelle nach. Er nahm als Captain an einer Expedition nach Jamaika teil und kam dabei um.

Der zweite Bruder, John Ferrabosco (1626, Greenwich, bis Oktober 1682, Ely), war 1662 als Instrumentalist in der Chapel Royal tätig; dann wurde er Organist an der Kathedrale in Ely.

Matthias Ferrabosco (getauft 16. 7. 1550, Bologna, bis 23. 2. 1616, Graz) wurde fälschlich zu den Nachkommen von Domenico Maria Ferrabosco gezählt. Er war ab 1581 Altist der Grazer Hofkapelle, 1588 Leiter des Knabenchores und ab 1603 Vizekapellmeister.

Werke

Von Domenico Maria Ferrabosco stammt eine Sammlung vierstimmiger Madrigale, weitere sind in Sammelwerken überliefert. Bei diesem Komponisten ist die italienische Madrigalkunst bereits auf einer sehr hohen Stufe angelangt. Besondere Berühmtheit erlangte die Vertonung des Gedichtes von Boccaccio: »Io mi son giovinett' e volontieri« (Ich bin jung und das ist schön).

Von Alfonso (I) Ferrabosco sind 2 Bücher mit fünfstimmigen Madrigalen und weitere Madrigale und Motetten zum Teil in Sammelwerken, zum Teil handschriftlich erhalten. Sein Stil ist konservativ. Er hat als erster das Madrigal in England bekannt gemacht.

Der Violist Alfonso (II) Ferrabosco hat eine Reihe sehr feiner Violenstücke verfaßt, und zwar: 28 Lieder mit Laute und Baßviole, Lektionen für eine, zwei und drei Violen, etwa 50 Fantasien (Fancies) und Tänze für zwei bis sechs Violen, außerdem 3 Anthems.

Alfonso (III) schrieb Musik für Blasinstrumente.

Von John Ferrabosco sind eine Anzahl Anthems und gottesdienstliche Gesänge erhalten.

Von Matthias Ferrabosco sind 22 vierstimmige Canzonetten überliefert.

Literatur

A. Bonaventura, Il Boccaccio e la musica, Rivista musicale italiana XXI, 1914. G. E. P. Arkwright, Master Alfonso and Queen Elizabeth, Zeitschrift der Internationalen Musikgesellschaft VIII, 1906/07. E. van der Straeten, The Romance of the Fiddle, London 1911. E. H. Fellowes, The English Madrigal Composers, London 1948. H. Federhofer, Musikpflege und Musiker am Grazer Habsburgerhof der Erzherzöge Karl und Ferdinand von Innerösterreich (1564 bis 1619), Mainz 1967.

Giovanni Ferrandini (1710–91)

ZEIT UND UMWELT

Trotz des Versuches Kaiser Josephs II. (1741 bis 1790), nach dem Aussterben der altbayerischen Linie der Wittelsbacher das Kurfürstentum Bayern an sich zu bringen, fiel es Pfalzgraf Karl Theodor zu. Die neue bayerische Linie hielt das hohe Niveau der Kunst- und Musikstadt München bis in das 20. Jahrhundert.

LEBEN

Giovanni Ferrandini (Ferradini, Ferandini) wurde 1710 in Venedig geboren. Er kam 1722 als Oboist zur Münchner Hofkapelle, wurde dort Schüler von Giuseppe Antonio Bernabei (1649–1732) und Pietro Torri (um 1650–1737), sodann 1732 Kammerkomponist und 1737 Direktor der Kammermusik des bayerischen Hofes. Um 1755 kehrte er nach Italien zurück und lebte in Padua, wo er weiterhin für den kurbayerischen Hof als Komponist tätig war. 1790 ging er erneut nach München, wo er am 29. 9. 1791 starb.

WERKE

Von Giuseppe Ferrandini sind eine Reihe von Opern, ein geistliches Oratorium, geistliche und weltliche Kantaten, Arien und Kammermusik für Streicher und für Flöten überliefert. Sein Stil bewegt sich in die Richtung der Mannheimer, die vom bayerischen Kurfürsten stark gefördert wurden.

Benedetto Ferrari (1597–1681)

ZEIT UND UMWELT

Neben der Oper, für die es immer mehr Librettisten und Komponisten gab, blühte auch das Oratorium, und zwar vor allem das volkstümliche Oratorio italiano, rasch auf. Die Möglichkeit, hiebei Soloarien mit Chören zu mischen und alle Stilgattungen der Zeit anzuwenden, wurde mit Eifer ergriffen und sprach bei den öffentlichen Aufführungen beider Gattungen immer größere Publikumskreise an. Selbstverständlich war auch der wirtschaftliche Erfolg ein Beweggrund, sich dieser Musikgattung zu widmen.

LEBEN

Benedetto Ferrari wurde 1597 in Reggio Emilia geboren. Er studierte in Rom und bildete sich zum vorzüglichen Instrumentalisten aus, besonders auf der Theorbe. Von 1619 bis 1623 wirkte er am Hof in Parma, dann ging er nach Venedig, wo er gemeinsam mit Francesco Manelli die ersten Opern herausbrachte, zu denen er die Libretti verfaßte. Anschließend komponierte er selbst einige Opern für das mit Manelli gemeinsam betriebene Opernhaus. Im Jahr 1645 wurde er Instrumentalist und Hofkapellmeister in Modena, begab sich aber 1651 für zwei Jahre nach Wien, wo er als Instrumentalist und Leiter von Hoffestlichkeiten tätig war. Dann kehrte er an seine Stelle nach Modena zurück. Diese verlor er, als nach dem Tod des Herzogs Alfonso IV. (1634–62) die Kapelle reduziert wurde. Als dessen Sohn Francesco II. (1660–94) im Jahr 1674 die Regierung selbst übernahm, wurde Ferrari neuerlich eingestellt und wirkte in Modena bis zu seinem Tod am 22. 10. 1681.

WERKE

Der italienische Komponist Benedetto Ferrari erhielt in Rom wegen seiner Virtuosität auf der Theorbe den Beinamen »Benedetto della tiorba«. Er brachte 3 Bücher »Musiche varie«, Solokantaten mit Generalbaß, heraus, deren pathetische Melodik fast den Charakter von Opernarien hat. Außerdem sind sein Oratorio italiano »Sansone« (Samson), die Instrumentaleinleitung zu einem Ballett »Dafne« und eine Reihe von Opern erhalten. Seine Musik ist ansprechend und volkstümlich, ohne etwas an künstlerischem Gehalt einzubüßen.

Literatur

A. Schering, Geschichte des Oratoriums, Leipzig 1911.

Carlo Ferrari (um 1710–90)

Zeit und Umwelt

Nachdem das Cello seine endgültige Mensur erhalten und immer mehr solistisch eingesetzt worden war, entstand sofort das Bedürfnis nach einem Spiel in höheren Lagen, um weitere Räume für die melodische Entfaltung zu gewinnen und den schönen Klang des Instruments bei hohen Griffen ausnützen zu können. Das Lagenspiel wurde durch Aufsetzen eines griffbrettverkürzenden Capodasto erzielt, was jedoch den reinen Klang mitunter etwas beeinträchtigte. Durch Verwendung des Daumens der Griffhand wurde es erst möglich, den Klang zu erhalten und die Sperre je nach Bedarf in beliebiger Höhe anzubringen.

Leben

Carlo Ferrari wurde um 1710 in Piacenza geboren und vermutlich dort zum Cellisten ausgebildet. Er lebte und wirkte ab ungefähr 1750 als Cellist in Paris und war ab 1765 Mitglied der Hofkapelle in Parma, wo er am 2. 4. 1790 starb.

Sein Bruder Domenico Ferrari (1722, Piacenza, bis 1780, Paris) war Schüler von Giuseppe Tartini, machte als Violinvirtuose äußerst erfolgreiche Konzertreisen, wirkte eine Zeitlang als Konzertmeister in Stuttgart und ließ sich gegen 1760 als Violinist und Violinlehrer in Paris nieder, wo er 1780 starb.

Werke

Der Cellist Carlo Ferrari war einer der ersten, die in Italien den Daumenaufsatz einführten. Von ihm ist eine Anzahl vorzüglicher Cellosonaten im galanten Stil erhalten.

Der Violinist Domenico Ferrari schuf 36 Violinsonaten und 6 Triosonaten, die virtuoses Spiel erfordern, außerdem ein schönes Violinkonzert in B-Dur.

Carlotta Ferrari (1837–1907)

Zeit und Umwelt

Eine Komponistin, die nicht zugleich als Interpretin wirkte und daher nicht für den eigenen Konzertgebrauch schrieb, bildete im 19. Jahrhundert ebenso eine Seltenheit wie eine Schülerin der Kompositionsklasse eines Konservatoriums.

Leben

Carlotta Ferrari wurde am 27. 1. 1837 in Lodi geboren. Sie war Schülerin von Alberto Mazzucato am Konservatorium in Mailand. Sie starb am 23. 11. 1907 in Bologna.

Werke

Neben 3 Opern schrieb Carlotta Ferrari zahlreiche Lieder zu selbstgedichteten Texten. Sie verfaßte außerdem eine große Festmesse und ein Requiem.

Giacomo Gotifredo Ferrari (1763–1842)

Zeit und Umwelt

Die Beziehungen der Fürstbistümer Brixen und Trient zum Bistum Chur, dessen Bereich nach Südtirol hineinreichte, waren sehr eng, so daß Trientiner Untertanen nicht selten Studium und Ausbildung in Chur suchten, ehe sie höhere Bildungsmöglichkeiten in Italien in Anspruch nahmen.

Leben

Giacomo (Jacopo) Gotifredo Ferrari wurde am 2. 4. 1763 in Rovereto, Trentino, geboren und im Kloster Mariaberg bei Chur ausgebildet. Anschließend studierte er bei Gaetano Latilla und Giovanni Paisiello in Neapel. Er war in Paris Akkompagnist bei Königin Marie Antoinette und später am Théâtre Feydeau. Im Jahr 1792 ließ er sich als Musiklehrer in London nieder, wo er, durch Reisen nach Paris und einer Unterrichtstätigkeit in Edinburgh von 1823 bis 1827 unterbrochen, bis zu seinem Tod im Dezember 1842 blieb.

Werke
Von Giacomo Gotifredo Ferrari ist eine große Zahl Werke für Klavier, Gesang, Harfe und Flöte erschienen. Er verfaßte außerdem 5 Opern, 2 Ballette und ein Oratorium. Er war auch als Musikschriftsteller tätig.

Literatur
E. Zaniboni, Jacopo Gotifredo Ferrari, Trient 1907.

Giuseppe Ferrata (1865–1928)

Leben
Giuseppe Ferrata wurde am 1.1.1865 in Gradoli, Romagna, geboren. Er studierte am Liceo musicale der Accademia di Santa Cecilia in Rom bei Giovanni Sgambati (1841–1914), sodann 1885 bei Franz Liszt. Bis 1890 gab er in Italien Klavierkonzerte, 1892 ging er in die USA und wirkte dort an verschiedenen Unterrichtsanstalten als Klavierlehrer, bis er 1916 die Leitung der Abteilung Klavier und Kompositionslehre an der Universität von New Orleans erhielt, wo er am 28.3.1928 starb.

Werke
Von Giuseppe Ferrata sind ein Klavierkonzert in d-Moll, eine Sinfonie für Orchester und Chor in Des-Dur, 3 Streichquartette, »12 italienische Frühlingsmelodien« für Violine und Klavier, eine »Méditation religieuse« für Violine und Klavier, eine Suite für Violine und Klavier, eine Messe für Soli, Chor und Orchester oder Orgel, eine Messe für Männerchor und Orgel, ein Requiem für gemischten Chor, ein Dies irae für achtstimmigen Chor, ein »Tota pulchra es« für gemischten Frauenchor und Orgel und mehrere Klavierstücke bekannt geworden. Seine 3 Opern sind Manuskript geblieben.

José Augusto da Ferreira Veiga (1838–1903)

Zeit und Umwelt
Die seit 1557 portugiesische Provinz Maçau (Macao) an der südchinesischen Küste, westlich von Hongkong, bildete einen wichtigen Umschlagplatz für den Chinahandel.

Leben
José Augusto da Ferreira Veiga, Visconde de Arneiro, wurde am 22.11.1838 in Maçau geboren. Er studierte in Coimbra und lebte sodann in Lissabon. Er starb im Juli 1903 in San Remo.

Werke
Von José Augusto da Ferreira Veiga sind 3 Opern aufgeführt worden. Er verfaßte ferner ein Ballett. Von seiner Kirchenmusik ist das Te Deum als bedeutungsvoll hervorzuheben, das in Paris auch als Konzertkantate aufgeführt wurde. Sein Stil lehnte sich an die französische Romantik an.

Manuel Ferreira (um 1710 bis nach 1750)

Zeit und Umwelt
Antonio de Zamora (um 1660–1728), Dramatiker und Hofdichter, verfaßte Schauspiele in der Art von Pedro Calderón de la Barca (1600–81) und Augustín Moreto y Cabaña (1618–69), unter anderem auch einen »Don Juan«.

Leben
Manuel Ferreira wurde um 1710 vermutlich in Madrid geboren. Er war Orchesterdirigent und Komponist einer Theatergruppe in Madrid, für die er vorwiegend Tonadillas und Bühnenmusik schrieb. Er dürfte nach 1750 in Madrid gestorben sein.

Werke
Von Manuel Ferreira stammen die ersten Tonadillas, die in der zweiten Hälfte des 18. Jahrhunderts in Spanien außerordentlich beliebt geworden sind. Seine Bühnenmusik verfaßte er vor allem für Schauspiele von Calderón, Moreto y Cabaña und Antonio de Zamora, bei dessen »Don Juan« er Blasinstrumente einsetzte, um das Erscheinen des »Steinernen Gastes« anzukündigen, wie es später auch Mozart tat.

Guillermo Ferrer
(um 1750 bis nach 1790)

ZEIT UND UMWELT
Die Erzeugung musikalischer Bühnenstücke erreichte in der zweiten Hälfte des 18. Jahrhunderts in Spanien ein beträchtliches Ausmaß. Es handelte sich dabei durchwegs um leichte Unterhaltungsmusik für die Bühnen des Hofes und der Adelspaläste. Die Texte brachten burleske Komik oder naive Rührung, die musikalische Faktur lief nicht selten schematisch ab und lehnte sich stark an die Vokalmusik an. Die Komponisten waren in vielen Fällen Kirchenmusiker oder Mitwirkende an den Bühnen als Sänger oder Instrumentalisten. Ihre sonstigen Werke zeigen, daß man ihre Fähigkeiten nicht nach ihren Bühnenmusiken bewerten darf.

LEBEN
Guillermo Ferrer wurde um 1750 vermutlich in Madrid geboren. Über seine Lebensumstände ist außer seiner kompositorischen Tätigkeit nichts bekannt. Im Jahr 1790 erschien sein letztes Werk. Er dürfte in den darauffolgenden Jahren gestorben sein. Der Sterbeort ist nicht feststellbar.

WERKE
Von Guillermo Ferrer sind eine Anzahl Tonadillas, Sainetes und »Arias« beliebt geworden. Er verfaßte eine Sinfonie, die beachtliche kompositorische Fähigkeiten verriet. Sein Stil ist von der italienischen Oper beeinflußt.

Jaime Ferrer (1762–1824)

ZEIT UND UMWELT
Die Musik der Hieronymiten im Kloster Escorial hob sich von der übrigen spanischen durch einen stark modernistischen Zug ab, der auf den Unterricht zurückging, den Padre Antonio Soler bei Domenico Scarlatti genossen hatte.

LEBEN
Jaime Ferrer wurde am 10. 8. 1762 in Cervera del Maestre, Castellón de la Plana, geboren. Er war Schüler von Antonio Soler und sodann Kapellmeister und Organist im Hieronymitenkloster San Lorenzo de El Escorial, wo er am 21. 8. 1824 starb.

WERKE
Von Jaime Ferrer sind zahlreiche Messen, Vespern, Psalmen, Miserere, Lamentationen, Hymnen, Responsorien und Villancicos erhalten. Der Stil seines Lehrers Antonio Soler prägte sich darin deutlich aus.

José Ferrer (um 1755–1815)

ZEIT UND UMWELT
Ähnlich wie in England wurde in Spanien das Clavichord ziemlich lange Zeit anderen Tasteninstrumenten vorgezogen. Man liebte den sanften Klang des Instruments und seine leichte Spielbarkeit. Es konnten allerdings nur Stücke darauf gespielt werden, die einen geringen Tonumfang erforderten. Kompositionen, die für Clavichord oder Pianoforte geschrieben wurden, nützten die Möglichkeiten des neuen Instruments kaum aus, außer wenn es sich um eine jener kleinen Typen handelte, die noch um die Wende zum 19. Jahrhundert erzeugt wurden.

LEBEN
José Ferrer wurde um 1755 in Nordspanien geboren. Er war Organist an den Kathedralen von Pamplona und Oviedo, wo er im Jahr 1815 starb.

WERKE
Von José Ferrer sind 5 Sonaten für Clavichord oder Pianoforte und 3 Sonaten für Cembalo oder Pianoforte mit Violinbegleitung erschienen. Über weitere Kompositionen ist nichts bekannt.

Giovanni Ferretti
(um 1540 bis nach 1609)

ZEIT UND UMWELT
Ancona gehörte im Mittelalter mit Fano,

Pesaro, Senigallia und Rimini zum Exarchat von Ravenna, das, von einem byzantinischen Exarchen regiert, eine Art Brückenkopf zur Apenninenhalbinsel bildete. Die genannten Städte genossen lange eine Sonderstellung, die sich wirtschaftlich günstig auswirkte. Als sie von Rom übernommen wurden, brachten sie gleichsam als Mitgift eine hohe Entwicklung der Kirchenmusik mit.

LEBEN
Giovanni Ferretti wurde um 1540 in Ancona geboren und blieb vermutlich bis 1580 in seiner Geburtsstadt, in der er 1575 Domkapellmeister geworden war. Von 1580 bis 1582 und von 1596 bis 1603 wirkte er als Kapellmeister an Santa Clara in Loreto. Dann kehrte er nach Ancona in seine alte Stellung zurück. Er starb in Ancona nach 1609.

WERKE
Von Giovanni Ferretti sind eine Messe, ein Magnificat, Motetten und Hymnen handschriftlich überliefert. Gedruckt erschienen 5 Bücher fünfstimmige und 2 Bücher sechsstimmige neapolitanische Kanzonen und ein Buch fünfstimmige Madrigale. Die sakrale Musik folgte dem zeitgenössischen venezianischen Stil, die Kanzonen trafen den neapolitanischen Stil so gut als wären sie in Neapel entstanden.

LITERATUR
A. Einstein, The Italian Madrigal, Princeton 1949.

Michel Ferrier (um 1500 bis nach 1550)

ZEIT UND UMWELT
Die Psalmen Davids gehörten neben den Lamentationen Jeremiae zu den beliebtesten Texten für reformierte Komponisten, vor allem der calvinistischen. Besonders die französischen Übersetzungen hatten die Verse des königlichen Dichters dem Volk nahegebracht.

LEBEN
Michel Ferrier wurde um 1500 in Cahors, Lothringen, geboren. Über sein Leben und Wirken ist nichts bekannt. Er dürfte in seiner Heimat als Kantor tätig gewesen und dort bald nach 1550 gestorben sein.

WERKE
Von dem französischen Komponisten Michel Ferrier sind 49 Psalmen Davids, dreistimmig polyphon, mit Verwendung von Hugenottenmelodien überliefert.

Pierre Octave Ferroud (1900–36)

LEBEN
Pierre Octave Ferroud wurde am 6. 1. 1900 in Chasselay, Rhône, geboren. Er war in Lyon Schüler von Édouard Commette (12. 4. 1883, Lyon, bis 21. 4. 1967, Lyon), sodann in Straßburg von Guy Ropartz und Marie-Joseph Erb (1858–1944) und schließlich erneut in Lyon bei Florent Schmitt. Er wirkte in Paris als Musikkritiker. Im Jahr 1932 gründete er zur Pflege und Verbreitung der zeitgenössischen Musik die Vereinigung »Triton«. Er starb am 17. 8. 1936 in Debrecen, Ungarn.

WERKE
Neben einer Oper und 2 Balletten schrieb Pierre Octave Ferroud eine Sinfonie, 2 Orchesterstücke, ein Streichquartett, ein Bläsertrio, eine Sonate für Violine und Klavier, eine für Cello und Klavier sowie eine Anzahl Lieder. Er verstand es, die widersprechenden Einflüsse von Florent Schmitt, Igor Strawinsky, Paul Hindemith und Béla Bartók zu einem persönlichen Stil zu vereinen.

LITERATUR
C. Rostand, Pierre Octave Ferroud, Paris 1958.

Friedrich Ernst Fesca (1789–1826)

LEBEN
Friedrich Ernst Fesca wurde am 15. 2. 1789 in Magdeburg geboren und dort ausgebildet. Er

trat dort bereits 1800 als Violinist auf; während seiner Studienzeit in Leipzig wirkte er am Theater- und Gewandhausorchester mit. Im Jahr 1806 trat er der Hofkapelle von Oldenburg bei, 1808 wurde er in Kassel Soloviolinist in der Kapelle des Königs Jérôme, 1814 wirkte er unter wenig günstigen Bedingungen an der Hofkapelle in Karlsruhe, wo er ein Jahr darauf Konzertmeister wurde und am 24. 5. 1826 starb.
Sein Sohn Alexander Ernst Fesca (22. 5. 1820, Karlsruhe, bis 22. 2. 1849, Braunschweig) war in Berlin Schüler von Carl Friedrich Rungenhagen und von Wilhelm Friedrich Ernst Bach (1759–1845). Er wirkte als Pianist und Komponist.

WERKE
Außer 2 Opern verfaßte Friedrich Ernst Fesca 20 Streichquartette, 5 Quintette für Streicher, ein Flötenquintett, 4 Flötenquartette, 3 Sinfonien, eine Ouvertüre, ein Violinkonzert, Lieder und Chöre. Von seiner nicht zahlreichen sakralen Musik ist das De profundis am meisten bekannt geworden. Die Musik für Streicher wird zuweilen wegen ihres Klangreichtums heute noch gespielt.
Alexander Ernst Fesca schrieb mit Erfolg 4 Opern, Klaviertrios und andere Kammermusik, von der das Septett Nr. 1 auch in unserer Zeit Interesse erweckt.

Friedrich Ernst Fesca

Willem de Fesch (1687 – 1761)

ZEIT UND UMWELT
Im 18. Jahrhundert prägten sich die Staatsformen der einzelnen Länder noch schärfer aus als im 17. Die Volkszugehörigkeit trat hinter dem Untertanenverhältnis zurück, das weder durch Abstammung noch durch Herkunft bestimmt wurde, sondern nur durch den Aufenthalt der Einzelpersönlichkeit und demgemäß einem Wechsel unterliegen konnte. Auf der anderen Seite hörte auch die kulturelle Einzelentwicklung der Völker auf, die bis in die Periode des Barock mehr oder weniger isoliert dahinfloß; sie mündete nun in den breiten Strom des gesamteuropäischen geistigen Fortschreitens, in dem zwar der Beitrag der teilnehmenden Staaten sichtbar blieb, aber vom Geburtsort des einzelnen Kulturträgers völlig unabhängig war. Ob ein Komponist in einem deutschen Staat, auf der Apenninenhalbinsel oder im Bereich des ehemaligen Flandern zur Welt gekommen war, war für seine Charakterisierung unwichtig geworden; allein seine Ausbildung, seine Leistungen und sein Wirkungskreis müssen dafür herangezogen werden.

LEBEN
Willem de Fesch (de Feghg, de Veg, du Fech) wurde am 26. 8. 1687 in Alkmaar geboren. Über seine Ausbildung ist nichts bekannt. Um das Jahr 1710 etablierte er sich selbst als Violinlehrer in Amsterdam, von 1725 bis 1731 war er Kapellmeister an der Kathedrale in Antwerpen. Später ließ er sich in London nieder und wirkte dort als Violinlehrer und Orchesterdirigent der Marylebone Gardens bis zu seinem Tod am 3. 1. 1761. Er kam mit Georg Friedrich Händel (1685–1759) in Ver-

bindung und spielte und dirigierte einige seiner Werke.

WERKE
Bei den Kompositionen von Willem de Fesch fällt auf, daß bei den in Amsterdam entstandenen ein starker Einfluß von Arcangelo Corelli bemerkbar ist, bei den in London verfaßten ein deutliches Anlehnen an den Stil Händels nicht übersehen werden kann. Zu den ersteren gehören vor allem die »VI Duetti a due violini«, die »Sonates à deux violoncelles«, die »VI Concerts«, die »XII sonate« (6 für Violine, 6 für zwei Celli), die 6 Sonaten für Violine oder Querflöte und eine Kantate. In London entstanden bei 30 Triosonaten, 12 Sonaten (wiederum 6 für Violine und 6 für zwei Celli), 6 Triosonaten, »VIII Concertos«, 30 Flötenduette und 6 Cellosonaten, außerdem Canzonetten, Lieder und Hymnen. Seine 3 Oratorien, die Ostermesse und die Serenata »Liebe und Freundschaft« sind verloren. Bemerkenswert ist dabei, daß die kleineren Stücke die umfangreicheren qualitativ um vieles überragen.

LITERATUR
F. Van den Bremt, Willem de Fesch, Nederlands Componist en Virtuoos, Leven en Werk, Löwen 1949.

Costanzo Festa (um 1480–1545)

ZEIT UND UMWELT
In der Zeit der Gegenpäpste von Avignon wurde in Rom die alte Schola cantorum im traditionellen Stil weitergeführt. Die Sänger wurden zumeist von ihrer Kindheit an für ihre Aufgabe erzogen. In Avignon bestand die Kapelle vor allem aus französischen und flämischen Musikern, die zumeist auch Komponisten der franko-flämischen Schule waren. Nach Beendigung des Schismas wurden beide Chöre in Rom zusammengelegt. Es wird angenommen, daß Papst Gregor XI. (1370–78) diese Verschmelzung angeordnet und den neuen Chor als Collegio dei Cappellani Cantori (Kollegium der Kapellsänger) gebildet hat. Die Leitung dieses Chores wurde einem auf Lebenszeit ernannten Maestro della Cappella Pontifica (Leiter der päpstlichen Kapelle), der in der Regel den Rang eines Bischofs hatte, anvertraut. Der berühmteste Leiter war Elzéar Genet, der letzte Antonio Boccapadule (1574–86). Von da an erhielten die Sänger das Recht, ihren Leiter aus ihrer Mitte auf beliebig lange Zeit zu wählen. Es bildete sich bald der Brauch, die Wahl alljährlich vorzunehmen.

LEBEN
Costanzo Festa wurde um 1480 in Piemont geboren. Über sein Leben bis zum Jahr 1517, in dem er in die päpstliche Kapelle aufgenommen wurde, ist nichts bekannt. Er wurde bald darauf mit der hohen Würde eines Maestro della Cappella Pontifica bekleidet. Er starb in Rom als allseitig geschätzter Komponist am 10. 4. 1545.
Ungefähr gleichzeitig mit Costanzo Festa lebte und wirkte in Rom ein Sebastiano Festa als Musiker und Komponist (gestorben in Rom am 31. 7. 1524). Das Verwandtschaftsverhältnis der beiden Meister ist nicht klargestellt.

WERKE
Costanzo Festa war einer der ersten italienischen Komponisten, die vollständig durchimitierte Madrigale schufen und den A-cappella-Stil anwandten. Das Madrigal war im 13. Jahrhundert in Italien als Dichtungs- und Kompositionsform entstanden und zumeist zweistimmig gesetzt worden. Es wurde von der Ballata verdrängt und nur mehr bei bestimmten festlichen Anlässen verwendet. Im 15. Jahrhundert stand die Frottola in der Gunst des italienischen Publikums. Erst um 1530 wandte man sich erneut dem Madrigal zu, dessen Struktur sich von der alten Form wesentlich abhob und zur ästhetischen Gesellschaftskunst der Fürsten- und Adelshöfe wurde wie die niederländische Motette. Man könnte es die Kammermusik des 16. Jahrhunderts nennen, bei der alle Neuerungen im Bereich der Textverdeutlichung und der Harmonik möglich waren. Es war ein typisches Kind des Humanismus, befreit von allen erstarr-

ten Regeln der bisherigen Verskunst und Liedform. Bestimmend waren dafür einzig und allein der künstlerische Wille und dessen Ausdrucksmöglichkeiten.
Von Costanzo Festa sind ein Buch mit dreistimmigen Madrigalen, ein vierstimmiges Magnificat, achtstimmige Litaneien, 2 Messen und Messeteile, eine große Anzahl Motetten, Hymnen und Lamentationen erhalten, überdies viele weltliche Werke. Sein Te Deum wird noch heute vom päpstlichen Chor anläßlich der Wahl eines neuen Papstes gesungen. Einzelne Madrigale verbreiteten sich über ganz Europa bis nach England.
Von Sebastiano Festa sind etliche Motetten, Madrigale und Lieder erhalten.

LITERATUR

A. Cametti, Per un precursore del Palestrina il Compositore piemontese Costanzo Festa, Bulletino Biografico Musicale VI, 1931.

Giuseppe Maria Festa (1771–1839)

LEBEN

Giuseppe Maria Festa wurde 1771 in Trani, Neapel, geboren. Er wirkte nach seiner Ausbildung an einem der neapolitanischen Konservatorien als Kapellmeister am Teatro San Carlo und wurde bald Königlicher Hofkapellmeister. Er trat mehrmals als Virtuose in Paris auf. Seine Stellung behielt er bis zu seinem Tod am 7.4.1839.

WERKE

Von den Violinwerken von Giuseppe Maria Festa sind mehrere Quartette erhalten, die wegen ihres Klangreichtums und ihrer interessanten Modulationen bemerkenswert sind.

Michael Christian Festing
(um 1680 – 1752)

ZEIT UND UMWELT

Im Jahr 1739 gründeten 226 englische Komponisten, Musiker, Musiklehrer und Musiktheoretiker die Royal Society of Musicians of Great Britain mit der Aufgabe, in Not geratene Musiker und Angehörige von Musikern zu unterstützen. Ihr gehörten bis in das 20. Jahrhundert zahlreiche namhafte Musiker an.

LEBEN

Michael Christian Festing wurde um 1680 vermutlich in Deutschland geboren. Er war Schüler von Richard Jones und Francesco Geminiani, wurde 1735 königlicher Kammermusiker, 1737 Dirigent des Orchesters der Italienischen Oper und ab 1742 des Orchesters an Ranelagh Gardens. Im Jahr 1738 regte er mit Maurice Greene (um 1695 bis 1755) die Gründung der Royal Society of Musicians of Great Britain an. Er starb am 24. 7. 1752 in London.

WERKE

Der vermutlich deutsche Komponist Michael Christian Festing verfaßte Soli, Sonaten und Konzerte für Violine, Oden, Kantaten und Lieder.

François Joseph Fétis (1784–1871)

ZEIT UND UMWELT

In den Jahren 1832/33 begannen im Saal des Conservatoire von Paris die öffentlichen Aufführungen historischer Konzerte. Ab da war die Idee, ältere Musik zu pflegen, die in England bereits seit langem verwirklicht worden war, auch aus dem kontinentalen Musikleben nicht mehr wegzudenken. Man erkannte, daß die Musik jeder Epoche ihre eigene Schönheit, aber auch ihre Eigengesetzlichkeit hatte und auf die Musik der Gegenwart, obwohl diese völlig verschiedene Fakturen aufwies, außerordentlich befruchtend wirkte.

LEBEN

François Joseph Fétis wurde am 25.3.1784 in Mons, Hainaut, geboren. Nach gründlicher Ausbildung in seiner Vaterstadt als Chorsänger trat er 1800 in das Conservatoire in Paris ein, wo ihn François Adrien Boieldieu und Luigi Cherubini unterrichteten. Seine durch den Zusammenbruch seiner Bank verschuldete prekäre finanzielle Lage zwang ihn, in Douai als Organist und Musiklehrer zu arbeiten, er wurde aber 1811 zum Kompositionslehrer des Conservatoire bestellt, wo er ab 1827 zusätzlich als Bibliothekar tätig war. Im Jahr 1833 übernahm er die Leitung des Konservatoriums und der Königlichen Kapelle von Brüssel, wo er am 26.3.1871 starb.

WERKE
Das kompositorische Werk von François Joseph Fétis umfaßt 7 Opern, 2 Sinfonien, eine konzertante Sinfonie, eine sinfonische Fantasie für Orgel und Orchester, eine Konzertouvertüre, ein Flötenkonzert, ein Violinkonzert, 2 Klavierkonzerte, 6 Streichquartette, ein Streichquartett mit Klavier zu vier Händen, Fantasien, Sonaten und Präludien für Klavier, verschiedene Orgelkompositionen, eine Messe, 6 Orgelmessen, Orgelvespern, ein Requiem mit großem Orchester, ein Stabat mater, ein Te Deum, ein Salvum fac regem für vierstimmigen Chor und Orchester und weitere Gesänge, Klavier- und Orgelstücke.

François Joseph Fétis

Vieles davon ist im alten Stil gehalten und entsprach den Bemühungen des Komponisten, dem Publikum ältere Musik näherzubringen und diese in Originalfassung wiederzugeben, so daß er zu den wichtigsten Initiatoren der modernen Musikgeschichte, die die Musik der Vergangenheit nicht nur beschreibt und analysiert, sondern auch erklingen läßt, gezählt werden muß.
Seine Tätigkeit als Musikforscher und Musikschriftsteller war zu einem großen Teil dieser Aufgabe gewidmet. Er ging dabei weit über musikgeschichtliche Probleme hinaus, indem er musikethnologische Probleme anschnitt, die heute ein weites Forschungsgebiet geworden sind. Sein Schrifttum umfaßte nahezu alle Fragen der Musikwissenschaft bis zur Lexikographie. Als Autor eines berühmten und umfangreichen Musiklexikons ist er zu einer der bedeutendsten Gestalten der Musikwissenschaft geworden.

LITERATUR
R. Wangermée, François Joseph Fétis, musicologue et compositeur, Brüssel 1951.

Pierre Février (um 1715 bis um 1779)

ZEIT UND UMWELT
Der Ton des Hammerklaviers, wie es Johann Sebastian Bach 1747 in Potsdam kennenlernte, war noch schwach und wenig modulationsfähig. Man zog daher noch durch einige Zeit das Clavichord vor, wenn man nicht auf das Cembalo zurückgriff. Erst im Verlauf der zweiten Hälfte des 18. Jahrhunderts konnte sich das Pianoforte durch seine verbesserte Mechanik einbürgern. In Frankreich, wo bereits früh Instrumente mit Hammermechanik, unabhängig von der Entwicklung des Instruments in Deutschland, konstruiert worden waren – Jean Marius (um 1670, Paris, bis um 1730, Paris) baute ein »Clavecin à maillets« (Hammercembalo) –, wurde der Klavierbau noch etwas später als in Deutschland aufgenommen und das Cembalospiel noch weit über die Mitte des 18. Jahrhunderts gepflegt.

LEBEN
Pierre Février wurde um 1715 in oder um Abbeville geboren. Er wirkte in Paris als Organist und starb dort um 1779.

WERKE
Von Pierre Février sind ein Buch mit Cembalostücken und 3 Kantaten veröffentlicht worden. Sein Stil gehört dem Rokoko an.

Josef Fiala (1748–1816)

LEBEN
Josef Fiala wurde am 3. 2. 1748 in Lochowitz (Lochovice) geboren. Er wurde in Prag zum Cellisten und Oboisten ausgebildet, wirkte ab 1774 in Oettingen und ab 1777 in der Münchner Hofkapelle als Oboist, ab 1778 an der Fürsterzbischöflichen Kapelle in Salzburg als Gambist. Im Jahr 1785 ging er auf Konzertreisen und trat 1792 in die Hofkapelle der Fürsten Fürstenberg in Donaueschingen ein, wo er am 31. 7. 1816 starb.

WERKE
Von Josef Fiala, dessen Kompositionen für Bläser von Wolfgang Amadeus Mozart lobend erwähnt wurden, sind mehrere Sinfonien, Solokonzerte, Divertimenti, 12 Streichquartette und Duos bekannt geworden.

Zdeněk Fibich (1850–1900)

LEBEN
Zdeněk (Zdenko) Fibich wurde am 21. 12. 1850 in Šebořice bei Tschaslau (Časlav) geboren. Seine Ausbildung genoß er in Prag bei Bedřich Smetana, sodann am Konservatorium in Leipzig, beim Violinlehrer Raimund Dreyschock (30. 8. 1824, Žak, bis 6. 2. 1869, Leipzig), bei Ignaz Moscheles, Salomon Jadassohn, schließlich in Mannheim bei Vinzenz Lachner. Nach einem Studienaufenthalt in Paris nahm er eine Stelle als Lehrer in Vilnius an. Er wirkte von 1875 bis 1878 als Zweiter Dirigent am Narodní Divadlo und darauf bis 1881 als Chordirektor der russischen Kirche in Prag, wo er am 15. 10. 1900 starb.

WERKE
Im Zeichen der Internationalisierung und gegenseitigen Angleichung der europäischen Musiklandschaften kehrte sich Zdeněk Fibich, von den nationalen Tendenzen, die Bedřich Smetana und Antonín Dvořak verfochten hatten, ab. Er verfaßte 7 Opern, ein szenisches Melodrama, »Hippodamia« (über den griechischen Städtebauer Hippodamos aus Milet aus dem 5. Jahrhundert v. Chr.), die Melodramen »Der Wassermann«, »Der Blumen Rache«, »Der Weihnachtstag«, »Die Ewigkeit«, »Königin Emma«, »Hakon«, 3 (nicht programmatische) Sinfonien in F-Dur, Es-Dur und e-Moll (zuzüglich 2 nicht gezählte Jugendsinfonien), die sinfonischen Dichtungen »Othello«, »Toman und die Nymphe«, »Frühling«, »Zaboj, Slavoj und Luděk«, »Vigiliae«, 4 Ouvertüren, »Orchestervariationen«, die Orchestersuite »Im Freien«, 2 Streichquartette, ein Quintett für Klavier, Violine, Cello, Klarinette und Horn, ein Klavierquintett, Klavierstücke, »Hochzeitsszene und Windsbraut« für Chor und Orchester, »Frühlingsromanze« für Chor und Orchester, Chorlieder und Klavierlieder.

Sinfonie Nr. 3 in e-Moll, Opus 53, 4 Sätze, entstanden 1898

Der 1. Satz dieses durch und durch lyrischen Werks setzt mit einem unruhigen, verhaltenen Thema ein, dem ein zweites voll innigen Gefühls beigegeben ist. Im 2. Satz wird ein reizendes Rezitativ der Klarinette und der Oboe in eine breite, sangliche Kantilene übergeführt. Der lebhafte 3. Satz hat Polkarhythmen. Ein prächtiges Finale beendet mit Schwung das Stück.

LITERATUR
K. B. Jirák, Zdeněk Fibich, Prag 1947.

Arthur Fickenscher (1871–1954)

LEBEN
Arthur Fickenscher wurde am 9. 3. 1871 in Aurora, Ill., geboren. Er studierte in München und lebte sodann als Pianist und Musiklehrer in Oakland, Calif., und Charlottesville, Va. Von 1911 bis 1914 wirkte er als Gesanglehrer in Berlin, 1917 ließ er sich in New York nie-

der. Ab 1920 war er Musikdirektor der Universität von Virginia. Er starb am 15.4.1954 in San Francisco.

WERKE

Bekannt wurde Arthur Fickenscher durch die Konstruktion eines Tasteninstruments, dessen Oktaven aus 60 Tönen bestanden (»Polytone«), mit denen er eine Intonation zu erreichen suchte, die genauer war als die übliche Temperatur. Er schrieb ein Mimodrama, Orchestervariationen »Im mittelalterlichen Stil«, ein »Dies irae« für Kammerorchester und weitere Tongedichte, »Visionen« für Singstimme und Orchester, ein Quintett, Kirchenmusik, Chöre und Lieder.

Otto Fiebach (1851–1937)

LEBEN

Otto Fiebach wurde am 9.2.1851 in Ohlau (Olawa), Schlesien, geboren. Er wirkte als Universitätsmusikdirektor und Organist in Königsberg (Kaliningrad), wo er am 10.9.1937 starb.

WERKE

Von Otto Fiebach sind 6 Opern aufgeführt worden. Er schrieb außerdem die Oratorien »Die neun Musen«, »Maria und Martha«, »Luther im Kloster«, ein Männerchorwerk, »Xenophon«, und eine achtstimmige Choralmesse für gemischten Chor und Orchester. Sein gesamtes kompositorisches Werk stand im Bann der Romantik, unberührt von der zeitgenössischen Musikentwicklung.

John Field (1782–1837)

ZEIT UND UMWELT

Die Pianistik nahm in der ersten Hälfte des 19. Jahrhunderts einen gewaltigen Aufschwung. Die ständig verbesserten Instrumente ließen nicht nur ein »piano«- und »forte«-Spiel zu, es konnte durch die Verfeinerung der Anschlagstechnik eine beträchtliche Anzahl verschiedener Klangschattierungen erreicht und der Ausdruck immer präziser und differenzierter gestaltet werden. Das verlieh wiederum der Komposition wirkungsvolle Impulse, neue Ausdrucksmöglichkeiten vom Interpreten zu fordern, so daß die Klavierstücke zu vielfarbigen Klangkomplexen wurden, die auch feinste Unterschiede der zu vermittelnden Vorstellungen und Emotionen deutlich machten.

LEBEN

John Field wurde am 26.7.1782 in Dublin geboren. Er trat 1794 in London in die Klavierhandlung von Muzio Clementi als Verkäufer ein, wogegen ihn der Inhaber im Klavierspiel ausbildete, und zwar mit dem Erfolg, daß er bereits 1802 Clementi auf dessen Konzertreise nach Paris und St. Petersburg als Assistent begleiten durfte. Er blieb in der russischen Hauptstadt, um sich als Pianist und Klavierlehrer niederzulassen, und erlangte dort bald einen bedeutenden Ruf. Von 1822 bis 1831 wirkte er in gleicher Eigenschaft in Moskau, kehrte hierauf nach London zurück, von wo aus er mit großem Erfolg Konzertreisen nach Belgien, Frankreich und Italien unternahm. Er erkrankte in Neapel, ging 1835 erneut nach Moskau und starb dort am 11.1.1837.

WERKE

Von John Field, der ausschließlich für das Klavier komponierte, sind 7 Konzerte, 4 Sonaten, ein Quintett, 2 Divertissements, Variationen, etliche Rondos und kleinere Stücke erschienen. Bis heute überlebt haben aber nur seine 20 Nokturnen (von denen er 12 selbst, und zwar zum ersten Mal in der Geschichte des Klavierspiels, so bezeichnete). Sie waren unmittelbare Vorbilder für Frédéric Chopin und leiteten eine große Reihe von Werken ihrer Gattung ein.

LITERATUR

W. H. Grattan Flood, John Field of Dublin, the inventor of the nocturne, Dublin 1921.

Alexander Fielitz (1860–1930)

LEBEN

Alexander von Fielitz wurde am 28.12.1860 in

Leipzig geboren. Er war in Dresden Schüler von Julius Schulhoff (1825–98) und Edmund Kretschmer (1830–1908). Darauf wirkte er als Theaterkapellmeister in Zürich, Lübeck und Leipzig. Nach einer mehrjährigen Lehrtätigkeit am Sternschen Konservatorium in Berlin wurde er in Chicago 1905 Lehrer am von Florent Ziegfeld (10.6.1841 in Jever, Oldenburg, bis 20.5.1923, Chicago) 1867 gegründeten Konservatorium und 1906 Dirigent des Sinfonieorchesters. Im Jahr 1908 nahm er in Berlin seine Tätigkeit am Sternschen Konservatorium erneut auf und wurde 1915 Leiter dieses Instituts. Er starb am 29.7.1930 in Bad Salzungen.

WERKE
Von Alexander Fielitz sind 2 Opern aufgeführt worden. Außerdem verfaßte er eine schöne Romanze für Klavier und Violine sowie zahlreiche Lieder, von denen die »Toskanischen Lieder« am meisten bekannt geworden sind. Seine Kompositionen bewegten sich noch im Schatten von Robert Schumann (1810–56).

Giulio Fiesco (um 1519 bis um 1586)

ZEIT UND UMWELT
Die Herzöge Ercole II. und Alfonso II. d'Este, denen neben Ferrara auch Modena unterstand, hielten dort eine eigene Kapelle, die allerdings in engem Zusammenhang mit der in Ferrara stand und mit ihr nach Gelegenheit auch Kräfte austauschte. Das Musikleben war daher in beiden Städten gleich hoch entwickelt.

LEBEN
Giulio Fiesco wurde um 1519 in Ferrara geboren und in der Kathedrale der Stadt zum Sänger und am Hof zum Lautenisten ausgebildet. Die Herzöge von Ferrara beschäftigten ihn an ihrem Hof in Modena. Aus der Art seiner Kompositionen ist zu schließen, daß er sich auch anderweitig musikalisch betätigt hat. Er starb in Modena um 1586.

WERKE
Der Lautenist Giulio Fiesco hat keine Lautenkompositionen hinterlassen, sondern 3 Bücher mit vier-, fünf- und sechsstimmigen Madrigalen und einige Lieder in Sammeldrucken. Sein Madrigalstil ist von den Meistern in Venedig abhängig, weist aber trotzdem eine individuelle Note auf.

Guilhem Figueira
(um 1215 bis um 1250)

ZEIT UND UMWELT
Die Empörung über den Raubzug unter dem Vorwand der Glaubensverteidigung, der die provenzalische Kultur zerstörte, wirkte lange nach. Troubadours aus dem 13. Jahrhundert hatten eine scharfe Sprache gewählt, um das Unrecht zu brandmarken, um so mehr, als die Verfolgung einzelner durch die Inquisition weiterging und Kritiker der Vorfälle in Südfrankreich ihre Kritik in nicht wenigen Fällen mit dem Leben büßten.

LEBEN
Guilhem Figueira wurde um 1215 in Toulouse als Sohn eines Schneiders geboren. Durch welche Umstände er zum Rang eines geschätzten Dichters und Sängers aufsteigen konnte, daß sogar Kaiser Friedrich II. die Hand über ihn hielt, als man ihn wegen seiner bissigen Kritik an Klerus und Papsttum verfolgen wollte, ist unbekannt. Er starb vermutlich in Toulouse um das Jahr 1250.

WERKE
Liebeslust und Liebesklage waren keine Themen für Guilhem Figueira. Er schrieb Sirventes, Streitlieder, die das Papsttum, den Kreuzzug und die Grausamkeit der Inquisition hemmungslos angriffen. Eines seiner Sirventes dieser Art sagte derart deutlich die Wahrheit, daß noch im Jahre 1274 ein Bürger von Toulouse vor die Inquisition gebracht wurde, weil er es gesungen hatte. Es wurde als »die genialste Satire« bezeichnet, »die das Mittelalter gegen das Papsttum vorzubringen gewagt hatte«.

Wolfgang Figulus (um 1525–89)

ZEIT UND UMWELT
Der 1519 gegründete Chor der Leipziger Thomaskirche hatte bereits seit 1212 einen Vorläufer. Das Kantorat der Thomasschule ist ein in der Musikgeschichte hochangesehenes Amt. Es wurde nach Georg Rhaw, dem ersten Thomaskantor, von einer Anzahl bedeutender Kirchenmusiker bekleidet.

LEBEN
Wolfgang Figulus (eigentlich Töpfer) wurde um 1525 in Naumburg geboren. Er war Kantor in Lübben (1546), immatrikulierte 1547 an der Universität Leipzig und versah von 1549 bis 1551 das Amt des Thomaskantors. Von 1551 bis 1588 leitete er die Kantorei der Fürstenschule in Meißen, wo er im Herbst 1589 starb.

WERKE
Der Thomaskantor Wolfgang Figulus komponierte 18 vierstimmige Motetten unter dem Titel »Precationes« (Gebete), vier- bis achtstimmige Hymnen für die Weihnachtszeit und andere Hymnen sowie Tricinien. Von den 21 vierstimmigen Weihnachtsliedern, die er 1575 herausgab, sind 10 von ihm selbst. Die Kompositionen sind zum Teil mit beziffertem Baß geschrieben.

LITERATUR
R. Wustmann, Musikgeschichte Leipzigs, Leipzig 1909.

Viliam Figuš-Bystrý (1875–1937)

LEBEN
Viliam Figuš-Bystrý wurde am 28.2.1875 in Banská Bystrica (Neusohl), Slowakei, geboren. Er war dort Organist und Musiklehrer bis zu seinem Tod am 11.5.1937.

WERKE
Neben seiner ersten slowakischen Nationaloper (Preßburg, 1928) schrieb Viliam Figuš-Bystrý mehrere Orchesterwerke, Kammermusik, eine Kantate für Soli, Chor und Orchester, Klavier- und Violinstücke und Lieder. Er beschäftigte sich intensiv mit der Sammlung slowakischer Volkslieder, harmonisierte sie und gab weit über 1000 davon in mehreren Bänden heraus.

Filipe de Magalhães (um 1575–1652)

ZEIT UND UMWELT
Der dritte und schließlich erfolgreiche Aufstand der Portugiesen im Jahr 1640 brachte João IV. Bragança auf den portugiesischen Königsthron. Es bedurfte aber noch langer Verhandlungen, des Sieges bei Motijo, 1644, und weiterer zurückgeschlagener spanischer Invasionsversuche, bis Madrid 1648 die Unabhängigkeit Portugals anerkannte.

LEBEN
Filipe de Magalhães wurde um 1575 in Azeitão geboren. Er war Chorknabe in Évora und dort Schüler von Manuel Mendes (um 1547–1605), dem er als Kapellmeister nachfolgte. Nach etlichen Jahren ging er nach Lissabon und wurde dort zunächst Kapellmeister an der Igreja da Misericordia und 1623 an der Königlichen Kapelle. Mit dem Thronwechsel im Jahr 1640 endete sein Amt, er blieb aber als Komponist in Lissabon und starb dort am 17. 12. 1652.

WERKE
Der portugiesische Komponist Filipe de Magalhães ist zu den großen Vertretern des polyphonen Stils in Portugal zu zählen. Er hinterließ ein Totenoffizium, das viele Auflagen erlebte, ein Buch mit vier- bis fünfstimmigen Messen, ein Magnificat und einen Psalm. Alles weitere ist verlorengegangen.

LITERATUR
A. T. Luper, Portuguese Polyphony, in: Journal of American Musicological Society III, 1930.

Gaspare Filippi (um 1590 bis nach 1653)

ZEIT UND UMWELT

Vicenza gehörte seit 1404 zur Republik Venedig und teilte mit ihr das politische, wirtschaftliche und kulturelle Leben. Ein gewisses kulturelles Eigenleben hatte sich die Stadt aber bewahrt. Das betraf besonders die Domkapelle in Vicenza, die zwar enge Kontakte mit Venedig und dem nahen Padua pflegte, aber dennoch ihre eigenen Wege ging und die konservative Einstellung, die in den genannten Städten lange vorhielt, viel früher abstreifte.

LEBEN

Gaspare Filippi wurde um 1590 vermutlich im östlichen Oberitalien geboren. Über sein Leben und Wirken ist nichts bekannt bis zum Jahre 1637, in dem er die Kapellmeisterstelle am Dom von Vicenza antrat. Er versah diesen Dienst bis 1653 und dürfte bald darauf in Vicenza gestorben sein.

WERKE

Der italienische Komponist Gaspare Filippi hat ein umfangreiches kompositorisches Werk hinterlassen: Kirchenkonzerte für eine bis fünf Stimmen, 17 zwei- bis sechsstimmige italienische Lieder, 12 fünfstimmige Madrigale, 9 Sonaten für zwei Violinen, Altviole, Tenorviole, Baßviole und Continuo, Lauden, Vesperpsalmen für zwei Chöre, Messen für zwei Chöre und eine Motette. Die Doppelchörigkeit und der konzertante Stil stehen unter dem Einfluß Venedigs, die Lieder sind eigenständig und eher konservativ, die Sonaten eilen der venezianischen Entwicklung weit voraus.

Agostino Filipucci
(um 1635 bis um 1679)

ZEIT UND UMWELT

In Bologna, wo es keinen Fürstenhof gab, spielte die Accademia dei Filarmonici, die später ihren Namen in Accademia Filarmonica änderte, die Rolle einer Hofkapelle, so daß die Mitgliedschaft und noch mehr ihre Präsidentschaft einen Wertmaßstab für die Qualität eines Musikers darstellte.

LEBEN

Agostino Filipucci wurde um 1635 in Bologna geboren. Er war Organist an La Madonna la Galiera und ab 1647 auch an San Giovanni in Monte in Bologna. Er gehörte zu den ersten Mitgliedern der Accademia dei Filarmonici und leitete sie als ihr Präsident von 1669 bis 1675. Seinen Organistendienst versah er bis zu seinem Tod um 1679.

WERKE

Der italienische Organist und Komponist Agostino Filipucci verfaßte eine Messe, 5 Psalmen und ein Magnificat, alles für fünf Stimmen mit Instrumenten im konzertanten Stil, außerdem mehrere vierstimmige Messen, ein Requiem und ein Oratorio latino.

Anton Filtz (1733–60)

ZEIT UND UMWELT

Die Hofkapelle in Mannheim wirkte wie ein Magnet auf alle musikalischen Talente Mitteleuropas. Der Ruf der Kapelle und die vorzügliche Ausbildung, die dort jedem zuteil wurde, der die dafür nötigen Voraussetzungen mitbrachte, garantieren nahezu eine glänzende musikalische Laufbahn.

LEBEN

Johann Anton Filtz (Fils, Fiels, Filz) wurde am 22. 9. 1733 in Eichstätt, Bayern, geboren. Er war Schüler von Jan Stamic und wurde 1754 Cellist des Orchesters in Mannheim. Seine Entwicklung als Instrumentalist und als Komponist unterbrach sein früher Tod im Jahr 1760. Er wurde am 14. 3. in Mannheim begraben.

WERKE

Trotz seines kurzen Lebens hat Anton Filtz ein umfangreiches kompositorisches Werk hinterlassen. Seine Musik ist in erster Linie auf melodische Basis gestellt; formale Probleme spielen dabei eine untergeordnete Rolle. Es sind von ihm 41 Sinfonien, 24 Triosonaten, Sonaten für Violine oder Cello, 6 Quartette, 3 Flötenkonzerte im Druck erschienen. Außerdem liegen noch weitere Sinfonien, Flöten- und Cellokonzerte, Violinsonaten und 2 Messen handschriftlich vor. Von seinen Werken ist eine beträchtliche Anzahl in unserem Jahrhundert neu erschienen und nicht selten gespielt worden.

Anton Filtz, »Six Symphonies choisies«, Titelblatt

Filippo Finazzi (um 1710–76)

ZEIT UND UMWELT
Der deutsche Rokokodichter Friedrich von Hagedorn (1708–54) verarbeitete antike, französische und englische Vorbilder und machte sich durch seine »Fabeln und Erzählungen« und anakreontische »Oden und Lieder« bekannt.

LEBEN
Filippo Finazzi wurde um 1710 in Bergamo geboren. Er war männlicher Sopran, der in Breslau (Wrocław), Prag und Modena sang. Er ließ sich schließlich in Hamburg nieder, wo er in enge freundschaftliche Beziehungen zu Friedrich von Hagedorn trat und am 21. 4. 1776 starb.

WERKE
Der Kastratensänger Filippo Finazzi komponierte Streichquartette, Kantaten und Arien und vertonte eine Reihe von Liedern des Rokokodichters Friedrich von Hagedorn.

Edward Finch (1664–1738)

ZEIT UND UMWELT
Die Musikpflege in den Universitätsstädten Oxford und Cambridge lief nahezu unabhängig von den politischen Vorgängen weiter, wenn diese nicht unmittelbar eingriffen, wie das in der Cromwell-Zeit der Fall war. Auch wenn von London keine nennenswerte Förderung erfolgte, gab es genügend Adelshäuser im Land, die hier tatkräftig einsprangen.

LEBEN
Edward Finch wurde 1664 als fünfter Sohn des Ersten Earl of Nottingham Heneage Finch (1621–82) in Nottingham geboren. Er studierte in Cambridge, wurde Mitglied des Christ College und vertrat die Universität in den Jahren 1689 bis 1690 im Parlament. Im Jahr 1700 wurde er Rektor in Wigan, wo er am 14. 2. 1738 starb.

WERKE
Der englische geistliche und weltliche Würdenträger und Komponist Edward Finch schrieb etliche Kirchenmusik, darunter das berühmte Anthem »Grant, we beseech Thee« (Sei gnädig, wir flehen dich an). Er verfaßte auch eine Generalbaßlehre. Wichtiger als seine kompositorische Tätigkeit war sein Bemühen um die Tradition der Musik in Cambridge.

Heinrich Finck (1444–1527)

Zeit und Umwelt
Zentrum des musikalischen Lebens im Polen des 15. und 16. Jahrhunderts war Krakau, das von dem Piasten Wladislaw I. (1261 bis 1333) im Jahre 1320 zur Hauptstadt des geeinigten Reiches gemacht worden war. Die Tradition der Königlichen Kapelle ging in das 14. Jahrhundert zurück und erreichte ihren Höhepunkt unter König Zygmunt I. (1467–1548), dessen Frau Bona aus dem Mailänder Haus Sforza stammte.

Leben
Heinrich Finck wurde 1444 in Bamberg geboren. Er immatrikulierte 1482 an der Universität Leipzig, war aber schon vorher an der Krakauer Hofkapelle tätig, zu der er nach der Beendigung seines Studiums zurückkehrte. Er dürfte dort unter den Königen Johann Albert (1492–1501), Alexander (1501–06) und Zygmunt I. die Hofkapelle geleitet haben. Im Jahre 1510 erhielt er die Kapellmeisterstelle der Stuttgarter Hofkapelle bei Herzog Ulrich von Württemberg (1487–1550), 1514 kam er als Komponist zur Hofkapelle Maximilians I. von Habsburg (in Augsburg und Innsbruck). Das Jahr 1524 findet ihn als Komponist des Salzburger Domkapitels, und 1527 wurde er Kapellmeister des nachmaligen Kaisers Ferdinand I. (damals König von Böhmen und Ungarn). Er starb im gleichen Jahr im Schottenkloster in Wien, dessen Kantorei er 1517 mitbegründet hatte.
Sein Großneffe Hermann Finck (21. 3. 1527, Pirna, bis 28. 12. 1558, Wittenberg), dem wir die meisten Daten Heinrich Fincks verdanken, war Musikwissenschaftler und Organist in Wittenberg; von ihm sind neben seinem Schrifttum einige Liedkompositionen erhalten.

Werke
Heinrich Finck gilt als der erste große deutsche Meister der Musik. Erhalten sind von seinen Kompositionen 4 mehrstimmige Messen, ein vierstimmiges Magnificat, ein vierstimmiger Introitus, lateinische Sätze und Hymnen, deutsche Lieder zu mehreren Stimmen und etliche textlose Sätze.

Literatur
Z. Zachimecki, Heinrich Finck, Zeitschrift für Musikwissenschaft II, 1919/20.

Irving Fine (1914–62)

Leben
Irving Gifford Fine wurde am 3.12.1914 in Boston, Mass., geboren. Er war an der Harvard University Schüler von Walter Piston und von Sergei Kusewitzki und in Paris bei Nadia Boulanger. Im Jahr 1945 wurde er Assistant Professor an der Harvard University, wechselte aber 1950 zur Brandeis University über, wo er ab 1954 als Professor wirkte. Er starb am 23.8.1962 in Boston.

Werke
Außer einer Sinfonie schrieb Irving Fine eine konzertante Toccata, ein Notturno für Harfe und Streicher, ein »Lamento« für Streichorchester, eine Orchestersuite, 2 Bläserquintette, ein Streichquartett, ein Streichtrio, verschiedene Klavierstücke, eine Violinsonate, Chöre, Gesänge mit Instrumentalbegleitung und mit Klavier. Sein Stil trägt spätromantische Elemente in sich.

Giacomo Finetti
(um 1575 bis nach 1629)

Zeit und Umwelt
Die Bezeichnung Concerto gewann im Verlauf der Musikgeschichte sehr verschiedene Bedeutungen, die zuweilen sogar nebeneinander herliefen. Im Venedig der ersten zwei Jahrzehnte des 17. Jahrhunderts bildete sich eine spezifische Bedeutung heraus, die sich von allen anderen unterschied. Man verstand unter Concerto oder Concerto ecclesiastico lateinische Motetten für wenige (höchstens vier) Stimmen mit Generalbaß und einem dadurch völlig neuen Verhältnis von Wort und Ton. Sie hoben sich deutlich von den immer noch gepflegten Motetten alten Stils ab.

LEBEN

Giacomo Finetti wurde um 1575 in Ancona geboren. Von 1605 bis um 1609 war er Kapellmeister in Jesi, darauf in Ancona und ab ungefähr 1613 in Venedig am Kloster Ca Grande, wo er nach 1629 gestorben ist.

WERKE

Die frühen Werke des italienischen Komponisten Giacomo Finetti sind noch ohne Generalbaß. Er war neben Alessandro Grandi einer der frühesten Meister des geringstimmigen Concerto ecclesiastico. Von dem äußerst fruchtbaren Komponisten sind fünfstimmige Gesänge zur Weihnachtsmatutin, ein fünfstimmiges Kompletorium, vierstimmige Vespergebete, weiters zwei- bis vierstimmige Concerti mit Generalbaß, dreistimmige Psalmen und achtstimmige für Fronleichnam mit Generalbaß überliefert, außerdem bei 60 Motetten in Sammeldrucken.

LITERATUR

A. Adrio, Die Anfänge des Geistlichen Konzerts, Berlin 1935.

Gottfried Finger (um 1660 bis um 1730)

ZEIT UND UMWELT

Obwohl Mähren wie Böhmen 1526 den Habsburgern zufiel und dessen politisches Schicksal teilte, liefen die Konflikte mit der Dynastie in diesem Land in ungleich milderer Form als in Böhmen ab. Auch die Reibereien zwischen Tschechen und Deutschsprechenden arteten im 17. Jahrhundert noch nicht im Maß kommender Jahrhunderte aus.

LEBEN

Gottfried (Godfrey) Finger wurde um 1660 in Olmütz (Olomouc) geboren und vermutlich dort zum Musiker ausgebildet. Er wirkte um 1682 als Instrumentalist in München, von wo er 1685 zur Kapelle König Jakobs II. von England kam. Er verlor diese Stelle nach der Abdankung des Königs (1688), verblieb aber als Komponist bis 1702 in London. Dann erhielt er die Stellung eines Kammermusikers bei der preußischen Königin Sophie Charlotte in Berlin. Im Jahr 1707 wurde er Kammermusiker und 1708 Konzertmeister an der Hofkapelle in Innsbruck. Von 1717 bis 1723 war er Hofkapellmeister in Gotha und starb in den Jahren um 1730 in Mannheim.

WERKE

Von dem in Mähren geborenen deutschen Komponisten Gottfried Finger sind 3 Sonaten für Violine, Gambe und Generalbaß, 7 für zwei Violinen, Viola und Generalbaß und 6 für Violine oder Flöte und Generalbaß erhalten. Er verfaßte in London eine Reihe von Musiken für Schauspiele und Maskenspiele und in Berlin 2 Opern.

Gottfried Wilhelm Fink (1783–1846)

ZEIT UND UMWELT

Die Berliner Liederschule war noch weit in das 19. Jahrhundert hinein wirksam und hielt an ihrem Grundsatz fest, daß die Textverständlichkeit nicht von der Begleitung über-

Gottfried Wilhelm Fink

deckt werden dürfe; sie stand damit in einem gewissen Gegensatz zum Lied der Romantik, das der Liedbegleitung einen großen Teil des musikalischen Ausdrucks zuteilte.

LEBEN
Christian Gottfried Wilhelm Fink wurde am 8.3.1783 in Sulza geboren, studierte in Leipzig, fungierte als Prediger, Leiter einer Erziehungsanstalt, Redakteur der »Allgemeinen Musikalischen Zeitung«, Kritiker und als Dozent an der Universität Leipzig, wo er am 27.8. 1846 starb.

WERKE
Als Kritiker trat Gottfried Wilhelm Fink sehr heftig gegen die Liedkomposition der Romantik auf, der er in seinem Schrifttum den Stil des 18. Jahrhunderts und eine Reihe eigene Kompositionen entgegensetzte: »Häusliche Andachten«, 2 Hefte, »Volkslieder«, 5 Hefte, »Romanzen und Balladen«, »Kindergesangbuch«, 2 Hefte, und »Neue häusliche Andachten«. Die Texte zu seinen Liedern verfaßte er zumeist selbst. Er gab außerdem eine Liedersammlung »Musikalischer Hausschatz« heraus, die viel Verbreitung fand.

Fidelio Finke (1891-1968)

LEBEN
Fidelio Fritz Finke wurde am 22.10.1891 in Josefsthal (Josefův Důl), Böhmen, geboren. Er war Schüler von Vítězslav Novák am Konservatorium in Prag, an dem er von 1915 bis 1920 selbst als Kompositionslehrer wirkte. Anschließend wurde er Kompositionslehrer und 1926 Professor an der Prager Deutschen Akademie für Musik und darstellende Kunst und zugleich Vorstandsmitglied der IGNM. Im Jahr 1945 ging er nach Dresden, wo man ihm das Rektorat der Staatlichen Akademie für Musik und Theater übertrug; 1951 wurde er Professor für Tonsatz an der Staatlichen Hochschule für Musik in Leipzig. Am 12.6. 1968 starb er in Dresden als in seiner neuen Heimat und auch international geschätzter Komponist und Lehrer.

WERKE
Von Fidelio Finke sind 4 Opern aufgeführt worden. Er schrieb ferner für Orchester eine Sinfonie, ein Konzert, 8 Orchestersuiten, eine Festliche Musik, ein Klavierkonzert, ein Concertino und ein Capriccio mit Klavier, außerdem 5 Streichquartette, Duosonaten für Violine, für Bratsche, für Blockflöte und Klavier, ein Bläserquintett, zahlreiche Klavierstücke und Orgelkompositionen, verschiedene Kantaten, Chorwerke und Liederzyklen. Fidelio Finke war in den zwanziger Jahren ein Vorkämpfer des Expressionismus, kam sodann zu einer schlichteren Tonsprache und erklärte nach dem Zweiten Weltkrieg: »Man muß versuchen, verständlicher und zugänglicher zu schreiben für die, an die man sich wenden will.«

Konzert für Orchester, 3 Sätze, entstanden 1931
Der 1. Satz ist sehr rhythmisch und streng geschlossen. Ein ständiger Wechsel der Instrumentengruppen unterstreicht den konzertanten Charakter des Werks. Im 2. Satz »Nachtstück« spannen die Klarinetten einen weiten Melodiebogen; ein Dialog zwischen Flöte und Oboe führt den Satz zu seinem Höhepunkt; der Ausklang hat Variationsform. Das Finale ist mit »Quodlibet« betitelt und trägt dem Titel mit fünf einander folgenden Themen Rechnung.

Konzert für Klavier und kleines Orchester, 3 Sätze, entstanden 1930
Das Hauptthema des 1. Satzes wird von Trompete, Horn und Posaune vorgetragen. Dann geht die Führung an den Solisten über, der das Hauptthema ausweitet und vertieft. Nach einer großen Klavierkadenz schließt das Orchester den Satz glanzvoll ab. Im 2. Satz bläst die Klarinette über begleitende Pizzicato-Bässe eine schlichte Weise, die der Solist weiterspinnt. Nach einer Reihe von Verdichtungen und Zuspitzungen erleidet die thematische Substanz eine überraschende Verwandlung. Breit und gemächlich beginnt das Finale. Dann setzt ein fröhliches Musizieren ein, das sowohl an den Pianisten wie an das Orchester hohe Anforderungen stellt.

Ross Lee Finney (geboren 1906)

LEBEN
Ross Lee Finney wurde am 23.12.1906 in Wells, Minn., geboren. Er war Schüler von

Howard Ferguson (geboren 21.10.1908, Belfast), Nadia Boulanger und Alban Berg. Er war von 1927 bis 1947 Musikprofessor am Smith College in Northampton, Mass., und daraufhin bis 1974 an der University of Michigan, wo er 1963 das Elektronische Musiklaboratorium und 1968 ein Forschungsinstitut für zeitgenössische Musik gründete.

WERKE

Neben einem Bühnenwerk für Soli, Sprecher, Folksong Singer mit Elektrischer Gitarre, gemischtem Chor und kleines Orchester schrieb Ross Lee Finney 4 Sinfonien, 2 Orchesterkonzerte, Variationen für Orchester, 3 Stücke für Streicher, Bläser, Schlagzeug und Tonband, 2 Klavierkonzerte, ein Violinkonzert, Konzert für Schlagzeug und Orchester, ein Streichquintett, 2 Klavierquintette, ein Holzbläserquintett, 8 Streichquartette, ein Klavierquartett, ein Divertimento für Klarinette, Violine, Cello und Klavier, 2 Klaviertrios, 3 Violinsonaten, 2 Bratschensonaten, 2 Cellosonaten, zahlreiche Werke für Klavier, Fantasien für Orgel, Solostücke für Posaune, für Cello, für Violine, für Schlagzeug, Kantaten, Gesänge und Lieder mit verschiedener Begleitung und Chöre, begleitet oder a cappella.

Giocondo Fino (1867–1950)

LEBEN

Giocondo Fino wurde am 3.5.1867 in Turin geboren. Er war dort Schüler des Komponisten Giovanni Bolzoni (14.5.1841, Parma, bis 21.2.1919, Turin) und studierte zugleich Theologie. Er lebte als Priester, Lehrer und Komponist in Turin, wo er am 19.4.1950 starb.

WERKE

Abgesehen von seinen 6 Opern schrieb Giocondo Fino die Oratorien »Noemi und Ruth« und »Vierzehn Kreuzwegstationen«, zahlreiche Messen, Motetten, Orchester- und Kammermusik, Orgel- und Klavierstücke, ferner Musik zu religiösen Filmen. Sein Stil ist einfach, klar und klassiknahe.

Pietro Antonio Fiocco

(um 1650–1714)

ZEIT UND UMWELT

Die von Jean-Baptist Lully begründete französische Oper zog das Interesse der Nachbarländer stark auf sich und konnte nur dort nicht Fuß fassen, wo die italienische Oper das Feld bereits erobert hatte und so lange hielt, bis eine bodenständige Oper entstanden war. Auch die Stadt Brüssel richtete seine Oper nach Pariser Muster ein und bezog die Stücke mangels eigener Werke aus Frankreich.

LEBEN

Pietro Antonio Fiocco (Pierre Antoine) wurde um 1650 in Venedig geboren und dort vermutlich auch ausgebildet. Um das Jahr 1681 kam er als zweiter Kapellmeister an den Hof in Brüssel, 1694 gründete er die erste Oper der Stadt, die durch vier Jahre fast ausschließlich Werke von Lully aufführte. Er wurde 1703 Hofkapellmeister und zugleich Chorleiter an Notre-Dame du Sablon in Brüssel, wo er am 3. 9. 1714 starb.
Sein Sohn und Schüler Jean Joseph Fiocco (getauft 15. 12. 1686, Brüssel, begraben 30. 3. 1746, Brüssel) folgte seinem Vater als Hofkapellmeister und als Chorleiter an Notre-Dame du Sablon.
Sein zweiter Sohn Joseph Hector Fiocco (1703, Brüssel, bis 22. 6. 1741, Brüssel) war ab 1725 Violinist an der Hofkapelle und wurde 1729 ihr zweiter Kapellmeister. Von 1731 bis 1737 wirkte er als Chorleiter an Notre-Dame in Antwerpen und kam in der gleichen Eigenschaft an Ste-Gundule nach Brüssel.

WERKE

Der italienische Komponist Pietro Antonio Fiocco verfaßte eine große Anzahl Opernouvertüren, 3 Messen, Motetten und sehr geschätzte geistliche Konzerte.
Jean Joseph Fiocco schrieb 9 Requiem, 5 Oratorien, Psalmen und Motetten sowie ein Buch Kirchenkonzerte für vier Singstimmen und drei Instrumente.
Von Joseph Hector Fiocco sind neben zahlreichen kirchenmusikalischen Werken Cem-

balostücke erhalten, die starke Verbreitung fanden.

LITERATUR
C. Stellfeld, Les Fiocco, Brüssel 1941.

Valentino Fioravanti (1764–1837)

ZEIT UND UMWELT
Es war bezeichnend für das neu angebrochene Jahrhundert, daß ein päpstlicher Kapellmeister der Peterskirche in Rom nicht mehr zugleich die Opernbühnen mit komischen Opern beliefern konnte. Die Unbefangenheit künstlerischen Leistungen gegenüber begann sogar in Italien zu schwinden. Einschränkungen verschiedenster Art seitens der politischen Machthaber standen bevor.

LEBEN
Valentino Fioravanti wurde am 11. 9. 1764 in Rom geboren. Er war in Neapel Privatschüler von Nicola Sala und brachte 1784 seine erste Oper heraus, die eine lange Erfolgsserie einleitete. Im Jahr 1807 wurde er zum Leiter des Teatro San Carlos in Lissabon ernannt. Als er 1816 zum Kapellmeister an San Pietro bestellt wurde, gab er die Opernkomposition auf und widmete sich nur mehr der Kirchenmusik. Er starb am 16. 6. 1837 in Capua.

WERKE
Von Valentino Fioravanti sind 77 Opern aufgeführt worden, die ihn zu den bedeutendsten Komponisten der italienischen komischen Oper reihten. Seine Kantaten und Kirchenwerke – Messen, Proprien jeder Art – treten dahinter weit zurück.

Angelo Maria Fiorè (1650–1723)

ZEIT UND UMWELT
Die Hofkapelle von Turin hat zwar nie die Berühmtheit der Kapellen an anderen italienischen Fürstenhöfen erlangt, war jedoch stets mit guten Kräften besetzt. Für die Qualität der Kapelle sprach auch, daß sie als eine der ersten bereits im 17. Jahrhundert einen ständigen Cellisten einstellte.

LEBEN
Angelo Maria Fiorè wurde 1650 in Turin geboren. Er war Mitglied der Accademia Filarmonica in Bologna und wirkte von 1697 bis 1721 als Violoncellist an der Hofkapelle in Turin, wo er am 4. 6. 1723 starb.
Sein Sohn Andrea Stefano Fiorè (1686, Mailand, bis 6. 10. 1732, Turin) studierte in Rom, wurde 1697 Mitglied der Accademia Filarmonica in Bologna, 1699 Musiker und 1709 Kapellmeister der Herzoge von Turin.

WERKE
Der italienische Cellist und Komponist Angelo Maria Fiorè schrieb 2 Sinfonien, 3 Sonaten für Violoncello und Generalbaß und Kammermusik für zwei Instrumente.
Andrea Stefano Fiorè verfaßte 12 Kirchensonaten und 27 Opern für verschiedene Opernhäuser Italiens und für Wien.

Federico Fiorillo (1755–1823)

ZEIT UND UMWELT
Johann Peter Salomon gründete außer der Londoner Philharmonic Society ein Streichquartett, an dem er selbst als Violinist mitwirkte. Der Vorliebe des englischen Musikers entsprechend, gab das Quartett zahlreiche Quartette von Joseph Haydn und Wolfgang Amadeus Mozart wieder. Auch Georg Friedrich Händel wurde viel gespielt.

LEBEN
Federico Fiorillo wurde am 1. 6. 1755 in Braunschweig als Sohn des Ignazio Fiorillo geboren. Er reiste als Virtuose für Violine und Mandoline nach Rußland und nach Polen. Im Jahr 1782 wurde er Orchesterdirigent des Theaterorchesters in Riga, 1785 trat er im Concert spirituel in Paris mit großem Erfolg auf, von 1788 bis 1794 wirkte er in London als Bratschist am Salomon-Quartett mit. Er hielt sich darauf einige Jahre in Amsterdam auf, kehrte aber wieder nach London zurück, wo er im Jahr 1823 starb.

Werke

Von Federico Fiorillo sind einige Ballette, sodann Duos für Violinen, für Pianoforte und Violine und für Violine und Cello erhalten, außerdem Konzerte für eine und zwei Violinen, Streichquartette und Streichquintette. Sein bedeutendstes Werk sind seine 36 Capricen für Violine. Dieses Studienwerk wurde von Louis Spohr (1784–1859) mit einer zweiten Violinstimme herausgegeben.

Ignazio Fiorillo (1715–87)

Leben

Ignazio Fiorillo wurde am 11. 5. 1715 in Neapel geboren und am Conservatorio Santa Maria di Loreto von Leonardo Leo und Francesco Durante ausgebildet. Er wirkte sodann als Kapellmeister in Oberitalien, ab 1748 in Prag, ab 1750 in Braunschweig und ab 1762 in Kassel. Im Jahr 1780 wurde er pensioniert, zog sich nach Fritzlar zurück und starb dort im Juni 1787.

Werke

Von den ungefähr 20 auf Texte von Metastasio komponierten Opern von Ignazio Fiorillo sind einige erhalten. Er schrieb außerdem ein Oratorium, das verlorengegangen ist, ein Requiem, 3 Te Deum, Instrumentalwerke, die sich dem Mannheimer Stil näherten, und 6 Sonaten für Cembalo.

Gian Andrea Fioroni (1704–78)

Zeit und Umwelt

Die Ausstrahlung der von Herzog Ludovico Sforza (1451–1508) als zweitälteste 1483 in Mailand gegründeten Musikschule, die Erkenntnisse der alten Meister der Polyphonie und ihre kompositorischen Leistungen hatten bis weit in die Neuzeit hinein ihre Wirkung nicht verloren. Immer wieder entstanden in der lombardischen Hauptstadt, in Rom, Florenz und Bologna Musikerpersönlichkeiten, die die alte Polyphonie und Kontrapunktik beherrschten und streng befolgten.

Leben

Gian Andrea Fioroni wurde 1704 in Pavia geboren. Er war Schüler des bedeutenden Kontrapunktisten Leonardo Leo in Neapel. Von 1747 bis zu seinem Tod am 19. 12. 1778 wirkte er ununterbrochen als Kapellmeister am Dom von Mailand.

Werke

Die zahlreichen sakralen Kompositionen von Gian Andrea Fioroni sind streng kontrapunktisch gearbeitet. Seine »Ingressae et Responsoria Missarum« für alle Festtage des Domes waren sehr lang in Verwendung. Er hat außerdem auch eine Oper verfaßt.

Adolf Fischer (1827–93)

Zeit und Umwelt

Die Schlesische Landesmusikschule in Breslau (Wrocław) wurde 1880 in das Schlesische Konservatorium umgewandelt. Die vorzügliche Ausbildung, die Breslau immer schon geboten und viele Schüler in diese Stadt gezogen hatte, wurde in verstärktem Maß fortgesetzt.

Leben

Adolf Fischer wurde am 23. 6. 1827 in Ueckermünde am Kleinen Stettiner Haff geboren. Er war Organist an verschiedenen Kirchen in Berlin und Frankfurt an der Oder sowie ab 1870 in Breslau, wo er 1880 das Schlesische Konservatorium gründete. Er starb am 7. 12. 1893 in Breslau.

Werke

Von Adolf Fischer sind einige Orchesterwerke und Vokalstücke überliefert. Seine Orgelkompositionen, die er angeblich geschrieben hat, sind verschollen.

Anton Fischer (1778–1808)

Zeit und Umwelt

Trotz der politischen Beunruhigung ganz Europas um die Wende zum 19. Jahrhundert blühte in Wien das Theaterleben. Schauspielhäuser und Musikbühnen boten vielen

Musikern – aus der Stadt stammenden und zugewanderten – Betätigungsmöglichkeiten.

LEBEN
Anton Fischer wurde am 13.1.1778 in Ried, Schwaben, getauft. Er war Kapellmeister am Josephstädter Theater und von 1800 bis zu seinem Tod am 1.12.1808 am Theater an der Wien unter Emanuel Schikaneder.

WERKE
In seiner kurzen Schaffenszeit schrieb Anton Fischer zahlreiche Singspiele, eine Kinderoperette und eine Pantomime, 2 Messen, 2 Kantaten, mehrere Klavierstücke und Lieder. Seine Musik war sehr gefällig und eingängig; sie benützte verschiedene Stilelemente.

Carl August Fischer (1828–92)

ZEIT UND UMWELT
Orgelsinfonien und Orgelkonzerte mit Orchester entstanden mit wenigen Ausnahmen erst, als man begann, Orgeln in die Konzertsäle einzubauen. Aber auch dann zogen sie verhältnismäßig wenig Publikum an. Es erblickte in der Orgel immer noch ein sakrales Instrument, das es nur in der Kirche als Musik zum Gottesdienst hören wollte. Der Einsatz der Orgel als reines Konzertinstrument war etwas Neues, mit dem man sich erst langsam anfreundete. Sehr häufig waren solche Konzerte auch in der Zukunft nicht.

LEBEN
Carl August Fischer wurde am 25.7.1828 in Ebersdorf bei Chemnitz (Karl-Marx-Stadt) geboren. Er erhielt als Organist an einigen Kirchen in Dresden bald den Ruf als bedeutender Orgelvirtuose. Er starb am 25.12.1892 in Dresden.

WERKE
Von Carl August Fischer sind eine Oper und eine Bühnenmusik zu »Wilhelm Tell« von Friedrich von Schiller aufgeführt worden. Er verfaßte weiters 2 Orgelsinfonien mit Orchester, die in mehrere Sätze zerfallen, 3 Orgelkonzerte, »Weihnachten«, »Ostern«, »Pfingsten«, je eine Fantasie für Cello, für Violine und für Posaune mit Orgelbegleitung, 3 Festmessen, eine Orchestersuite und Stücke für Violine und Orgel sowie für Cello und Orgel.

Johann Fischer (um 1565 bis nach 1604)

LEBEN
Johann Fischer wurde um 1565 in oder bei Königsberg (Kaliningrad) geboren. Er studierte in seinem Geburtsort und war an verschiedenen Kirchen tätig, ehe er 1595 Organist in Angerburg (Węgorzewo) wurde, wo er nach 1604 starb.

WERKE
Die Orgeltabulatur von ungefähr 150 Sätzen – Motetten, Tänze –, die Johann Fischer von 1594 bis 1604 zusammengestellt hat, ist besonders durch die Berücksichtigung von weniger bekannten Komponisten der Zeit wichtig. Die darin enthaltenen eigenen Kompositionen zeigen ihn als tüchtigen Orgelmeister, der den Stil seiner Zeit beherrschte.

Johann Fischer (1646 bis um 1716)

LEBEN
Johann Fischer wurde am 25. 9. 1646 in Augsburg geboren. Er war Schüler von Samuel Capricornus, arbeitete dann ab 1665 in Paris durch fünf Jahre als Notist bei Lully, trat 1673 der Stuttgarter Hofkapelle bei und erhielt 1677 eine Stelle an der Barfüßerkirche in Augsburg, war von 1683 bis 1685 Violinist der Hofkapelle in Ansbach, von 1690 bis 1697 Kapellmeister des Herzogs von Kurland, von 1701 bis 1704 des Herzogs von Mecklenburg in Schwerin, lebte dann in Kopenhagen, Schwerin, Stralsund, Stettin und Stockholm und wurde zuletzt markgräflicher Kapellmeister in Schwedt, wo er um 1716 starb.

WERKE
Der deutsche Violinist und Komponist Johann Fischer trat sehr für die Einführung der Bratsche anstelle der Viole ein. Er schrieb

eine Suite, die ein Violinist abwechselnd auf zwei Violinen und einer Bratsche, alle scordiert, zu spielen hatte. Dauernd wechselnde Scordaturen waren das Kennzeichen seiner Kompositionen. Außerdem verfaßte er 7 Partiten für zwei Violinen und Generalbaß, Lieder mit Instrumentalbegleitung, Ouvertüren, Chaconnen, Suiten, polnische Tänze, eine Feld- und Heldenmusik auf die Schlacht von Höchstadt, eine Trauermotette und eine Flötensuite.

Ouvertüren-Suite für zwei Violinen, Bratsche, Cello und Generalbaß ad libitum, 6 Teile, entstanden 1702

Es handelt sich um eine für die Schweriner Hofkapelle geschriebene Tafelmusik. Die Suite beginnt mit einer 3teiligen französischen Ouvertüre, die aus einem Grave, einem fugierten Allegro und einem zweiten Grave besteht. Daran reihen sich die Tanzsätze: eine Entrée, die noch wenig bewegt ist, ein Menuett mit einem launigen Trio, ein Air im langsamen Tempo, eine Chaconne, die an Lully erinnert, und zum Ende eine zierliche Gavotte.

Suiten für Blockflöte, Bratsche und Generalbaß, 4 Stücke

Bei diesen Suiten kann die Blockflöte durch Violine, Querflöte oder Oboe ersetzt werden. Die ersten 2 Stücke sind viersätzig: Air, Gigue, Angloise, Menuett, das dritte fängt mit einer Allemande an und läßt dafür die übliche Angloise aus, das vierte beginnt mit einer französischen Ouvertüre, an die sich 7 Tanzstücke reihen. Es handelt sich um gehobene Unterhaltungsmusik.

Johann Caspar Ferdinand Fischer
(um 1665–1746)

LEBEN

Johann Caspar Ferdinand Fischer wurde um 1665 im Umkreis von Schlackenwerth (Ostrov) geboren. Er stand im Dienst der Markgrafen von Baden, die in Schlackenwerth residierten, und hielt sich einen Teil seines Lebens in der zweiten markgräflichen Residenz in Rastatt, Baden, auf, wo er am 27. 8. 1746 starb.

WERKE

Der deutsche Komponist Johann Caspar Ferdinand Fischer »gehörte unter die stärksten Klavierspieler seiner Zeit« (Ernst Ludwig Gerber, 1746 – 1819). Diesem Urteil ist hinzuzufügen, daß er einer der besten Klavierkomponisten des Bach-Zeitalters war. Seine Cembalostücke unter dem Titel »Musicalisches Blumen-Büschlein«, die 8 Klaviersuiten »Blumen-Strauß«, die 9 Suiten unter dem Titel »Musicalischer Parnassus« beweisen das. Sein »Le Journal du Printemps« bringt fünfstimmige Airs und Ballette mit Trompeten, seine Vesperpsalmen und Lauretanischen Litaneien sind für vier Stimmen gesetzt, seine »Ariadne Musica« mit 20 Präludien und Fugen und 5 Ricercari nehmen auf der Orgel das »Wohltemperierte Clavier« von Johann Sebastian Bach voraus.

Musicalischer Parnassus, 9 Suiten für Tasteninstrumente

Die 9 Suiten tragen die Namen der neun Musen, zu denen sie jedoch sonst in keiner Beziehung stehen. Jede Suite beginnt mit einem Kopfsatz. Die Suite »Clio« fängt mit Akkordbrechungen an, dann folgen Allemande, Courante, Sarabande, Ballet, Menuet und Gigue. Die Suite »Calliope« wird von einer französische Ouvertüre eingeleitet. Einigen Suiten werden über die konventionellen Tänze hinaus weitere eingefügt, die viel ursprünglicher und sehr ansprechend wirken.

Ariadne Musica Neo-Organoedum für Orgel

Dieses Orgelwerk besteht aus je einem Präludium mit Fuge in 19 Tonarten des temperierten Quintenzirkels und bildet so ein unmittelbares Vorbild für Bachs »Wohltemperiertes Clavier«.

Johann Christian Fischer (1733–1800)

LEBEN

Johann Christian Fischer wurde 1733 in Freiburg im Breisgau geboren. Er war von 1760 bis 1764 als Oboist Mitglied der Dresdener Hofkapelle. Nach ausgedehnten Studien- und Konzertreisen in Italien trat er in London auf und begab sich darauf erneut auf Reisen durch ganz Europa, wodurch er sich den Ruf eines der ersten Oboisten seiner Zeit verschaffte. Nachdem er sich erneut in London niedergelassen hatte, wurde er 1780 gleichzeitig mit Johann Christian Bach und Carl

Friedrich Abel Kammermusiker der Königin Charlotte von Mecklenburg-Strelitz und 1786 Leiter der King's Band. Er heiratete 1780 die Tocher des damals schon sehr geschätzten Malers Thomas Gainsborough. Er starb am 29. 4. 1800 in London.

Werke
Die Divertimenti für zwei Flöten von Johann Christian Fischer, seine Sonaten für Flöte und Cembalo, die 10 Konzerte für Oboe oder Flöte oder Violine, die Quartette für Flöte und Streicher, die Variationen und Einzelwerke sind formal einwandfrei, virtuos und kühl distanziert. Einzelnes ist sehr berühmt geworden und wurde öfters aufgelegt, wie ein Menuett für Oboe und Cello, die Oboenkonzerte in C-Dur und Es-Dur und einzelne Divertimenti.

Michael Gotthard Fischer (1773–1829)

Zeit und Umwelt
Die Orgelkomposition des späten 18. und des frühen 19. Jahrhunderts hat kontrapunktische Fakturen zugunsten eines homophon-melodischen Stils nahezu ganz aufgegeben. Nur einzelne Orgelmeister versuchten, eine Synthese zwischen diesem Stil und dem von Johann Sebastian Bach (1685–1750) herzustellen, was nie befriedigend gelang. Es währte noch etliche Jahrzehnte, bis sich ein neuer, zeitgemäßer Orgelstil bildete.

Leben
Michael Gotthard Fischer wurde am 3. 6. 1773 in Alach bei Erfurt geboren. Er war Schüler von Johann Christian Kittel (1732–1809) und wurde Organist der Barfüßerkirche und später der Predigerkirche in Erfurt, wo er auch als Dirigent und Musiklehrer wirkte und am 12. 1. 1829 starb.

Werke
Von Michael Gotthard Fischer sind Sinfonien, Konzerte, Kammermusikwerke und Lieder erschienen, die noch dem empfindsamen Stil zugerechnet werden müssen. Seine Orgelstücke stellen den Versuch dar, den zeitgenössischen Stil mit dem des Barock zu verknüpfen, was aber nur mangelhaft gelang.

Domenico Fischietti (1725–1810)

Zeit und Umwelt
Opernkomponisten des 18. Jahrhunderts hatten, je nachdem, welchen Genres sie sich zuwenden wollten, die Wahl zwischen Libretti von Carlo Goldoni für die Opera buffa und Pietro Metastasio für die Opera seria. In beiden Fällen gewährleistete bereits die Persönlichkeit des Librettisten einen großen Teil des Erfolges.

Leben
Domenico Fischietti (Fischetti) wurde 1725 in Neapel geboren, wo er am Conservatorio Sant'Onofrio unter Francesco Durante und Francesco Feo seine Ausbildung zum Komponisten erhielt. Er schwankte zwischen der Opera buffa und der Opera seria und begann schließlich mit 2 Libretti von Goldoni, wechselte sodann zum ernsten Fach. Nach einem Aufenthalt in Prag folgte er Johann Adolf

Francesco Feo

Hasse 1766 als Hofkapellmeister in Dresden nach. Von 1783 bis zu seinem Tod im Jahr 1810 wirkte er als Leiter der Domsängerknaben in Salzburg.

WERKE
Nach seinen Opern verfaßte Domenico Fischietti während seines Wirkens in Salzburg eine Reihe von Oratorien, Messen und Psalmen, die der Vorklassik zuzurechnen sind.

Abraham Fisher (1744–1806)

LEBEN
John Abraham Fisher wurde 1744 in Dunstable geboren. Er wurde von dem bedeutenden Violinisten Thomas Pinto (1714, England, bis 1783, London) ausgebildet und trat 1765 zum ersten Mal im King's Theatre in London auf. Durch Heirat wurde er Teilhaber des Covent Garden Theatre, für das er eine Reihe Pantomimen verfaßte. Auf einer Konzertreise durch Rußland und Deutschland kam er auch nach Wien (1784); dann ging er nach Irland, wo er bis 1798 als Violinist und Dirigent wirkte. Er starb im Mai 1806 vermutlich in London.

WERKE
Neben sehr wirksamen Pantomimen verfaßte Abraham Fisher ein mehrfach aufgeführtes Oratorium, ein Präludium, einige Sinfonien und mehrere Violinkonzerte im Stil der Zeit.

Grzegorz Fitelberg (1879–1953)

LEBEN
Grzegorz (Gregor) Fitelberg wurde am 18.10. 1879 in Dünaburg (Daugavpils), Lettland, geboren. Er studierte am Konservatorium in Warschau, wo er als Konzertmeister seine Karriere begann und im Jahr 1908 Kapellmeister der Philharmonie wurde. Von 1914 bis 1921 war er Opern- und Konzertdirigent in Petrograd und Moskau und anschließend Kapellmeister der Philharmonie in Warschau bis 1934. Ab 1935 war er Leiter des Sinfonieorchesters des Polnischen Rundfunks in Warschau, während des Zweiten Weltkriegs dirigierte er in Portugal und Amerika und kehrte 1947 nach Katowice zurück, wo er am 10.6. 1953 starb.

Grzegorz Fitelberg

Sein Sohn Jerzy Fitelberg (20.5.1903, Warschau, bis 25.4.1951, New York) wurde in Moskau, Warschau und Berlin ausgebildet. Er emigrierte 1933 nach Paris und lebte ab 1940 bis zu seinem Tod in New York.

WERKE
Von Grzegorz Fitelberg sind 2 Sinfonien, 3 sinfonische Dichtungen, 2 Ouvertüren, 2 »Polnische Rhapsodien«, ein Violinkonzert, ein Klaviertrio, 2 Violinsonaten und mehrere Lieder bekannt geworden. Er gehörte zu den Vorreitern der modernen polnischen Musik.
Jerzy Fitelberg schrieb ein Violinkonzert, ein Cellokonzert, ein Klavierkonzert, 3 Orchestersuiten, ein Bläseroktett, eine Rhapsodie für vier Klaviere, 5 Streichquartette, Klaviermusik und ein Ballett.

Fjodor III. (1661–82)

ZEIT UND UMWELT
Mit der Wahl von Michail Fedorowitsch Romanow (1596–1645) zum Zaren gelangte Rußland zu einer gewissen politischen Beruhigung. Sein Sohn und Nachfolger Aleksei Michailowitsch (1629–76) setzte die Tendenz der Annäherung an Westeuropa fort. Er war westlichen Einflüssen, besonders auf dem Gebiet der Musik, sehr aufgeschlossen.

LEBEN
Zar Fjodor III. Aleksejewitsch wurde am 9. 6. 1661 in Moskau geboren und folgte seinem Vater Aleksei 1676 auf den russischen Zarenthron nach. Er lernte Polnisch und etwas Latein und bemühte sich um die Erneuerung der russischen Kirchenmusik. Er starb in Moskau am 7. 5. 1682.

WERKE
Der russische Zar Fjodor III. war nicht nur ein großer Musikliebhaber und Musikkenner, sondern auch Komponist. Erhalten ist von ihm nur ein Chor, der den Titel »Würdigung« trägt und durch seine Klangschönheit auffällt.

Giovanni Pietro Flaccomio
(um 1560–1617)

ZEIT UND UMWELT
König Philipp III. von Spanien setzte die Friedenspolitik, die sein Vater Philipp II. in seinen letzten Regierungsjahren eingeschlagen hatte, fort. Er einigte sich mit England im Jahre 1604 und schloß mit den Vereinigten Provinzen der Niederlande einen zwölfjährigen Waffenstillstand. Kulturpolitisch hielt er die Linie seines Vaters ein, der Wissenschaft und Künsten starke Förderung im Rahmen seines Gesichtskreises angedeihen hatte lassen.

LEBEN
Giovanni Pietro Flaccomio wurde um 1560 in Milazzo, Messina, geboren. Der sizilianische Komponist wurde nach seinem Wirken in Sizilien Hofkapellmeister beim spanischen König Philipp III. an den Residenzen in Valladolid und in Madrid. Im zweiten Jahrzehnt des 17. Jahrhunderts war er als Almosenier bei Karl Emanuel I. (1562 bis 1630), Herzog von Savoyen. Er starb in Turin im Jahre 1617.

WERKE
Von Giovanni Pietro Flaccomio erschien 1598 eine Sammlung fünfstimmiger Madrigale von vorwiegend sizilianischen Komponisten. An eigenen Kompositionen brachte er ein Buch Madrigale für drei Stimmen und Continuo und ein zweites mit Messen, Vespern und Liedern für Marienfeiertage heraus. Etliche Lieder und Motetten befinden sich in Sammelwerken. Flaccomio stand stilistisch am Beginn des einziehenden Barocks.

Anton Fladt (1775 bis nach 1810)

ZEIT UND UMWELT
Das Flageolett oder Flauto piccolo, das Georg Friedrich Händel im Oratorium »Acis und Galatea« und Wolfgang Amadeus Mozart in der Oper »Die Entführung aus dem Serail« vorschrieb, war eine Längsflöte, die sich von der Blockflöte dadurch unterschied, daß sie an der Oberseite nur 4 Grifflöcher aufwies, während zwei weitere, die mit den Daumen zu schließen waren, an der Unterseite des Instruments angebracht waren. Es ist im Verlauf des 19. Jahrhunderts nahezu völlig außer Gebrauch gekommen.

LEBEN
Anton Fladt wurde 1775 in Mannheim geboren. Er war Oboist und folgte Ludwig August Lebrun (1752–90) im Münchner Hoforchester nach. Nach zahlreichen Konzertreisen in Deutschland, Österreich, Ungarn, Frankreich und England ließ er sich 1810 endgültig in München nieder, wo er in einem der folgenden Jahre starb.

WERKE
Von Anton Fladt sind 3 Oboenkonzerte bekannt geworden, die trotz einer hohen Virtuosität von beachtlichem musikalischem Wert waren. Bemerkenswert sind seine Konzerte für Flageolett, die zu seiner Zeit bereits eine Seltenheit darstellten.

Edouard Flament (1880–1958)

LEBEN
Edouard Flament wurde am 27.8.1880 in Douai, Nord, geboren. Er studierte am Conservatoire in Paris unter Georges Caussade, Charles Lenepveu, Paul Vidal und Francis Planté (2.3.1839, Orthez, Basses-Pyrénées, bis 19.12.1934, Saint-Avit, Landes) und wirkte hierauf als Konzertdirigent und als Kapellmeister an den Opernhäusern von Nantes, Angers, Algier, Lille und Monte Carlo. Von 1930 bis 1939 dirigierte er verschiedene Rundfunkorchester. Er starb am 27.12.1958 in Bois-Colombes, Hautes-de-Seine.

WERKE
Neben mehreren Bühnenwerken schrieb Edouard Flament 7 Sinfonien, davon 3 mit Chor, mehrere sinfonische Dichtungen, 4 Klavierkonzerte, viele weitere Orchesterwerke, Kammermusik, kleinere Instrumentalstücke, Chöre, Lieder und Unterrichtsmaterial für Fagott und Klavier.

Arnoldus Flandrus
(um 1565 bis nach 1610)

ZEIT UND UMWELT
Der Zustrom von Musikern aus dem franko-flämischen Raum nach Italien und dem süddeutschen Sprachgebiet war gegen das Ende des 16. Jahrhunderts nahezu versiegt. Wer noch auswanderte, wich den durch die Religionskämpfe geschaffenen Zuständen aus.

LEBEN
Arnoldus Flandrus (sein eigentlicher Name ist unbekannt, Flandrus ist sicherlich nur eine Herkunftsbezeichnung) wurde um 1565 in den Niederlanden geboren. Er ging nach seiner Ausbildung nach Italien und wurde um 1590 Organist in Tolmezzo. Nach 1600 erhielt er die Organistenstelle in Dillingen, wo er nach 1610 starb.

WERKE
Von dem niederländischen Komponisten Arnoldus Flandrus sind ein Buch »Geistliche Gesänge« sowie in Dillingen eine siebenstimmige »Missa solemnis« und ein Buch Madrigale erschienen. 2 achtstimmige Motetten sind handschriftlich erhalten. Diese Musik folgt noch dem Stil der letzten franko-flämischen Schule. Die Messe ist mit ihrem harmonischen Vollklang und der bewegten Melodik sehr eindrucksvoll.

Mateo Flecha (1530–1604)

ZEIT UND UMWELT
Kaiserin Maria (1528–1603), Tochter Kaiser Karls V., teilte die lutherischen Neigungen ihres Mannes, Kaiser Maximilians II., nicht. Sie hielt als Hofkaplan einen spanischen Mönch, der wie alle in solchen Stellungen Einfluß auf die Politik des Landes auszuüben versuchte. In diesem Fall ging es darum zu verhüten, daß Maximilian den Protestanten zu viele Rechte einräumte und selbst zum Protestanten wurde.

LEBEN
Mateo Flecha (Flexa, Fleccia) wurde 1530 in Prades, Tarragona, geboren. Nach Beendigung seiner Studien als Kleriker und Musiker wählte ihn Kaiserin Maria als Hofkaplan; er lebte daher in Wien und in Prag. Im Jahre 1599 kehrte er nach Spanien zurück und starb am 20. 2. 1604 im Kloster Portella (Solsona). Er wurde Mateo Flecha el joven genannt, um ihn von seinem Onkel Mateo Flecha el viejo (1481, Prades, bis 1553, Poblet), Komponist, Lehrer der Töchter Kaiser Karls V., zu unterscheiden.

WERKE
Von Mateo Flecha dem Jüngeren (el joven) sind vier- bis fünfstimmige Madrigale, ein

Buch Psalmen, Motetten und ein Salve Regina überliefert. Auch in den »Ensaladas« (Quodlibet) seines Onkels Mateo Flecha des Älteren (el viejo) finden sich Kompositionen des Neffen neben einigen von anderen Komponisten. Mateo Flecha war zu seiner Zeit ein angesehener Kirchenkomponist, der mit seinen Werken zur Entwicklung der spanischen Kirchenmusik viel beigetragen hat.

LITERATUR

J. Romeu, Figueras, Mateo Flecha el viejo, Anuario Musical XIII, 1958. H. Anglès, Mateo Flecha el joven, Studia musicologica III, 1972.

Friedrich Gottlob Fleischer
(1722–1806)

LEBEN

Friedrich Gottlob Fleischer wurde am 14. 1. 1722 in Köthen geboren. Er wurde 1746 Organist an der Martinskirche und Mitglied des Hoforchesters in Braunschweig und versah beide Stellen bis zu seinem Tod am 4. 4. 1806.

WERKE

Neben einem Singspiel, einigen Cembalosonaten und Cembaloübungen brachte Friedrich Gottlob Fleischer »Oden und Lieder«, 2 Teile, »Cantaten zum Scherz und Vergnügen« und eine »Sammlung größerer und kleinerer Singstücke« heraus. Die Liedmelodien sind durchaus reich verziert. Er wählte dabei als einer der ersten anstelle des bezifferten Basses eine akkordische Begleitung und rückte damit der klassischen Liedform näher.

LITERATUR

M. Friedlaender, Das deutsche Lied im 18. Jahrhundert, Berlin 1902.

Friedrich Fleischmann (1766–1798)

ZEIT UND UMWELT

Von einem »Mannheimer« ausgebildete Musiker wurden besonders im süddeutschen und mitteldeutschen Raum gern aufgenommen, denn wenn auch zuweilen die kompositorische Ausdruckskraft bei einem solchen Schüler den Durchschnitt nicht überragte, so brachten sie ohne Ausnahme die Erfahrung eines exakten Orchesterklangs mit.

LEBEN

Johann Friedrich Anton Fleischmann wurde am 19. 7. 1766 in Marktheidenfeld bei Würzburg geboren. Er war Schüler von Ignaz Holzbauer und Abbé Vogler in Mannheim. Nach seinem Studium in Würzburg trat er in die Dienste des Fürstenhauses Thurn und Taxis und wirkte von 1789 bis zu seinem Tod am 30. 11. 1798 als Hofkapellmeister in Meiningen.

WERKE

Von Friedrich Fleischmann sind eine Oper, eine Anzahl Lieder, 3 Sinfonien, ein Klavierkonzert und eine Klaviersonate für vier Hände erhalten. Sein Stil ist dem jüngeren Mannheimer Stil verpflichtet.

Paul le Flem (1881–1984)

LEBEN

Paul le Flem wurde am 18.3.1881 in Lézardrieux, Côtes-du-Nord, geboren. Er studierte an der Schola Cantorum und dem Conservatoire in Paris unter Albert Roussel, Vincent d'Indy, Alexandre Jean Albert Lavignac und Amédée Gastoué (13.3.1873, Paris, bis 1.6. 1943, Clamart bei Paris). Im Jahr 1924 wurde er Chormeister der Opéra-Comique und wirkte von 1925 bis 1939 als Dirigent der Chanteurs de Saint-Gervais und gleichzeitig als Kontrapunktlehrer an der Schola Cantorum; er war auch als Musikkritiker tätig. Er starb am 1.8. 1984 in Paris.

WERKE

Von Paul le Flem sind 4 Bühnenwerke aufgeführt worden. Er schrieb außerdem 3 Sinfonien, ein sinfonisches Triptychon »Für die Toten«, ein Scherzo, eine Feenparade, eine Fantasie für Klavier und Orchester, ein Konzertstück für Violine und Orchester, ein Klavierquintett, eine Sonate für Violine und Klavier, Klavier- und Harfenstücke, Chöre a cappella und mit Klavierbegleitung sowie Lieder.

Friedrich Ferdinand Flemming
(1778–1813)

ZEIT UND UMWELT
Die erste 1809 in Berlin von Carl Friedrich Zelter gegründete Liedertafel bestand aus 24 männlichen Mitgliedern und entstand in romantischer Erinnerung an die Tafelrunde der Artus-Sage. Es kam bald in ganz Deutschland und Österreich zu Gründungen solcher Liedertafeln oder Männergesangvereine, die in vielen Fällen ideologisch abgestimmte Männerbünde waren und zumeist aus gleichen sozialen Schichten stammten.

LEBEN
Friedrich Ferdinand Flemming wurde am 28.2.1778 in Neuhausen, Sachsen, geboren. Er studierte an mehreren Universitäten Medizin und ließ sich in Berlin nieder, wo er neben seinem Beruf Männerchöre für die von Carl Friedrich Zelter ins Leben gerufene Liedertafel und später auch für andere verfaßte. Er starb am 27.5.1813 in Berlin.

WERKE
Aus den vielen von Friedrich Ferdinand Flemming verfaßten Liedern für vierstimmigen Männerchor, denen in vielen Fällen Volkslieder zugrundelagen, ragt die Vertonung der Ode »Integer vitae« von Quintus Horatius Flaccus (65 - 8 v. Chr.) hervor, die im ganzen 19. Jahrhundert an deutschen und englischen Schulen und Universitäten wegen ihres klangvollen Satzes viel gesungen wurde.

Nicolas Fleury
(um 1630 bis nach 1678)

ZEIT UND UMWELT
Die Herzoge von Orléans hielten sich eine ständige Privatkapelle, ohne die ihr Hofstaat nicht vollständig gewesen wäre. Diese Gepflogenheit wurde selbstverständlich von anderen Adelshäusern nachgeahmt, ob man sich für Musik interessierte oder nicht. Jedenfalls wurde dadurch die Entwicklung der profanen Musik neben der Kirchenmusik stark gefördert, wenn nicht überhaupt erst ermöglicht.

LEBEN
Nicolas Fleury (Châteaudun genannt) wurde um 1630 in Châteaudun geboren. Er kam 1657 als Sänger und Theorbist in die Dienste des Herzogs von Orléans, Gaston, und wurde nach dessen Tod (1660) vom Nachfolger duc Philippe übernommen. Er dürfte nach 1678 in Paris gestorben sein.

WERKE
Der französische Theorbist und Komponist Nicolas Fleury trat mit einer Schule für das Spiel der damals häufig als Generalbaß verwendeten Theorbe hervor, die besonders zum Gebrauch von Amateuren bestimmt war. Daher sind die darin enthaltenen Beispiele nicht zu schwer gehalten. Der Schwierigkeitsgrad seiner zweistimmigen »Airs spirituels« mit Continuo liegt um vieles höher und dementsprechend auch ihr musikalischer Wert.

Étienne Joseph Floquet (1748–85)

ZEIT UND UMWELT
Der Streit der Buffonisten und Gluckisten hielt die Musiklandschaft von Paris in Bewegung, weil er die zerstrittenen Komponisten anfeuerte, einander zu übertrumpfen, und auf der anderen Seite die Anteilnahme des Publikums verstärkte, was auch Meistern zugute kam, die an den Auseinandersetzungen unbeteiligt waren.

LEBEN
Étienne Joseph Floquet wurde am 25. 11. 1748 in Aix-en-Provence geboren. Er wurde bereits im Alter von 6 Jahren in die Maîtrise an St-Sauveur d'Aix aufgenommen und zeigte früh ein beachtliches kompositorisches Talent. Das erste Ballett, das er der Pariser Oper

vorlegte, wurde sechzigmal mit großem Erfolg aufgeführt. Da bei einer nächsten Komposition der Erfolg ausblieb, ging er nach Bologna zu Padre Martini und brachte es dort zum Mitglied der Accademia Filarmonica. Wieder in Paris, durfte er die Früchte seiner Mühe ernten. Seine nächsten Bühnenstücke gefielen. Sein früher Tod am 10. 5. 1785 setzte einer vielversprechenden künstlerischen Karriere ein Ende.

WERKE

Neben seinen Balletten und Opern komponierte Étienne Joseph Floquet mehrere Motetten, 2 Requiem, ein Te Deum, 9 Fugen für vier und fünf Violinen und eine Chaconne. Sein lebendiger und gefälliger Stil zeigt romantische Züge.

LITERATUR

M. Briquet, A propos de Étienne Joseph Floquet, in: Revue de Musicologie XXIII, 1939.

Christian Flor (1626–97)

ZEIT UND UMWELT

Die deutsche protestantische Passion wies in der Mitte des 17. Jahrhunderts eine interessante Übergangsform von der alten Motettenpassion zum endgültigen Passionsoratorium auf. Die rezitativen Chöre blieben noch erhalten, wurden aber von Solostellen und symphonischen Passagen unterbrochen. Auch lyrisch-kontemplative Stellen sind zuweilen Solisten zugewiesen.

LEBEN

Christian Flor wurde 1626 in Lüneburg geboren. Er war ab 1662 an der dortigen Lambertikirche und ab 1676 an der Johanniskirche der Stadt als Organist bis zu seinem Tod am 28. 9. 1697 tätig.

WERKE

Der deutsche Komponist und Organist Christian Flor verfaßte 164 Melodien zu »Neuem Musikalischem Seelenparadies« von Johann Rist und 36 zur Sammlung »Heilige Nachtmusik«, außerdem eine Matthäus-Passion, 3 Orgelstücke und 2 Cembalosuiten. Die Passion näherte sich bereits sehr der endgültigen Form dieser Musikgattung.

LITERATUR

W. Schulz, Studien über das deutsche protestantische monodische Kirchenlied des 17. Jahrhunderts, Breslau 1935.

Bernal Flores (geboren 1937)

LEBEN

Bernal Flores wurde am 28.7.1937 in San José, Costa Rica, geboren. Er studierte in seiner Geburtsstadt und sodann an der Eastman School of Music in Rochester, N. Y. In die Heimat zurückgekehrt, unterrichtete er am Konservatorium in San José und an der Universität von Costa Rica. Von 1966 bis 1969 wirkte er als Lehrer an der Eastman School. Er lebt gegenwärtig als freischaffender Komponist in Costa Rica.

WERKE

Außer einer Kammeroper schrieb Bernal Flores das Tongedicht »Meer und Schnee« für Klarinette, Pauken, Schlagzeug und Streicher, 2 Sinfonien, ein pentatonisches Konzert für Klarinette und Orchester, Klavierstücke und einen Gesangszyklus für Tenor und Orchester. Er schrieb auch eine Musikgeschichte von Costa Rica. Die heimische Folklore berücksichtigt der Komponist wenig; sein Stil muß als neuklassizistisch bezeichnet werden.

R. Florido
(um 1600 bis nach 1672)

ZEIT UND UMWELT

Für Lieder in der Volkssprache bot der katholische Gottesdienst wenig Raum, deshalb war das Bedürfnis nach paraliturgischen Gesängen sehr groß, um so mehr, als die Wiedergabe der monodischen Barocklieder keine so großen Schwierigkeiten bereitete wie der polyphone Satz.

LEBEN

R. Florido (der Vorname ist nicht gesichert) wurde um 1600 in Barbarano, Lombardei, geboren. Von 1647 bis 1654 wirkte er als Sänger an Santo Spirito in Sassia und ab 1664 bis zu seinem Tod nach 1672 an Giacomo degl'Incurabili in Rom.

WERKE

Vom italienischen Komponisten R. Florido ist eine große Anzahl von Liedern in verschiedene Sammlungen aufgenommen worden, darunter auch in die Bücher mit Liedern zeitgenössischer Komponisten, die er selbst zwischen 1643 und 1672 veröffentlichte.

Florido de Silvestri
(um 1600 bis um 1672)

ZEIT UND UMWELT

Orgelbegleitung und Generalbaß waren nach zwei Jahrzehnten des 17. Jahrhunderts auch in den Kirchen Roms allgemein geworden. Kompositionen im alten Stil wurden bereits seltener. Dennoch brachten die »modernen« Werke immer wieder polyphone Passagen, weil die Komponisten diesen Stil erlernt hatten und deshalb zuweilen anwandten. Die verschiedentlich geäußerte Ansicht, daß die Polyphonie »künstlich« am Leben gehalten wurde, ist wohl übertrieben, aber nicht völlig von der Hand zu weisen. Das Publikum wurde durch die Profanmusik und vor allem durch Oper und Oratorium an den neuen Stil gewöhnt.

LEBEN

Florido de Silvestri (Floridus de Silvestris) wurde um 1600 in Barbarano, Brescia, geboren. Er war Kleriker und lebte als Kanonikus in Rom, wo er um 1672 starb.

WERKE

Der italienische Komponist Florido de Silvestri hat Kirchenmusik, Messen, Psalmen, Gesänge für eine bis zu fünf Stimmen, alle mit Generalbaß, zum Teil auch mit Orgelbegleitung, verfaßt, die wegen ihres frischen Melos sehr beliebt waren. Stellenweise kommt es neben arioser Monodie zu schönen kontrapunktischen Passagen. Er hat auch eine Reihe geistlicher und weltlicher Stücke römischer Komponisten herausgegeben.

Giovanni Andrea Florimi
(um 1640 bis nach 1682)

ZEIT UND UMWELT

Die Dome kleinerer italienischer Städte waren bestrebt, den großen Musikzentren nicht nachzustehen. Sie erhielten ihre Kräfte oft aus den Klöstern, wo ständig vorzüglicher Musikunterricht erteilt wurde. Den Ordensangehörigen verweigerte man in manchen Fällen die Erlaubnis, in größere Städte zu übersiedeln, obwohl ihre Fähigkeiten ausgereicht hätten, wichtigere Stellen einzunehmen. Das kam den Kapellen der weniger großen Orte häufig zugute.

LEBEN

Giovanni Andrea Florimi wurde um 1640 vermutlich in oder bei Siena geboren. Er wurde 1673 Servitenmönch in Siena und Vizekapellmeister am Dom der Stadt. Im Jahr 1682 erhielt er die Kapellmeisterstelle am Dom in Pistoia, wo er gestorben sein dürfte. Sein Todesjahr ist unbekannt.

WERKE

Der italienische Komponist Giovanni Andrea Florimi genoß zu seiner Zeit als Kirchenkomponist hohes Ansehen. Er schrieb Messen, Proprien, Litaneien, Vespern und Lamentationen in einem zwischen Polyphonie und Monodie liegenden Stil.

Francesco Florimo (1800–88)

ZEIT UND UMWELT

Es ist für den Rückgang der Bedeutung Neapels als eines der ersten Ausbildungszentren von Italien bezeichnend, daß im 19. Jahrhundert darangegangen wurde, die Geschichte der vier Konservatorien der Stadt, ihrer Lehrer und Schüler und deren Leistungen niederzulegen. Das kam einer Inventur gleich, die eine

Wirkungsepoche abschließt. Solange in Neapel die Schulen in voller Tätigkeit waren, die ausgebildeten Meister einer nach dem anderen ihre künstlerische Laufbahn antraten oder selbst Lehrer wurden, um weitere Meister auszubilden, ließ das laufende Geschehen dem Historismus keinen Raum. Erst als die Gegenwart verarmte, holte man die Vergangenheit aus den Archiven.

Leben
Francesco Florimo wurde am 12.10.1800 in San Giorgio Morgeto bei Règgio di Calàbria geboren. Er war Schüler des Real Collegio di Musica, das in Neapel nach der Auflösung der vier berühmten Konservatorien übriggeblieben war, und wurde 1826 Bibliothekar dieses Instituts. Er betätigte sich außerdem als Lehrer dieser Schule bis zu seinem Tod am 18.12.1888.

Werke
Neben seinen für die Musikgeschichte außerordentlich wichtigen großen Abhandlungen über die vier neapolitanischen Konservatorien und weiteren musikgeschichtlichen Schriften komponierte Francesco Florimo Kirchenmusik – Messen, Proprien –, Orchesterwerke, Kantaten und Lieder im neapolitanischen Dialekt mit beigefügter italienischer Übersetzung.

Literatur
G. Megali, Francesco Florimo, l'amico di Vincenzo Bellini, Neapel 1901.

Giorgio Florio (um 1545 bis nach 1589)

Zeit und Umwelt
Die Kapelle des Kaisers Maximilian II., die er in glänzender Verfassung von seinem Vater Kaiser Ferdinand I. übernommen hatte und mit seiner eigenen vereinigte, nahm immer mehr Italiener auf. Damit zeichnete sich die »Italianisierung« der habsburgischen Hofkapellen bereits ab.

Leben
Giorgio Florio wurde um 1545 vermutlich in Treviso geboren und in Venedig ausgebildet. Er trat in den sechziger Jahren der Kapelle Kaiser Maximilians II. bei und verblieb darin als Sänger bis 1589. Darauf wurde er Kapellmeister am Dom in Treviso, wo er in einem der folgenden Jahre starb.

Werke
Vom kompositorischen Werk des Italieners Giorgio Florio ist nur ein Buch mit sechsstimmigen Madrigalen erhalten. Sie sind im venezianischen Stil gehalten.

Giovanni Florio (um 1540 bis nach 1600)

Leben
Giovanni Florio wurde um 1540 in Oberitalien geboren. Es ist unbekannt, wo er gelebt und gewirkt hat. Er war vielleicht ein älterer Verwandter des zeitgenössischen Kapellmeisters von Treviso Giorgio Florio. Ort und Zeit seines Todes sind nicht feststellbar.

Werke
Von dem italienischen Komponisten Giovanni Florio sind eine Anzahl mehrstimmiger Messen überliefert, bei denen mitunter die venezianische Mehrchörigkeit angewendet wurde. Seine Lieder und Madrigale bewegen sich im Stil des 16. Jahrhunderts, sind aber zum Teil sehr originell.

Jean Flory (um 1550 bis um 1600)

Zeit und Umwelt
Das umfangreiche Musikreservoir, das Kaiser Karl V. in den Niederlanden vorfand, erlaubte ihm, seine Hofkapelle mit ersten Kräften auszustatten. Das hohe Niveau der Kapelle konnte weit über seinen Tod hinaus gehalten werden, weil das Erbe der frankoflämischen Schule noch lange vorhielt.

Leben
Jean Flory wurde in Maastricht um 1550 geboren und kam 1559 als Chorknabe in die habsburgische Hofkapelle. Im Jahre 1562 sandte ihn König Philipp II. auf seine Kosten zur weiteren Ausbildung nach Douai und

nahm ihn hernach in seine niederländische Kapelle auf. Er ist um 1600 in den Niederlanden gestorben.

WERKE
Von Jean Flory sind eine Anzahl Messen und Kanzonen überliefert, die im Stil der letzten franko-flämischen Schule gehalten sind, aber doch französischen Einfluß erkennen lassen. Die Melodie liegt in den meisten Fällen beim Tenor; der Diskant übernimmt sehr selten die Führungsrolle.

Friedrich Flotow (1812–83)

ZEIT UND UMWELT
In der deutschen Oper des 19. Jahrhunderts trat das lyrische Element, das die Bühnen Frankreichs bald beherrschte, sehr zögernd an die Stelle des episch-heroischen, so daß die Ablöse erst gegen Ende der Epoche vor sich ging. Dann allerdings wurde eine Vielzahl dieser Operngattung auf die Bühnen gebracht.

LEBEN
Friedrich Freiherr von Flotow wurde am 27.4. 1812 in Teutendorf, Mecklenburg, geboren. Er war ab 1828 am Conservatoire in Paris Schüler von Antonín Rejcha, unterbrach sein Studium 1830 wegen der revolutionären Ereignisse, kehrte aber nach einem Jahr wieder zurück und brachte seine ersten dramatischen Versuche auf die Bühne. Er arbeitete an 2 Opern von Albert Grisar mit. Dann folgte eine große Serie seiner lyrischen Opern mit unterschiedlichem Erfolg, die teils in Frankreich, teils in Deutschland aufgeführt wurden. Im Jahr 1856 wurde er als Intendant an das Hoftheater von Schwerin berufen, ging 1863 neuerlich nach Paris und ließ sich 1868 in der Nähe von Wien nieder. Er starb am 24.1. 1883 in Darmstadt.

WERKE
Von den rund 40 Opern von Friedrich Flotow, die mit ihrer lyrischen Faktur der französischen Musikgeschichte zuzurechnen sind, haben sich »Martha« und »Alessandro Stradella« bis heute auf den Bühnen gehalten. Man kann behaupten, daß mit den Opern des Komponisten der lyrische und etwas süßliche Ton vieler folgender Werke eingeleitet worden ist. Außer den Opern liegen einige Ballette vor, ferner Kammermusik und Lieder, denen nur wenig Bedeutung zukommt.

Eliza Flower (1803–46)

ZEIT UND UMWELT
Sarah Adams, geborene Flower (1805–48), wurde durch ihre Hymnendichtungen bekannt. Ihre religiösen Gedichte zeichneten sich durch straffe Rhythmen, einprägsame Bilder und starke Frömmigkeit aus. Ihr berühmtester Hymnus ist »Nearer, My God, to Thee« (Näher, mein Gott, zu Dir) aus dem Jahr 1840.

LEBEN
Eliza Flower wurde am 19.4.1803 in Harlow, Essex, geboren. Sie vertonte vor allem religiöse Dichtungen, die sehr lange als Kirchenlieder Verwendung fanden. Sie starb am 12.12.1846 in ihrem Geburtsort.

WERKE
Von Eliza Flower sind »Vierzehn musikalische Illustrationen«, ein sehr populärer Chor »Nun beten wir für unser Land« und weitere Hymnen und Anthems erschienen, darunter die Vertonung des Gedichts ihrer Schwester Sarah Adams »Näher, mein Gott, zu Dir«. Ihr Stil gehört der Romantik an.

Gustav Flügel (1812–1900)

ZEIT UND UMWELT
Die Abgrenzung der evangelischen Kirchenmusik von der profanen Komposition wurde in der Regel nicht so streng betrieben wie von den Katholiken. Die Kantoren kleinerer Orte waren schon durch ihr Amt gezwungen, sich auch des profanen Musiklebens anzunehmen und zur Tätigkeit in einer Kirche Laienchöre, Musikkapellen, Musikvereine und ähnliche Institutionen zu leiten. Daß sie durch diese

Tätigkeiten angeregt auch profane Kompositionen schrieben, war verständlich.

Leben
Gustav Flügel wurde am 2.7.1812 in Nienburg an der Saale geboren. Nach einer Tätigkeit als Musiklehrer in verschiedenen deutschen Städten wirkte er in gleicher Eigenschaft von 1840 bis 1850 in Stettin (Szczecin), sodann als Seminarmusiklehrer in Neuwied und schließlich als Kantor und Organist an der Schloßkirche in Stettin, wo er am 17.8. 1900 starb.
Sein Sohn Ernst Paul Flügel (21.8.1844, Halle, bis 20.10.1912, Breslau) war Schüler des Königlichen Instituts für Kirchenmusik und der Kompositionsschule der Akademie in Berlin und Privatschüler von Hans von Bülow, Flodoard Geyer und Friedrich Kiel. Zunächst wirkte er als Musiklehrer in Treptow an der Trebel und in Greifswald, sodann ab 1867 als Organist in Prenzlau und ab 1879 als Kantor der Bernhardinerkirche in Breslau (Wrocław).

Werke
Von Gustav Flügel sind ein Präludienbuch mit 112 Choralvorspielen und viele Konzertstücke für Orgel erschienen. Er verfaßte außerdem viele verschiedene Klavierstücke, darunter 5 Sonaten, kirchliche und weltliche Chorlieder für gemischte Chöre und Männerchöre sowie für Schulzwecke, weiters Klavierlieder.
Ernst Flügel schrieb geistliche A-cappella-Chöre: der 121. Psalm, »Mahomets Gesang«, »Einem Freund« (für Chor und Orchester); ferner ein Klaviertrio in Es-Dur, Klavier- und Orgelstücke und Lieder.

Richard Flury (1896–1967)

Leben
Richard Flury wurde am 26.3.1896 in Biberist, Solothurn, geboren. Er studierte in Basel, Bern und Genf und war Schüler von Ernst Kurth (1.6.1886, Wien, bis 2.4.1946, Bern), Hans Huber, Joseph Lauber, Paul Miche (20.4.1886, Courtelary, Bern, bis 7.9.1960, Genf) und Joseph Marx. Er wirkte von 1919 bis 1949 als Dirigent des Stadtorchesters und bis 1961 als Musiklehrer in Solothurn. Er starb am 23.12.1967 in Biberist.

Werke
Von Richard Flury sind 4 Opern, 2 Pantomimen und 5 Festspiele aufgeführt worden. Er schrieb ferner 7 Sinfonien, 2 Wienerwalzer, ein sinfonisches Gedicht, 2 Ouvertüren, 2 Klavierkonzerte, 4 Violinkonzerte, 2 Ouvertüren und eine Suite für Blasorchester, ein Nonett, ein Oktett, ein Klavierquintett, ein Klavierquartett, 7 Streichquartette, ein Hörnerquartett, 2 Klaviertrios, ein Trio für zwei Violinen und Bratsche, ein Streichtrio, ein Trio für Klarinette, Cello und Klavier, 11 Sonaten und eine Suite für Violine und Klavier, 3 Cellosonaten, 10 Capricen für Solovioline, eine Sonate und andere Stücke für Klavier, 3 Praeludien und Fugen für Orgel, 4 Messen, ein Te Deum, mehrere Kantaten und andere Chöre, Orchester- und Klavierlieder. Diese Musik steht der Spätromantik noch sehr nahe, trägt aber neuklassizistische Züge.

Josephus Fodor (1751–1828)

Zeit und Umwelt
Die Schule von František Benda wirkte über seine Schüler bis weit in das 19. Jahrhundert, so daß sich eine unmittelbare Entwicklungslinie von der empfindsamen Berliner Schule zur Romantik ergab, die von der Wiener Klassik nur gewisse Formelemente mitnahm und verarbeitete.

Leben
Josephus Fodor wurde am 21. 1. 1751 in Venlo geboren. Er war Schüler von František Benda in Berlin und ließ sich nach erfolgreichen Konzertreisen in Paris nieder. Im Jahr 1794 verlegte er seinen Wirkungskreis nach St. Petersburg, wo er am 3. 10. 1828 starb.

Werke
Von Josephus Fodor sind 9 Violinkonzerte, zahlreiche Violinsoli, Violinduos und

Streichquartette bekannt geworden. Er setzte den empfindsamen Berliner Stil fort.

Caspar Förster (1616–73)

ZEIT UND UMWELT
Der dänische König Friedrich III. (1609–70) war im Gegensatz zu seinem Vater Christian IV. beherrscht und überlegt und versuchte, seinem Land den Frieden zu erhalten. Sein Plan, die Hofkapelle reorganisieren zu lassen, wurde zunächst gestört, denn die Aktivitäten des Schwedenkönigs Karl X. Gustav zwangen ihn, den Krieg gegen Schweden aufzunehmen. Dadurch wurden alle friedlichen Vorhaben bis zum Jahr 1669 (Friede von Kopenhagen) verschoben.

LEBEN
Caspar Förster (Foerster, Forster) wurde am 28. 2. 1616 in Danzig getauft. Er war Schüler seines Vaters, vollendete seine Ausbildung bei dessen Freund Marco Scacchi in Warschau, wo er Sänger und Chordirigent der Hofkapelle wurde, ging für etliche Zeit nach Italien, bis ihn der dänische König Friedrich III. 1652 nach Kopenhagen berief, um seine Hofkapelle zu reorganisieren. Wegen des Krieges, den Dänemark gegen Schweden führte, mußte er diese Tätigkeit 1655 unterbrechen und wirkte als Kantor an der Marienkirche in Danzig, begab sich 1657 nach Venedig, wo er gegen die Türken kämpfte. Im Jahr 1660 kehrte er nach Kopenhagen zurück, um seine Aufgabe zu vollenden, verbrachte noch einige Zeit in Hamburg und zog sich schließlich nach Oliva bei Danzig zurück, wo er 1673 starb und am 1. 3. begraben wurde.
Sein Vater Caspar Förster (um 1574, Danzig, bis 1652, Danzig) wurde 1602 Stadtmusiker der Stadt Danzig und 1607 Kantor an der Trinitatiskirche.

WERKE
Vom deutschen Komponisten Caspar Förster dem Jüngeren sind 6 Triosonaten, einige geistliche Konzerte und Kantaten erhalten. Die Werke von Caspar Förster dem Älteren, der ein eifriger Verfechter der venezianischen Schule war, sind alle verschollen.

Christoph Förster (1693–1745)

ZEIT UND UMWELT
Am Ende des barocken Generalbaßzeitalters wurde die Gestaltung der Füllstimmen nicht mehr dem Generalbaßspieler überlassen, sondern vom Komponisten selbst ausgearbeitet. Damit verloren sie bald den Charakter reiner Füllstimmen und wurden nicht auf ihre begleitende Funktion beschränkt.

LEBEN
Christoph Förster wurde am 30. 11. 1693 in Bibra bei Laucha, Thüringen, geboren. Er war Schüler von Johann David Heinichen (1683–1729) und Georg Friedrich Kauffmann (1679–1735) in Merseburg, wo er Konzertmeister der Hofkapelle wurde. Im Jahr 1643 erhielt er die Ernennung zum Vizehofkapellmeister in Rudolstadt, wo er am 6. 12. 1745 starb.

WERKE
Das Instrumentalwerk von Christoph Förster zeichnet sich durch großen Formenreichtum und deutliche Betonung galanter Züge aus. Sein Generalbaß ist zum Teil »komponiert« und nähert sich klassischer Harmonik. Seine Musik galt bei den Zeitgenossen als angenehm und gefällig. Erhalten sind davon 26 Kirchenkantaten, eine Vertonung des 117. Psalms, eine Messe, ein Sanctus, 4 weltliche Kantaten, 6 Orchestersuiten, 12 Sinfonien, 6 Solokonzerte, 6 Violinsonaten und ein Trio für zwei Violinen und Generalbaß. Sehr bekannt geworden ist sein Konzert in Es-Dur für Waldhorn, Streicher und Generalbaß.

Emanuel Aloys Förster (1748–1823)

ZEIT UND UMWELT
Militärmusiker sind zwar nicht selten vorzügliche Meister ihres Instruments, ihr Repertoire war aber, zumindest im 18. Jahrhun-

dert, sehr einseitig auf militärische Bedürfnisse abgestellt, so daß es durch Unterricht oder Selbststudium ergänzt werden mußte.

LEBEN

Emanuel Aloys Förster (Emanuel Joseph Antonius Ignatius) wurde am 26. 1. 1748 bei Glatz (Kłodzko) geboren. Er war von 1766 bis 1768 Militärmusiker, lebte darauf in Prag und ab 1779 als Musiklehrer bis zu seinem Tod am 12. 11. 1823 in Wien.

WERKE

Seine Ausbildung verschaffte sich Emanuel Aloys Förster vorwiegend durch das Studium der Werke von Johann Sebastian Bach, Carl Philipp Emanuel Bach, Muzio Clementi und Wolfgang Amadeus Mozart. Er verfaßte 48 Streichquartette, 4 Streichquintette, ein Divertimento für zwei Violinen und Cello, 6 Klavierquartette, 7 Divertimenti und 5 Sonaten für Klavier, zwei Violinen und Cello, Klaviertrios, Klavierkonzerte, Variationen für Klavier, Lieder und Gesänge, ferner Präludien und Fugen für Orgel. Seine Kammermusik stand der frühen von Ludwig van Beethoven sehr nahe.

Josef Foerster (1833–1907)

ZEIT UND UMWELT

Neben der großartigen Entfaltung der eigenständigen Musik für Konzert und Oper in Böhmen hielten die Meister der Kirchenmusik an der Tradition der Altböhmischen Orgelschule fest und entwickelten sie unabhängig von der Profanmusik weiter. Gleichzeitig wurde die Pflege des polyphonen A-cappella-Gesangs nie vernachlässigt.

LEBEN

Josef Foerster wurde am 22.2.1833 in Wosenitz, Böhmen, geboren. Er war Schüler der Prager Organistenschule, wirkte an verschiedenen Kirchen von Prag als Organist und schließlich als Chordirektor, bis er 1887 Chorleiter am Veitsdom wurde. Gleichzeitig unterrichtete er am Konservatorium Musiktheorie. Er starb am 3.1.1907 in Prag.

Sein Bruder Anton Foerster (20.12.1837, Wosenitz, bis 17.4.1926, Novo mesto, Slowenien) war von 1868 bis 1909 Domkapellmeister in Ljubljana und ab 1877 zugleich Leiter der Orgelschule des Caecilienvereins.

WERKE

Von Josef Foerster ist eine Anzahl Messen, Requiems und Orgelstücke bekannt geworden. Er verfaßte eine Reihe von sehr schönen A-capella-Chören.

Anton Foerster brachte eine Oper heraus, schrieb mehrere Kirchenwerke – Messen, Proprien – und publizierte slowenische Volkslieder. Er verfaßte mehrere Lehrwerke.

Josef Bohuslaw Foerster (1859–1951)

LEBEN

Josef Bohuslaw Foerster (Förster) wurde am 30.12.1859 in Prag geboren. Er studierte am Konservatorium seiner Geburtsstadt. Im Jahr 1888 heiratete er die Opernsängerin Bertha Lauterer (11.1.1869, Prag, bis 9.4.1936, Prag) und folgte ihr nach Hamburg, wo er zunächst als Kritiker und ab 1901 als Konservatoriumslehrer tätig war. Auch in Wien, wohin er 1903 übersiedelt war, wirkte er als Kritiker und als Lehrer am Konservatorium bis 1918. Sodann erhielt er in Prag die Stelle eines Lehrers am Konservatorium, wurde 1921 Professor für Komposition und leitete das Institut von 1922 bis 1931. Anschließend war er bis 1939 Präsident der Tschechischen Akademie. Seine Heimat ehrte ihn 1946 mit der Ernennung zum »Nationalkünstler«. Er starb am 29.5.1951 in Vestec bei Stará Boleslav.

WERKE

Das kompositorische Schaffen von Josef Bohuslaw Foerster lehnte sich auf dem Gebiet der Oper an Bedřich Smetana, in den sinfonischen Werken an Gustav Mahler an, ist aber überall stark lyrisch und weniger expressiv als psychologisierend introvertiert. Die 5 Sinfonien in d-Moll, F-Dur, D-Dur (Das Leben), c-Moll (Osternacht) und d-Moll werden in seiner Heimat fallweise gespielt, am meisten die »Osternacht« aus 1905; von den sinfonischen Dichtungen ist »Cyrano de Bergerac« noch auf den Konzertprogrammen. Auch seine Suiten und Ouvertüren kann man zuweilen hören. Er schrieb außerdem 2 Violinkonzerte, eine Ballade für Violine und Orchester, ein Cellokonzert, 3 Violinsonaten, 3 Cellosonaten, 3 Klaviertrios, 4 Streichquartette, ein Streichquintett, ein Bläserquintett, ein Klavierquintett, ein Nonett und Orgel- und Klavierstücke. Die Chorwerke »Hymnus der Engel«, »Stabat mater«, »Mortuis fratribus« (Den toten Brüdern), die Missa Glagolytica, das Oratorium »Der heilige Wenzel«, die übrigen Messen, Motetten und kleineren Kirchenwerke und die Lieder werden in der Heimat des Komponisten noch immer gesungen.

LITERATUR

Fr. Fiala, Josef Bohuslav Foerster, Prag 1962.

Johann Philipp Förtsch
(1652–1732)

LEBEN

Johann Philipp Förtsch wurde am 14. 5. 1652 in Wertheim am Main getauft. Er studierte in Jena und Erfurt Medizin und Rechtswissenschaft und nahm bei Johann Krieger Kompositionsunterricht. Später wurde er Tenorist in Hamburg, wo er sich auch tatkräftig als Sänger, Librettist und Komponist an der Oper beteiligte. Von 1680 bis 1689 war er Hofkapellmeister in Gottorf und praktizierte zugleich als Arzt. Darauf wurde er Hofarzt in Schleswig und ab 1692 Leibarzt des Bischofs in Eutin, bei dem er auch eine bedeutsame politische Stellung einnahm. Er starb in Eutin am 14. 12. 1732.

WERKE

Neben seinen vielen anderen Aufgaben verfaßte der deutsche Komponist Johann Philipp Förtsch 12 Opern, 82 Kantaten mit verschiedenen Besetzungen, eine große Anzahl Kanons, darunter 32 über den Choral »Christ der du bist der helle Tag« für zwei bis acht Instrumente. Er war auch als Musikschriftsteller tätig.

Francesco Foggia (1604–88)

ZEIT UND UMWELT

Mit den Schülern der römischen Komponisten Antonio Cifra, Giovanni Bernardino Nanino und Paolo Agostini endete die echte lebende Palestrina-Tradition der Stadt. Da schon diese Schüler im Verlauf ihres Wirkens sich mehr oder minder eng an den neuen Stil anschlossen, vermochten sie auch die ihnen noch übermittelte Tradition nicht mehr rein weiterzugeben.

LEBEN

Francesco Foggia wurde 1604 in Rom geboren. Er war Schüler von Cifra, Giovanni Bernardino Nanino und Agostini, dann wirkte er am Hof des bayrischen Kurfürsten Maximilian I. in München und am Wiener Kaiserhof; darauf wurde er Kirchenkapellmeister in Narni, in Monte Fiascona und schließlich in Rom, und zwar an den Kirchen Santa Maria in Aquiro, Santa Maria in Trastevere, San Giovanni in Laterano (1636 bis 1661), an San Lorenzo in Damaso und an Santa Maria Maggiore (1677). Er starb in Rom am 18. 1. 1688.
Sein Sohn Antonio Foggia (um 1650, Rom, bis Mai 1707, Rom) wirkte neben dem Vater ab 1677 an Santa Maria Maggiore in Rom und trat 1688 dessen Nachfolge an. Zuvor war er Kapellmeister an San Geronimo in Rom gewesen.

WERKE

Der italienische Komponist Francesco Foggia hielt sich in seiner Jugend an den strengen A-cappella-Stil, ging aber später zum konzertanten Stil über. Er verfaßte 2 Oratorien auf lateinischem Text, zahlreiche drei- bis neunstimmige Messen, zwei- bis fünfstimmige Motetten, Offertorien, Psalmen, Litaneien und andere sakrale Gesänge.
Antonio Foggia verfaßte ebenso lateinische Oratorien, eine Messe und Motetten.

Giacomo Fogliano (1468–1548)

ZEIT UND UMWELT
Im Jahre 1288 fiel die Stadtrepublik Modena an die Familie Este (in Ferrara) und wurde 1452 Herzogtum. Wie Ferrara selbst und alle von dieser Familie regierten Städte nahm auch Modena lebhaften Anteil am künstlerischen Leben der Renaissance. Der 1099 im romanischen Stil begonnene Dom wurde von Meistern der Renaissance vollendet und mit Skulpturen und Bildern ausgeschmückt.

LEBEN
Giacomo Fogliano (Fogliani, Folianus) wurde 1468 in Modena geboren. Er wirkte von 1489 bis 1497 und ab 1504 als Organist im Dom der Stadt, in der er 1548 starb. Ungefähr zur gleichen Zeit wurde in Modena Lodovico Fogliano geboren, der vermutlich ein Verwandter des Organisten war. Lodovico war 1513 Sänger der päpstlichen Kapelle in Rom und später Chordirigent des Domes in Modena. Neben einigen unbedeutenden Kompositionen (Psalmen) publizierte er 1529 ein grundlegendes musiktheoretisches Werk: Musica Theoretica. Er starb um 1538 in Modena.

WERKE
Giacomo Fogliano hat eine Serie fünfstimmiger Madrigale, zahlreiche Frottole, etliche Laudi und Orgelricercari komponiert. Der Meister von Modena zeigt sich in diesen Kompositionen als Vorläufer des italienischen Renaissancestiles, der sich als Folge des starken Einflusses der franko-flämischen Schule im 16. Jahrhundert ausbildete.

LITERATUR
G. Roncaglia, La cappella musicale del duomo di Modena, Historia musicae cultores, Bibliothek V, Florenz 1937.

Charles Gabriel Foignet (1750–1823)

LEBEN
Charles Gabriel (nach anderen Jacques) Foignet wurde 1750 in Lyon geboren. Ab 1779 wirkte er als Lehrer für Gesang, Cembalo und Harfe in Paris; seine Laufbahn als erfolgreicher Opernkomponist setzte mit 1791 ein. Er starb 1823 in Paris.

WERKE
Die über 25 Werke für die Musikbühne von Charles Gabriel Foignet zeichneten sich auch durch prachtvolle Inszenierungen aus. Er veröffentlichte 2 Suiten für Cembalo oder Piano mit Violine, arrangierte Opernarien unter dem Titel »Les Plaisirs de la Société« (Geselliges Vergnügen). Seine weiteren Kompositionen und Lehrwerke sind verlorengegangen.

Zdeněk Folprecht (1900–61)

LEBEN
Zdeněk Folprecht wurde am 26. 1. 1900 in Turnov, Böhmen, geboren. Er studierte in Prag bei Josef Bohuslav Foerster, Vítězslav Novák und Václav Talich (28. 5. 1883, Kroměřič, bis 16. 3. 1961, Beroun). Von 1923 bis 1939 wirkte er als Dirigent am Slowakischen Nationaltheater in Preßburg und anschließend bis zu seinem Tod am 29. 10. 1961 am Nationaltheater in Prag.

WERKE
Von Zedeněk Folprecht sind eine Oper, 4 Sinfonien, ein Klarinettenkonzert, ein Violinkonzert, ein Nonett und eine Suite für Klavier im Stil seiner Lehrer, viele Chöre und Lieder bekannt.

Folquet de Marseille (um 1155–1231)

LEBEN
Folquet de Marseille wurde um 1155 in einer reichen Kaufmannsfamilie in Marseille geboren und verbrachte seine Jugend in dieser Stadt. Er nahm mit vielen namhaften Persönlichkeiten Südfrankreichs Verbindung auf, darunter mit dem Musiktheoretiker Johannes de Garlandia. Im Jahre 1195 trat er mit seiner Frau und seinen zwei Söhnen in das Zisterzienserkloster Toronet-en-Pro-

vence ein, wurde 1201 Abt und 1205 Bischof von Toulouse. Er gründete die Universität von Toulouse, an der Johannes de Garlandia ab 1229 lehrte. Er starb in Toulouse am 25. 12. 1231.

WERKE

Folquet de Marseille hat 19 Liedertexte hinterlassen, und zwar 14 Minnelieder, 2 Kreuzzugslieder, ein Joc partit (Streitlied), eine Cobla (katalanischer Tanz) und ein Planh (Klagelied). An Melodien sind 13 erhalten, die dem »Leichten Stil« angehören und daher gefällig und eingängig klingen.

Vida de Folquet de Marselha (Biographie des Folquet de Marseille)

Folquet war der Sohn eines Kaufmannes, der in Genova lebte und den Namen Amfós trug. Als sein Vater starb, hinterließ er ihm ein großes Vermögen. Selbst strebte er nach Tugend und Ritterlichkeit.

Er widmete seine Dienste mächtigen Adeligen und großen Herren und wollte ihnen an Großmut und Höflichkeit gleich sein, indem er viel mit ihnen verkehrte. Er genoß so die Gunst König Richards und des Grafen von Toulouse und des Herren von Barral, dem Oberhaupt von Marseille.

Er war ein ausgezeichneter Dichter und Gelehrter. Er bewarb sich um die Frau Barrals, bat sie um ihre Liebe und verfaßte Liebesgedichte.

Doch trotz seiner Bitten und Gedichte erreichte er nie ihre Gunst, denn sie wollte ihm keine Liebe schenken. Daher beklagt er in seinen Liedern immer seine Liebe.

Dann traf es sich, daß die Frau starb. Und es starben auch Barral, ihr Gemahl, und Herr von Folquet und der gute König Richard und der gute Graf Raimond von Tolosa und König Alfonso von Aragón.

Und Folquet entsagte aus Trauer wegen des Todes der Frau und der Fürsten der Welt.

Er trat mit seiner Frau und den Söhnen, die er hatte, dem Zisterzienserorden bei. Und Folquet wurde Abt einer reichen Abtei, die in der Provence ist und Thoronet hieß.

Und dann wurde Folquet Bischof von Tolosa. Und in Tolosa starb er.

LITERATUR

St. Strónski, Le Troubadour Folquet de Marseille, Krakau 1910.

Jewstignjei Fomin (1761–1800)

ZEIT UND UMWELT

Die Methode der Zarin Katharina II., Leibeigene von ausländischen Kräften unterrichten zu lassen und zur weiteren Ausbildung in das Ausland, vor allem nach Italien, zu senden, bewährte sich. Der von Peter dem Großen eingeleitete Anschluß Rußlands an den Westen wurde auf diese Art auch auf dem Feld der Musik sehr rasch hergestellt, und das Ziel der Zarin, eine bodenständige russische Musikentwicklung zu begründen, wurde von dieser weitblickenden Herrscherin nachgerade erzwungen.

LEBEN

Jewstignjei Ipatowitsch Fomin wurde am 5. 8. 1761 in St. Petersburg geboren. Er war Leibeigener und wurde an der St. Petersburger Kunstakademie von Hermann Raupach zum Musiker ausgebildet. Zusätzlich sandte ihn die Zarin 1782 zur Vervollkommnung der Ausbildung zu Padre Martini nach Bologna, wo er 1785 in die Accademia Filarmonica aufgenommen wurde. Nach seiner Heimkehr im Jahr 1796 wurde er Repetitor der St. Petersburger Staatstheater. Er ist mit Maxim Beresowski und Dmitri Bortnjanski zu den Begründern der russischen Musik und der russischen Oper zu rechnen, die von Michail Glinka (1804–57) zur Nationaloper geformt wurde. Er starb Ende April 1800 in St. Petersburg.

WERKE

Neben einer Serie von Opern, von denen eine (»Der Held von Nowgorod«) auf ein Libretto von Katharina II. komponiert wurde, verfaßte Jewstignjei Fomin klangvolle Kirchenmusik und das heute noch aufgeführte Melodram »Orpheus und Euridice«.

LITERATUR

W. B. Dobrochotow, Jewstignjei Ipatowitsch Fomin, Moskau 1949.

Julio Fonseca (1885–1950)

Leben
Julio Fonseca wurde am 22. 5. 1885 in San José, Costa Rica, geboren. Er studierte in Mailand und in Brüssel, dann lebte er als Musiklehrer an verschiedenen Institutionen, als Organist und Komponist in San José, wo er am 22. 6. 1950 starb.

Werke
Neben einer Operette und einer Kinderkomödie schrieb Julio Fonseca für Orchester eine Fantasie, eine Suite, eine Ouvertüre, ein Klavierkonzert, ein Klaviertrio, 2 Stücke für Violine und Klavier und eine Reihe von Klavierwerken, die auch Eingeborenenmelodien verwendeten, weiters 5 Messen, mehrere Kantaten, darunter »Indianische Totenklage«, Orchesterlieder und Klavierlieder. Er war einer der ersten Vertreter der costaricanischen Musik unseres Jahrhunderts.

Pierre Fontaine (nach 1380 bis um 1450)

Zeit und Umwelt
Den Hofkapellen oblagen im Mittelalter bis in die beginnende Neuzeit hinein neben der musikalischen Betreuung der Gottesdienste auch verwaltungstechnische, juristische und diplomatische Aufgaben. Daneben hatten die Cappellani für die Heranbildung von Nachwuchskräften zu den genannten Zwecken zu sorgen. Mit fortschreitender Zeit fiel ihnen auch die profane Musikpflege des Hofes zu. Ein Großteil der Komponisten jener Zeit begann seine Laufbahn in einer solchen Kapelle, sei es, daß sie selbst ihre Grundausbildung dort genossen hatten oder Chorknaben an einer Kathedrale gewesen waren.

Leben
Pierre Fontaine (Fonteine, Fontayne) wurde nach 1380 in Rouen geboren, war zuerst Chorknabe an der Kathedrale seines Geburtsortes, dann ab 1404 Mitglied der burgundischen Hofkapelle. Von 1420 bis 1427 gehörte er der päpstlichen Kapelle an. Von 1428 bis zu seinem Tod wirkte er erneut am burgundischen Hof. Er starb um 1450. Der Ort seines Todes ist nicht bekannt.

Werke
Von Fontaine sind 7 mehrstimmige Chansons im Stil der verfeinerten Ars nova (Ars subtilior) Frankreichs erhalten. Obwohl er als französischer Komponist anzusehen ist, gehört er zu den Meistern, die den Übergang zur franko-flämischen Musikepoche vorbereiteten.

Literatur
J. Marix, Histoire de la musique et des musiciens de la cour de Bourgogne sous le règne de Philippe le Bon, Straßburg 1939.

Giovanni Battista Fontana
(um 1580–1630)

Zeit und Umwelt
Der Aufstieg der Violine setzte etwa um 1610 ein und stand in enger Wechselwirkung mit dem sich gleichzeitig entwickelnden Geigenbau. Die großen Geigenbauer in den Alpenländern und in Italien beschenkten die Welt mit ihren Erzeugnissen, während die Virtuosen ihre Technik verfeinerten, bis die Violine in die Rolle hineinwuchs, die sie heute noch behauptet.

Leben
Giovanni Battista Fontana wurde um 1580 in Brescia geboren. Er lebte als Violinvirtuose in Venedig, dann in Rom und in Padua, wo er 1630 starb.

Werke
Der italienische Violinvirtuose und Komponist Giovanni Battista Fontana schuf eine Sammlung von 18 Sonaten für Violine mit Violoncino (Cello), davon einige für zwei Violinen mit Fagott und eine für drei Violinen. 6 davon sind Solosonaten mit Generalbaß. Es handelt sich um eines der ersten grundlegenden Werke der Violinliteratur.

LITERATUR

W. S. Newman, The Sonata in the Barock Era, Chapel Hill 1966.

Julian Fontana (1810–69)

ZEIT UND UMWELT

Im November 1830 brach in Warschau die Revolte der polnischen Armee gegen ihre russische Führung unter Großfürst Konstantin Pawlowitsch (1779–1831), dem Bruder des Zaren Nikolai Pawlowitsch (1796–1855), für die Russen unerwartet, aus. Die Aufständischen, denen sich zahlreiche Zivilisten anschlossen, konnten beträchtliche Anfangserfolge verzeichnen, die im Verlauf der Monate wegen Unentschlossenheit der polnischen Führung und taktischer Fehler verlorengingen. Einzelne Guerillakämpfe dauerten noch 2 Jahre an. Der Traum von einem freien Polen erfüllte sich aber nicht, ungefähr 10.000 politische Führer und Solaten verließen das Land und gingen vorwiegend nach Frankreich; einzelne wanderten auch in England, Belgien und die Schweiz ein.

LEBEN

Julian Fontana wurde 1810 in Warschau geboren. Er war gleichzeitig mit Frédéric Chopin Schüler von Józef Elsner. Im Jahr 1830 schloß er sich dem Freiheitskampf seines Landes an, mußte fliehen und ließ sich als Klavierlehrer in London nieder. Von 1841 bis 1850 lebte er in den USA als Konzertpianist und Lehrer, sodann bis zu seinem Tod am 24.12.1869 in Paris.

WERKE

Von Julian Fontana sind mehrere sehr gute Klavierstücke erschienen. Nach dem Tod seines Freundes Frédéric Chopin gab er dessen nachgelassene Werke heraus.

Alfonso Fontanelli (1557–1622)

ZEIT UND UMWELT

Ferrara fiel durch den Vertrag von Faenza zwischen Papst Clemens VIII. und Lucrezia d'Este 1598 an den Kirchenstaat. Cesare d'Este wurden Reggio und Modena belassen. Cesare residierte in Modena, wo die Familie immer schon einen zweiten Hof gehalten hatte. Ferrara blieb zumindest vorläufig weiterhin das Musikzentrum, das es bisher gewesen war, besonders auf dem Gebiet der Kirchenmusik. In Modena gab es bereits seit längerer Zeit eine vorzügliche Kapelle. Einen auffälligen Aufschwung erfuhr die Musikpflege durch die Verlagerung der Residenz der Familie d'Este nach Modena nicht.

LEBEN

Alfonso Fontanelli (Fontanello) wurde am 15. 2. 1557 in Reggio Emilia geboren und vermutlich dort ausgebildet. Er war ab 1586 Kapellmeister der Familie d'Este, zuerst in Ferrara bei Alfonso II., sodann ab 1597 bei Cesare in Modena. Von 1605 bis 1608 war er als diplomatischer Vertreter Herzog Cesares in Rom tätig, lebte von 1612 bis 1613 in Madrid am spanischen Hof, wurde 1621 in Rom Priester und trat in ein Kloster ein. Er starb am 11. 2. 1622 in Rom.

WERKE

Von dem italienischen Komponisten Alfonso Fontanelli sind 2 Bücher mit Madrigalen überliefert. Seine weiteren Kompositionen sind verschollen.

LITERATUR

G. Roncaglia, La cappella musicale del duomo di Modena, Florenz 1957.

Niccolò Fontei (um 1600 bis nach 1647)

ZEIT UND UMWELT

Nach der Gründung des ersten Opernhauses in Venedig und den ersten Aufführungen wurde die Oper rasch zum beliebtesten Vergnügen der Stadt. Opernkomponisten und Opernsänger waren hoch angesehen. So erklärt sich, daß man zum Beispiel Pier Francesco Cavalli, der den Venezianern eine Reihe sehr beliebter Opern schenkte, eine freie Organistenstelle vor anderen Bewerbern zuerkannte.

LEBEN
Niccolò Fontei wurde um 1600 in Orciano bei Pesaro geboren. Bei seiner Bewerbung um die Stellung des zweiten Organisten an San Marco in Venedig wurde ihm der Opernkomponist Cavalli vorgezogen. Er erhielt 1645 die Kapellmeisterstelle am Dom in Verona, wo er nach 1647 starb.

WERKE
Vom italienischen Komponisten Niccolò Fontei sind 3 Bücher mit ein- bis dreistimmigen vertonten Gedichten, außerdem sakrale Gesänge, mehrere Messen und Psalmen, dreistimmige Litaneien mit zwei Violinen und schließlich eine Oper überliefert.

Arthur Foote (1853–1937)

ZEIT UND UMWELT
Die meisten Komponisten des ausgehenden 19. Jahrhunderts adoptierten spätromantische Stilformen Europas. Einzelne verarbeiteten in ihren Kompositionen bereits kreolische und indianische Melodien, lösten sich immer mehr von den importierten Diktionen ab und versuchten ihren eigenen »amerikanischen« Stil zu bilden, der frei von Traditionen der Lebensart der Neuen Welt besser entsprach. Vorläufig gelang ihnen nur das Kolorit, aber der Weg zur Eigenständigkeit war bereits vorgezeichnet. Damit verbunden war eine Abkehr von der Romantik und die Hinwendung zum Naturalismus.

LEBEN
Arthur William Foote wurde am 5.3.1853 in Salem, Mass., geboren und am Konservatorium in Boston von Stephen Albert Emery (4.10.1841, Paris, Me., USA, bis 15.4.1891, Boston) ausgebildet. Nach seinem Studienabschluß an der Harvard-Universität nahm er noch bei Benjamin Johnson Lang (28.12. 1837, Salem, Mass., bis 3.4.1909, Boston) Unterricht und wurde Musiklehrer und Organist in Boston. Er galt als Senior der neuenglischen Komponisten. Von 1909 bis 1912 wirkte er als Präsident der Guild of Organists (amerikanische Organistenvereinigung). Er starb am 8.4.1937 in Boston.

WERKE
Von Arthur Foote sind 2 Orchestersuiten, eine Streicherserenade, 2 Ouvertüren, 4 Charakterstücke für Orchester, 3 Streichquartette, ein Klavierquintett, ein Klavierquartett, 2 Klaviertrios, 2 Klaviersuiten, einige Chorballaden, kleinere Klavierstücke und Lieder überliefert. Die Romantik ist in allen diesen Kompositionen noch stark spürbar, man begegnet jedoch Klangkomplexen, die deutlich auf den neuen amerikanischen Stil weisen, der noch zu seinen Lebzeiten entstanden ist.

Sebastian Forbes (geboren 1941)

LEBEN
Sebastian Forbes wurde am 22.5.1941 in Amersham, Buckinghamshire, geboren. Er war an der Royal Academy of Music in London Schüler von Howard Ferguson und am Kings College der Universität in Cambridge von Thurston Dart (3.9.1921, London, bis 6.3.1971, London). Von 1964 bis 1967 wirkte er in der Musikleitung der BBC. Er gründete die Vokalvereinigung »Äolian Singers« und ist seit 1968 Chorleiter und Organist am Trinity College in Cambridge.

WERKE
Von Sebastian Forbes sind ein Klaviertrio, ein Trio für Klarinette, Cello und Klavier, eine Antiphone für Violine und Klavier, eine Partita für Klarinette, Cello und Klavier, eine Sequenz aus Carols für Chor a cappella und eine für Männerstimmen, Streichorchester und Orgel bekannt geworden. Sein Stil ist traditionsgebunden.

Francis Forcer (um 1650–1705)

ZEIT UND UMWELT
Im Jahr 1683 wurde im Garten eines Mr. Sadler nahe New River Head, Pentonville, ein Brunnen mit eisenhaltigem Wasser entdeckt. Sadler, der eine Taverne besaß, schenkte das

Wasser der Heilquelle aus und errichtete ein primitives Gebäude, in dem er für seine Gäste Konzerte geben ließ. Ein Jahrhundert später wurde auf diesem Platz das berühmte Londoner Sadler's Wells (Sadler-Brunnen) Theater gegründet.

LEBEN
Francis Forcer wurde um 1650 in London geboren. Über sein Leben und seine Tätigkeit ist nur bekannt, daß er 1697 eine Teilhaberschaft an Sadler's Wells erwarb und dort Konzerte veranstaltete. Er starb in London im Jahr 1705.

WERKE
Vom englischen Komponisten Francis Forcer sind eine Ouvertüre, ein Instrumentaltrio, Orgelstücke, Dialoge und Ayres erhalten. Seine volkstümliche Musik, die er bei seinen Konzerten in Sadler's Wells spielen ließ, ist nicht überliefert.

Thomas Ford (um 1580–1648)

ZEIT UND UMWELT
Henry, Prince of Wales (1594–1612), ältester Sohn König Jakobs I., starb, ehe er die Thronfolge antreten konnte, so daß sein jüngerer Bruder Karl I. 1625 englischer König wurde. Henry verfügte in seinen letzten Lebensjahren über eigene Kammermusiker, die nach seinem Tod von Karl übernommen wurden.

LEBEN
Thomas Ford wurde um 1580 vermutlich in London geboren. Über sein Leben ist bis zum Jahr 1611, in dem er Kammermusiker des Prinzen Henry wurde, nichts bekannt. Im Jahr 1626 wurde er von König Karl I. in das Königliche Orchester aufgenommen. Er starb in London, wo er am 17. 11. 1648 begraben wurde.

WERKE
Der englische Lautenist und Komponist Thomas Ford veröffentlichte 1607 »Musicke of Sundrie Kindes« (Musik verschiedener Art) mit Ayres für Singstimme und Laute oder Gambe oder für mehrere Singstimmen und Tanzstücke für Instrumente. Einzelne Instrumentalstücke und Gesänge sind in verschiedenen Sammelwerken enthalten. Seine Ayres werden qualitativ denen von John Dowland (1562–1626) gleichgestellt. Die Instrumentalkompositionen sind sehr fortschrittlich.

LITERATUR
L. de la Laurencie, Les luthistes, Paris 1928.

John Forest (um 1390–1446)

ZEIT UND UMWELT
Wells hatte bereits im 14. Jahrhundert eine Chorkapelle und eine Singschule, wie man sie damals nur in den Universitätsstädten Oxford und Cambridge vorfand. Die musikalische Tradition des Ortes geht sogar noch weiter zurück, so daß den Schülern eine umfassende Ausbildung von Grund auf gewährleistet und auch jeder Fortschritt der Musikentwicklung in London oder den Universitätsstädten übernommen und mitgemacht wurde.

LEBEN
John Forest wurde um 1390 in oder bei Wells geboren. Er war 1414 Archidiakon in Surrey und 1425 Dekan in Wells, wo er am 25. 3. 1446 starb.

WERKE
Der Zeitgenosse von John Dunstable und Lionel Power hinterließ 7 Motetten und 2 Messesätze. Es handelt sich um dissonanzfreie »pankonsonante« Musik, die in England zu jener Zeit entwickelt worden ist. Alles übrige von Forest ist verlorengegangen.

Mathurin Forestier
(um 1475 bis nach 1541)

ZEIT UND UMWELT
Nicht nur für die Geschichte der Musik, sondern auch für die der Literatur und der bildenden Künste ist es bezeichnend, daß aus

früheren Jahrhunderten wohl eine Fülle an Kompositionen, Literaturdenkmälern, Bildern, Statuen und Bauten überliefert sind, jedoch über die Künstler selbst nur sehr spärliche Angaben vorliegen, die oft über den Namen kaum hinausreichen. Das Interesse der Zeitgenossen hat sich in jenen Epochen nahezu ausschließlich dem Kunstwerk selbst und nicht dem Schöpfer zugewendet.

LEBEN

Mathurin Forestier (Forestyn) ist vermutlich um 1475 in Frankreich oder in den Niederlanden geboren. Über sein Leben und Wirken gibt es keine Informationen. Auch Ort und Zeit seines Todes kennen wir nicht, außer daß er im Jahre 1541 noch gelebt hat.

WERKE

Von Forestier, der offenbar der frankoflämischen Schule entstammt, sind Messen und Chansons überliefert. Da einiges davon in Venedig gedruckt wurde, kann man annehmen, daß sich der Meister dort aufgehalten hat. Der Stil seiner Kompositionen darf als rein niederländisch bezeichnet werden, mit Ausnahme der Chansons, die der Pariser Form folgen.

LITERATUR

A. W. Ambros, Geschichte der Musik III, Breslau 1868.

Johann Nikolaus Forkel (1749–1818)

LEBEN

Johann Nikolaus Forkel wurde am 22. 2. 1749 in Meeder bei Coburg geboren. Er wurde vom Kantor seines Geburtsortes ausgebildet und mit 17 Jahren in den Schulchor des Johanneums in Lüneburg aufgenommen; 1767 wurde er Präfekt am Domchor in Schwerin, 1769 Organist der Universitätskirche in Göttingen und 1779 Universitätsmusikdirektor. Er starb am 20. 3. 1818 in Göttingen.

WERKE

Hinter das musikwissenschaftliche Wirken

Allgemeine
Geschichte der Musik
von
Johann Nicolaus Forkel,
Doctor der Philosophie und Musikdirector in Göttingen.

Erster Band.

Mit fünf Kupfertafeln.

Leipzig, im Schwickertschen Verlage, 1788.

Titelblatt zu Johann Nikolaus Forkels »Allgemeine Geschichte der Musik«

von Johann Nikolaus Forkel tritt sein kompositorisches Werk an Bedeutung weit zurück, ist aber wegen seiner Nähe zur Wiener Klassik bemerkenswert. Er verfaßte Klaviersonaten, »Herrn Gleims Neue Lieder mit Melodien fürs Clavier«, »24 Veränderungen fürs Clavier oder Fortepiano auf God save the King«, eine Sinfonie, 9 Klavierkonzerte, Fugen, Präludien, mehrere Kantaten und ein Oratorium.

Nicolas Formé (1567–1638)

ZEIT UND UMWELT

Ludwig XIII. (1601–43) kam, nachdem sein Vater, Heinrich IV., 1610 ermordet worden war, auf den Thron von Frankreich. Die Regentschaft für den Minderjährigen führte seine Mutter Maria de'Medici (1573–1642), die ihn bereits im Jahre 1615 mit der Tochter des spanischen Königs Philipp III., Anna von Österreich (1601–66), verheiratete. Es gelang ihm 1617, sich von der Bevormundung durch die Mutter zu befreien. Doch nach wenigen Jahren geriet er unter die Hand des Kardinals Armand Jean du Plessis Richelieu (1585–1642), der praktisch an seiner Stelle regierte. Der König widmete sich kulturellen Fragen, so weit es ihm möglich war, besonders der Hofkapelle und deren Mitgliedern.

LEBEN
Nicolas Formé wurde am 26. 4. 1567 in Paris geboren. Seine Musikalität und seine schöne, gut ausgebildete Tenorstimme fielen bald auf. Schon mit zwanzig Jahren wurde er als Sänger an der Sainte-Chapelle aufgenommen, aber bald wegen seines unregelmäßigen Lebenswandels wieder entfernt. Er fand sodann 1592 Aufnahme an der Königlichen Kapelle, wo er unter König Heinrich IV. und noch mehr unter Ludwig XIII., dessen Lieblingsmusiker er zeitlebens war, wirkte. Er wurde Vizekapellmeister und offizieller Komponist der Kapelle. Im Jahre 1626 kehrte er zur Sainte-Chapelle zurück, dieses Mal als Kanonikus und Günstling des Königs. Wieder gab es Schwierigkeiten, weil er seine religiösen Pflichten vernachlässigte und in einer eigenen Wohnung lebte, in der er am 27. 5. 1638 starb. An seinem Sterbebett stand neben den nahen Angehörigen auch eine Frau, mit der der Meister durch Jahre zusammengelebt hatte.

WERKE
Nachdem Nicolas Formé, der eine Drucklegung seiner Kompositionen verabsäumt hatte, gestorben war, nahm König Ludwig XIII. alle seine Werke zu sich und hielt sie unter Verschluß. Nach dem Tod des Königs kamen sie in die Hände des Nachfolgers auf dem Posten des Vize-Kapellmeisters und gingen später verloren. Daher ist von dem umfangreichen kompositorischen Schaffen des Komponisten wenig erhalten geblieben. Aber das genügt, um festzustellen, daß er ein neues Blatt der französischen Musikgeschichte aufgeschlagen hatte. Er schuf die klassische Form der französischen Motette, bei der Solostellen mit Chorsätzen abwechselten. In der einzigen Messe, die überliefert ist, stellte er eine Solistengruppe dem Chor gegenüber und erreichte damit einen Effekt, den man beim instrumentalen Concerto grosso wiederfindet, denn die Stimmen der Solisten wurden sehr locker geführt, während der Chor eine kompakte Harmonik aufwies.

LITERATUR
M. Brenet, Nicolas Formé, Archive historique et littéraire, 1889.

Jacopo Foroni (1825–58)

ZEIT UND UMWELT
Leiter und Mitglieder von reisenden Operntruppen hatten zuweilen das Glück, daß ihnen an Orten, in denen sie auftraten, eine feste Position angeboten wurde, die zur Lebensstellung wurde. Selten waren allerdings die Fälle, in denen es sich um eine Hofkapellmeisterstelle handelte.

LEBEN
Jacopo Foroni wurde am 27.7.1825 in Valeggio, Verona, geboren. Er war Dirigent einer italienischen Operntruppe, die in Stockholm gastierte, und wurde 1849 vom König von Schweden und Norwegen, Oscar I. (1799 bis 1859), zum Hofkapellmeister bestellt, obwohl es eine Reihe von schwedischen Anwärtern auf den vakanten Posten gegeben hätte. Er starb am 8.9.1858 in Stockholm.

WERKE
Von Jacopo Foroni sind 4 Opern aufgeführt worden. Er verfaßte ferner mehrere Ouvertüren, eine Messe, ein Streichquartett und Klavieretüden.

Antoine Forqueray (1672–1745)

LEBEN
Antoine Forqueray wurde im September 1672 in Paris geboren. Er spielte bereits im Alter von fünf Jahren vor Ludwig XIV. Gambe, wurde den Pagen des Königs zuge-

teilt und sodann als Gambist Mitglied der königlichen Kammermusik und Musiklehrer der Prinzen. Im Jahr 1736 zog er sich nach Nantes zurück, wo er am 28. 6. 1745 starb. Er war als Gambenvirtuose ein großer Konkurrent für Marin Marais.

WERKE

Der französische Gambist und Komponist Antoine Forqueray hat ungefähr 300 Stücke für Gambe und Baßviole verfaßt, die in fünf Folgen veröffentlicht wurden.

Suite in c-Moll für Viola da gamba und Basso continuo

Die Gambensuiten von Antoine Forqueray sind derartig schwierig, daß sie, wie schon die Zeitgenossen meinten, nur von ihm selbst oder von seinem Sohn Jean-Baptiste Forqueray (3. 4. 1699, Paris, bis 15. 8. 1782, Paris), der sie herausgab, gespielt werden konnten. Das dürfte der Grund dafür sein, daß sie trotz ihrer Schönheit bald in Vergessenheit geraten sind. Sie halten an der französischen Tradition fest, obwohl eine gewisse Abhängigkeit von Arcangelo Corelli nicht zu übersehen ist.

Die Suite besteht aus 7 Teilen, von denen 6 verschiedenen Damen und die 7. – Moderérment – Jupiter (dem König) gewidmet sind. Von besonderer Schönheit ist der erste Satz – Majesteusement –, in dem der sonore Gambenklang wie sonst selten zur Geltung kommt.

Nicolas Gilles Forqueray (1703–61)

LEBEN

Nicolas Gilles Forqueray wurde am 15. 2. 1703 in Chaumes-en-Brie als Großneffe des berühmten Gambisten Antoine Forqueray (1672–1745) geboren. Er wirkte als Organist König Ludwigs XV. und gleichzeitig ab 1726 an St-Laurent, ab 1731 an Des Innocents, ab 1740 an St-Merry und ab 1757 an St-Séverin. Er starb am 22. 10. 1761 in Chaumes-en-Brie.

Sein Onkel Michel Forqueray (15. 2. 1681, Chaumes-en-Brie, bis 30. 5. 1757, Montfort-l'Amaury), Neffe von Antoine Forqueray, war ab 1703 Organist an St-Martin-des-Champs und von 1704 bis 1757 an St-Séverin.

Sein zweiter Onkel, Jean-Baptiste Antoine Forqueray (3. 4. 1699, Paris, bis 15. 8. 1782, Paris), Sohn von Antoine Forqueray, war als Violist Mitglied der Königlichen Kammermusik.

Ein dritter Onkel, Jean-Baptiste Forqueray (um 1728, Paris, bis um 1760, Paris), ebenfalls Sohn von Antoine Forqueray, war Gambist und Organist an St-Merry in Paris.

WERKE

Von Nicolas Gilles Forqueray sind neben Orgelstücken Airs in verschiedene Sammelwerke aufgenommen worden.

Von Michel Forqueray sind alle Orgelkompositionen, die er verfaßt haben soll, verlorengegangen.

Von Jean-Baptiste Antoine Forqueray sind 3 Stücke für Viola da gamba und Generalbaß überliefert.

Von Jean-Baptiste Forqueray sind ebenfalls einige Gambenstücke erhalten, die ebenso wie die seines Bruders an die Kompositionen des Vaters Antoine Forqueray nicht heranreichen.

LITERATUR

L. Forqueray, Musiciens d'autrefois: les Forqueray et leurs descendants, Paris 1911.

Georg Forster (um 1510–68)

ZEIT UND UMWELT

Das deutsche Lied weist im Gegensatz zu anderen eine weitgehende Kontinuität der Entwicklung auf. Aus dem Mittelalter sind nur einstimmige Lieder überliefert. Erst bei Wolkenstein und dem Mönch von Salzburg stellten sich Ansätze zur Zweistimmigkeit ein. Die nächste Phase ist das »Tenorlied« mit mehrstimmigem Satz. Die Komponisten dieser Lieder stammten zumeist aus dem süddeutschen Raum. Ihre erste Generation gruppierte sich um Isaac und Hofhaymer, die zweite um Senfl und Lemlin, deren Schüler die dritte bildeten.

LEBEN

Georg Forster ist um 1510 in Amberg geboren. Er war in der Heidelberger Hofkantorei Schüler Lorenz Lemlins, studierte Medizin in Ingolstadt und Wittenberg, wo er Beziehungen zu Luther und Melanchthon unterhielt. In Tübingen wurde er Doktor und übte anschließend seine Praxis in Amberg, Würzburg, Heidelberg und schließlich in Nürnberg aus, wo er am 12. 11. 1568 starb.

WERKE

Der Arzt Georg Forster machte sich um das deutsche Lied durch die Herausgabe des fünfteiligen Sammelwerkes »Ein Außzug guter alter und neuer teutscher Liedlein« verdient, in dem Lieder von über 50 Liederkomponisten, darunter auch solche von ihm selbst, aufgezeichnet sind. Weiter finden sich Lieder von Forster auch in anderen Sammlungen jener Zeit. Sie fallen durch besonders schöne Melodieführung auf.

LITERATUR

R. Rasmussen, Der Stil Georg Forsters, Freiburg im Breisgau 1953.

Alphonse Fortia de Piles (1758–1826)

LEBEN

Alphonse comte de Fortia de Piles wurde am 18. 8. 1758 in Marseille geboren. Er war Offizier der französischen Armee, nahm aber in Neapel Kompositionsunterricht und brachte ab 1782 in Paris eine Reihe Werke heraus. Bei Ausbruch der Revolution verließ er Frankreich, kehrte sodann als Journalist nach Paris zurück und ließ sich in Sisteron nieder, wo er am 18. 2. 1826 starb.

WERKE

Von Alphonse Fortia de Piles sind 4 Opern im Stil von Christoph Willibald Gluck, Pianofortesonaten, Sonaten für Cello und Generalbaß, Trios, Quartette, Quintette, Sinfonien und Fagottkonzerte im Druck erschienen. Seine Instrumentalmusik folgte dem neapolitanischen Stil des 18. Jahrhunderts.

Wolfgang Fortner
(1907 – 87)

LEBEN

Wolfgang Fortner wurde am 12. 10. 1907 in Leipzig geboren. Er war in seiner Vaterstadt Schüler von Hermann Grabner, Karl Straube und Theodor Kroyer (1873 – 1945). Im Jahr 1931 wurde er Dozent am Kirchenmusikalischen Institut in Heidelberg, 1947 gründete er dort die Musica-viva-Konzerte. Von 1954 bis 1957 wirkte er als Kompositionsprofessor an der Musikakademie in Detmold und 1957 – 1973 an der Musikhochschule in Freiburg im Breisgau; 1964 übernahm er die Leitung der Musica-viva-Konzerte in München. 1957 – 1971 war er Präsident der deutschen Sektion der IGNM. Er starb am 5. 9. 1987 in Heidelberg.

WERKE

Neben 5 Opern, 4 Balletten und einem Schulspiel schrieb Wolfgang Fortner ein Konzert für Orgel und Streichorchester, ein Konzert für Violine und Kammerorchester, eine Fantasie über die Tonfolge B-A-C-H für zwei Klaviere, neun Soloinstrumente und Orchester, »Mouvements« für Klavier und Orchester, Impromptus für großes Orchester, ein

Wolfgang Fortner

Cellokonzert, ein Klavierkonzert, ein Oboenkonzert, »Capriccio und Finale«, eine Ouvertüre, ein »Triplum« für Orchester mit drei obligaten Klavieren, Musik für Streichorchester, ein Triptychon und eine Sinfonie, »Hymnus« für drei Trompeten und drei Posaunen, 4 Streichquartette, »New Delhi-Musik« für Flöte, Violine, Cello und Cembalo, ein Klaviertrio, Inventionen für zwei Flöten, eine Suite und »Thema und Variationen« für Cello, »Toccata und Fuge«, »Präambel und Fuge« und Intermezzi für Orgel, eine Sonatine, 7 Elegien und Epigramme für Klavier, ferner ein Oratorium, zahlreiche Kantaten und oratorische Szenen, eine Messe, ein Te Deum, mehrere Chöre, Gesänge, Sololieder mit verschiedener Begleitung. Sein Kompositionsstil war anfänglich von Paul Hindemith und Igor Strawinsky beeinflußt, dann adoptierte er das Prinzip der Dodekaphonik, die er durch das »Ausschneiden eines Modus aus zwölf Tönen« und durch »Interpolieren von mehreren Reihenabschnitten auf verschiedenen Transpositionsstufen« modifizierte. In seinen Kompositionen bediente er sich auch der Aleatorik und der Elektronischen Musik.

Die Pfingstgeschichte nach Lukas für Tenorsolo, sechsstimmigen Chor, elf Instrumentalisten und Orgel, 3 Abschnitte, entstanden 1963

Der Solist singt die Worte des Petrus, der Chor bringt die Einwürfe des Volks. Beim Chor sind die Textwörter syllabisch auf verschiedene Stimmen verteilt. Im 1. Abschnitt trägt der Solist nach einer Orgelfantasie den Text vor, dann fällt der Chor dreimal in gesteigerter Tonstärke ein. Ähnlich wird das Erscheinen der feurigen Zungen geschildert. Nach einem Orgelinterludium fährt der Erzähler im 2. Abschnitt fort. Das Erstaunen des Volks, das in Spott übergeht, drückt der Chor mit einem Walzer-Intermezzo aus – »Sie sind voll süßen Weines«. Die Rede des Petrus, der sich zu Christus bekennt, wird von einer »Conclusio« der Orgel abgeschlossen. Im 3. Abschnitt fragt das Volk: »Was sollen wir tun?« Es wird zu Buße und Taufe aufgefordert. Der Pfingstchoral »Komm Heil'ger Geist, Herre Gott«, von Frauen- und Männerstimmen doppelchörig kontrastiert, schließt, vom Cantus firmus »Veni creator spiritus« im Orgelpedal und von Glockenklängen begleitet, das Werk ab.

Die Schöpfung, Kantate für mittlere Singstimme und Orchester, Thema und 7 Variationen, entstanden 1955

Dem Werk liegt eine Dichtung von James Weldon Johnson (1871–1938) zugrunde; im verschwenderischen Bilderreichtum seiner Sprache wird eine Fülle ungebrochenen Naturgefühls magisch transparent. Es handelt sich um eine hochpoetische Paraphrase zur Schöpfungsgeschichte, deren »Sieben Tage« durch ebenso viele Variationen über ein in der Einleitung exponiertes zwölftöniges, melodisch und rhythmisch organisiertes Material zwar nicht illustriert, aber klangpoetisch verdichtet werden. Das abschließende große Amen beruht auf einer rhythmischen Reihe von Philippe de Vitry (1291–1361), neben der eine melodische Tonfolge abläuft, so daß mittelalterliche Isorhythmie und moderne Komposition einander berühren und durchdringen.

Phantasie über die Tonfolge B–A–C–H für zwei Klaviere, neun Soloinstrumente und Orchester, 3 Teile, entstanden 1950

»Nicht nur die zwei Klaviere, sondern auch die solistischen Vertreter aller Instrumentengruppen des Orchesters sind an der Verarbeitung der Themen beteiligt. Im Gegensatz zu anderen B-A-C-H-Kompositionen sind hier diese Töne lediglich der Teil einer Zwölftonreihe, aus der das ganze Stück gebildet wird. So ist das ›Bach‹-Motiv ständig irgendwie anwesend, erscheint aber nie als thematischer Selbstzweck«, erklärte der Komponist. Im 1. Teil wird das Reihenmaterial auf verschiedene Instrumente verteilt. Ein schwungvolles Allegro folgt dem einleitenden Largo. Der 2. Teil ist ein Scherzo, die Soloinstrumente konzertieren mit den Klavieren. Trompete, Posaune und Horn leiten rezitativisch zum 3. Teil über, in dem streng polyphonische Abschnitte mit akkordischen abwechseln. In der Coda verklingen die Töne b, a, c, h.

»Mouvements« für Klavier und Orchester, 5 Abschnitte, entstanden 1953

Es liegt ein echtes Klavierkonzert vor. Seine Bezeichnung wählte der Komponist, um »sein Offensein für die helle, lockere und differenzierte Klangwelt der französischen Musik« zu dokumentieren. Das Stück ist auf eine Zwölftonreihe gegründet, die einer genialen Behandlung unterworfen wird, so daß einzelne Intervalle und Intervallverbindungen scharf charakterprägend hervortreten und die komplexen Metren deutlich rhythmisch profiliert erscheinen. Im 1. Abschnitt »Prélude« wird die Reihe expressionistisch-farbig vorgestellt. Sie wird im 2. Abschnitt »Etude I« mit grandioser Virtuosität verarbeitet. Dazu kontrastierend bringt das »Interlude« des 3. Abschnitts ein Spiel melodischer Linien. Im 4. Abschnitt »Etude II« wird die Stimmung des 2. Abschnitts im Tempo eines Boogie-Woogie wieder aufgenommen, während der »Épilogue« auf den 1. Abschnitt Bezug nimmt.

Impromptus für großes Orchester, 2 Teile, entstanden 1957

Trotz des Titels ist das Werk sehr streng an formale Reihenprinzipien gebunden. Der 1. Teil trägt die Überschrift »Prélude«. Aus einem rhythmisch starren akkordischen Satz steigen melodische Linien, die einem Höhepunkt zustreben; die Starrheit der Struktur wird im Epilog gelöst. Im 2. Teil »Thème varié« wird ein Andantethema in sieben Variationen abgewandelt.

Triplum für kleines Orchester mit drei obligaten Klavieren, 3 Sätze, entstanden 1966

Bläser, Streicher und Schlagzeug einschließlich der drei Klaviere bilden eine dreifache instrumentale Schichtung. Die Sätze »Gioco« (Spiel), »Intermezzo« und »Quattro Variazioni« (vier Variationen: Tranquillo, Espressivo, Grazioso, Scherzando) tragen durchwegs konzertanten Charakter, die Klaviere sind zwar obligat, haben aber nicht die Funktion von Soloinstrumenten.

Immagini (Bilder) für 13 Streicher und Sopranstimme, 5 Teile, entstanden 1967

Den Spielern sind über weite Strecken rhythmische Freiheiten in Zeitfeldern von nur relativ fixiertem Verlauf belassen. Der 1. Teil »Fantasia« fixiert Haltetöne, die zuweilen durchbrochen werden. Der 2. Teil »Monodia« ist eine Studie über verschiedene Gestaltungsarten des Unisono. Nach dem kurzen »Interludio« des 3. Teils folgt eine »Quasi marcia« im 4. Teil, deren Rhythmus durch Beklopfen der Celli mit dem Bogenholz erzeugt wird. Im 5. Teil »Canto« fällt der Sopran mit den Versen des Gedichtes »Eines alten spanischen Bildwerk gedenkend« von Miroslav Krieža (geboren 1893), das sich auf das Jüngste Gericht bezieht, ein.

Literatur

H. Lindlar, Wolfgang Fortner – Eine Monographie, Rodenkirchen 1960.

Francesco Fortunati
(1746 bis nach 1810)

Zeit und Umwelt

Erzherzogin Maria Amalia (1746–1804), Tochter der Kaiserin Maria Theresia, war Gemahlin des Bourbonen Ferdinand (1751 bis 1802), Herzog von Parma. Sie hielt sich in Parma eine eigene Kapelle aus vorwiegend italienischen Musikern.

Leben

Francesco Fortunati wurde am 24. 2. 1746 in Parma geboren. Er war in Bologna Schüler von Padre Martini und kehrte um 1769 nach Parma zurück, wo er Hofkapellmeister und Musiklehrer der Erzherzogin Maria Amalia von Österreich wurde und, von einer Reise nach Berlin und Dresden unterbrochen, diesen Dienst bis 1802 versah. Im Jahr 1810 wurde er Mitglied der in Parma neu gegründeten Accademia und dürfte in einem der folgenden Jahre in Parma gestorben sein.

Werke

Neben einigen Opern verfaßte Francesco Fortunati einige Sinfonien, Quartette und Kirchenmusik. Sein Stil war sehr konservativ.

Lukas Foss (geboren 1922)

Leben

Lukas Foss wurde am 15. 8. 1922 in Berlin geboren. 1933 emigrierte er mit seiner Familie, erhielt in Paris seine erste Ausbildung, dann studierte er von 1937 bis 1940 am Curtis-Institut und anschließend in Tanglewood bei Sergei Kusewitzki und an der Yale University bei Paul Hindemith. Ab 1944 wirkte er als Pianist im Sinfonieorchester in Boston und trat gleichzeitig oft als Pianist und Dirigent auf. Von 1950 bis 1952 studierte er in Rom, 1953 – 1962 war er Professor und Orchesterleiter an der Universität in Los Angeles. Als Gastdirigent verschiedener amerikanischer Orchester führte er zahlreiche zeitgenössische Kompositionen aus Europa auf. 1963 übernahm er die Leitung des Sinfonieorchesters in Buffalo, N.Y., 1972 die des Rundfunkorchesters in Jerusalem.

Werke

Neben 3 Opern und 3 Balletten schrieb Lukas Foss 2 Sinfonien, eine Ode, eine »Tanzskizze«,

2 Klavierkonzerte, ein Oboenkonzert, ein Klarinettenkonzert, ein Streichquartett, 4 Praeludien für Flöte, Klarinette und Fagott, zahlreiche Duos mit verschiedener Besetzung, viele Klavierstücke, Kantaten für Soli, Chor und Orchester und Lieder. Nach 1960 verfaßte er ein Konzert für improvisierende Instrumente und Orchester, »Echoi« für Klarinette, Cello, Schlagzeug und Klavier, in vier Versionen zu spielen, »Elytrés« für elf bis 22 Spieler, das so viele Kombinationsmöglichkeiten bietet, daß kaum eine Aufführung einer zweiten gleicht, »Non-Improvisation«, »Paradigm«, bei dem fünf Musiker Instrumente spielen, sprechen, flüstern und schreien, »Men at Play« (Menschen beim Spiel) für vier bis sechs Spieler und Tonband, »Geod« für einen Hauptdirigenten, 4 Subdirigenten und 4 Orchestergruppen, ein Cellokonzert und »Fragmente des Archilochos«.

Die Fragmente des Archilochos für Kontratenor, Sprecher, Sprecherinnen, vier kleine Chöre, großen Chor, Mandoline, Gitarre und Schlagzeug mit drei Spielern, entstanden 1965

Die Dichtungen des griechischen Lyrikers Archilochos (714–676 v. Chr.) sind nur fragmentarisch erhalten. Seine Themen sind Leben, Liebe, Krieg und Tod. »Ich habe die Fragmente so zusammengestellt, daß jede der vier Kombinationsmöglichkeiten interessante Überraschungen bringt, nicht nur musikalisch, sondern auch textinhaltlich. Gewisse Sätze nehmen verschiedene Bedeutungen an, bekommen einen anderen Sinn, wenn die Reihenfolge der Sätze umgestellt ist oder ein Fragment plötzlich allein dasteht, das man vorher mit anderen verbunden hat«, äußerte sich der Komponist selbst.

John Foster (um 1620–77)

Leben

John Foster wurde um 1620 in England geboren. Er wurde 1661 Organist an der Kathedrale in Durham und betreute diesen Posten bis zu seinem Tod am 21. 4. 1677.

Werke

Vom englischen Organisten und Komponisten John Foster sind in den Chor- und Orgelbüchern der Kathedrale von Durham 3 Services und 11 Anthems überliefert. Was er vor dem Antritt seines Organistendienstes in Durham geschrieben hatte, ist verlorengegangen.

Stephen Foster (1826–64)

Zeit und Umwelt

Die Negro minstrel companies, die in der zweiten Hälfte des 19. Jahrhunderts besonders in den Südstaaten der USA immer häufiger auftraten, sangen nicht nur die eigenen Lieder, sondern übernahmen oft auch gern die »Gesänge im Volkston« in ihre Programme, die weiße Komponisten schrieben.

Leben

Stephen Collins Foster wurde am 4. 7. 1826 in Pittsburgh, Penns., geboren und dort ausgebildet. Er trat bereits 1842 mit seinem ersten Lied hervor, das sofort Anklang fand. Ob er neben seiner Komposition einen musikalischen Beruf ausübte, ist unbekannt. Er starb am 13. 1. 1864 in New York.

Stephen Foster

WERKE
Von Stephen Foster sind ungefähr 200 Lieder im Volkston bekannt geworden, für die er zuweilen auch den Dialekt der amerikanischen Schwarzen verwendete. Einige davon sind sehr populär geworden und wurden häufig von Chören der Schwarzen vorgetragen.

LITERATUR
R. Walters, Stephen Foster, Princeton 1944.

Pierre Claude Foucquet (1694–1772)

ZEIT UND UMWELT
Die zierliche, liebenswürdige, oft deskriptive Faktur der Cembalokompositionen von François Couperin (1668–1733) übte auf die französische Cembalo- und Pianofortekomposition des 18. Jahrhunderts einen nachhaltigen Einfluß aus.

LEBEN
Pierre Claude Foucquet wurde 1694 in Paris als Mitglied der Pariser Organisten- und Cembalistendynastie Foucquet, die von Gilles Foucquet (um 1600, Paris, bis 1646, Paris), Organist an St-Laurent, begründet wurde, geboren. Er wurde von seinem Vater ausgebildet und löste 1723 dessen Bruder Antoine Foucquet (1670, Paris, bis 1731, Paris) an der Abbaye de St-Victor und Charles Piroye (um 1665–1730) an St-Honoré als Organist ab; 1750 wurde er Organist an St-Eustache. Im Jahr 1758 wurde er in die Königliche Kapelle aufgenommen und erhielt 1761 die Organistenstelle an Notre-Dame, wo er bis zu seinem Tod am 13. 2. 1772 wirkte.
Sein Vater Pierre Foucquet (1667, Paris, bis 1735, Paris), Sohn des Antoine Foucquet (1636, Paris, bis um 1708, Paris), Enkel des Gilles Foucquet, war Organist an St-Eustache und von 1707 bis 1708 auch an St-Honoré.

WERKE
Von Pierre Claude Foucquet sind 3 Bücher mit Cembalostücken erschienen, die von den Zeitgenossen sehr geschätzt wurden. Sie zeigen deutlich den Einfluß von François Couperin, sind voll malerischer Effekte und humorvoller Wendungen.
Von Pierre Foucquet sind 3 Airs sérieux et à boire erhalten. Seine 2 Violinsonaten und seine Sonaten für zwei Violinen und Generalbaß sind verschollen.

LITERATUR
A. Pirro, Les clavecinistes, Paris 1924.

Nils-Eric Fougstedt (1910–61)

LEBEN
Nils-Eric Fougstedt wurde am 24.5.1910 in Raisio bei Turku geboren. Er studierte an der Sibelius-Akademie in Helsinki, sodann in Salzburg, in Berlin bei Max Trapp, in Italien, Frankreich und in den USA. Ab 1933 wirkte er als Lehrer an der Sibelius-Akademie und ab 1938 außerdem als Dirigent des finnischen Rundfunks. Als Gastdirigent bereiste er mehrere europäische Länder. Er starb am 12.4. 1961 in Helsinki.

WERKE
Von Nils-Eric Fougstedt sind 2 Sinfonien, ein Cellokonzert, ein Klavierkonzert, eine Passacaglia, eine Suite, Variationen über ein finnisches Soldatenlied, einige Werke für Streichorchester, ein Divertimento für Bläser, ein Klaviertrio und weitere Kammermusik, Kantaten, Männerchöre und Lieder bekannt geworden. Sein Stil neigte noch stark zur Spätromantik.

Friedrich Fouqué (1874–1944)

LEBEN
Friedrich Freiherr de la Motte Fouqué, Enkel des gleichnamigen Dichters (1777–1843), wurde am 23.8.1874 in Hannover geboren. Er studierte in Karlsruhe und in Berlin, wo er bis 1944 lebte. Er starb am 4.6.1944 in Brünn.

WERKE
Max Reger war das Vorbild der Kompositionen von Friedrich Fouqué. Er schrieb unter anderem eine Sinfonie in cis-Moll, ein Streich-

quartett, ein Streichtrio, eine Violinsonate und Zigeunerlieder. Ein Großteil seiner Werke wurde im Krieg zerstört, gedruckt wurde davon nichts.

Elmérico Fracassi (1874–1930)

LEBEN

Elmérico Fracassi wurde am 19.12.1874 in Lucito, Campobasso, geboren. Er kam als Kind nach Argentinien, wurde aber am Konservatorium in Neapel bei Nicola d'Arienzo (23.12.1842, Neapel, bis 25.4.1915, Neapel) ausgebildet. Nach Konzertreisen als Pianist in Italien und Argentinien wurde er 1904 Leiter des Konservatoriums von Almagro Buenos Aires. Im Jahr 1922 gründete er ein eigenes Konservatorium in Buenos Aires, wo er am 12.10.1930 starb.

WERKE

Neben 4 Opern schrieb Elmérico Fracassi ein Klavierkonzert, eine Suite für Klavier und Orchester, eine Violinsonate und Etüden für Chöre. Sein Stil war spätromantisch.

Aloisio Lodovico Fracassini (1733–98)

ZEIT UND UMWELT

Unter den bischöflichen Kapellen nahmen die von Würzburg und Bamberg bis in unsere Zeit einen der ersten Ränge ein. Die daran tätigen Musiker stammten überwiegend aus Italien, die immer wieder ausgebildete Landsleute anwarben, so daß das Niveau der Kapelle erhalten blieb.

LEBEN

Aloisio Lodovico Fracassini wurde 1733 in Orvieto geboren. Er war Schüler von Giuseppe Tartini und Giovanni Ferrandini und fand 1757 als Violinist an der Hofkapelle des Fürstbischofs von Würzburg und Bamberg, wo er bald zum Konzertmeister aufstieg, sein Betätigungsfeld. Nach 1779 hielt er sich ausschließlich in Bamberg auf und widmete sich der Ausgestaltung der dortigen Kapelle, die er zu hohem Ruf brachte. Er starb am 9. 10. 1798 in Bamberg.

WERKE

Neben einer Oper verfaßte Aloisio Lodovico Fracassini ein Oratorium, mehrere Sinfonien, eine Serenata und eine Anzahl Arien. Die Sinfonien und besonders die Serenata zeigen deutlich, daß sie von einem Meister der Violine verfaßt wurden. Das Oratorium steht der Oper nahe.

Ignaz Fränzl (1736–1811)

ZEIT UND UMWELT

Mit dem Tod des Kurfürsten Maximilian III. Joseph (1777) kam Bayern in die Hand des Kurfürsten Karl Theodor von der Pfalz. Die Ansprüche, die von Kaiser Joseph II. gestellt wurden und zum Bayerischen Erbfolgekrieg führten, wurden im Frieden von Teschen (1779) mit der Abtretung des Innviertels an Österreich abgegolten. Karl Theodor verlegte 1778 die Hofkapelle von Mannheim an seine neue Residenz München. Das Mannheimer Hoftheater jedoch blieb weiterhin bestehen.

LEBEN

Ignaz Franz Joseph Fränzl wurde am 24. 5. 1736 in Mannheim getauft und dort zum Violinisten ausgebildet. Er trat 1747 dem Hoforchester in Mannheim bei und wurde 1774 Konzertmeister. Als der Hof mit der Kapelle 1778 nach München übersiedelte, verblieb Fränzl als Musikdirektor des Hoftheaters in Mannheim, nachdem er eine größere Konzertreise absolviert hatte, und versah diese Stelle bis 1803. Er starb am 3. 9. 1811 in Mannheim.

WERKE

Das kompositorische Werk von Ignaz Fränzl besteht aus 5 Sinfonien, 7 Violinkonzerten, 4 Quartetten, 6 Streichtrios und einer Messe. Alle seine weiteren Werke sind verschollen. Der Stil seiner Kompositionen ist der von Mannheim.

Nicolas Étienne Framery (1745–1810)

Zeit und Umwelt
Comte d'Artois, der nachmalige König Karl X. von Frankreich, unterhielt schon sehr früh eine eigene Kapelle, die aus Hofmusikern bestand und einem Oberintendanten unterstellt war.

Leben
Nicolas Étienne Framery wurde am 25. 3. 1745 in Rouen geboren. Er wirkte mehr als Librettist und Literat als auf dem Gebiet der Musik. Sein erstes Schauspiel wurde von Chevalier d'Herbain vertont. Im Jahr 1768 wurde er Oberintendant der Musik des comte d'Artois, 1783 brachte er eine Oper heraus. Er starb als angesehener Kritiker und Musikschaffender am 26. 11. 1810 in Paris.

Werke
Außer einigen Opern sind von Nicolas Étienne Framery keine Kompositionen bekannt geworden. Seine musikwissenschaftlichen Leistungen sind für das Verständnis der Musik seiner Zeit sehr wichtig.

Literatur
J. Carlez, Framery littérateur musicien, Caen 1893.

Guillaume Franc (um 1505–70)

Zeit und Umwelt
Genf wurde zu einem Zufluchtsort für französische Reformierte, die wie Calvin selbst vor den Verfolgungen der etablierten Kirche aus Frankreich fliehen mußten. Von Genf aus konnte die Verbreitung der calvinistischen Lehre weiter betrieben werden, in Genf wurde der erste in Straßburg erschienene Psalter vertont.

Leben
Guillaume Franc ist um 1505 in Rouen geboren. Er mußte seine Heimat verlassen, um sich den Verfolgungen als Protestant zu entziehen und erhielt in Genf die Erlaubnis, eine Musikschule zu eröffnen (1541); die hierzu erforderliche Ausbildung dürfte er sich in Rouen angeeignet haben. Gleichzeitig wurde er als Kirchensänger eingestellt. Im Jahre 1545 übersiedelte er nach Lausanne, weil dort seine Tätigkeit als Sänger und Lehrer besser honoriert wurde. Er starb Ende Juni 1570 in Lausanne.

Werke
Guillaume Franc hat zum ersten Psalter Calvins (1542) 25 Melodien komponiert, 13 davon scheinen noch heute im Gesangbuch der Reformierten Kirche auf. Sein Beitrag zur Gestaltung des protestantischen Kirchengesanges war richtunggebend und grundlegend.

Literatur
P. Bidoux, Le psautier huguenot du XVIe siècle, Basel 1962.

Jean Françaix (geboren 1912)

Leben
Jean René Françaix wurde am 23. 5. 1912 in Le Mans, Sarthe, geboren. Am Conservatoire in Paris war er Schüler von Isidore Philipp und Nadia Boulanger. Ohne sonstige musikalische Stellung lebt er seit seinem Studium ausschließlich für sein vielseitiges kompositorisches Schaffen und seine Interpretation als Pianist oder als Dirigent.

Werke
Neben 5 Opern und mehr als 10 Balletten schrieb Jean Françaix eine Sinfonie für Orchester und eine für Streicher, eine Sinfonietta, ein Klavierkonzert, ein Concertino für Klavier und Orchester, ein Tripelkonzert für Violine, Bratsche und Cello, ein Quadrupelkonzert für Flöte, Oboe, Klarinette und Fagott, eine Serenade, ein Divertissement für Streichtrio mit Bläsern, Schlagzeug, Harfe und Kontrabaß, ein Doppelkonzert für zwei Klaviere und eines für Flöte und Violine, ein Konzert für Cembalo und elf Instrumente, ein Violinkonzert, ein Cellokonzert, ein Concertino für Violine und Orchester, ein Divertissement für Violine und Blasorchester, eine

Rhapsodie für Bratsche und Blasorchester, Konzerte für Flöte, für Oboe, für Horn, für Klarinette und für Harfe und Orchester, ein Divertissement für Fagott und Streichquintett, ein Stück für Klavier und Streichquintett, ein Klavierquintett, ein Quintett für Harfe, Flöte, Violine, Bratsche und Cello, ein Bläserquintett, ein Rondo für Streichquintett, ein Bläserquartett, ein Streichquartett, ein Saxophonquartett, ein Quartett für Englischhorn, Violine, Bratsche und Cello, ein Streichtrio, ein Blastrio, zahlreiche Duos mit verschiedener Besetzung, Klavierstücke, Cembalowerke und Orgelstücke, 2 Stücke für Gitarre und verschiedene Soli für Instrumente, ein Oratorium, mehrere Kantaten, Chöre und Gesänge mit verschiedener Besetzung und Begleitung, Motetten und zahlreiche Filmmusiken. Sein Stil ist voll Grazie und Eleganz, oft ironisch und epigrammatisch, doch nie banal.

Petronio Franceschini
(um 1650–81)

ZEIT UND UMWELT
Bologna war das typische Beispiel dafür, daß Wissenschaft und Kunst auch ohne das Mäzenatentum eines Fürstenhofes zu höchster Blüte kommen konnte. Klerus, Adel und Bürgerschaft widmeten sich, von politischen Wirren unbehelligt, der kulturellen Entwicklung der Stadt, in der besonders die Musik unverändert auf sehr hohem Niveau stand. Eine Ausbildung in Bologna galt in ganz Italien als beste Empfehlung.

LEBEN
Petronio Franceschini wurde um 1650 in Bologna geboren. Er war Schüler von Lorenzo Perti (um 1620, Bologna, bis um 1680, Bologna), einem Onkel von Giacomo Antonio Perti. Zur Vervollständigung seiner Ausbildung ging er nach Rom. Nach seiner Rückkehr nach Bologna wurde er eines der ersten Mitglieder der Accademia Filarmonica. Von 1675 bis 1680 wirkte er als Cellist der Kapelle an San Petronio, begab sich sodann nach Venedig, wo er am 25. 1. 1681 starb.

WERKE
Der italienische Komponist Petronio Franceschini verfaßte 4 Opern, ein Oratorium, eine Anzahl Sonaten für verschiedene Instrumente, Canzonetten und Kirchenmusik.

Francesco da Milano (1497–1543)

ZEIT UND UMWELT
Die anwachsende Vorliebe für Instrumentalmusik im 16. Jahrhundert verschaffte fähigen Lautenisten willkommenen Zutritt zu den Fürstenhöfen. Der warme Klang, die Möglichkeit polyphonen Spieles und die Verwendbarkeit des Instrumentes als Solo-, Begleit- und Tanzmusikinstrument machten die Laute außerordentlich beliebt. Sie war aus dem gesellschaftlichen Leben der Hochrenaissance nicht wegzudenken.

LEBEN
Francesco da Milano (eigentlich Francesco Canova) wurde am 18. 8. 1497 in Monza geboren und trat 1510 als Leutnant in die Dienste des Herzogs Francesco Gonzaga von Mantua. Im Jahre 1530 kam er an den Hof des Kardinals Ippolito de'Medici (1511–35, Kardinal ab 1529) und nach dessen Tod unter Paul III. (1534–49) an den päpstlichen Hof. Er starb in Rom am 15. 4. 1543.

WERKE
Der Lautenist Francesco da Milano genoß als Virtuose, Komponist und Bearbeiter für die Laute sowie als Lehrer einen großen Ruf. Er brachte 3 Bücher mit Lautenmusik heraus, die zu einem großen Teil von ihm selbst stammte. Auch in anderen Sammelwerken seiner Zeit schienen Kompositionen von seiner Hand auf. Seine Musik wurde lange über seinen Tod hinaus viel gespielt.

LITERATUR
E. A. Wienandt, Musical Style in the Lute Compositions of Francesco da Milano, Iowa 1951.

Francesco d'Ana (1450–1503)

ZEIT UND UMWELT
In der zweiten Hälfte des 15. Jahrhunderts bahnte sich der politische und wirtschaftliche Abstieg der Republik Venedig an. Die Eroberungen auf dem italienischen Festland konnten die Verluste im Osten an die Türken nicht wettmachen. Man war oftmals stark der glanzvollen Vergangenheit verhaftet, so daß die Renaissanceformen nur langsam in die Stadt eindringen konnten. Auch die Musik der Renaissance entwickelte sich um einiges später als in der Lombardei oder der Toskana, setzte dafür im folgenden Jahrhundert um so mächtiger ein.

LEBEN
Francesco d'Ana wurde 1450 vermutlich in Venedig geboren. Er wurde Organist an San Leonardo und am 20. 8. 1490 an San Marco und behielt die Stelle bis zu seinem Tod am Beginn des Jahres 1503 in Venedig.

WERKE
Francesco d'Ana hat sicherlich für die Kirchen, in denen er Orgel spielte, viel Kirchenmusik geschrieben. Das meiste davon ist verlorengegangen, abgesehen von mehreren Motetten und Messesätzen, die alle dem im übrigen Italien gepflegten zeitgenössischen Stil folgten.

Francesco de la Torre
(um 1460 bis nach 1505)

ZEIT UND UMWELT
Die katalonische Cobla (in der provenzalischen Dichtung bezeichnet das Wort eine lyrische Strophe) ist ein volkstümliches Instrumentalensemble, das auf die Bläser-Alta des 15. Jahrhunderts zurückgeht. Die »Danza Alta« war ein von drei »lauten« Instrumenten geblasener Tanz (Schalmei, Pommer, Posaune) mit lebhaftem Rhythmus.

LEBEN
Francesco de la Torre wurde um 1460 in Sevilla geboren und dort zum Sänger ausgebildet. Von 1483 bis 1494 war er Sänger in der Kapelle Ferdinands des Katholischen und anschließend bis 1503 in der Kapelle der Königin Isabella. Dann trat er die Kapellmeisterstelle an der Kathedrale in Sevilla an, die er bis 1505 betreute. Er starb in Sevilla in einem der folgenden Jahre.

WERKE
Von dem spanischen Komponisten Francesco de la Torre sind 8 Villancicos, 4 Romanzen für drei und vier Stimmen, 3 Responsorien für vier Stimmen und eine Danza Alta für drei Instrumente erhalten. Sein Stil ist sehr volkstümlich.

LITERATUR
L. H. Besseler, La cobla catalana y el conjunto instrumental de danza »alta«, in: Anuario Musical IV, 1949.

Francesco della Porta (um 1610–66)

ZEIT UND UMWELT
Im 17. Jahrhundert trat die Motette in verschiedenen Gestalten auf. Einerseits lebte die polyphone A-cappella-Motette besonders in der päpstlichen Kapelle weiter. Es entwickelten sich aber auch die Liedmotette – ein- bis vierstimmig – und die konzertante Motette mit Instrumentalbegleitung mit vielen Zwischenformen. Damit wurde der Begriff der alten Motetten erweitert und auch verwischt, so daß nahezu jede Vokalmusik darunter verstanden werden konnte.

LEBEN
Francesco della Porta wurde um 1610 in Monza geboren. Er war Organist und Kapellmeister an Sant'Ambrogio, San Celso und Sant'Antonio in Mailand, wo er 1666 gestorben ist.

WERKE
Vom italienischen Komponisten Francesco della Porta sind 3 Bücher mit zwei- bis fünfstimmigen Motetten und eines mit polyphonen vierstimmigen Psalmen a cappella

überliefert. Die von ihm verfaßten Ricercate sind verschollen. Der Mailänder Komponist wendete die modernen Stilmittel nur zögernd an.

Francesco della Viola (um 1507–68)

ZEIT UND UMWELT

Alfonso II. d'Este (1533–97), Herzog von Ferrara, war wie die meisten Vertreter seines Hauses ein großer Verehrer und Förderer der Künste und der Künstler und Gönner und Freund des Dichters Torquato Tasso.

LEBEN

Francesco della (dalla) Viola wurde um 1507 vermutlich in Ferrara geboren. Er war Schüler von Adrian Willaert, der sich von 1522 bis 1525 in Ferrara aufhielt, und trat sodann als Instrumentalist in die Kapelle des Herzogs von Ferrara ein. Von 1535 bis 1549 dürfte er sich in Venedig aufgehalten und darauf erneut in Ferrara gewirkt haben. Im Jahre 1553 begab er sich wieder nach Venedig, wo er 1558 die »Musica Nova« seines Lehrers Willaert herausbrachte. 1559 wurde er Hofkapellmeister Herzog Alfonsos II. in Ferrara, wo er im März 1568 starb. Er dürfte mit Alfonso della Viola eng verwandt gewesen sein.

WERKE

Von seinem kompositorischen Werk sind 3 Messen, etliche Motetten und eine Reihe von Madrigalen für vier und fünf Stimmen erhalten. Alle Kompositionen weisen auf Willaert, den Lehrer des Komponisten.

LITERATUR

W. Weyler, Documenten betreffende de muziekkapel aan het hof van Ferrara, Vlaamsch jaarboek voor muziekgeschiedenis I, 1939.

Alberto Franchetti (1860–1942)

Alberto Franchetti

LEBEN

Alberto Franchetti wurde am 18.9.1860 in Turin geboren. Seine Ausbildung erhielt er an den Konservatorien in München und Dresden bei Joseph Rheinberger (1839–1901) und bei Felix Draeseke (1835–1913). Darauf wirkte er in verschiedenen oberitalienischen Städten als freier Komponist und Musiklehrer. Von 1926 bis 1928 leitete er das Konservatorium in Florenz. Er starb am 4.8.1942 in Viareggio.

WERKE

Die 10 Opern von Alberto Franchetti, die zum größten Teil mit Erfolg über die Bühnen gingen, lehnten sich an die lyrischen Opern Frankreichs an. Seine übrigen Werke – eine Sinfonie in e-Moll, eine Hymne für Soli, Chor und Orchester, mehrere sinfonische Dichtungen und einige Kammermusik – sind Kinder der deutschen Romantik des ausgehenden 19. Jahrhunderts und etwas eklektisch. Die Epoche der »modernen« Musik war für viele Meister jener Zeit noch nicht angebrochen.

Auguste Franchomme (1808–84)

ZEIT UND UMWELT

Es liegt in der Natur dieses Instruments, daß auf dem Cello nie eine solche enorme akrobatische Technik ausgeführt werden konnte wie mit der Violine. Es war dem Cellovirtuosen unmöglich, mit technischen Kunststücken allein zu brillieren; er mußte immer ein schönes, gehaltvolles Spiel bieten, um sein Publikum zufriedenzustellen. Das erforderte immer mehr Literatur als verfügbar war. Daher wurde der Mangel an Originalkompositionen mit Arrangements von Melodien, die ursprünglich für Singstimme oder andere Instrumente geschrieben waren, behoben.

LEBEN
Auguste Joseph Franchomme wurde am 10.4. 1808 in Lille geboren. Er war ab 1825 Celloschüler von Jean Henri Levasseur am Pariser Conservatoire und erhielt bereits nach einem Jahr den Ersten Cellopreis. Im Jahr 1828 wurde er Cellist am Théâtre italien und ein Jahr darauf an der Opéra; von 1846 bis zu seinem Tod am 21.1.1884 wirkte er als Cellolehrer am Conservatoire.

WERKE
Von Auguste Franchomme sind nahezu nur Werke für Cello erschienen. Er schrieb: »Thème varié« für Cello und Orchester und weitere verschiedene Variationen virtuosen Charakters, eine Fantasie über russische und schottische Themen für Cello mit Orchester oder Streichquartett, ein Konzert, eine Romanze, ein Adagio für Cello und Orchester, 12 Capricen und 12 Etüden für Cellosolo und zahlreiche Arrangements von Melodien von Frédéric Chopin (mit dem er befreundet war), Carl Maria von Weber und Franz Schubert und Variationen über Opernmelodien für Klavier und Cello. Einiges davon ist neuerlich wieder aufgelegt worden. Es ist bezeichnend, daß keine eigentliche Virtuosenmusik, die nur die Technik betont, darunter ist.

Francisco de Borja (1510–72)

ZEIT UND UMWELT
Die mittelalterlichen Mysterienspiele, zuerst ohne Text dargestellt, dann lateinisch gesungen und gesprochen, seit dem 13. Jahrhundert auch volkssprachlich, wurden vorwiegend von Klerikern und Klosterschülern gepflegt. Die Darstellung von Bibelszenen und Legenden war religiöse Erbauung und Vergnügen zugleich und kam dem uralten Bedürfnis, Gestalten und Vorgänge der Glaubensinhalte oder der Phantasie dargestellt zu erleben oder selbst zu verkörpern, entgegen.

LEBEN
Francisco de Borja (Borgia), Herzog von Gandia, wurde in Gandia am 28. 10. 1510 geboren. Er war Jesuite und stieg bis zum General seines Ordens auf. Im Jahre 1572 starb er in Rom.

WERKE
Der Ordensgeneral Francisco de Borja verfaßte eine vierstimmige Messe und eine Anzahl Motetten von mittlerem Wert. Interessant ist seine Musik zu einem Mysterienspiel über die Auferstehung. Er betätigte sich auch als Arrangeur von Prozessionen und Zeremonien mit Trompeten-, Oboen-, Fagotten- und Orgelbegleitung, die das religiöse Gepränge der kommenden Jahrhunderte vorausnahmen.

Francisco de Peñalosa
(um 1470–1528)

ZEIT UND UMWELT
Mit dem ausgehenden 15. Jahrhundert mehren sich in Spanien die Anhänger der frankoflämischen Schule. Ob es zu unmittelbaren Kontakten zwischen der Schule und dem Land südlich der Pyrenäen kam, ist nicht klar. Die Meister der Schule sind nicht nach Spanien gekommen, sie haben Italien vorgezogen. Es ist aber anzunehmen, daß Musiker aus dem franko-flämischen Raum, deren Namen nicht überliefert wurden, in verschiedenen Kapellen mitwirkten und ihren Stil mitbrachten.

LEBEN
Francisco de Peñalosa (Pignalola, Penyalosa) wurde um 1470 in Talavera de la Reine gebo-

ren. Er war bereits 1498 Sänger in der Kapelle Ferdinands II. Im Jahre 1506 wurde er Kanonikus an der Kathedrale von Sevilla, 1511 Kapellmeister des Infanten Don Fernando de Aragón. Ab 1517 wirkte er in der päpstlichen Kapelle in Rom und starb in Sevilla am 1. 4. 1528.

WERKE
Peñalosa hat vorwiegend sakrale Musik hinterlassen, mehrere Messen, Hymnen und Motetten. An profaner Musik liegen 10 mehrstimmige Lieder vor und ein bemerkenswertes Quodlibet, bei dem fünf Stimmen verschiedene Volkslieder zugleich vortragen, während der Baß bemerkt: »Sie sprachen mit verschiedenen Zungen.« Die Zuordnung verschiedener Kompositionen bringt zum Teil Schwierigkeiten, weil in der Mitte des 16. Jahrhunderts ein Juan Peñalosa als Kirchenkomponist wirkte, der zuweilen mit Francisco de Peñalosa verwechselt wurde, so daß diesem vermutlich fälschlich 8 Motetten und ein Requiem zugeschrieben wurden.

LITERATUR
R. Stevenson, Spanish Music in the Age of Columbus, Den Haag 1960.

Francisco de Salinas (1513–90)

ZEIT UND UMWELT
Der große spanische Dichter und Prosaist Luis de Léon (1527–91) beging die Unvorsichtigkeit, eine Kritik gegen die Vulgata auszusprechen. Da seine Urgroßmutter Jüdin gewesen war, kostete ihn das nahezu fünf Jahre Gefängnis der Inquisition und den Verlust seines Lehrstuhles in Salamanca. Er erhielt allerdings nach der Haft einen anderen an derselben Universität.

LEBEN
Francisco de Salinas ist am 1. 3. 1513 in Burgos als Sohn des Schatzamtbeamten bei Kaiser Karl V., Juan de Salinas, geboren. Mit zehn Jahren verlor er das Augenlicht und wurde daher von den Eltern zum Musiker bestimmt. Er studierte Musik und alte Sprachen an der Universität Salamanca. Erzbischof Don Pedro Sarmiento nahm sich des blinden talentierten Studenten an, nahm ihn zuerst nach Santiago und sodann, als er selbst Kardinal geworden war, nach Rom mit (1538). Im Jahre 1553 wurde Salinas Organist des spanischen Vizekönigs in Neapel, kehrte 1561 nach Spanien zurück und trat 1567 das Lehramt für Musik an der Universität Salamanca an, das er bis 1587 versah. Er starb in Salamanca am 13. 1. 1590.

WERKE
Neben seinen musiktheoretischen Werken sammelte Salinas alte spanische und portugiesische Volkslieder und Tänze, bearbeitete sie und erweckte sie sozusagen zu neuem Leben und rettete sie für die Nachwelt. Vieles davon ist in spätere spanische Kunstmusik geflossen.

Francisco de Soto de Langa
(1538–1619)

ZEIT UND UMWELT
Die Compagnie de'laudesi (Laudenbruderschaften) pflegten außerliturgische hymnenähnliche Lobgesänge in italienischer oder zuweilen auch lateinischer Sprache. Bereits im 13. Jahrhundert wurden Lauden gedichtet und komponiert; die Organisationen bildeten sich jedoch erst im 15. und 16. Jahrhundert vor allem in Umbrien und Oberitalien. Die Melodien wurden sehr oft dem Volksgesang entnommen und mit religiösen Texten unterlegt. Sie waren anfänglich immer einstimmig, jedoch um 1500 traten bereits mehrstimmige auf. In Rom wurde das gemeinsame Singen von Lauden von Filippo Neri angeregt und organisiert; er gewann namhafte Komponisten wie Palestrina und Animuccia, seine Singgemeinschaft mit neuen Melodien zu versorgen.

LEBEN
Francisco de Soto de Langa wurde 1538 in Langa, Burgos, geboren. Seine Ausbildung

erhielt er an der Kathedrale von Burgos als Sänger im Knabenchor. Im Jahre 1562 kam er als Sänger an die päpstliche Kapelle in Rom, die er in den Jahren 1590 und 1591 vorübergehend leitete. Er war Mitbegründer der Laudenbruderschaft »Congregatione dell'oratorio« des Filippo Neri und nach dem Tod Animuccias ihr musikalischer Leiter. Er starb in Rom am 25. 9. 1619.

WERKE
Von dem spanischen Komponisten Francisco de Langa sind 5 Bücher mit drei- bis vierstimmigen Lauden (Laudi spirituali) erhalten. Weitere ähnliche Kompositionen finden sich in anderen Laudensammlungen. Er verarbeitete häufig profane Lied- und Tanzweisen für seine sakralen Werke, daneben Melodien von zeitgenössischen oder älteren Komponisten. Ein großer Teil sind jedoch eigenständige Kompositionen.

LITERATUR
D. Alaleona, Studi sopra la storia dell'oratorio musicale, Mailand 1945.

Antoine Francisque (um 1570–1605)

ZEIT UND UMWELT
Obwohl um die Wende zum 17. Jahrhundert die verschiedenen Tasteninstrumente bereits stark verbreitet waren und die Gitarre, von Spanien ausgehend, immer größeren Raum gewann, behauptete die Laute noch immer ihre Stellung als Konzert- und Hausinstrument. Dank einer Reihe vorzüglicher Lautenisten blieb das Publikum an dieser Musikgattung wie im vergangenen Jahrhundert äußerst interessiert.

LEBEN
Antoine Francisque wurde um 1570 in St-Quentin geboren. Er ließ sich nach seiner Ausbildung 1596 in Cambrai als Lautenist nieder, übersiedelte aber bald darauf nach Paris, wo er als Komponist, Arrangeur, Virtuose und Lehrer bis zu seinem Tod im Oktober 1605 wirkte.

WERKE
Der französische Lautenist Antoine Francisque veröffentlichte 1600 unter dem Titel »Le Trésor d'Orphée« eine Lautentabulatur mit Bearbeitungen von reich ausgeschmückten Tanzmelodien (Branlen, Couranten, Volten, Pavanen, Passemaisen, Gaillarden, Gavotten), einem Ballett, 4 Präludien und 2 Fantasien. Unter diesen interessanten Werken befinden sich auch eigene Kompositionen. Die Schwierigkeit des Lautensatzes läßt Schlüsse auf das Können des Komponisten zu.

LITERATUR
La Laurencie, Les luthistes, Paris 1928.

Eduard Franck (1817–93)

ZEIT UND UMWELT
Das Sternsche Konservatorium und das Seminar von Emil Breslaur in Berlin standen qualitativ als Lehranstalten dem staatlichen Konservatorium nicht nach. Das geht deutlich aus der Liste der Musiker hervor, die an diesen Instituten ihre Ausbildung bekamen. Sie wurden von einigen sogar vorgezogen, weil diese privaten Lehranstalten in mancher Hinsicht lockerer und mehr den Zeitströmungen entsprechend unterrichteten als das mehr oder weniger traditionsverhaftete Konservatorium.

LEBEN
Eduard Franck wurde am 5. 10. 1817 in Breslau (Wrocław) geboren. Er wirkte zunächst als Klavierlehrer am Konservatorium in Köln, sodann an der Musikschule in Bern, ab 1867 in Berlin am Sternschen Konservatorium und ab 1886 daneben auch am Seminar von Emil Breslaur. Er starb am 1. 12. 1893 in Berlin.

WERKE
Von Eduard Franck sind eine Sinfonie, eine Konzertouvertüre, eine Ouvertüre »Der römische Karneval«, eine Orchesterfantasie, Kammermusik und zahlreiche Klavierstücke bekannt geworden. Seine Klaviermusik ist, abgesehen von den Lehrstücken, als vorzüglich zu bezeichnen. Die von einzelnen Musikologen

vorgeschlagene Zuordnung des Komponisten zu den »Kleinmeistern« seiner Zeit wird ihm nicht gerecht.

César Franck (1822–90)

ZEIT UND UMWELT

Der Orgelbauer Aristide Cavaillé-Coll (4.2. 1811, Montpellier, bis 13.10.1899, Paris), Sohn, Schüler und Kompagnon des Dominique Cavaillé-Coll (16.4.1771, Toulouse, bis 1.6.1862, Choisy-le-Roi), kam 1833 mit seinem Vater nach Paris, um sich um Orgelbauaufträge zu bewerben. Da seine Familie durch Generationen als Orgelbauer sehr bekannt war, übertrug man ihm in einem ausgeschriebenen Wettbewerb den Bau der neuen Orgel von St-Denis, anschließend die von Notre-Dame-de-Lorette, von St-Roch, in der Madeleine und weitere Werke, darunter die an Ste-Clotilde. Seine Instrumente brachten einen bedeutenden Fortschritt der Orgelbaukunst durch verbesserte Mechanik, Anwendung gesonderter Windkasten mit verschiedenen Stärken nicht nur für das Pedal und die verschiedenen Manuale, sondern auch für verschiedene Partien derselben Klaviatur und erhöhte Ansprechbarkeit. Sie bildeten die Voraussetzung zur Entwicklung des französischen Orgelwesens im 19. Jahrhundert.

LEBEN

César Auguste Jean Guillaume Hubert Franck wurde am 10.12.1822 in Lüttich geboren. Seine erste Ausbildung erhielt er vom Kir-

César Franck

chenkapellmeister Jacques Deruyts (1790 bis 1871) und an der École Royale de Musique in seinem Geburtsort; darauf studierte er in Paris am Conservatoire bei Pierre Zimmermann im Klavierspiel, bei François Benoist im Orgelspiel und Aimé Ambroise Simon Leborne in Kontrapunktik. Nach einem zweijährigen Aufenthalt ließ er sich endgültig in Paris als Klavierlehrer nieder. Im Jahr 1846 wurde er Organist an Notre-Dame-de-Lorette, 1851 an St-Jean-St-François und 1853 Kapellmeister und Organist an der neuen Cavaillé-Coll-Orgel an Ste-Clotilde. Nach dem Rücktritt seines Lehrers Benoist erhielt er dessen Stelle als Orgellehrer am Conservatoire. Er starb am 9.11.1890 in Paris.

WERKE

Viele der Kompositionen von César Franck sind der Vergessenheit anheimgefallen, obwohl davon in unserem Jahrhundert manches wieder ausgegraben wurde, weil die Wertschätzung seiner Leistungen seit seinem Tod in ständigem Ansteigen begriffen ist. Was man bei seinen Lebzeiten als eintönig und unerträglich ansah, die von ihm geschaffene zyklische Form, die dasselbe Thema und Motiv in allen Sätzen wiederholt, der chromatisch durchsetzte in ständig wechselnden Farben aufgelöste Klang ohne dramatische Auseinandersetzung wurde heute als Vorstufe zum instrumentalen Impressionismus erkannt und gewertet. Jedenfalls kann sein Werk aus der Entwicklungsgeschichte der gesamten abendländischen Musik nicht weggedacht werden und bildete für die französische Musik den Höhepunkt ihrer romantischen Epoche. Von seinen 2 Sinfonien steht die Sinfonie in d-Moll auf den Programmen aller Orchester der Welt wie die Sinfonischen Variationen für Klavier und Orchester; sein Klavierkonzert wird seltener gespielt. Seine Violinsonate in A-Dur, das Klavierquintett in f-Moll, das Streichquartett in D-Dur und zuweilen auch das eine oder andere der 4 Klaviertrios werden immer häufiger gegeben. Einzelne sinfonische Dichtungen (»Les Djinns« für Klavier und Orchester, »Psyche« mit Chor, »Der wilde Jäger«, »Les Eolides«, »Was man auf dem Berg hört«) erleben neuerlich Aufführungen; sie werden den späteren Werken der Impressionisten an die Seite gestellt. Von seinen Oratorien »Ruth«, »Der Turm zu Babel«, »Die Erlösung« und »Die Seligpreisungen« wird das Letztgenannte immer häufiger aufgeführt. Zu den Vokalwerken sind noch die Vertonung des 150. Psalms für Chor, Orchester und Orgel und »La Procession« für Singstimme und Orchester zu stellen. Einzelne Messen und sakrale Gesänge, besonders seine »Panis-Angelicus-Messe« für Solisten, Orgel, Harfe, Cello und Chor, gehören zum festen Bestand der heutigen Kirchenmusik und ein Teil seiner ausgezeichneten Orgelmusik blieb ununterbrochen im Gesichtsfeld der Meister dieses Instruments. Klavierstücke verschiedenster Art – Salonstücke, Variationen, Präludien, Fugen – runden das Gesamtwerk des Meisters ab, von dem Vincent d'Indy sagte: »Die sinfonische Kunst in Frankreich wurde geboren mit der Schule von César Franck.« Hinzuzuzählen sind noch einige Kirchenlieder, wie sein schönes »Ave Maria« für drei Singstimmen und Orgel, und seine 2 Opern, die erfolglos blieben.

Les Béatitudes (Die Seligpreisungen), Tondichtung in einem Prolog und 8 Gesängen über die Bergpredigt für Soli, Chöre, Orchester und Orgel, entstanden 1879, uraufgeführt 1893

Eine traurige Orchestereinleitung und eine aufsteigende Stimme geben allgemeiner Verzweiflung Ausdruck. Herabsteigende Engel bringen jedoch mit ihrem Gesang neue Hoffnung. In der 1. Seligpreisung fordert die strahlende Stimme Christi die himmlischen Chöre auf, Freude zu verbreiten. Nach einem ausdrucksreichen Orchestersatz verkündigt Christus in der 2. Seligpreisung die Seligkeit der Sanftmütigen. In der 3. Seligpreisung erklingt ein Todesgeläute, die Chöre beklagen das Unabwendbare von Schmerz und Tod, aber Christus verkündet den Trost für die Weinenden. Ein großartiges Orchestervorspiel leitet die 4. Seligpreisung ein, in der die Sehnsucht nach Gerechtigkeit durch ein langes Tenorsolo bekundet wird. »Selig, die hungern und dürsten nach der Gerechtigkeit« lautet die Verkündigung. »Selig sind die Barmherzigen« heißt es in der 5. Seligpreisung. Ein milder Himmelschor preist die Barmherzigkeit, eine Sopranstimme ruft aus: »Erlerne das heilige Mitleid.« Die 6. Seligpreisung wendet sich mit einer wunderbaren Melodie an die »reinen Herzens sind«. In der 7. Seligpreisung tritt Satan nach

Letzte Seite des Klavierauszuges zum Drame lyrique »Ghiselle« von César Franck, Autograph

klagender Orchestereinleitung als Friedensstörer auf, doch die »Friedfertigen« tragen den Sieg davon. Noch einmal versucht Satan in der 8. Seligpreisung, diesen Sieg zu vernichten. Da erhebt die Mater dolorosa ihre Stimme und besingt in einem erhabenen Arioso den Geist des Opfers: »Selig, die Verfolgung leiden um der Gerechtigkeit willen!« Christus ruft die »Gerechten, die das göttliche Gesetz befolgen«, zu sich, von allen Seiten erschallt das Hosianna und verkündet Frieden auf Erden für die, die guten Willens sind.

Psyche, Tondichtung für Chor und Orchester, 3 Teile, entstanden 1888

Die Verwendung eines Chors und die epische Darstellung würden die häufige Bezeichnung des Werks als Oratorium rechtfertigen; sein Hauptgewicht liegt jedoch auf dem Orchester, der Chor – ohne Bässe – tritt nur sporadisch mit kommentierten Einwürfen in Erscheinung. Die Handlung des Stückes fußt auf dem antiken, in Literatur, Musik und Malerei oft abgewandelten Märchen »Amor und Psyche« aus den Metamorphosen des römischen Dichters Lucius Apuleius (um 125 bis um 180). Der 1. Teil schildert den »Schlaf der Psyche«, in dem die Königstochter vom Glück träumt, das sie erwartet. Zephyr entführt das Mädchen unter erregtem Rauschen des Orchesters in die Gärten des Eros. Im 2. Teil stellen Orchester und Chor die Herrlichkeit der Gärten dar, in denen die Entführte ihr Liebesglück mit Eros genießt, dessen Antlitz sie jedoch nicht sehen darf. Dieser ungeheuer lyrische Teil bildet das Herzstück der Komposition; er endet damit, daß Psyche das Verbot, ihren Geliebten von Angesicht zu Angesicht zu sehen, übertritt. Der 3. Teil bringt die Bestrafung des Mädchens, seine Leiden und Klagen und schließlich die Verzeihung des Göttervaters; er endet mit dem apotheotischen Triumph der allesbeherrschenden Liebe.

Panis-Angelicus-Messe in A-Dur, Opus 12, 7 Teile, entstanden 1860. Das Offertorium »Panis Angelicus« wurde erst 1872 komponiert und eingefügt.

Die Messe folgt dem lyrischen Geschmack der Zeit und ist zugleich stark theatralisch. Es stellt echte französische Kathedralenmusik der Hochromantik vor. Das namengebende Offertorium mit seinem herrlichen Tenorsolo – von Cello und Harfe begleitet – ist ein Konzertstück für sich.

Sinfonie in d-Moll, 3 Sätze, entstanden 1888

Das Hauptthema des 1. Satzes wird zu heftigen Ausbrüchen gesteigert, die zwei weiteren Themen werden jedoch nicht entgegengeführt, sondern nehmen an der Entwicklung des ersten parallel teil, so daß man nicht von einer Auseinandersetzung sprechen kann. Im 2. Satz trägt das Englischhorn eine elegische Melodie vor, die Streicher begleiten sordiniert, bis aus den Kantilenen ein Fortissimo hervorbricht. Der Mittelteil des Satzes wird von einer Solovioline bestritten. Die kräftige Einleitung des 3. Satzes läßt einen befreienden Verlauf erhoffen, aber die Schwermut der vorangehenden Sätze kehrt wieder. Die Bläserakkorde des Finales klingen zwar hell, sogar nahezu grell, das Orchester entfaltet alle seine Farben, aber zu einer echten Befreiung kommt es nicht; die Skepsis der Umwelt gegenüber bleibt bestehen.

Sinfonische Variationen für Klavier und Orchester, 3 Teile, entstanden 1885

Im 1. Teil werden zwei Themen vorgestellt, das erste antiphonisch von Klavier und Orchester, das zweite von Holzbläsern und Streichern vorgetragen. Der 2. Teil bringt das zweite Thema des 1. Teils in choralartiger Fassung, dann in fünf Variationen abgewandelt. Im 3. Teil tritt das erste Thema des ersten Teils hinzu. Alles Material wird nun kunstvoll verarbeitet und zu einem glanzvollen Abschluß geführt. Strenge Kontrapunktik ist mit Leidenschaft und Kantabilität wie selbstverständlich gemischt.

Quintett in f-Moll für Klavier, zwei Violinen, Bratsche und Cello, 3 Sätze, entstanden 1879

Dem 1. Satz geht eine langsame Einleitung voran, dann wird der Kopfsatz vorgetragen, aus dem das lyrische für das ganze Werk maßgebende Thema fließt. Der Mittelsatz bringt das zyklisch eingesetzte Thema erneut und läßt mit inniger Kantabilität weit ausschwingen. Im Finale kommt es zu einer überaus einprägsamen Wiederholung des Themas und seiner Verarbeitung zu spannungsreicher, leidenschaftdurchpulster, überaus plastischer Musik.

Streichquartett in D-Dur, 4 Sätze, entstanden 1889

Der 1. Satz wird von einem Poco lento eingeleitet, das das Thema des Werks festlegt. Das sordinierte Scherzo, einem nächtlichen diskreten Ständchen ähnlich, klingt, als wolle es sich selbst vornehm von der Zudringlichkeit distanzieren. Klanglich edel und expressiv mächtig gesteigert schließt sich ein Larghetto als 3. Satz an. Das Finale jedoch verarbeite alle Themen der vorangehenden Sätze mit strenger Kontrapunktik zu einem ausdrucksstarken Abschluß des letzten Meisterwerkes des Komponisten.

Sonate für Violine und Klavier in A-Dur, 4 Sätze, entstanden 1886

Auf einem Nonakkord des Klaviers erhebt sich das Thema des 1. Satzes von der Violine vorgetragen. Der zweite musikalische Gedanke wird vom Klavier intoniert. Im 2. Satz entfaltet es sich in leidenschaftlicher Steigerung. Der 3. Satz bringt ein träumerisches Rezitativ der Violine, die in eine weiche Fantasia mündet. Das Finale besteht aus Reminiszenzen und einem kanonisch verarbeiteten schlichten Hauptthema.

Prélude, Choral et Fugue für Klavier, 3 Sätze, entstanden 1884

Die 3 Sätze sind durch den zyklischen Charakter des Stücks eng aneinandergeknüpft. Das Präludium beginnt mit Harfenklängen und einer synkopierten kantablen Linie, wird aber zweimal durch das Motiv unterbrochen, das die Thematik der Fuge vorausnimmt. Dann setzt feierlich der Choral ein, der dreimal wiederholt wird. Das Fugenthema des 3. Satzes ist der Bach-Kantate »Weinen, Klagen« verwandt und wird meisterhaft zweimal durchgeführt; ein kadenzartiger Abschluß enthält alle bisher verwendeten Motive und krönt das Werk in rauschender Apotheose.

Choral Nr. 1 in E-Dur für Orgel, entstanden 1890

Die Choräle des Komponisten haben weder mit der Gregorianik noch mit dem deutschen evangelischen Choral etwas zu tun. Es handelt sich um choralähnliche, selbsterfundene Melodien, die sich erst im Verlauf der Komposition entwickelten. Choral Nr. 1 beginnt ruhig und verhalten, nur im Sopran zeigt sich eine melodische Andeutung. Dann setzt die Melodie im Trompetenregister ein; breite akkordische Takte wechseln mit rascheren imitierend ab, die Melodie wird in einzelne Motive zerlegt, die einer mehrfachen Verarbeitung unterworfen sind; schließlich setzt der Choral maestoso in seiner gesamten Breite ein.

Choral Nr. 2 in h-Moll für Orgel, entstanden 1890

Das Thema des Stücks beginnt wie bei einer Chaconne ostinato im Baß. Dem schließt sich nach dem Wechsel der Lagen ein mystisch gehaltener vierstimmiger Satz an. Ein Fugato bringt hierauf das Choralthema, das nach mehreren kürzeren Abschnitten fortissimo einsetzt und prächtig ausklingt.

Choral Nr. 3 in a-Moll für Orgel, entstanden 1890, letztes Werk des Komponisten

In diesem einfach gehaltenen Choral wechseln unruhige Oberstimmen mit dem Choralthema ab. Im Adagio folgt ein Solo des Trompetenregisters, dann steigert sich der Choral zum hymnischen Ausklang.

Grande pièce symphonique für Orgel, 3 Teile, entstanden 1866

Dieses wirklich »große« Stück ist in Wahrheit eine Sonate. Der 1. Teil – Andante serioso – bringt einen interessanten Wechsel der hohen und tiefen Lage, dann eröffnet ein Allegro das Hauptthema. Der 2. Teil – Andante – legt eine kantable Melodie über Begleitakkorde, dann hebt sich zuerst im Baß, dann im Sopran das Thema. Das Finale faßt den größten Teil der bisher verwendeten Themen zusammen, dann erklingt das Hauptthema, vollgriffig gesetzt, in den Oberstimmen und führt über ein Fugato zum Abschluß.

Pièce héroique für Orgel, 1 Teil, entstanden 1878

Drei Melodien sind in diesem phantasiereichen Stück ohne Entgegenführung verbunden. Es wirkt wie eine improvisierte Fantasie, die Themen aufgreift, weiterführt, fallenläßt, später wieder aufnimmt und mit neuen Ideen verschmilzt. Es endet mit einer choralartig getragenen Weise.

Fantasie in C-Dur für Orgel, 3 Teile, entstanden um 1861

Ein einfaches diatonisches Thema eröffnet den 1. Teil. Ein Kanon folgt, dann führen Modulationen zum 2. Teil in f-Moll, der mit dem Trompetenregister zu spielen ist. Nach einigen Übergangstakten stellt sich der 3. Teil mit schlichter, aber einprägsamer Liedhaftigkeit vor. Dem Werk haftet gerade wegen seiner Einfachheit eine gewisse Monumentalität an.

Literatur

N. Dufourcq, César Franck, Paris 1949. C.H. Taube, C. Franck und wir, Berlin 1951. L. Vallas, C. Franck, Paris 1955. J. Gallois, Franck, Paris 1966. L. Davies, Franck, London 1973.

Johann Wolfgang Franck

(1644 bis um 1710)

Zeit und Umwelt

Die ersten entgeltlichen Konzerte wurden in London veranstaltet, anfänglich in Privathäusern, später in gemieteten Räumen mit einer behördlichen Lizenz. Diese wurde bald erforderlich, weil man die Konzerte den Theateraufführungen gleichstellte.

Leben

Johann Wolfgang Franck wurde am 17. 6. 1644 in Unterschwaningen, Mittelfranken, getauft. Er war ab 1665 Hofmusikus und ab 1673 Hofkapellmeister in Ansbach. Im Jahr 1679 begab er sich wegen privater Schwierigkeiten nach Hamburg und wirkte dort von 1682 bis 1685 als Domkantor. Von 1690 bis 1693 veranstaltete er mit Robert King in

London öffentliche Konzerte gegen Eintrittsgeld und hielt sich dort anschließend als Komponist auf. Er dürfte um 1710 in London gestorben sein.

WERKE
Der deutsche Komponist Johann Wolfgang Franck verfaßte 73 Gesangbuchmelodien, außerdem mehrere Kantaten für eine Stimme mit Generalbaß und für London eine beträchtliche Anzahl Lieder. Er war auch als Opernkomponist sehr fruchtbar.

Melchior Franck (um 1580–1639)

ZEIT UND UMWELT
Die thüringischen Besitzungen, die der ernestinischen Linie von Sachsen nach der Wittenberger Kapitulation (1547) geblieben waren, wurden durch Erbteilung gespalten, so daß eine Reihe von Residenzen entstand, an deren Hofkapellen sich, wie zum Beispiel in Coburg, ein blühendes Musikleben entfalten konnte.

LEBEN
Melchior Franck wurde um 1580 in Zittau geboren und dürfte dort Schüler von Christoph Demantius gewesen sein. Darauf gehörte er der Kantorei in Augsburg unter Adam Gumpelzhaimer (1559–1625) an. Im Jahr 1602 wurde er Schuldiener in Nürnberg und ein Jahr darauf Kapellmeister am Hof zu Coburg, wo er bis zu seinem Tod am 1. 6. 1639 verblieb.

WERKE
Der deutsche Komponist Melchior Franck hat ein umfangreiches kompositorisches Werk hinterlassen, das beinahe gänzlich der Tradition des 16. Jahrhunderts verhaftet blieb. Die neuen stilistischen Ausdrucksmittel wandte er nur sparsam an. Seine sakralen Kompositionen sind Orlando di Lasso und Hans Leo Haßler verpflichtet, von dem er auch die venezianische Doppelchörigkeit übernahm. Generalbaß kam nur fallweise zur Anwendung. Seine vielstimmigen Gesänge verwenden deutsche und lateinische Texte, sein profanes Liedwerk lehnte sich an ältere deutsche Volksweisen an. Er hatte eine Vorliebe für Quodlibets, die er meisterhaft gestaltete. An Instrumentalwerken sind nur »Neue musicalischen Intraden« für vier und sechs Instrumente erhalten, die ebenfalls sehr konservativ gesetzt sind.

LITERATUR
G. Kraft, Die thüringische Musikkultur um 1600, Würzburg 1941.

Fernando Franco (1532–85)

ZEIT UND UMWELT
In den Jahren 1519–21 wurde das Land, in dem die Azteken seit dem 14. Jahrhundert einen mächtigen, blühenden Staatenbund errichtet hatten, von Hernando Cortés für Spanien erobert; 1535 formte man daraus das Vizekönigreich Neuspanien, das das heutige Mexiko, Teile der südlichen USA und den Norden Mittelamerikas umschloß. Neben der wirtschaftlichen Ausbeute betrieben die Spanier eine durchgreifende Christianisierung des Landes. In der 1325 von den Azteken als Tenochtitlan angelegten, von Cortés 1521 zerstörten und als Ciudad de Méjico neu erbauten Hauptstadt wurde 1553 die erste Universität der westlichen Hemisphäre von Jesuiten errichtet und 1571 im gesamten Reich die Inquisition eingeführt. Mit den spanischen Einwanderern, die ihr Glück suchten, kamen auch Musiker in das Land, um an den Kapellen der erbauten Kathedralen mitzuwirken.

LEBEN
Fernando Franco wurde 1532 in Garrovillas geboren und trat im Alter von zehn Jahren als Chorknabe in die Kapelle an der Kathedrale von Segovia ein. Im Jahre 1554 begab er sich mit Kollegen aus der Kapelle nach dem Vizekönigreich Neuspanien, und zwar in das Gebiet des heutigen Guatemala; 1575 wurde er an die Kathedrale der Stadt Mexiko berufen, wo er bis zu seinem Tod am 28. 11. 1585 als Kapellmeister und Komponist tätig war.

Werke

Von den Werken des frühesten bekannten Komponisten des spanischen Kolonialreiches in Amerika, Fernando Franco, sind polyphone Sätze zu einem Magnificat, Motetten, Responsorien und 2 Hymnen im Villancicostil auf Nahuatl-Text überliefert. Der Stil der Werke entspricht dem zeitgenössischen in Spanien. Von einer Aufnahme bodenständigen Melodiengutes ist nichts festzustellen.

Literatur

R. Stevenson, Music in Mexico, New York 1952.

François Francœur (1698–1787)

Zeit und Umwelt

Trotz des regen Konzertlebens in Versailles und in den Adelspalästen in Paris und der stark besuchten ständigen Aufführungen im Concert spirituel rückte die Oper immer mehr in den Mittelpunkt des Musikgeschehens. Die meisten in Paris wirkenden Komponisten standen, auch wenn sie selbst keine Bühnenstücke verfaßten, in irgendeinem Zusammenhang mit der Oper. Auch für die Stilentwicklung war die Oper ein wesentlicher Faktor geworden.

Leben

François Francœur (le Cadet) wurde am 8. 9. 1698 in Paris als Sohn des Baßviolisten und späteren Mitglieds der »24 violons du roy« Joseph Francœur (um 1670, Paris, bis um 1741, Paris) geboren und von seinem Vater ausgebildet. Er trat bereits mit 15 Jahren in das Opernorchester als Violinist ein. In den zwanziger Jahren des 18. Jahrhunderts spielte er in Wien, Prag und sodann wieder in Paris im Concert spirituel (gemeinsam mit François Rebel), 1730 wurde er zu den »24 violons« aufgenommen, 1739 zum Musiklehrer der Oper und 1744, gemeinsam mit François Rebel, zum Operninspektor ernannt. 1753 zog er sich von allen Verpflichtungen zurück, übernahm mit François Rebel die Leitung der Oper und stieg 1760 zum königlichen Musikintendanten auf. Er starb am 5. 8. 1787 in Paris.

Sein Bruder Louis Francœur (l'Aîné) (um 1692, Paris, bis September 1745, Paris) trat 1704 dem Opernorchester als Violinist bei und löste Jean-Baptiste Anet (um 1651–1710) bei den »24 violons du roy« ab.

Sein Neffe Louis-Joseph Francœur (8. 10. 1738, Paris, bis 10. 3. 1804, Paris) war Leiter der Kammermusik des Königs, Orchesterdirigent und sodann Direktor der Oper. Beim Ausbruch der Französischen Revolution (1789) wurde er festgenommen und bis zum Sturz von Maximilien de Robespierre (1758–94) in Haft behalten.

Werke

Außer 2 Büchern mit Violinsonaten und den gemeinsam mit François Rebel verfaßten 10 Opern sind von François Francœur noch einige Vokal- und Instrumentalwerke erhalten. Seine kompositorische Tätigkeit bewegte sich auch in den Konzertstücken im Schatten der Oper. Als Violinist hat der Komponist, wie seine gesamte Familie, Beträchtliches zur Entwicklung der französischen Schule des Violinspiels beigetragen.

Louis Francœur hat 2 Bücher mit Sonaten für Solovioline und Generalbaß veröffentlicht.

Louis-Joseph Francœur schrieb eine Anzahl Opern und außerdem eine Abhandlung über Blasinstrumente, die eine der ältesten Instrumentationslehren darstellt.

Literatur

La Laurencie, l'École française du violon, Paris 1922.

François de Chancy (um 1600–56)

Zeit und Umwelt

Es hieße die Persönlichkeit eines Kardinal Richelieu falsch einschätzen, würde man nur seine politischen Leistungen für sein Land würdigen, weil seine kulturellen ebenso bedeutend waren. Er ließ das Palais Cardinal, das spätere Palais Royal, erbauen und prägte damit den Baustil seiner Epoche, er stiftete die Académie Française und schuf damit ein beispielgebendes Regulativ für Sprache und Schrifttum Frankreichs; selbstverständlich gründete er auch eine eigene Kapelle mit den besten Kräften.

LEBEN
François de Chancy wurde um 1600 vermutlich in Paris geboren. Er war Kapellmeister des Kardinals Richelieu, dazu ab ungefähr 1635 Leiter der Kammermusik des Königs und ab ungefähr 1649 auch der Königlichen Kapelle, außerdem wirkte er an den Ballettaufführungen des Hofes mit. Er starb in Paris im August 1656.

WERKE
Vom französischen Sänger, Lautenisten und Komponisten François de Chancy sind 2 Bücher Airs de cour und 5 Bücher mit Chansons, außerdem zahlreiche Stücke für Laute erhalten. In Zusammenarbeit mit Antoine Boësset, Estienne Moulinié und Jean de Cambefort verfaßte er etliche Ballets de cour. Er bearbeitete auch Lautenstücke anderer zeitgenössischer Komponisten.

LITERATUR
Th. Gérold, L'art du chant en France au XVIIe siècle, Straßburg 1921.

François de Layolle (1492 bis um 1540)

ZEIT UND UMWELT
Gestützt auf die spanische Armee kehrten die Medici 1512 wieder nach Florenz zurück, von wo Piero de'Medici (1471–1503) vertrieben worden war. Die beiden Söhne Lorenzos des Prächtigen, Giuliano (1479 bis 1516) und Giovanni (nachmaliger Papst Leo X.), mit dem Enkel Lorenzo II. (1492 bis 1519) festigten ihre neu errungene Macht. Anhänger Frankreichs, die im politischen Spiel zu den Gegnern der Medici zählten, verließen die Stadt.

LEBEN
François de Layolle (eigentlich Antonio Francesco Romolo di Agniolo di Piero Aiolle) ist am 4. 3. 1492 in Florenz geboren. Er wurde in dieser Stadt ausgebildet. Von 1505 bis 1507 war er Chorsänger an der Kirche Santissima Annuntiata. Im Jahre 1518 verließ er Florenz, um sich in Lyon niederzulassen. Er wirkte zeitweilig an Notre-Dame als Organist. Seine Haupttätigkeit war jedoch die musikalische Beratung des Druckers Jacques Moderne (um 1495 bis nach 1551). Er starb in Lyon um 1540.

WERKE
Der italienische Komponist François de Layolle, der in Lyon zum Franzosen geworden war, schrieb Motetten, Messen und Psalmen, Madrigale und Kanzonen, alles im französischen Stil; trotz der Vielstimmigkeit wird der Text nirgends von der Kontrapunktik verschüttet, sondern bleibt stets klar verständlich.

LITERATUR
D. A. Sutherland, François de Layolle, Life and Secular Works, Michigan 1968.

Bartholomäus Götfried Frank
(um 1460–1522)

ZEIT UND UMWELT
Bern, die ehemalige Grenzfestung zwischen den deutschsprechenden Alemannen und den Burgundern französischer Sprache, nahm, bald nachdem es 1353 der Helvetischen Confoederation beigetreten war, eine dominierende Stellung ein. Das reiche Stadtbürgertum errichtete am Beginn des 15. Jahrhunderts das Rathaus und begann 1421 das gotische Münster. Gleichzeitig damit setzte eine intensive Musikpflege ein.

LEBEN
Bartholomäus Götfried Frank ist um 1460 in der Diözese Würzburg geboren. Der Kantor leitete sodann bis 1484 den Chor des Berner Münsters. Nach einem Aufenthalt in Würzburg kehrte er 1488 nach Bern zurück, wo er bis 1502 die Sängerschule am St.-Vinzenz-Stift leitete. Er war inzwischen Chorherr geworden und erhielt 1517 das Amt eines Suc-

centors (Vize-Kapellmeister) übertragen. Er starb in Bern im Jahre 1522 als einer der frühesten Schweizer Komponisten.

WERKE

Überliefert sind vom Werk Franks 2 Huldigungsmotetten und eine für die Stadtpfeifer geschriebene »Tütsche Musica des figurierten Gsangs«. Alles andere ist verlorengegangen.

LITERATUR

A. Geering, Die Vokalmusik in der Schweiz zur Zeit der Reformation, Schweizerisches Jahrbuch für Musikwissenschaft VI, 1933.

Marco Frank (1881-1961)

LEBEN

Marco (Marcus) Frank wurde am 24. 4. 1881 in Wien geboren. Er studierte am Konservatorium in Neapel. Hernach wirkte er als Bratschist in einem Streichquartett und an der Wiener Volksoper. Im Jahr 1938 mußte er emigrieren. Nach seiner Rückkehr aus den USA wurde er Bratschenlehrer am Konservatorium der Stadt Wien. Er starb dort am 29. 4. 1961.

WERKE

Außer 6 Opern schrieb er 3 Sinfonien, 2 Klavierkonzerte, ein Violinkonzert, 4 Streichquartette und andere Kammermusik, ein Requiem, ein Stabat mater, Klavierstücke und Lieder. Seine vom französischen Impressionismus beeinflußten Kompositionen sind wegen ihrer glanzvollen Instrumentierung sehr beliebt geworden.

Benjamin Frankel (1906 – 73)

LEBEN

Benjamin Frankel wurde am 31. 1. 1906 in London geboren. Bis 1944 betätigte er sich als Musiklehrer, Arrangeur, Pianist und Violinist für Jazzkapellen und schrieb zahlreiche Schauspielmusiken und Filmmusiken. Dann erst wandte er sich der ernsteren Komposition zu und gab ab 1946 Musikunterricht an der Guildhall School of Music in London, wo er am 12. 2. 1973 starb.

WERKE

Gerade die lange Beschäftigung mit Unterhaltungsmusik neuester Form befähigte Benjamin Frankel, die traditionellen Formen der Musik beiseitezuschieben oder weiterzuentwickeln und für sich einen neuen persönlichen Stil zu schaffen. Er schrieb 7 Sinfonien, eine Ouvertüre, ein Orchesterpraeludium, ein Stück für Streichorchester, eine Serenade für Trio mit Orchester, ein Violinkonzert, ein Bratschenkonzert, »Bagatellen« für elf Instrumente, ein Klarinettenquintett, 5 Streichquartette, ein Klavierquartett, ein Trio für Klarinette, Cello und Klavier, 2 Streichtrios, 2 Violinsonaten, Klaviermusik, Lieder und zahlreiche Filmmusiken.

Heinrich Frankenberger (1824–85)

ZEIT UND UMWELT

In der zweiten Hälfte des 19. Jahrhunderts nahm das Publikumsinteresse an Harfenkonzerten merklich ab. Das Instrument konnte auch den dynamischen Wettbewerb mit den großen Orchestern nicht so erfolgreich aufnehmen wie eine Violine, ein Klavier oder ein Cello. Dafür gab es beinahe in jedem Sinfonieorchester mindestens eine Harfe, weil kürzere Episoden und Passagen dafür von vielen Komponisten in ihre Werke eingebaut waren.

LEBEN

Heinrich Friedrich Frankenberger wurde am 20. 8. 1824 in Wümbach, Schwarzburg-Sondershausen, geboren. Er wirkte ab 1847 als Violinist an der Hofkapelle in Sondershausen, wurde 1852 Musiklehrer am Lehrerseminar und später Zweiter Dirigent der Kapelle. Außerdem war er ein sehr geschätzter Harfenist. Er starb am 22. 11. 1885 in Sondershausen.

WERKE

Von Heinrich Frankenberger sind 3 Opern mit gutem Erfolg aufgeführt und einzelne

Nummern daraus veröffentlicht worden. Er brachte neben Lehrwerken – Instrumentations-, Harmonielehre und eine Orgelschule – eine Sammlung Vor- und Nachspiele für Orgel, ein Choralbuch, zahlreiche Klavierstücke und Lieder heraus.

Benjamin Franklin (1706–90)

ZEIT UND UMWELT

Am 4. 7. 1776 erfolgte die Unabhängigkeitserklärung der ehemaligen britischen Kolonien Nordamerikas, aus denen die USA entstanden. Der Kampf gegen England endete allerdings erst 1783 mit dem Frieden von Versailles.

LEBEN

Benjamin Franklin wurde am 17. 1. 1706 in Boston geboren. Er war US-amerikanischer Politiker, Schriftsteller und Naturforscher. Von 1753 bis 1775 war er Generalpostmeister der englischen Kolonien in Nordamerika und hatte, nachdem er anfänglich sich für eine Verständigung zwischen der Londoner Regierung und den Kolonien eingesetzt hatte, an der Unabhängigkeitsbewegung und der Unabhängigkeitserklärung maßgebenden Anteil. Von 1776 bis 1785 wirkte er als Gesandter des neuen Staatswesens in Paris. An der bis heute gültigen Verfassung der USA vom 17. 9. 1787 arbeitete er entscheidend mit. Er starb am 17. 4. 1790 in Philadelphia.

Der vielseitige Amerikaner Benjamin Franklin erfand eine Glasharmonika

WERKE

Der vielseitige Gelehrte, Autor und Politiker Benjamin Franklin hatte den skurrilen Einfall, ein Streichquartett für Leersaiten zu verfassen, wobei er mit drei verschieden skordierten Violinen und einem Cello 16 verschieden klingende Saiten gewann, die für einen einfachen Satz ausreichten. Er komponierte außerdem einige Lieder und erfand eine Glasharmonika. Diese bestand aus einer Reihe verschieden großer Scheiben, die so über einem Wasserbehälter rotierten, daß sie das Wasser eben noch streiften; sie wurden durch Berühren mit den Fingern zum Ertönen gebracht.

Quartetto a 3 Violini con Violoncello, del Sig^re^ Benjamin Franklin, 5 Sätze

Zur Wiedergabe des Stücks genügen die zwölf Töne der verschieden skordierten Violinen und die vier des skordierten Cello. Keine Saite wird gegriffen, sondern nur gestrichen. Die einfache, volksmusikähnliche Musik beginnt mit einer reizenden Intrada alla breve, ihr folgen ein etwas schwerfälliges Menuett, ein spritziges Capriccio und eine Reprise des Menuetts. Eine rührend naive Siciliana schließt das einzigartige Werk ab.

Robert Franz (1815–92)

ZEIT UND UMWELT

Friedrich von Schillers Wort, daß Ruhe des Bürgers erste Pflicht sei, ist zum Grundprinzip des Vormärz gemacht worden. Ein durchorganisiertes System der Überwachung und

Robert Franz, Stich von A. Weger

Einschüchterung sollte diese Ruhe garantieren. Die Zensoren strichen jedes Wort, das den Gedanken an Freiheit und Auflehnung nahelegte. Für breite Volksteile wirkte das derart nachhaltig, daß sie in jedem Versuch, sich des Drucks zu entledigen, eine Bedrohung des eigenen Daseins erblickten und den ihnen anerzogenen Verzicht auf freien Ausdruck ihrer Gedanken und Gefühle in eine Zeit hineintrugen, in der diese Freiheit im großen und ganzen bereits erkämpft war.

LEBEN
Robert Franz (sein Vater hatte den Namen Knauth gegen Franz vertauscht) wurde am 28.6.1815 in Halle geboren. Er wandte sich zunächst heimlich, dann mit Zustimmung seiner Eltern der Musik zu und nahm 1835 in Dessau bei Friedrich Schneider Unterricht. Im Jahr 1841 wurde er Organist an der Ulrichskirche in Halle, 1842 dort Dirigent der Singakademie und 1859 Universitätsmusikdirektor. Wegen seiner Erkrankung mußte er 1867 diese Ämter zurücklegen. Er starb am 24.10. 1892 in Halle.

WERKE
Von den über 350 Liedern – größtenteils für Klavier und Mezzosopran – von Robert Franz sind etwa 20 lebendig geblieben. Sie sind durchwegs frei von jedem stärkeren Gefühlsausdruck, jeder Dramatik und jeder Stimmung, denn für den Komponisten war »Schönheit gleich Wahrheit, aber die Wirklichkeit keine Schönheit«. Er begnügte sich damit, die Worte des Dichters als einfaches Strophenlied mit sparsamster Begleitung ohne irgendwelche Ausdeutung wiederzugeben, gleichsam als reine Unterstützung einer monodischen Deklamation. Die »Schilflieder von Nikolaus Lenau« (Opus 2) werden allen anderen vorgezogen. Ferner schrieb er eine Vertonung des 117. Psalms für Doppelchor, ein Kyrie für Chor und Soli und Chorlieder für Männerchor und für gemischten Chor. Außerdem veröffentlichte er eine große Zahl Musikstücke von Georg Friedrich Händel, Johann Sebastian Bach und Wolfgang Amadeus Mozart, die er dem »Geschmack der Zeit entsprechend« bearbeitete, erleichterte, arrangierte und ergänzte, und forderte damit viel Widerspruch heraus.

LITERATUR
H. v. d. Pfordten, Robert Franz, Leipzig 1923.

Amante Franzoni (um 1575–1629)

ZEIT UND UMWELT
Der in Florenz 1233 gegründete katholische Bettelorden der Serviten widmete sich vorwiegend der Mission, der Wissenschaft und der Kirchenmusik. Aus seinen Reihen sind mehrere namhafte Musiker hervorgegangen.

LEBEN
Amante Franzoni wurde um 1575 in Mantua geboren. Er trat dem Servitenorden bei und wurde im Kloster zum Musiker ausgebildet. Um 1611 war er Kapellmeister am Dom zu Forlì, von 1613 bis 1620 wirkte er als Kapellmeister an Santa Barbara in Mantua, wo er im Jahr 1629 starb.

WERKE
Vom italienischen Komponisten Amante Franzoni sind Kirchenkonzerte für eine bis drei Stimmen mit Generalbaß, eine Sammlung Messen, Sinfonien und kirchliche Gesänge, Vesperpsalmen und weitere Messen

mit Generalbaß überliefert. Der neue Stil (Stilo nuovo) wird neben dem alten fakultativ angewendet. Ein Komponist des 17. Jahrhunderts mußte beides beherrschen.

LITERATUR

A. M. Vicenti, Memorie di musicisti dell' ordine dei servi di Maria, in: Note d'archivio 7, 1931.

Johann Christoph Frauenholtz
(1684–1754)

ZEIT UND UMWELT

Die Musik in Straßburg stand im 18. Jahrhundert stark unter dem Einfluß der französischen. Das wird besonders an der Manier, Arien mit zwei Chören zu umrahmen, und an der Aufnahme französischer Tanzformen deutlich.

LEBEN

Johann Christoph Frauenholtz wurde am 19. 10. 1684 in Coburg geboren. Er studierte in Straßburg Rechtswissenschaft und Musik und wurde 1714 Kapellmeister an der Neuen Kirche der Stadt, in der er eine wichtige Rolle im Musikleben spielte und am 9. 11. 1754 starb.

WERKE

Der deutsche Komponist Johann Christoph Frauenholtz verfaßte »Zions geistliche Blumenlust«, Kantaten, Arien und Lieder, von denen zum Teil nur die Texte überliefert sind, einen Zyklus von 50 Kantaten und ein Katechismus-Stück »Schrecklich ist des Herrn Gesetze« für vier Stimmen und drei Instrumente, eine Trauermusik für Orchester, 15 Arien für eine Stimme, drei Instrumente und Generalbaß und 6 Kantaten.

LITERATUR

R. Wennagel, Les cantates strasbourgeoises du XVIIIe siècle, Straßburg 1948.

Amedo Fredi (um 1570 bis nach 1634)

ZEIT UND UMWELT

Obwohl Padua bereits 1405 unter venezianischer Herrschaft stand und dazu durch die Nähe Venedigs dem Einfluß dieses kulturellen Zentrums ständig ausgesetzt war, erhielt sich die Stadt gerade auf dem Gebiet der Musik ungeschmälerte Selbständigkeit. Brennpunkt des Musikgeschehens der Stadt waren die Kapellen am Dom und an Sant'Antonio, aber auch die anderen Kirchen waren Stätten der Musikpflege. Fördernd war selbstverständlich auch die Konkurrenz zwischen den beiden Städten, wobei auch das ebenfalls nicht weit entfernte Ferrara eine Rolle spielte.

LEBEN

Amedo Fredi (Freddi) wurde um 1570 in Padua geboren. Sein Lehrer war Giovanni Matteo Asola (um 1524–1609). Im Jahr 1594 kam er als Sänger an die Basilika Sant'Antonio in Padua, von 1615 bis 1626 war er Kapellmeister in Treviso, dann ab 1532 am Dom von Vicenza und ab 1634 am Dom zu Padua, wo er gestorben ist; sein Todesjahr ist nicht bekannt.

WERKE

Der italienische Komponist Amedo Fredi hat 3 Bücher mit fünf- bis sechsstimmigen Madrigalen und Lauden für zwei bis vier Stimmen veröffentlicht. Diese Musik folgt dem älteren Stil. Dagegen sind seine fünfstimmige Messe, die vierstimmigen Psalmen schon auf Generalbaß gearbeitet; seine »Hinni novi« (neue Hymnen) für zwei bis sechs Stimmen verlangen Instrumentalbegleitung. Außerdem finden sich in verschiedenen Sammelwerken zahlreiche Madrigale.

Isadore Freed (1900–60)

LEBEN

Isadore Freed wurde am 26.3.1900 in Brest-Litowsk, (heute Brest, Weißrußland), geboren. Er studierte in Philadelphia, Paris und New York, lehrte anschließend bis 1928 an verschiedenen Schulen in Philadelphia und nach einem Aufenthalt in Paris, in Hartford und in New York am Hebrew Union College, zugleich wirkte er als Organist und Dirigent. Im Jahr 1950 wurde er Vorsitzender des Institute of Contemporary Music. Er starb am 10. 11. 1960 in Rockville Centre, Long Island, N. Y.

WERKE
Neben 2 Opern, einem Ballett und einem Oratorium schrieb Isadore Freed 2 Sinfonien und andere Orchesterwerke, ein Violinkonzert, ein Cellokonzert, Kammermusik, Klavier- und Orgelstücke, sakrale Lieder und Chöre. Er setzte sich stark für die zeitgenössische Komposition ein.

Frederico de Freitas Branco
(1902 – 80)

LEBEN
Frederico Guedes de Freitas Branco wurde am 15. 11. 1902 in Lissabon geboren, wo er am Konservatorium Violine, Klavier und Komposition studierte. Er ergänzte seine Ausbildung in Deutschland und Frankreich. Nach ausgedehnten Konzertreisen in Europa und Südamerika führte er von 1940 bis 1947 die Chorgesellschaft, die er gegründet hatte, sodann das Sinfonieorchester in Porto und ab 1956 das staatliche Konzertorchester. Er starb am 12. 1. 1980 in Lissabon.

WERKE
In seinen Werken, die stark auf der portugiesischen Folklore fußen, bediente sich Frederico de Freitas Branco moderner Techniken – Polytonalität, Atonalität, Modalismus, Serialismus. Er schrieb 3 Opern, 6 Ballette, eine Sinfonie, eine Suite, ein Flötenkonzert, ein Konzert für zwei Violinen, zwei Celli und Streicher, ein Bläserquintett, ein Streichquartett, eine Orgelsonate, Klavierstücke, 2 Messen, eine Kantate und Lieder. Er ist eine der bedeutendsten Gestalten des portugiesischen Musiklebens unseres Jahrhunderts.

Luís de Freitas Branco (1890–1955)

LEBEN
Luís María da Costa de Freitas Branco wurde am 12. 10. 1890 in Lissabon geboren. Er studierte bei Engelbert Humperdinck in Berlin und anschließend in Paris. Dann lebte er in Lissabon als Komponist und Dirigent, wurde Lehrer und 1919 Vizedirektor des Konservatoriums und 1926 Direktor des Theaters San Carlo. Im Jahr 1939 wurde er infolge der Radikalisierung der innenpolitischen Zustände Portugals aller Ämter entkleidet, konnte aber weiterhin unbehelligt im Land bleiben. Er starb am 27. 11. 1955 in Lissabon.

WERKE
Von Luís de Freitas Branco sind 5 Sinfonien, mehrere sinfonische Dichtungen und andere Orchesterstücke, ein Violinkonzert, eine »Balada« für Klavier und Orchester, eine »Cena lírica« für Cello und Orchester, eine dramatische Sinfonie für Soli, Chor, Orgel und Orchester und weitere Chorwerke, ein Streichquartett, 2 Violinsonaten, eine Cellosonate, Klavier- und Orgelstücke, Chöre, Orchester- und Klavierlieder bekannt geworden. Er bemühte sich mit Erfolg, die Musikentwicklung seines Landes von der Spaniens abzulösen.

Henri Frémart (um 1580 bis nach 1646)

ZEIT UND UMWELT
Der Musikologe Marin Mersenne, der in seinen theoretischen Schriften allen Stilgattungen Gerechtigkeit widerfahren ließ, propagierte eine »versgerechte« Komposition, wie sie im »Air de cour« unter dem Einfluß der Dichtervereinigung Pléiade gepflegt wurde. Daß die Musik dadurch steif und allen Entfaltungsmöglichkeiten entzogen wurde, entsprach den gesellschaftlichen Formen der Zeit.

LEBEN
Henri Frémart wurde um 1580 in der Picardie geboren. Von 1611 bis 1625 war er Kapellmeister an der Kathedrale von Rouen,

sodann nahm er die gleiche Stellung an Notre-Dame in Paris ein. Er ist nach 1646 in Paris gestorben.

Werke

Das kompositorische Werk des französischen Komponisten Henri Frémart besteht fast ausschließlich aus mehrstimmigen Messen im A-cappella-Stil, syllabisch deklamiert ohne Generalbaß. Diese von dem Freund des Komponisten, Marin Mersenne, inspirierte Technik fand zu jener Zeit in Frankreich viel Beifall und wurde für das 17. Jahrhundert typisch.

Gian Domenico Freschi
(um 1625–1710)

Zeit und Umwelt

Während in Rom bis zum Ende des 17. Jahrhunderts nur drei Opernhäuser errichtet wurden und in der Musikstadt Bologna kein einziges, entstanden zur gleichen Zeit in Venedig elf. Die Venezianer betrachteten die Oper nahezu als nationale Einrichtung; jedenfalls zählte sie zu den bevorzugten Vergnügungen. Opernkomponisten durften in Venedig jederzeit auf bereitwillige Aufnahme ihrer Werke zählen und auch auf beträchtliche wirtschaftliche Erfolge.

Leben

Gian Domenico Freschi wurde in Bassano um 1625 geboren. Er war von 1656 bis zu seinem Tod am 2. 7. 1710 Kleriker und Kapellmeister am Dom von Vicenza.

Werke

Der italienische Komponist Gian Domenico Freschi hat ungefähr 20 Opern geschrieben, die mit Erfolg aufgeführt wurden, außerdem die Oratorien »Das Wunder des Magiers« und »Judith«. Seine drei- bis sechsstimmigen Messen mit Instrumentalbegleitung erinnern stark an sein Opernschaffen.

Girolamo Frescobaldi (1583–1643)

Zeit und Umwelt

Die Askese, die sich die Kirche auf dem Feld der Musik auferlegte, um ihr den Charakter eines vorwiegend künstlerischen Erlebnisses zu nehmen, konnte sich selbst in Rom nur in beschränktem Maß durchsetzen. Palestrina und etliche seiner Schüler waren imstande, innerhalb der gegebenen Beengung vollendete Kunstwerke zu schaffen, und viele andere meinten, es ebenso zu können, wenn sie sich nur an die vorgezeichnete Form hielten. Die Ergebnisse waren gehaltlose Gebilde mit einwandfreier Faktur. Das Publikum verlangte jedoch nach Musik und nicht nach reinen Formen. Denn die Leistungen freier Kunstgestaltung in der Epoche, von der es sich nunmehr abwenden sollte, standen allen unverändert vor Augen. Auch Lebensstil und Verhalten der herrschenden Schicht hatten sich gegenüber der Renaissance kaum merklich geändert. Der geniale Renaissancephilosoph Giordano Bruno (1548 – 1600) wurde als Ketzer in Rom unter Papst Clemens VIII. (Ippolito Aldobrandini, 1536 – 1605) verbrannt, derselbe Papst weigerte sich, das junge Mädchen Beatrice Cenci (1577 – 99), das mit den Brüdern den mörderischen Vater Francesco Cenci (1549–98) getötet hatte, um selbst am Leben zu bleiben, zu begnadigen, und konfiszierte das große Vermögen der ausgerotteten Familie Cenci. Galileo Galilei (1564–1642) mußte abschwören, um sein Leben zu retten; Papst Paul V. (Camillo Borghese, 1552–1621) rührte für ihn keinen Finger, was ebenso der geübten Tradition entsprach wie sein grenzenloser Nepotismus. Die Kardinäle lebten im Stil regierender Fürsten in ihren Palästen, und gerade sie waren es, die bald einsahen, daß der gewaltige Stoß, den Glauben und Frömmigkeit durch die Reformation erhalten hatten, nicht durch eine Verarmung der Kirchenmusik aufgefangen werden konnte, daß Prunk, Glanz und Klang die Kirchen weit besser füllten. Maßlose Prachtentfaltung wurde daher auch zum Prinzip der Musik. In Österreich und Süddeutschland drückten die prächtigen Barockkirchen den Jubel über die mit welchen Mitteln immer gelungene Gegenreformation aus, Italien integrierte die Daseins- und Diesseitsfreude des Renaissancemenschen, der eher antikirchlich war, der in die Defensive gedrängten Kirche, um ihr neues Ansehen, Glaubwürdigkeit und Autorität zu verleihen und reformatorische Bestrebungen fernzuhalten. Die dereinst verpönten Orgeln erklangen in beinahe jeder Kirche, auch andere Instrumente wurden zugelassen. Die sakrale Musik wurde zum Konzert, die Gesänge zu Programmnummern. Viele kamen nur wegen der Musik, viele liebten die sakralen Vorgänge wegen des dabei aufgewendeten Pomps.

LEBEN

Girolamo Frescobaldi wurde am 12. 9. 1583 in Ferrara geboren. Sein Vater dürfte Organist gewesen sein und ihm den ersten Musikunterricht erteilt haben. Die Vollendung seiner Ausbildung zum Organisten, Cembalisten, Sänger und Komponisten erhielt er von Luzzasco Luzzaschi (um 1545–1607). Nachdem er bereits in mehreren italienischen Städten als Organist und Sänger aufgetreten war, wurde er 1604 als Sänger und Organist in die Accademia di Santa Cecilia in Rom aufgenommen und am 1. Januar 1607 zum Organisten an Santa Maria in Trastevere bestellt. Im Mai des gleichen Jahres begleitete er den aus Ferrara stammenden Kardinal Guido Bentivoglio (1579–1644), der als Nuntius nach Brüssel ging. Im Jahr 1608 kehrte er nach Italien zurück und erhielt die Stelle des Organisten am Petersdom in Rom, die er bis zu seinem Tod am 1. 3. 1643 versah. Ab 1615 unterbrach er seine Tätigkeit in Rom durch einen mehrmonatigen Aufenthalt in Mantua und von 1628 bis 1633, um in Florenz im Dienst des Großherzogs Ferdinando II. de'Medici (1610–70) als Domorganist zu wirken.

Nach seinem Tod stritten mehrere Kirchen Roms um die Ehre, dem großen Orgelmeister eine letzte Ruhestätte zu bieten, die er schließlich in der Apostelkirche fand.

Girolamo Frescobaldi

WERKE

Der Musikwissenschaftler und vielseitige Gelehrte Giovanni Battista Doni (um 1594, Florenz, bis 1. 12. 1647, Florenz) befürwortete mit allen Kräften die Wiedererweckung des Dramas und der Musik Altgriechenlands und verurteilte den italienischen Komponisten Girolamo Frescobaldi als Ignoranten, weil dieser »ausgeglichene Halbtöne« verwendete. Als Frescobaldi jedoch erstmals im Petersdom an der Orgel spielte und improvisierte, sollen sich bis zu dreißigtausend Personen eingefunden haben. Es war ihm aus früherer Tätigkeit in Rom bereits ein großer Ruf als Organist und Cembalovirtuose vorausgegangen. Auch Kompositionen hatten ihn schon bekannt gemacht. Man sagte ihm nach, daß er der Erfinder eines neuen Orgelstils sei. »Wer heute nicht nach seinem Stil spielt, wird nicht geschätzt«, äußerte sich Severo Bonini.

Das deckte sich aber nicht mit den Tatsachen, denn Frescobaldi faßte lediglich sämtliche äußeren Merkmale der Schulen Italiens zusammen und prägte ihnen den Stempel seiner Genialität auf. Er befreite die italienische Instrumentalmusik von der Form-

strenge der Renaissance und verlieh ihr erhöhte Ausdruckskraft, Lebendigkeit und jene feingegliederte Struktur, die für das frühe Barock typisch geworden war. Einzelne Techniken, wie das Tempo rubato, das Rallentando und das Accelerando (vom Taktmaß unabhängiges Tempo, Verlangsamung und Beschleunigung), die erst viele Jahrzehnte später üblich wurden, nahm er vorweg. Und sowohl als Komponist wie als Virtuose machte er den Fluß der Musik ganz vom subjektiven Affekt abhängig.
Er schrieb nahezu ausschließlich instrumentale Musik und besiegelte damit endgültig ihre Emanzipation von der vokalen. Die Singstimme wurde aus ihrer beherrschenden Rolle verdrängt, der Streit über die Prävalenz des Wortes oder des Tones engte sich ab nun nur mehr auf den vokalen Sektor des Musikgeschehens ein. Seine Vokalwerke sind zum Teil nur handschriftlich erhalten wie die achtstimmigen Messen mit Generalbaß, eine Gründonnerstag-Lamentation und ein In te Domine speravi; sein vierchöriges Magnificat scheint verloren zu sein. In seiner Jugend brachte er fünfstimmige Madrigale heraus, trat jedoch schon davor mit vierstimmigen Fantasien an die Öffentlichkeit.
Für das Cembalo schrieb er »Ricercari et Canzoni francesi«, »Toccate et partite«, »Arie musicali«. Für die Orgel »Capricci« und »Fiori musicali«. Weitere Werke sind auf beiden Instrumenten spielbar, obwohl sich die Trennung beider Tasteninstrumente bereits weitgehend vollzogen hatte.
Für andere Instrumente verfaßte er 3 Kanzonen für vier Violen und vier Chitarroni (oder Lauten) und ein Buch Kanzonen, bei denen er das verwendete Instrument – Cembalo oder Laute – freistellte. Die vielen Bearbeitungen seiner Werke drückten das allgemeine Interesse, das ihnen entgegengebracht wurde, aus. Er hatte eine große Anzahl Schüler, die vorwiegend aus Frankreich oder Deutschland kamen, wo seine Orgelkunst weiterentwickelt wurde, während die europäische Bedeutung der italienischen Orgelmusik mit seinem Tod erlosch.

Titelblatt der Fiori musicali von Girolamo Frescobaldi

Fiori musicali (Musikblüten) con versetti gregoriani, 3 Orgelmessen, entstanden 1635

Messa della Domenica (Sonntagsmesse). Zugrunde gelegt ist die gregorianische Messe XI »Orbis factor« in der zur Zeit des Komponisten üblichen Fassung. Kyrie, Christe, Kyrie alternieren mit einer Toccata. Nach der Epistel spielt die Orgel eine Kanzone, nach dem Credo ein Ricercar. Die Toccata cromatica während der Wandlung ist besonders weich gehalten, während die Canzone Postcommunio bewegten Charakter trägt.

Messa della Madonna (Marienmesse). Hier liegt die IX. Messe »Cum jubilo« zugrunde. Die Orgelstücke sind wie bei der Messa della Domenica postiert mit der Abweichung, daß vor der Communio eine Toccata, sodann ein fünfstimmiges Ricercar, dessen fünfte Stimme gesungen werden muß, und eine weitere Toccata liegen, womit der festliche Charakter der »Marienmesse« betont wird.

Messa degli Apostoli (Apostelmesse). Ihr liegt die IV. Messe »Cunctipotens Genitor Deus« zugrunde. Vor dem Ricercar nach dem Credo ist eine Toccata, vor der Wandlung ein weiteres Ricercar eingefügt. Darauf folgen zur Communio ein Ricercare und des weiteren eine Kanzone.

Angeschlossen sind zum fallweisen Gebrauch nach jeder Messe eine Bergamasca mit einer zu jener Zeit viel verwendeten populären Melodie mit kontrapunktischen Variationen, die sie zu einem schwer zu spielenden polyphonen Meisterwerk gestalten, und ein Capriccio auf die »Girolmeta«, ein heute noch im Piemont bekanntes Volkslied.

Die Fiori musicali gehören zu den ältesten spezifisch für die Orgel unter Ausschluß anderer Tasteninstrumente geschriebenen Kompositionen.

Il primo libro di capricci, 14 Teile, entstanden 1624, gewidmet Alfonso III. d'Este, Fürst von Modena (1591–1644)

Die Bezeichnung Capricci soll hier launiges geistliches Vergnügen bedeuten. Der Komponist sagt darüber: »Den Spielern können sie manche Mühe bereiten wegen der verschiedenen Tempi und den Variationen. Schwerfallen wird ihr Spiel auch, weil viele keine Übung mehr im Partiturspiel besitzen.« Die Stücke sind nämlich auf vier Systemen notiert. Sie bilden eine Art Paraphrase über verschiedene »Gegenstände« und Liedweisen. Nummer 1, 2 und 9 sind umfangreiche variationähnliche Verarbeitungen der Tonleiter, Nummer 3 und 10 virtuose Paraphrasen zu spanischen Liedern, Nummer 4 und 7 zu italienischen, Nummer 5 und 6 stellen Impressionen dar, Nummer 8 bringt achtzigmal den Kuckucksruf und bettet ihn in interessante Motive, Nummer 11 ist eine chromatische Studie, Nummer 13 eine Toccata und Nummer 14 eine Kanzone, und schließlich schreibt Nummer 12 eine Singstimme vor, die wie ein Instrument behandelt ist.

Ausgeführt können die Capricci von Orgel oder Cembalo werden, obwohl ihre Struktur deutlich aufzeigt, welches Instrument jeweils vorzuziehen ist.

Literatur

A. Machabey, Girolamo Frescobaldi, Paris 1952. W. Apel, Geschichte der Orgel- und Klaviermusik bis 1700, Kassel 1967. J.S. Mueller, Girolamo Frescobaldi, Boston 1969. A. Dioli, Frescobaldi, Bologna 1971.

Henry Fresneau
(um 1505 bis nach 1554)

Zeit und Umwelt

Während im Bereich der franko-flämischen Schule die Kontrapunktik der sakralen Musik auch in der profanen vordrang, bemächtigte sich in Paris der Stil der Chanson auch der Motetten und Messen, die sich dadurch immer mehr der Homophonie näherten und dafür an Textdeutlichkeit gewannen.

Leben

Henry Fresneau ist um 1505 vermutlich in Paris geboren. Über sein Leben gibt es keine Informationen. Er dürfte als Sänger gewirkt haben und nach 1554 in Paris gestorben sein.

Werke

Von Henry Fresneau sind eine vierstimmige Motette und bei 25 Chansons erhalten, deren Texte vorwiegend komisch sind. Auch die Motette steht der Diktion einer Chanson nahe.

Jean Fresneau (um 1445 bis um 1500)

Zeit und Umwelt

Dank dem Wirken Ockeghems hielt die königliche Hofkapelle in Frankreich Schritt mit der Entwicklung der Musik im frankoflämischen Raum. Durch die zahlreichen Schüler Ockeghems nahm sie an dieser Entwicklung und an der Verbreitung des Stiles bemerkenswerten Anteil.

Leben

Jean Fresneau (Fresnau, Frasnau) ist um 1445 in Frankreich geboren. Er zählte zu den Schülern Ockeghems und ist in den Jahren 1470 bis 1475 als »Chapelain ordinaire« der königlichen Hofkapelle verzeichnet. Es besteht wohl kein Zweifel, daß der Komponist auch als Sänger gewirkt hat. Er dürfte um 1500 in Paris gestorben sein.

Werke

Von Fresneau sind 6 dreistimmige Chansons und eine vierstimmige Messe überliefert.

Der Stil dieser Kompositionen ist uneingeschränkt dem Ockeghems verpflichtet.

LITERATUR

M. Brenet, Musique et musiciens de la vieille France, Paris 1911.

Cornelius Freundt (um 1540–91)

ZEIT UND UMWELT

Dem Weihnachtslied wurde von den evangelischen Liederkomponisten stets eine besondere Sorgfalt zugewendet. In den Gesangbüchern wurde ihm zumeist ein verhältnismäßig breiter Raum zugewiesen, daneben aber auch Liedersammlungen veröffentlicht, die ausschließlich dem Thema Weihnachten gewidmet waren. Daß dabei viel Volkstümliches, bei weitem mehr als bei jedem anderen Themenkreis, herangezogen wurde, ergab sich aus dem Charakter des Weihnachtsfestes, das außer seiner religiösen Bedeutung in sehr alten Traditionen wurzelt.

LEBEN

Cornelius Freundt (Freund) wurde um 1540 in Plauen geboren. Wo er zum Kantor ausgebildet wurde, ist nicht bekannt. Jedenfalls versah er bereits 1564 die Kantorenstelle in Borna und ab 1565 die in Zwickau, wo er am 26. 8. 1591 begraben wurde.

WERKE

Der deutsche Kantor Cornelius Freundt schrieb eine Anzahl Motetten und Gelegenheitsgesänge. Für das von ihm gesammelte Buch mit 28 vierstimmigen Weihnachtsliedern verfaßte er 15 selbst, die sich durch einen exakten, aber auch schönen Satz auszeichnen.

LITERATUR

Zwei Beiträge zum mehrstimmigen Weihnachtslied, Die Musikforschung V–VI, 1952–53.

Emil Frey (1889–1946)

LEBEN

Emil Frey wurde am 8.4.1889 in Baden, Aargau, geboren. Er studierte bei Robert Freund (1.4.1852, Budapest, bis 8.4.1936, Budapest) in Zürich, bei Willy Rehberg und Otto Barblan (22.3.1860, Scanfs, Engadin, bis 20.12.1943, Genf) in Genf und bei Louis Diémer und Charles-Marie Widor in Paris. Von 1907 bis 1912 wirkte er als Hofpianist in Berlin, dann bis 1917 als Professor am Konservatorium in Moskau. Nach seiner Rückkehr in die Schweiz leitete er ab 1922 eine Klavierklasse am Konservatorium in Zürich, wo er am 20.5. 1946 starb.

WERKE

Von Emil Frey sind 2 Sinfonien – eine mit Chor –, ein Klavierkonzert, ein Violinkonzert, ein Cellokonzert, eine Festouvertüre, 2 Konzertstücke für Klavier und Orchester, ein Capriccio für Klavier und Orchester, ein Bläserquintett, ein Klavierquintett, 2 Streichquartette, ein Klaviertrio, eine Fuge für Orgel und Streicher, eine Kantate für Sopran, Klarinette, Flöte und Streicher, 2 Violinsonaten, 2 Cellosonaten, 2 Klaviersonaten, eine Orgeltoccata, eine Serenade für zwei Violinen, eine Fuge für zwei Klaviere, Variationen, Suiten und andere Stücke für Klavier und eine Messe bekannt. Seine außerordentlich klangreichen Kompositionen waren für die Musikentwicklung des Landes sehr belebend.

Franz Jakob Freystädtler (1761–1841)

ZEIT UND UMWELT

Musikschüler aus Salzburg wurden in Wien von Wolfgang Amadeus Mozart aufgenommen, auch wenn sie nichts oder nur wenig bezahlen konnten. Sie erhielten eine gediegene Ausbildung und vielleicht sogar eine Empfehlung, die ihnen jedoch wenig nützte.

LEBEN

Franz Jakob Freystädtler wurde am 13. 9. 1761 in Salzburg geboren. Er war in seiner Geburtsstadt fürsterzbischöflicher Sängerknabe und ab 1786 in Wien Schüler von Wolfgang Amadeus Mozart. Mit seinen Kompositionen fand er wenig Anklang, sie waren offenbar zu »mozartisch«. Daher mußte er sich als Musiklehrer durchschlagen. Er starb im Jahr 1841 in Wien.

WERKE
Von Franz Jakob Freystädtler sind sehr ansprechende Lieder, Klavier- und Kammermusik bekannt geworden, die in der Gefolgschaft seines Lehrers geschrieben wurden, aber dessen Genialität bei weitem nicht erreichten.

Karl Friberth (1736–1816)

ZEIT UND UMWELT
Die Mitglieder der Kapelle des Fürsten Esterházy erhielten durch ihren Kapellmeister Joseph Haydn nicht nur eine wertvolle Ausbildung, sondern auch, je nach Möglichkeit, Gelegenheiten zu zusätzlich honorierten Tätigkeiten. Haydn nahm sich nach Kräften jedes seiner Orchestermitglieder an. Das mag ihm den später oft mißbräuchlich verwendeten Namen »Papa Haydn« eingetragen haben, der nur seine Menschenfreundlichkeit und Fürsorge kennzeichnen sollte.

LEBEN
Karl Friberth (Frieberth) wurde am 7. 6. 1736 in Wullersdorf, Niederösterreich, geboren. Er war Schüler von Giuseppe Bonno und Florian Gaßmann. Im Jahr 1759 wurde er als Tenorist in die Kapelle des Fürsten Esterházy in Eisenstadt eingestellt, wo ihm Joseph Haydn die Gelegenheit gab, für ihn als Librettist zu arbeiten; 1776 wurde er Kapellmeister der Jesuiten und der Minoriten in Wien. Auf seiner Italienreise im Jahr 1796 wurde er von Papst Pius VI. (Giannangelo Braschi, 1717–99) zum Ritter des Goldenen Sporns geschlagen, eine Ehrung, die auch Christoph Willibald Gluck und Wolfgang Amadeus Mozart zuteil geworden war. Er war ein sehr eifriges Mitglied der »Wiener Tonkünstlersozietät« und starb am 6. 8. 1816 in Wien.

WERKE
Von Karl Friberth sind Messen, Offertorien und Gradualien erhalten, die er offenbar zum eigenen Gebrauch während seiner Tätigkeit als Kirchenkapellmeister geschrieben hat, außerdem einige Lieder. Sein Stil klingt an den Joseph Haydns an.

Géza Frid (geboren 1904)

LEBEN
Géza Frid wurde am 25. 1. 1904 in Máramarossziget, Ungarn (heute Sighet, Rumänien), geboren. Er trat bereits als Fünfjähriger öffentlich als Pianist auf. Von 1912 bis 1924 studierte er an der Musikakademie unter Zoltán Kodály und Béla Bartók. Anschließend unternahm er ausgedehnte Konzertreisen durch Europa und nach dem Fernen Osten. Im Jahr 1929 ließ er sich in Amsterdam nieder. Weitere Reisen führten ihn nach dem Zweiten Weltkrieg nach Nord- und Südamerika, in den Nahen Osten und in die UdSSR; 1964 übernahm er eine Professur am Konservatorium in Utrecht.

WERKE
Für die Bühne schrieb Géza Frid eine Oper, 3 Ballette und mehrere Bühnenmusiken. Sein Orchesterwerk besteht aus einer sinfonischen Fantasie, Variationen über ein niederländisches Volkslied, einer südafrikanischen Rhapsodie, einer Serenade, »Rhythmischen Studien«, einer Sinfonietta, einem Stück für sieben Pauken und Blechorchester, einem Konzert für zwei Violinen, einem für zwei Klaviere, einem für drei Violinen, seine Kammermusik aus einem Bläsersextett mit Klavier, einem Doppeltrio für Bläser, einem Trio für Flöte, Fagott und Klavier, 20 Duos für zwei Violinen, einer Sonate für Violine und Klavier, einer Rhapsodie für Klarinette und Klavier, einer Suite für Violine und Klavier, 4 Streichquartetten und verschiedenen Klavierwerken. Er schrieb außerdem eine Ballade für gemischten Chor und Blechorchester, eine Kantate für Soli, Chor und Blasorchester, Chöre und Lieder.

Daniel Friderici (1584–1638)

Zeit und Umwelt
Die 1419 in der ehemaligen wendischen Siedlung Rostock gegründete Universität war die erste Hochschule im Ostseeraum und bildete in der Reformationszeit einen wichtigen Stützpunkt des Luthertums. Das erforderte die Besetzung der Kantoreien der Stadt mit tüchtigen Musikern.

Leben
Daniel Friderici wurde 1584 in Klein-Eichstedt bei Querfurt geboren. Seine Ausbildung genoß er bei Valentin Haußmann (um 1540 bis um 1614) und Friedrich Weißensee (um 1560–1622). Er studierte außerdem ab 1612 an der Universität Rostock, wurde 1614 Kantor in Oldenburg und 1618 an der Marienkirche in Rostock, wo er sein Studium abschloß. Im Jahr 1623 wurde er zum Kapellmeister aller Rostocker Kirchen ernannt. Er starb am 23. 9. 1638 in Rostock.

Werke
An profanen Kompositionen hat der deutsche Komponist Daniel Friderici eine große Anzahl mehrstimmiger Lieder verfaßt, die zum Großteil als Gesellschaftslieder verwendet wurden. Außerdem schrieb er eine beträchtliche Zahl mehrstimmiger sakraler Gesänge. Alle diese Lieder waren außerordentlich beliebt und wurden bis in das 18. Jahrhundert viel gesungen. Sie bieten einen interessanten Einblick in das damalige deutsche Geselligkeitslied und wirken auch heute noch sehr ansprechend.

Literatur
W. Voll, Daniel Friderici, sein Leben und seine geistlichen Werke, Kassel 1936.

Alessandro Fridzeri (1741–1825)

Zeit und Umwelt
Revolutionäre Hymnen und Oden wurden im Jahrzehnt der Revolution in Frankreich in Massen verlangt und auch geschaffen. In den meisten Fällen waren es nur die Texte, die den neuen politischen Zuständen entsprachen, sie hatten im allgemeinen wenig Revolutionäres an sich, außer daß sie alle Auszierungen und Verzärtelungen vermieden und textgerecht, möglichst homophon und homorhythmisch breit klingende Akkordblöcke aneinanderreihten.

Leben
Alessandro Maria Antonio Fridzeri (Frizer, Frixer) wurde am 15. 1. 1741 in Verona geboren. Er war seit frühester Kindheit blind. Nach einigen Jahren Organistendienst in Vicenza ging er 1765 nach Paris und trat im Concert spirituel als Violinist auf. Darauf begab er sich auf Konzertreisen nach Nordfrankreich und Belgien, hielt sich einige Zeit in Straßburg auf und kehrte 1771 nach Paris zurück, wo er eine Musikdruckerei eröffnete, aber seinen Wohnsitz bald in die Bretagne verlegte. Die Revolutionsjahre verbrachte er wiederum in Paris. Um die Wende des Jahrhunderts verzog er nach Antwerpen und beschäftigte sich mit Musikalien- und Instrumentenhandel sowie mit Musikunterricht. Er starb am 16. 10. 1825 in Antwerpen.

Werke
Außer 2 komischen Opern sind von Alessandro Fridzeri 6 Sonaten für Mandoline, 2 Duos für zwei Violinen, 3 Streichquartette, 4 Kammerquartette, eine konzertante Sinfonie, 2 Violinkonzerte, 2 Liedersammlungen mit Harfenbegleitung und eine mit Pianofortebegleitung, 12 sehr beliebte Revolutionsgesänge, außerdem eine Messe und verschiedene Kirchenmusik bekanntgeworden.

Oscar Fried (1871–1941)

Leben
Oscar Fried wurde am 1. 8. 1871 in Berlin geboren. Er studierte bei Engelbert Humperdinck und bei Ludwig Philipp Scharwenka. Von 1904 bis 1910 wirkte er als Dirigent des Sternschen Gesangvereins und ab 1907 der Gesellschaft der Musikfreunde; 1925 wurde er

Dirigent des Berliner Sinfonieorchesters. Er mußte emigrieren und war in Tbilisi (Tiflis) als Operndirigent tätig. Er starb am 5.7.1941 in Moskau.

Werke

Von Oscar Fried sind »Praeludium und Doppelfuge« für großes Streichorchester, »Adagio und Scherzo« für dreizehn Bläser, Pauken und zwei Harfen, Fantasie über »Hänsel und Gretel« von Engelbert Humperdinck, Chorwerke, Kantaten und 7 vierhändige Klavierstücke bekannt geworden. Sein Stil gehörte der Spätromantik an.

Friedrich der Große (1712–86)

Leben

Friedrich II. der Große wurde am 24. 1. 1712 in Berlin geboren. Er nahm als Kronprinz Flötenunterricht bei Johann Joachim Quantz. Die Kapelle, die er für sich in Rheinsberg gründete, wurde von Carl Heinrich Graun als Kapellmeister und von Johann Gottlieb Graun und František Benda als Konzertmeister geleitet. Nach seiner Thronbesteigung übersiedelte die Kapelle nach Berlin und sodann nach Potsdam, wo der König am 17. 8. 1786 starb.

Werke

Als echt zugeschrieben gelten folgende Werke Friedrichs des Großen: 121 Flötensonaten, 4 Flötenkonzerte, eine Sinfonie in G-Dur, eine Ouvertüre zu einer Serenata, einige Opernarien und 3 Kantaten, die verlorengegangen sind. Eine große Anzahl von Zuschreibungen sind ungesichert; auch die der Armeemärsche – Hohenfriedberg- und Torgauermarsch – werden angezweifelt. Sein Stil ist der empfindsame der Berliner Schule.

Literatur

J. Bourque, Frederick the Great as Music Lover and Musician, Music & Letters XXVIII, 1947. E.E. Helm, Music at the Court of Frederick the Great, Norman 1960.

Flötenkonzert in Sanssouci, Holzschnitt nach einem Gemälde von A. Menzel, 1852

Friedrich von Hausen (um 1150–90)

ZEIT UND UMWELT
Der von Kürenberg (um 1120 bis um 1160, ältester namentlich bekannter Minnesänger, Österreicher, hinterließ 15 meist einstufige Lieder, darunter das beliebte Falkenlied), Dietmar von Aist, Heinrich von Morungen (um 1140–1222, ritterlicher Dienstmann zu Meißen, dichtete und sang im französischen Stil), Heinrich von Verdeke (um 1140 bis vor 1210, wurde mit seinem Versroman Eneit für die höfische Dichtung vorbildlich), Rudolf von Fenis (vermutlich Graf Rudolf II. von Neuenburg, um 1140 bis vor 1196, erster schweizerischer Minnesänger, beeinflußt von provenzalischer Liebeslyrik) und Reinmar von Hagenau werden mit Friedrich von Hausen zu den älteren Minnesängern gerechnet. Sie waren Adelige wie ihre französischen Vorbilder, an die sie sich stark mit Wort, Ton und Aussage anlehnten.

LEBEN
Friedrich von Hausen (Husen) wurde um 1150 in Rheinfranken geboren und stand mit dem Erzbischof von Mainz in Verbindung. Er nahm im Gefolge des Kaisers Friedrich Barbarossa am III. Kreuzzug teil und fiel bei Philomelium (Kleinasien) am 6. 5. 1190.

WERKE
Von Friedrich von Hausen sind 15 Lieder erhalten, 5 davon sind französischen Vorlagen nachgedichtet. Auch die Melodien sind von Frankreich übernommen.

LITERATUR
R. J. Rieckenberg, Leben und Stand des Minnesängers Friedrich von Hausen, Archiv für Kulturgeschichte XLIII, 1961.

Witold Friemann (geboren 1889)

LEBEN
Witold Friemann wurde am 20.8.1889 in Konin bei Kalisz, Polen, geboren. Er studierte in Warschau bei Aleksandr Michalowski (5.5. 1851, Kamenec Podolsk, bis 17.10.1938, Warschau) und Zygmunt Noskowski , sodann bei Max Reger in Leipzig und Meiningen. Er war von 1921 bis 1929 Klavier- und Kompositionslehrer am Konservatorium und Lektor für Musiktheorie an der Universität in Lwiw, dann Direktor des Konservatoriums in Kattowitz (Katowice); von 1934 bis 1939 wirkte er am Rundfunk in Warschau und ab 1945 als Leiter des Musikunterrichts an der Blindenanstalt Laski.

WERKE
Von den mehr als 750 Kompositionen von Witold Friemann sind bemerkenswert: 3 Opern, 3 Sinfonien, 5 Klavierkonzerte, 2 Bratschenkonzerte, ein Violinkonzert, 2 Konzerte für zwei Klaviere, 2 Klarinettenkonzerte, 3 Posaunenkonzerte, je ein Cello-, Kontrabaß-, Flöten-, Oboen-, Fagott-, Horn- und Trompetenkonzert, ein Konzert für zwei Fagotte, »Introduktion und Trauermarsch«, ein Konzert für Singstimme und Orchester, 2 Klavierquintette, ein Klavierquartett, 3 Streichquartette, 2 Sonaten für Violine und Klavier und für Klarinette und Klavier, 150 Praeludien, 150 Mazurken, 10 Polonaisen, 5 Balladen für Klavier, 5 Masurische Suiten für Soli, Chor und Orchester, 2 Litaneien für Soli, Unisonochor und Klavier oder Orgel und weitere Kantaten für gemischten Chor und Orchester, zahlreiche Chöre und über 350 Lieder.

Pehr Frigel (1750–1842)

ZEIT UND UMWELT
Das Musikleben in Stockholm war um die Wende zum 19. Jahrhundert bereits in voller Blüte. Die Oper spielte immer mehr schwedische Stücke, Chor- und Orchestervereinigungen gaben regelmäßige Konzerte, die Musikalische Akademie (Kunglig Musikaliska Akademien) war bereits seit 1771 in Tätigkeit, und die ihr angeschlossene Unterrichtsanstalt konnte schon einen Großteil ihrer Lehrer aus Schweden selbst beziehen.

LEBEN
Pehr Frigel wurde am 2. 9. 1750 in Kalmar geboren. Nach seinem Studium in Uppsala

bildete er sich bei Johann Gottlieb Naumann, Joseph Martin Kraus und Francesco Antonio Uttini zum Musiker aus. Er trat in den Staatsdienst, wurde 1796 Sekretär der Musikalischen Akademie, der er seit 1778 angehört hatte, wirkte von 1811 bis 1834 als Inspektor der Unterrichtsanstalt der Akademie und zugleich von 1814 bis 1830 als Lehrer für Musiktheorie. Er starb am 24. 11. 1842 in Stockholm.

WERKE
Von Pehr Frigel sind eine Oper, ein Singspiel, das Oratorium »Försonaren på Oljaberget« (Der Erlöser auf dem Ölberg), mehrere Kantaten, Lieder, Chor- und Orchesterwerke überliefert. Seine Musik folgt einem strengen, an Johann Sebastian Bach, Georg Friedrich Händel, Christoph Willibald Gluck und Joseph Haydn gebildeten klassischen Stil.

Johannes G. Fritsch (geboren 1941)

LEBEN
Johannes G. Fritsch wurde am 27.7.1941 in Bensheim-Auerbach an der Bergstraße geboren. Von 1961 bis 1965 studierte er an der Musikhochschule und an der Universität in Köln. Ab 1964 arbeitete er am Elektronischen Studio des Westdeutschen Rundfunks in Köln mit, 1965 – 70 wirkte er als Dozent für Musiktheorie am Konservatorium in Köln. Seit 1971 ist er Leiter des Seminars für Neue Musik an der Akademie der Tonkunst in Damstadt.

WERKE
»Modulation I« für Violine, Bratsche, Cello, Kontrabaß und Klavier, »Modulation II« für Kammerensemble und Tonbänder, »Modulation III« für Tonbänder und Mikrophone (permanente Musik für Räume und Plätze) und »Modulation IV« für vier Lautsprechergruppen werden bisher als das Hauptwerk von Johannes G. Fritsch angesehen. Er schrieb ferner eine Partita für Bratsche, zwei Kontaktmikrophone, zwei Magnetophone, zwei Filter und drei Regler, ein Konzert für großes Orchester, ein »geschlagenes« Konzert für Schlagzeug und drei Streichtrios, ein Stück für vier Lautsprechergruppen, ein Kammerkonzert für Violine mit Kontaktmikrophon und zwölf Streicher, ein Streichquartett, einen Gesang für Sopran, tiefe Blasinstrumente und drei Kontrabässe und ein Duett für Bratsche.

Thomas Fritschius (1563 bis vor 1620)

LEBEN
Thomas Fritschius (Fritsch) wurde am 25. 8. 1563 in Görlitz geboren. Es ist unbekannt, wo er als Musiker tätig war. Zuletzt war er »Kreuzherr mit dem roten Stern« zu St. Matthias in Breslau (Wrocław), wo er noch vor 1620 starb.

WERKE
Der deutsche Komponist Thomas Fritschius hat als Hauptwerk eine Sammlung von 119 vier- bis zehnstimmigen, zumeist lateinischen Gesängen hinterlassen, außerdem 2 mehrstimmige Messen. Seine Musik gehört dem polyphonen Vokalstil des 16. Jahrhunderts an. Monodische Besetzungen und Generalbaß verwendete er nicht.

Kaspar Friz (1716–83)

ZEIT UND UMWELT
Genf, das Calvin 1541 nach der Vertreibung des Bischofs zum »protestantischen Rom« machte, erhielt eine republikanische Verfassung, die sich in der Folge zu einer aristokratischen Geschlechterherrschaft wandelte. Versuche der mittleren Klassen, die Macht der Patrizier zu brechen, deren Puritanismus auch jede kulturelle Entwicklung hemmte, scheiterten. Es gelang auch nur wenigen Musikern, in der Stadt festen Fuß zu fassen.

LEBEN
Kaspar Friz (Fritz) wurde am 18. 2. 1716 in Genf geboren. Er war Schüler von Giovanni Battista Somis in Turin, lebte sodann als Musiklehrer und Violinist bis zu seinem Tod

am 23. 3. 1783 in Genf. Im Jahr 1756 trat er mit Erfolg im Concert spirituel in Paris auf.

WERKE

Die Kompositionen von Kaspar Friz, 6 vierstimmige Sonaten, 6 Sonaten für Violine oder Querflöte und Generalbaß, 6 Sonaten für Violine und Generalbaß, 12 Sonaten zum Teil für zwei Violinen und Generalbaß und 6 Sinfonien, sind mehrmals bis in unser Jahrhundert aufgelegt worden. Es handelt sich um reine Rokokomusik, die wegen ihrer schönen melodischen Führung bis heute nichts an Beliebtheit verloren hat.

Johann Jacob Froberger (1616–67)

ZEIT UND UMWELT

Neben dem Beruf des Klerikers war keiner so eng mit einem bestimmten Religionsbekenntnis verbunden wie der des Musikers, solange der Raum der profanen Musik noch nicht umfangreich genug war, um den Lebensbedarf zu decken. Im erhöhten Maß traf das bei Organisten zu, denn Konzertorgeln gibt es erst seit dem 19. Jahrhundert. Ohne Kirchendienst konnte der Organist nicht existieren. Daher war der Wechsel der Konfession je nach der Stellung, die sich eben anbot, nicht selten.

LEBEN

Johann Jacob Froberger wurde am 19. 5. 1616 in Stuttgart getauft und von seinem Vater und von Johann Ulrich Steigleder zum Organisten ausgebildet. Er erhielt 1637 die Stelle eines Hoforganisten in Wien und dürfte bereits anläßlich dieses Stellenantritts zum Katholizismus konvertiert sein. Noch im gleichen Jahr sandte ihn der Wiener Hof nach Rom zu Girolamo Frescobaldi, dessen bedeutendster Schüler er wurde. Im Jahr 1641 kehrte er nach Wien auf seinen Posten zurück, ging aber ab 1645 mehrmals auf Reisen. Er war in Dresden, in Paris und London und erregte mit seinem Spiel überall Aufsehen. Seine letzten Jahre verbrachte er im Dienst der Herzoginwitwe Sibylle von Württemberg, auf deren Schloß Héricourt bei Montbelliard, Elsaß, er am 7. 5. 1667 starb. Sein Vater Basilius Froberger (1575, Halle, bis 22. 8. 1637, Stuttgart) war ab 1599 Tenorist und ab 1621 Hofkapellmeister in Stuttgart.

WERKE

Das Werk des deutschen Organisten, Cembalisten und Komponisten Johann Jacob Froberger besteht zum allergrößten Teil aus Instrumentalmusik. Es sind von ihm nur 2 geistliche Stücke für Singstimmen und Instrumente überliefert. Er war der eigentliche Schöpfer der Klaviersuite, wenn er auch die später übliche Satzfolge nur gelegentlich einhielt und die Reihenfolge Allemande – Gigue – Courante – Sarabande vorzog. Stilistisch verband er Italienisches, Französisches und Englisches, in den Orgelstücken überwog der Einfluß von Girolamo Frescobaldi, bei den Suiten für Cembalo steht Frankreich im Dienst effektvoller Klanggestaltung an erster Patenstelle. Er bürgerte das Rezitativ (als langsames Tempo rubato) in die deutsche Cembalokunst ein.

Die Gesamtausgabe seiner Orgel- und Cembalowerke enthält 25 Toccaten, 18 Capriccios, 14 Ricercare, 8 Fantasien, 6 Kanzonen, 30 Suiten und 4 Suitensätze. Die Cembalosätze stellen an den Spieler besondere und ungewohnte Aufgaben, bei denen sich die Virtuosität des Komponisten deutlich macht. Ihr Einfluß reichte weit in das 18. Jahrhundert hinein.

Fantasia Nr. 1, 7 Abschnitte, entstanden 1649

Diese umfangreichste Komposition basiert auf den ersten sechs Tönen der Dur-Tonleiter. In jedem Abschnitt ist ein anderer Rhythmus vorherrschend; die sechs Töne sind jeweils von anderen Gegenthemen kontrapunktiert. Im Abschnitt 6 sind den sechs Tönen chromatische Durchgangstöne genial hinzugefügt. Das ganze Stück muß als Meisterwerk polyphonen Stils bezeichnet werden.

Toccata Nr. 2, entstanden 1649

Diese bekannteste Toccata des Komponisten beginnt eindeutig modal und führt von der anfänglich improvisatorischen Faktur zu streng imitatorischen Teilen und wird tonal. Das Ende ist wieder sehr frei gestaltet und ähnelt dadurch dem Beginn, wird aber durch eine reiche Chromatik ausgeziert.

Ricercare Nr. 11, entstanden 1656

Dieses Ricercare ist für seine Zeit avantgardistisch und nimmt die Fuge des 18. Jahrhunderts voraus, indem es nichtthematische Zwischenspiele aufnimmt und verarbeitet.

Canzona Nr. 4, entstanden 1649

Diese Kanzone ist völlig intrumental konzipiert und weicht von der noch immer häufigen Melodiengestaltung ab, so daß sie auch von einer Singstimme bewältigt werden könnte. Sie besteht aus 4 Abschnitten, die thematisch eng miteinander verkettet sind. Daher ist sie zu den Vorläufern der mehrsätzigen Sonate einzureihen.

Capriccio Nr. 13, entstanden 1656

Das zweiteilige Stück beginnt mit repetierenden Achtelnoten. Diese Figur wird im gesamten Stück verarbeitet, jedoch im zweiten Abschnitt rhythmisch der Gigue angenähert, so daß eine starke Spannung entsteht, die in einer strahlenden kurzen Coda ausklingt.

LITERATUR

U. Scharlau, Neue Quellenfunde zur Biografie Johann Jacob Frobergers, in: Die Musikforschung XXII, 1969.

Johannes Frederik Frøhlich (1806–60)

LEBEN

Johannes Frederik Frøhlich wurde am 21.8. 1806 in Kopenhagen geboren. Er war Violinschüler von Claus Schall (1757–1835) und wurde außerdem als Flötist und Pianist ausgebildet. Ab 1827 war er Chorregent am Königlichen Theater und ab 1836 Erster Konzertmeister in Kopenhagen, zeitweilig auch Erster Kapellmeister. Er starb am 21.5.1860 in Kopenhagen.

WERKE

Von Johannes Frederik Frøhlich sind 3 Ballette in Kopenhagen aufgeführt worden. Er schrieb ferner 3 Violinkonzerte und kleinere Werke für Violine und Orchester, 3 Streichquartette, Violinsonaten, Flötensonaten, Flötenduette und Flötentrios, eine Sinfonie und weitere Stücke für Orchester.

Joseph Fröhlich (1780–1862)

ZEIT UND UMWELT

Durch den Frieden von Lunéville wurde das Bistum Würzburg säkularisiert und mit dem Kurfürstentum Bayern vereinigt (1803). Im Jahr 1805 wurde es im Frieden von Preßburg Ferdinand III. (1769–1824), der bis 1802 Großherzog von Toskana war, unterstellt. Im Wiener Kongreß kam das nunmehrige Großherzogtum wieder zu Bayern, das 1806 Königreich geworden war.

LEBEN

Joseph Fröhlich wurde am 28.5.1780 in Würzburg geboren, wo er als Student der Universität 1801 Mitglied der Fürstbischöflichen Kapelle wurde und bald darauf einen Gesang- und Instrumentalverein der Studenten (»Akademische Bande«) gründete. Daraus ging 1804 das Akademische Musikinstitut, die spätere Königliche Musikschule, hervor. Er selbst wurde Professor für Ästhetik, Pädagogik und Didaktik und Leiter der Orchesteraufführungen der Schule. Im Jahr 1858 legte er seine Ämter nieder und widmete sich bis zu seinem Tod am 5.1.1862 in Würzburg allein der Komposition und der Musikschriftstellerei.

WERKE

Von Joseph Fröhlich sind eine Oper, mehrere Chorwerke, Lieder, Terzette und Duette für Singstimmen, außerdem einige Sinfonien, Konzerte, Sonaten, Messen und ein Requiem bekannt geworden. Um vieles bedeutender als seine Kompositionen in einem sehr konventionellen Stil waren seine Lehrwerke und musikhistorischen Publikationen.

Theodor Fröhlich (1803–36)

ZEIT UND UMWELT

Neben den zahlreichen Gesangvereinen wurden im 19. Jahrhundert in den Schweizer Städten auch Dilettantenorchester gegründet, die zumeist Berufsmusiker – Musiklehrer, Kantoren – leiteten. Wenn auch das gesamte kulturelle Leben in der Schweiz der privaten Initiative überlassen blieb, so leistete die öffentliche Hand indirekt genügend Unterstützung, z.B. durch Bereitstellung von Übungsräumen und ähnliches. Auch die sich später bildenden Gesellschaften, die Orchester und Chöre mit Berufsmusikern unterhielten, waren rein privater Natur und dafür vor Bevormundungen seitens irgendwelcher Behörden bewahrt.

LEBEN
Friedrich Theodor Fröhlich wurde am 20.2. 1803 in Brugg, Aargau, geboren. Er studierte 1823/24 und von 1826 bis 1830 bei Carl Friedrich Zelter und Bernhard Klein in Berlin und wirkte anschließend als Musiklehrer an der Kantonschule und als Dirigent eines Gesangvereins und Dilettantenorchesters in Aarau, wo er am 16.10.1836 starb.

WERKE
Von Theodor Fröhlich sind eine Sinfonie in A-Dur, 3 Ouvertüren, einige Kammermusik und etliche geistliche Chorkompositionen handschriftlich überliefert. Im Druck sind zahlreiche Lieder, darunter die »Persischen Lieder« von Friedrich Rückert, Männerchöre, darunter »Lieder im Volkston«, und einige Klavierstücke erschienen. Seine Melodie zu »Wem Gott will rechte Gunst erweisen« von Joseph von Eichendorff (1788–1857) ist volkstümlich geworden.

Markian Frolow (1892–1944)

LEBEN
Markian Petrowitsch Frolow wurde am 24.11.1892 in Bobrujsk, Weißrußland, geboren. Er war von 1913 bis 1924 Schüler der Konservatorien in Petrograd und Kiew, wirkte anschließend als Konzertpianist und Klavierlehrer am Konservatorium in Kiew. Im Jahr 1928 ging er nach Swerdlowsk, wo er zunächst als Theorie- und Klavierlehrer und später als Direktor des Konservatoriums tätig war. Er starb am 30.10.1944 in Swerdlowsk.

WERKE
Nachdem bereits im 19. Jahrhundert viel Musikgut aus dem russischen Osten in die Musiklandschaft Rußlands geflossen war, wurde im 20. Jahrhundert die Volksmusik nahezu aller finnisch-ugrischen, georgischen, iranischen und uralaltaischen Völker der Sowjetunion bei Wahrung aller Selbständigkeit in die Musik des Landes einbezogen, so daß einerseits, auf die eigene Folklore aufbauend, autonome Musikentwicklungen der einzelnen Völker entstanden, soweit sie nicht schon vorhanden waren, andererseits durch gegenseitigen Austausch der Gesamtentwicklung eine überaus breite Palette verschiedenartiger Melodien, Harmonien, Rhythmen und Phrasierungen entstand. Markian Frolow entnahm seine Musik zum Teil osturalischen Völkern. Er schrieb neben einer Oper eine Tondichtung, ein Klavierkonzert, eine Ouvertüre auf drei burjatische Themen, eine Klaviersonate, Klavierstücke, Solo- und Massenlieder und ein Oratorium.

Andreas Fromm (1621–83)

ZEIT UND UMWELT
Die trostlosen wirtschaftlichen Verhältnisse und die ungeheuren Verluste an Menschen und Sachwerten als Folge des Dreißigjährigen Krieges, den Deutschland in Wahrheit verloren hatte, erzeugten in weiten Kreisen einen schicksalsergebenen, weltabgewandten Pietismus, der sein Heil in außerirdischen Bereichen suchte. Die verschiedenen sektiererischen Gemeinschaften erzeugten aber bei vielen eine drückende Unsicherheit in allen Glaubensfragen, wodurch manche dem Katholizismus näherrückten.

LEBEN
Andreas Fromm wurde 1621 in Plänitz, Ruppin, geboren. Er lebte als Kleriker ab 1641 in Stettin (Szczecin) und wurde dort 1649 Kantor an der Marienkirche und Musiklehrer am Pädagogium. Im Jahr 1654 wurde er Probst in Cöln an der Spree und Lehrer an der Universität Wittenberg, konvertierte sodann zum Katholizismus und verbrachte seine letzten Jahre im Prämonstratenserkloster Strahov in Prag.

WERKE

Vom deutschen Komponisten Andreas Fromm sind 2 deutsche Oratorien überliefert: »Actus musicus de divite et Lazaro« (Musikstück über den reichen Mann und den armen Lazarus) und »Dialogus Pentecostalis« (Pfingstdialog). In beide sind selbständige Instrumentalsätze und evangelische Kirchenlieder eingebaut. Die einzelnen Personen sind durch bestimmte Instrumente charakterisiert. Beide Oratorien gelten als die ältesten ihrer Art.

LITERATUR

R. Schwartz, Das erste deutsche Oratorium, Jahrbuch der Musikbibliothek Peters, 1898.

Johannes Frosch (um 1480–1533)

ZEIT UND UMWELT

Eine der vielen Ursachen, die die Reformation ermöglichten, war zweifellos der krasse Unterschied zwischen dem reich dotierten höheren und dem armen niederen Klerus. Dazu trat wohl auch die weltliche Haltung vieler Päpste und Bischöfe, die auf weite Kreise abstoßend wirkte. Daher waren verhältnismäßig viele Kleriker bereit, Luther und seiner Lehre zu folgen, zumal dieser nur eine Reform der gesamten Christenheit angestrebt hatte. Die Trennung kam erst zustande, als man seine Absichten als Häresie bezeichnete und durch das Wormser Edikt die Reichsacht über ihn verhängte.

LEBEN

Johannes Frosch (Froschius, Rana) ist um 1480 in Bamberg geboren. Im Jahre 1504 begann er als Karmelitermönch sein Universitätsstudium in Erlangen, setzte es in Toulouse und ab 1514 in Wittenberg fort. 1517 wurde er Prior in Augsburg, ging aber ein Jahr darauf mit Luther nach Wittenberg. 1522 wirkte er bereits als lutherischer Prediger und wurde 1525 Geistlicher in Augsburg, das er 1531 wegen der dort herrschenden Reformisten (Calvinisten) verließ, um sich nach Nürnberg zu wenden, wo er 1533 Pastor wurde und im selben Jahr starb.

WERKE

Der deutsche Theologe und Komponist Johannes Frosch hinterließ neben einer Serie theologischer Schriften, Umdichtungen lateinischer geistlicher Texte in das Deutsche und einem musikwissenschaftlichen Traktat eine vier- und eine sechsstimmige Evangelienmotette, einen vierstimmigen lateinischen Psalm, einen Kanon und einige vierstimmige profane deutsche Lieder. Aus seiner Zeit als Mönch ist nichts erhalten. Der Stil der Kompositionen ist sehr schlicht und faßlich.

LITERATUR

M. Simon, Johannes Frosch, in: Lebensbilder aus dem bayrischen Schwaben II, 1953.

Gunnar de Frumerie (geboren 1908)

LEBEN

Per Gunnar Fredrik de Frumerie wurde am 20.7.1908 in Nacka bei Stockholm geboren. Bereits mit 10 Jahren trat er zum ersten Mal als Pianist vor die Öffentlichkeit. Er war am

Gunnar de Frumerie

Konservatorium in Stockholm Schüler von Ernst Henrik Ellberg und Lennart Arvid Lundberg, in Wien von Emil Sauer (8.10. 1862, Hamburg, bis 27.4.1942, Wien) und in Paris bei Alfred Denis Cortot. Er wirkt seit 1945 an der Musikhochschule in Stockholm als Klavierlehrer.

Werke

Außer einer Oper und einem Ballett schrieb Gunnar de Frumerie ein Melodram, sinfonische Variationen, ein Divertimento, 2 Klavierkonzerte, ein Doppelkonzert für zwei Klaviere, Variationen für Klavier und Orchester, eine sinfonische Ballade für Klavier und Orchester, ein Violinkonzert, 2 Flötenkonzerte, ein Trompetenkonzert, 2 Klavierquartette, eine Partita für Streicher, ein Konzert für Klarinette und Streicher, ein Concertino für Oboe und Streicher, zahlreiche Kammermusik, Klaviermusik, Chorwerke, Gesänge und Lieder.

William Henry Fry (1813–64)

Zeit und Umwelt

Um die Mitte des 19. Jahrhunderts war das Musikunterrichtswesen in den jungen Städten der USA bereits so entwickelt, daß niemand unbedingt mehr zur Ausbildung nach Europa reisen mußte. Dennoch blieb es üblich, zur Vollendung des Studiums einige Zeit auf dem Alten Kontinent zu verbringen, wobei Paris vor allen anderen Möglichkeiten nahezu traditionell der Vorzug gegeben wurde. Abgesehen von den wirklich vorzüglichen Lehrkräften, die diese Stadt zu bieten in der Lage war, spielte hier auch der verhältnismäßig weite Freiheitsraum, den Frankreich im Gegensatz zu allen übrigen Staaten gewährte, für Bürger der USA eine ausschlaggebende Rolle.

Leben

William Henry Fry wurde am 10.8.1813 in Philadelphia geboren. Er war frühbegabt, spielte mit 14 Jahren bereits ausgezeichnet Klavier und schrieb eine Ouvertüre. Für eine zweite erhielt er mit 20 Jahren eine Goldmedaille von der Philadelphia Philharmonic Society. Nachdem er in seiner Vaterstadt als Pianist und Komponist gewirkt hatte, trat er dem Redaktionsstab der »Tribune« in New York bei und ging 1846 als Korrespondent dieses Blattes für 6 Jahre nach London und Paris, wo er seine musikalische Ausbildung vervollständigte. Nach seiner Rückkehr in die USA arbeitete er als Musikkritiker der »Tribune« bis zu seinem Tod am 21.9.1864 in Santa Cruz, Westindien.

Leben

Die Oper »Leonora« von William Henry Fry aus dem Jahr 1845 gilt als die erste Oper der USA von einiger Bedeutung. Er verfaßte eine weitere mit großem Erfolg, außerdem die programmatischen Sinfonien »Santa Claus«, »Das brechende Herz«, »Child Harold«, »Ein Tag auf dem Land«, weiters einige Ouvertüren, ein Stabat mater, Kantaten und Lieder.

Walter Frye (um 1415–75)

Zeit und Umwelt

Mit dem Beginn des 15. Jahrhunderts wurden die Beziehungen der englischen Musik zur aufblühenden franko-flämischen Schule stärker. Dadurch lockerte sich zwar die Bindung der englischen Komponisten an den von Dunstable geschaffenen Stil nicht, jedoch einzelne Meister begaben sich an die Höfe des Kontinents und fügten sich mehr oder minder in seine Musikentwicklung ein.

Leben

Walter Frye ist um 1415 in England geboren. Sein Geburtsort ist nicht feststellbar. Ebensowenig sind nähere Daten seines Lebens bekannt. Er dürfte sich längere Zeit am burgundischen Hof aufgehalten haben. Jedenfalls scheinen einige seiner Werke in einer Brüsseler Handschrift auf. Er ist vor dem 5. 6. 1475 gestorben. Der Sterbeort ist unbekannt.

Werke

2 dreistimmige und eine vierstimmige Messe von Frye sind in der Brüsseler Handschrift überliefert. Darüber hinaus kennen wir 5

dreistimmige Motetten, ein Rondeau und 2 Balladen des englischen Meisters. Diese Kompositionen weisen eine nicht geringe Anzahl Kontrafakta kontinentalen Melodiengutes auf, was einen weiteren Beweis für die enge Bindung des Komponisten an den franko-flämischen Raum bildet.

LITERATUR

Walter Frye and the »Contenance Angloise«, Yale Studies in the History of Music III, London 1964.

Georg Friedrich Fuchs (1752–1821)

ZEIT UND UMWELT

Die Militärkapellen des 18. Jahrhunderts waren nahezu durchwegs Harmonieensembles, also Blech- und Holzblasorchester mit Schlagzeug. Schon während des Ancien regime wurden Militärkapellen in Frankreich sehr gepflegt. Dies erfuhr noch eine große Verstärkung in den Revolutionszeiten, in denen Volksversammlungen und Aufmärsche der Massen zumeist von Blaskapellen begleitet waren. An dem 1795 ins Leben gerufenen Conservatoire wurden 12 Lehrer zur Ausbildung von Militärmusikern eingestellt.

LEBEN

Georg Friedrich Fuchs wurde am 3. 12. 1752 in Mainz geboren. Er war Schüler von Christian Cannabich in Mannheim, sodann Militärmusikmeister in Zweibrücken. Nachdem er 1784 nach Paris übersiedelt war, um dort Klarinettenunterricht zu geben, wurde er 1795 als Klarinettenlehrer am neugegründeten Conservatoire beschäftigt und betreute diese Stelle bis zu seinem Tod am 9. 10. 1821.

WERKE

Von Georg Friedrich Fuchs sind zahlreiche Kammermusikwerke für Klarinetten allein oder mit anderen Instrumenten kombiniert – Quartette, Trios, Duos – und eine Reihe von Werken für Harmoniemusik überliefert. Sie lassen die Mannheimer Schule erkennen.

Robert Fuchs (1847–1927)

LEBEN

Robert Fuchs wurde am 15. 2. 1847 in Frauenthal, Steiermark, geboren. Er wurde am Konservatorium in Wien ausgebildet und wirkte von 1875 bis 1912 dort als Harmonielehrer und als kaiserlich-königlicher Hoforganist. Er starb am 19. 2. 1927 in Wien.

Sein Bruder Johann Nepomuk Fuchs (5. 5. 1842, Frauenthal, bis 5. 10. 1899, Vöslau, Niederösterreich) war Schüler von Simon Sechter in Wien und wirkte ab 1864 als Opernkapellmeister in Preßburg, anschließend an verschiedenen deutschen Bühnen und zuletzt an der Wiener Hofoper. Im Jahr 1888 wurde er Kompositionslehrer am Wiener Konservatorium, dessen Leitung er 1893 übernahm; 1894 wurde er kaiserlich-königlicher Vizehofkapellmeister.

WERKE

Von Robert Fuchs sind 3 Sinfonien, ein »Andante und Capriccio für Orchester«, eine Ouvertüre zu »Des Meeres und der Liebe Wellen« von Franz Grillparzer, ein Klavierkonzert, 2 Klaviertrios, ein »Fantasiestück« für Klaviertrio, 2 vorzügliche Streichquartette, 2 Klavierquartette, ein Klarinettenquintett, 2 Terzette für zwei Violinen und Bratsche, mehrere Violinduette, ausgezeichnete Klavierstücke für zwei und vier Hände, 2 Fantasien für Orgel, 2 Kantaten für Frauenchor und Orchester, Variationen und Klavierlieder, außerdem 2 Opern erhalten. Er war Lehrer von Hugo Wolf, Gustav Mahler und Franz Schreker (1878–1934). Seine Musik wäre einer stärkeren Beachtung wert.

Johann Nepomuk Fuchs schrieb zahlreiche Lieder und Klavierstücke, ferner eine Oper.

LITERATUR

A. Mayr, Erinnerungen an Robert Fuchs, Graz 1934.

Johannes Fuchswild
(1465 bis um 1540)

ZEIT UND UMWELT
Herzog Ulrich I. von Württemberg regierte das Land ab 1503 als Herzog. Er stürzte sich durch seine aufwendige Hofhaltung in gewaltige Schulden, die er durch Steuererhöhungen abzudecken suchte. Das führte zu Bauernaufständen. Er mußte den Ständen wichtige Rechte gewähren. Die entsprechenden Verträge wurden vom Herzog mehrmals gebrochen, so daß ihn die Schwäbische Liga (Bund schwäbischer Reichsstädte zur Erhaltung ihrer Reichsunmittelbarkeit) ausschloß (1519) und Württemberg 1520 an Kaiser Karl V. verkaufte. Die vom Herzog begründete Stuttgarter Hofkapelle blieb davon jedoch unberührt.

LEBEN
Johannes Fuchswild (Johannes Fochß, Vulpius) wurde vermutlich 1465 in Ellwangen geboren und studierte von 1483 bis 1485 an der Universität Leipzig. Im Jahre 1508 trat er der Stuttgarter Hofkapelle bei. Er ist in Stuttgart um 1540 gestorben.

WERKE
Von Johannes Fuchswild sind mehrere vierstimmige Lieder im höfischen Stil erhalten. Der Meister ist als erster namentlich bekannter Komponist der Stuttgarter Hofkapelle, die ab dieser Zeit eine wichtige Rolle bei der Entwicklung der Musik Deutschlands spielte, beachtenswert.

LITERATUR
R. Eitner, Das alte deutsche mehrstimmige Lied, Monatshefte für Musikgeschichte XXV, 1893.

Kaspar Füger (um 1562–1617)

ZEIT UND UMWELT
Die Kantoreien des Kurfürstentumes Sachsen waren um die Wende zum 16. Jahrhundert auf einem hohen Stand. Die Kantoren und Organisten kamen zum größten Teil aus den Fürstenschulen und bildeten sich zumeist an einer der Universitäten des Landes weiter. Außerdem hatte sich in der zweiten Hälfte des verflossenen Jahrhunderts bereits eine Kantorentradition herausgebildet, die zum Maßstab geworden war.

LEBEN
Kaspar Füger wurde um 1562 in Dresden geboren. Er kam 1575 an die Fürstenschule in Meißen, wo damals Wolfgang Figulus lehrte, und 1581 an die Universität Leipzig. Im Jahre 1585 war er Kantor an der Kreuzkirche in Dresden, verließ diese bald und wirkte an verschiedenen Kirchen des Landes, bis er 1591 neuerlich den Dienst an der genannten Kirche aufnahm, an der er Diakon wurde. Er starb in Dresden am 24. 7. 1617.

WERKE
Von den angeblich zahlreichen Kompositionen des Kirchenmusikers Kaspar Füger sind nur »Christliche Verß und Gesenge« erhalten. Diese Kompositionen fügen sich in das zeitgenössische evangelische Liedgut gleichwertig ein.

Robert Führer (1807–61)

ZEIT UND UMWELT
Die Domkapellmeisterstelle an St. Veit in Prag war ständig nur von erstklassigen Kräften besetzt, was in vielen Fällen so gesichert wurde, daß der jeweilige Kapellmeister seinen besten Schüler nominierte und dieser ebenso vorging, so daß ganze Kapellmeistergenerationen entstanden.

LEBEN
Robert Führer wurde am 2. 6. 1807 in Prag geboren. Er war Schüler von Jan Antonín Vitásek (1770–1839), der wiederum Schüler von Jan Antonín Koželuh gewesen war, dessen Lehrer Josef Seger (1716–82) – Schüler von Bohuslav Černohorský (1684–1740) – an der Teynkirche gewirkt hatte, und folgte ihm 1839 in dessen Stellung als Domkapellmeister an St. Veit nach, nachdem er als Organist in

Strahov und als Lehrer an der Prager Organistenschule tätig gewesen war. Im Jahr 1843 verlor er diese Stelle, begab sich nach einem Aufenthalt in Bayern nach Braunau am Inn, Oberösterreich, und wurde 1855 Organist in Gmunden und darauf in Ried im Innkreis, beides Oberösterreich, bis er 1860 auf der Suche nach einem geeigneten Wirkungskreis nach Wien ging, dort aber am 28.11.1861 starb.

Werke

Von Robert Führer sind ungefähr 100 Messen und zahlreiche andere kirchliche Gesänge – darunter eine Karfreitagmusik – erhalten, ferner mehrere Orgelwerke und ein Präludienbuch. Er verfaßte auch theoretische Werke.

Robert Führer

Zacharias Füllsack (um 1570–1616)

Zeit und Umwelt

Die Gottorferlinie, eine Nebenlinie des oldenburgisch-dänischen Königshauses – so benannt nach der Residenz Schloß Gottorf bei Schleswig –, ist durch die vom dänischen König Christian III. (1503–59) vorgenommene Erbteilung entstanden. Schloß Gottorf (Gottorp) war ab dem 16. Jahrhundert eine wichtige Stätte der Musikpflege.

Leben

Zacharias Füllsack (Füllsach) wurde um 1570 vermutlich in Hamburg geboren, wo er auch seine Ausbildung zum Posaunisten, Lautenisten und Komponisten erhalten hat. Von 1600 bis 1612 war er Posaunist an der Ratskapelle von Hamburg, anschließend Mitglied der Hofkapelle in Dresden, wo er 1616 starb.

Werke

Der deutsche Komponist Zacharias Füllsack veröffentlichte eine Sammlung mit 24 fünfstimmigen Tanzstücken – »Außerlesene Paduanen und Gaillarden« – eigener Komposition. Im 2. Teil dieser Veröffentlichung scheinen 18 solcher Tanzpaare von vorwiegend englischen Komponisten auf. Er hatte über das Schloß Gottorf, wo er selbst öfters spielte, gute Beziehungen zu englischen Musikern.

Literatur

B. Engelke, Musik und Musiker am Gottorfer Hofe, Breslau 1930.

Pascual Fuentes (um 1721–68)

Zeit und Umwelt

Das Barock war in Spanien auch im 18. Jahrhundert führender Stil. Die vielstimmigen Werke weisen sogar häufig eine gewisse Kontrapunktik auf, deren Linien allerdings nur streckenweise exakt gearbeitet sind, weil sie dem harmonischen Klang Konzessionen machen und Dissonanzen soviel wie möglich vermieden werden, um den imposanten Vollklang nicht zu stören. Auch die Verwendung von Blechblasinstrumenten ist keine Stilneuerung, weil in Spanien – gewisse Zeitspannen ausgenommen – immer alles an Instrumenten eingesetzt wurde, was vorhanden war.

Leben
Pascual Fuentes wurde in Aldaya, Valencia, um 1721 geboren. Er war Chorknabe an der Kathedrale von Valencia, trat 1737 der Kapelle an der Kathedrale von Albarracín bei und wurde schließlich Kapellmeister an San Andrés und sodann an der Kathedrale in Valencia, wo er am 26.4.1768 starb.

Werke
Von Pascual Fuentes sind eine Anzahl Messen und Hymnen, 13 Miserere, 8 Magnificat, ein Te Deum und mehr als 100 Villancicos handschriftlich erhalten. Sein Beatus vir für zehn Stimmen und sein Villancico »a Santa Catalina« für sechs Stimmen mit Trompeten, Violine, Orgel und Generalbaß werden noch heute aufgeführt und haben nichts von ihren mächtigen Klängen verloren.

Literatur
V. Ripollés, El Villancico i la cantata del segle XVIII a Valencia, Barcelona 1935.

Joachim Joseph Fuetsch (1766–1852)

Zeit und Umwelt
Durch Leopold Mozart, Luigi Gatti und Michael Haydn war eine gründliche Ausbildung am Salzburger Dom gewährleistet. Trotz intensiver Traditionspflege wurden die Schüler stets auf dem neuesten Stand der Musikentwicklung gehalten. Dem Geist der Stadt entsprechend wurden aber auch barocke Reminiszenzen von Lehrern auf Schüler weitervererbt.

Leben
Joachim Joseph Fuetsch wurde am 11. 8. 1766 in Salzburg geboren. Er war von 1775 bis 1784 Singknabe im Salzburger Dom und Schüler von Leopold Mozart, Luigi Gatti und Michael Haydn. Nach seiner Tätigkeit als Cellist der Hofkapelle wirkte er von 1817 bis 1835 als Domkapellmeister. Er starb am 4. 5. 1852 in Salzburg.

Werke
Von Joachim Joseph Fuetsch ist eine Anzahl Kirchenmusik – Messen, Proprien – erhalten. Er schrieb außerdem Kammermusik, Männerchöre und Lieder – alles klangvolle, gut gearbeitete Musik.

Disma Fumagalli (1826–93)

Zeit und Umwelt
Die Pianistik wurde im 19. Jahrhundert in Italien nicht so intensiv gepflegt wie etwa in Frankreich oder Deutschland. Sie fand beim italienischen Publikum nicht den großen Anklang wie die Gesangkunst oder die Violinistik, ein Pianist mußte sich erst im Ausland bewähren, ehe er in der Heimat mit Erfolg auftreten konnte. Daher begnügten sich viele italienische Pianisten mit einer Lehrtätigkeit.

Leben
Disma Fumagalli wurde am 8.9.1826 in Inzago, Mailand, geboren. Er studierte am Konservatorium in Mailand und wurde dort 1857 Klavierlehrer. Er starb am 9.3.1893 in Mailand.
Sein Bruder Adolfo Fumagalli (19.10.1828, Inzago, bis 3.5.1856, Florenz) studierte ebenfalls am Mailänder Konservatorium, machte als Klaviervirtuose einige Auslandstourneen und gab auch in Italien eine Reihe von Konzerten.
Sein zweiter Bruder, Polibio Fumagalli (16.10. 1830, Inzago, bis 21.6.1900, Mailand), wurde am Konservatorium in Mailand zum Organisten ausgebildet. Er wirkte ab 1873 als Orgellehrer dieser Schule.
Sein dritter Bruder, Luca Fumagalli (29.5.1837, Inzago, bis 5.6.1908, Mailand), wirkte nach seiner Ausbildung in Mailand am Konservatorium von Philadelphia als Klavierlehrer und anschließend in Mailand.

Werke
Von Disma Fumagalli sind ein »Großes Klavierkonzert mit Streichorchester« und über 300 Klavieretüden erschienen. Er verfaßte auch eine Reihe Klavierauszüge.
Adolfo Fumagalli schrieb über 100 Klavierstücke, darunter viele Transkriptionen von

Opernmelodien, vorwiegend zum eigenen Konzertgebrauch.
Polibio Fumagalli verfaßte verschiedene Kammermusik sowie Orgel- und Klavierstücke.
Luca Fumagalli verfaßte eine Oper, eine »Seesinfonie« und eine Anzahl virtuoser Klavierstücke.

Dynam Victor Fumet (1867–1949)

LEBEN
Dynam Victor Fumet wurde am 4.5.1867 in Toulouse geboren. Er studierte ab 1885 am Conservatoire in Paris bei César Franck und Ernest Guiraud und wurde darauf Zweiter Organist an Sainte-Clotilde. Nach einer Tätigkeit als Kapellmeister des Cabaret »Chat Noir« wirkte er als Organist in Lescar, Basses-Pyrénées, und ab 1910 an Sainte-Anne in Paris bis zu seinem Tod am 2.1.1949.

WERKE
Der Stil von Dynam Victor Fumet ist zwar traditionsgebunden, mutet jedoch durch viele eigenwillige melodische und harmonische Wendungen sehr modern an, obwohl er von den Zeitströmungen wenig beeinflußt war. Er schrieb das Oratorium »Sainte-Geneviève«, ein Requiem, mehrere Motetten, Chöre und Lieder, ferner 5 Orchesterwerke, die zwar Titel tragen, aber mit Programmusik nichts zu tun haben, sondern sehr eigenartige Stimmungsschilderungen sind, sodann einige Kammermusik, Orgel- und Klavierstücke. Sein Werk wird zu Unrecht völlig vernachlässigt.

Friedrich Funck (um 1630 bis nach 1690)

ZEIT UND UMWELT
Ehe die Viola als Altinstrument der Violinenfamilie ihre endgültige Gestalt und Stimmung erhielt, wurde sie mit wechselnder Größe, Saitenanzahl und Bezeichnung – Viola alta, Viola bassa, Viola bastarda, Viola da spalla usw. – zumeist zur Verstärkung der Baßlinie in Oktavenabstand verwendet. Zum Melodieinstrument wurde sie erst gegen Ende des 18. Jahrhunderts. Die Viola da gamba jedoch war ein Mitglied der Violenfamilie.

LEBEN
Friedrich Funck (Funccius) wurde um 1630 vermutlich in Reichenbach, Vogtland, geboren. Er studierte um 1673 in Jena Musik und Rechtswissenschaft, wurde herzoglicher Sekretär und schließlich Organist und Musiklehrer an einer Mädchenschule in Wunsiedel. Er starb in Arnstadt nach 1690. Er war auch zeitweise Organist in Reichenbach.

WERKE
Der deutsche Komponist Friedrich Funck, der Clavichord, Gitarre, Violine und auch Viola virtuos spielte, verfaßte 43 Tänze und Stücke für vier gleiche Viole da gamba, außerdem eine Sonatensuite für gleiche Besetzung.

LITERATUR
K. Nef, Geschichte der Sinfonie und Suite, Leipzig 1921.

Friedrich Funcke (1642–99)

LEBEN
Friedrich Funcke (Funccius) wurde am 27.3.1642 in Nossen, Sachsen, getauft. Er studierte 1660 und 1661 in Wittenberg und wirkte ab 1664 als Kantor an der Johanniskirche in Lüneburg. Im Jahr 1694 wurde er Pfarrer in Römstedt, Uelzen, wo er am 20.10.1699 starb.

WERKE
Vom deutschen Komponisten Friedrich Funcke wurden 43 Melodien in das »Stadt-Lüneburgische Gesangbuch« aufgenommen. Er verfaßte eine Anzahl Gelegenheitskompositionen, von denen nur das »Denk- und Danck-Mahl« für acht Stimmen, zehn Instrumente und Generalbaß sowie eine Neujahrskantate erhalten sind. Auch seine verschiedenen Historienvertonungen (»Auferstehung«, »Sieben Worte«, »Lukas-Passion«) sind ver-

loren. Eine anonym überlieferte Matthäus-Passion wird ihm zugeschrieben, sie bildet eine Frühform des deutschen Oratoriums des 18. Jahrhunderts.

Johann Wilhelm Furchheim
(um 1635–82)

ZEIT UND UMWELT

Die Violine eroberte in der zweiten Hälfte des 17. Jahrhunderts auch in Deutschland eine herrschende Stellung, wenn auch nicht so rasch wie in anderen Musikländern. Das Beispiel der Violinenensembles am französischen Hof, dessen Lebensform in ganz Europa bis in das kleinste nachgeahmt wurde, trug hierzu viel bei.

LEBEN

Johann Wilhelm Furchheim (Forchheim) wurde um 1635 in Dresden geboren und an der Hofkapelle zum Instrumentalisten ausgebildet, in die er dann 1665 als Violinist aufgenommen wurde. Im Jahr 1680 wurde er an der Kapelle Konzertmeister, 1681 zweiter Kapellmeister und starb in Dresden am 22. 11. 1682.

WERKE

Der deutsche Violinist und Komponist Johann Wilhelm Furchheim schrieb »Musicalische Taffel-Bedienung« für zwei Violinen, zwei Violen, Cello und Generalbaß und fünf drei- bis siebenstimmige Violinsonaten. Seine fünfstimmigen Kammersonaten sind verschollen. Furchheim zählt zu den frühesten deutschen Violinkomponisten. Es ist von ihm auch ein Choral mit Instrumenten erhalten.

Pedro Furio (um 1720 bis nach 1780)

ZEIT UND UMWELT

Nachdem die spanische Kirchenmusik um ungefähr ein halbes Jahrhundert später als im übrigen Europa die Polyphonie der Renaissance aufgegeben hatte, verschob sich auch das Ende des Barock um mindestens die gleiche Zeitspanne. Der dunkle Klang eng geführter Baßlinien und der breite Prunk der Vielstimmigkeit waren, wenn auch anders geordnet, erhalten geblieben und überdauerten auch die kommenden Stilwandlungen.

LEBEN

Pedro Furio wurde um 1720 in Alicante geboren. Er war Tenorist und Bratschist in Santiago de Compostela, sodann Kapellmeister an den Kathedralen von Guadix, León und Oviedo, wo er in den Jahren nach 1780 starb.

WERKE

Von Pedro Furio ist eine Anzahl Messen, Vespern, Miserere, Motetten, Hymnen, Lamentationen und Villancicos handschriftlich überliefert. Er verfaßte außerdem 2 geistliche Oratorien, die viel aufgeführt wurden. Von dem in Europa im 18. Jahrhundert erfolgten Stilwandel ist an dieser Musik nichts zu bemerken, aber es handelt sich durchwegs um ausgezeichnete, auf Klang gearbeitete Stücke.

Bonaventura Furlanetto (1738 – 1817)

ZEIT UND UMWELT

Tüchtige Lehrer der Kontrapunktik und der Fuge waren in allen Musikländern berühmt und gesucht, denn diese Techniken wurden und werden zum Teil noch heute als Grundlagen einer kompositorischen Tätigkeit angesehen, auch wenn man sie in der Praxis oft nur wenig oder überhaupt nicht anwendet.

LEBEN

Bonaventura Furlanetto (Musin genannt) wurde am 27. 5. 1738 in Venedig geboren. Er war zunächst Gesanglehrer, sodann ab 1768 Dirigent des Ospedale della Pièta seiner Geburtsstadt; er wurde 1782 Aushilfsorganist, 1794 interimistischer, 1797 wirklicher Zweiter Kapellmeister und 1810 Erster Kapellmeister an San Marco. Von 1811 bis zu seinem Tod am 6. 4. 1817 wirkte er auch als Lehrer für Fuge und Kontrapunkt am Istituto Filarmonico in Venedig.

WERKE

Das streng kontrapunktisch gehaltene kompositorische Werk von Bonaventura Furlanetto besteht allein aus Kirchenmusik: Messen, Psalmen, Motetten, Lamentationen und ein sehr beliebtes Magnificat, außerdem aus Oratorien und Kantaten. Er verfaßte auch ein Lehrwerk des Kontrapunkts; gedruckt wurde davon nichts.

LITERATUR

F. Caffi, Della vita e del comporre di Bonaventura Furlanetto detto Musin, Venedig 1820.

Giovanni Furno (1748–1837)

ZEIT UND UMWELT

Das Real Conservatorio di Musica San Pietro a Maiella, das anstelle der vier alten neapolitanischen Konservatorien nach 1808 gegründet worden war, schuf 1817 eine »Vorbereitungsschule«, die jeder Schüler des Konservatoriums besuchen und bestehen mußte, ehe er aufgenommen wurde.

LEBEN

Giovanni Furno wurde am 1. 1. 1748 in Capua geboren. Er war Schüler des Conservatorio Sant'Onofrio in Neapel, an dem er ab 1775 bis zu seiner Schließung 1797 als Kompositionslehrer tätig war. Anschließend wirkte er in gleicher Eigenschaft bis 1808 am Conservatorio della Pietà de'Turchini und darauf bis zu seinem Tod am 20. 6. 1837 am Real Conservatorio di Musica.

WERKE

Von Giovanni Furno sind 2 Opern, ein Miserere, eine Sinfonie und mehrere kleine Orchesterstücke erhalten. Seine Musik ist im konservativen neapolitanischen Stil gehalten.

Johann Evangelist Fuß (1777–1819)

ZEIT UND UMWELT

Das Musikleben in Budapest war weit in das 19. Jahrhundert hinein stark von Wien abhängig. Ungarische und in Ungarn wirkende Musiker wurden zumeist in Wien ganz oder zum größten Teil ausgebildet und wirkten in vielen Fällen einige Jahre in der Stadt.

LEBEN

Johann Evangelist Fuß wurde 1777 in Tolna, Ungarn, geboren. Er wirkte zunächst als Singknabe in Baja, wurde um 1800 Theaterkapellmeister in Preßburg, ging sodann nach Wien, um bei Johann Georg Albrechtsberger Unterricht zu nehmen und sich als Musiklehrer und Musikjournalist niederzulassen. Ab 1817 wirkte er in gleicher Eigenschaft in Budapest bis zu seinem Tod am 9.3.1819.

WERKE

Von Johann Evangelist Fuß wurden etwa 10 Opern in Wien und Preßburg aufgeführt. Bedeutender jedoch sind seine zwei- und vierhändigen Klavierkompositionen, seine Kammermusik – Quintette, Quartette, Trios, Duos – und seine Lieder, die den Volkston gut trafen.

Johann Joseph Fux (1660–1741)

ZEIT UND UMWELT

Als mit dem Tod Karls II. die spanische Linie der Habsburger ausstarb, schlug Kaiser Leopold I. seinen zweiten Sohn, den nachmaligen Kaiser Karl VI. (1685–1740), als Nachfolger vor. England, die Niederlande und Portugal unterstützten diese Kandidatur. Karl wurde 1703 als Karl III. zum König von Spanien gekrönt und begab sich 1704 nach Spanien. Im Jahr 1711 starb sein Bruder, Kaiser Joseph I., ohne direkte Nachkommen. Karl überließ die spanische Regentschaft seiner Gemahlin, Elisabeth Christine von Braunschweig-Wolfenbüttel (1691–1750), kehrte nach Wien zurück, um das Erbe nach seinem Bruder anzutreten, und wurde zum Kaiser gekrönt. Seine bisherigen Verbündeten und Frankreich erkannten nun dem französischen Kandidaten, Philipp V., im Frieden von Utrecht 1713 die spanische Krone zu, um einen zu großen Machtaufstieg des

Hauses Habsburg zu verhindern. Der Traum des Kaisers, das Weltreich Karls V. ein zweites Mal zu begründen, ließ sich nicht verwirklichen. Seine Erfüllung suchte dieser letzte musische Regent des Hauses Habsburg auf der Ebene der Kunst, indem er in Klosterneuburg einen zweiten Escorial entstehen ließ und das Zurückgreifen der Musik auf Fakturen und Strukturen des 16. Jahrhunderts förderte.

Johann Joseph Fux

LEBEN

Johann Joseph Fux wurde 1660 in Hirtenfeld bei St. Marein, Steiermark, geboren. Er studierte ab 1680 in Graz und ab 1683 in Ingolstadt, wo er bis 1688 als Organist an der St.-Moritz-Kirche tätig war. Er dürfte darauf in die Dienste des Bischofs Leopold Graf Kollonitsch (1631–1707) getreten sein. Im Jahr 1696 wurde er Organist an der Schottenkirche in Wien, 1698 Hofkompositeur Kaiser

Autograph aus einer Messe von Johann Joseph Fux

Leopolds I., 1705 zweiter Kapellmeister am Stephansdom, 1713 Vizehofkapellmeister und 1715 erster Hofkapellmeister; er war daneben von 1713 bis 1715 Kapellmeister der Kaiserin Wilhelmine Amalie von Braunschweig (Witwe nach Joseph I., 1673–1742). Er starb in Wien am 14. 2. 1741.

WERKE

Der österreichische Komponist Johann Joseph Fux hat mehr als 500 Vokal- und Instrumentalwerke verfaßt. Mit ihm erreichte die österreichische Barockmusik ihren Höhepunkt und Abschluß. Der Rückgriff, den der Komponist auf die Musik des 16. Jahrhunderts machte, war kein Rückschritt, sondern eine Synthese der Stilformen der Vergangenheit und der Gegenwart. Er war »kein Anbeter der superstitieusen Antiquität«, aber er riet: »Was so viele Secula von den vornehmsten Meistern für gut und recht gehalten, bis nit was besseres erfunden wird, veneriere er auf alle Weise«. Er orientierte sich am »Stylus a cappella« von Palestrina ebenso wie am »Stylus mixtus« der folgenden Zeiten. Er schrieb konzertant, aber auch streng kontrapunktisch. Alte Formen, wie Cantus firmus, Parodie, werden häufig beibehalten, so daß seine Benennung »Österreichischer Palestrina des 18. Jahrhunderts« seine Berechtigung hat. Die geniale Verschmelzung alles dessen, »was für gut und recht gehalten worden war«, stellte zugleich eine abschließende Vollendung dar, über die hinaus nur ein neuer Stil wachsen konnte. Daher war Fux nicht nur ein Wegbereiter zur Wiener Klassik, sondern hat bereits das Fundament dafür gelegt.

Johann Joseph Fux war vor allem Kirchenmusiker. Er schrieb bei 100 Messen und zahlreiche Vespern, Litaneien, Te Deum, Graduale, Hymnen, Psalmen und 11 Oratorien. Sein kontrapunktisches Prunkstück »Missa canonica« beschwor die Musikwelt des 16. Jahrhunderts herauf und schenkte Kaiser Karl VI. die Illusion eines Reiches, »in dem die Sonne nie unterging«. An profaner Musik, die zum großen Teil konzertant gehalten ist, liegen etwa 40 Triosonaten vor, außerdem die Suiten und Ouvertüren, Konzerte und Sonaten seines »Concentus musico-instrumentalis« und die nur zum Teil überlieferten Partiten, Suiten und Einzelstücke für Cembalo. Von seinen 18 Opern, die wie seine Oratorien den Wiener Stil endgültig ausformten, ist »Elisa« bemerkenswert, ihre Aufführung wurde von Kaiser Karl VI. dirigiert.

Epochemachend war sein »Gradus ad Parnassum«, eine Lehre des strengen, kontrapunktischen Satzes, ein Werk, das in viele Sprachen übersetzt und bis in unsere Tage als Grundlage zu allen späteren Lehrbüchern des Kontrapunktes verwendet wurde.

Sinfonia für Blockflöte, Oboe und Generalbaß, 6 Sätze

Die beiden Ecksätze sind langsam, gravitätisch und wirken wie schwere Rahmen, die ein farbenfrohes Bild abgrenzen, ein Bild, das von den Rändern zum Mittelpunkt strahlender und heller wird. Der zweite und der fünfte Satz sind 2 bewegte Andante, die ihrerseits 2 rasche Sätze (Nr. 3 und 4) einschließen. Das Ansteigen der Tempi bis zur Mitte und ihr Abflachen zum Finale bieten einen ganz besonderen Reiz.

LITERATUR

F. W. Riedel, Kirchenmusik am Hofe Karls VI., 1711 – 1740, Salzburg 1975. W. Gleissner, Die Vespern von Johann Joseph Fux, Mainz 1980.

G

Mary Ann Virginia Gabriel (1825–77)

Leben

Mary Ann Virginia Gabriel wurde am 7.2. 1825 in Banstead, Surrey, geboren. Sie war Schülerin von Johann Peter Pixis, Theodor Döhler, Bernhard Molique und Sigismund Thalberg und lebte darauf als Pianistin und Komponistin in London, wo sie am 7.8.1877 starb.

Werke

Von Mary Ann Virginia Gabriel sind 2 Kantaten in Covent Garden aufgeführt worden. Sie schrieb eine Anzahl Operetten, die viel gegeben wurden. Von ihren zahlreichen Liedern erreichten einige einen hohen Beliebtheitsgrad.

Gabriel da Annunciação (1681–1747)

Zeit und Umwelt

Wie überall, wo sich Franziskaner niedergelassen hatten, folgten sie ihrer eigenen Tradition, die, wie der Orden selbst, ihren Ausgang in Italien genommen hatte. Wegen der Tendenz dieser Tradition floß sehr viel volkstümliches Material ein, so daß die »Franziskanermusik« in jedem Land besondere Eigentümlichkeiten aufwies.

Leben

Gabriel da Annunciação wurde 1681 in Ivar geboren. Er war ab 1706 Mitglied des Franziskanerordens und nach seiner Ausbildung »Vigario do Côro« (Chorleiter) an den Klöstern in Coimbra und Oporto, und schließlich wirkte er in gleicher Eigenschaft in Lissabon bis zu seinem Tod im Jahr 1747.

Werke

Die Kirchenkompositionen des portugiesischen Chorleiters Gabriel da Annunciação sind beim Erdbeben im Jahr 1755 zugrunde gegangen. Sie wurden von den Zeitgenossen sehr geschätzt. Ein Handbuch des gregorianischen Gesanges »Arte de cantochão« blieb erhalten.

Gabriel de Mena
(um 1480 bis nach 1530)

Zeit und Umwelt

Das Repertoire der Kapelle König Ferdinands des Katholischen war sehr umfangreich. Das geht aus dem in der Zeit zwischen 1500 und 1530 entstandenen Cancionero musical de Palacio (Liedersammlung des Palastes) hervor, der über 550 Stücke enthielt und heute noch bei 460 aufweist. Die darin genannten Komponisten sind zum größten Teil Spanier, Josquin und Morton sind nur mit je einem Werk vertreten. Auch die Texte sind zumeist kastilisch, italienische, französische und portugiesische bilden die Minderzahl. Von Juan del Encina sind die meisten Stücke aufgezeichnet, Gabriel de Mena folgt an zweiter Stelle mit 19 Werken, was vermuten läßt, daß er nicht selten gesungen worden ist.

Leben

Gabriel de Mena ist um 1480 wahrscheinlich in Aragon geboren. Er wurde Kantor in der Kapelle König Ferdinands II. und wechselte nach dem Tod des Königs 1516 in die Dienste des Admirals von Kastilien, Don Fadrique Enríquez, über. Er dürfte um oder nach 1530 gestorben sein.

WERKE

Neben den 19 im Cancionero musical de Palacio überlieferten Villancicos (mehrstimmige Strophenlieder mit Refrain in der Volkssprache) scheint der Komponist auch im Cancionero general von Hernando del Castillo als Dichter und Musiker (Gabriel el músico) auf. Sein Stil ist der Art der Werke entsprechend volkstümlich.

LITERATUR

R. Stevenson, Spanish Music in the Age of Columbus, Den Haag 1960.

Andrea Gabrieli (um 1510–86)

ZEIT UND UMWELT

Adrian Willaert hatte den italienischen Stil des 16. Jahrhunderts begründet. Die später Geborenen empfanden diesen bereits als natürlichen Ausdruck ihrer Gedankenwelt. Die Großräumigkeit der Struktur, die freizügige Wandelbarkeit des melodischen Materiales, die souveränen Modulationen der Akkorde, die geschmeidige Chromatik entsprachen dem aufgeschlossenen Weltbild des Humanismus. Die Musik war zur reinen Kunst geworden, die nur den eigenen Gesetzen folgte und jeden Zwang abschüttelte, auch wenn es sich um zweckgebundene oder bestellte Werke handelte.

Sehr lange hielt die Freiheit nicht an, denn die Kräfte Roms rüsteten zur Gegenreformation. Aber was bis zu diesem Kälteeinbruch an Kunstwerken geschaffen wurde, konnte nicht mehr gelöscht werden.

LEBEN

Andrea Gabrieli wurde um 1510 in Venedig (Sestriere Canareggio) geboren. Er war höchstwahrscheinlich Schüler des Domkapellmeisters Willaert. Im Jahre 1536 trat er der Kapelle an San Marco als Sänger bei. In den vierziger Jahren dürfte er in Verona bei Vincenzo Ruffo tätig gewesen sein.

1564 löste er Claudio Merulo als Zweiter Organist des Markusdomes ab und wurde 1585 Erster. Er starb in Venedig gegen Ende des Jahres 1586.

WERKE

Andrea Gabrieli wird als einer der bedeutendsten und einflußreichsten Komponisten der gesamten Renaissance angesehen. Sein Beitrag, einen harmonisch flüssigeren und architektonisch flächigeren Stil durchzusetzen, war nachhaltend. Bei ihm nahm die Dur- und Mollharmonik in unserem Sinn ihren Anfang. Sein Werk umfaßte alle Gattungen der Musik seiner Zeit. In seiner Kirchenmusik wurde die Mehrchörigkeit Willaerts noch weiter ausgebaut und auf die Instrumentalbegleitung ausgedehnt (geteilt aufgestellte Bläsergruppen). Die Instrumente wurden von ihrer Rolle, als Stimmverstärker der Sänger zu dienen, teilweise befreit und in eine selbständigere, für das jeweilige Stück obligate Position gehoben.

Erhalten sind sechsstimmige Messen, eine große Anzahl Motetten, Psalmen, geistliche Gesänge. An profaner Musik liegen viele Chansons (Canzoni) und eine Anzahl Sonetten vor. Für die Orgel hat der Meister 4 Toccaten geschrieben, außerdem etliche Ricercari. Besondere Beachtung verdienen seine Concerti zum Empfang König Heinrichs III. von Frankreich, eine Festmusik, die einen nachhaltigen Einfluß auf die Musikentwicklung ausgeübt hat. Die Verknüpfung hoher und tiefer Chöre und die wechselnden Kombinationen der Stimmen gehen weit über die Technik der Zeitgenossen hinaus. Auch die Instrumentenbesetzung, für die teilweise genaue Vorschriften gegeben wurden, brachte völlig neue Strukturen, die erst nach Jahrzehnten allgemein wurden.

Doch nicht nur das hinterlassene Werk des Meisters wies der zukünftigen Musik die Richtung. Seine Schüler übernahmen Stil und Technik seiner Komposition, so daß ihr Einfluß weit in das nächste Jahrhundert hinein wirksam blieb. Seine bedeutendsten Schüler waren sein Neffe Giovanni Gabrieli, der sein Werk in Venedig fortsetzte und vollendete, und die Deutschen Hans Leo Haßler und Gregor Aichinger.

LITERATUR

D. Arnold, Andrea Gabrieli und die Entwicklung der »Cori-spezzati«-Technik, Die Musikforschung XII, 1959.

Giovanni Gabrieli
(um 1556–1612)

LEBEN
Giovanni Gabrieli (Gabrielli) wurde um 1556 in Venedig geboren. Er war Schüler seines Onkels Andrea Gabrieli. Seine Ausbildung ergänzte er während seines Aufenthaltes bei der Münchner Hofkapelle unter Orlando di Lasso von 1575 bis 1579. Im Jahre 1584 wurde er Nachfolger von Claudio Merulo als Erster Organist an San Marco in Venedig, konnte aber diesen Dienst nur bis 1607 versehen, weil er erkrankte; er erhielt bis zu seinem Tod am 12. 8. 1612 einen Vertreter.

WERKE
Obschon Giovanni Gabrieli, von seinem Münchner Aufenthalt abgesehen, Venedig nie verlassen hatte, war er bald ein in der gesamten damaligen musikalischen Welt bekannter Komponist. Er muß zu den bedeutendsten Meistern seiner Zeit gerechnet werden. Er schrieb mit starker Wirkung für mehrfache Chöre (Cori spezzati) und erneuerte die alte Praxis der Antiphonie und erweiterte sie durch Instrumentalgruppen. Er setzte alle Ausdrucksmittel der Musik ein bis zur Monodie und zum Generalbaß und verknüpfte Instrumente mit Gesang in allen nur denkbaren Formen. Dabei ging er von der ad-libitum-Besetzung ab und schrieb die einzelnen Instrumente namentlich vor. Die Klangfarbe, bisher kaum beachtet, wurde nunmehr zum essentiellen Moment der Musik.
Die von Giovanni Gabrieli verwendeten Texte waren zumeist lateinische Prosa, die zu sakralen Zwecken oder bei staatlichen Festlichkeiten verwendet wurde.
Seine (ausschließlich in Venedig gedruckten) Werke waren: vier- bis sechsstimmige Kirchliche Gesänge und Kirchliche Symphonien für sechs bis neunzehn Stimmen und Instrumente, zahlreiche Madrigale, Ricercari für Orgel und einzelne Orchesterstücke. Sein Werk ist nicht so umfangreich wie das seines Onkels, aber konzentrierter. Es wurde auf Mehrchörigkeit und instrumentale Ensemblemusik abgestellt und bildete daher eine wichtige Plattform für die Entwicklung der Musik im kommenden Jahrhundert.

LITERATUR
C. v. Winterfeld, Johannes Gabrieli und sein Zeitalter, Berlin 1834.

Domenico Gabrielli (um 1659–90)

ZEIT UND UMWELT
Das Violoncello, dessen endgültige Mensur allerdings erst im 18. Jahrhundert entwickelt wurde, nahm bei einzelnen Komponisten schon Jahrzehnte früher Solistenstellung ein. Zu Cellokonzerten nach Muster des Violinkonzertes kam es aber noch nicht.

LEBEN
Domenico Gabrielli (Gabrieli), »Minghino dal Violoncello« genannt, wurde um 1659 in Bologna geboren. Er war Kompositionsschüler von Giovanni Legrenzi. Im Jahr 1680 wurde er Cellist in der Kapelle an San Petronio zu Bologna und verblieb in dieser Stellung bis zu seinem Tod am 10. 7. 1690, mit einer Unterbrechung in den Jahren 1687 und 1688, die er im Dienst des Hofes in Modena verbrachte.

WERKE
Der italienische Komponist und Cellist Domenico Gabrielli war der erste, der Soli für Violoncello schrieb: Ricercari per violoncello. Er verfaßte neben ungefähr 10 Opern und 2 Oratorien auch eine Sammlung mit »Balletti, Gighe, Correnti, Alemande e Sarabande a violino e violone (Cello)«, Cellosonaten, eine Sonate für Trompete, Streicher und Generalbaß, eine Kantate für eine Stimme und eine Sammlung Motetten.

LITERATUR
E. Albini, Domenico Gabrielli, il Corelli del

violoncello, in: Rivista Musicale Italiana XLI, 1937.

Johann Wilhelm Gabrielski
(1791–1846)

LEBEN
Johann Wilhelm Gabrielski wurde am 27.5. 1791 in Berlin geboren. Er wirkte als Flötenvirtuose ab 1814 am Stadttheater in Stettin (Sczcecin) und ab 1816 als Königlicher Kammermusiker in Berlin, von Konzertreisen unterbrochen, bis zu seinem Tod am 18.9. 1846.
Sein Bruder Julius Gabrielski (4.12.1806, Berlin, bis 26.5.1878, Berlin) war als Flötenvirtuose und Flötenlehrer in Berlin tätig.

WERKE
Von Johann Wilhelm Gabrielski ist eine große Anzahl Flötenmusik – Solo- und Ensemblewerke – überliefert, die eine sehr entwickelte Technik verlangen, so daß man sich wundern muß, wie sie mit dem zur Verfügung stehenden Instrument bewältigt werden konnten.
Julius Gabrielski verfaßte vorwiegend Übungsstücke, aber auch einige sehr schöne Flötenkonzerte.

Giulio Cesare Gabussi
(um 1555–1611)

LEBEN
Giulio Cesare Gabussi wurde um 1555 in Bologna geboren und dort auch ausgebildet. Weiteren Unterricht erhielt er jedoch in Ravenna von Costanzo Porta. Etwas nach 1580 erhielt er die Kapellmeisterstellung am Dom in Forlì, ab 1594 die gleiche Stelle am Mailänder Dom. Um 1600 folgte er einem Ruf des polnischen Königs Sigismund III. nach Krakau, nahm aber im Jahre 1602 seine Tätigkeit in Mailand wieder auf und setzte sie bis zu seinem Tod am 12. 9. 1611 fort.

WERKE
Von dem italienischen Komponisten Giulio Cesare Gabussi sind 2 Bücher mit mehrstimmigen Madrigalen, 2 mit Motetten und eines mit 10 Magnificat erschienen. In zeitgenössischen Sammelwerken finden sich noch zahlreiche weitere Stücke. Er ist in jeder Beziehung noch dem 16. Jahrhundert zuzurechnen. Seine Kompositionen sind ausgezeichnet gearbeitet und sehr klangvoll.

LITERATUR
A. Gerbelotto, Il padre C. Porta da Cremona, in: Miscellanea francescana LV, 1955.

Niels Wilhelm Gade (1817–90)

ZEIT UND UMWELT
James Macpherson (1736–96) veröffentlichte eine Anzahl Gedichte, die er aus dem Gälischen des 3. Jahrhunderts übersetzt haben wollte. Nach seiner Behauptung stammten sie von einem Barden namens Ossian. Sie waren jedoch zum Teil einer viel jüngeren Zeit entnommen, zum Teil von ihm selbst in Nachahmung gälischer oder irischer Volksdichtung verfaßt. Die Sammlung verbreitete sich sehr rasch in Großbritannien, Skandinavien und im deutschen Sprachgebiet, obschon ihre Echtheit schon damals angezweifelt wurde; sie kam der herrschenden romantischen Tendenz sehr entgegen, regte eine Reihe von Dichtern zu ähnlichen Werken an und zog auch das Interesse der romantischen Komponisten auf sich.

LEBEN
Niels Wilhelm Gade wurde am 22.2.1817 in Kopenhagen geboren. Er wuchs als halber Autodidakt auf, erlernte aber sehr früh Gitarre, Klavier und besonders Violine. Eine systematische Ausbildung erhielt er erst später von Andreas Peter Berggreen und Christopher Ernst Friedrich Weyse, so daß er in die Hofkapelle eintreten konnte. Mit seiner ersten Komposition »Nachklänge von Ossian« errang er 1841 den ersten Preis bei einem ausgeschriebenen Kompositionswettbewerb und damit ein königliches Stipendium, das ihm eine Ausbildungsreise nach Deutschland ermöglichte. Er begab sich 1843 nach Leipzig, wo er Felix

Mendelssohn-Bartholdy und Robert Schumann als Freunde gewann und seine ersten Werke aufgeführt wurden. Nach einem kurzen Italienaufenthalt vertrat er 1844 den abwesenden Mendelssohn-Bartholdy in der Leitung der Gewandhauskonzerte in Leipzig und wirkte sodann bis zu dessen Tod als Zweiter Dirigent, sodann als sein Nachfolger in dieser Position. Bei Ausbruch des Deutsch-dänischen Kriegs kehrte er nach Kopenhagen zurück und übernahm dort eine Organistenstelle sowie die Leitung der Musikvereinskonzerte. Von 1861 bis zu seinem Tod am 21.12.1890 wirkte er als Hofkapellmeister.
Sein Sohn Axel Wilhelm Gade (28.5.1860, Kopenhagen, bis 9.11.1921, Kopenhagen) war Violinschüler von Joseph Joachim. Er wirkte ab 1911 als Konzertmeister der Königlichen Kapelle und als Violinlehrer am Konservatorium in Kopenhagen.

WERKE

Von Niels Wilhelm Gade sind ein Singspiel, 3 Ballette und eine Schauspielmusik überliefert. Er schrieb ferner 8 Sinfonien (c-Moll, E-Dur, a-Moll, B-Dur, d-Moll, g-Moll, F-Dur, h-Moll), 7 Ouvertüren (darunter »Nachklänge aus Ossian«, »Im Hochland«, »Hamlet«, »Michel Angelo«), 2 Suiten (»Ein Sommertag auf dem Lande«, »Holbergiana«), »Novelletten« für Streichorchester, ein Violinkonzert, ein Streichquartett, ein Streichquintett, zwei Streichsextette, ein Streichoktett, mehrere Klaviertrios, Fantasiestücke für Klarinette und Klavier, 3 Violinsonaten, für Klavier: eine Sonate, »Aquarellen«, Volkstänze, Idyllen und 4 Fantasiestücke, 3 Orgelstücke und eine Anzahl Kantaten, Lieder, Chorgesänge mit Orchester und Chorlieder für gemischten Chor, für Frauenchor und für Männerchor, außerdem verschiedene Märsche. Er setzte mit seinen Kompositionen den nationaldänischen Stil der Romantik seines Schwiegervaters Emil Hartmann fort und vertiefte ihn.
Axel Gade schrieb ein Violinkonzert, das zuweilen heute noch gespielt wird, verschiedene Kammermusik, viele Lieder und eine Oper.

Nachklänge aus Ossian, Ouvertüre, Opus 1, entstanden 1840

Der Eindruck, den der »Ossian« auf die dänische Romantik ausübte, war ungeheuer. Niels Wilhelm Gade war vom Stimmungsgehalt der schottischen Sagenwelt gefangengenommen und ließ sie in seine Werke einfließen. Diese Ouvertüre bringt dies am deutlichsten zum Ausdruck. Das rhapsodische, von Bläsern vorgetragene Thema spricht von der Würde der alten gälischen Kämpfer und ihren Heldentaten. Ein Mittelteil schildert den idyllischen Frieden nach den Siegen. Dann setzt das ritterliche Thema erneut ein; die Männer ziehen zu weiteren Taten aus.

Sinfonie Nr. 1 in c-Moll, Opus 5, 4 Sätze, entstanden 1842

»Formel hält uns nicht gebunden, unsere Kunst heißt Poesie« war die Devise des Romantikers Niels Wilhelm Gade, der auch in diesem Werk die Gedankenwelt des »Ossian« wiedergibt. Er bedient sich hiezu dänischer Volksmelodien. Der 1. Satz, »Allegro«, bringt ein fröhliches Volkslied. Das folgende Scherzo schildert einen Ritt über die Landschaft. Der 3. Satz beschwört die Schönheit eines klaren Sommertags, und das Finale singt ein Liebeslied, das den Gefühlsausdruck zum poetischen Prinzip erhebt.

Streichquartett in D-Dur, Opus 63, 4 Sätze, entstanden 1888

Dieses einzige veröffentlichte Streichquartett des Komponisten greift auf die Zeit zurück, in der er die Fakturen von Felix Mendelssohn-Bartholdy seinem eigenen Schaffen zugrundelegte, ohne sie nachzuahmen, und wirkt wie ein Rückblick auf seine eigene Jugend. Es bringt im 2. und 4. Satz die Elfenmusik, die wir bei dem älteren Freund kennengelernt haben, aber es sind nordische Elfen oder Trolle, die herumspuken. Der 1. Satz und der 3. sind lyrisch-rhapsodisch, als wollten sie eine alte Sage erzählen. Das Werk gehört trotz der Entstehungszeit zur Hochromantik und ist gerade durch diesen Anachronismus äußerst liebenswürdig.

LITERATUR

W. Behrend, Niels Wilhelm Gade, Leipzig 1917.

Henry Gadsby (1842–1907)

ZEIT UND UMWELT

Die Ausbildung der Chorknaben an den Londoner Kathedralen war seit Jahrhunderten derart ausgezeichnet, daß Talentierte auch ohne weiteren Unterricht in der Lage waren, sich selbst weiterzubilden, bis sie selbst zu Lehrern wurden.

LEBEN
Henry Gadsby wurde am 15.12.1842 in London geboren und war von 1849 bis 1858 Chorknabe an St. Paul's. Anschließend wirkte er als Organist an St. Peter's in Brockley, Surrey, und wurde 1884 Harmonielehrer am Queen's College in London; gleichzeitig war er Lehrer an der Guildhall School of Music, Mitglied der Philharmonischen Gesellschaft und des Royal College of Organists. Er starb am 11.11.1907 in London.

WERKE
Von Henry Gadsby sind 3 Sinfonien, ein »Intermezzo und Scherzo«, die sinfonische Dichtung »Der Wald von Arden«, 2 Ouvertüren, ein Orgelkonzert in F-Dur, ein Streichquartett, ein »Andante und Rondo« für Klavier und Flöte, 2 Bühnenmusiken, eine Vertonung des 130. Psalms, 4 große Chorwerke, Chorlieder und Sololieder überliefert, ferner Services und Anthems. Seine Musik gehört der Romantik an, wirkt aber sehr gleichartig.

Useir Gadschibekow (1885–1948)

LEBEN
Useir Abdul Hussein ogly Gadschibekow wurde am 5.9.1885 in Agdschabedy, Aserbeidschan, geboren. Er erhielt von 1911 bis 1914 in Moskau und in St. Petersburg seine musikalische Ausbildung. Nach anfänglicher literarischer Tätigkeit widmete er sich dem Musikleben seines Volks durch Gründung einer Musikschule, die 1949 als Konservatorium seinen Namen erhielt, eines Sinfonieorchesters und eines Volksinstrumentenorchesters in Baku, wo er am 23.11.1948 starb.
Sein Neffe Sultan Ismail ogly Gadschibekow (geboren am 8.5.1919, Schuscha, Aserbeidschan) studierte in Baku. Er wurde Lehrer am Konservatorium und 1955 Direktor der aserbeidschanischen Philharmonie.

WERKE
Von den 7 Opern von Useir Gadschibekow war »Lejli i Medschnun« die früheste aserbeidschanische Oper. Er verfaßte außerdem 2 Ouvertüren, Kammermusik, Klavierstücke, Kantaten, Lieder und Massenchöre. Er integrierte viel folkloristisches Melodiengut. Auch seine theoretischen Publikationen waren die ersten eines Aserbeidschaners.
Sultan Gadschibekow schrieb eine Operette, ein Ballett, 2 Sinfonien, ein sinfonisches Bild, ein Violinkonzert, ein Orchesterkonzert, ein Streichquartett, eine Kantate, Klavierwerke, Lieder, Bühnen- und Filmmusik. Er kombinierte Volksmusik mit russischer Romantik.

Dschewdet Gadschijew (geboren 1917)

LEBEN
Achmed Dschewdet Ismail ogly Gadschijew wurde am 5.6.1917 in Nucha, Aserbeidschan, geboren. Er war von 1936 bis 1938 in Baku Schüler von Useir Gadschibekow und anschließend in Moskau von Anatoli Aleksandrow. Von 1941 bis 1945 und von 1947 bis 1948 wirkte er als Leiter der Philharmonie in Baku, dann, nachdem er bei Dmitri Schostakowitsch seine kompositorische Ausbildung ergänzt hatte, als Lehrer am Konservatorium in Baku, dessen Direktor er von 1957 bis 1969 war.

WERKE
Neben einer Oper und einem Ballett schrieb Dschewdet Gadschijew 5 Sinfonien, 3 Tondichtungen, 2 Streichquartette, eine Sonate, einen Zyklus, ein Scherzo, 24 Praeludien und eine Ballade für Klavier. Sein Stil ist spätromantisch-national.

Johann Gänsbacher (1778–1844)

ZEIT UND UMWELT
Den meisten katholischen Kirchensängern und Organisten ist eine Reihe sakraler Kompositionen – Messen, Proprien, Kirchenlieder –

gut bekannt, die von Komponisten stammen, denen die Musikgeschichte keinen hohen Rang zubilligt, weil ihre Werke einer strengen Kritik nicht standhalten. Diese Kritik mag von ihrem Standpunkt aus recht haben, aber jener Standpunkt ist in diesem Fall unmaßgebend, denn diese Kompositionen sind für Laienchöre und kleine Orgeln bestimmt und für ein Publikum, das nur für einfache Harmonien ohne Dissonanzen, für volksliedhafte Melodik und für problemfreie Thematik empfänglich ist. Und da diese Musik den Zweck, für den sie geschrieben ist, voll erreicht, kann man jede abwertende Kritik nur als unsachlich bezeichnen.

LEBEN

Johann Baptist Peter Joseph Gänsbacher wurde am 8.5.1778 in Sterzing, Südtirol, geboren. Er war Sängerknabe in Innsbruck, wo er auch studierte, wurde sodann von Georg Joseph Vogler (1749–1814) und Johann Georg Albrechtsberger ausgebildet, erteilte anschließend selbst Musikunterricht in Wien, Prag, Dresden und Leipzig, ging darauf nach Darmstadt, Mannheim und Heidelberg. Im Jahr 1823 erhielt er die Stelle des Kapellmeisters an St. Stephan in Wien, die er bis zu seinem Tod am 13.7.1844 betreute.

Sein Sohn Joseph Gänsbacher (6.10.1829, Wien, bis 5.6.1911, Wien) studierte in Wien Jurisprudenz, betätigte sich ab 1868 als Musiklehrer und von 1875 bis 1904 als Gesanglehrer am Konservatorium der Gesellschaft der Musikfreunde.

WERKE

Die kompositorische Tätigkeit von Johann Gänsbacher lag vor allem auf dem Gebiet der Kirchenmusik. Er verfaßte über 30 Messen, 7 Requiem, Offertorien, Vespern und Hymnen, von denen vieles noch heute in österreichischen Kirchen gesungen wird und beliebt ist. Er schrieb außerdem eine Sinfonie, Serenaden, Märsche, Klavierwerke, Kammermusiken, Lieder, Kantaten, ein Liederspiel und eine Bühnenmusik. Außer der Kirchenmusik sind diese Werke schon längst vergessen. Sie weisen wenig Originalität auf.

LITERATUR

J. G. Woertz, Johann Gänsbacher, Innsbruck 1894.

Johann Gänsbacher, Lithographie von M. Trentensky

Bernardo Gaffi

(um 1670–1744)

LEBEN

Tommaso Bernardo Gaffi (Caffi) wurde um 1670 in Rom geboren. Er war Schüler von Bernardo Pasquini, dem er 1710 als Kapellmeister an Santa Maria in Aracoeli nachfolgte, nachdem er vorher als Organist an Santa Maria in Vallicella und an Del Gesù gewirkt hatte. Er starb in Rom am 11. 2. 1744.

WERKE

Der italienische Organist und Komponist Bernardo Gaffi schrieb eine Reihe weltlicher Kantaten und mehrere Oratorien, von denen 6 bekannt sind.

Franchino Gaffori (1451–1522)

Zeit und Umwelt

Unter dem Marchese Francesco II. Gonzaga (1466–1519) kam Mantua, das bereits seine Vorgänger zu einem bedeutenden kulturellen Zentrum der Lombardei gemacht hatten, auf einen hohen Entwicklungsstand. Namhafte Künstler wie Leon Battista Alberti (1404–72) und Andrea Mantegna (1431 bis 1506) hatten ihren Weg dorthin genommen. Es war eine zwangsläufige Folge, daß sich auch Dichter und Musiker bald einfanden.

Leben

Franchino Gaffori (Franchinus Gaffurius, Gafori) wurde am 14. 1. 1451 in Lodi geboren. Sein Vater war Söldnerhauptmann der Herren von Gonzaga. Franchino studierte im Benediktinerkloster San Pietro in Lodi Theologie und bei Johannes Godenbach (Bonadies, 15. Jahrhundert, Theoretiker und Lehrer) Musik. Nach seiner Priesterweihe ging er an den Hof der Gonzaga in Padua (1473), wurde jedoch 1477 nach Genua berufen. Das Jahr 1478 fand ihn in Neapel im Dienst Ferdinands I. von Aragon, wo er mit Tinctoris und Ycaert in Verbindung kam. Im Jahre 1480 kehrte er nach Lodi zurück und übernahm dort bis 1482 die Leitung der Schola cantorum, 1484 wurde er zum Kapellmeister des Domes zu Mailand ernannt, wo er am 25. 6. 1522 als anerkannt höchste musikalische Autorität der Stadt starb.

Werke

Von Gaffori sind eine dreistimmige und 14 vierstimmige Messen, 11 Magnificat, ein Stabat mater und bei 40 drei- bis fünfstimmige Hymnen und Motetten erhalten; dazu kommen noch etliche weltliche und textlose Sätze. Sein Stil stellte eine glückliche Kombination der flämischen Satzkunst mit dem Klangreichtum der Italiener dar. Berühmt war der Meister jedoch weniger wegen seines kompositorischen Wirkens als aufgrund seines umfangreichen musiktheoretischen Schrifttumes, zudem wegen seiner Tüchtigkeit in der Leitung und Ausgestaltung von Chören. Er reformierte den Mailänder Domchor von Grund auf, so daß dieser den höchsten Anforderungen entsprechen konnte; er nahm auch auf die von Weerbeke geleitete Hofkapelle maßgebenden Einfluß. Als die Franzosen Mailand eingenommen hatten, wurde ihm der Titel eines Regius musicus (Königlicher Musiker) verliehen. Leonardo da Vinci malte sein Porträt.

Literatur

I. Young, Franchino Gaffori, Los Angeles 1954.

Henri Gagnebin (1886–1977)

Leben

Henri Gagnebin wurde am 13.3.1886 in Lüttich geboren. Er studierte in Lausanne, Genf, Berlin und an der Schola Cantorum in Paris Komposition und Orgel. Er wirkte von 1910 bis 1916 als Organist an der lutherischen Kirche »De la Rédemption« in Paris, dann bis 1925 in Lausanne an Saint-Jean, wo er auch am Konservatorium Musikgeschichte las; von 1923 bis 1925 war er Professor am Konservatorium in Neuchâtel; sodann leitete er bis 1957 das Konservatorium in Genf, wo er am 1.6.1977 starb.

Werke

Neben 2 szenischen Kantaten und einem Ballett schrieb Henri Gagnebin 4 Sinfonien, »Drei sinfonische Bilder«, 2 Suiten nach Hugenotten-Psalmen und eine weitere, ein Klavierkonzert, ein Oktett, ein Bläsersextett, eine Rhapsodie für vier Klarinetten, eine für Flöte, Violine, Cello und Klavier, ein Divertimento für Bläser und Schlagzeug, eine »Aubade« für Horn und Klavier, eine Ekloge für Klarinette und Gitarre, eine Rhapsodie für Flöte und Harfe, ein Streichtrio, 4 Toccaten, eine Partita, eine Fantasie, ein Pastorale und andere Stücke für Klavier, mehrere Kantaten, Psalmen und Lieder.

Julius Gaidelis (geboren 1909)

LEBEN
Julius Gaidelis wurde am 5.4.1909 in Daugeliškis, Litauen, geboren. Er studierte von 1931 bis 1937 bei Juozas Gruodis am Konservatorium in Kaunas und von 1952 bis 1954 in Boston, Mass., bei Carl McKinley; nach sechsjährigem Aufenthalt in Deutschland wirkte er in den USA als Organist und Chorleiter.

WERKE
Neben einer Oper und einem Ballett schrieb Julius Gaidelis 6 Sinfonien, 5 sinfonische Dichtungen, 4 Streichquartette und 3 Kantaten. Er machte sich um die Verbreitung litauischer Musik sehr verdient.

Sophie Gail (1775–1819)

ZEIT UND UMWELT
Die Romanze und das Notturno - gesungen oder nur instrumental - sind typische Formen der Romantik, die sich vorzüglich dazu eigneten, die Emotionen des Komponisten - und des Interpreten - deutlich zu machen. Stimmungsmalerei und weiche Melodien sicherten dieser Musikgattung allseitige Beliebtheit.

LEBEN
Edmée Sophie Gail, geborene Garre, wurde am 28.8.1775 in Paris geboren. Sie war Schülerin von François Joseph Fétis und wirkte als Liedersängerin und Komponistin in ihrer Geburtsstadt, wo sie am 24.7.1819 starb.

WERKE
Neben 4 komischen Opern verfaßte Sophie Gail äußerst ansprechende Romanzen, Nokturnen und Lieder. Ihre Melodien wurden sehr häufig von anderen Komponisten als Thema für Variationen verwendet.

Constantino Gaito (1878–1945)

LEBEN
Constantino Gaito wurde am 3.8.1878 in Buenos Aires geboren. Er wurde am Konservatorium in Neapel zum Komponisten, Dirigenten und Pianisten ausgebildet und kehrte 1900 nach einer längeren Konzertreise durch Italien in seine Heimatstadt zurück, wo er sich bis zu seinem Tod am 14.12.1945 als Musiklehrer, Pianist und Komponist betätigte.

WERKE
Von Constantino Gaito sind ungefähr 10 Opern mit Erfolg aufgeführt worden. Er verfaßte außerdem ein Ballett. Von seinen zahlreichen Orchesterwerken sind 4 sinfonische Dichtungen, 3 Suiten, 5 Ouvertüren am bemerkenswertesten. Er schrieb ferner viele Kammermusikwerke, Klavierstücke und Lieder, außerdem ein Oratorium und verschiedene Lehrwerke für den Klavier- und Gesangunterricht.

Hans Gál (1890 – 1987)

LEBEN
Hans Gál wurde am 5.8.1890 in Brunn bei Wien geboren. Er war Schüler von Eusebius Mandyczewski und Guido Adler und wirkte dort von 1918 bis 1929 als Lektor für Musikwissenschaft. Darauf war er Direktor der Musikhochschule in Mainz, bis er 1933 Deutschland verlassen mußte. Er kehrte nach Wien zurück und lebte dort als Dirigent. Im Jahr 1938 wurde er auch von dort vertrieben. Er ging nach England, wo er in Edingburgh Universitätsdozent für Kontrapunktik und Komposition sowie Leiter des Kammerorchesters wurde. Er starb dort am 4.10.1987.

WERKE
Neben 5 Werken für die Bühne und einer Schauspielmusik schrieb Hans Gál 4 Sinfonien, 4 Suiten, eine Ouvertüre, ein Klavierkonzert, ein Violinkonzert, ein Cellokonzert, eine Musik für Streichorchester, Concertini für Klavier, für Violine und für Orgel mit Streicher, eine Sinfonietta für Mandolinenorchester, ein Concertino für Blockflöte und Streichquartett, 4 Streichquartette, ein Klavierquartett, ein Klaviertrio, ein Quartettino für Blockflöten, Sonaten für Flöte und für

Anfang des 4. Satzes der Klaviersonate Nr. 2 von Hans Gál, Autograph

Klarinette und Klavier, Divertimenti für Mandoline und Harfe und für Fagott und Cello, 24 Praeludien für Klavier, 3 »Marionetten« für Klavier vierhändig, eine Chorsuite für Frauenchor und weitere Chorwerke und Lieder. Sein Stil bewegte sich innerhalb der Wiener Tradition und ist vorwiegend von Johannes Brahms beeinflußt. Er war an der Herausgabe des Gesamtwerks von Johannes Brahms beteiligt und veröffentlichte eine Anzahl musikhistorischer und theoretischer Werke.

Cristóbal Galán
(um 1640 bis nach 1691)

Zeit und Umwelt
Die ersten in Spanien aufgeführten Opern stammten aus Italien. Eigenständige Opernwerke wurden im 17. Jahrhundert nur wenige verfaßt, abgesehen von den Zarzuelas, die der Oper ähnlich waren. Aus Italien wurde die Gepflogenheit übernommen, daß Kirchenmusiker auch Opern herausbrachten.

Leben
Cristóbal Galán wurde um 1640 vielleicht in Madrid geboren. Über seine Lebensumstände und sein Wirken ist nichts bekannt, außer daß er als erster Spanier Bühnenmusik schrieb. Er ist nach 1691 vermutlich in Madrid gestorben.

Werke
Keine der Opern des spanischen Komponisten Cristóbal Galán ist vollständig erhalten; es sind nur einzelne Arien und Chöre überliefert. Der Meister verfaßte auch sakrale Musik auf spanische Texte, die nach Art des römischen Barock zahlreiche Singstimmen und Orchesterinstrumente beschäftigen.

Francesco Galeazzi (1758–1819)

Zeit und Umwelt
Obwohl bis zum Ende des 18. Jahrhunderts einige viel benützte Violinschulen veröffentlicht wurden, und zwar von Autoren, die das Instrument selbst ausgezeichnet beherrschten, fehlte es wie auf anderen Gebieten an einer systematischen Methodik.

Leben
Francesco Galeazzi wurde 1758 in Turin geboren. Er war Violinist und später Dirigent am Teatro Valle in Rom bis zu seinem Tod im Januar 1819.

Werke
Von Francesco Galeazzi sind 6 Trios für zwei Violinen und Bratsche überliefert. Seine anderen Instrumentalwerke sind verschollen. Von großer Bedeutung ist seine zweibändige »Methodik des Violinspiels«, die älteste ihrer Art.

Giovanni Battista Galeno
(um 1550 bis nach 1626)

Zeit und Umwelt
Die Kapellen im Bereich der Habsburger schoben einander je nach Bedarf die Musiker zu oder warben sie zuweilen auch einander ab. Sie konnten sich dadurch stets vollzählig mit guter Besetzung erhalten und eine Tradition herausbilden, deren hoher Stand durch Jahrhunderte keine Minderung erfuhr.

Leben
Giovanni Battista Galeno (Galleno) wurde um 1550 in Udine geboren und als Singknabe ausgebildet. Um 1570 stellte ihn die Hofkapelle in Graz als Sänger ein. Er ging 1573 nach Aquileia, wo er bis 1584 als Sänger verblieb, dann kehrte er nach Graz als Hofkaplan und Sänger an die Hofkapelle zurück. Von 1590 bis 1594 wirkte er in der gleichen Eigenschaft in München, sodann bis 1595 beim Statthalter der Niederlande, Erzherzog Ernst (1553–95), und schließlich als Domkapellmeister bis 1612 in Udine, unterbrochen von einem Aufenthalt bei Kaiser Rudolf II. in Prag von 1597 bis 1598. Er starb in Udine nach 1626.

Werke
Von dem italienischen Kapellsänger und Komponisten Giovanni Battista Galeno ist an Kirchenmusik lediglich eine Marienlitanei erhalten. An profaner Musik liegen fünf- und siebenstimmige Madrigale vor, die dem venezianischen Stil folgen.

Salvatore Galeotti
(um 1725 bis nach 1770)

Zeit und Umwelt
Die Kompositionsform der Triosonate mit zwei Instrumenten in Sopranlage – Violinen, Flöten, Oboen – und Baß wurde in London noch im letzten Drittel des 18. Jahrhunderts gepflegt – aber nur von dort wirkenden italienischen Meistern. Englische Komponisten übernahmen diese Form nicht.

Leben
Salvatore Galeotti wurde um 1725 vermutlich in Italien geboren. Es läßt sich nicht feststellen, wann er nach London kam, wo er zwischen 1760 und 1770 als Violinist und Komponist hervorgetreten ist. Über sein sonstiges Leben und Wirken ist nichts bekannt. Er dürfte nach 1770 in London gestorben sein.

Werke
Von Salvatore Galeotti sind um 1768 6 Triosonaten für zwei Violinen und Baß gedruckt worden. Sie folgen dem von anderen italienischen Komponisten in London eingeführten Stil. Er schrieb außerdem eine Reihe von Violinkonzerten.

Stefano Galeotti (1723 bis nach 1785)

Zeit und Umwelt
An den Konservatorien von Neapel wurden nicht nur vorzügliche Komponisten und Kapellmeister, sondern auch Virtuosen auf allen gebräuchlichen Instrumenten ausgebildet. Es handelte sich jedoch nie um eine reine Anleitung zur technischen Höchstleistung, der Schüler erhielt zugleich umfangreichen Musikunterricht, der ihn befähigte, nicht nur reine Virtuosenmusik, sondern auch Stücke zu verfassen, die neben hohen technischen Anforderungen auch künstlerischen Gehalt boten. Das läßt sich bei den meisten der aus neapolitanischen Musikschulen kommenden Instrumentalisten verfolgen.

Leben
Stefano Galeotti wurde 1723 in Livorno geboren und in Neapel zum Cellisten ausgebildet. Er dürfte in Italien und mehrmals in London, Amsterdam und Paris als Virtuose aufgetreten sein. Seine letzte Publikation erschien 1785. Es ist unbekannt, wann und wo er in den folgenden Jahren gestorben ist.

Werke
Von Stefano Galeotti sind zwischen 1760 und 1785 erschienen: Sonaten und Soli für ein und zwei Celli mit Generalbaß, 6 Sona-

ten für zwei Violinen und Generalbaß und 20 Menuette für zwei Violinen und Generalbaß. Die Stücke zeichnen sich durch schöne Kantilenen aus. Einzelne Werke sind vielleicht Salvatore Galeotti zuzuschreiben.

Vincenzo Galilei (um 1520–91)

Zeit und Umwelt

Im Palazzo des Giovanni Bardi dei Conti di Vernio zu Florenz bildeten von der Mitte der siebziger bis zum Beginn der achtziger Jahre des 16. Jahrhunderts Adelige, ernste Musiker, Dichter und Philosophen der Stadt eine Camerata, um im Sinn der Renaissance, die in Florenz noch nicht zu Ende war, die antike Musik neu zu beleben wie andere Kulturgüter jener Zeit gehoben worden waren. Der Zweck der Bemühungen dieser Humanisten war die Wiederentdeckung der alten Einstimmigkeit, um jene Verschmelzung von Text, Affekt und Gesang zu erreichen, um dem Ideal der gekoppelten musischen Gestion nahezukommen. Ihr Endziel war, die griechische Tragödie erneut auf die Bühne zu bringen.

Die Träger bedeutender Namen hatten sich, abseits von allem politischen Geschehen und konfessionellen Zwist, zusammengefunden, unter ihnen der fanatische Verfechter einer umfassenden Wiedergeburt antiker Geisteshaltung, der Vater des großen Astronomen Galileo Galilei (1564 – 1642), Vincenzo Galilei.

Leben

Vincenzo Galilei wurde um 1520 zu Santa Maria a Monte bei Florenz geboren. Auf den Rat des Conte Bardi nahm er bei Zarlino in Venedig und bei dem Musiktheoretiker und Humanisten Girolamo Mei (1519–94) zu seinem Lauten- und Violinspiel theoretischen Musikunterricht und ließ sich hierauf als Lautenlehrer in Pisa nieder. Nach einem Aufenthalt in Venedig, um eine Abhandlung über Tabulaturkunst und Kompositionen zu veröffentlichen, schlug er seinen Wohnsitz in Florenz auf, wo er an der im Palazzo Bardi gegründeten Camerata lebhaften Anteil nahm. Er starb in Florenz am 2. 7. 1591 als allseitig anerkannter Komponist und Musikwissenschaftler, wenn auch seine Theorien nicht in die Praxis umsetzbar waren.

Michelangelo Galilei (um 1560, Pisa, bis um 1630, Italien), Sohn oder Neffe von Vincenzo Galilei, war Lautenist und Lautenlehrer. Er wirkte zwischen 1600 und 1620 am herzoglichen Hof in München als Lautenist, ging sodann nach Italien (Pisa oder Florenz) zurück.

Werke

Vincenzo Galilei war ein scharfer Gegner der zeitgenössischen Polyphonie und Instrumentalmusik. Sowohl durch sein Schrifttum wie in der Camerata des Conte Bardi bemühte er sich, die altgriechische monodische Musik neu zu beleben, und versuchte sich in entsprechenden Kompositionen, die jedoch wenig Beifall fanden. Aber seine Forderung nach einer engen Verknüpfung von Musik, Text und Gestik fand schließlich im Rezitativ der Oper und des Oratoriums ihren Niederschlag. Bei seinen übrigen Kompositionen befolgte er seine Theorien selbst nicht. Seine in Venedig in 2 Büchern erschienenen Madrigale sind vierstimmig. Auch seine Sologesänge haben eine mehrstimmige Lautenbegleitung. Ebensowenig einstimmig sind die Passamezzi, Romanesche, Saltarelli und Gallarden in seinem Buch über Lautentabulatur. Daß in allen diesen übrigens sehr klangvollen Werken die Textdeutlichkeit stark profiliert ist, ergibt sich aus der Einstellung des Komponisten zum Verhältnis der Musik zum Wort. Er traf sich mit seiner Ansicht teilweise mit den Bestrebungen der römischen Kurie, die mit seinem Sohn Galileo Galilei weniger zufrieden war.

Michelangelo Galilei veröffentlichte 1620 eine Lautentabulatur mit zum größten Teil eigenen Kompositionen. Außerdem sind von ihm mehrere Toccaten für Laute überliefert.

Literatur

Cl. Terni, Galileo Galilei e la musica in Chigiana XXI, 1964.

German Galinin

vorragende Kapellen mit den besten Musikern.

LEBEN
Johannes Galiot wurde um 1360 in Frankreich geboren. Er gehörte vermutlich der Königlichen Kapelle in Paris an, wo er noch vor der Eroberung der Stadt durch die Engländer im Jahre 1415 gestorben ist.

WERKE
Von dem französischen Komponisten Johannes Galiot sind nur der Refrain zu einem Rondeau und eine Ballade überliefert. Beides ist äußerst kunstvoll und kompliziert angelegt und reiht den Komponisten zu den ersten Meistern seiner Zeit ein.

German Galinin (1922–66)

LEBEN
German Germanowitsch Galinin wurde am 30.3.1922 in Tula, Rußland, geboren. Er war am Konservatorium in Moskau Schüler von Nikolai Mjaskowski und Dmitri Schostakowitsch. Dann widmete er sich allein der Komposition. Er starb am 18.7.1966 in Rusa bei Moskau.

WERKE
Von German Galinin sind ein »Episches Poem«, eine Suite für Streichorchester, 2 Klavierkonzerte, 2 Streichquartette, ein Klaviertrio, ein Duo für Violine und Klavier, ein Concerto grosso, 3 Klaviersonaten und ein Oratorium bekannt geworden. Sein Stil ist russisch-spätromantisch.

Johannes Galiot (um 1360 bis vor 1415)

ZEIT UND UMWELT
Neben der berühmten Kapelle in Avignon waren im späten 14. und frühen 15. Jahrhundert Paris und der französische Hof die Zentren der Musikpflege Frankreichs. Die Könige Karl V. und Karl VI. hielten sich her-

Jacques François Gallay (1795–1864)

ZEIT UND UMWELT
Von den verschiedenen Konstruktionen, die ein chromatisches Spiel des Horns ermöglichten, setzte sich schließlich 1818 das Ventilhorn durch, das nach einigen Verbesserungen ziemlich rasch Eingang fand und alle anderen Typen verdrängte. Das heute im Sinfonieorchester gebräuchliche Doppelhorn wurde erst 1898 gebaut.

LEBEN
Jacques François Gallay wurde am 8.12.1795 in Perpignan geboren und ab 1820 am Pariser Conservatoire von Louis François Dauprat zum Hornvirtuosen ausgebildet. Anschließend wirkte er als Hornist an den Orchestern des Odéon und des Théâtre italien sowie an der Königlichen Kapelle. Von 1833 bis zu seinem Tod am 18.10.1864 war er Hornlehrer am Konservatorium.

WERKE
Neben einer viel benützten Schule des Hornspiels verfaßte Jacques François Gallay zahlreiche Solo- und Ensemblewerke für Hörner – Konzerte, Nokturnen, Etüden, Duette, Trios, Quartette. Der warme Ton des Instruments war für die Musik der Romantik sehr geeignet.

Wenzel Robert Gallenberg (1783–1839)

Zeit und Umwelt
Domenico Barbaja (1778, Mailand, bis 16.10. 1841, Neapel) stieg vom Kellner zum Zirkusdirektor und Direktor des Teatro San Carlo in Neapel auf, wirkte von 1821 bis 1828 in Wien als Direktor des Kärntnertor Theaters und des Theaters an der Wien und nahm später noch die Scala in Mailand dazu. Er förderte eine Reihe italienischer und deutscher Komponisten.

Leben
Wenzel Robert Graf von Gallenberg wurde am 28.12.1783 in Wien geboren. Er war Schüler von Johann Georg Albrechtsberger, assoziierte sich mit dem Theaterdirektor Domenico Barbaja und stand mit ihm ab 1830 auch in Italien in enger Verbindung. Er starb am 13.3.1839 in Rom.

Werke
Neben ungefähr 50 Balletten verfaßte Wenzel Robert Gallenberg 3 Orchesterouvertüren und viel leichte Klaviermusik und Harfenstücke, außerdem 12 deutsche Gesänge. Er stand zu seiner Zeit als Komponist sehr in Mode, seine gefällige, etwas seichte Musik gefiel dem breiten Publikum.

Wenzel Robert Gallenberg

Leandro Gallerano (um 1580–1632)

Leben
Leandro Gallerano wurde um 1580 in oder bei Brescia geboren. Er trat dem Franziskanerorden bei, wurde 1620 Organist an San Francesco in Brescia und 1624 Kapellmeister an Sant'Antonio in Padua, wo er 1632 an der Pest starb.

Werke
Von dem italienischen Kirchenkomponisten Leandro Gallerano sind mehrere Bücher mit Messen, Psalmen, Motetten und anderen sakralen Gesängen, zum Teil mit Orgelbegleitung, erhalten. Neue Stilmittel wurden dabei nur sparsam verwendet.

François Gallet (um 1530 bis nach 1586)

Zeit und Umwelt
Infolge der Teilung seines Reiches durch Kaiser Karl V. in eine spanische und eine österreichische Linie geriet die nordfranzösische Stadt Douai in die Hände Philipps II. von Spanien, der daraus ein politisches und religiöses Propagandazentrum der aus England geflüchteten Katholiken bildete. Er gründete in Douai eine Universität (1562) und verlieh einigen englischen Gelehrten Lehrstühle, darunter dem Kardinal William Allen (1532–94), der 1568 ein College zur Heranbildung englischer Kleriker errichtete.

Leben
François Gallet wurde um 1530 in Mons geboren und vermutlich auch ausgebildet. Es ist unbekannt, welche Stellungen er versehen hatte, bis er in Douai zur Kapelle am College für englische Theologen kam. Ob er dem College, das für die Jahre von 1578 bis 1593 nach Reims übersiedelte, gefolgt oder

in Douai geblieben ist, läßt sich nicht feststellen. Er dürfte nach 1586 in Douai oder in Reims gestorben sein.

WERKE
Der franko-flämische Musiker François Gallet hat kirchliche Gesänge für fünf, sechs und mehr Stimmen mit Instrumentalbegleitung geschrieben, deren Stil sehr locker und »modern« gehalten wurde. Die Kompositionen sind auf Klangwirkung abgestimmt und gehören strukturell bereits dem kommenden Jahrhundert an.

Domenico Galli (um 1630 bis nach 1691)

ZEIT UND UMWELT
Um 1710 fand Antonio Stradivari (1643 bis 1737) die klassische Mensur für das Violoncello. Bis dahin wurde in Italien ein etwas größeres Instrument verwendet, das zuweilen Violine genannt wurde und vorwiegend als Baß diente. Solistisch wurde es erst seit Domenico Gabrielli häufiger verwendet.

LEBEN
Domenico Galli wurde um 1630 in Parma geboren. Er lebte als Cellovirtuose in Modena, wo er nach 1691 gestorben ist. Er dürfte auch als Kirchenmusiker gewirkt haben.

WERKE
Der italienische Cellist und Komponist Domenico Galli brachte 12 Cellosonaten heraus, die frühesten ihrer Art. Außerdem komponierte er einige Messen und andere sakrale Musik.

Johann Ernst Galliard (um 1680–1749)

ZEIT UND UMWELT
Königin Anne von Großbritannien und Irland heiratete 1683 Prinz Georg von Dänemark (1653–1708), den zweiten Sohn des dänischen Königs Friedrich III.

LEBEN
Johann Ernst (John Ernest) Galliard (Gaillard) wurde um 1680 in Celle geboren. Er war Schüler von Giovanni Baptista Farinelli und Agostino Steffani in Hannover, wo er 1698 in die Hofkapelle eintrat. Im Jahr 1706 wurde er Kammermusiker des Prinzgemahls Georg von Dänemark in London und Kapellmeister der Königin Anne von England. Er starb in London im Jahr 1749.

WERKE
Der deutsche Komponist Johann Ernst Galliard verfaßte Anthems, ein Te Deum, ein Jubilate, 6 Kantaten auf italienische Art, »Die Hymne von Adam und Eva« (Nach dem »Verlorenen Paradies« von John Milton), Sonaten für Cello, für Fagott, für Flöte und Generalbaß, Opern, Pantomimen und Schauspielmusiken. Seine Anlehnung an den italienischen Stil ist überall sehr deutlich und kam dem englischen Geschmack entgegen.

Johannes Galliculus
(um 1490 bis um 1550)

ZEIT UND UMWELT
In der Frühreformationszeit wurde der Versuch unternommen, den lateinischen Messetext in das Deutsche zu übertragen und den neuen Bedürfnissen anzupassen. Thomas Müntzer (1490–1525) hatte in seiner »Deutsch Evangelisch Mesze« den Gregorianischen Choral mit verdeutschtem Text beibehalten. Luthers Deutsche Messe (1526) war für diese Bestrebungen entscheidend. Sie ließ das Gerüst der lateinischen Messe intakt, forderte jedoch, daß sich die Eindeutschung auch auf die Musik erstreckte. Daneben waren aber noch lateinische Texte im Gebrauch, bis sich eine neue Gottesdienstordnung bildete.

LEBEN
Johannes Galliculus (auch Alectorius und gelegentlich Hähnel genannt) ist um 1490 in Dresden geboren. Er ist mit dem 1505 in Leipzig immatrikulierten Johannes Hennel identisch. Zwischen 1520 und seinem vermutlichen Todesjahr 1550 war er in Leipzig

in einer noch nicht ermittelten Stellung tätig.

Werke
Der Musiktheoretiker und Komponist Johannes Galliculus hat neben seinen theoretischen Abhandlungen 2 Messen, 2 Motetten, 2 Magnificat, ein Kyrie, Psalmen und mehrere lateinische Sätze hinterlassen. Sein wichtigstes Werk war die »Passio Domini nostri Jesu Christi secundum Marcum« (Markuspassion), die trotz der Bezeichnung eine Evangeliumharmonie bringt. Sie wurde motettisch angelegt und gehört zu den bedeutendsten deutschen Werken seiner Zeit. Galliculus war eine der führenden Persönlichkeiten der frühprotestantischen Musik. Er muß als Nachfolger von Isaac eingestuft werden, obwohl ein starker Einfluß von Josquin unverkennbar ist.

Literatur
A. A. Moorefield, The Music of Johannes Galliculus, Brooklyn 1969.

Giuseppe Gallignani (1851–1923)

Zeit und Umwelt
Der Antimodernismus der römischen Kurie richtete sich zwar gegen exegetische Abweichungen, parallel damit liefen jedoch die Ablehnungen aller Neuerungen, die der soziale, wissenschaftliche und künstlerische Fortschritt brachte. Die Forderung nach einer Kirchenmusik, die sich nach der Polyphonie der römischen Schule orientierte, wurde umso heftiger, je rascher die Musikentwicklung auf den Naturalismus der Wende zum 20. Jahrhundert zuschritt. Gleich dem Caecilianismus in Österreich und in Süddeutschland verstärkten sich auch in Italien die puristischen Tendenzen.

Leben
Giuseppe Gallignani wurde am 9. 1. 1851 in Faenze geboren. Er war Schüler des Konservatoriums in Mailand und wurde dort Domkapellmeister. Von 1891 bis 1897 wirkte er auch als Direktor des Konservatoriums in Mailand, wo er am 14. 12. 1923 starb.

Werke
Von Giuseppe Gallignani sind 4 Opern aufgeführt worden. Er verfaßte außerdem eine lyrische Dichtung für Chöre und Orchester und kirchliche Werke: zahlreiche Messen, Offertorien, Antiphonen, Hymnen, Litaneien, Motetten und bemühte sich dabei sehr, die Polyphonie von Pierluigi da Palestrina getreu nachzuahmen, was ihm technisch gut gelang.

Literatur
M. Anzoletti, Giuseppe Gallignani, in: Musica d'oggi, VI, 1924.

Giovanni Pietro Gallo
(um 1560 bis nach 1600)

Zeit und Umwelt
Der Basilika San Nicola in Bari war eine Gesangschule für Knaben angeschlossen, um Kräfte für die eigene Kapelle heranzubilden, die im 16. Jahrhundert und später besser gewesen sein soll als die Domkapelle. Es gab daher für junge Musiker, die nicht eine der neapolitanischen Musikschulen besuchen konnten, ausreichende Ausbildungsmöglichkeiten und auch eine gewisse Eigentradition der Stadt, die allerdings, seit sie an das Vizekönigreich Neapel angeschlossen war, mit der Hauptstadt in engen Beziehungen stand.

Leben
Giovanni Pietro Gallo wurde um 1560 in Bari geboren und dort zum Musiker ausgebildet. Er soll zeit seines Lebens an San Nicola in seiner Geburtsstadt als Sänger und Kapellmeister tätig gewesen und in Bari nach 1600 gestorben sein.

Werke
Von dem italienischen Komponisten sind ein Buch mit fünfstimmigen Madrigalen und eines mit fünf- bis achtstimmigen Motetten überliefert. Einzelne Madrigale und Motetten finden sich in Sammelwerken. Sein Stil folgte der Polyphonie des 16. Jahrhunderts, weist aber sehr überraschende Modulationen auf.

Vincenzo Gallo (um 1550 bis nach 1607)

ZEIT UND UMWELT
Seit die spanischen Vizekönige im 16. Jahrhundert ihre Residenz von Catania nach Palermo verlegt hatten, wurde auch der Kapelle des unter Wilhelm II. von Sizilien (1154 bis 1189) erbauten Domes erhöhte Aufmerksamkeit zugewendet. Es kam zu einem intensiveren Austausch von Musikern mit der Hofkapelle, mit Neapel und auf diesem Weg mit Spanien. Auf den Posten des Domkapellmeisters wurden angesehene Persönlichkeiten gestellt.

LEBEN
Vincenzo Gallo ist um 1550 in Sizilien geboren. Wo er zum Musiker und Kleriker ausgebildet wurde, ist nicht feststellbar. Im Jahre 1589 war er Kapellmeister am Dom in Palermo und versah diesen Posten bis zu seinem Tod nach 1607.

WERKE
Der sizilianische Komponist Vincenzo Gallo verfaßte Messen, Psalmen, Motetten und eine Anzahl Madrigale, alles vierstimmig, im zeitgenössischen Stil Neapels, aber doch etwas verschieden davon, weil es sich eben um einen sizilianischen Komponisten handelte, der manche volkstümliche Wendung bewußt einfließen ließ.

Noël Gallon (1891-1966)

LEBEN
Noël Gallon wurde am 11.9.1891 in Paris geboren. Er war Schüler des Conservatoire seiner Geburtsstadt, erhielt den Rompreis und wurde Solfège- und Kontrapunktlehrer am Conservatoire in Paris, wo er am 26.12.1966 starb.
Sein Bruder Jean Gallon (25.6.1878, Paris, bis 23.6.1959, Paris) war Schüler des Conservatoire in Paris, dessen Konzerte er von 1906 bis 1914 leitete; daneben wirkte er von 1909 bis 1914 als Chordirektor der Opéra.

WERKE
Von Noël Gallon sind ein lyrisches Drama, eine Orchestersuite, eine Fantasie für Klavier und Orchester, ein Concerto für Bläsertrio und Orchester, eine Sonate für Flöte und Fagott, eine Toccata und 10 Praeludien für Klavier, Chöre und Lieder bekannt geworden.
Jean Gallon schrieb ein Ballett, eine Messe, 6 Antiphonen für Streicher und Orgel und einige sehr beliebte Lieder.

Antoine Gallot (um 1590–1647)

ZEIT UND UMWELT
Władysław IV. Wasa (1595–1648) war als König von Polen um vieles geschickter und glücklicher als sein Vater Sigismund III. Wasa. Er war als Pole erzogen und durfte auf einige Sympathie bei seinen Untertanen zählen. Sein Hof in Warschau wurde mit allem Glanz und Aufwand geführt, die Hofkapelle stand der seinerzeitigen, als die Könige noch in Krakau residierten, in nichts nach.

LEBEN
Antoine Gallot, genannt »Le vieux Gallot d'Angers«, wurde um 1590 vermutlich in Angers geboren. Er war Lautenist am Hof der polnischen Könige Sigismund III. Wasa und Władisław IV. Wasa und starb in Vilnius im Jahr 1647.
Sein Bruder Jacques Gallot (nach 1600, Paris, bis nach 1686, Paris), genannt »Le vieux Gallot de Paris«, wirkte als Lautenist in Paris.
Sein Sohn Gallot le Jeune (Vorname nicht überliefert, um 1640, Warschau, bis nach 1700, Paris) lebte ebenfalls in Paris als Lautenvirtuose.

WERKE
Vom französischen Lautenisten Antoine Gallot sind nur 4 Lautenstücke überliefert, die bezeichnend für seine Virtuosität auf diesem Instrument sind.
Von Jacques Gallot, dem berühmtesten der Lautenistenfamilie, ist ein Buch mit Lautenkompositionen erhalten, unter denen zum

ersten Mal die Tanzform des Menuetts auftaucht.
Von Gallot le Jeune liegen nur einzelne Stücke handschriftlich vor.

Literatur

H. Radke, Bemerkungen zur Lautenistenfamilie Gallot, in: Die Musikforschung XIII, 1960.

Baldassare Galuppi (1706–85)

Zeit und Umwelt

Der Dichter und Librettist Carlo Goldoni (1707–93) überwand in seinen Bühnenwerken und Opernlibretti die starren Typen der Commedia dell'Arte, indem er die Charaktere seiner Figuren individuell psychologisch zeichnete und sie mit einer lebenden, gesprochenen Sprache lebensnahe, wahrscheinliche Handlungen spielen ließ und damit den Beginn zur italienischen Rokokokomödie markiert.

Leben

Baldassare Galuppi wurde am 18. 10. 1706 auf der Insel Burano, Venedig, geboren. Schon mit 16 Jahren versuchte er sich mit einer Oper, die Aufsehen erregte. Dann nahm er ernsthaften Musikunterricht bei Antonio Lotti. Ab 1726 wirkte er am Teatro della Pergola in Florenz als Cembalist, kehrte jedoch 1728 nach Venedig zurück, wo er 1740 Chordirigent am Ospedale de'Mendicanti wurde. Von 1741 bis 1743 hielt er sich in London auf, um für das Haymarket und das King's Theatre zu komponieren. Im Jahr 1748 ernannte man ihn zum Vizekapellmeister, 1762 zum Ersten Kapellmeister am Markusdom und zum Musikdirektor des Ospedale degl'Incurabili. Von 1765 bis 1768 wirkte er als Hofkomponist und Hofkapellmeister der russischen Zarin Katharina II. in St. Petersburg. Dann trat er erneut seine Stellungen in Venedig an und betreute sie bis zu seinem Tod am 3. 1. 1785.

Werke

Hauptbetätigungsfeld und Bedeutung von Baldassare Galuppi lagen auf dem Gebiet der Opern, von denen er über 100 schrieb. Aus seinem Instrumentalschaffen sind besonders seine 85 Cembalosonaten hervorzuheben, die einen wichtigen Beitrag zur Entwicklung des vorklassischen Klaviersatzes leisteten. Außerdem schrieb er ein Trio für Flöte, Oboe und Generalbaß, 7 vierstimmige Konzerte für zwei Violinen, Bratsche und Cello, 2 Konzerte für Cembalo und 3 für Flöte, ferner 4 Orchestersinfonien. An Vokalmusik liegen handschriftlich Messen, Motetten, Te Deum und andere sakrale Gesänge vor, weiters 27 Oratorien und 7 Kantaten. Alle diese Musik steht im Schatten des dramatischen Schaffens des Komponisten.

Literatur

A. Della Corte, Profilo critico di Baldassare Galuppi, Siena 1948.

Jacobus Gallus (1550–1591)

Zeit und Umwelt

Die Gegenreformation wurde auf breiter Front in allen Bereichen des menschlichen Lebens geführt, durch individuellen und generellen Zwang, durch Predigt und Belehrung, durch Abstellen von Mißbräuchen im eigenen Lager und im Raum der Kunst durch zuweilen hervorragende Leistungen von Meistern, die sich dieser Bestrebung zur Verfügung stellten.

Leben

Jacobus Gallus (Handl, Händl, Hähnel, eigentlich Petelin) wurde am 15. 4. 1550 in Ribnica, Slowenien, geboren. Der slowenische Komponist und Kleriker war 1568 Kapellsänger an Stift Melk, Österreich, und 1574 Mitglied der Hofkapelle in Wien. Von 1579 bis 1585 wirkte er als bischöflicher Chordirektor in Olmütz (Olomouc, ČSSR), übernahm sodann in Prag das Kantorat an der Kirche St. Johann am Ufer, das er bis zu seinem Tod am 18. 7. 1591 in Prag verwaltete.

WERKE

Jacobus Gallus war einer der bedeutendsten Vertreter der Musik der Gegenreformation nördlich der Alpen. Seine Werke weisen eine Verschmelzung des niederländischen durchimitierenden Stiles mit venezianischer Mehrchörigkeit auf. Ihr Klang wird durch eine Mittelstellung zwischen Kirchentonarten und moderner Harmonik erreicht und bietet dadurch einen ganz besonders eigenartigen Reiz. Von dem slowenischen Komponisten sind erschienen: 16 Messen, Motetten zum Officium des ganzen Kirchenjahres, 2 Passionen (Johannes und Matthäus), viele Motetten und eine große Anzahl kirchlicher Gesänge. Weitere Messen und Gesänge liegen handschriftlich vor. Außerdem sind Psalmen, paraliturgische Gesänge und eine Reihe Gelegenheitskompositionen überliefert.

LITERATUR

E. W. Naylor, J. Handl (Gallus), Proceeding of Musical Association, XXXV, 1908/09.

Josephus Gallus (um 1550 bis nach 1598)

ZEIT UND UMWELT

Die Ordensgemeinde der Somaschi breitete sich in wenigen Jahrzehnten über ganz Oberitalien aus. Im Rahmen der pädagogischen Aufgaben der Mitglieder wurde viel Musikunterricht erteilt, und zwar außerhalb der offiziellen Musikschulen an den Domen, in kleineren Kirchen, in Schulräumen, Privatwohnungen und Hinterhöfen. Begabte Kinder wurden den Domschulen empfohlen.

LEBEN

Josephus Gallus wurde um 1550 in Mailand geboren. Er wurde Geistlicher, trat dem Orden der Somaschi bei und widmete sich dem Musikunterricht der vom Orden betreuten Kinder. Er ist vermutlich an einer der Kirchen Mailands als Organist tätig gewesen und dürfte in seiner Geburtsstadt nach 1598 gestorben sein.

WERKE

Von dem Komponisten Josephus Gallus sind nur wenige mehrstimmige Lieder erhalten. Alles andere ist verlorengegangen. Aber auch diese Lieder kennzeichnen ihn als befähigten Komponisten der Mailänder Schule.

John Gamble (um 1615 – 87)

ZEIT UND UMWELT

Thomas Stanley (1625 – 78) war nicht nur ein eminenter Gelehrter, sondern auch ein feinsinniger Lyriker, dazu ein ausgezeichneter Übersetzer französischer, spanischer und italienischer Gedichte mit starker sprachlicher Einfühlungskraft. Viele seiner eigenen und von ihm übersetzten Gedichte wurden vertont.

LEBEN

John Gamble wurde um 1615 in London geboren und dort zum Violinisten und Kornettisten ausgebildet. Er trat als Theatermusiker in die Dienste König Karls I., verbrachte die Zeit bis zur Restauration als Musiklehrer und Komponist, bis er 1660 als Kornettist in die Chapel Royal aufgenommen wurde. Er starb in London im Jahr 1687.

WERKE

Der englische Violinist, Kornettist und Komponist John Gamble brachte eine Sammlung »Ayres and Dialogues to be sung to the Theorbo, Lute or Bass Viol« (Arien und Dialoge zur Theorbe, Laute oder Baßviole) heraus, zu denen er überwiegend Gedichte von Thomas Stanley heranzog; eine zweite enthält mehrstimmige Gesänge. Sehr bekannt ist seine Sammlung von 240 Liedern verschiedener zeitgenössischer Komponisten geworden, der er auch eigene Kompositionen beifügte. Seine Theatermusik zu einem Schäferspiel ist verlorengegangen, ein Teil seiner Arbeiten wurde beim großen Brand von London im Jahr 1666 vernichtet.

Silvestro Ganassi (1492 bis um 1550)

ZEIT UND UMWELT

Bis zur Erfindung des Notendruckes war der Musikunterricht auf mündliche Weitergabe des Selbsterlernten beschränkt. Handschriften musiktheoretischen Inhaltes und Musikaufzeichnungen waren nur kleinen Kreisen zugänglich. Erst durch die Vervielfältigung des Schrifttumes und der Kompositionen wurde eine Verbreitung des Musikgeschehens möglich; Interpreten wurden in die Lage versetzt, Werke wiederzugeben, die sie selbst nie gehört hatten, und Anfänger konnten eine persönliche Unterweisung durch Selbstunterricht ersetzen.

In Italien wurden diese Drucke im 16. Jahrhundert neben dem bekannten Ottaviano Petrucci von Vater und Söhnen Scotto, von Simone Verovio und Antonio Gardano hergestellt.

Außer den theoretischen Abhandlungen und Kompositionen erschienen auch Lehrwerke für das Spiel verschiedener Instrumente, für die der Bedarf wegen des steigenden Interesses für Instrumentalmusik ständig zunahm. In manchen Fällen jedoch besorgten die Autoren die Drucke selbst.

LEBEN

Silvestro Ganassi (dal Fontego) wurde 1492 in Fontigo bei Venedig geboren. Er war Musiker der Signoria von Venedig, Musiklehrer und Musikdrucker und dürfte in Venedig um 1550 gestorben sein.

WERKE

Die schöpferische Tätigkeit des Instrumentalisten Ganassi in der venezianischen Staatskapelle beschränkte sich auf die vielen Lehrbeispiele in seinen Unterrichtswerken für Blockflöte und Gambe, die jedoch, indem sie über ihren didaktischen Zweck hinausgehen, echte kompositorische Leistungen sind und den damaligen venezianischen Stil wiedergeben. Die Gambenschule gewährt eine gute Kenntnis der Gambenpraxis jener Zeit.

LITERATUR

H. Peter, An Introduction of Ganassi's Treatise of the Recorder, The Concert XII, 1955.

Gerardo Gandini (geboren 1936)

LEBEN

Gerardo Gandini wurde am 16.10.1936 in Buenos Aires geboren. Er studierte in seiner Geburtsstadt bei Pía Sebastiani (geboren 27.2. 1925, Buenos Aires), Roberto Caamaño (geboren 7.7.1923, Buenos Aires) und Alberto Ginastera, sodann in Rom bei Goffredo Petrassi und unterrichtet in Buenos Aires an der katholischen Universität, am lateinamerikanischen Zentrum für höhere musikalische Studien und am Konservatorium. Für sein kompositorisches Schaffen wurde er mehrfach ausgezeichnet.

WERKE

Von Gerardo Gandini sind unter anderem Variationen für Orchester, ein Klavierkonzert, »Concertino I« für Klarinette, Streichtrio und Schlagzeug, »II« für Flöte und Instrumente, »III« für Cembalo und Instrumente, »Abschied« für Klavier, Instrumente und Schlagzeug, »Música nocturna I und II« für Kammerorchester, »Cadencias I« für Violine und Kammerorchester, »II« und 2 weitere Stücke für Kammerorchester, »Contrastes II« für zwei Klaviere und Orchester, »Phasen« für Klarinette und Orchester, »Fantasie« für Klavier und Orchester und ein Concertino für Flöte und Orchester, mehrere Klavierstücke sowie 5 Lieder und 5 Chöre auf Texten von Salvatore Quasimodo (1901–68) bekannt geworden.

Annibal Gantez (um 1600 bis um 1668)

ZEIT UND UMWELT

Karl IV. (1604–75), Herzog von Lothringen und Bar, hatte Land und Erbe verloren, nahm spanischen Dienst an, ging nach Deutschland und trat in die Armee des Kaisers ein. Er gewann sein Herzogtum wieder (1641), verlor es drei Jahre darauf an Frankreich und kämpfte erneut für Habsburg bis zum Westfälischen Frieden, sodann in den Reihen der Spanier für die Fronde. 1654 wurde er wegen geheimen Einverständnisses mit Kardinal Mazarin in Toledo eingekerkert, erhielt schließlich 1659 sein Herzogtum zum drittenmal und wurde 1670 wiederum vertrieben.

LEBEN
Annibal Gantez wurde um 1600 in Marseille geboren. Er war Kleriker und Kapellmeister an den Kathedralen von Grenoble (1628 bis 1629), Aix (1636–38) und Arles (1638–40). Darauf wurde er 1643 Kanonikus und Knabensingmeister in Auxerre, 1656 in Grenoble, 1657 in Nevers und 1661 neuerlich in Auxerre, schließlich 1665 Kapellmeister am Hof Herzog Karls IV. von Lothringen und Bar in Nancy. Diese Stelle gab er aber bald wieder auf und zog sich nach Auxerre zurück, wo er um 1668 starb.

WERKE
Von den Werken des französischen Kirchenkomponisten Annibal Gantez ist wenig erhalten; 2 Messen, ein Letamini für vier Stimmen, ein Vigilate für sechs Stimmen und etliche Gesänge. Der Stil ist konservativ, wie er in den französischen Kirchen im 17. Jahrhundert noch häufig gepflegt wurde.

Rudolph Ganz (1877–1972)

LEBEN
Rudolph Ganz wurde am 24.2.1877 in Zürich geboren. Er studierte in Zürich, Lausanne, Straßburg und Berlin und trat bereits mit 12 Jahren als Cellist und mit 16 als Violinist auf. Nach mehreren Auftritten in Berlin erhielt er 1901 die Leitung der höheren Klavierklassen des Musical College in Chicago. Von 1906 bis 1915 bereiste er als Klaviervirtuose Europa, die USA, Kanada und Kuba, von 1921 bis 1927 wirkte er als Dirigent des Sinfonieorchesters in St. Louis, Mo., 1928 wurde er künstlerischer Leiter des Musical College in Chigago, dem er sodann von 1933 bis 1954 als Präsident vorstand. Von 1920 bis 1953 trat er in allen großen Städten der USA und in Paris, London, Toronto und Habana als Gastdirigent auf. Er starb am 2.8.1972 in Chicago.

WERKE
Außer einer in Berlin herausgebrachten Sinfonie schrieb Rudolph Ganz eine Orchestersuite und 4 weitere Orchesterstücke, Variationen über ein Thema von Johannes Brahms, ein Klavierkonzert, ein Konzertstück für Klavier und Orchester, Klavierstücke und ungefähr 200 Lieder und Chöre. Als Pianist propagierte er in den USA die französische Klaviermusik der ersten Hälfte des 20. Jahrhunderts.

Pierre Jean Garat (1762–1823)

LEBEN
Pierre Jean Garat wurde am 25. 4. 1762 in Ustaritz, Basses-Pyrénées, geboren. Er war Tenor-Bariton-Sänger mit weitem Tonumfang. Nach gründlichem Unterricht in Bordeaux bei Franz Beck ging er als Konzertsänger nach Paris, wurde dort in die höchsten Kreise aufgenommen und von einem Salon nach dem anderen eingeladen. Die Revolution setzte dem ein vorläufiges Ende, aber unter dem Direktorium hatte er die neue Klasse bereits für sich gewonnen. Er erhielt auch eine Ernennung zum Gesanglehrer am Conservatoire. Er starb am 1. 3. 1823 in Paris.

WERKE
Von dem berühmten Sänger Pierre Jean Garat sind nur einige sentimentale Romanzen bekannt geworden, zu denen er die Texte zumeist selbst verfaßte.

Alexis de Garaudé (1779–1852)

ZEIT UND UMWELT
Der französische Klassizismus der Revolutionsepoche und des anschließenden Kaiserreichs bemühte sich, den Geist der Antike durch Formenstrenge zu beschwören; Homophonie und Homorhythmie wurden sehr oft

herangezogen, um dem Ideal, für das es keine Vorbilder gab, nahezukommen.

LEBEN
Alexis de Garaudé wurde am 21.3.1779 in Nancy geboren. Er war Schüler von Giuseppe Maria Cambini (1746–1825) und Antonín Rejcha in Kompositions- und Harmonielehre, von Girolamo Crescentini (1762–1846) und Pierre Jean Garat in Gesang. Von 1808 bis 1830 war er Mitglied der Kaiserlichen und – nach der Restauration – Königlichen Kapelle in Paris. Im Jahr 1816 wurde er Gesanglehrer am Conservatoire. Er starb am 23.3.1852 in Paris.
Sein Sohn Alexis Albert Gauthier de Garaudé (27.10.1821, Paris, bis 6.8.1854, Choisy-le-Roi) wirkte lange Zeit als Akkompagnist an der Opéra Comique.

WERKE
Außer ungefähr 200 Übungsmelodien zum Gesangunterricht schrieb Alexis de Garaudé Kammermusik, von der 3 Streichquintette große Beachtung fanden, verschiedene Klaviermusik – Sonaten und Variationen – und klassizistische Kirchenmusik. Er veröffentlichte mehrere Lehrwerke.
Alexis Albert Gauthier de Garaudé verfaßte Operntranskriptionen für Klavier oder für Klavier mit anderen Instrumenten für den Konzertgebrauch. Er kam damit den im späteren 19. Jahrhundert sehr beliebten Opernparaphrasen für Klavier sehr nahe.

Narciso Garay (1876–1953)

LEBEN
Narciso Garay wurde am 12.6.1876 in Ciudad de Panamá, Panama, geboren. Seine Ausbildung erhielt er zunächst am Instituto Musical in Cartagena, Spanien, sodann bei Martin Pierre Joseph Marsick, Vincent d'Indy und Gabriel Fauré in Paris. Von 1904 bis 1918 leitete er in Panamá die Escuela Nacional de Música, ging sodann in den diplomatischen Dienst. Er starb am 27.3.1953 in Panamá.

WERKE
Das Hauptanliegen von Narciso Garay bestand aus der Sammlung, Erforschung und Bearbeitung des Volksmusikgutes seiner panamaischen Heimat. Er schrieb ferner eine Fuge für Streichquartett, eine Sonate für Violine und Klavier, zahlreiche Klavierwerke und Klavierlieder. Sein Stil lehnte sich an die französische Romantik an.

Manuel del Popolo Vicente García
(1775–1832)

ZEIT UND UMWELT
Polen und England waren in der Barockzeit beliebte Wanderziele für Musiker aus Mitteleuropa, dann kamen Skandinavien und Rußland dazu, wo günstige Betätigungs- und Verdienstmöglichkeiten lockten, ab dem 19. Jahrhundert waren es die USA und schließlich auch Lateinamerika, die europäische Künstler als Gäste oder als Einwanderer aufnahmen.

LEBEN
Manuel del Popolo Vicente García wurde am 22.1.1775 in Sevilla geboren. Er war einer der bedeutendsten Tenoristen seiner Zeit. Nach sehr erfolgreichen Auftritten in Spanien, Italien, Paris und London ging er 1825 mit seinem Sohn Manuel Patricio Rodriguez García (17.3.1805, Madrid, bis 1.7.1906, London) – Bariton und Gesangpädagoge –, seinen Töchtern Maria Felicia García, verehelichte Malibran (24.3.1808, Paris, bis 23.9.1836, Manchester) – Sopran –, und Pauline García, verehelichte Viardot (18.7.1821, Paris, bis 18.5.1910, Paris) – Mezzosopran –, nach New York und Mexiko. Im Jahr 1829 kehrte er nach Paris zurück, wo er bis zu seinem Tod am 9.6.1832 als Gesanglehrer und Komponist wirkte.

WERKE
Von Manuel del Popolo Vicente García sind bei 25 spanische, ungefähr ebenso viele italienische und 8 französische Opern, mehrere Tonadillas und zahlreiche Ballette bekannt geworden, die nach seinem Tod bald vergessen

wurden. Seine einzige Kantate, »Edimion«, die ganz von seinem Opernstil beeinflußt wurde, erlebte mehrere Aufführungen.

LITERATUR
N. A. Solar-Quintes, Manuel García íntimo, Anuario Musical II, 1947.

Juan García de Salazar
(um 1650–1710)

ZEIT UND UMWELT
Das alte, von Mauern und Stadttoren umgebene Zamora am Duero mit seiner romanischen Kathedrale aus dem 12. Jahrhundert war der Rahmen für eine sehr traditionsgebundene Musikpflege. In der bischöflichen Kathedrale erklang, wie schon seit langer Zeit, auch noch im 17. Jahrhundert nur polyphone Musik.

LEBEN
Juan García de Salazar wurde um 1650 vermutlich in Zaragoza geboren. Er war bis 1691 Organist an Nuestra Señora del Pilar in Zaragoza, dann Kathedralenkapellmeister in Zamora bis zu seinem Tod am 6. 6. 1710.

WERKE
Vom spanischen Komponisten Juan García de Salazar sind mehrere vier- bis achtstimmige Motetten erhalten, die dem alten Stil folgen. Seine Messen sind verlorengegangen.

Sergio Vitier García-Marruz
(geboren 1948)

LEBEN
Sergio Vitier García-Marruz wurde am 18.1. 1948 in Habana geboren. Er studierte in seiner Vaterstadt am Konservatorium und an der Höheren Schule für Musik; er trat der Gruppe für experimentelle Musik bei und setzte seine Studien bei Leo Brouwer fort. Anschließend wirkt er als Gitarrist im Kubanischen Orchester für Moderne Musik und in anderen ähnlichen Ensembles, als Konzertsolist und als Lehrer an der Schule für Moderne Musik.

WERKE
Von Sergio Vitier García-Marruz sind »Höhen und Horizonte« für Gitarre, Schlagzeug, Prepared piano, Orgel und Tonband, ein Stück für Gitarre, Tenor und Tonband, ein Stück für Tonband, »Divinas palabras« (Heilige Worte) für Orgel, Cembalo, Gitarre, Flöte, Klarinette, Posaune, Xylophon, Schlagzeug und Chor sowie Gitarrenlieder bekannt geworden.

Balfour Gardiner (1877–1950)

LEBEN
Henry Balfour Gardiner wurde am 7.11.1877 in London geboren. Er war in Frankfurt am Main Schüler von Iwan Knorr und Lazzaro Uzielli (4.2.1861, Florenz, bis 8.10.1943, Bonn). Anschließend studierte er am New College in Oxford und in Sondershausen. Nach kurzer Tätigkeit als Schulmusiklehrer in Winchester widmete er sich ausschließlich der Komposition. Er starb am 28.6.1950 in Salisbury.

WERKE
Von Balfour Gardiner sind eine Sinfonie, ein »English Dance«, ein »Shepherd's Dance«, eine Fantasie für Orchester, eine Ballade für Chor und Orchester, ein Streichquintett, ein Streichquartett, mehrere Gesänge mit Orchester, Klavierstücke und Lieder bekannt geworden. Seine Musik gehörte noch der Romantik an.

Samuel Gardner (1891 – 1984)

LEBEN
Samuel Gardner wurde am 25.8.1891 in Jelisawetgrad (heute Kirowograd) geboren. Er ging nach den USA und war in Boston Schüler von Charles Martin Loeffler und Arnold Winternitz (1874–1928) und in New York am Institut of Musical Art von Franz Kneisel. Von 1924 bis 1941 wirkte er in New York als Violinlehrer, sodann als Quartettspieler und Kammermusiker am Institut of Musical Art. Er starb dort am 23.1.1984.

WERKE
Für Orchester schrieb Samuel Gardner 2 sinfonische Dichtungen, für Streichorchester eine sinfonische Dichtung, ferner ein Violinkonzert, eine »Hebräische Fantasie« für Klavierquintett, ein Klavierquintett, ein Streichquartett, Variationen, Praeludium und Fuge und ein Intermezzo für Streichquartett, Klavierstücke und Lieder. Er hatte sich bereits der zeitgenössischen amerikanischen Stilrichtung angeschlossen.

Joseph Garnier
(um 1710–79)

ZEIT UND UMWELT
Die Grenzlage von Straßburg und die neutrale Haltung der Stadt in allen Konflikten brachten neben manchen anderen den Vorteil, daß Musiker von allen Seiten zuströmten, und die Kapelle des Münsters unter vielen guten die besten Kräfte wählen konnte.

LEBEN
Joseph Garnier wurde um 1710 im Elsaß geboren und fand als Chorknabe am Münster von Straßburg Aufnahme. Er verblieb dort als Sänger, bis man ihm 1760 die Stelle des Kapellmeisters übertrug. Ab 1769 bis zu seinem Tod am 1. 11. 1779 wirkte er als Musiklehrer in Beaune, Côte-d'Or.

WERKE
Von Joseph Garnier sind mehrere Messen, a cappella und mit Orchester, sowie Motetten bekannt. Sein Stil gehörte dem Spätbarock an.

Joseph-François Garnier
(1755 bis um 1825)

ZEIT UND UMWELT
Seit dem Wirken des Oboenlehrers des Pariser Konservatoriums, Antoine Sallantin (1754, Paris, bis nach 1813, Paris), der das Oboenspiel in Frankreich sehr gefördert hatte, nahm sich eine Reihe von Musikern dieses Instruments an. Konstruktionsverbesserungen und Verfeinerung der Anblastechnik gestalteten aus dem einst schrillen Oboenton den süßen, kantablen und pastoralen Klang.

LEBEN
Joseph-François Garnier wurde am 18. 1. 1755 in Lauris, Vaucluse, geboren. Er war Oboenschüler von Antoine Sallantin und wurde 1778 zweiter und 1786 erster Oboist der Opéra von Paris. Er starb um 1825 in Lauris.

WERKE
Von Joseph-François Garnier sind Oboenkonzerte, konzertante Stücke für zwei Oboen, für Flöte, Oboe und Fagott und Duette für Oboe und Violine erschienen. Er schrieb auch eine vorzügliche Oboenschule.

Julio Garreta (1875–1925)

LEBEN
Julio Garreta wurde am 12.3.1875 in San Feliu de Guixols, Gerona, geboren. Er war Autodidakt und lebte als Organist und Musiklehrer in seinem Geburtsort, wo er am 2.12. 1925 als einer der bedeutendsten Vertreter der katalanischen Musik des 20. Jahrhunderts starb.

WERKE
Außer einer großen Reihe von Sardanas für Cobla und für Orchester verfaßte Julio Garreta 2 Orchesterstücke – »Impressions sinfóniques« (Sinfonische Impressionen) und »Preludi mediterrani« (Mittelmeerpraeludien) –, 2 sinfonische Dichtungen, ein Violinkonzert, ein Klavierquartett, eine Sonate für Cello und Klavier, eine Klaviersonate und zahlreiche katalanische Lieder. Sein Stil bewegte sich im Rahmen der Romantik.

George Garrett (1834–97)

ZEIT UND UMWELT
Die heutige Hauptstadt des südindischen Staates Madras gleichen Namens entwickelte im 19. Jahrhundert ein sehr reges kulturelles

Leben. Neben vielen Unterrichts- und Forschungsanstalten, Akademien und Museen wurden in der Stadt eine große Anzahl Kirchen der verschiedensten Konfessionen errichtet, an denen zumeist Musiker aus dem britischen Mutterland wirkten. Die klimatischen Verhältnisse waren aber für viele auf die Dauer nicht erträglich, was einen häufigen Wechsel der Kapellmeister, Organisten und anderen Interpreten zur Folge hatte.

LEBEN
George Musell Garrett wurde am 8.6.1834 in Winchester geboren. Er war Schüler von George Elvey und Samuel Sebastian Wesley. Von 1854 bis 1856 wirkte er als Organist in Madras, dann ab 1857 am St. John's College in Cambridge, wo er am 8.4.1897 starb.

WERKE
Von George Garrett sind ein oft aufgeführtes Oratorium, Services, Gesänge, Quartette und einige Orgelstücke bekannt geworden. Seine Services waren sehr lang in Gebrauch.

Pablo Garrido (1905 – 82)

LEBEN
Pablo Garrido wurde am 26.3.1905 in Valparaíso, Chile, geboren. Er setzte sich nach seiner Ausbildung in Santiago de Chile lebhaft für die Verbreitung zeitgenössischer europäischer Musik ein und betrieb umfangreiche folkloristische Studien in ganz Südamerika. Seit 1949 lebte er als freier Komponist in Puerto Rico. Er starb am 14.9.1982 in Santiago de Chile.

WERKE
Außer einer Oper und 4 Balletten schrieb Pablo Garrido mehrere Orchesterstücke, 2 Klavierkonzerte, ein Cellokonzert, ein Concertino für Flöte und Streichquartett, ein Streichquartett, ein Trio für Flöte, Bratsche und Cello, ein Streichtrio, ein Stück für Saxophon und Klavier, eine Violinsonate, ein Divertimento für Violine und Klavier sowie Klavierstücke.

Santino Garsi (1542 – 1603)

ZEIT UND UMWELT
Ranuccio I. Farnese (1569 – 1622), Herzog von Parma, war nicht nur ein Verbündeter der spanischen Könige, sondern auch ihr gelehriger Schüler. Um seine Herrschaft gegen innere Feinde abzusichern, richtete er nach spanischem Muster eine streng hierarchisch organisierte Verwaltung ein und unterwarf ihr auch das gesamte Erziehungswesen. Seine Hofhaltung war prächtig und der steigenden Bedeutung seiner Familie und des Landes angemessen.

LEBEN
Santino Garsi (Santino Garsi da Parma, Santino detto la Garsa, Santino detto Valdes) wurde am 22. 2. 1542 in Parma geboren. Über die Tätigkeit und das Leben des italienischen Lautenisten bis zum Jahr 1594, in dem er in den Dienst des Herzogs von Parma trat, ist nichts bekannt. Er starb in Parma am 17. 1. 1603.

WERKE
Von Santino Garsi sind ungefähr 30 ausgezeichnete Lautenstücke in zeitgenössischen Sammelwerken erschienen, die zu den besten Beispielen italienischer Lautenmusik gehören. Es handelte sich um Gallarden, Saltarellen, Couranten, Balletti und Mascherate. Mehrere Bücher mit seiner Lautenmusik sind verlorengegangen.

LITERATUR
N. Pelicelli, Musicisti in Parma, Note d'Archivio, 1932.

John Garth (um 1722–1810)

LEBEN
John Garth wurde um 1722 in Durham geboren. Er dürfte an einer Londoner Kirche als Musiker tätig gewesen sein. Bekannt wurde er vor allem durch die englische Ausgabe von 50 Psalmenparaphrasen von Benedetto Marcello, die er gemeinsam mit Charles Avison herausgab. Er starb 1810 in London.

WERKE

Von John Garth sind 6 Cellokonzerte mit vier Violinen, Bratsche und Baß, 6 Cembalosonaten mit zwei Violinen und Cello und 6 Voluntaries für Orgel und einige sakrale Vokalmusik erhalten. Sein Stil ist italienisch beeinflußt.

Diego Garzón (um 1525 bis nach 1570)

ZEIT UND UMWELT

König Philipp II. galt als der eigentliche Mäzen der spanischen Musik. Er hielt zwei Hofkapellen, eine flämische und eine spanische. Spanische Komponisten verwendeten häufig flämische Melodien in ihren Parodiemessen und übertrugen flämische Vokalsätze auf die Vihuela und die Orgel. Zentren der kompositorischen Tätigkeit in Spanien waren die andalusische Schule in Sevilla, die kastilische in Toledo und später in Madrid und die katalanische in Barcelona. Dazu kamen noch Ausstrahlungspunkte zweiter Ordnung wie Valencia und schließlich jeder der vielen Bischofssitze mit seiner Kathedrale, denn es handelte sich vor allem um Kirchenmusik.

Die spanischen Komponisten waren mit der Musik der franko-flämischen Schule und der von Venedig und Rom vollkommen vertraut, hielten jedoch an ihrer nationalen Eigenart treu fest.

LEBEN

Über den Madrigalisten Diego Garzón, der um 1525 in Spanien geboren wurde, ist wenig bekannt. Er dürfte der Hofkapelle in Madrid als Sänger angehört haben und dort nach 1570 gestorben sein.

WERKE

Diego Garzón hat 6 vierstimmige Madrigale hinterlassen, die für die Art, wie jene italienische Musikgattung in Spanien gefaßt wurde, typisch sind. Wir wissen nicht, ob sie mit stimmverstärkenden Instrumentenbegleitungen gesungen wurden, aber der Vokalsatz weist deutlich einen instrumentalen Satz auf.

José Gas (um 1640–1713)

ZEIT UND UMWELT

Nachdem auch Spanien von der Polyphonie abgerückt war, zogen, besonders im Osten des Landes, die Vielchörigkeit und die Vielstimmigkeit des römischen Barock ein. Der Prunk ausgedehnter Tonflächen ging nicht selten auf Kosten der Tiefe. Die Eigenständigkeit der spanischen Musikentwicklung litt ebenfalls darunter, weil nicht nur diese römische Kompositionsform, sondern die italienische Musik in ihrer Gesamtheit die spanische Tradition überwucherte und nahezu erstickte.

LEBEN

José Gas (Gaz) wurde um 1640 in Gerona geboren. Er war zunächst Kapellmeister an Santa María del Mar in Barcelona, dann wirkte er in gleicher Eigenschaft an der Kathedrale in Gerona bis zu seinem Tod im Jahr 1713.

WERKE

Vom spanischen Komponisten José Gas sind in großer Anzahl Kompositionen erhalten, die in der Regel mehrchörig und vielstimmig gesetzt sind. Darunter ragen eine Messe für sechzehn Stimmen und Instrumentalbegleitung, ein Salve Regina für zwölf Stimmen, eine Lamentation für eine Stimme, mehrere Violinen, Bratsche und Generalbaß, eine Reihe von Villancicos für fünfzehn und sechzehn Stimmen, Messen und sakrale Gesänge mit verschiedenen Bläsern und Streichern – Schalmeien, Posaunen, Fagott – hervor.

Alberto Gasco (1879–1938)

LEBEN

Alberto Gasco wurde am 3.10.1879 in Neapel geboren. Er war Schüler von Vincent d'Indy in Rom und wirkte als Musikkritiker. Er starb am 10.7.1938 in Rom.

WERKE

Außer 2 Opern schrieb Alberto Gasco ein Oratorium, ferner die von Gemälden angeregten Werke »Schlafende Venus« für Streichquartett, »Die Vision der heiligen Orsola« für Violine und Klavier, »Florentinischer Frühling« für Klavier, »Die Tänzerinnen von Jodhpur« für Klavier, sodann ein Scherzo für Orchester, eine sinfonische Dichtung, eine Ouvertüre, Stücke für Violine und Klavier und für Klavier allein. Sein Stil schwankte zwischen Spätromantik und Impressionismus.

Mathieu Gascongne
(um 1495 bis um 1555)

ZEIT UND UMWELT
Besonders unter König Franz I. stand die Kapelle der Sainte-Chapelle in Paris auf einem anerkannt hohen Niveau. Von den mitwirkenden Sängern bestand ein nicht kleiner Teil aus anerkannten Komponisten. Diese »Selbstversorgung« der Kapellen wurde nahezu überall gepflegt, wo sich geeignete Kräfte fanden. Denn im Gegensatz zu heute wurde damals und in folgenden Zeiten das Programm einer Kapelle vorwiegend mit neuer Musik bestritten. Dies war für Komponisten, die einer solchen Kapelle angehörten, sehr fördernd, weil sie stets damit rechnen durften, daß das Ergebnis ihrer Anstrengungen aufgeführt wurde.

LEBEN
Der französische Komponist Mathieu Gascongne wurde um 1495 vermutlich in Cambrai geboren. Jedenfalls wurde er dort 1518 zum Priester geweiht. Er stand für längere Zeit im Dienst des Königs Franz I. als Sänger in der Sainte-Chapelle. Um 1555 starb er wahrscheinlich in Paris.

WERKE
Von Mathieu Gascongne sind 8 Messen überliefert, von denen 5 bereits in Cambrai geschrieben wurden, außerdem ein vierstimmiges Magnificat, 30 vierstimmige Motetten, 6 vierstimmige und 15 dreistimmige Chansons. Ob die 3 mit Johannes Gascoing signierten Messen von ihm oder von einem Zeitgenossen dieses Namens stammen, ist ungeklärt. Der Stil der Kirchenmusik ist franko-flämisch und stark von Josquin beeinflußt; die Chansons folgen den für diese Musikgattung bereits voll ausgebildeten Pariser Strukturen.

LITERATUR
M. Brenet, Les musiciens de la Sainte-Chapelle du Palais, Paris 1910.

Gaspara Gaspardini
(um 1658 bis nach 1683)

ZEIT UND UMWELT
Die Triosonate für drei Streicher, die im 18. Jahrhundert vom Streichertrio abgelöst wurde, war in Oberitalien bereits im vorangehenden Jahrhundert eine beliebte Kompositionstechnik. Sie ermöglichte weitreichende Melodieführung mit klangvoller Begleitung und breite Tonflächen; kontrapunktische Passagen ergaben reizvolle Kontraste zu rein monodischen.

LEBEN
Gaspara Gaspardini wurde um 1658 vermutlich in Oberitalien geboren und war um 1683 Kapellmeister am Dom in Verona. Über Ort und Zeit seines Todes ist nichts überliefert.

WERKE
Der italienische Komponist Gaspara Gaspardini verfaßte 12 Triosonaten für Streicher und Orgelgeneralbaß, die wegen ihres schönen, abwechslungsreichen Klanges und ihrer kühnen melodischen Linien sehr beliebt waren.

Gaetano Gaspari (1807–81)

ZEIT UND UMWELT
Als Unterrichtsanstalt zeigte das unter Stanislao Mattei 1804 in Bologna gegründete Liceo Musicale bald deutliche Abnützungserscheinungen, denen man damit begegnen wollte, daß man 1839 Gioacchino Rossini als Konsulenten bestellte. Der vielbeschäftigte Opernkomponist konnte sich der Schule wenig annehmen; 1861 verließ er Italien. Auf eine

beachtliche Höhe wurde lediglich die Bibliothek des Liceo gebracht, die stets in tüchtigen Händen lag und ständig erweitert wurde.

LEBEN
Gaetano Gaspari wurde am 15.3.1807 in Bologna geboren und war Schüler des Liceo Musicale in seiner Geburtsstadt. Anschließend wirkte er als Städtischer Kapellmeister in Cento und ab 1836 als Kirchenkapellmeister in Imola, ging aber nach Bologna zurück, um am Liceo als Hilfslehrer zu unterrichten. Man bestellte ihn 1855 zum Konservator der reichen Bibliothek der Schule und 1857 zum Kapellmeister an San Petronio. Durch seine musikwissenschaftlichen Publikationen erlangte er bald die Position einer der bedeutendsten musikalischen Autoritäten Italiens seiner Zeit. Er starb am 31.3.1881 in Bologna.

WERKE
Das kompositorische Werk von Gaetano Gaspari war gering. Er schrieb einige kirchenmusikalische Werke – Messen, Gesänge –, einige Lieder und Solfeggien. Seine Bedeutung lag auf dem Gebiet der Musikwissenschaft, vor allem der Geschichte der Musik und des Musikunterrichts in Bologna sowie der Bibliographie der Bibliothek der Schule.

Francesco Gasparini (1668–1727)

ZEIT UND UMWELT
Die Opernproduktion italienischer Komponisten erfuhr auch in der ersten Hälfte des 18. Jahrhunderts keine Minderung. In ganz Europa wurden Opernhäuser errichtet, und überall – Frankreich ausgenommen – stellte man die Begriffe »Oper« und »Italienische Oper« gleich. Die Nachfrage war daher ungeheuer. In Deutschland wurden zwar auch deutsche Opern geschrieben und aufgeführt, vermochten aber den Beliebtheitsgrad der italienischen nie zu erreichen. Nur in Frankreich wurde eine eigene Operntradition gepflegt, und in England brachte Johann Christoph Pepusch das Geschäft mit den Opern zum Erliegen.

LEBEN
Francesco Gasparini (Guasparini) wurde am 5. 3. 1668 in Camaiore bei Lucca geboren. Er war in Rom Schüler von Arcangelo Corelli und Bernardo Pasquini und von 1700 bis 1713 Chorleiter am Ospedale della Pietà in Venedig. Nach Rom zurückgekehrt, wurde er Kapellmeister an San Lorenzo in Lucina und 1725 am Lateran. Er starb am 22. 3. 1727 in Rom.
Sein Bruder Michelangelo Gasparini (1670, Lucca, bis um 1732, Venedig), Schüler von Antonio Lotti, ein berühmter Sänger, gründete in Venedig eine Gesangschule.

WERKE
Der italienische Komponist Francesco Gasparini verfaßte 61 Opern und Intermezzi, zahlreiche Motetten, Psalmen, Kantaten, Messen und mehrere Oratorien, die sich eng an die Opernfaktur anlehnen. Seine Generalbaßschule war in Italien bis zur Mitte des 19. Jahrhunderts in Gebrauch.
Michelangelo Gasparini schrieb 5 Opern, Arien, Duette, eine Kantate und ein Oratorium.

Quirino Gasparini (1721–78)

LEBEN
Quirino Gasparini wurde 1721 in Gandino bei Bergamo geboren. Er war Schüler von Padre Martini in Bologna und wurde darauf in die Hofkapelle von Turin aufgenommen, wo er 1749 Kapellmeister wurde. Im Jahr 1776 erhielt er die Stelle eines Domkapellmeisters in Turin und versah dieses Amt bis zu seinem Tod am 23. 9. 1778.

WERKE
Außer einigen Opern schrieb Quirino Gasparini Kammermusik, Vokalwerke und Kirchenmusik, darunter sein berühmtes vielgesungenes Stabat mater und ein vierstimmiges Adoramus te, das lange Wolfgang Amadeus Mozart zugeschrieben worden ist (KV 327).

Literatur

F. Raugel, Quirino Gasparini, in: Revue de Musicologie XIII, 1911.

Florian Gaßmann (1729–74)

Zeit und Umwelt

Die 1771 gegründete »Musikalische Sozietät der Witwen und Waisen« (Tonkünstlersozietät) veranstaltete am 29. 3. 1772 das erste öffentliche Konzert in Wien und leitete damit das rege Musikleben der Wiener Bürgerschaft ein, das sich ab nun unabhängig von höfischer Förderung zu seiner Hochblüte entwickelte.

Leben

Florian Leopold Gaßmann wurde am 3. 5. 1729 in Brüx (Most), Böhmen, geboren. Nach einer Ausbildung im Violin- und Harfenspiel in seinem Geburtsort ging er nach Italien, wo er vermutlich bei Padre Martini in Bologna Musikunterricht nahm; er dürfte einige Zeit bis 1757 Chorleiter am Ospedale degl'Incurabili in Venedig gewesen sein. Dann setzte seine Tätigkeit als Opernkomponist ein; er verfaßte bis 1762 jedes Jahr eine Oper für die venezianische Karnevalssaison. 1763 übersiedelte er nach Wien, um dort als Ballettkomponist zu arbeiten, wurde 1764 Kammerkomponist und 1772 nach mehreren Reisen nach Italien Hofkapellmeister. Er regte die Gründung der Wiener »Tonkünstlersozietät« an. Nach nicht sehr erfolgreichen Bemühungen, die stark reduzierte Hofkapelle zu reorganisieren, starb er am 20. 1. 1774.

Florian Gaßmann

Werke

Neben 25 Opern und 3 Kantaten verfaßte Florian Gaßmann über 50 Kirchenwerke verschiedener Art, 27 Sinfonien, Triosonaten, Quintette, Quartette und Divertimenti. Seine Kompositionen waren sehr konservativ gehalten und wurden bald vergessen. In seinen Opern jedoch vereinigte er die venezianische Faktur mit Elementen der deutschen Musik und wurde dadurch zu einem der Vorläufer der Wiener Klassik.

Ferdinand Simon Gaßner (1798–1851)

Zeit und Umwelt

Der in der Romantik geforderte stark profilierte Ausdruck der Musik verlangte eine differenzierte Tätigkeit des Dirigenten, der sich nicht mehr darauf beschränken durfte, den Takt zu schlagen. Er mußte sich mit jeder einzelnen Instrumentengruppe beschäftigen, um ihre Einsätze und die Dynamik ihres Spiels genau anzugeben, er mußte jeden einzelnen Musiker und zugleich das gesamte Orchester leiten, das für ihn sozusagen zum Instrument wurde, auf dem er spielte. Die Folge war die Heranbildung eines gesonderten Dirigentenberufs.

Leben

Ferdinand Simon Gaßner wurde am 6.1.1798 in Wien geboren. Er kam sehr früh nach Karlsruhe, wo er nach mehreren Jahren Akzessistendienst 1816 Violinist des Hoftheaters wurde. Er wirkte später als Korrepetitor am Nationaltheater in Mainz und ab 1818 als Universitätsmusikdirektor in Gießen. Im Jahr 1826 kehrte er zur Hofkapelle in Karlsruhe zurück und wurde Gesanglehrer und Chordirektor am Hoftheater. Er beschäftigte sich sehr eingehend mit den Problemen des Dirigierens. Er starb am 25.2.1851 in Karlsruhe.

Werke

Neben einer Reihe sehr instruktiver Abhandlungen über Dirigieren und Partiturenlesen schrieb Ferdinand Simon Gaßner einige mehrmals aufgeführte Opern, Ballette und Kantaten, die durch ihren breiten Klang auffielen.

Léon Gustave Cyprien Gastinel

(1823–1906)

Leben

Léon Gustave Cyprien Gastinel wurde am 13.8.1823 in Villers-les-Pots, Côte-d'Or, geboren. Er war in Paris Schüler von Fromental Halévy am Conservatoire. Er erhielt den Rompreis. Im Jahr 1840 trat er als Violinist dem Orchester der Opéra Comique und anschließend dem der Konzertvereinigung des Conservatoire als Bratschist bei. Er dürfte sodann als freier Komponist in Paris gelebt haben, bis er am 20.10.1906 in Fresnes-les-Rungis bei Paris starb.

Werke

Von den 10 Opern von Léon Gustave Cyprien Gastinel sind nur 5 auf die Bühne gekommen. Erfolg hatte sein Ballett »Der Traum«. Er schrieb ferner die Oratorien »Das letzte Gericht«, »Saul«, »Die Wasserfee«, »Jehova«, »Das Ende der Welt«, »Die sieben Worte Christi«, über 20 Motetten, 2 Sinfonien, ein Konzert für zwei Violinen und Orchester, 2 Ouvertüren, außerdem 3 Messen.

Ernoul de Gastinois

(um 1210 bis um 1260)

Zeit und Umwelt

Das Hauptgewicht des Trouvèregesanges lag mit wenigen Ausnahmen auf literarischer Seite. Sein Beitrag zur Bildung der nordfranzösischen Sprache, die Schriftsprache wurde, und zur Entwicklung der französischen Literatur war enorm. Schon bei den einzelnen Trouvères sind die Ansätze für die späteren literarischen Formen sichtbar. Die Erzählform des Lai blieb literarisch, auch wenn er gesungen oder deklamiert wurde.

Leben

Ernoul de Gastinois (Ernoul li vielle) wurde um 1210 im Gâtinais (südlich von Paris) geboren. Über das Leben dieses Trouvères ist nichts bekannt. Auch Ort und Zeit seines Todes sind nicht feststellbar.

Werke

Von Ernoul de Gastinois, der bei seinen Zeitgenossen vor allem als Dichter beträchtliches Ansehen genoß, sind große lyrische Lais überliefert: Lai de Notre-Dame und Lai de l'Ancienne et du Nouveau Testament. Außerdem sind 4 Pastourellen – eine mit Melodie – und 3 mehrstimmige Chansons mit religiösem Text erhalten. Die Lais sind sowohl literarisch wie musikalisch sehr interessant, die mehrstimmigen Chansons bereiteten die Motettenform vor.

Literatur

L. Maillard, Lais et chansons d'Ernoul de Gastinois, Dallas 1964.

Giovanni Giacomo Gastoldi

(um 1550 – 1622)

Zeit und Umwelt

Mit »Balletto« bezeichnete man gegen Ende des 16. Jahrhunderts einen Tanz, der vokal oder instrumental ausgeführt werden konnte. Es handelte sich um einen raschen, zweiteiligen, geradetaktigen, einfach gehaltenen liedhaften Tanzsatz mit melodischer Oberstimme und einem geträllerten Refrain. Diese »Tanzliedchen« erfreuten sich außerordentlicher Beliebtheit, so daß sie sogar das Madrigal verdrängten.

LEBEN
Giovanni Giacomo Gastoldi wurde um 1550 in Caravaggio geboren. Es ist unbekannt, wo er lebte und ausgebildet wurde, ehe er 1581 am Hof der Gonzaga in Mantua Kapellsänger wurde. Im Jahre 1582 folgte er Giaches de Wert als Kapellmeister an der Mantuaner Hofkirche Santa Barbara nach. Er blieb in dieser Stellung bis ungefähr 1615. Nach einigen Jahren Aufenthalt in Mailand starb er in Mantua im Jahre 1622.

WERKE
Mit seinen melodiösen, graziösen Balletti erlangte Giovanni Giacomo Gastoldi die größten Erfolge. Seine »Balletti di cantare, sonare e ballare« (Tanzlieder zum Singen, Spielen und Tanzen) erlebten viele Auflagen. Die tatsächlich fein gearbeiteten Madrigale wurden bei weitem nicht so stark verbreitet. Die Sakralmusik ist zudem mit mehreren vorzüglichen Messen, einem Requiem, verschiedenen Psalmenvertonungen und verschiedenen Gesängen vertreten.

LITERATUR
A. Bertolotti, Musici alla corte dei Gonzaga in Mantova, Mailand 1890.

Matthias Gastritz
(um 1540 bis um 1580)

ZEIT UND UMWELT
Die pfälzische Haupt- und herzogliche Residenzstadt Amberg wurde 1522 protestantisch. Im Lauf des Jahrhunderts kam der calvinische Heidelberger Katechismus in Geltung, der jedoch den Kirchengesang und die Orgel nicht ausschloß und daher Kantoren zuließ.

LEBEN
Matthias Gastritz wurde um 1540 in der Oberpfalz geboren und vermutlich in Amberg zum Organisten und Kantor ausgebildet. Im Jahre 1569 erhielt er dort die Organistenstelle, die er bis zu seinem Tod um 1580 versah.

WERKE
Von Matthias Gastritz sind »Novae harmonicae cantiones« (Neue harmonisierte Gesänge) erhalten, die gegenüber gleichzeitigen Publikationen neben kontrapunktischen streckenweise akkordische Passagen aufweisen und einen Vorgriff auf spätere Kompositionsformen darstellen. Er hat außerdem eine Anzahl deutscher Kirchengesänge geschrieben, die in verschiedenen Sammlungen zu finden sind.

Guillaume Gatayes (1774–1846)

ZEIT UND UMWELT
Die Gitarre wurde erst nach 1800 in Paris heimisch. Vorher war es schwierig gewesen, in der Stadt einen Gitarristen aufzutreiben, falls zufällig bei einer Opernaufführung einer benötigt wurde; und auch im 19. Jahrhundert blieben Gitarristen in Frankreich eine Seltenheit. Als »romantisches« Instrument wurde die Harfe bei weitem vorgezogen.

LEBEN
Guillaume Pierre Antoine Gatayes wurde am 20.12.1774 in Paris geboren. Er war Gitarrenvirtuose und Gitarrenlehrer, mußte aber auch zur Harfe greifen, weil es zu wenige Interessenten für Gitarre in Paris gab. Er starb im Oktober 1846 in Paris.
Sein Sohn Joseph Léon Gatayes (25.12.1805, Paris, bis 1.2.1877, Paris) übernahm das Instrument seines Vaters nicht, sondern bildete sich zum Harfenvirtuosen aus und wirkte mit seinem Instrument am Théâtre Royal de l'Odéon in Paris. Um die Mitte des Jahrhunderts gab er die Musik auf und wurde Musikkritiker namhafter Pariser Zeitungen.

WERKE
Von Guillaume Gatayes sind Trios für Gitarre, Flöte und Violine, Duos für zwei Gitarren, für Gitarre und Klavier, für Gitarre und Vio-

line oder Flöte, für Harfe und Horn, für Harfe und Gitarre, weiters Gitarrensoli erschienen. Er verfaßte auch Lehrwerke für Gitarre und für Harfe.
Joseph Léon Gatayes schrieb Solostücke, Duos und Etüden für Harfe.

Bernard Gates (1685–1773)

ZEIT UND UMWELT
Der Erfolg des Oratoriums »Esther« von Georg Friedrich Händel verlieh den Hofkapellen und Kirchenchören als Interpreten neuen Auftrieb und wirkte sich auch auf die englischen Komponisten in diesen Ensembles anspornend aus.

LEBEN
Bernard Gates wurde 1685 vermutlich in North Aston bei Oxford geboren. Er war Mitglied des Kinderchores der Chapel Royal, ab 1708 Gentleman der Kapelle und schließlich Knabenchormeister. Er wirkte 1732 mit seinen Knaben an einer Wiedergabe des Oratoriums »Esther« von Georg Friedrich Händel mit. Im Jahr 1737 zog er sich nach North Aston zurück, wo er am 15. 11. 1773 starb.

WERKE
Von den Werken des englischen Komponisten Bernard Gates sind nur ein Service in F-Dur und mehrere Lieder überliefert. Seine weiteren Kompositionen sind verlorengegangen.

Luigi Gatti (1740–1817)

ZEIT UND UMWELT
Das 798 aus dem 739 gegründeten Bistum hervorgegangene Erzbistum Salzburg war von ungefähr 1300 bis 1803 geistliches Reichsfürstentum und kam sodann als weltliches Kurfürstentum an Großherzog Ferdinand von Toskana, der es 1805 an Österreich abtrat. Von 1810 bis 1815 war es bayrisch und sodann ohne weitere Unterbrechung österreichisch. Die traditionsreiche Domkapelle hatte bereits lange Zeit davor enge Kontakte mit den österreichischen Hof- und Kirchenkapellen gepflegt.

LEBEN
Luigi Gatti wurde am 7. 10. 1740 in Lazise, Gardasee, geboren. Er wirkte ab 1768 als Tenorist, ab 1779 als Vizekapellmeister an der Hofkirche in Mantua und zugleich ab 1769 als Zweiter Kapellmeister und Komponist an der Königlichen Akademie. Im Jahr 1782 kam er nach Salzburg und wurde dort ein Jahr darauf (letzter) Hofkapellmeister. Er starb am 1. 3. 1817 in Salzburg.

WERKE
Für den Salzburger Dom schrieb Luigi Gatti über 100 kirchenmusikalische Werke, die handschriftlich überliefert sind, außerdem Oratorien, Kantaten und eine Reihe Orchesterwerke, darunter 2 Sinfonien im vorklassischen Stil. Seine ungefähr 10 Opern und 2 Ballette wurden in Mantua, Mailand und Salzburg aufgeführt.

Simon Gatto (um 1545–95)

ZEIT UND UMWELT
In der zweiten Hälfte des 16. Jahrhunderts wurde der Zuzug italienischer Musiker nach Deutschland – München, Dresden, Heidelberg – und zu den habsburgischen Kapellen in Wien, Prag, Graz und Innsbruck stärker und löste allmählich die Niederländer ab. Aus dem franko-flämischen Raum kamen in erster Linie Sänger und Kapellmeister. Instrumentalisten, vor allem Bläser, fand man häufiger in Italien.

LEBEN
Simon Gatto wurde um 1545 in Venedig geboren und zum Instrumentalisten und Komponisten ausgebildet. Von 1568 bis 1571 war er am Hof in München Posaunist und daneben Komödiendichter. Ab 1572 wirkte er in Graz an der Hofmusikkapelle als Trompeter und Posaunist, wurde 1577 Leiter ihres Instrumentalensembles und 1581 Hofkapellmeister. Er unternahm mehrere Reisen nach

Italien, um Sänger und Instrumentalisten anzuwerben und Musikinstrumente einzukaufen. Er starb in Graz im Jahre 1595.

WERKE
Die kompositorische Tätigkeit des italienischen Instrumentalisten erstreckte sich nur auf Kirchenmusik. Von ihm sind 3 fünf- und sechsstimmige Messen sowie 13 Motetten erschienen, weitere Messen und Motetten sind handschriftlich erhalten. Instrumentalmusik ist von ihm keine überliefert. Sein Kompositionsstil ist rein venezianisch auf breiten Chorklang gezielt.

LITERATUR
H. Federhofer, Musikpflege und Musiker am Grazer Habsburgerhof der Erzherzöge Karl und Ferdinand von Innerösterreich (1564–1619), Mainz 1967.

Nicholas Gatty (1874–1946)

LEBEN
Nicholas Comyn Gatty wurde am 13.9.1874 in Bradfield bei Sheffield geboren. Er studierte am Royal College of Music in London und wirkte anschließend als Organist und als Dirigent an Covent Garden. Ab 1907 war er als Musikkritiker an Londoner Zeitungen tätig. Er starb am 10.11.1946 in London.

WERKE
Von Nicholas Gatty sind 6 Opern aufgeführt worden. Er schrieb ferner 4 Oden für Chor und Orchester, ein Anthem, Orchestervariationen, eine Suite für Streichorchester, Variationen für Streichquartett und ein Klaviertrio, außerdem Stücke für Violine und Klavier, Cello und Klavier, Klavierwerke und eine Anzahl Lieder. Sein Stil war von Edward Elgar (1857–1934) beeinflußt.

Philippe Gaubert (1879–1941)

LEBEN
Philippe Gaubert wurde am 4.7.1879 in Cahors geboren. Er war Schüler des Flötenlehrers Claude Paul Taffanel (16.9.1844, Bordeaux, bis 22.11.1908, Paris), des Musikpädagogen Georges Caussade, von Xavier Leroux und Charles Lenepveu am Conservatoire in Paris und erhielt 1905 den Rompreis. Im Jahr 1919 wurde er Dirigent der Konzerte des Konservatoriums und Flötenlehrer des Instituts. Er starb am 8.7.1941 in Paris.

WERKE
Außer einer Oper und 2 szenischen Legenden schrieb Philippe Gaubert 4 Ballette, eine Sinfonie, 2 konzertante Sinfonien, ein Violinkonzert, ein Cellokonzert, sinfonische Suiten, eine Rhapsodie, ein Trio für Flöte, Violine und Klavier, 3 Sonaten, eine Sonatine und eine Suite für Flöte und Klavier, außerdem zahlreiche Stücke und Transkriptionen für Flöte und Klavier, für verschiedene Blas- und Streichinstrumente mit Klavier, eine »Legende« für Soli, Frauenchor und Orchester und zahlreiche Lieder. Er verfaßte mehrere didaktische Werke für das Flötenspiel. Sein Stil war klassizistisch.

Alfred Robert Gaul (1837–1913)

ZEIT UND UMWELT
The Midland Institute School of Music in Birmingham erreichte um die Wende zum 20. Jahrhundert eine Schülerzahl von mehr als 1.000. Sie unterrichtete alle Zweige der Musik, vor allem aber Vokalmusik, und wurde von ersten Fachkräften geleitet. Das rege Musikleben verdankt die Stadt in erster Linie dieser Schule.

LEBEN
Alfred Robert Gaul wurde am 30.4.1837 in Norwich geboren, wo er ab 1846 an der Kathedrale Chorknabe war. Er wurde Organist an mehreren Kirchen in Birmingham, sodann Dirigent der Philharmonic Society und Lehrer für Kontrapunktik und Harmonie am Midland Institute. Er starb am 13.9.1913 in Birmingham.

WERKE
Neben zahlreichen Psalmvertonungen, Hym-

nen, Chants, Quartetten und einigen Klavierstücken schrieb Alfred Robert Gaul eine Anzahl Oratorien, Passionen und Kantaten, wie »Hesekiah«, »Ruth«, »Die heilige Stadt«, »Die zehn Jungfrauen«, die sehr populär gehalten waren und viele Aufführungen erlebten.

Ennemond Gaultier (um 1575–1651)

ZEIT UND UMWELT
Unberührt von dem großen Krieg, an dem Frankreich beteiligt war, ohne ihn im eigenen Land führen zu müssen, entfaltete sich das gesellschaftliche Leben in Paris unter den Königen Ludwig XIII. und Ludwig XIV. (1638–1715) zu einer Hochblüte.

LEBEN
Ennemond Gaultier (Gautier le Vieux, Gaultier de Lyon) wurde um 1575 in Villette, Dauphiné, geboren. Er trat zuerst als Lautenist in Lyon, sodann in Paris auf, wo er 1620 von der Königinmutter Maria de'Medici als Kammerdiener aufgenommen und als Hoflautenist beschäftigt wurde. Im Jahr 1630 besuchte er London und spielte vor König Karl I. und dessen Hof. Als die Königinmutter nach der mißglückten politischen Attacke gegen Richelieu 1631 das Land verließ, gab Ennemond Gaultier seine Hofstellung auf und zog sich nach Nèves zurück, wo er am 17. 12. 1651 starb.
Sein Cousin Denis Gaultier (auch Gautier de Jeune oder Gaultier de Paris, um 1603, Marseille, bis Januar 1672, Paris) lebte ab etwa 1620 ohne größere Unterbrechung als Lautenvirtuose und Lautenkomponist bis zu seinem Tod in Paris, wo er seine Tätigkeit in den großen Salons des Hochadels ausübte. Eine Stellung bei Hof hatte er nie inne.
Sein Verwandter unbekannten Grades, Jacques Gaultier (auch Gaultier d'Angleterre, um 1595, Frankreich, bis nach 1660, vermutlich Madrid), verließ Frankreich 1617 wegen eines Duells und wurde Lautenist der Könige von England Jakob I. und Karl I. Im Jahr 1630 übersiedelte er nach Holland und kam später an den spanischen Hof, wo sich nach 1660 seine Spur verliert.
Sein zweiter Verwandter, Pierre Gaultier (Gautier d'Orléans oder de Rome genannt, um 1600, Orléans, bis nach 1638, Rom), war Lautenist am päpstlichen Hof Urbans VIII. in Rom.

WERKE
Es ist im einzelnen Fall schwer zu entscheiden, ob ein Stück in der Publikation »Livre de tablature des pièces de luth de Mr Gaultier Sr de Nève et de Mr Gautier son Cousin sur plusieurs différents modes« Ennemond Gaultier oder Denis Gaultier zugeschrieben werden soll. Das gleiche ist bei anderen Sammlungen der Fall, in denen Stücke von »Gaultier« aufgenommen sind. Jedenfalls haben sie einen nachhaltigen Einfluß auf die Lautenmusik des 17. und 18. Jahrhunderts ausgeübt und auch auf die Kompositionen für Cembalo richtunggebend gewirkt.
Von Jacques Gaultier sind nur wenige Kompositionen handschriftlich überliefert. Sie weisen die gleiche Struktur auf wie die der vorgenannten Lautenisten.
Pierre Gaultier brachte seine Werke 1638 in Rom heraus. Sie sind um einiges konservativer als die seiner Verwandten.

LITERATUR
L. de La Laurence, Les luthistes, Paris 1928.

Otto Gauß (1877–1970)

LEBEN
Otto Gauß wurde am 29. 12. 1877 in Dorfmerkingen, Württemberg, geboren. Er war als Theologiestudent in Tübingen von 1897 bis 1900 Schüler von Emil Kauffmann. Von 1931 bis 1969 wirkte er als Diözesanpräses des Caecilien-Vereins der Diözese Rottenburg. Er starb am 12. 2. 1970 in Rottweil, Baden-Württemberg.

WERKE
Neben der Publikation umfangreicher Sammlungen von Orgelkompositionen und einem Kompendium der katholischen Kirchenmusik

verfaßte Otto Gauß 22 Messen, zahlreiche Gradualien, Offertorien, Hymnen, Psalmen, Kirchengesänge und eine deutsche Passion, außerdem eine Anzahl profaner Chöre und Liederbücher.

Jean François Eugène Gautier
(1822–78)

ZEIT UND UMWELT
Ein französischer Musiker der Hochromantik konnte als Kirchenmusiker wertvolle Werke komponiert, als Musikwissenschafter Erhebliches geleistet, als Lehrer eine Reihe Musiker ersten Ranges ausgebildet haben, ohne daß sein Name außer in Fachkreisen je genannt wurde; aber falls er daneben noch eine Anzahl eigener Opern mit Erfolg auf die Bühnen gebracht hatte, wurde er bekannt und berühmt.

LEBEN
Jean François Eugène Gautier wurde am 27.2. 1822 in Vaugirard bei Paris geboren. Er war am Conservatoire von Paris Schüler von François Antoine Habeneck und Fromental Halévy. Im Jahr 1842 wurde er Zweiter Kapellmeister am Théâtre National (dem späteren Théâtre Lyrique), dann wirkte er als Gesanglehrer, Organist und Kirchenkapellmeister, bis er 1864 als Harmonielehrer und ab 1872 als Geschichtslehrer an das Conservatoire verpflichtet wurde. Gleichzeitig war er auch als Musikkritiker tätig. Er starb am 3.4. 1878 in Paris.

WERKE
Von Jean François Eugène Gautier sind 13 komische Opern und eine Ballettoper aufgeführt worden. Er verfaßte außerdem ein Oratorium (»Der Tod Jesu«), ein Ave Maria, das sehr bekannt geworden ist, und eine Kantate.

Pierre Gautier (um 1643–97)

ZEIT UND UMWELT
Während die politische Struktur Italiens und Deutschlands eine parallele Entwicklung der Musik an mehreren Zentren zur Folge hatte und auch in Österreich sich nicht alles Musikgeschehen auf die Metropole konzentrierte, war die französische Musik, abgesehen von der an den Kathedralen gepflegten Kirchenmusik, im großen und ganzen eine Musik von Paris. Auch die französische Oper war eine Pariser Oper. Den Versuchen, in anderen Städten Nebenzentren zu schaffen, war wenig Erfolg beschieden.

LEBEN
Pierre Gautier (Gautier de Marseille) wurde um 1643 in La Ciotat geboren. Er versuchte, in Marseille ein Opernunternehmen zu gründen und kaufte 1685 von Jean-Baptiste Lully das erforderliche Patent, das er aber nach vier Jahren wegen finanzieller Schwierigkeiten wieder weitergab. Ob er noch eine weitere musikalische Tätigkeit entfaltet hat, ist nicht bekannt. Er starb in Marseille im September 1697.

WERKE
Außer seinen beiden Opern, die der französische Komponist Pierre Gautier im eigenen Unternehmen in Marseille herausbrachte, schrieb er eine Sammlung mit Trios für Violine, Oboe und Flöte und einige Airs. Nach seinem Tod sind »Symphonies de feu M.' Gautier de Marseille divisés par Suites de tons« (Sinfonien des verstorbenen M. Gautier aus Marseille, aufgeteilt in Suiten nach Tonarten) erschienen.

LITERATUR
L. de la Laurencie, Un émule de Lully, Pierre Gautier de Marseille, in: Sammelbände der Internationalen Musikgesellschaft XIII, 1911 bis 1912.

Gautier de Coinci (um 1178 bis 1236)

ZEIT UND UMWELT
Die picardische Stadt Soissons samt Umgebung wechselte seit der Jahrtausendwende in rascher Folge mehrmals das regierende Grafengeschlecht und im Verlauf des englisch-

französischen Krieges auch die Lehenshoheit. Kirchlich spielte die Stadt durch mehrere Synoden eine gewisse Rolle, besonders durch die des Jahres 1121, auf der Abélard wegen seiner Lehrmeinungen verurteilt und gezwungen wurde, sie zurückzuziehen. Das Benediktinerkloster Saint-Métard (gegründet um 560) war im Mittelalter und auch noch später eines der wichtigsten Zentren des religiösen Lebens der Picardie.

LEBEN
Gautier de Coinci wurde um 1178 in Coinci (Aisne) geboren und trat 1193 in das Kloster Saint-Métard ein. Im Jahre 1214 bekleidete er die Stellung eines Priors des Klosters Vic-sur-Aisne (bei Soissons), 1233 wurde er zum Großprior in Saint-Métard ernannt, wo er am 25. 9. 1236 starb.

WERKE
Der altfranzösische Dichter Gautier de Coinci verfaßte eine französische Bearbeitung lateinischer Marienlegenden mit ungefähr 30.000 Versen, in die er Lieder einlegte. Es sind 37 dieser Gesänge bekannt, die den laufenden Text der »Miracles Nostre-Dame« (Wunder Unserer Lieben Frau) unterbrachen und vermutlich bei Lesungen gesungen wurden. Sie stellen thematisch eine Nachahmung ähnlicher lateinischer Lieder dar, leiten sich jedoch formal von der Volkspoesie ab. Die Melodien sind vermutlich keine Originale, sondern Kontrafakta weltlicher Lieder und geben über die altfranzösische Volksmusik interessante Aufschlüsse.

LITERATUR
Fr. Gennrich, Troubadours, Trouvères, Minne- und Meistergesang, Köln 1951.

Gautier de Dargies
(um 1165 bis nach 1236)

ZEIT UND UMWELT
Die Picardie brachte eine Reihe bedeutender Trouvères hervor, deren sprachlicher Ausdruck, Themenstellung und Versmaß um einiges mehr zur Volkspoesie tendierten als die Kunst der Meister des übrigen nordfranzösischen Gebietes. Wir dürfen annehmen, daß dies auch für die Musik zutrifft, obwohl wir die Volksmusik jener Zeit nicht kennen.

LEBEN
Monseigneur Gautier de Dargies ist um 1165 in der Picardie geboren. Wo dieser nordfranzösische Trouvère aus adeliger Familie wirkte, ist nicht bekannt, auch Ort und Zeit seines Todes sind nicht feststellbar.

WERKE
Von Gautier de Dargies sind 29 Lieder überliefert, davon 19 mit ihren Melodien, die eine stark volkstümliche Linienführung aufweisen.

LITERATUR
G. Huet, Chansons et Descorts de Gautier de Dargies, Paris 1912.

Gautier d'Espinal
(um 1180 bis nach 1230)

ZEIT UND UMWELT
Épinal an der Mosel ist rund um ein von Thiery de Hamelant, Bischof von Metz, im 10. Jahrhundert gegründetes Kloster entstanden. Im 12. Jahrhundert geriet die Stadt in die Hand der Lothringer und erhielt dadurch kulturellen Anschluß an Deutschland und an das nördliche Frankreich.

LEBEN
Der nordfranzösische Trouvère Gautier d'Espinal dürfte um 1180 in Épinal (Vosges) geboren sein. Über seine Person und seine Lebensumstände ist nichts bekannt. Man kennt auch den Ort seines Wirkens nicht. Ebensowenig konnte festgestellt werden, wo und wann er gestorben ist.

WERKE
Gautier d'Espinal hat 16 Lieder hinterlassen, deren Musik wie eine Illustration zu den eleganten altfranzösischen Versen wirkt.

LITERATUR
M. de Pange, Les Lorrains et la France au moyen âge, Paris 1919.

Charles Gauzargues (um 1725–99)

ZEIT UND UMWELT
Die theoretischen und didaktischen Schriften wie das persönliche Wirken von Jean-Philippe Rameau waren für die Cembalomusik Frankreichs und wohl eines größeren Teiles des musikalischen Europa bestimmend und wirkten ebenso auf die sinfonische und vokale Komposition des 18. Jahrhunderts. In Frankreich selbst gab es nicht wenige Komponisten, die ihr Werk eindeutig in die Linie des großen Meisters stellten.

LEBEN
Charles Gauzargues wurde um 1725 in Tarascon geboren. Er wirkte zunächst als Kapellmeister an der Kathedrale in Nîmes, ging sodann nach Paris und nahm bei Jean-Philippe Rameau Kompositionsunterricht. Von 1758 bis 1775 war er einer der 4 Vizekapellmeister und ab 1761 bis zu seinem Tod in Paris im Jahr 1799 einer der 4 Kapellmeister der Königlichen Kapelle in Versailles.

WERKE
Von Charles Gauzargues ist eine Reihe schöner Motetten erhalten. Er verfaßte außerdem eine Kompositionslehre mit zahlreichen fünfstimmigen Sätzen, die an sich vollendete Kompositionen waren. Sein Stil ist von den Lehren von Jean-Philippe Rameau abhängig.

Pierre Gaveaux (1760–1825)

ZEIT UND UMWELT
Der geniale Mannheimer Franz Beck erlernte neben seinem heimischen Stil die Kompositionstechnik von Baldassare Galuppi und brachte sein Wissen und Können an die Oper in Bordeaux mit, wo seine Schüler zu einer Synthese der Mannheimer Vorklassik, des damals modernen venezianischen Opernstils

Pierre Gaveaux

und französisches, schon der Frühromantik zuneigendes Rokoko befähigt wurden.

LEBEN
Pierre Gaveaux wurde am 9. 10. 1760 in Béziers geboren. Er wurde in Bordeaux von Franz Beck im Orgelspiel und in der Komposition ausgebildet. Nachdem er seine ursprüngliche Absicht, Kleriker zu werden, aufgegeben hatte, wurde er erster Tenor am Grand Théâtre von Bordeaux. Im Jahr 1789 ging er nach Paris an das Théâtre de Monsieur und wirkte sodann von 1801 bis 1812 als Sänger und Komponist am Théâtre Feydeau. Er eröffnete anschließend einen Musikverlag, erkrankte aber bald darauf. Er starb am 5. 2. 1825 in Paris.

WERKE
Außer seinen ungefähr 40 Opern, die sehr volkstümlich gehalten wurden, schrieb Pierre Gaveaux 6 Ouvertüren, Canzonetten, Chansons, Romanzen, Kantaten, Freimaurerlieder, Revolutionsgesänge und verschiedene Bühnenmusik wie Pantomimen und Ballette. Sein Stil läßt die Herkunft aus Mannheim deutlich erkennen.

Pierre Gaviniès (1728–1800)

Zeit und Umwelt

Das 1725 von Anne Philidor gegründete Concert spirituel, dessen Privileg von der Académie Royale de Musique unter der Bedingung vergeben wurde, daß darin keine mit französischem Text unterlegte Musik und keine Opernfragmente aufgeführt wurden, kostete eine Jahrespacht von 1000 Livres. Dieses Unternehmen, das unter wechselnder Leitung bis zum Ausbruch der Revolution florierte, wurde für viele europäische Konzertunternehmen zum Modell.

Leben

Pierre Gaviniès (Gavinié, Gaviniez) wurde am 11. 5. 1728 in Bordeaux geboren. Im Alter von 14 Jahren trat er als Violinist im Concert spirituel in Paris auf. Von 1742 bis 1748 wirkte er im Dienst des Herzogs Louis von Orléans, schlug aber die Aufnahme in die Königliche Kapelle aus, weil er seine Unabhängigkeit nicht aufgeben wollte. Er wurde zu einem der ständigen Solisten des Concert spirituel, das er 1773 pachtete und gemeinsam mit Simon Leduc und François Joseph Gossec bis 1777 leitete. Die Revolutionsjahre verbrachte er als Violinlehrer am Institut National de Musique. Er starb in Paris am 8. 9. 1800.

Pierre Gaviniès, Stich von Lambert

Werke

Das Violinspiel von Pierre Gaviniès wurde wegen seiner großen Melodik, der exakten Rhythmik und der präzisen Dynamik gerühmt. Jedenfalls nahm es in Anlage und Ausdruck romantische Fakturen bereits voraus. Er verfaßte 12 Sonaten für Solovioline und Baß, eine dreiteilige Melodiensammlung für zwei Violinen, Bratsche oder Cello als Baß, 6 Sonaten für Solovioline, Konzerte für zwei Oboen, zwei Hörner, Bratsche und Baß, »Les 24 Matinées« (Violinübungen), 3 Sonaten für Violine und Cello, eine Romanze, 2 Violinkonzerte, Sonaten und eine Konzertetüde. Seine Sinfonien sind verschollen. Die Violinübungen wurden viele Male aufgelegt und gehörten lange zum täglichen Brot eines jeden Violinschülers.

Literatur

La Laurencie, Gaviniès et son temps, in: Revue Musicale III, 1922.

William Gawler (1750–1809)

Leben

William Gawler wurde 1750 in Lambeth, Groß-London, geboren. Er war ab 1785 Organist an einem Waisenasyl für Mädchen in Lambeth und wurde um 1798 Musikverleger. Er starb am 15. 3. 1809 in Lambeth.

Werke

Das Hauptwerk von William Gawler nannte sich »Hymns and Psalms« (Hymnen und Psalmen). Weitere sakrale Kompositionen veröffentlichte er in Sammlungen eigener und fremder Stücke. Außerdem schrieb er »Voluntaries« für Orgel und Übungsstücke für Cembalo.

Nathaniel Gawthorn
(um 1690 bis nach 1730)

Zeit und Umwelt
Services, Anthems, Psalmen und Hymnen entstanden auch im 18. Jahrhundert an allen anglikanischen Kirchen. Die zumeist gut ausgebildeten Komponisten lieferten vorzügliche Arbeiten. Nach dem kurzen Aufschwung am Ende des 17. Jahrhunderts stagnierte die Entwicklung und blieb beim »Gekonnten« stehen.

Leben
Nathaniel Gawthorn wurde um 1690 vermutlich in London geboren. Er war an verschiedenen Kirchen als Musiker und Kleriker tätig. Er dürfte in seiner Geburtsstadt in den Jahren nach 1730 gestorben sein.

Werke
Unter dem Titel »Harmonia perfecta« veröffentlichte Nathaniel Gawthorn 1730 eine Anzahl vierstimmiger Psalmmelodien, die viel gesungen wurden. Dieselbe Publikation brachte auch einige gute Hymnen und Anthems von der Hand des Komponisten.

Johann Nepomuk Gayer (1746–1811)

Zeit und Umwelt
Ludwig X. (1753–1830), Landgraf von Hessen-Darmstadt und Hessen-Homburg, trat 1806 dem Rheinbund bei und wurde dafür zum Großherzog Ludwig I. ernannt. Die Landgrafschaft Hessen-Homburg fiel 1866 an Preußen.

Leben
Johann Nepomuk Andreas Josef Jakob Gayer wurde am 18. 5. 1746 bei Karlsbad (Karlovy Vary) geboren. Er war in Prag Schüler von Václav Pichl im Violinspiel. Dann begab er sich auf Konzertreisen in Deutschland und wurde Konzertmeister beim Landgrafen von Hessen-Homburg in Homburg von der Höhe, wo er im Jahr 1811 starb.
Sein älterer Verwandter, Adalbert Gayer (um 1700, Prag, bis um 1758, Prag), war Cellist am Veitsdom in Prag.
Dessen Vater Christoph Karl Gayer (vor 1670, bei Karlsbad, bis 16. 11. 1734, Prag) war ab 1701 Regens chori an der Loretokirche in Prag und ab 1705 Kapellmeister am Veitsdom.

Werke
Von Johann Nepomuk Gayer sind 40 Violinkonzerte, weitere Konzerte für verschiedene Instrumente, 30 Sinfonien, Sonaten für verschiedene Instrumente und Kirchenmusik überliefert. Sein Stil ist stark von Pichl beeinflußt.
Von Adalbert Gayer ist nur eine Motette im altböhmischen Stil erhalten.
Christoph Karl Gayer hinterließ verschiedene sakrale Musik im Manuskript, die zeigen, daß er die barocke Faktur völlig hinter sich gelassen hatte und dem italienischen Stil seiner Zeit folgte.

Joaquín Gaztambide y Garbayo
(1822–70)

Zeit und Umwelt
Auch im 19. Jahrhundert kam die spanische Bühnenkomposition nur in wenigen Fällen über das Stadium der Zarzuela hinaus. Die Anzahl der spanischen Opern, die diese Bezeichnung verdienen, blieb klein.

Leben
Joaquín Romualdo Gaztambide y Garbayo wurde am 7. 2. 1822 in Tudela, Navarra, geboren. Er war von 1842 bis 1845 Schüler des Konservatoriums in Madrid. Anschließend verfaßte er eine große Anzahl Zarzuelas. Im Jahr 1868 unternahm er mit der Truppe des Teatro de la Zarzuela von Madrid eine ausgedehnte Tournee durch Süd- und Mittelamerika. Er starb am 18. 3. 1870 in Madrid.

Werke
Von Joaquín Gaztambide y Garbayo sind 44 Zarzuelas auf die Bühne gekommen. Sie wurden zum Großteil äußerst günstig vom Publi-

kum aufgenommen, weil sie mehr als zeitgenössische Bühnenstücke Volksmusikgut in bühnengerechter Verpackung boten.

Giuseppe Gazzaniga (1743–1818)

ZEIT UND UMWELT

Trotz der häufigen Wiederholungen der Sujets muß man sich doch darüber wundern, daß für die Massen der im 17. und 18. Jahrhundert erzeugten Opern doch immer Libretti zur Verfügung standen. Inhaltlich ist eine gewisse Wandlung feststellbar. Man kam allmählich von den Götter- und Heroengeschichten ab und bemühte sich um bürgerliche Stoffe, die allerdings nicht selten der untersten Trivialliteratur entnommen wurden. Eine Beziehung der Texte zum parallel ablaufenden Zeitgeschehen ist in den seltensten Fällen wahrnehmbar.

LEBEN

Giuseppe Gazzaniga wurde am 5. 10. 1743 in Verona geboren. Er war in Neapel von 1761 bis 1770 Schüler des Conservatorio Sant'Onofrio bei Carlo Cotumacci. Dann begann seine Karriere als Opernkomponist durch ganz Europa, bis er 1791 Kapellmeister am Dom in Crema wurde und in dieser Stellung bis zu seinem Tod am 1. 2. 1818 blieb.

WERKE

Außer seinen 44 wegen ihres leichten Gehalts sehr beliebten Opern verfaßte Giuseppe Gazzaniga eine Sinfonie für zwei Hörner, zwei Oboen, zwei Violinen, Bratsche und Baß, einige Ouvertüren und 3 Pianofortekonzerte, außerdem eine vierstimmige Totenmesse, Messen, Kantaten, Hymnen und Psalmen. Er hielt seine sakrale Musik frei von jeder opernhaften Faktur und orientierte sich an barocken Vorbildern.

François René Gebauer (1773–1845)

ZEIT UND UMWELT

Das am 3.8.1795 vom Nationalkonvent in Paris gegründete Conservatoire de Musique war anfänglich besonders auf die Ausbildung von Sängern und Bläsern ausgerichtet, obwohl auch alle anderen Fächer mit vorzüglichen Lehrkräften besetzt wurden. Die Lehrer für die Bläser wurden vorwiegend den Musikern der Nationalgarde entnommen, die in vielen Fällen bereits in der Schweizergarde mit ihrem Instrument gedient hatten.

LEBEN

François René Gebauer wurde am 15.3.1773 in Versailles als Bruder von Michel Joseph Gebauer (1763–1812) geboren. Er war als Fagottist Schüler seines Bruders und von François Devienne (1759–1803). Ab 1790 wirkte er als Fagottist in der Nationalgarde, unterrichtete sein Instrument am Conservatoire von 1795 bis 1838 und spielte gleichzeitig im Opernorchester. Er starb am 28.7. 1845 in Paris.
Sein Bruder Pierre Paul Gebauer (1775, Versailles, in jungen Jahren in Paris gestorben) war Hornist am Théâtre du Vaudeville in Paris.
Sein zweiter Bruder, Étienne François Gebauer (1777, Versailles, bis 1823, Paris), war Flötist an der Opéra Comique in Paris.

WERKE

Von François René Gebauer sind Fagottkonzerte, konzertante Sinfonien für Flöte, Fagott und Orchester, Ouvertüren, Märsche und Kammermusik für Bläser erschienen.
Pierre Paul Gebauer verfaßte 20 Hornduette.
Étienne François Gebauer schrieb Duos für Bläser und Stücke für Flöte.

Franz Xaver Gebauer (1784–1822)

ZEIT UND UMWELT

Josef Sonnleithner (1765, Wien, bis 25.12.1835, Wien), Sohn des Christoph Sonnleithner (1734 bis 1786), Librettist und Sekretär des Wiener Hoftheaters, war einer der tatkräftigsten Initiatoren und Mitbegründer der »Gesellschaft der Musikfreunde« in Wien, die bis 1847 jedes Jahr große Oratorienaufführungen in der »Reitschule« veranstaltete und sodann mit ihren Konzerten in ein eigenes Gebäude übersiedelte.

LEBEN

Franz Xaver Gebauer wurde 1784 bei Glatz (Kłodzko), Schlesien, geboren. Er war ab 1804 Organist in Frankenstein in Schlesien (Zabkowice Śląskie) und begab sich 1810 nach Wien, wo er sich als Klavierlehrer und Cellist niederließ; er wurde als »Virtuose« auf der Maultrommel sehr bekannt. Im Jahr 1816 erhielt er die Stelle eines Chorregenten an der Augustinerkirche und war eines der ersten Mitglieder der »Gesellschaft der Musikfreunde«. Auf seine Initiative wurde 1819 eine regelmäßige Konzertreihe der Gesellschaft, ähnlich dem französischen Concert spirituel, eingerichtet, deren erste Aufführungen er dirigierte. Er starb am 13.12.1822 in Wien.

WERKE

Von Franz Xaver Gebauer wurden einige Lieder und eine Anzahl Chorkompositionen veröffentlicht, die sein starkes kompositorisches Talent deutlich machten, obwohl er sich mehr mit der Organisation und Leitung von Aufführungen der großen Meister beschäftigte.

Michel Joseph Gebauer (1763–1812)

ZEIT UND UMWELT

Die Musikanten der Schweizergarde von Versailles waren wegen ihrer vorzüglichen Ausbildung bekannt. Sie wurden ausnahmslos in die Musikbande der Nationalgarde übernommen, soweit sie es wünschten, was für einige die erste Stufe zu einer ausgezeichneten Karriere bildete.

LEBEN

Michel Joseph Gebauer wurde 1763 in La Fère, Aisne, geboren. Er war Oboist der Schweizergarde in Versailles. Im Jahr 1791 trat er in gleicher Eigenschaft der Musikbande der Nationalgarde bei. Von 1795 bis 1802 war er Lehrer am Conservatoire in Paris, dann wurde er der Kaiserlichen Garde zugeteilt. Er starb im Dezember 1812 in Paris.

WERKE

Von Michel Joseph Gebauer sind Duos für Violinen oder Blasinstrumente, 2 Bläserquartette und mehr als 200 Militärmärsche erhalten.

Georg Gebel (1685–1750)

ZEIT UND UMWELT

Intervalle, die kleiner sind als ein Halbtonschritt, kannte und kennt die Volksmusik der ganzen Welt. Die abendländische Kunstmusik schloß sie – von manchen Glissandi abgesehen – aus ihren Systemen aus. Die Experimentierfreudigkeit mancher Musiker wollte und konnte sich damit nicht zufriedengeben. Daher entstanden bereits in der ersten Hälfte des 18. Jahrhunderts Instrumente, auf denen Vierteltonintervalle möglich waren. Praktische Erfolge hatte dieses Experiment ebensowenig wie alle späteren auf diesem Gebiet.

LEBEN

Georg Gebel wurde 1685 in Breslau (Wrocław) geboren. Er war Organist in Brieg (Brzeg), wo er bei Gottfried Heinrich Stölzel (1690–1749) studierte. Im Jahr 1713 wurde er Organist und 1714 Musikdirektor an St. Christophori in Breslau, wo er um 1750 starb.

WERKE

Der deutsche Organist Georg Gebel schrieb eine Passion, Messen, Kantaten, Motetten, Orgelchoräle, Konzerte und Cembalostücke von beachtlichem Wert. Er konstruierte ein Viertelclavichord. Welche Musik er darauf spielte, ist nicht bekannt.

Giulio Gedda (1899–1970)

LEBEN

Giulio Cesare Gedda wurde am 16.4.1899 in Turin geboren. Er war dort Schüler von

Franco Alfano. Nach erfolgreicher Konzerttätigkeit als Cellist leitete er von 1931 bis 1935 die Konzerte des Liceo Musicale und wirkte sodann bis 1965 als Kompositionslehrer am Konservatorium in Turin. Er starb am 7.9. 1970 in Collegno bei Turin.

WERKE
Neben einer Oper schrieb Giulio Gedda ein Cellokonzert, 2 Violinkonzerte, ein Bratschenkonzert, ein Konzert für vier Saxophone, Klavier, Streicher und Schlagzeug, ein Bläsertrio, Chorwerke und Lieder. Sein Stil weist viele spätromantische Elemente auf.

Rolf Gehlhaar (geboren 1943)

LEBEN
Rolf Gehlhaar wurde am 30.12.1943 in Breslau (Wrocław) geboren. Er studierte von 1961 bis 1965 an der Yale University, New Haven, und anschließend bis 1967 an der Universität in Los Angeles. Sodann wirkte er bis 1970 als Assistent bei Karlheinz Stockhausen. Seitdem arbeitet er in Köln mit Johannes G. Fritsch.

WERKE
Von Rolf Gehlhaar sind eine Anzahl äußerst geistreiche kompositorische Beiträge zur »Raummusik« erhalten. Er schrieb ferner eine Reihe elektronische und aleatorische Stücke, wie »cello solo«, »wandharfe«, »probe nicht«.

Joseph Gehot (1756 bis um 1820)

ZEIT UND UMWELT
Immer mehr Musiker aus Europa suchten in der Neuen Welt ein Betätigungsfeld, das sie auch fanden, denn mit wachsender Einwohnerzahl und steigendem Wohlstand vermehrten sich auch die kulturellen Bedürfnisse der ehemaligen Siedler.

LEBEN
Joseph Gehot wurde am 8. 4. 1756 in Brüssel geboren und vermutlich dort zum Violinisten ausgebildet. Er bereiste als Solist Europa, hielt sich einige Zeit in London auf und ging 1792 nach New York. Im Jahr 1793 wirkte er an den City Concerts in Philadelphia und darauf an der von Alexander Reinagle und dem Sänger und Schauspieler Thomas Wignell (um 1750–1803) gegründeten Orchestergesellschaft. Er starb um 1820 in Philadelphia.

WERKE
Neben einer Anzahl Bühnenwerke schrieb Joseph Gehot Violinkonzerte, Streichquartette, Streichtrios, Duette für Violine und Cello, 24 Stücke für Militärmusik und eine Ouvertüre mit 12 Sätzen, eine Reise von England nach Amerika darstellend. Er veröffentlichte auch einige Lehrwerke.

Gustav Geierhaas (1888–1976)

LEBEN
Gustav Geierhaas wurde am 26.3.1888 in Neckarhausen bei Mannheim geboren. Neben seinem Universitätsstudium in Heidelberg war er Kontrapunktschüler von Philipp Wolfrum und von 1913 bis 1915 Schüler der Akademie der Tonkunst in München, der er von 1920 bis 1953 als Lehrer angehörte. Er starb im Jahr 1976 in München.

WERKE
Für Orchester schrieb Gustav Geierhaas Variationen und »Sinfonische Musik«, weiters eine Sinfonie für Streichorchester, ein Streichsextett, 3 Streichquartette und 3 Sätze für Streichtrio, eine Sonatine und eine Sonate für Klavier. Seine Bedeutung liegt jedoch auf dem Gebiet der Orgelkomposition, von der er wenige, aber außerordentlich reiche Werke verfaßte. Seine Kleinen Orgelstücke, Introduktionen und Choralfantasien, Choralvorspiele und besonders die Fantasie und Fuge über »Mitten wir im Leben sind« bilden eine echte Bereicherung der Orgelliteratur.

Choralfantasie über »Mitten wir im Leben sind«, 3 Teile

Das Stück ist in Fortsetzung der »Fantasien« von Max Reger geschrieben, ohne dessen Harmonik zu übernehmen. Der 1. Teil »Introduktion« verläuft in ruhigem Fluß, der durch einzelne Fortetöne unterbrochen ist. Er verwendet Choralzitate und das gregorianische Dies irae. Im 2. Teil »Fantasie« wird der Cantus firmus plastisch hervorgehoben. Die Fuge des 3. Teils wird fünfstimmig intoniert, wozu noch ein zweites Thema hinzutritt. Das Werk schließt mit der Melodie »Jesu, meine Zuversicht«.

Erik Gustaf Geijer (1783–1847)

ZEIT UND UMWELT

Das vom Dichter und Kulturphilosophen Johann Gottfried von Herder erweckte »Heimweh der Musik nach ihrem Ursprung in Kirche und Volk«, nach den Liedern der Völker, der »Stimme der Menschheit« gab ganz Europa einen entscheidenden Impuls für die Volksliedforschung, und zwar besonders in Gebieten, die bisher nur peripher an der Kulturentwicklung teilgenommen hatten und sich nunmehr ihrer eigenen Vergangenheit und ihrer eigenen kulturellen Kräfte zu besinnen begannen.

LEBEN

Erik Gustaf Geijer wurde am 12.1.1783 in Ransäter, Värmland, geboren. Er war Historiker, Dichter und Komponist und wirkte von 1817 bis zu seinem Tod am 23.4.1847 als Professor an der Universität Uppsala.

WERKE

Der Sammler und Erforscher schwedischen Volksliedgutes Erik Gustaf Geijer brachte gemeinsam mit Adolf Fredrik Lindblad eine Sammlung schwedischer Lieder heraus, denen er ein Divertimento für Klavier anfügte. Er veröffentlichte außerdem ein Klavierquartett in e-Moll, eine vierhändige Klaviersonate, Lieder, Duette, Terzette und Chöre. Handschriftlich überliefert sind ein Klavierquintett in f-Moll, ein Quartett, Violin-, Cello- und Klaviersonaten. Er war Hauptredakteur des musikalischen Teils der von ihm und August Afzelius herausgebrachten altschwedischen Volkslieder in 3 Bänden.

Benedict Geisler (um 1700 bis nach 1759)

ZEIT UND UMWELT

Der Augustinerorden richtete seinen täglichen Chorgesang streng nach den überkommenen Melodieformen. Die einzelnen Klöster betrieben Musikschulen, die der Schola Cantorum am Kloser Santa Monica in Rom nachgebildet wurden. Daneben wurde stets zeitgenössische Kirchenmusik intensiv gepflegt, so daß einige tüchtige Musiker aus dem Orden hervorgingen.

LEBEN

Benedict Geisler wurde um 1700 in Süddeutschland geboren. Er trat dem Augustinerorden bei, in dem er zum Musiker ausgebildet wurde. Er dürfte in Augsburg oder Bamberg als Kirchenmusiker tätig gewesen und in den Jahren nach seiner letzten Publikation im Jahr 1759 gestorben sein. Der Ort seines Todes ist nicht feststellbar.

WERKE

In Augsburg und Bamberg brachte Benedict Geisler in den vierziger und fünfziger Jahren des 18. Jahrhunderts eine beträchtliche Anzahl Messen und Propriumsätze heraus, die sehr konservativ gehalten wurden.

Fritz Geißler (1921–84)

LEBEN

Fritz Geißler wurde am 16.9.1921 in Wurzen geboren. Er musizierte zunächst in Tanz- und Unterhaltungskapellen, dann wurde er Schüler von Max Dehnert und Wilhelm Weismann (20.9.1900, Altdorf, Württemberg, bis 14.5. 1980, Leipzig). Darauf studierte er an den Musikhochschulen in Leipzig und in Berlin. Im Jahr 1954 wurde er Lehrbeauftragter und 1959 Lektor für Musiktheorie an der Universität in Leipzig. Seit 1963 unterrichtete er an der Leipziger und an der Dresdner Musikhochschule Komposition. Er starb am 11.1.1984 in Bad Saarow bei Frankfurt/Oder.

WERKE

Neben 3 Balletten schrieb Fritz Geißler 7 Sinfonien - Nr. 4 für Streicher, Nr. 6 konzertant für Bläserquintett und 20 Streicher, Nr. 7 für Kammerorchester -, 3 sinfonische Sätze, eine Lustspielouvertüre, eine sinfonische Burleske, eine Ballettsuite, ein Kammerkonzert für Cembalo, Flöte und zehn Streicher, 5 Miniaturen für kleines Orchester, eine Sinfonietta, 2 sinfonische Szenen, ein Concertino für Klarinette und kleines Orchester, ein Klavierkonzert, ein Nonett, ein Bläserquintett, ein Streichquartett, Klavierstücke, »Nachtelegien« für hohe Stimme und neun Instrumente, »Fünf Lieder« für hohe Stimme und Bläserquintett und ein Oratorium. Seine Tonsprache ist eminent expressiv und klangreich.

Christian Geist (um 1640 – 1711)

ZEIT UND UMWELT
Der Krieg gegen Schweden zur Wiedergewinnung von Skåne (1675 – 79) hatte König Christian V. von Dänemark (1646 – 99) nichts eingebracht als eine starke Verarmung seiner Länder Dänemark und Norwegen. Auch die Hofkapelle war schwach dotiert, so daß ihre Musiker zugleich in den verschiedenen Kirchen der Hauptstadt tätig sein mußten.

LEBEN
Christian Geist wurde um 1640 in Güstrow, Mecklenburg, geboren und dort von seinem Vater ausgebildet. Anschließend trat er in die Dienste des Herzogs von Mecklenburg, Gustav Adolf, und kam 1670 über dessen Empfehlung an die Hofkapelle von König Christian IV. in Kopenhagen, wechselte aber noch im gleichen Jahr zur Kapelle des schwedischen Königs Karl XI., wo er bis 1679 verblieb. Er kehrte nach Kopenhagen zurück und wirkte dort als Organist an der Treenighed-Kerk und der Helligånd-Kerk bis zu seinem Tod im Jahr 1711.

WERKE
Der deutsche Komponist Christian Geist hinterließ ungefähr 50 geistliche Konzerte – teils lateinisch, teils deutsch –, 3 Orgelchoräle und 2 profane Kantaten. Die Musik folgt dem norddeutschen Stil.

LITERATUR
C. Thrane, Fra Hofviolonernes Tid, Kopenhagen 1908.

Johannes Franchois Gemblaco
(um 1370 bis um 1430)

ZEIT UND UMWELT
Unter den Herzögen von Valois (1363 bis 1477) erhielt Burgund seine größte Ausdehnung. In Dijon wurde der herzögliche Familiensitz errichtet und die Chartreuse de Champmol als ihre Begräbnisstätte erbaut. Flandrische Künstler und vor allem der Bildhauer Claus Sluter (1340 – 1406) statteten sie aus. Der Glanz burgundischer Hofhaltung erregte in ganz Europa Bewunderung. Im Jahre 1432 wurde die Sainte-Chapelle von Dijon zum Sitz des Ordens vom Goldenen Vlies.

LEBEN
Johannes Franchois Gemblaco wurde um 1370 vermutlich in Gembloux (bei Namur) geboren. Er wirkte den größten Teil seines Lebens als Sänger und Komponist am burgundischen Hof und dürfte um 1430 in Dijon gestorben sein.

WERKE
Von dem Komponisten Johannes Franchois Gemblaco sind 2 Gloria- und 2 Credosätze, beide dreistimmig, sodann eine fünfstimmige Motette mit vierstimmiger Version und 3 dreistimmige französische Chansons überliefert. Der Meister folgte dem frankoflämischen Frühstil.

LITERATUR
J. T. Igoe, J. Fr. de Gembloux, Nuova rivista musicale italiana IV, 1970.

Francesco Geminiani
(um 1680 – 1762)

ZEIT UND UMWELT
Durch Vereinbarung von 1701 wurde Sophia (1630 – 1714), Enkelin König Jakobs I.,

Thronerbin nach der englischen Königin Anne. Beim Tod der Königin (1714) war aber Sophia, die Gemahlin des Kurfürsten Ernst August von Hannover (1629–98), bereits verstorben, so daß deren Sohn Georg I. (1660 bis 1727) den englischen Thron bestieg.

LEBEN

Francesco Saverio Geminiani wurde um 1680 in Lucca geboren. Die Angaben über sein Geburtsjahr differieren zwischen 1667 und 1687. Er studierte bei Carlo Ambrogio Lonati in Mailand, Arcangelo Corelli in Rom und Alessandro Scarlatti in Neapel. Von 1707 bis 1710 spielte er im Orchester der Signoria in Lucca und war ab 1711 als erster Violinist und Dirigent am Hoftheater in Neapel. Gemeinsam mit seinem Landsmann, dem Flötisten und Oboisten Francesco Barsanti (1690 bis 1776), reiste er nach Konzerten in verschiedenen italienischen Städten nach London und gab dort bei Hof ein von Georg Friedrich Händel begleitetes Konzert.

Francesco Saverio Geminiani

Sein Ruf als ausgezeichneter Violinist und Violinlehrer verbreitete sich sehr rasch. Er wurde von verschiedenen Adeligen und von König Georg I. selbst kräftig gefördert. Der König ernannte ihn zum ersten musikalischen Direktor der Philo-Musicae et Architecturae Societas. In den Jahren 1733, 1734 und 1737 gab Geminiani einige Konzerte in Dublin, von 1749 bis 1755 lebte er in Paris, dann wieder in London, wo er ab 1759 als Konzertmeister und Lehrer bis zu seinem Tod am 17. 9. 1762 wirkte.

WERKE

Der italienische Violinvirtuose Francesco Geminiani verfaßte nur Instrumentalwerke; sie erlebten zahlreiche Auflagen und Nachdrucke. Er schrieb 12 Sonaten für Solovioline ohne Baß, die als zweimal 6 Sonaten für zwei Violinen, Cello oder Cembalo mit Ripienobaß bearbeitet wurden, 12 Sonaten für Violine, Violone und Cembalo, 24 Concerti grossi, 12 Sonaten für Violine und Baß, von denen 6 als Concerti grossi gefaßt wurden, 6 Sonaten für Cello und Generalbaß und ein Instrumentalwerk »Der Zauberwald« nach der gleichnamigen Dichtung von Torquato Tasso, ferner Bearbeitungen von Violinsonaten von Arcangelo Corelli als Concerti grossi. Er verfaßte außerdem eine Reihe von Schulwerken und theoretischen Schriften.
Francesco Geminiani hat die italienische Instrumentalmusik in England als Virtuose, Komponist und Lehrer zur Blüte gebracht. Seine Werke entsprechen fast ausnahmslos der Form der Sonata da chiesa. Die Bässe sind sehr einfach, dafür die Oberstimmen dem Zeitgeschmack entsprechend reich verziert.

6 Concerti grossi Opus 3 für erste und zweite Violine, Viola und Cello als Concertino, erste und zweite Violinen und Continuoinstrumente als Tutti, erstmals veröffentlicht 1733

Concerto grosso Nr. 1 D-Dur, 3 Sätze

Im ersten Satz wird die erste Violine des Concertino sehr bevorzugt und solistisch eingesetzt. Im zweiten Satz – Adagio – übernehmen zweite Violine und Bratsche die Themen des ersten. Beide Violinen konzertieren mit Doppelgriffen. Das Finale ist ein schwungvolles Allegro, in dem wiederum die erste Violine führend ist.

Henry Purcell – Francesco Geminiani

Concerto grosso Nr. 2 g-Moll, 4 Sätze
Das Largo e staccato des ersten Satzes setzt kraftvoll punktiert ein. Das anschließende Allegro bringt durchgehend Triolenbewegungen. Die Soloviolinen dominieren. Das Adagio ist streng kontrapunktisch durchgeführt. Der in Es-Dur beginnende Satz führt über B-Dur, f-Moll, c-Moll zu g-Moll. Der vierte Satz ist eine vierstimmige Fuge.
Concerto grosso Nr. 3 e-Moll, 4 Sätze
Die ersten Takte des Adagio e staccato sind kühn chromatisch. Das anschließende Allegro ist chromatisch und fein kontrapunktisch gearbeitet. Der dritte Satz ist ein ausgedehntes Adagio – anfänglich ruhig und sanglich, dann polyphon aufgesplittert. Das Finale bringt ein fugiertes Allegro, das mit dem ersten Satz korrespondiert.
Concerto grosso Nr. 4 d-Moll, 4 Sätze
Zwischen den einzelnen Sätzen gibt es keine Pausen. Das einleitende Largo e staccato weist punktierte Rhythmen auf, das folgende Allegro ist frei fugiert. Das Largo wird von der ersten Violine melodisch geführt und weist interessante Modulationen auf. Im Finale kehren die punktierten Rhythmen des ersten Satzes wieder und sind ständigen Triolen gegenübergestellt.
Concerto grosso Nr. 5 B-Dur, 4 Sätze
Der Beginn ist ein Adagio mit besonderer Verdichtung polyphoner Stimmführung. Das folgende Allegro glänzt mit interessantem Passagenwerk. Der langsame Satz wird vom Melos der Solovioline beherrscht. Der unmittelbar anschließende vierte Satz bringt tänzerische Rhythmen. Die beiden Violinen duettieren, bis sich die Viola zu einem Trio dazu gesellt.
Concerto grosso Nr. 6 e-Moll, 4 Sätze
Der erste Satz bringt ein Adagio mit vielen harmonischen und rhythmischen Freiheiten. Das Allegro ist eine frei gebaute Doppelfuge. Das folgende kurze Adagio stellt eine Überleitung zum Schlußsatz dar, in dem drei Themen frei und sehr gekonnt miteinander verknüpft sind.
Violinsonate A-Dur, 3 Sätze
Die beiden Ecksätze – Allegro und Allegro assai – sind außerordentlich lebhaft, reich figuriert und von weiträumiger Thematik. Der Mittelsatz klingt schwer und pathetisch.
Violinsonate in h-Moll, 4 Sätze
Der erste Satz bringt ein Grave mit ernster Schwermut, dann setzt ein stürmisches Allegro mit virtuos entfalteter Technik ein. Ein langsamer Satz schließt sich an und mündet in ein leichtes Allegretto, um die Gegensätze zwischen den beiden vorangehenden Sätzen zu glätten.
Violinsonate in c-Moll, 4 Sätze
Das einleitende Largo bildet mit dem zweiten Satz eine Einheit. Im dritten Satz erklingt eine Siciliana, und der vierte Satz greift thematisch auf den ersten zurück. Gerade diese Sonate beweist, daß der Komponist trotz aller »Modernismen« dem Barock verhaftet war.
Violinsonate in d-Moll, 4 Sätze
Erster und zweiter Satz bilden ein einheitliches Ganzes. Der dritte bringt eine kantable Siciliana. Das Finale ist streng und leidenschaftlich. Das ganze Werk ist auf Wohllaut, Virtuosität und subjektiven Ausdruck gearbeitet.
Violinsonate in d-Moll »Sonata impetuosa«, 4 Sätze
Die ersten 3 Sätze sind zu einem Ganzen verschmolzen. Ein Andante und ein Adagio maestoso umrahmen ein leidenschaftliches Allegro. Das Finale »Allegro impetuoso«, das der Sonate den Namen gab, ist von stürmischer Leidenschaft erfüllt und scheint das Wesen des Meisters selbst auszudrücken.

LITERATUR

A. Betti, La vita e l'arte di Francesco Geminiani, Lucca 1933.

Eduard Genast (1797–1866)

ZEIT UND UMWELT

Wie viele Instrumentalvirtuosen für den eigenen Konzertgebrauch Stücke komponierten, mit denen sie ihr Können zur Schau stellten, so haben auch Sänger Lieder speziell für sich selbst geschrieben. Texte standen durch die in der ersten Hälfte des 19. Jahrhunderts aufblühende deutsche Dichtkunst in Fülle zur Verfügung, nicht wenige davon brachten schon durch den Klang ihrer Verse so viel Musik mit sich, daß der Komponist sich mit der musikalischen Sinnausdeutung begnügen durfte.

LEBEN

Eduard Franz Genast wurde am 15.7.1797 in Weimar geboren. Er trat nach seiner Ausbildung 1814 an der Weimarer Oper zum ersten Mal als Bariton auf die Bühne. Nachdem er 1828 für ein Jahr das Theater in Magdeburg geleitet hatte, wurde er vom Weimarer Hoftheater fest als Sänger und Schauspieler engagiert. Er starb am 3.8.1866 in Wiesbaden.

WERKE

Neben 2 Opern schrieb Eduard Genast sehr viele Lieder, die im Schatten der jüngeren Berliner Liederschule standen. Da in Weimar der Geist Johann Wolfgang von Goethes weit über dessen Tod hinaus herrschte, war die Einhaltung der von ihm bevorzugten Stilgattung eine Selbstverständlichkeit.

Pietro Generali (1773–1832)

ZEIT UND UMWELT

Die ständig starke Nachfrage nach Opern in Italien regte viele Talente an, die Werke der Meister des 18. Jahrhunderts nachzuahmen und deren Faktur weiterzuentwickeln. Ihre Kompositionen befriedigten das Publikum aber nur solange, bis der große Meister der Oper, Gioacchino Rossini, die Bühnen bediente, denn hier handelte es sich um kein Talent mehr, sondern um ein Genie.

LEBEN

Pietro Generali wurde am 23.10.1773 in Masserano, Piemont, geboren. Seine Ausbildung erhielt er in Neapel am Conservatorio San Pietro a Maiella, das an die Stelle der alten vier Konservatorien getreten war. Er debütierte 1802 mit seiner ersten Oper in Rom und ließ mehr als 50 folgen, die in den italienischen Städten erfolgreich waren, bis die ersten Werke von Rossini aufgeführt wurden. Von 1817 bis 1821 wirkte er als Theaterkapellmeister in Barcelona und ab 1827 bis zu seinem Tod am 3.11.1832 als Domkapellmeister in Novara.

WERKE

Neben seinen 52 zum großen Teil komischen Opern verfaßte Pietro Generali, als seine Erfolge auf der Opernbühne wegen der Konkurrenz von Rossini ausblieben, eine Reihe Kirchenmusik. Im einzelnen sind ein Oratorium, mehrere Messen, Psalmen und ein sehr geschätztes Offertorium bekannt geworden. Auf dem Gebiet der Opernkomposition war er ein Vorläufer von Gioacchino Rossini, der von ihm einige Modulationen und harmonische Wendungen entnommen hat.

Elzéar Genet (um 1475–1548)

ZEIT UND UMWELT

Der namhafte Schriftsteller und Humanist François Rabelais (1494–1553) hat besonders mit seinem satirischen Meisterwerk Gargantua et Pantagruel (1552) einen scharfen Kampf gegen die Zwänge und Vorurteile des Mittelalters geführt. Die gesellschaftliche Schicht, die davon angesprochen wurde, war sehr dünn. Sie bestand aus einer Anzahl von Wissenschaftlern, Schriftstellern, Dichtern, bildenden Künstlern und Musikern, etlichen Familien, Adeligen und führenden Persönlichkeiten der Kirche. Das hätte aber genügt, um allmählich das Ideengut des Humanismus mit der Zeit auch breiteren Schichten zugänglich zu machen, wenn nicht die Reformation Gegenmaßnahmen provoziert hätte, die der Entwicklung eine andere Richtung wiesen. Vor allem mußten die Männer der Kirche ihre toleranten Ideen gegen eine militante Haltung tauschen.

Leben

Elzéar Genet, der sich Carpentras (oder Il Carpentrasso) nannte, wurde um 1475 in Carpentras (Vaucluse) geboren. Der französische Musiker wurde 1508 Kapellsänger unter Papst Julius II., hielt sich darauf einige Zeit am Hof des französischen Königs Ludwig XII. auf, wie François Rabelais bezeugt, und wurde unter dem nächsten Papst Leo X. Mitglied und später Kapellmeister der päpstlichen Kapelle. Neben mehreren Ehren und Titeln wurde er zum Dekan von Saint-Agricol in Avignon ernannt, wo er 1521 nach dem Tod Papst Leos X. seinen weiteren Aufenthalt nahm und – mit Ausnahme eines neuerlichen Romaufenthalts 1524 – 26 – bis zu seinem Tod am 14. 6. 1548 blieb.

Werke

Von Genet sind 5 vierstimmige Messen, Lamentationen, Hymnen, Magnificat und eine Reihe dreistimmiger Gesänge überliefert. Sie folgen stilistisch der frankoflämischen Schule, weisen aber viel Farbigkeit auf. Ein Großteil davon ist 1532–37 in Avignon gedruckt worden, und zwar mit den neuen von Schriftgießer Etienne Briard (um 1500) hergestellten runden (anstelle der bisherigen eckigen) Notenformen.

Literatur

O. L. Rigsby, Elzéar Genet, in: Studies in Music History and Theory, Tallahassee (Fla.), 1955. O. L. Rigsby, The Sacred Music of Elzéar Genet, 2 Bände, University of Michigan 1955. W. Kirsch, Die Motetten des A. de Silva. Studien zur Geschichte der Motetten im 16. Jahrhundert, Tutzing 1977.

Tomás Genovés (1806–61)

Zeit und Umwelt

Die Situation der spanischen Musikbühne erfuhr auch im 19. Jahrhundert bis knapp vor dessen Ende keine Änderung. Wie im 18. Jahrhundert gab es italienische Opern – oft mit spanischen Texten – und Zarzuelas, deren Qualität allerdings gehoben wurde. Die spanische Oper lag noch in weiter Ferne.

Leben

Tomás Genovés wurde am 28. 2. 1806 in Zaragoza geboren und ausgebildet. Darauf ließ er sich in Madrid nieder und brachte eine Oper im italienischen Stil und eine Zarzuela, die er selbst als Oper bezeichnete, heraus. Ein staatliches Stipendium ermöglichte ihm einen Italienaufenthalt, dessen Ergebnis weitere Opern und Sinfonien waren. Nach Spanien zurückgekehrt, wählte er Burgos als Wohnsitz, wo er am 5. 6. 1861 starb.

Werke

Von Tomás Genovés sind mehrere Opern in Spanien und Italien aufgeführt worden. Bemerkenswert sind seine 3 Sinfonien mit historischen Themen und Titeln, »Numancia destruída« (Zerstörtes Numantia), »El sitio de Zaragoza« (Die Belagerung von Zaragoza) und »Los últimos días de Pompeia« (Die letzten Tage von Pompei), die aber keine echte Programmusik bringen, sondern Impressionen. Er verfaßte auch etwas sakrale Musik und eine Anzahl Romanzen.

Gentian (um 1490 bis um 1550)

Zeit und Umwelt

Der Meister des französischen Chansons, Claude de Sermisy, regte eine Reihe von zeitgenössischen Komponisten an, sich dieser allseitig beliebten Kompositionsform zu widmen. Der Popularität zuliebe wurden die Texte immer anspruchsloser und deren Verständlichkeit durch die äußerst transparente vertikal-syllabische Kompositionstechnik erhöht.

Leben

Gentian (der Vorname ist nicht überliefert) wurde vermutlich in Paris um 1490 geboren, dürfte sich aber im Verlauf seines Lebens nach Lyon und vielleicht auch nach Genf begeben haben. Über sein Leben und Wirken ist ebensowenig bekannt wie über Ort und Zeit seines Todes.

Werke

Von dem französischen Komponisten Gentian sind etwa 20 Chansons in Sammelwerken überliefert. Sie kommen dem Stil des Vaudeville sehr nahe. Außerdem vertonte er mehrmals die von Clément Marot übersetzten Psalmen und schuf damit eine der ältesten mehrstimmigen Kompositionen dieser Texte.

Ortensio Gentile
(um 1570 bis nach 1616)

Zeit und Umwelt

Die Werke von Claudio Monteverdi haben auf die Madrigalkomposition der venezianischen Komponisten außerordentlich belebend gewirkt. Vielfach wurde die polyphone Gestaltung des 16. Jahrhunderts streng beibehalten und noch vertieft, um sich in deutlichen Gegensatz zum »Modernismus« des großen Meisters zu stellen.

Leben

Ortensio Gentile wurde vermutlich um 1570 in oder bei Venedig geboren. Über seine persönlichen Umstände ist nichts bekannt. Auch Ort und Zeit seines Todes sind nicht feststellbar.

Werke

Vom italienischen Komponisten Ortensio Gentile ist ein Buch mit fünfstimmigen Madrigalen erschienen, die wegen ihrer kunstreichen Kontrapunktik bemerkenswert sind.

Giorgio Gentili (um 1686 bis nach 1716)

Zeit und Umwelt

Venedig war die Wiege des konzertanten Spiels. Ausgehend von der Doppelchörigkeit der Domkapelle und dem bald folgenden alternierenden Einsatz mehrerer Instrumentalensembles, dem im Zeitalter des Barock monodische Passagen hinzugefügt wurden, bildete sich der für eine lange Zukunft gültige Konzertstil aus, der wegen seines Facettenreichtums in der gesamten musikalischen Welt Aufnahme und Nachahmung fand.

Leben

Giorgio Gentili wurde um 1686 in Oberitalien geboren. Er war Violinist in Venedig. Ob er noch eine andere musikalische Funktion ausgeübt hat, läßt sich nicht feststellen. Er dürfte nach 1716 in Venedig gestorben sein.

Werke

Der Violinist Giorgio Gentili komponierte 12 vierstimmige Konzerte, 12 Kammerkonzerte und eine Anzahl dreistimmiger Sonaten für zwei Violinen, Cello und Generalbaß. Die selbständige Verwendung des Cello neben dem Generalbaß weist auf die echte Triosonate des 18. Jahrhunderts hin, die nur mehr drei Instrumente ohne Füllakkorde verwendete.

Francesco Genvino
(um 1570 bis nach 1614)

Zeit und Umwelt

Das neapolitanische Madrigal, das trotz formgerechter Faktur immer etwas von der Melodik der Volksmusik aufnahm, war in ganz Italien verbreitet und beliebt. Es ist zumeist auch durch eine kühne Chromatik gekennzeichnet und durch die Rhythmen, die schon in den ersten Takten auf ihren Ursprung hinweisen.

Leben

Francesco Genvino wurde vermutlich um 1570 in oder bei Neapel geboren und an einer der Musikschulen der Stadt ausgebildet. Es ist nicht feststellbar, welche musikalische Tätigkeit er neben der Komposition ausgeübt hat. Auch Ort und Zeit seines Todes sind unbekannt.

WERKE
Der italienische Komponist Francesco Genvino hat 5 Bücher mit fünfstimmigen Madrigalen herausgebracht. Sie wurden sorgfältig polyphon gearbeitet, verwendeten aber volkstümliche Melodik. Weitere Madrigale fanden in Sammelwerken Aufnahme.

Harald Genzmer (geboren 1909)

LEBEN
Harald Genzmer wurde am 9.2.1909 in Bremen-Blumenthal geboren. Bis 1928 studierte er neben und nach seinen Gymnasialjahren in Marburg an der Lahn Orgel, Klavier und Tonsatz bei Hermann Stephani (23.6.1877, Grimma, bis 3.12.1960, Marburg an der Lahn). Sodann war er an der Musikhochschule in Berlin Schüler von Paul Hindemith, außerdem von Curt Sachs und Georg Schünemann (13.3. 1884, Berlin, bis 2.1.1945, Berlin). Ab 1937 unterrichtete er an der Volksmusikhochschule in Neukölln, im Jahr 1946 wurde er Kompositionsprofessor in Freiburg im Breisgau, 1957 trat er eine Professur an der Akademie der Tonkunst in München an.

Harald Genzmer

WERKE
Außer 2 Balletten schrieb Harald Genzmer 3 Sinfonien, eine »Sinfonische Musik«, eine Konzertsuite, 2 Orchesterkonzerte, ein Capriccio für Kammerorchester, ein Divertimento für Blasorchester, eine Sinfonietta, eine Introduktion und eine Sonatine für Streicher, 2 Trautoniumkonzerte, ein Klavierkonzert, 2 Cellokonzerte, 2 Flötenkonzerte, ein Bratschenkonzert, ein Orgelkonzert, ein Concertino für Klavier, Flöte und Streicher, ein Kammerkonzert für Oboe und Streicher, ein Kammerkonzert für Violine und Orchester, ein Konzert für Harfe und Streicher, ein Konzert für Trompete und Streicher, ein Nonett, ein Septett, ein Bläsersextett, ein Bläserquintett, ein Bläserquartett, 2 Streichquartette, ein Quartett für Klarinette, Violine, Cello und Klavier, ein Quartett für Violine, Bratsche, Cello und Kontrabaß, 2 Klaviertrios, ein Trio für Harfe, Flöte und Bratsche, 3 Sonaten und eine Sonatine für Violine und Klavier, 2 Sonaten für Bratsche und Klavier, eine Sonate und eine Sonatine für Cello und Klavier, 2 Sonaten für Flöte und Klavier, Sonatinen für Trompete, für Klarinette, für Horn mit Klavier und für Fagott mit Klavier, ein Divertissement für Flöte und Violine, eine Sonate für Harfe und Cello, zahlreiche Stücke für Soloinstrumente und Orgelwerke, überdies eine Messe, verschiedene Kantaten für Chöre und Solostimmen mit Instrumentalbegleitung, Orchester- und Klavierlieder und Liederzyklen. Sein Stil war anfänglich sehr Paul Hindemith verpflichtet, dann bildete er freiere persönliche Fakturen heraus, die neuen kompositorischen Elementen wie Polytonalität, Polyrhythmie nicht aus dem Weg gingen.

Cellokonzert, 3 Sätze, entstanden 1950
Der 1. Satz ist sonatenförmig angelegt. Der Solist intoniert das Hauptthema und bringt auch das lyrische Seitenthema. Nach der Reprise und einer virtuos angelegten Kadenz des Cellos endet der

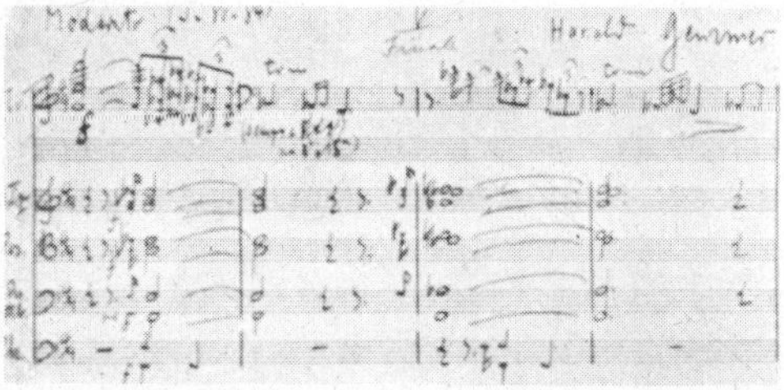

Anfang des 5. Satzes aus dem Konzert für Mixturtrautonium und großes Orchester von Harald Genzmer, Autograph

Satz mit einer Stretta. Im 2. Satz erklingt eine weit ausholende Kantilene des Solisten, deren lyrische Aussage vom Englischhorn unterstrichen wird. Das Finale ist musikantisch brillant, witzig und munter.

Flötenkonzert, 3 Sätze, entstanden 1954

Im motorisch drängenden 1. Satz, in dem die Taktarten ständig wechseln, erhält der Solist Gelegenheit zu virtuoser Entfaltung. Im 2. Satz trägt die Flöte eine weit ausschwingende und kunstreich ausgesponnene Kantilene vor, die durch einen kräftigen Mittelteil vom Tutti unterbrochen wird. Das Finale ist virtuos und prächtig wie der 1. Satz.

Jean-Nicolas Geoffrey (um 1630–94)

ZEIT UND UMWELT

Anschlagtechnik und Fingersatz bei Orgel und Cembalo wichen im Verlauf der Zeit, in der sich beide Instrumente in verschiedene Richtungen weiterentwickelten, immer mehr voneinander ab. Trotzdem wurden auch in den letzten Jahrzehnten des 17. Jahrhunderts beide Instrumente sehr oft vom selben Musiker gespielt und die Kompositionen für Tasteninstrumente für beide verwendet. Es zeigte sich aber deutlich, zu welchem Tasteninstrument ein Musiker neigte. Zu einer tatsächlichen Trennung kam es erst, als das Cembalo vom Klavier verdrängt war, weil nunmehr die Differenzen nicht mehr überbrückt werden konnten.

LEBEN

Jean-Nicolas Geoffrey wurde um 1630 vermutlich in Paris geboren. Er war Organist an St-Nicolas-du-Chardonnet, darauf an der Kathedrale von Perpignan (1690), wo er am 11. 3. 1694 starb.

WERKE

Das Hauptwerk des französischen Cembalisten und Komponisten Jean-Nicolas Geoffrey bildete sein »Livre de clavecin« (Cembalobuch), in dem er 217 Originalstücke und 38 transponierte Stücke für sein Instrument brachte, die einen guten Überblick über die Cembalomusik in Frankreich zum Ausgang des 17. Jahrhunderts bieten.

Alexandre Georges (1850–1938)

LEBEN

Alexandre Georges wurde am 25.2.1850 in Arras geboren. Seine Ausbildung erhielt er an der Niedermeyer-Musikschule, an der er anschließend als Theorielehrer wirkte. Er versah gleichzeitig die Kapellmeisterstelle an Ste-Clotilde und ab 1899 die Organistenstelle an St-Vincent-de-Paul in Paris. Er starb am 18.1. 1938 in Arras.

WERKE

Von Alexandre Georges sind 7 Opern aufgeführt worden, 2 weitere blieben unaufgeführt. Er verfaßte ferner ein Oratorium, »Notre-Dame de Lourdes«, ein Mysterienspiel, »La Passion«, 2 Requiem, ein De profundis, eine Messe, verschiedene Orchester- und kleinere Instrumentalwerke, darunter ein ausgezeichnetes Klaviertrio, mehrere Chöre und zahlreiche Lieder.

Georges de la Hèle (1547–87)

ZEIT UND UMWELT

Die musikalische Parodie als Umformung eines bereits vorhandenen Tonsatzes zu einem neuen Werk war gerade in der liturgischen Musik äußerst häufig. Ungeheuer viele Messeordinarien gehen auf frühere geistliche oder weltliche Vokalmusik zurück. Die Verarbeitung als Parodie geschah entweder in

Form von Zitaten oder Zufügung weiterer Begleitstimmen zu den bereits vorhandenen, durch rhythmische oder melodische Variation, durch Auszierung oder ähnliche Methoden. Die Verwendung von Sätzen bekannter Meister war oft eine Ehrfurchtsbezeugung eines späteren Musikers.

LEBEN
Georges de la Hèle (de la Helle) wurde 1547 in Antwerpen geboren. Der franko-flämische Komponist sang als Chorknabe an den Kathedralen in Antwerpen und Soignies und von 1560 bis 1570 als Chorist in der Hofkapelle Philipps II. in Madrid. Hernach studierte er in Löwen und folgte Séverin Cornet im Jahre 1572 als Kapellmeister an St. Rombaut in Mecheln nach. Beim zweiten Puy d'Evreux gewann er zwei Preise. Philipp II., dem er 8 Parodiemessen widmete, ernannte ihn 1580 zum Hofkapellmeister in Madrid, wo er am 19. 2. 1587 starb.

WERKE
Außer den 8 Parodiemessen, die er dem spanischen König widmete und zugleich als Reverenz für Lasso, Josquin, de Rore und Crecquillon schrieb, hat Georges de la Hèle eine Anzahl Motetten und Chansons hinterlassen, die ihn als echten Anhänger der frankoflämischen Schule ausweisen.

LITERATUR
L. J. Wagner, The »Octo Missae« of Georges de la Hèle, Wisconsin 1957.

Athanasius Georgijević
(um 1590 bis um 1640)

ZEIT UND UMWELT
Die dalmatinische Hafenstadt Split, die im 7. Jahrhundert innerhalb der Mauern des Palastes Kaiser Diokletians (284–305) entstanden war, stand im 14. Jahrhundert und von 1420 bis 1797 unter der Herrschaft Venedigs. Die kommerziellen und kulturellen Beziehungen über Triest zu Graz und zu Wien waren schon lange, bevor Dalmatien österreichisch wurde, sehr eng.

LEBEN
Athanasius Georgijević (Georgiceus) wurde um 1590 in Split geboren, wo er auch sein Studium begann, das er in Graz am Ferdinandeum fortsetzte. Erzherzog Ferdinand, der spätere Kaiser Ferdinand II., betraute ihn mit diplomatischen Reisen nach Polen, Rußland und Bosnien. Eine Stellung als Musiker dürfte er nicht ausgefüllt haben. Er starb um 1640; der genaue Ort seines Todes ist nicht bekannt.

WERKE
Der kroatische Dichter, Schriftsteller und Komponist Athanasius Georgijević brachte 12 kroatische geistliche Gesänge heraus: »Lieder für die wichtigsten, heiligsten und fröhlichsten Tage des ganzen Jahres«. Seine Musik stand unter dem Einfluß des Hoforganisten Giovanni Valentini.

LITERATUR
J. Mantuani, Hrvatska crkvena pjesmarica iz godine 1635, in: Sveta Cecilija IX, Zagreb 1915.

Gérard de Turnhout (um 1520–80)

ZEIT UND UMWELT
Um das Jahr 1570 war die Erhebung der Niederlande gegen die spanische Herrschaft in vollem Gang. Im August 1567 war Herzog Alba (1507–82) mit einem starken Heer eingerückt. König Philipp II. ernannte ihn zum Statthalter. Alba errichtete ein blutiges Regime und konnte bis 1572 Herr der Lage bleiben. Dann flammten die Kämpfe noch heftiger als zuvor auf. Das kulturelle Leben des Landes erlahmte. Künstler, die sich am Kampf nicht beteiligen wollten, nutzten jede Möglichkeit, das Land zu verlassen.

LEBEN
Gérard de Turnhout (eigentlich Gheert Jacques) wurde um 1520 in Turnhout geboren. Im Jahre 1545 war er Kapellsänger am Dom in Antwerpen, 1558 Chorvikar an Saint-Gommaire in Lierre und 1562 Maître de musique an Notre-Dame in Antwerpen, wo er

1563 zum Chorleiter ernannt wurde. Mitten in den Wirren des Kampfes um die Unabhängigkeit nahm ihn König Philipp II. in seine Kapelle auf. Er starb am 15. 9. 1580 in Madrid.
Sein Sohn Jean de Turnhout (1545, Antwerpen, bis nach 1618, Brüssel) wurde 1577 Kapellmeister an Saint-Rombaut in Mecheln, trat in gleicher Eigenschaft in die Dienste des Herzogs Alessandro Farnese von Parma (1545–92), Statthalter der Niederlande in Brüssel, wechselte 1611 als Zweiter Kapellmeister an die dortige Königliche Kapelle über, wo er 1618 das Amt des Ersten Kapellmeisters erhielt.

WERKE
Noch in der Heimat brachte Gérard de Turnhout einen Band dreistimmiger Lieder heraus. Alles andere erschien in Sammeldrucken wie seine fünfstimmige Messe, die 13 zweistimmigen Chansons, 8 dreistimmige Chansons, Lieder und Bicinien. Turnhout gehörte noch ganz der franko-flämischen Schule an. Josquin dürfte sein Vorbild gewesen sein.
Von Jean de Turnhout erschien ein Buch mit sechsstimmigen Madrigalen, eines mit fünf- bis achtstimmigen Gesängen. Mehrere Madrigale und Lieder sind in Sammelwerken enthalten. Sein Kompositionsstil unterscheidet sich sehr wenig von dem seines Vaters und ist ebenso der franko-flämischen Schule verhaftet.

LITERATUR
E. Van der Straeten, La musique aux Pays-Bas, Hildesheim 1965.

Gérard La Porte
(um 1640 bis nach 1689)

ZEIT UND UMWELT
Die Verfolgung der Hugenotten nahm unter Ludwig XIV. von Jahr zu Jahr zu und nötigte viele, Frankreich zu verlassen. Auch Musiker, die nicht unter dem Schutz einer Kathedrale oder eines Adelshauses standen und keine Stellung bei Hof hatten, suchten in England, den Niederlanden oder im nördlichen Deutschland eine neue Existenzmöglichkeit.

LEBEN
Gérard La Porte wurde um 1640 im französischen Raum geboren. Ob er in Frankreich je eine Stelle gehabt hat, ist ebensowenig bekannt wie die Stationen seines Wanderlebens, bis er sich um 1680 in Osnabrück niederließ. Er dürfte dort nach 1689 gestorben sein.

WERKE
Von dem französischen Komponisten Gérard La Porte ist eine Suite aus Konzertstücken für zwei Violinen und Generalbaß im Cembalo und Baßviole und Theorbe ad libitum erschienen.

John Theodoricus Gerarde
(um 1485 bis nach 1550)

ZEIT UND UMWELT
Im 16. Jahrhundert wurden die Beziehungen zwischen England und dem Kontinent bereits lebhafter. Es gab allerdings noch wenige Engländer, die ihre Kunst auf dem Kontinent darboten, außer in den Fällen, in denen konfessionelle Schwierigkeiten sie dazu zwangen. Dafür stieg die Zahl der Flamen, Franzosen und vor allem Italiener, die nach England kamen, stetig an. Sie brachten den Engländern immer den neuesten Stand der Entwicklung, konnten aber auch viel von der eigenständigen Entwicklung des Inselreiches lernen.

LEBEN
John Theodoricus Gerarde (Derick Gerard) wurde um 1485 in Flandern geboren. Zu einer nicht näher bestimmbaren Zeit übersiedelte er nach England und verbrachte dort vermutlich den Rest seines Lebens. Welche Tätigkeit er dort ausgeübt hat, ist unbekannt. Sicher ist nur, daß er in nahen Beziehungen zum englischen Komponisten John Redford gestanden ist. Er dürfte in England nach 1550 gestorben sein.

WERKE

Von dem flämischen Komponisten John Theodoricus Gerarde bewahrt das British Museum eine große Anzahl handschriftlicher Kompositionen auf: weit über 100 vielstimmige Motetten, nahezu ebensoviele Chansons und Madrigale auf französischem Text, einige achtstimmige Carols, 2 fünfstimmige Danksagungen (vor und nach der Mahlzeit) und 2 Instrumentalstücke. Alle diese Kompositionen sind im frankoflämischen Stil gehalten, zeigen aber mit ihrer häufigen Homophonie englischen Einfluß. Die Instrumentalstücke sind für Violen geschrieben und völlig auf den englischen Geschmack abgestellt. Die Werke Gerardes hätten eine Drucklegung verdient.

Heinrich Nikolaus Gerber (1702–75)

LEBEN

Heinrich Nikolaus Gerber wurde am 6. 9. 1702 in Wenigen-Ehrich bei Sondershausen geboren. Er war während seines rechtswissenschaftlichen Studiums in Leipzig Schüler von Johann Sebastian Bach. Nach seinem Organistendienst in Heringen wurde er ab 1728 fürstlicher Hoforganist in Sondershausen und versah diese Stelle bis zu seinem Tod am 6. 8. 1775.
Sein Sohn Ernst Ludwig Gerber (29. 9. 1746, Sondershausen, bis 30. 6. 1819, Sondershausen) war Lexikograph, Organist und Cellist.

WERKE

Die zahlreichen Cembalowerke – Konzerte, Menuette, Suiten – und die Orgelkompositionen – Trios, figurierte Choräle, Präludien und Fugen, Konzerte, Inventionen – von Heinrich Nikolaus Gerber sind Manuskript geblieben. Sie können der Vorklassik zugerechnet werden. Der Komponist beschäftigte sich auch mit Orgelbauproblemen und erfand ein Xylophon mit Klaviatur.
Als Komponist brachte Ernst Ludwig Gerber einige Klavier- und Orgelstücke und mehrere Stücke für Bläser heraus, denen keine große Bedeutung beigemessen werden kann. Sein Hauptverdienst lag auf dem Gebiet der Musik-Lexikographie. Sein »Historisch-Biographisches Lexicon der Tonkünstler« in 2 Bänden und die Ergänzung »Neues historisch-biographisches Lexikon der Tonkünstler« in 4 Bänden haben noch heute einen bedeutenden Wert.

Paul Gerhardt (1867–1946)

LEBEN

Paul Friedrich Ernst Gerhardt wurde am 10. 11. 1867 in Leipzig geboren und studierte am Konservatorium seiner Geburtsstadt bei Salomon Jadassohn, Paul Joseph Maria Homeyer und Adolf Ruthardt (9. 2. 1849, Stuttgart, bis 12. 9. 1934, Leipzig), wirkte von 1893 bis 1898 als Organist der Marienkirche in Leipzig-Plagwitz und anschließend bis 1933 als Kirchenmusikdirektor in Zwickau. Er starb am 23. 9. 1946 in Oberhohndorf bei Zwickau.

WERKE

Von Paul Gerhardt sind eine »Heldenfeier und Totenklage« für großes Orchester, eine sinfonische Fantasie »Ein feste Burg« für großes Orchester und Orgel, eine »Legende« für Violine und Orchester, ein »Requiem« für Blasorchester, Harfe und Orgel, ein Klavierquintett, eine »Deutsche Passion« für Alt, kleines Orchester, gemischten Chor und Orgel, eine Fantasie und Fuge für Orgel, Choralvorspiele und Praeludien für Orgel, viele Klavierwerke, Kantaten, Motetten, Chorsätze und Lieder erschienen. Er war Spätromantiker.

Theodor Gerlach (1861–1940)

LEBEN

Theodor Heinrich Gerlach wurde am 25. 6. 1861 in Dresden geboren. Er studierte ab 1879 am Konservatorium in Dresden bei Franz Wüllner (1832–1902) und Jean Louis Nicodé (1853–1919), war Kapellmeister in Sondershausen, Coburg und Kassel und wirkte von 1904 bis 1910 als Leiter der Musikbildungsanstalt in Karlsruhe, sodann als Theaterdirektor in Kaiserslautern und Regensburg und schließlich bis zu seinem Tod am 11.12.1940 als Direktor des Konservatoriums in Kiel.

WERKE
Im deutlichen Bestreben, sich vom Erbe der »neudeutschen« Romantik zu befreien und sich zeitgenössischen Meistern anzuschließen, fand Theodor Gerlach das »gesprochene Lied«, eine Art Melodram, bei dem anstelle epischer Texte Lyrik vorgetragen wurde. Er versuchte es auch mit einer »gesprochenen Oper«, die er allerdings dann umarbeitete, damit sie aufgeführt wurde; diese Kompositionsgattung wurde später von Arnold Schönberg mit Erfolg aufgegriffen. Er verfaßte außerdem eine sechssätzige Serenade für Streichorchester, eine »Miniatur-Suite« für Streichquartett, das »Vaterlandslied« für Männerchor und Bläser, Stücke für Horn und Klavier, eine Orgelsonate, zahlreiche gesungene Lieder und feine Klavierstücke, die impressionistische Züge aufweisen. Er gehörte zu den Meistern des Übergangs der Romantik zur Modernen.

Hans Gerle (um 1498–1570)

LEBEN
Hans Gerle wurde um 1498 in Nürnberg als Sohn des Lautenmachers Conrad Gerle (um 1445, Nürnberg, bis 4. 12. 1521, Nürnberg) geboren. Er selbst war bereits 1523 als Lauten- und Violenmacher sowie als Lautenschläger berühmt. Es ist nichts darüber bekannt, daß er Nürnberg, die Stadt, in der er sein Gewerbe und seine Kunst ausübte, jemals verlassen hat. Er starb im Jahre 1570.

WERKE
Der Lautenmacher und Lautenschläger Hans Gerle verfaßte einige Tabulaturwerke, die musikhistorisch sehr wertvoll sind. Sie bringen vor allem eigene Kompositionen und Anleitungen zum Lautenspiel, aber auch Stücke von zeitgenössischen Lautenisten, wie zum Beispiel Francesco da Milano, Giovanni Maria da Crema, Gintzler und anderen. Die eigenen Stücke zeigen einen hohen Entwicklungsstand der Lautenkunst.

LITERATUR
W. Tappert, Die Lautenbücher des Hans Gerle, Monatshefte für Musikgeschichte XVIII, 1886.

Edward German (1862–1936)

LEBEN
Edward German Jones wurde am 17.2.1862 in Whitchurch, Shropshire, geboren. Er war ab 1880 Orgelschüler der Royal Academy of Music in London, wechselte aber nach einem Jahr zur Violine über. 1887 wurde er Violinist eines Operettentheaters und 1888 Dirigent am Globe Theatre in London, wo er am 11.11. 1936 starb.

WERKE
Von Edward German stammen mehrere Operetten und viele Bühnenmusiken. Er schrieb ferner 2 Sinfonien, eine sinfonische Dichtung »Hamlet«, sinfonische Suiten, eine »Welsh Rhapsody«, ein Variationenwerk und über 80 Lieder. Seine Kompositionen zeichnen sich durch lebendige Rhythmen und helle Akkordklänge aus. Sein Stil ist romantisch.

Ihan Gero (um 1518–53)

ZEIT UND UMWELT
Die ehemals etruskische Stadt Orvieto auf einem über 200 Meter hohen Felsen unweit von Rom lebte und atmete, obschon vielleicht älter als die Großstadt, ihr politisches und kulturelles Leben mit. Die Musik in ihrer Kathedrale war römische Musik nicht nur in Art und Stil, sondern auch durch ihr hohes Niveau.

LEBEN
Ihan Gero wurde um 1518 im franko-flämischen Raum geboren und wirkte vermutlich an der Kathedrale von Orvieto. Da seine Kompositionen in verschiedenen Städten erschienen sind, läßt sich daraus kein Schluß über weitere Italienaufenthalte ableiten. Er ist im Jahre 1553 wahrscheinlich in Italien gestorben.

WERKE

Da Ihan Gero mit Mestre Le Cocq verwechselt worden ist, sind manche Zuschreibungen unsicher. Jedenfalls dürfen ihm eine große Anzahl Madrigale zugerechnet werden, überdies mehrere Motetten und französische Kanzonen. Sein Madrigalstil entspricht dem der anderen zeitgenössischen Madrigalisten. Andere Musik ist von ihm nicht überliefert.

LITERATUR

A. Einstein, The Italian Madrigal, Princeton 1949.

George Gershwin, Du Bose Heyward und Ira Gershwin (v. l. n. r.)

George Gershwin (1898–1937)

LEBEN

George Gershwin wurde am 26.9.1898 in New York geboren. Er war zunächst als Komponist von Songs und Tanzschlagern tätig, erst der bekannte Bandleader und »King of the Jazz«, Paul Whiteman, regte ihn an, sinfonischen Jazz zu schreiben. Er nahm bei Joseph Schillinger Theorieunterricht und errang mit seinen Kompositionen Welterfolge. Er starb am 11.7.1937 in Beverly Hills, Calif., als der erste Komponist, der dem Jazz die Tore zu den Konzertsälen wirklich geöffnet hatte.

WERKE

Obschon George Gershwin selbst nie Jazz schrieb, entnahm er ihm für seine eigene Tonsprache wichtige Elemente und verband sie mit zeitgenössischer Sinfonik zu einer Musik von seltener Ausdruckskraft, die von keinem seiner Nachahmer erreicht worden ist. Sie wirkt improvisatorisch, bei näherem Zuhören jedoch erkennt man die Genauigkeit der Werksarbeit, die einem beim ersten Hören entgeht, weil man von den aparten Klangkombinationen, den erregenden Rhythmen völlig gefangengenommen wird. Maurice Ravel, den er bei seinem Aufenthalt in Paris bat, ihm Kompositionsunterricht zu erteilen, lehnte mit den Worten ab: »Warum wollen Sie ein Ravel zweiten Ranges werden, da Sie doch ein Gershwin ersten Ranges sind?«, weil er die Genialität des Amerikaners erkannte. Es sind nur wenige Werke, die er auf dem Gebiet seines »sinfonischen Jazz« hinterließ; sie genügten aber, seinen Weltruhm zu begründen und bis heute zu erhalten: »Rhapsody in Blue« für Klavier und Orchester, »Concerto in F« für Klavier und Orchester, die Tondichtung für Orchester »An American in Paris«, die seltener gespielte »Second Rhapsody« für Klavier und Orchester, die »Cuban-Ouverture« für Orchester und kubanische Schlaginstrumente, die Variationen über »I got rhythm« für Klavier und Orchester über eigene Melodien und vor allem seine große Oper »Porgy and Bess«, die um die Welt ging. Außerdem verfaßte er ein Klavierwerk mit dem Titel »Three preludes«, zahlreiche Musicals, darunter das als »Kammeroper« bezeichnete »Blue Monday« (Blauer Montag), Madrigale sowie andere Chöre und – in seiner Frühzeit – über 50 Lieder und Tanzschlager.

Rhapsody in Blue für Soloklavier, mittelgroßes Orchester, 2 Altsaxophone, ein Tenorsaxophon, Banjo, ein Satz, entstanden 1924

Das Werk brachte bereits bei seiner Uraufführung in New York einen glänzenden Erfolg. Schon das großartige Klarinettenglissando, mit dem das Stück eröffnet wird, fesselte das Publikum; dann folgt das drängende Klavierthema, das während des gesamten Werks immer wiederkehrt. Das zweite Thema wird vom Orchester angestimmt und farbig gesteigert. Das Klavier bringt ein drittes, bis im Mittelteil die Blues-Stimmung alles beherrscht. Darauf kommt die Rhapsodie mit mehrmaligem raschem Tempowechsel im breiten Ablauf zu einem turbulenten Schluß.

Concerto in F für Soloklavier und Orchester, 3 Sätze, entstanden 1925

Häufiger Stimmungswechsel, verschiedene rasch aufeinanderfolgende Tempi profilieren den 1. Satz und verleihen ihm eine improvisatorische Struktur, die für alle Werke des Komponisten typisch ist. Der 2. Satz beginnt mit einem Hornruf, der in eine träumerische, von Klarinetten und gedämpften Trompeten begleitete Melodie übergeht; das musikalische Geschehen wird jedoch vom Klavier bestimmt, dessen Kadenz die Streicher choral verbreitern. Der 3. Satz ist ein Rondo mit Gedanken der vorangehenden Sätze. Nach dem langsamen Abschluß tritt das grollende Paukenmotiv wieder auf, das das Konzert eingeleitet hat.

Ein Amerikaner in Paris, Tondichtung für Orchester mit drei Saxophonen und Autohupen, 2 Teile, entstanden 1928

»Es ist meine Absicht, die Eindrücke eines amerikanischen Reisenden wiederzugeben, der durch Paris schlendert, der den Straßenlärm und die gesamte Atmosphäre der Stadt in sich aufnimmt«, erklärte der Komponist. Das Ragtime-Thema des 1. Teils zeigt den gemütlich über die Boulevards schlendernden Amerikaner; die Posaunen bringen sodann eine drastische Tanzmelodie, Taxis hupen energisch, das Englischhorn schließt die Episode mit einem besinnlichen Solo ab. Im Mittelteil bläst die Trompete eine Bluesmelodie, die von einem Charleston abgelöst wird – Erinnerung des Reisenden an seine amerikanische Heimat. Im 3. Teil erklingt der Blues noch einmal, das »Schlender-Thema« mit den Autohupen kommt wieder; darauf wird das Werk mit ständigem Tempowechsel klangprächtig zu Ende geführt.

Literatur

W. Schwinger, Er komponierte Amerika – George Gershwin, Berlin 1960. R. Rushmore, The Life of George Gershwin, London 1966. Ch. Schwartz, Gershwin – His Life and Music, 1973.

Karl Gerstberger (1892–1955)

Leben

Karl Gerstberger wurde am 12.2.1892 in Neiße (Nysa), Schlesien, geboren. Er studierte in Köln bei August von Othegraven, in München bei Walter Couvoisier, Joseph Haas und Carl Orff. Nach einem Aufenthalt in Berlin übersiedelte er 1931 nach Fischerhude bei Bremen. Er starb am 30.10.1955 in Bremen.

Werke

Außer einem Singspiel schrieb Karl Gerstberger eine Orchestersuite, ein Konzert für Streichorchester, ein Streichquartett, 2 Streichtrios, Klavier- und Orgelstücke, eine Anzahl Konzertkantaten, Kammerkantaten, Motetten, Orchesterlieder und Klavierlieder. Er tendierte zum Neuklassizismus.

Joachim Gerstenbüttel
(um 1650 – 1721)

Zeit und Umwelt

Hamburg verfügte über eine weit zurückreichende kirchenmusikalische Tradition, die zumindest von fünf großen Kirchen getragen wurde. Die längste ununterbrochene kirchenmusikalische Geschichte wies die Katharinenkirche auf, deren Orgel 1543 aufgestellt worden war. Die Michaelskirche, die Nicolaikirche, die Jacobi- und Petrikirche standen der erstgenannten kaum nach.

Leben

Joachim Gerstenbüttel wurde um 1650 in Wismar geboren. Er studierte in Wittenberg Theologie. Im Jahr 1675 wandte er sich der Musik zu und wurde Kantor am Johanneum und Director Musices der fünf Hauptkirchen in Hamburg, wo er am 10. 4. 1721 starb.

Werke

Vom deutschen Kantor und Komponisten Joachim Gerstenbüttel sind etwa 40 geistliche Vokalwerke und eine Anzahl sehr guter Choralbearbeitungen überliefert. Sie sind in der Tradition der Hamburger Kirchenmeister geschrieben.

Ottmar Gerster (1897–1969)

Leben

Ottmar Gerster wurde am 29.6.1897 in Braunfels geboren. Er studierte am Hochschen Konservatorium in Frankfurt am Main unter Bernhard Sekles und Adolf Rebner. Von 1927 bis 1947 wirkte er als Dozent an der Folkwangschule in Essen, anschließend bis 1952 als Kompositionsprofessor an der Musikhochschule in Weimar und darauf in gleicher Eigenschaft an der Musikhochschule in Leipzig, wo er am 31.8.1969 starb.

Werke

Außer 5 Opern und einem Ballett schrieb Ottmar Gerster 3 Sinfonien, eine »Festliche Musik«, »Oberhessische Bauerntänze«, »Ernste Musik«, »Festliche Toccata«, »8 sinfonische Variationen über ein Jugendlied«, 2 Ouvertüren, eine Suite, ein Hornkonzert, ein Cellokonzert, ein Klavierkonzert, ein Concertino für Bratsche und Kammerorchester, 2 Streichquartette, ein Streichtrio, eine Violinsonate, 2 Sonaten für Bratsche und Klavier, »Heitere Musik« für fünf Bläser, ein Divertimento für Bratsche und Violine, Kantaten, Chöre und Lieder. Sein Stil strebte »eine klare, vom Volkslied beeinflußte Tonsprache mit Einbeziehung harmonischer Freiheiten und formaler Raffung« an.

Ottmar Gerster

Sinfonie Nr. 2 »Thüringische Sinfonie«, 4 Sätze, entstanden 1953

Der 1. Satz des Werks, das am klassischen Erbe anknüpft, führt den Hörer mit dem Hauptthema in die thüringische Landschaft ein. Das zweite Thema ist sehr kantabel. Die Durchführung bringt aber keine scharfen Diskrepanzen der beiden Linien, sondern eine gemeinsame Steigerung des Ausdrucks. Das Largo des 2. Satzes ist voll Stimmung und erinnert an skandinavische Musik. Der 3. Satz ist ein temperamentvolles Scherzo. Das Finale fußt auf Themen des 1. Satzes. Nach einem polonäseähnlichen Thema schließt ein breiter Blechsatz das Werk ab.

Sinfonie Nr. 3 »Leipziger Sinfonie«, 4 Sätze, entstanden 1968

Diese ursprünglich 1965 dreisätzig mit Chor im Finale gefaßte Sinfonie wurde 1968 zur heutigen Gestalt umgearbeitet. Der 1. Satz beginnt mit Signalen der Bläser, dann bringt die Oboe ein melodisches zweites Thema. Beide Themen werden verarbeitet, bis das Signalmotiv die Oberhand gewinnt und der Satz unisono kräftig abschließt. In nachdenklicher Stimmung beginnt der 2. Satz, dann folgen Fortissimoeinsätze des gesamten Orchesters. Der Mittelteil ist voll erregter Bewegung; ein Bläserchor führt darauf zum Ausklang. Das Scherzo des 3. Satzes weist häufig Taktwechsel auf und ist tänzerisch belebt. Das Finale ist eine großangelegte Passacaglia, die zwar von Johann Sebastian Bach inspiriert ist, aber ein Zwölftonthema verarbeitet, bis es zu einem hymnischen Ausklang kommt.

Charles Hubert Gervais (1671–1744)

Zeit und Umwelt

Herzog Philippe von Orléans war für den minderjährigen König Ludwig XV. von 1715 bis 1723 Regent von Frankreich. Er führte die Königliche Kapelle im Sinn des verstorbenen Königs Ludwig XIV. weiter, erleichterte aber die Aufnahmebedingungen für Musiker.

Leben

Charles Hubert Gervais wurde am 19. 2. 1671 in Paris geboren. Er stand im Dienst des Herzogs von Chartres, bis ihn der Regent von Frankreich 1722 als Vizekapellmeister in die Königliche Kapelle aufnahm, in der er bis zu seinem Tod am 15. 1. 1744 verblieb, obwohl seine Fähigkeiten nur durchschnittlich waren.

Werke

Der französische Komponist Charles Hubert Gervais, Freund und Musiklehrer des Regenten von Frankreich, verfaßte eine Anzahl Kantaten und eine große Menge Motetten. Sein Stil war liebenswürdig und sentimental und stand unter dem Einfluß von André Campra.

Laurent Gervais

(um 1684 bis nach 1744)

Zeit und Umwelt

Der leichte, elegante Stil der ersten Hälfte des 18. Jahrhunderts wurde in Frankreich von den Cembalokomponisten besonders rasch adoptiert, denen bereits Jean-Philippe Rameau dafür glänzende Beispiele geboten hatte. Dieser Musik der Salonkultur stand das Wirken des Malers und Graphikers François Boucher (1703 – 70) vergleichbar zur Seite.

Leben

Laurent Gervais wurde um 1684 in Rouen geboren. Er war Musik- und Cembalolehrer in Lille und Mitglied der Académie dieser Stadt. Nach 1720 betätigte er sich neben seiner Komposition als Musikalienhändler in Paris, wo er nach 1744 gestorben sein dürfte.

Werke

Der französische Komponist Laurent Gervais schrieb 2 Bücher mit französischen Kantaten, zum Teil mit Instrumentalbegleitung, und eine Anzahl Airs sérieux et à boire. Er verfaßte auch ein Schulwerk über das Cembalospiel.

Claude Gervaise

(um 1510 bis nach 1555)

Zeit und Umwelt

Neben dem Chanson erfreute sich in Paris zu jener Zeit jede Art Tanzmusik großer Beliebtheit, vor allem in den gehobenen Gesellschaftskreisen, wo die Volkstänze in stilisierter Form Eingang gefunden hatten.

Leben

Claude Gervaise wurde um 1510 vermutlich in Paris geboren. Er war wahrscheinlich Geiger in der Hofkapelle des Königs von Frankreich Franz I., lebte und wirkte in Paris als Komponist und starb dort nach 1555.

Werke

Neben einer Anzahl vierstimmiger Chansons, die gegen die von zeitgenössischen Komponisten etwas abfallen, komponierte Claude Gervaise eine große Anzahl vier- und fünfstimmiger Tanzstücke, mit denen er viel Erfolg hatte. Er verwendete alle zeitgenössischen Tanzformen mit gleichem Geschick und galt zu seiner Zeit als der Tanzmusikkomponist schlechthin, obwohl die Tänze von Étienne Dutertre um nichts minder einzuschätzen waren.

Literatur

L. F. Bernstein, Claude Gervaise as Chanson Composer, Journal of the American Musicological Society XVIII, 1965.

Gervasius de Anglia

(um 1400 bis um 1455)

Zeit und Umwelt

Flandern oder Frankreich war zumeist die erste Station der englischen Musiker, die es ihrem Meister Dunstable gleichtun und auf dem europäischen Festland wirken wollten. Das Endziel bildete Italien, und zwar für viele die päpstliche Kapelle in Rom. Auf der britischen Insel war die Zeit für eine Aufnahme der europäischen Musikentwicklung noch nicht gekommen, ja nicht einmal für die Musik der eigenen Komponisten.

LEBEN
Gervasius de Anglia wurde um 1400 in England geboren. Über sein Leben und Wirken ist nichts bekannt. Daß er sich in Italien aufgehalten hat, kann aus seinem Zunamen »de Anglia« geschlossen werden, der in England selbst sinnlos gewesen wäre. Das zweite Indiz für diese Annahme ist der Umstand, daß seine Kompositionen in italienischen Handschriften aufscheinen. Er ist vermutlich um 1455 gestorben. Der Ort seines Todes ist nicht feststellbar.

WERKE
Vom kompositorischen Werk des englischen Meisters Gervasius de Anglia sind nur 5 Lieder überliefert, die dem Stil Dunstables folgen. Alles andere ist verschollen. Gervasius ist wie andere Zeitgenossen Dunstables ein Beispiel dafür, wie langsam sich in England eine neue Kompositionstechnik durchsetzte.

Géry de Ghersem (um 1574–1630)

LEBEN
Géry de Ghersem wurde um 1574 in Tournai, Flandern, geboren. Im Jahr 1586 war er Chorknabe in Madrid, wo ihn Philippe Rogier (1560–96) unterrichtete. Er wurde 1593 Kantor und 1598 Vizekapellmeister der Königlichen Kapelle. Im Jahr 1604 kehrte er nach Flandern zurück und erhielt die Kapellmeisterstelle am Hof Erzherzog Albrechts (1559–1621) in Brüssel; 1614 wurde er Kanonikus der Kathedrale von Tournai, wo er am 25. 5. 1630 starb.

WERKE
Der flämische Komponist Géry de Ghersem war einer der letzten bedeutenderen Musiker der franko-flämischen Schule, der diesen Stil mit einigen Konzessionen an die neue Zeit noch anwendete. Er schrieb Messen, Motetten, Psalmen, Lamentationen, Passionen, Chansons und Villancicos. Alles ist sehr klangvoll und meisterhaft angelegt.

LITERATUR
G. Bourligueux, Géry de Ghersem, sous-maître de la chapelle royale d'Espagne, Paris 1966.

Bartholomäus Gesius (1562–1613)

ZEIT UND UMWELT
Die enge Verbindung von Sakraldienst, Schulunterricht und Musik hat die Reformation nicht nur übernommen, sondern noch verstärkt. In vielen Fällen studierten die evangelischen Kantoren neben den gewählten Unterrichtsfächern Theologie, und beim Verfolgen ihrer Biographien ist ein Berufswechsel vom Kantorendienst zu einem geistlichen Amt und umgekehrt, zuweilen auch eine Kombination beider Berufe nicht selten zu beobachten.

LEBEN
Bartholomäus Gesius (Gese, Göß) wurde 1562 in Müncheberg, Brandenburg, geboren. Er studierte an der Universität Frankfurt an der Oder (Theologie), wirkte 1582 für kurze Zeit als Kantor in Müncheberg und ab 1593 in gleicher Eigenschaft an der Marienkirche in Frankfurt an der Oder, wo er im August 1613 starb.

WERKE
Das umfangreiche, sich über alle Gebiete der lutherischen Kirchenmusik erstreckende kompositorische Werk von Bartholomäus Gesius blieb an die Tradition des 16. Jahrhunderts gebunden und vom Stilwandel unberührt. Es weist die für diese Periode typische Verknüpfung der Gregorianik mit vokaler Polyphonie auf. Der Stil der Kompositionen geht auf Orlando di Lasso zurück.
Seine beiden Passionen (Johannes und Matthäus) sind polyphone Liedreihen, die deutschen wie die lateinischen geistlichen Lieder, Choräle, Psalmen, Hochzeits- und Begräbnisgesänge, die Lieder für Haus und Schule, die Motetten für alle familiären und kirchlichen Anlässe sind mit vorzüglicher Kontrapunktik ausgearbeitete Chorsätze mit guter Klangwirkung. Das gleiche kann bei seinen vielen Gelegenheitskompositionen festgestellt werden. Daß sich in die Masse der

Kompositionen eine gewisse Gleichförmigkeit einschlich, war wohl unvermeidbar. Dennoch liegt auch eine erstaunliche Vielfalt an Melodieeinfällen vor.

LITERATUR

F. Blume, Die evangelische Kirchenmusik, Potsdam 1931.

Friedrich Christoph Gestewitz
(1753–1805)

ZEIT UND UMWELT

Johann Adam Hiller, der mit seinen Konzerten, mit der Gründung der Konzerthausgesellschaft und seiner persönlichen kompositorischen Tätigkeit das Musikleben von Leipzig auf dem Niveau hielt, auf dem es zu Zeiten Johann Sebastian Bachs gestanden war, und noch steigerte, so daß die Stadt zu einem der ersten Musikzentren Mitteleuropas wurde, schuf für jeden aufstrebenden Musiker das Milieu, in dem er sich entwickeln konnte.

LEBEN

Friedrich Christoph Gestewitz wurde am 3. 11. 1753 in Prieschke, Sachsen, geboren. Er war Schüler und Schwiegersohn von Johann Adam Hiller. Nach seiner Ausbildung wurde er Kapellmeister der Opera buffa in Dresden, wo er am 1. 8. 1805 starb.

WERKE

Außer einigen im italienischen Stil verfaßten Opere buffe für Dresden schrieb Friedrich Christoph Gestewitz mehrere Messen, die ebenfalls von der Oper beeinflußt wurden.

Carlo Gesualdo (um 1560–1613)

ZEIT UND UMWELT

Ferrara war eines der bedeutendsten kulturellen Zentren der Spätrenaissance in Italien bis zum Tod des Fürsten Alfonso II. Die Dichter Ariosto und Tasso, die Komponisten Josquin, Brumel, Palestrina, Lasso, Willaert, de Rore und viele andere waren dort zu Gast, an der Hofkapelle und an den Kirchen wurden Musiker herangebildet, die an den Höfen und Domen des Landes weiterreichten, was man sie gelehrt hatte. Und wenn auch politische Veränderungen und der Stilwandel den Glanz der Stadt zum Verblassen brachten, ihre kulturelle Leistung wirkte, modifiziert und mit neuen Ideen erfüllt, noch durch Jahrhunderte weiter. Denn obwohl die Renaissance der Entwicklung zum Opfer fiel, ihre Grundgedanken blieben bestehen und wurden im ganzen Verlauf der weiteren Kulturgeschichte stets mehr oder weniger stark deutlich. Zeiten, in denen sie verschüttet waren, bildeten immer Perioden des kulturellen Rückschrittes.

LEBEN

Carlo Gesualdo, Duce da Venosa, wurde um 1560 in Neapel geboren. Er stammte aus einer der vornehmsten Familien der Stadt und war Neffe des Kardinals und Erzbischofs Carlo Borromeo (1538–84), Freund des Dichters Torquato Tasso und vieler Persönlichkeiten des politischen und kulturellen Lebens Italiens. In zweiter Ehe war er seit 1594 mit Donna Eleonora d'Este verheiratet und somit mit dem Fürstenhof von Ferrara eng verbunden. Abgesehen von mehreren Aufenthalten in Ferrara lebte er in seinem Palast in Venedig, wo er sich eine Privatkapelle hielt, um vor allem seine eigenen Kompositionen zu spielen. Er starb in Neapel am 8. 9. 1613.

WERKE

Die sogenannten Chromatiker gelangten zu ihren Neuerungen durch ihre Versuche, das chromatische und enharmonische Tongeschlecht der Griechen wieder aufleben zu lassen. Gesualdo war der kühnste jener Chromatiker. Er durfte sich jeder Freiheit bedienen, ohne auf den Publikumsgeschmack Rücksicht zu nehmen, weil er seine Kompositionen von seiner eigenen Kapelle aufführen lassen und die Drucke selbst bezahlen konnte. Seine Chromatik ist funktionell und nicht wie bei den anderen nur dekorativ; sie wurde zu einer verfeinerten Wortausdeutung eingesetzt, die erst in weit

späteren Zeiten üblich war. Reichliche Tonmalerei durch melodische Wendungen und enharmonische Akkordverbindungen als Affektausdruck kennzeichnen sein kompositorisches Werk.
Im einzelnen sind von ihm 6 Bücher mit fünfstimmigen Madrigalen (1613 als Partiturausgabe erschienen, was damals sehr teuer kam), ein Buch mit fünfstimmigen und eines mit sechs- und siebenstimmigen geistlichen Gesängen und ein weiteres mit sechsstimmigen Responsorien erschienen. Verschiedene Stücke sind in Sammelwerke aufgenommen worden.
Trotz der geradezu avantgardistischen Technik des Komponisten gehört Gesualdo der Renaissance an. Sein Streben nach möglichst tiefer Ausdruckskraft reiht ihn dieser Epoche zu, deren Glanz sein Name noch um einen Grad verstärkte und zugleich bekräftigte, daß sie eine fürstliche Kunst und eine Kunst der Fürsten war.

Responsoria für sechs Stimmen, entstanden 1611
Diese Responsorien der Karwoche bestehen aus drei Teilen, die dem Gründonnerstag, dem Karfreitag und dem Karsamstag zugeordnet sind. Jeder Teil zerfällt in je neun Responsorien. Die Responsorien des ersten Teiles bringen die Schilderung der Vorgänge auf dem Ölberg, die Todesangst Jesu, die Klage über die Mutlosigkeit der Jünger, den Verrat und die Gefangennahme. Der zweite Teil klagt die Menschen wegen des Kreuzestodes an und schildert das einsame Sterben Jesu. Im dritten wird der grausame Tod Jesu beklagt und die Bestattung geschildert. Die ganze Komposition drückt eine ernste Trauer aus, die dem Text entspricht, zu einer Textausdeutung im einzelnen kommt es nur bei hochdramatischen Stellen. Der Text ist in Sinneinheiten gegliedert, die durch Kadenzen oder Pausen gegeneinander abgegrenzt sind. Eine stark madrigalische Darstellung ist überall bemerkbar und verleiht dem Werk seinen eigenen Reiz. Unter den vielen Responsorienvertonungen nimmt diese im Rahmen der letzten Kompositionen, mit denen die Renaissance ausklang, eine besondere Stellung ein.

LITERATUR

C. Gray und Ph. Heseltine, Carlo Gesualdo, Prince of Venosa, Musician and Murderer, London 1926.

Wolfgang Getzmann
(um 1570 bis nach 1613)

ZEIT UND UMWELT

Die Handelsstadt Frankfurt am Main hat im 16. und 17. Jahrhundert hauptsächlich durch verlegerische Tätigkeit zur Entwicklung der Musik in Deutschland beigetragen. Das Musikleben beschränkte sich vorwiegend auf möglichst gute Interpretationen. Zu einem bedeutenden Musikzentrum Deutschlands wurde die Stadt erst in späteren Zeiten.

LEBEN

Wolfgang Getzmann (Gatzmann, Geltzmann) wurde um 1570 vermutlich in oder bei Frankfurt am Main geboren. Er dürfte in dieser Stadt zum Organisten ausgebildet worden sein. Zwischen 1600 und 1610 erhielt er die Organistenstelle an der Bartholomäuskirche, die er bis zu seinem Tod in einem der Jahre nach 1613 betreute.

WERKE

Von dem deutschen Komponisten Wolfgang Getzmann ist lediglich eine Sammlung vierstimmiger Instrumentalstücke, »Cantiones mutae« (Stumme Gesänge), erhalten. Sie weisen keinen Generalbaß auf und stehen unter dem Einfluß der englischen vokalen Polyphonie, obwohl auch Züge des deutschen Instrumentalstils erkennbar sind.

LITERATUR

E. H. Meyer, Die mehrstimmige Spielmusik des 17. Jahrhunderts, Berlin 1935.

Valentin Geuck (um 1572–96)

ZEIT UND UMWELT

Die Musikpflege am Hof des Landgrafen von Hessen erinnert an die kulturelle Bedeutung der italienischen Fürstenhöfe und der römischen Paläste der Kardinäle. Musiker und Komponisten wurden nach Kräften gefördert und mit Aufträgen versehen, um deren Drucklegung sich Landgraf Moritz von Hessen selbst bemühte.

Leben
Valentin Geuck wurde um 1572 in Kassel geboren. Ab 1585 war er Mitglied der Hofkapelle, zuerst als Sängerknabe, sodann (1788) als Tenorist. Er verblieb bis zu seinem Tod am 3. 11. 1596 in dieser Stellung.

Werke
Moritz von Hessen erteilte dem deutschen Sänger und Komponisten Valentin Geuck den Auftrag, einen Motettenjahrgang sakralen Inhaltes zu komponieren, den der Komponist wegen seines frühen Todes nicht zur Gänze ausführen konnte; der Auftraggeber selbst vollendete das Werk. Die weiteren Kompositionen Geucks sind verschollen. Die Kompositionen sind stilistisch stark von Orlando di Lasso abhängig.

Literatur
E. Gutbier, Die Familie Geuck in Niederhessen, in: Hessische Familienkunde V, 1958.

François Auguste Gevaert (1828–1908)

Zeit und Umwelt
Flämische Opern und Kantaten wurden zwar im 19. Jahrhundert von belgischen Komponisten in der Absicht verfaßt, eine flämische Musikentwicklung anzuregen, erreichten aber ihren Zweck nie, weil das Interesse des eigenen Volkes dafür zu gering war. Etwas mehr Anklang fanden Lieder und Balladen, aber das reichte nicht hin, eine eigenständige Musik zu begründen.

Leben
François Auguste Gevaert wurde am 31.7. 1828 in Huysse bei Oudenaarde geboren. Er war Schüler des Konservatoriums in Gent, wo er mit 15 Jahren bereits als Organist an der Jesuitenkirche wirkte und trat bald mit einigen Kompositionen auf flämische Texte hervor; dann ging er nach Paris, Spanien, Italien und Deutschland. Im Jahr 1852 ließ er sich als Opernkomponist in Paris nieder und wurde 1867 Musikdirektor der Opéra. Nachdem er 1870 nach Belgien zurückgekehrt war, übertrug man ihm die Leitung des Konservatoriums in Brüssel. Im Jahr 1907 wurde er auch zum Königlichen Hofkapellmeister ernannt. Er starb am 24. 12. 1908 in Brüssel.

Werke
Auf flämische Texte schrieb François Auguste Gevaert die Kantaten »België« (Belgien) und »De Nationale Verjaerdag« (Der Geburtstag der Nation) und »Jacob van Artevelde«, die Ballade »Philipp van Artevelde« und eine Anzahl Lieder. Seine 8 Opern haben französische Libretti. Er verfaßte außerdem eine »Missa pro defunctis« (Requiem) und eine Messe »Super flumina Babylonis« (Über den Gewässern Babylons) für Männerchor und Orchester, die französische Kantate »Le retour de l'armée« (Rückkehr der Armee) und eine »Fantasia sobre motivos españoles« (Fantasie auf spanische Motive) für Orchester. Er veröffentlichte ferner unter dem Titel »Les gloires de l'Italie« (Der Triumph Italiens) eine Sammlung von Gesängen aus Opern, Kantaten von Komponisten des 17. und 18. Jahrhunderts mit Klavierbegleitung und »Chansons du XVe siècle« (Gesänge aus dem 15. Jahrhundert). Sein musikhistorisches Schrifftum ist glänzend geschrieben, aber zum großen Teil überholt.

Literatur
E. Closson, Gevaert, Brüssel 1929.

Flodoard Geyer (1811–72)

Zeit und Umwelt
Das von Julius Stern gemeinsam mit Theodor Kullak und Adolf Bernhard Marx 1850 in Berlin gegründete »Sternsche Konservatorium« stand der Staatlichen akademischen Hochschule für Musik und den Akademischen Meisterschulen für musikalische Komposition an Ausbildungsqualität nicht nach. Die Auswahl der dafür verpflichteten Lehrer war sehr streng.

Leben
Flodoard Geyer wurde am 1. 3. 1811 in Berlin geboren. Er gründete und leitete 1842 den akademischen Männergesangverein und war Mit-

begründer des Berliner Tonkünstlervereins. Von 1851 bis 1866 wirkte er als Theorielehrer am Sternschen Konservatorium. Er starb am 30.4.1872 in Berlin.

WERKE
Von Flodoard Geyer sind mehrere Opern, ein lyrisches Melodrama und eine Anzahl Orchester-, Kammer- und Kirchenmusikwerke wie auch Lieder zum Großteil im Manuskript überliefert. Er verfaßte eine Kompositionslehre.

Federico Ghedini (1892–1965)

LEBEN
Giorgio Federico Ghedini wurde am 11.7. 1892 in Cuneo, Piemont, geboren. Er war Schüler des Liceo musicale in Turin und in Bologna von Marco Enrico Bossi. Er wirkte zunächst als Chor- und Orchesterleiter, sodann als Lehrer am Liceo musicale in Turin. Im Jahr 1938 wurde er Kompositionslehrer am Konservatorium in Parma und 1941 am Konservatorium in Mailand, das er ab 1951 bis 1962 als Direktor leitete. Er starb am 25.3. 1965 in Nervi.

WERKE
Federico Ghedini, eine der führenden Gestalten der zeitgenössischen Musik Italiens, nahm eine sehr konservative Haltung ein, bildete sich aber dennoch einen sehr persönlichen, polyphon bestimmten Stil. Er schrieb 8 Opern, Bühnen- und Filmmusiken, eine Sinfonie, ein Concerto grosso für Streicher und fünf Bläser, zahlreiche Konzerte für Instrumente mit Kammerorchester in verschiedener Besetzung, ein Bläserquintett, ein Doppelquintett, ein Klavierquartett, 2 Streichquartette, verschiedene kammermusikalisch besetzte Stücke, Sonaten verschiedener Art, Klavierstücke, mehrere große Messen, ein Requiem, ein Oratorium, ein geistliches Konzert, Kantaten, Litaneien, Antiphonen, Chöre und Lieder mit Orchester oder Klavier.

Gheerkin de Hondt
(um 1510 bis um 1560)

ZEIT UND UMWELT
Die Confrérie von s'Hertogenbosch hatte eine gewisse Ähnlichkeit mit den altrömischen Tempelbrüderschaften, die ihre eigenen Riten, Gebete und Gesänge kultivierten. Auch die Gemeinschaft von s'Hertogenbosch beschäftigte Hausdichter und Hauskomponisten, deren Werke auf ihre Gepflogenheiten zugeschnitten waren.

LEBEN
Gheerkin de Hondt wurde um 1510 vermutlich in s'Hertogenbosch geboren und dort zum Musiker ausgebildet. Die Confrérie stellte ihn als Chormeister und Komponisten ein. Er dürfte in seinem Geburtsort um 1560 gestorben sein.

WERKE
Von den Motetten, die Gheerkin de Hondt für die Confrérie komponierte, ist nur eine beschränkte Anzahl überliefert. Aber auch diese schmale Hinterlassenschaft zeugt vom großen Talent des Komponisten, denn alles ist meisterlich aufgebaut und in der Anlage ein gutes Stück seiner Zeit voraus.

Gherardello de Florentia
(um 1310 bis um 1370)

ZEIT UND UMWELT
Als ältesten Madrigalisten nennt die italienische Musikgeschichte Pietro Casella (um 1250, Pistoia oder Florenz, bis vor 1300, vermutlich Florenz), den Freund Dantes, von dem er etliche Ballate und Canzonen vertonte. Der Musiktheoretiker Marchetto da Padova (14. Jahrhundert) bemühte sich in seinen Abhandlungen, die italienische Mehrstimmigkeit von heimischen Entwicklungsprozessen abzuleiten. Jedenfalls wird dadurch klar, daß nicht alle Bausteine der Musik Italiens aus Frankreich gekommen sind.

LEBEN
Gherardello de Florentia (Magister Ser Ghirardellus de Florentia) ist um 1310 in Florenz geboren. Über sein Leben ist nichts bekannt, außer daß auch sein Bruder und sein Sohn komponierten. Er starb um 1370. Ort und Datum seines Todes sind nicht feststellbar.

WERKE
Gherardello hinterließ ein Gloria und ein Agnus zu zwei Stimmen, eine dreistimmige Caccia, 5 einstimmige Ballate und 10 zweistimmige Madrigale. Er gilt als einer der bedeutendsten Vertreter des neuen Kompositionsstiles, der zu jener Zeit vorwiegend in Florenz gepflegt wurde.

LITERATUR
A. v. Königslöw, Die italienischen Madrigalisten des Trecento, Würzburg 1940.

Filippo Maria Gherardeschi
(1738 – 1808)

ZEIT UND UMWELT
Auch in Italien setzte im letzten Drittel des 18. Jahrhunderts die Komposition für das Pianoforte ein. Vorläufig wurde dem Interpreten zwar die Wahl zwischen dem neuen Instrument und dem Cembalo belassen, aber die Faktur war bereits so erstellt, daß beim alten Instrument auf die Effekte der wechselnden Dynamik verzichtet werden mußte und die Intentionen des Komponisten nur teilweise wiedergegeben werden konnten. Dadurch schränkte sich der Gebrauch des Cembalos immer mehr auf den Fall ein, daß kein Pianoforte verfügbar war.

LEBEN
Filippo Maria Gherardeschi wurde 1738 in Pistoia geboren. Er studierte von 1756 bis 1761 Musik bei Padre Martini in Bologna, wo er als Mitglied zur Accademia Filarmonica aufgenommen wurde. Im Jahr 1763 erhielt er die Kapellmeisterstelle am Dom in Volterra, wurde aber kurz darauf als Organist an den Dom in Pisa berufen und dort in gleicher Eigenschaft 1766 an der Ordenskirche der St.-Stephans-Ritter eingesetzt. Ab den achtziger Jahren leitete er die Kapelle der Großherzoge von Toskana, Leopold II. und Ferdinand III. (1769 – 1824, und des Königs von Etrurien, Louis (1773 – 1803), ab 1801. Er starb im Jahr 1808 in Pisa.
Sein Sohn Giuseppe Gherardeschi (1759, Pistoia, bis 1824, Pistoia) war Domkapellmeister in Pistoia.

WERKE
Von Filippo Maria Gherardeschi sind »Tre sonate per Cembalo o Forte-Piano« (Drei Sonaten für Cembalo oder Fortepiano) erschienen, mit denen der berühmte Cembalist die Ära der modernen Klaviermusik in Italien einleitete. Weitere Werke dieser Art sind verlorengegangen. Handschriftlich sind zahlreiche Messen, Psalmen und Hymnen und sein bekanntes Te Deum erhalten, außerdem das Requiem, das er zum Ableben des Königs Louis von Etrurien verfaßte und man allgemein als sein bestes Werk ansah. Er schrieb auch einige Opern für verschiedene italienische Städte.
Von Giuseppe Gherardeschi sind 6 Sonaten für Cembalo oder Pianoforte mit obligater Violine überliefert.

Ippolito Ghezzi
(1650 bis um 1710)

ZEIT UND UMWELT
Ungefähr 600 Meter über dem Meeresspiegel steht auf einem Berg die Stadt Montepulciano mit dem erst im 17. Jahrhundert vollendeten Dom. In diesen zogen bald darauf Sänger, Organist und Kapellmeister ein, um ein neues Musikzentrum Mittelitaliens zu begründen.

LEBEN
Ippolito Ghezzi wurde 1650 in Siena geboren. Er war Augustiner und lebte und wirkte in seiner Geburtsstadt, bis er 1679 Kapellmeister am Dom in Montepulciano wurde. Im Jahr 1700 gab er die Stelle ab und kehrte nach Siena zurück, wo er um 1710 starb.

Werke
Vom italienischen Komponisten Ippolito Ghezzi sind zweistimmige Motetten, 100 Psalmen Davids für Sopran und Baß, dreistimmige sakrale Gesänge, Karfreitagslamentationen für eine Stimme und »Heilige Dialoge« für zwei Singstimmen und Violinen erschienen. Er war auch als Musiktheoretiker tätig.

Eliseo Ghibellini (um 1520–81)

Zeit und Umwelt
Die Seestadt Ancona, die bereits vorher in halber Abhängigkeit von Rom war, kam unter Papst Clemens VII. im Jahre 1532 endgültig zum Kirchenstaat. Ab da konnte sie sich in Ruhe zur reichen Handels- und Hafenstadt entwickeln.

Leben
Eliseo Ghibellini wurde um 1520 in Osimo bei Ancona geboren. Nach seiner Ausbildung in Ancona erhielt er die Kapellmeisterstelle an der Kathedrale San Ciriaco, die er bis zu seinem Tod im Jahre 1581 behielt. Seine Tätigkeit in Ancona wurde 1554 und 1565 durch Aufenthalte in Neapel unterbrochen. Zwischen diesen Jahren dürfte er einige Zeit in Messina als Kapellmeister gewirkt haben.

Werke
Von Eliseo Ghibellini sind mehrere Madrigale, Motetten, Introitus missarum und Kanzonen überliefert, deren Qualität als guter Durchschnitt bezeichnet werden kann. Der Stil der Kompositionen ist neapolitanisch beeinflußt.

Jean Ghiselin (um 1455 bis um 1511)

Zeit und Umwelt
Unter dem kunstliebenden Herzog Ercole I. d'Este (1431–1505) wurde der Palazzo di Schifanoia von Francesco Cossa (1436–77) mit Fresken geschmückt; die Renaissancedichter Matteo Maria Boiardo (1441–94, Verfasser des »Verliebten Roland«) und Ludovico Ariosto (1474–1533, Verfasser des »Rasenden Roland«) erfuhren tatkräftige Förderung, die von den nachfolgenden Herrschern der Stadt im Sinn des Renaissancegedankens fortgesetzt wurde. Das Haus Este ist den großzügigen Förderern der italienischen Renaissancekultur, wie Medici, Sforza, Gonzaga und anderen, gleichzustellen.

Leben
Jean Ghiselin (Ghiseling, Ghiselinus), der mit Jean Verbonnet identisch war, wurde um 1455 vermutlich in Flandern geboren. Er stand ab 1491 bis mindestens 1503 im Dienst der Herzöge von Ferrara. Dieser Aufenthalt wurde 1492 bis 1493 für ein halbes Jahr unterbrochen, in dem der Meister als Sänger an San Giovanni in Florenz wirkte. Gegen das Jahr 1508 war Ghiselin in Bergen-op-Zoom als Sänger angestellt und dürfte dort auch um 1511 gestorben sein.

Werke
Von Jean Ghiselin sind 5 Messen und eine Reihe von Gesängen und Motetten erhalten. Sie folgen dem zeitgenössischen frankoflämischen Stil, ohne diesem vorauszueilen. Seine musikgeschichtliche Funktion als Vertreter dieses Stiles in Italien, wo der Renaissanceklang im 16. Jahrhundert voll zur Geltung kam, hat dieser Meister gleich den anderen, die eingewandert sind, erfüllt.

Literatur
Cl. Gottwald, Jean Ghiselin – Jean Verbonnet, Stilkritische Untersuchung zum Problem ihrer Identität, Wiesbaden 1962.

Giovanni Ghizzolo (um 1565–1625)

Zeit und Umwelt
Die kleine Stadt in der Emilia-Romagna, Correggio, berühmt als Geburtsort des Malers der Hochrenaissance Antonio Allegri, der sich Correggio nannte (1494–1534), konnte bis in das 17. Jahrhundert die Unabhängigkeit wahren. Die Conti da Correggio

stiegen 1616 sogar in den Fürstenrang auf, hielten sich eine Hofkapelle im Palazzo dei Principi (Fürstenpalast) und statteten auch die Domkapelle an San Quirino mit guten Kräften aus.

LEBEN
Giovanni Ghizzolo wurde um 1565 in Brescia geboren und dort ausgebildet. Er trat dem Franziskanerorden bei und war anfänglich an Kirchen in Brescia als Sänger tätig. Im Jahre 1609 bekleidete er eine Kapellmeisterstelle in Mailand, 1613 in Correggio, 1618 in Ravenna, 1622 in Padua an San Antonio und schließlich 1623 in Novara, wo er im Frühjahr 1625 starb.

WERKE
Von Giovanni Ghizzolo sind an sakralen Werken mehrstimmige Messen, Antiphone, Litaneien, Magnificat, Psalmen, Motetten, Vespern und geistliche Gesänge zum Teil für den kirchlichen Gebrauch, zum Teil für den konzertanten überliefert, daneben eine Fülle profaner Kompositionen wie zahlreiche Madrigale, Kanzonen, Arien. Die Stücke haben größtenteils Generalbaß und sind fallweise monodisch angelegt. Die Melodieeinfälle und die Ausführung der Harmonik sind stets ausgezeichnet.

LITERATUR
G. Tebaldini, L'archivio musicale della Cappella Antoniana in Padova, Padua 1895.

Johannes Ghro (um 1575–1627)

ZEIT UND UMWELT
Kurfürst Moritz von Sachsen (1521–53) gründete 1543 in Meißen und Pforta und 1440 in Grimma aus dem Erlös eingezogenen Klosterbesitzes protestantische Gymnasien mit Internaten. Diese Schulen waren in erster Linie für Söhne von Adeligen gedacht, es wurden jedoch nicht wenige begabte Knaben aus den unteren Ständen ohne Entgelt aufgenommen. Die Musikpflege war eine der Hauptaufgaben der Schulen.

LEBEN
Johannes Ghro (Groh) kam um 1575 in Dresden zur Welt. Vermutlich wurde er an der Fürstenschule in Meißen erzogen und ausgebildet. Jedenfalls erhielt er 1604 die Organistenstelle dieser Schule, die er bis 1613 versah. Dann wurde er Organist der Grafen Bünau in Wesenstein, wo er wahrscheinlich 1627 gestorben ist.

WERKE
Von dem deutschen Organisten Johannes Ghro sind 36 fünfstimmige Intraden, 30 fünfstimmige Pavanen und Gaillarden, ein vierstimmiges Quodlibet und eine Sammlung geistlicher Gesänge, weiters einzelne Pavanen und Motetten in Sammelwerken überliefert. Der Komponist ist Hans Leo Haßler stilistisch stark verpflichtet.

LITERATUR
K. Nef, Geschichte der Sinfonie und Suite, Leipzig 1921.

Oratio Giaccio (um 1570 bis nach 1620)

ZEIT UND UMWELT
Trotz der jahrhundertelangen Fremdherrschaft hat das kulturelle Eigenleben der Stadt Neapel nie aufgehört; es spielte sich zumeist ohne unmittelbare Beziehung zum dortigen Hof der Vizekönige ab. Zum Beispiel existierten die vier Musikschulen, die es im 17. Jahrhundert gab, ohne Beitrag der Regierung. Der Adel und vor allem die Bürgerschaft brachten die Mittel für diese Institutionen selbst auf, aus denen viele namhafte Musiker hervorgingen.

LEBEN
Oratio Giaccio wurde um das Jahr 1570 in oder bei Neapel geboren und in einer der vier Musikschulen der Stadt ausgebildet. Über die weiteren Lebensumstände des Komponisten gibt es keine Informationen. Er dürfte nach 1620 in Neapel gestorben sein.

WERKE
Von dem italienischen Komponisten Oratio

Giaccio sind 2 Sammlungen von Canzonetten für drei Stimmen erschienen, die stark an neapolitanische Volksweisen anklingen, aber durchwegs kunstvoll gearbeitet sind.

Geminiano Giaccomelli
(um 1692–1740)

ZEIT UND UMWELT
Der letzte Herzog Farnese, Antonio (1679 bis 1731), starb ohne männliche Nachkommen. Die Nachfolge trat Don Carlos, der zukünftige spanische König Karl III., Sohn Philipps V. und dessen Gemahlin Elisabeth Farnese (1692–1766), einer Kusine Antonios, an.

LEBEN
Geminiano Giaccomelli (Jacomelli) wurde um 1692 in Piacenza geboren. Er war von 1719 bis 1727 Hofkapellmeister und Kapellmeister an Della Steccata in Parma, wirkte sodann einige Zeit in Piacenza und darauf erneut bis 1737 in Parma. Ehe er 1738 die Kapellmeisterstelle an Santa Casa in Loreto antrat, dirigierte er durch mehrere Monate das Theater in Graz. Er starb in Loreto am 25. 1. 1740.

WERKE
Außer 19 Opern für verschiedene Häuser verfaßte Geminiano Giaccomelli das Oratorium »La Conversione di Santa Margherita da Cortona« (Die Bekehrung der heiligen Margherita von Cortona), eine Sinfonie, Konzertarien mit Generalbaß und eine Vertonung des 8. Psalms für zwei Tenöre und Baß. Er war einer der beliebtesten Opernkomponisten Italiens.

LITERATUR
N. Pelicelli, Musicisti in Parma, in: Note d'archivio, 1934.

Giaches de Wert (1535–96)

LEBEN
Giaches de Wert (Jaches de, Jacques de, Jacob Werth, Vuert) wurde 1535 in Wert bei Antwerpen geboren, kam in früher Jugend als Sängerknabe nach Neapel und bereits als Neunjähriger zum von der Familie Gonzaga in Novellara gegründeten Knabenchor. Im Jahre 1558 trat er in die Dienste der Herzöge von Mantua, nachdem er nach dem Stimmbruch sich von 1550 bis 1555 in Ferrara als Schüler bei Cyprian de Rore aufgehalten und darauf in Novellara als Kapellmeister gewirkt hatte. Das Jahr 1561 fand ihn in Parma am Hof des Herzogs Ottavio Farnese, 1563 wirkte er in Mailand als Leiter der Kapelle des Statthalters Philipps II. von Spanien, 1565 kehrte er nach Mantua zurück und wurde zum Kapellmeister am herzoglichen Hof ernannt. Gleichzeitig folgte er Giovanni Contino als Chormeister an Santa Barbara nach; von 1567 bis 1574 leitete er als Aushilfe die Hofkapelle von Novarra. Er war als Flame verschiedentlichen Anfeindungen der italienischen Musiker ausgesetzt, denen Herzog Guglielmo Gonzaga dadurch die Spitze nahm, daß er Wert 1580 das Bürgerrecht von Mantua verlieh. Er starb, hochgeachtet als Musiker und Komponist, am 6. 5. 1596 in Mantua während der Regierung des Herzogs Vincenzo I.

WERKE
Herzog Guglielmo Gonzaga, selbst Kunst- und Musikfreund sowie Komponist, war mit Palestrina befreundet, der Wert als »Musiker von seltener Fähigkeit« bezeichnete; Giovanni Maria Artusi, Thomas Morley, Giovanni Battista Doni und Monteverdi, der 7 Jahre unter Werts Leitung in Mantua tätig war, sprachen und schrieben mit Ausdrücken höchster Anerkennung über Giaches de Wert. Er war ein äußerst produktiver Komponist. Von dem, was er im Dienst am Hof zu Mantua geschrieben hat, Fest-, Bühnen- und Ballettmusiken, ist nichts erhalten, dafür aber 11 Bücher mit fünfstimmigen Madrigalen, die durch die Vorherrschaft von drei konzertierenden Stimmen charakterisiert sind. Die Texte sind oft Tasso und Giovanni Battista Guarini (1538–1612) entnommen.
Außerdem ist ein Buch mit vierstimmigen,

eines mit sechsstimmigen Madrigalen und ein drittes mit fünfstimmigen Villanellen überliefert. Eine Anzahl Madrigale befindet sich in verschiedenen Sammelwerken. Die sakrale Musik ist in 3 Büchern mit fünfstimmigen Motetten und sechsstimmigen Modulationen, mit Hymnen, mit verschiedenen Gesängen und einer Messe vertreten. Alle diese Musik bildet einen Höhepunkt der oberitalienischen Renaissance und zeichnet sich besonders durch großen melodischen Einfallsreichtum aus.

LITERATUR

G. Reese, Music in the Renaissance, New York 1954.

Girolamo Giacobbi (1567–1629)

ZEIT UND UMWELT

Der Stilwandel einer Kunstgattung vollzog sich zumeist in der Form, daß die ältere Stilrichtung in Vergessenheit geriet und der neuen Platz machen mußte. Diese nahm, sobald die erste bedingungslose Neuerung um ihrer selbst willen überwunden wurde, eine Reihe von Stilelementen der Vergangenheit auf und goß sie in neue Formen, so daß in den meisten Fällen die Ablöse in Wahrheit ein Aufgehen des alten im neuen Stil bedeutete. Der Entwicklungsschritt von der Renaissancemusik zur Barockmusik unterschied sich davon wesentlich; es fand überhaupt keine Ablöse statt; der alte Stil blieb erhalten und wurde neben dem neuen weitergepflegt. Dieser alte Stil wurde zum Großteil für die Kirchenmusik beibehalten und näherte sich zu jener Zeit bereits dem sogenannten Palestrina-Stil; er wurde zum Idol aller jener, die den strengen A-cappella-Stil der Barockmusik vorzogen. Jedenfalls erlernten und verwendeten die Komponisten um die Wende zum 17. Jahrhundert beide Stilgattungen, die alte für die Kirche, die neue für die Kammermusik und auch für die in Florenz entwickelte und von Monteverdi zu ihrem ersten Höhepunkt geführte Oper.

Dies galt vor allem für Rom selbst, wo die Beschlüsse des Konzils von Trient über die Reorganisation der Kirchenmusik am strengsten eingehalten wurden. Bereits im nahen Bologna, das zwar im Bereich des Kirchenstaates lag, aber eine gewisse kulturelle Selbständigkeit nie aufgegeben hatte, drang der konzertante Stil auch in die Kirchen ein; gleichzeitig brachten die frühen Opernaufführungen die Monodie in die Stadt, die sich sehr bald nicht nur auf die Bühnenarie und das Rezitativ beschränkte.

LEBEN

Girolamo Giacobbi (Giacobi, Hieronymus Jacobus) wurde am 10. 8. 1567 in Bologna getauft. Im Jahr 1581 wurde er an San Petronimo Chorknabe, 1584 Kantor, 1594 stellvertretender Kapellmeister und wirkte im selben Dom von 1604 bis 1628 als Kapellmeister. Er begründete 1622 in seiner Heimatstadt die Accademia dei Filomusi als zweite der vier im 17. Jahrhundert in Bologna entstandenen Akademien zur Musikpflege. Er starb im Februar 1629 in Bologna.

WERKE

Der äußerst angesehene Komponist Girolamo Giacobbi hinterließ sakrale Motetten für sechs Stimmen, mehrchörige Psalmen, Vespergesänge mit Generalbaß, Litaneien, Magnificat, Hymnen und Messen. Diese Kirchenmusik ist zum Teil für A-cappella-Chöre, zum Teil konzertant gesetzt. Dem neuen Stil huldigte er vor allem mit seinen Vespern, noch mehr jedoch mit seinen Opern, von denen nur die erste (und in Bologna 1608 als erste Oper überhaupt aufgeführte) »L'Aurora ingannata« (Die getäuschte Aurora) in etlichen Bruchstücken überliefert ist. Sein opernähnliches Melodrama »Andromeda« (1610) war das erste seiner Art.

LITERATUR

L. Frati, Per la storia della musica in Bologna nel secolo XVII, in: Rivista Musicale Italiana 32, 1925.

Giacomo de Gorzanis
(um 1525 bis nach 1575)

Zeit und Umwelt
Triest stellte sich 1382 unter die Oberhoheit Erzherzog Leopolds III. von Habsburg (1351 bis 1386) und kam dadurch in der Folgezeit zum Macht- und Besitzbereich Österreichs. Bei der Teilung des Reiches im Jahre 1564 unter den Söhnen Kaiser Ferdinands I. fiel die Stadt an Innerösterreich und wurde von Graz aus regiert.

Leben
Giacomo de Gorzanis (Gorzani) wurde um 1525 in Apulien geboren. Er war blind. Es ist unbekannt, wieso es ihn nach Triest verschlagen hat. Jedenfalls verbrachte er dort sein Leben als Lautenist, Lautenlehrer und Lautenkomponist und starb dort nach 1575.

Werke
Von dem »Lautenisten und Bürger der Stadt Triest« sind in Venedig 6 Lautentabulaturen erschienen. Ein weiteres Buch enthält Neapolitanen und Tänze, unter denen sich ein Passamezzo antico und ein Passamezzo moderno befinden; die dazugehörenden Saltarelli weisen alle 12 Halbtöne auf, stellen also einen weiten Schritt in die Richtung zur Chromatik dar. Gorzanis genoß in Triest und auch am Grazer Hof viel Beachtung.

Literatur
A. Zecca-Laterza, Giacomo Gorzanis, liutista del Cinquecento, Cremona-Parma 1963.

Giuseppe Giamberti
(um 1600 bis um 1662)

Zeit und Umwelt
Auch die Vertreter der alten römischen Schule, die das Erbe Palestrinas pflegten und weitergaben, waren für den Stil des 17. Jahrhunderts aufgeschlossen und verwendeten ihn für ihre profane Komposition. Daß davon auch Elemente in die Kirchenmusik einflossen, war eine natürliche Folge dieser Entwicklung.

Leben
Giuseppe Giamberti wurde um 1600 in Rom geboren. Er war Schüler von Giovanni Bernardino Nanino und Paolo Agostini und daher im polyphonen Stil vorzüglich ausgebildet. Seine erste Stelle war die eines Kapellmeisters am Dom in Orvieto; von 1630 bis 1645 wirkte er in gleicher Eigenschaft an Santa Maria Maggiore und darauf an Santa Madonna de'Monti in Rom, wo er um 1662 starb.

Werke
Die vierstimmige Messe des italienischen Komponisten Giuseppe Giamberti »Veni sponsa Christi« (Komm, Braut Christi) ist im strengen polyphonen Stil gehalten und sehr klangvoll, auch die mehr als 200 »Antiphonae et Motectae Festibus omnibus propria et Communia juxta formam Breviarii romani« (Antiphone und Motetten zu allen Festen und Kommuniongesänge nach dem römischen Brevier) sind polyphon wie die Laudi spirituali und die Sacrae modulationes, wenn auch gelockerter. Die »Poesie diverse« für die spanische Gitarre und 2 Sammlungen von Stücken »zum Singen und Spielen« sind hingegen modern gehalten.

Antonio Gianettini (1648–1721)

Zeit und Umwelt
Trotz des ständigen Bedarfs an Opern in allen italienischen Städten und der verhältnismäßig kurzen Zeit, die das Herstellen einer Barockoper erforderte, konnten manche Komponisten nicht davon leben. Sie waren genötigt, einer Dauerbeschäftigung nachzugehen. Zur Wahl standen nach wie vor lediglich die Stellungen eines Kapellmeisters, Sängers oder eines Instrumentalisten an einer Kirche oder einem Fürstenhof.

Leben
Antonio Gianettini (Zanettini) wurde 1648 vermutlich in Fano geboren. Er war Schüler von Giovanni Legrenzi in Venedig, wo er dann von 1676 bis 1686 als Organist an der zweiten Orgel an San Marco wirkte. An-

schließend war er bis 1721 als Hofkapellmeister in Modena tätig. Im gleichen Jahr reiste er nach München, um seine Tochter Caterina Maria Gianettini zu besuchen, die Sängerin am Hof des Kurfürsten war. Er starb dort am 12. 7. 1721.

WERKE

Der italienische Komponist Antonio Gianettini schrieb ungefähr 10 Opern, mehrere Oratorien – darunter »La morte di Cristo« (Christi Tod) als bekanntestes – und Kantaten, weiters vierstimmige Psalmen mit Instrumentalbegleitung.

LITERATUR

E. G. Luin, Antonio Gianettini e la musica a Modena alla fine del secolo XVII, Modena 1931.

Pietro Giannotti (um 1700–65)

ZEIT UND UMWELT

Der Kontrabaß wurde aus der tiefsten Form der Viola da gamba entwickelt und bis in das 18. Jahrhundert hinein als Tonverstärkung des Cello verwendet. Gesonderte Notierung und Führung traten erst um die Wende zum 19. Jahrhundert auf. Der solistische Einsatz des Instruments ist auch heute noch selten.

LEBEN

Pietro Giannotti (Gianotti) wurde um 1700 in Lucca geboren und dort zum Kontrabassisten ausgebildet. Er kam 1728 nach Paris, wirkte von 1739 bis 1758 als Kontrabassist an der Oper und dürfte auch als Lehrer seines Instruments tätig gewesen sein, bis er am 19. 6. 1765 starb.

WERKE

Von den zahlreichen Kompositionen, mit denen sich Pietro Giannotti bekannt machte, sind eine Violinsolosonate mit Baß, mehrere Sonaten für zwei Violinen ohne Baß, Sonaten für zwei Celli oder Gamben, Sonaten für Flöte und Baß, eine große Anzahl Triosonaten, Konzerte und Stücke für Drehleiern, Musetten und Violinen hervorzuheben. Sein Stil ist gefällig und entspricht ganz dem französischen Rokoko. Er setzte sein Instrument sehr sparsam ein.

Felice de Giardini (1716–96)

ZEIT UND UMWELT

Das Pantheon in London wurde 1771 mit großen Kosten für Maskeraden, Konzerte, Bälle und Theateraufführungen errichtet. Ab 1772 fanden darin regelmäßig große Konzerte statt. Im Jahr 1788 wurde es zu einem Theater für italienische Opern umgestaltet. In den folgenden Zeiten diente es abwechselnd als Theater und Konzertsaal, später auch als Blumen- und Vogelmarkt, Bazar und Weinhalle.

LEBEN

Felice de Giardini wurde am 12. 4. 1716 in Turin geboren. Seine Ausbildung als Violinist erhielt er in Mailand und Turin. Er unternahm eine Konzertreise nach Deutschland und Paris, dann hielt er sich 40 Jahre in London auf, wo er als Lehrer für Violine, Gesang und Cembalo und als Dirigent einen großen Ruf erlangte. Gemeinsam mit der berühmten Sängerin Regina Mingotti (16. 2. 1722, Neapel, bis 1. 10. 1808, Neuburg a. d. Donau) führte er zweimal mit wenig Erfolg die italienische Oper, von 1774 bis 1780 wirkte er als erster Violinist bei den Konzerten im Pantheon. Er war außerdem Musiklehrer des Prince of Wales Wilhelm (1765 bis 1837), des späteren Königs Wilhelm IV., und des Duke of Cumberland Ernst August (1771 bis 1851), des späteren Königs von Hannover, und dirigierte mehrmals die »Three-Choirs-Festivals« von Worcester, Gloucester und Hereford und das Musikfest von Leicester. Im Jahr 1784 verließ er England, um nach Italien zu gehen, aber 1790 trieb ihn sein Betätigungsdrang wieder zurück. Er gründete in Haymarket eine Komische Oper, hatte aber damit ebensowenig Glück wie ehedem, versuchte es mit der Gesellschaft in St. Petersburg, wo der Erfolg gleichfalls ausblieb, und schließlich in Moskau, wo er am 28. 6. 1796 starb.

Felice de Giardini

Werke

Als Impresario vermochte sich Felice de Giardini trotz aller Anstrengungen nicht durchzusetzen. Um so erfolgreicher war er als Komponist. Seine Werke wurden mehrmals aufgelegt und wurden auch in unserem Jahrhundert teilweise herausgebracht. Er war ein typischer Vertreter des galanten Stils und veröffentlichte 31 Bände mit Instrumentalmusik: Sonaten für Violine und Generalbaß, für Cembalo mit Violine und Flöte, Duos für zwei Violinen und für Violine und Cello, Trios, darunter 6 für Gitarre, Violine und Pianoforte, Quartette, Quintette und Violinkonzerte und verfaßte außerdem ein Oratorium, mehrere Pasticcios und 4 Opern.

Literatur

R. Elkin, The Old Concert Rooms of London, London 1955.

Orlando Gibbons (1583–1625)

Zeit und Umwelt

Mit dem Tod König Jakobs I. im Jahr 1625 ging auch die Hochkultur des Elisabethanisch-Jakobinischen Zeitalters Englands unwiederbringlich zu Ende. Was folgte, war ein rasches Abgleiten bis zum baldigen völligen Niedergang in den Wirren der Revolution und unter der Diktatur Cromwells. Wenn auch die Werke jener Glanzepoche zum Großteil erhalten blieben, mußte doch viel Zeit verstreichen, bis sie zur Grundlage eines neuen Aufstieges werden konnten.

Leben

Der englische Komponist Orlando Gibbons wurde am 25. 12. 1583 in Oxford getauft. Im Jahr 1596 trat er als Chorknabe in das King's College in Cambridge ein und verließ den Chor 1599, wirkte aber weiterhin fallweise mit, bis er 1604 zum Organisten der Chapel Royal ernannte wurde. Dazu wurde ihm das Amt eines Hofvirginalisten anvertraut und 1623 noch der Organistendienst an der Westminster Abbey. Er starb am 26. 10. 1625 in Canterbury.

Sein Vater William Gibbons (um 1540, Oxford, begraben 26. 10. 1595, Cambridge) war 1567 bis 1579 Stadtmusiker von Cambridge und von 1583 bis 1588 von Oxford.

Sein Bruder Edward Gibbons (getauft 21. 3. 1568, Cambridge, bis um 1650, Exeter) war ab 1593 im Chor des King's College in Cambridge und bald darauf Chormeister. Er verließ den Chor 1598 und wurde Vizekapellmeister an der Kathedrale von Exeter.

Sein zweiter Bruder, Ellis Gibbons (1573, Oxford, bis Mai 1603, vermutlich Salisbury), war wahrscheinlich Organist an der Kathedrale von Salisbury.

Sein Sohn Christopher Gibbons (getauft 22. 8. 1615, London, gestorben 20. 10. 1676, London) war ab 1638 Organist an der Kathedrale von Winchester und wurde 1660 Organist der Chapel Royal und der Westminster Abbey.

Richard Gibbons war angeblich der Komponist von zwei Fantasien für Streicher. Es konnte über ihn nichts in Erfahrung gebracht werden. Man nimmt an, daß es sich um eine Verwechslung mit Richard Gibbs handelt.

Werke

Der hervorragende englische Komponist Orlando Gibbons war bereits zu seinen Lebzei-

ten als bedeutender Organist und Virginalist berühmt. Sein kompositorisches Werk umfaßt nahezu alle zu seiner Zeit gebräuchlichen Musikgattungen, der größte Teil davon besteht jedoch aus selbständiger Instrumentalmusik. Die sakrale Musik des Komponisten ist mit 2 Services und 2 Preces vertreten, außerdem mit mehr als 40 Anthems für vier bis sechs Stimmen, fallweise mit Orgel- oder Streicherbegleitung. Auf dem Gebiet der profanen Musik sind eine Sammlung von Madrigalen und Motetten für Singstimmen mit oder ohne Streicher und »Cries of London« (Geräusche der Stadt nachahmend) für Stimmen und Violen erhalten. Zahlreiche Stücke für Streicher – Tänze und Fantasien, Musik für Virginal – Fantasien, verschiedene Tänze, Variationen und Arien und für Orgel – eines für zwei Manuale – bilden sozusagen den Grundstock für einen neuen englischen Instrumentalstil, der sich allerdings wegen der politischen Lage vorläufig nicht weiterentwickeln konnte. Mehrere Maskenspiele leiten die zukünftige englische dramatische Musik ein. Orlando Gibbons wurde nachgerühmt, daß er die englische Musik auf einen bisher unerreichten Höhepunkt geführt und vollendet habe. Er war aber nicht nur ein Vollender, sondern schuf auch die Voraussetzungen für eine neue Entwicklung, die schließlich, wenn auch mit starker Verzögerung, an das Musikgeschehen auf dem Kontinent anschloß. Er war der letzte große Virginalist, denn in seinem Jahrhundert wurde das kleine Virginal vom größeren Cembalo verdrängt.
Von Edward Gibbons sind ein In nomine für fünf Violen, ein Kyrie und ein Credo, ein Anthem für drei Stimmen und eines für zwei Stimmen, vier Violen und vierstimmigen Chor erhalten.
Von Ellis Gibbons sind 2 Madrigale in die Sammlung »The Triumphes of Oriana« aufgenommen.
Christopher Gibbons hat eine Reihe von Anthems für den anglikanischen Gottesdienst sowie zwei- und dreistimmige Fantasien für Streicher hinterlassen. Er arbeitete an der Musik zu einem Maskenspiel von Matthew Locke mit.

LITERATUR

E. H. Fellowes, Orlando Gibbons and his Family, London 1951.

Armstrong Gibbs (1889–1960)

LEBEN

Cecil Armstrong Gibbs wurde am 10. 8. 1889 in Great Baddow bei Chelmsford, Essex, geboren. Er wurde am Trinity College in Cambridge von Edward Dent (16. 7. 1876, Ribston, Yorkshire, bis 22. 8. 1957, London) und Charles Wood, darauf am Royal College of Music in London ebenfalls von Charles Wood und von Ralph Vaughan Williams ausgebildet. Von 1921 bis 1939 wirkte er selbst als Kompositions- und Theorielehrer am College in London; von 1937 bis 1952 war er Vizepräsident der British Federation of Music Festivals. Er starb am 12. 5. 1960 in Chelmsford.

WERKE

Neben einer Oper, einer Operette und mehreren Bühnenwerken verfaßte Armstrong Gibbs eine Anzahl klangvoller Kantaten, dazu 3 Sinfonien, eine sinfonische Dichtung, ein Concertino für Klavier und Streichorchester, 5 Streichquartette, 2 Klaviertrios, eine Violinsonate, viele Klavierstücke und Chorsätze sowie über 100 Klavierlieder. Seinen Stil muß man trotz mancher Modernismen als konservativ bezeichnen.

Joseph Gibbs (1699–1788)

ZEIT UND UMWELT

Nicht wenige englische Kirchenmusiker des 18. Jahrhunderts versuchten, profane Musik für Cembalo oder Streicher zu schreiben. Die großen Vorbilder Georg Friedrich Händel und Johann Christoph Pepusch wurden häufig nachgeahmt, aber in vielen Fällen schlägt die Diktion der gewohnten sakralen Musik durch, so daß das Anthem spürbar wird.

LEBEN

Joseph Gibbs wurde vermutlich am 23. 12.

1699 in Dedham geboren. Er war ab 1734 Organist an St. Nicholas in Harwich, ab 1744 in Dedham und ab 1748 an St. Mary-le-Tower in Ipswich, wo er am 12. 12. 1788 starb.

Werke
Von Joseph Gibbs sind 8 Soli für Violine mit Generalbaß im Cembalo und 6 Streichquartette veröffentlicht worden. Die Quartette nähern sich der kontinentalen Vorklassik stark an.

Literatur
L. W. King, Joseph Gibbs, A Forgotten Georgian Composer, in: The Strad LXXIV, 1963/64.

Richard Gibbs (um 1600 bis nach 1664)

Zeit und Umwelt
Unter Königin Elisabeth I. kamen zahlreiche niederländische, flämische und wallonische Calviner nach Norwich, so daß die Einwohnerschaft der Stadt bald zu einem Drittel aus Fremden bestand. Ein Menschenalter später verließen viele Anhänger des Puritanismus Norwich, um sich in Amerika anzusiedeln. Im Bürgerkriegsjahr 1643 wurden die Kathedrale und sämtliche Kirchen der Stadt von den Puritanern geplündert und zerstört.

Leben
Richard Gibbs wurde um 1600 in oder bei Norwich geboren und vermutlich an der Kathedrale der Stadt ausgebildet. Er war ab 1622 Organist an der Kathedrale von Norwich bis zu ihrer Zerstörung im Jahr 1643. Es ist unbekannt, wo und wie er die weitere Zeit bis zu seinem Tod nach 1664 verbracht hat.
Es lebte und wirkte ein John Gibbs (um 1575, bei Hereford, bis nach 1657, Hereford) als Organist in Hereford. Ob zwischen beiden Kirchenmusikern eine verwandtschaftliche Beziehung bestand, läßt sich nicht feststellen.

Werke
Der englische Kirchenkomponist Richard Gibbs verfaßte mehrere Services und Anthems, von denen ihm einzelne nicht mit Sicherheit zugeschrieben werden können, weil sie vielleicht von John Gibbs komponiert wurden, von dessen Hand unbestreitbar die überlieferten In nomine stammen, obschon sie nur mit »Gibbs« signiert sind.

Otto Gibel (1612–82)

Zeit und Umwelt
Im Schulwesen des Mittelalters und der frühen Neuzeit nahm der Musikunterricht eine zentrale Stellung ein. Er diente vor allem der Ausbildung von Kirchensängern, wurde aber auch als unerläßliches Bildungsmittel angesehen. Die Rückständigkeit des Musikunterrichtes und die Änderung der angestrebten Bildungsziele drängten die Schulmusik immer weiter zurück.

Leben
Otto Gibel (Gibelius) wurde 1612 in Burg auf Fehmarn geboren. Er kam auf der Flucht vor der Pest nach Braunschweig, wo ihn Heinrich Grimm zum Musiker ausbildete. Er wurde 1634 Kantor in Stadthagen, Lippe, und 1642 in Minden, wo er am 20. 10. 1682 starb.

Werke
Vom deutschen Kantor, Schulmusiker und Komponisten Otto Gibel, der eine Reihe musiktheoretischer und musikpädagogischer Werke verfaßt hat, sind nur 2 Kantaten erhalten, die ihn auch als Komponisten bestätigen.

Literatur
G. Schünemann, Geschichte der deutschen Schulmusik, Leipzig 1931.

Lorenzo Gibelli (1719–1812)

Zeit und Umwelt
Um die Wende vom 18. zum 19. Jahrhundert kam es zu einem Abstieg des Musiklebens,

dessen Blüte Bologna ausgezeichnet hatte. Die politischen Ereignisse, die zu jener Zeit ganz Europa erschütterten, wirkten sich auch auf die Stadt aus, die durch Jahrhunderte abseits des politischen Geschehens sich der kulturellen Entwicklung widmen konnte. Einen neuen Aufschwung brachte die Gründung des Liceo Filarmonico im Jahr 1804, dessen Kompositionsklasse Stanislao Mattei anvertraut wurde.

LEBEN
Lorenzo Gibelli (Gibellone) wurde 1719 in Bologna geboren. Er war dort Schüler von Padre Martini und wurde 1744 Kapellmeister an San Salvatore und 1762 an der Kirche Dei Filippini. Im Jahr 1749 wurde er Mitglied der Accademia Filarmonica, deren Leiterstelle er fünfmal innehatte. Er war ein angesehener Musiklehrer; noch 1804 wurde ihm ein Lehrstuhl am neugeschaffenen Liceo Filarmonico (Conservatorio »Giovanni Battista Martini«) anvertraut. Er starb in Bologna am 5. 11. 1812.

WERKE
Von Lorenzo Gibelli sind mehrere Oratorien erhalten, außerdem eine Anzahl sakrale Musik. Sein Stil gehört dem Spätbarock an. Seine Fugen wurden sehr geschätzt; sie trugen ihm den Beinamen »Il Gibellone delle belle fughe« (Gibellone der schönen Fugen) ein. Er schrieb außerdem einige Bühnenmusik.

Paul César Gibert (1717–87)

ZEIT UND UMWELT
Domenico Gizzi, hervorragender Sänger und Gesanglehrer, eröffnete über Weisung seines Lehrers Alessandro Scarlatti am neapolitanischen Conservatorio Sant'Onofrio a Capuana eine gesonderte Gesangschule, aus der zahlreiche berühmte Sänger und Gesanglehrer hervorgegangen sind.

LEBEN
Paul César Gibert wurde 1717 in Versailles geboren. Er wurde in Neapel an der von Domenico Gizzi geleiteten Gesangschule ausgebildet und lebte hernach bis zu seinem Tod im Jahr 1787 in Paris als gesuchter Gesanglehrer.

WERKE
Außer etlichen komischen Opern verfaßte Paul César Gibert 2 Sammlungen mit Liedern, einige Motetten und Solfeggien. Seine Kompositionen gehören dem galanten Stil an.

Nicolas Gigault (1627–1707)

ZEIT UND UMWELT
Ausgehend von Jehan Titelouze (1563 bis 1633) entwickelte sich die Orgelmusik Frankreichs nahezu unabhängig von der niederländisch-norddeutschen, der österreichisch-süddeutschen und der italienischen. Der punktierte Rhythmus war lange dafür kennzeichnend; seine Einförmigkeit wurde durch weite Oktavenlagen aufgelockert. Die Entwicklung gelangte jedoch, wie jene anderer Länder, nahezu gleichzeitig zum gleichen hohen Niveau, blieb aber bis heute deutlicher von der Profanmusik abgegrenzt als anderswo.

LEBEN
Nicolas Gigault wurde 1627 in Paris geboren. Über seine Ausbildung zum Organisten ist nichts bekannt. Er wirkte als Organist an St-Honoré (1646), an St-Nicolas-des-Champs (1652), an St-Martin-des-Champs (1673) und an l'Hôpital du St-Esprit (1685) in Paris, wo er am 20. 8. 1707 starb.

WERKE
Der französische Orgelmeister und Komponist Nicolas Gigault verfaßte ein Buch geistlicher Gesänge, die mit verschieden vielen Stimmen gesungen, auf der Orgel, dem Cembalo, der Laute oder mit Violen, Violinen, Flöten oder anderen Instrumenten gespielt werden können. Außerdem gab er ein Buch mit 180 Orgelstücken heraus, die sehr an Jehan Titelouze erinnern.

LITERATUR
A. Pirro, Un organiste au XVIIe siècle, Nicolas Gigault, in: Revue Musicale III, 1903.

Innocenzo Gigli (1708–72)

ZEIT UND UMWELT
Francesco III. d'Este, Herzog von Modena, (1698–1780) kämpfte im Spanischen Erbfolgekrieg auf spanischer Seite. Die österreichischen Truppen besetzten und verwüsteten sein Herzogtum, das er erst durch den Vertrag von Aachen 1748 wieder zurückerhielt. Kaiserin Maria Theresia verlieh ihm 1754 den Titel eines Gouverneurs der Lombardei. Durch die politischen Ereignisse war es ihm kaum möglich, die in seinem Haus traditionelle Pflege der Musik fortzusetzen.

LEBEN
Innocenzo Gigli wurde am 3. 12. 1708 in Finale, Modena, geboren. Er war in Modena als Kirchenmusiker tätig und starb dort am 13. 8. 1772.
Giovanni Battista Gigli (um 1720, bei Modena, bis um 1785, vermutlich Florenz) wirkte wahrscheinlich an den Höfen von Modena und Florenz. Er war vielleicht ein älterer Verwandter von Innocenzo Gigli.

WERKE
Von Innocenzo Gigli sind mehrere Oratorien bekannt geworden. Über weitere Kompositionen gibt es keine Informationen.
Von Giovanni Battista Gigli, der Il Tedeschino (der kleine Deutsche) genannt wurde, vermutlich, weil er deutscher Abstammung war oder sich längere Zeit in Deutschland aufgehalten hatte, sind 2 Oratorien, eine Kantate und 6 Triosonaten bekannt.
Stilistisch gehörten beide Komponisten dem Barock an.

José Gil (1886–1947)

LEBEN
José Gil wurde am 29.5.1886 in Haro, Logroño, Spanien, geboren. Er studierte bei Alberto Williams in Buenos Aires. Dort lehrte er am Konservatorium Kontrapunktik und Fuge, dirigierte häufig das Orchester des Teatro Colón und war auch als Musikkritiker tätig. Er starb am 12.5.1947 in Buenos Aires.

WERKE
Von José Gil sind »4 danzas« für Klavierquintett, ein Klavierquartett, ein Klaviertrio, eine Sonate und eine Sonatine für Violine und Klavier, »Introducción y Allegro« für Cello und Klavier, eine Sonatine für Klavier, mehrere Vokalwerke und Transkriptionen bekannt geworden. Sein Stil gehörte noch der Spätromantik an.

Henry Gilbert (1868–1928)

LEBEN
Henry Franklin Belknap Gilbert wurde am 26.8.1868 in Somerville, Mass., geboren. Er war in Boston Schüler von George Elbridge Whiting und Edward MacDowell. Zunächst wirkte er als Violinist an verschiedenen Unterhaltungsorchestern. Er beschäftigte sich viel mit Volksmusik und wirkte als Musikschriftsteller bis zu seinem Tod am 19.5.1928 in Cambridge, Mass.

WERKE
Das intensive Studium der Musik der Indianer und Schwarzen schlug sich bei den Kompositionen von Henry Gilbert nieder; sie erhielten dadurch jenes Kolorit, das die Werke seiner Zeit auszeichnete. Er schrieb für Orchester: »Zwei Episoden – ›Legende‹ und ›Neger-Episode‹«, »Lustspielouvertüre auf Negerthemen«, »Americanesque« mit drei »Spirituel-Themen«, »Neger-Rhapsodie«, »Sechs indianische Skizzen«, »Sinfonisches Ballett« auf kreolische Themen, »Nokturne«, »Sinfonisches Stück«. Er verfaßte das Chorwerk »America«, zahlreiche Lieder und Klavierstücke und gab ungefähr 100 Volksmelodien heraus.

Walter Bond Gilbert (1829-1910)

Zeit und Umwelt
Die rasch aufeinanderfolgende Gründung neuer Siedlungen und ihr explosives Anwachsen infolge der ständig zunehmenden Einwanderermassen in Nordamerika erhöhten den Bedarf an Kirchen verschiedener Konfessionen und damit auch an Kirchenmusikern und Organisten. Daher bot sich jedem einwandernden Organisten sofort ein Betätigungsfeld. Die in den USA ausgebildeten Kirchenmusiker konnten zumindest im 19. Jahrhundert den Bedarf allein nicht decken.

Leben
Walter Bond Gilbert wurde am 21.4.1829 in Exeter geboren. Er war Schüler von Henry Bishop und von Samuel Sebastian Wesley. Darauf wirkte er an verschiedenen Orten Englands als Organist, wanderte sodann in die USA aus und wurde Organist an der Trinity Chapel in New York. Im Jahr 1899 ging er nach England zurück und starb am 2.3.1910 in Oxford.

Werke
Von Walter Bond Gilbert sind die Oratorien »Heiliger Johannes« und »Israels Wiederaufbau«, 3 Services in C-Dur, E-Dur und a-Moll, eine Anzahl Anthems, Psalmvertonungen und Orgelstücke überliefert. Er veröffentlichte Hilfsmaterial für Organisten – Orgelpräludien und Fugen, Hymnen – und weitere Sammlungen von sakralen Gesängen.

Jacob Gilboa (geboren 1920)

Leben
Jacob Gilboa wurde am 2.5.1920 in Košice, Slowakei, geboren. Neben seinem technischen Studium in Wien bildete er sich autodidaktisch zum Musiker aus. In Tel Aviv, wohin er 1938 emigrierte, nahm er bei Josef Tal und Paul Ben-Haim Unterricht; in den Jahren 1963 und 1964 nahm er an den Kursen für Neue Musik in Köln teil.

Werke
Von Jacob Gilboa sind »12 Jerusalemer Glasfenster von Chagall« – zweimal 12 Miniaturen für Stimmen und Instrumente – berühmt geworden. Er schrieb außerdem »Kristalle« für 5 Spieler, »Disteln« für Kammerensemble, »Pastelle« für zwei Klaviere und eine Klaviersuite »Sieben kleine Insekten«.

Nathaniel Giles (um 1558–1633)

Zeit und Umwelt
St. George's Chapel, eines der schönsten Bauwerke englischer Spätgotik, war in Windsor Castle als Kirche der Ritter des Hosenbandordens erbaut worden. Sie war neben Westminster Abbey Begräbniskirche der englischen Könige. Der Chor der Kapelle nahm den gleich hohen Rang ein wie die Chapel Royal, obwohl es sich um zwei völlig gesonderte Institutionen handelte. Ein Austausch der Kräfte fand allerdings sehr oft statt.

Leben
Nathaniel Giles (Gyles) wurde um 1558 in oder bei Worcester als Sohn des Organisten Thomas Giles (um 1520 bis nach 1590) geboren. Er war zuerst Sänger und dann nach einem Studienaufenthalt in Oxford (1577) ab 1581 Organist an der Kathedrale von Worcester. Im Jahre 1585 wurde er Organist und Chormeister an St. George's Chapel in Windsor und trat 1596 der Chapel Royal in London bei, wo er das Amt eines Knabenchorleiters übernahm, ohne seine Stellung in Windsor aufzugeben. Er starb in Windsor am 24. 1. 1633.

Werke
Von dem englischen Organisten sind über 20 Anthems, 6 lateinische Motetten und mehrere Services überliefert. Es handelt sich in allen Fällen um Vokalmusik im traditionellen Stil. Die Anthems sind durchwegs sehr klangvoll.

Literatur
E. H. Fellowes, Organists of St. George's Chapel in Windsor Castle, London 1939.

Gillebert de Berneville
(um 1210 bis um 1270)

ZEIT UND UMWELT
Die Aufnahme von Ménestrels, die oft aus den untersten Volksschichten stammten, in den Pui d'Arras hatte ein immer weiteres Abrücken von den höfischen Kunstformen zur Folge. Strophenlieder mit Refrain wurden häufiger. Auch die Formen der Jeux partis lockerten sich auf, wenn ein herzöglicher Troubadour mit einem adeligen Trouvère in einen Wettstreit trat.

LEBEN
Gillebert de Berneville ist ungefähr um 1210 geboren. Näheres über seine Familie, über sein Leben und Wirken kann nicht festgestellt werden. Er war entweder Angehöriger des Pui d'Arras oder ihm nahestehend. Um 1270 starb er, vermutlich in Arras.

WERKE
Von Gillebert de Berneville sind ungefähr 32 Liedertexte in verschiedenen Fassungen durchwegs mit Melodien erhalten, darunter ein Jeu parti mit Henri III. von Brabant. Der nordfranzösische Trouvère, wahrscheinlich aus adeliger Familie, versuchte noch, die Strenge der höfischen Dichtung in Form und Thematik zu beachten.

LITERATUR
Fr. Gennrich, Troubadours, Trouvères, Minne- und Meistergesang, Köln 1951.

Jean Gilles (1668–1705)

ZEIT UND UMWELT
Seit im Albigenserkrieg die provenzalische Kultur gänzlich zerstört wurde, ist die Musik der Landschaft verstummt. Es sind nur wenige Namen, aus denen ihre Musikgeschichte bis in das 18. Jahrhundert besteht. Von einer Musiktradition Südfrankreichs kann kaum gesprochen werden.

LEBEN
Jean Gilles wurde am 8. 1. 1668 in Tarascon geboren. Er war Schüler und ab 1693 Nachfolger von Guillaume Poitevin an der Maîtrise der Kathedrale in Aix-en-Provence. Ab 1695 wirkte er als Kapellmeister an der Kathedrale von Agde und ab 1697 in Toulouse. Zuletzt war er Kapellmeister an Notre-Dame-des-Doms in Avignon, wo er am 5. 2. 1705 starb.

WERKE
Der südfranzösische Komponist Jean Gilles verfaßte eine Totenmesse, die ihn bereits zu seinen Lebzeiten berühmt machte, weiters 10 Motetten für eine und zwei Frauenstimmen mit Generalbaß, 5 weitere für großen Chor und Orchester, 3 Psalmen und Orgelstücke. Sein ganzes Werk stand unter italienischem Einfluß.

LITERATUR
T. Nisard, Monographie de Jean Gilles célèbre compositeur provençal, Paris 1886.

Gilles le Vinier (um 1190–1252)

ZEIT UND UMWELT
Der Pui d'Arras war unter den Schutz der Muttergottes gestellt und zumindest teilweise zum Zweck der Verehrung der Schutzherrin gegründet worden. Es befinden sich unter den bekannten Mitgliedern dieser Sängerschule verhältnismäßig viele Kleriker, die zwar ihre Kunst nicht ausschließlich auf dieses genannte Ziel ausrichteten, aber ihre profanen Lieder doch nicht sehr weit von der zeitgenössischen sakralen Musik ansiedelten.

LEBEN
Gilles le Vinier (Gille li Vinier) wurde um 1190 vermutlich in Arras geboren. Wie sein Bruder Guillaume le Vinier schlug er eine geistliche Laufbahn ein. Im Jahre 1225 scheint er als Kanonikus in Lille auf und 1234 in gleicher Eigenschaft in Arras, wo er am 13. 11. 1252 starb.

WERKE
Gilles le Vinier werden 10 Lieder mit Melo-

dien zugeschrieben, unter denen mehrere Jeux partis sind. Die Musik nähert sich stark volkstümlichen Wendungen, die im Pui vermutlich sehr gepflegt wurden.

LITERATUR

A. Metcke, Die Lieder des altfranzösischen Lyrikers Gilles le Vinier, Halle 1906.

Jean-Claude Gillier (1667–1737)

ZEIT UND UMWELT

Die staatliche französische Schauspielbühne in Paris wurde unter Ludwig XIV. 1680 durch Vereinigung der Schauspieltruppe des Hôtel de Bourgogne und der des Théâtre du Marais als Théâtre Français gegründet und erhielt ihren endgültigen Namen, Comédie Française, im Jahr 1687. Sie war und ist eine Pflegestätte des großen französischen Schauspiels.

LEBEN

Jean-Claude Gillier (genannt le Jeune), Bruder von Pierre Gillier, wurde 1667 in Paris geboren. Er wurde bereits mit sieben Jahren in den Knabenchor an Notre-Dame in Paris aufgenommen. Dann war er von 1693 bis 1723 Kontrabassist im Orchester der Comédie Française. Bei seinen mehrmaligen Reisen nach London knüpfte er Beziehungen zur dortigen Theaterwelt an. Er starb in Paris am 30. 5. 1737.

Sein Neffe Gillier the Younger (Vorname ist unbekannt, um 1720, Paris, nach 1760, London) war in London Harfen- und Kammermusiklehrer.

John Gillier (um 1680, London, bis nach 1730, London), englischer Komponist von Catches und Songs, gehörte vielleicht auch zur ursprünglich französischen Familie Gillier.

WERKE

Der französische Komponist Jean-Claude Gillier verfaßte neben einer Oper zahlreiche Divertissements, Airs und Orchesterstücke für die Comédie Française. In London brachte er eine Sammlung »Airs français sérieux et à boire« heraus.

Gillier the Younger veröffentlichte in London zwischen 1750 und 1760 eine Anzahl Triosonaten, Cembalosonaten und Harfenkonzerte.

John Gillier zählte zu den beliebtesten Catch-Komponisten; er verfaßte eine beträchtliche Anzahl von Catches, die in die Auflagen der Jahre 1701, 1720 und 1730 der Sammlung von John Hilton aufgenommen wurden. Einzelne wurden für den Catch-Club in Edinburgh geschrieben.

Pierre Gillier (1665 bis nach 1713)

ZEIT UND UMWELT

Die breite Fächerung des Pariser Musiklebens im 17. Jahrhundert bot den vielen damals dort lebenden und wirkenden Komponisten die Möglichkeit, für jede Art von Musik Interesse zu finden. Der Unterhaltungszweck, der bei der Oper selbstverständlich war, wurde zum Teil auch von der Kirchenmusik verfolgt. Sehr beliebt waren kleine, leicht faßliche Stücke für Kammermusik, die bei Festlichkeiten bei Hof und in den verschiedenen Adelspalästen benötigt wurden.

LEBEN

Pierre Gillier (genannt l'Aîné) wurde 1665 in Paris geboren. Er war Schüler von Michel Lambert. Es ist unbekannt, welche musikalische Stelle er eingenommen hat. Er dürfte in Paris einige Jahre nach 1713 gestorben sein.

WERKE

Der französische Komponist Pierre Gillier veröffentlichte einen »Livre d'Airs et de symphonies meslés de qq. fragments d'opéra« (Buch mit Arien und Instrumentalstücken, vermischt mit einigen Opernfragmenten) mit 80 »Kleinen Kammerkonzertstücken«, die sich großer Beliebtheit erfreuten.

Paul Gilson (1865–1942)

LEBEN
Paul Gilson wurde am 15.6.1865 in Brüssel geboren. Nach autodidaktischer Ausbildung studierte er von 1886 bis 1889 am Konservatorium seiner Vaterstadt, an dem er von 1899 bis 1909 als Harmonielehrer tätig war; ab 1904 wirkte er zugleich auch als Lehrer am Konservatorium in Antwerpen. Anschließend wurde er Inspektor des Musikunterrichts in Belgien. Er starb am 3.4.1942 in Brüssel.

WERKE
Das kompositorische Werk von Paul Gilson, das stark von Richard Wagner und den Russen abhängig und wegen seiner farbenprächtigen Instrumentierung zu seiner Zeit sehr geschätzt war, hat viel zum Profil der belgischen Gegenwartskomposition beigetragen. Er schrieb 2 Opern, 2 Schauspielmusiken, 3 Ballette, eine Kantate »Francesca da Rimini«, die Sinfonie »Das Meer«, »Schottische Rhapsodie«, »Kanadische Rhapsodie«, 3 sinfonische Dichtungen, 8 Suiten, 3 Ouvertüren, Stücke für Streichorchester und für Militärkapellen, 2 Quartette, ein Trio für Oboe, Klarinette und Klavier, Stücke für Violine, für Cello, für Harfe und für Harmonium, Suiten für Klavier und kleinere Klavierstücke.

Herminio Giménez (geboren 1905)

LEBEN
Herminio Giménez wurde am 20.2.1905 in Caballero, Paraguay, geboren. Von 1920 bis 1925 studierte er in Asunción, darauf in Buenos Aires und in Rio de Janeiro. Da er aus seiner Heimat exiliert wurde, lebt er in Buenos Aires als Dirigent und freier Komponist.

WERKE
Von den zahlreichen sehr populären Werken von Herminio Giménez sind eine sinfonische Dichtung für Violine und Orchester, 2 Suiten, eine Orchesterballade, ein Ballett für Streichorchester und eine Anzahl Filmmusiken bemerkenswert.

Alberto Ginastera (1916–83)

LEBEN
Alberto Evaristo Ginastera wurde am 11.4.1916 in Buenos Aires geboren. Er studierte am Konservatorium seiner Geburtsstadt. Anschließend wirkte er als Leiter des von ihm gegründeten Konservatoriums in La Plata, darauf bis 1962 an der Kunst- und Musikfakultät der Katholischen Universität in Buenos Aires und schließlich am lateinamerikanischen Zentrum der höheren musikalischen Studien. Er starb am 25.7.1983 in Genf.

WERKE
Neben 4 Opern und 2 Balletten schrieb Alberto Ginastera eine Sinfonie, eine Ouvertüre, ein Triptychon und eine Pastorale, außerdem Variationen für Kammerorchester, ein Konzert für Streicher, ein Harfenkonzert, ein Klavierkonzert, ein Violinkonzert, ein Cellokonzert, ein Klavierquintett, 2 Streichquartette, ein Duo für Flöte und Oboe, eine Rhapsodie für Violine und Klavier und eine für Cello und Klavier, eine Sonate und weitere Stücke für Klavier, ein Orgelstück, 2 Kantaten, 3 Motetten, Lieder, Bühnen- und Filmmusiken. Er verschmolz neuklassizistische Fakturen mit folkloristischen Elementen.

François Gindron (um 1495 – 1564)

ZEIT UND UMWELT
Lausanne, das seit 590 Bischofssitz war, wurde im Jahre 1434 Reichsstadt. Tatsächlich lag die Regierungsgewalt in der Hand der Bischöfe. Das erfuhr eine starke Änderung, als die Stadt 1536 von Bern erobert und die Reformation eingeführt wurde. Die Berner Oberhoheit dauerte bis 1798. Wie in Genf konnten sich auch in Lausanne calvinistische Schriftsteller frei entfalten.

LEBEN
François Gindron ist um 1495 vermutlich in oder um Lausanne geboren. Er wurde Priester an der Kathedrale von Lausanne und Ratsherr der Stadt und starb dort anfang des Jahres 1564.

WERKE

Der waadtländische Komponist François Gindron setzte die von Clément Marot übersetzten Psalmen des Theodore de Bèze (1519–1605) in Musik. Außerdem schrieb er vier- bis fünfstimmige Sätze zu den übersetzten Sprüchen Salomons. Weiter ist eine große Anzahl von Motetten, Psalmen und Liedern überliefert, deren Stil trotz aller zeitgemäßen Formen etwas doktrinär wirkt. Er gehörte zu den wichtigsten Gestalten der schweizerischen Musikgeschichte.

LITERATUR

J. Burdet, La musique dans le pays de Vaud sous le régime bernois (1536–1798), Bibliothèque historique vaudoise XXXIV, 1963.

Salvador Giner (1832–1911)

ZEIT UND UMWELT

Um die Wende zum 20. Jahrhundert fanden, wenn auch mit langsamen Schritten, auch die Oper, die Sinfonie, das Streichquartett und sogar das sinfonische Gedicht ihren Weg nach Spanien. Daß dieser Weg über Katalonien führte, ist nicht auffällig, da jener Landesteil stets der fortschrittlichste war.

LEBEN

Salvador Giner wurde am 19. 1. 1832 in Valencia geboren und erhielt seinen Musikunterricht in seinem musikalischen Elternhaus. Mit 18 Jahren führte er in der Kathedrale von Valencia eine vierstimmige Messe mit großem Orchester auf. Nach längerem Aufenthalt in Madrid war er ab 1880 Kompositionslehrer und ab 1894 Direktor des Konservatoriums in Valencia, wo er am 3. 11. 1911 starb.

WERKE

Mit einer Sinfonie »Die vier Jahreszeiten«, einer Kantate und einem Oratorium »Judith« erregte Salvador Giner in der musikalisch interessierten Welt Spaniens zum ersten Mal Aufsehen. Sein Requiem zum Tod der Königin Mercedes (1860–78), Gattin König Alfons XII. (1857–85), eine Elegie auf Gioacchino Rossini, ein religiöser Marsch und 2 sinfonische Dichtungen folgten. Diese Kompositionen bedeuteten einen großen Schritt der Annäherung der spanischen Musik an die anderer abendländischer Gebiete.

Simon Gintzler (um 1490 bis nach 1550)

ZEIT UND UMWELT

Das Palais des Fürstbischofs und Kardinals von Trient, Cristoforo Madruzzo, war im 16. Jahrhundert zum Treffpunkt einiger namhafter Musiker geworden. Sowohl der Dom wie das Palais wurden mit vorzüglicher Musik versorgt. Dem Konzil (1545 bis 1563), das sich auch mit schwerwiegenden Fragen der Kirchenmusik befaßte, konnte sakrale und profane Musik von hohem Niveau geboten werden.

LEBEN

Simon Gintzler wurde um 1490 vermutlich in Tirol geboren. Wo er sich bis zu seinem Eintritt in den Dienst des Fürstbischofs von Trient aufgehalten hat, ist unbekannt. Er war vermutlich an oberitalienischen Fürstenhöfen als Lautenist tätig. Im Jahre 1547 war er jedenfalls noch in Trient und dürfte dort nach 1550 gestorben sein.

WERKE

Von Simon Gintzler sind eine Intabulatura de lauto mit ungefähr 12 Kompositionen für die Laute und 4 weitere Stücke überliefert. Ihr Stil ist virtuos und folgt der zeitgenössischen italienischen Form.

LITERATUR

W. J. v. Wasielewski, Geschichte der Instrumentalmusik im XVI. Jahrhundert, Berlin 1878.

Giuseppe Giordani (1743–98)

ZEIT UND UMWELT

Es sind aus den Konservatorien von Neapel wenige Kirchenmusiker hervorgegangen, die nicht auch Opern geschrieben haben. Diese Schüler wuchsen sozusagen damit auf, weil sie als Chorknaben und auch schon als Solisten an vielen Opernaufführungen mitwirkten und der größere Teil ihrer Lehrer als Opernkomponisten Triumphe feierten und damit zum Vorbild wurden. Denn die Zeit, in der man in Italien mit sakraler Musik berühmt wurde, war schon längst vorbei.

LEBEN
Giuseppe Giordani (Giordano, genannt Giordanello) wurde am 9. 12. 1743 als Bruder von Tommaso Giordani in Neapel geboren. Er war Schüler des Conservatorio Santa Maria di Loreto und sodann ab 1755 stellvertretender Kapellmeister an Tesoro di San Gennaro in Neapel. Im Jahr 1772 begab er sich zu seinem Bruder nach London und brachte dort eine Oper heraus. Dann folgte er seinem Bruder nach Dublin, wo er als Komponist und Dirigent bis 1782 wirkte. Anschließend kehrte er nach Italien zurück und widmete sich seinem Opernschaffen, bis er 1791 Kapellmeister am Dom in Fermo wurde, wo er am 4. 1. 1798 starb.

WERKE
Neben 35 Opern schuf Giuseppe Giordani 4 Oratorien, Messen, Proprien, Lieder für eine und zwei Stimmen, Canzonetten, Ouvertüren, Konzerte und Quartette. Sein Stil steht der Oper nahe.

Tommaso Giordani
(um 1730–1806)

ZEIT UND UMWELT
Das Musikleben in Dublin erstreckte sich im 18. Jahrhundert vor allem auf die Musik in den katholischen Kirchen und auf Konzerte. Opernaufführungen wurden von reisenden Truppen bestritten. Das Interesse des breiten Publikums, das vorläufig Sprechstücke und Oratorien vorzog, war noch zu klein, so daß eine ständige Oper nicht florieren konnte.

LEBEN
Tommaso Giordani (Giordano) wurde um 1730 in Neapel geboren und ausgebildet. Er kam 1753 mit seiner ganzen Familie nach London und brachte nach 3 Jahren an Covent Garden seine ersten komischen Opern heraus; 1762 trat er am Haymarket Theatre als Sänger auf und wirkte anschließend in London und in Dublin als Opernsänger und Musiklehrer. Im Jahr 1783 gründete er in Dublin ein Opernunternehmen, das erfolglos war. Er blieb, von einigen Aufenthalten in London unterbrochen, als Komponist, Sänger, Dirigent und Lehrer weiterhin bis zu seinem Tod am 23. 2. 1806 in Dublin.
Sein Vater Carmine Giordani (Giordano, um 1695, Neapel, bis nach 1762, vermutlich London) war Organist und Komponist in Neapel und wanderte 1753 mit der gesamten Familie nach London aus.

WERKE
Neben mehr als 20 Opern für London und Dublin schrieb Tommaso Giordani zahlreiche Stücke für Pianoforte, Sonaten für Violine oder Flöte und Pianoforte, Trios für Violine, Flöte und Generalbaß, Streichquartette, 3 Cembaloquintette, Pianofortekonzerte, Flötenkonzerte, Übungsstücke für Pianoforte, eine Hohe Messe, ein Te Deum, ein Oratorium und Gesänge. Sein Stil setzte den von Johann Christian Bach fort.
Carmine Giordani verfaßte noch in Neapel eine erfolgreiche Oper, eine Anzahl Orgelversetten und eine Kantate für Sopran.

LITERATUR
W. J. Lawrence, Tommaso Giordani, in: The Musical Antiquary II, 1910/11.

Domenico Antonio Giordano
(um 1670 bis nach 1725)

ZEIT UND UMWELT
Wenn auch das italienische Oratorium ausschließlich sakrale Texte und Handlungen brachte, stand es im Barock dem Konzert näher als der liturgisch vorgeschriebenen Kirchenmusik und diente wohl der Erbauung, aber zumindest im gleichen Maß dem Musikgenuß.

LEBEN

Domenico Antonio Giordano wurde um 1670 in Rocca Sinibalda, Rieti, geboren. Er wirkte an verschiedenen italienischen Kirchen als Kapellmeister, wie an Degli Apostoli in Rom, an den Domen von Narni und Rieti, an San Francesco in Assisi und schließlich erneut an der Apostelkirche in Rom, wo er nach 1725 starb.

WERKE

Vom italienischen Komponisten Domenico Antonio Giordano sind »Armonia sagra a 2 voci« (Heilige Musik für 2 Stimmen) und eine Reihe Kirchenmusik – Messen, Proprien, Litaneien – erhalten, außerdem ein Oratorium »Il Tempio della Grazia« (Der Tempel der Gnade), das viel aufgeführt wurde.

Umberto Giordano (1867–1948)

LEBEN

Umberto Giordano wurde am 27.8.1867 in Foggia geboren. Er studierte am Konservatorium in Neapel und lebte dann in verschiedenen italienischen Städten als freier Komponist. Er starb am 12.11.1948 in Mailand.

WERKE

Von den 11 Opern von Umberto Giordano reihte sich »Andrea Chenier« (1896) als »letzte Sängeroper« den großen, bleibenden Welterfolgen des Repertoires des 19. Jahrhunderts zu; die anderen blieben weit zurück. Er schrieb außerdem ein Ballett, ein sinfonisches Werk, Klavierstücke und Lieder.

Aurelio Giorni (1895–1938)

LEBEN

Aurelio Giorni wurde am 15.9.1895 in Perugia geboren. Er studierte in Rom bei Giovanni Sgambati und in Rom bei Ferruccio Busoni Pianistik und bei Engelbert Humperdinck Komposition. Im Jahr 1914 ging er in die USA, wo er als Pianist und als Lehrer an mehreren Musikschulen wirkte. Er starb am 23.9.1938 in Pittsfield, Mass.

WERKE

Von Aurelio Giorni sind 2 Sinfonien – eine konzertant –, eine sinfonische Dichtung, ein Intermezzo für Kammerorchester, eine Passacaglia für Streicher, ein Klavierquintett, ein Klavierquartett, ein Streichquartett, ein Klaviertrio und Sonaten für Violine, für Cello, für Flöte, für Klarinette mit Klavier bekannt geworden; er schuf auch einige Vokalkompositionen. Er war noch der italienischen Spätromantik mit einigem Hang zum Neuklassizismus verhaftet.

Paolo Giorza (1832–1914)

ZEIT UND UMWELT

Gegen Ende des 19. Jahrhunderts waren bereits so viele einheimische und zugewanderte Musiker in den USA tätig, daß sich nicht mehr jedem ein befriedigendes Arbeitsfeld bot.

LEBEN

Paolo Giorza wurde am 11.11.1832 in Mailand geboren. Er kam als Direktor einer Operntruppe 1867 zu einer umfangreichen Tournee nach den USA und bereitete 1879 als Generaldirektor die musikalischen Darbietungen der Weltausstellung in Sydney vor. Nachdem er 1887 nach Italien zurückgekehrt war und dort wenig Erfolge erreicht hatte, ging er erneut nach Amerika. Es gelang ihm aber auch dort nicht mehr Fuß zu fassen, so daß er, arm und vergessen, am 25.5.1914 in Seattle, Wash., starb.

WERKE

Von Paolo Giorza sind einige Opern und ungefähr 50 Ballette auf die Bühnen gekommen. Er schrieb einige Kirchenmusik und Lieder.

Giovan Tommaso di Maio
(um 1495–1563)

LEBEN

Giovan Tommaso di Maio (Gian Thomaso Maio) wurde um 1495 in oder bei Neapel geboren und lebte dort als Komponist. Ab

1548 hatte er eine Stelle als Organist, die er bis zu seinem Tod im Januar 1563 behielt.

Werke
Von Giovan Tommaso di Maio sind ein Dutzend Frottole und eine Anzahl neapolitanischer Villanellen überliefert, die uns die Frühform dieser neapolitanischen Liedgattung vermitteln.

Literatur
W. Scheer, Die Frühgeschichte der italienischen Villanella, Köln 1936.

Ruggiero Giovanelli (um 1560–1625)

Leben
Ruggiero Giovanelli wurde um 1560 in Velletri geboren. Er war angeblich ein wirklicher Schüler Palestrinas, es gibt hierfür jedoch keine eindeutigen Belege. Im Jahre 1583 war er Kapellmeister an San Luigi de'Francesi, 1590 am Collegium Germanicum und 1594 als Nachfolger Palestrinas an San Pietro; 1599 wurde er von der Cappella Sistina als Sänger übernommen und erhielt hier die Kapellmeisterstelle, die er versah, bis er 1624 in den Ruhestand trat. Er starb am 7. 1. 1625 in Rom.

Werke
Man hat Ruggiero Giovanelli in die erste Reihe der Meister der römischen Schule gestellt, und das mit Recht. Sein kompositorisches Werk ist zwar eine deutliche Nachfolge Palestrinas, aber keine Nachahmung. Giovanelli strebte nach der gleichen Wirkung mit eigenen Mitteln. Seine überlieferten Werke, 2 Bücher Motetten, 6 Madrigale, Canzonetten und Villanellen, beweisen, daß er nicht bei den Strukturen des Meisters stehenbleiben und ebensowenig darüber hinauswachsen wollte, sondern parallele Wege suchte und fand, um eine Weiterentwicklung zu ermöglichen. Seine zahlreichen kirchlichen Werke – Messen, Psalmen, Kirchenlieder – sind naturgemäß konservativer gefaßt, zeigen aber auch, besonders in der Modulation, den Willen zum Fortschritt.

Literatur
A. Cametti, Ruggiero Giovanelli, in: Musica d'oggi VI, 1925.

Giovanni da Cascia
(um 1310 bis um 1380)

Zeit und Umwelt
Dante Alighieri (Mai oder Juni 1265, Florenz, bis 14. 9. 1321, Ravenna) wurde 1302 aus politischen Gründen aus Florenz exiliert, aber sein humanistischer Geist ist der Stadt verblieben. Obwohl noch wie überall in Italien ciceronianisches Latein stark gepflegt wurde, öffnete sich das von Dante der Volkssprache geöffnete Tor zur Literatur immer mehr. Antonio Pucci (gestorben 1388) schrieb Sonetten, Nicolò Soldanieri und Alesso di Guido Donati verfaßten Texte zu Balladen, Madrigalen und Cacce, die von Komponisten des Jahrhunderts im neuen Stil vertont wurden.

Leben
Giovanni da Cascia (Johannes de Florentia) wurde um 1310 in Cascia geboren. Er hielt sich zwischen 1329 und 1351 am Veroneser Hof auf, dann vermutlich auch in Mailand. Er ist um 1380 in Florenz gestorben.

Werke
Auch Giovanni da Cascia gehörte zu den Begründern des neuen Stiles, der sich von Florenz ausgehend über ganz Italien verbreitete. Von seinen Kompositionen sind 16 zweistimmige Madrigale und 3 dreistimmige Cacce, alles auf weltliche italienische Texte geschrieben, erhalten.

Literatur
A. v. Königslöw, Die italienischen Madrigalisten des Trecento, Würzburg 1940.

Giovanni de Antiquis
(um 1545 bis nach 1584)

Leben
Giovanni de Antiquis wurde um 1545 in Bari geboren und zum Musiker ausgebildet.

Er war Kapellmeister an San Nicola und blieb es bis zu seinem Tod nach 1584.

Werke
Von dem Komponisten Giovanni de Antiquis kam eine Sammlung Villanelle alla Napolitana für drei Stimmen heraus, zu der er selbst ungefähr 15 Madrigale beisteuerte. Auch diese karge Hinterlassenschaft kennzeichnet den Komponisten als Vollblutmusiker, der den neapolitanischen Stil gut beherrschte. Sein Beitrag ist entschieden das Beste des ganzen Sammelwerkes.

Giovanni del Turco
(um 1580 bis um 1620)

Zeit und Umwelt
Die Repräsentanten der Camerata Florentina wurden von Zeitgenossen und Späteren viel nachgeahmt, weil der Gedanke, die antike Monodie neu zu gestalten, sehr bestechend war; er erfüllte den Wunsch der Humanisten, antikes Geistesleben und antike Kunstform in ihrer Reinheit neu zu beleben.

Leben
Giovanni del Turco wurde um 1580 in Florenz geboren. Er war Schüler von Marco da Gagliano und Mitglied der Accademia degli Elevati. Ab 1614 war er Leiter der Hofmusik des Großherzogs von Toskana und dürfte in Florenz um 1620 gestorben sein.

Werke
Der italienische Komponist Giovanni del Turco verfaßte 2 Bücher mit fünfstimmigen Madrigalen und verschiedene Vokalstücke, die sich in Sammelwerken finden. Seine Kompositionen sind denen der besten Vertreter der Camerata Florentina gleichgestellt worden.

Giovanni Domenico da Nola
(um 1510–92)

Zeit und Umwelt
Neapel wurde im 16. Jahrhundert von Vizekönigen im Namen der spanischen Krone regiert, nachdem der letzte Versuch Frankreichs, das Land an sich zu bringen, fehlgeschlagen war. Die spanische Herrschaft stützte sich auf den neapolitanischen Adel, der sehr frei schalten und walten durfte, sofern die Steuern ungeschmälert nach Madrid flossen. Das kulturelle Leben, besonders die Musik, war stark von Spanien beeinflußt, weil viele Spanier sich in Neapel niedergelassen hatten. Es unterlag aber nicht den Beschränkungen des Mutterlandes. Auch der Versuch, die Inquisition einzuführen, scheiterte.

Leben
Giovanni Domenico da Nola (eigentlich Don Joan Domenico del Giovane) wurde um 1510 in Nola bei Neapel geboren. Nach seiner Ausbildung in Neapel wurde er Organist an Santissima Annunziata und 1563 Kapellmeister. Er blieb in dieser Stellung bis 1588 und starb in Neapel am 5. 5. 1592.

Werke
Nola war ein ausgezeichneter Villanellen- und Madrigalkomponist, der seinen Werken ein typisch neapolitanisches Kolorit verlieh. Überliefert sind von ihm dreistimmige Canzoni villanesche, vierstimmige Madrigale, fünfstimmige Motetten und eine Anzahl neapolitanischer Villanellen, die alle für ihre Gattung mustergültig sind.

Literatur
B. M. Galanti, Le villanelle alla napolitana, Florenz 1954.

Giovanni Leonardo dell'Arpa
(um 1550 bis um 1600)

Zeit und Umwelt
Die neapolitanische Kanzone des 16. Jahrhunderts war mit ihrer volkstümlichen Form den anderen Liedgattungen Neapels sehr nahe. Der strophische Bau des Textes wurde von der Musik durch gleichlautende Vertonung profiliert. Erst in späteren Zeiten ging die Musik zu Variationen der Grundmelodie über, um dem Textsinn mehr Aus-

druck zu verleihen. Die Kanzone wurde auch mit Instrumenten ohne Gesang gespielt, war aber keine echte Instrumentalmusik, weil der Text zumeist allgemein bekannt war und »mitgedacht« werden konnte.

LEBEN
Giovanni Leonardo dell'Arpa wurde um 1550 in oder bei Neapel geboren. Es ist nicht bekannt, welche Stellung er in Neapel, wo er um 1600 gestorben ist, neben seiner kompositorischen Tätigkeit innegehabt hat. Gesichert ist nur, daß er Musikunterricht gab.

WERKE
Von Giovanni Leonardo dell'Arpa sind Villanellen und neapolitanische Kanzonen in verschiedenen Sammelwerken überliefert. Neapolitanischer Rhythmus und Klang sind dabei stark akzentuiert, so daß sie zu ihrer Zeit als mustergültig galten.

Giovanni Maria da Crema
(um 1492 bis um 1550)

ZEIT UND UMWELT
Lautenisten waren im 16. Jahrhundert an allen Fürstenhöfen anzutreffen. Man konnte auf den Klang jenes gerade für Kammermusik vorzüglich geeigneten Instrumentes nicht verzichten. Daß auch der von der Familie Gonzaga glänzend geführte Hof einen Lautenvirtuosen hielt, war eine Selbstverständlichkeit.

LEBEN
Giovanni Maria da Crema (Juan Maria) wurde wahrscheinlich um 1492 in Mailand geboren und hat dem Schülerkreis des Lautenvirtuosen Francesco da Milano angehört. Als Giovanni Maria ist er zwischen 1513 und 1522 am Hof von Mantua als Mitglied der Hofkapelle und als Lautenist nachweisbar. Er ist vermutlich um 1550 gestorben. Wo er die letzten drei Jahrzehnte seines Lebens verbracht hat und wo er gestorben ist, kann nicht festgestellt werden; vielleicht hielt er sich in Venedig auf.

WERKE
Der Lautenist Giovanni Maria da Crema veröffentlichte eine »Tabolatura de Lauto« bei Gardano in Venedig (1546), in der Ricercari, Saltarelli, Passamezzi als eigene Kompositionen und Bearbeitungen für Laute von Sätzen Josquins, Gomberts, Verdelots, Arcadelts und von französischen Chansons verschiedener Meister aufscheinen. Bei allen Stücken fällt ein besonderer Vollklang und eine hohe Anforderung an das technische Können des Spielers auf.

LITERATUR
G. Dardo, Considerazioni sull'opera di Giovanni Maria da Crema, liutista del cinquecento, Collectanea historiae musicae IV, 1966.

Giovanni Vincenzo Macedonio di Muti (um 1570 bis nach 1606)

ZEIT UND UMWELT
Der neapolitanische Adel pflegte im Unterschied zum Bürgertum gute Beziehungen zu den dort residierenden spanischen Vizekönigen und deren Hofstaat und unterstützte sie beim Einbringen der drückenden Steuern und dem Aufbringen von Truppen. Er wurde dafür in seinen Hoheitsrechten in keiner Weise beengt und durfte mit seinen Untertanen nach Gutdünken verfahren. Das verschärfte den Druck der Fremdherrschaft noch um ein Vielfaches.

LEBEN
Cavaliere Giovanni Vincenzo Macedonio di Muti entstammte dem neapolitanischen Adel und wurde um 1570 bei Neapel geboren. Er gehörte jener Adelsclique an, die den Vizekönigen bei der Ausübung ihrer Herrschaft Schützenhilfe leistete und dafür in den Kreis der spanischen Adeligen des Hofstaates aufgenommen wurde. Er starb nach 1606 auf seinen Gütern bei Neapel.

WERKE
Der italienische Komponist Giovanni Vincenzo Macedonio di Muti veröffentlichte

2 Bücher mit Madrigalen. Sie sind spanischen Beispielen deutlich angenähert.

Giovannini (um 1700–82)

ZEIT UND UMWELT

Oden wurden im 18. Jahrhundert von norddeutschen Liederkomponisten vor allen anderen Texten bevorzugt. Die repräsentative Feierlichkeit ihrer Sprache kam dem Geschmack der Zeit sehr entgegen.

LEBEN

Giovannini (der Vorname ist nicht überliefert) wurde um 1700 in Italien geboren und vermutlich in Turin von Jean-Marie Leclair zum Violinisten ausgebildet. Er lebte ab 1740 bis zu seinem Tod im Jahr 1782 in Berlin. Welche Tätigkeit er dort ausübte, ist nicht bekannt. Sein angeblicher Aufenthalt in London ist ebensowenig verbürgt wie die Behauptung, er sei dort unter dem Pseudonym eines Grafen von St. Germain aufgetreten.

WERKE

Von Giovannini ist eine Anzahl Kompositionen in die von Johann Friedrich Gräfe veröffentlichte »Sammlung verschiedener Oden« aufgenommen worden. Vermutlich ist auch das als »Aria di Giovannini« dem zweiten Klavierbüchlein der Anna Magdalena Bach eingefügte Lied »Willst du dein Herz mir schenken« von ihm. Die Zuschreibung von 8 Violinsonaten ist zweifelhaft.

LITERATUR

E. O. Lindner, Geschichte des deutschen Liedes, Leipzig 1871.

Jacob Gippenbusch (1612–64)

ZEIT UND UMWELT

Die Jesuiten, die die Gegenreformation vorwiegend auf politischer, psychologischer und künstlerischer Ebene betrieben, bemühten sich, dem sakralen katholischen Volksgesang gegenüber dem protestantischen Choral erhöhte Geltung zu verschaffen, weil sie die propagandistische Wirkung des gemeinsamen Singens der Kirchengemeinden erkannt hatten. Deshalb brachten sie eine Reihe von katholischen Gesangbüchern heraus, die, soweit es ideologisch vertretbar war, Anleihen bei den Protestanten machten.

LEBEN

Jacob Gippenbusch wurde 1612 in Speyer geboren. Er war Jesuit und von 1632 bis 1650 Lehrer und Chorpräfekt am Gymnasium in Köln. Er starb in Xanten am 3. 7. 1664.

WERKE

Der deutsche Kirchenkomponist Jacob Gippenbusch verfaßte ein »Psalteriolum harmonicum« mit deutschen und lateinischen Kirchenliedern im vierstimmigen Kantionalsatz und vierstimmigen Falsibordoni mit Generalbaß in Partituranordnung. Er dürfte auch an der musikalischen Gestaltung der »Trutznachtigall« von Friedrich Spee von Langenfeld (1591–1635) mitgewirkt haben.

LITERATUR

A. Schmitz, Psalteriolum harmonicum, in: Zeitschrift für Musikwissenschaft IV., 1921 und 1922.

François Joseph Giraud
(um 1730 bis nach 1763)

ZEIT UND UMWELT

Der Generalbaß war auch in der zweiten Hälfte des 18. Jahrhunderts in der französischen Musik nur bei wenigen Meistern eliminiert. Auf die Bequemlichkeit, die Begleitstimmen dem Interpreten zu überlassen, wollte man nicht gern verzichten, und das Publikum empfand damals noch nicht die Mangelhaftigkeit einer solchen Faktur.

LEBEN

François Joseph Giraud wurde um 1730 in Laon geboren. Er war dort bis ungefähr 1750 Musiklehrer und wurde sodann vom Concert spirituel als Cellist nach Paris engagiert. Um 1754 wurde er Mitglied der Königlichen Hofmusik und bald darauf des Opernorchesters. Er dürfte nach 1763 in Paris gestorben sein.

WERKE
Von François Joseph Giraud sind 6 Sonaten für Cello und Generalbaß, 6 Sonaten für Violine, Cello und Generalbaß, außerdem zahlreiche Motetten, die im Concert spirituel gesungen wurden, einige Opern und mehrere Ballette überliefert. Der Stil seiner Sonaten vereinigt Elemente der französischen Suite und der italienischen Sonate, ist aber sehr konservativ gehalten.

Giraut de Bornelh
(um 1138 bis um 1215)

ZEIT UND UMWELT
Nicht wenige Troubadours folgten der ritterlichen Pflicht, sich an Kreuzzügen zu beteiligen, und zwar nicht von einem Dienstherrn mitgeführt wie das Gesinde, sondern aus eigenem Entschluß im Gefolge eines Königs oder Herzogs.

LEBEN
Giraut de Bornelh (Guiraut de Borneil) ist um 1138 vermutlich in Boureix (Dordogne) geboren. Er wirkte am Hof Alfonsos II. von Aragon. Er nahm als Ritter an einem Kreuzzug teil. Die genaue Zeit und der Ort seines Todes sind nicht feststellbar.

WERKE
In einer späteren und hinsichtlich des Wahrheitsgehaltes wenig verläßlichen Lebensbeschreibung wird Giraut de Bornelh als »Maestro dels trobadors« (Meister der Troubadoure) bezeichnet. Allein die 4 Melodien, die von ihm erhalten sind, bestätigen dieses Lob. Sie sind originell geführt und deuten den Text minutiös aus, so daß sie zu den besten der erhaltenen Troubadourgesänge gezählt werden müssen. Liedtexte von ihm sind über 70 überliefert, aber leider ohne Musik. Es handelt sich vorwiegend um Minnelieder, aber auch Sirventes (Dienstlieder, Lob oder Tadel Vorgesetzter, politische Kampflieder) und Tenzonen (Streitlieder, Dialoge) befinden sich darunter.

LITERATUR
A. Kolsen, Giraut de Bornelh, der Meister der Trobadors, Beiträge zur germanischen und romanischen Philologie VI, 1894.

Santino Girelli (um 1590 bis nach 1627)

ZEIT UND UMWELT
Brescia, das im 15. Jahrhundert eine der mächtigsten Städte der Lombardei gewesen war, bis es 1512 von den Franzosen gnadenlos geplündert wurde, behielt auf künstlerischem Gebiet eine gewisse Selbständigkeit bei, obwohl es politisch Venedig unterstand und im Ausstrahlungsbereich des großen Mailand lag. Obwohl die Stadt keine eigene Schule herausgebildet hatte, wurden in der Musik die aufstrebenden Stilgattungen des 17. Jahrhunderts in einer besonderen Art integriert und vermengt.

LEBEN
Santino Girelli wurde um 1590 in Brescia geboren. Er dürfte an einer Kirche der Stadt als Musiker tätig gewesen und dort auch in den Jahren nach 1627 gestorben sein.

WERKE
Von dem italienischen Kirchenkomponisten Santino Girelli sind mehrere fünf- und achtstimmige Messen und 2 Bücher mit Psalmen erhalten. Die Messen sind polyphon gehalten, die Psalmen enthalten monodische Passagen.

Girolamo dalla Casa
(um 1540 bis nach 1585)

ZEIT UND UMWELT
Das Musikleben der italienischen Städte beschränkte sich nicht auf Kirchen, Fürstenhöfe und Adelspaläste. Die Städte selbst hielten ständige Kapellen für ihre Festlichkeiten und Empfänge. Es handelte sich allerdings in vielen Fällen um Bläserensembles wie das Blasorchester der Signoria von Venedig.

LEBEN

Girolamo dalla Casa (genannt da Udine) wurde um 1540 in Udine geboren. Im Jahre 1574 bestellte die Signoria von Venedig den italienischen Komponisten zum Kapellmeister des Blasorchesters der Stadt. Er starb in Venedig nach 1585.

Sein Bruder Nicolò dalla Casa (um 1550, Udine, bis nach 1593, Venedig) war Musiker im venezianischen Blasorchester.

WERKE

Von Girolamo dalla Casa sind 3 Bücher mit Madrigalen überliefert. Sie halten streng den oberitalienischen Madrigalstil ein.

Nicolò dalla Casa verfaßte 2 Bücher vierstimmige Kanzonen und Madrigale; 2 Motetten für fünf und ein Dialog für zehn Stimmen scheinen in Sammelwerken auf. Diese Kompositionen wirken wegen ihrer kühnen Modulationen »moderner« als die seines Bruders.

François Giroust (1738 – 99)

ZEIT UND UMWELT

Für den französischen Hofmusiker des letzten Drittels des 18. Jahrhunderts bestand die Zeit aus zwei völlig divergierenden Epochen, die durch die Zäsur vom 14. 7. 1789, dem Tag des Sturmes auf die Pariser Bastille, getrennt wurden.

LEBEN

François Giroust wurde am 9. 4. 1738 in Paris geboren und an der Maîtrise der Notre-Dame ausgebildet. Aufgrund eines Wettbewerbes erhielt er 1756 die Kapellmeisterstelle an der Kathedrale Ste-Croix in Orléans, 1768 wurde er vom Concert spirituel von Paris für eine Motette ausgezeichnet, mit der Kapellmeisterstelle an Sts-Innocents betraut und 1775 von König Ludwig XVI. in gleicher Eigenschaft in die Chapelle Royale übernommen. Im Jahr 1782 wurde ihm das gesamte Hofmusikwesen unterstellt. Nach dem Ende des französischen Königtums komponierte er Revolutionsmusik. Er starb am 28. 4. 1799 in Versailles.

WERKE

Neben seiner bekannten Motette »Super flumina Babylonis« (An den Flüssen Babylons) verfaßte François Giroust ungefähr 90 weitere Motetten, 8 Messen, ein Requiem, 4 Oratorien und eine Oper. Mehrere seiner Revolutionslieder wie »Chant pour la fondation de la République« (Gesang auf die Gründung der Republik) sind sehr bekannt geworden.

LITERATUR

J. Brosset, François Giroust, Blois 1911.

Nicolas Gistou (um 1560 – 1609)

ZEIT UND UMWELT

Zu Beginn der dokumentarisch belegten Musik Dänemarks stehen Hymnen und Sequenzen des 12. Jahrhunderts. Im 13. und 14. Jahrhundert gab es Balladen über legendäre Gestalten, im 15. fahrende Musikanten, Skalden, Hof- und Stadtmusikanten und Pfeifer. Die erste Blütezeit erlebte die Musik in Dänemark im 16. Jahrhundert unter König Christian IV. (1577 – 1648).

LEBEN

Nicolas Gistou (Gistow) wurde um 1560 vermutlich in Dänemark geboren. Über seine Ausbildung und seine Tätigkeit, bis er 1598 zur Kapelle des dänischen Königs Christian IV. in Kopenhagen kam, ist nichts bekannt. Er starb in Kopenhagen am 19. 7. 1609.

WERKE

Von dem dänischen Komponisten Nicolas Gistou sind 2 Madrigale, 2 Pavanen und 2 Gallarden überliefert. Sie weisen deutliche Züge niederländischen Stiles auf, was die Vermutung nahelegte, daß der Komponist aus den Niederlanden nach Dänemark gekommen sei. Beleg gibt es dafür keinen.

LITERATUR

J. Röntgen, De muziek aan het hof van Christian IV van Denemarken, in: Tijdschrift der Vereeniging voor neederlandse Muziekgeschiedenis IV, 1885.

Francesco Giovanni Giuliani
(um 1760 bis nach 1820)

Zeit und Umwelt
Während in Paris die Mandoline kaum mehr gespielt wurde, so daß man bei einer Aufführung des »Don Giovanni« von Wolfgang Amadeus Mozart für die Begleitung des Ständchens sich mit einem Pizzicato von Violinen behelfen mußte, weil in der ganzen Stadt kein Mandolinist aufzutreiben war, konnten solche Schwierigkeiten in Wien nicht entstehen, wo die Pflege dieses Instruments nie eine Unterbrechung erfahren hatte.

Leben
Francesco Giovanni Giuliani wurde um 1760 in Florenz geboren. Er war Schüler von Pietro Nardini und wirkte nach seiner Ausbildung als Violinist am Teatro Nuovo in seiner Geburtsstadt. Um 1800 hielt er sich in Wien auf und gab Violin- und vor allem Mandolinkonzerte. Er starb nach 1820 in Florenz.

Werke
Von Francesco Giovanni Giuliani sind 2 Streichquartette, 3 Cembalokonzerte, 6 Pianofortesonaten, ein Quintett für Flöte und Streichquartett, eine Sinfonie und 6 Quartette für Mandoline, Violine, Cello oder Bratsche und Laute erhalten.

Quartett in A-Dur für Mandoline, Violine, Bratsche und Laute, 2 Sätze
Das Stück besteht aus 2 Allegrosätzen und folgt dem vorklassischen Stil. Die Grundform der Sonate mit Exposition, Durchführung und Reprise ist eingehalten wie der Themendualismus. Es kommt aber zu keiner thematischen Gegeneinanderführung, die Musik bleibt liebenswürdig und gefällig. Die führende Rolle fällt nahezu immer der Violine zu, die Harmonisierung ist einfach. Die Kombination von zwei Streich- und zwei Zupfinstrumenten verleiht dem Stück einen besonderen Reiz.

Mauro Giuliani (1781–1829)

Zeit und Umwelt
Der Geigenmacher Jakob Otto (1760, Gotha, bis 1829, Lobeda) baute ab 1788 Gitarren nach italienischem Muster, die rasch vor allem in Wien zum Modeinstrument wurden. Auch die kleinere, um eine Terz höher gestimmte »Terz-Gitarre« wurde zuerst in Wien verbreitet.

Leben
Mauro Giuliani wurde 1781 in Barletta geboren. Er wirkte von 1807 bis 1819 in Wien als Virtuose und Lehrer der Gitarre und gilt als Begründer der Wiener Gitarristik. Hernach bereiste er England, Rußland und Italien, wo er sich schließlich in Neapel niederließ und am 8.5.1829 starb.

Werke
Das gesamte kompositorische Werk von Mauro Giuliani, das über 200 Nummern umfaßt, war der Gitarre gewidmet, die er entweder solistisch oder in Kombination mit anderen Instrumenten, zum Beispiel in Konzerte mit Orchester, in Quintette mit Streicher, in Trios oder Terzette, Duos oder Duette, einsetzte. Seine Kompositionen wurden bis in unser Jahrhundert für den Konzertgebrauch und noch mehr als Übungsmaterial aufgelegt.

Giulio Santo Pietro del Negro
(um 1570 bis nach 1620)

Zeit und Umwelt
Die vom ersten öffentlich wirkenden Musikprofessor Mailands Franchino Gafurio (1451 bis 1522) begründete »Mailänder Schule« wirkte bis in den Beginn des 17. Jahrhunderts nach. Neuerungen wurden nur sehr zögernd aufgenommen; das hatte bereits Claudio Monteverdi (1567–1643) erfahren müssen. Nur wer persönlich völlig unabhängig war und sich nicht von seiner Arbeit als Musiker ernähren mußte, konnte rückhaltlos den neuen Stil seiner Komposition zugrunde legen.

Leben
Giulio Santo Pietro del Negro (Negri) wurde um 1570 in Mailand geboren. Er gehörte dem Adel an und betrieb die Musik als Amateur. Über seine Lebensverhältnisse ist nichts bekannt. Er dürfte nach 1620 in Mailand gestorben sein.

Werke
Von dem italienischen Komponisten Giulio Santo Pietro del Negro ist eine Reihe von Werken überliefert, die er selbst als »modern« bezeichnet, wie »Affeti di musica moderna a 1, 2 e 3 voci«, »Musica ecclesiastica concertata alla moderna a 2 e 3 voci« und »Canti academici a 2–6 voci«. Die Stücke sind ein wertvoller Beitrag zur Musik des 17. Jahrhunderts.

Lodovico Giustini (1685 bis nach 1732)

Zeit und Umwelt
Bartolomeo Cristofori (4. 5. 1655, Padua, bis 27. 1. 1731, Florenz) baute im Jahr 1698 das erste »Cembalo a martelletti« (Hammercembalo) und hatte damit das Hammerklavier erfunden. Die Erfindung blieb zunächst unbeachtet. Erst als der Orgelbauer Gottfried Silbermann (1683–1753), der durch eine italienische Publikation aus 1711, die Johann Mattheson (1681–1764) in seine Critica musica aufnahm, von dem neuen Instrument Kenntnis erhielt und es der Beschreibung mit einigen Verbesserungen nachbaute, trat das Pianoforte, auf dem man im Gegensatz zum Cembalo piano und forte spielen konnte, seinen Siegeszug als eines der wichtigsten Musikinstrumente an.

Leben
Lodovico Giustini (Don Luigi) wurde am 12. 12. 1685 in Pistoia geboren. Über sein Leben ist nichts bekannt, außer daß er Kleriker war und die Musik vermutlich nicht beruflich, sondern aus Liebhaberei ausübte. Seine einzige Publikation ist 1732 in Florenz erschienen. Wann und wo er gestorben ist, läßt sich nicht feststellen.

Werke
Die im Jahr 1732 in Florenz gedruckten »12 Sonate da Cimbalo di piano e forte« (12 Sonaten für Pianofortecembalo) waren zweifellos die ersten Kompositionen, die ausdrücklich für das von Bartolomeo Cristofori erfundene Hammerklavier geschrieben wurden. Sie sind vier- oder fünfsätzig und von der Suitenform beeinflußt, zeigen aber keinen ausgeprägten Stil.

Literatur
R. E. M. Harding, The Earliest Pianoforte Music, Music & Letters XIII, 1932.

Leonardo Giustiniani (1388–1446)

Zeit und Umwelt
Die Republik Venedig war im 15. Jahrhundert sicherlich sehr weit davon entfernt, eine demokratische Staatsform zu sein; an Regierung und Verwaltung – was damals noch nicht getrennt war – nahm das Volk keinen Anteil. Dagegen war das kulturelle Geschehen dem Urteil aller unterworfen. Die Bauten, die Statuen, die Bilder wurden zwar aus den Kassen des Staates oder reicher Familien bezahlt, aber wenn die Öffentlichkeit keinen Gefallen daran fand, konnte der Künstler mit keinen weiteren Aufträgen rechnen. Die Dichtung mußte ihr Publikum im Volk suchen. Das gleiche galt für die Musik. Je volkstümlicher Dichtkunst und Tonkunst waren, um so breiter waren die davon angesprochenen Massen. Wenn dazu die Sprache noch der Ausdrucksweise des Volkes folgte und die Musik an die Lieder anklang, die das Publikum bereits im Ohr hatte, konnte der Erfolg nicht ausbleiben.

Leben
Leonardo Giustiniani wurde 1388 in Venedig geboren. Er gehörte vermutlich einer sozial gehobenen Familie an, sonst hätte er nicht die Ausbildung genossen, um Staatsmann und Humanist zu werden. Neben seiner politischen Tätigkeit widmete er sich der Dichtkunst und der Musik. Er starb in Venedig am 10. 11. 1446.

WERKE

Giustiniani verfaßte achtzeilige Gedichte in der venezianischen Volkssprache, die er für eine Singstimme mit Instrumentalbegleitung vertonte. Diese Lieder, von denen ungefähr 30 erhalten sind, waren derart erfolgreich, daß der Name des Verfassers zum Gattungsbegriff wurde und man bis zum Ende des 16. Jahrhunderts ähnlich aufgebaute Gesänge mit »Giustiniane« (oder »Veneziane«) bezeichnete. Außerdem schrieb Giustiniani auch Laudi spirituali (geistliche Hymnen), die er entweder selbst vertonte oder mit bekannten Melodien versah.

LITERATUR

O. Baroncelli, Le canzonette di Leonardo Giustiniani, Forli 1907.

Antoine Charles Glachant (1771–1851)

ZEIT UND UMWELT

Die der Revolution folgenden Kriege rissen viele junge Franzosen aus ihrer beruflichen Laufbahn. Musiker bildeten keine Ausnahmen; sie hatten nur den Vorteil, daß sie in der Regel den Militärkapellen zugeteilt wurden und die Möglichkeit hatten, sich, wenn auch zuweilen unter nicht sehr bequemen Umständen, weiterzubilden, so daß sie nach beendeter Dienstzeit die Unterbrechung aufholen konnten.

LEBEN

Antoine Charles Glachant wurde am 9.5.1771 in Paris geboren. Er war Violinist und wirkte ab 1791 als Orchesterleiter am Théâtre du Délassement-Comique in Paris. Im Jahr 1792 wurde er Soldat. Nach seinem Abschied gründete er in Arras eine Philharmonische Gesellschaft und eine Musikschule und erhielt 1823 die Stelle des Ersten Violinisten am Théâtre Français. Er starb am 9.4.1851 in Versailles.
Sein älterer Verwandter Jean-Pierre Glachant (um 1740, Paris bis 1792, Paris) trat 1770 dem Opernorchester als Violinist bei und wurde 1785 Erster Violinist am Concert Spirituel.

WERKE

Von Antoine Charles Glachant sind 6 Duos für Flöten, 3 große konzertante Trios für zwei Violinen, 3 Quartette für zwei Violinen, Bratsche und Baß, eine konzertante Sinfonie für drei Violinen und 4 Opern bekannt geworden.
Jean-Pierre Glachant schrieb eine Sammlung ausgewählter, für die Gitarre arrangierte Lieder mit Variationen, eine Sammlung Sololieder, begleitet und unbegleitet, und 6 Trios für zwei Violinen und Baß.
Alle diese Stücke gehörten der Frühromantik an.

Franz Glaeser (1798–1861)

ZEIT UND UMWELT

Das dänische Musikleben nahm in der ersten Hälfte des 19. Jahrhunderts noch immer bereitwillig ausländische Kräfte auf, die allerdings zumeist naturalisiert wurden. Das geschah nicht, weil man Ausländer unbedingt vorzog; es waren vorläufig zu wenige einheimische Kräfte verfügbar.

LEBEN

Joseph Franz Glaeser wurde am 19.4.1798 in Obergeorgenthal (Horní Jiřetín), Böhmen, geboren. Er studierte von 1813 bis 1817 am Konservatorium in Prag unter Friedrich Wilhelm Pixis Violine, wirkte von 1817 bis 1830 als Kapellmeister an verschiedenen Wiener Theatern und anschließend am Königstädtischen Theater in Berlin. Im Jahr 1842 wurde er an die Königliche Kapelle in Kopenhagen berufen, wo er ein Jahr darauf Hofkapellmeister wurde. Er starb am 29.8.1861 in Kopenhagen.

WERKE

Von Franz Glaeser sind 52 Bühnenstücke – Opern, Singspiele, Possen – bekannt geworden, die wenig erfolgreich waren. Er schrieb außerdem Ouvertüren für Orchester, Kantaten und viele Gesänge, die stilistisch der dänischen Vorromantik zugerechnet werden müssen.

Peggy Glanville-Hicks (geboren 1912)

Leben

Peggy Glanville-Hicks wurde am 29.12.1912 in Melbourne geboren. Sie studierte am Konservatorium ihrer Heimatstadt, sodann am Royal College of Music in London unter Ralph Vaughan Williams, in Paris bei Nadia Boulanger und in Wien bei Egon Wellesz. Darauf ging sie in die USA, wo sie ab 1946 als Musikkritikerin wirkte, das Generalsekretariat des Composer's Forum der Columbia University in New York übernahm, als dessen Direktorin sie von 1950 bis 1960 fungierte, und in das Sekretariat des International Music Fund der UNESCO eintrat.

Werke

Neben 5 Opern und 8 Balletten schrieb Peggy Glanville-Hicks eine Sinfonietta, eine Sinfonie und ein Konzert für Orchester, ein Flötenkonzert, ein Klavierkonzert, ein Konzert für Oboe, Harfe und Streicher, eines für Harfe, Celesta und Streicher, eines für Harfe und Streicher, eines für Klavier und Kammerorchester, eines für Bratsche und Orchester, ein Streichquartett, ein Quartett für Flöte, Klarinette, Fagott und Klavier, eine Sonate für Harfe, eine für Klavier und fünf Schlagzeuger, ein Konzert für Harfe und Streichquartett, eine »Musik« für zwei Flöten, Harfe, Marimba, zwei Schlagzeuger und Pauken, Chöre und Gesänge mit Instrumentalbegleitung, zum Teil mit Sprecher und Sprechchor, Liederzyklen, Einzellieder und Filmmusiken.

Louis Glass (1864–1936)

Leben

Louis Christian August Glass wurde am 23.3. 1864 in Kopenhagen geboren. Er war Sohn und Schüler des Komponisten und Begründers des Konservatoriums von Kopenhagen, Christian Hendrik Glass (18.5.1821, Kopenhagen, bis 12.8.1893, Kopenhagen). Er studierte ferner bei Niels Wilhelm Gade (1817 bis 1890) und in Brüssel bei den Pianisten Juliusz Zarębski (28.2.1854, Schitomir, Ukraine, bis 15.9.1885, Schitomir) sowie Józef Wieniawski (1837–1912). Von 1915 bis 1918 wirkte er als Dirigent des Dänischen Konzertvereins, dann leitete er das Konservatorium und den Musikpädagogischen Verein in Kopenhagen, wo er am 22.1.1936 starb.

Werke

Von Louis Glass, dessen Vorbilder César Franck und Anton Bruckner waren, sind ein Ballett, 6 Sinfonien, eine Orchestersuite »Sommerliv« (Sommerleben), die Ouvertüren »Der Volksfeind« und »Dänemark«, ferner eine Fantasie für Klavier und Orchester, ein Oboenkonzert, ein Streichersextett, ein Klavierquintett, 4 Streichquartette, Klavierstücke und Lieder bekannt geworden. Er war ein später Vertreter der national-dänischen Romantik.

Philip Glass (geboren 1937)

Leben

Philip Glass wurde am 31.1.1937 in Chicago geboren. Er studierte in New York und in Paris, dort unter anderem bei Nadia Boulanger. 1968 gründete er das Philip Glass-Ensemble, für das er die meisten seiner Kompositionen schreibt.

Werke

Philip Glass gilt als Hauptvertreter der um 1970 in den USA entstandenen Minimal Music. Die charakteristischen Merkmale seiner Kompositionen bestehen in endlosen Wiederholungen und minimalen Variationen einfacher Klänge, oft mit Einflüssen indischer Musik. Große Beachtung fanden vor allem seine Opern: „Einstein on the beach", 1976, „Satyagraha", 1980, „Akhenaton", 1983, „Die Erschaffung des Repräsentanten von Planet 8", 1988 (nach Doris Lessing).

Aleksandr Glasunow (1865–1936)

Leben

Aleksandr Konstantinowitsch Glasunow wurde am 29.7.1865 in St. Petersburg geboren. Mit 9 Jahren erhielt er den ersten Musikunterricht, im 13. Lebensjahr begann er zu komponieren, im 16. schrieb er seine erste Sinfonie, die Franz Liszt 1884 mit Erfolg in Weimar aufführte. Er wurde von Mili Balakirew, Nikolai Rimski-Korsakow und Aleksandr Tanejew sehr gefördert, galt bald als große Hoffnung der russischen Musik und war bereits in jungen Jahren berühmt. Im Jahr 1905 wurde er Direktor des Konservatoriums von St. Petersburg, an dem er bereits ab 1899 als Lehrer für Partiturenspiel und Instrumentation gewirkt hatte. Die Universitäten Cambridge und Oxford verliehen ihm den Doktorgrad für Musik, die Accademia di Santa Cecilia in Rom ernannte ihn zum Ehrenmitglied; 1922 wurde er Volkskünstler der Sowjetunion. Ab 1928 lebte er in Paris. Am 21.3. 1936 starb er in Neuilly-sur-Seine, Seine.

WERKE

Das russische Musikleben in den letzten Jahrzehnten des 19. Jahrhunderts und in den ersten des folgenden war von Fakturen von Pjotr Tschaikowski, Anton Rubinstein, Nikolai Rubinstein (1835–81), Nikolai Rimski-Korsakow und Sergei Tanejew beherrscht. Die zeitgenössischen Komponisten verfolgten die nationale Linie mit vielen Konzessionen an den allgemein europäischen Geschmack oder lehnten sich offen an westliche, vorwiegend deutsche Vorbilder an. Ihre Klangwelt war neuromantisch, die Melodik stark folkloristisch, die Harmonik tonal und bewegte sich im großen und ganzen innerhalb des Dur-Moll-Systems konsonant; Dissonanzen wurden aufgelöst, Chromatik war wenig gefragt. Auch Aleksandr Glasunow machte sich diesen epigonalen eklektischen Stil zu eigen. Da er seine Werke außerordentlich farbig zu orchestrieren verstand, erntete er als Komponist in seiner Heimat wie im Ausland ebensoviel Beifall wie als Dirigent eigener und fremder Kompositionen. Seine Diktion wurde wurde von den zyklischen Formen des 19. Jahrhunderts und der kontrapunktischen Durchdringung des Satzes bedingt; das nationale Element zog er nur zur Farbgebung heran. Darin liegt auch die Ursache, daß viele seiner Werke, die – wie Igor Strawinsky berichtete – jedes wie eine Offenbarung erwartet und mit Begeisterung aufgenommen wurden, bald nach seinem Tod nur mehr wenig auf den Konzertprogrammen erschienen. Das Ballett »Raymonda« ist noch lebendig, auch die 2 weiteren, »Die Jahreszeiten« und »Liebeslist«, werden noch getanzt. Er schrieb außerdem 9 Sinfonien – die letzte blieb unvollendet –, 4 sinfonische Gedichte »Stenka Rasin«, »Der Kreml«, »Der Frühling«, »Karelische Legende«, 6 Orchestersuiten, 4 Fantasien für Orchester, »Der Wald«, »Das Meer«, »Fantasie«, »Finnische Fantasie«, 5 Ouvertüren »Ouvertüre auf 3 griechische Themen«, »Karneval«, »Feierliche Ouvertüre« (mit Orgel), »Schicksalslied«, »Epische Ouvertüre« und 24 andere sinfonische Werke, ferner ein Violinkonzert, 2 Klavierkonzerte, ein Cellokonzert und ein Saxophonkonzert. An Kammermusik liegen vor: ein Streichquintett, 7 Streichquartette, ein Saxophonquartett, ein Blechbläserquartett, eine Suite für Streichquartett, 5 Novelletten für Streichquartett, eine Meditation für Violine und Klavier, eine Konzertballade für Cello und Klavier, 2 Klaviersonaten und viele weitere Klavierstücke, Orgelstücke, zahlreiche Lieder und Chöre.

Raymonda, Ballett in 3 Akten, Opus 57, entstanden 1897

Mit diesem Stück setzte der Komponist die von Pjotr Tschaikowski initiierte Form des russischen Balletts fort. Der romantische Inhalt des Werks berichtet von der Nichte der Gräfin Sibylie de Boris, Raymonda, die mit dem Ritter Jean de Brien verlobt ist. Der Ritter befindet sich auf einem Kreuzzug. Auf dem Schloß der Gräfin werden Vorbereitungen zur Geburtstagsfeier Raymondas getroffen; Boten kommen, die die Heimkehr des Ritters nach siegreicher Schlacht verkünden. Der maurische Ritter Abderachman kommt in das Schloß, ist von Raymondas Schönheit überwältigt, gesteht ihr seine Liebe und wird abgewiesen. Er beschließt, das Mädchen zu entführen. Nachts erscheint Raymonda ihre Schutzherrin, die Weiße Dame, von der sie in den nebelverhüllten Park geführt wird. Im Nebel erscheint ihr die Gestalt des Verlobten; das Mädchen nähert sich, um ihn zu umarmen, aber er verwandelt sich plötzlich in den Mauren; Raymonda wird ohnmächtig. Während der Geburtstagsfeier erscheint Abderachman mit seinen Mannen, um die Angebetete zu rauben. Es kommt zum Kampf, in dem der inzwischen heimgekehrte Jean de Brien den

Mauren besiegt. Dann wird eine glänzende Hochzeit gefeiert. Die Tänze, besonders die Walzer, sind den Balletten Tschaikowskis nachgebildet, erreichen aber trotz ihres eigenartigen Reizes nie den Schwung der Vorbilder.

Die Jahreszeiten, Ballett in 4 Szenen, Opus 67, entstanden 1900

Die Zeiten des Jahres bilden nur einen Rahmen für eine Suite von Divertissements. Die Attribute der einzelnen Jahreszeiten werden choristisch und musikalisch dargestellt. In der 1. Szene treten in einer winterlichen Landschaft Frost, Eis, Schauer und Schnee auf und tanzen, bis zwei Zwerge den Einzug des Frühlings verkünden. Zephyr, Vögel und Blumen beherrschen die 2. Szene. In der 3. Szene wird der Sommer mit dem Walzer der Korn- und Mohnblumen und einer Barkarole gefeiert. Der Herbst beginnt mit einem Bacchanal, an dem sich alle Jahreszeiten beteiligen. Dann schließt das Stück mit einer Apotheose.

Liebeslist, Ballett in einem Akt, Opus 61, entstanden 1900

Für ihre Tochter hat die Herzogin den armen Marquis auserwählt, will aber überprüfen, ob er das Mädchen wirklich liebt. Ihm wird die Kammerzofe als »Braut« vorgestellt, die ihm so sehr gefällt, daß er auf die reiche Heirat verzichten und das Mädchen nehmen will. Damit hat er die Probe bestanden. Das musikalisch reizende Stück wird heute noch gegeben.

Sinfonie Nr. 3 in D-Dur, Opus 33, 4 Sätze, entstanden 1890

Als Hauptthema des 1. Satzes tragen die Violinen über Staccati der Holzbläser eine Kantilene im Dreivierteltakt vor, die harmonisch wechselvoll ausgestattet und rhythmisch zerlegt wird. Das Scherzo des 2. Satzes ist ein russischer Elfenspuk, der dem Orchester virtuoses Spiel abverlangt. Der langsame 3. Satz ist im Sinn der klassischen Sinfonie polyphon strukturiert und straff gearbeitet. Das reiche thematische Material des Finales wird logisch entwickelt, der üppige Orchestersatz bleibt elastisch und durchsichtig.

Sinfonie Nr. 4 in Es-Dur, Opus 48, 3 Sätze, entstanden 1893

Der 1. Satz dieses sehr bildhaften Werks beginnt mit einem elegischen Thema des Englischhorns. Russische Liedhaftigkeit und orientalische Ornamentik verbinden sich zu einem volkstümlichen Klangbild. Der 2. Satz bringt ein Scherzo, das pastoral gefärbt ist. Im Mittelteil kommt es zu Walzerelementen. Das Finale ist kompliziert gestaltet. Es fängt mit einer Andanteeinleitung an, die den langsamen Satz ersetzt. Alle Themen sind miteinander verwandt, es sind auch Wendungen

Aleksandr Glasunow und Nikolai Rimski-Korsakow

der vorangehenden Sätze herangezogen; alles ist kontrapunktisch und harmonisch breit entwickelt und zu einer Einheit verbunden.

Sinfonie Nr. 5 in B-Dur, Opus 55, 4 Sätze, entstanden 1895

Der 1. Satz ist feierlich und pathetisch. Das Fanfarenthema klingt wie eine Heldenehrung. Daran schließt sich ein volkshaftes Thema. Das Scherzo des 2. Satzes ist launisch und leicht, der Mittelteil zeichnet eine ländliche Szene. Im 3. Satz wird die ausdrucksvolle Lyrik durch düstere Klänge der Posaunen mehrmals unterbrochen, die wie eine Mahnung des Schicksals klingen. Das Finale bringt Bilder aus den Zeiten des alten Rußland und klingt festlich aus.

Sinfonie Nr. 6 in c-Moll, Opus 58, 4 Sätze, entstanden 1896

Der 1. Satz ist voll Dramatik, die sofort einsetzt. Erst allmählich nähert sich ein zartes zweites Thema. Im 2. Satz wird ein schlichtes Thema variiert. Der 3. Satz ist ein elegisches Intermezzo. Der 4. Satz hat den Charakter eines Volksfestes wie der Abschluß zahlreicher russischer Sinfonien.

Sinfonie Nr. 7 in F-Dur, »Pastorale«, Opus 77, 4 Sätze, entstanden 1903

Im 1. Satz werden durch eine Reihe Volksmelodien Szenen aus dem russischen Landleben vorgeführt. Das Andante des 2. Satzes – etwas theatralisch und unecht – beinhaltet östliche Schwermut. Das folgende Scherzo ist eine Folge fröhlicher Tänze, und im Finale erklingt ein breiter Hymnus auf das Vaterland des Komponisten.

Sinfonie Nr. 8 in Es-Dur, Opus 83, 4 Sätze, entstanden 1906

Der 1. Satz dieses großangelegten Werks ist wie das Finale mit reicher Kontrapunktik, kühner

Harmonik und Instrumentation, die im Dienst eines leidenschaftlichen Ausdruckswillens steht, ausgestattet. Der 2. Satz ist ein schmerzerfüllter Trauergesang wegen des Todes des Förderers des Komponisten, des Musikverlegers Mitrofan Petrowitsch Beljajew (10.2.1836, St. Petersburg, bis 28.12.1903, St. Petersburg). Im 3. Satz rast ein unheimlicher »Totentanz« über das Orchesterpodium.

»Stenka Rasin«, Sinfonische Dichtung, Opus 13, ein Satz, entstanden 1885

Mit dem Volkslied »Ej uchnjem« wird die Weite der Wolga symbolisiert, den der Kosakenataman Stenka Rasin mit seiner Schar befuhr. Ein zweites, orientalisch gefärbtes Thema stellt die persische Prinzessin dar, die Stenka geraubt hatte. Die Durchführung folgt ihrem Traum: »Nicht günstig war der Traum, den ich sah; der Ataman wurde erschossen, die Kosaken, die Ruderer, brachte man in den Turm, und ich ertrank in den Fluten der Wolga.« Mit dem gleichen Wolgalied stürzt sich die Schar Rasins auf die Russen und geht mit dem Ataman unter.

Klavierkonzert Nr. 1 in f-Moll, Opus 92, 2 Sätze, entstanden 1911

Der 1. Satz ist heroisch und stürmisch. Der 2. Satz bringt acht sehr interessante Variationen und schließt mit der neunten als Finale ab.

Klavierkonzert Nr. 2 in H-Dur, Opus 100, ein Satz, entstanden 1917

Das Stück gliedert sich in vier Teile, die ein geschlossenes Ganzes darstellen. Der erste Teil ist lyrisch-romantisch, der zweite träumerisch und bewegt. Im dritten Teil erklingt ein »Scherzando«, im vierten ein grandios ausgebautes Finale.

Violinkonzert in a-Moll, Opus 82, 2 Sätze, entstanden 1904

Der 1. Satz ist ein Moderato, in das ein kantables Andante eingebettet ist. Weite und Brillanz der melodischen Geste sind hinreißend für jeden, wie immer er auch zur Musik des Komponisten eingestellt ist. Eine einfallsreiche Kadenz führt zum 2. Satz, einem prachtvollen Rondo, das alle nur möglichen Orchestereffekte entfaltet und an den Solisten hohe Anforderungen stellt.

Saxophonkonzert in Es-Dur, Opus 109, ein Satz, entstanden 1934

Dieses für Altsaxophon und Streichorchester geschriebene Werk stellte zu seiner Zeit eine sehr seltene Klangkombination dar. Es bietet dem Solisten Gelegenheit, alle Klangschattierungen und rhythmischen Finessen seines Instruments auszuschöpfen. Die Streicherbegleitung bildet für den Samtton des Saxophons einen vorzüglichen Hintergrund, so daß ein einheitliches makelloses Klangbild entsteht. Das thematische Material erzeugt keine Konflikte, sondern einen einheitlichen konzentrierten, zuweilen nachdenklich-elegischen melodischen Fluß.

Quartett für vier Saxophone in B-Dur, Opus 109, 3 Sätze, entstanden 1933

Dieses für Sopran-, Alt-, Tenor- und Baritonsaxophon geschriebene Werk stellt in Divertimentoform die rhythmischen und klanglichen Möglichkeiten der Saxophonenfamilie dar und erzeugt eine überraschende emotionelle Wirkung. Das Kolorit des Quartetts ist frisch und farbenreich, die schmiegsamen Töne der Instrumente bringen bisher nicht gehörte Klangmischungen. Jeder der drei Sätze ist mit speziellen Themen ausgestattet, die wohl stark voneinander differieren, aber dennoch auf ihre Art die gleiche Absicht, die Schönheit ihres Instruments vorzuführen, deutlich werden lassen.

Literatur

G. Fjoderowa, Aleksandr Konstantinowitsch Glasunow, Moskau 1947. M. A. Ganina, Aleksandr Konstantinowitsch Glasunow, Leningrad, 1961. Günther, Aleksandr Glasunow zum 100. Geburtstag, Bonn 1965.

Johann Melchior Gletle (1626–83)

Zeit und Umwelt

Dank dem Mäzenatentum der Familie Fugger konnte die Augsburger Domkapelle auf hohem Stand gehalten werden. Als Organisten und Kapellmeister wurden durchweg bedeutende Kräfte eingestellt, die zuweilen auf Kosten der Familie herangebildet worden waren.

Leben

Johann Melchior Gletle (Glettle) wurde im Juli 1626 in Bremgarten, Aargau, geboren. Er war ab 1651 Domorganist und ab 1654 Domkapellmeister in Augsburg, wo er am 6. 9. 1683 starb.

Werke

Der Schweizer Komponist Johann Melchior Gletle veröffentlichte 18 konzertante geistliche Motetten a cappella und 18 mit Instrumenten, 39 kurze Psalmen mit Instrumenten, 8 konzertante Messen, 36 Solomotetten mit

Instrumentalbegleitung und 31 Litaneien mit Orgel oder Instrumenten, außerdem 2 Bücher »Lateinisch- und Teutsche Weltliche Musicalische Concerten« für eine bis fünf Stimmen, Instrumente und Generalbaß; einige davon sind für Trummscheit geschrieben. Mit diesen profanen Kompositionen erwies er sich als einer der deutschen Hauptmeister des Quodlibets im 17. Jahrhundert.

Reinhold Glier (1874–1956)

Leben

Reinhold Moritzowitsch Glier (Glière) wurde am 30.12.1874 in Kiew als Sohn eines Belgiers geboren. Seine musikalische Ausbildung erhielt er in Kiew von Otakar Ševčík, sodann am Konservatorium in Moskau von Sergei Tanejew, Antoni Arenski, Georgi Konius, Jan Hřímalý und Michail Ippolitow-Iwanow. Von 1905 bis 1907 nahm er Dirigierunterricht in Berlin. Ab 1900 unterrichtete er in St. Petersburg, 1913 wurde er Professor für Komposition am Konservatorium in Kiew, das er ab 1914 als Direktor leitete, ab 1920 wirkte er in gleicher Eigenschaft am Konservatorium in Moskau. Er erhielt den Titel eines Volkskünstlers der Sowjetunion, 1939 wurde er Präsident des Sowjetischen Komponistenverbandes. Er beschäftigte sich viel mit der Musik verschiedener Völker der UdSSR. Er starb am 23.6.1956 in Moskau.

Werke

Von Reinhold Glier sind 6 Opern aufgeführt worden. Er schrieb 3 Sinfonien, mehrere Ballette, 3 Tondichtungen, ein Cellokonzert, ein Hornkonzert, ein Konzert für Koloratursopran, ein Streichoktett, 3 Streichsextette, 4 Streichquartette, Klavierstücke, Bühnen- und Filmmusiken.

Sinfonie Nr. 3 in h-Moll »Muromez«, Opus 42, 4 Sätze, entstanden 1911

Das Werk schildert Leben und Taten des sagenhaften ukrainischen Helden Ilja Muromez, der zum Führer der Ritter des Kiewer Fürstentums wird und mit ihnen auch in allen Kämpfen mit den mit Zauberkräften ausgestatteten Heiden siegt. In ihrem Übermut fordern die Ritter ein »himmlisches« Heer heraus und werden zur Strafe in Felsen verwandelt. Das Märchenthema wird melodisch und harmonisch klangreich in einem an Nikolai Rimski-Korsakow angelehnten Stil bearbeitet.

Literatur

I. Belza, Reinhold Moritzowitsch Glier, Moskau 1955.

Michail Glinka (1804–57)

Zeit und Umwelt

Rußland hatte Napoleon vertrieben und einen erheblichen Anteil an den Siegen über den Kaiser der Franzosen genommen, war am Konferenztisch in Wien gesessen und zum wichtigen Faktor der Stabilisierung der wieder errichteten alten Ordnung Europas geworden. Dadurch stieg das Selbstbewußtsein des russischen Adels und des Großbürgertums ungeheuer an. Das Verlangen nach eigenständigen Kulturleistungen, die bisher zum größten Teil von Ausländern erbracht wurden, meldete sich laut an, besonders auf dem Feld der Musik und der Oper. Es hatte bislang bereits namhafte russische Tonsetzer gegeben, aber ihre Abhängigkeit vom Ausland war noch immer zu offensichtlich. Nun wünschten die Russen eine russische Musik, »großartig und richtungweisend wie die politischen und militärischen Leistungen Rußlands«.

Leben

Michail Iwanowitsch Glinka wurde am 20.5.1804 in Nowospaskoje bei Jelne, Gouvernement Smolensk, geboren. Auf diesem Dorf lernte er als Kind den reichhaltigen ukrainischen Volksliederschatz kennen und lieben. Den ersten Klavierunterricht erhielt er von seiner Gouvernante. Im Jahr 1817 sandte ihn sein Vater in eine aristokratische Privatschule in St. Petersburg, die er 1822 verließ. In jener Zeit war er Klavierschüler von John Field und Charles Mayer. Nach einer Reise in den Kaukasus trat er 1824 eine Stelle als Sekretär der russischen Verkehrsverwaltung an, gab diese jedoch 1828 auf, um sich ganz der

Musik zu widmen, reiste seiner Gesundheit wegen für 3 Jahre nach Italien, wo ihn die Musik des Landes begeisterte. Auf der Rückreise machte er in Berlin halt, um bei Siegfried Wilhelm Dehn Kompositionsunterricht zu nehmen, der ihn überredete, nationale russische Musik zu komponieren. Michail Glinka schuf daraufhin 1836 mit »Iwan Susanin« die erste echte russische Oper, die für eine stattliche Reihe weiterer im Verlauf der russischen Musikgeschichte beispiel- und richtunggebend wurde. In der Folge lebte er in Rußland, wo er von 1837 bis 1839 als Direktor der Hofsängergesellschaft wirkte, in Deutschland, Frankreich und Spanien und starb am 15.2.1857 in Berlin als »Patriarch der russischen Musik« (Liszt).

Werke

Von Michail Glinka sind einige Klaviervariationen, ein Trio für Klavier, Klarinette und Fagott, 2 Streichquartette, ein Sextett für Streichquartett, Kontrabaß und Klavier in Es-Dur, ein Divertimento, ein Septett für Oboe, Fagott, Horn, zwei Violinen, Cello und Kontrabaß, eine Sinfonie über russische Themen, eine Walzer-Fantasie, 2 spanische Ouvertüren, »Kamarinskaja«, eine Fantasie über 2 russische Lieder, eine »Polonaise solennelle«, bei 80 Klavierlieder, 3 sakrale Chöre, eine Tarantella für Chor und Orchester, 2 Opern und eine Schauspielmusik überliefert.

Dieses kompositorische Werk entsprach dem kulturellen Aufschwung wie auch den sozialen Umschichtungen Rußlands im 19. Jahrhundert. Der Reichtum der russischen Volksmusik verbindet sich darin harmonisch mit einer hochentwickelten Satztechnik. »Seine Melodien haben ganz unerwartete Akzente und Perioden von seltsamem Reiz; Glinka ist ein großer Harmonist und behandelt die Instrumente mit einer Sorgfalt und einer Kenntnis der geheimsten Hilfsquellen, daß sein Orchester zu einem der modernsten, neuesten, lebhaftesten Orchester wird, die man hören kann« (Berlioz).

Kamarinskaja, sinfonische Variationen über zwei russische Volksliedthemen (Hochzeit- und Tanzlied), entstanden 1847

Michail Glinka, Lithographie von A. Prinzhofer (1849)

Es handelt sich um keine Programmusik, sondern um die Darstellung verschiedener Episoden des russischen Bauernlebens. Die Themen sind nach russischer Art variiert, indem die Melodie unverändert bleibt und nur jedesmal neu harmonisiert und in eine andere Tonart versetzt wird. Es liegt ein typisches Beispiel russischer Sinfonik vor, »aus der sich die ganze russische sinfonische Schule entwickelt hat« (Tschaikowski).

Jota aragonesa, als »Spanische Ouvertüre Nr. 1« 1845 entstanden

Spanische Impressionen (Tänze, Lieder) in Sonaten- und Variationsform, aufgebaut auf den Intonationen der aragonesischen Jota.

Erinnerungen an eine Sommernacht in Madrid, »Spanische Ouvertüre Nr. 2«, entstanden 1851

Sinfonische Verarbeitung spanischer Lieder und Tänze. Das 1. Thema ist eine echte Jota, darauf folgt eine Liedmelodie, anschließend eine Seguidilla.

Walzer-Fantasie, entstanden 1856

Ein lyrisches Gedicht voll tiefer Melancholie und Zartheit, das zum Vorbild der Walzer aller späteren russischen Komponisten wurde.

Literatur

R. Petzoldt, Michail Glinka – Sein Leben in Bildern, 1955. D. Brown, Michail Glinka, London 1973.

Vinko Globokar (geboren 1934)

LEBEN

Vinko Globokar wurde am 7.7.1934 in Anderny, Meurthe-et-Moselle, geboren. Er studierte am Konservatorium in Ljubljana von 1949 bis 1955 und anschließend bis 1959 am Conservatoire in Paris Posaune, wo er sodann bis 1963 bei René Leibowitz Kompositionsunterricht nahm; von 1964 bis 1965 ergänzte er in Berlin seine kompositorische Ausbildung bei Luciano Berio. Von 1965 bis 1966 wirkte er als Lehrer für Posaune an der Universität in Buffalo, N. Y., und von 1968 bis 1975 an der Musikhochschule in Köln. Darauf war er bis 1979 in Paris am Institut für akustische Forschung und Koordinierung tätig. Derzeit lehrt er erneut an der Musikhochschule in Köln.

WERKE

Der Komponist und Posaunist Vinko Globokar strebt eine Erweiterung der Spiel- und Satztechniken an. Auch die Aleatorik reichert er um individual- und gruppenimprovisatorische Elemente an. Er schrieb unter anderem »Vendre le Vent« für Klavier, Schlagzeug, fünf Holz- und vier Blechbläser, »Ausstrahlungen« für einen Solisten und 20 Musiker, »Discours II« für fünf Posaunen, »III« für fünf Oboen, »IV« für drei Klarinetten, »Fluide« für Blechblasinstrumente und Schlagzeug, »Etude I« für 19 Solisten, »II« für Orchester, »La ronde« für beliebige Instrumente, »Drama« für einen Pianisten und einen Schlagzeuger, »Atemstudie« für Oboe, »Voie« für Chöre und drei Orchester, »Accord« für Sopran, Posaune, Cello, Flöte, Orgel und Schlagzeug, »Traumdeutung« für vier Chöre, Celesta, Harfe, Vibraphon und Gitarre, »Airs« für acht Singstimmen, Posaune, Klarinette und zwei Assistenten, »Standpunkte« für Sopran, Chor, Orchester mit multimedialer Präsentation und »Caroussel« für vier Sänger und 16 Instrumente.

Charles W. Glover (1806–63)

ZEIT UND UMWELT

Liederkomponisten durften bereits im 18. Jahrhundert mit einem guten Absatz rechnen. Die Aufnahmebereitschaft dafür war in den folgenden Jahren noch stärker, besonders wenn es sich um vertonte fröhliche Texte handelte, die nicht unbedingt sehr geistreich sein mußten. Voraussetzungen hierfür waren wie früher eine eingängige, leicht faßliche Melodie und eine unkomplizierte Begleitung.

LEBEN

Charles W. Glover wurde im Februar 1806 in London geboren. Er war Schüler von Thomas Simpson Cooke und wirkte nach der Ausbildung als Violinist im Orchester des Drury Lane Theatre und darauf an Covent Garden. Im Jahr 1832 wurde er musikalischer Leiter am Queen's Theatre. Er starb am 23.3.1863 in London.

WERKE

Von Charles W. Glover sind zahlreiche Lieder und Duette bekannt geworden, die außerordentlich populär waren. Es handelte sich vorwiegend um leicht ironische oder sentimentale Texte, denen die Musik vorzüglich gerecht wurde.

John William Glover (1815–99)

ZEIT UND UMWELT

Die Brüder Francis Robinson (um 1799, Dublin, bis Oktober 1872, Dublin), John Robinson (um 1812, Dublin, bis 1844, Dublin) und Joseph Robinson (20.8.1815, Dublin, bis 23.8.1898, Dublin), Sänger, Chorleiter und Instrumentalisten, kümmerten sich vor allem um das Chorwesen in Dublin. Durch die Heranbildung von geeigneten Sängern, Veranstaltung von Chorkonzerten, zu denen Instrumentalensembles herangezogen wurden, weckten sie das allgemeine Interesse, so daß es zur Gründung verschiedener Chorvereinigungen kam.

LEBEN

John William Glover wurde am 19.6.1815 in Dublin geboren, wo er studierte und ab 1830 in einem Orchester spielte. Ab 1848 wirkte er als Musikdirektor der römisch-katholischen

Pro-Kathedrale und Gesanglehrer. Er gründete 1851 das Choral Institute von Dublin und wirkte im Verein mit den Brüdern Robinson als bedeutender Förderer der irischen Chormusik. Er starb am 18.12.1899 in Dublin.

WERKE

Von John William Glover sind 2 italienische Opern und eine englische, Kantaten, Oden, außerdem Instrumentalkonzerte, Lieder und sakrale Gesänge überliefert. Er muß zu den Vertretern der Romantik in Irland gezählt werden.

Stephen Ralph Glover (1813–70)

LEBEN

Stephen Ralph Glover wurde am 7.12.1813 in London geboren, wo er als Musiklehrer und ungeheuer fruchtbarer Komponist bis zu seinem Tod am 7.12.1870 wirkte.

WERKE

Von Stephen Ralph Glover sind ungefähr 1500 Stücke – Lieder, Balladen, Duette, Klavierstücke, Gesänge aus der Heiligen Schrift – überliefert. Ein großer Teil davon ist im Druck erschienen. Seine Vertonung von »Excelsior« von Henry Wadsworth Longfellow (1807–82) verrät ein beachtliches kompositorisches Talent.

William Howard Glover (1819–75)

LEBEN

William Howard Glover wurde am 6.6.1819 in London geboren. Er war lange als Musikkritiker tätig, wandte sich sodann der Komposition und dem Arrangement von Festaufführungen zu. Im Jahr 1868 übersiedelte er als Orchesterdirigent nach New York und starb dort am 28.10.1875.

WERKE

Von William Howard Glover sind mehrere Opern und eine Operette aufgeführt worden. Er schrieb ferner mehrere Ouvertüren, zahlreiche Lieder und Romanzen, die großen Anklang fanden.

Christoph Willibald Gluck (1714–87)

ZEIT UND UMWELT

Ranieri Simone Francesco Maria de Calzabigi (23. 12. 1714, Livorno, bis Juli 1795, Neapel), Literat und Librettist, trat für die Rückkehr zur Tragödienform der Antike ein und verwarf die herrschende italienische Faktur der Oper. Er wurde durch seine Libretti zum Begründer der »antimetastasianischen« Oper mit wahren, starken Affekten. Musik und Musiker sollten nach seiner Ansicht in den Dienst der dramatischen Idee treten, Rezitative wie Arien hatten dem Charakter der auftretenden Personen zu entsprechen und den Fortschritt der Handlung nicht zu hemmen.

LEBEN

Christoph Willibald Ritter von Gluck wurde am 2. 7. 1714 in Erasbach bei Berching, Oberpfalz, geboren. Sein Vater war Förster im Dienst verschiedener Adelshäuser und hielt sich um das Jahr 1731, als ihn der Sohn verließ, um seinem Zwang zu entkommen und nach Prag zu gehen, in Eisenberg (Rudavice) bei Komotau (Komotov) auf. Gluck studierte in Prag und brachte sich als Musiker durch. Ab 1736 hielt er sich in Wien auf und sodann in Mailand, wo er durch 4 Jahre bei Giovanni Battista Sammartini Unterricht nahm, um das in der Jesuitenschule in Komotau Erlernte zu ergänzen. Nachdem er einige Opern mit Erfolg herausgebracht hatte, begab er sich nach London, wo er zwei weitere Opern ohne nennenswerten Widerhall aufführte, dafür aber mit einer Reihe auf eine Tonleiter abgestimmte klingende Gläser, auf denen er zu Orchesterbegleitung Melodien spielte, viel Publikum gewann. Sodann kehrte er auf den Kontinent zurück und trat der Operntruppe Mingotti bei, die in Pillnitz bei Dresden auftrat; 1748 wurde er ihr Orchesterdirigent, reiste mir ihr nach Hamburg und Kopenhagen; 1749 wechselte er zur Truppe von Giovanni Battista Locatelli über und wurde 1751 ihr Dirigent. Nach einem Aufenthalt in Neapel ließ er sich 1752 endgültig in Wien nieder, wo er 1754 Intendant der »Theatral- und Akademiemusik« des

Burgtheaters wurde. Er geriet mit Ranieri de Calzabigi in Verbindung; mit dem Librettisten und Ballettmeister Gasparo Angiolini (9. 2. 1731, Florenz, bis 6. 2. 1803, Mailand) verfaßte er drei »Tanzdramen« für Wien, pantomimische Ballette, die für Oper und Ballett richtunggebend wurden: »Le festin de pierre« (Don Juan), »Semiramis« und »L'Orfano della China« (Das Waisenkind aus China), und drei Opern: »Orpheus und Euridike«, »Alkeste« und »Paris und Helena«, die den neuen von ihm festgelegten Opernstil begründeten. Seine weiteren Opern brachte er in Paris heraus, wo wegen ihrer neuen Faktur die heftigen Auseinandersetzungen zwischen den Anhängern der italienischen Oper, nach deren Hauptvertreter zu jener Zeit Niccolò Piccinni »Piccinnisten« genannt, und den »Gluckisten« entbrannte. Königin Marie Antoinette (1755–93), die in Wien seine Schülerin war, verschaffte ihm eine beträchtliche Rente und den Titel eines kaiserlich-königlichen Hofcompositeurs. Er kehrte 1780 endgültig nach Wien zurück und starb dort am 15. 11. 1787.

Christoph Willibald Ritter von Gluck

WERKE

Von den 107 Opern, mit denen Christoph Willibald Gluck eine neue Epoche der Operngeschichte eröffnete, sind 47 erhalten, von denen mehrere noch heute auf den Spielplänen der Opernhäuser figurieren. Sein übriges kompositorisches Werk fällt dagegen wenig ins Gewicht. Von seinen 17 Sinfonien (oder Ouvertüren) werden 3 angezweifelt, seine 7 Triosonaten halten an der barocken Tradition fest, weisen aber doch motivische Arbeit auf. An Vokalmusik liegen Lieder und Oden auf Texte von Klopstock vor, außerdem ein De profundis.

Triosonate Nr. 2 in g-Moll für zwei Violinen und Generalbaß, 3 Sätze

Der 1. Satz fällt durch innere Geschlossenheit und Symmetrie auf. Die erste Violine führt, die zweite begleitet kontrapunktisch, ordnet sich aber unter. Zu einer echten Homophonie kommt es dennoch nicht. Der 2. Satz ist stürmisch und weist das den Mannheimern entlehnte häufige Vibrato auf, und der letzte ist ein gravitätisches Menuett. Die Dynamik der Sätze, langsam – schnell – langsam, entspricht der französischen Ouvertüre.

LITERATUR

A. Einstein, Gluck, Zürich 1954. W. Felix, Christoph Willibald Gluck, 1965.

Margaret Henriette Glyn (1865–1946)

LEBEN

Margaret Henriette Glyn wurde am 28. 2. 1865 in Ewell, Surrey, geboren. Neben ihren Kompositionen beschäftige sie sich intensiv mit dem Studium der Elisabethanischen Virginalmusik. Sie starb am 3. 6. 1946 in Ewell.

WERKE

Von Margaret Henriette Glyn sind 6 Sinfonien, 2 Ouvertüren, 6 Orchestersuiten, Orgelstücke und Lieder erschienen. Sie veröffentlichte kritisch bearbeitete Sammlungen von Virginalkompositionen der Elisabethanischen Epoche.

Michail Gnessin (1883–1957)

Leben

Michail Fabianowitsch Gnessin wurde am 21.1.1883 in Rostow geboren. Er war 1899 in Moskau Schüler von Georgi Konius und von 1901 bis 1909 in St. Petersburg von Nikolai Rimski-Korsakow, Anatoli Ljadow und Aleksandr Glasunow. Nach einem Deutschlandaufenthalt wirkte er von 1911 bis 1913 an der Musikschule in Jekaterinodar (heute Krasnodar) und von 1913 bis 1921 als Musiklehrer in Rostow. Von 1921 bis 1923 hielt er sich in Palästina auf und war sodann von 1923 bis 1935 Kompositionslehrer an der von seiner Schwester gegründeten Musikschule und parallel dazu ab 1925 Theorielehrer in Moskau. Anschließend unterrichtete er bis 1944 am Konservatorium in Leningrad. Dann kehrte er nach Moskau an die Privatschule zurück, wo er noch bis 1951 wirkte. Er starb am 5.5.1957 in Moskau.
Seine Schwester Jelena Fabrianowna Gnessina (18.5.1874, Rostow, bis 4.6.1967, Moskau) gründete 1893 mit ihren Schwestern eine Musikschule in Moskau, an der sie Klavier unterrichtete.

Werke

Außer seinen »Trauertänzen« hat Michail Gnessin nahezu keine Werke für Orchester solo verfaßt. Er schrieb neben einer Ballade für Cello und Orchester ein »Sinfonisches Monument« für Chor und Orchester, einen Dithyrambos für Singstimme und Orchester, ein Klavierquintett, ein »Requiem«, »Variationen über ein hebräisches Volkslied« für Streichquartett, »Lied eines fahrenden Ritters« für Harfe und Streichquartett, »Elegie pastorale« und »Ballade« für Klaviertrio, Chorkantate »Der Roten Armee«, eine Suite für Streichquartett, eine Violinsuite, Klavierstücke, Chöre und Lieder, außerdem Schauspielmusiken und Volksliedbearbeitungen. Die frühen Werke zeigen romantisches Gepräge, dann strebten sie Monumentalität an. Gnessin gehörte zu den bedeutendsten Vertretern des jüdischen Nationalstils in Rußland.
Jelena Gnessina schrieb Etüden und andere Stücke, besonders Kinderstücke für Klavier.

Joannes Baptista Gnocchus
(um 1570 bis nach 1611)

Zeit und Umwelt

Der im 11. Jahrhundert erbaute Dom zu Parma mit der berühmten von Correggio (um 1490–1534) ausgemalten Kuppel ist eines der schönsten romanischen Bauwerke Italiens. Nicht weniger bemerkenswert ist die Marienkirche aus dem 16. Jahrhundert, die auch auf dem Gebiet der Musikpflege hinter dem Dom nie zurückstand.

Leben

Joannes Baptista Gnocchus (Giovanni Battista Gnocchi) wurde um 1570 in Parma geboren. Er soll dort als Organist und Kapellmeister gewirkt haben und in Parma gestorben sein. Es ist unbekannt, wie lang er nach 1611, dem Jahr seiner letzten Publikation, gelebt hat.

Werke

Von dem italienischen Komponisten Joannes Baptista Gnocchus sind in den Jahren 1597 bis 1611 Messen, Litaneien, sakrale Gesänge und Motetten veröffentlicht worden. Seine Musik ist polyphon und gehört dem alten Stil an.

Louis Gobbaerts (1835–86)

Zeit und Umwelt

Leicht faßliche und leicht spielbare und dennoch elegant und brillant klingende Klaviermusik war beim klavierspielenden Publikum auch in der zweiten Hälfte des 19. Jahrhunderts sehr beliebt. Diese Art Kompositionen bildete für Verleger und Musikalienhändler sowie für den Komponisten eine gute Einnahmequelle. Versucht wurde es von vielen, aber verhältnismäßig wenige trafen genau den Ton, der ansprach.

Leben

Jean Louis Gobbaerts wurde am 28.9.1835 in Antwerpen geboren. Er studierte am Konservatorium in Brüssel, wo er als Pianist und

Klavierlehrer bis zu seinem Tod am 5.5.1886 in St-Gilles bei Brüssel wirkte.

WERKE
Von Louis Gobbaerts sind ungefähr 1200 leichte, aber gefällige Klavierstücke erschienen. Er veröffentlichte einen Teil davon unter verschiedenen Pseudonymen. Seine Stücke erfreuten sich großer Beliebtheit, sie waren in Hefte gesammelt und nahezu in jedem Haushalt anzutreffen, in denen es ein Klavier gab. Man kann sie nicht als reine Salonmusik bezeichnen, weil es sich um einfache, dem Volkston nahekommende liebenswürdige Stücke handelt.

Thomas Gobert (um 1600–72)

ZEIT UND UMWELT
Im 17. Jahrhundert wurden die Kapellmeisterstellen des königlichen Hofes in Paris auf vier erhöht. Es entsprach dem damals gepflegten, bis zum letzten ausgearbeiteten Hofzeremoniell, daß die Kompetenzen der einzelnen Kapellmeister streng voneinander abgegrenzt waren. Jeder hatte ein Viertel des Musikprogrammes des Hofes zu erledigen; Kompetenzüberschreitungen führten zu schweren Konflikten, die mit allen Intrigen ausgetragen wurden. Der Musik waren solche Zustände nicht immer förderlich; manche Talente kamen dadurch nicht zum Zug.

LEBEN
Thomas Gobert wurde um 1600 in der Picardie geboren, war 1630 Kanonikus in St-Quentin, dann in Péronne und schließlich ab 1638 als Protegé von Kardinal Richelieu einer der vier Kapellmeister der Musik des Königs. Er hielt sich bis 1669 in dieser Stellung und starb am 26. 9. 1672.

WERKE
Von den vielen konzertierenden kirchlichen Werken des französischen Komponisten Thomas Gobert sind nur ein Audite coeli (Höret, Himmel) in Motettenform für Soli und Chor und eine zweistimmige einfach harmonisierte Psalmenparaphrase erhalten. Beide Werke sind stark der zeitgenössischen Profanmusik angenähert.

LITERATUR
M. Brenet, Les concerts à Paris sous l'Ancien Régime, Paris 1900.

Benjamin Godard (1849–95)

ZEIT UND UMWELT
Im letzten Drittel des 19. Jahrhunderts kam es zu einer breiten Ausfächerung der musikalischen Ausdrucksformen. Konservative Rückgriffe, Wiederbelebung von barocken und noch älteren Stilrichtungen sind neben äußerst fortschrittlichen, zum Feld des Impressionismus und Expressionismus bereits reichenden Kompositionen anzutreffen. Gleichzeitig war die Pflege der Romantik in allen ihren Phasen bis weit über die Jahrhundertwende hinaus besonders bei Komponisten lebendig, die ihre Augenblickserfolge bei einem Publikum suchten, das unterhalten werden wollte.

LEBEN
Benjamin Louis Paul Godard wurde am 18.8. 1849 in Paris geboren. Er war am Conservatoire Kompositionsschüler von Napoléon Henri Reber und Violinschüler von Henri Vieuxtemps. Im Jahr 1878 erhielt er für seine dramatische Sinfonie »Tasso« einen Preis der Stadt Paris, 1887 wurde er Lehrer am Conservatoire. Er starb am 10.1.1895 in Cannes.

WERKE
Benjamin Louis Paul Godard schrieb neben 6 Opern und einigen Schauspielmusiken 4 programmatische Sinfonien – Symphonie-Ballett, Symphonie gotique, Symphonie orientale und Symphonie légendaire mit Soli und Chor –, die dramatische Sinfonie für Soli, Chor und Orchester »Tasso«, ein Klavierkonzert, 2 Violinkonzerte, 3 Streichquartette, 4 Sonaten für Violine und Klavier, eine Anzahl eleganter Klavierstücke, die sich der Salonmusik näherten, 24 vorzügliche Klavieretüden, die weit über ihren Lehrzweck hinausragten, und über

100 zu seiner Zeit sehr beliebte Lieder. Er war Vertreter der späten Romantik Frankreichs.

LITERATUR

M. Clavie, Benjamin Godard, Paris 1906.

Robert Godard (um 1510 bis nach 1578)

ZEIT UND UMWELT

Das französische Chanson erlebte im 16. Jahrhundert seine Hochblüte und zugleich den Kulminationspunkt seiner Beliebtheit. Da es aber im Verlauf der Zeit immer mehr depravierte, mußte es dem gehobenen Madrigal auch in Frankreich Platz machen und verlor gegen 1600 alles von der Bedeutung, die es noch vor Jahrzehnten ausgezeichnet hatte.

LEBEN

Robert Godard wurde um 1510 vermutlich in Paris geboren und zum Sänger an der Sainte-Chapelle ausgebildet, an der er von 1541 bis um 1560 wirkte. Darauf war er Organist an der Kathedrale von Beauvais, wo er nach 1578 starb.

WERKE

Von dem französischen Komponisten Robert Godard sind etwa 30 zumeist vierstimmige Chansons im konventionellen französischen Stil überliefert. Sie sind textlich sehr geschliffen; die Musik ist einfach und sehr eingängig.

LITERATUR

G. Desjardins, Histoire de la cathédrale de Beauvais, Beauvais 1865.

Eugène Godecharles (1742–1814)

ZEIT UND UMWELT

Bis 1780 waren die politischen und kulturellen Verhältnisse im Raum des späteren Belgien ausgeglichen. Die Reformen, die Kaiser Joseph gegen den Willen seiner Schwester Maria Christina von Sachsen-Teschen (1742–98), Statthalterin in Brüssel, durchsetzte, führten zur Erhebung des Jahres 1789 und zur Gründung der belgischen Republik. Kaiser Leopold II. brachte 1790 das Land wieder unter Habsburgs Herrschaft. Im Jahr 1792 besetzten die Franzosen Belgien, aber die Truppen des inzwischen zur Regierung gelangten Kaisers Franz II. (1768–1835) konnten 1793 noch einmal die Oberhand gewinnen, aber nur für kurze Zeit, 1794 eroberten die Franzosen die gesamten Niederlande, die bis 1814 französisch blieben, sodann zur selbständigen Republik und ein Jahr darauf unter Wilhelm I. (1772–1843), der abwechselnd in Den Haag und in Brüssel residierte, zum Königreich wurden.

LEBEN

Eugène Charles Jean Godecharles (Codecharle, Goddeschal, Godecharle, Godechart, Godischal, Godischial) wurde am 15. 1. 1742 als Sohn des Bassisten an der Brüsseler Hofkapelle und Kapellmeisters an St-Nicolas, Jacques Antoine Godecharles (14. 10. 1713, Brüssel, bis 11. 12. 1782, Brüssel), geboren und von seinem Vater ausgebildet. Im Jahr 1770 wurde er überzähliger Violinist, 1773 Bratschist und 1794 Konzertmeister der Hofkapelle bis zum Ende ihres Bestehens. Er wirkte außerdem als Kapellmeister an Saint-Géry bis zu seinem Tod im Jahr 1814.
Sein Bruder Lambert François Godecharles (getauft 12. 2. 1753, Brüssel, bis 20. 12. 1819, Brüssel) war zunächst von 1778 bis 1794 Baßsänger in der Königlichen Kapelle, dann wurde er Kapellmeister an St-Nicolas.

WERKE

Von Eugène Godecharles sind Violinsonaten, Klaviersonaten mit Violine, 6 Streichquartette, 6 Sinfonien, Sonaten für Harfe und Violine und verschiedene Kirchenmusik – Messen, Proprien – erhalten.
Lambert François Godecharles schrieb Kirchenmusik, die Manuskript geblieben ist.

LITERATUR

S. Clercx, Les Godecharles, in: Mélanges E. Clossen, Brüssel 1948.

Jules Joseph Godefroid (1811–40)

ZEIT UND UMWELT
Die harten Polemiken, die Henri Nadermann (1782, Paris, bis nach 1835, Paris), Bruder des François Joseph Nadermann, gegen die Doppelpedalharfe richtete, entfachten zwar einen heftigen Streit der Harfenisten, Harfenlehrer und Harfenbauer, der sich nahezu durch das ganze Jahrhundert hinzog, konnten jedoch den endgültigen Sieg der neueren Konstruktion nicht verhindern, weil bereits Schüler der Verfechter der einfachen Harfe zu deren Gegnern übergingen.

LEBEN
Jules Joseph Godefroid wurde am 23.2.1811 in Namur geboren. Er trat 1826 am Conservatoire von Paris in die Harfenklasse von François Joseph Nadermann und in die Kompositionsklasse von Jean-François Lesueur ein. Er erreichte als Harfenvirtuose einen großen Ruf und trat bis zu seinem Tod am 27.2.1840 in Paris sehr oft als Solist und Ensemblespieler auf.
Sein Bruder Félix Dieudonné Joseph Guillaume Godefroid (24.7.1818, Namur, bis 7.7.1897, Villiers-sur-Mer, Calvados) war ab 1832 Schüler von François Joseph Nadermann am Pariser Conservatoire, verließ ihn aber, um bei Théodore Labarre im Spiel der Doppelpedalharfe Unterricht zu nehmen und wirkte darauf als Virtuose in Brüssel.

WERKE
Von Jules Joseph Godefroid wurden in Paris 2 Opern aufgeführt, die wegen ihres schlechten Librettos durchfielen, obwohl sie musikalisch sehr ansprechend waren. Er verfaßte eine Reihe virtuoser Harfenstücke.
Félix Godefroid komponierte 3 Opern, eine Reihe von schönen Vortragsstücken für Harfe und einige Salonmusik für Klavier.

Aleksandr Goedicke (1877–1957)

LEBEN
Aleksandr Fjodorowitsch Goedicke (Gedike) wurde am 20.2.1877 in Moskau geboren, wo er am Konservatorium bei Wasili Iljitsch Safonow Klavierspiel, bei Antoni Arenski und Georgi Konius Komposition studierte. Von 1909 bis zu seinem Tod am 9.7.1957 wirkte er als Professor des Konservatoriums in Moskau.

WERKE
Die 4 Opern von Aleksandr Goedicke blieben Manuskript. Er schrieb außerdem 3 Sinfonien, 6 Orchesterimpressionen »Im Kriege«, 4 Ouvertüren zu staatlichen Festlichkeiten, ein Violinkonzert, ein Hornkonzert, ein Klavierquintett, 2 Streichquartette, 2 Klaviertrios, eine patriotische Kantate, 6 Hefte russischer Volkslieder für Singstimme und Klaviertrio. Er gab 21 Hefte mit gesammelter Blasmusik heraus. Sein Stil war durch seine Lehrer geprägt und wurde nicht weiterentwickelt.

Georg Göhler (1874–1954)

LEBEN
Karl Georg Göhler wurde am 29.6.1874 in Zwickau geboren. Er studierte in Leipzig an der Universität und am Konservatorium. Im Jahr 1897 wurde er Dirigent des von Karl Riedel (1827–88) gegründeten gemischten Chors (Riedel-Verein), 1903 Hofkapellmeister in Altenburg und 1907 Hofkapellmeister in Karlsruhe; 1909 wurde ihm die Leitung der Orchesterkonzerte der Musikalischen Gesellschaft in Leipzig übertragen, 1913 ging er als Musikalischer Leiter der Neuen Oper nach Hamburg. Von 1915 bis 1918 dirigierte er die Sinfoniekonzerte in Lübeck, von 1922 bis 1927 die Opern am Landestheater in Altenburg und bis 1927 auch die Philharmonischen Konzerte in Halle. Er starb am 4.3.1954 in Lübeck.

WERKE
Durch sein frühes Eintreten als Kritiker für Gustav Mahler machte sich Georg Göhler sehr bekannt. Er schrieb eine Spieloper, 3 Sinfonien, eine Orchestersuite, ein Klavierkonzert, ein Violinkonzert, 2 Streichquartette, zahlreiche Klaviermusik, sehr geschätzte Lieder und Männerchöre. Mit seinen Kompositionen stieß er bis zu den Grenzen der Tonalität vor. Er machte sich auch als Herausgeber älterer Musik verdient.

Alexander Goehr (geboren 1932)

LEBEN

Alexander Goehr wurde am 10.8.1932 in Berlin geboren. Er studierte bei Olivier Messiaen am Conservatoire in Paris. Dann wirkte er in London bis 1969 am Morley College. Anschließend war er bis 1968 beim BBC tätig. Seit 1971 ist er Professor und Leiter der Musikabteilung der Universität in Leeds.

Sein Vater Walter Goehr (28.5.1903, Berlin, bis 4.12.1960, Sheffield) studierte von 1926 bis 1930 in Berlin bei Arnold Schönberg. Im Jahr 1933 mußte er nach England emigrieren und wirkte dort als Produktionsleiter der Schallplattenfirma Columbia in London bis 1939. Ab 1945 war er Programmdirektor und Kapellmeister beim BBC.

WERKE

Wie mehrere Komponisten seiner Generation strebte Alexander Goehr eine Verbindung der Dodekaphonik und nachserieller Satztechniken mit Strukturen und Formelementen der altenglischen Musik an. Er schrieb unter anderem eine Oper und ein Ballett, 2 Sinfonien, ein Konzert für elf Instrumente, eine Fantasie für Orchester, 2 Klavierkonzerte, ein Violinkonzert, eine »Kleine Musik« für Streicher, eine Suite für Flöte, Klarinette, Horn, Harfe, Violine und Cello, ein Lamento, 2 Streichquartette und weitere Kammermusik mit verschiedener Besetzung, Klaviermusik, zahlreiche Kantaten für Soli, Instrumente, zum Teil mit Sprecher, »Schattenspiele« für Soli, Sprecher und Instrumente, eine »Sonate über Jerusalem« auf hebräische Texte für Sprecher, Frauenchor, Pantomimen, Schattenspieler und Instrumente, einen Lieder- und einen Melodramenzyklus, dramatische Madrigale und Gesänge mit Klavier.

Walter Goehr schrieb 1930 für Radio Berlin die erste Funkoper, außerdem kleinere Stücke für den Rundfunk.

Carl Göpfert (1768–1818)

ZEIT UND UMWELT

Die erhöhte Aufmerksamkeit, die am Beginn der romantischen Stilperiode der Gitarre zugewandt wurde, führte zu bisher ungewohnten Besetzungen, in denen die Gitarre mit Blasinstrumenten vorgeschrieben wird. Abgesehen von der etwas störenden Verschiedenheit der Dynamik, ergaben sich daraus interessante Klangmischungen.

LEBEN

Carl Andreas Göpfert wurde am 16. 1. 1768 in Rimpar bei Würzburg geboren. Er wirkte bereits mit 20 Jahren als erster Klarinettist an der Hofkapelle in Meiningen und leitete deren Harmoniemusik bis zu seinem Tod am 11. 4. 1818.

WERKE

Von Carl Göpfert sind 5 Klarinettenkonzerte, eine konzertante Sinfonie für Klarinette und Fagott, ein Hornkonzert, Duos für zwei Klarinetten, für zwei Hörner, für Gitarre und Flöte und für Gitarre und Fagott, weiters 5 Quartette für Klarinette, Violine, Bratsche und Cello, Bläserquintette und Bläseroktette erhalten. Seine Musik gehört der Romantik an.

Johann Gottlieb Görner (1697–1778)

ZEIT UND UMWELT

Das Wirken des Thomaskantors Johann Sebastian Bach erschien seinen Zeitgenossen in der ersten Hälfte des 18. Jahrhunderts wie ein unbewegter und unbeweglicher erratischer Block im vorwärtsdrängenden Strom der Stilwandlung. Er galt als traditionstreu im Gegensatz zu den »Modernen«, die durch ihre leichte »galante« Formgebung die Gunst des Publikums für sich in Anspruch nehmen konnten. Um wieviel mehr als die anderen er auf der Höhe der Zeit stand, erkannten nur wenige, die imstand waren, die Tiefen seiner Musik auszuloten.

LEBEN

Johann Gottlieb Görner wurde am 16. 4. 1697 in Penig, Sachsen, getauft. Er war Thomasschüler und Student an der Universität Leipzig und wurde 1716 Organist der Paulinerkirche und 1721 an der Nikolaikirche der

Stadt. 1723 gründete er ein Collegium musicum, das dem Bachs empfindliche Konkurrenz machte, und wurde im selben Jahr zum Musikdirektor der Paulinerkirche ernannt. Er starb am 15. 2. 1778 in Leipzig.
Sein Bruder Johann Valentin Görner (27. 2. 1702, Penig, bis Juli 1762, Hamburg) studierte in Leipzig, ließ sich 1728 in Hamburg nieder, wo er 1756 Musikdirektor des Domes wurde.

WERKE
Die Messen und Kirchenkantaten von Johann Gottlieb Görner waren gefällig und leicht verständlich und daher beim zeitgenössischen Publikum sehr beliebt. Sie folgten dem Zeitstil, bergen aber dennoch viel Musikalität in sich.
Johann Valentin Görner war Vertreter der um die Mitte des 18. Jahrhunderts sehr beliebten Odenkomposition, ohne ihre sonst übliche Nüchternheit zu übertreiben. Seine »Sammlung Neuer Oden und Lieder« wurde mehrmals aufgelegt.

Johann Heinrich Göroldt (1773–1834)

ZEIT UND UMWELT
Von den deutschen Kantoren wurde der empfindsame Stil Norddeutschlands in einer der Mannheimer Vorklassik angenäherten Form noch weit in das 19. Jahrhundert hinein weiter gepflegt, bis er einerseits in einen nicht sehr entschiedenen Klassizismus oder in die Romantik mündete. Auch auf diese Art wurden oft sehr ansprechende Werke herausgebracht.

LEBEN
Johann Heinrich Göroldt wurde am 13. 12. 1773 in Stempeda bei Stolberg, Harz, geboren. Von 1803 bis zu seinem Tod am 18. 6. 1834 wirkte er als Stadtkantor und Gymnasiallehrer in Quedlinburg.

WERKE
Von Johann Heinrich Göroldt sind Klavierstücke, Choräle für Männerstimmen mit Orgel, Kantaten, Hymnen und Motetten bekannt geworden. Er wandte zum Teil Generalbaß an, den er in einem zweibändigen Werk gründlich behandelte. Außerdem verfaßte er mehrere musikalische Lehrwerke.

Valentin Goetting
(um 1545 bis nach 1589)

ZEIT UND UMWELT
Die ausgedehnten Klostergärten verliehen Erfurt bereits vor Jahrhunderten den Charakter einer Gartenstadt. Ihre 1392 gegründete Universität war die erste in Europa mit allen vier Fakultäten. Die Musikpflege im Dom und in den anderen Kirchen war alte Tradition, die auch nach der Reformation weitergeführt wurde.

LEBEN
Valentin Goetting wurde um 1545 in Witzenhausen an der Werra geboren. Er schlug seinen Wohnsitz in Erfurt auf, wo er als Musiker an einer Kirche wirkte und nach 1589 starb.

WERKE
Von dem deutschen Komponisten und Musiktheoretiker Valentin Goetting ist nur eine achtstimmige Vertonung des 112. Psalmes überliefert, die aber wegen des Eindringens der Kontrapunktik in die bisher vorwiegend homorhythmische und homophone Psalmenkomposition sehr interessant ist. In seiner Abhandlung Compendium musicae modulativae (Kompendium der musikalischen Modulation) setzte er seine Kompositionstechnik auseinander.

Hermann Goetz (1840–76)

ZEIT UND UMWELT
Einzelne Zeitgenossen des »späten« Richard Wagner gingen an dessen revolutionierenden Stilneuerungen ebenso unbeeindruckt vorbei wie überhaupt an den Strukturen der »Neudeutschen«, ohne auffällig konservativ zu wirken. Sie nahmen Elemente der Frühromantik und der Klassik, ja sogar einzelnes aus dem

Barock in ihr Schaffen auf, verarbeiteten sie jedoch zu neuen Strukturen, die in einzelnen Fällen sehr erfolgreich ausfielen.

LEBEN
Hermann Gustav Goetz (Götz) wurde am 7.12.1840 in Königsberg (Kaliningrad) geboren und war dort Schüler von Louis Köhler. Er studierte sodann am Sternschen Konservatorium in Berlin. Im Jahr 1863 wurde er Organist in Winterthur, siedelte sich 1867 in Zürich an und starb am 3.12.1876 in Hottingen bei Zürich.

WERKE
Heute noch bekannt ist Hermann Goetz durch seine vorzügliche Oper »Der Widerspenstigen Zähmung«. Seine zweite Oper »Francesca da Rimini« wurde von Eduard Franck vollendet. Er verfaßte außerdem eine Sinfonie in G-Dur, die in unserer Zeit neu aufgelegt wurde, eine »Frühlingsouvertüre«, ein Violinkonzert, ein Klavierkonzert, eine Vertonung der »Nänie« von Friedrich von Schiller für Chor und Orchester und des 137. Psalms für Sopran, Chor und Orchester, ein Klavierquintett in c-Moll, ein Klavierquartett in E-Dur, ein Klaviertrio in g-Moll, 3 Stücke für Klavier und Violine, Sonatinen für Klavier, Lieder, darunter Schweizer Kinderlieder und Chorlieder.

LITERATUR
G. Kruse, Hermann Goetz, Leipzig 1920.

Gottlieb Goldberg (1727–56)

LEBEN
Johann Gottlieb (Theophilus) Goldberg wurde am 14. 3. 1727 in Danzig (Gdańsk) geboren. Über Vermittlung seines Gönners Reichsgraf Hermann Carl von Keyserling (1696 bis 1764) wurde er in Dresden Schüler von Wilhelm Friedemann Bach und in Leipzig von Johann Sebastian Bach, der ihn für »seinen stärksten Schüler auf dem Klavier und der Orgel« erklärte und für ihn im Auftrag des Grafen die »Aria mit verschiedenen Veränderungen« (die Goldberg-Variationen) schrieb. Ab 1751 gehörte er der Kapelle des Grafen Heinrich von Brühl in Dresden an, wo er am 13. 4. 1756 starb.

WERKE
Von Gottlieb Goldberg sind 24 Polonaisen, Präludien und Fugen für Pianoforte, 6 Triosonaten, 2 Cembalokonzerte, 2 Kantaten, eine Motette und mehrere Choralvorspiele handschriftlich erhalten. Sein Stil ist vor allem Wilhelm Friedemann Bach verpflichtet.

Joseph Pasquale Goldberg (1825–90)

ZEIT UND UMWELT
Die Musikschulen Italiens hatten in der ersten Hälfte des 19. Jahrhunderts einen erheblichen Rückgang zu verzeichnen. Daher bemühte sich die Regierung des befreiten und geeinigten Landes um eine Reorganisation des gesamten Musikunterrichtswesens. Fähige Lehrer waren willkommen, auch wenn sie bis zur Befreiung aus dem heftig bekämpften Österreich kamen.

LEBEN
Joseph Pasquale Goldberg wurde am 1.1.1825 in Wien geboren und dort vorerst von Joseph Mayseder und Ignaz Xaver von Seyfried zum Violinisten ausgebildet. Nach einigen Jahren, in denen er als Violinvirtuose reiste, wandte er sich dem Gesang zu, nahm bei Giovanni Marco Bordogni, Giovanni Battista Rubini (7.4.1794, Romano bei Bergamo, bis 3.3.1854, Romano), berühmter Opernsänger, und Francesco Lamperti (11.3.1813, Savona, bis 1.5. 1892, Como), Gesanglehrer am Mailänder Konservatorium, Unterricht und debütierte 1843 als Bassist in Genua. Dann ließ er sich als Konzertsänger und Gesanglehrer und nach mehreren Konzertreisen in London nieder. Im Jahr 1871 lieferte er dem Unterrichtsministerium über Verlangen Vorschläge für den Gesangunterricht an den italienischen Konservatorien, die akzeptiert wurden. Für diesen Dienst wurde er zum »Ritter der Krone Italiens« und zum Professor der Königlichen

Musikakademie in Rom ernannt. Er starb am 20.12.1890 in Wien.

Werke

Die Karriere von Joseph Pasquale Goldberg begann damit, daß er im Alter von 12 Jahren ein von ihm komponiertes Violinkonzert in e-Moll spielte. Er schrieb eine Reihe von Gesangstücken und »La Marcia trionfale« (Triumphmarsch), unter deren Klängen die Truppen des ersten italienischen Königs, Vittorio Emanuele II., 1870 einmarschierten.

Aleksandr Goldenweiser (1875–1961)

Leben

Aleksandr Borisowitsch Goldenweiser wurde am 26.2.1875 in Kischinjow geboren. Er war von 1889 bis 1897 am Konservatorium in Moskau Klavierschüler von Aleksandr Iljitsch Siloti und Pawel Awgustowitsch Pabst (27.5. 1854, Königsberg [Kaliningrad], bis 28.5.1897, Moskau) und Kompositionsschüler von Sergei Tanejew, Michail Ippolitow-Iwanow und Antoni Arenski. Im Jahr 1904 wurde er Professor an der Schule der Philharmonischen Gesellschaft und 1906 am Konservatorium in Moskau, das er von 1922 bis 1924 und von 1939 bis 1942 leitete. Er starb am 26.11.1961 in Moskau.

Werke

Außer 3 Opern, die Manuskript geblieben sind, schrieb Aleksandr Goldenweiser 2 Orchestersuiten, eine Dante-Ouvertüre, ein Streichquartett, ein Klaviertrio, eine Sonate und Fugen für Klavier, eine Revolutionskantate und Lieder.

Karl Goldmark (1830–1915)

Zeit und Umwelt

Die politischen Ereignisse des Jahres 1848 in Österreich und in Ungarn führten zur Schließung des Konservatoriums in Wien, was für die gerade in Ausbildung befindlichen Schüler eine folgenschwere Unterbrechung ihres Studiums bedeutete, weil damit zumeist auch die Unterstützung seitens irgendwelcher Gönner wegfiel. Die jungen Musiker mußten nun selbst sehen, wie sie weiterkamen. Dazu gerieten sie zuweilen in den Strudel der Auseinandersetzungen. Wer aus dem aufständischen Ungarn kam, war damals in Wien von vornherein schwer verdächtig. Die politischen Spannungen dauerten noch einige Jahre an, nachdem der ungarische Aufstand mit Hilfe der russischen Armee niedergeschlagen worden war. Die Lage konsolidierte sich dann doch allmählich, die Wirtschaft erholte sich, und das unterbrochene kulturelle Leben in Wien setzte zu neuer Blüte an.

Leben

Karl Goldmark (Károly) wurde am 18.5.1830 in Keszthely, Balaton, geboren. Sein Vater war zu arm, ihm eine musikalische Ausbildung zu bezahlen; nur der Dorfschullehrer brachte ihm einige Grundbegriffe bei. Mit 12 Jahren durfte er in die Musikschule in Sopron eintreten, wo er nach 2 Jahren als Violinist mit dem Erfolg auftrat, daß man ihn zur weiteren Ausbildung nach Wien sandte. Sein

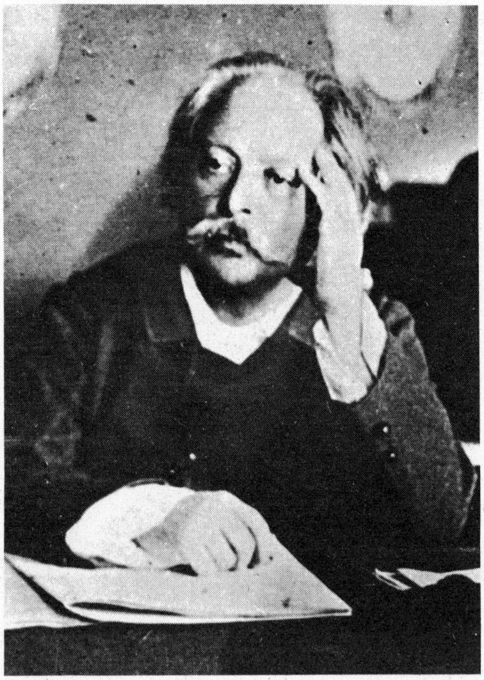

Karl Goldmark

erster Lehrer war Leopold Jansa. Am Konservatorium, in das er anschließend eintrat, wurde er Schüler von Gottfried Preyer und Joseph Böhm. Nachdem das Konservatorium wegen der Revolution des Jahres 1848 geschlossen wurde, fand er beim Theaterorchester in Györ (Raab) ein Unterkommen, wo er aufgrund einer Verwechslung wegen Aufruhres erschossen worden wäre, wenn nicht ein Freund den Irrtum rechtzeitig geklärt hätte. Als sich die Lage in Wien wieder beruhigte, kehrte er dorthin zurück und schlug sich dort mühsam durch, bis ein Konzert mit seinen Werken auf ihn aufmerksam machte. Einen durchschlagenden Erfolg erreichte er mit seiner Oper »Die Königin von Saba« (1875). Nun wurden auch seine weiteren Kompositionen freundlich aufgenommen. Er starb am 2.1.1915 als bekannter und beliebter »Hofkomponist ihrer Majestät der Königin von Saba« in Wien.

WERKE

Die Oper »Die Königin von Saba« von Karl Goldmark wurde bis weit in das 20. Jahrhundert hinein auf allen Opernbühnen gespielt. Ihre eigentümliche Melodik und farbensatte Harmonik wie auch die Pracht der Szenen faszinierten das Publikum. Auch seine weiteren 5 Opern wurden zumindest bis zum Ende des 19. Jahrhunderts gegeben. Von seinen übrigen Werken sind am bedeutendsten: 2 Sinfonien – eine mit dem Titel »Ländliche Hochzeit«, die Ouvertüren »Penthesilea«, »Im Frühling«, »Der gefesselte Prometheus«, »Sappho«, »In Italien«, »Aus Jugendtagen«, »Scherzo«, die sinfonische Dichtung »Zrinyi«, 2 Violinkonzerte, ein Klavierquintett, ein Streichquartett, ein Streichquintett, ein Trio, 2 Suiten für Klavier und Violine, einige größere Klavierwerke, »Frühlingshymne« für Altsolo, Chor und Orchester und Lieder. Seine ganze Musik steht im Zeichen der Hochromantik.

»Ländliche Hochzeit«, Sinfonie in Es-Dur, 5 Sätze, entstanden 1876

Der 1. Satz »Hochzeitsmarsch« besteht aus einem Thema mit 12 Variationen, von denen jede ein Meisterstück der Kompositionstechnik und Instrumentation darstellt. Der 2. Satz »Brautlied« bringt eine schöne Kantilene. Im Satz Nr. 3 »Serenade« erklingt ein fröhliches Scherzo. Im 4. Satz »Im Garten« wird ein trautes Beisammensein des Paares mit einem idyllischen Andante geschildert. Mit dem 5. Satz »Tanz«, der durch eine Reminiszenz aus dem vorangehenden unterbrochen ist, klingt das Werk in Tanzrhythmen aus.

LITERATUR

P. Várnai, Goldmark Károly, Budapest 1956.

Rubin Goldmark (1872–1936)

LEBEN

Rubin Goldmark wurde am 15.8.1872 in New York als Neffe von Károly Goldmark geboren. Er studierte von 1889 bis 1891 in Wien bei Johann Nepomuk Fuchs und Robert Fuchs Komposition und bei Anton Door Klavier, darauf bis 1893 noch in New York bei Raffael Joseffy und Antonín Dvořák. Anschließend gab er am National Conservatory der Stadt Klavierunterricht, wirkte von 1895 bis 1901 als Direktor des Konservatoriums in Colorado Springs, Calif. Dann lebte er in New York als Komponist und Musiklehrer. Im Jahr 1924 wurde er Lehrer an der Juilliard School of Music. Er starb am 6.3.1936 in New York.

WERKE

Für Orchester schrieb Rubin Goldmark »Thema und Variationen«, eine Ouvertüre, 2 sinfonische Dichtungen, eine »Negro Rhapsody«, ferner einige Kammermusik und Klavierstücke. Er war Spätromantiker.

Otto Goldschmidt (1829–1907)

ZEIT UND UMWELT

Arthur Duke Coleridge (1.2.1830, Ottery St. Mary, bis 29.10.1913, London), hoher britischer Justizbeamter, hatte auf das Musikleben seiner Generation einen starken Einfluß ausgeübt, obwohl er selbst nur Amateur war. Er veranlaßte eine Reihe von ausgezeichneten Konzerten, an denen er selbst als Tenor mitwirkte, und nahm sich besonders der Werke von Johann Sebastian Bach an, dessen »Hohe

Messe« er durch eine Anzahl Aufführungen dem Londoner Publikum nahebrachte. Er war Initiator des Londoner Bach-Chores, der in der Folge auch das Kantatenwerk Bachs zu Gehör brachte.

LEBEN
Otto Goldschmidt wurde am 21.8.1829 in Hamburg geboren und dort von Friedrich Wilhelm Grund (1791–1874) ausgebildet. In Leipzig war er Schüler von Felix Mendelssohn-Bartholdy und 1848 noch von Frédéric Chopin. Er begleitete Jenny Lind 1951 als Pianist nach den USA und heiratete sie ein Jahr darauf. Er lebte mit ihr bis 1855 in Dresden und nach Konzertreisen ab 1858 in London. Im Jahr 1863 wurde ihm die Leitung des Musikfestes in Düsseldorf und 1866 jenes in Hamburg übertragen. Mit Arthur Duke Coleridge als stellvertretender Direktor der Royal Academy of Music gründete er im Jahr 1875 den Bach-Chor und leitete ihn.

WERKE
Hinter seine Tätigkeit als Konzertpianist, Chordirigent und Konzertveranstalter treten die Kompositionen von Otto Goldschmidt weit zurück. Bemerkenswert davon sind sein biblisches Idyll »Ruth«, ein Klavierkonzert, ein Klaviertrio und verschiedene Klavierstücke sowie einige Lieder.

John Goldwin (um 1667–1719)

ZEIT UND UMWELT
Auch nach der Restauration stand die Kapelle an St. Georg's in Windsor auf gleichem Niveau wie die Chapel Royal. Die enge Zusammenarbeit der beiden Kapellen, die beide der Krone unterstanden, wurde ebenso gepflegt wie vor der Revolution.

LEBEN
John Goldwin (Goldin) wurde um 1667 in oder bei London geboren. Er war Schüler von William Child und 1697 sein Nachfolger als Organist an St. George's in Windsor, ab 1704 auch Chorleiter. Er starb in Windsor am 7. 11. 1719.

WERKE
Der englische Organist und Komponist John Goldwin verfaßte eine Anzahl Kirchenmusiken, von denen ein Service in F-Dur und mehrere Anthems in Sammlungen überliefert sind.

LITERATUR
E. H. Fellowes, Organists and Masters of the Choristers of St. George's Chapel, London 1940.

Marin Goleminow (geboren 1908)

LEBEN
Marin Petrow Goleminow wurde am 29.9. 1908 in Kjustendil, Bulgarien, geboren. Er studierte zunächst in Sofia, sodann in Paris an der Schola Cantorum bei Vincent d'Indy, sodann in München bei Carl Ehrenberg und Joseph Haas. Hernach leitete er das Kammerorchester von Radio Sofia. Im Jahr 1943 wurde er Direktor und Kompositionsprofessor des Konservatoriums in Sofia.

WERKE
Außer einer Oper, einer Operette und einem Ballett schrieb Marin Goleminow 2 Sinfonien, ein sinfonisches Gedicht, »Sinfonische Variationen«, »Fünf Skizzen« für Streicher, ein Klavierkonzert, ein Violinkonzert, ein Cellokonzert, 2 Bläserquintette, 3 Streichquartette, Chöre und Lieder. Er veröffentlichte mehrere musikwissenschaftliche Werke. Sein Stil hält die Mitte zwischen den älteren bulgarischen Komponisten, deren Werke noch in der Folklore verwurzelt waren, und den zeitgenössischen, die den Anschluß an die russische und an die neuere Musik gefunden hatten.

Stan Golestan (1875–1956)

LEBEN
Stan Golestan wurde am 26.5.1875 in Vaslui, Rumänien, geboren. Er studierte in Paris bei Vincent d'Indy, Albert Roussel und Paul Dukas und lebte sodann dort als Kritiker und

Kompositionslehrer an der École Normale bis zu seinem Tod am 22.4.1956.

WERKE
Von dem kompositorischen Werk von Stan Golestan sind eine Sinfonie, eine »Rumänische Rhapsodie«, eine sinfonische Ouvertüre, ein Klavierkonzert, ein Cellokonzert, eine »Rapsodie concertante« für Violine und Orchester, 2 Streichquartette, eine Violinsonate, »Thème, variations et danses« für Klavier und »Zehn rumänische Volkslieder« bemerkenswert. Sein Stil bewegte sich, abgesehen von häufigen folkloristischen Anklängen, im Schatten seiner Lehrer in Paris.

Stefano Golinelli (1818–91)

ZEIT UND UMWELT
Zu großer Bedeutung kam in Italien die Pianistik auch im 19. Jahrhundert nicht. Die Zeit der großen Meister der Tasteninstrumente war für dieses Land anscheinend vorbei. Es gab auch wenige Klavierlehrer von Rang an den verschiedenen Unterrichtsinstituten. Auch das Interesse des Publikums an öffentlichen Klavierkonzerten war nicht sehr groß. Die wenigen Pianisten, die auftraten, waren, mit seltenen Ausnahmen, Ausländer.

LEBEN
Stefano Golinelli wurde am 26.10.1818 in Bologna geboren. Er war Schüler von Nicola Vaccai. Von 1840 bis 1870 wirkte er als Lehrer am Liceo Musicale in Bologna und unternahm während dieser Zeit Konzertreisen als Pianist in Italien, Deutschland, Frankreich und England. Er starb am 3.7.1891 in Bologna.

WERKE
Die ungefähr 200 Kompositionen von Stefano Golinelli wurden ausschließlich dem Klavier gewidmet. Es handelte sich zum größeren Teil um Übungsmaterial und um Salonmusik, die allerdings die klingende Leichtigkeit der deutschen oder französischen nie erreichte. Im einzelnen sind 5 Sonaten, 3 Toccaten, zweimal 24 Präludien, eine Barcarole und zahlreiche Fantasien über Opernmelodien zu nennen.

Juri Golizin (1823–72)

ZEIT UND UMWELT
Der russische Musikmäzen Fürst Nikolai Borisowitsch Golizin (8.12.1794, St. Petersburg, bis 22.10.1866, Korotscha, Gouvernement Kursk) veranstaltete 1824 in St. Petersburg eine Aufführung der Missa solemnis von Ludwig van Beethoven, der ihm die Ouvertüre »Zur Weihe des Hauses« gewidmet und auf seine Veranlassung drei seiner letzten Streichquartette (Opus 127, 130 und 132) geschrieben hatte. Er gründete die Petersburger Gesellschaft der Musikliebhaber und war selbst ein tüchtiger Cellist.

LEBEN
Fürst Juri Nikolajewitsch Golizin (Galizin, Gallitzin) wurde am 29.11.1823 in St. Petersburg als Sohn des Nikolai Golizin geboren. Er studierte bei Gabrjil Lomakin in St. Petersburg und bei Moritz Hauptmann in Leipzig Musik. Im Jahr 1842 gründete er in Moskau einen Chor aus 70 Knaben und später auch ein eigenes Orchester. Er ging damit nach England, Deutschland, Frankreich und Amerika, um für russische Kompositionen zu werben. Er starb am 2.9.1872 in St. Petersburg.

WERKE
Von Juri Golizin sind 2 Messen, 2 Fantasien für Orchester und weitere Instrumentalwerke, ferner Chöre und Lieder überliefert. Sein Stil lehnte sich an die deutsche Romantik an.

Vinzenz Goller (1873–1953)

LEBEN
Vinzenz Goller wurde in St. Andrä bei Brixen geboren. Nach seiner Ausbildung bei Joseph Pembaur dem Älteren in Innsbruck war er Schüler von Franz Xaver Haberl in Regensburg. Ab 1910 war er Leiter der Kirchenmusikalischen Abteilung der Wiener Akademie der Tonkunst in Klosterneuburg, Niederösterreich. Er starb am 11.9.1953 in St. Michael im Lungau, Salzburg.

WERKE
Von Vinzenz Goller sind weit über 100 kirchliche Werke für kleinere Kirchenchöre erschienen – Messen, Requiem, Offertorien, Prozessionsgesänge, Kommunionlieder –, die noch heute wegen ihrer ansprechenden Melodik und Harmonik und wegen ihrer verhältnismäßig leichten Aufführbarkeit viel gesungen werden. Er schrieb auch eine Anzahl profaner Lieder und Chöre.

Adolf Gollmick (1825–83)

ZEIT UND UMWELT
Da das Konzertwesen in England bis in unsere Gegenwart zu einem Großteil der privaten Hand überlassen blieb, machten sich um vieles mehr ausübende Musiker als auf dem Kontinent daran, selbst Konzerte zu organisieren.

LEBEN
Adolf Gollmick wurde am 5.2.1825 in Frankfurt am Main geboren. Er war Schüler seines Vaters und übersiedelte 1844 nach London, wo er als Pianist und Violinist wirkte und am 7.3.1883 starb.
Sein Vater Carl Gollmick (19.3.1796, Dessau, bis 3.10.1866, Frankfurt am Main), Sohn des berühmten Tenors Friedrich Carl Gollmick (27.4.1774, Berlin, bis 2.7.1852, Frankfurt am Main), war Schüler von Franz Stanislaus Spindler (1759–1819) und wirkte neben seiner umfangreichen Tätigkeit als Pauker und Korrepetitor am Stadttheater in Frankfurt.

WERKE
Von Adolf Gollmick sind 4 Opern und 2 dramatische Kantaten aufgeführt worden. Außerdem schrieb er eine Sinfonie in c-Moll, ein Klavierquartett und ein Trio in c-Moll.
Carl Gollmick verfaßte zahlreiche Klavierwerke für zwei und vier Hände und Lieder. Seine musikhistorischen Traktate sind sehr wertvoll.

Georg Goltermann (1824–98)

ZEIT UND UMWELT
Es ist auffällig, daß mit fortschreitendem 19. Jahrhundert immer mehr Instrumentalvirtuosen sich auch in Theorie und Kompositionslehre ausbilden ließen. Die Erkenntnis, daß reine technische Perfektion das Publikum nicht mehr befriedigte, setzte sich langsam durch.

LEBEN
Georg Eduard Goltermann wurde am 19.8.1824 in Hannover geboren. Er war Kompositionsschüler von Ignaz Lachner, reiste einige Jahre als Cellovirtuose und wurde 1852 Musikdirektor in Würzburg, 1853 Zweiter und 1874 Erster Kapellmeister am Stadttheater in Frankfurt am Main, wo er am 29.12.1898 starb.

WERKE
Von Georg Goltermann sind eine Sinfonie, Konzerte und Sonaten für Cello sowie zahlreiche Transkriptionen für dieses Instrument bekannt geworden. Seine Kompositionen betonen keine übertriebene Technik, dafür Klangschönheit und ausgewogene Formen.

Jewgeni Golubjew (geboren 1910)

LEBEN
Jewgeni Kirillowitsch Golubjew wurde am 3.2.1910 in Moskau geboren. Er studierte bei Nikolai Mjaskowski am Konservatorium in Moskau, wo er selbst 1936 Lehrer, 1940 Dozent und 1948 Professor wurde. Von 1956 bis 1959 leitete er die Kompositionsklasse des Instituts.

WERKE
Von Jewgeni Golubjew sind ein Ballett, 5 Sinfonien, ein Bratschenkonzert, ein Cellokonzert, 3 Klavierkonzerte, 3 Quintette, 7 Streichquartette, 6 Klaviersonaten, eine Violinsonate, eine Trompetensonate, 3 Oratorien, eine Kantate, Lieder und Schauspielmusiken bekannt.

Nicolas Gombert (um 1498 bis um 1556)

ZEIT UND UMWELT

Die Hofkapelle Kaiser Karls V. in Brüssel wurde nach alter burgundischer Tradition nicht nur als Klangkörper geführt, der bei höfischen oder sakralen Festlichkeiten in Erscheinung trat und der Erbauung oder Unterhaltung diente, sondern gleichzeitig als Ausbildungsstätte junger Kräfte. Einer sorgfältigen Nachwuchspflege wurde im gesamten franko-flämischen Raum eine erhöhte Aufmerksamkeit gewidmet, weil man darin einen der wichtigsten Aufträge erblickte, die den Meistern mit ihrem Talent erteilt war. Die lange und nachhaltige Einwirkung der Musik aus Flandern und Frankreich war gerade der ständigen Selbsterneuerung der Schule durch den laufenden Zustrom von Schülern zu verdanken.

LEBEN

Nicolas Gombert wurde um 1498 vermutlich in Brügge geboren. Er war ein Schüler von Josquin. Um 1526 trat er als Sänger in die Hofkapelle Kaiser Karls V. ein und wurde bald Leiter des Knabenchores (1530). Im Jahre 1537 begab er sich mit 20 Sängern nach Spanien und wirkte dort an der Kaiserlichen Kapelle in Madrid. Etliche Jahre darauf zog er sich von jeder öffentlichen Tätigkeit nach Tournai zurück, wo er ein Kanonikat erhalten hatte. Er dürfte dort um 1556 gestorben sein.

WERKE

Den typisch franko-flämischen Stil, den Nicolas Gombert von seinem Lehrer Josquin übernommen hatte, bildete er bis zur letzten Vollendung aus, so daß das 16. Jahrhundert darin keine erheblichen Veränderungen mehr bringen konnte. Die italienischen Einflüsse allerdings, die Josquin einer tonalen Harmonik näherbrachten, fanden bei Gombert keinen Niederschlag; er erzielte seine Klänge durch die Gleichzeitigkeit von Kirchentönen wie etwa Ockeghem. Erhalten sind von Gombert 10 Messen, ungefähr 160 Motetten, 8 Magnificat, bei 60 Chansons und ein italienisches Madrigal. Das meiste davon ist fünf- oder sechsstimmig. Bei den lateinischen Texten fällt auf, daß die Musik in keiner Weise dem Tonfall des Wortes folgt; sie fließt mit einem meditativen, nahezu nahtlos miteinander verflochtenen Stimmengewebe sozusagen am Text vorbei. Die »manieristisch orientierte Spätrenaissance« Gomberts war in manchem der Spätgotik verpflichtet. Völlig verschieden lagen die Dinge bei der profanen Musik. Wie auch die anderen Meister seiner Zeit war Gombert stark bemüht, den Charakter seiner Musik der Wortbedeutung anzupassen. Er kam der wachsenden Vorliebe für profane Musik entgegen und reihte sich damit in die neue Komponistengeneration ein, die die Komposition von Kammermusik als gleichwertig neben die Kirchenmusik stellte.

Musae Jovis (Die Musen Jupiters), Klagemotette zum Tod von Josquin Desprez, 6 Teile
Als Cantus firmus diente das von Josquin mehrfach verwendete gregorianische »Die Klagen des Todes umgeben mich, die Schmerzen der Hölle überwältigen mich«.

LITERATUR

J. Schmidt-Görg, Nicolas Gombert, Tutzing 1971.

Antonio Carlos Gomes (1836–96)

ZEIT UND UMWELT

In seinem Bestreben, das Musikleben seines Reiches zu heben, versuchte Kaiser Don Pedro II. von Brasilien nicht nur europäische Musiker in sein Reich zu ziehen, sondern er sandte auch brasilianische Musiker zur Ausbildung nach Europa, damit sie danach in der Heimat als Lehrer tätig sein konnten.

LEBEN

Antonio Carlos Gomes wurde am 11.7.1836 in Campinas, Rio de Janeiro, geboren und in der damaligen brasilianischen Hauptstadt ausgebildet. Nachdem er mit einigen Kompositionen aufgefallen war, sandte ihn der Kaiser zu weiteren Musikstudien nach Mailand. Dort brachte er einige Opern auf die Bühnen. Im Jahr 1895 wurde er zum Leiter des Konservatoriums Belém do Pará ernannt, wo er am 16.9.1896 starb.

Werke

Obwohl Antonio Carlos Gomes sich den größten Teil seines Lebens in Italien aufhielt, ist sein Bemühen um einen eigenständigen Stil unverkennbar, so daß er zu den führenden Kräften der jungen brasilianischen Musik zu zählen ist. Neben zahlreichen Opern in portugiesischer und italienischer Sprache, von denen »Il Guarany« zu einem großen Erfolg wurde, schrieb er eine Messe, Männerchöre, 3 Hefte mit Canzonetten, mehrere weitere Lieder und Klavierstücke. Zur Jubelfeier der Unabhängigkeitserklärung der USA schrieb er die Hymne »Il salute del Brasil« (Der Gruß Brasiliens). Sein großes Chor-Orchester-Werk »Colombo« anläßlich der Vierhundertjahrfeier der Entdeckung Amerikas wird noch heute als eines der Standardwerke der brasilianischen Musikgeschichte angesehen.

Francisco Gomes da Rocha
(um 1750–1808)

Zeit und Umwelt

In der zweiten Hälfte des 18. Jahrhunderts setzte in mehreren Siedlungen Südamerikas ein intensives Musikleben ein, das vorläufig allerdings auf kirchliche Gottesdienste oder religiöse Festlichkeiten wie Prozessionen beschränkt war.

Leben

Francisco Gomes da Rocha wurde um 1750 in oder bei Villa Rica geboren. Er war ab 1768 ständiger Sänger und Dirigent der Irmãos músicos da Irmandade de São José dos Homens Pardos bei ihren religiösen Festlichkeiten und auch bei den offiziellen Feierlichkeiten der Kolonialverwaltung. Er starb in Villa Rica am 9.2.1808.

Werke

Von Francisco Gomes da Rocha sind eine »Novena de Nossa Senhora do Pilar« (Novene für unsere Jungfrau von der Säule) für gemischten Chor, Streicher und Hörner und ein »Invitatorium et Hymnus de Spiritu Domini« (Invitatorium und Hymne vom Geist Gottes) für Doppelchor, Oboen, Hörner und Streicher erhalten. Der Stil dieser Kompositionen nähert sich dem vorklassischen Deutschlands.

João Gomes de Araújo (1871–1963)

Leben

João Gomes de Araújo wurde am 23.10.1871 in Pindamonhangaba, São Paulo, Brasilien, geboren. Er genoß seine Ausbildung am Konservatorium in Neapel und darauf in Paris. Anschließend wirkte er als Musikpädagoge in São Paulo bis zu seinem Tod am 19.7.1963.
Sein Vater João Gomes de Araújo (5.8.1846, Pindamonhangaba, bis 8.9.1943, São Paulo), gründete nach seiner Ausbildung in Rio de Janeiro und Mailand das Conservatorio Musical de São Paulo und gab bis zu seinem Tod dann Unterricht.

Werke

Von João Gomes de Araújo dem Jüngeren sind ungefähr 600 Kompositionen bekannt geworden. Darunter befinden sich 3 Opern, 5 Sinfonien, 6 sinfonische Suiten, 8 Streichquartette und viele Klavierwerke und Vokalstücke.
João Gomes de Araújo der Ältere schrieb 4 Opern, 5 Sinfonien, 2 sinfonische Dichtungen, 6 Messen, Kammermusik und Lieder.

Milton Soares Gomes dos Santos
(geboren 1916)

Leben

Milton Soares Gomes dos Santos (Milton Gomes) wurde am 26.8.1916 in Salvador, Brasilien, geboren. Nach seinem Medizinstudium in seinem Geburtsort wandte er sich dem Musikstudium – Theorie, Ästhetik, Harmonielehre, Kontrapunktik, Komposition und Instrumentation – zu. Er war Mitbegründer der Komponistengruppe »Bahia«.

Werke
Von Milton Soares Gomes dos Santos sind unter anderen 2 Konzerte für Schlagzeug und Streichorchester, eine Ouvertüre, eine Struktur für neun Schlaginstrumente - nämlich Xylophon, Metallophone, Pauken, Becken und brasilianische Instrumente -, ein Septett für drei Blockflöten, zwei Violinen, Vibraphon und Klavier, ein Klaviertrio und 2 Kantaten für Chor, Orchester und Schlagzeug bekannt geworden. Er zählt zur Avantgarde seines Landes.

Fredrik Wilhelm Gomnaes
(1868–1925)

Leben
Fredrik Wilhelm Gomnaes wurde am 4.4.1868 in Ringerike, Norwegen, geboren. Er war Schüler von Iver Holter (1850–1941) und studierte anschließend an der Hochschule in Berlin. Nach einigen Jahren Tätigkeit als Cellist im Theaterorchester in Kristiania (Oslo) wirkte er ab 1898 als Militärkapellmeister und Leiter von Männergesangvereinen in Hamar, Bergen und Oslo, wo er am 28.8.1925 starb.

Werke
Die Musik von Fredrik Wilhelm Gomnaes weist eine stark nationale Färbung auf und ist in ihrer Gesamtheit der norwegischen Spätromantik zuzurechnen. Er schrieb eine ausgezeichnete Sinfonie in a-Moll, zahlreiche Stücke für Männerchor, Lieder, Fugen für Orgel und Militärmärsche.

Mikołaj Gomółka
(um 1535 bis nach 1591)

Zeit und Umwelt
Die Lage an der schiffbaren Weichsel und an der alten Handelsstraße zwischen dem Baltischen und dem Schwarzen Meer begünstigte die Entwicklung der ältesten kleinpolnischen Festungsstadt Sandomierz zu einer der größten und wichtigsten Städte Polens des 16. Jahrhunderts. Kirchen und Rathaus legen noch heute Zeugnis für den ehemaligen Wohlstand der Stadt ab.

Leben
Mikołaj Gomółka wurde um 1535 in Sandomierz geboren und bereits 1545 in die Königliche Hofkapelle in Krakau als Sänger (Diskantist) und später auch als Trompeter aufgenommen. Er muß gleichzeitig eine juristische Ausbildung genossen haben, weil er ab 1556 in seinem Geburtsort als Mitglied des städtischen Gerichtshofes aufscheint. In den Jahren 1572 und 1573 war er dort Vizeadvocatus. Darauf wirkte er als Klostermusiker in Pinczów und Miechów und 1590 bis 1591 in der Kapelle des ehemaligen Führers des polnischen Adels, Jan Zamoyski (1542 bis 1602). Er starb nach 1591. Sein Sterbeort ist unbekannt.
Sein Sohn Michał Gomółka (1564, Sandomierz, bis 9. 3. 1609, Jazłowiec) wirkte als Instrumentalist in der Kapelle Jan Zamoyskis und als Kapellmeister in Jazłowiec.

Werke
Von Mikołaj Gomółka ist nur die Vertonung der 150 von dem polnischen Renaissancedichter Jan Kochanowski (1530–84) aus dem Lateinischen übersetzten Psalmen erhalten. Die Komposition ist vierstimmig und nahezu durchwegs homophon. Seine Lieder und Messen sind verloren.

Literatur
H. Opieński, La Musique polonaise, Paris 1929.

Gontier de Soignies
(um 1180 bis vor 1250)

Zeit und Umwelt
Nachdem 1051 der Hennegau mit Flandern vereinigt worden war, blühten seine Städte auf. Ein reiches Kulturleben begann als Folge des wirtschaftlichen Aufschwunges und der Beziehungen mit dem französischen Süden. Die Grafschaft Artois mit Arras lag vor den Grenzen, über die die Kunst des Pui

d'Arras in den Norden drang, in eine Landschaft, die zwei Jahrhunderte später zum zentralen Ausstrahlungspunkt der europäischen Musik werden sollte.

LEBEN

Gontier de Soignies ist um 1180 in Soignies (Hennegau) geboren. Über seine Person und sein Leben haben wir keine Informationen. Sein Wirken als Trouvère erstreckte sich vom Ausgang des 12. über den Beginn des 13. Jahrhunderts. Es ist unbekannt, wo und wann er gestorben ist.

WERKE

Von Gontier de Soignies sind ungefähr 30 Lieder in mehreren Textfassungen und mit 36 Melodiefassungen überliefert, die streng dem Stil der Schule von Arras folgen.

LITERATUR

A. Scheler, Trouvères belges, Nouvelle série, Löwen 1879.

Sambin Gontschiksumla (geboren 1905)

LEBEN

Sambin Gontschiksumla wurde am 18.2.1905 in Bain-Chongor, Mongolei, geboren. Nach Studium in Ulan-Bator und Irkutsk arbeitete er in seiner Heimat als Veterinär, als Lehrer und Dolmetscher. Von 1943 bis 1950 studierte er am Konservatorium in Moskau Komposition und Dirigieren, anschließend wirkte er bis 1960 als Dirigent am Staatlichen Musiktheater in Ulan-Bator.

WERKE

Das kompositorische Werk von Sambin Gontschiksumla umfaßt mehrere Opern und Ballette, eine Sinfonie, ein Klaviertrio und über 200 Klavierstücke sowie Massenlieder. Seine Melodik und Rhythmik fußen auf der Volksmusik seiner Heimat. Er ist zu den Begründern einer eigenständigen mongolischen Musikentwicklung zu stellen.

Chiquínha Gonzaga (1847–1935)

ZEIT UND UMWELT

Der weltberühmte Carneval Carioca der ehemaligen brasilianischen Hauptstadt Rio de Janeiro wurde seit vielen Jahren mit dem Marsch »O abre alas« (Öffnet die Reihen) eingeleitet.

LEBEN

Chiquínha Gonzaga (eigentlich Francisca Hedwiges Neves Gonzaga) wurde am 17.10. 1847 in Rio de Janeiro geboren. Sie genoß als Komponistin populärer Musik in ihrer Geburtsstadt einen großen Ruf und starb am 28.2.1935 in Rio de Janeiro.

WERKE

Von Chiquínha Gonzaga sind zahlreiche Tangos, Polkas, Côrta jacas, Choros, Maxixes für Klavier und viele Modinhas für Gesang populär geworden. Sie verfaßte außerdem die Musik für über 75 Theaterstücke und Operetten. Von ihr stammt der berühmte Karnevalmarsch der Carioca.

LITERATUR

M. Lira, Chiquínha Gonzaga, grande compositora popular brasileira, Rio de Janeiro 1939.

Guglielmo Gonzaga (1536–89)

LEBEN

Herzog von Mantua Guglielmo Gonzaga wurde 1536 in Mantua geboren. Der Musikfreund, Musiker und Komponist zog in erster Linie zeitgenössische Musiker wie Giaches de Wert an seinen Hof. Er war mit Palestrina befreundet und hätte ihn gerne nach Mantua geholt. Der Meister blieb allerdings in Rom und sandte nur 10 seiner besten Messen. Monteverdi hat er nicht erlebt, weil dieser erst 1589, dem Todesjahr des Herzogs, in Mantua eintraf.

WERKE

Die Zuordnung der Kompositionen des Herzogs Guglielmo Gonzaga ist schwierig, weil das meiste anonym veröffentlicht worden ist. Seine Autorschaft eines Buches mit fünfstimmigen Madrigalen und seiner »Sacrae cantiones« (Geistliche Lieder) ist aber gesichert. Einige seiner Melodien sind häufig als Cantus firmus verwendet worden. Sein Stil lehnt sich deutlich an Wert an.

Fabio González-Zuleta (geboren 1920)

Leben
Fabio González-Zuleta wurde am 2.11.1920 in Bogotá geboren. Er studierte am Konservatorium in seiner Geburtsstadt, an dem er anschließend Lehrer und 1957 Direktor wurde.

Werke
Von Fabio González-Zuleta sind 2 Sinfonien, 2 Suiten, ein Violinkonzert, ein Diptychon für Streicher, eine Suite für Flöte und Streichquartett, ein Streichquartett mit Klavier, 2 Bläserquintette, ein Klaviertrio, ein Trio für Flöte, Violine und Bratsche und eines für Violine, Cello und Klavier, eine Sonate für Klarinette und Klavier und eine für Kontrabaß und Klavier, Chorwerke, Lieder und Bühnenmusik bekannt geworden. Er ist eine der bedeutendsten Gestalten der kolumbianischen Musik unserer Zeit.

Gisela Hernandez Gonzalo
(geboren 1912)

Leben
Gisela Hernandez Gonzalo wurde am 15.9. 1912 in Cárdenas, Kuba, geboren. Sie studierte in Habana bei José Ardévol und in Baltimore, Md., bei Gustav Strube. Sie wurde 1948 am Konservatorium in Habana Mitarbeiterin der Musikwissenschafterin Olga De Blanck (geboren 11.3.1916, Habana), mit der sie kubanische Musik des 19. Jahrhunderts in kritischen Ausgaben herausbrachte. Als Leiterin der Chorvereinigung von Habana bereiste sie durch viele Jahre Kuba und den gesamten amerikanischen Kontinent. Zur Entwicklung der Musik ihres Landes trug sie Wesentliches bei.

Werke
Neben zahlreicher Bühnenmusik schrieb Gisela Hernandez Gonzalo ein kubanisches Triptychon für Orchester, eine Kantate für Soli, Chor und Orchester, mehrere Kammermusikwerke, zahlreiche Chöre, Klavierstücke und 2 Liederzyklen.

John Goodgroome (um 1630–1704)

Zeit und Umwelt
Als Karl II. von England nach seiner Thronbesteigung die Chapel Royal neu aufbaute, wurden auch die Sänger der ehemaligen St. George's Chapel in Windsor vorläufig in London gesammelt, damit zumindest eine der Kapellen ihre Tätigkeit beginnen konnte. Beide Kapellen funktionierten erst nach geraumer Zeit, nachdem man genügend Kräfte gefunden hatte.

Leben
John Goodgroome wurde um 1630 vermutlich in London geboren. Er war als Chorknabe Mitglied der St. George's Chapel in Windsor. Im Jahr 1660 wurde er Mitglied der Chapel Royal und 1664 Musiker des Königs. Er starb in London am 27. 6. 1704.

Werke
Der englische Komponist John Goodgroome verfaßte eine Anzahl Lieder, von denen noch einzelne erhalten sind. Alle anderen Werke sind verschollen.

Richard Goodson (1655–1718)

Zeit und Umwelt
Das New College in Oxford entfaltete nach der Restauration im Rahmen der Universität ein intensives Musikleben. Es arbeitete eng mit der Kapelle der Christchurch und der neugeschaffenen Lehrkanzel für Musik zusammen.

Leben
Richard Goodson wurde 1655 in Mittelengland geboren. Er war ab 1682 Organist am

New College in Oxford, folgte jedoch im gleichen Jahr Edward Lowe als Organist an der Christchurch und als Musiklehrer an der Universität nach und betreute diese Funktionen bis zu seinem Tod am 13. 1. 1718.

WERKE
Vom englischen Komponisten Richard Goodson ist eine Reihe von Oden, die bei Universitätsfeierlichkeiten Verwendung fanden, überliefert. Sein übriges, angeblich umfangreiches kompositorisches Werk ist nicht erhalten.

Eugène Goossens (1893–1962)

LEBEN
Eugène Goossens wurde am 26.5.1893 in London geboren. Er studierte am Konservatorium in Brügge, in Liverpool und in London, anschließend wirkte er als Operndirigent in London. Ab 1931 leitete er das Sinfonieorchester in Cincinnati und ab 1947 das Orchester in Sydney, wo er zugleich bis 1955 dem Konservatorium vorstand. Er starb am 13.6.1962 in London.

WERKE
Außer 2 Opern und einer Schauspielmusik schrieb Eugène Goossens ein Ballett, eine Sinfonietta, 2 weitere Orchesterstücke, eine Fantasie für Bläser, ein Streichsextett, ein Klavierquintett, 5 Streichquartette, 5 Impressionen für Flöte, Violine, Cello und Klavier, eine Suite für Flöte, Violine und Harfe, 2 Sonaten für Violine und Klavier, 2 Balladen für Harfe, verschiedene Klavierstücke, Chorwerke und Lieder. Er war modernen Fakturen gegenüber sehr aufgeschlossen und wandte sie auch fallweise an.

Grzegorz Gerwasy Gorczycki
(um 1666–1734)

ZEIT UND UMWELT
Über alle politischen Zwischenfälle, alle Kriege, über die Thronstreitigkeiten und den wirtschaftlichen Niedergang infolge des Schwedischen Krieges hinweg hielt die Kapelle an der Kathedrale in Krakau mit der berühmten Rorantistenkapelle an der Pflege des unveränderten römischen A-cappella-Gesangs fest, als wäre die Musikentwicklung im 16. Jahrhundert stehengeblieben.

LEBEN
Grzegorz Gerwasy Gorczycki wurde um 1666 in Krakau geboren. Er studierte in Prag, wurde 1698 Kapellmeister an der Kathedrale in Krakau und betreute dieses Amt bis zu seinem Tod am 30. 4. 1734. Am 17. 1. 1734 hatte er noch die Musik zur Krönung des sächsischen Kurfürsten Friedrich August II. (1696–1763) zum König von Polen als August III. geleitet.

WERKE
Der polnische Komponist Grzegorz Gerwasy Gorczycki verfaßte seine gottesdienstlichen Werke im Palestrina-Stil, während er für die anderen – Kirchenkonzerte usw. – Instrumentalbegleitung und den Barockstil der Zeit anwendete. Erhalten sind 3 vierstimmige Messen, darunter eine schöne Ostermesse, einige Messeteile, Motetten und Hymnen, ein Stabat mater und etliche kleinere Gesänge. Neben diesen A-cappella-Werken liegen noch 8 instrumental begleitete Sätze im spätitalienischen konzertanten Stil vor.

Luigi Gordigiani (1806–60)

ZEIT UND UMWELT
Man definiert als mustergültiges Italienisch »Lingua toscana in bocca romana« (Sprache der Toskana mit römischer Aussprache). Somit kommen Volkslieder aus der Toskana der Schriftsprache sehr nahe, differieren jedoch mit ihrer liebenswürdigen, zierlichen und doch volltönenden Aussprache sehr davon und sind daher echte Volkslieder, wie sie von den Italienern geliebt werden, die das Spracherbe jeder Region in den Liedern mitklingen hören wollen.

LEBEN

Luigi Gordigiani wurde am 21.6.1806 in Modena geboren. Er dürfte als Sänger und Gesanglehrer gewirkt haben. Als Opern- und Liedkomponist erfreute er sich großer Beliebtheit. Er starb am 1.5.1860 in Florenz.

Sein Bruder Giovanni Battista Gordigiani (Juni 1795, Modena, bis 2.3.1871, Prag) war nach seiner Ausbildung am Konservatorium in Mailand Opern- und Konzertsänger in Regensburg, wo er eine »Öffentliche Singschule« ins Leben rief. Ab 1822 wirkte er als Gesanglehrer am Konservatorium in Prag.

WERKE

Von Luigi Gordigiani sind 10 Opern aufgeführt worden. Er schrieb ungefähr 300 kleinere Canzonetten und 3 Hefte toskanische Volkslieder, die außerordentlich bekannt wurden, ferner Klavierstücke, deren Melodien er Volksliedern entnahm.

Giovanni Battista Gordigiani verfaßte 3 Opern, Canzonetten und Lieder, außerdem viel sakrale Musik – Messen, Proprien, Gesänge.

Henryk Górecki (geboren 1933)

LEBEN

Henryk Mikolaj Górecki wurde am 6.12.1933 in Czernice bei Rybnik geboren. Er war von 1955 bis 1960 an der Musikhochschule in Katowice Schüler von Bolesław Szabelski. Seit 1968 ist er selbst als Lehrer an der Hochschule in Katowice tätig. Er gehört neben Krzysztof Penderecki zu den führenden Vertretern der Avantgarde Polens.

WERKE

Formdisziplin, starkes Konstruktionsgefühl und Logik zeichnen die Kompositionen von Henryk Górecki aus. Er schrieb 2 Sinfonien, ein Konzert für fünf Instrumente und Streichquartett, »Choros« für Streicher, »Musiquette I« für zwei Trompeten und Gitarre, »II« für vier Trompeten, vier Posaunen, zwei Klaviere und Schlagzeug, »III« für drei Violen, »IV« für Klarinette, Posaune, Klavier und Cello und weitere Orchesterstücke, Zyklus »Genesis I« für drei Streicher, »II« für 15 Ausführende, »III«, Monodram für Metallschlagzeug und sechs Baßviolen oder Violinbässe, Klavier- und Orgelstücke, weitere Gesänge mit verschiedener Begleitung und zahlreiche Bühnenmusik.

John Goss (1800–80)

ZEIT UND UMWELT

Im 19. Jahrhundert bürgerte es sich ein, die Anthems mit einem fugierten Satz abzuschließen. Diese dem Oratorium angenäherte Form wurde auch auf das profane Anthem, das für staatliche Feierlichkeiten bestimmt war, angewendet, wie nahezu alle Formen der sakralen Musik in die englische Profanmusik einflossen.

LEBEN

John Goss wurde am 27.12.1800 in Fareham, Hantshire, geboren. Er war ab 1811 unter John Stafford Smith (1750–1836) Chorknabe der Chapel Royal in London und anschließend Schüler von Thomas Attwood. Im Jahr 1821 erhielt er seine erste Organistenstelle an Stockwell Chapel und 1824 an der neuen St. Lukas-Church. 1838 folgte er Thomas Attwood als Organist an St. Paul's nach. Er starb am 10.5. 1880 in Brixton.

WERKE

Der namhafte Organist John Goss verfaßte eine Reihe Anthems zu staatlichen Feierlichkeiten, weiters Services und sakrale Anthems, Chants, Psalmvertonungen, Glees und Lieder, außerdem einige Orchesterwerke. Seine Anthems, die als mustergültig angesehen werden müssen, haben entweder Orchesterbegleitung oder instrumentale Interludien und sind teilweise fugiert. Er schrieb auch einige Voluntaries und Interludien für Orgel und veröffentlichte mehrere Sammlungen englischer Kirchenmusik und Lehrwerke.

François Joseph Gossec (1734–1829)

ZEIT UND UMWELT

Beim Ausbruch der Revolution im Jahr 1789 flüchteten viele Gelehrte und Künstler aus

Frankreich, kehrten aber bald wieder zurück, weil sie erkannten, daß ihre Furcht, man würde sie wegen ihrer Stellungen bei Hof oder anderen Adelshäusern so behandeln wie ihre Dienstgeber, sehr oft übertrieben war. Wenn ein Musiker vor ein Revolutionstribunal gestellt wurde, geschah das nicht wegen seiner Tätigkeit für die politisch Unterlegenen, sondern aus Gründen, die außerhalb seiner künstlerischen Tätigkeit lagen. Daß man zum Beispiel einen Musiker, der Steuerpächter war, verurteilte, hatte mit seiner Musik nichts zu tun. Viele verloren ihre Stellungen, weil es diese nicht mehr gab. Dafür wurden neue geschaffen, die sie bekamen – denn nach Musik wurde und wird immer verlangt.

LEBEN

François Joseph Gossec (eigentlich Gossé) wurde am 17. 1. 1734 in Vergnies, Hennegau, geboren. Seine erste musikalische Erziehung erhielt er als Chorknabe an der Kathedrale in Antwerpen. Er kam 1751 nach Paris und wurde über Vermittlung von Jean-Philippe Rameau in die Privatkapelle des Generalpächters Alexandre Jean Joseph Le Riche de La Pouplinière aufgenommen. Nach dessen Tod (1762) und der Auflösung seiner Kapelle trat Gossec in die Kapelle des Prince de Conti Louis François de Bourbon ein, übernahm aber 1766 die Stelle des Musikintendanten im Dienst des Prince de Condé Louis Joseph de Bourbon (1736–1818) in Chantilly. Im Jahr 1760 gründete er das »Concert des amateurs«, in dem die zeitgenössische Komposition mehr zu Wort kam als im Concert spirituel, erhielt aber dann 1773 zugleich mit Pierre Gaviniès und Simon Leduc die Leitung des Concert spirituel; 1778 wurde er Chordirigent und 1780 Zweiter Direktor der Académie de Musique und der 1784 gegründeten École de chant; 1795, als diese Gesangschule mit dem Institut Nationale de Musique zum Conservatoire de Musique vereinigt wurde, übertrug man ihm zugleich mit André Ernest Modeste Grétry, Luigi Cherubini, Étienne Nicolas Méhul und Jean-François Lesueur die Inspektion des Instituts und fallweise die Prüfung der bei der Opéra eingereichten Werke. 1815 zog er sich von seinen Verpflichtungen nach Passy bei Paris zurück, wo er am 16. 2. 1829 starb.

François Joseph Gossec, Schabstich von E. Quenedey, 1813

WERKE

Die ungefähr 60 Sinfonien von François Joseph Gossec waren bereits sehr früh von der Mannheimer Schule beeinflußt. Sie fallen vor allem durch ihren kompakten Bläserklang auf; ihre letzten Sätze haben sehr oft Rondoform, sind aber in einzelnen als »Chasse« (Jagd) gestaltet. Gossec war offizieller Komponist der Republik und verfaßte viel für die Festlichkeiten der Revolutionszeit – Märsche, Chöre, Hymnen und ein Te Deum. Dabei setzte er große Chöre und Bläsergruppen mit Schlagzeug ein. Davon haben sein »Marche lugubre« (Trauermarsch) für Honoré Gabriel de Riqueti de Mirabeau (1749–91), »Triomphe de la République« und vor allem seine »Messe de morts« (Totenmesse) für über 200 Musiker die größten Erfolge errungen. Außerdem schrieb er ein Weihnachtsoratorium, »Nativité«, mit einem nicht sichtbaren Engelchor aus der Domkuppel. Seine Opern – darunter eine Revolutionsoper – und Ballette weisen ihn als Parteigänger von Christoph Willibald Gluck aus.

Sinfonie in C-Dur, Opus 12/3, 3 Sätze, entstanden 1768

Der 1. Satz ist dem Stil der Mannheimer Schule deutlich verpflichtet. Auch die kräftigen Akkordschläge des Tutti und die dynamische Entwicklung nähern sich den großen Klassikern. Manches erinnert an Christoph Willibald Gluck, das Seitenthema läßt an Wolfgang Amadeus Mozart denken. Im 2. Satz treten zu den Oboen und Hörnern eine Klarinette und zwei Posaunen, womit ein mächtiges Klangprofil gewonnen wird. Nach einigen Sforzati entwickelt sich eine schöne Kantilene der Klarinette. Das Finale – Presto ballabile – wird von einem frischen Thema der ersten Violine angeführt und klingt triumphierend aus.

LITERATUR

G. Prod'homme, François Joseph Gossec, la vie, l'œuvre, l'homme et l'artiste, Paris 1947.

Anton Gosswin (um 1540 bis um 1597)

ZEIT UND UMWELT

Die bayrischen Herzöge standen eindeutig auf der Seite der Gegenreformation. Daraus ergab sich für das Geschlecht der Wittelsbacher eine Anhäufung von kirchlichen Würden für die jüngeren Söhne der Familien. Sie stellten die Erzbischöfe von Köln in geschlossener Reihe von 1583 bis 1761 und besetzten mehrfach die Bischofssitze von Hildesheim, Münster, Paderborn und Lüttich. Auch Freising, das geistige und weltliche Herz von Altbayern, hatte im 16. Jahrhundert einen Wittelsbacher als Bischof.

LEBEN

Anton Gosswin (Cosswin, Josquinus) wurde um 1540 vermutlich im Umkreis von Lüttich geboren. Wahrscheinlich durch Vermittlung der Kapelle an der St.-Pauls-Kathedrale kam er zu Beginn der fünfziger Jahre als Sänger zur Münchner Hofkapelle, die von Lasso geleitet wurde. In den Jahren 1569 und 1570 war er als Kapellmeister des Erbprinzen Wilhelm, des späteren Herzogs Wilhelm V., in Landshut tätig. Darauf unternahm er Reisen in die Niederlande, nach Wien und Regensburg. 1577 erhielt er die Organistenstelle an Sankt Peter in München und wurde 1580 Kapellmeister des Bischofs von Freising, Herzog Ernst. Er starb um 1597 vermutlich in Freising.

WERKE

Der niederländische Komponist Anton Gosswin hat 7 vier- bis fünfstimmige Messen, drei- bis sechsstimmige Motetten und fünf- bis sechsstimmige Madrigale verfaßt, außerdem »Newe teutsche Lieder mit dreyen Stimmen«. Das gesamte kompositorische Werk stand unter dem Einfluß von Orlando di Lasso.

LITERATUR

B. Hirzel, Anton Gosswin, München 1909.

Giovanni Battista Dalla Gostena
(um 1535–98)

ZEIT UND UMWELT

Den politischen, wirtschaftlichen und kulturellen Aufschwung im 16. Jahrhundert verdankte Genua dem letzten Condottiere Andrea Doria (1466–1560), der keinen offiziellen Titel annahm, aber die Stadt, die er erobert hatte, mit starker Hand regierte und gegen alle Zugriffe schützte. Mit dieser Glanzzeit war ein gehobenes gesellschaftliches Leben verbunden, so daß für profane Musik ausreichende Aufnahme vorlag.

LEBEN

Giovanni Battista Dalla Gostena (Della Gostena, della Gostena) wurde um 1535 vermutlich in Genua geboren. Er war Lautenist, Komponist und Priester und wirkte von 1584 bis 1589 als Kapellmeister an San Lorenzo. Er starb in Genua im Dezember 1598.

WERKE

Von Giovanni Battista Dalla Gostena sind vier- und fünfstimmige Madrigale, vierstimmige Kanzonen und Fantasien und Kanzonen für Laute intabuliert überliefert. Er war angeblich Schüler Philipp de Montes, was vermutlich nicht wörtlich aufgefaßt werden darf. Daß sich seine Kompositionen, besonders die für die Laute, stark an de Monte anlehnen, ist aber nicht zu übersehen.

LITERATUR

R. Giazotto, La musica a Genova nella vita publica e privata dal XIII al XVIII secolo, Genua 1952.

Gottfried von Straßburg
(um 1170 bis nach 1250)

ZEIT UND UMWELT

Der Zuzug aus dem Bürgertum zur Gilde der Trouvères kam vorwiegend, von den Klerikern abgesehen, aus dem Kaufmannsstand. Bei den Minnesängern waren es die Ministerialen, die einstimmten und es zumeist auch konnten, weil ihre Ausbildung mindestens so gut war wie die des Adels. Ein Unterschied wird aber deutlich merkbar. Die Hofbeamten, die Wort und Ton ebenso meisterhaft beherrschten wie die Ritter, kamen von der kämpferischen Thematik ab und setzten an die Stelle der ritterlichen Bewährung im Abenteuer die Macht der Liebe.

LEBEN

Gottfried von Straßburg wurde um 1170 in oder bei Straßburg geboren. Er war vermutlich Beamter am Straßburger Bischofshof. Obwohl nicht dem Adel zugehörend, verfügte er über eine hohe, an höfischer Kultur ausgerichtete literarische, musikalische und theologische Bildung, die ihn befähigte, sich als Dichter und Komponist bei den Zeitgenossen und der Nachwelt Geltung zu verschaffen. Er ist nach 1250 vermutlich in Straßburg gestorben.

WERKE

Von Gottfried von Straßburg ist vor allem das unvollendete Versepos Tristan und Isold (mit ungefähr 20.000 Versen) erhalten geblieben, mit dem sich der Dichter unter die bedeutendsten Meister des deutschen Mittelalters einreihte. Die Sprache des Epos atmet eine feine Musikalität mit unvergleichlichen Klangspielen. Seine Lieder mit ihrer Musik sind verlorengegangen. Der Enthusiasmus und die Meisterschaft, die aus dem Epos sprechen, erlauben die Annahme, daß die Begeisterung für die Musik des Meisters voll berechtigt und ihr Einfluß auf andere Minnesänger sehr nachhaltig war.

Meister Gottfried von Straßburg – Miniatur aus der Manessischen Liederhandschrift

LITERATUR

H. Riedel, Musik und Musikerlebnis in der erzählenden deutschen Dichtung, Bonn 1959.

Louis Moreau Gottschalk (1829–69)

ZEIT UND UMWELT

Schon in den ersten zwei Jahrzehnten des 19. Jahrhunderts war in den USA die Konzerttätigkeit auf einer beachtlichen Entwicklungsstufe angelangt. Im Lande geborene und eingewanderte Musiker bereisten das gesamte Land, doch der Schritt über die Grenzen wurde noch nicht gewagt. Dem Ausland gegenüber befanden sich die USA noch immer in der Rolle des Nehmenden und Lernenden. Erst als der erste gebürtige Amerikaner im Ausland als Konzertierender auftrat, war die Gleichberechtigung der Neuen Welt neben der Alten erreicht.

LEBEN
Louis Moreau Gottschalk wurde am 8.5.1829 in New Orleans geboren. Nach Auftritten in seiner Heimatstadt verbrachte er die Jahre von 1842 bis 1852 in Paris als Schüler von Camille-Marie Stamaty und als gefeierter Konzertpianist. Anschließend konzertierte er in San Francisco und ging darauf nach Rio de Janeiro. Er starb am 18.12.1869 in Rio de Janeiro.

WERKE
Die mehr als 300 Kompositionen von Louis Moreau Gottschalk sind ausschließlich dem Klavier gewidmet, das im einzelnen von einem Orchester begleitet wird. Er verarbeitete Melodien der amerikanischen Schwarzen und Kreolen, zum Teil auch südamerikanische Themen. Der Klaviersatz näherte sich stark der Salonmusik; seine Auszierungen sind zuweilen sehr banal. Die stark zur Exotik neigenden französischen Romantiker ernannten ihn zum »Propheten seiner Heimat«. Ein Teil seiner Werke wurde später von anderen Meistern orchestriert. Nach dem Tod des Komponisten geriet sein Werk bald in Vergessenheit, man wandte ihm erst in jüngster Zeit neues Interesse zu.

LITERATUR
J. T. Joward, Louis Moreau Gottschalk, Musical Quarterly XVIII, 1932.

Claude Goudimel (um 1514–72)

ZEIT UND UMWELT
Der Mordanschlag der französischen Königinmutter Cattarina de'Medici auf den Calvinistenführer Gaspard de Ciligny (1519 bis 1572) forderte Rachedrohungen seiner Anhänger heraus. Dem begegneten Cattarina und ihr Sohn Karl IX. mit dem Massenmassaker an etwa 2000 Pariser Calvinisten in der Nacht vom 23. zum 24. 8. 1572 (Bartholomäusnacht) und anschließend an weiteren ungefähr 20.000 Calvinisten in der französischen Provinz.

LEBEN
Claude Goudimel ist um 1514 in Besançon geboren. Über seinen Aufenthalt bis zum Jahr 1549 ist nichts bekannt. Es ist aber sicher, daß er Frankreich nie verlassen und nie in Italien gewirkt hat, wie angenommen wurde, weil sich eine Anzahl seiner Kompositionen in Rom befanden. Von 1549 bis 1555 arbeitete er beim Musikverleger Nicolas Du Chemin (um 1510–76) in Paris als Korrektor und Berater, dann übersiedelte er nach Metz, wo er mit Hugenotten enge Beziehungen unterhielt. Als sich zwischen 1565 und 1568 in Metz die Verfolgung der Hugenotten verschärfte, verließen viele die Stadt. Goudimel kehrte in seine Vaterstadt zurück, begab sich aber bald nach Lyon, wo er im Zug der Ausrottung aller Hugenotten als kranker Mann zwischen dem 28. und 31. 8. 1572 erschlagen wurde.

WERKE
In der Sammlung von Du Chemin sind von Goudimel 34 vierstimmige Chansons enthalten, im »Canticum Beatae Mariae« ein Magnificat. Anschließend schrieb er 5 vierstimmige Messen, ein weiteres Magnificat und eine Anzahl Motetten. Für die Hugenotten bearbeitete er die Psalmen dreimal, und zwar motettisch durchkomponiert drei- bis sechsstimmig, hierauf kontrapunktisch vierstimmig und zuletzt homorhythmisch für den häuslichen Gebrauch. Die letzte Fassung fand rasch in den protestantischen Kirchengesang Eingang.
Außerdem sind zahlreiche Chansons für vier Stimmen in verschiedenen Sammelwerken überliefert. Es spricht für die Qualität des kompositorischen Werkes des Meisters, daß er für den Begründer der römischen Schule gehalten wurde, aus der Animuccia und Palestrina hervorgegangen sind.

LITERATUR

D. Gutknecht, Vergleichende Betrachtung des Goudimel-Psalters mit dem Lobwasser-Psalter, Jahrbuch für Liturgik und Hymnologie XV, 1970.

Pierre-Marie Gougelet (1726–90)

ZEIT UND UMWELT

Der obligate Besuch des Gottesdienstes in der Königlichen Kapelle von Versailles war zu einem großen Teil eine gesellschaftliche Veranstaltung, die vorgetragene Musik hatte Konzertcharakter. Es wurden sehr oft Neuaufführungen gebracht, für die die eingereichten Stücke sorgfältig vorgeprüft wurden. Es galt mit Recht als großer Erfolg eines Komponisten, wenn man ein Werk von ihm zur Aufführung brachte, weil man darin ein untrügliches Gütezeichen sehen durfte.

LEBEN

Pierre-Marie Gougelet wurde 1726 in Châlons-sur-Marne geboren. Er war Organist an St-Martin-des-Champs in Paris. Im Jahr 1744 wurden Motetten von ihm in Versailles aufgeführt. Er starb am 27. 1. 1790 in Paris.

WERKE

Von Pierre-Marie Gougelet erschienen mehrere Motetten, die in Versailles gesungen wurden. Er brachte außerdem 2 Sammlungen ausgewählter Lieder mit Gitarrenbegleitung heraus, die sehr beliebt geworden sind.

Jacques Nicolas Goulé (1774–1818)

ZEIT UND UMWELT

Durch Laurent Desmazures (um 1710–78) und dessen Nachfolger Charles Broche (1752–1803) hatte sich an der Kathedrale von Rouen ein besonderer Orgelstil herausgebildet, der sich vor allem durch eine Bevorzugung der Flötenstimmen bei der Registrierung auszeichnete. Die Nachfolger am Orgeltisch der Kathedrale behielten diese Gewohnheit bei.

LEBEN

Jacques Nicolas Goulé wurde 1774 in St-Jean-du-Cardonnay, Seine-Maritime, geboren. Nach seiner Ausbildung an der Maîtrise der Kathedrale in Rouen wirke er neben Charles Broche und nach dessen Tod allein als ihr Organist bis zu seinem Tod am 30.5.1818.

WERKE

Von Jacques Nicolas Goulé sind Messen und Proprien, profane Kantaten, Kammermusikwerke und zahlreiche Romanzen, die großen Erfolg hatten, bekannt geworden. Die Romanzen gehören bereits der Romantik an.

Charles Gounod (1818–93)

ZEIT UND UMWELT

Zur Prestigepolitik des auf Klerus, Beamtentum und Armee gestützten Zweiten Kaiserreichs in Frankreich gehörte eine großzügige Förderung der Künste. Das durch den wirtschaftlichen Aufstieg reich gewordene Großbürgertum stellte ein für jede Prachtentfaltung empfängliches Publikum. Daher fand die Hochromantik in Dichtkunst, Malerei und Musik vollen Eingang. Neben dem Farbenrausch malerischer und musikalischer Apotheosen klangen Lyrismen von den Emporen der Kirchen, von den Opernbühnen und den Podien der Konzertsäle. Es war dabei weniger die Dramatik des künstlerischen Geschehens, die das Publikum anzog, sondern das jeweils einzelne mit weit ausladender Geste, farbensatt, pathetisch oder lyrisch gehaltene Bild aus einem dramatischen Vorgang, der zuweilen unter so viel Glanz nahezu begraben wurde.

LEBEN

Charles François Gounod wurde am 17.6. 1818 in Paris geboren. Seine Musikerziehung begann 1836 am Pariser Conservatoire, wo er Schüler von Fromental Halévy, Ferdinando Paer, Antonín Rejcha und Jean-François Lesueur war. Mit dem Rompreis, den er 1839 gewann, reiste er nach Italien, wo er die Musik der alten Meister studierte. Nach Paris zurückgekehrt, übernahm er eine Kirchenkapellmeister- und Organistenstelle und faßte den

Entschluß, Kirchenmusiker zu bleiben und Kleriker zu werden, wandte sich jedoch der Opernkomposition zu, brachte seine erste Oper mit wenig Erfolg heraus und wurde Chordirigent. Die großen Erfolge stellten sich erst mit der Oper »Faust« ein. Auch die folgenden Werke wurden günstig aufgenommen. Im Alter wandte er sich erneut der Kirchenmusik zu. Er starb als Großoffizier der Ehrenlegion, Professor am Conservatoire und hochgeachteter Komponist und Dirigent am 17.10. 1893 in St-Cloud.

Charles Gounod

WERKE

Von den 12 Opern von Charles Gounod stehen einige noch heute auf den Spielplänen der Opernhäuser, vor allem aber »Faust«, die zu den meistaufgeführten Opern der Welt überhaupt zählt. Einzelne Kritiker warfen dem Komponisten vor, er habe sich am Faust-Stoff blasphemisch vergriffen, obschon es eine Reihe von Opern mit gleichem oder ähnlichem Sujet gibt, die jedoch den durchschlagenden Dauererfolg des Werkes von Gounod bei weitem nicht erreichten und daher keine starke Mißgunst erregten. Ähnliche Entrüstung rief seine »Méditation sur le 1er Prélude de Bach« hervor, wobei er über das C-Dur-Präludium eine Sopranmelodie mit Violine und Harmonium legte. Das kleine reizende Stück wurde zum Welterfolg, was manche dem Komponisten nicht verzeihen konnten. Er schrieb ferner ungefähr 6 Bühnenmusiken, zahlreiche sakrale und profane Lieder, ungefähr 15 Messen und Requien, 5 Oratorien – »Tobias«, »Gallia«, »Jesus auf dem See Tiberias«, »Tod und Leben«, »Die Erlösung«. An Instrumentalmusik hinterließ er 2 Sinfonien in D-Dur und Es-Dur, die beide noch gespielt werden, eine kleine Bläsersinfonie, einen »Trauermarsch für eine Marionette« und einen »Römischen Marsch«. Er war auch als Schriftsteller tätig.

Messe zu Ehren der heiligen Cäcilie (Messe solenelle), 6 Teile, vollendet 1855

Das Kyrie dieses bedeutendsten sakralen Werkes des Komponisten wird archarisierend intoniert und dann mit volksliedhaftem, innigem Melos vorgetragen, bis die Bitte um Erlösung mit breiten Tuttiakkorden einsetzt. Das Gloria bringt keinen der üblichen Forteeinsätze, sondern eine schöne Sopranmelodie, an deren Ende Chor und Orchester über die Freudenbotschaft in Jubel, unterbrochen von einem demütigen Miserere, ausbrechen. Im Credo steigert sich der Orchesterklang monumental, im Incarnatus wird der Wortsinn in seiner gesamten Traurigkeit ausgedeutet und die Auferstehungsverheißung mit Harfenklang und triumphierenden Bläserakkorden verkündet. Das dreimalige »Heilig« im Sanctus wird vom Schall der fünfundzwanzig vorgeschriebenen Posaunen machtvoll begleitet und bildet den Höhepunkt dieses Musterbeispiels französischer romantischer Kirchenmusik. Das Benedictus ist in innige Melodik gefaßt, und das Agnus Dei beendet das konzertante Stück mit friedlichem Ausklang.

Sinfonie Nr. 2 in Es-Dur, 4 Sätze, vollendet 1855

Die Adagio-Einleitung des 1. Satzes wirkt klassizistisch und weist auf Joseph Haydn zurück, aber das folgende Allegro agitato führt sofort in die Gegenwart französischer Walzermelodik. In der Kantilene des 2. Satzes wird das gleiche Thema variiert und harmonisch erweitert. Das Scherzo ist rhythmisch energisch mit weichen lyrischen Kontrastepisoden; im Trio alternieren Bläser und Streicher wieder klassisch. Auch das unproblematische frische Finale bringt klassische Ausgewogenheit.

LITERATUR

P. Landormy, Gounod, Paris 1942.

Théodore Gouvy (1819–98)

ZEIT UND UMWELT

Der Einfluß von Felix Mendelssohn-Bartholdy auf zahlreiche Komponisten des 19. Jahrhunderts war ungeheuer nachhaltig. Seine Diktion war für nicht wenige nachgerade das Arbeitsmuster, das sie mit eigenen melodischen Einfällen ausstatteten. Mehr als eine geschickte Nachahmung wurde damit zumeist nicht erzielt: Musik, die sich gut anhörte, aber wenig Neues sagte.

LEBEN

Louis Théodore Gouvy wurde am 5.7.1819 in Goffontaine bei Saarbücken geboren. Er war in Paris Schüler von Antoine Aimable Élie Elwart. Nach einer Studienreise durch Italien ging er in Paris seiner kompositorischen Tätigkeit nach. Zur Aufführung seiner Werke reiste er mehrmals nach Leipzig und Köln. Er starb am 21.4.1898 in Leipzig.

WERKE

Von Théodore Gouvy sind 6 Sinfonien, eine Sinfonietta, »Sinfonische Paraphrasen«, 2 Konzertouvertüren, mehrere Konzertszenen, ein Klavierquintett, 5 Trios, Sonaten und andere Stücke für Violine und für Cello, 5 Streichquartette, ein Streichquintett, eine Serenade für fünf Streicher, ein Sextett für Flöte und Streichquintett, ein Oktett für Bläser, ein Nonett für Bläser, Klaviersonaten, 20 Serenaden, Variationen und Charakterstücke für Klavier erschienen. Diese Musik stand deutlich im Schatten von Felix Mendelssohn-Bartholdy. Selbständiger und eindrucksvoller sind seine Chorwerke: eine Missa brevis für Soli, Chor und Orchester, ein Requiem, ein Stabat mater, die Passionskantate »Golgatha«, die lyrisch-dramatische Szene »Aslega«, die dramatischen Szenen »Elektra«, »Iphigenie auf Tauris«, »Oedipus auf Colonos«, »Frühlings Erwachen« und »Polyxena«.

LITERATUR

O. Klauwell, Théodore Gouvy, Berlin 1902.

Nathaniel Gow (1763–1831)

ZEIT UND UMWELT

Niel Gow bildete mit seinen Söhnen und weiteren Nachkommen in den Jahrzehnten vor und nach der Wende zum 19. Jahrhundert nahezu eine Institution zur Sammlung, Bearbeitung, Interpretation und auch Neuschöpfung schottischen Musikgutes sowie deren Druck und Verbreitung.

LEBEN

Nathaniel Gow wurde am 28. 5. 1763 in Inver als Sohn des Niel Gow geboren. Mit 16 Jahren wurde er bereits zu den »Königlichen Trompetern in Schottland« aufgenommen. In Edinburgh vervollständigte er den Violinunterricht, den ihm sein Vater – selbst ein vorzüglicher Violinist – erteilt hatte, und konnte seinen Bruder William Gow (1751, Inver, bis 1791, Edinburgh) als Orchesterdirigent ablösen. Neben seinem Wirken als Interpret, Dirigent und Komponist führte er in Edinburgh eine Musikalienhandlung und einen Musikverlag, der viel gesammelte schottische Musik herausbrachte und der Nachwelt erhielt. Er bildete eine maßgebende Persönlichkeit im gesamten schottischen Musikleben bis zu seinem Tod am 19. 1. 1831.

Sein Sohn Niel Gow (um 1795, Edinburgh, bis 7. 11. 1823, Edinburgh) war, wie der Vater, als Interpret schottischer Musik, als Musikalienhändler und Komponist tätig.

Seine Brüder William Gow, Andrew Gow (1760, Inver, bis 1803, Edinburgh) und John Gow (1764, Inver, bis 22. 11. 1826, Edinburgh) wirkten ebenso als Interpreten, Sammler und Herausgeber von schottischer Musik.

WERKE

Neben einer großen Anzahl schottischer

Tanzmusik und einzelnen sehr verbreiteten Liedern verfaßte Nathaniel Gow ein interessantes Konzertstück, das Rufe, Lärm und Geräusche der Straßen von Edinburgh musikalisch wiedergab, also die Schreie der Fischweiber und der Straßenhändler, den Gesang der Bettler und den Klang der Kirchenglocken. Er schuf damit ein Werk, das bereits inmitten der Romantik stand.
Niel Gow der Jüngere schrieb einige sehr beliebte Lieder.
Die gesamte Familie machte sich durch Sammlungen schottischer Volksmusik sehr verdient.

Johann Grabbe (um 1550 bis nach 1617)

ZEIT UND UMWELT
Die »Edlen Herren zur Lippe« schlugen 1501 ihre Residenz in Detmold auf und wurden 1529 zu Reichsgrafen erhoben. Die Ansprüche auf Oberhoheit, die Hessen erhob, wurden nie verwirklicht. Die Reichsgrafen erbauten sich in Detmold ein Schloß, das zum Schmuck der Stadt wurde, und gründeten eine Hofkapelle mit den besten Kräften, die sie bekommen konnten.

LEBEN
Johann Grabbe wurde um 1550 in Westfalen geboren. Er dürfte in Detmold zum Organisten ausgebildet worden sein. Jedenfalls ist er in den Dienst der Reichsgrafen zur Lippe als Organist und Hofmusiker getreten. Im Jahre 1609 ging er nach Venedig, um einige seiner Kompositionen zu veröffentlichen. Es ist nicht festzustellen, wann er in seine Heimat zurückgekehrt und wo er nach 1617 gestorben ist.

WERKE
Von dem Organisten Johann Grabbe sind keine Kirchenkompositionen überliefert, dafür jedoch Stücke, die er als Hofmusiker geschrieben hat, wie ein Buch Madrigale für fünf Stimmen, 2 Pavane und mehrere Instrumentalstücke, die offenkundig als Tafelmusik bestimmt waren. Die Instrumentalkompositionen müssen bereits dem Frühbarock zugeordnet werden.

Hermann Grabner (1886–1969)

LEBEN
Hermann Grabner wurde am 12.5.1886 in Graz geboren. Nach abgeschlossenem juridischem Studium wurde er am Konservatorium in Leipzig Schüler von Max Reger und Hans Sitt. Anschließend wirkte er ein Jahr als Assistent Regers in Meiningen und wurde 1913 in Straßburg Erster Theorielehrer am Konservatorium. Von 1919 bis 1924 unterrichtete er Theorie und Komposition an der Musikhochschule in Mannheim und an der Musikakademie in Heidelberg. Hernach war er Kompositionslehrer am Konservatorium in Leipzig und seit 1932 Professor; ab 1930 war er auch Universitätsmusikdirektor, von 1938 bis 1946 unterrichtete er an der Musikhochschule in Berlin. Er starb am 3.7.1969 in Bozen.

WERKE
Von Hermann Grabner sind 7 Opern aufgeführt worden. Er schrieb ferner »Variationen und Fuge«, eine Suite für Blasorchester, sinfonische Tänze, ein Concerto grosso für Bläser, ein Concertino für Tasteninstrument und Streicher, ein Pastorale, 3 Streichquartette, ein »Konzert im alten Stil« für drei Violinen, eine »Musik« für drei Flöten, ein Trio für Oboe, Klarinette und Fagott, ein Konzert für Flöte, Horn, Klarinette und Fagott, einen Männerchor mit Orgel, 2 Motetten für Chor und Orchester, Chorwerke a cappella, »Fünf Gesänge für Kammerchor« und eine Anzahl weiterer Chöre und Lieder. Einen wichtigen Teil seines kompositorischen Schaffens nehmen die Orgelwerke ein: eine Partita, eine Sonate, Praeludium und Fuge, eine Toccata, ein Konzert für Orgel und Streichorchester und ein »Orgelchoralbuch« mit 240 Choralbearbeitungen. Er publizierte eine Anzahl sehr instruktiver musiktheoretischer, musikhistorischer und didaktischer Werke.

Media vita in morte sumus, Antiphonbearbeitung, Opus 24, 3 Teile

Der 1. Teil der Antiphone »Mitten im Leben sind wir von Tod umfangen« beginnt gregorianisch, dann kommt es zum Praeludium. Der Cantus firmus ist im Pedal rhythmisiert. Der 2. Teil »Passacaglia« bringt ein der Antiphone entnommenes

Adagiothema, dessen Durchführung aus Umkehrung und Engführung besteht. Der 3. Teil »Fuge« hat Toccatenschluß, in dem Fugen- und Passacagliathema zusammengefaßt sind. Dieses äußerst klangvolle Orgelstück hat eine modale harmonische Grundhaltung.

LITERATUR

E. Otto, Hermann Grabner. Werk und Mensch. - In: ZfM CXII (1951).

Louis Grabut (um 1630 bis nach 1694)

ZEIT UND UMWELT

Das von König Karl II. in Nachahmung des französischen Hofes gebildete Ensemble der »Four and twenty fiddlers« (24 Geiger) wurde nach dem Tod des Königs beibehalten, aber mit Bläsern verstärkt. Bei besonderen Anlässen wurde »The King's Band of Musick« noch durch Mitglieder der Chapel Royal erweitert. Die Leitung wurde 1660 Davis Mell und George Hudson, 1661 Thomas Baltzar, 1663 John Banister und 1666 Louis Grabut anvertraut.

LEBEN

Louis Grabut (Lewis Grabu) wurde um 1630 in Frankreich geboren und als Violinist ausgebildet. Er kam 1665 nach London und erhielt 1666 in Nachfolge von Nicholas Laniere die Leitung der »English Chamber Musick« und als Nachfolger von John Banister die des Violinenensembles. Er hatte als Franzose einen schweren Stand. 1674 wurde er seiner Funktion enthoben, ging nach Paris und versuchte, dort ein Hofamt zu erhalten. Da ihm das nicht gelang, kehrte er 1683 nach London zurück und brachte dort einige Opern heraus. Er starb vermutlich in London nach 1694.

WERKE

Der französische Violinist und Komponist Louis Grabut verfaßte außer seinen Bühnenwerken einige Schauspielmusiken, die besonders in den ariosen Teilen sehr ansprechend sind. Die Violinsonaten, die er angeblich geschrieben hat, sind verschollen.

Hieronymus Gradenthaler
(1637–1700)

ZEIT UND UMWELT

Die ehemalige Reichsstadt Regensburg verlor ihre wirtschaftliche Bedeutung durch die Verlegung des Orienthandels von der Donau an die Adria. Sie wurde 1486 bayrisch und stand ab 1521 unter habsburgischem Schutz. Reformatorische Ansätze wurden von den 1589 in die Stadt gerufenen Jesuiten zurückgedrängt. Sie wurde zum Sitz des »Immerwährenden Reichstags« (1664) und blieb nahezu rein katholisch. In folgenden Zeiten bildete sie ein wichtiges kirchenmusikalisches Zentrum.

LEBEN

Hieronymus Gradenthaler (Kradenthaler) wurde am 27. 9. 1637 in Regensburg geboren. Er folgte seinem Vater Augustin Gradenthaler (um 1600, Regensburg, bis 4. 1. 1660, Regensburg) in dessen Amt als Organist an St. Oswald nach und wurde sodann von der Neuen Pfarre übernommen, wo er bis zu seinem Tod am 19. 7. 1700 wirkte.

WERKE

Der deutsche Organist und Komponist Hieronymus Gradenthaler hat in seinen »Deliciae musicales« – Tanzstücke für Streicher in Suitenform – als einer der ersten der Partita eine kurze Sonatina vorangestellt. Unter dem Titel »Musicalische Recreation« veröffentlichte er eine Sammlung von Suiten und Sonaten für Violine und Generalbaß. Es sind auch mehrere geistliche Arien von ihm erhalten.

LITERATUR

K. Nef, Geschichte der Sinfonie und Suite, Leipzig 1921.

Karl Graedener (1812–83)

LEBEN

Karl Graedener wurde am 14. 1. 1812 in Rostock geboren. Er war von 1835 bis 1838 Cellist in Helsingfor (Helsinki), darauf bis 1848

Musikdirektor der Universität in Kiel. Im Jahr 1851 gründete er in Hamburg eine Gesangschule, die er bis 1861 leitete. Von 1862 bis 1865 wirkte er als Gesang- und Theorielehrer am Konservatorium in Wien und ab 1863 gleichzeitig auch als Dirigent des Evangelischen Chorvereins. Anschließend lehrte er bis zu seinem Tod am 10.6.1883 am Konservatorium in Hamburg.
Sein Sohn und Schüler Hermann Graedener (8.5.1844, Kiel, bis 18.9.1929, Wien) wurde 1862 Organist in Wien, 1864 Violinist des Hoforchesters, von 1877 bis 1913 Theorielehrer am Konservatorium, nachdem er ab 1873 an den Klavierschulen der Brüder Horak unterrichtet hatte. Er war zugleich von 1892 bis 1896 Dirigent der Singakademie und 1899 Universitätslektor.

WERKE
Die pianistischen Miniaturen von Karl Graedener, »Fliegende Blätter«, »Fliegende Blättchen«, »Variationen«, »Phantastische Studien und Träumereien« und »Kleine Impromptus« knüpfen kongenial an Robert Schumann an. Er schrieb außerdem eine Klaviersonate, eine Sonate für 2 Klaviere, 3 Streichquartette, 2 Klavierquintette, 2 Klaviertrios, ein Streichtrio, ein Streichoktett, 2 Sinfonien, ein Klavierkonzert, eine Romanze für Violine und Orchester, Ouvertüren, 3 nicht aufgeführte Opern, Chöre, Duette und Lieder. Er war auch als Musikschriftsteller tätig.
Hermann Graedener verfaßte 2 Sinfonien, eine Lustspielouvertüre, 2 Konzerte für Klavier, 2 Konzerte für Violine und eines für Cello mit Orchester, Chorwerke, 2 Klaviertrios, 2 Klavierquintette und für Streicher je ein Quartett, ein Quintett und ein Oktett, außerdem Klavierstücke und Lieder. Sein Stil wirkte für seine Zeit sehr konservativ.

Johann Friedrich Gräfe (1711–87)

ZEIT UND UMWELT
Das Liedschaffen des anbrechenden galanten Musikzeitalters zeichnete sich vor allem durch Einfachheit aus. Sanglichkeit wurde hinter den Wortausdruck gestellt. Die Cembalobegleitung war in den meisten Fällen nicht mehr als ein Generalbaß, also eine Klangkulisse zur Stütze des Sängers. Das Hauptgewicht lag auf dem Wort und seinem Sinn; der Musik war nur eine deklarative Rolle zugewiesen.

LEBEN
Johann Friedrich Gräfe wurde am 7. 5. 1711 in Wustermark bei Nauen geboren. Er war herzoglicher Kammersekretär und Postrat in Braunschweig, wo er am 5. 2. 1787 starb. Als Komponist war er Autodidakt.

WERKE
Außer der allbekannten vierbändigen Sammlung von Oden, deren Texte vorwiegend von Johann Christoph Gottsched, Carl Heinrich Graun und Christiane Marianne von Ziegler (1695–1760) stammten und von namhaften Zeitgenossen, ihn selbst eingeschlossen, vertont waren, brachte Johann Friedrich Gräfe »Oden und Schäfergedichte«, »Fünfzig Psalmen«, »Sechs auserlesene geistliche Oden«, »Sechs Oden und Lieder des Herrn von Hagedorn« heraus. Er leitete damit den Aufschwung des deutschen Liedes im 18. Jahrhundert ein.

LITERATUR
M. Friedländer, Das deutsche Lied im 18. Jahrhundert, Berlin 1902.

Paul Graener (1872–1944)

LEBEN
Paul Graener wurde am 11.1.1872 in Berlin geboren. Er war zunächst Theaterkapellmeister in Bremerhaven, Königsberg (Kaliningrad), Berlin und London, wo er einige Zeit an der Academy of Music als Lehrer wirkte; ab 1908 unterrichtete er am »Neuen Konservatorium« in Wien, leitete von 1910 bis 1913 das Mozarteum in Salzburg, lebte sodann bis 1920 in München und wurde darauf Kompositionslehrer am Konservatorium in Leipzig. Ab 1930 war er Direktor des Sternschen Konservatoriums in Berlin und lebte schließlich in Salzburg, wo er am 13.11.1944 starb.

Werke

Von Paul Graener sind 7 Opern aufgeführt worden. Er schrieb ferner für Orchester eine Sinfonie, Orchestervariationen über ein russisches Volkslied, »Bukolische Landschaft«, eine Comedietta, »Turmwächterlied«, die Suite »Die Flöte von Sanssouci«, »Vorspiel, Intermezzo und Arie« für Gesang, Gambe und Kammerorchester, ein Klavierkonzert, ein Violinkonzert, ein Cellokonzert und weitere Stücke, 6 Streichquartette und eine Flötenmusik neben anderen Kammermusikwerken, ferner Klavierstücke, mehrere Chorwerke, Männerchöre und zahlreiche Lieder. Er war einer der wenigen deutschen Komponisten, die fallweise impressionistische Fakturen anwendeten.

Christian Ernst Graf (1723–1804)

Leben

Christian Ernst Graf wurde am 30. 6. 1723 in Rudolstadt geboren. Er wurde von seinem Vater ausgebildet und folgte diesem als Hofkapellmeister in Rudolstadt nach. Im Jahr 1762 wurde er zum Kapellmeister in Den Haag ernannt, wo er am 17. 7. 1804 starb.
Sein Vater Johann Graf (getauft 26. 3. 1684, Nürnberg, bis 2. 2. 1750, Rudolstadt) war zunächst »Hoboistenmeister« in einem Regiment in Ungarn, dann nach einer Musikausbildung in Wien Hofmusiker in Mainz und in Bamberg. Im Jahr 1739 wurde er Hofkapellmeister in Rudolstadt.

Werke

Von Christian Ernst Graf sind 2 vierhändige Klaviersonaten, zahlreiche Violinsonaten, 12 Triosonaten, Streichquartette, 6 Quintette für Flöte und Streichquartett, mehrere Sinfonien und 25 Fabeln für Singstimme und Klavier erschienen. Sein Stil lehnt sich an den französischen der Zeit an.
Johann Graf hat 12 Violinsonaten mit Generalbaß verfaßt.

Friedrich Hartmann Graf (1727–95)

Zeit und Umwelt

Im Verlauf des 18. Jahrhunderts entstanden auf dem europäischen Kontinent nach dem Muster des Pariser Concert spirituel in vielen größeren Städten bürgerliche Konzertgesellschaften, deren Aufführungen gegen Eintrittsgeld öffentlich zugänglich waren. In England setzte unabhängig davon diese Entwicklung bereits in der zweiten Hälfte des 17. Jahrhunderts ein, so daß es dort um einiges eher als auf dem Kontinent sehr rührige Konzertunternehmen gab. Die »Professional Concerts« wurden allerdings auch erst 1785 gegründet; sie nahmen bald eine dominierende Position im Londoner Konzertleben ein. Bezeichnend für die damalige musikalische Situation der Stadt ist, daß auch dieses Unternehmen seine Konzerte vorwiegend mit ausländischen Musikern und Dirigenten ausstattete.

Leben

Friedrich Hartmann Graf wurde am 23. 8. 1727 in Rudolstadt als Sohn des Johann Graf geboren. Er wurde wie sein Bruder Christian Ernst Graf von seinem Vater ausgebildet und diente darauf als Heerpauker. Von 1759 bis 1764 war er Flötist und Dirigent in Hamburg, sodann von 1769 bis 1772 in Den Haag. Darauf wirkte er als Kantor und Präzeptor an der Schule St. Anna in Augsburg und als Musikdirektor aller evangelischen Kirchen der Stadt, in der er 1779 eine ständige bürgerliche Konzertgesellschaft gründete. Um 1785 wirkte er in London als Dirigent der neugegründeten Professional Concerts. Er starb am 19. 8. 1795 in Augsburg.

Werke

Das kompositorische Werk von Friedrich Hartmann Graf wurde zu seiner Zeit hochgeschätzt. Gedruckt überliefert sind Quartette und Quintette für Blas- und Streichinstrumente, Streichquartette, Trios, Duos für Violine und Viola, Flötenkonzerte und ein Cellokonzert.

LITERATUR
B. Engelke, Die Rudolstädter Hofkapelle, Archiv für Musikwissenschaft, 1918/19.

Johann Graf (1684–1750)

ZEIT UND UMWELT
Jeder der vielen deutschen Fürstenhöfe verfügte über eine Hofmusik, und aus den Kompositionen, die von den Mitgliedern dieser Kapellen geschrieben wurden, muß man schließen, daß sich stets einige hervorragende Kräfte darunter befunden haben. Jedenfalls hat die starke Nachfrage nach Musikern vielen eine günstige Entfaltungsmöglichkeit geboten, so daß sich die Kleinstaaterei zumindest auf dem Feld der Musik für ihre Entwicklung günstig auswirkte.

LEBEN
Johann Graf (Graaf, Graff) wurde am 26. 3. 1684 in Nürnberg getauft. Er wirkte als Oboist bei einer ungarischen Militärmusik, darauf als Oboist und Violinist in Mainz und Bamberg, sodann ab 1723 in Rudolstadt als Konzertmeister und von 1739 bis zu seinem Tod am 2. 2. 1750 als Hofkapellmeister.

WERKE
Der deutsche Komponist Johann Graf veröffentlichte 12 Violinsonaten, die gute Melodieeinfälle aufweisen.

LITERATUR
B. Engelke, Die Rudolstädter Hofkapelle, in: Archiv für Musikwissenschaft I, 1918/19.

Jean du Grain (um 1700 bis nach 1765)

ZEIT UND UMWELT
Die Bedeutung der ehemaligen preußischen Hofkapelle in Königsberg (Kaliningrad), an der durch mehr als ein Jahrhundert vorzügliche Kräfte tätig waren oder ihre Ausbildung genossen hatten, wirkte auch im 18. Jahrhundert noch nach. Immer wieder gingen aus der Stadt Musiker von Rang hervor.

LEBEN
Jean (Johann) du Grain wurde um 1700 im ehemaligen Ostpreußen geboren und vermutlich in Königsberg ausgebildet. Er dürfte in seinen jüngeren Jahren nach Frankreich gekommen sein und seinen Namen französisiert haben. Es ist nicht feststellbar, wann er in seine Heimat zurückgekehrt war, jedenfalls wirkte er von 1737 bis 1739 in Elbing (Elbląg) als Sänger. Hernach hielt er sich in Danzig (Gdańsk) und ab 1765 in Königsberg auf, wo er in einem der folgenden Jahre gestorben ist.

WERKE
Die Passion von Jean du Grain wurde jährlich bis zum Beginn des 19. Jahrhunderts in Danzig aufgeführt. Von den weiteren Werken des von den Zeitgenossen hochgeschätzten Komponisten ist nahezu nichts überliefert. Auch die »Jubel-Kantate«, die er angeblich verfaßt hat, ist nicht erhalten. Einzelne sakrale Vokalmusik ist als Manuskript überliefert.

Percy Grainger (1882–1961)

LEBEN
Percy Aldridge Grainger wurde am 8.7.1882 in Brighton/Melbourne geboren. Nachdem er schon als Kind Konzertreisen als Pianist absolviert hatte, studierte er von 1895 bis 1901 bei James Kwast in Frankfurt am Main und 1903 noch bei Ferruccio Busoni in Berlin. Er setzte darauf seine Konzertreisen in Australien, Neuseeland und Skandinavien fort, wurde im Ersten Weltkrieg Militärmusiker in den USA und ließ sich sodann in White Plains, N. Y., nieder, wo er am 20.2.1961 starb.

WERKE
Neben einer Anzahl ausgezeichneter Werke für großes Orchester, für Streichorchester, für Militärmusik, für Klavier oder Orgel mit Orchester schrieb Percy Grainger einen weltberühmten Chorzyklus nach »Jungle Book« von Rudyard Kipling (1865–1936). Sein Stil ist sehr vom Impressionismus beeinflußt. Er sammelte zahlreiche englische, isländische und iri-

sche Volkslieder und bearbeitete sie. Er experimentierte mit Achteltönen und baute eine Musikmaschine für eine »Free Music« mit Mikrointervallen und vollständiger rhythmischer Freiheit der einzelnen Stimmen.

Lincolnshire Posy, Suite für Bläser, 6 Sätze, entstanden 1937

Der 1. Satz des »Blumenstraußes aus Lincolnshire« bringt ein Seemannslied. Im 2. Satz wird eine Lokaltragödie »Die Geizige und ihr Mann« vorgetragen. »Die Wilddiebe im Rufford Park« stellt der 3. Satz vor. Die Geschichte des jungen Seemannes, der heimkehrt um zu heiraten, erzählt der 4. Satz. Im 5. Satz erklingen das Kriegslied »Lord Melbourne« und ein Tanzlied im Finale. Die sechs Volkslieder werden von der Bläsermusik so plastisch wiedergegeben, daß eine Textierung überflüssig ist.

Peder Gram (1881–1956)

LEBEN

Peder Gram wurde am 25.11.1881 in Kopenhagen geboren. Er war am Konservatorium in Leipzig Schüler von Stephan Krehl, Arthur Nikisch und Hans Sitt. Von 1908 bis 1913 dirigierte er in Kopenhagen eigene Sinfoniekonzerte, von 1918 bis 1932 die der Dansk Koncertforening; von 1937 bis 1951 leitete er die Musikabteilung von Radio Kopenhagen. Er starb am 4.2.1956 in Kopenhagen.

WERKE

Von Peder Gram sind 3 Sinfonien, eine sinfonische Fantasie, ein Tongedicht, 2 Ouvertüren, ein Violinkonzert, ein Bläserquintett, 3 Streichquartette, eine Cellosonate, eine Anzahl größerer Klavierwerke, Gesänge und Lieder bekannt geworden. Er näherte sich der modernen Musik sehr zurückhaltend.

Harold Gramatges (geboren 1918)

LEBEN

Harold Gramatges wurde am 26.9.1918 in Santiago de Cuba geboren. Er war Schüler von Aaron Copland. Anschließend lehrte er am Konservatorium in Habana Musikästhetik und Musikgeschichte. Von 1951 bis 1961 wirkte er als Herausgeber einer Zeitschrift und anschließend als kubanischer Botschafter in Frankreich. Im Jahr 1967 gründete er in Habana die Casa de las Américas (Amerikahaus), die er seitdem leitet.

WERKE

Neben einer Sinfonie und einer Sinfonietta schrieb Harold Gramatges eine Anzahl sehr ansprechender Orchesterwerke, eine Kammermusik für Flöte, Trompete, Harfe, Vibraphon, Xylophon, Schlagzeug und Klavier, ein Divertimento für Metallschlagzeuge, ein Stück für Prepared piano, eine Sonatine für Cembalo, 2 Gitarrenstücke, ein Stück für Sprecher und Orchester und 2 Gesänge für Singstimme und Gitarre. Sein Stil ist dem zeitgenössischen amerikanischen adäquat.

Enrique Granados (1867–1916)

LEBEN

Enrique Granados y Canpiña wurde am 27.7. 1867 in Lérida geboren. Er war in Barcelona Schüler von Felipe Pedrell und ab 1887 in Paris von Charles Wilfrid de Bériot (1833 bis 1914). Anschließend widmete er sich zunächst der Pianistik und der Komposition. Im Jahr 1900 gründete er sodann in Madrid eine Sociedad de conciertos clásicos und dirigierte sie; 1901 übernahm er die Academia de Música – ab nun Academia Granados – in Barcelona. Er starb am 24.3.1916 auf hoher See.

WERKE

Außer 3 Opern und 5 Kurzopern schrieb Enrique Granados 2 Sätze einer viersätzig geplanten Tondichtung »Dante«, 4 Orchestersuiten, ein Quintett, ein Klaviertrio, ein »Madrigal« für Cello und Klavier und 12 Liebeslieder im »alten Stil« zu Klavierbegleitung. Den breitesten Raum seines Schaffens nahmen jedoch seine zahlreichen Klavierstücke ein, die er zum Teil in Gruppen zusammenfaßte: »Goyescas« – 6 Stücke; »Escenas poéticas (I. und II.) – 7 Stücke; »Escenas románticas« – 6 Stücke; »Danzas españoles« – 12 Stücke; »Praeludium und sechs Stücke über spanische

Enrique Granados

Volkslieder« – 7 Stücke; weiters verfaßte er viele Einzelstücke, jedes davon ein Meisterwerk romantischer Klavierkomposition, die Robert Schumann, Frédéric Chopin und Edvard Grieg (1843–1907) zum Vorbild hatten.

Goyescas, o los majos enamorados (Goyescas oder die verliebten jungen Vornehmen), Suite aus 6 Klavierstücken, vollendet 1911

Die 6 Stücke sind Phasen einer Liebesgeschichte, die im 18. Jahrhundert in der von Francisco de Goya (1746–1828) dargestellten Gesellschaft der Granden mit ihrer verfeinerten Höflichkeit, ihrer eleganten Kleidung und überspitzten Empfindlichkeit spielt. Im 1. Stück »Schmeicheleien« umspielen zwei Themen einander kokett und liebenswürdig. Das 2. Stück bringt ein »Gespräch des Paares am Fenster.« Im »Fandango bei Laternenschein« des 3. Stückes entbrennt das Paar in Liebe zueinander. Das 4. Stück »Klage des Mädchens und die Nachtigall« bringt einen der schönsten melodischen Einfälle des Komponisten. Das 5. Stück »Die Ballade von Liebe und Tod« bringt den äußersten Kampf feindlicher Elemente gegen diese Verbindung, der mit dem Tod des jungen Mannes endet. Im 6. Stück »Epilog« feiern die Seelen der Toten ihre jenseitige Vereinigung. Die Suite wurde 1916 zu einer Oper umgearbeitet.

LITERATUR

A. del Campo, Enrique Granados, Madrid 1966.

Michelangelo Grancino
(um 1605–69)

ZEIT UND UMWELT

Bis in das 16. Jahrhundert mußte sich die Mailänder Kirchenprovinz gegen die Bestrebungen verschiedener Päpste und Regenten, Meßgesang und Liturgik zu vereinheitlichen, durchsetzen. Dann einigte man sich auf gewisse Angleichungen, Komponisten von Messen für Mailand mußten sich aber dennoch an ein spezielles Schema halten, besonders wenn diese für Sant'Ambrogio bestimmt waren.

LEBEN

Michelangelo Grancino (Grancini) wurde um 1605 in Mailand geboren. Er war 1622 Organist an Del Paradiso, 1624 an San Sepolcro, 1628 an Sant'Ambrogio und 1630 am Dom, wo er ab 1650 bis zu seinem Tod am 17. 4. 1669 als Kapellmeister wirkte.

WERKE

Der italienische Komponist Michelangelo Grancino stützte sich bei seinen kirchenmusikalischen Werken auf Monteverdi. Mit Ausnahme einzelner Instrumentalstücke sind alle seine Kompositionen auf Generalbaß aufgebaut. Er verfaßte 8 Bücher Concerti sacri, ariose Psalmen, verschiedene kirchliche Gesänge mit Orgelbegleitung, 8 Magnificat, 2 Bücher mit Messen, darunter 5 nach ambrosianischem Ritus. An profaner Musik liegt ein Buch mit zwei- bis vierstimmigen konzertanten Madrigalen vor. Mit Michelangelo Grancino kam die Kirchenkomposition von Mailand dem Stil des 17. Jahrhunderts um einen großen Schritt näher.

LITERATUR

G. Biella, Michelangelo Grancino, in: Musica sacra, Mailand 1957.

Alessandro Grandi (um 1577–1630)

ZEIT UND UMWELT

Im Jahr 1240 fiel Ferrara unter die Herrschaft des Hauses Este. Damit begann der Aufschwung der Stadt als literarisches und musikalisches Zentrum. Parallel dazu entwickelten sich die Baukunst und die Malerei der Stadt zu Höchstleistungen. Im Jahr 1598 fiel Ferrara an den Kirchenstaat und verlor damit seine bisherige wirtschaftliche und politische Bedeutung. Auch die künstlerische Entwicklung war zu Ende. Die Musik, die nur noch in den Kirchen und Akademien gepflegt wurde, hatte jedoch Bestand und nahm an der allgemeinen Entwicklung des 17. Jahrhunderts Anteil.

LEBEN

Alessandro Grandi wurde um 1577 auf Sizilien geboren. Er dürfte Schüler von Giovanni Gabrieli gewesen sein. Im Jahr 1597 wurde er in Ferrara Kapellmeister der Accademia della Morte, 1604 an der Accademia Santo Spirito und 1616 am Dom der Stadt, 1617 Kapellsänger und 1620 Vizekapellmeister an San Marco in Venedig. Schließlich ging er 1627 als Kapellmeister an Santa Maria Maggiore nach Bergamo, wo er 1630 starb.

WERKE

Der italienische Komponist Alessandro Grandi schloß sich zuerst an den Stil von Giovanni Croce (um 1557–1609) an, sodann an den von Monteverdi. Er gehörte zu den ersten bedeutenderen Kantatenkomponisten und brachte 6 Bücher mit zwei- bis achtstimmigen Motetten mit Generalbaß, 2 Bücher mit zwei- bis vierstimmigen Konzertmadrigalen, 4 Bücher mit monodischen Arien, 3 Bücher mit ein- bis dreistimmigen Motetten und Instrumentalsinfonien sowie konzertierende Psalmen und Messen im konzertierenden Stil für zwei bis acht Stimmen heraus. Außerdem finden sich viele Einzelsätze in Sammelwerken. Der Einfluß dieser Musik auf die des 17. Jahrhunderts ist durch viele Jahrzehnte spürbar.

LITERATUR

D. Arnold, Alessandro Grandi, a Disciple of Monteverdi, in: Musical Quarterly XLIII, 1937.

Ottavio Maria Grandi
(um 1580 bis nach 1628)

ZEIT UND UMWELT

Die klassische Form der Violine entstand in den letzten Jahrzehnten des 16. Jahrhunderts in der Schule von Andrea Amati (um 1535 bis nach 1611). Ab dieser Zeit gab es auch Violinlehrer und Violinvirtuosen. Es dauerte aber noch länger als ein Jahrhundert, bis die Viole verdrängt war und das neue Instrument den ersten Platz im Orchester beziehen konnte.

LEBEN

Ottavio Maria Grandi wurde um 1580 in der Emilia geboren. Er trat dem Servitenorden bei und wirkte um 1610 als Organist in Reggio und gleichzeitig als Violinlehrer. Er ist vermutlich in Reggio in den Jahren nach 1628 gestorben.

WERKE

Der italienische Komponist Ottavio Maria Grandi veröffentlichte 22 ein- bis sechsstimmige Sonaten mit Basso continuo im venezianischen konzertanten Stil. Seine weiteren Werke sind verschollen.

Marie Grandval (1830–1907)

ZEIT UND UMWELT

Viele Künstlerinnen – Literatinnen, Komponistinnen – brachten ihre Werke bis in die Gegenwart unter einem männlichen Pseudonym heraus. Sie wurden von ihren Verlegern, die die Annahme weiblicher Künstler von vornherein vermeiden wollten, dazu genötigt.

LEBEN
Marie Félicie Clémence de Reiset vicomtesse de Grandval wurde am 21. 1. 1830 in St-Rémy-des-Monts, Sarthe, geboren. Sie war Schülerin von Friedrich Flotow und Camille Saint-Saëns und wirkte als Komponistin unter verschiedenen Pseudonymen in Paris, wo sie am 15. 1. 1907 starb.

WERKE
Von Marie Grandval sind 7 Opern aufgeführt worden. Sie schrieb ferner »Sinfonische Skizzen«, ein Oratorium, Kantaten, Lieder, Chöre und Kammermusik mit verschiedener Besetzung.

Jean Georges Noverre, Erneuerer des Balletts

François Granier (1716–79)

ZEIT UND UMWELT
Jean Georges Noverre (29. 4. 1727, Paris, bis 19. 10. 1810, St. Germain-en-Laye) war einer der bedeutendsten Tänzer und Choreographen des 18. Jahrhunderts. Seine Reformideen über die pantomimische Darstellung dramatischer Ballettinhalte und seine Forderung nach inhaltlichem Zusammenhang der Oper und des darin getanzten Balletts waren für das zukünftige Ballett und die Oper mit Ballett richtunggebend.

LEBEN
François Granier wurde 1716 in Frankreich geboren. Er war von 1751 bis 1760 und ab 1766 bis zu seinem Tod am 18. 4. 1779 in Lyon als Violinist, Cellist, Kontrabassist und Musiklehrer tätig. Von 1760 bis 1766 war er Orchestermitglied der Comédie Italienne in Paris.

WERKE
Die Ballette von François Granier, die er für Jean Georges Noverre verfaßte, fanden viel Anerkennung. Er brachte außerdem eine siebenbändige Sammlung beliebter Airs – zum Teil aus beliebten Opern –, die er für zwei Flöten oder Violinen und Generalbaß bearbeitete. Ein Menuett wurde sehr bekannt.

LITERATUR
L. Vallas, Un siècle de musique de théâtre à Lyon, Paris 1932.

Louis Granier (1740–1800)

ZEIT UND UMWELT
Umgearbeitete Erfolgsopern früherer Zeiten wurden von der Pariser Oper gern angenommen, falls es jemand verstand, diese dem Zeitgeschmack anzupassen und mit aktuellen Ergänzungen zu versehen. Man brachte damit einen berühmten Namen auf den Spielplan und mußte dennoch nicht fürchten, ein bereits verstaubtes Stück auf die Bühne zu stellen. Jedenfalls bildeten sie eine willkommene Abwechslung.

LEBEN
Louis Granier (Garnier, Grenier) wurde 1740 in Toulouse geboren. Er wirkte bis 1765 als Opernkapellmeister in Bordeaux und von 1770 bis 1773 als Musikdirektor am Theater von Toulouse. Hierauf war er bis 1786 als

Violinist an der Königlichen Kapelle, an der Oper und am Concert spirituel tätig. Er starb 1800 in Toulouse.

WERKE
Außer seinen Opernumarbeitungen und mehreren eigenen Opern verfaßte Louis Granier 3 Ballette. Über weitere Kompositionen ist nichts bekannt.

Lewis Christian Austin Granom
(um 1710 bis nach 1745)

ZEIT UND UMWELT
Da im 18. Jahrhundert in London feste Anstellungen für Musiker verhältnismäßig selten waren und diese in der Mehrzahl im Dienst von privaten Unternehmungen spielten, die sich auftaten, wieder verschwanden und durch neue ersetzt wurden, fehlen in vielen Fällen Aufzeichnungen über die Künstler. Geblieben sind zumeist nur ihre gedruckten Werke.

LEBEN
Lewis Christian Austin Granom wurde um 1710 vermutlich in London geboren. Über seine persönlichen Lebensumstände ist nichts bekannt. Seine letzte Publikation erschien 1745, was die Annahme nahelegt, daß er bald darauf gestorben ist. Der Ort seines Todes ist nicht feststellbar.

WERKE
Von Lewis Christian Austin Granom erschien als erstes Werk »12 Sonaten oder Soli für Querflöte mit Generalbaß für Cembalo oder Cello«. Sodann veröffentlichte er »6 Sonaten für zwei Querflöten und Baß«, eine Sammlung Flötenduette und Lieder mit Streicherbegleitung, die William Boyce gewidmet wurden.

Jean-Jacques Grasset
(um 1769–1839)

LEBEN
Jean-Jacques Grasset wurde um 1769 in Paris geboren und von Julien Bertheaume zum Violinisten ausgebildet. Er begann seine Konzerttätigkeit im Jahr 1786 und trat 1800 in das Orchester der Großen Oper ein. Gleichzeitig wirkte er als Violinlehrer am Konservatorium. Von 1801 bis 1829 war er Orchesterleiter und Violinsolist an der Comédie Italienne. Er starb am 25. 8. 1839 in Paris.

WERKE
Die kompositorische Tätigkeit von Jean-Jacques Grasset war vor allem der Violine gewidmet; er schrieb 12 Duos für zwei Violinen und 3 Violinkonzerte. Seine weiteren Kompositionen sind verlorengegangen.

Gratiosus de Padua
(um 1350 bis um 1400)

ZEIT UND UMWELT
Die Familie Carrara, die Padua ab der Mitte des 14. Jahrhunderts beherrschte, pflegte die Sukzession von Generation zu Generation mit dem Mörderdolch oder Gift zu regeln. Dennoch war ihr Hof einer der glänzendsten der Zeit und brachte der Stadt eine kulturelle Hochblüte, die die Basis für ihre Bedeutung in den kommenden Jahrhunderten bildete.

LEBEN
Gratiosus de Padua wurde um 1350 in Padua geboren und war an einer der Kirchen der Stadt tätig. Er ist auch dort um 1400 gestorben.

WERKE
Von dem italienischen Komponisten Gratiosus de Padua sind ein dreistimmiges Gloria mit Instrumentalbegleitung und ein dreistimmiges Sanctus ohne Begleitung, außerdem Text und Melodie einer Lauda erhalten. Der Komponist erweist sich dadurch als Vertreter der Ars nova. Ein starker Einfluß von Johannes Ciconia ist dabei deutlich.

LITERATUR
J. Wolf, L'Italia e la Musica religiosa medievale, in: Rivista musicale italiana XLII, 1938.

Carl Heinrich Graun (um 1703–59)

Carl Heinrich Graun, Stich von V. D. Preissler, 1752

Zeit und Umwelt

Christian Gottfried Krause veröffentlichte 1753 eine Sammlung von 31 »Oden mit Melodien« von Johann Friedrich Agricola, Carl Philipp Emanuel Bach, František Benda, Christoph Nichelmann, Georg Philipp Telemann, der Brüder Johann Gottlieb und Carl Heinrich Graun und von ihm selbst auf Texte, die vorwiegend von Johann Wilhelm Ludwig Gleim (1719–1803) und Friedrich von Hagedorn (1708–54) stammten. Er gründete damit die »Berliner Liederschule«. In den Jahren 1756 bis 1763 brachte Friedrich Wilhelm Marpurg die dreibändige Sammlung »Berlinische Oden und Lieder« heraus, die das gegen den Stil der Opernarie gerichtete Programm der Schule endgültig festlegte. Volkstümlichkeit, Einfachheit und Gemeinverständlichkeit waren das an die Lieder gestellte Postulat; sie sollten »von jedem Munde ohne Mühe angestimmt werden können«.

Leben

Carl Heinrich Graun wurde 1703 oder 1704 als Bruder von Johann Gottlieb Graun in Wahrenbrück geboren. Er besuchte von 1714 bis 1721 die Kreuzschule in Dresden und wurde dort neben dem Musikunterricht zum Tenoristen ausgebildet, so daß er 1725 als Opernsänger nach Braunschweig gehen konnte. Im Jahr 1727 war er bereits Vizekapellmeister der Oper; 1735 wurde er an den Hof des nachmaligen Königs Friedrich II. berufen, der ihn 1740 zum Hofkapellmeister und Leiter der Königlichen Oper in Berlin bestellte. Er starb am 8. 8. 1759 in Berlin.

Werke

An Instrumentalmusik schuf Carl Heinrich Graun ungefähr 100 Triosonaten, 30 Cembalokonzerte, einige Flötenkonzerte für König Friedrich II., ein Hornkonzert, ein Concerto grosso, 2 Orchestermärsche und Gelegenheitsstücke. Seine Stärke lag jedoch in der Vokalmusik. Neben über 33 Opern für Braunschweig und Berlin verfaßte er die Passionskantate »Der Tod Jesu«, die bis 1884 alljährlich am Karfreitag in Berlin gegeben wurde, ein Te Deum anläßlich des Sieges Friedrichs des Großen bei Prag (1757), 3 weitere Passionskantaten, 3 Trauermusiken, 27 Kirchenkantaten, mehrere Messen und Kurzmessen (nur mit Kyrie und Gloria), ein weiteres achtstimmiges Te Deum und einige lateinische und deutsche Motetten. Außerdem schrieb er etwa 100 weltliche, zumeist italienische Kantaten und »außerlesene Oden« auf Texte deutscher Dichter und schließlich eine Anzahl Lieder, mit denen er seinen Beitrag zur Begründung der »Berliner Liederschule« leistete; sie wurden in verschiedene Sammlungen aufgenommen. Seine vierstimmige Vertonung des wortkühnen Textes von Friedrich Gottlieb Klopstock (1724 bis 1803), »Auferstehen, ja auferstehen«, fand weite Verbreitung.

Literatur

C. Mennicke, Zur Biographie der Brüder Graun, in: Neue Zeitschrift für Musik LXXI, 1904.

Johann Gottlieb Graun (um 1702–71)

Zeit und Umwelt

»Schulfuchserei, Entfernung von der Natur und ängstliches Ringen mit der Kunst«, so lautete das Urteil von Christian Friedrich Daniel Schubart in seiner »Deutschen Chronik« 1775 über die Berliner Schule oder norddeutsche Schule, die aus der am Hof Friedrichs des Großen wirkenden Komponistengruppe bestand, also aus Schülern von Johann Sebastian Bach, Christoph Nichelmann, Johann Philipp Kirnberger, Johann Friedrich Agricola und Carl Philipp Emanuel Bach, weiters aus Johann Joachim Quantz, František Benda und den Brüdern Graun. Ihre Instrumentalmusik verband streng gearbeitete Kontrapunktik mit galanter, gefälliger Faktur. Altertümliche Breite und schwach differenzierte Rhythmik bildeten zu expressiver Harmonik und Dynamik wohl interessante Kontraste, aber es fehlte ihnen die künstlerische Unmittelbarkeit. Alles wirkte überlegt und nach vorgefaßten Regeln konstruiert.

Leben

Johann Gottlieb Graun wurde 1702 oder 1703 in Wahrenbrück, Sachsen, geboren. Nach einem elementaren Unterricht bei Johann Zacharias Grundig (1. 8. 1669, Berggießhübel, bis 14. 6. 1721, Dresden) war er von 1713 bis 1721 Schüler der Kreuzschule in Dresden, wo ihn Johann Georg Pisendel zum Violinisten ausbildete. In Prag setzte er diese Ausbildung bei Giuseppe Tartini fort. Im Jahr 1726 erhielt er die Konzertmeisterstelle in Merseburg, um 1728 wirkte er in der Kapelle der Reichsfürsten von Waldeck in Arolsen, 1732 berief ihn Kronprinz Friedrich von Preußen in sein Orchester, wo er bis zu seinem Tod am 27. 10. 1771 verblieb.

Sein Bruder August Friedrich Graun (1698 oder 1699, Wahrenbrück, bis 5. 5. 1765, Merseburg) war Kantor an der Domschule in Merseburg.

Werke

Die Hauptaufgabe in der Königlichen Hofkapelle Friedrichs des Großen bestand für Johann Gottlieb Graun darin, ständig für neue Kammermusik zu sorgen. Er erfüllte sie mit 26 Sonaten für Soloinstrumente, ungefähr 200 Triosonaten, 10 Quintetten und Quartetten, 97 Sinfonien, 17 französischen Ouvertüren, mehr als 60 Konzerten für ein oder mehrere Soloinstrumente mit Orchester; außerdem verfaßte er einige Vokalkompositionen und Lieder. Obwohl die Kammermusik nur für den preußischen Hof geschrieben wurde, verbreitete sie sich bald über ganz Norddeutschland und begründete durch ihre italienische Homophonie, die von Kanons und Fugen unterbrochen wird, den typisch norddeutschen vorklassischen Stil. Die Instrumentation ist konservativ und berücksichtigt Klangfarben und spezielle Techniken der einzelnen Instrumente wenig. Seine unter dem Einfluß ehemaliger Violinlehrer verfaßten Violinkonzerte überragen alles andere an Qualität.

Von August Friedrich Graun ist ein vierstimmiges Kyrie und Gloria erhalten.

Triosonate in F-Dur für Oboe, Violine und Generalbaß (Cello und Cembalo), 4 Sätze

Gerade diese Sonate zeigt deutlich auf, wie peinlich in der Berliner Schule die Barocktradition gepflegt wurde. Im einleitenden Larghetto voll elegischem Ausdruck ist die Oboe Melodieträger, während sie von der Violine mit in Bewegung aufgelösten Harmonien begleitet wird. Im anschließenden polyphonen Allegro sind beide Instrumente gleichwertig nebeneinandergeführt. Eine ständig wiederkehrende Synkope charakterisiert den Satz. Das Siciliano des 3. Satzes bringt eine dunkel gefärbte Melodik und anmutige stilisierte Tanzrhythmen. Das abschließende Allegro wirkt dagegen etwas steif.

Triosonate in G-Dur für zwei Violinen und Generalbaß, 3 Sätze

Alle 3 Sätze verarbeiten das gleiche Material, ein Dreiklangmotiv, das aber nicht variiert, sondern nur in wechselnder Form gebracht wird und sich in jedem Satz frei entfaltet. Im 1. Satz – Adagio – wird die melodische Substanz mit starkem Ausdruck vorgestellt, im 2. – Allegro – synkopiert und drängend bewegt und im 3. – Allegro – spielerisch aufgelöst. Ansätze zu einer klassischen Durchführung bleiben allerdings in den Anfängen stecken.

Triosonate in c-Moll für zwei Violinen und Generalbaß, 3 Sätze

Das Thema des einleitenden Adagio wird auch in den 2 folgenden Sätzen verarbeitet, was zu einer geschlossenen Einheitlichkeit führt. Synkopen geben dem ganzen Werk ein lebhaftes Kolorit, steigende und fallende Sexten prägen seine Eigenart ansprechend aus.

LITERATUR

E. Bücken, Die Musik des Rokokos, Potsdam 1928.

Christoph Graupner
(1683–1760)

ZEIT UND UMWELT

Wie stark das Verlangen nach Musik im »neuen galanten« Stil überwog, geht unter anderem daraus hervor, daß Christoph Graupner als Nachfolger von Johann Kuhnau zum Thomaskantor gewählt wurde, nachdem Georg Philipp Telemann verzichtet hatte und man sich, als auch Graupner unabkömmlich war, mit Johann Sebastian Bach »begnügte«.

LEBEN

Johann Christoph Graupner wurde am 13. 1. 1683 in Kirchberg, Sachsen, geboren. Er war Schüler von Johann Schelle und Johann Kuhnau in Leipzig, ab 1707 Akkompagnist an der Oper in Hamburg, ab 1709 Vizehofkapellmeister und ab 1712 erster Hofkapellmeister in Darmstadt, wo er am 10. 5. 1760 starb.

WERKE

Der deutsche Komponist Christoph Graupner verfaßte 1418 Kirchenkantaten, 24 weltliche Kantaten, 113 Sinfonien, 87 Ouvertüren, 50 Konzerte, 20 Triosonaten, 4 Violinsonaten und weitere Kammermusik für verschiedene Besetzung, »8 Partien auf das Clavier«, »Monatliche Clavier-Früchte (12 Partiten)«, »Vier Partiten« und weitere 16 Partiten, außerdem »Neu vermehrtes Darmstädtisches Choral-Buch« mit 24 eigenen Melodien und bei 10 Opern. Das meiste ist handschriftlich überliefert. Sein Stil folgt klar dem galanten Stil der Zeit.

Bonifazio Graziani (um 1605–64)

ZEIT UND UMWELT

Das Kirchenlied wurde in Rom noch lange Motette genannt, obschon es mit der alten Motettenform nur mehr wenig zu tun hatte. Angelehnt an die Gesangsformen des Oratoriums und der Oper bildete sich die einstimmige Kirchenkantate mit rezitativischen und ariosen Passagen heraus, die in einzelnen Fällen schon der Da-capo-Arie sehr nahekam. Nicht selten trat bereits die Strophenform auf.

LEBEN

Bonifazio Graziani wurde um 1605 in Marino bei Rom geboren. Er war ab 1648 Kapellmeister an Il Gesù sowie am Seminario Romano und betreute beide Stellungen bis zu seinem Tod am 15. 6. 1664.

WERKE

Der italienische Komponist Bonifazio Graziani war ein typischer Vertreter der römischen Polyphonie des 17. Jahrhunderts. Daneben trug er zur Entwicklung des sakralen Liedes Entscheidendes bei. Seine »Motetten« für eine Stimme waren in Wahrheit ausgebildete Kirchenkantaten, bei denen das Rezitativ und die Soloarie volle Anwendung fanden. Die »Motetten« waren häufig strophisch und wiesen in einzelnen Fällen alle Merkmale der Da-capo-Arie der Oper auf. Er verfaßte 8 Bücher mit zwei- bis sechsstimmigen Motetten, die diese Bezeichnung tatsächlich verdienen, und 6 Bücher mit Solomotetten, die eigentlich echte Kantaten sind, 3 Bücher fünfstimmige Motetten, eines davon für zwei Chöre und Orgel, vierstimmige Karwochen-Responsorien, drei- bis achtstimmige Marien-Litaneien und Marien-Antiphonen, zwei- bis vierstimmige Antiphonen für das ganze Kirchenjahr, Kirchenkonzerte und andere sakrale Gesänge, außerdem die Oratorien »Adam« und »Der verlorene Sohn«, Graziani war eine bedeutende Gestalt der römischen Kirchenmusik.

Tommaso Graziani (um 1553–1634)

ZEIT UND UMWELT

Die Bezeichnung »Franziskanermusik« ist nicht sehr alt und auch schwer zu definieren. Sie soll besagen, daß die vom Franziskanerorden gepflegte Musik irgendwie eine heitere, fröhliche Note aufweist, und zwar nicht nur die von Franziskanern komponierte, sondern auch fremde, in Franziskanerkirchen gespielte Musik. Der Rhythmus ist um eine Kleinigkeit straffer, das Passagenwerk kaum merklich schwungvoller. Darin liegt vielleicht keine bewußte Absicht der Komponisten und Interpreten, es ist vermutlich das alte Erbe des Ordensstifters, der in seinem »Sonnengesang« (1224), der prächtigsten Lauda des Trecento, das Dasein des Menschen in seiner Natur bejahte.

LEBEN

Tommaso Graziani wurde um 1553 in Bagnacavallo, Kirchenstaat, geboren. Er war Schüler von Costanzo Porta in Ravenna, wurde 1572 Franziskaner und um 1587 Kapellmeister des Franziskanerklosters in Mailand. Von 1589 bis 1595 war er Kapellmeister in Ravenna, darauf wieder in Mailand, 1605 in Reggio Emilia und ab 1613 im Kloster seines Heimatortes Bagnacavallo, wo er im März 1634 starb.

WERKE

Von dem italienischen Komponisten Tommaso Graziani sind mehrere Messen, Vesperpsalmen, Madrigale, Marien-Litaneien, Motetten und eine Reihe anderer kirchlicher mehrstimmiger Gesänge erhalten. Die konzertierenden vierstimmigen Franziskus-Responsorien nehmen zumindest hinsichtlich der Stimmung die Kantatenform voraus. Alle Musik von Graziani macht einen leichten, bewegten Eindruck.

Giovanni Battista Grazioli (1746 bis um 1820)

ZEIT UND UMWELT

In Ermangelung jüngerer Meister waren um die Wende zum 19. Jahrhundert Domenico Scarlatti und Baldassare Galuppi noch immer die bedeutendsten Vorbilder der Komposition für Tasteninstrumente. Dabei stand das Cembalo im Mittelpunkt des Interesses, denn Orgelmusik wurde seit Girolamo Frescobaldi (1683–1743) nahezu keine mehr geschrieben und von den Italienern auch nicht verlangt.

LEBEN

Giovanni Battista Grazioli wurde am 6. 7. 1746 in Bogliaco bei Salò geboren. Er war Schüler seines engeren Landsmannes Giuseppe Ferdinando Bertoni in Venedig. Ab 1782 war er Zweiter und von 1785 bis 1789 Erster Organist an San Marco in Venedig, wo er um 1820 starb.

Sein Sohn Alessandro Grazioli (um 1770, Venedig, bis nach 1820, Venedig) wirkte in Venedig als Organist.

WERKE

Von Giovanni Battista Grazioli sind 12 Sonaten für Cembalo und 6 Sonaten für Cembalo und Violine erschienen, die Domenico Scarlatti und Baldassare Galuppi als Vorbilder erkennen lassen.

Alessandro Grazioli schrieb 3 Sonaten und 20 Sonatinen für Orgel, die auf viel ältere Vorbilder zurückweisen.

Thomas Greaves (um 1570 bis nach 1604)

LEBEN

Thomas Greaves wurde um 1570 in England geboren. Er hielt sich als Lautenist an verschiedenen Adelssitzen auf, in denen er vermutlich auch als Hauslehrer wirkte. Seine einzige Publikation ist 1604 erschienen. Es ist nicht bekannt, wo und wann er gestorben ist.

WERKE

Von dem englischen Komponisten Thomas

Greaves ist eine Sammlung »Songs of Sundrie Kindes« (Lieder verschiedener Art) mit 15 Liedern und 6 Madrigalen erschienen. Er erweist sich damit den Madrigalisten seiner Zeit völlig ebenbürtig. Weitere Kompositionen von ihm sind nicht bekannt.

Johann Jakob Greber (um 1673–1731)

Zeit und Umwelt

Nach dem Erlöschen der pfälzischen Linie Simmern (1685) folgte die katholische Linie Pfalz-Zweibrücken-Neuburg in die pfälzische Kurwürde. Sie ging nach dem Tod Karl Philipps (1661–1742) auf dessen Vetter Karl Theodor, Pfalzgraf in Sulzbach (1724–99), über.

Leben

Johann Jakob Greber wurde um 1673 in Deutschland geboren. Sein Geburtsort ist nicht feststellbar. Er ging mit der Sängerin Francesca Margherita de l'Épine um 1692 nach London und verfaßte dort für die Eröffnung des Queen's Theatre am Haymarket im Jahr 1705 eine Oper, kehrte aber bald darauf nach Deutschland zurück und wurde zunächst Kapellmeister des Kurfürsten Karl Philipp von Pfalz-Neuburg in Schlesien, dann ab 1707 in Innsbruck und ab 1717 in Neuburg, Heidelberg und Mannheim, wo er 1731 starb und am 5. 7. begraben wurde.

Werke

Der deutsche Komponist Johann Jakob Greber verfaßte zahlreiche Opern, von denen nur einige aufgeführt wurden, außerdem etliche Kammerkantaten. Auch sein Versuch, der deutschen Oper Geltung zu verschaffen, war wenig erfolgreich.

Gaetano Greco (um 1657–1728)

Zeit und Umwelt

Die vier neapolitanischen Musikschulen hatten im 17. Jahrhundert eine beträchtliche Anzahl tüchtiger Musiker hervorgebracht, so daß man schon von einer neapolitanischen Schule sprechen konnte. Seinen kräftigsten Aufschwung als Musikzentrum erlebte Neapel aber erst am Beginn des 18. Jahrhunderts durch das Auftreten der sizilianischen Familie Scarlatti, deren Beispiel und Unterricht den Beginn einer stattlichen Reihe bedeutender Komponisten und Interpreten eröffneten.

Leben

Gaetano Greco (Grieco) wurde um 1657 in Neapel geboren. Er war Schüler von Alessandro Scarlatti am Conservatorio dei Poveri di Gesù Christo, wo er selbst von 1696 bis 1706 als Lehrer tätig war und unter anderen Domenico Scarlatti (26. 10. 1685, Neapel, bis 23. 7. 1757, Madrid) unterrichtete. Er starb in Neapel im Jahr 1728.

Werke

Der italienische Komponist Gaetano Greco verfaßte vierstimmige Litaneien mit Instrumenten und eine Reihe von Stücken für die Orgel und für das Cembalo. Sein Hauptverdienst lag in seiner vorzüglichen Unterrichtsmethode, mit der er viel zum Gestalten der neapolitanischen Schule beitrug.

Maurice Greene (um 1695–1755)

Zeit und Umwelt

Das Wirken Georg Friedrich Händels und einer Reihe von aus dem Ausland zugezogenen Komponisten regte nur wenige Engländer an, die Ausländer nachzuahmen. Einer der Gründe hiefür lag in der geringen Förderung, der zweite war die Haltung des Publikums, das Ausländer auf jeden Fall vorzog. Eine Ausnahme bildeten nur die Kirchenmusiker, die jedoch so sehr traditionsverbunden waren, daß es zumindest vorläufig zu keiner Fortentwicklung kommen konnte.

Leben

Maurice Greene wurde um 1695 in London geboren. Er war Chorknabe an St. Paul's unter Jeremiah Clarke und Richard Brind (um 1650, London, bis 1717, London), 1716 Organist an St. Dunstan's und 1717 auch an

St. Andrew's. Im Jahr 1718 wurde er Organist an St. Paul's und ab 1727 zugleich auch an der Chapel Royal. Die Universität Cambridge ernannte ihn 1730 zum Musikprofessor, 1735 wurde er Komponist der King's Band. Er starb in London am 1. 12. 1755.

WERKE
Die 40 Anthems von Maurice Greene werden der besseren englischen Kirchenmusik des 18. Jahrhunderts zugezählt; auch seine 6 Soloanthems, die »Caecilienode«, der »Gesang der Deborah« und die Oratorien »Jephthah« und »Die Macht der Wahrheit« waren sehr geschätzt. Er schrieb auch mehrere Pastoraloratorien, Catches, Kanons, Lieder, Kantaten und eine Sammlung Cembaloübungen. Am meisten bekannt wurde die Vertonung der Sonettenfolge »Amoretti« von Edmund Spenser (um 1552–99) für Singstimme, Cembalo und Violine.

LITERATUR
H. W. Shaw, Eighteenth-Centurys Cathedral Music, London 1952.

Wolfgang Grefinger
(um 1480 bis nach 1525)

ZEIT UND UMWELT
Ferdinand I. (1503–64) wurde 1521 von seinem Bruder Karl V. (1500–58) die Regierung der österreichischen Erblande überlassen. Er bemühte sich zwar als Stellvertreter des Kaisers um einen Ausgleich zwischen den Konfessionen, begünstigte jedoch die Gegenreformation in Österreich, die der Kirchenmusik des Landes starken Auftrieb verlieh.

LEBEN
Wolfgang Grefinger wurde wahrscheinlich in Krems um 1480 geboren. Dieser österreichische Organist und katholische Priester gehörte dem Schülerkreis um Hofhaymer an und war bereits um 1505 am Stephansdom in Wien als Organist tätig. Er dürfte sich vorher in Innsbruck aufgehalten haben. Zwischen 1515 und 1525 war er vermutlich Organist am ungarischen Hof. Ort und Zeit seines Todes sind nicht feststellbar.

WERKE
Neben dem 1512 in Wien erschienenen, von Wolfgang Grefinger korrigierten Psalterium patauiense ist seine Hymnensammlung aus dem Jahr 1515 »Aurelii Prudentii Cathemerion« als sein wichtigstes Werk anzusehen. Es handelt sich um die erste Prudentiusvertonung des 16. Jahrhunderts (Aurelius Clemens Prudentius, 348, Tarragona, bis nach 405, spanischer Dichter, Jurist und Provinzstatthalter, veröffentlichte 405 neben seinen anderen Dichtungen einen Liber cathemerion – Tageszeitenbuch – mit 12 Hymnen zum täglichen Gebet). Außerdem sind 4 vier- bis fünfstimmige geistliche Sätze und 6 Lieder von Grefinger überliefert. Alles andere, darunter eine Messe, ist verlorengegangen. Der Stil des Orgelmeisters ist stark von seinem Lehrer Hofhaymer beeinflußt.

LITERATUR
O. Gombosi, Zur Biografie Wolfgang Grefingers, Acta Musicologica, IX, 1937.

Edouard Gregoir (1822–90)

ZEIT UND UMWELT
Der bereits in der Klassik fallweise geübte Modus, daß Virtuosen und Sänger für ihre Konzertreisen sich von fest engagierten Pianisten begleiten ließen, wurde im 19. Jahrhundert nahezu zur Regel. Es handelte sich zumeist um jüngere Musiker, die auf diese Art eine vorzügliche Konzertpraxis und dazu oft einen wertvollen Bekanntenkreis erwarben.

LEBEN
Edouard Georges Jacques Gregoir wurde am 7. 11. 1822 in Turnhout geboren. Er war ab 1837 Schüler von Christian Franz Rummel. Von 1842 bis 1851 reiste er als Begleiter des Schwesternpaares Teresa und Maria Margherita Lucia Milanollo auf seinen Tourneen als Violinvirtuosinnen. Dann ließ er sich in Antwerpen als Komponist, Musiklehrer und Mu-

sikschriftsteller nieder. Er starb am 28.6.1890 in Wijnegem bei Antwerpen.
Sein Bruder Joseph Jacques Gregoir (19.1. 1817, Antwerpen, bis 29.10.1876, Brüssel) war Schüler von Henri Herz und Christian Franz Rummel. Er lebte ab 1848 in Brüssel als Musiklehrer und Klavierkomponist.

WERKE
Von Edouard Gregoir sind 2 Opern (eine auf flämischen Text) aufgeführt worden. Er verfaßte ferner eine Sinfonie (»Die Kreuzzüge«), 2 Oratorien, eine Anzahl Schauspielmusiken, Männerchöre, Lieder, verschiedene Orchesterwerke und zahlreiche Stücke für Klavier, Orgel, Harmonium und Violine sowie einige Lehrbücher. Seine musikhistorischen Publikationen betrafen vor allem die Musikgeschichte des belgischen Raumes.
Joseph Jacques Gregoir verfaßte eine Oper, ein Klavierkonzert und viele Etüden und Salonstücke für Klavier, außerdem Duos für Klavier und Violine oder Cello.

Annibale Gregori (um 1580–1633)

ZEIT UND UMWELT
Im Jahr 1559 fiel Siena an das Großherzogtum Toskana und nahm am kulturellen Leben von Florenz teil. Die Stadt bemühte sich, ihre Selbständigkeit, die sie politisch verloren hatte, zumindest auf diesem Gebiet aufrechtzuerhalten. Domkapelle und Stadtkapelle waren stets mit fähigen Musikern besetzt.

LEBEN
Annibale Gregori wurde um 1580 vermutlich in Siena geboren. Seine musikalische Laufbahn begann er als Kornettist der Stadtkapelle, darauf wurde er Domkapellmeister und spielte im Musikleben der Stadt bis zu seinem Tod im Jahr 1633 eine maßgebende Rolle.

WERKE
Der italienische Komponist Annibale Gregori schrieb seine »Cantiones ac sacrae Lamentationes« und sein Buch Madrigale für fünf Stimmen polyphon; auch seine sakralen Gesänge für zwei bis vier Stimmen folgten dem alten Stil. Seine ein- und zweistimmigen Arien jedoch bedienten sich der Florentiner Monodie und gewannen große Beliebtheit.

Giovanni Lorenzo Gregori
(1663–1745)

ZEIT UND UMWELT
Wer immer die Concerto-grosso-Form als erster angewendet hat, folgte damit nur der raschen Entwicklung der Barockmusik, die eine neue Form nach der anderen ausbildete. Diese griffen so rasch um sich, daß die Priorität in vielen Fällen unsicher bleibt, zumal es häufig zu merklichen Stildifferenzen kam, weil die Formen von jedem Meister verschieden gehandhabt wurden, auch wenn sie versuchten, die Faktur anderer getreulich nachzuahmen.

LEBEN
Giovanni Lorenzo Gregori wurde 1663 in Lucca geboren. Er war von 1688 bis 1742 Violinist und Kapellmeister an der Stadtmusik seines Geburtsortes, in dem er im Jänner 1745 starb.

WERKE
Der italienische Komponist Giovanni Lorenzo Gregori war der erste, der die Bezeichnung »Concerto grosso« verwendete. Daß er Schöpfer dieser Kompositionsform gewesen sei, war eine Fehlmeinung. Er schrieb Concerti grossi, aber diese reichten an die Kompositionen der Meister dieser Form wie Arcangelo Corelli oder Giuseppe Torelli nicht heran. Außerdem verfaßte er Arien im französischen Stil und Kammerkantaten für eine Stimme. Er war auch Musiktheoretiker.

Matthias Greiter (um 1495–1550)

ZEIT UND UMWELT
Das Augsburger Interim war ein Reichsgesetz Kaiser Karls V. (30. 6. 1548), womit die Auseinandersetzungen der Konfessionen

in seinem Reich beigelegt werden sollten. Es erfüllte seinen Zweck nicht, weil es die Protestanten stark benachteiligte, gewährte aber einzelnen, die Anhänger der Reformation geworden waren und zurückwollten, Straflosigkeit trotz ihres einstigen Abfalles.

LEBEN
Matthias Greiter ist um 1495 in Aichach (Oberbayern) geboren. Er wurde Ordensgeistlicher und Sänger am Münster zu Straßburg und übte nach seinem Übertritt zum Protestantismus verschiedene kirchliche und pädagogische Funktionen aus. Im Jahre 1549 machte er sich das Augsburger Interim des Kaisers, das ihm einen Rücktritt ohne Nachteile ermöglichte, zunutze und gründete eine katholische Kirchengesangschule in Straßburg, wo er am 20. 12. 1550 starb, angeblich an der Pest.

WERKE
Das Hauptverdienst, das Matthias Greiter erworben hat, besteht aus 14 deutschen Liedern für vier Stimmen, die Gefühlswärme, klangvolle Harmonik und exakte Kontrapunktik meisterhaft vereinigten. Das gleiche gilt für ein fünfstimmiges »Christ ist erstanden« und für etwa 20 Kirchenliedmelodien. Außerdem liegen ein Bicinium und ein vierstimmiger Satz mit einem Text von Publius Ovidius Naso (43 v. Chr. bis 17 n. Chr.) vor (Tristia V,8,15).

LITERATUR
R. Eitner, Das alte deutsche mehrstimmige Lied, Monatshefte für Musikgeschichte XXVI, 1894.

Eduard Grell (1800–86)

ZEIT UND UMWELT
Die bis in die Gegenwart immer wieder von einzelnen verfochtene Ansicht, daß A-cappella-Musik allein »reine Kunst« repräsentiere und die Instrumentalmusik nur eine Verfallserscheinung sei, ist dann positiv zu werten, wenn sie nicht nur zum Ausgraben alter Vokalmusik, sondern auch zur Komposition neuer führt, denn die ständige Pflege der reinen Vokalmusik bereichert die Palette der verschiedenen Musikgattungen, die sich im Verlauf der Entwicklung ständig verbreitert.

LEBEN
August Eduard Grell wurde am 6.11.1800 in Berlin geboren. Er war Schüler von Carl Friedrich Zelter und Carl Friedrich Rungenhagen in Berlin und wurde hernach Organist der Nikolai-Kirche und Mitglied der Singakademie. Bei Michael Gotthard Fischer in Erfurt nahm er in den Jahren 1817 bis 1820 Orgel- und Kompositionsunterricht. Im Jahr 1832 wurde er Vizedirigent der Berliner Singakademie, nachdem er ab 1829 an der späteren Kirchenmusikschule unterrichtet hatte, 1839 Domorganist, 1843 Gesanglehrer des Domchors, 1851 Erster Dirigent der Singakademie. Er starb am 10.8.1886 in Steglitz bei Berlin.

WERKE
Der eifrige Anhänger des strengen A-cappella-Stils der Palestrina-Epoche Eduard Grell hat außer 2 Sinfonien, einer Ouvertüre und Orgelstücken nur Vokalmusik verfaßt: eine sechzehnstimmige Messe, acht- und elfstimmige Psalmen, ein Te Deum, zahlreiche Motetten, Kantaten, 4 Oratorien, Hymnen, Lieder, Duette und eine vierstimmige Fassung der Choralmelodien sämtlicher Lieder des Gesangbuchs für gemischten Chor und für Männerchor. Sein Chorsatz ist vorzüglich und klangvoll.

François Lupien Grenet
(um 1700–53)

ZEIT UND UMWELT
Bis zum 18. Jahrhundert war der Begriff des geistigen Eigentums auf dem Feld der Musik wenig ausgeprägt. Die Komponisten pflegten sich untereinander und bei ihren Vorläufern kräftig zu bedienen. Dann wurde man gegen Plagiatoren empfindlicher. Die Übernahme fremder Kompositionen oder Kompositionsteile unterlag zwar noch mehr als 100 Jahre lang keinen juristischen Sanktionen, wurde aber von immer breiteren Kreisen als

unehrenhaft angesehen und konnte zum Verlust von Stellungen und Aufträgen führen.

LEBEN
François Lupien Grenet wurde um 1700 in Paris geboren. Er war bis 1712 Chorknabe an der Ste-Chapelle, 1733 wurde er an die Pariser Oper als Musiklehrer aufgenommen, verlor jedoch die Stelle nach 2 Jahren, weil man ihm vorwarf, er habe die Mitarbeit von Louis-Nicolas Clérambault (1676–1749) und Jean-Philippe Rameau an seinem Divertissement »Le Triomphe de l'Harmonie« verschwiegen. Er ging darauf nach Lyon, wo er 1745 Leiter der Académie des Beaux-Arts wurde und im Februar 1753 starb.

WERKE
Von François Lupien Grenet sind 2 Divertissements erhalten: »Le Triomphe de l'Amitié« (Der Triumph der Freundschaft) und »Le Triomphe de l'Harmonie« (Der Triumph der Harmonie). Die im Concert spirituel aufgeführten Motetten sind verlorengegangen. Seine Werke blieben in der Tradition von Lully und Jean-Joseph Mouret (1682–1738).

LITERATUR
L. Vallas, Un siècle de musique et de théâtre à Lyon de 1688 à 1789, Lyon 1932.

Nicola Grenon (vor 1370 bis nach 1449)

ZEIT UND UMWELT
Die bildenden Künste der Renaissance kamen von der Naturbeobachtung zur Wirklichkeitsdarstellung durch echte Farbgebung, Perspektive und Tiefenwirkung. Die Renaissancemusik wählte lebensbejahende Texte für die Gesellschaftsmusik, der melodische Duktus klang mit der Sprache sinnvoll überein. Es war dies ein Teil des Rationalisierungsprozesses, der alle Lebensgebiete, auch die Wirtschaft, umfaßte. Mystik und Symbolik wurden im gesamten Lebensbereich, einschließlich der Kunst, durch Logik und Realismus verdrängt. Denn der Mensch der Renaissance war jemand, der sein Leben so gut wie möglich ausgestaltete und nicht warten wollte, bis ein Jenseits ihm die Lösung aller Lebensprobleme abnimmt.

LEBEN
Nicola Grenon ist 1385 am Hof von Burgund nachweisbar, daher muß sein Geburtsjahr für die sechziger Jahre des 14. Jahrhunderts angenommen werden. Im Jahre 1399 war er Chorherr an Saint-Sépulcre in Paris, 1403 Knabenmeister an der Kathedrale von Laon und 1408 bis 1409 in der gleichen Eigenschaft an der Domkapelle von Cambrai; 1412 stand er im Dienst des Duc de Berry, wurde 1427 Kanonikus in Cambrai, hielt sich 1437 in Brügge auf und dann bis mindestens 1449 wieder in Cambrai. Er dürfte dort bald darauf gestorben sein.

WERKE
Grenon gilt als einer der bedeutendsten Komponisten zwischen Machaut und Dufay. Von ihm sind 5 dreistimmige Chansons, 3 vierstimmige und eine dreistimmige Motette zuzüglich einem Et in terra bekannt. Diese Werke kennzeichnen ihn als Meister der beginnenden Renaissance, der die Stilformen des französischen Ars nova mit italienischer Technik verband.

LITERATUR
J. Marix, Histoire de la musique et des musiciens de la cour de Bourgogne, Straßburg 1939.

Jean Grenouillet de Sablières
(1627 bis um 1700)

ZEIT UND UMWELT
Der Dichter und Librettist Pierre Perrin (um 1620, Lyon, bis 25. 4. 1675, Paris) stand im Dienst der Herzoge von Orléans, Gaston (1608–60) und Philippe (1640–1701). Durch diese Verbindung mit dem regierenden Haus erhielt er 1669 das Privileg, ein Opernhaus zu errichten. Er verlor es jedoch durch eine Intrige und mußte es 1672 an Jean-Baptiste Lully abtreten.

LEBEN
Jean Grenouillet, sieur de Sablières wurde 1627 in der Languedoc geboren. Er war von 1652 bis 1699 Intendant der Kapelle des Herzogs von Orléans und beabsichtigte, mit Hilfe dieser Verbindung eine Oper in Paris zu gründen. Es gelang ihm, das für die Gründung nötige Privileg von Pierre Perrin 1671 zu kaufen. Der Ankauf zerschlug sich jedoch, weil Perrin das Privileg an Lully abtreten mußte. Jean Grenouillet de Sablières starb um 1700 in Paris.

WERKE
Der französische Komponist Jean Grenouillet de Sablières verfaßte ein Pastorale auf einen Text von Pierre Perrin, »Triumph der Liebe«, das verlorengegangen ist. Erhalten sind von ihm nur 5 Arien, die jedoch seine Meisterschaft beweisen. Neben Lully konnte jedoch zu jener Zeit kein anderer Komponist nennenswerte Erfolge erzielen.

Antoine Frédéric Gresnich (1755–99)

ZEIT UND UMWELT
Nach dem Wegfall der vom Hof und vom Adel gehaltenen verschiedenen Kapellen war die Oper neben dem Concert spirituel zum Hauptbetätigungsfeld der Musiker geworden. Wenn auch reine Instrumentalkomponisten im Concert spirituel ihr Publikum fanden, geschätzt wurde um die Wende zum 19. Jahrhundert vor allem der Opernkomponist, so daß zugewanderte Meister zumeist in erster Linie auf dem Gebiet der Oper ihre Erfolge suchten.

LEBEN
Antoine Frédéric Gresnich (Gresnick) wurde am 2. 3. 1755 in Lüttich getauft. Nach seiner Ausbildung an der Kathedrale seiner Geburtsstadt ging er nach Rom und darauf nach Neapel, wo er Schüler von Nicola Sala wurde. In London wurde er 1785 Musikdirektor bei Prince of Wales George, dem nachmaligen König Georg IV., kehrte aber bald darauf nach Frankreich zurück und übernahm in Lyon die Dirigentenstelle am Grand Théâtre, ließ sich schließlich 1795 als Opernkomponist in Paris nieder, wo er am 16. 10. 1799 starb.

WERKE
Von Antoine Frédéric Gresnich sind ungefähr 15 Opern in Paris aufgeführt worden. Er schrieb außerdem eine Sinfonie, ein Fagottkonzert, eine konzertante Sinfonie für Klarinette und Fagott und einige Romanzen. Seine Musik läßt bereits den Aufbruch des romantischen Zeitalters ahnen.

Richard Gress (geboren 1893)

LEBEN
Richard Gress wurde am 3. 12. 1893 in Endersbach, Württemberg, geboren. Er studierte in Heidelberg, Darmstadt, Stuttgart und Tübingen Musik. Ab 1927 leitete er in Münster die Westfälische Schule für Musik, 1939 gründete er das Konservatorium in Kassel, dessen Leitung er bis 1959 innehatte.

WERKE
Außer 2 Oratorien schrieb Richard Gress eine Sinfonie und 2 weitere Orchesterstücke, 3 Concerti grossi, ein Klavierkonzert, ein Violinkonzert, ein Konzert für Violine und Kammerorchester, ein Concertino für Klavier vierhändig und Streichorchester, ein Klavierquintett, ein Klarinettenquintett, 2 Bläserquintette, eine Violinsonate, mehrere Klavierwerke, 4 Kantaten und andere Chorwerke sowie Lieder. Sein Stil blieb von der modernen Entwicklung unberührt.

André Modeste Grétry (1741–1813)

ZEIT UND UMWELT
Der Schriftsteller und Librettist Jean François Marmontel, Chefredakteur des »Mercure de France«, Sekretär des Königlichen Bauamtes und erfolgreicher Dramatiker, verfaßte etwa 30 Opernlibretti für zeitgenössische Komponisten und trug zur Hebung der literarischen Seite der französischen Oper viel bei.

Leben

André Ernest Modeste Grétry wurde am 11. 2. 1741 in Lüttich geboren. Den ersten Musikunterricht erhielt er von Kapellmeister Georges Wenick. Durch das Gastspiel einer Operntruppe aus Italien wurde er mit der italienischen Oper bekannt. Henri Moreau erteilte ihm die ersten Anleitungen zur Komposition, so daß er eine Messe schreiben konnte, die ihm ein Stipendium für eine Reise nach Rom eintrug. Dort setzte er seine Ausbildung bei Giovanni Battista Casali fort, die er in Bologna an der Accademia dei Filarmonici bei Padre Martini abschloß. Für den Karneval 1765 in Rom schrieb er ein Intermezzo; im darauffolgenden Jahr komponierte er eine Schauspielmusik in Genf und begab sich 1767 nach Paris, wo er mit weiteren Opern eine Serie durchschlagender Erfolge errang. Er verstand es, sich gesellschaftlich beliebt zu machen, gewann viele Freunde und wurde mit Ehren überhäuft. Kein politischer Umschwung beirrte seine Stellung. Obwohl er selbst die Revolution begrüßt hatte, erhielt er eine Pension als Gutmachung der Schäden, die er durch die Revolution erlitten hatte. Er starb am 23. 9. 1813 in Montmorency bei Paris.

Seine Tochter Lucile Grétry (1773, Paris, bis 1793, Paris) trat mit 13 Jahren in einer Oper des Vaters auf. Wegen seines frühen Todes konnte sich das vielversprechende junge Talent nicht entwickeln.

André Modeste Grétry, Gemälde von C. van Cuylenburg

Werke

An Vokalmusik verfaßte A.M. Grétry 6 Quartette, 6 Sonaten für Cembalo, 6 Streichquartette und eine Sinfonie für Streicher und zwei Hörner. Seine Vokalmusik war durch etliche Romanzen, Revolutionshymnen und eine Napoleon-Ode, weiters durch ein Confiteor und ein Dixit Dominus, beides für vier Singstimmen mit Orchester, vertreten. Das Hauptgewicht seines kompositorischen Schaffens lag auf dem Gebiet der Oper jeder Gattung.

Literatur

J. Sauvernier, André Grétry, Brüssel 1934.

Aleksandr Gretschaninow (1864–1956)

Leben

Aleksandr Tichonowitsch Gretschaninow (Alexandre Gretchaninoff) wurde am 13.10. 1864 in Moskau geboren. Er studierte an den Konservatorien in Moskau und St. Petersburg und unterrichtete anschließend von 1896 bis 1922 an der Musikschule der Philharmonischen Gesellschaft in Moskau. Im Jahr 1925 ließ er sich in Paris nieder, 1939 in Detroit und 1940 in New York, wo er am 4.1.1956 starb.

Werke

Von Aleksandr Gretschaninow sind 3 Opern und 3 Kinderopern aufgeführt worden. Er schrieb ferner 5 Sinfonien, ein Violinkonzert, ein Cellokonzert, ein Flötenkonzert und weitere kleinere Orchesterwerke, 4 Liturgien des Johannes Chrysostomos mit Orchester (in der orthodoxen Liturgie nicht zugelassen), eine

Missa oecumenica für Soli, Chor, Orchester und Orgel, 3 römische Messen, 2 Klaviersonatinen, eine Klaviersonate, viele Klavierstücke zu zwei und vier Händen, 4 Streichquartette, 2 Klaviertrios, 2 Sonaten für Klavier und Violine, je eine Sonate für Klavier und Cello, für Klavier und Klarinette, für Klavier und Balalaika. Er legte auch in Amerika den in Rußland erlernten national-russischen Stil nicht ab.

Edvard Grieg (1843–1907)

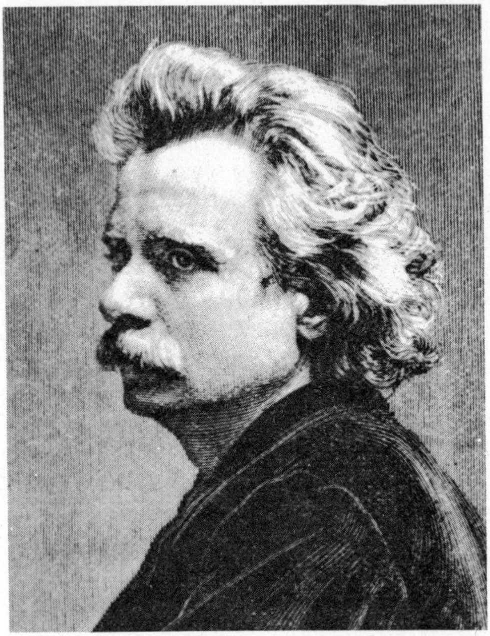

Edvard Grieg

ZEIT UND UMWELT

Die Begründer einer eigenständigen Musik in den skandinavischen Ländern kamen zum Teil aus Deutschland oder standen unter dem Einfluß deutscher Meister, in erster Linie der Romantiker Felix Mendelssohn-Bartholdy und Robert Schumann, von denen sie wohl die »Romantik« übernahmen, nicht aber ihre Selbstdisziplin und noch weniger den Reichtum ihrer musikalischen Einfälle. Sie ahmten nach, was sie erlernen konnten, und reicherten es mit dem Volksliedgut ihrer jeweiligen Heimat an. Daraus wäre ein »Skandinavismus« entstanden, dem die Substanz zu einer selbständigen Weiterentwicklung gefehlt hätte. Zum Glück brachten alle skandinavischen Länder Talente hervor, die diese Gefahr erkannten und sie zu steuern wußten, weil sie selbst über genügend Musikalität verfügten, um auf Nachahmungen verzichten zu können.

LEBEN

Edvard Hegerup Grieg wurde am 15.6.1843 in Bergen geboren. Nach häuslichem Unterricht ging er auf Anraten von Ole Bornemann Bull 1858 an das Leipziger Konservatorium, wo er bei Ignaz Moscheles Klavierspiel, bei Moritz Hauptmann Musiktheorie und bei Carl Reinecke Komposition studierte. Er setzte sein Studium in Kopenhagen bei Niels Wilhelm Gade fort, fand aber auch dort nicht, was er irgendwie unausgesprochen und unbestimmt suchte und ihm erst klar wurde, als er in seiner Heimat mit Rikard Nordråk in Verbindung kam. »Erst durch ihn lernte ich die norwegischen Volksweisen und meine eigene Natur kennen. Wir verschworen uns gegen den Mendelssohn-verweichlichten Skandinavismus und schlugen mit Begeisterung neue Wege ein«, schrieb er später. Viele Anregungen erhielt er auch von Halfdan Kjerulf. Während seiner Tätigkeit von 1866 bis 1874 in Kristiana als Pianist, Dirigent und Musiklehrer kam er mit Johan Svendson in Kontakt, dessen künstlerische Ziele den seinen parallel lagen. In Rom, wohin er 1865 und 1870 reiste, lernte er Franz Liszt kennen. Bjørnstjerne Bjørnson (1832–1910) und Henrik Ibsen (1828–1906), die auf literarischem Gebiet die gleichen Wege beschritten, wurden seine Freunde. Von Bergen aus, wo ihm 1874 das gesamte Musikwesen übertragen wurde, unternahm er weite Konzertreisen und errang mit seiner typisch norwegischen Musik als Pianist und Dirigent große Erfolge; er wurde von vielen Universitäten und Akademien geehrt. In Norwegen selbst rückte er nachgerade in den Rang eines Volkshelden auf, sein Name verknüpfte sich mit den Anstrengungen, das Land von der schwedischen Herrschaft zu befreien. Er starb m 4.9.1907 in Bergen. Sein Tod wurde in ganz Norwegen betrauert.

»Künstler wie Bach und Beethoven haben Dome und Tempel auf den Höhen errichtet, ich wollte lieber, wie Ibsen es ausdrückte, Wohnstätten für meine Mitmenschen bauen, in denen sie sich zu Hause fühlen und glücklich sein sollen, und habe versucht, eine nationale Kunst durch Aufsuchen der Quelle der norwegischen Volksseele zu schaffen«, sagte Edvard Grieg. Er war ein Meister der Kleinkunst und des Liedes und schrieb nur wenige Werke größeren Umfangs. Sein größtes war das Klavierkonzert in a-Moll. Seine Konzertouvertüren »Im Herbst« und das Stück »Aus Holbergs Zeit« werden öfters von kleineren Orchestern gespielt; eine Sinfonie in f-Moll blieb unveröffentlicht, einige Orchesterstücke und Konzerte wurden nicht vollendet. Von den Schauspielmusiken zu »Sigurd Jorsalfar« von Bjørnson und »Peer Gynt« von Ibsen sind Orchestersuiten noch heute auf den Spielplänen, auch drei Szenen aus der unvollendeten Oper »Olav Tryvason« werden zuweilen gehört. Die Kammermusik: ein Streichquartett (ein zweites ist verschollen, ein drittes unvollendet), eine Cello-Klavier-Sonate und 3 Violin-Klavier-Sonaten sind nahezu vergessen. Dafür ist seine Klaviermusik: Sonate in e-Moll, Ballade in g-Moll, Holberg-Suite, Humoresken, Albumblätter und vor allem seine wunderbaren 68 lyrischen Stücke, zu Hausmusik geworden, weil sie anscheinend leicht spielbar ist, sie erfordert jedoch eine höchst entwickelte Anschlagtechnik und ein großes Maß an Musikalität; auch seine rund 250 Lieder sind wegen ihrer reizenden Klangwirkung sehr beliebt. Von seiner Chormusik ist nur mehr »Landerkennung« für Bariton, Männerchor und Orchester lebendig.

Peer-Gynt-Suite Nr. 1, Opus 46, 5 Teile, entstanden 1888

Aus der 1876 zum dramatischen Gedicht von Henrik Ibsen »Peer Gynt« verfaßten Bühnenmusik aus 23 Stücken – Opus 23 – sind 5 Stücke entnommen: Nr. 1 »Präludium«, Nr. 13 »Morgenstimmung« mit stark nordisch gefärbter Harmonik, Nr. 12 »Åses Tod«, ein choralartig eigentümlich harmonisierter Satz für Streicher, Nr. 16 »Anitras Tanz«, ein exotisches Tonbild, das den Auftritt der Tochter des Beduinenhäuptlings illustriert, und Nr. 7 »In der Halle des Bergkönigs«, eine phantastische Groteske.

Peer-Gynt-Suite Nr. 2, Opus 55, 5 Teile, entstanden 1891

Hier sind zusammengefaßt: Nr. 4 »Brautraub und Ingrids Klage«, eine Darstellung, in der Ingrid vor den Augen der Hochzeitsgesellschaft geraubt und in die Berge entführt wird, Nr. 23 »Arabischer Tanz« mit lebhafteren orientalischen Rhythmen, Nr. 19 »Peer Gynts Heimkehr« – Schilderung des Schiffbruchs und der Rettung an der norwegischen Küste, Nr. 11 »Solvejgs Lied« (zuweilen auch gesungen), das die Sehnsucht des in der Heimat auf den Jugendgeliebten wartenden Mädchens ausdrückt, und Nr. 8 »Tanz der Tochter des Bergkönigs« mit norwegischen Tanzrhythmen. Es werden zuweilen noch weitere Nummern der Bühnenmusik dazugereiht.

Klavierkonzert in a-Moll, Opus 16, 3 Sätze, entstanden 1868

Form und Stimmungsgehalt erinnern an Robert Schumann, die Durchführung aber mehr an Franz Liszt; dennoch handelt es sich um eine völlig eigenständige – norwegische – Musik des Komponisten. Der 1. Satz beginnt vollgriffig mit einem für den Meister typischen absteigenden Motiv, dann folgt das Hauptthema, anfänglich rhythmisch markant, dann sanglich-lyrisch; auch das Seitenthema der Celli ist stark lyrisch. Nach einer rhapsodischen Durchführung folgt eine große Kadenz mit kurzer Coda, die die Einleitung wiederholt. Der 2. Satz bringt eine ruhige, breit angelegte Melodie, die das Soloinstrument zu einer mächtigen Steigerung führt. Im unmittelbar anschließenden Finale trägt das Klavier norwegische Tanzrhythmen vor; eine Flötenkantilene folgt, dann setzt nach einer kurzen Kadenz eine Stretta ein, die mit dem lyrischen Seitenthema fortissimo triumphierend ausklingt.

Aus Holbergs Tagen, Suite für Streichorchester, 5 Teile, entstanden zur Zweihundert-Jahr-Feier der Geburt des dänischen Literaten Ludwig Holberg (1684–1754)

Das Präludium bringt eine reizende Mischung alten Stils mit neuen melodischen Linien. Darauf folgt eine Sarabande, deren Melodik an »Solvejgs Lied« erinnert. Der 3. Teil ist eine Gavotte im Stil des 18. Jahrhunderts. Die folgende »Air« bildet den Höhepunkt des Stücks. Eine lange traurige, klagende Melodie steht einer hoffnungsvoll tröstenden gegenüber, die aber die trübe Stimmung auch nach einer dramatischen Klimax bis zum Ende nicht aufhellen kann. Im letzten Teil, einem Rigaudon, überrascht uns der Komponist nach einer Kadenz durch die Wiederkehr des Tanzthemas in der Umkehrform.

LITERATUR

A.E. Cherbuliez, Edvard Grieg, Zürich 1947. J. Horton, Grieg, London 1950. E. Kyle, Song of the Waterfall. The Story of E. and N. Grieg, London 1970.

John Henry Griesbach (1798–1875)

ZEIT UND UMWELT

Die britische Königin Charlotte von Mecklenburg-Strelitz (1744–1818) hielt sich in Windsor eine Privatkapelle, die als Queen Charlotte's Band einen sehr guten Ruf genoß, weil ihre Mitglieder als besonders ausgesucht galten.

LEBEN

John Henry Griesbach wurde am 20.6.1798 in Windsor geboren. Er konnte bereits mit 12 Jahren als Cellist in die Kapelle der Königin aufgenommen werden. Dann war er durch einige Zeit Schüler von Friedrich Kalkbrenner. Nach der Auflösung der Kapelle im Jahr 1818 ging er nach London und trat in einigen Konzerten als Pianist auf. Er beschäftigte sich neben seiner Tätigkeit als Komponist, Virtuose und Lehrer mit Astronomie, Mathematik, Entomologie und Malerei. Er starb am 9.1.1875 in London.

WERKE

Von John Henry Griesbach sind mehrere Opern, eine Operette, Bühnenmusiken, ein Oratorium, 2 Sinfonien, ein Capriccio für Klavier und Orchester und weitere Instrumentalstücke, Ouvertüren, Anthems, Kantaten und Lieder bekannt geworden. Im Verlauf seiner kompositorischen Tätigkeit nahm er immer mehr romantische Elemente in seine Werke auf.

Karl-Rudi Griesbach (geboren 1916)

LEBEN

Karl-Rudi Griesbach wurde am 14.6.1916 in Breckerfeld, Westfalen, geboren. Er war an der Musikhochschule Schüler von Philipp Jarnach. Nach seiner Tätigkeit in Hamburg als Pianist und Liedbegleiter wurde er ein Jahr darauf Dozent an der Musikhochschule in Dresden, wo er später Professor für Komposition wurde.

WERKE

Grundlage aller Kompositionen von Karl-Rudi Griesbach ist die Folklore, die seine Melodik, Harmonik und Rhythmik bestimmt. Neben mehreren Opern schrieb er 3 Sinfonien, 2 Ballettsuiten, deutsche und russische Volkslieder für Laienorchester, eine »Szene« für Orchester, »Blues-Impressionen« für Klavier und Streichorchester, »Konzertante Musik« für Klavier und Kammerorchester, Klavierstücke und Lieder.

Afrikanische Sinfonie, 4 Sätze, entstanden 1963

In dem Werk sind neben sparsamer exotischer Klangmalerei die unregelmäßigen Rhythmen und die pentatonische Melodiebildung der afrikanischen Musik vorangestellt. Der 1. Satz führt in die Landschaft und das Leben Afrikas ein. Holztrommeln geben das rhythmische Element, pentatonisches Melos der Holzbläser schildert die Stimmung. Der Satz endet mit majestätischen Klängen. Der 2. Satz ist der Trauer um den afrikanischen Helden Patrice Lumumba (1925–61) gewidmet. Der 3. Satz ist voll vitaler tänzerischer Bewegung. Das Finale ist ein gewichtiger Ausdruck »der Lebenskraft und der Siegeszuversicht des erwachenden Erdteils«.

Peter Griesbacher (1864–1933)

LEBEN

Peter Griesbacher wurde am 25.3.1864 in Egglham, Bayern, geboren. Er studierte in Passau. Im Jahr 1886 wurde er Musikpräfekt in Regensburg und 1911 Kanonikus und Lehrer für Kontrapunktik und Stillehre an der Kirchenmusikschule. Er starb am 28.1.1933 in Regensburg.

WERKE

Von Peter Griesbacher sind 318 Kompositionen bekannt geworden. Darunter waren 40 Messen, von denen einige – Emmeram-

Messe, Benedictus-Messe, Missa Stella maris, Canisius-Messe – große Verbreitung erfuhren, wie auch seine Requiem, das Te Deum, das Stabat mater, eine Anzahl seiner vielen Motetten, Litaneien und Gradualien. Er verfaßte auch einige Singspiele, profane Kantaten und Liederzyklen. Seine Werke zeichneten sich durch eine farbenfrohe Harmonik und klangreiche Instrumentation aus.

George Eugene Griffin (1781–1863)

Zeit und Umwelt

Die Werklisten der englischen Komponisten des beginnenden 19. Jahrhunderts glichen sich immer mehr denen des Kontinents an. Anstelle der Glees und Anthems scheinen Instrumentalstücke – Sinfonien, Konzerte –, Kammermusikwerke für Streicher und Klaviermusik auf, die in steigendem Maß geschrieben wurden, weil das Konzertpublikum sie verlangte, und zwar nicht nur Sonaten, sondern vorwiegend kleinere, intime Werke mit starkem, deutlich erkennbarem Gefühlsgehalt. Die Romantik hielt auch jenseits des Ärmelkanals ihren Einzug.

Leben

George Eugene Griffin wurde am 8.1.1781 in London geboren. Mit 16 Jahren trat er mit einem Konzert für Klavier und Orchester vor die Öffentlichkeit, dann ließ er eine Sonate für Klavier und Violine folgen. Er lebte in London als Klaviervirtuose, Musiklehrer und fallweise als Dirigent bis zu seinem Tod im Mai 1863.

Werke

Abgesehen von 3 Streichquartetten brachte George Eugene Griffin nur Klaviermusik heraus. Er schrieb 2 Klavierkonzerte, ein Klavierquartett, 4 Klaviersonaten und eine Anzahl kleinerer Stücke. Ein Großteil seines kompositorischen Werks scheint verlorengegangen zu sein. Außer dieser durchwegs romantischen Instrumentalmusik ist noch eine Ode für Chor erhalten.

Giovanni Battista Grillo
(um 1570–1622)

Zeit und Umwelt

Es war offenbar nur möglich, sich neben Claudio Monteverdi, der 1613 nach Venedig kam und die Leitung der Domkapelle übernahm, zu behaupten, wenn man die ältere Stillinie Willaert–Gabrieli streng einhielt und es sich versagte, den großen Meister nachzuahmen. Auch seine Schüler und Verehrer wählten zumeist diesen Weg.

Leben

Giovanni Battista Grillo wurde um 1570 in Venedig geboren. Er zählte zu den Schülern Claudio Monteverdis. 1615 wurde er Organist an Santa Madonna dell'Orto in Venedig, 1619 erster Organist an San Marco. Er starb im November 1622 in Venedig. Für die verschiedentlich geäußerte Annahme, daß er vor 1615 einige Zeit an der bayrischen Hofkapelle tätig gewesen sei, fehlen schlüssige Beweise.

Werke

Der italienische Komponist Giovanni Battista Grillo hielt bei seinen Kompositionen die polyphone Technik von Giovanni Gabrieli (1557–1612) ein. Seine »Concentus ac symphoniae« sind mehrchörig angelegt, seine 4 Motetten, 3 Canzonetten und 3 »Canzoni per sonare« befinden sich in zeitgenössischen Sammeldrucken.

Literatur

E. Vogel, Claudio Monteverdi, in: Veröffentlichungen für Musikwissenschaft III, 1885.

Grimace (um 1310 bis um 1380)

Zeit und Umwelt

Der Wandel, den Guillaume de Machaut in die Musik Frankreichs und Italiens gebracht hatte, griff rasch um sich. Die Ars nova, die sich bald zur Ars subtilior verfeinerte, wurde zumindest in Frankreich zum universellen Stil.

LEBEN

Grimace (Grymace, Grimache) wurde um 1310 in Frankreich geboren und wirkte vermutlich an einem der Fürstenhöfe als Musiker. Ort und Zeit seines Todes sind nicht überliefert.

WERKE

Von Grimace (sein Vorname ist nicht bekannt) sind 3 Balladen, ein Virelai und ein Rondeau erhalten, die mäßig synkopiert sind und gelegentlichen Rhythmuswechsel aufweisen. Sie stehen offensichtlich unter dem Einfluß von Guillaume de Machaut und sind dem Stil der Ars subtilior zuzurechnen.

LITERATUR

J. Wolf, Geschichte der Mensural-Notation, Leipzig 1904.

Heinrich Grimm (1593–1637)

ZEIT UND UMWELT

Johann Tserclaes Graf von Tilly eroberte als Generalissimus des kaiserlichen Heeres am 20.5.1631 Magdeburg und zerstörte die blühende Stadt bis auf die Grundmauern. Zahlreiche Einwohner verloren dabei ihr Leben und die meisten Überlebenden Haus und Habe.

LEBEN

Heinrich Grimm wurde 1593 in Holzminden geboren. Er war Schüler von Michael Praetorius und folgte 1619 Friedrich Weißensee (um 1560–1622) als Kantor in Magdeburg nach. Bei der Zerstörung der Stadt Magdeburg verlor er seinen gesamten Besitz; er selbst konnte sich nach Braunschweig retten und wurde dort Kantor an der Katharinenkirche. Ab 1632 bis zu seinem Tod am 10. 7. 1637 übte er die gleiche Funktion an der Andreaskirche aus.

WERKE

Der deutsche Komponist Heinrich Grimm war neben Heinrich Schütz, Samuel Scheidt und Michael Praetorius einer der frühesten Vertreter des Generalbasses in Deutschland. Erhalten sind von ihm vierstimmige Psalmen, etliche mehrstimmige Messen, Tricinien mit und ohne Generalbaß, konzertierende Festbicinien mit Generalbaß und eine deutsche Passion für vier Stimmen. Seine Musik ist gemäßigt modern, ohne die Polyphonie ganz zu verlassen.

LITERATUR

H. Lorenzen, Der Cantor Heinrich Grimm, Hamburg 1940.

Julius Otto Grimm (1827–1903)

LEBEN

Julius Otto Grimm wurde am 6.3.1827 in Pärnu (Pernau), Estland, geboren und in Tartu (Dorpat) von Friedrich August Brenner ausgebildet. Er war ab 1851 Schüler des Konservatoriums in Leipzig, gründete und dirigierte von 1854 bis 1860 einen Gesangverein in Göttingen, wirkte sodann in Münster als Dirigent des Caecilienvereins, ab 1878 als Lektor für Musik an der Universität und ab 1885 als Professor. Er starb am 7.12.1903 in Münster.

WERKE

Von Julius Otto Grimm sind 3 Orchestersuiten in Kanonform, eine Sinfonie in D-Dur, eine Violinsonate in A-Dur überliefert. Neben seinem Chorwerk »An die Musik« wurde besonders sein Liederkranz aus »Quickborn« von Klaus Groth – 7 einstimmige Lieder, ein Duett, ein Terzett, 2 Quartette – als Bereicherung des niederdeutschen Kulturlebens sehr geschätzt.

Albert Grisar (1808–69)

ZEIT UND UMWELT

Es wurden im 19. Jahrhundert nicht nur von Franzosen, sondern auch von Komponisten anderer Länder laufend Opern geschaffen, wenn auch selten jemand einer solchen Massenerzeugung fähig war wie viele Italiener. Auch in Belgien wurden in jeder Stadt Opern aufgeführt. Das mußte belgische Musiker verlocken, zu versuchen, ob man es nicht ebensogut könne wie die Franzosen, die ständig auf den Programmen standen. Es zeigte sich jedoch ein Unterschied. Während die Franzosen viel Mittelmäßiges auf die Bühne stellten, brachten sie doch von Fall zu Fall Meisterwerke von Weltgeltung hervor. Diese blieben bei den Belgiern aber vorläufig aus.

LEBEN
Albert Grisar wurde am 26.12.1808 in Antwerpen geboren. Er begab sich in jungen Jahren nach Paris, um bei Antonín Rejcha Opernkomposition zu lernen, kehrte aber sehr bald zurück und stellte 1838 seine erste Oper auf die Bühne. Das brachte ihm eine staatliche Unterstützung zur Fortsetzung seiner Studien ein. Wieder in Paris, führte er einige Opern an der Opéra Comique auf, ging sodann nach Neapel, um bei Saverio Mercadante Unterricht zu nehmen, und setzte hierauf in Paris die Opernkomposition fort. Er starb am 15.6. 1869 in Asnières bei Paris.

WERKE
Von den 19 Opern Albert Grisars konnten sich nur wenige längere Zeit auf den Bühnen halten. Auch die hinterlassenen 11 skizzierten Werke sind wenig überzeugend. Er schrieb außerdem eine Reihe Romanzen und andere kleine Gesänge; einiges gewann eine gewisse Popularität.

Peter Grönland (1761–1825)

ZEIT UND UMWELT
Die Anteilnahme der holsteinischen Bevölkerung am deutschen Geistesleben wurde um die Wende zum 19. Jahrhundert in keiner Weise gehemmt. Die Holsteiner studierten zwar in Kiel und nahmen in Kopenhagen Stellungen an, publizierten aber ihre literarischen und musikalischen Werke in der Regel in Deutschland.

LEBEN
Peter Grönland wurde am 15. 10. 1761 in Wilster, Holstein, geboren. Er studierte in Kiel und arbeitete darauf als Beamter in Kopenhagen. Seine Lieder brachte er in Leipzig heraus. Er starb am 30. 12. 1825 in Kopenhagen.

WERKE
Die Lieder von Peter Grönland sind ausnahmslos auf deutsche Texte komponiert. Sie erschienen im Göttinger Musenalmanach und in den Sammlungen von Johann Friedrich Reichardt. Einzeln sind herausgekommen: »Notenbuch zu dem akademischen Liederbuche«, »Lieder von Goethe«, »Die erste Walpurgisnacht« und »Osterfeyer« (aus Goethes »Faust«). Die Lieder waren zum Konzertgebrauch bestimmt und dementsprechend anspruchsvoll.

Ferde Grofé (1892–1972)

LEBEN
Ferde Grofé (Ferdinand Rudolph von Grofe) wurde am 27.3.1892 in New York geboren. Er wurde in seinem Geburtsort und am Konservatorium in Leipzig ausgebildet und wirkte sodann als Pianist und Violinist in Tanzkapellen und als Mitglied der Jazzband von Paul Whiteman (28.3.1890, Denver, Col., bis 29.12.1967, Doylestown, Pa.). Er starb am 3.4.1972 in Santa Monica, Calif.

WERKE
Von Ferde Grofé ist ein Ballett aufgeführt worden. Er schrieb ferner zahlreiche Orchesterwerke wie »Broadway at Night«, »Symphony in Steel« (Sinfonie in Stahl), »Metropolis«, »San Francisco Suite«, »Niagara Falls Suite«, »World's Fair Suite«, »Grand Canyon Suite«, »Mississippi Suite« und viele Filmmusiken. Für Paul Whiteman schrieb er zahlreiche Arrangements. Seine Kompositionen sind keine Jazzstücke, aber er verwendete Jazzrhythmen und ahmte Jazzklänge mit konventionellen Orchesterinstrumenten nach.

Daniel Magnus Gronau
(um 1690–1747)

Zeit und Umwelt
Die Choralbearbeitungen in Variationenform blieben nahezu ausschließlich auf den protestantischen deutschen Raum beschränkt. Da die Orgelmeister das Choralthema trotz aller Umspielungen und Verzierungen, trotz Diminuierungen und Augmentationen deutlich hörbar erhalten wollten, hoben sie es nicht selten durch eine besondere Klangfarbe hervor, so daß der Registrierung der Orgeln große Bedeutung zukam und in vielen Fällen nicht dem Organisten überlassen, sondern vom Komponisten vorgeschrieben wurde, weil dieser bestimmte Klangfarbenvorstellungen verwirklichen wollte.

Leben
Daniel Magnus Gronau wurde um 1690 vermutlich in Danzig (Gdańsk) geboren und war dort als Organist tätig, zuletzt von 1730 bis zu seinem Tod am 2. 2. 1747 an St. Johann.

Werke
Die 84 erhaltenen Choralvariationen von Daniel Magnus Gronau enthalten eine genaue Registrieranweisung, die uns einen wertvollen Einblick in die Ästhetik der Orgelkunst des 18. Jahrhunderts gewährt. Der Komponist soll auch eine Anzahl Orgelfugen und Orgelpräludien verfaßt haben.

Literatur
G. Frotscher, Ein Danziger Orgelbuch, Kongreß-Bericht, Leipzig 1925.

Johann Albert Gronemann
(um 1710 bis nach 1760)

Zeit und Umwelt
Auch im 18. Jahrhundert erschienen noch viele Stücke für Violinen, die die Ausführung mit Flöten ausdrücklich zulassen. Abgesehen davon, daß diese alternative Besetzung dem Violinsatz oft enge Grenzen zog, beweist sie, wie wenig Beachtung man noch der Klangfarbe der einzelnen Instrumente schenkte. Die erweiterte Aufführungsmöglichkeit sollte selbstverständlich den Interessentenkreis vergrößern.

Leben
Johann Albert Gronemann (Groenemann) wurde um 1710 in Köln geboren. Er ließ sich in Leiden als Violinist nieder. Im Jahr 1750 wurde er Organist in Den Haag, verlor aber 1760 diese Stelle wegen einer Erkrankung, an der er in den folgenden Jahren starb.

Werke
Von Johann Albert Gronemann sind mehrere Bücher mit Sonaten und Duetten für Violine oder Flöte erschienen. Der Violinsatz wurde so gehalten, daß er mit Flöten ausführbar war.

Georg Christoph Grosheim
(1764–1841)

Zeit und Umwelt
Bei jedem Stilwandel der Musikgeschichte erschienen Publikationen, die sich über den »Verfall der Tonkunst« ereiferten. Regellosigkeit, mangelndes Melos, brutale Harmonisierung waren unter vielen anderen die stereotypen Vorwürfe, die den Vertretern der neuen Epoche gemacht wurden; Hand in Hand damit gingen Klagen über das Absinken der allgemeinen Moral und der Kassandraruf, der vor dem endgültigen Sturz in den Abgrund warnte. Einer Erwiderung bedarf diese Erscheinung, die den Eindruck vermittelt, daß das Geistes- und Kunstleben der Menschheit von einer unermeßlichen Höhe immer mehr abgleite, nicht, denn sie wird auftreten, solange es eine Stilentwicklung der Musik gibt.

Leben
Georg Christoph Grosheim wurde am 1. 7. 1764 in Kassel geboren. Er wurde 1781 Mitglied der Kasseler Hofkapelle und war von

1800 bis 1805 ihr Musikdirektor, außerdem Musiklehrer und Musikalienhändler. Er starb am 18. 11. 1841 in Kassel.

WERKE
Viele Kompositionen von Georg Christoph Grosheim blieben ungedruckt und sind zum Großteil verschollen. Erschienen sind Orgelpräludien, Klavierfantasien, Variationen, kleinere Orchesterwerke, Lieder, Arien und eine Volksliedersammlung, außerdem 2 Opern und die Kantaten »Hektors Tod« für zwei Solostimmen mit Orchester und »Die zehn Gebote« für vier Stimmen und Orgel. Er veröffentlichte eine Reihe musikwissenschaftlicher und kritischer Werke, darunter eines, das den Niedergang der Tonkunst feststellt und beklagt.

Grosin de Parisius
(um 1370 bis um 1430)

ZEIT UND UMWELT
Wenn sich auch um die Wende des 14. zum 15. Jahrhundert der Schwerpunkt der Musikentwicklung von Paris nach Norden in den franko-flämischen Raum verschob, so ist die französische Hauptstadt nicht ohne Musik geblieben. Dort betraf die Entwicklung vor allem das Lied, das bereits Ansätze zur typischen Pariser Chanson erkennen ließ.

LEBEN
Grosin (Grossin) de Parisius ist vermutlich in Paris um 1370 geboren. Über sein Leben gibt es keine Informationen. Es ist anzunehmen, daß es in Paris verlief und er auch dort um 1430 gestorben ist. Es lebte und wirkte in der zweiten Hälfte des 15. Jahrhunderts in Paris ein Guillaume Grossim, von dem etliche Lieder überliefert sind. Eine Identität beider Komponisten liegt nicht vor.

WERKE
Von Grosin sind mehrere ein- bis dreistimmige sakrale und profane Gesänge erhalten, die wegen des Stiles, der sich zu jener Zeit in Paris herausbildete, interessant sind.

Estienne Grossin
(nach 1380 bis nach 1430)

ZEIT UND UMWELT
Der für Frankreich unglückliche Verlauf des Hundertjährigen Krieges drängte Paris, das bisher Mittelpunkt der Musikentwicklung wie überhaupt der westeuropäischen Kultur war, in eine Randlage, so daß die Stadt nun mehr Impulse von außen empfing als abgab. Das besagt aber nicht, daß das kulturelle Leben zum Stillstand gekommen wäre, es setzte sich, wenn auch weniger kraft- und wirkungsvoll, fort und nahm nach kaum einem Jahrhundert in breiterem Rahmen wieder am europäischen Kulturgeschehen in vorderster Linie teil.

LEBEN
Estienne Grossin (Grossim de Parisiis) wurde zwischen 1380 und 1400 vermutlich in Paris geboren. Im Jahre 1418 war er Chapelain an St. Merry in Paris, 1421 Clerc de matines an Notre-Dame. Er ist vermutlich in Paris nach 1430 gestorben. Mit Guillaume Grossim, der einige Chansons hinterlassen hat, ist er nicht ident, weil dessen Leben ungefähr 50 Jahre später einzuordnen ist.

WERKE
Der französische Komponist Estienne Grossin ist uns mit einer dreistimmigen Messe (ohne Agnus) und mehreren Chansons bekannt, die stark zur franko-flämischen Musik tendieren. Die Messe zeigt teilweise die pankonsonante Struktur (ohne Dissonanzen) der englischen Kompositionstechnik.

LITERATUR
A. Pirro, La Musique à Paris sous le règne de Charles VI, Straßburg 1930. E. Dannemann, Die spätgotische Musiktradition in Frankreich und Burgund, Heidelberg 1936.

Eivind Groven (geboren 1901)

LEBEN
Eivind Groven wurde am 8. 10. 1901 in Lårdal, Telemarken, geboren. Er studierte in Oslo

und beschäftigte sich anschließend neben der Komposition mit akustischen Problemen und Volksmusik.

WERKE
Die Sammlung norwegischer Volksmusik von Eivind Groven beinhaltet mehr als 1000 Nummern. Seine Vorliebe für »reine« – untemperierte – Naturskalen führten zum Bau einer ekmelisch gestimmten Orgel mit automatischer Umschaltung und einer elektronischen Orgel mit gleicher Stimmung. Er schrieb 2 Sinfonien, 6 sinfonische Suiten, eine Ouvertüre, ein Klavierkonzert, 4 Kantaten, darunter die berühmte »Der Bräutigam« und »Margjit Hjukse«, bei der das norwegische Volksinstrument Hardanger-Fidel verwendet wird. Er verfaßte mehrere Abhandlungen über Volksmusik.

Carlo Grua (um 1695–1773)

ZEIT UND UMWELT
Mannheim nahm jeden Musiker auf, dessen Befähigung ausreichte, sich in das hochentwickelte Orchester einzufügen. Es waren neben Österreichern vorwiegend Talente aus Böhmen und Mähren, aber auch Italiener waren willkommen, die sich der neuen Aufführungspraxis unterwarfen.

LEBEN
Carlo Luigi Pietro Grua wurde um 1695 in Mailand als Sohn des Sängers und Komponisten Carlo Luigi Pietro Grua (um 1665 bis nach 1718) geboren. Er war um 1734 Hofkapellmeister in Mannheim, wo er am 11. 4. 1773 starb.

WERKE
Von Carlo Grua sind eine Anzahl Oratorien, verschiedene Kirchenmusik und 2 Opern bekannt. Seine späteren Werke fügen sich bereits ganz dem Mannheimer Stil ein.

Carlo Luigi Pietro Grua
(um 1665 bis nach 1718)

ZEIT UND UMWELT
Die Zuwanderung italienischer Musiker nach Deutschland hielt auch gegen das Ende des 17. Jahrhunderts unvermindert an, obwohl schon viele Stellen von einheimischen Kräften besetzt wurden. In Italien selbst verringerten sich zu jener Zeit die Entfaltungsmöglichkeiten außerhalb der Kirchen. Die politische Entwicklung hatte einer Anzahl von Hofkapellen ein Ende gesetzt, und zu öffentlichen Konzerten kam es noch nicht, weil das Publikumsinteresse vor allem von der Oper in Anspruch genommen war, die nicht so viel Musiker aufnahm wie ein Konzertbetrieb benötigt hätte. In Deutschland hingegen wurden immer mehr Kapellen begründet.

LEBEN
Carlo Luigi Pietro Grua wurde um 1665 in Florenz geboren. Er ging nach seiner Ausbildung nach Deutschland und wurde 1693 Vizekapellmeister am Dresdner Hof, dann in Düsseldorf und Heidelberg und schließlich in Mannheim bei Pfalzgraf Johann Wilhelm II. Er starb in Mannheim nach 1718.

WERKE
Der italienische Komponist Carlo Luigi Pietro Grua schrieb eine Messe, Motetten, Kammerduette, eine große Serenade »Das fünfte Element der Welt« und 4 italienische Opern.

Paul Grua (1753–1833)

ZEIT UND UMWELT
Obgleich die Mannheimer Hofkapelle reichlich mit deutschen und böhmischen Meistern besetzt war, schien es dem Kurfürsten von der Pfalz Karl Theodor dennoch erforderlich, daß zumindest einzelne eine Ausbildung in Italien erhielten. Solange Padre Martini lebte, war es eine Selbstverständlichkeit, daß er für diese Ausbildung bemüht wurde.

LEBEN

Franz Paul Joseph Grua (eigentlich Francesco de Paula, Giuseppe) wurde am 1. 2. 1753 als Sohn des Carlo Luigi Pietro Grua (um 1695–1773) in Mannheim getauft. Er war Schüler von Padre Martini in Bologna und Tommaso Traetta in Parma, ging sodann, nach Mannheim zurückgekehrt, mit dem Hof 1778 nach München und wirkte dort von 1784 bis zu seinem Tod am 5. 7. 1833 als Hofkapellmeister.

WERKE

Außer einer einzigen Oper schrieb Paul Grua ungefähr 30 Orchestermessen, 6 Vespern, 3 Stabat mater, 3 Te Deum, 6 Miserere, 29 Offertorien, 3 Requiem, Psalmen, Responsorien und mehrere Konzerte für Klavier und Klarinette oder Flöte. Trotz seiner Schulung in Italien folgt sein Stil dem Mannheimer.

Georg Wilhelm Gruber (1729–96)

ZEIT UND UMWELT

Auch in Nürnberg, der seinerzeitigen Hochburg des pietistischen Gesanges, hielt in der zweiten Hälfte des 18. Jahrhunderts die im Norden entstandene deutsche Liedform Eingang. Sie wurde etwas weniger streng den Regeln gemäß gehandhabt, weil man südlich des Mains nie völlig auf Melodieverzierungen und Affektausdruck verzichten wollte.

LEBEN

Georg Wilhelm Gruber wurde am 22. 9. 1729 in Nürnberg geboren. Er wirkte in seiner Geburtsstadt als Violinist, Kapellmeister und Musikverleger bis zu seinem Tod am 22. 9. 1796.

WERKE

Von Georg Wilhelm Gruber ist eine Reihe von Kammermusikwerken und Liedern, die rasch beliebt wurden, im Druck erschienen. Seine Kirchenmusik liegt nur handschriftlich überliefert vor und ist nicht sehr bedeutend.

Louis Grünberg (1884–1964)

LEBEN

Louis Grünberg wurde am 3.8.1884 in Brest-Litwosk, Polen (heute Brest, Weißrußland), geboren. Er wurde in New York, Berlin und Wien zum Pianisten ausgebildet und trat in Deutschland und später in den USA als Klaviervirtuose auf. Er starb am 9.6.1964 in Los Angeles.

WERKE

Von Louis Grünberg sind 12 Opern, eine Operette und eine Anzahl Ballette bekannt geworden. Er schrieb außerdem 4 Sinfonien, 2 Klavierkonzerte, ein Violinkonzert, ein Cellokonzert, eine Jazzsuite, verschiedene Kammer-, Klavier- und Vokalmusik, Jazzmusik und eine Kantate »Lied des Glaubens« für Sprecher, Stimmen, Chor, Orchester und eine Tanzgruppe. Er integrierte Jazzelemente mit modernen Strukturen.

Friedrich Grützmacher (1832–1903)

ZEIT UND UMWELT

Die großen Orchester Mitteleuropas gingen in der zweiten Hälfte des 19. Jahrhunderts wie die Westeuropas daran, sich zu reorganisieren, indem sie jedes Pult ohne Ausnahme mit gründlich ausgebildeten Instrumentalisten besetzten. Damit wurden Klangkörper erreicht, in denen jeder einzelne Musiker als Solist angesprochen werden durfte, und eine bislang ungewohnte exakte Wiedergabe des Programms gewonnen.

LEBEN

Friedrich Wilhelm Ludwig Grützmacher wurde am 1.3.1832 in Dessau geboren. Er war Schüler von Friedrich Gottlob Schneider. Im Jahr 1849 wurde er Erster Cellist im Gewandhausorchester in Leipzig und Cellolehrer am Konservatorium, 1860 trat er in Dresden als Königlicher Kammervirtuose dem Hoforchester bei und unterrichtete eine große Anzahl Schüler, die später selbst zu bekannten Meistern des Instruments wurden. Er starb am 23.2.1903 in Dresden.

Sein Bruder Leopold Grützmacher (4.9.1835, Dessau, bis 26.2.1900, Weimar) war einige Zeit Mitglied des Gewandhausorchesters in Leipzig und später Erster Cellist der Hofkapelle in Schwerin, sodann am Landestheater in Prag und darauf an der Hofkapelle in Meiningen tätig. Ab 1876 wirkte er als Erster Cellist und Kammervirtuose in Weimar.

WERKE

Von Friedrich Grützmacher sind neben einer oft aufgelegten »Hohen Schule des Violoncellspiels« eine Anzahl Vortrags- und Übungsstücke für das Instrument, wie 3 Celloromanzen mit Orchester und das Cellokonzert in e-Moll, weiters Orchesterwerke – Ouvertüren, Fantasien –, Kammermusikwerke, Klavierstücke und Lieder überliefert.

Leopold Grützmacher schrieb 2 vorzügliche Cellokonzerte und eine Reihe kleinere Vortragsstücke.

Gottfried Gruner (1732–92)

ZEIT UND UMWELT

Gera, die Residenz der jüngeren Linie der Fürsten Reuß, entwickelte besonders in Schloß Osterstein ein intensives, wenn auch auf schmalem Rahmen beschränktes Musikleben.

LEBEN

Nathanael Gottfried Gruner wurde am 5. 2. 1732 in Zwickau getauft. Er war ab 1764 Kantor und Musikdirektor der Stadt und Residenz Gera und betreute diese Stelle bis zu seinem Tod am 2. 8. 1792.

WERKE

Die Klaviersonaten und Klavierkonzerte von Gottfried Gruner wurden von den Zeitgenossen überaus geschätzt. Auch seine kirchlichen Vokalwerke waren sehr bekannt. Sein Stil kam der Vorklassik nahe.

Gottfried Grunewald
(1673–1739)

ZEIT UND UMWELT

Schon in den ersten Jahren des 18. Jahrhunderts war der Opernbetrieb in Hamburg in voller Entfaltung. Die Bemühungen, dem Publikum deutsche Werke zu bieten, wurden allerdings mit nur mäßigem Erfolg fortgesetzt.

LEBEN

Gottfried Grunewald wurde 1673 vermutlich bei Hamburg geboren. Im Jahr 1703 wurde er Sänger an der Hamburger Oper und 1712 Vizekapellmeister in Darmstadt. Ab 1717 reiste er in Deutschland als Pantaleonvirtuose umher. Er starb in Darmstadt im Jahr 1739 und wurde am 22. 12. begraben.

WERKE

Der deutsche Sänger und Komponist Gottfried Grunewald verfaßte für Hamburg eine Oper. Seine Kompositionen für das Pantaleon sind verlorengegangen.

Juozas Gruodis (1884–1948)

LEBEN

Juozas Gruodis wurde am 8.12.1884 in Rakėnai, Litauen, geboren. Er war von 1915 bis 1916 Schüler des Konservatoriums in Moskau und hielt sich darauf in Jalta auf. Von 1920 bis 1924 ergänzte er seine Ausbildung in Leipzig bei Paul Graener. Von 1924 bis 1927 wirkte er als Dirigent der Oper und als Lehrer am Konservatorium in Kaunas, wo er am 16.4.1948 starb.

WERKE

Das kompositorische Werk von Juozas Gruodis gehört der Spätromantik an, wenn darin auch einige Vorstöße in die Richtung moderner Musikentwicklung auffallen. Er schrieb 2 sinfonische Dichtungen, 2 Orchestersuiten, ein Streichquartett, 2 Klaviersonaten, Solo- und Chorlieder, Schauspielmusiken und ein Ballett, ferner Volksliedbearbeitungen. Er war einer der Begründer der modernen litauischen Musik.

Domenico Guaccero (geboren 1927)

Leben

Domenico Guaccero wurde am 11.4.1927 in Palo del Colle, Bari, geboren. Er studierte bis 1948 am Liceo Musicale in Bari, bis 1956 Komposition bei Goffredo Petrassi und anschließend Akustik an der Accademia di Santa Cecilia in Rom, wo er Mitbegründer des Elektronischen Zentrums der Römischen Philharmonie, der »Nuova Consonanza«, der Gesellschaft für Musiktheater und des Studios »R7« für Elektronische Musik, das er seit 1969 leitet, war. Seit 1966 wirkt er als Kompositionslehrer am Konservatorium in Pesaro.

Werke

Neben 2 Opern schrieb Domenico Guaccero unter anderem »Variationen 1« für Orchester und elektronische Klänge, »2« für Streicher, ein Stück für Streicher und Tasteninstrument, ein Stück für 16 und eines für zehn Instrumente, ein Quartett für Kleine Klarinette, Tenorsaxophon, Sopran und Tenor, »Übungen« für Klarinette und Klavier, eine Klaviersonate, Improvisationen für Bratsche und für Cembalo, »Übungen für Sopranstimme« und für »einen Mimen«, »Übungen für Singstimmen und Instrumente« und »Variationen für Instrumente, Singstimmen und elektronische Klänge«. Ab 1963 wirkt er als Musikredakteur der Zeitschrift Collage.

Francesco Maria Guaitoli
(1563–1628)

Zeit und Umwelt

Der Maler und vor allem Baumeister der Renaissance Baldassare Tommaso Peruzzi (1481–1536) erbaute den »Neuen« Dom in Carpi, weil der »Alte Dom« (La Sagra) aus 750 den Anforderungen und dem Geschmack der Zeit nicht mehr entsprach. Der Dom verfügt über eine besonders gute Akustik, wie man sie sehr oft bei Renaissancekirchen feststellen kann.

Leben

Francesco Maria Guaitoli wurde 1563 in Carpi geboren und als Singknabe am Neuen Dom der Stadt zum Musiker ausgebildet. Er studierte in Modena und erhielt darauf in seiner Heimatstadt ein Kanonikat und die Domkapellmeisterstelle, die er bis zu seinem Tod am 3. 1. 1628 versah.

Werke

Von dem italienischen Komponisten Francesco Maria Guaitoli sind Psalmen, Vespern und weitere sakrale Stücke, dann Motetten, Madrigale und Canzonetten überliefert. Seine Musik gehört stilistisch dem 16. Jahrhundert an, sie beweist eine gründliche Ausbildung und vielseitige, gut verarbeitete melodische Einfälle.

Alessandro Gualteri
(um 1580 bis nach 1620)

Zeit und Umwelt

Der Renaissancearchitekt Michele Sanmicheli (1484–1559), dem Verona neben einigen großartigen Palästen auch die Porta Nuova und den Ponte Nuovo verdankt, schuf die Fassade der Kirche Santa Maria in Organo, in der noch weit in das 17. Jahrhundert hinein polyphone Musik im Stil des 16. Jahrhunderts erklang.

Leben

Alessandro Gualteri wurde um 1580 vermutlich in der Republik Venedig geboren. Er war ab ungefähr 1610 Kapellmeister der Veroneser Kirche Santa Maria in Organo und starb nach 1620 in Verona.
Antonio Gualteri (um 1575, Rupublik Venedig, bis nach 1625, Monselice) war von 1608 bis 1625 Kapellmeister an der Kirche in Monselice und starb in einem der folgenden Jahre. Ob zwischen beiden ein Verwandtschaftsverhältnis vorliegt, ist nicht feststellbar.

Werke

Der italienische Komponist Alessandro Gualteri komponierte eine Anzahl achtstimmiger Messen und ein- bis vierstimmiger Motetten. Die Messen folgen dem polypho-

nen Stil, die Motetten weisen monodische Passagen auf.
Von Antonio Gualteri sind 2 Bücher mit Madrigalen, Motetten und dreistimmigen Liebesliedern erhalten, die in einem Übergangsstil gehalten sind.

Gioseffo Guami (um 1540 bis um 1612)

ZEIT UND UMWELT
Auch unter den veränderten Verhältnissen in Italien nach dem Eindringen Karls VIII. (1494) vermochte Lucca seine bisher mit Glück und Geschicklichkeit bewahrte Unabhängigkeit beizubehalten. Die Rückkehr der Medici nach Florenz bedeutete eine schwere Bedrohung. Die Kurie versuchte Einfluß auf die Stadt zu gewinnen, die diese Angriffe auf ihre Freiheit ebenso abwehrte wie das Eindringen des Jesuitenordens und die Einführung der Inquisition. Dazu kamen wirtschaftliche Schwierigkeiten wegen Krisen in der Seidenindustrie, die für den Haushalt der Stadt lebenswichtig war, Arbeiterrevolten und religiöse Auseinandersetzungen mit der Reformation. Aber alles das wurde mit äußerster Anstrengung überwunden. Lucca blieb unter ihren Gonfalonieri unabhängig.

LEBEN
Gioseffo Guami (Guammi) wurde um 1540 in Lucca geboren. Der italienische Komponist und Organist hat sich angeblich zwischen 1550 und 1560 in Venedig aufgehalten und bei Willaert Unterricht genommen. Im Jahre 1568 wurde er herzoglicher Kapellorganist unter Lasso in München. Er versah diese Stelle bis 1579. Von 1588 bis 1591 wirkte er an San Marco in Venedig als Erster Organist und einige Jahre darauf bis zu seinem Tod um 1612 an San Martino in seiner Vaterstadt.
Sein Bruder Francesco Guami (um 1544, Lucca, bis 30. 1. 1602, Lucca) war von 1568 bis 1580 Posaunist an der Münchner Hofkapelle, darauf Kapellmeister in Baden-Baden und an verschiedenen Kirchen in Venedig.
Sein Sohn Valerio Guami (getauft 14. 4. 1587, Lucca, bis 1649, Lucca) wurde 1615 Organist an San Martino und 1632 Kapellmeister der Cappella della Signoria in Lucca.
Ein weiterer Sohn, Vincenzo Guami (um 1568, Lucca, bis 1615, Lucca), war Organist an San Martino in Lucca und einige Zeit Hofkapellenorganist des Erzherzogs Albrecht (1559–1621) von Österreich in Antwerpen.

WERKE
Gioseffo Guami gehörte zu den ersten Instrumentalkomponisten im echten Sinn des Wortes. Er schrieb neben 3 Büchern mit fünfstimmigen Madrigalen und fünf- bis zehnstimmigen geistlichen Gesängen Kanzonen für die Orgel, außerdem Motetten, Messen und weitere Orgelstücke.
Francesco Guami verfaßte 3 Bücher mit vierstimmigen Madrigalen und 2 mit Ricercari.
Valerio Guami schrieb Motetten und Motetten-Oratorien sowie Orgelstücke.
Diese begabte Familie aus Lucca hat zur Entwicklung der Musik Italiens viel beigetragen.

LITERATUR
A. Bonaccorsi, I Guami da Lucca, in: Note d'Archivio XV, 1938.

José Joaquín Guarín (1825–54)

ZEIT UND UMWELT
Die Republik Kolumbien, die 1810 die Selbständigkeit erkämpft hatte, sich ab 1830 Republik Neugranada, sodann ab 1858 Granadische Konföderation und ab 1861 Vereinigte Staaten von Kolumbien nannte und 1866 wiederum zur alten Bezeichnung zurückkehrte, bildete mit ihrer Hauptstadt Bogotá, die seit dem 16. Jahrhundert ein Zentrum des südamerikanischen Katholizismus war, ein Vorbild für alle Staaten des Kontinents auf allen kulturellen Gebieten. Ein ausgezeichnetes Schulwesen und eine großzügige Förderung aller Kunstgattungen brachten Staat und Hauptstadt den Ehrentitel »Athen Südamerikas« ein.

LEBEN

José Joaquín Guarín wurde 1825 in Kolumbien geboren. Er nahm eine führende Rolle im Musikleben des Landes und der Hauptstadt ein und gründete 1848 die Sociedad lírica zum Studium und zur Aufführung von Kirchenmusik. Er starb am 4.12.1854 in Bogotá.

WERKE

Die Salonstücke (Contradanzas) von José Joaquín Guarín erfreuten sich weit über die Grenzen seiner Heimat hinaus allgemeiner Beliebtheit. Er verfaßte eine Reihe kirchlicher Werke, von denen ein »Oficio de Difuntos« (Requiem) zum bleibenden Bestand des Repertoires der kolumbianischen Kathedralen wurde. Sein Stil lehnte sich an den zeitgenössischen spanischen an.

LITERATUR

L. I. Perdomo Escobar, Historia de la música en Colombia, Bogotá 1963.

Camargo Guarnieri (geboren 1907)

LEBEN

Mozart Camargo Guarnieri wurde am 1.2. 1907 in Tietê, São Paulo, geboren. Er studierte zunächst in São Paulo, sodann bei Charles Koechlin in Paris. Er wurde Lehrer an der Musikakademie und Leiter des Städtischen Sinfonieorchesters in São Paulo, nachdem er an den Konservatorien in Santos, Uberlândia und Goiânia unterrichtet hatte. In der Musiklandschaft Brasiliens ist er bedeutend.

WERKE

Außer einer lyrischen Tragödie und einer Oper schrieb Camargo Guarnieri 4 Sinfonien, mehrere Suiten, 5 Klavierkonzerte, 2 Violinkonzerte, ein Concertino für Klavier und Kammerorchester und weitere Stücke für Kammerorchester und für Blasorchester, einen Choro für Cello und Orchester, 3 Streichquartette, 6 Violinsonaten, 4 Violinsonatinen, verschiedene Klavierwerke, Orchesterlieder, Klavierlieder und ein Ave Maria für Orgel und Singstimme. Sein Stil ist von Heitor Vila-Lobos beeinflußt.

Pierre Guédron (um 1565–1621)

ZEIT UND UMWELT

Die Stilentwicklung der französischen Musik lief ab der Wende zum Barock um vieles rascher ab als in Italien, England oder im deutschen Sprachgebiet. Das dürfte auf die Prävalenz der profanen Musik gegenüber der französischen Kirchenmusik zurückzuführen sein. Der zweite Grund war offensichtlich die maßgebende Stellung der Kapelle des Hofes in Paris, neben der den anderen nur zweitrangige Bedeutung zukam. Und der dritte war wohl das erwachte eminente Interesse breiter Bevölkerungsschichten für die Musik, das auch die Impulse gab zum Aufstieg der französischen Musik zur europäischen Vormachtstellung in den kommenden Jahrhunderten.

LEBEN

Pierre Guédron wurde um 1565 in Châteaudun geboren. Er kam sehr früh in die Dienste des Kardinals de Guise Louis (1555–88). Nach dessen Tod wurde er in die Königliche Kapellmusik als Sänger aufgenommen, wo er 1599 Knabenchormeister wurde. Im Jahre 1601 löste er Claude le Jeune als Königlicher Kammerkomponist ab. 1613 zog er sich von allen seinen Tätigkeiten zugunsten seines Schwiegersohnes Antoine Boësset zurück. Er starb in Paris zu Beginn des Jahres 1621. Er war 1583 beim Puy de musique in Evreux preisgekrönt worden.

WERKE

In den Jahren 1608 bis 1620 komponierte Pierre Guédron in Zusammenarbeit mit Jacques Mauduit, Gabriel Bataille und Antoine Boësset eine große Anzahl Ballette für den Hof. Darin war die alte Polyphonie nahezu gänzlich von der neuen Monodie verdrängt. Einzelne Airs de cour für diese Ballette wurden in 6 Büchern veröffentlicht und viele davon auch für Singstimme und Laute bearbeitet. Dieser Kompositionsstil wies unmittelbar auf die französische Oper der kommenden Jahrzehnte hin.

LITERATUR

H. Prunières, Le Ballet de cour en France, Paris 1914.

Marie-Alexandre Guénin (1744–1835)

ZEIT UND UMWELT

König Karl IV. von Spanien sah sich 1808 von Napoleon und von den Parteigängern seines Sohnes Ferdinand (Fernandisten) bedroht und versuchte nach Südamerika zu entfliehen. Er kam nur bis Aranjuez, dann wurde er gezwungen, zugunsten seines Sohnes abzudanken. Bonaparte lockte ihn, nachdem er Ferdinand genötigt hatte abzudanken, nach Bayonne; er mußte nun ein zweites Mal zugunsten des Kaisers abdanken. Er verließ Spanien, ging nach Marseille und nach dem Zusammenbruch der Napoleonischen Herrschaft nach Rom.

LEBEN

Marie-Alexandre Guénin wurde am 20. 2. 1744 in Maubeuge geboren. Er wurde Schüler von Nicolas Capron und Pierre Gaviniès im Violinspiel und von François Joseph Gossec in der Kompositionstechnik ausgebildet. Im Jahr 1777 wurde er Musikintendant des prince de Condé Louis Henri Joseph de Bourbon (1756–1830), ab 1778 wirkte er in der Königlichen Musikkapelle als Violinist und dirigierte auch im Trianon, 1780 wurde er erster Violinist an der Oper, 1784 berief man ihn als Violinlehrer an die École Royale de Chant, aus der das Conservatoire hervorging, 1800 ging er nach Marseille zum exilierten spanischen König Karl IV., und 1816 berief ihn König Ludwig XVIII. wieder nach Paris in seine Kapelle. Er starb am 22. 1. 1835 in Étampes.

WERKE

Die Instrumentalwerke von Marie-Alexandre Guénin folgten dem neuen Mannheimer Stil. Er schrieb 6 Trios, 6 Violinduos, 6 Sinfonien für großes Orchester, ein Duo für Harfe und Fortepiano, 3 Streichquartette und Violinsonaten, ein Bratschenkonzert und 3 Celloduos.

Francisco Guerau
(um 1640 bis nach 1700)

LEBEN

Francisco Guerau wurde um 1640 in Spanien geboren. Er war von 1665 bis zum Tod des Königs als Gitarrist Mitglied der Königlichen Kapelle und ist vermutlich in einem der Jahre nach 1700 in Madrid gestorben.

WERKE

Vom spanischen Gitarristen und Komponisten Francisco Guerau ist eine Gitarrentabulatur mit eigenen Kompositionen und Arrangements erhalten sowie Variationen (Diferencias) spanischer Volkstänze und Volksgesänge seiner Zeit.

Antonio Guerrero (um 1700–76)

ZEIT UND UMWELT

Die Tonadilla der ersten Hälfte des 18. Jahrhunderts war bei spanischen Schauspielaufführungen ein kurzes, mit Refrain versehenes Gesangstück. Gegen die Mitte des Jahrhunderts war daraus eine gesungene Zwischenaktunterhaltung mit betont volkstümlichem Charakter geworden, die den italienischen Intermedien entsprach. Sie war oft mit bis zu zwölf Solisten, Chor und Orchester besetzt. Mit dem starken Eindringen italienischer Stilelemente verfiel sie.

LEBEN

Antonio Guerrero wurde um 1700 in Sevilla geboren. Er war nahezu durch sein ganzes Leben als Komponist, Regisseur und musikalischer Dramaturg mit dem Theaterleben von Madrid verbunden, wo er am Beginn des Jahres 1776 starb.

WERKE

Von dem Bühnenkomponisten und Regisseur Antonio Guerrero sind mehr als 100 Tonadillas, Sainetes (Schwänke mit Musik und Tanz als Zwischenakteinlagen zu Schauspielen), Entremeses (Intermezzi), Loas (Vorspiele zu Schauspielen) und komplette Bühnenmusiken erhalten.

LITERATUR

J. Subirá, La Tonadilla Escénica, Madrid 1928–30.

Francisco Guerrero (1528–99)

ZEIT UND UMWELT

Wie sich die gesamten Erzbistümer der Iberischen Halbinsel als »Spanische Kirche« eine weitreichende Selbständigkeit erhalten konnten, so ging auch die Kirchenmusik unbeschadet ihrer engen Kontakte zu Italien vielfach eigene Wege. Der mozarabische Kirchengesang, der schon vor Jahrhunderten vom römischen zurückgedrängt worden war, tauchte dennoch von Fall zu Fall mit etlichen Wendungen auf, der dunkle Akkordklang eng geführter tiefer Stimmen unterstrich den düsteren Prunk der Kathedralen, und das schwere, pathetische Spanisch erforderte eine besondere Tonsprache.

LEBEN

Francisco Guerrero wurde am 4. 10. 1528 als Sohn des Malers Gonzalo Sánchez Guerrero in Sevilla geboren. Seinen ersten Musikunterricht erhielt er von seinem älteren Bruder Pedro Guerrero. Für seine weitere Ausbildung sorgte der Komponist Fernández de Castilleja, Kapellmeister der Kathedrale von Sevilla, an der Guerrero ab 1542 sang. Seine Behauptung, von Morales unterrichtet worden zu sein, kann nur so verstanden werden, daß er dessen Werke studiert hat. Er lernte auch Flöte und andere Blasinstrumente sowie Harfe. Im Jahre 1546 wurde er Kapellmeister der Kathedrale von Jaén, ging jedoch 1548 an die Kathedrale von Sevilla als Sänger zurück. Nachdem Morales gestorben war (1554), erhielt Guerrero dessen Stelle als Kathedralenkapellmeister von Málaga, wurde aber ein Jahr später in gleicher Eigenschaft nach Sevilla verpflichtet. Auf seinen Reisen besuchte er Lissabon, Santander, Rom und Venedig und unternahm 1588 eine Pilgerfahrt nach Palästina. Er starb am 8. 11. 1599 in Sevilla als allseitig geschätzter Kirchenkomponist und Kapellmeister.

Sein Bruder Pedro Guerrero ist um 1515 in Sevilla geboren und wurde vermutlich von Morales unterrichtet. Er ging um 1545 nach Italien und dürfte dort mit Vincenzo Galilei in Kontakt gekommen sein. Näheres über seine Tätigkeit in Italien ist ebensowenig bekannt wie Ort und Zeit seines Todes.

WERKE

Francisco Guerrero gilt als einer der hervorragendsten Komponisten der spanischen polyphonen Schule des 16. Jahrhunderts. Von ihm sind 18 Messen, 2 Requiem, 2 Passionen (Matthäus und Johannes), 7 Psalmen, 10 Magnificat, 24 Hymnen und ein fünfstimmiges Te Deum mit einer Reihe sonstiger kirchlicher Gesänge erhalten. Bekannter und beliebter noch als die Kirchenmusik waren seine Motetten und Lieder profanen Inhaltes. Eine Reihe von seinen Kompositionen wurden von spanischen Lautenisten für Gitarre transkribiert.

Von Pedro Guerrero ist sehr wenig überliefert. Vincenzo Galilei lobte seine profanen Kompositionen und brachte eine davon heraus; andere scheinen transkribiert in spanischen Lautentabulaturen auf. Auch eine Motette über die »Parabel von den Törichten Jungfrauen« ist erhalten.

LITERATUR

R. Stevenson, Spanish Cathedral Music in the Golden Age, Berkeley, Calif. 1961.

Honoré Claude Guesdon de Presles
(um 1665 bis um 1730)

ZEIT UND UMWELT

Ludwig XIV. hatte die Hierarchie seines Hofstaates derart bis ins einzelne durchorganisiert, daß sie noch Jahrzehnte nach seinem Tod wie ein einmal in Gang gesetzter Automat weiterfunktionierte, obschon der Nachfolger Ludwig XV. weder den Geist noch die Autorität besessen hätte, ein ähnliches Machtinstrument aufzubauen. Daher erlitten auch die verschiedenen, mit dem Hof verbundenen Kapellen keine Schmälerung; es lief alles in den bewährten Bahnen weiter.

LEBEN
Honoré Claude Guesdon (Guédon) de Presles wurde vermutlich um 1665 in Paris geboren. Über sein Leben ist nur bekannt, daß er ab ungefähr 1715 Mitglied der königlichen Kammermusik und der Königlichen Kapelle als Sänger und Instrumentalist war und um 1730 in Paris gestorben ist.

WERKE
Der französische Komponist Honoré Claude Guesdon de Presles hat eine Anzahl Airs serieux et à boire und einige französische Kantaten verfaßt. Seine Qualität als Musiker war sicherlich nicht gering, sonst wäre er bei Hof nicht aufgenommen worden, denn die Aufnahmebedingungen wurden nach dem Tod Ludwigs XIV. noch genauer und strenger gehandhabt als zuvor.

Peter Guetfreund
(um 1565 bis um 1625)

ZEIT UND UMWELT
Der von Santino Solario (1576–1646) erbaute Dom in Salzburg war im deutschen Sprachgebiet der erste im italienischen Stil. Er eröffnete mit der Residenz und dem Schloß Hellbrunn den Einzug des Barocks in die Stadt, das gleichzeitig auch im Musikleben die Herrschaft antrat.

LEBEN
Peter Guetfreund (Pietro Buonamico) wurde um 1565 in oder um Salzburg (Stadt) geboren. Er war 1588 Sänger an der Hofkapelle in Hechingen und trat um 1600 in den Dienst der Fürsterzbischöfe von Salzburg Wolf Dietrich von Raitenau (1587–1612), Markus Sitticus (1612–19) und Paris Lodron (1619–53). Er starb um 1625 in Salzburg als Kapellmeister und Inspektor des Kapellhauses.

WERKE
Von dem österreichischen Komponisten Peter Guetfreund ist ein Chorbuch mit 70 fünf- bis achtstimmigen Motetten erhalten; 2 weitere befinden sich in einem Sammelwerk. Er reihte sich damit zu den bedeutenderen Komponisten des Salzburger Frühbarocks ein.

Hermann Güttler (1887–1963)

LEBEN
Hermann Güttler wurde am 7.10.1887 in Königsberg (Kaliningrad) geboren, wo er am Konservatorium und der Universität studierte. Von 1910 bis 1926 war er als Musikredakteur tätig. Nach dem Zweiten Weltkrieg lebte er als freier Komponist und Musikschriftsteller in Berlin, wo er am 20.4.1963 starb.

WERKE
Außer 2 Opern schrieb Hermann Güttler 3 Sinfonien, ein Klavierkonzert, ein Violinkonzert, mehrere Ouvertüren, ein Streichquartett, Klavierwerke, Liederzyklen und zahlreiche einzelne Klavierlieder sowie ein Melodram. Sein Stil war konservativ, tendierte aber zum Neuklassizismus.

Matthaeus Gugl (um 1683–1721)

ZEIT UND UMWELT
Johann Baptist Samber (10. 5. 1654, Salzburg, bis 19. 9. 1717, Salzburg) war um 1665 Singknabe am Dom in Salzburg und Schüler von Andreas Hofer und Georg Muffat, ab 1684 Hofmusiker und ab 1689 Stadtpfarr- und Domorganist. Sein Ansehen als Organist war sehr hoch; noch mehr geschätzt war er als Orgellehrer und Verfasser mehrerer Lehrwerke über das Orgelspiel. Er begründete mit seinen Schülern eine allseitig geschätzte Tradition des Orgelspiels und Orgelunterrichts.

LEBEN
Matthaeus Gugl wurde um 1683 vermutlich im Land Salzburg geboren. Er war Singknabe am Salzburger Dom und Schüler von Georg Muffat, Heinrich Ignaz Franz Biber und

Johann Baptist Samber, dem er 1717 als Domorganist nachfolgte, nachdem er als Musiklehrer und Mitglied der Hofmusik gewirkt hatte. Er starb in Salzburg am 14. 4. 1721.

WERKE
Der österreichische Organist und Komponist Matthaeus Gugl hinterließ eine Messe und eine vier- bis fünfstimmige Litanei mit zwei Violinen und Generalbaß. Seine Einführung in die Anfangsgründe des Generalbasses erlebte mehrere Auflagen bis in das 19. Jahrhundert.

LITERATUR
O. Wessely, Zum Leben und Werk von Matthaeus Gugl, in: Anzeiger der philosophisch-historischen Klasse der Österreichischen Akademie der Wissenschaften, XCIV, 1957.

Pietro Alessandro Guglielmi
(1728–1804)

ZEIT UND UMWELT
Es ist für uns nahezu unvorstellbar, wie Komponisten des 17. und 18. Jahrhunderts neben einer sonstigen intensiven kompositorischen Tätigkeit über 100 Opern verfassen konnten. Man versteht es aber, wenn man die einzelnen Erzeugnisse dieser Massenproduktion näher betrachtet. Wenn die Melodien für die Arien gefunden waren – sie lagen nicht selten in früher verfaßten Werken bereit –, mußte nur noch der Baß beziffert werden, was oft Hilfskräften überlassen wurde, weil es sich um eine Routine handelte. Der Rest der Musik wurde vom Cembalisten zumeist improvisatorisch geliefert, die Auszierung der Melodien besorgten die Sänger selbständig. Damit reduzierte sich der Arbeitsaufwand für eine einzelne Oper oft auf wenige Tage.

LEBEN
Pietro Alessandro Guglielmi wurde am 9. 12. 1728 in Massa als Sohn des Kapellmeisters und Theaterdirektors in Massa, Jacopo Guglielmi (um 1690, Massa, bis um 1741, Massa), geboren. Er war zunächst Schüler seines Vaters, sodann von Francesco Durante in Neapel. Im Jahr 1757 brachte er seine erste Oper heraus, 1762 war er Hofkapellmeister in Dresden, dann hielt er sich in Braunschweig und London auf, bis er 1772 nach Neapel zurückkehrte; er blieb dort bis 1793, in welchem Jahr er zum Domkapellmeister an San Pietro in Rom ernannt wurde. Er starb am 18. 11. 1804 in Rom.

WERKE
Von Pietro Alessandro Guglielmi sind 103 Opern namentlich bekannt; geschrieben hat er vermutlich noch ein Dutzend mehr. Er verfaßte außerdem 9 Oratorien, die den Opern sehr nahestehen, ein vierstimmiges Requiem mit Orchester, eine fünfstimmige Orchestermesse, einen achtstimmigen Psalm, ein fünfstimmiges Miserere, Motetten, eine Anzahl Sinfonien, Quartette für zwei Violinen, Cello und Cembalo, Divertimenti für Violine, Cembalo und Cello, Sonaten und Stücke für Cembalo und für Pianoforte. Von diesen Kompositionen ist die Kirchenmusik zum Teil im polyphonen Stil gehalten, während die Instrumentalmusik an vorklassische Fakturen grenzt.

LITERATUR
G. Bustico, Un musicista poco noto del settecento, Pietro Alessandro Guglielmi, in: Rivista Teatrale Italiana I, 1901.

Pietro Carlo Guglielmi
(um 1765–1817)

LEBEN
Pietro Carlo Guglielmi (Guglielmini genannt) wurde um 1765 in Rom als Sohn des Pietro Alessandro Guglielmi geboren und am Conservatorio Santa Maria di Loreto in Neapel ausgebildet. Er brachte in Madrid seine erste Oper heraus (1794), kehrte aber bald nach Neapel zurück. Im ersten Jahrzehnt des 19. Jahrhunderts suchte er Lissabon, Paris und London auf. Von 1814 bis 1816 war er Kapellmeister in Massa. Er starb

am 28. 2. 1817 in Neapel als einer der meistgeschätzten Opernkomponisten seiner Zeit.

WERKE

Von Pietro Carlo Guglielmi wurden 47 Opern aufgeführt, die fast ohne Ausnahme sehr günstig aufgenommen wurden. Sie galten als sehr fortschrittlich, wurden aber bald von den Opern von Rossini, als dessen Vorläufer er zu bezeichnen ist, von den Bühnen verdrängt.

Giovanni Domenico Guidetti
(1530–92)

LEBEN

Giovanni Domenico Guidetti wurde am 1. 1. 1531 in Bologna getauft, ist also noch im Jahre 1530 geboren. Seine Ausbildung zum Kleriker und Musiker erhielt er vermutlich in seiner Heimatstadt. Im Jahre 1575 kam er nach Rom und wurde päpstlicher Kapellsänger. Gleichzeitig arbeitete er bei Palestrina, der im Auftrag des Papstes eine Revision des gregorianischen Kirchengesanges durchzuführen hatte. Er versah dabei Assistentendienste, »keine geistigen Leistungen, aber Tätigkeiten, die viel Sorgfalt erforderten«. Ein Lehrer-Schüler-Verhältnis zwischen den beiden Musikern kam nie zustande. Nachdem die Choralreformen abgebrochen worden waren, begann Guidetti mit einer eigenen Druckerlaubnis die Veröffentlichung vereinfachter Choralmelodien. Er starb in Rom am 30. 11. 1592.

WERKE

Neben den Choralbüchern, die Guidetti veröffentlichte, schrieb er sakrale Musik, die im Schatten Palestrinas angesiedelt war. Erhalten sind davon 3 vierstimmige Benedictus, die ohne Einschränkung den Beschlüssen des Konzils von Trient über die Kirchenmusikreform entsprachen. Sie unterschieden sich von den Kompositionen eines Palestrina aber dadurch, daß sie sozusagen im Technischen hängenblieben.

LITERATUR

G. Baini, Memorie storico-critiche della vita e delle opere di G. Pierluigi da Palestrina, Rom 1828.

Giovanni Antonio Guido
(um 1686 bis nach 1728)

ZEIT UND UMWELT

Der im 17. und besonders im 18. Jahrhundert in Italien einsetzende »Export« von Violinvirtuosen erfaßte auch Paris, obwohl dort ausreichend eigene vorzügliche Kräfte tätig waren. Es handelte sich in vielen Fällen nicht so sehr um die hochentwickelte Technik der Italiener, die sie empfahl, sondern um den durch keine Grenzen gehemmten Stil, der dem französischen Publikum eine Befreiung vom strengen Barock von Versailles schenkte.

LEBEN

Giovanni Antonio Guido wurde um 1686 in Genua geboren. Er kam nach Frankreich und trat in den verschiedenen Schlössern und Palais des Pariser Adels mit viel Erfolg auf. Daneben wirkte er als Violinlehrer. Er starb in Paris nach 1728.

WERKE

Von den Kompositionen für Violine von Giovanni Antonio Guido sind lediglich 6 Solosonaten mit Generalbaß erhalten, deren Stil unter dem Einfluß von Arcangelo Corelli und Jean-Baptiste Senallié steht. Als unbedingten Vertreter italienischer Musik zeigen ihn seine Motetten und Kantaten.

Jean-Pierre Guignon (1702–74)

ZEIT UND UMWELT

Der von Giovanni Battista Somis in Turin gegründeten piemontesischen Violinistenschule gehörten mehrere namhafte Virtuosen und Komponisten an. Ein Teil davon suchte sich ein Betätigungsfeld in Paris, wo sie ein begeistertes Publikum für ihre Kunst fanden und lukrative Positionen erhielten.

LEBEN
Jean-Pierre Guignon (Giovanni Pietro Ghignone) wurde am 10. 2. 1702 in Turin geboren und dort von Giovanni Battista Somis ausgebildet. Im Jahr 1725 trat er bereits in Paris im Concert spirituel auf. Anschließend begründete er seinen Ruf mit mehreren Konzertreisen durch die französischen Provinzen. Schon 1733 erreichte ihn der Ruf, als Mitglied der Königlichen Kapelle und als Kammermusiker nach Versailles zu kommen. Ab 1746 war der Musikerzieher des Dauphin. Er starb am 30. 1. 1774 in Versailles.

WERKE
Obwohl Jean-Pierre Guignon als Virtuose und Komponist italienische Stilformen vorzog, war er in Paris äußerst erfolgreich. Seine 12 Sonaten für Solovioline und Baß, die 6 Sonaten für zwei Celli, Violon und Fagott, die 6 Sonaten für zwei Violinen und Querflöte, die 6 Triosonaten und die weiteren Instrumentalsonaten und Konzerte waren wegen ihrer melodischen Ausgewogenheit und ihren stark variierten Rhythmen äußerst beliebt. Er soll auch eine große Sinfonie für Jagdhörner geschrieben haben. Überliefert sind auch einige Messen von geringerer Bedeutung.

LITERATUR
La Laurencie, Un musicien piémontais, in: Rivista Musicale Italiana XVIII, 1911.

Jean Adam Guilain
(um 1680 bis nach 1739)

ZEIT UND UMWELT
Der »goût nouveau«, der »neue Geschmack« oder »galante Stil« setzte sich vom gelehrten und durchgearbeiteten Stil des Hochbarock ab und forderte Deutlichkeit, Zierlichkeit und Gefälligkeit. Er stellte der älteren Auffassung vom einheitlichen Affekt einer Komposition die überraschende Mannigfaltigkeit gegenüber. Stilmerkmale waren: ausgeprägt geführte Melodik, sparsame, harmonisch durchsichtige Begleitung, kleine Formen, Symmetriebildungen und Motivwiederholungen mit reicher Ornamentik.

LEBEN
Jean Adam Guilain (eigentlich Jean Adam Freinsberg) wurde um 1680 vermutlich in Paris geboren. Er war dort als Cembalist und Organist an St-Honoré und anderen Kirchen tätig und starb in Paris nach 1739.

WERKE
Der vermutlich deutsche Organist und Komponist Jean Adam Guilain schrieb Orgelstücke über das Magnificat auf den acht Kirchentönen, eine fünfstimmige Messe, ein Air und »Pièces de clavecin d'un goût nouveau« (Cembalostücke neuen Geschmacks), die dem neuen »galanten Stil« folgen.

Guilhem de Montanhagol
(um 1210 bis nach 1257)

ZEIT UND UMWELT
Ruhm und Glanz der großen Troubadours, die Rittertum und Künstlertum souverän vereinigten und meisterten, verblaßten. Weder die nordfranzösischen Trouvères noch die deutschen Minnesänger haben das künstlerische Niveau der Provenzalen je erreicht, vielleicht weil ihnen die Sonne, die unbekümmerte Fröhlichkeit und der musikalische Klang der provenzalischen Sprache des Landes vor der Pyrenäenkette fehlten. Verse und Musik der Trobairitz Comtessa de Provenza und Comtessa de Dia, die Liebe und Lust freimütig bekannten und besangen, sind verklungen. Die Lieder »im Reichen, im Dunklen oder im Leichten Stil« eines Guilhem de Cabestanh, eines Elias de Barjols, Gavaudan, Guilhem Figueira, Barbolome Zorzi oder Peire Bremon, des Guillaume Adémar, der 18 Lieder mit Melodien hinterließ, eines At de Mons, Raimon Jordan, Aimeric de Belenoi, Bernard Martì, Jausbert de Puycibot oder Bertran de Lamanon und aller bereits Genannten und Ungenannten sind verstummt. Guilhem de Montanhagol war einer der letzten, die ein freies Wort wagten, die

späteren waren Ménestrels, bezahlte Musikanten, die das Schweigen bereits gelernt hatten.

LEBEN
Guilhem de Montanhagol wurde um 1210 in Toulouse geboren. Er wirkte ungefähr in der Zeit zwischen 1233 und 1257 in seiner Heimat als Troubadour und scharfer Kritiker der Inquisition und des Klerus. Einige Zeit hielt er sich auch am Hof von Aragon auf. Ort und genaue Zeit seines Todes sind nicht feststellbar, obschon die vom Troubadour Pons de Santolh de Toulouse verfaßte Klage zu seinem Ableben erhalten geblieben ist.

WERKE
Eine unmittelbare Kenntnis der Musik des Troubadours Guilhem de Montanhagol haben wir nicht, weil die Melodien zu seinen 14 überlieferten Liedern nicht erhalten sind. Sie soll stark unter dem Einfluß des Troubadours Pons de Capdoill gestanden haben. Bemerkenswert ist der Meister vor allem wegen seines persönlichen Mutes, zu einer Zeit gegen die Institution der Inquisition aufzutreten, in der sie den eindeutigen Sieg bereits errungen hatte.

LITERATUR
J. Coulet, Le troubadour Guilhem de Montanhagol, Toulouse 1898.

Guilhem de Peiteus (1071–1126)

ZEIT UND UMWELT
Aquitanien (französisch: Guyenne), die Landschaft zwischen Pyrenäen, Cevennen und Loire, bildete bis 419 das Kerngebiet des westgotischen Reiches von Toulouse, war aber noch lange ein selbständiges Herzogtum. Es hatte noch weit über den Untergang des weströmischen Reiches hinaus römische Lebensform und Kultur erhalten und hob sich damit stark von den Franken ab. Es wurde unter den Nachkommen Karls des Großen zum Königreich. Den Titel eines Herzogs von Aquitanien maßten sich die Grafen der Auvergne, von Toulouse und von Poitiers mit mehr oder weniger Berechtigung an; er verblieb schließlich den Grafen von Poitiers, die auch die Regierung des Landes in die Hand bekamen und behielten, bis es die Tochter des letzten Herzogs Guillaume X. Aliénor nach dessen Tod durch ihre Ehe mit Ludwig VII. mit Frankreich vereinigte. Diese Herzöge von Aquitanien, verhältnismäßig unberührt von den geistigen und politischen Auseinandersetzungen West- und Südeuropas, konnten ein glanzvolles höfisches Kulturleben entfalten. Durch ihre volksnahe Einstellung wurde von ihnen neben der (zumeist sakralen) lateinischen Lieddichtung eine profane in der provenzalischen Volkssprache begünstigt. Einer von ihnen, der Graf von Peiteus (Poitiers) und Herzog von Aquitanien, Guillaume IX., wurde selbst zum Troubadour, der den ersten Schritt zur profanen Kunstmusik tat.

LEBEN
Guilhem de Peiteus (Guillaume IX. d'Aquitaine) wurde im Jahre 1071 geboren. Nach einer trotz vieler Konflikte mit der Kirche und einer erfolglosen Beteiligung an einem Kreuzzug nach Kleinasien glanzvollen Regierungszeit starb er im Jahre 1126.

WERKE
Der Herzog und Graf war der erste mittelalterliche Dichter in der Volkssprache und der älteste Sänger einer höfischen Liebeslyrik. Erhalten sind 11 Gedichte und ein Liedfragment (Pos de chantar m'es pres talent).

LITERATUR
L. Pollmann, Dichtung und Liebe bei Wilhelm von Aquitanien. Zeitschrift für romanische Philologie LXXVIII, 1962.

Guillaume d'Amiens
(um 1240 bis um 1300)

ZEIT UND UMWELT
Amiens hatte wie Arras einen Pui errichtet und Trouvères eingeladen, die dem Ruf fol-

gen wollten. Pierekin de la Coupele zum Beispiel kam, um mit seiner Kunst und dem Gewicht seines adeligen Namens die Dichter- und Sängergilde der Stadt zu unterstützen.

LEBEN

Guillaume d'Amiens wurde um 1240 in Amiens geboren. Er war bürgerlicher Herkunft, aber wegen seiner Leistungen als Trouvère sehr geschätzt. Er starb in seiner Geburtsstadt um 1300.

WERKE

Von dem Trouvère und Mitglied des Pui von Amiens Guillaume d'Amiens sind die »Vers d'amours« (Verse der Liebe), 14 Strophen, die die Liebe verfluchen, überliefert, außerdem 3 Chansons, davon 2 mit Melodien, sowie 10 Rondeaux, die etwas konventionell klingen. Seine dichterischen Fähigkeiten müssen unbedingt über seine kompositorischen gestellt werden.

Guillaume de Chastillon de la Tour (um 1550–1610)

LEBEN

Guillaume de Chastillon de la Tour wurde um 1550 in Caen geboren. Er überdauerte als Protestant alle Verfolgungen, alle Kämpfe, alle Erschütterungen des öffentlichen Lebens, bis er 1610 in seinem Geburtsort starb und am 26. 5. beigesetzt wurde.

WERKE

Mit Guillaume de Chastillon de la Tour endete die Blüte der protestantischen Renaissancemusik in Frankreich. Er brachte eine große Anzahl von sakralen Airs, kurze, klangreich vertonte Strophenlieder, die Glaubenseifer und Glaubenskraft seiner Gesinnungsgenossen stärken sollten, heraus. Sie sind einfach und sehr eingängig, aber auf keinen Fall ohne künstlerischen Wert.

LITERATUR

A. Bloch-Michel, Chastillon de la Tour, Recherche de la musique française classique I, 1960.

Guillaume de Machaut (um 1300–77)

ZEIT UND UMWELT

Die Machtstellung der französischen Krone, die sich durch ansehnliche Gebietserweiterungen, Eindämmung des Freiheitsraumes des Adels, hohe Steuereinnahmen und Kriegsglück gefestigt hatte, wurde im 14. Jahrhundert von zwei Seiten bedroht. Die englische Lehensherrschaft über die Guyenne mußte anerkannt werden und blieb eine Beschränkung der Alleinherrschaft über französischen Boden, und das Papsttum versuchte sich eine Kontrolle der Regierung anzumaßen. Durch die Wahl des Erzbischofs von Bordeaux zum Papst in Avignon wurde dem kirchlichen Universalismus Einhalt geboten. Die Auseinandersetzungen mit England nahmen jedoch mit aller Macht ihren Anfang und verheerten das Land. Zunft- und Bauernaufstände waren die Folgen des starken Steuerdruckes, den der Krieg mit sich brachte. Trotz des Elends und der Wirren blühten an den Höfen der weltlichen und geistlichen Fürsten Gelehrsamkeit, bildende Kunst, Dichtung und Musik auf. Der Lärm der Schlachten und Revolten klang nicht in die Musikschulen und Gelehrtenstuben hinein. Die Zeitläufe bewirkten nur eine weitere Profanierung der Kunstprinzipien, das hieß für die Musik, daß die von Philippe de Vitry und seinen Gesinnungsfreunden propagierten Formen der Musica nova weitergebildet wurden.

LEBEN

Guillaume de Machaut (Machault, Guillelmus de Mascandio) wurde um 1300 in Machaut geboren. Sein Leben führte ihn durch große Teile Europas. Als Sekretär des Böhmenkönigs Johann von Luxemburg (ab 1323) bereiste er Deutschland, Österreich, Ungarn, Polen und Litauen. Im Jahre 1346 starb der Luxemburger, und Machaut kam an den Hof Johanns von der Normandie und sodann König Karls V. in Reims, wohin

er sich in den fünfziger Jahren ganz zurückzog. Er mußte dort 1359 die Belagerung der Stadt durch die Engländer miterleben und lag in häufigen Streitigkeiten mit dem Propst des Domkapitels. Einer seiner letzten Gönner war Pierre de Lusignan, König von Zypern, in den Jahren 1361 bis 1369. Diese Beziehung führte ihn noch im hohen Alter nach Zypern und Alexandrien.
In seine späteren Jahre fällt auch die Beziehung zu Péronne d'Armentières, einer Edeldame der Champagne, die noch nicht zwanzig Jahre alt war, als er sie 1360 kennenlernte. Seine zwischen 1362 und 1365 entstandene Dichtung »Le voir dit« enthält 45 Briefe des Liebespaares. Es ist daraus der starke Einfluß des Mädchens auf Machaut ersichtlich. »Alle meine Werke sind wegen Ihres Gefühles und ausschließlich für Sie entstanden«, schrieb der Dichter. Er starb im April des Jahres 1377.

WERKE
Das dichterische und musikalische Werk von Machaut war schon zu seinen Lebzeiten in Frankreich und auch außerhalb des Landes, auf der Pyrenäenhalbinsel, in England, Italien und Deutschland bekannt und hochgeschätzt. Es wurde in mehreren umfangreichen Handschriften gesammelt und ist nahezu vollständig erhalten. Die Abteilung I der Sammlungen enthält 16 einstimmige Lais und 2 dreistimmige. In der II. Abteilung finden sich 18 französische nahezu durchwegs dreistimmige Motetten und 5 lateinische, von denen 3 vierstimmig sind. In der Abteilung III, die Balladen, Virelais und Rondeaux umfaßt, gibt es Sololieder mit Instrumentalbegleitung, 13 dreistimmige Balladen, 10 dreistimmige Rondeaux und einen Instrumentalsatz, dazu die vierstimmige Messe »Nostre Dame«, die vermutlich 1364 zur Krönung Karls V. geschrieben wurde.
Machauts Kompositionen folgen den Anregungen, die Philippe de Vitry für die Ars nova gegeben hatte, und vollenden in der Praxis die Erkenntnisse des Musiktheoretikers.

Messe Nostre Dame zu vier Stimmen
Kyrie, Sanctus, Agnus Dei und Ite missa est sind der Motette nachgebildet. Die gregorianischen Melodien sind in den Tenor gelegt und bilden das Fundament der Komposition, auf dem die Oberstimmen aufgebaut sind. Gloria und Credo, deren Texte um vieles länger sind, wirken archaisch, weil ihre homophonen Melodien ausschließlich vom Text bestimmt und skandierend vorgetragen werden.

LITERATUR
S. J. Williams, The Music of Guillaume de Machaut, Yale University, 1952. A. Machabey, Guillaume de Machaut, Paris 1955.

Guillaume Le Boulanger Vaumesnil
(um 1525–1611)

ZEIT UND UMWELT
Die Ernennung zum Kammerherrn war für einen Musiker in der Regel mit keinerlei zusätzlichen Pflichten verbunden, sondern war nur eine Ehrung und zugleich die Zusicherung eines laufenden Einkommens. Besonders Lautenisten, die nicht der Hofkapelle angehörten und daher nur fallweise bei Gesellschaften zugezogen wurden, ordnete man in dieser Weise in die Hierarchie der Höflinge ein.

LEBEN
Guillaume Le Boulanger, sieur de Vaumesnil, wurde in Paris um 1525 geboren. Er war von 1560 bis 1574 Kammerherr und Lautenist bei König Karl IX. Nach dessen Tod war er bei verschiedenen Adeligen (Anjou, Bar) angestellt. Im Jahre 1597 wurde er fälschlich der Teilnahme an einer Verschwörung verdächtigt und eingesperrt, aber nach einiger Zeit wieder enthaftet, weil sich seine Unschuld erwies. Er starb in Paris im Jahre 1611.

WERKE
Guillaume Vaumesnil war nach übereinstimmenden Behauptungen der Zeitgenossen ein hervorragender Lautenist. Daß er Schüler von Fabrizio Dentice gewesen war, ist aber nicht belegt. Seine Kompositionen sind zum

größten Teil verlorengegangen. Erhalten blieb nur eine Fantasie, die ihn als eminenten Techniker und begabten Komponisten einstuft.

Guillaume le Heurteur
(um 1500 bis nach 1550)

Zeit und Umwelt
Die Erzbischofsstadt Tours war bereits unter den Karolingern durch die von Alkuin eingerichtete Domschule, in der der römische Gesang gelehrt und gepflegt wurde, ein bedeutendes Kulturzentrum. Die Tradition einer Pflegestätte der sakralen Musik behielt die Stadt während des gesamten Mittelalters bis in die Neuzeit bei. Die Domkapellen wurden stets mit vorzüglichen Sängern und Leitern besetzt.

Leben
Guillaume le Heurteur wurde um 1500 vermutlich in Mittelfrankreich geboren. Im Jahre 1545 scheint er als Kanonikus und Magister puerorum an Saint-Martin in Tours auf. Er dürfte seine Stelle bis zu seinem Tod nach 1550 nicht aufgegeben haben.

Werke
Von Guillaume le Heurteur sind 4 Messen, 8 Motetten und ungefähr 25 Chansons überliefert. Weitere 17 Motetten, deren einstmalige Existenz bezeugt ist, sind verschollen. Der Stil seiner Kompositionen ist ein weiterer Beweis dafür, daß sich der typische französische Renaissancestil bereits vom franko-flämischen Stil losgelöst und ein Eigenleben begonnen hatte.

Literatur
H. Expert, Florilège du concert vocal de la Renaissance VIII, Paris 1928.

Guillaume le Vinier (um 1190–1245)

Zeit und Umwelt
Die Chansonniers (Sammlungen weltlicher französischer Lieder) enthalten ungefähr 2000 Melodien zu Trouvèreliedern, also um vieles mehr, als wir Troubadourlieder kennen. Es ist jedoch ein sehr enger Zusammenhang zwischen beiden Musiktraditionen festzustellen, bei dem sicherlich anfänglich die Provenzalen die Gebenden waren, bis es schließlich ein gegenseitiges Geben und Nehmen wurde. Auch der deutsche Minnesang und die englische Liedkunst schlossen sich an. Die Kunst der Trouvères wuchs jedoch über ihren Themenbereich hinaus, weil vielen Melodien sakrale Texte unterlegt wurden, und zwar besonders häufig im Pui d'Arras, der auch das geistliche Lied pflegte, von den vielen Trouvères, die selbst dem geistlichen Stand angehörten.

Leben
Guillaume le Vinier wurde um 1190 in Arras geboren. Er war ein Bruder von Gilles le Vinier. Die Altersdifferenz zwischen beiden kann nicht groß gewesen sein. Es ist aber nicht feststellbar, wer von ihnen der ältere war. Wie sein Bruder war auch dieser nordfranzösische Trouvère Mitglied des Pui d'Arras und Geistlicher. Er starb in Arras im Jahre 1245.

Werke
Von Guillaume le Vinier sind ungefähr 30 Liedtexte überliefert, der Großteil davon mit Musik, die stark der seines Bruders ähnelt.

Literatur
E. Ulrix, Les chansons inédites de Guillaume le Vinier, Paris 1910.

Louis Gabriel Guillemain (1705–71)

Zeit und Umwelt
Neben den vielen hervorragenden Vertretern der französischen Schule des Violinspiels traten im 18. Jahrhundert ausgezeichnete Virtuosen des Instruments auf, die den italienischen Geschmack bevorzugten. Diese Parallelität der Stilgattungen führte im Verlauf der Jahrzehnte zu einer glücklichen Synthese, wie zum Beispiel der Aufstieg der französi-

schen Oper zu einem Teil dem Wettstreit der verschiedenen Fakturen zu verdanken war.

LEBEN
Louis Gabriel Guillemain wurde am 15. 11. 1705 in Paris geboren und in Paris zum Violinisten ausgebildet. Er vervollkommnete sich in Italien. Nach seiner Rückkehr wirkte er im Opernorchester von Lyon und bald darauf als erster Violinist an der Académie Royale in Dijon. Im Jahr 1737 kam er als Instrumentalist zur Hofkapelle von Versailles, 1759 trat er in den Dienst der Königin Maria Leszczyńska. Er starb am 1. 10. 1771 in Paris.

WERKE
Neben dem Ballett »La Cabale«, bei dem Louis Gabriel Guillemain die Auszierungen der Violinstimmen selbst notierte und dadurch seine eigene Virtuosität erkennen ließ, verfaßte er 3 Bücher mit Sonaten für Violine und Generalbaß, ein Heft »Amusement à la mode« (Modisches Vergnügen) für Solovioline, 6 Sonaten für zwei Violinen ohne Continuo, ein weiteres Buch mit Sonaten für zwei Violinen oder Querflöten, Cembalostücke in Sonatenform mit Violinbegleitung, 12 Triosonaten, Stücke für zwei Drehleiern, zwei Musetten, Flöte oder Violine, mehrere Sinfonien nach Art der italienischen Triosonate, Konzertsinfonien für Musetten, Drehleiern, Flöten und Oboen und ein Konzert für vier Violinen, außerdem eine Reihe von Divertissements.
Louis Gabriel Guillemain zählte mit Jean-Marie Leclair zu den größten Violinvirtuosen des 18. Jahrhunderts, deren brillante Technik an die Grenzen des auf diesem Instrument Erreichbaren reichte.

LITERATUR
L. de La Laurencie, L'école française de violon, Paris 1923.

Charles Guillet (um 1580–1654)

LEBEN
Charles Guillet wurde um 1580 in Brügge geboren. Er dürfte dem Großbürgertum der Stadt angehört haben, weil er in verhältnismäßig jungen Jahren Stadtrat (1616) und Richter (1620) wurde. Daneben wirkte er als Organist und Komponist. Er starb in Brügge, wo er am 1. 5. 1654 begraben wurde.

WERKE
Der flämische Komponist Charles Guillet brachte 1610 24 Fantasien für Orgel in den zwölf Modi heraus, womit seine Fähigkeit, ältere Stilformen zu verwenden, bewiesen ist.

Alexandre Guilmant (1837–1911)

ZEIT UND UMWELT
Die in der zweiten Hälfte des 19. Jahrhunderts in Paris entstandenen Orgelkonzerte mit Orchester nach dem Muster der Klavier- oder Violinkonzerte eröffneten einen neuen Literaturzweig des Konzertwesens. Konzerte, bei denen die Orgel von mehreren Instrumenten – zumeist Bläsern – begleitet waren, gab es bereits im Barock, aber ihre Gegenüberstellung mit einem ganzen Orchester als gleichwertigem Partner im Konzertsaal integrierte die doch noch immer als sakrales Instrument betrachtete Orgel völlig in die profane Konzertmusik.

LEBEN
Félix Alexandre Guilmant wurde am 12.3. 1837 in Boulogne-sur-Mer als Sohn des Organisten Jean-Baptiste Guilmant (1793, Boulogne-sur-Mer, bis Mai 1890, Boulogne-sur-Mer) geboren. Er war Schüler seines Vaters und von Gustavo Carulli (20.6.1801, Livorno, bis November 1876, Boulogne-sur-Mer). Er wurde mit 16 Jahren Organist und mit 20 Chormeister am St-Nicolas in seinem Geburtsort. Im Jahr 1860 ging er nach Brüssel, um bei Nicolas Jacques Lemmens zu studieren, 1871 wurde er nach Paris an Ste-Trinité berufen. Mit Charles Bordes (1863–1909) und Vincent d'Indy gründete er 1894 die Schola Cantorum, an der er als Orgellehrer wirkte; 1896 übernahm er eine Orgelklasse am Conservatoire in Paris. Er starb am 29.3.1911 in Meudon bei Paris.

Werke
Die Sinfonie für Orgel und Orchester in d-Moll von Alexandre Guilmant setzte den Beginn zu einer neuen Konzertgattung, die die abendländische Musik bereicherte. Sein kompositorisches Werk besteht nur aus Orgelstücken, abgesehen von kleineren Gesangstücken für die Kirche und einigen Instrumentalkompositionen. Er schrieb 8 Orgelsonaten, die Sinfonien für Orgel und Orchester darstellen. Weiters verfaßte er für Orgel und Orchester »Marche funébre«, »Marche fantaisie«, »Méditation sur le Stabat«, »Marche élégiaque«, »Allegro«, »Finale alla Schumann« und »Adoration«. Er veröffentlichte mehrere Sammlungen von Orgelstücken und trug Wesentliches zur Herausgabe der zehnbändigen »Archives historiques d'Orgue« bei.

Sonate Nr. 1 in d-Moll für Orgel, Opus 50, 3 Sätze, entstanden 1874
Diese Sonate wurde später zur Sinfonie oder zum Konzert für Orgel und großes Orchester umgearbeitet und war für diese Konzertgattung richtunggebend. Nach einer scharf rhythmisierten Introduktion folgt im 1. Satz ein Allegro mit einem im Orgelpedal exponierten Thema. Der 2. Satz bringt ein Pastorale mit sanften Melodien. Der 3. Satz ist sehr bewegt und groß angelegt.

Sonate Nr. 7 in F-Dur für Orgel, Opus 89, 6 Sätze
Dieses Stück hat Suitencharakter. Der 1. Satz, »Entrée«, bringt eine Art Aufzugsmusik. Der 2. Satz trägt die Überschrift »Träume« und besteht aus einer Folge schwebender Klänge. Der 3. Satz, »Intermezzo«, besteht aus Passagen beider Hände, die einander ablösen. Der 4. Satz, »Grand Choeur«, beginnt fugiert, weite Tonleiterfiguren und Staccati schließen sich an. Im 5. Satz, »Cantabile«, erklingt eine ausdrucksvolle Kantilene. Das Finale ist ein ansprechender Allegrosatz.

Guiot de Provins
(um 1145 bis nach 1208)

Zeit und Umwelt
Leistungen und Erfolge der provenzalischen Troubadours fanden sofort ihre Nachahmer in Nordfrankreich durch die Trouvères, die sich der altfranzösischen Sprache bedienten. Es sind von ihnen ungefähr 2400 Gedichte und 1700 Melodien erhalten, deren Zuschreibung in vielen Fällen ebenso schwierig und ungesichert ist wie bei den erhaltenen 273 Melodien der Troubadours. Einer der prominentesten Trouvères, König Richard I Löwenherz (8. 9. 1157 bis 6. 4. 1199), war mütterlicherseits Aquitanier und so wenig Engländer, daß er nur sechs Monate seiner Regierungszeit in seinem Land verbrachte. Von ihm sind zwei Lieder erhalten.

Leben
Guiot de Provins ist um 1145 in Provins geboren. Er trat als Trouvère in den Dienst des Grafen von Champagne, wo sich auch sein älterer Zeitgenosse Chrétien de Troyes aufhielt. Guiot dürfte sich an Kreuzzügen nach Palästina und Syrien beteiligt haben. Noch vor der Jahrhundertwende trat er in das Benediktinerkloster Cluny ein, wo er nach 1208 starb.

Werke
Guiot de Provins war einer der ältesten Trouvères und wie viele von ihnen auch als Epiker und Schriftsteller tätig. Von seinem musikalischen Werk sind 6 vermutlich um 1180 entstandene Lieder erhalten, die als Beispiele früher Trouvère-Musik Interesse verdienen.

Literatur
Th. Gérold, La musique au moyen âge, Paris 1932.

Adam Gumpelzhaimer (1559–1625)

Zeit und Umwelt
Die freie Reichsstadt Augsburg erfuhr im 16. und 17. Jahrhundert eine große wirtschaftliche Blüte, die bis zum Dreißigjährigen Krieg anstieg. Der Reichtum der großen Handelshäuser drückte sich in einer Reihe von prächtigen Renaissancebauten und dem Schmuck der Kirchen aus wie durch starke Förderung wissenschaftlicher und künstlerischer Leistungen.

Leben
Adam Gumpelzhaimer (Gumpeltzhaimer)

wurde 1559 in Trostberg, Oberbayern, geboren und in Augsburg zum Kirchenmusiker ausgebildet. Er dürfte auch zu einem kurzen Studienaufenthalt zu Orlando di Lasso nach München gegangen sein. Im Jahre 1581 erhielt er die Stelle als Lehrer und Kantor am St.-Anna-Gymnasium in Augsburg. Er blieb in dieser Stellung bis zu seinem Tod am 3. 11. 1625.

WERKE
Von den Kompositionen des deutschen Kantors Adam Gumpelzhaimer sind in Augsburg erschienen und erhalten: deutsche und lateinische geistliche Lieder und 2 Bücher mit Psalmenvertonungen. Seine »Zwei schöne Weihnacht Lieder« für vier Stimmen sind tatsächlich sehr schön. Die Liedsammlungen wurden mehrmals herausgebracht. Sie bildeten einen wichtigen Beitrag zur Entwicklung des deutschen Liedes. Außerdem brachte er eine Überarbeitung, Übersetzung und Ergänzung des Compendium musicae (Handbuch der Musik) von Heinrich Faber zweisprachig heraus, das zu einem der beliebtesten Musiklehrbücher in den süddeutschen Stadt- und Klosterschulen wurde.

LITERATUR
K. Köberlin, Geschichte des humanistischen Gymnasiums bei St. Anna, Augsburg 1931.

József Gungl (1810–89)

LEBEN
József Gungl wurde am 1. 12. 1810 in Zsámbék, Ungarn, geboren. Er war ab 1834 Oboist, sodann Musikmeister einer österreichischen Militärkapelle. In Berlin gründete er 1843 eine eigene Kapelle, mit der er Konzertreisen bis nach den USA und nach Rußland unternahm. Sodann wirkte er ab 1858 erneut als Militärkapellmeister und schuf sich 1864 wiederum eine eigene Kapelle, die er bis 1870 in München leitete. Er lebte anschließend in Schwerin, Frankfurt am Main, Köln und Weimar, wo er am 31. 1. 1889 starb.
Sein Neffe János Gungl (5. 3. 1828, Zsámbék, bis 27. 11. 1883, Pécs) gehörte von 1848 bis 1862 als Violinist der Hofkapelle in St. Petersburg an.

WERKE
Die 436 Kompositionen von József Gungl bestanden nahezu ausschließlich aus Tänzen, von denen einzelne an Beliebtheit an die Werke der Strauß-Dynastie herankamen. Sein »Ungarischer Marsch« ist sehr bekannt geworden.
János Gungl schrieb über 100 Tänze, die jedoch zum Teil Motive fremder Kompositionen verwenden.

Barnabas Gunn (um 1680 bis um 1743)

ZEIT UND UMWELT
Die Kathedrale St. Philip in Birmingham wurde vom englischen Barockbaumeister Thomas Archer (1668–1743) 1715 fertiggestellt. Daß der Platz an der Orgel nur mit vorzüglichen Kräften besetzt wurde, versteht sich von selbst. Im 18. Jahrhundert setzte in der reichen Handelsstadt auch ein reges Musikleben ein.

LEBEN
Barnabas Gunn wurde um 1680 vermutlich in Birmingham geboren. Er war Organist an St. Philip in Birmingham bis 1730, dann erhielt er die Stelle des verstorbenen Organisten William Hine (1687–1730) an der Kathedrale in Gloucester, wo er vermutlich um 1743 starb. Er war als vorzüglicher Improvisator auf der Orgel berühmt.

WERKE
Der englische Organist und Komponist Barnabas Gunn schrieb ein Te Deum und ein Jubilate in D-Dur, außerdem Cembalosonaten und eine Kantate, ein Cello- und ein Violinsolo, weiters 12 englische Songs.

Aleksandr Guriljow (1803–58)

ZEIT UND UMWELT
Einzelne russische Fürsten hielten sich eigene Orchester, die zum Großteil aus Leibeigenen

bestanden. Diese wurden auf Kosten der Dienstherrschaft ausgebildet, wie überhaupt nach dem Muster der Antike befähigte Leibeigene zu verschiedenen höheren Dienstleistungen, wie Hauslehrer, Buchhalter oder Musiker erzogen wurden. Sie verdienten sich mit ihren Leistungen eine erträgliche Lebensführung und in manchen Fällen auch die Entlassung aus der Leibeigenschaft.

LEBEN
Aleksandr Lwowitsch Guriljow wurde am 22.8.1803 als Sohn des Musikers Lew Stepanowitsch Guriljow in Moskau geboren. Er war wie sein Vater Musiker im Orchester eines Großfürsten, wurde freigelassen und lebte in Moskau als Komponist bis zu seinem Tod am 30.8.1858.

WERKE
Von Aleksandr Guriljow sind über 200 zu seiner Zeit sehr volkstümliche Lieder bekannt geworden, von denen einige über die Grenzen Rußlands nach den übrigen europäischen Ländern wanderten und dort viel gesungen wurden.

Cornelius Gurlitt (1820–1901)

ZEIT UND UMWELT
Das Musikleben der damals noch dänischen Stadt Altona pflegte zwar schon in der ersten Hälfte des 19. Jahrhunderts enge Beziehungen zu Hamburg, hing aber dennoch stark von der Hauptstadt Kopenhagen ab. Starken Einfluß nahm darauf der angesehene Musikpädagoge aus Hamburg, Johann Peter Rudolf Reinecke.

LEBEN
Cornelius Gurlitt wurde am 10.2.1820 in Altona geboren. Sein erster Lehrer und Förderer war Johann Peter Rudolf Reinecke. Dann setzte er über dessen Vermittlung seine Studien in Kopenhagen bei Emil Hartmann und Christopher Ernst Friedrich Weyse fort. Anschließend an eine Tätigkeit als Musiklehrer in Hirschholm bei Kopenhagen unternahm er eine Studienreise nach Rom und ließ sich sodann nach einem Aufenthalt in Leipzig als Musiklehrer in Altona nieder. Von 1864 bis 1898 wirkte er als Organist an der Hauptkirche in Altona und als Leiter der dortigen Liedertafel sowie gleichzeitig von 1879 bis 1887 als Lehrer am Konservatorium in Hamburg. Er starb am 17.6.1901 in Altona.

WERKE
Von Cornelius Gurlitt sind eine Ouvertüre, eine Sinfonietta, ein Streichtrio, mehrere Klaviertrios, ein Streichquartett, Violinsonaten, Klaviersonaten, 2 Operetten und eine Oper, eine große Anzahl Chorwerke, darunter das Oratorium »Die Sündflut«, weiters »Die Jahreszeiten«, »Der Jäger Heimkehr« und die sogenannte niederdeutsche Marseillaise »De See, de brust wull dör de Nacht« (Fritz Reuter) erschienen, ferner viele Lieder und Gesänge für eine oder zwei Stimmen mit Klavier und eine große Anzahl sehr beliebter Vortragsstücke für die Jugend.

Cesario Gussago
(um 1550 bis nach 1612)

ZEIT UND UMWELT
Obwohl Brescia schon 1456 venezianisch wurde, blieben seine Bürger und seine Künstler Lombarden. Der Erneuerer der lombardischen Malerei, Vincenzo Foppa (1427–1516), wurde dort geboren, und Girolamo Romani (1485–1566) schmückte den Neuen Dom, einen prächtigen Spätrenaissancebau, mit Gemälden. Neben vielen anderen Bauten nimmt der Kreuzgang der Santa Maria delle Grazie als Muster der lombardischen Renaissance einen Ehrenplatz ein.

LEBEN
Cesario Gussago wurde um 1550 in Ostiano, Brescia, geboren, studierte in Pavia, trat in den Orden San Geronimo ein und wurde dessen Generalvikar in Brescia. Im Jahre 1612 betraute man ihn mit dem Organistendienst an Santa Maria delle Grazie, den er bis zu seinem Tod versah.

WERKE

Von dem Kirchenmusiker Cesario Gussago sind achtstimmige sakrale Gesänge, Vesperpsalmen und dreistimmige Laudes erschienen, dazu an Orgelmusik Sonaten, Konzerte und Symphonien. Die Vokalmusik folgt der alten Mailänder Schule. Die Orgelstücke entfernen sich weit vom Vokalsatz und sind zu den frühen echten Orgelkompositionen Italiens zu reihen.

Gustaf von Schweden (1827–52)

ZEIT UND UMWELT

Die Abkömmlinge des Hauses Bernadotte waren durchweg musisch interessiert und begabt. Sie förderten vor allem das Musikleben in Schweden, dessen Entwicklung nur durch die wenig lebhafte Anteilnahme der Bevölkerung etwas gehemmt war.

LEBEN

Gustaf, Prinz von Schweden, wurde am 18.6. 1827 in Kristiania (Oslo) geboren. Er war Kompositionsschüler von Adolf Fredrik Lindblad in Stockholm, wo er als Komponist tätig war. Er starb am 24.9.1852 in Kristiania.

WERKE

Von Gustaf von Schweden sind zahlreiche Lieder, Männerchöre und Märsche überliefert, die sich stilistisch an seinen Lehrer anlehnten. Er verfaßte auch eine Bühnenmusik.

LITERATUR

G. Geijer, Prins Gustaf: hans lefnad och tondiktning, Göteborg 1912.

Juan de Gutiérrez Padilla
(um 1590–1664)

ZEIT UND UMWELT

Puebla (Puebla de Zaragoza), Hauptstadt des gleichnamigen mexikanischen Staates, galt immer als Hochburg des Katholizismus. Ihre prächtige Kathedrale im toledanischen Stil mit ihrem Schmuck aus Onyx, Marmor und Gold war eine der reichsten der Neuen Welt und bildete früh mit ihrer großzügig dotierten Instrumental- und Vokalkapelle und ihrer umfangreichen Chorbibliothek ein Zentrum lateinamerikanischer Kirchenmusik.

LEBEN

Juan de Gutiérrez Padilla wurde um 1590 in Málaga geboren und an der Kathedrale der Stadt ausgebildet. Bis 1621 wirkte er als Kapellmeister an der Kathedrale in Cádiz, dann wanderte er nach Puebla aus, wo er zunächst stellvertretender Kapellmeister und 1629 Kapellmeister der Kathedrale wurde und dieses Amt bis zu seinem Tod im Jahr 1664 versah.

WERKE

Die kirchenmusikalischen Werke des spanischen Komponisten Juan de Gutiérrez Padilla sind im alten polyphonen Stil gehalten und wenden häufig die Parodietechnik an. Er schrieb mehrere vier- bis achtstimmige Messen, eine vierstimmige Matthäus-Passion, vier- bis achtstimmige Motetten, Lamentationen, Psalmen, vielstimmige Litaneien, außerdem mehrsätzige Villancicos mit volkssprachlichen spanischen Texten.

LITERATUR

R. Stevenson, Juan de Gutiérrez Padilla, in: Hispanic American Historical Revue XXXV, 1955.

Adolph Gutmann (1819–82)

ZEIT UND UMWELT

Zeitgenossen und unmittelbare Nachfolger von Frédéric Chopin, die ihm in Spiel und Komposition gleichzukommen versuchten, gab es in Paris in Mengen. Einigen gelang es sogar, ihn mehr oder weniger gut zu kopieren, allerdings ohne ihn weiterzuentwickeln oder fortzusetzen. Damit vermochten sie wohl einige Erfolge zu verzeichnen, weil sie »wie Chopin« spielten und schrieben; diese konnten jedoch nicht von nachhaltiger Dauer sein.

Leben
Adolph Gutmann wurde am 12.1.1819 in Heidelberg geboren. Er lebte als beliebter Pianist und Klavierkomponist in Paris und war mit seinem Lehrer Frédéric Chopin eng befreundet. Er starb am 27.10.1882 in La Spezia.

Werke
Die zahlreichen Klavierkompositionen von Adolph Gutmann entstanden im Schatten von Frédéric Chopin. Einen etwas mehr selbständigen Charakter weisen seine »Zehn charakteristischen Etüden« auf, die sich einige Zeit auf den Konzertprogrammen hielten.

Guy de Coucy (um 1160–1203)

Zeit und Umwelt
An der Pariser Universität bildeten die Picarden eine gesonderte Nation, weil sich ihr Idiom noch sehr stark vom Französisch der Île-de-France abhob. Das picardische Sprachgebiet geht allerdings über die Grenzen der Landschaft weit hinaus, obwohl auch diese im Verlauf der Geschichte sehr verschieden gezogen worden sind. Politisch war das Gebiet bis in das 12. Jahrhundert in mehrere Grafschaften aufgeteilt, die Philippe II. Augustus ab 1185 unter seine Gewalt nahm, ausgenommen Ponthieu, das die Engländer bis in das 14. Jahrhundert hielten.

Leben
Guy de Coucy (Châtelain de Coucy, Gui de Torot, Gui de Ponceaux) wurde um 1160 in der südlichen Picardie geboren. Dieser nordfranzösische Trouvère wirkte etwa ab 1185. Er nahm am III. und IV. Kreuzzug teil und starb im Jahr 1203 vermutlich im Orient.

Werke
Guy de Coucy hat ungefähr 30 Lieder hinterlassen; bei einigen ist die Zuordnung nicht gesichert. Die Sprache der Verse enthält manche durch die Herkunft des Dichters bedingten Wendungen.

Literatur
F. Fath, Die Lieder des Castellans von Coucy, Heidelberg 1883.

Jean Guyot (1512–88)

Zeit und Umwelt
Das von Karl dem Kühnen 1467 eroberte und zerstörte Lüttich wurde 10 Jahre darauf wiederum souveränes Fürstbistum und neu aufgebaut. Das bereits im Mittelalter rege Kunstleben der Stadt lebte neu auf. Daß der Kirchenmusik besondere Pflege angedeihte, war bei der politischen Struktur der Stadt nicht anders denkbar.

Leben
Jean Guyot (Johannes Castileti) wurde 1512 in Châtelet, das damals zu Lüttich gehörte, geboren. Nach seinem Studium in Löwen reiste er in Italien und wurde sodann 1545 Kaplan und Chorleiter an Saint-Paul, später an der Kathedrale Saint-Lambert zu Lüttich. In den Jahren 1563 und 1564 war er Dritter Hofkapellmeister bei Kaiser Ferdinand I. in Wien, kehrte darauf wieder in seine alte Stellung nach Lüttich zurück, wo er am 11. 3. 1588 starb.

Werke
Vom franko-flämischen Komponisten Jean Guyot sind eine achtstimmige Messe, ein sechsstimmiges Te Deum, bei 25 vier- bis achtstimmige Motetten, 11 vier- bis achtstimmige Chansons und eine zwölfstimmige Bearbeitung einer sechsstimmigen Motette von Josquin überliefert. Der Stil dieser Kompositionen entspricht der letzten Entwicklungsphase der franko-flämischen Schule. Die kontrapunktische Arbeit ist einwandfrei und zum Teil auch klangreich.

Literatur
E. Wauters, Jean Guyot de Châtelet, Brüssel 1944.

Federico Guzmán (1827–85)

Zeit und Umwelt
Die Republik Chile wurde 1818 unabhängig. Nach einer Periode innerer Wirren folgte

1831 ein günstiger wirtschaftlicher und politischer Aufbau des Landes. Der Gewinn der Salpeterwüste Atacama verstärkte noch das Aufblühen, so daß für eine intensive Kulturpolitik ausreichend Geld vorhanden war. Es kam bald zu einem regen Musikleben.

LEBEN

Federico Guzmán wurde 1827 in Santiago de Chile geboren. Er war Klavierschüler von Louis Moreau Gottschalk und ergänzte seine Ausbildung ab 1866 in Paris. Nachdem er nach 2 Jahren dort mit seinem ersten Auftritt Erfolg hatte, konzertierte er in London und kehrte 1869 nach Chile zurück. Er gab zahlreiche Konzerte in ganz Südamerika und ließ sich schließlich in Rio de Janeiro nieder, wo er am 18.8.1885 starb.

WERKE

Von Federico Guzmán sind in Chile, Brasilien, Italien und Deutschland mehr als 200 Klavierwerke jeder Art erschienen. Sie wurden zwar vorwiegend zum eigenen Konzertgebrauch geschrieben, enthalten sich jedoch jeder überspitzten Technik. In ihrer Melodik klingen nach Gottschalks Vorbild südamerikanische Motive mit.

H

Karl Haack (1751–1819)

Zeit und Umwelt
Über die Schüler der Mitglieder der Königlichen Kapelle in Potsdam wurde der empfindsame Berliner Stil bis zur Mitte des 19. Jahrhunderts weitergereicht und bildete somit einen der Ausgangspunkte der deutschen Romantik, die verschiedene Entwicklungslinien in sich vereinigte und daraus ihren Stil prägte.

Leben
Karl Haack wurde am 18. 2. 1751 in Potsdam geboren. Er war Schüler von František Benda und wurde in die Kapelle des preußischen Kronprinzen Friedrich Wilhelm aufgenommen. Als dieser 1786 als Friedrich Wilhelm II. den preußischen Thron bestieg, ernannte er Karl Haack zum Konzertmeister der Königlichen Kapelle, der diese Stelle auch unter König Friedrich Wilhelm III. bis 1811 betreute. Er starb am 28. 9. 1819 in Potsdam.
Sein Bruder Friedrich Haack (um 1760, Potsdam, bis um 1800, Stettin) war ein violinistisches Wunderkind und wurde Mitglied der Privatkapelle des Kronprinzen. Im Jahr 1779 ging er als Organist nach Stargard, Pommern, und wurde 1793 Musikdirektor in Stettin (Szczecin).

Werke
Von Karl Haack sind Konzerte und Sonaten für Violine erhalten, die deutlich in die Stillandschaft des 19. Jahrhunderts weisen. Friedrich Haack hinterließ Sinfonien und Chorwerke, die romantische Züge vorausnehmen.

Ildephons Haas (1735–91)

Zeit und Umwelt
In manchen Klosterkirchen des österreichisch-süddeutschen Raumes wurde das späte Barock auch in der zweiten Hälfte des 18. Jahrhunderts intensiv gepflegt, um den Gegensatz »echter« sakraler Musik zur verweltlichten der Vorklassik und Klassik zu betonen. Der Kampf gegen die Profanierung der Kirchenmusik wurde mit aller Kraft geführt. Es ging bekanntlich zeitweise so weit, daß man die Messen von Joseph Haydn verbieten wollte. Man hatte vergessen, daß auch den Barockmessen blasphemische Verweltlichung vorgeworfen worden war und man ihr die Polyphonie der Anhänger und Nachahmer von Palestrina entgegengehalten hatte.

Leben
Ildephons (eigentlich Johann Georg) Haas wurde am 23. 4. 1735 in Offenburg geboren. Er trat 1751 in das Benediktinerkloster Ettenheimmünster, Baden, ein, wo er sich im Violinspiel ausbildete und Chorregent wurde. Zum Komponisten wurde er im Selbstunterricht durch das Studium der Werke von Johann Joseph Fux, Johann Mattheson und Friedrich Wilhelm Marpurg. Er starb als Prior seines Klosters am 30. 5. 1791.

Werke
Von den Werken des spätbarocken Kirchenmusikers Ildephons Haas sind »XXXII Hymni Vespertini« für zwei Singstimmen, zwei Violinen, zwei Bratschen und doppelten Generalbaß, »XV Offertoria« und »Geistliche Arien« erhalten. Viele melodische und harmonische Wendungen zeigen, daß auch

an diesem Barockmeister die neuere Musik nicht spurlos vorübergegangen ist.

Joseph Haas (1879–1960)

LEBEN
Joseph Haas wurde am 19.3.1879 in Maihingen, Bayern, geboren. Er war von 1904 bis 1908 in München und Leipzig Schüler von Max Reger. Er wirkte ab 1911 als Kompositionslehrer am Konservatorium in Stuttgart und von 1921 bis 1950 an der Akademie für Tonkunst in München. Ab 1925 war er Vorstand der Abteilung für Kirchenmusik der Akademie und leitete nach 1945 den Wiederaufbau der Hochschule. Er war ein außerordentlich gesuchter Lehrer und wurde mit vielen Ehrungen und Preisen ausgezeichnet. Er starb am 30.3.1960 in München.

WERKE
Von seinen zahlreichen in Nachfolge Max Regers geschriebenen Werken seien hier genannt: 2 Opern, die Oratorien »Die heilige Elisabeth«, »Christnacht«, »Das Lebensbuch Gottes«, »Das Lied von der Mutter«, »Das Jahr im Lied«, »Die Seligen«, viele Messen auf lateinischen und deutschen Text, zum Teil mit Volksgesang, wie »Deutsche Singmesse«, »Speyerer Domfest-Messe«, »Christ-König-Messe« für einstimmigen gemischten Chor und Orgel, »Deutsche Weihnachtsmesse«, eine große Anzahl Motetten, Vespern, ein Te Deum, über 100 Lieder, zumeist unter einheitlichen Gesichtspunkten gruppiert wie »Krippenlieder«, »Lieder des Glücks«, »Heimliche Lieder der Nacht«, »Schelmenlieder«, »Christuslieder«, »Lieder des Lebens«, »Lieder der Reife und Ernte«, »Franziskuslieder«, »Gesänge an Gott«, und andere mehr, viele Klavierstücke, häufig in Gruppen zusammengefaßt, mehrere Orgelwerke, ein Streichquartett, Trios und Duos für verschiedene Instrumente, zum Teil der Hausmusik angenähert, 5 kleinere Orchesterwerke. Obwohl sein eigener Kompositionsstil spätromantisch war, förderte er die ersten Donaueschinger Kammermusik-Aufführungen und leitete einen Teil davon.

Joseph Haas

LITERATUR
K. Laux, Joseph Haas, Düsseldorf 1954.

Alois Hába (1893–1973)

LEBEN
Alois Hába wurde am 21.6.1893 in Wisowitz (Vizovice), Mähren, geboren. Er war am Konservatorium in Prag Schüler von Vítězslav Novák und in Wien und Berlin von Franz Schreker. Von 1923 bis 1953 war er Professor für Komposition am Konservatorium in Prag, wo er am 18.11.1973 starb.
Sein Bruder Karel Hába (21.5.1898, Vizovice, bis 21.11.1972, Prag) war am Konservatorium in Prag Schüler von Karel Hoffmann (12.12.1872, Prag, bis 30.3.1936, Prag) und Vítězslav Novák. Er unterrichtete von 1917 bis 1927 Musik an der Lehrerbildungsanstalt, wirkte ab 1929 am Prager Rundfunkorchester und von 1936 bis 1950 als Musikreferent. Im Jahr 1951 wurde er Professor an der Pädagogischen Hochschule in Prag für Methodik der Musikerziehung.

WERKE
Athematische Musik und das Mikrointervall

nahmen in Studium, Komposition und Unterricht von Alois Hába eine zentrale Stellung ein. Viertel-, Fünftel- und Sechsteltonmusik wendete er bei einer Reihe seiner Kompositionen mit seltener Genialität an. Im Vierteltonsystem schrieb er eine Oper, 7 Streichquartette, Fantasien für Violine solo, für Violine und Klavier, für Bratsche und Klavier, für Cello solo, für Cello und Klavier, Suiten für Klarinette solo, für Klarinette und Klavier, für Trompete und Posaune, für vier Posaunen, für Gitarre, eine Sonate, 5 Suiten und 10 Fantasien für Klavier, eine Chorsuite, Chöre und Liederzyklen; im Fünfteltonsystem: ein Streichquartett; im Sechsteltonsystem: 3 Streichquartette, Suiten für Cello solo und für Violine solo, ein Duo für zwei Violinen, 6 Harmoniumstücke, eine Oper. Der Rest seiner Werke ist diatonisch-chromatisch: 6 Streichquartette, 4 Nonette, Quartett für vier Fagotte, Sonate für Klarinette und Klavier, Suite für Baßklarinette und Klavier, Solosuiten für Cello, für Violine, für Zimbal, für Baßklarinette, für Saxophon, verschiedene Klavierwerke, Te Deum und Fantasie und Fuge über HABA für Orgel, Harfen- und Gitarrenwerke, eine Fantasie für Orchester, eine »Walachische Suite« für Orchester, eine sinfonische Fantasie für Klavier und Orchester, ein Violinkonzert, ein Bratschenkonzert, »Tagebuchnotizzen« für Sprecher und Streichquartett, »Aus den Sprichwörtern« für Männerchor, weitere Chöre, Lieder und eine Oper. Seine diatonische Musik fußt deutlich auf der tschechischen Folklore.
Karel Hába schrieb 4 Opern, 2 Sinfonien, mehrere Orchestersuiten, ein Violinkonzert, ein Cellokonzert, eine Orchestersuite, ein Nonett, ein Septett, ein Viertelton-Klaviertrio, ein diatonisches Klaviertrio, ein Bläserquintett, Klaviermusik, darunter eine Suite im Vierteltonsystem, Chöre und Lieder, eine Violinschule im Vierteltonsystem und 15 konzertante Etüden.

Violinkonzert, Opus 83, 3 Sätze, entstanden 1954
Dieses Konzert von Alois Hába ist diatonisch, aber konsequent athematisch; es werden darin immer neue melodische und rhythmische Wendungen herangebracht, die zum Ausgangspunkt für kontrastreiche Entwicklungen werden. Im 1. Satz tritt das Soloinstrument nach einem kurzen Prolog beherrschend auf. Die Begleitung ist nur kommentierend. Der Satz endet mit einer glänzenden Kadenz. Ein Hornruf leitet den 2., romantischen Satz ein. Die Kantilene der Violine ist thematisch ungebunden. Der Mittelteil bringt eine tänzerische Auflockerung, dann kehrt die Stimmung des Satzes wieder. Das Solo des Finales ist virtuos und heiter. Nach einem lyrischen Abschnitt beendet eine feurige Coda das Werk.

François Antoine Habeneck
(1781–1849)

Zeit und Umwelt
Die »Concerts Français« des Pariser Conservatoire hatten bereits in der Kaiserzeit einen großen Ruf. Sie wurden 1815 mit der Schließung des Konservatoriums eingestellt. Als sie 1828 von der »Gesellschaft der Konzerte des Konservatorium« neu eröffnet wurden, erlangten sie bald ihre Weltgeltung, wozu die mustergültige Wiedergabe aller neun Sinfonien von Ludwig van Beethoven viel beitrug.

Leben
François Antoine Habeneck wurde am 22.1. 1781 in Mézières, Ardennes, geboren. Er war am Pariser Conservatoire Violinschüler von François de Sales Baillot. Im Jahr 1804 erhielt er den Ersten Violin-Preis der Lehranstalt, trat dem Orchester der Opéra Comique bei und wurde bald darauf Erster Violinist der Opéra sowie bei den Concerts Français. Bei der Neueröffnung der Konzerte erhielt er ihre Leitung. Von 1821 bis 1824 wirkte er als Direktor der Oper und anschließend als ihr Kapellmeister. Daneben lief eine intensive Lehrtätigkeit am Konservatorium. Er starb am 8.2.1849 in Paris.

Werke
Von François Antoine Habeneck wurden 2 Violinkonzerte, 3 konzertante Duos für zwei Violinen, Variationen für Streichquartett, Orchestervariationen, eine »Große Polonaise« für Violine und Orchester und verschiedene Vortragsstücke für Violine veröffentlicht. Sein Stil steht an der Schwelle der Romantik.

Maurus Haberhauer (1746–99)

Leben

Maurus Haberhauer wurde am 13. 1. 1746 in Zwittau (Svitavy), Mähren, geboren. Er war Benediktinermönch und Regens chori im Stift Raigern bei Brünn, wo er am 18. 2. 1799 starb.

Werke

Von Maurus Haberhauer sind handschriftlich über 50 Messen, 2 Requiem, zahlreiche Vespern, Motetten, Lamentationen und weitere sakrale Gesänge erhalten. Sie gehören teilweise noch dem Spätbarock an, weisen aber auch romantische Züge auf.

Franz Habermann (1706–83)

Zeit und Umwelt

Die Eigenständigkeit der böhmischen Kirchenmusik, die auf der »Altböhmischen Schule« fußte, geriet gegen die Mitte des 18. Jahrhunderts stark unter italienische Einflüsse, die durch die Italienreisen der einzelnen Musiker noch intensiviert wurden. Die Zeit, in der von einer gesonderten böhmischen Musikentwicklung nicht mehr gesprochen werden konnte, war nicht mehr fern. Erst das 19. Jahrhundert verlieh diesem Gang der Entwicklung eine neue Richtung.

Leben

Franz Johann Xaver Wenzel Habermann wurde am 20. 9. 1706 in Königswart (Lážně Kynžvart) geboren. Er studierte in Klattau (Klatovy), sodann in Italien, Spanien und Frankreich, wurde 1731 Kapellmeister des Prinzen Louis Henri de Bourbon-Condé, wirkte später am großherzoglichen Hof in Florenz und ab 1750 als Organist an verschiedenen Kirchen und als Musiklehrer in verschiedenen Adelshäusern in Prag. Im Jahr 1773 wurde er Chorregent in Eger (Cheb), wo er am 7. 4. 1783 starb.

Werke

Die 1744 von Franz Habermann veröffentlichte Messensammlung »Philomela pia« (Fromme Musik), die allgemein bekannt wurde, diente Georg Friedrich Händel als Themenfundgrube für seine Werke »Agrippina«, »Hercules«, »Jephta« und »17. Klaviersuite«. Die weiteren 12 Messen und 6 Litaneien des Komponisten sind verschollen. Von seinen 3 Oratorien sind nur die Texte erhalten. Eine Missa pastoralis, 4 Motetten, 2 Regina coeli, konzertante Psalmen und weitere verschiedene sakrale Werke sind handschriftlich überliefert; seine Instrumentalwerke, die von den Zeitgenossen gerühmt wurden, fehlen. Der italienische Einfluß auf die Kirchenmusik dieses böhmischen Meisters ist unverkennbar.

Literatur

S. Taylor, The Indebtedness of Handel to Works other Composers, Cambridge 1906.

Johannes Evangelista Habert (1833–96)

Zeit und Umwelt

Obschon die Bewegung der Caecilianer einen beträchtlichen Teil der Kirchenkomponisten Süddeutschlands und Österreichs erfaßt, fand sie in mehreren sehr bedeutenden Kirchenmusikern ihre Gegner, die von hohen kirchlichen Würdenträgern kräftig gefördert wurden. Der Episkopat von Linz zum Beispiel wie eine Anzahl Äbte einflußreicher Stifte waren Gegner der Verarmung der Musik in der Kirche, die der Caecilianismus offensichtlich nach sich zog.

Leben

Johannes Evangelista Habert wurde am 18. 10. 1833 in Oberplan (Horní Planá), Böhmen, geboren. Er wurde Lehrer in Naaren an der Donau und in Waizenkirchen und 1861 Organist in Gmunden, wo er ab 1878 auch Chorregent war. Dort starb er am 1. 9. 1896.

Werke

Von Johannes Evangelista Habert sind Messen, Offertorien, Litaneien, Motetten überliefert, außerdem einige Orchester- und Kammermusikwerke, Klavierstücke und Lieder. Er brachte eine Reihe vorzüglicher Lehrwerke heraus. Mit Billigung und Unterstützung der Bischöfe von Linz trat er in seinem Schrifttum und durch seine Kompositionen gegen den Caecilianismus auf.

LITERATUR

A. Hertl, Johannes Evangelista Habert, Wien 1900.

Georg Alexander Hack
(um 1650 bis nach 1695)

LEBEN

Georg Alexander Hack wurde um 1650 vermutlich in Bayern geboren. Er war ab 1672 Mitglied der Hofkapelle in München, wo er nach 1695 gestorben ist.

WERKE

Vom deutschen Komponisten Georg Alexander Hack sind unter dem Titel »Musikalisch-Marianische-Schatzkammer« 58 Lieder in Motettenform und außerdem 14 Weihnachtslieder überliefert.

Benedikt Hacker (1769 – 1829)

LEBEN

Benedikt Hacker wurde am 30. 5. 1769 in Metten, Niederbayern, geboren. Er war in Salzburg Violinschüler Leopold Mozarts und studierte bei Michael Haydn Komposition. Neben seinem Wirken als Violinist in der Stiftskirche auf dem Nonnberg betrieb er eine Buch- und Musikalienhandlung, der er einen Musikverlag anschloß. Er brachte Werke von Leopold Mozart und vor allem weltliche Vokalmusik von Michael Haydn heraus. Er starb am 2. 5. 1829 bei Salzburg.

WERKE

Die Kirchenmusik von Benedikt Hacker war der Zeit entsprechend nahezu durchwegs auf deutsche Texte komponiert. Er schrieb außerdem sehr beliebte Männerchöre und gemischte Chöre, weiterhin Lieder mit Klavierbegleitung und Gelegenheitskantaten. Der Stil seines Lehrers ist überall erkennbar.

LITERATUR

O. Wessely, Benedikt Hacker, in: Musik in Geschichte und Gegenwart V, 1956.

Carolus Hacquart (um 1640 – 1701)

ZEIT UND UMWELT

Amsterdam, das durch die tolerante Aufnahme von Flüchtlingen aus allen Lagern, Hugenotten und Jansenisten aus Frankreich, Calvinern aus dem Süden der Niederlande, Katholiken aus England, kulturell und wirtschaftlich zur Weltstadt gewachsen war, beherbergte eine starke katholische Glaubensgemeinde, die ihre Religion ungehindert ausüben konnte.

LEBEN

Carolus Hacquart (Hakkart, Haccart, Ackart) wurde um 1640 in Brügge geboren. Er war bis 1679 Organist einer Katholikengemeinde in Amsterdam, ließ sich sodann in Den Haag nieder, gab dort Musikunterricht und veranstaltete regelmäßig Konzerte, wozu ihm sein Freund Constantin Huygens verhalf. Er starb in Amsterdam vermutlich im Jahr 1701.

WERKE

Vom niederländischen Organisten, Gambisten und Komponisten Carolus Hacquart sind 22 Kirchensonaten und Stücke für Gambe und Generalbaß erhalten sowie die Musik zum Schauspiel »De Triomfeerende Min« (Die triumphierende Liebe), das anläßlich des Friedensschlusses von Nimwegen (1678) geschrieben wurde.

LITERATUR

D. F. Scheurleer, Het Muziekleven van Amsterdam in den 17de Eeuw, Den Haag 1901.

Henry Kimball Hadley (1871–1937)

Leben
Henry Kimball Hadley wurde am 20.12.1871 in Sommerville, Mass., geboren. Er war in Boston Schüler von Benjamin Dwight Allen (1831–1914), Stephen Albert Emery und George Whitefield Chadwick. Er studierte außerdem bei Eusebius Mandyczewski in Wien. Von 1896 bis 1904 war er Organist in Garden City, Long Island, wirkte sodann bis 1909 in Europa als Kapellmeister, leitete darauf bis 1911 die Sinfoniekonzerte in Seattle, Wash., und später die des Orchesters von San Francisco. Er kehrte nach New York zurück und war dort von 1929 bis 1932 Dirigent des Manhattan Symphony Orchestra. Er starb am 6.9.1937 in New York.

Werke
Außer 6 Opern schrieb Henry Kimball Hadley 4 Sinfonien mit programmatischen Titeln, eine sinfonische Fantasie, eine Orchesterrhapsodie, 2 sinfonische Gedichte, mehrere Ouvertüren, ein Cellokonzert, ein Klavierkonzert, 2 Streichquartette, ein Klavierquintett und 4 große Chorwerke. Alles gehört der Spätromantik an.

Johann Christian Friedrich Haeffner (1759–1833)

Zeit und Umwelt
Obwohl zum Ende des 18. Jahrhunderts die nationale schwedische Musik bereits auf eine breite Basis gestellt war, wurden Kräfte aus dem Ausland, besonders aus Deutschland, gerne aufgenommen.

Leben
Johann Christian Friedrich Haeffner wurde am 2. 3. 1759 in Oberschönau bei Schmalkalden geboren und von Johann Gottfried Vierling ausgebildet. Er kam als Kapellmeister einer Theatertruppe nach Stockholm und erhielt dort 1780 eine Organistenstelle, wurde sodann Akkompagnist, 1793 Stellvertretender und 1799 Erster Kapellmeister am Königlichen Hoftheater. Im Jahr 1808 zog er sich nach Uppsala zurück, wo er 1820 ein Domorganistenamt übernahm und am 28. 5. 1833 starb.

Werke
Von Johann Christian Friedrich Haeffner, der sich um die schwedische Musik sehr angenommen hat, sind außer seinen 3 Opern auf schwedische Texte eine Anzahl Vokalwerke erschienen, darunter ein oft aufgeführtes Oratorium »Försonaren på Golgatha« (Der Erlöser auf Golgatha), schwedische Lieder mit Klavierbegleitung, ein schwedisches Choralbuch, das die alten Choralmelodien des 17. Jahrhunderts wiederherstellte, eine schwedische Messe im alten Stil und eine vierstimmige Bearbeitung altschwedischer Lieder. Er ging von dem Gedanken aus, daß eine Musikentwicklung durch Einbeziehung echten Volksliedgutes am meisten gefördert wird.

Jacob Adolf Hägg (1850–1928)

Leben
Jacob Adolf Hägg wurde am 29.6.1850 in Östergarn auf Gotland geboren. Er war in Stockholm Schüler des Klavierpädagogen Jan van Boom, in Kopenhagen von Niels Wilhelm Gade und in Berlin von Friedrich Kiel. Er lebte in Stockholm als Lehrer und freier Komponist und starb am 1.3.1928 in Bjuråker.

Werke
Von Jacob Adolf Hägg sind 4 programmatische Sinfonien, zahlreiche andere Orchesterstücke und Vokalwerke, Kammermusikwerke, 2 Klaviersonaten, 5 Hefte »Kleine nordische Lieder ohne Worte« für Klavier, 10 Klaviersuiten, weiters Stücke für Cello und Klavier und Orgelstücke erhalten. Seine Musik gehört der nordischen Hochromantik an.

Literatur
G. Hetsch, Jacob Adolf Hägg, Leipzig 1903.

Georg Friedrich Händel (1685–1759)

Georg Friedrich Händel

ZEIT UND UMWELT

Die englische Musikentwicklung nach der Restauration erhielt durch Henry Purcell einen heftigen, aber nur kurz andauernden Aufschwung. Nach seinem Tod gab es keinen nennenswerten Nachfolger, und auch die Meister, die, von König Karl II. aus welchen Gründen immer gefördert, neben Purcell einige beachtliche Werke schufen, starben einer nach dem anderen, ohne Schüler zu hinterlassen, die deren Erbe zu verwalten und zu mehren imstande waren. Es war, als sei die geringe Kultursubstanz, die über die Cromwell-Zeit gerettet werden konnte, nun endgültig aufgebraucht worden. Die Nachfolger Karls II. interessierten sich nicht ernstlich für Musik. Für sie hatten die Kapellen für Unterhaltung zu sorgen und einen würdigen Rahmen für Hoffestlichkeiten zu vermitteln. Neue, für einen bestimmten Anlaß – Jubiläen, Geburtstage, Trauerfeierlichkeiten – angefertigte Kompositionen hoben das Prestige; ihre Qualität war minder wichtig, sie wurde ausreichend durch den Anlaß dokumentiert; überdies hörte ohnehin kaum jemand ernstlich zu. Wirkliches Interesse konnte nur ein Interpret – Instrumentalist oder Sänger – erwecken; hiebei war es aber die außergewöhnliche Fertigkeit und Spieltechnik, die geschätzt wurde, die Musik selbst stand weit im Hintergrund. War kein neues Werk zur Verfügung, nahm man ältere, bewährte Meister und erfüllte damit auch die Verpflichtung zur Traditionspflege. Eine Ausnahme bildete die Oper, die sich, wenn auch später als anderswo, neben dem beliebten Schauspiel mit Musik etablierte. Dieses Konglomerat aus Dichtung, Gestik, Bühnenausstattung, vokaler und instrumentaler Interpretation und gesellschaftlichem Ereignis war bei Hof – oder zumindest einigen Mitgliedern der Hofgesellschaft – und beim Adel wie dem wohlhabenden Großbürgertum, das den Adel wie überall nachahmte, außerordentlich beliebt. Henry Purcell hatte Opern auf die Bühne gestellt, aber keine »englische« Oper begründen können. Er selbst hatte ein zu kurzes Leben, um dafür eine breitere Basis zu schaffen, und es gab niemanden, der seine Linie fortsetzen konnte, und niemanden, der daran interessiert war. Diese Opern waren zu schwer, zu tiefgründig und zu anstrengend. Man importierte Opern aus Italien, die alles brachten, was man gerne sah und hörte: leichte Faßlichkeit, fernabliegende Problemstellung, unernste Tragik, burleske Komik, farbige Kostüme, Bühnenbilder und Musik. Interpreten und Opernleiter kamen aus Italien mit; Engländer vermochten sich nur schwer daneben zu behaupten.

Es wäre unrichtig zu behaupten, daß es in der ersten Hälfte des 18. Jahrhunderts in England kein wahres Interesse für Musik gab. Neben den Opernaufführungen wurden öffentliche und private Konzerte veranstaltet und in musikalischen Vereinigungen viel Musik gespielt und gesungen, es entfaltete sich ein beachtliches Musikverlegertum, man mußte sich aber mit zweitrangigen Erzeugnissen oder älteren Kompositionen begnügen, weil neue, durchschlagende Kompositionen fehlten, weil die Kraftquelle Hof- und Adelsgesellschaft für das Werden und Wachsen der Meister versiegt und der neue Nährboden dafür noch nicht ausreichend konsolidiert war. Die Persönlichkeit, die dieses Vakuum zu füllen vermochte, mußte von außen kommen. Und sie erschien, eine überragende Gestalt auf allen Gebieten der Musik, die dem Opernpublikum die italienische Oper bot und die besten Interpreten aus dem Ausland holte, für Konzerte und Gesellschaften echte Musik verfaßte, die der Hof- und Adelsgesellschaft durch die Ausstrahlung ihrer künstlerischen Persönlichkeit die gebührende Hochachtung für sich und ihre Musik abnötigte und dazu über genügend kommerziellen Sinn verfügte, ein breites Publikum anzuziehen, die außerdem über Italien kam, das für die Engländer noch immer das Ursprungsland der Musik war und dazu vom Hof nach London gerufen und kräftigst protegiert wurde.

Leben

Georg Friedrich Händel wurde am 23. 2. 1685 in Halle an der Saale geboren. Sein Vater war der Bader und Wundarzt Georg Händel (24. 9. 1622, Halle, bis 17. 2. 1697, Halle), Sohn des Kupferschmiedes Valentin Händel (1582, Breslau, bis 30. 8. 1636, Halle). Seine Mutter war die lutherische Pfarrerstochter aus Gibichenstein bei Halle, Dorothea Taust (8. 2. 1651, Dieskau bei Halle, bis 27. 12. 1730, Halle). Über seine Kindheit ist wenig bekannt. Sicher ist, daß er früh musikalische Anlagen zeigte und vermutlich ein sogenanntes Wunderkind geworden wäre, wenn der Vater mehr Verständnis aufgebracht hätte. Er durfte aber nur zeitweilig in der Schloßkapelle in Weißenfels, wohin der Wundarzt zeitweilig beruflich kam, seine ersten Griffe auf der Orgel versuchen. Er fiel dadurch dem Herzog von Sachsen-Weißenfels auf, der sich dafür verwendete, daß Georg Friedrich bei Friedrich Wilhelm Zachow Musikunterricht bekam. Im Jahr 1698 nahm ihn sein Vater, der kurbrandenburgischer Hofarzt »von Haus aus« war, auf eine Reise nach Berlin mit. Dort lernte der junge Musiker durch den Hofkomponisten Attilio Ariosti italienische und französische Musik kennen und zeigte dabei so viel Verständnis und Sachkenntnis, daß er von Kurfürst Friedrich III. (König Friedrich I.) das Angebot erhielt, zur weiteren Ausbildung nach Italien zu gehen. Der Vater war dagegen, weil er wünschte, daß sein Sohn eine sichere Berufslaufbahn einschlug und die Schule absolvierte, um an der Universität zu studieren, und war der Meinung, daß Musik »bloßerdings zu nichts anderem als zur Belustigung und Ergetzlichkeit diene«. Der Sohn mußte gehorchen. Er brachte die Lateinschule hinter sich und nahm, obschon sein Vater bereits seit fünf Jahren tot war, 1702 das juridische Studium an der Universität Halle auf. Schon einen Monat darauf bewarb er sich um die Organistenstelle an der calvinistisch-reformierten Dom- und Schloßkirche und erhielt sie probeweise für ein Jahr, »obwohl er ein evangelisch-lutherisches Subjekt« war. Nach diesem Jahr, in das seine ersten Kompositionen fielen, begab er sich nach Hamburg und kam dort bei dem von Reinhard Keiser geleiteten Theater am Gänsemarkt als Violinist und später als Cembalist unter. Mit Johann Mattheson, der am selben Theater als Tenor, Cembalist und Komponist tätig war, unternahm er 1703 eine Reise nach Lübeck, um den berühmtesten Orgelmeister jener Zeit, Dietrich Buxtehude, aufzusuchen. Die angebotene Amtsnachfolge lehnte er ab, weil er die Tochter des Organisten heiraten hätte müssen. Er blieb in Hamburg als Opernmusiker und Opernkomponist, bis ihn 1704 Gian Gastone de'Medici, der nachmalige Großherzog der Toskana, der sich in Hamburg aufhielt, einlud, nach Italien zu gehen. Dort wurde er von verschiedenen Adelshäusern und der römischen und der neapolitanischen Arcadia bereitwillig aufgenommen. Er schloß mit Alessandro Scarlatti und dessen Sohn Domenico Scarlatti (1685–1757), mit Bernardo Pasquini, Arcangelo Corelli und Agostino Steffani Freundschaft und erntete in Florenz und Venedig mit seinen Opern viel Beifall.

Er blieb aber auch nicht in Italien, wo man ihm eine große Zukunft voraussagte. Sein Freund Steffani vermittelte ihm die Stellung eines Hofkomponisten bei Kurfürst Georg von Hannover, ab 1714 als Georg I. König von England. Ehe er seine Stelle in Hannover antrat, begab er sich 1710 nach London, brachte dort einige Opern mit wechselndem Erfolg heraus und begründete in London seinen Ruf als Komponisten durch ein Te Deum anläßlich des Utrechter Friedens 1713. Nachdem er 1717 noch einmal für kurze Zeit nach Hannover zurückgekehrt war, rief er 1719 in London die Royal Academy of Music ins Leben, ein großes Opernunternehmen, das vom König und einer Reihe Adeliger sehr unterstützt wurde. Er schrieb für dieses Unternehmen eine lange Reihe von Opern, die in ganz Europa weite Verbreitung fanden. Natürlich erhoben sich auch Widerstände gegen den erfolgreichen Ausländer, doch noch war er unangreifbar. Der König verlieh ihm das englische Bürgerrecht. Sein Opernunternehmen florierte; Händel hatte sich vom Kontinent die besten Kräfte besorgt. Sein Ruf als Komponist blieb unbestritten; er komponierte zur Krönung König Georgs II. (1683–1760) im Jahr 1727 4 Coronation Anthems. Das folgende Jahr brachte jedoch für die Opernakademie und die italienische Oper in England überhaupt das Ende. Johann Christoph Pepusch stellte mit dem Librettisten John Gay (30. 6. 1685, Barnstaple, bis 4. 12. 1732, London) die parodistische Balladenoper »Bettleroper« auf die Bühne, in der unter großem Publikumsbeifall die italienische Oper derart scharf verspottet wurde, daß sich das Londoner Publikum abwandte. Händel gab noch nicht klein bei; er hatte den radikalen Geschmackswechsel des Publikums nicht in seiner ganzen Tragweite erfaßt. Er versuchte, mit dem Schweizer Opernunternehmer Johann Jakob Heidegger (13.6.1666, Zürich, bis 4.9.1749, Richmond) eine neue Akademie zu gründen, holte Kräfte aus Neapel und brachte einige Opern heraus, scheiterte aber, weil der von ihm aufgenommene Kastratensänger Francesco Bernardi (genannt Senesino, um 1680, Siena, bis um 1750, Siena) eines Streites wegen zum Konkurrenzunternehmen unter Nicola Porpora (1686–1768) überging, das vom Prince of Wales, Frederick Louis (1707 bis 1751), und dessen Parteigängern im Intrigenspiel gegen den König, der Händel protegierte, unterstützt wurde. Auch andere Ensemblemitglieder schlugen sich – genötigt oder bestochen – auf die Seite des neuen Unternehmens, und die alten Gegner Händels, Carlo Arrigoni (1697–1744), Giovanni Battista Bononcini, dessen Bruder Antonio Bononcini und beider Vater Giovanni Maria Bononcini und schließlich auch Johann Adolf Hasse (1699–1783), der Gatte der Sängerin Faustina Bordoni. Händel mietete nun das Covent Garden Theatre und führte es auf eigene Rechnung, während Heidegger das Haymarket Theatre den Gegnern vermietete, schrieb weitere Opern und machte alle Anstrengungen, dem finanziellen Ruin zu entgehen. Nun brach er gesundheitlich zusammen, ein Schlaganfall lähmte 1737 seine rechte Seite. Das Opernunternehmen mußte aufgegeben werden und Händel sich einer Kur unterziehen. Er ging nach Aachen und erholte sich überraschend bald. Noch im selben Jahr erschien er wieder in London und verfaßte das »Funeral Anthem« für die verstorbene Königin Caroline von Ansbach (1683–1737). Das Opernunternehmen seiner Gegner war inzwischen zugrunde gegangen. Heidegger sammelte die Reste beider Opernensembles und eröffnete 1738 am Haymarket eine neue Saison mit 2 Werken von Händel ohne nennenswerten Erfolg. Dann versuchte es der Komponist noch persönlich und führte 1740 seine neuen letzten Opern auf, brachte aber zugleich 2 Oratorien heraus, die freundlicher aufgenommen wurden. Er durchschaute nunmehr, daß alle Konkurrenzmanöver zwar sehr schändlich gewesen waren, aber die Gründe für den Zusammenbruch der Opernhäuser tiefer lagen. Das Publikum wandte sich von der mythologischen Oper ab, die Schicksale der einzelnen Götter und Heroen waren ihm gleichgültig geworden, Pepusch hatte gelehrt, darüber zu lachen. Das Oratorium, dessen Stoff dem bei den englischen Puritanern beliebten Alten Testament entnommen wurde, erweckte bei der Gesellschaft des Frühkapitalismus, die geschäftliche Erfolge als Lohn für ihre Frömmigkeit nahm, starke Begeisterung. Mit sei-

nen Oratorien errang Händel Erfolge, die alle früheren in den Schatten stellten. Ihre Aufführungen nahmen den Charakter einer sakralen und patriotischen Handlung an, die keinem Unterhaltungszweck diente, sondern der religiösen Erhebung und moralischen Läuterung.
Mit fortschreitendem Alter erblindete der Meister, er konnte nicht mehr komponieren, gab aber noch immer Konzerte und begleitete seine Oratorien auf der Orgel. Am 6. 4. 1759 war er bei der für ihn letzten Aufführung des »Messias« im Covent Garden Theatre anwesend, am 14. 4. 1759 starb er in London. England setzte »George Frederic Handel« als einen seiner großen Männer in der Westminster Abbey bei.

WERKE

Heute verbindet sich der Name Georg Friedrich Händels vor allem mit seinem Oratorienwerk, hinter das die anderen Kompositionen, mit Ausnahme einiger weniger, weit zurücktreten. Nahezu ganz dem Gedächtnis entschwunden ist, daß er 40 Opern und eine Reihe von Pasticcios verfaßte und damit in Hamburg, in Italien und besonders in England außerordentlich erfolgreich war. Heute werden noch einzelne Arien daraus als Konzertnummern gesungen, und das berühmte und wirklich schöne »Largo von Händel« läßt uns kaum glauben, daß es aus einer komischen Oper (Xerxes) stammt. Von seinen Instrumentalwerken sind die 6 Concerti grossi Opus 3 und die 12 Concerti grossi Opus 6, vor allem jedoch die Wassermusik und die Feuerwerksmusik lebendig geblieben. Seine Doppelkonzerte in F-Dur und B-Dur werden noch häufig gespielt, wie auch die 6 Orgelkonzerte Opus 4 und die 6 Orgelkonzerte Opus 7; weitere Orgelkonzerte, Concerti grossi und Ouvertüren kommen schon seltener zu Gehör. Für alle diese Werke sind eine gewisse Einfachheit und Schlichtheit und ein zügiger Rhythmus charakteristisch. Das Kammermusikwerk besteht zum größten Teil aus Solosonaten für Flöte, für Oboe oder für Violine mit Generalbaß. Die Triosonaten und die Kirchensonaten im italienischen Stil und die Kammersonaten auf französische Art, die sich der Suitenform nähern, sind Konzertstücke. Händel, selbst ein vorzüglicher Organist und Cembalist, betonte in seinen Werken für Tasteninstrumente in 5 Bänden das Virtuos-Aufgelockerte; sie müssen zum Besten jener Gattung gestellt werden. Viele Gelegenheitskompositionen, jede ein kostbares Wunderwerk für sich, runden das umfangreiche kompositorische Werk Händels ab. Sein Oratorienwerk besteht aus 32 Stücken, von denen »Messias« das berühmteste geworden ist. Er wählte zumeist alttestamentarische Themen und traf damit genau den Geschmack seines Publikums. Da es verboten war, biblische Gestalten und Begebenheiten auf die Bühne zu bringen, verlegte Händel die Handlung in die Phantasie des Publikums, dem alle Bibelgeschichten von Kindheit an geläufig waren. Einige davon, vor allem die letzten, sind monumentale geistliche Dramen, in denen das Walten der göttlichen Gerechtigkeit im alttestamentarischen Raum und die weltgeschichtliche Größe des auserwählten Volkes Israel zum Sinnbild des britischen Weltreiches und seiner Bedeutung wurden. Am deutlichsten kam das im »Messias« zum Ausdruck, in dem sich die Erlöserverheißung unmittelbar an die Zuhörer richtet. Sein Vokalwerk umfaßt außerdem 2 Passionen – »Das Leiden und Sterben Jesu Christi« und »Der für die Sünden der Welt gemarterte und sterbende Jesus« –, zahlreiche Kantaten, Anthems, Hymnen, Psalmen, Motetten, deutsche, italienische, französische und englische Arien, Duette und Terzette und Oden.

The Messiah (Der Messias) Oratorium für Soli, gemischten Chor, Orchester, Cembalo und Orgel, 3 Teile, verfaßt 1741 für Charitable Musical Society in Dublin, Erstaufführung am 13. 4. 1742 zugunsten der Insassen des Schuldgefängnisses in Dublin. Der Text ist der Bibel entnommen

Der erste Teil enthält die Verheißung des Erlösers und seine Geburt. Die Ouvertüre reißt ein großartiges Klangbild auf und setzt sehr unruhig fort, um die Erlösererwartung der Welt zu kennzeichnen. Mit prophetischen Worten, vorwiegend von Jesaja, wird der Heiland angekündigt. Rezitative, Arien und Chöre steigern die Spannung, bis die Verkündigung erklingt: »Denn es ist uns ein Kind geboren...« Ein Pifa (Hirtenmusik nach Art der italienischen Piffari) bringt Weihnachtsstimmung, Trompetenschall begleitet das Nahen der himmlischen Heerscharen, die Streicher malen das Rauschen der Engelsflügel, dann bricht der Chor in den Ruf aus: »Ehre sei Gott in der Höhe...« Nach zwei Arien, deren zweite: »Er weidet seine Herde...« einer der berühmtesten Teile des Oratoriums ist, und ein kammermusikalischer Chorsatz beenden den Abschnitt in idyllischer Stimmung.

Teil 2 bringt die Leidensgeschichte. Die Texte liefern Jesaja, David, die Apostelbriefe und die Apokalypse. Gefühlstief beginnt der Chor: »Seht an das Gotteslamm...« Der Alt fährt im Bericht fort. Rezitative und Arien schildern die Passion, von meditativen Chorstellen unterbrochen. Dann schließt sich der Triumph der Auferstehung an. Die Glaubensboten verbreiten die Heilslehre, Gottes Macht zerschlägt seine Feinde. Ein großes Halleluja krönt mit feuriger Begeisterung den Satz.

Der dritte Satz beginnt mit ruhigen Klängen; mit der Feststellung des Soprans: »I know that my Redeemer liveth« (Ich weiß, daß mein Erlöser lebt) wird eine Meditation über Tod und Auferstehung eingeleitet; diese mündet mit dem messianischen Bekenntnis triumphierend in eine gewaltige Fuge, an die sich eine zweite mit dem »Amen« anschließt.

Acis und Galatea, Pastoraloratorium für Soli und Orchester, 2 Teile, entstanden 1718

Händel hat die sizilianische Fabel, nach der der Hirte Acis, der Geliebte der schönen Nymphe Galatea, vom eifersüchtigen Riesen Polyphem mit Felsgestein erschlagen und von der Nymphe in eine Quelle verwandelt wurde, bereits 1708 als Kantate »Acis, Galatea e Polifemo« komponiert. Ihr Text stammte aus dem XIII. Buch der »Metamorphosen« des römischen Dichters Publius Ovidius Naso. Zehn Jahre darauf goß er das Werk zu einer »Masque« um, bei der die Solisten im Kostüm sangen. Der musikalische Wert der Schöpfung ist so hoch, daß das Theatralische völlig zurücktritt. Es wurde seit seinem Entstehen – abgesehen von einer Umarbeitung zu einer Serenata im Jahr 1732, die bis 1740 mehrfach aufgeführt wurde – in Kostümen oder ohne sie – als Pastoraloratorium gegeben.

Die Ouvertüre ist einsätzig, Oboen betonen den pastoralen Charakter. Dann setzt der erste der herrlichen Chöre ein, die das gesamte Stück beherrschen und ihm die Bezeichnung »Chor-Oratorium« verliehen haben. Das Schäferspiel geht weiter und endet mit der »Taubenarie« des Mäd-

Autograph des Beginnes der Arie aus »Messias«: Ich weiß, daß mein Erlöser lebt.

chens und einem fröhlichen Schlußchor. Ein dramatischer Chor leitet den zweiten, tragischen Teil des Stückes ein. Polyphem naht und bricht in die Idylle ein. Die Felssteine, die Acis begraben, sind mit energischen Sechzehntelläufen markiert. Wehmut und Trauer drückt der folgende Chorsatz aus wie das anschließende Orchesternachspiel. Nun bittet der Chor der Hirten die Nymphe, den Toten in eine Quelle zu verwandeln. Galatea vollzieht den Zauber, während Flöten und Violinen das langsame Entspringen und Rieseln der Quelle malen. Ein einfacher Chor beschließt das Werk in tröstlicher Stimmung.

Esther, Oratorium für Soli, Chor und Orchester, 3 Teile, erste Fassung 1720 als Masque, Oratoriumfassung 1732

Auch die »Masque« bringt keine opernhafte Dramatisierung, sondern eine lyrisch-meditative Schilderung. Die schöne Esther ist die Lieblingsfrau des persischen Königs Ahasverus. Über Auftrag des Juden Mardachai soll sie den König bitten, den Minister Haman zu hindern, die angedrohten Verfolgungen der Juden durchzuführen. Der König erfüllt die Bitte, Haman fällt in Ungnade, die Juden sind gerettet.

Von den Chorsätzen des ersten Teiles, die mit Rezitativen und Arien die Handlung vortragen, ist der letzte »Ihr Söhne Judas, klagt« ohne Zweifel der ergreifendste. Im zweiten Teil drückt sich plastisch das Vertrauen auf den Allmächtigen aus, der sein Volk gegen die Tyrannen schützen wird. Eine strahlende Freudenhymne, reich instrumentiert, dankt dem König für seine Gnade. Im dritten Teil wird Gott mit einem von Hörnern begleiteten Chorhymnus gelobt: »Er kommt..., ein Gott der Rache unserm Feind«, und ihm als Abschluß und musikalischer Höhepunkt des gesamten Werkes gedankt: »Der Herr hat unsern Feind besiegt.«

Debora, Oratorium für Soli und Orchester, 3 Teile, entstanden 1733

Die Erstaufführung des Oratoriums erfolgte in szenischer Form. Es bringt den Bericht der Kapitel 4 und 5 des Buches der Richter über Jael, die den Feldherrn der Kanaaniter in ihre Hütte aufnahm und ihm, während er schlief, einen Nagel in den Kopf trieb und dafür von der Prophetin Debora als Retterin des Volkes gepriesen wurde.

Schon die Ouvertüre schildert den Kampf der Völker, wilde Rhythmen der Kanaaniter zerreißen den israelitischen Hymnus. Der einleitende Chor bittet Gott um Hilfe im Kampf, Debora weissagt dem Führer der Kanaaniter ein Ende durch die Hand einer Frau und ruft in einer Arie die Engel zur Hilfe für Jael auf. Im zweiten Teil malt ein Chor die Furcht der Israeliten vor dem nahenden Feind, der mit wilden Tanzrhythmen charakterisiert wird. Der dritte Teil bringt ein Rezitativ, in dem Jael ihre Tat schildert. Dem folgt ein großartiger Triumphgesang und ein Dankchor mit einer großartigen Halleluja-Fuge.

Athalia, Oratorium für Soli, Chor und Orchester, 3 Teile, entstanden 1733

Dieses stark der Opernform angenäherte Oratorium entnahm dem 11. Kapitel des 2. Buches der Könige und den Kapiteln 22 und 23 des 2. Buches der Chronik den Bericht über die baalgläubige Athalia, die sich nach dem Tod ihres Sohnes Ahasja auf den Thron von Juda setzte und alle Angehörigen des rechtmäßigen Königshauses töten ließ. Der junge Sohn des Verstorbenen wurde verborgen und noch als Kind zum König ausgerufen, Athalia vom Volk erschlagen.

Die für die Universität Oxford geschriebene Musik verzichtet auf große Lyrismen und ebenso auf Volkstümlichkeit und bevorzugt kleine, graziöse Formen nach Art des galanten Stils. Soloarien drängen den Chor zurück. Nach einer eleganten Sinfonia schneiden ein Chor der Jungfrauen, eine Koloraturarie des Basses und weitere, bewegte Chorsätze das Thema an. Die Königin berichtet von ihrem Traum, daß ein Knabe sie getötet habe. Man rät ihr, den jungen Joas suchen zu lassen und zu beseitigen. Der 2. Teil ist von Bemühungen der Königin, den rechtmäßigen Thronerben zu finden, und der Angst der Tempelpriester, es könnte ihr gelingen, erfüllt, der dritte bringt die Inthronisierung des Knaben, der feierlich mit Trompeten und Pauken begrüßt wird. Athalia bekundet in einer Arie ihren Trotz und ihre Reuelosigkeit. Ein großartiger Freudenchor schließt das Stück ab.

Saul, Oratorium für Soli, Chor und Orchester, 3 Teile, entstanden 1738, uraufgeführt 1739

Dieses chorische Oratorium beginnt mit der Feier des Sieges Davids über Goliath. Schon die Ouvertüre, deren dritter Satz ein Orgelkonzert bringt, kündigt ein breites Tongemälde an. Der Kampf wird in Kantatenform dargestellt, das koloraturenreich ausklingt. Interessant ist dabei die Verwendung eines Glockenspieles. Der alte König Saul gibt in zwei Arien seinem Zorn und Neid Ausdruck, er wirft einen Speer gegen den jungen Helden, der entflieht. Jonathan besänftigt die Gemüter und stiftet Frieden. Saul gibt David seine Tochter Michal zur Frau. Ein schönes Duett des jungen Paares besiegelt seinen Bund. Neuerlich flammt der Haß Sauls gegen David auf, er richtet die Waffe sogar gegen den eigenen Sohn, der Davids Freund ist. Am Beginn des 3. Teiles beschwört Saul in seinem blinden Zorn durch die Hexe Endor den Schatten Samuels, der ihm seine Hilfe versagt. Saul sucht nun den Tod in der Schlacht gegen die Amelektiter, die durch eine kräftige Sinfonia lebhaft geschildert wird. Ein einfacher, würdiger Trauermarsch schließt die Tragödie des Unterganges des alten Herrschers ab. Dann verkünden Fanfaren und ein glänzender Chorsatz die Freude über den Herrschaftsantritt des jungen König David.

Israel in Ägypten, Oratorium für Soli, Chor und Orchester, 3 Teile, entstanden 1738, uraufgeführt 1739

Der Text wurde dem 78., 105. und 106. Psalm und dem 13. Kapitel des 2. Buches Mosis entnommen.

Teil 1: Der Auszug stellt mit kurzen Rezitativen und eindrucksvollen Chorsätzen die ägyptische Knechtschaft und die Plagen dar, mit denen Jahwe die Ägypter bestrafte: blutige Gewässer, Heuschrecken, Unwetter, Finsternis, Tod der Erstgeborenen. Sodann preist ein pastoraler Chor die Gnade des Herrn, der mit seinem Volk auszog und die Meeresflut austrocknete, damit die Israeliten das Rote Meer durchschreiten konnten, dafür aber die nachdrängenden Ägypter ertränkte. Mit dem Hymnus des geretteten Volkes, das den Herrn fürchtete und Moses als dessen Diener anerkannte, schließt der Teil ab.

Teil 2: Mosis Gesang. Von Posaunen begleitet trägt der Chor den Vorspruch vor: »Moses und die Kinder von Israel singen also zu dem Herrn.« Ein Doppelchor stimmt nun einen Lobgesang an, der sich zur Ekstase steigert. Nach einem Duett entwickelt sich eine vierstimmige Doppelfuge, ein zweites Duett schildert die Verfolgung der Ausziehenden und ihre Rettung vor den Feinden. Dieses Thema wird mehrmals textlich und musikalisch variiert, bis die ständige Steigerung der Soli und Chöre in das zweimalige, von Trompeten, Posaunen und Pauken untermalte »Der Herr regiert auf immer und ewig« mündet und der von der Seherin Mirjam angeführte Schlußchor das Chorwerk beendet.

Samson, Oratorium für Soli, Chor und Orchester, 3 Teile, entstanden 1741, erstaufgeführt 1743

Das Thema ist dem Buch der Richter entnommen.

Trotz des dramatischen Stoffes liegt ein episch-lyrisches Tonwerk vor. Die Handlung setzt mit der Gefangenschaft Samsons ein; die Seelenqual des Blinden und Machtlosen wird in der zweiten Arie nach der stark rhythmisierten Ouvertüre, die das Fest der siegestrunkenen Philister schildert, mit untröstlicher Schwermut ausgedrückt. Der Chor der Israeliten bittet Gott: »O gib dem Helden Licht und Kraft zurück.« Samsons Freund Micha weist auf die Freuden des Paradieses hin und wird vom Ewigkeits-Hymnus des Chores bestätigt.

Im 2. Teil nähert sich Dalila, deren Lockungen Samson nicht mehr rühren können. Der Riese Harapha tritt auf und verhöhnt den Geblendeten. Die Streitenden werden von ihren Völkern unterstützt, im Chor, der den 2. Teil abschließt, singen die Solisten und Chöre der feindlichen Parteien mit- und gegeneinander und bieten ein monumentales Tonbild der Singstimmen und Instrumente.

Im 3. Teil verhöhnt der Riese Samson noch einmal. Die Israeliten rufen im Chor: »Im Donnersturm, o Gott, erschein.« Samson bekräftigt seine Zuversicht und geht zum Fest der Philister. Dann bricht die Katastrophe herein, der Tempel der Heiden stürzt zusammen. Ein Trauermarsch leitete die Totenfeier für Samson ein. Eine Israelitin ruft unter Trompetenbegleitung die Seraphim zum Preise Gottes auf, der ganze Chor antwortet in einem strahlenden Finale.

Semele, Oratorium für Soli, Chor und Orchester, 3 Teile, entstanden 1743

Die dreiteilige Ouvertüre weist mit einem fugierten Allegrosatz und einer Gavotte auf die erste Szene hin, in der die Hochzeit Semeles mit dem Prinzen Athamas gefeiert wird. Semele, die Geliebte des Gottes Zeus, will jedoch keine Verbindung mit einem Sterblichen eingehen. Sie fleht Zeus an, sie zu retten. Der Tag wird zur Nacht, ein Unwetter bricht los. Alles flieht aus dem Tempel. Ein Adler stößt herab und entführt Semele durch die Lüfte. Sie singt, der Erde entrückt, von himmlischer Seligkeit. Der Chor stimmt ein und beendet den Teil.

Im 2. Teil läßt die eifersüchtige Hera die Geliebte ihres Gemahls suchen und erfährt, daß Semele in einem Palast, von Drachen bewacht, verborgen ist. Orchester, Chöre und Arien schildern die Liebesidylle in dem Schloß.

Der 3. Teil bringt die Rache der Göttin Hera. Sie befiehlt dem Gott des Schlafes, Somnus, Zeus in Schlaf zu versetzen. Sie selbst schleicht sich unter fremder Maske in den Palast zu Semele ein und rät ihr, von Zeus zu fordern, er möge sich ihr in seiner göttlichen Gewalt zeigen. Zeus gibt den Bitten seiner Geliebten nach, ein Paukenschlag bekräftigt das Versprechen. Zeus vernichtet die Sterblichen und damit Semele. Ein Chor beklagt die Vergänglichkeit des Lebens. Mit einer prachtvollen Sinfonie tritt Apollo auf und verkündet, daß Bakchos, das Kind des Paares, gerettet sei, so daß das Menschengeschlecht nicht ausstirbt. Ein heiterer Schlußchor jubelt über die glückliche Fügung.

Joseph, Oratorium für Soli, Chor und Orchester, 3 Teile, entstanden 1743, uraufgeführt 1744

Dieses Oratorium verlangt vier Kastratenstimmen und wurde daher selten aufgeführt. Der Stoff ist dem 1. Buch Mosis entnommen und handelt vom Verkauf Josephs durch seine Brüder nach Ägypten. Joseph wird Statthalter des Pharaos, rettet das Land vor der Hungersnot der sieben mageren Jahre und zeigt sich gegen seine Brüder, die in seine Gewalt geraten, sehr großherzig.

Die viersätzige Ouvertüre hat Suitenform. Die Handlung beginnt mit der Klage Josephs im ägyptischen Kerker über sein hartes Los. Pharao läßt ihn holen, damit er seine beängstigenden Träume deute. Die Ägypter beten mit einem einfachen Chorsatz zu Josephs Gott, damit dieser ihm beistehe, die Träume richtig auszulegen. Das Orchester nimmt die Deutung, die die mageren Jahre voraussagt, vorweg. Asenath, die Tochter des Priesters Potiphar, gesteht in zwei Arien ihre Liebe zu Joseph, der um sie wirbt. Ihr von Flöten und Violinen begleitetes Duett besingt ihr Glück, ein Marsch mit Oboen, Trompeten und Pauken feiert ihre Hochzeit. Nach der Bitte um den Segen der Götter und dem Glückwunsch des Pharaos schließt ein reich instrumentierter Chor die Szene ab.

Auch im 2. Teil herrscht Feststimmung, ein zweiteiliger Chor rühmt Joseph als Retter Ägyptens. Anschließend wechselt die Szene zum Bruder Josephs, der im Kerker liegt. Alle seine Brüder sind gefangen und werden beschuldigt, die Not Ägyptens verschuldet zu haben. Joseph läßt sie frei. Der Teil klingt mit einer Fuge aus.

Der 3. Teil beginnt mit einer glänzenden Sinfonia und bringt einige schöne Soli, darunter eine koloraturreiche Arie Asenaths. Joseph steckt in das Gepäck seines Bruders Benjamin ein Gefäß und beschuldigt ihn des Diebstahls. Als er sieht, wie die Brüder für den Verdächtigen eintreten, verzeiht er ihnen ihr Verhalten und feiert mit ihnen das Wiedersehen. Ein Duett Josephs und seiner Frau und ein schön instrumentierter Chor schließen das farbige Stück ab.

Belsazar, Oratorium für Soli, Chor und Orchester, 3 Teile, entstanden 1744, uraufgeführt 1745

Der Stoff ist dem Buch Daniel entnommen. Der Babylonierkönig verwendet die heiligen Gefäße der Juden als Tafelgeschirr und muß das mit dem Verlust des Reiches und des Lebens büßen.

Die hochdramatische Ouvertüre besteht aus 2 Sätzen. Mit Rezitativ und Arie der Königsmutter Nitocris, die den Zerfall weltlicher Reiche beklagt, beginnt der erste Teil. Nach einer Arie des Propheten Daniel, der die Juden tröstet, wird die Stimmung im Kriegslager der Perser geschildert, die Babylon belagern. Cyrus beschließt, den Euphrat abzuleiten und so in die Stadt einzudringen. Darauf verheißt Daniel den Juden, daß sie von den Persern befreit werden würden. Belsazar feiert mit den Seinen das Sesach-Fest, seine Mutter versucht ihn zu hindern, die heiligen Gefäße der Juden zu mißbrauchen. Der Chor der Israeliten kündigt die Rache Gottes an.

Im 2. Teil ist der Euphrat bereits abgeleitet, die Perser dringen in die Stadt ein. Belsazar feiert sein orgiastisches Fest. Nach einem Trinklied ruft er: »Wo ist der Gott, des Allmacht Juda rühmt?« Nun erscheint die Geisterhand und schreibt ihr Menetekel an die Wand. Im Sicilianorhythmus mahnt die Mutter Belsazar zur Reue. Aber man hört bereits den Chor der persischen Krieger.

Im 3. Teil stellt sich Belsazar den Persern entgegen. Der Kampf endet mit seinem Tod. Cyrus triumphiert in einer von Trompeten, Oboen, Pauken und Streichern begleiteten Arie. Der Perser verspricht, den Tempel von Jerusalem

Seite aus dem Autograph des Oratoriums »Saul«

wieder aufzubauen. Die Juden danken ihm und preisen Gott mit einem Chor und melodischen Sologesängen.

Herakles, Oratorium für Soli, Chor und Orchester, 3 Teile, entstanden 1744, uraufgeführt 1745

Der Stoff ist den Trachinierinnen von Sophokles nachgebildet.

Die Ouvertüre beginnt mit einem Festmarsch, dem ein fugiertes Allegro und ein Menuett angeschlossen sind. Die Fürstin Dejanira trauert um ihren fernen Gatten Herakles und bittet Zeus, den Helden zu beschützen. Ihr Sohn Hyllos macht sich auf, seinen Vater zu suchen. Der Chor meditiert nach Art der griechischen Tragödie über die Kindespflicht. Es kommt die Nachricht, daß Herakles die Stadt Öchalia erobert habe. Er kehrt im Triumph zurück und führt die Königstochter Jöle aus der eroberten Stadt mit sich. Dejanira jubelt in einer graziösen Koloraturarie. Der Chor stellt mit einem breitangelegten Stück Betrachtungen über die Zuversicht an, die im Unglück nicht verzagt. Herakles schenkt Jöle die Freiheit, sie beklagt mit einer weitgespannten Arie den Tod ihres Vaters, der bei der Eroberung seiner Stadt gefallen war. Herakles will dem kriegerischen Leben entsagen und in Frieden leben, der Chor begrüßt den Entschluß mit bukolischem Gesang, den Schalmeienklänge und Dudelsackbässe begleiten.

Eine Sinfonia mit harter Thematik leitet den 2. Teil ein. Dejanira wird von Eifersucht auf Jöle gequält und läßt sich von ihrem Argwohn nicht abbringen. Um den Mann zurückzugewinnen, sendet sie ihm ein blutdurchtränktes Kleid, das sie vom Kentaur Nessos, den Herakles besiegt hatte, bekommen hatte; es sollte einen Liebeszauber in sich bergen. Hyllos hat inzwischen Jöle seine Zuneigung gestanden; der Chor preist die Allgewalt der Liebe.

Im 3. Teil berichtet der Herold, wie Herakles das Kleid des Nessos anlegt und elend zugrunde geht. Die Sinfonia zu Beginn des Teiles schildert drastisch den Schmerz des Helden und sein vergebliches Aufbegehren gegen sein Schicksal. Der Sterbende verlangt, auf dem Berg Öta verbrannt zu werden. Dejanira ist verzweifelt den rächenden Furien ausgeliefert. Aber der Adler des Zeus trägt das Unsterbliche des Helden in den Olymp, Hyllos und Jöle werden ein Paar. Ein Hymnus feiert die Apotheose des Helden.

Judas Maccabäus, Oratorium für Soli, Chor und Orchester, 3 Teile, entstanden 1746, uraufgeführt 1747

Der Stoff ist dem 1. Buch der Makkabäer aus den Apokryphen und den Jüdischen Altertümern von Flavius Josephus entnommen. Der Sieg der englischen Armee in der Schlacht von Culloden gegen die Jakobinischen Invasionstruppen verlieh dem Oratorium besondere Aktualität.

Die Ouvertüre beginnt mit einem Marsch, dem eine Fuge folgt. Der erste Teil hebt mit der Trauerfeier für den verstorbenen Makkabäerführer Mattathias an, die eine vierteilige Kantate darstellt. Ihr folgt die Bitte um einen neuen Volksführer. Der Hohepriester erklärt mit einer von Fanfaren begleiteten Arie, daß Gott die Bitte erhört habe und Judas Maccabaeus der neue Führer sei. Das Volk wird nach einem Huldigungschor zum Gebet aufgefordert. Der Teil schließt mit einem getragenen Gesang ab.

Der 2. Teil beginnt mit dem Jubel des Volkes über den Sieg über die Invasionsheere aus Samaria und Syrien. Dann trifft die Nachricht ein, daß König Antiochius eine Armee aus Ägypten entsendet habe; die Israeliten sind verzweifelt. Doch Judas fordert sie zum Kampf auf: »Blast die Trompet, erhebt das Feldgeschrei!« Schmetternde Musik ist die Antwort, dann zieht das Volk mit Gesang in den Kampf und gelobt: »Wir dienen Gott, und Gott allein.« Eine Fuge schließt den Teil ab.

Gottesdienst und Gebet leiten den 3. Teil ein. Dann kehrt das siegreiche Heer heim. Der Gesang: »Seht den Sieger ruhmgekrönt« bildet den musikalischen Höhepunkt des Werkes. (Es war ursprünglich für das Oratorium Josua geschrieben und erst später übernommen worden.) Das Volk jubelt den Siegern zu. Den Rest des Teiles füllen Lob- und Dankgesänge. Ein Halleluja erklingt am Ende, weil Unabhängigkeit und Friede gesichert sind.

Alexander Balus, Oratorium für Soli, Chor und Orchester, 3 Teile

Der Stoff ist den Büchern der Makkabäer entnommen und handelt von den Diadochenkämpfen im 3. vorchristlichen Jahrhundert.

Ein Huldigungsmarsch für den syrischen König Alexander Balus leitete den ersten Teil ein. Jonathan und der Ägypterkönig Ptolemaeus begrüßen den Syrer. Die ägyptische Königstochter Cleopatra führt sich mit einer glänzenden, von Flöten, Violinen, Celli, Harfe und Gitarre begleiteten Arie ein. Alexander begrüßt die Ägypterin. Mit mehreren Arien und Duetten drücken beide die Zuneigung aus, die sie zueinander ergriffen hat. Er wirbt um die Prinzessin. Ein Chorgesang schließt den Teil ab. Im zweiten Teil wird Jonathan von einem Höfling bei Alexander verleumdet. Ptolemaeus verkündet in einem Rezitativ seine Absicht, sich Syriens zu bemächtigen. Das Brautpaar jedoch heiratet. Ein rauschender Festgesang beschließt den Teil.

Eine kleine Sinfonia schildert am Beginn des 3. Teiles das Glück der jungen Frau. Sie wird jedoch von Räubern im Auftrag des eigenen Vaters entführt. Alexander singt eine düstere Rachearie, der der Israelite ein Gebet zu Gott entgegensetzt. Ein Bote meldet nacheinander den Tod beider Könige im Kampf um die Macht. Cleopatra nimmt mit einem schlichten Arioso Abschied vom Leben. Die Israeliten preisen mit einem Chorsatz die Vorsehung Gottes, die ihr Volk vor einer Teilnahme an den Machtkämpfen bewahrt hat.

Josua, Oratorium für Soli, Chor und Orchester, 3 Teile, entstanden 1747, uraufgeführt 1748

Der Stoff ist dem Buch Josua entnommen.

Die Ouvertüre ist ein feierliches Präludium zum Chor der Israeliten, der den Übergang über den Jordan und den Eintritt in das Land Kanaan berichtet. Josua läßt am Jordan ein Steinmal zum Gedächtnis errichten. Die Musik schildert plastisch das Wunder. Ein Engel bringt den Auftrag, die Heidenfestung Jericho zu erobern. Josua ruft zum Kampf auf. In einem dichten Chorsatz gelobt das Volk Gehorsam. Die Liebesidylle zwischen dem jungen Othniel und Achsa – Arien und Duette – schließt sich an. Der Chor erbittet den Segen der Engel für den Bund.

Im 2. Teil wird Jericho erobert. Zum Schall der Hörner und Trompeten wird die Bundeslade um die Mauern der Stadt getragen. Ein Sturm erhebt sich. Donnernd stürzen die Mauern ein: »Der Wall liegt nieder.« Nach der Danksagung geht es erneut zum Kampf. Ein neues Wunder hilft dem Volk: Die Sonne steht still, bis die Schlacht gewonnen ist.

Der 3. Teil stellt einen festlichen Ausklang dar: Siegesgesänge und der Dank des vereinten Paares münden in einen feierlichen Schlußchor.

Salomo, Oratorium für Soli, Chor und Orchester, 3 Teile, entstanden 1748, uraufgeführt 1749

Der Text ist von den Psalmen und dem Hohen Lied inspiriert.

Die lyrische Idylle, die dieses Werk in Wahrheit darstellt, wird von einer dreiteiligen Ouvertüre eingeleitet. Darauf wird eine Opferhandlung im Tempel von einem Doppelchor geschildert. Darauf folgen eine Arie des Leviten und ein zweiter Chorsatz, der in eine Fuge mündet. Salomo tritt mit einem Arioso auf, nach ihm die Königin mit einer graziösen Arie. Duette folgen und ein vom Orchester mit Tonmalerei begleiteter Schlußchor.

Der 2. Teil bringt die Huldigung des Volkes an den König. Ein Diener berichtet über den Streit der beiden Frauen um ein Kind. Salomo fällt das Urteil, das Kind zu teilen, und stellt damit fest, welche Frau die echte Mutter ist. Ein fünfstimmiger Jubelchor feiert die Weisheit des Königs.

Der 3. Teil ist der Festesfreude über den Besuch der Königin von Saba gewidmet. Gesänge, Duette, Orchestertutti wechseln ab. Salomo befiehlt Kriegsmusik, den ein großer Doppelchor anstimmt. Eine Huldigung an die Musik und ein Chor zum Preise des Herrn folgen. Am Ende wird die Königin von Saba verabschiedet. Der König singt mit ihr ein Duett, dann beendet der Chor prunkvoll das Werk.

Susanna, Oratorium für Soli, Chor und Orchester, 3 Teile, entstanden 1748, uraufgeführt 1749

Die Sage von der keuschen Susanna spielt während der Babylonischen Gefangenschaft der Juden.

Ein Chor beklagt das Los der gefangenen Juden. Joachim, der Gatte Susannas, verreist. Der Chor ergeht sich in Betrachtungen über die Unschuld der Frau. Die beiden Richter gestehen einander ihre Leidenschaft für die Frau und beschließen, ihr im Bad aufzulauern. Eine Fuge mit rollenden Streicherpassagen kündigt den Zorn Gottes an.

Nach einem sehnsüchtigen Gesang des fernen Gatten wird der Fortgang der Handlung im 2. Teil schrittweise, lautmalend geschildert. Susanna weist die alten Richter ab, die sie nun denunzieren, sie hätten sie bei einem Ehebruch ertappt. Die Verdächtigung wird geglaubt und Susanna verurteilt. Erregte Chorstellen begleiten das Urteil. Der heimgekehrte Gatte vertraut seiner Frau. Der junge Prophet Daniel erhält die Erlaubnis, die beiden Richter zu vernehmen und überführt sie, so daß nun diese verurteilt werden. Der Schlußchor verkündet: »Ein ehrsam Weib trägt aller Ehren Kron«, mit einem fröhlichen Reigenlied.

Theodora, Oratorium für Soli, Chor und Orchester, 3 Teile, entstanden 1749, uraufgeführt 1750

Dieses einzige Oratorium mit einem christlichen Thema fand in England wenig Anklang.

Die Heiligenlegende beginnt mit einer viersätzigen Orchestersuite. Dann gibt der römische Statthalter von Antiochia bekannt, daß der Ehrentag des Kaisers Diokletian durch Götteropfer gefeiert werden müsse und jeder, der sich weigert, mit dem Tod bestraft werde. Didimus bittet den Statthalter, auf die Christen keinen Zwang auszuüben, doch vergebens. Ein drohender Chor wünscht allen Feinden der Götter den Tod. Die Christin Theodora und die gesamte

Christengemeinde erwarten gefaßt ihr Schicksal. Ein inniger Chorsatz drückt ihre Zuversicht aus. Ein Bote kündigt die Verfolgung an. Die Christen werden aufgefordert, Caesar und Jupiter zu ehren. Theodora weigert sich. Ihre Strafe ist härter als der Tod; sie wird zum Venusdienst gezwungen. Didimus, der sie retten wollte, kommt zu spät und eilt ihr nach. Der Chor fleht um Segen für sein Vorhaben.

Der 2. Teil beginnt mit einem Götterfest der Römer, in dem einfache Tempelgesänge, eine Arie des Statthalters und ein Venuslied des Chores einander folgen. Theodora schmachtet zur gleichen Zeit im Kerker. Didimus hat sich Einlaß verschafft, bietet ihr seine Kleider an, damit sie entkommen kann, und bleibt an ihrer Stelle zurück. Mit einem Duett nehmen sie voneinander Abschied. Um Gottes Allmacht zu bezeugen, singt der Chor die Ballade vom Jüngling Naim, den Christus zum Leben auferweckt hat.

Theodora kehrt zu den Ihren zurück. Sie will ihrem Retter danken. Doch der Statthalter verurteilt Didimus und läßt nach der Entflohenen fahnden. Sie stellt sich freiwillig. Auch sie wird verurteilt. Der Chor preist den Heldenmut der Märtyrer. Im Duett singen die Verurteilten ihre letzten Worte, und der Chor stimmt einen Hymnus auf die göttliche Liebe an.

Jephta, Oratorium für Soli, Chor und Orchester, 3 Teile, entstanden 1751, uraufgeführt 1752

Der Stoff ist dem Buch der Richter entnommen.

Die Ouvertüre ist dreiteilig mit der Reihung langsam–schnell–langsam, ein Menuett ist angefügt. Zebul, Jephtas Bruder, fordert die Israeliten auf, Jephta zum Richter zu wählen, dem Götzendienst abzuschwören und der Knechtschaft der Ammoniter ein Ende zu setzen. Mit einem Chorsatz erklärt sich das Volk einverstanden. Jephtas Gattin klagt über die bevorstehende Abwesenheit des Gatten, seine Tochter Iphis ist hingegen glücklich, weil Hamor um sie geworben hat. Die Liebenden singen ein Duett, das schon weit über jede barocke Form hinausgreift. Nun kommt es zum verhängnisvollen Gelübde des Richters: »Was zuerst daheim erscheint vor mir, sei Dir, o Herr, geweiht und fall als Opfer Dir.« Der Chor der Israeliten setzt bereits ahnungsvoll ein. Die Arie, die Jephtas Frau singt, prägt die Ahnung kommenden Unheils noch stärker aus. Die Tochter versucht, die Mutter mit einer heiteren Bourrée zu trösten. Das Volk verkündet nun sein Gottvertrauen mit einem eindrucksvollen Chorsatz.

Ein Rezitativ berichtet am Beginn des 2. Teiles vom Sieg über die Ammoniter. Der Himmel hatte Scharen von Cherubim zur Unterstützung des Heeres gesandt. Iphis erwartet ihren Vater, ihre Arie wird von Flöten begleitet. Jephta kommt, der Chor stimmt einen Siegesgesang an, Iphiszieht an der Spitze der Mädchen dem Sieger entgegen. Als Jephta seine Tochter bemerkt, schreit er auf, seine Verzweiflungsarie ist von wilder Erregung gekennzeichnet. Die Mutter stellt sich schützend vor die Tochter, Hamor bietet sich als Ersatzopfer an, doch der Vater bleibt hart: »Er nahm den Eid und hielt den Bund – so muß auch ich.« Ergreifend schöne Chorsätze, bittere Klagen folgen. Nur Iphis nimmt ihr Schicksal ergeben hin.

»Tragt sie, Engel, sanft mit euch«, bittet Jephta am Beginn des 3. Teiles. Die trübe Stimmung wird noch vom Chor verdeutlicht. Dann erscheint, von einer heiteren Sinfonie begleitet, ein Engel, der Jephta des Eides entbindet. Iphis wird zur jungfräulichen Priesterin geweiht. Ein Chorsatz dankt dem Himmel für die Gnade. Iphis gibt jubelnd ihrer Freude Ausdruck, ein Solistenquintett stimmt ein, und eine Hallelujafuge schließt das Werk ab.

Alexanderfest, Kantate, 2 Teile, entstanden 1736, Text von John Dryden (1631–1700)

Das Werk schildert ein Fest des Makedonierkönigs Alexander, bei dem der Sänger Timotheus Hymnen zu Ehren des Gastgebers singt. Es beginnt mit einem Liebeshymnus für Alexander und seine Geliebte Thais. Dem folgt ein Lobgesang voll Freude auf Bacchus. Eine Trauermusik zu Ehren des gefallenen Perserkönigs Darius schließt sich an, sodann ein lydisches Brautlied, ein Jubelchor zum Preis der Musen.

Der 2. Teil fängt mit einem dröhnenden Kriegsgesang an, darauf steckt der König den Palast von Persepolis in Brand.

Caecilien-Ode, entstanden 1739, Text von John Dryden

Diese Kantate umfaßt den gesamten Weltablauf von der Schöpfung bis zum Ende der Zeiten und dem Beginn der Ewigkeit. Die Musik wird als Begleiterin aller Begebenheiten gerühmt. Der Schlußchor weist auf die wichtige Rolle der Musik am Jüngsten Tag hin, der von Trompetenschall verkündet wird. Auch Tod und Auferstehen sind von der Musik verklärt. Und zum Abschluß wird Caecilia als Vertreterin der christlichen Musik gefeiert.

L'Allegro, il pensieroso ed il moderato (Frohsinn und Schwermut), Kantate, 2 Teile, Text von John Milton

Das Werk bringt keine Handlung, sondern Stimmungslyrik. Es besteht zum Großteil aus Arien,

Chorstellen sind selten. Im ersten Teil singt der Chor den Refrain zu einem Tanzlied des Frohmütigen und am Ende die Schilderung eines ländlichen Festes mit Zigeunerrhythmen.
Im 2. Teil hält der Chor dem Schwermütigen, der die Sänger der Vorzeit lobt, die lebende Gegenwart vor Augen und steigert die Lebensfreude des Frohmütigen zum Hymnus: Am Ende des Satzes läßt er sich in einer Doppelfuge von der Melancholie überwältigen.
In einem 3., zumeist weggelassenen Teil wird die Mäßigung gepriesen.

Occasional Oratorio (Gelegenheits-Oratorium), Kantate, 3 Teile
Der Text ist größtenteils den Psalmen entnommen.
Es handelt sich trotz der anderen Benennung durch den Komponisten um eine Kantate. Karl Eduard (1720–88), der Enkel König Jakobs II., der wegen seiner Katholisierungsbestrebungen den Thron verloren hatte, erhob Thronansprüche und landete in Schottland. Nach mehrmonatigen Kämpfen scheiterte er endgültig. Die Kantate nahm den Sieg des Hauses Hannover über den Prätendenten durch die Schilderung von Krieg und Siegesgewißheit voraus.
Die reich instrumentierte, viersätzige Ouvertüre und ein Baßrezitativ legen die Stimmung des Werkes fest. Von den zwei Fugen verkündet die zweite: »Gott fand sie schuldig.« Im Teil 2 mündet eine Baßarie in den Siegeshymnus, in dem »Ein feste Burg« zitiert wird.

Georg Friedrich Händel, Titelkupfer zur Ausgabe von »Das Alexanderfest«

Utrechter Te Deum für Soli, Chor und Orchester, entstanden 1713 zur Feier des Friedens von Utrecht
Diese kirchliche Festmusik beginnt mit der Intonation: »Herr Gott, dich loben wir«, die von einer fugierten Sinfonie begleitet ist. Ein Allegro mit zwei gegensätzlichen Themen folgt. Nach dem »Dich preisen alle Engel laut« erheben sich der fünfstimmige Chor und das volle Orchester zu gewaltiger Entfaltung: »Heilig Herre Zebaoth!« Apostel, Propheten und Heilige werden durch Solisten charakterisiert, nach einem Ritornell singen die Solisten von Inkarnation und Passion, dann schließt sich ein Fugensatz an: »Du sitzest zur Rechten an Gottes Thron...« Es folgen die demütige Bitte um gnädiges Gericht und das festliche »Tag für Tag wir beten dich an.« Ein ausdrucksreiches Adagio fleht: »Sei gnädig, Herr«, dann bekräftigen Singstimmen und Orchester: »Auf dich, Herr, hab ich gehoffet, laß mich ewig bei dir leben.«

Dettinger Te Deum für Baßsolo, Chor und Orchester, entstanden 1743 zur Feier des englischen Sieges über die Franzosen bei Dettingen
Das Werk besteht aus 11 Chorsätzen und 2 Baßarien, die von einer reichen Instrumentation begleitet sind. Das festliche Thema wird durch breite Klangwirkung vorgetragen, so daß ein großes kriegerisches und majestätisches Klangbild zustande kommt, das Gott dankt und ihn preist. Es schließt mit der zuversichtlichen Bitte: »Laß mich nicht zu Schanden werden.«

Trauerhymne zum Tod der Königin Karoline für Soli, Chor und Orchester, entstanden 1737
Der Text der Hymne ist größtenteils den Psalmen entnommen. Zwischen der Ouvertüre, die einen Trauermarsch andeutet, und dem Schlußchor in schweren Trauermarschrhythmen bringen die Chöre ein Requiem auf die menschliche Vergänglichkeit und den Trost, daß die Verstorbene »eine köstliche Krone aus des Herrn Hand« erhält.

Wassermusik in F-Dur für Orchester, 3 Suiten, entstanden 1715 und später
Es handelt sich um eine Freiluftmusik, deren ein-

zelne Sätze möglicherweise zu verschiedenen Zeiten und Anlässen komponiert wurden.

Die 1. Suite besteht aus 10 Sätzen für Streicher, Holzbläser und Hörner. Italienischer, französischer und englischer Stil wechseln ab. Die 2. hat 5 Sätze, die zu der vorgenannten Besetzung noch zwei Trompeten hinzuziehen. Die 3. gliedert sich in 7 Sätze, bei denen Blechbläser fehlen, aber ein Flauto piccolo vorgeschrieben ist. Die Musik wurde bei königlichen Wasserfesten auf der Themse gespielt.

Feuerwerksmusik in D-Dur für Orchester, 6 Teile, entstanden 1749

Die Uraufführung erfolgte anläßlich des vom König angeordneten Feuerwerkes zur Feier des Friedens von Aachen (1748). Das Werk war ursprünglich nur für Blasinstrumente komponiert, bei der zweiten Aufführung wirkten auch Streicher und Generalbaß mit.

Nach einer festlichen Ouvertüre folgen eine Bourrée, sodann ein Largo alla Siciliana unter dem Titel »La paix«, ein Allegro (La Réjouissance) und 2 Menuette. Die beiden Mittelstücke dürften sich auf allegorische Darstellungen des Feuerwerks bezogen haben.

Grands Concertos Opus 6 für Streicher und Continuo.

Sie weichen vom Concerto-grosso-Typ stark ab. Zwar stellen sie ein Concertino einem Tutti gegenüber, halten sich aber nicht an die übliche Dreisätzigkeit. Es handelt sich um eine Synthese von Suiten- und Konzertform, die Werke entsprechen jedoch auf alle Fälle dem Titel »Große Konzerte«. Die 12 Concertos wurden bis zum Jahr 1739 komponiert und 1740 herausgebracht.

Concerto Nr. 1 in G-Dur, 5 Sätze

Zwei kantable Streichermelodien sind zwischen freudig bewegte Sätze gestellt, so daß ein vielfältiges Stimmungsbild entsteht.

Concerto Nr. 2 in D-Dur, 4 Sätze

Dieses Konzert ist nach Art einer Kirchensonate aufgebaut. Die einleitende Pastorale strahlt behagliche Ruhe aus, der 2. Satz ist musikantisch angelegt, der 3. bringt ein eindrucksvolles Largo und der 4. eine grandiose Doppelfuge.

Concerto Nr. 3 in e-Moll, 5 Sätze

Der 1. Satz ist ein melancholisches Larghetto, dem ein sangliches Andante folgt. Der 4. Satz ist eine Polonaise.

Autograph Händels: Anweisung für den Kopisten zur Umarbeitung einer Fuge

Concerto Nr. 4 in a-Moll, 5 Sätze
Der 2. Satz bringt eine »Meisterfuge«, deren Thema durch seine Energie stark anspricht.
Concerto Nr. 5 in D-Dur, 6 Sätze
Am bemerkenswertesten ist das Largo des 4. Satzes mit einem feierlichen Duo der ersten und zweiten Violine. Die Sätze 1, 2 und 6 sind mit den Hauptstücken der Ouvertüre zur Caecilien-Ode ident.
Concerto Nr. 6 in g-Moll, 5 Sätze
Der 1. Satz dieses Konzerts, das zu den bedeutendsten Leistungen des Komponisten gehört, ist ein feierliches, schmerzvolles Larghetto, der 2. eine markante Fuge, der 3. eine Musette, das nach Romain Rolland »ein leuchtender Traum von ländlichem Glück« ist.
Concerto Nr. 7 in B-Dur, 4 Sätze
Das ganze Werk ist mit Lebensfreude durchströmt. Der 2. Satz bringt eine humorvolle Fuge, der 3. ein fröhliches Andante und der letzte eine lustige »Hornpipe« (altenglischer Schalmeientanz).
Concerto Nr. 8 in c-Moll, 5 Sätze
Das Werk beginnt mit einer Allemande, der sich 3 langsame Sätze anschließen. Hierauf folgt als Höhepunkt des Stückes eine schöne Siciliana.
Concerto Nr. 9 in F-Dur, 4 Sätze
Das Konzert hat Suitenform, bringt eine muntere Fuge und ein Menuett. Den Abschluß bildet eine Gigue.
Concerto Nr. 10 in d-Moll, 4 Sätze
Eine französische Ouvertüre leitet das Werk ein. Der 2. Satz bringt einen fröhlichen Air, der letzte eine zweiteilige Variationenreihe.
Concerto Nr. 11 in A-Dur, 5 Sätze
Dieses Konzert bringt eine kunstvolle Doppelfuge. Das Finale ist nach Art einer Da-capo-Arie angelegt.
Concerto Nr. 12 in h-Moll, 3 Sätze
Der 1. Satz fängt mit einem ernsten Largo an. Im 2. konzertieren vorwiegend die Celli, der 3. bringt eine Fuge.

Oboenkonzerte Opus 3 für Bläser, Streicher und Continuo
Es handelt sich nicht um ausgesprochene Instrumentalkonzerte und ebensowenig um echte Concerti grossi. Sie wurden 1734 veröffentlicht.
Concerto Nr. 1 in B-Dur, 3 Sätze
Der 1. Satz beginnt mit einem frischen Thema und echter Concerto-grosso-Manier des Wechsels von Concertino und Tutti. Auch in den beiden folgenden Sätzen kommt es zu einem Rivalisieren der beiden Instrumentengruppen – Bläser und Streicher –, wobei die letztgenannten die Führung innehaben.
Concerto Nr. 2 in B-Dur, 5 Sätze
Das Stück ist suitenartig, bringt im 3. Satz eine vierstimmige Doppelfuge und im 5. eine Gavotte.
Concerto Nr. 3 in D-Dur, 3 Sätze
Die Oboen treten zugunsten einer Querflöte etwas zurück, die im Mittelsatz ein arioses, von Streichern akkordisch begleitetes Adagio vorträgt. Einleitungs- und Schlußsatz haben fugierte Anlage.
Concerto Nr. 4 in F-Dur, 3 Sätze
Der 1. Satz ist eine französische Ouvertüre mit langsamer Einleitung und fugiertem Allegro, das Andante ist anmutig und sehr kantabel, der Schlußsatz eine Art Menuett voll Fröhlichkeit.
Concerto Nr. 5 in d-Moll, 5 Sätze
Die Einleitungssätze geben den beiden Oboen eine gewisse solistische Stellung. Das abschließende Allegro ähnelt in seiner tänzerischen Form einer Bourrée.
Concerto Nr. 6 in D-Dur, 2 Sätze
Die Anlage des 1. Satzes hat sinfonische Form, die klassische Stilelemente vorausnehmen. Der 2. ist von lebhafter Thematik erfüllt.

Orgelkonzerte liegen in 2 Sammlungen vor, und zwar als Opus 4 aus 1735 und 1736 und als Opus 7, entstanden von 1740 bis 1751
Es handelt sich um keine Werke mit kirchenmusikalischer Tendenz, sondern ausschließlich um Konzerte für den Konzertsaal. Die Orgel ist ihres Charakters als Kircheninstrument entkleidet. Diese Werke werden von vielen für den Urtyp des Orgelkonzertes gehalten.
Orgelkonzert in g-Moll Opus 4/1, 4 Sätze
Im 1. Satz wird das Hauptthema zitiert, dann sind vier Takte der Improvisationskunst des Organisten überlassen. Im 2. erhält die Orgel große Solopartien. Im Adagio tritt sie erst nach einer freien Improvisation in Erscheinung. Im Schlußsatz wird das Hauptthema variiert und figuriert.
Orgelkonzert in B-Dur Opus 4/2, 4 Sätze
Der 1. Satz ist kurz und homophon mit punktierten Rhythmen. Der 2. wird vom Orchester eingeleitet, dann übernimmt die Orgel das Thema. Nach einem sehr kurzen Zwischensatz mit Orgelfigurationen setzt der Schluß mit einem knappen, symmetrischen Thema ein.
Orgelkonzert in g-Moll, Opus 4/3, 4 Sätze
Das Konzert hat Concerto-grosso-Form. Im 1. und 3. Satz tritt ein Concertino aus Violine und Cello auf und übernimmt den konzertierenden Teil, während die Orgel nur begleitet. Der 4. Satz hat den Charakter einer Gavotte.

Orgelkonzert in F-Dur, Opus 4/4, 4 Sätze
Es handelt sich um das meistgespielte aller Orgelkonzerte des Komponisten, vermutlich, weil es völlig unkompliziert und außerordentlich einfallsreich ist. Nach der Vorstellung des einfachen Themas leitet ein tonmalerisches Motiv den Mittelteil ein, das von den Streichern begleitet wird, während die Orgel dazu figuriert. Das Andante ist kantabel und von einer verschlungenen Orgelmelodie begleitet. Ein helles Allegro schließt sich an, in dem die Orgel neue Motive bringt. Die weiteren Einsätze des Themas werden nur angedeutet, bis das Tutti es vollständig erklingen läßt.
Orgelkonzert in F-Dur, Opus 4/5, 4 Sätze
Es liegt in allen Sätzen eine Bearbeitung einer Flötensonate des Komponisten (aus Opus 11) vor. Interessant ist die Siciliana des 3. Satzes.
Orgelkonzert in B-Dur, Opus 4/6, 3 Sätze
Das Stück wurde ursprünglich als Konzert für Harfe mit Orchester geschrieben und sodann für Orgel umgearbeitet. Die sonst verwendeten Oboen sind von zwei Flöten ersetzt. Das einleitende Andante allegro ist ein übersichtlich gegliederter Konzertsatz mit deutlicher Reprise. Im Larghetto umfaßt das Orchester die Solostimmen der Orgel. Im anschließenden Allegro moderato ist das Thema mit häufigem Wechsel von Solo und Tutti durchgeführt.
Orgelkonzert in B-Dur, Opus 7/1, 4 Sätze
Der 1. Satz ist nach Art einer Chaconne gefaßt. Der 2. übernimmt das Thema des ersten als Grundlage variierter Abschnitte. Nach einem kurzen Largo und einer frei improvisierten Fuge folgt eine glanzvolle Bourrée.
Orgelkonzert B-Dur, Opus 7/3, 4 Sätze
Das Thema des 1. Satzes ist die Quelle für alle folgenden. Die beiden Menuette weisen dreiteilige Liedform auf, also Menuett mit Trio und Reprise.
Orgelkonzert g-Moll, Opus 7/5, 4 Sätze
Das Stück beginnt mit einem absteigenden Allegrothema, ein Andante mit ostinatem Baß folgt. Sodann erklingen ein Menuett und darauf eine Gavotte.
Orgelkonzert in F-Dur, ohne Opusnummer, »Kuckuck und Nachtigall«, 4 Sätze
Die vogelstimmenartigen Spielfiguren des ersten Allegro haben dem Konzert den Namen verliehen. Es liegt eine Bearbeitung der Triosonate Opus 5/6 für zwei Violinen und Continuo vor.
Orgelkonzert in F-Dur, ohne Opusnummer, 6 Sätze
Es handelt sich um eine Umarbeitung eines Concerto grosso für zwei konzertierende Bläserchöre. Die große Besetzung ergibt ein prachtvolles Klangbild.

Triosonate in B-Dur für Oboe, Violine und Generalbaß, 4 Sätze
Das Stück ist als Kirchensonate gearbeitet. Die Sätze folgen einander im Wechsel »langsam – schnell«, die Stimmen sind vorwiegend polyphon geführt. Das einleitende Adagio klingt sehr hell. Die Oboe trägt das Thema vor, die Violine übernimmt es, dann wird es alternierend weitergeführt. Das Allegro ist festlich und weist viele Motivwiederholungen auf, wie das folgende Largo. Das Finale ist zweiteilig gegliedert.

Sonate in D-Dur für Flöte (Oboe, Violine) und Generalbaß
Die 4 Sätze halten die Reihenfolge einer Kirchensonate ein. Es beginnt mit einem ruhigen Adagio. Die einfache Harmonik des Satzes ist für alle typisch. Das 2. Allegro wird durch ein Menuett ersetzt, das heiter und zierlich klingt.

8 Suiten für Clavier, veröffentlicht 1720
Händel übernahm die Form der deutschen Tanzsuiten nur selten. Seine Suiten rückten weit vom üblichen Unterhaltungscharakter ab. Sie näherten sich sehr der zukünftigen Sonatenform und verließen damit den Bereich der Gebrauchsmusik.
Suite Nr. 1 in A-Dur, 4 Sätze
Dieses Werk folgt noch der üblichen Form und bringt nach dem Präludium die Tänze Allemande, Courante und eine Gigue, die ganz besonders brillant klingt.
Suite Nr. 2 in F-Dur, 4 Sätze
Hier ist jede Bindung zur üblichen Suitenform aufgegeben; es liegt in Wahrheit eine viersätzige Sonate im italienischen Stil vor. Das 1. Adagio ist reich verziert, der 2. Satz bringt ein Allegro mit durchgehender Achtzehntelbewegung, der 3. – Adagio – lehnt sich entfernt an die Sarabandenform an, der 4. ist eine frei konzipierte Fuge, die improvisatorisch wirkt.
Suite Nr. 3 in d-Moll, 6 Sätze
Es handelt sich um die bedeutendste Suite dieser Sammlung. Die Fuge steht bereits an zweiter Stelle als erster Höhepunkt. Darauf folgen Allemande, Courante und ein Air mit fünf reich verzierten Variationen. Ein prägnantes Presto schließt das Werk ab.
Suite Nr. 4 in e-Moll, 5 Sätze
Das Stück beginnt mit einer interessanten Fuge. Dann reihen sich Allemande, Courante, Sarabande und Gigue mit einfacher Sanglichkeit an.

Suite Nr. 5 in E-Dur, 4 Sätze
Nach Präludium, Allemande und Courante folgt ein Air mit fünf Variationen, der den Namen »Der harmonische Grobschmied« trägt und diesen Namen wegen der hammerschlagähnlichen Baßintonierungen erhielt.
Suite Nr. 6 in fis-Moll, 4 Sätze
Das Stück ist eine Folge von drei konzentrierten Musikstücken mit einer angehängten Gigue als Finale. Das Präludium ist feierlich und imposant, der 2. Satz ein düsteres Largo voll Ausdruck, der 3. eine prächtige Fuge. Das Finale verscheucht jede trübe Stimmung.
Suite Nr. 7 in g-Moll, 6 Sätze
Das Werk beginnt mit einer französischen Ouvertüre, die fast orchestrale Wirkung hat. Der 2. Satz ist eine Idylle, der 3. ein Allegro mit Scherzocharakter. Eine einfache Sarabande und eine kurze Gigue folgen, das Finale ist jedoch eine Passacaille mit großartigen Arpeggien.
Suite Nr. 8 in f-Moll, 5 Sätze
Das Präludium ist ein etwas herbes Adagio. Dann folgt eine Fuge, die die Linie des Themas in Baßoktaven und vollgriffigen Akkorden bringt. Ihr schließen sich Allemande, Courante und Gigue an.

Chaconne in G-Dur mit 21 Variationen
Diese Komposition für Klavier ist als einzige noch heute in Konzertsälen zu hören. Das majestätische Thema und die abwechslungsreich zueinander kontrastierenden Variationssätze, die ein virtuoses Spiel erfordern, haben bis in die Gegenwart ihren Reiz nicht verloren.

6 Fugen
Die Fugen von Georg Friedrich Händel sind das Werk eines großen Improvisators mit nahezu automatischem, polyphonem Denken, der ein Thema in einem einzigen Anlauf durchzuführen und in einem vollendeten Satz zusammenzufassen imstande war. Die Durchführung seiner musikalischen Ideen erfolgte nahezu zwangsläufig, war aber immer künstlerisch. Er war eben Musiker bis zum letzten Augenblick seiner Existenz.
Fuge Nr. 1 in g-Moll
Das Stück verarbeitet zwei gegensätzliche, eng verknüpfte Themen. Nach der Exposition erklingt das Hauptthema zehnmal ganz oder teilweise in B-Dur, c-Moll, f-Moll, Es-Dur, g-Moll, d-Moll und erneut in g-Moll.
Fuge Nr. 2 in G-Dur
Die Fuge fordert ein lebhaftes Tempo. Ihre repetierten Achtel und die Tritonus- und Septimensprünge verleihen ihr einen skurrilen Charakter.
Fuge Nr. 3 in B-Dur
Lyrisches Melos und idyllische Heiterkeit sind der Grundtenor dieses Stückes. Einem kantablen ist ein drängendes Thema gegenübergesetzt. Es ist voll schöner Momente und Passagen.
Fuge Nr. 4 in h-Moll
Die monotone Wiederholung eines Rhythmus verleiht dem Stück einen unheimlichen Charakter, den die wirkungsvolle Steigerung am Ende auslöscht.
Fuge Nr. 5 in a-Moll
Dieses bedeutende Stück der Sammlung wird von dunkler, gespenstiger Stimmung beherrscht. Man spürt nahezu das Grollen in den Tiefen. Doch die Energien können sich aus ihren Fesseln nicht befreien, sondern ermatten und versiegen.
Fuge Nr. 6 in c-Moll
Dieses Werk ist ein ruhiger, ernster Monolog. Das Thema wird mit Klangschönheit durchgeführt, was dem ganzen Stück den Charakter einer Meditation verleiht.

LITERATUR
Romain Rolland, Händel, Paris 1910. R. Friedenthal, Georg Friedrich Händel, Reinbek 1959. R.A. Streatfield, Handel, New York 1964. Ch. Cudworth, Händel, London 1972. P.H. Lang, Händel, Kassel 1978.

Werner Haentjes (geboren 1923)

LEBEN
Werner Haentjes wurde am 16.12.1923 in Bocholt, Westfalen, geboren. Er studierte an der Musikhochschule in Köln bei Heinrich Lemacher und Philipp Jarnach und von 1947 bis 1951 bei den Kranichsteiner Ferienkursen bei Hermann Scherchen, Ernst Křenek, René Leibowitz und Wolfgang Fortner. Nach Tätigkeiten an den Theatern in Bielefeld und Heidelberg wirkte er ab 1950 als freier Mitarbeiter bei deutschen Rundfunkanstalten.

WERKE
Außer 3 Opern schrieb Werner Haentjes 2 Sinfonien, ein Hornkonzert, ein Klarinettenkonzert, Orchestervariationen, eine Ballettsuite, 6 Stücke für Blechbläser, ein Bläserquintett, 4 Streichquartette, zahlreiche Kan-

taten, Gesänge und Lieder mit Instrumenten und mit Klavier.

Miina Härma (1864–1941)

LEBEN
Miina Härma (Hermann) wurde am 28.1.1864 in Tartu (Dorpat), Estland, geboren. Sie war von 1883 bis 1890 Schülerin des Konservatoriums in St. Petersburg. Anschließend gab sie in den baltischen Staaten und in Deutschland Orgelkonzerte. Im Jahr 1894 gründete sie in Tartu einen Chor, mit dem sie Konzertreisen unternahm. Von 1904 bis 1924 wirkte sie als Musiklehrerin in Kronschtadt. Sie starb am 16.11.1941 in Tartu.

WERKE
Von Miina Härma sind eine Kantate, eine Schauspielmusik und eine große Anzahl Chorlieder im Stil der Liedschule der deutschen Romantik bekannt geworden, außerdem viele Chorbearbeitungen.

LITERATUR
A. Haava, Miina Härma, Tallinn 1934.

William Edwin Haesche (1867–1929)

LEBEN
William Edwin Haesche wurde am 11.4.1867 in New Haven, Conn., geboren. Er war Schüler des Violinisten Bernhard Friedrich Wilhelm Listemann (28.8.1841, Schlotheim, Thüringen, bis 11.2.1917, Chicago), von Ernst Perabo (1845–1920) und Horatio Parker. Er war Mitbegründer und Violinist des Sinfonieorchesters in New Haven, ab 1903 Instrumentationslehrer an der Yale University und darauf Theorielehrer am Hollins College in Virginia. Er starb am 26.1.1929 in Roanoke, Va.

WERKE
Von William Edwin Haesche sind eine Sinfonie, eine Sinfonietta, 3 sinfonische Dichtungen – »Wald-Idyll«, »Fridtjof und Ingeborg«, »Der Süden« –, mehrere Ouvertüren, eine dramatische Kantate »Die verwunschene Eiche von Nannau«, ein Frauenchor, Kammermusik, weitere Chöre und Lieder erschienen. Sein Stil ist romantisch.

August Ferdinand Häser (1779–1844)

ZEIT UND UMWELT
Die Thomasschule von Leipzig, die unter dem Kantorat von Johann Sebastian Bach einen ihrer Höhepunkte erreicht hatte, behielt ihr Niveau auch im 18. und 19. Jahrhundert bei. Ihre Alumnen, die in ganz Deutschland und über die Grenzen des Landes hinaus ihre Tradition vertraten, bildeten die festen Grundlagen, von denen aus die deutsche Musik zu den grandiosen Leistungen ihrer Romantiker emporwachsen konnte.

LEBEN
August Ferdinand Häser wurde am 15.10.1779 in Leipzig als Sohn des nachmaligen Musikdirektors an der Universitätskirche (ab 1785) und Universitätsmusikdirektor (ab 1800) Johann Georg Häser (11.10.1729 in Gersdorf, Dąbie, bis 15.3.1809, Leipzig) geboren. Er war Alumnus der Thomasschule und von 1800 bis 1806 Kantor in Lemgo. Von 1806 bis 1813 lebte er in Italien, wirkte sodann bis 1817 erneut in Lemgo und ging 1817 nach Weimar, wo er Chordirektor der Hofoper, Kirchenmusikdirektor und Seminarmusiklehrer wurde. Er starb am 1.11.1844 in Weimar.

WERKE
Von August Ferdinand Häser sind 3 Opern und ein Oratorium (»Triumph des Glaubens«) aufgeführt worden. Er schrieb zahlreiche Kirchenmusikwerke – Requiem, Te Deum, Vaterunser, Miserere, Messen –, Orchester- und Klavierstücke, außerdem 2 Lehrwerke.

Johann Wilhelm Häßler (1747–1822)

LEBEN
Johann Wilhelm Häßler (Häsler) wurde am 29. 3. 1747 in Erfurt geboren. Er wurde von seinem Onkel, dem Bach-Schüler Johann Christian Kittel, ausgebildet und setzte seine

Studien bei Carl Philipp Emanuel Bach und Johann Adam Hiller fort. Er erhielt bereits mit 16 Jahren die Organistenstelle an der Barfüßerkirche seiner Geburtsstadt. Da er zugleich im Mützenmachergewerbe arbeitete, mußte er als Handwerksgeselle auf die Wanderschaft gehen und benützte sie zugleich als Konzertreise. Er begründete 1780 in Erfurt ein Konzertunternehmen und 1784 eine Musikalienhandlung, konzertierte von 1790 bis 1792 unter der Leitung von Joseph Haydn in London, war sodann Kaiserlicher Hofkapellmeister in St. Petersburg und übersiedelte 1794 nach Moskau, wo er bis zu seinem Tod am 29. 3. 1822 als angesehener Pianist und Pianolehrer wirkte.

WERKE

Von Johann Wilhelm Häßler sind zahlreiche Kompositionen für Pianoforte (anfänglich wahlweise auch für Cembalo) erschienen. Seine frühen Sonatensammlungen stehen stark unter dem Einfluß von Carl Philipp Emanuel Bach, die späteren nähern sich der Wiener Klassik, besonders Wolfgang Amadeus Mozart. Seine vielen Fantasien, Präludien und Charakterstücke weisen bereits gegen die Frühromantik. Sie kommen dem Publikumsgeschmack sehr entgegen, überraschen aber oft durch kühne Harmonik und durch rezitativisch-dramatische Passagen.

Johann Wilhelm Häßler, Stich von C. Müller

LITERATUR

E. H. Müller, Johann Wilhelm Häßler, Neue Musikzeitschrift XLIII, 1922.

Ernst Häusler (um 1761–1837)

ZEIT UND UMWELT

Da im 16. Jahrhundert Frauen in den Kapellchören nicht singen durften und Kastraten erst hundert Jahre später eine Rolle zu spielen begannen, wurden die Altpartien von Tenoristen mit Kopfstimme gesungen, zuweilen auch die den Knaben vorbehaltenen Diskantstimmen. Nachdem im 18. Jahrhundert das Interesse an Kastratenstimmen wieder abgeflaut war, erfreuten sich diese Falsettisten oder Tenorini (kleine Tenöre) erneut einer hohen Wertschätzung.

LEBEN

Ernst Häusler wurde um 1761 in Stuttgart geboren. Er war Schüler der berühmten Karls-Schule, wo er zum Cellisten ausgebildet wurde. Von 1800 bis zu seinem Tod im Jahr 1837 wirkte er als letzter Kantor in Augsburg an St. Anna. Er hatte eine selten hohe Falsettstimme, so daß er ohne Schwierigkeit in der Lage war, Sopranpartien zu singen.

WERKE

Von Ernst Häusler sind eine große Anzahl Kantaten, Lieder und einige Kammermusikwerke mit Cello erhalten.

Georg Hager (1552–1634)

ZEIT UND UMWELT

Die Meistersinger waren keine volkstümlichen Gestalten, wie sie Richard Wagner darstellte. Weder die Musikwelt noch die breite Öffentlichkeit kannten sie; ihre Lieder wurden nicht veröffentlicht. Ihre Bedeutung lag in ihrer Liebe zur Kunst, wie sie sie verstanden, und ihrem Eifer, Grundsätze der Religion und der Moral mit ihren strengen Regeln für Dichtung und Musik zu koordinieren.

LEBEN
Georg Hager (Hager der Jüngere), Sohn des Meistersingers Georg Hager des Älteren (1512–72), eines Schülers von Hans Sachs, wurde am 26. 11. 1552 in Nürnberg getauft. Er war hauptberuflich Schuhmacher wie Hans Sachs und daher geeignet, in die Meistersingerschule aufgenommen zu werden, wo er alle Ränge bis zum Senior-Merker durchlief. Er wurde in Nürnberg am 10. 10. 1634 begraben.

WERKE
Georg Hager der Jüngere war neben Adam Puschmann einer der bedeutendsten Meistersinger nach Hans Sachs. Er verfaßte 937 Meisterlieder, darunter 145 zu 17 eigenen Meistertönen.

LITERATUR
Cl. H. Bell, Georg Hager, a Meistersinger of Nürnberg, Los Angeles 1947.

Johannes Hager (1822–98)

ZEIT UND UMWELT
Adelige, höhere Beamte und andere Spitzen der Gesellschaft, die als Komponisten dilettierten, traten zumeist unter einem Pseudonym auf. Nicht wenige davon bereicherten das Musikgeschehen ihres Landes mit beachtlichen Werken.

LEBEN
Johannes Hager (Pseudonym für Johann Haßlinger von Hassingen) wurde am 24. 2. 1822 in Wien geboren. Er war höherer Ministerialbeamter in Wien, wo er am 9. 1. 1898 starb.

WERKE
Von Johannes Hager sind 2 Opern und das Oratorium »Johannes der Täufer« mit Erfolg aufgeführt worden. Er verfaßte auch einige vorzügliche Kammermusikwerke – Quartette, Trios.

Johann Hagius (um 1530–75)

ZEIT UND UMWELT
Die Komposition von Symbola von Städten und Familien (Wahl- und Wappensprüche) nimmt in der deutschen Musikgeschichte einen beachtlichen Raum ein. Zuweilen waren die vertonten Texte so lang, daß wahre Kantaten daraus wurden. Auch ganz kurze Sprüche wurden durch häufige Wiederholung in Kanonform oder in anderen Strukturen zu großen Musikstücken.

LEBEN
Johann Hagius (Hagen) wurde um 1530 in Marktredwitz geboren. Er studierte ab 1553 in Wittenberg und amtierte von 1556 bis 1569 in Reichenbach, Oberpfalz, als Pfarrer. Von 1570 bis 1575 war er Stadtprediger in Eger (Cheb) und starb noch im Jahre 1575 im nahen Marktredwitz.

WERKE
Die kompositorische Tätigkeit von Johann Hagius erstreckte sich in erster Linie auf die Symbolumvertonung. Am bekanntesten davon wurden »Der Stadt Nürnberg Symbolum« und »Symbola Lutheri und Melanchthonis«. Er veröffentlichte »Kurtze auserlesene Symbola«. Diese Musik war vier- und mehrstimmig und so angelegt, daß jede Instrumentenbegleitung herangezogen werden konnte. Außerdem sind von Hagius mehrere deutsche Lieder überliefert, die in verschiedene Gesangbücher Eingang gefunden haben.

Konrad Hagius (1550–1616)

ZEIT UND UMWELT
Über das Musikleben an den Höfen kleiner Länder Deutschlands im 16. Jahrhundert gibt es nur sehr spärliche Informationen, obwohl überall, von Friesland bis Preußen,

von Holstein bis Bayern, Hofkapellen bestanden, die Musik machten. Im 17. Jahrhundert wurden ungeheure Mengen an Aufzeichnungen jeder Art in den großen Kriegen vernichtet.

LEBEN
Konrad Hagius (von Hagen) wurde 1550 vermutlich in Hagen, Dortmund, geboren. Er dürfte in Königsberg studiert haben. Darauf begann für ihn ein Wanderleben von Hofkapelle zu Hofkapelle: Ostfriesland, Düsseldorf, Detmold, Stuttgart, Heidelberg, Mainz, Bückeberg und schließlich Rinteln, wo er vor dem 23. 9. 1616 starb. Zwischendurch unternahm er Reisen nach Osteuropa mit unbekannten Zielen.

WERKE
Der deutsche Komponist Konrad Hagius hinterließ das Schulwerk »Die Psalmen Davids«, außerdem »Deutsche Tricinien«, »Teutsche geistliche Psalmen und Gesänge« für vier bis sechs Stimmen, Marienlieder und »Teutsche Gesänge«, zwei- bis achtstimmig. Außerdem verfaßte er eine Reihe von Instrumentalstücken, die neben den wenig einfallsreichen Vokalkompositionen im Rahmen der Entwicklung der deutschen Instrumentalmusik starkes Interesse verdienen.

LITERATUR
R. Eitner, G. Becker und W. Bäumker, Conrad Hagius von Hagen, in: Monatshefte für Musikgeschichte XIII, 1881, und XIV, 1882.

Bernhard Hahn (1780–1852)

LEBEN
Bernhard Hahn wurde am 17.12.1780 in Leubus (Lubiąz) geboren. Er war ab 1791 Chorknabe in Breslau (Wrocław), dann Violinist in Adelshäusern. Im Jahr 1815 wurde er Gesanglehrer am katholischen Gymnasium der Stadt und setzte sich sehr für die Hebung des Schulgesangs ein; 1831 erhielt er die Ernennung zum Domkapellmeister. Er starb am 22.11.1852 in Breslau.

WERKE
Von Bernhard Hahn sind neben einem viel benützten Schulgesangbuch eine beträchtliche Anzahl Messen und andere Kirchenmusik handschriftlich erhalten. Ihr Stil ist sehr konservativ.

Reynaldo Hahn (1875–1947)

LEBEN
Reynaldo Hahn wurde am 9.8.1875 in Caracas, Venezuela, geboren. Er wuchs in Frankreich auf und studierte am Conservatoire in Paris bei Théodore Dubois, Alexandre Jean Albert Lavignac und Jules Massenet. Er war als Dirigent und als Kritiker tätig; im Jahr 1945 wurde er Direktor der Opéra. Er starb am 28.1.1947 in Paris.

WERKE
Neben 6 Opern, 2 Ballettpantomimen, 2 musikalischen Komödien, 4 Operetten und zahlreichen Bühnenmusiken schrieb Reynaldo Hahn ein Mysterium »Weihnachtspastorale«, eine Kantate, eine sinfonische Dichtung und andere Orchesterwerke, ein Klavierkonzert, ein Violinkonzert, ein Cellokonzert, mehrere Klavierquintette und ein Streichquartett, Klavierwerke und Liederzyklen. Er lehnte sich stilistisch an Camille Saint-Saëns an.

Jakob Haibel (1762–1826)

LEBEN
Petrus Jakob Haibel (Heibel) war Mitglied der Theatertruppe von Emanuel Schikaneder. Von 1806 bis zu seinem Tod am 27. 3. 1826 wirkte er als Domchordirektor in Djakovar, Slawonien (Djakovo, Kroatien).

WERKE
Von Jakob Haibel sind zahlreiche Singspiele und ein Ballett erhalten. Er dürfte während seiner Tätigkeit als Kirchenmusiker eine größere Anzahl sakrale Musik, vor allem Messen, komponiert haben. Überliefert ist davon nichts.

Thomas Haigh (1769–1808)

ZEIT UND UMWELT

Während seines Aufenthaltes in London in den Jahren 1891 und 1892 unterrichtete Joseph Haydn mehrere Schüler, die in seiner Gefolgschaft eine beträchtliche Anzahl Kompositionen herausbrachten; man hätte dabei erwarten können, daß sich darauf eine englische Musikentwicklung aufbaut. Es blieb bei diesen vielversprechenden Ansätzen, die keine Fortsetzung fanden.

LEBEN

Thomas Haigh wurde 1769 in London geboren. Er studierte bei Joseph Haydn Komposition. Er wirkte kurze Zeit in Manchester als Pianist, Violinist und Musiklehrer, ging jedoch 1801 nach London zurück und setzte dort diese Tätigkeiten bis zu seinem Tod im April 1808 fort.

WERKE

Die Haupttätigkeit von Thomas Haigh bestand im Arrangement von zahlreichen Sinfonien von Joseph Haydn und der Musik anderer Komponisten. Er schrieb außerdem ein Violinkonzert, 12 Sonaten für Klavier und Violine, Klaviersonaten und andere Klavierstücke sowie einige Lieder. Seine Versuche, den Stil der Wiener Klassik nach England zu bringen, blieben ohne Auswirkung.

Franz Sebastian Haindl (1727–1812)

LEBEN

Franz Sebastian Haindl wurde am 11. 1. 1727 in Altötting geboren. Er war zunächst dort Kapellknabe, dann Violinist in München, ab 1748 in Innsbruck und ab 1752 neuerlich in München. Von 1769 bis 1784 wirkte er in Innsbruck als Konzertmeister und ab 1785 in Passau als erster Violinist und Kammerdiener des Bischofs in Passau, wo er am 23. 4. 1812 starb.

WERKE

Das Oratorium »David auf dem Ölberg« und sein Singspiel »Der Kaufmann von Smyrna« wurden häufig aufgeführt. Er verfaßte außerdem Messen und Motetten, Sinfonien, Partiten und ein Flötenkonzert, alles in einem sehr konservativen Stil.

François Hainl (1807–73)

ZEIT UND UMWELT

Die Pariser Weltausstellung 1867 wurde mit allem erdenklichen Prunk gefeiert, um Glanz und Ruhm des Zweiten Kaiserreichs, das wenige Jahre darauf zu Ende ging, vor der Welt aufzuzeigen. Zu den großen Festaufführungen, bei denen Massenchöre und gewaltige Orchester aufgeboten wurden, benötigte man Dirigenten, die die vielen Mitwirkenden zu lenken imstand waren.

LEBEN

François Hainl wurde am 16. 11. 1807 in Issoire, Puy-de-Dôme, geboren. Er war Celloschüler am Conservatoire in Paris und erhielt nach langen Reisen als Virtuose 1840 die Kapellmeisterstelle am Grand Théâtre in Lyon. Im Jahr 1863 wurde er Erster Dirigent der Opéra in Paris, dirigierte von 1863 bis 1872 die Konzerte des Conservatoires und die Hofkonzerte. Bei den Festaufführungen der Weltausstellung kam ihm die Fähigkeit, große Klangkörper sicher zu leiten, zustatten. Mit dem Ende des Kaiserreiches verlor er alle Positionen. Er starb am 2. 6. 1873 in Paris.

WERKE

Von François Hainl sind mehrere Fantasien für Cello und Orchester, darunter eine über Themen aus »Wilhelm Tell« von Gioacchino Rossini, und andere Cellostücke bekannt geworden. Sein Verdienst lag in seiner ausgezeichneten Unterrichts- und Dirigententätigkeit. Er verfaßte auch ein Traktat über die Musikentwicklung in Lyon.

Paul Hainlein (1626–86)

LEBEN

Paul Hainlein (Hainla, Heinlein) wurde am 11. 4. 1626 in Nürnberg geboren. Er trat

bereits im Alter von zwölf Jahren als Komponist einer Trauermusik auf, studierte Musik in München und darauf in Italien. Ab 1649 war er Expektant der Nürnberger Ratsmusik, ab 1655 Organist an der Blasiuskirche und ab 1658 an der Sebalduskirche. Im Jahr 1651 wurde er Meister des Trompetenmacherhandwerkes. Er starb in Nürnberg am 6. 8. 1686.
Sein Vater Sebastian Hainlein (getauft 14. 3. 1594, Nürnberg, begraben 31. 1. 1655, Nürnberg) war Ratsmusiker und Posaunenmacher in Nürnberg.
Dessen Bruder Hanns Hainlein (getauft 22. 4. 1598, begraben 26. 10. 1671, Nürnberg) war der bedeutendste Trompetenmacher der Instrumentenmacherfamilie.
Sein Großvater Sebastian Hainlein (getauft 3. 2. 1559, Nürnberg, begraben 24. 2. 1631, Nürnberg), Begründer dieser Instrumentenmacher- und Musikerfamilie, wirkte ab 1591 in Nürnberg als Trompeten- und Posaunenmacher.
Sein Sohn Michael Hainlein (getauft 20. 7. 1659, Nürnberg, begraben 4. 9. 1713, Nürnberg) baute Instrumente mit typisch barockem Klangcharakter.

WERKE
Der deutsche Ratsmusiker, Organist und Komponist Paul Hainlein verfaßte zahlreiche Festmusiken für mehrere Chöre im venezianischen Stil, Generalbaßmotetten mit kleiner Besetzung, Trauermusiken für eine Singstimme und Generalbaß, eine Reihe Liederspiele und 90 Melodien mit Generalbaß für Nürnberger Liedersammlungen, außerdem Stücke für Tasteninstrumente.

Mihály Hajdu (geboren 1909)

LEBEN
Mihály Hajdu wurde am 30. 1. 1909 in Orosháza, Ungarn, geboren. Er studierte an der Musikhochschule in Budapest bei Zoltán Kodály. Darauf wirkte er als Pianist, bis er 1949 an der Hochschule Klavierlehrer und 1961 Professor wurde.

WERKE
Außer einer Oper schrieb Mihály Hajdu ein sinfonisches Gedicht, eine Suite, ein Klavierkonzert, ein Concertino für Cello und Streicher, ein Klarinettenkonzert, mehrere Streichquartette, ein Bläsertrio, ein Klaviertrio, ein Streichtrio, Variationen und Rondo sowie eine Sonatine für Cello und Klavier, Stücke für Flöte und Klavier, eine Klaviersonate, Chöre und Lieder. Sein Stil ist von seinem Lehrer geprägt.

Alexei Hajew (geboren 1914)

LEBEN
Alexei Hajew wurde am 25. 8. 1914 in Blagoweschtschensk, Südostsibirien, geboren. Er emigrierte 1931 in die USA und studierte in New York an der Juilliard School of Music bei Rubin Goldmark und Frederick Jacobi und ergänzte seine Ausbildung in Cambridge, Mass., und in Fontainebleau bei Nadia Boulanger. Seit 1967 lebt er in Salt Lake City als Composer-in-Residence der University of Utah.

WERKE
Außer 2 Balletten schrieb Alexei Hajew 3 Sinfonien, ein Divertimento, ein Violinkonzert, ein Klavierkonzert, eine »Ekloge« für Harfe und Streichquartett, eine »Ekloge« für neun Instrumente, ein Streichquartett, eine Serenade für Oboe, Klarinette, Fagott und Klavier, eine Sonate für Cello und Klavier, eine Klaviersonate, slawische liturgische Gesänge für A-cappella-Chor.

Edward Hake (um 1520 bis nach 1563)

ZEIT UND UMWELT
Neben der Chapel Royal unterstanden auch die Kapelle an Westminster Abbey und die St. Georg's Chapel im königlichen Schloß zu Windsor unmittelbar dem König und waren jedem bischöflichen und erzbischöflichen Einfluß entzogen. Die Kapelle in Windsor war praktisch eine zweite königliche Kapelle, aber eine von der Chapel

Royal völlig getrennte Institution, wenn auch die Beziehungen beider Musikkörper zueinander stets sehr eng waren.

LEBEN
Edward Hake (Hacke) wurde um 1520 vermutlich in oder bei London geboren und war bereits um 1540 Mitglied der Kapelle des Königs in Windsor. Wegen seiner stark calvinistischen Haltung bekam er Schwierigkeiten und wurde wegen Ketzerei verurteilt; das Urteil wurde aber aboliert, so daß ihm keinerlei weitere Unannehmlichkeiten erwuchsen. Er ist bis zu seinem Tod nach 1563 an der Kapelle geblieben.

WERKE
Der englische Kirchenmusiker hinterließ 17 Sätze zu einer vierstimmigen Psalmenvertonung, die sich von den Arbeiten der anderen Mitwirkenden deutlich herausheben, denn er schuf eine echte Komposition im zeitgenössischen Stil. Außerdem ist von ihm eine vierstimmige Messe überliefert.

Andreas Hakenberger
(um 1574–1627)

ZEIT UND UMWELT
Die ehemalige Hansestadt Danzig trat nach der Niederlage des Deutschen Ordens 1454 in ein Schutzverhältnis zum polnischen König, widersetzte sich aber mit Erfolg einer Polonisierung und blieb dem norddeutschen Kulturkreis verbunden.

LEBEN
Andreas Hakenberger (Hackenberger) wurde um 1574 in Köslin (Koszalin) geboren. Er trat 1602 der Kapelle des polnischen Königs Sigismund III. in Krakau bei. Nach der Übersiedlung des polnischen Hofes nach Warschau ging er nach Danzig (Gdańsk), wo er von 1608 bis zu seinem Tod im Jahr 1627 als Kapellmeister an der Marienkirche wirkte.

WERKE
Der deutsche Komponist Andreas Hakenberger war Anhänger des venezianischen doppelchörigen Stils. Von ihm sind ein Buch mit achtstimmigen sakralen Gesängen, die vokal, instrumental oder gemischt aufgeführt werden können, ein Buch mit sechs- bis zwölfstimmigen Motetten, eines mit dreistimmigen Liedern und eines mit fünf- bis achtstimmigen profanen Gesängen erhalten. Er verstand es, die Klangmöglichkeiten des venezianischen Stils voll auszunützen.

LITERATUR
H. Rauschnig, Geschichte der Musik und Musikpflege in Danzig, Danzig 1931.

Fromental Halévy (1799–1862)

LEBEN
Jacques François Fromental Élie Halévy (Élias Lévy) wurde am 27.5.1799 in Paris geboren. Er war am Pariser Conservatoire Schüler von Henri-Montan Berton und Luigi Cherubini und erhielt 1819 den Rompreis. Noch ehe er für 3 Jahre nach Rom ging, bekam er den Auftrag, den hebräischen Text des 130. Psalms für

Fromental Halévy, nach einer Lithographie von R. Julien

eine Beerdigung zu komponieren. Nach seiner Rückkehr nach Paris verschrieb er sich der Opernkomposition, errang jedoch anfänglich nur mäßige Erfolge, bis er 1835 mit seinem Werk »Die Jüdin« in die Reihe der ersten französischen Opernkomponisten aufrückte, weil darin der Romantizismus der historischen Oper voll zum Ausdruck kam. Dadurch stieg sein Ansehen als Komponist um vieles; er wurde in die Académie des Beaux-Arts aufgenommen und Lehrer am Conservatoire. Es folgten noch einige Bühnenwerke, die günstig aufgenommen wurden, aber keines erlangte die Berühmtheit der »Jüdin«. Er starb am 17.3.1862 in Nizza.

WERKE

Von den über 20 Opern von Fromental Halévy wird »Die Jüdin« fallweise heute noch gespielt. Er verfaßte bei 5 Ballette, die Achtungserfolge erreichten. Seine Kantaten (»Die Ufer des Nil« und »Italie«) werden noch zuweilen gesungen. Seine Lieder für Männerchor, die Romanzen und Nokturnen wie seine vierhändige Klaviersonate sind vergessen. Er verfaßte auch ein Schulwerk und eine Anzahl von Musikerbiographien.

LITERATUR

M. Curtiss, Fromental Halévy, The Musical Quarterly XXXIX, 1953.

Cristóbal Halffter (geboren 1930)

Cristóbal Halffter

LEBEN

Cristóbal Halffter wurde am 24.3.1930 in Madrid als Neffe Rodolfo Halfters und Ernesto Halffters geboren. Er studierte in seiner Geburtsstadt bei Conrado del Campo y Zabaleta am Konservatorium, an dem er selbst ab 1960 als Kompositionslehrer und ab 1964 als Direktor wirkte. Im Jahr 1966 gab er beide Ämter auf, um sich allein der Komposition zu widmen.

WERKE

Mit einer Kantate schloß sich Cristóbal Halffter an die Fakturen seiner beiden Onkel und der von Manuel de Falla an, mit einer Messe adoptierte er die Diktionen Igor Strawinskys und Béla Bartóks, bei seinen weiteren Kompositionen schloß er sich der Wiener Schule an und schrieb neben einer Oper und einem Ballett ein Scherzo für Orchester, ein Klavierkonzert, ein Concertino für Streicher, eine Rhapsodie für Klavier und Orchester, eine Sinfonie für drei Instrumentengruppen, »Sequenzen« und »Ringe« für Orchester, ein Flötenkonzert, ein Streichquartett, 3 Flötenstücke, ein Violinsolo, ein Stück für Gitarre, Klavierstücke, außerdem »Spiegel« für vier Schlagzeuger und Tonband, »Linien und Punkte« für elektronische Klänge und 20 Bläser, ein »Lamento« für Kammerensemble und elektronische Klangumwandlung, eine weitere Messe, mehrere Kantaten und verschiedene sakrale Gesänge mit Instrumentalbegleitung.

Rodolfo Halffter (geboren 1900)

LEBEN

Rodolfo Halffter wurde am 30.10.1900 in Madrid geboren. Er bildete sich zunächst autodidaktisch, sodann bei Manuel de Falla aus. Er lebte bis zum Spanischen Bürgerkrieg als Komponist und Musikkritiker in Madrid und übersiedelte dann über Paris nach Mexiko-Stadt, wo er Professor am Konservatorium wurde. Von 1946 bis 1958 leitete er die Musikzeitschrift »Nuestra Música« (Unsere Musik) und edierte mexikanische Musik. 1968

wurde er in die Academia de artes de México berufen.
Sein Bruder Ernesto Halffter Escriche (geboren 16.1.1905, Madrid) war Schüler von Manuel de Falla und wurde 1934 Leiter des Konservatoriums in Sevilla, nachdem er ab 1924 dort ein Kammerorchester geführt hatte. Von 1936 bis 1960 lebte er als Dirigent nach kurzem Aufenthalt in Lissabon, dann in Spanien. Er ist als musikalischer Berater des spanischen Fernsehens tätig.

WERKE
Von Rodolfo Halffter sind eine Oper und 3 Ballette aufgeführt worden. Er schrieb für Orchester eine Suite, eine Ouvertüre, ein Impromptu, weiters »Drei Stücke für Streichorchester«, eine Ouvertüre für Klavier und Orchester, ein Violinkonzert, 2 Streichquartette, eine Cellosonate, 3 Klaviersonaten, eine Giga für Gitarre, Lieder und Chöre.
Ernesto Halffter schrieb außer einer Oper und einem Ballett eine Sinfonietta, ein Gitarrenkonzert, Klaviermusik, Kantaten und Lieder. Der Stil beider Brüder ist konservativ.

Henry Hall (um 1655–1707)

ZEIT UND UMWELT
Die Verwendung lateinischer Texte für sakrale Gesänge war in England auch um die Wende zum 18. Jahrhundert nicht selten. Viel mag dazu beigetragen haben, daß die sprachliche Schönheit jener spätlateinischen christlichen Dichtungen durch eine Übersetzung verlorenging. Es sind bis heute keine befriedigenden Nachdichtungen gelungen.

LEBEN
Henry Hall wurde um 1655 in New Windsor geboren. Er war unter Henry Cooke Chorist der Chapel Royal und wahrscheinlich Schüler von John Blow. Im Jahr 1674 wurde er Organist an der Kathedrale von Exeter und 1688 Organist und Chorleiter an der Kathedrale in Hereford, wo er am 30. 5. 1707 starb.
William Hall (um 1650, Richmond, bis 1700, Richmond) war von 1692 bis 1700 als Violinist Mitglied der King's Band. Ob er mit Henry Hall verwandt war, ist unbekannt.

WERKE
Vom englischen Komponisten Henry Hall sind ein Te Deum in Es-Dur, ein Benedicite in c-Moll, ein Cantate Domino in B-Dur und ein Deus Misereatur in B-Dur, zahlreiche sehr geschätzte Anthems, mehrere Lieder, Duette und Catches erhalten. Er schrieb auch Orgelwerke von beträchtlichem Wert.
Von William Hall sind einige Ayres und eine Courante für Cembalo überliefert.

Johan Andreas Hallén (1846–1925)

ZEIT UND UMWELT
Obwohl das Konservatorium in Stockholm 1772 als ältestes in Europa außerhalb Italiens gegründet wurde und Schweden bis in die Gegenwart eine Reihe namhafter Komponisten hervorgebracht hatte, gibt es darunter keine Musikerpersönlichkeit von Weltgeltung wie Edvard Grieg in Norwegen, das, im Gegensatz zu Schweden, um einiges weniger Tondichter aufzuweisen hat.

LEBEN
Johan Andreas Hallén wurde am 22.12.1846 in Göteborg geboren. Er war in Leipzig Schüler von Carl Reinecke, Ernst Friedrich Richter und Moritz Hauptmann, in München von Joseph Rheinberger und in Dresden von Julius Rietz. Er wirkte von 1872 bis 1878 und von 1883 bis 1884 in Göteborg als Dirigent der Musikvereinskonzerte und lebte in der Zwischenzeit in Leipzig und Berlin. Von 1885 bis 1895 war er Dirigent der Philharmonischen Konzerte in Stockholm, von 1892 bis 1897 auch Kapellmeister der Königlichen Oper, von 1902 bis 1907 Dirigent der Südschwedischen Philharmonischen Vereinigung in Malmö und von 1909 bis 1919 Kompositionslehrer am Konservatorium in Stockholm, wo er am 11.3.1925 starb.

WERKE
Von Andreas Hallén sind 3 Opern, 7 Chorwerke für Soli und Orchester, 2 Chöre mit

Orchester, ein »Requiescat« für Soli, Chor und Klavier, eine »Missa solemnis«, 2 »Schwedische Rhapsodien«, 4 Orchestersuiten, 5 sinfonische Dichtungen, eine Violinromanze mit Orchester, ein Klavierquartett und deutsche und schwedische Lieder überliefert. Seine Musik, die in Schweden noch zum Teil lebendig ist, gehört noch der Hochromantik an. Er war ein Verehrer Richard Wagners.

Paul Hallmann von Strachwitz
(1600–50)

ZEIT UND UMWELT
Trotz der Gegenreformation, die in Schlesien von Böhmen aus betrieben wurde, trotz aller Maßnahmen zur Zurückdrängung und Ausrottung aller Evangelischen, hielten sich in diesem Gebiet manche Kantoren und protestantische Lehrer. Zumeist standen diese im Dienst und unter dem Schutz adeliger Häuser, die wiederum durch einflußreiche katholische Verwandte gestützt wurden.

LEBEN
Paul Hallmann von Strachwitz wurde am 8. 11. 1600 in Friedland (Mieroszów) bei Schweinitz (Świdnica) geboren. Er trat in die Dienste des Herzogs Georg Rudolph von Liegnitz, wurde von ihm geadelt und war Mitglied seiner Kapelle in Liegnitz (Legnica). Er starb am 11. 1. 1650 in Breslau (Wrocław).

WERKE
Der deutsche Komponist Paul Hallmann von Strachwitz hat lateinische und deutsche Kirchenmusik verfaßt, wie eine fünfstimmige Messe a cappella, 2 protestantische Kurzmessen (nur Kyrie und Gloria) und ein Magnificat für sechs Stimmen, eine achtstimmige Begräbnismotette und weitere vierstimmige Kirchenliedsätze, außerdem ein Konzert mit Instrumenten, bei dem monodische Tendenzen überwiegen, während bei den anderen Werken der alte Stil vorherrscht.

LITERATUR
W. Scholtz, Das musikalische Leben in Liegnitz, in: Musik des Ostens V, Kassel 1969.

Ivar Hallström (1826–1901)

ZEIT UND UMWELT
Im letzten Drittel des 19. Jahrhunderts war die schwedische Oper bereits soweit etabliert, daß nur wenige in anderen Sprachen aufgeführt wurden. Über die Grenzen des Landes hinaus reichte ihr Ruf allerdings nicht, sie blieben auf schwedische Bühnen beschränkt.

LEBEN
Ivar Hallström wurde am 5.6.1826 in Stockholm geboren. Er wirkte ab 1861 als Leiter einer Musikschule in Stockholm bis zu seinem Tod am 11.4.1901.

WERKE
Die 8 Opern von Ivar Hallström wurden in Schweden sehr günstig aufgenommen. Auch seine 5 Operetten hatten viel Erfolg. Seine Ballettmusiken wurden auch in London gespielt, von seinen Kantaten errang »Die Blumen« einen Preis. Seine Lieder und Klavierstücke fanden weniger Anklang als seine Musik für die Bühne.

August Halm (1869–1929)

LEBEN
August Otto Halm wurde am 26.10.1869 in Großaltdorf, Württemberg, geboren. Er studierte in Tübingen bei dem damaligen Musikdirektor Emil Kauffmann (23.11.1836, Ludwigsburg, bis 18.6.1909, Tübingen), der ihn mit Hugo Wolf (1860–1903) bekannt machte. Dann besuchte er noch die Musikhochschule in München. Im Jahr 1894 wurde er Musiklehrer in Heilbronn und unterrichtete von 1903 bis 1906 am Landerziehungsheim in Haubinda (Thüringen) und darauf (1906 bis 1910) in Wickersdorf bei Saalfeld an der Freien Schulgemeinde. Ab 1910 war er Liedertafeldirigent in Ulm, ab 1913 Musikkritiker in Stuttgart und ab 1920 wiederum bis zu seinem Tod am 1.2.1929 in Saalfeld Lehrer in Wickersdorf.

WERKE
Von seinem Vorbild Hugo Wolf rückte August

Halm bald ab, um eine Art »pädagogische Musik« zu schreiben, und damit beschritt er Neuland in der Musik, indem er ihr eine erzieherische Funktion zuwies, ein Vorgehen, das in nächster Zukunft extensiv praktiziert wurde. Er schrieb 2 Sinfonien, mehrere Praeludien und Fugen für Streicher, ein Klavierkonzert, mehrere Schauspielmusiken, 8 Streichquartette, 3 Serenaden und 3 Suiten für Streichtrio, Praeludien und Fugen, Suiten und Sonaten für Klavier und Chormusik. Er war als vielseitiger Musikschriftsteller tätig.

August Halm

Johan Halvorsen (1864–1935)

LEBEN

Johan August Halvorsen wurde am 15.3.1864 in Drammen, Norwegen, geboren. Er war in Stockholm Violinschüler von Carl Johan Lindberg (8.3.1837, Lemo, Finnland, bis 21.12.1914, Stockholm) und Theorieschüler von Johan Conrad Nordquist (11.4.1840, Vänersborg, bis 16.4.1920, Charlottenlund); in Leipzig studierte er bei Adolf Brodsky (1851–1929). Darauf ging er als Konzertviolinist auf Reisen und wirkte durch 3 Jahre als Lehrer am Konservatorium in Helsinki, von 1892 bis 1898 als Theaterkapellmeister und zugleich ab 1893 als Dirigent der Sinfoniekonzerte in Bergen. Von 1899 bis 1929 war er Kapellmeister am Nationaltheater in Oslo, wo er am 4.12.1935 starb.

WERKE

Von Johan Halvorsen sind 3 Sinfonien in c-Moll, d-Moll und C-Dur oft aufgeführt worden. Er schrieb außerdem 2 Norwegische Rhapsodien, 9 Orchestersuiten, ein Violinkonzert, alte Tänze für Hardanger Fidel, ungefähr 40 Bühnenmusiken, eine Krönungskantate und weitere Chorwerke, ferner 3 Suiten für Violine und Klavier und andere Kammermusikwerke sowie Lieder. Berühmt wurde sein »Einzugsmarsch der Bojaren« aus 1895. Er war noch Vertreter der norwegischen Romantik.

Henri Guillaume Hamal (1685–1752)

ZEIT UND UMWELT

Neben den gotischen Kirchen St-Martin, Ste-Croix und St-Paul bildete St-Lambert in Lüttich eine Stätte ununterbrochener Pflege der Kirchenmusik, die zwar den Glanz der alten Musiklandschaft des franko-flämischen Raumes nicht wiedererwecken konnte, aber bereits schon wieder eine, wenn auch nicht so bedeutende Tradition herausgebildet hatte. Es gab noch wenig eigenständige Musik, aber einige Musikerfamilien leisteten in den verschiedenen Kathedralen in Interpretation und in Komposition bereits wieder Beachtliches.

LEBEN

Henri Guillaume Hamal wurde 1685 in Lüttich geboren. Er war Schüler von Lambert Pietkin und später Kapellmeister der Kathedrale St-Lambert in Lüttich, wo er am 3. 12. 1752 starb.

WERKE

Der wallonische Komponist Henri Guillaume Hamal verfaßte eine Anzahl Motetten und Kantaten. Er soll auch Messen und weitere Kirchenmusik geschrieben haben, doch ist davon nichts überliefert.

Jean-Noël Hamal (1709–78)

Zeit und Umwelt

Nach dem Vorbild der venezianischen und neapolitanischen Buffooper, die häufig auf Libretti im Regionaldialekt geschrieben war, wurde auch im wallonischen Raum die Volkssprache für Operntexte verwendet, weil dialektische Wendungen sehr häufig zusätzliche komische Effekte erzeugen.

Leben

Jean-Noël (Jihan-Noé) Hamal wurde am 23. 12. 1709 in Lüttich geboren. Er wurde von seinem Vater ausgebildet, studierte von 1728 bis 1731 in Rom und erhielt darauf die Chormeisterstelle an St-Lambert in Lüttich, wo er am 26. 11. 1778 starb.
Sein Vater Henri Guillaume Hamal (1685, Lüttich, bis 3. 12. 1752, Lüttich) war Kapellmeister an St-Lambert.

Werke

Berühmt wurde Jean-Noël Hamal durch seine 3 komischen Opern im wallonischen Dialekt. Außerdem verfaßte er bei 50 Messen, 200 Motetten, Kantaten, Oratorien (Jonas, David und Jonathan, Judith), Sinfonien und Ouvertüren. Sein Stil grenzte zuweilen sehr nahe an den der Mannheimer.
Henri Guillaume Hamal schrieb Kantaten und Motetten. Er dürfte auch Urheber mancher Musik gewesen sein, die seinem Sohn zugeschrieben wird.

Literatur

A. Auda, La Musique et les musiciens de l'ancien pays de Liège, Brüssel 1930.

Bernhard Hamann (1909–68)

Leben

Bernhard Hamann wurde am 21.6.1909 in Hamburg geboren. Er war an der Hochschule für Musik in Berlin Schüler von Gustav Havemann (15.3.1882, Güstrow, bis 2.1.1960, Schöneiche bei Berlin). Anschließend wurde er Erster Konzertmeister des NDR-Sinfonieorchesters und Professor an der Hochschule für Musik in Hamburg, wo er am 27.1.1968 starb.

Werke

Von Bernhard Hamann sind eine »Symphonische Impression«, ein Cellokonzert, ein Violinkonzert, ein Rondo, ein Notturno und ein »Spiel der Wellen« für Violine und Orchester, 3 Streichquartette, Werke für eine, für zwei und für drei Violinen bekannt geworden. Er veröffentlichte 36 Violinetüden. Er gehörte zu den Meistern des modernen Violinspiels.

Asger Hamerik (1843–1923)

Leben

Asger Hamerik wurde am 8.4.1843 in Kopenhagen geboren. Er war zunächst Schüler von Hans Matthison-Hansen und Niels Wilhelm Gade, sodann ab 1862 von Hans von Bülow in Berlin und ab 1864 von Hector Berlioz in Paris, auf dessen Veranlassung er 1868 zum Mitglied der musikalischen Jury der Pariser Weltausstellung gewählt wurde. Nach kurzen Tätigkeiten in Schweden und Italien wirkte er von 1871 bis 1898 am Peabody Conservatory in Baltimore. Anschließend lebte er bis zu seinem Tod am 13.7.1923 in Frederiksberg in Schweden.

Werke

Von Asger Hamerik sind 6 Sinfonien, 5 Nordische Suiten für Orchester, eine Fantasie für Cello und Orchester, eine Christliche Trilogie und eine Jüdische Trilogie für gemischten Chor, ein Requiem für sechsstimmigen Chor und Orchester, eine Friedenshymne für Chor, Orchester, zwei Orgeln, vierzehn Harfen und vier Glocken zur Pariser Weltausstellung,

Kantaten, Gesänge und ein Klavierquartett überliefert, außerdem 4 Opern.

William Henry Hamerton
(1795 bis nach 1839)

ZEIT UND UMWELT
Der Tenorist und Gesanglehrer Thomas Vaughan (1782, Norwich, bis 9.1.1843, Birmingham) war wegen seiner Tonreinheit, peinlich genauer Aussprache und fehlerfreien Intonation sehr berühmt und wurde zu den Konzerten der Ancient Music und der provinziellen Festivals ständig als Erster Tenor herangezogen. Er begann seine Laufbahn als Chorist an der Kathedrale von Norwich unter John Beckwith, anschließend übernahm er die führende Tenoristenstelle an verschiedenen Londoner Kirchen, zuletzt an St. Paul's und an Westminster Abbey. Im Jahr 1803 wurde er Gentleman der Chapel Royal. Seinen Gesangschülern stand durchwegs eine glänzende Karriere offen.

LEBEN
William Henry Hamerton wurde 1795 in Nottingham geboren. Er war ab 1805 Chorist an Christ Church in Dublin und zog 1812 nach London, um bei Thomas Vaugham Gesangunterricht zu nehmen. Im Jahr 1839 ging er nach Calcutta, das sich von der Handelsniederlassung der British East India Company zur Haupt- und Residenzstadt des Generalgouverneurs von Bengalen entwickelt hatte. Über seine weitere Tätigkeit und sein Lebensschicksal ist nichts bekannt.

WERKE
Von William Henry Hamerton sind eine Oper, mehrere Anthems und Chants, außerdem Lieder und Duette bekannt geworden. Er verfaßte auch ein Lehrbuch über den Gesangunterricht.

Franz Xaver Hammer (1741–1817)

ZEIT UND UMWELT
Die private Fürsorge Joseph Haydns für die einzelnen Mitgliedern seiner Kapelle wurde nahezu sprichwörtlich. Er nützte seine persönlichen Verbindungen aus, um das Fortkommen seiner Musiker zu fördern.

LEBEN
Franz Xaver Hammer (Marteau) wurde 1741 in Oettingen im Ries, Bayern, geboren. Er war Cellist und Gambist in der Kapelle Joseph Haydns in Eszterhaza. Ab 1782 war er Cellist in Preßburg und ab 1785 bis zu seinem Tod am 11. 10. 1817 Kammermusikus in Ludwigslust. Seine Konzertreisen führten ihn an einige deutsche Höfe, unter anderem auch nach Berlin. Seine Cellokonzerte hat Joseph Haydn vermutlich für ihn verfaßt.

WERKE
Von Franz Xaver Hammer sind eine Sonate für Cello und Baß, weiters eine in A-Dur für Viola da gamba, Cello und Baß sowie 3 Sonaten in D-Dur für Viola da gamba erhalten. Alle anderen Kompositionen, die er angeblich verfaßt hat, sind verschollen.

Andreas Hammerschmidt (1611–75)

ZEIT UND UMWELT
Der nach 1600 nach Deutschland gekommene konzertierende Stil Italiens gewann immer größere Beliebtheit, besonders wenn er leicht verständlich und eingängig angewendet wurde.

LEBEN
Andreas Hammerschmidt wurde 1611 in Most (Brüx) geboren. Er kam 1633 als Organist auf Schloß Wesenstein und 1649 an St. Petri in Freiberg. Ab 1639 wirkte er in gleicher Stellung an St. Johannis in Zittau bis zu seinem Tod am 29. 10. 1675.

WERKE
Der deutsche Komponist Andreas Hammerschmidt hatte sich dem aus Italien übernommenen konzertanten Stil verschrieben und wußte seine Werke mit einer solchen Glätte und Gefälligkeit auszustatten, daß er zu einer der populärsten Gestalten auf dem

Gebiet der protestantischen Kirchenmusik seiner Zeit wurde. Von seinem kompositorischen Werk sind unter dem Titel »Erster Fleiß« 2 Bücher mit Pavanen, Gaillarden, Balletten, Maskenspiele, französische Arien, Couranten und Sarabanden, fünfstimmig, für Violen und Generalbaß erhalten, weiters 5 Bücher mit mehrstimmigen geistlichen Konzerten, Sinfonien, Madrigalen und Motetten, fünf- und sechsstimmiger Chormusik, Messen, weltlichen Oden, lateinischen Motetten, Fest- und Zeitandachten sowie weiteren sakralen und parasakralen Gesängen, alles mit Generalbaß und zumeist instrumental begleitet.

LITERATUR

A. Tobias und P. Stobe, Andreas Hammerschmidt, in: Mitteilungen des Vereines für die Geschichte der Deutschen in Böhmen XXXIX, 1900.

Hans Hampel (1822-84)

LEBEN

Hans Hampel (Johann, Jean) wurde am 5.10. 1822 in Prag geboren. Er studierte bei Václav Jan Tomášek. Die geplante Laufbahn eines Klaviervirtuosen konnte er wegen eines Leidens nicht einschlagen, daher wandte er sich der Komposition zu. Er starb am 30.3.1884 in Prag.

WERKE

Die zahlreichen Klavierkompositionen von Hans Hampel – Romanzen, Konzertwalzer, Mazurkas, Fantasiestücke, Idyllen – wurden von den Zeitgenossen sehr geschätzt und denen von Frédéric Chopin und Robert Schumann an die Seite gestellt. Heute kennt sie niemand mehr. Aber wenn man versucht, die Kritiker zu eruieren, die für diese Hochschätzung verantwortlich waren, muß man feststellen, daß auch sie vergessen sind.

Johann Nicolaus Hanff (1665–1712)

ZEIT UND UMWELT

Choralvorspiel und Choralbearbeitung wurden im 17. Jahrhundert zu Hauptbestandteilen der evangelischen Kirchenmusik. Sie wurden von Johann Sebastian Bach zu ihrer Vollendung entwickelt. Jedoch bereits vor ihm erreichten einzelne Komponisten darin eine große Meisterschaft.

LEBEN

Johann Nicolaus Hanff wurde 1665 in Wechmar, Thüringen, geboren. Er war um 1688 in Hamburg als Organist tätig. Von 1696 bis 1705 wirkte er als Organist und Kapellmeister am fürstbischöflichen Hof in Eutin, lebte darauf wiederum in Hamburg, bis er in den letzten Monaten seines Lebens das Amt des Domorganisten in Schleswig übernahm, wo er 1712 starb.

WERKE

Der deutsche Organist und Komponist Johann Nicolaus Hanff gehörte zu den hervorragendsten Meistern der Choralbearbeitung vor Johann Sebastian Bach. Erhalten sind von ihm 6 Choralvorspiele und mehrere Kantaten, von denen »Wolauff mein Herz« große Beliebtheit erreichte. Alles andere ist verlorengegangen.

LITERATUR

Th. Holm, Neue Daten zur Lebensgeschichte Johann Nicolaus Hanffs, in: Musikforschung VII, 1954.

Joseph Hanisch (1812–92)

ZEIT UND UMWELT

Die Schwierigkeit, gregorianische Gesänge moderner Kirchengesangpraxis anzupassen, bestand darin, daß sie unmensuriert waren. Auch die Versuche, für sie eine Orgelbegleitung zu erfinden, scheiterten zumeist, denn es erforderte ein seltenes Einfühlungsvermögen, diese Begleitung so zu führen, daß die stilistische Kluft überbrückt wurde.

LEBEN

Joseph Hanisch wurde am 24.3.1812 in Regensburg geboren. Nach seiner Ausbildung wurde er Organist am Dom seiner Geburtsstadt und betreute dieses Amt bis zu seinem Tod am 9.10.1892. Gleichzeitig wirkte er auch als Chordirigent an der Niedermünsterkirche und ab 1875 als Lehrer an der Kirchenmusikschule.

WERKE

Von Joseph Hanisch sind Messen, Motetten und Orgelpräludien überliefert. Er schrieb mit viel Geschick und Einfühlung eine Orgelbegleitung zum Graduale und dem Vesperale Romanum.

LITERATUR

Fr. X. Haberl, Joseph Hanisch, Kirchenmusikalisches Jahrbuch VIII, 1893.

Karl Hanke (um 1750–1803)

ZEIT UND UMWELT

Der Einfluß der Komponistenpersönlichkeit Christoph Willibald Gluck hatte in Österreich, Deutschland und Frankreich eine ungeheure Breitenwirkung. Er betraf das gesamte Musikbühnenwesen, aber auch die Instrumentalmusik in jeder Form.

LEBEN

Karl Hanke (Hancke) wurde um 1750 in Roßwald (Slezské Rudoltice), Ostslowakei, geboren. Er war ab 1774 Schüler von Christoph Willibald Gluck in Wien, von 1778 bis 1781 Theaterkapellmeister in Brünn, bis 1783 in Warschau und schließlich von 1791 bis zu seinem Tod am 10. 6. 1803 Stadtmusiker in Flensburg.

WERKE

Besonders die Opern, Singspiele und Ballette von Karl Hanke standen unter dem unmittelbaren Einfluß des Meisters Christoph Willibald Gluck. Seine Kirchenmusik, die weltlichen Gelegenheitskompositionen, die verschiedenen Orchesterwerke – Sinfonien, Konzerte –, die Kammermusik und Lieder folgen den Vorbildern der Wiener Vorklassik.

LITERATUR

A. Einstein, Ein Schüler Glucks, Acta Musicologica X, 1938.

Ilmari Hannikainen (1892–1955)

LEBEN

Toivo Ilmari Hannikainen wurde am 19.10.1892 in Jyväskylä, Finnland, geboren. Er studierte von 1911 bis 1914 an der Universität und am Musikinstitut in Helsinki, sodann an der Musikakademie in Wien bei Franz Schreker, in St. Petersburg von 1915 bis 1917 bei Aleksandr Iljitsch Siloti, und 1919 in Paris bei Alfred Denis Cortot. Er war zunächst Klavierlehrer am Konservatorium, sodann von 1939 bis zu seinem Tod am 25.7.1955 Professor an der Sibelius-Akademie in Helsinki.
Sein Bruder Väinö Atos Hannikainen (12.1.1900, Jyväskylä, bis 7.8.1960, Kuhmoinen) studierte in Helsinki, Berlin und Paris und war von 1923 bis 1957 Soloharfenist des Städtischen Orchesters in Helsinki.
Beider Vater Pekka Juhani Hannikainen (9.12.1854, Nurmes, bis 13.9.1924, Helsinki) studierte in Helsinki, wo er anschließend als Chordirigent wirkte. Von 1887 bis 1917 war er Musiklehrer in Jyväskylä.

WERKE

Neben einer Oper schrieb Ilmari Hannikainen ein Klavierkonzert, ein Klavierquartett, mehrere Klavierstücke, Lieder mit Klavier und mit Orchester.
Väinö Hannikainen schrieb ein Ballett, eine sinfonische Dichtung, ein Harfenkonzert, Variationen für Violine und Orchester, eine Harfensonate und weitere kleinere Instrumentalwerke, Schauspiel- und Filmmusiken sowie Lieder.
Pekka Hannikainen verfaßte einige Hefte mit Solo- und mit Chorliedern und publizierte finnische Volkslieder und Volkstänze.

François Hanot (1697–1770)

Zeit und Umwelt
Auch in der französischen Provinz wuchsen eine Reihe von vorzüglichen Violinisten heran, die der heimischen Tradition verbunden waren und zur Gründung einer eigenständigen französischen Violinistenschule beitrugen, wenn sie auch italienische Stilelemente und Techniken übernahmen, um sie selbständig weiterzuentwickeln.

Leben
François Hanot (Annote, Hanno, Hannot) wurde am 10. 7. 1697 in Dunkerque geboren. Er ließ sich nach einer Konzertreise als Violinvirtuose durch Frankreich und die Niederlande in Lille als Tanz- und Violinlehrer nieder. Nach 1740 wirkte er in gleicher Eigenschaft in Tournai, wo er am 26. 2. 1770 starb.

Werke
Außer einer Anzahl Airs verfaßte François Hanot 6 Sonaten für Flöte oder Violine und 6 Sonaten für Violine oder Flöte, alle mit Generalbaß. Beide Serien gehören dem Spätbarock an.

Literatur
La Laurencie, L'école française de violon, Paris 1923.

Christian Julius Hansen (1814–75)

Zeit und Umwelt
Das Wirken von Emil Hartmann, seine Kompositionen und sein Unterricht verliehen der dänischen Musikentwicklung Impulse, die bis in das 20. Jahrhundert wirksam blieben.

Leben
Christian Julius Hansen wurde am 6. 5. 1814 in Kopenhagen geboren. Er war Schüler von Emil Hartmann und wurde Gesanglehrer, Organist sowie Kantor in seiner Geburtsstadt, 1848 Dirigent des Studentengesangvereins und 1852 Königlicher Kammermusikus. Er starb am 15. 3. 1875 in Kopenhagen.

Werke
Von Christian Julius Hansen sind zahlreiche mehrstimmige Gesänge, die in Studenten- und Chorgesangkreisen sehr beliebt waren, herausgekommen. Seine Konzertouvertüre in E-Dur wird noch heute gespielt. Seine Operetten-Parodien waren ein großer Erfolg, sind aber nicht mehr zeitgemäß, weil die parodierten Stücke in Vergessenheit geraten sind.

Howard Hanson (1896–1981)

Leben
Howard Harold Hanson wurde am 28.10.1896 in Wahoo, Nebr., geboren. Er war Schüler des Luther College seiner Geburtsstadt und darauf von Percy Goetschius. Im Jahr 1916 wurde er Theorie- und Kompositionslehrer am Pacific College und 1921 Dekan des Konservatoriums in San José, Calif. Von 1921 bis 1924 studierte er mit dem Rompreis der amerikanischen Musikakademie in Rom, anschließend leitete er die Eastman School of Music in Rochester, N. Y., und ab 1964 das dortige Institut of American Music. Er wirkte oft als Gastdirigent amerikanischer und europäischer Orchester und wurde vielfach ausgezeichnet. Er starb am 26. 2. 1981 in Rochester.

Werke
Sowohl die schwedische Abstammung beider Elternteile wie auch das Studium in Europa schlug sich im kompositorischen Werk von Howard Hanson deutlich durch. Sein Stil ist trotz der modernen Diktion César Franck, Johannes Brahms, Jean Sibelius und anderen nordischen Komponisten verpflichtet. Er schrieb eine Oper, 6 Sinfonien, eine »Sinfonische Legende«, eine »Sinfonische Rhapsodie«, 4 sinfonische Gedichte, eine Elegie, 4 Konzertstücke, eine Suite, einen Marsch für Blechmusik, ein Konzertstück für Kammerensemble, ein Orgelkonzert, ein Konzert für Orgel, Streicher und Harfe, ein Klavierkonzert, 2 Klavierquintette, ein Streichquartett, eine große Anzahl Chorwerke und Kantaten für Singstimmen, Klavierwerke und Lieder. Er veröffentlichte mehrere musikkritische Essays.

Lament for Beowulf (Klage um Beowulf), Kantate für gemischten Chor und Orchester, Opus 25, ein Satz, entstanden 1925

Die Kantate stellt den Schluß des angelsächsischen Epos »Beowulf« – älteste Handschrift um 1000 – mit dem Tod des Helden und dessen Beisetzung dar. Der Scheiterhaufen wurde auf einem großen Wall an der Küste errichtet, auf dem die Trophäen, die er bei seinen vielen siegreichen Kämpfen erbeutet hatte, aufgestapelt waren. Die Frauen beklagten den Tod des Helden, darauf stimmen seine Frau und ihre Dienerinnen in die Klage ein; die jungen Krieger umstellen die Bahre und preisen seine Taten. Eine gemeinsame Hymne auf den Helden schließt das Werk ab.

Sinfonie Nr. 2, »Romantische«, Opus 30, 3 Sätze, entstanden 1930

»Meine 2. Sinfonie stellt, wie ihr Untertitel besagt, meine Huldigung für das romantische Zeitalter dar«, bekennt der Komponist. »Ich anerkenne selbstverständlich, daß derzeit die Romantik ein armes Stiefkind ohne die großartige Vergangenheit ihrer älteren Schwester, des Neuklassizismus, ist. Trotzdem verehre ich sie im Glauben, daß in unserem Land ein fruchtbarer Boden ist, auf dem sie neu, verjüngt und kräftig aufwachsen kann.« Schon der 1. Satz erzeugt mit seinen Bläserchören eine romantische Stimmung, die an musikgeschichtlich weit zurückliegende Epochen erinnert. Der 2. Satz verstärkt diesen Eindruck mit zarten Kantilenen. Der hinreißende 3. Satz ist voll zeitentrückter Fröhlichkeit, die jedem Zuhörer die Widrigkeiten des Daseins restlos vergessen läßt.

Sinfonie Nr. 4, »Requiem«, Opus 34, 4 Sätze, entstanden 1943

Das Werk stellt ein orchestrales Requiem »Zum Gedenken an meinen geliebten Vater« dar. Die einzelnen Sätze entsprechen den Abschnitten der Totenliturgie. Der 1. Satz »Kyrie eleison« wird von einem kurzen Hornsolo eingeleitet, dann bringt das Cello ein Gebet, das einem schwedischen Volkslied ähnelt. Der 2. Satz »Requiescat« ist voll tröstlicher Kantilenen. Der 3. Satz »Dies irae« stellt einen wilden, grausamen Totentanz dar. Das Finale »Lux aeterna« atmet tiefe Trauer, die in Ergebenheit in das harte Geschick mündet. Glockengeläut nachahmende Klänge schließen den Trauergesang ab.

LITERATUR

M. Alter, Howard Hanson, in: Modern Music, Januar/Februar 1941.

Charles Hanssens (1777–1852)

ZEIT UND UMWELT

Im Wiener Kongreß (1815) wurde das belgische Gebiet mit den Niederlanden und Luxemburg zum Königreich der Vereinigten Niederlande zusammengeschlossen. Der Brüsseler Aufstand vom Jahr 1830 führte zur Unabhängigkeit Belgiens; Leopold I. von Sachsen-Coburg (1790–1865) wurde König der Belgier (1831). Viele Bedienstete der ehemaligen niederländischen Verwaltung verloren ihre Stellungen und wurden erst später zum Teil übernommen.

LEBEN

Charles Louis Joseph Hanssens (l'Aîné) wurde am 4.5.1777 in Gent geboren und in seiner Vaterstadt und bei Henri-Montan Berton (1767–1844) in Paris ausgebildet. Er wirkte hernach als Theaterkapellmeister in Gent, Amsterdam, Rotterdam, Utrecht und Antwerpen und erhielt 1825 die Dirigentenstelle am Théâtre de la Monnaie und die Direktion des Konservatoriums in Brüssel. Durch die politischen Ereignisse der Jahre 1830/31 verlor er die Stellungen, die er von 1835 bis 1838 jedoch noch einmal ausüben durfte und 1840 zum dritten Mal. Er starb am 6.5.1852 in Brüssel.

WERKE

Von Charles Hanssens wurden mehrere Opern aufgeführt. Außerdem verfaßte er 6 Messen und einige kirchliche Gesänge. Sein Stil ist von den Übergangsfakturen in Paris beeinflußt und stark eklektisch.

Charles Louis Hanssens (1802–71)

LEBEN

Charles Louis Hanssens wurde am 12.7.1802 in Gent geboren. Er war ein sehr begabter Autodidakt, der ohne systematischen Unterricht bereits mit 10 Jahren in das Orchester des Amsterdamer Nationaltheaters als Cellist aufgenommen wurde; mit 20 wurde er dort Zweiter Kapellmeister. Im Jahr 1824 ging er in gleicher Eigenschaft nach Brüssel, wo er

1827 Harmonielehrer am Konservatorium wurde. Nachdem er 1831 seine Stellungen verloren hatte, lebte er eine Zeitlang in den Niederlanden und wurde dann 1834 Zweiter Dirigent des Théâtre Ventadour in Paris. Nach Stellungen in Den Haag, Paris und Gent wurde er 1848 Kapellmeister am Théâtre de la Monnaie in Brüssel und wirkte von 1851 bis 1854 dort zugleich als Operndirektor. Er starb am 8.4.1871 in Brüssel. Ein Verwandtschaftsverhältnis zu Charles Louis Joseph Hanssens (1777–1852) ist nicht festzustellen.

WERKE

Von Charles Louis Hanssens sind mehrere Opern aufgeführt worden. Er verfaßte außerdem 14 Ballette, 9 Sinfonien, 26 Ouvertüren, Orchesterfantasien, ein Cellokonzert, ein Violinkonzert, 2 Klarinettenkonzerte, eine konzertante Sinfonie für Klarinette und Violine, mehrere Messen, ein Requiem und Kantaten. Sein Stil entspricht der französischen Hochromantik.

Jan Hanuš (geboren 1915)

LEBEN

Jan Hanuš wurde am 2.5.1915 in Prag geboren, absolvierte das Konservatorium seiner Geburtsstadt und arbeitete in verschiedenen Musikverlagen und musikalischen Institutionen, bis er sich ausschließlich der Komposition widmete. Er ist zur Schule des Spätromantikers O. Jeremiáš zu zählen.

WERKE

Von Jan Hanuš sind 4 Opern und ein Tanzdrama aufgeführt worden. Er schrieb ferner 5 Sinfonien, eine konzertante Sinfonie für Orgel, Harfe, Pauken und Streicher, eine sinfonische Fantasie, ein Doppelkonzert für Oboe und Harfe, ein Bläserquintett, 2 Streichquartette, eine Suite für Orgel, »Betrachtungen« für Orgel, 2 Messen, Kantaten, Lieder und Chöre, darunter »Die Botschaft« für gemischten Chor, Bariton, zwei Klaviere, elektrische Gitarre, Schlagzeug und Tonband. Trotz mancher moderner Fakturen ist seine Musik spätromantisch mit nationaler Betonung.

Kryštof Harant (1564–1621)

ZEIT UND UMWELT

Als Erzherzog Ferdinand von Innerösterreich König von Böhmen wurde (1617), setzte er sämtliche Zugeständnisse, die von seinen Vorgängern den Anhängern der Reformation gewährt worden waren, außer Kraft. Die Rekatholisierung des Landes wurde mit aller Macht betrieben. Bei der Wahl des deutschen Königs allerdings stimmten die Kurfürsten 1619 für den Kurfürsten von der Pfalz, Friedrich V. (1596–1632). Mit Hilfe des polnischen Königs Sigismund III., der Liga der katholischen Fürsten, des Bayernherzogs, des Kurfürsten von Sachsen und eines spanischen Heeres, das in die Pfalz einfiel, wurde ein Jahr darauf der »Winterkönig« zur Flucht gezwungen. Die aufständischen Truppen in Böhmen erlitten eine vernichtende Niederlage; 21 Anführer der Böhmen wurden hingerichtet.

LEBEN

Kryštof Harant, Freiherr von Polžic und Bezdručiz, wurde 1564 auf Burg Pecka in Böhmen geboren. Seine musikalische Ausbildung erhielt er 1576 bis 1584 in Innsbruck am Hof des Erzherzogs von Tirol, Ferdinand. Alexander Utendal war sein Lehrer. In den Jahren 1588 und 1589 unternahm er eine Reise nach Palästina, 1614 und 1615 besuchte er Spanien. Um das Jahr 1610 trat er der reformierten Kirche bei und beteiligte sich 1618 und 1619 an führender Stelle an dem Kampf um die Freiheit Böhmens. Am 21.6.1621 wurde er in Prag hingerichtet.

WERKE

Nur ein Bruchteil der Werke von Kryštof Harant ist erhalten geblieben: eine fünfstimmige Messe und etliche mehrstimmige Motetten. Sein Stil gehört dem 16. Jahrhundert an und blieb im Rahmen der Vorbilder Orlando di Lasso, Utendal und Marenzio.

LITERATUR

J. Racek, Kryštof Harant a jeho doba, Brünn 1970.

James Harding (um 1568–1626)

ZEIT UND UMWELT
Bis in die Barockzeit hinein waren es, von den Sängern abgesehen, vorwiegend Spieler von Tasteninstrumenten oder Lauten, die Kompositionen verfaßten. Auch Violisten schrieben bald für ihre Ensembles. Bläser wurden weit seltener zu Komponisten und in den meisten Fällen nur dann, wenn sie auch andere Instrumente beherrschten. Die Zeit der Virtuosenmusik, in der Virtuosen ausschließlich für ihr Instrument schrieben, war noch nicht angebrochen.

LEBEN
James Harding (Jeames Harden) wurde um 1568 vermutlich in London geboren. Im Jahr 1581 erhielt er als bereits ausgebildeter Flötist die Stellung eines Hofmusikers, in der er bis zu seinem Tod am 22. 12. 1626 verblieb.

WERKE
Der englische Komponist und Flötist James Harding schrieb für das Virginal, für Violen und Singstimmen, während kein Stück für Flöte von ihm bekannt ist. In einer zeitgenössischen Virginalmusiksammlung scheinen mehrere gelungene Stücke von ihm auf. Weitere Stücke für Violen und Singstimmen waren in heute verschollenen Manuskripten aufgezeichnet. Seine Kompositionstechnik leitete zur Virginalmusik des 17. Jahrhunderts über.

Henri Hardouin (1727–1808)

LEBEN
Henri Hardouin wurde am 7. 4. 1727 in Grandpré, Ardennes, geboren. Er war Mitglied der Maîtrise der Notre-Dame in Reims und wurde dort 1749 Musiklehrer und 1751 Ordensgeistlicher. Zwischen 1752 und 1770 leitete er die Konzerte der Académie de Musique in Reims. Er starb am 13. 8. 1808 in Grandpré.

WERKE
Von Henri Hardouin sind 46 Messen, Hymnen, Motetten und Psalmen handschriftlich erhalten. Ihr Stil ist sehr konservativ und zum Teil auch polyphon.

Sigerus Paul Harelbeccanus (um 1550 bis um 1600)

ZEIT UND UMWELT
Beeinflußt von der Entwicklung und Ausbreitung des protestantischen Kirchengesanges, gewährte ab dem 16. Jahrhundert auch der Katholizismus dem deutschen Kirchenlied mehr Raum. Neben einzelnen neuen Dichtungen wurden lateinische Texte mehr oder minder gut übersetzt und komponiert oder einfach von der lateinischen Fassung übernommen. Es gehörte zu den Programmpunkten der Gegenreformation, der Kirchengemeinde eine stärkere Mitwirkung an der Sakralhandlung zu gewähren und die Priesterreligion einer Volksreligion anzunähern.

LEBEN
Sigerus Paul Harelbeccanus wurde um 1550 im flandrischen Raum geboren. Über sein Leben und Wirken bis zu seinem Auftreten in Köln als Komponist und den Erwerb des Bürgerrechtes der Stadt ist nichts bekannt. Er dürfte in Köln um das Jahr 1600 gestorben sein.

WERKE
Die »Psalmodia Davidica« von dem flämischen Komponisten Sigerus Paul Harelbeccanus bestand aus 50 in das Deutsche übersetzten Psalmen für drei bis sechs Stimmen. Sie wurden so gesetzt, daß sie a-cappella oder mit Instrumentalbegleitung gesungen und auch ohne Text rein konzertant aufgeführt werden konnten.

Francisco Hargreaves (1849–1900)

ZEIT UND UMWELT
Nach der Blüte der kreolischen Tanz- und Gesangmusik kam es in Argentinien im Verlauf des 19. Jahrhunderts zur Gründung eigen-

ständiger Kompositionsschulen, die nach ursprünglicher Abhängigkeit von der Musik Spaniens und Italiens – der Länder, aus denen die meisten Einwanderer gekommen waren –, einen auf indianisch-kreolischer Folklore fußenden Stil entwickelten und pflegten. Das Aufblühen der argentinischen Musik setzt parallel zum Aufschwung der Musiklandschaft ganz Lateinamerikas nach wenigen Jahrzehnten ein.

LEBEN
Francisco A. Hargreaves wurde am 31.12. 1849 in Buenos Aires geboren. Nach seiner Ausbildung zum Pianisten in seiner Geburtsstadt und in Florenz lebte er in Chile als Klavierlehrer und Virtuose. Dann verlegte er seine Tätigkeit nach Buenos Aires, wo er am 30.12.1900 starb.

WERKE
In seinen zahlreichen Klavierstücken verwendete Francisco Hargreaves als erster argentinische Volksmusik; auch in seinen Liedern und Orchesterwerken nahm er Weisen und Rhythmen seiner Heimat auf. Seine 2 Opern wie seine beiden Operetten stehen am Beginn der argentinischen Operngeschichte. Man darf ihn als Initiator der eigenständigen Musikentwicklung Argentiniens bezeichnen.

Henry Harington (1727–1816)

Henry Harington

ZEIT UND UMWELT
»Harmonic Societies« (Musikalische Gesellschaften) wurden in der zweiten Hälfte des 18. Jahrhunderts in vielen englischen Städten von musikbegeisterten Dilettanten gegründet. Sie zogen zumeist zur Ausbildung der Gesellschafter Berufsmusiker zu, so daß die Qualität dieser Vereinigungen oft sehr hoch anzuschlagen war. Amateurkomponisten fanden so Gesinnungsfreunde, die ihre Werke aufführten. In manchen Fällen übernahm die Gesellschaft auch Druckkosten.

LEBEN
Henry Harington (Harrington) wurde am 29. 9. 1727 in Kelston, Somerset, geboren. Er wollte zuerst in Oxford Kleriker werden, wandte sich jedoch der Literatur und der Musik zu und wurde schließlich Arzt in Bath, wo er der Harmonic Society beitrat und am 15. 1. 1816 starb.

WERKE
Von Henry Harington sind mehrere Bücher mit beliebten Glees, Catches und Liedern erschienen. Am meisten bekannt wurde aber sein »Klagegesang« für die Karwoche. Seine melodischen Einfälle und die Zartheit seiner Harmonisierung wurden von Zeitgenossen sehr gerühmt.

Johannes Hårklou (1847–1925)

ZEIT UND UMWELT
Auch die norwegischen Komponisten der Wende zum 20. Jahrhundert holten sich ihre Ausbildung vorwiegend in Deutschland, die in jedem Fall umfassend war. Sie versuchten sodann die dort erlernten Fakturen mit nordischen Elementen zu verquicken.

LEBEN
Johannes Hårklou wurde am 13.5.1847 in Førde, Sunnfjord, geboren. Er war von 1873 bis 1876 Schüler des Konservatoriums in Leipzig und anschließend von Friedrich Kiel, August Bungert und Carl August Haupt in Berlin. Von 1880 bis 1920 wirkte er als Organist in Kristiania (Oslo) und von 1885 bis 1888 als Dirigent populärer Sinfoniekonzerte. Er starb am 26.11.1925 in Oslo.

WERKE
Von Johannes Hårklou sind 5 Opern, ein Oratorium, 4 Sinfonien in B-Dur, d-Moll, C-Dur und Es-Dur, eine sinfonische Dichtung, »Westminster Abbey«, Sonaten, Lieder, Chöre – vor allem Männerchöre – und Klavierstücke überliefert, ferner einige Kammermusikwerke. Seine Musik ist von der deutschen Romantik abhängig.

Otto Siegfried Harnisch
(um 1568–1623)

ZEIT UND UMWELT
Die Hansestadt Göttingen, deren kulturelle und wirtschaftliche Entwicklung schon sehr früh einsetzte, erlitt durch den Schmalkaldischen Krieg (1546/47) einen starken Rückschlag, erholte sich aber bald wieder. Ungeschmälert blieb jedenfalls der Ruf ihrer schon in jenem Jahrhundert berühmten Lateinschule, die später zur wissenschaftlichen Bedeutung der Stadt viel beigetragen hat.

LEBEN
Otto Siegfried Harnisch wurde um 1568 in Reckershausen bei Göttingen geboren. Er studierte an der eben erst (1576) gegründeten Universität in Helmstedt und erhielt 1588 die Kantorenstelle an St. Blasius in Braunschweig. Anschließend wirkte er in gleicher Eigenschaft in Helmstedt, Wolfenbüttel, Lüneburg und schließlich bis zu seinem Tod in Göttingen. Seine Beerdigung fand am 18. 8. 1623 statt.

WERKE
Der deutsche Kantor Otto Siegfried Harnisch zählte zu den ersten Komponisten, die volkstümliche italienische Liedformen – Villanelle, Canzonette, Frottole – für ihre Liedkompositionen nachahmten. Seine mehrstimmigen deutschen Lieder waren sehr beliebt, ebenso seine Tanzstücke und Madrigale. Eine vierstimmige Psalmodia, die Johannes-Passion und eine Resurrectio sind seine umfangreicheren Werke, die aber die Beliebtheit und das musikalische Niveau der Lieder nicht erreichten. Er verfaßte auch etliche musiktheoretische Schriften.

LITERATUR
H. O. Hiekel, Otto Siegfried Harnisch, Leben und Werk, Hamburg 1956.

Johann Gottlob Harrer (1703–55)

ZEIT UND UMWELT
Das Ableben des Thomaskantors Johann Sebastian Bach wurde mit wenigen Ausnahmen vom Leipziger Publikum mit geringem Bedauern zur Kenntnis genommen. Es hatte ihn mit seinem Konservativismus schon seit längerer Zeit für überlebt und unzeitgemäß gehalten. Man verstand nicht, daß er die Stilentwicklung seiner Zeit ebenso wie die anderen zeitgenössischen Komponisten mitgemacht und nur die alten bewährten Formen beibehalten hatte. Man erfaßte nicht, daß er die neuen künstlerischen Ideen des Jahrhunderts zwar nicht zu gefälligen, seichten Gebilden formte, aber bis in ihre Tiefe ausschöpfte und damit eben höhere Anforderungen an das Publikum stellte als andere.

LEBEN
Johann Gottlob Harrer wurde 1703 in Görlitz geboren. Er studierte in Leipzig, dann in Italien auf Kosten des Reichsgrafen Heinrich von Brühl, in dessen Kapelle er ab 1731 wirkte. Der Reichsgraf verhalf ihm auch 1750 zum Thomaskantorat in Leipzig nach Johann Sebastian Bach. Er starb am 9. 7. 1755 in Karlsbad (Karlovy Vary).

WERKE
Das kompositorische Interesse von Johann

Gottlob Harrer bezog sich vor allem auf instrumentale Werke. Er schrieb 27 Sinfonien, 24 Orchestersuiten, 3 Oboentrios, 51 Duette für Flöten, mehrere Konzerte, Cembalosonaten und eine Sinfonia. Die Vokalmusik ist mit einer Messe a cappella, 2 Messen mit Orchester, mehreren Oratorien, Passionen, Psalmen, Motetten und 47 Kantaten vertreten. Alles gehört dem empfindsamen Stil an.

LITERATUR

A. Schering, Der Thomaskantor Johann Gottlob Harrer, in: Bach-Jahrbuch XXVIII, 1931.

Patrick Harrex (geboren 1946)

LEBEN

Patrick Harrex wurde am 26.9.1946 in London geboren. Er studierte Pädagogik und Musik an der Universität in York, sodann in Paris bei Gilbert Amy und Olivier Messiaen. Seitdem lebt er als freier Komponist und Musiklehrer in London.

WERKE

Von Patrick Harrex sind »Antiphonen« für zwei Bläserquintette, »Colloquium« für Klavier, Klarinette, Violine und Cello, eine Sonate für Frauenstimmen, Flöte und Schlagzeug, Solostücke für Klavier, für Violine, für Orgel, eine Kantate und ein Triptychon für Sopran, Countertenor, Cello und Cembalo auf mittelalterliche französische Texte bekannt geworden.

Roy Harris (1898–1979)

LEBEN

Roy Harris wurde am 12.2.1898 in Lincoln Country, Okla., geboren. Er studierte zunächst bei Arthur Farwell und von 1926 bis 1928 bei Nadia Boulanger in Paris. Von 1934 bis 1938 wirkte er als Kompositionslehrer an der Westminster Choir School in Princetown, N. J., und anschließend an verschiedenen Colleges; ab 1961 unterrichtete er an der Universität in Los Angeles. Er starb am 1.10.1979 in Santa Monica, Calif.

WERKE

Von Roy Harris sind 12 Sinfonien, mehrere Suiten und einzelne Sätze, 2 Konzertstücke mit Klavier und weitere Orchesterstücke, ein Konzert für Blechbläser und Schlagzeug mit Klavier, 4 Klavierkonzerte, ein Konzert für zwei Klaviere, ein Violinkonzert, ein Sextett für zwei Violinen, Bratsche, Cello, Kontrabaß und Klavier, ein Quintett, 5 Streichquartette, Klaviermusik, Chorwerke mit verschiedener Begleitung, ein Chor a cappella, 2 Kantaten und Werke für Blasorchester bekannt geworden. Er gehört zu den Großen der Neuen Musik in den USA.

Sinfonie Nr. 3, ein Satz, entstanden 1938

Das einsätzige Werk zerfällt nach dem vom Komponisten mitgeteilten Arbeitsplan in 5 Abschnitte. Der 1. Abschnitt hat tragischen Charakter und wird von tiefen Streicherklängen bestritten. Der 2. Abschnitt ist lyrisch, Streicher, Hörner und Holzbläser beherrschen die Szene. Im 3. Abschnitt blasen die Holzbläser ein Pastorale vor einer polytonalen Hintergrundmusik der Streicher. Der 4. Abschnitt bringt eine dramatische Fuge. Diese Stimmung wendet sich im 5. Abschnitt zur Tragik, gegen das Ende wird Material aus dem 1. und 2. Abschnitt über dem Klang von Pedalpauken entwickelt.

Quintett für Klavier und Streicher, 3 Sätze, entstanden 1936

Der 1. Satz, »Passacaglia«, bringt in seinem ersten Teil ein Thema mit drei Variationen; eine kurze Stretta leitet zum zweiten Teil, in dem es zu einer ausgedehnten Entwicklung des Themas im Klavier kommt und die anderen Instrumente korrespondieren. Dem schließt sich unmittelbar der 2. Satz, »Cadenza«, an, der ein Zwölftonthema verarbeitet. Das Finale, »Fuga«, folgt darauf ohne Pause.

Lou Harrison (geboren 1917)

LEBEN

Lou Harrison wurde am 14.5.1917 in Portland, Oreg., geboren. Er war Schüler von Henry Dixon Cowell und Arnold Schönberg. Von 1926 bis 1943 lebte er in Kalifornien als Lehrer an verschiedenen Unterrichtsanstalten. 1951/52 lehrte er am Black Mountain College (Buncombe County/N.C.).

Dann ließ er sich als Musikkritiker in New York nieder. Er befaßte sich auch mit Instrumentenbau.

WERKE
Neben einer Oper und einem Ballett schrieb Lou Harrison ein »Praeludium und Sarabande« für Orchester, 2 Sinfonien, 3 Stücke für Schlagzeugorchester, ein Alleluja für Orchester, 7 Pastorali für Kammerorchester, 2 Suiten für Streicher, 2 Violinkonzerte mit Schlagzeugorchester, ein Streichquartett, ein Streichtrio, 3 Klaviersonaten, 6 Cembalosonaten, eine »Neue Ode« für Solo, Chor, Sprechchor, Orchester, Schlagzeug und orientalische Instrumente, eine Messe, eine Motette und zahlreiche Bühnenmusik. Einzelne der durchwegs modern gehaltenen Kompositionen tragen Überschriften in Esperanto, vermutlich um ihre Allgemeinverständlichkeit zu betonen.

Fritz Hart (1874–1949)

LEBEN
Fritz Bennicke Hart wurde am 11.2.1874 in London geboren. Nachdem er als Chorknabe an Westminster Abbey gesungen hatte, war er von 1893 bis 1896 am Royal College of Music Schüler von Charles Stanford. Er wirkte zunächst als Theaterkapellmeister, ging sodann 1908 nach Australien und erhielt 1915 die Leitung des »Albert Street Conservatory« in Melbourne, wo er 1928 auch Dirigent des Sinfonieorchesters wurde. Von 1932 bis 1949 dirigierte er das Honolulu Symphony Orchestra, von 1936 bis 1942 wirkte er als Professor an der Universität von Hawaii. Er starb am 9.7.1949 in Honolulu.

WERKE
Von Fritz Hart sind über 10 Opern aufgeführt worden. Er schrieb ferner eine Sinfonie, 2 Suiten, eine Ouvertüre, 3 Orchesterfantasien und mehrere andere Orchesterstücke, 3 Balladen für Chor und Orchester, 2 Streichquartette, 3 Violinsonaten, eine Suite für Violine und Klavier, viele Klavierstücke und Lieder, außerdem Volksliedbearbeitungen. Sein Stil verließ die romantischen Strukturen nicht.

James Hart (1647–1718)

ZEIT UND UMWELT
Um seine Hofkapelle und seine privaten Ensembles aufzufüllen, ließ König Karl II. alles aus den englischen Kathedralen herbeiholen, was brauchbar war, denn der Mangel an tüchtigen Musikern war nach der Cromwell-Zeit groß und nur durch größte Anstrengung zu beheben. Da aber die Aufnahme als Gentleman of the Chapel Royal wirkte, mußten keine großen Überredungskünste angewendet werden, um die Musiker anzulocken.

LEBEN
James Hart wurde 1647 in York geboren. Er war am Münster von York bis 1670 Baßsänger und sodann Gentleman of the Chapel Royal und Chorleiter an der Westminster Abbey bis zu seinem Tod am 8.5.1718.
Sein Sohn Philip Hart (um 1675, York, bis 17.7.1749, London) war Organist an St. Andrew, Undershaft, und St. Michael, Cornhill, dann ab 1724 erster Organist an St. Dionis, Backchurch. Die Vater-Sohn-Beziehung ist nicht völlig gesichert.

WERKE
Vom englischen Komponisten James Hart ist eine Anzahl Gesänge in seiner Sammlung »Choice Ayres, Songs and Dialogues« und anderen Sammeldrucken erhalten.
Philip Hart komponierte eine Ode zum Lob der Musik, eine Hymne, mehrere Anthems und eine Reihe von Orgelfugen. Die Werke beider Komponisten wurden von Zeitgenossen sehr geschätzt.

Joseph Hart (1794–1844)

ZEIT UND UMWELT
Die Lancer's Quadrille (Ulanenquadrille, Quadrille des Lanciers) war ähnlich der gegen Ende des 18. Jahrhunderts in Paris aufgekommenen Form des Contredanse, die von 8 oder 16 Paaren in 5 Touren getanzt wurde. Sie wurde in den zwanziger Jahren des 19. Jahrhunderts zum ersten Male in Dublin getanzt, dann aber in verschiedene Hofballette

eingeführt. Die Musik bestand aus einer Suite von arrangierten Opernarien oder volkstümlichen Liedern; es gab aber zum Teil sehr gute Originalkompositionen. Sie war und blieb eine Tanzform der gehobenen Gesellschaft.

Leben

Joseph Hart wurde 1794 in London geboren. Er war ab 1801 Chorist an St. Paul's in London unter John Sale; Orgelunterricht erhielt er von Samuel Wesley (1766–1837) und Klavierunterricht von Johann Baptist Cramer. Als Elfjähriger wirkte er bereits als Aushilfsorganist und erhielt bald darauf die Organistenstelle in Woltamstow und sodann in Tottenham. Anschließend wirkte er bis 1820 in London als Chorleiter und Pianist am Opera House Lyceum und ab 1829 als Organist an St. Mary's. Er starb am 10. 12. 1844 in Hastings.

Sein Verwandter Charles Hart (19. 5. 1797, London, bis 29. 3. 1859, London) war als Organist in verschiedenen Kirchen Londons tätig.

Werke

Von Joseph Hart sind mehrere Bühnenmusiken und Melodramen bekannt geworden. Er schrieb außerdem 24 Sammlungen von Walzern, Galopps und Quadrillen für Klavier. Er pflegte die in Schottland erfundene Art der Lancer's Quadrille, hat sie aber nicht erfunden, sondern nur etwas modifiziert.

Charles Hart schrieb 3 sehr berühmte Anthems, ein Te Deum, ein Jubilato, mehrere Oratorien und zahlreiche Motetten, für die ihm die Sacred Harmonie Society eine Prämie überreichte.

Beide waren bemüht, die englische Kirchenmusik aufzulockern und weiterzuentwickeln.

Philip Hart (um 1690–1749)

Zeit und Umwelt

Sir John Hawkins (1719–89), Rechtsanwalt, Journalist, Librettist und Musikhistoriker, brachte 1772 eine »Allgemeine Geschichte der Musikwissenschaft und Musikpraxis« heraus, die neben der im selben Jahr erschienenen »Allgemeine Musikgeschichte« von Charles Burney (1726–1814) die wichtigste Quelle für die englische Musik im 18. Jahrhundert bildete. Man gewinnt durch beide Publikationen eine genaue Übersicht über das private Konzertwesen, das Hof- und Adelskapellen ersetzen mußte.

Leben

Philip Hart wurde um 1690 als Sohn des Sängers und Komponisten James Hart (1647 bis 1718) in London geboren. Er spielte anfänglich an mehreren Londoner Kirchen die Orgel, bis er 1724 Erster Organist an St. Dionis Backchurch wurde. Er versah diesen Dienst bis zu seinem Tod am 17. 7. 1749.

Werke

Das Hauptwerk von Philip Hart war die »Morgenhymne« aus dem fünften Buch »Das verlorene Paradies« von John Milton (1608 bis 1674). Er veröffentlichte eine Sammlung Orgelfugen und 2 Anthems, die sich in einem Sammelwerk befinden, und eine Ode.

Leben

Heinz Friedrich Hartig wurde am 10. 9. 1907 in Kassel geboren. Er war in Wien Schüler von Hans Gal und in Berlin von Else C. Kraus (1899 – 1979) und Erwin Bodky (1896 bis 1958), trat 1932 in den Schuldienst ein, aus dem er 1933 von den Nationalsozialisten entlassen wurde. Ab 1948 unterrichtete er an der Hochschule für Musik in Berlin Komposition bis zu seinem Tod am 16. 9. 1969.

Werke

Von Heinz Friedrich Hartig ist eine Oper aufgeführt worden, eine zweite ist Fragment geblieben. Er schrieb ferner 2 Ballette, »Variationen über einen siebentönigen Klang«, »Musik für concertante Gruppen« für Orchester, ein Violinkonzert, ein Klavierkonzert, ein Gitarrenkonzert, »Komposition in 5 Phasen für Cello, Orchester, Chorstimmen und Tonband«, Quintett für Flöte, Oboe, Violine, Bratsche und Cello, Quintett für Flöte, Klarinette, Klavier und zwei Violinen, »Lamento« für Gitarre und Chor, ein Oratorium für Stimmen, Orchester und Tonband, eine Messe, Orchesterlieder und Chansons.

LITERATUR
W. Burde, Heinz Friedrich Hartig, Berlin 1967.

Emil Hartmann (1805–1900)

ZEIT UND UMWELT
Johann Ernst Hartmann (24.12.1726, Glogau, bis 21.10.1793, Kopenhagen) kam, nachdem er in Deutschland verschiedene Kapellmeisterposten betreut hatte, nach Dänemark und wirkte ab 1766 als Dirigent der Hofkapelle in Kopenhagen. Von seinen Opern, Instrumentalstücken und Liedern ist außer dem Gesang »Kong Christian« alles vergessen. Er gehörte zu den Begründern der eigenständigen dänischen Musik, deren Grundlagen er durch seine Tätigkeit als Lehrer, Dirigent und Komponist schuf.

LEBEN
Johann Peter Emil Hartmann wurde am 14.5. 1805 in Kopenhagen geboren. Den ersten Musikunterricht erhielt er von seinem Vater August Wilhelm Hartmann (6.11.1775, Kopenhagen, bis 15.11.1850, Kopenhagen), Sohn des Johann Ernst Hartmann, von 1800 bis 1824 Organist der Garnisonskirche in Kopenhagen. Er studierte Rechtswissenschaft, wandte sich sodann der Musik zu und brachte 1832 in Kopenhagen seine erste Oper heraus. 1836 machte er eine Studienreise nach Deutschland, 1867 wurde er der Leitung des Konservatoriums in Kopenhagen zugeteilt. Er starb am 10.3.1900 in Kopenhagen.

WERKE
Außer seinen 4 Opern schrieb Emil Hartmann mehrere Ballette, ein Melodram, Schauspielmusiken, einen Männerchor, einige vorzügliche Kantaten, einen Trauermarsch für Orgel und Bläser zum Ableben von Bertel Thorvaldsen (1768–1844), 2 Sinfonien und eine weitere Louis Spohr gewidmete in g-Moll, eine Violinsonate, 2 Klaviersonaten, eine Flötensonate, Klavierstücke unter dem Titel Novelletten, Orgelstücke, Liederzyklen, einzelne Lieder und Chöre. Emil Hartmann ist der früheste Vertreter der romantischen Richtung nordischer Färbung.

LITERATUR
V. Bitsch, Johann Peter Emil Hartmann, Hellerup 1955.

Emil Hartmann (1836–98)

ZEIT UND UMWELT
Wenn auch der Einfluß Deutschlands auf allen kulturellen Gebieten in jedem skandinavischen Land bis in die ersten Jahrzehnte des 20. Jahrhunderts sehr stark war, so schritt doch die Verselbständigung der nordischen Länder merkbar fort. In der Musik wurde dies durch ständige Rückgriffe auf die eigene Volksmusik erzielt. Auch die sich immer deutlicher abzeichnende gegenseitige Annäherung dieser Länder förderte diese Entwicklung.

LEBEN
Emil Hartmann wurde am 21.2.1836 in Kopenhagen als Sohn des Johann Peter Emil Hartmann geboren. Er war Schüler seines Vaters und seines Schwagers Niels Wilhelm Gade. Er wurde 1861 Organist der Johanneskirche seines Geburtsorts, 1871 Schloßorganist an Christiansborg und leitete einige Zeit den Musikverein in Kopenhagen, wo er am 18.7.1898 starb.

WERKE
Von Emil Hartmann sind 3 Opern aufgeführt worden, ferner ein Ballett. Er schrieb außerdem 3 Sinfonien, »Nordische Volkstänze«, eine Ouvertüre (»Eine nordische Heerfahrt«), eine Suite (»Skandinavische Volksmusik«), eine Serenade für Orchester, ein Violinkonzert, ein Cellokonzert, ein Chorwerk (»Winter und Lenz«), ein Klaviertrio, eine Serenade für Klavier, Cello und Klarinette sowie »Lieder und Weisen im nordischen Volkston«. Der Kom-

ponist bezog sein Melodiengut bezeichnenderweise aus allen skandinavischen Ländern.

Heinrich Hartmann
(um 1570 bis nach 1617)

ZEIT UND UMWELT
Die Zerstückelung deutscher Länder durch Erbteilungen schuf eine Reihe von Residenzen, die in der Regel keine große politische, dafür jedoch beachtliche kulturelle Bedeutung hatten. Die einzelnen Regenten wetteiferten untereinander, indem sie Gelehrte und Künstler an ihre Höfe holten, wertvolle Bibliotheken anlegten und die Musikpflege förderten.

LEBEN
Heinrich Hartmann wurde um 1570 in Reichstädt geboren. Um die Jahrhundertwende erhielt er eine Stelle als Lehrer und Kantor in Coburg, wo er nach 1617 starb.

WERKE
Von dem deutschen Komponisten Heinrich Hartmann sind mehrere Messen und Motetten und 2 Bücher mit fünf- bis zehnstimmigen sakralen Gesängen erhalten, die zwar im 17. Jahrhundert erschienen sind, aber die Stilmerkmale des vorangehenden vertreten.

Karl Amadeus Hartmann (1905–63)

Karl Amadeus Hartmann und Luigi Dallapiccola

LEBEN
Karl Amadeus Hartmann wurde am 2.8.1905 in München geboren. Er studierte bei Hermann Scherchen und Anton Webern. Als er seine ersten Kompositionen herausbringen wollte, brach in Deutschland die Diktatur aus. Er wurde unter die »Entarteten« eingereiht. Einem Aufführungsverbot seiner Werke kam er zuvor, indem er selbst ein Spielverbot für seine Kompositionen für das Territorium des Dritten Reichs erließ. Im Jahr 1945 gründete er die Organisation »Musica viva« für die Aufführung zeitgenössischer Werke und übernahm die Leitung der deutschen Sektion der IGNM. Seine Werke wurden rasch bekannt und sehr geschätzt; alles, was er schrieb, wurde aufgeführt. Er starb am 5.12.1963 in München.

WERKE
»In diesem Jahr erkannte ich, daß es notwendig sei, ein Bekenntnis abzulegen, nicht aus Verzweiflung und Angst vor jener Macht, sondern als Gegenaktion«, schrieb Karl Amadeus Hartmann im Schicksalsjahr 1933. »Ich sagte mir, daß die Freiheit siegt, auch dann, wenn wir vernichtet werden.« Später setzte er hinzu: »Wem meine Grundstimmung depressiv erscheint, den frage ich, wie ein Mensch meiner Generation seine Epoche anders reflektieren kann als mit einer gewissen Bedenklichkeit. Ein Künstler darf nicht in den Alltag hinein leben, ohne gesprochen zu haben. Wenn meine Musik in letzter Zeit Bekenntnismusik genannt wurde, so sehe ich darin nur eine Bestätigung meiner Absicht.« Seine Tonsprache ergab sich aus der Verbindung einer starken Farbigkeit mit strengem logischem Aufbau und der hohen Gedanklichkeit. Nichts ist Selbstzweck, alles ergibt sich daraus, was ausgedrückt werden soll. »Während der Arbeit bewegte mich auch sehr stark der Gedanke an die Wirkung des fertigen Werks. Das Ganze soll immer ein Stück absoluten Lebens darstellen. Ich will keine leidenschaftslose Gehirnarbeit«, erklärte er.
Er schrieb neben einer Oper 8 Sinfonien, ein Concerto funebre für Violine und Streichorchester, ein Konzert für Klavier, Bläser und Schlagzeug, ein Konzert für Bratsche, Klavier, Bläser und Schlagzeug, 2 Streichquartette, eine

Jazztoccata und Fuge und eine Sonatine für Klavier, eine Kantate für Sopran und Klavier, eine »Gesangsszene« für Bariton und Orchester, ein Kammerkonzert für Klarinette, Streichquartett und Streicher, eine »Burleske Musik« für sechs Bläser, Schlagzeug und Klavier, ein »Kleines Konzert« für Streichquartett und Schlagzeug, ein Concertino für Trompete und Bläser und ein Triptychon für Orchester.

Sinfonie Nr. 1, »Versuch eines Requiems« nach Worten von Paul Whiteman, für Altstimme und Orchester, 5 Sätze, entstanden 1937

1. Satz »Introduktion«: Elend (Ich sitze und schaue auf alle Plagen der Welt und auf alle Bedrängnis und Schmach, ich sehe die Mühsal der Schlacht, Pestilenz, Tyrannei, sehe Märtyrer und Gefangene, ich beobachte die Geringschätzung und Erniedrigung, die die Armen von den Hochmütigen zu erleiden haben; auf alle Gemeinheit und Qual ohne Ende schaue ich sitzend dahin, sehe und höre«). 2. Satz »Frühling« (»Als jüngst der Flieder blühte vor dem Tor...). 3. Satz »Thema mit vier Variationen«. 4. Satz »Tränen« (Tränen, Tränen, Tränen! in der Nacht der Einsamkeit...). 5. Satz »Epilog« Bitte (Ich hörte die Allmutter, als sie gedankenvoll auf all ihre Toten schaute...).

Sinfonie Nr. 2 »Adagio«, ein Satz, entstanden 1946

Das Werk beginnt tragisch verhalten, steigert sich zu einer gewaltigen Klangeruption und sinkt wiederum zum Adagio des Beginns zurück. Die erste Themengruppe wird durch impressionistische Klangflächen abgeschlossen, die zweite ist rhapsodisch und pentatonisch angelegt.

Sinfonie Nr. 3, 3 Sätze, entstanden 1949

Die »in der geistigen Landschaft Alban Bergs wurzelnde« Sinfonie beginnt den 1. Satz mit einem Kontrabaßsolo. Tiefe Harfenklänge und Trauermarschrhythmen der Pauken bilden den Hintergrund. Das Streichquintett führt das Thema weiter bis zum Streichertutti. Der 2. Satz ist eine »virtuose Fuge«. Das Finale »bildet den ekstatisch-hymnischen Höhepunkt«.

Sinfonie Nr. 4 für Streichorchester, 3 Sätze, entstanden 1947

Im 1. Satz – lento assai con passione – steigert sich der Ausdruck vornehmlich durch die Erste Violine in hoher Lage. Im 2. Satz – allegro di molto risoluto – bringt der Komponist zum ersten Mal ein konstruktives Spiel mit Tönen. Der 3. Satz – allegro appassionato – wiederholt die leidenschaftliche Stimmung des 1. Satzes.

Sinfonie Nr. 5 »Symphonie concertante«, 3 Sätze, entstanden 1950

Diese Sinfonie leitet eine neue Schaffensperiode des Komponisten ein. Heitere Freudigkeit beherrscht das Werk. Bläser – ohne Hörner – sind bevorzugt; durch den Verzicht auf Violinen, Bratschen, Pauken und Schlagzeug wird eine hohe klangliche Transparenz erreicht. Der 1. Satz ist eine Toccata mit kontrapunktischer Stimmführung; einige grimmige Einwürfe erinnern an frühere Sinfonien. Der 2. Satz trägt die Überschrift »Melodie« und »Hommage à Strawinsky«. Die Melodie erinnert an den Beginn von »Sacre du printemps«. Ein Mittelteil ist mit »Scherzo« betitelt und wird von Trompeten und Posaunen über Tubabaßschritten vorgetragen. Das Finale ist ein keckes Rondo, in dem die Bläser rhythmisch prägnant und witzig musizieren. Eine stürmische Stretta beendet den Satz.

Sinfonie Nr. 6 für Orchester mit vierhändig gespieltem Klavier und Mandoline, 2 Sätze, entstanden 1953

Der 1. Satz ist ein langes, ergreifendes Adagio, das sich über Klangausbrüche und Temposteigerungen zu einem Fortissimo mit schmerzlichen Trompetenrufen entwickelt und sodann wieder zum Pianissimo absinkt. Im 2. Satz beginnt nach kurzer Einleitung eine Toccata variata mit drei variierten Fugen.

Sinfonie Nr. 7 für Orchester mit reichlichem Schlagzeug und vierhändig gespieltem Klavier, 2 Sätze, entstanden 1958

Der von Fagotten und Posaunen vorgetragene Introduktion des 1. Satzes folgt ein Ricercare, wobei Fugentechnik mit Variation verschmolzen wird. Der 2. Satz beginnt adagio mesto e tranquillo, sein Spannungsbogen ist sehr weit. Der Satz endet mit einem Perpetuum mobile, das nach einer Kadenz in eine Stretta mündet.

Sinfonie Nr. 8, 2 Sätze, entstanden 1962

»Der langsame 1. Satz, der mein ganzes Lebensgefühl widerspiegelt, ist der persönlichste«, erklärt der Komponist. Er trägt den Titel »Cantilène lento assai con passione« und beginnt mit einem Solo des Konzertmeisters. Weitere Linien werden herangeführt und zu einem Klangschleier verflochten. Blechbläser und Schlagzeug werfen harte Schläge ein, so daß Trauer und Protest sich die Waage halten. Im 2. Satz »Ditharambe« ist, nach einer Erklärung des Komponisten, »ein Jubelgesang«, der mit wilder stürmischer Begeisterung endet«.

Konzert für Klavier, Bläser und Schlagzeug, 3 Sätze, entstanden 1953

»Als Ganzes ist das Konzert eine Auseinandersetzung mit Boris Blachers variabler Metrik, die in allen drei Sätzen zur Anwendung kommt«, erklärte der Komponist. Die Trompete eröffnet den 1. Satz - Andante et Rondeau varié - pianissimo. Das Hauptthema wird von drei Klarinetten vorgetragen, von Klavier und Schlagzeug begleitet; vier Variationen schließen sich an. Der 2. Satz - Mélodie - ist dreiteilig, seine Taktanordnung variabel; im Mittelteil erklingt ein deklamatorisches Klaviersolo. Das Finale - Rondeau varié - bringt eine laufend wiederholte Taktreihe; das Thema erklingt im Klavierbaß und wird in drei Couplets variiert und mit einer Coda abgeschlossen.

Concerto funebre für Violine und Streichorchester, 4 Sätze, entstanden 1939

Der 1. Satz bringt einen Choral. Im 2. Satz erklingen Klagegesänge und Trauermarschintonationen. Im 3. Satz kommt es zu schrillen Ausbrüchen von Schmerz und Zorn über die brutale Wirklichkeit des Krieges. Der 4. Satz »Choral« trägt den Untertitel »Langsamer Marsch«. Die Violine eröffnet mit dunklen Klangmelodien den Satz, in dem der Hussitenchoral deutlich anklingt und zum Totengesang wird.

Konzert für Bratsche, Klavier, Bläser und Schlagzeug, 3 Sätze, entstanden 1955

Der 1. Satz ist ein Rondo, der 2. Satz bringt eine stark melodische Kantilene und das Finale ein Rondo varié, das schwungvoll endet.

Gesangszene für Bariton und Orchester mit Worten aus »Sodom und Gomorrha« von Jean Giraudoux (1882–1944), ein Satz, entstanden 1963

Die lyrische Bilderreihe des Dichters wird mit dramatischen Klangballungen illustriert. Es werden der Fortschritt der Menschen, ihre Lebenssicherheit und der Eintritt der entscheidenden Wende geschildert: Tod und Untergang. Das langsame Flötensolo, das den Beginn des Werks eingeleitet hat, erklingt neuerlich, von drei Tamtam begleitet, und eröffnet den Epilog: »In jedes Vogellied hat ein grauenhafter Ton sich eingeschlichen, ein einziger nur, doch der tiefste Ton aller Oktaven - der des Todes.« Die letzten Verszeilen werden gesprochen: »Es ist ein Ende der Welt! Das Traurigste von allen!« Wenn die Welt untergeht, verstummt alle Musik.

Literatur

A. McCredie, Karl Amadeus Hartmann – Sein Leben und Werk, 1980.

Edouard de Hartog (1829–1909)

Zeit und Umwelt

Die »Meditation« der Romantik wollte eine Reihe von Gedankeninhalten musikalisch wiedergeben. Es handelte sich um eine Art Programmusik, bei der allerdings das »Programm« dem Publikum nicht deutlich gemacht wurde, sondern es ihm überlassen blieb, sich die Gedankeninhalte selbst zu bilden.

Leben

Edouard de Hartog wurde am 15.8.1829 in Amsterdam geboren. Er wurde zunächst von Jan Georg Bertelman und Henry Charles Litolff, dann in Paris von Karl Eckert und zuletzt von 1849 bis 1852 von Gustav Adolf Heinze und Berthold Damcke ausgebildet. Darauf ließ er sich in Paris nieder und arrangierte Orchesterkonzerte, um seine Kompositionen aufzuführen; er betätigte sich gleichzeitig als Musiklehrer. Im Alter kehrte er in die Niederlande zurück und starb am 8.11. 1909 in Den Haag.

Werke

Von den 4 Opern von Edouard de Hartog sind 2 aufgeführt worden. Im Druck sind seine Vertonung des 43. Psalms für Soli, Chor und Orchester, 2 Streichquartette, eine Suite für Streichquartett und mehrere sehr ansprechende Meditationen für Violine, Harfe und Klavier, einige Lieder und Klavierstücke erschienen. Handschriftlich überliefert sind 3 sinfonische Vorspiele zu Schauspielen und 6 Orchesterskizzen. Sein Stil löste sich von der literarischen Programmatik bereits deutlich ab und näherte sich dem Bildhaften des Impressionismus.

Hamilton Harty (1879–1941)

Leben

Hamilton Harty wurde am 4.12.1879 in Hillsborough, Irland, geboren. Er leistete bereits mit 12 Jahren in Magheracoll, Belfast und in Dublin Organistendienst, wo er von Michele Esposito (29.9.1855, Castellammare di Stabia, bis 23.11.1929, Florenz) im Klavierspiel und theoretisch ausgebildet wurde. Im Jahr 1900 ging er nach England, wo er zum beliebten Begleiter und Dirigenten wurde. Von 1920 bis 1933 wirkte er als ständiger Dirigent des Hallé Orchestra in Manchester und der British National Opera Company. Hernach bereiste er als Gastdirigent Amerika, Spanien und Australien. Er starb am 19.2.1941 in Hove.

WERKE
Das irische Volkslied war für Hamilton Harty Grundlage und Ausgangspunkt für sein kompositorisches Schaffen. Er schrieb eine »Irische Sinfonie«, die Tondichtungen »Mit den wilden Gänsen« und »Die Kinder Lirs«, eine Lustspielouvertüre, eine Fantasie für Orchester, ein Violinkonzert, »Der mystische Trompeter« für Bariton, Chor und Orchester, »Ode an die Nachtigall« für Sopran und Orchester, ein Klavierquintett, ein Trio, 3 Stücke für Oboe und Klavier, Stücke für Violine und für Cello und Klavier sowie Lieder. Er ist den Spätromantikern zuzuordnen.

Eugene Hartzell

Eugene Hartzell (geboren 1932)

LEBEN
Eugene Hartzell wurde am 21.5.1932 in Cincinnati, O., geboren. Er studierte an der Universität in Kent, O., und in New Haven, Conn., Klavier, Theorie, Komposition, Musikgeschichte und Gesang; weiteren Kompositionsunterricht nahm er von 1956 bis 1958 in Wien privat bei Hans Erich Apostel. Im Jahr 1960 ließ er sich in Wien nieder und wirkt ab 1974 neben seiner kompositorischen Tätigkeit als Sprecher und Redakteur beim Auslandsdienst des Österreichischen Rundfunks.

WERKE
Neben einer Sinfonie für Streicher und einer für Bläserquintett und Streicher, einer kammermusikalisch besetzten »Synopsis einer Sinfonie«, 2 weiteren Stücken für Kammerorchester und einer Sinfonietta für Streicher schrieb Eugene Hartzell 3 Bläserquintette, ein Streichquartett, ein Trio für Baßklarinette oder Fagott und Klavier und eines für Violine, Klarinette und Klavier, Episoden für Violine und Klavier, eine Sonate für Horn und Klavier, eine für Klarinette und Klavier und eine für Sopransaxophon und Klavier, 11 »Workspoints« für verschieden besetzte Duos, in denen Elemente anderer Kompositionen weiterentwickelt werden, 17 »Monologe« für verschiedene Instrumente, die sich an die Solosonatinen von Apostel anlehnen, eine Aria für Singende Säge, eine »Toccata und Passacaglia« für Orgel und Klavierstücke. Seine Vokalmusik weist 3 Psalmvertonungen für Chor a cappella, eine Psalmvertonung für Chor und Orgel, 3 lateinische sechsstimmige A-cappella-Chöre, 7 Madrigale für Chor a cappella, eine Anzahl Lieder mit verschiedener Instrumentalbegleitung, darunter 9 Haikai für Bariton und Klarinette, auf.

Franz Hasenöhrl (1885–1970)

LEBEN
Franz Hasenöhrl (Pseudonym Franz Höhrl) wurde am 1.10.1885 in Maria-Lanzendorf,

Niederösterreich, geboren. Er war in Wien Schüler von Robert Fuchs und Guido Adler. Bis 1938 war er als Volksschullehrer tätig. Darauf wirkte er in Wien als freier Komponist und als Musiklehrer bis zu seinem Tod am 13.12.1970.

WERKE
Von Franz Hasenöhrl sind 3 Sinfonien, ein Klavierkonzert, ein Violinkonzert, ein Bratschenkonzert, eine Suite für Flöte und Kammerorchester, ein Divertimento für vier Klarinetten und zwei Fagotte, 3 Streichquartette, ein Streichtrio, ein Gitarrenduo, Klavier-, Orgel- und Gitarrenstücke, Kantaten, Chöre, a cappella und begleitet, sowie Lieder bekannt.

Robert Hasilton
(um 1520 bis nach 1565)

ZEIT UND UMWELT
Da der Ritus der reformierten Kirche Englands für eine Reihe von gottesdienstlichen Vorgängen, Formeln und Gebeten keinen Raum mehr hatte und noch dazu die englische Sprache die lateinische stark verdrängte, vergrößerte sich der Bedarf an hymnischen Gesängen, die entweder von der gesamten Kirchengemeinde oder von der Kapelle vorgetragen werden. Diese Verschiebung war zwar nicht so durchgreifend wie im kontinentalen Protestantismus oder Calvinismus, stellte aber doch an Kirchenmusiker hohe Anforderungen.

LEBEN
Robert Hasilton (Haselton, Hasiltoune, Hasylton) wurde um 1520 in England geboren. Es ist nicht bekannt, an welcher Kirche er beschäftigt war. Als Kirchenkomponist genoß er einen weitreichenden Ruf. Ort und Zeit seines Todes sind nicht feststellbar.

WERKE
Vom Kirchenmusiker Robert Hasilton sind mehrere Anthems und Hymnen überliefert. Das Anthem »Praise we the Lord at all times« (Loben wir den Herrn allezeit) und der Hymnus »Lord have mercy« (Herr habe Erbarmen) haben in Gesangbücher Eingang gefunden.

Johannes Symonis Hasprois
(um 1358–1428)

ZEIT UND UMWELT
Prachtentfaltung, Pflege der Wissenschaft, Förderung der Wirtschaft und weitgehende Toleranz gegen Andersgläubige kennzeichneten die Haltung des französischen Königs Karl V. des Weisen (1338–80). Er begründete mit seinen gesammelten Büchern die erste königliche Bibliothek Frankreichs, ließ klassische Werke und Augustinus übersetzen, zog Gelehrte an seinen Hof und wandte auch der Musik viel Aufmerksamkeit zu.

LEBEN
Johannes Symonis Hasprois (Jehan Simonis de Haspre) wurde um 1358 in Arras geboren. Es ist nicht feststellbar, auf welchem Weg der Kleriker und Musiker 1378 an den Hof des portugiesischen Königs Ferdinand (1345 bis 1383) nach Lissabon kam. Jedenfalls dürften ihn die ständigen Auseinandersetzungen mit Kastilien bald von dort vertrieben haben, so daß er 1380 in den Dienst des französischen Königs Karl V. des Weisen trat, der allerdings noch im gleichen Jahr verstarb. Er kehrte in seine Heimat zurück und wurde 1384 Vikar an Notre-Dame in Cambrai. Im Jahre 1391 trat er der berühmten Kapelle der Päpste in Avignon bei und erhielt gleichzeitig die Stelle eines apostolischen Sekretärs, die er bis zum Jahr 1413 innehatte. Dann kehrte er vermutlich nach Cambrai oder Arras zurück, wo er 1428 starb.

WERKE
Johannes Symonis Hasprois war ein Vertreter der Ars subtilior. Sein Stil war sehr kompliziert und weist viele rhythmische Überschneidungen und Synkopierungen auf. Das trat besonders in seinen zwei- bis dreistimmigen Balladen zutage. Sein nicht vollständig überliefertes Rondeau für drei Stimmen ist etwas einfacher gestaltet.

Johann Adolf Hasse (1699–1783)

Johann Adolf Hasse, Stich von L. Zucchi

ZEIT UND UMWELT

Der italienische Dichter Pietro Metastasio (3. 1. 1698, Rom, bis 12. 4. 1782, Wien), der eigentlich Trapassi hieß, zählte zu den bedeutendsten Librettisten seines Jahrhunderts. Seine zahlreichen Libretti sind von den berühmtesten italienischen und deutschen Opernkomponisten vielfach vertont worden, die »Verlassene Dido« wurde zum Beispiel sechzigmal komponiert. Er ging vom französischen Klassizismus aus, ohne sich starr daran zu halten.

Charakteristisch für seine Libretti, die auch sehr oft als Schauspiele ohne Musik aufgeführt wurden, ist eine gefeilt formulierte Sprache, die Handlungen spitzen sich zwar dramatisch zu, die Konflikte lösen sich aber durch die wachsende Einsicht der Personen auf der Bühne. Diese optimistische Lebensauffassung entsprach dem Rokoko und war vielleicht unernst, begeisterte aber das Publikum. Einer Oper mit einem Libretto von Metastasio war der Erfolg unfehlbar gesichert.

Pietro Metastasio

LEBEN

Johann Adolf Hasse wurde am 25. 3. 1699 in Bergedorf bei Hamburg getauft. Sein Vater Peter Hasse (um 1668, Neuengamme, bis 6. 10. 1737, Bergedorf) war ein unmittelbarer Nachfahre des Lübecker Orgelmeisters Peter Hasse (um 1585–1640). Er kam 1718 als Tenorist an die Hamburger und 1719 an die Braunschweiger Oper. 1721 brachte er mit Erfolg seine erste Oper heraus und begab sich 1722 nach Neapel, wo er Schüler von Nicola Porpora und Alessandro Scarlatti war und mit Kompositionen frühe Erfolge errang. 1727 wurde er Kapellmeister am Ospedale degl'Incurabili in Venedig und heiratete 1730 die gefeierte Sängerin Faustina Bordoni (1700, Venedig, bis 4. 11. 1781, Venedig), die in vielen seiner Opern als Mezzosopran auftrat. Mit ihr reiste er nach Dresden, wo er 1731 eine Oper aufführte und mit dem Titel eines »Königlich polnischen und kurfürstlich sächsischen Kapellmeisters« ausgezeichnet wurde. Nach weiteren Opernaufführungen in Venedig, Parma, Mailand, Turin, Rom, Bologna und Wien trat das Künstlerpaar

1733 in sächsische Dienste, in denen es, von ausgedehnten Gastspielreisen unterbrochen, durch 30 Jahre verblieb. Italienische Städte, München, Berlin, Paris und London waren die Stationen ihrer Triumphe. 1750 wurde Hasse zum Oberkapellmeister ernannt, 1760 fiel ein großer Teil seiner Manuskripte der Beschießung von Dresden durch die Preußen zum Opfer; nach dem Tod des Kurfürsten Friedrich August II. (1763) wurden die Verträge mit Hasse und seiner Frau wegen Geldmangels nicht mehr erneuert. Sie gingen nach Wien und 1773 nach Venedig, wo der Opernkomponist, der bereits zu seinen Lebzeiten einen weltweiten Ruf erwerben konnte, am 16. 12. 1783 starb.

WERKE

Von den 56 Opere serie des überaus fruchtbaren und geschätzten Komponisten seiner Epoche Johann Adolf Hasse sind 32 auf Libretti von Pietro Metastasio komponiert, also auf den Großteil dessen dichterischen Schaffens. Außerdem verfaßte er 13 Intermezzi für Opern. Seine 11 Oratorien, Messen, Requiem, Psalmen, Motetten, Hymnen und Litaneien sind nur als Manuskript erhalten. An Instrumentalmusik verfaßte er Flötenkonzerte, Konzerte für Violine und Horn mit Orchester, Solosonaten, Triosonaten, Cembalosonaten und eine Reihe von Gelegenheitskompositionen, wie zum Beispiel die Trauermusik zum Tod Friedrich Augusts II. Sein ganzes Schaffen war von der Oper beeinflußt und fügte sich in den herrschenden Rokokostil ein. Es geriet nach dem Tod des Komponisten sehr bald in Vergessenheit, weil sich sein Stil bereits überlebt hatte.

LITERATUR

D.J. Wilson, The Masses of Johann Adolf Hasse, University of Illinois 1973.

Karl Hasse (1883–1960)

LEBEN

Karl Hasse wurde am 20.3.1883 in Dohna bei Dresden geboren. Er war Alumnus der Thomasschule in Leipzig und am dortigen Konservatorium Schüler von Stephan Krehl, Arthur Nikisch, Karl Straube und Adolf Ruthardt und an der Universität von Hermann Kretzschmar (19.1.1848, Olbernhau, Erzgebirge, bis 12.5.1924, Groß-Lichterfelde bei Berlin) und zuletzt in München von Max Reger und Felix Mottl. Von 1907 bis 1909 wirkte er als Dirigent, Organist und Pianist in Heidelberg, wurde sodann Kantor und Organist in Chemnitz (Karl-Marx-Stadt), 1910 Städtischer Musikdirektor in Osnabrück, 1919 Universitätsmusikdirektor in Tübingen und 1935 Direktor der Staatlichen Hochschule für Musik in Köln, wo er am 31.7.1960 starb.

WERKE

Für großes Orchester schrieb Karl Hasse »Variationen und Fuge über Prinz Eugen«, für Streichorchester eine Serenade und eine Suite, er verfaßte außerdem ein »Klavierkonzert und Toccata«, »Passacaglia und Fuge« für Klavier und Orchester, 2 Streichquartette, eine Sonate für Cello und Klavier, »Variationen und Fuge« für zwei Klaviere, 3 Elegien und weitere Stücke für Klavier, mehrere Orgelstücke, eine Anzahl Kantaten für Soli, Chor und Orchester, eine Messe, zahlreiche Motetten und andere Gesänge. Seine Musik stellte zum Teil eine Nachfolge Max Regers dar.

Peter Hasse (um 1585–1640)

ZEIT UND UMWELT

Als »Organistenmacher« wurde der große niederländische Orgelmeister und Orgellehrer Jan Pieterszoon Sweelinck (1562–1621) allgemein bezeichnet. Man hätte ihn »Orgelschulenmacher« nennen sollen, denn viele seiner Schüler aus den Niederlanden und aus Norddeutschland begründeten selbst Schulen des Orgelspieles, die bis in das 19. Jahrhundert weiterwirkten. Es ist nicht übertrieben zu behaupten, daß die blühende deutsche Orgelkunst des 17. und 18. Jahrhunderts einerseits auf den Italiener Girolamo Frescobaldi, anderseits auf den Niederländer Sweelinck zurückgeht.

Leben

Peter Hasse (Petrus) wurde um 1585 in Franken geboren. Er war um 1610 Schüler Jan Pieterszoon Sweelincks in Amsterdam. Im Jahr 1616 wurde er Organist an der Ratskirche in Lübeck, wo er am 16. 6. 1640 starb.
Er war Mitbegründer der berühmten Lübekker Orgelkunst. Neben seinen zahlreichen Schülern, die in den verschiedenen Kirchen Norddeutschlands wirkten, ging aus seiner Nachkommenschaft eine wahre Schar Organisten hervor, die in Lübeck und in anderen deutschen Städten bis weit in das 18. Jahrhundert hinein tätig waren.
Sein Sohn Nikolaus Hasse (um 1617, Lübeck, bis 8. 3. 1672, Rostock) war Organist an der Marienkirche in Rostock.

Werke

Von dem deutschen Organisten und Komponisten Peter Hasse sind 2 dreistimmige Orgelpräludien über »Allein Gott in der Höh sei Ehr«, ein Präludium, eine siebenstimmige Messe mit Generalbaß und eine achtstimmige Motette erhalten. Der Stil dieser Werke ist deutlich von seinem Lehrer abhängig.
Nikolaus Hasse verfaßte unter dem Titel »Deliciae musicae« (Musikalische Freuden) Allemanden, Couranten, Sarabanden für zwei bis vier Streichinstrumente und Generalbaß.

Literatur

J. Hennings, Das Musikergeschlecht der Hasse, in: Die Musikforschung II, 1949.

Hans Leo Haßler (1564–1612)

Zeit und Umwelt

Die Familie Medici hatte das Geld, das ihr durch Bankgeschäfte zugekommen war, in Macht umgemünzt. Es begannen die Kämpfe mit anderen Familien der Stadt um die Vorherrschaft, die durch Intrigen und Stimmenkauf, mit dem Schwert und auch mit dem Mörderdolch entschieden wurden. Die Bankiers wurden Herzöge und zugleich Diktatoren. Kriege um Gebietserweiterungen schlossen sich an. Macht und Machtwille drückten sich in ihren Bauten aus. Großartig, großzügig, von höchstem künstlerischem Wert, unvergleichlich schön, für immerwährende Zeit hingestellt, waren sie für den Untertanen unfaßbar und unantastbar wie die Großherzöge selbst. Auch die Bilder und die Musik wurden grenzenlos großräumig gestaltet und übertrugen den Ideengehalt der Dome und Paläste.
Der deutsche Großbürger blieb, was er war. Er interessierte sich weder für Macht noch für Kampf. Auch wenn er fallweise geadelt wurde, blieb er ein Bürger. Auch er ließ bauen, kaufte Bilder an und bezahlte Musiker, doch alles blieb in Grenzen, denn es sollte kein Machtanspruch ausgedrückt werden. Künstler wurden geehrt und geachtet; ihre Förderung brachte Ansehen und Ruhm ein. Reichtümer wurden dafür nicht aufgewendet. Das überließ man den Fürsten.

Leben

Hans Leo Haßler wurde am 26. 10. 1564 in Nürnberg getauft. Sein Vater Isaak Haßler (um 1530, Joachimsthal [Jáchymov] – begraben 14. 7. 1591, Nürnberg) war in Nürnberg zuerst Steinschneider, dann von 1558 bis 1591 Organist an der Spitalskirche. Er bildete seinen Sohn zum Organisten aus. Hans Leo Haßler wanderte 1584 als einer der ersten deutschen Musiker nach Italien, wie später der Maler Adam Elsheimer (1578 bis 1610). Beide eröffneten sozusagen den Zug deutscher Künstler an die Quellen der Kunst. Der Maler ging nach Mantua und Rom, der Musiker nach Venedig, wo er sich von Andrea Gabrieli im venezianischen Stil unterrichten ließ. Sein Mitschüler war Giovanni Gabrieli, mit dem ihn eine lebenslange Freundschaft verband. Nach einem Jahr kehrte er zurück und wurde bei Graf Octavianus Secundus Fugger (1549–1600) Kammerorganist. Gleichzeitig wurde ihm die Organistenstelle am Dom anvertraut.
Im Jahre 1595 wurden er und seine beiden Brüder von Kaiser Rudolf II. wegen ihrer kommerziellen Tätigkeit geadelt. Hans Leo

Haßler erhielt dazu das Prädikat »von Roseneck«. Von 1601 bis 1608 wirkte er als Oberster Musicus der Stadt Nürnberg und erhielt 1602 den Titel eines Kaiserlichen Hofdieners und Kammerorganisten. 1605 verlegte er seinen Wohnsitz nach Ulm, wo er in die Zunft der Kaufleute aufgenommen wurde. Er beschäftigte sich sehr viel mit Orgelbau und der Konstruktion neuer Orgelwerke und war deshalb viel auf Reisen. Während eines Aufenthaltes in Frankfurt am Main verstarb er plötzlich am 8. 6. 1612.
Sein Bruder Caspar Haßler (getauft 17. 8. 1562, Nürnberg – begraben 19. 8. 1618, Nürnberg) war Kaufmann, Organist, Orgelkomponist und Musikverleger.
Dessen Sohn Johann Benedikt Haßler (getauft 17. 8. 1594, Nürnberg, bis nach 1648, Nürnberg) war ab 1618 Organist in Nürnberg.
Sein jüngerer Bruder Jacob Haßler (getauft 18. 12. 1569, Nürnberg, bis Juni 1622, Eger [Cheb]), Organist, 1595 Stadtpfeifer in Augsburg, wurde 1590 zur weiteren Ausbildung von der Familie Fugger nach Italien geschickt. Von 1597 bis 1603 war er Hoforganist der Grafen von Hohenzollern in Hechingen, dann ging er an den Kaiserhof in Prag.

WERKE

Vokalwerke überwiegen bei Hans Leo Haßler bei weitem. Im Jahre 1590 brachte er eine Reihe von Canzonetten, 1596 »Neue teutsche Gesang nach Art der welschen Madrigalen und Canzonetten« und 33 Madrigale auf Verse von Tasso und Petrarca heraus. Parallel dazu erschienen vier- bis zwölfstimmige Motetten, geistliche Lieder und vier- bis achtstimmige Messen und Instrumentalstücke – Tänze, Balletti, Gallarden, Intraden. Nach 1600 veröffentlichte er eine deutsche siebenstimmige, doppelchörige Litanei, Gesellschaftslieder, Psalmen und geistliche Gesänge sowie Orgelwerke und Instrumentalsätze. Seine Vokalsätze sind wie die Instrumentalstücke voll Wohlklang und zugleich zart und ausdrucksvoll. Die Umformung der Kirchentöne zur modernen Tonalität und der mensuralen Rhythmik zum akzentuierten Takt sind schon sehr weit fortgeschritten.
Ein bemerkenswertes Schicksal erfuhr sein fünfstimmiges Liebeslied »Mein G'müth ist mir verwirret«, dessen Melodie von Johann Crüger für das Passionslied des Dichters Paul Gerhardt (1607–76) »O Haupt voll Blut und Wunden« übernommen wurde und in weiterer Folge in die Matthäuspassion von Johann Sebastian Bach Eingang fand.

LITERATUR

Hans Leo Haßler – Zum Gedenken seines 400. Geburtstages, Augsburg, Nürnberg 1964.

Dismaš Hataš (1724–77)

LEBEN

Dismaš Hataš (Hatasch, Hattasch) wurde am 1. 12. 1724 in Hohenmaut (Vysolé Mýto), Böhmen, geboren. Durch Vermittlung seines Schwagers Georg Anton Benda kam er 1751 als Violinist zur Hofkapelle in Gotha, wo er bis zu seinem Tod am 13. 10. 1777 tätig war.
Sein Bruder Jan Václav Hataš (3. 9. 1727, Hohenmaut, bis nach 1752, Rožmitál) war Kantor in Rožmitál. Das Verwandtschaftsverhältnis ist nicht gesichert.
Sein zweiter Bruder, Jindřich Křištof Hataš (1739, Hohenmaut, bis nach 1808, Hamburg), war Theaterkapellmeister in Brünn und veröffentlichte in Hamburg einige Kompositionen.
Ein weiterer Verwandter, Jan Hataš (um 1751, Rožmitál, bis 15. 11. 1784, Mníšek bei Dobříš, Böhmen), war Kantor in Mníšek.

WERKE

Von Dismaš Hataš sind 2 Violinsonaten und 2 Lieder bekannt geworden. Sie stehen stilistisch Georg Anton Benda sehr nahe. Alle weiteren Werke – Sinfonien, Sonaten – sind verschollen.
Von Jan Václav Hataš sind einzelne kammer- und kirchenmusikalische Werke handschriftlich erhalten.

Von Jindřich Křištof Hataš sind mehrere Singspiele in Hamburg gedruckt worden. Von Jan Hataš sind einzelne kammermusikalische Werke überliefert.

Juraj Hatrík (geboren 1941)

LEBEN
Juraj Hatrík wurde am 1.5.1941 in Orkučany, Slowakei, geboren. Er war von 1958 bis 1962 in Preßburg Schüler von Alexander Moyzes. Seit 1962 wirkt er als Theorielehrer am Konservatorium in Košice.

WERKE
Von Juraj Hatrík, der sich erst am Ende der sechziger Jahre von seinen traditionsgebundenen Fakturen zur Neuen Musik gewendet hatte, sind unter anderem eine Sinfonietta, ein Konzert für Orgel und Orchester, ein Concertino für Klavier und Orchester, »Kontraste« für Violine und Klavier, eine Klaviersonate, eine Ballade für Orgel, Responsorien für Doppelchor und vier Pauken, ein Stück für Rezitator, Flöte, Harfe, Streicher und Schlagzeug, »Introspektion« für Sopran, Flöte, Violine, Cello, Klarinette, Horn und Vibraphon, eine Kantate für Sprecher, Tenor, gemischten Chor und Orchester bekannt geworden.

John Hatton (1809–86)

ZEIT UND UMWELT
Obwohl sich die englischen Komponisten gegen die Mitte des 19. Jahrhunderts nicht mehr auf Kirchenmusik, Schauspielmusik und Lieder beschränkten, waren sinfonische Stücke noch immer selten. Das Konzertpublikum zog Musik vom Kontinent – Wiener Klassiker, Schumann und vor allem Mendelssohn – englischen Komponisten vor. Aber es war schon ein Fortschritt, daß Kantanten und Oratorien von Engländern viel Interesse fanden.

LEBEN
John Liptrott Hatton wurde am 12.10.1809 in Liverpool geboren. Er erhielt in seiner Geburtsstadt einigen Gesangunterricht, als Komponist war er autodidakt. Im Jahr 1832 ließ er sich in London nieder, wurde 1842 Kapellmeister am Drury Lane Theatre, wo er 1844 seine erste Operette herausbrachte. Im selben Jahr führte er eine Oper in Wien auf, wirkte 1848 kurz als Sänger in den USA, sodann in London von 1853 bis 1858 als Musikdirektor am Princess's Theatre in London, für das er zahlreiche Schauspielmusiken verfaßte. Er starb am 20.9.1886 in Margate, Kent.

WERKE
Neben mehreren Opern und einer Operette schrieb John Hatton Schauspielmusiken für Shakespeare-Stücke – Macbeth, Heinrich VIII., Richard II., King Lear, Kaufmann von Venedig, Viel Lärm um Nichts – und andere Schauspiele, darunter »Faust«, mehrere Kantaten, ein Oratorium »Hezekiah«, 2 Kathedralen-Services, 8 Anthems, eine Messe, mehrere Hefte mit mehrstimmigen Liedern und mehr als 150 einstimmigen Liedern.

Roman Haubenstock-Ramati
(geboren 1919)

LEBEN
Roman Haubenstock-Ramati wurde am 27.2. 1919 in Krakau geboren. Er war von 1934 bis 1938 in Krakau Schüler von Artur Malawski und anschließend in Lemberg (Lwiw) von Jozef Koffler. Von 1947 bis 1950 wirkte er in Krakau als Leiter der Musikabteilung von Radio Krakau und als Chefredakteur einer Musikzeitschrift. Darauf übersiedelte er nach Tel Aviv, wo er die von ihm gegründete Zentralmusikbibliothek leitete und ab 1954 als Professor an der Musikakademie unterrichtete. Im Jahr 1957 arbeitete er im Studio für Forschung auf dem Gebiet der Musique concrète und übernahm anschließend in Wien das Lektorat für Neue Musik beim Verlag Universaledition. Er leitete Kurse für Notation in Darmstadt und wirkte als Gastdozent in Buenos Aires, Stockholm, Tel Aviv und San Francisco. Im Jahr 1973 wurde er Professor für Komposition an der Wiener Hochschule für Musik und darstellende Kunst.

Werke

Neben der Oper »Amerika« und der »Anti-Oper« für drei Sprechstimmen und drei Schlagzeuger schrieb Roman Haubenstock-Ramati »Mobiles« für Flöte und Tonband, für Vibraphon und Marimbaphon mit Tonband, für Orchester, für Stimme und sechs Spieler, für zwei Schlagzeuger, für vier Schlagzeuger. »Multiples« I-VII für zwei Streicher und zehn Versionen, für sieben Streicher und 36 Versionen, für sechs Spieler und 27 Versionen, für je einen Holzbläser und Streicher mit 9 Versionen, für je einen Holz- und Blechbläser, für sechs Spieler, für Trompete und Cello, weitere Stücke für Orchester und für Streicher zumeist mit Schlagzeug und Tonband, Chor- und Gesangwerke mit Sprecher, Orgelstücke, Cembalo- und Klavierwerke. Bei einer Anzahl seiner Werke schuf der Komponist auch eine Ballettfassung.

Roman Haubenstock-Ramati

Johannes Haucourt
(um 1360 bis nach 1403)

Zeit und Umwelt

Die Kapelle der päpstlichen Residenz in Avignon im 14. Jahrhundert war unbestreitbar die bedeutendste südlich von Paris. Die Hofhaltung der Päpste war großzügig, die Musiker wurden nicht, wie zuweilen an anderen Höfen, wie Bedienstete behandelt. Daher durfte diese Kapelle auch eine strenge Auswahl ihrer Mitglieder treffen.

Leben

Johannes Haucourt (Acourt, Altacuria) wurde um 1360 vermutlich in Nordfrankreich oder Flandern geboren. Über seine Ausbildung, sein Leben und Wirken bis zum Jahr 1390, in dem er als Sänger in die Kapelle in Avignon aufgenommen wurde, ist nichts bekannt. Er war in Avignon bis 1403 tätig. Über seinen weiteren Aufenthalt und Ort und Zeit seines Todes gibt es keine Informationen.

Werke

Von dem französischen Komponisten Johannes Haucourt sind 2 Rondeaux und ein Virelai für drei Stimmen, außerdem eine Reihe höfischer Chansons für eine Singstimme und zwei Instrumente erhalten. Die Rondeaux sind streng isorhythmisch ohne Synkopen und wenig kompliziert gehalten. Die Chansons sind zwar auch sehr einfach, aber doch ausdrucksvoll, wenn auch etwas steif.

Lucien Haudebert (1877–1963)

Leben

Lucien Louis Jean Haudebert wurde am 10.4. 1877 in Fourgères, Ille-et-Vilaine, geboren. Er studierte bei Gabriel Fauré und nach längerer, durch Krankheit bedingter Unterbrechung bei Jacques Pillois (14.2.1877, Paris, bis 3.1.1935, New York) und lebte anschließend als freier Komponist in Paris, wo er am 24.2.1963 starb.

WERKE

Seine vor 1916 entstandenen Kompositionen zog Lucien Haudebert zurück. Er schrieb darauf 2 Sinfonien, 2 Orchesterstücke »Das Opfer Abrahams«, »Reise in den Bergen«, ein Streichquartett, ein Bläserquartett, Stücke für Violine und Klavier, Gesänge und Lieder mit Kammermusik- oder Orchesterbegleitung, eine Psalmvertonung für Soli, Chor, Orchester und Orgel, ein Requiem, ein Te Deum, ein Oratorium und eine Oper. Seine sehr reizvolle Musik fand wohl zu Unrecht wenig Beachtung.

Joseph Hauer (1883–1959)

Joseph Hauer

LEBEN

Joseph Matthias Hauer wurde am 19.3.1883 in Wiener Neustadt geboren. Seine musikalische Ausbildung erhielt er an der Lehrerbildungsanstalt seines Geburtsorts und ergänzte sie als Autodidakt. Neben seiner Tätigkeit als Lehrer wirkte er sodann als Chorleiter und Organist. Im Jahr 1919 ging er in den Ruhestand und widmete sich ganz der Musik und der Musiktheorie. Er starb am 22.9.1959 in Wien.

WERKE

Mit seiner »Tropenlehre« versuchte Joseph Hauer, die Dodekaphonik von ihrer reinen Funktion als Kompositionstechnik zu einer Theorie und schließlich zu einem Stil auszubauen. Er beanspruchte auch für die Zwölftontechnik die Priorität und dürfte damit sogar zumindest Arnold Schönberg gegenüber im Recht gewesen sein; daß sie bereits früher anderswo ohne großes Aufsehen angewandt wurde, blieb dabei unberücksichtigt. Aber er unterließ es auf jeden Fall, seine auf mystischen Grundlagen aufgebaute Theorie musikalisch zu entfalten. Der Verzicht auf Dynamik und Agogik allein verlieh seinen Kompositionen spannungslose Statik. Dazu kam noch die Feststellung, daß er den gesamten Satz einer Komposition im Material der zugrunde gelegten Trope – jeweilig eine der 44 Verwendungsgruppen aus 6 Tönen, denen alle 479,001.600 möglichen Zwölftonreihen zugeordnet sind – vorgeprägt fand und somit jede Profilierung einer Stimme oder Klanggruppe ausschloß. Mit der Weiterentwicklung zum »Zwölftonspiel, der Herz und Verstand befriedigenden Offenbarung der Weltordnung als Religion« ging er völlig neue Wege. Er lehnte es in späteren Jahren ab, als Komponist bezeichnet zu werden; er wollte nur der einzige »Deuter des Melos« sein. Er schrieb eine Oper und ein Singspiel, 3 Sinfonien, 2 Kammeroratorien, eine Messe und zahlreiche Lieder, weiters für Orchester eine »Romantische Fantasie«, eine Sinfonietta, ein Klavierkonzert, ein Violinkonzert, 7 Tanzfantasien, 2 Tanzsuiten, 5 Streichquartette, »Chinesisches Streichquartett«, 2 Tänze für zwei Violinen, zwei Bratschen und Klavier, Musik für Klavier und Harmonium, Klavierstücke und ungefähr 1000 Zwölftonspiele.

LITERATUR

J. Sengstschmid, Zwischen Trope und Zwölftonspiel – Joseph Matthias Hauers Zwölftontechnik, 1980.

Joseph Hauer, »Salmbo«, Opus 60, Autograph

PROPYLÄEN WELT DER MUSIK

PROPYLÄEN
WELT DER MUSIK
DIE KOMPONISTEN

BAND I

ABBATINI – COOKE

BAND II

COOLS – HAUER

BAND III

HAUFF – MENALT

BAND IV

MENDELSOHN – SARTI

BAND V

SARTORIO – ZWYSSIG

KLEINES SACHLEXIKON

PROPYLÄEN
WELT DER MUSIK
DIE KOMPONISTEN

EIN LEXIKON IN FÜNF BÄNDEN

VON ALFRED BAUMGARTNER

DRITTER BAND

HAUFF – MENALT

PROPYLÄEN VERLAG
BERLIN · FRANKFURT AM MAIN

Einband: Theodor Bayer-Eynck
unter Verwendung einer Portraitaufnahme von
Gustav Mahler aus dem Jahre 1907
Foto: Archiv für Kunst und Geschichte, Berlin

Gesamtherstellung: Franz Spiegel Buch GmbH, Ulm

Printed in Germany 1989

ISBN für diesen Band 3 549 07833 1
ISBN für das Gesamtwerk 3 549 07830 7

Baumgartner, Alfred: Propyläen Welt der Musik:
die Komponisten: ein Lexikon in 5 Bänden /
von Alfred Baumgartner. – Bearb. Ausg. –
Berlin; Frankfurt am Main: Propyläen Verl.
ISBN 3-549-07830-7
NE: HST

Bearb. Ausg.
Bd. 3. Hauff – Menalt. – 1989
ISBN 3-549-07833-1

HAUFF – MENALT

Ferdinand Hauff (um 1750–1812)

ZEIT UND UMWELT
Wenn auch die klassische Formgebung bei weitem nicht von allen zeitgenössischen Komponisten übernommen wurde, so bemerkt man doch nahezu überall das Streben nach Einheitlichkeit der Sätze oder Abschnitte einer Komposition und gleichzeitig die Unterordnung unter ein Gesamtkonzept.

LEBEN
Ferdinand Hauff wurde um 1750 im Raum von Delft geboren. Er war von 1809 bis zu seinem Tod im Jahr 1812 Kapellmeister in Delft.

WERKE
Von Ferdinand Hauff sind ein Salve regina, ein Te Deum, weiters 7 Pianofortekonzerte, Quartette, Trios und Duette für verschiedene Instrumente, außerdem Orgelstücke bekannt geworden. Seine Festkantate zum Caecilientag wurde viel aufgeführt. Sein Stil stand der Klassik nahe.

Virgilius Haugk (um 1500 bis um 1555)

ZEIT UND UMWELT
Breslau (Wrocław), das ab dem 10. Jahrhundert polnisch war, kam 1335 zu den Ländern der böhmischen Krone und wurde somit 1526 mit ganz Böhmen habsburgisch. Die Kapellen des Domes und der anderen Kirchen beschäftigten vorwiegend Musiker aus Polen oder Böhmen, hielten jedoch enge Beziehungen mit den Musikzentren der westlichen Nachbarländer aufrecht.

LEBEN
Virgilius Haugk dürfte um 1500 in Böhmen geboren und in Prag ausgebildet worden sein. Im Jahre 1538 kam er nach Breslau als Leiter des Knabenchores an die Elisabeth-Kirche. Er übte diese Tätigkeit bis 1544 aus und starb in Breslau um 1555.

WERKE
Von dem böhmischen Musiker und Musiktheoretiker Virgilius Haugk sind 4 Hymnenkompositionen und ein überaus kunstvolles Choralquodlibet »Wir glauben all – Vater unser« erhalten. Einige lateinische Sätze sind handschriftlich überliefert. Bekannt wurde sein Name aber vor allem durch sein Lehrbuch über Choral- und Mensuralmusik.

LITERATUR
J. Saas, Die kirchenmusikalischen Ämter und Einrichtungen an den drei evangelischen Haupt- und Pfarrkirchen der Stadt Breslau, Breslau 1922.

Carl August Haupt (1810–91)

ZEIT UND UMWELT
Bis 1855 konzertierte im Londoner Kristallpalast lediglich eine Blechmusikkapelle. Erst als der Kapellmeister August Manns (12.3.1825, Stolzenberg, Pommern [Sławoborze], bis 1.3.1907, London) Leiter wurde, kam es zur Bildung eines vollen Orchesters, das ab nun bis 1901 jeden Samstag die bedeutendsten Instrumental- und Vokalwerke der Gegenwart und der Vergangenheit aufführte. In den fünfziger Jahren des 19. Jahrhunderts wurde von Henry Willis (27.4.1821, London, bis 11.2.1901, London), führender englischer Orgelbauer der Zeit, eine große Orgel aufgestellt, deren Disposition namhafte Organisten des In- und Auslandes ausarbeiteten.

LEBEN
Carl August Haupt wurde am 28.8.1810 in Kuhnau (Kuniów), Schlesien, geboren. Er war in Berlin von 1827 bis 1830 Schüler von August Wilhelm Bach, Bernhard Klein und Siegfried Wilhelm Dehn und wirkte anschließend als Organist an verschiedenen Kirchen der Stadt. Wegen seines Rufes als Orgelmeister ersten Ranges wurde er von Henry Willis neben englischen Meistern zur Ausarbeitung der Disposition der großen Orgel im Kristallpalast herangezogen. Im Jahr 1869 folgte er August Wilhelm Bach als Direktor des Königlichen Instituts für Kirchenmusik nach, nachdem er dort bereits mehrere Jahre

als Lehrer für Theorie und Praxis des Orgelspiels gewirkt hatte. Er starb am 4.7.1891 in Berlin.

Werke

Neben theoretischen Abhandlungen und einer Orgelschule brachte Carl August Haupt ein Choralbuch und eine Anzahl Lieder heraus. Er zählte zu den großen Orgelmeistern seines Jahrhunderts.

Moritz Hauptmann (1792–1868)

Leben

Moritz Hauptmann wurde am 13.10.1792 in Dresden geboren und von Francesco Morlacchi und Christian Ehregott Weinlig ausgebildet; ab 1811 war er Violin- und Kompositionsschüler von Louis Spohr in Gotha; ab 1812 wirkte er als Violinist im Dresdener Hoforchester. Er ging ein Jahr darauf nach Wien, reiste ab 1815 als Hausmusiklehrer eines russischen Adeli-

Moritz Hauptmann, nach einer Zeichnung von S. Hauptmann

Albumblatt von Moritz Hauptmann vom 31. Juli 1815, aus Louis Spohrs Autographensammlung

gen nach St. Petersburg, Moskau, Poltawa und Odessa, lebte darauf neuerlich 2 Jahre in Dresden und trat sodann 1822 in die Hofkapelle in Kassel ein. Im Jahr 1842 wurde er Kantor der Thomasschule und Musikdirektor an den beiden Hauptkirchen in Leipzig und 1843 auch Lehrer am neugegründeten Konservatorium der Stadt; 1850 übernahm er den Vorsitz der Bach-Gesellschaft und redigierte die ersten 3 Bände der Bach-Ausgabe. Er starb am 3.1.1868 in Leipzig als gesuchter Lehrer, geschätzter Musikwissenschafter und Komponist.

WERKE
Neben Motetten verfaßte Hauptmann Psalmen, eine Vokalmesse, eine Messe in C-Dur für Soli, Chor und Orchester, 3 Kirchenstücke für Chor und Orchester, sakrale und profane Lieder für gemischten Chor und Männerchor, dreistimmige Kanons für Sopranstimmen, Terzette, Duette und Sologesänge und Lieder mit Violine und Klavier. An Instrumentalmusik liegen vor: 6 Violinsonaten und Sonatinen, 8 große Duos für Violinen, Streichquartette, Klavierstücke, ein Klavierkonzert mit Streichquartettbegleitung und eine Oper. Er war als Musikschriftsteller tätig, seine Werke sind musikgeschichtlich äußerst wertvoll, insbesondere »Die Natur der Harmonik und der Metrik«.

LITERATUR
F. Leinert, Moritz Hauptmann, in: Lebensbilder aus Kurhessen und Waldeck V, 1955.

Thuiskon Hauptner (1821–89)

LEBEN
Thuiskon Emil (Theodor) Hauptner wurde am 29.7.1821 in Berlin geboren. Er war dort Schüler der Kompositionsabteilung der Königlichen Akademie der Künste und wirkte anschließend als Theaterkapellmeister. Von 1854 bis 1858 hielt er sich in Paris auf, um die französische Gesangunterrichtsmethodik zu studieren. Hernach war er Gesanglehrer an der Musikschule in Basel und schließlich bis zu seinem Tod am 9.2.1889 in Berlin Gesanglehrer und Dirigent der Potsdamer Singakademie.

WERKE
Von Thuiskon Hauptner sind zahlreiche Liederspiele, Operetten und Possen bekannt geworden, die vorwiegend für Laienaufführungen bestimmt waren. Er veröffentlichte auch eine »Deutsche Gesangschule«.

Siegmund von Hausegger (1872–1948)

LEBEN
Siegmund von Hausegger wurde am 16.8.1872 in Graz geboren. Er war dort Schüler von Erich Wolf Degner (8.4.1858, Hohenstein-Ernstthal, Sachsen, bis 18.11.1908, Berka bei Weimar) und Universitätsstudent. Nach kurzer Dirigententätigkeit an der Oper in Graz übernahm er die Leitung der Volkssinfoniekonzerte in München und 1903 die Museumskonzerte in Frankfurt am Main. Ab 1910 wirkte er als Dirigent der Philharmonischen Konzerte in Hamburg. Von 1920 bis 1934 war er Präsident der Akademie der Tonkunst in München und dirigierte zugleich bis 1938 Konzerte des Konzertvereins. Er starb am 10.10.1948 in München.

WERKE
Als später Prototyp eines »neudeutschen« Musikers durfte sich Siegmund von Hausegger des Wohlwollens des nationalsozialistischen Regimes erfreuen; er war der Schwiegersohn des »neudeutschen« Alexander Ritter. Er schrieb eine »Dionysische Phantasie« für Orchester, eine »Natursinfonie« mit Schlußchor, 2 sinfonische Dichtungen, »Sinfonische Variationen über ein Kinderlied«, mehrere Männerchöre mit Orchester, gemischte Chöre mit Orchester, Orchestergesänge und Lieder.

Miska Hauser (1822–87)

ZEIT UND UMWELT
Trotz der deutlich bemerkbaren Tendenz, zugunsten gehaltvollerer Instrumentalmusik die reine Virtuosenmusik aus den Konzertsälen

zu verdrängen, waren auch in der zweiten Hälfte des 19. Jahrhunderts noch genug Musikakrobaten von Konzertsaal zu Konzertsaal unterwegs. Ihre großen Triumphe allerdings feierten sie nicht mehr in den alten Musikländern Europas, sondern in Erdteilen, in denen die Musikkultur erst an ihrem Beginn stand.

LEBEN

Miska Hauser (Michael) wurde 1822 in Preßburg geboren. Er war Schüler von Conradin Kreutzer, Joseph Mayseder und Simon Sechter in Wien. Ab 1840 unternahm er eine große Zahl weiter Konzertreisen als Violinvirtuose durch alle europäischen Länder, Nord- und Südamerika, Australien und den Vorderen Orient, wo er mit einer effektreichen Technik und allerlei Virtuosenkunststücken große Triumphe feierte. Er starb am 8.12.1887 in Wien.

WERKE

Die allein der Violine gewidmeten Kompositionen schrieb Miska Hauser für den eigenen Konzertgebrauch. Sie stellen eine hochentwickelte Technik zur Schau. Eine gewisse Ausnahme davon bildet seine »Rapsodie hongroise«, in der volkstümliche Elemente mitklingen.

Valentin Haußmann

(um 1540 bis um 1614)

LEBEN

Valentin Haußmann (Hausmann) wurde um 1540 in Gerbstädt geboren. Er dürfte von seinem Vater zum Musiker ausgebildet worden sein. Nach eigener Aussage reiste er viel in Deutschland und in Polen, wenngleich er den Zweck dieser Reisen nicht bekanntgibt. Er wirkte ungefähr ab 1590 als Organist in Gerbstädt, wo er auch Ratsherr geworden war und um 1614 starb.

Sein Vater Valentin Haußmann (1484, Nürnberg, bis um 1560, Gerbstädt) wirkte ebenfalls als Musiker. Er war mit Luther und Walter befreundet.

Drei seiner Nachfahren, die alle Valentin Haußmann hießen, waren Organisten.

WERKE

Durch seine Publikationen trug Valentin Haußmann viel zur schnellen Verbreitung und Aufnahme der italienischen Musik, vor allem der italienischen Liedformen, in Deutschland bei. Er veröffentlichte Villanellen, Neapolitanen und Canzonetten italienischer Komponisten mit deutschen Texten. Auch seine eigenen Liedkompositionen lehnten sich an italienische Vorbilder an. Seine »Neuen Hochzeits- und Brautlieder« und die »Musicalischen teutschen Gesänge nach art der italienischen Canzonen und Madrigalen« für vier bis acht Stimmen kennzeichnen den Typus seines Liedschaffens.

Valentin Haußmann machte sich auch um die Einführung einer eigenständigen Instrumentalmusik verdient. Seine »Neuen Intraden« sind echte Orchesterstücke. Auch seine Tänze leiten die Entwicklung zur selbständigen, von Singstimmen unabhängigen Orchestermusik ein.

Die Zahl seiner sakralen Kompositionen ist klein: eine achtstimmige Messe, je eine zehn- und vierzehnstimmige Motette, ein Psalm, ein Magnificat und etliche geistliche Gesänge. Daneben sind noch etliche andere sakrale Werke und eine große Reihe von geistlichen und weltlichen Gelegenheitskompositionen überliefert.

Sein Vater Valentin Haußmann hat einige protestantische Choräle verfaßt.

Hautman (um 1600–63)

ZEIT UND UMWELT

Die Viola da gamba, die in verschiedenen Stimmlagen gebaut wurde, war im 17. Jahrhundert in Frankreich nun mehr in der Tenorlage in Gebrauch. Sie wurde jedoch durch einzelne Meister zum Soloinstrument entwickelt und nahm als solches an der französischen Barockmusik erheblichen Anteil, bis sie im folgenden Jahrhundert vom Cello verdrängt wurde.

Leben
Hautman (Hotman, Hottemann) – sein Vorname ist unbekannt – wurde um 1600 vermutlich in Deutschland geboren. Er gehörte in Paris zu den berühmtesten Gambisten und Gambenlehrern seiner Zeit; zu seinen Schülern zählten Marin Marais und Sainte-Colombe. Ab ungefähr 1640 gehörte er der Königlichen Kapelle an. Er starb in Paris am 14. 4. 1663.

Werke
Vom deutschen Gambenvirtuosen und Komponisten Hautman ist posthum ein Buch mit Airs à boire erschienen, die zeigen, daß der Meister auch auf dem Gebiet der Vokalmusik Erhebliches leistete. Seine Gambenstücke sind verlorengegangen.

Gerhardus Havingha (1696–1753)

Zeit und Umwelt
Orgeln von Arp Schnitger (1648–1720) und anderen bedeutenden deutschen Orgelbauern wurden im 17. Jahrhundert in vielen großen Kirchen der Niederlande gebaut oder umgebaut. Die Organisten des Landes schulten sich an der Kunst deutscher Orgelmeister, die diese als Schüler oder als Enkelschüler des berühmten Niederländers Jan Pieterszoon Sweelinck (1562–1621) entwickelt hatten.

Leben
Gerhardus Havingha wurde am 15. 11. 1696 in Groningen geboren. Er war ab 1722 Organist an St. Laurentius in Alkmaar und versah diesen Dienst bis zu seinem Tod am 6. 3. 1753.

Werke
Der Organist Gerhardus Havingha war sehr um das Orgelwesen in den Niederlanden bemüht; Amsterdam, Gouda, Haarlem und andere Städte des Landes verdankten es ihm, daß ihre Kirchen mit vorzüglichen Instrumenten ausgestattet wurden. Seine Abhandlung über den niederländischen Orgelbau stellt eine wichtige historische Quelle darüber dar. Seine Orgelkompositionen sind nicht überliefert. Erhalten sind lediglich seine Cembalosuiten, die unter französischem Einfluß stehen.

Matthias Hawdon (um 1720–87)

Zeit und Umwelt
Das englische Publikum, das seine Freude an einfach gesetzten Glees und Catches hatte, schätzte auch an der Instrumentalmusik vor allem anspruchslose kompositorische Techniken, also Musik, »die man nachsingen konnte«. Man liebte »kunstlose« Musik.

Leben
Matthias Hawdon wurde um 1720 in England geboren. Er war zunächst Organist am Münster von Beverley, sodann ab 1776 an St. Nicholas in Newcastle bis zu seinem Tod im Jahr 1787. Er wurde am 22. März begraben.

Werke
Von dem populären Komponisten Matthias Hawdon sind eine »Ode auf den König von Preußen«, einige Lieder, 2 Orgelkonzerte in B-Dur und F-Dur, eine Sammlung Voluntaries, 6 »Geistliche Sonaten« für Cembalo, Orgel oder Pianoforte und 6 Sonaten für Cembalo oder Pianoforte mit zwei Violinen und Cello erhalten. Seine Musik wurde von den Zeitgenossen allseitig geschätzt.

William Hawes (1785–1846)

Zeit und Umwelt
In dem in der Londoner Argyll Street errichteten Gebäude für Konzerte und Veranstaltungen jeder Art (Argyll Rooms) fanden sich um 1820 21 Musiklehrer und Komponisten zur »Royal Harmonic Institution« mit der Aufgabe zusammen, gute Musik zu drucken, herauszugeben und so billig wie möglich zu verkaufen, um das englische Musikleben zu fördern.

Leben

William Hawes wurde am 21.6.1785 in London geboren. Er war ab 1812 Chorregent an St. Paul's, ab 1817 Leiter des Knabenchors der Chapel Royal und ab 1824 bis zu seinem Tod am 18.2.1846 Direktor der Englischen Oper im Lyceum. Er führte als erster die Oper »Der Freischütz« von Carl Maria von Weber in London auf und verlieh damit dem englischen Opernleben eine neue Richtung, außerdem war er Anreger der Gründung der Royal Harmonic Institution.

Seine Tochter Maria Billington (April 1816, London, bis 24.4.1886, Ryde, Isle of Wight) war eine bedeutende Altistin.

Werke

Abgesehen von der wirkungsvollen organisatorischen Tätigkeit zur Belebung der englischen Musik verfaßte William Hawes mehrere englische komische Opern und eine Anzahl sehr beliebter Glees. Er bemühte sich auch um die Herausgabe alter englischer Madrigale wie die Sammlung »The Triumphes of Oriana«.

Maria Billington verfaßte mehrere reizende Balladen.

James Hawkins (um 1650–1729)

Zeit und Umwelt

Bereits am Ende des 16. Jahrhunderts gab es in Cambridge 16 Colleges, selbständige Körperschaften, deren Mitgliedschaft für Studierende der Universität obligatorisch war und heute noch ist. Das älteste war Peterhouse College (gegründet 1284), das jüngste Sidney Sussex College aus 1596. Inzwischen sind im 19. Jahrhundert noch zwei für Studenten und zwei für Studentinnen hinzugekommen. St. John's College existiert seit dem Jahr 1511.

Leben

James Hawkins wurde um 1650 in Cambridge geboren. Er war dort Chorknabe am St. John's College und studierte an der Universität. Von 1681 bis zu seinem Tod im Jahr 1729 wirkte er als Organist an der Kathedrale in Ely.

Sein Sohn James Hawkins (um 1685, Ely, bis 1759, Peterborough) war von 1714 bis zu seinem Tod Organist an der Kathedrale von Peterborough.

Werke

Der englische Organist und Komponist James Hawkins schrieb 17 Services und 75 Anthems, die zumindest teilweise handschriftlich erhalten sind; weitere 2 Services und 9 Anthems sind in einem Sammelwerk erschienen.

Von James Hawkins dem Jüngeren ist einige Kirchenmusik – Services und Anthems – erhalten.

Die Werke beider Komponisten folgen dem von Henry Purcell und dessen Zeitgenossen begründeten Stil.

George Hayden (um 1700 bis um 1750)

Leben

George Hayden wurde um 1700 vermutlich in London geboren. Er war Organist an St. Mary Magdalen bis ungefähr 1750 und dürfte in einem der folgenden Jahre gestorben sein.

Werke

Die von George Hayden veröffentlichten 3 Kantaten weisen ihn als einfallsreichen Komponisten aus. Sie folgen noch der Barockfaktur. Beliebt wurde er aber durch seine sehr sangbaren Lieder, die zu den »Schlagern« seiner Zeit gehörten.

Joseph Haydn (1732–1809)

Zeit und Umwelt

»Heute Endesangesetzten Tag, und Jahr ist der in Österreich zu Rohrau gebürtige Joseph Heyden bey Ihro Durchlaucht Herrn Paul Anton des Heyl. Röm. Reichs Fürsten zu Eszterházy, und Galantha etc. etc. als Vice-Capel-Meister in die Dienste an- und aufgenommen worden, dergestalt das weilen

1mo. Zu Eysenstadt ein Capel-Meister nahmens Gregorius Werner schon lange Jahr hindurch dem hochfürstl. Hause, Treu, emsige Dienste geleistet, nunmehro aber seines hohen Alters, und daraus öfters entstehenden unpäßlichkeit halber, seiner Dienst-schuldigkeit nachzukommen nicht allerdings im stande ist, so wird er Gregorius Werner, dennoch in Ansehung seiner langjährigen Diensten ferners, als Ober-Capel-Meister verbleiben, er Joseph Heyden hingegen, als Vice-Capel-Meister zu Eysenstadt in der Chor-Musique Ihme Gregorio Werner, qua Ober-Capel-Meistern subordiniert seyn, und von ihme dependiren. In allendern Begebenheiten aber, wo eine Musique immer gemacht werden solle, wird alles, was zur Musique gehörig ist, in genere und Specie an ihn Vice-Capel-Meister sofort angewiesen.

2do. Wird er Joseph Heyden als ein Haus-Officier angesehen, und gehalten werden. Darum hegen Sr. Hochfürstl. Durchlaucht zu ihme das gnädige vertrauen, das er sich also, wie es einem Ehrliebenden Haus-Officier bei einer fürstlichen Hoff-stadt wohl anstehet, nüchtern, und mit denen nachgesetzten Musicis nicht Brutal, sondern mit glimpf und arth bescheiden, ruhig ehrlich, aufzuführen wissen wird, haupt-sächlich, wann vor der Hohen Herrschaft eine Musique gemacht wird, solle er Vice-Capel-Meister samt denen subordinirten allezeit in Uniform und nicht nur er Joseph Heyden selbst sauber erscheinen, sondern auch alle andere von ihme dependirende dahin anhalten, daß sie der ihnen hinausgegebenen Instruction zufolge, in weißen Strümpfen, weißer Wäsche, eingepudert, und entweder in Zopf, oder Har-Beutel, Jedoch durchaus gleich sich sehen lassen. Derohalben

3tio. Sind an ihne Vice-Capel-Meister die anderm Musici angewiesen worden, folglich wird er sich um so viel exemplarischer Conduitiziren, damit die Subordinirten von seinen guten eigenschafften sich ein beyspiel nehmen können, mit hin wird er Joseph Heyden all besondere Familiarität, gemeinschafft in essen, drinken, und andern umgang vermeiden, um den ihme gebührenden Respect nicht zu vergeben, sondern aufrecht zu erhalten, auch die Subordinirten zu schuldiger parition desto leichter zu vermögen, je unangenehmer die daraus entstehen könnende Folgerungen, müßverständnis und uneinigkeiten der Herrschaft seyn dörfften.

Joseph Haydn, nach einem Gemälde von L. Guttenbrunn, 1791

4to. Auf allmaligen Befehl Sr. Hochfürstl. Durchlaucht solle er Vice-Capel-Meister verbunden seyn, solche Musicalien zu componiren, was vor eine Hochdieselbe verlangen werden, sothanne neue Composition mit niemanden zu comuniciren, viel weniger abschreiben zu lassen, sondern für Ihro Durchlaucht eintzig, und allein vorzubehalten, vorzüglich ohne vorwissen, und gnädiger erlaubnuß für niemand andern nicht zu componiren.

5to. Wird er Joseph Heyden alltäglich – es seye demnach dahier zu Wienn, oder auf denen Herrschaften – vor und nach-Mittag in der Antichambre erscheinen, und sich melden lassen, allda die Hochfürstl. Ordre ob eine Musique seyn solle? Abwarthen, alsdann aber nach erhaltenem Befehl, solchen denen Andern Musicis zu wissen machen, und nicht nur selbst zu bestimmter sich accurate einfinden, sondern auch die andern dahin ernstlich anhalten, die aber zur Musique entweder späth kommen, oder gar ausbleiben, specifice annotiren. Wann dennoch

6to. Zwischen ihnen Musicis wider alles besseren verhoffen, uneinigkeiten, disput, oder einige Beschwerden wider den andern sich äußerten, wird er Vice-Capel-Meister trachten, nach gestalt der umständen dieselbigen auszumachen, damit der hohen Herrschaft mit Jeder Kleinigkeit und Bagatelle-sache, keine ungelegenheit verursachet werde, sollte aber etwas wichtigeres vorfallen, welches er Joseph Heyden von sich selbsten ausgleichen, oder vermitteln nicht könnte, sothannes muß Ihro Hochfürstl. Durchlaucht gehorsamst einberichtet werden.

7mo. Solle er Vice-Capel-Meister auf alle Musicalien, und Musicalische Instrumenten all-möglichen Fleiß, und genaue Absicht tragen, damit diese aus unachtsamkeit, oder nachläßigkeit nicht vertorben und unbrauchbar werden, auch für solche repondiren.

8vo. Wird er Joseph Heyden gehalten seyn, die Sängerinnen zu instruiren, damit sie das Jenige, was sie in Wienn mit vieller mühe und spesen von vornehmen Meistern erlernet haben, auf dem Land nicht abermal vergessen, und weillen er Vice-Capel-Meister in unterschiedlichen Instrumenten erfahren ist, so wird er auch in all-jenen, deren er kundig ist, sich brauchen lassen.

9no. Wird ihme Vice-Capel-Meister hiermit eine Abschrift von der Convention und verhaltungs-Norma deren ihme Subordinirten Musiquanten hin ausgeben, das er dieselben nach dieser Vorschrift zu ihrer Dienst-Leistung auszuhalten wissen möge, übrigens

10mo. Wie man all-seine Dienste zu Papier zu setzen um so weniger nöthig erachtet, als die durchlauchtigste Herrschaft ohne deme gnädigst hoffet, daß er Joseph Heyden in allen vorfallenheiten, aus eigenem Trieb nicht nur oberwehnte Dienste, sondern auch all-andere Befehle, die er von Hoher Herrschaft, nach bewandtnus der sachen künfftig bekommen sollte, auf das Genaueste beobachten, auch die Musique auf solchen Fuß setzen, und in so gutter Ordnung erhalten wird, daß er sich eine Ehre, und andurch der ferneren fürstlichen Gnaden würdig mache, also lasset man auch jene seiner geschücklichkeit, und Eyfer über. In solcher Zuversicht

11mo. Werden ihme Vice-Capel-Meister alle Jahr 400 Fl. Rhein. von der Hohen Herrschaft hiemit accordirt, und beym Ober-Einnehmer-Amt angewiesen Quartal-weise zu empfangen, über dies

12mo. Auf denen Herrschaften solle er Joseph Heyden den Officier-Tisch, oder Ein halben Gulden des Tags kost-geld haben. Endlich

13mo. Ist diese Convention mit ihme Vice-Capel-Meister von 1. May 1761 an, wenigstens auf drey Jahre lang beschlossen worden, solchergestalten, das wann er Joseph Heyden nach vollgestreckter Frist, dreyen Jahren, sein Glück weiters machen wollte, seine diesfällige Intention ein halbes Jahr voraus, das ist anfangs des dritten halben Jahrs, der Herrschaft kundt zu machen schuldig sey. Ingleichen

14mo. Verspricht die Herrschaft ihne Joseph Heyden nicht nur so lang in Diensten zu behalten, sondern, wann er eine vollkommene Satisfaction leisten wird, solle er auch die ex-

Fürst Anton Esterházy

pectanz auf die Ober-Capel-Meisterstelle haben, widrigenfalls aber ist Hochderselben allezeit frey, ihne auch unter dieser zeit des Dienstes zu entlassen.«

Wortlaut und Diktion dieses Anstellungsdekrets, mit dem das Dienstverhältnis Joseph Haydns mit dem Fürstenhaus Esterházy begründet wurde, rechtfertigte Richard Wagners Urteil: »Haydn war und blieb ein fürstlicher Bedienter, der für Unterhaltung seines glanzliebenden Herrn als Musiker zu sorgen hatte.« Allerdings: Wenn behauptet wurde, daß einen derart beschämenden Vertrag kein anderes Genie unterzeichnet hätte, so war das eine krasse Verkennung der sozialen Tatbestände des 18. Jahrhunderts, in dem der Musiker noch immer der gleiche Lakai war wie in den vergangenen Zeiten. Johann Sebastian Bach wurde sogar von seinem adeligen Dienstgeber wegen Unbotmäßigkeit in Haft genommen. Der Dienstvertrag war nichts Außerordentliches, sondern wies dem Musiker deutlich die Stellung zu, die ihm die Sitte der Zeit zuerkannte. Ein Künstler, ein Musiker, der ein Dienstverhältnis einging, wurde zum Bedienten und hatte seine Kunst nach dem Willen des Dienstherrn auszuüben. Es kam nun nur auf diesen an, ob er dem Künstler und der Kunst ein gewisses Maß von Achtung entgegenbrachte und sich dementsprechend verhielt. Es lag an ihm, wie stark er seinem Musikbedienten dessen Inferiorität fühlen ließ.

In der Zeit nach Ludwig van Beethoven wählte eine Anzahl von Musikern den Weg der »freien« Kunstausübung, den einsamen Kampf um Brot und Geltung. Durch den unabwendbaren Zwang, den Lebensunterhalt zu bestreiten, wurde diese Freiheit für den »freischaffenden« Meister oft sehr problematisch. Er sah sich von Verlegern und Impresari ausgebeutet und hintergangen und war gezwungen, einem außerkünstlerischen Nebenerwerb nachzugehen. Denn auch der Konzert- und Opernbesucher ließ ihn fühlen, daß er mit dem Betrag, den er an der Kasse entrichtete, zum Arbeitgeber des Künstlers geworden war.

Man hat darauf hingewiesen, daß Joseph Haydn seine großartigen Leistungen nie hätte vollbringen können, wenn er nicht durch eine lange Strecke seines Lebens durch den »entwürdigenden« Dienstvertrag aller Lebenssorgen enthoben gewesen wäre. Man kann dem nur zustimmen, wenn man den Lebenskampf späterer Komponisten kennt, der diesen sehr wenig echte Freiheit, aber häufig eine Kette von Demütigungen schlimmster Art beschert hat. Die Würde des Künstlers wurde im 18. Jahrhundert wie in den vorangegangenen sehr oft auf das gröblichste verletzt.

Fürst Nikolaus Esterházy, Stich von G. F. Schmidt, 1759

Leben

»Ich wurde geboren Anno 1732 den letzten Mertz in dem Marktfleck Rohrau in Unterösterreich bei Prugg an der Leythä. Mein Sel. Vatter ware seiner Profession ein Wagner und Unterthan des Grafen Harrachs, ein von Natur aus großer Liebhaber der Musik. Er spielte ohne eine Note zu kennen die Harpfe, und ich als Knabe von 5 Jahren sang ihm alle seine simple kurze Stücke ordentlich nach, dieses verleitet meinen Vatter mich nach

Haimburg zu dem Schul Rector meinen Anverwandten zu geben, um allda die musikalischen Anfangs Gründe sammt anderen jugentlichen Notwendigkeiten zu erlehrnen. In dem 7. Jahre meines Alters hörte der Sel. Herr Kapell Meister von Reutter in einer Durchreise durch Haimburg von ungefähr meine schwache doch angenehme Stimme. Er nahm mich also gleich zu sich in das Capell Haus, allwo ich neben dem Studiren die Singkunst, das Clavir und die Violin von sehr guten Meistern erlehrnte, ich sang allda sowohl bei St. Stephan als bei Hof mit großem Beifall bis in das 18. Jahr meines Alters den Sopran. Da ich endlich meine Stimme verlohr, mußte ich mich in Unterrichtung der Jugend ganzer acht Jahr kummerhaft herumschleppen«, berichtet Franz Joseph Haydn selbst über seine Jugend. Er wurde am 1. 4. 1732 in Rohrau, Niederösterreich, getauft und vermutlich am 31. 3. 1732 geboren. Sein Vater Mathias Haydn (1699 bis 1763) war Wagnermeister und Marktrichter, seine Mutter Anna Maria Koller (1707–54) Köchin im gräflichen Haus Harrach.

Franz Graf Esterházy, Schabstich von J. G. Haid, 1769

Der kroatische Volksliedforscher Franjo Žaver Kuhač (20. 11. 1834, Osijek, bis 18. 6. 1911, Zagreb) suchte und fand im kompositorischen Werk Joseph Haydns ungefähr 100 musikalische Phrasen, die dem kroatischen oder zumindest slawischen Volksliedgut entstammten, und schloß daraus, daß der Komponist kroatischer Abstammung gewesen sei. Er unterstützte diese Ansicht mit der Tatsache, daß die Gegend zwischen Neusiedler See und Preßburg im 16. und 17. Jahrhundert stark mit Kroaten besiedelt wurde, der Name Haydn in seiner ursprünglichen Form »Hayden« bei Kroaten zu finden sei und der Muttername Koller eine germanisierte Form von Kolar (Wagner) darstelle.
Es ist zweifellos richtig, daß die engere Heimat Haydns zu einem Teil von Kroaten bewohnt war; in Rohrau selbst dürften sich viele niedergelassen haben, was schon daraus hervorgeht, daß der Ort auch den kroatischen Namen Trstnik trug, und sehr wahrscheinlich, daß Haydn in seiner Kindheit viel kroatisches Liedgut aus seiner Umgebung in sich aufnahm; ebenso richtig ist es aber, daß zur selben Zeit viele Zuwanderer aus Schwaben in die Gegend kamen, die ebenfalls ihr Liedgut mitbrachten. Außerdem muß beachtet werden, daß väterlicher- wie mütterlicherseits die Vorfahren des Komponisten zum Teil beachtliche Stellungen einnahmen – Handwerksmeister, Gerichtsgeschworene, Marktrichter –, die man damals keinem Kroaten zubilligte. Die auf slawische Vorbilder zurückführbaren Phrasen und Wendungen im kompositorischen Schaffen Haydns sind ohne Mühe aus den Umwelteindrücken der Kindheit erklärbar. Dem naiven Versuch, daraus einen Beweis für die kroatische Abstammung abzuleiten, muß schließlich entgegengehalten werden, daß es in den Kompositionen Haydns unvergleichlich mehr Diktionen gibt, die offensichtlich nicht slawisch sind, auch wenn noch weitere 100 Parallelismen mit kroatischen Volksliedern entdeckt werden, wobei überdies noch untersucht werden müßte, ob jenes angebliche kroatische Liedgut in Wahrheit kroatisch ist und nicht ebenso entlehnt wurde.
Der Vater des Komponisten erkannte früh

dessen musikalische Anlagen und sandte ihn zum Schuldirektor und Chorregenten Johannes Matthias Franck, mit dem er nahe verwandt war, nach Hainburg. Dort erhielt er Unterricht in den Anfangsgründen der Musik und sang im Kirchenchor; als noch nicht Sechsjähriger schlug er bei einer Fronleichnamsprozession die große Trommel. Hofkapellmeister Georg Reutter entdeckte den schönen Sopran des jungen Musikers und nahm ihn mit Einwilligung des Vaters als Chorknabe und Schüler an St. Stephan in Wien auf. Seine Knabenstimme blieb Haydn bis in sein 18. Lebensjahr erhalten, und Georg Reutter wollte sie konservieren, indem er den Sänger der Hofkapelle überantwortete, die damals noch ständig Kastraten beschäftigte. Der Vater verhinderte die Verstümmelung seines Sohnes, dessen dünn gewordene Stimme auch der Kaiserin Maria Theresia auffiel. »Er kräht wie ein Fasan«, bemerkte sie zum Hofkapellmeister. Dieses Urteil beendete die Sängerlaufbahn Haydns. Georg Reutter verabschiedete ihn im November 1749.

Nach einigen kümmerlichen Versuchen, sich als Aushilfssänger bei Kirchenchören, als Gelegenheitsmusiker und als Klavierlehrer durchzuschlagen, erhielt Joseph Haydn über Pietro Metastasio Fühlung mit Nicola Porpora, der ihn zur Begleitung für seinen Gesangunterricht und als persönlichen Diener aufnahm, aber auch in Komposition unterrichtete und mit einigen bedeutenden Musikern wie Karl Ditters von Dittersdorf, Joseph Bonno, Georg Christoph Wagenseil und Christoph Willibald Gluck bekannt machte. In jene Zeit fielen auch schon seine ersten ernstlichen Kompositionen – seine früheren Versuche wurden zumeist von Georg Reutter unterdrückt. Er verfaßte einige Kirchenkompositionen, seine ersten Streichquartette und eine (verschollene) Oper. Er spielte weiterhin in verschiedenen Kirchen als Violinist und Organist, sogar am Stephansdom, und wurde von verschiedenen Adelshäusern eingeladen. Im Jahr 1759 erhielt er seine erste feste Anstellung als Dirigent der Privatkapelle des Grafen Karl Joseph Franz Morzin (1717–83) auf Schloß Lukawitz (Lukaveč) bei Pilsen (Plzeň), die für die Wintermonate in Wien untergebracht wurde. Ein Jahr darauf heiratete er Maria Anna Keller (1728 – 1800), die Tochter eines Perückenmachers, die zeit ihres Lebens nicht ein bißchen Verständnis für die Leistungen und die Bedeutung ihres Mannes aufgebracht hatte; im Jahr darauf verlor er die Stelle bei Graf Morzin, weil dieser aus wirtschaftlichen Gründen gezwungen war, seine Kapelle aufzulösen, wurde aber 1761 von Fürst Paul Anton Esterházy (regierte 1734–62) als Zweiter Kapellmeister nach Eisenstadt engagiert und rückte 1766 nach dem Tod seines Vorgängers Gregorius Joseph Werner zum Ersten Kapellmeister auf. Inzwischen hatte der Bruder und Nachfolger des Fürsten Paul Anton, Fürst Nikolaus Joseph (1714–90), südlich des Neusiedler Sees Schloß Eszterhaza nach dem Vorbild von Versailles in aller Pracht errichtet und dort seinen Regierungssitz aufgeschlagen, so daß seine Kapelle 1769 dorthin übersiedelte und bis zu ihrer Auflösung im Jahr 1790 blieb.

In jener Zeit hatte Joseph Haydn den Großteil seiner Werke geschaffen und sich sein Ruf über die ganze musikalische Welt verbreitet, so daß schon 1787 versucht wurde, ihn nach London zu bringen. Der berühmte Violinist Wilhelm Cramer wollte ihn um jeden Preis für das Londoner Konzertleben gewinnen, von mehreren Seiten wurde Joseph Haydn bedrängt und gebeten, nach England zu kommen, er ließ sich aber erst nach der Auflösung der Kapelle in Eszterhaza bereden, die Einladung anzunehmen. König Ferdinand IV. (1751–1825) von Neapel und Sizilien, der den Meister schon vor Jahren zu sich gebeten hatte, mußte zurückstehen. Dieser empfing noch einen Besuch von Wolfgang Amadeus Mozart, der beabsichtigte, 1791 nach London zu gehen, aber dieses Vorhaben nicht mehr ausführen konnte. Am 15. 12. 1790 brach Haydn zur Reise über München, Bonn, Brüssel, Calais und Dover auf. Seine Betreuung, die Vorbereitungen für seinen Empfang und das Arrangement der ersten Konzerte besorgte Johann Peter Salomon. Der Gast wurde in London enthusiastisch empfangen und von der ersten

Gesellschaft eingeladen; seine Konzerte waren überfüllt. Er führte 6 neue Sinfonien mit größtem Erfolg auf; am 8. 7. 1791 verlieh ihm die Universität Oxford das Ehrendoktorat der Musik. Er beherrschte in dieser Saison das Musikleben Londons. Um ein Konkurrenzunternehmen aufzuziehen, brachte ein Impresario den ehemaligen Schüler Haydns, Ignaz Pleyel, nach London, es kam aber zu keinem Konflikt zwischen Meister und Schüler. Ende Juni 1792 trat er die Heimreise über Bonn an, wo er den jungen Ludwig van Beethoven kennenlernte. Einer zweiten Einladung nach London folgte er am 18. Juni 1794, diesmal begleitet von seinem Kopisten Johannes Elßler (3. 5. 1769 bis 12. 1. 1843). Er wurde neuerlich zum Mittelpunkt des Musiklebens der Stadt, führte weitere 6 neue Sinfonien auf und befaßte sich eingehend mit den Oratorien von Georg Friedrich Händel, er konzertierte mit dem Violinisten Johann Baptist Cramer, Sohn des Wilhelm Cramer, und schloß enge Freundschaft mit dem berühmten Kontrabassisten Domenico Dragonetti. Er wurde von der Hofgesellschaft viel eingeladen und hoch geehrt, mußte aber nach zwei sehr einträglichen Konzertsaisonen (»Man kann nur in England solche Summen verdienen«, bemerkte er gelegentlich) nach Wien zurück, weil dort die Kapelle der Fürsten Esterházy erneut aufgestellt wurde und er verpflichtet war, deren Leitung zu übernehmen. Fürst Nikolaus Esterházy (1765 bis 1833) residierte nicht in Eszterhaza, sondern in Eisenstadt und Wien. Er war unmusikalisch und verlangte von seinem Kapellmeister nur die Komposition einer jährlichen Messe, so daß dieser ausreichend Zeit hatte, an seinen beiden großen Oratorien »Die Schöpfung« und »Die Jahreszeiten« zu arbeiten, die vor allem anderen den Weltruhm Joseph Haydns begründeten.

Um 1800 nahm die Schaffenskraft des Komponisten ab. Er empfing in Wien weiterhin seine Freunde und Bewunderer, er wurde fortgesetzt mit Ehrungen und Auszeichnungen aus dem In- und Ausland überhäuft. Seine Frau, von der er schon längst getrennt lebte, starb im Jahr 1800. Er heiratete aber seine langjährige Geliebte, die neapolitanische Sängerin Luigia Polzelli (1760–1842), trotzdem nicht, sondern entschädigte sie finanziell. 1805 starb sein jüngster Bruder Johann Evangelist (geboren 1743) in Eisenstadt als fürstlicher Kapellsänger und 1806 sein Bruder Johann Michael. Am 27. 3. 1808

Geburtshaus Haydns in Rohrau, Niederösterreich, Federzeichnung von Berndt

nahm er noch an einer Aufführung seiner »Schöpfung« (in italienischer Sprache unter Antonio Salieri) teil. Im folgenden Jahr wurde Wien von der französischen Armee beschossen, dann marschierten Napoleons Truppen in die Stadt ein.

Am 31.5.1809 um Mittag starb Joseph Haydn als der bekannteste und beliebteste Komponist seiner Zeit, Mitglied zahlreicher gelehrter und künstlerischer Gesellschaften in ganz Europa und Träger vieler hoher Ehrenzeichen. Nach 17 Uhr des folgenden Tages wurde er auf dem Kirchhof vor der Hundsturmer Linie beigesetzt. Nur wenige folgten dem Sarg. Sogar seine nächsten Freunde erfuhren erst nach der Beerdigung von Haydns Tod. Die kriegerischen Ereignisse hatten das Leben Wiens gelähmt. Der Trauergottesdienst fand am 15.6. in der Schottenkirche statt. Josef Leopold Eybler dirigierte das Requiem von Wolfgang Amadeus Mozart, die Kirche war von den kunstliebenden Kreisen der Stadt, von hohen französischen Würdenträgern und vielen Offizieren überfüllt.

Im Jahr 1820 wurde der Tote exhumiert und in die Bergkirche von Eisenstadt gebracht.

Werke

»Haydn ist der Liebling unserer Nation, dessen sanfter Charakter sich jedem seiner Stücke aindrücket. Sein Satz hat Schönheit, Ordnung, Reinheit, eine feine und edle Einfalt, die schon eher empfunden wird, als die Zuhörer noch dazu vorbereitet sind. Es ist in seinen Cassationen, Quattro, Trio ein reines und helles Wasser, welches ein südlicher Hauch zuweilen kräuselt, zuweilen hebt, in Wellen wirft, ohne daß es seinen Boden und Abschluß verläßt. Die monotonische Art der Stimmen und gleichlautenden Oktaven hat ihn zum Urheber, und man kann ihr das Gefällige nicht absprechen. In Synphonien ist er ebenso männlich stark als empfindsam, in Kantaten reizend, einnehmend und natürlich« (De Luca). Damit ist wohl wenig wissenschaftlich, aber doch treffend Haydns Musik und ihr Eindruck auf den naiven Hörer charakterisiert. Die ungeheure Breitenwirkung verdankt seine Musik ihrer frohen Lebensbejahung, ihrer unbeirrbaren Geradlinigkeit und ihrer innigen Klangfülle. Sie ist nirgends grüblerisch und anklagend, nicht devot frömmelnd und noch weniger revoltierend. Denn »Haydns Werke sind eine ideale Sprache der Wahrheit. Sie sind vielleicht zu überbieten, aber nicht zu übertreffen« (Goethe). Haydn fußt auf den Werken der Wiener Vorklassiker, der Mannheimer Schule und der Italiener. Unter dem Einfluß der Musik von Carl Philipp Emanuel Bach wandelte er sich vom Spätbarock zum empfindsamen Rokoko, entwickelte aber bald alles zur wohlabgewogenen klassischen Vollendung. Sein Können steigerte sich steil aufstrebend zu Kunstwerken einer Größenordnung, die den größten Teil der zeitgenössischen Werke weit überragten und über sie hinweg unmittelbar zu Beethoven führten.

Das Orchesterwerk des Komponisten ist sehr umfangreich. 104 Sinfonien können ihm mit Sicherheit zugeschrieben werden, bei weiteren 30 ist seine Urheberschaft zweifelhaft und jedenfalls ungeklärt. Der weltweit berühmte Name Haydn hat mehrere Verleger verleitet, ihn für Erzeugnisse anderer Komponisten zu mißbrauchen. Die erste bis 1770 entstandene Gruppe von Hob. I:1–I:44 weist teilweise den Charakter eines Divertimento mit Soloinstrumenten auf, andere Werke verraten die Mannheimer Schule, aber in einigen kündigt sich bereits die spätere Technik des Komponisten an. Zu den letzteren könnte man den dreiteiligen Zyklus »Die Tageszeiten« (Hob. I:6, I:7, I:8) rechnen, deren programmatischer Charakter Wesenszüge der Romantik vorwegnimmt; Hob. I:22 »Der Philosoph«, D-Dur, fällt durch eine außergewöhnliche Satzfolge auf; ebenso an die Programmusik angenähert ist Hob. I:31 »Auf dem Anstand«, D-Dur, deren Partitur vier Hörner vorschreibt. Die zweite Gruppe umfaßt Hob. I:45–I:81. Am bekanntesten davon ist Hob. I:45 »Abschiedsinfonie«, die wie Hob. I:73 »Die Jagd« heute noch sehr gerne gespielt wird. Diese Gruppe zeigt bereits eine verfeinerte thematische Arbeit, was sich in der dritten, den »Pariser Sinfonien«, Hob. I:82–I:86, noch deutlicher ausprägt, weil die einzelnen Sätze ein noch mehr verstärktes Eigengewicht und Volumen erhalten. Seine volle Reife erreichte der Meister in der letzten Gruppe, Hob. I:87–I:104, zu denen die »12 Londoner Sinfonien« gehören. Die motivisch-thematische Verarbeitung erfährt in diesen Werken eine letzte Verdichtung und Verfeinerung. Ihre sangbaren Themen und die zeitweilige Verwendung von Klarinetten lassen den Einfluß Mozarts fühlen. Die Sinfonie concertante Hob. I:105 wird zuweilen als 105. Sinfonie hinzugerechnet. Von den 51 Konzerten (9 für Violine, 6 für Cello, eines für Kontrabaß, 5 für Lira da braccio, 3 für Baryton, 2 für Flöte, 3 für Horn, eines für zwei Hörner, eines für Clarino, 20 für Cembalo) überragen nur einzelne den Durchschnitt. Es handelt sich um Gelegenheitsarbeiten, die die Bedeutung der Sinfonien nie erreichen.

An die Spitze der Kammermusikwerke sind die 83 Streichquartette zu stellen, an denen sich die künstlerische Entwicklung des Komponisten ebenso deutlich ablesen läßt wie bei den Sinfonien. Die ersten 12 sind Serenaden, drei- bis fünfsätzig (langsamer Satz in der Mitte, von zwei Menuetten umrahmt, Außensätze schnell), bei den folgenden 6 ist das Motiv bereits wichtiger als die Melodie, wenn auch die erste Violine noch immer dominiert und den anderen Instrumenten nur begleitende Rollen zufallen. Die Viersätzigkeit (Allegro, Menuett, Adagio, Allegro) setzte sich erst bei den für Luigi Tomasini verfaßten, stark empfindsamen 6 Quartetten durch. Die Form des Divertimento wird dabei verlassen; ab nun sind die Quartette Konzertstücke und keine Hintergrundmusik mehr für Gesellschaften und Tafeleien. Die 6 Sonnenquartette sind häufig fugiert, so daß den einzelnen Instrumenten mehr Selbständigkeit zukommt, besonders dem Cello. Der Durchbruch erfolgt jedoch mit den 6 »Russischen Quartetten«, die nach Haydns Worten »auf eine neue, ganz besondere Art« komponiert sind. Die Durchführungstechnik verschiebt sich dabei von den Themen auf die Motive, die eng ineinandergreifen. In den 6 »Preußischen Quartetten« stehen Melodie und Klang unter dem Einfluß Mozarts, der Stoff wird verdichtet, die Form vergrößert und das Einzelmotiv vertieft. Kaum mehr merklich bevorzugt ist die erste Violine in den für den Großkaufmann Johann Tost verfaßten Quartetten; die vier Instrumente beschäftigen sich gleichwertig

Sterbehaus Haydns in Wien

mit einem Thema. Damit war die klassische Struktur des Quartetts erreicht. Die »Apponyi-Quartette« bieten bereits sinfonische Klangwirkung, ihre Formen sind aufgelockert und vielfältig, die Zeitmaße gleitend, die Modulation äußerst kühn. Die beiden letzten Quartette bilden durch die Verwendung der Unterterztonart als Gegensatz eine Überleitung zur Romantik.

In der Reihe der übrigen Kammermusik wird bei den 41 Klaviertrios erst in den späteren den Streichinstrumenten eine dem Tasteninstrument ebenbürtige Stellung zugewiesen. Die 21 Streichtrios für zwei Violinen und Cello haben Suitencharakter. Die für Baryton, Bratsche und Cello geschriebenen 126 Trios wurden von Fürst Nikolaus Esterházy, der das schon damals bereits seltene Instrument begeistert spielte, bestellt. Sie sind als gesellschaftliche Unterhaltungsmusik einfach gefaßt, bieten aber viele klangliche Kostbarkeiten. Zur Kammermusik sind auch die für verschiedene Instrumente verfaßten 60 Divertimenti zu zählen (davon 12 für zwei Barytone und Cello), außerdem 8 Notturni, 6 Scherzandi, 6 Sonaten für Violine und Bratsche, 6 Feldpartien für Bläser und 9 Flötentrios. Von den 52 Cembalosonaten haben die vor 1770 entstandenen Suitenform; erst unter dem Einfluß Carl Philipp Emanuel Bachs kommen Spannung und Lyrik in die Durchführung. Mozarts Einfluß ist auch hier spürbar. Die 3 der Fürstin Maria Josepha Hermenegild Esterházy (1768–1845) gewidmeten Sonaten sind kontrapunktisch aufgebaut, jene aus den neunziger Jahren verraten starke romantische, auf Franz Schubert hinweisende Züge neben Beethovenscher Verwandtschaft. Das gleiche gilt für die dramatische C-Dur-Fantasie und das G-Dur-Capriccio.

Außerdem liegen noch vor: 16 Ouvertüren, 6 Märsche, über 150 Menuette, 35 Deutsche Tänze, 11 kleinere Klavierwerke, 89 verschiedene Tänze und 32 Stücke für Flötenuhren.

Im Vokalwerk stehen 2 der bedeutendsten Werke der Oratoriengeschichte: »Die Schöpfung« und »Die Jahreszeiten«, und als drittes Oratorium »Die Heimkehr des Tobias«. »Die sieben Worte des Erlösers am Kreuz« wurden ursprünglich im Auftrag der Stadt Cádiz als 7 Orchesterstücke, jedes von einem Baßrezitativ eingeleitet, komponiert, später für Streicher und schließlich für Soli, Chor und Orchester umgearbeitet.

Von seinen 14 Messen sind 12 erhalten. Wie Mozart hat sich Haydn damit dem Vorwurf einer zu starken »Weltlichkeit« ausgesetzt. »Seine Andacht war nicht von der düsteren, immer büßenden Art, sondern heiter, ausgesöhnt, vertrauend, und in diesem Charakter ist auch seine Kirchenmusik geschrieben«, verteidigte ein Zeitgenosse den Meister, dessen Beziehung zur sakralen Musik durchwegs echt und aufrichtig war. Allerdings war dabei die Rolle des Chores zugunsten des Orchesters deutlich zurückgedrängt; die »Instrumentalmesse« der Klassik und der Romantik nahm bei Haydn ihren Anfang. Die erste Messe, »Missa brevis« in F-Dur, entstand 1750 und 1766 die »Große Orgelmesse«. Dann reihten sich 1772 die »Nicolai-Messe«, zwischen 1769 und 1773 die lange »Caecilien-Messe« und zwischen 1775 und 1778 die knappe »Kleine Orgelmesse« an. Die festliche »Mariazeller Messe« wurde 1782 verfaßt. Die späteren, nach den Londoner Reisen komponierten Messen zählen zu den Meisterleistungen der österreichischen Kirchenmusik. Diese »6 Hochämter«: »Paukenmesse«, »Heilig-Messe«, »Nelson-Messe«, »Theresien-Messe«, »Schöpfungsmesse« und »Harmonie-Messe« bilden bis in die Gegenwart einen festen Bestandteil der katholischen Kirchenmusik der Welt. Ein Stabat mater, 2 Te Deum, 4 Salve regina, 3 Offertorien, 2 Ave Regina, 5 Hymnen, 3 Motetten und etliche weitere Gesänge leisten einen weiteren Beitrag zur sakralen Musik.

Von geringerer Bedeutung ist sein Liedschaffen. Seine ungefähr 47 Lieder mit Cembalobegleitung, mehrere Arien, Duette, Terzette, Kanons, Chöre und Kantaten sind nahezu vergessen wie die Bearbeitungen 445 schottischer und walisischer Volkslieder. Geblieben ist jedoch das »Gott erhalte Franz den Kaiser« als österreichische Nationalhymne bis 1920.

Von den 24 (zumeist italienischen) Opern werden heute noch einige fallweise aufge-

führt. Zu Haydns Zeiten waren sie nur Kammeropern und wurden nie in einem der Opernhäuser auf die Bühne gebracht.
Zu diesem an Umfang, an Tiefe und Gehalt, an Bedeutung und Wirkung gewaltigen kompositorischen Werk, mit dem Joseph Haydn die »Wiener Klassik« eröffnete, ist noch eine beträchtliche Anzahl verschollener Werke zu zählen.

Die Schöpfung, Oratorium für Sopran, Tenor und Baß, Chor und Orchester, 3 Teile, geschrieben 1795–98, uraufgeführt in Wien im Palais des Fürsten Schwarzenberg am 29. und 30. 4. 1798; erste öffentliche Aufführung am 19. 3. 1799

Das Libretto wurde von einem englischen Autor, Lidley, nach John Miltons Epos »Das verlorene Paradies« ursprünglich für Georg Friedrich Händel verfaßt, der es nicht verwendete. Man bot es Haydn an, der es nach Wien brachte. Gottfried van Swieten übersetzte es, und Haydn schuf in dreijähriger Arbeit ein Meisterwerk, das zu den bedeutendsten der gesamten Musikgeschichte gehört. Es hatte von der ersten Aufführung an durchschlagenden Erfolg. Am 9. 3. 1800 wurde es in Ofen (Budapest) unter Haydns Leitung aufgeführt; als die Partitur im Druck erschienen war, wurden in verschiedenen Städten eigene Chorvereinigungen zur Wiedergabe des Oratoriums gegründet, das an Beliebtheit nur von Händels Messias erreicht wird. Am 28. 3. 1800 kam es bereits in London zur Aufführung und bald nachher in verschiedenen Städten Englands. Es gehört seitdem zum festen Repertoire der abendländischen Musikwelt.

Der Inhalt bietet einen Bericht der Erzengel Gabriel (Sopran), Uriel (Tenor) und Raphael (Baß) und der himmlischen Heerscharen (Chor) von der Erschaffung der Welt. Der 1. Teil umfaßt die ersten vier Schöpfungstage, der 2. den fünften und sechsten Tag und der 3. den Triumph des siebenten Tages. Das Werk beginnt mit einem Instrumentalsatz, der mit verwirrend ineinandergeschobenen unaufgelösten Dissonanzen das Chaos schildert, dann kündigt Raphael den Beginn der Schöpfung an. Der C-Dur-Schlag, mit dem die Erschaffung des Lichts verkündet wird, gehört zu den bedeutendsten und eindrucksvollsten Klangeffekten der Klassik. Uriel schildert den Sieg des Lichts und die Vertreibung der dunklen Geister. Die Welt entsteht. Raphael berichtet ihr allmähliches Werden, Gabriel besingt das Pflanzenkleid der neuen Erde, Uriel begrüßt Sonne, Mond und Sterne, Soli und Chor rühmen den Schöpfer für sein Werk. Im 2. Teil werden die Tiere erschaffen, jeder Gattung der lebenden Kreatur ist neben dem gesungenen Wort eine fein ausgearbeitete Tonmalerei zugeordnet; nur die Erschaffung des Menschen wird nahezu trocken rezitativisch mitgeteilt; die anschließende Arie Uriels ist undramatisch lyrisch, aber der Schlußgesang dafür reich und breit und preist das vollendete Werk. Der 3. Teil hat das paradiesische Dasein der ersten Menschen zum Gegenstand. Adam und Eva ergreifen selbst das Wort mit einem Duett, mit dem sie ihrem Schöpfer Lob und Dank für ihre Erschaffung darbringen; ihr Gesang erhebt sich nahezu zur Opernarie und mündet in den fugierten Schlußchor voll Klangpracht und Glanz: »Des Herrn Ruhm, er bleibt in Ewigkeit!«

Die Jahreszeiten, Oratorium für Sopran, Tenor und Baß, Chor und Orchester, 4 Teile, verfaßt in den Jahren 1799–1800, uraufgeführt in Wien im Palais des Fürsten Schwarzenberg am 24. 4. 1801, wiederholt am 27. 4. und 1. 5. desselben Jahres, erste öffentliche Aufführung am 29. 5. im Großen Redoutensaal Wiens

Titelblatt zu Haydns »Schöpfung« in Englisch und Deutsch

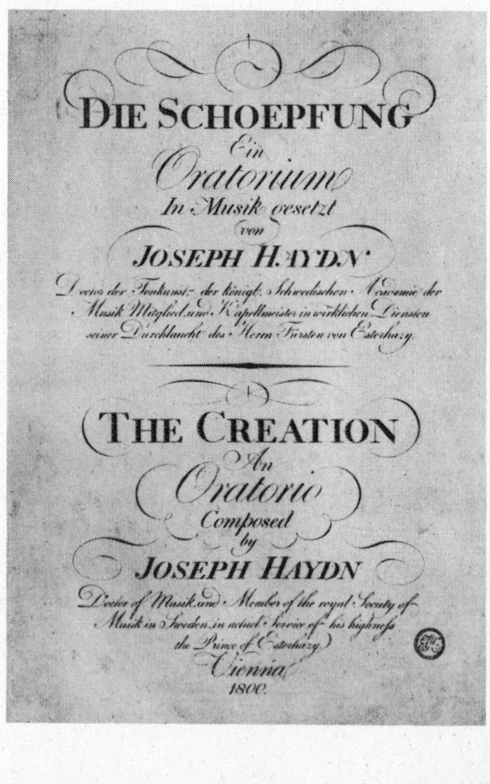

Im Ausland setzte sich dieses Oratorium langsamer durch, doch dann wurde es völlig ebenbürtig der »Schöpfung« an die Seite gestellt und nahezu ebensooft gegeben.
Das Oratorium hat keine fortschreitende Handlung, sondern schildert dem Titel entsprechend den Ablauf der vier Jahreszeiten. Der von Gottfried van Swieten verfaßte Text beruht auf einem Gedicht gleichen Namens des englischen Dichters James Thomson (1700–48). Das Thema wird aus der Sicht des Landmannes dargestellt; Aussaat und Ernte, Weinlese und Jagd formen die dargestellten Bilder, die Spinnstube des Winters schließt die Folge von überwiegend lyrischen Schilderungen ab. Das Werk besteht aus 4 in sich geschlossenen Kantaten, ähnlich dem Weihnachtsoratorium von Johann Sebastian Bach, und fällt damit aus der Form des Oratorium heraus. Seine Bindung zu einer Einheit beruht auf der Komposition, die dem Ganzen eine lückenlose Sinneinheitlichkeit auf einer weit über dem Text liegenden Ebene verleiht, so daß die Bezeichnung Oratorium nicht nur wegen des äußeren Umrisses berechtigt ist.
Das Orchestervorspiel des 1. Teiles stellt den Übergang vom Winter zur fröhlichen Frühjahrszeit dar. Kälte und Stürme weichen, die Zeit der Aussaat und der Erntehoffnung zieht ein, das Landvolk jubelt. Auch Simon, der Pächter (Baß), seine Tochter Hanne (Sopran) und der junge Bauer Lucas (Tenor) geben ihrer Freude Ausdruck. Das Feld wird bestellt, ein Bittgesang um den Segen des Himmels weitet sich zu sakralen Dimensionen. Dann kommt die Jugend zu ihrem Recht. Hanne und Lucas führen den Chor der jungen Landleute an, bis ein fugiertes Allegro den Teil klangreich abschließt. Im 2. Teil wird der Sommertag vom Morgen bis zum Abend dargestellt. Die Morgendämmerung, der Schrei des Hahnes, das Blasen der Hirten und der Auszug der Herden machen den Anfang. Die Morgenröte wird von Hanne angekündigt, gewaltig steigt das Tagesgestirn am Firmament empor, begrüßt von einem Sonnenhymnus. Mittagshitze, Sehnsucht nach kühlendem Schatten, ein mit allem Aufwand des Orchesters beschriebenes Unwetter und ein darauf folgender friedlicher Abend ergänzen das vielfarbige Tongemälde, das Klänge zu Bildern und diese zum persönlichen Erleben steigert. Im 3. Teil zeigt der Herbst Ernte, Jagd und Weinlese in Genrebildern mit drastischen Farben. Die »Ernte« beginnt mit einem Lob des Fleißes. Der Chor verherrlicht den Segen der Arbeit in einer mächtigen Fuge, deren Coda in ein Duett der Liebenden mündet. Die »Jagd« wird in allen Einzelheiten klangmalerisch geschildert, und die »Weinlese« bringt Freude und Übermut, wirbelnde Tänze der Flöten und Geigen, brummende Dudelsackbässe, ausgelassenen Gesang und endet in ekstatischer Lust. Im 4. Teil naht der Winter mit Nebel und Dunkelheit. Lucas berichtet von einem Wanderer, der sich im tiefen Schnee verirrt hat und endlich, von einem Lichtschein geleitet, zu einem Haus findet. In einer warmen Stube wird nun gesungen und mit surrenden Streichern gesponnen. Zwei scherzhafte Lieder erklingen, dann trägt Simon den Schluß des Naturgedichtes vor, in dem die Jahreszeiten als Phasen des menschlichen Lebens und seine Vergänglichkeit erklärt werden: »Schon naht der bleiche Winter sich und zeiget dir das offene Grab.« Doch die Jenseitshoffnung besiegt die Vergänglichkeit, der große Morgen jenseits des Grabes bricht mit Trompetenschall an. Ein Bild jenseitiger Freuden wird gezeichnet. Mit liturgischer Feierlichkeit schließt eine große Chorfuge das Werk ab, das sich mit diesem Finale zur Weltfeier erhebt und in sich den Rang der Höchstleistungen der abendländischen Musiktradition einreiht.

Haydns Wohnhaus in Eisenstadt

Il ritorno di Tobia (Die Heimkehr des Tobias), Oratorium für Soli, Chor und Orchester, Text in italienischer Sprache von Giovanni Gastone Boccherini, entstanden 1775, uraufgeführt am 2. 4. und wiederholt am 4. 4. desselben Jahres von der »Tonkünstlersozietät« Wien im Kärntnertortheater, 2 Teile

Das Werk behandelt die Erzählung von der Heilung des blinden Tobit durch seinen aus der Fremde zurückkehrenden Sohn Tobias mit Hilfe des Erzengels Raphael. Die Handlung wickelt sich zügig ohne viel Reflexionen ab, auch die Chöre am Beginn und am Ende der Teile sind handlungsfördernd. Der Stil ist neapolitanisch mit vielen Koloraturen, aber die Solostücke weisen nicht mehr die Form der Da-capo-Arie auf, sondern dreiteilige Sonatenform. Die motivische Verarbeitung ist stark vereinheitlicht, die Instrumentation abwechslungsreich und vielfältig.

Die sieben Worte des Erlösers am Kreuze für Orchester, entstanden 1785, Chorfassung 1796, verfaßt über Auftrag aus Cádiz, dort uraufgeführt in der Kirche Santa Cueva in der Karwoche 1786

Man pflegte damals alle Jahre während der Fastenzeit in der Hauptkirche zu Cádiz ein Oratorium in der Form aufzuführen, daß der Bischof auf der Kanzel eines der »sieben Worte« rezitierte, Betrachtungen anstellte und darauf vor dem Altar auf die Knie fiel, während ein Orchesterstück ertönte. Haydn schuf 7 Adagios mit einer Introduktion des ersten und ein »Terremoto« (Erdbeben) als Abschluß des letzten. Sie sind ohne jede reichere Motivbearbeitung und ohne Kontrapunktik ganz einfach gehalten, und gerade deshalb durchströmt eine tiefe Innigkeit die gesamte Komposition.

Haydn verarbeitete die Sätze später für Streichquartett. Sodann wurden die Orchesterstücke textiert und orchestral etwas ausgestaltet, so daß ein vollwertiges Oratorium daraus wurde.

Messe in F-Dur – Missa brevis –, für fünf Singstimmen, zwei Violinen, Baß und Orgel, entstanden um 1750

Diese erste Messe des Komponisten ist mit seinen zwei Solosopranen ein echtes Kind des ausgehenden Wiener Barock, doch ihre genau geordnete Form gehört bereits der Klassik an. Die Polyphonie ist nur mehr angedeutet, fröhliche Terzen- und Sextengänge erzeugen die fromme Fröhlichkeit, die mehr oder minder alle Haydn-Messen auszeichnet.

Große Orgelmesse in Es-Dur – Missa in honorem Beatissimae Virginis Mariae –, entstanden 1766

Diese vierte Messe des Komponisten (2 in d-Moll und G-Dur sind verlorengegangen) gehört mit ihrer reichen Instrumentation und der konzertierenden Orgel bereits zu seinen »Großen«

Titelblatt zu Haydns »Die Jahreszeiten«, Stich von A. W. Böhm

Messen. Ihre Melodik ist neapolitanisch, einzelne Passagen, wie das chromatische »Crucifixus«, das »Gratias« und das »Dona«, sind von außerordentlicher Innigkeit, die Orgelsoli drücken sakralen Ernst aus wie der an sich sehr bewegte Schlußsatz trotz seiner strahlenden Läufe.

Nicolai-Messe in C-Dur, entstanden 1772 – auch Josephs-Messe genannt, weil sie zum Namenstag des Fürsten Nikolaus Joseph Esterházy komponiert wurde

Diese Messe ist außerordentlich innig und liedhaft angelegt; feine Violinenfiguren verleihen ihr festlichen Glanz. Der pastorale Charakter wird während des gesamten Werkes beibehalten.

Caecilien-Messe in C-Dur, entstanden zwischen 1769 und 1773

Diese längste Messe des Komponisten wurde für einen Gottesdienst der Wiener Caecilienbruderschaft geschrieben. Ihr Stil ist gewollt feierlich und »gekonnt«. Es handelt sich um eine sogenannte »Kantatenmesse«, bei der der Text in viele, oft stark kontrastierende Teile zerlegt ist. Das Gloria besteht aus 7 Teilen – Chor, Sopransolo, A-cappella-Chor, Soli mit abschließendem Soloterzett, Chor, Sopransolo, Fuge – mit ständig verändertem Rhythmus. Die Fugen sind virtuos angelegt. Haydn wollte seinen Kollegen offenbar zeigen, »was er konnte«.

Kleine Orgelmesse in B-Dur, entstanden zwischen 1775 und 1778, verfaßt mit dem Titel »Missa brevis St. Joannis de Deo« für den Orden der Barmherzigen Brüder in Eisenstadt

Diese »Missa brevis« (Messe mit verkürztem Text) schachtelt Gloria und Credo ineinander. Sie wird zu den schönsten Werken des Komponisten überhaupt gezählt. Ihre bescheidene Besetzung besteht aus zwei Violinen, Cello, Kontrabaß, Orgel und vierstimmigem Chor, erreicht aber eine erstaunliche Klangfülle. Besonders bemerkenswert ist das Benedictus mit Orgelsolo und seinem selten schönen Sopransolo.

Mariazeller Messe in C-Dur – Missa Cellensis – für Soli, Chor, Orchester und Orgel, entstanden 1782

Obwohl auch diese Messe dem Zeitstil entsprechend Opernarien übernimmt und streckenweise dem Opernstil folgt, steht sie doch im Gegensatz zu einem großen Teil der zeitgenössischen, ziemlich verwilderten Kirchenmusik, die sich von einer sakralen Diktion schon sehr weit entfernt hatte. Auch sie hat ein festliches und fröhliches Kyrie, aber es vermittelt schon durch das einleitende Adagio eine Atmosphäre der Weihe und des Ernstes. Das »Gratias« hat Arienform, doch der Chorsatz des »Qui tollis« reiht sich besinnlich ernst an. Durch den ständigen Wechsel älterer und moderner Diktion entsteht ein neuer Stil, der einer aus tiefer Frömmigkeit quellenden Freude Ausdruck verleiht.

Paukenmesse in C-Dur – Missa in tempore belli (Messe zu Kriegszeiten) – für Soli, Chor, Orgel und Orchester, entstanden 1796

Diese Messe ist das erste der »Hochämter«, mit denen der Komponist eine nahezu singuläre innere und äußere Vollendung auf dem Gebiet der Kirchenmusik erreichte. Nach dem schönen Largo im Kyrie, dem fröhlichen Gloria, der grandiosen Fuge und dem schönen Cellosolo des Credo, dem klangvollen freudigen Sanctus und Benedictus tritt im Agnus die wirkliche Aussage des Werkes zutage. In die Anbetung des Gotteslammes dringt der grollende Rhythmus ferner Paukenschläge wie das angstvolle Herzpochen der Völker vor Krieg und Not als Ankündigung der herannahenden Kriegsfurie, und nach der dritten Bitte um Frieden überschüttet Kriegsmusik das fromme Gebet.

Heilig-Messe in B-Dur – Missa Sancti Bernardi de Offida – für Soli, Chor, Orgel und Orchester, entstanden 1796

Ihren Namen trägt die Messe wegen des im Sanctus verwendeten volkstümlichen Segenliedes »Heilig, heilig«. Thema und Kontrapunkt, Melodie und Begleitstimmen werden mit vollendeter Meisterschaft aneinander vorbeigeführt, besonders in der Doppelfuge des Gloria. Im Credo fällt der jähe Stimmungswechsel von dem durch drei hohe Stimmen liedhaft-lyrisch vorgetragenen »Homo factus est« zum »Crucifixus« der Männerstimmen besonders auf.

Nelson-Messe in d-Moll – Missa in angustiis (Messe in Bedrängnis) – für Soli, Chor, Orgel und Orchester, entstanden 1798

In dieser Messe ist nichts von der bei Haydns Kompositionen häufigen Fröhlichkeit zu bemerken. Sie ist tiefernst, in vielen Stellen sogar flehentlich bittend. Schon das Kyrie mit seinen dissonierend einander übersteigenden Rufen legt die Grundstimmung des Werkes fest. Auch das kräftige »Laudamus« bringt nicht den sonst üblichen Jubel. Im »Qui tollis« respondiert der Chor wie bei einer Litanei und erhöht den Gebetscharakter der Stelle. Der Solosopran des »Suspice« gleicht einem bittenden Engel. Im Benedictus steigert sich der Gesang, von hämmernden Triolen der Trompeten und Pauken begleitet, zu einem überdimensionalen Klangbild der Herrlichkeit Gottes. Tröstend und versöhnend folgt melodienreich das Agnus, das in ein freundlich bewegtes »Dona« mündet. Krieg und Sieg des Admirals Nelson werden dem Ringen des Menschen um Gottes Gnade gleichgesetzt.

Theresien-Messe in B-Dur für Soli, Chor, Orgel und Orchester, entstanden 1799

Der Name leitet sich davon ab, daß die Messe wahrscheinlich für Maria Theresia (Gemahlin Kaiser Franz' I.) bestimmt war. In ihr sind Freude und Ernst in vollendeter Weise verschmolzen. Die musikalische Ausdeutung des Wortsinnes des liturgischen Textes ist mustergültig. Das Kyrie beginnt im ernsten gläubigen Grundton, der bis zum letzten Takt beibehalten ist. Die freudigen Stellen werden seltener von ausbrechendem Jubel als von innigen und verinnerlichten Klängen ausgedrückt. Überraschend ist die Wucht des Agnus, die die Last, die das »Lamm« zu tragen hatte, symbolisiert. Das sanfte »Dona« scheint die Friedensbitte für bereits erfüllt zu sehen.

Schöpfungsmesse in B-Dur für Soli, Chor, Orgel und Orchester, entstanden 1801

Bei diesem Werk fallen die durchgehend ruhige

Haltung und das fast gänzliche Fehlen jedweder dramatischer Akzente auf. Die Messe ist ausgeglichen und neigt zu liebenswürdiger Freundlichkeit, als wollte der Komponist, schon über alle Dinge der Welt stehend, sich mit allen und allem versöhnen. Zum Tenorsolo des »Incarnatur« erklingt ein zartes Orgelsolo; auch das »Crucifixus« ist von keinen tragischen Tönen begleitet. Es bleibt der Jubel beim Sanctus aus, so daß die übliche Lieblichkeit des Benedictus zur übrigen Messe keinen Kontrast bildet. Die Messe klingt streckenweise an die »Schöpfung« an, aber nicht an die dramatischen Szenen, sondern an das darin geschilderte paradiesische Glück mit seiner Heiterkeit.

Harmonie-Messe in B-Dur für Soli, Chor, Orgel und Orchester, entstanden 1802
Diese letzte Messe des Komponisten erhielt ihren Namen wegen ihrer überaus reichen Instrumentierung. Sie faßt alle Stimmungen der vorangehenden zusammen, ohne Reminiszenzen zu bieten. Im Kyrie erscheinen die Oktavensprünge der Nelson-Messe, das »Gratias« beginnt mit der Innigkeit der Mariazeller Messe, die Chromatik im Soloterzett des Osanna im Benedictus deckt sich mit dem Schluß der Credofuge der Theresien-Messe, das Thema der Credofuge gleicht dem der Gloriafuge in der Schöpfungsmesse, und die Fugierung des »In gloria Dei Patris« ist gestaltet wie beim Gloria in der Heiligmesse und der Nelson-Messe. Aber es ist dennoch nichts kopiert, sondern zu einer höheren Ordnung gefaßt, um zum letzten Mal prunkvoll ausgebreitet zu werden, wie das Agnus der Messe mit jubelnden Akkorden gleichsam als Dank für die verliehene Schaffenskraft abschließt.

Sinfonie Nr. 1 in D-Dur, 3 Sätze, entstanden 1759
Mit diesem Werk schließt der Komponist an die Bauregeln der Wiener Vorklassik an; er präsentiert aber zugleich als Neuigkeit für den Wiener Boden das Mannheimer Crescendo. Es prägen sich jedoch auch bereits typische Merkmale der Sinfonik Haydns aus, wie der plötzliche Wechsel der Dynamik, die häufigen Schritte von Dur zu Moll und die Ablöse lauter Unisonopassagen von harmonisierten Pianostellen. Der 1. Satz –

Autograph des Liedes »Gott erhalte« von Joseph Haydn

Presto alla breve – eröffnet mit einer Vielfalt von Themen und wirkt dadurch etwas chaotisch, der 2. ist mehr gebändigt und huldig der volkstümlichen Kantilene, das Finale bringt sprühende Tanzrhythmen.

Sinfonie Nr. 2 in C-Dur, 3 Sätze, entstanden um 1759

Der 1. Satz beginnt sanft, konzertant, stark verziert und vor allem thematisch einheitlich. Die Verarbeitung der aufsteigenden Skala zeigt bereits eine Geschlossenheit, die über die Vorklassik hinausragt. Die übrigen Sätze weisen hingegen noch vorklassischen Charakter auf.

Sinfonie Nr. 3 in G-Dur, 3 Sätze, entstanden 1762

Der 1. Satz – Allegro – bringt erstmalig ein selbständiges Seitenthema als Kontrast zum Hauptthema. Der Mittelsatz in g-Moll – Andante moderato – ist kontrapunktisch fein gearbeitet, während beim letzten – Presto – in erster Linie auf Klangwirkung gezielt wird. Die gesamte Faktur enthält bereits alles, was für den späteren Stil des Komponisten typisch wurde.

Sinfonie Nr. 4 in D-Dur, 3 Sätze, entstanden um 1759

Im 1. Satz ist ein serbischer Kolo verarbeitet, Form und orchestrale Struktur sind auffällig vereinheitlicht. Auch die übrigen 2 Sätze sind kompakter und straffer. Die Bläser sind häufiger eingesetzt, aber nie solistisch. Die Sinfonie hat das Kleid der Vorklassik noch nicht abgestreift.

Sinfonie Nr. 6 in D-Dur, »Le Matin« (Der Morgen), 4 Sätze, entstanden 1761

Diese Sinfonie ist die erste des Zyklus »Die Tageszeiten« und schildert in den ersten 3 Sätzen den Beginn des Tages mit Sonnenaufgang und Lerchenjubel. Das Singen und Jubilieren wird erst im 4. Satz von der Darstellung des an sein Tagewerk schreitenden Menschen abgelöst.

Sinfonie Nr. 7 in C-Dur, »Le Midi« (Der Mittag), 4 Sätze, entstanden 1761

Zweite Sinfonie des Zyklus »Die Tageszeiten«, die den Menschen im Zenit seines Lebens zeichnet: ernst, überlegend, aber dennoch zuversichtlich und vertrauend. Die barocke programmatische Lautmalerei ist völlig aufgegeben, alles Bildhafte vergeistigt. Das Orchesterrezitativ und das Adagio des 2. Satzes legen Sinn und Absicht des Werkes eindeutig fest.

Sinfonie Nr. 8 in G-Dur, »Le Soir« (Der Abend), 4 Sätze, entstanden 1761

Diese letzte Sinfonie des Zyklus »Die Tageszeiten« neigt wieder mehr zum nur Musikalischen. Programmatisch ist jedenfalls die Gewitterschilderung, nach der das Werk auch die Bezeichnung »La Tempesta« trägt. Darin zeigt sich Haydn als Meister der orchestralen Farbgebung, ohne je banal zu werden. In diesem Zyklus sind zwar die Formen noch klein und die Durchführungen in bescheidenem Rahmen gehalten, Ausdruck und Melodie aber ungewöhnlich stark.

Sinfonie Nr. 15 in D-Dur, 4 Sätze, entstanden 1761

Der 1. Satz ist der Französischen Ouvertüre (langsam – rasch – langsam) getreu nachgebildet. Die Instrumentation gemahnt an das Divertimento, das Menuett hat Barockfaktur, das Andante ist sehr schlicht und das Finale sehr konservativ.

Sinfonie Nr. 16 in B-Dur, 3 Sätze, entstanden 1766

Die 3 Sätze machen einen routinierten Eindruck, obwohl es darin harmonische Schönheiten in Fülle gibt. Bemerkenswert ist dabei die erstmalige Verwendung der typisch empfindsamen »Seufzer«-Figuren, und zwar sogar im Baß.

Sinfonie Nr. 22 in Es-Dur, »Der Philosoph«, 3 Sätze, entstanden 1764

Derber Humor, Heiterkeit und Fröhlichkeit sind die Grundhaltung des gesamten Werkes. Überraschungseffekte harmonischer und rhythmischer Natur werden in Fülle geboten, und die nachdenklichen Passagen, die dem Werk den Namen verliehen, mahnen daran, daß Joseph Haydn die Tiefe seiner Ideenwelt zumeist nur ahnen läßt, zuweilen aber auch aufdeckt.

Sinfonie Nr. 26 in F-Dur, »Lamentatione«, 3 Sätze, entstanden um 1768

Diese Sinfonie wurde auch »Weihnachtssymphonie« genannt, obwohl dem 1. und 2. Satz eine Melodie des Gregorianischen Chorals zugrunde gelegt wurde, auf der die Lamentationen der Karwoche gesungen werden. Der 3. Satz bringt ein Menuett mit Trio, dessen tänzerischer Rhythmus wenig fröhlich wirkt. Pastorale Klänge kommen überhaupt nicht vor, so daß es schwerfällt, eine Verbindung zum Weihnachtsfest herzustellen.

Sinfonie Nr. 28 in A-Dur, 3 Sätze, entstanden 1765

Dieses Werk zeigt deutlich, welchen Grad an Konzentration und Vereinfachung der Komponist bereits erreicht hat. Benötigte er früher mehrere Themen als melodisches Material, so begnügt er sich hier mit einem kleinen Motiv für den ganzen 1. Satz – Allegro di molto – in dessen Klangfülle. Auch der langsame Mittelsatz bringt nur ein einziges Thema in schöner Kantilene, und das Finale bestreitet das sprühende Presto mit wenigen Tönen.

Sinfonie Nr. 31 in D-Dur, »Mit dem Hornsignal«, 4 Sätze, entstanden 1765

Die Benennung wurde wie auch die zweite, »Auf dem Anstand«, erst im 19. Jahrhundert beigefügt, hat aber ihre Berechtigung. Vier Hörner, eine Flöte und zwei Oboen malen die Stimmung der Jagd, die Spannung, ehe das Tier vor den Schuß kommt. Im Adagio erklingt ein schönes Violinsolo. Das ganze Werk steht strukturell dem Divertimento sehr nahe.

Sinfonie Nr. 34 in d-Moll, 4 Sätze, entstanden um 1765

Der 1. Satz - Adagio - beginnt mit einer leidenschaftlich gespannten Melodie. Das folgende Presto könnte als trotziges Aufbegehren gewertet werden. Die düstere meditative Stimmung wird in den beiden folgenden Sätzen - Menuett und Trio, Presto assai - gemildert.

Sinfonie Nr. 44 in e-Moll, »Trauersinfonie«, 4 Sätze, entstanden um 1771

Bemerkenswert ist bei dieser etwas pathetisch gehaltenen Sinfonie die Kontrapunktik im Menuett, die dem Werk einen nahezu archaischen Aspekt verleiht. Es ist nicht nur die Moll-Tonart allein, die die Trauerstimmung erzeugt, schon der Aufstieg der Melodie über die Quint zur Oktave, mit dem der 1. Satz beginnt, gleicht einem wehmütigen Ausruf, der im folgenden Halbtonschritt mit einem Seufzer endet. Die Bläsereinsätze gemahnen an ländliche Beerdigungsmusik.

Sinfonie Nr. 45, fis-Moll, »Abschiedssinfonie«, 4 Sätze, entstanden 1772

Ihren Namen verdankt diese Sinfonie der Überlieferung, nach der Fürst Nikolaus Joseph Esterházy den Mitgliedern seines Orchesters nicht erlaubte, ihre Familien im Schloß Eszterhaza unterzubringen, und ebensowenig, sie in Eisenstadt zu besuchen, solange er selbst blieb. Da er im Jahr 1772 ungewöhnlich lang mit der Abreise zögerte, wandten sich die Musiker an ihren Kapellmeister um Hilfe, der für das nächste Hofkonzert die Sinfonie verfaßte und für das Finale vorschrieb, daß ein Instrumentalist nach dem anderen sein Licht verlosch, das Instrument nahm und fortging, bis nur mehr zwei Violinen für die Beendigung des Satzes übrigblieben. Der Fürst verstand die feine Anspielung und beurlaubte seine Musiker. Er dürfte bereits durch die flehende Themendurchführung des 1. Satzes aufmerksam geworden sein und durch das unruhige Menuett, in dem keine Fröhlichkeit aufkam. Das Finale schien in einen Taumel von Lebensfreude und Heiterkeit auszubrechen, fiel sodann in ein wehmütiges Adagio ab, in dem der Exodus der Musiker den Satz versiegen ließ.

Sinfonie Nr. 47 in G-Dur, 4 Sätze, entstanden 1772

Der doppelte Kontrapunkt der Oktave im 2. Satz ist das Auffälligste dieser Sinfonie. Volkstümliche ungarische Elemente scheinen in diesem Werk häufig auf und verleihen ihm ein sehr lebhaftes Kolorit.

Joseph Haydn bei einer Orchesterprobe, Gemälde von J. Schmid

Sinfonie Nr. 48 in C-Dur, »Maria Theresia«, 4 Sätze, entstanden 1772

Diese Sinfonie wurde anläßlich des Besuches der Kaiserin Maria Theresia in Eszterhaza im Jahr 1773 aufgeführt. Der 1. Satz, ein Allegro, ist von außerordentlicher Brillanz und dabei trotzdem sehr melodiös. Im folgenden Adagio sind mehrere schöne Bläsersoli eingeblendet, die ihm eine besondere Intimität verleihen. Der 3. Satz bringt mit seinen ständigen Dissonanzen eine gewisse Unruhe, die sich im grandiosen Finale sofort ausgleichen. Das ganze Werk hat den Charakter einer Festmusik.

Sinfonie Nr. 49 in f-Moll, »La passione«, 4 Sätze, entstanden 1768

Dunkel und nahezu drohend schreitet das Thema des 1. Satzes dahin, als müsse es eine entflammte Leidenschaft gewaltsam zurückhalten. Diese Pathetik bleibt auch in den folgenden Sätzen erhalten, trotz aller Verschiedenheit der Tempi. Der 2. Satz bringt weite melodische Sprünge, das Adagio ist wohl fließend, aber dennoch stark verhalten, und das Finale weit ausladend, doch weniger verströmend, als maßvoll gebändigt.

Sinfonie Nr. 51 in B-Dur, 4 Sätze, entstanden um 1772

Bei den zwischen 1770 und 1775 verfaßten Sinfonien trat die melodische Erfindung vor die Verarbeitung. Wenn auch die Instrumentation sehr einfach blieb, so wurden die einzelnen Instrumente doch voll ausgenützt und ihre Klangfarben als musikalisches Ausdrucksmittel verwendet. Im Adagio dieses Werks werden den Hörnern neue tiefe Töne abgewonnen, wodurch eine starke Verinnerlichung des Gesamtklanges erreicht wird. Das Menuett bringt gewagte harmonische Passagen, die deutlich ankündigen, daß der Komponist in eine neue Epoche seines Instrumentalstils eingetreten ist.

Sinfonie Nr. 52 in c-Moll, 4 Sätze, entstanden um 1772

Auch in dieser Sinfonie galt das Hauptinteresse des Komponisten dem Melos. Melodiengänge werden nicht selten oktavisch verstärkt, um sie markanter zu konturieren und zu verdichten. Durchführung und Harmonisierung spielen eine zweitrangige Rolle, sind aber dennoch so gehalten, daß sie einen farbensatten Klangteppich bilden, vor dem die melodischen Linien wie ein Hochrelief verlaufen.

Sinfonie Nr. 53 in D-Dur, »L'Impériale«, 4 Sätze, entstanden um 1775

Die »Kaiserliche« bietet im 1. Satz eine imposante Konzentration der Themen. Die ersten beiden einleitenden Phrasen beherrschen den ganzen Satz, obwohl ihnen ein kontrastierendes 2. Thema entgegengeführt wird. Die Bläser werfen romantische Schatten auf die dramatische Auseinandersetzung des thematischen Materials. Das Menuett bietet eine ähnliche interessante Struktur. Nach einem Trugschluß, führt über einenOrgelpunkt eine faszinierende Chromatik dem wirklichen Schluß zu.

Sinfonie Nr. 55 in Es-Dur, »Der Schulmeister«, 4 Sätze, entstanden 1774

In wenigen Takten hat der Komponist in dieser Sinfonie die Erinnerung an »seinen« Schulmeister, den kleinstädtischen, skurrilen, pedantischen und tyrannischen Magister Johann Matthias Frankh, festgehalten. Schon der erste Takt des 1. Satzes klingt, als würde ein Lehrer mit dem Stock auf den Tisch klopfen und Ruhe gebieten. Diesem Thema ist ein unruhiges gegenübergestellt, das vielleicht die Schulkinder symbolisieren sollte. Im folgenden Adagio gibt es keine Konflikte mehr. Das Menuett ist sehr fröhlich, und das Prestofinale klingt turbulent wie der Lärm nach dem Unterricht nach Hause stürmender Kinder.

Sinfonie Nr. 59 in A-Dur, »Feuersymphonie«, 4 Sätze, entstanden um 1767

Die Bezeichnung erhielt das Werk erst im späten 18. Jahrhundert – vermutlich wegen des erregten Allegro assai im 4. Satz. Man kann auch aus den Oktaven des ersten Themas, mit denen der 1. Satz anfängt, ein Brandsignal hören. Die beiden Mittelsätze sind etwas konventionell gehalten.

Sinfonie Nr. 60 in C-Dur, »Il Distratto« (Der Zerstreute), 6 Sätze, entstanden um 1775

Es handelt sich um Zwischenaktmusik einer fünfaktigen Komödie, »Le Distrait« (Der Zerstreute), von Jean François Regnard (1655–1709), die strukturell den frühen Sinfonien des Komponisten gleicht. Die Melodik ist vorwiegend slawischer und ungarischer Volksmusik, zum Teil aber auch eigenen älteren Kompositionen entnommen. Manche unlogische Wendungen sind im Zusammenhang mit dem Schauspiel verständlich. Die Violinmelodie im Adagio ist ein altes französisches Lied.

Sinfonie Nr. 63 in C-Dur, »La Roxelane«, 4 Sätze, entstanden 1777

Die Sinfonie wurde als Bühnenmusik für »Les Trois Sultanes« (Die drei Sultaninnen) von Charles Simon Favart (1710–92) verfaßt und vom Komponisten für den Konzertgebrauch umgearbeitet. Der 1. Satz bringt die Ouvertüre zum Schauspiel, der 2. die Bühnenmusik selbst, der 3. ein Menuett, das Finale faßt einige Gedanken der vorangehenden Teile konzertant zusammen.

Sinfonie Nr. 69 in C-Dur, »Laudon«, 4 Sätze, entstanden um 1778

Die Sinfonie wurde dem österreichischen Feldherrn Gideon Ernst von Laudon (1717–90), der 1778 zum Feldmarschall ernannt wurde, gewidmet. Zusammenhänge der Musik mit den militärischen Leistungen des Feldherrn bestehen nicht. Alle Konstruktionsversuche scheiterten. Man könnte höchstens den fanfarenähnlichen Anfang des 1. Satzes als Charakterisierung des Widmungsträgers ansehen. Der 2. Satz beinhaltet nichts Heroisches, sondern eine schöne Kantilene. Das Menuett entfernt sich schon weit vom Menuett der Suite und nahm Scherzocharakter an. Das Finale ist außerordentlich dicht gearbeitet, so daß man es beim 1783 veröffentlichten Klavierauszug als zu schwierig wegließ.

Sinfonie Nr. 70 in D-Dur, 4 Sätze, entstanden 1779

Mit diesem Werk trat der Komponist endgültig in das Reich der Wiener Klassik ein und sagte sich von allen vorklassischen Fakturen los.

Der 1. Satz enthüllt das überraschend Neue der Anlage noch nicht, aber die bei der Durchführung des ersten Themas angewendete kanonische Imitation läßt den Weg, den diese Musik gehen will, bereits vorausahnen. Im 2. Satz jedoch treten die neuen kontrapunktischen Praktiken in Kraft. Er geht in d-Moll, nur das Hauptthema des doppelt variierten Mittelteiles bleibt beim D-Dur, was dem Satz ungeheuer viel Würde und

Charakter verleiht. Das Menuett – wieder in Dur – bringt eine ungewöhnliche Form: Menuett – Trio – Menuettreprise – Coda. Die Krönung des Werkes kommt mit dem Finale in d-Moll, das eine grandios gearbeitete Triplefuge bringt. Die Aufnahme des Werks war enthusiastisch.

Sinfonie Nr. 73 in D-Dur, »La Chasse« (Die Jagd), entstanden 1781

Die Sätze 1 bis 3 sind 1781 verfaßt worden, der 4. bereits ein Jahr früher – als Vorspiel zum 3. Akt seiner Oper »La Fedeltà Premiata« (Die belohnte Treue), der wegen seines Jagdmotivs dem ganzen Werk den Namen verlieh. Die liebenswürdige Einleitung des 1. Satzes mündet in ein pastorales Allegro. Das Gegenthema ist zwar etwas elegisch, es kommt aber zu keiner echten Auseinandersetzung, der Satz klingt in ruhigen, an Orgelklängen von weit her gemahnenden Streicherakkorden aus. Auch das Andante bringt keine Kontraste. Das Menuett klingt ein wenig verschattet, doch das Trio bringt ein gemütliches Musizieren von Oboe und Fagott, die von Streichern zart begleitet werden. Der letzte Satz stellt mit schmetternden Hörnern und Trompeten die Jagd im Stil jener Zeit dar und erinnert an frühere Jagdmusiken, ist aber dennoch neu und originell.

Sinfonie Nr. 76 in Es-Dur, 4 Sätze, entstanden um 1782

Der Stil dieser Sinfonie (und der beiden folgenden) wurde als intellektuell bezeichnet. Jedenfalls besteht er aus der Kombination mehrerer struktureller und emotionaler Tatbestände. Hinreißende Melodien mit geschickt eingesetzten harmonischen und kontrapunktischen Passagen ergeben zwar keinen Ausdruck tiefer Gefühle, aber ein elegant gezimmertes Werk. Der Erfolg gab dem Meister recht.

Sinfonie Nr. 77 in B-Dur, 4 Sätze, entstanden um 1782

Wie die vorhergehende ist diese Sinfonie meisterhaft gekonnt gemacht. Interessant ist das Finale in Form eines Sonatenrondo, einer geschickten Verquickung des altbekannten Rondo mit der für sich allein zu wenig eingängigen Sonatenform. Ungeheuer ansprechend ist die kontrapunktische Behandlung des Hauptthemas im 1. Satz, die dieses Werk zum besten des Zyklus aus den Nummern 76 bis 78 macht.

Sinfonie Nr. 78 in c-Moll, 4 Sätze, entstanden um 1782

Die Molltonart wird in dieser Sinfonie wenig angewendet, ein großer Teil geht in Es-Dur oder C-Dur. Damit bleiben auch die Konflikte aus, weil, abgesehen vom 1. Satz, wo ein ernstes Moll tatsächlich seinen Schatten über den Melodienfluß wirft, die Moll-Passagen nur dekorativen Charakter annehmen. In allen drei Sinfonien ist wenig von echter Gefühlstiefe zu bemerken, und man ist auch dort, wo sich der Komponist selbst in seine Musik versenkt, skeptisch. Dafür wird man mit meisterhaften Klängen beschenkt.

Sinfonie Nr. 79 in F-Dur, 4 Sätze, entstanden um 1784

Man könnte diese Sinfonie beinahe als Routinearbeit bezeichnen. Die Themen sind kantabel, die Figurationen geschickt angebracht, alles bestens gemacht. Was zu fehlen scheint, sind die Persönlichkeit des Meisters selbst und seine Inspiration.

Sinfonie Nr. 80 in D-Moll, 4 Sätze, entstanden um 1783

Überraschend ist das Tremolo, mit dem der 1. Satz beginnt und sein ernster Charakter betont wird, doch bereits das 2. Thema des Satzes hellt die Stimmung auf, und es kommt zu keiner Rückkehr zum ersten Thema. Der schöne 2. Satz in B-Dur kommt auf ältere Fakturen des Meisters zurück wie auch das Menuett des 3. Das Finale in D-Dur steht in keinem Zusammenhang mit dem Beginn des Werkes, sondern ist ein reizendes Rokokostück für sich.

Sinfonie Nr. 81 in G-Dur, 4 Sätze, entstanden um 1783

Das Tremolo, mit dem diese Sinfonie anfängt, ist noch um vieles eindrucksvoller als bei der vorangehenden. Hier ist es das Cello, das durch 10 Takte auf der Tonika auf die ungarischen Rhythmen vorbereitet, die am Ende des Satzes auf slawische Art in der Molltonart enden. Auch die übrigen Sätze bringen viele Anklänge an Volksmusik.

Sinfonie Nr. 82 in C-Dur, »Der Bär«, 4 Sätze, entstanden 1786

Sie gehört zu den von der Pariser Vereinigung »Les Concerts de la Loge Olympique« 1785 bestellten »Pariser Sinfonien«.

Der 1. Satz steigert sich rasch zu heftiger Leidenschaftlichkeit, die nach einigen Sforzati von einem Piano abgelöst wird. Das Nebenthema kann nicht aufkommen, sondern wird von einem dem Hauptthema verwandten Motiv am Ende verdrängt, so daß es zu keiner Auseinandersetzung kommt. Der 2. Satz ist ein liedhaftes, reizendes Allegretto, in dem das zweite aus dem Hauptthema gewonnene Mollthema bald der Fröhlichkeit Platz macht, nachdem einige Kontraste aufgelöst sind. Das Menuett ist breit und behäbig, als kündige sich schon der Bär an, der im Finale mit den Celli und Kontrabässen als Orgelpunkt brummt, während die Violinen mit einem lebhaften Dudelsackthema zum Bärentanz aufspielen. Die Bläser stimmen eine Polkamelodie an, die jedoch von den Oktavenpassagen des übrigen Orchesters begraben wird. Auch die Violinen stimmen in den allgemeinen Trubel ein, so daß alles in Ausgelassenheit endet.

Sinfonie Nr. 83 in g-Moll, »Das Huhn«, 4 Sätze, entstanden 1785

Ihre Benennung erhielt diese Sinfonie wegen des »gackernden« Oboenthemas im 1. Satz, dem ein dramatisches, scharf rhythmisiertes Hauptthema gegenübersteht und sich sogar im Fortissimo entgegenstellt, bis es erdrückt wird und einem beruhigenden Ausklang Raum gibt. Das Andante ist ruhig und liedhaft, nur die Begleitung bringt eine gewisse Erregung in den melodischen Fluß, der aber gegen das Ende ungestört ausklingt. Das Menuett erinnert an den 1. Satz und ist stark von Unruhe beherrscht. Nur das Trio gleicht mit seinem Flötensolo neben den ersten Violinen einer süßen Idylle. Sanfte Töne verleihen auch dem schnellen Schlußsatz pastorale Farben, so daß die Sinfonie in behaglicher Ruhe, wie nach einem arbeitsreichen Tag, endet.

Sinfonie Nr. 84 in Es-Dur, 4 Sätze, entstanden 1786

Die Largoeinleitung klingt so feierlich, daß man ein erregendes Ereignis erwartet, aber die Spannung löst sich in ein frisches Allegro auf, das ernstere Nebenstimmen bald beiseiteschiebt. Das Andante ist lieblich, vielleicht sogar überschwenglich gefühlvoll. Die zweite Variation ist durch Moll-Akkorde und dumpfe Baßtöne unterbrochen, dann fließt in der Coda das erste Thema ungetrübt dem Ende zu. Das Menuett ist ländlerähnlich und sein Trio zart, während das anschließende Vivace ein kraftvolles Volksliedthema bringt, in das ein Seitenthema aufwühlende Unruhe trägt; es kommt erst kurz vor dem Ende zum versöhnenden Ausklang.

Sinfonie Nr. 85 in B-Dur, »Die Königin«, 4 Sätze, entstanden 1786

Der Titel stammt keinesfalls vom Komponisten und wurde angeblich wegen der Vorliebe der französischen Königin Marie Antoinette für das Werk erfunden. Das einleitende Largo ist pompös-festlich; das folgende Vivace unterstreicht noch diesen Eindruck. Anstelle eines 2. Themas wird eine transponierte Variante des Hauptthemas verwendet und somit auf den in der Klassik üblichen Dualismus verzichtet, was durch eine verstärkte Verdichtung der Linien aufgewogen wird. Der 2. Satz bringt eine Variationenfolge über das französische Volkslied »La gentille et jeune Lisette« (Die hübsche und junge Lisette), in der keine neuen Melodien verwendet, sondern nur Instrumentation und Begleitung jeweils verändert werden. Das Menuett ist knapp und energisch, dafür bietet das Finale unbeschwerte Fröhlichkeit an, die weder durch die ernsten Klänge des Mittelteiles noch durch die eigenwillige Harmonik und Rhythmik beeinträchtigt werden kann.

Sinfonie Nr. 86 in D-Dur, 4 Sätze, entstanden 1786

Diese Sinfonie wird nur selten gespielt, obgleich gerade sie durch ihre kühne Harmonik weit über ihre Zeit hinausweist. Nach einem kantablen Adagio folgt ein anfänglich ruhiges Allegro, das sich zu gesteigerter Heiterkeit erhebt, aber plötzlich mit einem Sforzato abbricht. Das 2. Thema trägt einen zarten Gesang vor, der aber bald der Gewalt des Hauptthemas erliegt. Der 2. Satz ist mit »Capriccio« betitelt und trägt die widersprüchliche Tempobezeichnung »Largo«, was jedoch durch den eigenartig verhangenen Melodiekern, der trotz tänzerischer Rhythmen düster bleibt, verständlich wird. Die Variationen sind durch Transpositionen, Trugschlüsse, Erweiterungen und Auslassungen sehr vielfältig gestaltet, dramatische Überleitungen binden sie aneinander, und das Ende markiert ein unmittelbarer Fortissimoschlag. Das Menuett ist schwerblütig, nur im Trio setzt sich der Tanzrhythmus durch. Das Finale in Sonatenform wischt alle trüben Gedanken bald fort und strahlt Freude und Heiterkeit aus.

Sinfonie Nr. 87 in A-Dur, 4 Sätze, entstanden 1785

Im rauschenden Vivace beginnt der 1. Satz mit einem breit angelegten Thema, bei dem das zweite, knapp gehaltene, sozusagen nebenherläuft. Die Durchführung bringt keine Konflikte, aber neue Farben und Nuancen. Der 2. Satz ist eine Variationenfolge über ein einfaches Thema, dem in beschaulicher Stimmung interessante melodische Varianten abgewonnen werden. Das Menuett ist gravitätisch und sogar etwas mürrisch, nur das Trio mit seinem Oboensolo lieblich und pastoral. Der Schlußsatz hält zwischen Rondo und Sonate die Waage. Eine eigentliche Durchführung des melodischen Materials und ein echter Seitensatz fehlen. Beschwingt und leicht klingt alles aus.

Sinfonie Nr. 88 in G-Dur, 4 Sätze, entstanden 1787

Dieses Werk stellt den ersten Höhepunkt des sinfonischen Schaffens Haydns dar. Dem feierlichen Adagio folgt ein lebhaftes Allegro mit einem volksliedhaften Hauptthema, das den ganzen Satz beherrscht und in der Durchführung deutlich den Einfluß ungarischer Folklore erkennen läßt. Das Largo ist nahezu andachtsvoll, sein Thema kehrt siebenmal fast unverändert, nur mit verschiedener Instrumentation, wieder. Das Menuett ist geschlossen motivisch gearbeitet und gewinnt mit seinen Pianissimoschlüssen und den leisen, wie aus weiten Fernen klingenden Paukenschlägen einen besonderen Reiz. Das Trio bringt eine behäbige Ländlerweise, die nach damaliger Manier von leeren Quinten begleitet ist. Ein heiteres Rondo dient als Finale mit einem volkstümlichen Tanzthema und einem lustigen Kanon der Violinen und Bässe.

Sinfonie Nr. 89 in F-Dur, 4 Sätze, entstanden 1787
Für dieses Werk übernahm der Komponist 2 Sätze seines fünften Konzertes für zwei Liren und kleines Orchester. Im übrigen war er zur kühlen Perfektion zurückgekehrt und zu einer gewissen Oberflächlichkeit, die alle Stilmittel und Effekte genau am richtigen Ort anwendet, um eine gute Gesamtwirkung zu erzielen. Innerlichkeit und Tiefe werden dabei nicht angestrebt. Sogar der langsame Satz ist kalt und unpersönlich.

Sinfonie Nr. 90 in C-Dur, 4 Sätze, entstanden 1788
Der 1. Satz beginnt mit einer langen Fermate, dann setzt nach wenigen Überleitungstakten das Allegro assai ein, in dem die Gegeneinanderführung und Durchführung wohl ernsten Konflikten ausweichen, aber eine schillernde Farbgebung erreichen. Das Menuett ist liebenswürdig und fein und offenbar für französisches Publikum und nicht für den Hof in Eszterhaza bestimmt. Das Finale steht in engem Zusammenhang mit dem 1. Satz und führt das Werk zu einem strahlenden Ausklang.

Sinfonie Nr. 91 in Es-Dur, 4 Sätze, entstanden 1788
Auch diese Sinfonie beginnt mit einem vorbereitenden Largo. Dann setzt mit dem Allegro assai das 1. Thema des Satzes ein, das interessant entwickelt wird und das 2. Thema kaum zu Wort kommen läßt. Das Andante in B-Dur bleibt in

Joseph Haydns »Musikalische Visitkarte«

der heiteren Stimmung des 1. Satzes. Das Menuett ist wie bei der vorangehenden Sinfonie für ein an französische Musik gewöhntes Publikum zugeschnitten, und das Finale bringt einen fröhlichen Abschluß.

Sinfonie Nr. 92 in G-Dur, »Oxford«, 4 Sätze, entstanden 1788

Diese Sinfonie wurde wie die zwei vorangehenden für Paris geschrieben, konnte aber dort wegen der 1789 ausgebrochenen Revolution nicht mehr aufgeführt werden. Sie erklang zum ersten Mal in Oxford anläßlich der Verleihung des Ehrendoktorats an den Komponisten und wird daher, obschon sie in Wien geschrieben wurde, den 12 »Londoner Sinfonien« an die Seite gereiht. Schon hier hatte der Komponist darauf verzichtet, die Themen mit leichter Hand auf das Papier zu werfen. Die Grundhaltung des Werks ist elegisch und läßt an einen Abschied vom heiteren, leichten Musizieren denken. Vielleicht fließen auch persönliche trübe Gedanken mit, die sich aber nirgends profilieren, weil die Klassik kein Überschreiten der Grenze zwischen Allgemeingültigkeit und Subjektivismus zuläßt. Ein schmerzlicher, müder Zug spinnt sich durch den ganzen 1. Satz, er kann durch ein friedliches Nebenthema nie ganz verdrängt werden. Erst das Adagio bringt Trost; wenn auch sein Mittelteil das Bild verdunkelt, so klingt es doch friedlich aus. Das Menuett läßt keine Fröhlichkeit aufkommen; auch sein Trio klingt unentschlossen und resigniert. Erst das Finale verscheucht die Schatten; mit meisterhafter Kontrapunktik kehrt die bei Haydn gewohnte Lebensfreude und Ausgeglichenheit endlich ungetrübt ein.

Sinfonie Nr. 93 in D-Dur, 4 Sätze, entstanden 1791

Es handelt sich um die erste der 12 »Londoner Sinfonien«, die Haydns sinfonisches Werk abschließen und krönen. Der 1. Satz wird von zwei Themen bestritten, die nicht in Widerstreit kommen, sondern einander ablösen. Das Largo wird von einem schlichten Thema beherrscht, das in fünf stark veränderten Variationen erklingt. Das Menuett tritt selbstbewußt und fest auf wie das krafterfüllte Rondofinale, in dessen Coda ein Zitat aus der Oper »Don Giovanni« (Es lebe die Freiheit) als Reverenz für Wolfgang Amadeus Mozart aufklingt.

Sinfonie Nr. 94 in G-Dur, »Mit dem Paukenschlag«, 4 Sätze, entstanden 1791

Diese außerordentlich bekannte Sinfonie trägt auch den Titel »Surprise« (Überraschung). Ein Adagio cantabile leitet den 1. Satz ein, dessen Abgeklärtheit und Chromatik an Haydns Oratorien denken läßt. Das folgende Vivace ist leicht und zart, eine tändelnde Weise bildet das 2. Thema, das unmittelbar zum Schluß überleitet. Die Durchführung ist konfliktreich und knapp. Das Andante gibt sich schlicht und gelassen, seine Ruhe wird jedoch durch einen überraschenden Paukenschlag zerrissen. Vier farbenprächtige Variationen folgen. Das Menuett stellt einen echten Volkstanz dar. Das Finale steht zwischen Sonate und Rondo, in dem ein scherzhaftes Hauptthema mit einem empfindsamen Nebengedanken wirkungsvoll kontrastiert und schließlich übermütig dem Ende zueilt.

Sinfonie Nr. 95 in c-Moll, 4 Sätze, entstanden 1791

Die in einer für Haydn ungewöhnlichen Tonart komponierte und mit einem Solocello ausgestattete Sinfonie setzt mit einem kontrastreichen Allegro moderato ein, dessen Hauptthema die Exposition völlig beherrscht. Das volkstümliche Tanzthema als zweiter musikalischer Gedanke kann sich kaum durchsetzen und kommt erst in der Reprise zur Geltung. Das Andante ist eine vierfache Variation, von denen eine in es-Moll gehalten ist und damit den wehmütigen Charakter des Satzes bestimmt. Das Menuett bleibt bei der Moll-Tonart und reicht nahezu an ein Scherzo heran; Anklänge an »Figaros Hochzeit« von Wolfgang Amadeus Mozart sind dabei unverkennbar. Im Trio trägt das Solocello eine Ländlermelodie vor, wodurch der düstere Charakter des Menuetts noch stärker unterstrichen wird. Das Finale klärt sich zum C-Dur auf. Es ist kontrapunktisch vorzüglich durchgeführt und klingt mit verhaltener Fröhlichkeit aus.

Sinfonie Nr. 96 in D-Dur, »The Miracle« (Das Wunder), 4 Sätze, entstanden 1791

Die später hinzugefügte Benennung rührt von einer Legende her, nach der bei der Premiere der Sinfonie ein Kronleuchter in den Publikumsraum gefallen sei, aber niemanden verletzt habe, weil alle Anwesenden ihre Sitze verlassen und sich zum Podium gedrängt hätten, um den Meister aus nächster Nähe zu betrachten. Die Sinfonie beginnt mit einem lichten, melodiösen Adagio, das sich jedoch immer mehr verdüstert und mit einem wehmütigen Oboenruf endet. Das folgende Allegro klingt festlich, aber etwas kühl. Das Andante bringt eine Variationenfolge mit groß ausgebauten Zwischensätzen; in seiner Coda erklingen zwei Soloviolinen, die dem Ganzen einen konzertanten Charakter verleihen. Das Menuett muß als matt und kraftlos bezeichnet werden, doch das Trio fällt durch zarte Pastellfarben auf. Im anschließenden Rondo setzt sich die leichte Faktur des Beginns trotz düsterer Molltöne sieghaft durch.

Sinfonie Nr. 97 in C-Dur, 4 Sätze, entstanden 1792

Das Werk beginnt mit einem bewegten Adagio, in das ein donnerndes Vivace einbricht. Das 2. Thema des 1. Satzes bringt eine elegante Tanzmelodie, doch in Durchführung und Schluß dominiert das erste. Das Adagio ist ein wenig elegisch, seine Variationen bringen interessante Modulationen. Das Menuett bringt häufige Kontraste zwischen festlichen Passagen und Staccatoteilen, das Trio einen derben Ländler. Das Rondofinale besteht aus einem beschwingten Thema, dem immer neue, überraschende Wirkungen abgewonnen werden.

Sinfonie Nr. 98 in B-Dur, 4 Sätze, entstanden 1792

Den 1. Satz leitet ein dunkles Thema in d-Moll mit schweren Unisonopassagen der Streicher ein. Dieses Thema wird jedoch von einem in Dur gewandelten Allegro abgelöst, zu dem ein etwas müdes Seitenthema tritt. Erst der Schluß des Satzes ringt sich zu optimistischen Gedanken durch. Das Adagio ist feierlich und steigert sich in breitem Bogen zu grandioser Prachtentfaltung; es ähnelt durch seinen Charakter dem Largo der Sinfonie Nr. 88, mit der auch das Menuett eine gewisse Verwandtschaft aufweist. Das Finale ist tänzerisch beschwingt und zart und bestimmt auch den Charakter des anfänglich lyrischen Seitenthemas. Im Mittelteil konzertiert eine Solovioline.

Sinfonie Nr. 99 in Es-Dur, 4 Sätze, entstanden 1793

Die glanzvolle Tonart bestimmt den Charakter des 1. Satzes, dessen harmonische Bildung neue Aspekte in die Technik des Komponisten bringt und mit ihren scharfen Kontrasten deutlich auf Ludwig van Beethoven weist. Das Adagio hat Sonatenform mit einem kantablen Thema, das jedoch vom bewegt drängenden Nebenthema beherrscht wird. Das Menuett geht weit über das Durchschnittliche hinaus und kommt einem Scherzo noch näher als der gleiche Satz in der Sinfonie Nr. 95. Das Rondofinale übt durch starke Kontraste, abrupte Wendungen und prächtige Instrumentierung einen nachhaltigen Reiz aus. Die erstmalige Verwendung von Klarinetten geht auf den Einfluß Mozarts zurück.

Sinfonie Nr. 100 in G-Dur, »Militärsymphonie«, 4 Sätze, entstanden 1794

Die Benennung dieser beliebten Sinfonie ist durch den marschähnlichen Charakter der ersten beiden Sätze und die Verwendung von »Janitschareninstrumenten« – Große Trommel, Becken, Triangel – bedingt. Die pompöse Einleitung des 1. Satzes hat noch keinen »militärischen« Charakter, dafür das 2. Thema, das mehrmals in spätere Militärmärsche aufgenommen worden ist. Das Allegretto des 2. Satzes ist ein echter Militärmarsch der Zeit, auch im nach Moll transponierten Teil, der nach einem Trompetensignal sich im klaren Dur auf die Coda zu bewegt. Das Menuett nimmt die kriegerische Stimmung nicht wieder auf, es ist tänzelnd, zum Teil auch plump-gravitätisch; das Trio wirkt gemütsvoll und lustig. Im Finale klingen energische Gesten und erregte Passagen auf, doch am Ende herrschen doch Fröhlichkeit und Zuversicht.

Sinfonie Nr. 101 in D-Dur, »Die Uhr«, 4 Sätze, entstanden 1794

Der 1. Satz wird von einem Adagio in d-Moll eröffnet und die Exposition von zwei parallel gehaltenen Themen bestritten. Das Andante ist von gleichmäßig hin und her pendelnden Achteln begleitet, was zur Benennung der Sinfonie führte. Das Menuett ist breit ausgesponnen, im Trio erzeugen die Soli der Holzbläser eine liebliche pastorale Stimmung. Das Rondofinale strahlt viel Geist und Heiterkeit aus, seine Form und Aussage ist von ganz besonderer Geschlossenheit.

Sinfonie Nr. 102 in B-Dur, 4 Sätze, entstanden 1794

Schon der 1. Satz enthält eine so starke dramatische Spannung und eine derart großzügige Entwicklung des Themenmaterials, daß sein Format alles Bisherige aller Sinfonien übertrifft. Hart prallen die Gegensätze aufeinander, nicht einmal die Reprise bringt eine Klärung; diese tritt erst in der Coda mit dem Sieg des Themas ein. Im Adagio des 2. Satzes wird die Elegik der Melodie durch den Klang hoch geführter Fagotte und gedämpfter Blechinstrumente zur Melancholie. Der Volkstanz des Menuetts kann in seiner Urwüchsigkeit auch von dem stampfenden Unisonomotiv nicht gestört werden, sein Trio nimmt mit träumerischer Stimmung Walzerseligkeit voraus. Das Rondo entnimmt sein Thema dem Bereich des Volkslieds.

Sinfonie Nr. 103 in Es-Dur, »Mit dem Paukenwirbel«, 4 Sätze, entstanden 1795

Die im 19. Jahrhundert hinzugefügte Benennung bezieht sich auf das Paukensolo am Beginn des getragenen Adagio des 1. Satzes, der die Stimmung einer Totenfeier aufkommen läßt. Im folgenden Allegro stimmen Celli, Kontrabässe und Fagotte einen Trauergesang an, dessen Wehmut auch in der Reprise erhalten bleibt. Die Variationen des 2. Satzes über ein Thema in c-Moll kommen einem Trauermarsch nahe, der erst am Ende zu neuer Lebensfreude findet. Auch das Menuett weist einen nachdenklichen Mittelteil auf, nur das Trio bringt helle, sorglose Farbtöne. Das Finale hingegen ist ein heiteres Rondo, das alle trüben Gedanken vertreibt.

Sinfonie Nr. 104 in D-Dur, »Salomon«, 4 Sätze, entstanden 1795

Diese letzte, Johann Peter Salomon gewidmete Sinfonie beginnt mit einem marschmäßig fröhlichen Allegro; das 2. Thema des 1. Satzes kommt kaum zur Entwicklung und tritt erst in der Reprise wieder auf. Der 2. Satz bringt eine einfache Melodie, die an Herbst und Vergänglichkeit mahnt. Das Menuett wirkt durch eigenwillige Betonung der schwachen Taktteile sehr humorvoll. Das Hauptthema des Schlußsatzes ist an eine kroatische Volksweise angelehnt und spannt sich über einen Bordunbaß.

Sinfonie concertante in B-Dur, 3 Sätze, entstanden 1792

Diese zwischen dem Konzert und der Fantasie anzusiedelnde Sinfonie concertante (die auch als Sinfonie Nr. 105 bezeichnet wird) für Oboe, Fagott, Violine und Cello als Soloinstrumente und Orchester stellt im 1. Satz die Solisten bereits heraus, ehe das Orchester die Exposition beendet hat. Das von den ersten Violinen und der Flöte vorgetragene Thema beherrscht den ganzen Satz, ein echtes 2. Thema tritt nicht in Erscheinung. Der 2. Satz ist eine freie Variation eines vom Beginn an stark figurierten Themas. Im 3. Satz kommt überraschenderweise das Hauptthema zuerst in variierter Form zum Vortrag, ehe es in Originalgestalt auftritt. Virtuosität, problemloses Musizieren und schöne Klänge beherrschen das ganze, bis heute gern gespielte Werk.

Cembalokonzert in D-Dur, 3 Sätze, entstanden um 1782

Es handelt sich um kein Virtuosenstück, sondern um gehobene Unterhaltungsmusik. Der 1. Satz beginnt mit einem tänzerischen Thema, das, vom Soloinstrument aufgegriffen, in immer neuen Wendungen erklingt. Auch der 2. Satz ist liedhaft und wird vom Cembalo reich ausgeziert. Der 3. Satz – »Rondo all'Ongharese« – intoniert ungarische Zigeunermusik in gehobener Form.

Cembalokonzert in F-Dur, 3 Sätze, entstanden um 1770

Der lebhafte 1. Satz ist zierlich und galant, eine vornehme Unterhaltungsmusik. Der langsame Satz wird vom Cembalo nahezu allein bestritten, die begleitenden Streicher bilden nur eine sehr zurückhaltende Hintergrundmusik. Das Finale weist einen Mittelteil in Moll auf, was aber auf die allgemeine Fröhlichkeit nicht störend wirkt.

Violinkonzert in G-Dur, 3 Sätze, entstanden 1765

Im schwungvollen 1. Satz dieses wegen seiner Kantabilität und Virtuosität beliebten Violinkonzerts wird das Eröffnungsthema solistisch stark verziert. Im 2. wird eine ausdrucksreiche Melodie exponiert und von den Violinen in hohen Lagen übernommen. Das Finale wirkt mit seinem ungarischen Rhythmus und Akzent außerordentlich plastisch.

Cellokonzert in D-Dur, 3 Sätze, entstanden 1783

Der 1. Satz bringt in ausgesprochen empfindsamem Stil eine ausdrucksreiche Melodie, die das Soloinstrument sofort übernimmt und virtuos figuriert. Das Orchester verläßt sehr oft seine begleitende Rolle und tritt selbst charakteristisch hervor. Das Adagio greift Elemente des 1. Satzes wieder auf und formt daraus einen balladesken Gesang. Das Finale in Rondoform bringt ein tänzerisches Thema, das mit schwierigen Passagen zu einem prachtvollen Ausklang hindrängt.

Trompetenkonzert in Es-Dur, 3 Sätze, entstanden 1796

Es handelt sich um das letzte Solokonzert des Komponisten. Es wurde 1796 für den kaiserlichen Hoftrompeter Anton Weidinger, den Erfinder der Klappentrompete (Übergangsform von der alten Naturtrompete zur modernen Ventiltrompete), verfaßt. Da mit diesem Instrument auch chromatische Tonfolgen geblasen werden konnten, finden sich neben den bislang üblichen Signalmotiven weitgespannte Melodiebogen, die eng auf das begleitende Orchester bezogen sind, so daß man dieses Stück als frühestes Trompetenkonzert in unserem Sinn ansprechen darf.

Das Hauptthema des vom Orchester eröffneten 1. Satzes wird später vom Soloinstrument übernommen und weiterentwickelt; im Seitenthema tritt die neue Chromatik auf. Der 2. Satz bringt ein weiches Siciliano, an dem Violinen und Trompeten gleichberechtigt beteiligt sind. Das Rondo als Finale ist volkstümlich einfach, steigert sich gegen das Ende zum dramatischen Fortissimo, das mit der Kadenz gelöst abschließt.

Konzert für Orgel und Orchester in C-Dur, 3 Sätze, entstanden 1756

Die breite Orchestereinleitung des 1. Satzes umfaßt seine beiden Themen, die darauf variationsartig verändert und vom Orgelsatz stark figuriert begleitet werden. Der 2. Satz bringt ein schlichtes liedhaftes Thema der ersten Violinen, das von der Orgel weitergeführt wird. Vor dem Ende ist ein Platz für die Kadenz ausgespart. Dem Hauptthema des Finales ist ein aus gebrochenen Triolenfiguren bestehendes Seitenthema beigegeben. Das Wechselspiel zwischen diesen und den Sechzehnteln des Hauptthemas verleiht dem Satz einen besonderen Reiz.

Konzert für Orgel und Orchester in C-Dur, 3 Sätze, entstanden 1766

Das Thema des 1. Satzes wird von den Streichern intoniert, von der Orgel weitergesponnen und sehr färbig durchgeführt. Die Themenfigur des Adagio besteht aus gebrochenen Dreiklängen, und das Finale bringt ein sprühendes konzertantes Wechselspiel von Violinen und Orgel.

Streichquartett in B-Dur, Opus 1/1, 5 Sätze, entstanden 1755

Es handelt sich eigentlich um ein Divertimento, dessen »Ständchen« als Adagio in der Mitte steht, von 2 Menuetten flankiert und 2 Presto eingerahmt wird. Das Eingangspresto beginnt mit einem Fanfarenmotiv, setzt in der ersten Violine fort und verklingt leise mit der zweiten. Darauf ergehen sich die Instrumente in raschen Sechzehnteln, bis eine mit Trillern verzierte Kadenz den Teil beendet. Nach einigem Tändeln wiederholt der 2. Teil den 1. Das Menuett ist zärtlich und lockend, das Ständchen selbst bringt ein gefühlvolles Solo der ersten Violine. Darauf folgen ein fröhliches 2. Menuett und ein wirbelndes Prestofinale.

Streichquartett in C-Dur, Opus 1/6, 5 Sätze, entstanden vor 1760

Der Ständchencharakter ist auch hier durch die Fünfsätzigkeit gewahrt. Das Solo der ersten Violine im Adagio wird von den anderen Instrumenten pizzicato begleitet. Das 2. Menuett beginnt mit zu je einem Paar in Oktaven gekoppelten Stimmen. Das abschließende Presto stellt einen echten Quartettsatz dar, wie ihn der frühe Haydn schrieb.

Streichquartett in Es-Dur, Opus 2/3, 5 Sätze, entstanden um 1760

Dieses Quartett war ursprünglich als Divertimento für zwei Hörner entworfen, was noch an den Einleitungstakten zum Thema des 1. Satzes merkbar ist. Hornmotive sind auch im 2. Menuett zu finden. Im Adagio erklingt ein romantisches Violinsolo, das mit Däpfern begleitet wird.

Streichquartett in F-Dur, Opus 2/4, 5 Sätze, entstanden um 1760

Hier tritt zum ersten Mal ein Adagio in Moll auf, in dem das Thema durch Synkopen verwischt und die Wehmut vertieft wird. Das Menuett ist auf liebenswürdige Art verspielt wie das kleine Schlußpresto.

Streichquartett in B-Dur, Opus 2/6, 5 Sätze, entstanden um 1760

Die fünfsätzige Serenadenform ist auch hier beibehalten. Das Eingangsadagio bringt vier Variationen. Darauf folgt ein launisches Presto mit einem einprägsamen volkstümlichen Thema und ein kleiner reizender Satz in As-Dur. Das 2. Menuett hat wieder gekoppelte Stimmen, und das Presto schließt das Werk in sprühender Laune ab.

Streichquartett in E-Dur, Opus 3/1, 4 Sätze, entstanden nach 1761

Mit den 6 Quartetten für den Fürsten Esterházy gibt der Komponist die Divertimentofaktur und die Fünfsätzigkeit auf. Sie wurden wegen ihres hochromantischen Gehalts auch »Eichendorff-Quartette« benannt. Der 1. Satz ist ein Allegro molto voll Stimmung. Das Menuett ist gravitätisch und hat ein reizendes Trio mit farbigen Pizzicati. Das folgende Andantino grazioso bringt eine Serenade der gedämpften Violinen, von Bratsche und Cello, nach Gitarrenart gezupft, begleitet. Ein verhaltenes Schlußpresto steigert sich schwungvoll von pianissimo bis forte und fällt erneut zum Pianissimo ab.

Streichquartett in C-Dur, Opus 3/2, 3 Sätze, entstanden nach 1767

Im einleitenden Andante wird eine sangbare Melodie fünfmal variiert. Das Trio des folgenden Menuetts bringt eine Ländlerweise der ersten Violine. Ein ungewöhnlich langes Presto im Marschrhythmus schließt das Werk ab.

Streichquartett in G-Dur, Opus 3/3, 4 Sätze, entstanden nach 1767

Das Presto des 1. Satzes voll Fröhlichkeit wird von einem empfindsamen Largo abgelöst. Das Menuett als 3. Satz begleitet die Melodie mit Musettetönen. Das Finale bildet einen Abschluß voll Humor und Freude.

Streichquartett in B-Dur, Opus 3/4, 2 Sätze, entstanden nach 1761

Das Allegro moderato bringt die Melodie auf weiten Strecken zweistimmig. Dem 2. Satz, einem Presto, ist ein kurzes Adagio vorangestellt; dann gewinnt die tänzerische Faktur die Oberhand.

Streichquartett in F-Dur, Opus 3/5, 4 Sätze, entstanden nach 1761

Dieses Werk ist als »Serenadenquartett« bekannt geworden. Ein Presto voll Phantasie leitet es ein, in dem die erste Violine bald die Führung übernimmt. Im Andante cantabile klingt die berühmte »Serenade«, von der ersten Violine vorgetragen und pizzicato begleitet, auf. Das Menuett ist ausgesprochen urwüchsig, und das

Scherzando beendet das Quartett in fröhlicher Stimmung.

Streichquartett in A-Dur, Opus 3/6, 4 Sätze, entstanden nach 1761

Im 1. Satz erscheinen zwei Themen, die einer Durchführung unterzogen werden. Das Adagio ist reich ausgeschmückt. Die Themen des Menuetts und des 4. Satzes sind dem Volksmusikgut entnommen, außerordentlich eingängig und meisterhaft mit interessanten Figurationen und Echowirkungen verarbeitet.

Streichquartett in C-Dur, Opus 9/1, 4 Sätze, entstanden 1769

Die Werke des Opus 9 bezeichnete der Komponist als seine »Ersten Streichquartette«. Er hatte sich von der Divertimento- und der Serenadenform gelöst.

Das vorliegende Quartett beginnt mit einem tänzerischen Thema voll Helligkeit und Frische und wird sofort durchgeführt. Nach einer Fermate tritt das Gegenthema ein. Alle Instrumente sind an der Entwicklung maßgebend beteiligt. Das Menuett ist sehr heiter, sein Trio bringt ernste Gedanken in der Moll-Tonart. Das Adagio fällt durch besondere Sanglichkeit auf. Das abschließende Presto nimmt mehrere Wendungen der vorangehenden Sätze auf und führt sie gemeinsam mit einem neuen chromatischen Seitenthema reich figuriert durch.

Streichquartett in Es-Dur, Opus 9/2, 4 Sätze, entstanden 1769

Im 1. Satz fällt der ersten Violine ein virtuoser Part zu, aber auch die anderen Instrumente haben schwierige Aufgaben zu lösen, um den Konflikt der beiden Themen zu bewältigen. Das Menuett ist kurz und mit einer interessanten absteigenden Baßfigur ausgestattet; sein Trio bringt einen kleinen Kanon. Der 3. Satz wird von einem grandiosen Adagio angekündigt, dann übernimmt die erste Violine einen rhapsodischen innigen Gesang. Das Finale ist großräumig angelegt und nimmt Formen der Romantik voraus.

Streichquartett in G-Dur, Opus 9/3, 4 Sätze, entstanden 1769

Heiterkeit ist die Grundstimmung des gesamten Werkes. Im 1. und im 3. Satz tritt die Violine konzertant auf. Das zweistimmige Thema des Menuetts bringt wiegende Tanzweisen; sein Trio ist voll Sforzati und Synkopen, und das Presto beendet humorvoll das Stück.

Streichquartett in d-Moll, Opus 9/4, 4 Sätze, entstanden 1769

Dieses erste Mollquartett des Komponisten stellt eine höchst persönliche Ausdrucksmusik dar. Das melancholische Thema des 1. Satzes wird von der ersten Violine vorgetragen. Das Menuett ist empfindungsreich und weit von der seinerzeitigen »höfischen« Form entfernt; erst das farbige Trio heitert die Stimmung etwas auf. Im Adagio spielt die erste Violine eine Romanze. Das Presto bereitet dem Stück einen kraftvollen Schluß.

Streichquartett in B-Dur, Opus 9/5, 4 Sätze, entstanden 1769

Der Einleitungssatz bringt ein zweiteiliges arioses Thema mit vier Variationen. Das Menuett hat reine Rokokoform, das Largo cantabile stellt die erste Violine in Szene. Das Presto ist unbeschwert und fröhlich, endet aber im Pianissimo.

Streichquartett in A-Dur, Opus 9/6, 4 Sätze, entstanden 1769

Der 1. Satz entfaltet sich fanfarenartig. Das zarte Menuett hat ein schönes Trio in Moll. Nach einem schönen 3. Satz blüht das Finale zu einem prächtigen Klangphänomen von überraschend kurzer Dauer auf.

Streichquartett in d-Moll, Opus 42, 4 Sätze, entstanden vermutlich vor 1769

Dieses Quartett soll bereits vor Opus 9 entstanden sein. Es wird von einem schlichten Andante ed innocentemente, dessen Thema sich sequenzartig entfaltet, eingeleitet. Das Menuett in D-Dur ist ausgesprochen lustig, nur das Trio in Moll dämpft die Fröhlichkeit etwas. Der 3. Satz, ein Adagio e cantabile, in B-Dur ist friedvoll und voll Melodie. Der Schlußsatz besteht aus einem geistreichen und eleganten Presto.

Streichquartett in E-Dur, Opus 17/1, 4 Sätze, erschienen 1771

Das einleitende Moderato gibt sich hochgestimmt und spielfreudig. Das anschließende Menuett umrahmt ein elegisches Trio in cis-Moll, an dem alle Instrumente beteiligt sind. Das folgende Adagio in e-Moll überläßt die Melodieführung der ersten Violine, die begleitenden Harmonien sind stark verziert. Im Finale tragen die Violinen das Thema in Terzen vor, ein sanglicher Seitengedanke tritt hinzu und beteiligt sich am fröhlichen Abschluß.

Streichquartett in F-Dur, Opus 17/2, 4 Sätze, erschienen 1771

Der 1. Satz beginnt, als läge ein Violinkonzert vor, aber die anderen Instrumente fallen bald ein und beteiligen sich gleichberechtigt an der weiträumigen Durchführung. Das folgende Menuett wirkt gravitätisch, sein Trio in d-Moll bringt folkloristische Stimmung. Das stark lyrische Adagio prunkt mit einer großen Aria der ersten

Violine, und im konzertanten Finale wirken das häufig synkopierte Hauptthema und das daraus entnommene Seitenthema zu einem energischen Abschluß zusammen.

Streichquartett in Es-Dur, Opus 17/3, 4 Sätze, erschienen 1771

Von den vier Variationen, mit denen der 1. Satz beginnt, werden drei von der ersten Violine geführt, der die anderen Instrumente nur kleine Motive entgegenstellen, in der vierten dominiert das Cello. Das Thema des behaglichen Menuetts ist mit dem des 1. Satzes verwandt; sein Trio ist sehr apart. Das Adagio in As-Dur ist von Carl Philipp Emanuel Bach beeinflußt, kommt aber durch viele Abweichungen im tonalen Bereich einem Capriccio nahe. Das Finale ist thematisch äußerst reizvoll und stattet alle Instrumente mit virtuosen Wendungen aus.

Streichquartett in c-Moll, Opus 17/4, 4 Sätze, erschienen 1771

Im 1. Satz sind alle Stimmen vorzüglich durchgearbeitet und erzielen eine nahezu weihevolle Schönheit. Der Diminuendoschluß des Satzes mündet überraschend in C-Dur. Das Menuett bleibt bei dieser Tonart und umschließt tändelnd ein c-Moll-Trio. Der Satz gleicht einem Scherzo. Das Adagio cantabile ist voll Ornamentik, die anderen Instrumente begleiten die erste Violine akkordisch oder mit Sechzehntelpassagen. Zwei Themen beherrschen das energische Finale; das 1. steigt sequenzartig an, stürzt jäh nieder und steigt erneut, um wieder abzusinken und wiederum aufzustreben, das 2. wird von der ersten Violine mit Doppelgriffen virtuos vorgetragen und nimmt opernhafte Gestik an.

Streichquartett in G-Dur, Opus 17/5, 4 Sätze, erschienen 1771

Die Durchführung des thematischen Materials im 1. Satz ist groß angelegt und mit vielen Synkopen durchsetzt. Das schöne Menuett ist einfach und pastoral, sein g-Moll-Trio bricht in einem großen Crescendo in schwermütige Klage aus und verklingt sodann piano. Im Adagio wird die Arie der ersten Violine zweimal durch Rezitative unterbrochen. Im lebhaften Finale beendet die virtuose Schlußsteigerung das Kernmotiv mit mehreren Pianissimotakten.

Streichquartett in D-Dur, Opus 17/6, 4 Sätze, erschienen 1771

Das Presto des 1. Satzes bringt ein eingängiges Thema mit zündender Faktur. Das Menuett ist arios, das Trio spielt mit wiegenden Triolen. Das Largo gibt der ersten Violine Gelegenheit zum reizvollen Vortrag von Trillerketten, ausdrucksreichen Fermaten, von einer Menge Doppelgriffen und zwei Solokadenzen. Das Finale ist wie das Presto eines Divertimento angelegt.

Streichquartett in Es-Dur, Opus 20/1, 4 Sätze, entstanden 1772

Dieses 1. der 6 Sonnenquartette (benannt nach einer alten Titelvignette) unterscheidet sich von den vorhergehenden nicht sehr. Die Ecksätze sind heiter, das Finale ist witzig pointiert. Das Menuett findet im Trio keinen Gegensatz, sondern eine Fortsetzung, das Affettuoso schwelgt in Sanglichkeit.

Streichquartett in C-Dur, Opus 20/2, 4 Sätze, entstanden 1772

Bei diesem Sonnenquartett steht der langsame Satz an zweiter Stelle und das Menuett an dritter. Diese Umstellung war erforderlich, weil der 1. Satz die Exposition bringt und der 2. diese durchführt. Der 3. Satz führt die Entspannung herbei, während der 4. neue Schwerpunkte setzt und einen langen Durchführungsteil anschließt, der in einer Fuge mit 4 Themen endet.

Streichquartett in g-Moll, Opus 20/3, 4 Sätze, entstanden 1772

Bei diesem 3. Sonnenquartett ist wieder die alte Satzanordnung in Geltung. Der 1. Satz ist voll Melancholie, dem ein Menuett in ähnlicher Stimmung folgt; erst das zweiteilige Trio heitert das Werk vorübergehend auf. Das Poco adagio in G-Dur führt freundlichere Vorstellungen herbei, die in freier Kantilene ihren Ausdruck finden, obwohl die Begleitstimmen noch sehr unruhig sind. Erst im feingegliederten Finale kommt es zu einem hinreißenden Musizieren.

Streichquartett in D-Dur, Opus 20/4, 4 Sätze, entstanden 1772

Dieses 4. Sonnenquartett kehrt zur Satzanordnung des 2. zurück. Das Werk beginnt mit einem äußerst lebhaften Allegro di molto. Das schöne Mollthema des folgenden Adagio wird von der zweiten Violine und der Bratsche und dann vom Cello variiert. In der dritten Variation umspielt die erste Violine das Thema, und die vierte wird von allen Instrumenten bestritten. Das Menuett »alla zingarese« bringt rhythmische Schwerpunktverlagerungen und Sforzati und das Finale ein überschäumendes Presto scherzando.

Steichquartett in f-Moll, Opus 20/5, 4 Sätze, entstanden 1772

Das 5. Sonnenquartett ist von Schwermut überschattet. Der 1. Satz ist tief melancholisch, seine Stimmung wird nirgends aufgehellt, und auch das Menuett, das als 2. Satz folgt, ist von dieser Stimmung beherrscht; nicht einmal das Trio kann trotz der Dur-Tonart etwas daran ändern. Erst das sangliche Adagio bringt etwas Helligkeit. Das Finale beendet das Werk mit einer großen Doppelfuge.

Streichquartett in A-Dur, Opus 20/6, 4 Sätze, entstanden 1772

Dieses 6. Sonnenquartett beginnt mit einem federnden Allegro di molto e scherzando, seine heitere Stimmung bleibt im Adagio cantabile, dem 2. Satz, aufrecht und wird durch witzige Pointen verstärkt. Das reizende Menuett hat ein Trio, in dem die zweite Violine schweigt und die restlichen Instrumente »auf der tiefen Saite« musizieren. Das Finale bringt eine Fuge mit 3 Themen.

Streichquartett in h-Moll, Opus 33/1, 4 Sätze, entstanden 1781

Die 6 Russischen Quartette (Opus 33 und 42) widmete der Komponist dem Großfürsten Paul von Rußland, dem nachmaligen russischen Kaiser Paul I. Sie werden auch »Scherzi« genannt, weil darin zum ersten Mal der bisherige Menuettsatz mit »Scherzo« bezeichnet ist. Die auch gebrauchte Bezeichnung »Jungfern-Quartette« leitete sich von der Titelvignette eines alten Druckes ab.

Joseph Haydn behauptete, daß diese Quartette »auf eine ganz neue, besondere Art« gemacht seien. Tatsächlich tat er darin seinen letzten Schritt zum »klassischen« Streichquartett, der in der Hauptsache darin bestand, daß er die Motivspiele auf ganze Sätze ausdehnte und die Bindung der Themen an einzelne Instrumente aufhob.

Joseph Haydn, Graphik von W. Daniell

In diesem 1. Russischen Quartett sind die neuen Prinzipien augenfällig durchgeführt. Das ist sowohl im 1. Satz wie im 2., »Scherzando«, belegbar. Die Themen entfalten sich sequenzartig aus einem oder zwei Motiven. Der langsame Satz ist verhalten elegisch, das Schlußpresto sorgfältig von jeder persönlichen Emotion freigehalten.

Streichquartett in Es-Dur, Opus 33/2, 4 Sätze, entstanden 1781

Humorvoll und frisch beginnt der 1. Satz, sein kurzer Moll-Einwurf ist nicht ernst zu nehmen. Das Scherzo ist ein echtes Menuett. Das folgende Largo sostenuto bietet schöne Lyrismen, und das Finale ist ein wahres musikantisches Stück.

Streichquartett in C-Dur, Opus 33/3, »Vogelquartett«, 4 Sätze, entstanden 1781

In den Themen des Allegro moderato sind Vogelstimmen angedeutet. Im Trio des ernsthaften Scherzando, dessen Themen auf tiefen Saiten zu spielen sind, zwitschern die Vögel erneut. Im Schlußpresto ruft ein Kuckuck, während das 2. Thema ungarische Töne anschlägt.

Streichquartett in B-Dur, Opus 33/4, 4 Sätze, entstanden 1781

Im Allegro molto kommt es zu einer äußerst komischen Durchführung. Das Scherzo bringt hüpfende Menuettrhythmen und ein Trio mit elegischer Moll-Stimmung. Das Largo schlägt ariose Töne an, das Presto schließt mit zehn Takten Pizzicato.

Streichquartett in G-Dur, Opus 33/5, 4 Sätze, entstanden 1781

Einem spritzigen Vivace assai folgt ein Largo cantabile mit viel Pathos, in dem die erste Violine den Ton angibt. Ein echtes Scherzo vertritt das Menuett, lustig und unterhaltsam. Das Finale bringt ein schönes Siciliano, das mit einem kurzen energischen Presto abschließt.

Streichquartett in D-Dur, Opus 33/6, 4 Sätze, entstanden 1781

Nach einem beschwingt tänzelnden 1. Satz folgt ein Andante in d-Moll voll Poesie. Derb und bäurisch gibt sich das Scherzo, dessen Trio das Thema von einem Instrument zum anderen wirft, bis es zu einem Unisonoende kommt. Im Finale entstehen lebhafte Auseinandersetzungen der Instrumente in einem reizenden Rondo.

Streichquartett in B-Dur, Opus 50/1, 4 Sätze

Die folgenden 6 Werke sind König Friedrich Wilhelm II. von Preußen gewidmet und heißen daher »Preußische Quartette«. Trotz eines gewissen Einflusses von Carl Philipp Emanuel Bach haben sie wenig »Preußisches« an sich, sondern gehören vollgültig der Wiener Musik an. Viel stärker war nämlich der Einfluß von Wolfgang Amadeus Mozart. Sie entstanden in der Zeit zwischen 1784 und 1787.

Das vorliegende Werk beginnt mit einem pastoralen Allegro voll Spannung, die sich in der Durchführung noch verdichtet und erst in der Coda löst. Das folgende Adagio non lento stellt sich mit drei Variationen über ein kantables Thema vor. Der 3. Satz ist ein echtes Menuett mit einem aufsteigenden Dreiklangmotiv, das sich im Trio umkehrt. Mit stürmischem Schwung beendet, vor der Coda durch eine Generalpause unterbrochen, das Finale das ansprechende Stück.

Streichquartett in C-Dur, Opus 50/2, 4 Sätze

Haupt- und Seitenthema nehmen im 1. Satz von vornherein an der Entwicklung teil und verdichten sich in der Durchführung zu polyphoner Klangwirkung. Das Adagio cantabile ist voll chromatischer Wendungen. Das Menuett schließt ein ansprechendes Trio ein, das sich mit einem Violinenduett zur echten Quartettmusik erhebt. Das Vivace assai des Finales ist fein und humorvoll.

Streichquartett in Es-Dur, Opus 50/3, 4 Sätze

Der 1. Satz bringt ein energisches, nahezu sinfonisch wirkendes Allegro con brio. Das Andante bringt einen Variationensatz, den das Cello anstimmt. Nach einer Abwandlung in b-Moll wird das Thema wiederholt und sodann von Triolen umspielt. Das Menuett fügt sich klangvoll der Stimmung des Werkes ein, und das Presto bietet viel Schwung und Farbigkeit.

Streichquartett in fis-Moll, Opus 50/4, 4 Sätze

Im 1. Satz wird die Entwicklung von einem rhythmischen Motiv bestritten. Im folgenden Andante wird ein kantables Motiv viermal, abwechselnd in Dur und Moll, variiert. Das Menuett in Fis-Dur ist überaus farbig; sein Trio in Moll weich und stimmungsvoll. Das Finale ergeht sich in einer großen freien Fuge.

Streichquartett in F-Dur, Opus 50/5, 4 Sätze

Das großräumige Allegro moderato des 1. Satzes bringt die romantische Grundstimmung dieses Werkes. Verträumt setzt das Poco Adagio die wirklichkeitsabgewandte Haltung fort. Fröhlichkeit kommt erst im Menuett und in seinem Trio in Moll auf, und sprühende Ausgelassenheit strahlt nur das Finale aus.

Streichquartett in D-Dur, Opus 50/6, 4 Sätze

Das Werk trägt den Namen »Froschquartett«, wegen der Häufung von Bariolagen im Finale (rasche Aufeinanderfolge desselben Tones auf abwechselnd zwei Saiten eines Instruments), die an Froschquaken erinnern. Der 1. Satz bringt ein lebhaftes Allegro. Das Adagio ist sehr ernst und hellt sich erst gegen Ende des Satzes auf. Das Menuett ist energisch und klangreich.

Streichquartett in G-Dur, Opus 54/1, 4 Sätze

Es handelt sich um das erste Werk der 12 »Tostschen Quartette«, die dem Wiener Großkaufmann Johann Tost gewidmet wurden und 1789 bis 1790 entstanden.

Im 1. Satz hat die erste Violine virtuose Aufgaben zu bewältigen. Der 2. bringt ein hübsches Allegretto mit sanften Harmonien. Das Menuett gibt sich sehr eigenwillig; in seinem Trio konzertiert das Cello mit einer österreichischen bäurischen Tanzmelodie. Das Finale weist sinfonische Faktur mit überraschenden Modulationen auf.

Streichquartett in C-Dur, Opus 54/2, 4 Sätze

Das gesamte Werk hat pastoralen Charakter. Der 1. Satz moduliert durch mehrere Tonarten in Dur und Moll und erzeugt ein prächtiges Klangbild. Das Adagio beginnt in c-Moll, die Melodie trägt die erste Violine vor, die sodann von der zweiten abgelöst wird; in aufgehellter Stimmung endet der Satz in G-Dur. Das Menuett schließt unmittelbar an und sendet die Violine bis zum viergestrichenen C empor; sein Trio bringt dunkle Mollharmonik. Das Finale beginnt mit einem Adagio. Nach seiner Abwandlung in Moll prescht ein Presto vehement hervor, bis nach einer Fermate das Adagio gekürzt wiederkehrt und leise verklingt.

Streichquartett in E-Dur, Opus 54/3, 4 Sätze

Paarweise Koppelungen der Instrumente ziehen sich durch das ganze Quartett. Im 1. Satz sind es die zweite Violine und die Bratsche, die in Terzgängen das Vivacethema der ersten Violine flankieren. Diese Methode setzt sich im düsteren Largo cantabile fort, in dem die Ober- und die Unterstimmen paarweise musizieren; nur im Mittelteil in a-Moll fällt die Führung der ersten Violine zu. Im Menuett spielen die Stimmpaare in Oktaven gegeneinander, um sich im Trio zum Unisono zu vereinen. Im abschließenden Presto geben die Mittelstimmen den Ton an.

Streichquartett in A-Dur, Opus 55/1, 4 Sätze

Das Thema des einleitenden Allegro fließt aus dem A-Dur-Dreiklang. Die Durchführung ist voll Leben, wendet sich zum C-Dur, kehrt in der Reprise zurück und schließt den Satz mit einer energischen Coda ab. Die Kantilene des 2. Satzes wird von der zweiten Violine gebracht, bis es zu einem ausdrucksvollen Spiel aller Instrumente kommt. Das Menuett ist melodisch aufgelockert, im Trio muß sich die erste Violine virtuos bewähren. Das Finale ist straff, aber doch sehr elegant.

Streichquartett in f-Moll, Opus 55/2, 4 Sätze
Dieses Quartett fängt mit einem Andante piutosto Allegretto an, das einen Variationssatz auf einem einfachen Thema fünfmal – Dur und Moll abwechselnd – bringt; darauf folgt das Allegro, in dem starke Emotionen spannungsreich dargestellt werden. Der Satz mündet nach mehrfachen Modulationen in eine Coda in F-Dur. Das Menuett ist kanonisch und kontrapunktisch. Das Finale bringt ein heiteres Presto.

Streichquartett in B-Dur, Opus 55/3, 4 Sätze
Das Eröffnungsthema des 1. Satzes bleibt bis zum Ende dominierend. Im 2. Satz wird ein liedförmiges Thema zweimal variiert, wobei die zweite Violine stellenweise die Führung innehat. Das Menuett weist eine chromatische Linienführung auf. Das Finale schnurrt wie ein Perpetuum mobile ab und läuft pianissimo aus. Das Ende bildet aber ein kräftiger Schlußtakt.

Streichquartett in C-Dur, Opus 64/1, 4 Sätze
Die Grundhaltung dieses Werkes ist heiter. Eintrübungen haben nur die Funktion eines Farbkontrastes. Die Thematik der ersten 3 Sätze ist einem Dreiklang entnommen. Im Scherzando gibt es drei reizende Variationen, bei denen alle Instrumente abwechselnd führen. Das Finale entwickelt ein eigenes Thema, dessen Ausführung jedoch keine Stimmungsänderung bringt.

Streichquartett in h-Moll, Opus 64/2, 4 Sätze
Der 1. Satz bringt außerordentlich farbige Klangkombinationen. Das motivische Material aus Haupt- und Seitenthema wird spannend entwickelt. Das Adagio ma non troppo in H-Dur teilt die Kantilene der ersten Violine zu. Das Menuett lehnt sich an ungarische Folklore an, sein Trio in Dur nimmt die Stimmung des Adagio wieder auf. Das Finale wirkt trotz der Moll-Tonart hell.

Streichquartett in B-Dur, Opus 64/3, 4 Sätze
Heitere Stimmungsbilder kennzeichnen dieses Stück, dessen Thematik voll chromatischer Wendungen ist. Dem Hauptthema des 1. Satzes ist ein zwischen Dur und Moll wechselndes Seitenthema gegenübergestellt. Das Adagio bringt ein schönes Duett der Violinen und einen melancholischen Mittelteil in es-Moll. Das Menuett ist humorvoll derb wie sein Trio. Ein fröhliches Allegro con spirito schließt das Stück ab.

Streichquartett in G-Dur, Opus 64/4, 4 Sätze
Im Allegro con brio des 1. Satzes offenbart sich die helle Atmosphäre des Werkes. Das Menuett ist in Wahrheit ein Bauernländler mit humorvoll derben Wendungen; im Trio bringt die erste Violine eine eindrucksvolle Melodie, die von den anderen Instrumenten gezupft begleitet wird. Im Adagio führt ebenfalls die erste Violine mit einer zarten Weise, die von einem Mittelteil in c-Moll unterbrochen ist. Das Finale ist von besonders schönem Schwung.

Streichquartett in D-Dur, Opus 64/5, »Lerchenquartett«, 4 Sätze
Seinen Namen erhielt das Stück wegen der hohen Violinmelodie im Kopfsatz, die eine pastorale Stimmung erzeugt. Auch im Adagio cantabile und im Menuett erhebt sich die Violine zu hohen Lagen, erst im Trio senkt sich die Melodie in elegantem Bogen zur Mittellage. Das Vivace rollt mit ununterbrochenem Schwung ab.

Streichquartett in Es-Dur, Opus 64/6, 4 Sätze
Ein reizendes Allegretto leitet das Werk ein. Der Satz ist ein Musterbeispiel knapper, sparsamer Entwicklung auf engstem Raum, mit der eine außerordentliche Spannung der melodischen Linie erreicht wird. Das Andante ist schwärmerisch, alle Instrumente sind am musikalischen Geschehen beteiligt; nur im Mittelteil führt die erste Violine. Das Menuett und sein Trio sind von tänzerischem Schwung getragen. Das Finale beendet das beliebte Quartett mit humoristischen Wendungen.

Streichquartett in B-Dur, Opus 71/1, 4 Sätze
Die nächsten 6 Quartette sind dem ungarischen Grafen Antal Apponyi gewidmet und tragen die Bezeichnung »Apponyi-Quartette«. Sie sind in den Jahren bis 1793 entstanden. Allen ist eine kurze Einleitung vorangestellt.
Im vorliegenden Stück legen zwei Takte mittels einer Kadenz die Tonart fest. Dann setzt das Allegro ein, wird energisch entwickelt und mit einem daraus gewonnenen Seitenthema weiträumig durchgeführt. Die folgenden Sätze sind mustergültig gearbeitet, bieten aber keine Besonderheiten.

Streichquartett in D-Dur, Opus 71/2, 4 Sätze
Nach einem viertaktigen Einleitungs-Adagio setzt das Allegro ein, dessen Thema sogleich stürmisch entwickelt wird. Eine schlichte Melodie stellt sich im Andante cantabile vor, und ein eigenwillig rhythmisiertes Menuett schließt sich an. Das Rondofinale im Allegretto mündet in eine Allegro-Stretta mit volkstümlicher Melodie.

Streichquartett in Es-Dur, Opus 71/3, 4 Sätze
Die Einleitung zum 1. Satz besteht aus einem

einzigen Akkord in Es-Dur. Trotzdem biegt das Thema sofort nach B-Dur aus, wird aber bald zurückgeholt und muß einem lyrischen Seitenthema die Führung überlassen. Im Andante con moto lösen interessante Variationen einander ab. Das Menuett gleicht einem derben Ländler. Das Finale beendet das Stück mit weit ausholendem Schwung.

Streichquartett in C-Dur, Opus 74/1, 4 Sätze

Die Einleitung besteht aus zwei Akkorden – Dominante und Tonika –, die die Aufmerksamkeit erregen. Dann steigt das Thema über einem Orgelpunkt chromatisch an. Das Andantino grazioso ist ein freier Sonatensatz. Das Menuett umschließt ein kantables Trio in A-Dur. Das Finale beginnt ganz schlicht, weitet sich sodann polyphon aus und mündet in ein Fugato.

Streichquartett in F-Dur, Opus 74/2, 4 Sätze

Acht Unisonotakte bilden die obligate Einleitung; aus ihnen entwickelt sich das Thema des ersten Aktes, dessen Durchführung lebhaft und von Moll-Passagen durchsetzt ist. Das Andante grazioso bringt drei Variationen über ein heiteres Thema. Im Menuett tobt sich die Spielfreudigkeit harmonisch und rhythmisch aus; dazu kontrastierend ist das Trio voll Lyrismen. Das Finale nimmt die Stimmung des 1. Satzes erneut auf.

Streichquartett in g-Moll, Opus 74/3, »Reiterquartett«, 4 Sätze

Die Benennung erhielt dieses Quartett wegen des Rhythmus der beiden Ecksätze. Sein Adagio wird zu den schönsten der gesamten Klassik gezählt. Das Menuett klingt wie ein Ländler; auch sein Trio behält diese Faktur bei. Im Finale setzt der Reiterrhythmus des 1. Satzes wieder ein. Das ganze Werk hat eine stark sinfonische Klangwirkung, bleibt aber im Rahmen der Kammermusik.

Streichquartett in G-Dur, Opus 76/1, 4 Sätze

Die folgenden 6 Quartette wurden Graf Joszef Erdödy gewidmet. Sie sind in den Jahren 1796 bis 1798 entstanden.

Auch hier wird dem 1. Satz eine Kadenz vorangestellt, dann stimmt das Cello das Thema an, das von den Violinen übernommen und darauf von allen Stimmen in einem technisch sehr schwierigen Spiel durchgeführt wird. Das Adagio weist deutliche romantische Züge auf. Das Menuett wirkt frisch und lustig. Das Finale ist in freier Sonatenform gehalten.

Streichquartett in d-Moll, Opus 76/2, »Quintenquartett«, 4 Sätze

Seinen Namen verdankt dieses Quartett den beiden Quintenschritten, mit denen sich das Thema des 1. Satzes einführt. Die Entwicklung ist polyphon mit neuen interessanten Kontrapunkten. Das Andante bringt ein schwärmerisches D-Dur-Thema. Das Menuett in d-Moll, »Hexenmenuett« genannt, ist mit Oktavenpaarungen kanonisch geführt und bringt eine eigenartig gespenstische Stimmung, die sein derbes ländliches Trio kontrastierend noch unterstreicht. Das Finale ergeht sich in slawischen Weisen und endet in einer Dur-Coda.

Streichquartett in C-Dur, Opus 76/3, »Kaiserquartett«, 4 Sätze

Der 1. Satz bietet ein vollendetes Bild polyphonen Reichtums. Im Adagio wird die Melodie des »Kaiserliedes« des Komponisten zuerst als vierstimmiger Satz vorgetragen und darauf unverändert von der zweiten Violine, dem Cello, der Bratsche und der ersten Violine wiederholt; die Variation liegt nur in den jeweiligen Begleitstimmen. Das Menuett ist energisch, sein schroffes Drängen wird jedoch vom Trio in a-Moll gemildert. Das Finale ist dem 1. Satz sehr verwandt.

Streichquartett in B-Dur, Opus 76/4, 4 Sätze

Der 1. Satz dieses Quartetts wurde als »Sonnenaufgang« bezeichnet, weil sich sein Thema aus verhülltem Dämmern durch ständige Steigerung der Entwicklung allmählich zu farbenprächtiger Helligkeit aufklart. Das Adagio mit seiner Gefühlstiefe erhebt sich zu hymnischem Gepränge. Das Menuett mit seinem Trio ist freudig beschwingt und das Rondofinale unbeschwert heiter.

Streichquartett in D-Dur, Opus 76/5, 4 Sätze

Am Eingangsallegretto wird ein volksliedartiges Sicilano mehrmals prächtig variiert. Das Largo cantabile e mesto in Fis-Dur ist seinem Titel entsprechend ein trauriges Lied. Das Menuett gewinnt sein Thema aus dem Dreiklang in gleicher Tonart. Das Finale ist eine tänzerische Spielmusik.

Streichquartett in Es-Dur, Opus 76/6, 4 Sätze

Das Thema des 1. Satzes wird viermal variiert. Das Adagio trägt die Bezeichnung »Fantasia«. Rhapsodisch durchwandert die kantable Melodie, von H-Dur ausgehend, weite Klangräume, bis sie zurückmoduliert. Das Menuett ist durch weite melodische Sprünge gekennzeichnet, sein Trio ist ein fröhliches Fugato. Das Finale ist von einer scharf akzentuierten Motorik beherrscht.

Streichquartett in G-Dur, Opus 77/1, 4 Sätze

Dieses und das folgende Quartett wurden Fürst Franz Joseph Lobkowitz gewidmet. Sie sind 1799 entstanden.

Mit einem marschähnlichen Thema beginnt der

1. Satz des vorliegenden Quartetts. Das Seitenthema stellt eine entspannende Kraft zum Hauptthema dar. Im weiträumigen Adagio wechseln Erregung und Stille ab, bis ein Pianissimo einen ruhigen Abschluß herbeiführt. Das Menuett ist ein rasantes Presto, sein Trio hat pastoralen Charakter und bringt einen dreimaligen Kuckucksruf. Den Abschluß des Werkes bildet ein brillantes Presto.

Streichquartett in F-Dur, Opus 77/2, 4 Sätze

Dieses Werk wird allgemein als Haydns »schönstes Quartett« angesehen. Ein heiteres Allegro macht den Anfang, dessen Thema eine herrliche Entwicklung durchläuft. Als 2. Satz schließt sich ein überraschend fröhliches Menuett an, dessen Trio in Des-Dur sehr elegisch klingt. Im Andante trägt die erste Violine ein kantables Thema vor, das mit heiteren Wendungen variiert wird. Das Finale ist eine schwungvolle stilisierte Polonaise. Mit diesem Stück ist der Komponist bereits vor den Toren der Romantik angelangt.

Quartett für Flöte, Violine, Bratsche und Cello, »Mann und Weib« oder »Der Geburtstag«, entstanden 1770

Das Stück fängt mit einem fröhlichen Presto an. Im folgenden Andante moderato wird die Melodie durchwegs in Oktaven geführt, womit die Harmonie zwischen Mann und Weib symbolisiert werden soll. Nach einem hübschen Menuett erklingt die »Fantasia«, als 4. Satz mit sechs Variationen, bei denen fünfmal einem Cellothema jeweils ein Instrument gegenübergestellt wird. In der sechsten konzertieren nur mehr Flöte, Bratsche und Cello.

Trio Nr. 42 in D-Dur für Baryton, Bratsche und Cello, 3 Sätze, entstanden 1767

Dieses Trio kann die Bordunsaiten in D-Stimmung auch als Zupfbegleitung verwenden. Der 1. Satz – Cantabile – bringt eine reizende Melodie, neben der das sonore Baryton schön zur Geltung kommt. Das Allegro kann nicht sehr rasch sein, weil die gezupften Bordunsaiten lange nachklingen. Trotz der Engführung ergeben die drei tiefen Instrumente eine schöne Klangwirkung. Das abschließende Menuett wirkt gravitätisch mit feinem Humor.

Trio Nr. 48 in A-Dur für Baryton, Bratsche und Cello, 3 Sätze, entstanden 1767

Bei diesem Trio kann nur ein Teil der auf D gestimmten Bordunsaiten des Barytons verwendet werden, falls man keine Umstimmung vornimmt. Der 1. Satz, ein Moderato, bewegt sich in sehr engem melodischem und rhythmischem Rahmen, erreicht aber doch den Rang eines vorzüglichen Musikstücks. Das Menuett stampft ein wenig, wie es bei den drei tiefen Instrumenten nicht anders sein kann, wirkt aber dennoch sehr graziös, und das Finale beschleunigt das Tempo erheblich zu einem eleganten Duktus.

Trio Nr. 82 in C-Dur für Baryton, Bratsche und Cello, 3 Sätze, entstanden um 1770

Bei diesem Trio muß auf Zupfeffekte verzichtet werden, wenn man die Bordunsaiten nicht auf C umstimmt. Das gemächliche Adagio des 1. Satzes bringt schöne akkordische Klangwirkungen. Das Allegro ist tatsächlich bewegt und fällt durch interessante Kontrapunkte auf. Das abschließende Menuett ist zum Teil in hohen Lagen gegriffen und klingt auffällig hell.

Trio Nr. 106 in D-Dur für Baryton, Bratsche und Cello, 3 Sätze, entstanden 1772

Der 1. Satz ist ein Moderato mit drei Variationen, bei denen die Möglichkeiten des Barytons voll ausgenützt werden. Das Menuett erhält durch die gezupfte Begleitung den Charakter einer Serenade, und das Finale ist in Wahrheit ein schneller Satz, der dem etwas schwerfälligen Baryton viel abverlangt.

Klaviertrio in G-Dur, Opus 75/1, 3 Sätze

Dieses äußerst beliebte Trio beginnt mit einem gemütvollen Andante, das sich einer dreiteiligen Liedform nähert und überraschende Modulationen aufweist. Das Poco Adagio ist voll romantischer Stimmung; im Mittelteil tritt die Violine solistisch auf. Aber alles wird im Finale vom »Rondo all'Ongarese« übertroffen.

Klaviersonate Nr. 20 in c-Moll, 3 Sätze, entstanden 1771

Der 1. Satz beginnt mit einem Terzenthema, dem nach einem lang ausklingenden Nonakkord rauschende Arpeggien und eine improvisatorisch wirkende Reprise folgen. Der Mittelsatz, ein Andante con moto in As-Dur, ist von linearer Zweistimmigkeit von Melodie und Baß gekennzeichnet, wozu teilweise auch Terzenparallelen kommen. Das Finale wirkt etwas trocken.

Klaviersonate Nr. 23 in F-Dur, 3 Sätze, entstanden 1773

Diese heitere Sonate voll Poesie ist ein Muster klassischer Form. Hauptthema und Seitenthema kontrastieren einander und laufen in Passagenwerk aus. Das Adagio in f-Moll ist eine zauberhafte Elegie. Das Finale ist ein lustiger Prestosatz, der dem Wechsel zwischen Dur und Moll viel Humor abgewinnt.

Klaviersonate Nr. 27 in G-Dur, 3 Sätze, entstanden 1776

Der heitere, temperamentvolle 1. Satz durchmißt einen weiten Tonartenkreis. Der Mittelsatz, ein Menuett, gibt sich zeremoniell, sein

Trio in Moll verkündet leise Wehmut. Im Schlußpresto erklingen fünf Variationen über ein fröhliches Thema im Zweivierteltakt.

Klaviersonate Nr. 28 in Es-Dur, 3 Sätze, entstanden 1776

Der 1. Satz ist ein stürmisches Allegro mit feiner Linienführung. Dem folgt ein zierliches, stark ausgeschmücktes Menuett mit einem lyrischen Trio in es-Moll. Die Thematik des letzten Satzes ist auf beide Hände verteilt und drängt zu einem fröhlichen Ausklang.

Klaviersonate Nr. 29 in F-Dur, 3 Sätze, entstanden 1776

Das Thema des 1. Satzes setzt marschartig ein. Skurrile Episoden und klavieristische Ausschmückungen kennzeichnen die Durchführung, die über c-Moll und As-Dur modulierend bei d-Moll endet. Ein pathetisches Adagio in

Joseph Haydn

B-Dur bildet den Mittelsatz. Das Menuett beginnt mit gemessenen Tanzschritten und steigert sich in Tempo und Ausdruck bis zum Ende.

Klaviersonate Nr. 30 in A-Dur, 3 Sätze, entstanden 1776

Der 1. Satz bringt ein spielerisches Thema, in das militärische Hornmotive eingesetzt sind. Er endet auf dem Dominantseptakkord und leitet unmittelbar auf das Adagio über, das durch besondere Klangpoesie auffällt. Der letzte Satz bringt ein Menuett mit sechs Variationen. Die ganze Sonate hat den Charakter gehobener Gesellschaftsmusik.

Klaviersonate Nr. 31 in E-Dur, 3 Sätze, entstanden 1776

Haupt- und Seitenthema des 1. Satzes sind kantabel; es kann daher zu keinen dramatischen Kontrasten kommen. Der Lyrik dieses Satzes entgegen, bringt der 2. ein herbes e-Moll-Allegretto im strengen dreistimmigen Satz. Das Finale ist eine Burleske bester Gattung.

Klaviersonate Nr. 33 in e-Moll, 3 Sätze, entstanden 1778

Romantische Unrast ist das Kennzeichen des 1. Satzes. Das Adagio in G-Dur, dessen Melodie sich in Figurationen auflöst, endet auf einem H-Dur-Dreiklang als Dominante von e-Moll. Der 3. Satz schließt unmittelbar an, um den Kontrast zwischen Ernst und Fröhlichkeit deutlich zu betonen.

Klaviersonate Nr. 35 in C-Dur, 3 Sätze, entstanden 1780

Klassische Klarheit und Heiterkeit, Maß und Harmonie der Form sind besonders im 1. Satz ausgeprägt. Das Adagio ist ruhig, schön und frei jeden Überschwanges. Der Moll-Kontrast im Finale ist auf kleinen Raum beschränkt, so daß der Heiterkeit kein Abbruch geschieht.

Klaviersonate Nr. 36 in cis-Moll, 3 Sätze, entstanden 1780

Das Unisono des 1. Satzes wirkt mächtig und orchestral. Das Seitenthema mit seiner eigenwilligen Formulierung gibt dem Satz ein interessantes Gepräge. Der 2. Satz ist ein als Scherzando bezeichnetes Allegro, fröhlich und verspielt. Ein Menuett, dessen Trio in Cis-Dur ungeheuer zart wirkt, bildet den Abschluß.

Klaviersonate Nr. 37 in D-Dur, 3 Sätze, entstanden 1780

Der 1. Satz ist reich figuriert. Das anschließende Largo in d-Moll bringt eine Feierlichkeit, die an das Barock erinnert. Das Finale läßt Dur und Moll ständig kontrastieren, bis das heitere Temperament den Sieg davonträgt.

Klaviersonate Nr. 38 in Es-Dur, 3 Sätze, entstanden 1780

Der 1. Satz wird durch die Wiederholung des Hauptthemas in der Dominantentonart, dem dann doch ein Seitenthema folgt, um einiges erweitert, denn damit vergrößert sich auch die Durchführung. Das Adagio in c-Moll ist sehr poetisch und etwas sentimental. Das Finale hat Menuettfaktur; es umschließt einen weichen Trioteil in As-Dur, der zu seiner Kraft plastisch kontrastiert.

Klaviersonate Nr. 40 in G-Dur, 2 Sätze, entstanden 1784

Der 1. Satz stellt sich als pastorale Idylle vor. Das bukolische Thema und dessen Anhang in Moll werden einmal zur Gänze variiert, die zweite Variation betrifft nur mehr den Durteil. Das Schäferspiel endet mit viel Humor. Das Presto ist voll lärmender Fröhlichkeit und bildet eine wirkungsvolle Ergänzung zu den empfindsamen Szenen des 1. Satzes.

Klaviersonate Nr. 41 in B-Dur, 2 Sätze, entstanden 1784

Der 1. Satz ist ein echtes Sonatenallegro. Dem leichten tändelnden Hauptthema steht ein kraftvolles Seitenthema mit Moll-Akkorden gegenüber. Die Durchführung ist schlackenlose klassische Diktion. Der 2. Satz, ein zwei- bis dreistimmiges Allegro, wechselt zwischen B-Dur und b-Moll ab, bis die Sonate ernst ausklingt.

Klaviersonate Nr. 42 in D-Dur, 2 Sätze, entstanden 1784

Im 1. Satz – Andante con espressione – tritt ein gefühlstiefes Thema auf, das dreimal variiert wird. Die zweite Variation verwendet die d-Moll-Tonart, und die dritte ist eine Doppelvariation. Der 2. Satz stellt ein leichtes, rasantes Nachspiel dar, das den Ernst des 1. noch unterstreicht.

Klaviersonate Nr. 48 in C-Dur, 2 Sätze, entstanden 1789

Der Anfangssatz besteht aus einem Thema mit Variationen, von denen eine die düstere c-Moll-Tonart verwendet. Der ganze Satz ist sehr ernst und gedankentief. Der 2. Satz ist ein Rondo in C-Dur, Wendungen in c-Moll treten scharf kontrastierend auf, bis es zu einem friedlichen Ausgleich kommt.

Klaviersonate Nr. 49 in Es-Dur, 3 Sätze, entstanden 1789

Der 1. Satz ist groß und reich angelegt, aber die vielen Themen und Motive werden mit ordnender Hand gebändigt und verschmolzen. Persönliche Gefühlsausbrüche sind vermieden, alles ist auf Allgemeingültigkeit abgestellt. Ebenso schön und formgerecht ist das Adagio cantabile. Ein anmutiges Menuett verleiht dem Meisterwerk einen würdigen Abschluß.

Klaviersonate Nr. 50 in C-Dur, 3 Sätze, entstanden 1794

Den Anfang macht ein leichtes Staccatothema, dem zwar zahlreiche Verwandlungen abgewonnen werden, aber kein Seitenthema entgegengestellt ist. Das F-Dur-Adagio ist dreiteilig und bringt pathetische Oktavenpassagen. Das Finale ist ein echtes Scherzo.

Klaviersonate Nr. 51 in D-Dur, 2 Sätze, entstanden 1794

Der 1. Satz, der mit einem der Romantik nahestehenden Liedthema beginnt, ist in freier Sonatenform gehalten. Auch die Durchführung läßt das nahe 19. Jahrhundert ahnen. Das Finale wirkt mit seinen Terzen und Sexten sowie oft scharfen Dissonanzen, als wäre das Zeitalter der Romantik bereits voll angebrochen.

Klaviersonate Nr. 52 in Es-Dur, 3 Sätze, entstanden 1798

Der 1. Satz wird von einer mächtigen Akkordfülle heroisch eröffnet. Von da spinnt sich ein zartes Motiv weiter, dem sich ein leichtes spielerisches Seitenthema zugesellt. Nach einem strahlenden Abschluß des ersten Teiles kommt es zu einer äußerst dichten und interessant modulierten Durchführung in G-Dur, von wo bis zur Reprise über mehrere Tonarten chromatisch gleitend die Haupttonart erreicht wird. Das Adagio in E-Dur ist sehr pathetisch; es wendet sich überraschend nach C-Dur und kehrt nach einem kapriziösen Mittelteil in e-Moll zum E-Dur zurück. Das Prestofinale nimmt erneut die ursprüngliche Tonart auf und führt den Satz temperamentvoll zu Ende.

Fantasie in C-Dur für Klavier, 1 Satz, entstanden 1789

Dieses rondoartige Stück besteht aus 2 Themen und bietet eine Fülle von überraschenden Wendungen. Modulationen werden einmal durch ein chromatisch anderthalb Oktaven durchgleitendes Oktavenunisono durchgeführt, ein anderes Mal, indem die Tonart nach einer Fermate einfach um einen Halbton höher rückt. Polyphone Passagen wechseln mit monodischen ab, mittels häufigem Übergreifen der Hände wird der Klaviersatz stark belebt, die Spannung wird mit allen klavieristischen Mitteln bis zum effektvollen Schluß lebendig erhalten.

Variationen in f-Moll für Klavier, entstanden 1793

Das Thema besteht aus zwei heterogenen Teilen: einem f-Moll-Satz in punktierten Rhythmen und einem lyrischen mit Arpeggiofiguren verzierten F-Dur-Satz. Die erste Variation des Themas, das schon an und für sich ein vollständiges Klavierstück wäre, chromatisiert den Mollteil, während der Durteil reich ausgeschmückt wird; die zweite übergießt beide Teile mit einer Fülle von Figurationen. Das lange Finale beschäftigt sich ausschließlich mit dem Mollteil, erhebt sich zu ungewöhnlicher Dramatik und schließt alles mit einem F-Dur-Akkord ab.

»Gott erhalte«, Österreichische Kaiserhymne für Singstimmen, entstanden 1797, Text von Lorenz Leopold Haschka

Die schlichte volksliedhafte, leicht einprägsame Weise stimmt mit der ersten, einmal wiederholten Phrase mit den ersten drei Takten des kroatischen Volksliedes »V jutro rano se ja stanem malo pred Zorom« (Frühmorgens stehe ich kurz vor der Morgenröte auf) überein. Teile der Melodie finden sich auch bei Georg Friedrich Telemann, Johann Friedrich Agricola, Wolfgang Amadeus Mozart und bei Joseph Haydn (in der Mariazeller Messe) selbst, außerdem in der gregorianischen Paternosterweise. Sie wurde, und nicht nur wegen des patriotischen Textes, sofort begeistert aufgenommen und blieb, mit kleinen Textabänderungen, bis 1920 »Österreichische Nationalhymne«. Mit einer Textierung von August Heinrich Hoffmann von Fallersleben aus 1841 (»Deutschland, Deutschland über alles«) war sie von 1922 bis 1945 deutsche Nationalhymne (die 3. Strophe ist seit 1952 Nationalhymne der Bundesrepublik Deutschland).

LITERATUR

L. Nowak, Joseph Haydn, Leben, Bedeutung und Werk, Wien 1957. Manfred Huss, Joseph Haydn, Eisenstadt 1984. K. Geiringer, Joseph Haydn, München/Mainz 1986.

Michael Haydn (1737–1806)

ZEIT UND UMWELT

Der Fürsterzbischof von Salzburg, Hieronymus Graf von Colloredo (1732–1812), bemühte sich, im Sinne der Aufklärung den Gottesdienst volksnaher zu gestalten. Diesem Ziel entsprechend ließ er anstelle der Instrumentalmusik zwischen Gloria und Credo beim Hochamt Vokalmusik aufführen, der Texte aus dem römischen Missale zugrunde gelegt wurden. Auf der gleichen Linie lag der von ihm erstmals zugelassene deutsche Messetext bei »Stillen Messen«. Da der Kirchenfürst einen hiefür außerordentlich befähigten Komponisten betrauen konnte, der es verstand, mit Melodik und Harmonik die frommen Texte glaubwürdig auszudeuten, so daß ein zeitlos gültiges Werk entstand, wurde damit eine neue Tradition des katholischen Kirchengesanges begründet.

Michael Haydn

LEBEN

Johann Michael Haydn wurde am 14. 9. 1737 in Rohrau, Niederösterreich, als jüngerer Bruder des Joseph Haydn geboren. Er wurde 1745 Chorknabe bei St. Stephan in Wien, wo er alle Funktionen seines Bruders, der wegen Stimmbruchs ausschied, übernahm. Wegen seiner auffälligen Fortschritte im Orgelspiel konnte er bald als stellvertretender Organist im Stephansdom verwendet werden. Systematischen Kompositionsunterricht erhielt er ebensowenig wie sein Bruder, er war ebenso auf das Studium der Kompositionslehre von Johann Joseph Fux angewiesen, die er vollständig abschrieb. Um 1753 kam er als Organist in die damals ungarischen Städte Temesvár (Timişoara, Rumänien), Varasdin (Varaždin, Jugoslawien) als Organist, wo er bereits Kompositionen schrieb und als Kapellmeister zum Bischof von Nagyvárad (Oradea, Rumänien) kam, der ihn 1763 als »Hofmusicus und Concertmeister« nach Salzburg in den Dienst des Fürsterzbischofs Siegmund Christoph Graf von Schrattenbach (1698–1771) vermittelte. Ende 1777 wurde ihm der Organistendienst bei St. Peter und der Dreifaltigkeitskirche übertragen, 1781 erhielt er die Stelle des Hof- und Domorganisten. Sein Ruf als Kirchenkomponist hatte sich inzwischen weit verbreitet, er wurde mit Kompositionsaufträgen überhäuft. 1798 reiste er nach Wien, um seinen Bruder zu besuchen; dessen Freundeskreis versuchte ihn zu überreden, in Wien zu bleiben. Er lehnte ab, weil er Salzburg nicht verlassen und vermutlich nicht in Wien im Schatten seines berühmten Bruders leben wollte. Er schlug auch das Angebot aus, als Vizekapellmeister

Hieronymus Graf von Colloredo, aus einem Gemälde von F. X. König (?)

des Fürstenhauses Esterházy nach Eisenstadt zu gehen, nachdem er durch den Einmarsch der Franzosen in Salzburg 1800 seine gesamte Habe eingebüßt hatte, weil er damit rechnete, bald wieder in Salzburg arbeiten zu können. Als feststand, daß er diese Hoffnung fallenlassen mußte, war die Stelle bereits anderweitig vergeben. Seine Ernennung zum auswärtigen Mitglied der Königlich-schwedischen Musikakademie im Jahr 1804 war zwar sehr ehrend, aber wenig einträglich. Er kehrte nach Salzburg zurück, wo man ihm nur die Stelle des Hoforganisten belassen hatte, und starb dort am 10. 8. 1806. – Das Requiem, das Kaiserin Maria Theresia bei ihm bestellt hatte, war noch nicht vollendet; man spielte es bei seiner Totenfeier dennoch, mit Teilen aus früheren Werken ergänzt.

WERKE

Das Streben Michael Haydns war vom Beginn seines kompositorischen Schaffens auf Originalität gerichtet. Er bildete bereits unter seinen Mitschülern für seine ersten Kompositionsversuche eine Art Kommission mit der Aufgabe, seine »Werke« nach Plagiaten und Nachahmungen zu untersuchen; er lebte in der Angst, daß ihm Themen, Wendungen und Harmonisierungen eines anderen Komponisten unterliefen, wobei dieser andere nur sein Bruder Joseph sein konnte. Aus seinem Ausspruch: »Gebt mir den gleichen Gönner, wie ihn mein Bruder hat, und ich müßte nicht hinter ihm zurückstehen«, ersieht man, daß er sich für gleichwertig hielt und darunter litt, daß Joseph ihn weit hinter sich ließ. Daher wollte er sich zumindest vor dem Vorwurf schützen, daß er den Bruder nachahme, daher ging er ihm soviel wie möglich – persönlich und künstlerisch – aus dem Weg. Er lernte nichts von ihm, er machte dessen Weg in die Klassik nicht mit, sondern blieb konservativ und war zuweilen offenbar absichtlich etwas rückschrittlich. Zeit seines Lebens war er bemüht, sich von Stil und Technik des Bruders abzuheben und sich selbst deutlich zu profilieren. Das gelang ihm auch. Aber er war damit nicht zufrieden. Er war und blieb – zumindest in den eigenen Augen – nur der Bruder des weltberühmten Joseph Haydn, der eben auch komponierte. Er hinterließ ein umfangreiches kompositorisches Werk, in dem 32 lateinische und 8 deutsche Messen stehen, von denen das »Hier liegt vor deiner Majestät« am weitesten verbreitet ist. Joseph Haydn stellte sie wegen ihrer Strenge, Ernsthaftigkeit und gleichbleibenden Kraft über seine eigenen. Leopold Mozart, der sich selbst für einen feinen Mann hielt und Michael Haydn wegen seiner rustikalen Manieren nicht mochte, schrieb dennoch an den Sohn: »Herr Haydn ist ein Mann, dessen Verdienste man anerkennen muß.« Damit rannte er offene Türen ein, denn der Sohn hatte die »Verdienste« des Salzburger Kirchenmusikers schon längst erkannt und gewürdigt. Außer den Messen, von denen die Missa solemnis, die Chiemsee-Messe, die Missa Aloysii, die Missa Leopoldi und die Missa Cruxis vielleicht die bedeutendsten sind, schrieb er 2 Requiem (das zweite blieb unvollendet), 6 Te Deum, 117 Gradualien, 45 Offertorien, ein deutsches Magnificat, 27 Responsorien für die Karwoche, mehrere Oratorien und zahlreiche andere sakrale Gesänge, Lieder, Kantaten, Kanons und als erster Quartette für Männerchor, die eine neue Musikgattung begründeten, weiters eine Oper und mehrere Singspiele sowie Schulopern. An Instrumentalmusik liegen vor: 46 Sinfonien, 5 Konzerte, Märsche, Menuette, 4 Serenaden, 17 Divertimenti, Tänze, Kassationen, 7 Quintette,

Salzburg, Anfang des 19. Jahrhunderts, nach einem Gemälde von H. Sattler

9 Streichquartette, 2 Quartette für Bläser und Streicher, 4 Duos für Violine und Viola, Variationen und ein Divertimento für Cembalo sowie 50 kleine Orgelpräludien, außerdem noch Skizzen für das Salzburger Glockenspiel und eine Anzahl Generalbaßübungen.
Seine Kirchenmusik wird heute noch viel aufgeführt, während man alles andere nur noch selten zu hören bekommt, obgleich es einer stärkeren Beachtung wert wäre.

Konzert für Trompete, Streicher, zwei Hörner und Generalbaß in D-Dur, 2 Sätze

Es handelt sich um den konzertierenden Teil einer siebensätzigen Serenade, bei dem der Trompeter seine Kunst zeigt. Die Konzeption der Seufzermelodik im 1. Satz - Adagio - hat klassisches Format. Das Soloinstrument steigt bis zum dreigestrichenen »a« hoch, wo der Bläser bereits chromatische Passagen hervorbringen kann (die Naturtrompete ohne Klappen und Ventile konnte sich nur in der Obertonreihe bewegen). Der 2. Satz bringt ungehemmte Musizierfreudigkeit, die allerdings dem Solisten virtuoses Spiel abfordert. Das Konzert ist typische Rokokomusik.

LITERATUR

H. Jancik, Michael Haydn, Wien 1952.

Philipp Hayes (1738–97)

LEBEN

Philipp Hayes wurde am 17. April 1738 in Oxford getauft und von seinem Vater William Hayes ausgebildet. Nach seinem Studium erhielt er 1767 die Ernennung zum Gentleman der Chapel Royal und wurde 1776 Organist am New College und 1790 am St. John's College von Oxford. Er starb am 19. 3. 1797 in London.

WERKE

Von Philipp Hayes sind mehrere Anthems, Psalmen, ein Oratorium, eine Caecilienode und ein Maskenspiel erschienen. Er veröffentlichte eine Sammlung von Kirchenmusik, die in London bei den Zusammenkünften der Wykehamisten (Angehörige der von Bischof und Kanzler William of Wykeham, 1324 bis 1404, gegründeten Colleges in Oxford) gesungen wurde.

William Hayes (1708–77)

LEBEN

William Hayes wurde am 25. 1. 1708 in Hanbury, Worcestershire, geboren. Er war Chorist an der Kathedrale von Gloucester unter William Hine und wirkte dort auch als Organist. Im Jahr 1729 wurde er Organist an St. Mary's Church in Shrewsbury und 1741 an der Kathedrale von Worcester, 1734 dirigierte er die Worcester Festivals und übernahm im selben Jahr die Leitung des Chores und den Organistendienst am Magdalen College in Oxford; 1742 wurde er zum Professor der Universität Oxford ernannt. Er dirigierte auch die Gloucester Festivals in den Jahren 1757, 1760 und 1763. Er starb am 27. 7. 1777 in Oxford.

WERKE

Von William Hayes sind 12 Balladen und 2 Kantaten, Oden, die Ouvertüre und Lieder zu einem Maskenspiel, eine Triosonate, Balladen, Catches, Glees und Kanons, 16 Psalmen, Services und Anthems erschienen. Er war auch als Musikschriftsteller tätig.

Nicolò Francesco Haym
(um 1679–1729)

ZEIT UND UMWELT

Das rasch wachsende Interesse des Londoner Publikums für die italienische Oper machte die Anfertigung von englischen Texten nötig, weil der englische Theaterbesucher vor allem an der Handlung interessiert war. Für ihn war die Oper in erster Linie ein Schauspiel mit Musik. Es konnten auch nur Aufführungen, die dieser Einstellung Rechnung trugen, Erfolge bringen.

LEBEN

Nicolò Francesco Haym (Haim, Aimo)

wurde um 1679 in Rom geboren und dort ausgebildet. Von 1694 bis 1700 war er Violonespieler im Orchester des Kardinals Pietro Ottoboni. Darauf begab er sich nach London und trat als Cellist in den Dienst Wriothesley Russels (1680–1711), Herzog von Bedford. Mit François Dieupart und Thomas Clayton bemühte er sich um Aufführungen italienischer Opern in englischer Sprache. Das Auftreten Georg Friedrich Händels in London (1710) ließ diese Absichten scheitern. Haym schloß sich Händel an und arbeitete von 1713 bis 1728 für ihn als Librettist, er war auch auf anderen Gebieten schriftstellerisch tätig. Er starb in London am 11. 8. 1729.

WERKE
Der italienische Komponist Nicolò Francesco Haym verfaßte eine Reihe von Ouvertüren und Einlegearien für italienische, dem englischen Geschmack angepaßte Opern, außerdem 2 Hefte mit Sonaten für zwei Violinen und Generalbaß, Flöten- und Oboensonaten, eine Kantate, ein Anthem und einen Psalm.

Gilles Hayne (1590–1650)

LEBEN
Gilles Hayne (Hayn, Heyne, Hennius) wurde am 29. 7. 1590 in Lüttich getauft. Seine Ausbildung zum Musiker erhielt er an der Kathedrale St-Lambert seiner Geburtsstadt und später in Italien. Zwischen 1628 und 1635 trat er als Kapellmeister in die Dienste des Bayernherzogs Ferdinand Maria; ab 1637 wirkte er zugleich als Musikintendant des Herzogs Wolfgang Wilhelm von Pfalz-Neuburg. Nach Beendigung des Dreißigjährigen Krieges kehrte er nach Lüttich zurück und starb dort am 28. 5. 1650.

WERKE
Von dem niederländischen Komponisten Gilles Hayne sind 3 Bücher mit Motetten, Hymnen mit Generalbaß und 6 mehrstimmige Messen erhalten. Seine 4 Missae solemnes, die sehr geschätzt wurden, sind verschollen. Der Meister ist ein interessantes Beispiel dafür, daß auch Niederländer ihre alte Tradition verließen und den neuen Stil annahmen.

LITERATUR
W. Nagel, Gilles Hayne, in: Monatshefte für Musikgeschichte XXVIII, 1896.

Hayne van Ghizeghem
(um 1440 bis nach 1472)

ZEIT UND UMWELT
Bis zum Tod des letzten Herzogs von Valois (1477) waren der burgundische Hof und dessen Kapelle gleichsam der Mittelpunkt der frankoflämischen Musik. Die Begegnung von Vertretern verschiedenster Völker, Gedankenreise und Stilgattungen formte bereits in Burgund die Entwicklungslinie, die nahezu bis in unsere Gegenwart ihre Geltung behielt.

LEBEN
Hayne (Heyne, Ayne) van Ghizeghem wurde um 1440 im Raum der franko-flämischen Musik geboren, scheint 1457 am burgundischen Hof als Gesangsschüler und ab 1467 als Sänger auf. Ab dem Jahr 1472 wird er nicht mehr erwähnt, so daß angenommen werden darf, daß er bald nach diesem Datum gestorben ist.

WERKE
Hayne van Ghizeghem wurde von seinen Zeitgenossen als Musiker sehr geschätzt und den führenden Komponisten zugezählt. Von seinem kompositorischen Werk sind allerdings nur 20 französische Chansons überliefert, die ahnen lassen, daß man es bei diesem Meister mit einem starken Talent zu tun hat.

LITERATUR
Ch. van den Borren, Etudes sur le XVe siècle musical, Antwerpen 1941.

Charles Swinnerton Heap (1847–1900)

ZEIT UND UMWELT
Die North Staffordshire Festivals, die 1888 in Hanley (bei Stoke-on-Trent) zum ersten Mal abgehalten wurden, überragten durch ihre vorzüglichen Chorkonzerte alle zeitgenössischen Festivals Nordenglands. Sie wurden in Abständen von 2 bis 3 Jahren veranstaltet und brachten jedesmal eine neue Chorkomposition englischer Meister in bestmöglicher Wiedergabe.

LEBEN
Charles Swinnerton Heap wurde am 10.4. 1847 in Birmingham geboren und dort ausgebildet. Er nahm bereits als Kind an den Birmingham Festivals als Sopranist teil. Im Jahr 1865 wurde er nach Leipzig geschickt, wo er bei Ignaz Moscheles, Moritz Hauptmann, Ernst Friedrich Richter und Carl Reinecke studierte. In Liverpool war er noch Schüler des Organisten William Thomas Best. Ab 1868 bis 1886 wirkte er in Birmingham als Pianist und Dirigent der Birmingham Philharmonic Union, übernahm sodann die Leitung der Wolverhampton Festival Choral Society und von 1888 bis 1899 die der Festivals in Hanley, die unter seiner Hand eine große Bedeutung erlangten, und wirkte gleichzeitig als Chorleiter der Birmingham Festival Choral Society. Er starb am 11.6.1900 in Birmingham.

WERKE
Von Charles Swinnerton Heap sind ein Klaviertrio, eine Sonate für Klarinette und Klavier, ein Quintett für Klavier und Blasinstrumente, 2 Ouvertüren für Orchester, mehrere Kantaten für Chor und zahlreiche Anthems, Lieder und Orgelstücke überliefert. Seine Hauptbedeutung lag in der Tätigkeit als Chordirigent. Seine Kompositionen lehnten sich an die deutsche Hochromantik an.

John Heath (um 1580 bis nach 1668)

ZEIT UND UMWELT
Die Entwicklung der englischen Musik im 17. Jahrhundert war sehr wechselvoll. Nach dem Aufschwung unter Elisabeth I. und Jakob I. trat wegen der politischen Unsicherheit eine Stagnation ein, die in den vierziger Jahren in einen jähen Absturz mündete: Die Kirchenmusik wurde praktisch verboten, und die Orgeln wurden aus den Kirchen gerissen. Nach der Hinrichtung König Karls I. (1649) trat der Puritanismus seine uneingeschränkte Herrschaft auf allen Gebieten des Lebens an, so daß auch die profane Musik verstummte. Das Jahr 1660 brachte zwar einen Umschwung, doch der Glanz des Elisabethanischen Zeitalters blieb unwiederholbar.

LEBEN
John Heath wurde um 1580 vermutlich in Rochester geboren. Im Jahr 1614 war er bereits Organist der Kathedrale seines Geburtsortes und blieb bis 1668 in dieser Stellung. Die »orgellosen« Jahre überdauerte er als Kirchendiener. Er ist in einem der Jahre nach 1668 in Rochester gestorben.
Unter König Heinrich VIII. und Königin Elisabeth I. lebte ein Musiker, der ebenfalls John Heath hieß. Eine verwandtschaftliche Beziehung zwischen den beiden ist nicht anzunehmen.

WERKE
Der englische Komponist John Heath verfaßte mehrere Anthems, kirchliche Gesänge (Magnificat, Nunc dimittis) und etliche Orgelstücke, die stilistisch sehr konservativ sind.
Von dem zweitgenannten John Heath sind einige fragmentarische Beweise seiner kompositorischen Tätigkeit erhalten.

Pantaleon Hebenstreit (1667–1750)

ZEIT UND UMWELT
Das Pantaleon war ein großes Hackbrett mit einem Tonumfang von mehr als fünf Oktaven. Es hat einen Resonanzboden und war zumeist auf einer Seite mit Darmsaiten, auf der anderen mit Metallsaiten bespannt, die mit Klöppeln angeschlagen wurden. Je nach der gewünschten Klangqualität wurde eine

Seite bespielt, wobei die Saiten der zweiten Seite als Resonanzsaiten dienten. Aus diesem in der ersten Hälfte des 18. Jahrhunderts beliebten Instrument entwickelte sich das Hammerklavier.

LEBEN
Pantaleon Hebenstreit wurde 1667 in Eisleben geboren. Er war ab 1698 Hoftanzmeister und Violinist in Weißenfels, ab 1706 Kapelldirektor und Hofkapellmeister in Eisenach und ab 1714 Kammermusikus in Dresden, wo er am 15. 11. 1750 starb. Er war der Erfinder des Pantaleons, das König Ludwig XIV. nach ihm benannte.

WERKE
Der deutsche Tanzmeister, Violinist und Komponist Pantaleon Hebenstreit verfaßte ungefähr 10 Suiten für Streicher, die im Zweiten Weltkrieg verlorengegangen sind.

Eduard Hecht (1832–87)

ZEIT UND UMWELT
Der Pianist und Dirigent Charles Hallé übernahm 1850 die Direktion der »Gentlemen's Concerts« in Manchester und 1852 die »St. Cecilia Choral Society«. Im Jahr 1857 richtete er mit einem eigenen Orchester (»Charles Hallé's Orchestra«) in Manchester Abonnementkonzerte ein, die unter dem Titel »Hallé-Konzerte« bis in die Gegenwart einen guten Ruf genießen.

LEBEN
Eduard Hecht wurde am 28.11.1832 in Dürkheim geboren. Er war Schüler von Jacob Rosenhain, kam 1854 nach England und ließ sich in Manchester nieder. Dort wirkte er als Chormeister und Vizedirigent an den Hallé-Konzerten, außerdem von 1859 bis 1878 als Leiter der Manchester Liedertafel und ab 1860 auch als Dirigent der »St. Cecilia Choral Society«; ab 1879 war er Dirigent der »Stretford Choral Society«. Im Jahr 1875 wurde er Lehrer für Harmonie und Komposition an Owens College. Daneben pflegte er eine ausgedehnte Praxis als privater Klavierlehrer. Er starb am 7.3.1887 in Manchester.

WERKE
Von Eduard Hecht sind eine Sinfonie, ein Chor, eine Kantate, »Eric der Däne«, und weitere Chorwerke mit Orchester, zahlreiche Klavierstücke, Lieder, Quartette, Trios, 2 Streichquartette und Militärmärsche erhalten. Sein Stil spiegelt die deutsche Romantik wider.

Gustav Hecht (1851–1932)

ZEIT UND UMWELT
Mit Beginn des 20. Jahrhunderts setzte eine völlige Neuorientierung der evangelischen Kirchenmusik ein. Das A-cappella-Ideal wurde aufgegeben. Dafür kam es zur Öffnung der liturgisch neu eingegliederten Musik für verschiedene musikalische Stile, so daß sie an Reichtum ungeheuer gewann.

LEBEN
Gustav Hecht wurde am 21.5.1851 in Quedlinburg geboren. Er studierte in Berlin am Institut für Kirchenmusik und bei Friedrich Kiel. Er wirkte darauf als Seminarmusiklehrer in Cammin (Kamién Pomorski) und darauf in Köslin (Koszalin), Pommern, wo er am 8.7. 1932 starb.

WERKE
Das Hauptverdienst des Kirchenmusikers Gustav Hecht lag in der Herausgabe des »Choralbuchs zum Gebrauch des evangelischen Gesangbuchs für die Provinz Pommern«. Er schrieb ferner die Chorwerke mit Orchester »Schön Elisabeth«, »Tidian«, »Wuotan«, »Dithyrambus der Kybele-Priester«, Chorlieder, Lieder und einige Violinwerke.

Johann Jakob Heckel (um 1763–1811)

ZEIT UND UMWELT
Nicht alle Mitglieder der Mannheimer Hofkapelle gingen mit dem Kurfürsten Karl

Theodor in dessen neue Residenz nach München. Ein Teil davon blieb zurück und setzte die Pflege der Mannheimer Tradition fort.

LEBEN
Johann Jakob Heckel wurde um 1763 vermutlich in Mannheim geboren. Er wurde 1790 Musiklehrer und Kapellmeister der in Mannheim verbliebenen Hofkapellmitglieder. Darauf wirkte er in der Schweiz, in Regensburg, Wien, Preßburg und Budapest. Er starb am 16. 12. 1811 in Gumpoldskirchen, Niederösterreich.

WERKE
Von Johann Jakob Heckel sind zahlreiche Stücke für Pianoforte oder Cembalo und eine beträchtliche Menge Romanzen und Kantaten erhalten. Sie sind der Frühromantik zuzuordnen.

Karl Ferdinand Heckel (1800–70)

LEBEN
Karl Ferdinand Heckel wurde am 12.1.1800 in Wien als Sohn des Johann Jakob Heckel (um 1763–1811) geboren. Er war Pianist und Komponist, gründete aber 1821 in Mannheim eine Musikalienhandlung, der er einen Musikverlag und eine Klaviererzeugung anschloß. Er starb am 9.4.1870 in Mannheim.

WERKE
Von Karl Friedrich Heckel sind zahlreiche Kompositionen für Klavier, Stücke für Gitarre und Lieder in seinem eigenen Verlag erschienen und bekannt geworden, die zu ihrer Zeit sehr beliebt waren. Sie zeichneten sich ohne Ausnahme durch ihren Melodienreichtum aus. Man kann sie der gehobenen Unterhaltungsmusik zuordnen.

Wolf Heckel (um 1515 bis nach 1556)

LEBEN
Wolf Heckel (Wolfgang) wurde um 1515 in München geboren. Er übersiedelte nach Straßburg, wo er wegen seines Religionsbekenntnisses nicht behelligt wurde, und betätigte sich als Lautenist, Lautenlehrer und Komponist. Er dürfte dort auch nach 1556 gestorben sein.

WERKE
Von Wolf Heckel erschien 1556 das »Lautten Buch, von mancherley schönen und lieblichen Stucken mit zweyen Lautten zu schlagen«. Es enthält sakrale und profane Lieder zu deutschen, lateinischen, französischen und italienischen Texten, Tanzmelodien und Fantasien. Der Satz für Lautenduo ist sehr kunstvoll und klangschön gesetzt. Eine Singstimme ist nicht beigegeben, kann aber dem Lautensatz entnommen werden. Außerdem finden sich in verschiedenen Handschriften Lautenstücke des Komponisten.

Robert Heger (1886–1978)

LEBEN
Robert Heger wurde am 19.8.1886 in Straßburg geboren. Er war in seinem Geburtsort Schüler von Franz Stockhausen (30.1.1839, Gebweiler, bis 4.1.1926, Straßburg), in Zürich

Robert Heger

von Lothar Kempter (5.2.1844, Lauingen, Bayern, bis 14.7.1918, Vitznau, Luzern) und in München von Max Schillings. Seine Tätigkeit als Theaterkapellmeister führte ihn von Straßburg nach Ulm, Barmen, Wien, Nürnberg und München; 1925 wurde er Dirigent an der Wiener Staatsoper, 1933 an der Städtischen Oper in Berlin und 1950 an der Staatsoper in München, wo er auch bis 1954 Präsident der Musikhochschule war. Er starb am 15.1.1978 in München.

Werke

Neben 7 Opern und einem Melodram schrieb Robert Heger 3 Sinfonien, ein Klavierkonzert, ein Cellokonzert, »Chaconne und Fuge über eine Zwölftonreihe«, ein Streichquartett, ein Klaviertrio, eine Kantate, ein Te Deum, Klaviermusik und Lieder. Er zeigte sich allen modernen Stilrichtungen gegenüber sehr aufgeschlossen.

Werner Heider (geboren 1930)

Leben

Werner Heider wurde am 1.1.1930 in Fürth, Bayern, geboren. Nach anfänglichen Studien in Nürnberg war er an der Musikhochschule in München Schüler von Karl Höller. Seit 1949 wirkt er als freier Mitarbeiter des Studios Nürnberg des Bayerischen Rundfunks und leitet dort das Ars-Nova-Ensemble, das Nürnberger Jazzensemble und das Collegium Musicale.

Werke

Neben einem Ballett für Tänzer, Instrumente, Texte und Bilder schrieb Werner Heider, der trotz Aufnahme von Einflüssen von Igor Strawinsky bis Karlheinz Stockhausen für jedes seiner Werke eine stilistische Eigenlösung fand, unter anderem eine Sinfonie, »Konflikt« für Schlagzeugensemble und Orchester »Konturen« für Violine und Orchester, »Strophen« für Klarinette und Kammerorchester, eine Musik für 20 Bläser, »Edition« für Kammerorchester, »Bezirk« für Klavier und Orchester, »Plakat« für Orchester, »Passatempo« (Zeitvertreib) für sieben Solisten, »Musik im Diskant« für Sopraninoblockflöte, Cembalo und Schlagzeug, »Kunst-Stoff« für Elektroklarinette, Prepared piano und Tonband, »Inventio I« für Violine solo, »II« für Klarinette, »III« für Cembalo, Katalog für einen Blockflötenspieler, für einen Vibraphonspieler, für eine Stimme, »Landschaftpartitur« für Klavier, »Stundenbuch« für zwölf Stimmen und zwölf Bläser, »Picasso-Musik« für eine Stimme und drei Instrumente und einen Chor a cappella.

»Konturen« für Violine und Orchester, 5 Sätze, entstanden 1964

Der 1. Satz »Ensemble I« bringt den Epilog, der 2. Satz »Monolog I« ein Violinsolo, eine Orchesterkadenz. Im 3. Satz »Revue« gibt es verschiedene artistische und scherzhafte Nummern, Reminiszenzen und Vorausnahmen als Mittelachse des Werks. Dann folgen im 4. Satz »Monolog II« mit Orchestersolo und Violinkadenz und schließlich »Ensemble II« als Ausklang.

»Bezirk« für Klavier und Orchester, ein Satz, entstanden 1969

Vier gleich große »Randbezirke« umlagern vier verschieden große Hauptbezirke. Das Zentrum des Stücks wird von einer Kadenz gebildet, die den Kulminationspunkt des gesamten musikalischen Geschehens darstellt.

»einander« für Posaune und Orchester, 13 Teile, entstanden 1970

Die Posaune wird als Einzelwesen mit dem Kollektiv des Orchesters in Beziehung gebracht, und zwar dreizehnmal durch verschiedene musikalische Gesten und Proportionen voreinander, umeinander, auseinander, gegeneinander, nebeneinander, übereinander, durcheinander, ineinander, füreinander, beieinander, miteinander, untereinander, aufeinander, voneinander, nacheinander, zueinander, aneinander, hintereinander. Anfang, Mitte und Ende werden durch Dreiklänge markiert.

Musgrave Heighington
(1680 bis um 1764)

Zeit und Umwelt

Dublin hatte bereits seit dem 16. Jahrhundert ein reges Musikleben, so daß viele englische Komponisten und Musiker dort ihr Betätigungsfeld fanden. Es handelte sich in erster Linie um Kirchenmusik. Im 18. Jahrhundert jedoch kam auch die profane Konzertmusik zur Geltung.

LEBEN
Musgrave Heighington wurde 1680 vermutlich in Durham geboren. Er war von 1717 bis 1720 Organist in Hull, gab von 1725 bis 1728 Konzerte in Dublin und wirkte von 1733 bis 1746 als Organist in Yarmouth und ab 1748 in Leicester. Im Jahr 1756 wurde er Organist in Dundee, wo er um 1764 starb.

WERKE
Der englische Organist und Komponist Musgrave Heighington schrieb bei 10 Oden, mehrere Gelegenheitskompositionen und Bühnenmusik zu einer Pantomime, die in Dublin aufgeführt wurde.

Anton Heiller (1923–79)

LEBEN
Anton Heiller wurde am 15.9.1923 in Wien geboren. Er begann bereits als Gymnasiast an der Musikakademie Orgel, Klavier, Cembalo und Theorie zu studieren und schloß sein Studium 1942 ab. Im Jahr 1945 erhielt er die Leitung einer Orgelklasse an der Akademie, 1971 wurde er Professor an der Hochschule für Musik und darstellende Kunst in Wien. Neben seiner Lehrtätigkeit wirkte er als Organist und Dirigent. Er starb am 25.3.1979 in Wien.

WERKE
Im Mittelpunkt des kompositorischen Schaffens von Anton Heiller steht die geistliche Chormusik. Er schrieb 10 Messen, eine kleine Zwölftonmesse a cappella, eine englische Messe für Chor, Gemeindegesang und Orgel, ein deutsches Ordinarium für gemischten Chor und Orgel, ein Proprium für Gemeindegesang, Chor und Orgel, Kantaten, Motetten, Te Deum, Psalmenvertonungen, außerdem ein Kammeroratorium, eine Ballade, Partiten und Sonaten für Orgel sowie ein Orgelkonzert mit Orchester.

Ernst Wilhelm Heinemeyer (1827–69)

ZEIT UND UMWELT
So umfangreich die Literatur für Klavier und Violine im 19. Jahrhundert war, so gab es für Virtuosen der Blasinstrumente verhältnismäßig wenig Stücke, wenn man von den Arrangements absieht, mit denen man sich behelfen mußte. Daher waren Originalkompositionen immer sehr willkommen, besonders wenn diese von der Hand eines Meisters stammten, der das Instrument, für das er schrieb, selbst beherrschte und es daher am besten zur Geltung bringen konnte.

LEBEN
Ernst Wilhelm Heinemeyer wurde am 25.2. 1827 in Hannover geboren. Er wirkte, von seinem Vater ausgebildet, als Flötist in der Hofkapelle in Hannover, sodann von 1847 bis 1859 als Erster Flötist in der Kaiserlichen Kapelle in St. Petersburg und ging darauf nach Wien, wo er am 12.2.1869 starb.

WERKE
Von Ernst Wilhelm Heinemeyer sind eine große Anzahl Konzerte und Solostücke für Flöte erschienen, die von Meistern dieses Instruments zu Konzert- und Übungszwecken begeistert aufgenommen wurden und zuweilen noch heute gespielt werden.

Johann David Heinichen (1683–1729)

ZEIT UND UMWELT
Der galante Stil, der das »Gehör« vor den »Verstand« stellte, breitete sich bereits zu Beginn des 18. Jahrhunderts aus. Der Beginn der Aufklärung, das Einsetzen des Sturmes und Dranges forderte Natürlichkeit, Wahrheit und »edle Einfalt« und lehnte die Strenge der Harmonie ab. Vorläufig kam es allerdings parallel zur Dichtkunst zu einer aristokratisch ausgerichteten spielerischen Gesellschaftsmusik und einer gewissen Regellosigkeit, bis sich neue Regeln einstellten und in der zweiten Hälfte des musikalischen Ro-

koko aus der »Empfindsamkeit« die Vorklassik entstand.

Leben

Johann David Heinichen wurde am 17. 4. 1683 in Krössuln bei Weißenfels geboren. Er war ab 1696 Thomasschüler unter Johann Schelle und Johann Kuhnau, studierte in Leipzig ab 1702 Jurisprudenz, amtierte ab 1705 als Advokat in Weißenfels und ging 1709 nach Leipzig zurück, um sich der Komposition zu widmen. Von 1710 bis 1717 hielt er sich in Italien auf, wo er in Venedig als Komponist großen Erfolg hatte. Nun berief ihn der Kurprinz Friedrich August als Hofkapellmeister nach Dresden. Gleichzeitig wirkte er an der Dresdner Oper und leitete die Kirchenmusik. Er starb in Dresden am 16. 7. 1729.

Werke

Der deutsche Komponist Johann David Heinichen verfaßte eine große Zahl Kirchenwerke – Oratorien, Motetten, Messen, Requiem, Psalmen, Litaneien, Hymnen –, zahlreiche Opern, szenische Serenaden, weltliche Kantaten, Konzerte, Sinfonien, Suiten, Sonaten für vier und für sechs Stimmen, Triosonaten und Solosonaten.

Literatur

G. A. Seibel, Das Leben des Hofkapellmeisters Johann David Heinichen, Leipzig 1913.

König Heinrich VIII. (1491–1547)

Leben

Heinrich VIII. wurde am 28.4.1491 in Greenwich (bei London) geboren. Er war ursprünglich dafür vorgesehen, Kleriker zu werden, und genoß daher eine gründliche musikalische Ausbildung. Durch den Tod seines älteren Bruders Arthur (1486 – 1502) wurde er Thronfolger und am 22.4.1509 König von England. Er war der erste Renaissanceherrscher auf dem englischen Thron. Sein Erzieher war der englische Dichter, Schriftsteller und Humanist John Skelton (um 1460–1529). Heinrich VIII. starb in London am 28. 1. 1547.

König Heinrich VI. (6. 12. 1421, Windsor, bis 21. 5. 1471, London) wandte trotz seiner ungeheuren außen- und innenpolitischen Schwierigkeiten seiner Kapelle große Aufmerksamkeit zu und betätigte sich auch selbst als Komponist von beachtlicher Qualität.

Dessen Vater, König Heinrich V. (16. 9. 1387, Monmouth, bis 31. 8. 1422, Bois de Vincennes), spielte mehrere Instrumente und komponierte. Er gründete die Singakademie in Durham.

Werke

König Heinrich VIII. ist zeit seines Lebens der Musik treu geblieben. Unter seiner Regierung wurde die englische Hofkapelle zu einer der berühmtesten Europas. Er versammelte an seinem Hof eine große Anzahl Musiker, Komponisten wie Interpreten, und komponierte von Fall zu Fall selbst. Seine Kompositionen zeigen ihn als Meister des polyphonen englischen Kanon- und Liedstils seiner Zeit. Er schrieb 2 Messen, die nicht erhalten sind. Eine dreistimmige lateinische Motette, ein Anthem, eine dreistimmige Ballade können dem König mit Sicherheit zugeschrieben werden. Die Zuschreibung von 5 vierstimmigen und 12 dreistimmigen Liedern, 14 Stücken für drei Violen und einem Stück für vier Violen ist nicht eindeutig gesichert.

Von Heinrich VI. sind neben etlichen Sätzen, deren Zuschreibung zweifelhaft ist, ein Gloria und ein Sanctus, beides dreistimmig, überliefert.

Von Heinrich V. sind 3 Stücke erhalten, die ihm mit Sicherheit zugeschrieben werden können: 2 dreistimmige Messesätze und der Tenor eines Kyrie.

Literatur

J. Stevens, Music and Poetry in the Early Tudor Court, London 1961.

Heinrich XXIV. Reuß (1855–1910)

Zeit und Umwelt
Die Konservatorien in Dresden und Leipzig blieben bis zum Ende des 19. Jahrhunderts und länger von der Bewegung, die in Paris die Musik erfaßt hatte, unberührt und überließen es ihren Schülern, sich damit auseinanderzusetzen.

Leben
Heinrich XXIV. Reuß, Fürst von Reuß-Köstritz, wurde am 8.12.1855 in Trebschen bei Züllichau, Brandenburg, geboren. Er studierte in Dresden und in Leipzig und übte sodann die Musik als Liebhaber aus. Er starb am 2.10.1910 auf Schloß Ernstbrunn, Niederösterreich.

Werke
Von Heinrich XXIV. Reuß sind 6 Sinfonien, ein Streichsextett, 2 Streichquintette, ein Klavierquintett, 2 Streichquartette, ein Klaviertrio, ein Violin-, ein Cello- und ein Bratschenkonzert, weiters Klaviermusik und Lieder überliefert. Die Musik gehört der Spätromantik an, entbehrt nicht einer gewissen Originalität und ist sehr ansprechend.

Heinrich von Meißen (1250–1318)

Zeit und Umwelt
Mit dem 13. Jahrhundert endete auch der deutsche Minnesang. Das wirtschaftlich erstarkte Bürgertum der Städte wurde immer einflußreicher, während die Macht des Adels schwand; auf dem Land beschnitt die Zentralregierung die einstmals unumschränkten Rechte der Grundherren. Mit dem Rückgang der Bedeutung des Adels versiegte auch seine kulturelle Monopolstellung. Das Bürgertum rückte nach. Wenn der Meistergesang auch erst im 15. Jahrhundert zu seiner Höchstform anwuchs, so waren seine ersten Ansätze doch bereits in der zweiten Hälfte des 13. Jahrhunderts sichtbar. Heinrich von Meißen wurde zeitweilig als Meistersinger angesprochen, wenngleich das den Gegebenheiten nicht entsprach. Man sah in ihm sogar (wohl fälschlich) den Gründer der ersten deutschen Meistersingerschule in Mainz.

Leben
Heinrich von Meißen, genannt Frauenlob, wurde 1250 in Meißen geboren. Nach langen, weiten Wanderungen und Dienst bei verschiedenen Fürsten von Böhmen bis Brandenburg ließ er sich in Mainz nieder. Den Zunamen Frauenlob erhielt er wegen seines berühmten Marienpreisliedes und wegen des Streitliedes gegen den Vorläufer der Meistersinger und Spruchdichter Barthel Regenbogen (um 1300, Mainz), in dem er verlangte, die Bezeichnung Wîp (Weib) durch Vrouwe (Frau) zu ersetzen. Er starb in Mainz (angeblich durch Gift) am 29. 11. 1318, wurde nach der Sage von Frauen zu Grabe getragen und im Dom beigesetzt.

Werke
Die häufige Einordnung Heinrichs von Meißen als ersten Meistersinger ist irrig. Seine Kompositionen sind sogar stark konservativ und dem klassischen Minnesang verbunden. Seine Leiche, seine religiösen, moralischen und didaktischen Gedichte sind sehr kompliziert und kunstvoll angelegt und bezeugen den hohen künstlerischen Ernst des Meisters. Manche sind mit gelehrten und zum Teil auch mit undurchschaubaren Anspielungen ausgestattet.

Literatur
L. Ettmüller, Heinrich von Meißen, des Frauenlobes Leiche, Sprüche, Streitgedichte und Lieder – Bibliothek der gesamten deutschen Nationalliteratur XVI, Quedlinburg-Leipzig 1843.

Heinrich von Mügeln
(um 1310 bis nach 1369)

Zeit und Umwelt
Die enge Bindung der Höfe von Böhmen und Ungarn an Wien und an das übrige deut-

sche Sprachgebiet drückte sich auch durch die Existenz von Meisterschulen in diesen Ländern aus.

LEBEN
Der Meistersinger Heinrich von Mügeln wurde vermutlich in Mügeln bei Dresden um 1310 geboren. Er lebte zum Teil in der Umgebung Kaiser Karls IV. in Prag, dann aber auch in Wien und am ungarischen Hof. Er dürfte nach 1369 gestorben sein. Der Ort seines Todes ist unbekannt.

WERKE
Mehr als durch seine Kompositionen ist Heinrich von Mügeln durch seine schriftstellerischen Leistungen bekannt. Durch seine Psalmenübersetzungen wirkte er an der Eindeutschung der Bibel mit. Er verfaßte eine Ungarnchronik in deutscher und lateinischer Sprache und ein allegorisch-philosophisches Gedicht »Der Meide Kranz«. Von seinen Liedern, die durch Gelehrsamkeit und strengen Versbau als vorbildliche Meistersingerwerke galten, sind 9 erhalten.

LITERATUR
K. Stackmann, Der Spruchdichter Heinrich von Mügeln, Heidelberg 1958.

Johann August Günther Heinroth
(1780–1846)

ZEIT UND UMWELT
Die Säkularisation der Schulen nahm dem Musikunterricht seine bisherige Hauptaufgabe, den Dienst an der Kirchenmusik. Die Folge war eine erhebliche Minderung der Unterrichtsstunden und der Unterrichtsqualität. Nur einzelne Schulen, wie die Thomasschule in Leipzig, die Kreuzschule in Dresden und das Gymnasium des Grauen Klosters in Berlin, hielten die Tradition der alten Schulmusik aufrecht. Ihr Wiederaufstieg im 19. Jahrhundert war dem 1822 in Berlin gegründeten Königlichen Institut für Kirchenmusik, an dem auch Musiklehrer für Gymnasien ausgebildet wurden, zu verdanken.

LEBEN
Johann August Günther Heinroth wurde am 19.6.1780 in Nordhausen geboren. Im Jahr 1818 wurde er Universitätsmusikdirektor in Göttingen und betreute diese Stelle bis zu seinem Tod am 2.6.1846. Er bemühte sich auch um die Reform des jüdischen Tempelgesanges.

WERKE
Neben einem umfangreichen Schrifttum, das sich hauptsächlich mit dem Gesangunterricht befaßte, schrieb Johann August Günther Heinroth 169 Choralmelodien im vierstimmigen Satz, 6 dreistimmige Lieder und 6 vierstimmige Männerchöre. Sein Wirken war für den Musikunterricht an deutschen Schulen richtunggebend.

Peter Heinsius (um 1550 bis um 1600)

ZEIT UND UMWELT
Die Universität der Lutherstadt Wittenberg, die von Kurfürst Friedrich dem Weisen 1502 gegründet worden war, bildete im 16. Jahrhundert die wichtigste und am meisten maßgebende Pflegestätte protestantischer Kirchenmusik. Wenn auch die Universitätskantoren an die Weisungen des Reformators und der Vollender seines Werkes gebunden waren, blieb ihnen doch viel Spielraum, ihre eigenen Ideen zu verwirklichen.

LEBEN
Peter Heinsius (Heins) wurde in Brandenburg um 1550 geboren. Um 1579 scheint er in Salzwedel als Kantor auf. Bald darauf wurde er Kantor der Universität in Wittenberg, wo er um 1600 starb.

WERKE
Von Peter Heinsius sind eine beträchtliche Anzahl Gelegenheitskompositionen und sakrale Gesänge für den Gottesdienst erhalten. Sie sind für vier bis sechs Stimmen geschrieben und bilden einen wichtigen Beitrag zur Entwicklung des mehrstimmigen protestantischen Kirchengesanges.

Wolff Heintz (um 1490–1552)

Zeit und Umwelt
Albrecht von Brandenburg, Kurfürst, Erzbischof und Kardinal, Sohn des Kurfürsten Johann Cicero von Brandenburg (1455–99), besaß eine außergewöhnlich große Zahl geistlicher Pfründen. Er verkörperte den Typus des echten Renaissancefürsten als Förderer der Künste und Wissenschaften und in seiner Vorliebe für großzügige Prunkentfaltung. Der in seinem Bistum besonders schwunghaft betriebene Ablaßhandel forderte Luthers Gegenaktion heraus. Der Kardinal behinderte die Ausbreitung der Reformation in Magdeburg und seiner Residenz Halle nicht, blieb selbst aber dem Papst treu und unterstützte ab 1542 auch die Gegenreformation.

Leben
Wolff Heintz wurde um 1490 im Bistum Magdeburg geboren und war von 1516 bis 1520 Domorganist in der Stadt Magdeburg. Er kam anschließend in die Dienste des Kardinals Albrecht in Halle, trat 1540, als Albrecht seine Residenz verlassen hatte, zum Protestantismus über und wurde 1541 Organist an der Marktkirche in Halle, wo er 1552 starb.

Werke
Der deutsche Komponist Wolff Heintz steuerte zu den von Georg Rhaw (»Newe deudsche geistliche Gesenge«, 1544) und von Georg Forster (»Andertheil kurtzweiliger guter frischer Teutscher Liedlein«, 1540) veröffentlichten Sammlungen eine Anzahl Vokalsätze bei. Außerdem beteiligte er sich 1537 an dem ältesten katholischen Gesangbuch mit Noten (»Ein new Gesangbüchlein geystlicher Lieder«), das Michael Vehe (um 1480, Biberach, bis 1539, Halle) herausbrachte.

Literatur
H. J. Moser, Die evangelische Kirchenmusik in Deutschland, Berlin 1953.

Gustav Adolf Heinze (1820–1904)

Zeit und Umwelt
Die Deutsche Oper in Amsterdam nahm – verständlich – gerne Kräfte aus deutschen Orchestern auf, zumal in den Niederlanden noch immer zu wenig ausgebildete Musiker verfügbar waren.

Leben
Gustav Adolf Heinze wurde am 1. 10. 1820 in Leipzig geboren und wirkte bereits ab 1835 als Klarinettist am Gewandhausorchester. Nach einigen erfolgreichen Konzertreisen erhielt er die Stelle des Zweiten Kapellmeisters am Stadttheater in Breslau (Wrocław). Im Jahr 1850 wurde er Kapellmeister der Deutschen Oper in Amsterdam, wo er die Leitung der Liedertafel Euterpe, der Vincentiuskonzerte und des Kirchengesangvereins übertragen erhielt. Er starb am 20. 2. 1904 in Muiderberg bei Amsterdam.

Werke
Neben 2 Opern für Breslau schrieb Gustav Adolf Heinze die Oratorien »Auferstehung«, »Sancta Caecilia«, »Der Feenschleier« und »Vincentius von Paula«, ferner 3 Messen, 3 Ouvertüren, zahlreiche Kantaten, Hymnen, Lieder und Männerchöre.

Hermann Heiß (1897–1966)

Leben
Hermann Heiß wurde am 29. 12. 1897 in Darmstadt geboren. Er war in Frankfurt am Main Schüler von Bernhard Sekles und arbeitete ab 1923 in Wien mit Joseph Hauer. Nach Tätigkeiten als Chorleiter und Musikerzieher wurde er 1941 Theorielehrer in Frankfurt. Im Jahr 1955 wurde er Leiter eines Studios für elektronische Komposition, nachdem er zwei Jahre zuvor eine Kompositionsklasse an der Akademie der Tonkunst in Darmstadt, wo er am 6. 12. 1966 starb, übernommen hatte.

Werke
Von den bis 1944 verfaßten Werken von Hermann Heiß ist der Großteil bei der Zerstö-

rung Darmstadts zugrunde gegangen. Von den späteren Werken sind bemerkenswert: 2 Sinfonien, »Zehn Konfigurationen«, »Polychromatica und Bewegungsspiele«, ein Klavierkonzert, »Elektronische Kompositionen I, II, III und IV«, »2 Essays«, »Zuordnung Vier«, »Variable Musik« für vier Tonbänder, mehrere Chorwerke (darunter eine Messe für Alt, Tenor, Chor und Tonband), ein »Spiel« für die Bühne und 3 Ballette. Seit 1961 trat er für die Integrierung aller »Zeit-Künste« ein, für die er eine Kompositionstechnik entwarf, die eine Synthese von elektronischer Musik, filmischer Lichtfarbenbewegung, tänzerischer Aktion und gesprochenem Wort bilden sollte, kam aber über das experimentelle Stadium nicht hinaus.

Ignác Held (1764–1816)

Leben
Ignác František Held (Ignati Franzewitsch Geld) wurde am 8. 12. 1764 in Hohenbruck (Třebechovice pod Orebim), Böhmen, geboren. Er wirkte ab 1783 in Polen, St. Petersburg und Moskau als Gitarrist, Pianist und Musiklehrer bis zu seinem Tod im Jahr 1816 in Brest-Litowsk.
Sein Bruder Jan Děpold Held (Jan Theobald, Jan František Heldt, Pseudonym Jan Orebský) wurde am 11. 3. 1770 in Hohenbruck (Třebechovice pod Orebim) geboren. Er war Arzt, Dekan der medizinischen Fakultät und Rektor der Prager Universität, spielte Baryton, Violine, Bratsche und Gitarre und nahm am Musikleben in Prag lebhaften Anteil. Er starb am 30. 6. 1851.

Werke
Von Ignác Held sind zahlreiche vorzügliche Klavierwerke – Polonaisen, Volkstänze – und mit Klavier begleitete Lieder erschienen. Er schrieb auch eine Schule für siebensaitige Gitarre.
Jan Held komponierte zahlreiche Lieder, wie »Der Fischer« (Goethe), »Schwanenlied« (Bürger), ein Minuetto scherzoso für Klavier und ein sehr beliebtes Te Deum.

Beide Komponisten kamen der Wiener Klassik sehr nahe.

Bartholomäus Helder (um 1585–1635)

Zeit und Umwelt
Bis in das 18. Jahrhundert bestand der deutsche evangelische Kirchenchor aus Knaben- und Männerstimmen. Der Musikunterricht für Knaben wurde an den Lateinschulen erteilt, an denen die Choristen herangebildet wurden. Die tiefen Stimmen wurden mit älteren Schülern besetzt.

Leben
Bartholomäus Helder wurde um 1585 in Gotha geboren. Von 1607 bis 1616 wirkte er als Lehrer in Friemar bei Gotha und dann als Pfarrer in Remstädt, wo er am 28. 10. 1635 starb.

Werke
Der deutsche Komponist Bartholomäus Helder veröffentlichte 15 Weihnachtslieder (zum Kurrende-Singen) und 25 Psalmlieder für besondere Gelegenheiten. Im »Cantionale sacrum« (Kirchengesangbuch), das 1646 bis 1648 in Gotha erschien, finden sich 56 Melodien von Helder im vier- bis sechsstimmigen Tonsatz. Alle Melodien haben wegen ihres frischen Klanges und der gehaltvollen Musikalität sehr weite Verbreitung gefunden und werden zum Teil heute noch gesungen.

Literatur
G. Grotel, Geistliches Chorlied, Berlin 1950.

Pieter Hellendaal (1721–99)

Zeit und Umwelt
Die hochentwickelte Technik, die außerordentliche Musikalität und der fortgeschrittene Stil des Virtuosen Giuseppe Tartini befruchteten die Violinistik der europäischen Musikländer über seine Schüler, die seine Kunst überallhin trugen und dort zur weiteren Entwicklung des eigenen Musiklebens anregten.

Leben
Pieter (Peter) Hellendaal wurde am 1. 4. 1721 in Rotterdam getauft. Er wirkte zunächst an St. Nikolaus in Utrecht ab 1735, war sodann von 1738 bis 1740 Schüler bei Giuseppe Tartini. Von 1749 bis 1751 studierte er in Leiden, dann lebte er in London und darauf in King's Lynn als Organist und schließlich in Cambridge, wo er als Organist an Pembroke College bis 1777 und an Peterhouse bis zu seinem Tod am 19. 4. 1799 tätig war.

Werke
An Instrumentalwerken veröffentlichte Pieter Hellendaal 6 Violinsolosonaten mit Baß, 6 Violinsolosonaten ohne Baß, 6 große Konzerte, 6 Violinsoli mit Generalbaß, 6 Cellosoli, 3 große Übungsstücke für Cembalo oder Pianoforte mit Violine und Cello. Seine Vokalmusik besteht aus einer Sammlung Psalmen, einer Kantate, Glees, Catches, Anthems und Hymnen. Seinen Stil brachte er aus Padua mit, entwickelte ihn aber unter dem Einfluß der Musik von Georg Friedrich Händel, was besonders bei seinem Konzert Nr. 3 zum Ausdruck kommt.

Literatur
J. A. Parkinson, Pieter Hellendaal, in: Monthly Music Record LXXXII, 1952.

Johann Kilian Heller
(um 1620 bis nach 1671)

Zeit und Umwelt
Für das 17. Jahrhundert trifft es seltener zu als bei älteren Epochen, daß über einen Künstler keinerlei Informationen vorliegen. Dennoch stößt man von Fall zu Fall auf Kompositionen, die gedruckt und veröffentlicht wurden, während über den Komponisten selbst alle Angaben fehlen.

Leben
Johann Kilian Heller dürfte um 1620 in Mitteldeutschland geboren sein. Über sein Leben und Wirken, über den Ort und die Zeit seines Todes gibt es keine Nachrichten, außer daß er 1671 in Mainz eine Sammlung sakraler Musik veröffentlicht hat.

Werke
Von dem deutschen Komponisten Johann Kilian Heller ist ein Band mit 5 Messen, Psalmen und Motetten und 2 Sonaten herausgekommen. Sie folgen dem zu seiner Zeit üblichen Stil der katholischen Kirchenmusik.

Stephen Heller (1813–88)

Zeit und Umwelt
Man hat das 19. Jahrhundert sicherlich nicht mit Unrecht die Epoche der Virtuosen genannt. Die Pianisten waren am stärksten vertreten, gleich dahinter reihten sich die Violinisten und sodann mit einigem Abstand die Cellisten und Bläser. Das Publikum liebte das Instrumentalkonzert und zog es dem Orchesterstück vor, weil es der vor dem Orchester stehende Virtuose unmittelbarer ansprach.

Leben
Stephen Heller wurde am 15. 5. 1813 in Budapest geboren. Er war Schüler von Anton Halm. Er konzertierte 1827 mehrmals in Wien und trat 1829 eine Konzertreise durch Deutschland an. Auf der Rückreise erkrankte er in Augsburg und blieb dort bis 1838. Daraufhin ging er nach Paris, wo er bis zu seinem Tod am 14. 1. 1888 als Virtuose, Lehrer und Komponist wirkte.

Werke
Von Stephen Heller sind über 150 Klavierkompositionen überliefert. Wenn sie auch an die von Frédéric Chopin, Robert Schumann und Felix Mendelssohn-Bartholdy nicht heranreichen, so stehen sie doch knapp hinter ihnen. Die Mehrzahl seiner Stücke ist sehr kurz, viele tragen programmatische Titel, erfüllen aber ihr Programm nicht referierend, sondern malen nur dessen Stimmung. Im einzelnen sind seine Tarantellen, Etüden, Präludien, 4 Sonaten, 3 Sonatinen, Scherzi, Capricen, Nokturnen, Balladen, Lieder ohne Worte, Variationen, Walzer, Ländler und Mazurken zu nennen.

LITERATUR

R. Schütz, Stephen Heller, ein Künstlerleben, Leipzig 1911. R. E. Booth jun., The Life and Music of Stephen Heller, University of Iowa 1969.

Lupus Hellinck (um 1495–1541)

ZEIT UND UMWELT

Die Glaubenskämpfe, die weite Gebiete Europas in starke Unruhe versetzten, die Kriege und die sozialen Unruhen auf dem breiten Land und in den Städten erschütterten auch Brügge, das seine Bedeutung als Handelsstadt eingebüßt hatte und sich zur verträumten Stadt am Rand des wirtschaftlichen und politischen Weltgeschehens wandelte. Das im vergangenen Jahrhundert erreichte Kulturniveau vermochte das nicht mehr zu mindern. Die Kapellen in den Kathedralen betrieben ihre Musikpflege weiter. Sie nahmen junge Talente auf, bildeten sie aus und glichen damit den nachlassenden Zustrom fremder Meister aus.

LEBEN

Lupus Hellinck (Lupus Johannes Hellinck, Joannes Lupus, Joannes Lupi) wurde um 1495 im Raum der Diözese Utrecht geboren und war von 1506 bis 1511 Chorknabe in Brügge, wo er auch die Kapitelschule von St. Donatian besuchte. Er wurde Priester und Leiter des Frauenchores und, nach einer zweijährigen Tätigkeit als Vorsänger an Notre-Dame, Chordirigent an St. Donatian (1523). In dieser Stellung blieb er bis zu seinem Tod am 14. 1. 1541.

WERKE

Manche Zuschreibungen stoßen bei Lupus Hellinck auf Schwierigkeiten, weil es zu seiner Zeit mehrere Musiker mit ähnlichen Namen gab, unter anderen Johannes Lupi und Lupus (mit unbekanntem Vornamen). Lupus Hellinck war vor allem Kirchenmusiker. Ungefähr 7 vierstimmige Messen sowie vier- und fünfstimmige Motetten sind als seine Werke gesichert. Ihr Stil bringt, verglichen mit den franko-flämischen Vorläufern und Zeitgenossen, nichts Neues, wenn man von dem zuweilen stark angereicherten Klang absieht. Weiters sind 3 profane niederländische Lieder überliefert und 11 Bearbeitungen protestantischer Kirchenlieder für mehrstimmigen Chor. Es wurden ihm außerdem 26 französische Chansons zugeschrieben, doch die Beweise hierfür sind unschlüssig.

LITERATUR

R. B. Lenaerts, Die Kunst der Niederländer, Köln 1962.

Georg Hellmesberger (1800–73)

ZEIT UND UMWELT

Die 1813 in Wien gegründete »Gesellschaft der Musikfreunde« eröffnete 1817 ein von Antonio Salieri geleitetes Konservatorium vorerst als Gesangschule. Sie wurde 1819 um eine Violinklasse und 1821 um eine Lehranstalt für alle Instrumente erweitert. Joseph Böhm, Violinschüler von Pierre Rode, von 1821 bis 1868 Mitglied der Kaiserlichen Kapelle, lehrte daran von 1819 bis 1848. Im Jahr 1870 wurde eine Opernschule und 1874 eine dramatische Schule angeschlossen. Sie erreichte wegen ihres prominenten Lehrkörpers und der Meister, die aus ihr hervorgingen, bald Weltruf. Nachdem sie 1908 in die staatliche Hand übergegangen war, wurde aus ihr eine »Akademie für Musik und darstellende Kunst«, die – 1910 um eine Abteilung für Kirchenmusik vergrößert – Universitätsrang erhielt.

LEBEN

Georg Hellmesberger wurde am 24. 4. 1800 in Wien geboren. Er war Sopranist an der Kaiserlichen Hofkapelle und Schüler von Joseph Böhm am Konservatorium der Musikfreunde, an dem er 1821 Hilfslehrer, 1826 Titularprofessor und 1833 wirklicher Professor wurde. Von 1830 bis 1867 wirkte er außerdem als Dirigent der Hofoper und als Mitglied der Hofkapelle. Er starb am 16. 8. 1873 in Wien. Sein jüngerer Sohn Georg Hellmesberger (27. 1. 1830, Wien, bis 12. 11. 1852, Hannover)

war Schüler seines Vaters und wurde 1850 Konzertmeister in Hannover.
Sein älterer Sohn Joseph Hellmesberger (3.11. 1828, Wien, bis 24.10.1893, Wien) war Schüler seines Vaters und wirkte als Violinsolist im Wiener Opernorchester. Im Jahr 1851 wurde er Dirigent der »Gesellschaft der Musikfreunde« und 1859 Leiter des Konservatoriums, an dem er von 1851 bis 1877 als Violinlehrer unterrichtete. Daneben wurde er 1860 Konzertmeister des Hofopernorchesters, 1863 Soloviolinist der Hofkapelle; 1877 erhielt er die Ernennung zum Hofkapellmeister.
Dessen Sohn Joseph Hellmesberger (9.4.1855, Wien, bis 26.4.1907, Wien) war Schüler seines Vaters, ab 1870 Zweiter Violinist im von diesem gegründeten Streichquartett und ab 1878 Soloviolinist der Hofkapelle und der Hofoper sowie Violinlehrer am Konservatorium. Im Jahr 1884 wurde er Leiter der Ballettmusik und Konzertmeister der Hofoper, 1886 Hofkapellmeister für Ballett und Konzert, 1889 Vizekapellmeister und 1890 Erster Hofkapellmeister. Von 1900 bis 1903 leitete er die Wiener Philharmonischen Konzerte, 1904/05 wirkte er als Hofkapellmeister in Stuttgart.

WERKE

Von Georg Hellmesberger, dem Älteren, sind 2 Violinkonzerte, ein Streichquartett, einige Variationswerke sowie Solostücke für Violine mit Klavier, Streichquartett oder Orchester bekannt.
Georg Hellmesberger, der Jüngere, schrieb eine Oper, mehrere Sinfonien, Kammermusik und zahlreiche Violinstücke. Gedruckt wurde davon nichts.
Joseph Hellmesberger, der Ältere, hinterließ einige Streichquartette und Studienmaterial für das Violinspiel.
Joseph Helmesberger, der Jüngere, verfaßte 22 Operetten, 6 Ballette, Bühnenmusik, Tanzmusik und Lieder.
Alle diese Werke gehören der leichten Unterhaltungsmusik an, der kein bleibender Wert zukam.

LITERATUR

R. M. Prosl, Die Hellmesbergers, Wien 1947.

Ludwig Hellwig (1773–1838)

ZEIT UND UMWELT

Die in Berlin am 24.5.1791 wieder aufgenommene Tätigkeit des von Carl Friedrich Fasch 1756 gegründeten Singakademie widmete sich anfangs ausschließlich der sakralen begleiteten und besonders der unbegleiteten Chormusik. Nach dem Tod des Gründers übernahm dessen Schüler Carl Friedrich Zelter (1758–1832) die Leitung des Chors, der bald auf 200 Mitglieder anstieg und sich bereits an die Aufführung großer Werke wie das Requiem von Wolfgang Amadeus Mozart wagen durfte.

LEBEN

Karl Friedrich Ludwig Hellwig wurde am 23.7.1773 in Kunersdorf bei Wriezen geboren. Er war Schüler von Carl Friedrich Zelter und Georg Abraham Schneider (1770–1839) in Berlin. Im Jahr 1793 trat er der Berliner Singakademie bei und wurde 1803 deren Vizedirigent; zugleich wirkte er als Domorganist und Gesanglehrer an mehreren Schulen der Stadt. Er starb am 24.11.1838 in Berlin.

WERKE

Außer 2 Opern verfaßte Ludwig Hellwig eine Anzahl sakraler Kompositionen – Chöre und Lieder –, weiters viele Männerchöre für die von Carl Friedrich Fasch in das Leben gerufene »Liedertafel«, die den profanen Gesang pflegte. Er hat Wesentliches zur Weiterentwicklung der Berliner Liederschule beigetragen.

Charles-Joseph van Helmont (1715–90)

ZEIT UND UMWELT

Die von den Burgundern an das Haus Habsburg übergegangene Tradition einer intensiven Musikpflege wurde, solange dieses Herrscherhaus die Niederlande regierte, fortgesetzt. Musiker aus dem flämischen Raum wurden nach Möglichkeit gefördert und zumeist in die Hofkapelle aufgenommen, soweit sie nicht an einer der Kathedralen eine Stelle erhielten.

LEBEN

Charles-Joseph van Helmont wurde am 19. 3. 1715 in Brüssel geboren. Er war ab 1733 Organist an Ste-Gundule in Brüssel, sodann ab 1737 Kantor an Notre-Dame du Sablon und zugleich an der Hofkapelle und schließlich neuerlich von 1741 bis 1777 an Ste-Gundule. Er starb am 8. 6. 1790 in Brüssel.

WERKE

Die Pièces de clavecin von Charles-Joseph van Helmont sind stark von Jean-Philippe Rameau beeinflußt. Von seinen sakralen Kompositionen - Messen, Motetten, andere Gesänge - stechen »Les neuf leçons de la Semaine Sainte« (Die neun Lektionen der Karwoche) für Sopran und Generalbaß hervor. Sie wurden sehr viel gesungen. Er schrieb das Oratorium Judith und für die Bühne ein szenisches Divertissement.

LITERATUR

S. Clercx, Les clavecinistes belges et leurs emprunts à l'art de Couperin et J. Ph. Rameau, in: La Revue Musicale XX, 1939.

Sigmund Hemmel (1520–64)

ZEIT UND UMWELT

Herzog Christopher von Württemberg (1515–68), der 1550 die Regierung des Landes übernahm, war Anhänger des Protestantismus. Er reorganisierte das Kirchenwesen und schuf eine württembergische Staatskirche, die für die übrigen deutschen protestantischen Länder als Muster diente. Trotz aller Sparmaßnahmen beließ er die Hofkapelle auf ihrem hohen Niveau, wie er sie übernommen hatte.

LEBEN

Sigmund Hemmel (Hemel) wurde 1520 in Württemberg geboren. Ungefähr 1544 trat er als Sänger der Stuttgarter Hofkapelle bei. Zeitweise fungierte er als ihr Kapellmeister. Gegen Ende des Jahres 1564 starb er während eines Aufenthaltes in Tübingen.

WERKE

Neben einer Reihe deutscher und lateinischer Gesänge verfaßte Sigmund Hemmel die erste vollständige Komposition der Psalmen in deutscher Sprache für vier Stimmen (»Der gantz Psalter Davids, wie derselbig in Teutsche Gesang verfasset«). Dieses Werk bildete für viele spätere Psalmenfassungen die Grundlage.

LITERATUR

O. zur Nedden, Zur Frühgeschichte der protestantischen Kirchenmusik in Württemberg, Zeitschrift für Musikwissenschaft XIII, 1930/31.

Johann Nikolaus Hemmerlein
(um 1710 bis nach 1763)

ZEIT UND UMWELT

Der doppelchörige Dom zu Bamberg aus dem 13. Jahrhundert war immer schon eine Pflegestätte der Kirchenmusik. Auch bei Adel und Großbürgertum der reichen Stadt war die Förderung der bildenden Kunst und der Musik von alters her traditionell.

LEBEN

Johann Nikolaus Hemmerlein wurde um 1710 in Wiesentheid geboren, wo er bis 1741 als Organist und Lehrer wirkte. Sodann war er bis 1763 Kammermusikus und Musiklehrer in Bamberg und dürfte dort in den folgenden Jahren gestorben sein.
Sein Neffe Anton Hemmerlein (1730, Bamberg, bis 11. 9. 1811, Bamberg) wirkte als Cellist und ab 1780 als Hofpaukist an der Hofkapelle in Bamberg.

WERKE

Von Johann Nikolaus Hemmerlein sind eine vierstimmige Messe in C-Dur mit Instrumenten und ein Cellokonzert erhalten. Beide Kompositionen weisen ihn als Gefolgsmann der Mannheimer Schule aus.
Von Anton Hemmerlein sind Sonaten von beachtlicher Qualität erhalten.

Joseph Hemmerlein (um 1740–99)

ZEIT UND UMWELT
Die nach beiden Seiten erweiterte Klaviatur des Pianoforte gab für das Vierhändigspiel ausreichenden Raum. Es wurde vorwiegend in der Hausmusik gepflegt. Sehr viele Klavierauszüge von Opern und sinfonischen Werken wurden vierhändig gesetzt, weil damit der Orchesterklang zumindest im Umfang verbreitert werden konnte. Originalkompositionen für Klavier zu vier Händen zum Konzertgebrauch wurden wenige geschrieben, weil viele Pianisten die Beschränkung auf eine Klaviaturhälfte ablehnten.

LEBEN
Joseph Hemmerlein wurde um 1740 in Bamberg geboren. Über sein Leben und Wirken ist wenig bekannt. Er dürfte um 1780 in Frankfurt am Main und in Koblenz, später in Mainz als Pianist gewirkt haben und sodann nach Paris übersiedelt sein, wo er 1799 starb. Eine verwandtschaftliche Beziehung zu Johann Nikolaus Hemmerlein (geboren um 1710) ist nicht feststellbar.

WERKE
Von Joseph Hemmerlein sind Klaviertrios, Violinsonaten, Tänze für Klavier, Klaviersonaten und 3 Sonaten für Pianoforte zu vier Händen erhalten. Sein Stil gehört der Mannheimer Vorklassik an.

Denis Hempson (1695–1807)

ZEIT UND UMWELT
Der irische Harfenist und Komponist Turlogh Carolan (1670–1738) hat seine Weisen dem englischen Geschmack anzupassen versucht und damit große Erfolge erreicht, aber auch die Kritik anderer irischer Volksmusiker herausgefordert, die ihm vorwarfen, daß er durch diese »Modernisierung« das reine Volksgut geschändet habe.

LEBEN
Denis Hempson wurde 1695 in Craigmore geboren. Er soll als Barde die altüberlieferten Melodien völlig unverändert wiedergegeben und auch die alte Spieltechnik der irischen Harfe, die mit langgewachsenen Fingernägeln angeschlagen wurde, virtuos beherrscht haben. Er starb 1807 im Alter von 112 Jahren in Magilligan.

WERKE
Im Gegensatz zu Turlogh Carolan hat der irische Barde Denis Hempson keines seiner Lieder aufgezeichnet, sondern wie seine echten Vorgänger nur mündlich vorgetragen. Sie sind aber trotzdem sehr verbreitet worden und fanden in der irischen und in der britischen Komposition ihren Niederschlag; einzelne haben ihren Weg bis zum Kontinent gemacht.

Michael Henkel (1780–1851)

ZEIT UND UMWELT
Bereits wenige Jahre nach dem Tod von Wolfgang Amadeus Mozart verstärkte sich dessen Einfluß auf die Komposition in Österreich, Deutschland und weit über deren Grenzen hinaus zusehends. Es waren nicht nur seine Schüler, die seinen Stil verbreiteten, sondern vor allem die Musikverleger, für die Werke des Wiener Klassikers zum gängigen Verlagsobjekt geworden waren.

LEBEN
Michael Henkel wurde am 18. 6. 1780 in Fulda geboren. Er war bischöflicher Hofmusicus, Gymnasialmusiklehrer und Stadtkantor in seiner Heimatstadt, in der er am 4. 5. 1851 starb.
Sein Sohn Georg Andreas Henkel (4. 2. 1805, Fulda, bis 5. 4. 1871, Fulda) war Seminarmusiklehrer in Fulda.
Sein zweiter Sohn Heinrich Henkel (16. 2. 1822, Fulda, bis 10. 4. 1899, Frankfurt am Main) war Schüler von Anton André und von Joseph Christoph Keßler und wirkte ab 1849 in Frankfurt am Main als Musiklehrer und Pianist.

WERKE
Von Michael Henkel ist eine Reihe kirch-

licher Werke erhalten, die stark von Wolfgang Amadeus Mozart beeinflußt ist. Das gleiche gilt für seine Orgel- und Klavierstücke – typische Beispiele epigonalen Klassizismus. Er veröffentlichte auch ein Choralbuch und Schulliederbücher.
Georg Andreas Henkel komponierte Kirchenmusik, die wenig Originalität aufweist, und Ouvertüren.
Heinrich Henkel schrieb Klavierstücke und Lieder, die der Romantik zuzurechnen sind.

Johann Baptist Henneberg
(1768–1822)

ZEIT UND UMWELT
Der Wechsel vom Kirchendienst zum Theaterdienst und weiter zum Dienst in einem Adelshaus war für Wiener Musiker um 1800 ein völlig problemloser Vorgang, weil in der musikerfüllten Stadt sakrale, sinfonische und dramatische Musik so eng aneinandergrenzten, daß sie nahezu ineinanderflossen.

LEBEN
Johann Baptist Henneberg wurde am 6. 12. 1768 in Wien geboren. Er war zunächst Organist am Schottenstift, sodann von 1790 bis 1803 Kapellmeister des Theaters auf der Wieden, darauf Mitglied der Kapelle des Hauses Esterházy und schließlich von 1818 bis zu seinem Tod am 26. 11. 1822 Kaiserlicher Hofkapellorganist.

WERKE
Neben mehreren Singspielen schrieb Johann Baptist Henneberg eine Anzahl Kirchenmusik und mehrere Orchesterwerke durchschnittlicher Qualität.

Carl Wilhelm Henning (1784–1867)

ZEIT UND UMWELT
Die musikalische Begleitung des Schauspiels ist so alt wie das Schauspiel selbst. Sie trat als Affektverstärkung, als Zwischenaktmusik, als Füllmusik bei Pausen im Fortgang der Handlung und als Rahmenmusik auf. Sie hatte in vielen Fällen keinerlei Beziehung zum Stück selbst, aber gegen die Mitte des 19. Jahrhunderts erhob sich immer stärker die Forderung nach speziell für ein bestimmtes Bühnenwerk komponierter Musik, die dann oft melodramatischen Charakter annahm.

LEBEN
Carl Wilhelm Henning wurde am 31.1.1784 in Öls geboren. Er war bereits in jungen Jahren Orchesterviolinist der Königlichen Kapelle in Berlin; 1812 wurde er ihr Konzertmeister. Von 1823 bis 1826 wirkte er als Musikdirektor des Königstädtischen Theaters, nahm sodann seine Stelle in der Königlichen Kapelle erneut ein, wo er 1836 Musikdirektor und von 1840 bis 1848 Kapellmeister war. Er starb im März 1867 in Berlin.

WERKE
Von Carl Wilhelm Henning sind eine Oper, Ballette, mehrere Kantaten und Kammermusik bekannt geworden. Seine Hauptleistung waren aber die 30 Schauspielmusiken, die die Forderung der Romantik nach enger Verbindung der Bühnenmusik mit Handlung und Gehalt der einzelnen Dramen mustergültig erfüllten.

Jean Henri d'Anglebert (1628–91)

ZEIT UND UMWELT
Das Cembalo rückte neben der Violine im Verlauf des 17. Jahrhunderts sehr bald zum wichtigsten Instrument der profanen Musik auf. Vorläufig jedoch waren nahezu alle Cembalisten zugleich auch Organisten, und die meisten Kompositionen wurden auf beiden Tasteninstrumenten gespielt. Sie wurden zumeist auch wahlweise als Generalbaß verwendet. Eine Trennung trat erst ein, als das Orgelpedal an Bedeutung gewann.

LEBEN
Jean Henri d'Anglebert wurde 1628 in Paris geboren. Er war Schüler von Jacques Champion de Chambonnières und übernahm 1664 von ihm die Stellung des Kammercembalisten bei Ludwig XIV. Zuvor war er als Orga-

nist an St-Honoré und ab 1661 im Dienst des Herzogs von Orléans, Philippe, tätig gewesen. Er starb in Paris am 23. 4. 1691.
Sein Sohn Jean-Baptiste Henri d'Anglebert (5. 9. 1661, Paris, bis Ende 1735, Paris) folgte dem Vater 1674 in das Amt des Hofcembalisten.
Sein zweiter Sohn Jean Henri d'Anglebert (um 1667, Paris, bis 9. 3. 1747, Paris) war in Paris als Cembalist tätig.

WERKE
Der französische Komponist Jean Henri d'Anglebert war einer der Hauptvertreter der Cembalistenschule Frankreichs in ihren Anfängen. Er schrieb 60 Cembalostücke, die, in 4 Suiten geordnet, alle Tanzformen der Zeit bringen, außerdem Bearbeitungen beliebter Lieder, Ouvertüren und Tänze aus Opern von Jean-Baptiste Lully; den Suiten sind Präludien vorangestellt; das Werk ist mit einer Reihe aus 22 Variationen über die spanische Sarabande »Folies d'Espagne«, die italienische Einflüsse aufweist, bereichert. Außerdem verfaßte er 5 Orgelfugen über das gleiche Thema.

Prélude in d-Moll für Cembalo
Dieses Stück ist rhythmisch völlig frei gehalten, als würde es ständig im Tempo rubato gespielt. Es kommt dadurch der Gestaltung ganz ungebundener Lautenmusik sehr nahe und wirkt wie eine geniale Improvisation, durch die sich der Cembalist erst richtig einspielt.

Henri de Remouchamps
(um 1585–1638)

LEBEN
Henri de Remouchamps (Lambaux de Remouchamps) wurde um 1585 in Remouchamps geboren. Er erhielt an der Maîtrise von St-Jean-L'Evangéliste in Lüttich ab 1595 seine musikalische Ausbildung und anschließend an der Kathedrale St-Lambert. Dort wurde er Organist und versah diesen Dienst bis 1630. Darauf wurde er Chordirigent an St-Paul in Lüttich, wo er im Jahr 1638 starb.

WERKE
Der wallonische Komponist Henri de Remouchamps hinterließ eine Reihe von Motetten für mehrere Stimmen und Generalbaß. Am bekanntesten ist seine Motette »Salve Matrona nobilissima Anna« (Sei gegrüßt, edle Herrin Anna) für acht Stimmen und Generalbaß geworden. Seine übrigen, von Zeitgenossen gerühmten Kompositionen sind verschollen.

Henri, Duc de Brabant (um 1210–61)

ZEIT UND UMWELT
Das Haus der Herzöge von Brabant stammte aus Niederlothringen. Henri I., Herzog von Brabant, wählte Löwen als Residenz. Seine Nachfolger waren Henri II. (1235–48), Henri III. (1246–61) und Jean I. (1261–94), alles fähige und erfolgreiche Herrschergestalten. Die Förderung der schönen Künste war ein wichtiger Programmpunkt ihrer Regierungen.

LEBEN
Henri, Duc de Brabant, wurde als Sohn von Henri II. um 1210 vermutlich in Löwen geboren. Er war provenzalischer Troubadour trotz seiner nördlichen Heimat. An seinem Hof lebte der Ménestrel und Schriftsteller Adenet de Roi (um 1240 bis um 1300, als Dichter und Komponist unbedeutend). Auch mit anderen nordfranzösischen Schriftstellern und Dichtern pflegte der Herzog regen Kontakt. Er starb im Jahre 1261 in Löwen.

WERKE
Von Henri III. sind 2 Chansons, eine Pastourelle und ein Jeu parti (gemeinsam mit Gillebert de Berneville) erhalten. Sowohl musikalisch wie sprachlich gehören die Stücke unzweifelhaft dem Troubadourkreis an.

LITERATUR
A. Henry, L'œuvre lyrique d'Henri III duc de Brabant, Brügge 1948.

Fini Henriques (1867–1940)

Leben
Fini Valdemar Henriques wurde am 20.12. 1867 in Kopenhagen geboren. Er war Schüler von Johan Svendsen und Joseph Joachim und wirkte von 1892 bis 1896 als Violinist im Hoforchester in Kopenhagen, dann als unabhängiger Solist und Komponist. Er starb am 27.10. 1940 in Kopenhagen.

Werke
Von Fini Henriques sind 2 Opern, 2 Ballette und zahlreiche Bühnenmusiken aufgeführt worden. Er schrieb außerdem 2 Sinfonien, 3 sinfonische Dichtungen, eine Romanze für Violine und Streicher, ein »Andante und Fuge« für Streicher, 2 Streichquartette, ein Quartett für Flöte, Violine, Cello und Klavier, ein »Kindertrio« für Violine, Cello und Klavier, viele Stücke für eine und zwei Violinen mit Klavier, Klavierstücke und Lieder. Sein Stil behielt die romantische Faktur seiner Lehrer bei.

Jehan Henry (1560–1635)

Zeit und Umwelt
Die großen Geigenbaumeister in Italien, Österreich und Süddeutschland schufen die Instrumente, die im 17. Jahrhundert die Führungsrolle in der Instrumentalmusik übernahmen. Damit setzte die Violinmusik ein, die zuerst vorwiegend bei höfischen Festen – Schauspielen, Balletten, Tänzen – in Erscheinung trat, dann aber rasch solistisch, als Streicherensemble sowie im Verein mit anderen Instrumenten oder Singstimmen alle Bereiche der Musik eroberte.

Leben
Jehan Henry (Henry le Jeune) wurde in Paris im August 1560 geboren. Er wurde »Geiger des Königs«, ohne Mitglied der Hofkapelle zu sein, die damals noch zum größten Teil aus Sängern bestand. Seine Stellung entsprach der eines Hoflautenisten. Er starb in Paris im Januar 1635.

Michel Henry (Henry l'Aîné) wurde in Paris 1555 geboren. Er war Oboist und Violinist des Königs ab 1616 und legte mit seinem Namensvetter (und vielleicht Bruder) den Grundstein zu einem instrumentalen Kammerorchester des Hofes. Er starb in Paris nach 1630.

Werke
Von dem Violinisten Jehan Henry sind 2 sechsstimmige Stücke für Violinen, Oboen und Kornett erhalten, die zu den ältesten Instrumentalstücken mit Violinen zu zählen sind.
Von den Kompositionen von Michel Henry ist nichts überliefert.

Henry le Bailly (um 1590–1637)

Zeit und Umwelt
In der französischen Vokal- und Instrumentalmusik des 17. Jahrhunderts verstand man unter der Bezeichnung Double die ausgezierte und diminuierte Wiederholung eines Satzes. Das kam der Variation sehr nahe, unterschied sich aber von ihr dadurch, daß die Substanz der gedoubelten Melodie intakt blieb und keinen grundlegenden Veränderungen unterzogen wurde, sondern nur neue Verzierungen erhielt. Doubles waren bei der höfischen Musik Frankreichs jener Zeit sehr häufig.

Leben
Henry le Bailly (de Bailly) wurde um 1590 vermutlich in Paris geboren. Er war ab 1624 stellvertretender Intendant der Musik des Königs am französischen Hof und Mitarbeiter an den Ballets de cour. Er ist in Paris im Jahr 1637 gestorben.

Werke
Von dem französischen Komponisten und Sänger Henry le Bailly ist eine Reihe der zu seiner Zeit sehr beliebten Doubles überliefert. Sie sind als Vorstufe zur echten Variation musikgeschichtlich äußerst interessant.

George Henschel (1850–1934)

LEBEN

George (Isidor Georg) Henschel wurde am 18.2.1850 in Breslau (Wrocław) geboren. Er wurde in Leipzig und Berlin zum Konzertsänger und Komponisten ausgebildet. Er wirkte von 1881 bis 1884 als Dirigent des Sinfonieorchesters in Boston, ließ sich sodann in London nieder, wo er zunächst als Dirigent und sodann von 1886 bis 1888 Gesanglehrer am Royal College of Music tätig war. Von 1893 bis 1895 war er Dirigent des Scottish Orchestra in Glasgow. Er starb am 10.9.1934 auf seinem Landsitz Aviemore bei Alltna-Criche, Schottland.

WERKE

Von George Henschel sind 3 Opern aufgeführt worden. Er schrieb ferner eine Bühnenmusik zu »Hamlet« von William Shakespeare, ein Requiem, eine achtstimmige Messe, eine Vertonung des 130. Psalms für Chor, Soli und Orchester, ein Stabat mater, ein Te Deum, ein Streichquartett in Es-Dur, zahlreiche profane Chorgesänge und Lieder mit Klavier oder Orchester.

Adolf Henselt

Adolf Henselt (1814–89)

ZEIT UND UMWELT

Charlotte von Preußen (1798–1860), Tochter des Königs Friedrich Wilhelm III. und Frau des russischen Zaren Nikolaus I., hatte das musische Erbe ihrer Familie nach St. Petersburg mitgebracht; sie hielt sich eine eigene Kapelle, ließ ihren Prinzen und Prinzessinnen eine gründliche Musikerziehung angedeihen und bestellte für die Erziehungsanstalten adeliger Töchter des Reiches fähige Musiklehrer.

LEBEN

Georg Martin Adolf von Henselt wurde am 9.5.1814 in Schwabach, Bayern, geboren. Er war in Weimar Schüler von Johann Nepomuk Hummel und in Wien von Simon Sechter. Seine pianistische Technik bildete er anschließend durch selbsterfundene Dehnübungen der Finger und brachte es dadurch zu einem außergewöhnlich weitgriffigen Spiel, das neben seinem Legato allgemein bewundert wurde. Nach einer 1836 unternommenen Konzertreise nach Berlin und Breslau (Wrocław) übersiedelte er 1838 nach St. Petersburg, wo er nach einigen erfolgreichen Auftritten Kammervirtuose der Zarin und Musiklehrer ihrer Kinder wurde. Man betraute ihn nach einigen Jahren mit der Aufsicht über den Musikunterricht der Töchtererziehungsanstalten des russischen Reiches; er wurde durch die Verleihung des Wladimirordens geadelt und zum Kaiserlichen Russischen Staatsrat ernannt. In dieser hohen Stellung konnte er nicht mehr öffentlich auftreten. Bei einem Englandbesuch spielte er nur für eine geschlossene, auserlesene Gesellschaft. Er starb am 10.10.1889 in Warmbrunn (Cieplice Śląskie Zdrój), Schlesien, als von seinem Publikum und von bedeutenden zeitgenössischen Musikern – Robert Schumann, Felix Mendelssohn-Bartholdy, Franz Liszt – bewunderter Klaviervirtuose.

Werke

Die ungefähr 50 Klavierkompositionen von Adolf Henselt sind durchwegs virtuose Stücke, die größtenteils für den eigenen Konzertgebrauch verfaßt wurden. Seine repräsentativsten Kompositionen sind sein Klavierkonzert in f-Moll, 2 Hefte mit je 12 Konzertetüden, die Frédéric Chopin an lyrischem Gehalt sehr nahe kommen, ein Impromptu, eine Ballade, eine Anzahl Konzertparaphrasen, ein Duo für Klavier und Horn in h-Moll und ein Trio in a-Moll.

Konzert für Klavier und Orchester in f-Moll, Opus 15, 3 Sätze

Der 1. Satz, ein Allegro patetico, trägt das Thema mit doppelten Oktaven vor. Seine Ausschmükkung besteht aus einer Fülle zweistimmiger Läufe und Skalen. Mit weitgriffigen Akkorden wird ein choralähnlicher Teil intoniert und mit Figurenwerk und Arpeggien überschüttet, bis eine schillernde Reihe Oktavenpassagen die rauschende Klangmassierung beendet. Das Larghetto des 2. Satzes gleicht einem Notturno. Volle Akkorde beider Hände lassen den pianistischen Stil kommender Musikepochen vorausahnen. Der Abschluß ist voll komplizierter Figurationen und breitklingender Klangkaskaden. Der 3. Satz gleicht einem Scherzo. Beide Hände fliegen nachgerade über die Tasten. Dezimengriffe und vom 2. und 5. Finger angeschlagene Oktaven erzeugen erstaunliche Klangbilder.

Daniel Henstridge
(um 1670–1736)

Leben

Daniel Henstridge wurde um 1670 vermutlich in Gloucester geboren. Er wirkte von 1699 bis zu seinem Tod am 4. 6. 1736 als Organist an der Kathedrale von Canterbury.
Sein Vater Daniel Henstridge (um 1630, Gloucester, bis nach 1698, Rochester) war von 1666 bis 1673 Organist an der Kathedrale von Gloucester und von 1674 bis 1698 an der Kathedrale von Rochester.

Werke

Die Werke des englischen Organisten und Komponisten Daniel Henstridge (der Jüngere) sind nur teilweise erhalten. Etliche Anthems sind in eine Sammlung von William Croft aufgenommen worden. 5 Lieder sind handschriftlich erhalten. Seine Musik ist von Henry Purcell beeinflußt.

Theodor Hentschel (1830–92)

Zeit und Umwelt

Deutsche Opern des 19. Jahrhunderts konnten bereits die Gunst des Publikums zumindest für einige Zeit erwerben, wenn die Libretti der heroischen Sagenwelt oder einer glorifizierten Vergangenheit entnommen wurden. Edle Frauen und intrigante Verführerinnen, brave Ritter und verächtliche Bösewichter hielten die Zuschauer in Spannung.

Leben

Theodor Hentschel wurde am 28.3.1830 in Schirgiswalde, Oberlausitz, geboren. Er wurde in Dresden und Prag ausgebildet und wirkte sodann als Theaterkapellmeister in Leipzig, von 1860 bis 1890 in Bremen und anschließend bis zu seinem Tod am 19.12.1892 in Hamburg.

Werke

Von Theodor Hentschel sind 5 Opern aufgeführt worden, die sich durch äußerst romantische Libretti auszeichneten und daher sehr gefielen. Er komponierte auch eine Messe für Doppelchor und eine Anzahl Lieder.

Hans Werner Henze (geboren 1926)

Leben

Hans Werner Henze wurde am 1.7.1926 in Gütersloh geboren. Er studierte Klavier und Schlagzeug an der Musikschule in Braunschweig, sodann von 1946 bis 1948 Komposition bei Wolfgang Fortner in Heidelberg und Dodekaphonik bei René Leibowitz in Paris. Anschließend wirkte er als musikalischer Leiter am Theater in Konstanz und sodann als Ballettkapellmeister am Staatstheater in Wiesbaden. Darauf lebte er als freischaffender Komponist der eigenen Werke in Italien – Ischia, Neapel und Rom. Nachdem er von

1961 bis 1967 eine Kompositionsklasse am Mozarteum in Salzburg geleitet hatte, übernahm er 1980 einen Lehrstuhl für Komposition und Ästhetik an der Musikhochschule in Köln.

WERKE

In der Musik von Hans Werner Henze, dessen Assimilierungsgeschick außerordentlich ist, sind alle denkbaren Stilgattungen der Gegenwart und der Vergangenheit spürbar. Er schrieb neben 15 dramatischen Werken und 6 Balletten 7 Sinfonien, 3 Klavierkonzerte, 2 Violinkonzerte, ein Doppelkonzert für Oboe, Harfe und Streicher, ein Kontrabaßkonzert, ein Konzert für Violine, Stimme, 33 Instrumente und Tonband, eine Suite, »Ode an den Westwind« für Cello und Orchester, »Vier Gedichte«, »Drei sinfonische Etüden«, »Antifone«, eine »Fantasie« für Streicher, »Compasses« für Bratsche und 22 Spieler, eine Allegorie und eine Barcarole für Orchester, ein Kammerkonzert für Klavier, Flöte und Streicher, ein Concertino für Klavier, Bläser und Schlagzeug, 5 Streichquartette, eine Kammersonate für Klavier, Violine und Cello, ein Bläserquintett, ein Konzert für Klavier und sieben Instrumente, eine Sonate für Streicher, »Drei Dithyramben« für Kammerorchester, ein Adagio für acht Instrumente, Stücke für Klavier, für Cembalo, für Violine und Cello solo, 5 Madrigale, ein Oratorium, Kantaten, Chöre und Lieder mit verschiedener Begleitung, zum Teil mit Rezitation.

Das Floß der Medusa, Oratorium für Sopran, Bariton, Sprecher, gemischten Chor, Kammerchor, Knabenchor und Orchester, 2 Teile, entstanden 1968

Das Werk schildert die Schicksale der Matrosen der Fregatte »Medusa«, die 1816 auf der Reise nach Afrika auf eine Sandbank auflief; sie wurden auf ein Floß gesetzt, aber nicht abgeholt. Der Text ist von Ernst Schnabel (geboren 1913) mit Zitaten aus der Divina Commedia von Dante Alighieri (1265–1321) und aus den Pensées von Blaise Pascal (1623–62) zusammengestellt. Der 1. Teil trägt den Titel: »Die Einschiffung zum Untergang«, der 2. Teil »Die neunte Nacht und der Morgen«. Dem Orchester ist teils eine illustrierende, teils eine kommentierende Funktion zugewiesen.

Hans Werner Henze

El Cimarrón (Der Wilde), Recital für Bariton, Flöte, Gitarre und Schlagzeug, 2 Teile, entstanden 1969

Dem Werk liegt die Autobiographie des geflohenen Sklaven Esteban Montejo zugrunde, als Libretto eingerichtet von Hans Magnus Enzensberger (geboren 1929). Der Zuckerrohrsklave Montejo entflieht und versteckt sich; inzwischen kommt es zum Aufstand, der auch ihm die Freiheit bringt. Der Sieg bringt aber den befreiten Sklaven nichts ein, denn sie müssen gleich wie vorher auf den Rohrfeldern arbeiten. Die im weitesten Sinn aleatorische Musik ist ein essentieller Teil des Ablaufs; sie spricht, schildert ihn wie der Sänger und malt alle Emotionen aus.

Der langwierige Weg in die Wohnung der Natascha Ungeheuer, Kantate für einen Vokalisten, ein Klavierquintett, ein Blechquintett, eine Jazzgruppe, eine Hammondorgel, Schlagzeug mit Mundharmonika, 11 Teile, entstanden 1969

Dem Werk liegt ein Gedicht des chilenischen Dichters Gastón Salvatore zugrunde. Natascha Ungeheuer ist die Sirene einer falschen Utopie, die dem Links-Bourgeois erlaubt, das gute Gewissen revolutionärer Gesinnung beizubehalten, ohne am Kampf teilzunehmen. Der Links-Bourgeois wird von der Sirene angelockt, er macht sich dreimal auf dem Weg zu ihr, betritt aber ihre Wohnung nicht, sondern besinnt sich. Die Musik besteht aus vielen Klangzentren. Im Vordergrund steht ein Vokalist, der den Text spricht, singt oder im Sprechgesang rezitiert, die beiden Quintette und die Jazzgruppen sind drei weitere Zentren, die Hammondorgel und der Schlagzeuger mit der Harmonika schmücken den musikalischen Ablauf, der zum Teil genau festgelegt, zum Teil aleatorisch mit beliebigen Tonhöhen ist. Das Tonband mit Straßenlärm und musikalischen Fragmenten älterer Musik bildet den Hintergrund.

Versuch über Schweine, Kantate für Singstimme und Blechbläserensemble, ein Satz, entstanden 1969

Dem Werk liegt ein gleichnamiges Gedicht von Gastón Salvatore zugrunde; es ist sozialkritischen Inhalts. Die Musik gibt das Gedicht ohne Bezug auf dessen einzelne Worte wieder, sondern wiederholt es parallel dazu, so daß eigentlich zwei Gedichte gleichen Inhalts nebeneinander ablaufen.

Sinfonie Nr. 1, 3 Sätze, entstanden 1947, für Kammerorchester umgearbeitet 1963

Der Komponist hat seine 1. Sinfonie als »reinen Fehlschlag« bezeichnet, sie daher zurückgezogen und als Kammersinfonie neu gefaßt. Es liegt eine reine Spielmusik vor, die formal dem vorklassischen Muster folgt. Der 1. Satz ist zierlich und elegant, der 2. Satz bringt eine schöne Kantilene, die zeigt, daß der Komponist auch die Diktion der Romantik beherrscht. Das Finale ist ein fröhlicher Kehraus.

Sinfonie Nr. 2 für großes Orchester, 2 Sätze, entstanden 1949

Auch dieses Werk orientiert sich formal an der Sinfonik der Frühklassik, es sind jedoch der 2. und 3. Teil der Vorbilder zu einem Satz zusammengefaßt. Der 1. Satz beginnt mit tiefen Harfentönen, die Holzbläser entwickeln ein kurzes Motiv, dann fallen die Streicher kräftig ein. Im Mittelteil dieser starken Kontraste erklingen Kantilenen, der Schluß ergeht sich in Fortissimoausbrüchen des gesamten Orchesters. Der 2. Satz beginnt rhapsodisch. Das Einleitungsthema wird vierzehnmal variiert. Der Mittelteil ist lyrisch, in der Reprise erscheint die Einleitung im Krebs. Dann folgen Klangflächen, über denen ein Arioso in ein Streicherfortissimo mündet; sodann führen alle Instrumente zu einem Höhepunkt.

Sinfonie Nr. 3 für großes Orchester, 3 Sätze, entstanden 1949

Der 1. Satz trägt die Überschrift »Anrufung Apolls« und bringt nach der Einleitung eine stürmische Passacaglia mit einer zweistimmigen Baßfigur, die vom Klavier intoniert und ständig variiert von verschiedenen Instrumentengruppen in hohe Lagen gezogen wird. Der 2. Satz »Dithyrambe« übernimmt die Stimmung des vorangehenden und verstärkt und steigert sie; ein Hymnus unterbricht die tumultöse Musik und mündet in einen ruhigen Epilog. Der 3. Satz »Beschwörungstanz« besteht aus lebhaften kleinen Gruppen und kurzen Motiven, die zum Teil ostinat wiederkehren und am Ende in einem Kanon der Violinen und Celli – von Glockeninstrumenten umspielt – enden.

Sinfonie Nr. 4, ein Satz, entstanden 1955

Das Werk ist aus Teilen der Oper »König Hirsch« gebildet, die aus aufführungstechnischen Gründen gekürzt werden mußte. Die Farbenpracht der Opernmusik ist durch die Instrumentalisierung der Singstimmen noch um vieles gehoben.

Sinfonie Nr. 5, 3 Sätze, entstanden 1962

Das Orchester besteht aus einem Klanggrund aus Streichern, dem vier Gruppen aus Holz- und Blechbläsern gegenüberstehen, außerdem aus zwei Paukengruppen, aus Harfen und Klavieren. Im konzertanten Stil werden die einzelnen Gruppen herangezogen und als Figuren einer kontrapunktischen Strategie im Nebeneinander und Gegeneinander geführt. Das Werk ist »von der Menschenwelt und von der Landschaft Roms beeinflußt, ja vielleicht sogar von der im Verhältnis zur neapolitanischen härteren Sprache des Römischen« (Henze). Der 1. Satz hat Sonatenform. Nach einem harten ersten Thema bringen die Violinen eine kantable Phrase. Die Durchführung ist weit ausgeholt mit vielen Klangschattierungen. Die Reprise mit dem Rückgriff auf das Kopfthema ist gerafft. Der 2. Satz besteht »aus nichts als einer Disposition von vier verschiedenen dreistimmigen Akkorden, die in immer anderer Klanggestalt auftauchen, lang gezogen zwischen Arioso und Rezitativ schwankenden einstimmigen Melodiebogen ein immer anderes Licht geben«. Im 3. Satz sind Rondo- und Variationsform verbunden. Bratschen und Celli tragen das Thema vor, das zweiunddreißigmal varriiert wird.

Sinfonie Nr. 6 für zwei Kammerorchester, 3 Teile, entstanden 1969

»Dieses Stück handelt von allen Ländern der Dritten Welt und von unserem gestörten Verhältnis zu ihnen« (Henze). Eingebaut sind: ein Lied der vietnamesischen Befreiungsfront, ein Lied von Mikis Theodorakis (»Sterne der Nacht«) und kubanische Nationalhymnen. »Bei einmaligem Hören wird man das kaum erkennen können, vielleicht wird es aber in der Unruhe, in der nervösen Spannung, dem Zustand unaufgelöster Widersprüche, der dem Ganzen anhaftet, spürbar.«

Klavierkonzert Nr. 2, 3 Teile, entstanden 1967

»Die Musik versucht aus der Sprachlosigkeit und Abstraktion auszubrechen, in der eine gewisse Ästhetik sie noch gefangenhält. Sie tröstet nicht, sie ist kein künstliches Paradies, sondern sie reflektiert Schmerz und Unglück, so wie sie jeden Menschen in unserer beschädigten Welt befallen und heimsuchen, um ihm das Leben zu vergällen und schließlich rauben.« Der 1. Teil bringt Reminiszenzen an einen Asienaufenthalt mit nachempfundener Gagaku-Musik in einem kontrapunktisch geprägten Satzbild. Er geht ohne Zäsur in den 2. Teil über, der eine Reihe von Themen scherzoähnlich zusammenfaßt und in einen ungebundenen Schlußteil mündet. »Das Stück hat apokalyptische Strecken, Stellen wie Vulkanausbrüche, die die Welt zum Schwanken bringen. Es ist lyrisch versonnen und dann wieder wie ein Revolutionsdrama von äußerster Härte und aufrührerischer Besessenheit« (Stuckenschmidt).

Violinkonzert Nr. 1, 4 Sätze, entstanden 1947

Nach seinen eigenen Worten hatte der Komponist bei diesem Konzert »Vorstellungen von einem Stück für Violine und Orchester, von weitgeschwungenen zarten Kantilenen und von gepflegten Klängen«. Den 1. Satz eröffnet die Solovioline in rhapsodisch freiem Spiel. Die Zwölftonreihe wird im Ablauf des Satzes in straffen Sechzehntelbewegungen konzentriert; virtuose Passagen und weite Intervallsprünge bilden einen energischen Ausdruck. Der 2. und der 3. Satz bilden den Mittelteil des Werks; virtuose Bravour und melodische Sanglichkeit stehen darin in starkem Kontrast. Im Finale wird die Reihe des 1. Satzes erneut aufgegriffen, während im Mittelteil zwei neue Reihen verarbeitet sind.

Kontrabaßkonzert, 3 Sätze, entstanden 1966

In diesem Konzert sind der Umfang und die Beweglichkeit der Soloinstrumente voll ausgenützt; Doppelgriffe, Flageoletts und die eigentümlich singenden hohen Töne des Instruments kommen prächtig zur Geltung. Der 1. Satz hat Liedform, der 2. Satz ist ein Scherzo. Die Ciacona des 3. Satzes beginnt mit einem Baßsolo zweier melodisch unabhängiger Stimmen, die das Material zu den folgenden Variationen bilden.

»Ode an den Westwind« für Cello und Orchester, 5 Sätze, entstanden 1953

Dieses Cellokonzert folgt in seiner Aussage den 5 Strophen des gleichnamigen Gedichts von Percy Bysshe Shelley (1792–1822). Die Stimme des Soloinstruments ist in ein äußerst sensibles Gewebe der Orchesterstimmen eingewoben, es kommt zu keinem »Gegenüber« wie in einem traditionellen Konzert, sondern zu einer engen, unlösbaren Verknüpfung, so daß der Solopart nicht gesondert verfolgt werden kann. Ebenso ineinander aufgegangen sind Tonsatz und Instrumentation zu einer Einheit. Ohne den Instrumentalklang – oder mit einem anderen – bliebe das Werk ein Torso.

Doppelkonzert für Oboe, Harfe und Streicher, ein Satz, entstanden 1966

Die Form dieses Konzerts ist die der Instrumentalmusik des 18. Jahrhunderts; es handelt sich um eine konzertante Sinfonie mit Allegro, Andante, Reprise als Variante des Allegro und Coda als Variante des Andante. Die 18 Solostreicher haben obligate Partien und sind an den thematischen, rhythmischen und harmonischen Entwicklungen der Oboen- und Harfensoli beteiligt.

Sonate für Streicher, 2 Sätze, entstanden 1958

Der 1. Satz ist einer Sonate angenähert, der 2. Satz besteht aus 32 Variationen über eine von der Solovioline gespielten einstimmigen Tonfolge. In den Variationen sind zahlreiche Spieltechniken der Streicher kombiniert und in immer andere Zusammenhänge gebracht.

Johann Herbeck (1831–77)

Zeit und Umwelt

Das Wiener Musikleben des 19. Jahrhunderts wurde, abgesehen von der Hofoper und anderen Musikbühnen, von den »Wiener Philharmonikern«, deren erstes Konzert 1842 stattfand, von der »Gesellschaft der Musikfreunde«, gegründet 1813, der »Wiener Singakademie«, gegründet 1858, dem »Wiener Männergesangverein« aus 1843 und dem 1863 gegründeten »Schubert-Bund«, mehreren Streichquartetten und einer Reihe kleinerer Chorvereinigungen getragen.

Leben

Johann Franz Ritter von Herbeck wurde am 25.12.1831 in Wien geboren. Er war Chorknabe des Stifts Heiligenkreuz, Niederösterreich, sodann Schüler von Ludwig Rotter (1810–95) in Wien. Im Jahr 1852 wurde er Chorregent der Piaristenkirche und 1856 Chormeister des Wiener Männergesangvereins, 1859 Dirigent der Philharmonischen Konzerte; 1866 erhielt er die Ernennung zum Ersten Hofkapellmeister, 1869 zum Ersten Kapellmeister der Hofoper und 1870 zum Hofoperndirektor. Wegen ständiger Intrigen trat er nach 5 Jahren als Operndirektor zurück und wurde Dirigent der »Gesellschaft der Musikfreunde«. Er starb am 28.10.1877 in Wien.

Werke

Von Johann Herbeck sind mehrere Männerquartette, zum Teil mit Orchester, und Lieder für gemischten Chor erhalten. Von seinen kirchenmusikalischen Werken sind nur eine Vokalmesse für Männerchor und eine Große Messe in E-Dur, von seinen Sinfonien nur die 4. – mit Orgel –, im Druck überliefert; so auch sein Streichquartett Nr. 2, die »Symphonischen Variationen« und das »Tanzmoment« für Orchester. Er spielte im Wiener Konzertleben des 19. Jahrhunderts eine maßgebende Rolle.

Robert Herberigs (1886–1974)

Leben

Robert (Robertus-Henricus-Maria-Josephus-Georgius) Herberigs wurde am 19.6.1886 in Gent geboren und am Konservatorium ausgebildet. Von 1951 bis 1953 leitete er die Flämische Oper in Antwerpen. Anschließend lebte er als freier Komponist bis zu seinem Tod am 20.9.1974 in Oudenaarde.

Werke

Von Robert Herberigs sind 2 Opern auf die Bühne gekommen. Er schrieb weiters 3 Sinfonien, 5 sinfonische Dichtungen, »4 Balladen« und »Oden« für Orchester, 2 Suiten, ein Orgelkonzert, ein Klavierkonzert, ein Bläserquintett, eine Suite für Flöte, Violine, Bratsche und Cello, eine Sonatine und weitere kleine Stücke für Kammerorchester, 3 Etüden und zahlreiche andere Stücke für Klavier, eine Sinfonie mit Singstimmen, Klavierlieder, 9 Messen und andere sakrale Stücke.

Autograph von Robert Herberigs

Valentin Herbing (1735–66)

ZEIT UND UMWELT

Angeregt von den Vertretern der Berliner Liederschule und der offensichtlich starken Nachfrage nach Liedkompositionen um die Mitte des 18. Jahrhunderts brachten die Musikverleger eine Fülle von Liedern und Liedersammlungen heraus, deren Singstimmen und Begleitung so gehalten waren, daß sie von Unausgebildeten bewältigt werden konnten.

LEBEN

August Bernhard Valentin Herbing wurde am 9. 3. 1735 in Halberstadt geboren. Er wurde um 1758 Hilfsorganist und 1764 Organist am Dom in Magdeburg und versah diesen Dienst bis zu seinem Tod am 26. 2. 1766.

WERKE

Von dem früh verstorbenen Organisten Valentin Herbing sind die Liedsammlungen »Musicalische Belustigungen«, deren 2. Teil erst posthum erschien, und »Musikalischer Versuch in Fabeln und Erzählungen des Herrn Prof. Gellert« herausgekommen. Beide Werke sind offenbar für Dilettanten bestimmt, weil jede Schwierigkeit vermieden wurde. Musikalischer Wert kann ihnen trotzdem nicht abgesprochen werden.

Johann Andreas Herbst (1588–1666)

ZEIT UND UMWELT

Der Dreißigjährige Krieg, der vor allem Deutschland belastete, setzte der Bedeutung mehrerer Musikzentren für lange Zeit ein Ende. Es fehlte das Geld, die Musiker kamen um oder wurden in alle Winde zerstreut, wo sie ein Fortkommen suchen mußten, und die tägliche Not brachte das allgemeine Interesse an kulturellen Werten zum Erlahmen. Einzelnen Städten brachte auch der Friedensschluß keine Erholung. Deutschland war zum Binnenland geworden, die Mündungen der großen Flüsse lagen außerhalb der Grenzen. Daher konnte zum Beispiel Nürnberg seine wirtschaftliche Bedeutung nicht mehr erlangen. Der Transithandel lief nun andere Wege, die einst reiche Stadt wurde an den Rand des handelspolitischen Geschehens gedrängt.

LEBEN

Johannes Andreas Herbst (Autumnus) wurde am 9. 6. 1588 in Nürnberg geboren und dort zum Musiker ausgebildet. Im Jahr 1614 erhielt er die Kapellmeisterstelle der Landgrafen Philipp von Butzbach und Ludwig V. von Butzbach in Darmstadt, 1623 wurde er Kapellmeister an der Barfüßerkirche in Frankfurt und zugleich Director Musices der Stadt. Sodann berief ihn die Frauenkirche in Nürnberg 1636 als Kapellmeister; die Entfaltungsmöglichkeiten waren aber dort wegen des Krieges und seiner Auswirkungen so beengt, daß er 1644 wieder an seine alte Stellung in Frankfurt zurückkehrte. Er starb dort im Jahr 1666 und wurde am 26. 1. begraben.

WERKE

Der deutsche Komponist und Musikschriftsteller Johann Andreas Herbst hat neben seinen musiktheoretischen Publikationen, die zu seiner Zeit sehr verbreitet waren, zahlreiche sakrale Gesänge geschaffen, wie das drei- und sechsstimmige »Meletemata sacra« mit Generalbaß, das »Lob- und Danck-Lied auß dem 34. Psalm« als großes Festkonzert, die »Sospiria Cordis« für vier Stimmen und Generalbaß und Hirtenlieder. Das »Theatrum Amoris« bringt fünf- und sechsstimmige deutsche Gesänge »nach art der Welschen Madrigalien«.

In seinen frühen Jahren war Herbst stark der Tradition des 16. Jahrhunderts verbunden. Später verwendete er den Generalbaß und alle anderen modernen Stilmittel seiner Zeit, besonders die italienische Mehrchörigkeit.

LITERATUR

W. Nagel, Zur Biographie des Johann Andreas Herbst, in: Sammelbände der Internationalen Musikgesellschaft XI, 1909/10.

Herigerus (um 940 bis um 1009)

ZEIT UND UMWELT
Otto I. der Große (912–973), Deutscher Kaiser ab 962, setzte seinen Neffen Notker (um 940–1008) 972 als Bischof von Lüttich ein, der die Stadt zu einem geistigen Zentrum Westeuropas machte. Lüttich wurde zur Wiege der sogenannten Maas-Kunst (Emailierkunst), deren kostbare Erzeugnisse wir noch heute bewundern. Die Hebung des wirtschaftlichen und des kirchlichen Lebens war sein besonderes Anliegen.

LEBEN
Herigerus ist um 940 im flandrischen Raum geboren und wurde unter Bischof Notker ungefähr im Jahre 990 Abt von Lobbes, wo er um 1009 starb.

WERKE
Abt Herigerus hat als einer der ältesten Kirchenkomponisten von der Gregorianik und den Sequenzen unabhängige Gesänge komponiert, von denen ein Hymnus und 2 Antiphone erhalten sind. Sie sind einstimmig, weisen aber eine stark ornamentale Melodieführung auf. Dem Abt verdanken wir auch eine Biographie des Bischofs Notker.

Carl Eduard Hering (1809–79)

ZEIT UND UMWELT
Nach Kräften geförderte Kunstpflege war in Dresden wie in ganz Sachsen von alters her eine nahezu selbstverständliche Erscheinung. Besonders die Musik war ständig ein sehr wichtiges Anliegen des sächsischen Hofes, in dessen Umkreis sie zum nahezu unentbehrlichen Lebenselement geworden war. Das betraf sowohl die Kirchenmusik wie auch das Konzertwesen und die Oper.

LEBEN
Carl Eduard Hering wurde am 18.5.1809 in Oschatz geboren. Er war Schüler seines Vaters und von Theodor Weinlig und wirkte darauf als Musiklehrer in Dresden und ab 1837 als Organist und Seminarmusiklehrer in Bautzen, wo er am 26.11.1879 starb.
Sein Sohn Richard Hering (26.6.1856, Bautzen, bis 20.6.1943, Baden-Baden) lebte als Komponist in Dresden und ab 1925 in Neuhausen am Rheinfall.
Sein Vater Carl Gottlieb Hering (25.10.1766, Bad Schandau, bis 4.1.1853, Zittau) war Schüler von Johann Gottfried Schicht, ab 1795 Lehrer und Konrektor in Oschatz und von 1811 bis 1836 Musiklehrer und Oberlehrer an der Stadtschule in Zittau.
Karl Friedrich August Hering (2.9.1819, Berlin, bis 2.2.1889, Burg bei Magdeburg) war Schüler von Hubert Ries und Carl Friedrich Rungenhagen in Berlin, von Karol Lipiński in Dresden und Václav Jan Tomášek in Prag. Er wirkte kurze Zeit als Violinist in Prag, dann an der Königlichen Kapelle in Berlin, wo er 1851 ein Musikinstitut gründete. Ein verwandtschaftliches Verhältnis zu den Vorgenannten ist nicht feststellbar.

WERKE
Von Carl Eduard Hering sind mehrere Oratorien, eine Messe und die Kantaten »Weihnachtsnähe« für Chor, Soli, Deklamation und Klavier und »Der blinde König« für Männerchor und Orchester, 25 weitere Männerchöre, 30 Choräle mit drei bezifferten Bässen und eine Passionsmusik überliefert. Er verfaßte ferner eine Choralbuch für Schulen mit 250 vierstimmigen Chorälen und eine Harmonielehre.
Richard Hering schrieb Melodramen, Balladen und zahlreiche Lieder.
Carl Gottlieb Hering verfaßte eine Anzahl sehr populärer Kinderlieder und mehrere instruktive Lehrwerke und Übungsstücke für den Gesang- und den Klavierunterricht.
Karl Friedrich August Hering veröffentlichte mehrere sehr beliebte Chorlieder, außerdem didaktische Werke für den Violinunterricht.

Nicolas Herman (um 1485–1561)

ZEIT UND UMWELT
Wie ein Großteil der religiösen Reformbewegungen war auch die der Böhmischen

Brüder sozialrevolutionär. Daher fanden sich unter den Kleinbauern und Bergleuten des Erzgebirges viele Anhänger, die sich eine Hebung ihrer sozialen Situation erhofften.

LEBEN
Nicolas Herman (Heermann) wurde um 1485 in Nordböhmen geboren. Um die Mitte des 16. Jahrhunderts war er in Sankt Joachimsthal (Jáchymov) als Kantor tätig. Er wurde als Komponist und Dichter von Chorälen weit über seine Gemeinde hinaus sehr geschätzt. Seinen Dienst als Kantor hat er bis zu seinem Tod am 3. 5. 1561 versehen.

WERKE
Von dem Kantor Nicolas Herman ist eine Anzahl von Chorälen überliefert, von denen einzelne, wie »Erschienen ist der herrlich Tag« oder »Lobt Gott ihr Christen alle gleich«, heute noch gesungen werden. Ihre Melodik ist schlicht, aber sehr eindringlich.

Friedrich Hermann (1828–1907)

ZEIT UND UMWELT
Im letzten Viertel des 19. Jahrhunderts trat der Violinunterricht in ein neues Stadium. Die methodologischen Forschungen gaben der Didaktik neue Richtungen, so daß technische Wunder, mit denen die Virtuosen 50 Jahre früher brillierten, für jeden durchschnittlichen Schüler erlernbar wurden. Hand in Hand damit schritt der Abbau des rein technischen Virtuosentums. Man verlangte von den Violinisten keine Akrobatik mehr, sondern Musikalität.

LEBEN
Friedrich Hermann wurde am 1.2.1828 in Frankfurt am Main geboren. Er war von 1843 bis 1846 Schüler des Konservatoriums in Leipzig, spielte sodann Violine im Gewandhausorchester und wurde ein Jahr darauf Violinlehrer am Konservatorium. Er starb am 27.9.1907 in Leipzig.

WERKE
Das Übungsmaterial für den Violinunterricht, das Friedrich Hermann hinterließ, wird teilweise heute noch verwendet. Seine Violinstücke hingegen sind vergessen. Er bearbeitete die »Liebeslieder« von Johannes Brahms und das »Spanische Liederspiel« von Robert Schumann für Streichorchester und erntete dafür bei seinen Zeitgenossen große Erfolge.

Johann David Hermann
(um 1760–1846)

ZEIT UND UMWELT
Paris mit seinen vielseitigen Betätigungsmöglichkeiten für Musiker zog auch viele Meister aus Deutschland an. Auch die wußten, daß ein erfolgreicher Auftritt im Concert spirituel sozusagen die Aufnahmeprüfung für einen Wirkungskreis in der Musikstadt darstellte.

LEBEN
Johann David Hermann wurde um 1760 in Deutschland geboren. Er kam nach seiner Ausbildung zum Pianisten 1785 nach Paris und trat im Concert spirituel auf. Die darauf erfolgte Ernennung zum Klavierlehrer der Königin Marie Antoinette veranlaßte ihn, sich endgültig in der Stadt niederzulassen. Obwohl er seine Stellung 1789 verlor, blieb er als Pianist und Klavierlehrer bis zu seinem Tod im Jahr 1846 in Paris.

WERKE
Von Johann David Hermann sind eine Anzahl Sonaten und Potpourris für Pianoforte und 6 Pianofortekonzerte erschienen, die den endgültigen Sieg des neuen Tasteninstruments über das Cembalo anzeigten.

Hermannus de Atrio
(um 1400 bis um 1450)

ZEIT UND UMWELT
Der dreistimmige Satz mit der Anordnung Tenor, Cantus, Kontratenor war die weitverbreitete Kompositionsform der ersten, von Guillaume Dufay und Gilles Binchois geprägten Epoche der franko-flämischen

Schule. Die Motetten waren wie die Messevertonung vierstimmig.

LEBEN

Hermannus de Atrio dürfte um 1400 im Raum Antwerpen geboren sein. Er war vermutlich Kleriker. Über sein Leben ist nichts bekannt. Auch über Ort und Zeit seines Todes gibt es keine Aufzeichnungen.

WERKE

Es sind nur zwei Werke von Hermannus de Atrio überliefert, ein dreistimmiges Rondeau (vermutlich instrumental) und eine vierstimmige Motette zu dem Text »In Mariae vita« (Im Leben Marias). Diese beiden Sätze sind für die profane Musik und die sakrale Motettenform ihrer Zeit typisch.

LITERATUR

Ch. van den Borren, Études sur le XVe siècle musicale, Antwerpen 1941.

Rafael Hernando (1822–88)

LEBEN

Rafael José María Hernando wurde am 31.5. 1822 in Madrid geboren. Er studierte von 1837 bis 1843 am Konservatorium in Madrid bei Baltasar Saldoní und Ramón Carnicer und anschließend am Conservatoire in Paris bei François Auber. In Madrid machte er sich mit einer Anzahl Zarzuelas bekannt, wurde sodann Sekretär des Konservatoriums und Harmonielehrer. Er starb am 10.7.1888 in Madrid.

WERKE

Von Rafael Hernando sind in Madrid ungefähr 15 Zarzuelas, die er gemeinschaftlich mit Francisco Barbieri, Joaquín Gaztambide y Garbayo, José Inzenga und Cristóbal Oudrid y Segura verfaßte, bekannt geworden. Er komponierte ferner eine große, oft aufgeführte Votivmesse, Kantaten und Hymnen und eine Oper, die nie aufgeführt wurde.

Johannes Herold (um 1550–1603)

ZEIT UND UMWELT

Um die Mitte des 16. Jahrhunderts griff die Reformation auch in Österreich rasch um sich. Im Ostteil des Landes setzte die Gegenreformation nicht so rasch und scharf ein wie im Westen. Besonders in Kärnten kam es zur Bildung geschlossener evangelischer Gemeinden, so daß der Bedarf an ausgebildeten Kantoren wuchs. Gegen Ende des Jahrhunderts wendete sich das Blatt. Die Kantoren wurden vertrieben, die Gemeinden rekatholisiert.

LEBEN

Johannes Herold (Heroldt) wurde um 1550 in Jena geboren und dort zum Kantor ausgebildet. Von 1593 bis 1601 wirkte er in Klagenfurt als Kantor an der evangelischen Stiftsschule und ab 1595 auch am Dom. Dann mußte er diesen Wirkungskreis aufgeben. Er wurde Kapellmeister in Altenburg und sodann in Weimar, wo er im Jahre 1603 starb und am 8. 9. begraben wurde.

WERKE

Von dem deutschen Kantor Herold ist eine Passion erhalten: Historia des Leidens und Sterbens unseres Herrn und Heilands. Es handelt sich um eine dreistimmige Motettenpassion, die sehr eindrucksvolle und lebendige Stellen enthält. Venezianischer Einfluß ist deutlich merkbar.

LITERATUR

H. J. Moser, Die Klagenfurter Deutsche Passion des Johann Herold, Musik und Kirche XI, 1939.

Louis Joseph Ferdinand Hérold (1791–1833)

ZEIT UND UMWELT

Mit dem 19. Jahrhundert war auch für Frankreich die Zeit angebrochen, in der die Opernkomposition über alle anderen Musiksparten gestellt wurde. Das Konzertwesen wurde fortgesetzt, aber ein Komponist, dem der Erfolg auf der Bühne versagt war, wurde als zweitrangig eingestuft. Dagegen kämpften große Könner vergeblich, denen erst die Nachwelt gerecht werden konnte.

LEBEN

Louis Joseph Ferdinand Hérold wurde am 28.1.1791 in Paris geboren. Nachdem er von seinem Vater in die Musik eingeführt worden war, wurde er 1806 am Conservatoire von Paris Schüler von Louis Adam, Charles Simon Catel und Étienne Nicolas Méhul. Zum Abschluß seiner Studien erhielt er den Rompreis, studierte 3 Jahre in Rom und brachte 1815 in Neapel seine Erstlingsoper mit Erfolg heraus. Auch in Paris, wohin er zurückgekehrt war, fand er mit weiteren Bühnenwerken anfänglich Anklang, dann riß die Erfolgsserie ab. Er nahm die Stelle eines Akkompagnisten und später die eines Chordirektors der Italienischen Oper an. Im Jahr 1827 wurde er Repetitor an der Opéra. In all diesen Jahren verfaßte er Oper um Oper, kam aber über einige Achtungserfolge nicht hinaus, bis ihm mit seiner »Zampa« 1831 endlich der Durchbruch gelang. Der zweite Erfolg war »Le Pré aux Clercs« (Die Schreiberwiese), die 1871 zum tausendsten Male aufgeführt wurde. Er starb am 19.1.1833 in Paris.
Sein Vater Franz Joseph Hérold (10.3.1755, Selz, Elsaß, bis 1.9.1802, Paris) war Schüler von Carl Philipp Emanuel Bach (1714–88) und ein angesehener Klavierlehrer und Komponist.

WERKE

Außer seinen rund 20 Opern hat Louis Joseph Ferdinand Hérold 4 Ballette, Sinfonien, Streichquartette, brillante Klavierfantasien, einzelne Stücke für Violine und Klavier und Klavierlieder geschrieben. Es sind überdies viele Melodien aus seinen nicht sehr erfolgreichen Opern lange lebendig geblieben und haben mehrere Komponisten zu Variationen angeregt. Er stand stilistisch bereits in der französischen Hochromantik.
Franz Joseph Hérold hat eine Reihe sehr geschätzter Klaviersonaten verfaßt.

LITERATUR

A. Pougin, Hérold, Paris 1906.

Homer Herpol (um 1520–74)

ZEIT UND UMWELT

Die mehrstimmige Evangelienkantate, die namentlich im Bereich der lutherischen Kirche lateinisch oder deutsch die jeweiligen Verse des Sonntagsevangeliums anstelle einer Lesung vorträgt, fußt auf der Motette in der Art Josquins. Zu welcher Ausdruckskraft sich diese Kirchenmusikform entwickeln konnte, sehen wir bei Johann Sebastian Bach.

LEBEN

Homer Herpol (Herbipolis, Herbol, Herpolitanus, Herpoll) wurde um 1520 in Saint-Omer, Pas-de-Calais, geboren, war 1554 bis 1555 Kantor an der Stiftskirche in Fribourg, ging sodann nach Freiburg im Breisgau, um bei Glareanus zu studieren, und kehrte 1557 in die Schweiz zurück. Im Jahre 1567 wurde er entlassen, ließ sich in Konstanz nieder, wo er am 8. 1. 1574 starb.

WERKE

Den ersten bekannten Jahrgang Evangelien-Motetten schrieb Homer Herpol, der alle 54 Stücke intabulierte. Sie sind im Stil einer Josquin-Nachfolge fugiert. Daneben sind ein Pfingstofficium, ein Salve Regina, ein Regina Coeli, 7 Magnificat, 6 Responsorien und 12 Dixit Dominus – alles vierstimmig – überliefert.

LITERATUR

A. Geering, Homer Herpol und Manfredo Barbarini Lupus, Festschrift K. Nef, Leipzig 1933.

José Herrando (um 1730 bis um 1790)

ZEIT UND UMWELT

Auch im 18. Jahrhundert wurden in Spanien Virtuosen nahezu ausschließlich aus dem Ausland, vor allem aus Italien, gerufen. Es fehlte für Spanier bei den meisten Instrumenten noch die Ausbildungsmöglichkeit. So wurde die älteste Violinschule in spanischer Sprache erst 1756 in Paris veröffentlicht.

Leben
José Herrando wurde um 1730 in Spanien geboren. Über sein Leben ist nur bekannt, daß er ungefähr um 1756 erster Violinist der Königlichen Kapelle in Madrid und vermutlich um 1790 gestorben ist. Der Ort seines Todes ist nicht feststellbar.

Werke
Von José Herrando sind neben seiner Violinschule 18 »Spanische Menuette« erschienen und 12 Violinsonaten handschriftlich erhalten. Über weitere Kompositionen ist nichts bekannt.

Michael Herrer (um 1576 bis nach 1609)

Zeit und Umwelt
Obwohl Straßburg zum größeren Teil protestantisch und zugleich Fluchtziel vieler exilierter Protestanten war, lebten auch Katholiken dort, deren Religionsausübung nicht behindert wurde. Gerade diese tolerante Haltung der Stadt ermöglichte ihre Neutralität im Krieg des 17. Jahrhunderts und eine einigermaßen störungsfreie kulturelle und kommerzielle Tätigkeit.

Leben
Michael Herrer (Herrerius) wurde um 1576 in München geboren. Er kam um die Jahrhundertwende als Präpositus und Musiker an die St.-Nicolai-Kirche in Straßburg. Seine letzte bekannte Publikation erschien 1609. Er dürfte in Straßburg gestorben sein, das Datum seines Todes ist nicht überliefert.

Werke
Von dem deutschen Komponisten Michael Herrer ist 1602 ein sechsstimmiges Magnificat erschienen. 3 seiner Motetten wurden in zeitgenössische Sammelwerke aufgenommen. Außerdem veröffentlichte er in den Jahren 1606–09 3 Bücher mit einer sehr wichtigen Sammlung italienischer Kompositionen. Diese und seine eigenen Werke gehören dem Stil des 16. Jahrhunderts an.

Jean Herrisant (um 1525 bis nach 1570)

Leben
Über den französischen Komponisten und Kirchenmusiker Jean Herrisant, der in Frankreich um 1525 geboren wurde, ist nur bekannt, daß er mehrmals seinen Aufenthalts- und Dienstort wechselte und vermutlich in den siebziger Jahren den der Bartholomäusnacht folgenden Massakern zum Opfer gefallen ist.

Werke
Von Paul Herrisant sind nur eine Messe und mehrere in Sammeldrucken erschienene Chansons überliefert. Sie sind im rein französischen Stil gehalten und gelten als ein Beispiel dafür, wie weit sich dieser in der Mitte des 16. Jahrhunderts bereits von der frankoflämischen Schule entfernt hatte.

Gottfried Herrmann (1808–78)

Zeit und Umwelt
Fürst Günther Friedrich Karl von Schwarzburg-Sondershausen (1801–80) unternahm für sein kleines Land umfangreiche Liberalisierungs- und Reformmaßnahmen, die allerdings nach 1848 unter dem Druck Preußens zum Teil zurückgenommen wurden. Er nahm sich auch sehr um das kulturelle Leben an und stattete seine Hofkapelle mit fähigen Meistern aus.

Leben
Gottfried Herrmann wurde am 15.5.1808 in Sondershausen geboren. Er war in Kassel Violinschüler von Louis Spohr und in Hannover, wo er als Violinist wirkte, Klavierschüler von Aloys Schmitt. Im Jahr 1832 wurde er Organist der Marienkirche und Städtischer Musikdirektor von Lübeck, 1844 Hofkapellmeister in Sondershausen, das er 1852 wegen der eingetretenen mißlichen politischen Situation

verließ, um seine alten Stellungen in Lübeck wieder aufzunehmen. Daneben wirkte er auch eine Zeitlang als Dirigent des Lübecker Stadttheaters und des Bach-Vereins in Hamburg. Er starb am 6. 6. 1878 in Lübeck.

WERKE

Von den 4 Opern von Gottfried Herrmann wurden nur 2 auf die Bühne gebracht. Er verfaßte ferner 2 Sinfonien, 6 Ouvertüren, 3 Violinkonzerte, ein Doppelkonzert in A-Dur für 2 Violinen und Orchester, 3 Streichquartette und einige andere Kammermusik, Chöre und eine Kantate für 3 Solisten, Männerchor und Orchester. Seine Musik beweist, daß die Romantik auch in Norddeutschland voll Einzug gehalten hat.

Gottfried Herrmann, nach einer Zeichnung von J. Milde (1844)

Hugo Herrmann (1896–1967)

LEBEN

Hugo Herrmann wurde am 19. 4. 1896 in Ravensburg geboren. Er war Schüler des Konservatoriums in Stuttgart und darauf unter Franz Schreker und Walther Gmeindl (31. 1. 1890, Hainburg, Niederösterreich, bis 1. 9. 1958, Hainburg) an der Musikhochschule in Berlin. Von 1919 bis 1923 wirkte er als Organist und Chordirigent in Balingen und Ludwigsburg, anschließend bis 1925 als Organist in Detroit, Mich., darauf bis 1929 in Reutlingen. Von 1935 bis 1962 war er Direktor der Musikschule Trossingen. Er starb am 7. 9. 1967 in Stuttgart.

WERKE

Das Hauptanliegen von Hugo Herrmann war das chorische und instrumentale Laienmusizieren, wofür er zahlreiche Kompositionen für Akkordeon schrieb. Er verfaßte außerdem 4 Opern, ein Oratorium, eine Anzahl sehr klangvolle Messen, 5 Sinfonien, eine Kammersinfonie für 19 Instrumente, »Sinfonische Metamorphosen«, 2 Orgelkonzerte, ein Violinkonzert, ein Cembalokonzert, ein Gambenkonzert, 5 Streichquartette, ein Klaviertrio, eine Violinsonate, eine Sonate und andere Werke für Klavier, 2 Konzerte für Akkordeon und Orchester, ein Doppelkonzert für Akkordeon und Harfe mit Orchester, zahlreiche Spielmusik für Akkordeon und für Harmonika, Chöre und Lieder mit verschiedener Begleitung. Leichte Eingängigkeit, Wohlklang und Volkstümlichkeit bildeten die Hauptprinzipien seiner Musik.

Karl Herrmann (1882–1973)

LEBEN

Karl Herrmann wurde am 23. 8. 1882 in Wien geboren. Er bildete sich im Klavier- und Orgelspiel sowie theoretisch aus und wirkte als Musiklehrer in Wien, wo er am 30. 1. 1973 starb.

WERKE

Das kompositorische Schaffen von Karl Herrmann umfaßte ungefähr 300 Werke. Davon sind 6 Sinfonien, 2 Klavierkonzerte, Kammermusik jeder Gattung, 10 Klavierwerke, einige Chöre und Lieder bekannt geworden. Er orientierte sich am traditionellen Wiener Stil.

Peter Herrmann (geboren 1941)

LEBEN

Peter Herrmann wurde am 19.12.1941 in Chemnitz (Karl-Marx-Stadt) geboren. Nach autodidaktischer Ausbildung studierte er am Konservatorium in Zwickau, sodann an der Musikhochschule in Leipzig bei Fritz Geißler, dessen Assistent er wurde.

WERKE

Das kompositorische Werk von Peter Herrmann weicht von den offiziellen Richtlinien seines Landes für die Kunst nicht ab. In diesem Rahmen erzielt er beachtliche künstlerische Ausdruckskraft. Er schrieb ein Orchesterkonzert, eine Kammersinfonie, eine Sonate für Kammerorchester, eine Sonatine für Streichorchester, eine Kleine Suite für Jugendsinfonieorchester, ein Violinkonzert, ein Klavierkonzert, Klavierstücke, Violinstücke, Chöre und Lieder.

Friedrich Wilhelm Herschel (1738–1822)

LEBEN

Friedrich Wilhelm Herschel (Sir William Herschel) wurde am 15. 11. 1738 in Hannover geboren. Er kam als Cellist mit der hannoveranischen Garde 1757 nach Durham, wurde Organist der Pfarreikirche in Halifax und wirkte schließlich in gleicher Eigenschaft 1766 an der Octagon Chapel in Bath. Dort begann er, sich mit Mathematik und Astronomie zu beschäftigen, baute Spiegelteleskope, entdeckte den Planeten Uranus und begründete damit die moderne Stellarastronomie. Er gab die Musik auf, wurde zum Königlichen Privatastronomen ernannt und übersiedelte nach Datchet und darauf nach Slough, wo ihn 1792 Joseph Haydn besuchte. Er starb als Ehrendoktor von Oxford und Ritter des Hannoveranischen Welfenordens am 23. 8. 1822 in Slough bei Windsor.

Sein Bruder Jakob Herschel (um 1734, Hannover, bis 1792, Hannover) war Violinist und Dirigent der King's Band in Hannover.

WERKE

Von dem Musiker und namhaften Astronomen Friedrich Wilhelm Herschel sind 24 Sinfonien, mehrere Konzerte für verschiedene Instrumente, 2 Militärkonzerte, 6 Sonaten für Cembalo mit Violine und Cello und mehrere Sonaten für Orgel, für Violine und für Harfe überliefert.

Jakob Herschel schrieb mehrere Sinfonien, einige Quartette für Cembalo, zwei Violinen und Cello und 6 Triosonaten für zwei Violinen und Generalbaß.

Beider Musik hat noch Barockelemente in sich.

LITERATUR

C. A. Lobbock, The Herschel Chronicle, Cambridge 1933.

Johann Christian Hertel (1697–1754)

ZEIT UND UMWELT

Die Gambe war im 18. Jahrhundert bereits selten geworden, weil sie dem Cello weichen mußte, wie alle Mitglieder der Violenfamilie von den Violinen vorläufig verdrängt wurden.

LEBEN

Johann Christian Hertel wurde am 25. 6. 1697 in Oettingen, Bayern, geboren und von Georg Friedrich Kauffmann in Merseburg und sodann ab 1717 von Ernst Christian Hesse (1676–1762) in Darmstadt ausgebildet. Er war von 1718 bis 1733 Mitglied und dann bis 1741 Konzertmeister der Hofkapelle in Eisenach, darauf bis 1753 Konzertmeister am Hof von Strelitz, Mecklenburg, wo er im Oktober 1754 starb.

WERKE

Von den vielen Orchester- und Kammermusikwerken von Johann Christian Hertel sind nur 6 Violinsonaten gedruckt worden. Unter den handschriftlich überlieferten Werken befinden sich viele für die Viola da gamba, die der Komponist virtuos beherrschte, außerdem 3 Trios, mehrere Sinfonien, 5 Ouvertüren und 9 Violinkonzerte.

Die Sinfonien in G-Dur und D-Dur sowie das Konzert in a-Moll für Fagott, Streicher und Generalbaß verdienen besondere Beachtung.

Johann Wilhelm Hertel (1727–89)

ZEIT UND UMWELT
Die Ausstrahlung der Berliner Liederschule auf dem Gebiet der Sinfonik und dem des Liedes wirkte sich im gesamten norddeutschen Raum nicht nur stilformend, sondern auch entwicklungshemmend aus. Die von Friedrich dem Großen und seinen Musikern gepflegte Empfindsamkeit, die Einfachheit der Liedfaktur und der vom Barock geerbte Generalbaß wurden weiter beibehalten, gleichsam als Garant für Publikumswirksamkeit, und erst spät zugunsten der in Mannheim und in Wien gefundenen neuen Formen aufgegeben.

LEBEN
Johann Wilhelm Hertel wurde am 9. 10. 1727 in Eisenach als Sohn des Johann Christian Hertel geboren. Er wurde von seinem Vater ausgebildet und wirkte ab 1744 als Hofkapellmeister in Strelitz und später bis zu seinem Tod am 14. 6. 1789 in gleicher Eigenschaft in Schwerin.

WERKE
Das kompositorische Werk von Johann Wilhelm Hertel war zu seiner Zeit im norddeutschen Raum hochgeschätzt, geriet aber nach seinem Tod bald in Vergessenheit. Er schrieb eine große Anzahl Sinfonien, Konzerte für verschiedene Instrumente, Cembalosonaten, Kantaten, Oden, Lieder und 3 Oratorien. Alles hat Generalbaß, gehört dem empfindsamen Stil an und ist melodisch und strukturell leicht faßlich. Seine Sinfonien in D-Dur und G-Dur, sein Fagottkonzert in a-Moll und seine Cembalosonate in d-Moll wurden besonders viel gespielt.

Matthäus Hertel (um 1620–72)

ZEIT UND UMWELT
Ohne von irgendeiner Obrigkeit dazu gedrängt zu werden, hielten zahlreiche Kantoren an den überkommenen Stilformen fest. Cantus firmus, Kontrapunkt und Parodie wurden auch im Barock weiter gepflegt und bildeten eine der essentiellen Grundlagen zum Aufstieg des deutschen Barock zur Höhe eines Sebastian Bach.

LEBEN
Matthäus Hertel wurde um 1620 vermutlich in Schlesien geboren. Er war ab 1651 in Schlichtingsheim (Szlichtyngowa) bei Glogau (Glogow) ansässig und ging bereits ein Jahr darauf nach Brandenburg, wo er in Züllichau bis zu seinem Tod im Jahr 1672 als Organist wirkte.

WERKE
Der deutsche Organist, Musiktheoretiker und Komponist Matthäus Hertel verfaßte eine Orgeltabulatur mit 118 Stücken, unter denen er 5 eigene Parodiemessen aufnahm. Er war auch als Musikschriftsteller tätig.

Peter Ludwig Hertel (1817–99)

ZEIT UND UMWELT
Das Ballettwesen, das in der zweiten Hälfte des 19. Jahrhunderts in Berlin wie auch in anderen Städten intensiv gepflegt wurde, erreichte zwar nicht die Höhe von Paris – hiefür war das Publikumsinteresse nicht stark genug –, stand aber stets auf einem beachtlichen Niveau, das Gastspieleinladungen nahezu aller bedeutenden Tänzerinnen, Tänzer und Choreographen neben den ständig engagierten Kräften gewährleistete.

LEBEN
Peter Ludwig Hertel wurde am 21. 4. 1817 in Berlin geboren. Er war Ballettdirigent am Königlichen Opernhaus und Hofkomponist in Berlin, wo er am 13. 6. 1899 starb.

Werke
Von Peter Ludwig Hertel ist in Berlin eine Anzahl vorzüglicher Ballette aufgeführt worden, deren Szenarien zumeist vom Ballettmeister Paolo Taglioni stammten. Von den Gelegenheitskompositionen, die er angeblich geschrieben hat, ist nichts überliefert. Seine Ballettmusiken lehnten sich deutlich an französische Vorbilder an.

Florimond Ronger Hervé (1825–92)

Zeit und Umwelt
Jacques Offenbach und Charles Lecocq beherrschten die französischen Operettenbühnen der zweiten Hälfte des 19. Jahrhunderts. Um mit ihnen in Wettbewerb zu treten, mußte man ein neues Genre erfinden und das Publikum dafür gewinnen.

Leben
Florimond Ronger, genannt Hervé, wurde am 30.6.1825 in Houdain, Pas-de-Calais, geboren. Nach flüchtiger Ausbildung bei Antoine Aimable Élie Elwart und François Auber wirkte er in verschiedenen Kirchen von Paris als Organist; dann trat er als Komponist eines Intermediums hervor, wurde 1851 Kapellmeister am Théâtre du Palais Royal und übernahm einige Jahre darauf selbst ein Theater, gab 1856 seine Direktion wieder auf und brachte seine Operetten in der französischen Provinz und in Kairo heraus. Ab dem Jahr 1870 leitete er in London Konzerte in der Art von Johann Strauß und wirkte zuletzt als Kapellmeister am Empire Theatre. Er starb am 3.11.1892 in Paris.

Werke
Von Florimond Ronger Hervé sind mehr als 127 Operetten, Pantomimen und Ballette aufgeführt worden. Sie reichten an die Qualität der Werke von Offenbach und Lecocq bei weitem nicht heran, übertraf sie aber an seichter Leichtigkeit, die ihnen einen gewissen Unterhaltungswert verliehen. Er schrieb auch Messen und Motetten unter seinem echten Namen Florimond Ronger und bekundete damit seine kompositorischen Fähigkeiten, die er bei seinen Bühnenwerken nicht anwenden konnte.

Henri Herz (1803–88)

Leben
Henri (Heinrich) Herz wurde am 6.1.1803 in Wien geboren und anfänglich in Koblenz vom Organisten Daniel Hünten ausgebildet. Ab 1816 war er am Pariser Conservatoire Schüler von Louis Berthélemy Pradher und Antonín Rejcha. Von 1825 bis 1835 war er einer der gefeiertsten Pianisten und Klavierkomponisten der Welt. Er beteiligte sich an einer Klavierfabrik, was ihm schwere Verluste einbrachte, die durch die Errichtung einer eigenen nicht aufzuwiegen waren. Im Jahr 1845 unternahm er eine ausgedehnte Konzertreise durch Nord- und Südamerika und konnte nun mit dem Erlös seine Fabrik zu großer Blüte bringen, so daß er bei der Weltausstellung 1855 den ersten Preis erhielt. Von 1842 bis 1874 wirkte er, von seinen Reisen unterbrochen, als Klavierlehrer am Conservatoire. Er starb am 5.1.1888 in Paris.
Sein Bruder Jacques Simon Herz (31.12.1794, Frankfurt am Main, bis 27.1.1880, Nizza) war ab 1807 am Conservatoire in Paris Schüler von Louis Barthélemy Pradher und wirkte anschließend als geschätzter Klavierlehrer in Paris. Ab 1857, nachdem er einige Jahre in England gelebt hatte, war er am Conservatoire als Hilfslehrer seines Bruders tätig.

Werke
Seine Kompositionen waren nach einer Äußerung von Henri Herz »dem Pariser Publikum die schmackhafteste Speise«. Jedenfalls stellten sie den Prototyp der vielgeschmähten und vielgeschätzten Salonmusik dar: brillant und fließend, ohne festen Kern. Er schrieb 8 Klavierkonzerte, viele Variationenwerke, Sonaten, Rondos, Nokturnen, Tänze, Märsche und Fantasien für Klavier und etliche Violinsonaten, ferner viele Etüden und Fingerübungen. Es ist alles schon längst vergessen und durch Ähnliches ersetzt.
Jacques Simon Herz schrieb eine Hornsonate, eine Violinsonate, ein Klavierquintett und

viele Soloklavierwerke, die der Salonmusik nahe kamen, aber nie die Brillanz der Stücke seines Bruders erreichten.

Johann Georg Herzog (1822–1909)

ZEIT UND UMWELT
Die Ausweitung des Orgelklangs in die Richtung der orchestralen Wirkung nahm in der Romantik exzessive Dimensionen an. Besonders die Fabriksorgeln brachten das Instrument in die Nähe eines Orchestrions; Masse und Technik wurden überschätzt. Das Orgelbauhandwerk, das sich in der Regel von solchen Intentionen fernhielt, hatte gegen die billige Fabriksorgel, deren verschiedenartige orchesterinstrumentennahe Klänge dem Publikum der Zeit gefielen, einen schweren Stand. Erst das steigende Interesse an der Originalliteratur früherer Jahrhunderte und die Wiederentdeckung der Bedeutung alter Instrumente brachten eine Hinwendung zu älteren orgelgerechten Klangstilen und zur »Orgelbewegung« am Ende des Jahrhunderts.

LEBEN
Johann Georg Herzog wurde am 6.8.1822 in Hummendorf bei Kronach geboren. Er wurde am Lehrerseminar in Altdorf, Bayern, zum Organisten ausgebildet und war ab 1843 Organist und ab 1848 Kantor an der evangelischen Kirche in München, ab 1850 Orgellehrer am Konservatorium der Stadt, ab 1854 Universitätsmusikdirektor in Erlangen und ab 1866 Professor. Er starb am 2.3.1909 in München.

WERKE
Von dem Orgelvirtuosen Johann Georg Herzog sind zahlreiche Kompositionen für Orgel, Lehrwerke und eine große Zahl Vokalkompositionen bekannt geworden. Er veröffentlichte auch mehrere Sammlungen von älteren Orgelstücken. Seine stilistische Tendenz ragte bereits über die Breite der Romantik hinaus.

Heinrich Herzogenberg (1843–1900)

ZEIT UND UMWELT
Von den Meistern der zweiten Hälfte des 19. Jahrhunderts hatte kaum einer so viele Freunde, Anhänger, Verehrer und Nachahmer wie Johannes Brahms. Sein Stil und seine Fakturen sprachen einen großen Publikumskreis an; nicht wenige ersahen darin ein Wiederaufstehen der klassischen Ideale und ein »Bollwerk« gegen alle Neuerungen. Man hatte zu seinen Zeiten nicht begriffen, wie fortschrittlich seine Musik in Wahrheit war.

LEBEN
Heinrich Freiherr von Herzogenberg wurde am 10.6.1843 in Graz geboren. Er war von 1862 bis 1864 unter Otto Dessoff (14.1.1835, Leipzig, bis 28.10.1892, Frankfurt am Main) Schüler des Konservatoriums in Wien. Im Jahr 1874 gründete er in Leipzig gemeinsam mit dem Dirigenten Alfred Volkland (10.4. 1841, Braunschweig, bis 7.6.1905, Basel), dem Musikhistoriker Philipp Spitta (7.12.1841, Wechold bei Hoya in der Wesermarsch, bis 13.4.1894, Berlin) und dem Komponisten Franz Holstein den »Bach-Verein«, dessen Leitung er 1875 übernahm; 1885 wurde er als Professor für Komposition an die Berliner Hochschule für Musik berufen. Er starb am 9.10.1900 in Wiesbaden. Mit Johannes Brahms verband ihn und seine Frau, die Pianistin Elisabeth von Herzogenberg, geborene Stockhausen (13.4.1847, Paris, bis 7.1.1892, San Remo), eine enge persönliche und künstlerische Freundschaft.

WERKE
Von Heinrich Herzogenberg sind 2 Sinfonien in c-Moll und B-Dur, eine sinfonische Dichtung, »Odysseus«, ein Streichquintett, 2 Klavierquartette, 5 Streichquartette, 2 Streichtrios, 3 Klaviertrios, 3 Violinsonaten, 3 Cellosonaten, ein »Deutsches Liederspiel« für Soli, Chor und Klavier zu vier Händen, die Chorwerke »Stern des Liedes« für Chor und Orchester, »Die Weihe der Nacht« für Altsolo, Chor und Orchester, »Nannas Klage« für Soli, Chor und Orchester, Psalm 116, vierstimmig, a cappella, Psalm 94 für Soli, Doppelchor und Orchester,

»Königspsalm« für Chor und Orchester, ein Requiem für Chor und Orchester, »Totenfeier«, und eine Messe für Soli, Chor und Orchester, die Kirchenoratorien für Soli, Gemeindegesang und Orchester »Die Geburt Christi«, »Die Passion« und »Erntefeier« überliefert. Außerdem verfaßte er zahlreiche sakrale und profane A-cappella-Chöre, Lieder, Duette, zwei- und vierhändige Klavierwerke und Variationen für zwei Klaviere. Seine Kompositionen stehen im Schatten seines Freundes Johannes Brahms, sind aber formsicher und feinsinnig angelegt; die Chorwerke zeichnen sich durch ausgezeichnete Kontrapunktik aus. Sie sind zu Unrecht völlig vergessen und erklingen höchstens im Rahmen evangelischer Kirchenfeiern.

James Heseltine (um 1690–1763)

Zeit und Umwelt

Es dürfte nicht allein bei den Kirchenkomponisten die Schuld gesucht werden, daß das Anthem von Jahrzehnt zu Jahrzehnt bei derselben Faktur blieb und kaum eine Entwicklung eintrat. Vermutlich waren es auch die Kirchenleitungen, die hier hemmend auftraten. Anders lassen sich Vorkommnisse, bei denen Komponisten nach einem Konflikt mit ihren Vorgesetzten ihre Kompositionen vernichteten, kaum deuten.

Leben

James Heseltine wurde um 1690 in England geboren. Er war Schüler von John Blow und anschließend Organist am St. Katherine's Hospital. Im Jahr 1711 wurde er Organist an der Kathedrale von Durham, wo er im Juni 1763 starb.

Werke

Von James Heseltine sind mehrere außerordentlich schöne und vorzüglich gearbeitete Anthems überliefert. Den Großteil seiner Kompositionen hatte er nach einem Streit mit der Kathedralenleitung vernichtet. Man kann annehmen, daß seine für jene Zeit fortschrittliche Kompositionstechnik die Ursache der Auseinandersetzung war.

Hans-Joachim Hespos (geboren 1938)

Leben

Hans-Joachim Hespos wurde am 13.3.1938 in Emden geboren. Er studierte an der Pädagogischen Hochschule in Oldenburg und ist seit 1962 in Delmenhorst als Lehrer tätig. Als Komponist ist er Autodidakt.

Werke

Von Hans-Joachim Hespos sind unter anderem »Sich Formendes«, »Für Flöte solo«, »Gesänge«, »Verwerfungen im Bereich des Stillen«, »Für Cello solo«, »Einander-Bedingendes« für fünf Instrumentalisten, »Dschen« für Saxophon und Streichorchester, »Break« (Umschwung) für einen Pianisten und Orchestergruppe, »Frottages« für Altsaxophon, Mandoline, Harfe, Cello und vier Schlagzeuger, »Sätze« für Orchester, ein Streichtrio, 2 Stücke für Kammerensemble, »Splash« für Kontrabaß und Schlagzeug, »Anregung für einen Pianisten«, ein Stück für sieben Instrumentalisten, »Palimpsest« für Stimme und Schlagzeug bekannt geworden.

Ludwig Heß (1877–1944)

Leben

Ludwig Heß wurde am 23.3.1877 in Marburg geboren. Er studierte von 1895 bis 1900 in Berlin und anschließend in Mailand, dann wirkte er als Konzertsänger, Chordirigent und Gesanglehrer in verschiedenen Städten, bis er 1924 Professor an der Staatlichen Akademie für Kirchen- und Schulmusik in Berlin wurde. Im Jahr 1933 verlor er diese Stellung, konnte sich aber weiterhin der Komposition widmen. Er starb am 5.2.1944 in Berlin.

Werke

Von Ludwig Heß sind 5 Opern aufgeführt worden. Er schrieb ferner 2 Sinfonien, ein Klaviersextett, die schönen Chorwerke »Ariadne«, »Te Deum«, »Weihnachtsidyll«, Gesänge für Frauenchor, Chorlieder, Orchester- und Klavierlieder. Sein Stil war konservativ, aber sehr klangreich und gut rhythmisiert.

Adolf Hesse (1809-63)

Zeit und Umwelt
Man begann im 19. Jahrhundert in den Konzertsälen Orgeln aufzustellen, die den großen Kirchenorgeln nicht nachstanden. Damit war für das profane Orgelkonzert, das bisher nur auf kleinen tragbaren Instrumenten gespielt werden konnte, der Weg geebnet, und Orgelvirtuosen waren nicht mehr darauf angewiesen, daß man ihnen das Konzertieren in den Kirchen genehmigte. Es kam sofort zu einer Fülle von Orgelstücken und bald auch zur Verwendung der Orgel als Orchesterinstrument.

Leben
Adolf Friedrich Hesse wurde am 30.8.1809 in Breslau (Wrocław) geboren. Er war dort Schüler des Organisten Friedrich Wilhelm Berner (16.5.1780, Breslau, bis 9.5.1827, Breslau), ab 1827 Zweiter Organist der Elisabethkirche und von 1831 bis zu seinem Tod am 5.8.1863 Erster Organist der Berhardinkirche. Auf seinen Konzertreisen als Orgelvirtuose spielte er in Leipzig, Kassel, Hamburg, Berlin, Weimar, an St-Eustache in Paris und im Kristallpalast in London.

Werke
Von Adolf Hesse sind 40 ausgezeichnete Orgelkompositionen – Präludien, Fugen, Fantasien und Etüden, – ein Oratorium (»Tobias«), 6 Sinfonien, ein Klavierkonzert, Ouvertüren, Kantaten, Motetten, ein Streichquintett, 2 Streichquartette, eine Klaviersonate zu vier Händen und Klavierstücke erhalten. Alle Kompositionen, auch die Orgelstücke, gehören der Romantik an.

Ernst Christian Hesse (1676–1762)

Zeit und Umwelt
Der Ruf der französischen Gambenvirtuosen verbreitete sich in ganz Europa und regte besonders in Deutschland eine intensive Beschäftigung mit diesem Instrument an, das auch dort nahezu ausschließlich als Baß verwendet wurde. Man zog es lange dem Cello, das weniger Saiten und keine Bünde hatte, vor.

Leben
Ernst Christian Hesse wurde am 14. 4. 1676 in Großgottern, Thüringen, geboren. Er war zunächst Kanzleibeamter in Frankfurt und Gießen, ging sodann nach Paris, um sich von Marin Marais und Antoine Forqueray als Gambist ausbilden zu lassen, und wurde zu einem der bedeutendsten Virtuosen auf diesem Instrument. Er starb in Darmstadt am 16. 5. 1762.

Werke
Der deutsche Gambist und Komponist Ernst Christian Hesse verfaßte einige Kirchenmusik (Hymnen), eine Anzahl Gambensonaten und eine Oper. Es ist nichts davon im Druck erschienen.

Kurt Hessenberg (geboren 1908)

Leben
Kurt Hessenberg wurde am 17.8.1908 in Frankfurt am Main geboren. Von 1927 bis 1931 studierte er am Konservatorium in Leipzig bei Günter Raphael und Robert Teichmüller. Ab 1933 wirkte er als Theorielehrer am Hochschen Konservatorium in Frankfurt am Main, wo er 1942 Dozent und 1953 Professor für Komposition wurde.

Werke
Kurt Hessenberg schrieb 3 Sinfonien, eine konzertante Musik für zwei Streichorchester, eine Sinfonietta für Streicher, ein Kammerkonzert für Cembalo und Streicher, ein Klavierkonzert, ein Konzert für zwei Klaviere und Orchester, 5 Streichquartette, ein Klavierquartett, ein Divertimento für Flöte, Violine und Klavier, 3 Streichtrios, ein Klaviertrio, Stücke für Klavier mit Flöte, mit Oboe, mit Klarinette, mit Horn, mit Fagott, eine Suite für Flöte und Klavier, 2 Flötensonaten, 2 Klaviersonaten, eine Cellosonate, Sonate und Divertimento für Violine und Klavier, eine Anzahl Klavierstücke, 35 Praeludien für Clavichord oder Klavier, mehrere, sehr viel

gespielte Orgelkompositionen, 7 Kantaten, 2 Motetten, verschiedene Chorwerke – darunter ein Psalmentriptychon – und zahlreiche Lieder.

Triosonate in B-Dur für Orgel, Opus 56, 3 Sätze
Der 1. Satz ist formal wie eine Triosonate von Johann Sebastian Bach strukturiert und bringt heitere Stimmung. Der langsame 2. Satz hat betont schlichte Melodiebildung und wird von einem thematisch rhythmischen Motiv beherrscht. Das Finale ist fugiert und voll Elan. Auch im Orgelsatz bewahrt der Komponist seine traditionelle Haltung.

Johann Heugel (um 1497–1585)

ZEIT UND UMWELT
Philipp I. der Großmütige, Landgraf von Hessen (1504–67), entfaltete für sein Land eine intensive kulturelle Tätigkeit. Er gründete die Universität Marburg als erste evangelische Hochschule (1527), er bemühte sich um die Ausgestaltung der Hauptstadt Kassel, die er zu einem kulturellen Zentrum erhob. Seine Hofkapelle kam in bewährte Hände.

LEBEN
Johann Heugel wurde um 1497 in Deggendorf geboren und studierte an der Universität Leipzig, wo er längere Zeit als Sänger tätig war. Dann ging er nach Kassel zur Kapelle des Landgrafen. Im Jahre 1538 war er Gesangmeister, einige Jahre darauf Hofkapellmeister. Er blieb in Kassel, während der Graf in der Haft des Kaisers war und auch unter dessen Nachfolger. Erst gegen 1575 zog er sich zurück und lebte von einer laufenden Zahlung für die musikalische Beratung der Kapelle und von den nahezu 500 Kompositionen, die er während seines langen Lebens geschrieben hatte. Er starb im Januar 1585 in Kassel.

WERKE
Das umfangreiche kompositorische Werk Johann Heugels umfaßte Motetten, Magnificat, deutsche und lateinische Psalmen, viele deutsche Lieder für den profanen und sakralen Gebrauch und zahlreiche Gelegenheitskompositionen, die während seiner langen Tätigkeit als Kapellmeister entstanden. Ein Teil davon ist reine Routinearbeit mit Kontrafakta und Wiederholung bereits verwendeter Melodien.

LITERATUR
J. Knieriehm, Die Heugel-Handschriften der Kasseler Landesbibliothek, Berlin 1943.

Ernst Heuser (1863–1942)

LEBEN
Ernst Heuser wurde am 9.4.1863 in Elberfeld geboren. Er studierte am Konservatorium in Köln bei Ferdinand Hiller (1811–85) und Gustav Jensen (25.12.1843, Königsberg, bis 26.11.1895, Köln), außerdem bei Franz Wüllner, Franz Liszt und bei Jean Louis Nicodé. Ab 1887 gab er Klavierunterricht am Kölner Konservatorium und dirigierte die Konzerte des Richard-Wagner-Vereins. Er starb am 12.6.1942 in Köln.

WERKE
Die zahlreichen Instrumental- und Vokalwerke von Ernst Heuser folgten der Stilrichtung der »Neudeutschen«. Erwähnenswert davon sind die Kantate »Der Blumen Rache« für Sopran, Frauenchor und Orchester, die Stimmungsbilder »Um Mitternacht« und »Wolken am Meer« für Chor und Orchester, mehrere Orchesterstücke, über 100 Männerchöre und viele Klavierstücke. Er verfaßte auch eine Oper.

James Hewitt (1770–1827)

ZEIT UND UMWELT
Im letzten Jahrzehnt des 18. Jahrhunderts kam es bereits zur Aufführung der ersten amerikanischen Opern, von denen »Tammany, or The Indian Chief« (Tammanny oder Der Indianerhäuptling) die bekannteste war. Es schlossen sich am Beginn des folgenden Jahrhunderts sogleich mehrere ähnliche Werke an, die mit der zugleich einsetzenden Komposition von Instrumentalmusik zu

einem steilen Anstieg des Musiklebens in den USA führten.

LEBEN

James Hewitt wurde am 4. 6. 1770 in Dartmoor geboren. Er dürfte Schüler von Giovanni Battista Viotti gewesen sein. Er wirkte zunächst als Violinist am Hoforchester in London, ging aber 1792 nach New York, wo er mit großem Erfolg als Violinvirtuose auftrat und seine erste Oper »Tammany« herausbrachte. Er wirkte als Leiter von Militärkapellen der Stadt, als Musikverleger und als Kirchenorganist. Von 1812 bis 1818 war er in Boston am Federal Street Theatre tätig, kehrte darauf nach New York zurück, wo er den Posten eines Musikdirektors am Park Theatre bekleidete, wandte sich erneut nach Boston und betreute einen leitenden Posten des Musiklebens der Stadt bis zu seinem Tod am 1. 8. 1827.

WERKE

Von James Hewitt kamen einige Programmouvertüren heraus: »Die Schlacht«, »Sturm«, »Passion« usw. Außer der Oper »Tammany« schrieb er noch eine komische Oper, mehrere Bühnenmusiken, Klavierstücke, Violinduette und Lieder. Seine Musik gehörte unzweifelhaft der Frühromantik an.

John Hill Hewitt (1801–90)

ZEIT UND UMWELT

Die Balladenoper Englands war eine Art Liederspiel aus gesprochenen Dialogen und Liedern, die volkstümliche Weisen und bekannte Opernmelodien verarbeiteten. Sie trug zumeist ironischen oder burlesken Charakter und erreichte im 18. Jahrhundert ihren Höhepunkt. Im 19. Jahrhundert wurde sie vom Singspiel und der Operette verdrängt, in den USA aber noch viel gepflegt, wo sie neben satirischen auch sentimentale oder tragische Stoffe verwendete.

LEBEN

John Hill Hewitt wurde am 11.7.1801 in New York als Sohn des James Hewitt (1770 bis 1827) geboren. Er verfaßte Gedichte und Theaterstücke und komponierte. Welche Stellung er innehatte, ist nicht bekannt. Er starb am 7.10.1890 in Baltimore.

WERKE

Neben ungefähr 300 Liedern verfaßte John Hill Hewitt zahlreiche Kantaten, zum Teil mit Instrumentalbegleitung. Er stellte eine Reihe von Balladenopern zusammen, für die er auch selbstkomponierte Lieder verwendete.

LITERATUR

J. T. Howard, The Hewitt Family in American Music, in: The Musical Quarterly XVII, 1931.

Sebald Heyden (1499–1561)

LEBEN

Sebald Heyden (Haiden, Heiden) wurde 1499 in Bruck bei Erlangen geboren. Er studierte von 1513 bis 1519 an der Universität Ingolstadt, wurde dort Kantor und 1521 Rektor der Spitalsschule. Im Jahre 1525 erhielt er in Nürnberg die Stelle des Rektors der Sebaldusschule und versah diesen Dienst bis zu seinem Tod am 9. 7. 1561.

Sein Sohn Hans Heyden (getauft 19. 1. 1536, Nürnberg – begraben 22. 10. 1613, Nürnberg) war Kaufmann, Mechaniker, Instrumentenmacher und Musiker. Er war Organist an St. Sebaldus (1567–71) und an St. Egidien (1574–83).

Dessen Sohn Hans Christoph Heyden (getauft 14. 2. 1572, Nürnberg – begraben 9. 2. 1617, Nürnberg) wurde 1591 Spitalsorganist in Nürnberg und 1596 Organist an St. Sebaldus. Er verlor diese Stelle 1616 wegen Unstimmigkeiten mit seinen Vorgesetzten.

WERKE

Von dem Kantor und Musikschriftsteller Sebald Heyden sind nur 8 Kirchenlieder bekannt. Die Passion, die Psalmen und weitere Lieder, die er angeblich verfaßt hat, sind verschollen. Von großer Bedeutung sind jedoch seine Lehrwerke.

Der Organist und Instrumentenmacher Hans Heyden erfand das »Nürnbergische

Geigenwerk«, das zum Vorbild aller späteren Versuche, sogenannte Streichklaviere zu konstruieren, wurde.
Hans Christoph Heyden brachte 2 Bücher mit vierstimmigen Tanzliedern mit selbstverfaßten Texten heraus, die von besonderer Feinheit sind und den deutschen Villanellenstil aufweisen.

LITERATUR

A. Kosel, Sebald Heyden, Literarhistorische-musikwissenschaftliche Abhandlungen VII, Würzburg 1940. G. Kinsky, Hans Heyden, Zeitschrift für Musikwissenschaft VI, 1923/1924. W. Vetter, Wort und Weise im deutschen Kunstlied, Zeitschrift für Musikwissenschaft X, 1927/28.

Gutierre Fernández Hidalgo
(1553 bis nach 1620)

ZEIT UND UMWELT

Das von Francisco Pizarro für Spanien eroberte südamerikanische Territorium, auf dem im 16. Jahrhundert das Vizekönigreich Perú errichtet wurde, umfaßte außer dem heutigen Perú beinahe den ganzen Kontinent mit Ausnahme des portugiesischen Brasilien. Die Hochkultur des Inka-Reiches wurde zerschlagen, in den Städten Regierungsgebäude, Klöster und Kirchen gebaut und die Missionierung mit allen Mitteln durchgesetzt.

LEBEN

Gutierre Fernández Hidalgo wurde 1553 vermutlich in Spanien geboren und dort auch ausgebildet. Er kam mit einer der Einwandererwellen in das Vizekönigreich Perú und wurde Sänger an der Kathedrale in Cuzco, der ehemaligen Hauptstadt des Inka-Reiches. Dann erhielt er die Stelle eines Musiklehrers am Seminar der heiligen Elisabeth in La Plata (heute Sucre, offizielle Hauptstadt von Bolivien). Im Jahre 1597 bestellte man ihn zum Kapellmeister der Kathedrale von La Plata. 1620 kehrte er nach Cuzco zurück und starb dort bald darauf.

WERKE

Von dem peruanischen Komponisten Gutierre Fernández Hidalgo ist eine große Anzahl kirchenmusikalischer Werke wie Messen, Magnificat, Hymnen, Motetten erhalten. Sie sind im zeitgenössischen spanischen Stil gehalten. Ein Einfließen bodenständiger Melodik ist nicht bemerkbar.

LITERATUR

R. Stevenson, The Music of Peru, Aboriginal and Viceroyal Epochs, Washington 1959.

Juan Hidalgo (um 1612–85)

ZEIT UND UMWELT

Die Zarzuela wurde nach dem Ort der ersten Aufführung dieser Bühnenstückgattung, dem königlichen Schloß Palacio de la Zarzuela, benannt. Ihr literarischer Schöpfer war Pedro Calderón de la Barca. Ihre Musik bestand aus Soli, Chören und gesprochenem Dialog. Im Verlauf des 18. Jahrhunderts mußte sie der italienischen Oper weichen. Im 19. Jahrhundert wurde sie wieder erweckt, wobei man die spanische Folklore als grundlegendes Element einbezog.

LEBEN

Juan Hidalgo wurde um 1612 in Las Moralejas geboren. Er war von 1631 bis zu seinem Tod Harfenist der Königlichen Kapelle. Seine Beisetzung fand in Madrid am 31. 3. 1685 statt.

WERKE

Vom spanischen Komponisten Juan Hidalgo ist die Musik zu den ältesten spanischen Opern erhalten. Die Texte stammen zum großen Teil von Pedro Calderón de la Barca. Seine Zarzuela »Los celos hacen estrellas« mit dem Text von Luis Vélez de Guevara (1579 bis 1644) dürfte die erste ihrer Art überhaupt gewesen sein.

Aristide Hignard (1822–98)

Zeit und Umwelt
Während gegen Ende des 19. Jahrhunderts die Romantik allmählich verabschiedet wurde oder zumindest ihre »erzählende« Diktion zugunsten einer bildhaften aufgab, sich also von der Literatur entfernte und der Malerei näherte, hielt die Oper vorläufig unverrückbar an den überkommenen und bewährten Fakturen fest.

Leben
Jean Louis Aristide Hignard wurde am 20.5. 1822 in Nantes geboren. Er war ab 1845 am Conservatoire in Paris Schüler von Fromental Halévy. Im Jahr 1850 erhielt er den Zweiten Kompositionspreis und lebte sodann bis zu seinem Tod am 20.3.1898 als Musiklehrer und Komponist in Vernon.

Werke
Von Aristide Hignard sind 7 Opern aufgeführt worden. Von seinen Klavierkompositionen erreichten die »Valses concertantes« und die »Valses romantiques« einen hohen Bekanntheitsgrad. Auch seine Männerchöre, Frauenchöre und Lieder wurden viel gesungen.

Johann Baptist Hilber (1891–1973)

Leben
Johann Baptist Hilber wurde am 2.1.1891 in Wil, St. Gallen, geboren. Er studierte in Zürich und Köln und wirkte sodann als Gymnasialmusikdirektor und als Chordirektor und Kapellmeister in Luzern, wo er die Schweizerische Katholische Kirchenmusikschule gründete und leitete. Er starb am 30.8.1973 in Luzern.

Werke
Neben 2 Bühnenmusiken schrieb Johann Baptist Hilber ein Klavierkonzert, ein Concertino für Klavier und Orchester, zahlreiche profane A-cappella-Chöre. Seine Hauptwerke waren jedoch sakraler Natur: 5 ausgezeichnete Messen, die viel gesungen werden, mehrere Proprien, 4 Festoffertorien und weitere Gesänge, Motetten und Marienlieder a cappella. Sein kirchenmusikalisches Schaffen stellte ihn in die Reihe der ersten katholischen Kirchenkomponisten unserer Zeit.

Hildegard von Bingen (1098–1179)

Zeit und Umwelt
Um die Zeit, als die deutsche Mystikerin Hildegard von Bingen Priorin des Klosters von Disibodenberg wurde (1136), war durch das Wormser Konkordat der Investiturstreit beendet, der die Bischöfe aus Reichsbeamten zu Reichsvasallen machte. Die Kirche hatte sich von der weltlichen Macht befreit. Die Thronstreitigkeiten näherten sich durch die Wahl des Staufers Konrad III. (1093–1182) ihrem Ende (1138). Die Missionierung des östlichen Slawenlandes verzeichnete große Erfolge, seine Besiedlung durch Deutsche begann. Friedrich I., Nachfolger Konrads (1152), Vorbild höfischen Rittertums, hervorragender Politiker und Diplomat, griff kraftvoll in das Geschick Deutschlands und Italiens ein, die Machtzentren verlagerten sich zwar noch sehr häufig, doch eine gewisse Konsolidierung zeichnete sich bereits ab.

Leben
Hildegard von Bingen wurde 1098 in Bernersheim bei Alzey in vornehmer Familie geboren und im Kloster Disibodenberg, dessen Leitung ihr später zufiel, erzogen. Im Jahre 1147 gründete sie mit 18 Nonnen auf dem Rupertsberg bei Bingen ein neues Kloster, wo sie am 17. 9. 1179 starb. Die Äbtissin hatte seit ihrer Kindheit prophetische Visionen, von denen in den Jahren 1141 bis 1150 26 niedergeschrieben wurden. Neben ihrer schriftstellerischen Tätigkeit (ein geistliches Schauspiel »Ordo virtutum«, 300 Briefe über alle Bereiche des Lebens) widmete sie sich der Komposition sakraler Musik.

Werke
Hildegard von Bingen hinterließ ein Kyrie, 35 Antiphone, 19 Responsorien, 7 Hymnen

und 7 Sequenzen, deren Melodien weniger Motive enthielten als verschiedenartige Variationen und Kombinationen einer Grundmelodie. Die choralen Formvorschriften sind von antiphonalen und responsorischen Stilelementen häufig durchbrochen und gewinnen dadurch eine nahezu improvisatorische Wirkung.

LITERATUR

L. Bronarski, Die Lieder der heiligen Hildegard, Leipzig 1922.

Henry Hiles (1826–1904)

ZEIT UND UMWELT

Die Kolonisierung der Erde war um die Mitte des 19. Jahrhunderts bereits so weit gediehen, daß Reisen um die Welt bereits von Erholungsuchenden unternommen werden konnten.

LEBEN

Henry Hiles wurde am 31. 12. 1826 in Shrewsbury geboren. Er war Schüler seines Bruders und bekleidete eine Reihe von Organistenstellen, bis er in Manchester Harmonie- und Kompositionslehrer an der Universität und 1893 Professor am College of Music wurde. Von 1852 bis 1859 unternahm er aus gesundheitlichen Gründen eine Reise um die Welt. Er starb am 20. 10. 1904 in Worthing bei London.

Sein Bruder, John Hiles (1810, Shrewsbury, bis 4. 2. 1882, London), war als Organist an verschiedenen Kirchen in Shrewsbury, Portsmouth, Brighton und London tätig.

WERKE

Neben zahlreichen musikalischen Lehrwerken veröffentlichte Henry Hiles eine kleine Oper, eine Ouvertüre, 2 Oratorien (»David«, »Die Patriarchen«), mehrere vorzügliche Kantaten, die Vertonung der Psalmen 46 und 96, einige Anthems und Services sowie Lieder, von denen ein Glee preisgekrönt wurde, und Chöre. In seinen Kompositionen klingen zuweilen fremdartige Wendungen auf.

John Hiles schrieb Klavierstücke und Lieder und eine Anzahl Lehrwerke.

Alfred Hill (1870–1960)

LEBEN

Alfred Francis Hill wurde am 16. 12. 1870 in Melbourne geboren. Seine Ausbildung zum Violinisten erhielt er am Konservatorium in Leipzig, wo er anschließend durch 2 Jahre im Gewandhausorchester tätig war. Hernach ging er nach Wellington, Neuseeland, und wurde dort 1892 zum Leiter der Orchestergesellschaft ernannt. Ab 1897 wirkte er in Sydney als Orchester- und Chordirigent und bis 1934 als Leiter des Orchesters des Konservatoriums. Im Jahr 1935 gründete er seine eigene Musikakademie. Er starb am 30. 10. 1960 in Darlinghurst bei Sydney, New South Wales.

WERKE

Von den 12 Sinfonien von Alfred Hill basieren 11 auf früher komponierten Kammermusikwerken. Er schrieb außerdem die sinfonischen Dichtungen »Der verlorene Jäger« und »Maori Rhapsodie«, eine Sonate für Posaune, 2 Maori-Streichquartette und 14 weitere Quartette, ein Klavierquintett, 2 Klaviertrios, mehrere Sonaten und Sonatinen für Violine und Klavier, Violinsoli, maorische und andere Lieder, außerdem 10 Opern und Kantaten über Maori-Legenden. Er brachte den in Leipzig erlernten deutschen Stil der zweiten Hälfte des 19. Jahrhunderts nach Australien, in den er fallweise Maori-Musik integrierte.

Sinfonie Nr. 2 »Lebensfreude«, 5 Sätze, entstanden 1940

Der 1. Satz deutet ernst und feierlich das unlösbare Rätsel des Lebens an. Im 2. Satz kommt die Kraft des Lebens zum Ausdruck, im 3. Satz Trauer und Sorgen als seine Schattenseite. Der 4. Satz rät zu unbekümmerter Lebenslust, und im Finale fordern Solisten, Chor und Orchester mit einem »Gloria in excelsis« die Menschheit zur Brüderlichkeit auf.

Edward Burlingame Hill (1872–1960)

Leben

Edward Burlingame Hill wurde in Cambridge, Mass., geboren. Er besuchte bis 1894 die Harvard University und war Schüler von John Knowles Paine, Frederick Field Bullard (21.9. 1864, Boston, bis 24.6.1904, Boston), Margaret Ruthven Lang, George Elbridge Whiting in Boston, von Charles-Marie Widor in Paris und nochmals in Boston von George Whitefield Chadwick. Im Jahr 1908 wurde er Musiklehrer an der Harvard University. Er starb am 9.7.1960 in Francestown, N. H.

Werke

Aus dem umfangreichen kompositorischen Schaffen von Edward Burlingame Hill sind 4 Sinfonien, 4 sinfonische Dichtungen, 2 Suiten, eine Sinfonietta, 2 Klavierkonzerte, ein Violinkonzert, ein Englischhornkonzert, ein Sextett für Klavier und Bläser, ein Klarinettenquintett, ein Klavierquartett, ein Streichquartett, eine Flötensonate, 2 Klarinettensonaten, eine Sonate für zwei Klaviere, »Jazz Studies« für zwei Klaviere, eine Chor-Ode, eine Kantate und 2 Orchesterpantomimen bemerkenswert.

John Hill (1724–97)

Zeit und Umwelt

Eines der Hauptargumente der englischen Musikkritik im 18. Jahrhundert, falls sie einen Musiker ehren wollte, war die Bemerkung, daß ihn Georg Friedrich Händel sehr geschätzt habe. Händel, seine Musik und seine Äußerungen über Musik bildeten einen Maßstab für Höchstleistung und wohl auch ein Ziel; dem nahezukommen, von den meisten angestrebt wurde.

Leben

John Hill wurde 1724 in Rugby, Warwickshire, geboren. Er war Kirchenmusiker und Komponist von Kirchenmusik. Näheres über sein Leben und Wirken ist nicht bekannt. Er starb am 19. 1. 1797 in Timberland, Lincolnshire.

Werke

Von John Hill kam eine Anzahl sakraler Musik – Services, Anthems, Hymnen – heraus, die von Georg Friedrich Händel mehrmals sehr gelobt wurde. Sie waren in den anglikanischen Kirchen bis in das 19. Jahrhundert in Gebrauch.

John Hill (1797–1846)

Zeit und Umwelt

Ab 1824 wurden in Norwich alle drei Jahre von der Norwich Choral Society die Norwich Festivals veranstaltet. Gelegentlich gab es bereits früher große Musikfestspiele, die von verschiedenen Veranstaltern abgehalten wurden und sich wegen ihrer ausgezeichneten Aufführungen eines guten Zuspruchs erfreuen durften. Die Qualität der Programme hob sich noch um vieles, seit die Society die Festivals in die Hand nahm, Chor und Orchester, die zum großen Teil aus Amateuren bestanden, in intensiver Probenarbeit schulte und auch soviel wie möglich Berufsmusiker heranzog. Die Tätigkeit der Gesellschaft wurde erst 1911 eingestellt.

Leben

John Hill wurde am 5.4.1797 in Norwich geboren und dort ausgebildet. Er war Mitbegründer der Norwich Choral Society und wirkte bei ihren Festivals ab 1826 als Chorleiter oder als Dirigent. Außerdem war er ein sehr gesuchter Musiklehrer. Er starb am 28.7. 1846 in Norwich.

Werke

Von John Hill erschien ein Norwich Tune Book, zu dem er selbst eine Anzahl Psalmenmelodien beisteuerte. Er soll außerdem mehrere Chöre komponiert haben; erhalten ist davon nichts. Seine Bedeutung erlangte er als Dirigent und Konzertveranstalter, der seinem Publikum ältere und zeitgenössische Musik des europäischen Kontinents nahebrachte und dadurch der englischen Musikentwicklung starke Impulse verlieh.

Roger Hill (um 1620–74)

LEBEN
Roger Hill ist um 1620 vermutlich in London geboren. Er wurde erst 1661 Gentleman der Chapel Royal in London, wo er am 2. 3. 1674 starb.

WERKE
Vom englischen Komponisten Roger Hill ist eine Anzahl Ayres in verschiedene Sammelwerke aufgenommen worden, was für ihre Qualität spricht.

Eduard Hille (1822-91)

ZEIT UND UMWELT
Singakademien, die neben den Männergesangvereinen den gemischten Chorgesang pflegten, wurden nahezu in jeder deutschen Stadt im 19. Jahrhundert gegründet. Sie spielten zwar nie die gesellschaftliche und politische Rolle der Männerbünde, dafür wurde bei ihnen die Musik intensiver gepflegt.

LEBEN
Eduard Hille wurde am 16.5.1822 in Wahlhausen, Hannover, geboren. Er war in Göttingen Schüler von Johann August Günther Heinroth. In Hannover, wo er mehrere Jahre als Musiklehrer zubrachte, gründete er die Neue Singakademie und wurde Dirigent des Männergesangvereins. Im Jahr 1855 wurde er akademischer Musikdirektor in Göttingen und rief auch dort eine Singakademie ins Leben. Er starb am 19.12.1891 in Göttingen.

WERKE
Von Eduard Hille ist eine Anzahl stimmungsvoller Lieder und Chorlieder bekannt geworden, die heute noch in Vereinen gesungen werden. Er verfaßte eine Oper, die in Hannover mit Erfolg über die Bühne ging, und gab ein Choralbuch für Hannover heraus.

Ferdinand Hiller (1811–85)

ZEIT UND UMWELT
Im zweiten Viertel des 19. Jahrhunderts lebten und wirkten in Paris eine erstaunliche Anzahl Musiker ersten Ranges, wie Luigi Cherubini, Antonín Rejcha, Gioacchino Rossini, Frédéric Chopin, Franz Liszt, Giacomo Meyerbeer, Hector Berlioz und noch viele andere. Die Stadt war zur europäischen Metropole der Musik geworden.

LEBEN
Ferdinand von Hiller wurde am 24.10.1811 in Frankfurt am Main geboren. Er war zunächst Schüler von Aloys Schmitt (1788–1866) und von Georg Jakob Vollweiler (1770–1847) in Frankfurt und ab 1825 von Johann Nepomuk Hummel in Weimar. Nach einem Aufenthalt in Wien, wo er 1827 Ludwig van Beethoven vorgestellt wurde, begab er sich nach Paris. Er wirkte bis 1835 im Kreis der dort lebenden Spitzen der europäischen Musik einige Zeit als

Ferdinand Hiller, nach einem Stich von Sohn (?)

Orgellehrer am Musikinstitut von Alexandre Étienne Choron. Anschließend kehrte er in seine Heimatstadt zurück und übernahm dort den Dirigentenstab des Caecilienvereins. Das Jahr 1839 verbrachte er in Mailand, um dort eine Oper herauszubringen, das Jahr 1840 in Leipzig bei Felix Mendelssohn-Bartholdy, mit dem er befreundet war, 1841 nahm er in Rom Kontakte mit Giuseppe Baini auf, übernahm 1843 die Leitung der Gewandhauskonzerte in Leipzig für eine Saison und rief in Dresden Abonnementkonzerte ins Leben, wo er auch die Liedertafel dirigierte. Im Jahr 1847 wurde er Städtischer Kapellmeister in Düsseldorf, 1850 in Köln; dort erhielt er den Auftrag, das Konservatorium zu organisieren, und wirkte neben der Leitung der Lehranstalt als Dirigent der Konzerthausgesellschaft und des Konzertchors. 1851/52 leitete er auch die Pariser Opéra. Nachdem er sich 1884 von seiner vielseitigen Tätigkeit zurückgezogen hatte, starb er am 10.5.1885 in Köln.

WERKE
Von den ungefähr 200 Werken Ferdinand Hillers sind seine 6 nicht sehr erfolgreichen Opern, seine 2 Oratorien (»Die Zerstörung Jerusalems«, »Saul«), 6 Kantaten, die Ballade »Richard Löwenherz« für Soli, Chor und Orchester, Psalmen, Motetten, ein Sanctus Dominus für Männerchor zu nennen. Weiters schrieb er 4 Sinfonien, mehrere Orchesterouvertüren, 2 Klavierkonzerte in As-Dur und fis-Moll, ein Violinkonzert, ein Fantasiestück für Violine und Orchester, ein Klavierquintett, 3 Klavierquartette, 3 Streichquartette, ein Streichtrio, eine Cellosonate, eine Violinsonate, eine kanonische Suite für Violine und Klavier, zahlreiche Klavierkompositionen: Sonaten, Suiten, Variationen, Rondos, Capricen, Impromptus, Märsche, Walzer, Etüden und eine Operette ohne Text für vier Hände. Er veröffentlichte außerdem eine Serie musikwissenschaftlicher Essays und eine Harmonie- und Kontrapunktlehre.

Friedrich Adam Hiller (1767–1812)

ZEIT UND UMWELT
Der von Johann Adam Hiller geformte Typus des deutschen Singspiels war um die Wende zum 19. Jahrhundert bereits über das gesamte deutsche Sprachgebiet und darüber hinaus verbreitet und löste die vordem so beliebte italienische Buffooper überall ab. Die Verwendung der Sprache des Publikums, die wirklichkeitsnahen Libretti und darin aufgerollten Konflikte brachten einen hohen Unterhaltungswert der Stücke.

LEBEN
Friedrich Adam Hiller wurde 1767 in Leipzig als Sohn von Johann Adam Hiller geboren. Er war Sänger und Violinist und wirkte ab 1790 als Theaterkapellmeister in Schwerin, ab 1796 in Altona und von 1799 bis zu seinem Tod am 23. 11. 1812 in Königsberg (Kaliningrad).

WERKE
Von Friedrich Adam Hiller sind 4 Singspiele, 6 Streichquartette und eine Anzahl kleinerer Vokal- und Instrumentalwerke bekannt geworden. Sein Stil näherte sich bereits sehr der Romantik.

Johann Adam Hiller (1728–1804)

ZEIT UND UMWELT
Vorläufer des Gewandhausorchesters in Leipzig war das 1743 gegründete »Große Concert«, eine private Konzertgesellschaft, die aus Stadtpfeifern und Studenten des Collegium musicum bestand. Johann Friedrich Doles war sein Musikdirektor. Im Jahr 1778 löste es sich auf, die »Musikübende Gesellschaft« (gegründet 1775) übernahm die Musiker; 1781 erhielt das Orchester im ehemaligen Lager- und Messehaus der Tuchmacherzunft, dem Gewandhaus, einen geeigneten Konzertsaal. Die Aktivitäten des Gewandhausorchesters umfaßten auch das Theater und die Kirchenmusik. Der Gewandhauskapellmeister dirigierte aber nur die Orchesterkonzerte, im Theater und in der Kirche

wurde das Orchester vom Theaterkapellmeister oder vom Thomaskantor geleitet.

Leben

Johann Adam Hiller (Hüller) wurde am 25. 12. 1728 in Wendisch-Ossig bei Görlitz geboren. Er wurde 1746 Alumnus der Kreuzschule in Dresden und sodann Präfekt des Kreuzchors unter Gottfried August Homilius, dessen Schüler er im Klavierspiel und Generalbaß war. Sein Universitätsstudium begann er 1751. Er gab gleichzeitig Musikunterricht, wirkte als Flötist oder als Sänger im »Großen Koncert« und wurde 1754 Hauslehrer bei Graf Heinrich von Brühl. 1758 begleitete er seinen Schüler nach Leipzig, ließ sich dort nieder und setzte das durch den Siebenjährigen Krieg eingestellte »Große Concert« 1763 erneut in Funktion, bis die Gewandhauskonzerte gegründet wurden, als deren Dirigent er bis 1785 wirkte. Im Jahr 1789 wurde er Thomaskantor, trat 1801 in den Ruhestand und starb am 16. 6. 1804.

Johann Adam Hiller, Stich von A. Weger

Werke

Seine besondere Bedeutung gewann Johann Adam Hiller durch seine Singspiele, aus denen sich die deutsche Spieloper entwickelte. Die Lieder seiner Singspiele bildeten den Ausgangspunkt der Hochblüte des deutschen Liedes. Sie waren wegen ihrer sanglichen, einfachen Weisen und ihres melodischen Charmes den meisten Erzeugnissen der Berliner Liederschule überlegen. Er veröffentlichte »50 Lieder mit Melodien«, »Lieder für Kinder«, »50 geistliche Lieder für Kinder«, »Lieder und Arien aus (dem Singspiel) Sophiens Reise«, »Sammlung der Lieder aus dem Kinderfreunde«, »Letztes Opfer in Liedermelodien der comischen Muse«, ferner »Choralmelodien zu Gellerts geistlichen Oden und Liedern«, »25 neue Choral-Melodien zu Liedern von Gellert«, »Allgemeines Choral-Melodien-Buch«, »Vierstimmige Chor-Arien« und verschiedene Kantaten. Die Vertonung des 100. Psalms, eine Passionskantate, eine Trauermusik, eine Sinfonie und mehrere Partiten blieben Manuskript. Er gab eine Reihe Klavierauszüge zeitgenössischer Sinfonien sowie zahlreiche Arrangements von Werken seiner Zeit heraus. Er schrieb ferner eine Reihe musiktheoretischer und didaktischer Werke und gründete die älteste wirkliche Musikzeitschrift unter dem Titel: »Wöchentliche Nachrichten und Anmerkungen, die Musik betreffend«.

Literatur

A. Schering, Das Zeitalter Johann Adam Hillers 1750–1800, in: Musikgeschichte Leipzigs III, Leipzig 1974.

John Hilton (um 1570–1608)

Zeit und Umwelt

Die Kapelle des Trinity College in Cambridge war seit der Gründung (1546) wegen ihrer vorzüglichen Musikpflege bekannt. Sie war den anderen berühmten Kapellen des Landes durchaus ebenbürtig. Alle Kapellen der Universitätsstadt stellten fast ausnahmslos in Cambridge selbst ausgebildete Musiker ein. Damit wurde eine starke Einheitlichkeit von Lehre und Praxis erzielt, die zwar beide etwas konservativ waren, aber gerade durch die feste Bindung an Traditionen eine kontinuierliche Entwicklung gewährleisteten.

LEBEN
John Hilton wurde um 1570 vermutlich in oder bei Lincoln geboren, wo er 1584 als Countertenor an der Kathedrale nachgewiesen werden kann. Im Jahr 1594 erhielt er die Stelle eines Organisten am Trinity College in Cambridge, die er bis zu seinem Tod im März 1608 versah.
Sein Sohn John Hilton (1599, Cambridge, begraben 21. 3. 1657, London) studierte in Cambridge und wurde 1628 Organist an St. Margaret's in Westminster. Als man 1644 die Orgel entfernte, wirkte er an der gleichen Kirche bis zu seinem Tod als Kleriker.

WERKE
Von dem englischen Komponisten John Hilton dem Älteren sind Orgelstücke und Anthems überliefert. Von seinen Madrigalen wurde das fünfstimmige »Fair Oriana Beauty's Queen« (Schöne Oriana, Königin der Schönheit) in die Sammlung »The Triumphes of Oriana« aufgenommen.
Von John Hilton dem Jüngeren sind 2 Sammlungen Ayres und Catches erschienen. Weitere Gesänge, Dialoge und Stücke für Violen sind handschriftlich erhalten. Er näherte sich bereits deutlich dem für sein Jahrhundert charakteristischen Stil, dessen Weiterentwicklung dann durch die politischen Zustände unterbrochen worden ist.

LITERATUR
W. H. Grattan Flood, New Light on Late Tudor Composers: John Hilton, in: Musical Times LXVIII, 1927.

John Hilton (1599–1657)

ZEIT UND UMWELT
Anthony à Wood (1632–95), der Chronist von Oxford, schilderte die Beerdigung in den Zeiten der Republik wie folgt: »Er starb zur Zeit Olivers (Cromwell) und wurde in Westminster begraben. Da zu jener Zeit Gesang bei Beerdigungen als päpstlich verboten war, sang die Musikergemeinde, die an seinem Grab singen hatte wollen, das Anthem im Haus über seinem Leichnam, ehe er in die Kirche gebracht wurde, und hielt sich einige Zeit an seinem Sarg auf.«

LEBEN
John Hilton wurde 1599 in Cambridge geboren. Er studierte am Trinity College in Cambridge und war darauf, solange Orgeln gespielt werden durften, Organist an St. Margaret's in Westminster. Über seine weitere Tätigkeit bis zu seinem Tod im Jahr 1657 ist nichts bekannt. Er wurde am 21. 3. in London begraben.
Sein Vater John Hilton (um 1570, Lincoln, bis 1608, Cambridge) war Countertenor an der Kathedrale in Lincoln und ab 1594 Organist am Trinity College in Cambrigde. Das Sohn-Vater-Verhältnis der beiden Genannten ist nicht völlig gesichert.

WERKE
Vom englischen Kirchenkomponisten John Hilton dem Jüngeren sind Psalmen, Anthems, Services und einige dreistimmige Ayres erhalten. Er neigte stark zum alten Stil.
Von John Hilton dem Älteren sind 8 Orgelstücke und einige geistliche Vokalwerke überliefert. Sein Madrigal »Fair Oriana Beauty's Queen« (Schöne Oriana, Königin der Schönheit) fand in der Sammlung »The Triumphes of Oriana« Aufnahme.

LITERATUR
W. H. Grattan Flood, New Light on Late Tudor Composers: John Hilton, in: Musical Times LXVIII, 1927.

Friedrich Heinrich Himmel (1765–1814)

ZEIT UND UMWELT
Nach der preußischen Niederlage bei Jena und Auerstedt (1806) flüchtete König Fried-

rich Wilhelm III. bis nach Memel. Seine Hofkapelle hörte praktisch auf zu existieren. Das Berliner Musikleben erlahmte und setzte erst nach dem Befreiungskrieg erneut ein.

LEBEN

Friedrich Heinrich Himmel wurde am 20. 11. 1765 in Treuenbrietzen, Brandenburg, geboren. Er war Kompositionsschüler von Johann Gottlieb Naumann in Dresden. Hierauf sandte ihn König Friedrich Wilhelm II. zur weiteren Ausbildung nach Italien. Im Jahr 1795 wurde er Hofkapellmeister in Berlin und betreute dieses Amt, von einer zweijährigen Reise nach Rußland und Skandinavien unterbrochen, bis 1806. Dann begab er sich nach Pyrmont und nach Kassel und kehrte erst 1813 wieder nach Berlin zurück, wo er am 8. 6. 1814 starb.

WERKE

Die zum größten Teil auf deutsche Texte geschriebenen Opern von Friedrich Heinrich Himmel waren außerordentlich beliebt, noch mehr aber seine Lieder, die bereits voll der Romantik angehörten, wie zum Beispiel die Vertonung des Gedichtes von Theodor Körner »Vater, ich rufe dich!« Er eröffnete die Liedseligkeit des deutschen Biedermeier. Der erste Zyklus dieser Gattung war sein »Alexis und Ida«, ein Schäferroman in 46 Liedern, der heute noch Beachtung findet. Außerdem schrieb er Psalmen, ein Vaterunser, Vespern, eine Messe, Kantaten, ein Klavierkonzert, 2 Klavierquartette für Flöte, Violine und Cello, ein Sextett für Klavier, zwei Bratschen, zwei Hörner und Cello, mehrere Klaviertrios, zahlreiche Stücke für Klavier allein, ein Oratorium und einige sehr beliebte Opern.

Friedrich Wilhelm II. von Preußen, Stich von J. Adam, 1793

Henry Hinde (um 1600–41)

ZEIT UND UMWELT

Die drei feinen Türme der kleinsten Kathedrale von England in Lichfield fielen dem Bürgerkrieg ebenso zum Opfer wie das Innere der Kirche samt Orgel. Sir Christopher Wren (1632–1723), der als Architekt viele Schäden jener für England unglücklichen Zeit gutmachte, baute auch die Türme wieder auf. Der Kulturverlust, den das Land erlitten hatte, wirkte jedoch noch lange nach.

LEBEN

Henry Hinde wurde vermutlich in Lichfield um 1600 geboren. Er war Organist an der dortigen Kathedrale und starb am 6. 8. 1641 ebenda.

WERKE

Bei der Zerstörung der Kathedrale von Lichfield ist auch das Werk des englischen Komponisten Henry Hinde verlorengegangen. Nur etliche Anthems sind in Sammelwerken überliefert und zeugen dafür, daß Hinde ein sehr befähigter Kirchenkomponist war.

Paul Hindemith (1895–1963)

LEBEN

Paul Hindemith wurde am 16.11.1895 in Hanau am Main geboren und trat 1909 in das Hochsche Konservatorium in Frankfurt am Main ein, wo Arnold Ludwig Mendelssohn (1855–1933), Bernhard Sekles und Adolf Rebner seine Lehrer waren. Von 1915 bis 1923 wirkte er als Konzertmeister am Opernhaus in Frankfurt und als Zweiter Violinist im Rebner-Quartett; von 1922 bis 1929 war er Bratschist in dem von Liko Amar (4.12.1891, Budapest, bis 19.7.1959, Freiburg im Breisgau) gegründeten Quartett, mit dem er alle Musikländer Europas bereiste. In den Jahren 1921 bis 1926 war er an den jährlichen »Kammermusikaufführungen zur Förderung zeitgenössischer Tonkunst« in Donaueschingen und anschließend bis 1929 in Baden-Baden maßgebend beteiligt. 1927 wurde er Kompositionslehrer an der Berliner Musikhochschule. Bis er 1937 seine Professur kündigte, reiste er mehrmals im Auftrag des Reichsaußenministeriums nach Ankara, um mit dem Aufbau eines Konservatoriums nach deutschem Vorbild dem kulturellen Einfluß der Sowjetunion zuvorzukommen. Er verschaffte dort – entgegen seinem Auftrag – emigrierten jüdischen Künstlern Arbeit. Ab 1935 hatte er in Deutschland Aufführungsverbot. 1938 emigrierte er in die Schweiz und 1940 in die USA, um eine Stelle an der Yale University anzutreten. 1953 übersiedelte er in die Schweiz und lehrte an der Züricher Universität. Er unternahm weite Konzertreisen – durch Europa, Südamerika, Japan, die USA – vorwiegend als Dirigent. Sein letztes Auftreten als Dirigent fand am 12.11.1963 in der Piaristenkirche in Wien anläßlich der Uraufführung seiner A-capella-Messe statt. Er starb am 28.12.1963 in Frankfurt am Main.

WERKE

Das kompositorische Werk von Paul Hindemith umfaßt nahezu alle Musikgattungen. Seine Jugendwerke sind von Johannes Brahms, Max Reger, Hugo Wolf und Gustav Mahler inspiriert. Schon ab den zwanziger Jahren hielt er aber innerhalb der verschiedenen Richtungen eine unbeirrte Linie der Mitte ein, die weder mit den Klangausbrüchen der Wagnerianer noch mit dem dürren Experimentalismus der Neutöner Gemeinschaft hielt. Er mußte auf die polyphonen Traditionen der deutschen Kunstmusik zurückgreifen, denn eine Integration von Volksmusik, die den Künstlern osteuropäischer und amerikanischer Länder in voller Lebenskraft zur Verfügung stand, war in Mitteleuropa wegen ihrer unergiebigen Sterilität unmöglich. Tonalität und Polyphonie gewannen jedoch bei ihm ein neues Gesicht. Aus dem Grundton wurde ein Zentralton, und im polyphonen Satz erhielten alle Stimmen kompromißlos Eigen- und Gleichwertigkeit. Wenn auch einzelnes, besonders das Bühnenwerk, selten aufgeführt wird, so ist doch jede Zeile, die Hindemith schrieb, heute noch lebendige Musik und wird es vermutlich nicht nur lange, sondern auch im verstärkten Maß bleiben, denn es handelt sich um ein Werk, dessen Aufführungszahlen zwar groß sind, aber sich dennoch nicht bei allen musikalisch Interessierten durchgesetzt hat. Er wurde in seiner ersten Schaffenszeit als Gegner der Romantik angefeindet, obgleich er nur den unechten Romantizismus bekämpfte, und von der Avantgarde als ihr Mann begrüßt. »Ich habe den Übergang aus konservativer Schulung in die neue Freiheit vielleicht gründlicher erlebt als irgendein anderer«, sagte

Paul Hindemith

er selbst dazu. »Das Neue muß durchschritten werden, sollte seine Erforschung gelingen; daß diese weder harmlos noch ungefährlich war, weiß jeder, der an der Eroberung beteiligt war. Weder wurden die Erkenntnisse auf geradem Weg errungen, noch ging es ohne Störung ab. Heute scheint mir, als sei das Gebiet übersichtlich geworden, als sei die geheime Sprache der Töne erlauscht, nicht von den Starrsinnigen, die durch einfaches Verharren in der ihnen gewohnten Unordnung Kraft vortäuschen, auch nicht von dem Tugendbold, der sich gar nicht in Versuchung begeben hat.« Später geriet er in das Feuer der Kritik der jüngeren Komponistengeneration, weil er ihr Fortschreiten nicht mitmachte, weil er sich von Zwölfton- und Reihentechnik, Atonalität und Elektronik fern hielt, weil er das Überlieferte nicht zertrümmerte, sondern Gregorianik, niederländische Polyphonie, den Geist des Concerto grosso, Bachs Vielfältigkeit, den klassischen Sonatenbau, die gefühlsstarke Romantik, Max Regers verdichtete Konzeption und Anton Bruckners Gewaltigkeit nicht abtat, sondern adoptierte und weil er »inmitten Vorstoß, Experiment und Krampf ausglich und zwischen unbeirrter Anbetung alles Vergangenen und kritikloser Vergötzung alles Aktuellen hindurchsteuerte«. Neben 10 Werken für die Opernbühne und 4 Balletten schrieb er 4 Sinfonien, eine Sinfonietta, 3 Konzerte, sinfonische Metamorphosen, ein Klavierkonzert, ein Violinkonzert, 2 Bratschenkonzerte, ein Cellokonzert, ein Klarinettenkonzert, ein Hornkonzert, ein Konzert für Holzbläser und Orchester, ein Konzert für Trompete, Fagott und Streichorchester, eine Konzertmusik für Klavier, Blechbläser und Harfe, ein Oktett, ein Septett, 7 Streichquartette, 2 Streichtrios, ein Klarinettenquintett, 3 Klaviersonaten und weitere Stücke, »Ludus tonalis«, eine Sonate für zwei Klaviere und die sogenannten 7 »Kammermusiken« – verschiedene Soloinstrumente mit Kammerorchester – und verschiedene Sonaten, instrumentale Duos sowie 3 Orgelsonaten, ferner Solostücke für verschiedene Instrumente. Seiner Vokalmusik ist das »Requiem für die, die wir lieben« voranzustellen; er verfaßte weiters ein Oratorium, eine Kantatentrilogie und zahlreiche Chöre mit Orchester, mit Klavier und a cappella, darunter sein letztes Werk »Messe für gemischten Chor a cappella«. Vom Liedwerk ist das »Marienleben« nach Rainer Maria Rilke (1875–1926) hervorzuheben. Er verfaßte verschiedene Schulwerke für Sing- und Spielensembles, Bearbeitungen alter Musik und didaktische Werke.

Das Unaufhörliche, Oratorium für Soli, gemischten Chor, Knabenchor und Orchester, 3 Teile, entstanden 1931

Der Text des Werks ist eine Dichtung von Gottfried Benn (1886–1956), die in expressionistischer Sprache seine vitalistische Weltanschauung bezeugt; das »Unaufhörliche« ist das Lebensprinzip, das sich im ständigen Entstehen und Vergehen und in allen Polaritäten des Daseins manifestiert. Der 1. Teil beginnt mit der auskomponierten Überschrift: »Das Unaufhörliche. Großes Gesetz.« Darunter ist die verrinnende Zeit zu verstehen, die Welten und Menschen entstehen und vergehen läßt, auch die Mächtigen und Gekrönten. Der Vergänglichkeit ist alles unterworfen, Antike und Gegenwart. Im 2. Teil wird die Frage aufgeworfen, ob unter diesen Umständen irgendeine Tätigkeit sinnvoll sei. Die Antwort lautet: »Soll man denn keine Kinder gebären, weil sie vergehen?« Das Werden inkludiert das Vergehen. Das ist der Sinn des Daseins. Der 3. Teil ist dieser Erkenntnis gewidmet, daß alles vergeht, aber immer wiederkommt: »Das Leidende wird es erstreiten, das Einsame, das Stille, das Tiefe, das allein die alten Mächte fühlt, die uns begleiten; und dieser Mensch wird unaufhörlich sein.«

»Requiem für die, die wir lieben« für Singstimmen, Chor und Orchester, Vorspiel und 11 Teile, entstanden 1946

Der Text ist eine Dichtung von Walt Whitman (1819–92) zum Tod des amerikanischen Präsidenten Abraham Lincoln (1809–65), die der Komponist zur Trauerkantate für die Toten des soeben beendeten Zweiten Weltkriegs umdeutete. Natureindrücke werden zu Symbolen der Todestrauer: Die Fliederblüte im Garten, die singende Drossel, die im Westen untergehende Sonne, die ganze Landschaft und der Sternenhimmel. Durch die Ährenfelder und trauernden Städte fährt ein Trauerzug mit dem toten Präsidenten, begleitet von Gesang, Glockenklang und Orgelton. Amerika ersteht vor dem geistigen Auge mit Ebenen und Strömen, Fabriken und Schiffen, Wäldern und Seen. Und im »Hymnus für den Tod« mit der Vision der im Krieg Gefallenen – »Ich sah Tausende von Toten einer Schlacht, und das weiße Gebein von Jünglingen sah ich . . . Doch sie waren nicht so, wie ich dacht'! Voller Ruhe schienen sie mir, sie litten nicht. Wer lebt, bleibt zurück und leidet«! Der bizarre Kriegsmarsch, der die Vision begleitet, wird zum drittenmal gespielt, ein fernes Signal erklingt, und in milder Trauer »schwinden die Bilder der Nacht«.

Apparebit repentina dies (Plötzlich wird der Tag da sein), Kantate, für Chor und Blechblasinstrumente, 4 Sätze, entstanden 1947

Dieses mittelalterliche Gedicht schildert den Jüngsten Tag wie die Dies-irae-Sequenz. Der 1. Satz setzt mit einer Fanfare der Hörner ein. Er zeichnet den Anbruch des Gerichtstags und das Nahen des Richters in seiner Herrlichkeit. Der 2. Satz bringt die Urteilssprüche, die die Chorbässe rezitativisch verkünden. Frauenstimmen tragen die Erwiderungen der Gerechten und der Sünder vor. Im 3. Satz stürzen die Verdammten in die Hölle, und »die Getreuen steigen zum himmlischen Vaterland auf«. Der 4. Satz mahnt zu Frömmigkeit, Armut und Keuschheit.

Messe für gemischten Chor a cappella, 6 Teile, entstanden 1963

Alle 6 Teile sind tonal gebunden mit den traditionellen Stilmitteln – Polyphonie, Imitation, Cantus firmus und Faux Bourdon – verfaßt, aber trotz der Formstrenge persönlich und von spontaner Ausdruckswirkung. Das Kyrie ist dreiteilig und stark lyrisch. Das Gloria teilt den Text in getrennte Episoden; der Chorsatz ist teilweise fünfbis siebenstimmig; das Amen ist ein Cantus-firmus-Satz über eine gregorianische Intonation. Das Credo beginnt mit einem kraftvollen Thema; das Incarnatus und das Crucifixus sind mit zarter Klangmystik ausgestattet. Das Sanctus hat die Form einer Passacaglia, das Benedictus ist nach Art eines Faux Bourdon gesetzt und schließt mit einer interessanten Hosiannafuge. Das Agnus knüpft an das Kyrie an, wodurch die zyklische Form des Werks angedeutet wird.

Sinfonie in Es, 4 Sätze, entstanden 1940

Eine Fanfare leitet den 1. Satz ein. Daraus entwickelt sich das erste Thema und dessen zweite Version sowie das sangliche Seitenthema der Violinen. Dieses Material wird zu einem mächtigen Satz ausgebaut, der pathetisch ausklingt. Im 2. Satz werden drei Themen machtvoll verarbeitet. Der 3. Satz ist ein Scherzo mit einem Oboensolo mit Trio. Das Finale klingt an den 1. Satz an und erfährt eine gewaltige Steigerung zu einem »mit höchster Kraft« gespielten Ende.

»Mathis der Maler«, Sinfonie, 3 Sätze, entstanden 1934

Das Werk ist aus Stücken der gleichnamigen Oper des Komponisten zusammengestellt. Die Titel der 3 Sätze leiten sich von drei Bildtafeln des Isenheimer Altars von Matthias Grünewald (ca. 1480 bis 1527) ab, was der an sich absoluten Musik der Sinfonie einen programmatischen Kern verleiht. Der 1. Satz »Engelskonzert« bringt die zuerst von den Posaunen intonierte mittelalterliche Volksmelodie »Es sungen drei Engel«. Ein lebhaftes und ein lyrisches Thema treten hinzu, dem als drittes eine bewegte Flötenmelodie beigegeben ist. Alle Themen verschmelzen zu einem dichten Konzertieren, das der Überschrift geradezu bildhaft gerecht wird. Der 2. Satz »Grablegung« verdeutlicht mit hohlen Quinten- und Quartenklängen tiefe Trauer, und die einzelnen Flöten- und Oboenpassagen nehmen offenbar auf die gesellschaftliche Vereinzelnung des Künstlers und der Lage des verfallenden Bürgertums Bezug. Mit Seufzermelodien der Streicher schließt der elegische Satz ab. Mit bildhafter Eindringlichkeit und naturalistischer Plastizität wird in der »Versuchung des heiligen Antonius« des 3. Satzes die Hölle geschildert, die gegen den Gemarterten losgelassen ist. Die Erlösung kommt vom gregorianischen »Lauda sion salvatorem« (Lobe Zion den Erlöser). Das »Alleluja« der Blechbläser, »mit aller Kraft angestimmt«, dankt für die Errettung.

»Die Harmonie der Welt«, Sinfonie, 3 Sätze, entstanden 1951

»Die 3 Sätze der Sinfonie sind konzertmäßig verarbeitete Musikstücke aus einer Oper. Diese handelt vom Leben und Wirken Johannes Keplers, den ihn fördernden oder hindernden Zeitereignissen und dem Suchen nach der Harmonie, die unzweifelhaft das Universum regiert«, erklärt der Komponist. »Die ›Musica Instrumentalis‹ (1. Satz) enthält Musik aus den Opernszenen, in denen widrige äußere Umstände das Handeln des Helden erschweren. Drei konstruktive Hauptelemente werden gegeneinander ausgespielt: ein kurzes ostinates Thema, ein gewichtig voranschreitender Marsch und ein Teil von wilder Ungezügeltheit. Im 2. Satz, der ›Musica Humana‹ – den Szenen entnommen, in denen die seelischen Beziehungen der Handelnden das Thema sind –, werden zwei langgezogene Melodien erst einzeln, dann zusammen gespielt und schließlich mit einem zarten Abgesang beschlossen. Der 3. Satz ›Musica Mundana‹ versucht, die postulierte Harmonie der Welt in einer musikalischen Form zu symbolisieren, in der erst ein breites Fugato entwickelt wird, dann 21 Takte einer Passacaglia über dasselbe thematische Material folgen und schließlich eine breite Coda das Stück zu einem feierlichen Ende bringt.«

Pittsburgh Symphony, 3 Sätze, entstanden 1958

Das Werk wurde für die Zweihundert-Jahr-Feier der Stadt Pittsburgh verfaßt. Der 1. Satz bringt ein einziges, weit ausgearbeitetes Thema in stets anders gefärbten Wiederholungen und seine Umkehrung. Der 2. Satz ist ein langsamer Marsch, dessen Melodie zuerst von der Oboe vorgetragen wird, dann folgt ein »Pennsylvania Dutch-Lied«, das die Durchdringung der frühen amerikanischen Kolonialszene mit süddeutscher Sprache markiert. Das Finale schließt mit der Melodie des Liedes »Pittsburgh is a great old town« (Pittsburgh ist eine große alte Stadt), um die Überlagerung der an überkommener Sprache und alten Gebräuchen festhaltenden Bevölkerung der Stadt durch die neue Industriegesellschaft zu kennzeichnen.

Sinfonia serena (Heitere Sinfonie), 4 Sätze, entstanden 1946

Dieses Werk wurde für Dallas, Tex., verfaßt. Der 1. Satz bringt Spielmusik im besten Sinn des Worts, die zwei Themen klangreich verarbeitet. Der 2. Satz ist eine Paraphrase zum »Yorckschen Marsch« aus 1809 von Ludwig van Beethoven. Der 3. Satz besteht aus einem Dialog des in zwei Gruppen geteilten Streichorchesters, der mit einem gemeinsamen Musizieren endet. Mit grellen Fanfarenklängen beginnt das fröhliche Finale. Drei Themen werden nacheinander intoniert und kunstvoll zu einem farbenschillernden Klangteppich verschmolzen, bis ein zweiter Fanfarenruf das grandiose Spiel beendet.

Sinfonie in B für Blasmusik, 3 Sätze, entstanden 1951

Der 1. Satz ist dreiteilig. Das erste Thema bringt eine weit schweifende Melodie, das zweite eine ausgedehnte, ausschließlich von Holzbläsern vorgetragene Passage. Das dritte Thema stellt nach einer langen Unisonopassage der Holzbläser einen von den Hörnern intonierten Choral dar, der vom gesamten Blech zu einem triumphierenden Schluß geführt wird, sein kurzer Mittelteil ist ein kapriziöses Fugato. Im 2. Satz geht ein langer Dialog zwischen Altsaxophon und Kornett einem spritzigen Scherzo voraus. Das Finale besteht aus einer großartigen Fuge.

Sinfonische Metamorphosen über Themen von Carl Maria von Weber, 4 Sätze, entstanden 1943

Die Themen stammen von Webers Bühnenmusik zu »Turandot« von Carlo Gozzi (1720–1806) und Friedrich von Schiller und seinen Stücken für Klavier zu vier Händen. Es handelt sich um keine Variationen, sondern um freie Verwendung der Themen zu einer heiteren eingängigen Musik. Im 1. Satz spielen die einzelnen Klanggruppen das Thema einander zu. Im 2. Satz malen allerlei Schlaginstrumente die »Turandot-Stimmung«, zu der der Komponist ein eigenes Thema hinzusteuert. Im 3. Satz übernehmen die Klarinetten das Thema und reichen es den Streichern weiter. Im Finale führt ein parodistischer Marsch das liebenswürdige Werk zu Ende.

Philharmonisches Konzert (Variationen für Orchester), Thema und 7 Variationen, entstanden 1932

Das vom Komponisten selbst stammende Thema wird von der Oboe vorgetragen und von den Streichern übernommen. Die 1. Variation wird vom gesamten Klangkörper gebracht, die 2. von Oboen und Englischhorn melismatisch ausgeziert, die 3. vom gesamten Blech geblasen. In der 4. Variation wird die Stimmung lyrisch-pastoral, in der 5. schmücken die Streicher das Thema chromatisch aus, und in der 6. liegt ein Concertino aus Violine, Bratsche und Cello mit dem Orchester im Wettstreit in einem geradezu wilden Tempo. In der 7. Variation wird ein robuster Marsch intoniert, dann das Thema noch einmal vorgetragen und in Engführung majestätisch beendet.

Konzert für Orchester, Opus 38, 4 Sätze, entstanden 1925

Im 1. Satz steht dem Tutti ein Concertino aus Violine, Oboe und Fagott entgegen. Die Solopassagen sind stark herausgehoben. Im 2. Satz entwickelt sich das gesamte Orchester zu einer motorisch drängenden Bewegung wie bei einem Perpetuum mobile; ein plötzlicher Schlag der Pauken und Trommeln setzt der Hast ein Ende. Im 3. Satz setzt ein ironischer Marsch für Holzbläser ein. Der 4. Satz bringt virtuose, kunstvoll kontrapunktische Arbeit, die in einem wilden Klangwirbel endet.

Konzertmusik für Solobratsche und Kammerorchester, Opus 48, 5 Sätze, entstanden 1930

Der 1. Satz ist stürmisch, aus dem polyphonen Geschehen hebt sich jedoch edle Melodik hervor. Der 2. Satz ist voll Kantabilität; die Solostellen werden zum Teil akkordisch begleitet. Im 3. Satz dominiert das Soloinstrument, das sich tänzerisch bewegt. Im 4. Satz tritt das Orchester mehr in den Vordergrund. Seine klangliche Nuancierung läßt den Esprit französischer Musik ahnen. Das Finale ist rhythmisch betont und zugleich spritzig melodisch bewegt.

Konzertmusik für Streichorchester und Blechbläser (Bostoner Sinfonie), Opus 50, 2 Teile, entstanden 1930

Im 1. Teil trägt das Blech eine großangelegte Melodie mit starkem Elan vor, die sodann von den Streichern übernommen wird. Der 2. Teil besteht aus einem langen Fugato, dessen stürmischer

Ablauf vorwiegend von den Streichern getragen wird. Das eigenartig und kühn instrumentierte Werk fordert von den Bläsern eine äußerst genaue Intonation und sehr viel solistisches Können.

Nobilissima visione, Orchestersuite, 3 Teile, entstanden 1938

Inspiriert von den Fresken zur Vita des Franz von Assisi in San Croce in Florenz von Giotto di Bondone (um 1266–1337), schrieb der Komponist eine choreographische Darstellung der Franziskus-Legende. Aus Fragmenten der 6 Bilder des Stücks formte er diese Suite. Der 1. Teil »Einleitung und Rondo« bringt äußerst zarte Musik ohne rhythmischen Elan. Der »Marsch« im 2. Teil ist fugiert und mündet in eine Pastorale. Auch der letzte Teil »Passacaglia« ist ernst; ein Bläserthema erhebt sich zu gewaltiger Steigerung, mit der das Werk ausklingt.

Violinkonzert, 3 Sätze, entstanden 1939

Im 1. Satz trägt der Solist einen weitgespannten kantablen Melodiebogen vor. Im 2. Satz wird das Gesangthema der Violine von Holzbläsern eingeleitet. Im lebhaften Finale führen tänzerische, kapriziöse Rhythmen das äußerst virtuos angelegte Werk zu Ende.

Klavierkonzert, 3 Sätze, entstanden 1945

Den 1. Satz beherrschen drei Themen. Das erste intoniert die Klarinette, das zweite Klarinetten und Baßklarinette und das dritte sordinierte Trompeten. Der 2. Satz zeichnet sich durch ausdrucksstarke melodische Linien und einen sehr farbigen Orchesterklang aus. Der 3. Satz geht von einem mittelalterlichen Tanzlied aus, das in Form einer Canzona, eines Marsches und eines langsamen Walzers präsentiert wird und am Ende wieder in originaler Gestalt erscheint.

Cellokonzert, 3 Sätze, entstanden 1940

Im 1. Satz ist der lyrische tenorale Gesang des Soloinstruments dem kraftvollen Tutti des Orchesters ständig gegenübergestellt. In der Satzmitte ist dem Cello eine großartige Kadenz zugeteilt. Der 2. Satz ist dreiteilig; der erste ist langsam und gemessen, der zweite rasch und scharf kontrastierend, im dritten sind alle vorausgehenden Gedanken vereinigt. Ein Marsch mit sehr farbigem Trio bildet den Abschluß.

Trauermarsch für Bratsche und Streichorchester, 4 Teile, entstanden 1936

Anlaß zu diesem Werk war der Tod des englischen Königs Georg V. (1865–1936). Den 1. Teil kennzeichnen punktierte Trauermarschrhythmen und dunkle, volle Klänge. Der 2. Teil weist fließende Linien auf. Im 3. Teil kommt es zu einem schmerzlichen Fortissimoausbruch. Im 4. Teil tragen die Streicher den Choral »Für deinen Thron tret ich hiermit« vor.

»Der Schwanendreher«, Konzert für Bratsche und kleines Orchester, 3 Sätze, entstanden 1935

»Ein Spielmann kommt in frohe Gesellschaft und breitet aus, was er aus der Ferne mitgebracht hat; ernste und heitere Lieder, zum Schluß ein Tanzstück«, erklärt der Komponist, und dieses mittelalterliche Bild wurde zur Vorlage für dieses Werk. Der 1. Satz verarbeitet das alte Lied »Zwischen Berg und tiefem Tal«, der 2. Satz die Weise »Nun laube, Lindlein, laube!«, und das Finale bringt Variationen über das Lied »Seid ihr nicht der Schwanendreher?«, das dem Ganzen den Titel gab. Die Komposition stellt an den Solisten virtuose Aufgaben.

Streichquartett Nr. 1 in f-Moll, Opus 10, 3 Sätze, entstanden 1920

Dieses Quartett folgt noch der romantischen Tradition. Der 1. Satz ist ein kurzer Sonatensatz. Seinem Kopfmotiv wird aber kein zweites entgegengeführt; anstelle einer Auseinandersetzung steht ein Fugato, von dem eine Überleitung zu einer freien Reprise führt. Der 2. Satz bringt eine romantische Variation. Das Finale beginnt schwungvoll mit aggressiver Rhythmik. Besinnliche Motive unterbrechen den energischen melodischen Fluß. Dann setzt der lebhafte Schlußteil mit stetig steigerndem Tempo ein und endet mit einem Prestissimo in größter Lautstärke.

Streichquartett Nr. 2 in C-Dur, Opus 16, 3 Sätze, entstanden 1922

Dieses Werk erregte zu seiner Zeit als extrem moderne antiromantische Musik großes Aufsehen. Die Absage an die Romantik tritt bereits mit dem 1. Satz zutage, der sich polytonalen Fakturen nähert. Auch die Sonatenform ist gestrichen. Vier Themengruppen werden in Reihenform nacheinander vorgeführt und entwickelt. Der 2. Satz ist langsam, sehr melodisch und unentwegt mit Chromatik durchsetzt. Das Finale bringt eine »Quasi Cadenza« aller Instrumente, darauf kommt es zu einem interessanten rezitativischen Dialog der Bratsche und des Cello mit der Ersten Violine, bis sie vereint in eine lebhafte Coda münden.

Streichquartett Nr. 3, Opus 22, 5 Sätze, entstanden 1922

Dieses von den Konservativen als atonal, pathologisch und exzessiv beschimpfte Werk, das die Fortschrittler begeistert begrüßten, wurde zu einer der beliebtesten Kompositionen des Meisters. Der 1. Satz ist ein Fugato mit polytonalen Klängen, das sich zum Presto fortissimo steigert und langsam pianissimo ausklingt. Der 2. Satz ist ein wildes Scherzo mit orgiastischen Tanzrhythmen. Der 3. Satz ist ruhig fließend, voll Poesie und Anmut. Die Instrumente spielen durchwegs sordiniert. Der 4. Satz ist rhapsodisch, bizarre Soli und Duette wechseln mit kurzen oktavierten Partien, Doppelgriffe, Bariolagen und weitgespannte Passagen kennzeichnen den Stil dieses Intermezzo. Das Finale hat Rondoform; gemächlich und graziös klingt das Werk aus.

Streichquartett Nr. 4, Opus 32, 4 Sätze, entstanden 1924

Der 1. Satz beginnt mit einer Fuge, deren Thema unisono vorangestellt ist und ebenso den Satz abschließt. Auch der 2., sehr langsame Satz ist polyphon. Über einer Pizzicatolinie des Cello entwickelt sich ein Kanon. Als Mittelteil erklingen mehrere Rezitative, dann läuft der Kanon frei aus. Im 3. Satz erklingt ein kleiner Marsch mit reicher Mehrstimmigkeit. Das Finale ist eine Passacaglia, die in ein großartiges Fugato übergeht.

Streichquartett Nr. 5 in Es-Dur, 4 Sätze, entstanden 1943

Die Polyphonie ist auch bei diesem Werk zum Prinzip erhoben. Mit einem freien Fugato beginnt der 1. Satz, dessen Gefüge sich immer mehr lockert, so daß sich sogar ein Kontrapunkt verselbständigt. Gegen das Ende wird das Fugenprinzip ganz aufgegeben, das Themenmotiv wiederholt sich nur dreimal, dann versickert das musikalische Geschehen. Der 2. Satz besteht aus zwei Themen, die barock mit polyphoner Imitation – und klassisch – motivisch verarbeitet nebeneinander erklingen. Der 3. Satz bringt großartige Variationen. Das Finale ist dreigliedrig; es beginnt breit und voll Energie, darauf folgt eine freie Fuge und schließlich ein graziöses Allegretto.

Streichquartett Nr. 6, 4 Sätze, entstanden 1945

Es handelt sich um eine problemlose Spielmusik. Der 1. Satz wird von zwei Themen bestritten, seine Polyphonie ist unkompliziert. Der 2. Satz verläuft spielerisch fließend, Teile seiner beiden Themen verbinden sich zuweilen zu einem dritten. Ein Scherzando führt zum 3. Satz, der nach einem rhapsodischen Teil, dessen Mitte ein Choral einnimmt. Das Finale bringt einen meisterlich gesetzten Kanon, dem sich eine lustige Coda anschließt.

Ludus tonalis, Kontrapunktische, tonale und klaviertechnische Übungen, 12 Fugen mit 11 Zwischenspielen, einem Vor- und einem Nachspiel, entstanden 1942

Dieses pianistische Standardwerk wird mit Recht »Wohltemperiertes Klavier, Band III« genannt, denn es ist für die Ausschöpfung des Bereichs der Tonalität so maßgebend wie Bachs Werk; es beruht harmonisch ebenso auf drei Stimmen ohne Beiwerk. Die Anordnung des Ganzen weicht allerdings von Bach ab, weil es nicht der chromatischen Leiter folgt, sondern auf einer Tonreihe, die den Verwandtschaftsgrad des Einzeltons mit dem Grundton anzeigt. Die Interludien modulieren von einer Fuge zur nächsten und stellen durch ihre Varietät das Gleichgewicht zu den strengen Fugen her. Das Praeludium steckt den Klangraum ab, in dem sich die Fugen bewegen, das Postludium ist Krebs und Spiegel des Praeludiums. Neben seinem didaktischen Nutzen stellt das Werk ein grandioses Konzertstück dar.

Das Marienleben, 15 Gedichte von Rainer Maria Rilke für hohe Stimme und Klavier, entstanden 1923, zweite Fassung 1948 vollendet

Dieser Zyklus wurde von den Zeitgenossen als eines der programmatischen Hauptwerke der Neuen Musik begrüßt. Er stellte jedenfalls eine endgültige Abkehr vom lyrischen Subjektivismus der Romantik dar, weil dabei die Musik nicht mehr der Stimmungsverdichtung und dem Gefühlsausdruck diente, sondern der meditativen Mystik der Dichtung klare Linien und harte Klänge gegenüberstellte, so daß es zu einem großartigen Kontrast zwischen Dichtung und Musik kam. Ein Pastorale aus reinen Quinten malt die »Geburt Mariä«; auch die letzten drei Lieder »Vom Tode Mariä« verzichten wie alle anderen auf alles Lyrisch-Expressive und Malerisch-Deskriptive.

Literatur

I. Kemp, Hindemith, London 1970. E. Westphal, Hindemith-Bibliographie, Köln 1957. A. Briner, Paul Hindemith, Zürich/Mainz 1971. E. Zwink, Paul Hindemiths »Unterweisung im Tonsatz«, Göttingen 1974.

John Hindle (1761–96)

Zeit und Umwelt

Wie man in Italien nichts daran fand, wenn Priester und Mönche nicht immer sehr fromme Opern auf die Bühne brachten, so traten in England Kleriker und Kirchenmusiker mit Glees und Catches vor die Öffentlichkeit, die oft eine große Popularität gewannen.

Leben

John Hindle wurde 1761 in London geboren. Er wirkte bis zu seinem Tod im Jahr 1796 als

Laienvikar an Westminster Abbey. Ob er daneben auch eine andere musikalische Stelle ausübte, ist nicht bekannt.

WERKE
Von John Hindle ist eine Anzahl ein- und zweistimmiger Lieder, eine Sammlung von Glees für drei bis fünf Stimmen und ein vielgesungener Chant bekannt geworden. Sein Glee »Queen of the silver bow« (Königin des Silberbogens) war lange beliebt.

William Hine (1687–1730)

LEBEN
William Hine wurde 1687 in Brightwell, Oxfordshire, geboren. Er wurde 1694 Chorsänger am Magdalen College in Oxford und ging 1705 nach London, um bei Jeremiah Clarke zu studieren; 1710 wurde er Organist an der Kathedrale von Gloucester, nachdem er zwei Jahre als Stellvertreter gewirkt hatte. Er starb am 28. 8. 1730 in Gloucester.

WERKE
Von William Hine wurden nach seinem Tod in »Harmonia sacra Gloucestriensis« Anthems für eine, zwei und drei Stimmen, ein Jubilate und ein Voluntary für Orgel veröffentlicht. Das Voluntary gibt einen interessanten Einblick in die Orgelpraxis seiner Zeit.

William Hine (um 1705–77)

LEBEN
William Hine wurde um 1705 in England geboren. Er war von 1729 bis 1731 Organist an St. Mary's Church in Shrewsbury, sodann bis 1734 an der Kathedrale in Worcester und darauf Organist und Chorleiter am Magdalen College in Oxford, wo er 1740 zum Professor ernannt wurde. Er starb am 27. 7. 1777 in Oxford.
Eine verwandtschaftliche Beziehung zu William Hine, geboren 1687 in Brightwell, kann nicht angenommen werden.

WERKE
Von William Hine liegt nur liturgische Musik vor, die streng konservativ gehalten ist, aber bis in das 20. Jahrhundert in anglikanischen Kirchen gesungen wurde, weil sie alle Merkmale einer gehobenen Wortausdeutung aufweist und sehr klangvoll ist.

John Hingston (um 1605–83)

ZEIT UND UMWELT
Oliver Cromwell ließ die Orgel des Magdalen College in Cambridge abtragen und in seine Residenz Hampton Court bringen. Dort ließ er sich mit Vorliebe lateinische Motetten von Richard Dering vorsingen und vorspielen. Er veranstaltete für seinen engsten Kreis auch Konzerte mit Sängern und Violisten.

LEBEN
John Hingston ist um 1605 in Cambridge geboren. Er war Schüler von Orlando Gibbons und darauf Musiker am Hof Karls I. Als sich Oliver Cromwell eine Privatkapelle einrichtete, stellte er Hingston als Organisten zur Begleitung der engagierten Motettensänger an. Er besuchte auch oft die Konzerte, die der Organist in seinem eigenen Haus veranstaltete. Im Jahr 1660 wurde John Hingston Musiker König Karls II. und wirkte bei Hof als Organist und Betreuer der Orgeln bis zu seinem Tod im Jahr 1683. Er wurde am 17. 12. begraben.

WERKE
Der englische Komponist John Hingston verfaßte einige Fancies von außerordentlichem musikalischem Wert, außerdem eine große Anzahl sakraler und profaner Musik: Anthems, Services, Ayres, Lieder, Catches und Stücke für Violen und Virginal.

Arthur Hinton (1869–1941)

LEBEN
Arthur Hinton wurde am 20. 11. 1869 in Beckenham, Kent, geboren. Er war Schüler

von Prosper Philippe Catherine Sainton (1813 bis 1890), Émile Sauret und Francis William Davenport (1847–1925) an der Royal Academy of Music in London und von Joseph Rheinberger in München. Nach einer Tätigkeit als Theaterkapellmeister an verschiedenen Bühnen und Aufenthalten auf dem Kontinent wurde er Theorie- und Kompositionslehrer der Academy in London. Er starb am 11.8. 1941 in Rottingdean, Sussex.

Werke

Von Arthur Hinton sind 2 Sinfonien, eine dramatische Romanze, eine Orchesterfantasie, eine Orchesterszene, ein Klavierkonzert, eine Romanze für Cello und Orchester, eine Szene für Mezzosopran und Orchester, ein Klavierquintett, ein Klaviertrio, eine Violinsonate, eine Suite für Violine und Klavier, Klavierstücke, Lieder, eine Oper und Operetten erschienen. Seine Strukturen verlassen den Raum der Romantik nicht.

Jacob Hintze (1622 – 1702)

Leben

Jacob Hintze wurde am 4. 9. 1622 in Bernau geboren. Er war Schüler des Kantors Johann Weichmann in Wohlau (Wołów) und Königsberg (Kaliningrad), dann führte er ein unstetes Wanderleben bis er zwischen 1651 und 1659 in Spandau und in Stettin (Szczecin) verschiedene Stellungen als Musiker hatte und schließlich Stadtmusiker in Berlin wurde, wo er am 5. 5. 1702 starb.

Werke

Der deutsche Komponist Jacob Hintze brachte die zwölfte Auflage der »Praxis pietatis melica« (Musikalische Frömmigkeit) von Johann Crüger heraus und fügte dem Werk 65 Hymnen bei, die teilweise profane Züge aufweisen. Sie wurden daher im gottesdienstlichen Rahmen sehr wenig gebraucht, wenngleich sie nicht schlechter sind als viele andere häufig gesungene Lieder.

Hans Ludwig Hirsch (geboren 1937)

Leben

Hans Ludwig Hirsch wurde am 29.3.1937 in Memmingen geboren. Er war an der Hochschule für Musik in München Schüler von Harald Genzmer, dann studierte er in Rom und in Siena bei Goffredo Petrassi. Von 1967 bis 1971 wirkte er als Assistent für Musiktheorie an der Musikhochschule in München, wo er das »Maniera-Nova-Vokalensemble« zur Pflege der Musik der Renaissance und des 20. Jahrhunderts gründete und leitete. Im Jahr 1973 wurde er Leiter der Studiobühne der Oper in Hamburg. Er ist bei deutschen und ausländischen Kammerorchestern häufig als Gastdirigent aufgetreten.

Werke

Außer einer Ballettoper schrieb Hans Ludwig Hirsch »Ehrung für Rossini« für Orchester, »Aubade, gigue et nocturne« für Flöte, Oboe, Streicher und Harfe, ein Quintett für Flöte, Oboe, Klarinette, Horn und Fagott, eine Sonate für Flöte und Klavier, eine »Kammermusik« für Flöte, Klarinette und Schlagzeug, eine Serenade für Klarinette, Fagott, Violine, Kontrabaß, Trompete, Posaune und Schlagwerk, »Botschaften des Regens« für Sopran und Klavier, »Drei Kauziaden« für Tenor, gemischten Chor und zwei Klaviere, »Gesänge der Opfer« für Sopran, Sprecher und Kammerensemble und einige weitere Gesänge.

Hermann Hirschbach (1812–88)

Zeit und Umwelt

Durch die »Sinfonischen Gedichte« von Franz Liszt wurde die Programmsinfonie in der Musiklandschaft des 19. Jahrhunderts endgültig etabliert. Eine Komposition, die mit ihren Klangfolgen einem – in manchen Fällen dem Stück beigegebenen und auf jeden Fall durch Titel ausgedrückten – Programm Bild für Bild und Satz für Satz entlangläuft, kam dem literarisch stark interessierten Publikum gleich einer Oper oder einer Kantate entgegen und bildete wertvolle Brücken zum Verständnis der Musik.

Leben
Hermann Hirschbach wurde am 29.2.1812 in Berlin geboren. Er war Schüler von Heinrich Birnbach (1793–1879), betätigte sich eine Zeitlang als Herausgeber einer musikkritischen Zeitschrift und widmete sich darauf nur mehr der Komposition. Er starb am 19.5.1888 in Gohlis bei Leipzig.

Werke
Neben 2 Opern schrieb Hermann Hirschbach 14 Programmsinfonien mit Programmtiteln, die starken Anklang fanden, 3 Ouvertüren, ein Oktett, ein Septett, 2 Quintette mit Klarinette und Horn, 4 Streichquintette, 13 Streichquartette und eine Anzahl verschiedener Instrumentalstücke.

Ole Hjellemo (1873–1938)

Leben
Ole Hjellemo wurde am 22.3.1873 in Dovre, Norwegen, geboren. Er war Schüler von Iver Holter und wirkte von 1919 bis 1932 als Theorie- und Violinlehrer am Konservatorium in Oslo, wo er am 18.9.1938 starb.

Werke
Von Ole Hjellemo sind 3 Sinfonien, eine »Norwegische Rhapsodie« für Militärmusik, ein Violinkonzert, ein Rondo für Violine und Orchester, ein Rondo capriccioso für Chor und Orchester, ein Streichquartett und weitere Kammermusik, Klavierstücke und Lieder bekannt geworden. Er gehörte der nordischen Spätromantik an.

Jiří Hlohovský (um 1570 bis nach 1622)

Zeit und Umwelt
Man mußte auch in Böhmen die gegenreformistische Methode, Elemente der gegnerischen Konfession zu übernehmen, um dem Kirchenvolk den Wandel zur nunmehr herrschenden Lehre leichter zu machen, einhalten. Daher wurde fallweise erlaubt, tschechische sakrale Lieder zu veröffentlichen und in den Kirchen zu singen.

Leben
Jiří Hlohovský wurde um 1570 in oder bei Olmütz (Olomouc) geboren und vermutlich an der bischöflichen Kapelle von Olmütz ausgebildet. Er dürfte Mitglied dieser Kapelle als Sänger geblieben und in den Jahren nach 1622 in Olmütz gestorben sein.

Werke
Mit kirchlicher Erlaubnis veröffentlichte der tschechische Komponist Jiří Hlohovský 1622 in Olmütz »Písně katolické« k vyročním slavnostem (katholische Lieder für das Kirchenjahr) mit 255 Texten und 154 Melodien, zum Teil vierstimmig, zum Teil monodisch, und »Písně křest'anské« (christliche Lieder).

Literatur
J. Bužga, Nejstarší monodie v kancionálu J. Hlohovského, Miscellanea musicologica, 33 (1956).

John William Hobbs (1799–1877)

Zeit und Umwelt
Verehrer des Balladen- und Liederkomponisten Charles Dibdin (1745–1814) gründeten 1825 den Melodists' Club, um die englische Liedkomposition in seinem Sinn in London weiterzupflegen. Eine lange Reihe bedeutender Komponisten nahmen an dem Club als Mitglieder oder als Gäste teil. Gelungene Liedkompositionen wurden prämiert. Der Club war bis 1856 in Tätigkeit.

Leben
John William Hobbs wurde am 1.8.1799 in Henley-on-Thames geboren. Er fiel bereits in Kindesjahren mit seiner schönen Stimme und seinen musikalischen Anlagen auf und wurde als Fünfjähriger Chorknabe an der Kathedrale von Canterbury. Im Jahr 1813 trat er als Solist bei den Festivals von Norwich auf. Nach dem Stimmbruch wirkte er als Tenorist an St. John's in Cambridge, sodann an St. George's in Windsor. Nachdem er 1827 zum Gentleman of the Chapel Royal ernannt wurde, trat er häufig als Konzertsänger auf und erhielt 1836 die Chorleitung an Westmin-

ster Abbey. Er starb am 12.1.1877 in Croydon.

WERKE
Von John William Hobbs ist eine große Anzahl von Liedern jeder Art bekannt und beliebt geworden. Er erhielt vom Melodists' Club, dessen aktives Mitglied er war, mehrere Prämien. Einige Lieder tragen volksliedartigen Charakter.

Christian Hochbrucker
(1733 bis um 1805)

ZEIT UND UMWELT
In den ersten Jahren der 1789 ausgebrochenen Französischen Revolution schienen Existenz und Leben der Musiker, die irgendwie im Dienst des Hofes oder eines Adelshauses standen, gefährdet zu sein. Viele verließen das Land, um sich in relativer Sicherheit einen neuen Wirkungskreis zu suchen. Das gelang den meisten nicht, so daß sie nach Frankreich zurückkehrten, wo sich die Zustände wieder so weit konsolidiert hatten, daß sich neue Betätigungsmöglichkeiten ergaben.

LEBEN
Christian Hochbrucker (Hochbrugger) wurde am 17. 5. 1733 in Tagmersheim, Bayern, geboren. Er war Neffe des Instrumentenbauers Georg Hochbrucker (um 1670, Augsburg, bis 1763, Donauwörth), der das Pedalsystem für die Harfe erfand, und Cousin des Harfenisten Simon Hochbrucker (1699, Donauwörth, bis nach 1750, vermutlich Donauwörth). Er trat 1770 im Concert spirituel in Paris auf und wurde als einer der ersten Harfenisten Europas gefeiert. Kardinal Louis René Édouard de Rohan (1734–1803) und Königin Marie Antoinette engagierten ihn als Hofharfenisten (1781). Vor der Französischen Revolution floh er nach England, wo er einige Kompositionen veröffentlichte, aber nicht Fuß fassen konnte. 1800 kehrte er nach Paris zurück, wo er um 1805 starb.
Sein Bruder Célestin Hochbrucker (1727, Tagmersheim, bis 1809, Freising) war Organist des Benediktinerklosters Weihenstephan bei Freising, in das er 1747 eingetreten war.

WERKE
Von Christian Hochbrucker sind 6 Sonaten für Harfe, 6 Sonaten für Harfe und Violine, Divertissements für Harfe oder Cembalo, 3 Sammlungen Arietten für Singstimme mit Harfenbegleitung erschienen. Er schrieb als einer der ersten Komponisten musikalisch und technisch typische Musik für Harfe, die sich bisher von der Cembalomusik nicht grundsätzlich unterschieden hatte.
Célestin Hochbrucker verfaßte ein Oratorium und Kirchenmusik.

Edward Hodges (1796–1867)

ZEIT UND UMWELT
In der ersten Hälfte des 19. Jahrhunderts war das Musikunterrichtswesen in den USA und in Kanada noch nicht so ausgebaut, daß die Neue Welt auf Meister aus Europa verzichten hätte können. Erst nach mehreren Jahrzehnten gab es genügend Amerikaner, um die wichtigsten Stellen zu besetzen.

LEBEN
Edward Hodges wurde am 20.7.1796 in Bristol geboren und wirkte vorerst an Kirchen seiner Geburtsstadt als Organist. Ab 1825 studierte er in Cambridge Musik. Im Jahr 1838 wurde er Organist an der Kathedrale von Toronto und 1839 an St. John's Chapel in New York. Er kehrte 1863 nach England zurück und starb am 1.9.1867 in Clifton.
Seine Tochter Faustina Hasse Hodges (um 1840, New York, bis 4.2.1895, Philadelphia) war Organistin in Brooklyn und ab 1878 in Philadelphia.
Sein Sohn John Sebastian Bach Hodges (1830, Cambridge, bis 1915, Baltimore) war Organist in Baltimore.

WERKE
Von Edward Hodges sind ein Morgen- und Abendservice in C-Dur, 2 Full Services in F-Dur und E-Dur, 2 Anthems, eine Vertonung des 122. Psalms und Begräbnismusik über-

liefert. Seine Kompositionen bringen stilistisch einen merklichen Fortschritt.
Faustina Hasse Hodges schrieb kleinere Instrumentalstücke und eine Anzahl sakraler Gesänge.
John Sebastian Bach Hodges verfaßte eine Reihe Anthems und Psalmen und gab ein kirchliches Gesangbuch heraus.

Karl Hoeckh (1707–73)

ZEIT UND UMWELT
Die Militärkapellen nahmen im 18. Jahrhundert bereits Umfang und Form an, in der sie sich heute präsentieren. Auch ihre Verwendungszwecke gingen weit über die ursprünglichen Signale und die Stütze der Marschdisziplin hinaus. Es waren große Klangkörper aus Blech- und Holzblasinstrumenten, zu denen später das Schlagzeug kam. Sie spielten bei Paraden, militärischen Festlichkeiten, zur Unterhaltung der Truppe und der Standortbevölkerung. Für Musiker bildeten sie wie Kirchen-, Adels- und Stadtkapellen eine Ausbildungsstätte und Verdienstmöglichkeiten.

LEBEN
Karl Hoeckh wurde am 22. 1. 1707 in Ebersdorf, heute Wien, geboren. Er war Oboist in einer Regimentskapelle. Um 1730 verließ er sie und ging mit František Benda nach Warschau, wo ihn eine Privatkapelle als Violinisten aufnahm. Am Ende des Jahres 1730 empfahl ihn Benda der Hofkapelle in Zerbst, wo Hoeckh neben Johann Friedrich Fasch bis zu seinem Tod am 25. 11. 1773 als Konzertmeister wirkte.

WERKE
Von Karl Hoeckh sind 7 Partiten für zwei Violinen und Generalbaß und einige Violinstücke im Druck veröffentlicht worden. Im Manuskript hinterließ er 10 Sinfonien, 18 Violinkonzerte und 12 Violinsoli, wovon einiges im Zweiten Weltkrieg vernichtet wurde. Seine Musik gehörte der vorklassischen norddeutschen Schule an.

Paul Höffer (1895–1949)

LEBEN
Paul Höffer wurde am 21. 12. 1895 in Barmen geboren. Er wurde 1913 am Konservatorium in Köln Schüler von Walter Georgii (23. 11. 1887, Stuttgart, bis 23. 2. 1967, Tübingen), Hermann Abendroth (19. 1. 1883, Frankfurt am Main, bis 29. 5. 1956, Jena) und Franz Bölsche und in Berlin von Franz Schreker. Im Jahr 1923 wurde er an der Berliner Musikhochschule Lehrer für Klavier und Musikerziehung, im Jahr 1948 wurde er Direktor der Hochschule. Er starb am 31. 8. 1949 in Berlin.

WERKE
Neben 2 Opern, einem Ballett und 4 Oratorien schrieb Paul Höffer eine Sinfonie, eine »Sinfonische Musik«, eine »Sinfonie der großen Stadt«, eine sinfonische Ouvertüre, eine Partita für zwei Streichorchester, sinfonische Variationen, eine Serenade für Streichorchester, 2 Klavierkonzerte, ein Violinkonzert, ein Cellokonzert, ein Konzert für Oboe und Streichorchester, ein Bläsersextett, ein Klarinettenquintett, ein Bläserquintett, 3 Streichquartette, 2 Klaviertrios, ein Streichtrio, 2 Sonaten für Solovioline, eine Triosonate für Flöte, Bratsche und Klavier, Kantaten, Chöre und Lieder, darunter 23 Kinderlieder, Spiele für Kinder, verschiedene Klavierstücke und 100 Spielstücke zu deutschen Volksliedern.

Konrad Höffler (1647 – 1705)

ZEIT UND UMWELT
Während schon immer mehr Gamben zu Celli umgebaut wurden und man sich bemühte, jenem neuen Tenorinstrument der Violinenfamilie eine endgültige Form zu verleihen, wurde das virtuose Spiel an der Viole zu einer stetig steigenden Perfektion entwickelt. Im Ensemblespiel mit Violinen ging der schöne Gambenton allerdings nahezu unter, aber im Solo bildete er einen schönen Kontrast zu den lauten Violinen, bei denen die Genauigkeit der Griffe wegen des Fehlens der Bünde noch viel zu wünschen übrig ließ.

LEBEN

Konrad Höffler wurde am 30. 1. 1647 in Nürnberg getauft. Er wirkte als Gambenvirtuose in der Hofkapelle von Bayreuth, sodann in der von Ansbach. Nach einem Aufenthalt in Halle wurde er unter der Leitung von Johann Philipp Krieger Gambist in der Kapelle des Herzogs von Weißenfels. Er dürfte in Weißenfels 1705 gestorben sein.

WERKE

Der deutsche Komponist Konrad Höffler veröffentlichte 12 Suiten für Gambe und Generalbaß, die ein virtuoses Spiel erfordern.

Karl Höller (1907–87)

LEBEN

Karl Höller wurde am 25.7.1907 in Bamberg geboren. Er studierte ab 1926 in Würzburg bei Hermann Zilcher, von 1927 bis 1933 in München bei Siegmund von Hausegger, Joseph Haas, Emanuel Gatscher (1890–1946) und Hermann Waltershausen an der Musikhochschule, an der er selbst von 1933 bis 1937 als Lehrer für Orgel, Harmonielehre und Komposition wirkte. Dann wurde er Lehrer für Komposition, Dirigieren und Orgel sowie Leiter der Abteilung für Katholische Kirchenmusik an der Musikhochschule in Frankfurt am Main und darauf Leiter der Kompositionsklasse an der Musikhochschule in München, deren Präsident er von 1954 bis 1977 war. Er starb am 14.4.1987 in Hausham, Obb.

WERKE

Das kompositorische Schaffen von Karl Höller weist Einflüsse von Anton Bruckner, Max Reger, Paul Hindemith, Claude Debussy, Maurice Ravel und Igor Strawinsky auf, stellt jedoch eine eigenpersönliche Musiksprache dar, in der kontrapunktische Satzstrenge und impressionistische Klänge einander durchdringen. Es ist vorwiegend instrumental. Für Orchester schrieb er eine Sinfonie, »Vier sinfonische Sätze über gregorianische Choralmelodien«, »Sinfonische Fantasie über ein Thema von Frescobaldi«, »Hymnen«, »Heroische Musik«, »Passacaglia und Fuge« nach Frescobaldi, Fuge für Streichorchester, »Sweelinck-Variationen«, »Sonate«, »Permutationen«. Für Kammermusik liegen vor: ein Klarinettenquintett, 6 Streichquartette, ein Klavierquartett, ein Klaviertrio, eine Triosonate, zahlreiche Sonaten für verschiedene Instrumente – Klavier, Cembalo, Violine, Orgel. Die Vokalmusik ist durch eine Passion, eine Missa brevis, Motetten, Hymnen und andere sakrale Gesänge vertreten.

Sweelinck-Variationen für Orchester, Thema und 10 Variationen, Opus 56, entstanden 1951

Jan Pieterszoon Sweelinck (1562–1621) hat über das altniederländische Volkslied »Mein junges Leben hat ein End', mein Freud' und auch mein Leid« Variationen für Orgel oder Cembalo verfaßt. Der Komponist hat in besonderer Verbundenheit mit der Welt und dem Geist des alten Orgelmeisters die Variationen für Orchester neu gefaßt und daraus ein unserem Jahrhundert angepaßtes neues Werk geschaffen. Das Thema wird in neuer Harmonisierung vorgetragen. Die ersten 3 Variationen sind rein formal, dann folgen sechs, bei denen der Stimmungskreis des Liedes stark ausgeweitet wurde; bildhafte Vorstellungen niederländischer Malerei treten hinzu: die 5. Variation ist derb-tänzerisch, die 6. spukhaft, die 8. scherzoartig. Die 10. Variation entfernt sich am weitesten vom Thema und führt zu einer weltabgewandten Stimmung hin, dann klingt das Thema – dieses Mal in der Fassung des alten Meisters – zart auf und verklingt mit leisen Flötentönen.

York Höller (geboren 1944)

LEBEN

York (Georg) Höller wurde am 11.1.1944 in Leverkusen geboren. Er studierte bei Bernd Alois Zimmermann Komposition und bei Alfons Kontarsky (geboren 9.10.1932, Iserlohn, Westfalen) Klavierspiel. Im Jahr 1968 wurde er Dozent für Musiktheorie, Dirigieren und Pianistik an der Pädagogischen Hochschule in Leverkusen. Er gehört der von Hans Ulrich Humpert gegründeten »Gruppe 8 Köln« zur Entwicklung von Gemeinschaftskompositionen an. Von 1969 bis 1970 arbeitete er im Elektronischen Studio der Musikhochschule in Köln bei Herbert Eimert. Seit 1976 hat er einen Lehrauftrag für Musiktheorie und musikalische Analyse inne. Seine Werke werden zunehmend am Institut für Medienmusik in Paris und an den Informationszentren der westeuropäischen Avantgarde aufgeführt.

WERKE
Von York Höller sind »Tropic« für Orchester, »Horizont«, »Vierkanalkomposition«, »Tangens« für Cello, elektrische Gitarre, Orgel, Klavier und zwei Synthesizer, »Klanggitter« für Cello, Klavier, Synthesizer und Tonband, »Antiphon« für Streichquartett, »Mythos« für 15 Instrumente und Tonband, »Chroma« für großes Orchester und elektronisch transformierte Orgel, »Arcus« für Kammerorchester und Tonband, »Umbra« für Orchester und Vierkanaltonband, »Surreal« für Orchester und Elektronik, »Diaphonie« für zwei Klaviere, »Epitaph« für Violine und Klavier, eine Sonate für Klavier und eine für Cello bekannt geworden.

Andreas Hofer (um 1629–84)

ZEIT UND UMWELT
Der internationale Ruf Salzburgs als Musikstadt geht auf die höchstqualifizierte Musikpflege der fürsterzbischöflichen Hofkapelle zurück, an der die Stelle des Kapellmeisters nur mit ersten Kräften besetzt wurde. Auch die Anforderungen an die übrigen Musiker waren stets sehr streng, so daß das Niveau der Kapelle der Tradition entsprechend immer auf sehr hohem Stand blieb.

LEBEN
Andreas Hofer wurde um 1629 in Reichenhall geboren. Er studierte in Salzburg und wurde 1651 Organist im Benediktinerstift St. Lambrecht, Steiermark. Ab 1653 war er Organist an der Hofkapelle in Salzburg, ab 1654 ihr Vizekapellmeister und Chordirigent, ab 1677 Musiklehrer und ab 1680 Hofkapellmeister. Er starb in Salzburg am 25. 2. 1684.

WERKE
Die Werke des deutschen Komponisten Andreas Hofer weisen typische Übergangsformen zum konzertanten Stil auf, wie er anderswo bereits durch Jahrzehnte gehandhabt wurde. Er verfaßte einstimmige Psalmen mit zwei Violinen, Motetten mit Violinen und unbegleitet, 18 Offertorien für fünf Singstimmen und ebenso viele Instrumente, außerdem mehrere Messen, Responsorien und weitere Motetten. Seine Kompositionen für Schuldramen sind verlorengegangen.

LITERATUR
M. W. Barndt, The Life and Works of Andreas Hofer, Illinois 1969.

Ernst Theodor Amadeus Hoffmann
(1776–1822)

ZEIT UND UMWELT
Eines der Hauptziele der romantischen Musik war die Verdeutlichung der Vorstellungen und Gefühle des Komponisten. Dadurch näherte sich die Musik stark der Literatur. Es

E. T. A. Hoffmann

ist daher verständlich, daß eine große Zahl Komponisten der Romantik sich auch als Literaten betätigten, ja es sogar in erster Linie waren.

Leben

Ernst Theodor Amadeus Hoffmann (eigentlich Ernst Theodor Wilhelm mit Vornamen, Amadeus nannte er sich zu Ehren seines Idols Wolfgang Amadeus Mozart) wurde am 24.1. 1776 in Königsberg (Kaliningrad) geboren. Der erste Musiklehrer des Musikers, Dichters und Graphikers war der Organist und Verfasser von 12 Klaviersonaten Christian Wilhelm Podbielski (1740, Königsberg, bis 1792, Königsberg). Als Student der Rechte und Referendar in Berlin nahm er bei Johann Friedrich Reichardt (1752–1814) Musikunterricht. Ab 1800 arbeitete er als Assessor in Posen (Poznań) und ab 1803 in Warschau, das er 1806 wegen der Kriegsereignisse verlassen mußte. Er brachte sich mit Musikunterricht durch, bis er 1808 die Musikdirektorstelle am Theater in Bamberg erhielt, das aber ein Jahr darauf fallierte, so daß er erneut auf seine Tätigkeit als Musiklehrer und Schriftsteller angewiesen war. Im Jahr 1814 kam er zum Kammergericht in Berlin, wo er am 25.6.1822 starb.

Werke

Sowohl als Literat wie als Musiker prägte Ernst Theodor Amadeus Hoffmann den Begriff der Romantik ideologisch und künstlerisch aus. Seine Komposition fußte stets auf dem musikalischen Sprachvermögen der Instrumentalmusik der Wiener Klassik, in der Dichtung verwendete er oft Stoffe, die die Phantasie besonders anregten und im Ahnungsvollen, Märchenhaften und Irrationalen angesiedelt waren. Mit seiner Märchenoper »Undine« eröffnete er textlich und musikalisch die deutsche romantische Opernentwicklung, die mit den Meisterwerken Richard Wagners ihren Höhepunkt und Abschluß erreichte. Er verfaßte 4 Singspiele – darunter die Vertonung von »Scherz, List und Rache« von Johann Wolfgang von Goethe –, 4 Opern und zahlreiche Bühnenmusiken, ferner mehrere Rondos und eine große Fantasie für Klavier, 5 Klaviersonaten, ein Harfenquintett in c-Moll, ein Klaviertrio in E-Dur, eine Orchesterouvertüre, eine Sinfonie in Es-Dur, 2 Messen in D-Dur und d-Moll, ein Miserere, 6 A-cappella-Chöre, 3 Canzonetten für Singstimme und Klavier, 3 Canzonetten für Sopran, 2 Tenöre und Baß mit Klavier und 5 italienische Duette; eine Anzahl Klaviersonaten, Ouvertüren, Kammermusikwerke und ein Requiem sind verschollen. Seine Tonsprache wurde als romantischer Klassizismus eingestuft.

Aus dem Manuskript von E. T. A. Hoffmanns Oper »Undine«, Abschied der Undine, 2. Akt, Finale

Sinfonie in Es-Dur, 4 Sätze, entstanden 1806

Mit dieser Sinfonie zeigte sich der Komponist als getreuer Schüler von Wolfgang Amadeus Mozart, dessen Es-Dur-Sinfonie KV 543 als Vorbild diente; sie hebt sich aber doch durch stärkere Ausnutzung des Orchesterklanges, neue Modulationen und asymmetrische Themenbildung von der Vorlage ab. Der 1. Satz bringt nach einem einleitenden Adagio ein fröhliches Hauptthema; lyrische Nebenthemen erlauben eine echte Durchführung im klassischen Sinn. Auch der 2., langsame Satz bietet in seiner Form »echte« Klassik. Das Menuett ist gravitätisch in Moll gehalten, das Trio bringt das Thema in Dur, was einen schönen Kontrast ergibt. Das Finale ist streng thematisch durchgearbeitet, schließt aber das Werk dennoch fröhlich und sieghaft ab.

LITERATUR

P. Greeff, E. T. A. Hoffmann als Musiker und Musikschriftsteller, Köln 1958.

Eucharius Hoffmann

(um 1530 bis nach 1582)

ZEIT UND UMWELT

Stralsund, zur Zeit ihrer Hochblüte eine der führenden Städte der Hanse, wurde wie der gesamte Norden Deutschlands sehr bald reformiert. Die Marien- und die Nikolaikirche aus dem 14. Jahrhundert erhielten stark besetzte Kantoreien und tüchtige Kantoren.

LEBEN

Eucharius Hoffmann wurde um 1530 in Heldburg, Franken, geboren. Er erhielt nach seiner Ausbildung die Kantorenstelle in Stralsund. Ab 1582 war er Konrektor der Stadt. Er dürfte noch in den achtziger Jahren in Stralsund gestorben sein.

WERKE

Von dem deutschen Komponisten Eucharius Hoffmann sind vier-, fünf- und sechsstimmige Gesänge, vierstimmige Deutsche Sprüche aus den Psalmen Davids, »Vyff Geistliche olde Ostergesenge« für vier Stimmen, »Erster Theil geistlicher Lieder in jrer gewöhnlichen Melodey auff Villanellen art« vierstimmig und »Cantica sacra de nativitate filii Dei Jesu Christi cum Fugis duabus, tribus et quatuor vocibus« (Geistliche Lieder zur Geburt des Gottessohnes Jesu Christi mit zwei Fugen für drei und vier Stimmen) überliefert. Der Komponist hat außerdem einige musiktheoretische Werke verfaßt.

LITERATUR

W. Müller, Musikgeschichte Stralsunds bis 1650, Freiburg im Breisgau 1932.

Heinrich Anton Hoffmann

(1770–1842)

ZEIT UND UMWELT

Der Feststellung, daß die Wiener Klassik mit dem Tod Beethovens abschloß und damit die gesamte Musik der Klassik überhaupt ihr Ende fand, steht nicht entgegen, daß eine Reihe Komponisten weiterhin im klassischen Stil schrieben. Es handelte sich um Epigonen, die ihn nicht weiterentwickelten, sondern nur getreu nachahmten.

LEBEN

Johann Heinrich Anton Hoffmann wurde am 4. 6. 1770 in Mainz geboren und dort ausgebildet. Er war Hofviolinist in der Kurmainzer Hofkapelle, wurde 1799 Mitglied des Frankfurter Theaterorchesters und zugleich ab 1801 Korrepetitor des Theaters, an dem er sodann ab 1811 als Konzertmeister und ab 1817 als Vizemusikdirektor wirkte. Von 1819 bis 1821 wirkte er als Musikdirektor der Stadt Frankfurt am Main, zog sich aber 1825 von seinen Tätigkeiten zurück. Er starb am 19. 1. 1842 in Frankfurt am Main.

Sein Bruder Philipp Karl Hoffmann (5. 3. 1769, Mainz, bis 14. 11. 1842, Frankfurt am Main) lebte als Klavierlehrer in Mainz, im Rheingau, in Aschaffenburg und Offenbach, unternahm mehrere Konzertreisen nach Amsterdam, Wien und St. Petersburg, wo er von 1810 bis 1821 tätig war, lebte sodann in Frankfurt und gab sich vorwiegend naturwissenschaftlichen Studien hin.

WERKE

Von Heinrich Anton Hoffmann wurden 2 Violinkonzerte, ein Konzert für zwei Violinen und Orchester, 6 Streichquartette, 6 Duos für zwei Violinen, 9 Duos für Violine und Cello, eine Sonate für Solovioline, 24 Tänze für Klavier, eine Kantate für gemischten Chor und Orchester, 24 Lieder, 6 Freimaurergesänge und eine Arietta gedruckt. Weitere zahlreiche Kompositionen sind zum Teil handschriftlich überliefert.

Philipp Karl Hoffmann schrieb zahlreiche Klavierwerke, darunter 6 Sonaten und Variationen für zwei und vier Hände, außerdem

Kadenzen zu Klavierkonzerten von Wolfgang Amadeus Mozart.
Beide schrieben im Schatten der Wiener Klassiker und gewannen erst später einige Selbständigkeit.

Franz Anton Hoffmeister
(1754–1812)

LEBEN
Franz Anton Hoffmeister wurde am 12. 5. 1754 in Rottenburg am Neckar geboren. Er betätigte sich ab 1783 als Musikalienhändler in Wien, beteiligte sich von 1800 bis 1805 an einem Musikverlag in Leipzig, kehrte sodann nach Wien zurück, wo er noch durch 2 Jahre als Musikverleger und Musikalienhändler tätig war. Dann widmete er sich nur mehr der Komposition. Er starb am 9. 2. 1812 in Wien.

WERKE
Neben 9 Opern komponierte Franz Anton Hoffmeister zahlreiche Konzerte, Duette, Trios, Quartette und Quintette für Flöte, je über 100 Streichquintette, Streichquartette und Streichtrios, 5 Klavierquartette, 11 Klaviertrios, 12 Klaviersonaten, Sinfonien, Serenaden, ein Vaterunser, weitere Instrumentalwerke für verschiedene Instrumente, Lieder und zahlreiche Bearbeitungen fremder Werke. Seine verlegerische Tätigkeit war sehr fruchtbar.

Roman Hoffstetter (1742–1815)

ZEIT UND UMWELT
Die Bratsche, die sich sehr spät einen selbständigen Platz im Orchester erobern konnte, wurde und wird heute noch sehr selten als Soloinstrument eingesetzt. Da sie weder den strahlenden Glanz der Violine noch den Ton- und Klangfarbenumfang des Cello aufweisen kann, nahmen sich nur wenige Komponisten ihrer an, so daß sich nicht viele Virtuosen für dieses sonore Instrument ausbildeten.

LEBEN
Roman Hoffstetter (Hofstetter) wurde am 24. 4. 1742 in Laudenbach, Württemberg, geboren. Er war ab 1763 Benediktiner des Klosters Amorbach und lebte nach dessen Aufhebung als Bratschenvirtuose in Miltenberg, wo er am 21. 5. 1815 starb. Er dürfte die Musik des Klosters geleitet haben.

WERKE
Von Roman Hoffstetter sind drei schöne Bratschenkonzerte erhalten. Er veröffentlichte außerdem 6 Streichquartette. Seine weiteren Kompositionen sind verlorengegangen. Der geäußerten Ansicht, daß die 6 Streichquartette Opus 3 (Hob. III: 13–18) von Joseph Haydn, also die Quartette, mit denen der Komponist seine Faktur und die der gesamten Klassik formte, nicht von ihm, sondern von Roman Hoffstetter seien, dürfte wenig Wahrscheinlichkeit zuzubilligen sein.

LITERATUR
L. Somfai, Zur Echtheitsfrage des Haydnschen »Opus 3«, Haydn-Jahrbuch III, 1965.

Paulus Hofhaymer (1459–1537)

ZEIT UND UMWELT
Kaiser Rudolf I. von Habsburg (1218–91) anerkannte den Erzbischof von Salzburg als souveränen Landesfürsten (1278). Von diesem Jahr datiert der kulturelle Aufstieg der fürsterzbischöflichen Residenz, an deren Ausgestaltung eine Reihe von italienischen Meistern mitgewirkt hat. Die Orgel des Domes war stets mit ausgezeichneten Organisten besetzt, so daß die Stadt bald zu einem der Musikzentren Mitteleuropas wurde und es bis in unsere Tage blieb.

LEBEN
Paulus Hofhaymer (Ritter von Hoffheimer, Hofhaimer, Hofheymer) wurde am 25. 1. 1459 in Radstadt (Tauern) geboren. Der österreichische Komponist und Organist entstammte einer Organistenfamilie. Sein Vater war vermutlich auch sein erster Leh-

rer. Es wird angenommen, daß er auch von Lapicida unterrichtet wurde und kurze Zeit am Hof Kaiser Friedrichs III. (1415–95) beschäftigt war. Im Jahre 1480 wurde er Hoforganist bei Erzherzog Sigmund in Innsbruck und wurde 1490 von Maximilian I. in dessen Hofkapelle übernommen. Auf seinen Reisen im Gefolge Maximilians lernte er in Frankfurt Schlick kennen und knüpfte mit Friedrich dem Weisen von Sachsen freundschaftliche Beziehungen an. Im gleichen Jahr trat er in den Dienst des Fürstbischofs von Passau über und dürfte 1508 der Münchner Hofkapelle angehört haben. Das Jahr 1519 findet ihn erneut in Passau, wo er bis 1521 blieb; 1524 wurde er Domorganist zu Salzburg, wo er – 1515 von Maximilian zum Ritter geschlagen – 1537 starb.

Paulus Hofhaymer, nach einer Zeichnung von Albrecht Dürer

Werke

Hofhaymer galt als der größte Orgelmeister seiner Zeit, wie von den berühmten Humanisten Celtis, Paracelsus (1493–1591), Joachim Vadianus (1484–1551) und Willibald

Paulus Hofhaymer am Positiv im Triumphzug des Kaisers Maximilian I. – Holzschnitt von Hans Burgkmair d. Ä., um 1516

Pirckheimer (1470–1530) bezeugt wird. Die zahlreichen lateinischen Motetten, die sakralen und profanen mehrstimmigen Lieder und die Instrumentalwerke zeigen einen schon sehr entwickelten Satz. Die deutschen Lieder zeichnen sich durch besonders schönen Wohlklang aus.
Hofhaymer war gegen Ende seines Lebens damit beschäftigt, 35 Oden von Horaz zu vertonen. Er vermochte das Werk nicht mehr zu vollenden. Sein Freund Ludwig Senfl nahm sich dieser Aufgabe an.
Der Orgelmeister war auch ein bedeutender Orgellehrer. Eine Reihe namhafter Organisten entstammte seiner Schule wie Buchner, Brummer, Kotter und Grefinger und weiters der Italiener Memmo.

LITERATUR

H. J. Moser, Paul Hofhaymer, ein Lied- und Orgelmeister des deutschen Humanismus, Berlin 1929.

Józef Hofmann (1876–1957)

LEBEN

Józef Kasimierz (Joseph Casimir) Hofmann wurde am 20.1.1876 in Podgorze bei Krakau geboren. Er studierte in Berlin bei Moritz Moszkowski (1854–1925) und in Dresden bei Anton Rubinstein und Eugen d'Albert. Dann begab er sich als Pianist auf Konzertreisen durch Europa und die USA. Von 1924 bis 1938 war er in Philadelphia Direktor des Curtis Institut of Music und Leiter der Klavierklassen des Konservatoriums. Er starb am 16.2.1957 in Los Angeles.

WERKE

Von Józef Hofmann sind eine Sinfonie, eine »Sinfonische Erzählung«, 5 Klavierkonzerte, ein »Dialog« für Klavier und Orchester und zahlreiche kleinere Klavierstücke bekannt geworden.

Leopold Hofmann (1738–93)

LEBEN

Leopold Hofmann wurde am 14. 8. 1738 in Wien geboren. Er war Chorknabe der Wiener Hofkapelle, sodann Violinist an der Michaelskirche und ab 1766 Kapellmeister an der Peterskirche. Im Jahr 1769 wurde er Klavierlehrer am kaiserlichen Hof und 1772 Domkapellmeister an St. Stephan. Er starb am 17. 3. 1793 in Wien.

WERKE

Mit seinen zahlreichen Kirchenkompositionen – 12 Messen, ein Requiem, viele Gradualien, Offertorien und andere Gesänge – erreichte Leopold Hofmann wie mit seinen Instrumentalwerken einen hohen Beliebtheitsgrad bei seinen Zeitgenossen. Seine Sinfonien, die Konzerte für Cembalo, für Violine und für Cello und die Trios waren wegen ihrer flüssigen Melodik sehr geschätzt und wurden den Werken von Joseph Haydn häufig vorgezogen. Im Druck ist sehr wenig davon erschienen. Sie fielen auch bald der Vergessenheit anheim.

Richard Hol (1825–1904)

LEBEN

Richard Hol wurde am 12.7.1825 in Amsterdam geboren. Er war Schüler der Königlichen Musikschule in Utrecht, wirkte sodann nach einigen Studienreisen als Klavierlehrer in Amsterdam, wurde dort Städtischer Musikdirektor und Domorganist; gleichzeitig war er als Leiter der Städtischen Musikschule in Utrecht und als Dirigent in Den Haag und Amsterdam tätig. Er starb am 14.5.1904 in Utrecht.

WERKE

Von Richard Hol sind 125 Kompositionen erschienen, darunter 2 Opern auf niederländischen Text, ein Oratorium (»David«), mehrere Balladen für Soli, gemischten Chor und Orchester, mehrere Messen, 4 Sinfonien, Kammermusik, Klavierwerke und viele Lieder. Ein

Teil seiner Kompositionen, vor allem die Sinfonien, wurden auch jenseits der Grenzen seiner Heimat bekannt. Er war auch als Musikschriftsteller und Kritiker tätig.

Anthony Holborne (um 1566–1602)

ZEIT UND UMWELT

Während die spanische Gitarre sehr bald in allen Ländern des Kontinentes Eingang gefunden hatte und der Laute nach und nach den Rang ablief, hielt sich in England bis in das 17. Jahrhundert die alte Form der Gittern.

LEBEN

Anthony Holborne wurde um 1566 vermutlich in London geboren. Der englische Komponist und Lautenist stand als Lauten- und Gitternspieler im Dienst der Königin Elisabeth I. und war Gentleman der Chapel Royal. Ob er noch ein weiteres Hofamt ausübte, ist nicht bekannt. Er starb im Jahre 1602 in London.

Sein Bruder William Holborne (um 1570, London, bis um 1620, London) war in gleicher Eigenschaft und dazu als Hofkomponist am Hof der Königin und ihres Nachfolgers tätig.

WERKE

Das Hauptwerk der Brüder Anthony und William Holborne stellte die 1597 erschienene Schule des Gittern-Spieles dar, in der sich 32 Stücke für Gittern allein (Präludien, Pavane, Gallarden, Volksweisen), 2 für von einem, Violentrio (Sopran, Tenor, Baß) begleitete Gittern und 23 für Gittern mit Baßviolenbegleitung befinden. Sie stammen zum größten Teil von Anthony Holborne. Weitere Kompositionen sind in verschiedenen Sammelwerken aufgenommen.

Von William Holborne sind 6 »Aers« (Arien) erhalten.

LITERATUR

Th. Dart, The Cittern and Its English Music, in: The Galpin Society Journal, März 1948.

Joseph Holbrooke (1878–1958)

LEBEN

Joseph (Josef) Holbrooke wurde am 5.7.1878 in Croydon, Surrey, geboren. Er studierte unter Frederick Corder an der Royal Academy of Music in London. Ab 1896 bis zu seinem Tod am 5.8.1958 wirkte er in London als Pianist und als Dirigent eigener und fremder Kompositionen.

WERKE

Von Joseph Holbrooke sind 7 Opern aufgeführt worden, darunter eine keltische Trilogie mit den »Dimensionen, aber nicht mit den Proportionen« des Ring von Richard Wagner, außerdem 3 Ballette. Er verfaßte eine Chorsinfonie, 9 sinfonische Gedichte – zum Teil mit Singstimmen –, 5 Sinfonien, ein Klavierkonzert, ein Violinkonzert, ein Saxophonkonzert, eine Sinfonietta für Kammerorchester, 4 Sextette mit verschiedener Besetzung, 2 Klarinettenquintette, ein Klavierquintett, 5 Streichquartette, 2 Klavierquartette, eine Serenade für fünf Saxophone und Bläser, ein Horntrio, ein Notturno für Klavier, Bratsche und Klarinette, Klavierstücke, Chöre und Lie-

Aus Joseph Holbrookes sinfonischer Dichtung »The Raven«, Autograph 1900

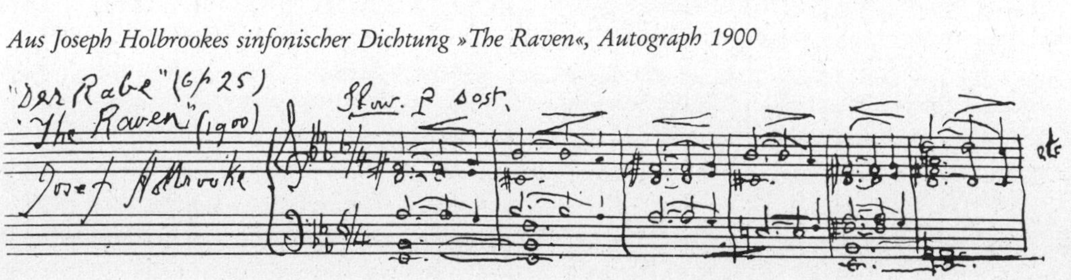

der. Seine Musik ist spätromantisch, sehr klangreich, oft auch sehr volkstümlich.

Joseph William Holder (1764–1832)

ZEIT UND UMWELT
Es ist auffällig, daß gegen Ende des 18. Jahrhunderts die englischen Komponisten von Glees, Catches, Songs und Kanons den Verlegern Pianofortestücke lieferten. Es handelte sich dabei durchwegs um Hausmusik, was beweist, wie häufig das neue Tasteninstrument alle anderen in den Adels- und Bürgerhäusern verdrängt hatte.

LEBEN
Joseph William Holder wurde 1764 in St. John's, Clerkenwell, geboren und unter James Nares an der Chapel Royal in London ausgebildet. Hernach wirkte er als Assistent des Organisten Frederick Charles Reinhold (1737, London, bis 29. 9. 1815, Somers Town) an St. George the Martyr, bis er zum Organisten an St. Mary's Church in Bungay ernannt wurde. Dann zog er sich in die Nähe von Chelmsford zurück, wo er 1832 starb.

WERKE
Von Joseph William Holder sind Messen, Anthems, 3 Sammlungen mit Glees, Kanons, Lieder und Pianofortestücke erschienen, außerdem Arrangements von Chören von Georg Friedrich Händel. Seine Stücke für Pianoforte ahmen den zeitgenössischen französischen Stil nach.

William Holder (1616–96)

LEBEN
William Holder wurde 1616 in Southwell, Nottinghamshire, geboren. Er war zunächst Kanonikus der Kathedrale in Ely, sodann an der St. Paul's Cathedral in London und schließlich Subdiakon der Chapel Royal. Er starb in Hertford am 24. 1. 1696.

WERKE
Neben seinen wissenschaftlichen Werken über Phonetik verfaßte der englische Gelehrte und Komponist William Holder einige Services und Anthems. Nur ein kleiner Teil davon ist erhalten.

Guillermo Uribe Holguín (1880–1971)

LEBEN
Guillermo Uribe Holguín wurde am 17.3.1880 in Bogotá, Kolumbien, geboren. Er studierte an der Academia Nacional in Bogotá, sodann ab 1903 in New York und ab 1907 in Paris bei Vincent d'Indy an der Schola Cantorum. Von 1910 bis 1935 wirkte er als Direktor und Orchesterleiter des Konservatoriums in Bogotá; sodann widmete er sich dort ausschließlich der Komposition bis zu seinem Tod am 26. 6. 1971.

WERKE
Von Guillermo Uribe Holguín ist eine Oper aufgeführt worden. Er schrieb 11 Sinfonien, 2 Sinfoniette für Klavier und Orchester, eine sinfonische Dichtung, 3 sinfonische Skizzen, ein Konzert für Streicher, 2 Violinkonzerte, ein Cembalokonzert, ein Bratschenkonzert, weitere sinfonische Stücke, Tänze und Märsche, eine Toccata für Flöte, Klarinette, Fagott, zwei Trompeten und Klavier, 10 Streichquartette, 2 Klavierquintette, 2 Streichtrios, 2 Klaviertrios, 7 Violinsonaten, eine Kantate, sakrale Musik, Klavierwerke, Chöre und Lieder. Guillermo Uribe Holguín war die bedeutendste Persönlichkeit des kolumbianischen Musiklebens im 20. Jahrhundert. Er verband nationales Kolorit mit modernen Kompositionstechniken.

Johann David Holland
(um 1746 bis vor 1800)

ZEIT UND UMWELT
Der von Carl Philipp Emanuel Bach in Berlin und Hamburg vertretene Stil, der einerseits die Wiener Klassik vorbereitete, auf der anderen Seite darüber hinaus das kommende Zeitalter der Romantik bereits ahnen ließ, war für die Komponisten Norddeutschlands

in der zweiten Hälfte des 18. Jahrhunderts Vorbild und Richtschnur.

LEBEN
Johann David Holland wurde um 1746 in Herzberg, Hannover, geboren. Er war Musikdirektor der Katharinenkirche und ab 1777 »Musikdirektor am Domkapitel in Hamburg«. Er dürfte gegen Ende des Jahrhunderts in Hamburg gestorben sein.

WERKE
Außer seinem Oratorium von 1774 verfaßte Johann David Holland Lieder, Lehrstücke und instrumentale Schlittenfahrtmusiken.

Theodore Holland (1878–1947)

LEBEN
Theodore Samuel Holland wurde am 25.4. 1878 in London geboren, wo er an der Academy of Music unter Frederick Corder und an der Berliner Hochschule für Musik bei Joseph Joachim und Robert Kahn studierte. Er wirkte von 1927 bis zu seinem Tod am 29.10.1947 als Lehrer für Harmonielehre und Komposition an der Academy in London.

WERKE
Von Theodore Holland sind neben einigen Bühnenstücken die Orchesterwerke »Abend an einem See«, »Frühlingssinfonietta«, »Gavotte pastorale«, ein Stück für Cello und Orchester, ein Konzert für Bratsche und Orchester, eine Threnodie für Cello und Orchester, 2 Streichquartette, 2 Klaviertrios, Kantaten, Chöre, Lieder und Klavierstücke bekannt geworden. Er war Spätromantiker und von keinerlei neuerer Musik beeinflußt.

Christian Janszone Hollander
(um 1510–69)

ZEIT UND UMWELT
Erzherzog Ferdinand (1529–95), Sohn Kaiser Ferdinands I., wurde nach dessen Tod Regent von Tirol und Vorderösterreich, wo er, weit entfernt von allen Bedrohungen, die Gegenreformation mit aller Strenge durchführen konnte. Von den oftmaligen Aufenthalten Kaiser Maximilians I. in Innsbruck hatte die Kapelle des Erzherzogs eine gewisse Tradition. Außerdem konnte sie durch die Wiener Kapelle ihre Lücken ergänzen.

LEBEN
Christian Janszone Hollander wurde um 1510 in Dordrecht geboren. Er wirkte von 1549 bis 1557 als Kapellmeister an der Kirche St. Walburga in Oudenaarde und trat anschließend in den Dienst Kaiser Ferdinands I. Ab dem Jahr 1566 jedoch gehörte er der Kapelle Erzherzog Ferdinands von Tirol in Innsbruck an, wo er 1569 starb.

WERKE
Von Christian Janszone Hollander sind zahlreiche Motetten für vier bis acht Stimmen, eine Anzahl Tricinia und eine Sammlung deutscher sakraler und profaner Lieder für vier bis acht Stimmen überliefert. Alles ist stilistisch nach der franko-flämischen Schule ausgerichtet.

LITERATUR
W. Senn, Musik und Theater am Hof zu Innsbruck, Innsbruck 1954.

Hermannus Hollander
(1600 bis nach 1637)

ZEIT UND UMWELT
Der zwölfjährige Waffenstillstand zwischen den Generalstaaten der Niederlande und Spanien endete 1621. Prinz Friedrich Heinrich von Oranien (1584–1647), der 1625 Statthalter der Vereinigten Provinzen wurde, nahm den Kampf wieder auf und eroberte Maastricht (1632) und Breda (1637).

LEBEN
Hermannus Hollander (Herman Hollanders) wurde 1600 in den Niederlanden geboren. Er war Organist in Ekeren und ab 1628 Chordirigent an Notre-Dame in Breda. Um 1637

verliert sich seine Spur. Er ist vermutlich bei der Einnahme von Breda um das Leben gekommen.

WERKE
Der niederländische Komponist Hermannus Hollander ist einer der ersten seines Landes, die die italienische Monodie adoptierten. Er verwendete aber gleichzeitig die harmonische und chromatische Technik der letzten Phase des polyphonen Stiles. Von ihm sind eine Sammlung von 43 Motetten für zwei bis vier Stimmen und Generalbaß (»Parnassus Ecclesiasticus«) und eine weitere von 52 Stücken (»Jubilus filiorum Dei«) erhalten.

LITERATUR
H. T. Timmerman, Zangmeester Hermannus Hollander, Löwen 1964.

Heinz Holliger (geboren 1939)

LEBEN
Heinz Holliger wurde am 21.5.1939 in Langenthal, Bern, geboren. Er war am Konservatorium in Bern Schüler von Sándor Veress und an der Musikakademie von Pierre Boulez. Er erhielt als Oboist mehrere erste Preise und tritt seitdem in Europa und in den USA mit größtem Erfolg als Konzertoboist auf. Die von ihm entwickelten technischen Neuerungen für das Oboenspiel regten eine Reihe nahmhafter Komponisten zu Werken für dieses Instrument an. Seit 1966 Dozent an der Musikhochschule in Freiburg im Breisgau.

WERKE
Außer dem Stück »Der magische Tänzer« für zwei Sprecher – Alt und Baß –, eine groteske Tänzerin oder Marionette, einen magischen Tänzer, Orchester und Tonband verfaßte Heinz Holliger unter anderem ein »Dona nobis pacem« für zwölf Singstimmen, »Siebengesang« für Oboe, Orchester, Singstimmen und Lautsprecher, ein Bläserquintett, »Glühende Rätsel« für Alt und zehn Instrumentalisten, ein Trio für Oboe oder Englischhorn, Bratsche und Harfe, »Erde und Himmel« für Tenor und fünf Instrumentalisten, 3 Liebeslieder für Alt und Orchester und mehrere Klavierwerke.

Robin Holloway (geboren 1943)

LEBEN
Robin Holloway wurde am 19.10.1943 in Leamington Spa, Warwickshire, geboren. Er war von 1951 bis 1956 Chorknabe an St. Paul's in London, von 1959 bis 1963 nahm er privaten Unterricht bei Alexander Goehr. Seit 1975 unterrichtet er an der Universität in Cambridge.

WERKE
Neben einer Oper und einem dramatischen Ballett schrieb Robin Holloway unter anderem eine sinfonische Dichtung, 2 Konzerte, »Szenen von Schumann«, »Abend mit Engeln« und eine Serenade für Orchester, eine Romanze für Violine und kleines Orchester, eine »Aria« für Ensemble, »Männer auf dem

Robin Holloway

Marsch«, »Frauen im Krieg« für Singstimmen und Klavier auf Gedichte aus dem Ersten Weltkrieg. Seine Musik enthält viele konservative Elemente.

Vagn Holmboe (geboren 1909)

Leben

Vagn Holmboe wurde am 20.12.1909 in Horsens, Jütland, geboren. Von 1927 bis 1930 studierte er am Konservatorium in Kopenhagen unter Knud Jeppesen (geboren 15.8.1892, Kopenhagen, bis 14.6.1974, Århus) und anschließend in Berlin bei Ernst Toch. Von 1940 bis 1947 wirkte er am dänischen Blindeninstitut als Professor für Chordirigieren, hernach bis 1955 als Musikkritiker und von 1950 bis 1965 als Professor für Theorie und Komposition am Konservatorium in Kopenhagen.

Werke

Neben 2 Opern, einem musikalischen Märchenspiel und einem Ballett schrieb Vagn Holmboe 10 Sinfonien, 4 Sinfonien für Streicher, 2 Kammersinfonien, ein Cellokonzert, ein Flötenkonzert, ein Tubakonzert, 3 sinfonische Metamorphosen, ein Sextett für Flöte, Klarinette, Fagott, Violine, Bratsche und Cello, ein Bläserquintett, ein Quintett für zwei Violinen, zwei Bratschen und Cello, ein Blechbläserquintett, 14 Streichquartette, ein Quartett für Flöte, Oboe, Klarinette und Klavier, ein Quartett für Flöte, Violinen, Bratsche und Cello, ein Quartett für Klarinette, zwei Violinen und Kontrabaß, eine Musik für zwei Flöten und sechzehn Fagotte, ein Stück für vier Flöten, ein Stück für Trompete und Orgel, ein Stück für Schlagzeug, ein Trio für Flöte, Cello und Klavier, 3 Violinsonaten, eine Sonate für Violine und Bratsche, eine Sonatine für Oboe und Klavier, Solosonaten für Flöte, Kontrabaß, Cello, mehrere Klavierstücke, Kantaten begleitet und a cappella sowie Lieder. Vagn Holmboe ist zu den führenden dänischen Komponisten zu zählen.

Sinfonie Nr. 8 »Sinfonie boreale«, Opus 56, 4 Sätze, entstanden 1952

Der Titel »Nordische« Sinfonie bedeutet nicht, daß sie eine typisch skandinavische Musik bringt; er hat rein geografische Bedeutung, denn das Werk war für eine Erstaufführung in Wien gedacht und wollte sich als »Sinfonie aus dem Norden« vorstellen. Durch den Tod des vorgesehenen Dirigenten kam die Aufführung nicht zustande, und die Premiere der »Nordischen« Sinfonie fand in Kopenhagen statt. Die Sinfonie entfernt sich weit vom üblichen Schema. Der 1. Satz ist sehr kompliziert, weil darin eine Reihe entgegengesetzter Motive in rascher Folge vorgeführt und verarbeitet wird. Es gibt keine eigentlichen Themen, sondern ständig wechselnde Klangbilder. Die folgenden Sätze weisen Themen auf, die jedoch voneinander völlig unabhängig sind und auf den ersten Blick keine Bezüge zueinander haben. Diese sind nur in der Klangfülle der Partitur verborgen und unterstreichen, wenn auch unterschwellig, die gedanklichen Zusammenhänge, so daß sich die gesamte Sinfonie als ein strukturell geschlossenes Werk darbietet.

Streichquartett Nr. 8, Opus 87, 5 Sätze, entstanden 1965

Der große Sinfoniker Vagn Holmboe nähert seine kammermusikalische Arbeit stark der orchestralen, überschreitet jedoch die dem Streichquartett gezogenen Grenzen nie; die orchestrale Wirkung erzeugen nicht die Instrumente, sie entsteht durch diese in der Vorstellung der Zuhörer. Die einzelnen Sätze verarbeiten jeder sein eigenes Material und geben an die anderen nichts davon ab. Intellektuell und emotional bilden sie dennoch eine Einheit mit gemeinsamer Aussage.

Alfred Holmes (1837–76)

Zeit und Umwelt

Die Schulwerke der großen französischen und deutschen Violinisten waren so vorzüglich, daß sie einigen genügten, um sich ohne Lehrer zu gefeierten Virtuosen emporzuarbeiten und sich sogar auf dem Feld der Komposition mit Erfolg zu behaupten.

Leben

Alfred Holmes wurde am 9.11.1837 in London geboren. An Hand der Violinschule von Louis Spohr und der Schulwerke von Pierre Rode, François de Sales Baillot und Rodolphe Kreutzer bildete er sich autodidaktisch zum Violinvirtuosen und Komponisten aus. Er

unternahm mit seinem Bruder ausgedehnte Konzertreisen durch Europa und wählte 1864 Paris zu seinem Wohnsitz, wo er am 4.3.1876 starb.
Sein Bruder Henry Holmes (17.11.1839, London, bis 9.12.1905, San Francisco) wählte denselben Ausbildungsweg. Er ließ sich nach vielen Konzertreisen in London nieder und wurde 1894 Violinlehrer am Royal College of Music. Er starb auf einer Konzertreise in die USA.

WERKE
Von Alfred Holmes sind die programmatischen Sinfonien »Jeanne d'Arc«, »Die Jugend Shakespeares«, »Robin Hood«, »Die Belagerung von Paris«, »Karl XII.« und »Romeo und Julia«, außerdem eine nichtaufgeführte Oper überliefert.
Henry Holmes schrieb 5 Sinfonien, eine Konzertouvertüre, ein Violinkonzert, 2 Streichquintette, mehrere Violinsoli, 2 Kantaten (»Lob des Herrn« und »Weihnacht«) und Lieder. Er gab eine Reihe älterer Violinsonaten des Barock heraus.

Augusta Holmès (1847–1903)

LEBEN
Augusta Mary Anne Holmès (Pseudonym: Hermann Zenta) wurde am 16.12.1847 in Paris geboren. Sie trat bereits als Kind als Pianistin auf. Komposition studierte sie bei Hyacinthe Eléonore Klosé und César Franck. Sie lebte als gefeierte Pianistin und Klavierlehrerin – als Komponistin unter ihrem Pseudonym – in Versailles und in Paris, wo sie am 28.1.1903 starb.

WERKE
Von Augusta Holmès sind 2 Opern, eine Psalmvertonung, »In exitu«, 3 programmatische Sinfonien, »Orlando furioso«, »Lutèce«, »Les Argonautes«, 2 sinfonische Dichtungen, »Irlande« und »Pologne«, überliefert. Sie verfaßte ferner einen interessanten Klavierliederzyklus. Ihre Musik ist zur französischen Wagner-Nachfolge zu stellen.

LITERATUR
R. Pichard du Page, Une musicienne versaillaise: Augusta Holmès, Versailles 1921.

William Henry Holmes (1812–85)

ZEIT UND UMWELT
Der sich immer enger gestaltende Anschluß der englischen Musikentwicklung zeigte sich auch darin, daß nicht nur kontinentale Musiker ihre Werke vortrugen, sondern auch im steigenden Maß englische Interpreten Kompositionen vom Kontinent in die Konzertsäle brachten.

LEBEN
William Henry Holmes wurde am 8.1.1812 in Sudbury, Derbyshire, geboren. Er trat 1822 in die Royal Academy of Music in London ein und gewann Preise in Pianistik und in Komposition. Im Jahr 1826 wurde er Klavierlehrer an der Akademie und gewann durch seine Unterrichtstätigkeit und auch als Pianist einen bedeutenden Ruf. Er setzte sich dafür ein, daß Kompositionen vom Kontinent sehr bald in London zu Gehör gebracht wurden, wie zum Beispiel das Klavierkonzert Nr. 1 von Johannes Brahms. Er starb am 23.4.1885 in London.

WERKE
Von den zahlreichen Kompositionen für Klavier von William Henry Holmes ist wenig im Druck erschienen. Er handelt sich dabei um Stücke jeder Art, von denen allerdings viele für den Lehrgebrauch verfaßt wurden. Sein Klavierkonzert in A-Dur wurde zu seiner Zeit sehr geschätzt.

Gustav Holst (1874–1934)

LEBEN
Gustav Theodore Holst wurde am 21.9.1874 in Cheltenham geboren. Nach häuslichem Unterricht in Klavier- und Orgelspiel studierte er am Royal College of Music in London bei Charles Stanford und William Smith Rockstro (5.1.1823, North Cheam, Surrey, bis 2.7.1895,

London) Komposition und Theorie. Bis 1903 war er als Orchesterposaunist tätig, sodann als Musiklehrer an verschiedenen Instituten und schließlich von 1919 bis 1923 als Kompositionslehrer am Royal College of Music in London und als Musikdirektor der Universität in Reading. Er starb am 25.5.1934 in London.

WERKE

Die Kompositionen von Gustav Holst standen unter dem Einfluß der jungen Franzosen und von Igor Strawinsky, weisen aber eine deutliche Eigenart auf. Von der Romantik war er bereits weit entfernt. Er schrieb 6 Opern und 2 Chorballette, ferner für Orchester »A Somerset Rhapsody«, »St. Paul's Suite«, »Japanese Suite«, »Die Planeten«, eine »Fugal Ouverture«, eine »Brook Green Suite« und ein »Fugal Concerto« für Flöte, Oboe und Streicher, ein Konzert für zwei Violinen und Orchester, einen »Lyric Movement« für Bratsche und kleines Orchester, weiters an Chorwerken: »King Estmere«, »Chorhymnen aus der Rig Veda«,

Gustav Holst

eine »Chorsinfonie«, eine »Jesus-Hymne« für zwei gemischte Chöre und einen Frauenchor, »Hekubas Klage«, »Hymne an Dionysos«, einen »Trauergesang für zwei Veteranen«, 3 Festchöre, eine »Chorfantasie« und mehrere weitere Chöre. Seine Kammermusik ist mit einem Quintett für Klavier und Bläser, einem Bläserquintett, einem Terzett für Flöte, Oboe und Bratsche, die Klaviermusik mit einer Toccata, einer Nokturne und weiteren Stücken vertreten.

Chorsinfonie für Solosopran, Chor und Orchester, Opus 41, 4 Teile, entstanden 1925

Der Text des Werks besteht aus vom Komponisten zusammengestellten Dichtungen von John Keats (1795–1821). Der 1. Teil beginnt nach einer Anrufung des Gottes Pan mit einer melancholischen Klage des Soprans, die von einem Bacchanal abgelöst wird. Der Taumel steigert sich bis zu einem wilden Aufschrei. Dann setzt der 2. Teil »Ode an eine griechische Urne« ein. Die Musik drückt die Ruhe und Ereignislosigkeit der »nicht durchlebten« Jahrhunderte aus, seit die Gestalten auf der Urne am Leben teilgenommen hatten, das für sie still steht wie ein frosterstarrter Wald. Fröhlichkeit und das Lied eines Narren füllen den 3. Teil aus. Ein unbegleitetes Preislied auf den Geist der Poesie leitet das Finale ein. Der Chor rühmt dankbar die großen Dichter der Welt und setzt mit einer Hymne auf Apollo fort. Das Werk schließt mit einem Gesang zu Ehren aller Seelen im Himmel, die »als ehemals Erdgeborene zu den Sterblichen sprechen«, ab.

Die Planeten, Suite für Orchester und Frauenchor, Opus 32, 7 Teile, entstanden 1916

Der Reihe nach werden »Mars, der Bringer des Krieges«, »Venus, die Bringerin des Friedens«, »Merkur, der geflügelte Bote«, »Jupiter, der Bringer des Frohsinns«, »Saturn, der Bringer der Alten Zeit«, »Uranus, der Zauberer« und »Neptun, der Mystiker« mit plastischer Ausdruckskraft bildhaft dargestellt.

LITERATUR

I. Holst, The Music of Gustav Holst, London 1951. M. Short, Gustav Holst 1874–1934, London 1974.

Franz Holstein (1826–78)

ZEIT UND UMWELT
Da die Bach-Gesellschaft in Leipzig sich ausschließlich der Herausgabe der Werke des Thomaskantors widmete, wurde in den sechziger Jahren des 19. Jahrhunderts ein Bach-Verein ins Leben gerufen, der authentische Aufführungen der Bachschen Kompositionen organisierte.

LEBEN
Franz von Holstein wurde am 16.2.1826 in Braunschweig geboren. Er war Schüler von Moritz Hauptmann, nachdem er seine Offizierslaufbahn aufgegeben hatte. Nach Studienaufenthalten in Rom, Berlin und Paris ließ er sich endgültig in Leipzig nieder, übernahm den Vorsitz der Bach-Gesellschaft und beteiligte sich an der Gründung des Bach-Vereins. Er starb am 22.5.1878 in Leipzig.

WERKE
Von Franz Holstein sind 3 Opern mehrmals aufgeführt worden. Er schrieb außerdem 2 Ouvertüren (»Loreley«, »Frau Aventiure«), eine Soloszene aus »Braut von Messina« von Friedrich von Schiller und eine Kantate, »Beatrice«, für Sopran und Orchester, Lieder, Chöre, einige Kammermusik- und Klavierwerke. Seine Kompositionen verschwanden bald nach seinem Tod aus den Programmen.

Iver Holter (1850–1941)

ZEIT UND UMWELT
Das Ende einer Kunstepoche bringt nicht nur den Übergang zur folgenden, sondern in nicht seltenen Fällen auch die Hinwendung einzelner Meister zu älteren Stilgattungen. Am Ende der Romantik wurden neben den neuen Fakturen klassische und frühromantische versucht und anstelle folkloristischer Wendungen allgemeingültige herangezogen, was die Verdrängung nationaler Bindungen zugunsten einer kosmopolitischen Einstellung zur Folge hatte.

LEBEN
Iver Paul Fredrik Holter wurde am 13.12.1850 in Østre, Gausdal, geboren. Nach seinem Studium in Kristiania (Oslo) wurde er in Leipzig und Berlin ausgebildet. Im Jahr 1882 wurde er Dirigent der »Harmonie« in Bergen und 1886 des Musikvereins in Kristiania. Daneben leitete er mehrere Gesangvereine und wirkte als Theorielehrer und Musikjournalist. Er starb am 27.1.1941 in Oslo.

WERKE
Von Iver Holter sind eine Sinfonie in F-Dur, ein Idyll für Streichorchester, eine Musik zu »Götz von Berlichingen« von Johann Wolfgang von Goethe, eine Violinromanze mit Orchester, ein Idyll für Orchester, 2 Streichquartette, mehrere Kantaten mit Orchester, »Noveletten« für Klavier, Klavierstücke, Männerchor- und Klavierlieder erhalten. Seine Musik hat das nationale Element nahezu abgelegt und lehnt sich an klassische Fakturen an; sie strebt sozusagen anstelle norwegischer Fakturen internationale an.

František Andrej Holý (1747–83)

ZEIT UND UMWELT
In Mitteleuropa zeigte man gegenüber Ordensgeistlichen, die sich am Opernbetrieb beteiligten, sehr viel weniger Toleranz als zum Beispiel in Italien. Man hielt die beiden Lebenskreise für unvereinbar, so daß einer aufgegeben werden mußte.

LEBEN
František Andrej Holý (Franz Andreas Holly) wurde 1747 in Schönbach (Luby), Böhmen, geboren. Er wurde bei den Jesuiten in Prag erzogen und ausgebildet, trat in den Franziskanerorden ein, verließ ihn aber 1770 und wurde Kapellmeister zunächst in Prag, dann in Berlin und schließlich in Breslau (Wrocław), wo er am 4. 5. 1783 starb.

WERKE
Von František Andrej Holý ist eine Reihe von Singspielen und Schauspielmusiken für

verschiedene Bühnen bekannt geworden; zwei davon sind im Klavierauszug erschienen. Sie waren sehr von Johann Adam Hiller abhängig. Ihre seinerzeitige Beliebtheit beweist das erwachte Bedürfnis des Publikums nach einer deutschen Musikbühne. Er verfaßte auch eine Anzahl kirchenmusikalischer Werke, denen keine große Bedeutung zukam.

Ignaz Holzbauer (1711–83)

Zeit und Umwelt

Das von Kaiser Karl VI., dem letzten musischen Herrscher aus dem Haus Habsburg, kräftig geförderte Musikleben in Wien, das lebhafte Interesse der Adelsfamilien an Musik und Musikern und dazu im einzelnen noch die überragende Musikerpersönlichkeit eines Johann Joseph Fux zogen derart viele Talente an, daß die Kaiserstadt den Namen einer Musikstadt damals voll verdiente.

Leben

Ignaz Jakob Holzbauer wurde am 17. 9. 1711 in Wien geboren. Er studierte dort Rechtswissenschaft und Theologie, interessierte sich aber, angeregt durch Johann Joseph Fux, mehr für Musik. Zur Erweiterung seiner Ausbildung und der damaligen Meinung folgend, daß man Musik nur in Italien erlernen könne, ging er nach Venedig, wo er vermutlich mit Baldassare Galuppi zusammentraf. Nach seiner Rückkehr nach Österreich erhielt er die Stellung eines gräflichen Kapellmeisters in Holleschau (Holešov), Mähren, und 1742 am Burgtheater in Wien. Von 1742 bis 1747 hielt er sich erneut in Italien auf, kam 1751 als Oberkapellmeister an den württembergischen in Stuttgart und 1753 an den kurpfälzischen Hof in Mannheim. Er unternahm von dort aus noch drei große Reisen und war vermutlich mehrmals in Paris. Er blieb in Mannheim, als der kurpfälzische Hof 1778 nach München übersiedelte, weil Karl Theodor von der Pfalz sein bayerisches Erbe angetreten hatte. Er starb am 7. 4. 1783 in Mannheim.

Werke

Von Ignaz Holzbauer sind 5 Streichtrios, 24 Streichquartette, 3 Divertimenti für fünf Streicher, 5 Quintette für Flöte, Violine, Bratsche, Cello und Cembalo, 3 Sextette für Flöte, Oboe, Violine, Bratsche, Cello und Baß bekannt, 29 von seinen 65 Sinfonien, Konzerte für verschiedene Instrumente und Sonaten sind erhalten, außerdem etwa 40 Messen, Motetten und andere sakrale Werke sowie eines seiner 4 Oratorien. Er schrieb eine Reihe von Opern auf italienischen Text und eine auf deutschen. Stilistisch ging er von dem aus, was er von Fux gelernt hatte, und arbeitete sich durch alle Stilgattungen bis zur Mannheimer Faktur durch. Von seinen Zeitgenossen wurden vor allem seine Messen sehr gerühmt.

Rodolfo Holzmann (geboren 1910)

Leben

Rodolfo Holzmann wurde am 27. 11. 1910 in Breslau (Wrocław) geboren. Er studierte in Berlin bei Winfried Wolf (19. 6. 1900, Wien), Wladimir Vogel, Robert Robitschek (geboren 13. 12. 1874, Prag), in Paris bei Karol Rathaus und am Konservatorium in Zürich. Er emigrierte 1933 zunächst nach Frankreich. 1938 wurde er Oboenlehrer an der Musikakademie in Lima und wirkte dort ab 1945 am Konservatorium als Kompositionslehrer und ab 1957 als Lehrer für Dirigieren.

Werke

Neben mehreren äußerst wertvollen Sammlungen peruanischer Volksmusik und einigen wissenschaftlichen Publikationen darüber schrieb Rodolfo Holzmann eine Sinfonie, eine Suite, eine Partita für Streicher, ein Divertimento für Klavier und zehn Holzbläser, ein Concertino für zwei Klaviere und Orchester, ein Septett, ein Streichquintett, eine Suite für Trompete, Altsaxophon, Baßklarinette und Klavier, Kantaten und Lieder. Seine Kompositionen und seine musikwissenschaftlichen Publikationen übten auf die Musikschaffenden in Peru starken Einfluß aus.

Paul Homberger (1560–1634)

Zeit und Umwelt
Der Ruf der unerhört neuen Musik, die Giovanni Gabrieli in Venedig komponierte und spielen ließ, zog Schüler aus aller Herren Länder an. Wer es sich leisten konnte oder einen musikliebenden Gönner für die Kosten fand, wanderte über die Alpen, um diese neue Musik zu erlernen. Nach ihrer Rückkehr erhielten sie unschwer Stellungen als Instrumentalisten, Musiklehrer oder Kapellmeister.

Leben
Paul Homberger wurde 1560 in Regensburg geboren. Er hielt sich lange in Venedig als Schüler von Giovanni Gabrieli, als Sänger und Organist auf. Im Jahre 1601 erhielt er in Regensburg eine Stelle als Kantor und Lehrer und starb dort am 19. 11. 1634.

Werke
Von dem deutschen Komponisten Paul Homberger sind eine große Anzahl Gelegenheitsgesänge für Chöre und für Solostimmen überliefert, außerdem ein Vesperpsalm. Der Großteil dieser Kompositionen ist monodisch und verlangt Instrumentalbegleitung. Frühbarocke Strukturen hatten nunmehr auch in Deutschland Eingang gefunden.

Louis Homet (1691–1777)

Zeit und Umwelt
Stanisław I. Leszczyński (1677–1766) wurde über die Intervention des Schwedenkönigs Karl XII. (1682–1718) im Jahr 1704 zum König von Polen gewählt, nachdem August II. »der Starke« entthront worden war. Nach der Niederlage des Schweden bei Poltawa (1709) floh der Gewählte nach dem Elsaß. Seine Tochter Maria (1703–68) wurde 1725 die Gemahlin des französischen Königs Ludwig XV., der sich nach dem Tod König Augusts II. (1733) für seinen Schwiegervater einsetzte, so daß dieser 1733 ein zweites Mal König von Polen wurde. Auf den Druck Rußlands hin mußte die Wahl annulliert und Kurfürst von Sachsen Friedrich August II. (1696–1763) als August III. gewählt werden. Leszczyński behielt den Königstitel und erhielt Lothringen und Bar auf Lebenszeit.

Leben
Louis Homet wurde 1691 in Paris geboren, 1699 als Chorknabe an der Ste-Chapelle aufgenommen und von Nicolas Bernier (1664 bis 1734) ausgebildet. Ab 1710 wirkte er als Sänger an der Kathedrale von Chartres, 1711 erhielt er die Kapellmeisterstelle an St-Jacques-de-la-Boucherie. Von 1724 bis 1731 leitete er die Kapelle an der Kathedrale von Orléans und war zugleich Musiklehrer des polnischen Königs Stanisław I. Leszczyński. Im Jahr 1731 wurde er Kapellmeister an der Kathedrale von Chartres und 1734 an Notre-Dame in Paris, wo er 1777 starb.

Werke
Von Louis Homet sind nur 2 drei- bis fünfstimmige Motetten, eine vierstimmige Messe und ein »Lied der Toten« für vier Stimmen überliefert.

Gottfried August Homilius (1714–85)

Zeit und Umwelt
Im 18. Jahrhundert war die Freimaurerei bereits zum Sammelbecken der Aufklärungsphilosophie geworden und hatte sich über große Teile des Kontinents verbreitet. Sie diente zwar den Idealen des aufstrebenden Bürgertums, fand aber bald in die höchsten Kreise Eingang und gewann dadurch einen starken gesellschaftlichen Rückhalt. Die verfolgten Ideale drückten sich auch in ihren Liedern aus, die von einer Reihe von Komponisten für die Zusammenkünfte der Logen vertont wurden.

Leben
Gottfried August Homilius wurde am 2. 2. 1714 in Rosenthal, Sachsen, geboren. Er studierte in Leipzig und war dort Schüler von Johann Sebastian Bach. Ab 1742 wirkte er als Organist an der Frauenkirche, ab 1755 als

Kantor an der Kreuzschule und als Musikdirektor an den drei Hauptkirchen in Dresden, wo er am 5. 6. 1785 starb.

WERKE
Von Gottfried August Homilius sind eine Passion, ein Weihnachtsoratorium, »Sechs deutsche Arien«, 5 Motetten, eine Chorarie und 7 »Gesänge für Maurer« erschienen. Handschriftlich sind eine Markus-Passion, ein Jahrgang Kirchenkantaten, eine Anzahl Motetten, Kantaten, Choräle, 3 Choralbücher, Präludien und Choralvorspiele für Orgel erschienen. Er verfaßte außerdem eine Generalbaßschule. Seine Kompositionen wirken älter als die seines berühmten Lehrers.

LITERATUR
K. Held, Das Kreuzkantorat zu Dresden, in: Vierteljahresschrift für Musikwissenschaft X, 1894.

Leontzi Honauer
(um 1735 bis nach 1785)

ZEIT UND UMWELT
Das Bistum Straßburg war im 18. Jahrhundert nahezu ausschließlich in Händen der Fürsten von Rohan. Armand Gaston Maximilian de Rohan (1674–1749) wurde 1714, sein Großneffe Armand de Rohan (1717–56) im Jahr 1749 Bischof von Straßburg, Louis Constantin de Rohan (1697–1779) folgte Armand de Rohan in die Würde nach, und Louis René Édouard de Rohan war der nächste. Für einen Musiker aus Straßburg war es daher nicht schwer, im Palais der Fürsten von Rohan in Paris eine entsprechende Position zu erhalten.

LEBEN
Leontzi Honauer wurde um 1735 in Straßburg geboren. Er kam um 1760 nach Paris, wo er bis 1785 als Musiker in Diensten der Fürsten von Rohan stand und in einem der folgenden Jahre starb.

WERKE
Von Leontzi Honauer sind 18 begleitete und unbegleitete Cembalokonzerte und 4 Cembaloquartette bekannt. Für ihre Qualität spricht, daß Wolfgang Amadeus Mozart einzelne Sätze aus den Sonaten für seine Pasticcio-Klavierkonzerte (KV 37, 40, 41) übernahm.

Arthur Honegger (1892–1955)

LEBEN
Arthur Honegger wurde am 10.3.1892 in Le Havre geboren. Von 1909 bis 1910 war er in Zürich Schüler von Friedrich Hegar, von 1911 bis 1913 studierte er in Paris bei Lucien Capet, André Gédalge, Charles-Marie Widor und Vincent d'Indy. Von da an lebte er als freischaffender Komponist in Paris. Im Jahr 1920 beteiligte er sich an der Bildung der Gruppe der »Six«. Fallweise führte er seine Werke als Dirigent oder Kammermusiker auf. Er starb am 27.11.1955 in Paris.

WERKE
Für die Bühne schrieb Arthur Honegger 3 Opern, eine Anzahl Operetten, zahlreiche Ballette, Pantomimen, Melodramen, szenische Oratorien und Bühnenmusiken, außerdem einige Film- und Rundfunkmusiken. Für den Konzertsaal verfaßte er 5 Sinfonien, 3 sinfonische Sätze, ein Pastorale, 2 Suiten und ein Notturno für Streichorchester, ein Cellokonzert, ein Concertino für Klavier und Orchester, ein Kammerkonzert für Flöte, Englischhorn und Streicher, 3 Streichquartette, eine Rhapsodie für zwei Flöten, Klarinette und Klavier, eine Hymne für zehn Streicher, 2 Violinsonaten, Solosonaten für Violine, für Bratsche, für Cello, mehrere Klavier- und Orgelstücke, mehrere Kantaten, Chorwerke, Chor- und Klavierlieder. Bei seinen rund 200 Werken bediente sich der Komponist der verschiedensten Stilmittel älterer Epochen wie seiner Gegenwart, von mittelalterlicher Polyphonie bis zur Polyrhythmik, Polytonalität und zum Jazz; er bediente sich sogar elektronischer Tonquellen. Beherrscht sind aber alle seine Kompositionen von unbedingter Formenstrenge (»Musik ist Geometrie der Zeit«) und tiefer Innerlichkeit (»Musik ist Gottesdienst«).

Johanna auf dem Scheiterhaufen, Szenisches Oratorium, Prolog und 11 Szenen, entstanden 1938

Den Text des Werks schuf Paul Claudel (1868 bis 1955). Im Prolog beklagt der Chor die Zustände, unter denen das Volk Frankreichs in der ersten Hälfte des 15. Jahrhunderts leben mußte. In den folgenden 11 Szenen wird die Geschichte der Verurteilung und Hinrichtung der französischen Nationalheldin Jeanne d'Arc in einzelnen Bildern aufgerollt, in denen die an ihren Scheiterhaufen bereits angekettete Jeanne kurz vor ihrem Feuertod einzelne Stationen ihres Lebens und Wirkens nacherlebt. Mit sarkastischer Schärfe wird das geistliche Gericht, das Jeanne verurteilte, gekennzeichnet: »Das sind keine Priester, ja nicht einmal Menschen, sondern wilde Tiere, die kommen, dich zu richten.« Nachdem die Verurteilte zum letzten Mal abgelehnt hatte, ein Schuldbekenntnis zu unterschreiben, schlagen die Flammen über sie zusammen; sie stirbt als Opfer der politischen Intrige. Von oben erklingen Stimmen: »Kein Mensch kann höhere Liebe bieten als der, der für die, die er liebt, sein Leben hingibt.«

König David, Sinfonischer Psalm, 3 Teile, entstanden 1923

Das Oratorium wurde aus einer 1921 entstandenen Bühnenmusik für das gleichnamige Drama von René Morax (1873–1963) gebildet. Der aus vierzehn Sätzen bestehende 1. Teil verkündet nach einer kriegerischen Introduktion Davids Berufung zum Königtum; Samuel salbt ihn. Er kämpft mit Goliath, der Chor feiert den Sieg. Saul treibt den Gesalbten in die Wüste, wird aber im Kampf getötet, ein Bote überbringt David die Krone. Mit den Worten: »David ist König« leitet der Erzähler den 2. Teil ein, der aus zwei Sätzen besteht: »Festlicher Gesang« und »Tanz vor der Bundeslade«. Der 3. Teil schildert mit elf Sätzen die gesamte Regierungszeit des Königs, bis dieser seinen Sohn Salomon krönt und sich zum Sterben bereitet. Das Werk ist impressionistisch, Quartenklänge, ornamentale Ausgestaltung, bitonale Melodielinien bestimmen seinen Stil, Hirtenschalmeien, Kriegstrompeten, Märsche, Hymnen, orgiastische Tänze erzeugen die Farbenpracht dieses Klanggemäldes.

Judith, Biblisches lyrisches Drama, 3 Teile, entstanden 1925

Das Libretto dieses Werks, das mit Rezitativen und Dialogen anstelle des Erzählers in Bühnenfassung vorliegt, stammt von René Morax. Es stellt in dreizehn Sätzen das Heldentum Judiths dar, die durch die Vernichtung des Feindes Holofernes ihr Volk vor dem Untergang rettete. Der musikalische

Arthur Honegger

Ablauf fußt auf tonaler Basis, polytonale Konstruktionen und aufgetürmte Akkorde verschiedener Tonarten markieren emotionale Höhepunkte. Wortloses Singen der Chöre, lang ausgedehnte deklamatorische Soli, unartikulierte Schreie und teilweise orientalisches Kolorit sind für die Komposition charakteristisch.

Sinfonie Nr. 1, 3 Sätze, entstanden 1930

Dieses Werk ist voll heftiger, stürmischer Klänge, die besonders den 1. Satz mit seiner expressiven Chromatik und Atonalität charakterisieren. Der 2. Satz ist melodischer, aber noch sehr bewegt und ausdrucksstark. Erst den 3. Satz beherrscht klare Diatonik in schlichter Form, die sich zum Abschluß ungestüm emporschwingt.

Sinfonie Nr. 2, 3 Sätze, entstanden 1941

Diese Sinfonie ist für Streicher und Trompete verfaßt. Ihre düstere Stimmung wird durch das Entstehungsjahr verständlich: Frankreich ist besetzt. Die dunklen Streicherklänge, das klagende Bratschenmotiv werden von einem gegnerischen Motiv angegriffen. Es kommt zu einer harten Auseinandersetzung, aber der Konflikt bleibt ungelöst. Der 2. Satz gleicht einer traurigen Chaconne, deren tragisches Pathos von den Violinen gesteigert wird. Im Finale wird von den Ersten Violinen eine tänzerische Volksliedmelodie herangeführt, die von den Zweiten Violinen tonal begleitet ist. Auf dem Höhepunkt der Entwicklung ertönt ein Choral, der optimistisch ausklingt.

Sinfonie Nr. 3 »Symphonie liturgique«, 3 Sätze, entstanden 1946

Jedem Satz sind Textworte der katholischen Totenmesse vorangestellt. Im 1. Satz »Dies irae« bringen ringende Kräfte und schmerzliche Trauer gewaltige Klangballungen und Konflikte. Der 2. Satz »De profundis clamavi« ist ein Bittgesang in weichen Klangfarben. Im 3. Satz »Dona nobis pacem« zeichnet ein Marschmotiv die Schrecken des Kriegs, bis das Bild des ersehnten Friedens aufsteigt. »Meine Symphonie ist ein Drama, das drei Personen – wirklich oder symbolisch – spielen: das Unglück, das Glück und der Mensch. Es ist ein ewiges Problem. Ich versuchte, es zu erneuern . . .«, sagte der Komponist.

Sinfonie Nr. 4 »Deliciae Basilienses«, 3 Sätze, entstanden 1947

Bei diesen für kleines Orchester geschriebenen »Basler Freuden« spürt man die Vorbilder Joseph Haydn und Wolfgang Amadeus Mozart. Der 1. Satz spiegelt die Mißlichkeiten der Nachkriegszeiten wider. Im 2. Satz wird – wie zum Trost – ein Baseler Volkslied intoniert. Im 3. Satz erklingt eine zweite Volksweise aus Basel; er ist kunstvoll mit Verwendung von Elementen des Rondo, der Passacaglia und der Fuge gearbeitet.

Sinfonie Nr. 5 »Di tre re«, 3 Sätze, entstanden 1950

Der Titel des Werks rührt von den Paukenschlägen in D (re) her, mit denen jeder der drei Sätze abschließt. Der 1. Satz bringt einen choralartigen Gesang des gesamten Orchesters, dessen Thema weiterklingt und mit einem unruhigen zweiten Thema verarbeitet wird. Der 2. Satz ist ein zweimal durch einen langsamen Teil unterbrochenes Scherzo, so daß fünf Teile entstehen, in denen die Stimmung ständig wechselt. Im Finale werden schwere Konflikte ausgetragen; wilde Klangausbrüche wirken nachgerade chaotisch, aber am Ende siegt die Kraft des ordnenden Menschen.

Pastorale d'été (Sommerpastorale), Sinfonisches Gedicht, 3 Teile, entstanden 1920

Dieses liebenswürdige Werk stellt sozusagen einen Ausklang der impressionistischen Stilperiode dar. Der Komponist schrieb über die Partitur: »Ich habe die Morgenröte des Sommers umarmt« (Arthur Rimbaud). Das Stück beginnt mit einer Schilderung einer Morgenstimmung in den Alpen. Der Mittelteil bringt einen tänzerischen, fröhlichen Gesang. Der Schlußteil erweckt erneut die pastorale Stimmung des Beginns.

Pacific 231, Sinfonischer Satz, entstanden 1923

»Das Werk geht von sachlicher Beobachtung aus – das ruhige Atemschöpfen der Maschine im Stillstehen, die Anstrengung beim Anziehen, das allmähliche Anwachsen der Schnelligkeit, bis sie einen lyrischen Hochstand erreicht, die Pathetik eines Zuges von dreihundert Tonnen, der mit 120 km pro Stunde durch die tiefe Nacht stürmt. Der Gegenstand meiner Komposition war eine Lokomotive vom Typ ›Pacific‹, Marke 231 für Gütereilzüge«, erklärte der Komponist. »Musikalisch habe ich einen großen figurierten Choral komponiert, der sich in der Form an Johann Sebastian Bach anlehnt.«

Rugby, Sinfonischer Satz, entstanden 1927

Der Komponist erklärte: »Ich fühle mich gehoben durch den wilden, plötzlichen, verzweifelten und wenig geregelten Rhythmus des Rugby-Spiels. Nicht irgendeine Phase des Rugby-Matches beabsichtige ich wiederzugeben, und es wäre falsch, in meinem Stück Programmusik zu suchen. Ich möchte ganz einfach in meiner Sprache als Musiker Spiel und Gegenspiel, Rhythmus und Farbe eines Matches ausdrücken.« Und das ist ihm glänzend gelungen.

Concertino für Klavier und Orchester, 3 Sätze, entstanden 1924

Schon im 1. Satz sind Elemente des Jazz überzeugend in das musikalische Geschehen einbezogen. Ein synkopierter Stakkatogedanke des Orchesters ist einem Legatomotiv des Klaviers entgegengestellt. Der zweite Teil des Satzes bringt ein virtuoses Fugato der Bläser und führt, vom Klavier figurativ umspielt, zur Reprise, der sich der 2. Satz unmittelbar anschließt. Darin herrscht ein kantables Melodienspiel des Solisten, das vom Glissandi der Bläser und Streicher klanglich unterbaut wird. Ohne Zäsur folgt das Finale, dessen Hauptthema Bluescharakter aufweist. Sordinierte Trompeten und Posaunen verstärken die Jazzstimmung. Die harten Schläge des Klaviers wirken wie ein Schlagzeug, dann erklingt die Bluesmelodie erneut, bis ein jäher Fortissimoschlag des Orchesters den Schlußpunkt setzt.

Concerto da camera, 3 Sätze, entstanden 1948

Dieses Konzert ist für zwei Soloinstrumente – Flöte, Englischhorn – und Streichorchester geschrieben. Der 1. Satz ist pastoral und sehr melodiös. »Er beruht auf sehr einfachen Themen volkstümlicher Haltung, die sich auf eine Grundlage von Streicherakkorden stützen, aus denen sie hervorgegangen sind«, kommentierte der Komponist sein eigenes Werk. Der 2. Satz wird von einer ausdrucksvollen Kantilene beherrscht, die seinen nachdenklich-elegischen Charakter bestimmt. Das

Finale hat Scherzocharakter und bietet den Solisten viel Gelegenheit zu virtuosem Musizieren.

Streichquartett Nr. 1, 3 Sätze, entstanden 1917
Dieses Werk aus der Frühzeit des Komponisten bringt starke und echte Musik. Der 1. und der 2. Satz sind konsequent sonatenförmig gebaut, ihre Durchführungen kompliziert und kontrapunktisch eng verschlungen. Auch der 3. Satz folgt älteren Vorbildern und wird wie die beiden vorangehenden von Milde und Frieden beherrscht. Ein poetisches Programm – wenn überhaupt eines vorlag – ist nicht sichtbar; das offenbare Ziel der Komposition ist ein rein musikalischer Ablauf.

Streichquartett Nr. 2, 3 Sätze, entstanden 1936
Auch hier ist der 1. Satz in Sonatenform konzipiert. Der 2. Satz ist liedförmig; seine Polyphonie gewinnt weite melodische Räume. Das Finale ist stark rhythmisiert und sehr kräftig, bleibt jedoch immer kammermusikalisch subtil. Die rhythmisch ausdrucksvollen Passagen sind mit linearen Bindungen ausgewogen.

Streichquartett Nr. 3, 3 Sätze, entstanden 1937
Das Hauptthema des 1. Satzes ist hochgespannt und nervös, auch die weiteren zwei Themen sind sehr ausdrucksstark. Ihre Verarbeitung führt zu einem intensiven Kulminationspunkt. Der 2. Satz ähnelt einem traurigen Requiem; er besteht aus einer ernsten Passacaglia, die von einer erregten Episode unterbrochen wird. Das Finale ist energisch und aggressiv, seine Melodik wird von harten Klängen durchbrochen.

Sieben kurze Stücke für Klavier, entstanden 1920
Es handelt sich um kleine Kompositionen mit sozusagen konzentrierter musikalischer Aussage. Nr. 1 »Geschmeidig« besteht aus einem einfachen Thema mit wogender Begleitung und ist teilweise bitonal. Nr. 2 »Rasch« hat eine hochchromatische dreitaktige Einleitung, dann folgen zwölf Takte mit ostinaten Bässen; der Schluß wiederholt die Einleitung. Nr. 3 »Sehr langsam« besteht aus drei siebentaktigen Phrasen und beginnt mit einem Baßmotiv, das auch die Brücke zwischen den einzelnen Phrasen bildet. Nr. 4 »Leicht« hat nur sechzehn Takte und besteht aus einer Doppelperiode, deren drei Themen nacheinander eingeführt werden. Das erste bildet den Abschluß. Nr. 5 »Langsam« hat Tangorhythmen. Nr. 6 »Rhythmisch« hat dreiteilige Form. Das Material des ersten Teils findet im gesamten Stück Verwendung; Triolen, chromatische Figuren, melodische Sprünge und Enharmonik beherrschen das musikalische Geschehen. Nr. 7 »Stürmisch« ist auf ein rhythmisches Ostinato aufgebaut.

Literatur

P. Meylan, Arthur Honegger – Humanitäre Botschaft der Musik, Stuttgart 1970.

Romualdo Honorio
(um 1610 bis nach 1645)

Zeit und Umwelt

Die mehrstimmige Vokalmusik, die eine parallele Verwendung von Instrumenten oder auch den Ersatz einer oder mehrerer Singstimmen durch Instrumente zuließ, war der Ausgangspunkt für eine echte, von Singstimmen unabhängige Instrumentalmusik. Eine Vorschreibung bestimmter Instrumente erfolgte nur selten. Ihre Wahl war zumeist dem Kapellmeister überlassen.

Leben

Romualdo Honorio wurde um 1610 vermutlich in oder bei Venedig geboren. Er trat in den Kamaldulenserorden ein. In welcher musikalischen Stellung er wirkte, ist nicht bekannt. Er dürfte in den Jahren nach 1645 in Venedig gestorben sein.

Werke

Der italienische Komponist Romualdo Honorio verfaßte 2 Bücher mit Messen, Kirchenkonzerte für zwei, drei und vier vokale oder instrumentale Stimmen und einige vier- und fünfstimmige Psalmen. In Sammelwerken finden sich etliche Lieder des Komponisten. Sein Stil ist konzertant.

James Hook (1746–1827)

Zeit und Umwelt

Der englische Musikverleger Thomas Warren (um 1720, London, bis um 1794, London), Sekretär des Catch Club, brachte eine Sammlung von 652 »Catches, Canons and Glees« heraus. Daneben erschienen von anderer Seite »The Feast of Anacreon« (Anakreontisches Fest), »Hours of Love« (Stunden der Liebe) und andere Kollektionen von Vokalkompositionen, die bei den sangesfreudigen Engländern guten Absatz fanden.

Leben
James Hook wurde am 3. 6. 1746 in Norwich geboren und an der Kathedrale der Stadt ausgebildet. Er war eine Frühbegabung, die im Alter von 6 Jahren Cembalokonzerte gab und mit 8 Jahren bereits eine Balladenoper komponierte. Er siedelte nach London über, wo er 1769 Organist und Komponist an Marylebone Gardens wurde und ab 1774 an Vauxhall Gardens in gleicher Eigenschaft durch ungefähr 50 Jahre und zugleich lange Jahre als Organist an St. John's wirkte. Er starb 1827 in Boulogne.

Werke
Von James Hook sind ungefähr 2000 Gesänge in verschiedenen Sammlungen und auch einzeln erschienen. Er erhielt dafür eine Reihe Preise. Außerdem schrieb er etwa 30 Opern und Singspiele, einige Schauspielmusiken, einige Orgelkonzerte, Cembalosonaten und ein Oratorium. Seine Beliebtheit als Liederkomponist war außerordentlich groß.

Edmund Hooper (um 1553–1621)

Zeit und Umwelt
Der Puritanismus als potenzierter Protestantismus war bestrebt, die Reformation rückhaltlos durchzuführen und auf alle Lebensbereiche auszudehnen. Das Bewußtsein des Auserwähltseins zog eine enge Moralauffassung, eine Reduzierung gewisser Lebensäußerungen nach sich. Jede Art von Kunst, soweit diese nicht im unmittelbaren Dienst der Religion stand, war verpönt. Das traf vor allem die Musik, die auf ihre liturgische Funktion beschränkt werden sollte.

Leben
Edmund Hooper wurde um 1553 in Halberton, Devon, geboren. Nach längerer Dienstzeit als Chorist an der Kathedrale von Exeter kam er zum Chor der Westminster Abbey (1582) und wurde 1588 mit der Leitung des Knabenchores betraut. Im Jahre 1603 ernannte man ihn zum Gentleman der Chapel Royal und 1606 zum Organisten der Westminster Abbey. Er starb im Jahre 1621 und wurde am 16. 7. in Westminster begraben. Sein ältester Sohn, James Hooper (um 1595 bis 1651), war Laienvikar in Westminster und Kirchenkomponist.

Werke
Der englische Kirchenkomponist Edmund Hooper arbeitete an der Harmonisierung von »The Whole Booke of Psalms« (Vollständiges Psalmenbuch) mit (1592) und leistete ähnliche Arbeiten beim mehrstimmigen Psalter aus 1621. Außerdem sind von ihm mehrere Anthems erhalten. Profanmusik schrieb er keine. Wegen des in England um sich greifenden Puritanismus gab es dafür auch wenig Bedarf.
Von James Hooper sind mehrere gottesdienstliche Kompositionen und eine große Anzahl vorzüglicher Anthems überliefert. Die Anthems waren zu jener Zeit überhaupt zum Betätigungsfeld der Komponisten geworden, weil der strengste Puritaner dagegen nichts einwenden konnte.

Edward Jerome Hopkins (1836–98)

Zeit und Umwelt
Die 1865 in New York gegründeten Orpheon Free Schools, die sich vorwiegend dem Gesangunterricht widmeten, wurden innerhalb von 20 Jahren von 30.000 Schülern besucht. Unter der Leitung ausgezeichneter Lehrer und Musiker mit Organisationstalent nahm das Musikinteresse der Stadt einen ungeheuren Aufschwung, so daß New York neben Boston beispielgebend für die gesamten USA wurde.

Leben
Edward Jerome Hopkins wurde am 4. 4. 1836 in Burlington, Vt., geboren. Obwohl er bereits mit 10 Jahren Orgel spielte, wandte er sich zunächst dem Medizinstudium zu, ehe er sich zum Musiker ausbildete und Musiklehrer und Komponist wurde. Im Jahr 1856 gründete er in New York die American Music Association (Amerikanische Musikvereinigung), die sich besonders der Werke amerikanischer

Komponisten annahm, 1865 die Orpheon Free Schools und 1868 eine Musikzeitschrift. Neben einer zeitweisen Tätigkeit als Kirchenorganist bereiste er das ganze Land, um Konzerte und Vorträge über Musik zu geben. Er starb am 4. 11. 1898 in Athenia, N.J.

WERKE
Von den mehr als 700 Werken, die Edward Jerome Hopkins geschrieben hat, sind seine 2 Opern, eine Sinfonie, die »Osterfestvespern« für drei Chöre, zwei Orgeln, Orchester, Harfe und Kantor, eine Fantasie für fünf Klaviere, seine Sammlungen von Orgelmusik und einige Gesangbücher bemerkenswert.

Edward John Hopkins (1818–1901)

ZEIT UND UMWELT
Orgelspiel und Orgelkomposition erfuhren im 19. Jahrhundert in England durch eine Reihe vorzüglicher Organisten und Orgelkenner sehr starken Auftrieb. Der konzertante Einsatz des Instruments wurde immer häufiger, die Begleitung der sakralen Gesänge befreite sich immer weiter von traditionsgebundenen Regeln und räumte der Improvisation mehr Möglichkeiten ein. Außerdem wurde das Wissen über die Orgel, ihren Bau, ihre Spielmöglichkeiten und ihre Geschichte durch instruktive Publikationen sehr verbreitet.

LEBEN
Edward John Hopkins wurde am 30. 6. 1818 in London geboren und 1826 an der Chapel Royal unter William Hawes als Chorknabe aufgenommen. Ab 1833 studierte er bei Thomas Forbes Walmisley. Anschließend betreute er mehrere Organistenstellungen in London, zuletzt von 1843 bis 1898 die an Temple Church als allgemein bekannter und berühmter Organist und Orgelimprovisator. Er starb am 4. 2. 1901 in London.
Sein Bruder John Hopkins (30. 4. 1822, London, bis 27. 8. 1900, Rochester, New Hampshire) war Chorknabe an St. Paul's, sodann Organist an verschiedenen englischen Kirchen, bis er 1856 an die Kathedrale von Rochester kam und dort bis zu seinem Tod als Organist wirkte.
Sein Cousin John Larkin Hopkins (25. 11. 1820, London, bis 25. 4. 1873, Ventnor, Wight) war Chorknabe an Westminster Abbey, ab 1841 Organist an der Kathedrale von Rochester und ab 1856 an Trinity College in Cambridge.

WERKE
Von den vielen Services, Anthems, Chants und Hymnen von Edward John Hopkins ist heute noch ein guter Teil im lebendigen Gebrauch. Auch mehrere seiner einstimmigen und mehrstimmigen Lieder werden noch gerne gesungen. Berühmt wurde er aber durch sein Werk über Orgelbau und seine Geschichte. Er gab auch zahlreiche ältere englische Musik heraus.
John Hopkins schrieb Services, Anthems, Chants, Hymnen, Voluntaries, Skizzen für Klavier, Lieder für eine oder mehrere Stimmen. Seine Musik war nicht sehr progressiv, abgesehen von den Voluntaries, in denen er dem romantischen Orgelklang zum Recht verhalf.
John Larkin Hopkins verfaßte zahlreiche Services und Anthems, wovon noch vieles im Gebrauch steht.

Francis Hopkinson (1737–91)

ZEIT UND UMWELT
Die ersten Musiker, die Nordamerika aufsuchten, um sich vorübergehend oder für immer dort aufzuhalten, kamen aus England. Sie brachten auch die ersten europäischen Musikinstrumente in das Land: das erste Spinett wurde 1744 eingeführt, die erste Orgel 1746. Im Jahr 1754 kamen die ersten Posaunen in die damalige Kolonie. Auch der Geschmack des Publikums war englisch ausgerichtet: Hymnen, Anthems, Instrumentalkonzerte, Balladenopern und Lieder. Sehr bald wurden in den großen Siedlungen Konzerte mit zeitgenössischen europäischen Kompositionen veranstaltet, und in die gleiche Zeit fielen auch die ersten Versuche ein-

zelner Kolonisten, selbst Musikstücke zu gestalten.

LEBEN
Francis Hopkinson wurde am 21. 9. 1737 in Philadelphia geboren. Er studierte an der Universität von Pennsylvania Jurisprudenz, wurde Rechtsanwalt, beschäftigte sich sodann intensiv mit Politik, gehörte dem Kreis der Männer an, die 1776 die Unabhängigkeitserklärung unterschrieben und 1787 an der Verfassung der Vereinigten Staaten arbeiteten. Darauf bekleidete er mehrere hohe Richterämter des neuen Staates. Er betätigte sich nebenher als Schriftsteller, Dichter, Komponist und Musiklehrer. Seine Erfindung einer neuen Anschlagtechnik des Cembalo erregte auch die Aufmerksamkeit europäischer Instrumentenbauer. Er starb am 9. 5. 1791 in Philadelphia.

WERKE
Der Musikwissenschaftler Oscar Sonneck nannte Francis Hopkinson den ersten einheimischen nordamerikanischen Komponisten. Das deckt sich nicht mit den historischen Tatsachen, James Lyon war um 2 Jahre älter, und Benjamin Franklin kann die Bodenständigkeit ebensowenig abgesprochen werden. Richtig ist aber, daß seine kompositorische Tätigkeit beispielgebend wirkte und zum Ausgangspunkt der nordamerikanischen Musikgeschichte wurde. Er trat bereits 1759 als Cembalist, Organist und Komponist auf, betätigte sich früh als Singlehrer für Kinder. Er brachte eine Liedersammlung heraus, und sein berühmtes »Meine Tage sind so wunderbar frei geworden« stellte ohne Zweifel die erste profane in Nordamerika entstandene Komposition dar. Im Jahr 1788 veröffentlichte er »Sieben Lieder für Cembalo oder Pianoforte«, deren Texte er selbst dichtete. Eine Reihe seiner Kompositionen ist verlorengegangen.

Václav Emanuel Horák (1800–71)

ZEIT UND UMWELT
Für die tschechische Kirchenmusik, die in allen Epochen stark volksverbunden war, bildete die romantische Faktur nur eine Fortsetzung ihrer Stiltendenzen. Die Messen von Franz Schubert waren durch einen großen Teil des 19. Jahrhunderts ein beliebtes Vorbild.

LEBEN
Václav Emanuel Horák wurde am 1. 1. 1800 in Lobeč, Böhmen, geboren. Er wirkte als Organist und Regens chori an verschiedenen Kirchen in Prag, bis er Chordirektor an der Teyn-Kirche wurde. Er starb am 3. 9. 1871 in Prag.

WERKE
Von Václav Emanuel Horák sind 10 Instrumentalmessen, eine Vokalmesse, eine Messe und ein Requiem für Männerstimmen, eine Passion, mehrere Motetten und sakrale Lieder erhalten. Sein Stil ist rein romantisch.

Camillo Horn (1860–1941)

LEBEN
Camillo Horn wurde am 29. 12. 1860 in Reichenberg (Liberec), Böhmen, geboren, war in Wien Schüler von Anton Bruckner (1824–96) und wirkte als Musikreferent von Zeitungen und von 1918 bis 1931 als Professor für Harmonielehre am Konservatorium in Wien. Er starb dort am 3. 9. 1941.

WERKE
Von Camillo Horn sind 2 Sinfonien, ein Scherzo für Orchester, ein Quintett für drei Violinen, Bratsche und Cello, die Gesangsszenen mit Orchester »Thusnelda« »Wallada«, »Wenn noch ein Funke«, mehrere Melodramen, begleitete und unbegleitete Chöre, Duette, Lieder und weitere Kammermusik überliefert. Er ist den vielen Spätromantikern zuzuzählen, die einen großen Teil der Musiklandschaft Österreichs und Deutschlands in der ersten Hälfte des 20. Jahrhunderts beherrschten.

Charles Edward Horn (1786–1849)

Zeit und Umwelt

Die 1815 in Boston gegründete »Handel and Haydn Society« war eine der größten und ältesten Musikgesellschaften der USA. Ihr Ziel war »die Pflege der korrekten Wiedergabe sakraler Musik und das Erarbeiten einer exakten Aufführungspraxis der Werke von Georg Friedrich Händel, Joseph Haydn und anderer berühmter Komponisten«. Nach anfänglichen Schwierigkeiten kam es 1818 zu einer Aufführung des »Messias«; dann vergrößerte sich das Instrumental- und Vokalensemble bald stark und vermehrten sich die jährlichen Aufführungen auf nahezu 30 Konzerte.

Leben

Charles Edward Horn wurde am 21.6.1786 in London als Sohn des Karl Friedrich Horn geboren. Er hielt sich zunächst etliche Jahre als Opernsänger und Opernkomponist in London auf, ging 1833 nach New York, verlor dort seine Stimme und brachte sich als Musikalienhändler und Musiklehrer durch. Im Jahr 1843 kehrte er nach London zurück, begab sich sodann 1847 nach Boston und wurde dort der erste festangestellte Dirigent der »Handel and Haydn Society«. Während seiner Wirkungszeit auf diesem Posten bis zum 21.10.1849 erreichte die Gesellschaft eine hohe künstlerische Leistungsfähigkeit, so daß sie zum »Wunder der Nation« wurde.

Werke

Von Charles Edward Horn sind ungefähr 30 englische Singspiele, 3 Oratorien, die Kantate »Christmas Bells« (Weihnachtsglocken), Kanzonetten, Glees und Lieder bekannt geworden. Die Kantate zeigt, daß die Romantik auch in die USA eingezogen war.

Johann Caspar Horn (1636–1722)

Zeit und Umwelt

Die deutschen Universitäten entwickelten im 17. Jahrhundert ein eigenes, sehr intensives Musikleben. Abgesehen von der musikalischen Betreuung ihrer Kirchen wurde die gesellige Musik sehr gepflegt. Verschiedene studentische Vereinigungen hielten sich ständige Kapellmeister, Chordirigenten und sogar Hauskomponisten. Die Universität Leipzig nahm hier lange Zeit eine führende Stellung ein.

Leben

Johann Caspar Horn wurde am 17. 8. 1636 in Chemnitz (Karl-Marx-Stadt) geboren. Er studierte in Leipzig Rechtswissenschaft und Musik. Ab 1678 war er Konsulent in Dresden und Musikdirektor an der Frauen- und Sophienkirche. Er starb in Dresden am 18. 9. 1722.

Werke

Der deutsche Komponist Johann Caspar Horn verfaßte für die Studenten der Universität Leipzig eine umfangreiche Sammlung von Unterhaltungs-, Tanz- und Ballettmusiken für fünf Stimmen, instrumental begleitete sechsstimmige Vokalmusik und für seine Kirche in Dresden »Geistliche Harmonien über die gewöhnlichen Evangelia für 4 Stimmen, 4 Instrumente und Generalbaß«, außerdem eine umfangreiche Auferstehungshistorie. Die Orchesterstücke wurden noch in der ersten Hälfte des 18. Jahrhunderts häufig gespielt.

Karl Friedrich Horn (1762–1830)

Zeit und Umwelt

Mit der Herausgabe des »Wohltemperierten Klaviers« setzte in England die Bach-Pflege ein. Von da ab gehörten Johann Sebastian Bachs Werke zu den Standardprogrammpunkten der Konzerte wie bisher die von Georg Friedrich Händel und Joseph Haydn.

Leben

Karl Friedrich Horn wurde am 13. 4. 1762 in Nordhausen geboren. Er war Schüler von Christoph Gottlieb Schröter und ging sodann nach London, wo er als Musiklehrer in hochadelige Kreise kam und von 1789 bis 1793 Musiklehrer der Königin Charlotte und bis 1811 der Prinzessin Augusta (1737–1813) war. Ab 1824 wirkte er als Organist an St. George's Chapel in Windsor, wo er am 5. 8. 1830 starb.

WERKE
Von Karl Friedrich Horn sind Klaviersonaten, 12 Variationen für Klavier mit Flöte oder Violine und »Military Divertimentos« erhalten. Er schrieb eine Generalbaßschule und eine Harmonielehre mit Beispielen. Mit Samuel Wesley gab er 1810 das »Wohltemperierte Clavier« von Johann Sebastian Bach heraus und leitete damit die Bach-Pflege in England ein.

Christian Horneman (1840–1906)

ZEIT UND UMWELT
Das Konzertinstitut »Euterpe« in Kopenhagen wurde 1865 von Johan Gotfred Matthison-Hansen, Edvard Grieg, dem Komponisten der dänischen Nationalhymne und anderer nationaler Gesänge sowie von 2 Schauspielmusiken und Klavierstücken Rikard Nordråk (12. 6. 1842, Kristiania, bis 20. 3. 1866, Berlin) und Christian Horneman gegründet, blieb aber nur 3 Jahre in Tätigkeit und wurde von der Koncertforening abgelöst.

LEBEN
Christian Frederik Emil Horneman wurde am 17. 12. 1840 in Kopenhagen geboren. Er studierte in Leipzig, beteiligte sich in Kopenhagen an der Gründung der »Euterpe« und rief gemeinsam mit Otto Malling die Koncertforening ins Leben. Im Jahr 1879 begründete er das Konservatorium in Kopenhagen, das seinen Namen trägt. Er starb am 8. 6. 1906 in Kopenhagen.

WERKE
Von Christian Horneman sind eine Oper, die Universitäts-Kantate »In memoriam Christian IX«, eine Anzahl Bühnenmusiken, Klavierstücke und Lieder überliefert. Er wird als einer der bedeutendsten dänischen Musiker angesehen.

Charles Edward Horsley (1822–76)

ZEIT UND UMWELT
Melbourne, heute zweitgrößte Stadt Australiens und Hauptstadt des Staates Victoria, erfuhr ab 1850 durch die umfangreichen Goldfunde in den nahen Bergen einen ungeheuren Aufschwung. Es wurde rasch zur größten Stadt des Kontinents und mußte diesen Rang erst im 20. Jahrhundert an Sydney abtreten. Der Reichtum der Stadt hatte auch einen steilen Aufstieg aller kulturellen Institutionen zur Folge. Schon 1870 wurde die Town Hall eröffnet, die in erster Linie für Konzertaufführungen bestimmt war, die vorläufig allerdings von Gästen aus Europa und auch aus Amerika bestritten wurden.

LEBEN
Charles Edward Horsley wurde am 16. 12. 1822 in London als Sohn des William Horsley geboren. Nach einer Grundausbildung seitens des Vaters wurde er Schüler von Ignaz Moscheles im Klavierspiel und ab 1839 von Moritz Hauptmann in Kassel und von Felix Mendelssohn-Bartholdy in Leipzig. Nach seiner Rückkehr nach England wurde er Organist an St. John's in Notting Hill. Im Jahr 1862 übernahm der die Organistenstelle an Christ Church in Melbourne, 1870 führte er zur Eröffnung der Town Hall eine Ode auf. Einige Jahre darauf übersiedelte er in die USA und starb am 28. 2. 1876 in New York.

WERKE
Von Charles Edward Horsley sind 3 Oratorien (»David«, »Joseph«, »Gideon«), Bühnenmusik zum Maskenspiel »Comus« von John Milton (1608–74), eine Ode, »Euterpe«, zur Eröffnung der Town Hall in Melbourne, eine Ouvertüre und ein Klaviertrio überliefert.

William Horsley (1774–1858)

ZEIT UND UMWELT
Neben den üblichen Services, Anthems und Hymnen für die Kirche und Canons, Catches und Glees für die Geselligkeit brachten englische Komponisten bereits Klavierstücke und

Orchestersinfonien heraus, die in Konzerten gespielt wurden. Sie wurden gemeinsam mit Musik vom Kontinent aufgeführt. Wenn sie auch wenig Wertschätzung für sich beanspruchen durften, so standen sie doch auf den Programmen und weckten das Bewußtsein des Publikums, daß es auch in England Meister gab, die mit französischen oder deutschen Stücken in Wettbewerb treten wollten.

LEBEN
William Horsley wurde am 15.11.1774 in London geboren. Er war Schüler des zu seiner Zeit angesehenen Pianisten und Komponisten von Kirchenmusik, Konzerten und Sonaten für Cembalo oder Klavier, Duetten für Harfe und Klavier und Vokalmusik, Theodore Smith (um 1745, London, bis nach 1810, London). Im Jahr 1794 wurde er Organist der Ely Chapel in London, 1802 am Mädchenwaisenhaus und 1812 an Belgrave Chapel. Er war 1813 einer der Gründer der Philharmonic Society. Von 1838 bis zu seinem Tod am 12.6.1858 wirkte er als Organist am Charter House in London.

William Horsley

WERKE
Neben den Vokalkompositionen – Canons, Anthems, Psalmen, Hymnen, Glees und Catches – von William Horsley verdienen seine 3 Sinfonien und zahlreichen Klavierstücke besonders großes Interesse, weil sie zu den Ansätzen zur Entwicklung einer profanen englischen Musik zu stellen sind.

Ádám Pálóczi Horváth (1760–1820)

ZEIT UND UMWELT
Johann Gottfried von Herder regte seine Zeitgenossen zur Besinnung auf die Geschichte des eigenen Volkes an und legte mit seinen Gedanken die geistigen und stofflichen Grundlagen zur Romantik. Er weckte das Selbstbewußtsein der »jungen« Völker Osteuropas, das diese durch Sammeln und Studieren ihres Volksmusik- und Volkssagengutes untermauerten.

LEBEN
Ádám Pálóczi Horváth wurde 1760 in Kömlöd geboren. Er war der erste Sammler von ungarischen Volksmelodien. Über sein Leben ist nichts bekannt. Er starb im Jahr 1820 in Nagybajom.

WERKE
Die von Ádám Pálóczi Horváth 1813 herausgebrachte Sammlung »alter und neuer Gesänge« beinhaltet 366 ungarische Volksmelodien – Lieder und Tänze –, davon 43 vom Herausgeber selbst. Sie sind eine wertvolle Quelle für die ungarische Musikforschung. Einzelnes davon wird noch heute gesungen oder gespielt.

John Horwood (um 1475 bis um 1530)

ZEIT UND UMWELT
König Heinrich VIII., selbst Humanist und erster Repräsentant der Renaissance in England, wandte den Pflegestätten der Musik Englands ein noch höheres Interesse zu als sein Vorgänger Heinrich VII. Auch die Ausbildung von Klerikern lag ihm besonders

am Herzen, zumal er selbst in seiner Jugend für den geistlichen Stand bestimmt und demzufolge zum Musiker ausgebildet worden war. Daher standen zu Musikern ausgebildete Kleriker ganz besonders in seiner Gunst.

LEBEN
John Horwood (Harwood, Horword, Horwud) wurde um 1475 in England geboren und im King's College von Cambridge zum Musiker und Kleriker erzogen. Er dürfte entweder in Windsor selbst oder im naheliegenden Eton als Gesangs- und Instrumentallehrer angestellt worden sein. Ort und Zeit seines Todes sind nicht bekannt. Eine Identität mit dem Gesangs- und Clavicordlehrer William Horwode ist nicht anzunehmen.

WERKE
Von Horwood sind mehrere fünfstimmige Motetten erhalten, die durch den für ihre Zeit modernen Klang auffallen. Man kann sie bereits als echte Vertreter der englischen Renaissancemusik bezeichnen.

Spirito l'Hoste (um 1510 bis nach 1568)

ZEIT UND UMWELT
Don Ferrante Gonzaga, Bruder des Marchese Federigo II. Gonzaga, war lange in militärischen Diensten der Habsburger, erhielt dafür 1539 die Grafschaft Guastalla und wurde vom Kaiser für die Zeit von 1546 bis 1554 zum Statthalter des Herzogtums Mailand bestellt. Auch als Vertreter einer Fremdherrschaft setzte er die kulturelle Tradition seines Hauses fort.

LEBEN
Spirito l'Hoste wurde um 1510 in Reggio Emilia geboren und dort ausgebildet. Ab 1547 wirkte er als Kapellmeister des Statthalters des Kaisers in Mailand und blieb vermutlich auch über den Tod seines Dienstgebers (1557) hinaus in dieser Stellung. Er dürfte in Mailand nach 1568 gestorben sein.

WERKE
Von Spirito l'Hoste sind 6 Bücher mit drei- bis sechsstimmigen Madrigalen und ein Buch mit Kirchenmusik – Magnificat, Hymnen, Motetten – erschienen. Die Madrigale sind im oberitalienischen Stil gehalten, weisen aber interessante Besonderheiten der Modulationen auf. Die Kirchenmusik ist konventionell.

Johannes Hothby (um 1415–87)

ZEIT UND UMWELT
Das Florenz der Medici und Lucca, der ständige Zankapfel zwischen Mailand und Florenz, der Familie Este und dem Kirchenstaat, haben trotz aller Kämpfe und Streitigkeiten die künstlerische Ausgestaltung der Kirchen und Paläste auch im 15. Jahrhundert nicht vernachlässigt. In Florenz baute zum Beispiel Brunelleschi San Lorenzo und San Spirito. In Lucca stellte Matteo di Giovanni (1436–1501) in der Kathedrale San Martino seine unvergleichlichen Skulpturen zur Schau. Daß beide Städte auch Musikern ein Betätigungsfeld boten, ergab sich von selbst.

LEBEN
Johannes Hothby (Octobus, Ottobus, Hothobi) ist um das Jahr 1415 in England geboren. Der englische Komponist gehörte dem Karmeliterorden an, studierte in Oxford, wo er 1435 bereits als Lehrer tätig war. Er dürfte auch in Pavia studiert haben. Er reiste in Deutschland, Frankreich, Spanien und Italien, hielt sich zwischen 1440 und 1467 einige Zeit in Florenz auf und ließ sich im letztgenannten Jahr als Kapellmeister und Lehrer an der Domschule von Lucca nieder. Im Jahre 1486 berief ihn der englische König Heinrich VII. in seine Heimat, wo er vor dem 6. 11. 1487 verstarb.

WERKE
Von den Werken des Engländers Hothby sind nur 9 Kompositionen überliefert, die einen stark konservativen Stil aufweisen. Auch in den musiktheoretischen Abhandlungen des gelehrten Theologen wird in konservativer Haltung an Pythagoras, Boethius und Guido angeknüpft. Er griff mehrere zeitgenössische

Musiker, vor allem Ramos de Pareja, heftig an.

LITERATUR

A. Seay, Florence, The City of Hothby and Ramos. Journal of the American Musicological Sciences IX, 1956.

Jacques Hotteterre (um 1686–1762)

ZEIT UND UMWELT

Als der bedeutendste alpenländische Geigenbauer Jakob Stainer (vor 1617, Absam, Tirol, bis November 1683, Absam) als Chorknabe an der Pfarrkirche in Hall in Tirol Violinen sah und spielen hörte, wünschte er, selbst eine zu besitzen und zu spielen, und da es für ihn unmöglich war, ein solches Instrument zu erwerben, baute er selbst eines. Das Produkt seines Versuches sah zwar grotesk aus, aber man konnte darauf spielen. Er erhielt den Rat, nach Italien zu gehen und sich zum Geigenbauer auszubilden. Auch bei allen anderen Instrumentenbauern der Musikgeschichte kann man feststellen, daß sie das Instrument, das sie bauten oder verbesserten, spielten oder spielen wollten, und daher zum Werkzeug griffen.

LEBEN

Jacques Martin Hotteterre wurde um das Jahr 1686 in Paris geboren und 1705 als Baßviolist und Fagottist in die Kapelle der Grande Écurie (Garde) aufgenommen. Er wirkte bis zu seinem Tod am 16. 7. 1762 gleichzeitig als Kammerflötist des Königs. In seinen Jugendjahren hatte er sich einige Zeit zur Ausbildung in Rom aufgehalten und trug seitdem den Beinamen »Le Romain« (Der Römer).

Hotteterre ist der Name einer großen französischen Familie, die Blasinstrumente und Drehleiern baute. Mehr als 20 Mitglieder davon sind als Hersteller oder Bläser einer Vielzahl von Instrumenten, wie Blockflöte, Querflöte, Oboe und Fagott, bekannt. Als Begründer der Instrumentenmacher- und Instrumentalistendynastie kann der Holzdrechsler Loys Hotteterre (um 1570, La Couture, bis um 1625, La Couture) angesehen werden. Sein Sohn Jehan Hotteterre (um 1620, La Couture, bis 1691, Paris) ließ sich als Instrumentenbauer und Instrumentalist in Paris nieder und trat in Versailles der Königlichen Kapelle als Sackpfeifer und Oboist bei. Er brachte an der Sackpfeife und anderen Blasinstrumenten entscheidende Verbesserungen an. Seine Brüder, Nicolas Hotteterre (um 1621, La Couture, bis 1694, Paris), Louis Hotteterre (um 1623, La Couture, bis 1714, Paris) und Martin Hotteterre (um 1524, La Couture, bis 1612, Paris), Vater des Jacques Martin Hotteterre, waren als Flötisten, Oboisten, Sackpfeifer und Drehleierspieler am Hof in Versailles und in Paris tätig, wie noch eine Reihe anderer Angehöriger der großen Familie.

Das entscheidend Neue am Bau der Holzblasinstrumente, besonders der Flöte, war die Einführung der konischen Bohrung für das Rohr und der zylindrischen für das Kopfstück. Das ergab einen reinen, weichen Ton, der weniger schrill war als der der Flöte eng verwandten Pfeife. Die Familie Hotteterre baute ihre Flöten und Oboen aus drei trennbaren Stücken, anstelle des früheren einen, so daß man sie durch Verlängern oder Verkürzen der Verbindungsstellen stimmen konnte.

WERKE

Von Jacques Hotteterre sind Stücke für Querflöte und Generalbaß, Triosonaten für Querflöten, Soli für Querflöte, Brunetten für zwei Flöten, Rondos für Flöten, Menuette für zwei Flöten, Duette für zwei Flöten oder Musetten, außerdem einige Airs sérieux et à boire überliefert. Er verfaßte eine Reihe von sehr instruktiven Abhandlungen über das Flötenspiel.

Von Martin Hotteterre ist ein Militärmarsch erhalten.

LITERATUR

N. Mauger, Les Hotteterre, Paris 1912.

Vincenc Houška (1766–1840)

ZEIT UND UMWELT

Mit 2 großen Aufführungen des »Alexanderfest« von Georg Friedrich Händel wurde 1813 von Joseph Sonnleithner (1765, Wien, bis 25. 12. 1835, Wien), dem Sohn des Komponisten Christoph Sonnleithner, unter der Patronanz Erzherzogs Rudolf von Österreich (1788–1831) die »Gesellschaft der Musikfreunde« gegründet, deren Konzerte bis in die Gegenwart einen wichtigen Faktor des Wiener Musiklebens darstellen.

LEBEN

Vincenc Houška (Vinzenz Hauschka) wurde am 21. 1. 1766 in Mies (Stříbro), Böhmen, geboren. Er war Schüler von Anton Laube und von Josef Seger und wirkte sodann bis 1788 als Cellist in der Kapelle des Grafen Thun. Nach einer Konzertreise wurde er Beamter in Wien. Er nahm an der Gründung und Leitung der »Gesellschaft der Musikfreunde« in Wien maßgebenden Anteil und dirigierte eine Reihe ihrer Konzerte und Akademien, darunter auch Werke von Ludwig van Beethoven, mit dem er eng befreundet war. Er starb am 13. 9. 1840 in Wien.

WERKE

Der größte Teil des Schaffens von Vincenc Houška, wie seine Cellokonzerte und Kammermusikwerke, sind verlorengegangen. Erhalten sind nur 6 Cellosonaten, einige Lieder, Notturni und Kanons für Singstimmen, die trotz ausgezeichneter Schulung stark epigonal wirken.

Étienne de Houzelot
(um 1590 bis nach 1627)

ZEIT UND UMWELT

Nahezu 20 Mitglieder der Familie Du Buisson waren vom 16. bis zum 18. Jahrhundert an französischen Höfen und Kathedralen als Sänger, Organisten, Lautenisten, Violinisten, Cellisten und Kapellmeister tätig. Von einigen sind auch Kompositionen erhalten.

LEBEN

Étienne de Houzelot wurde um 1590 in Paris geboren. Er dürfte ein angeheirateter Verwandter der Musikerfamilie Du Buisson gewesen sein, weil er sich selbst den berühmten Namen zulegte, als er seine Tätigkeit als Lautenist und Lautenlehrer in Paris aufnahm. Sein Todesjahr ist nicht feststellbar.
Aus der Familie Du Buisson sind im 16. Jahrhundert der Organist Jacques Du Buisson (um 1520, Paris, bis nach 1559, Paris) und der Sänger Michel Charles Du Buisson (um 1530, Lille, bis nach 1561, Wien) als Komponisten bemerkenswert.

WERKE

Vom französischen Komponisten Étienne de Houzelot ist eine Reihe von Lautenstücken erhalten, die den hohen Stand seiner Technik beweisen. Sie sind auch in der Faktur ihrer Zeit weit voraus.
Vom Organisten Jacques Du Buisson stammen sehr ansprechende Chansons.
Michel Charles Du Buisson, der Sänger am Hof Kaiser Ferdinands I. war, hat vier- bis sechsstimmige Gesänge im polyphonen Stil komponiert, weiters einige Hochzeitslieder.

LITERATUR

G. Bouvet, Musiciens oubliés, musique retrouvée, Paris ohne Jahr.

Alan Hovhaness (1911 – 64)

LEBEN

Alan Chakmakjian Hovhaness wurde am 8.3.1911 in Somerville, Mass. geboren. Er war am Konservatorium in Boston Schüler von Frederick Shepherd Converse und in Tanglewood von Bohuslav Martinů. Anschließend wirkte er am Konservatorium in Boston als Lehrer und Organist, im Sommer der Jahre 1956 und 1957 unterrichtete er Komposition an der Eastman School of Music in Rochester, N.Y. Zwischen 1959 und 1963 unternahm er ausgedehnte Studienreisen nach Indien, Japan, Korea und der UdSSR. Er starb am 20.11.1964 in West Orange (N.J.).

Werke

Seinen Kompositionen legte Alan Hovhaness häufig altarmenische und südindische musikalische Fakturen zugrunde, griff auch zuweilen auf andere orientalische Musiksysteme zurück. Er schrieb 6 Stücke für die Musikbühne, ein Tanzdrama und 2 Ballette, weiters 19 Sinfonien mit verschiedener Besetzung – für volles Orchester, für Streichorchester, für Bläser, für Chor, Orchester und Tonband, für Streicher und koreanische Instrumente, für Metallinstrumente, für Harfe, Glocke und Streicher –, 2 Klavierkonzerte, 2 Violinkonzerte, ein Xylophonkonzert, ein Konzert für Trompete und Blasorchester, »Khaldis«, Konzert für Klavier, vier Trompeten und Schlagwerk, »Armenische Rhapsodien«, Suite für Schlagzeugsextett, ein Bläserquintett, 2 Klavierquintette, ein Konzert für Englischhorn, Harfe und zwei Schlagzeuger, 3 Streichquartette, ein Streichtrio, ein Terzett für drei Flöten, eine Sonate für Trompete und Orgel, Sonaten und Suiten für Klavier, 3 Kantaten, ein Magnificat und Lieder.

Sinfonie Nr. 4 für Bläser und Schlagzeug, Opus 165, 3 Sätze, entstanden 1958

Der 1. Satz beginnt mit einem Praeludium, das fünf Themen nacheinander intoniert, die rhythmisch stark voneinander verschieden sind. Den Abschluß bildet eine von den Blechbläsern vorgetragene Fuge, während die Holzbläser einen großen Choral spielen. Der 2. Satz beginnt mit einem Marimbaphonsolo, zu dem mit eigenen Rhythmen und Tempi Pauken, Glockenspiel, Vibraphon und Harfe treten. Ein neuerliches Marimbaphonsolo leitet zum Trio, das aus zwei tänzerischen Motiven besteht. Nach der Reprise setzt der 3. Satz mit einer Hymne ein und schließt mit einer Fuge das Werk.

Konzert für Klavier, vier Trompeten und Schlagwerk, »Khaldis«, Opus 91, 7 Sätze, entstanden 1951

Khaldis war der Name des »Höchsten Gottes des Universums« bei den Protoarmeniern. Das Werk ist zu seinem Preis geschrieben. Der 1. Satz »Ouvertüre« ist bitonal und wird durch den Hinzutritt der Trompeten, die den Ruhm des Gottes verkünden, polytonal. Der Satz endet aber in einem einzigen Akkord. Der 2. Satz »Verwandlung« bringt einen Kanon, der sich durch das Hinzutreten weiterer Stimmen ausdehnt. Der 3. Satz »Drei Töne« basiert auf einem dreitönigen Klavierthema, von dem drei Linien ausgehen und verarbeitet werden, so daß ein tritonales Klanggebilde entsteht; es wird durch die Huldigungstrompeten viertönig, seine Einheitlichkeit durch den Rhythmus der Pauken aufrechterhalten. Im 4. Satz »Verheerung« tritt indische Musik auf. Das Klavier stimmt eine Kadenz an, moduliert und kehrt zur ursprünglichen Melodie zurück. Im 5. Satz »Jhala mit Trommel«. Das indische Wort Jhala bedeutet Glockenklang und bezieht sich auf die glockenartigen Anschläge des Klaviers, das mit dem Schlagzeug einen scharfen Dialog ausficht, bis diese sich voneinander weit entfernen und der Satz von den Trompeten abgeschlossen wird. Der 6. Satz schildert eine religiöse Prozession. Den 7. Satz »Finale« stimmen die Trompeten an, das Klavier führt einen neuen Kanon vor, den das Schlagzeug kontrapunktiert, ein zweiter, wild exzentrischer Kanon kommt hinzu, so daß der Satz polyphon endet.

Violinkonzert Nr. 2 mit Streichorchester, Opus 89a, 7 Sätze, entstanden 1951

Der 1., pastorale Satz ist polytonal und erinnert an einen Gottesdienst in einem Wald. Das Violinsolo des 2. Satzes wird durch ein wildes Stimmengewirr unterbrochen. Der 3. Satz ist polyrhythmisch und polymelodisch; er besteht aus zwei gleichzeitig gespielten Stücken. Im 4. Satz erklingt ein weiter melodischer Bogen der Solovioline, den das Schlagwerk pizzicato und glissando begleitet. Im 5. Satz spielt der Solist mit dem Bogen und ein zweiter, zugleich zupfend, völlig unabhängig voneinander, nur durch den Rhythmus der Begleitung zusammengehalten. Im 6. Satz zieht sich eine herbstliche Musik über wechselnde Tontrauben hinweg. Der 7. Satz schließt das Werk mit einer Hymne ab.

Klavierkonzert Nr. 1 mit Streichorchester, »Lousadzak«, Opus 48, ein Satz, entstanden 1944

Das Klavier ahmt eine Reihe von Instrumenten nach: das Tar, ein Zupfinstrument, das Kanun, ein zitherähnliches Saiteninstrument, das Ud, eine Lautenform, das Sas, ein primitives bäuerliches Saiteninstrument. Das Streichorchester bewegt sich in freien, unmensurierten polyphonen, trommelnden ostinaten Tonfolgen und diese bilden gleichsam den Grund, aus dem sich die Melodik entwickelt, emporstrebt und zum Tanz zu Ehren der höheren Wesen wird. Zu akkordischen Harmonien kommt es nicht; die Musik ist monophon mit heterophonen simultanen melodischen und rhythmischen Linien und gelegentlichen Imitationen. »Lousadzak« nennen die Armenier den Anbruch des Lichts.

Egil Hovland (geboren 1924)

LEBEN

Egil Hovland wurde am 18.10.1924 in Mysen, Norwegen, geboren. Er studierte am Konservatorium in Oslo bei Arild Sandvold (geboren 2.6.1895, Kristiania), Bjarne Brustad (4.3. 1895, Kristiania, bis 22.5.1978, Oslo), in Kopenhagen bei Vagn Holmboe, in Tanglewood, Mass., bei Aaron Copland und in Florenz bei Luigi Dallapiccola. Seit 1949 wirkt er als Organist und Chorleiter in Fredrikstad.

WERKE

Vom Neuklassizismus ausgehend, gelangte Egil Hovland in seinen späteren Kompositionen zu einer progressiv modernen Tonsprache. Er schrieb unter anderem 2 Sinfonien, ein Concertino für drei Trompeten und Streicher, eine »Musik« für zehn Instrumente, »Lamenti« für Orchester, Variationen für zwei Klaviere, eine Sinfonia sacra, ein Gloria, ein »Norwegisches Te Deum«, ein Magnificat, Orgelstücke und Tonbandmusik. Er ist in Norwegen auf dem Gebiet der Kirchenmusik führend.

Musik für zehn Instrumente, Opus 28, 3 Sätze, entstanden 1957

Der 1. Satz wird von fünf Bläsern bestritten, deren Spielmöglichkeiten voll ausgeschöpft werden. Häufiger Rhythmuswechsel, freie Tonalität, dissonante Harmonik und stellenweise Polytonalität beherrschen das musikalische Geschehen. Der 2.Satz, von fünf Streichern gespielt, ist eine Passacaglia, deren Thema vom Cello intoniert, von der Ersten Violine um eine Sekunde transponiert übernommen und dann von Instrument zu Instrument weitergegeben und dabei ständig variiert wird. Der 3. Satz vereinigt alle Instrumente, die mit aufwärts schleifenden Passagen gegen eine Triolengruppe von ostinaten Tönen gestellt sind. Beide Themen erzeugen ein stark humoristisches Tonbild.

Samuel Howard (1710–82)

ZEIT UND UMWELT

Johann Christoph Pepusch, William Croft, Georg Friedrich Händel und Maurice Greene waren in England Größen, zu denen sich auch William Boyce und Ausländer gesellten, die sich zeitweise in London als Interpreten und als Lehrer aufhielten. Sie hätten bei einiger Förderung ohne Zweifel ausgereicht, um einen neuen Aufstieg der englischen Musik einzuleiten, denn auch das Publikumsinteresse wäre vorhanden gewesen.

LEBEN

Samuel Howard wurde 1710 vermutlich in London geboren. Er war Chorknabe der Chapel Royal unter William Croft und Schüler von Johann Christoph Pepusch. Dann wurde er Organist an St. Clement Danes und St. Bride und wirkte in enger Zusammenarbeit mit William Boyce bis zu seinem Tod am 13. 7. 1782 in London.

WERKE

Von Samuel Howard sind eine Reihe von Sonaten und verschiedene Instrumentalstücke, einige Bühnenmusik, zahlreiche Kantaten und Lieder und Anthems mit Orchesterbegleitung erhalten. Einiges davon wurde erst posthum veröffentlicht, wie das berühmte Anthem »This is the day« (Das ist der Tag) mit Instrumentalbegleitung.

Mary Howe (1882–1964)

LEBEN

Mary Howe wurde am 4.4.1882 in Richmond, Va., geboren. Sie war Klavierschülerin von Richard Burmeister (7.12.1860, Hamburg, bis 19.2.1944, Berlin) in Dresden und Kompositionsschülerin von Nadia Juliette Boulanger (16.9.1887, Paris, bis 22.10. 1979, Paris) in Paris und von Gustav Strube in Baltimore. Sie erwarb sich in den USA bald einen Namen als Pianistin und Komponistin. Sie starb am 14.9.1964 in Washington.

WERKE

Der Kompositionsstil von Mary Howe entsprach den Formen, die sich in der ersten Hälfte des 20. Jahrhunderts in den USA herausgebildet hatten. Sie schrieb rasante Orchestermusik wie »Agreeable Ouverture«,

»Rock«, eine Suite für Klavier und Streichquartett, 4 Stücke für Bläserquintett, mehrere Streichquartette, ein Klaviertrio, eine Violinsonate, mehrere Werke für zwei Klaviere und sehr ansprechende Chöre und Lieder.

Dorothy Howell (1898–1982)

LEBEN
Dorothy Howell wurde am 25.2.1898 in Birmingham geboren. Sie studierte bei Tobias Augustus Matthay und John Blackwood McEwen an der Royal Academy of Music in London, an der sie anschließend bis 1970 als Kompositionslehrerin tätig war. Dann wandte sie sich der Komposition sakraler Musik zu. Sie starb am 12.1.1982 in London.

WERKE
Von Dorothy Howell sind eine sinfonische Dichtung, ein Orchesterballett, eine Ouvertüre, ein Divertissement, ein Klavierkonzert, eine Violinsonate, eine Fantasie für Violine und Klavier, Klavierstücke, Messen, Anthems und Lieder bekannt geworden.

Herbert Howells (1892–1983)

LEBEN
Herbert Norman Howells wurde am 17.10. 1892 in Lydney, Gloucestershire, geboren. Er war zunächst Schüler von Herbert Brewer (21.6.1865, Gloucester, bis 1.3.1928, Gloucester) und studierte von 1912 bis 1917 am Royal College of Music in London, an dem er dann selbst als Kompositionslehrer wirkte. Von 1925 bis 1937 unterrichtete er am Morley College in London Harmonielehre und Kontrapunktik. Im Jahr 1952 wurde er Professor für Musik der Universität London. Er starb am 23.2.1983 in London.

WERKE
Von den Kompositionen von Herbert Howells sind bemerkenswert: ein Ballett, 2 Orchestersuiten, 2 Klavierkonzerte, ein Cellokonzert, eine Elegie für Bratsche, Streichquartett und mente, ein Quintett für Klarinette und Streicher, ein Klavierquintett, 2 Streichquartette, 3 Violinsonaten, eine Oboen- und eine Klarinettensonate, 3 Orgelrhapsodien, Stücke für Orgel, für Klavier, für Clavichord, eine englische Messe, ein Requiem, ein Hymnus, ein Stabat mater, 2 weitere Messen, Anthems, Magnificat, Motetten und profane Chorwerke sowie Lieder.

William Howes (um 1610–76)

LEBEN
William Howes wurde um 1610 bei Worcester geboren. Er war bis zum Ausbruch des Bürgerkrieges im Jahr 1642 Sänger der Kapelle in Windsor, darauf an der Christchurch in Oxford und schließlich im Dienst des Lord Protectors Oliver Cromwell. Nach der Restauration 1660 wurde er Kornettist an der Königlichen Kapelle Karls II. Er starb in Windsor am 21. 4. 1676.

WERKE
Vom englischen Komponisten William Howes sind nur einige Catches erhalten, die eine sehr geschickte und klangreiche Kanonverarbeitung aufweisen.

Baldouin Hoyoul (um 1548–94)

ZEIT UND UMWELT
Solange Orlando di Lasso in München lebte und wirkte, kamen Musiker aus dem niederländischen Raum nach Deutschland, um von ihm zu lernen, um sich später rühmen zu können, sein Schüler gewesen zu sein, und in manchen Fällen vermutlich auch, um durch seine Vermittlung eine einträgliche Position zu erhalten.

LEBEN
Baldouin Hoyoul (Hoyol, Hoyu, Hoyou, Hoyeux, Huiol) wurde um 1548 in Lüttich geboren. Er war Sängerknabe der württembergischen Hofkapelle in Stuttgart. In den Jahren 1564 und 1565 nahm er bei Orlando di Lasso in München Unterricht. Dann

kehrte er als Altist an die Stuttgarter Kapelle zurück, an der er 1589 Hofkapellmeister wurde. Er starb in Stuttgart am 26. 11. 1594.
Seine Söhne Johann Ludwig Hoyoul (30. 8. 1575, Stuttgart, bis 18. 12. 1612, Stuttgart) und Jörgen Friedrich Hoyoul (um 1577, Stuttgart, bis 28. 7. 1652, Kopenhagen) wirkten an der württembergischen Hofkapelle als Vizekapellmeister und als Hoftrompeter.

Werke
Der franko-flämische Komponist Baldouin Hoyoul brachte fünf- bis zehnstimmige Sacrae cantiones (Geistliche Lieder), »Geistliche Lieder vnd Psalmen mit dreyen stimmen« heraus. Eine Messe, 8 Magnificat, drei- bis zehnstimmige lateinische Sätze und 19 deutsche geistliche Lieder sind Manuskripte geblieben, obschon sie der Veröffentlichung wert gewesen wären. Die Kompositionen stehen im Schatten von Lasso und auch des Schwiegervaters Ludwig Daser.

Literatur
J. Sittard, Zur Geschichte der Musik und des Theaters am Württembergischen Hofe, Stuttgart 1890.

Otakar Hřimalý (1883–1945)

Leben
Otakar Hřimalý wurde am 20.12.1883 in Czernowitz (damals Bukowina, Österreich, heute Tschernowzy, Ukraine) als Sohn von Vojtěch Hřimalý (30.7.1842, Pilsen [Plzeň], bis 17.6.1908, Wien), Dirigent und Violinist, und als Neffe von Jan Hřimalý geboren. Er studierte bis 1908 in Wien, wirkte sodann als Lehrer in Moskau, ab 1922 in Černăuti (damals Rumänien), und ab 1939 in Prag, wo er am 10.7.1945 starb.

Werke
Neben einer Oper schrieb Otakar Hřimalý 2 Ballette, 7 Sinfonien, eine Anzahl sinfonische Dichtungen, 2 Klavierkonzerte, ein Violinkonzert, ein Cellokonzert, einige Kammermusik und Lieder.

Stevan Hristić (1885–1958)

Leben
Stevan Hristić wurde am 19.6.1885 in Belgrad geboren. Er war von 1904 bis 1908 in Leipzig Kompositionsschüler von Stephan Krehl und Dirigierschüler von Arthur Nikisch. Seine Ausbildung vollendete er anschließend in Rom, Moskau und Paris. Von 1912 bis 1935 wirkte er als Kapellmeister und später als Direktor des Nationaltheaters und von 1947 bis 1950 als Professor der Musikakademie in Belgrad, wo er am 21.8.1958 starb.

Werke
Das Hauptgewicht des kompositorischen Schaffens von Stevan Hristić lag auf dem Gebiet der Vokalmusik. Er schrieb 2 Stücke für die Musikbühne und ein Ballett, ein Oratorium, eine Kantate, eine sinfonische Dichtung, eine Orchestersuite, eine Rhapsodie für Klavier und Orchester, eine sinfonische Fantasie für Violine und Orchester, Chöre, Kirchenmusik, Filmmusik, Klavierwerke und Lieder. Er verarbeitete häufig serbische Volksmusik.

Hsing-hai Hsien (1905–45)

Leben
Hsing-hai Hsien wurde 1905 in Panyü, Kwantung, geboren. Nach seinem Universitätsstudium in Kanton bildete er sich an der Universität in Peking in Violine, Theorie und Komposition aus und ergänzte diese Fächer von 1930 bis 1935 bei Vincent d'Indy und Paul Dukas in Paris. Anschließend war er Direktor der Musikabteilung der Akademie in Yenan, Shensi. Im Jahr 1940 ging er nach Moskau und lebte dort als Komponist bis zu seinem Tod am 30.9.1945.

Werke
Als einer der ersten seines Volks adoptierte Hsing-hai Hsien mit Erfolg den Stil der abendländischen Musik. Er schrieb eine Oper, ein Chorwerk und eine Kantate, 2 Sinfonien, Lieder und Filmmusik.

Jenö Hubay (1858–1937)

LEBEN

Jenö Hubay von Szalatna (eigentlich Eugen Huber) wurde am 15.9.1858 in Budapest geboren und vorerst von seinem Vater ausgebildet. Von 1873 bis 1876 studierte er bei Joseph Joachim in Berlin. Nach Konzerten in Ungarn ging er auf Empfehlung von Franz Liszt nach Paris, wo er mit großem Erfolg auftrat. Im Jahr 1882 wurde er Erster Violinprofessor am Konservatorium in Brüssel, 1886 Professor an der Budapester Musikakademie, die er von 1919 bis 1934 als Direktor leitete. Im Jahr 1909 wurde er geadelt. Er starb am 12.3.1937 in Budapest.
Sein Vater Karl Hubay (1.7.1828, Varjas, Ungarn, bis 20.12.1885, Budapest) war Violinprofessor an der Musikakademie und Kapellmeister des Nationaltheaters in Budapest.

WERKE

Die 4 Sinfonien von Jenö Hubay – »B-Dur«, »c-Moll«, »Chorsinfonie Vita Nuova«, »Petöfi-Symphonie für Chor und Orchester« – und die Biedermeyer-Suite werden nur mehr in Ungarn aufgeführt, seine 4 Violinkonzerte setzt der eine oder andere Virtuose wegen ihrer schönen melodischen Einfälle auf sein Programm. Seltener werden sein Konzertstück für Cello und Orchester, die »Variationen über ein ungarisches Thema«, die »Romantische Sonate« für Violine und Klavier und seine restliche, äußerst klangreiche Kammermusik gehört. Sehr beliebt sind seine »Szenen aus der Csárda«, vor allem das »Hejre Kati« für Violine und Orchester oder Klavier. Er verfaßte außerdem »Etudes concertantes« für Violine, Lieder und Chöre. Karl Hubay schrieb 4 Opern und Vortragsstücke.

Violinkonzert Nr. 3 in g-Moll, Opus 99, 4 Sätze, entstanden um 1900

Der 1. Satz trägt den Titel Introduction quasi Fantasia und stellt gleichsam den Solisten und sein Können rhapsodisch vor. Das eigentliche Konzert beginnt mit dem 2. Satz – Scherzo –, in dem die Violine ein wahres Feuerwerk sich überstürzender prächtiger melodischer Einfälle, vom Orchester teilweise staccato begleitet, bietet. Der 3. Satz besteht aus einer dunklen, höchst romantischen Kantilene, der »auch der hartgesottenste Romantik-Feind nicht widerstehen kann«. Das Finale strahlt und glitzert mit äußerster Virtuosität und erstaunlichem Wohlklang; nach einer herrlichen Kadenz endet das noch immer lebendige Werk mit großartiger Geste.

Ferdinand Huber (1791–1863)

LEBEN

Ferdinand Fürchtegott Huber wurde am 31.10.1791 in St. Gallen geboren. Er war von 1817 bis 1855 als Musiklehrer an den Schulen in Hofwil, St. Gallen, Bern und erneut in St. Gallen tätig, wo er am 9.1.1863 starb.

WERKE

Von Ferdinand Huber ist eine große Anzahl Lieder bekannt und beliebt geworden. Ihre eingängige und einprägsame Melodiosität, ihre einfache Faktur und schlichte Harmonisierung näherten sie sehr dem Volkslied. Außerdem verfaßte er mehrere klangvolle Chöre und etliche Instrumentalwerke, die aber hinter den Vokalkompositionen um einiges zurückstanden.

LITERATUR

W. Rüsch, Ferdinand Huber, St. Gallen 1932.

Hans Huber (1852–1921)

ZEIT UND UMWELT

Mit der Gründung der »Schweizerischen Musikgesellschaft« setzte auch in der Schweiz eine intensivere Musikpflege ein; schweizerische Komponisten, die bisher vorwiegend Vokalmusik geschrieben hatten, wandten sich auch der Instrumentalmusik zu. Eine typische Schweizer Schule bildete sich nicht heraus, weil keinem der Meister richtungweisende Positionen zufielen. Aber die Anteilnahme an der Musikentwicklung der Nachbarstaaten verstärkte sich bis in unsere Gegenwart zusehends.

LEBEN

Hans Huber wurde am 28.6.1852 in Eppenberg bei Solothurn geboren und trat nach einer Grundausbildung in Solothurn 1870 in das Konservatorium in Leipzig ein, wo er Schüler von Carl Reinecke, Ernst Friedrich Richter und des Theorielehrers Oscar Paul (8.4.1836, Freiwaldau, Österreichisch-Schlesien [Jeseník], bis 18.4.1898, Leipzig) war. Nach einer zweijährigen Lehrtätigkeit ließ er sich in Basel als Musiklehrer nieder und lehrte ab 1889 an der Allgemeinen Musikschule, als deren Direktor er von 1896 bis 1918 wirkte. Er starb am 25.12.1921 in Locarno.

WERKE

In der Entwicklung der Musik in der Schweiz von 1870 bis 1910 war Hans Huber zweifellos die hervorragendste Persönlichkeit. Sein Wirken für eine zeitgemäße Reformierung des schweizerischen Musiklebens, seine Lehrtätigkeit und sein kompositorisches Werk, von dem noch manches in seiner Heimat lebendig ist, bildeten die Basis der Schweizer Musik des 20. Jahrhunderts. Er war noch stark der Programmusik verhaftet, nachhaltige Einflüsse von Robert Schumann und Johannes Brahms sind in allen seinen Kompositionen merkbar. Er brachte 5 Opern heraus und 2 Oratorien, »Der heilige Hain« und »Weissagung und Erfüllung«, eine Chorkantate und 4 Messen. Seine 8 Sinfonien tragen zum größten Teil programmatische Titel: Nr. 1 in d-Moll, »Wilhelm Tell«, Nr. 2 in e-Moll, »Arnold Böcklin«, Nr. 3 in c-Moll, »Die heroische«, mit Sopransolo im Finale, Nr. 4 in A-Dur, »Akademische«, Nr. 5 in F-Dur, »Der Geiger von Gmünd«, Nr. 6 in A-Dur, Nr. 7 in d-Moll, »Die schweizerische«, Nr. 8 in F-Dur. Er schrieb die Orchesterserenaden in E-Dur, »Sommernächte«, und in G-Dur, »Winternächte«, 4 Klavierkonzerte in c-Moll, G-Dur, D-Dur und B-Dur, ein Violinkonzert in g-Moll, ein Sextett in B-Dur, ein Quintett in Es-Dur für Klavier mit Bläsern, 2 Klavierquintette in g-Moll und G-Dur, 2 Klavierquartette in B-Dur und E-Dur, 4 Klaviertrios und 8 Triofantasien, eine Sonate für zwei Violinen und Klavier in B-Dur, 9 Violinsonaten, eine Fantasie und eine Suite für Violine und Klavier, 4 Cellosonaten, eine Suite für Cello und Klavier, 3 Sonaten für zwei Klaviere und eine Anzahl verschiedener Klavierstücke zu zwei und vier Händen, 3 Orgelstücke, Männerchöre, Frauenchöre, Duette und Lieder. Seine Musik ist durchwegs romantisch, doch die Programmatik ist mehr darstellend, selten erzählend.

LITERATUR

G. Bundi, Hans Huber, Basel 1925.

Klaus Huber (geboren 1924)

LEBEN

Klaus Huber wurde am 30.11.1924 in Bern geboren. Er studierte in Zürich bei Willy Burkhard und Stefi Geyer, außerdem in Berlin bei Boris Blacher. Nach seiner Tätigkeit als Violinlehrer am Konservatorium in Zürich und als Dozent für Musikgeschichte am Konservatorium in Luzern wirkte er als Dozent für Musiktheorie an der Musikakademie in Basel, leitete dort ab 1964 eine Kompositions- und Instrumentationsklasse und ab 1968 eine Meisterklasse für Komposition. Seit 1976 ist er Professor für Komposition und Leiter des Instituts für Neue Musik an der Musikhochschule in Freiburg im Breisgau.

WERKE

Mit seiner punktuellen Kompositionstechnik knüpft Klaus Huber an Anton Webern an. Er ist daneben auch von Karlheinz Stockhausen und Pierre Boulez beeinflußt. Der Schwerpunkt seines Schaffens sind religiöse Werke. Neben einer Oper sind von seinen Orchesterwerken »Inventionen und Choral«, »Litania instrumentalis«, »Tenebrae« (1970 mit dem Beethovenpreis der Stadt Bonn ausgezeichnet), ein Violinkonzert und ein Kontrabaßkonzert bekannt geworden. Weiters schrieb er ein Stück für Harfe, Horn und Kammerorchester, ein Stück für Flöte und zwölf Streicher, ein Streichquartett, mehrere Orgelstücke, ein Oratorium, eine »Kleine deutsche Messe«, Proprien, Psalmen, Kantaten und andere sakrale Gesänge mit Instrumental- oder Orgelbegleitung.

Gustave Huberti (1843–1910)

ZEIT UND UMWELT
Der Rompreis, den das Konservatorium in Brüssel nach dem Vorbild der gleichen Lehranstalt in Paris vergab, hatte in der zweiten Hälfte des 19. Jahrhunderts fast nur mehr die Bedeutung eines Geldpreises, dessen ursprünglicher Zweck, daß der Bedachte seine Ausbildung in Italien verbessere, schon illusorisch geworden war, denn die italienischen Lehranstalten waren zwar keinesfalls schlecht, aber nicht besser als die im übrigen Europa.

LEBEN
Gustave Léon Huberti wurde am 14. 4. 1843 in Brüssel geboren. Er erhielt als Schüler des Konservatoriums in Brüssel den Rompreis. Im Jahr 1874 wurde er Leiter der Musikschule in Mons, wirkte ab 1877 in Antwerpen als Dirigent und Privatlehrer und ab 1889 als Professor für theoretische Harmonielehre am Konservatorium in Brüssel. Er starb dort am 28. 6. 1910.

WERKE
Von Gustave Huberti sind eine Sinfonie, eine Orchestersuite, ein Klavierkonzert, die Oratorien »Een laatste Zonnestraal« (Ein letzter Sonnenstrahl) und »Verlichting« (Erleuchtung) und das Chorwerk »La mort de Guillaume d'Orange« (Der Tod Wilhelms von Oranien) und Lieder erhalten. Er schrieb eine Geschichte der italienischen und niederländischen Kirchenmusik.

George Hudson
(um 1625 bis nach 1668)

LEBEN
George Hudson wurde um 1625 vermutlich in London geboren. Er komponierte in Zusammenarbeit mit Henry Lawes und Charles Coleman ein Schauspiel von William Davenant, das 1656 privat aufgeführt wurde. Im Jahr 1661, nach der Restauration des Königtums, wurde er in die Privatkapelle König Karls II. aufgenommen und 1668 neben Matthew Locke zum Hofkomponisten ernannt. Er ist in London in einem der folgenden Jahre gestorben.

WERKE
Der englische Komponist George Hudson komponierte eine Reihe von Bühnenmusiken, die nur zum Teil erhalten sind, außerdem Anthems, Lieder und Instrumentalstücke für Virginal und Violen. Er gehört zu den Persönlichkeiten, die um den Wiederaufbau des englischen Musiklebens nach seiner Zerstörung durch Cromwell bemüht waren.

Robert Hudson (1732–1815)

ZEIT UND UMWELT
Mit dem Ausdruck Chant bezeichnet die englische Musikwissenschaft das Singen eines bestimmten Textes im durch kirchliche Vorschriften oder Gewohnheiten vorgeschriebenen Stil. Als Vorbild galt die Gregorianik in dieser Hinsicht. In der nachreformatorischen Zeit verstand man darunter jedes Psalmodieren, ein- oder mehrstimmig.

LEBEN
Robert Hudson wurde am 25. 2. 1732 in London geboren. Er war als junger Mann Tenorist an Ranelagh und Marylebone Gardens, wurde 1755 Hilfsorganist an St. Mildred in London, 1756 Vorsänger an St. Paul's, 1758 Gentleman der Chapel Royal und 1773 Dirigent des Knabenchors an St. Paul's, zugleich Leiter der Musik am Christ's Hospital. Im Jahr 1793 legte er seine Ämter nieder und übersiedelte nach Eton, wo er am 19. 12. 1815 starb.
Seine Tochter Mary Hudson (um 1760, London, bis 28. 3. 1801, London) war von 1790 bis zu ihrem Tod Organistin an verschiedenen Londoner Kirchen.

WERKE
Von Robert Hudson sind unter dem Titel »The Myrtle« (Die Myrte) 3 Bände mit Liedern erschienen, außerdem ein Service, mehrere Chants und viele Psalmmelodien. Er komponierte auch mehrere fünfstimmige Gesänge.

Von Mary Hudson sind mehrere Hymnen und ein fünfstimmiger Chor erhalten.

Jean Hübner (1696 bis nach 1754)

ZEIT UND UMWELT
Die russische Kaiserin Anna Iwanowna (1693 bis 1740), Tochter von Iwan V. (1666–96), dem Bruder von Peter I., stützte ihre Regierung auf die Günstlinge Ernst Johan Biron (1690–1772), Andrei Iwanowitsch Ostermann (1687–1747) und Burchard Christoph Münnich (1683–1767). Neben diesen einflußreichen Deutschstämmigen waren viele Hofämter mit aus dem deutschen Sprachgebiet Zugewanderten besetzt.

LEBEN
Jean Hübner wurde im März 1696 von deutschen Eltern geboren und in Wien zum Violinisten ausgebildet. Ab 1727 war er Konzertmeister der Kaiserin Anna Iwanowna und gründete ein Hof- und Kammerorchester, das ausschließlich aus deutschen Mitgliedern bestand. Er starb in Moskau nach 1754.

WERKE
Die Werke, die Jean Hübner angeblich für sein Hoforchester verfaßte, sind verschollen. Sein Verdienst besteht jedoch darin, neben der italienischen Musik den deutschen Einflüssen in Rußland breiten Raum geschaffen zu haben, die die Ausgangsplattform für die Entwicklung der russischen Musik um vieles erweiterten.

Nicolas Joseph Hüllmandel
(1756–1823)

ZEIT UND UMWELT
Die Virtuosen, die alle Länder bereisten und an vielen Aufenthaltsorten auch Unterricht erteilten, die sich ständig verstärkende Tätigkeit der Musikverlage, die steigende Anzahl von Lehrwerken und theoretischen Erörterungen hatten ein fortschreitendes Zueinanderrücken der Musikentwicklung der einzelnen Musiklandschaften zur Folge, so daß die einst spezifischen Eigenheiten sich einander immer mehr anglichen und man bereits am Beginn des 19. Jahrhunderts von einer gemein-europäischen Musikentwicklung sprechen konnte, wenn man außer acht ließ, daß einzelne Länder, die erst vor kurzem darangegangen waren, eine eigenständige Musik zu begründen, noch mehrere Jahrzehnte ihre Eigenart bewahrten und sich erst später dem allgemeinen Entwicklungsstrom anschlossen.

LEBEN
Nicolas Joseph Hüllmandel wurde am 23. 5. 1756 in Straßburg geboren. Er war Neffe von Jean Joseph Rodolphe und Schüler von Carl Philipp Emanuel Bach in Hamburg. Er bildete sich zum vorzüglichen Pianisten und Virtuosen auf der Glasharmonika aus. Nach einem Aufenthalt in Mailand ging er um 1776 nach Paris und wirkte dort als gesuchter Pianolehrer. Wegen seiner engen Beziehungen zum französischen Hof und des Reichtums seiner Frau begab er sich bei Ausbruch der Revolution nach London, wo er bis zu seinem Tod am 19. 12. 1823 als Pianist und Lehrer wirkte.

WERKE
Das Wirken des Virtuosen und Lehrers Nicolas Joseph Hüllmandel brachte dem französischen Publikum und den Musikern die deutsche Klavierspielmanier und die deutsche Klaviermusik und damit die Musikentwicklung der Länder an beiden Seiten des Rheins einander näher. Sein Werk bestand aus 2 Sammlungen von »Airs« für Cembalo oder Piano, 2 weiteren aus Suiten, 26 Sonaten – zum Teil mit Violine- und weiteren Klavierstücken –, teils begleitet, teils unbegleitet. Diese Sammlungen, die als Lehrstücke geschrieben wurden, gelten als eine der besten ihrer Zeit. Er verfaßte auch eine wertvolle Musiklehre mit besonderer Berücksichtigung des Pianoforte und des Cembalo.

LITERATUR
D. E. Pike, Hüllmandel, in: Music & Letters XXI, 1940.

Anselm Hüttenbrenner (1794–1868)

ZEIT UND UMWELT
Der Steiermärkische Musikverein in Graz setzte die Tradition der seinerzeitigen Hofkapelle fort, wenn sich auch der Kräfteaustausch nicht mehr von Hof zu Hof, sondern von Stadt zu Stadt, also zwischen Graz, Wien, Laibach, Triest, abwickelte. Musiker aus Graz studierten in Wien und kamen ausgebildet zurück, um am heimischen Musikleben mitzuwirken, wie die meisten österreichischen Kronländer für Interpreten, Dirigenten und Komponisten eine Vorstufe für einen Wirkungskreis in der Hauptstadt bildeten.

LEBEN
Anselm Hüttenbrenner wurde am 13.10.1794 in Graz geboren. Er war in Wien Schüler von Antonio Salieri und wirkte anschließend von 1824 bis 1829 und von 1831 bis 1839 als Direktor des Steiermärkischen Musikvereins in Graz. Er starb am 5.6.1868 in Ober-Andriz bei Graz.

WERKE
Von Anselm Hüttenbrenner sind 3 Opern, 5 Sinfonien, 10 Ouvertüren, 6 Messen, 3 Requiem, eine beträchtliche Anzahl Männerchöre, Männerquartette und Lieder, ein Streichquintett, 2 Streichquartette, Klavierfugen, Sonaten und andere Klavierstücke bekannt geworden. Gedruckt wurde davon wenig, obwohl seine Kompositionen zu seinen Zeiten sehr geschätzt wurden.

Hugo de Lantins (nach 1380 bis vor 1450)

ZEIT UND UMWELT
Am 18. 1. 1421 wurde die Vermählung von Cleofe Malatesta aus Rimini mit Theodoros Palaiologos, Sohn des byzantinischen Kaisers Manuel II. Palaiologos (1391–1425), in Mistra, Morea, gefeiert. Der Flame Hugo de Lantins komponierte das Hochzeitsgedicht.

LEBEN
Hugo de Lantins (Lantinis, Lantius) stammt vermutlich aus demselben Dorf wie Arnoldus de Lantins. Es liegt aber keinerlei Beweis für eine Verwandtschaft der beiden Meister vor, obschon die Annahme naheliegt, um so mehr, als in mehreren Handschriften Werke von beiden angeführt sind. Er wurde zwischen 1380 und 1400 geboren. Er scheint sich auch in Venedig aufgehalten zu haben; in einer Motette (Christus vincit) feiert er Francesco Foscari, der ab 1423 Doge in Venedig war. Weitere biographische Angaben über das Leben und Ableben des Komponisten fehlen.

WERKE
Hugo de Lantins sind ungefähr 16 französische und 20 lateinische Stücke zuzuschreiben, außerdem 3 Stücke mit italienischem Text. Die lateinischen sind größtenteils Messeteile. Dazu kommen zwei Et in terra. Die Kompositionstechnik weist die gleichen Merkmale auf, die das Werk von Arnoldus de Lantins kennzeichnen.

LITERATUR
Ch. van den Borren, Hugo et Arnoldus de Lantins, in: Féderation archéologique et historique de Belgique, XXIXme Session, 1932.

Antoine Hugot (um 1761–1803)

ZEIT UND UMWELT
Für Instrumentalisten, besonders für Bläser, führte der Weg zu einer Lehrstelle am Conservatoire häufig über die Musikbande der Nationalgarde. Beide Institutionen hatten einen großen Bedarf an guten Bläsern, die auch in Paris nicht in ausreichender Menge vorhanden waren.

LEBEN
Antoine Hugot (le Jeune genannt) wurde um 1761 in Paris geboren. Er war zunächst Soloflötist im Orchester des Théâtre Italien. Während der Revolution gehörte er der Musikbande der Nationalgarde an und wurde 1795 Flötenlehrer am Conservatoire. Im Concert spirituel trat er mehrmals mit großem Erfolg mit eigenen Flötenkompositio-

nen auf. Er starb am 18. 9. 1803 als einer der großen Flötenvirtuosen seiner Zeit.

WERKE
Von Antoine Hugot sind 36 kleine Arien, leicht und progressiv für 2 Flöten arrangiert, 6 Flötenkonzerte, 3 Trios für zwei Flöten und Generalbaß, 6 Sonaten für Soloflöte mit Generalbaß, 6 leichte Sonaten für Soloflöte, 23 große Etüden für Oboe und eine sehr viel verwendete Flötenschule erschienen.

Hugues de Berzé (um 1155 bis vor 1220)

ZEIT UND UMWELT
Die Trouvèrekunst war vorwiegend im Norden und Osten Frankreichs beheimatet. Ihre hauptsächlichsten Zentren waren die Höfe von Champagne (Eleanore von Poitiers, Enkelin des ersten Troubadours Guillaume d'Aquitaine IX., berief zahlreiche provenzalische Dichter an ihren Hof), von Blois und von Flandern sowie die Stadt Arras, wogegen der französische Königshof kaum Interesse an der Kunst der Trouvères hatte. Die Trouvèrekunst war wie die der Troubadours zumindest in ihrer Hochblüte vorwiegend eine Kunst des Adels. Doch zeigten sich bald Ansätze einer Organisation. Es ist alles weit geordneter, weniger abenteuerlich und improvisatorisch. Diesem Zug kam dann auch der Umstand entgegen, daß die Trouvèrekunst mehr literarischer Natur war. Die Epik nahm einen breiten Raum ein und wurde hoch entwickelt. Die Sprache, das Altfranzösische, bildete sich zur Schriftsprache aus, während das wohl klangvollere Provenzalisch eine Volkssprache war und blieb.

LEBEN
Hugues de Berzé (Hugues IV., seigneur de Berzé-le-Châtel) wurde um 1155 in Berzé-le-Châtel (Saône-et-Loire), also in Burgund, geboren. Seine Wirkungszeit, vermutlich am burgundischen Hof, ist in die Jahre 1180 bis 1220 einzuordnen. Er nahm am IV. Kreuzzug im ritterlichen Gefolge teil. Ort und Zeit seines Todes sind nicht bekannt.

WERKE
Auf dem literarischen Sektor hat Hugues de Berzé eine gereimte Versdichtung (Bible au seigneur de Berzé) hinterlassen. Von seiner Lyrik sind 8 Liedertexte, zum Teil mit Melodien, erhalten. Die straffere, zum Teil auch ernstere Fassung dieser Lieder tritt besonders deutlich hervor, wenn man sie mit den fröhlichen Weisen von Blondel de Nesle vergleicht.

LITERATUR
Fr. Gennrich, Troubadours, Trouvères, Minne- und Meistergesang, Köln 1951.

Semjon Hulak-Artemowski (1813–73)

LEBEN
Semjon Stepanowitsch Hulak-Artemowski wurde am 4.2.1813 in Gorodischtsche, Gouvernement Kiew, geboren. Er war Schüler von Michail Glinka, studierte aber noch in Paris und in Florenz, ehe er als Baßbariton auf die Opernbühne ging. Im Jahr 1842 wurde er Mitglied der Oper in St. Petersburg. Er starb am 5.4.1873 in Moskau.

WERKE
Neben einem Divertissement und verschiedener Vokalmusik sowie Bühnenmusik verfaßte Semjon Hulak-Artemowski mit »Der Saporoger an der Donau« die erste ukrainische Nationaloper, die auch noch heute in der Sowjetunion auf den Spielplänen steht.

LITERATUR
L. Kaufmann, Semjon Stepanowitsch Hulak-Artemowski, Kiew 1962.

John Pyke Hullah (1812–84)

ZEIT UND UMWELT
Wie in Deutschland und Frankreich, kam es, wenn auch etwas später, auch in England zu einem großen Aufschwung des Schulgesangs und des Gesangunterrichts für Schüler. Schülerchöre und Schülerorchester wurden überall

gegründet, die bald soweit ausgebildet waren, daß sie öffentlich auftreten konnten. Da dieses gemeinsame Musizieren und Singen nach damaliger Auffassung erzieherisch sehr wertvoll war, blieb die staatliche Förderung nicht aus. Interessant ist, daß in England wie auch anderswo die erste Initiative zur Gründung von Gesangschulen von Persönlichkeiten ausging, die selbst in ihrer Jugend keinen Musikunterricht genießen hatten können.

LEBEN

John Pyke Hullah wurde am 27.6.1812 in Worcester geboren. Bis zum Jahr 1829, in dem sich William Horsley seiner annahm, erhielt er keinerlei Musikunterricht; 1833 trat er in die Royal Academy of Music ein, um bei Gaetano Crivelli (1774–1836) Gesangunterricht zu nehmen. Er brachte bald einige Opern heraus und wurde 1837 Organist an Croydon Church. Dann wandte er sich der Vokalmusik zu. Angeregt durch die Berichte über die Erfolge von Joseph Mainzer in Paris, reiste er dorthin, fand aber dessen Unterrichtsklassen aufgelöst vor; er konnte jedoch die Unterrichtsanstalt von Guillaume Louis Wilhelm, die damals in voller Blüte stand, studieren. Nach England zurückgekehrt, eröffnete er die erste Unterrichtsanstalt für Singlehrer, die sich starken Zuspruchs erfreute. Er konnte mit seinen fortgeschritteneren Schülern bald darangehen, Jugendchöre und Jugendorchester zu gründen und damit öffentliche Konzerte zu veranstalten. Zwischen 1840 und 1860 hatten um 25.000 Schüler diese Singklassen absolviert. Der Gründer wurde 1844 Lehrer für Vokalmusik am King's College und betreute diese Stelle bis 1874. Er wirkte gleichzeitig als Organist und Dirigent bei verschiedenen Jugendkonzerten. Zahlreiche Ehrungen des In- und Auslandes wurden ihm zuteil, mehrere erziehungs- und musikwissenschaftliche Institutionen nahmen ihn als Mitglied auf. Er starb am 21.2.1884 in London.

WERKE

Das kompositorische Werk von John Pyke Hullah bestand aus Vokalmusik: einige Opern, Madrigale und zahlreiche Lieder. Er veröffentlichte eine große Anzahl Sammlungen sakraler und profaner Gesänge, ferner viele methodische und didaktische Werke über den Vokalgesang und dessen Unterricht.

José Barberá Humbert (1874–1947)

LEBEN

José Barberá Humbert wurde am 27.1.1874 in Barcelona geboren. Er war dort Schüler des Conservatorio del Liceo und von Felipe Pedrell. Im Jahr 1924 wurde er Kompositionslehrer an dieser Anstalt, die er von 1931 bis 1938 als Direktor leitete. Er starb am 19.2.1947 in Barcelona.

WERKE

Von den Orchesterwerken von José Barberá Humbert sind eine Sinfonie, 2 Tondichtungen, eine Sinfonietta für Streichorchester und Klavier, mehrere Klavierstücke, Chöre und Lieder zu erwähnen.

Tobias Hume (um 1580 – 1645)

ZEIT UND UMWELT

Gambenensembles waren in England in der zweiten Hälfte des 16. bis weit in das 17. Jahrhundert hinein außerordentlich beliebt. Gute Gambisten wurden hoch geschätzt und Kompositionen für dieses Instrument rasch verbreitet.

LEBEN

Tobias Hume wurde um 1580 vermutlich in London geboren. Er war Soldat und lebte ab 1629, obwohl er als Gambist einen beträchtlichen Ruf genoß, im Charter House (Armenhaus) in London, bis er am 16. 4. 1645 starb.

WERKE

Der englische Gambist Tobias Hume veröffentlichte 2 Sammlungen mit 116 Stücken für zwei oder drei Violen, die außerdem 5 Ayres enthalten. Seine Musik tendiert stilistisch zur Polyphonie des 16. Jahrhunderts.

LITERATUR

B. Pattison, Music and Poetry of the English Renaissance, London 1948.

Pelham Humfrey (1647–74)

ZEIT UND UMWELT

Die französische Hofkapelle, die Violinenensembles König Ludwigs XIV. und die von Jean-Baptiste Lully geleitete Oper bildeten einen starken Anziehungspunkt für die musikalische Welt. Paris war zur Ausbildungsstätte geworden wie einzelne italienische Musikzentren.

LEBEN

Pelham Humfrey (Humphry, Humfreyes) wurde 1647 in oder bei London geboren. Er gehörte zu den ersten, die 1660 nach der Restauration als Chorknaben in die Chapel Royal aufgenommen wurden, und brachte bereits 1664 seine ersten Kompositionen heraus. König Karl II. sandte ihn auf eine Studienreise nach Italien und Frankreich, auf der er sich hauptsächlich von Jean-Baptiste Lully in die Kompositionstechnik der Oper einführen ließ. Im Jahr 1667 wurde er zum Gentleman of the Chapel Royal ernannt und folgte 1672 Henry Cooke in die Stellung eines Knabenmeisters nach. Er starb im Alter von 27 Jahren am 14. 7. 1674 in Windsor.

WERKE

Der englische Komponist Pelham Humfrey brachte im Alter von 17 Jahren 5 Anthems heraus. Weitere zahlreiche Anthems, Lieder und Oden finden sich in zeitgenössischen Sammelwerken. Er verfaßte auch eine Bühnenmusik zu Shakespeares »Sturm«. Von den Kompositionen für das Violinenensemble des Königs, dessen bestellter Komponist er war, ist nichts erhalten.

Johann Nepomuk Hummel (1778–1837)

Johann Nepomuk Hummel, Lithographie von F. Legrand

ZEIT UND UMWELT

Die Wiener Komponisten wagten zur Zeit der Klassiker in der Regel nur zaghafte Schritte in die Richtung der beginnenden Romantik. In einigen Fällen waren sie Schüler der Klassiker, in vielen bewundernde Nachahmer.

LEBEN

Johann Nepomuk Hummel wurde am 14. 11. 1778 in Preßburg geboren. Im Jahr 1785 übersiedelte seine Familie nach Wien, so daß er bei Wolfgang Amadeus Mozart Klavierunterricht nehmen konnte. Nach ausgedehnten Konzertreisen setzte er seine Studien bei Johann Georg Albrechtsberger und Antonio Salieri (1750–1825) fort, weiters bei Joseph Haydn, auf dessen Empfehlung er 1804 die Kapellmeisterstelle im Schloß Esterházy in Eisenstadt erhielt. Ab 1811 lebte er als Musiklehrer in Wien, ab 1816 wirkte er als Hofkapellmeister in Stuttgart und ab 1819 in Weimar, wo er am 17. 10. 1837 starb.

WERKE

Die Klaviermusik von Johann Nepomuk Hummel bildet den Schwerpunkt seines umfangreichen kompositorischen Schaffens. Von seinen 7 Klavierkonzerten haben das 3. (a-Moll), 4. (h-Moll) und 6. (As-Dur) ihre Faszination bis heute nicht eingebüßt; das gleiche gilt für sein d-Moll-Septett für Klavier, Flöte, Oboe, Horn, Bratsche, Cello und Kontrabaß, einen Teil der 11 Klaviersonaten, den Rondos und den Bagatellen, den 3 Violinsonaten, den Trios, den Capricen, Variationen und Fantasien, Etüden, das Klavierquintett und die 2 Serenaden für Klavier, Klarinette und Fagott. Er verfaßte außerdem 3 Streichquartette, 3 vierstimmige Messen mit Orchester und Orgel, von denen die Es-Dur-Messe heute noch beliebt ist und ebenso oft aufgeführt wird wie sein Trompetenkonzert in E-Dur; auch sein Graduale und sein Oratorium werden noch in Kirchen gesungen. Seine 69 Klavierlieder, Chöre, Opern und Ballette sind vergessen, obwohl er sich gerade auf diesem Gebiet von den Fesseln der Tradition einigermaßen freigemacht hatte.

Konzert für Klavier und Orchester in a-Moll, Opus 85, 3 Sätze

Der 1. Satz beginnt mit einem langen Orchestervorspiel, ehe der Solist das marschähnliche Hauptthema vorträgt. Das Seitenthema ist graziös, die Durchführung voll pianistischer Effekte. In der stark veränderten Reprise wird virtuose Wirkung erzeugt. Das Larghetto des 2. Satzes bringt eine zarte Melodie mit feinen Passagen. Das Rondo als 3. Satz ist von den farbigen Kontrasten zwischen Dur und Moll überstrahlt und endet mit einer eleganten Stretta.

Klaviersonate in fis-Moll, Opus 81, 3 Sätze

Der 1. Satz tritt bereits mit der Introduktion über die von der Klassik gesteckten Grenzen hinaus, verspricht einen leidenschaftlich-romantischen Verlauf und hält dieses Versprechen. Das Adagio hält sich in der dramatischen Stimmung des 1. Sat-

Vierbändige Sonate für Klavier von Johann Nepomuk Hummel, Titelblatt

zes, ist etwas exaltiert, aber von echtem Gefühl durchpulst. Im Finale steht der Komponist bereits mit beiden Füßen auf dem Boden der Romantik.

LITERATUR
D. Zimmerschied, Die Kammermusik Johann Nepomuk Hummels, Mainz 1976.

Engelbert Humperdinck (1854–1921)

LEBEN
Engelbert Humperdinck wurde am 1.9.1854 in Siegburg, Rheinland, geboren. Er studierte zunächst unter Ferdinand Hiller am Konservatorium in Köln, sodann in München bei Franz Lachner und Joseph Rheinberger. Der »Mendelssohn-Preis«, den er anschließend gewann, erlaubte ihm einen Aufenthalt in Italien, wo ihn Richard Wagner kennenlernte, nach Bayreuth einlud und bei den Vorbereitungen der Uraufführung des »Parsivals« beschäftigte. Nach Aufenthalten in Köln und Paris wirkte er von 1885 bis 1897 als Kompositionslehrer in Barcelona. Im Jahr 1888 wurde er Verlagslektor, 1890 Lehrer am Hochschen Konservatorium in Frankfurt am Main und 1900 Leiter der Meisterklasse für Komposition an der Akademie der Künste in Berlin. Er starb am 27.9.1921 in Neustrelitz.

Engelbert Humperdinck

WERKE
Der Name Engelbert Humperdinck ist mit der Märchenoper »Hänsel und Gretel« eng verbunden; von seinen übrigen Opern sind nur die »Königskinder« noch lebendig. Er schrieb ferner eine Pantomime, »Das Wunder«, Schauspielmusiken zu mehreren Stücken von William Shakespeare, Maurice Maeterlinck und Aristophanes, mehrere Orchesterwerke – darunter eine Maurische Rhapsodie –, ein Streichquartett, 2 Chorballaden, Chöre, Lieder und Klavierwerke. Sein Stil ist harmonisch teilweise von Richard Wagner abhängig, auch seine Leitmotivik schlägt zuweilen durch.

LITERATUR
H. J. Irmen, Die Odyssee des Engelbert Humperdink, Steinfeld 1975.

Hans Humpert (1901–43)

LEBEN
Hans Humpert wurde am 19.4.1901 in Paderborn geboren. Er war in Frankfurt am Main Schüler von Bernhard Sekles und von Walther Gmeindl in Berlin. Anschließend lebte er in Paderborn als freier Komponist, wurde 1939 Lehrer an verschiedenen Musikschulen und 1940 Kompositionslehrer in München. Er fiel am 15.9.1943 bei Salerno.

WERKE
Von Hans Humpert sind ein Konzert für Streichquartett und Kammerorchester, 3 Orgelkonzerte, eine Kammermusik für Flöte, Violine, Bratsche und Klavier, ein Streichtrio, eine Orgelfuge und weitere Orgelstücke, Klavierstücke, 2 Sonaten für Klavier vierhändig, zahlreiche Kantaten und Chöre bekannt ge-

worden. Sein Stil ist von Paul Hindemith beeinflußt.

Hans Ulrich Humpert (geboren 1940)

LEBEN

Hans Ulrich Humpert wurde am 9.10.1940 in Paderborn geboren. Er war an der Musikhochschule in Köln Schüler von Rudolf Petzold und nahm 1963 und 1966 an den Ferienkursen für Neue Musik teil. Im Jahr 1969 gründete er mit Bojidar Dimow, York Höller, Georg Kröll, Heinz Martin Lonquich, Manfred Niehaus und Rolf Riehm die Komponistenvereinigung »Gruppe 8 Köln« zur Entwicklung von Gemeinschaftswerken. Er wirkte in diesem Ensemble als Schlagzeuger und Synthesizerspieler; 1972 wurde er Leiter des Studios für Elektronische Musik an der Hochschule für Musik in Köln.

WERKE

Außer der Beteiligung an Gemeinschaftskompositionen der »Gruppe 8 Köln« wie »Canzona da cinque« (Kanzone für fünf) in memoriam Bernd Alois Zimmermann für Viola d'amore, Celesta, Klavier, Orgel und Marimba oder Vibraphon verfaßte Hans Ulrich Humpert »Erscheinungen eines Bach-Chorals« für vier Spieler, »Der Frieden«, Lied für Sopran und elektronische Klänge, »4 elektronische Stücke« – 2 Versionen –, »Wellen und Formen« für elektronische Klänge und Instrumentalisten, für Jazzensemble oder für Ensemble der »Gruppe« oder für Orchester oder für elektronische Klänge und Vokalisten, »Elektronische Musik für die Weltausstellung in Osaka«, eine »Vierkanalige elektronische Komposition«, »Synesis« für Synthesizer und elektronische Orgel. Er ist auch an der Erforschung neuer Möglichkeiten der Live electronic beteiligt.

John Humphries (1707 bis um 1730)

LEBEN

John Humphries wurde 1707 vermutlich in London geboren. Über seine Lebensumstände ist nichts bekannt. Er wirkte wahrscheinlich als Instrumentalist an einem Opernorchester und gab Violinunterricht. Er starb in London um 1730.
Ungefähr zur selben Zeit wirkte in London der Violinist J. S. Humphries, dessen Vornamen nicht überliefert sind (um 1700, London, bis um 1734, London). Auch über ihn fehlen alle weiteren Informationen.

WERKE

Von John Humphries sind 6 Soli für Violine mit Baß und Generalbaß im Cembalo, 12 Konzerte für zwei Violinen und eine weitere Serie Violinsonaten überliefert.
Von J. S. Humphries sind »12 Sonaten für 2 Violinen und Generalbaß« bekannt geworden.

Josef František Hunke (1802–83)

LEBEN

Josef František Hunke (in Rußland: Josif Karlowitsch Gunke) wurde am 9.2.1802 in Josefstadt (Josefov), Böhmen, geboren. Er wurde in Wien ausgebildet und wirkte anschließend von 1834 bis 1864 als Violinist und Organist der Kaiserlichen Theater in St. Petersburg, sodann als Lehrer der Hofsängergesellschaft und ab 1872 bis zu seinem Tod am 5.12. 1883 als Bibliothekar des Konservatoriums.

WERKE

Von Josef František Hunke sind eine Messe, ein Requiem, ein Oratorium »Die Sintflut«, weiters eine Anzahl Lieder und einige Werke für Kammermusik erhalten. Er schrieb eine umfangreiche Kompositionslehre.

William Hunnis (um 1520–97)

LEBEN

William Hunnis wurde um 1520 in England geboren. Wo er seine Ausbildung zum Kirchenkomponisten erhalten hat, ist nicht bekannt. Er wurde während der Regierungszeit König Edwards VI. Gentleman der Chapel Royal und verlor als Protestant diese

Position unter Königin Maria. Königin Elisabeth stellte ihn erneut ein und betraute ihn mit der Leitung des Knabenchores (1566), den er bis zu seinem Tod am 6. 6. 1597 in London führte.

WERKE
Von William Hunnis sind Vertonungen von ihm selbst versifizierter Bibelteile und Psalmen überliefert. Sie wurden mehrfach kritisiert, aber das galt vorwiegend seinen skurrilen Titeln wie »Seven Sobs of a Sorrowful Soull for Sinne« (Sieben Seufzer einer betrübten Seele wegen ihrer Sünden), womit er seine Sieben Bußpsalmen vorstellte.

Thomas Hunt (um 1570 bis nach 1601)

ZEIT UND UMWELT
Nach der Mitte des 16. Jahrhunderts wandten sich die englischen Komponisten vor allem der Musik für Virginal- und Violenconsorts zu, doch in den letzten zwei Jahrzehnten erwachte das Interesse für weltliche Vokalmusik. Die Sammlungen, die herausgebracht wurden, erfreuten sich großer Beliebtheit. »The Triumphes of Oriana« (1601) dürfte die berühmteste Madrigalensammlung gewesen sein.

LEBEN
Thomas Hunt wurde um 1570 vermutlich in oder bei Wells geboren. Über sein Leben ist nur bekannt, daß er an der Kathedrale von Wells Organist gewesen ist. Auch Zeit und Ort seines Todes sind nicht feststellbar.
Ungefähr zur gleichen Zeit lebte und wirkte ein englischer Komponist Robert Hunt, über dessen Leben und Wirken es keine Informationen gibt. Ob er in verwandtschaftlicher Beziehung zu Thomas Hunt stand, ist ebenfalls unbekannt.

WERKE
Von dem englischen Komponisten Thomas Hunt sind ein Service für vier Stimmen, einige Preces (Gebete), Responses (Responsorien) und etliche Anthems überliefert. Sie gehören stilistisch dem 16. Jahrhundert an. In der Sammlung »The Triumphes of Oriana« scheint er mit einem vorzüglichen Madrigal »Hark! did ye ever hear« (Horch! Hast du je gehört) für sechs Stimmen auf.
Von Robert Hunt sind 2 Motetten (Ave Maria und Stabat mater) erhalten, die ihn als fähigen Komponisten ausweisen.

Bernhard Hupfeld (1717–96)

ZEIT UND UMWELT
Die Musikerkarriere über einen mehrjährigen Dienst als Mitglied einer Militärkapelle war auch im 18. Jahrhundert nicht selten. Meistens gewährte dieser Dienst ausreichend freie Zeit zur Weiterbildung, und die häufige Ortsveränderung der Heere erweiterte den künstlerischen Horizont.

LEBEN
Bernhard Hupfeld (Houpfeld, Houbfeldt, Huppfeld) wurde am 24. 2. 1717 in Kassel geboren. Er war ab 1729 Kapellknabe der Hofkapelle in Kassel und wurde dort von Johan Agrell als Violinist ausgebildet. Er ging darauf nach Wien und Ungarn und wurde 1740 Militärkapellmeister. Um 1750 verließ er das Heer und begab sich nach Italien, um sich weiter auszubilden. 1775 erhielt er die Stelle eines Konzertmeisters der Universität Marburg, die er bis zu seinem Tod am 22. 1. 1796 betreute.

WERKE
Von Bernhard Hupfeld sind 7 Sinfonien, 6 Streichtrios, 2 Sonaten für Pianoforte, eine Kantate und eine Anzahl Lieder erhalten. Der Stil dieser Musik steht der Vorklassik nahe.

LITERATUR
H. Engel, Die Musikpflege der Philipps-Universität zu Marburg seit 1527, Marburg 1957.

Jean Huré (1877–1930)

LEBEN
Jean Huré wurde am 17.9.1877 in Gien,

Loiret, geboren. Er wurde in Angers und sodann in Paris zum Organisten, Pianisten und Komponisten ausgebildet. Er wirkte als Organist an Notre-Dame-des-Blancs-Manteaux, darauf an St-Martin-des-Champs und ab 1926 an St-Augustin. Er starb als zu seiner Zeit sehr angesehener Organist und Komponist am 27.1.1930 in Paris.

WERKE
Neben mehreren Opern und einem Ballett schrieb Jean Huré 3 Sinfonien - die 1. mit Chor und Orgel -, ein Violinkonzert, ein Klavierquintett, 2 Streichquartette, 3 Sonaten für Cello und Klavier, eine Sonate und eine Sonatine für Violine und Klavier, 2 Klaviersonaten, einige Orgelstücke, mehrere Messen, ein Te Deum und Gesänge. Er veröffentlichte eine Anzahl musikwissenschaftlicher Werke. Aus unerklärlichen Gründen ist seine Musik heute völlig vergessen.

František Václav Hůrka (1762–1805)

ZEIT UND UMWELT
Abgesehen von den seltenen Liedern mit mehreren Begleitinstrumenten galt bis Ende des 18. Jahrhunderts, daß der Sänger sich mit der Laute, Gitarre, Harfe, mit dem Cembalo oder Pianoforte selbst begleitete. Jedoch schon bei den volkstümlichen, sentimentalen Liedern der Übergangszeit zur Romantik trat die Forderung auf, Gesang und Begleitung verschiedenen Interpreten anzuvertrauen, weil die Begleitung komplizierter geworden war.

LEBEN
František Václav Hůrka (Friedrich Franz, Franz Venceslaus) wurde am 19. 2. 1762 in Merklin, Böhmen, geboren. Er begann seine Laufbahn als Altist an der Kreuzherrnkirche in Prag, sang sodann in Leipzig, wurde 1788 Kammersänger in Schwedt, Oder, und Dresden und 1789 Königlicher Sänger in Berlin, wo er von 1791 bis 1802 als Mitglied der Singakademie wirkte und am 10. 10. 1805 starb.
Sein Bruder Josef Martin Hůrka (11. 11. 1756, Chudenitz - Chudenice, Böhmen, bis nach 1800, Portugal) war Schüler von Jan Koželuh und wirkte als Sänger und Cellist. Er trat 1786 in Spanien dem Franziskanerorden bei, wechselte zu einem portugiesischen Kloster über, wo er nach 1800 starb.

WERKE
Von František Václav Hůrka haben mehrere Liedersammlungen eine weite Verbreitung erfahren: »Scherz und Ernst in 12 Liedern«, »Die Farben« (7 Lieder), »15 deutsche Lieder«. Einzelne Lieder wie »Der Totengräber«, »Die Schiffahrt« und »Des Pächters Rückkehr aus Yorkshire« sind außerordentlich viel gesungen worden wie auch seine beiden Chorwerke »Die Glocke« und »Die drei Rosen« oder sein Te Deum. Er schrieb außerdem ein Divertimento und 6 Streicherdivertimenti, die verschollen sind. Seine Musik steht der Romantik schon sehr nahe.
Josef Martin Hůrka hat angeblich vorzügliche Cellokonzerte und Sonaten verfaßt, die bisher nicht aufgefunden werden konnten.

Conrad Friedrich Hurlebusch (1695–1765)

ZEIT UND UMWELT
Das Liedschaffen der ersten Hälfte des 18. Jahrhunderts war vom Geist des Rokoko erfüllt. Die Lieder waren unterhaltsam, zumeist geistreich und auch sehr häufig witzig; Liebe, Freundschaft, Trinken, Rauchen waren die Hauptthemen, die Verse schlicht und die Weisen einfach. »Alleweil ein wenig lustig, alleweil ein wenig durstig«, war eine häufige Devise.

LEBEN
Conrad Friedrich Hurlebusch wurde 1695 in Braunschweig geboren und von seinem Vater vielseitig ausgebildet. Er hielt sich sodann in Hamburg, Wien, Italien und München auf, ging 1722 als Hofkapellmeister nach Stockholm und 1725 nach Braunschweig. Von 1727 bis 1736 lebte er in Hamburg als Komponist, ab 1743 wirkte er als Organist der

Oude Kerk in Amsterdam bis zu seinem Tod am 17. 12. 1765.
Sein Vater Heinrich Lorenz Hurlebusch (8. 7. 1666, Hannover, bis nach 1700, Braunschweig) wirkte als Organist an St. Magnus in Braunschweig, löste 1694 Delphin Strungk (1601–94) in gleicher Eigenschaft an St. Martin und St. Egidien ab und spielte später auch noch in der Katharinenkirche in Braunschweig, wo er nach 1700 gestorben ist.

WERKE
Vom kompositorischen Werk von Conrad Friedrich Hurlebusch ist sein Liedschaffen an die erste Stelle zu reihen. Für die »Sammlung verschiedener und auserlesener Oden« von Johann Friedrich Gräfe verfaßte er 72 Oden. Neben 3 Opern schrieb er »De 150 Psalmen Davids«, etwa 100 italienische Arien mit Instrumenten, 48 italienische Kantaten, zum Teil mit Bässen und Gesangstimmen, außerdem an Instrumentalmusik 12 Konzerte, 12 Sonaten, 8 Ouvertüren, 6 Cembalokonzerte, 24 Fugen für Cembalo und Orgel, 18 Sonaten oder Suiten für Cembalo. Seine Lieder gehören dem empfindsamen Stil an, die Instrumentalmusik ist konzertant, und die Cembalowerke schließen sich dem von François Couperin und Gottlieb Muffat geschaffenen Stil an.

William Hurlstone (1876–1906)

LEBEN
William Martin Yeates Hurlstone wurde am 7. 1. 1876 in London geboren. Er studierte an der Royal Academie of Music bei Charles Stanford, bei Algernon Bennet Langton Ashton (9. 12. 1859, Durham, bis 10. 4. 1937, London) und Edward Georg Dannreuther (1844 bis 1905). Er widmete sich allein der Komposition. Er starb am 30. 5. 1906 in London.

WERKE
Mit seinen Orchestervariationen über ein schwedisches Lied lenkte William Hurlstone die Aufmerksamkeit des Londoner Publikums auf sich. Er schrieb ferner eine Märchensuite »Der Zauberspiegel« für Orchester, ein Klavierkonzert, ein Quintett für Klavier und Blasinstrumente, ein Klavierquartett, ein Streichquartett, ein Klaviertrio, eine Violin-, eine Cello-, eine Klarinetten- und eine Fagottsonate, Stücke für Klavier und Violine, Chöre und Lieder. Er war Spätromantiker.

LITERATUR
R. Nettel, William Martin Hurlstone and his work. – In: Music Times XCIX (1958).

Ilja Hurník (geboren 1922)

LEBEN
Ilja Hurník wurde am 25. 11. 1922 in Poruba, Mähren, geboren. Er war in Prag Klavierschüler von Ilona Štěpanová (geboren 19. 11. 1899, Lwiw) und Kompositionsschüler von Vítězslav Novák. Neben seiner kompositorischen Tätigkeit wirkt er als Konzertpianist.

WERKE
Neben 3 Opern und 2 Balletten schrieb Ilja Hurník ein Stück für Orchester, ein Konzert für Streicher und eines für Bläser und Pauken, ein Konzert für Oboe, Cembalo und Streicher, ein Oboenkonzert, Moments musicaux für elf Bläser, eine Serenade für Streicher, 2 Bläserquintette, ein Klavierquintett, 2 Streichquartette, eine Kammersonate für Flöte, Oboe, Cello und Cembalo, ein Bläserquartett, ein Klaviertrio, 4 Sonatinen für Klavier, für Klavier mit Violine, mit Cello, mit Oboe, 3 Orgelsonaten, Klavierwerke, ein Capriccio für Solovioline, Lieder mit Orchester, ein Stück für Erzähler und Kammerensemble, eine Pastorella für Soli, Kinderchor und Orff-Instrumente, Liederzyklen und mehrere Kantaten.

Karel Husa (geboren 1921)

LEBEN
Karel Husa wurde am 7. 8. 1921 in Prag geboren. Er war am Konservatorium in Prag Schüler von Jaroslav Řídký. Ab 1946 studierte er in Paris bei Arthur Honegger, Nadia Boulanger

und André Cluytens (26.3.1905, Antwerpen, bis 3.6.1967, Neuilly-sur-Seine). Seit 1954 wirkt er als Professor für Musiktheorie und Leiter des Universitäts-Sinfonieorchesters der Universität in Ithaka, N. Y.

WERKE
Von Karel Husa sind eine Sinfonie, eine Fantasie, »Fresken«, ein Divertimento für Streicher und eines für Blechbläser und Schlagzeug, ein Konzert für Blechbläser, ein Tongedicht für Bratsche und Kammerorchester, eine Elegie für Altsaxophon und Orchester, eine Serenade für Holzbläserquintett und Streicher mit Xylophon und Harfe, ein Konzert für Saxophon und Bläser, ein Konzert für Blechbläserquintett und Streicher, ein »Porträt« für Streicher, ein Concertino für Klavier und Orchester, 3 Streichquartette, 2 Trios für Flöte, Klarinette und Fagott, Studien für Schlagzeug und eines für Klarinette, Bratsche und Cello, eine Ode für Chor und Orchester und verschiedene Klavierstücke bekannt geworden.

Henry Holden Huss (1862–1953)

LEBEN
Henry Holden Huss wurde am 21.6.1862 in Newark, N. J., geboren. Er war Schüler von Otis Bardwell Boise (1845–1912) und darauf in München bis 1885 bei Joseph Rheinberger. Danach lebte er als Musiklehrer und Konzertpianist bis zu seinem Tod am 17.9.1953 in New York, wo er von 1897 bis 1932 an der Masters School unterrichtet hatte.

WERKE
Die zahlreichen Instrumental- und Vokalwerke von Henry Holden Huss müssen zur amerikanischen Neu- oder Spätromantik gereiht werden, denn wenn er auch Schüler Rheinbergers war, so hat die »Münchner Neuromantik« ihm einiges mitgegeben. Er schrieb ein sehr berühmt gewordenes Ave Maria für Soli, Frauenchor, Streicher, Orgel und Harfe, eine beliebte Rhapsodie in C-Dur für Klavier und Orchester, ein Klavierkonzert in H-Dur, ein »In memoriam« für Orchester, »Kleopatras Tod« für Sopran und Orchester, ein Sanctus für Chor, Orchester und Orgel, ein Violinkonzert, 2 Streichquartette, ein Klaviertrio, eine Violinsonate, eine Cellosonate und viele Klavierstücke, Chöre und Klavierlieder.

Frank Hutchens (1892–1965)

LEBEN
Frank Hutchens wurde am 15.1.1892 in Christchurch, Neuseeland, geboren. An der Royal Academie of Music in London war er Schüler von Tobias Augustus Matthay und Frederick Corder. Ab 1908 unterrichtete er am selben Institut und von 1914 bis 1956 am Konservatorium in Sydney, wo er am 18.10. 1965 starb.

WERKE
Von Frank Hutchens sind ein Konzert für zwei Klaviere und Orchester, ein Konzert für Klavier und Streicher, eine Ouvertüre, ein Klaviertrio, eine Elegie für Violine und Klavier, zahlreiche Klavierstücke, eine Kantate »Der 23. Psalm« und Chöre bekannt geworden. Sein Stil hielt noch bei der Spätromantik.

Richard Hutchinson (um 1580–1646)

ZEIT UND UMWELT
In der Kathedrale von Durham liegt Beda (672–735), eine der bedeutendsten Persönlichkeiten des englischen Mittelalters, Theologe und Historiker, begraben. Der angelsächsische Gelehrte wurde bereits zu Lebzeiten »The Venerable« (Der Verehrungswürdige) genannt. Die Puritaner verwüsteten im Zug des Bürgerkrieges des Innere des herrlichen Kirchenbaues und rissen 1644 die Orgel heraus.

LEBEN
Richard Hutchinson wurde um 1580 in England geboren. Nachdem er einige Jahre in Southwell gewirkt hatte, erhielt er die Organistenstelle an der Kathedrale in Durham, die er bis zum Jahr 1644, dem schwarzen Jahr

der englischen Kirchenmusik, versah. Er starb in Durham im Jahr 1646.
Sein Sohn John Hutchinson (getauft am 2. 7. 1615, Durham, bis nach 1680, vermutlich York) war Organist in York und an anderen englischen Orten.

Werke
Es ist im einzelnen Fall schwer zu entscheiden, welchem der beiden englischen Komponisten namens Hutchinson ein Werk zugeschrieben werden soll. Die Anthems, die beide verfaßten, gleichen einander stark, sie gehören alle dem alten Stil an, obschon einzelne sicherlich erst in der zweiten Hälfte des 17. Jahrhunderts entstanden sind. Insgesamt sind ungefähr 15 überliefert.

Wouter Hutschenruijter (1796–1878)

Zeit und Umwelt
In den Niederlanden wurde die Förderung der Musik im 19. Jahrhundert völlig der privaten Initiative überlassen. Dies war erfolgreich, denn das Bürgertum des Landes war reich genug, um Konzertvereinigungen und Musikschulen zu erhalten. Damit verbreitete sich auch das allgemeine Interesse für Musik, das den Boden für den im Verlauf des Jahrhunderts einsetzenden Aufstieg einer eigenständigen Musikentwicklung bildete.

Leben
Wouter Hutschenruijter wurde am 28.12.1796 in Rotterdam geboren. Er bildete sich anfänglich zum Violinisten, sodann zum Hornisten und Komponisten aus. Seine organisatorische Tätigkeit trug viel zur Entwicklung einer bodenständigen Musik bei. Er gründete 1821 in seiner Heimatstadt das Musikkorps der Bürgergarde, das er fortan leitete und dirigierte, und 1826 den Musikverein »Eruditio musica«, der zu den besten und rührigsten des ganzen Landes zählte; er selbst war daran als Lehrer tätig, weiters als Konzertdirigent dieses Vereins wie anderer ähnlicher Vereine und schließlich als städtischer Musikdirektor. Er war eine der wichtigsten Persönlichkeiten der niederländischen Musik seines Jahrhunderts. Er starb am 18.11.1878 in Rotterdam.

Werke
Unter den zahlreichen Kompositionen von Wouter Hutschenruijter finden sich über 150 eigene oder arrangierte Werke für Harmoniemusik – neben anderen ein Konzertstück für acht Pauken und Orchester. Er schrieb außerdem eine Oper, 4 Sinfonien, 2 Konzertouvertüren und andere Orchester-, Kammermusik- und Solostücke, außerdem mehrere Messen, Kantaten und Lieder.

Constantin Huygens
(1596–1687)

Zeit und Umwelt
Durch den Frieden von Osnabrück (Westfälischer Friede) vom 24. 10. 1648 wurde die Unabhängigkeit der Republik der Niederlande anerkannt.
Auf geistiger Ebene ist dieses Zeitalter durch wissenschaftliche Leistungen von Weltgeltung gekennzeichnet, repräsentiert vor allem durch den Begründer des Völkerrechts, Hugo Grotius (Huig de Groot, 1583–1645), und den Philosophen Benedictus Spinoza (Baruch d'Espinosa, 1632–77). Der gewaltige Aufschwung der bildenden Kunst wurde in den Niederlanden von Künstlern wie Peter Paul Rubens (1577–1640), Anthonis van Dyck (1599–1641) und Jakob Jordaens (1593 bis 1678), im flämischen Bereich von Frans Hals (1580 bis 1666), Rembrandt Harmensz van Rijn (1606–69), Pieter de Hooch (1629 bis 1677), Jan Steen (1626–79) und Jan Vermeer (1632–75) getragen.

Leben
Constantin Huygens, Herr von Zuyligem, wurde am 4. 9. 1596 in Den Haag geboren, war Dichter, Musiker, Diplomat und eine geachtete gesellschaftliche Persönlichkeit. Er starb am 28. 3. 1687 in Den Haag.

Werke
Der niederländische Komponist Constantin Huygens hat angeblich etwa 800 Stücke kom-

poniert. Das meiste davon ist verlorengegangen; erhalten sind nur 20 Psalmen, 12 italienische und 7 französische Arien, die wegen ihrer zuweilen originellen Melodieführung interessant wirken, aber mehr gekünstelt als künstlerisch sind. Er veröffentlichte einen vielbeachteten Orgeltraktat.

František Hvátal (1808–79)

LEBEN

František Hvátal (Franz Xaver Chwatal) wurde am 19.6.1808 in Rumburg (Rumburk), Böhmen, geboren. Bereits 1822 ging er nach Merseburg, wo er sein Klavierspiel vervollkommnete, und 1835 nach Magdeburg, um sich als Musiklehrer niederzulassen. Er starb am 24.6.1879 in Bad Elmen.

WERKE

Von František Hvátal sind 250 Kompositionen bekannt geworden. Er verfaßte zahlreiche Salonstücke und Etüden für Klavier, 3 ausgezeichnete Sonatinen für Klavier und sehr schön klingende Männerquartette.

I

Jacques Ibert (1890–1962)

Leben

Jacques Ibert wurde am 15. 8. 1890 in Paris geboren. Er war Schüler von Émil Pessard, Paul Vidal und André Gédalge am Conservatoire in Paris, wo er den Rompreis erhielt. Im Jahr 1936 wurde ihm in Rom die Leitung der Académie Française in der Villa Medici übertragen; er trat 1940 davon zurück und führte sie ein zweites Mal von 1946 bis 1969; 1955 wurde er Leiter der Vereinigten Musiktheater in Paris, wo er am 5. 2. 1962 starb.

Werke

Eine stilistische Einordnung von Jacques Ibert ist nicht möglich. »Alle Stilrichtungen sind gut«, erklärte er , »vorausgesetzt, daß man sie verwendet, um Musik zu machen.« Sein kompositorisches Schaffen folgte dieser Devise ohne Einschränkung; die Stilmittel wurden stets dem musikalischen Geschehen untergeordnet. Er schrieb 12 Bühnenstücke, mehrere Ballette und zahlreiche Bühnen-, Film- und Rundfunkmusiken, ferner eine Sinfonie, 2 sinfonische Suiten, ein Cellokonzert, ein Flötenkonzert, ein Saxophonkonzert, ein Oboenkonzert, eine »Ballade«, eine Festouvertüre und eine Anzahl weiterer klangreicher Orchesterstücke, weiters ein Capriccio für zehn Instrumente, 3 kurze Stücke für Bläserquintett, 2 Sätze für Bläserquintett, ein Streichquartett, ein Trio für Violine, Cello und Harfe, 5 Stück für Bläsertrio, Duos mit verschiedener Besetzung, zahlreiche Stücke für Klavier, Harfe, Orgel. Seine Vokalmusik besteht aus vielen Chören und Liedern mit verschiedener Begleitung.

Symphonie marine, ein Satz, entstanden 1931

Es handelt sich um keine Sinfonie im herkömmlichen Sinn, obwohl die thematische Einheitlichkeit gewahrt ist, aber auch um kein sinfonisches Gedicht, weil ihm kein epischer oder lyrischer Vorwurf zugrunde gelegt ist; auf alle Fälle liegt eine grandiose Stimmungsschilderung vor. Das Orchester ist kammermusikalisch besetzt. Ein schwerer Wellenschlag eröffnet das Werk, dann singt das Saxophon sein träumerisches Lied, zu dem Klavier, Harfe und Streicher den rastlosen Wogengang markieren. Dann wird das Schlagen der Wellen lauter, während das Blech zum Takt der Tambourins einen Tanz anstimmt, zu dem jedes Blasinstrument sein Thema beiträgt. Darauf erklingt ein Walzer mit wirbelnden Rhythmen, bis das Saxophon, von der Klarinette begleitet, das musikalische Geschehen beherrscht. Nochmals schäumen die Wellen auf, dann ist alles vorbei.

Jacques Ibert

Divertissement für Kammerorchester, 6 Teile, entstanden 1929

In dieser Folge von reizenden Stücken sind der Hochzeitsmarsch von Felix Mendelssohn-Bartholdy, mehrer Wiener Walzer und französische Konzertcafémelodien reizend parodiert, bis alles in einem rasenden Galopp zu Ende geführt wird.

Concertino für Saxophon und Kammerorchester, 2 Sätze, entstanden 1935

In diesen zwei Sätzen sind Klang- und Ausdrucksmöglichkeiten der Instrumente völlig ausgeschöpft. Obwohl das Stück sich ganz unprätentiös gibt, bringt es Spannung, Melodik, Lyrik und virtuose Passagen in einer Fülle, die man sich bei anderen »großen« Werken wünschen möchte. Es liegt ein vollendetes Meisterwerk vor, bei dem man nur seine Kürze bedauert.

Konzert für Flöte und Kammerorchester, 3 Sätze, entstanden 1934

Durch seinen Geist, seine Ironie und die Innigkeit des Ausdrucks, durch die Virtuosität des Flötenparts wurde dieses Werk zu einem der beliebtesten Flötenkonzerte des 20. Jahrhunderts. Nach einem kraftvollen Auftakt des ganzen Orchesters eröffnet die Flöte mit kapriziöser, eleganter Spielfigur den 1. Satz. Der Solist trägt auch das zweite Thema – eine schöne Kantilene – vor. Mit überraschenden Klangkombinationen werden beide Themen abgewandelt. Im 2. Satz spielt der Solist zu sordinierten Streichern eine innige Melodie

Erste Seite der Partitur der »Symphonie Concertante pour hautbois et orchestre à cordes« von Jacques Ibert, Autograph

vor, die über reizende Auszierungen zu einem leidenschaftlichen Höhepunkt führt; dann verklingt der Satz im zarten Pianissimo. Das Finale ist tänzerisch elegant; das Orchester bringt dazu derbe dynamische Akzente.

Bacchanale, 3 Sätze, entstanden 1956

Das Werk wurde zum zehnjährigen Bestand des 3. Programms des englischen BBC verfaßt. Der 1. Satz bringt einen frenetischen Tanz, an dem sich jedes Instrument beteiligt, bis ein Glissando der Harfe dem wirbelnden Treiben ein Ende setzt. Im 2. Satz übernimmt die Trompete die Führung, trägt träumerische Musik vor und wird sodann von der Klarinette abgelöst. Mit vornehmer Eleganz endet der Satz. Der Beginn des 3. Satzes klingt wie ein Schlachtruf. Dann kommt es zu einem Gegeneinander verschiedener Instrumentengruppen, das in einem rauschenden Bacchanal endet.

LITERATUR

J. Feschotte, Jacques Ibert, Paris 1958.

Toshi Ichiyanagi (geboren 1933)

LEBEN

Toshi Ichiyanagi wurde am 2. 4. 1933 in Ashiya-Shi, Japan, geboren. Er war Privatschüler von Tomojiro Ikenouchi und wurde während seines Aufenthalts in den USA von 1952 bis 1961 von John Cage nachhaltig beeinflußt, entwickelte jedoch bald nach seiner Rückkehr einen eigenen Stil.

WERKE

Der bedeutende Repräsentant der japanischen Gegenwartsmusik Toshi Ichiyanagi schrieb unter anderem Musik für elektrische Metronome, ein Duett für Klavier und Streichorchester, »Stanzas« für Streichinstrumente, ein Stück für 15 Spieler, Musik für Tonband, Orchester und elektronische Klangunterbrecher, ein Stück für drei Instrumente, zwei Oszillatoren, zwei Ringmodulatoren, ein Streichquartett, weitere Musik für Tonband und für elektronische Tonquellen und Klaviermusik.

Tomojiro Ikenouchi (geboren 1906)

LEBEN

Tomojiro Ikenouchi wurde am 21. 10. 1906 in Tokio geboren. Er studierte von 1928 bis 1936 am Conservatoire in Paris unter Georges Caussade und Henri Busser. Von 1938 bis 1946 wirkte er als Professor an der Universität in Nihon und anschließend an der Hochschule für Musik und bildende Künste in Tokio.

WERKE

Von Tomojiro Ikenouchi sind eine sinfonische Suite, mehrere Orchesterstücke, ein Oktett, 2 Streichquartette, je eine Sonatine für Klavier, für Violine, für Cello und eine Ballade auf eine altjapanische Weise bekannt geworden. Er integrierte abendländische Musikfaktur sehr geschickt mit heimischer Melodik und Rhythmik.

Lauri Ikonen (1888–1966)

LEBEN

Lauri Ikonen wurde am 10. 8. 1888 in Mikkeli, Finnland, geboren. Er studierte von 1906 bis 1910 neben der Universität am Musikinstitut und an der Orchesterschule in Helsinki und darauf bei Paul Juon in Berlin. Anschließend wirkte er als Kompositionslehrer am Konservatorium in Viipuri (heute Wiborg), sodann als Schriftleiter einer Musikzeitschrift und als Sekretär des Tonkünstlerverbandes in Helsinki, wo er am 21. 3. 1966 starb.

WERKE

Von Lauri Ikonen sind 5 Sinfonien, 3 Suiten, ein Klavierkonzert, ein Cellokonzert, ein Violinkonzert, ein Streichquartett, ein Klaviertrio, eine Suite für Sopran und Streichquartett, eine Sonate und 2 Sonatinen für Klavier, eine Kantate, begleitete und unbegleitete Chöre, Klavierstücke und Lieder bekannt geworden. Sein Stil ist mäßig progressiv.

Bojan Ikonomow (1900 – 73)

Leben

Bojan Georgjew Ikonomow wurde am 1. 12. 1900 in Nikopol, Bulgarien, geboren. Während seines Universitätsstudiums in Sofia bildete er sich in Musiktheorie, Harmonielehre und Kontrapunktik aus. Im Jahr 1931 setzte er in Paris an der Schola Cantorum bei Vincent d'Indy und Guy de Lioncourt und darauf bei Nadia Boulanger und Albert Roussel seine Ausbildung fort. 1934 war er Dirigierschüler von Felix Weingartner in Basel, 1937 wurde er musikalischer Mitarbeiter bei Radio Sofia. Von 1948 bis 1956 wirkte er als Mitarbeiter bei der staatlichen bulgarischen Filmgesellschaft und darauf bis 1960 als Leiter des Sinfonieorchesters und der Musikabteilung bei Radio Sofia. Er starb in Sofia am 27. 3. 1973.

Werke

Außer einer Oper, einer Kinderoperette und 2 Balletten schrieb er 3 Sinfonien, eine Sinfonietta, ein Violinkonzert, ein Concertino für Klavier und Orchester, 6 Streichquartette, Klavierwerke, Chöre, Massenlieder, Sololieder und Filmmusik. Die bulgarische Folklore wird bei diesen Kompositionen weniger herangezogen als bei gleichzeitigen Werken der bulgarischen Zeitgenossen.

Adam Ileborgh (um 1415 bis vor 1500)

Zeit und Umwelt

Neben der zum Teil stürmischen Entwicklung der Musik in Italien und Westeuropa wurden auch auf dem übrigen Kontinent Lieder gesungen, Tänze gespielt; an den Höfen und in den Kirchen wurde Musik gemacht, über die wir allerdings wenig wissen, weil Aufzeichnungen davon fehlen. Es ist auch kaum feststellbar, von wo und wem diese Musik beeinflußt wurde, außer daß sie sicherlich sehr bodenständig war. Reisende, Kaufleute, Kriegsmänner, politische Sendlinge und vor allem von Ordenskloster zu Ordenskloster wandernde Mönche brachten manches Stück Musik nach Hause, das entweder nur nachgeahmt oder der eigenen integriert wurde. Das meiste davon ist verklungen wie die Namen ihrer Schöpfer. Nur selten ist uns eine Handschrift überliefert, die uns daran erinnert, daß zu jenen fernen Zeiten nicht nur in den bekannten und berühmten Zentren die Musik gepflegt wurde.

Leben

Adam Ileborgh ist um das Jahr 1415 in Norddeutschland geboren. Über sein Leben ist nur bekannt, daß er in Stendal Ordensfrater war. Wahrscheinlich gehörte er dem Franziskanerorden an und spielte an verschiedenen Kirchen die Orgel. Zeit und Ort seines Todes sind unbekannt.

Werke

Adam Ileborgh war Schreiber und Komponist der Orgeltabulatur, die mit 1448 datiert ist. Sie bringt 5 Präludien ohne Taktordnung und Mensuren, die alle den gleichen Cantus firmus verarbeiten. Die Cantus-firmus-Technik weist auf französischen Ursprung hin (Machaut?). Jedenfalls ist diese Tabulatur ein vereinzeltes Zeugnis früher norddeutscher Orgelkunst.

Literatur

G. Knoche, Adam von Ileborgh, Franziskanische Studien XXVIII, 1941.

Andrew Imbrie (geboren 1921)

Leben

Andrew W. Imbrie wurde am 6. 4. 1921 in New York geboren. Er studierte an der Universität in Berkeley, Calif., bei Robert Casadesus (7. 4. 1899, Paris, bis 19. 9. 1972, Paris) und Roger Sessions. Seit 1949 wirkt er als Musikprofessor an der Universität in Berkeley.

Werke

Außer einer Oper schrieb Andrew Imbrie 3 Sinfonien, eine Ballade, ein Violinkonzert, eine Legende, eine Kammersinfonie, 3 Streichquartette, ein Trio für Violine, Cello und Klavier, eine Serenade für Flöte, Bratsche und Klavier, eine Kantate, 3 Lieder für Sopran und Orchester, Proprien für Chor und Orgel.

Marc' Antonio Ingegneri
(um 1547–92)

Zeit und Umwelt

Galeazzo Campi (1475 – 1563) und Bernardo Gatti (um 1495 – 1575) waren die Hauptbegründer der eleganten, etwas eklektischen Cremoneser Malerschule. Sie nahmen an der Prägung des Gesichtes der Stadt Cremona breiten Anteil, das, ob es nun zu Beginn des 16. Jahrhunderts venezianisch oder später spanisch war, auch von bedeutenden Musikern gezeichnet wurde.

Leben

Marc' Antonio Ingegneri (Ingignieri) wurde um 1547 in Verona geboren und von Vincenzo Ruffo ausgebildet. Er übersiedelte um 1568 nach Cremona, wo man ihn 1572 zum Domchorleiter ernannte. Im Jahre 1581 wurde er Domkapellmeister in Verona, wo er am 1. 7. 1592 starb.

Werke

Die Responsoria hebdomadae sanctae (Karwochenresponsorien) wurden noch im 19. Jahrhundert Palestrina zugeschrieben, wenn auch mit Vorbehalt. Das darf für den tatsächlichen Komponisten Marc' Antonio Ingegneri als Gütezeichen gewertet werden. Auch die anderen Werke: 2 Bücher mit fünf- bis achtstimmigen Messen, 4 Bücher mit vier-, fünf-, sechs- und sieben- bis sechzehnstimmigen geistlichen Liedern, 7 Bücher mit vier- und fünfstimmigen Madrigalen und 2 Bücher mit vierstimmigen Hymnen halten sich auf dieser Höhe. Einzelnes findet sich in Sammelwerken. Alle Kompositionen stechen mit ihrer kühnen, ausdrucksstarken Harmonik hervor.

Literatur

M. L. Duggan, Marc' Antonio Ingegneri, Rochester 1968.

Jan Ingenhoven (1876–1951)

Leben

Jan Ingenhoven wurde am 19. 5. 1876 in Breda geboren. Er studierte bei Felix Brandts-Buys (20. 11. 1847, Deventer, bis 29. 6. 1917, Velp) und Felix Mottl (24. 8. 1856, Wien, bis 2. 7. 1911, München). Er wirkte von 1905 bis 1919 als Chordirigent in München und lebte anschließend bis zu seinem Tod am 20. 5. 1951 in Apeldoorn vorwiegend in der Schweiz.

Werke

Die 3 »Sinfonischen Tonstücke« und die »Sinfonische Fantasie« für kleines Orchester von Jan Ingenhoven gewinnen durch polytonale Schichtungen, atonale Chromatik interessante Klangwirkungen. Feine orchestrale Klänge zeichnen seine 4 Streichquartette und das Bläserquintett aus. Seine Chöre und Lieder sind weniger avantgardistisch.

Literatur

D. Ruyneman, De componist Jan Ingenhoven, Amsterdam 1938.

Désiré-Émile Inghelbrecht (1880–1965)

Leben

Désiré-Émile Inghelbrecht wurde am 17. 9. 1880 in Paris geboren. Er studierte am Conservatoire in Paris. Im Jahr 1908 dirigierte er am Théâtre-des-Arts, 1912 am Théâtre-des-Champs-Elysées, von 1919 bis 1923 wirkte er als musikalischer Leiter des schwedischen Balletts in Paris, 1924 wurde er Musikdirektor der Opéra-Comique in Paris und 1927 an der Opéra, die er 1933 wieder verließ. Seit 1934 war er am französischen Rundfunk tätig und dirigierte dort das von ihm gegründete Orchestre National, von 1945 bis 1950 dirigierte er auch an der Opéra. Er starb am 14. 2. 1965 in Paris.

Werke

Maurice Ravel und Claude Debussy, mit dem Désiré-Émile Inghelbrecht befreundet war, übten einen starken Einfluß auf dessen kompositorisches Schaffen aus. Sein Stil stand zwischen Impressionismus und Neuklassizismus mit häufigen Neigungen zum Expressionismus. Neben einer Anzahl Opern, Operetten und Balletten schrieb er für Orchester eine Sinfonie, 2 Skizzen – »Erster Schneetag im alten Japan«, »Frühlingsrhapsodie« –, 3 Tänze, 6 Schwedische Tänze, eine Variation, »Irische Ballade« für Harfe und Orchester, ein Violinkonzert, eine sinfonische Suite, ein Streichquartett, ein Requiem, mehrere Kantaten für Rezitation, Singstimme, Chor und Orchester, Chöre und Lieder. Er veröffentlichte einige theoretische Werke.

William Inglott (1554–1621)

Zeit und Umwelt

Der wirtschaftliche Aufstieg von Norwich, der seit dem Normanneneinfall bis in die frühe Neuzeit stetig anhielt, begünstigte wie überall das kulturelle Leben der Stadt. Den Zeitgepflogenheiten entsprechend spielte sich das Musikleben in der Kathedrale und den anderen Kirchen ab und erfuhr auch durch Reformation, Gegenreformation und erneute Reformation keine empfindliche Störung. Erst als im folgenden Jahrhundert die Puritaner die Oberhand gewannen, wurde jede kulturelle Betätigung stillgelegt.

Leben

William Inglott wurde 1554 vermutlich in oder bei Norwich geboren. Über seine Lebensverhältnisse in den restlichen Jahrzehnten des 16. Jahrhunderts fehlen alle Informationen. Im Jahre 1608 wurde er zum Organisten der Kathedrale von Norwich bestellt, an der er vermutlich schon geraume Zeit zuvor als Sänger oder Hilfsorganist tätig gewesen war. Er versah den Organistendienst bis zu seinem Tod im Dezember 1621.

Werke

Der Kirchenmusiker William Inglott war bei seinen Zeitgenossen wegen seines virtuosen Spieles auf der Orgel und dem Virginal berühmt. Er hat für diese Instrumente komponiert. 2 Stücke für Virginal befinden sich in »Fitzwilliams Virginal Book«. Außerdem ist der Orgelpart eines Te Deum erhalten. Alles andere ist verlorengegangen. Man sieht jedoch auch aus der kargen Hinterlassenschaft, daß er einer der vielen Kathedralenorganisten war, die durch ihr Spiel und ihre Kompositionen die Entwicklung der englischen Musik weitertrieben. Sie wirkten an ihren Orgeln oder als Kapellmeister und Komponisten »milieubildend«, das heißt, daß sie die Atmosphäre schufen, aus der die großen Meister kamen.

Giacomo Insanguine (1728–95)

Zeit und Umwelt

Da der Bedarf an Opern in den italienischen Städten auch in der zweiten Hälfte des 18. Jahrhunderts unvermindert anhielt und die Werke neapolitanischer Meister offensichtlich allen andern vorgezogen wurden, widmete sich jeder in dieser Stadt ausgebildete Komponist, sofern er sich dazu imstande fühlte, dieser Kompositionsart.

Leben

Giacomo Antonio Francesco Paolo Michele Insanguine (genannt Monopoli) wurde am 22. 3. 1728 in Monopoli bei Bari geboren. Er war Schüler des Conservatorio Sant'Onofrio in Neapel und nach seiner Ausbildung für kurze Zeit auch Lehrer der Anstalt. Dann widmete er sich der Opernkomposition. Von 1781 bis zu seinem Tod am 1. 2. 1795 war er Kapellmeister an Tesoro di San Gennaro in Neapel.

Werke

Neben 21 Opern schrieb Giacomo Insanguine eine Passion und mehrere Kirchenkompositionen – Messen, Proprien –, außerdem eine Reihe von Orgel- und Cembalostücken, die bald vergessen wurden.

Literatur

A. Mondolfi, Destino e stile di Giacomo Insanguine detto Monopoli, Gazzetta musicale di Napoli IV, 1958.

José Inzenga (1828–91)

ZEIT UND UMWELT
Auch für Lehrer des Konservatoriums von Madrid gab es, falls sie mit Kompositionen hervortreten wollten, die aufgeführt wurden, nur die Möglichkeit, Zarzuelas herzustellen. Einzelne bemühten sich, dieser Musikbühnengattung so viel musikalischen Gehalt wie möglich zu verleihen und sie der Oper anzunähern, konnten aber ihre eingefahrene Form nicht ändern, ohne das Publikum abzuschrecken.

LEBEN
José Inzenga wurde am 3.6.1828 in Madrid geboren. Er war Schüler des Konservatoriums und studierte darauf von 1842 bis 1848 in Paris. Im Jahr 1860 wurde er Gesanglehrer des Konservatoriums in Madrid, wo er am 28.6. 1891 starb.

WERKE
Von José Inzenga sind mehrere Zarzuelas aufgeführt worden. Sie fallen durch eine reichere Instrumentation auf, unterscheiden sich aber sonst durch nichts von den zeitgenössischen gleichartigen Erzeugnissen. Er veröffentlichte 7 Hefte mit spanischen Volksliedern und Volkstänzen.

José María Iparraguirre y Balerdi (1820–81)

ZEIT UND UMWELT
Das Zortziko ist ein baskisches Tanzlied im Fünfertakt, das im Verlauf des baskisch-spanischen Kettentanzes Aurresku zur Begleitung des Txistu (Einhandflöte) und des Tamboril (kleine Trommel) noch heute gesungen wird.

LEBEN
José María Iparraguirre y Balerdi wurde am 12.8.1820 in Villareal de Urrechu, Guipúzcoa, geboren. Er bereiste als Sänger seiner selbst komponierten Zortzikos Europa und Amerika, ließ sich 1877 in seiner Heimat nieder und starb am 6.4.1881 in Zozobastro de Isacho, Guipúzcoa.

WERKE
Von den vielen Zortzikos von José María Iparraguirre y Balerdi gewannen einige als politische Kampflieder eine über das Musikalische hinausgehende Bedeutung. Seine Melodien und Rhythmen fanden zum Teil Eingang in die spanische Komposition.

LITERATUR
J. M. Salaverría, El último bardo, Madrid 1932.

Benjamin Ipavec (1829–1909)

ZEIT UND UMWELT
Im 19. Jahrhundert tendierte die Musik der Slowenen vor allem nach Graz und Wien. Eine gewisse Selbständigkeit erreichten sie vor allem auf dem Gebiet der Vokalmusik, in die sie ihren reichen Volksliedschatz einfließen ließen.

LEBEN
Benjamin Ipavec wurde am 24.12.1829 in Sv. Juri bei Celje, Slowenien, damals Herzogtum Krain, geboren. Er studierte in Graz Medizin und Musik, ließ sich dort als Arzt nieder und starb am 20.12.1909.

WERKE
Von Benjamin Ipavec ist eine Oper auf slowenischen Text aufgeführt worden. Auch seine Kantate »Am Grab von Prešeren« ist slowenisch wie seine Sologesänge »Die Zigeunerin Marija«, »Der Mönch« und »Auf dem Feld«. Man zählt den Komponisten zu den bedeutendsten Vertretern der slowenischen Romantik.

Franz Ippisch (1883–1958)

LEBEN
Franz Ippisch wurde am 18.7.1883 in Wien geboren. Er war Schüler von Franz Schmidt, wirkte von 1903 bis 1933 als Cellist an der Wiener Volksoper und anschließend als Militärkapellmeister in Salzburg. Im Jahr 1938 mußte er Österreich verlassen und wurde in

Guatemala Generaldirektor der Militärkapellen und 1952 Theorieprofessor am Conservatorio Nacional von Guatemala, wo er am 20. 2. 1958 starb.

WERKE
Von Franz Ippisch sind 5 Sinfonien, eine Suite für Streichorchester, 2 Violinkonzerte, ein Klavierkonzert, ein Fantasiestück für Cello und Kammerorchester, eine Ouvertüre, 12 Streichquartette und weitere Kammermusik, eine »Deutsche Messe«, eine Hymne für Soli, Chor und Orchester, ein Te Deum für Chor und Orgel und viele Lieder und Gesänge bekannt geworden. Der Stil seines Lehrers ist bei ihm deutlich erkennbar.

Michail Ippolitow-Iwanow (1859–1935)

ZEIT UND UMWELT
Da die Tendenz der neuen Machthaber Rußlands darauf hinauslief, daß die Musik möglichst eingängig, leicht faßlich, klangvoll, wenig dissonant, also sehr konservativ sein soll, konnten Schüler und Fortsetzer von Pjotr Tschaikowski und Nikolai Rimski-Korsakow die übernommenen Fakturen ohne weiteres beibehalten, ohne Anstoß zu erregen. Eine Weiterentwicklung des Stils war vorläufig gehemmt.

LEBEN
Michail Michailowitsch Ippolitow-Iwanow wurde am 7. 11. 1859 in Gatschina geboren. Er studierte am Konservatorium in St. Petersburg. Im Jahr 1883 wurde er Direktor der Musikschule und Dirigent der Sinfoniekonzerte der Russischen Musikgesellschaft, 1884 Dirigent des Theaters in Tiflis (Tbilisi). Während dieser Zeit gründete er in Tiflis eine Zweigstelle der Russischen Musikgesellschaft und war am Musikleben der Stadt führend beteiligt. Ihm ist es zu verdanken, daß die Musikschule der Stadt den Rang eines Konservatoriums erhielt. So leistete er einen wesentlichen Beitrag zur Entwicklung der grusinischen Musikkultur. 1893 wurde er Kompositionsprofessor am Konservatorium in Moskau, das er von 1906 bis 1922 leitete. Daneben wirkte er von 1895 bis 1901 als Dirigent der Russischen Chorgesellschaft, von 1899 bis 1906 als Kapellmeister der Moskauer Privatoper und ab 1925 des Bolschoi Teatr. Er starb am 28. 1. 1935 in Moskau.

WERKE
Von den 6 Opern von Michail Ippolitow-Iwanow fällt eine in die nachrevolutionäre Zeit und trägt den Titel »Die letzte Barrikade«; musikalisch ist sie ebenso in Nachfolge der Lehrer des Komponisten geschrieben wie die älteren. Er schrieb ferner 2 Sinfonien, eine Sinfonietta, die Suite »Kaukasische Skizzen«, 2 sinfonische Dichtungen, eine Ouvertüre und Lieder. Er nahm viel Volksliedgut in seine Werke auf.

Sebastián Iradier (1809–65)

LEBEN
Sebastián Iradier (Yradier) wurde am 20. 1. 1809 in Sauciego, Álava, geboren. Er war ab 1851 Gesanglehrer der nachmaligen Kaiserin Eugenie de Montijo (1826–1920), Gemahlin Napoleons III. Er starb am 6. 12. 1865 in Vitoria.

WERKE
Die Lieder von Sebastián Iradier waren ungeheuer erfolgreich und wurden von den ersten Sängerinnen der Zeit vorgetragen. Einzelne wie »La palomita« (La paloma) und »Ay Chiquita« errangen Weltruf. Seine »Habanera« wurde von Georges Bizet für spanische Volksmusik gehalten und als solche in die Oper »Carmen« aufgenommen.

Francis Ireland (1721–80)

ZEIT UND UMWELT
Autodidakte Dilettanten weist jede Epoche der Musikgeschichte auf. Sie waren oft der Musikentwicklung sehr förderlich, weil sie, von Stilregeln und von den Hörgewohnheiten unabhängiger als Berufsmusiker, ihrem Hobby nachgingen und dadurch zuweilen ungehemmt in Neuland vorstießen.

LEBEN

Francis Ireland (Pseudonym für Francis Hutcheson) wurde am 13. 8. 1721 in Dublin geboren. Er war Mediziner und zuletzt ab 1775 Konsiliararzt am Rotunda-Hospital. Seine kompositorische Tätigkeit übte er unter seinem Pseudonym aus.

WERKE

Das Madrigal »Return, return« (Kehre zurück) machte Francis Ireland zum berühmten Vokalkomponisten. Für seine Glees und Catches, die bald sehr bekannt wurden, erhielt er mehrere Preise. Ein Teil davon kam im Druck heraus.

John Ireland (1879–1962)

LEBEN

John Nicholson Ireland wurde am 13.8.1879 in Inglewood, Bowden, Cheshire, geboren. Er war am Royal College of Music in London Schüler von Frederick Cliffe (2.5.1857, Lowmoor bei Bradford, bis 19.11.1931, London) und Charles Stanford. Er lebte als Lehrer und als freier Komponist und starb am 12.6.1962 in Washington, Kent.

WERKE

Seine bis 1908 geschriebenen Kompositionen zog John Ireland als »zu wenig repräsentativ« zurück; die auf keinen Fall wertlosen Werke waren im traditionellen Stil der englischen, dem Klassizismus angenäherten, Spätromantik gehalten. Auch die späteren verlassen die Tonalität selten und kehren immer zu ihr zurück; ihr modernes Gesicht erhalten sie zumeist nur durch Hinzufügen zusätzlicher Töne zur Akkordik der Kadenz. Er schrieb für Orchester eine »Sinfonische Rhapsodie«, 3 Ouvertüren, ein Klavierkonzert und eine Legende für Klavier und Orchester, ein »Concertino pastorale« für Streichorchester, 3 Klaviertrios, eine Klaviersonate, 2 Violinsonaten, eine Cellosonate, eine Klaviersonatine, eine Kantate, Chöre, zahlreiche Lieder und Liederzyklen, verschiedene Klavierstücke und Kirchenmusik.

Tomás de Iriarte (1750–91)

ZEIT UND UMWELT

Die Verehrung, die Luigi Boccherini Joseph Haydn entgegenbrachte, regte auch spanische Musiker an, sich mit dem Wiener Klassiker zu befassen. Das hatte zur Folge, daß die weitere Entwicklung der spanischen sinfonischen Musik zu einem großen Teil auf Haydn fußte.

LEBEN

Tomás de Iriarte (Yriarte) wurde am 18. 9. 1750 in Puerto de la Cruz, Teneriffa, geboren. Er war Schüler von Antonio Rodriguez de Hita in Madrid, wurde Staatssekretär und trat mit Erfolg als Dichter hervor. Er starb am 17. 9. 1791 in Madrid.

WERKE

Von den Kompositionen von Tomás de Iriarte ist wenig überliefert. Er schrieb einige Sinfonien und Quartette im Stil Joseph Haydns, Tonadillas und ein Melodram »Guzman el Bueno« (Guzman, der Gute).

LITERATUR

J. Subirá, El compositor Iriarte, Barcelona 1949/50.

Yoshiro Irino (1921–80)

LEBEN

Yoshiro Irino wurde am 13.11.1921 in Wladiwostok geboren. Er studierte an der Universität in Tokio und bei Saburo Moroi, gründete 1946 die japanische Komponistengruppe »Neue Stimme«, wurde Vorstandsmitglied der japanischen Sektion der IGNM und Kompositionsprofessor an der privaten Musikhochschule in Tokio. Er starb dort im Juni 1980.

WERKE

Außer einer Fernsehoper schrieb Yoshiro Irino eine Ouvertüre, eine Sinfonie, eine Sinfonietta, ein Doppelkonzert für Violine und Klavier und ein Ricercare für Kammerorchester, ein dodekaphonisches Kammerkonzert für sieben Instrumente, 3 Sätze für zwei Kotos und 17 Streicher, ein Streichquartett, ein Streichtrio, Duos für Violine und Klavier und Violine und Cello, für Vibraphon und Klavier und für zwei Klaviere, ferner eine Violinsonate. Es gelang ihm, abendländische Techniken mit heimischen zu vereinen.

Heinrich Isaac (um 1450–1517)

Zeit und Umwelt

In der zweiten Hälfte des 15. Jahrhunderts bildeten sich auch im deutschsprachigen Raum Musikzentren heraus. Die Höfe der Kurfürsten in Heidelberg und Torgau wurden zu starken Magneten für Musiker, in Wien sprachen schon im Mittelalter die Minnesänger gerne vor, auch in München waren Musiker schon lange sehr willkommen. Dazu sind die Sitze geistlicher Fürsten, wie Salzburg, Passau oder Mainz, zu rechnen. Und unter Maximilian I., der sich eine Hofkapelle nach dem Vorbild der Burgunder einrichtete, wurden auch Augsburg und Innsbruck zu Stätten eines intensiven musikalischen Lebens.

Leben

Heinrich Isaac (Ysach, Ysac, Yzaac, Isac, Isaak, Arrigo Tedesco, Arrhigus) wurde um 1450 vermutlich in Brabant oder Ostflandern geboren. Über seine Ausbildung ist nichts bekannt. Ob er je Schüler des Antonio Squarcialupi in Mailand gewesen ist, läßt sich nicht eindeutig feststellen, ebensowenig, ob er vor 1480 in Ferrara oder Florenz gewirkt hat. Gesichert ist jedoch, daß er kurz nach 1480 von Lorenzo de Medici als Lehrer für dessen Söhne und als Organist an den Kirchen San Giovanni und Santa Maria del Fiore nach Florenz gerufen wurde. Im Jahre 1484 hielt er sich vorübergehend in Innsbruck bei Erzherzog Sigismund (1426 bis 1496) auf. Nach dem Sturz der Medici (1494) blieb er noch in Florenz, wo er sich verheiratet hatte, wurde 1496 dem in Pisa weilenden Kaiser Maximilian I. vorgestellt, der ihn 1497 für Innsbruck als Hofkomponisten anwarb. Dieses Dienstverhältnis dauerte bis 1514. Während dieser Zeit unternahm er für den Kaiser mehrere Reisen nach Italien in diplomatischer Mission und war mehrmals in Konstanz. Aufenthalte in Wien und Augsburg sind nicht verbürgt. Ab dem Jahr 1515 hatte er mit Erlaubnis des Kaisers seinen Wohnsitz erneut in Florenz aufgeschlagen (»... also daz er unns zu Florenz nuzer dann an unnsern Hof ist«), wo er wegen seiner Musik und seiner Stellung im Dienst des Kaisers hohes Ansehen genoß. Er starb dort am 26. 3. 1517.

Werke

»Er ist in aller welt bekannt, Lieblich an kunst, fröhlich im thon. Seyn melodey war gestellt gar frey ... Gern wolt ich got drumb danckbar sein, Wenn ich nur das verbringen kundt ...«, dichtete Isaacs Schüler und Nachfolger als Hofkomponist Senfl. Heinrich Isaacs Vielseitigkeit, seine Bildung – er war des Niederländischen, Französischen, Italienischen, Deutschen und Lateinischen mächtig – und auch seine diplomatische Begabung wurden schon zu seinen Lebzeiten allgemein gerühmt. Im Gegensatz zu Josquin, dem Meister der exklusiven »Musica reservata« (Kennern vorbehaltene Musik), war er ein urwüchsiger Schöpfer zahlloser Gebrauchsmusiken, die zum Teil dem polyphon gesetzten sakralen, zum Teil – oft sehr leicht geschürzt – dem profanen Bereich angehörten. Ihm waren sämtliche Stilarten seiner Zeit geläufig. Er neigte aber sehr stark zur Volksmusik, der er viele Melodien entnahm. Sein Stil war bezaubernd frisch, sein gelegentlicher Humor und die Tiefe seines Gemütes profilierten sich am deutlichsten in den Werken, die volkstümliche Musik in vollendet künstlerische Form bringen.
Vor allem anderen steht sein Liedschaffen. Von den 25 deutschen Liedkompositionen (13 höfische, 9 bürgerliche, 3 geistliche) sind am bekanntesten: »Mein freud allein in aller Welt« und »Innsbruck ich muß dich lassen«, dessen Melodie Isaac zuerst (vor 1500) als Cantus firmus in seiner Missa Carminum (Liedermesse) verarbeitet und dann als vierstimmiges Diskantlied setzte. (Das Lied regte Paul Friedrich Ernst Gerhardt zu seinem bekannten Lied »Nun ruhen alle Wälder« an.)

Diese Lieder waren für das deutsche mehrstimmige Lied des 16. Jahrhunderts richtungweisend. Dazu kamen 5 französische, 10 italienische und 5 lateinische Lieder und nahezu 90 mehrstimmige Instrumentalstücke. Auf dem sakralen Sektor liegen eine Anzahl Messen vor, darunter die Missa Carminum, die deutsche Lieder als Cantus firmi verwendet; außerdem das umfangreiche Proprienwerk Choralis Constantinus mit drei in der Regel vierstimmigen, das gesamte Kirchenjahr umfassenden Teilen, das von Senfl fertiggestellt wurde, und ungefähr 50 Motetten. Daneben ist eine Reihe geistlicher und weltlicher Sätze überliefert (Motetten und Lieder). In seiner Gesamtheit ist das von Isaac hinterlassene Werk noch nicht endgültig gesammelt. In den zahlreichen Handschriften ganz Europas befinden sich noch etliche ungedruckte Kompositionen des Meisters, mit denen sich Mitteleuropa in die Entwicklung der Musik einreihte.

Missa Carminum (Liedermesse) für Singstimmen und Instrumente, 5 Teile, entstanden nach 1500

Die Messe nimmt als Cantus firmi Teile deutscher Liedweisen, und zwar entweder das Kopfmotiv oder irgendeine Zeile daraus, und verarbeitet sie zum vierstimmigen Satz, indem sie äußerst geschickt mit starker Klangwirkung übereinander und nebeneinander gesetzt werden. Vom eigenen Lied des Komponisten »Innsbruck, ich muß dich lassen« wurde der ganze Satz im »Christe« übernommen. Das Agnus Dei verwendet die Weise »Bruder Konrad, der lag siech« als Cantus firmus.

Alle Lieder, von denen in dieser Messe Teile aufklingen, waren zu den Zeiten des Komponisten allgemein bekannt. Es war sicherlich für die Zuhörer sehr reizvoll, sie im Rahmen dieser Messe imitiert wiederzuerkennen.

LITERATUR

W. Senn, Musik und Theater am Hof zu Innsbruck, Innsbruck 1954. W. Lipphardt, Die Geschichte des mehrstimmigen Proprium missae, Heidelberg 1950. M. Staehelin, Die Messen Heinrich Isaacs, 3 Bände, Bern, Stuttgart 1977.

Carlos Isamitt (1887–1974)

LEBEN

Alarcón Carlos Isamitt wurde am 13.3.1887 in Rengo, Colchagua, Chile, geboren. Er war am Konservatorium in Santiago de Chile Schüler von Pedro Umberto Allende Sarón (29.6. 1885, Santiago de Chile, bis 16.8. 1959, Santiago), dann ergänzte er seine Studien in Italien, Paris, Madrid und Den Haag. In seiner Heimat unterrichtete er an verschiedenen Lehrinstituten und wurde Präsident der Federación de Artistas de Chile. Er starb am 2.7. 1974 in Santiago.

WERKE

Das kompositorische Schaffen von Carlos Isamitt wurde von der Musik der Araukaner stark beeinflußt, mit deren Erforschung er sich intensiv beschäftigte. Er schrieb 3 Ballette, darunter »Der Ruf des Blutes« mit Singstimmen, Orchester aus indianischen Instrumenten, 4 sinfonische Konzertstücke, eine Sinfonie, eine Suite für Cello und Kammerorchester, eine »Danza ritual« für Kammerorchester, ein Harfenkonzert, eine Suite für Orchester, eine Sonate für Flöte solo, ein Streichquartett, »3 Pastorale« für Violine und Klavier, »3 Tänze« für Harfe, Kantaten, Hymnen, Klavierwerke. Er veröffentlichte mehrere Traktate über chilenische Volksmusik.

John Isham (um 1680–1726)

ZEIT UND UMWELT

Die Oper hatte sich in England sehr spät durchgesetzt, wurde aber, nachdem das englische Publikum und vor allem der Hof Geschmack an den aus Italien eingeführten Stücken bekommen hatte, zum Mittelpunkt des Musiklebens. Andere Musik wurde, außer für die Kirche, wenig geboten. Erst mit Händel und Pepusch trat hier ein Umschwung ein. Die Kirchenmusik geriet in ein Stadium der Stagnation.

LEBEN

John Isham (Isum) wurde um 1680 vermutlich in London geboren. Er war nach seinem

Studium in Oxford durch mehrere Jahre Stellvertreter von William Croft an St. Anne's in Soho, London, bis er 1711 nach dessen Rücktritt selbst die Organistenstelle erhielt. Im Jahr 1718 wurde er Organist an St. Andrew's in Holborn und bald darauf an St. Margaret's in Westminster, wo er 1726 starb und am 12. 6. begraben wurde.

WERKE

Vom englischen Komponisten John Isham ist eine Anzahl Anthems erhalten, die häufig gesungen wurden. Weitere Werke des Meisters sind verlorengegangen.

Kan Ishi (geboren 1921)

LEBEN

Kan Ishi wurde am 30.3.1921 in Tokio geboren. Nach seiner Ausbildung in Japan studierte er ab 1958 in Berlin bei Boris Blacher und Josef Rufer. Seit seiner Rückkehr in die Heimat wirkt er als Lehrer an verschiedenen Musikschulen, als Direktor von Chorvereinigungen und als Erster Vorsitzender der japanischen Komponistenvereinigung.

WERKE

Beeinflußt durch seine deutschen Lehrer integrierte Kan Ishi in seinen früheren Werken serielle Strukturen, er ging aber bald dazu über, die Natur der Klänge, der Klangfarben und größerer komplexer Klangstrukturen zu erforschen, die Ergebnisse davon in seine Werke einzubauen und zugleich das Moment indeterminierter Verläufe einzuführen, so daß sie fast nur unter dem Aspekt der klanglichen Strukturalisierung komponiert wurden. Er schrieb unter anderem 3 Opern, 3 Ballette, eine sinfonische Dichtung, eine Musik für 8 Schlagzeuger, Chormusik und Sologesänge sowie Filmmusik.

Sogu II für Gagaku und Orchester, entstanden 1971
Im Lauf der Entwicklung des Komponisten kam es zur Begegnung von Werken, die verschiedenen musikalischen und klanglichen Welten angehören, der östlichen und der westlichen. In diesem Stück treffen ein Gagaku-Orchester und ein westliches Orchester mit den von einander unabhängigen Kompositionen »Musik für Gagaku« und »Sô für Orchester« aufeinander. Die »Musik für Gagaku« bringt eine Hauptmelodie, freie Rhythmen und mikrotonale Nuancen. »Sô für Orchester« ist eine Clusterkomposition. Den Zeitpunkt des Zusammentreffens der beiden Klangkomplexe bestimmt der Dirigent.

Paolo Isnardi (1536–96)

ZEIT UND UMWELT

Die letzten Jahrzehnte der Selbständigkeit von Ferrara zeichneten sich durch eine besonders starke Entfaltung des musikalischen Lebens aus. Es ist außerdem erstaunlich, wie viele Musiker von Rang aus der verhältnismäßig kleinen Stadt selbst stammten; man darf das zweifellos dem hohen Stand des Musikunterrichtes zuschreiben, der stets in der Hand bedeutender Meister lag, wie zum Beispiel Cyprian de Rore.

LEBEN

Paolo Isnardi wurde 1536 in Ferrara geboren und zum Musiker ausgebildet. Er dürfte Mitglied der Domkapelle gewesen sein, deren Meister er 1573 wurde. Er blieb in dieser Stellung bis nach 1590, vermutlich sogar bis zu seinem Tod im Jahre 1596.

WERKE

Die kompositorische Tätigkeit von Paolo Isnardi erstreckte sich vorwiegend auf das Gebiet der Kirchenmusik. Er veröffentlichte 2 Bücher mit fünfstimmigen Messen, vierstimmige Psalmen mit 4 Magnificat, fünfstimmige Lamentationen, vierstimmige Messen, fünfstimmige Psalmen, vier- bis sechsstimmige Magnificat und eine achtstimmige Messe. An profaner Musik liegen 2 Bücher mit fünfstimmigen, eines mit sechsstimmigen Madrigalen vor. In dem von dem Hofdrucker in Ferrara, Vittorio Baldini (um 1530 bis um 1590), im Jahre 1582 veröffentlichten Sammelwerk »Laureo secco« befinden sich weitere Madrigale des Meisters. Die Kirchenmusik weist den Chorklang des Markusdomes von Venedig auf. Die Madrigale wirken etwas konventionell.

Nicolas Isouard (1775–1818)

Zeit und Umwelt
Der Johanniterorden (Ordo militiae Sancti Joannis Baptistae hospitalis Hierosolymitani), im 11. Jahrhundert zur Pilgerbetreuung und Krankenpflege in Jerusalem gegründet und im 12. Jahrhundert zu einem militanten Ritterorden umgewandelt, erhielt 1530 Malta von Kaiser Karl V. (1500–58) als Lehen und Ordenssitz. Die Eroberung von Malta durch Napoleon I. 1798 setzte dem Orden ein vorläufiges Ende.

Leben
Nicolas Isouard (Nicolò Isoiar) wurde am 6.12.1775 in Mosta, Malta, geboren. Er war Schüler von Francesco Azopardi (1748–1809) in Valetta, von Giuseppe Amendola (um 1740, Palermo, bis nach 1776, vermutlich Palermo) in Palermo, von Nicola Sala (1713–1801) und von Pietro Alessandro Guglielmi (1728–1804) in Neapel, wo er gleichzeitig in einem Bankhaus arbeitete. Im Jahr 1795 übernahm er den Organistendienst an San Giovanni di Gerusalemme und wirkte zur selben Zeit als Kapellmeister an der Ordenskirche San Giovanni di Malta. Als der Johanniterorden aufgelöst wurde, wandte er sich ganz der freien Komposition zu und siedelte nach Paris über, wo er bis zu seinem Tod am 23.3.1818 als erfolgreicher Opernkomponist tätig war.

Werke
Im ganzen verfaße Nicolas Isouard über 40 Opern, die in Paris bald von den Werken von François Adrien Boieldieu und von François Auber verdrängt wurden. Er schrieb außerdem zahlreiche Messen, Motetten, Kantaten, Romanzen und Duos, die alle sich durch den Melodienreichtum seiner Opern auszeichneten.

Brasilio Itiberê da Cunha Luz (1896–1967)

Leben
Brasilio Itiberê da Cunha Luz wurde am 17.5.1896 in Curitiba, Paraná, geboren. Er war in der Hauptsache Autodidakt, wirkte bis 1938 als Ingenieur, nahm sodann an der Universität in Rio de Janeiro einen Lehrstuhl für musikalische Folklore und für Gesangvereinwesen ein. Er starb am 10.12.1967 in Rio de Janeiro.

Werke
Das Hauptstudiengebiet von Brasilio Itiberê da Cunha Luz war die Folklore der brasilianischen Neger, deren Musik sein kompositorisches Schaffen stark beeinflußte. Er schrieb einige Orchesterstücke und eine Vertonung des 150. Psalms für Chor und Orchester, ein Doppelquintett, ein Streichquartett, ein Klaviertrio, mehrere Klavierstücke – Tänze und Gesänge –, sehr klangreiche Chöre und viele beliebte Lieder. Sein Werk übte einen merkbaren Einfluß auf die brasilianische Musik des 20. Jahrhunderts aus.

Julio Ituarte (1845–1905)

Zeit und Umwelt
Nach dem Sturz des Kaisertums (1867) erlebte Mexiko unter der Präsidentschaft des Generals Porfírio Diaz eine rasche Besserung der wirtschaftlichen Verhältnisse, die von einem ungeheuren Aufschwung des kulturellen Lebens begleitet war.

Leben
Julio Ituarte wurde am 15.5.1845 in Mexiko-Stadt geboren und trat bereits mit 15 Jahren als Konzertpianist auf. Er beteiligte sich an der Gründung der Sociedad Filarmónica Mejicana (Mexikanische philharmonische Gesellschaft), aus der 1866 das staatliche Konservatorium hervorging. Neben seiner Lehrtätigkeit an diesem Institut leitete er einige Chorgruppen. Er starb am 15.5.1905 in Mexiko-Stadt.

Werke
Von Julio Ituarte sind neben zahlreicher Salonmusik die Fantasie über mexikanische Volksmelodien, »Ecos de Méjico« (Echo aus Mexiko), 2 Zarzuelas und ungefähr 100 Habaneras überliefert. Seine organisatorische und

didaktische Tätigkeit trug viel zur Entwicklung des mexikanischen Musiklebens bei.

Charles Ives (1874–1954)

LEBEN

Charles Edward Ives wurde am 20. 10. 1874 in Danbury, Conn., geboren und erhielt früh Klavier- und Orgelunterricht, so daß er bereits mit 14 Jahren eine Organistenstelle betreuen konnte. Von 1894 bis 1898 studierte er an der Yale University bei Horatio Parker, Harry Rowe Shelley (geboren 2. 6. 1858, New Haven, Conn.) und bei Dudley Buck (10. 3. 1839, Hartford, Conn., bis 6. 10. 1909, Orange, N. J.) Komposition und Orgelspiel. Er wurde Versicherungskaufmann und widmete seine Freizeit der Musik. Da er finanziell völlig unabhängig war, kümmerte er sich nicht darum, seine Kompositionen aufzuführen, so daß er auch für die USA lang ein Unbekannter blieb. Um das Jahr 1921 stellte er wegen Krankheit seine kompositorische Tätigkeit ein, arbeitete aber ab 1927 an der von Henry Dixon Cowell gegründeten New Music Society mit. Nachdem er sich 1930 auch von seinen Geschäften zurückgezogen hatte, starb er am 19. 5. 1954 in New York; er hatte, solange er selbst komponierte, mit dem zeitgenössischen Musikgeschehen nie viel Kontakt gehalten. Dennoch hat er »Anspruch darauf, als Amerikas bedeutendster Komponist zu gelten, nicht bloß wegen der Originalität und Vitalität seiner Musik, sondern weil er auf dem Gebiet der Musik die wertvollsten Züge des Amerikanismus repräsentiert« (Křenek).

WERKE

Von den 5 Sinfonien von Charles Ives muß die 5. als Suite bezeichnet werden, weil die einzelnen Sätze volle Selbständigkeit haben und auch einzeln gespielt werden. Die 6. – Univers Symphony – blieb Fragment. Er schrieb außerdem 2 Orchestral Sets, »Ragtime Pieces«, mehrere Ouvertüren und einzelne Stücke für Streichorchester, außerdem zahlreiche Stücke für Kammerorchester, zum Teil mit Singstimme, ein Klavierquintett, 2 Streichquartette, ein Klaviertrio, ein Trio für Violine, Klarinette und Klavier, ein Set für Streichquartett, 4 Violinsonaten, 3 Klaviersonaten, Vierteltonmusik für Violine und für Klavier, viele Klavier- und Orgelstücke und nahezu 200 Lieder und Chöre.
Arnold Schönberg hat als erster erkannt, daß Kunst auf Beifall verzichten kann und auch muß. Daher gründete er den Verein für Privataufführungen, zu denen außer den Mitgliedern niemand Zutritt erhielt. Er hat als erster eingesehen, daß sich Kunst erst dann frei entfalten kann, sobald sie sich dem Diktat des Publikums entzieht. Für ihn war dieser Schritt schwierig, weil die materielle Grundlage hiezu nicht leicht beschaffbar war. Charles Ives hatte es leichter. Er war finanziell unabhängig und konnte auf Zustimmung und Beifall verzichten. Schönberg stellte ihn vor: »Es lebt ein großer Mann in diesem Land – ein Komponist. Er hat das Problem gelöst, wie man sein Selbst erhalten und dennoch wirken kann. Mißachtung begegnet er mit Verachtung. Er ist nicht gezwungen, Lob oder Tadel hinzunehmen. Sein Name ist Charles Ives.«

Sinfonie Nr. 1 in d-Moll, 4 Sätze, entstanden 1897, Erstaufführung 1965

Mit einem einfachen Thema überträgt der Komponist im 1. Satz die Naturverbundenheit Antonín Dvořáks auf die Landschaft Neuenglands, aber in den hymnischen Passagen zeigt er bereits seine Eigenart. Das Satzende bringt Erinnerungen an Johannes Brahms. Im 2. Satz erklingt ein amerikanisches Thema im Englischhorn, ähnlich der Sinfonie »Aus der Neuen Welt« von Dvořák. Das Scherzo ist polyrhytmisch; das Finale setzt kraftvoll ein und bringt einen Sonatensatz mit äußerst komplizierter Harmonik.

Sinfonie Nr. 2, 5 Sätze, entstanden 1901, Erstaufführung 1951

Auch dieses Werk ist zum Teil der europäischen Sinfonik verpflichtet. Anklänge an die Fünfte von Ludwig van Beethoven und an Dvořáks Schaffen mischen sich mit amerikanischen Zitaten. Es beginnt mit einem Kirchenlied, dann reiht sich in allen Sätzen entlang ein musikalisches Bild Amerikas, in dem die Erinnerung an die Alte Welt nicht fehlen darf.

Sinfonie Nr. 3 »The Camp Meeting« (Das Lagertreffen), 3 Sätze, entstanden 1904, Erstaufführung 1947

Dieses Werk stellt eine Reminiszenz an die Organistentätigkeit des Komponisten dar. Der 1. und der letzte Satz waren ursprünglich für Soloorgel geschrieben und wurden erst später orchestriert. Die Sätze tragen die Titel: »Versammlung alter Leute« – »Kindertag« – »Kommunion«. Dem entsprechend sind die Ecksätze Serien von Kirchenmusik – Hymnen, Anthems –, die von sieben Bläsern, Glocken und Streichern vorgetragen werden; nur der Mittelsatz ist lebhafter.

Sinfonie Nr. 4 für Chor und großes Orchester, 4 Sätze, entstanden 1916, Erstaufführung 1965

Der 1. Satz dieses größten und bedeutendsten Werks des Komponisten ist für Kammerorchester geschrieben. Es verwendet außer einer Flöte und einer Posaune keine Bläser und neben Pauken, Großer Trommel und Zimbal nur Celesta, Klavier, Streicher und den Chor. Der große 2. Satz erfordert neben normaler Bläserbesetzung drei Trompeten, zwei Kornetts, vier Posaunen, Tuba, Celesta, Streicher, acht Schlagwerker, ein Soloklavier und ein vierhändig gespieltes Orchesterklavier. Der 3. Satz schreibt neben den Streichern eine Orgel vor, außerdem nur eine Flöte, eine Klarinette, Horn und Pauken. Am stärksten besetzt ist der 4. Satz mit zusätzlich drei Klavieren, vier Hörnern, sechs Trompeten, drei Posaunen, Tuba, Celesta und zwei unabhängig voneinander spielenden Schlagzeuggruppen. Die Wiedergabe ist nur mit einem Hilfsdirigenten möglich, weil einzelne Instrumentengrupen völlig getrennt voneinander mit verschiedenen Rhythmen spielen.

Charles Ives

Holydays Symphony (Festtagssinfonie), 4 Teile, entstanden 1913, Erstaufführung 1953

Der 1. Teil, entstanden 1909, trägt den Titel »Washington's Birthday« (Washingtons Geburtstag) und bringt eine Montage verschiedener aufeinander gebauter Melodien und Harmonien, die kaleidoskopartig Szenen des Volksfests gleichzeitig darstellen. »Decoration Day« (Heldengedenktag) lautet die Überschrift des 2. Teils. An einem Frühlingsmorgen marschieren zwei Musikbands auf, die zugleich zwei verschiedene Märsche zur Parade spielen. Die Feier endet mit einem Gottesdienst, in dem gedämpfte Trommeln und ein Trauergesang der toten Vaterlandsverteidiger gedenkt. Dem »Vierten Juli« ist der 3. Teil gewidmet, der als Kinderfest dargestellt wird und mit einem grandiosen Feuerwerk abschließt; jede dabei übliche patriotische Feierlichkeit ist unterdrückt. Im 4. Teil »Thanksgiving Day« (Dankgebetstag) steht die religiöse Feier im Vordergrund. Die Kontrapunktik des Chorsatzes ist so polytonal, daß man mehrere Chöre zugleich zu hören glaubt.

Orchestral Set Nr. 1 »Three Places in New England« (Drei Orte in Neuengland), 3 Teile, entstanden 1914, Erstaufführung 1930

Das »St.-Gaudens-Reiterstandbild in Boston Common (Oberst Shaw und sein farbiges Regiment) ist Thema des 1. Teils. Über einem langsam pulsierenden Baß hält eine lange Streichermelodie, die die Weite Amerikas symbolisiert, einen marschähnlichen Nachruf für den Oberst und seine Männer. Im 2. Teil »Putnams Lager in Redding, Connecticut« spielen Blaskapellen verschiedene Märsche. Ein Junge entfernt sich in den Wald und hofft, einigen Soldaten General Putnams zu begegnen. Er schläft ein und träumt von der Freiheitsgöttin, die die Soldaten auffordert, für die gerechte Sache zu kämpfen. Alte Märsche erklingen und mischen sich mit den zum Picknick auf dem Lager spielenden Kapellen. Der 3. Teil bringt ein Tongemälde des Flusses »Housatonic bei Stockbridge«. Ein stetiges Durcheinanderwogen der Stimmen schildert den Verlauf des Gewässers »über Wasserfälle und durch Sandbänke bis zum abenteuerlichen Meer«.

Orchestral Set Nr. 2, 4 Teile, entstanden 1915, Erstaufführung 1951

In diesem Werk kommt eine völlige Freiheit im Rhythmus und in der Phrasierung zur Geltung, so daß auch verschiedene Tempi gleichzeitig zu hören sind, desgleichen verschiedene melodische und tonartliche Partien, die übereinandergeschichtet werden. Volkslieder und Kirchenmelodien sind ständig eingeschmolzen. Im 3. Teil wird durch ein Fernorchester die Musik zum räumlichen Erlebnis.

Central Park in the Dark (Central Park im Dunkeln), ein Satz, entstanden 1906, Erstaufführung 1954

Einer kontinuierlichen Klangfläche werfen solistische Bläser Melodien ein. Das Erste Klavier stimmt einen Ragtime an, der von Bläsern, Schlagzeug mit dem Klavier fortgesetzt und auf mehrgleisige Linien zu einem Höhepunkt geführt wird.

The Unanswered Question (Die unbeantwortete Frage), ein Satz, entst. 1906, Erstaufführung 1941

Die Methode des Komponisten, mehrere selbständige musikalische Schichten übereinanderzulagern, ist hier durch das gesamte Werk durchgeführt. Gedämpfte Streicher spielen hinter dem Podium ein Klangband reiner Dreiklänge. Die gestopfte Solotrompete intoniert sechsmal die »ewige Seinsphrase«, die Holzbläser geben dissonant eine geschwätzige Antwort. Dann wird die Frage zum siebten Male gestellt, aber die Antwort bleibt aus, während die Streicher noch eine Weile nachklingen.

Streichquartett Nr. 1, 4 Sätze, entstanden 1896, Erstaufführung 1961

Der 1. Satz ist eine Fuge in C-Dur und bearbeitet dissonanzenreich zwei Hymnen. Im 2. Satz - in der gleichen Tonart - erklingt ein Tanzthema ländlichen Charakters; er endet lustig mit einer Pizzicatopassage der Bratsche. Der 3. Satz wechselt zu D-Dur und bringt ein expressives Thema. Dann verschiebt sich die Tonart zu Gis-Dur und landet bald wieder bei der ursprünglichen; auch die Rhythmik unterliegt mehreren sehr abrupten Änderungen, so daß ein für die Entstehungszeit des Werks sehr »modernes« Klangbild entsteht. Der Hymnus des 4. Satzes, der bei G-Dur bleibt, wird im Marschtempo nahezu militant vorgetragen. Gegen das Ende kommt es zu einer auffälligen Polyrhythmik.

Streichquartett Nr. 2, 3 Sätze, entstanden 1913, Erstaufführung nach 1960

In diesem Werk treten alle vier Instrumente selbständig auf, es ist daher polytonal und teilweise auch polyrhythmisch. Der 1. Satz »Diskussion« stellt die Zweite Violine traditionelle Melodien den »fortschrittlichen« Partnern gegenüber, setzt sich aber nicht durch. Die Auseinandersetzung wird im 2. Satz »Argumente« heftig fortgesetzt; Volksmusik erhält ihr Recht. Schließlich beschließen die Partner im 3. Satz »Der Ruf der Berge« einen Aufstieg auf die Berge, um das weite Land gemeinsam zu überblicken; Hymnen begleiten sie.

LITERATUR

H. und S. Cowell, Charles Ives, New York 1955. V. Perlis, Charles Ives remembered, London 1974. F. R. Rossiter, Charles Ives and his America, N. Y. 1975. H. Wiley Hitchcock, Ives, London 1977.

Ivo de Vento (um 1544–75)

ZEIT UND UMWELT

Die im 16. Jahrhundert von Orlando di Lasso geleitete herzogliche Hofkapelle in München stand in engem Kontakt mit der Kantorei der bayrischen Nebenresidenz in Landshut. Zwischen beiden Klangkörpern herrschte ein lebhafter Austausch von Kräften je nach dem Bedarf und den Wünschen der einzelnen Musiker, denen Lasso vermutlich bei seinen niederländischen Freunden nach Möglichkeit entgegenkam.

LEBEN

Ivo de Vento wurde um 1544 in den Niederlanden geboren. Im Jahre 1556 war er Chorknabe in München, kam sodann nach Venedig, wo er von Merulo unterrichtet wurde. Ab 1564 wirkte er als Organist in München und wurde 1568 Kapellmeister der Kantorei des Erbprinzen Wilhelm (des späteren Herzogs Wilhelm V.) in Landshut. Zwei Jahre darauf erhielt er die Organistenstelle der Hofkapelle in München, die er bis zu seinem Tod im Jahre 1575 versah.

WERKE

Von Ivo de Vento sind mehr als 90 Motetten in lateinischer, etliche in französischer, weitere in deutscher Sprache überliefert, dazu eine beträchtliche Anzahl deutscher Lieder, alles vier- bis fünfstimmig. Handschriftlich sind Messen, ein Te Deum, eine Litanei und weitere lateinische und deutsche Gesänge erhalten. Das gesamte Werk steht unter dem stilistischen Einfluß von Orlando di Lasso, dem es bei weitem nicht nahekommt. Es handelt sich aber trotzdem um gute Musik.

LITERATUR

A. Sandberger, Beitrag zur Geschichte der Bayrischen Hofkapelle, Leipzig 1895.

J

Giuseppe Jacchini
(um 1670–1727)

ZEIT UND UMWELT
Die solistische Verwendung des Violoncello war auch am Beginn des 18. Jahrhunderts eine Seltenheit. Es mangelte noch an Komponisten und Instrumentalisten dafür. Auch mußte die endgültige Gestalt des Instruments erst gefunden werden.

LEBEN
Giuseppe Maria Jacchini wurde um 1670 in Bologna geboren. Er gehörte als Cellist dem Orchester an San Petronio an und war Mitglied der Accademia Filarmonica seiner Vaterstadt, in der er kurz nach dem 30. 4. 1727 gestorben ist.

WERKE
Der italienische Cellist und Komponist Giuseppe Jacchini verfaßte die ersten Sonaten für sein Instrument. Er schrieb Kammersonaten für Violine und Cello oder für Cello allein mit Generalbaß, zwei- bis fünfstimmige Kirchensonaten, drei- bis vierstimmige Kammerkonzerte und drei- bis sechsstimmige Trattenimenti (Unterhaltungsstücke), bei denen dem Cello große Passagen zugeteilt sind.

Jachet de Berchem (um 1500–80)

ZEIT UND UMWELT
Im 16. Jahrhundert hatte die Ausstrahlungskraft der franko-flämischen Schule nachgelassen, weil die Musik in den Ländern, in die die Vertreter dieser Schule ihren Stil und ihre Arbeitstechnik verpflanzt hatten, eigene Wege ging. Die ausgezeichnete Ausbildung der Mitglieder der Schule als Sänger, Instrumentalisten oder Kapellmeister wurde aber immer noch geschätzt, so daß Höfe und Kathedralen sie überall gerne willkommen hießen.

LEBEN
Jachet de Berchem wurde um 1500 vermutlich in Berchem bei Antwerpen geboren. Er lebte in verschiedenen Städten Italiens. Es ist jedoch nicht bekannt, welche Stellungen er innehatte. Gesichert ist nur, daß er ab 1555 Organist des Herzogs von Ferrara war und dort 1580 gestorben ist.

WERKE
Von Jachet de Berchem sind eine Anzahl mehrstimmiger Madrigale und Chansons erhalten, außerdem 3 Messen. Bemerkenswert sind seine Vertonungen von Stanzen des italienischen Dichters Ludovico Ariosto, bei denen er sich um eine gründliche Wortausdeutung bemühte, so daß er damit die Grenzen seiner franko-flämischen Schule überschritt.

LITERATUR
G. Reese, Music in the Renaissance, New York 1954.

Jachet von Mantua
(um 1495 bis um 1559)

ZEIT UND UMWELT
Kardinal Ercole Gonzaga (1505–63), der ab 1561 den Vorsitz des Konzils von Trient führte, hielt in Mantua einen Hof im Stil seiner Familie. Wie sein Vater Francesco II. Gonzaga und sein Bruder Federigo II. Gon-

zaga (1500–40), der von Kaiser Karl V. die Fürstenwürde erhielt, umgab er sich mit geistigen Größen der Zeit. Die Kapelle des Domes Santi Pietro e Paolo war wegen ihres hohen Niveaus in ganz Oberitalien bekannt.

LEBEN

Jachet von Mantua (Jacobus Collebaudi, Jachetto oder Giachetto genannt) wurde um 1495 in Vitré (Bretagne) geboren. Über sein Leben und Wirken in Frankreich ist nichts bekannt. Sein Name scheint erst im Jahre 1527 auf, in dem Jachet Sänger im Dienst des Kardinals Ercole Gonzaga an dessen Dom wurde. Ab 1539 war er Kapellmeister der Domkapelle. Er hat diese Stelle bis zu seinem Tod um das Jahr 1559 behalten.

WERKE

Die Identifikation der Kompositionen Jachets trifft auf große Schwierigkeiten, weil er schon zu seinen Lebzeiten mit dem Zeitgenossen Jachet Berchem verwechselt wurde. Doch die mit Jachet (Jachetus Gallicus, Jacquet) signierten drei- bis achtstimmigen ungefähr 120 Motetten dürfen dem französischen Meister zugeschrieben werden, zumal der Namensvetter vorwiegend Madrigalist war. Die Motetten zeigen eine Stilentwicklung vom dicht-polyphonen Einheitsablauf zum italienisierten Niederländerstil mit Deklamationsmotiven, Gliederungen in Abschnitte und starken klanglichen Tendenzen.

Außerdem hinterließ Jachet eine große Anzahl Messen und Messeteile, Magnificat, Vesper-Psalmen, Hymnen, Karwochen-Responsorien und Passionsmusiken. Profane Musik ist, falls er eine geschrieben hat, nicht erhalten.

Ein venezianischer Autor äußerte sich 1567 über Jachet: »Seine Musik gefällt mir sehr, und es scheint mir, daß sein kompositorisches Schaffen die gleichen Wege gegangen ist, die Willaert eingeschlagen hat.«

LITERATUR

A. M. Bautier-Rennier, Jachet et Mantoue, Revue belge de Musicologie VI, 1952.

George K. Jackson (1745–1822)

ZEIT UND UMWELT

Die Psalmodie der Einwanderer in Nordamerika verwendete bis ungefähr 1750 lediglich Melodien kontinentalen Ursprungs. Der 1612 in Amsterdam von Henry Ainsworth (um 1550, vermutlich England, bis 1622, Amsterdam) veröffentlichte und in Amerika nachgedruckte Psalter enthielt eine stattliche Anzahl guter Melodien. Die Praxis des Singens depravierte jedoch im 18. Jahrhundert, so daß das Verlangen nach neuen Gesangbüchern laut wurde. Das führte zum Entstehen der »Tune-books« (Melodienbücher), in die auch Anthems, Oden und patriotische Lieder aufgenommen wurden. Die ersten amerikanischen Komponisten nahmen sich dieser neuen »Gesangbücher« lebhaft an.

LEBEN

George K. Jackson wurde 1745 in Oxford geboren. Er war Chorknabe der Chapel Royal und ging 1796 nach den USA, wo er in Norfolk, dann in Alexandria, Baltimore, Philadelphia und New York als Organist und Gesanglehrer tätig war. Schließlich ließ er sich in Boston nieder und wirkte dort als Organist an verschiedenen Kirchen und als Veranstalter von Chorkonzerten. Er starb am 18. 11. 1822 in Boston.

WERKE

Von George K. Jackson sind zahlreiche kirchenmusikalische Werke in den Tune-Books »Choice Collection of Chants« (Auswahlsammlung von Chants) und »Choral Companion« (Chorfreund) erhalten. Er veröffentlichte auch eine Abhandlung über den Generalbaß.

William Jackson (1730–1803)

ZEIT UND UMWELT

Das Rezept für die echte englische Oper scheint gegen Ende des 18. Jahrhunderts von einigen englischen Komponisten gefunden worden zu sein: eine dramatische Handlung, so daß das Libretto allein als Schauspiel ohne

Musik gespielt werden könnte; liedhafte, womöglich balladeske Arien; keine dichte Sinfonik, die von den Vorgängen auf der Bühne ablenkt; Einfachheit der Gesamtkonzeption.

LEBEN
William Jackson (Jackson of Exeter) wurde am 29. 5. 1730 in Exeter geboren und an der Kathedrale der Stadt ausgebildet. Ab 1748 war er Schüler von John Travers in London. Hernach ließ er sich in Exeter als Musiklehrer nieder und wurde 1777 Chormeister und Organist an der Kathedrale der Stadt, in der er am 5. 7. 1803 starb.

WERKE
Von William Jackson sind mehr als 60 Lieder, zahlreiche Vokalduette und Vokalquartette, Madrigale, Oden, Canzonetten, Hymnen, Pastoralen, Epigramme, Services, Te Deum bekannt geworden. Seine Cembalosonaten sind ebensoglatt, sanglich und galant wie die Vokalstücke. Und seine Opern fanden viel Anklang, obwohl sie weder italienisch noch Nachahmungen italienischer Bühnenwerke waren. Einige davon haben sich lang auf englischen Bühnen gehalten, weil sie dem Publikum das gleiche boten wie die Lieder: Einfachheit, Sanglichkeit, Dramatik, Lyrik; mit einem Wort: leichte Kost.

William Jackson (1815–66)

LEBEN
William Jackson (Jackson of Masham) wurde am 9.1.1815 in Masham geboren. Er bildete sich ohne jede Hilfe selbst zum Musiker aus, baute für sich eine primitive Orgel und erlernte beinahe jedes Instrument; aus Lehrbüchern unterrichtete er sich in Harmonielehre und Kontrapunktik, und im Alter von 16 Jahren war er Organist an der neuen Orgel in Masham. 1839 legte er seine erste Kompositon vor und erhielt einen Preis vom Hudderfield Glee Club, 1852 siedelt er nach Bradford über und wurde dort Musikalienhändler, Organist an St. John's und Chorleiter bei einigen Festivals. Er starb am 15.4.1866 in Bradford.

WERKE
Von William Jackson sind 2 Oratorien, eine Messe, Services, Anthems, Glees, Psalmen, Lieder und ein Gesanglehrbuch erhalten. Seine Musik ist sehr konservativ, romantische Elemente sind darin selten.

Benjamin Jacob (1778–1829)

ZEIT UND UMWELT
Die Werke von Johann Sebastian Bach erreichten England um vieles später als etwa die von Joseph Haydn. Die Ursache dafür mag der Umstand gewesen sein, daß in der Heimat des großen Barockkomponisten ein radikaler Stilwandel eintrat, der seine Werke stark verdrängte. Es waren aber nicht die großen Passionen, die als erste aufgeführt wurden, sondern seine Orgel- und Kammermusik.

LEBEN
Benjamin Jacob wurde am 15.5.1778 in London geboren. Er war Singknabe an der Portland Chapel und wurde von William Shrubsole ausgebildet. Ab seinem 10. Lebensjahr wirkte er bereits als Organist an mehreren Londoner Kirchen. Seine Tätigkeit als Organist an Surrey Chapel widmete er der Aufführung von Orgelwerken von Johann Sebastian Bach. Ebenso ließ er zahlreiche Kammermusikwerke dieses Meisters spielen. Er starb am 24.8.1829 in London.

WERKE
Die Kompositionen von Benjamin Jacob bestehen nur aus einigen Glees und Psalmodien mit Begleitung. Sein Platz in der englischen Musikgeschichte gebührt ihm vor allem als einem der Führer der englischen Bach-Renaissance.

Jacob de Senleches
(nach 1350 bis nach 1410)

ZEIT UND UMWELT
Da das starke Kastilien weitere Expansionen unmöglich machte, sandte Aragon seine

Blicke über die Grenzen Iberiens hinaus, setzte sich in Sizilien, Sardinien, auf Mallorca und in Roussillon fest und geriet dadurch mehr als seine Nachbarn mit den Kulturkreisen Frankreichs und Italiens in Berührung, so daß das Land die Musikentwicklung beider Zentren zumindest am Rand mitmachte.

LEBEN
Jacob de Senleches (Jaquemin de Sanleches, Jacomi de Sentluch, Jacopinus Selesses) ist nach 1350 geboren. Im Jahre 1378 unternahm er als Musiker des Herzogs von Gerona Reisen nach Flandern, ein Jahr darauf kam er nach Kastilien und 1383 zu Kardinal Pedro de Luna (dem späteren Papst Benedikt XIII.) nach Navarra. In den Jahren 1391/92 und 1395 hielt er sich erneut in Aragon, und zwar am Königshof, auf. Über seinen Tod sind keine näheren Daten bekannt.

WERKE
Von den Werken Jacobs de Senleches sind 3 dreistimmige Balladen und 2 dreistimmige Virelais erhalten. Seine Musik gehört der französischen Ars nova in der zierlichen Fassung seiner Zeit an. Ein Einfluß spanischer Musik ist nicht bemerkbar.

LITERATUR
A. Pagès, La poèsie française en Catalogne du XIIIe siècle à la fin du XIVe, Paris 1936.

Jacob van Eyck (um 1590–1637)

ZEIT UND UMWELT
In Europa gab es schon sehr früh melodisch oder harmonisch abgestimmte Glocken und Glockenspiele mit diatonisch oder chromatisch angeordneten Einzelglocken, die entweder unmittelbar oder durch ein Anschlagwerk Melodien und ganze Musikstücke erklingen lassen. Besonders starke Beachtung fanden die Glocken ab dem 16. und 17. Jahrhundert, so daß jede größere Stadt über Glöckner verfügte, die in der Regel ausgebildete Musiker waren.

LEBEN
Jacob van Eyck wurde um 1590 in den Niederlanden geboren. Im Jahr 1624 ernannte man ihn zum Glöckner der Kathedrale in Utrecht, 1632 wurde er auch Glöckner der dortigen Johanniskirche. Ab 1628 war er Oberaufseher der Glocken aller städtischen Kirchen. Er starb in Utrecht am 26. 3. 1637.

WERKE
Der niederländische Glöckner, Flötist und Komponist Jacob van Eyck komponierte eine Sammlung von 167 Stücken für eine oder zwei Flöten, »Der Fluyten Lusthof«, worin er sich als Meister der Variation erweist. Er war auch Sachverständiger für Glockenspiele.

LITERATUR
W. H. Thysse, Zeven eeuwen Nederlands Muziek, Rijswijk 1949.

Frederick Jacobi (1891–1952)

LEBEN
Frederick Jacobi wurde am 4.5.1891 in San Francisco geboren. Er war in New York Schüler von Rubin Goldmark (Neffe von Károly Goldmark), Rafael Joseffy, Paolo Gallico (13.5.1868, Triest, bis 6.7.1955, New York) und Ernest Bloch, in Berlin von Paul Juon. Von 1913 bis 1917 wirkte er in New York als Kapellmeister an der Metropolitan Opera, ab 1924 als Theorielehrer an der Master School of United Arts und ab 1936 als Kompositionslehrer an der Juillard School. Er starb am 24.10.1952 in New York.

WERKE
Neben einer Oper schrieb Frederick Jacobi 2 Sinfonien, 3 sinfonische Dichtungen, eine Suite und eine Ode für Orchester, »Indian Dances« für Orchester, ein Klavierkonzert, ein Violinkonzert, ein Cellokonzert, ein Concertino für Klavier und Streicher, eine Rhapsodie für Harfe und Streicher, ein Klavierquintett, 3 Streichquartette, ein Trio für Flöte, Cello und Klavier, eine Kantate für Bariton,

Chor und Orchester, eine Sabbath-Liturgie für Bariton und Chor, eine Ballade für Violine und Klavier, eine Fantasie für Bratsche und Klavier, weitere Orchesterstücke und Kammermusikwerke, Chöre und Lieder. Er beschäftigte sich intensiv mit der Musik der Pueblo-Indianer in New Mexico und Arizona. Dies fand in einigen seiner Werke seinen Niederschlag.

Streichquartett Nr. 3, 4 Sätze, entstanden 1945
Dieses Werk ist für die zwangfreie Kompositionstechnik des Komponisten, der dem jeweils jüngsten Stand der Musikentwicklung das entnahm, was ihm am ausdrucksstärksten schien, und sich damit als Eklektiker im positivsten Sinn des Worts bewies, typisch. Der 1. Satz ist ein dramatisches deklamatorisches Allegro, dem ein fließendes lyrisches Motiv entgegengeführt wird. Der 2. Satz ist ein Bild tiefer Sehnsucht. Das Scherzo gleicht dem Schnattern spielender Kinder. Das Finale ist kühn und bravourös und führt zu einem erregenden Höhepunkt.

Wolfgang Jacobi (1894–1972)

Leben

Karl Theodor Franz Wolfgang Jacobi wurde am 25. 10. 1894 in Bergen auf Rügen geboren. Er studierte von 1919 bis 1922 bei Friedrich E. Koch (3. 7. 1862, Berlin, bis 30. 1. 1927, Berlin) und wirkte anschließend bis 1933 als Theorielehrer am Klindworth-Scharwenka-Konservatorium, lebte sodann in München, wo er 1946 Kompositionslehrer an der Musikhochschule wurde und sich an der Gründung des Studio für Neue Musik beteiligte. Er starb am 15. 12. 1972 in München.

Werke

Von Wolfgang Jacobi ist eine Oper aufgeführt worden. Er schrieb ferner ein Cembalokonzert, ein Altsaxophonkonzert, ein Concertino für Violine, Klavier und Orchester, eine Suite für Orchester, ein Streichquartett, 2 Klaviertrios, eine Sonate für Elektronium und Klavier, zahlreiche Werke für Akkordeon, eine Bratschensonate, 2 Kantaten, ein Chorwerk, Orchesterlieder und Klavierlieder.

Jacobus de Brouck
(um 1540 bis nach 1583)

Zeit und Umwelt

Die Hofkapelle in Graz war zugleich Domkapelle von St. Aegydius. Sie erhielt im 16. Jahrhundert eine beträchtliche Anzahl guter Kräfte entweder unmittelbar oder über die Wiener Hofkapelle aus den Niederlanden. Gleichzeitig setzte aber bereits ein stärkerer Zuzug von Musikern aus Italien ein, die noch im gleichen Jahrhundert den Stil aller österreichischen Hofkapellen bestimmten.

Leben

Jacobus de Brouck (Bruck, Pruckh, Prügkh, Prugg, van den Broeck) wurde um 1540 in Brock bei Amsterdam geboren und vermutlich in Amsterdam ausgebildet. Im Jahre 1567 war er Sänger und Knabenchorleiter an der Hofkapelle in Graz und von 1573 bis 1576 Sänger an der Hofkapelle Kaiser Maximilians II. in Wien. Welche Tätigkeit er von dem Ableben des Kaisers (1576) bis zu seinem Tod nach dem Jahr 1583 ausgeübt hat, ist nicht bekannt.

Werke

Von dem niederländischen Komponisten Jacobus de Brouck sind 3 sechsstimmige Messen, ein sechsstimmiges Ave Maria, ein zwölfstimmiges Magnificat, über 20 Motetten und mehrstimmige Chansons erhalten. Alles ist der letzten franko-flämischen Schule verpflichtet und weist eine glänzend durchgearbeitete Polyphonie auf.

Jacopo da Bologna
(um 1310 bis nach 1351)

Zeit und Umwelt

Der Scaliger Mastino bestellte sich um die Mitte des 14. Jahrhunderts drei der berühmtesten Komponisten seiner Zeit zu einem Wettstreit nach Verona: Giovanni da Cascia, Piero di Firenze und Jacopo da Bologna. Sie sollten die Liebe zur vornehmen Dame Anna besingen, die durch ihre Schönheit im Reigen anderer Mädchen auffiel. Die Szene sollte sich im Schloßgarten am Ufer der Etsch abspielen. Solche Veranstaltungen waren an den italienischen Fürstenhöfen im Trecento nicht selten. Boccaccio schilderte uns in seinem Decamerone die Tänze, Reigen und Lieder, die neben Spaziergängen, Brettspielen, Erzählen von Geschichten und Rezitieren von Gedichten den Tagesablauf vornehmer Gesellschaften ausfüllten.

LEBEN
Jacopo da Bologna (Jacobus de Bononia) wurde um 1310 in Bologna geboren. Mit den Höfen in Verona und in Mailand stand er in enger Verbindung (1340–51). Er dürfte zeitweilig an einer Universität unterrichtet haben. Zwischen 1349 und 1351 trug er bei einem Kompositionswettbewerb in Verona mit Piero di Firenze und Giovanni da Cascia den Sieg davon. Er starb nach 1351. Ort und Datum seines Todes sind nicht bekannt.

WERKE
Von den Kompositionen Jacopos da Bologna sind 29 zwei- und dreistimmige Madrigale, ein zweistimmiges kanonisches Madrigal, 2 Cacce, eine Lauda und eine fünfstimmige Motette überliefert, dazu vermutlich noch eine zweite Motette und 2 weitere Madrigale.

LITERATUR
K. v. Fischer, Studien zur italienischen Musik des Trecento, Bern 1956.

Jacotin (um 1460–1529)

ZEIT UND UMWELT
Die Kathedrale Notre-Dame zu Antwerpen wurde im 14. Jahrhundert begonnen und erst im 16. vollendet. Sie ist die größte Kirche des Landes und eines der schönsten gotischen Bauwerke. Ihr zweiter Turm wurde im 15. Jahrhundert begonnen, aber nie vollendet. Ihre Kapelle war bei der Aufnahme von Mitwirkenden immer sehr wählerisch, so daß sie jeden Vergleich mit Kapellen anderer flandrischer Städte aushielt. Mit der steigenden Wirtschaftskraft der Stadt im 16. Jahrhundert hob sich das Niveau des Chores der Kathedrale noch mehr.

LEBEN
Jacotin, eigentlich Jacob Godebrye oder Jacobus Godefridus, wurde um 1460 in Flandern geboren. Im Jahre 1479 trat er der Kapelle Notre-Dame zu Antwerpen als Sänger bei und blieb mit Unterbrechungen bis 1528. Am 23. 3. 1529 starb er vermutlich in Antwerpen. Am Herzoghof in Mailand ist von 1473 bis 1494 ein Sänger Namens Jacotin oder Jacotino registriert. Eine Identität dieser beiden Sänger ist kaum anzunehmen. Das gleiche gilt für den als Sänger und Kanoniker in der französischen Hofkapelle zwischen 1532 und 1555 geführten Jacotin oder Jacques Le Bel. Jedoch der von 1516 bis 1519 als Jacotin Level an der päpstlichen Kapelle geführte Sänger könnte mit unserem Mann in Antwerpen ident sein, der seine Tätigkeit an Notre-Dame einige Male unterbrochen hat.

WERKE
Von Jacotin sind vor allem französische Chansons, aber auch andere Chor- und Instrumentalwerke überliefert. Wenn man ihn jedoch mit dem päpstlichen Sänger gleichsetzt, müssen ihm mehrere in Venedig erschienene Motetten zugeschrieben werden. Besonders beachtet wurde der Antwerpener Meister wegen seines achtstimmigen Satzes von »Sancta Divinitas unus Deus« und der sorgfältigen Textdeklamation beim Psalm »Crediti«. Der franko-flämische Komponist hat sich mit seinem gesamten überlieferten Werk den bedeutenderen Vertretern seiner Schule zugereiht.

LITERATUR
H. M. Brown, Theatrical Chansons of the 15th and Early 16th Century, Cambridge, Mass., 1963.

Jacques de Belleville
(um 1580 bis nach 1632)

ZEIT UND UMWELT
König Ludwig XIII. war nicht nur sein eigener Hofkomponist, sondern auch Tänzer, der an seinen Ballets sehr oft aktiv mitwirkte. Nach ernstzunehmenden Berichten soll er sehr gut getanzt haben.

LEBEN
Jacques de Belleville wurde um 1580 vermutlich in Paris geboren. Er war Ballettmeister, Violin- und Mandoraspieler am Hof König Ludwigs XIII. Er dürfte nach 1632 in Paris gestorben sein.

WERKE
Der französische Ballettmeister und Komponist Jacques de Belleville leitete zahlreiche Ballette des Hofes, für die er einen Teil der Musik selbst komponierte, soweit diese nicht vom König selbst stammte. Außerdem sind von ihm eine Allemande, »Le Testament du sieur de Belleville«, 20 Orchestersuiten und eine Reihe von Lautenstücken überliefert.

Jacques de Cysoing
(um 1220 bis nach 1270)

ZEIT UND UMWELT
Die nordfranzösische Stadt Lille hatte ihren Pui und eine Vereinigung der Ménestrels. Trouvères und Musikanten kamen zu bestimmten Zeiten zusammen, es wurden Jeux partis veranstaltet. Stadt und Landschaft wechselten mehrmals den Herrn, zuerst waren es die Grafen, die herrschten, dann Frankreichs König, darauf Flandern, dann die Engländer und die Burgunder und schließlich neuerlich die Franzosen.

LEBEN
Jacques de Cysoing wurde um 1220 in Cysoing bei Lille geboren. Über Leben und Wirken dieses nordfranzösischen Trouvère ist nahezu nichts feststellbar. Er dürfte sich in Lille aufgehalten und am Kulturleben dieser Stadt teilgenommen haben. Ort und Zeit seines Todes sind unbekannt.

WERKE
Von Jacques de Cysoing sind ungefähr 10 Melodien erhalten. Es handelt sich überwiegend um Chansons, die der höfischen Kunst näherstehen als die der zeitgenössischen Meister in Arras.

LITERATUR
E. Höpfner, Les chansons de Jacques de Cysoing, Studi Mediaevali XI, 1938.

Jacques de Gouy (um 1610 bis nach 1650)

ZEIT UND UMWELT
Der Stil des Air de cour eroberte um die Mitte des 17. Jahrhunderts den Bereich der sakralen Musik. Eine große Anzahl liturgischer und paraliturgischer Gesänge wurde in diese strenge, geschliffene Form gefaßt.

LEBEN
Jacques de Gouy wurde um 1610 in Frankreich geboren. Er war Kanonikus in Embrun und Briançon. Welche musikalische Tätigkeit er ausgeübt hat, ist nicht bekannt, Ort und Zeit seines Todes sind nicht feststellbar.

WERKE
Der französische Komponist Jacques de Gouy vertonte Psalmenparaphrasen in der Form vierstimmiger Airs de cour und öffnete damit dieser höfischen Gesangsform das Tor zur Kirchenmusik.

LITERATUR
Th. Gérold, L'art de chant en France, Straßburg 1921.

Jacques de Hedine
(um 1220 bis um 1270)

ZEIT UND UMWELT
Das Picardische war bereits im hohen Mittelalter nur ein altfranzösischer Dialekt

und keine eigene Sprache. Die Universität Paris verlieh den Picarden zwar den Status einer gesonderten Nation, aber dafür lagen mehr geographische und historische Gründe vor als linguistische. Jedenfalls sind Dichter und Komponisten des 12. und 13. Jahrhunderts aus der Picardie den nordfranzösischen Trouvères zuzureihen.

Leben

Jacques de Hedine wurde um 1220 in der Picardie geboren. Über den Ort seines Wirkens ist nichts bekannt. Er dürfte um 1270 gestorben sein. Der Ort seines Todes ist nicht feststellbar.

Werke

Von dem Trouvère Jacques de Hedine sind 2 Lieder mit Melodien überliefert. Es handelt sich um sehr elegante Pastourellen.

Elisabeth Claude Jacquet de La Guerre (um 1664–1729)

Zeit und Umwelt

Françoise Athénais de Rochechouart de Mortmar, Marquise de Montespan (1640 bis 1707), war von 1667 bis 1691 Mätresse Ludwigs XIV. Sie konnte, solange sie in der Gunst des Königs stand, einen eigenen Hofstaat mit Musikern halten.

Leben

Elisabeth Claude Jacquet de La Guerre wurde um 1664 als Tochter des Cembalisten und Organisten Claude Jacquet (um 1640, Paris, bis 6. 11. 1702, Paris) in Paris geboren und vom Vater ausgebildet. Sie war bis 1684 in Diensten der Marquise de Montespan, heiratete den Organisten Marin de La Guerre (1658, Paris, bis 1704, Paris) und wirkte sodann als Cembalistin und Cembalolehrerin ohne feste Stellung in Paris, wo sie am 27. 6. 1729 starb. Nach dem Tod ihres Mannes gab sie regelmäßige öffentliche Cembalokonzerte.
Ihr Bruder Pierre Jacquet (um 1666, Paris, bis 28. 6. 1739, Paris) war Cembalolehrer und Organist an mehreren Pariser Kirchen.

Werke

Die französische Cembalistin und Komponistin Elisabeth Claude Jacquet de La Guerre verfaßte 3 Bücher mit geistlichen Kantaten für eine Stimme und Generalbaß, Airs für eine und zwei Stimmen, ein Te Deum für großen Chor, das verschollen ist, 2 Cembalosuiten, 8 Violinsonaten, 6 Triosonaten und eine Oper.
Von Pierre Jacquet ist ein Orgelstück erhalten.

Salomon Jadassohn (1831–1902)

Zeit und Umwelt

Das Konservatorium in Leipzig hielt jeden fähigen Musiklehrer, vor allem Musiktheoretiker, fest. Persönlichkeiten, die in Breslau (Wrocław) ausgebildet worden waren, wurden bevorzugt, denn eine Reihe von Konservatoriumslehrer kannte die Qualität der dortigen Ausbildung aus eigener Erfahrung.

Leben

Salomon Jadassohn wurde am 13.8.1831 in Breslau geboren und bei Moritz Brosig, Adolf Hesse und beim Violinlehrer Ignaz Peter Lüstner (22.12.1793, Jauer [Jaworów], bis 30.1. 1873, Breslau) ausgebildet. Im Jahr 1848 war er in Weimar Schüler von Franz Liszt und ab 1853 von Moritz Hauptmann in Leipzig, wo er anschließend selbst als Musiklehrer wirkte, 1866 den Gesangverein »Psalterion«, von 1867 bis 1869 die Euterpe-Konzerte dirigierte und 1871 Lehrer für Theorie, Komposition und Instrumentation am Konservatorium wurde. Er starb am 1.2.1902 in Leipzig.

Werke

Neben seinen oft aufgelegten und übersetzten Unterrichtswerken schrieb der eminente Musiktheoretiker Salomon Jadassohn 4 Sinfonien, 2 Klavierkonzerte, ein Konzertstück für Flöte und Orchester, Kammermusik, Klavierstücke, Chorwerke, 2 Orchesterserenaden und Vokalduette.

Louis Emmanuel Jadin (1768–1853)

Zeit und Umwelt

Der »Salon« wurde um 1800 zu einer von vielen engagierten Frauen getragenen Instanz des Musiklebens und ließ eine eigene Art der Musik entstehen, die im Verlauf des 19. Jahrhunderts in breit-bürgerliche Fakturen verflachte und »neben dem Tee von der schönen Welt so ganz gemütlich wie jener eingenommen wird« (E. T. A. Hoffmann). Die Bezeichnung »Salonmusik« bedeutete bald »unfruchtbares inhaltsloses Tongeklingel, vorgetäuschte Virtuosität und kunstunwürdiges Zeug«.

Leben

Louis Emmanuel Jadin wurde am 21. 9. 1768 in Versailles geboren. Er war Musikpage König Ludwigs XVI. und Klavierschüler seines Bruders Hyacinthe, von 1789 bis 1792 Akkompagnist am Théâtre de Monsieur in Paris, während der Revolution Mitglied der Musikbande der Nationalgarde, ab 1800 Lehrer am Konservatorium, ab 1806 zugleich Kapellmeister am Théâtre Molière und von 1814 bis 1830 Mitglied der Königlichen Kapelle. Er starb am 11. 4. 1853 in Montfort-l'Amaury bei Versailles.

Sein Bruder Hyacinthe Jadin (1769, Versailles, bis 1802, Paris) war ab 1795 Klavierlehrer am Konservatorium in Paris.

Werke

Von Louis Emmanuel Jadin sind 9 Streichquartette, ein »Großes Quintett«, eine Militärsinfonie, 2 Ouvertüren, eine konzertante Sinfonie, 2 Klavierkonzerte, eine konzertante Sinfonie für Harfe und Klavier und eine große Anzahl Klaviermusik: Variationen, Fantasien über Opernmelodien, Potpourris, Sonaten, Nocturnen, begleitet oder unbegleitet, erschienen. Es handelt sich um typisch seichte Salonmusik. Ferner komponierte er zahlreiche Blasmusik und eine Reihe patriotischer und anderer Chöre, außerdem ungefähr 40 Opern.

Hyacinthe Jadin schrieb 9 Klaviersonaten, ein vierhändiges Klavierstück, Sonaten für Klavier und Violine, 6 Quartette, 4 Klavierkonzerte und zahlreiche Arrangements und Potpourris für den »Salon«.

Literatur

G. de Saint-Foix, Les frères Jadin, in: Revue Musicale, 1925.

Robert Jaeckel (1896–1970)

Leben

Robert Jaeckel wurde am 22.1.1896 in Wien geboren. Er studierte ab 1911 an der Akademie für Musik und darstellende Kunst seiner Geburtsstadt bei Franz Schreker und wirkte von 1917 bis 1945 als Lehrer für Oboe und Klavier am Mozarteum in Salzburg, wo er am 1.5.1970 starb.

Werke

Neben 4 Opern schrieb Robert Jaeckel eine Kammersinfonie für elf Instrumente, 2 Oboenkonzerte, ein Bläserquintett, ein Klavierquartett, ein Streichquartett, ein Trio für Oboe, Violine und Bratsche, ein Klaviertrio, ein Konzertstück für Cello und Klavier, Variationen für Oboe und Klavier, Oboenetüden, Klavierstücke und Lieder.

Armas Järnefelt (1869–1958)

Leben

Edvard Armas Järnefelt wurde am 14.8.1869 in Viipuri, Finnland (heute Wiborg, Sowjetunion), geboren. Er war der Schwager von Jean Sibelius und Schüler von Martin Wegelius und von Ferruccio Busoni in Helsinki und studierte außerdem bei Albert Becker in Berlin und Jules Massenet in Paris. Zunächst war er als Korrepetitor in Magdeburg und Düsseldorf tätig, sodann als Dirigent in Viipuri (heute Wiborg, UdSSR) und schließlich als Kapellmeister in Stockholm und Helsinki. Er starb am 23.6. 1958 in Stockholm.

Werke

Von Armas Järnefelt sind mehrere Orchesterwerke, darunter 2 Tongedichte, bekannt geworden, die als typisch nordisch anzusprechen sind, außerdem eine Bühnenmusik, 12 Kantaten, Männerchöre, Klavierstücke und ungefähr 50 Lieder. Er ist als Spätromantiker einzustufen.

Otto Jahn (1813–69)

Leben
Otto Jahn wurde am 16.3.1813 in Kiel geboren. Er war ab 1842 in Greifswald und ab 1847 in Leipzig Professor für klassische Literatur und Archäologie. Aus politischen Gründen 1851 enthoben, wirkte er in Bonn von 1855 bis zu seinem Tod am 9.9.1869 in Göttingen als Kunst- und Musikwissenschafter.

Werke
Neben vielen äußerst wertvollen musikästhetischen und musikhistorischen Werken verfaßte Otto Jahn 32 Klavierlieder in 4 Heften und eine Anzahl vierstimmiger Lieder für gemischten Chor. Er gab das »Kirchliche Antiphonarium mit 89 Gesängen« seines Lehrers, des Stadtkantors und Organisten Georg Christian Apel (1775, Erfurt, bis 1841, Kiel), heraus. Mit seinen historischen Monographien über verschiedene Musikerpersönlichkeiten begründete er eine neue Sparte der Musikgeschichte. Seine entschiedene Ablehnung der Musik Richard Wagners begründete er mit Hinweisen auf die Klassik und auf Johann Sebastian Bach.

Friedrich August Leberecht Jakob (1803–84)

Zeit und Umwelt
Dem Bedürfnis der romantischen Epoche entsprechend wurden viele Choräle neu bearbeitet und mit strotzenden vollklingenden Akkorden ausgestattet, unter denen die Melodik oft ganz begraben lag. Einer späteren Zeit war es vorbehalten, diese Überladungen wiederum zu beseitigen. Es darf dabei nicht übersehen werden, daß diese Bearbeitungen für das damalige Publikum durchgeführt wurden, dem es so gefiel.

Leben
Friedrich August Leberecht Jakob wurde am 25.6.1803 in Kroitsch (Krotoszyce) bei Liegnitz (Legnica), Schlesien, geboren. Von 1824 bis 1878 war er Kantor in Konradsdorf (Mścice) bei Hainau (Pyrzyce) und lebte sodann in Hohenwiese (Wojków) bei Schmiedeberg (Kowary). Er starb am 20.5.1884 bei Liegnitz.

Werke
Von Friedrich August Leberecht Jakob sind zahlreiche Männerchöre und Lieder bekannt geworden. Er verfaßte mehrere Unterrichtswerke. Seine bemerkenswerteste Leistung war die Herausgabe seines »Reformatorischen Choralbuchs« in Zusammenarbeit mit Ernst Friedrich Richter, das mehrmals aufgelegt wurde. Es kam der romantischen Musikauffassung sehr entgegen und war daher sehr beliebt.

Vladas Jakubėnas (geboren 1904)

Leben
Vladas Jakubėnas wurde am 2.5.1904 in Biržai, Litauen, geboren. Seine Ausbildung erhielt er in Kaunas und von 1928 bis 1932 bei Franz Schreker an der Hochschule für Musik in Berlin. Anschließend wurde er Lehrer für Musiktheorie und Klavier am Konservatorium in Kaunas. Im Jahr 1949 ließ er sich in Chikago nieder.

Werke
Von den zahlreichen Kompositionen von Vladas Jakubėnas, der bemüht war, der litauischen Musik eine weltweite Geltung zu verleihen, sind 3 Sinfonien, eine Rhapsodie, eine Suite, ein Praeludium und Tripelfuge für Streicher, ein Intermezzo für Streicher, ein Streichquartett, eine »Melodie« für Violine und Klavier, eine Serenade für Cello und Klavier und 3 großartige Kantaten bemerkenswert. Trotz der modernen Diktion klingt in seinem Werk litauische Volksmusik mit.

Philibert Jambe de Fer
(um 1520 bis um 1566)

ZEIT UND UMWELT
Im Jahre 1562 wurde Lyon im Zuge des nunmehr in voller Stärke ausgebrochenen Bürgerkrieges besetzt. Die Anhängerschaft des Calvinismus war so stark angewachsen, daß sie sich gegen die Repressalien der katholischen Regierung zur Wehr setzen konnte. Die immer wieder aufflammenden Kämpfe setzten sich bis zur Bartholomäusnacht des Jahres 1572 fort, in der das weitere Schicksal der Reformation in Frankreich blutig entschieden wurde.

LEBEN
Philibert Jambe de Fer wurde um 1520 in Champlite, Haute-Saône, geboren. Er lebte in Lyon als Komponist und vermutlich auch als ausübender Musiker und ging in den Religionskämpfen als Hugenotte um das Jahr 1566 zugrunde.

WERKE
Das Hauptwerk, das Philibert Jambe de Fer hinterlassen hat, ist eine Gesangs-, Flöten-, Violen- und Violinschule, eine der ältesten ihrer Art. Außerdem bearbeitete er Psalmenumdichtungen von Marot und de Bèze und Übersetzungen von Poictevin für mehrstimmigen Satz.

LITERATUR
P. Pidoux, Le psautier huguenot du XVIe, Basel 1962.

John James (um 1680–1745)

ZEIT UND UMWELT
Das Extemporespiel war für Kirchenorganisten unvermeidbar. Die Zwischen-, Vor- und Nachspiele von Gesängen, das Begleiten sakraler Vorgänge, das Ausfüllen von Pausen erforderte es zwingend, weil Orgelstücke in passender Länge nicht immer zur Verfügung standen. Einzelne Organisten entwickelten darin eine große Meisterschaft und brachten vollendete Kompositionen zu Gehör, von denen man nur bedauern muß, daß sie nie notiert worden sind.

LEBEN
John James wurde um 1680 vermutlich in Southwark geboren, wo er etliche Jahre als zweiter und dann als erster Organist an St. Olave wirkte. Er gab diese Stelle 1738 auf, weil er als Organist an St. George-in-the-East nach Middlesex berufen wurde, wo er im Jahr 1745 starb.

WERKE
Der englische Organist und Komponist John James schrieb eine Anzahl Lieder und Orgelstücke. Sonst ist von ihm nichts erhalten. Er hatte als Extemporist einen weitreichenden Ruf.

Leoš Janáček (1854–1928)

ZEIT UND UMWELT
Mähren war zwar eines der wirtschaftlich höchstentwickelten Kronländer der österreichisch-ungarischen Monarchie, das Schicksal der Bevölkerung wurde aber in Wien und in Prag entschieden. Solange die Wiener Zentralregierung mächtig genug war, die Tschechen unter Druck zu halten, betraf das auch die Mähren. Als die außenpolitische Lage Wien zwang, die Zügel zu lockern und die Tschechen mit zäher Ausnützung jeder Möglichkeit ihre Freiheit in kleinen Schritten eroberten, wurde das Leben auch in Mähren leichter. Auch Musik wurde in Prag für alle Tschechen gemacht, Smetana, Dvořák, Fibich und deren Epigonen waren dafür da.

LEBEN
Leoš Janáček wurde am 3.6.1854 in Hochwald (Hukvaldy), Mähren, geboren und war ab 1865 in Brünn unter Pavel Křížkovský Chorknabe und bald dessen Nachfolger als Chorleiter. Anschließend studierte er an der Prager Orgelschule bei František Skuherský und darauf an den Konservatorien in Leipzig und in Wien. Im Jahr 1881 gründete er die Brünner Orgelschule, aus der später das Konservatorium entstand, und wurde Dirigent der

Philharmonischen Gesellschaft. Mit seinen Kompositionen fand er lange wenig Anklang; einiges konnte er in Brünn aufführen, in Prag kannte man ihn kaum. Erst 1919 wurde er als Kompositionslehrer an das Konservatorium in Prag berufen. Er starb am 12.8.1928 in Mährisch-Ostrau (Ostrava).

WERKE

Von den 9 Opern von Leoš Janáček stehen 6 noch heute auf den Spielplänen der Opernhäuser, 8 weitere blieben unvollendet. Er verfaßte ferner eine »Glagolitische Messe« auf kirchenslawischen Text, eine »Sinfonietta«, eine unvollendete Sinfonie, eine Orchestersuite, 2 Orchesterballaden, die sinfonische Rhapsodie »Taras Bulba«, eine Suite und eine Idylle für Streichorchester, eine Tanzsuite für Orchester, »Lachische Tänze«, ein Concertino für Klavier und Kammerorchester, ein unvollendetes Violinkonzert, 3 Streichquartette und mehrere Kammermusikstücke mit verschiedener Besetzung, zahlreiche Klavierstücke, Klaviersonaten, Violinsonaten, Orgelstücke, Kantaten, Kyrie, Credo und Agnus einer Messe und weitere Gesangstücke.

Janáčeks Musik wurde fälschlich als Naturalismus bezeichnet. Man verstand lange nicht, daß es ihm um eine realistisch-kritische Darstellung seiner Themen ging. Das an die heile Welt der Spätromantik gewöhnte Publikum lehnte diesen neuen Stil erschreckt ab. Erst der Krieg bewies, daß in der Welt doch nicht alles so schön in Ordnung war, wie es die glatten Klänge der Romantiker verkündeten. Man begriff auch, daß er mit seiner Musik dem Klang und dem Rhythmus der Sprache nachging, deren Natur durch eine expressive Musik zur psychologischen Wirksamkeit erhöht wurde. Aber nachdem die Ereignisse der ersten Hälfte des 20. Jahrhunderts die Romantik grausam Lügen strafte, wurde die über den Impressionismus in den Expressionismus ragende Musik gewürdigt und ihr Meister als dritter den großen Tschechen Smetana und Dvořák ebenbürtig zugereiht.

Leoš Janáček

M'Ša Glagolskaja für Soli, Chor, Orchester und Orgel, 8 Teile, auf dem kirchenslawischen Messetext, entstanden 1926

Im 1. Teil, Introduktion (Úvod), begleiten strahlende Fanfarensignale den Priester, der zum Altar tritt. Im 2. Teil, Kyrie (Gospodi pomiluj), wird vom Solosopran intoniert, sodann von den anderen Solisten übernommen und mit dem Chor responsorisch vorgetragen. Der 3. Teil, Gloria (Slava), ist ein Wechselgesang des vorwiegend lyrischen Soprans mit dem dramatischen Chor; Orchestervorspiele verbinden die einzelnen Lobpreisungen. Im 4. Teil, Credo (Věruju), bringt der Solotenor die einzelnen Glaubenssätze, nach denen der Chor jeweils bestätigt: »Věruju« (Ich glaube); hier schließt sich die Musik eng an den Text an, das Leiden Christi wird durch ein eigentümlich zerklüftetes Orgelsolo dargestellt. Im 5. Teil sind Sanctus (Svet) und Benedictus (Blagosloven) zu einem Satz vereinigt; eine zarte Orchestrierung mit darübergelegtem Violinsolo gibt dem Teil, in dem der Soloalt zum ersten Mal zu Wort kommt, eine außerordentliche Wärme. Der 6. Teil, Agnus Dei (Agneče Božij), ist voll inniger Chorstellen. Im 7. Teil bringt die Orgel eine blendende Passacaglia, die improvisatorisch anmutet. Im 8. Teil, Intrada, begleiten Fanfarenklänge den Abgang des Priesters.

Lachische Tänze, Tanzsuite, 6 Teile, entstanden 1890

Der 1. Tanz heißt »Der Altertümliche« und ist ein Hochzeitstanz mit Polonaisencharakter; als zweites Thema ist ihm ein ruhiger »Tüchleintanz« beigegeben. Der 2. Tanz, »Der Gesegnete«, ist gleichfalls ein Hochzeitstanz mit Orgel- und Glockenbegleitung. Der 3., »Blasebalg«, ein Schmiedetanz, ist zu einer »feurigen, wirklich wie ein Blasebalg fauchenden Sinfonie der Schmiedewerkstatt« umstilisiert. Der 4. Tanz ist wieder ein »Altertümlicher« mit einer elegischen Volksliedmelodie. Der 5. Tanz übernimmt einen »Bettlertanz« aus dem mährischen Dorf Čeladná und baut ihn zu einer stürmischen Stretta aus. Im 6. Tanz, »Sägetanz«, wird das Holzabschneiden im Winter vorgeführt.

Sinfonietta, 5 Sätze, entstanden 1926

Mit schmetternden Fanfarenklängen feiert der 1. Satz vorwegnehmend den zehnjährigen Bestand der Tschechoslowakischen Republik. Der 2. Satz bringt eine Tanzmelodie, die sich auf mährische Folklore stützt und der Stadt Brünn gewidmet ist. Im 3. Satz erklingt ein lyrisches Thema, der 4. Satz ist tänzerisch-folkloristisch und endet in eine wirbelnde Stretta. Nach weichen Flötentönen klingen die Fanfaren erneut auf und vereinigen sich mit dem übrigen Orchester zu einer strahlenden Schlußhymne.

Taras Bulba, Sinfonische Rhapsodie, 3 Teile, entstanden 1918

Der 1. Teil trägt den Titel »Der Tod des Andrej« und bringt als erste Szene der gleichnamigen Novelle von Nikolai Gogol die Schilderung der Liebe Andrejs, des Sohnes des Atamans der Saporoger Kosaken, Taras Bulba, zu einer schönen Polin, den Verrat seines Volkes, das mit den Polen im Kampf liegt, um seiner Liebe willen, und seinen Tod, den er als Strafe durch die Hand des Vaters empfängt. Der 2. Teil, »Der Tod des Ostap«, trägt vor, wie Ostap, der zweite Sohn des Atamans, von den Feinden gefangen, auf das Schafott geführt und hingerichtet wird. Unter der jubelnden Volksmenge befindet sich Taras, der seinem Sohn Mut zuspricht. Die Musik malt den Kontrast, das Jauchzen der Menge zu den Leiden des Unglücklichen. Im 3. Teil, »Prophezeiung und Tod des Taras Bulba«, wird der Ataman gefangen und zum Flammentod verurteilt. Sein Glaube an den Sieg seines Volks bleibt jedoch unerschüttert. Feierliche Orgeltöne unterstreichen die verheißungsvolle Apotheose des Orchesters.

»Osamělá bez těchy« (Die Einsame ohne Trost), Autograph

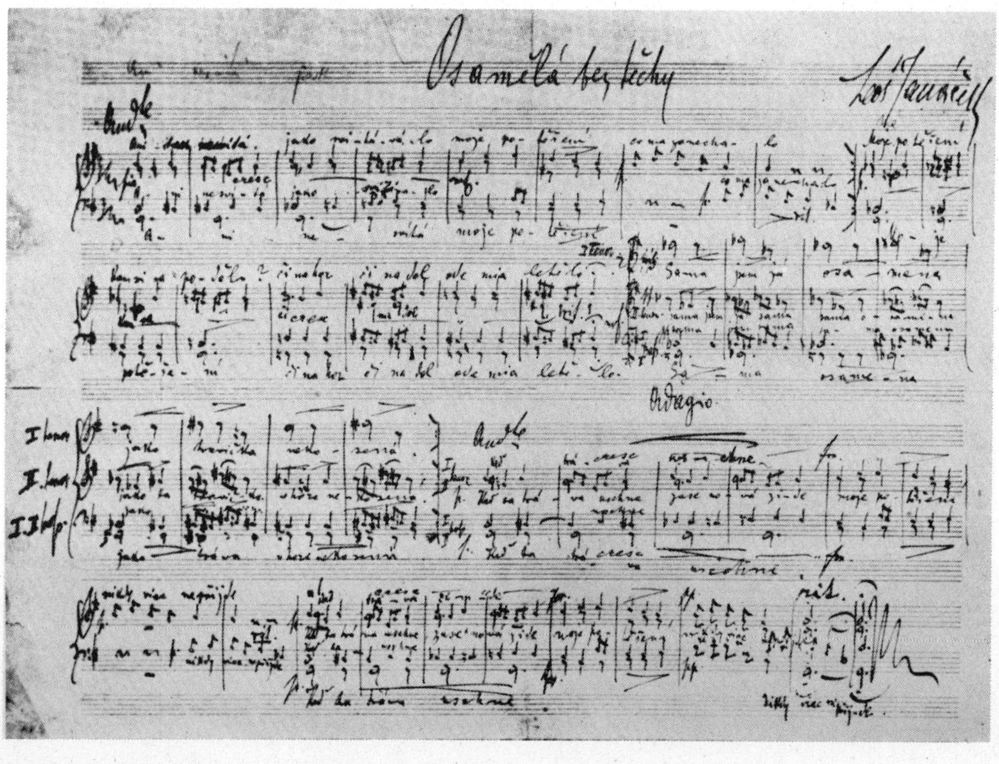

Concertino für Klavier, zwei Violinen, Bratsche, Klarinette, Horn und Fagott, 4 Sätze, entstanden 1925

Der 1. Satz stellt einen Dialog des Klaviers mit dem Horn dar, den die anderen Instrumente verhalten begleiten. Im 2. Satz tritt das Klavier der Klarinette gegenüber, die es »kreischend und hohnlachend verspottet«, dann aber die melodische Führung übernimmt und mit den anderen Instrumenten einen versöhnenden Akkord bildet. Im 3. Satz kommt es zu breit gelagerten Klangspektren; das Stück erhält Konzertcharakter, das Klavier beansprucht die Hauptrolle, die es auch im Finale, einer Stretta, beibehält.

Jugend, Bläsersextett, 4 Sätze, entstanden 1924

Humorvoll beginnt der 1. Satz und beschwört die Studentenzeit des Komponisten hervor. Der 2. Satz bringt elegische Erinnerungen, der 3. Satz einen Studentenmarsch und das Finale einen fröhlichen Abschluß.

Streichquartett Nr. 2, 4 Sätze, entstanden 1923

Dieses Werk bringt Anklänge an russische Volksmusik. Schon das Gegenthema des 1. Satzes ist mit seiner Asymmetrie dafür typisch. Auch die übrigen Sätze, von denen jeder in verschiedenen Tonarten abschließt, sind sehr eigenwillig und voll abrupter Kontraste, überraschender Klangflächen und Tonartfolgen. Es liegt ein rücksichtsloser Bruch mit allen Traditionen vor.

Streichquartett Nr. 3, 4 Sätze, entstanden 1928

Dieses Quartett hat weder klassische noch romantische Struktur; es fehlt auch eine festgelegte Tonart. Der 1. Satz bringt ein Andantethema, dem eine sangliche Melodie gegenübergestellt ist. Der 2. Satz des Werks, dem der Komponist den Titel »Intime Briefe« gab, schildert ein fröhliches Zusammentreffen mit einer angebeteten Frau in einem Kurort. Der 3. Satz drückt das Liebeserlebnis aus, und das Finale, das die im 1. Satz geschilderte aufsteigende Liebe wiederholt, spricht auch von der Furcht vor Enttäuschung. Man könnte das Werk eine »Programmusik in realistischen Bildern« nennen.

Sonate für Violine und Klavier, 4 Sätze, entstanden 1921

Dieses Stück, an dem der Komponist ab 1912 mit Unterbrechungen gearbeitet hat, läßt im 1. Satz die Kriegstrommel erklingen. Der 2. Satz trägt den Titel »Ballade«; man wäre versucht, dafür »Märchen« einzusetzen, so lyrisch und geheimnisvoll klingt die herrliche Kantilene der Violine. Das Allegretto des 3. Satzes bringt dazu einen fröhlichen Kontrast. Doch der 4. Satz – Adagio – erinnert wieder an das Zeitgeschehen, die »Alarmtrommel« pocht erneut an das bange Herz.

Märchen für Cello und Klavier, 3 Sätze, entstanden 1910, umgearbeitet 1923

Das Märchen »Zar Barendjei« von Wasili Schukowski (1783–1852) wird nicht mit seiner Handlung nach »romantischer« Art dargestellt; das Duett gibt nur die Poesie der reizenden Volkserzählung mit zarten slawischen Motiven wieder.

Literatur

O. Jeremiáš, Leoš Janáček, Prag 1938. J. Vogel, Leoš Janáček, London 1963. T. Kneif, Die Bühnenwerke von Leoš Janáček, Wien 1974. D. Muller, Janáček, Paris 1975.

Clément Janequin (um 1485–1558)

Zeit und Umwelt

Der religiöse Reformator Johannes Calvin (1509–64) gewann im französischsprechenden Raum unter Klerikern und Laien sehr rasch eine starke Anhängerzahl, die sofort der Verfolgung seitens der staatlichen und kirchlichen Machthaber ausgesetzt war, bis durch die grausame Ermordung von ungefähr 50.000 Hugenotten im Jahre 1572 ein vorläufiger Sieg über die Ketzer errungen war. Verdächtig waren auch alle, die dem Humanismus huldigten, weil jede Art von Toleranz verpönt war. Daher konnte sich die Protektion von erklärten Humanisten in einer Zeit, in der von Glaubenskämpfen noch keine Rede war, später hemmend auswirken, auch wenn die seinerzeitigen Protektoren Kirchenfürsten gewesen waren.

Leben

Clément Janequin wurde um 1485 vermutlich in Châtellerault bei Poitiers geboren. Ab 1505 war er in Bordeaux ansässig und stand in Diensten des Generalvikars Lancelot Du Fau und des Erzbischofs Jean de Foi, die beide bekannte Humanisten waren. Er pflegte auch enge Beziehung zu Eustorg de Baulieu, der später reformatorischer Bestrebungen verdächtigt wurde. Im Jahre 1527 wurde er Kaplan und einige Jahre darauf Leiter der Maîtrise (Singschule) an der Kathedrale zu Angers. Seine Anstrengungen, Sänger der Königlichen Kapelle zu werden, hatten erst

1555 Erfolg. Die Namen der seinerzeitigen Protektoren hatten am Hof des frömmelnden Heinrich II. keinen guten Klang. Aber weder diese Stellung noch die Ernennung zum Komponisten der Kapelle brachten ihm eine Verbesserung seiner zeit seines Lebens beengten finanziellen Lage ein. Der König hatte für Kunst und Künstler kein Geld. Völlig verarmt starb er in Paris im Jänner des Jahres 1558.

WERKE

Clément Janequin war trotz seines geistlichen Standes und seines Dienstes als Organist und Chorleiter kein Kirchenmusiker. Er schrieb nur 2 Parodiemessen, bei denen er eigene Chansons verwendete. Bedeutend waren hingegen seine Erfolge auf dem Gebiet der Chansons, von denen nahezu 300 zu drei und vier Stimmen erhalten sind. Sie stellen die originellsten kompositorischen Leistungen der französischen Renaissance dar. Der deskriptive Charakter vieler Chansons machte Janequin bereits zu seinen Lebzeiten weit über die Grenzen Frankreichs hinaus berühmt, weil er damit alle bisherigen Versuche im Bereich imitativer Musik um vieles hinter sich ließ. »Die Schlacht von Marignan«, »Der Vogelgesang«, »Die Jagd« sind Beispiele davon. Er wurde als Haupt der Pariser Schule der Chansons angesehen; seine lyrischen, erzählenden und zuweilen auch erotischen Lieder wurden viel und gern gesungen. Gegen das Ende seines Lebens bediente er sich bereits der aus der italienischen Musik übernommenen Chromatik, um bestimmte Effekte zu erzeugen.
Weit weniger sind seine Psalmen und geistlichen Chansons bekannt. Sie sind durchwegs vierstimmig, gut durchgearbeitet und hätten eine stärkere Beachtung verdient. Aber man verband eben seinen Namen mit den gut rhythmisierten, eingängigen und auch textlich geistreichen Chansons.

LITERATUR

Fr. Lesure, Clément Janequin, Recherches sur sa vie et son œuvre, Musica Disciplina V, 1951. J. Levron, Clément Janequin, Paris 1948.

Feliks Janiewicz (1762–1848)

ZEIT UND UMWELT

Die Philharmonic Society in London wurde 1813 von Johann Baptist Cramer (1771 bis 1858), vom Musikverleger Philip Antony Corri (um 1780 bis um 1850) und vom Violinisten William Dance (1755, London, bis 5. 6. 1840, London) gegründet. In kürzester Zeit erweiterte sich der erste Mitgliederstand auf mehr als 20 namhafte Musiker der Stadt.

LEBEN

Feliks Janiewicz (Yaniewicz) wurde 1762 in Wilna (Vilnius) geboren. Er war ab 1777 als Violinist Mitglied der Königlichen Kapelle in Warschau. König Stanisław II. Auguszt ermöglichte ihm ein Musikstudium in Nancy. Nach einem Aufenthalt in Wien und in Italien ging er nach Paris und trat im Concert spirituel auf, hierauf nach London und schließlich nach Liverpool, wo er die Leitung einer Musikalienhandlung übernahm. Er gehörte zu den ersten Mitgliedern der Philharmonic Society, deren erste Konzerte er als Konzertmeister leitete. Von 1815 bis zu seinem Tod am 21. 5. 1848 wirkte er in Edinburgh als Dirigent der dortigen Musical Society und als Arrangeur mehrerer Musikfeste.

WERKE

Von Feliks Janiewicz, der zu den besten Violinisten seiner Zeit zählte, sind 5 Violinkonzerte, 6 Divertimenti, 6 Trios für zwei Violinen und Cello, 4 Duos für Violinen, mehrere Klavierstücke und einige Vokalwerke, außerdem Bearbeitungen und Transkriptionen fremder Kompositionen für Violinen überliefert.

LITERATUR

J. Berwaldt, Feliks Janiewicz (1762–1848), Krakau 1966.

Johann Gottlieb Janitsch
(1708 bis um 1763)

ZEIT UND UMWELT
Die Hausakademien, die am Sitz des preußischen Kronprinzen Friedrich von seiner Kapelle regelmäßig veranstaltet wurden, bestanden vorwiegend aus Darbietungen norddeutscher Musik. Es wurden aber nicht selten Gäste aus verschiedenen Gebieten empfangen, die entweder ihre Werke selbst zu Gehör brachten oder von der Kapelle spielen ließen. Das künstlerische Niveau war, dem gesamten Kreis um den Prinzen in Rheinsberg entsprechend, sehr hoch.

LEBEN
Johann Gottlieb Janitsch wurde in Schweidnitz (Świdnica), Schlesien, geboren. 1736 zog ihn der nachmalige König Friedrich II. an seinen Kronprinzensitz nach Rheinsberg und übertrug ihm das Arrangement seiner regelmäßigen Hausakademien. Nach Friedrichs II. Thronbesteigung wurde er Direktor der Redoutenmusiken in Berlin, wo er um 1763 starb.

WERKE
Die Konzerte, Trios und Quartette von Johann Gottlieb Janitsch sind stark vom Stil Johann Gottlieb Grauns beeinflußt. Das gleiche gilt von seinen Kantaten und dem Te Deum, das oft aufgeführt wurde.

LITERATUR
H. Fuhrich, Ein schlesischer Musiker am preußischen Königshofe, in: Schlesien III, 1958.

Giuseppe Jannaconi (1741–1816)

ZEIT UND UMWELT
Mit dem ausgehenden 18. Jahrhundert fand auch die römische Schule der Bewunderer, Nachfolger und Nachahmer Palestrinas ihr vorläufiges Ende. Ein typisches Zeichen dafür war, daß nun die historische Forschung über Leben und Werk des großen Renaissancemeisters einsetzte und die Sammlung und Herausgabe seiner Kompositionen begann.

LEBEN
Giuseppe Jannaconi (Janacconi) wurde 1741 in Rom geboren. Er war Schüler von Pasquale Pisari und wirkte als einer der letzten Vertreter der Tradition der römischen Schule ab 1811 bis zu seinem Tod am 18. 3. 1816 als Kapellmeister an der Peterskirche in Rom.

WERKE
Wie sein Lehrer bemühte sich Giuseppe Jannaconi, durch möglichst kunstvolle Kontrapunktik dem Palestrina-Stil nahezukommen. Seine vielstimmigen Messen, Te Deum, Magnificat weisen teilweise Instrumentalbegleitung auf, die aber weggelassen werden konnte. Seine Psalmen, Motetten, Offertorien und Antiphonen sind a cappella gesetzt, einzelne Kanons für viele Stimmen (bis zu vierundsechzig) gearbeitet. Er erzielte mit seiner Faktur eine beträchtliche Klangschönheit.

Leopold Jansa (1795–1875)

ZEIT UND UMWELT
Der 1848 ausgebrochene Aufstand der Ungarn gegen die österreichische Regierung und Verwaltung wurde mit Hilfe der russischen Armee 1849 niedergeschlagen. Soweit die Führer des Aufstandes nicht in das Ausland flüchteten, wurden sie hingerichtet oder eingekerkert. Sympathisanten mußten ihre Heimat verlassen, sofern sie nicht härteren Strafen unterworfen wurden.

LEBEN
Leopold Jansa wurde am 23. 3. 1795 in Wildenschwert (Ústi nad Orlicí), Mähren, geboren. Er studierte in Wien Rechtswissenschaft, bildete sich aber zum Musiker aus und wurde 1825 als Violinist Mitglied des Hoforchesters und 1834 Universitätsmusikdirektor. Er leitete ab 1845 das Schuppanzigh-Quartett. Als er 1849 in London ein Konzert zugunsten von aus Ungarn geflüchteter Aufständischer gab,

wurde er selbst aus Österreich ausgewiesen und blieb bis 1868 als geschätzter Musiklehrer in der britischen Hauptstadt. Dann durfte er aufgrund einer Amnestie nach Wien zurückkehren, wo er am 24.1.1875 starb.

WERKE
Von Leopold Jansa sind 4 Violinkonzerte, 8 Streichquartette, ein Rondo für zwei Violinen und Orchester, eine Anzahl Duette und andere Stücke für Violinen, außerdem einige Kirchenmusik bekannt geworden. Sein Stil gehörte der Hochromantik an.

Jean-Baptiste Janson
(um 1742–1803)

ZEIT UND UMWELT
Das Pariser Conservatoire de Musique wurde 1795 vom Nationalkonvent ins Leben gerufen. Die 1784 gegründete École Royale de Chant et de Déclamation (Königliche Gesang- und Deklamationsschule) samt ihren Erweiterungen ging darin auf. Sie verfügte bereits 1797 über 125 Lehrkräfte und 600 weibliche und männliche Schüler. Das Institut besteht mit mehreren Modifikationen noch heute.

LEBEN
Jean-Baptiste Aimé Joseph Janson wurde um 1742 in Valenciennes geboren. Er war Schüler von Martin Berteau und trat 1755 zum ersten Mal mit großem Erfolg im Concert spirituel als Cellist auf. Anschließend wurde er Mitglied der Kapelle des prince de Conti Louis François Joseph de Bourbon. Nach Konzertreisen durch ganz Europa wurde er 1788 Musikdirektor beim nachmaligen König Ludwig XVIII. Im Jahr 1795 erhielt er eine Lehrstelle am neugeschaffenen Conservatoire de Musique, die er bis zu seinem Tod am 2. 9. 1803 betreute.

WERKE
Von Jean-Baptiste Janson sind 3 Sinfonien, 13 Cellokonzerte, 6 Streichquartette, mehrere Trios und 6 Cellosonaten erschienen. Sein Stil näherte sich der Klassik.

Leopold Jansa, nach einer Lithographie von J. Kriehuber

Jean François Joseph Janssens
(1801–35)

ZEIT UND UMWELT
Im Zug der belgischen Freiheitskämpfe wurde Antwerpen von den Aufständischen eingenommen. Nur die Zitadelle blieb in der Hand der niederländischen Garnison, die sich durch 2 Jahre verteidigte und der Stadt durch Artilleriebeschuß schweren Schaden zufügte. Erst der Angriff einer französischen Hilfsarmee vermochte es, die Zitadelle zur Übergabe zu zwingen.

LEBEN
Jean François Joseph Janssens wurde am 29.1. 1801 in Antwerpen geboren. Er war 2 Jahre lang in Paris Schüler von Jean-François Lesueur. Dann studierte er Rechtswissenschaft und wurde 1826 Notar in Hoboken bei Antwerpen und wirkte zugleich als Dirigent eines Musikvereins. Im Jahr 1829 war er Notar in Berchem und 1831 in Antwerpen. Die Beschießung der Stadt vertrieb ihn nach Deutschland. Er starb am 3.2.1835 in Antwerpen.

WERKE

Von Jean François Joseph Janssens sind fünfstimmige Orchestermessen, ein Te Deum, Motetten, Psalmen, Hymnen mit Orchester, Kantaten, 2 Sinfonien und 2 komische Opern erhalten. Der Großteil seiner Manuskripte fiel während seines Deutschlandaufenthalts einem Hotelbrand zum Opfer. Sein Stil ist von seinem Lehrer stark beeinflußt.

Jean Japart (um 1480 bis um 1530)

ZEIT UND UMWELT

Alfonso I., Herzog von Ferrara aus dem Hause Este, genoß als Förderer von Künstlern jeder Art einen weit über die Grenzen Italiens hinausreichenden Ruf. Sein Hof war ebenso wie die Residenzen der anderen Renaissancefürsten ein beliebtes Ziel der Meister der franko-flämischen Schule.

LEBEN

Jean Japart (Johannes) wurde um 1480 im franko-flämischen Raum geboren. Über sein Leben und Wirken ist nahezu nichts bekannt außer seiner Tätigkeit als Sänger am Hof von Ferrara, deren Beginn nicht feststellbar ist. Er dürfte in Ferrara um 1530 gestorben sein.

WERKE

Von Japart ist eine Messe »Missa super Princesse et amorette« überliefert. Überdies sind 16 gedruckte und mehrere handschriftliche Chansons überliefert. Der Meister griff zur Technik, mehrere Texte und Melodien von verschiedenen Stimmen zugleich singen zu lassen. Er kombinierte zum Beispiel das Lied »Vrai dieu d'amours« (Wahrer Gott der Liebe) mit Text und Melodie einer Kirchenlitanei. Er ließ auch zuweilen den Tenor ein kurzes Motiv ständig wiederholen, eine Kompositionsart, die Orlando di Lasso fallweise in seinen Motetten anwendete. Er galt als einer der besten Meister der Chanson seiner Zeit.

LITERATUR

C. L. W. Boer, Chansonvoormen op het einde van de XVde eeuw, Amsterdam 1938.

Jaques de Cambrai
(um 1220 bis nach 1260)

ZEIT UND UMWELT

Die Bürgerschaft von Cambrai erreichte im Jahre 1227 nach häufigen Revolten gegen die vom Kaiser eingesetzten Bischöfe eine gewisse Selbstbestimmung. Ruhe kehrte in die Stadt dennoch nicht ein, weil sie durch lange Zeit ständig ihre Herren wechselte; der Hennegau, Flandern, Frankreich und England streckten die Hand nach ihr aus. Eine kulturelle Entwicklung war unter solchen Umständen unmöglich; Kulturträger verließen die Stadt.

LEBEN

Jaques de Cambrai ist um 1220 in Cambrai geboren, dürfte aber seinen Aufenthaltsort bald anderswohin, vielleicht nach Arras oder nach Amiens, verlegt haben. Über sein Leben und Wirken ist nichts bekannt. Auch der Ort und die Zeit seines Todes sind nicht feststellbar.

WERKE

Von Jaques de Cambrai sind 4 Liebeslieder, 7 religiöse Gesänge und eine Pastourelle erhalten, deren Musik zum Teil aus Kontrafakta besteht. Die Hinterlassenschaft ist zu klein und auch zu wenig charakteristisch, um über diesen Meister ein Urteil abzugeben. Die Verwendung von Kontrafakta ist jedenfalls eine gewisse Abstiegserscheinung.

LITERATUR

E. Järnström, Recueil de chansons pieuses du XIIIe siècle, Helsinki 1910.

Pál Járdányi (1920–66)

LEBEN

Pál Járdányi wurde am 30.1.1920 in Budapest geboren. Er war am Konservatorium in Budapest Schüler von Zoltán Kodály, betätigte sich zunächst als Musikkritiker und wurde 1946 Professor am Konservatorium in Budapest, wo er am 29.7.1966 starb.

Werke
Von Pál Járdányi sind eine Sinfonie, eine Rhapsodie, ein Tongedicht, ein Konzert für Harfe und Kammerorchester, ein Concertino für Violine und Streichorchester, ein Tanz für kleines Orchester, eine Sinfonietta für Streichorchester, ein Bläserquintett, 2 Streichquartette, ein Streichtrio, eine Sonate für Violine und Klavier und eine Sonate für zwei Klaviere bekannt geworden. Sein Stil entsprach dem seines Lehrers.

Ivan Mane Jarnović (um 1740–1804)

Zeit und Umwelt
Das nahezu in allen europäischen Städten einsetzende öffentliche Konzertleben bot reisenden Virtuosen, die früher nur in Fürstenhöfen und Adelspalästen auftreten konnten, eine weit größere Entfaltungsmöglichkeit.

Leben
Ivan Mane Jarnović (Giovanni Mane Jarnowick, Giornovichi, Jarnovichi) wurde um 1740 vermutlich in Ragusa (Dubrovnik) geboren. Er war Schüler von Antonio Lolli (um 1730–1802). Im Jahr 1773 trat er zum ersten Mal im Concert spirituel in Paris auf, wirkte dort einige Jahre als Konzertmeister, dann bereiste er Berlin, Wien, Warschau, St. Petersburg, Stockholm und London, lebte einige Jahre in Hamburg und ging erneut nach St. Petersburg, wo er am 11. 11. 1804 starb.

Werke
Von Ivan Mane Jarnović sind 16 Violinkonzerte, 6 Streichquartette, zahlreiche Violinduette und ein Heft Violinsonaten herausgekommen. Einiges davon wurde in unserem Jahrhundert neu aufgelegt. Seine Kompositionen sind virtuos angelegt, entbehren aber keineswegs der Musikalität. Seine Kantilenen sind außerordentlich schön.

»Konzertantes« Quartett in F-Dur, 3 Sätze
Der 1. Satz – Allegro con spirito – gehört voll dem Rokoko an, doch der 2., langsame Satz mit seiner warmen, zarten Kantilene kommt Wolfgang Amadeus Mozart sehr nahe. Das Finale kehrt wieder zum Rokoko zurück und bringt ungetrübte musikantische Fröhlichkeit. Das Quartett ist ein interessantes Beispiel des Übergangsstils der Zeit.

Literatur
M. Graf, Der Geiger und Komponist Ivan Mane Jarnović, in: Das Orchester XV, 1967.

Adam Jarzębski (um 1590–1648)

Leben
Adam Jarzębski (Carzebski, Zarzebski, Zerwitzki, Harzebski, Jarzemski, Jarzempski) wurde um 1590 in Warka geboren. Er wurde im Ausland als Musiker, Jurist und Architekt ausgebildet und war ab 1612 Violinist des Kurfürsten Johann Sigismund von Brandenburg (1572–1619) in Berlin. Im Jahr 1621 wurde er Mitglied der königlichen Kapelle in Warschau und diente dort als Architekt und Musiker bis zu seinem Tod im Jahr 1648.

Werke
Der polnische Komponist, Violinist, Schriftsteller und Architekt Adam Jarzębski verfaßte neben einigen Messen und kirchlichen Gesängen 5 Kanzonen und 23 Konzerte für Instrumentalensemble, die von der zeitgenössischen italienischen Violinmusik sehr beeinflußt sind.

Literatur
J. J. Dunicz, Adam Jarzębski i jego »Canzoni e concerti«, Lemberg 1938.

Józef Jawurek (1756–1840)

Zeit und Umwelt
Joseph Xaver Elsner, Franciszek Lessel (um 1780–1848), Frédéric Chopin (1810–49) und noch mehrere andere Musiker von internationalem Ruf bewiesen, daß trotz der völligen Vernichtung Polens und der Fremdherrschaft, der das Land unterworfen wurde, das eigenständige kulturelle Leben nicht erloschen war. Die Entwicklungslinie der polnischen Musik war zwar schmal geworden,

wurde aber von bedeutenden Persönlichkeiten repräsentiert.

LEBEN
Józef Jawurek (Jaworek) wurde am 2. 10. 1756 in Beneschau (Benešov), Böhmen, geboren. Er dürfte in Böhmen ausgebildet worden sein, trat sodann 1792 als Pianist in Wien auf, ging später nach Warschau, wo er Musikdirektor der Augustinerkirche wurde und als Dirigent des Akademischen Musikvereins und als Klavierlehrer bis zu seinem Tod am 22. 7. 1840 wirkte. Er war mit der Familie Chopin befreundet.

WERKE
Von Józef Jawurek ist neben einiger unbedeutender Kirchenmusik nur Klaviermusik bekannt geworden, die vorwiegend Übungszwecken diente. In seinen Sonaten klingt böhmische und polnische Volksmusik mit.

Jean d'Estrée (um 1520–76)

ZEIT UND UMWELT
Um die Mitte des 16. Jahrhunderts trat fallweise eine neue Form der Musikausübung auf. Nach dem Muster der Lautenisten, die ihren Lebensunterhalt mit Unterricht und Gelegenheitsengagements bestritten, wagten es auch andere Instrumentalisten – Violinisten oder Bläser –, das Leben eines »freien« Musikers zu führen. Sie schlossen sich zuweilen sogar zu größeren Privatensembles zusammen, die je nach Bedarf auf dem Tanzboden oder bei Festen der Gesellschaft ihre Kunst zeigten.

LEBEN
Jean d'Estrée wurde um 1520 vermutlich in oder bei Paris geboren. Er war Bläser und spielte mit zehn seiner Kollegen von 1552 bis 1559 häufig bei Hof, anläßlich feierlicher Gelegenheiten. Sonst trat dieses Ensemble bei privaten Gesellschaften auf. Er starb in Paris im Jahre 1576.

WERKE
Von Jean d'Estrée sind 4 Sammlungen verschiedener Tänze erhalten, die für vier bis sechs Blasinstrumente geschrieben wurden. Einzelne Tänze sind zu Suiten zusammengefaßt. Die Stücke bringen viel Volksmusik. Sätze anderer Komponisten und Eigenkompositionen sind zwar teilweise kontrapunktisch gearbeitet, aber doch vorwiegend auf Klangwirkung und gute rhythmische Markierung ausgerichtet.

LITERATUR
P. Nettl, Die Tänze Jean d'Estrées, Musikforschung VIII, 1955.

Jean de Bournonville (um 1580–1632)

ZEIT UND UMWELT
In der französischen Musik der Wende vom 16. zum 17. Jahrhundert begegneten einander die alten und neuen Stilrichtungen: strenger Kontrapunkt, Lockerung der mathematisch genauen Melodielinien zugunsten des Wohlklanges, einfacher Kontrapunkt, akkordische Begleitung, antike Homorhythmik, Monodie und Generalbaß.

LEBEN
Jean de Bournonville wurde um 1580 vermutlich in Amiens geboren. Im Jahr 1613 war er Kapellmeister an der Kollegienkirche in St-Quentin, 1618 in Abbéville und von 1620 bis 1631 in Amiens; 1632 wurde er an die Ste-Chapelle in Paris berufen, starb jedoch im gleichen Jahr am 27. 5. in Paris.
Sein Sohn Valentin de Bournonville (um 1610, St-Quentin, bis nach 1662, Chartres) war ab 1634 Leiter der Maîtrise von Amiens, ab 1646 Kapellmeister an Notre-Dame in Paris und von 1653 bis 1662 an der Kathedrale von Chartres.
Jacques de Bournonville (1675, Amiens, bis 1753, Paris), ein jüngerer Verwandter, lebte als Instrumentalist und Komponist in Paris.

WERKE
Der französische Komponist Jean de Bournonville galt als einer der besten Organisten und Kontrapunktisten seiner Zeit. Er wandte bei seinen sakralen Werken alle Stiltypen der

Epoche an: für seine Totenmessen den strengen Kontrapunkt, einen der französischen Chanson angenäherten leichten Stil bei den Parodiemessen, einfachen Kontrapunkt und antikes Maß bei den Psalmen und Hymnen. Im einzelnen sind von ihm 8 Magnificat mit Vespern für vier und fünf Stimmen, 13 Messen (davon eine Totenmesse) für vier bis sechs Stimmen, 50 Vierzeiler im antiken Stil und eine Anzahl sakraler Gesänge überliefert.
Valentin de Bournonville hat angeblich eine große Anzahl sakraler Musik verfaßt, die von der Maîtrise von Rouen angekauft wurde, aber nicht erhalten ist. Überliefert sind einige Motetten für eine und zwei Stimmen unbegleitet und mit Instrumenten sowie mit Generalbaß.
Jacques de Bournonville hat ein Buch Motetten im Stil seiner Zeit hinterlassen, die sehr geschätzt wurden.

Literatur

M. Brenet, Les Musiciens de la Ste-Chapelle, Paris 1910.

Jean de Braine (um 1150–1239)

Zeit und Umwelt

Der Kapetinger Pierre de Dreux erhielt Alix, die Schwester des Herzogs der Bretagne Arthur I. (1187–1203), über Anordnung des französischen Königs Philipp Augustus zur Gemahlin. Daher wurde Pierre nach der Ermordung Arthurs durch den englischen König Johann (1167–1216) Herzog der Bretagne. Dadurch kam es zu einer engen politischen und kulturellen Verbindung des Herzogtums mit der französischen Krone, bis es ihr ungefähr 300 Jahre später als Erbe zufiel.

Leben

Herzog Jean de Braine, Bruder des Herzogs Pierre de Dreux, wurde in der Bretagne um 1150 geboren und wirkte an dessen Hof als Trouvère bis zu seinem Tod im Jahre 1239.

Werke

Von den Werken des Herzogs de Braine sind 3 Chansons mit ihren Melodien erhalten; sie zeigen die Trouvèrekunst in ihren Anfängen. Das Sprachliche überwiegt das Musikalische, denn der Trouvère war in den meisten Fällen vor allem Dichter und erst dann Komponist. Dennoch haben uns auch die Trouvères Melodien von seltener Schönheit hinterlassen.

Jean de Cambefort (1605–61)

Zeit und Umwelt

Das früheste überlieferte Ballet de cour war das »Ballet comique de la Reine« (Komisches Ballett der Königin), das Lambert de Beaulieu (um 1530 bis nach 1590) und Jacques Salmon (um 1545 bis nach 1586) komponierten und der Choreograph Baltazarini de Belgiojoso (um 1520, Paris, bis um 1587, Paris) in Szene setzte. Es bestand aus der Ouvertüre, den Entrées (Szenen) und dem Grand Ballet.

Leben

Jean de Cambefort wurde 1605 vermutlich in Paris geboren. Er war um 1635 Sänger in der Kapelle des Kardinals Richelieu, dann in jener Mazarins, 1644 wurde er Knabenchorleiter der Kammermusik des Königs und 1655 anstelle seines Schwiegervaters Paul Auger Hofkomponist. Er starb in Paris am 4. 5. 1661.

Werke

Der französische Komponist Jean de Cambefort war einer der letzten Vertreter des Air de cour. Er wirkte als Sänger und Komponist zwischen 1650 und 1660 an einer Reihe von Ballets de cour mit, die bereits zu einer hochentwickelten Musikgattung geworden, zugleich aber zu einer nahezu formelhaften Gestaltung erstarrt waren. Er brachte 2 Bücher mit vierstimmigen Airs de cour heraus, die an die Tradition von Pierre Guédron anknüpfen.

Literatur

H. Prunières, Jean de Cambefort, surintendant de la musique du roi, in: L'Année Musicale, Paris 1913.

Jean de Castro (um 1540 bis nach 1611)

Zeit und Umwelt
»Freischaffende« Musiker kennen wir seit Beethoven, der nie eine feste Bindung einging, sondern nur Engagements. Bis in seine Zeit standen Musiker in der Regel im Dienst eines Fürsten oder Großbürgers, einer Kathedrale oder Klosters. Nur Lautenisten wagten es, vom Unterricht und fallweisen Engagements zu leben. Bei der Beliebtheit ihres Instrumentes durften sie dieses Risiko eingehen. Daß Kapellmeister von Stadt zu Stadt reisten, um kurze Engagements anzunehmen, und weiterwanderten, sobald sie die Verträge erfüllt hatten, war im 16. Jahrhundert äußerst selten.

Leben
Jean de Castro wurde um 1540 in oder bei Lüttich geboren. Seine Eltern stammten angeblich aus Spanien oder Portugal. Er dürfte in Lüttich ausgebildet worden sein, war dann für private Auftraggeber in Antwerpen, Douai und Köln als Sänger und als Kapellmeister tätig. In Wien war er durch zwei Jahre (1582–84), in Düsseldorf ging er sogar ein Dienstverhältnis ein und wirkte von 1588 bis 1591 als Hofkapellmeister. Dann ging er nach Cleve und in andere Städte. Er ist nach 1611 gestorben. Der Ort seines Todes ist nicht bekannt.

Werke
Die Kirchenmusik von Jean de Castro ist der bedeutendste Teil seines Schaffens: dreistimmige Messen, eine große Zahl zwei- bis achtstimmiger sakraler Gesänge mit und ohne Instrumentalbegleitung. Nicht weniger beliebt waren seine Chansons, Sonetten, Madrigale und Motetten, die in vielen Fällen Auftragskompositionen waren. Er beschäftigte sich mit der strengen musikalischen Wiedergabe poetischer Metren und legte diesen Versuchen Gedichte von Ronsard zugrunde.

Literatur
M. Oebel, Beiträge zu einer Monographie über Jean de Castro, Regensburg 1928.

Jean de Hollande
(um 1510 bis nach 1553)

Zeit und Umwelt
Die Kathedralen der Stadt Brügge waren auch zur Zeit des wirtschaftlichen Niederganges Pflegestätten der Kirchenmusik, die allerdings zumeist der franko-flämischen Schule streng verhaftet blieben.

Leben
Jean de Hollande wurde um 1510 im flandrischen Raum geboren. Seine Ausbildung dürfte er in Brügge genossen haben, wo er von 1538 bis 1541 an der Erlöserkirche als stellvertretender Chormeister und sodann bis 1544 in gleicher Eigenschaft an St. Donatian wirkte. Er ist vermutlich nach 1553 in Brügge verstorben. Eine Identität des Meisters mit Christian Janszone Hollander kann nicht angenommen werden.

Werke
Von Jean de Hollande sind Chansons und Motetten überliefert, von denen einige vielleicht dem Zeitgenossen Hollander zugeschrieben werden müssen. Die Motetten sind streng durchimitiert und sehr klangvoll, die mehrstimmigen Chansons wirken etwas schwerfällig.

Literatur
H. Osthoff, Die Niederländer und das deutsche Lied, Berlin 1938.

Jean de Macque (um 1550–1614)

Zeit und Umwelt
Unter Kaiser Rudolf II. begann in den österreichischen Hofkapellen in Wien und Prag der italienische Einfluß, der sich in der folgenden Zeit immer mehr verstärkte. Es gab noch immer viele Musiker aus dem frankoflämischen Raum, aber es fällt auf, daß ein Großteil von ihnen nicht unmittelbar aus der Heimat, sondern über Italien nach Österreich kam, wo er nach der Ausbildung in der Heimat sozusagen den letzten Schliff

erhalten hatte, um sich dem Stil der österreichischen Kapellen einzufügen.

Leben
Jean de Macque (Giovanni) wurde um 1550 in Valenciennes geboren und bereits 1563 in die Hofkapelle in Wien als Sänger aufgenommen. Nach wenigen Jahren ging er nach Rom und wurde dort 1568 Organist an San Luigi de'Francesi, wo er am leichtesten unterkam, weil er aus dem französischen Sprachgebiet stammte. Im Jahre 1586 nahm ihn der Komponist Don Carlo Gesualdo in Neapel als Sänger in seine Privatkapelle auf, 1590 wurde er Zweiter Organist an Santissima Annunziata in Neapel und wirkte sodann von 1599 bis zu seinem Tod im September 1614 als Organist der Königlichen Kapelle.

Werke
Von Jean de Macque sind eine große Anzahl Madrigale und fünf- bis sechsstimmige Motetten überliefert. Sie tragen den Stil des ausgehenden 16. Jahrhunderts. Seine französischen Kanzonen für vier Stimmen können auch mit Instrumenten gespielt werden. Seine Orgelstücke bereiten wie die Vokalkompositionen den Anbruch barocker Kunstvorstellungen vor.

Literatur
U. Prota-Giurleo, Notizie sul musicista belga Jean Macque, Lüttich 1930.

Jean de Neufville (um 1125 bis um 1180)

Zeit und Umwelt
Marie de Champagne lud nordfranzösische Trouvères und Troubadours an ihren Hof, so daß in Troyes geradezu ein Treffpunkt beider Liedgattungen entstand. Das voll klingende Provenzalisch der Troubadours und ihre in jeder Bedeutung lockeren Verse konnten sich mit den eleganten, streng geordneten nordfranzösischen Dichtungen messen.

Leben
Jean de Neufville (de Neuvellois, de Neuville) wurde um 1125 in Neuville, Champagne, geboren. Er lebte und wirkte vermutlich am Hof in Troyes und dürfte dort um 1180 gestorben sein.

Werke
Vom Troubadour Jean de Neufville sind 19 Lieder mit Melodien erhalten, die dem sogenannten »leichten« Stil folgen. Es handelt sich um typische Troubadourlyrik: Werbung, Liebe, Enttäuschung, Klage um den verlorenen Partner.

Jean du Billon (um 1500 bis um 1550)

Zeit und Umwelt
Im Anschluß an den Sieg Karls V. über König Franz I. marschierte 1527 eine Armee aus Deutschen und Spaniern gegen Rom, erzwang am 6. Mai den Eintritt in die Stadt und plünderte sie acht Tage lang gnadenlos. Sie zog sich zurück, als im folgenden Sommer die Pest ausbrach, erschien aber im September erneut, um die Plünderung zu wiederholen. Diese Katastrophe setzte dem Renaissancezeitalter in Rom ein Ende. Der Verlust an Kunstwerken und Bibliotheken war enorm. Unersetzliche Werte an Manuskripten wurden vernichtet.

Leben
Jean du Billon (de Bilhon) ist um 1500 in Frankreich geboren. Er wurde bereits in jungen Jahren Sänger an der päpstlichen Kapelle. Es scheint, daß er bei oder knapp nach der Plünderung Roms durch eine deutsch-spanische Armee Rom verlassen und sich in seiner französischen Heimat, und zwar vermutlich in Paris, niedergelassen hat (1527) und dort um 1550 gestorben ist.

Werke
Von Jean du Billon sind einige Messen in der Bibliothek der päpstlichen Kapelle erhalten, die offensichtlich in Rom entstanden und im Sinn der römischen Kirchenmusik geformt sind, aber etwas konventionell klingen. Seine späteren Messen und Motetten, die in

Paris herauskamen, schließen sich dem Pariser Stil an und erreichen ein gutes Mittelmaß. Einzelne Motetten sind formvollendet und sehr klangvoll.

LITERATUR

A. T. Merrit, P. Atteignant, Treize livres de motets (1534/35), Monaco 1960.

Jean François de Lallouette
(1651–1728)

ZEIT UND UMWELT

Die Generalbaßtechnik des Barock legte die Linie der führenden Melodie – einstimmig oder zuweilen auch zweistimmig – fest, bezeichnete den Baß und gab Richtlinien für die Füllstimmen, deren Einzelausführung dem Musiker an der Orgel oder am Cembalo überlassen blieb. Diese »Füllungen« waren zumeist das Ergebnis einer gewissen, gleichbleibenden Routine und spielten die Rolle einer Klangkulisse, die wenig Beachtung fand, solange sie nicht störend auftrat. Das Bedürfnis, auch diese Füllung individuell und spezifisch zu gestalten, trat bald auf. In der deutschen Musik führte es zu einer neuen Kontrapunktik, die nie ganz aufgegeben worden war, in der italienischen und noch mehr in der französischen wurden die Füllakkorde immer öfter »komponiert«, entweder vom Komponisten selbst oder von einer ausgebildeten Hilfskraft. Meister wie Jean-Baptiste Lully zum Beispiel konnten sich Gehilfen heranziehen, die über das erforderliche Einfühlungsvermögen verfügten, die Arien der Opern geschickt zu komplettieren, und honorierte sie sicherlich ausreichend; er überließ ihnen vermutlich in manchen Fällen die Ausführung der ganzen Arie, so wie bedeutende Maler Teile ihrer Bilder von ihren Schülern fertigstellen ließen.

LEBEN

Jean François de Lallouette wurde in Paris 1651 geboren und an der Maîtrise von St-Eustache ausgebildet. Sein Kompositionslehrer war Jean-Baptiste Lully, der ihn als Privatsekretär aufnahm und 1672 in sein Opernorchester einstellte, aber dann entließ, weil er seinen Anteil an der Komposition einer Oper öffentlich verraten hatte. Jean François de Lallouette machte darauf eine Italienreise und erhielt nach seiner Rückkehr 1693 die Kapellmeisterstelle an der Kathedrale in Rouen, 1695 an Notre-Dame in Versailles und übernahm 1697 die Leitung der Maîtrise an St-Germain-l'Auxerrois. Im Jahr 1700 wurde er Kapellmeister an Notre-Dame in Paris, wo er am 31. 8. 1728 starb.

WERKE

Der französische Komponist Jean François de Lallouette verfaßte Arien und Ballette für die Bühne und eine Kantate. Dann wandte er sich der Kirchenkomposition zu und schrieb 2 Bücher mit Motetten für mehrere Stimmen und für großen Chor, mehrere Messen, von denen eine dem gregorianischen Stil folgt, und einige andere, handschriftlich erhaltene sakrale Gesänge.

Jean Le Cocq (um 1494–1561)

ZEIT UND UMWELT

Herzog Ercole II. d'Este (1508–59) und seine Gemahlin Renée von Frankreich (1510 bis 1575) waren beide der Tradition des Hauses entsprechend große Förderer der Wissenschaft und Künste. Besonders der Hof der Herzogin stand allen bedeutenden Persönlichkeiten der Zeit offen; sie nahm unter anderem einen der größten Dichter der französischen Renaissance, Clément Marot (1496 bis 1544), auf, der als Protestant von einem Ort zum anderen gejagt wurde.

LEBEN

Jean Le Cocq (Johannes Gallus, Johannes de Ferrara, Mestre Jehan, Jhan, Jan le Coick), vermutlich ident mit Giovanni Nasco, wurde um 1494 im franko-flämischen Raum geboren. Er war um 1514 Sänger der päpstlichen Kapelle und ab 1521 Kapellmeister am Hof zu Ferrara im Dienst des Herzogspaares d'Este. Von 1547 bis 1551 wirkte er als Kapellmeister in Verona und darauf bis 1561 in Treviso, wo er zwischen April und September 1561 starb.

Werke
Der Stil dieses franko-flämischen Meisters ähnelt dem Willaerts. Von Le Cocq sind ein Buch Motetten, vierstimmige Madrigale, 2 Bücher mit fünfstimmigen Madrigalen, Kanzonen, Hymnen, Lamentationen, Psalmen und Messen erhalten.

Literatur
W. Weyler, Documenten betreffende de muziekkapel aan het Hof van Ferrara, in: Vlaamsch jaarboek voor muziekgeschiedenis I, 1939.

Jean le Gendre (um 1500 bis um 1550)

Zeit und Umwelt
Die Differenzen zwischen dem Renaissancekönig Franz I. von Frankreich und dem Dauphin und nachmaligen König Heinrich II. resultierten nicht nur aus der Rivalität ihrer Maitressen Diane de Poitiers und Anne de Pisseleu, sie waren in erster Linie der Ausdruck der grundlegenden Charakterverschiedenheit des lebenszugewandten, prachtliebenden Vaters und des melancholischen, grüblerischen, menschenfeindlichen Sohnes. Jedoch auf politischer wie kultureller Ebene setzte Heinrich die Linie des Vorgängers uneingeschränkt fort.

Leben
Jean le Gendre wurde um 1500 vermutlich in oder bei Paris geboren. Er war Sänger der Königlichen Kapelle unter Franz I. und Heinrich II. und dürfte in Paris um 1550 gestorben sein.

Werke
Der französische Komponist Jean le Gendre hat außer einem Traktat über Gregorianik und über Kontrapunktik eine Anzahl Motetten und Lieder hinterlassen. Alle anderen Kompositionen sind verlorengegangen. Die überlieferten halten sich streng an seine als Musikschriftsteller verfochtenen Grundsätze, nur bei den Liedern wurden nicht selten Konzessionen gemacht, die beweisen, daß er nicht nur Theoretiker, sondern auch Musiker war.

Jean Le Petit (um 1480 bis um 1530)

Zeit und Umwelt
Neben der päpstlichen war auch die Peterskirche mit einer ausgezeichneten Kapelle ausgestattet, die für Musiker, die zugleich Kleriker waren, eine ebenso starke Anziehungskraft hatte. Flamen, Franzosen, Spanier suchten zumindest für etliche Jahre hier unterzukommen, denn ihre Gesangsdisziplin war allseitig berühmt. Die zeitweilige Mitgliedschaft an einer der beiden Kapellen war in der Heimat eine starke Empfehlung, um einen guten Wirkungskreis zu erhalten.

Leben
Jean Le Petit (Lepetit, Pitigian, Johannes Parvus) wurde um 1480 in Ostfrankreich geboren. Er scheint in der Sängerliste des Petersdomes zu Rom 1501 als Pitigian (Petit Jean) auf. Im Jahre 1506 kam er an den Dom von Langres, wurde 1510 Domherr und blieb in dieser Eigenschaft bis 1529. Er ist in einem der folgenden Jahre dort gestorben.

Werke
Von Le Petit sind eine fünfstimmige Messe und 3 vierstimmige Motetten überliefert, die zum Repertoire der Sistina gehörten. Diese Kompositionen fallen durch oft sehr kühne Linienführung auf. In den Sammlungen von Petrucci ist eine Reihe von Kompositionen angeführt (Gesänge, Motetten), die dem Meister zugeschrieben werden.

Literatur
G. Reese, Music in the Renaissance, New York 1939.

Johann Jeep (1582–1644)

Zeit und Umwelt
Der Westen Deutschlands blieb im Dreißig-

jährigen Krieg von unmittelbaren Einwirkungen verhältnismäßig lange verschont. So konnte das höfische Leben auf den Schlössern fortgesetzt werden und die Musik an den Höfen wie in den Domen weiter erklingen.

LEBEN
Johann Jeep wurde 1582 in Dransfeld, Hannover, geboren. In seiner Kindheit war er Chorknabe der Braunschweigisch-Lüneburgischen Hofkapelle in Celle. Er setzte seine musikalische Ausbildung in Nürnberg, Altdorf, in Frankreich und Italien fort. Dann wurde er 1613 Hofkapellmeister der Fürsten von Hohenlohe in Weikersheim und 1637 Kapellmeister und Organist am Dom zu Frankfurt am Main. Im Jahr 1640 ging er als Kapellmeister der Grafen Hanau-Münzenberg nach Hanau, wo er am 19. 11. 1644 starb.

WERKE
Der deutsche Liedmeister Johann Jeep hinterließ die 2bändige Liedsammlung »Studentengärtlein« für drei bis fünf Stimmen, »Geistliche Psalmen und Kirchengesäng« für vier Stimmen und ein »Andächtiges Bettbüchlein« mit Gesängen und Psalmen. Er hat damit zur Entwicklung des deutschen Liedes viel beigetragen.

LITERATUR
W. Vetter, Das frühdeutsche Lied, Münster 1928.

George Jeffries (um 1620–85)

ZEIT UND UMWELT
Die Gentlemen der Chapel Royal mußten froh sein, wenn sie während der Cromwell-Zeit als Kirchendiener oder in ähnlichen Berufen unterkamen. Einzelne wurden Kammersänger in einem Adelshaus und konnten ihre musikalische Tätigkeit fortsetzen.

LEBEN
George Jeffries wurde um 1620 in Wells geboren. Er war ab 1643 Gentleman der Chapel Royal und Organist des Königs in Oxford. Im Jahr 1648 fand er bei Nachkommen des Lordkanzlers Sir Christopher Hatton (1540–91), eines scharfen Gegners der Katholiken und der Puritaner, als Kammerdiener Aufnahme in Little Weldon. Dort blieb er, weil er seine musikalische Tätigkeit ungehindert fortsetzen konnte, bis zu seinem Tod im Jahr 1685.

WERKE
Der englische Komponist George Jeffries verfaßte Fantasien für verschiedene Instrumente, Arien, Motetten und Anthems mit Generalbaß, die sehr an italienische Vorbilder erinnern. Handschriftlich sind außerdem mehrere Services, weit über 100 Motetten und Anthems, weiters Dialoge und Carols, alles mehrstimmig mit Generalbaß, und einige Soli überliefert.

Matthew Jeffries
(um 1565 bis nach 1616)

ZEIT UND UMWELT
Anthony à Wood (1632–95), Matrikelführer der Universität Oxford, hinterließ umfangreiche Aufzeichnungen über Stadt und Universität Oxford und über zeitgenössische und frühere Professoren und Studenten. Sie sind für den Biographen von unschätzbarem Wert. Auch manche Musikernamen wären der Vergessenheit anheimgefallen, wenn nicht Wood sie festgehalten hätte.

LEBEN
Matthew Jeffries wurde um 1565 vermutlich in Wells geboren. Er studierte in Oxford und wurde in Wells Chorleiter. Anthony à Wood vermerkte, daß aus dem Studenten ein bedeutender Musiker geworden sei. Er dürfte, nachdem er an der Kathedrale von Wells auch als Organist tätig gewesen war, dort in den Jahren nach 1616 gestorben sein. Sein Sohn George Jeffries (um 1610, Wells, bis 1685, Little Welton) war 1643 Organist des Königs in Oxford und ab 1648 Kapellan in Little Welton.

WERKE
Von dem Kirchenmusiker Matthew Jeffries sind 2 Services und ungefähr 10 Anthems erhalten, die ihn wohl als sehr konservativen, aber ebenso tüchtigen Komponisten zeigen. Besonders beliebt war sein Anthem »Sing we merrily« (Singen wir fröhlich).
Von George Jeffries sind Fantasien für mehrere Instrumente, Motetten und Anthems erhalten, die alle auf Generalbaß aufgebaut sind.

Stephen Jeffries (1660–1712)

ZEIT UND UMWELT
Die Glockenspiele wurden sehr oft mittels einer Klaviatur bedient, was ein lebendigeres und musikalischeres Klangbild brachte, als bei Verwendung von mechanischen Walzen entstehen konnte.

LEBEN
Stephen Jeffries wurde um 1660 vermutlich in Salisbury geboren und dort von Michael Wise ausgebildet. Er war Organist an der Kathedrale in Gloucester, wo er bis 1710 wirkte und im Jahr 1712 starb.

WERKE
Von dem englischen Komponisten und Organisten Stephen Jeffries ist nichts erhalten als eine eigens für die Kathedrale von Gloucester komponierte Glockenspielmelodie, die allerdings von seltener Schönheit ist.

Jehan de Maletty (um 1550 bis um 1597)

ZEIT UND UMWELT
Die »Amours« von Pierre Ronsard (1552) regten eine Reihe von Komponisten zur Vertonung an. Diese zehnsilbigen Sonette im gehobenen Stil von Petrarca, ihre vornehme Eleganz und lyrische Ausdruckskraft waren aber für sich musikalisch genug, so daß sie keiner illustrierenden Töne bedurften. Die Musik konnte auch nur paraphrasisch neben der Melodik der Verse bescheiden einhergehen.

LEBEN
Jehan de Maletty wurde um 1550 in Saint-Maximin, Var, geboren. Der französische Komponist hielt sich einige Zeit in Italien auf, um dort zu studieren. Im Jahre 1578 war er wieder in Frankreich und erhielt beim Puy d'Euvreux für eine Chanson einen Preis. Er hielt sich in Lyon auf und dürfte dort um 1597 gestorben sein. Welche musikalische Tätigkeit er außer seiner Komposition ausgeübt hat, läßt sich nicht feststellen.

WERKE
Die Chansons von Jehan de Maletty gehören zu den besten, die von französischen Komponisten geschaffen worden sind. Sie hielten sich auf dem Niveau ihrer Blütezeit. Bezeichnend ist auch, daß sich der Komponist an die Verse von Ronsard wagte. Wenn seine Musik an die Qualität der Dichtung auch nicht heranreichte, so liegt der Grund in der Schwierigkeit, echte Dichtung zu vertonen, ohne sie zu verletzen.

LITERATUR
Fr. Lesure, Jehan de Maletty à Lyon, Revue de Musicologie XXXV, 1953.

Jehan le Cuvelier d'Arras
(um 1220 bis nach 1270)

ZEIT UND UMWELT
Die Literaturgeschichte von Arras nennt Robert de le Pierre, Robert le Clerc und Robert de Castel als Anhänger der »Höfischen Liebe«. Jehan le Cuvelier d'Arras stimmt gleiche Töne an, wenn er singt: »Amours est'une merveille« (Die Liebe ist ein Wunder), weil der Pui d'Arras trotz seiner Demokratisierung und Öffnung für Angehörige aller Stände dem gehobenen Niveau der Kunst den Vorzug gab. Arras war zum Mittelpunkt der Trouvèrekunst geworden und bemühte sich, diese Stellung auch im 13. Jahrhundert zu halten.

LEBEN
Jehan le Cuvelier d'Arras ist um 1220 in Arras geboren. Er ist vermutlich mit dem 1258

urkundlich bezeugten Johannes Cuvellarius, burgensis de Bapalmis ident. Sein Wirken wird für die Jahre 1240 bis 1270 angenommen. Er dürfte nach 1270 in Arras gestorben sein.

Werke

Dem nordfranzösischen Trouvère Jehan le Cuvelier d'Arras werden 6 Lieder und 9 Jeux partis zugeschrieben, von denen die Melodien zum Teil erhalten sind. Seine Musik ist im Stil der hohen Trouvèrekunst gehalten und vermeidet Vulgarismen.

Literatur

Fr. Gennrich, Grundriß einer Formenlehre des mittelalterlichen Liedes, Halle 1932.

Jehan Moniot de Paris
(um 1220 bis nach 1280)

Zeit und Umwelt

Mit dem ersten Aufkommen der »Höfischen Liebe« konnte als Bezugsperson auch die Muttergottes anstelle irgendeiner Dame in eine Dichtung aufgenommen werden. Und es waren nicht immer Kleriker, die solche den Marienhymnen nahekommende Lieder schufen. Auf der anderen Seite klingen einzelne Dichtungen von Priestern und Mönchen auffällig weltlich.

Leben

Jehan (Vorname unsicher) Moniot de Paris ist um 1220 geboren. Er dürfte aus Paris nach Nordfrankreich gekommen und über Moniot d'Arras in den Kreis der Trouvères aufgenommen worden sein. Über eine Zugehörigkeit dieses Mönches zum Pui d'Arras ist nichts bekannt. Auch über sein Wirken ist nichts feststellbar. Er ist vermutlich nach 1280 gestorben. Angaben über den Ort seines Todes fehlen.

Werke

Jehan Moniot de Paris werden 9 Lieder zugeschrieben, deren Melodien wir kennen. Seine Musik hat eine auffallende Ähnlichkeit mit der von Moniot d'Arras.

Literatur

R. Lejeune, Moniot d'Arras et Moniot de Paris, Neuphilologische Mitteilungen XLII, 1941.

Vinko Jelić (1596–1636)

Zeit und Umwelt

Rijeka (Fiume), das überwiegend kroatisch und zu einer Minderheit italienisch besiedelt war, wurde 1465 Österreich einverleibt und blieb bis 1779 unter österreichischer Herrschaft. Wenn auch das nahe Venedig einen gewissen Einfluß ausübte, wurden die wirtschaftlichen und geistigen Kontakte doch vorwiegend mit Triest und Graz gepflegt.

Leben

Vinko Jelić (Jelich, Jelecich, Jelik, Jelitsch, Vincenz) wurde 1596 in Rijeka geboren. Er kam 1606 als Kapellknabe nach Graz und war dort Schüler von Matthias Ferrabosco (1550–1616). Nach 1609 studierte er am Ferdinandeum und der Universität Graz und wirkte an der Hofkapelle als Instrumentalist mit. Im Jahr 1617 kam er als Kanonikus, Tenorist und Instrumentalist an den Hof Erzherzog Leopold Wilhelms von Österreich, Bischof von Straßburg. Er starb in Saverne (Straßburg) im Jahr 1636.

Werke

Der kroatische Komponist Vinko Jelić verfaßte »Parnassia militia« und »Arion Primus« sowie »Arion Secundus« mit ein- bis vierstimmigen Motetten im venezianischen konzertanten Stil, außerdem 4 Ricercari für Kornett und Posaune. Der Stil ist zeitentsprechend, aber teilweise kontrapunktisch.

Literatur

A. Vidaković, Vinko Jelić i njegova zbirka duhovnih koncertata i ricercara »Parnassia militia«, Zagreb 1957.

Antonín Jelínek (1709–79)

ZEIT UND UMWELT
Mönche als reisende Konzertvirtuosen waren auch im 18. Jahrhundert nicht selten. Musik und musikalisches Wirken standen bei der Allgemeinheit in hohem Ansehen, so daß man zwischen der Würde eines Klerikers und der öffentlichen Musikausübung keine Unvereinbarkeit erblickte.

LEBEN
Herman Antonín Jelínek (Hermann Anton Gelinek, Cervetti) wurde am 8. 8. 1709 in Hořiněves bei Smiřice geboren. Er studierte in Wien, trat dem Praemonstratenserorden bei und wirkte im Ordensstift in Seelau (Želiv) als Violinist, Organist und Chordirigent. Ab 1760 befand er sich auf Konzertreisen als Violinvirtuose in Paris und Italien und starb am 5. 12. 1779 in Mailand.
Sein Bruder Jan Jelínek – Ivan, Johann Gelinek – (um 1710, Hořiněves, bis um 1780, Prag) war an verschiedenen Prager Kirchen als Organist tätig.

WERKE
Die im Stift Seelau aufbewahrten Violinkonzerte, Sonaten und Orgelstücke sowie die zahlreichen Kirchenkompositionen von Antonín Jelínek sind verlorengegangen, wie auch die Werke, die sein Freund, der Violinist Václav Pichl, von ihm geerbt hatte.
Von Jan Jelínek ist ein Band vorzüglicher Lautenmusik erhalten. Seine sakralen Kompositionen sind nicht überliefert.

LITERATUR
J. Racek, Česká hudba, Prag 1958.

Hanns Jelinek (1901–69)

Hanns Jelinek

LEBEN
Hanns Jelinek wurde am 5. 12. 1901 in Wien geboren. Er war von 1920 bis 1922 Schüler von Alban Berg und Franz Schreker und bildete sich hernach autodidaktisch weiter. Seinen Lebensunterhalt verdiente er durch Jahre als Barpianist und Bandleader. Sein intensives Studium der Dodekaphonik befähigte ihn, nicht nur sehr beachtliche Werke in dieser Technik, sondern auch hervorragende Lehrwerke zu schaffen. Im Jahr 1958 wurde er Kompositionslehrer und 1960 Professor an der Akademie für Musik und darstellende Kunst in Wien, wo er am 27. 1. 1969 starb.

WERKE
Die Tätigkeit auf dem Gebiet der Unterhaltungsmusik schlug sich im kompositorischen Werk von Hanns Jelinek mit einer Operette, einem Ballett, einer Sonate für großes Jazzorchester, mehreren Chansons und einigen Schlagern nieder; sein Hauptschaffen galt aber der seriösen Komposition. Er schrieb 6 Sinfonien, ein Concertino für Streichquartett und Streichorchester, eine Fantasie für Klarinette, Klavier und Orchester, ein Klavierkonzert, 2 Nonette, 2 Streichquartette, ein Quartett für zwei Klarinetten, Bassetthorn und Baßklarinette, eine Sonatine für Oboe, Englischhorn und Fagott, ein Streichtrio, ein Stück für Violine und Klavier, 4 Kanons für zwei Flöten,

eine Sonate für Solovioline und zahlreiche Klavierstücke. Besonderes Interesse verdienen sein »Zwölftonwerk« - eine Gruppe von Klavier- und Kammermusikwerken, die auf einer einzigen Zwölftonreihe basieren - und seine »Zwölftonfibel«. Er verfaßte auch eine »Anleitung zur Zwölftonkomposition«.

Josef Jelínek (1758–1825)

ZEIT UND UMWELT

Die Variationenwerke der Klavierkomponisten waren wertvolle Propagatoren berühmter Melodien der Opern- und Instrumentalkomponisten und machten das Publikum mit dem Volksliedgut anderer Völker bekannt. Wenn auch vieles davon wegen seiner virtuosen Diktion als Hausmusik ungeeignet war, so gab es genügend andere Stücke, die leicht zu bewältigen waren und eine große Breitenwirkung erreichten; zudem erschienen auch fallweise erleichterte Fassungen allzu schwerer Kompositionen.

Josef Jelínek

LEBEN

Josef Jelínek (Joseph Gelinek) wurde am 3. 12. 1758 in Seltsch (Selč), Böhmen, geboren und in Prag von Josef Seger ausgebildet. In Wien nahm er bei Johann Georg Albrechtsberger Kompositionsunterricht und wirkte ab 1818 als Hauskaplan und Klavierlehrer im Palais der Fürsten Esterházy. Er starb am 13. 4. 1825 als einer der hervorragendsten Pianisten seiner Zeit.

WERKE

Neben Klaviersonaten, Trios und Violinsonaten verfaßte Josef Jelínek über 100 Variationenreihen für Klavier, deren Themen Wolfgang Amadeus Mozart, Ludwig van Beethoven und Carl Maria von Weber (1786 bis 1826) entnommen wurden. Joseph Haydn, Wolfgang Amadeus Mozart und Ludwig van Beethoven, mit denen er engen Kontakt pflegte, bewunderten die teils rein didaktische Ziele verfolgenden, teils ausschließlich virtuosen Variationen rückhaltlos.

Sándor Jemnitz (1890–1963)

LEBEN

Sándor Jemnitz wurde am 9. 8. 1890 in Budapest geboren, wo er seine Grundausbildung erhielt, die er in Leipzig bei Max Reger und Karl Straube (6. 1. 1873, Berlin, bis 27. 4. 1950, Leipzig) ergänzte. Von 1917 bis 1921 war er in Berlin Schüler von Arnold Schönberg. Hernach lebte er in Budapest als Komponist, Musikschriftsteller und Musiklehrer. Er starb am 8. 8. 1963 in Balatonföldvár.

WERKE

Neben einem Ballett schrieb Sándor Jemnitz ein Konzert für Kammerorchester, »Praeludium und Fuge«, »Sieben Miniaturen«, eine Ouvertüre, eine Fantasie für Orchester, ein Konzert für Streichorchester, 2 Streichquartette, ein Trompetenquartett, Trios und Duos in verschiedener Besetzung, 3 Violinsonaten, 3 Orgelsonaten, eine Cellosonate, unbegleitete Sonaten für verschiedene Instrumente, 5 Sonaten für Klavier und weitere Klavierwerke,

Orgelstücke, verschiedene Chorwerke und Lieder. Sein Stil näherte sich dem von Arnold Schönberg. Er veröffentlichte eine Anzahl musikhistorischer Werke.

C. Jenkins (um 1650 bis nach 1680)

ZEIT UND UMWELT
Durch das Wirken von Vater und Sohn John Banister, die zu den wenigen englischen Violinvirtuosen ihrer Zeit gehörten, wurde das neue Instrument in England populär. Es wurde jedoch noch durch längere Zeit gemeinsam mit Instrumenten der Violenfamilie eingesetzt.

LEBEN
C. Jenkins (der Vorname ist nicht überliefert) wurde um 1650 vermutlich in London geboren. Über sein Leben und seine Tätigkeit ist nichts bekannt. Er dürfte in der Zeit zwischen 1680 und 1700 in London verstorben sein.

WERKE
Der englische Komponist C. Jenkins verfaßte »New Ayres and Dialogues, composed for Voices and Viols« (Neue Arien und Dialoge, komponiert für Singstimmen und Violen) für drei und vier Stimmen, die zugleich mit den Violen- und Violinübungen von John Banister dem Jüngeren veröffentlicht wurden. Über weitere Kompositionen des Meisters ist nichts bekannt.

John Jenkins (1592–1678)

ZEIT UND UMWELT
Mit dem Ausdruck Fancy wurde im 16. und 17. Jahrhundert in England ein Instrumentalstück verstanden, das keiner vorgefaßten Form unterworfen war. Es ähnelte der italienischen Fantasia, wurde in der ersten Hälfte des 17. Jahrhunderts vorwiegend für Violenensembles geschrieben und zeigte deutliche thematische Entwicklung. Man kann es als Vorläufer zur späteren symphonischen Musik bezeichnen.

LEBEN
John Jenkins wurde 1592 in Maidstone geboren. Er war Musiker der Könige Karl I. und Karl II. und Hauslehrer in verschiedenen Adelshäusern, zuletzt in Kimberley, Norfolk, wo er am 27. 10. 1678 starb.

WERKE
Vom englischen Lautenisten, Violisten und Komponisten John Jenkins ist eine Reihe von Vokal- und Instrumentalwerken – zumeist leichterer Natur – einzeln und in Sammelwerken erschienen. Bei 110 zwei- bis sechsstimmige Fancies und zahlreiche Instrumentalsuiten sind handschriftlich erhalten. In seinen späteren Jahren verfaßte er Suiten mit einfachen Tänzen für Violen, die starke italienische Einflüsse aufweisen. Seine Musik ist melodiös und sehr ansprechend und muß zu den Grundlagen der späteren englischen symphonischen Musik gerechnet werden.

LITERATUR
J. Sleeper, John Jenkins, Fancies and Ayres, Wellesley 1950.

Davorin Jenko (1835–1914)

ZEIT UND UMWELT
Die serbische Hauptstadt Belgrad wurde erst 1867 endgültig von der türkischen Oberhoheit befreit. Ab da nahm die Stadt einen großen wirtschaftlichen und kulturellen Aufschwung; auch ihre Einwohnerzahl wuchs rasch. Das Theater- und Musikleben setzte anfangs zögernd ein, nahm aber mit Hilfe von Kräften aus den Nachbarländern bald eine beachtliche Entwicklung.

LEBEN
Davorin Jenko wurde am 9. 11. 1835 in Dvorje bei Cerklje, Slowenien (damals Herzogtum Krain), geboren. Er war Schüler des Konservatoriums in Wien. Im Jahr 1863 wurde er Chorleiter in Pancsova, Banat (heute Pančevo, Vojvodina), 1871 Kapellmeister des Nationaltheaters in Belgrad, dessen musikalische Ausgestaltung durch 30 Jahre in seiner Hand lag. Er starb am 25. 11. 1914 in Ljubljana.

WERKE
Von Davorin Jenko sind 39 Bühnenmusiken, zahlreiche Orchesterwerke und Chorlieder erhalten. Er verfaßte einige Opern, von denen »Die Hexe« sehr populär wurde. Er gehörte zu den ersten Initiatoren der modernen serbischen Musikentwicklung.

LITERATUR
D. Čvetko, Davorin Jenko, Doba, življenje, delo, Ljubljana 1955.

Adolf Jensen (1837–79)

LEBEN
Adolf Jensen wurde am 12.1.1837 in Königsberg (Kaliningrad) als Enkel des Organisten und Vokalkomponisten Wilhelm Gottlieb Martin Jensen (um 1780, Stolp, bis 1842, Königsberg) geboren. Er war Schüler von Louis Ehlert, war aber zum Großteil auf den Selbstunterricht angewiesen. Im Jahr 1856 lebte er als Musiklehrer in Rußland, 1857 wirkte er als Kapellmeister am Stadttheater in Posen (Poznan). Nach einem zweijährigen Aufenthalt in Kopenhagen kehrte er als Musiklehrer nach Königsberg zurück. Ab 1866 war er in Berlin als Klavierlehrer tätig, zog sich 1870 nach Graz zurück und verbrachte seine letzten Jahre in Baden-Baden, wo er am 23.1.1879 starb.

WERKE
Von Adolf Jensen sind über 170 Lieder überliefert, von denen einige in Zyklen mit gemeinsamem Titel zusammengefaßt wurden: »Dolorosa«, »Gaudeamus« und andere; einzelne Romanzen und Balladen werden heute noch gesungen. Er schrieb ferner 2 Chöre mit zwei Hörnern und Harfe und eine Serie Chorlieder. Als Klavierkomponist pflegte er das kleine Genre; eine Sonate, eine »Deutsche Suite« und eine »Hochzeitsmusik« zu vier Händen sind davon hervorzuheben. Seine Chorwerke »Der Gang der Jünger nach Emmaus« und »Jephthas Tochter« blieben lange lebendig. Seine Oper »Turandot« wurde von Wilhelm Kienzl vollendet.

Niels Peter Jensen (1802 – 46)

ZEIT UND UMWELT
Der vorzüglichen Lehrtätigkeit von Friedrich Kuhlau war es zu verdanken, daß in der ersten Hälfte des 19. Jahrhunderts in Dänemark mit einem Mal eine stattliche Reihe gut ausgebildeter Musiker hervortraten, die dem Land entstammten und eine Basis für den Aufstieg der eigenständigen dänischen Musik bildeten.

LEBEN
Niels Peter Jensen wurde am 27.7.1802 in Kopenhagen geboren. Er war von Kindheit an blind. Sein Lehrer war Friedrich Kuhlau, der ihn zum Organisten ausbildete. Von 1828 bis zu seinem Tod am 19.10.1846 wirkte er als Organist an der Petrikirche in seinem Geburtsort.

WERKE
Von Niels Peter Jensen sind Bühnenmusiken, Fantasien, Variationen, Etüden und Duette für Flöten, ferner Klavierstücke überliefert. Alle Kompositionen tragen den Stempel des Lehrers, gehören aber voll der Romantik an.

Otakar Jeremiáš (1892–1962)

LEBEN
Otakar Jeremiáš wurde am 17.10.1892 in Pisek, Böhmen, geboren. Er wirkte als Direktor einer Musikschule in Budweis (České Budějovice) von 1918 bis 1928, anschließend als Leiter des Orchesters des Prager Rundfunks bis 1945 und dann bis 1951 als Dirigent am Národní Divadlo in Prag, wo er am 5.3. 1962 starb.
Sein Bruder Jaroslav Jeremiáš (14.8.1889, Pisek, bis 16.1.1916, České Budějovice) studierte am Konservatorium in Prag bei Vítězslav Novák und wirkte als Dirigent in Ljubljana und Musiklehrer in České Budějovice und Prag, außerdem als Pianist.

WERKE
Außer 2 Opern schrieb Otakar Jeremiáš 2 Sinfonien, eine Suite, eine Ouvertüre und eine Fantasie für Orchester, ein Nonett, ein Streich-

quintett, ein Streichquartett, ein Klavierquartett, ein Klaviertrio, Schauspiel- und Filmmusiken, Chorwerke und Lieder.
Jaroslav Jeremiáš schrieb eine Oper, ein Mysterienspiel, ein Oratorium, ein Idyll und eine Romanze für Orchester, eine Bratschensonate, Klavier- und Orchesterlieder. Beide bewegten sich im Schatten Bedřich Smetanas (1824–84).

LITERATUR

J. Plavec, Otakar Jeremiáš, Prag 1943.

Randall Jewet (um 1603–75)

ZEIT UND UMWELT

Im englischen Bürgerkrieg verteidigte Dublin lange die Sache des Königs, war jedoch ab 1646 den Angriffen der Iren ausgesetzt. Um nicht von ihnen überwältigt zu werden, lieferte sich die Stadt 1647 den Truppen des Parlaments aus. Der 1649 angestellte Versuch, sich wieder zu befreien, mißlang; Oliver Cromwell landete noch im selben Jahr mit seinen Streitkräften.

LEBEN

Randall Jewet (Randolph Jewitt) wurde um 1603 in Dublin geboren. Er war von 1631 bis 1639 Organist an der Christchurch und an St. Patrick in Dublin, dann an der Kathedrale von Chester. Ab 1646 wirkte er als Chorleiter an der Christchurch in Dublin und blieb auch während der Republik in der Stadt. Nach der Restauration des Königshauses ging er nach England und wurde Chormeister und Organist an der Kathedrale von Winchester, wo er am 3. 7. 1675 starb.

WERKE

Vom englischen Kirchenmusiker Randall Jewet sind nur einige Anthems erhalten; alles andere ist verschollen. Die Anthems weisen ihn als sehr konservativ aus, sind aber recht klangvoll und waren weithin beliebt.

Jaroslav Ježek (1906–42)

LEBEN

Jaroslav Ježek wurde am 25. 9. 1906 in Prag geboren. Er war dort Schüler von Karel Boleslav Jirák und Josef Suk und studierte darauf in Paris. Ab 1939 lebte er als Komponist in den USA. Er starb am 1. 1. 1942 in New York.

WERKE

Neben zahlreichen Chansons, Schauspielmusiken und Jazzkompositionen schrieb Jaroslav Ježek ein Klavierkonzert, eine Fantasie für Klavier und Orchester, ein Konzert für Violine und Blechbläser, ein sinfonisches Gedicht, 2 Streichquartette, eine Violinsonate, eine Suite für Vierteltonklavier, eine Klaviersonate, eine Violinsonate, Lieder, Chöre und ein Ballett.

Melchor López Jiménez (1759–1822)

ZEIT UND UMWELT

Die spanische Kirchenmusik hielt sich auch in den ersten Jahrzehnten des 19. Jahrhunderts von allen Formen der Theatermusik fern. Das galt im verstärkten Maß für die Kapellen außerhalb von Madrid. Ein Zusammenfließen mit außerkirchlichen Stilformen konnte erst stattfinden, als sich eine Profanmusik über die fallweisen Klavierkompositionen der Bühnenkomponisten hinaus entwickelt hatte.

LEBEN

Melchor López Jiménez wurde 1759 in Hueva, Guadalajara, geboren und an der Maîtrise der Königlichen Kapelle in Madrid ausgebildet. Von 1784 bis zu seinem Tod im Jahr 1822 wirkte er als Kapellmeister und Kanoniker an der Kathedrale von Santiago de Compostela.

WERKE

Von Melchor López Jiménez sind zahlreiche sakrale Werke – Messen, Offertorien und andere Proprien – überliefert. Ihr Stil ist klangreich, aber konservativ.

Carlos Jiménez-Mabarak
(geboren 1916)

LEBEN

Carlos Jiménez-Mabarak wurde am 31.1.1916 in Tacuba, Mexiko, geboren. Er wurde in Brüssel am Institut für höhere musikalische Studien in Klavier und Harmonielehre ausgebildet und studierte anschließend an der Universität bei Charles van den Borren (17.11. 1874, Brüssel, bis 14.1.1966, Brüssel) und in Paris bei René Leibowitz. Seit 1942 unterrichtet er am Konservatorium in Mexiko-Stadt Musikpädagogik und Komposition und an der Kunstschule in Villahermosa Harmonielehre und Tonsatz.

WERKE

Außer einer Oper und 10 Balletten schrieb Carlos Jiménez-Mabarak 3 Sinfonien, ein Konzert für Klavier, Pauken, Xylophon und Schlagzeug, ein Quintett für Flöte, Oboe, Violine, Bratsche und Cello, ein Duo für Cello und Klavier, Klavierstücke, Chorwerke, Lieder und Bühnenmusik. Er wendet fallweise dodekaphonische Techniken an.

Karel Boleslav Jirák (1891–1972)

LEBEN

Karel Boleslav Jirák wurde am 28.1.1891 in Prag geboren. Er war dort Schüler von Vítězslav Novák und Josef Bohuslav Foerster. Von 1915 bis 1918 war er Kapellmeister an der Oper in Hamburg, dann in Brünn und in Mährisch-Ostrau (Ostrava), von 1920 bis 1930 Kompositionslehrer am Konservatorium in Prag, sodann bis 1945 Erster Dirigent des tschechischen Rundfunks. Im Jahr 1947 emigrierte er nach den USA und wurde dort im selben Jahr Professor am Roosevelt College und 1967 Kompositionslehrer am Conservatory College in Chicago, wo er am 30.1.1972 starb.

WERKE

Von Karel Boleslav Jirák ist eine Oper aufgeführt worden. Er schrieb ferner mehrere Bühnenmusiken, 5 Sinfonien, eine Sinfonietta für kleines Orchester, sinfonische Variationen, mehrere Suiten und Ouvertüren, eine Legende für Kammerorchester, eine Serenade für Streichorchester, eine Rhapsodie und ein Concertino für Violine und Orchester, ein Klavierkonzert, ein Nonett, ein Streichsextett mit Alt-Solo, ein Bläserquintett, ein Klavierquintett, 7 Streichquartette, ein Klaviertrio, ein Bläsertrio, 2 Violinsonaten und je eine für Bratsche, für Flöte, für Klarinette, für Horn, für Oboe, »Vier Essays« für Violine und Klavier, Stücke für Cello und Klavier, Rondo für Horn und Klavier, eine Sonatine für Baßklarinette und Klavier, 5 Miniatüren und weitere Stücke für Klavier, 5 Praeludien und Fugen und eine Suite für Orgel, ein Requiem für Soli, Chor und Orchester, Chöre, zahlreiche Liederzyklen und Volksliedbearbeitungen.

Antonín Jiránek (um 1712–61)

ZEIT UND UMWELT

Musiker aus dem böhmischen Raum wurden zumeist zur Königlich polnischen Kapelle in Warschau gesandt und erst später von dort für die polnische oder die deutsche Hofkapelle in Dresden übernommen. Dadurch wurde ein gewisser Gleichschritt in der Entwicklung der drei Hofkapellen erreicht, von denen allerdings die deutsche stets die besten Kräfte zugeteilt erhielt.

LEBEN

Antonín Jiránek (Anton Giranek) wurde um 1712 in Böhmen geboren und in Prag ausgebildet. Er wirkte sodann an der Königlich polnischen Kapelle in Warschau und wurde später von der polnischen Hofkapelle in Dresden übernommen, wo er am 16. 1. 1761 starb.

WERKE

Von Antonín Jiránek sind Sinfonien, Konzerte, Triosonaten und einige Vokalmusik handschriftlich erhalten. Seine Musik ist dem empfindsamen Stil zuzurechnen.

Vojtěch Matyaš Jírovec (1763–1850)

ZEIT UND UMWELT

Mit dem Tod des letzten der drei Wiener Klassiker Ludwig van Beethoven wurde ihrer Epoche ein abruptes Ende gesetzt. Es gab keine Nachklassik und kein Ausklingen dieses singulären Hochflugs der Musikentwicklung. Einzelne Epigonen brachten gute Nachahmungen, aber eine Fortsetzung der Klassik war offenbar unmöglich. Die Nachfolgenden mußten die neuen Wege einschlagen, die von den »Klassikern« mit einzelnen Werken bereits gewiesen worden waren.

Vojtěch Matyaš Jírovec

LEBEN

Vojtěch Matyaš Jírovec (Adalbert Mathias Gyrowetz) wurde am 19. 2. 1763 in Budweis (České Budějovice) geboren. Er studierte in Prag und war gräflicher Sekretär in Brünn und Wien, wo er bereits mit seinen Sinfonien Erfolg hatte und mit Joseph Haydn und Wolfgang Amadeus Mozart bekannt wurde. Er setzte seine Studien in Neapel bei Giovanni Paisiello und Nicola Sala fort. Hierauf ging er als Kapellmeister und Komponist nach Paris und London. Im Jahr 1793 trat er in Wien als Kaiserlicher Legationssekretär in den Staatsdienst und wirkte an einigen deutschen Höfen. Von 1804 bis 1831 war er Kapellmeister des Wiener Hoftheaters. Er starb am 19. 3. 1850 in Wien.

WERKE

Verschiedene Instrumentalkompositionen von Vojtěch Matyaš Jírovec erschienen unter dem Namen Joseph Haydns. Die geschickte Nachahmung der Faktur des Altmeisters ermöglichte diese verlegerische Täuschung. Auch seine 40 Sinfonien kommen seinem Vorbild sehr nahe wie die Serenaden, Divertimenti, Partiten und Tänze. Er schrieb außerdem 2 Klavierkonzerte, 43 gedruckte Streichquartette und eine weitere Anzahl, die nicht erschienen ist, 2 Streichquintette, Flötenquintette, Flötenquartette, zahlreiche Klavier- und Streichtrios, Arien, Lieder und mehrstimmige Gesänge, weiters 19 Messen und zahlreiche sakrale Vokalwerke. Ferner verfaßte er eine Anzahl Opern, Singspiele, Ballette und Divertissements für verschiedene Bühnen. Er war bei seinen Zeitgenossen sehr geschätzt, überlebte aber seinen Ruhm, weil er bei seiner Klassiknachahmung stehenblieb und das stilistische Fortschreiten der Musik bis tief in die Romantik hinein unbeachtet ließ.

LITERATUR

A. Hnilička, Portrety starých českých mistrů hudebních, Prag 1922.

Joseph Joachim (1831–1907)

ZEIT UND UMWELT

Die Violinkonzerte der zweiten Hälfte des 19. Jahrhunderts zeichneten sich, sofern sie noch der Romantik angehörten, durch ungewöhnliche Klangfülle, weite melodische Bogen, Virtuosität, die jedoch nie zum Selbstzweck wurde, und breite Harmonik aus. Die künstlerische Tiefe wird zum Teil durch Monumentalität ersetzt. Ihr Publikumserfolg war dementsprechend groß, so daß sie nachfolgenden Konzerten späterer Stilgattungen, deren Klanglichkeit dürftiger war, den Weg auf das Konzertpodium zum Teil versperrten. Auch in den Konzertprogrammen des 20. Jahrhunderts nehmen sie einen dominierenden Rang ein.

LEBEN

Joseph Joachim wurde am 28.6.1831 in Kittsee, Niederösterreich, geboren. Er trat bereits mit 7 Jahren in einem Konzert auf und wurde am Konservatorium in Wien Schüler von Joseph Böhm. Ab 1843 nahm er bei Moritz Hauptmann in Leipzig Unterricht und wurde von Felix Mendelssohn-Bartholdy gefördert, so daß er schon 1844 zum ersten Mal in London auftreten konnte. Ab 1849 war er Konzertmeister in Weimar, ab 1853 wirkte er in gleicher Eigenschaft in Hannover. Im Jahr 1868 wurde er Direktor an der Hochschule für Musik in Berlin. In der Folge erhielt er die Ernennung zum Königlichen Professor und Kapellmeister, zum Senatsmitglied der Akademie der Künste und später zu deren Vizepräsidenten. Er wurde mit Auszeichnungen und Orden überhäuft. Das 1869 in Berlin gegründete »Joachim-Quartett« bestand bis zu seinem Tod am 15.8.1907.

WERKE

Von Joseph Joachim sind 3 Violinkonzerte, Variationen für Violine und Orchester, Andantino und Allegro mit Orchester, ein Notturno für Violine und Orchester, »Hebräische Melodien« und Variationen über ein Originalthema für Bratsche und Klavier, ferner Ouvertüren, 2 Orchestermärsche und eine Szene für Altsolo und Orchester überliefert. Es handelt sich um die Kompositionen eines bedeutenden Virtuosen, der aber zugleich ernster Musiker war. Daher tragen seine der Violine gewidmeten Stücke stellenweise sinfonischen Charakter.

Joseph Joachim

Ungarisches Konzert für Violine und Orchester, Opus 11, 3 Sätze, entstanden 1857

Der 1. Satz ist von ungewöhnlicher Länge und enthält eine Reihe reizender ungarischer Melodien. Die Solopassage geht weit über das Format einer Kadenz hinaus und bringt neues thematisches Material, das für sich kadenziert wird, so daß man den Eindruck eines eingeschobenen Solokonzerts gewinnt. Der 2. Satz ist eine Romanze voll Eleganz und einschmeichelnder Melodik. Im 3. Satz – Finale alla Zingara – erklingt in Form eines Perpetuum mobile echte »Zigeunermusik«, deren Rhythmen atemlos zu einer Klimax rasen, um sodann ohne Dramatik fröhlich zu verhallen.

LITERATUR

J. A. Fuller Maitland, Joseph Joachim, London 1905.

Joachim Thibault de Courville
(um 1535–81)

ZEIT UND UMWELT

Die von Jean Antoine de Baïf gegründete Akademie für Poesie und Musik zielte auf die altgriechische Einheit von Wort und Ton. Unter König Heinrich III. erhielt die Institution den Titel Académie du Palais. Die Dichtungen Baïfs erfüllten formal die gestellten Forderungen; sie waren formvollendet und in jeder Beziehung vornehm. Was ihnen fehlte, war die Poesie.

LEBEN

Joachim Thibault de Courville wurde um 1535 in Paris geboren. Der französische Lautenist und Komponist war Mitbegründer der Académie de Poésie et de Musique, die Jean Antoine de Baïf initiiert hatte. Er erteilte Lautenunterricht und gab im Rahmen der

Akademie Konzerte, zu denen regelmäßig die Hofgesellschaft, zuweilen auch der König selbst, erschien. Er starb in Paris am 8. 9. 1581.

WERKE

Von den Kompositionen der Verse des Dichters Baïf ist wenig erhalten. Joachim Thibault de Courville war zwar der bedeutendste Vertreter der Musique mesurée à l'antique und bemühte sich ehrlich, seine Musik dem Versmaß so eng anzupassen, daß sie mit dem Wort verschmolz. Aber wie in allen Fällen, in denen man der Musik Zwangsjacken anlegte, blieb sie auch hier auf der Strecke. Seine 3 vierstimmigen Airs, seine Lieder für Singstimme und Laute und die Chansons bewiesen die Unmöglichkeit des ganzen Unternehmens, das schon daran scheitern mußte, daß man bis heute noch nicht weiß, wie die Musik der Antike geklungen hat, und außerdem an die Musik andere Anforderungen stellt als der Mensch der Antike. Es war ein Mißverstehen des Renaissancegedankens, der nur die Ideologie der Antike wiedererweckte. Die Baumeister und Maler der Renaissance bauten und malten nicht à l'antique, aber mit dem Gestaltungswillen des antiken Menschen, der seine Zeit und sein Weltverständnis mit seinen Mitteln zum Ausdruck brachte.

LITERATUR

M. Augé-Chiquet, La vie, les idées et l'œuvre de Jean-Antoine de Baïf, Paris 1909.

João IV. (1604–56)

ZEIT UND UMWELT

Für Portugal ergab sich nach den zwei vergeblichen Versuchen der Jahre 1634 und 1637, die spanischen Herrschaft abzuschütteln, 1640 die günstige Situation, daß Spanien durch den Krieg mit Frankreich und den Aufstand in Katalonien den Großteil seiner militärischen Kräfte gebunden hatte. Die portugiesische Unabhängigkeitspartei nützte die Gelegenheit und vertrieb unter der Führung von João, Herzog von Bragança, am 1. 12. dieses Jahres die spanische Besatzung, so daß Portugal nach sechzig Jahren Fremdherrschaft wieder selbständig wurde.

LEBEN

João IV. Bragança, König von Portugal, wurde am 18. 3. 1604 in Villa Viçosa geboren. Er erhielt zusammen mit João Soares Rebelo, der 1624 Chorknabe der herzoglichen Kapelle wurde, gründlichen Musikunterricht. Er war selbst an diesem Chor sehr interessiert und gab eine Reihe von kirchenmusikalischen Werken in Auftrag. Außerdem kaufte er zahlreiche musikalische Handschriften und Drucke an, um sie der herzoglichen Bibliothek einzuverleiben. Die umfangreiche, von João Alvares Frouvo betreute Bibliothek wurde beim Erdbeben des Jahres 1755 zur Gänze zerstört. João wurde am 15. 12. 1640 zum König von Portugal gekrönt und starb in Lissabon am 6. 11. 1656.

WERKE

Von dem portugiesischen Komponisten João IV. stammen mit Sicherheit eine Motette »Crux fidelis«, ein vierstimmiges Magnificat, ein Dixit Dominus und ein Laudate Dominum für acht Stimmen und ein Adjuva nos Deus. Die Zuschreibung der Matthäus- und der Johannes-Passion, die in den Kirchen von Lissabon an den Karfreitagen und den Palmsonntagen gesungen wurden, ist nicht völlig gesichert, doch wahrscheinlich. Was aber vorliegt, kennzeichnet den König als befähigten Komponisten.

João de Escobar (um 1580 bis nach 1620)

ZEIT UND UMWELT

Lissabon war während des 15. und 16. Jahrhunderts mehreren Erdbeben verschiedener Stärke ausgesetzt, die stets beträchtlichen Schaden verursachten. Der gewaltigste Stoß kam am 1. 11. 1755, wobei ein großer Teil der Stadt zerstört und viele tausend Bewohner getötet wurden. Dabei ging auch die Bibliothek des Königshauses mit der umfangreichen Sammlung musikalischer Werke zugrunde, so daß von vielen Komponisten der Iberischen Halbinsel jener Zeit nichts oder nur wenig überliefert ist.

LEBEN
João de Escobar wurde um 1580 in Lissabon geboren. Er lebte in der portugiesischen Hauptstadt als Musiker in nicht näher bekannter Stellung und starb nach 1620.

WERKE
Vom kompositorischen Werk des portugiesischen Meisters João de Escobar ist nur eine Motettensammlung erhalten, die dem polyphonen Stil folgt. Weitere Werke sind mit der Sammlung der Könige beim großen Erdbeben von 1755 vernichtet worden.

Bernard Jobin (um 1535 bis nach 1573)

ZEIT UND UMWELT
Wenn Lautenisten des 16. Jahrhunderts keine Stellung als Hoflautenist in den Palästen geistlicher oder weltlicher Fürsten bekamen, waren sie auf gelegentliche Engagements und den Unterricht angewiesen. Eine weitere Methode, sich einen ausreichenden Unterhalt zu sichern, gab es für Lautenkomponisten, falls sie imstande waren, ihre Werke selbst zu drucken und zu vertreiben. Sie konnten daneben fremde Kompositionen herausbringen, wozu sie in den meisten Fällen nicht einmal die Erlaubnis des Komponisten benötigten. Von einem Urheberrechtsschutz war man noch weit entfernt.

LEBEN
Bernard Jobin dürfte in Frankreich oder Flandern um 1535 geboren sein. Wo er als Lautenist ausgebildet wurde, ist unbekannt. Wie viele in jener Zeit, suchte er in Straßburg Zuflucht vor Verfolgungen wegen seines von der Staatsreligion abweichenden Bekenntnisses. In der reformierten Stadt konnte er ungehindert seine Kompositionen drucken und verkaufen. Er ist wahrscheinlich in Straßburg nach 1573 gestorben.

WERKE
Von dem zu seiner Zeit sehr bekannten Lautenisten und Lautenkomponisten Jobin erschienen 2 sehr interessante Lautenbücher, die er selbst druckte. Sie enthalten nur eigene Kompositionen, die durch ihre Schlichtheit auffallen.

Jobst vom Brandt (1517–70)

ZEIT UND UMWELT
Der allgemeine musikalische Begriff des Liedes fordert, abgesehen von speziellen Abgrenzungen, die man zum Beispiel für das Kunstlied oder das Volkslied macht, ein abgeschlossenes musikalisches Vortragsstück kürzerer Ausdehnung, das sangbar, von unausgebildeten Stimmen ausführbar, syllabisch vertont und musikalisch leicht faßlich ist. Dabei können die Grenzen nach jeder Richtung weit überschritten werden. Je genauer jedoch sie beachtet werden, deutlicher gesagt, je einfacher die Struktur des Liedes ist, eine um so größere Verbreitung findet es. Die Heidelberger Schule hat mit ihrer starken Einfühlung in diesen weitverbreiteten Geschmack den Liedtypus hervorgebracht, der dem Verlangen des breiten Publikums entsprach.

LEBEN
Jobst vom Brandt (Brant, Jodocus) wurde am 28. 10. 1517 in Waldersdorf, Oberpfalz, geboren. Er studierte in Heidelberg ab 1530, war gleichzeitig Sängerknabe in der kurfürstlichen Kapelle und Schüler von Lemlin. Im Jahre 1548 wurde er zum Stiftsamtmann des Konventes in Waldsassen und zugleich als Kurator einer Zweigniederlassung davon in Liebenstein bestellt. Er starb am 22. 1. 1570 in Brand.

WERKE
Jobst vom Brandt galt den Zeitgenossen als Vertreter des alten deutschen Liedes, der es vor dem Einfluß italienischer Formen bewahrte. Er hat 62 mehrstimmige Lieder hinterlassen, außerdem geistliche Psalmen und Kirchengesänge für vier bis neun Stimmen

mit Instrumentalbegleitung. Der Liedmeister nahm wie alle anderen Schüler Lemlins an der Entwicklung des deutschen Liedes starken Anteil.

LITERATUR

C. Ph. Reinhardt, Die Heidelberger Liedmeister des 16. Jahrhunderts, Kassel 1939.

Johannes de Cleve (um 1529–82)

ZEIT UND UMWELT

Die Motette hat als Gattung mehrstimmiger Vokalmusik im Verlauf ihrer Geschichte starke Wandlungen erfahren. Unverändert ist im großen und ganzen ihre sakrale Ausrichtung geblieben. Profane Texte und Verwendungen waren in jeder Epoche selten. Es wurden jedoch immer wieder Motetten verfaßt, die einem Fürsten gewidmet oder anläßlich eines staatlichen Ereignisses geschrieben worden waren. Komponisten in Hofstellungen verfaßten Motetten zu Geburten oder Geburtstagen, Vermählungen und anderen Hoffestlichkeiten, gewonnenen Schlachten und geschlossenen Staatsverträgen. Anlässe zu solchen »Staatsmotetten« gab es genug, und die Dichter, die mehr oder weniger gute Verse, lateinisch oder volkssprachlich, bereitstellten, fanden sich zu jeder Zeit.

LEBEN

Johannes de Cleve wurde um 1529 in Cleve (Stadt oder Herzogtum) geboren. Er dürfte seine Jugend in den Niederlanden verbracht und bereits dort komponiert haben. Im Jahre 1553 wurde er in die Hofkapelle Kaiser Ferdinands I. als Sänger aufgenommen und kam nach dessen Tod (1564) mit dessen Sohn Erzherzog Karl nach Graz, wo ihm die Leitung der Hofkantorei anvertraut wurde. Von 1570 bis 1578 hielt er sich in Wien und darauf bis zu seinem Tod am 14. 7. 1582 in Augsburg als Musiklehrer und Komponist auf.

WERKE

Abgesehen von seinen Staatsmotetten schrieb Johannes de Cleve nur Kirchenmusik: Messen, sakrale Motetten und andere Gesänge. Sein Stil folgt der Polyphonie der franko-flämischen Schule. Seine Messen werden fallweise heute noch gesungen.

LITERATUR

H. Federhofer, Musikpflege und Musiker am Grazer Habsburgerhof der Erzherzöge Karl und Ferdinand von Innerösterreich, Mainz 1967.

Johannes de Fossa
(um 1540 bis um 1603)

ZEIT UND UMWELT

Solange Orlando di Lasso die Hofkapelle in München leitete, war der Zustrom niederländischer Musiker unverändert stark. Die Auswahl, die er unter seinen Landsleuten traf, war trotzdem sehr streng. Er stellte nicht nur an sich selbst hohe Anforderungen, sondern auch an die Mitglieder seiner Kapelle.

LEBEN

Johannes de Fossa wurde um 1540 im niederländischen Raum geboren und vermutlich auch dort ausgebildet. Er kam 1570 nach München, wo er ein Jahr darauf von Orlando di Lasso zum Vizekapellmeister bestellt wurde. Ab 1590 vertrat er den erkrankten Lasso ständig und folgte ihm nach dessen Tod in seine Stellung nach. Im Jahre 1597 erhielt er den Titel eines Oberkapellmeisters. Er starb in München um 1603. Vor seinem Wirken in München durfte er als Sänger in der herzoglichen Kapelle von Savoyen unter dem Namen Jean des Fosses tätig gewesen sein.

WERKE

Von Johannes de Fossa sind vier- bis fünfstimmige Messen und andere sakrale Werke (Marienlitaneien) sowie vierstimmige deutsche Lieder erhalten. Sein Stil ist völlig von Lasso abhängig, aber nicht kopierend.

LITERATUR

A. Sandberger, Beitrag zur Geschichte der bayrischen Hofkapelle, Leipzig 1895.

Johannes de Lublin
(um 1490 bis um 1550)

ZEIT UND UMWELT

Im Mittelalter reiste die Musik sozusagen mit der Kirche. Zu den entlegendsten Ländern Europas waren Priester unterwegs, um die Liturgie des Gottesdienstes einzurichten und zu überwachen. Sie brachten auf allen diesen Reisen Musik mit sich. Zudem waren die Kleriker in jenen Ländern oft Musiker, die nach Rom zur Ausbildung gerufen wurden und ihr Wissen und Können sodann in ihrer Heimat verwerteten. Später machten Berufsmusiker ähnliche Reisen, um eine Stellung zu bekommen oder zu lernen.
Ein solcher Austausch von Musikern fand zwischen Polen und Deutschland statt. Heinrich Finck lernte und wirkte in Krakau. Zahlreiche polnische Musiker hielten sich in Deutschland auf. Daneben bestanden enge Beziehungen zur französischen Musik und mit dem inzwischen in Ungarn aufgeblühten Musikleben. Und als Abschluß der völligen Einbeziehung der polnischen Musik in die europäische zogen mit der zweiten Frau König Sigismunds III. die Italiener in Krakau ein.

LEBEN

Johannes de Lublin (Jan z Lublina) ist um 1490 in Lublin geboren und wurde nach seiner Ausbildung Mitglied des Ordens der Canonici regulares in Kraśnik bei Lublin, wo er als Organist, Chorleiter und Musiklehrer wirkte. Er starb um 1550 in Kraśnik.

WERKE

Johannes de Lublin verfaßte zwischen 1537 und 1548 die nach ihm benannte Orgeltabulatur (Tabulatura Jana z Lublina), in der er neben eigenen Stücken zeitgenössische Orgelmusik heimischer, deutscher und italienischer Meister aufzeichnete. Sie ist eine Hauptquelle für die Geschichte der polnischen Musik seiner Zeit und auch für die Überlieferung deutscher Orgelmusik. Der Stil seiner überlieferten Praeambula (Präludien), Colenda (Weihnachtslieder) und Tänze ist stark von Finck abhängig, aber mit folkloristischen Zügen angereichert, so daß die Stücke als echte, bodenständige polnische Musik angesprochen werden dürfen.

LITERATUR

A. Chybiński, Polnische Musik und Musikkultur des 15. Jahrhunderts in ihren Beziehungen zu Deutschland, Sammelbände der Internationalen Musikgesellschaft XIII, 1911/12.

Johannes de Lymburgia
(um 1400 bis nach 1450)

ZEIT UND UMWELT

Das Herzogtum Limburg wurde 1288 mit Brabant vereinigt, im gleichen Jahr kamen beide Herzogtümer in die Hand der Burgunder und wurden 1430 zu den Niederlanden geschlagen. Limburg wurde damit in die Kulturlandschaft einbezogen, in der ab der Wende vom 14. zum 15. Jahrhundert die sogenannte franko-flämische Schule entstand. Frankreich und Italien waren die hauptsächlichsten Länder, in die die ausgebildeten Musiker zogen.

LEBEN

Johannes de Lymburgia wurde um 1400 vermutlich im Gebiet des alten Herzogtumes Limburg geboren. Er dürfte einen Teil seines Lebens in Italien verbracht haben. Diese Annahme stützt sich auf die Tatsache, daß alle von ihm bekannten Werke in italienischen Codices aufscheinen. Zuvor war er Sänger an Lütticher Kirchen gewesen (bis 1426) und ist vermutlich um 1430 nach Venedig übersiedelt, wo er wahrscheinlich nach 1450 auch gestorben ist.

WERKE

Johannes de Lymburgia hat vorwiegend sakrale Musik hinterlassen, darunter ein dreistimmiges Ordinarium und einen Fauxbourdonsatz »Regina celi letare« (Freue dich, Himmelskönigin). Je eine Motette ist für Vicenza und Padua verfaßt. Im ganzen sind 46 Stücke von ihm bekannt, in denen sich der franko-flämische Stil bereits sehr deutlich ausprägt.

LITERATUR
H. W. Rosen, Die liturgischen Werke des Johannes von Lymburg, Innsbruck 1929.

Johannes de Sarto
(um 1415 bis um 1470)

ZEIT UND UMWELT
Wir wissen sehr wenig über die mitteleuropäischen Hofkapellen der ersten Hälfte des 15. Jahrhunderts. Es sind wenige Namen von Sängern und Chormeistern überliefert, aber doch genügend, um festzustellen, daß auch dort Meister des franko-flämischen Raumes Aufnahme gefunden haben.

LEBEN
Johannes de Sarto (Jean Dussart, Dusart) wurde um 1415 vermutlich in Nordfrankreich oder Flandern geboren. Im Jahre 1439 scheint er am Hof des Königs Albrecht II. (Herzog von Österreich, 1397–1439) als »Cantor« auf. Von 1458 bis 1464 war er Singmeister in Cambrai. Wo und wann er gestorben ist, kann nicht festgestellt werden.

WERKE
Von Johannes de Sarto ist eine Reihe von Motetten erhalten. Sie weisen den frühen Stil der franko-flämischen Schule auf.

LITERATUR
H. Riemann, Hausmusik aus alter Zeit I., Leipzig ohne Jahr.

John of Fornsete (1239 bis um 1300)

ZEIT UND UMWELT
Die Benediktinerabtei in Reading wurde 1121 gegründet. König Heinrich I. (1068 bis 1135) überantwortete der Abtei die Stadt Reading, die bisher königliche Domäne war. Die Abtei spielte im kulturellen Leben Englands bis zu ihrer Säkularisierung unter König Heinrich VIII. eine bedeutende Rolle.

LEBEN
John of Fornsete wurde am 19. 1. 1239 in Forncett, Norfolk, geboren. Er wurde Mönch der Benediktinerabtei Reading und starb dort um 1300.

WERKE
Von John of Fornsete stammt die Komposition des Liedes »Sumer is icumen in«. Sie ist das bemerkenswerteste musikalische Werk des Mittelalters, weil sie den ältesten bekannten Kanon, die älteste harmonisierte Musik, das älteste überlieferte sechsstimmige Stück, den ältesten Satz in einer Dur-Tonart und mit Grundbaß darstellt. Die in der Abtei Reading aufgefundene Handschrift ist die älteste mit profanem und sakralem Text mit Musik.

LITERATUR
Fr. Ll. Harrison, Music in Medieval Britain, London 1958.

Hallvard Johnsen (geboren 1916)

LEBEN
Hallvard Johnsen wurde am 27. 6. 1916 in Hamburg geboren. Er studierte von 1930 bis 1941 am Konservatorium in Oslo und 1956 am Konservatorium in Kopenhagen bei Vagn Holmboe. Er lebt als Flötist und freier Komponist in Bœrum bei Oslo.

WERKE
Der Kompositionsstil von Hallvard Johnsen ging von nationaler Spätromantik aus und entwickelte sich zu freitonalen Strukturen in den späteren Werken. Er schrieb 9 Sinfonien, 2 Ouvertüren, 2 Violinkonzerte, 2 Flötenkonzerte, ein Trompetenkonzert, eine Suite für Kammerorchester, 3 Streichquartette, 2 Bläserquintette, eine Suite für Flöte und Horn und eine für Oboe und Fagott, Klavierwerke, Kantaten und Lieder.

Henrik Filip Johnsen (1717–79)

ZEIT UND UMWELT
Obwohl gegen die Mitte des 18. Jahrhunderts das schwedische Musikleben bereits von Einheimischen geführt wurde, fanden Kräfte aus dem Ausland noch genügend Betätigungsfelder. Bevorzugt wurden Musiklehrer, um den Ausbildungsstand der heimischen Musiker zu heben.

LEBEN
Henrik Filip Johnsen (Henry Philip Johnson) wurde 1717 in England geboren. Er war Kammerorganist bei Adolf Friedrich von Holstein-Gottorp, der ihn 1743 als schwedischer Kronprinz nach Stockholm mitnahm. Er wurde dort Organist an Sancta Clara und wirkte in dieser Stelle und als gesuchter Kompositionslehrer bis zu seinem Tod am 12. 2. 1779.

WERKE
Von Henrik Filip Johnsen sind zahlreiche Orgel- und Cembalostücke erhalten. Er folgte damit dem norddeutschen Stil, wie mit seinen Sinfonien und Liedern. Er verfaßte auch die Musik für mehrere Bühnenwerke und eine Reihe von Gelegenheitskompositionen.

LITERATUR
H. Eppstein, Till fragan om H. Ph. Johnsen's härkomst, in: Svensk Tidskrift för Musikforskning XXXII, 1950.

Edward Johnson
(um 1560 bis nach 1621)

ZEIT UND UMWELT
Der Regierungsantritt der Königin Elisabeth I. wirkte in England auf allen Gebieten befreiend. Das künstlerische Leben erfuhr einen gewaltigen Aufschwung. Die positive Einstellung der Königin zu jeder wissenschaftlichen und künstlerischen Leistung und das Wegfallen der Angst vor dem Wüten ihrer Vorgängerin Maria I. der Katholischen setzte Kräfte frei, die die englische Kulturepoche des »Elisabethanischen Zeitalters« schufen.

LEBEN
Edward Johnson wurde um 1560 vermutlich in oder unweit von London geboren. Er dürfte im Dienst der Earls von Hertford gestanden und gleichzeitig in Cambridge studiert haben. Er hat angeblich unter den elisabethanischen Komponisten eine führende Rolle eingenommen und soll nach 1621 in London gestorben sein.

WERKE
Es ist sehr wenig von dem bei den Zeitgenossen sehr geschätzten englischen Komponisten Edward Johnson überliefert. Anläßlich des Besuches der Königin Elisabeth bei Edward, Earl von Bretford (1537–1621), in Elvetham wurden 2 Lieder von Johnson vorgetragen: »Elisa is the fayrest Queen« (Elisabeth ist die schönste Königin) für Sopran und Instrumente und »Com agayne« (Komme wieder) für zwei Soprane und Instrumente, die großen Eindruck machten. Weiters sind mehrere Madrigale, Psalmen und Instrumentalmusik, darunter 3 Stücke für Virginal, erhalten. Diese Kompositionen bestätigen den seinerzeitigen Ruf des Komponisten. Sie gehören bereits der kommenden Stilperiode an.

John Johnson (um 1550–95)

ZEIT UND UMWELT
Obwohl das Virginal zur Zeit der Königin Elisabeth I. von England bereits sehr verbreitet und beliebt war, wollte man auf die Laute nicht verzichten. Das Tasteninstrument erforderte weniger technisches Können als das Saiteninstrument, das die Anstrengung mit ihrem unnachahmlichen warmen Klang belohnt. Es war eine unmittelbarere Musik als die des mechanischen Virginals, das dem Ausdruckswillen manche technische Schranke setzte. Bei der Laute erzeugten Griffinger und Anschlagfinger den Ton ohne einen technischen Mittler, so daß schon der opti-

sche Eindruck, daß der Lautenspieler die Töne selbst erzeugt, seine Wirkung auf das Gemüt des Zuhörers ausübte.

LEBEN
John Johnson wurde um 1550 vermutlich in London geboren. Er war Lautenist der Königin Elisabeth I. von England bis zu seinem Tod im Jahre 1595.

WERKE
Von dem Lautenisten John Johnson sind mehrere Lautenstücke überliefert, die sehr schwer zu spielen sind. Der Komponist schrieb sie offenbar nur für sich selbst nieder. Wer jedoch die weitgriffigen Akkorde zum Klingen bringen kann, begreift, daß die Königin den Lautenisten behielt, solange er lebte.

Robert Johnson (um 1485 bis nach 1560)

ZEIT UND UMWELT
Die reformatorischen Ideen von Luther und Calvin drangen auch sehr rasch in Schottland ein und gewannen bald Anhänger, weil sie für viele zum Ausdruck der Abneigung gegen den französischen Einfluß wurden. Initiator und Führer der Reformation war John Knox (1514–72), endgültig durchgeführt wurde sie erst durch den Einmarsch eines Elisabethanischen Heeres im Jahre 1560. Vorher war es für einzelne Protestanten ratsam, in das reformierte England zu flüchten.

LEBEN
Robert Johnson ist um das Jahr 1485 in Duns geboren, wurde Priester, sympathisierte sehr früh mit reformatorischen Gedanken und mußte vor einer Anklage wegen Ketzerei nach England flüchten. In den Jahren 1533 bis 1536 war er Kaplan der Königin Anne Boleyn (1505–36). Vorher dürfte er in Windsor gelebt und gewirkt haben. Über die weitere Tätigkeit dieses neben Robert Douglas (um 1505 bis um 1550) vielleicht ältesten schottischen Komponisten, der namentlich bekannt ist, liegt nichts vor. Er ist vermutlich nach Windsor zurückgegangen, wo er nach 1560 starb.

WERKE
Von Robert Johnson ist eine Reihe mehrstimmiger Motetten für den lateinischen Gottesdienst erhalten. Für den Gottesdienst in englischer Sprache verfaßte er mehrere sogenannte Prayers (Gebete), von denen »O, eternal God« (Oh, ewiger Gott) und »I geve you a new commaundment« (Ich gebe euch ein neues Gebot) sehr bekannt geworden sind. Er war vorwiegend Kirchenkomponist. Es sind nur wenige profane Werke von ihm überliefert, wie ein Trauergesang um Anne Boleyn und das »Come, pale-faced Death« (Komm, bleicher Tod). Er verfaßte auch 2 Stücke für Violen.

Robert Johnson (um 1565–1634)

ZEIT UND UMWELT
Wie bei vielen anderen Höfen gab es beim englischen nicht nur die Königliche Kapelle. Die einzelnen Mitglieder der regierenden Familien hielten sich Musikergruppen für ihre eigenen Gesellschaften oder zumindest einen Lautenisten, der ihre Gäste zu unterhalten hatte. Solche Stellen waren zuweilen mit anderen Hofämtern kombiniert. Einige dieser Musiker waren als Hauslehrer, als Sekretäre beschäftigt und leisteten fallweise sogar diplomatische Dienste.

LEBEN
Robert Johnson wurde um 1565 vermutlich in London geboren und dort zum Musiker und Lautenisten ausgebildet. Über seine Tätigkeit bis zum Jahr 1604, in dem er Musiker des Königs Jakob I. wurde, ist nichts bekannt. 1611 reihte ihn der König dem Ensemble zu, das seinem ältesten Sohn Henry (1594–1612) zur Verfügung stand. Nach dessen Tod kam Johnson zur Kapelle des nunmehrigen Kronprinzen Karl, der 1625 als Karl I. König wurde, und blieb in dieser Stellung bis zu seinem Tod im Jahre 1634.

WERKE
Kompositionen für Chöre, Instrumentalensembles, Laute und Virginal von Robert Johnson wurden in verschiedenen Sammelwerken aufgenommen. Sehr bekannt wurde seine Bühnenmusik für Shakespeares »Sturm«. Er komponierte auch für verschiedene Maskenspiele, die jedoch verlorengegangen sind. Seine gesamte Musik gehörte bereits dem Frühbarock an und war für die höfische Unterhaltung verfaßt.

André Jolivet (1905–74)

LEBEN
André Jolivet wurde am 8.8.1905 in Paris geboren. Er nahm privaten Musikunterricht und betätigte sich bereits ab 1927 selbst als Musiklehrer, während er seine eigene Ausbildung bei Paul le Flem und Edgar Varèse ergänzte. Von 1945 bis 1959 hatte er die musikalische Leitung der Comédie-Française inne, 1960 wurde er künstlerischer Berater im französischen Unterrichtsministerium und 1966 Kompositionslehrer am Conservatoire in Paris, wo er am 20.12.1974 als eine der interessantesten Persönlichkeiten der zeitgenössischen französischen Musik starb.

André Jolivet

WERKE
Edgar Varèse betrachtete die traditionellen Instrumente nur als vorläufigen Ersatz für zukünftige Klangerzeugungsmöglichkeiten, die anscheinend vor seinem »inneren Ohr« bereits Wirklichkeit geworden waren, ehe die Technik sie erfinden konnte. Sein Schüler André Jolivet war mehr gegenwartsbezogen. Er begnügte sich mit den Ondes Martenot und dem beschwörend hartnäckigen Wiederholen kurzer Formeln und deren raffinierten Variationen. Im vorgerückten Alter jedoch wollte er Musik schreiben, »die jeder spielen oder summen kann, indem er glaubt, er habe sie selbst gemacht«. Er schrieb eine Oper, 6 Ballette, 3 Sinfonien, eine Sinfonie für Streicher, eine Tanzsinfonie, eine Suite, ein Klavierkonzert, 2 Cellokonzerte, ein Flötenkonzert, ein Harfenkonzert, ein Fagottkonzert, 2 Trompetenkonzerte, ein Konzert mit Ondes Martenot, ein Konzert mit Schlagzeug, ein Konzert für zwölf Streicher, ein Stück für Trompete und eines für Blockflöte und Schlagzeug, ein Arioso für Trompete und Orgel, eine Suite für Flöte und vier Schlagzeuger, eine Hymne für Orgel, 2 Klaviersonaten, ein Oratorium, 2 Messen, eine Kantate, Rundfunk- und Bühnenmusik, ferner zahlreiche Soli, Duos und Trios mit verschiedener Besetzung und Madrigale. Er veröffentlichte einige musikhistorische Schriften.

Niccolò Jommelli (1714–74)

ZEIT UND UMWELT
Crescendo und Decrescendo als wesentliche Elemente der musikalischen Dynamik und des musikalischen Vortrages wurden zwar bereits in den Gesangschulen um 1600 geübt, ihre exakte Durchführung von Instrumentalensembles und großen Orchestern aber erst in der Mitte des 18. Jahrhunderts erreicht, und wohl vorwiegend von den Mannheimern, die zwar nicht, wie zuweilen behaup-

tet wird, die Erfinder dieser Dynamik waren, diese jedoch bis zur vorbildlichen Vollendung entwickelten. So sehr auch die Technik dieses Musterorchesters bewundert und nachgeahmt wurde, ihre Übertragung auf sämtliche Musikgattungen stieß dennoch in manchen Musikzentren, wo es eine starke Tradition der Hörgewohnheiten gab, vorerst auf ablehnenden Widerstand.

Leben

Niccolò Jommelli (Jomelli) wurde in Aversa bei Neapel am 10. 9. 1714 geboren und erhielt an der Domkapelle der Stadt seine erste Ausbildung, die er ab 1725 am Conservatorio Sant'Onofrio in Neapel bei Francesco Feo und Ignazio Prota und ab 1728 am Conservatorio della Pietà de'Turchini bei Nicola Fago vervollständigte. Er war entgegen fallweisen Behauptungen kein Schüler von Leonardo Leo, aber doch von dessen Musik sehr beeinflußt. Im Jahr 1736 setzte seine kompositorische Tätigkeit für die Opernbühne ein; nach seinem ersten Erfolg am Teatro Nuovo in Neapel schrieb er weitere Opern für Rom und Bologna, wo er 1741 bei Padre Martini Kontrapunkt-Unterricht nahm; er wurde Mitglied der Accademia Filarmonica in Venedig, wo er von 1743 bis 1747 das Conservatorio degl'Incurabili leitete. Von 1749 bis 1750 arbeitete er in Wien mit dem Librettisten Metastasio zusammen. Darauf wurde er zum beigeordneten Kapellmeister an San Pietro in Rom ernannt; von 1753 bis 1769 wirkte er als Hofkapellmeister und Theaterdirektor in Stuttgart. Dann zog er sich nach Neapel zurück, wo er mit seinen letzten Opern ohne Erfolg blieb. Einen Ruf als Hofkomponist nach Lissabon lehnte er ab; der portugiesische König José bezahlte ihm dennoch eine hohe Pension für abgelieferte Manuskripte. Er starb am 25. 8. 1774 in Neapel.

Niccolò Jommelli

Werke

Von den 82 Opern – einschließlich Umarbeitungen und Divertissements – sind bei 53 erhalten. Sie waren zum größeren Teil sehr erfolgreich, nur die letzten, für Neapel verfaßten, wurden abgelehnt, weil dem Publikum seine dem Mannheimer Stil angeglichene Kompositionstechnik nicht gefiel. Er schrieb außerdem eine Reihe Oratorien, eine Passion, mehrere Kantaten, Messen, Psalmen, Gradualien, Responsorien und eine Anzahl anderer Kirchenwerke, von denen ein achtstimmiges Dixit, ein achtstimmiges Miserere, ein Laudate für vier Solosoprane mit Doppelchor, ein Magnificat mit Echo, ein Hymne für Doppelchor und sein berühmtes Miserere für zwei Soprane mit Orchester sehr bekannt geworden sind. An Instrumentalmusik schrieb er 6 Sonaten für zwei Flöten und Generalbaß, Trios, Divertimenti für zwei Violinen, Bratsche und Baß, Sinfonien, Ouvertüren und ein zehnstimmiges Konzert für obligates Cembalo und Orchester. Er war ein eifriger Verfechter des Crescendo und Decrescendo, wie es in Mannheim gepflegt wurde. Sein Versuch, diese Technik auch bei der Opernkomposition anzuwenden, fand allerdings nicht den Beifall der Neapolitaner.

Emile Jonas (1827–1905)

Zeit und Umwelt
Die Pariser Operette, während des Zweiten Kaiserreichs geboren, überdauerte dessen Sturz und wurde zu einem Genre, das die Bühnen der Welt eroberte. Wenn sie auch, ähnlich der Wiener Operette, in der zweiten Hälfte des 20. Jahrhunderts durch neue Formen zurückgedrängt wurde, ganz verschwinden wird sie vermutlich nie.

Leben
Emile Jonas wurde am 5.3.1827 in Paris geboren. Er war am Conservatoire in Paris Schüler von Michele Enrico Carafa und Félix Le Couppey (14.4.1811, Paris, bis 5.7.1887, Paris) und brachte ab 1855 eine lange Reihe leichter Operetten heraus. Er wirkte von 1859 bis 1870 als Harmonieprofessor für Militärmusikschüler und als Musikdirektor der portugiesischen Synagoge. Er starb am 21.5.1905 in St-Germain-en-Laye.

Werke
Von Emile Jonas ist eine große Anzahl Operetten auf die Bühnen gekommen, die zum Teil noch im 20. Jahrhundert aufgeführt wurden. Er gab eine Sammlung hebräischer Gesänge zum gottesdienstlichen Gebrauch heraus.

Goessen Jonckers (um 1500 bis um 1555)

Zeit und Umwelt
Die starke Ausstrahlung der franko-flämischen Schule hatte im 16. Jahrhundert ihre eminente Wirkung verloren. Im eigenen Bereich blieb die Kraft der Tradition lange erhalten, so daß noch eine beträchtliche Anzahl vorzüglicher Musiker herangebildet wurde und entweder in der Heimat oder in der Fremde ihr Betätigungsfeld fand.

Leben
Goessen Jonckers (Junckers) wurde im franko-flämischen Raum um 1500 geboren. Über seine Tätigkeit gibt es keine Informationen, außer daß er an einer der Kirchen Flanderns bis zu seinem Tod um 1555 als Musiker wirkte.

Werke
Von Goessen Jonckers, Meistre Gosse und Gosse Jonckers genannt, sind in den Jahren 1538 bis 1555 sakrale Gesänge und Motetten erschienen, die auf ein hohes kompositorisches Können schließen lassen. Der Stil dieser Kompositionen folgt dem der franko-flämischen Schule.

Charles Jones (geboren 1910)

Leben
Charles Jones wurde am 21.6.1910 in Tamworth, Kanada, geboren. Er lebt seit 1928 in den USA und studierte an der Juilliard School of Music in New York und bei Aaron Copland. Von 1939 bis 1944 lehrte er am Mills College in Oakland, Calif., und von 1954 bis 1961 an der Juilliard School in New York.

Werke
Von Charles Jones ist ein Ballett aufgeführt worden. Er schrieb außerdem 4 Sinfonien, eine Sinfonie aus fünf Sätzen, eine Allegorie für Orchester, eine Cassation, Hymnen und Suiten für Orchester, ein Konzert für vier Violinen und Orchester, einen »Cowboy-Song« für Oboe, Klavier und Streicher, 5 Walzer für Bläserquintett, 5 Streichquartette, ein Streichtrio, ein Duo für Violine und Bratsche, eine Violinsonate, eine Sonate für Piccolo und Cembalo, eine Sonate für Oboe und Cembalo, »Musik« für zwei Violinen, ein Praeludium für Violine solo, verschiedene Klavierstücke, mehrere Kantaten, einen Liederzyklus, eine »Masque« für Sprecher und zwölf Instrumente.

John Jones (1728–96)

Zeit und Umwelt
Volksliedartige populäre Lieder, ernst oder witzig, feierlich oder lustig, balladesk oder lyrisch, fanden in England unbeschränkte Aufnahme. Ihre einfachen Texte, die leicht

zu merkenden Melodien und die auf jedem Instrument - Cembalo, Laute, Clavichord, Harfe - spielbare Begleitung gewannen ein breites Publikum auch in Kreisen, die für rüde Catches und anzügliche Glees keine Vorliebe aufbringen konnten.

LEBEN

John Jones wurde 1728 in London geboren. Er war ab 1749 Organist an Middle Temple, ab 1753 an Charterhouse und ab 1755 an St. Paul's. Er betreute alle drei Stellen bis zu seinem Tod am 17. 2. 1796.

WERKE

Von John Jones sind mehrere Reihen Cembaloübungen erschienen. Er veröffentlichte außerdem »60 Lieder für eine und zwei Stimmen«, die sich größter Beliebtheit erfreuten und für die Liedkomposition seiner Zeit typisch waren.

Richard Jones (um 1670 bis nach 1730)

ZEIT UND UMWELT

Ab 1700 beherrschten Oper und Bühnenmusik das englische Musikgeschehen. Die neugegründeten Theater boten vielen Musikern ein gutes Betätigungsfeld, das allerdings zu einem großen Teil von Italienern besetzt war. Allmählich stellten sich aber doch auch englische Musiker ein.

LEBEN

Richard Jones wurde um 1670 vermutlich in London geboren. Über sein Wirken als Violinvirtuose ist nichts Näheres bekannt. Im Jahr 1730 wurde er Orchesterdirigent am Drury Lane Theatre in London. Über Ort und Zeit seines Todes gibt es keine Angaben.

WERKE

Der englische Violinist und Komponist Richard Jones verfaßte ein Buch »Kammerarien« für Violine und Continuo und eines mit Suiten für Cembalo. Seine Violinwerke zeigen, daß seine Technik der Zeit um einiges voraus war.

Robert Jones (um 1577 bis nach 1615)

LEBEN

Robert Jones wurde um 1577 vermutlich in London geboren. Er studierte in Oxford Musik. Mit Philip Rosseter und anderen gründete er eine Schule mit Musikunterricht und ein Kindertheater, das allerdings wegen behördlicher Widerstände nicht in Funktion treten konnte. Er dürfte in London in einem der Jahre nach 1615 gestorben sein.

WERKE

Der englische Komponist und Lautenist Robert Jones veröffentlichte 5 Bücher mit Ayres mit Lauten- und zum Teil auch Gambenbegleitung und ein Buch mit drei- bis achtstimmigen Madrigalen. Außerdem verfaßte er 3 Psalmenvertonungen und ein sechsstimmiges Madrigal für die Sammlung »The Triumphes of Oriana«. Die Behandlung der Lautenbegleitung ist äußerst fortschrittlich.

William Jones (1726–1800)

ZEIT UND UMWELT

Die aus den Colleges in Oxford oder Cambridge hervorgegangenen Kirchenmusiker entfalteten an den Kathedralen ihrer Dienstorte zumeist eine sehr intensive Tätigkeit, die allerdings zumeist auf die Bedürfnisse ihrer Kapelle abgestimmt war. Das eine oder andere Anthem oder Service jedoch wurde in den Nachbargrafschaften populär und drang sogar bis London vor. Alle diese Kompositionen waren vorzüglich gearbeitet und gekonnt gemacht. Daß sie sich oft an volkstümliche Weisen anlehnten, erhöhte ihre Popularität. In ihrer Gesamtheit bildeten sie im 18. Jahrhundert den Boden, auf dem die englische Musik des kommenden Jahrhunderts entstehen konnte.

LEBEN

William Jones wurde am 30. 7. 1726 in Lowick, Northamptonshire, geboren. Er studierte in Oxford Theologie und Musik, wurde Vikar in Bethersden, Kent, sodann Rektor in Pluckley und darauf in Paston, Northamptonshire. Im Jahr 1776 stieg er zum Kurat von Nayland auf, wo er am 6. 1. 1800 starb.

WERKE
Obwohl William Jones persönlich nur fallweise ausübender Musiker war, beschäftigte er sich zeitlebens mit musikalischen Problemen und veröffentlichte ein noch im 19. Jahrhundert nachgedrucktes »Treatise on the Art of Music« (Abhandlung über die Kunst der Musik). Von seinen Kompositionen sind die »Zehn Orgelstücke mit vier Anthems« bekannt und berühmt geworden, darunter die in ganz England gesungene Hymne »St. Stephen«.

Léon Jongen (1884–1969)

LEBEN
Léon-Marie-Victor-Justin Jongen wurde am 2.3.1884 in Lüttich geboren. Er studierte am Konservatorium seiner Geburtsstadt und erhielt zwei Rompreise. Ab 1934 wirkte er als Lehrer am Konservatorium in Brüssel, das er von 1939 bis 1949 leitete. Er starb am 18.11. 1969 in Brüssel.
Sein Bruder Joseph-Marie-Alphonse-Nicolas Jongen (14.12.1873, Lüttich, bis 12.7.1953, Sart-les-Spa) studierte am Konservatorium in Lüttich, wirkte von 1892 bis 1898 als Lehrer für Harmonie und Kontrapunktik an dieser Anstalt, wurde nach Aufenthalten in Frankreich, Deutschland und Italien 1903 Harmonie- und Kontrapunktikprofessor in Lüttich und Organist am bischöflichen Seminar sowie an der Jakobskirche. Die Jahre 1914 bis 1918 verbrachte er in England, dann wurde er Lehrer für Fuge und Kontrapunktik am Konservatorium in Brüssel, das er von 1925 bis 1939 als Direktor leitete.

WERKE
Außer 3 Opern und einer Operette verfaßte Léon Jongen 2 Ballette, ein Violinkonzert, eine »Psalmentrilogie« für Chor und Orchester, Kammermusik, Klavierstücke, Chöre und Lieder.

Violinkonzert in D-Dur, 3 Sätze, entstanden 1962
Der 1. Satz beginnt ruhig, gestaltet sich aber bald lebhafter und wird von Zwischenspielen durchsetzt. Die verschiedenen Themen wandern von einem Instrument zum anderen bis zum kräftigen Ende. Der 2. Satz ist heiter; der Solist spielt ständig kompliziert ausgeschmückte Melodielinien. Ein Zwischenspiel leitet den 3. Satz ein; dann erklingt eine Kadenz, die in ein rustikales Motiv übergeht. Ein brillantes Finale schließt das Werk schwungvoll ab.

Joseph Jongen schrieb eine unvollendete Oper, ein Ballett, eine Sinfonie, 4 sinfonische Dichtungen, ein Violinkonzert, ein Klavierkonzert, ein Harfenkonzert, ein Cellokonzert, eine Suite für Bratsche und Orchester, ein sinfonisches Stück für Klavier und Blasorchester, eine konzertante Sinfonie für Orgel und Orchester, ein Concertino für Cello und Orchester, ein Quintett für Flöte, Violine, Bratsche, Cello und Harfe, 2 Bläserquintette, ein Klavierquartett, 3 Streichquartette, ein Saxophonquartett, 2 Klaviertrios, ein Concertino für Klarinette und Klavier, eine Sonate für Violine und Cello, 2 Violinsonaten, eine Cellosonate, Klavier- und Orgelstücke, Lieder und Chöre. Sein Stil ist stark von Claude Debussy beeinflußt.

Josef Jonsson (1887–1969)

LEBEN
Josef Petrus Jonsson wurde am 21.6.1887 in Enköping bei Uppsala geboren. Er war Autodidakt und lebte als Musikkritiker und Lehrer in Norrköping, Östergötland, wo er am 9.5. 1969 starb.

WERKE
Von Josef Jonsson sind 3 Sinfonien, 3 Suiten, 3 Ouvertüren, ein Violinkonzert, eine Missa solemnis, eine sinfonische Dichtung für Bariton, Chor und Orchester, eine Kantate für Tenor, Chor und Orchester, 2 Melodramen, »5 Meditationen« für Streicher, ein Klavier-

quintett, Klavierstücke und Lieder bekannt geworden. Er hob sich von der nordischen Romantik bereits deutlich ab.

Mihail Jora (1891–1971)

Leben

Mihail Jora wurde am 14.8.1891 in Roman, Rumänien, geboren. Er studierte am Konservatorium in Leipzig unter Robert Teichmüller (4.5.1863, Braunschweig, bis 6.5.1939, Leipzig) und Max Reger. Er war von 1929 bis 1962 Professor am Konservatorium und von 1928 bis 1933 Leiter des Rundfunks in Bukarest, wo er am 10.5.1971 starb.

Werke

Von Mihail Jora sind 4 Ballette, eine Sinfonie, 2 Orchestersuiten, eine Ballade für Bariton und Orchester, 2 Streichquartette, eine Violinsonate, eine Sonatine und viele andere Stücke für Klavier, eine Violinsonate, zahlreiche Chöre und Lieder bekannt geworden.

Moldauische Landschaften, Orchestersuite, 4 Sätze, entstanden 1924

Der 1. Satz »An den Ufern des Tazlău« schildert den Morgen an dem Karpatenfluß, den Auszug der Herden und das Erwachen des Tages. Der 2. Satz »Tanz« stellt die Fröhlichkeit des Landvolks dar. Im 3. Satz »Getreide an der Sonne« ergänzen farbensatte Ährenfelder in der prallen Sommersonne. Im 4. Satz werden wir Gast bei einem Zigeunerfest mit seinen rasanten Rhythmen.

Sverre Jordan (1889–1972)

Leben

Sverre Jordan wurde am 25.5.1889 in Bergen geboren. Er studierte von 1907 bis 1914 in Berlin, reiste sodann als Pianist, wirkte von 1922 bis 1932 als Chordirigent des Orchestervereins »Harmonien« in Bergen und leitete sodann das Orchester des Nationaltheaters bis 1957. Er starb am 10.1.1972 in Bergen.

Werke

Neben einem Orchestermelodram schrieb Sverre Jordan Orchestersuiten, eine »Norvegiana«, 2 Klavierkonzerte, ein Cellokonzert, ein Violinkonzert, ein Hornkonzert, eine Sonatine für Flöte und Klavier, eine Violinsonate, Klavierstücke, Chöre und über 200 Lieder sowie Bühnenmusiken. Sein Stil war an Edvard Grieg orientiert.

José de Puente
(1580 bis nach 1630)

Zeit und Umwelt

Solange die spanischen Vizekönige in Neapel residierten, wurden alle wichtigen Stellen mit Spaniern besetzt, die zum Teil auch in Neapel seßhaft wurden und zuweilen im Verlauf der Zeit sich assimilierten.

Leben

José (Gioseppe) de Puente wurde um 1580 in Neapel in einer aus Spanien zugewanderten Familie geboren. Es ist nicht feststellbar, welche musikalische Tätigkeit er ausübte. Er dürfte als Musiklehrer gewirkt haben und ungefähr nach 1630 in Neapel gestorben sein.

Werke

Vom in Neapel lebenden spanischen Komponisten José de Puente ist 1606 ein Buch mit fünfstimmigen Madrigalen erschienen, die stilistisch der Polyphonie des 16. Jahrhunderts angehörten. Sie unterscheiden sich jedoch von den Madrigalen der neapolitanischen Zeitgenossen durch knappere Fassung und volleren Klang. Die Texte sind von zeitgenössischen Dichtern, einer von Ottavio Rinuccini (1563–1621). Einzelne Madrigale lehnen sich deutlich an die Madrigale von Carlo Gesualdo (um 1560–1613) an.

Joseph I. (1678–1711)

Zeit und Umwelt

Die Wiener Hofkapelle und die Domkapelle an St. Stephan hatten unter Kaiser Leopold I.

einen Höchststand erreicht, der bis zum Tod Kaiser Karls VI. gehalten wurde.

LEBEN

Joseph I., deutscher Kaiser, wurde am 26. 7. 1678 in Wien geboren. Er war der älteste Sohn Kaiser Leopolds I., wurde 1687 König von Ungarn und 1690 römischer König und designierter Nachfolger seines Vaters in die Kaiserwürde. Er heiratete 1699 Wilhelmine Amalie von Braunschweig-Lüneburg (1673 bis 1742) und folgte im Jahr 1705 seinem Vater auf den Thron, nachdem er 1703 auf seine Anwartschaft auf den spanischen Thron verzichtet hatte. Er starb in Wien am 17. 4. 1711.

WERKE

Der österreichische Komponist Kaiser Joseph I. war nicht nur ein großer Freund und Förderer der Musik, sondern selbst ein ernstlich ausgebildeter Musiker. Von seinen Kompositionen sind ein Regina coeli, 6 Opern- und Oratorienarien und eine Arie zur Laute erhalten.

Kaiser Joseph I.

LITERATUR

O. Wessely, Habsburger Kaiser als Komponisten, in: Unica Austriaca, Neue Folge, Wien 1958.

Georg Joseph (um 1620 bis nach 1668)

ZEIT UND UMWELT

Angelus Silesius, eigentlich Johann Scheffler (1624–77), verfaßte Lieder im Stil der barokken Schäferpoesie. Seine »Heilige Seelenlust oder Geistliche Hirtenlieder der in ihrem Jesum verliebten Psyche« kam dem Pietismus des 17. Jahrhunderts sehr nahe und wirkte nachhaltig auf die religiöse Lyrik beider Konfessionen ein.

LEBEN

Georg Joseph (Josef) wurde um 1620 vermutlich in Breslau (Wrocław) geboren. Er verbrachte sein Leben in seiner Geburtsstadt im fürstbischöflichen Dienst als Musikus und starb nach 1668.

WERKE

Von den 205 Melodien der vertonten geistlichen Lieder von Angelus Silesius stammen 184 von dem deutschen Komponisten Georg Joseph. Ein großer Teil davon ist in Sammlungen protestantischer Kirchenlieder aufgenommen worden, einige davon stehen heute noch in Gebrauch.

Jacob Josephson (1818–80)

ZEIT UND UMWELT

Uppsala, das bereits durch lange Zeit ein geistiges Zentrum Schwedens bildete, war eine wichtige Pflegestätte der Musikwissenschaft und ist es heute noch. Durch seinen Universitätschor, die Domkapelle und die Philharmonische Gesellschaft wurde es zur zweiten Musikstadt des Landes, die außer Opern alles bot, was in Stockholm geboten wurde, und zwar in der gleichen Qualität.

LEBEN

Jacob Axel Josephson wurde am 27.3.1818 in Stockholm geboren. Im Jahr 1835 begann er seine Studien in Uppsala und wurde 1841 Musiklehrer an der Kathedralschule. Zur weiteren Ausbildung begab er sich 1844 nach Dresden zu Johann Gottlob Schneider, nach Leipzig zu Moritz Hauptmann und Niels Wilhelm Gade und darauf nach Rom. Von 1847 bis 1849 wirkte er als Dirigent der Philharmonischen Gesellschaft von Uppsala, ab 1849 als Universitätsmusikdirektor und ab 1864 als Domorganist. Er starb am 29.3.1880 in Uppsala.

WERKE

Von Jacob Josephson sind eine Sinfonie, 3 Chorwerke mit Orchester und zahlreiche Gelegenheitskantaten und Festmusiken, weiters 3 Psalmen, viele Männerchöre, Klavierstücke, 21 Hefte mit Liedern und 6 Hefte mit Duetten überliefert. Die Kompositionen gehören der schwedischen Hochromantik an und sind besonders Niels Wilhelm Gade verpflichtet.

LITERATUR

K. Uyblom, Jacob Axel Josephson, Stockholm 1926.

Josquin Desprez (um 1440–1521)

Josquin Desprez – Holzschnitt nach einem Werk in der Kathedrale St. Gudula in Brüssel

ZEIT UND UMWELT

Um 1430 begann die Wanderung der Vertreter der franko-flämischen Musik. Ihre Zielländer waren Frankreich, später auch Deutschland, aber vor allem Italien. Wie die Sendboten des römischen Kirchengesanges vor etlichen Jahrhunderten fanden sie nicht nur überall lernbegierige Schüler, sie entfachten auch in ihren neuen Wirkungsbereichen durch die Synthese mit den bodenständigen Musikformen viele fruchtbare Weiterentwicklungen. Die Verschmelzung der ausgehenden Gotik mit dem neuen Formgefühl des Südens brachte die völlige Lösung von mittelalterlichen Vorstellungen und schuf die mehrstimmige Renaissancemusik im eigentlichen Sinn. Denn wenn auch die Mehrstimmigkeit, fußend auf französischen und englischen Vorformen, im franko-flämischen Raum entstanden ist, zur Entfaltung gelangte sie erst in Italien, wo der Zusammenklang trotz Selbständigkeit der einzelnen Stimmen zum Arbeitsziel geworden war.

Dieser musikgeschichtlich bedeutende Vorgang fand seine technische Unterstützung in der Erfindung des Notendruckes im Gefolge der 1440 eingeführten beweglichen Lettern des Buchdruckes. Ottaviano Petrucci (1466 bis 1547) in Venedig hat als erster mit dem Druck mehrstimmiger Musik mit beweglichen Notentypen begonnen und eine Verbreitung der neuen Musik ermöglicht. Peter Schöffer in Mainz (1475–1547), Pierre Attaingnant (um 1490 bis vor 1553) in Paris und Pierre Phalèse (um 1510 bis um 1573) übernahmen für ihre Länder dieses moderne Vervielfältigungsmittel. Damit waren eine Sichtung und Verarbeitung fremder Anregungen und ein ständiger Austausch schöpferischer Ideen eingeleitet, die den Wirkungsradius jedes Meisters ungeheuer erweiterten und seine Werke einem um vieles vergrößerten Publikumskreis zugänglich machten.

Man darf sagen, daß die Zuwanderung der franko-flämischen Meister in Italien, wo Persönlichkeiten wie Donato Bramante und Raffaello Santi (1483–1520) den Renaissancestil in der Baukunst, Skulptur und Malerei bereits voll zum Durchbruch gebracht hatten, die Vormachtstellung des Landes auch im Bereich der Musik begründete.

LEBEN

Josquin Desprez (Deprès, Josquinus oder Jodocus Pratensis, Juschino, gewöhnlich nur Josquin) wurde um 1440 vermutlich in Beaurevoir (bei St. Quentin) geboren. Er wird den Schülern Ockeghems zugezählt, wenngleich es unklar bleibt, ob es sich um einen unmittelbaren Unterricht oder nur um eine Nachfolge gehandelt hat. Gesichert ist, daß er von 1459 bis 1474 Kapellsänger am Mailänder Dom war, darauf in der Privatkapelle des Galleazzo Sforza; im Jahre 1476 trat er in die Dienste des Kardinals Ascanio Sforza (1455 - 1505), ging mit ihm nach Rom und wirkte dort in der päpstlichen Kapelle von 1486 bis 1499, kehrte darauf nach Mailand zurück und ließ sich sodann bis 1505 in Ferrara nieder. Bald darauf dürfte er sich nach Condé zurückgezogen haben, wo er eine Präbende und das Amt eines Propstes des Domkapitels erhielt. Hochgeehrt als Komponist und als Lehrer starb er am 27. 8. 1521 und wurde in der Kollegienkirche von Condé beigesetzt.

WERKE

Josquin wurde von allen Komponisten seiner Zeit als bester aus ihrer Mitte gefeiert. Tatsächlich war sein Schaffen für seine Zeit und das folgende 16. Jahrhundert richtunggebend und führte unmittelbar zu Lasso und Palestrina. In Italien wurde er nicht selten Michelangelo an die Seite gestellt, der den Bildhauern und Malern die Wege in die Zukunft gewiesen hatte, denn auch er war zum Leitstern seiner Kunstgattung geworden. Josquins Werke weisen eine bedeutende, rein musikalisch entwickelte Architektur auf, die von den vielgestaltigen Variationen einzelner Motive getragen wird. Überdies zeichnen sie eine große Vielseitigkeit aus. Die Wirkung seiner Musik war in den meisten Fällen eine bewundernde Begeisterung. Die Messen sind der am meisten konservative Teil des kompositorischen Werkes Josquins. Es sind über 20 Messen von der Hand des Meisters – größtenteils gedruckt – und eine Anzahl Messeteile überliefert. Trotz aller Fortschrittlichkeit ist der Cantus firmus nicht aufgegeben, aber vielfach kompliziert verarbeitet und sehr frei behandelt. In seinen Motetten ist Josquin am kühnsten und rückt sie damit in das Zentrum seines Schaffens. Wenn bei den Messen der Text nur teilweise die Musik beeinflußte, so wird bei der Motette das Wort zur Inspirationsquelle. Es sind ungefähr 90 zumeist vierstimmige Motetten und bei 70 vier- und sechsstimmige Chansons (zumeist auf französischem Text) erhalten; dazu einige Instrumentalmusik. Dieses Liedgut gibt in weit stärkerem Maß als die Messen das konstruktive Ideal der vergangenen Zeiten zugunsten einer subjektiven Färbung auf, so daß Josquins Musik von individuellen Zügen überquillt. Martin Luther hat das treffend charakterisiert: »Die andern haben's machen müssen, wie die Noten wollten. Bei ihm mußten die Noten, wie er wollte.«

Missa L'homme armé super voces musicales (Messe auf »Der bewaffnete Mann« auf Tönen), entstanden um 1480

Aus den zahlreichen Aufzeichnungen dieser Messe in Drucken oder Manuskripten muß geschlossen werden, daß sie zu den beliebtesten Josquins zählte. Ihre Benennung bedeutet, daß jeder Messeteil mit einem anderen Ton der aufsteigenden Sechstonreihe beginnt, also das Kyrie mit c, das Gloria mit d, das Credo mit e, Sanctus und Osanna mit f, das erste Agnus mit g und das abschließende mit a. Die Verarbeitung des Cantus firmus wendet eine äußerst anspruchsvolle Technik an, die der gesamten Messe einen faszinierenden Vollklang verleiht und ihre Beliebtheit verständlich macht.

Die drei Abschnitte des Kyrie behandeln den Cantus firmus als Mensur-Kanon, bei dem die gleiche Melodie von verschiedenen Stimmen gleichzeitig in verschiedenen Tempi vorgetragen wird. Im Gloria wird die Länge des Textes überwunden, indem der Cantus rückläufig wiederholt wird; im Osanna scheint er mit kürzeren

Notenwerten repetiert auf. Das Credo kombiniert beide Techniken, ohne je gekünstelt zu wirken. Das Benedictus bringt drei Duette, jedes ein frei komponierter Mensur-Kanon. Das zweite Agnus besteht aus einem Mensur-Kanon für drei Stimmen. Und im dritten Agnus wird der Cantus im drängenden Tempo zum ausklingenden Höhepunkt geführt.

Missa de Beata Virgine (Messe für die selige Jungfrau), entstanden nach 1500

Diese Messe wurde am häufigsten veröffentlicht und vermutlich auch am meisten aufgeführt. Ihr Cantus firmus fußt auf gregorianischen Messemelodien. Für das Kyrie und das Credo dienten Melodien aus der Messe Nr. IX »Cum jubilo«; beide Teile sind vierstimmig; der Cantus firmus tritt als Hauptthema in freier polyphonischer imitatorischer Bearbeitung auf. Die übrigen Teile der Messe entnehmen den Cantus firmus der Messe Nr. IV »Cunctipotens Genitor Deus«, wobei im Credo, Sanctus und dem ersten und dritten Agnus das gregorianische Thema zweigeteilt auftritt und einen fortwährenden Kanon der zweiten und der vierten Stimme bildet. Diese Messeteile sind fünfstimmig. Der hohe künstlerische Gehalt dieser auf einfachen gregorianischen Themen beruhenden Messe, die jedoch mit starkem Einfallsreichtum und klangvoller Harmonik verarbeitet sind, wurde bereits früh erkannt und erregt auch heute noch allgemeine Bewunderung.

LITERATUR

H. Reiffenstein, Die weltlichen Werke des Josquin Desprez, Frankfurt/M. 1952. C. Dahlhaus, Studien zu den Messen Josquin des Prés, Göttingen 1953. H. Osthoff, Josquin Desprez, München 1963.

Joubert (um 1740 bis nach 1776)

ZEIT UND UMWELT

Die Abtei St-Aubin in Angers, Maine-et-Loire, mit Turm und Bauteilen aus dem 12. Jahrhundert, pflegte vor allem die kirchenmusikalische Tradition, war jedoch für den Entwicklungsgang der französischen Musik weit aufgeschlossen. In ihrem Probenraum für die Kirchenkapelle stand neben dem obligaten Cembalo schon sehr früh ein Pianoforte.

LEBEN

Joubert – der Vorname ist nicht überliefert – wurde um 1740 in Frankreich geboren und war Organist an der Abtei St-Aubin in Angers. Darüber hinaus ist nichts über seine Lebensumstände feststellbar. Er dürfte in Angers nach 1776 gestorben sein.

WERKE

Von dem Kirchenmusiker Joubert sind Arietten für eine Singstimme mit Orchester, 2 Sonaten für Cembalo oder Pianoforte mit Violine und Cello und ein Oratorium, »Die zerfallenen Mauern von Jerusalem«, das im Pariser Concert spirituel 1776 aufgeführt wurde, überliefert. Von der sakralen Musik, die er verfaßt haben soll, ist nichts erhalten. Sein Pianofortestil entfernte sich nicht weit von der bisher gebräuchlichen Faktur für das Cembalo.

John Joubert (geboren 1927)

LEBEN

John Pierre Herman Joubert wurde am 20.3. 1927 in Kaapstad geboren und studierte an der dortigen Universität und darauf von 1946 bis 1950 an der Royal Academy of Music in London, dann wirkte er bis 1962 als Lektor für Musik an der Universität in Hull. Seitdem unterrichtet er an der Universität in Birmingham.

WERKE

Den Stil von John Joubert muß man als neuklassizistisch einordnen, obwohl er einerseits viele expressionistische Elemente integrierte, andererseits mit afrikanischer Melodik und Rhythmik folkloristisch wirkt. Er schrieb 5 Opern, 2 Ballette, 2 Sinfonien, eine Sinfonietta für Kammerorchester, 2 Orchesterouvertüren, ein Klavierkonzert, ein Violinkonzert, ein Oktett, ein Quintett für Blockflöte, zwei Violinen, Cello und Cembalo, 2 Streichquartette, ein Streichtrio, ein Duo für Violine und Cello, ein Orgelstück, eine Bratschensonate, Klavierstücke, mehrere Kantaten, ein Oratorium, eine Messe, ein Magnificat und ein Nunc dimittis für Chor und Orgel, ein »Afrikanisches Skizzenbuch« für

Vokalquartett und Bläserquintett, »Dialoge« für Sopran, Countertenor, Cello und Cembalo, »Die heimliche Muse« für Sopran und sechs Celli, Anthems und Motetten a cappella.

LITERATUR

P. Dickinson, John Joubert Today. – In: The Musical Times CXII (1971).

Léon Jouret (1828–1905)

ZEIT UND UMWELT

Die Teilung des belgischen Staatsvolkes in Wallonen und Flamen, von denen die einen nach Frankreich tendierten, die anderen nach den Niederlanden, war und ist einer belgischen Musikentwicklung außerordentlich hinderlich trotz vieler Versuche, die Differenzen zu überbrücken. Besonders deutlich kam die Zweigeleisigkeit auf dem Gebiet der Vokalmusik zu Tage. Als einigende Plattform war nur die Kirchenmusik, die sich des Lateinischen bediente, geeignet.

LEBEN

Léon Jouret wurde am 17.10.1828 in Ath geboren. Er studierte am Konservatorium in Brüssel und wurde an dieser Schule 1874 Lehrer einer Vokalensembleklasse. Er starb am 6.6.1905 in Brüssel.
Sein Bruder Théodore Jouret (11.9.1821, Ath, bis 16.7.1887, Bad Kissingen) war Chemielehrer in Brüssel und zugleich Komponist sowie Musikkritiker.

WERKE

Von Léon Jouret sind zahlreiche Lieder, Chorlieder und Kantaten auf französische Texte überliefert. Er bemühte sich eifrig um das wallonische Gesangwesen in Belgien. Er schrieb außerdem eine Bühnenmusik und 2 Opern. Sein Beitrag zur Kirchenmusik war nicht umfangreich. An gemeinschaftlichen Versuchen, eine auf alter flämischer Tradition beruhende Kirchenmusik zu entwickeln, nahm er nicht teil.
Théodore Jouret schrieb eine Oper, außerdem Lieder und Männerquartette auf französische Texte.

John Jousse (um 1765–1837)

ZEIT UND UMWELT

Eine beträchtliche Anzahl Mitglieder des niedrigen Adels schloß sich in Frankreich der Revolution an. Nur wer von ihnen irgendwie mit der Steuereintreibung beschäftigt war, tat besser, wenn er das Land verließ, denn die Steuereintreiber waren für viel Unterdrükkung, Elend und Leid verantwortlich gewesen.

LEBEN

John (Jean) Jousse wurde um 1765 in Orléans geboren. Er stammte aus adeliger Familie und war in der Finanzverwaltung der Krone tätig. Beim Ausbruch der Revolution floh er nach London und wirkte dort als Musiklehrer bis zu seinem Tod im Januar 1837.

WERKE

Von John Jousse sind Lehrwerke für Sänger, Violinisten und Pianisten mit vielen Übungsbeispielen, die zum Teil interessante Musikstücke waren, erschienen. Besonders seine Lehrstücke für Pianisten wurden viel gespielt.

Juan de Anchieta (1462–1523)

ZEIT UND UMWELT

Daß ein Hetzlied gegen die Juden zum Cantus firmus einer Messe verwendet wurde, war für die Zeit der Katholischen Könige, in der Zwangsbekehrung Ungläubiger, Austreibung der Juden und Vernichtung der Mauren zum Alltag gehörten, bezeichnend. Die kriegerischen und politischen Erfolge, die Erstarkung der Macht der Regenten drängten zu einer prächtigen Hofhaltung. Ferdinand und Isabella begründeten eine Art Renaissancefürstentum spanischer Prägung, dessen Glanz den düsteren Schein der Autodafés widerspiegelte.

LEBEN

Juan de Anchieta wurde 1462 in Azpeitia nahe San Sebastian geboren. Er entstammte einer Adelsfamilie, die mit Ignatius von Loyola verwandt war, und schlug selbst die Laufbahn eines Klerikers ein. Am 6. 2. 1489 wurde er zum Kantor der Kapelle der Königin Isabella der Katholischen bestellt. In den Jahren 1495 bis 1497 war er als Hofkapellmeister des Infanten Don Juan und nach dessen frühem Tod (1597) am kastilischen Hof in gleicher Eigenschaft tätig. Im Jahre 1499 wurde er zum Kanonikus von Granada, das 1492 erobert worden war, ernannt. Ab dem Jahr 1512 wirkte er am Hof König Ferdinands V. von Aragon und wurde vermutlich 1519 Pfarrer seines Geburtsortes Azpeitia, ohne seine engen Beziehungen zum Hof aufzugeben. Er starb dort am 30. 7. 1523.

WERKE

Seine Messe mit dem Hetzlied gegen Juden ist nicht erhalten, 2 weitere sind aber überliefert, außerdem etliche Motetten und 4 mehrstimmige Lieder, von denen »Dos ánades, madre« (Zwei Enten, Mutter) sehr verbreitet und beliebt war und sogar von Miguel de Cervantes Saavedra (1547–1616) in einem seiner Romane erwähnt wird.
Anchieta stand als Komponist in hohem Ansehen. Sein Stil ist konservativ, aber offensichtlich von Ockeghem beeinflußt. Über seine Beziehungen zur franko-flämischen Schule ist nichts Näheres bekannt, sein verbürgter Aufenthalt in Flandern galt privaten Zwecken. Eine häufige Verwendung von Volksmelodien machten seine Kompositionen sehr ansprechend.

LITERATUR

A. Coster, Juan de Anchieta et la famille de Loyola, Revue Hispanique LXXIX, 1930.

Juan de Araujo (1646–1714)

ZEIT UND UMWELT

Das spanische Vizekönigreich Peru wurde in den dreißiger Jahren des 16. Jahrhunderts gegründet und mit Ausnahme des portugiesischen Teiles nahezu über ganz Südamerika ausgedehnt. Das heutige Gebiet von Bolivien wurde 1538 dazugeschlagen. Panama mit der gleichnamigen Hauptstadt (gegründet 1519) war bereits ab 1501 spanischer Besitz.

LEBEN

Juan de Araujo wurde 1646 in Villafranca geboren. Er kam als Kleriker in das Vizekönigreich Peru und studierte in Lima. Er war Kapellmeister an den Kathedralen Lima, dann von Panama und nach Zerstörung der Stadt durch britische Seeräuber im Jahr 1671 in La Plata (heute Sucre, Bolivien), wo er Ende 1714 starb.

WERKE

Der peruanische Komponist Juan de Araujo verfaßte eine große Anzahl kirchlicher Werke – Messen, Motetten, Kantaten, Villancicos –, außerdem profane Musik für Chöre, Soli und Instrumente volkstümlichen Charakters.

Juan del Encina (1468–1529)

ZEIT UND UMWELT

Alfonso X. der Weise hatte die gleiche liberale Haltung, mit der er seinen Hof führte, auch zum Prinzip der von seinem Vorgänger gegründeten Universität Salamanca gemacht. Die Zeiten, in denen muslimische, jüdische und christliche Gelehrte in sachlicher Auseinandersetzung Grundlagen zur europäischen Wissenschaft erarbeiteten und Musiker aus allen Lagern nebeneinander sangen und spielten, waren in der Epoche der Katholischen Könige vergessen. Das Wüten des Großinquisitors Thomás de Torquemada (1420–92) brachte, vorsichtig geschätzt, mindestens 2000 Opfer auf die Scheiterhaufen. Doch ein Rest der ehemaligen Geisteshaltung war der Universität, weitab vom Hof in Toledo, verblieben, die zuließ, daß ein Kleriker sich vorwiegend mit der Komposition profaner Musik beschäftigte.

LEBEN

Juan del Encina (eigentlich de Fermoselle) wurde am 12. 7. 1468 in Salamanca als jüngerer Bruder des nachmaligen Professors für Musik an der Universität der Stadt Diego de

Fermoselle geboren. Im Jahre 1484 wurde er Chorknabe an der Kathedrale und begann sein Studium an der Universität, deren Kanzler Don Gutierrez de Toledo ihn stark protegierte und ihm 1492 bei seinem Bruder Don Fadrique Alverez de Toledo, Herzog von Alba, auf Alba de Tormes eine Stellung verschaffte. Als sich Encina 1498 um die Kapellmeisterstelle an der Kathedrale von Salamanca bewarb, wurde er abgewiesen. Er reiste nach Rom, erhielt 1500 vom Papst eine Pfründe an der Kathedrale, wurde 1509 zum Archidiakon der Kathedrale von Malaga und 1519 zum Prior der Kathedrale von León ernannt. Im selben Jahr erhielt er die Priesterweihe, feierte aber seine erste Messe anläßlich einer Wallfahrt in Jerusalem. Seine letzten Jahre verbrachte er in León, wo er am 30. 8. 1529 starb.

WERKE

Obwohl Juan del Encina sein ganzes Leben in enger Beziehung mit der Kirche verbrachte und selbst Kleriker war, sind alle von ihm überlieferten Kompositionen profan. Sein Stil stand unter dem Einfluß der franko-flämischen Schule, unterscheidet sich jedoch davon und von der italienischen Frottola durch eine ausgeprägte Unmittelbarkeit des Ausdruckes und Schlichtheit. Im Palast Alba de Tormes bei Salamanca führte Encina zwischen 1492 und 1498 zahlreiche Églogas (Schäferspiele) auf, deren Text und Musik er selbst verfaßte. Sie sind den ältesten spanischen Bühnenwerken zuzuzählen. Weiters sind viele Madrigale, Lieder, Frottole, Chöre und Wechselgesänge des Meisters überliefert, die in der Wertschätzung der Zeitgenossen einen hohen Rang einnahmen.

LITERATUR

J. Subirá, La música en la casa de Alba, Madrid 1927.

Hans Judenkünig (um 1450–1526)

ZEIT UND UMWELT

Um die Wende vom 15. zum 16. Jahrhundert wurde die Laute zum geschätzten und ähnlich universellen Instrument wie später das Klavier. Die Möglichkeit, akkordisch zu spielen und den eigenen Gesang zu begleiten, kam dem Bedürfnis der Musikausübenden, die nicht immer ein Tasteninstrument zur Verfügung hatten, sehr entgegen. Schon die ersten Lautenvirtuosen komponierten auch selbst für das neue Instrument. Sie arrangierten daneben Cembalo-, Orgel- und Ensemblemusik, um ein größeres Repertoire zu gewinnen, und trugen dadurch zur Verbreitung der Kunstmusik erheblich bei.

LEBEN

Hans Judenkünig wurde um 1450 in Schwäbisch-Gmünd geboren. Es ist unbekannt, wo er gelebt und gewirkt hat, bis er 1523 nach Wien kam, wo er am 4. 3. 1526 starb.

WERKE

Der Lautenvirtuose Hans Judenkünig verfaßte zwei der ersten deutschen Lautentabulaturen (Griffnotationen), und zwar eine Lautenübertragung der Odenkompositionen von Tritonius und »Ain schone künstliche vnderweisung in disem büechlein, leychtlich zu begreyffen den rechten grund zu lernen auff der Lautten vnd Geygen, mit vleiss gemacht...« sowie »Item das ander puechlein zuuernemen«. Darin scheinen mehrere eigene Kompositionen auf, deren Stil den Einfluß der franko-flämischen Schule erkennen läßt.

LITERATUR

A. Koczirz, Der Lautenist Hans Judenkünig, Sammelbände der Internationalen Musikgesellschaft VI, 1904/05.

Julian von Speyer (um 1220–85)

ZEIT UND UMWELT

Ekstase und starre Archaik, Mystik, der eine kunstvoll geschaffene Ordnung gegenübersteht, können als Grundelemente der ersten europäischen Polyphonie gelten. Daneben wurde allerdings weiterhin die einstimmige Hymnik gepflegt, die stark den in den Gassen und Kneipen von den Volkssängern vorgetragenen Chansons glich oder in gehorsamer Befolgung römischer Vorschriften gregorianischem Duktus angepaßt war. In den Klöstern der Bettelorden allerdings liebte man nach dem Vorbild des Gründers Franziskus fröhliche Musik.

Leben

Julian von Speyer wurde vermutlich in Speyer um 1220 geboren. Er war in Paris als Chormeister am Königshof tätig und wirkte später im Kloster des Franziskanerordens, dem er angehörte, und starb dort im Jahre 1285.

Werke

Der deutsche Hymnendichter Julian von Speyer verfaßte neben einer Legenda Sancti Francisci gereimte Offizien (Stundengebete) auf die Heiligen Franziskus und Antonius und gilt als Vollender dieser kompositorischen Gattung. Die liturgischen Gesänge eines Offiziums sind in gleich aufgebaute Strophen gefaßt. Seine umfangreiche Hymnendichtung ist verlorengegangen.

Literatur

H. Felder, Die liturgischen Reimoffizien von Frater Julian von Speyer, Freiburg 1901.

Louis Antoine Julien (1812–60)

Zeit und Umwelt

Im Jahr 1838 gaben Londoner Instrumentalisten nach Pariser Muster im Opernhaus »Lyceum« Konzerte, bei denen der Orchestergraben verdeckt und die Musiker auf der Bühne postiert wurden. Sie wurden »Promenadenkonzerte à la Musard« genannt. Diese Konzerte wurden von anderen Theatern nachgeahmt und erweitert; gleichzeitig hob sich auch die Qualität der gebotenen Musik, die anfänglich nur aus Tanzstücken bestand. Im Drury Lane Theatre übernahm Philippe Musard (1792–1859) selbst die Leitung. Gegen Ende des Jahrhunderts bildeten sich echte Saisonkonzerte – Sommer-, Winter-, Frühlings- und Herbstkonzerte –, in denen zahlreiche bedeutende Komponisten Englands, des übrigen Europa und Amerikas Erstaufführungen ihrer Werke herausbrachten.

Leben

Louis Antoine Julien (Jullien) wurde am 23.4. 1812 in Sisteron, Basses-Alpes, geboren. Er war einige Zeit Schüler von Fromental Halévy, sodann in Paris Dirigent der Ballkonzerte des Jardin turc (Türkischer Garten). Im Jahr 1838 war er Mitbegründer der Promenadenkonzerte in London, die er bis 1859 dirigierte. Dabei ließ er auch seine eigene Musik spielen. Er konzertierte mit einem Orchester anschließend in Amerika. Das Operntheater, das er gründete, scheiterte. Er starb am 14.3. 1860 in Paris.

Werke

Die Kompositionen von Louis Antoine Julien – Märsche, Tänze, Potpourris – bewegten sich in sehr seichtem Fahrwasser. Er war jedoch für die englische Musikentwicklung von großer Wichtigkeit, weil er bei den Promenadenkonzerten nahezu alle bedeutenden Komponisten der damaligen Musikwelt und zahlreiche berühmte Interpreten dem englischen Publikum zu Gehör brachte.

Bernard Jumentier
(1749–1829)

Zeit und Umwelt

Die Kirchenchöre der französischen Provinzen unterlagen durch die Revolution in der Regel keiner Störung. Die Kapellmeister konnten ihren Dienst ungehindert weiterversehen. Wenn einige von ihnen »patriotische« Musik verfaßten, taten sie es zweifellos, ohne dazu gezwungen zu sein.

Leben

Bernard Jumentier wurde am 24. 3. 1749 in Chavannes bei Chartres geboren und an der Kathedrale von Chartres ausgebildet. Mit 18 Jahren war er Dirigent an der Kathedrale von Senlis, im Jahr 1768 kehrte er als Chorleiter nach Chartres zurück, dann wirkte er in gleicher Eigenschaft an der Kathedrale von Coutances, an der Kirche in St-Malo und von 1776 bis 1825 in St-Quentin, wo er am 17. 12. 1829 starb.

Werke
Von Bernard Jumentier sind 5 vierstimmige und 5 fünfstimmige Messen, zahlreiche Motetten und Psalmen, 3 Te Deum, 2 Oratorien und 2 Sinfonien erschienen. Einige seiner Motetten wurden in der Königlichen Kapelle, im Concert spirituel und an Notre-Dame aufgeführt. Während der Revolutionszeit schrieb er eine historische Oper und patriotische Romanzen. Ein Teil seines Werks ist während des Zweiten Weltkriegs verlorengegangen. Sein De profundis ist sehr oft gesungen worden.

Joaquim Casimiro Júnior (1808–62)

Zeit und Umwelt
Der innenpolitische Zwist in Portugal schien sich während der Regierungszeit der Königin Maria II. (1819–53) zu legen, so daß sich die Verhältnisse stabilisierten. Das war aber nur vorübergehend. Unter den Söhnen der Königin, Pedro V. (1837–61) und Luís I. (1838–89), die ihr nacheinander auf den Thron folgten, ging der Verfall des Reiches, besonders der Finanzen, unaufhörlich weiter. Eine Königliche Kapelle wurde dennoch, wenn auch im bescheidenen Rahmen, unterhalten.

Leben
Joaquim Casimiro Júnior wurde am 30. 5. 1808 in Lissabon geboren und dort ausgebildet. Er trat als Sänger in die Irmandade de Santa Cecília (Bruderschaft der heiligen Caecilia) und später in die Hofkapelle ein, wo er auch als Organist wirkte. Er starb am 28. 12. 1862 in Lissabon.

Werke
Von Joaquim Casimiro Júnior sind einerseits sakrale Kompositionen – Karfreitagresponsorien, Stabat mater, ein Credo für A-cappella-Chor, eine Messe, eine Matutin, Motetten –, andererseits zahlreiche Bühnenstücke – Operetten, Illusionsstücke, Farcen – überliefert. Die profane Musik ist im Gegensatz zu seinen kirchlichen Werken sehr seicht.

Carl Ludwig Junker (1748–97)

Zeit und Umwelt
Der junge Ludwig van Beethoven in Bonn war bereits auffällig genug, daß er in einem Bericht über die Bonner Hofkapelle besonders erwähnt wurde. Es spricht für die Musikalität und das Musikverständnis des Berichterstatters, daß er die Genialität des nachmaligen Wiener Klassikers bereits damals erkannte.

Leben
Carl Ludwig Junker wurde am 12. 6. 1748 in Kirchberg, Jagst, geboren. Er war Pfarrer, Schriftsteller und Musiker in Ruppertshofen bei Ilshofen, wo er am 30. 5. 1797 starb.

Werke
Neben seinen zahlreichen musik- und kunstwissenschaftlichen Schriften komponierte Carl Ludwig Junker 3 Klavierkonzerte, eine viel gesungene Kantate »Die Nacht«, ein Melodrama »Genoveva im Thurme« und eine Anzahl Lieder, alles im norddeutschen Stil. Von seinen verschiedenen Schriften ist sein Bericht über die Hofkapelle in Bonn und das Klavierspiel des jungen Ludwig van Beethoven in Heinrich Boßlers »Musicalische Correspondenz« des Jahres 1791 interessant.

Paul Juon (1872–1940)

Leben
Paul Juon (Pawel Fjodorowitsch Juon) wurde am 6. 3. 1872 in Moskau geboren. Er war dort Schüler des Violinisten Jan Hřimalý (13. 4. 1844), Pilsen [Plzeň], bis 11. 1. 1915, Moskau) und von Sergei Tanejew und Antoni Arenski und in Berlin von Woldemar Bargiel. Im Jahr 1896 wurde er Theorie- und Violinlehrer am

Konservatorium in Baku, kehrte jedoch nach einem Jahr nach Berlin zurück, wo er ab 1906 an der Hochschule für Musik als Kompositionslehrer wirkte. 1934 ging er in die Schweiz. Er starb am 21. 8. 1940 in Vevey.

WERKE
Von den 4 Sinfonien von Paul Juon sind zwei für Kammerorchester. Er schrieb außerdem ein Klavierkonzert, 3 Violinkonzerte, »Mysterien« und »Burletta« für Violine und Orchester, ferner »Épisodes concertants« für Violine, Cello, Klavier und Orchester, ein Oktett, 2 Sextette, ein Bläserquintett, 2 Klavierquintette, 2 Klavierquartette, 3 Streichquartette, 5 Klaviertrios, 4 Hefte mit »Silhouetten für zwei Violinen und Klavier«, zahlreiche Sonaten für Violine, für Bratsche, für Cello, für Klarinette und Klavier und Stücke für Soloklavier, ein Ballett und Lieder. Besonders in der Kammermusik lehnte er sich stark an Johannes Brahms an, stand aber mit seinen Fakturen bereits am Ende der Romantik.

Charles François Jupin (1805–39)

ZEIT UND UMWELT
Die Schüler von François de Sales Baillot mußten sich ein sehr hohes technisches Können aneignen. Dazu wurden sie streng angehalten, das Hauptgewicht auf den musikalischen Ausdruck zu legen und diesen nicht von der Technik verdrängen zu lassen. Dabei war jener Ausdruck gemeint, den der Komponist mit dem gespielten Stück vermitteln wollte und nicht die Wiedergabe der Emotionen des Interpreten. Das Zeitalter der Romantik war noch nicht angebrochen.

LEBEN
Charles François Jupin wurde am 30. 11. 1805 in Chambéry geboren. Als Schüler von François de Sales Baillot am Conservatoire von Paris erreichte er sehr früh einen bedeutenden Grad der Virtuosität auf der Violine und wurde wegen des plastischen Ausdrucks seines Spiels viel bewundert. Er wirkte einige Jahre als Kapellmeister in Straßburg, darauf als Zweiter Dirigent des Orchesters der Opéra Comique in Paris, wo er am 12. 6. 1839 starb.

WERKE
Von Charles François Jupin sind ein Violinkonzert, ein Streichtrio, ein Klaviertrio, eine Fantasie für Violine und Klavier und einige kleinere Instrumentalstücke überliefert. Er hatte den Stil seines Lehrers zum persönlichen Ausdruck weiterentwickelt.

Šimon Jurovský (1912–63)

LEBEN
Šimon Jurovský wurde am 8. 2. 1912 in Ulmanka bei Banská Bystrica, Slowakei, geboren. Er studierte von 1931 bis 1936 an der Musikakademie in Preßburg und 1943/44 bei Joseph Marx in Wien. Anschließend leitete er die Musikabteilung des Senders Preßburg. Im Jahr 1956 wurde er Opernchef des Nationaltheaters in Preßburg. Er starb am 8. 11. 1963 in Prag.

WERKE
Außer einer Oper und einem Ballett schrieb Šimon Jurovský 2 Sinfonien, ein Orgelkonzert, ein Cellokonzert, ein Konzert für Klavier und Streicher, ein Concertino für Klavier und Streicher, 2 Orchestersuiten, eine pastorale Suite, eine Serenade für Streicher, eine sinfonische Dichtung, ein sinfonisches Scherzo, ein Streichquartett, ein Streichtrio, 2 Suiten und weitere Stücke für Klavier, mehrere Kantaten, 2 Liederzyklen, Volksliedbearbeitungen, Bühnen- und Filmmusik. Sein Stil neigte zur Spätromantik.

Johann August Just
(um 1750 bis um 1800)

ZEIT UND UMWELT
Wilhelm V., Prinz von Oranien (1748–1806), Statthalter der Republik der Vereinigten Niederlande, heiratete 1767 die preußische Prinzessin Wilhelmina (1751–1820), Schwester des nachmaligen Königs von Preußen Fried-

rich Wilhelm II. Er mußte bereits 1785 wegen des Patriotenaufstandes die Niederlande für 2 Jahre verlassen; 1795 wurde er von den französischen Truppen neuerlich vertrieben und emigrierte nach England.

Leben

Johann August Just wurde um 1750 in Groningen geboren. Er war Schüler von Johann Philipp Kirnberger und Friedrich Schwindel und trat hierauf in die Dienste der Prinzessin Wilhelmina in Den Haag. Die politischen Veränderungen zwangen ihn, 1795 die niederländische Hauptstadt zu verlassen. Er dürftc in den darauffolgenden Jahren gestorben sein. Der Sterbeort ist nicht feststellbar.

Werke

Von Johann August Just ist eine Reihe von Singspielen aufgeführt worden, er schrieb außerdem Konzerte, Ouvertüren und Sonaten mit verschiedenen Instrumenten. Er hatte sich die schematische Technik seines Lehrers Johann Philipp Kirnberger zum Vorbild genommen.

William Juxon

(um 1610 bis nach 1650)

Zeit und Umwelt

Es besteht kein Zweifel, daß uns nur ein Teil der englischen Kirchenmusik überliefert wurde, die im 17. Jahrhundert bis zum Ausbruch des Bürgerkrieges geschrieben worden ist. Tausende von Handschriften sind dem religiösen Eifer der Puritaner zum Opfer gefallen.

Leben

William Juxon wurde um 1610 vermutlich bei Cambridge geboren. Über sein Leben und Wirken fehlen alle Informationen. Auch Ort und Zeit seines Todes sind unbekannt.

Werke

Vom englischen Komponisten William Juxon ist nur ein Osteranthem erhalten, das auf ein starkes kompositorisches Talent schließen läßt und die Ansicht nahelegt, daß er höchstwahrscheinlich noch mehr geschaffen hat.

K

Dmitri Kabalewski (1904 – 87)

Leben

Dmitri Borisowitsch Kabalewski wurde am 17. 12. 1904 in St. Petersburg geboren. Er war bis 1930 am Konservatorium in Moskau Schüler von Georgi Katuar, Nikolai Mjaskowski und Aleksandr Goldenweiser. Im Jahr 1932 wurde er an derselben Lehranstalt Dozent und 1939 Professor für Komposition, 1952 bestellte ihn der sowjetische Komponistenverband zu seinem Sekretär. Er starb am 17. 12. 1987 in Moskau.

Werke

Die vor allem lyrische, in der Tradition der russischen Musik des 19. Jahrhunderts wurzelnde Diktion des Werks von Dmitri Kabalewski entspricht zwar in jeder Beziehung den Anforderungen, die in der Sowjetunion an Kunst und Künstler gestellt wurden, sie muß jedoch trotz des eng gezogenen Rahmens als künstlerisch hochwertig bezeichnet werden. Er schrieb 4 Sinfonien, 2 sinfonische Dichtungen, 3 Klavierkonzerte, ein Violinkonzert, 2 Cellokonzerte, 2 Streichquartette, 3 Klaviersonaten und weitere Klavierwerke, das Requiem »Denen, die im Kampf mit dem Faschismus fielen«, mehrere Kantaten und Lieder. Für die Bühne verfaßte er 3 Opern und eine Operette.

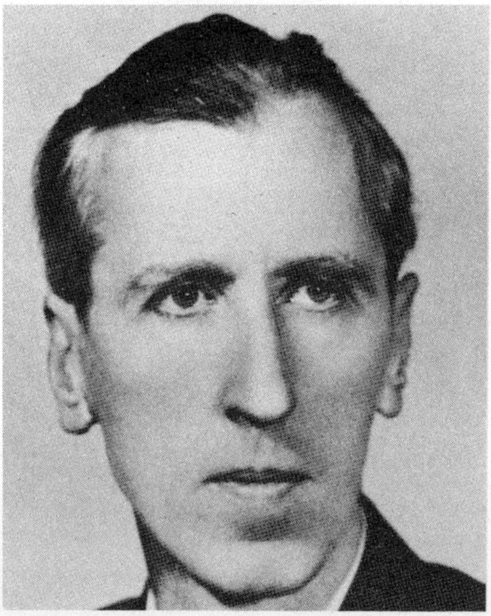

Dmitri Kabalewski

Miloslav Kabeláč (1908–79)

Leben

Miloslav Kabeláč wurde am 1. 8. 1908 in Prag geboren. Nach Studium an der Technischen Hochschule war er von 1928 bis 1935 Schüler des Konservatoriums in Prag. Bereits während seines Studiums kam er 1932 als Dirigent zum Prager Rundfunk. Ihm oblag die Wiedergabe zeitgenössischer und alter Musik. Von 1946 bis 1955 leitete er den gesamten Musikbetrieb des Rundfunks. Ab da widmete er sich allein seinem kompositorischen Schaffen. Er starb am 17. 9. 1979 in Prag.

Werke

Von Miloslav Kabeláč sind 8 Sinfonien mit stark variierender Besetzung bekannt geworden – für Streicher und Schlagzeug, für Orgel, Blechbläser und Pauken, für Kammerorchester, für vokalisierenden Sopran und Orchester, für Klarinette und Orchester, für Sprecher und Orchester, für Antiphonen. Er schrieb ferner eine Sinfonietta, 2 Ouvertüren, eine Suite, eine Passacaglia, »Improvisationen«, eine Fantasie für Klavier und Orchester, ein Bläsersextett, Duette mit verschiedener Besetzung, 8 Inventionen und 8 Ricercari für Schlagzeug, zahlreiche Klavierwerke und Orgelstücke, Kantaten, Chöre, Lieder mit Orchester und mit Klavier sowie Bühnenmusik.

Pál Kadosa (1903–83)

LEBEN

Pál Kadosa wurde am 6.9.1903 in Léva, Ungarn (heute Levice, Slowakei), geboren. Von 1923 bis 1927 studierte er an der Musikhochschule in Budapest unter Zoltán Kodály. Anschließend wirkte er an verschiedenen Schulen, ab 1945 an der Musikhochschule, als Klavierprofessor. Er starb am 30.3.1983 in Budapest.

WERKE

Neben einer Oper schrieb Pál Kadosa 8 Sinfonien, eine Kammersinfonie, 2 Divertimenti, eine Partita, eine Trauerode, eine Ouvertüre, 3 Suiten, 4 Klavierkonzerte, 2 Violinkonzerte, ein Bratschenkonzert, ein Konzert für Streichquartett und Orchester, eine Serenade für zehn Instrumente, ein Bläserquintett, 3 Streichquartette, 2 Streichtrios, ein Klaviertrio, 2 Sonaten und eine Sonatine für Violine und Klavier, eine Sonatine für Flöte und Klavier 4 Sonaten, 10 Bagatellen, 4 Capriccios und weitere Stücke für Klavier, außerdem 7 Lieder.

Sinfonie Nr. 6, Opus 62, 4 Sätze, entstanden 1966

Trompeten und Posaunen eröffnen mit einem signalartigen Motiv den 1. Satz, der davon beherrscht wird. Der 2. Satz ist ein virtuoses Scherzo mit dem Motiv des 1. Satzes, dessen Intervalle geweitet sind; im Trio ist daraus ein weiträumiger Gesang gebildet. Der 3. Satz entwickelt ein schwermütiges Melos. Das Finale ist vital und leidenschaftlich mit weit ausgreifender resoluter Geste.

Klavierkonzert Nr. 2, Opus 29, 3 Sätze, entstanden 1939

In seinen Sinfonien nahm der Komponist die klassischen Fakturen zum Muster, in diesem Konzert greift er auf die Vorklassik zurück. Der 1. Satz wird vom Klavier praeludierend eingeleitet, dann exponiert der Solist nach wenigen Orchestertakten das Thema, das äußerst virtuos und rhythmisch drängend durchgeführt wird. Der 2. Satz ist eine »Romanze«; der Dialog zwischen Klavier und Orchester bringt wiederholt schmerzliche Akzente. Das Finale »Tarantella« ist ein lebensfrohes, kontrastreiches Rondo.

Pál Kadosa

Serenade für Kammerorchester, Opus 65, 6 Sätze, entstanden 1967

Die einzelnen Sätze sind auf 6 aphoristisch aufgeworfenen Themen aufgebaut. Es beginnt mit einem ironischen Walzer, dem ein kraftvolles Scherzo folgt; dann entfaltet sich ein melodischer Bogen aus kleinen thematischen Fragmenten. Chromatik beschwört die Stimmung trauriger Lieder herauf; schließlich werden alle Klänge in ungebundener Form zusammengefaßt.

LITERATUR

F. Bónis, Kadosa Pál, Budapest 1965.

Jindřich Kafka (1844–1917)

ZEIT UND UMWELT

Für die Musikländer, die erst in der romantischen Epoche eine eigenständige Musik entwickelten, handelte es sich dabei nicht nur um einen Abschnitt ihres kulturellen Lebens, sondern auch um das Erwachen ihres Volksbewußtseins. Die romantische Musik wurde zur nationalen Kunst und zum Ausdruck der geistigen und künstlerischen Kraft des Volks.

LEBEN

Jindřich Kafka wurde am 25.2.1844 in Stražovice, Böhmen, geboren. Er war Schüler von Josef Krejčí in Prag. Ab 1875 lebte er als Musiklehrer in Wien, wo er am 2.4.1917 starb.

WERKE

Von Jindřich Kafka, dessen Stil und Faktur bis in das zweite Jahrzehnt des 20. Jahrhunderts von allen Stilwandlungen unbeeinflußt blieben, sind neben einigen Opern die sinfonische Dichtung »Der Gott und die Bajadere«, mehrere Klaviertrios, Violinsonaten und Lieder überliefert. Man zählt ihn zu den letzten tschechischen Romantikern.

LITERATUR

J. Löwenbach, Jindřich Kafka, zapomenutý romantik, Prag 1938.

Mauricio Kagel (geboren 1931)

LEBEN

Mauricio Raúl Kagel wurde am 24.12.1931 in Buenos Aires geboren. Er studierte an der Universität seiner Geburtsstadt Philosophie und Literatur; in Klavier, Musiktheorie, Cello, Dirigieren, Analyse und Komposition bildete er sich autodidaktisch aus. Im Jahr 1949 wurde er künstlerischer Berater der Agrupación Nueva Música, 1950 war er Mitbegründer der Cinemathèque Argentine und Chorleiter an der Kammeroper, 1955 wurde er Dirigent am Teatro Colón, musikalischer Berater an der Universität und Leiter der Abteilung für kulturelle Arbeit in Buenos Aires. Er lebte ab 1957 in Köln, arbeitete am Studio für Elektronische Musik des Westdeutschen Rundfunks und gleichzeitig in München und in Utrecht; er leitete bis 1961 das Rheinische Kammerorchester für die Konzerte mit zeitgenössischer Musik und war bis 1966 Gastdirigent bei den Ferienkursen in Darmstadt, führte ausgedehnte Vortrags- und Konzertreisen in den USA durch und leitete 1968 die Skandinavischen Kurse für Neue Musik in Göteborg. Seit 1967 wirkt er als Gastdozent an der Film- und Fernsehakademie in Berlin, leitet ferner das Institut für Neue Musik in Köln, wo er seit 1974 Professor für Neues Musiktheater an der Hochschule für Musik ist.

WERKE

Neben 10 Bühnenstücken, 5 Hörspielen und 10 Filmen verfaßte Mauricio Kagel unter anderem an Instrumentalmusik ein Streichsextett, »Transición I« für elektronische Klänge, »II« für Klavier, Schlagzeug und zwei Tonbänder, »Sonant« für Gitarre, Harfe, Kontrabaß und Fellinstrumente, »Heterophonie« für Orchester, »Match« für zwei Celli und Schlagzeug, ein Streichquartett, außerdem zahlreiche Stücke für konventionelle, für alte, für exotische, für denaturierte Klangquellen. Seine Vokalmusik bringt Soli und Chöre mit Sprecher, begleitet von verschiedenen Instrumen-

Mauricio Kagel

ten und anderen Schallerzeugern. Er veröffentlichte eine Reihe von theoretischen Abhandlungen. Der Komponist wandte sich von der ursprünglich angewendeten seriellen Technik bald ab, ohne sie je ganz aufzugeben. Bei der Serie von Werken des »Instrumentalen Theaters«, die er schrieb, legte er nicht nur das Klangresultat, sondern auch das Szenische - Bewegung, Licht, Bühnenbild - fest. Damit waren die traditionelle Gestaltungsart und ihre Grenzen völlig verändert. Durch die Verwendung ungewohnter Instrumente und Schallquellen zog er eine Fülle neuer Klangbereiche heran. Der Umgestaltung älterer Musik - wie Ludwig van Beethoven, Johannes Brahms - wandte er großes Interesse zu. Er zielt in seinen meisten Werken durch Verfremdung und assoziative Verknüpfung auf eine Intensivierung der Wahrnehmung, die nicht auf ästhetische Immanenz beschränkt ist.

LITERATUR

D. Schnebel, Mauricio Kagel – Musik, Theater, Film, 1970. W. Klüppelholz, Mauricio Kagel 1970 – 1980, 1981.

Mauricio Kagel, Solo für einen Dirigenten

Robert Kahn (1865–1951)

LEBEN
Robert Kahn wurde am 21.7.1865 in Mannheim geboren. Er war dort Schüler von Vinzenz Lachner, in Berlin von Friedrich Kiel und in München von Joseph Rheinberger. Von 1890 bis 1893 wirkte er in Leipzig als Dirigent eines Frauengesangvereins und von 1897 bis 1930 als Kompositionslehrer der Hochschule für Musik in Berlin. Er emigrierte, lebte ab 1937 in England und starb am 29.5. 1951 in Biddenden, Kent.

WERKE
Die Kompositionen von Robert Kahn, besonders sein Liedschaffen, standen unter dem Einfluß von Johannes Brahms. Außer seinem Liederspiel »Sommerabend« schrieb er für Chor und Orchester »Mahomets Gesang«, »Sturmlied«, »Festgesang«, ein Klavierkonzert, ein Violinkonzert, Klavierquintette, Klavierquartette, Klaviertrios, ein Streichquartett, ein Klarinettentrio, eine Serenade für Klavier, Oboe und Horn, eine Klaviersonate, 3 Violinsonaten, 2 Cellosonaten, eine Suite für Violine und Klavier, gemischte Chöre, Frauenchöre und Lieder.

Robert Kajanus (1856–1933)

ZEIT UND UMWELT
Im Jahr 1882 wurde in Helsingfor das erste vollständige Sinfonieorchester (Orchesterföreningen) Finnlands gegründet, das für das Musikleben des Landes von großer Bedeutung war, ja man darf sagen, daß es damit erst begann. Eine Orchesterschule wurde 1885 angeschlossen, und 1888 ein Sinfoniechor. Gleichzeitig bahnte sich die Bildung eines eigenständigen Stils an.

LEBEN
Robert Kajanus wurde am 2.12.1856 in Helsingfor (Helsinki) geboren. Er wurde von 1877 bis 1879 am Konservatorium in Leipzig und anschließend in Paris von Johan Svendsen ausgebildet. Kajanus war Gründer und bis 1932 Dirigent des Sinfonieorchesters, mit dem er die Städte Europas bereiste und 1900 bei der Pariser Weltausstellung konzertierte und finnische Musik vorstellte. Von 1897 bis 1926 wirkte er als Musikdirektor der Universität von Helsinki, wo er am 6.7.1933 starb.

WERKE
Das Orchesterwerk »Der Tod Kullervos« (Episode aus Kalevala) und die Sinfonie mit Schlußchor »Aino« von Robert Kajanus leiteten den Aufstieg der eigenständigen finnischen Musikentwicklung ein. Er verfaßte außerdem 2 finnische Rhapsodien, die Orchestersuite »Sommererinnerungen«, eine Sinfonietta, eine sinfonische Ouvertüre und kleinere Orchesterwerke, Kantaten, Chöre, Lieder und Klavierstücke. In allen diesen Kompositionen, die unbestreitbar der Spätromantik angehören, ist viel finnische Volksmusik integriert.

LITERATUR
Y. Suomalainen, Robert Kajanus, Helsinki 1952.

János Kájoni (1629–87)

ZEIT UND UMWELT
Mit der Niederlage in der Schlacht bei Mohács verlor Ungarn seine Selbständigkeit, die kulturelle Entwicklung des Landes setzte mit einem Schlag aus, seine Stimme im Kreis der Musikländer verstummte. Die Befreiung Ungarns von der Türkenherrschaft gelang erst nach der vergeblichen Belagerung Wiens (1683) in den letzten Jahrzehnten des 17. Jahrhunderts. Es währte aber noch geraume Zeit, bis sich ein neues Musikleben bilden konnte.

LEBEN
János Kájoni (Johannes) wurde 1629 in Jegenye geboren. Er war Franziskanerguardian in Mikháza, Csiksomlyó und Gyergyóstárhegy, wo er am 25. 4. 1687 starb.

WERKE
Das Hauptverdienst des ungarischen Musikers, Organisten und Orgelbauers János Kájoni war seine umfangreiche Sammlung

kirchlicher und weltlicher Musikdokumente, Kirchenlieder, Volksgesänge und Volkstänze, die er in Orgeltabulaturen niederschrieb. Sein »Organo Missale« enthält Messen und Litaneien, die er zum Teil selbst komponiert hat.

Viktor Kalabis (geboren 1923)

LEBEN

Viktor Kalabis wurde am 27.2.1923 in Červený Kostelec geboren. Er war an der Akademie der musischen Künste in Prag Schüler von Emil Hlobil (geboren 11.10.1901, Mezimostí Veselí, Böhmen) und Jaroslav Řídký. Seit 1953 arbeitet er als Musikregisseur am Rundfunk in Prag.

WERKE

Am Beginn seines kompositorischen Schaffens war Viktor Kalabis noch traditionsgebunden, dann wandte er sich neueren Techniken, vor allem den seriellen zu und wurde stilistisch Neuklassizist. Er schrieb unter anderem 2 Sinfonien, sinfonische Variationen, ein Orchesterkonzert, ein Cellokonzert, ein Violinkonzert, ein Klavierkonzert, ein Konzert für Kammerorchester, eine Kammersuite für Streicher, 2 Streichquartette, eine Sonate für Violine und Cembalo, eine weitere für Klarinette und Klavier, ein Klavierstück und Lieder.

Klavierkonzert, Opus 12, 3 Sätze, entstanden 1954

Obgleich die großen Meister der ersten Hälfte des 20. Jahrhunderts die großen Vorbilder des Komponisten waren, was auch in diesem Werk deutlich wird, bewahrt er darin den frei gefaßten Neuklassizismus, den er mit seinem Schaffen einschlug, und schöpft völlig aus eigener Invention. Lyrische Grundlagen vereinen sich darin mit geistreicher Formgebung und dramatischem Schwung. Die virtuosen Möglichkeiten des Soloinstruments sind bis auf das Äußerste ausgewertet, wenn auch das Orchester auf weiten Strecken dominiert.

Sinfonische Variationen, Opus 24, 10 Teile, entstanden 1964

Die Exposition bringt ein eigenes Thema des Komponisten. Die etwas versonnene Melodie wird in seiner Substanz nicht abgewandelt; die Variationen bestehen darin, daß sich seine »Umwelt« ständig verändert und verschiedene kontrapunktische Koppelungen, harmonische Belichtungen sowie wechselnde rhythmische Akzente darbietet. In der 1. Variation gibt es rasante Sechzehntelfiguren und spielerisches Figurenwerk der Holzbläser in der 2.; dann folgen die Dramatik der 3. und die Lyrismen der 4. Variation. Starke Klangkontraste bringen die 5. und Scherzandopassagen die 6. Variation. In der 7. Variation treten synkopische Rhythmen auf, während sich zum ersten Mal auch das Grundthema verändert, um dann in der 8. Variation in seiner Originalform, von majestätischen Bläserakkorden umrahmt, aufzutreten. In der letzten Variation steigert sich das musikalische Geschehen zweimal zu dramatischen Konflikten und verlöscht darauf mit leisen Intonierungen von Themenbruchstücken.

Wasili Kalafati (1869–1942)

LEBEN

Wasili Pawlowitsch Kalafati wurde am 29.1.1869 in Jewpatorija, Krim, geboren. Er studierte am Konservatorium in St. Petersburg unter Nikolai Rimski-Korsakow. Von 1907 bis 1924 unterrichtete er an derselben Anstalt Musiktheorie und Komposition. Er starb am 20.3.1942 in Leningrad.

WERKE

Von Wasili Kalafati sind eine Sinfonie in a-Moll, eine Ouvertüre und eine Polonaise für Orchester, ein Klavierquintett, 2 Sonaten und kleinere Stücke für Klavier, Lieder und eine Oper erschienen. Sein Stil kann als Vorläufer der Fakturen seiner Schüler Aleksandr Skrjabin und Igor Strawinsky angesehen werden.

Julius Kalaš (1902–67)

LEBEN

Julius Kalaš (Luis Kassal) wurde am 18.8.1902 in Prag geboren, wo er am Konservatorium bei Josef Bohuslav Foerster, Jaroslav Křička und Josef Suk studierte. Im Jahr 1948 wurde er Professor für Musik und Ton im Film an der Filmfakultät der Akademie der musischen Künste in Prag, wo er am 12.5.1967 starb.

Werke

Von Julius Kalaš sind eine Oper und 6 Operetten aufgeführt worden. Er schrieb weiters eine Sinfonie, 3 sinfonische Dichtungen, ein Cellokonzert, ein Bratschenkonzert, ein Streichquintett, ein Streichquartett, ein Klaviertrio, eine Sonate für Violine und Klavier, eine »Arabeske« für Oboe und Harfe, Klavierstücke, Chöre, Lieder, Tänze, Bühnen- und Filmmusik.

Johann Nepomuk Kalcher
(1766–1826)

Zeit und Umwelt

Maximilian IV. Joseph (1756–1826) folgte Karl Theodor 1799 in die bayrische Kurfürstenwürde. Er wurde 1806 als Maximilian I. Joseph erster König von Bayern und leitete die großzügige, von seinen Nachfolgern fortgesetzte Kulturpolitik ein, die aus München eine Stadt der Kunst und der Wissenschaft formte.

Leben

Johann Nepomuk Kalcher wurde 1766 in Freising geboren und dort zum Organisten ausgebildet. Er setzte sein Studium in München bei dem Pianisten und Musikwissenschafter Joseph Graetz (2. 12. 1760, Vohburg, bis 17. 7. 1826, München) fort und erhielt 1798 über dessen Empfehlung die Stelle des Hoforganisten, die er bis zu seinem Tod im Jahr 1826 betreute.

Werke

Die Werke von Johann Nepomuk Kalcher – Sinfonien, Messen, Konzerte, Sonaten und Lieder –, von denen wenig gedruckt wurde, unterlagen einer sehr schwankenden Beurteilung. Carl Maria von Weber, der Kalchers Schüler war, brachte ihm große Verehrung entgegen.

Wasili Kalinnikow (1866–1900)

Leben

Wasili Sergejewitsch Kalinnikow wurde am 1.1.1866 in Woina, Gouvernement Orlow, geboren. Er war von 1884 bis 1892 Schüler von Pawel Blaramberg (1841–1907) an der Musikschule der Philharmonischen Gesellschaft in Moskau und sodann ein Jahr Zweiter Dirigent an der Italienischen Oper der Stadt. Anschließend lebte er aus Gesundheitsgründen in Südrußland und starb am 29.12.1900 in Jalta.

Werke

Die 2 Sinfonien von Wasili Kalinnikow setzten die russisch-nationale Sinfonik im Sinn Aleksandr Borodins fort. Auch seine weiteren Werke – 2 Tondichtungen, eine Suite und 2 Intermezzi für Orchester, eine Ballade (»Rusalka«) für Soli, Chor und Orchester, eine Kantate, eine Bühnenmusik, ein Streichquartett, Klavierstücke und Lieder – halten diese Stilrichtung ein.

Sinfonie Nr. 1 in g-Moll, 4 Sätze, entstanden 1895

Nach Aufführungen in Rußland wurde dieses Werk in Wien, Berlin, Paris und London mit großem Erfolg gespielt. Der 1. Satz beginnt mit einer melancholischen Melodie der Streicher, die von den Holzbläsern übernommen wird. Eine zweite, ebenso kantable, wird herangeführt. Mit frischen reichen Klängen mündet die Durchführung in eine optimistische Coda. Der erste Teil des 2. Satzes schildert tiefe Nacht, Stille und Einsamkeit, der zweite bringt eine orientalische Oboenmelodie, während der dritte auf das Kopfthema des 1. Satzes zurückgreift. Das Scherzo ist etwas konventionell, sein Trio verarbeitet eine Volksmelodie. Das Finale setzt mit Brillanz ein, die sich über Episoden hinweg zum Triumph der Lebensfreude steigert.

Sinfonie Nr. 2 in A-Dur, 4 Sätze, entstanden 1897

Majestätisch beginnt der 1. Satz, dann erklingen lyrische Partien und bringen Fröhlichkeit und Optimismus in das Geschehen. Im 2. Satz erklingt eine Kantilene des Englischhorns mit diskreter Begleitung, dem eine etwas kräftigere Passage folgt. Am Ende nimmt das Soloinstrument seinen Gesang wieder auf. Der 3. Satz ist ein lustiges Scherzo, dessen Trio pastoralen Charakter aufweist. Der 4. Satz hat die Form eines Sonatenallegro. Eine langsame Einleitung weist den Weg zum energischen Hauptthema, dem ein zweites voll Poesie folgt. Die Durchführung bringt prächtigen Orchesterklang, in dem man Frühlingsglocken zu vernehmen glaubt; das Stück endet voll Daseinsfreude und Hoffnung.

LITERATUR
W. Passchalow, Wasili Sergejewitsch Kalinnikow, Moskau 1951.

Jan Křitel Václav Kalivoda (1801–66)

ZEIT UND UMWELT
Die Hofkapelle der Fürsten von Fürstenberg in Donaueschingen schwang sich im 19. Jahrhundert zu einem der führenden Klangkörper Süddeutschlands auf. Die Musikpflege der Stadt hielt sich bis in unsere Zeit auf hohem Niveau; ihre Musiktage zeitgenössischer Tonkunst sind zum maßgebenden Forum moderner Komposition und Interpretation geworden.

Jan Křitel Václav Kalivoda

LEBEN
Jan Křitel Václav Kalivoda (Johannes Wenzeslaus Kalliwoda) wurde am 21.2.1801 in Prag geboren. Er war am Prager Konservatorium Schüler von Dionys Weber und Friedrich Wilhelm Pixis. Nach Konzertreisen als Violinvirtuose wirkte er ab 1822 als Kapellmeister auf Schloß Fürstenberg in Donaueschingen, wo er die Hofkapelle auf ein beachtliches Niveau hob. Er starb am 3.12.1866 in Karlsruhe.
Sein Sohn Wilhelm Kalliwoda (19.7.1827, Donaueschingen, bis 8.9.1893, Karlsruhe), Schüler seines Vaters und des Leipziger Konservatoriums, war von 1853 bis 1875 Hofkapellmeister in Karlsruhe.

WERKE
Die Kirchenmusik von Jan Křitel Václav Kalivoda – 10 Messen mit Orchester, ein Requiem, mehrere Ave Maria – wird heute noch in Kirchen gegeben. Seine 7 Sinfonien, von denen Robert Schumann die 5. sehr lobte, die Ouvertüren, Violinkonzerte, Violinduos, die 3 Streichquartette, Klavierstücke und Männerchöre wurden zwar zum Teil mehrmals aufgelegt, sind aber heute vergessen. Sein Rondo für Horn und Orchester wird zuweilen gespielt.
Wilhelm Kalliwoda schrieb Lieder und Klavierstücke; sie fielen ebenfalls dem Vergessen anheim.

Christian Kalkbrenner (1755–1806)

ZEIT UND UMWELT
Die von Friedrich dem Großen ins Leben gerufene Hofkapelle, zu der er eine Vielzahl bedeutender Musiker heranzog, war für die Kapellen der anderen Mitglieder des königlichen Hauses beispielgebend, so daß auch unter seinem Nachfolger diese auf ihrem ursprünglichen Niveau weitergeführt wurden und fähige Kräfte stets Aufnahme fanden.

LEBEN
Christian Kalkbrenner wurde am 22. 9. 1755 in Minden geboren. Er war zunächst Chorist der Oper in Kassel, dann wirkte er ab 1788 als Kapellmeister der Königin Elisabeth Christine von Braunschweig-Bevern in Berlin und von 1790 bis 1796 des Prinzen von Preußen Heinrich in Rheinsberg, ging sodann nach

Paris, wo er 1799 als Leiter des Chors der Opéra eingestellt wurde. Er starb am 10. 8. 1806 in Paris.

WERKE
Mit seinen für Rheinsberg und Paris geschriebenen Opern konnte Christian Kalkbrenner keine Erfolge erzielen. Seine Sinfonien, Klaviertrios, Violinsonaten und Klavierstücke sowie sein Klavierkonzert erfreuten sich einer gewissen Wertschätzung. Seine theoretischen Schriften jedoch waren ein wertvoller Beitrag zur Musikwissenschaft.

Friedrich Kalkbrenner (1785–1849)

LEBEN
Friedrich Wilhelm Michael Kalkbrenner wurde um den 5.11.1785 bei Kassel als Sohn des Christian Kalkbrenner (1755–1806) geboren. Er war ab 1799 am Pariser Conservatoire Schüler von Louis Adam (1758–1848) und von Charles Simon Catel, ging 1803 nach Wien, wo er von Ludwig van Beethoven gefördert wurde und als Virtuose mit großem Erfolg auftrat, wirkte sodann von 1806 bis 1814 als

Friedrich Kalkbrenner

Klavierlehrer und Virtuose in Paris, lebte darauf bis 1823 in London und beteiligte sich dort am Vertrieb des Chiroplast von Johann Bernhard Logier, kehrte schließlich neuerlich nach Paris zurück, unternahm ausgedehnte Konzertreisen und erwarb einen weitreichenden Ruf als Pianist und Lehrer. Er starb am 10.6.1849 in Enghien-les-Bains bei Paris.

WERKE
Die umfangreiche kompositorische Tätigkeit von Friedrich Kalkbrenner beschränkte sich nahezu ausschließlich auf Klaviermusik. Viel davon war Salonmusik leichtester Sorte. Von den ernsteren Stücken sind 4 Klavierkonzerte, ein Konzert für zwei Klaviere und Orchester, 10 Klaviersonaten, 3 Klaviersonaten für vier Hände, eine für die linke Hand und zahlreiche Etüden hervorzuheben. Seine Studienwerke wurden viel benützt.

Siegfried Kallenberg (1867–1944)

LEBEN
Siegfried Garibaldi Kallenberg wurde am 3.11. 1867 in Bad Schachen bei Lindau geboren. Er war Schüler des Konservatoriums in Stuttgart und der Akademie der Tonkunst in München. Im Jahr 1892 übernahm er die Leitung einer Privatmusikschule in Stettin (Szczecin), war sodann in Königsberg (Kaliningrad) tätig und ließ sich 1910 in München als Musiklehrer und Komponist nieder. Er starb am 9.2.1944 in München.

WERKE
Von Siegfried Kallenberg sind 4 Opern aufgeführt worden. Er schrieb außerdem 2 Pantomimen, 3 Sinfonien, eine Sinfonietta, eine »Konzertante Fantasie« für Klavier und Orchester, eine Vertonung des 90. Psalms für achtstimmigen Chor und Orgel, ein Requiem für Chor und Orgel und eine Reihe von Kantaten, ferner Kammermusik, Klavierwerke und ungefähr 300 Lieder und Duette. Sein Stil war spätromantisch.

Edvin Kallstenius (1881–1967)

LEBEN

Edvin Kallstenius wurde am 29.8.1881 in Filipstad, Värmland, geboren. Nach naturwissenschaftlichem Studium in Lund war er von 1904 bis 1907 in Leipzig Schüler des Musikologen Stephan Krehl (5.7.1864, Leipzig, bis 9.4.1924, Leipzig). Er wirkte als Musikkritiker und Musikarchivar des Rundfunks in Stockholm, wo er am 22.11.1967 starb.

WERKE

Von Edvin Kallstenius, der klassisch-romantische Formen bevorzugte, diese aber mit modernen harmonischen Strukturen verschmolz, sind 5 Sinfonien, die letzte auf ein Zwölftonmotiv, 5 Sinfonietten – Nr. 3 und 4 mit Zwölftonthemen, Nr. 5 »halbseriell« –, eine Suite, ein »Prologo seriale«, ein »Allegro sinfonico«, eine Serenade, eine Passacaglia, »Drei Tanzstudien«, ein Klavierkonzert, ein Stück für Streichorchester, eine Sonate für Cello und kleines Orchester, ein Klavierkonzert, eine »Kavatine« für Bratsche und Orchester, ein Bläserquintett, ein Klarinettenquintett, 8 Streichquartette, die letzten 2 dodekaphonisch, ein Trio für Violine, Bratsche und Flöte, ein serielles Trio für Flöte, Englischhorn und Klarinette, ein Trio für Klarinette, Horn und Cello, eine Suite für Klarinette, Saxophon und Cello, ein Streichtrio, Violin- und Cellosonaten, Kantaten, Chöre, Lieder und ungefähr 30 Hörspielmusiken bekannt geworden. Er war einer der ersten Vertreter der modernen schwedischen Musik.

Imre Kálmán (1882–1953)

LEBEN

Imre (Emmerich) Kálmán wurde am 24.10.1882 in Siófok, Ungarn, geboren. Er studierte in Budapest bei Hans Koessler. Anschließend ließ er sich als Operettenkomponist in Wien nieder, von wo er 1938 emigrieren mußte. Er ging nach Paris und 1940 in die USA. Ab 1945 lebte er erneut in Paris, wo er am 30.10.1953 starb.

Imre Kálmán

WERKE

Von Imre Kálmán sind mehr als 17 Operetten auf die Bühne gekommen; einige davon wurden zu Welterfolgen. Eine Anzahl weist ungarisches Kolorit auf. Er vermied opernhafte Fakturen, sondern schuf »echte« Operetten. Trotz vieler Lyrismen dominierte in seinen Werken die Rhythmik. Man zählt ihn neben Franz Léhar zu den bedeutendsten Vertretern der »silbernen« Operette.

Alfrēds Kalninš (1879–1951)

LEBEN

Alfrēds Kalninš wurde am 11.8.1879 in Cēsīs, Lettland, geboren. Er studierte am Konservatorium in St. Petersburg. Darauf wirkte er als Organist von 1911 bis 1915 in Liepāja, Lettland, anschließend bis 1918 in Tartu, Estland, und darauf in Riga. Von 1944 bis 1948 war er Lehrer und Leiter des Konservatoriums von Riga, wo er am 23.12.1951 starb.

WERKE

Mit seinen 2 Opern schuf Alfrēds Kalninš die

ersten lettischen Nationalopern. Er verfaßte ein Ballett, eine Suite nach lettischen Volksthemen für Orchester, 6 Kantaten, Chorwerke und Klavierstücke. Sein spätromantischer Stil stützte sich auf das lettische Volksmusikgut.

Manolis Kalomiris (1883–1962)

LEBEN
Manolis Kalomiris wurde am 14.12.1883 in Izmir geboren. Er studierte in Athen, Wien und St. Petersburg. Von 1906 bis 1910 wirkte er als Klavierlehrer am Konservatorium in Charkow, ab 1911 als Lehrer am Konservatorium in Athen, das er von 1919 bis 1926 als Direktor leitete; dann gründete er selbst das Nationalkonservatorium in Athen, dem er bis zu seinem Tod am 3.4.1962 vorstand.

WERKE
Das kompositorische Werk von Manolis Kalomiris war von den russischen Romantikern, aber auch von Richard Wagner beeinflußt. Er schrieb 4 Opern, mehrere Bühnenmusiken, 3 Sinfonien – die ersten zwei mit Chor, die dritte mit Rezitation –, ein Klavierkonzert, ein Violinkonzert und weitere Orchesterstücke, ein Klavierquintett mit Singstimme, ein Quartett für Harfe, Flöte, Englischhorn und Bratsche, ein Klaviertrio, eine Violinsonate, Klavierstücke und Lieder. Er veröffentlichte mehrere musikpädagogische Traktate.

Łucjan Kamieński (1885–1964)

LEBEN
Łucjan Kamieński wurde am 7.1.1885 in Gniezno (Gnesen) geboren. Er studierte an der Hochschule in Berlin bei Max Bruch Komposition und bei Hermann Kretzschmar und Johannes Wolf (17.4.1869, Berlin, bis 25.5.1947, München) Musikwissenschaft. Von 1909 bis 1919 wirkte er als Musikredakteur in Königsberg (Kaliningrad), 1920 wurde er Zweiter Direktor des Konservatoriums in Poznan und 1922 Professor an der dortigen Universität. Von 1949 bis 1957 wirkte er als Lehrer an der Musikschule in Toruń, dann lebte er als freischaffender Komponist in Kanada. Er starb am 27.7.1964 in Toruń.

WERKE
Neben einer Oper, einer Operette und einem Singspiel schrieb Łucjan Kamieński eine »Symphonia Paschalis«, 2 sinfonische Stücke und weitere Orchesterwerke, eine Violinsonate, Klavierstücke, Chöre und Lieder. Er bemühte sich um das Volksliedgut in Pommern und Posen.

Maciej Kamieński (1734–1821)

ZEIT UND UMWELT
Da die Oper im 18. Jahrhundert immer breiteren Kreisen zugänglich wurde, verstärkte sich das Verlangen des Publikums nach Operntexten, die es verstand. Bislang wurden Opern in der Regel vor Angehörigen höherer Gesellschaftsschichten aufgeführt, in denen man ohne Schwierigkeit einem italienischen oder französischen Libretto zu folgen imstande war, falls man sich überhaupt für das Schicksal der Götter, Halbgötter und Heroen interessierte. Für das bürgerliche Publikum war die Oper ein Schauspiel, das man verfolgen wollte. Daher kam es überall zu nationalsprachigen Opern, wenn auch vorerst die musikalische Diktion noch italienisch oder französisch blieb.

LEBEN
Maciej (Matthias) Kamieński wurde am 13. 10. 1734 in Sopron, Ungarn, geboren. Seine musikalische Ausbildung erhielt er in Wien. Er kam um 1760 nach Polen, wo er sich in Warschau niederließ, vorwiegend als Opernkomponist tätig war und am 25. 1. 1821 starb.

WERKE
Die erste polnische Oper, uraufgeführt 1778 in Warschau, schrieb Maciej Kamieński. Außer weiteren 5 Opern in polnischer Sprache und 2 nicht aufgeführten deutschen verfaßte er mehrere Kirchenwerke von geringerer Bedeutung und eine Kantate zur Ent-

hüllung eines Denkmals für König Jan Sobieski.

Heinrich Kaminski (1886–1946)

Leben

Heinrich Kaminski wurde am 4.7.1886 in Tiengen, Oberrhein, geboren. Nach seinem Studium der Nationalökonomie in Heidelberg wurde er dort Schüler von Philipp Wolfrum und setzte seine musikalische Ausbildung in Berlin bei Paul Juon, Hugo Kaun und Wilhelm Klatte fort. Er ließ sich darauf in Ried bei Benediktbeuern als freier Komponist nieder, wo er bis zu seinem Tod am 21.6.1946, unterbrochen von der Leitung der Chorkonzerte des Musikvereins Bielefeld und einer Meisterklasse für Komposition an der Preußischen Akademie der Künste in Berlin von 1930 bis 1933, verblieb. Seine Musik war während des Nationalsozialismus verboten.

Werke

Von Heinrich Kaminski sind 2 musikalische Bühnenwerke aufgeführt worden. Außerdem schrieb er ein Concerto grosso für zwei Orchester, eine »Musik« und ein »Tanzdrama« für Orchester, eine Musik zu einem Passionsspiel, ein Quintett für Klarinette, Horn und Streichtrio, ein Streichquintett, ein Quartett für Klavier, Klarinette, Bratsche und Violine, ein Orchesterkonzert mit Klavier, eine Musik für Cello und Klavier, ein Hauskonzert für Violine und Klavier, eine Motette für Doppelchor und Orgel, ein Magnificat für Sopran, Bratsche, Chor und Orchester, eine Deutsche Messe (unvollendet), Chorkantaten a cappella und begleitet, eine Toccata und Choralvorspiele für Orgel, Orgel- und Klavierstücke, Chöre und Lieder. Er versuchte, die alte franko-flämische Polyphonie mit den rhythmischen und klanglichen Ausdrucksmitteln seiner Zeit zu verschmelzen. In seinem geistlichen Vokalwerk herrscht mystisches Empfinden vor.

Antonín Kammel

(1730 bis vor 1788)

Leben

Antonín Kammel wurde am 21. 4. 1730 in Běleč bei Křivoklát geboren. Er war in Padua Schüler von Giuseppe Tartini und kam um 1770 nach London, wo er in die Chapel Royal als Violinist aufgenommen wurde. Er starb vor 1788 in London.

Werke

Das kompositorische Werk von Antonín Kammel zeichnete sich durch große Kunstfertigkeit aus und war sehr verbreitet. Er schrieb zahlreiche Sinfonien, Konzerte und Kammermusikwerke, die allerdings nach seinem Tod bald völlig vergessen wurden.

Ernest Kanitz (1894–1978)

Leben

Ernest Kanitz wurde am 9.4.1894 in Wien geboren. Er war Schüler von Franz Schreker und wirkte von 1922 bis 1938 als Theorielehrer am Neuen Wiener Konservatorium. Dann mußte er emigrieren und war zunächst an mehreren Musikschulen der USA als Lehrer tätig, sodann als Professor für Komposition und Kontrapunktik an der Universität in Los Angeles von 1945 bis 1958 und anschließend in Marymount, Calif. Er starb am 7.4. 1978 in Los Angeles.

Werke

Außer 7 Opern schrieb Ernest Kanitz einige Ballettmusik, 3 Sinfonien, eine konzertante Sinfonie für Violine, Cello und Orchester, ein Concerto grosso, ein Trompetenkonzert, ein Fagottkonzert, ein Concertino für fünf Spieler, eine Suite für fünf Blechbläser, eine Ouvertüre, »Visiones« für Flöte, Klarinette und Streicher, eine Kammerkantate, eine große Kantate, ein Konzert für Kammerorchester, eine Sonate für Saxophon und Klavier, eine Violinsonate, eine Sonatine für Bratsche und Klavier, 2 Miniaturen für Trompete und Klavier, ein Duo für Violine und Bratsche, Chöre und Lieder mit Orchester- und Klavierbegleitung.

Jan Kaňka (1772–1865)

LEBEN

Jan Nepomuk Kaňka wurde am 10.11.1772 in Prag geboren. Er studierte neben Musik Jurisprudenz, wurde Landesadvokat und Hofrat; 1815 war er Dekan und 1829 Rektor der Prager Universität. Mit Ludwig van Beethoven, den er als Jurist beriet und vertrat, verband ihn eine langjährige Freundschaft. Er starb am 15.4.1865 in Prag.

WERKE

Von Jan Kaňka ist ein umfangreiches kompositorisches Werk erhalten, darunter eine Sinfonie in Es-Dur, 2 Klavierkonzerte in Es-Dur und D-Dur, 3 Klavierquintette mit Streichern und 4 mit Bläsern, 2 Klaviersonaten und Variationen für Klavier, außerdem eine große Anzahl Lieder und Chöre.

Eugen Kapp (geboren 1908)

LEBEN

Eugen Arturowitsch Kapp wurde am 13.5.1908 in Astrachan geboren. Im Jahr 1947 wurde er, nachdem er seine Ausbildung am Konservatorium in Tallinn absolviert hatte, an derselben Anstalt Professor und 1952 Direktor. Von 1944 bis 1966 war er Vorsitzender des estnischen Komponistenverbandes.

Sein Vater Artur Kapp (16.2.1878, Livland, bis 14.1.1952, Suure Jaani, Estland) studierte am Konservatorium in St. Petersburg Orgel und Komposition, leitete von 1904 bis 1920 die Musikschule in Astrachan und wirkte darauf als Dirigent am Estonia-Theater und als Lehrer am Konservatorium in Tallinn bis zu seinem Tod.

WERKE

Neben 4 Opern und 2 Balletten schrieb Eugen Kapp 3 Sinfonien, 6 Orchestersuiten, ein Klavierkonzert, 2 Streichquartette, 5 Kantaten, Klavierstücke, Chöre, Lieder, Bühnen- und Filmmusik.

Artur Kapp schrieb 3 Sinfonien, 2 Orgelkonzerte, eine Rhapsodie für Klavier und Orchester, ein Doppelkonzert für Klarinette und Horn, ein Streichsextett, Orgelstücke, ein Oratorium, Kantaten, Chöre und Lieder.

Jan Kapr (geboren 1914)

LEBEN

Jan Kapr wurde am 12.3.1914 in Prag geboren. Er war am Konservatorium in Prag Schüler von Jaroslav Řídký und Jaroslav Křička. Bis 1946 war er Musikregisseur am Prager Rundfunk, von 1950 bis 1953 wirkte er als Chefredakteur des Musikverlags Orbis in Prag und von 1961 bis 1970 als Kompositionslehrer an der Janáček-Akademie in Brünn. Seitdem lebt er in Prag als freischaffender Komponist und Kritiker.

WERKE

Außer einer Oper und einem Ballett schrieb Jan Kapr 8 Sinfonien, eine sinfonische Dichtung, eine Suite, ein sinfonisches Scherzo, eine Fantasie für Kammerorchester, eine Sinfonietta, 2 Klavierkonzerte, ein Violinkonzert, ein Allegretto und eine Fantasie für Violine und Orchester, eine Variation für Flöte und Streicher, ein Concertino für Bratsche und Bläser, ein Stück für Violine und Kammerorchester, ein Stück für Klavier, Schlagzeug und elektronische Klänge, ein Stück für Trompete und Bläserensemble, ein Nonett, 7 Streichquartette, ein Stück für Klavier mit Streichorchester, ein Stück für Cello, Baßklarinette, Klavier und Lichtregie, »Dialoge« für Flöte und Harfe, eine Phantasie für Bratsche und Klavier, eine weitere für Violine und Klavier, eine Sonatine für Violine und Klavier, 3 Sonaten und weitere Klavierstücke, eine Sonatine für Zimbal, eine Kantate, Chöre, Lieder mit Instrumentalbegleitung, Klavierlieder und Filmmusiken.

Václav Kaprál (1889–1947)

Leben

Václav Kaprál wurde am 26.3.1889 in Určice, Mähren, geboren. Er war von 1907 bis 1910 in Brünn Schüler von Leoš Janáček (1854–1928) und von 1919 bis 1920 in Prag von Vítězslav Novák, außerdem von Alfred Denis Cortot in Paris. Er wirkte in Brünn als Klavier- und Theorielehrer am Konservatorium und an der 1946 neu gegründeten Musikakademie. Während der deutschen Besetzung war er in Haft. Er starb am 6.4.1947 in Brünn.
Seine Tochter Vítězslava Kaprálová (24.1. 1915, Brünn, bis 16.6.1940, Montpellier) studierte in Brünn und in Prag, sodann von 1937 bis 1939 bei Bohuslav Martinů und Charles Munch (26.9.1891, Straßburg, bis 6.11.1968, Richmond, Va.) in Paris. Sie lebte als Komponistin und Lehrerin in Paris und Montpellier.

Werke

Die Kompositionen von Václav Kaprál sind vorwiegend dem Klavier gewidmet. Er schrieb für dieses Instrument 4 Sonaten, ein Stück für die linke Hand, 2 Sonatinen, eine Fantasie und weitere Stücke, ferner 2 Streichquartette, ein Lied für Singstimme und Klavierquartett, ein Lied für Singstimme und Streichquartett, »Wiegenlieder« für Singstimme und Kammerorchester, eine Messe, Chöre, Klavierlieder und Volksliedbearbeitungen.
Vítězslava Kaprálová schrieb ein Klavierkonzert, ein Streichquartett, eine Sinfonietta, eine Orchestersuite, eine Partita für Streicher und Klavier, Klavierstücke und Lieder.

Johannes Hieronymus von Kapsberger (um 1575–1661)

Zeit und Umwelt

Papst Urban VIII. (1568–1644) – Maffeo Barberini aus dem Florentiner Adelsgeschlecht Barberini – protegierte Musiker des Florentiner Musikstils. Das hinderte ihn jedoch nicht, das Inquisitionsverfahren gegen Galileo Galilei (1564–1642), den Sohn eines der bedeutendsten Vertreter der Monodie, Vincenzo Galilei (um 1520–91), zu betreiben.

Leben

Johannes Hieronymus von Kapsberger (von den Italienern Giovanni Geronimo Tedesco della Tiorba genannt) wurde um 1575 in Deutschland geboren. Er lebte um 1604 in Venedig und ging 1610 nach Rom, wo er als Virtuose des Chitarrones, der Laute und der Theorbe, besonders aber als Komponist im Stil der Camerata Florentina die Gunst des Papstes (Urban VIII.) gewann. Er starb 1661 in Rom.

Werke

Der deutsche Theorbist, Lautenist und Komponist Johannes Hieronymus von Kapsberger brachte 3 Bücher mit Musik für Chitarrone, 4 mit Villanellen für Chitarrone und spanische Gitarre, 2 mit Lautenmusik, 2 Bücher Arien mit Generalbaß, weiters einstimmige Motetten, Tänze und Sinfonien heraus. Dazu 2 Bücher mit einstimmigen Liedern mit Generalbaß, die er dem Papst widmete, ein Musikdrama, einen rezitativischen Dialog über die Geburt Christi, vier- bis achtstimmige dem Papst gewidmete Messen und schließlich ein Oratorium »Apotheosis SS. Ignati et Francisci Xaveri«, eines der ersten Werke dieser Art. Monodie, Generalbaß, solistische Instrumentalmusik und starker Affektausdruck kennzeichnen die Kompositionen dieses echten Vertreters der Barockmusik in Rom.

Literatur

P. Kast, Biographische Notizen über Johannes Hieronymus Kapsberger aus den Vorreden zu seinen Werken, in: Quellen und Forschungen aus italienischen Archiven und Bibliotheken XL, 1960.

Kara Karajew (1918–82)

Leben

Kara Abdulfas ogly Karajew wurde am 5.2. 1918 in Baku geboren. Er studierte von 1935 bis 1938 am Konservatorium in seiner Vaterstadt und dann noch am Konservatorium in Moskau bei Dmitri Schostakowitsch. Im Jahr

1941 wurde ihm die Leitung der Philharmonie in Baku übertragen; von 1949 bis 1953 leitete er das Konservatorium der Stadt, im Jahr 1959 wurde er Professor. Er starb am 11.5.1982 in Baku.

WERKE

Neben 2 Opern und 2 Balletten schrieb Kara Karajew, der als führender Komponist seines Landes gilt, 3 Sinfonien, 2 sinfonische Gedichte, eine Albanische Rhapsodie, »Sinfonische Gravüren«, »Choreografische Bilder«, ein Klavierkonzert, 2 Streichquartette, eine Sonate für Violine und Klavier, ein »Musikalisches Bild«, 2 Sonatinen und 24 Praeludien, 2 Kantaten, Lieder und Filmmusik. Er strebte eine Synthese der Volksmusik seiner aserbeidschanischen Heimat mit den zeitgenössischen Stilmitteln an.

Asen Karastojanow (1893 – 1976)

LEBEN

Asen Pawlow Karastojanow wurde am 3.6. 1893 in Samokow, Bulgarien, geboren. Er studierte an der Staatlichen Musikschule in Sofia sowie in Berlin, Paris und Leipzig und wurde 1933 Dozent und 1944 Professor an der Musikakademie in Sofia, wo er am 8.9.1976 starb.

WERKE

Neben einer Anzahl Operetten, Ballette und Ballettszenen schrieb Asen Karstojanow 2 Sinfonien, eine »Bulgarische Rhapsodie«, 2 Streichquartette, Klavierwerke, 2 sinfonische Dichtungen für Soli, Chor und Orchester, patriotische Kantaten, Massenlieder und Sololieder. Sein auf die heimische Folklore fußender Stil entsprach der Forderung nach Volkstümlichkeit und leichter Eingänglichkeit.

Dezider Kardoš (geboren 1914)

LEBEN

Dezider Kardoš wurde am 23.12.1914 in Nadlice, Slowakei, geboren. Er studierte in Preßburg am Konservatorium von 1933 bis 1937 und anschließend zwei Jahre in Prag bei Vítězslav Novák. Von 1945 bis 1952 leitete er die Musikabteilung des Rundfunks in Prešov und Preßburg und wirkte sodann als Direktor der slowakischen Philharmonie. Seit 1963 ist er Kompositionslehrer an der Musikakademie in Preßburg.

WERKE

Von Dezider Kardoš sind 5 Sinfonien, ein »Sinfonisches Allegro«, ein »Sinfonisches Praeludium«, ein »Ostslowakisches Praeludium«, ein Orchesterkonzert, eine »Heldenballade«, ein Konzert für Streichorchester, eine Sinfonietta, ein Konzert für Violine, Harfe und Streicher, ein Bläserquintett, 2 Streichquartette, eine Suite für Klavier, ein Orgelstück, mehrere Kantaten, Chöre und Lieder mit Orchester- und Klavierbegleitung und Filmmusik bekannt geworden.

Rudolf Karel (1880–1945)

LEBEN

Rudolf Karel wurde am 9.11.1880 in Pilsen (Plzeň) geboren. Er war einer der letzten Schüler Antonín Dvořáks. Er lebte zunächst in Prag, wirkte eine Zeitlang als Lehrer an der Musikschule in Taganrog und am Konservatorium in Rostow. Von 1923 bis 1941 war er Lehrer für Komposition und Orchestrierung am Konservatorium in Prag. Verlor sodann die Stellung und wurde von den deutschen Nationalsozialisten verhaftet. Er starb am 6.3.1945 im Konzentrationslager Theresienstadt (Terezin).

WERKE

Neben 3 Opern – eine vierte blieb unvollendet – schrieb Rudolf Karel 2 Sinfonien, 2 sinfonische Dichtungen, eine »Auferstehungssinfonie« für Soli, Chor und Orchester, und weitere Orchesterwerke, ein Capriccio, ein Violinkonzert, ein Nonett, ein Klavierquartett, 3 Streichquartette, eine Violinsonate, Klavierstücke und Lieder.

Sigfrid Karg-Elert (1877–1933)

Leben

Sigfrid Karg-Elert (eigentlich Sigfrid Karg) wurde am 21.11.1877 in Oberndorf am Neckar geboren. Er studierte am Konservatorium in Leipzig, wurde Lehrer am Konservatorium in Magdeburg und wirkte ab 1919 als Lehrer für Klavier und Komposition am Konservatorium in Leipzig bis zu seinem Tod am 9.4.1933.

Werke

Der Name Sigfrid Karg-Elert ist mit zahlreichen Kompositionen für Harmonium, das sein bevorzugtes Instrument war, und für Harmonium und Klavier verbunden. Er schrieb außerdem eine »Symphonia brevis« (Kurze Sinfonie), eine Orchestersuite, ein Klavierkonzert, ein Requiem a cappella, eine Passionskantate für Sopran, Englischhorn und Orgel, ein Bläserquintett, ein Klaviertrio, ein Trio für Violine, Flöte und Klavier, viele groß angelegte Orgelstücke, eine Cellosonate, 2 Klarinettensonaten, eine Sonate für Flöte solo und für Violine solo, sakrale Gesänge für Orgel und Violine sowie Lieder. Er war anfangs Parteigänger der Musik seiner Gegenwart, wandte sich aber später einem konservativen harmonisch-polyphonen Stil zu. Er veröffentlichte außer einigen musiktheoretischen Werken didaktische Abhandlungen über das Harmoniumspiel.

Literatur

P. Schenk, Sigfrid Karg-Elert, Leipzig 1927.

Sixt Kargel (um 1540 bis um 1590)

Zeit und Umwelt

Martin Bucer (1491–1551), ehemaliger Dominikaner, wurde für Luther gewonnen und stellte sich an die Spitze der Reformation in Hessen und Straßburg. Er bemühte sich stark um eine Einigung der verschiedenen reformatorischen Bekenntnisse, wurde aber über Veranlassung Kaiser Karls V. ausgewiesen und ging als Professor nach Cambridge. Die tolerante Haltung und die Neutralität im gesamten europäischen Meinungsstreit blieb die politische Linie der Stadt.

Leben

Sixt Kargel wurde um 1540 im Elsaß geboren. Wo er seine Ausbildung zum Lautenisten und Komponisten bekommen hat, ist nicht bekannt. Er lebte in Straßburg als Lautenlehrer und Lautenist in verschiedenen Diensten, obwohl er der Reformation nicht angehörte. Im Jahre 1586 verließ er die Stadt und zog sich nach Zabern (wo er vielleicht geboren ist) zurück und starb dort um 1590.

Werke

Der Lautenist Sixt Kargel brachte eine Reihe Bücher mit Lautenstücken – eigene und fremde Kompositionen sowie Arrangements – heraus, von denen nur einige erhalten sind. Aus seinen Werken zu schließen, muß er ein virtuoser Spieler gewesen sein. Seine Stücke eigneten sich überhaupt wenig für den Hausgebrauch; sie setzten eine gute Technik voraus, die in der Regel nur Berufsmusiker aufwiesen.

Erhard Karkoschka (geboren 1923)

Leben

Erhard Karkoschka wurde am 6.3.1923 in Ostrava (Mährisch Ostrau) geboren. Er studierte an der Musikhochschule in Stuttgart und der Universität Tübingen. Im Jahr 1960 wurde er Dozent und 1964 Professor an der Musikhochschule in Stuttgart. Er leitet seit 1973 das Studio für Elektronische Musik.

Werke

Von Erhard Karkoschka sind ein Concertino für Kammerorchester, eine Streichersonate, ein Konzert für Violine und Kammerorchester, ein »Veni Sancte Spiritus« (Komm, heiliger Geist) für doppelchöriges Blasorchester und eine Anzahl Orchesterstücke, weiters ein Bläsersextett, 2 Bläserquintette, ein Streichquartett, ein Trio für Violine, Klarinette und Klavier, ein Duett für Violine und Cello, Variationen für Flöte und Klavier, »Bewegungsstrukturen« für zwei Klaviere, eine

»Szene für zwei Celli«, Schlagzeugmusik, verschiedene Orgelwerke, eine elektronische Komposition, Kantaten, Motetten, Psalmvertonungen, Gesänge und eine Hymne mit verschiedener Begleitung bekannt geworden. Er verfaßte eine Reihe musikwissenschaftlicher Traktate.

Mieczysław Karłowicz (1876–1909)

Leben

Mieczysław Karłowicz wurde am 11.12.1876 in Wiszniewo, Litauen, geboren. Er studierte in Warschau, Berlin und Leipzig und wurde 1904 Direktor der Musikgesellschaft in Warschau. Ab 1906 lebte er als freier Komponist in Zakopane, Polen, wo er am 10.2.1909 starb.

Werke

Das gesamte kompositorische Werk von Mieczysław Karłowicz war spätromantisch und stand im Schatten von Richard Strauss. Er schrieb eine Sinfonie, die sinfonischen Dichtungen »Wiederkehrende Wellen«, »Drei uralte Lieder«, »Litauische Rhapsodie«, »Stanisław und Anna Oświecim«, »Traurige Mär« und »Ein Drama auf der Maskerade« (unvollendet), eine Serenade für Streichorchester, ein Violinkonzert, Stücke für Violine und für Cello mit Klavier, ein Praeludium und Doppelfuge für Klavier, eine Klaviersonate und viele Lieder.

Drei uralte Lieder, Sinfonisches Gedicht, Opus 10, 3 Teile, entstanden 1906

Es liegt das seltene Beispiel eines zyklischen Tongedichts vor. Der 1. Teil »Lied der immerwährenden Sehnsucht« besteht aus zwei Themen, von denen das erste vom Englischhorn intoniert, das zweite von den Posaunen vorgetragen wird. Jenes zweite Thema bildet auch die Klimax des 2. Teiles »Lied von Liebe und Tod« und des 3. Teiles »Lied des ewigen Seins«. Das Werk schließt mit einem feierlichen Choral ab.

Litauische Rhapsodie, Sinfonisches Gedicht, Opus 11, entstanden 1906

Dieses Stück, das die Eindrücke der litauischen Landschaft wiedergibt, basiert nicht auf litauischer, sondern auf weißrussischer Volksmusik. Es beginnt mit einer von Flöten geblasenen Melodie. Anschließend erklingt eine von Fagotten vor dem Hintergrund der Streicherbegleitung vorgetragene Volksmelodie. Das dritte Thema ist ein lyrisches Wiegenlied, das in Tanzrhythmen mündet.

Stanisław und Anna Oświecim, Sinfonisches Gedicht, Opus 12, entstanden 1907

Das Stück beruht auf einer polnischen Legende, nach der Stanisław seine Schwester Anna erst kennenlernte, als beide erwachsen waren, und sich in sie verliebte. Er pilgerte nach Rom und erreichte vom Papst die Genehmigung zur Heirat, traf jedoch Anna bei seiner Heimkehr nur mehr als Tote an. Er überlebte das Mädchen nur kurze Zeit und wurde an ihrer Seite bestattet. Die Musik hat nur zum Teil erzählenden Charakter, sie gibt zumeist nur die Stimmung der einzelnen Szenen der Legende wieder.

Violinkonzert in A-Dur, Opus 8, 3 Sätze, entstanden 1902

Das Konzert ist nach klassischem Muster aufgebaut. Der 1. Satz ist ein energischer Sonatensatz mit deutlich kontrastierenden Themen. Im 2. Satz erklingt eine lyrische Kantilene, das Finale schließt das Werk brillant und fröhlich ab. Es stellt an den Virtuosen hohe Anforderungen und ist prächtig orchestriert.

Literatur

A. Chybiński, Karłowicz, Krakau 1947.

Danil Nikititsch Kaschin (1769–1841)

Zeit und Umwelt

In den Kompositionen in Rußland nach der Wende zum 19. Jahrhundert tauchen bereits die ersten Anzeichen einer eigenständigen Musik auf, in der nicht nur Volksmelodien eingeflochten, sondern auch verarbeitet wurden. Diese Entwicklung wurde in der Oper vor allem auch dadurch gefördert, daß die Libretti russische Themen behandelten.

Leben

Danil Nikititsch Kaschin wurde 1769 in Moskau als Leibeigener geboren. Er war Schüler von Giuseppe Sarti und wirkte nach seiner Ausbildung als Dirigent einer Leibeigenenkapelle in Moskau. Darauf war er dort als Komponist, Pianist, Dirigent, Musiklehrer und Konzertveranstalter bis zu seinem Tod am 10. 12. 1841 tätig.

Werke
Durch seine Kriegslieder im Jahr 1812 wurde Danil Nikititsch Kaschin sehr bekannt. Er schrieb 5 Opern mit russischen Themen, die den Einfluß der russischen Volksmusik deutlich erkennen lassen, ein Klavierkonzert, ein Klaviertrio, Klavierstücke, Lieder, Chöre und Kantaten. Er gab eine Sammlung 108 russischer Volkslieder mit Klavierbegleitung in 3 Bänden heraus.

Wladimir Kaschperow (1827–94)

Zeit und Umwelt
Der Grundstein, den Michail Glinka zur Entwicklung der russischen Oper und der russischen Musik überhaupt gelegt hatte, regte zeitgenössische und nachfolgende Talente an, sich am weiteren Aufbau des Musiklebens ihrer Heimat zu beteiligen.

Leben
Wladimir Nikititsch Kaschperow wurde 1827 in Simbirsk (heute Uljanowsk) geboren. Er war in St. Petersburg Schüler von Adolf Henselt, ging 1856 zur weiteren Ausbildung zu Siegfried Wilhelm Dehn nach Berlin, wo er mit Michail Glinka in Verbindung trat, und nach Italien. Von 1866 bis 1872 wirkte er als Gesanglehrer am Konservatorium in Moskau; dann gründete er unentgeltliche Chorklassen, um das allgemeine Interesse für die Musik zu fördern. Er starb am 8.7.1894 in Romanzewo.

Werke
Von Wladimir Kaschperow sind 5 Opern aufgeführt worden, die in Nachfolge seines Vorbildes Michail Glinka verfaßt wurden. Außerdem schrieb er eine Anzahl Lieder und Chöre.

Lucrezia Kasilag (geboren 1918)

Leben
Lucrezia Kasilag wurde am 31.8.1918 in San Fernando, Philippinen, geboren. Sie studierte in Manila an der Frauenuniversität, an der sie heute Dekan der Fakultät für Musik und schöne Künst ist, und an der Eastman School of Music in Rochester. Sie ist außerdem Erste Vorsitzende der philippinischen Komponistenliga und Sekretärin mehrerer kultureller Vereinigungen.

Werke
Von Lucrezia Kasilag sind neben einem szenisch-choreographischen Werk für Chor, Solisten, Tanzgruppe und asiatische Instrumente unter anderem ein Klavierkonzert, eine Toccata für Bläser und Schlagzeug, ein Quintett für Klavier und Streichquartett, ein Stück für Kammerorchester, ein Werk für Solostimme, asiatische Instrumente und Tonband, ein »Gemischtes Kaleidoskop von Asien« für gemischten Chor und asiatische Instrumente, eine Messe für Frauenchor, eine philippinische Messe für gemischten Chor, Gitarre und Orgel, 5 philippinische Volkslieder für Frauenchor und ein Liederzyklus für hohe Stimme und Orchester bekannt geworden.

Johann Georg Kastner (1810–67)

Zeit und Umwelt
Die Verbesserung der Instrumente, das steigende Interesse für Klangfarben, die Verfeinerung der Spieltechniken und die von der Romantik angestrebte Verdichtung der Klangflächen und der Klangfülle erforderte neue theoretische Untersuchungen und brachte als Folge das Verlangen nach neuen didaktischen Werken. Für Musikologen und Musikpädagogen tat sich eine Menge neuer Arbeitsfelder auf.

Leben
Johann Georg Kastner (Jean-Georges) wurde am 9.3.1810 in Straßburg geboren. Neben seinen theologischen Studien wurde er 1830 Kapellmeister der Straßburger Bürgerwehr und brachte eine Oper heraus. Daraufhin bewilligte ihm die Stadt ein Stipendium für einen Aufenthalt in Paris, wo er Schüler von Antonín Rejcha und Henri-Montan Berton wurde. Dann setzte seine umfangreiche Publikation theoretischer und didaktischer Werke

auf dem Gebiet der Musik ein, die allseitige Anerkennung fand. Er starb am 19.12.1867 in Paris.

WERKE

Neben zahlreichen Lehrwerken, die von der Akademie anerkannt und vom Pariser Conservatoire eingeführt wurden – Instrumentations-, Harmonie-, Kompositions-, Gesanglehre usw. –, verfaßte Johann Georg Kastner 5 deutsche und mehrere französische Opern, Instrumentalwerke und viele Männerchöre, außerdem eine Reihe von Tondichtungen, denen er umfassende musikgeschichtliche Untersuchungen beilegte.

Wladimir Kastrioto-Skanderbeck (1820–79)

ZEIT UND UMWELT

Es ist auffällig und für die gesellschaftliche Struktur des Landes bezeichnend, daß ein Großteil russischer Musiker des 19. Jahrhunderts entweder dem Stand der Leibeigenen entstammte, die von ihrer Dienstherrschaft protegiert wurden, oder selbst aus den gehobeneren Schichten kam, wo der Musikunterricht für die Heranwachsenden traditionell obligatorisch war. Beide Bereiche hatten wenig echte Beziehung zum Volk, sondern nur zur Volksmusik, so daß in ihrem künstlerischen Wirken sich nur ihre aristokratische Welt widerspiegelt.

LEBEN

Wladimir Georgjewitsch Fürst Kastrioto-Skanderbeck wurde 1820 in St. Petersburg geboren und wirkte als Komponist in engem Kontakt mit zeitgenössischen russischen Meistern. Er starb am 13.2.1879 in St. Petersburg.

WERKE

Von Wladimir Kastrioto-Skanderbeck sind eine Reihe gut gearbeiteter Kammermusikwerke und Lieder bekannt geworden, die den Einfluß von Aleksandr Dargomischski erkennen lassen.

Antoni Kątski (1817–89)

ZEIT UND UMWELT

Die Unterrichtstätigkeit, die John Field in Rußland entfaltete, war für die Pianistik des Landes grundlegend. Es gab nahezu keinen im ersten Viertel des 19. Jahrhunderts geborenen russischen Pianisten, der nicht sein Schüler war und seine Technik weitergeben konnte. Es waren auch viele Polen darunter. Auch seine Kompositionstechnik galt bis zum Ende des Jahrhunderts und länger als Muster.

LEBEN

Antoni Kątski (Antoine de Kontski) wurde am 27.10.1817 in Krakau geboren. Er war in Rußland Klavierschüler von John Field und studierte darauf am Konservatorium in Wien, lebte sodann bis 1851 als Pianist in Paris, war Hofpianist in Berlin bis 1853 und darauf in St. Petersburg; er konzertierte in London und von 1883 bis 1889 in New York. Er starb am 7.12.1889 in Iwanowitsch bei Akulowka, Gouvernement Nowgorod.

Sein Bruder Karol Kątski (6.9.1815, Krakau, bis 27.8.1867, Paris) trat bereits mit 7 Jahren als Pianist auf. Er studierte in Warschau und in Paris, wo er als Klavierlehrer bis zu seinem Tod wirkte.

Sein zweiter Bruder Stanisław Kątski (8.10. 1820, Krakau, bis um 1870, Paris) war Violinvirtuose und Violinlehrer in St. Petersburg und in Paris.

Sein dritter Bruder Apolinary Kątski (23.10. 1825, Krakau, bis 29.6.1879, Warschau) wurde nach seinem Wirken als Violinist in Paris und Konzertreisen durch ganz Europa 1853 Kaiserlicher Kammervirtuose in St. Petersburg und reorganisierte und leitete ab 1861 das Konservatorium in Warschau.

WERKE

Von Antoni Kątski sind mehr als 400 Klavierstücke überliefert. Zum Großteil sind es auf Effekt berechnete brillante Vortragsstücke ohne viel musikalischen Gehalt. Einige seiner Charakterstücke, wie »Das Erwachen des Löwen«, das bei 100 Auflagen erlebte und durch mindestens 50 Jahre auf den Programmen der Salonmusik stand, erreichte welt-

weite Beliebtheit. Er verfaßte auch 2 Opern. Karol Kątski schrieb Klavier- und Violinstücke.
Stanisław Kątski komponierte eine Reihe sehr ansprechender Stücke für Klavier und Violine und Klavier allein.
Apolinary Kątski schrieb Capricen und kleine Stücke für Violine für seinen Konzertgebrauch, die nur mit ihrer Technik brillierten.

LITERATUR
St. Śledziński, Braci Kątski w Rosji, Krakau 1967.

Georgi Katuar (1861–1926)

LEBEN
Georgi Lwowisch Katuar (Catoir, Catoire) wurde am 27.4.1861 in Moskau geboren. Er studierte von 1885 bis 1887 an der vom Pianisten Karl Klindworth (1830–1916) gegründeten »Klavierschule« in Berlin und sodann in Rußland bei Anatoli Ljadow (1855–1914), Aleksandr Tanejew (1850–1918) und Antoni Arenski. Von 1916 bis zu seinem Tod am 21.5.1926 wirkte er als Professor am Konservatorium in Moskau.

WERKE
Von Georgi Katuar sind eine Sinfonie in c-Moll, eine sinfonische Dichtung, ein Klavierkonzert, ein Klavierquintett, ein Klavierquartett, ein Streichquartett, ein Trio, 2 Violinsonaten, eine Kantate, Frauenchöre, Lieder und Klavierstücke erschienen. Seine Musik steht unter dem Einfluß von Richard Wagner und Pjotr Tschaikowski und weist einen eigenartig gepflegten Stil auf.

LITERATUR
W. Beljajew, Georgi Catoir, Moskau 1926.

Eunice Katunda (geboren 1915)

LEBEN
Eunice Katunda wurde am 14.3.1915 in Rio de Janeiro geboren. Sie war Schülerin von Camargo Guarnieri, Hans Joachim Koellreutter und Hermann Scherchen und lehrt seitdem selbst am Konservatorium in Rio de Janeiro Komposition.

WERKE
Außer einem Opernentwurf für das brasilianische Radio schrieb Eunice Katunda ein Stück für Streichorchester, ein Klavierkonzert, eine »Huldigung an Schönberg« für zwei Klaviere, Bratsche, Cello und Klavier, eine Sonate und eine Sonatine sowie weitere Werke für Klavier, Kantaten, Chorwerke und Klavierlieder. Sie wendet die Dodekaphonik, die sie lehrt, auch in ihren Kompositionen an.

Georg Katzer (geboren 1935)

LEBEN
Georg Katzer wurde am 10.1.1935 in Habelschwerdt (Bystrzyen Kłodzku), Schlesien, geboren. Ab 1954 studierte er an der Musikhochschule in Ost-Berlin bei Ruth Zechlin und Rudolf Wagner-Régeny und darauf in Prag bei Karel Janeček (22.2.1903, Czertochawa, Polen, bis 4.1.1974, Prag); er ergänzte seine Ausbildung 1963 an der Deutschen Akademie der Künste in Berlin bei Hanns Eisler und Leo Spies. Er lebt als Musiklehrer und freischaffender Komponist in Berlin.

WERKE
Nach mehreren kammermusikalischen Werken, von denen ein sehr expressives Streichquartett hervorsticht, schrieb Georg Katzer 3 Sonaten für Orchester, ein Capriccio und »Baukasten« für Orchester, ein Stück für Streichermusik und »Musik für Kammerorchester mit obligater Violine«.

Hugo Kauder (1888–1972)

LEBEN
Hugo Kauder wurde am 9.6.1888 in Tobitschau (Tovačov), Mähren, geboren. Während seines Studiums an der Technischen Hochschule und der Universität in Wien bildete er sich autodidaktisch zum Musiker aus und wirkte von 1910 bis 1919 als Violinist und

Bratschist im Orchester des Wiener Konzertvereins, hielt sich eine Zeitlang in Holland und in England auf und lebte sodann ab 1940 als Komponist und Musiklehrer in New York. Er starb am 22.7.1972 in Bussum, Niederlande.

WERKE
Von Hugo Kauder sind 4 ausgezeichnete Sinfonien bekannt geworden. Er schrieb ferner 6 Praeludien, Passacaglien und Fugen für Streichorchester, 6 Konzerte für verschiedene Soloinstrumente und Streicher, 17 Streichquartette, Trios und Sonaten für Streicher und für Bläser mit Klavier, eine Toccata und 7 Praeludien und Fugen für Klavier, 2 Kantaten, ein Requiem und über 100 Lieder. Er war auch als Musikschriftsteller tätig und schrieb eine Kontrapunktlehre.

Ferdinand Kauer (1751–1831)

ZEIT UND UMWELT
Im ersten Drittel des 19. Jahrhunderts trat für Wien die Hochblüte des deutschen Singspiels erst ungehemmt ein. Mehrere Bühnen stellten sich nahezu ausschließlich auf diese neue Gattung Musikschauspiel ein, das die italienische Oper sehr rasch zurückdrängte.

LEBEN
Ferdinand Kauer wurde am 18. 1. 1751 in Klein-Tajax (Taiax) getauft. Er wirkte an mehreren Wiener Bühnen, in Graz als Theaterkapellmeister und im vorgerückten Alter als Bratschist am Leopoldstädter Theater in Wien, wo er am 13. 4. 1831 starb.

WERKE
Von den mehr als 100 Opern, Singspielen und Bühnenmusiken von Ferdinand Kauer hat sich das »Donauweibchen« lang auf kleineren Bühnen gehalten. Er verfaßte außerdem Sinfonien, Konzerte, Kammermusikwerke, über 20 Messen, mehrere Requiem und andere sakrale Gesänge, Oratorien, Kantaten und Lieder. Ein Großteil seines kompositorischen Werkes ging durch die Donauüberschwemmung im Jahr 1830 zugrunde. Sein Instrumentaltrio »Nelsons große Seeschlacht« ist bereits zur romantischen Programmusik zu stellen. Er verfaßte auch mehrere Schulwerke.

LITERATUR
Th. Haas, Ferdinand Kauer, in: Neue Musikzeitung, 1925.

Georg Friedrich Kauffmann
(1679–1735)

LEBEN
Georg Friedrich Kauffmann wurde am 14. 2. 1679 in Ostramondra, Thüringen, geboren. Er war in Erfurt Schüler von Johann Heinrich Buttstett und nahm darauf in Merseburg Unterricht bei Johann Friedrich Alberti, dem er 1698 in die Hoforganistenstelle nachfolgte. Im Jahr 1722 wurde er zum Hofmusikdirektor ernannt und starb in Merseburg im März 1735.

WERKE
Der deutsche Organist und Komponist Georg Friedrich Kauffmann veröffentlichte unter dem Titel »Harmonische Seelenlust« eine große Sammlung von Chorälen und Choralvorspielen. Er schrieb außerdem zahlreiche Stücke für Orgel und Cembalo und geistliche Gesänge. Sein Hang zum Pietismus geht aus seinen Kompositionen wie aus den gewählten Texten hervor.

Walter Kaufmann (geboren 1907)

LEBEN
Walter Kaufmann wurde am 1.4.1907 in Karlovy vary (Karlsbad), Böhmen, geboren. Er studierte zunächst in Prag und von 1926 bis 1929 an der Musikhochschule in Berlin bei Franz Schreker. Von 1926 bis 1928 wirkte er als Kapellmeister am Stadttheater in Karlovy vary und als Zweiter Kapellmeister in Cheb (Eger). Von 1934 bis 1947 war er Dirigent bei indischen Rundfunkstationen und bei der BBC, anschließend Klavier- und Kompositionslehrer am Konservatorium in Halifax,

Kanada; von 1948 bis 1956 wirkte er als Dirigent in Winnipeg und anschließend als Professor für Musikwissenschaft in Bloomington, Ind.

WERKE
Außer 11 Opern, einer Operette und 2 Balletten schrieb Walter Kaufmann 6 Sinfonien, eine Sinfonietta, 4 Zwölftonstücke, 2 Klavierkonzerte, ein Cellokonzert, eine Violinsonate, Klavierstücke, Bühnen- und Rundfunkmusik sowie Lieder. Er veröffentlichte Traktate über indische Musik.

Hugo Kaun (1863–1932)

LEBEN
Hugo Kaun wurde am 21.3.1863 in Berlin geboren und bildete sich dort bei Oskar Raif (31.7.1847, Zwolle, bis 29.7.1899, Berlin) zum Pianisten aus; Kompositionsunterricht nahm er bei Friedrich Kiel. Von 1887 bis 1901 wirkte er als Pianist und Klavierlehrer in Milwaukee. Da er wegen einer Handverletzung nicht mehr Klavier spielen konnte, widmete er sich nach seiner Rückkehr nach Berlin nur mehr dem Unterricht und der Komposition. Ab 1922 war er Kompositionslehrer am Klindworth-Scharwenka-Konservatorium in Berlin, wo er am 2.4.1932 starb.

WERKE
Als Spätromantiker knüpfte Hugo Kaun bei Richard Wagner und Johannes Brahms (1833 bis 1897) an und hielt treu an der überkommenen Satzkunst fest; er beharrte bei der Methode der Wort- und Bildausdeutung. Seine Musik ist klangschön und handwerklich ausgezeichnet gearbeitet, sie vermeidet alle Extravaganzen, verirrt sich selten und dann nur mäßig in chromatische Gefilde.
Er schrieb 3 Sinfonien in D-Dur, c-Moll und e-Moll, 2 Klavierkonzerte in es-Moll und c-Moll, mehrere Orchestersuiten, zahlreiche Kantaten und Balladen mit Orchester, ein Oktett in F-Dur, 4 Streichquartette, ein Klavierquintett, 2 Klaviertrios, eine Violinsonate, eine Suite für Altsaxophon und Klavier, ein Requiem, Lieder und Klavierstücke. Er schrieb außerdem 4 Opern und ein Oratorium »Mutter Erde«.

Isfrid Kayser (1712–71)

ZEIT UND UMWELT
Im 18. Jahrhundert zeichneten sich die »Schwäbischen Klöster« – Benediktiner und Praemonstratenser – durch besonders intensive Musikpflege aus, die für die Musikentwicklung Mitteleuropas äußerst wichtig wurde.

LEBEN
Isfrid Kayser wurde am 13. 3. 1712 in Türkheim bei Augsburg geboren. Er wurde im Praemonstratenserkloster Marchtal ausgebildet und trat dem Orden bei. Im Jahr 1741 wurde er Musikdirektor des Klosters, in dem er als Subprior am 1. 3. 1771 starb.

WERKE
Von Isfrid Kayser sind 6 Messen, vierstimmig mit Instrumenten, 24 Oratorien, 6 Tantum ergo, Psalmen, 3 Vespern mit Antiphonen und 3 Suiten für Cembalo erhalten. Seine Chorbegleitung ist nicht kontrapunktisch, Soli und Chöre werden alternativ eingesetzt.

Philipp Christoph Kayser
(1755–1823)

LEBEN
Philipp Christoph Kayser wurde am 10. 3. 1755 in Frankfurt am Main geboren. Auf Empfehlung Johann Wolfgang von Goethes, mit dem er befreundet war, ließ er sich in den siebziger Jahren in Zürich als Komponist und Klavierlehrer nieder, wo er am 24. 12. 1823 starb.

WERKE
Von Philipp Christoph Kayser sind »Vermischte Lieder«, eine vierstimmige Motette, »Gesänge mit Begleitung des Claviers«, eine zweistimmige »Weyhnachts-Cantate«, ein Streichquartett, 2 Sonaten für Cembalo mit

Violine und zwei Jagdhörnern, eine Cembalofuge, ein Ballett und eine Oper erschienen. Johann Wolfgang von Goethe schrieb für ihn 2 Singspiele (»Jery und Bätely«, »Scherz, List und Rache«).

LITERATUR
H. Abert, Goethe und die Musik, Stuttgart 1922.

Stanisław Kazuro (1882–1961)

LEBEN
Stanisław Kazuro wurde am 1.8.1882 in Teklinapol geboren. Er war Schüler der Musikhochschule in Warschau, der Accademia Nazionale di Santa Cecilia in Rom und der Sorbonne in Paris. Er wurde anschließend Kapellmeister und Chorleiter der Philharmonie in Warschau und 1916 Professor für Solfège, Chor, Kontrapunktik und Sologesang am Konservatorium. Von 1945 bis 1951 wirkte er als Rektor der Musikhochschule in Warschau, wo er am 30.11.1961 starb.

WERKE
Außer 2 Opern schrieb Stanisław Kazuro 3 Oratorien, eine Sinfonie für Sopran, Chor und Orchester, eine sinfonische Dichtung, ein Notturno für Orchester und zahlreiche weitere Orchesterwerke und Chorkompositionen. Er war noch Spätromantiker.

Wiktor Kazyński (1812–67)

ZEIT UND UMWELT
Nach dem Sieg Rußlands über den polnischen Aufstand im Jahr 1833 bemühte sich die Regierung in St. Petersburg um künstlerische Kräfte aus Warschau, um sich dort Freunde zu schaffen. Es gelang auch, einige in die russische Hauptstadt zu ziehen. Das gespannte Verhältnis zwischen dem unterdrückten Polen und dem Zarenreich konnte dadurch nicht aus der Welt geschafft werden, zumal von einer Lockerung der Zwangsmaßnahmen vorläufig keine Rede war.

LEBEN
Wiktor Każyński wurde am 18.12.1812 in Vilnius geboren. Er war in Warschau Schüler von Józef Elsner. Im Jahr 1843 siedelte er nach St. Petersburg über und wirkte dort bis zu seinem Tod am 6.3.1867 als Kapellmeister am Alexandertheater.

WERKE
Von den 4 Opern von Wiktor Każyński sind 2 noch in seiner Heimat und 2 in St. Petersburg aufgeführt worden. Er schrieb außerdem Chöre, Märsche, Tänze, Lieder und Übertragungen von russischen Liedern für Klavier und Orchester.

John Keeble (1711–86)

ZEIT UND UMWELT
Wie der evangelische bot auch der anglikanische Sakraldienst der Orgel sehr viel Entfaltungsmöglichkeiten, die in vielen Fällen von den Organisten improvisatorisch ausgenützt wurden, aber der Bedarf an komponierten Prä-, Inter- und Postludien, an Voluntaries und auch an längeren Orgelstücken war dennoch groß.

LEBEN
John Keeble wurde 1711 in Chichester geboren. Er war an der Kathedrale seiner Vaterstadt unter Thomas Kelway Chorknabe, wurde sodann Schüler von Johann Christoph Pepusch und folgte Thomas Roseingrave 1737 als Organist an St. George's nach. Er starb am 24. 12. 1786 in London.

WERKE
Von John Keeble erschienen 5 Bücher mit verschiedenen Orgelstücken, außerdem 40 Interludien, die zwischen den Psalmversen zu spielen sind.

Emanuel Kegel (1654–1724)

ZEIT UND UMWELT
Die einzelnen deutschen Landschaften bildeten je eine spezifische Figuralmusik heraus,

deren Form irgendwie erstarrte und verbindlich wurde. Es ist selbstverständlich schwer zu entscheiden, ob das gleichartige musikalische Denken durch die gemeinsame Umwelt entstanden ist oder ob es sich bei den einzelnen Komponisten mangels Eigenständigkeit um reine Imitation handelt.

LEBEN
Emanuel Kegel (Immanuel) wurde 1654 in Eisenach geboren. Er studierte in Jena und war darauf Kantor in Neustadt an der Heyde, Saalfeld, und in Gera, wo er 1695 Hoforganist und 1704 Hofkapellmeister wurde und am 23. 6. 1724 starb.

WERKE
Vom deutschen Komponisten Emanuel Kegel sind einige Kantaten erhalten, die als Typus thüringischer Figuralmusik seiner Zeit angesehen werden müssen. Alle anderen Kompositionen sind verlorengegangen, so daß nicht beurteilt werden kann, ob Kegel auch Individuelleres schreiben konnte. Er soll sehr gute Choralbearbeitungen komponiert haben.

Johann Balthasar Kehl (1725–78)

ZEIT UND UMWELT
Just Friedrich Wilhelm Zachariae war als Schriftsteller ein Nachahmer des englischen Klassikers Alexander Pope und bemühte sich wie sein Vorbild um eine gehobene, gut ausgewogene Sprache. Seine bedeutendste Leistung war vielleicht die Übersetzung des »Verlorenen Paradieses« von John Milton.

LEBEN
Johann Balthasar Kehl wurde am 24. 8. 1725 in Coburg geboren. Er war ab 1742 Kompositionsschüler von Johann Pfeiffer und Cellist in Bayreuth, kam 1762 als Hoforganist nach Erlangen und 1774 als Stadtkantor nach Bayreuth, wo er am 7. 4. 1778 starb.

WERKE
Durch seine Choralbearbeitungen »Erste, Zweyte, Dritte, Vierte Sammlung einiger variierter Choräle« wurde Johann Balthasar Kehl am meisten bekannt. Von seinen beiden Oratorien, »Die Pilgrime auf Golgatha« – auf einen schönen Text von Just Friedrich Wilhelm Zachariae – und »Die Hirten bei der Krippe zu Bethlehem« – Text von Karl Friedrich Ramler –, wurde das erstere viel aufgeführt. Er schrieb weiter Sonaten und Konzerte für verschiedene Instrumente und einen Jahrgang Kirchenkantaten. Er stand dem empfindsamen Stil noch sehr nahe.

Alfredo Keil (1850–1907)

ZEIT UND UMWELT
Seit dem Wirken des bedeutenden Komponisten João Domingos Bomtempo, der in Lissabon 1820 eine Philharmonische Gesellschaft gründete und als erster das 1833 eröffnete Konservatorium leitete, mehrten sich die Ansätze zu einer eigenständigen Musikentwicklung. Trotz der Masse an Zarzuelas, mit der die Musikbühne überschwemmt wurde, setzte sich auch allmählich ein Opernleben durch, das allerdings nahezu ausschließlich italienische Werke vorzog. Die erste portugiesische Nationaloper wurde erst 1899 in Lissabon aufgeführt.

LEBEN
Alfredo Keil wurde am 3.7.1850 in Lissabon geboren. Er war Maler, Dichter und Komponist. Einzelheiten seines Lebens sind unbekannt, obwohl er eine bedeutende Persönlichkeit des portugiesischen Musiklebens seiner Zeit war. Er starb am 4.10.1907 in Hamburg.

WERKE
Von den 3 Opern von Alfredo Keil wird »A Serrana« (Das Mädchen aus den Bergen) als erste portugiesische Nationaloper bezeichnet. Er verfaßte eine Reihe von vorzüglichen Tondichtungen und Kantaten. Sein Lied »A Portugueza« (Die Portugiesin) wurde 1911 zur Nationalhymne der Republik Portugal erklärt.

Reinhard Keiser (1674–1739)

ZEIT UND UMWELT

Die Bestrebungen von Johann Kusser, in Hamburg deutsche Opern auf dem Spielplan zu erhalten, scheiterten. Rezitative und Arien der italienischen Oper boten viel mehr Kraft und Ausdruck als die liedhaften deutschen Operngesänge, die doch um vieles banaler waren. Dazu trat noch die Manier, daß nur dargestellte Standespersonen Arien singen durften, während das Volk sich mit Liedern begnügen mußte. Diese gegensätzlichen Stilelemente gestalteten die deutsche Oper zu einem uneinheitlichen Gebilde. Die melodischen Einfälle der Komponisten reichten nicht aus, das Publikum zu befriedigen, das Pathos und Dramatik verlangte und höchstens Lyrik und Idylle erhielt.

LEBEN

Reinhard Keiser wurde am 12. 1. 1674 in Teuchern bei Weißenfels getauft. Im Jahr 1685 trat er in die Thomasschule in Leipzig ein, die von Johann Schelle geleitet wurde; 1693 brachte er in Braunschweig eine Oper heraus, die ein Jahr darauf in Hamburg aufgeführt wurde, und als Sigmund Kusser im gleichen Jahr Hamburg verließ, wurde er zum Hauptkomponisten und Kapellmeister der Oper der Stadt bestellt. In den Jahren 1700 und 1701 dirigierte er auch die Winterkonzerte im Palais der kaiserlichen Gesandten. 1703 übernahm er die Opernleitung, gab sie aber 1706 wegen finanzieller Schwierigkeiten wieder auf und blieb nur freier Mitarbeiter der Oper. Er verließ Hamburg für drei Jahre, nahm sodann die Leitung der Winterkonzerte erneut auf, ging 1717 für ein Jahr nach Kopenhagen, um Opern aufzuführen, 1719 nach Ludwigsburg und 1722 neuerlich nach Dänemark, wo er den Titel eines Königlich-Dänischen Kapellmeisters erhielt. Im Jahr 1728 wurde er Kantor am Dom in Hamburg, erlebte noch das Ende der Hamburger Oper (1738) und starb am 12. 9. 1739.

Die Biographen nennen ihn zügellos, luxusliebend und leichtsinnig, billigen ihm aber zu, daß er seine künstlerische Aufgabe mit zielstrebiger Zähigkeit verfolgte. Er hat bei 80 Opern, vorwiegend für Hamburg, geschrieben, die zum Teil künstlerische, aber keine finanziellen Erfolge brachten. Ein ständiger Kampf um das tägliche Leben, Schulden, Flucht vor den Gläubigern waren die Folge. Er scheiterte immer wieder, und hatte er einmal Geld, gab er es mit vollen Händen aus. Er heiratete reich, aber auch das Geld seiner Frau reichte nicht für seine künstlerischen Pläne und seine aufwendige Lebensführung. Vielleicht wäre gerade er berufen gewesen, die deutsche Oper zu begründen. Ihm fehlte hierzu zwar nicht die Ausdauer, aber die Selbstdisziplin und die künstlerische Substanz.

WERKE

Neben seinen Bühnenwerken verfaßte der deutsche Komponist Reinhard Keiser einige Triosonaten und ein Flötenkonzert, viele Kammer- und bei 30 Kirchenkantaten und eine Anzahl Oratorien, von denen das Passionsoratorium »Die über den Triumph ihres Heylandes jubilierende Seele« (1717) oftmals von Johann Sebastian Bach aufgeführt wurde.

LITERATUR

F. A. Voigt, Reinhard Keiser,, in: Vierteljahrsschrift für Musikwissenschaft VI., 1890.

Milko Kelemen (geboren 1924)

LEBEN

Milko Kelemen wurde am 30. 3. 1924 in Podravska Slatina, Kroatien, geboren. Er studierte an der Musikhochschule in Zagreb bei Stjepan Šulek Komposition und bei Fritz Zaun (1893–1966) Dirigieren. Im Jahr 1953 wurde er an dieser Hochschule Dozent, setzte aber ein Jahr darauf seine Studien am Conservatoire in Paris bei Olivier Messiaen und Tony Aubin fort, nahm an den Ferienkursen für Neue Musik in Darmstadt teil und gründete 1961 in Zagreb das Internationale Musikfest für Neue Musik, als dessen Präsident er fungiert. Von 1966 bis 1968 arbeitete er im elektronischen Institut von Siemens in München, 1969 wurde er Professor für Komposition am Konservatorium in Düsseldorf, 1973 erhielt er einen Ruf an die Musikhochschule in Stuttgart.

WERKE
Die frühen Werke von Milko Kelemen weisen klaren formalen Aufbau auf und sind der Folklore verpflichtet. Später wandte er serielle Techniken an, stellte organisiertes und amorphes Tonmaterial nebeneinander und integrierte seiner Musik elektronische Passagen, bis er schließlich zu einer Synthese aller bisherigen Möglichkeiten gelangte und bei seinem kompositorischen Schaffungsprozessen Imagination, Archetypen, Form, Struktur und Sprache gleichermaßen berücksichtigte. Das Postulat der Originalität erfüllte er bei allen seinen Kompositionen. Er schrieb eine multimediale Ballettoper, »Sinfonische Musik«, »Skolion« für Orchester, »Équilibres« für zwei Orchester, ein Violinkonzert, ein Cellokonzert, ein Klavierkonzert, ein Orgelkonzert, Improvisationen für Streichorchester, ein Konzert für Fagott und Streicher und weitere Stücke für großes Orchester oder für Streicher, 2 Bläserquintette, 3 Streichquartette, ein Trio für Oboe, Klarinette und Fagott, Stücke für Soloinstrumente, »Zehn Fabeln« für zwei Blockflöten, Sonaten mit verschiedener Besetzung, Klavierwerke, Elektronische Musik, Liederzyklen, Einzellieder mit Instrumentalbegleitung, Chöre, a cappella und begleitet, und Filmmusik.

Milko Kelemen

Fünf Essays für Streichorchester, 5 Sätze, entstanden 1960

Im 1. Satz, der mit zögernd einsetzenden Triolen beginnt, erheben sich weite Melodienbogen und steuern auf einen rhythmisch akzentuierten Höhepunkt zu, dann erlöschen die Triolen. Im 2. Satz wechseln Akkordflächen und kurze melodische Phrasen ab. Leise pochende Achtel entwickeln sich im 3. Satz zu weitgreifenden wogenden Figuren. Dann wird die Bewegung durch Rückgriffe auf den 1. Satz gehemmt. Den 4. Satz beherrschen Tremoloflächen und kurze melodische Floskeln. Im 5. Satz kehren die Triolen des 1. Satzes wieder, werden durch punktierte Rhythmen bereichert und erhalten den Charakter eines Marsches, der schwungvoll ausklingt.

Béla Kéler (1820–82)

ZEIT UND UMWELT
Viele Meister der Unterhaltungsmusik des 19. Jahrhunderts kamen von den Militärkapellen, die nur voll ausgebildete Musiker einstellten. Daß diese Kapellen nur leichte Musik spielten, war durch ihre Zweckbestimmung bedingt, und die Ausführenden blieben zumeist bei dieser Gattung, auch wenn sie ihre Stellungen aufgegeben hatten.

LEBEN
Béla Kéler (Kéler Béla) wurde am 13.2.1820 in Bértfa geboren und war in Wien Schüler von Simon Sechter. Er wirkte einige Zeit als Violinist am Theater an der Wien, dann als Dirigent in Berlin und schließlich als Militärkapellmeister in Wien und in Wiesbaden, wo er am 20.11.1882 starb.

WERKE
Die Unterhaltungsmusik wurde durch Béla Kéler durch zahlreiche Märsche und Tänze

bereichert. Seine Kompositionen »Lustspiel-Ouvertüre« und »Ungarische Lustspiel-Ouvertüre« sind noch heute wegen ihrer zündenden Melodik im Rahmen der Unterhaltungsmusik beliebt.

Gottfried Keller (um 1650–1704)

ZEIT UND UMWELT

In England verschob sich das Musikgeschehen unter den beiden Regenten Wilhelm III. und Anne, die Kunst und Künstler mißachteten und Musik nur so weit pflegten, wie es zum Hofzeremoniell nötig war, abgesehen von der gleichbleibenden Musikpflege an den Kirchen, in das bürgerliche Lager. Auch der Adel folgte zum großen Teil den Tendenzen des Hofes, wo die letzten Spuren des Elisabethanischen Zeitalters getilgt wurden. Privater Musikunterricht, private Musikdarbietungen – oft sehr seichter und leichter Natur – verschafften dem Musiker neue Einnahmsquellen.

LEBEN

Gottfried Keller (Godfrey, Godfry) wurde um 1650 in Deutschland geboren und vermutlich dort zum Cembalisten ausgebildet. Er ließ sich gegen das Ende des Jahrhunderts in London nieder und war bald einer der meistgesuchten Cembalolehrer der Stadt, wo er 1704 starb.

WERKE

Der deutsche Komponist Gottfried Keller veröffentlichte neben einer Generalbaßschule und Harmonielehre eine Reihe von Stücken für sein Instrument, von denen eine Cembalosonate und 6 Triosonaten erhalten sind. Sein Satz weist deutlich auf deutsche Ausbildung hin.

Karl Keller (1784–1855)

ZEIT UND UMWELT

Die Zersplitterung Deutschlands in zahlreiche souveräne Gebiete, die auch in der nachnapoleonischen Ära nur zum Teil behoben wurde, brachte neben schwerwiegenden Nachteilen die Gründung von zahlreichen Hofopern, Hoftheatern und Hofkapellen, Archiven und Bibliotheken. Die einzelnen Landesfürsten überboten einander im Wetteifer, ihre Institutionen zu fördern, sei es, um ihre geringe politische Bedeutung zu kompensieren, sei es aus Verpflichtung, die Tradition ihres Hauses zu pflegen oder ihm neuen Glanz zu verleihen, sei es, weil sie ihre musische Veranlagung dazu drängte. Der Erfolg war immer der gleiche: Musiker jeder Gattung erhielten Beschäftigung, und das Musikleben blühte auf.

LEBEN

Karl Keller wurde am 16.10.1784 in Dessau geboren. Er war als Flötist Hofmusikus in Berlin, Kassel und Stuttgart und dann nach etlichen Konzertreisen Theaterkapellmeister in Donaueschingen. Im Jahr 1849 siedelte er nach Schaffhausen über, wo er bis 1853 als Musikdirektor wirkte und am 19.7.1855 starb.

WERKE

Von Karl Keller ist eine Reihe von Flötenmusik erschienen: Konzerte, Soli, Duette, Variationen, Polonaisen, Divertissements. Sehr beliebt waren seine Lieder, die dem Volkston sehr nahe kamen und noch gesungen wurden, als sein Name bereits vergessen war.

Max Keller (1770–1855)

LEBEN

Max Keller wurde am 7. 10. 1770 in Trostberg an der Alz, Bayern, geboren. Er wurde in Altötting ausgebildet und wirkte darauf dort bis zu seinem Tod am 16. 12. 1855 als Organist.

WERKE

Das umfangreiche kompositorische Werk von Max Keller war zum Großteil Kirchen mit kleinen Verhältnissen gewidmet. Seine Messen wurden für eine oder zwei Singstimmen mit Orgel und fakultativen Hörnern geschrieben, wirkten aber dennoch klangvoll und ansprechend. Auch seine Adventslieder und Litaneien halten sich im gleichen Rahmen. Er schrieb außerdem zahlreiche Orgelstücke, die für kleine Instrumente zugeschnitten sind.

Thomas Alexander Erskine Kellie
(1732–81)

ZEIT UND UMWELT
Charles Burney, James Oswald, der Amateurkomponist John Reed (3. 12. 1721, Edinburgh, bis 6. 2. 1807, London), dessen Werke nicht erhalten sind, und weitere Musikenthusiasten aus gehobenen Ständen bildeten eine »Society of the Temple of Apollo«, die Kompositionen von Amateuren zumeist anonym veröffentlichten. Als Herausgeber fungierte James Oswald. Es sind sehr wenige Werke dieser Art erhalten.

LEBEN
Thomas Alexander Erskine Earl of Kellie (Kelly) wurde am 1. 9. 1732 auf Schloß Kellie geboren. Er studierte Musik bei Jiří Stamic in Mannheim, lebte darauf in England und war häufig auf Reisen. Er starb am 9. 10. 1781 in Brüssel.

Thomas Alexander Erskine Kellie

WERKE
Von Thomas Alexander Erskine Kellie sind Sinfonien, Ouvertüren, Menuette und eine Reihe weiterer Stücke, die sich an die Mannheimer Vorklassik anlehnen, bekannt geworden. Seine Ouvertüre »The Maid of the Mill« (Das Müllermädchen) genoß lange eine große Popularität. Einige seiner Werke, von denen viele von der »Society of the Temple of Apollo« anonym herausgebracht wurden, sind noch im 19. Jahrhundert nachgedruckt worden. Besonders beliebt waren seine Triosonaten.

David Kellner (um 1670–1748)

ZEIT UND UMWELT
Wie Kopenhagen bezog auch Stockholm noch in der ersten Hälfte des 18. Jahrhunderts seine Musiker aus dem Ausland, vorwiegend aus dem deutschen Raum, und zwar besonders auf dem Gebiet der Kirchenmusik.

LEBEN
David Kellner wurde um 1670 in Leipzig geboren und vermutlich auch dort zum Musiker ausgebildet. Er war ab 1711 Glöckner und Organist an der deutschen Kirche in Stockholm und wirkte als gesuchter Theorielehrer bis zu seinem Tod am 6. 4. 1748.

WERKE
Der deutsche Organist und Komponist David Kellner brachte neben seinem Lehrbuch »Treulicher Unterricht im General-Baß« 16 Lautenstücke heraus, außerdem eine Oper.

Johann Christoph Kellner
(1736–1803)

LEBEN
Johann Christoph Kellner wurde am 15. 8. 1736 in Gräfenroda geboren. Er war Sohn

und Schüler von Johann Peter Kellner, der mit Johann Sebastian Bach befreundet war, und hatte außerdem von Georg Benda in Gotha Unterricht erhalten. Nach Konzertreisen in Deutschland und den Niederlanden wurde er Hoforganist in Kassel, wo er 1803 starb.

WERKE
Von Johann Christoph Kellner sind 7 Cembalokonzerte, Trios, Cembalosonaten, Orgelstücke und Fugen erschienen, die das Wirken des geistigen Ahnherrn Johann Sebastian Bach durchblicken lassen. Er verfaßte außerdem ein Singspiel und eine mehrmals aufgelegte Generalbaßlehre.

Johann Peter Kellner (1705–72)

LEBEN
Johann Peter Kellner wurde am 28. 9. 1705 in Gräfenroda, Thüringen, geboren. Er wurde in seinem Geburtsort, in Zella und in Suhl ausgebildet und wirkte als Kantor in Frankenheim, Thüringen, von 1725 bis 1728 und anschließend bis zu seinem Tod am 19. 4. 1772 in Gräfenroda. Er dürfte Schüler von Johann Sebastian Bach, mit dem er jedenfalls, wie mit Georg Friedrich Händel, gut bekannt war, gewesen sein.

WERKE
Wir verdanken Johann Peter Kellner eine Reihe sehr wertvoller Kopien von Werken Johann Sebastian Bachs und dessen Generalbaßlehre. An eigenen Werken liegen von ihm vor: ein Certamen musicum (musikalischer Wettstreit), aus Präludien, Fugen und Tanzstücken für Cembalo bestehend, 6 einzelne Cembalosuiten, 4 Cembalosonaten, eine Anzahl figurierter Choräle, ein vollständiger Kirchenjahrgang Kantaten, Orgeltrios und mehrere kleine Orgelstücke, außerdem ein Karfreitagsoratorium. Die Nachfolge Bachs ist in jedem Stück erkennbar.

Michael Kelly (1762–1826)

ZEIT UND UMWELT
Das deutsche Singspiel der letzten Jahrzehnte des 18. und der ersten des 19. Jahrhunderts gehörte mit wenigen Ausnahmen der Unterhaltungsmusik an. Es war oft mehr ein Ergebnis routinierter Technik als eines kompositorischen Schaffens. Seine Bühnenwirksamkeit konnten Männer der Bühne – Sänger, Schauspieler, Dirigenten – am besten abschätzen und treffen.

LEBEN
Michael Kelly (O'Kelly, Occhelli) wurde am 25. 12. 1762 in Dublin geboren. Er war Schüler von Michael Arne in Dublin, von Venanzio Rauzzini in London, von Fedele Fenaroli und Giuseppe Aprile in Neapel, wo er mit großem Erfolg als Opernsänger auftrat. Von 1784 bis 1787 sang er am Hoftheater in Wien und erwarb dort die Freundschaft von Wolfgang Amadeus Mozart. Dann kehrte er nach London zurück; er wirkte am Drury Lane Theatre als Tenor und ab 1793 als Leiter des King's Theatre. Er starb am 9. 10. 1826 in London.

Michael Kelly, Schabkunstblatt von C. Turner

WERKE

Von Michael Kelly sind 62 Singspiele und Schauspielmusiken sowie ein Ballett über die Bühne gegangen. Außerdem verfaßte er zahlreiche englische, französische und italienische Lieder. Seine »Lebenserinnerungen« sind eine Fundgrube von Informationen über seine Zeit.

LITERATUR

S. M. Ellis, The Life of Michael Kelly, London 1930.

Rudolf Kelterborn (geboren 1931)

LEBEN

Rudolf Kelterborn wurde am 3.9.1931 in Basel geboren. In seiner Geburtsstadt war er Schüler von Jacques Handschin (5.4.1886, Moskau, bis 6.11.1955, Basel) und an der Musikakademie von Walther Geiser (geboren 16.5.1897, Zofingen, Aargau), Gustav Güldenstein (geboren 23.6.1888, München), Walter Müller von Kulm (31.8.1899, Basel, bis 3.10.1967, Arlesheim, Basel-Land) und Alexander Krannhals (16.2.1908, Frankfurt am Main, bis 15.3.1961, Karlsruhe). Er ergänzte seine Ausbildung bei Willy Burkhard, Günter Bialas, Wolfgang Fortner und Igor Markewitsch (14.7.1912, Kiew, bis 17.3.1983, Antibes). Von 1955 an war er in Basel als Theorielehrer und Dirigent tätig, von 1960 bis 1968 gab er an der Musikakademie in Detmold Unterricht und wurde dort an der Musikhochschule Professor für Kompositionslehre. 1975 bis 1980 leitete er die Musikabteilung des schweizerischen Rundfunks in Basel, wurde 1980 Professor für Komposition in Karlsruhe und lehrte zugleich in Zürich. Ab 1983 wurde er Direktor der Musikakademie in Basel.

WERKE

Ohne sich stilistisch festzulegen, wählte Rudolf Kelterborn die Dodekaphonik als Basis seines kompositorischen Schaffens, benützt aber auch andere serielle Techniken und die Aleatorik. Die Klangfarbe setzte er als primäres Element des musikalischen Ausdrucks nachgerade dramaturgisch ein. Er schrieb unter anderem 3 Opern, ein Ballett, 3 Sinfonien, eine Kammersinfonie für Solovioline, zehn Bläser, Schlagzeug, Harfe und tiefe Streicher, eine »Szene« für zwölf Solocellisten, »Visions« für sechs Schlagzeuggruppen und sechs Instrumente, eine Kammersinfonie für Streicher, »Canto appassionato«, »Metamorphosen«, »Phantasmen«, »Lamentationes« für Streichorchester, »Spiegel« für Bläser, Harfe, Klavier, Schlagzeug und Kontrabässe, »Vier Nachtstücke« und »Traummusik« für kleines Orchester, ein Cellokonzert, Variationen für Oboe und Streicher, eine Musik für Klarinette und Streicher, eine Sonate für zehn Blechbläser, ein Oktett für Klarinette, Fagott, Horn und Streichquintett, 3 Streichquartette, ein Klaviertrio, verschiedene Duos und Klavierstücke, ein Oratorium, Gesänge auf Texten aus den »Bekenntnissen« von Augustinus und aus der Vulgata, mehrere Kantaten, Madrigale und Lieder mit verschiedener Begleitung. Er publizierte eine Reihe musikwissenschaftlicher Abhandlungen.

LITERATUR

M.S. Weber, Die Orchesterwerke Rudolf Kelterborns, 1981.

Thomas Kelway (um 1695–1749)

ZEIT UND UMWELT

So stark der Einfluß italienischer Musiker wie zum Beispiel eines Francesco Saverio Geminiani auf Kompositionsstil und Vortragstechnik in England war, die Kirchenkomposition wurde davon nicht erreicht. Hier hießen die Vorbilder Georg Friedrich Händel und Johann Christoph Pepusch.

LEBEN

Thomas Kelway wurde um 1695 in Cichester geboren und als Chorknabe an der Kathedrale der Stadt ausgebildet. Er erhielt dort 1726 die Organistenstelle, die er bis zu seinem Tod am 21. 5. 1749 betreute.

WERKE

Von Thomas Kelway sind 7 Services und

9 Anthems überliefert. Davon hat das Abendservice in h-Moll einen hohen Bekanntheitsgrad erreicht. Auch die Services in a-Moll und g-Moll wurden viel gesungen.

Matthias Kelz (1634 bis vor 1694)

ZEIT UND UMWELT
Die Familie Fugger, die an der geistigen Prägung der Stadt Augsburg großen Anteil hatte, verlor zwar im Verlauf des 17. Jahrhunderts ihre Bedeutung als wirtschaftliche Macht, ihr traditionelles Mäzenatentum setzte sie aber fort. Die Musik in Augsburg wurde zur Gänze unmittelbar oder mittelbar von ihr gefördert und gesteuert.

LEBEN
Matthias Kelz wurde am 16. 1. 1634 in Schongau, Oberbayern, getauft. Er lebte ab 1658 in Augsburg als Musiker und Komponist. Welche musikalische Stellung er dort innehatte, ist nicht bekannt. Er dürfte im Dienst der Familie Fugger gestanden sein. Er starb in Augsburg noch vor dem Jahr 1694.

WERKE
Vom deutschen Komponisten Matthias Kelz sind Sonaten und Tanzstücke für zwei Violinen, Baß und Generalbaß unter dem Titel »Primitiae musicales« (Musikalische Anfänge) und ähnliche Stücke für Violine, Viola da gamba und Generalbaß unter der Bezeichnung »Epidigma harmoniae novae« (Sammlung neuer Harmonien) überliefert. Alle anderen angeblich zahlreichen Kompositionen sind verschollen. Seine Kompositionsform nimmt das im 18. Jahrhundert viel gepflegte Instrumentaltrio voraus.

Wilhelm Kempff (geboren 1895)

LEBEN
Wilhelm Kempff wurde am 25. 11. 1895 in Jüterbog geboren. Er war ab 1906 in Berlin Schüler von Heinrich Barth und Robert Kahn. Dann trat er häufig als Klavier- und Orgelvirtuose auf. Von 1924 bis 1929 wirkte er als Leiter der Württembergischen Musikhochschule in Stuttgart, ließ sich darauf in Potsdam nieder, wo er später an Meisterkursen für Ausländer mitarbeitete. Ab 1957 hielt er in Positano jährlich Beethoven-Interpretationskurse.
Sein Bruder Georg Kempff (22. 10. 1893, Jüterbog, bis 1. 9. 1975, Oberstdorf) studierte in Berlin bei Heinrich Barth und Johannes Wolf, wirkte in verschiedenen Städten als Pfarrer und wurde 1933 Universitäts-Musikdirektor und Leiter des Instituts für Kirchenmusik in Erlangen.

WERKE
Als Seltenheit ist das Stück von Wilhelm Kempff für drei Luren und Männerchor zu registrieren. Er verfaßte außerdem 3 Opern, ein Ballett, 2 Sinfonien, eine Ouvertüre, ein Violinkonzert, ein Klavierkonzert, 3 Suiten, eine Legende für Klavier und Orchester, 2 Streichquartette, ein szenisches Mysterium, ein Te Deum, mehrere Chorwerke, ein Klavierkonzert mit Chor, mehrere Kantaten, »Griechische Gesänge« für Frauenstimmen und Klavier, zahlreiche Klavierstücke.
Georg Kempff schrieb ein Oratorium, Choralmotetten, Kantaten und gab das »Cantionale der Evangelisch-Lutherischen Kirche in Bayern« heraus. Er verfaßte Schriften zur Erneuerung der Kirchenmusik.

Władimir Kenig (1883–1929)

LEBEN
Władimir Kenig wurde am 1. 4. 1883 in Suwałki geboren und am Konservatorium in Warschau ausgebildet. Er studierte darauf in München bei Friedrich Klose und Hans Bußmeyer. Er wirkte als Erster Dirigent der Philharmonie und als Ministerialbeamter in Warschau. Er starb am 4. 5. 1929 in Pułtusk.

WERKE
Von Władimir Kenig sind 3 Sinfonien, 2 sinfonische Dichtungen, Violin- und Cellostücke und zahlreiche Lieder bekannt geworden. Er bewegte sich noch im Rahmen der polnischen Spätromantik.

P. Kenn (um 1760 bis nach 1808)

ZEIT UND UMWELT
Deutsche Blechbläser – Hornisten, Trompeter, Posaunisten – waren in Paris bei den verschiedenen Orchestern und der Harmoniekapelle der Nationalgarde besonders willkommen, weil ihr hoher Ausbildungsstand bekannt war. Es handelte sich in vielen Fällen um Abkömmlinge von Stadtpfeiferfamilien mit alter Tradition.

LEBEN
P. Kenn – der Vorname ist nicht überliefert – wurde um 1760 in Deutschland geboren, wo er als Bläser bereits einen Namen gewonnen hatte, als er 1782 nach Paris übersiedelte und als zweiter Hornist zum Opernorchester kam. Ab 1791 wirkte er gleichzeitig in der Musikbande der Nationalgarde und von 1795 bis 1802 als Hornlehrer am Konservatorium. Im Jahr 1808 wurde er pensioniert und starb einige Jahre darauf vermutlich in Paris.

WERKE
Von P. Kenn erschienen zahlreiche Stücke für Hörner und andere Blasinstrumente – Duos, Trios, Divertissements –, die lang zum festen Repertoire der französischen Harmoniekapellen gehörten.

Guillaume Gommaire Kennis
(1717–89)

ZEIT UND UMWELT
Die kleine Stadt Lier stand wirtschaftlich und kulturell stets im Schatten des nahen Antwerpen. Daher verlief auch die Musikpflege beider Städte parallel, wobei allerdings die kleinere durch ihre tüchtige Kapelle an der spätgotischen Gommaruskirche nicht wenig beitragen konnte.

LEBEN
Guillaume Gommaire Kennis wurde am 30. 4. 1717 in Lier geboren. Er war Chorknabe an der Gommaruskirche der Vaterstadt, ab 1728 zweiter Violinist und ab 1731 Chorregent der Kirchenkapelle. Ab 1750 versah er die gleiche Funktion an der Peterskirche in Löwen bis zu seinem Tod am 10. 5. 1789.

WERKE
Das kompositorische Werk von Guillaume Gommaire Kennis umfaßte Sonaten für Violine und Generalbaß und für zwei Violinen, Trios und Quartette für Streicher.

James Kent (1700–76)

ZEIT UND UMWELT
Der gegen das Ende des 17. Jahrhunderts gebildete Stil der anglikanischen Kirchenmusik erfuhr zumindest bis weit in das 18. hinein keine wesentliche Änderung. Die bis zu jenem Zeitpunkt entwickelte Faktur wurde sozusagen als Muster beibehalten und ständig nachgeahmt. Ein Meister, der Neues bringen hätte können, fehlte. Dafür wurden die bewährten Formen erleichtert und volkstümlichen Gesängen angeglichen, wodurch sie den Großteil ihrer künstlerischen Substanz einbüßten und zu recht mittelmäßigen Stücken wurden.

LEBEN
James Kent wurde am 13. 3. 1700 in Winchester geboren. Er war von 1711 bis 1714 Chorknabe an der Kathedrale seiner Vaterstadt, darauf unter William Croft (1678–1727) an der Chapel Royal in London. Von 1717 bis 1731 wirkte er als Organist in Finedon, Northamptonshire, dann am Trinity College in Cambridge und schließlich von 1737 bis 1774 an der Kathedrale in Winchester, wo er am 6. 5. 1776 starb.

WERKE
Von James Kent sind »Twelve Anthems« (12 Anthems) und 2 Bände »A Morning and Evening Service and Eight Anthems« (Ein Morgen- und Abendservice und 8 Anthems) gedruckt worden. Weitere Werke scheinen verlorengegangen zu sein. Die Anthems wurden als eingängig und gefällig, die sich selten über eine gewisse Mittelmäßigkeit erheben, bezeichnet.

Jacobus de Kerle (um 1531–91)

ZEIT UND UMWELT

Die Ministerialen von Waldburg erhielten 1214 das Reichsamt der Truchsessen übertragen und nannten sich ab da Truchseß von Waldburg. Damit waren sie in die Adelsklasse eingetreten. Aus der Familie gingen kirchliche und weltliche Würdenträger hervor, wie Georg II. Truchseß von Waldburg (1488–1531), der das Heer des Schwäbischen Bundes gegen Herzog Ulrich von Württemberg führte und im Bauernkrieg Württemberg als Statthalter des Kaisers verwaltete, oder Kardinal Otto Truchseß von Waldburg, der sich in Rom einen eigenen Kapellmeister hielt.

LEBEN

Jacobus de Kerle (Jacob van Kerle) wurde um 1531 in Ypern geboren. Der franko-flämische Komponist kam sehr früh nach Italien, wo er bereits 1555 bis 1562 Organist und Kapellmeister am Dom zu Orvieto war. Anschließend – er war inzwischen Priester geworden – wurde er Kapellmeister des Kardinals Otto Truchseß von Waldburg, den er für die Jahre 1563 und 1564 nach Barcelona begleitete, und wirkte an dessen Hof in Dillingen, bis die Kapelle des Kardinals 1565 aufgelöst wurde. Anschließend war er bis 1567 Kapellmeister in Ypern und von 1568 bis 1575 Domorganist in Augsburg, wo er die erst 1561 gegründete Kantorei ordnete und auf einen hohen Stand brachte. Seine nächsten Aufenthalte waren Kempten und darauf Cambrai, von wo er 1582 mit anderen spanientreuen Geistlichen nach Mons flüchtete. Im gleichen Jahr wurde er Kapellmeister des Kurfürsten von Köln, Gebhard Truchseß von Waldburg, der jedoch Protestant wurde und sein Fürstentum aufgeben mußte. Kerle erhielt die Stelle eines kaiserlichen Hofkaplans (bei Rudolf II.) in Wien und in Prag, wo er am 7. 1. 1591 starb.

WERKE

Von allen Werken von Jacobus de Kerle muß sein »Preces speciales pro salubri generalis concilii successu« (Spezielle Gebete um einen heilsamen Erfolg des allgemeinen Konzils) hervorgehoben werden, dessen Text von dem Dominikaner Petrus de Soto verfaßt worden war. Die vierstimmige Komposition hat zwar nicht die Kirchenmusik gerettet, denn diese war nie ernstlich gefährdet, aber sie zeigte der Konzilskommission für Kirchenmusik, daß die Forderung nach Textdeutlichkeit, Schlichtheit und Ernst mit echter Musik aus der Hand eines Meisters klaglos vereinbar ist. Es war sozusagen das erste Modell, an dessen Stelle allerdings die Messen von Palestrina traten, weil diese das Problem der künstlerischen Entfaltung innerhalb der Beengung mit einer Genialität lösten, die unerreichbar geblieben ist.
Die frühesten Werke von Kerle waren fünfstimmige Hymnen, mit denen er seine Zugehörigkeit zur franko-flämischen Schule eindeutig bescheinigte. Psalmen, Magnificat und Madrigale schlossen sich an, sodann sechsstimmige Messen und Motetten für vier bis acht Stimmen, ein Requiem, Responsorien, weitere vierstimmige Messen und fünf- bis achtstimmige Motetten. Der Stil aller Werke ist polyphon und sehr kunstvoll. Die neu aufgekommene akkordische Art, Doppelchörigkeit und Chromatik werden kaum verwendet. Der Meister blieb seiner Schule und der römischen Auffassung der kirchlichen Musik verhaftet.

LITERATUR

O. Ursprung, Jacobus de Kerle, München 1913.

Johann Kaspar Kerll (1627–93)

ZEIT UND UMWELT

Erzherzog Leopold Wilhelm von Österreich (1614–62), Bruder Kaiser Ferdinands III., erhielt in Brüssel und in Kremsier (Kroměříž), wo er als Erzbischof von Olmütz (Olomouc) residierte, eine eigene Kapelle, deren Kräfte er zum Teil auf seine Kosten ausbilden ließ. Sie mußten selbstverständlich katholisch sein, weil im 17. Jahrhundert Musikausübung und Konfession in enger Beziehung zueinander standen.

LEBEN

Johann Kaspar von Kerll wurde am 9. 4. 1627 in Adorf, Vogtland, als Sohn eines evangelischen Organisten und Orgelbauers geboren. Seine Ausbildung erhielt er auf Kosten des österreichischen Erzherzogs Leopold Wilhelm in Brüssel, sodann in Wien bei Giovanni Valentini und schließlich in Rom bei Giacomo Carissimi und Girolamo Frescobaldi, bei dem er Johann Froberger kennenlernte. Wie Froberger mußte er zum Katholizismus konvertieren. Vermutlich durch den Einfluß der Schwester seines Gönners, Erzherzogin Maria Anna (1610–85), der Witwe des Kurfürsten von Bayern, Maximilian I. (1573–1651), erhielt er 1656 die Leitung der Hofkapelle in München, die er wegen ständiger Intrigen gegen seine Person 1674 aufgab. Er wirkte darauf in Wien als Organist am Stephansdom und als Hoforganist. Nach der Belagerung Wiens durch die Türken im Jahr 1683 kehrte er nach München zurück, ohne seine Stelle in Wien aufzugeben, hielt sich angeblich einige Zeit in Rom in der Umgebung der schwedischen Königin Christiana auf und starb in München am 13. 2. 1693. Er war 1664 von Kaiser Leopold I. geadelt worden.

Johann Kaspar Kerll

WERKE

Der deutsche Komponist Johann Kaspar Kerll hat über ein Dutzend Opern verfaßt, von denen nur ein Jesuitendrama erhalten ist. An Vokalmusik schrieb er etwa 15 Messen, 2 Requiem und mehrere sakrale Gesänge, von denen ein Teil überliefert ist. Seine Instrumentalmusik besteht aus 6 Sonaten für Streicher und Generalbaß, Orgelmodulationen über das Magnificat, 8 Toccaten, 6 Kanzonen, einem Capriccio, Passacaglien, Ricercari, Tanzsuiten, Chaconnes und einer Battaglia für Tasteninstrumente. Durch seine Musik vermittelte er seiner Heimat den Stil Frescobaldis und bildete damit einen der Höhepunkte der Musik für Tasteninstrumente zwischen den italienischen Meistern und den deutschen Vertretern der Barockmusik auf ihrem höchsten Entwicklungsstand.

Capriccio »Cucu« für Tasteninstrument, ein Satz, entstanden 1679

Der Kuckucksruf erklingt in der Disposition viermal hintereinander und wird dadurch gleichsam zum Thema, das durchgehend im Vierertakt gebracht, später im Sechsertakt wiederholt wird und am Ende wie ein Ostinato immer wieder erschallt.

Canzona g-Moll für Orgel, entstanden um 1680

Der vierstimmige Satz des Stückes besteht nur aus einem Thema, das durch ständigen Taktwechsel und Gegensätze in der Bewegung der Achtel belebt wird und dadurch sehr ansprechend wirkt.

Modulatio organica super Magnificat octo tonis (Orgelmodulation über das Magnificat in acht Kirchentönen), entstanden 1686

Das Stück besteht aus 8 Magnificatversetten in acht verschiedenen Kirchentönen, die als Vor-, Zwischen- und Nachspiele im Wechsel zwischen Gesang und Orgel verwendet wurden. Jeder Zyklus enthält 7 ausgeführte Verse. Die kleinen Teilstücke bringen zum Teil die gregorianische Magnificatweise, sind jedoch auch völlig frei gestaltet. Zumeist wird nur das Manual verwendet, das Pedal tritt nur selten mit Stütztönen oder wie in Vers 4 im II. Ton als Träger des Cantus firmus in Erscheinung.

LITERATUR

G. Frotscher, Geschichte des Orgelspiels und der Orgelkomposition I, Berlin 1935.

Piet Ketting (geboren 1904)

LEBEN

Piet Ketting wurde am 29.11.1904 in Haarlem geboren. Er studierte am Konservatorium in Utrecht und in Rotterdam bei Willem Pijper. Von 1930 bis 1956 wirkte er als Professor am Konservatorium und gleichzeitig von 1949 bis 1960 als Dirigent des Kammerchors und von 1937 bis 1960 als dessen Leiter in Rotterdam.

WERKE

Als Konzertpianist und als Komponist setzte sich Piet Ketting für die zeitgenössische Musik ein. Er schrieb eine Sinfonie, ein Cellokonzert, ein Klavierkonzert, ein Fagottkonzert, eine Fantasie für Flöte, Blockflöte und Cembalo, ein Praeludium für Altflöte und Klavier, ein Scherzo für Klavier, 2 Stücke für zwei Klaviere, eine Vokalise für Mezzosopran, drei Bongos und Klavier, 3 Streichquartette, eine Partita für zwei Flöten, Klavierstücke, Chöre und Lieder. Sein Stil neigt zu expressionistischen Fakturen.

Johann Georg Keyrleber
(um 1660 bis um 1700)

ZEIT UND UMWELT

Der Kanon wurde oft als artistische Leistung der Kompositionskunst bezeichnet. Die strenge Ordnung, die dabei beachtet werden muß, birgt eine gewisse Faszination in sich, brach aber oft in reine technische Spielerei aus. Auf der anderen Seite bot der Kanon ebensooft tiefen, musikalischen Gehalt und nicht selten sinnbildliche Aussagen, die in manchen Fällen nur Eingeweihte ansprachen.

LEBEN

Johann Georg Keyrleber wurde um 1660 in Württemberg geboren. Er studierte an einer nicht näher feststellbaren Universität Philosophie und Freie Künste. Ob er eine musikalische Stellung hatte, ist nicht bekannt, ebensowenig sind Ort und genaue Zeit seines Todes feststellbar.

WERKE

Der deutsche Komponist Johann Georg Keyrleber war wegen seiner Fähigkeit, Kanons jeder Art im größten Ausmaß zu schreiben, bekannt. Er verfaßte zum Geburtstag des Kaisers Joseph I. im Jahr 1691 einen sogenannten ewigen Kanon für 16 Soprane und 16 Violinen, der auf 256 Vokal- und 256 Instrumentalstimmen erweitert werden konnte. Er schrieb eine große Anzahl Kreiskanons und andere Trickkanons, die sehr beliebt waren. Ob er auch andere Kompositionen verfaßt hat, ist nicht bekannt.

Abu-Bakr Khaïrat (1910–63)

LEBEN

Abu-Bakr Khaïrat wurde am 27.4.1910 in Kairo geboren. Er wurde Architekt und bildete sich in Kairo und Paris musikalisch aus. Nach langjährigem Aufenthalt in Paris starb er am 25.10.1963 in Kairo.

WERKE

Von Abu-Bakr Khaïrat sind 3 Sinfonien, eine folkloristische Suite, 2 Ouvertüren, 2 Klavierkonzerte, ein Sextett für Flöte und fünf Streicher, eine Klaviersonate, eine Flötensonate, 8 Klavieretüden, eine Kantate und ein Chor mit Orchester bekannt geworden. Sein Stil ist spätromantisch.

Johannes Khuen (1605–75)

ZEIT UND UMWELT

Eine der Forderungen der katholischen Reformbewegung, die eine stärkere Verbreitung der reformierten Kirchen verhindern sollten, war das liturgische Geschehen möglichst weitgehend zu entmystifizieren, und zwar durch den Gebrauch der Sprache des Kirchenvolkes. Viele sehr starre Traditionen waren dabei zu überwinden. Aber als die ersten Breschen geschlagen waren, entstand eine Fülle religiöser Dichtungen und Kompositionen, die sich den Leistungen auf protestantischer Seite ebenbürtig an die Seite stellen durften.

LEBEN

Johannes Khuen (Kuen) wurde 1605 in München-Moosach geboren. Er wurde Kleriker und Benefiziat an St. Peter in München und starb dort am 14. 11. 1675.

WERKE

Der deutsche Komponist Johannes Khuen dichtete und komponierte als einer der ersten zusammenhängende Folgen geistlicher katholischer Lieder und gehört damit zu den hervorragendsten Meistern des deutschen Barockliedes. Er brachte eine Reihe von Liedsammlungen heraus, die viele Auflagen erlebten.

LITERATUR

G. Westermayer, Johannes Khuen, in: Historisch-politische Blätter für das katholische Deutschland LXXIV, 1874.

George Kiallmark (1781–1835)

ZEIT UND UMWELT

Paolo Spagnoletti (1768, Cremona, bis 23.9. 1834, London), der schon mit 12 Jahren als Violinist Aufsehen erregte, kam 1802 nach London und wurde Zweiter Violinist am King's Theatre, 1812 Orchesterleiter der italienischen Oper am Pantheon und 1817 Dirigent am King's Theatre. Er wurde von allen musikalischen Gesellschaften beansprucht, war nicht nur als Virtuose, sondern auch als hervorragender Musiklehrer hochgeschätzt.

LEBEN

Georg Kiallmark wurde im Februar 1781 in King's Lynn geboren. Er wurde von Paolo Spagnoletti und François Hippolyte Barthélemon (1741–1808) unterrichtet, war Dirigent verschiedener Londoner Orchester und starb im März 1835 in Islington.

WERKE

Neben zahlreichen Fantasien für Klavier, das er selbst neben der Violine vorzüglich spielte, komponierte George Kiallmark eine große Menge Lieder, die zu seiner Zeit äußerst populär waren. Während die Lieder im einfachen Volkston gehalten waren und vermutlich gerade deshalb gut ankamen, waren die Klavierstücke ausgereifte Kompositionen mit Anklängen an die zeitgenössische französische Klaviermusik.

Friedrich Kiel (1821–85)

LEBEN

Friedrich Kiel wurde am 7. 10. 1821 in Puderbach, Westfalen, geboren, wo er seine Grundausbildung erhielt. Nach einer Tätigkeit als Konzertmeister der Hofkapelle der Fürsten Wittgenstein in Berleburg und als Musiklehrer des Fürstenhauses konnte er mittels eines Stipendiums des preußischen Königs Friedrich Wilhelm IV. in Berlin bei Siegfried Wilhelm Dehn Kontraktpunktik studieren. Er blieb als Komponist und Klavierlehrer in Berlin, wo er 1866 am Sternschen Konservatorium Kompositionsunterricht erteilte und 1870 Kompositionslehrer an der neugegründeten Hochschule für Musik wurde. Er starb am 13. 9. 1885 in Berlin.

WERKE

Die Werke von Friedrich Kiel wurden wegen ihrer meisterhaften polyphonen Satztechnik sehr gerühmt, zeigten jedoch wenig Originalität und fanden daher nur schwachen Anklang. Mehrere Hefte mit Tänzen und Variationen für Klavier verfaßte er noch in seinem Heimatort, 2 Ouvertüren, »Variationen und Fantasien« für Klavier, Violine, Oboe und Orchester, eine Kantate, 4 Klaviersonaten, mehrere Klavierstücke, Chöre und Lieder in Berleburg und in Berlin, 2 Requiem (f-Moll, As-Dur), ein Stabat mater, eine Missa solemnis, ein Te Deum, eine Vertonung des 130. Psalms für Soli und Frauenchor, 2 Oratorien (»Christus«, »Der Stern von Bethlehem«), ferner ein Klavierkonzert, 4 Orchestermärsche, 2 Klavierquintette, 2 Streichquartette, mehrere

Walzer für Streichquartett, die eine gewisse Beliebtheit erreichten, 3 Klavierquartette, 7 Klaviertrios, 4 Violinsonaten, eine Bratschensonate, die sich trotz der spärlichen Literatur für dieses Instrument nicht auf den Konzertprogrammen halten konnte, eine Cellosonate, eine Violinsuite und zahlreiche Klavierstücke. Er gehörte zu den bedeutendsten Vertretern der »Berliner akademischen Schule«, die den Versuch machten, Fuge und Kontrapunkt in der alten Form zu pflegen und zu fördern.

Johann Christoph Kienlen (1783–1829)

Zeit und Umwelt

Die Vertonung von Singspielen, deren Libretti von namhaften Dichtern stammten, durften in den ersten Jahrzehnten des 19. Jahrhunderts immer eine freundliche Aufnahme erwarten, wenn diese Texte auch schon von mehreren Meistern komponiert worden waren. Die Singspieltexte von Johann Wolfgang von Goethe waren besonders beliebt, weil auch darin etwas von der dramatischen Kraft des großen Dichters spürbar wurde.

Leben

Johann Christoph Kienlen wurde am 14.12. 1783 in Ulm getauft. Er trat bereits als Siebenjähriger in München als Pianist und Sänger auf. Gönner sandten ihn nach Paris zu Luigi Cherubini zu weiterer Ausbildung. Nach Ulm zurückgekehrt, erhielt er dort die Stelle des Stadtmusikdirektors. Er brachte in München ein Singspiel heraus und wurde zum Königlich-bayrischen Musikdirektor ernannt. Im Jahr 1811 ging er nach Wien und wirkte bis 1817 als Theaterkapellmeister in Baden bei Wien und Preßburg, hierauf zog er nach Berlin, wo er Bühnenmusiken herausbrachte und 1823 Gesanglehrer am Berliner Theater wurde. Von dort zog er sich 1827 nach seinem Geburtsort zurück, versuchte schließlich, vergebens, in Dessau Fuß zu fassen, wo er am 7.12.1829 starb.

Werke

Von Johann Christoph Kienlen sind mehrere Opern, Singspiele und Bühnenmusiken aufgeführt worden. Er schrieb ferner eine Sinfonie und 2 Klaviersonaten. Bekannt geworden ist er aber durch seine zahlreichen Lieder, von denen ungefähr 75 in Druck erschienen sind. Darunter befinden sich 12 auf Gedichte von Johann Wolfgang von Goethe und 7 auf Texte aus dem »Faust«.

Literatur

E. Holzer, Ein vergessener schwäbischer Musiker, in: Die Musik VIII, 1908/09.

Wilhelm Kienzl (1857–1941)

Zeit und Umwelt

Der Naturalismus, der im ausgehenden 19. Jahrhundert die bildende Kunst und die Literatur beherrschte, fand auch in der Musik seine Anhänger. Opern, die »wahre Geschichten« berichteten, erfreuten sich größter Beliebtheit, und die Musik mußte diesen »Geschichten« adäquat ablaufen.

Leben

Wilhelm Kienzl wurde am 17.1.1857 in Waizenkirchen, Oberösterreich, geboren. Er studierte in Graz, Prag, Leipzig und Wien und ging 1879 zu Richard Wagner nach Bayreuth; ab 1883 wirkte er als Opernkapellmeister in Amsterdam, dann in Krefeld; 1886 wurde er Dirigent des Steiermärkischen Musikvereins in Graz und 1889 Kapellmeister am Stadttheater in Hamburg. Dann lebte er in Graz und ab 1917 bis zu seinem Tod am 3.10.1941 in Wien.

Werke

Ruhm und Ruf von Wilhelm Kienzl beruhten auf seiner Oper »Der Evangelimann«, deren Libretto einer Gerichtsakte nachgebildet ist, eine rührselige Geschichte mit ebenso rührseliger Musik. Auch seine zweite naturalistische Oper, »Der Kuhreigen«, hatte großen Erfolg; alle übrigen 7 fielen dagegen stark ab. Er schrieb ferner einige Orchesterstücke – »Septuaginta«, »Variationen über ein eigenes Thema« –, Chorwerke mit Orchester, 2 Streichquartette in b-Moll und in c-Moll, ein Trio in f-Moll, Klavierstücke, viele Chöre und Lieder. Seine Musik ist neuromantisch mit naturalistischen Tendenzen.

Peter Kiesewetter (geboren 1945)

LEBEN
Peter Kiesewetter wurde am 1.5.1945 in Marktheidenfeld, Unterfranken, geboren. Er studierte von 1957 bis 1968 am Konservatorium in Augsburg Klavier, Orgel und Musiktheorie und in München bei Günter Bialas Komposition. Er wirkt als Dozent für Gehörbildung und Musiktheorie an der Hochschule für Musik in München, wo er auch das Ensemble »Musik unserer Zeit« leitet.

WERKE
Außer einem »Symphonischen Roman« für Kammerorchester und Tonband und einem »Spiel für Musiker und Akteure« schrieb Peter Kiesewetter ein Divertissement für Kammerensemble, ein Stück für Oboe und Tonband, eine Cassation für Streichquartett, eine »Wagner-Collage« für Kammerensemble und Tonband, »Szenen« für Flöte, Oboe und Klavier, ein Stück für zwei große Flöten, Piccolo- und Altflöte mit Klavier, »agonia« für Frauenstimmen und zwei Schlagzeuger und »Durch Nacht zum Licht«, eine deutsche Feierstunde für vier Männerstimmen, Männerchor, Kammerorchester und Tonband.

Wojciech Kilar (geboren 1932)

LEBEN
Wojciech Kilar wurde am 17.7.1932 in Lwiw geboren. Er war an der Musikhochschule in Katowice Schüler von Bolesław Woytowicz und in Paris von Nadia Boulanger und lebt seitdem als freier Komponist und Musiklehrer in Warschau.

WERKE
Neben einem Ballett schrie Wojciech Kilar unter anderem eine Sinfonie für Streicher, ein Klavierkonzert, ein Konzert für zwei Klaviere und Schlagzeug, ein Konzert für Violine, Blechblasinstrumente und zwei Schlagzeuggruppen, ein Konzert für zwei Klarinetten, drei Saxophone, vier Trompeten, vier Posaunen, Schlagzeug, Klavier, 36 Violinen, zwölf Kontrabässe, ein Stück für gemischten Chor, Schlagzeug, zwei Klaviere und Streicher, ein Sonett für Orchester, ein Stück für Sopran und 67 Ausführende und »Training 68« für Klarinette, Posaune, Klavier und Cello. Er ist auch als Bühnen- und Filmkomponist bekannt geworden. In seinen Werken kommt vor allem die Reihentechnik zur Anwendung.

Nicholas Kilburn (1843–1923)

ZEIT UND UMWELT
Mit der Gründung der Musikgesellschaften in Bishop Auckland, Middlesbrough und Sunderland schloß sich auch Nordengland dem britischen Musikgeschehen an. Da diese meist von Amateuren bestritten und geleitet wurden, waren sie wohl den Konzertvereinigungen der großen Städte vorläufig nicht ebenbürtig, hatten aber den Vorteil, daß sie, von Traditionen unbelastet wie die Städte der USA, bei Komposition und Interpretation, von überkommenen Strukturen und Regeln nicht beengt waren.

LEBEN
Nicholas Kilburn wurde am 7.2.1843 in Bishop Auckland, Durham, geboren. Er war zunächst Autodidakt und Amateur, dann studierte er in Cambridge, wo er graduiert wurde. Später übernahm er die Leitung mehrerer nordenglischer Musikgesellschaften, und da er diese Tätigkeit unentgeltlich ausübte, durfte er die Programme unbeeinflußt gestalten und unter anderem auch Musik von Richard Wagner, den er sehr schätzte, aufführen. Neben seinem Wirken als Kapellmeister betätigte er sich als vorzüglicher Organist, Pianist und Cellist. Er starb am 4.12.1923 in Bishop Auckland.

WERKE
Von Nicholas Kilburn sind ein Oratorium, eine Vertonung des 23. und des 137. Psalms, eine Kantate, eine Ouvertüre, eine Orchester-

suite, mehrere Services und profane Chöre, Violinstücke und Klavierstücke erhalten. Von seinen Werken für Chor und Orchester ist der Choral »In Memoriam« für Singstimmen, Violinen und Trompete zu Ehren der britischen Soldaten und Matrosen des Ersten Weltkriegs sehr bekannt geworden.

Wilhelm Killmayer (geboren 1927)

LEBEN
Wilhelm Killmayer wurde am 21.8.1927 in München geboren. Er studierte von 1945 bis 1953 Klavier, Dirigieren und Komposition bei Hermann Waltershausen, Musikwissenschaft bei Rudolf von Ficker und erneut Komposition bei Carl Orff. Er wirkte von 1955 bis 1958 als Lehrer am Trappschen Konservatorium in Frankfurt am Main und von 1961 bis 1964 als Ballettkapellmeister an der Staatsoper in München. Im Jahr 1974 wurde er Professor für Komposition an der Musikhochschule in München.

WERKE
Für den Kompositionsstil von Wilhelm Killmayer sind Klangphantasie und Formenreichtum wie gestische und rhetorische Züge, die von seinem Lehrer Carl Orff herrühren, charakteristisch. Außer 3 Opern und 3 Balletten schrieb Wilhelm Killmayer 3 Sinfonien, 2 sinfonische Dichtungen, ein Klavierkonzert, ein Konzert für Streichorchester, ein Trompetenkonzert, eine Kammermusik für Jazzinstrumente, »Drei Tänze« für Oboe und Schlagzeug, ein Konzert für Schlagzeug, Xylorimba, Vibraphon, Flöte, Bratsche und Gitarre, ein Stück für Schlagzeugensemble, ein Stück für Schlagzeug, Bratsche und Klavier, ein Klavierquartett, Klavierstücke, zahlreiche Gesänge und Lieder für Soli oder Chor mit Instrumental- oder Klavierbegleitung und Chöre a cappella.

Wilhelm Killmayer

Yrjö Kilpinen (1892–1959)

LEBEN
Yrjö Henrik Kilpinen wurde am 4.2.1892 in Helsinki geboren. Er wurde in seiner Geburtsstadt, in Wien und Berlin ausgebildet und lebte sodann in Helsinki als freier Komponist und Kompositionslehrer bis zu seinem Tod am 2.3.1959.

WERKE
Mit seinen ungefähr 700 Liedern vertonte Yrjö Kilpinen ganze Serien finnischer, schwedischer und deutscher Gedichte und erreichte damit eine starke individuelle Ausdruckskraft. Außerdem schrieb er 6 Klaviersonaten, 4 Klaviersuiten, eine Cellosonate, eine Suite für Gambe und Klavier sowie Männerchöre.

Johann Erasmus Kindermann (1616–55)

ZEIT UND UMWELT
Die Violine, die gegen Mitte des 17. Jahrhunderts in Italien und in Frankreich bereits stark in den Vordergrund gerückt war, stand eben im Begriff, ihre dominierende Rolle für die folgenden drei Jahrhunderte einzunehmen. Zur gleichen Zeit wurde sie in Deutschland noch selten gespielt. Dort beherrschten die Violen noch die Konzerte.

LEBEN
Johann Erasmus Kindermann wurde am 20. 3. 1616 in Nürnberg geboren. Er erhielt

dort von Johann Staden Unterricht, hielt sich darauf ein Jahr in Rom auf und wurde 1640 Organist an St. Ägidien in Nürnberg, wo er am 14. 4. 1655 starb.

WERKE
Der deutsche Komponist Johann Erasmus Kindermann verfaßte für nahezu alle Musikgattungen äußerst wertvolle Beiträge. Erhalten sind »Cantiones Pathetikai« für drei und vier Stimmen und Generalbaß, »Friedens Klag«, dreistimmig mit Continuo, »Opitianischer Orpheus« für eine und zwei Stimmen, drei Violen und Generalbaß, »Dialogus Mosis Plag« für eine bis sechs Stimmen, »Concentus Salomonis« für zwei Stimmen mit drei Violen und Generalbaß, »Musica catechetica« für fünf Stimmen, »Allerhand Symphonien, Arien, Sonaten« für Blasinstrumente und Generalbaß, ein Dialog für sieben Stimmen und Generalbaß, »Musicalische Herzenstrost-Blümlein« für eine Singstimme, zwei Diskantviolen und Generalbaß, »Musicalische Friedens-Freud« für eine und zwei Stimmen, drei Violen und Generalbaß, »Canzoni, Sonatae« für eine bis vier Violen und noch eine Reihe ähnlich gesetzter Musik.

LITERATUR
F. Schreiber, Der Nürnberger Organist Johann Erasmus Kindermann, München 1913.

Gottfried Kindscher
(1764–1840)

ZEIT UND UMWELT
Die Kapelle der Schloßkirche von Dessau und die Herzogliche Hofkapelle genossen den Ruf eines gediegenen Musikbetriebes, der die Traditionspflege in den Vordergrund stellte.

LEBEN
Johann Ludwig Gottfried Kindscher wurde am 14. 10. 1764 in Klentsch bei Dessau geboren. Er war Schüler von Friedrich Wilhelm Rust und wurde noch in jungen Jahren Organist der Schloßkirche und Musiklehrer in Dessau, wo er am 20. 10. 1840 starb.

WERKE
Von Gottfried Kindscher erschienen »XXIV Lieder«, außerdem weitere Lieder und Chöre, die der romantischen Musikepoche angehörten. Er veröffentlichte auch 2 Schulwerke.

Charles King (1687–1748)

ZEIT UND UMWELT
Die sakrale Musik Englands der ersten Hälfte des 18. Jahrhunderts gleicht der des 17. Jahrhunderts. Die Services und Anthems scheinen zeitlos geworden zu sein. Eine Weiterentwicklung ist nicht feststellbar. Die Schüler schrieben wie ihre Lehrer klangvoll, technisch vollendet, mit einem Wort: gut gekonnt, aber nicht mehr. Ein Impuls seitens der profanen Musik war nicht möglich, weil auch diese stagnierte.

LEBEN
Charles King wurde 1687 in Bury St. Edmunds geboren. Er war Sänger unter Jeremiah Clarke (um 1674–1707) an St. Paul's und folgte ihm als Chormeister nach. Im Jahr 1730 wurde er Chorvikar an St. Paul's in London, wo er am 17. 3. 1748 starb.

WERKE
Die vielen Services und Anthems, die Charles King verfaßte, sind ohne Originalität, wurden aber vielseitig und durch lange Zeit bei Gottesdiensten gesungen, besonders seine Services in F-Dur und C-Dur.

Matthew King (1773–1823)

ZEIT UND UMWELT
Das Generalbaßzeitalter war auch gegen Ende des 18. Jahrhunderts noch nicht gänzlich ausgelaufen. Besonders in England wurde der bezifferte Baß noch um die Wende zum 19. Jahrhundert so häufig angewendet, daß ein 1796 erschienenes Lehrbuch dieser Kompositionstechnik sein Publikum fand.

LEBEN

Matthew Peter King wurde 1773 in London geboren. Er war Schüler von Karl Friedrich Horn (1762–1830). Es ist unbekannt, welche musikalische Stellung er in seiner Geburtsstadt betreute, in der er als Komponist wirkte und im Januar 1823 starb.

WERKE

Von Matthew King sind in London zahlreiche Opern aufgeführt worden. Er schrieb außerdem ein Oratorium, eine Kantate, Klaviersonaten, Lieder und Glees und bediente sich zeitweilig des bezifferten Basses, über den er ein viel benütztes Lehrbuch verfaßte.

Robert King (um 1660 bis nach 1711)

ZEIT UND UMWELT

In Venedig konnte ab 1637 jedermann gegen Eintrittsgeld eine Opernaufführung besuchen. Nach diesem Muster entwickelten sich zunächst in England die öffentlichen entgeltlichen Konzerte, die anfänglich in Privathäusern stattfanden, bis man dazu überging, eigene Konzertsäle zu errichten. Die Programme richteten sich in den Anfängen nach den Wünschen des jeweiligen Publikums, später gab es feste Veranstaltungsprogramme, die durch die Presse oder Anschläge bekanntgemacht wurden.

LEBEN

Robert King wurde um 1660 in England geboren und 1680 in das Violinenensemble des Königs aufgenommen. Im Jahr 1685 wurde er Mitglied der Königlichen Kapelle und 1689 Hofkomponist. Gemeinsam mit Johann Wolfgang Franck und später mit John Banister dem Jüngeren (um 1653, London, bis 1735, London) veranstaltete er ab 1689 mit großem Erfolg öffentliche entgeltliche Konzerte. Er starb in London nach 1711.

WERKE

Der englische Komponist Robert King verfaßte eine Sammlung von 24 Liedern für eine bis drei Stimmen und Generalbaß. Zahlreiche Ayres und Instrumentalstücke wurden in Sammelwerke aufgenommen. Er schrieb Musik zu verschiedenen Schauspielen und eine Caecilien-Ode, die sehr bekannt geworden ist.

William King (1624–80)

ZEIT UND UMWELT

Anthony à Wood (1632–95), der Chronist von Oxford, berichtete, daß die wöchentlichen Musikdarbietungen der Stadt von einer enthusiastischen Menge Musikliebhabern besucht wurde, denn »wer sie versäumte, bereute das eine Woche lang«. Die Musiker waren zumeist an einem der Colleges der Universitätsstadt bedienstet.

LEBEN

William King wurde um 1624 in Winchester geboren und von seinem Vater George King (nach 1600, Winchester, bis 1665, Winchester), Organist an der Kathedrale, ausgebildet. Er studierte in Oxford und erhielt die Organistenstelle am New College, die er bis zu seinem Tod am 17. 11. 1680 betreute.

WERKE

Vom englischen Komponisten und Organisten William King sind Services – davon eines in B – und etliche Anthems erhalten. Eine Litanei wurde in der Kathedrale von Lichfield sehr lange gesungen. In Oxford wurden von William King Lieder und Arien für Theorbe, Cembalo oder Baßviole veröffentlicht.

Johanna Kinkel (1810–58)

ZEIT UND UMWELT

Die Anhänger der Romantik billigten ihren Gestalten aus historischen Epochen, aus Märchen und Sagen oder exotischen Ländern ein hohes Maß freier Lebensformung zu, legten jedoch bei der Beurteilung ihrer benachbarten Zeitgenossen die alten konservativen Maßstäbe an. Falls ein »romantischer« Künstler ähnliche Freiheiten für sich beanspruchte, wurde es regelmäßig mißbilligend vermerkt, besonders dann, wenn es sich um eine Künstlerin handelte.

Leben
Johanna Kinkel, geborene Mockel, wurde am 8.7.1810 in Bonn geboren. Sie heiratete einen Buchhändler namens Matthieu, verließ diesen aber nach wenigen Tagen, wurde geschieden und erhielt durch eine zweite Ehe den Namen Kinkel. Beide gingen nach England, wo sie als Pianistin tätig war. Sie starb am 15.11.1858 in London.

Werke
Von Johanna Kinkel ist ihre »Vogelkantate« sehr bekannt geworden, außerdem eine Operette. Weitere Kompositionen dürften verlorengegangen sein.

Literatur
J. F. Schulte, Johanna Kinkel, Münster 1908.

Johanna Kinkel

George Kirbye (um 1570–1634)

Zeit und Umwelt
Das Madrigal um die Wende des 16. zum 17. Jahrhundert hatte sich von der ursprünglichen, aus Italien übernommenen Form zuweilen schon weit entfernt. Es gab bereits Typen – Duette, von Instrumenten begleitete Lieder, Strophenlieder usw. –, die die Bezeichnung kaum mehr verdienten. Das waren allerdings Randerscheinungen, denn die Schöpfungen der großen Madrigalisten hielten an der in England herausgebildeten Fassung fest und bildeten noch immer die gültige Richtschnur.

Leben
George Kirbye wurde um 1570 in England geboren. Er lebte vermutlich in Bury St. Edmunds als Hausmusiker und Musiklehrer bei einem Landadeligen, wo ihm Zeit und Möglichkeit geboten wurde, zu komponieren, und starb dort im Oktober 1634.

Werke
Der englische Komponist George Kirbye veröffentlichte 1597 24 Madrigale für vier bis sechs Stimmen, 1601 steuerte er ein sechsstimmiges Madrigal zu »The Triumphes of Oriana« bei. Weitere Madrigale scheinen in anderen Sammelwerken auf. Außerdem komponierte er Psalmen, Hymnen und Anthems und etliche Stücke für Violen. Seine Madrigale fallen durch enge Verknüpfung der Melodie mit dem Text, Milderung der Kontrapunktik zugunsten des Wohlklanges und sehr flüssigen Verlauf auf.

Theodor Kirchner (1823–1903)

Zeit und Umwelt
In der Fülle an Klaviermusik, die im 19. Jahrhundert in der Gefolgschaft Robert Schumanns und Felix Mendelssohn-Bartholdys geschrieben wurde, fand sich sehr selten eine formale und klangliche Fortentwicklung. Gekauft und gespielt wurde alles, denn das Klavierspiel war zum gesellschaftlichen Statussymbol geworden.

Leben
Fürchtegott Theodor Kirchner wurde am 10.12.1823 in Neukirchen bei Chemnitz (Karl-Marx-Stadt) geboren. Er war in Leipzig

Schüler von Carl Ferdinand Becker in der Theorie und im Orgelspiel und des Pianisten Julius Knorr im Klavierspiel. Im Jahr 1843 wurde er Organist in Winterthur, wirkte von 1862 bis 1873 als Vereinsdirigent und Musiklehrer in Zürich, sodann bis 1875 als Direktor der Königlichen Musikschule in Würzburg und ab 1883 als Lehrer am Dresdener Konservatorium. Darauf übersiedelte er nach Hamburg, wo er am 18.9.1903 starb.

WERKE

Von Theodor Kirchner sind zahlreiche Klavierstücke – Präludien, Lieder ohne Worte, Phantasiestücke, Tänze, Legenden, Nachtbilder, Skizzen, Walzer, Fantasien, Elegien, Etüden, Mazurken, Polonaisen, Kinderszenen, Kindertänze, Sonatinen, Variationen, außerdem Orgelstücke, Kammermusik, Lieder und Chöre – überliefert. Er bearbeitete Lieder von Johannes Brahms und Adolf Jensen für Klavier allein.

Volker David Kirchner (geboren 1942)

LEBEN

Volker David Kirchner wurde am 25.6.1942 in Mainz geboren. Er studierte am Konservatorium in Mainz und darauf von 1959 bis 1963 an der Hochschule für Musik in Köln bei Günter Kehr (geboren 16.3.1920, Darmstadt), Tibor Varga (geboren 4.7.1921, Györ, Ungarn) und Günter Raphael. Ab 1953 wirkte er als Solobratschist im Kammerorchester in Köln. Seit 1966 ist er Mitglied des Sinfonieorchesters des Hessischen Rundfunks in Frankfurt am Main.

WERKE

Von Volker David Kirchner sind »Fragmente« für Orchester, »Miniaturen« für Streicher, eine Toccata für Cello und kleines Orchester, Choralvariationen für 14 Streicher, »Epechesis« (Widerhall) für Clarin, Fagott, Trompete, Posaune, Schlagzeug, Klavier, Violine und Kontrabaß, »Spezzati« (Aufspaltungen) für zwei Oboen, Englischhorn, Fagott, zwei Trompeten und zwei Posaunen, »Riten« für Sängerin, Tänzerin, Licht, Schlagzeug, Klavier, Cello und Dirigenten, »Nachtmusik« für Flöte, Clarin, Bratsche, Cello, Kontrabaß, Schlagzeug und Klavier bekannt geworden.

Johann Philipp Kirnberger (1721–83)

ZEIT UND UMWELT

Prinzessin Anna Amalia, Schwester Friedrichs des Großen, war selbst Musikerin und daher musikalisch stark interessiert; sie legte eine umfangreiche Sammlung zeitgenössischer Kompositionen an, die die Grundlage zur Bach-Renaissance des 19. Jahrhunderts bildete.

LEBEN

Johann Philipp Kirnberger (Kernberg) wurde am 24. 4. 1721 in Saalfeld, Thüringen, getauft. Er war Schüler von Johann Peter Kellner, Heinrich Nikolaus Gerber und Johann Sebastian Bach und wirkte von 1741 bis 1750 als Musiklehrer und Kapellmeister in polnischen Adelshäusern und am Nonnenkloster in Lemberg (Lwiw). Ab 1751 wurde er nach einem Studienaufenthalt in Dresden Violinist an der Berliner Hofkapelle. Im Jahr 1754 ernannte ihn Prinzessin Anna Amalia zu ihrem Kapellmeister und beauftragte ihn mit der Betreuung ihrer Musiksammlung. Er starb in Berlin am 27. 7. 1783.

WERKE

Ruf und Ansehen von Johann Philipp Kirnberger beruhten vor allem auf seinen zahlreichen musiktheoretischen Werken, die nur teilweise die Zustimmung der Zeitgenossen erhielten. Dennoch war sein Einfluß auf die Berliner Schule beträchtlich. Seine Kompositionen, Übungsstücke, Sonaten, Fugen, Klavier- und Orgelstücke, Triosonaten, Orchestermenuette, Orchestersuiten, Sinfonien, Motetten, Lieder, ein Allegro und eine Kantate wurden zu seiner Zeit wegen ihrer »Gelehrsamkeit« und Künstlichkeit kritisiert.

LITERATUR

S. Borris, Kirnbergers Leben und Werke, Kassel 1933.

7

Tabelle der Würfe zu Polonoisen.

Zum ersten Theile.

mit einem Würfel	1	2	3	4	5	6					
mit zwey Würfeln	2	3	4	5	6	7	8	9	10	11	12
1 Wurf	70	10	42	62	44	72	114	123	131	138	144
2 " "	34	24	6	8	56	30	112	116	147	151	153
3 " "	68	50	60	36	40	4	126	137	143	118	146
4 " "	18	46	2	12	79	28	87	110	113	124	128
5 " "	32	14	52	16	48	22	89	91	101	141	150
6 " "	58	26	66	38	54	64	88	98	115	127	154

Aus einem Werk des Musiktheoretikers Johann Philipp Kirnberger

Stefan Kisielewski (geboren 1911)

Leben
Stefan Kisielewski wurde am 7.3.1911 in Warschau geboren. Er studierte am Konservatorium seiner Geburtsstadt bei Jerzy Lefeld (17.1.1898, Warschau, bis 22.1.1980, Warschau) und Kazimierz Sikorski und ergänzte seine Ausbildung in Paris. Von 1945 bis 1949 unterrichtete er Musiktheorie an der Musikhochschule in Krakau, wo er anschließend sich vorwiegend seinem kompositorischen Schaffen widmete.

Werke
Außer 3 Balletten schrieb Stefan Kisielewski 2 Sinfonien, ein Konzert für Kammerorchester, eine Sinfonie für 15 Spieler, ein Divertimento für Flöte und Orchester, ein Intermezzo für Klarinette und Klavier, eine Suite für Oboe und Klavier, ein Capriccio für Violine und Klavier, verschiedene Klavierwerke, Chöre und Klavierlieder, Film-, Hörspiel- und Puppentheatermusik. Als Komponist wandte Kisielewski den neuklassizistischen Stil an, als Publizist trat er für alle avantgardistischen Stilgattungen ein.

Johann Christian Kittel (1732–1809)

Zeit und Umwelt
Ein Teil der vielen Schüler von Johann Sebastian Bach wandte sich vom »antiquierten« Bach-Stil ab und huldigte dem Zeitgeschmack, andere bewahrten sein Erbe getreulich und nahmen den Vorwurf der »Rückständigkeit« auf sich. Allen gemeinsam war aber, daß sie sich immer rühmten, den Unterricht des großen Meisters genossen zu haben, und dessen Andenken pflegten.

Leben
Johann Christian Kittel wurde am 18. 2. 1732 in Erfurt getauft. Er war Schüler von Jakob Adelung und von 1748 bis 1750 von Johann Sebastian Bach. Ab 1751 war er Organist und Lehrer in Langensalza und von 1756 bis zu seinem Tod am 17. 4. 1809 Organist an der Barfüßerkirche und an der Predigerkirche in Erfurt.

Titelblatt zu Johann Christian Kittels »Große Präludien für die Orgel«

Werke
Von Johann Christian Kittel, der einen außerordentlichen Ruf als Organist, Theoretiker und Lehrer genoß, ist nur ein kleiner Teil seiner Werke gedruckt worden: »VI Veränderungen über das Teutsche Geistliche Volkslied: Nicht so traurig« für Cembalo, »Der angehende praktische Organist«, 3 Teile, mehrmals aufgelegt, »4stimmige Choräle mit Vorspielen«, »24 Choräle mit acht verschiedenen Bässen«, »Variationen über 2 Choräle«, »16 Große Präludien für die Orgel«, 2 Hefte. Außerdem verfaßte er zahlreiche Orgelwerke und sakrale Gesänge. Sein Stil hat sich nicht weit von dem seines berühmten Lehrers entfernt.

Kaspar Kittel (1603–39)

Zeit und Umwelt
Der von Giulio Caccini (um 1550–1618) und Jacopo Peri (1561–1633) geschaffene Gesangstil des Rezitativs wurde in Deutschland sehr zögernd übernommen. Eine seiner ersten Pflegestätten war die Dresdner Hofkapelle.

Leben
Kaspar Kittel wurde 1603 in Lauenstein ge-

boren. Er kam 1620 zur Dresdner Hofkapelle und wurde dort Schüler von Heinrich Schütz. In den Jahren 1624 bis 1628 vervollständigte er seine Studien als Sänger und Instrumentalist in Italien. Nach Dresden zurückgekehrt, wurde er 1632 Instrumenteninspektor. Er starb in Dresden am 9. 10. 1639. Mehrere Mitglieder der Familie Kittel waren im 17. Jahrhundert in Dresden als Instrumentalisten und Sänger tätig.

WERKE
Von dem deutschen Theorbisten und Komponisten Kaspar Kittel ist eine Sammlung ein- bis vierstimmiger »Arien und Cantaten« im Stil von Caccini und Peri überliefert, die zu den frühesten deutschen Kompositionen dieser Art zählen. Um die Mitte des Jahrhunderts allerdings breitete sich dieser Stil rasch aus.

Jan Bedřich Kittl (1806–68)

ZEIT UND UMWELT
Die Zeit der durch Lebensumstände erzwungenen tschechischen Musikeremigration war im 19. Jahrhundert vorbei. Daß manche nach Wien, Paris, Deutschland oder Rußland zogen, war keine Folge sozialer Gegebenheiten; sie suchten nur und fanden auch oft einen weiteren Wirkungskreis. Aber die gegründeten Musikbühnen und Orchester sowie die Lehranstalten hätten ihnen auch in der Heimat die Gelegenheit geboten, ihrem Beruf nachzugehen.

LEBEN
Jan Bedřich (Johann Friedrich) Kittl wurde am 8.5.1806 in Vorlík, Böhmen, geboren. Er studierte neben Jurisprudenz in Prag bei Václav Jan Tomášek Musik. Im Jahr 1840 wurde er Leiter des Prager Konservatoriums. Dann zog er sich nach Lissa (Leszno) zurück, wo er am 20.7.1868 starb.

WERKE
Von Jan Bedřich Kittl sind mehrere Opern in Prag mit Erfolg aufgeführt worden. Sie dürfen bereits als echte bodenständige Opern angesprochen werden. Außerdem schrieb er mehrere Sinfonien, Kammermusik und Lieder. Seine Sinfonie in Es-Dur, »Lovecká« (Jagdsinfonie), wurde in unserer Zeit neu herausgebracht.

LITERATUR
M. Tarantová, Jan Bedřich Kittl, Prag 1948.

Otto Kitzler (1834–1915)

LEBEN
Otto Kitzler wurde am 16.3.1834 in Dresden geboren. Er war Schüler von Julius Otto, Johann Gottlob Schneider und Friedrich August Kummer und schließlich noch in Brüssel von François Servais. Er wirkte als Cellist an den Opernorchestern von Straßburg und Lyon, wurde darauf Opernkapellmeister in Troyes, Linz, Königsberg (Kaliningrad), Temesvár (Timisoara), Hermannstadt (Sibiu) und Brünn, wo er von 1868 bis 1898 Leiter des Musikvereins und der Musikschule war. Er starb am 6.9.1915 in Graz.

WERKE
Von Otto Kitzler sind Lieder, mehrere Orchesterwerke und Klavierstücke erhalten. Diese Kompositionen gehören der Romantik voll an, obschon sie zum größeren Teil erst gegen Ende des Jahrhunderts geschrieben wurden.

Halfdan Kjerulf (1815–68)

ZEIT UND UMWELT
Trotz der erzwungenen Union mit Schweden bildete sich bald nach der Abtrennung von Dänemark ein eigenständiges kulturelles Leben, das sich besonders in der Komposition deutlich machte. Sie setzte nahezu zwangsläufig auf der Basis der Volksmusik an, weil diese seit alters wie in jedem anderen Land den ursprünglichsten Ausdruck der Vorstellungs- und Gefühlswelt des Volkes bildete.

LEBEN
Halfdan Kjerulf wurde am 17.9.1815 in Kristiania (Oslo) geboren. Er studierte Rechts-

wissenschaft und bei Karl Arnold Musik. Mit Johan Gottfried Conradi dirigierte er ab 1857 abwechselnd die Abonnementkonzerte in Kristiania. Er starb am 11.8.1868 in Grefsen.

WERKE
Als einer der ersten norwegischen Komponisten verwendete Halfdan Kjerulf für seine sehr populären Lieder und Chöre norwegische Volksmelodien. Auch seine verschiedenen Klavierwerke lehnen sich an die Volksmusik an. Sein »Wiegenlied« wurde weit über Norwegen hinaus bekannt.

Zesar Kjui (1835–1918)

ZEIT UND UMWELT
Wenn auch die »Mogutschaja kutschka« (Das mächtige Häuflein), dem Mili Balakirew, Aleksandr Borodin, Modest Mussorgski, Nikolai Rimski-Korsakow und Zesar Kjui angehörten, in erster Linie auf die Fakturen von Michail Glinka und Aleksandr Dargomischski zurückgriffen, um einen nationalrussischen Stil zu erarbeiten, so waren bei allen die Einflüsse von Frédéric Chopin, Robert Schumann, Hector Berlioz und Franz Liszt bemerkbar. Eine isolierte Musikentwicklung war in der zweiten Hälfte des 19. Jahrhunderts nicht mehr möglich, weil die Werke der Meister alle Grenzen überschritten.

LEBEN
Zesar Antonowitsch Kjui (César Cui) wurde am 6.1.1835 in Vilnius als Sohn eines 1812 zurückgebliebenen napoleonischen Offiziers geboren und erhielt dort von Stanisław Moniuszko den ersten Musikunterricht. Er besuchte in St. Petersburg die Ingenieurschule und wurde Befestigungsbaumeister. Im Jahr 1856 lernte er Mili Balakirew kennen und trat dem Kreis des »Mächtigen Häufleins« bei, in dem er weniger als Komponist, sondern mehr als Kritiker und Musikschriftsteller wirkte. Er starb am 26.3.1918 in Petrograd (St. Petersburg).

WERKE
Von Zesar Kjui sind 13 Opern – darunter 3 Kinderopern – aufgeführt worden. Er schrieb ferner »Petite Suite« für Violine und Klavier, eine Klaviersuite, zum Teil orchestrierte Violin- und Klavierstücke, 4 Orchestersuiten, eine »Suite concertante« für Violine und Orchester, mehrere Streichquartette, zahlreiche Lieder und A-cappella-Chöre. Er verfaßte zahlreiche musiktheoretische Arbeiten.

LITERATUR
Wl. W. Stassow, Zesar Antonowitsch Kjui, Moskau 1954.

Giselher Klebe (geboren 1925)

LEBEN
Giselher Wolfgang Klebe wurde am 28.6.1925 in Mannheim geboren. Er studierte in Berlin bei Josef Rufer und Boris Blacher. Nach Tätigkeit bei der Musikabteilung des Rundfunks in Berlin, wo er anschließend als freischaffender Komponist lebte, wurde ihm 1957 die Leitung einer Kompositionsklasse an der Musikakademie in Detmold übertragen; seit 1962 Professor. Seit 1963 ist er Mitglied der Freien Akademie der Künste in Hamburg und seit 1964 Mitglied der Akademie der Künste in Berlin, deren Präsident er 1986 wurde.

WERKE
Der expressive punktuelle Stil von Giselher Klebe ist der variablen Metrik von Boris Blacher und der seriellen Technik Anton Weberns verpflichtet. In seinen späteren Werken strebte er eine Neustrukturierung der Harmonik an, um »wieder eine absolute akkordische Dichte ohne irgendwelche kontrapunktische Abstützung zu erreichen, und zwar dergestalt, daß sie in den Bereich der Idee der Komposition mit den zwölf Tönen gehört und diesen Bereich mit allen Möglichkeiten der funktionalen Harmonik verbindet, ohne indessen die Gesetze der Funktionalität auf Ereignisse zu übertragen, die ihrem Geist nach nicht diesen Gesetzen gehorchen«. Er schrieb neben 12 Opern und 5 Balletten 5 Sinfonien, eine Rhapsodie, Moments musicaux, ein Violinkonzert, ein Cellokonzert, »Adagio und

Fuge«, eine Messe für 18 Bläser, »Szene und Arie« für drei Trompeten, drei Posaunen, zwei Klaviere, acht Celli, »Herzschläge« für Beatband und Orchester, Konzert für Cembalo mit elektrischen Klangveränderungen und kleines Orchester, »La tomba di Igor Strawinsky« (Das Grabmal Igor Strawinskys) für Oboe, 14 Streicher und Klavier, ein Orgelkonzert, ein Stück für Bassetthorn und Klavier, eines für Cembalo und Schlagzeug, eines für Flöte, Harfe, Klavier und Metalldiophone, Septett für Flöte, Oboe, Klarinette, Harfe, Klavier, Cello und Kontrabaß, ein Klavierquintett, 7 Bagatellen für Bassetthorn, Posaune, Harfe und Röhrenglocken, ein Klaviertrio, 2 Streichquartette, 2 Violinsonaten, Klavierstücke, Cembalostücke, Orgelwerke, eine Messe für gemischten Chor und Orgel, Kantaten, Gesänge und Lieder mit Instrumentalbegleitung, Chöre, begleitet und a cappella.

Messe, »Gebet einer armen Seele« für gemischten Chor und Orgel, Opus 51, 5 Teile, entstanden 1966
Diese Zwölftonmesse ist so angelegt, daß sie auch liturgische Verwendung finden könnte. Die Orgel wirkt nicht konzertant, sondern strebt eine Klangmischung mit dem Chor an. Dadurch sollen Klangfarbe und Harmonie derart verschmelzen, daß der Zusammenklang einer vereinigten und gegenseitigen Identifizierung gleichkommt. Sie wird von der Bauidee einer Intervallsymmetrie getragen, die von einer Mittelachse des jeweiligen Zusammenklangs ausgeht. Alle diese Elemente vereinigen sich in einer zwölftönigen Grundreihe, in der die melodischen Einfälle den entscheidenden Ausgangspunkt gebildet haben (Klebe).

Sinfonie Nr. 3, Opus 52, 4 Sätze, entstanden 1966
Das Werk ist eher das musikalische Protokoll einer phantasievollen Annäherung an die historische Sinfonie als selbst eine Sinfonie zu nennen, aber es gibt doch keine feste Norm für musikalische Nomenklaturen, wenn auch manche sich durch Tradition eingelebt haben, aber es ist Schicksal jeder Tradition, einmal gebrochen zu werden. Der 1. Satz nähert sich irgendwie der Sonatenform, aber seine Themen, die mit starken Impulsen auftreten, versickern in statischen Abschnitten aus Klangflächen, und zwar mit reihenabgeleiteten, aber auch tonal deutbaren Gestalten. Der 2. Satz ist eine freie Variationenfolge über eine Reihe. Der 3. Satz bringt ein Scherzo, dessen Trio voll Fanfaren ist, und das Finale stellt einen kantilenenreichen Epilog dar.

Leonhard Kleber (um 1495–1556)

Zeit und Umwelt
Abgesehen von einzelnen Vorläufern setzte die Orgelkunst des mitteleuropäischen Raumes mit Hofhaymer ein. Die Organisten, die aus seiner Schule hervorgingen, verbreiteten und entwickelten die von dem österreichischen Meister geschaffenen Grundlagen. Wenn auch im Verlauf des 16. Jahrhunderts ein mächtiger Impuls aus den Niederlanden kam, so war dessen Weiterführung nur auf Grund des Niveaus, das bereits durch eigene Kräfte erreicht war, möglich. Künstlerische Impulse müssen immer auf die Bereitschaft treffen, diese anzunehmen und zu verwerten, und das hängt von der eigenen Entwicklungsfähigkeit ab.

Leben
Leonhard Kleber wurde um 1495 in Wiesensteig bei Göppingen geboren. Er studierte ab 1512 in Heidelberg, wurde 1516 Organist und Vikar in Horb, 1518 in Eßlingen und 1521 in Pforzheim, wo er am 4. 3. 1556 starb.

Werke
Der deutsche Organist, Orgellehrer und Orgelkomponist Leonhard Kleber verfaßte im Jahre 1524 ein erhaltenes Tabulaturbuch mit über 100 geistlichen und weltlichen Kompositionen verschiedener Meister des ausgehenden 15. und beginnenden 16. Jahrhunderts, darunter auch solche von ihm selbst. »Die ganze Sammlung zeigt den Stand des süddeutschen Orgelspieles in einem sehr günstigen Licht« (Richter). Die von Kleber überlieferten Kompositionen – Präludien und Fantasien – fallen durch äußerst farbige Tongebung auf und lassen den Klang der Orgelkompositionen aus der zweiten Hälfte des Jahrhunderts vorausahnen.

Literatur
K. Kotterba, Leonhard Kleber und seine Tabulatur, Freiburg im Breisgau 1958.

Bernhard Klein (1793–1832)

ZEIT UND UMWELT

Der Musikschriftsteller Anton Friedrich Justus Thibaut (4. 1. 1774, Hameln, bis 23. 3. 1840, Heidelberg) gründete in Heidelberg einen »Singverein«, mit dem er vor allem ältere Musik pflegte. Er hat mit seiner oft aufgelegten Publikation »Über Reinheit der Tonkunst« viel zum Verständnis für ältere Musik beigetragen.

LEBEN

Bernhard Joseph Klein wurde am 6. 3. 1793 in Köln geboren, wo er seine musikalische Erziehung erhielt. Nachdem er diese am Conservatoire in Paris vervollständigt hatte, wurde er Musikdirektor am Dom in Köln und 1820 Kompositionslehrer am Königlichen Institut für Kirchenmusik und zugleich Musikdirektor und Gesanglehrer an der Universität in Berlin, wo er am 9. 9. 1832 starb.
Sein Bruder Joseph Klein (1802, Köln, bis 10. 2. 1862, Köln) war Liederkomponist.

Bernhard Klein

WERKE

Seine Vorliebe für vorklassische italienische Vokalmusik brachte Bernhard Klein mit dem Professor der Universitäten Jena und Heidelberg, Justus Thibaut, in Verbindung, von dem er viele Anregungen für die eigene Komposition erhielt. Er schrieb 3 Oratorien (»Jephtha«, »David«, »Hiob«), eine Messe, ein achtstimmiges Paternoster, ein sechsstimmiges Magnificat, 8 Hefte mit Psalmen, Hymnen und Motetten für Männerstimmen, eine Kantate, Lieder und Balladen, Klaviersonaten und andere Klavierstücke und 2 Opern. Alle seine Kompositionen sind sehr konservativ gehalten und zum Teil etwas doktrinär.
Joseph Klein vertonte Lieder von Heinrich Heine (1797–1856), mit dem er befreundet war, mit beachtenswertem Einfühlungsvermögen.

Franz Xaver Kleinheinz (1765–1832)

ZEIT UND UMWELT

Ein markantes Merkmal der musikalischen Bühnenstücke nach 1800 ist die Sprache. Die österreichischen und deutschen Komponisten hörten auf, italienische Libretti zu verwenden, weil das bürgerliche Publikum den Handlungsverlauf verstehen wollte. Das Italienische war als Opernsprache verabschiedet worden.

LEBEN

Franz Xaver Kleinheinz wurde am 26. 6. 1765 in Nassenbeuren bei Mindelheim, Allgäu, getauft. Nach seiner Ausbildung in Memmingen und seinem Wirken in der Hofkapelle in München kam er 1803 nach Wien und wurde Schüler von Johann Georg Albrechtsberger. Er war Kapellmeister in Brünn, sodann am Deutschen Theater in Budapest, wo er am 29. 1. 1832 starb.

WERKE

Neben 2 in Budapest herausgebrachten Opern auf deutsche Libretti schrieb Franz Xaver Kleinheinz Vertonungen von Balladen von Friedrich von Schiller, Kantaten, eine Orchestermesse, ein Bläserquintett, ein Trio für Klarinette, Cello und Klavier, ein Klavierkonzert, Klavier- und Violinsonaten. Er bearbeitete Beethovensche Klaviersonaten für Streichquartett, wurde ihnen aber nur wenig gerecht.

Jakob Friedrich Kleinknecht
(1722–94)

ZEIT UND UMWELT
Das Pianoforte setzte sich ab der Mitte des 18. Jahrhunderts in steigendem Maß durch. Abgesehen davon, daß darauf immer häufiger Cembalomusik gespielt wurde, erschienen immer mehr Kompositionen, die das neue Instrument speziell vorschrieben, wobei es zumeist noch offenblieb, auch das Cembalo zu benützen und auf den Effekt der wechselnden Dynamik zu verzichten.

LEBEN
Jakob Friedrich Kleinknecht wurde am 8. 4. 1722 in Ulm als Sohn des Zweiten Organisten des Ulmer Domes, Johann Kleinknecht (getauft 7. 12. 1676, Ulm, begraben 4. 6. 1751, Ulm), geboren. Er trat 1743 der Markgräflichen Kapelle in Bayreuth bei, wurde darin 1747 Violinist, 1749 Zweiter Konzertmeister und 1761 Hofkomponist und Kapellmeister. Im Jahr 1769 übersiedelte er mit der Kapelle nach Ansbach, wo er am 11. 8. 1794 starb.

WERKE
Bezeichnend für das kompositorische Werk von Jakob Friedrich Kleinknecht sind seine gehaltvollen langsamen Sätze und das nahezu ausschließlich vorgeschriebene Pianoforte, dem er effektvolle dynamische Kontraste zuteilte. Erhalten sind davon Sonaten für Violine, für Cello und für Flöte, Flötentrios, ein Flötendoppelkonzert und Sonaten für Pianoforte.

Johann Klemm (um 1593 bis nach 1651)

ZEIT UND UMWELT
Heinrich Schütz baute bereits zu seinen Lebzeiten mit seinen zahlreichen Schülern eine eigene Tradition auf, die über das 17. Jahrhundert weit hinaus wirksam war, obschon dabei der Name des Meisters sehr wenig genannt wurde. Die einzelnen Organisten und Kapellmeister, die seinen Stil weitertrugen, bildeten gleichsam das Fundament für die steile Aufwärtsentwicklung der Musik Deutschlands, die bisher im Vergleich zu den Nachbarländern ein eher bescheidenes Dasein gefristet hatte.

LEBEN
Johann Klemm (Klemmius) wurde um 1593 in Oederan bei Zwickau geboren. Im Jahr 1605 war er Sänger am Hof in Dresden. Der Kurfürst übernahm die Kosten seiner Ausbildung. Klemm wurde Schüler von Heinrich Schütz in Dresden und 1625 Hoforganist. Er starb nach 1651 vermutlich in Dresden.

WERKE
Von dem deutschen Komponisten Johann Klemm erschienen zwei- bis vierstimmige Fugen in Partitur (Tabulatura italica), außerdem ein Buch »Teutscher geistlichen Madrigalien« für vier bis sechs Stimmen, die polyphon gehalten sind.

Paul Klenau (1883–1946)

LEBEN
Paul August von Klenau wurde am 11.2.1883 in Kopenhagen geboren. Er studierte von 1902 bis 1904 bei Karel Haliř (1.2.1859, Hohenelbe [Vrchlabí], Böhmen, bis 21.12. 1909, Berlin) Violine und bei Max Bruch Komposition und anschließend in München noch bei Ludwig Thuille. Er begann seine Karriere 1907 als Kapellmeister in Freiburg im Breisgau; ein Jahr darauf wirkte er in gleicher Eigenschaft in Stuttgart, wo er nebenbei bei Max Schillings studierte, und dann ab 1914 erneut in Freiburg. Von 1920 bis 1926 wirkte er als Dirigent der Philharmonischen Gesellschaftskonzerte in Kopenhagen, wo er am 31.8.1946 starb.

WERKE
Als Dirigent suchte Paul Klenau dem däni-

schen Publikum zeitgenössische Musik aus allen Ländern nahezubringen, als Komponist war er bestrebt, die dänische Musikentwicklung aus der Umklammerung seitens nationaler Sentiments zu lösen und an die allgemeineuropäische anzuschließen. In der eigenen Komposition kam es zu einer chromatisch funktional bleibenden Zwölftonmusik und erreichte damit eine dem Impressionismus nahe Farbigkeit des Klangbilds. Er schrieb 7 Sinfonien, eine sinfonische Dichtung, eine sinfonische Fantasie, eine Ballade für Bariton und Orchester, ein Chorwerk »Die Weise von Liebe und Tod des Kornetts Rilke«, »Gespräche mit dem Tod« für Alt und Orchester, 7 Opern, ein Tanzspiel »Klein Idas Blumen«, das heute noch auf die Bühnen kommt, einige Kammermusik, Klavierstücke und Lieder.

August Klengel (1783–1852)

ZEIT UND UMWELT

Um die Wende zum 19. Jahrhundert lebten mehrere Klavier-, Violin- und Cellovirtuosen wie auch Meister der Flöte und der Klarinette, die durch Unterricht und durch ihre Schul- und Übungswerke der instrumentalen Technik einen ungeheuren Aufschwung verliehen, der noch durch technische Perfektionierung der Instrumente verstärkt wurde. Die Folge war das Erscheinen zahlreicher ausgezeichneter Instrumentalisten, die neben großen Virtuosen den Orchesterklang auf das Niveau brachte, das von den Komponisten der Romantik angestrebt wurde.

LEBEN

August Stephan Alexander Klengel wurde am 29.6.1783 in Dresden geboren. Er war Klavierschüler von Muzio Clementi, den er nach St. Petersburg begleitete. Im Jahr 1811 ging er für 2 Jahre nach Paris und sodann nach Dresden, wo er von 1816 bis zu seinem Tod am 22.11.1852 als Hoforganist wirkte.

WERKE

Von August Klengel sind 2 Klavierkonzerte, eine Konzertpolonaise, ein Trio, eine vierhändige Klavierfantasie und viele Sonaten sowie andere Stücke für Klavier erschienen. Er verfaßte außerdem 24 progressive Kanons, die für sein erst posthum veröffentlichtes Hauptwerk »Kanons und Fugen in allen Dur- und Molltonarten« eine Vorstufe bildeten. Sein Stil ist stark von dem seines Lehrers abhängig.

Leon Klepper (geboren 1900)

LEBEN

Leon Klepper wurde am 24.4.1900 in Iași, Rumänien, geboren. Er war Schüler von Joseph Marx in Wien, von Franz Schreker in Berlin und von Paul Dukas in Paris, wo er bis 1939 lebte. Von 1949 bis 1959 wirkte er als Professor für Komposition am Konservatorium in Bukarest, dann siedelte er sich in Freiburg im Breisgau an.

WERKE

Von Leon Klepper sind 2 sinfonische Dichtungen, eine »Festliche Ouvertüre«, »Drei Bagatellen«, ein Concerto grosso, »Vier sinfonische Tänze«, ein Concertino für Klavier vierhändig und Orchester, ein Concertino für Flöte, Klavier und Streicher, eine Romanze mit Variationen für kleines Orchester, eine Partita für Klavier und kleines Orchester, eine Suite für zwei Violinen und Klavier, verschiedene Klaviermusik und Filmmusik bekannt geworden.

Arvid Kleven (1899–1929)

LEBEN

Arvid Parly Kleven wurde am 29.11.1899 in Trondheim, Norwegen, geboren. Er studierte in Kristiania und Paris und wirkte ab 1919 als Flötist im Orchester des Nationaltheaters und später im Orchester des Philharmonischen Vereins der norwegischen Hauptstadt, wo er am 23.11.1929 starb.

WERKE

Trotz seiner kurzen Schaffenszeit hat Arvid Kleven zur Modernen Musik Norwegens erhebliche Beiträge geleistet. Er schrieb ein Orchesterpraeludium, eine Tondichtung, eine sinfonische Fantasie und eine »freie« Sinfonie, einige Kammermusiken, Klavierstücke, Lieder und Gesänge.

Karl Klingemann (1798–1862)

ZEIT UND UMWELT
Obwohl gerade im Zeitalter der Romantik die Zahl der Dichter-Komponisten sehr zunahm, war die Musik dennoch nicht sprechend genug, daß sie sich beim Niederschreiben der Verse von selbst einstellte, während sich auf der anderen Seite die Sprache Gewalt antun mußte, weil es die Musik so verlangte, so daß die Fälle, in denen Wort und Klang gleichzeitig und gleichwertig aus der Feder floß, doch sehr selten waren; in der Regel kam eines davon zu kurz.

LEBEN
Karl Klingemann wurde am 2.12.1798 in Limmer an der Leine geboren. Er diente ab 1827 als hannoverscher Diplomat, dichtete und komponierte Lieder; Felix Mendelssohn-Bartholdy hat mehrere Gedichte von ihm vertont. Er starb am 25.9.1862 in London.

WERKE
Die Lieder, die Karl Klingemann auf eigene Texte vertonte, müssen als glückliche Würfe bezeichnet werden. Besser jedoch sind seine Kompositionen fremder Gedichte, weil vermutlich das eigene Wort den Fluß der Melodie hemmte.

Bernhard Klingenstein (1545–1614)

ZEIT UND UMWELT
Das Augsburg der Welser und Fugger bezog seine Kirchenmusiker in erster Linie aus der Landeshauptstadt München, das sich neben Ingolstadt im 16. Jahrhundert in den Mittelpunkt der geistigen Gegenreformation stellte. Musiker der bayrischen Hofkapelle und der Münchner Kirchen wurden bereitwillig übernommen, weil man ihren hohen Ausbildungsstand kannte.

LEBEN
Bernhard Klingenstein wurde 1545 in Peiting bei Schongau geboren und in München zum Kleriker und Musiker ausgebildet. Er wirkte an der Frauenkirche der Stadt und kam 1575 als Kapellmeister und Domvikar an den Dom in Augsburg. Dort nahm er noch um 1580 Unterricht bei dem Flamen Johannes de Cleve. Er starb am 1. 3. 1614.

WERKE
Von dem deutschen Komponisten ist 1607 ein Buch ein- bis achtstimmige »Geistliche Symphonien« erschienen. Einzelne Kompositionen finden sich in Sammelwerken. Zum Sammelwerk Rosetum Marianum (Marianischer Rosenkranz) verfaßte er nur die Texte. Die Kompositionen liegen auf der Entwicklungslinie des deutschen Liedschaffens.

LITERATUR
H. Osthoff, Die Niederländer und das deutsche Lied, Neue Deutsche Forschungen CXCVII, Berlin 1938.

Tristan Klingsor (1874–1966)

LEBEN
Tristan Klingsor (Pseudonym für Arthur Justin Léon Leclère) wurde am 8.8.1874 in La Chapelle-aux-Pots, Oise, geboren. Er war Dichter, Maler und Komponist; seine Lektüre der romantischen Schriftsteller Aloysius Bertrand (1807–41) und Gérard de Nerval (1806 bis 1855) brachte ihm die Phantastik der romantischen Vorstellungswelt nahe, der er in den drei von ihm gepflegten Kunstgattungen Ausdruck verlieh. Er starb am 3.8.1966 in Paris.

WERKE
Neben einigen unbedeutenden Instrumentalwerken schrieb Tristan Klingsor eine große Anzahl Chansons, mit denen er die Ära der Troubadours wiedererwecken wollte. Sein Stil hatte zwar mit dem seiner Vorbilder wenig zu tun, war jedoch in seiner singulären Eigenart sehr interessant.

Johann Friedrich Klöffler (1725–90)

ZEIT UND UMWELT
Die Bezeichnung »Programmusik« für deskriptive musikalische Darstellung von Vorgängen oder Tatbeständen entstand erst um 1800. Es kam auch erst im 19. Jahrhundert zur endgültigen Ausformung dieser Kompositionsgattung. Vorläufer gab es bereits in der Barockepoche und noch mehr im 18. Jahrhundert, in dem Naturereignisse, Tages- und Jahreszeiten, Festlichkeiten, traurige Anlässe, Idyllen, Jagd- und vor allem Schlachtenszenen als Sujet genommen wurden.

LEBEN
Johann Friedrich Klöffler wurde am 20. 4. 1725 in Kassel geboren. Er war im Verwaltungsdienst in Kassel und ab 1750 in Burgsteinfurt tätig, wo er auch als Director Musices bis zu seinem Tod am 21. 2. 1790 wirkte.

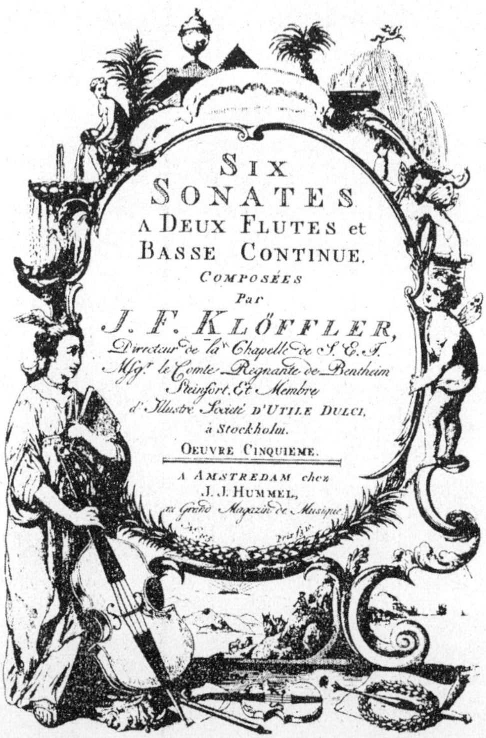

Titelblatt der »Six Sonates« von Johann Friedrich Klöffler

Ab 1781 hatte er zahlreiche Konzertreisen zu nahezu allen Musikzentren Europas unternommen.

WERKE
Von Johann Friedrich Klöffler sind 18 Sinfonien erschienen, von denen Nummer 9, »Bataille«, für zwei Orchester als programmatische Schilderung einer Schlacht mit allem Lärm weltweiten Erfolg hatte; Sinfonie Nummer 3 wurde längere Zeit Joseph Haydn zugeschrieben. Er schrieb außerdem zahlreiche Instrumentalkonzerte, Kammermusik- und Klavierwerke. Seine Musik steht der frühen Klassik schon sehr nahe.

Fritz Klopper (1889–1929)

LEBEN
Fritz Klopper wurde am 29.7.1889 in Augsburg geboren. Er studierte in seinem Geburtsort und in München und wirkte ab 1918 als Theorielehrer an der Musikschule in Augsburg. Er starb am 15.2.1929 in Hausstein bei Deggendorf.

WERKE
Von Fritz Klopper sind 2 Sinfonien, eine Orchestervariation, ein Streichquartett, ein Klaviertrio, 2 Orgelsonaten, eine Sonatentrilogie, bestehend aus einer Klavier-, einer Violin- und einer Cellosonate, bekannt. Sein Stil war dem Neuklassizismus angenähert.

Friedrich Klose (1862–1942)

LEBEN
Friedrich Klose wurde am 29.11.1862 in Karlsruhe geboren, wo er Schüler von Vinzenz Lachner (1811–93) war. Er studierte anschließend bei Anton Bruckner in Wien. Ab 1906 wirkte er als Lehrer am Konservatorium in Basel und von 1907 bis 1919 als Kompositionslehrer an der Akademie der Tonkunst in München. Anschließend lebte er als freier Komponist in der Schweiz. Er starb am 24.12. 1942 in Ruvigliano bei Lugano.

WERKE

Der Nach- oder Spätromantiker Friedrich Klose, der völlig unter dem Einfluß der »Neudeutschen« stand, schrieb die Tondichtungen »Loreley«, »Das Leben ein Traum« für Orchester, Orgel und Chor, »Jeanne d'Arc«, »König Elf«, »Das Märchen«, eine Doppelfuge für Orgel und Bläser, eine Messe in d-Moll für Soli, Chor, Orchester und Orgel, eine Kantate für Frauenchor, Tenor und Orchester, eine Motette, eine Elegie für Violine, Chorwerke, Lieder und Klavierstücke.

Hyacinthe Eléanore Klosé (1808–80)

ZEIT UND UMWELT

Der Klarinetten- und Fagottvirtuose Friedrich Berr (17.4.1794, Mannheim, bis 24.9.1838, Paris) war ab 1831 Klarinettenlehrer am Conservatoire in Paris, 1832 Soloklarinettist der Königlichen Kapelle, ab 1833 Erster Klarinettist des Théâtre italien und ab 1836 Direktor der neugegründeten Militärmusikkapelle. Seiner vorzüglichen Unterrichtstätigkeit und seinen Lehrwerken verdanken einige berühmte Instrumentalisten ihre Ausbildung.

LEBEN

Hyacinthe Eléanore Klosé wurde am 11.10.1808 in Korfu geboren. Er kam in jungen Jahren nach Paris und wurde Schüler von Friedrich Berr, war sodann Militärmusiker und wirkte von 1839 bis 1868 als Nachfolger Berrs als Klarinettenlehrer am Conservatoire. Er veranlaßte die Übertragung des Ringklappensystems des Theobald Böhm auf die Klarinette durch die 1825 in Mantes, Seine-et-Oise, gegründete Blasinstrumentenfabrik Buffet-Crampon. Er starb am 29.8.1880 in Paris.

WERKE

Die Klarinettenschule von Hyacinthe Eléanore Klosé wurde 1942 vorläufig zum letzten Mal aufgelegt und steht noch heute in Verwendung. Er schrieb außerdem Soli, Duette, Fantasien und Etüden für sein Instrument, die in erster Linie Übungszwecken dienten, aber darüber hinaus auch als Musikstücke einen gewissen Wert darstellten.

August Klughardt (1847–1902)

ZEIT UND UMWELT

Die Hochromantik blieb in Deutschland bis über die Wende zum 20. Jahrhundert nahezu stehen, während in Frankreich die nächste Musikepoche bereits angebrochen war und sogar im konservativen England von einzelnen die Weichen für eine Weiterentwicklung gestellt wurden. Obwohl in den übrigen Kunstgattungen die Entwicklung zügig weiterging, blieb das deutsche Musikpublikum der romantischen Musik noch lange verhaftet.

LEBEN

August Friedrich Martin Klughardt wurde am 30.11.1847 in Köthen geboren. Er wirkte als Theaterkapellmeister in Posen (Poznan) und Lübeck, sodann in Weimar, wo er Großherzoglicher Musikdirektor wurde. Im Jahr 1873 wurde er Hofkapellmeister in Neustrelitz und 1882 in Dessau, wo er am 3.8.1902 starb.

WERKE

Von August Klughardt sind 4 Sinfonien in f-Moll, D-Dur, c-Moll und c-Moll, die Tondichtung »Lenore«, 2 Orchestersuiten, 4 Ouvertüren, ein »Capriccio, Gavotte und Tarantelle« für Orchester, ein Violinkonzert, ein Cellokonzert, ein Oboenkonzert, 3 Stücke für Streichorchester, 2 Streichquartette, mehrere Fantasiestücke für Klavier, Oboe und Bratsche, die Oratorien »Zerstörung Jerusalems«, »Judith«, »Die heilige Nacht«, »Die Grablegung Christi« und kleinere Chorwerke und Lieder, außerdem 4 Opern bekannt geworden. Seine Musik gehört völlig der Hochromantik an und ist teilweise programmatisch.

LITERATUR

L. Gerlach, August Klughardt, Leipzig 1902.

Armin Knab (1881–1951)

Leben

Armin Knab wurde am 19.2.1881 in Neuschleichach, Landkreis Haßfurt, geboren. Er studierte in Würzburg und München Rechtswissenschaft und Musik und wurde zunächst Richter. Im Jahr 1934 wandte er sich ausschließlich der Musik zu und wurde Lehrer an der Hochschule für Musikerziehung und Kirchenmusik in Berlin. Ab 1943 lebte er in Würzburg. Er starb am 23.6.1951 in Bad Wörishofen.

Werke

Die 150 Klavierlieder, die Armin Knab schrieb, erinnern an die Berliner Liederschule. Auch er strebte Sangbarkeit, Einfachheit, klaren melodischen Textausdruck bei einem Minimum an Harmonik an und suchte Volkslied und Kunstlied zu verschmelzen. Dennoch ist keine seiner Kompositionen zum echten Volkslied geworden. Sie machen oft einen gezwungenen Eindruck. Er schrieb bei 40 Kinderlieder, Chorwerke a cappella oder mit Begleitung, Lautenlieder, Duette, Dialoge, Kantaten, Hymnen, Melodramen, Bühnenmusiken, Märchenspiele, eine Suite für Streichorchester, Streichquartette, Blasmusik, Sonaten für Klavier solo oder mit Blockflöte, für Cembalo und andere Instrumente. Er veröffentlichte über 100 Essays.

Armin Knab

William Knapp (1698–1768)

Zeit und Umwelt

Die Stagnation der englischen Kirchenkomposition in der ersten Hälfte des 18. Jahrhunderts brachte es mit sich, daß jede neue Psalmenmelodie spontan von vielen Kirchen übernommen wurde und besonders neue mehrstimmige Psalmen und Anthems viele Auflagen erlebten.

Leben

William Knapp wurde 1698 vermutlich in Poole geboren, wo er als Kirchenmusiker tätig war und 1768 starb.

Werke

Die neuen Psalmenmelodien, die vierstimmigen Psalmen und Anthems von William Knapp, wurden lange Zeit in den Kirchen Südenglands verwendet. Seine Publikation »The New Church Melody« (Neue Kirchenmelodie) wurde fünfmal aufgelegt.

Justin Heinrich Knecht (1752–1817)

Zeit und Umwelt

Die darstellende Musik, die also bestimmte Vorgänge, Bilder oder Gefühlsregungen vermittelt, fand schon in der Vorromantik viele Anhänger. Ein Programm, dem entlang der Komponist seine Tondichtung führt, hält auch am besten das Interesse des Publikums wach, das anhand einer Erklärung jede musikalische Wendung »versteht« und verfolgen kann. Diese »literarische« Musik erfüllt am besten den Wunsch des Publikums, das von jedem Bild und jeder Skulptur verlangt, daß sie »etwas darstellen«, und von der Musik fordert, daß sie sich verdeutlicht.

LEBEN
Justin Heinrich Knecht wurde am 30. 9. 1752 in Biberach, Württemberg, geboren. Er war von 1771 bis 1792 Organist und Dirigent in seinem Geburtsort, wurde 1806 zum Zweiten Kapellmeister der Hofkapelle in Stuttgart ernannt, gab aber diese Stelle 1808 wieder auf und kehrte nach Biberach zurück, wo er am 1. 12. 1817 starb. Er war als Organist sehr geschätzt.

WERKE
Von Justin Heinrich Knecht ist eine Sinfonie »Tongemälde der Natur« überliefert, die das Programm der Pastoralsymphonie von Ludwig van Beethoven zum Vorwurf hat, aber mit übertriebener Plastik ausgeprägt. Dasselbe Thema bearbeitete er mit einer Orgelsonate. Außerdem schrieb er ein Konzertduett »Mirjam und Deborah« aus dem Messias von Friedrich Gottlieb Klopstock, weiters Psalmen, ein Te Deum für zwei Chöre, viele Messen, Opern und Singspiele, ein Melodram »Das Lied von der Glocke« (Friedrich von Schiller), zahlreiche Orgelstücke, Klaviervariationen, Klaviersonatinen, Flötenduos, Arien, Hymnen und ein bayrisches und ein württembergisches Choralbuch. Seine Musik gehörte eindeutig der Vorromantik an. Er veröffentlichte außerdem zahlreiche musiktheoretische Schriften und Lehrwerke für das Orgel- und das Klavierspiel von unterschiedlicher Qualität.

LITERATUR
E. Kauffmann, Justin Heinrich Knecht, Tübingen 1892.

Johannes Kneffel
(um 1530 bis nach 1617)

ZEIT UND UMWELT
Bei der deutschen Kirchenmusik des 16. Jahrhunderts ist zuweilen ein interessanter Austausch zwischen den beiden Konfessionen bemerkbar. Etliche Komponisten standen nicht an, auch für die »Gegenseite« etwas zu schreiben. Einzelne Kirchenmusiker wechselten mehr als einmal ihr Bekenntnis, weil die Umstände und die Lebensnotwendigkeiten es verlangten. Zu einer reinlichen Trennung der Musik beider Lager ist es überhaupt nie gekommen.

LEBEN
Johannes Kneffel (Knefel, Knöfel, Knöffel, Knofelius) wurde um 1530 in Lauban geboren. Bis zum Jahre 1569, in dem er herzoglicher Kapellmeister in Liegnitz wurde, ist über sein Leben nichts feststellbar. 1571 verließ er Liegnitz, um nach Heidelberg zu gehen, trat dort in die herzogliche Kapelle ein, wo er sodann von 1576 bis 1583 als Kapellmeister tätig war. Im Jahre 1592 war er Organist an der Heinrichskirche in Prag, wo er vermutlich nach 1617 starb.

WERKE
Von dem Kirchenmusiker Johannes Kneffel sind 32 fünf- bis siebenstimmige Motetten, 37 fünfstimmige Ordinariumsätze, 20 fünf- bis sechsstimmige Motetten, 30 sechsstimmige Motetten, 23 Newe Teutsche Liedlein, eine Kaiser Rudolf II. gewidmete sechsstimmige Messe und einige handschriftliche Sätze erhalten. Alle diese Kompositionen fußen stark auf Orlando di Lasso, entbehren aber einer gewissen Originalität nicht.

LITERATUR
W. Scholz, Zu Johannes Kneffel, Archiv für Musikforschung, VII, 1942.

Joseph Philip Knight (1812–87)

ZEIT UND UMWELT
Die Romantik, die um die Mitte des 19. Jahrhunderts bereits ungehinderten Einzug in England hielt, bemächtigte sich auch der Liedkomposition. Texte und Musik näherten sich stark dem sentimentalen Volkslied, und manche von ihnen wurden zum Volkslied, dessen Urheber man vergessen hat.

LEBEN
Joseph Philip Knight wurde am 26.7.1812 in Bradford-on-Avon geboren. Er war Schüler des Organisten der Kathedrale in Bristol, John

David Corfe (1804, Salisbury, bis Januar 1876, Bristol), Sohn des Arthur Thomas Corfe. Er lebte zwei Jahre in Nordamerika und darauf als Pfarrer auf den Scilly-Inseln. Den Rest seines Lebens verbrachte er in gleicher Eigenschaft in Great Yarmouth, wo er am 2.6.1887 starb.

WERKE
Von Joseph Philip Knight sind über 200 populäre Lieder, Duette und Terzette herausgekommen, von denen manche ihn um Jahrzehnte überlebten. Einige davon sind in den Volksliedschatz Englands eingegangen. Sein Oratorium »Jephthas Tochter« war sehr erfolgreich.

Thomas Knight (um 1500 bis um 1550)

ZEIT UND UMWELT
Das Bistum Salisbury war bereits 1075 errichtet worden. Es pflegte eine besondere Art mehrstimmigen gregorianischen Gesanges, der unter der Bezeichnung »Sarum use« noch lange im Gebrauch stand. Auch im Ritus wurden Besonderheiten eingeführt, und die Bischöfe durften laut einer Charta König Heinrichs III. (1207–72) eine nahezu unabhängige Regierungsgewalt ausüben. Erst König Jakob I. setzte 1612 diesem Ausnahmezustand ein Ende und integrierte das Bistum seinem Reich.

LEBEN
Thomas Knight (Knighte, Knyght) wurde um 1500 in Salisbury geboren und wirkte an der Kathedrale des Bistumes als Organist und Vikar von 1535 bis 1545. Bis 1547 erhielt er aus der Auflösung des Klosters von Spalding eine Rente und dürfte einige Jahre darauf in Salisbury gestorben sein.
Robert Knight (um 1500, Salisbury, bis um 1560, Salisbury), vermutlich ein Verwandter von Thomas Knight, war gleichzeitig an der Kathedrale von Salisbury als Musiker tätig.

WERKE
Man stößt auf Schwierigkeiten, die zumeist nur mit »Knight« signierten Kompositionen richtig zuzuschreiben. Das schöne Magnificat, eine Messe und ein Lied zum Abenddienst sind sicherlich von Thomas Knight verfaßt. Eine ausgezeichnete fünfstimmige Motette muß Robert Knight zugeschrieben werden. Bei den weiteren Messen ist eine einwandfreie Zuschreibung nicht möglich, weil zwischen den beiden Komponisten so viel wie keine Stilverschiedenheit festgestellt werden kann.

Lew Knipper (1898–1974)

LEBEN
Lew Konstantinowitsch Knipper wurde am 21.11.1898 in Tbilisi geboren. Er war in Berlin Schüler von Philipp Jarnach und in Moskau von Reinhold Glier, Nikolai Schiljajew und Jelena Gnessina. Er hielt sich von 1942 bis 1944 im Iran als Dirigent und Sammler von Folklore auf. Ab 1946 wirkte er am Aufbau des Musiklebens der Burjat-Mongolischen ASSR mit. Er starb am 30.7.1974 in Moskau.

WERKE
Die Kompositionen von Lew Knipper verwerteten zahlreiche charakteristische Melodien asiatischer Völker, vor allem aus der Mongolei und Tadschikistan. Er schrieb 4 Opern und mehrere Ballette, außerdem 15 Sinfonien, zum Teil mit Chor, 5 sinfonische Dichtungen, 3 Sinfonietten, mehrere Suiten und Improvisationen, ein Violinkonzert, ein Cellokonzert, ein »Sinfoniekonzert« für Streichquartett und Orchester, »Konzertmonologe« für Cello, sieben Blechbläser und zwei Pauken, Klavierstücke, Lieder, Volksliedbearbeitungen und Filmmusik.

Wilhelm Knöchel (1881–1959)

LEBEN
Wilhelm Knöchel wurde am 3.1.1881 in Krefeld geboren. Er war in Köln Schüler von August von Othegraven (2.6.1864, Köln, bis 11.3.1946, Wermelskirchen) und Friedrich Wilhelm Franke (21.6.1861, Barmen, bis 3.4.1832, Köln) und in Krefeld von Robert

Laugs (21.2.1875, Saarbrücken, bis 9.1.1942, Kassel) und Theodor Müller-Reuter (1.9.1858, Dresden, bis 11.8.1919, Dresden). Im Jahr 1912 gründete er in Moers, Niederrhein, eine Musikschule, setzte sein Musikstudium 1921 in Berlin bei Wilhelm Klatte (13.2.1870, Bremen, bis 12.9.1930, Berlin) fort und wirkte als Dirigent und Komponist, bis er sich 1949 in Moers niederließ, wo er am 12.12.1959 starb.

WERKE

Hermann Ritter (16.9.1849, Wismar, bis 25.1. 1926, Würzburg) konstruierte nach Quellen des 18. Jahrhunderts eine »Viola alta«, eine Altviolinе mit Bratschenstimmung, die jedoch wegen ihres umfangreicheren Corpus einen pastosen Klang hatte; sie entsprach der »Viola medicea«, die Antonio Stradivari (1644–1737) gebaut hatte. Dazu baute er eine »Viola tenore«, deren doppelte Violinmensur den Klangraum zwischen Bratsche und Cello ausfüllte, und eine »Viola bassa« mit Cellostimmung und doppeltem Ausmaß der Viola alta. Er wollte dadurch den Stimmumfang im Streichquartett unter der Violine symmetrischer aufteilen. Wilhelm Knöchel verfaßte als einer der wenigen Komponisten seiner Zeit ein Klavierquintett für »Ritter-Instrumente«. Er schrieb außerdem ein Oratorium, eine Symphonia brevis, 2 Streichquartette, ein Streichtrio und Männerchöre.

Andreas Knöpken (um 1468 – 1539)

ZEIT UND UMWELT

Die ehemalige freie Hansestadt Riga bewahrte sich durch Jahrhunderte zeitweilig eine gewisse Selbständigkeit und Eigenentwicklung. Die Musik der Stadt wurde wie in allen evangelischen Ländern nicht auf künstlerische Zwecke gerichtet. Es mußte einige Zeit vergehen, bis der Musik eine weitere Entfaltungsmöglichkeit eingeräumt wurde.

LEBEN

Andreas Knöpken ist um 1468 bei Küstrin (Kostrzyn) geboren. Er studierte in Frankfurt an der Oder und kam als Kaplan nach Riga, wo er die Reformation durchführen konnte, weil er in dieser Stadt bereits eine Mehrheit von Anhängern Luthers angetroffen hatte. Er starb in Riga am 18. 2. 1539.

WERKE

Andreas Knöpken gab 1530 das »Rigaer Gesangbuch« heraus, das bis in das 17. Jahrhundert zum Vorbild einiger deutscher Gesangbücher genommen wurde. In dem Buch scheinen 11 Lieder auf, bei denen Text und Melodie vom Herausgeber stammen. Sie gehören in jeder Beziehung zu den besten der Sammlung.

LITERATUR

W.-G. v. Schnakenburg, Die Lieder des Reformators in Riga Andreas Knöpken, Archiv für Reformations-Geschichte XL, 1943.

Sebastian Knüpfer (1633 – 76)

ZEIT UND UMWELT

Bei der ältesten Form der Choralkantate wurde ein einziges Lied als Grundlage eines zumeist von Strophe zu Strophe wechselnden Musikstückes verwendet. Die »Kernweise« war nicht selten sehr alt, was auf die Faktur der Kantate abfärbte und die Aufnahme altertümlicher Züge begünstigte. Der Ton der Kantate klingt archaisierend. Um die Kantate abwechslungsreicher zu gestalten, wurde die »Kernweise« zuweilen vernachlässigt und durch andere Einschübe ersetzt; zwischen die Strophen wurden auch Neudichtungen gestellt.

LEBEN

Sebastian Knüpfer wurde am 6. 9. 1633 in Asch getauft. Er war ab 1657 Thomaskantor und Städtischer Musikdirektor in Leipzig, wo er am 10. 10. 1676 starb.

WERKE

Der deutsche Komponist Sebastian Knüpfer hinterließ außer etlichen Gelegenheitskompositionen Motetten, Messeteile und 25 Choralkantaten. Seine »Lustigen Madrigale« sind nicht erhalten.

Erland Koch (geboren 1910)

LEBEN

Erland Sigurd Christian Koch Vogt wurde am 26. 4. 1910 in Stockholm geboren. Er war am Konservatorium seiner Geburtsstadt Schüler von Ernst Henrik Ellberg, Melcher Melchers und Olallo Morales (15. 10. 1874, Almería, bis 29. 4. 1957, Tällberg, Dalarna); er studierte außerdem noch bei Claudio Arrau (geboren 6. 2. 1903, Chillán, Chile) und Clemens Krauss (31. 3. 1893, Wien, bis 16. 5. 1954, Mexiko-Stadt). Seit 1953 wirkte er als Dozent für Harmonielehre und seit 1968 als Professor an der Musikhochschule in Stockholm.

Sein Vater Richert Sigurd Valdemar Koch (28. 6. 1879, Ägnö bei Stockholm, bis 16. 3. 1919, Stockholm) studierte in Stockholm, Berlin und Paris und lebte als Musikreferent und Komponist in Stockholm.

WERKE

Von Erland Koch sind eine Oper, ein Singspiel und ein Ballett aufgeführt worden. Er schrieb ferner 4 Sinfonien, eine Konzertmusik, »Variationen«, »Metamorphosen«, »Skandinavische Tänze«, ein Violinkonzert, ein Saxophonkonzert, 2 Klavierkonzerte, ein Cellokonzert, ein Bratschenkonzert, ein Konzert für kleines Orchester, ein Triptychon für Violine und Orchester, eine »Musik« für acht Solobläser und Orchester, ein Doppelkonzert für Flöte, Klavier und Streicher, ein Konzert für Sopran, Altsaxophon und Streicher und weitere Stücke für Orchester und für Streichorchester, 6 Streichquartette, verschiedene Klavierwerke, Chöre, Lieder und Volksliedbearbeitungen.

Sigurd Koch schrieb Orchesterstücke, eine Romanze für Violine und Orchester, ein Klavierquintett, eine Violinsonate, eine Cellosonate, Klavierstücke und Lieder.

Clemens Krauss

Heinrich Christoph Koch (1749–1816)

ZEIT UND UMWELT

Die Aufklärung, die das Profil des gesamten wissenschaftlichen Schrifttums veränderte, indem es dem Postulat der logischen Deduktion unterworfen wurde, übte den gleichen Einfluß auch auf die Musikwissenschaft der Zeit aus, die begann, sich von Legenden zu reinigen und zur Lehre realer Tatbestände wurde.

LEBEN

Heinrich Christoph Koch wurde am 10. 10. 1749 in Rudolstadt geboren. Nach seiner Ausbildung in Rudolstadt und Weimar trat er 1768 als Violinist der Rudolstädter Kapelle bei und wurde 1777 Kammermusiker. Er starb am 18. 3. 1816 in Rudolstadt.

WERKE

Die Bedeutung von Heinrich Christoph Koch liegt auf dem Gebiet der Musikwissenschaft, die er um ein »Musikalisches Lexikon« und um zahlreiche Abhandlungen bereicherte. Seine kompositorische Tätigkeit beschränkte sich auf eine Anzahl Kantaten und ein Choralbuch für Harmoniemusik.

Karl Koch (1887–1971)

LEBEN

Karl Koch wurde am 29. 1. 1887 in Biberwier, Tirol, geboren. Nach dem Theologiestudium in Brixen studierte er an der Kirchenmusikschule in Regensburg bei Peter Griesbacher und Joseph Renner (17. 2. 1868, Regensburg, bis 17.7.1934, Regensburg) und sodann an der Musikakademie in Wien bei Joseph Marx und Max Springer (19.12.1877, Schwendi, Württemberg, bis 20.1.1954, Wien). Er wirkte von 1914 bis 1924 als Chordirektor in Bozen und anschließend bis 1967 als Domkapellmeister in Innsbruck, wo er am 20.9.1971 starb.

WERKE
Außer einer Sinfonie und einem Streichquartett schrieb Karl Koch nur sakrale Musik: 5 große Messen, 2 Requiem, 3 Tantum ergo, einen Osterhymnus, Chöre und Lieder. Er verstand es, die strengen caecilianischen Vorschriften mit ansprechenden Klängen zu erfüllen.

Konrad Kocher (1786–1872)

ZEIT UND UMWELT
Die Gründung der vielen Laiengesangvereine und Liedertafeln veranlaßte die an Kirchenmusik Interessierten, gesonderte Vereine zur Pflege sakraler Musik ins Leben zu rufen, aus denen oft die Kirchenchöre ihre Ergänzungen und Verstärkungen holten.

LEBEN
Konrad Kocher wurde am 16.12.1786 in Ditzingen bei Stuttgart geboren. Er reiste 1819 zum Studium der A-cappella-Musik nach Italien und gründete nach seiner Rückkehr in Stuttgart einen Kirchengesangverein, der zum Vorbild für viele ähnliche Vereine in Süddeutschland wurde. Von 1827 bis zu seinem Tod am 12.3.1872 wirkte er als Organist und Musikdirektor an der Stiftskirche in Stuttgart.

WERKE
Von Konrad Kocher sind 2 Opern und ein Oratorium erhalten. Er gab einige Choralbücher heraus und schrieb »Die Tonkunst in der Kirche«. Durch sein organisatorisches Wirken auf dem Gebiet des religiösen Laiengesangs hat er den Kirchengesang in Süddeutschland sehr gefördert.

František Kočvara (um 1740–91)

LEBEN
František Kočvara (Koczwara, Kotzwara) wurde um 1740 in Prag geboren. Er lebte in London und Dublin als Cembalist, Violinist, Dirigent, Musiklehrer und geschätzter Komponist. Er starb am 2. 9. 1791 in London.

WERKE
Von František Kočvara sind Sinfonien, Sonaten für Cembalo oder Pianoforte und für Violine erschienen. Sein bekanntestes Werk war »The Battle of Prague« (Die Schlacht um Prag) für Pianoforte oder Cembalo, Violine, Cello und Tambour. Diese programmatische »Schlachtenmusik« erlebte mindestens 30 Ausgaben und wurde noch 1884 aufgelegt.

Nevit Kodall (geboren 1924)

LEBEN
Nevit Kodall wurde am 12.1.1924 in Mersin, Türkei, geboren. Er war von 1939 bis 1947 am Konservatorium in Ankara Schüler von Necil Kâzim Akses (geboren 6.5.1908, Istanbul) und von 1948 bis 1953 in Paris an der École Normale de Musique von Arthur Honegger. Anschließend lehrte er bis 1955 am Konservatorium Kontrapunktik, musikalische Analyse und Instrumentation, dann wurde er Kapellmeister der Oper und in der Folge Musikdirektor am Staatstheater in Ankara.

WERKE
Außer 2 Opern und einem Ballett schrieb Nevit Kodall eine Sinfonie, eine Orchestersuite, eine Passacaglia, eine Sinfonietta für Streicher, ein Sextett, 2 Streichquartette, ein Stück für Solovioline, Klavierstücke, Chöre, Klavierlieder und Bühnenmusik. Sein Stil stützt sich zum Teil auf die türkische Folklore und muß als spätromantisch eingestuft werden.

Zoltán Kodály (1882–1967)

LEBEN
Zoltán Kodály wurde am 16.12.1882 in Kecs-

kemét geboren. Er war ab 1900 Kompositionsschüler von Hans Koessler in Budapest. Nach Aufenthalten in Berlin und Paris wurde er 1907 Theorielehrer und dann Kompositionslehrer an der Budapester Hochschule. Neben seiner Lehrtätigkeit und der Komposition beschäftigte er sich vorwiegend mit der Erforschung und Bearbeitung ungarischer Volkslieder, von denen er über 3500 sammelte. Er setzte sich als Komponist sehr rasch durch. Da er die Tonalität und die überkommenen Formen nur äußerst selten verließ, sondern in den gegebenen Grenzen eine neue äußerst vitale Musik schuf, die, interessant instrumentiert, sehr klangreich und doch expressiv konzipiert ist, erweckte er überall Begeisterung. Er blieb, von ausgedehnten Konzertreisen abgesehen, ständig in Budapest und erreichte bei seinem Volk einen so hohen Bekanntheits- und Beliebtheitsgrad, daß seine Persönlichkeit weder von den verschiedenen Arten der Diktaturen noch durch die kriegerischen und revolutionären Ereignisse angetastet wurde. Er starb am 6.3.1967 in Budapest als großer alter Mann der ungarischen Musik.

Zoltán Kodály

Werke

Alle Kompositionen von Zoltán Kodály sind heute noch ebenso lebendig wie zu seinen Lebzeiten. Neben 2 Liederspielen schrieb er für Orchester »Tänze aus Marosszék« (auch für Klavier allein), »Tänze aus Galánta«, Variationen über ein Volkslied, eine Sinfonie, ein »Konzert«, eine sinfonische Dichtung. Die Kammermusik ist mit 2 Streichquartetten, einem Streichtrio, einer Trioserenade, einer Sonatine und einem Adagio für Cello und Klavier, einem Capriccio für Cello solo, einem Duo für Violine und Cello vertreten. An Chorwerken liegen der »Psalmus Hungaricus«, das »Budvári Te Deum« und eine »Missa brevis« vor. Er schrieb ferner viele Klavierstücke, begleitete und unbegleitete Chöre sowie Lieder. Sein Hauptanliegen waren die Sammlung von Volksliedern Ungarns und der Nachbarländer, an der er gemeinsam mit Béla Bartók arbeitete, und die Musikerziehung der ungarischen Jugend. »Seine Musik ist ein Glaubensbekenntnis an den ungarischen Geist«, sagte Béla Bartók. »Eine äußere Erklärung dafür ist, daß die Tätigkeit Kodálys als Komponist ganz besonders im Nährboden der ungarischen Volksmusik verwurzelt ist, die innere Ursache aber ist Kodálys unerschütterlicher Glaube an die aufbauende schöpferische Kraft seines Volkes und sein Vertrauen auf die Zukunft.« Der Komponist nahm aber auch viele Anregungen aus früheren Musikepochen und übernahm mit Vorliebe impressionistische Klangfarben, so daß ihm eine prächtige Synthese westeuropäischer Kunst- und ungarischer Volksmusik gelang. Er veröffentlichte auch eine Anzahl musiktheoretischer Werke, die vorwiegend der Volksmusik und dem Musikunterricht gewidmet sind.

Psalmus Hungaricus, Kantate für Tenor, gemischten Chor und Orchester, Opus 13, entstanden 1923

Den Text der Kantate zum Fünfzig-Jahr-Jubiläum der Vereinigung der Sädte Pest, Buda und Óbuda zur ungarischen Hauptstadt Budapest bildet eine freie Übersetzung des 55. Psalms aus dem 16. Jahrhundert mit poetischen Zusätzen, die die Zeit beklagten. Nachdem das Vorspiel mit scharfen Septimakkorden und einer Mischung von Moll- und Durklängen den harmonischen Stil des Werks festgelegt haben, setzt der Chor ein. Der

Tenor intoniert Davids Klage, die nach einem weiteren Chorsatz mit verstärktem Ausdruck wiederholt wird. Nach einer Generalpause verkündet Harfenklang und Solovioline Zuversicht; ein Chorsatz bekräftigt das Vertrauen auf Gerechtigkeit und beendet strahlend das Werk.

Missa brevis für Soli, Chor und Orchester, 7 Teile, entstanden 1944

Dieses Werk geht auf die 1942 komponierte »Stille Messe« für Orgelsolo zurück. Nach einem orchestralen Introitus. Das Kyrie wird von Alt und Baß intoniert, wonach drei Solosoprane das Christe zu Holzbläserbegleitung erklingen lassen. Das Gloria ist gregorianisch angelegt; auch das Credo bringt gregorianische Anklänge. Das sordiniert begleitete Incarnatus mündet in einen gewaltigen Ausbruch aller Stimmen. Harmonisch ausgewogen und andächtig klingt das seelenvolle Sanctus; das Benedictus ist feierlich getragen und wiederholt das Osianna des Sanctus in erweitertem Ausmaß. Das Agnus bringt Elemente des Gloria; das Qui tollis erinnert an das Kyrie. Von der Tradition abweichend ist das Ite Missa est auskomponiert wie das Deo gratias, dem die inbrünstige Friedensbitte »Dona nobis pacem« angefügt ist.

Háry-János-Suite, Opus 15, 6 Sätze, entstanden 1927

Die Suite bringt 6 charakteristische Stücke aus dem Singspiel des Komponisten gleichen Namens aus 1926. Im 1. Satz »Das Märchen beginnt« sitzt der ausgediente Soldat Háry János in der Dorfschenke und gibt seine Lügengeschichte zum besten. Der 2. Satz »Das Wiener Glockenspiel« verlegt den Schauplatz der Erzählung in die Wiener Hofburg. Im 3. Satz »Lied« erklingt ein Duett, das Háry mit seinem geliebten Mädchen singt; die Melodie entstammt einem altungarischen Volkslied. Der 4. Satz »Schlacht und Niederlage Napoleons« schildert die Ereignisse, wie sie Háry in seiner Erzählung darstellt. Der 5. Satz »Intermezzo« ist eine Zwischenaktmusik aus dem Singspiel. Mit dem 6. Satz »Einzug in den kaiserlichen Hof« geht die Suite klangreich zu Ende.

Sinfonie in C-Dur, 3 Sätze, entstanden 1961

Dieses letzte größere Werk des Komponisten stellt ein deutliches Bekenntnis zur Tonalität dar, mit der er als thematisches Material ungarisches Volksliedgut verbindet. Der 1. Satz hat Sonatenform; das Kopfthema ist folkloristisch, das zweite Thema wird von zwei Klarinetten – zumeist in Terzen – vorgetragen, das dritte – ebenfalls folkloristisch – akkordisch von den Streichern. Die Reprise bringt alle drei Themen und führt sie zu einer dramatischen Coda. Der 2. Satz ist eine Variationenreihe. Das Finale stellt eine wahre Apotheose der ungarischen Volksmusik dar, die alte Pentatonik zu neuem Leben erweckt.

Concerto, ein Satz, entstanden 1919

Dieses Orchesterwerk greift auf vorklassische Formgebung zurück. Durch das Einschmelzen ungarischer Volksmelodien erhält es ungeheure Frische und Lebendigkeit. Das Werk besteht strukturell aus drei Teilen wie die italienischen Orchesterkonzerte um 1700. Es beginnt mit einem energischen pentatonischen Thema der Streicher. Die Wiederholung durch die Holzbläser und die Quartenintervalle der Melodieführung sind ungarisches Erbe. Als zweiter Abschnitt schließt sich eine Passacaglia an, während der dritte alle Themen zu einer Einheit verbindet.

Tänze aus Marosszék, ein Satz, entstanden 1930

Das Stück bringt eine Reihe altungarischer Tänze aus Siebenbürgen in mehreren Episoden in ungeheuer farbiger Instrumentation, so daß es trotz der alten Melodik wie moderne Musik klingt. Es beginnt mit einem lebhaft rhythmisierten Tanzthema. Die zweite Episode bringt eine reich ausgezierte, getragene Melodie, in die ein volkstümliches Flötenthema integriert ist. Die dritte Episode läßt Dudelsackmusik erklingen, und die letzte wiederholt, um die Rondoform zu wahren, das Thema der ersten, reichert es aber mit viel neuem Material an. Das Stück klingt mit einem wirbelnden Hajdú-Tanz aus.

Tänze aus Galánta, entstanden 1933

Dieses Stück bringt in mehreren Episoden aus einer alten Sammlung von den Zigeunern in Galánta gespielter Tänze. Es handelt sich um Verbunkos des 18. Jahrhunderts. Nach einer langsamen Einleitung erklingt das Hauptthema von der Klarinette. Die zweite Episode bringt Dudelsackmusik. Dann setzt die Coda mit einer Fülle von thematischem Material ein, zu dem auch ein feuriger Sporentanz tritt.

Variationen über das ungarische Volkslied »Der Pfau flog«, Thema, 16 Variationen, Finale, entstanden 1939

Das Thema weist uralte melodische Wendungen einer pentatonischen Leiter mit Quintenwechsel auf. Die Einleitung, die ersten 10 Variationen und die letzten zwei weisen folkloristische Elemente auf, während die restlichen 4 wie eine Art Trio sich in fremden Regionen bewegen. Das Thema wird von der Oboe vorgetragen; die ersten 3 Variationen sind konzertant, die folgenden 3 melodischbesinnlich. Die Nummern 7, 8, 9, 10 bilden ein Scherzo. Dann beginnt eine Gruppe lyrischer Tonbilder bis Nummer 14 – Nummer 13 ist ein Trauermarsch –, dann folgt ein Springtanz und ein feierliches Finale. Eine bewegte Coda schließt das Werk, mit dem das echte ungarische Volkslied weltweit bekannt wurde, ab.

Streichquartett Nr. 1, Opus 2, 4 Sätze, entstanden 1909

Der 1. Satz hat Sonatenform und wird, gleichsam als Programm, von einer Volksliedmelodie eingeleitet, aus dessen Motiven sich der Satz aufbaut. Der 2. Satz bringt ein langsames lyrisches Thema mit einem Fugato als Mittelteil. Der 3. Satz ist schwungvoll mit einem reizenden Trio. Das Finale bringt ein Thema mit Variationen, das die klassischen Regeln nirgends überschreitet.

Streichquartett Nr. 2, Opus 10, 2 Sätze, entstanden 1917

Bei diesem Werk tritt die Volksmusik nicht in der Form von Zitaten auf, es ist völlig davon durchdrungen, als hätte sich der Komponist mit seinem Volk bedingungslos identifiziert. Der 1. Satz ist sonatenförmig. Der 2. Satz ist sehr komplex und bringt sechs verschiedene prachtvolle Themen, die in einer dreigliedrigen Verschmelzung der Sonaten- und Rondoformen vorgetragen werden.

LITERATUR

I. Martinow, Kodály Zoltán, Moskau 1970. E. Halmos, Die musikpädagogische Konzeption Zoltán Kodálys, Wolfenbüttel 1977.

Frits Ehrhardt Adrian Koeberg (1876–1961)

LEBEN

Frits Ehrhardt Adrian Koeberg wurde am 15.7.1876 in Den Haag geboren. Nach seinem Studium am Konservatorium seines Geburtsortes von 1890 bis 1899 studierte er bei Xaver Scharwenka (1850–1924) in Berlin. Darauf lebte er als freier Komponist in Den Haag bis zu seinem Tod am 9.11.1961.

WERKE

Von Frits Ehrhardt Adrian Koeberg sind 3 Sinfonien, 9 programmatische Orchesterwerke, eine Oper und eine Operette bekannt geworden. Sein Stil zeigt ein deutliches nationales Gepräge, eine Anzahl seiner Melodien wurde durch Bearbeitungen für Militärkapellen und Carillon populär.

Charles Koechlin (1867–1950)

LEBEN

Charles Koechlin wurde am 27.11.1867 in Paris geboren. Er war am Conservatoire seiner Geburtsstadt Schüler von Antoine Taudou (1846–1925), Jules Massenet, André Gédalge und Gabiel Fauré. Er entwickelte eine intensive Unterrichts- und Vortragstätigkeit, die ihn dreimal in die USA führte. Kompositorisch war er auf allen Gebieten der Musik wirksam. Er starb am 31.12.1950 in Le Canadel, Var.

WERKE

Modale, tonale, polytonale und atonale Fakturen waren für Charles Koechlin nicht grundsätzlich verschieden, sondern nur veränderte Aspekte derselben musikalischen Sprache, die vom jeweiligen Ausdruck erfordert wurden. Er selbst zog die alten Formen, die nach seiner Meinung von Klassik und Romantik verschüttet worden waren, vor und integrierte sie häufig ganz neuen Fakturen. Er schloß sich aber keiner Stilrichtung an. »Sein Stil war die Stillosigkeit. Er wollte seine Musik keinen stilistischen Zwängen unterwerfen, sondern den Stil

Xaver Scharwenka

aus der jeweiligen Musik entwickeln.« Der Impressionismus Gabriel Faurés schlug oft durch, wurde aber ebenso häufig von expressionistischen Wendungen abgelöst. Das verlieh allen seinen Kompositionen eine interessante Eigenart, die durchaus »modern« wirkt. Es ist daher wenig verständlich, daß sein Werk zu seinen Lebzeiten wenig Beachtung fand und nachher nahezu völlig vergessen wurde. Seine Renaissance würde der Musiklandschaft des 20. Jahrhunderts neuen Glanz verleihen. Sein kompositorisches Schaffen ist sehr umfangreich. Für die Bühne schrieb er 3 ausgezeichnete Ballette, ein biblisches Pastorale und mehrere Schauspielmusiken, dazu einige sehr eindrucksvolle Filmmusiken. Ferner verfaßte er 2 Sinfonien, zahlreiche sinfonische Suiten und Dichtungen, eine Partita für Kammerorchester, Stücke für Soloinstrumente und Orchester, 3 Streichquartette, ein Quintett für Flöte, Violine, Bratsche, Cello und Harfe, ein Bläserseptett, Stücke und Sonaten für einzelne Instrumente mit Klavier, viele Klavierstücke, einige Orgelstücke, eine Anzahl Lieder und viele äußerst klangvolle Kantaten für Singstimmen, Chor, Orchester und Orgel, von denen einzelne als singuläre Meisterwerke anzusprechen sind.

Adolph Köckert (1828–1911)

Zeit und Umwelt

Das 1811 vom Verein zur Förderung der Tonkunst in Böhmen gegründete Konservatorium, das 1919 unter dem Titel »Státní-Konservatorium« in Staatshände übergegangen ist, hatte immer schon den Ruf einer bedeutenden Lehranstalt. Ihre Lehrer wie deren Schüler stammten aus den verschiedensten Ländern.

Leben

Adolph Köckert wurde am 27.10.1828 in Magdeburg geboren. Er war von 1843 bis 1849 am Konservatorium in Prag Schüler von Giovanni Battista Gordigiani und Jan Bedřich Kittl. Anschließend machte er Konzertreisen durch Europa als Violinvirtuose, trat sodann in das Bankgeschäft seines Schwiegervaters in Genf ein und kehrte erst nach dessen Tod 1881 zur Musik zurück. Er starb am 27.8.1911 in Zürich.

Werke

Von Adolph Köckert sind außer einem Streichquartett mehrere ausgezeichnete Violin- und Orchesterkompositionen erschienen, außerdem sehr ansprechende Lieder.

Louis Köhler (1820–86)

Zeit und Umwelt

Das im 19. Jahrhundert in jedes Klavier eingeführte Pedal erforderte neue Unterrichtsmethoden, denen selbstverständlich theoretische Untersuchungen über den Pedalgebrauch vorangehen mußten. Auch die Verbesserung der Klaviermechanik mußte mit neuen Anschlagtechniken verarbeitet werden.

Leben

Christian Louis Heinrich Köhler wurde am 5.9.1820 in Braunschweig geboren. Er studierte von 1839 bis 1843 in Wien bei Simon Sechter und Ignaz Xaver von Seyfried Theorie und Komposition sowie beim Klaviervirtuosen und Lehrer Karl Maria von Bocklet (1801, Prag, bis 15.7.1881, Wien) Klavier. Nach kurzer Tätigkeit als Theaterkapellmeister in Elbling (Elbląg) und Marienburg (Malbork) ließ er sich in Königsberg (Kaliningrad) als Lehrer, Dirigent eines Sängervereins und Direktor einer Schule für Klavierspiel und Theorie nieder. Er starb dort am 16.2.1886.

Werke

Bekannt und berühmt wurde Louis Köhler durch seine äußerst instruktiven Lehrwerke des Klavierspiels, die noch im 20. Jahrhundert in Verwendung standen. Er verfaßte ferner 3 Opern, ein Ballett, ein Vaterunser für vier Frauen- und vier Männerstimmen und eine große Anzahl von Etüden für den Klavierunterricht. In seinem Schrifttum vertrat er leidenschaftlich den »norddeutschen« Stil.

Literatur

E. Kroll, Louis Köhler, in: Zeitschrift für Musikwissenschaft XVII, 1935.

David Köler (um 1532–65)

ZEIT UND UMWELT

Kaiser Ferdinand I., dem durch den Tod seines kinderlosen Schwagers Ludwig II. (1526) die böhmische Krone zufiel, mußte wegen der Türkengefahr gegenüber der Reformation eine konziliante Haltung einnehmen. Er beteiligte sich nicht am Krieg gegen Moritz von Sachsen, sondern schloß mit ihm 1552 in Passau ein Abkommen, das die konfessionellen Streitigkeiten zum vorläufigen Stillstand brachte, und setzte sich persönlich für den Abschluß des Augsburger Religionsfriedens (1555) ein. Dies kam den protestantischen Gemeinden in Böhmen zugute, die im Gegensatz zu späteren Zeiten noch ungehindert ihrer Konfession anhängen durften.

LEBEN

David Köler (Köhler, Koler) wurde um 1532 in Zwickau geboren. Er studierte (ab 1551) in Ingolstadt, war ab 1554 in Schönfeld bei Schlaggenwald (Krásno, Horní Slavkov) in Böhmen als Kantor tätig, wirkte in den Jahren 1555 bis 1557 in gleicher Eigenschaft in Joachimsthal (Jáchimov), sodann in Altenburg und erhielt 1563 die Kapellmeisterstelle in Schwerin. Er nahm jedoch bald die Kantorenstelle in Zwickau an, wo er 1565 starb.

WERKE

Von dem deutschen Kantor sind 1554 »Zehen Psalmen Dauids« für vier bis sechs Stimmen erschienen. Handschriftlich sind eine fünfstimmige Messe, eine Hymne und ein geistliches Lied erhalten. Alle anderen Werke des trotz seines kurzen Lebens angeblich sehr produktiven Komponisten sind verlorengegangen. Seine mehrstimmige Psalmenvertonung wurde sehr viel gesungen.

LITERATUR

G. Eismann, David Köler, ein protestantischer Komponist des 16. Jahrhunderts, Berlin 1956.

Martin Köler (um 1620 bis um 1703)

ZEIT UND UMWELT

Die Hamburger Liederschule strebte unter dem Einfluß von Johann Rist nach Volkstümlichkeit und Symmetrie. Kleine Vor- und Nachspiele bereicherten die Lieder, Imitationen und Tonsymbolik wurden über Weisung des jeweils genannten Textdichters so weit wie möglich vermieden, um die Sangbarkeit nicht zu vermindern.

LEBEN

Martin Köler (Colerus) wurde um 1620 in Danzig (Gdańsk) geboren. Er war von 1663 bis 1667 Kapellmeister am Hof in Braunschweig, darauf in Bayreuth und in Gottorf und kam schließlich nach Hamburg, wo er als Liederkomponist im Kreis von Johann Rist tätig war und um 1703 starb.

WERKE

Der deutsche Komponist Martin Köler vertonte eine Reihe von Gedichten von Johann Rist und schrieb etliche Kantaten, die allerdings nur handschriftlich erhalten sind. Er gehörte zu den Meistern des deutschen volkstümlichen Barockliedes.

Hans Joachim Koellreutter
(geboren 1915)

LEBEN

Hans Joachim Koellreutter wurde am 2.9. 1915 in Freiburg im Breisgau geboren. An der Musikhochschule in Berlin studierte er Komposition, Flöte, Klavier und nahm Kompositionskurse bei Paul Hindemith. 1937 Auftrittsverbot und Emigration nach Brasilien. Bis 1952 war er Professor für Komposition am Konservatorium in Rio de Janeiro. Anschließend leitete er bis 1962 die von ihm gegründete Musikabteilung an der Universität in Bahia und entwickelte sie zu einem der bedeutendsten Musikzentren von Brasilien. Gleichzeitig leitete er die musikalischen Ferienkurse in Teresópolis; von 1963 bis 1965 unterstand ihm die Programmabteilung des Goethe-Instituts in München, anschließend bis 1969 die des Goethe-Instituts in New Delhi, wo er gleichzeitig die von ihm gegründete Delhi School of Music leitete, dann wurde er Direktor des Goethe-Instituts in Tokio. Im Jahr 1975 kehrte er nach Brasilien zurück.

WERKE
Das gesamte kompositorische Werk von Hans Joachim Koellreutter steht im Zeichen der Dodekaphonik, einiges davon ist von indischer Musik beeinflußt. Er schrieb »Vier Stücke«, »Variationen« und einige weitere Stücke für Orchester, eine Kammersinfonie, eine »Intrata« für Blechbläser, 2 Flötensonaten, eine Violinsonate, eine Solosonate für Violine, »Inventionen« für Oboe, Klarinette und Fagott, Variationen für vier Bläser, 2 Streichquartette, ein Duo für Cello und Klavier, ein Sextett für Flöte, Englischhorn, Horn, Fagott, Harfe und Xylophon, ein Stück für Flöte, Schlagzeug und Tanz, »Acht Haikai« für Bariton, Flöte, Gitarre, Klavier und Schlagzeug, »India Report« für Sopran, Sprecher, Kammerchor, Sprechchor und Kammerorchester mit indischen Instrumenten, ein Stück für Flöte und Kammerorchester mit indischen Instrumenten, Klaviermusik, Chöre und Gesänge. Er publizierte einige musiktheoretische Werke.

Cornelius von Königslöw (1745–1833)

ZEIT UND UMWELT
Auch die Nachfolger von Franz Tunder und Dietrich Buxtehude setzten die berühmten Abendmusiken auf gleich hohem Niveau bis in das 19. Jahrhundert fort, so daß sie noch immer, ungeachtet aller politischen und gesellschaftlichen Veränderungen, einen starken Anziehungspunkt bildeten.

LEBEN
Johann Wilhelm Cornelius von Königslöw wurde am 16. 3. 1745 in Hamburg geboren. Er war ab 1773 Organist an der Marienkirche in Lübeck und später auch Dirigent der Liebhaberkonzerte der Stadt, in der er am 14. 5. 1833 starb.

Cornelius von Königslöw

WERKE
Die von Cornelius von Königslöw veranstalteten und selbst komponierten »Abendmusiken« setzten ihre Tradition geradlinig fort, so daß sie über den von Berlin ausgehenden norddeutschen Stil hinweg unmittelbar in der Romantik mündete.

Marianus Königsperger (1708–69)

ZEIT UND UMWELT
Bezeichnend für die Musik der Vorklassik war ein gründlicher Wandel in der Besetzung der Orchester. Die verschiedenartigen Formate der Instrumente wurden aufgegeben und durch Standardformen ersetzt. Das Holz behielt nur mehr die Querflöte, das Pikkolo, die Klarinette, die Oboe und das Fagott, das Blech begnügte sich mit Trompeten, Hörnern und Posaunen. Dazu trat noch die Pauke als Schlaginstrument. Auch auf Tasteninstrumente konnte bald verzichtet werden, weil die Zeit des Generalbasses vorbei war.

Leben
Marianus Königsperger wurde am 4. 12. 1708 in Roding, Oberpfalz, geboren. Er wurde Benediktinermönch und lebte im Kloster Prüfening bei Regensburg bis zu seinem Tod am 9. 10. 1769. Er dürfte im Kloster ausgebildet und sodann als Kirchenmusiker beschäftigt worden sein.

Werke
An kirchlicher Musik liegen von Marianus Königsperger eine große Anzahl vierstimmiger Messen mit Instrumenten, Offertorien, Vesperpsalmen, Litaneien, Miserere und 6 Stabat mater vor. Ebenfalls für den kirchlichen Gebrauch komponierte er 12 konzertante Sonaten für die Messe für zwei Violinen, Bratsche mit doppeltem Generalbaß, 10 Sinfonien für zwei Clarini, Pauken, zwei Violinen, Bratsche und Continuo und 8 Vorspiele mit Fugen. Zu didaktischen Zwecken veröffentlichte er Klavierübungen – Präludien und Fugen.

Literatur
Fr. Zwickler, Frater Marianus Königsperger OSB (1708 bis 1769). Ein Beitrag zur süddeutschen Kirchenmusik des 18. Jahrhunderts, Mainz 1964.

Christian Gottfried Körner
(1756–1831)

Zeit und Umwelt
Wenn auch die Musikästhetik der Zeit der deutschen Klassik nur die absolute Musik positiv beurteilte und jede Subjektivität verurteilte, erschienen dennoch Betrachtungen über Charakterstellung in der Musik, die der Klassik offensichtlich zuwiderliefen und der aufsteigenden Romantik die Tür öffneten.

Leben
Christian Gottfried Körner, Vater des Dichters Theodor Körner, wurde am 2. 7. 1756 in Leipzig geboren. Er studierte in seinem Geburtsort und in Göttingen Jurisprudenz und trat in Dresden eine Amtsstellung an. Daneben betätigte er sich als Amateurmusiker und veröffentlichte Schriften zur Musikästhetik. Er starb am 13. 5. 1831 in Berlin.

Werke
Von Christian Gottfried Körner sind Vertonungen von Liedern aus »Wilhelm Meister« von Johann Wolfgang von Goethe, von Gedichten von Friedrich von Schiller (mit dem er befreundet war) und anderen zeitgenössischen Dichtern erhalten, die zum Teil für Solostimmen, zum Teil für Chöre gesetzt wurden.

Hans Koessler (1853–1926)

Leben
Hans Koessler wurde am 1. 1. 1853 in Waldeck im Fichtelgebirge geboren. Er war ab 1871 Organist in Neumarkt, Oberpfalz, und von 1874 bis 1877 Schüler von Joseph Rheinberger in München. Darauf wirkte er in Dresden als Lehrer für Theorie und Chorgesang am Konservatorium und als Dirigent der Liedertafel, die 1880 in Köln beim internationalen Gesangwettbewerb die höchsten Preise zuerkannt erhielt. Ab 1882 war er Orgel- und Chorgesanglehrer an der Landesmusikakademie in Budapest, bis er 1908 in den Ruhestand trat, nahm aber für die Jahre 1920 bis 1925 diese Tätigkeit erneut auf. Dann ließ er sich in Ansbach nieder, wo er am 23. 5. 1926 starb.

Werke
Von Hans Koessler sind neben einer Oper 2 Sinfonien, sinfonische Variationen für Orchester, ein Violinkonzert, ein Streichsextett, ein Streichquintett, 2 Streichquartette, eine Triosuite, eine Violinsonate, eine Cellosonate, eine Walzersuite für Klavier, eine Messe für Frauenchor und Orgel und ein sechzehnstimmiger Psalm überliefert. Obwohl er seine Lehrtätigkeit vor allem dem Chorgesang widmete, schrieb er selbst wenig für diese Musikgattung, bei der das nationale Element bis weit in das 20. Jahrhundert stark wirksam war.

Adolf Köttlitz (1820–60)

ZEIT UND UMWELT
Nach 1850 waren Teile von Sibirien bereits schon so weit bevölkert, daß sich Konzertreisen dorthin lohnten. In den jungen Städten hatten sich sogar bald Musikschulen und Orchester gebildet.

LEBEN
Adolf Köttlitz wurde am 27.9.1820 in Trier geboren. Er lebte einige Zeit als Violinist in Köln, darauf in Paris und wirkte von 1848 bis 1856 als Konzertmeister in Königsberg (Kaliningrad). Auf einer Konzertreise durch Sibirien ließ er sich in Uralsk, Kasachstan, als Musikdirektor nieder und starb dort am 26.10.1860.

WERKE
Von den verschiedenen Kompositionen von Adolf Köttlitz, die zum Großteil für die eigene Konzerttätigkeit verfaßt wurden, ragen 2 Streichquartette hervor, die als vorzüglich bezeichnet werden müssen und verdienten, neu aufgelegt zu werden.

Johannes Kötzschke (1870–1957)

LEBEN
Johannes Kötzschke wurde am 31.12.1870 in Dresden geboren. Er war am Konservatorium seiner Geburtsstadt Schüler von Felix Draeseke, Hans Fährmann und Eugen Krantz (13.9. 1844, Dresden, bis 26.5.1898, Gorisch bei Königstein). Sodann wirkte er an dieser Unterrichtsanstalt als Orgellehrer und gleichzeitig als Organist und Musikreferent. Er starb am 16.12.1957 in Dresden.

WERKE
Neben 2 Opern schrieb Johannes Kötzschke 5 Sinfonien, ein Flötenkonzert, 2 Streichquartette, 3 Klaviertrios, eine Sonate für zwei Violinen und Klavier, 4 Violinsonaten, 2 Cellosonaten, eine Sinfonie für Orgel und Orchester über »Ein feste Burg«, ein Chorwerk »Weltschöpfung« und eine Kantate »Mysterium Jesu«. Sein Stil war konservativ.

Józef Koffler (1896–1943)

LEBEN
Józef Koffler wurde am 28.11.1896 in Stryi, Galizien (heute Strei, Ukraine), geboren. Er war in Wien Schüler von Arnold Schönberg und Guido Adler. Im Jahr 1924 wurde er Lehrer am Konservatorium in Lemberg (Lwiw). Er wurde 1943 in Wieliczka bei Krakau von der deutschen Besatzung hingerichtet.

WERKE
Als erster polnischer Komponist, der dodekaphonisch komponierte, schrieb Józef Koffler 3 Sinfonien, eine Suite, »Variationen der Zwölftonreihe« für Streicher, ein Streichquartett, ein Streichtrio, eine Kantate für Singstimmen, Bratsche, Cello und Klarinette, mehrere Klavierstücke, »Vier Gedichte für Singstimme und Klavier«. Er veröffentlichte eine Reihe musiktheoretischer Werke.

Josef Kohout (1738 bis um 1793)

LEBEN
Wenzel Josef Thomas Kohout (Kohaut, Kohault) wurde am 4. 5. 1738 in Saaz (Žatec) geboren. Er war Feldtrompeter der österreichischen Armee und desertierte nach Frankreich, wo er Mitglied der Kapelle des Prince de Conti Louis François Joseph de Bourbon wurde. Er verfaßte für die Comédie Italienne eine Reihe komischer Opern und eine für Fontainebleau. Über eine weitere musikalische Tätigkeit ist nichts bekannt. Er starb um 1793 in Paris.
Sein älterer Bruder Karel Kohout (vor 1738, Saaz, Sterbejahr und Sterbeort unbekannt) lebte einige Zeit als Kirchenmusiker, Lautenist und Komponist in Paris.

WERKE
Außer seinen Opern verfaßte Josef Kohout 6 Sinfonien, die verschollen sind. Triosonaten und Sonaten für Cembalo, Laute oder Harfe.
Von Karel Kohout sind Sinfonien, Lautenwerke und Kirchenmusik – Messen, Gesänge – erhalten.

Der Stil beider Brüder gehört noch eindeutig dem Rokoko an.

Joonas Kokkonen (geboren 1921)

Leben
Joonas Kokkonen wurde am 13.11.1921 in Iisalmi, Finnland, geboren. Er studierte an der Sibelius-Akademie in Helsinki Musikwissenschaft, Klavier und Komposition. Seit 1959 wirkt er selbst an der Akademie als Kompositionsprofessor.

Werke
Von Joonas Kokkonen sind unter anderem 3 Sinfonien, eine Kammersinfonie, eine Musik für Streichorchester, ein Cellokonzert, 2 Streichquartette, eine Sonatine für Klavier, ein Gesangszyklus, eine Messe undd eine Chorkantate bekannt geworden. Sein Stil ist zum Teil von Béla Bartók inspiriert.

Karlmann Kolb (1703–65)

Zeit und Umwelt
Der österreichisch-süddeutsche Orgelstil der ersten Hälfte des 18. Jahrhunderts war stark von Italien beeinflußt und daher leicht und gefällig, ohne größeren Tiefgang. Er verlief im Rahmen des empfindsamen Stils der Zeit. Auch die sakralen Werke waren zumeist auf dem Cembalo oder dem Pianoforte ausführbar und unterscheiden sich von profanen Fakturen kaum merklich.

Leben
Karlmann Kolb wurde 1703 in Köstlarn, Bayern, geboren. An der Benediktinerabtei Aschbach erhielt er als Chorknabe seinen ersten Musikunterricht. Er trat in den Orden ein, übernahm aber die Erzieherstelle in einer Adelsfamilie in München, die er bis zu seinem Tod im Jahr 1765 innehatte.

Werke
Die von Karlmann Kolb komponierten Orgelstücke – Präludien, Fugen, Versetten, Kadenzen und Postludien – wurden für den kirchlichen Gebrauch bestimmt, aber im von Italien beeinflußten leichten, stark profaner Musik angenäherten Stil gehalten, wie dieser in der ersten Hälfte des 18. Jahrhunderts auch in Süddeutschland und Österreich um sich gegriffen hatte. Sie konnten auch auf dem Cembalo oder dem Pianoforte gespielt werden und gleichen guter Unterhaltungsmusik für diese Instrumente. Ihre kühne Chromatik erweckte allgemeines Interesse.

Oskar Kolberg (1814–90)

Zeit und Umwelt
Die politische Unterdrückung der Polen weckte das Bestreben, zumindest ihre kulturelle Eigenständigkeit zu betonen. Ein Mittel hiezu bildete die Sammlung und Herausgabe des Volksmusikgutes, womit eine Basis zur Entwicklung einer polnischen Nationalmusik errichtet und im Volk der Glaube an die eigene kulturelle Kraft gestärkt wurde.

Leben
Oskar Henryk Kolberg wurde am 22.2.1814 in Przysucha bei Radom geboren. Er war von 1835 bis 1837 Schüler von Carl Friedrich Rungenhagen in Berlin und lebte daraufhin als Komponist und Volksliedforscher in Krakau, wo er am 3.6.1890 starb.

Werke
Von Oskar Kolberg sind 3 Opern und einige Hefte mit polnischen Nationaltänzen – Kujawiaks, Mazurkas, Krakowiaks – erhalten. Äußerst verdienstvoll war seine nach Landschaften geordnete Sammlung von über 15.000 polnischen Volksliedern, die er in 23 Bänden unter dem Titel »Lieder des polnischen Volks« herausbrachte und mit weiteren Bänden über »Das Volk, seine Sitten, Art, Lebensweise, Sprache, Traditionen, Sprichwörter, Gebräuche, Zauber, Feste, Lieder, Musik und Tänze« ergänzte. Mit seinen Publikationen »Ethnographische Bilder« und »Lieder des litauischen Volks« schuf er das bisher umfangreichste volkskundliche Werk über Polen und Litauen.

August Friedrich Kollmann
(1756–1829)

LEBEN
August Friedrich Christoph Kollmann wurde am 21. 3. 1756 in Engelbostel, Hannover, geboren. Er war ab 1781 Organist in Lüne bei Lüneburg und ab 1784 Küster und Kantor der deutschen Kapelle St. James in London, wo er am 21. 3. 1829 starb.

WERKE
Die musiktheoretischen Werke von August Friedrich Kollmann erschienen alle in London, erlebten mehrere Auflagen und wurden sehr geschätzt. Seine Kompositionen wirken wie konstruierte Beispiele zu seinen didaktischen Auseinandersetzungen. Er veröffentlichte Sinfonien für Klaviertrio, ein Klavierkonzert, »Melodie zum 100. Psalm mit 100 Harmonien«, 12 »analysierte« Fugen für Klavier, vierhändig, und eine »Programmsinfonie«.

LITERATUR
E. R. Jakobi, August Friedrich Christoph Kollmann als Theoretiker, in: Archiv für Musikwissenschaft XIII, 1956.

David Koning (1820–76)

LEBEN
David Koning wurde am 19.3.1820 in Rotterdam geboren. Er war von 1834 bis 1838 Schüler von Aloys Schmitt in Frankfurt am Main und ließ sich sodann 1840 in Amsterdam als Musiklehrer und Chordirigent nieder, wo er nach Aufenthalten in Paris, Wien und London am 6.10.1876 starb.

WERKE
Von David Koning sind zahlreiche Chorkompositionen mit Orchester bekannt geworden, die wegen ihres schönen Klanges von seinen Zeitgenossen sehr geschätzt wurden. Auch seine Lieder, Streichquartette, Klaviersonaten und Klavieretüden waren ausgezeichnet gearbeitet,

Georgi Konius (1862–1933)

LEBEN
Georgi Eduardowitsch Konius (Conus, Konjus) wurde am 18.9.1862 in Moskau geboren. Er war am Konservatorium in Moskau Schüler von Sergei Tanejew (1856–1915) und von Antoni Arenski. Von 1891 bis 1899 unterrichtete er selbst an diesem Institut, von 1902 bis 1912 an der Musikschule der Moskauer Philharmonischen Gesellschaft, anschließend bis 1920 am Konservatorium in Saratow und darauf wiederum am Konservatorium in Moskau bis zu seinem Tod am 29.8.1933.
Sein Bruder Julji Eduardowitsch Konius (1869, Moskau, bis 1942, Moskau) war Violinist, ging nach Paris, kehrte aber 1938 in seine Heimat zurück.
Dessen Sohn Sergei Konius (5.10.1902, Moskau) studierte ab 1920 bei den Pianisten Isidore Philipp (2.9.1863, Budapest, bis 20.2.1958, Paris) und Alfred Denis Cortot (26.9.1877, Nyon am Genfer See, bis 15.6.1962, Lausanne), lebte anschließend als Pianist in Jugoslawien, Bulgarien, Polen, Frankreich und Marokko und lehrte ab 1959 am Konservatorium in Boston.

Sergei Tanejew

WERKE

Von Georgi Konius sind ein Ballett, eine Kantate, eine Serenade für sieben Bläser, weitere Orchesterwerke, Klavierstücke und Lieder überliefert. Er hatte den Stil seiner Lehrer übernommen.
Julji Konius schrieb neben didaktischen Werken ein sehr ansprechendes Violinkonzert in e-Moll.
Sergei Konius verfaßte eine Sinfonie, ein Klavierkonzert, 24 Praeludien und zahlreiche andere Stücke für Klavier.

Petar Konjović (1883–1970)

LEBEN

Petar Konjović wurde am 5.5.1883 in Čurug, Vojvodina, geboren. Er war am Konservatorium in Prag Schüler von Vitĕzslav Novák. Darauf wurde er Chorleiter und Professor in Zemun (heute Teil Belgrads) und Lehrer an der Musikschule in Belgrad. Von 1921 bis 1926 leitete er die Oper in Belgrad, anschließend die Theater von Osijek, Split und Novi Sad und von 1933 bis 1939 das Nationaltheater in Zagreb. Bis 1950 lehrte er sodann an der Musikakademie in Belgrad, wo er am 1.10. 1970 starb.

WERKE

Außer 6 Opern schrieb Petar Konjović eine Sinfonie, ein sinfonisches Triptychon, eine Tondichtung, sinfonische Variationen, ein Violinkonzert, ein Capriccio, »Drei Psalmen« für Streichorchester, eine Suite für Bläserquintett, 2 Streichquartette, Stücke für Violine und für Cello und Klavier, Klavierstücke, 100 jugoslawische Volkslieder für Singstimme und Klavier sowie Liederzyklen. Sein Werk trug viel zur Begründung einer national-serbischen Musikentwicklung bei, sein Stil war spätromantisch.

Paul Kont (geboren 1920)

LEBEN

Paul Kont wurde am 19.8.1920 in Wien geboren. Er war in Wien Schüler von Josef Krips (8.4.1902, Wien, bis 13.10.1974, Genf), Hans Swarowsky und Josef Lechthaler, in Paris von Darius Milhaud, Arthur Honegger und Olivier Messiaen. Er trat als Dirigent und Pianist eigener Werke auf.

WERKE

Außer 12 Bühnenwerken – Opern, Melodramen, Tanzspielen, Balletten – schrieb Paul Kont »Komplex E« für Orchester, ein Cellokonzert, eine Streichersinfonie, ein Konzert für Blechbläser und Streicher, ein Concertino für Kammerorchester, 2 Holzbläserquartette, ein Trio für Flöte, Cello und Harfe, ein Streichtrio, eine Serenade für Flöte, Violine und Bratsche, ein Konzert für Flöte, Klarinette, Violine, Bratsche und Cello, ein Septett für Flöte, Klarinette, Fagott, Violine, Bratsche, Cello und Kontrabaß, Klavierwerke, Liederzyklen und Filmmusiken.

Thomas Koppel (geboren 1944)

LEBEN

Thomas Koppel wurde am 27.4.1944 in Örebro, Schweden, geboren. Er studierte von 1963 bis 1967 am Konservatorium in Kopenhagen Klavier; zum Komponisten bildete er sich autodidaktisch aus. Im Jahr 1968 bildete er die Beatgruppe »Savage Rose«, die er leitet.

WERKE

Neben 2 Opern schrieb Thomas Koppel unter anderem 3 Streichquartette, eine Kantate, ein Orchesterkonzert, eine Ouvertüre und Bühnenmusik. Sein übriges schöpferisches Wirken ist vorwiegend improvisatorisch.

Karel Blažej Kopřiva (1756–85)

ZEIT UND UMWELT

Seit der Schlacht am Weißen Berg (1620) war das tschechische Volk einer ständig fortschreitenden Entnationalisierung ausgesetzt. Daher konnte sich keine tschechische Literatur entwickeln. An ihrer Statt war die Musik das einzige Mittel der Selbstverwirklichung der Nation. Überall tönte die böhmische

Landschaft von Musik. Das Volkslied und die Vokal- und Instrumentalmusik aller Gattungen waren zum wichtigsten Faktor für die Erhaltung der nationalen Existenz geworden. Trotz schwersten Drucks sind einzelne Gemeinden ohne Unterbrechung tschechisch geblieben, wozu oft auch die Kantoren und Organisten einen nicht unwesentlichen Beitrag leisteten.

LEBEN
Karel Blažej Kopřiva (Karl Blasius Koprživa) wurde am 9. 2. 1756 in Zittolieb (Citoliby), Nordböhmen, geboren. Er war zunächst Schüler seines Vaters, sodann von Josef Seger in Prag. Anschließend assistierte er seinem Vater an der St.-Jakobs-Kirche seines Geburtsortes und wirkte als Organist bis zu seinem Tod am 15. 5. 1785.
Sein Vater Václav Jan Kopřiva (1708, Zittolieb, bis 1789, Zittolieb) war Kantor in seinem Geburtsort.

WERKE
Von Karel Blažej Kopřiva sind mehrere Messen, darunter eine bemerkenswerte Missa solemnis in Dis-Dur, eine Anzahl Arien, Orgelfugen, Orgelkonzerte und einige Sinfonien erhalten, die zu den besten Werken tschechischer Musik des 18. Jahrhunderts zu zählen sind.
Von Václav Jan Kopřiva ist eine Missa pastoralis in D-Dur überliefert. In dieser spätbarocken Weihnachtsmesse klingt viel tschechisches Volksmusikgut an.

Arseni Koreschtschenko (1870–1921)

LEBEN
Arseni Nikolajewitsch Koreschtschenko wurde am 18. 12. 1870 in Moskau geboren. Er war am Konservatorium in Moskau Klavierschüler von Sergei Tanejew und Kompositionsschüler von Antoni Arenski. Anschließend wurde er selbst Lehrer an diesem Institut. Er starb am 3. 1. 1921 in Charkow.

WERKE
Außer 3 Opern, einem Ballett und Schauspielmusiken schrieb Arseni Koreschtschenko eine Sinfonie, eine »Barcarolle«, eine »Armenische Suite« und »Scènes nocturnes« für Orchester, eine »Fantasie« für Klavier und Orchester, ein Streichquartett, eine Kantate sowie armenische und grusinische Lieder.

Peter Jona Korn (geboren 1922)

LEBEN
Peter Jona Korn wurde am 30. 3. 1922 in Berlin geboren. Er emigrierte 1933 und war von 1934 bis 1936 in London Schüler von Edmund Rubbra und anschließend bis 1938 in Jerusalem von Stefan Wolpe, sodann von Arnold Schönberg in Los Angeles sowie von Ernst Toch, Hanns Eisler und Miklós Rózsa (geboren 18. 4. 1907, Budapest). Im Jahr 1964 kehrte er nach Europa zurück. 1967 – 87 wirkte er als Direktor des Richard-Strauss-Konservatoriums in München.

WERKE
Neben einer Oper schrieb Peter Jona Korn 3 Sinfonien, eine »Halb-Sinfonie«, 4 Ouvertüren, ein Saxophonkonzert, ein Violionkonzert, eine Rhapsodie für Oboe und Streicher, ein Concertino und doppeltes Streichorchester, 2 Streichquartette, eine Serenade für vier Hörner, ein Bläserquintett und Klavierstücke, Chöre a cappella und Lieder.

Egon Kornauth (1891–1959)

LEBEN
Egon Kornauth wurde am 14. 5. 1891 in Olmütz (Olomouc), Mähren, geboren. Er war an der Musikakademie in Wien Schüler von Robert Fuchs, Franz Schreker und Franz Schmidt, an der Universität von Guido Adler. Nach seinen Studien absolvierte er eine Tournee als Konzertbegleiter nach Nordamerika, darauf wirkte er als Solorepetitor an der Wiener Hofoper. Von 1926 bis 1927 war er Kapellmeister in Medan, Sumatra, und ging anschließend mit einem »Wiener Trio« auf Konzertreisen durch Ostasien und Indien. Im Jahr 1940 wurde er in Wien Professor an der

Musikhochschule und 1945 am Mozarteum in Salzburg. Er starb am 28.10.1959 in Wien.

Werke

Das umfangreiche kompositorische Werk von Egon Kornauth ist tonal gebunden und spätromantisch; die Stilentwicklungen seiner Zeit fanden darin keinen Niederschlag. Er schrieb 4 Suiten, eine Sinfonietta, ein Dezett, ein Nonett, ein Streichsextett, ein Klavierquintett, ein Klarinettenquintett, ein Flötenquintett, 2 Streichquintette, eine Burleske für Flöte und Orchester, eine Ballade für Cello und Orchester, ein Konzertstück für Violine und Kammerorchester, 2 Streichquartette, ein Klavierquartett, 3 Trios, Duos mit verschiedener Besetzung, »Gesang der späten Linden« für Frauenchor und Orchester, Chöre a cappella und begleitet sowie Lieder.

Erich Wolfgang Korngold
(1897–1957)

Leben

Erich Wolfgang Korngold wurde am 29.5. 1897 in Brünn geboren. Er studierte in Wien bei Robert Fuchs, Alexander Zemlinsky und Hermann Graedener. Bereits mit 11 Jahren komponierte er und war 1919 – 1922 Dirigent an der Hamburger Oper. Im Jahr 1931 wurde er Professor für Musiktheorie und Leiter der Kapellmeisterklassen an der Staatsakademie für Musik in Wien, von wo er 1938 in die USA emigrierte und dort häufig für Warner Brothers als Filmkomponist wirkte. Nach 1945 lebte er abwechselnd in den USA und in Europa. Er starb am 29.11.1957 in Hollywood.

Werke

Von Erich Wolfgang Korngold sind 5 Opern auf die Bühnen gekommen, von denen »Die tote Stadt« und »Das Wunder der Heliane« Welterfolge wurden. Er schrieb ferner eine Pantomime und mehrere Schauspielmusiken, eine Sinfonie, eine Ouvertüre, eine sinfonische Serenade für Streichorchester, eine Sinfonietta, ein Klavierkonzert für die linke Hand, ein Violinkonzert, ein Cellokonzert, ein Streichsextett, ein Klavierquintett, 3 Streichquartette, ein Klaviertrio, 3 Klaviersonaten, eine sinfonische Dichtung für Alt, Frauenchor und Orchester, eine Suite für zwei Violinen, Cello und Klavier, zahlreiche Filmmusiken und Lieder. Sein anfänglich stark expressionistischer Stil orientierte sich später immer mehr an älteren Vorbildern.

Erich Wolfgang Korngold

Sinfonie in Fis-Moll, Opus 40, 4 Sätze, entstanden 1950

Dieses Werk ist klassisch strukturiert, seine Thematik rein musikalisch, ohne programmatischen Ausdruck. Im 1. Satz, einem energischen Moderato, trägt die Klarinette nach einer synkopierten Einleitung das Hauptthema vor. Seine lebhafte Bewegung wird von einem lyrischen Zwischenspiel abgelöst, dann folgt eine marschartige Durchführung, deren starke Spannung gegen das Ende in eine weiche Reprise des Hauptthemas mündet. Das Scherzo stellt eine virtuose Tarantella mit kompliziertem Rhythmus dar. Im 3. Satz erklingt ein langes Thema, das einem Trauermarsch ähnelt und nach dreimaligen ekstatischen Höhepunkten feierlich endet. Das Finale ist spielerisch und unbeschwert. Sein Rhythmus erinnert an Militärmusik, er drückt offenbar Lebensbejahung aus und mündet in einem triumphalen Abschluß.

LITERATUR

L. Korngold, Erich Wolfgang Korngold, Wien 1967.

Oldřich Korte (geboren 1926)

LEBEN

Oldřich Korte wurde am 26.4.1926 in Šala, Slowakei, geboren. Er war Schüler seines Vaters und studierte von 1943 bis 1949 am Konservatorium in Prag. Er ist in Prag als Kritiker und freischaffender Komponist tätig.
Sein Vater František Korte (22.4.1895, Ústí nad Orlicí, bis 27.7.1962, Prag) studierte in Prag Jura und nahm Kompositionsunterricht bei Vítězslav Novák.

WERKE

Neben einem Ballett schrieb Oldřich Korte eine Sinfonietta, ein Concerto grosso für Streicher, Trompeten und Klavier, eine Suite für Blasorchester, ein Stück für Flöte und Glockenspiel, ein Duo für Violine und Klavier, eine Klaviersonate, Troubadourgesänge für Soli, Chor und alte Instrumente. Sein Stil hält sich von allen zeitgenössischen Strömungen fern und ist kompromißlos persönlich.
František Korte schrieb 3 Opern, eine Sinfonie, eine sinfonische Dichtung, eine Rhapsodie, ein Klavierkonzert, Tänze für Kammerorchester, 2 Streichquartette, ein Klavierquartett, eine Violinsonate, 3 Sonatinen für Bratsche und Klavier, eine Kantate, Kirchenmusik, Chöre und Lieder.

György Kósa (1897 – 1984)

LEBEN

György Kósa wurde am 24.4.1897 in Budapest geboren. Er war von 1905 bis 1916 Schüler von Béla Bartók, Zoltán Kodály und Victor von Herzfeld. Im Jahr 1927 erhielt er die Leitung einer Klavierklasse der Musikakademie in Budapest, wo er am 16.8.1984 starb.

WERKE

Neben 9 Opern, 4 Balletten und 6 Pantomimen schrieb György Kósa 9 Sinfonien, eine Suite, 6 weitere Orchesterstücke, eine Suite für Streichorchester, eine Ballade mit Rondo für Violine und Blasorchester, ein Bläserquintett, eine Kammermusik für 17 Instrumente, 8 Streichquartette, in Klaviertrio, ein Trio für vokalisierende Stimme, Violine und Klavier, mehrere Stücke für Violine und Klavier, ein Duo für Violine und Cello, Solostücke für Violine, für Flöte, für Fagott, für Kontrabaß und für Klavier, 11 Oratorien, mehrere Kantaten und andere Chorwerke, darunter eine Messe, ein Dies irae, 2 Requiem, Liederzyklen und Einzellieder.

Karl Koßmaly (1812 – 93)

ZEIT UND UMWELT

Von einem größeren Teil der Komponisten der Romantik wurde das Programm als das beste Medium angesehen, um das Musikverständnis zu vermitteln. Von einigen wurde sogar ein Vokabular entwickelt, mit dem sich die Komposition deutlich machen sollte.

LEBEN

Karl Koßmaly wurde am 27.7.1812 in Breslau (Wrocław) geboren. Er war in Berlin Schüler von Ludwig Berger, Carl Friedrich Zelter und Bernhard Klein und wirkte darauf als Opernkapellmeister in Wiesbaden, Mainz, Amsterdam, Bremen, Detmold und in Stettin (Szczecin), wo er am 1.12.1893 starb. Er war mit R. Schumann befreundet.

WERKE

Die wenigen Instrumentalwerke und die Lieder von Karl Koßmaly waren von keiner großen Bedeutung. Dafür fand seine schriftstellerische Tätigkeit große Beachtung, besonders sein Traktat über Programmusik und seine Schrift gegen Richard Wagner.

Bernhard Kothe (1821-97)

Zeit und Umwelt
Süddeutschland wurde zum Zentrum der aus dem romantischen Historismus hervorgegangenen Reformbewegung der katholischen Kirchenmusik. Der »Allgemeine Caecilienverein für die Länder deutscher Zunge« erstellte ein Programm zur Regeneration der Kirchenmusik im Geist der Liturgie.

Leben
Bernhard Kothe wurde am 12.5.1821 in Gröbnig (Grobniki) bei Leobschütz (Głubczyce), Oberschlesien, geboren. Er war Schüler des Königlichen Instituts für Kirchenmusik in Berlin und Schüler von Adolf Bernhard Marx und wurde 1851 Kirchenmusikdirektor und Schulgesanglehrer in Oppeln (Opole) und ab 1869 Seminarmusiklehrer in Breslau (Wrocław), wo er am 25.7.1897 starb.

Werke
Von Bernhard Kothe, dem Mitbegründer des Caecilienvereins, sind eine Anzahl sakrale Chorwerke und Orgelstücke für den kirchlichen Gebrauch erschienen. Seine Kompositionen hielten sich streng an die Vorschriften des Vereins.

Petr Kotík (geboren 1942)

Leben
Petr Kotík wurde am 27.1.1942 in Prag geboren. Er war bis 1962 Schüler des Konservatoriums seiner Geburtsstadt, darauf studierte er in Wien bei Karl Schiske und Hanns Jelinek. In Prag gründete er das Ensemble »Musica Viva Pregensis« und das Ensemble für experimentelle Musik »Quax«.

Werke
Von Petr Kotík sind »Kontrapunkt 2« für sechs Instrumente, »Musik für 3« für Bratsche, Cello und Kontrabaß, »Spontano« für Klavier und zehn Bläser, ein Stück für konventionelle und elektronische Musik für zwei bis sechs Spieler, ein Stück für Tonband und eines für 24 Instrumente bekannt geworden.

Nikolai Kotschetow (1864-1925)

Leben
Nikolai Rasumnikowitsch Kotschetow wurde am 26.6.1864 in Oranienbaum (heute Lomonosow) geboren. Er studierte in Moskau Rechtswissenschaft, ging sodann zur Musik über und trat ab 1886 als Komponist, Dirigent und Musikkritiker hervor. Ab 1906 wirkte er als Lehrer für Musikgeschichte, im Jahr 1921 wurde er Mitglied des Staatlichen Instituts für Musikwissenschaft. Er starb am 3.1.1925 in Moskau.
Sein Sohn Wadim Nikolajewitsch Kotschetow (10.11.1898, Moskau, bis 31.7.1951, Moskau) wirkte in seiner Geburtsstadt als Musiklehrer und Komponist.

Werke
Von Nikolai Kotschetow sind eine Oper, 2 Sinfonien, eine Orchestersuite, Klavierstücke und Lieder bekannt geworden. Sein Stil war national-russisch konservativ.
Wadim Kotschetow schrieb 2 Kinderopern, 2 Orchestersuiten, Kammermusik, Theater- und Filmmusiken.

Hans Kotter (um 1480–1541)

Zeit und Umwelt
Fribourg hatte im 15. Jahrhundert die Oberhoheit von Savoyen abgeschüttelt wie zuvor die habsburgische und wurde 1481 freies und volles Mitglied der Helvetischen Confoederation. Es widerstand allen Bestrebungen des Reformators Zwingli und blieb katholisch. Die ursprüngliche Demokratie mündete bald in eine Oligarchie, die alle Versuche, an der zementierten Struktur des Gemeinwesens zu rütteln, brutal unterdrückte. Das mußten alle am eigenen Leib verspüren, die sich mit der neuen Lehre befreunden wollten.

Leben
Hans (Johannes) Kotter wurde um 1480 in Straßburg geboren. Er wurde auf Kosten des Kurfürsten Friedrich des Weisen von Hofhaymer ausgebildet (1498–1500) und war

darauf am kurfürstlichen Hof in Torgau als Organist tätig. Im Jahre 1513 nahm er eine Organistenstelle in Freiburg im Breisgau an und folgte ein Jahr darauf einem Ruf nach Fribourg. Wegen seines Übertrittes zu den Anhängern des Reformators Zwingli wurde er wie Johann Wannenmacher eingesperrt, gefoltert und 1530 ausgewiesen. Er wandte sich zuerst nach Straßburg und ging nach vergeblichen Versuchen, eine Stellung zu bekommen, nach Bern. Da Zwingli zum Gottesdienst nur den einstimmigen Gemeindegesang ohne Orgelbegleitung zuließ, gab es auch in Bern keinen Bedarf an Organisten. Kotter mußte sich mit einer Stellung als Schullehrer begnügen. Er starb in Bern im Jahre 1541.

WERKE
Das 1513 begonnene Orgeltabulaturbuch für den Schweizer Professor und Bibliophilen Bonifacius Amerbach (1495–1562) muß als Hauptwerk Hans Kotters angesehen werden. Es ist eines der ältesten Dokumente deutscher Orgelkunst. Ein zweites, anonymes Orgelbuch wird ihm zugeschrieben. Außerdem ist von dem Orgelmeister nur ein dreistimmiges Salve Regina überliefert. Das Gesamtwerk Kotters steht im Schatten seines Lehrers Hofhaymer.

LITERATUR
W. Merian, Die Tabulaturen des Organisten Hans Kotter, Basel 1916.

Arghyris Kounadis (geboren 1924)

LEBEN
Arghyris P. Kounadis wurde am 14.2.1924 in Istanbul geboren. Er studierte in Athen bei Yannis Papaioannou Klavier und Komposition und setzte diese Studien von 1958 bis 1962 in Freiburg im Breisgau bei Wolfgang Fortner fort. Seit 1963 wirkt er als Dozent an der Musikhochschule und als Leiter des Ensembles für Neue Musik in Freiburg.

WERKE
Neben zahlreichen Musiken für Aufführungen griechischer Tragödien und Komödien am Nationaltheater in Athen und 2 Bühnenwerken schrieb Arghyris Kounadis unter anderem eine Sinfonietta, ein Klavierkonzert, 3 Nokturnen, ein Bläserquintett, ein Streichquartett, ein Duo für Flöte und Klavier, ein Triptychon für Flöte und Kammerorchester, Epitymion für sechs Schlagzeuger, ein Trio und weitere 2 große Orchesterstücke, einen Doppelchor, eine Rhapsodie für Frauenstimme und Orchester sowie 4 Stücke für Trio und Sopran.

Alfred Kowalsky (1879–1943)

LEBEN
Alfred Kowalsky wurde am 17.2.1879 in Luxemburg geboren. Er war in Paris Schüler von Charles-Marie Widor, sodann in Berlin von Richard Strauss und Georg Schumann. Im Jahr 1926 wurde er Direktor des Städtischen Konservatoriums in Esch, Luxemburg. Er starb am 12.5. 1943 in Metz.

WERKE
Neben 3 Opern schrieb Alfred Kowalsky eine Sinfonie, »Zwei indische Bilder« für Flöte, Oboe, Englischhorn und Klavier, »Poème und Variationen« für Cello und Klavier, eine Sonate für Solovioline, 4 Messen und Lieder. Er war Spätromantiker, überschritt aber zuweilen die Grenzen der Tonalität.

Jan Koželuh (1738–1814)

ZEIT UND UMWELT
Grundausbildung in Prag, Fortsetzung und Vollendung der Ausbildung in Dresden, in Mannheim und vor allem in Wien, das im letzten Drittel des 18. Jahrhunderts seine Führungsrolle in mitteleuropäischen Musikgeschehen antrat – das war für einen tschechischen Musiker der übliche Weg, der sodann in einer Position an den genannten oder ähnlichen Orten mündete oder nach Prag zurückführte. Das letztere allerdings setzte eine gründliche kirchenmusikalische Ausbildung voraus, denn das Konzertwesen war in der

böhmischen Hauptstadt noch nicht so ausgeprägt, daß es einen gesicherten Lebensunterhalt gewährleistete.

LEBEN
Jan Evangelista Antonín Tomáš Koželuh (Johann Evangelista Anton Thomas Kotzeluch, Kozeluch) wurde am 14. 12. 1738 in Welwarn (Velvary), Böhmen, getauft. Er wurde ursprünglich im Jesuitenkolleg in Brenitz (Březnice) und darauf von Josef Seger in Prag ausgebildet. Während er in Wien als Musikdirektor einer Kirche tätig war, studierte er bei Christoph Willibald Gluck und Florian Gaßmann, dann ging er nach Prag, wo er zuerst als Kapellmeister an der Kreuzherrnkirche und zuletzt ab 1784 an St. Veit tätig war. Er starb am 3. 2. 1814 in Prag.

WERKE
Von Jan Koželuh sind 4 Sinfonien, ein Oboen- und ein Fagottkonzert, 16 Messen und ein Requiem für fünf Stimmen, Orchester und Orgel, ein Oratorium und 2 Opern erhalten. Sein Stil gehört unzweifelhaft der Wiener Vorklassik an, obwohl in den sakralen Werken die Faktur der Altböhmischen Schule erkennbar ist.

Leopold Koželuh (1747–1818)

LEBEN
Leopold Anton (Antonín) Koželuh (Kotzeluch, Kozeluch) wurde am 26. 6. 1747 in Welwarn (Velvary), Böhmen, geboren. Er war Vetter und Schüler von Antonín Koželuh, studierte in Prag Jura, wandte sich aber der Musik zu und hatte 1771 mit einem Ballett Erfolg. Im Jahr 1778 ging er nach Wien und wurde Musiklehrer der Erzherzogin Elisabeth, Tochter der Kaiserin Maria Theresia. Er starb am 7. 5. 1818 in Wien.

Leopold Koželuh, Stich von W. Ridley, 1797

WERKE
Neben 6 Opern und 6 Balletten schrieb Leopold Koželuh 2 Oratorien, 10 Kantaten, einige sakrale Werke, außerdem 28 Sinfonien, 30 Pianokonzerte, 2 Fagottkonzerte, 2 Klarinettenkonzerte, 24 Sonaten für Pianoforte und Violine, über 80 Trios mit Pianoforte, 19 Divertissements und zahlreiche Orchestertänze. Seine Musik war, bei aller Klassiknähe, leicht, flüssig, gefällig.

Sinfonie in g-Moll, 3 Sätze, entstanden 1887
Der 1. Satz besteht aus drei Themen, von denen zwei scharf rhythmisiert sind, das dritte kantabel ist. Die Bewegung der Musik ist stark drängend, dramatisch ansteigend, bis vier Schlußakkorde des vollen Orchesters breitflächig alles beenden. Das Adagio ist ein lyrischer Ruhepunkt – liedhaft, elegisch, aber nicht traurig. Der 3. Satz ist wieder voll dramatischer Bewegung. Pochende Tonwiederholungen und Synkopen wirken als motorisches Element. Der ständige Wechsel der Tongeschlechter und die Vorhaltsdissonanzen bringen viel Farbe in das Tonbild, das großartig ausklingt.

LITERATUR
M. Poštolka, Leopold Koželuh, Život a dílo, Prag 1964.

Józef Kozłowski (1757–1831)

Zeit und Umwelt

Napoleons Feldzug gegen das Reich und der Brand von Moskau (1812), die politischen Anstrengungen zur Neuordnung Europas (1815), der Dekabristenaufstand (1825) und der polnische Aufstand (1830/31) sind nur Beispiele für die schwerwiegenden Probleme, mit denen sich die russischen Zaren Alexander I. (Aleksandr Pawlowitsch, 1777–1825) und Nikolaus I. (Nikolai Pawlowitsch, 1796 bis 1855) auseinanderzusetzen hatten. Trotzdem setzte der Aufschwung des kulturellen Lebens ohne Verzögerungen ein.

Leben

Józef Kozłowski (Ossip Antonowitsch Koslowski) wurde 1757 in Warschau geboren. Nach einer Tätigkeit als Musiklehrer in polnischen Adelshäusern beteiligte er sich am Türkenkrieg, erregte dabei die Aufmerksamkeit des Fürsten Grigori Aleksandrowitsch Potemkin, der ihn nach St. Petersburg mitnahm. Hier wurde er nach dem Tod des Fürsten (1791) Inspektor der Musik und 1803 Musikdirektor des Kaiserlichen Theaters sowie Direktor der Hofballmusik. Ab 1819 bis zu seinem Tod am 27. 2. 1831 widmete er sich nur mehr der Komposition und fallweisen Hofkonzerten.

Werke

Neben mehreren Opern auf russische Texte schrieb Józef Kozłowski die Musik zu mehreren Schauspielen russischer Dichter. Äußerst populär wurden seine 70 Polonaisen, unter denen die auf den Text »Grom povedy rassanaisja« (Siegesruf erschalle) von Gawril Romanowitsch Derschawin (1743–1816) für Soli, Chor und Orchester bis 1833 als russische Nationalhymne gesungen wurde. Er verfaßte auch einige Messen, ein Requiem auf den Tod des letzten polnischen Königs, Stanisław II. (1798), und ein Te Deum für zwei Chöre und Orchester zur Krönung des Zaren Nikolaus I. (1825), Kantaten, Klavierstücke und ungefähr 30 Romanzen.

Michael Kraf (um 1580 bis nach 1627)

Zeit und Umwelt

Von den deutschen Abteien zeichneten sich die im südlichen Raum besonders durch prächtige bauliche Gestaltung aus; Baumeister, Bildhauer und Maler erster Ordnung wurden mit großen Kosten herangezogen und wertvolle Bibliotheken angelegt. Daß die kunstliebenden Äbte auch der Pflege der Musik große Aufmerksamkeit zuwandten, war nahezu eine Selbstverständlichkeit.

Leben

Michael Kraf wurde um 1580 im südlichen Württemberg geboren. Um 1620 kam er als Kapellmeister und Organist an die Benediktinerabtei Weingarten nahe Ravensburg. Ob er selbst Mitglied des Ordens war, ist nicht feststellbar. Er wirkte nachweislich bis 1627 in der Abtei und dürfte in einem der folgenden Jahre in Weingarten gestorben sein.

Werke

Von dem deutschen Komponisten Michael Kraf sind eine Anzahl Messen, Motetten und andere Kirchenmusik, außerdem Gesänge überliefert. Diese Musik gehörte dem 16. Jahrhundert an und ist zu einem Teil sehr konventionell. Einiges davon aber kann als bedeutende künstlerische Leistung gewertet werden.

François Krafft (1728–95)

Zeit und Umwelt

Die flämischen Kathedralen waren auch im 18. Jahrhundert mit ausgezeichneten Organisten und Kapellmeistern besetzt, die zum Großteil auch komponierten. Gedruckt wurde davon aber leider sehr wenig. Daher ging das meiste verloren oder befindet sich unbearbeitet in privaten Händen.

Leben

François Krafft wurde 1728 in Gent geboren. Er war Chorknabe an der Kathedrale seiner Geburtsstadt, sodann Kapellmeister in Brüssel. Ab 1770 wirkte er in gleicher Eigenschaft

an der Kathedrale in Gent, wo er am 13. 1. 1795 starb.
Ein jüngerer Verwandter, François Krafft (3. 10. 1733, Brüssel, bis nach 1783, Brüssel), wirkte ab 1760 als Musiklehrer und von 1770 bis 1783 als Hofkomponist in Brüssel.
Ein älterer Verwandter, François-Joseph Krafft (22. 7. 1720, Brüssel, bis nach 1783, Brüssel), war vermutlich Organist oder Kapellmeister in Brüssel.

WERKE
Von François Krafft (1728) sind ungefähr 60 Kompositionen verschiedener Art – zumeist für den kirchlichen Gebrauch – handschriftlich erhalten.
François Krafft (1733) schrieb eine Anzahl Messen und Kirchenlieder.
François-Joseph Krafft hinterließ eine Reihe Sonaten, 12 Menuette und 13 »Echostücke« für Cembalo.
Die Zuschreibungen der einzelnen Werke sind nicht gesichert.

Ludwig Krafft (um 1425 bis vor 1500)

ZEIT UND UMWELT
Die geistliche Musik der Frührenaissance neigte bereits zur Vierstimmigkeit des Ordinarium und zum Teil auch des Proprium, der Offizien und der Motetten. Es bildeten sich drei Typen der Cantus-firmus-Messe heraus, und zwar die Diskantmesse mit der liturgischen Melodie im Diskant, die Tenormesse, bei der der Cantus firmus verziert und rhythmisch belebt beim Tenor liegt und die Teile des Ordinarium (Kyrie, Gloria, Credo, Sanctus, Agnus) eine musikalische Einheit darstellen, und die Diskant-Tenor-Messe, in der der Tenor den Cantus firmus vorträgt, während der Diskant ihn koloriert. Diese Formen wurden nicht nur im franko-flämischen Raum gepflegt und entwickelt, sondern nahezu gleichzeitig auf die Nachbarländer übertragen.

LEBEN
Ludwig Krafft ist vermutlich um 1425 in Deutschland geboren. Über sein Leben und Wirken liegen keine Informationen vor.

WERKE
Im Codex von Trient scheint ein dreistimmiges Terribilis est von dem deutschen Komponisten Ludwig Krafft auf. Trotz dieser spärlichen Hinterlassenschaft ist der Meister als Beweis dafür, wie rasch sich die Musikgattung des franko-flämischen Raumes über dessen Grenzen ausbreitete, beachtenswert.

LITERATUR
E. Apfel, Der klangliche Satz und der freie Diskantsatz im 15. Jahrhundert, Archiv für Musikforschung 12, 1955.

Anton Kraft (1749 – 1820)

ZEIT UND UMWELT
Aus der Umgebung Joseph Haydns kam eine große Anzahl Musiker – Komponisten und Interpreten –, für die bereits die Zugehörigkeit zum Orchester des großen Meisters eine wirkungsvolle Empfehlung bedeutete. Dazu trat in vielen Fällen, daß der Kapellmeister in Eisenstadt und Eszterhaza jedem einzelnen behilflich war, wie er nur konnte.

LEBEN
Anton Kraft wurde am 30. 12. 1749 in Rokitzan (Rokycany), Böhmen, geboren. Er wirkte von 1778 bis 1790 als erster Cellist in der Kapelle der Fürsten Esterházy, wo er von Joseph Haydn ausgebildet wurde, sodann bis 1790 im Dienst der Fürsten Grassalkowitsch (bis 1795) und darauf bis zu seinem Tod am 28. 8. 1820 der Fürsten Lobkowitz. Ehe er sich in Wien niederließ, absolvierte er einige Konzertreisen.

WERKE
Von Anton Kraft sind 6 Cellosonaten, 3 Duos für zwei Celli, 3 Duos für Violine und Cello, mehrere Divertimenti für Cello und Kontrabaß, ein Cellokonzert und einige Trios für zwei Barytons und Cello erhalten.

Joseph Haydn schrieb für ihn ein Cellokonzert (1781) und Ludwig van Beethoven den Cellopart in seinem Tripelkonzert.

LITERATUR

J. Jering, Anton Kraft, Cellist und Komponist, in: Sudetenland VI, 1964.

William Kraft (geboren 1923)

LEBEN

William Kraft wurde am 6.9.1923 in Chikago geboren. Er war an der Columbia University in New York Schüler von Otto Luening, von Wladimir Ussaschevsky und Henry Dixon Cowell; er studierte dann an der Universität in Cambridge, England. Er ist Gründer und Leiter eines Schlagzeugensembles.

WERKE

Von William Kraft sind unter anderem 3 Miniaturen für Schlagzeug und Orchester, Variationen über ein Volksweise für Orchester, eine Sinfonie für Schlagzeug und Orchester, ein Concerto grosso, ein Konzert für vier Schlagzeuger und Orchester, eine Suite für Schlagzeug, ein Nonett für Blechbläser und Schlagzeug, ein Streichquartett, eine Sonate für Violine und Klavier, ein Liederzyklus, Bühnen- und Filmmusik bekannt geworden.

František Vincenc Kramař
(1759–1831)

ZEIT UND UMWELT

Im Unterschied zu unseren Zeiten kam noch weit in das 19. Jahrhundert hinein nahezu alles, was komponiert wurde, zur Aufführung, denn ältere Musik stand nicht im ausreichenden Maß zur Verfügung und fand auch nur beschränktes Interesse. Die Zahl der einzelnen Aufführungen war allerdings oft sehr niedrig, so daß der wirtschaftliche Erfolg bescheiden ausfiel. Aber es bot jedenfalls auch jungen Komponisten die Möglichkeit, vor ein Publikum zu treten, was wohl zu allen Zeiten eine der wirkungsvollsten Anregungen für einen Künstler war.

LEBEN

František Vincenc Kramař (Franz Krommer) wurde am 27. 11. 1759 in Kamenitz (Kamenice), Mähren, geboren. Er lernte von einem Verwandten das Orgelspiel und ging sodann in verschiedene Dienste nach Wien und Ungarn, wo er von 1790 bis 1795 als Kapellmeister an der Kathedrale von Pécs wirkte. Im Jahr 1810 stellte ihn das Wiener Hoftheater als Ballettkapellmeister ein, 1818 wurde er Kaiserlicher Kammerkomponist und war auch als Violinlehrer tätig. Er starb am 8. 1. 1831 in Wien.

WERKE

Von den über 300 Kompositionen, die František Kramař hinterlassen hat, wird in jüngster Zeit einiges gerechter beurteilt als früher, da man alles als seichte Vielschreiberei abtat. Viele Neuauflagen einzelner Streichquartette, Sinfonien und besonders der Klarinettenkonzerte zeugen von dem Interesse, das man nun diesem fruchtbaren Meister zuwendet. Aus der Fülle seiner Werke sind bemerkenswert: 7 Sinfonien, 10 Konzerte für Violine und andere Instrumente, 11 Stücke für Harmonieorchester, 13 Streichtrios, 30 Quintette, 40 Duos für Violinen, über 100 Streichquartette, einige Klavierstücke, zahlreiche Stücke für Streicher mit verschiedenen Blasinstrumenten, Oboenkonzerte, Klarinettenkonzerte, Suiten für Bläser, mehrere Messen und kleinere kirchenmusikalische Werke.

Klarinettenkonzert in Es-Dur, 3 Sätze, entstanden um 1803

Den 1. Satz kennzeichnen drei Themen. Das erste bringt Dreiklangmelodik und Motivwiederholung, wodurch der Satz viel Schwung erhält. Das zweite ist sehr ausdrucksvoll und kantabel, das dritte besteht aus abwärtsgerichteten Tonschritten im Raum einer Sexte. Das Soloinstrument ist in das musikalische Geschehen einbezogen. Der 2. Satz, ein Adagio, zeichnet sich durch pastorale Stimmung aus; schöne Klarinettenkantilenen werden von einer klangreichen Orchesterbegleitung getragen. Das Rondofinale ist ein echter Kehraus mit dem Charakter einer Chasse. Die Jagdmotive überstürzen einander fröhlich. Die Instrumentation des Satzes ist fein differenziert.

Johann Friedrich Kranz (1752–1810)

Zeit und Umwelt
Der Hof des Herzogs Karl August in Weimar versammelte geistige Potenzen in einem Maß wie kein anderer der Zeit. Ihre Hauptthemen waren aber Dichtkunst, Schrifttum und Philosophie im weitesten Sinn. Musik wurde selbstverständlich sehr gepflegt, blieb aber doch zu stark der Tradition und einem blassen Ästhetizismus verhaftet, um außerordentliche Leistungen zu vollbringen.

Leben
Johann Friedrich Kranz wurde am 6. 4. 1752 in Weimar geboren. Er begann seine Laufbahn als Violinist der Weimarer Hofkapelle, wurde sodann vom Herzog 1780 für 7 Jahre zur Ausbildung nach Italien geschickt, nahm auch einigen Unterricht bei Joseph Haydn in Wien und erhielt 1789 die Stelle des Konzertmeisters und 1792 die des Kapellmeisters der Weimarer Hofkapelle. Im Jahr 1803 wurde er zum Hofkapellmeister in Stuttgart ernannt, wo er am 20. 2. 1810 starb.

Werke
Die Texte der Singspiele, die Johann Friedrich Kranz verfaßte, stammten zum Teil von Johann Wolfgang von Goethe. Von seinen weiteren Kompositionen sind nur Klavierstücke erhalten, die den Unterricht Joseph Haydns verraten.

Joseph Martin Kraus (1756–92)

Zeit und Umwelt
Der pathetische hochdramatische Stil der französischen Revolutionszeit machte auch außerhalb der Grenzen Frankreichs Schule. Die Unausgewogenheit des Formenaufbaus vervollständigte das Bild einer frühromantischen Faktur, die auch in Schweden viel Anklang fand.

Leben
Joseph Martin Kraus wurde am 20. 6. 1756 in Miltenberg am Main geboren. Er erhielt im Jesuitenkolleg in Mainz von Abbé Vogler seine erste musikalische Ausbildung. Dann studierte er in Mainz, Erfurt und Göttingen Philosophie. Im Jahr 1778 begab er sich nach Stockholm, wurde dort Mitglied der Musikakademie und 1781 Kapellmeister der Hofoper. Während der Jahre 1782 bis 1787 machte er eine Studienreise durch Deutschland, Italien, Frankreich und England, auf der er mit Christoph Willibald Gluck, Joseph Haydn, Johann Georg Albrechtsberger und Padre Martini Beziehungen aufnahm. Nach seiner Rückkehr nach Stockholm war er außer seinen Verpflichtungen an der Oper neben Abbé Vogler als Hofkapellmeister bis zu seinem Tod am 15. 12. 1792 tätig.

Werke
Die mehrfach erfolgte Benennung von Joseph Martin Kraus als »schwedischer Mozart« trifft nur insoweit zu, daß beiden Meistern eine kurze Lebensdauer beschieden war. Eine Gleichsetzung wäre eher mit dem jungen Ludwig van Beethoven gerechtfertigt. Tatsächlich muß man ihn zu den Vorromantikern einreihen. Seine 3 Opern, das Ballett »Fiskarena« (Die Fischerin) und die Schauspielmusik zu »Amphitryon« (Molière) weisen deutlich romantische Züge auf. Das gleiche gilt für die Geburtstagskantate für König Gustaf III. und die Trauerkantate auf dessen Tod. Das Oratorium »Der Tod Jesu«, die Messe in e-Moll und das Requiem in d-Moll, die kleineren Kirchenwerke, die Konzertarien, Chöre und Lieder folgen vorklassischen und klassischen Vorbildern. Seine Symphonie funèbre und die übrigen 11 Sinfonien, die Kirchensinfonie in D-Dur, das Violinkonzert in C-Dur, das Quintett für Flöte und vier Streicher, die 9 Streichquartette, das Klaviertrio in D-Dur, die 4 Violinsonaten, die Sonate für Flöte und Viola, das Duo für Violine und Generalbaß und seine 2 Klaviersonaten sind zuweilen mit breiten, festlichen Klängen ausgestattet. Ein Teil davon wurde in unserer Zeit neu herausgebracht. Er war auch als Schauspieldichter und Musikschriftsteller tätig.

Literatur
G. Schweizer, Ein Altersgenosse Mozarts, Acta Mozartiana III, 1956.

Christian Gottfried Krause (1719–70)

Zeit und Umwelt
Der Schweizer Ästhetiker und Kunstphilosoph Johann Georg Sulzer (1720–79) übte durch seine Publikationen auf die Musikästhetik seiner Zeit wirkungsvollen Einfluß aus. Da er den Gesang über die Instrumentalmusik stellte, wurden seine Thesen in erster Linie von den Liederkomponisten der Berliner Schule übernommen.

Leben
Christian Gottfried Krause wurde am 7. 4. 1719 in Winzig (Wińsko), Schlesien, geboren. Er studierte in Frankfurt an der Oder Jurisprudenz, wurde Advokat und später Justizrat in Berlin; dort umgab er sich mit einem Freundeskreis, dem unter anderen die Dichter Ewald Christian von Kleist (1715–59), Johann Wilhelm Ludwig Gleim (1719–1803) und Karl Wilhelm Ramler (1725–98) sowie der Kunstphilosoph Johann Georg Sulzer angehörten. Er starb in Berlin am 4. 5. 1770.

Christian Gottfried Krause

Werke
Der Musikschriftsteller und Komponist Christian Gottfried Krause gilt als die eigentliche Seele der Berliner Liederschule, denn seine Kompositionen und seine theoretischen Publikationen zum Thema »Lied« waren für die anderen Mitglieder der Schule richtunggebend. Er schrieb zahlreiche Kantaten und Lieder, darunter die Vertonung von Gleims »Preußischen Kriegsliedern«; auch seine Veröffentlichungen »Oden mit Melodien« und »Lieder der Deutschen mit Melodien« enthalten einige Lieder von ihm. Außerdem verfaßte er Sinfonien, Triosonaten und Klaviersonaten, die der Berliner Schule angehörten.

Literatur
G. Frotscher, Die Ästhetik des Berliner Liedes, in: Zeitschrift für Musikwissenschaft VI, 1923/24.

Johann Ludwig Krebs (1713–80)

Zeit und Umwelt
Abgesehen von den Söhnen und anderen Verwandten, deren Lehrer Johann Sebastian Bach war, hat eine beträchtliche Anzahl namhafter Musiker seinen Unterricht genossen und seine Lehren und seinen Namen weitergereicht. Daher ist es sachwidrig, zu behaupten, daß Name und Werk des großen Thomaskantors nach dessen Tod in Vergessenheit geraten seien. Richtig ist lediglich, daß der Geschmackswandel des 18. Jahrhunderts das Publikumsinteresse an seinen Kompositionen vorläufig sehr geschmälert hat.

Leben
Johann Ludwig Krebs wurde am 12. 10. 1713 in Buttelstedt bei Weimar getauft. Er war von 1726 bis 1735 einer der besten Schüler von Johann Sebastian Bach. Anschließend studierte er an der Leipziger Universität und wirkte von 1737 bis 1743 als Organist an der Marienkirche in Zwickau, sodann bis 1756 in Zeitz und schließlich in Altenburg, wo er am 1. 1. 1780 starb.
Sein Vater, Johann Tobias Krebs (7. 7. 1690, Heichelheim, Weimar, bis 11. 2. 1762, Butt-

städt), war von 1710 bis 1712 Organist und Kantor in Buttelstedt und nahm gleichzeitig bei Johann Gottfried Walther und Johann Sebastian Bach Unterricht im Cembalospiel. Im Jahr 1721 wurde er Organist der Michaeliskirche in Buttstädt.

WERKE

Von Johann Ludwig Krebs sind Klavierstücke, Cembalosuiten, Klavierübungen, 6 Triosonaten und 6 Sonaten für Cembalo und Flöte oder Violine überliefert. Man schreibt ihm die unter dem Namen Johann Sebastian Bachs erhaltenen »Acht kleinen Praeludien und Fugen« für Orgel zu. Eine Reihe weiterer Cembalo- und Orgelkompositionen sind Manuskript geblieben.

Von Johann Tobias Krebs sind ein Präludium und Fuge C-Dur, ein Trio c-Moll und 5 Choräle für Orgel erhalten. Die »Acht kleinen Praeludien und Fugen« werden von manchen ihm und nicht seinem Sohn zugeschrieben.

Aus der Musikerfamilie Krebs, Johann Gottfried, nach einem Schattenriß von H. S. Möckel, 1793

Präludium und Doppelfuge in f-Moll

Die melodische Linie des Präludiums liegt am Beginn in der rechten Hand, wechselt sodann zur linken und endet etwas abgewandelt im Pedal. Darauf folgt ein Fugato mit einem ähnlichen Thema. Dann wiederholen sich beide Themen auf der Dominante und kehren am Ende zu f-Moll zurück. Die Fuge führt beide Themen gesondert durch. Zu ihrer Synthese kommt es erst in den letzten Takten.

LITERATUR

R. Sietz, Die Orgelkompositionen des Schülerkreises um J. S. Bach, in: Bach-Jahrbuch XXXII, 1935.

Karl Krebs (1804–80)

WERKE

Die Messen und das Te Deum des Opernkapellmeisters Karl Krebs, der erst im hohen Alter eine Kirchenkapelle dirigierte, beweisen, daß seine kompositorische Fähigkeit kein Ausfluß seiner Dirigententätigkeit war. Auch seine Lieder – besonders das heute noch bekannte »Vater unser« – weisen ihn wie seine Klavierstücke als fähigen Tonsetzer aus. Er schrieb außerdem mehrere Opern mit beachtlichem Erfolg.

LEBEN

Karl August Krebs (eigentlich Miedke, Krebs hieß sein Adoptivvater) wurde am 16. 1. 1804 in Nürnberg geboren. Er war ab 1825 Schüler von Ignaz Xaver von Seyfried in Wien und dort ab 1826 Dritter Kapellmeister an der Hofoper. Im Jahr 1827 wurde er Kapellmeister am Stadttheater Hamburg und von 1850 bis 1872 an der Oper in Dresden. Er starb am 16. 5. 1880 in Dresden.

Josef Krejčí (1821–81)

ZEIT UND UMWELT

Die Kirchenmusik- und Organistenschule in Prag mit ihrer langen Tradition brachte auch im 19. Jahrhundert eine Reihe vorzüglicher Meister hervor, die – ob Tscheche oder Deutscher – das hohe Niveau böhmischer Sakralmusik bis weit in die Zukunft gewährleisteten.

LEBEN
Josef Krečí wurde am 17.12.1821 in Milostin, Böhmen, geboren. Er war in Prag Schüler des böhmischen Pianisten und Komponisten Jan August Vitašek (23.3.1770, Hořín bei Melník, bis 7.12.1839, Prag) und des Klavierlehrers Josef Proksch. Nach seiner Tätigkeit als Organist mehrerer Kirchen wurde er 1849 Theorielehrer am Konservatorium, 1858 Direktor der Orgelschule und 1865 Direktor des gesamten Instituts. Er starb am 19.10.1881 in Prag.

WERKE
Von Josef Krejčí ist eine Anzahl Orchesterstücke, Orgelstücke und kirchliche Chormusik, die besonders geschätzt wurde, überliefert.

Aleksandr Krejn (1883–1951)

LEBEN
Aleksandr Abramowitsch Krejn wurde am 8.10.1883 in Nischni Nowgorod (heute Gorki) geboren. Er war Schüler des Konservatoriums in Moskau und bildete sich auch autodidaktisch aus. Von 1918 bis 1927 wirkte er in der Musikabteilung des Staatsverlags in Moskau. Als Komponist gehörte er neben Michail Gnessin zu den führenden Kräften der national-jüdischen Musikbewegung in Rußland. Er starb am 21.4.1951 in Staraja Rusa bei Moskau.
Sein Bruder Grigori Abramowitsch Krejn (6.3.1879, Nischni Nowgorod, bis 6.1.1955, Komarowo bei Leningrad) war in Moskau Schüler von Jan Hřimalý, Paul Juon und Reinhold Glier. Von 1905 bis 1908 studierte er bei Max Reger in Leipzig. Er lebte als Violin- und Theorielehrer zumeist in Moskau, von 1926 bis 1934 in Paris, von 1941 bis 1943 in Taschkent.

WERKE
Außer einer Oper, 3 Balletten und mehreren Bühnenmusiken schrieb Aleksandr Krejn 2 Sinfonien, »Hebräische Skizzen« für Klarinette und Streichquartett, eine Klaviersonate, ein »Kaddisch« und 2 weitere Werke für Chor und Orchester.
Grigori Krejn verfaßte eine Sinfonie, ein Violinkonzert, eine Konzertfantasie für Violine und Orchester, »Drei sinfonische Episoden«, eine »Hebräische Rhapsodie« für Klavier, Klarinette und Streichquartett und ein Quartett für Klarinette und Klaviertrio. Auch er hatte sich der jüdischen Musikbewegung Rußlands angeschlossen.

Jacob Kremberg
(um 1650 bis nach 1718)

ZEIT UND UMWELT
Die Hamburger Oper war die erste in Deutschland, die in Pacht vergeben wurde. Da die Pächter in Hamburg und später auch anderswo zumeist Musiker waren und keine Geschäftsleute, endeten diese Pachtverhältnisse nicht selten mit einem wirtschaftlichen Zusammenbruch.

LEBEN
Jacob Kremberg wurde um 1650 in Warschau geboren. Er studierte ab 1672 in Leipzig und wirkte an der kurfürstlichen Kapelle bis 1693 mit einer dreijährigen Unterbrechung, die er im Dienst des schwedischen Hofes in Stockholm verbrachte. Dann pachtete er mit Sigmund Kusser die Hamburger Oper und war als ihr Dirigent tätig, trat aber bereits 1695 davon zurück und ging nach London. Er wurde dort Mitglied der Königlichen Kapelle und blieb in dieser Stelle bis zu seinem Tod nach 1718.

WERKE
Der deutsche Komponist Jacob Kremberg schrieb unter dem Titel »Musicalische Gemühts-Ergötzung« ein Buch Arien für eine Stimme und Generalbaß und eine Sammlung leichter Instrumentalstücke für zwei Flöten ohne Generalbaß, denen eine Ouvertüre und eine Passacaglia für drei Flöten ohne Generalbaß angefügt waren.

Ernst Křenek (geboren 1900)

Leben

Ernst Křenek (Krenek) wurde am 23.8.1900 in Wien geboren. Er war Schüler von Franz Schreker. Nach kurzer Tätigkeit an den Theatern in Kassel und Wiesbaden kehrte er nach Wien zurück, blieb dort mit kurzen Unterbrechungen bis zum Jahr 1938, in dem er in die USA emigrierte, wo er bis 1942 am Vassar College in Poughkeepsie bei New York Musiktheorie vortrug. Darauf wurde er Leiter der Musikabteilung an der Universität in St. Paul, Minn., und lehrte dort Musikgeschichte und Musikwissenschaft. Im Jahr 1945 erhielt er die Staatsbürgerschaft der USA und änderte seinen Namen in »Krenek«. Er hielt an verschiedenen Universitäten und Musikschulen Gastkurse, reiste ab 1955 mehrmals nach Europa, um zu dirigieren und Vorträge zu halten, und ließ sich 1966 in Palm Springs nieder.

Ernst Křenek

Werke

Das kompositorische Schaffen von Ernst Křenek reflektiert wie bei keinem anderen Komponisten die Breite und Vielseitigkeit der musikalischen Entwicklung seit den zwanziger Jahren unseres Jahrhunderts. Es durchwanderte sehr rasch die verschieden stark entgegengesetzten Stilrichtungen. Vom Stil seines Lehrers Franz Schreker wandte er sich bald ab. Unter dem Einfluß seiner Kontakte zu Ferruccio Busoni, Eduard Erdmann und Artur Schnabel wandte er sich atonalen Konzeptionen zu. Dann schrieb er neuklassizistisch, darauf neuromantisch und machte schließlich die Wende zur Dodekaphonik, die er bisher abgelehnt hatte. »Als ich wahrnahm, daß andere Komponisten, sobald sie ein gesetztes Alter erreicht hatten, zu verkünden pflegten, daß sie in der Musikgeschichte das letzte Wort gehabt hätten, beschloß ich, daß mir das im Alter nicht passieren sollte, und trug daher kein Bedenken, neue Ideen, die in der Luft lagen, aufzugreifen und mich mit ihnen auseinanderzusetzen«, schrieb der Komponist. Sein häufiger Stilwechsel mag zum Teil schuld daran gewesen sein, daß keines seiner Werke eine fortdauernde Resonanz eines Hauptwerks erreichen konnte. Ernst Křenek war vor allem Opernkomponist. Er schrieb 23 Werke für die Musikbühne, 4 Ballette und Bühnenmusiken, für Orchester 5 Sinfonien, 2 Concerti grossi, eine »Sinfonische Musik«, 4 Klavierkonzerte, 2 Violinkonzerte, ein Doppelkonzert für Violine und Klavier, ein Konzert für zwei Klaviere, ein Cellokonzert, außerdem ein Concertino für Flöte, Cembalo und Streichorchester, ein »Kleines Konzert« für Klavier, Orgel und Kammerorchester, ein Konzert für Harfe und Kammerorchester, eine Sinfonietta und weitere Stücke mit verschiedener Besetzung. Von seiner zahlreichen Kammermusik sind ein Bläserquintett, 7 Streichquartette, ein Streichtrio und andere Werke für verschiedene Instrumente, weiters viel Klaviermusik, von seinen elektronischen Stücken »Tape and Double« für zwei Klaviere und Tonband und »Orga-Nastro« für Orgel und Tonband besonders interessant. Seiner Vokalmusik ist »Lamentatio Jeremiae Prophetae« voranzustellen, weiter liegen mehrere Messen, andere Chöre a cappella und begleitet, Lieder und Liederzyklen vor. Seine Werke, so vorzüglich sie sind, wurden und werden wenig aufgeführt; auch sein einziger großer Erfolg, die Jazzoper »Jonny spielt auf«, wurde, nachdem sie ihre Schockwirkung wegen des allgemeinen Stilfortschritts verloren hatte, nahezu vergessen, weil ihr tatsächlicher ideologischer und künstlerischer Gehalt wohl nie erkannt wurde. Der Komponist ist von dieser Haltung seinen Werken gegenüber wenig beeindruckt, weil er nach seinen eigenen Worten das Urteil darüber dem »Wahrspruch der Zeit« überläßt.

Sinfonie Nr. 2, Opus 12, 3 Sätze, entstanden 1922

Dieses Frühwerk war unter der Betreuung Franz Schrekers entstanden und Gustav Mahler gewidmet. Der Komponist sagte selbst darüber: »Vom rein musikalischen Standpunkt ließe sich feststellen, daß der die ganze Sinfonie durchdringende Ausdruck schmerzlicher Spannung auf den stilistischen Dualismus zurückzuführen ist, auf Grund dessen die atonale Landschaft der Musik von Relikten des tonalen Idioms zerrissen wird.« Der 1. Satz hat Sonatenform, der 2. Satz ist ein Scherzo und das Finale eine dreiteilige Reprise. Die Nähe Mahlers wird besonders durch das 53 Takte währende Unisono der Violinen deutlich.

Kette, Kreis und Spiegel, Sinfonische Zeichnung, entstanden 1957

In diesem Zwölftonwerk bilden sich Ketten, wenn Schlußtöne der Reihen mit den Anfangstönen nachfolgender Reihen identisch sind. Kreise entstehen durch die zyklisch sich erneuernden Permutationen, und die Spiegelgestalt erscheint durch die dreimalige Wiederkehr des Anfangsthemas.

Questio temporis (Eine Frage der Zeit) für kleines Orchester mit Klavier und Gitarre, entstanden 1949

Dieses mathematisch genau durchgeführte Werk zeigt den Komponisten als Meister der seriellen Technik. Alles ist durch genaue Abmessungen von Beginn und Dauer der Klangelemente geregelt und beruht auf den Klangeinheiten, die sich aus den Intervallen der Tonreihe und ihrer abgeleiteten Reihenformen ergeben. Zuweilen wird das Gefüge wegen der vielfältigen Übereinanderschichtung und der Geschwindigkeit des Ablaufs derart dicht, daß anstelle der genauen Messung eine statistische Streuung tritt. »In dieser Musik fragt die absolute Zeit, wie sie sich teilen muß, damit sie besteht. Die historische Zeit stellt der Musik die Frage, wie sie beurteilen könne, was da vorgeht. Die Musik antwortet, daß es eine Frage der Zeit sei, bis man das, was sich hier mitteilen mag, versteht«, erklärte der Komponist nicht sehr aufschlußreich und Verständnis fordernd.

Lamentatio Jeremiae Prophetae für gemischten Chor a cappella, Opus 93, 3 Teile, entstanden 1942

Die »Klagelieder des Propheten Jeremias« beziehen sich nicht nur auf das zerstörte Jerusalem und die Unterdrückung der Juden, sondern auch auf die Gegenwart, in der das Werk entstand. Der in lateinischer Sprache gehaltene Text gibt die Tenebrae-Zeremonien für die drei Kartage der katholi-

Beginn der 3. Klaviersonate op. 92 von Ernst Křenek, Autograph

schen Kirche in je drei Unterabschnitten wieder. Die Musik ist dodekaphonisch, ohne die Beziehung zur kirchlichen Tonsprache zu vernachlässigen.

LITERATUR

L. Knessl, Ernst Křenek, Wien 1967. W. Rogge, Ernst Křeneks Opern, 1970. C. Maurer Zenck, Ernst Křenek – Ein Komponist im Exil, 1980.

Franz Krenn (1816–97)

ZEIT UND UMWELT

Trotz der eindringlichen Propaganda der Anhänger des Caecilianismus fand er in Österreich nur wenige echte Anhänger. Das österreichische Publikum verlangte auch in den Kirchen zeitgenössische Musik, und die Kirchenkomponisten waren imstande, sie zu schreiben.

LEBEN

Franz Krenn wurde am 26.2.1816 in Droß, Niederösterreich, geboren. Er war zuerst Lehrer, dann Musikschüler von Ignaz Xaver von Seyfried in Wien. Hernach wirkte er an verschiedenen Wiener Kirchen als Organist und wurde 1862 Kapellmeister der Hofkirche. Von 1869 bis 1893 war er am Konservatorium Lehrer für Harmonie, Kontrapunktik und Komposition. Er starb am 18.6.1897 in St. Andrä, Niederösterreich.

WERKE

Von Franz Krenn sind 29 Messen, mehrere Requiem, ein Te Deum, Kantaten, Oratorien, Chorlieder, Sololieder, Orgel- und Klavierstücke, Quartette und einige Sinfonien zum Teil überliefert. Seine Kirchenmusik war wegen ihres romantischen Vollklangs sehr beliebt.

Jan Krenz (geboren 1926)

LEBEN

Jan Krenz wurde am 14.7.1926 in Włocławek, Polen, geboren. Er studierte an den Musikhochschulen in Warschau und Łódź. Von 1945 bis 1953 wirkte er als Dirigent an der Philharmonie und der Oper in Poznan, dann übernahm er die Leitung des großen Rundfunk-Sinfonieorchesters in Katowice. Er war mit Tadeusz Baird und Kazimierz Serocki einer der Begründer der »Gruppe 49« zur Pflege neuer polnischer Musik. Im Jahr 1968 wurde er Chefdirigent und künstlerischer Leiter der Oper in Warschau. 1979 bis 1982 war er Generalmusikdirektor der Stadt Bonn. Er ist oft als Gastdirigent im Ausland tätig.

WERKE

Von Jan Krenz sind eine Sinfonie, eine Suite, 2 Serenaden, ein sinfonischer Tanz, eine Rhapsodie für Streicher und Schlagzeug, eine Toccata und ein Concertino für Klavier und Orchester, ein Bläserquartett, eine Oboensonate, eine Kantate, Chorlieder a cappella und ein Triptychon für Singstimme und Klavier, weiters ein Capriccio für 24 Instrumente bekannt geworden.

Jakob Kreß (um 1670 bis um 1736)

ZEIT UND UMWELT

Darmstadt war, seit es 1567 Residenz der Landgrafschaft geworden war, stets eine Stätte intensiver Musikpflege. Die Aufnahme in das Hoforchester der Landgrafen galt bereits für sich als Anerkennung.

LEBEN

Jakob Kreß wurde um 1670 vermutlich im Raum Hessen geboren. Er war Violinist und Konzertmeister des Hoforchesters in Darmstadt, wo er um 1736 starb.

WERKE

Vom deutschen Violinisten und Komponisten Jakob Kreß sind eine Sinfonie, Ouvertüren, Violin- und Flötenkonzerte, Quartette, ein Trio für Flöte, Viola d'amore, Cembalo oder Laute, ein Trio für Flöte, Gambe und Cembalo und Sonaten für verschiedene Instrumente erhalten. Die Werke stehen deutlich unter dem Einfluß der französischen Stilrichtung im 18. Jahrhundert.

Johann Albrecht Kreß (1644–84)

ZEIT UND UMWELT
Die sogenannten »geistlichen Konzerte« im evangelischen Deutschland umfaßten Orgelstücke, Vokal- und Instrumentalmusik in jeder Mischung und waren besonders in der Zeit des Pietismus zur Begleitung stiller Andacht und Meditation bestimmt. Im Verlauf der Zeit wurde aber der musikalische Genuß zu ihrem Hauptzweck.

LEBEN
Johann Albrecht Kreß (Kresse, Cresse) wurde 1644 im Raum von Nürnberg geboren und wirkte ab 1660 am Stuttgarter Hof als Musiker. Er wurde dort 1676 Vizekapellmeister und betreute diese Stelle bis zu seinem Tod am 23. 7. 1684.

WERKE
Zeitgenössische Musikalieninventare weisen weit über 200 Werktitel des deutschen Komponisten Johann Albrecht Kreß aus. Davon sind etwa 30 Kirchenkonzerte – durchweg geistliche Figuralmusik – erhalten.

Fjodor Krestjanin
(um 1568 bis nach 1600)

ZEIT UND UMWELT
Zar Iwan IV. Wasiljewitsch (1530–84), der »Schreckliche« genannt, wenngleich er nicht schrecklicher war als seine Bojaren, versuchte mit seinem Metropoliten, das kirchliche Leben des russischen Reiches zu verselbständigen und straff zu organisieren. Er förderte daher auch eine von Konstantinopel unabhängige Kirchenmusik. Sein Sohn Fjodor I. (1557 bis 1598) war nicht imstande, die Bestrebungen des Vaters fortzusetzen, so daß dessen Erfolge wirkungslos wurden. Etliche Anstöße jedoch blieben nicht völlig ohne Folgen. In die bisher rein byzantinische Kirchenmusik flossen volkstümliche russische Töne, so daß ab dem Ende des 16. Jahrhunderts die vorerst langsame Entwicklung der russischen Kirchenmusik begann.

LEBEN
Fjodor Krestjanin wurde um 1568 vermutlich in Moskau geboren und dort zum Priester und Musiker erzogen. In seinen jungen Jahren lebte er am Zarenhof. Dann wirkte er wahrscheinlich an einer Kirche der Stadt als Kleriker und Musiker. Das Datum seines Todes ist unbekannt.

WERKE
Von dem russischen Kirchenmusiker Fjodor Krestjanin sind 12 Stichira (Lobgesänge) erhalten. Sie sind einstimmig und mensuriert und fußen auf einem der acht Kirchentöne, von denen jeder seine charakteristischen Liedwendungen hatte. Die Stichira sind byzantinischen Ursprungs, erhielten aber durch die großen russischen Meister des Mensuralgesanges ihre typisch russische Note.

Edmund Kretschmer (1830–1908)

LEBEN
Edmund Kretschmer wurde am 31. 8. 1830 in Ostritz, Lausitz, geboren. Er war Schüler von Julius Otto und Johann Gottlob Schneider in Dresden, wo er 1854 Organist der Hofkirche, 1863 Hoforganist und daneben Instruktor des Kapellknabeninstituts und ab 1880 Dirigent des Vokalchors der Hofkirche wurde. Er dirigierte außerdem eine Reihe Dresdner Vereine. Er starb am 13. 9. 1908 in Dresden.

WERKE
Von Edmund Kretschmer sind 4 Messen, die großen Chorwerke »Pilgerfahrt«, »Festgesang« und »Sieg im Gesang«, viele Männerchöre, einige Orchesterwerke und 4 »Große Opern« überliefert. Seine Musik ist auf breite Klangeffekte ausgerichtet.

Georg Anton Kreusser
(1743 bis vor 1811)

ZEIT UND UMWELT
Wenn auch die Hofkapellen der rheinischen Kurfürsten für die Betreuung der Dome verwendet wurden, so erforderte die politische

Stellung der Kirchenfürsten ein repräsentatives Musikleben ihrer Höfe. Die Stellung der Kapellen war ähnlich der Klangkörper an den Fürstenhöfen Italiens bis zum Beginn des 18. Jahrhunderts, die als Musikzentren und Ausbildungsstätten unersetzliche Funktionen ausübten.

LEBEN
Georg Anton Kreusser wurde 1743 in Heidingsfeld geboren. Er wurde in Amsterdam zum Violinisten ausgebildet und in Italien zum Komponisten. Um das Jahr 1779 wurde er Konzertmeister der Kurfürstlichen Kapelle in Mainz, von wo aus er in Frankfurt am Main mit der Kapelle eigene Kompositionen aufführte. Er war auch als Kapellmeister des Theaters von Frankfurt tätig, wo er vor 1811 starb.

WERKE
Am meisten bekannt wurde von Georg Anton Kreusser die Passion »Der Tod Jesu« auf den Text von Karl Wilhelm Ramler. Er schrieb außerdem mehrere Sinfonien, kammermusikalische Werke und Lieder, die im Zeitstil gehalten wurden.

Auguste Kreutzer (1778–1832)

ZEIT UND UMWELT
Die Kaiserliche Hofkapelle Napoleons wurde nach der Restauration nahezu vollständig als Königliche Hofkapelle von Ludwig XVIII. übernommen. Der Bourbone nahm daran keinen Anstoß, daß die Musiker für einen Bonaparte gespielt hatten, auch wenn diese zuvor sogar der Republik gedient hatten.

LEBEN
Jean Nicolas Auguste Kreutzer wurde am 3.9.1778 in Versailles geboren. Er war Schüler seines Bruders Rodolphe Kreutzer. Ab 1798 wirkte er als Violinist an der Opéra Comique und von 1802 bis 1823 an der Opéra. Gleichzeitig spielte er bis 1830 im Hoforchester Napoleons, Ludwigs XVIII. und Karls X. Von 1826 bis zu seinem Tod am 31.8.1832 war er Violinlehrer am Conservatoire.
Sein Sohn Charles Léon François (23.9.1817, Paris, bis 7.10.1868, Vichy) war als Musikschriftsteller, Kritiker und Komponist tätig.

WERKE
Von den Werken von Auguste Kreutzer sind 2 Konzerte, 2 Duette, 3 Sonaten und einige Soli und Variationen erschienen. Alles andere ist verlorengegangen. Sein Stil neigt sehr zur Klassik.
Von Charles Léon Kreutzer sind Klaviersonaten, Streichquartette, ein Trio, Lieder und eine Schauspielouvertüre erschienen. Der nicht gedruckte Rest ist mit Ausnahme von 2 Opern und 2 Sinfonien größtenteils verschollen. Seine Musik macht einen sehr konventionellen Eindruck.

Conradin Kreutzer (1780–1849)

ZEIT UND UMWELT
Der schwäbische Dichter Ludwig Uhland (1787–1862) erfüllte mit der Herausgabe seiner »Alte hoch- und niederdeutsche Volkslieder«, seinen Balladen und seinen stimmungsreichen lyrischen Gedichten alle Forderungen, die in der Romantik an einen Künstler gestellt wurden. Er führte sein Publikum, den durch den Absolutismus des Vormärz entmachteten und entrechteten Bürger, weitab vom Gegenwartsgeschehen in vergangene Zeiten, deren positive Seiten allein dargestellt sind, zu unwirklichen Vorgängen, die keine echte Anteilnahme fordern, und zu problemlosen Stimmungsbildern, die der Traumwelt entnommen sind.

LEBEN
Conradin Kreutzer (Konrad Kreuzer) wurde am 22.11.1780 in Meßkirch, Baden, geboren und war Sängerknabe in seiner Vaterstadt, dann in Zwiefalten und Scheußenried. Im Jahr 1799 begann er in Freiburg im Breisgau sein juridisches Studium, brach es aber ein Jahr darauf ab und wandte sich der Musik zu. Er brachte sein erstes Singspiel noch in Freiburg heraus, lebte sodann in Konstanz und in der Schweiz als Sänger und Pianist, nahm ab 1804 in Wien bei Johann Georg Albrechtsberger

Unterricht, brachte ein weiteres Singspiel (»Jery und Bätely« von Johann Wolfgang von Goethe) mit Erfolg heraus. Seine bereits vor Jahren komponierte Oper »Konradin von Schwaben« wurde 1812 in Stuttgart mit solchem Erfolg aufgeführt, daß ihm König Friedrich I. von Württemberg (1754–1816) die Stelle des Hofkapellmeisters anbot. Nach dem Tod des Königs übernahm er die Kapellmeisterstelle in Donaueschingen. Von 1822 bis 1827, von 1829 bis 1832 und von 1837 bis 1840 war er Kapellmeister am Kärntnertor Theater und von 1833 bis 1839 am Josephstädter Theater in Wien, von 1840 bis 1846 in Köln und sodann bis 1849 erneut in Wien, worauf er nach Riga übersiedelte, wo er am 14. 12. 1849 starb.

WERKE

Von den 30 Opern von Conradin Kreutzer hat sich »Das Nachtlager in Granada« bis in das 20. Jahrhundert auf den Bühnen gehalten, von seinen Schauspielmusiken die zu »Der Verschwender« von Ferdinand Raimund (1790–1836). Auch einige seiner klangvollen Männerchöre, denen vorwiegend Texte von Ludwig Uhland zugrundegelegt sind, wie »Die Kapelle« und »Der Tag des Herrn«, werden noch heute gesungen. Seine 3 Klavierkonzerte, das Septett, das Quintett, das Klavierquintett, die Trios und die Sonaten sind nahezu vergessen. Auch seine schönen Lieder (ebenfalls zumeist auf Uhland-Texte) werden nur mehr selten gesungen. Von seinen sakralen Kompositionen wird seine Pastoralmesse zuweilen aufgeführt.

Grande Sonate pour le Piano Forte avec accompagnement de Flûte et Violoncelle, Opus 23/1, 4 Sätze, entstanden 1822

Formal ist diese Triosonate der Wiener Klassik verpflichtet, doch überwiegen die romantischen Momente. Das Seitenthema des 1. Satzes wird dem stürmischen Hauptthema nicht entgegengeführt, sondern dient zur lyrischen Ausschmückung. Das Scherzo lehnt sich ebenfalls an die Klassik an. Der 3. Satz, ein Larghetto cantabile, stellt das Cello in den Vordergrund, das sonst vorwiegend Baß-Funktionen zu übernehmen hat, während die Flöte ihre melodische Aufgabe mit dem Klavier teilt. Das Finale ist der Klassik nachempfunden.

Sonate Concertante pour Piano Forte et Flûte, Opus 35, 3 Sätze

Diese Sonate ist konservativ und klassiknahe gehalten. Der 1. Satz allerdings bekennt sich durch seine langsame Einleitung zur Romantik. Das Andantino grazioso des 2. Satzes weckt Vorstellungen von duftigem Elfenzauber. Das Rondo-Finale bringt reiches Figurenwerk und eine prächtige freie Kadenz.

Rodolphe Kreutzer

(1766–1831)

ZEIT UND UMWELT

Wie bereits im 18. übten auch während eines großen Teils des 19. Jahrhunderts neben Virtuosen jeder Art die großen Violinisten die stärkste Anziehung auf das Konzertpublikum aus. Das mag an der von keinem Instrument übertroffenen Vielfalt der Ausdrucksmöglichkeiten der Violine, ihrem der menschlichen Stimme am nächsten kommenden Klang liegen. Man billigt ihrem Ton nahezu die gleiche Ursprünglichkeit zu wie dem Gesang, der davon an Tonumfang, Wen-

Rodolphe Kreutzer, Stich von K. T. Riedel

digkeit, Tempo und Anzahl der Klangvariationen weit übertroffen wird.

LEBEN
Rodolphe Kreutzer wurde am 16. 11. 1766 in Versailles geboren. Er war Schüler von Antonín Stamic und spielte bereits mit 13 Jahren im Concert spirituel ein selbst komponiertes Konzert. Im Jahr 1783 wurde er Violinist in der Königlichen Kapelle in Versailles und 1790 zusätzlich Soloviolinist des Théâtre Italien. Von 1795 bis 1825 wirkte er als Violinlehrer am Conservatoire, 1801 wurde er erster Soloviolinist des Opernorchesters und trat 1802 der Kapelle des Ersten Konsuls bei. Von 1825 bis 1827 wirkte er als Kapellmeister der Königlichen Kapelle und zugleich von 1824 bis 1826 als Dirigent des Opernorchesters. Nachdem er 1827 in den Ruhestand getreten war, starb er am 6. 1. 1831 in Genf.

WERKE
Neben etwa 40 Opern schrieb Rodolphe Kreutzer, einer der größten Violinvirtuosen seiner Zeit, dem Ludwig van Beethoven seine Violinsonate Opus 47 widmete (die er vermutlich nie gespielt hatte), 40 Capricen für Solovioline, die zum festen Bestand der Studienliteratur für dieses Instrument wurden, 19 Violinkonzerte, 2 Doppelkonzerte für zwei Violinen, 2 Doppelkonzerte für Violine und Cello, 15 Streichquartette, 15 Streichtrios, mehrere Violinsonaten, Violinduette und Variationen für Violine mit Orchester und 3 konzertante Sinfonien für zwei Violinen und Orchester, außerdem auch einige Ballette.

LITERATUR
A. Moser, Geschichte des Violinspiels, Berlin 1923. M. D. Williams, The Violin Concertos of Rodolphe Kreutzer, Indiana University 1973.

Jaroslav Křička (1882–1969)

LEBEN
Jaroslav Křička wurde am 27. 8. 1882 in Kelč, Mähren, geboren. Er studierte am Konservatorium und an der Universität in Prag, sodann in Berlin. Von 1906 bis 1909 wirkte er als Kompositionslehrer in Jekaterinoslaw (heute Dnjepropetrowsk, Ukraine), von 1911 bis 1920 leitete er den Prager Gesangverein Hlahol und ab 1922 den Philharmonischen Chor. Von 1919 bis 1945 war er Professor des Konservatoriums, das er ab 1942 als Direktor leitete. Darauf lebte er nur mehr der Komposition. Er starb am 23. 1. 1969 in Prag.

WERKE
Die Werke von Jaroslav Křička standen unter dem Einfluß der russischen Romantik und von Vítězslav Novák. Er schrieb mehrere Opern, Bühnen- und Filmmusiken, ferner 2 Sinfonien, eine Serenade für Streicher, ein Violinkonzert, ein Concertino für sieben Instrumente, 2 Streichquartette, ein Klaviertrio, eine »Kleine Suite für Klavier und zwei Violinen«, eine Violinsonate, eine Partita für Violine solo, Klavierstücke, Chorwerke mit Orchester, Chöre und Kinderlieder.

Adam Krieger (1634–66)

ZEIT UND UMWELT
Dichterkomponisten waren eine häufige Erscheinung des deutschen Barock. Bei den meisten handelte es sich um religiöse Lieder oder zumindest »erbauende«. Liebeslieder, Trinklieder, Studentenlieder waren seltener und umso willkommener.

LEBEN
Adam Krieger wurde am 7. 1. 1634 in Driesen, Neumark, geboren. Er war Schüler von Samuel Scheidt in Halle und von 1655 bis 1657 Organist an der Nikolaikirche in Leipzig. Im Jahr 1658 wurde er Hoforganist und kurfürstlicher Musiklehrer in Dresden, wo er am 30. 6. 1666 starb.

WERKE
Der deutsche Komponist Adam Krieger verkörperte die Personaleinheit von Dichter und Komponisten wie die Troubadours und Minnesänger; er war ein ursprünglicher, spontan schaffender Lyriker, dessen Verse

und Klänge neben den zahlreichen pietistischen Erzeugnissen seiner Zeitgenossen erfrischend wirkten. Daß ihm das Thomaskantorat, das er anstrebte, verweigert wurde, ist verständlich, wenn man nur eines seiner leichten Lieder kennt. Er brachte eine Sammlung von 50 Liedern für Singstimme, zwei Violinen und Generalbaß heraus, eine zweite mit 60 ein- und zweistimmigen Liedern wurde posthum veröffentlicht. Er schob nach jeder Liedstrophe ein instrumentales Ritornell ein und kam damit dem Lied des 18. Jahrhunderts schon sehr nahe.

Nun sich der Tag geendet hat, 3 Strophen
Schwermütig beginnt die erste Strophe in Wort und Ton: »Nun sich der Tag geendet hat und keine Sonn' mehr scheint, schläft alles, was sich abgematt' und was zuvor geweint.« Es geht weiter: »Du Schöne bist in Schlaf gebracht und liegst in stiller Ruh, ich aber geh' die ganze Nacht und tu kein Auge zu.« Die eingeschobenen Ritornelle sind polyphon und entweder kontrastierend oder stimmungsgleich mit dem Gesang eng verknüpft, so daß man dieses prächtige Liebeslied, wie viele andere aus seinen Schöpfungen, als echtes Orchesterlied ansprechen muß.

LITERATUR

H. Kretzschmar, Geschichte des Neuen deutschen Liedes, Leipzig 1911 (Nachdruck Hildesheim 1966).

Armando Krieger (geboren 1940)

LEBEN

Armando Krieger wurde am 7.5.1940 in Buenos Aires geboren. Er war am Konservatorium seiner Geburtsstadt Schüler von Juan Montés (geboren 26.11.1902, Warschau), Alberto Ginastera und Roberto Kinsky (geboren 17.8.1910, Budapest). Dann trat er vorwiegend als Konzertpianist auf; als Dirigent bevorzugte er zeitgenössische Werke. Mit dem Pianisten Alcides Lanza bildete er ein in ganz Amerika bekanntes Klavierduo. In den Jahren 1961 bis 1963 ergänzte er seine Ausbildung bei Riccardo Malipiero, Olivier Messiaen, Luigi Dallapiccola, Aaron Copland und Yvonne Loriod. Er unterrichtete an der katholischen Universität in Buenos Aires und an der Kunsthochschule des Teatro Colón, an dem er derzeit als stellvertretender Dirigent wirkt.

WERKE

Von Armando Krieger sind unter anderem eine Sinfonie für Streicher, »Metamorphosen« und »Ängste« für Orchester, eine Elegie für Orchester, ein Konzert für zwei Klaviere und Orchester, »Improvisationen« für Flöte, Oboe, Klarinette und Fagott, »Divertimento 1« für Oboe, Klarinette und Fagott, »Divertimento 2« für zwei Oboen und Englischhorn, 2 Streichquartette, ein Quartett für Flöte, Vibraphon, Bratsche und Altsaxophon, »Elegía I« für Klarinette und Klavier, »II« für Alt, zwei Flöten, Klavier, Vibraphon und fünf Schlagzeuger, »III« auf biblische Texte für gemischten Kammerchor, ein Duo für Klarinette und Cello, »Aleatoria I« für zehn Blasinstrumente, »II« für sieben Instrumente, eine Sonatine für Violine und Klavier, »Spannungen« für zwölf Schlagzeuger, »Cantata I« für Sopran, Violine, Cello, Trompete, Baßklarinette, Klavier, Celesta und Schlagzeug sowie »II« für Sopran, Frauenchor und Kammerorchester bekannt geworden.

Johann Krieger (1652–1735)

ZEIT UND UMWELT

Zittau, das heute an der deutsch-polnischen Grenze unweit der tschechoslowakischen liegt, war im 17. Jahrhundert ein wirtschaftlich wichtiger Ort des Kurfürstentums Sachsen. Das wohlhabende Bürgertum der Stadt konnte sich einen gut besetzten und geleiteten Kirchenchor leisten.

LEBEN

Johann Krieger wurde am 1. 1. 1652 in Nürnberg geboren. Er war Schüler seines Bruders Johann Philipp Krieger und vertrat ihn während dessen Italienaufenthaltes und anderer Reisen von 1672 bis 1677 als Kammerorganist in Bayreuth. Im Jahr 1678 wurde er Kapellmeister in Greiz, 1681 Musikdirektor und Organist in Zittau, wo er am 18. 7. 1735 starb.

WERKE

Der deutsche Komponist Johann Krieger galt als vorzüglicher Kontrapunktiker. Er veröffentlichte einen dreiteiligen Liederband, »Sechs musicalische Partien« (Partiten), für Klavier, »Anmutige Clavierübungen«, Orgelstücke – Toccaten, Präludien, Ricercari, Fugen – und Motetten und Messeteile.

Toccata in C-Dur für Orgel, 2 Teile

Die homophonen Einleitungstakte bringen Pedalsoli, dann beginnt ein chaconneartiger Abschnitt mit dem Ostinato in der Oberstimme. Eine langsame Überleitung führt zu einer verhältnismäßig einfachen Fuge, die sehr klangreich ist.

Preludio, Ricercar, Fuga und Passacaglia, 4 Teile

Eine Orgelsuite, die die typischen Suitensätze durch Formen der Orgelmusik ersetzt. Das Preludio ist nahezu konventionell, das Ricercar sehr streng gearbeitet. Das Thema tritt sofort in der Umkehrung auf. Die Fuga verarbeitet ein Hauptthema und ein später auftretendes Nebenthema. Die Passacaglia bringt 16 Veränderungen eines ostinaten Motivs.

LITERATUR

R. Eitner, Johann Krieger, in: Monatshefte für Musikwissenschaft, XXVII, 1895.

Johann Philipp Krieger (1649–1725)

ZEIT UND UMWELT

Die sächsische Nebenlinie Sachsen-Weißenfels entstand 1650 und erlosch im Jahr 1746. Die Hofkapelle, die 1680 aus Halle nach Weißenfels übersiedelt war, stand zu ihrer Zeit in hohem Ansehen.

LEBEN

Johann Philipp von Krieger wurde am 26. 2. 1649 in Nürnberg geboren. Er wirkte ab 1665 als Organist in Kopenhagen und ab 1670 als Kammerorganist in Bayreuth. Im Jahr 1672 begab er sich zur weiteren Ausbildung nach Italien, wurde nach seiner Rückkehr (1677) herzoglicher Organist und Vizekapellmeister in Halle und nach der Übersiedlung des Hofes nach Weißenfels Hofkapellmeister. Er starb in Weißenfels am 7. 2. 1725. Anläßlich eines Hofkonzertes in Wien war er von Kaiser Leopold I. geadelt worden.

Sein Sohn und Schüler Johann Gotthelf von Krieger (13. 9. 1687, Weißenfels, bis nach 1743, Weißenfels) war ab 1712 Hoforganist und ab 1725 als Nachfolger seines Vaters Hofkapellmeister in Weißenfels.

WERKE

Der deutsche Komponist Johann Philipp Krieger hat die meisten der 50 zwischen 1680 und 1715 in Weißenfels aufgeführten Opern verfaßt, außerdem 3 Singspiele. Neben Kirchenmusik und zahlreichen Arien aus eigenen Opern veröffentlichte er 12 Triosonaten, 12 Sonaten für Violine und Gambe, 20 geistliche Arien für Violine und Generalbaß und 6 Ouvertüren für Bläser und andere Instrumente unter dem Titel »Lustige Feld-Music«.

Von Johann Gotthelf Krieger ist nur eine Motette überliefert.

Triosonate F-Dur für zwei Violinen und Generalbaß, 6 Sätze, entstanden 1688

Dem Zweck der Komposition »bey einer Fürstlichen Tafel-Music oder sonsten bey einem Music-Kränzlein zu erfreuen« entsprechend, sind die ersten 5 Sätze Allegro, Adagio, Allegro, Adagio, Prestissimo sehr einfach und leicht eingängig gehalten. Sie sind durchwegs kanonisch aufgebaut. Der sechste Satz ist eine Chaconne, die sich über einen Basso ostinato entfaltet und sich durch ihren musikalischen Gehalt hoch über die anderen Teile erhebt.

Triosonate d-Moll für Violine, Gambe und Generalbaß, 4 Sätze, entstanden 1693

Das Werk beginnt mit einem Andante, in dem alle Stimmen selbständig geführt sind, und schließt den ersten Satz mit einem farbenreichen Adagio ab. Auch der zweite und der dritte Satz bilden eine stilistische Einheit, bei der auf ein Presto ein schweres Largo folgt. Satz 4 ist mit »Aria d'Inventione« betitelt und besteht aus einem Thema und 8 Variationen, die steigernd auf einen strahlenden Höhepunkt hinstreben.

Triosonate a-Moll für Violine, Gambe und Generalbaß, 3 Sätze

Das Largo des ersten Satzes verläuft mit weitbogiger Melodik und mündet in ein ruhiges Adagio. Der großangelegte zweite Satz bringt nach einem Vivace eine Fuge mit weitem Thema. Der dritte Satz ist eine kanonische Chaconne, die mit einer raschen Coda, in der sich Violine und Gambe das Motiv zuspielen, abschließt. Ein Werk eines gediegenen Kontrapunktikers.

Partita »Lustige Feld-Music« in F-Dur für Blasinstrumente für Freilichtaufführungen, die auch mit Geigen gespielt werden kann, 10 Sätze, entstanden 1704

Der erste Satz beginnt mit einem frischen Marschthema, dem sich ein Presto mit punktiertem Rhythmus anschließt, der zweite bringt eine fröhliche Entrée alla marcia, der dritte ist ein Menuett mit eingängiger Melodie, die folgende Passacaglia ist etwas ernster, dafür aber die Fantasie des fünften Satzes lustiger. Im sechsten Satz gibt es ein zweites Menuett, an das sich eine volkstümliche Gavotte reiht. Ein Air-Menuett mit sanglicher Melodie, eine lebhaft rhythmische Gigue und ein drittes graziöses Menuett beenden das Bläserstück.

LITERATUR

R. Wagner, Beitrag zur Lebensgeschichte Johann Philipp Kriegers, in: Zeitschrift für Musikwissenschaft VIII, 1925/26.

J. J. Kriegk (1750–1813)

ZEIT UND UMWELT

Im Verhältnis zur Anzahl der Violinisten der musikalischen Welt um die Wende zum 19. Jahrhundert waren die Cellisten in erheblicher Minderzahl. Ein Grund hiefür war die noch wenig entwickelte Unterrichtsmethode für dieses doch um einiges jüngere Instrument. Jedenfalls überstieg der Bedarf an guten Cellisten die verfügbare Anzahl, so daß sich einige Violinisten dazu entschlossen, zum Cello überzugehen.

LEBEN

J. J. Kriegk – Vornamen sind nicht überliefert – wurde am 25. 6. 1750 in Bibra, Merseburg, geboren. Er war bereits ab ungefähr 1762 Violinist am Hof in Meiningen und 1773 Leiter eines Opernorchesters in Amsterdam. Ein Jahr darauf kam Kriegk nach Paris, wo er auf den Rat von Jean-Louis Duport die Violine mit dem Cello vertauschte und bei dem französischen Virtuosen Unterricht nahm. Schon nach einem Jahr war er so weit, daß er während der folgenden vier Jahre als Orchestercellist tätig sein konnte und darauf am Hof von Meiningen Kammermusiker und ab 1798 Konzertmeister wurde. Er starb 1813 in Meiningen.

WERKE

Von J. J. Kriegk sind 4 Sonaten und 3 Konzerte für Cello mit Generalbaß erhalten, die zur guten Celloliteratur der Zeit gehören. Seine Kompositionen für Violine sind verlorengegangen. Sein Stil lehnte sich an Jean-Louis Duport an.

Iwan Krischanowski (1867–1924)

LEBEN

Iwan Iwanowitsch Krischanowski wurde am 8. 3. 1867 in Kiew geboren. Er studierte neben Medizin bei Otakar Ševčík (22. 3. 1852, Horaždovice, bis 18. 1. 1934, Pisek) und Nikolai Rimski-Korsakow Musik. 1923 erhielt er eine Professur am Konservatorium in Leningrad, wo er am 9. 12. 1924 starb.

WERKE

Von Iwan Krischanowski, dessen Stil völlig von Rimski-Korsakow abhängt, sind 2 sinfonische Dichtungen, ein Klaviertrio, eine Suite für Orgel, eine Cellosuite und zahlreiche Violinwerke, Klavierstücke und Lieder bekannt geworden.

Pavel Křížkovský (1820–85)

ZEIT UND UMWELT

Den ungeheuren Schatz der böhmischen und mährischen Volksmusik zu heben war den tschechischen Musikern des 19. Jahrhunderts vorbehalten, die darauf das reiche Gebäude der tschechischen Musikentwicklung errichteten.

LEBEN

Pavel (Karel) Křížovský wurde am 9. 1. 1820 in Kreuzendorf, österreichisch Schlesien (Holasovice), geboren. Er war Augustinermönch und wurde, nach einem Studienaufenthalt in

Prag, Musikdirektor seines Klosters in Brünn, wo er am 8.5.1885 starb.

WERKE
Die intensive Beschäftigung mit dem mährischen Volksgesang und dessen Bearbeitung im Chorsatz führte Pavel Křížkovský zur Begründung eines spezifisch tschechischen Chorgesangstils überhaupt. Neben seiner bekannten Kantate »Die Heiligen Kyrill und Method« verfaßte er zahlreiche Männerchöre auf volkstümlicher melodischer Grundlage sowie Lieder.

LITERATUR
J. Racek, Pavel Křížkovský, tvůrce českého sborového slohu, Opava 1955.

Johannes Krocker (um 1570–1626)

ZEIT UND UMWELT
Königsberg (Kaliningrad) war von 1525 bis 1618 Sitz der preußischen Herzöge. Die herzogliche Hofkapelle übersiedelte danach jedoch nur zum Teil nach Berlin, ein sehr leistungsfähiges Ensemble verblieb in der alten Hauptstadt, die 1701 zur Krönungsstadt der preußischen Könige wurde.

LEBEN
Johannes Krocker wurde um 1570 in Brieg (Brzeg) geboren und vermutlich in Königsberg zum Musiker ausgebildet. Er trat 1604 der kurfürstlichen Hofmusik in Königsberg bei, wurde 1608 unter Johannes Eccard (1553 bis 1611) ihr Vizekapellmeister und 1611 Kapellmeister. Er blieb auch nach 1618 in Königsberg und starb dort in den letzten Monaten des Jahres 1626.

WERKE
Das Werk des deutschen Komponisten Johannes Krocker ist zum großen Teil verlorengegangen. Erhalten geblieben sind nur etliche Gelegenheitskompositionen, die die starke Abhängigkeit des Komponisten von Johannes Eccard deutlich werden lassen, aber doch eigenständige Leistungen darstellen.

Georg Kröll (geboren 1934)

LEBEN
Georg Kröll wurde am 3.5.1934 in Linz am Rhein geboren. Er war an der Hochschule für Musik in Köln Schüler von Frank Martin und Bernd Alois Zimmermann. Darauf wirkte er freiberuflich als Komponist, Pianist, Privatmusiklehrer und Klavierauszugbearbeiter. Im Jahr 1964 wurde er Dozent an der Musikschule der Stadt Köln. Er ist Mitglied der »Gruppe 8 Köln«.

WERKE
Außer seinen bekannten »Aufzeichnungen für Sinfonieorchester« schrieb Georg Kröll unter anderem Variationen für Orchester, ein Bläserquintett, eine »Cantio« für Bariton, zwei Celli, Kontrabaß und Orgel, »Concentus« für Choralschola und Instrumente, einen Gesang für Sopran und Orchester, ein Magnificat für Sopran und sechs Instrumente, »Kreise« für Klavier und Instrumente, ein Stück für Gitarre und eine Sonate für Altflöte.

Francisco Kröpfl (geboren 1931)

LEBEN
Francisco Kröpfl wurde am 26.2.1931 in Szeged, Ungarn, geboren. Er war in Buenos Aires Kompositionsschüler von Juan Carlos Paz. Im Jahr 1950 wurde er Mitglied der Agrupación Nueva Música und wirkt ab 1956 als einer ihrer Leiter. Da er sich seit 1954 mit Elektronik beschäftigt, wurde er 1959 mit der Einrichtung und der Leitung eines Studios für Elektronische Musik betraut, dem ersten in Lateinamerika; 1967 wurde er zum Direktor der Abteilung für Elektronische Musik des Lateinamerikanischen Zentrums für höhere musikalische Studien in Buenos Aires ernannt.

WERKE
Kollektivkompositionen nehmen im Gesamtwerk von Francisco Kröpfl einen wichtigen Raum ein. Er beteiligt sich an »Nummer 1« mit sechs Teilnehmern für Oboe, Trompete, Posaune, Violine, Kontrabaß und Gitarre

oder für Synthesizer und live entwickelten Instrumentalpartien, an »Nummer 2 und 3« für Synthesizer unter Teilnahme verschiedener Komponisten zu einem Plan mit formalem Schema und an »Nummer 4« für Synthesizer. Für Elektronische Musik schrieb er »Dialoge I und II«, »Estudio Nr. 7«, »Mutation« für elektronische Klänge, »Variante«, eine Bewegungskomposition für drei Stereomagnetophone; an Kammermusik schrieb er »Música« für Flöte und Klarinette, »Música« für drei Schlagzeuger und elektronische Klänge, ein Stück für vier Jazzmusiker und eines für Kammerensemble, ferner verfaßte er eine Anzahl Stücke für Gesang und Instrumentalbegleitung und fallweise mit Tonband, außerdem einige Klavierstücke, schließlich Musik für Dokumentarfilme und Ausstellungen.

Ilmari Krohn (1867–1960)

LEBEN

Ilmari Henrik Reinhold Krohn wurde am 8.11.1867 in Helsinki geboren. Er war Schüler des Organisten Friedrich Richard Faltin (5.1.1835, Danzig [Gdańsk], bis 1.6.1918, Helsinki) in Helsinki und von 1886 bis 1890 von Gustav Schreck (8.9.1849, Zeulenroda, bis 22.1.1918, Leipzig) am Konservatorium in Leipzig. Er habilitierte an der Universität Helsinki in Musikwissenschaft und wirkte dort von 1918 bis 1935 als Professor. Von 1894 bis 1905 war er Organist in Tampere und von 1911 bis 1944 in Helsinki. Er war gleichzeitig Mitglied der Choralkommission und der Gesangbuchkommission seiner Heimat. Er starb am 25.4.1960 in Helsinki.

WERKE

Hinter die organisatorische und umfangreiche publizistische Tätigkeit auf dem Gebiet der Kirchenmusik und seine anderen vielseitigen musikwissenschaftlichen Publikationen trat die kompositorische von Ilmari Krohn weit zurück. Er schrieb 2 Oratorien, eine Johannes-Passion, eine Klaviersonatine, mehrere Liederzyklen und eine Oper. Er nahm in der finnischen Musikwissenschaft einen bedeutenden Rang ein.

Joseph Kronsteiner (geboren 1910)

LEBEN

Joseph Kronsteiner wurde am 15.2.1910 in Losenstein an der Enns, Oberösterreich, geboren. Er studierte von 1934 bis 1937 am Konservatorium in Linz bei Robert Keldorfer (10.8.1901, Wien, bis 13.9.1980, Klagenfurt), ab 1938 an der Musikakademie in Wien bei Ernst Tittel (26.4.1910, Šternberk, Mähren, bis 28.7.1969, Wien) und von 1942 bis 1945 an der Musikhochschule in Leipzig bei Karl Straube und Johann Nepomuk David. Von 1943 bis 1980 wirkte er als Domkapellmeister in Linz und ab 1945 auch als Lehrer für Kirchenmusik am Konservatorium.

Sein Bruder Hermann Kronsteiner (geboren 25.3.1914, Losenstein) studierte bei Josef Lechthaler, Ernst Tittel, Karl Joseph Walter (14.11.1892, Biebrich am Rhein, bis 18.8. 1983, Wien) und Franz Kosch (geboren 19.11. 1894, Steyr, Oberösterreich), sodann an der Päpstlichen Musikakademie in Rom. Von 1960 bis 1979 wirkte er als Lehrer für kirchenmusikalische Fächer an der Musikakademie in Wien.

WERKE

Neben 2 Sinfonien, einem sinfonischen Prolog, einem pastoralen Streichtrio und 4 Rilke-Liedern für Alt, Bratsche und Klavier schrieb Joseph Kronsteiner sakrale Werke, darunter Motetten a cappella, 60 deutsche und 100 lateinische Proprien, 30 Messordinarien, eine Litanei, ein Ecce sacerdos und ein Oratorium.

Hermann Kronsteiner schrieb eine Märchenoper, einen Liederzyklus, Klavierstücke, Orgelwerke, 8 lateinische und 4 deutsche Messen, 80 deutsche Proprien, ein Te Deum für Chor, Soli, Bläser und Orgel, einen »Sonnengesang des Heiligen Franziskus« a cappella, 16 Antiphonen für drei gleiche Stimmen, ein Salve regina, 2 Oratorien und Mariengesänge.

Petar Krstić (1877–1957)

LEBEN

Petar Krstić wurde am 18.2.1877 in Belgrad geboren. Er war in Wien Schüler von Robert

Fuchs und Guido Adler. Darauf wirkte er in Belgrad als Kapellmeister und Musiklehrer und schließlich als musikalischer Leiter des Senders. Er starb am 21.1.1957 in Belgrad.

WERKE

Das kompositorische Werk von Petar Krstić ist auf die serbische Volksmusik aufgebaut. Er schrieb neben einer Oper unter anderem mehrere Schauspielmusiken, eine vorzügliche Suite für Streicher, 2 Ouvertüren, verschiedene Kammermusik, eine Kantate »Morgen der Freiheit«, eine Liturgie für gemischten Chor, weitere Chöre und Lieder sowie Klavierstücke.

Gustav Krug (1803–74)

LEBEN

Gustav Krug wurde am 22.2.1803 in Berlin geboren. Er wurde Oberlandesgerichtsrat in Naumburg an der Saale. Seine musikalische Ausbildung erhielt er von Ludwig Berger. Die kompositorische Tätigkeit übte er neben seinem Beruf aus. Er starb am 30.6.1874 in Bad Ems.

WERKE

Von Gustav Krug sind Klavier- und Violinsonaten, Klaviertrios, Streichquartette und Lieder im Druck erschienen, die qualitativ ein gutes Mittelmaß einhielten. Er verfaßte außerdem Arrangements von Konzerten von Johann Sebastian Bach und Georg Friedrich Händel für zwei Klaviere.

Johann Baptist Krumpholtz (1742–90)

ZEIT UND UMWELT

Der Harfenist und Komponist Jean Henry Nadermann (um 1750 bis um 1802), der Jean-Baptiste Erard auf die Idee gebracht hatte, eine Doppelpedalharfe zu bauen, verbesserte die Harfe durch ein Fortepedal und ein Dämpferpedal, was die Ausdrucksfähigkeit des Instruments um ein Vielfaches erweiterte.

LEBEN

Johann Baptist Krumpholtz wurde am 8. 5. 1742 in Budenitz (Budenice) bei Zlonitz (Zlonice) geboren. Er wuchs in Paris auf und wurde dort zum Harfenisten ausgebildet. Im Jahr 1772 konzertierte er in Wien, war von 1773 bis 1776 Mitglied der Kapelle in Schloß Esterházy in Eisenstadt und wurde von Joseph Haydn in Komposition unterrichtet. Nach einer großen Konzertreise ließ er sich in Paris als Harfenvirtuose und Harfenlehrer nieder. Er starb am 19. 2. 1790 in Paris.
Sein Bruder Wenzel Krumpholtz (um 1750, Budenitz, bis 2. 5. 1817, Wien) war ab 1796 Violinist des Wiener Opernorchesters.

WERKE

Von Johann Baptist Krumpholtz sind 6 Harfenkonzerte, 32 Sonaten für Harfe mit Violine, Variationen für Harfe, Quartette für Harfe, Violine, Bratsche und Cello, Harfenduos und Sinfonien für Harfe, zwei Violinen, Flöte, zwei Hörner und Cello erhalten. Der musikalische Wert dieser Werke ist hoch anzuschlagen, ihr Stil enthält viele Rokokoelemente. Einzelnes davon ist in unserem Jahrhundert herausgebracht worden.
Wenzel Krumpholtz verfaßte Kompositionen für Violine, die mehr das Technische als das Musikalische betonten.

Johann Adam Krygell (1835–1915)

ZEIT UND UMWELT

In der zweiten Hälfte des 19. Jahrhunderts war das Konservatorium in Kopenhagen mit vorzüglichen Lehrkräften im ausreichenden Maß versorgt, so daß keine unbedingte Notwendigkeit mehr vorlag, zur Ausbildung ins Ausland zu gehen. Daß trotzdem immer wieder Skandinavier in Leipzig, Dresden oder Berlin Musik studierten, hatte seine Ursache in der Anziehungskraft einzelner Musikerpersönlichkeiten in den genannten Städten.

LEBEN

Johann Adam Krygell wurde am 18.9.1835 in Nästved geboren. Er war Schüler des Konservatoriums in Kopenhagen und wirkte sodann an verschiedenen Kirchen der Stadt als Organist, in der er am 27.7.1915 starb.

WERKE
Von Johann Adam Krygell sind Sinfonien, Ouvertüren, ein Oratorium, eine Messe, 26 Streichquartette und Orgelwerke überliefert. Er schrieb auch eine Oper.

Rafael Kubelik (geboren 1914)

LEBEN
Jeroným Rafael Kubelik (Kubelík) wurde am 29.6.1914 in Býchory bei Kolin als Sohn des Violinisten Jan Kubelík (5.7.1880, Michle bei Prag, bis 5.12.1940, Prag) geboren. Von 1928 bis 1933 studierte er am Konservatorium in Prag, wirkte von 1936 bis 1948 als Dirigent und von 1942 bis 1945 als künstlerischer Leiter der Tschechischen Philharmonie. Dann ging er über England in die USA, wo er von 1950 bis 1953 mit dem Chicago Symphony Orchestra auftrat. Von 1955 bis 1958 wirkte er an Covent Garden in London, im Jahr 1961 wurde er Chefdirigent des Sinfonieorchesters des Bayerischen Rundfunks und 1973 bis 1975 musikalischer Leiter der Metropolitan Opera in New York. Anschließend dirigierte er wieder das Symphonieorchester des Bayerischen Rundfunks.

WERKE
Neben 5 Opern schrieb Rafael Kubelik 3 Sinfonien, ein Cellokonzert, ein Violinkonzert, 4 Streichquartette, Klaviermusik, ein Requiem, eine Kantate und Lieder. Sein Stil ist gemäßigt modern. Die Qualität seiner Werke ragt über die üblichen »Dirigenten-Kompositionen« weit hinaus.

Augustin Kubizek (geboren 1918)

LEBEN
Augustin Kubizek wurde am 15.10.1918 in Wien geboren. Er war an der Akademie für Musik und darstellende Kunst in Wien Schüler von Alfred Uhl, Reinhold Schmid (19.11. 1902, Berndorf, Niederösterreich, bis 17.10. 1980, Wien) und Hans Swarowsky (geboren 16.9. 1899, Budapest); bei Johann Nepomuk David und Paul Hindemith setzte er seine Studien fort. Seit 1965 wirkt er als Professor für Tonsatz an der Wiener Hochschule für Musik und darstellende Kunst.

WERKE
Von Augustin Kubizek sind eine »Sinfonische Musik für Orchester«, ein Divertimento für Streicher, ein Klarinettenkonzert, ein Cellokonzert, eine Kammersinfonie für neun Instrumente, ein Bläserquintett, ein Quartett für Gitarre, Oboe, A-Klarinette und Fagott, ein Trio für A-Klarinette, Cello und Klavier, eine Sonate für Oboe und Klavier, eine Sonatine für Bratsche und Klavier, eine Missa brevis, eine Kantate, eine »Neue Messe« für A-cappella-Chor und Volksliederbearbeitungen bekannt geworden.

Neue Messe, Opus 32, Fünf Betrachtungen für gemischten Chor a cappella, entstanden 1970

Dieser »Messe« liegt nicht der liturgische Meßtext zugrunde, sondern die Dichtung christlicher Autoren. Die 1. Betrachtung »Kyrie eleison« von Paul Claudel ist dreiteilig mit dramatischen Ecksätzen; der Mittelteil ist dem gregorianischen Choral nachempfunden. Die 2. Betrachtung »Gebet« von Alexej Kolzow (1809–42), ebenfalls dreiteilig, bringt im Mittelteil beschauliche Ruhe, während die beiden Außenteile äußerst spannungsbeladen sind. Auch die 3. Betrachtung »Dein Wort« von Nichifor Crainic (geboren 1889) besteht aus drei Teilen und ist in ihrer Anlage eine Motette. Im ersten Teil erhebt sich ein achtstimmiger Aufschrei: »Dein Wort, es findet nicht zu mir.« Der Mittelteil steigert das Melisma des Kyrie, löst sich jedoch in Unsicherheit auf. Aber der Schlußteil nimmt das Melisma neu auf. In der 4., auch dreiteiligen Betrachtung »Mit wem soll ich sprechen« von George Forestier (geboren 1918) werfen die Eckteile die besinnliche Frage des Gedichttitels auf. Der Mittelteil bietet ein Durcheinander sich verwirrender Stimmen, dessen Spannung sich in ein Glissando auflöst. In der 5. Betrachtung »Agnus Dei« von Paul Verlaine symbolisiert ein bewegtes Klangband Regen und Wind. Aber Mittel- und Endteil klären mit Reprisen aus dem Kyrie Wetter, Zweifel und Verzweiflung auf.

Jan Křtitel Kucharz (1751–1829)

ZEIT UND UMWELT
Bei den Enkelschülern von Bohuslav Černohorský in Prag wurde das kompositorische Schaffen von Wolfgang Amadeus Mozart, insbesondere seine Opern, um vieles höher eingeschätzt als in Wien. Die Nachkommen der Altböhmischen Schule nahmen eine gehobenere Einstellung zur Wiener Klassik ein als ihre Zeitgenossen in Wien selbst, die sich mit wenigen Ausnahmen von der italienischen Opern- und Virtuosenmusik noch nicht gelöst hatten.

LEBEN
Jan Křtitel Kucharz (Johann Baptist) wurde am 5. 3. 1751 in Choteč geboren. Er war Schüler von Josef Seger in Prag, sodann Organist an verschiedenen Kirchen der Stadt und schließlich Kapellmeister der Oper. Er starb am 18. 2. 1829 in Prag.

WERKE
Neben Opern und Balletten schrieb Jan Křtitel Kucharz zahlreiche Kirchenmusik – Messen, Offertorien –, Orgelkonzerte und Orgelstücke und kleinere Instrumentalstücke. Er verfaßte auch Rezitative zur »Zauberflöte« von Wolfgang Amadeus Mozart und einen der ersten Klavierauszüge dieser Oper.

Friedrich Kühmstedt (1809–58)

LEBEN
Friedrich Kühmstedt wurde am 20. 12. 1809 in Oldisleben geboren. Er ging als Neunzehnjähriger von Weimar, wo er studierte, zu Fuß nach Darmstadt, um bei Christian Heinrich Rinck Musikunterricht zu nehmen. Nach 3 Jahren begann er zu komponieren, aber eine Lähmung der rechten Hand hinderte ihn am Schreiben, so daß er lernen mußte, die linke zu gebrauchen. Außerdem lebte er in ärgster Not, weil er kaum eine Arbeit verrichten konnte, bis er 1836 durch die Stelle als Musikdirektor und Lehrer am Seminar in Eisenach ein regelmäßiges, wenn auch geringes Einkommen erhielt. Unverdrossen komponierte er weiter, obwohl ihm mehrere Unglücksfälle in der Familie das Leben erschwerten, bis er selbst am 10. 1. 1858 in Eisenach starb.

WERKE
Die Opern von Friedrich Kühmstedt, seine Sinfonien und auch seine Oratorien (»Die Auferstehung«, »Triumph des Göttlichen«) sind heute vergessen. Nur seine vorzüglichen Orgelwerke leben noch: »Die Kunst des Präludierens«, »Gradus ad Parnassum als Einleitung zu den Werken von Johann Sebastian Bach«, »Fantasia eroica« und viele Fugen und andere Stücke.

August Kühnel (1645 bis um 1700)

ZEIT UND UMWELT
Die klassische Mensur des Violoncellos wurde um 1710 festgelegt, die vorher verwendeten waren etwas größer. Jedenfalls setzte sich das Instrument erst im Verlauf des 18. Jahrhunderts endgültig durch und verdrängte die Gambe, die bisher die Tenorstimme des Streicherensembles vertreten hatte.

LEBEN
August Kühnel wurde am 3. 8. 1645 in Delmenhorst, Oldenburg, geboren. Er war Mitglied der Hofkapelle des Herzogs Moritz von Sachsen-Zeitz, ging aber mehrmals auf Konzertreisen nach Frankreich, München und London. Von 1695 bis zu seinem Tod um 1700 war er Hofkapellmeister in Kassel.

WERKE
Vom deutschen Gambisten und Komponisten August Kühnel sind vorzügliche Sonaten für eine oder zwei Gamben mit Generalbaß erhalten, die zu den Schätzen der Gambenliteratur zählen.

Johann Michael Kühnel
(um 1660 bis um 1730)

ZEIT UND UMWELT
Als Soloinstrument wurde die Gambe in

Deutschland auch gegen das Ende des 17. Jahrhunderts nur selten verwendet, dafür umso häufiger in der beliebten Triosonate als Generalbaßstimme und später als Baßlinie im Terzett. Es ist daher aus jener Zeit verhältnismäßig wenig Gambenliteratur überliefert.

LEBEN
Johann Michael Kühnel wurde um 1660 in Norddeutschland geboren und verbrachte einige Zeit als Gambist und Lautenist am Berliner Hof. Im Jahr 1717 kam er an den Weimarer Hof und später nach Dresden. Den Rest seines Lebens verbrachte er als Virtuose und Lehrer in Hamburg, wo er um 1730 starb.

WERKE
Der deutsche Gambist und Komponist Johann Michael Kühnel hat Sonaten für eine und zwei Gamben verfaßt, für die das französische siebensaitige Instrument verwendet werden mußte. Die Stücke zeigen alle Möglichkeiten des Gambenspieles.

Wasili Kühner (1840–1911)

ZEIT UND UMWELT
In der grusinischen Hauptstadt Tbilisi (Tiflis), die 1801 in russische Hände überging, setzte sehr früh ein reges Musikleben ein. Es war teilweise von der Musikentwicklung der russischen und ukrainischen Städte beeinflußt, knüpfte andererseits an die in das Mittelalter zurückreichende Musiktradition des alten georgischen Königreichs an und nahm sehr viel Musikgut des eigenen Volks und der Nachbarvölker auf.

LEBEN
Wasili Wasiljewitsch Kühner wurde am 1. 4. 1840 in Stuttgart geboren und am Konservatorium ausgebildet. Nach weiteren Studien in Paris und St. Petersburg wirkte er von 1870 bis 1876 als Direktor einer Musikschule in Tbilisi. Im Jahr 1878 kehrte er nach St. Petersburg zurück und eröffnete dort 1892 eine eigene Musikschule. Er starb im August 1911 in Vilnius.

WERKE
Von den Kompositionen von Wasili Kühner sind 2 Sinfonien, 2 Streichquartette, ein Quintett, eine Suite für Klavier und Cello, Klavierstücke und eine Oper erhalten. Grusinische Musik verwendete er bei seiner »Kaukasischen Sinfonie«.

Franz Xaver Kürzinger (1724–97)

ZEIT UND UMWELT
Stadtpfeifer und Türmer figurieren nicht selten in der Musikgeschichte als Begründer ganzer Musikdynastien. Sie schufen mit ihrem Beruf das für jeden Musiker erforderliche »musikalische Kindheitsmilieu«, zu dem sodann die ererbte Neigung und Veranlagung kamen, damit der Nachkomme aus dem Kreis reiner Gebrauchsmusik treten und sich entfalten konnte.

LEBEN
Ignaz Franz Xaver Kürzinger wurde am 30. 1. 1724 in Rosenheim als Sohn eines Türmermeisters geboren. Er wurde 1740 Feldtrompeter in Ungarn, kam 1742 als Kriegsgefangener nach Berlin und erhielt dort von Carl Heinrich Graun Musikunterricht. Darauf nahm ihn die Berliner Hofmusik als Violinisten auf. Im Jahr 1751 war er Kapellmeister in Mergentheim und ab 1763 Violinist und Musikdirektor am Juliusspital in Würzburg, wo er am 12. 8. 1797 starb.

WERKE
Neben einer Gesang- und Violinschule verfaßte Franz Xaver Kürzinger 7 »feierliche Sinfonien«, das Oratorium »Der sterbende Heiland«, Schuldramen, mehrere Messen, sakrale und profane Vokalwerke und Übungsstücke für Violine. Sein Stil folgte der Berliner Schule.

LITERATUR
O. Kaul, Geschichte der Würzburger Hofmusik im 18. Jahrhundert, Würzburg 1924.

Paul Kürzinger (1750–1800)

ZEIT UND UMWELT

Während sich in der zweiten Hälfte des 18. Jahrhunderts in den deutschen Städten wie München, Dresden, Berlin noch immer die Höfe im Musikgeschehen eine zentrale Stelle einnahmen, spielte sich in Wien die stürmische Aufwärtsentwicklung der Musik neben dem Hof und mit nur geringem Kontakt damit ab. Die Adelshäuser, das begüterte Bürgertum und die Kirchen hatten die Pflege der Musik übernommen und den Ruf Wiens als Musikstadt gewahrt und gehoben.

LEBEN

Ignaz Paul Kürzinger (Kürtzinger, Kirzinger) wurde am 28. 4. 1750 in Mergentheim als Sohn des Franz Xaver Kürzinger geboren. Er war ab 1775 Hofmusiker in München, von 1777 in gleicher Stellung und als Operndirektor in Regensburg und von 1785 bis zu seinem Tod am 29. 7. 1800 Musikdirektor einer Erziehungsanstalt in Wien tätig.

WERKE

Außer einigen Singspielen, Balletten und Melodramen verfaßte Paul Kürzinger Kantaten, Duette, Lieder, 4 Sinfonien und Deutsche Tänze. Sein Stil gehörte der Vorklassik an.

Louis Kufferath (1811–82)

ZEIT UND UMWELT

Das 1831 begründete Königreich Belgien hat mehr als die Hälfte Einwohner flämischer Sprache, die mit der Bevölkerung in den Niederlanden eine Sprach- und Kulturgemeinschaft bilden. Trotz der zeitweiligen politischen Differenzen erfuhr diese Gemeinschaft kaum eine Unterbrechung, wie sich auch die wallonische Bevölkerung des Landes an das kulturelle Frankreich von alters her anlehnt.

LEBEN

Louis Kufferath wurde am 10.11.1811 in Mühlheim an der Ruhr geboren. Er wirkte von 1836 bis 1850 als Direktor an der Musikschule in Leeuwarden, wo er die Groote Zangvereenigung (Großer Gesangverein) gründete. Hierauf ließ er sich in Gent als Pianist und Komponist nieder. Er starb am 2.3.1882 in Brüssel.
Sein Bruder Johann Hermann Kufferath (12.5.1797, Mühlheim, bis 28.7.1864, Wiesbaden) war Schüler von Louis Spohr und Moritz Hauptmann in Kassel und wirkte ab 1823 als Musikdirektor in Bielefeld und ab 1830 als Städtischer Musikdirektor in Utrecht, wo er sich um die Entwicklung des Musiklebens sehr verdient machte.
Sein zweiter Bruder Hubert Ferdinand Kufferath (10.6.1818, Mühlheim, bis 23.6.1896, Brüssel) war Schüler seiner Brüder, sodann von 1833 bis 1836 von Friedrich Schneider in Dessau und von Felix Mendelssohn-Bartholdy und Ferdinand David in Leipzig. Von 1841 bis 1844 wirkte er als Dirigent des Männergesangvereins in Köln, ging sodann nach Brüssel, wo er 1871 Kompositionslehrer am Konservatorium wurde.

WERKE

Von Louis Kufferath sind eine Messe, 250 Kanons, eine Kantate, zahlreiche Klavierkompositionen, Lieder und Chorlieder bekannt geworden.
Johann Hermann Kufferath schrieb Festkantaten, Ouvertüren, Motetten und eine Gesanglehre für Schulen.
Hubert Ferdinand Kufferath veröffentlichte neben Vokal- und Instrumentalwerken eine in Frankreich und Belgien verbreitete Choralschule.

Hans Kugelmann (um 1500–42)

ZEIT UND UMWELT

Der letzte Großmeister des Deutschen Ritterordens, Albert von Hohenzollern (1490 bis 1568), löste den Orden 1525 auf und bildete aus dem Ordensland das protestantische Herzogtum Preußen unter der Oberhoheit Polens. Die von Kaiser Karl V. ausgesprochene Reichsacht war wirkungslos. Der Herzog gestaltete Königsberg als Residenz aus, gründete 1544 eine Universität und bemühte sich, das kulturelle Leben des Herzogtums auf der neugeschaffenen konfessionellen Basis aufzubauen. Er rief nicht nur Gelehrte und Prediger nach Königsberg, sondern auch Künstler.

LEBEN
Hans Kugelmann wurde um 1500 vermutlich in Augsburg geboren. Er war von 1518 bis 1523 Mitglied der Hofkapelle Maximilians I. Ab 1524 wirkte er in der Hofkapelle des Herzogs Albert von Preußen zunächst als oberster Trompeter, sodann ab 1536 als Kapellmeister und Hofkomponist und leitete auch die Kantorei. Er starb in Königsberg im Sommer 1542.
Gleichzeitig war am Königsberger Hof Paul Kugelmann als Trompeter tätig, der vielleicht ein Verwandter von Hans Kugelmann war.

WERKE
Hans Kugelmann gab ein Sammelwerk für den Kirchengebrauch in Preußen heraus, worin er selbst mit über 30 deutschen und lateinischen Sätzen vertreten ist. Sein Stil ist stark von Isaac und Hofhaymer beeinflußt.
Paul Kugelmann gab heraus: »Etliche teutsche Liedlein, geistlich und weltlich mit drei, vier, fünff und sechs Stimmen, auf allen Instrumenten zu gebrauchen«.

LITERATUR
Fr. Spitta, Die Liedersammlung des Paul Kugelmann, Leipzig 1909.

Wilhelm Kuhe (1823–1912)

ZEIT UND UMWELT
Die Anzahl der reisenden Virtuosen, insbesondere der Pianisten, nahm mit fortschreitendem 19. Jahrhundert ungeheure Dimensionen an. Um sich in der Schar zu behaupten, waren in vielen Fällen Werbemethoden erforderlich, die über eine günstige Kritik weit hinausgingen. Eine gewisse Kommerzialisierung des Konzertbetriebes ließ sich nicht vermeiden. Sie wurde zumeist von Agenturen besorgt. Zuweilen verfügten die Künstler selbst über genügend Organisationstalent, um sich günstig zu verkaufen.

LEBEN
Wilhelm Kuhe wurde am 10.12.1823 in Prag geboren und von Václav Jan Tomášek ausgebildet. Eine Konzertreise als Pianist führte ihn bis nach England, wo er sich nach einem erfolgreichen Auftreten niederließ. Er veranstaltete in Brighton regelmäßige Festspiele, zu denen er englische Kräfte heranzog, um unter anderen auch eigene Kompositionen zu Gehör zu bringen, gab zugleich in London von Fall zu Fall Konzerte und entfaltete eine rege Lehrtätigkeit. Von 1886 bis 1904 wirkte er als Lehrer an der Royal Academy of Music. Er starb am 8.10.1912 in Kensington.

WERKE
Von Wilhelm Kuhe sind zahlreiche Klavierstücke – Lieder ohne Worte, Romanzen ohne Worte, Opernfantasien, Charakterstücke usw. –, die nahe an die Salonmusik heranreichen, überliefert. Seine Kompositionen wurden vom klavierspielenden Publikum Englands sehr bereitwillig aufgenommen.

Friedrich Kuhlau (1786–1832)

LEBEN
Daniel Friedrich Rudolph Kuhlau wurde am 11.9.1786 in Uelzen bei Hannover geboren. Er kam nach einem Aufenthalt in Braunschweig nach Hamburg, wo er bei Christian Friedrich Gottlieb Schwencke (1767–1822) in Harmonielehre ausgebildet wurde. Im Jahr 1810 floh er vor den Franzosen nach Kopenhagen, gab dort Musikunterricht, wurde 1813 unbesoldeter Kammermusiker, 1818 Hofkompositeur und 1828 Musikprofessor. Bei dem großen Brand von Kopenhagen im Jahr 1828 verlor er einen großen Teil seiner Kompositionen. Er starb am 12.3.1832 in Lyngbye bei Kopenhagen.

WERKE
Außer 6 Opern, mehreren Balletten und

Schauspielmusiken verfaßte Friedrich Kuhlau 3 Flötenquintette, 3 Klavierquartette, eine Anzahl Trios, Duos und Soli für Flöte, 2 Klavierkonzerte, 8 Violinsonaten, Klaviersonaten und Sonatinen für zwei und vier Hände, Rondos, Variationen, Divertissements, Tänze und andere Klavierstücke. Ein Teil der Klavierkompositionen wird noch heute als Übungsmaterial verwendet, das eine oder andere Ballett heute noch getanzt.

Johann Kuhnau (1660 – 1722)

ZEIT UND UMWELT

Musik für Tasteninstrumente oder »Clavier-Musik« wurde im 17. und im überwiegenden Teil des 18. Jahrhunderts hauptsächlich für Cembalo geschrieben. Die Ausführung auf einer Orgel war nie völlig ausgeschlossen, aber in vielen Fällen nicht vorgesehen. Das Cembalo übernahm in rascher Folge alle musikalischen Formen, die auf seinen Manualen ausführbar waren, und eroberte sich als Solo- und als Ensembleinstrument die beherrschende Stellung, die später das Pianoforte übernahm.

Johann Kuhnau

LEBEN

Johann Kuhnau wurde am 6. 4. 1660 in Geising, Sachsen, geboren. Er war Chorknabe der Kreuzschule in Dresden, studierte um 1682 in Leipzig Philosophie und Rechtswissenschaft, wurde 1684 Organist an der Thomaskirche in Leipzig und 1701 Universitätsmusikdirektor und Thomaskantor. Er starb in Leipzig am 5. 6. 1722.

Beginn des 1. Streichquartetts a, Autograph Friedrich Kuhlau

WERKE

Der deutsche Komponist Johann Kuhnau schrieb eine große Anzahl Kirchenkantaten, die in allen Stilarten – von den ältesten bis zu den modernsten – gehalten sind; 20 sind davon überliefert. Außerdem verfaßte er eine Reihe lateinischer Motetten und etliche Orgelstücke. Das größte Interesse verdienen jedoch seine Kompositionen für »Clavier«: »Neue Clavier-Übung« – 2 Teile zu je 7 Suiten –, »Frische Clavier-Früchte oder sieben Sonaten von guter Invention und Manier« und »Musicalische Vorstellung Einiger Biblischer Historien In 6. Sonaten auff dem Claviere zu spielen«. Er war der erste, der nach dem Muster der italienischen Triosonate mehrsätzige Sonaten für das »Clavier« allein schrieb.

Neue Clavier-Übung, 2 Teile, 14 Suiten, entstanden 1689 und 1692

Von den 14 Suiten sind je 7 auf die Dur- und Molltonarten C, D, E, F, G, A, B geschrieben. Jeder einzelnen Suite ist ein Präludium vorangestellt, das zweiteilig als Präludium und Fuge auftritt. Der Fuge liegen zwei Themen zugrunde. 4 Präludien bringen reine Akkordbrechungen über eine Grundlinie. Dem zweiten Teil ist eine »Sonate aus dem B« angehängt, die aus einer Reihe aneinandergereihter selbständiger Sätze besteht.

Musicalische Vorstellung Einiger Biblischer Historien In 6. Sonaten, 6 Teile, entstanden 1700

Die 6 Sonaten lauten: 1. Der Streit zwischen David und Goliath; 2. Der von David mittels der Music curierte Saul; 3. Jacobs Heyrath; 4. Der todtkranke und wieder gesunde Hiskias; 5. Der Heyland Israelis, Gideon; 6. Jacobs Tod und Begräbnis. Der Komponist stellt den einzelnen Sonaten genaue programmatische Schilderungen voran, die mit minutiöser Wort- und Bildausdeutung klavieristisch wiedergegeben werden.

LITERATUR

R. Rolland, Voyage musical au pays du passé. Paris 1919.

Theodor Kullak (1818–82)

ZEIT UND UMWELT

Der Zustrom von Musikschülern nach Berlin nahm in der zweiten Hälfte des 19. Jahrhunderts einen solchen Umfang an, daß die großzügig dotierten und mit Lehrkräften bestens ausgestatteten Lehranstalten trotz ihrer Vielfalt nicht ausreichten. Auch die inzwischen entstandenen privaten Lehranstalten, die den staatlichen in jeder Beziehung gleichkamen, konnten den Andrang nur bewältigen, indem sie sich aufspalteten und spezialisierten. Zum Glück waren ständig erstklassige Lehrer in ausreichender Zahl verfügbar, so daß es zu keiner Verflachung des Unterrichtswesens kommen konnte und sein hohes Niveau gehalten wurde.

LEBEN

Theodor Kullak wurde am 12.9.1818 in Krotoschin (Krotoszyn), Posen, geboren. Fürst Anton Heinrich Radziwill ermöglichte seine Ausbildung zum Pianisten und vermittelte ihm mit 11 Jahren einen Auftritt in Berlin. Der Tod des Fürsten unterbrach vorläufig diese Karriere. Er nahm das Musikstudium erst wieder auf, als er 1837 in Berlin sein medizinisches Studium begann, und wurde Schüler von Siegfried Dehn, sodann ab 1842 in Wien von Simon Sechter, Otto Nicolai und Carl Czerny, darauf 1843 in Berlin selbst Musiklehrer der Prinzen und Prinzessinnen des königlichen Hauses und 1846 Hofpianist. Das 1850 mit Julius Stern und Adolf Bernhard Marx gegründete Sternsche Konservatorium verließ er 1855, um die »Neue Akademie der Tonkunst« zu gründen, die bis 1880 auf 100 Lehrer und 1000 Schüler anwuchs. Er starb am 1.3.1882 in Berlin.

Sein Sohn Franz Kullak (12.4.1844, Berlin, bis 9.12.1913, Berlin) studierte an der Akademie seines Vaters und leitete sie bis zu ihrer Auflösung im Jahr 1890.

Sein Neffe Ernst Kullak (22.1.1855, Berlin, bis 1914, Berlin), Sohn des Musikschriftstellers Adolph Kullak (23.2.1823, Meseritz [Miedzyrzecz], Posen, bis 25.12.1862, Berlin), studierte an der Akademie seines Onkels Musik und wirkte als Lehrer für Klavierspiel und Komposition in Berlin.

WERKE

Von den ungefähr 130 Kompositionen von Theodor Kullak ist der größte Teil dem Kla-

vier gewidmet. Es handelt sich um geschickt und wohlklingend gesetzte Salonstücke. Am bekanntesten davon sind eine Klaviersonate, eine Klaviersinfonie, ein Klavierkonzert in c-Moll, 3 Duos für Violine und Klavier, ein Klaviertrio und 2 Hefte unter dem Titel »Kinderleben« veröffentlichte Stücke.
Franz Kullak schrieb eine Oper, eine Jubiläumsouvertüre, verschiedene Klavierstücke und Lieder. Er verfaßte mehrere klavierpädagogische Werke.
Ernst Kullak schrieb Salonstücke für Klavier und Lieder.

Friedrich August Kummer (1797–1879)

ZEIT UND UMWELT
Einzelne Schulwerke des 19. Jahrhunderts sind derart vorzüglich gearbeitet, daß kaum etwas Späteres auf diesem Gebiet ihnen an die Seite gestellt werden könnte, solange es sich um das normale Spiel des einzelnen Instruments handelt, das innerhalb der Tonalität bleibt, denn Methoden der Geräuscherzeugung sind darin unberücksichtigt.

LEBEN
Friedrich August Kummer wurde am 5.8.1797 in Meiningen geboren. Er wurde von Justus Johann Friedrich Dotzauer zum Cellisten ausgebildet und gehörte von 1814 bis 1864 zuerst als Oboist, sodann als Cellist der Dresdener Hofkapelle an. Er starb am 22.8.1879 in Dresden.

WERKE
Von Friedrich August Kummer sind mehrere Konzerte und andere Stücke für Cello erhalten, die ein sehr geübtes Spiel voraussetzen. Er verfaßte zahlreiche Schauspielmusiken, die im Stil seiner Zeit abgefaßt sind, außerdem eine Celloschule, die im 20. Jahrhundert neu aufgelegt wurde und verwendet wird.

Rainer Kunad (geboren 1936)

LEBEN
Rainer Kunad wurde am 24.10.1936 in Chemnitz (heute Karl-Marx-Stadt) geboren. Er war an der Hochschule für Musik in Leipzig Schüler von Fidelio Finke, Ottmar Gerster und Paul Schenk. Nach seinem Wirken als Dozent für Musiktheorie und Gehörbildung am Konservatorium in Zwickau von 1959 bis 1960 wurde er Dirigent am Staatstheater in Dresden, danach an der Staatsoper Berlin (DDR). 1974 wurde er Mitglied der Akademie der Künste der DDR. Seit 1984 lebt er in der Bundesrepublik Deutschland.

WERKE
Stilistisch wurde Rainer Kunad zunächst von Carl Orff beeinflußt, er wandte sich aber bald einer eigenen, betont linearen Tonsprache zu, die stark dramatisch akzentuiert ist. Er schrieb Tanzspiel für Soli, Chor, Tänzer, Bewegungschor, Bläser und Schlagzeug, eine Tanzoper für zwei Schauspieler, Tänzer und Sänger und 4 Opern, außerdem 2 Sinfonien, eine Sinfonietta, »Aphorismen«, »Sinfonische Variationen«, ein Scherzo, eine Antiphone für zwei Orchester und eine Rhythmusgruppe, ein Klavierkonzert, ein Konzert für Orgel, zwei Streichorchester und Pauken, ein Bläserquintett, ein Trio für Oboe, Fagott und Klavier, mehrere Klavierwerke, zahlreiche Kantaten, Bühnen- und Fernsehmusiken.

Božidar Kunc (1903–64)

LEBEN
Božidar Kunc wurde am 18.7.1903 in Zagreb geboren, wo er an der Musikakademie studierte. Im Jahr 1929 übernahm er die Leitung einer Klavierklasse derselben Anstalt und 1941 die des Opernstudios. Ab 1951 lebte er in New York als Privatlehrer. Er starb am 1.4. 1964 in Detroit, Mich.

WERKE
Außer einem Idyll und 2 Ouvertüren schrieb Božidar Kunc 2 Klavierkonzerte, 2 Violinkonzerte, 3 Episoden für Klavier und Streicher, ein Klavierquintett, ein Klavierquartett, ein Streichquartett, einen Zyklus für Klavier und Schlagzeug, eine Suite für vier Celli und Klavier, Stücke für Violine und Klavier, für Cello und Klavier, Solostücke für Kontrabaß, für

Flöte, für Oboe, für Klarinette, für Fagott, zahlreiche Klavierstücke wie 4 Sonaten, 6 Bagatellen, eine »Kroatische Suite«, ein Impromptu, Albumblätter, mehrere Kantaten und Lieder.

Konrad Max Kunz (1812–75)

LEBEN

Konrad Max Kunz wurde am 30.12.1812 in Schwandorf, Oberpfalz, geboren. Er war vom Medizinstudium in München zur Musik übergegangen, wurde Dirigent der Liedertafel und schließlich 1845 Chordirektor der Hofoper. Er starb am 3.8.1875 in München.

WERKE

Die Männerquartette und Männerchorkompositionen von Konrad Max Kunz wurden zu seiner Zeit viel gesungen und waren über das gesamte deutsche Sprachgebiet verbreitet. Sie erfüllten alle Anforderungen, die Interpreten und Publikum der Romantik an Faktur und Klang der Komposition für Männerstimmen stellten.

Adolf Carl Kunzen (1720–81)

ZEIT UND UMWELT

Die von Franz Tunder (1614–67) um 1648 in der Marienkirche von Lübeck eingerichteten regelmäßigen Abendmusiken wurden von seinem Schwiegersohn Dietrich Buxtehude (1637–1707) auf eine beachtliche Höhe gebracht. Sie wurden von den an der Kirche nachfolgenden Kantoren auf gleichem Niveau bis in das 19. Jahrhundert beibehalten und bildeten einen vielbewunderten Anziehungspunkt der Stadt.

LEBEN

Adolf Carl Kunzen (Kuntzen) wurde am 22. 9. 1720 in Wittenberg als Sohn des Organisten und Komponisten Johann Paul Kunzen geboren. Er war Schüler von Jacob Wilhelm Lustig in Hamburg. Ab seinem 7. Lebensjahr spielte er in Konzerten Violine und begleitete seinen Vater auf Konzertreisen nach den Niederlanden und England. Im Jahr 1749 wurde er Konzertmeister am Hof zu Schwerin, dann 1752 Kapellmeister. Nachdem er die Jahre 1754 bis 1757 in London verbracht und als Cembalist gewirkt hatte, folgte er seinem Vater in die Organistenstelle an der Marienkirche in Lübeck nach, wo er die berühmten Abendmusiken leitete und diese mit zahlreichen eigenen Kompositionen ausstattete. Er starb 1781 in Lübeck und wurde dort am 11. 7. begraben.

WERKE

Außer den »Liedern zum Unschuldigen Zeitvertreib«, die drei Auflagen erlebten, und einigen Stücken für Pianoforte ist von Adolf Carl Kunzen nichts gedruckt worden. Seine Oratorien, Sinfonien, Klavierkonzerte, Violinsonaten, Cembalosonaten und Chöre für die »Abendmusiken« sind Manuskript geblieben. Sein Stil zeigt eine gewisse Abhängigkeit sowohl von Georg Friedrich Händel wie auch von Johann Sebastian Bach.

Friedrich Ludwig Aemilius Kunzen (1761–1817)

ZEIT UND UMWELT

Gegen Ende des 19. Jahrhunderts war die eigenständige dänische Musikentwicklung bereits voll etabliert. Wenn auch sehr enge Kontakte mit dem norddeutschen Raum weiterhin gepflegt wurden und fallweise deutsche Musiker »dänische« Musik schrieben und aufführten, so sind dänische Kompositionen aus jener Zeit bereits deutlich von anderen unterscheidbar. Eigenentwicklung setzt keine Isolierung voraus. Sie gedeiht, im Gegenteil, im ständigen Zusammenwirken mit den Nachbarn am besten.

LEBEN

Friedrich Ludwig Aemilius Kunzen (Kuntzen) wurde am 24. 9. 1761 in Lübeck als Sohn des Adolph Carl Kunzen geboren. Er studierte an der Universität Kiel und ging sodann nach Kopenhagen, wo er eine dänische Oper herausbrachte. Nach kurzer Kapellmeistertätigkeit in Frankfurt und Prag wurde er

Königlicher Kapellmeister in Kopenhagen, wo er am 28. 1. 1817 starb.

WERKE
Von Friedrich Ludwig Aemilius Kunzen sind 2 dänische Opern, Singspiele, Schauspielmusiken, Chorwerke, eine Sinfonie in g-Moll, Klavierstücke und zahlreiche Lieder erhalten. Seine Sinfonie im norddeutschen Stil und Lieder wurden in unserem Jahrhundert neu herausgebracht.

Johann Paul Kunzen (1696–1757)

ZEIT UND UMWELT
Während zum Beispiel in England das Konzertleben auf dem Unternehmergeist Privater beruhte, die nach Möglichkeit bekannte Berufsmusiker engagierten, um das Publikum anzulocken, bildeten sich in den deutschen Städten Liebhaberensembles, die zwar von Berufsmusikern geleitet wurden, sich aber im Rahmen der Fähigkeiten ihrer musikbegeisterten Mitglieder beschränken mußten. Sie brachten zumeist sinfonische Werke oder Chöre zur Aufführung, für Solistenkonzerte fehlten die Kräfte. Als gegen Ende des 18. Jahrhunderts die Komponisten auch an die Orchestermusiker höhere Anforderungen stellten, blieben diese Dilettantenvereinigungen hinter den Berufsorchestern, die sich daneben in größeren Städten bildeten, immer mehr zurück.

Das
durch vernünftige Handlung
beglückte Lübek,
wurde
bey dem gewöhnlichen
Ehren- und Freudenmahle
des
Schonenfahrer-
COLLEGII,
in einer
SERENATA
vorgestellt
und
musicalisch aufgeführt
von
IOHANN PAUL KUNTZEN.
Lübek, den 4 Febr. Anno 1744.

Titelblatt zum Textbuch der »Serenata« für die Schonenfahrer von Johann Paul Kunzen

LEBEN
Johann Paul Kunzen (Kuntzen) wurde am 31. 8. 1696 in Leisnig, Sachsen, geboren. Er studierte ab 1717 an der Universität Leipzig und wurde vom Thomaskantor Johann Kuhnau (1660–1722) ausgebildet. Im Jahr 1718 war er Kapellmeister in Zerbst und 1719 in Wittenberg, wo er eine Konzertgesellschaft gründete und ihre Leitung führte. Von 1723 bis 1725 leitete er die Opernmusik in Hamburg und blieb dort bis 1832 als Privatmusiklehrer. 1733 folgte er Johann Christian Schieferdecker als Organist an der Marienkirche in Lübeck nach, wo er die berühmten Abendmusiken auf ihrem hohen Niveau weiterführte. Er starb am 20. 3. 1757 in Lübeck.

WERKE
Von Johann Paul Kunzen sind nur eines seiner Oratorien (»Der verlorene Sohn«), 4 Serenaden, eine Suite in G-Dur, eine Sinfonie in D-Dur und 2 Cembalokonzerte erhalten. Alle anderen zahlreichen Werke, mit denen er dem Musikleben Lübecks und ganz Norddeutschlands wertvolle Impulse verliehen hat, sind verlorengegangen.

LITERATUR
J. Hennings, Musikgeschichte Lübecks I: Weltliche Musik, Kassel 1951. W. Stahl, Musikgeschichte Lübecks II: Geistliche Musik, Kassel 1952.

Robert Kurka (1921–57)

LEBEN
Robert Kurka wurde am 22. 12. 1921 in Cicero, Ill., geboren. Er war Violinschüler von

Hans Letz (18.3.1887, Ittenheim, Elsaß, bis 14.11.1969, Hackensack, N.J.) und Kathleen Parlow (20.9.1890, Calgary, Kanada, bis 19.8. 1963, Oakville, Kanada) sowie Kompositionsschüler von Otto Luening und Darius Milhaud. Anschließend unterrichtete er am City College und am Queens College in New York bis zu seinem Tod am 12.12.1957.

WERKE
Außer einer Oper schrieb Robert Kurka eine Sinfonie, eine Suite, ein »Porträt« für Orchester, ein Concertino für zwei Klaviere, Streicher und Trompete, eine Kammersinfonie, 5 Streichquartette, eine Suite für Holzbläserquartett, ein Klaviertrio, 4 Violinsonaten, eine Sonate und eine Sonatine sowie weitere Werke für Klavier, Chöre und Lieder. Sein Stil ist neuklassizistisch.

Karol Kurpiński (1785–1857)

ZEIT UND UMWELT
Der Melodienreichtum der Opern von Gioacchino Rossini inspirierte zahlreiche zeitgenössische und spätere Komponisten Europas. Es handelte sich dabei um keine Nachahmung italienischer Fakturen, sondern zumeist nur um die Melodielinien des großen Opernmeisters; ihre Verarbeitung und Begleitung wurden seltener übernommen, ja oft nicht einmal ihr Rhythmus.

LEBEN
Karol Kazimierz Kurpiński wurde am 6.3. 1785 in Luschwitz (Włoszakowice), Poznań, geboren. Er war zunächst Organist in seinem Geburtsort, sodann ab 1810 Zweiter und von 1825 bis 1842 Erster Kapellmeister und Direktor der Oper in Warschau, außerdem Lehrer an der Höheren Musikschule und ab 1835 an der Gesangschule der Oper. Er starb am 18.9. 1857 in Warschau.

WERKE
Neben 26 polnischen Opern, 8 Melodramen und 4 Balletten verfaße Karol Kurpiński zahlreiche Klavierwerke, darunter 42 Polonaisen, Mazurkas, Variationen und Fugen, Programmsinfonien wie »Die Schlacht von Mozajsk«, Märsche, viele Orchesterpolonaisen, eine Orchesterfantasie und ein Klarinettenkonzert, außerdem Chöre, Kantaten, Messen und viele Lieder. Die Melodien seiner Opern wurden in ganz Polen gesungen, die Ouvertüren werden noch heute in Konzerten gespielt. Seine Musik gehört der Romantik an und bildet eine wichtige Etappe der polnischen Musikentwicklung. Er war auch als Musikschriftsteller tätig.

LITERATUR
H. Pomorska, Karol Kurpiński, Lódž 1948.

György Kurtág (geboren 1926)

LEBEN
György Kurtág wurde am 19.2.1926 in Lugos, Rumänien, geboren. Er studierte in Temesvár, in Budapest und bei Darius Milhaud und Olivier Messiaen in Paris. 1958 wurde er Lehrer an der Bartók-Musikschule in Budapest, 1967 Professor für Klavier und Kammermusik an der dortigen Musikhochschule.

WERKE
György Kurtág gilt als der bedeutendste ungarische Komponist nach Béla Bartók. Unter der Verwendung impressionistischer Klangfarben schrieb er, an Bartók und Anton Webern anknüpfend, Klavierstücke, Kammermusik und Vokalwerke.

Siegfried Kurz (geboren 1930)

LEBEN
Siegfried Kurz wurde am 18.7.1930 in Dresden geboren. Von 1945 bis 1950 studierte er an der Akademie für Musik und Theater in seiner Vaterstadt bei Fidelio Finke. Bereits 1949 erhielt er die Leitung der Schauspielmusik an den Theatern in Dresden, im Jahr 1960 wurde er Kapellmeister, 1965 Staatskapellmeister und 1971 Generalmusikdirektor an der Oper.

WERKE
Béla Bartók und Paul Hindemith waren anfänglich die Vorbilder für Siegfried Kurz.

Aber seine Kompositionen entwickelten sich immer mehr zur »klaren Aussage und Verständlichkeit«. Er sagt selbst: »Für das Wichtigste meiner Arbeit erachte ich die Musizierfreudigkeit und positive Aussagekraft. In meinen Kompositionen soll sich das Leben unserer Zeit in seiner ganzen Vielfalt, von einer fröhlichen Ausgelassenheit bis hin zu einer nachdenklichen oder klagenden Stimmung wiederspiegeln. Dabei bin ich bemüht, diese Vielfalt in einer optimistischen Grundhaltung zusammenzuschließen.« Zeitweilig benützt er auch die Zwölftonreihe, aber nur, »um Themen aus einheitlichem Grundmaterial zu formen, die melodische Folge der Töne in harmonische Komplexe zu verwandeln und vor allem durch das Prinzip der Umkehrung melodische Varianten zu finden.« Er schrieb unter anderem 2 Sinfonien, eine Sinfonia piccola, eine »Konzertante Musik«, eine »Tänzerische Suite«, »Orchestermusik«, »Orchestervariationen«, eine Sonatine für Orchester, eine Musik für Blechbläser, Pauken und Streichorchester, ein Divertimento für Streicher und Klavier, ein Trompetenkonzert, ein Klavierkonzert, ein Bläserquintett, eine Sonatine für sieben Blechbläser, ein Kammerkonzert für Bläserquintett und Streicher, ein Streichquartett, Schauspiel- und Filmmusik.

Sigmund Kusser (1660 – 1727)

Zeit und Umwelt

Mit der Nachahmung der französischen Opernsuite, die aus Ouvertüren und Tanzstücken aus Opern bestand, eröffnete sich für die deutsche Orchestermusik ein neues, weites Feld. Beim Publikum fanden diese »Opernauszüge« viel Anklang, weil es bereits bekannte Musik in neuer Fassung zu hören bekam, für die Musikwissenschaft bilden diese Suiten in manchen Fällen die einzige Möglichkeit, etwas über verschollene Opern zu erfahren.

Leben

Johann Sigmund Kusser (Cousser) wurde am 13. 2. 1660 in Preßburg getauft. Er erhielt die erste musikalische Ausbildung von seinem Vater Johann Kusser, der an verschiedenen evangelischen Kirchen Ungarns Kantor war. Er lebte von 1674 bis 1682 in Paris und schloß mit Jean-Baptiste Lully Freundschaft; darauf wirkte er als Kapellmeister am Hof von Braunschweig-Wolfenbüttel; im Jahr 1694 pachtete er gemeinsam mit Jacob Kremberg die Hamburger Oper und leitete sie bis 1696. Sodann bereiste er mit einer Operntruppe Süddeutschland, wirkte von 1698 bis 1704 als Kapellmeister an der Oper von Stuttgart, ging schließlich nach England und wurde Kapellmeister in Dublin, wo er im November 1727 starb.

Werke

Die Opern des deutschen Komponisten Sigmund Kusser sind weitgehend von Lully geprägt. Er verfaßte Suiten mit Ouvertüren und Tanzstücken aus seinen Opern, die nicht erhalten sind, außerdem etliche Gelegenheitskompositionen.

Toivo Kuula (1883–1918)

Leben

Toivo Kuula wurde am 7.7.1883 in Vaasa, Finnland, geboren. Er war Schüler des Konservatoriums in Helsinki, sodann von Marco Enrico Bossi in Bologna, von Hans Sitt in Leipzig und Marcel Labey in Paris. Ab 1910 wirkte er als Orchesterdirigent in Oulu, ab 1913 als Hilfsdirigent des Philharmonischen Orchesters in Helsinki und zuletzt in Viipuri (heute Wiborg), wo er am 18.5.1918 starb.

Werke

Mit seinen »Österbottnischen Suiten« folgte Toivo Kuula der Tendenz, die Volksmusik als Kompositionsmaterial stark heranzuziehen, aber bereits sein Klaviertrio und die Violinsonate verlassen den nationalen Separatismus zugunsten der allgemeinen abendländischen Musikentwicklung. Er schrieb mehrere Vokalwerke mit Orchester, ein Stabat mater, größere Chöre a cappella, viele Lieder und Klavierstücke.

LITERATUR

T. Elmgren-Heiboren, Toivo Kuula, Elämäkerta, Helsinki 1928.

Elisabeth Kuyper (1877–1953)

LEBEN

Elisabeth Kuyper wurde am 13.9.1877 in Amsterdam geboren. Sie war Schülerin von Max Bruch an der Musikhochschule in Berlin, wo sie selbst von 1908 bis 1920 als Theorie- und Kompositionslehrerin wirkte. Sie gründete 1910 das Tonkünstlerinnen-Orchester und leitete es, dirigierte die Sängerinnen-Vereinigung des Deutschen Lyzeumklubs; in London begründete sie 1922 das Women's Symphony Orchestra und in New York 1923 einen gleichartigen Klangkörper. Sie starb am 26.2.1953 in Lugano.

WERKE

Von der Pianistin Elisabeth Kuyper sind eine Sinfonie, eine Orchesterserenade, ein Violinkonzert, ein Klaviertrio, 2 Violinsonaten, Kantaten, Chöre und Lieder bekannt geworden. Ihr Stil läßt den ihres Lehrers erkennen.

Jaroslav Kvapil (1892–1958)

LEBEN

Jaroslav Kvapil wurde am 21.4.1892 in Freistadtl (Fryšták), Mähren, geboren. Er studierte bei Leoš Janáček und wirkte von 1920 bis 1924 als Direktor der Tschechischen Philharmonischen Schule, dann bis 1947 als Professor für Komposition und Klavierspiel am Konservatorium und anschließend an der Janáček-Musikakademie in Brünn, wo er am 18.2.1958 starb.

WERKE

Außer einer Oper und einem Oratorium schrieb Jaroslav Kvapil 4 Sinfonien, ein Oboenkonzert, 2 Violinkonzerte, eine Burleske für Flöte und Orchester, ein Klavierkonzert, ein Nonett, 2 Bläserquintette, ein Klavierquintett, 6 Streichquartette, ein Quartett für Flöte, Violine, Bratsche und Cello, ein Klaviertrio, 3 Violinsonaten, 4 Klaviersonaten, eine Sonate für Violine und Orgel, eine Cellosonate, eine Suite für Bratsche und Klavier, eine Sonatine und weitere Klavierstücke, Kantaten, Chöre und Lieder, außerdem ein Melodram.

Ryszard Kwiatkowski (geboren 1931)

LEBEN

Ryszard Kwiatkowski wurde am 27.6.1931 in Jaronowo bei Torún geboren. Er war an der Musikhochschule in Warschau Schüler von Tadeusz Szeligowski und Witold Rudziński von 1958 bis 1963 und in Rom von Goffredo Petrassi. Er unterrichtet an der Musikmittelschule in Szczecin (Stettin) Harmonielehre, Kontrapunktik und Instrumentation.

WERKE

Von Ryszard Kwiatkowski, der ab 1963 die Dodekaphonik und ab 1967 auch die Aleatorik als seine Kompositionstechnik adoptierte, sind die Orchesterstücke »Gestalten«, »Farben«, »Schwingungen« und »Polyphone Musik«, außerdem 4 Sinfonien bekannt geworden. Er schrieb ferner »Bilder« für Kammerorchester, ein Klavierquintett, 3 Streichquartette, ein Schlagzeugquartett, »Lyrische Musik« für Violine und Kontrabaß und für Klavier »Sieben Fotografien vom Mond«.

L

Joseph Bernabé L'Abbé (1727–1803)

ZEIT UND UMWELT

Mit Doppelgriffpassagen, komplizierten Staccati und allen Möglichkeiten des künstlichen Flageoletts bis zu Flageolett-Doppelgriffen und Flageolett-Trillern erreichte die violinistische Technik noch im 18. Jahrhundert einen kaum mehr zu überbietenden Höchststand der Virtuosität. Das hohe musikalische Niveau der Violinmusik wurde allerdings von Meistern erreicht, die solche Techniken nur vorschrieben und anwandten, falls es der musikalische Ausdruck erforderte.

LEBEN

Joseph Bernabé L'Abbé (eigentlich Saint-Sevin) wurde am 11. 5. 1727 in Agen, Lot-et-Garonne, geboren und von seinem Vater Pierre Philippe L'Abbé (um 1700, Agen, bis 15. 5. 1768, Paris), Solocellist am Pariser Opernorchester, ausgebildet. Er war ab 1739 Violinist an der Opéra Comique in Paris und von 1742 bis 1762 an der Opéra, außerdem von 1741 bis 1755 am Concert spirituel. Ab 1740 nahm er bei Jean-Marie Leclair Unterricht, um seine Technik zu vervollkommnen, und widmete sich ab 1762 selbst dem Unterricht im Spiel seines Instruments. Er starb in Paris am 25. 7. 1803.

WERKE

Vom Violinvirtuosen Joseph Bernabé L'Abbé sind erschienen: 6 Sonaten für Soloviolinе und weitere 6 mit Generalbaß, 6 Sonaten für Soloviolinе und Generalbaß, 7 Sinfonien für drei Violinen und Generalbaß, 3 Sammlungen von französischen und italienischen Arien mit Variationen für zwei Violinen oder zwei Violen oder Flöte und Violine und mehrere Sammlungen von Duetten der Opéra Comique, außerdem eine Violinschule, die die französische mit der italienischen Technik vereinte.

Joseph de La Barre (1633–78)

ZEIT UND UMWELT

Die fahrenden Sänger und Spielleute wurden in der Neuzeit von den ausgebildeten Interpreten abgelöst, die von Hof zu Hof reisten, um ihre Kunst vorzuführen. Sängerinnen wurden darunter erst im 17. Jahrhundert häufiger, und auch diese traten zumeist in den allerorten eröffneten Opernhäusern auf. Reine Konzertsängerinnen bildeten noch immer eine Seltenheit.

LEBEN

Joseph de La Barre wurde am 21. 5. 1633 in Paris getauft. Er begleitete seine Schwester Anne de La Barre (getauft 3. 7. 1628, Paris, bis 1686, Paris), eine berühmte Sängerin, die 1661 Kammersängerin des Königs wurde, als Lautenist auf ihren Konzertreisen nach Schweden, Den Haag, Hessen und Dänemark. Im Jahr 1656 übernahm er von seinem Vater Pierre de La Barre die Organistenstelle an der Pariser Hofkapelle, wurde Benefiziat der Abtei St-Hilaire bei Narbonne und starb in Paris im Jahr 1678.

Sein Onkel Pierre de La Barre (21. 1. 1604, Paris, bis um 1660, Paris) war Lautenist.

Dessen Bruder Sébastien de La Barre (1612, Paris, bis um 1672, Bourges) wirkte als Organist in Bourges.

Sein Bruder Charles Henry de La Barre (um

1625, Paris, bis um 1670, Paris) war Cembalist und folgte dem Vater im Jahr 1656 in die Stellung des Hofcembalisten der Königin. Sein zweiter Bruder Pierre de La Barre (getauft 18. 10. 1634, Paris, bis November 1710, Paris) war Kammerlautenist des Königs und später Gambist in der Kapelle der Königin.

WERKE

Vom französischen Lautenisten, Organisten und Komponisten Joseph de La Barre ist in verschiedenen Sammelwerken eine Anzahl Airs erhalten, die den damaligen höfischen Geschmack sehr treffen.
Von seinem Bruder Pierre de La Barre sind mehrere Instrumentalwerke handschriftlich überliefert, in denen der Gambe eine nahezu solistische Stellung zugeteilt wurde, außerdem einige Tänze.

LITERATUR

Y. de Brossard, Musiciens de Paris (1535 bis 1792), Paris 1965.

Michel de La Barre (um 1675–1743)

Michel de La Barre als Dirigent (aus einem Gemälde von Robert Tournieres)

ZEIT UND UMWELT

Obwohl die Flöte als Melodieträger von der Violine etwas in den Hintergrund gedrängt wurde, konnte doch kein gemischtes Ensemble darauf verzichten. Sololiteratur für Flöten aller Gattungen wurde auch im Spätbarock viel komponiert.

LEBEN

Michel de La Barre wurde um 1675 in Paris geboren. Er war Flötist der königlichen Kammermusik und des Opernorchesters und starb in Paris Ende des Jahres 1743.

WERKE

Der französische Flötist und Komponist Michel de La Barre verfaßte neben den Stücken für sein Instrument – 3 Bücher Trios für Violine, Flöte und Oboe, Stücke für Querflöte und Generalbaß, 2 Bücher mit Stücken für Querflöte mit Generalbaß – zahlreiche Airs für eine und zwei Stimmen mit Generalbaß, die in verschiedene Sammelwerke aufgenommen wurden, sowie 2 Opern.

LITERATUR

A. Curtiss, Musique classique française à Berkeley. Pièces inédites de L. Couperin, Lebègue, La Barre etc., in: Revue de Musicologie 56, 1970. J. M. Huskinson, »Les Ordinaires de la musique du Roi«, Michel de La Barre, M. Marais et les Hotte terres, d'après un tableau du début du XVIIIe siècle, in: Recherches sur la musique française classique 17, 1977.

Pierre de La Barre (1592–1656)

ZEIT UND UMWELT

Frédéric Schambantz erbaute in den Jahren

1401 bis 1403 die Orgel der Notre-Dame in Paris. Sein Sohn, ebenfalls ein bekannter Orgelbauer, nahm den Namen Chabancel an. Irgendwann dürfte die Familie, die vorwiegend aus Orgelbauern und Organisten bestand, den Namen de La Barre verliehen bekommen haben.

LEBEN
Pierre de La Barre wurde am 27. 1. 1592 in Paris geboren. Er war Organist des Königs Ludwig XIII. und Cembalist der Königin Anna von Österreich. Er organisierte mit seinen Kindern in seiner Wohnung »Concerts spirituels« (Geistliche Konzerte). Mit Constantin Huygens und Marin Mersenne stand er in enger Verbindung. Er starb in Paris im Jahr 1656 und wurde am 31. 3. beerdigt.
Sein Halbbruder Germain de La Barre (getauft 20. 4. 1579, Paris, bis Dezember 1656, Paris) war von 1612 bis 1647 Organist an St-Jacques-de-la-Boucherie.
Sein zweiter Halbbruder, der ebenfalls Pierre de La Barre hieß (getauft 20. 4. 1572, Paris, bis 1619, Paris), war Lautenist und Organist.
Deren Vater Pierre de La Barre (um 1540, Paris, bis 12. 1. 1600, Paris) war ab 1567 Organist an Sainte-Innocents und ab 1580 an Notre-Dame und St-Eustache.

WERKE
Vom französischen Organisten, Cembalisten und Komponisten Pierre de La Barre sind mehrere Stücke für Tasteninstrumente erhalten, von denen einige vielleicht seinen Brüdern zugeschrieben werden müssen, sowie ein Gesang für vier Stimmen, Orgel oder Cembalo mit einer Melodie König Ludwigs XIII.

Louis de La Coste
(um 1675 bis nach 1757)

ZEIT UND UMWELT
Opern stark lyrischen Inhaltes kamen nach 1700 immer mehr auf die Bühne der Pariser Oper. Der Hang zur Empfindsamkeit prägte sich immer deutlicher aus. Die Musik folgte natürlich dieser Tendenz und überschritt die ihr von Jean-Baptiste Lully gezogenen Grenzen durch überschwengliche Gefühlsausbrüche.

LEBEN
Louis de La Coste wurde um 1675 vermutlich in Paris geboren. Er war ab ungefähr 1693 Chorist an der Pariser Oper und stieg um 1710 zum Orchesterleiter und Chordirigenten auf. Er starb in Paris in den Jahren nach 1757.

WERKE
Der französische Komponist Louis de La Coste verfaßte eine Anzahl Airs, die in Sammelwerke aufgenommen wurden, außerdem eine Ballettoper und eine Reihe lyrischer Musikdramen.

Pierre Nicolas La Houssaye
(1735–1818)

ZEIT UND UMWELT
Bereits ein Jahr nach dem Ausbruch der Französischen Revolution eröffnete in Paris das Théâtre de Monsieur (später Théâtre Feydeau genannt) seine Pforten, und Musiker, die bislang nur im Dienst und Auftrag des Adels wirkten, wurden eingeladen, ihre Kunst nunmehr den Institutionen der Republik zur Verfügung zu stellen.

LEBEN
Pierre Nicolas La Houssaye wurde am 11. 4. 1735 in Paris geboren. Er war Schüler von Joseph Antoine Piffet und von André Noël Pagin; anschließend nahm er bei Giuseppe Tartini Violinunterricht und bei Tommaso Traetta Kompositionsunterricht. Ab 1772 dirigierte er an der Italienischen Oper in London, ab 1777 am Concert spirituel in Paris, wirkte ab 1781 als Violinist an der Comédie Italienne und dirigierte ab 1790 das Orchester des Théâtre de Monsieur gemeinsam mit Giuseppe Puppo. Von 1795 bis 1802 war er als Violinlehrer am Conservatoire tätig. Er starb im Jahr 1818 in Paris.

WERKE
Von Pierre Nicolas La Houssaye sind »Sei

Sonate a violino solo e Basso« (6 Sonaten für Solovioline und Baß) überliefert. Man kann daraus den Grad seiner Virtuosität, die der von Tartini gleichkam, ersehen.

Pierre de La Rue (um 1460 – 1518)

ZEIT UND UMWELT

Margarete von Österreich (1480–1530), Tochter Kaiser Maximilians I. und der Maria von Burgund, wurde von ihrem Vater 1507 zur Generalstatthalterin der Niederlande ernannt. Sie führte ihren Hof in Mecheln im Stil der Herzöge von Burgund, so daß seine Funktion als Zentrum der Renaissancekunst Westeuropas, das die Vorfahren ihrer Mutter geschaffen hatten, erhalten blieb.

LEBEN

Pierre de La Rue (Larue, Petrus Pratensis, Pierchon, Pieratton) wurde um 1460 vermutlich in Tournai geboren. Über seine Jugend und Ausbildung ist nichts bekannt. Die Vermutung, daß er Schüler Ockeghems gewesen sei, ist nicht beweisbar. Er dürfte ziemlich früh nach Italien gegangen sein und an verschiedenen Domen gewirkt haben. Jedenfalls ist nachweisbar, daß er im Jahre 1482 und von 1483 bis 1485 an der Kathedrale von Siena als Sänger tätig gewesen ist. Von 1489 bis 1492 gehörte er der Kapelle der Lieb-Frauen-Bruderschaft in 's-Hertogenbosch an und trat sodann der Kapelle des burgundischen Hofes bei, wo er bis 1516 unter Philipp dem Schönen und der Statthalterin Margarete von Österreich als Sänger und Komponist wirkte. Im Jahre 1501 war er Kanonikus von Courtrai geworden. Dorthin zog er sich 1516 zurück und starb dort am 20. 11. 1518.

WERKE

Der franko-flämische Komponist Pierre de La Rue zählte zu den hervorragendsten Meistern des 15. und 16. Jahrhunderts; er war vielleicht der einzige, der einem Vergleich mit Josquin standhielt. Es sind 31 Messen von seiner Hand überliefert, und zwar 22 vierstimmige, 8 fünfstimmige und eine sechsstimmige; dazu 7 einzelne Messesätze. Bei den erhaltenen 37 Motetten und 37 Chansons ist die Vierstimmigkeit selten überschritten. Der Meister wendete bei seinen Kompositionen sehr häufig die Kanonform an, aber nicht so stark profiliert, daß er sich von Josquin deutlich abheben würde.
Die Musik von Pierre de La Rue trägt den Charakter ernster Größe, »aber innerhalb dieser Grenze ist der Ausdruck und die Behandlung in einzelnen Werken sehr verschieden... einzelne Compositionen... weichen in ihrer fast miniaturartigen, feinen Durchführung... und im Streben nach dem mildesten Wohlklang von allem sehr ab« (Ambros).

LITERATUR

J. Robijns, Pierre de La Rue als overgangsfiguur tussen middeleeuwen en renaissance, Revue de Musicologie IX, 1955.

Wesley La Violette (1894–1978)

LEBEN

Wesley La Violette wurde am 4.1.1894 in St. James, Minn., geboren. Er genoß seine Ausbildung am Musical College in Chicago, an dem er von 1923 bis 1933 selbst unterrichtete. Anschließend wirkte er bis 1938 als Leiter der Theorieabteilung der De Paul University School of Music in Chicago und sodann als Präsident des Allied Arts Center in Los Angeles, wo er ab 1946 auch am Konservatorium unterrichtete. Er starb am 29.7.1978 in Escondido, Calif.

WERKE

Neben 2 Opern schrieb Wesley La Violette 5 Sinfonien, ein Konzert für Streichquartett und Orchester, 2 Violinkonzerte, eine Rhapsodie für Cello und Orchester, ein Concertino für Flöte und Orchester, ein Klavierkonzert, ein Oktett, ein Sextett für Bläser und Klavier, ein Klavierquintett, ein Quintett für Flöte und Streicher, 6 Streichquartette, verschieden besetzte Sonaten, Duette für zwei Klarinetten, für zwei Kornette, für zwei Posaunen, Kantaten und andere Chorwerke sowie Lieder.

Théodore Labarre (1805–70)

Zeit und Umwelt

Um die Mitte des 19. Jahrhunderts waren nahezu alle Instrumente unserer Orchester auf die heute übliche Form entwickelt, wenn auch die Spieltechnik, die wir gewohnt sind, noch lange nicht erreicht war. Was wir als selbstverständliches Ausbildungsergebnis eines Instrumentalisten ansehen, war damals noch die Spitzenleistung einzelner. Die Verbesserung und Verfeinerung der Unterrichtsmethodik und Übungstechnik hat zu einem ungeheuren Fortschritt auf diesem Gebiet geführt.

Leben

Théodore François Joseph Berry, Labarre genannt, wurde am 24.3.1805 in Paris geboren. Er war Schüler von Jacques Georges Cousineau (1760–1836), Robert Nicolas Charles Bochsa und François Joseph Nadermann im Harfenspiel, von Victor Dourlen, André Frédéric Eler (um 1764–1821) und François Joseph Fétis in Harmonielehre sowie Komposition. Von 1847 bis 1849 wirkte er als Orchesterdirigent an der Opéra Comique, 1851 wurde er Leiter der Privatmusik Kaiser Napoleons III. und 1867 Harfenlehrer am Conservatoire in Paris. Er starb am 9.3.1870 in Paris.

Werke

Von Théodore Labarre sind 5 Opern und 5 Ballette aufgeführt worden. Seine übrigen Kompositionen galten vorwiegend der Harfe; er schrieb dafür Soli, Fantasien, Nokturnen, Duos mit Klavier, mit Violine, mit Horn, mit Oboe, Trios mit Horn und Fagott, weiters eine Anzahl Romanzen, die sehr beliebt geworden sind.

Marcel Labey (1875–1968)

Leben

Jean Marcel Labey wurde am 6.8.1875 in Le Vésinet, Seine-et-Oise, geboren. Er war Schüler von Vincent d'Indy an der Schola Cantorum und von René Lenormand (1846–1932) in Paris. Anschließend wirkte er an der Schola als Lehrer und Dirigent, von 1924 bis 1931 leitete er eine eigene Musikschule in Vernon, Normandie; darauf war er als Vizedirektor der Schola Cantorum tätig. Er starb am 25.11.1968 in Nancy.

Seine Frau Charlotte Sohy-Labey (17.7.1887, Paris, bis 19.12.1956, Paris) war Schülerin von Georges Marty, Félix Alexandre Guilmant, Louis Vierne und Vincent d'Indy.

Werke

Außer einer Oper schrieb Marcel Labey 4 Sinfonien, eine Fantasie, eine Ouvertüre, eine Suite, 2 Streichquartette, Klavierwerke und Lieder. Er gehörte der französischen Spätromantik an.

Charlotte Sohy-Labey schrieb eine Sinfonie, 3 Messen, eine Variation für Violine und Klavier, 2 Streichquartette, Klaviermusik und ein Bühnenstück.

Josef Labický (1802–81)

Zeit und Umwelt

Die Form, die Joseph Lanner dem Walzer gegeben hatte, fand derart starken Anklang, daß die Nachfrage nach Tanzkompositionen ungeheuer anstieg. Orchester für Tanzmusik wurden in großer Menge gegründet.

Josef Labický

LEBEN
Josef Labický (Joseph Labitzky) wurde am 4.7.1802 in Schönfeld (Krásno) bei Eger (Cheb), Böhmen, geboren. Er wurde Violinist und gründete 1834 in Karlsbad (Karlovy Vary) eine eigene Kapelle, mit der er Konzertreisen bis nach St. Petersburg und London unternahm. Er starb am 18.8.1881 in Karlsbad.

WERKE
Die Walzer und Quadrillen von Josef Labický sind denen von Joseph Lanner und Johann Strauß nachgebildet; seine melodiösen Einfälle reichten aber an die Vorbilder nur wenig heran, wurden jedoch, der Zeit entsprechend, sehr günstig aufgenommen.

Jean Benjamin de Laborde
(1734–94)

LEBEN
Jean Benjamin de Laborde wurde am 5. 9. 1734 in Paris geboren. Seine musikalische Ausbildung erhielt er von Antoine d'Auvergne und Jean-Philippe Rameau. Er war Kammerherr König Ludwigs XV., Gouverneur des Louvre und unter König Ludwig XVI. Generalpächter und wurde am 22. 7. 1794 guillotiniert.

WERKE
Neben zahlreichen Bühnenwerken – lyrische Tragödien, Komödien, Buffoopern, Pastorale und ein Ballett – verfaßte Jean Benjamin de Laborde einige Sammlungen von Liedern für eine Singstimme mit verschiedener Begleitung und Trios für zwei Violinen und Baß. Bedeutender als seine Kompositionen sind seine theoretischen Schriften, die einen wichtigen Beitrag zur französischen Musikgeschichte darstellen.

Bernard Germain Lacépède
(1756–1825)

ZEIT UND UMWELT
Die Ansicht, daß die Musik eine deskriptive Kunst sei, die Vorgänge und Tatbestände, Emotionen und Gedanken zu verdeutlichen und ihren Ausdruck zu profilieren und zu vertiefen habe, wurde schon in früheren Stilepochen verfochten und trat in der Romantik in Theorie und Praxis mit erneuter Eindringlichkeit auf. Sie bildete vor allem für jede Art von Programmusik Anlaß und Rechtfertigung.

LEBEN
Bernard Germain Étienne de la Ville comte de Lacépède wurde am 26. 12. 1756 in Agen geboren und zum Cellisten, Pianisten und Organisten ausgebildet; Kompositionsunterricht erhielt er in Bordeaux von Franz Beck. Nachdem er bereits einige Opern ohne Erfolg geschrieben hatte, lernte er in Paris Christoph Willibald Gluck kennen, der ihm riet, bei François Joseph Gossec Unterricht zu nehmen. Der Publikumserfolg blieb aber auch bei den weiteren in Paris verfaßten Werken aus. Er starb am 5. 10. 1825 in Épinay-sur-Seine, Seine-St-Denis.

WERKE
Neben einer Reihe Opern, die von Zeitgenossen als einfallslos bezeichnet wurden, verfaßte Bernard Germain Lacépède Sonaten, Sextette, konzertante Sinfonien und ein Requiem, denen der musikalische Wert nicht abzusprechen ist. Seine Musik war zu doktrinär und in den programmatischen Ausdrucksformen zu forciert. Dafür wurden seine theoretischen Abhandlungen, vor allem »Die musikalische Poetik«, mit Begeisterung aufgenommen.

Francisco de Lacerda (1869–1934)

LEBEN
Francisco de Lacerda wurde am 11.5.1869 auf São Jorge, Azoren, geboren. Er studierte in Lissabon und Paris, war als Assistent bei den Festspielen in Bayreuth tätig und absolvierte Dirigentenkurse bei Arthur Nikisch und Hans Richter. Anschließend war er als Dirigent in Paris, Nantes, Montreux und Marseille tätig. Er starb am 18.7.1934 in Lissabon.

WERKE
Von Francisco de Lacerda sind 2 sinfonische Dichtungen, Klavier- und Orgelstücke, der Liederzyklus »Trovas« (Liebeslieder) für Singstimme und Klavier sowie Ballette bekannt geworden. Er sammelte über 500 portugiesische Volksmelodien und veröffentlichte den größten Teil davon.

Robert Lach (1874–1958)

LEBEN
Robert Lach wurde am 29.1.1874 in Wien geboren. Er studierte von 1893 bis 1899 am Konservatorium der Gesellschaft der Musikfreunde in Wien und an der Universität bei Richard Wallaschek (16.11.1860, Brünn, bis 24.4.1918, Wien), Heinrich Rietsch (22.9. 1860, Falkenau an der Eger [Sokolov], bis 12.12.1927, Prag) und Guido Adler. Im Jahr 1911 trat er in die Wiener Hofbibliothek ein und leitete dort bis 1920 die Musikabteilung. Er wurde Professor für vergleichende Musikwissenschaft, Psychologie und Ästhetik der Tonkunst. Er starb am 11.9.1958 in Salzburg.

WERKE
Die Bedeutung von Robert Lach lag auf dem Gebiet der Musikwissenschaft. Hinter seinen zahlreichen zum Teil grundlegenden Publikationen treten seine 150 Kompositionen weit zurück. Er war Spätromantiker und schrieb außer einigen Bühnenwerken 10 Sinfonien, ein Dezett, ein Nonett, ein Oktett, ein Septett, ein Sextett, ein Quintett für Bläser und Klavier, 8 Streichsextette, 14 Streichquintette, 3 Klavierquintette, 3 Klavierquartette, 3 Klaviertrios, 25 Streichquartette und zahlreiche Sonaten mit verschiedener Besetzung.

Helmut Lachenmann (geboren 1935)

LEBEN
Helmut Lachenmann wurde am 27.11.1935 in Stuttgart geboren. Von 1955 bis 1958 studierte er an der Hochschule für Musik in seiner Geburtsstadt bei Johann Nepomuk David und anschließend bis 1960 in Venedig bei Luigi Nono. Im Jahr 1961 ließ er sich in München als freischaffender Komponist, Pianist und Gastvortragender an der Hochschule für Gestaltung in Ulm nieder. 1965 wirkte er im elektronischen Studio in Gent und von 1966 bis 1970 als Theorielehrer an der Musikhochschule in Stuttgart. Sodann unterrichtete er bis 1976 als Dozent für Musik an der Pädagogischen Hochschule in Ludwigsburg und gleichzeitig von 1972 bis 1973 als Leiter einer Meisterklasse für Komposition an der Universität Basel, darauf erhielt er einen Ruf der Musikhochschule in Hannover. Von 1978 bis 1982 war er als Dozent an den Ferienkursen für Neue Musik in Darmstadt und bei den lateinamerikanischen Kursen für zeitgenössische Musik in Brasilien tätig. Seit 1981 übt er wieder seine Lehrtätigkeit an der Musikhochschule in Stuttgart aus.

WERKE
Von Helmut Lachenmann sind bisher folgende Werke bekannt geworden: »Souvenir« für 41 Instrumente, »Zwei Kreise« für Orchester, »Air« Musik für Schlagzeugsolo und großes Orchester, »Kontrakadenz« für großes Orchester, »Klangschatten« für 48 Streicher und drei Konzertflügel, »Fassade« für großes Orchester, »Schwankungen am Rand« für Blech und Saiten, »Les Consolations« für 16 Stimmen und Orchester und sechs Zuspielbänder, »Tanzsuite« für Orchester mit Streichquartett, »Harmonica« für großes Orchester und Tuba, »Sätze« für 15 Spieler, »Accanto« für Klarinette und Orchester, »Fünf Strophen« für neun Instrumente, »Introversion I und II« für je sechs Instrumente, »Consolation I« für zwölf Stimmen und vier Schlagzeuger, »II« für 16 gemischte Stimmen, ein Sextett, ein Streichquartett, ein Streichtrio, ein Trio für Klarinette, Viola und Marimba, eines für Flöte, Stimme und Cello, ein Szenario für Elektronische Musik, Musik für zwei Gitarristen, Musik für Soloklarinette, »Pression« für Cello-Solo, »Rondo« für zwei Klaviere zu vier Händen, weiters für Klavier »Fünf Variationen«, »Echo Andante«, »Wiegenmusik«, »Guero« und »Ein Kinderspiel«.

Franz Lachner (1803–90)

ZEIT UND UMWELT

Der bayrische König Ludwig II. (1845–86) wurde durch seine schwärmerische Verehrung der Musik Richard Wagners bekannt. Er berief nicht nur ihn nach München, sondern über Anraten Wagners eine Reihe neuer Kräfte wie zum Beispiel Hans von Bülow. Dadurch fühlten sich mehrere früher engagierte Musiker bewogen, München zu verlassen.

LEBEN

Franz Paul Lachner wurde am 2.4.1803 in Rain am Lech, Bayern, geboren. Der Unterricht seines Vaters, der Organist war, ermöglichte es ihm, 1822/23 in München Musikunterricht zu geben. Darauf ging er nach Wien als Organist der protestantischen Kirche. Im Jahr 1826 wurde er Vizekapellmeister und 1828 Erster Kapellmeister des Kärntnertortheaters. Von 1834 bis 1836 wirkte er als Hofkapellmeister in Mannheim und darauf in gleicher Eigenschaft in München, wo er als Dirigent der Hofoper, der Hofkapelle und der Konzerte der Musikalischen Akademie eine sehr rege Tätigkeit entfaltete. Ihm wurde auch die Leitung der Musikfeste in München 1855 und 1863 übertragen. Um ihn an München zu binden, wurde er 1852 zum Generalmusikdirektor ernannt, doch als König Ludwig II. Richard Wagner nach München rief und sich die Zustände am Hof grundlegend änderten, kam Franz Lachner um seine Pensionierung ein. Er starb am 20.1.1890 in München.

Sein Bruder Ignaz Lachner (11.9.1807, Rain am Lech, bis 24.2.1895, Hannover) übernahm 1824 in Wien den Organistendienst seines Bruders an der protestantischen Kirche und wirkte als Repetitor und später als Vizekapellmeister am Kärntnertortheater. Er wurde 1831 Hofmusikdirektor in Stuttgart, 1836 in München, 1842 Kapellmeister in München, 1853 Erster Kapellmeister am Theater in Hamburg, 1858 Hofkapellmeister in Stockholm. Von 1861 bis 1875 wirkte er als Erster Kapellmeister in Frankfurt am Main.

Sein zweiter Bruder, Vinzenz Lachner (19.7.1811, Rain am Lech, bis 22.1.1893, Karlsruhe), löste 1831 seinen Bruder Ignaz Lachner als Organist an der protestantischen Kirche in Wien ab, sodann 1836 seinen Bruder Franz Lachner als Hofkapellmeister in Mannheim. Ab 1873 unterrichtete er am Konservatorium in Karlsruhe.

WERKE

Von Franz Lachner sind ungefähr 190 Werke veröffentlicht worden. Seine 8 kontrapunktischen Suiten für großes Orchester blieben sehr lange geschätzt und beliebt; auch seine 8 Sinfonien (darunter eine »Symphonia appassionata« in c-Moll) wurden oft gespielt, die 2 Oratorien (»Die vier Menschenalter«, »Moses«), das Requiem, die 2 Stabat mater, die Messen, Psalmen, Motetten werden in Kirchen noch heute gesungen. Er schrieb ferner 7 Streichquartette, 2 Klavierquintette, ein Septett, ein Bläseroktett, ein Nonett, mehrere Trios, eine Suite für Violine und Klavier, Sonaten, Fugen und andere Stücke für Orgel. Seine zahlreichen Lieder verfaßte er angeregt durch Franz Schubert, mit dem er bis zu dessen Tod eng befreundet war. Seine 4 Opern gingen häufig über die Bühnen.

Ignaz Lachner schrieb mehrere Opern, einige Ballette und Melodramen, Messen, Sinfonien, Quartette, Klavierwerke und ebenfalls viele Lieder.

Vinzenz Lachner ist mit seiner Musik zu »Turandot« bekannt geworden, er verfaßte außerdem mehrere Instrumentalwerke und Männerquartette.

Ludovit Václav Lachnith (1746–1820)

LEBEN

Ludovit Václav Lachnith wurde am 7. 7. 1746 in Prag geboren. Er war zunächst Mitglied des Hoforchesters in Zweibrücken. Dann ging er nach Paris, wo er bei Jean Joseph Rodolphe sein Hornspiel vervollkommnete, bei François-André Philidor (1726–95) Kompositionsunterricht nahm und mit Erfolg im Concert spirituel als Hornist auftrat. Er starb am 3. 10. 1820 in Paris.

WERKE

Von Ludovit Václav Lachnith sind zahlreiche Instrumentalkompositionen erschienen. Seine Erfolge errang er aber in erster Linie mit seinen Pasticcios, besonders mit dem parodistischen »Les Mystères d'Isis« (Die Geheimnisse der Isis), womit die »Zauberflöte« von Wolfgang Amadeus Mozart verballhornt wurde.

François Lacodre (1757–1834)

ZEIT UND UMWELT

Neben allen anderen Instrumenten wurde das Orgelspiel in Frankreich durch alle Zeiten mit unverminderter Intensität gepflegt. Die vielen vorzüglichen Instrumente der französischen Kirchen luden dazu ein, sie nicht nur bei sakralen Handlungen, sondern auch zu reinen Konzertzwecken zu gebrauchen. Bei manchen Organisten war auch das Spiel während des Gottesdienstes Selbstzweck. Daher fiel es ihnen nicht schwer, während der Revolutionszeit die Kirchenorgel gegen ein Instrument in den »Tempeln der Vernunft« oder »Tempeln der Eintracht« zu vertauschen. Für wen sie spielten, war von untergeordneter Bedeutung, sie machten ihre Musik für jeden, der sie bestellte.

LEBEN

François Lacodre (genannt Blin) wurde am 21. 6. 1757 in Beaune, Côte-d'Or, geboren. Er erlernte in Paris bei Nicolas Roze und Nicolas Séjan das Spiel auf der Orgel, wirkte ab 1791 als Organist an St-Germain-l'Auxerrois, ab 1799 am Temple de la Concorde (Tempel der Eintracht) und von 1806 bis zu seinem Tod am 9. 2. 1834 an Notre-Dame.

WERKE

Die von den Zeitgenossen hochgeschätzten Orgelwerke von François Lacodre sind verlorengegangen. Erhalten sind von ihm nur kleinere Werke – Airs, Romanzen, Arrangements und Opernouvertüren –, die auch die Hand eines Meisters erkennen lassen.

Ignaz Anton Ladurner
(1766–1839)

ZEIT UND UMWELT

Wie in vielen Gebieten kamen in Südtirol die Musiker aus den Klosterschulen und erhielten ihre Ausbildung zumeist an einem der größeren Stifte des gleichen Ordens in Österreich oder in Süddeutschland, wo sie zumeist ein breiteres Betätigungsfeld fanden.

LEBEN

Ignaz Anton Franz Xaver Ladurner wurde am 1. 8. 1766 in Aldein bei Bozen als Sohn des Klavierlehrers und Organisten Franz Xaver Ladurner (13. 11. 1735, Algund, bis 20. 2. 1782, Algund) geboren. Seine Ausbildung erhielt er im Stift Benediktbeuren, Bayern, von seinem Onkel Innozenz Ladurner (1745–1807), Organist und Chorregent. Nach einem zweijährigen Organistendienst als Nachfolger seines Vaters in Algund ging er nach München, von dort nach Longeville bei Bar-le-Duc und schließlich 1788 nach Paris, wo er sehr bald als Pianist, Lehrer und Komponist eine gute Position erreichte. Von 1797 bis 1802 wirkte er als Pianolehrer am Konservatorium, sodann als gesuchter Privatlehrer bis zu seinem Tod am 4. 3. 1839 in Villain bei Massy, Essonne.
Sein Bruder Joseph Aloys Ladurner (7. 3. 1769, Algund, bis 20. 2. 1851, Brixen) war ebenfalls von 1777 bis 1784 Schüler des Onkels in Benediktbeuren und wurde fürstbischöflicher Kaplan und Organist in Brixen.

WERKE

Die Opéra Comique in Paris führte 2 Opern von Ignaz Anton Ladurner auf. Er schrieb außerdem 12 Klaviersonaten, eine Klaviersonate für vier Hände, 9 Violinsonaten, Divertissements und Variationen. Diese Musik muß der Vorromantik zugeordnet werden.
Joseph Aloys Ladurner schrieb vor allem Kirchenmusik, aber auch zahlreiche Variationen und Fantasien für Klavier im zeitgenössischen Stil.

Adrien Lafage (1801–62)

ZEIT UND UMWELT

Die in Frankreich entwickelte Restauration der Kirchenmusik ging von der Vorstellung aus, daß der Gregorianische Gesang der eigentliche liturgische Gesang sei und den kirchenmusikalischen Idealtypus darstelle. Die bereits im Barock in diesem Land eingehaltene scharfe Trennung der Musik in den Kathedralen von der Profanmusik erinnert an die strenge Abstinenz des altrömischen Gesangs gegenüber aller Volksmusik. Zweck und Ziel aller dieser Bestrebungen war stets, zu verhindern, daß die Kirchenmusik zum Konzert wurde und der Kirchenbesucher wegen der Musik zu den Sakralhandlungen kam.

LEBEN

Juste Adrien Lenoir de Lafage wurde am 28.3. 1801 in Paris geboren. Er war Schüler von François Louis Perne und Alexandre Étienne Choron und wurde Gesanglehrer. In den Jahren 1828/29 vervollständigte er seine Ausbildung in Italien bei Giuseppe Baini. Nach Frankreich zurückgekehrt, übernahm er die Kapellmeisterstelle an St-Étienne du Mont. Seine umfangreiche Tätigkeit als Forscher und Schriftsteller auf dem Gebiet der Gregorianik und aller mit der Kirchenmusik zusammenhängender Probleme führte ihn auf zahlreiche Reisen nach Italien, Deutschland, Spanien und England. Er starb am 8.3.1862 in Charenton, Val-de-Marne.

WERKE

Neben seinen zahlreichen äußerst wertvollen Publikationen über den Kirchengesang schrieb Adrien Lafage viele sakrale Werke im A-cappella-Stil, die den Nachahmungscharakter nicht verbargen, ferner einige Hefte mit Variationen, Fantasien und Duos für Flöten und einige Lieder.

Charles Philippe Lafont (1781–1839)

ZEIT UND UMWELT

Die französische Schule der Violinistik brachte an der Schwelle der Romantik eine Reihe Virtuosen und Komponisten von Weltgeltung hervor, die auch für die Entwicklung in den übrigen Musikländern richtunggebend wirkten, so daß es zu einer starken Annäherung aller Schulen kam, wie überhaupt im 19. Jahrhundert die Grenzen zwischen Völkern und Staaten auf dem Feld der Musik sich zusehends verwischten, und man für diese Epochen nur mehr von einer Entwicklung der gesamten abendländischen Musik sprechen sollte.

LEBEN

Charles Philippe Lafont wurde am 1.12.1781 in Paris geboren und von seinem Onkel Julien Bertheaume (um 1751–1802) zum Violinisten ausgebildet. Er war später Schüler von Henri-Montan Berton, Rodolphe Kreutzer und Pierre Rode, dessen Stelle er als Kammervirtuose in St. Petersburg 1808 einnahm. Nach der Restauration wirkte er in gleicher Eigenschaft am französischen Hof bis zu seinem Tod am 14.8.1839 bei Tarbes.

WERKE

Von Charles Philippe Lafont sind 7 Violinkonzerte, ungefähr 20 konzertante Duos für Violine und Klavier, mehrere Streichquartette, bei 200 Romanzen für Singstimme, Fantasien, Rondos, Variationen und eine Oper bekannt geworden. Es handelte sich um reine romantische Musik.

Pierre Lagarde
(1717 bis nach 1792)

ZEIT UND UMWELT

Comte d'Artois Charles (1757–1836), Enkel König Ludwigs XV., erhielt sehr früh eine eigene Kapelle. Er verließ zwei Tage nach dem Fall der Bastille (1789) Frankreich und begab sich in die österreichischen Niederlande. Nach der Restauration und dem Tod seines Bruders Ludwig XVIII. (1755–1824) wurde er als Karl X. König von Frankreich.

LEBEN

Pierre Lagarde (de la Garde) wurde bei Crécy, Aisne, am 10. 2. 1717 geboren. Er debütierte als Baßbariton an der Pariser Oper und war sodann durch 10 Jahre Mitglied der Kapelle der Königin. Im Jahr 1750 wurde er Dirigent des Opernorchesters, 1756 Komponist des Königs, 1757 Musiklehrer der königlichen Prinzen und 1764 Leiter der Kapelle des Comte d'Artois. Er verblieb nach der Flucht seines Dienstherrn in Paris und bezog noch bis 1792 eine Pension des königlichen Hauses. In einem der folgenden Jahre dürfte er in Paris gestorben sein.

WERKE

Außer seinen Bühnenwerken, einer Pastorale, einem Ballett und einem Opernballett verfaßte Pierre Lagarde nur Vokalmusik, und zwar mehrere Bücher Airs mit Generalbaß, 6 Sammlungen mit Brunetten zur Gitarre, Cembalo oder Harfe und – bei einigen – Violine, 2 Suiten von Gesangstücken mit verschiedenen Instrumenten, mehrere Sammlungen mit Duos und zahlreiche Kantaten für eine Stimme mit verschiedenen Begleitungen. Sein Werk war für die Entwicklung der französischen Gesangskunst im 18. und im folgenden Jahrhundert sehr fördernd.

Daniel Lagkhner
(um 1545 bis nach 1607)

ZEIT UND UMWELT

Unter Kaiser Maximilian II., der selbst sehr stark zur Reformation neigte und nur unter dem Druck seiner Familie davon absah, selbst Protestant zu werden, konnten sich die Protestanten Österreichs, sofern sie nicht gerade dem eifrigen Gegenreformator Ferdinand von Tirol unterstanden, einer gewissen Freiheit erfreuen.

LEBEN

Daniel Lagkhner wurde um 1545 in Marburg (Maribor, Slowenien) geboren. Da er Protestant war, mußte er seine Geburtsstadt, die damals zur Steiermark gehörte, verlassen, weil dort scharfe gegenreformatorische Maßnahmen einsetzten. Wo er als Organist gewirkt hat, ehe er sich nach Böhmen wandte, ist nicht bekannt. Er soll eine Zeitlang in Klagenfurt am einzigen von Protestanten erbauten Dom Österreichs als Organist tätig gewesen und auch von dort vertrieben worden sein. In Böhmen wurde er von den Grafen Losenstein als Organist in Losdorf (Zvoleněves) 1607 eingestellt, wo er bis zu seinem Tod geblieben ist.

WERKE

Von Daniel Lagkhner sind vier- bis achtstimmige Motetten, 2 Bände dreistimmige Motetten und ein Buch »Neuwe teutsche Lieder« in Nürnberg erschienen. In Wien wurde eine sechsstimmige Melodia funebris (Trauermusik) veröffentlicht. Alle diese Werke zeigen eine bedeutende Meisterschaft des Komponisten.

LITERATUR

H. J. Moser, Die Musik im frühevangelischen Österreich, Kassel 1954.

Henry Lahee (1826–1912)

LEBEN

Henry Lahee wurde am 11.4.1826 in London geboren. Er war Schüler von William Sterndale Bennett, Cipriani Potter und John Goss. Von 1847 bis 1874 wirkte er als Organist in Brompton, darauf als Musiklehrer in Croydon. Er starb am 29.4.1912 in London.

WERKE

Von Henry Lahee sind zahlreiche Glees sehr bekannt geworden. Auch einige Madrigale wurden lange gesungen. Seine Kantate »Der Bau eines Schiffes« mußte laut Bestellung für wenig ausgebildete Sänger geschrieben werden. Sie geriet so, daß sie nicht nur in ganz Großbritannien, sondern auch in Amerika und Afrika mit Begeisterung aufgenommen wurde. Seine zweite Kantate, »Dornröschen«, durfte etwas schwieriger angelegt sein; auch sie errang in England, auf dem Kontinent und in den USA große Erfolge.

Théodore de Lajarte (1826–90)

Zeit und Umwelt
Die Militärmusik erfuhr in Frankreich unter den verschiedenen Regierungsformen des 19. Jahrhunderts eine gleichbleibende intensive Pflege. Die Ausbildung der Kapellmeister und Instrumentalisten war in der Regel sehr gut. In vielen Fällen waren Militärchöre angeschlossen.

Leben
Théodore Édouard Dufaure de Lajarte wurde am 10.7.1826 in Bordeaux geboren. Er war am Conservatoire von Paris Schüler von Aimé Ambroise Simon Leborne. Ab 1873 wirkte er als Bibliothekar der Opéra und als Verfasser wertvoller operngeschichtlicher Werke. Er starb am 20.6.1890 in Paris.

Werke
Von Théodore de Lajarte sind einige kleine Opern und Operetten aufgeführt worden. Seine kompositorische Tätigkeit galt jedoch hauptsächlich der Militärmusik, für die er Märsche, Walzer und Chöre mit Harmoniemusik verfaßte. Bedeutender war er aber als Musikschriftsteller, Enzyklopädist und Historiograph.

László Lajtha (1892–1963)

Leben
Lászlo Lajtha wurde am 30.6.1892 in Budapest geboren, wo er bei Arpád Szendy Klavier und bei Victor von Herzfeld Komposition studierte. Seine Ausbildung ergänzte er mittels Studienreisen nach Leipzig, Genf und Paris. Er widmete sich neben der Komposition vorwiegend der ungarischen Volksmusik und war von 1913 bis 1950 in der Volksmusikabteilung des Ungarischen Nationalmuseums tätig. Von 1919 bis 1949 unterrichtete er am Konservatorium in Budapest Komposition, Kammermusik, Musikästhetik und Folklore. Ab 1952 war er Professor für Volksmusikforschung an der Musikhochschule in Budapest. Er bemühte sich um die Sammlung von Volksmelodien in den von Béla Bartók und Zoltán Kodály nicht erfaßten Gebieten. Er starb am 16.2.1963 in Budapest.

Werke
Der spätere Claude Debussy, Paul Dukas und Maurice Ravel beeinflußten das frühe kompositorische Schaffen von László Lajtha; später bevorzugte er eine kontrapunktische Diktion und erreichte sodann einen höchstpersönlichen sinfonischen Stil mit akkordischer Diatonik. Diese Rückkehr zu älteren Formen dürfte mit der intensiven Beschäftigung mit Volksmusik im Zusammenhang gestanden sein. Er schrieb eine Oper, 3 Ballette, 9 Sinfonien, 2 Sinfonietten für Streicher, 2 Tondichtungen, 2 Divertissements für Orchester, Orchestervariationen, 3 Orchestersuiten, ein Violinkonzert, 10 Streichquartette, 5 Etüden und 4 Etüden für Streicher, 2 Trios für Flöte, Harfe und Cello, 3 Streichtrios, eine Klaviersonate, eine Violinsonate, eine Cellosonate, 2 Messen, Madrigale, Nokturnen für Sopran, Flöte und Streicher, Magnificat, Hymnen, Klavierstücke, Filmmusiken und Volksmusikbearbeitungen. Er publizierte außerdem mehrere Werke über Volksmusik.

Sinfonie Nr. 4 »Der Frühling«, Opus 52, 3 Sätze, entstanden 1951
Mit ununterbrochenem Dahinjagen stellt das Allegro des 1. Satzes den Anbruch des Frühlings, seine Stürme und sein Aufblühen dar. Der 2. Satz bringt eine Schilderung der Stimmung des Frühlings mit allen Schönheiten und Hoffnungen. Das Finale setzt die Fröhlichkeit des Werks fort, lehnt sich aber damit stark an französische Diktionen an und kehrt erst am Ende zum ungarischen Kolorit zurück, das an sich für die Sinfonie typisch ist.

Sinfonie Nr. 9, Opus 67, 3 Sätze, entstanden 1963
Lebensbejahung und Todesahnung beherrschen dieses Werk. Gregorianische Melodik bilden das Hauptmaterial. Eine breite, leidenschaftliche Melodie leitet den 1. Satz ein, der ein rasches Thema entgegengeführt wird. Metrumlose, rezitativische Phrasen sind zeitweilig eingeschaltet. Der 2. Satz bringt eine einfache lyrische Melodie, die mehrmals von dramatischen Ausbrüchen unterbrochen wird. Eine leicht dahinfließende Melodie, der eine gewisse Jenseitigkeit anhaftet, mündet im Finale in ein gregorianisches Thema, das sich zum Ende zu einer gewaltigen Steigerung erhebt.

Edouard Lalo (1823–92)

LEBEN

Edouard Victor Antoine Lalo wurde am 27.1. 1823 in Lille geboren und erhielt dort seine erste Ausbildung an der Filiale des Pariser Conservatoire. Mit 16 Jahren ging er nach Paris, wo er Schüler von François Antoine Habeneck und Julius Schulhoff wurde und den Rompreis erhielt. Mit seinen ersten Kompositionen stieß er auf Interesselosigkeit, so daß er vorläufig nichts weiteres schrieb, sondern als Bratschist an den Kammermusiksoireen des Violinisten Jules Armingaud (3.5. 1820, Bayonne, bis 7.2.1900, Paris) und des Cellisten Léon Jean Jacquard (3.11.1826, Paris, bis 27.3.1886, Paris) mitwirkte. Sein Versuch, sich an einem Opernwettbewerb zu beteiligen, brachte ihm den dritten Platz, seine Oper (»Fiesco«) wurde in Brüssel und Paris angenommen, aber trotzdem nie aufgeführt. Im Jahr 1874 spielte Pablo de Sarasate, der bedeutendste Violinvirtuose seit Niccolò Paganini, das ihm gewidmete Violinkonzert Nr. 1 und ein Jahr darauf die »Symphonie espagnole« und errang damit für den Komponisten einen durchschlagenden Erfolg. Nun wurden alle seine Werke mit Begeisterung aufgenommen. Er starb am 22.4.1892 in Paris.

Edouard Lalo, Zeichnung von P. Mathey

WERKE

Außer seinen 3 Opern, von denen er die letzte unvollendet hinterließ, schrieb Edouard Lalo 4 Violinkonzerte – darunter »Symphonie espagnole«, »Fantaisie norvégienne«, »Concerto russe« –, eine »Rapsodie norvégienne« für Orchester, ein Divertissement für Orchester, ein Klavierkonzert, ein Cellokonzert, eine Serenade für Violine und Orchester, eine Sinfonie in g-Moll, eine Aubade für zehn Instrumente, ein Scherzo für Orchester, ein Streichquartett in Es-Dur, 3 Klaviertrios – c-Moll, h-Moll, a-Moll –, eine Cellosonate, eine Violinsonate und weitere Stücke für Violine und Klavier – Impromptus, Skizzen, Soirées –, ferner zahlreiche Gesänge mit Klavier, sakrale Lieder, 2 Duette und Klavierstücke, außerdem das Ballett »Namouna« und die Pantomime »Néron«, die verschollen ist.

Symphonie espagnole für Violine und Orchester in d-Moll, Opus 21, 5 Sätze (Violinkonzert Nr. 2), entstanden 1873

Rhythmik und Melodik des 1. Satzes sind spanisch. Die Solovioline bringt ein inniges Seitenthema. Der 2. Satz besteht aus mehreren verträumten Kantilenen, die sich an spanische Folklore anlehnen und am Ende rhapsodischen Charakter annehmen. Die spanischen Themen des 3. Satzes sind konzertant und im 4. Satz improvisatorisch entwickelt. Das Rondofinale schließt das Stück brillant und virtuos ab.

Konzert für Cello und Orchester in d-Moll, 3 Sätze, entstanden 1876

Die Faktur dieses Konzerts ist traditionell, ohne Altes nachzuahmen. Der 1. Satz besteht aus einem langsamen Präludium und einem Allegro maestoso als Hauptthema, mit dem sich der Solist in großen Gesten vorstellt. Der Mittelsatz zerfällt ebenfalls in 2 Abschnitte; auf einer feierlichen Einleitung entfaltet das Cello alle Facetten seiner Klangvariationen und erzeugt eine Vision spanischer Landschaft und spanischen Lebens. Das verstärkt sich im Finale zu plastischer Bildhaftigkeit.

Konzert für Klavier und Orchester in c-Moll, 3 Sätze, entstanden 1889

Der 1. Satz bringt einen breiten, choralartigen Klaviersatz, dessen feierlicher Charakter fallweise von Trompeten verstärkt wird. Die gleiche Stimmung beherrscht den 2. Satz, in dem der Solist oft weit zurücktritt, so daß das Konzert sinfonische Faktur annimmt. Im Allegro des Finales jedoch kommt wieder der Pianist zu seinem Recht. Virtuoses Spiel umrankt kunstvoll die Themen des Orchesters, verläßt aber nie der Technik zuliebe das enge Zusammenspiel.

Rapsodie norvégienne, 2 Sätze, entstanden 1881

Dieses Orchesterstück ist aus einer Umarbeitung und Erweiterung der Fantaisie norvégienne (1880) entstanden. Die Verarbeitung von Volksmusik fremder Länder, die bei französischen Meistern nicht selten auftrat, ist dem Komponisten auch mit seinem Concerto russe mit großem Einfühlungsvermögen gelungen. Hier bringt der 1. Satz ein zartes Liedthema mit einem scharf rhythmisierten Motiv in interessante Kontraste. Dann rauscht der 2. Satz mit einem wilden Tanzthema und einer Serie von zum Teil nur angedeuteten Motiven auf, bis ein explosiver Kraftausbruch alles beendet.

LITERATUR

G. Servières, Edouard Lalo, Paris 1925.

Pierre Lamalle (1648 – 1722)

ZEIT UND UMWELT

Der Spanische Erbfolgekrieg (1701 – 14) wurde 1713 mit dem Frieden von Utrecht vorläufig abgeschlossen und 1714 beendet. Herzog von Anjou, Philipp V. (1683 – 1746), ein Enkel Ludwigs XIV., wurde König von Spanien. Dies wirkte sich auch in den Niederlanden aus, wo Parteigänger und Schützlinge Habsburgs Anhängern der Bourbonen Platz machen mußten.

LEBEN

Pierre Lamalle wurde 1648 in Lüttich geboren und in die Maîtrise der Kathedrale St-Lambert als Chorknabe aufgenommen, wo er Schüler von Lambert-Jean Pietkin war. Mit einem Stipendium der Bursa von Toledo, das ihm über Veranlassung des habsburgischen Königs von Spanien Philipp IV. gewährt wurde (1664), setzte er sein Musikstudium fort, wurde 1669 Musiker an der Kathedrale, 1679 Kanonikus an St-Materne und 1688 erster Chorleiter. Im Jahr 1713 verlor er seine Stellung und starb am 28. 7. 1722 in Lüttich.

WERKE

Der wallonische Komponist Pierre Lamalle verfaßte eine große Anzahl kirchenmusikalischer Werke im italienischen Stil, erhalten ist davon sehr wenig, darunter eine typisch »barocke« Messe für sechs Stimmen, zwei Instrumente, Fagott und Generalbaß.

Eric de Lamarter (1880–1953)

LEBEN

Eric de Lamarter wurde am 18.2.1880 in Lansing, Mich., geboren. Er war bereits mit 15 Jahren Chorleiter in Kalamazoo, Mich. Von 1900 bis 1936 wirkte er als Organist an verschiedenen Kirchen in Chicago und gleichzeitig als Musikkritiker und als Hilfsdirigent des Sinfonieorchesters. Er starb am 17.5 1953 in Orlando, Fla.

WERKE

Außer 3 Balletten schrieb Eric de Lamarter 4 Sinfonien, eine Ballettsuite, mehrere Orchesterouvertüren und weitere Suiten, 2 Orgelkonzerte, eine Vertonung des 144. Psalms für Chor, Kammermusik, sakrale Werke und Klavierstücke. Er war der Spätromantik, die dazumal in den USA sehr beliebt war, stark verhaftet.

José Angel Lamas (1775–1814)

ZEIT UND UMWELT

Die erfolglose Verschwörung der Kreolen in Venezuela im Jahr 1797 gegen die spanische Herrschaft, die darauffolgende Agitation der Kolonie, die auf ihre Unabhängigkeit abzielte, und die Befreiungskämpfe des Jahres 1806, denen1810 das Ende der spanischen Regierung und 1811 die Unabhängigkeitserklärung folgten, gewährten dem Land und seinen Bewohnern kein ruhiges Dasein, zumal die Kämpfe zwischen Aufständischen und den Anhängern der spanischen Königsmacht noch 10 Jahre mit aller Heftigkeit andauerten, konnten aber die glänzende Entwicklung der Musik in der Kathedrale von Caracas nicht hemmen.

LEBEN
José Angel Lamas wurde am 5.8.1775 in Caracas geboren. Er trat in jungen Jahren dem Chor der Cathedrale seiner Geburtsstadt bei und blieb in dieser Stellung, obschon er zu den bedeutendsten Komponisten seiner Zeit zählte, bis zu seinem Tod am 9.12.1814.

WERKE
Von den zahlreichen Kompositionen von José Angel Lamas sind etwa 40 erhalten, die ihn zu den erstrangigen Meistern Venezuelas seiner Zeit einreihen. Hervorzuheben sind eine Messe in D-Dur, einige Salve regina, mehrere Motetten, die sich durch reiche Melodik auszeichnen, und 3 Exequien; am bekanntesten wurde sein »Populus meus« (Mein Volk) für Soli, Chor und Orchester aus dem Jahr 1806.

LITERATUR
I. Peña, José Angel Lamas, Caracas 1965.

Camillo Lambardi (um 1560–1634)

ZEIT UND UMWELT
Die neapolitanische Musikschule Santa Maria di Loreto nahm nach ihrer Übersiedlung in ein größeres Gebäude im Jahre 1566 einen steilen Aufschwung. Die Schülerzahl stieg rasch auf 800. Das erfolgreiche Auftreten der jungen Musiker erregte bald Aufsehen; ihr hoher Ausbildungsgrad wurde allgemein bekannt, so daß es für sie nicht schwer war, nach Vollendung der Ausbildung an einer der Kapellen der Stadt unterzukommen.

LEBEN
Camillo Lambardi wurde um 1560 in Neapel geboren und dort ausgebildet. Nach seiner Tätigkeit als Sänger an verschiedenen Kirchen der Stadt erhielt er die Kapellmeisterstelle an Santa Annunziata, die er bis zu seinem Tod im Jahre 1634 versah.
Sein Sohn Francesco Lambardi (1587, Neapel, bis Juli 1642, Neapel) wurde sehr früh in die Kapelle des Vizekönigs als Sänger und Organist aufgenommen und war dort ab 1615 Erster Organist.

WERKE
Von Camillo Lambardi sind ein Buch mit achtstimmigen Responsorien für die Karwoche, ein zweites mit dreistimmigen Motetten und Basso continuo und weitere 2 Bücher mit vierstimmigen Madrigalen erhalten. Die Generalbaßpraxis setzte sich zu jener Zeit auch bereits in Neapel durch.
Von Francesco Lambardi sind 3 Bücher mit drei- bis fünfstimmigen Villanellen, Canzonetten und einigen Soloarien und Duos überliefert. Seine Musik gehört bereits dem Frühbarock an.

Girolamo Lambardi
(um 1570 bis nach 1623)

ZEIT UND UMWELT
In Venedig wirkte auf dem Gebiet der Kirchenmusik wie der Palestrina-Stil in Rom der auf der franko-flämischen Schule fußende venezianische Stil lange nach. Er wurde in der zweiten Hälfte des 16. Jahrhunderts durch das Beispiel und die theoretischen Schriften von Gioseffo Zarlino (1517–90), des Schülers von Adrian Willaert (um 1485 bis 1562), noch vertieft.

LEBEN
Girolamo Lambardi wurde um 1590 in Venedig geboren und erhielt seine Ausbildung von Gioseffo Zarlino. Er trat in das Kloster Santo Spirito in Venedig ein, wurde Kanonikus und starb nach 1623.

WERKE
Der italienische Kirchenmusiker Girolamo Lambardi hinterließ ein vierstimmiges Magnificat, achtstimmige Psalmen, viele mehrstimmige Vespern und vierstimmige Messen. Praxis und Theorie seines Lehrers

werden in allen diesen Kompositionen deutlich, die als gute Musik im älteren venezianischen Stil zu bezeichnen sind. Besonderen Wohlklang erreichen die »Psalmodia vespertina« aus dem Jahr 1605.

Walter Lambe (um 1400 bis um 1480)

Zeit und Umwelt

Die großen Namen der englischen Musik des frühen 15. Jahrhunderts waren Lionel Power, John Dunstable und John Bedingham. Der Widerhall ihrer Musik im eigenen Land war vorerst nicht stark. Dunstable ist sozusagen auf dem Kontinent berühmt geworden. Dennoch schritt die Entwicklung auch in England weiter. Robert Fayrfax war eine nächste Stufe; zu ihr führte eine Reihe kleinerer Meister, von denen nur wenige namentlich überliefert sind.

Leben

Walter Lambe ist um 1400 in England geboren. Über sein Leben und Wirken ist nahezu nichts bekannt, außer daß er von 1468 bis 1479 Angehöriger der Kapelle von Windsor war. Der Kirchenkomponist dürfte in Windsor um 1480 gestorben sein.

Werke

Von den Kompositionen Walter Lambes sind ungefähr 8 Motetten für vier oder fünf Stimmen und ein dreistimmiges Sanctus überliefert. Auch diese schmale Hinterlassenschaft des als sehr produktiv bezeichneten Meisters zeigt bereits, daß er den Stil seiner großen Zeitgenossen – und besonders den von Power – übernommen und weiterentwickelt hat. Durch sein hohes Alter reicht er noch in die Zeit der englischen Renaissancemusik hinein, die am Ende des 15. Jahrhunderts einsetzte.

Michel Lambert (1610–96)

Zeit und Umwelt

Der Air de cour entwickelte sich im Verlauf des 17. Jahrhunderts zum sogenannten Air serieux, der sich textlich auf ernste, »erhabene« Themen beschränkte, während sich eine zweite Form, der Air en rondeau, leichtere, oft lustige Texte und einfacherer, natürlicherer Melodik bediente. Das Eindringen der Volksmusik in die Hofmusik ist hier deutlich erkennbar. Dazu gesellte sich – von der Oper beeinflußt – ein stark dramatisches Element.

Leben

Michel Lambert wurde 1610 in Champigny-sur-Veude, Indre-et-Loire, geboren. Er war zunächst Chorknabe in Poitou, wurde sodann von Estienne Moulinié, der seine Fähigkeiten erkannte, nach Paris gebracht und dort von Pierre de Nyert zum Sänger ausgebildet. Im Jahr 1661 wurde er Kammermusikmeister König Ludwigs XIV., 1670 dazu noch Kapellmeister. Er starb in Paris am 29. 6. 1696.

Werke

Der französische Sänger, Theorbist und Komponist Michel Lambert arbeitete an einem Dutzend Ballets de cour als Komponist, Sänger und Tänzer mit. Er soll an die 20 Sammlungen von Airs veröffentlicht haben, erhalten davon sind nur 3. Weitere Airs serieux et à boire (ernste und lustige Lieder) sind in Sammlungen aufgenommen. Sie sind für die Entwicklung der Airs en rondeau grundlegend, einer Kompositionsform, die von vielen Schülern Michel Lamberts übernommen und weitergebildet wurde und zur Ausgestaltung der französischen Opernarie viel beigetragen hat.

Literatur

Th. Gérold, L'art du chant en France au XVIIe siècle, Straßburg 1921.

Lambert de Sayve (um 1549–1614)

Zeit und Umwelt

Kaiser Matthias wurde 1578 von den Generalstaaten zum Generalgouverneur der Niederlande bestellt, doch er legte schon 1581 das Amt zurück und verließ das Land. Sein Bruder Rudolf II. überließ ihm aber erst 1593 die Regentschaft über Österreich. Die böhmische Krone fiel ihm 1611 zu, nachdem er 1608 König von Ungarn geworden war. Zum Kaiser wurde er 1612 nach dem Tod des Bruders gewählt und gekrönt.

LEBEN

Lambert de Sayve wurde um 1549 in Lüttich geboren und ausgebildet. Er fand in der Kapelle des Generalgouverneurs Erzherzog Matthias von Österreich Aufnahme. Über diese Beziehung erhielt er 1582 eine Stelle bei Erzherzog Karl von Österreich in Graz; er wurde 1600 Hofkapellmeister des späteren Kaisers Matthias in Wien und 1612 in Prag, wo er im Februar 1614 starb.

Sein Bruder Matthias de Sayve (um 1550, Namur, bis nach 1619, Prag) wurde 1590 Sänger an der Kaiserlichen Hofkapelle in Prag und wirkte bis 1619. Er ist kurz darauf in Prag verstorben.

Dessen Sohn Erasmus de Sayve (um 1585, Graz, bis nach 1630, Wien) wurde nach seiner Ausbildung ebenfalls Sänger an den habsburgischen Kapellen in Prag und in Wien.

WERKE

Der franko-flämische Komponist Lambert de Sayve komponierte sechs- bis vierzehnstimmige Motetten, ein Buch neapolitanische Kanzonen für fünf Stimmen, Messen und »Teutsche Liedlein« für vier Stimmen. Die Kompositionen sind im Stil seiner niederländischen Heimat gehalten, der auch um jene Zeit in den Hofkapellen der Habsburger gepflegt wurde. Die Motetten sind außerordentlich fein gearbeitet.

Von Matthias de Sayve sind mehrere fünfstimmige Motetten in Sammelwerken erschienen.

Erasmus de Sayve veröffentlichte 1614 18 dreistimmige geistliche Gesänge auf italienischem Text.

Giovanni Tommaso Lambertini
(um 1540 bis nach 1600)

ZEIT UND UMWELT

Jacopo della Quercia (um 1374–1438) aus Siena war einer der bedeutendsten Wegbereiter der Renaissance in der italienischen Plastik. Sein Genesisrelief am Hauptportal von San Petronio in Bologna ist zwar unvollendet geblieben, legt aber trotzdem Zeugnis für den hohen Kunstsinn der Stadt ab.

LEBEN

Giovanni Tommaso Lambertini wurde in Bologna um 1540 geboren und dort ausgebildet. Im Jahre 1556 wurde er Sänger an der Basilika San Petronio und blieb in dieser Stellung bis zu seinem Tod nach 1600. Er war Priester und Schatzmeister der Basilika.

WERKE

Von dem italienischen Komponisten sind ein Buch Madrigale, 7 Bußpsalmen und eine Anzahl Villanellen in Sammelwerken erhalten. Der Stil dieser Kompositionen ist stark vom zeitgenössischen römischen beeinflußt. Lambertini ist einer der vielen Renaissancemeister, die alle eine gewisse Gleichartigkeit aufweisen, aber doch jedem ihrer Werke den Stempel des eigenen Wesens aufdrückten und gerade dadurch zu echten Renaissancekünstlern wurden.

Henry Albert Lambeth (1822–95)

ZEIT UND UMWELT

Die Gründung von speziellen Chorvereinigungen besonders ausgewählter Stimmen war vor allem im 19. Jahrhundert in Großbritannien zu beobachten. Viele davon beschäftigen sich mit lokaler Volksmusik, die sie in vollendeter Form wiedergaben.

LEBEN

Henry Albert Lambeth wurde am 16. 1. 1822 in Hardway bei Gosport geboren. Er war Schüler von Thomas Adams und erhielt 1859 die Dirigentenstelle der Glasgow Choral Union, aus der er 1874 eine Anzahl von 20 bis

30 Sängern auswählte und für die Wiedergabe von vorwiegend schottischer Musik ausbildete. Dieser Chor errang als Glasgow Select Choir bedeutende Erfolge. Gleichzeitig wirkte Lambeth als Organist und Chorregent an mehreren Kirchen von Glasgow, wo er am 27.6.1895 starb.

WERKE
Neben vorzüglichen Harmonisierungen schottischer Weisen komponierte Henry Albert Lambeth eine Anzahl Lieder und Klavierstücke und Vertonungen des 86. und des 137. Psalms für den von ihm geleiteten Chor.

Jacques Philippe Lamoninary
(1707–1802)

ZEIT UND UMWELT
Carlo Tessarini und Giuseppe Tartini übten auf die Mitglieder der französischen Schule des Violinspiels trotz deren intensiver Traditionspflege starken Einfluß aus, der bei manchen französischen Meistern entscheidend wirkte. Aber gerade aus der Verschiedenheit der Einflußstärke auf den einzelnen ergab sich der breite Entwicklungsstrom, der das hohe Niveau der Violinmusik in Frankreich erreichte.

LEBEN
Jacques Philippe Lamoninary wurde am 14. 7. 1707 in Maroilles, Avesnes, geboren. Er war von 1734 bis 1736 und von 1757 bis 1779 Violinist an St-Pierre in Valenciennes, Nord, und sodann in Boulogne-sur-Mer bis zu seinem Tod am 29. 10. 1802 tätig.

WERKE
Von Jacques Philippe Lamoninary sind 6 Sonaten für zwei Violinen und Baß, 12 Trios für zwei Violinen mit Baß und 6 vierstimmige Sinfonien für zwei Violinen, Bratsche und Cello mit Orgel erhalten. Sein stark manierierter Stil steht unter deutlichem italienischem Einfluß, ist aber sehr ansprechend.

Ricardo Lamote de Grignon
(1899–1962)

LEBEN
Ricardo Lamote de Grignon wurde am 23.9. 1899 in Barcelona geboren. Er war am Konservatorium seines Geburtsorts Schüler seines Vaters und wirkte darauf als Vizedirigent des Stadtorchesters in Valencia und sodann bis zu seinem Tod am 5.2.1962 in gleicher Eigenschaft am Stadtorchester von Barcelona.
Sein Vater Juan Lamote de Grignon (7.7.1872, Barcelona, bis 11.3.1949, Barcelona) studierte am Konservatorium seiner Heimatstadt und wurde dort 1890 Professor und 1917 Direktor. Er dirigierte durch viele Jahre die Stadtmusikbande von Barcelona und von 1943 bis 1949 das Stadtorchester von Valencia.

WERKE
Außer 2 Opern und einem Ballett schrieb Ricardo Lamote de Grignon eine »Katalonische Sinfonie«, 2 Konzertstücke und ein sinfonisches Gedicht für Chor und Orchester.
Juan Lamote de Grignon schrieb eine Oper für Orchester, ein »Romantisches Gedicht«, eine »Spanische Suite«, eine »Träumerei« für Cello und Orchester, ein Oratorium und ungefähr 150 Lieder. Sein Stil war traditionell.

Franz Lamotte (um 1751–81)

ZEIT UND UMWELT
Eine Herkunft aus der Umgebung des Statthalters der Niederlande in Brüssel und manieriertes Virtuosentum bildeten in der zweiten Hälfte des 18. Jahrhunderts eine ausreichende Empfehlung, um in die Wiener Hofkapelle aufgenommen zu werden.

LEBEN
Franz Lamotte wurde um 1751 in Flandern geboren. Er war in London Schüler von Felice de Giardini, trat 1766 in Wien auf und wurde 1770 erster Violinist der Kaiserlichen Hofkapelle. Er starb 1781 in Den Haag.

WERKE
Von Franz Lamotte sind 3 Violinkonzerte,

weiters Sonaten und Variationen für Violine und Generalbaß erschienen, die sich zum Teil der Klassik nähern, aber dennoch das Virtuosentum stark hervorkehren.

LITERATUR

O. Wessely, Artikel Franz Lamotte, in: Musik in Geschichte und Gegenwart VIII, 1960.

Petros Lampadarios (um 1730–77)

LEBEN

Petros Lampadarios (Peloponnesios) wurde um 1730 in Tripolis auf Morea geboren. Er wirkte in Konstantinopel (Istanbul) zuletzt (ab 1776) als Musiklehrer einer Musikschule des Patriarchats und starb dort im Jahr 1777.

WERKE

Von dem Komponisten der griechischen Kirche Petros Lampadarios sind Bearbeitungen von Werken des Hymnographen Manuel Chrysaphes (um 1458) überliefert, denen er viele orientalische Elemente zuführte. Er verwendete bei diesem für den Metropoliten von Bosnien bestimmten Werk anstelle des griechischen einen altkirchenslawischen Text, den er auch seinen Hymnen zugrunde legte. Er leitete auch die Einführung einer modernen Notation ein.

John Frederick Lampe (1703–51)

ZEIT UND UMWELT

Liedersammlungen, von denen es in England bereits im 17. Jahrhundert eine Fülle gab, wurden im 18. Jahrhundert von den Musikverlagen in noch gesteigerter Menge herausgebracht, weil die Publikumsnachfrage sich ständig verstärkte. Daher vermehrte sich auch die Liedkomposition. Nachgeahmte oder nur geringfügig veränderte Opernarien, harmonisierte Volkslieder oder dem Volkston angenäherte Kunstlieder erfreuten sich großer Beliebtheit; zu einer typisch englischen Liederschule kam es allerdings nicht.

LEBEN

John Frederick Lampe (Johann Friedrich) wurde 1703 in Sachsen geboren und kam um 1725 als Fagottist an die Londoner Oper. Er trat bald als Komponist hervor, verließ die Oper 1748, um seine Lieder auf Konzertreisen von seiner Frau, der bekannten Sängerin Isabella Young (um 1710, London, bis um 1770, vermutlich London), vortragen zu lassen. Nach einem zweijährigen Aufenthalt in Dublin ging das Paar nach Edinburgh, wo der Komponist am 25. 7. 1751 starb.
Sein Sohn Charles John Frederick Lampe (um 1730, London, bis nach 1769, London) war ab 1758 Organist von All Hallows in Barking und ab Mai 1763 auch an Covent Garden in London.

WERKE

Neben einer Reihe von Bühnenstücken – Opern, Maskenspiele, Burlesken – verfaßte John Frederick Lampe eine große Anzahl Lieder, die in verschiedene Sammelwerke aufgenommen wurden und über seinen Tod hinaus beliebte Konzertnummern bildeten.
Von Charles John Frederick Lampe ist ein einziges Catch erhalten. Alles andere ist verschollen.

Giovanni Battista Lampugnani
(1706 bis um 1785)

ZEIT UND UMWELT

Nachdem das herzogliche Theater in Mailand 1776 durch Brand zerstört worden war, errichteten die Besitzer an der Seite der Kirche Santa Maria della Scala ein neues Opernhaus. Es war das größte und modernste seiner Zeit und reihte sich bald zu den bedeutendsten Musikbühnen der Welt ein, welchen Rang es bis heute unbestritten innehat.

LEBEN

Giovanni Battista Lampugnani wurde 1706 in Mailand geboren und dort ausgebildet. Er trat 1732 mit seiner ersten Oper in Mailand vor das Publikum, dirigierte von 1743 bis 1746 das King's Theatre in London und ging sodann nach Italien zurück, wo er in verschiedenen Städten und darauf in Barcelona, London und in Deutschland weitere Opern herausbrachte. Im Jahr 1760 wurde er Cembalist am herzoglichen Theater in Mailand und, nach der Eröffnung 1778, an der »Scala«. Er starb um 1785 in Mailand.

WERKE
Neben einer Reihe von Opere serie nach dem Beispiel von Johann Adolf Hasse und komischen Opern nach dem Muster von Baldassare Galuppi verfaßte Giovanni Battista Lampugnani 14 Sonaten für zwei Violinen und Generalbaß, 2 Konzerte für zwei Flöten in G-Dur und mehrere Kantaten. Sein Hauptverdienst beruht auf seiner Ausgestaltung des sinfonischen Gehaltes der Oper.

Flavio Carlo Lanciani
(um 1670 bis nach 1704)

ZEIT UND UMWELT
Das lateinische Oratorium, wie es Giacomo Carissimi geschaffen hatte, fand immer wieder seine Nachahmer, wenn auch das volkstümlichere in italienischer Sprache eine viel größere Verbreitung erfuhr. Es diente in den meisten Fällen unmittelbar sakralen Zwecken im Rahmen von Gebetsgemeinschaften oder Orden.

LEBEN
Flavio Carlo Lanciani wurde um 1670 vermutlich in Rom geboren. Er stand ab 1689 als Sänger im Dienst des Kardinals Pietro Ottoboni in Rom, wirkte ab 1702 in gleicher Eigenschaft an Santa Maria in Trastevere, wo er 1704 Kapellmeister wurde. Wo und wann er nach 1704 gestorben ist, kann nicht festgestellt werden.

WERKE
Der italienische Sänger und Komponist Flavio Carlo Lanciani verfaßte für die Erzbrüderschaft »Del Crocifisso« 10 lateinische und mehrere italienische Oratorien wie »La fede consolata« (Der tröstliche Glaube) und »La gioia nel seno d'Abramo« (Die Freude im Herzen Abrahams), außerdem Kantaten, Arien, eine dreistimmige Serenata für zwei Violinen und Trompete und mehrere Opern. Seine Musik folgt dem römischen Hochbarock.

LITERATUR
A. Liess, Materialien zur römischen Musikgeschichte des Seicento, Acta musicologica 1957.

Juan José Landaeta (um 1780–1814)

ZEIT UND UMWELT
Die Unabhängigkeit von Venezuela, die 1811 erklärt wurde, war damit noch auf keinen Fall errungen. Die Kämpfe mit den Truppen der spanischen Kolonialverwaltung dauerten noch lange an.

LEBEN
Juan José Landaeta wurde um 1780 in Caracas geboren. Er wirkte nach seiner Ausbildung an verschiedenen Kirchen seiner Vaterstadt als Sänger und Organist und wurde 1808 Dirigent der ersten französischen Operntruppe, die in Venezuela spielte. Er war begeisterter Parteigänger der Unabhängigkeitsbewegung und wurde 1814 von Vertretern der spanischen Kolonialherrschaft hingerichtet.

WERKE
Der revolutionäre Gesang »Gloria al bravo pueblo« (Ruhm dem tapferen Volk) wurde 1881 zur Nationalhymne von Venezuela erklärt. Er schrieb außerdem eine Reihe viel gesungener profaner und sakraler Gesänge mit Instrumentalbegleitung.

Steffano Landi (um 1590–1639)

ZEIT UND UMWELT
Die aus Siena stammende Familie Borghese gelangte, als ihr bedeutendstes Mitglied Camillo Borghese als Paul V. Papst wurde, in Rom zu ungeheurer Macht und großem Reichtum. Die Verwandten des Papstes erhielten die einträglichsten Positionen und

Führungsstellen. Die Bauten, die die Familie errichten ließ, die Sammlungen, die sie anlegte, zeugen noch heute von der Vormachtstellung dieser Familie.

LEBEN
Steffano Landi wurde um 1590 in Rom geboren. Er war bereits im zweiten Jahrzehnt des 17. Jahrhunderts Kirchenkapellmeister in Padua, ging 1619 nach Rom zurück, trat in die Dienste der Familie Borghese und wurde 1624 Kapellmeister an Santa Maria dei Monti. Im Jahr 1629 nahm ihn die päpstliche Kapelle als Altisten auf. Er starb am 28. 10. 1639 in Rom.

WERKE
Der italienische Sänger und Komponist Steffano Landi zählt zu den bedeutendsten Musikern der ersten Hälfte des 17. Jahrhunderts. Er hat zur Entwicklung der Kantate beigetragen und war einer der ersten Vertreter der römischen Oper. Seine mehrstimmigen Madrigale, Lieder und Psalmen, seine berühmte sechsstimmige Hochzeitsmesse und die 6 Bücher Arien mit Instrumentalbegleitung waren grundlegend für die römische Barockmusik. Sein Musikdrama »Sant'Alesio« und die Pastoraloper »Der Tod des Orpheus« legten den Grundstein für die Oper Roms. Seine Instrumentalkanzonen waren für die Instrumentalmusik der Stadt richtungweisend. Daneben verfaßte er eine Reihe von A-cappella-Messen im alten Stil, den er ebenso meisterhaft beherrschte wie den neuen.

Francesco Landini (1325–97)

ZEIT UND UMWELT
Petrarca, der seine siebzig Lebensjahre im 14. Jahrhundert verbrachte, beklagte den Niedergang der Lebensumstände seit seinen Studienjahren in Montpellier und Bologna. Rom war durch die Abwanderung der Päpste nach Avignon kaltgestellt und ohne Leben, das Königreich Neapel seit dem Tod König Roberts heruntergekommen, die lombardischen Städte hatten ihre Bedeutung eingebüßt wie auch Pisa, Siena, Arezzo und Perugia, sogar Venedig, das sich im Vergleich zu anderen Städten auf einer gewissen Höhe hielt, hatte viel verloren, in den Fluren Italiens und Frankreichs hausten Räuber und Wölfe, die reichen Niederlande lagen in Schutt und Asche mit kaum einem heilen Haus außerhalb der Mauern der Städte, in Paris selbst übertönte der Waffenlärm die Debatten gelehrter Männer.
In diesem katastrophalen Wandel entstand die italienische Renaissance, die Wiedergeburt der Antike und des Humanismus. Geradezu explosiv wuchsen auf allen Gebieten der Wissenschaft und der Kunst Kräfte empor, die das gesamte Weltbild veränderten; Mathematiker, Astronomen, Geschichtsschreiber und Grammatiker, Baumeister, Bildhauer, Maler, Dicher und Musiker, in jedem Zweig Männer mit Namen, die die Menschheit nie mehr vergessen wird, und mit Leistungen von Ewigkeitswert. Denn, und das ist das Erstaunliche daran, man ließ sie von jeder Seite gewähren, wenn sie nicht gerade selbst Politiker waren wie Dante, der seine Vaterstadt verlassen mußte, weil seine Gegenpartei obsiegte. Ob nun Ghibellinen gegen Welfen, Kaiser gegen Päpste, Adelsgeschlechter gegeneinander, Bürger gegen den Adel, Handwerker gegen Kaufleute und Bankiers, ob Mörder durch die Gassen schlichen, Gifte gebraut, Ketzer verurteilt wurden, es entstanden gleichzeitig Paläste und Kirchen, es wurden Skulpturen gemeißelt und gegossen, Bilder gemalt, umfangreiche wissenschaftliche Werke verfaßt, Verse gemacht und Musik geschaffen.

LEBEN
Francesco Landini (Landino, Francesco Cieco) wurde 1325 in Fiesole als Sohn des Malers Jacopo Landini geboren. Schon als Kind wurde er von Pocken befallen und erblindete. Es ist unbekannt, wo er sich seine hohe Bildung erworben und wer ihn zum Musiker ausgebildet hat. Sein zeitgenössischer Biograph Filippo Villani (1345–1405) hob hervor, daß Landini als Grammatiker, Dialektiker und Dichter Großartiges gelei-

stet habe, lobte aber noch mehr dessen Virtuosität auf der Orgel und anderen Instrumenten. Landini war an verschiedenen Kirchen in Florenz als Organist tätig, zuletzt an S. Lorenzo (1369–96). Wegen seiner dichterischen und musikalischen Leistungen wurde er 1361 vom König von Zypern, Peter dem Großen, zum Poeta laureatus gekrönt. Er starb, schon von seinen Zeitgenossen als Komponist und Interpret hochgeschätzt, am 2. 9. 1397 in Florenz und wurde in der Kirche S. Lorenzo beigesetzt. Auf seinem Grabstein steht geschrieben: »Seine Asche liegt in San Lorenzo, seine Seele oben bei den Sternen, aber seine Musik bleibt bei uns.«

WERKE

Landini ist ohne Zweifel die bedeutendste Persönlichkeit der Musik des Trecento, die auch hervorragende Musiker wie Giovanni da Cascia oder Jacopo da Bologna hinter sich ließ. Von den rund 600 aus jener Epoche überlieferten Werken sind 155 von ihm, und zwar 91 zweistimmige, 2 zwei- und dreistimmige und 47 dreistimmige Ballate, ein dreistimmiges Virelai, 9 zweistimmige und 2 dreistimmige Madrigale, ein dreistimmiges kanonisches Madrigal, eine dreistimmige Caccia, ein Triplum zu einer Motette; dazu sind vermutlich noch 2 Ballate und 3 Motettenfragmente zu rechnen.
Landinis Musik ist von einem hohen Ernst gekennzeichnet. Von seinen Texten ist keiner leichtherzig oder zweideutig. Sie sind meistens von ihm selbst verfaßt und in sehr strenge Musik gesetzt. Unter seinen Kompositionen gibt es keine Tanzmusik. Der Volksmusik entnahm er nichts, denn er verabscheute sie. Er war blind. Seine Welt war eine Klang- und Ideenwelt, und seine Musik ist von ungeheurer Tiefe, warm, persönlich und suggestiv wie selten eine andere.

LITERATUR

G. Reese, Music in the Middle Age, Florenz 1964. A. v. Königslöw, Die italienischen Madrigalisten des Trecento, Würzburg 1940.

Marcel Landowski (geboren 1915)

LEBEN

Marcel Landowski wurde am 18.2.1915 in Pont-l'Abbé, Finistère, geboren. Er war am Konservatorium in Paris Schüler von Henri Busser, Charles Munch, Philippe Gaubert und Pierre Monteux. Dann ließ er sich in Boulogne-sur-Seine nieder, wo er von 1959 bis 1964 als Direktor des Konservatoriums wirkte. Nach anschließender Tätigkeit als Musikdirektor der Comédie-Française in Paris wurde er 1965 Generalinspektor des französischen Musikunterrichts und 1966 Musikalischer Direktor beim Kulturministerium.

WERKE

Neben 4 Opern und 4 Balletten schrieb Marcel Landowski 3 Sinfonien, 3 sinfonische Dichtungen, eine Suite, 3 »Geschichten der Prärie«, ein Tongedicht für Klavier und Orchester, 2 Klavierkonzerte, ein Fagottkonzert, ein Cellokonzert, ein Flötenkonzert, 4 Préludes für Schlagzeug und Klavier, ein Konzert für Ondes Martenot und Streicher, ein Stück für Kinder-Sprechstimmen und Kammerorchester, ein Oratorium, 6 Kantaten, Chöre und Lieder mit Orchesterbegleitung, Klavierlieder und Klavierstücke.

Guillaume Landré (1905–68)

LEBEN

Guillaume Louis Frédéric Landré wurde am 24.2.1905 in Den Haag geboren. Er war in Utrecht Schüler von Willem Pijper und Evert Cornelis (5.12.1884, Amsterdam, bis 23.11. 1932, Bilthoven). Als ausgebildeter Jurist unterrichtete er von 1930 bis 1947 in Amsterdam Handelsrecht und Nationalökonomie, von 1952 bis 1955 hatte er die künstlerische Leitung des Concertgebauw-Orkest inne, im Jahr 1957 wurde er Präsident der niederländischen Sektion der IGNM und der niederländischen Tonkünstlervereinigung. Er starb am 6.11.1968 in Amsterdam.
Sein Vater, Willem Landré (12.6.1874, Amsterdam, bis 1.1.1948, Eindhoven), studierte in seinem Geburtsort bei Bernard Zweers und

wirkte anschließend bis 1900 als Musiklehrer und Kritiker in Haarlem, sodann in Den Haag und in Rotterdam, wo er auch am Konservatorium Theorie, Komposition und Musikgeschichte unterrichtete.

WERKE

Die frühen Kompositionen von Guillaume Landré weisen eine weitgespannte Melodik auf; er bezog später auch die Dodekaphonik ein, gab aber die Tonalität nicht auf. Er schrieb 3 Opern, 4 Sinfonien, »Vier sinfonische Sätze«, eine »Sinfonia sacra«, »4 Orchesterstücke«, eine Suite für Streichorchester und Klavier, ein Flötenkonzert, eine Sinfonietta für Violine und Orchester, ein Cellokonzert, ein Klarinettenkonzert, sinfonische Variationen, 2 Bläserquintette, 4 Streichquartette, ein Klaviertrio, eine Violinsonate, eine Hymne für Bariton und Orchester sowie große Chorwerke.
Willem Landré schrieb 2 Opern, ein Requiem für Orchester, ein Notturno, ein »Romantisches Vorspiel«, ein Klavierquintett, ein Klaviertrio, eine Sonate für Cello und Klavier, eine »Fantasie« für Harmonium, ein Stabat mater a cappella und Lieder.

LITERATUR

W. Paap, Guillaume Landré. – In: Mens en Melodie VI (1951).

István Láng (geboren 1933)

LEBEN

István Láng wurde am 1. 3. 1933 in Budapest geboren. Er war von 1951 bis 1958 an der Musikhochschule in Budapest Schüler von János Viski und Ferenc Szabó und wirkt anschließend als musikalischer Leiter der Ungarischen Staatlichen Marionettenbühne.

WERKE

Neben 2 Opern und 4 Balletten schrieb István Láng unter anderem eine »Trauermusik« für Orchester, ein »Streicherkonzert«, ein Bratschenkonzert, ein Concertino für Xylophon und Orchester, »Impulsionen« für Oboe und eine Instrumentengruppe, »Bukolisches Konzert« für Horn und Orchester, 2 Bläserquintette, ein Quintett für Flöte, Klarinette, Violine, Cello und Klavier, 2 Streichquartette, ein Duo für Flöten, eine Monodie für Klarinette, eine Sonate für Cello solo, ein Intermezzo für Klavier, eine Kammerkantate, 2 weitere Kantaten, Chöre, Lieder, Bühnen-, Film- und Fernsehmusik.

Musica funebre (Trauermusik), für Orchester, 6 Teile, entstanden 1969

Der 1. Teil »Schweigen« besteht aus einem resignierenden Crescendo-Decrescendo. Erst im 2. Teil »Epitaph« kommt es durch einen Holzbläserdialog zu einer subjektiven Aussage. Der 3. Teil »Double« faßt das bisher Gehörte variativ zusammen. Der 4. Teil »Hymne« bringt mit engen Intervallen eine byzantinische Posaunenmelodie. Im 5. Teil »Exaltation« kommt es zu einem kräftigen Ausbruch der Affekte. Der 6. Teil »Tröstung im großen Schmerz« schließt das Werk beruhigend ab.

Johann Georg Lang (um 1724–98)

ZEIT UND UMWELT

Erzbischof Balduin von Luxemburg (1308 bis 1354) rief das Kurfürstentum Trier, das bereits seit dem 3. Jahrhundert Bistum und seit dem 9. Jahrhundert Erzbistum war, ins Leben. Es wurde 1794 von Frankreich einverleibt und kam 1815 zu Preußen. Die Domkapelle Trier hatte schon früh den Ruf einer bedeutenden Pflegestätte guter Kirchenmusik.

LEBEN

Johann Georg Lang wurde um 1724 in Mies (Stříbro), Böhmen, geboren. Er wirkte ab 1746 in Augsburg in fürstbischöflichen Diensten, ging 1760 für 3 Jahre zu einem Studienaufenthalt nach Italien und wurde darauf kurfürstlicher Konzertmeister in Trier. Im Jahr 1769 übersiedelte er mit einem Teil seiner Kapelle nach Ehrenbreitstein, Koblenz, wo er am 17. 7. 1798 starb.

WERKE

Die Klavierkonzerte von Johann Georg Lang waren ein wertvoller Beitrag zur Entwicklung dieser Musikgattung. Er schrieb außerdem Klaviersonaten, eine Orgelfuge, Sinfonien und Kammermusik. Das Streichquartett in D-Dur wurde im 20. Jahrhundert neu aufgelegt.

LITERATUR

H. Engel, Die Entwicklung des deutschen Klavierkonzertes von Mozart bis Liszt, Leipzig 1927.

Josephine Lang (1815–80)

ZEIT UND UMWELT

Die berühmte Koloratursopranistin Sabina Hitzelberger (12.11.1755, Randersacker, bis nach 1807, Würzburg) bildete unter ihren Schülerinnen ihre eigenen Töchter aus. Darunter befand sich als jüngste die Sopranistin Regina Hitzelberger, verehelichte Lang (1788, Würzburg, bis 1827, München).

LEBEN

Josephine Lang wurde am 14.3.1815 in München als Tochter der Sängerin Regina Hitzelberger-Lang geboren. Sie wurde zunächst von ihrer Mutter, sodann von Felix Mendelssohn-Bartholdy ausgebildet und lebte später als Komponistin in Tübingen, wo sie am 2.12. 1880 starb.

WERKE

Von Josephine Lang sind eine große Anzahl Klavierstücke und Lieder im Druck erschienen, die stilistisch von ihrem Lehrer abhängig sind, aber dennoch viel Eigenständigkeit aufweisen. Sie waren bis zum Ende des Jahrhunderts in Konzertsälen und bei Hauskonzerten zu hören.

Margaret Ruthven Lang (1867–1972)

LEBEN

Margaret Ruthven Lang wurde am 27.11.1867 in Boston als Tochter des Pianisten und Komponisten Benjamin Johnson Lang (28.12.1837, Salem, Mass., bis 3.4.1909, Boston) geboren. Sie war in München Violinschülerin von Ludwig Abel und in Boston Kompositionsschülerin von John Knowles Paine (1839–1906), James Cutler Dunn Parker (1828–1916) und George Whitefield Chadwick. Sie wirkte in Boston als freie Komponistin und Musiklehrerin bis zu ihrem Tod am 29.5.1972.

WERKE

Besondere Erfolge erreichte Margaret Ruthven Lang mit ihren über 200 Liedern und den Klavierstücken, von denen die Rhapsodie in e-Moll und die Suite »Kleiner Roman in sechs Kapiteln« hervorragen. Sie schrieb ferner 3 Ouvertüren, zahlreiche Gesänge mit Orchester, eine Kantate für Bariton, Männerchor und zwei Klaviere und weitere A-cappella-Werke für gemischten Chor, Männerchor und Frauenchor, ein Streichquartett und einige Violinstücke.

Richard Langdon (1729–1803)

ZEIT UND UMWELT

In nicht wenigen Fällen scheint für englische Kirchenmusiker die Beschäftigung mit profaner Musik eine Art Nebenbeschäftigung gewesen zu sein. Diese Nebenprodukte ihrer Berufstätigkeit waren aber oft vorzügliche Kompositionen, die bedauern lassen, daß der Meister nicht mehr davon geschrieben hat.

LEBEN

Richard Langdon wurde um 1729 in Exeter geboren. Er studierte in Oxford und betreute in der Folge den Organistendienst an der Kathedrale von Exeter, von Ely, von Bristol und von 1782 bis 1794 an der Kathedrale von Armagh. Dann zog er sich nach Exeter zurück, wo er am 8. 9. 1803 starb.

WERKE

Außer einer Sammlung von Anthems und Psalmen, die Richard Langdon unter dem Titel »Divine Harmony« (Göttliche Harmonie) herausbrachte, schrieb er 12 Glees, 3 Bücher mit Liedern, einige Kantaten und vorzügliche Cembalomusik.

Hieronymus Gregor Lange
(um 1540–87)

Zeit und Umwelt
Die evangelischen Schulkantoren der frühen Neuzeit waren keine einfachen Singlehrer, sondern nahezu immer gut ausgebildete Musiker und sehr oft auch Komponisten. Sie brachten ihren Schülern nicht nur Volkslieder bei, sondern bereiteten sie für den Gemeinschaftsgesang in der Kirche vor und wählten die Begabten für eine gründlichere Ausbildung aus, um Sänger und Instrumentalisten für den Kirchenchor zu gewinnen. Nicht wenige von ihnen wurden selbst Schul- oder Kirchenkantoren oder Organisten und gaben das Erlernte an die nächste Generation weiter.

Leben
Hieronymus Gregor Lange (Langius) wurde um 1540 in Havelberg geboren. Er erhielt an seinem Studienort Frankfurt an der Oder 1574 eine Kantorenstelle, mußte jedoch diese Tätigkeit wegen Lähmungserscheinungen an Händen und Füßen 1583 aufgeben und in einem Siechenheim in Breslau Zuflucht suchen. Seine kompositorische Tätigkeit setzte er trotz allem unverdrossen bis zu seinem Tod am 1. 5. 1587 fort.

Werke
Von Hieronymus Gregor Lange sind 78 lateinische und 67 deutsche Lieder für vier bis acht Stimmen überliefert, außerdem dreistimmige »Newe deudsche Lieder« (die Johannes Christoph Demantius für fünf Stimmen bearbeitete) und zahlreiche Gelegenheitskompositionen. Von diesen Werken ist die Motette »Vae misero mihi« (Wehe mir Elenden) durch ihre chromatischen Modulationen äußerst bemerkenswert. Mehrere andere, wie »Media vita« (Mitten im Leben), wurden denen von Johann Sebastian Bach gleichgehalten. Jedenfalls hielt die Beliebtheit der Kompositionen des gelähmten Komponisten lange an.

Literatur
R. Gastpari, Liedtradition im Stilwandel um 1600, Schriften zur Musik XIII, München 1971.

Samuel de Lange (1840–1911)

Zeit und Umwelt
Für niederländische Organisten und Chordirigenten bot die Musikgeschichte des Landes ein überreiches Reservoire bester Orgel- und Chormusik aus den Zeiten, in denen der franko-flämische Raum die Quelle der abendländischen Musik darstellte. Die Reproduktion der großen Werke jener Zeit führte allerdings zu keinem Wiederaufleben der einstigen Leistungen.

Leben
Samuel de Lange wurde am 22.2.1840 in Rotterdam als Sohn des Organisten und Komponisten von Orgelsonaten Samuel de Lange (9.6.1811, Rotterdam, bis 15.5.1884, Rotterdam) geboren. Er wurde von seinem Vater ausgebildet und konzertierte als Virtuose 4 Jahre in Lemberg (Lwiw), wurde sodann Organist und Orgellehrer in Rotterdam, darauf in Basel und schließlich am Konservatorium in Köln. Ab 1885 wirkte er als Direktor des Oratorienvereins in Den Haag und ab 1893 als Lehrer für Kontrapunktik, Orgelspiel und Musikgeschichte am Konservatorium in Stuttgart, wo er am 7.7.1911 starb. Ab 1900 war er Direktor der Lehranstalt.
Sein Bruder Daniel de Lange (11.7.1841, Rotterdam, bis 31.1.1918, Point Loma, Calif.) war Schüler von François Servais im Cellospiel, von Johannes Verhulst und Berthold Damcke in Kompositionslehre. Von 1860 bis 1863 wirkte er als Lehrer an der Musikschule in Lemberg, dann wurde er Organist der evangelischen Gemeinde in Montrouge. Im Jahr 1870 wurde er Lehrer am Konservatorium in Amsterdam, 1914 ging er nach Californien.

Werke
Von Samuel de Lange sind ein Oratorium »Moses«, 3 Sinfonien, eine Serenade für kleines Orchester, ein Cellokonzert, ein Klavierquintett, ein Klavierquartett, 4 Streich-

quartette, ein Trio, 4 Violinsonaten, 2 Cellosonaten, 8 Orgelsonaten, die sehr geschätzt sind, mehrere Kantaten und Chorlieder erhalten.
Daniel de Lange komponierte eine Oper, eine Schauspielmusik, 2 Sinfonien, eine Ouvertüre »Willem van Holland«, eine Messe, ein Requiem, eine Vertonung des 22. Psalms für Soli, Chor und Klavier, einige Kantaten, ein Cellokonzert und eine Anzahl Lieder.

Peter Erasmus Lange-Müller
(1850–1926)

ZEIT UND UMWELT
Während sich die Orchestermusik der nordischen Staaten gegen das Ende des 19. Jahrhunderts immer mehr den allgemeinen, gegenseitig angeglichenen Fakturen der anderen europäischen Länder näherte, blieb das Lied weiterhin Träger spezifisch nationaler Diktionen, an die es durch Sprache und Text gebunden war. Aber auch hierbei war bereits ein Ende abzusehen, weil diese Musikgattung überall an Bedeutung verlor und hinter anderen Musikformen zurücktrat. Das Ende der großen Liederkomponisten zeichnete sich auch in den nordischen Ländern ab.

LEBEN
Peter Erasmus Lange-Müller wurde am 1. 12. 1850 in Frederiksberg geboren und am Konservatorium in Kopenhagen ausgebildet. Eine musikalische Stellung versah er nicht, sondern widmete sich ausschließlich der Komposition. Er starb am 26. 2. 1926 in Kopenhagen.

WERKE
Man hat Peter Erasmus Lange-Müller als den letzten großen romantischen Liedkomponisten bezeichnet; dies trifft jedenfalls auf die Länder Nordeuropas zu, wo viele seiner Kompositionen zum Volksliedgut wurden. Er verfaßte neben zahlreichen dänischen und norwegischen Liedern auch russische und französische. Eine ebensostarke Verbreitung erfuhren seine Männerchöre und die Klavierstücke, die als Lieder ohne Worte angesprochen wurden. Seine übrigen Kompositionen treten dagegen zurück: 2 Sinfonien, 2 programmatische Orchestersuiten, ein Orchesterstück, ein Violinkonzert in C-Dur, eine Romanze für Violine und Orchester, ein Klaviertrio in f-Moll, ein Fantasiestück für Violine und Klavier, Bühnenmusiken, Psalmenvertonungen mit Orchester und 4 Opern.

LITERATUR
H. Bonnén, Peter Erasmus Lange-Müller, Kopenhagen 1946.

Rued Langgaard (1893–1952)

LEBEN
Rued Immanuel Langgaard wurde am 28. 7. 1893 in Kopenhagen geboren. Er studierte in seiner Geburtsstadt bei Christian Horneman (1841–1906) und Gustav Helsted (30. 1. 1857, Kopenhagen, bis 1. 3. 1924, Kopenhagen) und reiste als Stipendiat in Deutschland, Österreich, Italien und der Schweiz. Ab 1940 wirkte er bis zu seinem Tod am 10. 7. 1952 als Domkirchenorganist in Ribe.
Sein Vater Siegfried Langgaard (13. 7. 1852, Kopenhagen, bis 5. 1. 1914, Kopenhagen) war ein gefeierter Pianist.

WERKE
Neben einer Oper schrieb Rued Langgaard 16 Sinfonien und einige andere Orchesterwerke, ein Orgelkonzert, Kammermusikwerke, Chöre und Lieder. Sein Stil ist noch wenig von der Spätromantik entfernt.
Siegfried Langgaard schrieb ein Klavierkonzert, Klavier- und Orgelstücke sowie Lieder.

Friedrich Wilhelm Langhans (1832–92)

ZEIT UND UMWELT
Der Pianist Xaver Scharwenka eröffnete 1881 in Berlin ein eigenes Konservatorium vorwiegend für Pianistik, das 1893, nachdem der Gründer nach New York gegangen war, mit der vom Pianisten Karl Klindworth (25. 9. 1830, Hannover, bis 27. 7. 1916, Stolpe bei Oranienburg) ins Leben gerufenen Klavierschule vereinigt wurde.

Leben

Friedrich Wilhelm Langhans wurde am 21.9. 1832 in Hamburg geboren. Er war am Konservatorium in Leipzig Schüler von Ferdinand David und Ernst Friedrich Richter und darauf noch in Paris von Delphin Jean Alard. Anschließend wirkte er in verschiedenen deutschen Städten als Violinist, bis er 1874 Lehrer für Musikgeschichte an der Neuen Akademie der Tonkunst in Berlin wurde. Im Jahr 1881 wechselte er zu dem von Xaver Schwarwenka gegründeten Konservatorium über. Er starb am 9.6.1892 in Berlin.

Seine Frau Louise Langhans, geborene Japha (2.2.1826, Hamburg, bis 13.10.1910, Wiesbaden), war Schülerin von Robert und Clara Schumann. Sie lebte von 1863 bis 1869 als gefeierte Pianistin in Paris.

Werke

Neben einer bedeutenden schriftstellerischen Tätigkeit verfaßte Friedrich Wilhelm Langhans ein »Konzertallegro« für Violine mit Orchester, eine Violinsonate in a-Moll, Violinetüden, ein in Florenz preisgekröntes Streichquartett, eine Sinfonie, eine Ouvertüre, Violinsoli und Lieder.

Louise Langhans schrieb einige Streichquartette, Klavierstücke und Lieder, die ein beachtliches kompositorisches Talent verraten.

Jean Langlais (geboren 1907)

Leben

Jean Langlais wurde am 15.2.1907 in La Fontenelle, Ille-et-Vilaine, geboren. Er ist seit seiner Kindheit blind und wurde im Blindeninstitut in Paris von André Marchal (6.2.1894, Paris, bis 27.8.1980, Saint-Jean-de-Luz) von 1917 bis 1930 ausgebildet. Darauf studierte er am Conservatoire bei Paul Dukas und Marcel Dupré. Ab 1945 war er Organist an Sainte-Clotilde und unternahm Konzertreisen durch Europa und Amerika. Er unterrichtete ab 1931 am Pariser Blindeninstitut und wirkte als Professor an der Schola Cantorum.

Werke

Von Jean Langlais sind 2 Konzerte für Orgel und Streichorchester, eine Sinfonie für Blechbläser, Streichorchester und Orgel, Weihnachtsmusik für Orchester und Orgel, eine Suite für Cello und Orchester sowie zahlreiche weitere Stücke mit kammermusikalischer Besetzung und Orgel, Stücke für Orgel allein, 11 Messen, eine Missa solemnis, viele Kantaten, sakrale Chöre, Psalmen, Motetten für Singstimmen, Chöre, Orgel und andere Instrumente, Stücke für Blechbläser und für Glocken sowie A-cappella-Chöre bekannt geworden.

Hommage à Frescobaldi für Orgel, 8 Stücke, entstanden 1951

Diese Huldigung für den großen italienischen Orgelmeister Giorolamo Frescobaldi ist überwiegend polyphon. Das 1. Stück »Prélude au Kyrie« fällt durch brillante Harmonik der Oberstimmen auf. Der 2. Satz »Offertoire« ist ähnlich angelegt; nach wenigen Takten tritt das gregorianische Zitat hinzu wie vordem das »Kyrie«. Die Sätze 3 und 4, »Elévation« und »Communion«, bringen die bekannten gregorianischen Themen zu chromatischen Läufen frei rhythmisch. Ihnen folgt als 5. Satz eine »Fantaisie« in Form einer blendenden Paraphrase. Der 6. Satz »Antienne« und der 7. Satz »Thème et Variations« klingen konzertähnlich. Der »Épilogue« ist für Pedal allein geschrieben und technisch großartig, aber auch schwierig gesetzt. Erst am Ende tritt das Manual hinzu.

Honoré Langlé (1741–1807)

Zeit und Umwelt

Die Revolution brachte für die französische Musik einen plötzlichen Stilumbruch. Das Rokoko, das trotz den Annäherungen mancher Komponisten an die Vorklassik vermutlich noch einige Jahrzehnte vorgehalten hätte, verschwand mit der Herrschaft der Adelsgesellschaft über Nacht und machte einem Klassizismus Platz, der zwar wenig mit der Klassik zu tun hatte, sich aber abrupt von dem Alten abwandte.

Leben

Honoré François Marie Langlé wurde 1741 in Monaco geboren. Er war Schüler von Pasquale Cafaro am Conservatorio della Pietà de'Turchini in Neapel, wirkte darauf als Musikdirektor in Genua und ging 1768 nach Paris, wo er sich als Gesanglehrer niederließ und ab 1774 im Concert spirituel als Violinist auftrat. Von 1784 bis 1791 war er Lehrer für Gesang und Deklamation an der Königlichen Musikschule und anschließend Bibliothekar und Harmonielehrer am Konservatorium. Er starb am 20. 9. 1807 in Villiers-le-Bel, Val-d'Oise.

WERKE
Die Opern, die Honoré Langlé vor der Revolution geschrieben hatte, gehörten thematisch und musikalisch dem Rokoko an, dann behandelten sie Gegenwartsthemen im neuen Stil. Auch sein Liedschaffen machte die gleiche Wandlung mit. Zierliche Motetten wurden durch patriotische Hymnen abgelöst. Er schrieb außerdem 6 Sinfonien für zwei Klarinetten, zwei Hörner und zwei Fagotte und veröffentlichte eine Reihe von geschätzten musiktheoretischen Werken.

Nicholas Laniere (1588–1666)

ZEIT UND UMWELT
Neben dem sonstigen dichterischen und dramatischen Werk von Ben Jonson (um 1573 bis 1637) trugen seine Maskenspiele viel zu seinem Ruhm bei. Sie wurden mit der Musik namhafter zeitgenössischer englischer Komponisten, zumeist mit prächtigem Bühnenaufwand aufgeführt. Während der Revolution waren diese Aufführungen eingestellt und wurden nach dem Regierungsantritt Karls II. (1630–85) nur mehr selten wieder aufgenommen, weil der Puritanismus auch nach Oliver Cromwell noch fortlebte.

LEBEN
Nicholas Laniere (Lanier, Laneir, Lanyer, Laneer, Lanneare) wurde am 10. 9. 1588 in London getauft. Er entstammte einer aus Frankreich eingewanderten Familie, der eine stattliche Reihe Musiker (Instrumentalisten und Sänger) angehörten. Im Jahr 1626 wurde er als »Master of the King's Musick« eingestellt, nachdem er bereits vorher eine Reihe von Hofaufträgen, nämlich Kompositionen, Inszenierungen und Bühnenbilder, durchgeführt hatte. Er reiste auch für den König nach Italien, um für den Hof Bilder einzukaufen. Mit dem Ausbruch der Revolution verlor er seine Stellung. Er dürfte sich bis zum Tod Cromwells im Ausland aufgehalten haben. Nach der Restauration des Königtums erhielt er seine Stellungen wieder und starb in Greenwich am 24. 2. 1666.
Sein Vater John Laniere (um 1555, London, bis nach 1613, London) war Sänger, Instrumentalist und Komponist.

WERKE
Vom Werk des englischen Komponisten, Malers und Bühnenbildners Nicholas Laniere ist wenig erhalten. Einzelne Lieder, eine Kantate »Hero und Leander« und eine Trauerhymne auf Karl I. zeigen, daß er den Stil seines Jahrhunderts vorzüglich beherrschte. Auch einige von ihm komponierte und inszenierte Maskenspiele sind teilweise überliefert. Es handelte sich dabei meistens um Texte von Ben Jonson.
Von John Laniere sind Teile von Kompositionen für Maskenspiele erhalten. Er war der erste in England, der sich des Stile rappresentativo (Rezitativ) bediente.

LITERATUR
McD. Emslie, Nicholas Lanier's Innovations in English Songs, in: Music & Letters XLI, 1960.

Joseph Lanner (1801-43)

ZEIT UND UMWELT
Nach dem Wiener Kongreß (1815) wurde der Wiener Walzer zur herrschenden Form des Gesellschaftstanzes und stieg als Ausdruck einer neuen Sozialordnung zur Weltgeltung auf. Das Zeitalter der höfischen Tänze war endgültig vorbei. Die hinreißenden Melodien und die farbenfrohe Instrumentation des Tanzes dienten nicht mehr der Repräsentation, sondern der Lebensfreude des Tänzers und dem Wunsch, die Schattenseiten des Daseins zu vergessen.

Leben
Joseph Franz Lanner wurde am 12.4.1801 in Wien geboren. Er war Autodidakt als Violinist und Komponist. Sein Orchester, das er aus einem Liebhaberquartett entwickelte, hatte ungeheuren Erfolg. Er starb am 14.4.1843 in Wien.
Sein Sohn August Joseph Lanner (23.1.1834, Wien, bis 27.9.1855, Wien) wirkte ebenso als Tanzmusiker und Komponist von Tänzen.

Werke
Die neue Form des Walzers, den Joseph Lanner prägte, bestand aus einer Introduktion, einer fünfgliedrigen Walzerkette und einer Coda. Er schrieb 208 Tänze, in der Hauptsache Walzer seiner Faktur, und Galopps, die zum größeren Teil noch heute gespielt werden.

Eduard Lannoy (1787–1853)

Zeit und Umwelt
Das von der Hofkapelle der Herzoge von Innerösterreich begründete Musikleben setzte sich in Graz auch nach der Vereinigung der Erblande Österreichs auf gleichem Niveau fort. Im 19. Jahrhundert begann auch ein intensiver Opernbetrieb, der ähnlich wie in Prag und Budapest sich in engem Kontakt mit Wien entwickelte.

Leben
Heinrich Eduard Joseph Freiherr von Lannoy wurde am 3.12.1787 in Brüssel geboren und sowohl dort wie in Graz und Paris zum Musiker ausgebildet. Er lebte ab 1818 in Marburg an der Drau (Maribor), damals Steiermark, heute Slowenien, wo er als Vorstand des Konservatoriums und als Dirigent wirkte. Er starb am 28.3.1853 in Wien.

Werke
Von Eduard Lannoy wurden in Graz, Brünn und Wien mehrere Opern, Singspiele und Melodramen aufgeführt. Er schrieb außerdem 4 Sinfonien, eine Reihe konzertanter Werke, einige Kammermusik für Streicher und Bläser, Klavierstücke und Lieder. Seine Musik ist nicht sehr tief, aber gefällig und bewegt sich zwischen Klassizismus und Frühromantik. Sein Grand Trio für Klavier, Klarinette und Cello wurde in unserem Jahrhundert neu aufgelegt.

Literatur
W. Suppan, Heinrich Eduard Joseph von Lannoy, in: Musik aus der Steiermark IV, 2, Graz 1960.

Pierre Lantier (geboren 1910)

Leben
Pierre Lantier wurde am 30.4.1910 in Marseille geboren. Er studierte zunächst am Konservatorium seiner Vaterstadt, sodann am Conservatoire in Paris. Von 1943 bis 1956 wirkte er als Professor für harmonische Analyse und Formenlehre an der École Normale de Musique und darauf als Professor für Solfège und ab 1970 für Harmonielehre am Conservatoire in Paris.
Seine Frau Paule Maurice-Lantier (29.9.1910, Paris, bis 18.8.1967, Paris) war Schülerin von Jean und Noël Gallon. Sie unterrichtete ab 1942 harmonische Analyse am Conservatoire und war Professorin an der École Normale de Musique in Paris.

Werke
Außer einer Oper und einem Ballett schrieb Pierre Lantier eine Sinfonie, ein sinfonisches Gedicht, ein Klavierkonzert, ein Trompetenkonzert, 2 Streichquartette, 3 Stücke für Flötenquartett, ein Posaunenquartett, eine Sonate für Altsaxophon und Klavier sowie ein Requiem.
Paule Maurice-Lantier schrieb eine Sinfonie, 2 Klavierkonzerte und mehrere Kammermusikwerke sowie Klaviermusik. Sie veröffentlichte ein didaktisches Traktat.

Domenico Lanzetti
(um 1765 bis nach 1800)

Zeit und Umwelt
Die Celloliteratur nahm in der zweiten Hälfte des 18. Jahrhunderts sehr zu, doch

nicht in dem Maß wie die Kompositionen für das Klavier und die Violine. Der Grund hiefür dürfte auch darin zu suchen sein, daß das Cello viel weniger für die Hausmusik verwendet wurde als die anderen zwei Instrumente, weil es zu jener Zeit noch als »schwer erlernbares« Instrument galt und wegen der etwas mangelhaften Unterrichtsmethodik auch war.

LEBEN
Domenico Lanzetti wurde um 1765 vermutlich in Italien geboren. Er war Cellovirtuose und Komponist für sein Instrument. Mehr ist über sein Leben und Wirken nicht bekannt. Er dürfte nach 1800 gestorben sein. Sein Sterbeort ist nicht bekannt. Dafür, daß er ein Nachkomme des berühmten Cellisten Salvatore Lanzetti gewesen ist, fehlt jeder Beleg.

WERKE
Von Domenico Lanzetti sind 19 sehr schöne Cellokonzerte und 2 Cellosonaten mit Instrumenten und Generalbaß erhalten.

Salvatore Lanzetti
(um 1710 bis um 1780)

ZEIT UND UMWELT
Bis über die Mitte des 18. Jahrhunderts hinaus wurde der bezifferte Baß noch häufig angewendet. Besonders Virtuosen, die für ihre eigenen Konzerte schrieben, legten wenig Wert darauf, die Begleitstimmen durchzuarbeiten. Die Klangkulisse, die der Continuospieler erzeugte, lenkte von der vorgetragenen Melodie weit weniger ab.

LEBEN
Salvatore Lanzetti wurde um 1710 in Neapel geboren und im Conservatorio Santa Maria di Loreto seiner Vaterstadt ausgebildet. Er war einige Zeit im Dienst des Königs von Sardinien, Victor Amadeus II. von Savoyen, begab sich 1730 nach London, wo er bis 1750 als Cellovirtuose wirkte, und wurde sodann Mitglied der Königlichen Kapelle in Turin, wo er um 1780 starb.

WERKE
Außer einer Schule des Cellospiels sind von Salvatore Lanzetti lediglich 12 Sonaten für Cellosolo und bezifferten Baß überliefert. Über weitere Kompositionen ist nichts bekannt.

Ninón Lapeiretta (geboren 1907)

LEBEN
Ninón de Brouwer Lapeiretta wurde am 4. 1. 1907 in Santo Domingo, Dominikanische Republik, geboren. Sie wurde in ihrer Geburtsstadt zur Pianistin und Komponistin ausgebildet. 1953 gründete sie in Santo Domingo eine Dominikanische Konzertgesellschaft, deren Präsidentin sie seither ist. Außerdem wirkt sie als Konzertpianistin.

WERKE
Von Ninón Lapeiretta sind 2 Capricci für Blasorchester, ein Praeludium für Kammerorchester, eine Suite für Streichquartett, mehrere Klavierwerke, eine Sopranarie mit Orchester und Ballettmusik bekannt geworden. Sie verlieh der Musikentwicklung ihrer Heimat starke Impulse.

Erasmus Lapicida (um 1450 – 1547)

ZEIT UND UMWELT
Heidelberg entwickelte als Residenz der Pfalzgrafen ab dem 14. Jahrhundert ein sehr reges kulturelles Leben. Im Jahre 1386 gründete Ruprecht I. von Kurpfalz (1309 – 90) die Universität nach Pariser Muster, die zum Zentrum des Humanismus in Deutschland wurde. Auch die Hofkantorei wurde bald danach eingerichtet und erfreute sich durch Jahrhunderte ganz besonderer Wertschätzung.

LEBEN
Erasmus Lapicida wurde um 1450 vermutlich in Deutschland geboren. Er dürfte bereits in seiner Jugend in der Hofkantorei der pfälzischen Kurfürsten zu Heidelberg Aufnahme gefunden haben. Nach Wien, wo er

am 19.11.1547 starb, ist er erst als »alter, armer und kranker Priester« übergesiedelt, wie aus einer Bemerkung anläßlich einer Zuwendung Ferdinands I. (1503 – 64, ab 1556 Deutscher Kaiser) hervorgeht.

WERKE
Vom kompositorischen Werk Lapicidas, der von den Zeitgenossen mehrmals mit Ausdrücken hoher Wertschätzung erwähnt wurde, ist wenig erhalten geblieben. Seine Messen sind nicht überliefert, dafür aber eine Motette, 8 Lieder und 7 Sätze, die den niederländischen Einfluß deutlich erkennen lassen. Er ist ein weiteres Beispiel für das langsame Einwirken der franko-flämischen auf die deutsche Musik.

LITERATUR
H. Federhofer, Biografische Beiträge zu Erasmus Lapicida und St. Mahu, Die Musikforschung V, 1952.

Santo Lapis (um 1700 bis nach 1758)

ZEIT UND UMWELT
Von den verschiedenen Typen der Mandoline hat der neapolitanische – 4 Doppelsaiten, Quintenstimmung wie bei der Violine – den Sieg davongetragen. Die übrigen mit verschiedenen Saitenzahlen und Stimmungen lebten ab dem 18. Jahrhundert nur mehr als Volksinstrument weiter. Ihre Verwendung als Melodieinstrument und im Orchester verbreitete sich sehr rasch über alle Musikländer. Es traten auch von Fall zu Fall Virtuosen auf, die mit diesem in seinen Möglichkeiten stark beengten Instrument Erstaunliches leisteten. Als Altinstrument wurde die um eine Oktave tiefer gestimmte größere Mandola entwickelt.

LEBEN
Santo Lapis wurde um 1700 in Oberitalien geboren. Er war in Bologna als Sänger und Mandolinist tätig und wurde in die Accademia Filarmonica aufgenommen. Um die Mitte des 18. Jahrhunderts wirkte er in Den Haag als Gesang- und Mandolinenlehrer und ab ungefähr 1758 in gleicher Eigenschaft in London. Es ist unbekannt, wann und wo Santo Lapis nach diesem Zeitraum gestorben ist.

WERKE
Außer 3 Opern verfaßte Santo Lapis verschiedene Sonaten, darunter auch für die Mandoline, um die Verwendbarkeit dieses Instruments zu demonstrieren, das er selbst meisterhaft beherrschte.

Pietro Lappi (um 1565 bis nach 1630)

LEBEN
Pietro Lappi wurde um 1565 in Florenz geboren. Über sein Leben bis zum Jahr 1600 ist nur bekannt, daß er sich in Lendinara aufhielt. Wo er zum Musiker und Priester ausgebildet wurde, läßt sich nicht feststellen. Ab 1600 bis 1630 wirkte er in Brescia als Kapellmeister an Santa Maria delle Grazie. Er dürfte bald nach 1630 in Brescia verstorben sein.

WERKE
Von dem Kirchenkomponisten Pietro Lappi sind 4 Bücher mit mehrstimmigen Messen, Responsorien, Vesperpsalmen, mehrchörige Psalmen, Salmi spezzati (Psalmen mit geteilten Chören), Hymnen, Litaneien, Komplektorien, mehrchörige Rosenkranzvertonungen, Kirchenkonzerte mit Generalbaß und Kanzonen für Instrumente erhalten. Die venezianische Mehrchörigkeit und der Generalbaß sind nahezu überall verwendet. Es kommen auch viele Solostellen vor, die als Übergang zur Monodie gewertet werden können. Der Instrumentalmusik ist bereits ein breiter Raum zugestanden.

Reinhold Laquai (1894–1957)

LEBEN
Reinhold Laquai wurde am 1.5.1894 in Molfetta, Apulien, geboren. Er war am Konservatorium in Zürich Schüler von Robert Freund,

Lothar Kempter und Volkmar Andreae (5.7.1879, Bern, bis 19.6.1962, Zürich). Er wirkte von 1920 bis 1955 als Klavierlehrer am Konservatorium und durch viele Jahre als Organist an der französischen Kirche in Zürich. Er starb am 3.10.1957 in Oberrieden, Schweiz.

WERKE
Von Reinhold Laquai sind 2 Opern aufgeführt worden. Er schrieb außerdem eine Sinfonietta, mehrere Ouvertüren, ein Divertimento für sechs Bläser, Streichorchester und Klavier, 3 Streichquartette, 2 Streichtrios und 2 A-cappella-Chöre.

Antoine Lardenois
(um 1620 bis nach 1660)

ZEIT UND UMWELT
Unter dem allerchristlichsten König Ludwig XIV. wurde das Edikt von Nantes, das den Hugenotten 1598 Religionsfreiheit zubilligte, so eng wie nur immer möglich ausgelegt. Die Zwangsbekehrung wurde im gesamten Land mit brutalsten Mitteln betrieben, bis 1685 das Edikt widerrufen und der Protestantismus überhaupt nicht mehr geduldet wurde.

LEBEN
Antoine Lardenois wurde um 1620 in Nîmes geboren. Er war Hugenotte und bemühte sich um die Kirchenmusik seiner Konfession. Im Jahr 1660 erlag er den immer härter werdenden Bekehrungsmethoden und schwor seiner Religion ab. Es ist nicht bekannt, wo und wann er gestorben ist.

WERKE
Der französische Komponist Antoine Lardenois veröffentlichte in Genf »Psalmen Davids« mit vereinfachten Melodien und versah die Psalmenparaphrasen von Antoine Godeau (1605–72) mit Weisen, die dem Hugenottenpsalter angenähert waren. Diese einstimmigen Kompositionen hielten sich in reformierten Kirchen sehr lange.

Jean-Louis Larouette (1731–92)

ZEIT UND UMWELT
Die französische Opéra comique, ein Operntyp, der die Bühnen des 19. Jahrhunderts beherrschte, bildete sich in der zweiten Hälfte des 18. Jahrhunderts zu ihrer endgültigen Form heraus, indem unter anderem die Vaudevilles durch Arietten ersetzt und gesprochene Passagen eingebaut wurden. Dadurch hob sich die künstlerische Qualität dieser Bühnenstückgattung von der Pose zur musikalischen Komödie, die wiederum auch benachbarte Musikgattungen beeinflußte.

LEBEN
Jean-Louis Larouette wurde am 7. 3. 1731 in Paris geboren. Er war Sänger und Schauspieler am Théâtre de la Foire (1752–62) und darauf bis 1779 an der Comédie Italienne. Dann widmete er sich nur mehr der Komposition. Er starb am 10. 1. 1792.

WERKE
Die ungefähr 10 komischen Opern von Jean-Louis Larouette sind wegen des von ihm geforderten »leichten« Gesangstils, der sich streckenweise dem Sprechgesang näherte, bemerkenswert, weil dieser stark auf die zeitgenössische Liedkomposition und den Liedvortrag abfärbte. Es wurde damit eine nahezu melodramatische Wirkung erzeugt.

Lars-Erik Larsson (geboren 1908)

LEBEN
Lars-Erik Vilner Larsson wurde am 15.5.1908 in Åkarp, Malmöhus-län, geboren. Er studierte von 1925 bis 1929 an der Musikakademie in Stockholm und ergänzte seine Ausbildung in Wien bei Alban Berg. Ab 1937 wirkte er als Dirigent am schwedischen Rundfunk bis 1954; von 1947 bis 1959 war er Kompositionsprofessor an der Musikhochschule in Stockholm, von 1961 bis 1965 wirkte er als Director musices an der Universität in Uppsala, seitdem lebt er als freischaffender Komponist in Helsingborg.

WERKE

Neben einer Oper und einem Ballett schrieb Lars-Erik Larsson 3 Konzertouvertüren, eine Sinfonietta für Streicher, eine Suite, ein Divertimento für Kammerorchester, 12 Concertini für Streicher, eine lyrische Fantasie und weitere Orchesterstücke, ein Violinkonzert, ein Saxophonkonzert, ein Cellokonzert, ein Bläserquintett, 2 Streichquartette, eine Aubade für Oboe und Streichtrio, Duos mit verschiedener Besetzung, eine Missa brevis, eine Intrada solemnis für gemischten Chor, Orgel und Blechbläser, Kantaten und Lieder. Sein Stil ist nur wenig an die Moderne angenähert.

Guillaume Lasceux (1740–1831)

ZEIT UND UMWELT

Neben der intensiven Musikpflege im profanen Raum wurde in Frankreichs Städten seit je viel und gut Orgel gespielt. Die kleinsten Kirchen versahen sich mit fähigen Organisten, und zwar zumeist mit jungen Anfängern, die sich stark bemühten, um bald einen Platz an einem bedeutenderen Orgeltisch zu erhalten. Daß die meisten Organisten in der Umgebung von Paris der Dienst in einer der vielen Kirchen der Hauptstadt als Ziel vorschwebte, ist selbstverständlich.

LEBEN

Guillaume Lasceux wurde am 3. 2. 1740 in Poissy, Yvelines, geboren. Er war zunächst Organist an der Pfarrkirche von Chevreuse, wirkte sodann in Paris als Hilfsorganist, bis er 1769 die Stelle an St-Étienne-du-Mont erhielt, von der er sich im Jahr 1819 zurückzog. Er starb in Paris im Jahr 1831.

WERKE

Der Organist Guillaume Lasceux veröffentlichte mehrere Hefte mit Orgelstücken, 2 Bücher mit Sonaten für das Pianoforte, ein Klavierquartett, 2 Motetten für zwei gleiche Stimmen, einige Romanzen und 2 musikalische Bühnenstücke. Interessant ist, daß er für das Klavierquartett ausdrücklich ein Pianoforte vorschrieb.

Blas de Laserna (1751–1816)

ZEIT UND UMWELT

Der Kampf vieler spanischer Bühnenkomponisten galt der italienischen Oper und dem Belcanto. Die volksnahen Zarzuelas und anderen spanischen Gattungen der Bühnenmusik konnten jederzeit ein breites Publikum gewinnen, aber die Oper aus Italien, die bereits seit einem Jahrhundert einen festen Platz auf den spanischen Programmen eingenommen hatte, drang unaufhörlich weiter vor und eroberte nach und nach die höheren Gesellschaftsschichten vollständig, so daß die spanischen Bühnenwerke immer mehr zur Unterhaltung der unteren Schichten wurden, deren Geschmack sie berücksichtigen mußten.

LEBEN

Blas de Laserna wurde am 4. 2. 1751 in Corella, Navarra, getauft. Ab 1776 wirkte er für eine Schauspielertruppe in Madrid, wo er am 8. 8. 1816 starb.

WERKE

Mit mehr als 500 Tonadillas, 80 Sainetes, 150 Musiken zu »Comedias«, mehreren Opern und Zarzuelas und einem Monodram erwies sich Blas de Laserna als einer der fruchtbarsten Komponisten seiner Zeit. Er schrieb auch mehrere Instrumentalkonzerte, darunter eines für zwei Trompeten, das lange beliebt geblieben ist.

Eduard Lassen (1830–1904)

LEBEN

Eduard Lassen wurde am 13. 4. 1830 in Kopenhagen geboren, kam jedoch als Kind nach Brüssel und trat mit 12 Jahren dort in das Konservatorium ein, wo er mit 17 Jahren den Rompreis erhielt. Ab 1851 unternahm er als Pianist Konzertreisen durch Deutschland und Italien. Im Jahr 1857 wurde er Hofmusikdirektor, 1858 Hofkapellmeister in Weimar, betreute diese Stelle bis 1895 und starb dort am 15. 1. 1904.

WERKE

Von Eduard Lassen sind 3 Opern aufgeführt worden. Die erste, »Landgraf Ludwigs Brautfahrt«, wurde in Brüssel abgelehnt, aber in Weimar von Franz Liszt mit großem Erfolg herausgebracht. Er verfaßte 11 Charakterstücke für Orchester zur Trilogie »Die Nibelungen« von Friedrich Hebbel, Musik zu »Oidipus auf Kolonos« von Sophokles, zu »Faust« und »Pandora« von Johann Wolfgang von Goethe und zu »Über allen Zauber Liebe« von Pedro Calderón de la Barca (1600–81), 2 Sinfonien, eine Anzahl Ouvertüren, Kantaten, Biblische Bilder, eine Orchesterpolonaise, ein Fantasiestück für Cello und Orchester und mehrere Lieder, die weite Verbreitung fanden.

Johann Baptist Lasser (1751–1805)

ZEIT UND UMWELT

Im letzten Viertel des 18. Jahrhunderts boten in Österreich und Deutschland eine beträchtliche Anzahl herumziehender Theatergesellschaften und fest domizilierter Unternehmen vielen Sängern und Instrumentalisten eine Betätigungsmöglichkeit.

LEBEN

Johann Baptist Lasser wurde am 9. 1. 1751 in Steinakirchen am Forst, Niederösterreich, geboren und als Jesuitenschüler in Linz ausgebildet. Er war 1781 Bassist und ein Jahr darauf Orchesterdirektor einer Theatergesellschaft in Brünn, von 1786 bis 1788 Direktor des Städtischen Theaters in Linz, wirkte neuerlich bei einer Theatergesellschaft in Graz und wurde schließlich als Hof- und Kammersänger nach München berufen, wo er am 21. 10. 1805 starb.

WERKE

2 Opern und 7 Singspiele schrieb Johann Baptist Lasser für die Bühne, für die Kirche eine Anzahl Messen, von denen 9 gedruckt erschienen. Außerdem verfaßte er mehrere Schulwerke und Solfeggien für zwei Stimmen.

LITERATUR

O. Wessely, Johann Baptist Lasser, in: Musik in Geschichte und Gegenwart VIII, 1960.

Orlando di Lasso (um 1532–94)

ZEIT UND UMWELT

Der Bayernherzog Albrecht V. begründete durch seine hervorragende Kulturpolitik den Ruf seiner Hauptstadt als Kunststadt. Antiquarium, Münzkabinett, Staatsbibliothek und Kunstkammer waren die bedeutendsten Institutionen, die er im Rahmen dieses Vorhabens errichten ließ. Dazu trat eine großzügige Förderung der Künstler. Auf der gleichen Linie lagen die Bemühungen, die Hofkapelle aufzuwerten, die bereits unter Ludwig Senfl zu einem beachtlichen Niveau aufgestiegen war. Er war streng katholisch gesinnt, versuchte aber dennoch zwischen den Konfessionen zu vermitteln, bis ihm der Augsburger Religionsfriede von 1555, laut dessen sich das Bekenntnis der Untertanen nach dem des Landesherrn zu richten hatte, die Möglichkeit in die Hand gab, Bayern zu rekatholisieren. Zur Verfolgung dieses Zieles räumte er den Jesuiten weitgehenden Einfluß ein.

Er wollte als Gegengewicht zu den protestantischen Musikmetropolen Deutschlands, Heidelberg, Stuttgart und Dresden, eine rein katholische errichten, die auch neben den italienischen bestehen konnte. Der Herzog griff zur Methode, die bereits von seinen Vorfahren und an anderen Fürstenhäusern angewandt wurde: Er versuchte, Meister der franko-flämischen Schule aus Frankreich und Italien nach München zu laden und mit günstigen Bedingungen festzuhalten. Einer der letzten großen »Niederländer« war gerade verfügbar und bereit, dem Ruf nach München zu folgen, eine Musikerpersönlichkeit, deren hohe universelle Meisterschaft imstande war, die Absicht des Herzogs in die Tat umzusetzen und aus München die Musikstadt zu formen, die sie heute noch ist.

LEBEN

Orlando di Lasso (Orlande Lassus oder

Roland de Lassus, wie sein eigentlicher Name lautete, der später lateinisch ausgesprochen und ziemlich sinnlos zu Lasso italianisiert wurde) ist um 1532 in Mons geboren, wo er an Saint-Nicolas als Chorknabe seine musikalische Laufbahn begann. Seine schöne Stimme und Musikalität fielen bald auf. Ferrante I. Gonzaga, Vizekönig von Sizilien, der bei Saint-Dizier kaiserliche Truppen befehligte, erhielt von den Eltern des Knaben die Erlaubnis, ihn nach Sizilien mitzunehmen. Orlando hielt sich einige Jahre in Sizilien und dann in Mailand im Dienst des Vizekönigs auf, kam sodann um 1550 in die Obhut des Marchese della Terza. Im Jahr 1553 wurde ihm die Kapellmeisterstelle an San Giovanni in Laterano anvertraut, er gab diese Stelle jedoch schon nach einem Jahr wieder auf und absolvierte anschließend vermutlich eine Reise durch Frankreich und England, über die es keine näheren Berichte gibt. Es ist aber sicher, daß er irgendwie mit dem französischen Hof, von dem er ab 1560 eine Pension bezog, in näheren Kontakt gekommen ist. Um 1555 ließ er sich in Antwerpen nieder, ohne eine feste Stellung anzunehmen. Im Jahre 1556 berief ihn Herzog Albrecht V. von Bayern an die Hofkapelle in München, deren Leitung ihm nach wenigen Jahren übertragen wurde und bis zu seinem Tod am 14. 6. 1594 in seinen Händen blieb.

Noch vor 1560 heiratete er Regina Wäckinger, die Tochter eines Hofbeamten in München. Zwei seiner Kinder, die Söhne Ferdinand und Rudolph, sind in bescheidenem Maß als Musiker bekannt geworden. Als Antonio Scandelli, der Leiter der kursächsischen Hofkapelle in Dresden, 1580 starb, wurde Orlando di Lasso die Nachfolge angeboten. Er lehnte ab, er wollte München nicht verlassen. Auch bahnte sich bereits sein schweres Nervenleiden an, das bald zum Ausbruch kam; er verfiel in Depressionen, die sich stetig vertieften, verlor immer mehr den Kontakt mit der Umwelt und erkannte zuweilen nicht einmal mehr seine Frau. Die Herabsetzung der Kapellenmitglieder von 44 auf 22 durch Herzog Wilhelm V. (1548 bis 1626), dem Nachfolger Albrechts V., empfand Lasso als persönliche Kränkung, was seinen Zustand, der auf Überarbeitung zurückgeführt wurde, sicherlich verschärfte.

Orlando di Lasso

Von seinen Zeitgenossen wurde Lasso vielfach über alle anderen Musiker gestellt. Der französische König Karl IX. machte ihm anläßlich seines Frankreichaufenthaltes 1571 schmeichelhafte Angebote, der deutsche Kaiser Maximilian II. erhob ihn 1570 in den Adelsstand, Papst Gregor XIII. verlieh ihm 1574 für die Widmung mehrerer Messen den Titel eines Ritters vom Goldenen Sporn.

Sein ältester Sohn Ferdinand de Lasso (um 1560, München, bis 27. 8. 1609, München) wurde Hofkapellmeister in München.

Rudolph de Lasso (um 1563, München, bis 1626, München) war Organist und Komponist in München. Beide besorgten die Herausgabe der Werke ihres Vaters.

Ein weiterer Sohn namens Ernst sang in der vom Vater geleiteten Kapelle.

Orlando di Lasso wurde auf dem Franziskanerfriedhof in München beigesetzt. Nach

»Missae« aus dem »Patrocinium musices« von Orlando di Lasso, München 1589

der Säkularisation des Klostereigentumes wurde der Grabstein in den Garten des Nationalmuseums gebracht.

Werke

Orlando di Lasso ist zu den Größen der Musikgeschichte zu reihen. Seine Gestalt steht im Abendlicht der scheidenden Renaissancemusik und läßt wie Palestrina die kommende Musikepoche des Barocks ahnen. Er starb wie Palestrina in dem Jahr, in welchem die erste Aufführung eines »Dramma in musica« stattfand, das als Vorläufer der Oper angesehen werden kann. Er war der fleißigste Komponist nicht nur seiner Zeit, sondern der Musikgeschichte überhaupt. Sein Werk umfaßt mehr als 2000 Kompositionen, darunter ungefähr 1200 Motetten, 150 französische Chansons, 200 italienische Madrigale, 7 Bücher mit weltlichen und geistlichen deutschen Liedern, ungefähr 50 Messen, außerdem Passionen, Offizien, Magnificat, Vigilien, Villanellen, Psalmen.
Lasso war eine echte Prometheusgestalt, wandelbar bis zur Unkenntlichkeit. Er war mit vielen Sprachen vertraut. Er konnte das Flämische, Französische, Italienische, Deutsche und Englische nicht nur wahlweise im Privatverkehr gewandt sprechen und verstehen, sondern in Geist und Sinn dieser Sprachen so weit eindringen, daß er ihre Texte und selbstverständlich auch jeden lateinischen Text zu komponieren imstande war. Tiefe Religiosität, überschäumende Lebenslust, polternder Humor und feiner Witz, melancholischer Ernst und asketische Weltabgewandtheit lagen bei diesem genialen Mann nahe nebeneinander. Er führte die Motette zur Höhe der Vollendung, schöpfte die Möglichkeit des Madrigals restlos aus, beherrschte alle Facetten der Chanson und setzte derbe und liebliche deutsche Lieder – Liebeslieder und Trinklieder, fromme und unheilige – daneben. Es gab kein Genre, das er nicht großartig beherrschte. Seine Messen, Offizien und Magnificat erklingen noch heute in den Kirchen, seine Gesänge sind beliebte Konzertstücke von Ensembles, die Alte Musik pflegen, und finden ein zahlreiches Publikum.
Hauptmerkmal der Technik dieses Komponisten – und damit unterscheidet er sich wesentlich von seinem großen Zeitgenossen Palestrina – war die »Ausdrucksmusik« (Musica reservata) oder »Affektmusik«, die die einzelnen Affekte deutlich ausdrückt und jeden Vorgang so vor Augen stellt, »als spielte er sich wirklich ab, so daß man im Zweifel sein kann, ob die Süße der Affekte den Tönen zum Schmuck gereicht oder die Töne der Süße der Affekte« (Lasso). In seiner Motette »In hora ultima« (In letzter Stunde) wird deutlich gemacht, daß in der Sterbestunde des Menschen alles vorbei ist: Lieder, Scherzen, Lachen, Springen, Flötenton und Tubenklang. Im umfangreichen Werk des Komponisten gibt es zahlreiche Beispiele dieser Affektmusik, wobei man sich nicht eine Darstellung der subjektiven Gefühle des Verfassers, sondern lediglich eine musikalische Nachahmung natürlicher Geräusche und Klänge der Umwelt vorstellen darf, wie zum Beispiel bei seinem »Echolied«, das ein natürliches Echo täuschend reproduziert. Es werden auch keine außermusikalischen Effekte herangezogen. Dennoch liegt in der Affektdarstellung die Wurzel des Subjektivismus der Romantik und der Programmmusik. Lasso war ein »Musikmaler« wie sein Gegenpol Palestrina in Rom ein »Musikpoet« war. Das trennte die beiden Meister, doch die Ströme ihres Einflusses auf die musikalische Nachwelt flossen schon ein halbes Jahrhundert später in der Klangwelt des Barocks ineinander.
Ferdinand de Lasso hinterließ ein Buch mit sechsstimmigen Cantiones sacrae.
Dessen Sohn Ferdinand de Lasso (um 1590 bis 1636) war von 1616 bis 1629 Hofkapellmeister. Von seinen Kompositionen sind Motetten, eine Messe, Magnificat und Litaneien überliefert, die nach venezianischer Art vielstimmig gehalten sind.
Von Rudolph de Lasso sind dreistimmige deutsche Psalmen erhalten.

Bußpsalmen für fünf Stimmen und Instrumente, 7 Teile, entstanden um 1555, erstveröffentlicht 1579

Die Fünfstimmigkeit zieht sich nahezu durch das gesamte Werk, nur einzelne Verse werden von zwei oder drei Stimmen vorgetragen; das De profundis ist für sechs Stimmen meisterhaft ausgearbeitet. Es handelt sich um ein typisches Beispiel der Affektmusik, in dem Reue, Niedergeschlagenheit und Selbstanklage aus jedem Ton sprechen; jedes Stadium der Bußfertigkeit ist plastisch dargestellt, bis der letzte Teil in befreiender Hoffnung ausklingt.

Magnificat für sechs Stimmen, entstanden 1582

Der Komponist benützte als Vorlage die sechsstimmige Motette von Josquin »Praeter rerum seriem«, die er zwar in Struktur, Melodie und Harmonik zitiert, aber zur Musik seiner Gegenwart umgestaltete. Er ließ die alte Polyphonie unangetastet, bildete aber den musikalischen Ausdruck aus dem einzelnen Wort, das nicht nur ausgesprochen, sondern plastisch wiedergegeben wurde. Lasso ließ keine Möglichkeit, Affekte zu gewinnen, ungenützt, so daß nicht nur der Geist des gesamten Hymnus vermittelt wird, sondern auch jeder seiner poetischen Bestandteile sich wie funkelnde Mosaiksteine zu einem eindrucksvollen Bild fügt.

Le lagrime di San Pietro für sieben Stimmen, entstanden 1594

Dem Papst Clemens VIII. gewidmeten Werk liegt das gleichnamige Gedicht zu 20 Strophen des italienischen Dichters Luigi Tansillo (1510 bis 1568), der Natur- und Gefühlsgedichte im Petrarca-Stil verfaßte, zugrunde. »Die Tränen des heiligen Petrus« ist eine Suite sakraler Madrigale, deren sentimentaler Manierismus durch die Musik überdeckt wird. Die sieben Stimmen des Chores gruppierte Lasso in zwei Teile, einen mit den drei Oberstimmen, den zweiten mit vier Männerstimmen, die einander gegenüber-

Kammermusik – Darstellungen aus: »Patrocinium musices« von Orlando di Lasso: Kniegeige, Laute, Cembalo, Armgeige, Zinken, Posaunen, Sänger und der Kapellmeister

stehen und einen Doppelchoreffekt erzeugen. Dieser Reichtum und die enge Verflechtung ergeben eine grandiose Klangwirkung. Der Chor erfährt die Behandlung eines großen Orchesters mit seiner ganzen Skala der melodischen, harmonischen, dynamischen und rhythmischen Effekte. Die Madrigale 1 bis 7 sind vorwiegend erzählend und schildern die Selbstsicherheit des Apostels und seine Schande, daß er sich überschätzt hatte, die Erinnerung an die dreimalige Verleugnung und sein schlechtes Gewissen. In den Strophen 8 bis 14 wird der Schmerz des Herrn über den Verrat sowie die Trauer und die Klage des Apostels wegen seiner Schwäche dargestellt. Petrus verläßt die Herberge; Kälte und Dunkelheit der Nacht werden zum Symbol und Hintergrund seiner bitteren Tränen. In den Madrigalen 15 bis 20 vertiefen sich die Reue und die Zerknirschung des Apostels. Lasso beendete das im Italienisch seiner Zeit geschriebene Werk mit einer lateinischen Motette, mit der sich der Erlöser an alle Christen wendet und ihnen vor Augen hält, daß der Kreuzestod eine Folge ihrer Sünden sei.

O mors quam amara est (Wie bitter ist der Tod), Motette für sechs Stimmen, veröffentlicht 1564

Der Text ist dem Buch Jesus Sirach 41, 1–4, entnommen und schildert grimmig moralisierend die Bitterkeit des Todes. Der sechsstimmige Chor bringt viele Klangvarianten und rhythmische Freiheiten, die der Motette einen besonderen Reiz verleihen. Auf illustrative Symbole hat der Komponist dabei verzichtet und gerade dadurch den Ernst der Aussage betont.

Ave Regina coelorum (Sei gegrüßt, Himmelskönigin), Motette für vier Stimmen, entstanden um 1585

Diese Motette ist eine fein gezeichnete Miniatur mit eleganter Kadenzornamentik und klangvoller Melismatik. Ihre rhythmische Vitalität verleiht ihr nachgerade eine starke Dramatik.

Salve Regina (Sei gegrüßt, Königin), Motette für sechs Stimmen, entstanden um 1585

Diese breit angelegte Motette ist klangreich und homophon. Die sechs Stimmen sind in kontrastierende Klangblöcke geteilt, so daß ein »venezianischer« Doppelchoreffekt erreicht wird. Die Motette ist sehr dem Madrigalstil angenähert.

Literatur

E. Schmitz, Orlando di Lasso, 1915. W. Boetticher, Orlando di Lasso und seine Zeit, Kassel 1958. Ders., Aus Orlando di Lassos Wirkungskreis, Kassel 1963. H. Leuchtmann, Orlando di Lasso, Wien 1977.

Mathieu Lasson (um 1495 bis um 1550)

Zeit und Umwelt

Die Inanspruchnahme der habsburgischen Kaiser durch die politischen Auswirkungen der Reformation und Frankreichs außenpolitische Ambitionen erlaubten es den Herzögen von Lothringen, ihr Land als neutralen Pufferstaat aufzubauen und zu erhalten. Kaiser Karl V. anerkannte 1542 sogar die Unabhängigkeit des Herzogtums. Der herzögliche Hof in Nancy konnte sich zu einer gewissen Höhe entwickeln. Im Jahre 1544 allerdings durchquerte eine kaiserliche Armee in ihrem Kampf gegen Frankreich das Land. Karl III. (1543–1608) war erst ein Jahr alt, so daß noch geraume Zeit vergehen mußte, bis das Herzogtum unter seiner Regierung die höchste Blüte in seiner Geschichte erleben konnte.

Leben

Mathieu Lasson ist um 1495 in oder bei Cambrai geboren und wurde Chorknabe an der Kathedrale von Cambrai. Im Jahre 1517 erhielt er eine Freistelle an der Universität Löwen. Ungefähr ab 1528 stand er als Kapellmeister im Dienst des herzöglichen Hofes von Lothringen in Nancy. Er ist in Nancy um 1550 gestorben.

Werke

Vom französischen Komponisten Mathieu Lasson sind 4 vierstimmige und eine zweistimmige Motette überliefert, außerdem 4 vierstimmige Chansons. Die Motetten folgen dem franko-flämischen Spätstil, die Chansons den Pariser Vorbildern.

Literatur

A. Pirro, Histoire de la musique de la fin du XIVe à la fin du XVIe siècle, Paris 1940.

Gaetano Latilla (1711–88)

ZEIT UND UMWELT
Man kann sich vorstellen, daß in den Konservatorien von Neapel, obwohl die Schüler eine intensive kirchenmusikalische Ausbildung erhielten, die Oper, die Opernkomponisten und ihre Erfolge sowie die einzelnen Interpreten ein ständiges Gesprächsthema bildeten, weil die Knaben selbst sehr oft zu Aufführungen zugezogen wurden und die Triumphe der Komponisten und Sänger miterlebten. Es ist daher verständlich, daß viele Schüler sich nach ihrer Ausbildung der Opernkomposition zuwandten.

LEBEN
Gaetano Latilla wurde am 12. 1. 1711 in Bari geboren, wo er anfänglich als Domchorknabe wirkte. Darauf wurde er Schüler des Conservatorio Sant'Onofrio in Neapel, wo ihn Ignazio Prota und Francesco Feo unterrichteten. 1732 trat er mit seiner ersten Oper hervor und wurde bald berühmt. Von 1738 bis 1741 war er Vizekapellmeister an Santa Maria Maggiore in Rom, von 1751 bis 1772 lebte er in Venedig, wo er den Chor des Conservatorio della Pietà dirigierte und ab 1762 als Vizekapellmeister am Markusdom wirkte. Sodann kehrte er 1772 nach Neapel zurück und machte sich dort einen Namen als berühmter Musiklehrer. Er starb am 15. 1. 1788 in Neapel.

WERKE
Von Gaetano Latilla sind 6 Streichquartette, eine Sinfonia für zwei Violinen, Bratsche, zwei Oboen, zwei Hörner, Arien, Motetten, Kantaten und ein Oratorium zum Teil überliefert. Von seinen ungefähr 50 Bühnenwerken – Opern, Intermezzi, Pasticci – sind ungefähr 6 erhalten. Er galt als einer der bedeutendsten Opernkomponisten seiner Zeit.

Christian Latrobe
(1757–1836)

LEBEN
Christian Ignatius Latrobe wurde am 12. 2. 1757 in Fulnack, Leeds, geboren. Er war Sekretär der Herrnhuter Brüdergemeine in England und Amateurmusiker, der seine Liebhaberei in erster Linie in den Dienst seiner Glaubensfreunde stellte. Er starb am 6. 5. 1836 in Fairfield bei Manchester.

WERKE
Von den Klaviersonaten von Christian Latrobe sind drei in unserer Zeit neu herausgebracht worden. Er komponierte eine Reihe geistlicher Lieder selbst und brachte in 6 Bänden eine Sammlung kirchlicher Gesänge deutscher und italienischer Komponisten heraus.

Ferdinand Laub (1832–75)

LEBEN
Ferdinand Laub wurde am 19. 1. 1832 in Prag geboren. Er wurde 1853 als Nachfolger Joachims Konzertmeister in Weimar. Von 1855 bis 1857 wirkte er als Violinlehrer am Stern-

Ferdinand Laub, Lithographie nach einem Portrait von P. Mateescu (1850)

schen Konservatorium in Berlin und später auch als Konzertmeister des Hoforchesters. Nach längeren Konzertreisen wirkte er von 1866 bis 1874 als Violinlehrer am Konservatorium in Moskau und als Konzertmeister der Russischen Musikgesellschaft. Er starb am 18.3.1875 in Gries bei Bozen.

WERKE
Neben einigen interessanten Solostücken schrieb Ferdinand Laub ein Violinkonzert in a-Moll, ein Streichquartett in cis-Moll, eine Anzahl Stücke für Violine und Klavier, von denen ein »Rondo scherzoso« in unserer Zeit neu aufgelegt wurde, und tschechische sowie deutsche Lieder.

LITERATUR
B. Šich, Ferdinand Laub, Prag 1952.

Anton Laube (1718–84)

ZEIT UND UMWELT
Die Anlehnung der Kirchenmusik an böhmische Volksweisen nahm im Verlauf des 18. Jahrhunderts stark zu. Sowohl Messen wie Proprien brachten Stellen, die der Volksmusik unmittelbar entnommen waren. Manche Kirchenlieder übernahmen die Melodien böhmischer Wallfahrergesänge, so daß es in manchen Fällen zu echten Kontrafakturen kam.

LEBEN
Anton (Antonín) Laube wurde am 10. 11. 1718 in Brüx (Most), Böhmen, geboren. Er war Sängerknabe, dann Organist in Prag. Von 1769 bis 1771 wirkte er als Chorregent an St. Gallus, sodann bis zu seinem Tod am 24. 2. 1784 als Domkapellmeister an St. Veit.

WERKE
Von Anton Laube sind 9 Messen, 5 Te Deum, 12 Vespern, Litaneien, Proprien erhalten, deren Faktur sehr volkstümlich ist. Außerdem schrieb er eine Sinfonie, 9 Partiten für Bläser und ein Konzert für Englischhorn.

Joseph Lauber (1864–1952)

LEBEN
Anton Joseph Lauber wurde am 27.12.1864 in Ruswil, Luzern, geboren. Er war am Konservatorium in Zürich Schüler von Karl Gustav Weber (30.10.1845, Münchenbuchsee, Schweiz, bis 12.6.1887, Zürich) und Friedrich Hegar (1841–1927), in München von Joseph Rheinberger, in Paris von Jules Massenet. Er lebte in Neuchâtel und ab 1901 in Genf, wo er 2 Jahre Theaterkapellmeister war und 1907 Lehrer für Komposition und Instrumentation wurde. Er starb am 28.5.1952 in Genf.

WERKE
Außer einer Oper schrieb Joseph Lauber 6 Sinfonien, 5 Orchestersuiten, mehrere sinfonische Dichtungen und Ouvertüren, 2 Klavierkonzerte, 2 Violinkonzerte, ein Oktett, 2 Klaviersextette, 2 Klavierquintette, ein Klavierquartett, 4 Violinsonaten, ein Bläserquintett, ein Bläserquartett, eine Klaviersonate, weitere Klavierstücke, die Kantate »Sappho« für Sopran, Frauenchor und Orchester, die Chorwerke »Wellen und Wogen«, »Te Deum« und »Ode lyrique«, die Festspielmusik »Neuchâtel Suisse« und die Oratorien »Saulus auf Tarsos«, »Ad gloriam Dei« (Zum Ruhme Gottes), »Sempach« für Sopran und Orchester, »Vestalieder« für Alt, Streichquartett und Harfe und »Le Paradis perdu« (Das verlorene Paradies) für Soli, Frauenchor und Orchester. Er war Spätromantiker mit klassizistischem Einschlag.

Heinrich Lauffenberg (1390–1460)

ZEIT UND UMWELT
Der Bedarf an Kirchenliedern wurde im späteren Mittelalter sehr häufig durch Kontrafakturen (Textaustausch bereits vorhandener Lieder) gedeckt, indem bekannten profanen oder volkstümlichen Liedern neue, dem sakralen Gebrauch angepaßte Worte unterlegt wurden. Es war oft leichter, einen frommen Text zu erfinden oder der Bibel zu entnehmen, als originale sangbare Melodien zu komponieren, obwohl gerade diese Technik

dazu anregte, ähnliche Weisen selbst zu schaffen.

Leben

Heinrich Lauffenberg (Loufenberg) wurde 1390 in Laufenberg am Rhein geboren. Er wurde vor 1411 Priester in Zofingen, erhielt 1429 eine Pfründe in Freiburg im Breisgau, trat jedoch 1445 in das Johanniterkloster von Straßburg ein. Er starb am 21. 3. 1460.

Werke

Es liegen Kontrafakten und eigene Kompositionen von Kirchenliedern vor. Bekannt wurde sein Marienleich »Wilkom lobes werde«.

Literatur

J. M. Müller-Blattau, Heinrich Lauffenberg, Elsaß-Lothringisches Jahrbuch XVII, 1938.

Jean Bonaventure Laurens (1801–91)

Leben

Jean Joseph Bonaventure Laurens wurde am 14.7.1801 in Carpentras, Vaucluse, geboren. Er war Archäologe, Maler, Geologe, Botaniker, Musikologe, Organist und Komponist. Seine musikalische Ausbildung erhielt er von François Henri Joseph Blaze. Auf seinen Reisen lernte er Robert Schumann, Felix Mendelssohn-Bartoldy und Johannes Brahms kennen. Er starb am 28.6.1891 in Carpentras.

Werke

Von Jean Bonaventure Laurens sind zahlreiche Orgelstücke, ungefähr 300 Klavierlieder und als bedeutendstes Werk ein Stabat mater für Frauenstimmen und Orgel erhalten. Er besorgte eine Neuausgabe der »Lamentations de Jérémie« von Elzéar Genet (um 1475–1548) für zwei Tenöre und Baß und 33 Cembalostücke von François Couperin (1668–1733); er schrieb auch mehrere interessante musikhistorische Abhandlungen.

Laurent de Voz (1533–80)

Zeit und Umwelt

Die franko-flämische Schule bildete auch im 16. Jahrhundert tüchtige Musiker aus, die entweder in den heimischen Kathedralen oder in den Hofkapellen der herrschenden Fürsten wirkten oder in das Ausland gingen, wo sie gerade wegen ihrer Herkunft gern aufgenommen wurden. Die Heimat wurde zu ihrer Zeit politisch immer unruhiger, so daß viele gerne den Wanderstab nahmen.

Leben

Laurent de Voz wurde in Antwerpen 1533 geboren und dort zum Musiker ausgebildet. Er war ein Bruder des Malers Marten de Vos (1531–1603). Nach einigen Jahren Dienst an der Kathedrale seiner Geburtsstadt berief ihn der Erzbischof von Cambrai an seine Kathedrale als Knabenchorleiter und Kapellmeister. Er mengte sich persönlich in Zwistigkeiten um den Bischofssitz ein und verlor dadurch im Januar 1580 sein Leben.

Werke

Der flämische Komponist Laurent de Voz verfaßte eine umfangreiche Chormotette gegen die herrschenden politischen Kräfte und wurde dafür gehenkt. Sie ist nicht erhalten. Dafür sind andere fünfstimmige Motetten überliefert, die ihn als echten frankoflämischen Komponisten ausweisen und zeigen, daß dieser Stil zwar noch streng eingehalten, aber nicht mehr weiterentwickelt wurde.

Bartolommeo Laurenti
(um 1644–1726)

Zeit und Umwelt

Es war gegen das Ende des 17. Jahrhunderts für die zentrale Stellung der Violine symptomatisch, daß die Kirchenkapellen speziell für dieses Instrument ausgebildete Musiker suchten, gleichgültig, ob sie auch auf der Orgel spielen konnten. Diese Violinisten nahmen außerdem häufig den Posten eines Konzertmeisters ein.

Leben

Bartolommeo Girolamo Laurenti wurde um 1644 in Bologna geboren. Er war Violinist an Santa Lucia, an San Petronio und an mehreren anderen Kirchen seiner Vaterstadt und gehörte zu den ersten Mitgliedern der Accademia Filarmonica. Er starb in Bologna am 18. 1. 1726.

Sein Sohn Girolamo Nicolò Laurenti (um 1670, Bologna, bis 26. 12. 1751, Bologna) war Schüler von Giuseppe Torelli und Tommaso Antonio Vitali. Er löste seinen Vater 1706 als Violinist an San Petronio in Bologna ab und wurde 1734 Kapellmeister an der Basilika.

Werke

Der italienische Violinist und Komponist Bartolommeo Laurenti brachte Kammersonaten für Violine und Cello und 6 dreistimmige Streicherkonzerte heraus.

Girolamo Nicolò Laurenti schrieb 6 Konzerte für drei Violinen, Bratsche, Cello und Orgel, außerdem 25 Ricercari und eine Sonate für Solovioline.

Laurentius von Schnüffis
(1633 – 1702)

Zeit und Umwelt

Das monodische geistliche Lied wurde im katholischen Teil Deutschlands und in Österreich im 17. Jahrhundert weniger gepflegt als anderswo, sogar weniger als in Italien. Am Chorgesang hielt man fest. Erst gegen das Ende des Jahrhunderts trat hier eine Änderung ein. Es entstanden strophische Sololieder, die aber zumeist einen Chorrefrain aufwiesen.

Leben

Laurentius von Schnüffis (eigentlich Johann Martin) wurde am 24. 8. 1633 in Schniffis, Vorarlberg, geboren. Er ging mit einer Innsbrucker Theatergruppe als fahrender Scholast, Dichter und Sänger auf Reisen, trat 1665 in Zug, Schweiz, in den Kapuzinerorden ein und wurde 1668 nach Konstanz versetzt, wo er am 7. 1. 1702 starb. Kaiser Leopold I. krönte ihn 1692 zum Poeta laureatus.

Werke

Der österreichische Dichter und Komponist Laurentius von Schnüffis gehört zu den wenigen Vertretern des monodischen Kirchenliedes in Süddeutschland und Österreich. Er dichtete und komponierte eine große Anzahl geistlicher Lieder: »Philotheus oder desz Miranten durch die Welt und Hofe wunderlicher Weg« (ein Roman mit 6 Liedern), »Mirantisches Flötlin«, »Mirantische Wald-Schallmey«, »Mirantische Mayen-Pfeiff«, »Der Miranten seelige Einsamkeit«, »Mirantische Maul-Trummel«, »Futer über die Mirantische Maul-Trummel«. Alle diese Lieder fanden sehr starke Verbreitung. Ein Teil davon wurde von Romanus Vötter komponiert.

Literatur

W. Vetter, Das frühdeutsche Lied. Münster 1928.

Franz Lauska (1764–1825)

Leben

Franz Seraphinus Lauska wurde am 13. 1. 1764 in Brünn geboren. Er war in Wien Schüler von Johann Georg Albrechtsberger, wirkte als Hausmusiker in Rom und als Kammermusiker in München und ließ sich 1798 in Berlin nieder, wo er als Klavierlehrer großes Ansehen genoß. Er starb am 18. 4. 1825 in Berlin.

Werke

Von Franz Lauska sind 22 Klaviersonaten – eine zu vier Händen –, eine Violin- und eine Cellosonate, Rondos und Variationen für Klavier, Männerquintette und einige Lieder erschienen. Sein Stil, der vorerst die Fakturen von Hummel vorausnahm, näherte sich der Romantik von Carl Maria von Weber.

Literatur

P. Egert, Die Klaviersonate im Zeitalter der Romantik, Leipzig 1934.

Calixa Lavallée (1842–91)

Zeit und Umwelt

Die Gegensätzlichkeit der französischen und der britischen Bevölkerung in Kanada profilierten sich mit fortschreitendem 19. Jahrhundert immer deutlicher: Franzosen wurden bei jeder Gelegenheit benachteiligt, die konfessionelle Verschiedenheit der beiden Völker trug zur Vertiefung des Zwists bei, der sich auf die kulturelle Entwicklung des Landes sehr nachteilig auswirkte und erst im 20. Jahrhundert wieder abflaute.

Leben

Calixa Lavallée wurde in Verchères bei Montreal am 28.12.1842 geboren. Bereits mit 13 Jahren gab er das erste Klavierkonzert. Er wirkte von 1870 bis 1872 als Dirigent der Oper in New York, hielt sich von 1873 bis 1875 in Paris auf, um bei François Bazin, François Adrien Boieldieu und Antoine François Marmontel zu studieren. Anschließend kehrte er nach Kanada zurück, um das Musikleben seiner Heimat mit der Aufführung von berühmten Opern mit heimischen Kräften zu bereichern, was aber mißlang, weil er als »Franko-Kanadier« von der Regierung keinerlei Unterstützung erhielt. Wirtschaftlich ruiniert, begab er sich erneut in die USA; er wurde Kapellmeister und Professor am Conservatory Petersilea in Boston, wo er am 21.1.1891 starb, nachdem er 1886 zum Präsidenten der Music Teachers National Association (Nationale Musiklehrervereinigung) gewählt worden war.

Werke

Von Calixa Lavallée sind 3 Opern in den USA aufgeführt worden, er verfaßte ferner 3 Ouvertüren für Blasorchester, einen Trauermarsch, Salonmusik und den patriotischen Gesang »O Canada!«, der 1967 zur kanadischen Nationalhymne (mit wahlweise englischem und französischem Text) erklärt wurde. Seine Kompositionen, von denen ein Großteil verlorengegangen ist, folgten der französischen Hochromantik.

Vincenzo Lavigna (1776–1836)

Zeit und Umwelt

Keine italienische Stadt hat so viele Opernkomponisten hervorgebracht wie Neapel. Vor und nach der Zusammenlegung der 4 berühmten Konservatorien der Stadt zum Real Conservatorio di Musica wurde ein großer Teil der berühmtesten Meister der Opernbühne entweder unmittelbar oder von daraus hervorgegangenen Lehrern ausgebildet.

Leben

Vincenzo Lavigna wurde am 21.2.1776 in Altamura, Apulien, geboren und in Neapel am Conservatorio della Pietà de'Turchini ausgebildet. Er ging 1802 nach Mailand, wo er bis zu seinem Tod am 14.9.1836 als Gesanglehrer, Akkompagnist der Scala und Opernkomponist wirkte. Er war Lehrer von Giuseppe Verdi.

Werke

Von Vincenzo Lavigna sind 11 Opern in Parma, Turin und Mailand aufgeführt worden. Er schrieb überdies 2 Ballette. Durch sein Wirken an der Scala wurde der neapolitanische Opernstil in Mailand noch mehr heimisch als vorher.

Literatur

G. De Napoli, La triade melodrammatica Altamurana: Tritto, Lavigna, Mercadante, Mailand 1931.

Carlos Lavín (1883–1962)

Leben

Carlos Lavín wurde am 10.8.1883 in Santiago de Chile geboren. Er studierte in Valparaíso und in Santiago, ging 1922 nach Paris, wo er bei André Caplet studierte, und war 1931 in Berlin Schüler von Erich Moritz von Hornbostel (25.2.1877, Wien, bis 28.11.1935, Cambridge). Nach längerem Aufenthalt in Barcelona kehrte er 1942 nach Santiago zurück und widmete sich der Musikforschung und der Organisation von Forschungsinstituten. Im

Jahr 1959 ließ er sich erneut in Barcelona nieder, wo er am 27.8.1962 starb.

WERKE
Neben 2 Opern und 3 Balletten sind von Carlos Lavín eine »Fiesta araucana«, in der er Melodien der Araukaner verwendete, 3 araukanische Gesänge für Alt und Orchester, »Waldgesänge« für Klavier, Klarinette und Gesang über Araukanermotive, Klavierstücke, Gesänge und Lieder bekannt geworden.

Mario Lavista (geboren 1943)

LEBEN
Mario Lavista wurde am 3.4.1943 in Mexiko-Stadt geboren. Er war am Konservatorium in Mexiko Schüler von Héctor Quintanar und Rodolfo Halffter von 1963 bis 1967, darauf in Paris an der Schola Cantorum von Iannis Xenakis und Henri Pousseur und an der Musikhochschule in Köln von Karlheinz Stockhausen. Im Jahr 1969 erhielt er die stellvertretende Leitung der Kompositionsklasse am Konservatorium in Mexiko, 1970 gründete er mit anderen Musikern die Improvisationsgruppe »Quanta«, von 1971 bis 1972 arbeitete er an einem Studio für Elektronische Musik in Tokio mit.

WERKE
Von Mario Lavista sind unter anderem 6 Stücke für Streichorchester, 5 Stücke für Streichquartett, ein Divertimento für Bläserquintett und drei Kurzwellenapparate, ein Streichquartett, Improvisationen für Tonband, »Kronos« für 15 Uhrwerke, Mikrophon, Lautsprecher und Spannungsmesser, ein Continuo für Orchester, ein Monolog für Bariton, Flöte, Vibraphon und Kontrabaß, 2 Gesänge für Cembalo und Mezzosopran, ein Stück für drei gemischte Chöre, ein Stück für Soloflöte und ein »Stück für einen Pianisten und ein Klavier« bekannt geworden.

Janós Lavotta (1764–1820)

ZEIT UND UMWELT
Der Verbunkos (Werbung) geht auf die Werbetänze der österreichischen Armee im 18. Jahrhundert zurück. Er kam um 1780 in Ungarn auf und wurde in der Mitte des 19. Jahrhunderts vom Csárdás abgelöst. Charakteristisch dafür war neben lebhaften Rhythmen, Häufung von Synkopen und Punktierungen, Triolenpassagen die sogenannte ungarische Tonleiter – eine harmonische Moll-Skala mit erhöhter Quart.

LEBEN
Janós Lavotta wurde am 5. 7. 1764 in Pusztafödémes geboren. Er studierte in Preßburg und Budapest und wirkte darauf als Beamter und Privaterzieher. Im Jahr 1792 wurde er Musikdirektor der ersten ständigen Theatertruppe in Budapest, dann lebte er in Miskolc und unternahm als Violinvirtuose zahlreiche Konzertreisen durch Ungarn. Von 1802 bis 1804 dirigierte er das Theaterorchester von Kolozsvár (Cluj). Um 1816 war er Musikalienhändler in Debrecen. Er starb am 11. 8. 1820 in Tálya.

WERKE
Von Janós Lavotta sind Verbunkos, Polonaisen, Menuette und andere Tänze für Streicher erhalten, außerdem Klavierwerke mit volkstümlichen Melodien. Er war der erste, der die sogenannte ungarische Skala kompositorisch verwendete.

Dionysios Lavrangas (1864–1941)

LEBEN
Dionysios Lavrangas wurde am 17.10.1864 in Argostoli, Griechenland, geboren. Er wurde von 1882 bis 1885 am Konservatorium in Neapel und darauf bis 1894 am Conservatoire in Paris ausgebildet. Nach kurzer Tätigkeit in Frankreich als Dirigent, Pianist und Cellist kehrte er nach Griechenland zurück und wurde Leiter der Philharmonischen Gesellschaft in Athen. Er starb am 18.7.1941 in Razata.

WERKE

Von Dionysios Lavrangas wurden 8 Opern aufgeführt. Er schrieb ferner 2 Suiten, eine Introduktion und Fuge, eine Orientalische Ouvertüre, 2 Messen, Chöre und Lieder. Er war einer der Begründer des national-griechischen Stils und der griechischen Oper.

Henry Lawes (1596–1662)

LEBEN

Henry Lawes wurde am 5. 1. 1596 in Dinton geboren. Er war Schüler von John Coperario und wurde 1626 in die Chapel Royal aufgenommen. Mit der Hinrichtung des Königs verlor er seine Hofstellung und erhielt sie aber erneut von König Karl II. Henry Lawes starb am 21. 10. 1662 in London.
Sein Bruder William Lawes (getauft 1. 5. 1602, gefallen 1645 bei Chester) war ebenfalls Schüler von John Coperario. Er war Kammermusiker König Karls I.

WERKE

Der englische Komponist Henry Lawes schrieb monodisch-ariose Musik zu mehreren Maskenspielen, außerdem brachte er Psalmenparaphrasen, dreistimmige Psalmenchöre und ein- bis dreistimmige »Ayres and Dialogues« heraus, dazu etliche Gesänge.
Von William Lawes sind mehrstimmige Instrumentalstücke, Ayres für Violine und Generalbaß, Musik zu einigen Masques und etliche Gesänge erhalten.
Die Musik beider Komponisten bewegt sich ohne Einschränkung im Stil der Zeit und zeichnet sich durch schönen Akkordklang aus.

LITERATUR

E. F. Hart, Introduction to Henry Lawes, in: Music & Letters XXXII, 1951.
M. Lefkowitz, William Lawes, London 1960.

Alberto Lazari (um 1600 bis nach 1637)

ZEIT UND UMWELT

Die den Mitgliedern des Karmeliterordens durch die Ordensregel vorgeschriebene Kontemplation stand einer Neigung zur Musik nie im Weg; beides kann vermutlich zuweilen ineinanderfließen. Jedenfalls hat auch dieser Orden namhafte Musiker hervorgebracht.

LEBEN

Alberto Lazari wurde um 1600 vermutlich in Massa Lombarda geboren. Er war dort ab 1635 Kapellmeister und Organist der Pfarrgemeinde, wirkte in gleicher Eigenschaft ab 1637 in Cesena und darauf in Perugia. Ort und Zeit seines Todes sind nicht bekannt.

WERKE

Der italienische Komponist Alberto Lazari hat 2 Bücher Kirchenmusik, Messen, Motetten, Psalmen und andere Gesänge herausgebracht. Er hielt sich stark an konservative Stilformen.

Scipione Lazarini
(um 1610 bis nach 1675)

ZEIT UND UMWELT

Der Stile misto (gemischter Stil) wurde besonders in Italien das ganze 17. Jahrhundert hindurch häufig angewendet. Polyphone und monodische Sätze wechseln ab, konzertante Teile sind von strenger A-cappella-Musik unterbrochen. Diese Vielfalt gibt nicht selten ein sehr ansprechendes künstlerisches Gesamtbild.

LEBEN

Scipione Lazarini wurde um 1610 in Ancona geboren. Er trat dem Augustinerorden bei und dürfte innerhalb des Ordens verschiedene musikalische Tätigkeiten ausgeübt haben. Er starb nach 1675 vermutlich in Ancona.

WERKE

Vom italienischen Komponisten Scipione Lazarini sind 2 Bücher Motetten, ein Buch mit Psalmen, 3 Messen, weitere 3 Motetten für vier bis acht Stimmen und ein dreistimmiger Gesang erhalten. Der Stil der Musik schwankt zwischen alter und neuer Faktur und ist für den Großteil der Kirchenmusik jener Zeit typisch.

Joaquín Lázaro (1746–86)

ZEIT UND UMWELT
Die spanische Kirchenmusik außerhalb der Hauptstadt war von der Musik der Hofkapelle wenig beeinflußt und dementsprechend konservativ. Da dort der Schritt von der Polyphonie zu barocken Formen mit starker Verspätung unternommen wurde, blieb die Entwicklung bis zum Ende des 18. Jahrhunderts und länger dabei stehen.

LEBEN
Joaquín Lázaro wurde 1746 in Aliaga, Teruel, geboren. Er war von 1771 bis 1777 Kapellmeister an Nuestra Señora del Pilar in Zaragoza, dann bis 1780 an der Kathedrale von Montoñedo und schließlich bis zu seinem Tod im Jahr 1786 an der Kathedrale von Oviedo.

WERKE
Von Joaquín Lázaro sind nur kirchenmusikalische Werke – Motetten, Psalmen, Hymnen, Miserere und Lamentationen – bekannt geworden. Sie gehörten dem spanischen Spätbarock an.

Valvasensi Lazaro
(um 1580 bis nach 1634)

ZEIT UND UMWELT
Die Zugehörigkeit der Städte der Republik Venedig zu diesem wirtschaftlichen und kulturellen Zentrum war, abgesehen von der politischen Abhängigkeit, von ungeheurem Vorteil. Die einzelnen Kapellen der Dome und Kirchen konnten vom engen Kontakt mit dem Musikgeschehen der Hauptstadt nur profitieren und so mit ihrer Musikentwicklung Schritt halten.

LEBEN
Valvasensi Lazaro wurde um 1580 in Valvasone, Udine, geboren. Er erhielt nach seiner Ausbildung und verschiedenen Diensten die Organistenstelle in Murano (1622), wurde Organist und Kapellmeister in Tolmezzo (1626) und 1630 Organist in Valvasone, wo er nach 1634 gestorben ist.

WERKE
Der italienische Komponist Valvasensi Lazaro verfaßte eine Anzahl Kirchenmusik für zwei bis fünf Stimmen, ein Buch mit sakralen Gesängen und 2 Bücher mit profanen monodischen Liedern. Er hielt mit der Musikentwicklung Venedigs von der Polyphonie zur Monodie Schritt.

Daniel Lazarus (1898–1964)

LEBEN
Daniel Lazarus wurde am 13.12.1898 in Paris geboren. Er studierte am Conservatoire in Paris unter Paul Vidal, dann wirkte er als freier Komponist und Dirigent, bis er 1958 Lehrer an der Schola Cantorum wurde. Er starb am 27.6.1964 in Paris.

WERKE
Neben 3 Opern, 3 Balletten und mehreren Bühnenmusiken schrieb Daniel Lazarus 2 Sinfonien, ein Klavierkonzert, ein Cellokonzert, eine konzertante Suite für Kammerorchester und Schlagzeug und weitere Kammermusik, Klavierstücke und Lieder.

Silvio Lazzari (1857–1944)

ZEIT UND UMWELT
Der Wagner-Verein in Paris, dem namhafte Musiker angehörten, stand im scharfen Widerspuch zu den zeitgenössischen Impressionisten. Es fehlte nicht an Integrationsversuchen, die naturgemäß scheitern mußten. Einige wählten den Ausweg, die Stilgattungen bei verschiedenen Kompositionstypen anzuwenden, wie manche Komponisten ihre Kirchenmusik nur mit konservativen Fakturen schrieben und gleichzeitig sehr zeitgemäße Bühnenstücke mit Liedern verfaßten.

Leben
Silvio Lazzari (eigentlich Josef Fortunat Silvester) wurde am 30.12.1857 in Bozen geboren. Er studierte in Innsbruck, München und Wien und darauf am Conservatoire in Paris bei Ernest Guiraud und César Franck. Bis 1894 wirkte er als Repräsentant des Pariser Wagner-Vereins und trat mit vielen Publikationen für den deutschen Meister ein; dann widmete er sich nur mehr der Komposition und zog sich nach Suresnes bei Paris zurück, wo er am 10.6.1944 starb.

Werke
Den Zwiespalt seiner Verehrung für Richard Wagner und seiner Vorliebe für die französischen Impressionisten löste Silvio Lazzari, indem er bei seinen 10 Opern die Harmonik an Richard Wagner anlehnte und bei seinen Instrumentalstücken – eine Sinfonie in Es-Dur, die »Rapsodie espagnol«, 2 sinfonische Dichtungen, eine Orchestersuite, »Vier Seebilder«, die Rhapsodie für Violine und Orchester, das Konzertstück für Klavier und Orchester – feinen impressionistischen Fakturen den Vorzug gab; den gleichen Stil wandte er bei seiner Violinsonate, der Violinromanze, dem Klaviertrio, dem Streichquartett und dem Bläseroktett an wie auch bei den Charakterstücken für Klavier und den ungefähr 50 Gesängen.

Barthélemy Le Bel
(um 1483 bis 1553)

Zeit und Umwelt
Dijon war zwar schon längst nicht mehr Hauptstadt von Burgund, doch die Sainte-Chapelle hielt sich noch immer auf dem Niveau, das sie während der Glanzzeit der Stadt erreicht hatte.

Leben
Barthélemy Le Bel wurde um 1483 in Anjou, Isère, geboren. Er dürfte seine Ausbildung zum Priester und Musiker in Dijon erhalten haben, wo er von 1522 bis 1525 als Kleriker und Chorleiter wirkte. Er schloß sich der Reformation an, verlor seine Stelle und wandte sich nach Genf, dem Zufluchtsort vieler Calvinisten, wo er Knabensingmeister an der Kathedrale wurde. Er starb in Genf am 16. 10. 1553.

Werke
Von dem französischen Komponisten Barthélemy Le Bel sind eine Motette und 4 geistliche Lieder auf Texten von Clément Marot erhalten. Seine sonstigen Werke sind verlorengegangen.
Im Gegensatz zu manchen anderen zeitgenössischen Kompositionen der Calvinisten wirken die 4 sakralen Gesänge gelockerter.

Firmin le Bel (um 1510–73)

Zeit und Umwelt
Der erste Bau der Santa Maria Maggiore, der nach San Pietro und San Giovanni in Laterano dritten Hauptkirche Roms, stand bereits im Jahr 352. Unter Papst Sixtus III. (432 – 440) wurde sie neu errichtet und nach der Rückkehr der Päpste aus Avignon als erstes öffentliches Gebäude mit einer Kapelle ausgestattet. Aus dem Knabenchor der Kapelle sind mehrere ausgezeichnete Musiker hervorgegangen, unter ihnen zum Beispiel Palestrina.

Leben
Firmin le Bel (Lebel) wurde um 1510 in Noyon, Picardie, geboren. Es ist unbekannt, wo der französische Musiker ausgebildet worden ist, ehe er nach Rom ging, dort um 1540 die Kapellmeisterstelle an Santa Maria Maggiore erhielt und somit zu einem der Lehrer des jungen Palestrina wurde. Von 1545 bis 1561 war er Kapellmeister an San Luigi de'Francesi und dann bis 1565 Sänger der päpstlichen Kapelle. Er starb in Rom um den 28. 12. 1573.

Werke
Von Firmin le Bel, der eine große Anzahl Kirchenmusik geschrieben hat, sind nur einige fünf- und sechsstimmige Motetten erhalten, die aber zur Feststellung, daß das von seinen Zeitgenossen ausgesprochene

Lob gerechtfertigt war, genügen. Der Franzose dürfte Palestrina gründlich in den franko-flämischen Stil eingeführt haben.

LITERATUR

R. Casimiri, Firmin le Bel, Rom 1922.

Le Bugle (um 1745 bis um 1790)

LEBEN

Le Bugle – der Vorname ist nicht bekannt – wurde um 1745 in Mantes, Yvelines, geboren. Er war ab 1755 Chorknabe an der Maîtrise von Rouen, bis er 1763 Organist an St-Herblanc in Rouen wurde, erhielt 1764 die Weihen und verließ 1766 die Stadt, um sich in Paris niederzulassen, wo er seine Kompositionen veröffentlichte. Über seine sonstige Tätigkeit in Paris gibt es keine Informationen.

WERKE

Von Le Bugle sind 10 Cembalosonaten, eine beachtenswerte Liedersammlung, mehrere Rondos mit Variationen und ein Cembalokonzert erschienen, außerdem ein Quintett für Pianoforte oder Cembalo und Streicher als eines der ersten französischen Klavierquintette. Seine Musik näherte sich der Klassik.

Sébastien Le Camus (um 1610–77)

ZEIT UND UMWELT

Die Gedichte von Paul Scarron (1610–60), Isaac de Benserade (1612–91) und Philippe Quinault (1635–88) fanden kongeniale Komponisten, die, so wie sie selbst, die Salons der Madame Marguerite Hessein La Sablière (um 1640–93) und der Schriftstellerinnen Madeleine de Scudery (1607–1700) und Marie de Sévigné (1626–96) frequentierten. Dort wurde im Verein mit bildenden Künstlern und Wissenschaftern die Kunstform des französischen oder, wie es auch genannt wurde, des eigentlichen Barock herangebildet.

LEBEN

Sébastien Le Camus wurde um 1610 vermutlich in Paris geboren und zum Violisten und Theorbisten ausgebildet. Im Jahr 1640 nahm ihn die Privatkapelle des Königs Ludwig XIII. als Instrumentalisten auf, 1648 wurde er Intendant der Kapelle des Herzogs von Orléans, Gaston (1608–60), 1660 Kapellmeister bei der Königin Marie Thérèse (1638 bis 1683) und ein Jahr darauf leitendes Mitglied der Musikkapelle König Ludwigs XIV. Er starb in Paris am 24. 3. 1677.

WERKE

Der französische Komponist Sébastien Le Camus gehörte zum Kreis der Barockkomponisten Jean-Baptiste Boësset und Antoine Moulinié. Er verkehrte in den Salons, in denen sich zu jener Zeit das geistige Leben von Paris außerhalb der Hofgesellschaft abspielte. Seine Sammlung »Airs à deux et trois parties« erschien erst posthum. Weitere Airs des Komponisten sind in Sammelwerken zu finden. Bei Le Camus ist die französische Barockform bereits voll ausgebildet.

LITERATUR

N. Dufourcq, Autour de Sébastien Le Camus, in: Recherches II, Paris 1961.

Le Conte de Bretagne (um 1210–50)

LEBEN

Der mit Conte de Bretagne bezeichnete nordfranzösische Trouvère dürfte mit Jean I. de Bretagne (»Le Rouge«) ident sein, der dieses Land von 1237 bis 1250 beherrschte. Er wurde um 1210 vermutlich in Rennes geboren, wo er auch wahrscheinlich 1250 gestorben ist.

WERKE

Von Le Conte de Bretagne sind 6 Liedtexte bekannt, zu denen die Melodien noch nicht identifiziert worden sind. Es wurden ihm auch etliche Jeux partis zugeschrieben, ohne daß es darüber Sicherheit gibt. Die Texte zeigen eine hochentwickelte Sprach- und Dichtkunst.

LITERATUR
J. Bédier, Conte de Bretagne, Chansons, Paris 1928.

Nicola Le Fanu (geboren 1947)

LEBEN
Nicola Le Fanu wurde am 28.4.1947 in Wickham Bishops, Essex, als Tochter von Elizabeth Maconchy geboren. Sie studierte an St. Hilda's College in Oxford und ergänzte ihre Ausbildung privat bei Goffredo Petrassi, Thea Musgrave (geboren 27.5.1928, Edinburgh) und Peter Maxwell Davies (geboren 8.9.1934, Manchester). Sie lebt in England vorwiegend ihrem kompositorischen Schaffen und deren Interpretation.

WERKE
Die Kompositionen sind gemäßigt modern und müssen dem Neuklassizismus zugerechnet werden. Sie schrieb ein Praeludium für Kammerorchester, ein Oboenquartett, ein Quintett für Klarinette und Streicher, einen Quartettsatz für Streicher und ein Selbstgespräch für Oboe solo.

Nicola Le Fanu

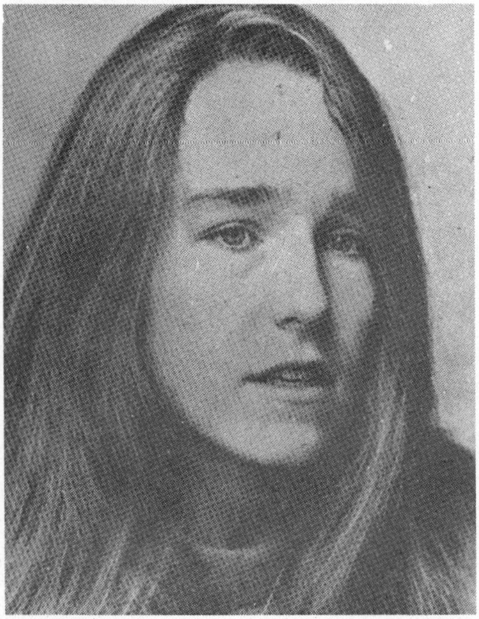

Dorian Le Gallienne (1915-63)

LEBEN
Dorian Le Gallienne wurde am 19.4.1915 in Melbourne geboren und studierte zunächst an der Universität seiner Heimatstadt; 1938 wurde er Schüler von Herbert Howells und Arthur Benjamin am Royal College of Music in London. Seit dem Ende des Zweiten Weltkriegs wirkte er als Lehrer für Tonsatz am Konservatorium, als Tonmeister beim Australischen Rundfunk und als Kritiker in Melbourne bis zu seinem Tod am 27.7.1963.

WERKE
Außer 2 Balletten schrieb Dorian Le Gallienne 2 Sinfonien, eine sinfonische Studie, ein Trio für Oboe, Violine und Bratsche, ein Duo für Violine und Bratsche, eine Sonatine für zwei Klaviere und mehrere Klavierwerke zu zwei Händen, Psalmen für Chor und Orchester sowie Lieder.

Gaspard Le Roux (um 1660–1707)

ZEIT UND UMWELT
Neben der Orgel war das Cembalo das vornehmste Tasteninstrument für das solistische und konzertante Spiel. Das doppelte Manual, die verschiedenen Registerzüge wie der Harfenzug, der Lautenzug usw. ergaben eine breite Tonfarbenpalette.

LEBEN
Gaspard Le Roux wurde um 1660 in Paris geboren und lebte dort als Cembalist, Cembalolehrer und Komponist für sein Instrument. Es ist nicht feststellbar, ob er eine feste Stellung als Musiker innehatte. Er starb in Paris im Jahr 1707.

WERKE
Der französische Cembalist und Komponist Gaspard Le Roux hat ein Buch mit Cembalo-

stücken herausgebracht, von denen ein Teil überliefert ist, außerdem etliche Airs serieux und 3 zwei- und dreistimmige Motetten mit Generalbaß. Sein Stil lehnte sich an Louis Couperin, Nicolas Lebègue und Jean Henri d'Anglebert an.

Literatur

A. Tessier, Un claveciniste français Gaspard Le Roux, in: Revue Musicale V, 1923/24.

Philipp Franz Le Sage de Richée
(um 1660 bis nach 1695)

Zeit und Umwelt

Der bedeutende französische Lautenist Charles Mouton, der das von Denis Gaultier Erlernte an seine Schüler weitergab, galt in der zweiten Hälfte des 17. Jahrhunderts als einer der vier großen Lautenmeister Frankreichs. Er war es, der die Suite für sein Instrument ausbaute, so daß seine Werke und die seiner Schüler über die Laute hinaus Gültigkeit erreichten und auch zum Muster für die Cembalosuite wurden.

Leben

Philipp Franz Le Sage de Richée wurde um 1660 in Frankreich geboren. Er war Schüler des Lautenmeisters Charles Mouton und kam gegen das Ende des 17. Jahrhunderts nach Breslau (Wrocław), wo er als Lautenist und Lautenlehrer bis zu seinem Tod nach 1695 wirkte.

Werke

Der französische Lautenist und Komponist Philipp Franz Le Sage de Richée verfaßte unter dem Titel »Cabinet de luth« 89 zu 12 Suiten gruppierte Lautenstücke im Stil seines Lehrers Charles Mouton, die für die Lautenliteratur der Zeit von großer Wichtigkeit waren.

Literatur

H. Riemann, Ein wenig bekanntes Lautenwerk, in: Monatshefte für Musikgeschichte XXI, 1889.

James Leach (1762–98)

Zeit und Umwelt

Obwohl in den USA nach dem Unabhängigkeitskrieg eine beträchtliche Anzahl eingewanderter oder bereits in der Neuen Welt geborener Musiker um die Schaffung einer neuen Psalmodie für die verschiedenen Bekenntnisse bemüht war, wurden doch vorwiegend aus England weitere Psalmmelodien übernommen. Die praktisch völlige Freiheit der Religionsausübung führte zur Gründung zahlreicher Gemeinden, die sich gern von den benachbarten auch durch die Kirchenmusik unterschieden.

Leben

James Leach wurde 1762 in Wardle bei Rochdale, Lancashire, geboren. Er war ab 1789 Sänger und Gesanglehrer in Rochdale und einige Jahre später in Salford. Er starb am 8. 2. 1798 durch einen Unfall in der Nähe von Manchester.

Werke

Von James Leach erschienen zwei Serien »Hymnen und Psalmodien«, die zu einem Teil in nordamerikanischen Kirchenmusiksammlungen für Anhänger der Hochkirche und für Methodisten Eingang gefunden haben.

António Leal Moreira (1758–1819)

Zeit und Umwelt

Mit dem Komponisten und Musiklehrer João de Sousa Carvalho setzte die nationale portugiesische Musikentwicklung ein – wenn auch nur zögernd. Die Opern wurden zwar noch immer den italienischen nachgebildet, aber häufig bereits auf portugiesische Texte verfaßt. Es wurden Cembalostücke geschrieben, deren Stil sich an die Kirchenmusik anlehnte. Die Tendenz zu einem gewissen Ernst kann bei mehreren Komponisten jener Epoche bereits beobachtet werden.

LEBEN
António Leal Moreira wurde 1758 in Abrantes, Estremadura, geboren. Er wurde von João de Sousa Carvalho am Seminário patriarcal in Lissabon ausgebildet. Er war Organist und sodann Kapellmeister der Capela Real und Orchesterdirigent von Operntruppen bis 1800. Darauf widmete er sich nur dem Dienst am Hof und dem Unterricht bis zu seinem Tod am 21. 11. 1819 in Lissabon.

WERKE
Von António Leal Moreira sind ungefähr 10 italienische und portugiesische Opern in Lissabon aufgeführt worden. Er schrieb außerdem eine Serenata, ein Oratorium, Kantaten und sakrale Werke, wie Messen, Offertorien, Psalmen, Hymnen.

LITERATUR
M. de Sampayo Ribeiro, A música em Portugal nos siglos XVIII e XIX, Lissabon 1939.

Nicolas Lebègue (1630–1702)

ZEIT UND UMWELT
Während des ganzen 17. Jahrhunderts hatte sich die Absonderung der Orgelmusik von den Kompositionen für die übrigen Tasteninstrumente angebahnt. Gegen das Ende des Jahrhunderts war sie so weit fortgeschritten, daß es zu Registrieranweisungen und gesonderter Pedalnotierung, wenn auch noch nicht auf drei Notenzeilen, kam. Die Orgelkomponisten nahmen immer weniger Rücksicht darauf, ob ihre Werke auch auf dem Cembalo spielbar waren.

LEBEN
Nicolas Antoine Lebègue (Lebegue, le Bègue) wurde 1630 in Laon geboren. Er war vermutlich Schüler von Jacques Champion de Chambonnières. Im Jahr 1664 wurde er Organist an St-Merry in Paris und 1678 einer der vier Hoforganisten. Er starb in Paris am 6. 7. 1702.

WERKE
Der französische Organist, Cembalist und Komponist Nicolas Lebègue brachte 3 Bücher Orgelstücke mit genauen Registriervorschriften und Anweisung über den Gebrauch des Pedals und 2 Bücher Cembalostücke heraus. Von seiner Vokalmusik ist nur ein gregorianischer Hymnus erhalten. Sein Orgelwerk enthält Versetten für die Messe, über das Magnificat und über Offertorien, schließlich eine umfangreiche Orgelmesse und etliche verarbeitete »Noëls«.

Noëls Variés
Variationen für Orgel über Weihnachtslieder, bei denen die Einfachheit der Volkslieder auch in den Variationen gewahrt bleibt, weil in keinem Abschnitt die Deutlichkeit der Grundmelodie verwischt wird. In einer sind die vier Töne der Glocken seiner Kirche verarbeitet.

LITERATUR
N. Dufourcq, La vie musicale en France au siècle de Louis XIV, Paris 1954.

François Lebertoul
(vor 1400 bis um 1450)

LEBEN
François Lebertoul (Franchois le Bertoul) ist noch im 14. Jahrhundert geboren, seine künstlerische Tätigkeit fällt aber in das 15. Biographische Daten über ihn fehlen. Wir wissen von ihm nur, daß er Franzose war, stilistisch jedoch bereits zur »Musik der Niederländer« zu rechnen ist. Er starb um 1450.

WERKE
Lebertoul war ein ungefähr um ein Jahrzehnt älterer Zeitgenosse Dufays. Die 5 Chansons, die von ihm erhalten sind, weisen ihn zwar als französischen Komponisten aus, aber zugleich auch seine Zugehörigkeit zum franko-flämischen Kreis, besonders die Tripelballade »O mortalis – O pastores – O vos multi«.

LITERATUR
E. Dannemann, Die spätgotische Musiktradition, Heidelberg 1936.

Aimé Ambroise Simon Leborne
(1797–1866)

LEBEN
Aimé Ambroise Simon Leborne wurde am 29.12.1797 in Brüssel geboren. Er war am Pariser Conservatoire Schüler von Luigi Cherubini und Victor Dourlen und erhielt 1820 den Rompreis, nachdem er bereits einige Jahre als Hilfslehrer für Komposition tätig gewesen war. Von 1836 bis zu seinem Tod am 2.4.1866 wirkte er mit viel Erfolg am Conservatoire als Kompositionslehrer.

WERKE
Von Aimé Ambroise Simon Leborne sind 2 komische Opern aufgeführt worden. Außerdem verfaßte er zahlreiche Kantaten, die technisch perfekt gearbeitet waren, aber dennoch wie Lehrbeispiele wirkten. Als Lehrer genoß er hohes Ansehen; er hat eine Reihe bedeutender Musiker ausgebildet. In seinen Lehrwerken vertrat er den Stil der Romantik.

Fernand Leborne (1862–1929)

LEBEN
Fernand Leborne (le Borne) wurde am 10.3.1862 in Charleroi geboren. Er war am Conservatoire in Paris Schüler von Jules Massenet, Camille Saint-Saëns (1835–1921) sowie César Franck und lebte nach seiner Ausbildung als Korrespondent und Pressereferent verschiedener Blätter und als freier Komponist bis zu seinem Tod am 15.1.1929 in Paris.

WERKE
Von Fernand Leborne sind 8 Opern aufgeführt worden. Er brachte außerdem 2 Ballette heraus. Seine Orchesterwerke bestehen aus 2 Sinfonien, 2 Ouvertüren und aus kleineren Stücken – Suite intime, Scènes de ballett, Aquarelles, Temps de guerre (Kriegszeit), Fête bretonne (Bretonisches Fest) –, einem Poème légendaire für Violine und Orchester und einem Symphonie-Concerto für Klavier, Violine und Orchester. Er schrieb ferner ein Streichquartett in c-Moll, ein Klaviertrio in d-Moll, je eine Sonate für Violine, Cello, Oboe, Klarinette und Flöte mit Klavier, Klavierstücke, 5 Kantaten für Singstimmen und Orchester, 2 Messen, Orchestergesänge und Lieder. Sein Stil ist noch der Romantik verhaftet, neigt aber deutlich zur bildhaften Darstellung.

Jean Lebrun (1759–1809)

ZEIT UND UMWELT
Als Dämpfer werden bei Blechblasinstrumenten heute durchbohrte Kegel aus Holz oder Metall verwendet, die in die Stürze einzuschieben sind. Beim Horn ohne Ventile erhöhte sich der Ton um einen oder zwei Halbtöne, weil der Dämpfer die Mensur veränderte. Gedämpfte Trompeten wurden bereits im 16. Jahrhundert geblasen, bei Hörnern wurden im 18. Jahrhundert Dämpfer für Echoeffekte eingesetzt.

LEBEN
Jean Lebrun wurde am 6. 4. 1759 in Lyon geboren. Er war Schüler von Jan Václav Stich und von Jean Joseph Rodolphe im Hornspiel, dann von 1786 bis 1792 erster Hornist an der Pariser Opéra und anschließend an der Berliner Hofoper. Nach einer längeren Konzertreise im Rheingebiet und in den Niederlanden kehrte er 1808 nach Paris zurück, wo er 1809 starb.

WERKE
Von dem bedeutenden französischen Hornisten Jean Lebrun, der besonders durch seine hohen Töne berühmt war, sind mehrere Hornkonzerte handschriftlich erhalten. Man schrieb ihm die Erfindung des Horn-Dämpfers zu; er dürfte ihn aber nur sehr oft angewendet haben.

Louis Sébastien Lebrun (1764–1829)

ZEIT UND UMWELT
Die französische komische Oper hatte sich um 1800 bereits völlig von der italienischen emanzipiert und ihren eigenen Typus herausgebildet, obwohl in Paris und den anderen

großen französischen Städten ständig italienische Opern aufgeführt wurden und großen Zulauf hatten. Die französische war seriöser, musikalisch gehaltvoller und dem Gang der Stilentwicklung der sinfonischen Musik enger angeschlossen, während die italienische mehr der Unterhaltungsmusik zuzurechnen war.

Leben
Louis Sébastien Lebrun wurde am 10. 12. 1764 in Paris geboren. Er war Tenor an der Opéra und der Opéra Comique und ab 1807 Sänger der Kaiserlichen Privatkapelle. Er starb am 27. 6. 1829 in Paris.

Werke
Von Louis Sébastien Lebrun wurden 16 komische Opern mit großem Erfolg aufgeführt und oft wiederholt. Er schrieb auch eine Messe solenelle und ein Te Deum. Beide Werke waren lange im Repertoire der französischen Kirchenkapellen.

Ludwig August Lebrun (1752–90)

Zeit und Umwelt
Im 18. und in den ersten Jahrzehnten des 19. Jahrhunderts hatte die Oboe sieben Grifflöcher und zwei Klappen. Sie wurde schon früh solistisch eingesetzt, eignete sich aber immer mehr für die Kantilene als zu virtuosem Spiel, so daß sich das Können der großen Oboisten vor allem in der Tonbildung zeigte und nicht so sehr in der Beweglichkeit.

Leben
Ludwig August Lebrun (eigentlich Ludwig Karl Maria) wurde am 2. 5. 1752 in Mannheim getauft. Er wirkte von 1764 bis 1778 als Oboist im Mannheimer Orchester und trat darauf 1779 im Concert spirituel in Paris und 1785 in Wien mit großem Erfolg als Solist auf. Er starb am 16. 12. 1790 in Berlin.
Seine Frau Franziska Lebrun geborene Danzi (getauft 24. 3. 1756, Mannheim, bis 14. 5. 1791, Berlin), Schwester von Franz Danzi, war eine der hervorragendsten Sopranistinnen ihrer Zeit und Komponistin mit beachtlichen Fähigkeiten.

Werke
Von Ludwig August Lebrun sind Duos für zwei Flöten und für Violine und Bratsche, Triosonaten für zwei Violinen und Generalbaß, Konzerte für Oboe und für Flöte und 2 Ballette überliefert. Sein Stil folgt dem Mannheimer.
Franziska Lebrun schrieb 12 Sonaten für Pianoforte mit Violinbegleitung von beträchtlichem Wert.

Benedikt Lechler (1594–1659)

Zeit und Umwelt
Österreich war von den Auswirkungen des Dreißigjährigen Krieges nicht unmittelbar berührt. Trotzdem erfuhr das Musikgeschehen in der ersten Hälfte des 17. Jahrhunderts keine bemerkenswerte Belebung. Die verschiedenen Hofkapellen waren von Italienern besetzt, auch die Kirchenmusik wurde zu einem großen Teil von Ausländern bestritten.

Leben
Benedikt Lechler (Taufname Johannes) wurde am 24. 4. 1594 in Füssen geboren. Er studierte von 1607 bis 1615 in Wien, wurde 1616 Leiter der Abteischule und der Musik des Stiftes Admont, Steiermark, war 1617 im Stift Kremsmünster, Oberösterreich, vorerst Lautenist des Prälaten und trat 1627 selbst in den Benediktinerorden ein. Ab 1628 leitete er die Musik des Stiftes und wurde 1651 Prior. In den Jahren 1632 und 1633 hielt er sich in Rom und Neapel auf. Er starb in Kremsmünster am 18. 1. 1659.

Werke
Bekannt sind die vom österreichischen Kirchenmusiker Benedikt Lechler geschriebenen 4 Sammelbände zumeist zeitgenössischer Komponisten, unter denen sich auch eigene Werke wie Kirchengesänge und Instrumentalsätze befinden. Seine Musik ist sehr konservativ und eklektisch.

Leonhard Lechner (um 1553–1606)

Zeit und Umwelt

Trotz aller Vereinbarungen und Friedensschlüsse, die die Einflußsphären und Machtbereiche der beiden Konfessionen festlegten, wurde kein friedliches Nebeneinanderleben erreicht. Reformation und Gegenreformation schritten weiter, die politischen Zustände spitzten sich immer mehr zu. Der Kampf der Bekenntnisse war politisch und wirtschaftlich wichtig; es ging um ertragreiche Landstriche und Siedlungen, und es ging um Macht. Europa bereitete sich auf die größte kriegerische Auseinandersetzung der frühen Neuzeit vor.

Leben

Leonhard Lechner nannte sich selbst Athesinus (Etschländer), so daß der Ort, wo er um 1553 geboren wurde, im Etschtal (Südtirol) liegen muß. Er kam bereits früh als Sängerknabe an die Hofkapellen in München und Landshut, die Orlando di Lasso und Ivo de Vento unterstanden. Im Jahre 1570 kam er in die Stellung eines Hilfslehrers in Nürnberg, wo er um 1576 zum Protestantismus übertrat. Im Jahre 1584 erhielt er den Posten des Hofkapellmeisters in Hechingen, gab ihn nach einem Jahr wegen Unstimmigkeiten wieder auf und ging, nachdem er sich vergebens um die Hofkapellmeisterstelle in Dresden beworben hatte, als Kapellsänger an den Stuttgarter Hof, wo er 1595 Hofkapellmeister wurde. Er starb in Stuttgart am 9. 9. 1606.

Werke

In Nürnberg, wo Leonhard Lechner neben seinem Schuldienst als Mitglied, Hauskomponist und musikalischer Berater verschiedener bürgerlicher Musikgesellschaften tätig war, galt er als »gewaltiger Componist und Musicus«. Er verfaßte dort den Großteil seiner profanen Werke, darunter die in mehreren Sammlungen erschienenen insgesamt 160 »Teutschen Lieder«, die entweder Madrigalformen oder zeitgenössische Villanellen- und Kanzonenformen aufweisen und damit einen deutsch-italienischen Liedstil begründen. In seinen größeren Werken, wie das »Hohe Lied Salomonis« und die vierstimmigen »Deutschen Sprüche von Leben und Tod«, kam es zu einer einmaligen Verschmelzung von ausdrucksvoller Madrigalstruktur und feierlicher Motettenform mit Mehrstimmigkeit. Es liegt auch eine große Anzahl lateinischer Motetten und sakraler Gesänge vor, die ältere Stilelemente zeigen. Das gleiche gilt für die Messen, die Magnificat und auch für die sechsstimmigen Bußpsalmen. Lechner bemühte sich um den Nachlaß seines Vorbildes Orlando di Lasso und brachte 2 Bände »Selectissimae Cantiones« (Gut ausgewählte Gesänge) heraus, die als Teil einer Gesamtausgabe geplant waren.

Historia der Passion und Leidens unseres einigen Erlösers und Seligmachers Jesu Christi nach dem alten lateinischen Kirchenchoral mit vier Stimmen componiert, entstanden 1593

Diese Johannespassion stellt eine Motetten-Passion dar. Der alte Choralton wird als Grundlage verwendet, aber mit lyrischen Figuren ausgeschmückt. Die Tonmalerei wird sehr stark angewendet; das Zurückweichen der Häscher, der Schwertstreich, den Petrus führt, der krähende Hahn werden deutlich gezeichnet. Die Musik erhebt sich zu verstärkter Dramatik, wenn Pilatus Christus dem Volk zeigt und ausruft: »Sehet, welch ein Mensch!« Die Spannung wird durch das Losbrechen der Rufe: »Kreuzige ihn!« gesteigert, mündet sodann schlicht in die Bitte: »Vater, vergib ihnen, denn sie wissen nicht, was sie tun.« Wie ein Gebet klingt die Passion bei den Worten: »Es ist vollbracht« aus.

Deutsche Sprüche von Leben und Tod für vier Stimmen, entstanden 1606

Fünfzehn Sprüche eines ungenannten Dichters (vielleicht des Autors selbst), die mit schlichten Worten von der Unbeständigkeit der Welt und der Beständigkeit Gottes sprechen, werden mit einer epigrammatisch knappen Musik in ihrer Endgültigkeit verstärkt. Ein Thema in g-Moll zieht sich ernst durch das Gesamtwerk, gleichsam als Leitmotiv, und verleiht ihm mit dunkler Monotonie eine Sprache, die von jenseits des Grabes zu kommen scheint.

Literatur

O. Koller, Leonhard Lechner, Musikbuch aus Österreich, Wien 1904.

Josef Lechthaler (1891–1948)

LEBEN

Josef Lechthaler wurde am 31.12.1891 in Rattenberg, Tirol, geboren. Er studierte unter Guido Adler an der Universität und unter Max Springer und Vinzenz Goller an der Akademie für Musik und darstellende Kunst in Wien, wo er anschließend als Theorielehrer von 1933 bis 1938 und von 1945 bis zu seinem Tod am 21.8.1948 als Leiter der Abteilung für Kirchen- und Schulmusik an der Akademie wirkte.

WERKE

Von Josef Lechthaler sind 5 Messen, eine Weihnachtsspielmusik, ein Stabat mater, eine Anzahl sakrale Lieder, ein Praeludium und Fuge, ein Weihnachtspraeludium, eine Choralfantasie für Orgel bekannt geworden. Er schrieb weiters 2 Streichquartette, ein Trio für Violine, Gambe und Harfe und eine Anzahl Chöre und Lieder. Er war für die österreichische Kirchenmusik des 20. Jahrhunderts richtunggebend.

Jean-Marie Leclair

Jean-Marie Leclair (1697–1764)

ZEIT UND UMWELT

Die musikalische Situation Frankreichs in der ersten Hälfte des 18. Jahrhunderts war einerseits durch eine starke Pflege der französischen Tradition, andererseits durch das Eindringen italienischer Stilelemente gekennzeichnet, während in diesem Zeitabschnitt das Musikgeschehen in Mitteleuropa wenig Beachtung fand. Das galt vor allem auf dem Feld der Violinmusik. Die großen Cembalisten Couperin und Rameau, die Gambisten um Marais und das Wirken des Opernmeisters Lully hinterließen ein gewaltiges Erbe. Ohne Zweifel ernteten die italienischen Violinisten große Erfolge. Ihre hochentwickelte Technik und die große Linie ihrer Kompositionen, ihr bis zu den Grenzen des Möglichen gesteigerter Affektausdruck und ihre kühne Akkordik verfehlten auch in Frankreich nicht ihre Wirkung. Eine dominierende Position wie zum Beispiel in Mitteleuropa vermochte die italienische Violinmusik in Frankreich jedoch nicht zu erreichen. Die französischen Meister gründeten eine eigene Schule der Violinmusik auf der Grundlage der französischen Tradition, in die vieles aus Italien Kommende integriert wurde, wie auch viele italienische Opern aufgeführt wurden, aber die eigenständige Operntradition nie zu verdrängen imstand waren.

LEBEN

Jean-Marie Leclair wurde am 10. 5. 1697 in Lyon geboren. Er wirkte anfänglich als Tänzer und Violinist an der Oper in Lyon, sodann ab 1722 als Ballettmeister an der Oper in Turin, wo er zugleich eine gründliche Ausbildung zum Violinisten von Giovanni Battista Somis erhielt. 1728 ging er nach Paris, wo er mit viel Erfolg im Concert spirituel auf-

trat. Sein Ruf als Violinist hatte sich bald über die Grenzen seiner Heimat hinaus verbreitet, so daß ihn Johann Gottfried Walther (1684–1748) in sein 1732 erschienenes »Musicalisches Lexicon« einreihte. König Ludwig XV. nahm ihn 1734 in seine Kapelle auf; er schied jedoch wegen Streitigkeiten um den Konzertmeisterposten 1736 wieder aus, reiste als Virtuose nach Holland und Spanien und ließ sich 1745 endgültig als Violinlehrer in Paris nieder. Er starb am 22. 10. 1764 von der Hand eines unbekannten Mörders.
Sein Bruder Jean-Marie Leclair (23. 9. 1703, Lyon, bis 30. 11. 1777, Lyon) wirkte als Violinist in Lyon, darauf als Kapellmeister an der Académie von Besançon und schließlich neuerlich als Violinlehrer in seiner Vaterstadt.
Sein Bruder Pierre Leclair (16. 11. 1709, Lyon, bis 2. 4. 1784, Lyon) war gleichfalls Violinist in Lyon. Drei weitere Geschwister waren als Instrumentalisten und Musiklehrer erfolgreich tätig.

WERKE
Von Jean-Marie Leclair erschienen 48 Violinsonaten mit Generalbaß, Duos für zwei Violinen, zahlreiche Trios für zwei Violinen und Generalbaß, 12 Konzerte für Solovioline, zwei Violen, Baß und Generalbaß, Ouvertüren und Triosonaten, eine Violinsonate und eine Oper. Er nahm sehr viele italienische Stilformen auf, integrierte sie mit der französischen Tradition und steigerte die Spieltechnik um ein Vielfaches, besonders im Gebrauch der Mehrfachgriffe. Sein Einfluß auf die Entwicklung des französischen Violinspiels war bis zur Revolution des Jahres 1789 spürbar.
Von Jean-Marie Leclair sind Sonaten für Solovioline mit Generalbaß, Sonaten für zwei Violinen ohne Generalbaß, einige Divertissements und Vokalwerke erhalten.
Pierre Leclair brachte 2 Bände mit Violinduos heraus.

LITERATUR
L. Vallas, Une famille de violinistes lyonnais, Les Leclair, in: Bulletin de la Société française de Musicologie V, 1921.

Charles Lecocq (1832–1918)

LEBEN
Alexandre Charles Lecocq wurde am 3.6.1832 in Paris geboren. Er war Schüler von François Bazin, Fromental Halévy und François Benoist am Conservatoire in Paris. Seine ersten musikalischen Bühnenstücke ernteten wenig Beifall. Erst sein Stück »Fleur-de-thé« (Teeblüte) wurde hundertmal aufgeführt und machte das Ausland auf ihn aufmerksam. Ab diesem Zeitpunkt riß seine Erfolgsserie bis zu seinem Tod am 24.10.1918 in Paris nicht mehr ab.

WERKE
Von den über 40 Bühnenwerken von Charles Lecocq waren die meisten sehr erfolgreich, einzelne gingen um die Welt und blieben bis in die Mitte des folgenden Jahrhunderts auf den Spielplänen. Sie übertrafen die Operetten von Jacques Offenbach und Florimond Ronger Hervé durch größere Sorgfalt der Faktur. Er schrieb ferner eine Ballettpantomime mit Klavier, eine Gavotte und 24 Charakterstücke für Klavier, verschiedene Gesangstücke, kirchliche Gesänge für Frauenstimmen (»Die Klosterkapelle«) und einige Gelegenheitskompositionen. Er nimmt im Rahmen der Operettengeschichte einen hohen Rang ein.

Juan Vicente Lecuna (1899–1954)

LEBEN
Juan Vicente Lecuna wurde am 20.11.1899 in Valencia, Carabobo, Venezuela, geboren. Er studierte in Caracas, New York und Baltimore, wurde Diplomat und vertrat sein Land zuletzt im Vatikanstaat in Rom, wo er am 16.4.1954 starb.

WERKE
Von Juan Vicente Lacuna sind 2 »Sinfonische Venezolanische Tänze«, ein Klavierkonzert, ein Streichquartett, eine Sonate für Violine und Klavier, Klavierstücke, Chöre, Lieder, ein Tantum ergo und ein Ave Maria für Gesang und Orgel bekannt geworden. Er war Spätromantiker.

Mariano Rodriguez de Ledesma
(1779 – 1848)

ZEIT UND UMWELT
Die Invasion der napoleonischen Truppen, der erzwungene Thronverzicht des Königs Karl IV. und dessen Sohnes Ferdinand VII. im Jahr 1808 vertrieb auch viele Mitglieder der Königlichen Kapelle aus Madrid, die sich nicht mit dem vom Kaiser eingesetzten König Joseph Bonaparte abfinden wollten.

LEBEN
Mariano Rodriguez de Ledesma (Rodrigo de Ledesma) wurde am 14.12.1779 in Zaragoza geboren, wo er mit 8 Jahren Chorknabe der Kathedrale war. Von 1799 bis 1802 wirkte er als Organist und Chorregent in Vinaroz und ab 1805 als Erster Tenor am Teatro de los Caños del Peral in Madrid, wo er 1807 Sänger der Königlichen Kapelle wurde. Im Jahr 1808 zog er sich vor den Franzosen nach Sevilla zurück, 1813 ließ er sich in London als Gesanglehrer nieder und unterrichtete Prinzessin Charlotte (1796–1817), Tochter des Königs Georg IV. (1762–1830), kehrte aber, als Ferdinand VII. 1814 den spanischen Thron wieder einnahm, nach Madrid zurück, wo er die Infantinnen unterrichtete, ging 1823 wiederum nach London und übernahm dort die Leitung der Gesangklasse an der Royal Academy of Music. Ab 1831 lebte er wieder in Madrid, 1836 wurde er zum Hofkapellmeister ernannt. Er starb am 28.3.1848 in Madrid.

WERKE
Das kompositorische Werk von Mariano Rodriguez de Ledesma umfaßt vorwiegend Sakralmusik. Hervorzuheben sind davon: 3 Messen, 9 Lamentaciones, ein Stabat mater, Motetten, zum Teil mit Orchester. Sehr bekannt wurde er mit seiner patriotischen Hymne »En tan infausto día« (An solchem Unglückstag). Er verfaßte eine Reihe Klavierstücke und Lieder sowie Vokalisationsübungen für den Gesangunterricht. Seine Musik steht sehr unter dem Einfluß der deutschen Romantik, insbesondere von Carl Maria von Weber.

Nicolás Ledesma (1791–1883)

ZEIT UND UMWELT
Der Streit um die Verfassung und die Rivalitäten um den Thron ließen Spanien im 19. Jahrhundert nicht zur Ruhe kommen. Die bisher schlechten sozialen Verhältnisse besserten sich nicht und die Wirtschaft des Landes sank stark ab; aber einen reinen Kirchenmusiker ohne politische Ambitionen, der sein wenn auch geringes Auskommen fand, berührten alle diese Erschütterungen nicht. Die Kathedralen, für die er lebte und arbeitete, bildeten Inseln des Friedens und der Ruhe, um die herum die Kämpfe tobten.

LEBEN
Nicolás Ledesma wurde am 9.7.1791 in Grisel, Zaragoza, geboren und als Chorknabe an der Kathedrale von Tarazona de Aragón ausgebildet. Er war Kapellmeister und Organist ab 1809 in Borja, ab 1811 in Tafalla und von 1830 bis zu seinem Tod am 4.1.1883 in Bilbao.

WERKE
Die zahlreichen kirchenmusikalischen Werke von Nicolás Ledesma – Messen, Psalmen, Motetten, Hymnen, Litaneien, Stabat mater, Responsorien, Lamentationen, Villancicos – weisen Strukturen auf, als seien sie um mindestens 100 Jahre früher geschrieben worden. Die Zeit stand in den spanischen Kathedralen schon durch viele Jahrzehnte still. Ein Stabat mater für drei Singstimmen, zwei Violinen, Bratsche und Cello wurde wegen seines schönen Klanges mehrmals aufgelegt.

Simon Leduc (um 1745–77)

ZEIT UND UMWELT
Das Orchester des Concert spirituel von Paris hatte sich in der zweiten Hälfte des 18. Jahrhunderts zu einem der bedeutendsten Klangkörper der gesamten Musikwelt entwickelt. Es hatte auch alle modernen Aufführungstechniken der Mannheimer Schule übernommen, mit denen ein reger Austausch von Kompositionen gepflegt wurde. Es waren ausnahmslos immer die besten Kräfte,

die im Pariser Orchester mitwirkten oder es leiteten; die Programmauswahl war sehr streng. Für Solisten galt ein Auftritt im »Concert« als Prüfstein.

LEBEN
Simon Leduc (Le Duc) wurde um 1745 in Paris geboren. Er war Violinschüler von Pierre Gaviniès. Im Jahr 1759 wurde er zweiter Violinist im Orchester des Concert spirituel und nach 4 Jahren erster. Trotz dieser Erfolge wandte er sich dem Verlagsgewerbe zu und wirkte zugleich als Musiklehrer und Komponist. Ab 1773 leitete er gemeinsam mit Pierre Gaviniès und François Joseph Gossec das Concert spirituel. Er starb 1777 und wurde am 22. 1. in Paris begraben.

WERKE
Trotz seiner kurzen Schaffenszeit bewältigte Simon Leduc ein beachtliches kompositorisches Werk. Gedruckt wurden 2 Bücher Violinsonaten mit Generalbaß oder Cembalobegleitung, 2 Bücher Sonaten für zwei Violinen ohne Generalbaß, 12 Trios für zwei Violinen mit Generalbaß, 3 Violinkonzerte und 5 Sinfonien, außerdem 5 Divertissements. Der Einfluß der Mannheimer Schule wird bei allen Werken deutlich. Sie fielen durch häufige Verwendung von Moll-Tonarten, durch kühnen Chromatismus und ganz besondere Tiefe auf. Obwohl die Virtuosität des Komponisten klar zutage tritt, wird sie nirgends zum Selbstzweck.

Franz Ledwinka (1883–1972)

LEBEN
Franz Ledwinka wurde am 27.5.1883 in Wien geboren. Bis 1907 reiste er als Konzertpianist und Begleiter, dann wirkte er bis 1949 als Klavierlehrer am Mozarteum in Salzburg, wo er am 21.5.1972 starb.

WERKE
Von Franz Ledwinka sind mehr als 200 Kompositionen bekannt geworden, darunter eine Oper, ein Melodram, eine Sinfonietta für Orchester und zahlreiche kleinere Instrumentalstücke, 6 Messen, ein Requiem und ungefähr 150 Lieder. Er bevorzugte den konservativen Wiener Stil.

Dai-Keong Lee (geboren 1915)

LEBEN
Dai-Keong Lee wurde am 2.9.1915 in Honolulu geboren. Er studierte bei Roger Sessions an der Princeton University und an der Juilliard Graduate School bei Frederick Jacobi und bei Aaron Copland. Anschließend ließ er sich als freischaffender Komponist in New York nieder.

WERKE
Außer 6 Opern und einem Ballett schrieb Dai-Keong Lee 2 Sinfonien, eine Ballettsuite, 3 Ouvertüren, eine Polynesische Suite, Tanzstücke für Streicher, ein Concerto grosso für Streicher, ein Violinkonzert, ein Streichquartett, Orchesterlieder, Chöre mit Orchester und Klavierstücke.

Polynesische Suite, 3 Teile, entstanden 1959
Das Werk wurde zur Fünfzig-Jahr-Feier der Aufnahme von Hawaii als 50. Bundesstaat der USA geschaffen. Es sind polynesische Melodien und Rhythmen aus der vorkolonialen Zeit verarbeitet. Der 1. Teil »Tanz aus Tahiti« bringt einen raschen orgiastischen Ritualtanz. Der Rhythmus wird durch den »Woodblock« markiert und von anderen Schlaginstrumenten mit bestimmter Tonhöhe begleitet. Der 2. Teil »Hula« ist ein langsamer und zierlicher Tanz. Streicher und Schlaginstrumente markieren die Mimik der getanzten Legende. Darüber liegt eine tetratonische Melodie. Im 3. Teil »Festlichkeit« sind vormissionarische Weisen verarbeitet. Es sind aber auch dorische und phrygische Tonleitern und modale Akkorde aus der christlichen Ära integriert. Der Satz präsentiert sich als Sonatenallegro.

George Alexander Lee (1802–51)

ZEIT UND UMWELT
Die Stücke mit Bühnenmusik, die in England in der ersten Hälfte des 19. Jahrhunderts auf die Bühnen kamen, wiesen zuweilen so viel

Musik auf, daß man zumindest von einem Singspiel, wenn nicht von einer Oper sprechen konnte. Es wurden nicht nur Gesangseinlagen gegeben, sondern auch Dialoge mit melodramatischer Begleitung, die in Duette mündeten. Das Schauspielerische stand jedoch immer im Vordergrund, doch das war auch bei vielen späteren »echten« Opern ebenso der Fall.

LEBEN
George Alexander Lee wurde 1802 in London geboren. Er war Diener in einem Adelshaus und wurde, als er mit seiner schönen Stimme auffiel, auf Kosten der Dienstherrschaft ausgebildet. Im Jahr 1822 trat er bereits als Tenor auf und wirkte ab 1826 als Dirigent am Haymarket Theatre von London. Er betätigte sich zugleich als Musikalienhändler. Im Tottenham Street Theatre führte er ab 1829 laufend populäre englische Opern auf und wechselte anschließend von Bühne zu Bühne als Manager, Dirigent und Sänger englischer Opern und Singspiele; daneben trat er auch als Liedersänger auf. Er starb am 8.10.1851 in London.

WERKE
Von George Alexander Lee sind zahlreiche Bühnenmusiken, viele äußerst populäre Lieder und Balladen bekannt geworden. Seine Kompositionen ermöglichten durch ihre leichte Faßlichkeit einem breiten Publikumskreis den Zugang zu englischen Musikbühnenstücken und bereiteten das Entstehen englischer Opern vor.

Louis Lee (1819–96)

ZEIT UND UMWELT
In der zweiten Hälfte des 19. Jahrhunderts erfuhr das Cellospiel einen erheblichen Aufschwung. Die Celloklassen aller Unterrichtsstätten waren gut besucht, es wurde eine große Anzahl Cellisten ausgebildet, die in den vielen Orchestern und Kapellen ihre Stellungen fanden. Damit stieg auch das Bedürfnis an Sololiteratur für dieses Instrument. Man hatte sich bisher vielfach mit Arrangements beholfen, zog aber immer spezifische Originalkompositionen vor. Viele Komponisten suchten diesem Mangel abzuhelfen, es wurden aber trotzdem in der Regel nur kleinere Stücke – Sonaten, Rondos usw. – komponiert. Große Cellokonzerte blieben eine Seltenheit.

LEBEN
Louis Lee wurde am 19.10.1819 in Hamburg als Bruder des Sebastian Lee geboren. Er trat bereits mit 12 Jahren in Deutschland und in Kopenhagen als Cellist auf, trat sodann in gleicher Eigenschaft in das Orchester des Hamburger Stadttheaters ein, lebte mehrere Jahre als Virtuose in Paris und wirkte darauf als Erster Cellist der Philharmonischen Gesellschaft in seiner Geburtsstadt, von 1873 bis 1884 auch als Lehrer am Konservatorium. Er starb am 26.8.1896 in Lübeck.

WERKE
Im Druck sind von Louis Lee ein Klavierquartett, ein Klaviertrio, eine Cellosonate, eine Cellosonatine und weitere Stücke für Klavier und Cello sowie für Klavier allein erschienen. Seine ungedruckten Sinfonien sind mehrfach aufgeführt worden, außerdem seine 2 Streichquartette und seine Bühnenmusiken. Er soll ein Cellokonzert mit Orchester geschrieben haben, das nicht erhalten ist.

Sebastian Lee (1805–87)

ZEIT UND UMWELT
Abgesehen davon, daß die Orchester sich im 19. Jahrhundert vergrößerten und daher auch mehr Cellisten einstellen mußten, benötigten die vielen gegründeten Kammermusikensembles – Quartette, Trios – Cellisten, von denen es im Verhältnis zu den Violinisten und Pianisten wenig gab. Da außerdem das Klavier und die Violine viel mehr Aussichten boten, als Virtuose zu konzertieren – Solistenkonzerte von Cellisten hatten weniger Zuspruch –, wurde häufiger zu den beiden Instrumenten gegriffen. Die Folge war ein gewisser Mangel an guten Cellisten für das Ensemblespiel, so daß diese leicht ein Betätigungsfeld fanden.

LEBEN
Sebastian Lee wurde am 24.12.1805 in Hamburg geboren. Von 1837 bis 1843 wirkte er als Solocellist an der Opéra, dann bis 1868 als Musiklehrer in Paris. Er ließ sich hierauf in seiner Vaterstadt Hamburg nieder, wo er am 4.1.1887 starb.

WERKE
Von Sebastian Lee sind Fantasien, Variationen, Rondos und Duette für Cello erschienen, außerdem Studienliteratur und eine Schule. Seine Kompositionen legen weniger auf Virtuosität, sondern auf ausdrucksvolles Spiel wert. Sie sind sehr klangreich und nützen die Klangfarben des Instruments geschickt aus.

Hébert Philippe Adrien Leemans
(um 1720–71)

ZEIT UND UMWELT
Die prächtigen mittelalterlichen Kirchen von Brügge boten wohl Organisten und Kantoren ausreichende Betätigungsmöglichkeiten, der Rahmen für profane Musik aber war schmal, so daß die ausgebildeten Musiker abwanderten. Ziel dieser Emigration war im 18. Jahrhundert in erster Linie Paris.

LEBEN
Hébert (Aybert) Philippe Adrien Leemans wurde um 1720 in Brügge als Sohn des Organisten an St-Donatien, Adrien Leemans (um 1680, Brügge, bis um 1740, Brügge), geboren und von ihm ausgebildet. Er kam um 1750 nach Paris, wo er als Cellist, Cellolehrer und Gesanglehrer bis zu seinem Tod am 6. 10. 1771 tätig war.

WERKE
An Instrumentalmusik von Hébert Philippe Adrien Leemans liegen ein Trio für zwei Violinen und Generalbaß, 12 Quartette, 14 Sinfonien, zum Teil für großes Orchester, vor. Seine Vokalmusik zeigt noch mehr wie die erwähnte sein ausgesprochen lyrisches Talent, das ihm einen hohen Beliebtheitsgrad einbrachte. Erhalten davon sind 8 Arietten, eine Romanze für Solostimme und Orchester, 5 zweistimmige Airs und einige für eine Stimme mit Harfenbegleitung.

LITERATUR
B. S. Brook, Leemans of Bruges and Paris, in: Revue Belge de Musicologie XV, 1961.

Benjamin Lees (geboren 1924)

LEBEN
Benjamin Lees wurde am 8.1.1924 in Harbin, Mandschurei (heute China), geboren. Nach Klavierstudium in San Franzisko war er an der Universität in Los Angeles Schüler von Halsey Stevens (geboren 3.2.1908, Scott, N. Y.), Ingolf Dahl und Ernest Kanitz; privaten Unterricht nahm er noch bei George Antheil. Nach Studienreisen in Europa ließ er sich zunächst in Finnland nieder, kehrte aber 1962 in die USA zurück, erhielt einen Lehrauftrag am Konservatorium in Baltimore, Md., dann wurde er Professor für Musik am Queens College in Long Island, in Baltimore und an der Manhattan School of Music in New York.

WERKE
Neben 2 Opern schrieb Benjamin Lees 3 Sinfonien, ein Orchesterkonzert, ein Konzert für Streichorchester, außerdem »Prolog, Capriccio und Epilog« und »Spektrum« für Orchester, ein Konzert für Kammerorchester, 2 Klavierkonzerte, ein Violinkonzert, ein Oboenkonzert, ein Konzert für Streichquartett und Orchester, 2 Streichquartette, ein Quartett für Flöte, Klarinette, Cello und Klavier, eine Sonate für Horn und Klavier sowie für Violine und Klavier, 4 Sonaten und viele weitere Stücke für Klavier, eine Kantate, Lieder mit Orchester oder mit Klavier, ein Stück für Erzähler und Orchester. Sein Stil ist neuklassizistisch, aber sehr expressiv.

William Leeves (1748–1828)

ZEIT UND UMWELT
Die Stagnation der englischen Kirchenmusik dürfte auch darin ihre Ursache gehabt haben,

daß die Komponisten nahezu immer selbst als Sänger und Organisten Kirchenmusiker waren und andere Instrumente wenig pflegten. Das führte zu einer gewissen Enge. Falls ein Komponist die Flöte, die Violine oder das Cello zu seinem Instrument machte, ergaben sich daraus erweiterte melodische und harmonische Räume wie in der Barockepoche. Das brachte einen gewissen Auftrieb der kompositorischen Tätigkeit. Diese Fälle waren allerdings zu selten, um die Musikentwicklung entscheidend zu beeinflussen.

LEBEN
William Leeves wurde am 11. 6. 1748 in Kensington geboren. Nach mehreren Militärdienstjahren wurde er Kleriker und Rektor in Wrigton, Somerset, wo er als Kirchenmusiker und Cellist wirkte. Er starb am 28. 5. 1828 in Wrigton.

WERKE
Neben einer Reihe Kirchenmusik – Anthems, Services, Psalmen –, die sich durch originelle Fakturen von der zeitgenössischen stark abhob, verfaßte William Leeves »Six sacred Airs« (6 sakrale Arien), darunter das berühmt gewordene »Auld Robin Gray« (Alter Robin Gray). Seine Musik brachte der englischen Kirchenmusik neue Impulse.

Charles Lefebre (1843–1917)

LEBEN
Charles Edouard Lefebre wurde am 19.6. 1843 in Paris geboren. Er erhielt als Schüler des Conservatoire 1870 den Rompreis. Im Jahr 1895 wurde er Lehrer an der Anstalt, die ihn ausgebildet hatte. Er starb am 8.9. 1917 in Aix-le-Bains.

WERKE
Von Charles Lefebre ist eine Reihe äußerst beliebter Chorwerke überliefert: »Judith«, »Eloâ«, »Ste-Cécile«, »La fille de Jephté«; »La messe du fantôme« (Die Gespenstermesse) ist für eine Singstimme und Orchester geschrieben. Er verfaßte außerdem eine Sinfonie in D-Dur, eine Orchesterszene »Dalila«, eine Ouvertüre »Toggenburg«, sodann eine Messe, Psalmen und Kammermusikwerke sowie mehrere Opern.

Denis Lefebure
(um 1620 bis nach 1674)

ZEIT UND UMWELT
Die leichtere Form des Air de cour behielt trotz des Vordrängens der Monodie auch in der zweiten Hälfte des 17. Jahrhunderts ihre Beliebtheit. Als mehrstimmiger Air à boire et danser eroberte er die Kammermusik der Höfe und die Konzerte für die breite Volksmasse.

LEBEN
Denis Lefebure wurde um 1620 in der Picardie, vermutlich in Roye, geboren, wo er nach seiner Ausbildung als Kapellmeister wirkte. Um 1660 kam er nach Paris in den Dienst der Jesuiten und starb dort nach 1674.

WERKE
Der französische Komponist Denis Lefebure brachte 3 Bücher mit geistlichen Gesängen und Hymnen für zwei Stimmen heraus und außerdem Airs à boire für vier Stimmen, die viel gesungen wurden.

Jacques Lefebure
(1590 bis nach 1613)

ZEIT UND UMWELT
Die französischen Könige Heinrich IV. und Ludwig XIII. folgten der Tradition des Pariser Thrones und scheuten für die Ausgestaltung der ihnen unterstellten Kapellen keinen Aufwand. Das gesellschaftliche und das kirchliche Leben des französischen Hofes erforderte eine beachtliche Reihe ausgezeichneter Musiker jeder Art.

LEBEN
Jacques Lefebure (Le Fevre) wurde um 1590 vermutlich in oder bei Paris geboren. Über

seine persönlichen Verhältnisse ist nichts bekannt, außer daß er 1613 Kammerkomponist des französischen Hofes wurde. Ort und Zeit seines Todes sind unbekannt.

WERKE
Der französische Komponist Jacques Lefebure blieb der traditionellen Polyphonie treu, wie seine »Meslanges de Musique« für zwei bis acht Stimmen beweisen. Hier liegt der einigermaßen seltene Fall vor, daß ein Komponist profaner Musik den alten Stil zu bewahren suchte.

Jean Lefébure (um 1565 bis nach 1607)

ZEIT UND UMWELT
Erzherzog Ferdinand von Tirol heiratete 1557 Philippine Welser (1521–80), Nichte des bedeutendsten Mitglieds der Augsburger Patrizierfamilie, Bartholomäus Welser (1484 bis 1561), zur linken Hand. Dieser Ehe entsprossen die Söhne Karl (1560–1618) und Andreas (1558–1600), der Kardinal von Konstanz wurde.

LEBEN
Jean Lefébure wurde um 1565 vermutlich im franko-flämischen Raum geboren. Über sein Leben und Wirken bis zum Jahr 1596, in dem er Kapellmeister des Kardinals Andreas von Österreich in Konstanz wurde, ist nichts bekannt. Nach dem Tod des Kardinals (1600) erhielt er die Kapellmeisterstelle an der Kathedrale in Mainz, die er bis 1607 innehatte. Er dürfte in Mainz in einem der folgenden Jahre gestorben sein.

WERKE
Der franko-flämische Komponist Jean Lefébure hat ein Buch mit Madrigalen, außerdem Motetten, Hymnen und verschiedene andere Kirchenmusik hinterlassen. Sein Stil ist der letzten franko-flämischen Schule verpflichtet. Die Hymnen sind stark homophon gehalten.

Louis Antoine Lefebure (um 1700–63)

LEBEN
Louis Antoine Lefebure wurde um 1700 in Péronne geboren. Er war ab 1739 Organist an St-Louis-en-l'Isle und zwischen 1753 und 1756 gleichzeitig auch an Notre-Dame des Blancs-Manteaux. Er starb am 27. 7. 1763 in La Ferté-sous-Jouarre, Seine-et-Marne.

WERKE
Die Vokalkompositionen von Louis Antoine Lefebure wurden im Concert spirituel mit viel Erfolg aufgeführt. Im einzelnen sind davon überliefert: 23 kleine Lieder für eine Singstimme und Orchester, »Zarte Lieder« für eine Stimme und Flöte und Generalbaß, 4 Motetten für eine Stimme und Instrumente, eine Kantate, »Atalante et Hippomène«, für zwei Singstimmen und Instrumente, 2 Divertissements für Singstimmen und Instrumente; außerdem handschriftlich: 5 kleine Motetten für Solostimmen und Instrumente.

Louis François Henri Lefébure
(1754–1840)

LEBEN
Louis François Henri Lefébure wurde am 18. 2. 1754 in Paris geboren. Er war französischer Beamter, zuletzt Unterpräfekt von Verdun, und ließ sich als Pensionist 1814 in Paris nieder, wo er im November 1840 starb.

WERKE
Vom Amateurmusiker Louis François Lefébure wurde um 1780 ein neues Solmisationsverfahren erfunden, das in der École Royale de Chant Anwendung fand. Er schrieb mehrere Oratorien und Kantaten, die keine großen Erfolge erreichten, obwohl sie vielen zeitgenössischen Kompositionen von Berufsmusikern an die Seite gestellt werden konnten. Er war auch als Musikschriftsteller tätig und entwickelte dabei recht skurrile, aber nicht uninteressante Ideen.

Louis James Alfred Lefébure-Wély (1817–70)

ZEIT UND UMWELT
Orgelspiel und Orgelkompositionen nahmen auch im 19. Jahrhundert im Musikgeschehen Frankreichs einen breiten Raum ein, obwohl nur ein beschränkter Teil des Publikums sich dafür interessierte, weil die Oper nach wie vor im Mittelpunkt des Interesses stand. Das bewog auch die Orgelmeister, Opern zu schreiben.

LEBEN
Louis James Alfred Lefébure-Wély wurde am 13.11.1817 in Paris geboren. Er war Schüler seines Vaters, den er mit 10 Jahren bereits vertrat; mit 14 Jahren wurde er dessen Amtsnachfolger an St-Roch in Paris. Neben seinem Dienst studierte er am Conservatoire bei François Benoist, Pierre Zimmermann, Henri-Montan Berton, Fromental Halévy und als Privatschüler bei Adolphe Adam und Louis-Nicolas Séjan. Von 1847 bis 1858 wirkte er als Organist an der Madeleine und von 1863 bis zu seinem Tod am 1.1.1870 an St-Sulpice.
Sein Vater Isaac François Lefébure-Wély (1756, Paris, bis 22.6.1831, Paris) war ein bekannter Cembalist und wirkte von 1802 bis 1805 als Organist an St-Jacques-du-Haut-Pas und anschließend an St-Roch.

WERKE
Von Louis James Alfred Lefébure-Wély sind neben sehr instruktiven Traktaten über Orgeln und Orgelspiel eine Konzertfantasie für Klavier oder Orgel, mehrere Orgelstücke und Orgelfantasien, 2 Orgelmessen, eine Orchestermesse, 3 Sinfonien, ein Streichquintett, ein Streichquartett, 3 große Etüdensammlungen für Klavier und eine Anzahl leichter Salonstücke für Klavier, von denen »Die Klosterglocken« sehr berühmt wurde. Ferner verfaßte er eine Kantate und eine Oper.
Isaac François Lefébure-Wély schrieb 3 Sonaten für Cembalo oder Klavier und Violine, ein Cembaloquartett, 3 Sammlungen Klavierlieder und ein Oratorium.

Gustave Lefèvre (1831–1910)

ZEIT UND UMWELT
Mit dem Ableben von Louis Niedermeyer sank die Bedeutung der von ihm 1853 gegründeten »Schule der religiösen Musik« rasch ab und bedurfte einer gründlichen Reorganisation. An Interesse für alte Kirchenmusik und Schülern, die sich damit befassen wollten, bestand kein Mangel. Nur der Mann, der die Schule erneut in die Hand nahm und zum alten Niveau führte, mußte erst kommen.

LEBEN
Gustave Lefèvre wurde am 2.6.1831 in Provins geboren. Er heiratete 1865 die älteste Tochter von Louis Niedermeyer, an dessen Schule er seine Ausbildung genossen hatte, und wurde bald darauf Direktor der Schule, die er 1872 reorganisierte und wieder dem Zweck, Musik früherer Jahrhunderte zu neuem Leben zu erwecken, zuführte. In kurzer Zeit hatte die Institution ihre alte Bedeutung wiedergewonnen. Er starb am 17.3.1910 in Boulogne-sur-Seine.

WERKE
Neben seinen vorzüglichen theoretischen Werken schrieb Gustave Lefèvre 2 Sinfonien, 2 Messen, Streichquartette und Bühnenmusik zu »Romeo und Julia«.

LITERATUR
M. Galerne, L'École Niedermeyer, Paris 1928.

Jean Xavier Lefèvre (1763–1829)

ZEIT UND UMWELT
Um 1800 wurde in allen Musikzentren der Klarinette erhöhte Aufmerksamkeit zugewendet. Die Modulationsfähigkeit ihres Klanges eignete sie ebenso vorzüglich zum Melodieinstrument im Orchester und in den Blasensembles wie zum Soloinstrument. Verbesserungen wurden laufend erfunden, um die Spielmöglichkeiten zu erhöhen und den Klang zu verbessern, bis in der Mitte des 19. Jahrhunderts die endgültige Form des Instruments gefunden war.

Leben

Jean Xavier Lefèvre wurde am 6. 3. 1763 in Lausanne geboren. Er war in Paris Schüler von Michel Yost und sodann von 1787 bis 1817 Orchestermitglied der Opéra, nachdem er bereits bei der Königlichen Gardemusik gespielt hatte. Von 1807 bis 1829 wirkte er an der Kaiserlichen und später Königlichen Kapelle und war zugleich von 1795 bis 1825 Lehrer am Conservatoire. Er starb am 9. 11. 1829 in Paris.

Werke

Von Jean Xavier Lefèvre sind Sonaten für Klarinette und Generalbaß, Duos für zwei Klarinetten, für Klarinette und Fagott, Trios für zwei Klarinetten und Fagott, Quartette für Klarinette, Violine, Bratsche und Generalbaß, 6 Klarinettenkonzerte, 2 konzertante Sinfonien für Klarinette und Fagott und ein Konzert für Oboe, Klarinette und Fagott mit Orchester erschienen. Er erweiterte die Klarinette um eine sechste Klappe.

Johann Matthäus Leffloth (1705–31)

Zeit und Umwelt

Die Organistenfamilie Pachelbel hat der Orgelkomposition und dem Orgelspiel in ganz Süddeutschland und Österreich starke Impulse verliehen. Besonders die nachfolgenden Orgelmeister von Nürnberg standen im verstärkten Maß unter ihrem Einfluß.

Leben

Johann Matthäus Leffloth wurde am 6. 2. 1705 in Nürnberg getauft. Er war vermutlich Schüler von Wilhelm Hieronymus Pachelbel. Auf einer Reise durch Europa bildete er sich weiter. Im Jahr 1723 erhielt er die Organistenstelle an St. Leonhard und 1731 an St. Bartholomäus in Nürnberg, wo er im gleichen Jahr starb und am 2. 11. begraben wurde.

Werke

Trotz seines frühen Ablebens konnte sich Johann Matthäus Leffloth einen Namen als Organist und Cembalist machen und beträchtliche, von den Zeitgenossen sehr geschätzte Kompositionen schaffen. Er schrieb ein Divertimento für Cembalo, eine Ratswahlkantate, ein Konzert in D-Dur für Cembalo und Flöte oder Violine und eines in F-Dur für Cembalo und Violine. Seine Sonaten und Fugen für Cembalo sind verlorengegangen. Eine Gambensonate wurde lange Georg Friedrich Händel zugeschrieben.

Nicolas Jean Lefroid de Méreaux (1745–97)

Leben

Nicolas Jean Lefroid de Méreaux wurde 1745 in Paris geboren. Er war ab 1767 Organist an St-Sauveur und zugleich an der Chapelle Royale. Das Concert spirituel führte seine zwei Oratorien auf. Er starb 1797 in Paris. Sein Sohn Jean Nicolas Lefroid de Méreaux (22. 6. 1767, Paris, bis 6. 2. 1838, Paris) war Organist an St-Louis-du-Louvre und ab 1811 an Eglise de l'Oratoire.

Werke

Von Nicolas Jean Lefroid de Méreaux sind 9 Opern und Singspiele, 2 Oratorien – »Samson«, »Esther« –, Kantaten und Oden erschienen.
Jean Nicolas Lefroid de Méreaux verfaßte Sonaten und Fantasien für Pianoforte solo und mit anderen Instrumenten.

Vic Legley (geboren 1915)

Leben

Vic (Victor) Legley wurde am 18.6.1915 in Hazebrouck, Nord, geboren. Nach erstem Musikunterricht in Ypern kam er 1934 an das Konservatorium in Brüssel und trat 1936 in das Sinfonieorchester des Rundfunks ein. Bei Jean Absil erhielt er Kompositionsunterricht. Im Jahr 1947 wurde er musikalischer Gestalter der flämischen Sendung von Radio Brüssel, 1949 wurde er Lehrer am Brüsseler Konservatorium für Harmonie und Komposition.

WERKE

Außer einer Oper und einem Ballett schrieb Vic Legley 5 Sinfonien, 2 »Sinfonische Skizzen«, eine Ouvertüre, eine Suite, sinfonische Variationen über ein altes flämisches Lied, ein Divertimento, 2 Violinkonzerte, ein Harfenkonzert, ein Bratschenkonzert, ein Concertino für Pauken und Orchester, ein Klavierkonzert, ein Nonett, ein Sextett für Bläser und Klavier, ein Bläserquintett, ein Streichquintett, 5 Streichquartette, ein Saxophonquartett, ein Trio für Flöte, Bratsche und Gitarre, eine Rhapsodie für Trompete und Klavier, Klavierwerke, Gitarrenstücke, Harfenstücke, Lieder mit Instrumentalbegleitung und mit Klavier, Chorwerke und Orgelmusik.

Luigi Legnani (1790–1877)

LEBEN

Luigi Legnani wurde am 7. 11. 1790 in Ferrara geboren. Er kam 1819 als Gitarrist nach Wien, bereiste ab 1823 Deutschland und die Schweiz als Virtuose und ließ sich 1833 neuerlich in Wien nieder. Er konzertierte in den Jahren 1836/37 mit Niccolò Paganini, suchte 1838 Wien zum letzten Mal auf und zog sich 1860 nach Ravenna zurück, wo er am 5. 8. 1877 starb.

WERKE

Von Luigi Legnani ist eine große Anzahl Gitarrenstücke bekannt geworden, darunter »36 Capricen« und »6 leichte Capricen«, die in unserem Jahrhundert neu herausgebracht wurden, weil sie mit ihrer Klangfülle zu den dankbarsten Vortragsstücken für Gitarristen zählen.

Guillaume Legrant
(vor 1400 bis nach 1450)

ZEIT UND UMWELT

Frührenaissance und Spätgotik liefen weit in das 15. Jahrhundert hinein in allen Kunstgattungen parallel. Konservative, ja sogar retrograde Einstellungen waren nicht selten, entweder weil der Künstler selbst sich von überkommenen Vorstellungen nicht zu lösen vermochte oder weil er sich den Intentionen des Auftraggebers fügen mußte.

LEBEN

Guillaume Legrant (Guilem, Guielmo, Guillermus Le Grant) ist noch vor 1400 in Frankreich geboren. Er wird 1419 als Sänger der päpstlichen Kapelle in Rom genannt, 1446 hatte er ein Amt in Rouen. Er ist vermutlich dort nach 1450 gestorben.

WERKE

So konservativ die Kompositionen des französischen Komponisten Guillaume Legrant angelegt sind, eines zeichnet sie aus: in den zwischen 1420 und 1426 entstandenen Werken wird zwischen Solopartien und Chorstellen deutlich unterschieden. Der Komponist hat neben mehrstimmigen Chansons, Motetten und Propriumstücken eine Reihe von Orgelkompositionen hinterlassen.

LITERATUR

E. Dannemann, Die spätgotische Musiktradition, Heidelberg 1936.

Johannes Legrant
(vor 1400 bis nach 1450)

ZEIT UND UMWELT

So sehr starke Kräfte auf allen Gebieten sich gegen das Eindringen rationalistischen Denkens und Fühlens wehrten und bei den neuen Kunstformen die Erhabenheit vermißten, der Vormarsch der Renaissance war unaufhaltbar, weil diese die Gesamtstruktur des menschlichen Daseins ergriff.

LEBEN

Johannes Legrant (Le Grant – es ist möglich, daß der Name nur ein Ehrentitel war) ist noch vor 1400 in Frankreich geboren, obschon er jünger war als sein Namensvetter Guillaume. Berichte über seinen Lebenslauf liegen keine vor, wir wissen nicht, wo er gelebt und gewirkt hat und ebensowenig, wo und wann er nach 1450 gestorben ist.

WERKE

Von Johannes Legrant liegen mehrere mehrstimmige Tonsätze, sakrale Stücke und 3 dreistimmige Chansons vor, die alle der französischen Ars nova folgen. Ein Einfluß italienischen Stiles ist nicht festzustellen, wohl aber eine Neigung zu starker Auszierung der melodischen Linien.

LITERATUR

E. Dannemann, Die spätgotische Musiktradition, Heidelberg 1936.

Giovanni Legrenzi (1626–90)

ZEIT UND UMWELT

Die von der Barockmusik angestrebte Klangbreite, die Vielfalt der eingesetzten Singstimmen, die Verselbständigung der Instrumentalmusik neben den Sängern führten zu einer ständigen Vergrößerung der Instrumentalensembles. Das Orchester des Markusdomes in Venedig umfaßte 1685 die für die damalige Zeit beträchtliche Anzahl von 34 Musikern: acht Violinen, elf Violette, zwei Violen, zwei Gamben, vier Theorben, zwei Kornette, ein Fagott und drei Posaunen, wozu noch mindestens zwei Orgeln gerechnet werden müssen. Auch alle anderen Kapellen erweiterten sich, wenn auch nicht in einem solchen Ausmaß, so daß die Ensembles in den Opernhäusern nicht zurückstehen konnten. Das Musikzeitalter des 18. Jahrhunderts kündigte sich bereits an.

LEBEN

Giovanni Legrenzi wurde am 12. 8. 1626 in Clusone, Bergamo, getauft und dort vorläufig ausgebildet, bis er nach Venedig ging und bei Giovanni Rovetta studierte. Dann erhielt er die Organistenstelle an Santa Maria Maggiore in Bergamo. Von 1657 bis 1665 war er Kapellmeister der Accademia dello Spirito Santo in Ferrara und ab 1672 Leiter des Conservatorio dei Mendicanti in Venedig; 1685 übernahm er dazu die Kapellmeisterstelle an San Marco, wo er umfangreiche reorganisatorische Arbeit leistete, indem er das Ensemble vergrößerte und den Sängernachwuchs förderte. Er starb in Venedig am 27. 5. 1690.

WERKE

Der italienische Komponist Giovanni Legrenzi verfaßte etwa 20 Opern, in denen er der Dacapoarie breiten Raum zuwies und der Instrumentalbegleitung mehr Aufmerksamkeit schenkte als seine Vorgänger. Von seinen sonstigen Werken sind erhalten: Messe, Magnificat und 5 Psalmen für drei und vier Stimmen und Instrumente, 7 Sammlungen mit Sonaten für zwei bis sechs Instrumente, Motetten, Kirchen- und Kammersonaten, Solokantaten mit Instrumenten, Solomotetten, Litaneien, Tänze und die italienischen Oratorien »Das Oratorium der Gerechtigkeit«, der »Preis des menschlichen Herzens«, »Die Hochzeit der Esther«, »Der Tod des reuigen Herzens«. 2 weitere Oratorien sind verschollen.

Sonate G-Dur für zwei Violinen und Generalbaß, 2 Sätze

Die beiden Sätze Allegro und Adagio sind sehr kurz, werden aber doppelt gespielt. Im Allegro laufen die Violinen kanonisch, bis sich ein Duett entwickelt, dessen Harmonik hell, klar und farbig ist. Das Adagio ist heiter, ruhig und schön ausgeziert.

Sonate g-Moll für Violine und Generalbaß, 4 Sätze

Das einleitende Allegro ist energisch und polyphon angelegt, ein ruhig fließendes, breites Adagio schließt sich an, ein kurzes, dunkles Prestissimo folgt und leitet nach einigen langsamen Takten zu einem Allegro über, das allmählich ausklingt. Die Sonate weist Strukturen des kommenden Jahrhunderts auf.

Sonate G-Dur für vier Violinen und Generalbaß, 4 Sätze

Zu den 4 Sätzen kommt noch ein Überleitungs-Adagio vor dem vierten Satz. Der erste Satz ist polyphon, sein Rhythmus punktiert mit reichem Kontrapunkt, das Adagio sehr warm und sanglich, das Ende stürmisch und drängend bis zu einem breiten Ausklang.

LITERATUR

A. Schering, Geschichte des Oratoriums, Leipzig 1911. P. Fogaccia, Giovanni Legrenzi, Bergamo 1964.

Franz Lehár (1870–1948)

Leben

Franz Lehár wurde am 30.4.1870 in Komárom, Ungarn, geboren. Er wurde in Prag zum Violinisten ausgebildet, wirkte sodann als Militärkapellmeister in verschiedenen Garnisonsorten Österreich-Ungarns, zuletzt in Wien. Nach seinem ersten großen Operettenerfolg widmete er sich ausschließlich der Komposition und der Aufführung seiner Werke. Er starb am 24.10.1948 in Bad Ischl, Oberösterreich.

Werke

Außer seinen 2 Opern und seinen 28 Operetten, von denen eine Anzahl mehrmals umgearbeitet und umbenannt wurde, schrieb Franz Lehár 2 Violinkonzerte, einige Violinsonaten und zahlreiche Lieder, Tänze und Märsche und einige Filmmusik. Er hörte zu den bedeutendsten Vertretern der sogenannten »silbernen« Operette. Durch Straffung der Dialoge rückte er seine Operetten dem Singspiel und der komischen Oper nahe. Seine Welterfolge erzielte er durch eine überaus starke Kantabilität seiner Arien und durch farbensatte Instrumentation. Er war einer der ersten, der seine Gesangsnummern mit Tanzevolutionen abschloß.

Franz Lehár als Kapellmeister im k.u.k. Infantrieregiment Nr. 26, 1900

René Leibowitz (1913–72)

Leben

René Leibowitz wurde am 17.2.1913 in Warschau geboren. Er lebte ab 1926 in Paris, bildete sich zum Violinisten aus und studierte sodann von 1931 bis 1932 bei Anton Webern und ab 1934 bei Maurice Ravel und Pierre Monteux (4.4.1875, Paris, bis 1.7.1964, Hancock, Me.). Im Jahr 1945 wurde er Dirigent der Radiodiffusion Française und wirkte als Kompositionslehrer, Dirigent und Musikschriftsteller bis zu seinem Tod am 28.8.1972 in Paris.

Werke

Als Musikschriftsteller, als Komponist, Interpret und Lehrer war René Leibowitz einer der hervorragendsten französischen Vertreter der Dodekaphonik, die er in Einzelheiten erweiterte. Er schrieb 5 Opern, 2 Sinfonien, Orchestervariationen, ein Doppelkonzert für Violine und Klavier, ein Klavierkonzert, ein Bratschenkonzert, ein Violinkonzert, ein Cellokonzert, ein Posaunenkonzert, eine sinfonische Toccata, eine sinfonische Fantasie, 2 Kammersinfonien, 6 kleine Orchesterstücke, 3 Bagatellen für Streicher, einen Trauermarsch für Blechbläser und Schlagzeug, ein Capriccio für Flöte und Streichorchester, eine Suite für neun Instrumente, ein Sextett für Klarinetten, ein Bläserquintett, 8 Streichquartette, ein Saxophonquartett, eine Fantasie für Jazzband, ein Trio für Violine, Cello und Klavier, zahlreiche Duos mit verschiedener Besetzung, viele Klavierwerke, Stücke für Soloinstrumente, Werke für Singstimmen, Sprecher, Chöre und Instrumente, verschiedene Chöre und Lieder, darunter eine Trauersinfonie für Soli, Chor und Orchester, Serenaden und Legenden. Er gab zahlreiche Veröffentlichungen über aktuelle musikalische Probleme heraus.

Maximilian Joseph Leidesdorf
(1787–1840)

ZEIT UND UMWELT
Nach dem Tod des Großherzogs von Toskana Ferdinand III. folgte ihm sein Sohn Leopold II. (1797–1870) nach. Seine Regierung war liberaler als die aller anderen italienischen Regenten seiner Zeit. Er dankte 1859 als letzter Regent der Toskana vor der Einigung Italiens ab.

LEBEN
Maximilian Joseph (ursprünglich Marcus) Leidesdorf wurde am 5.7.1787 in Wien geboren. Er war Schüler von Johann Georg Albrechtsberger, Antonio Salieri und Emanuel Aloys Förster. Er gründete einen Musikverlag, der nach 1830 an Anton Diabelli überging. Im Jahr 1829 wurde er vom Großherzog von Toskana Leopold II. zum Hof- und Kammervirtuosen ernannt. Er starb am 27.9.1840 in Florenz.

WERKE
Von Maximilian Joseph Leidesdorf sind 172 Opuszahlen erschienen. Er verfaßte in erster Linie leichte Klavierkompositionen, die der Salonmusik nahe kamen; auch seine Kammermusik mit Klavier war sehr leicht und auf Effekt komponiert. Seine Lieder hatten wenig Durchschlagskraft. Von seiner Kirchenmusik – Messen, Kantaten, Oratorien – verdient das Oratorium »Esther« Interesse; es wurde in Florenz uraufgeführt und brachte ihm die Stellung beim Großherzog ein.

Jón Leifs (1899–1968)

LEBEN
Jón Leifs wurde am 1. 5. 1899 in Sólheimar, Island, geboren. Er war von 1916 bis 1922 in Leipzig Schüler von Robert Teichmüller, Hermann Scherchen, Otto Lohse (21.9.1858, Dresden, bis 5.5.1925, Baden-Baden) und Paul Graener. Anschließend trat er in verschiedenen deutschen Städten als Dirigent auf; von 1935 bis 1937 war er Musikalischer Leiter des Isländischen Rundfunks. Darauf widmete er sich intensiv der Volksmusikforschung, lebte als freier Komponist in Island und nahm am Kulturleben der Insel lebhaften Anteil. Er starb am 30. 7. 1968 in Reykjavík.

WERKE
Neben einem choreographischen Drama, einer Schauspielmusik und 3 Edda-Oratorien schrieb Jón Leifs eine Saga-Sinfonie, eine sinfonische Trilogie, Beethoven-Variationen für Orchester, Ouvertüren und kleinere Stücke für Orchester, ein Stück für Streichorchester, 2 Streichquartette, Orgelstücke, Klavierstücke, Chöre und Lieder mit Orchester oder verschiedenen einzelnen Instrumenten. Er war einer der bedeutendsten Repräsentanten des isländischen Musiklebens unseres Jahrhunderts.

William Leighton
(um 1556 bis vor 1617)

ZEIT UND UMWELT
Die Pensionsempfänger des Hofes hielten unter Königin Elisabeth I. und unter König Jakob I. eine Kapelle, die zum größten Teil aus ehemaligen Mitgliedern der Chapel Royal bestand und dadurch auf einem hohen Niveau gehalten werden konnte.

LEBEN
William Leighton, Knight, wurde um 1556 in London geboren. Er dürfte unter den Pensionsempfängern eine maßgebende Stellung eingenommen haben. Ob er je Mitglied der Chapel Royal war, ist ungeklärt. Es ist möglich, daß er ein anderes Hofamt bekleidete und die Musik nur aus Liebhaberei betrieb. Er starb in London vor 1617.

WERKE
Sir William Leighton überreichte im Jahre 1614 Prinz Charles, dem späteren König Karl I. (1600–49), eine Sammlung von 54 metrischen Psalmen und Hymnen unter dem Titel »Lamentations«, die von zwanzig zeitgenössischen Komponisten Englands

vertont waren, als Widmung der Kapelle der Pensionsempfänger. 17 Stücke waren für vier Stimmen, Laute, Pandora und Gittern verfaßt, 3 für vier und 24 für fünf Stimmen ohne Instrumentalbegleitung. Von Leighton selbst stammten 8 Stücke von den erstgenannten 17. Obwohl sich unter den Komponisten namhafte Vertreter der englischen Musik wie Bull, Byrd, Dowland, Ward, Weelkes und Wilbye befanden, konnten die Kompositionen von Leighton ohne abzufallen daneben bestehen. Weitere Werke von William Leighton sind nicht bekannt geworden.

Kurt Leimer (1920–74)

LEBEN
Kurt Leimer wurde am 7.9.1920 in Wiesbaden als Großneffe des Pianisten und Klavierpädagogen Karl Leimer (22.6.1858, Bieberich, bis 19.7.1944, Wiesbaden) geboren. Er wurde von seinem Großonkel, von Wladimir Horbowski (geboren 19.1.1905, Tbilisi) und Edwin Fischer (6.10.1886, Basel, bis 24.1.1960, Zürich) zum Pianisten ausgebildet; Kompositionsunterricht nahm er bei Kurt Wolfurt (7.9.1880, Lettin, Lettland, bis 25.2.1957, München). Neben seiner erfolgreichen weltweiten pianistischen Tätigkeit übernahm er 1953 am Mozarteum in Salzburg die Meisterklasse für Klavier und wurde 1956 Professor; ab 1957 unterrichtete er auch an der Internationalen Sommerakademie in Salzburg. Er starb am 20.11.1974 in Vaduz.

Kurt Leimer

WERKE
Die 4 Klavierkonzerte, die Kurt Leimer in erster Linie für sich selbst verfaßte, sind moderne Musik und dennoch traditionsverbunden. Trotz blühender Melodik überwiegt das Motorische. Sie sind derart schwierig konstruiert, daß sie keine weite Ausbreitung haben können. Das 2. Konzert ist für die linke Hand allein geschrieben.

Klavierkonzert Nr. 4, ein Satz
Trotz der Einsätzigkeit zerfällt das Werk deutlich in drei Teile; 2 rasche Ecksätze umrahmen einen langsamen Satz mit herrlicher Kantilene. »Es wird darin die vom späteren Ravel aufgezeigte Linie fortgesetzt; spielerisch reizvolle, überaus virtuose Effekte stehen im Vordergrund. Der große Reiz des Konzerts liegt in den zahlreichen witzigen Aperçus, die sich oft unversehens zu größeren Aphorismen entwickeln und jeweils eine prächtige Pointe bekommen. Die Thematik des Werks zeichnet sich durch Plastik und Einfachheit aus, die Harmonie liebt wohl Härten und dissonante Bildungen, dürfte aber vielfach aus einer bewußt getrübten Diatonik hervorgehen.« Alles in allem: ein brillantes Stück.

Fritz Leitermeyer (geboren 1925)

LEBEN
Fritz Leitermeyer wurde am 4.4.1925 in Wien geboren. Er war an der Musikakademie in Wien ab 1942 Schüler von Willi Boskovsky (geboren 16.6.1909, Wien) und wirkt seit 1946 als Mitglied der Wiener Philharmoniker. Im Jahr 1959 begann er ein autodidaktisches Studium der Kompositionstechniken des 20. Jahrhunderts.

WERKE
Neben gehobener Unterhaltungsmusik schrieb Fritz Leitermeyer eine Sinfonie, ein Konzert für Violine und 21 Bläser, ein Trompetenkonzert, eine Sinfonietta für Streicher, Rhapsodische Skizzen für Streicher, ein Konzert für Kontrabaß und Streicher, eine »Mutatio« für Orchester, vier Singstimmen und Elektronik, 2 Streichquartette, eine Polyphonie für Streichquartett, 12 Epigramme für Cello und Klavier, 12 Dialoge für Bratsche und Kontrabaß, einen fünfstimmigen Knabenchor, Lieder- und Bühnenmusik. Seine Musik spricht durch ihre schönen Klangmischungen unmittelbar an.

Edith Lejet (geboren 1941)

LEBEN
Edith Lejet wurde am 19.7.1941 in Paris geboren. Sie war Schülerin von Jean Rivier und André Jolivet. Von 1963 bis 1968 studierte sie am Conservatoire in Paris Klavier, Harmonielehre, Kontrapunktik, Fuge, Komposition und Musikästhetik und erhielt neben anderen Preisen den Rompreis; von 1968 bis 1970 hielt sie sich in Madrid auf, dann unterrichtete sie Harmonielehre am musikologischen Institut der Sorbonne. Seit 1972 ist sie Titularprofessorin des Conservatoires.

WERKE
Von Edith Lejet sind »Tagebuch der Anne Frank« und »Fresken« für Orchester, eine »Musik« für Trompete und Blechbläser und eine für Posaune und Klavier sowie ein Monodram für Violine und Orchester bekannt geworden.

Guillaume Lekeu (1870–94)

LEBEN
Jean Joseph Nicolas Guillaume Lekeu wurde am 28.1.1870 in Heusy bei Verviers geboren. Er war Schüler von César Franck und Vincent d'Indy. Für eine beim Konservatorium Brüssel 1891 eingereichte Kantate erhielt er den Rompreis. Er starb am 21.1.1894 in Angers.

WERKE
In seiner kurzen Schaffenszeit schrieb Guillaume Lekeu eine Fantasie für Orchester, »Introduktion und Adagio« für Harmoniemusik und Tubasolo, eine »Burleske« für Oboe, Klarinette, Fagott, Horn und Streicher, ein »Adagio« für Streicher, 2 sinfonische Etüden, ein »Hochzeitslied« für Streichquintett, drei Posaunen und Orgel, ein Streichquartett, ein Klaviertrio, eine Sonate für Violine und Klavier, eine Sonate für Cello und Klavier, die als sein bestes Werk gilt, mehrere Klavierstücke, Orchesterlieder, Chöre mit Orchester und Klavierlieder. Er war Spätromantiker.

Jeanne Leleu (1898–1979)

LEBEN
Jeanne Leleu wurde am 29.12.1898 in Saint-Mihiel geboren. Sie studierte am Conservatoire in Paris unter Georges Caussade, Henri Busser und Charles-Marie Widor und erhielt 1923 den Rompreis. Sie wurde am selben Institut Professor für musikalische Epigraphik und 1952 für Harmonielehre. Sie starb am 8.3. 1979 in Paris.

WERKE
Von Jeanne Leleu sind 2 Ballette aufgeführt worden. Sie schrieb ferner 3 Suiten und 2 weitere Orchesterstücke, ein Klavierkonzert, ein Streichquartett, eine Kantate, Klavierstücke und zahlreiche Lieder.

Jean Lemaire (um 1700–49)

ZEIT UND UMWELT
Der Krieg um die Erbfolge Maria Theresias wurde im Jahr 1748 durch den Zweiten Aachener Frieden beendet. Die Pragmatische Sanktion wurde allseitig anerkannt. Frankreich zog einen bescheidenen Gewinn daraus, weil Österreich Parma und Piacenza an eine Seitenlinie der Bourbonen abtrat. Seine wirtschaftlichen Mittel waren aber durch den achtjährigen Krieg stark erschöpft.

Leben
Jean Lemaire (Le Maire) wurde um 1700 vermutlich in Paris geboren und zum Violinisten ausgebildet. Er war erster Violinist in verschiedenen Pariser Adelshäusern und ein gesuchter Violinlehrer. Er starb im Jahr 1749 in Paris.

Werke
Das bekannteste Werk von Jean Lemaire war »Les Plaisirs de la Paix« (Die Freuden des Friedens), eine Sammlung von Triosonaten, veröffentlicht anläßlich des Abschlusses des Zweiten Friedens von Aachen. Er hinterließ weiter ein Buch Sonaten für Violine und Generalbaß. Alle anderen Werke sind verschollen. Seine Kompositionen wurden im galanten Stil gehalten.

Louis Lemaire (1693 bis um 1750)

Zeit und Umwelt
Die Kapellen des Hofes in Versailles und des Hochadels, die Adelspaläste, Kirchen und Bühnen von Paris boten sehr vielen Musikern jeder Gattung feste Anstellungen. Auch an privaten Musiklehrern war großer Bedarf. Komponisten ohne enge Beziehungen zu Orchestern hatten jedoch oft Schwierigkeiten, ihre Werke zu Gehör zu bringen. Durch die wöchentlichen Aufführungen des Concert spirituel eröffnete sich aber eine Möglichkeit, ihre Kompositionen vorzustellen.

Leben
Louis Lemaire wurde 1693 vermutlich in Tours geboren und an der Maîtrise der Kathedrale von Meaux unter Sébastien de Brossard (1655–1730) ausgebildet. Er ließ sich in Paris als Musiklehrer nieder. Seine Kompositionen wurden regelmäßig im Concert spirituel aufgeführt. Eine feste musikalische Stelle hatte er nicht. Er starb in Tours um 1750.

Werke
Die 48 Motetten von Louis Lemaire sind in 2 Bänden erschienen und wurden im Concert spirituel gesungen – wie seine 66 kleinen Kantaten, die teils von Instrumenten, teils nur von einem Generalbaß begleitet sind. Er verfaßte auch Kammerkonzerte für Violine, Flöte, Oboe, Musette und Drehleier. In verschiedenen Sammlungen finden sich Airs sérieux et à boire des Komponisten. Sein Stil kann als konservativ bezeichnet werden.

Albert Leman (geboren 1915)

Leben
Albert Semjonowitsch Leman (Lehmann) wurde am 24.6.1915 in Wolsk, UdSSR, Saratowskaja Oblast, geboren. Er studierte in Leningrad in der Kompositionsklasse von Michail Gnessin. Er lebt seit 1942 in Kasan, wo er ab 1945 am Konservatorium unterrichtet.

Werke
Von dem kompositorischen Werk von Albert Leman sind eine Sinfonie, eine sinfonische Suite über tatarische Themen, eine Festouvertüre, 3 Klavierkonzerte, 2 Violinkonzerte, ein Cellokonzert, ein Streichquartett, 3 Zyklen mit je 24 Praeludien für Klavier, 2 Oratorien, Lieder, Romanzen und Bühnenmusik bemerkenswert. Er leistete wertvolle Beiträge zur Entwicklung einer tatarischen Musiklandschaft.

Artur Lemba (1885–1963)

Leben
Artur Lemba wurde am 12.9.1885 in Tallinn geboren. Er war am Konservatorium in St. Petersburg Schüler von Aleksandr Glasunow und Nikolai Rimski-Korsakow. Im Jahr 1908 wurde er selbst Lehrer an diesem Institut. Nach einer kurzen Lehrtätigkeit in Helsinki wirkte er von 1922 bis zu seinem Tod am 21.11.1963 als Professor am Konservatorium in Tallinn.

Werke
Neben 4 Opern schrieb Artur Lemba 2 Sinfo-

nien, eine sinfonische Dichtung, 2 Ouvertüren, 5 Klavierkonzerte, eine Rhapsodie für Klavier und kleines Orchester, ein Oktett für Blechbläser und Klavier, eine Suite für Bläserquintett, für Klavier 2 Sonaten, 2 Sonatinen und andere Stücke, ferner 3 Kantaten, Chöre und einige Lieder.

Laurentius Lemlin
(um 1495 bis um 1550)

ZEIT UND UMWELT
Die Heidelberger Hofkapelle entwickelte sich schon früh zu einem Sammelpunkt namhafter Musiker und zur Schule für Orgelspiel und Liedkunst. Nicht wenige Meister wirkten später in verschiedenen Städten Deutschlands und verbreiteten den Heidelberger Stil über das gesamte Land. Der geographischen Lage entsprechend stand die Kapelle stets in engem Kontakt mit Frankreich, was ihr im Vergleich zu den anderen Musikzentren eine besondere Note verlieh.

LEBEN
Laurentius Lemlin (Lemblin, Lämblin) wurde um 1495 in Eichstätt geboren. Ab 1513 besuchte er die Heidelberger Universität und trat zugleich in die Hofkapelle als Sänger ein. Etliche Jahre später wurde er Hofkapellmeister. Er starb um 1550 in Heidelberg.

WERKE
Von Laurentius Lemlin ist eine größere Anzahl mehrstimmiger Lieder und Motetten erhalten. Besonders die Lieder wurden von den Zeitgenossen sehr geschätzt und als gute Hausmusik bezeichnet. Lange hat sich das sechsstimmige Lied im Volkston »Der Gutzgauch auf dem Zaune saß« erhalten.

LITERATUR
C. Ph. Reinhardt, Die Heidelberger Liedmeister, Kassel 1939.

Nicolas Jacques Lemmens (1823–81)

ZEIT UND UMWELT
Zumindest auf dem Feld der sakralen Orgelmusik zeigten sich im belgischen Raum in der zweiten Hälfte des 19. Jahrhunderts deutliche Anzeichen einer sich bildenden nationalen Schule. Die Unterrichtserfolge des Konservatoriums in Brüssel, aus der nacheinander Organisten von Weltruf hervorgingen, und die Eröffnung einer Schule für religiöse Musik in Mechelen waren nicht zu übersehende Symptome für die einsetzende Entwicklung.

LEBEN
Nicolas Jacques Lemmens wurde am 3.1.1823 in Zoerle-Parwijs, Belgien, geboren. Er war Schüler von François Joseph Fétis am Konservatorium von Brüssel und ab 1846 von Adolf Hesse in Breslau (Wrocław). Von 1849 bis 1869 wirkte er als Orgellehrer am Konservatorium in Brüssel. Im Jahr 1879 eröffnete er in Mechelen eine Schule für religiöse Musik, die bald zu hohem Ansehen kam. Er starb am 30.1.1881 auf Schloß Linterpoort bei Mechelen.

WERKE
Von Nicolas Jacques Lemmens sind Sinfonien, Messen, Motetten und andere Gesangwerke für die Kirche, Orgelsonaten und andere Orgelstücke in großer Zahl überliefert. Sein Hauptverdienst lag aber in seiner Unterrichtstätigkeit.

Jean Baptiste Lemoyne (1751–96)

ZEIT UND UMWELT
Eine Auswirkung der Auseinandersetzungen zwischen Piccinnisten und Gluckisten in Paris war auch, daß sich eine Reihe von Opernkomponisten auf die eine oder auf die andere Seite schlugen, indem sie einen der beiden Meister getreulich kopierten, um dessen Publikum an sich zu ziehen. Blieb der gewünschte Erfolg aus, wechselten sie die Front und versuchten es mit der Gegenseite.

LEBEN

Jean Baptiste Lemoyne (Moyne) wurde am 3. 4. 1751 in Eymet, Périgord, geboren. Er begann als Kapellmeister kleinerer Provinzbühnen, dann wurde er 1770 in Berlin Schüler von Carl Heinrich Graun, Johann Philipp Kirnberger und Johann Abraham Peter Schulz. Nach Paris zurückgekehrt, verfaßte er eine Oper nach dem Vorbild von Christoph Willibald Gluck, und als er damit erfolglos blieb, eine zweite im Stil von Niccolò Piccinni. In beiden Fällen handelte es sich um halbe Pasticcios fremder Melodien. Nach einem zweijährigen Aufenthalt in Italien ließ er sich 1788 endgültig in Paris als Opernkomponist nieder und starb dort am 30. 12. 1796.

WERKE

Neben nahezu 20 Opern, mit denen er in den ersten Revolutionsjahren Erfolg hatte, schrieb Jean Baptiste Lemoyne »Revolutionsmusik«, die verlorenging. In seinen Opern nahm er deutlich Elemente der Romantik voraus.

Erwin Lendvai (1882–1949)

LEBEN

Erwin Peter Lendvai wurde am 4.6.1882 in Budapest geboren. Er war Schüler von Hans Koessler. Seine Ausbildung vervollständigte er in Italien und lebte ab 1906 in Deutschland, wo er von 1914 bis 1920 Kompositionslehrer am Klindworth-Scharwenka-Konservatorium in Berlin war. Nach verschiedenen Stellungen als Lehrer und als Dirigent mußte er 1933 Deutschland verlassen und wurde Musiklehrer in Kenninghall bei Norwich, England. Er starb am 21.3.1949 in London.

WERKE

Außer einer Oper verfaßte Erwin Lendvai eine Sinfonie, ein Orchesterscherzo, »Archaische Tänze« und eine Suite für Kammerorchester, ein Bläserquintett, ein Streichquartett, zahlreiche begleitete und unbegleitete Chöre und Gesänge sowie viele Lieder. Sein Stil war spätromantisch.

René Lenormand (1846–1932)

ZEIT UND UMWELT

Um die Wende zum 19. Jahrhundert kam es in Frankreich bei einer Reihe von Komponisten zu einer deutlichen Abkehr von der Romantik. Man gab die »sprechende« Musik zugunsten einer »malerischen« auf, wenn auch bei einzelnen die Strukturen der Romantik aufrechterhalten und die Schritte zum Impressionismus nicht gewagt wurden, um das Publikum nicht zu erschrecken.

LEBEN

René Lenormand wurde am 5.8.1846 in Elbeuf, Eure, geboren. Er war in Paris Schüler von Berthold Damcke und wirkte sodann dort als Privatmusiklehrer und freier Komponist bis zu seinem Tod am 3.12.1932.

WERKE

Von René Lenormand sind ungefähr 150 Klavierlieder bekannt geworden. Er schrieb ferner eine Anzahl Klavierstücke für zwei und vier Hände, eine Cellosonate, ein Klaviertrio, ein Klavierkonzert, »Sinfonische Bilder«, ein Mimodram, »Die Julinacht«, und eine Oper.

LITERATUR

H. Woollett, René Lenormand, Paris 1930.

John Lenton (1656 bis nach 1718)

ZEIT UND UMWELT

Das bundlose Griffbrett der Instrumente der Violinenfamilie scheint anfänglich viele Schwierigkeiten bereitet zu haben. Das war sicherlich auch einer der Gründe, daß man an den Instrumenten der Violenfamilie, die alle mit Bünden ausgestattet sind, festhielt. Dem Lagenspiel ist man, abgesehen von einzelnen Virtuosen, überhaupt aus dem Weg gegangen, so daß der Tonumfang der Violinen nur begrenzt ausgenützt wurde. Einzelne zeitgenössische Violinschulen für die Allgemeinheit zeigen das deutlich.

LEBEN

John Lenton wurde 1656 in London geboren.

Er wirkte als Violinist an der Königlichen Kapelle von 1681 bis 1718 unter den Königen Karl II., Jakob II., Wilhelm III., Königin Anne und König Georg I. und starb einige Jahre darauf.

WERKE
Der englische Violinist und Komponist John Lenton verfaßte eine Anzahl Schauspielmusiken, Gesänge, die in einige Sammlungen aufgenommen wurden, außerdem eine Violinschule ohne Lagenwechsel für Dilettanten.

Heinrich Gerhard Lenz
(um 1764–1839)

ZEIT UND UMWELT
Der Neffe Friedrichs II., Prinz von Preußen Friedrich Ludwig Christian, genannt Louis Ferdinand (1772–1806), war ein großer Musikkenner und Musikliebhaber, der sich selbst als Musiker und Komponist betätigte. Seine Kapelle war ständig mit den besten Kräften besetzt.

LEBEN
Heinrich Gerhard von Lenz (Lentz) wurde um 1764 in Köln geboren. Er trat 1784 in Paris als Pianist auf, 1792 in London und 1795 in Hamburg, dann folgte er dem Ruf des Prinzen von Preußen Louis Ferdinand nach Berlin. Nach dem Tod des Prinzen ging er nach Warschau, wo er von 1826 bis 1831 am Konservatorium lehrte und am 21. 8. 1839 starb.

WERKE
Von Heinrich Gerhard Lenz sind Klaviersonaten für zwei und vier Hände, Klavierkonzerte, Klaviertrios und mehrere Sinfonien erschienen. Seine Musik gehörte deutlich der Frühromantik an.

LITERATUR
R. Hahn, Louis Ferdinand von Preußen als Musiker, Breslau 1935.

Leonardo Leo (1694–1744)

ZEIT UND UMWELT
Im Zug des Polnischen Erbfolgekrieges eroberte der spanische Infant Don Carlos (nachmaliger König Karl III. von Spanien) durch den Sieg über die österreichischen Truppen bei Bitonto (1734) Neapel und Sizilien und wurde im Frieden zu Wien (1738) im Besitz der beiden Königreiche bestätigt. Dadurch erlangte Neapel die durch Jahrhunderte ersehnte Selbständigkeit zumindest dem äußeren Anschein nach zurück. Don Carlos setzte die bereits von Österreich begonnene Reform des politischen und administrativen Systems im verstärkten Maß fort und förderte nach Kräften den kulturellen Aufschwung seines Königreiches.

LEBEN
Leonardo Leo (Lionardo Oronzo Salvatore de Leo) wurde am 5. 8. 1694 in San Vito degli Schiavi (San Vito dei Normanni), Brindisi, geboren. Er war ab 1709 Schüler von Nicola Fago am Conservatorio della Pietà de'Turchini in Neapel. Im Jahr 1713 wurde er beigeordneter Organist der Königlichen Kapelle, 1725 Erster Organist, 1730 Dritter, 1737 Zweiter und 1744 einige Monate vor seinem Tod am 31. 10. 1744 Erster Hofkapellmeister. Gleichzeitig wirkte er von 1734 bis 1737 als Vizekapellmeister am Conservatorio della Pietà de'Turchini, wo er 1741 Erster Kapellmeister wurde, und ab 1739 als Kapellmeister am Conservatorio di Sant'Onofrio.

WERKE
Das Oratorium »L'Infedelita abbattuta in Assisi con la fuga dei Saraceni a gloria di Santa Chiara« (Die in Assisi mit der Flucht der Sarazenen zum Ruhme der heiligen Clara besiegte Glaubenslosigkeit) war die erste kompositorische Leistung des achtzehnjährigen Leonardo Leo. Dem folgten ungefähr 70 dramatische Werke, etwa 150 Arien und Arietten mit Instrumentalbegleitung, 17 Kantaten, zahlreiche Messen für vier bis fünf Stimmen und Instrumente, Motetten, Antiphonen, Psalmen, Magnificat und 6 weitere Oratorien, von denen »Sant'Elena al Calva-

rio« (Die heilige Helena auf dem Kalvarienberg) und »La morte di Abel« (Der Tod Abels) den größten Erfolg hatten; er verfaßte auch eine Anzahl Solfeggien. Seine Instrumentalmusik besteht aus Klaviersonaten, Orgelfugen, 6 Konzerten für Cello und Orchester und einem für vier Violinen und Orchester.
Sein Stil nähert sich häufig älteren Formen, ist trotzdem voll Klang und Ausdruck. Er weist aber unmittelbar über das Werk vieler Zeitgenossen auf die Klassik der zweiten Hälfte seines Jahrhunderts hin.

Praebe, virgo, benignas aures (Neige, Jungfrau, gnädig dein Ohr), Kantate für Sopran und Orgel
Der Gesangsstil dieser Kantate ist ohne Zweifel empfindsam, verläßt aber nie den Rahmen einer tiefen Musikalität. Der Orgel ist eine ausgedehnte konzertante Funktion zugewiesen, was man sonst nur in der Kirchenmusik der Klassik findet. Das Gesamtwerk kann, wie vieles von diesem Meister, nicht in eine eng begrenzte Stilepoche eingereiht werden, weil Altes und Neues, Vergangenheit und Zukunft zu einer Einheitlichkeit höherer Ordnung vereint wurden. Eigenartig und zugleich interessant ist, daß das Stück mit einem Rezitativ abschließt.

LITERATUR

G. Leo, Leonardo Leo, musicista del secolo XVIII e le sue opere musicali, Neapel 1905.

Tomás León (1826-93)

ZEIT UND UMWELT

Trotz starker innenpolitischer Wirren wurde 1866 in der Hauptstadt von Mexiko das Conservatorio Nacional de Música als privates Unternehmen gegründet; es wurde ziemlich bald von der öffentlichen Hand übernommen und erlangte als Ausbildungsstätte einen bedeutenden Ruf.

LEBEN

Tomás León wurde 1826 in Mexiko-Stadt geboren. Er war Pianist und Organist und machte als Virtuose die europäische Musikliteratur des 18. und 19. Jahrhunderts in Mexiko bekannt. Er war an der Gründung des Konservatoriums in Mexiko beteiligt und wirkte dort als Klavierlehrer bis zu seinem Tod im Jahr 1893.

WERKE

Von Tomás León ist vorwiegend Salonmusik für Klavier bekannt geworden. Außerdem verfaßte er volkstümliche, äußerst beliebte Stücke wie seine 4 Danzas habaneras.

Hubert Léonard (1819-90)

ZEIT UND UMWELT

Der Wunsch des Publikums des 19. Jahrhundert, Opernmelodien im Konzertsaal wiederzuhören, führte zu zahlreichen Transkriptionen für die Virtuosenliteratur. Es überrascht dabei nicht, daß auch die Opern von Richard Wagner ausgebeutet wurden.

LEBEN

Hubert Léonard wurde am 7.4.1819 in Belaire bei Lüttich geboren. Er war von 1836 bis 1839 Violinschüler von François Antoine Habeneck am Conservatoire in Paris und begab sich darauf auf Konzertreisen; 1849 wurde er Violinlehrer am Konservatorium in Brüssel.

Hubert Léonard

Ab 1867 lebte er, unterbrochen von einer Lehrtätigkeit am Lütticher Konservatorium von 1870 bis 1872, in Paris, wo er noch privat zahlreiche Schüler ausbildete. Er starb am 6.5.1890 in Paris.

WERKE
Neben mehreren Lehrwerken für das Violinspiel schrieb Hubert Léonard 5 Violinkonzerte mit Orchester, 6 Konzertstücke für Violine mit Klavier, 6 Violinsonaten, viele Fantasien und Charakterstücke, eine Serenade für 3 Violinen, ein Konzertduo für 2 Violinen, eine Valse-Caprice, zahlreiche Duos mit Klavier über Opernmotive – darunter Themen von Richard Wagner –, 3 Duos mit Cello und den »Teufelstriller« von Giuseppe Tartini (1692–1770) mit ausgearbeiteter Generalbaßbegleitung.

Isabella Leonarda
(um 1620 bis um 1700)

ZEIT UND UMWELT
Im Verlauf des 17. Jahrhunderts meldeten bereits mehrere Frauen ihren Anspruch auf Anerkennung als Komponistinnen an, den sie mit beachtlichen Leistungen dokumentierten.

LEBEN
Isabella Leonarda (»La musa novarese« genannt) wurde um 1620 in Novara geboren. Sie trat in das Nonnenkloster Santa Orsola in ihrer Geburtsstadt ein, wurde dort Oberin (1686) und Vikarin des Collegio di Santa Orsola. Sie starb in Novara um 1700.

WERKE
Die italienische Komponistin Isabella Leonarda hat ein umfangreiches und vielseitiges Werk hinterlassen: Sacri concerti für drei bis vier Stimmen und Orgel; zahlreiche Motetten, ein- bis vierstimmig, mit Orgel, mit Instrumenten oder a cappella, Messen mit Instrumenten, viele Psalmen und Vespern mit Instrumenten und unbegleitet. Vieles davon ist monodisch und akkordbegleitet; Generalbaß findet keine Anwendung. Diese Musik zeichnet sich insgesamt durch einfache, sehr eingängige Melodien aus.

LITERATUR
V. Fedel, Le cappelle musicali di Novara dal secolo XVI ai primordi dell'Ottocento, Mailand 1933.

Ruggero Leoncavallo (1858–1919)

LEBEN
Ruggero (Ruggiero) Leoncavallo wurde am 23.4.1858 in Neapel geboren und am Konservatorium der Stadt ausgebildet. Er schlug die Laufbahn eines Opernkomponisten ein, errang aber nach mehreren Fehlschlägen, die ihn zwangen, als Klavierspieler, Musiklehrer und reisender Künstler seinen Lebensunterhalt zu verdienen, erst 1892 einen durchschlagenden Erfolg. Nachdem er vergebens versucht hatte, diesen Erfolg zu wiederholen, starb er am 9.8.1919 in Montecatini.

Ruggero Leoncavallo

Werke
Den Welterfolg mit seiner veristischen Oper »I Pagliacci« (Der Bajazzo) konnte Ruggero Leoncavallo mit keinem seiner weiteren 15 Bühnenwerke erreichen. Er schrieb außerdem die sinfonischen Dichtungen »Séraphitus-Séraphita« und »Nuit de mai« (Mainacht), das Ballett »Das Leben einer Marionette«, ein Requiem, Lieder und Klavierstücke.

Giovanni Battista Leonetti
(um 1570 bis nach 1617)

Zeit und Umwelt
Unbeeinflußt von den jeweiligen politischen Beziehungen und Bindungen stand Crema kulturell unter dem Einfluß des nahen Mailand. Die konservative Haltung der für die Musik der großen Stadt maßgebenden Kreise, das Beispiel der vielen bedeutenden Meister, die aus der Mailänder Schule hervorgegangen sind, wirkten sich auch auf die Musikentwicklung der umliegenden Städte retardierend aus.

Leben
Giovanni Battista Leonetti wurde um 1570 in Crema geboren. Es ist nicht bekannt, wo und in welcher Eigenschaft er als Musiker gewirkt hatte, ehe er 1617 Organist am Dom seiner Geburtsstadt wurde. Er hat sich vermutlich längere Jahre in Mailand aufgehalten. Zeit und Ort seines Todes sind nicht feststellbar.

Werke
Der italienische Komponist Giovanni Battista Leonetti hat ein Buch mit achtstimmigen Messen und eines mit fünfstimmigen Madrigalen hinterlassen. Seine Musik ist noch dem polyphonen Stil des 16. Jahrhunderts verhaftet. Auch die 4 sechsstimmigen Madrigale, die Orazio Scaletta (um 1550 bis um 1630) in seine Publikation aus dem Jahr 1604 aufgenommen hat, folgen diesem Stil.

Otto Leonhardt (1881–1961)

Leben
Johann Otto Leonhardt wurde am 8.10.1881 in Hildesheim geboren. Er war am Konservatorium in Leipzig Schüler von Max Reger. Darauf wirkte er in Hannover ab 1910 als Musiklehrer und als Kritiker und von 1928 bis 1932 als Leiter der Opernschule. Er starb am 16.10.1961 in Düsseldorf.

Werke
Von Otto Leonhardt sind 8 Sinfonien, eine sinfonische Dichtung und weitere Orchesterwerke, 3 Streichquartette, 2 Klaviertrios, Orgelstücke, Chöre und Lieder bekannt geworden. Sein Stil war von seinem Lehrer abhängig.

Franco Leoni (1864–1949)

Leben
Franco (Francesco) Gaetano Antonio Maria Leoni wurde am 24.10.1864 in Mailand geboren, wo er bei Amilcare Ponchielli studierte. Von 1892 bis 1914 lebte er in London, kehrte sodann nach Mailand zurück. Nach dem Ersten Weltkrieg ging er erneut nach London und starb dort am 8.2.1949.

Werke
Von Franco Leoni wurden 10 Opern in Italien und in England mit durchschnittlich gutem Erfolg aufgeführt, obwohl er stilistisch sehr konservativ blieb. Außerdem verfaßte er für London die Oratorien »Sardanapalus«, »The Gate of Life« (Das Tor des Lebens), »Golgotha« und zahlreiche Lieder.

Giovanni Antonio Leoni
(um 1600 bis nach 1652)

Zeit und Umwelt
Im Verlauf des 17. Jahrhunderts machte sich das Violinspiel aus der Abhängigkeit von der hochentwickelten Geläufigkeit der Violenspieler frei und entwickelte eine eigene, dem bundlosen Griffbrett und der Quintenstim-

mung entsprechende Spieltechnik. Die Violine trat im Ensemblespiel immer mehr hervor und wurde wegen ihrer Tonfarbenvielfalt auch zum geschätzten Soloinstrument.

LEBEN
Giovanni Antonio Leoni wurde um 1600 vermutlich in Rom geboren. Über seine Ausbildung und seine Tätigkeit als Violinist ist nichts bekannt. Er starb nach 1652 in Rom.

WERKE
Von dem italienischen Violinisten und Komponisten Giovanni Antonio Leoni sind 31 Sonaten für Solovioline erhalten, die zu den frühesten ihrer Gattung zählen. Sie erfordern bereits eine sehr entwickelte Spieltechnik und weisen Griffe auf, die auf der Viole nicht durchführbar waren. Von seinen übrigen Kompositionen ist lediglich eine Motette überliefert, die stilistisch konservativ ist.

LITERATUR
W. S. Newman, The Sonata in the Baroque Era, London 1972.

Leone Leoni (um 1560–1627)

ZEIT UND UMWELT
Venedig war auf dem Weg in die Stilepoche des 17. Jahrhunderts unbestreitbar an der Spitze. Die Ablöse des A-cappella-Chorstiles durch den konzertierenden Stil, die Verwendung von spezifisch vorgeschriebenen Instrumenten als mit den Singstimmen gleichberechtigte Komponente, die ersten Ansätze zum Generalbaß waren bereits zur Selbstverständlichkeit geworden. Der Einfluß, den Giovanni Gabrieli auf seine nächste Umgebung ausübte, war so durchschlagend, daß sich kaum ein retardierendes Element dieser Entwicklung entgegenstellte.

LEBEN
Leone Leoni wurde um 1560 in Verona geboren. Er dürfte dort auch seine Ausbildung genossen und seine erste musikalische Tätigkeit entfaltet haben. Im Jahre 1588 erhielt er die Stelle des Domkapellmeisters in Vicenza, die er ununterbrochen bis zu seinem Tod am 24. 6. 1627 versah.

WERKE
Der Stil des italienischen Komponisten Leone Leoni steht zwischen dem rein vokalen Chor und der konzertanten Vokal-Instrumental-Musik, zwischen Kontrapunktik und Generalbaß. Von ihm sind 6 Bücher fünfstimmige Madrigale, achtstimmige Motetten mit doppeltem Orgelbaß, ein- bis vierstimmige Motetten, Lieder mit Generalbaß, achtstimmige Psalmen und Konzerte für vier Vokal- und sechs Instrumentalstimmen erhalten. Eine Reihe von einzelnen Vokal- und Instrumentalstücken sind in Sammeldrucken erschienen. Alle Kompositionen sind stark von Giovanni Gabrieli beeinflußt, erreichen aber nicht dessen Klangfülle und einfallsreiche Melodik.

LITERATUR
G. Mantese, Storia musicale vicentina, Vicenza 1956.

Leoninus (um 1150 bis um 1210)

ZEIT UND UMWELT
Die Notre-Dame-Schule in Paris wurde in der 2. Hälfte des 12. Jahrhunderts zum Schauplatz einer der wichtigsten Phasen der Musikgeschichte. Die bisher vorwiegend nur klösterlich gepflegte Mehrstimmigkeit trat in Paris an die Öffentlichkeit und wurde ab diesem Zeitpunkt von allen Kathedralen und größeren Klöstern Frankreichs, Spaniens und Englands übernommen. Sie war nicht mehr nur ein Bestandteil der Tropen und Sequenzen, weil man auch den gesamten liturgischen (bisher gregorianischen) Gesang mehrstimmig komponierte. Die Mehrstimmigkeit des Organum (lineare Mehrstimmigkeit in Quarten- oder Quintenabständen) und der Conductus (mehrstimmiger Gesang mit führender Tenorlinie und zumeist profaner Musik entnommenen Unterstimmen) wurden von der sakralen Musik voll akzeptiert.

LEBEN
Über Magister Leoninus ist nur bekannt, daß er in der 2. Hälfte des 12. Jahrhunderts an Notre-Dame zu Paris als Organist und Musikmeister wirkte. Man darf sein Schaffen vermutlich zwischen 1180 und 1210 ansetzen. Sein Name wird in einer anonymen englischen Schrift erwähnt, die besagt: »...Magister Leoninus soll der beste Organist gewesen sein, der einen Magnus Liber (Großes Buch) mit Organumkompositionen von Gradualien und Antiphonen für den Kirchendienst komponiert hat...«

WERKE
Leoninus verwendete nicht wie bisher üblich Tropen- und Sequenzmelodien als Cantus firmi (Cantus firmus, feste, im mehrstimmigen Gesang absolute Priorität beanspruchende Melodie), sondern legte bei syllabisch textierten Partien auf jeden Ton ausgedehnte Melismen (Organumpartien) und bei ursprünglich melismatischen Partien nur kurze Oberstimmenphrasen (Diskant-Partien) darüber. Der »Magnus Liber Organi« brachte 32 Organa »de antiphonario«, 3 reguläre Organa und 60 Organa de Graduali; die Zyklen sind dem Kirchenjahr entsprechend geordnet und für zwei Stimmen geschrieben. Es liegen auch kürzere Fassungen davon vor.

LITERATUR
Fr. Ludwig, Die liturgischen Organa Leonins und Perotins, Leipzig 1909.

Leopold I. (1640–1705)

ZEIT UND UMWELT
In der zweiten Hälfte des 17. Jahrhunderts wurde Wien zum Zentrum der italienischen Opernkomposition. Es entstanden zu jener Zeit etwa 400 Opern und Oratorien. Das gesamte Opernwesen war von italienischen Interpreten und Bühnenmeistern beherrscht, wie auch die Hofkapelle zum größten Teil aus Italienern bestand.

Kaiser Leopold I.

LEBEN
Leopold I., römisch-deutscher Kaiser, wurde am 9. 6. 1640 in Wien geboren. Er war für den geistlichen Stand vorgesehen. Da jedoch sein älterer Bruder Ferdinand IV. (1633 bis 1654), der bereits 1646 zum König von Böhmen, 1647 zum König von Ungarn und 1653 zum römischen König gekrönt worden war, vor seinem Vater, Ferdinand III., starb, ging die Thronanwartschaft auf Leopold über, der 1655 König von Böhmen, 1656 König von Ungarn und 1658 römisch-deutscher Kaiser wurde. Sein größter außenpolitischer Erfolg war der Sieg über die Türken vor Wien (1683) und die anschließende Rückeroberung Ungarns. Er starb in Wien am 5. 5. 1705.

WERKE
Kaiser Leopold I. war ein großer Musikfreund, beherrschte einige Instrumente, vor allem das Cembalo, und komponierte 79 sakrale Werke. Darunter sind 2 Messen, ein vierstimmiges Miserere mit Instrumenten, 5 Totenoffizien, weiters 155 Arien und Operneinlagen, 9 Bühnenstücke, 17 Ballettsuiten und etwa 12 Oratorien, davon 2 auf deut-

schen Text. Der musikalische Wert aller dieser Kompositionen ist sehr hoch anzuschlagen.

Literatur
H. V. F. Somerset, The Habsburg Emperors as Musicians, in: Music & Letters, 1949.

Jesús García Leoz (1904–53)

Leben
Jesús García Leoz wurde am 10. 1. 1904 in Olite, Navarra, geboren. Nach intensivem Orgel- und Klavierunterricht ging er mit 17 Jahren als Pianist nach Argentinien. Nach seiner Rückkehr nach Spanien war er am Konservatorium in Madrid Schüler von Conrado del Campo y Zabaleta und Joaquín Turina. Er lebte anschließend als freier Komponist, vorwiegend von Filmmusik, in Madrid, wo er am 23. 2. 1953 starb.

Werke
Außer zahlreichen Filmmusiken, 2 Zarzuelas, einer Oper und 7 Balletten schrieb Jesús García Leoz eine Sinfonie, eine Sonatine, ein Gitarrenkonzert, ein Streichquartett, ein Klavierquartett, eine Sonatine für Violine und Klavier, eine Sonatine für Klavier und Lieder auf Texte zeitgenössischer spanischer Dichter. Sein Stil war auf Publikumswirkung abgestellt.

Literatur
A. Fernández Cid, Jesús García Leoz, Madrid 1953.

Christoph Leschen (1816–99)

Zeit und Umwelt
Musikalienhandel und Instrumentenbau wurden im 19. Jahrhundert in Wien zu einem starken Geschäftszweig. Besonders Klaviere aus der Stadt erfreuten sich großer Wertschätzung, so daß Klaviererzeuger zu einer beträchtlichen gesellschaftlichen Stellung aufrückten. Sie veranstalteten nicht selten selbst Konzerte und protegierten junge Kräfte. Daß sich der eine oder andere Angehörige ihrer Familien selbst der Musik widmete, ergab sich daraus zwangsläufig.

Leben
Christoph Friedrich Leschen wurde 1816 als Angehöriger der Klavierbauerfamilie Leschen in Wien geboren, wurde von verschiedenen Musikern, die in der Familie verkehrten, ausgebildet und konnte bald mit Kompositionen hervortreten, denen man die Anerkennung nicht versagte. Er dürfte selbst im Unternehmen der Familie gearbeitet haben. Er starb am 4. 5. 1899 in Wien.

Werke
Von Christoph Leschen sind Sinfonien, Ouvertüren, einzelne sakrale Gesänge und Lieder bekannt geworden. Seine einzige Oper konnte er erst 1892 auf die Bühne bringen.

Henry David Leslie (1822–96)

Zeit und Umwelt
Im Verhältnis zu Deutschland oder Frankreich kam es in England sehr spät zur Gründung einer Chorvereinigung von Amateuren. Dann erwachte allerdings das allgemeine Interesse für Chorgesang, so daß die Londoner Vereinigung bald anstelle der anfänglichen 60 Mitglieder 240 erhielt.

Leben
Henry David Leslie wurde am 18. 6. 1822 in London geboren. Er wirkte anfänglich als Cellist im Orchester der Sacred Harmonic Society, dann wurde er Sekretär der Amateur Musical Society und 1855 ihr Dirigent. Im selben Jahr gründete er eine Chorvereinigung von Amateuren und bildete sie so gut aus, daß er damit mehrere internationale Preise – darunter in Frankreich – gewann. Er starb am 4. 2. 1896 in Llansaintfraid bei Oswestry.

Werke
Das Hauptverdienst von Henry David Leslie lag in der vorzüglichen Ausbildung des von

ihm gegründeten Amateurchors, der in der Folge zu ähnlichen Gründungen führte. Er schrieb 2 Opern, 2 Oratorien, mehrere Kantaten und andere Vokalwerke für seinen Chor, 2 Sinfonien und weitere Orchestermusik, einige Kammermusik und Lieder für eine und mehrere Stimmen. Er veröffentlichte eine Sammlung mit Chormusik.

Franciszek Lessel (um 1780–1838)

LEBEN

Franciszek Lessel wurde um 1780 in Puławy als Sohn von Wincenty Ferdynand Lessel (um 1750 bis nach 1825) geboren. Er ging 1797 nach Wien, um Medizin zu studieren, wandte sich aber bald ganz der Musik zu und wurde Schüler von Joseph Haydn. Im Jahr 1810 kehrte er in seine Heimat zurück und übernahm eine Stelle als Gutsverwalter, die er infolge des polnischen Aufstandes 1830 verlor. Nach verschiedenen Versuchen, sein Leben zu fristen, erhielt er das Amt eines Schulinspektors in Piotrków, Trybunalski, wo er am 26.12.1838 starb.

WERKE

Neben der Berufsarbeit, von der er leben mußte, verfaßte Franciszek Lessel ein umfangreiches kompositorisches Werk, das ihn als bedeutendsten polnischen Komponisten der Ära vor Frédéric Chopin einstuft. Davon sind im Druck erschienen: 10 »Historische Gesänge«, 3 Flötenduette, ein Quartett für Flöte und drei Streicher, ein Trio, ein Adagio und Rondo für Klavier und Orchester, eine Ouvertüre für großes Orchester, eine Fuge für Klavier zu vier Händen, ein Klavierkonzert in C-Dur, eine »Phantasie Caractéristique« für Klavierquartett und weitere Klavierwerke. Außerdem sind von ihm bekannt: verschiedene Orchesterwerke, Kammermusik, Lieder, eine Oper und einige Kirchenkompositionen. Seine Klaviervariationen und die Variationen für Flöte und Orchester wurden erst in unserem Jahrhundert bekannt. Stilistisch stand der Komponist zwischen Klassizismus und Romantik.

Klavierkonzert in C-Dur, Opus 14, 3 Sätze

Der 1. mit Allegro brillante benannte Satz kennzeichnet sich dadurch selbst. Pianistische Virtuosität präsentiert sich mit eleganten klangvollen Wendungen und Passagen. Das Adagio mit seiner schönen Kantilene voll verhaltener Trauer erinnert an polnische Volksmelodien, während das Rondo-Finale die Klassik wieder mehr zu Wort kommen läßt. Das Werk ist ein glänzender Auftakt zu den vielen vorzüglichen Klavierkonzerten, die noch von Polen geschrieben wurden.

Variationen für Flöte und Orchester

Die erfindungsreichen Variationen sind in einer Joseph Haydn und Wolfgang Amadeus Mozart nachgebildeten Technik geschrieben; neben der Transformation greift aber eine brillante Auszierung des Themas mit Passagen, Trillern, Synkopen und Vorhalten Platz, die dem Reich der Romantik angehören, wie die weite Entfernung der letzten Veränderung vom Hauptthema. Dieses vorzügliche Stück markiert deutlich den Übergang der polnischen Musik vom Klassizismus zur Romantik.

Wincenty Ferdynand Lessel
(um 1750 bis nach 1825)

ZEIT UND UMWELT

Die politischen Wirren um den Bestand Polens, das 1795 endgültig zur Beute der benachbarten Großmächte wurde, wirkten sich auf das kulturelle Leben wenig günstig aus, es erlosch aber nicht. Die Tradition der polnischen Musik wurde in einzelnen Adelshäusern und in den Kirchen, wenn auch auf schmaler Ebene, weitergepflegt.

LEBEN

Wincenty Ferdynand Lessel wurde um 1750 in Eula, Sachsen, geboren. Er wurde in Dresden von Karl Ditters von Dittersdorf und Ferdinand Hiller ausgebildet und wirkte anschließend von 1766 bis 1780 als Violinist an der Königlichen Kapelle. Dann begab er sich nach Polen und betätigte sich dort bis 1811 als Musiklehrer, Cembalist und Kapellmeister in Adelshäusern, ging sodann als Orgellehrer nach Puławy, wo er nach 1825 starb.

WERKE

Die zahlreichen Werke von Wincenty Ferdynand Lessel für Cembalo und Piano zu zwei und vier Händen – Sonaten, Variationen, Polonaisen, Tänze – folgen dem vorklassischen Stil. Er schrieb außerdem Orgelpräludien, Orchesterpolonaisen sowie 10 Opern und Operetten mit Themen aus der polnischen Geschichte.

Jean-François Lesueur (1760–1837)

Leben

Jean-François Lesueur (le Sueur) wurde am 15. 2. 1760 in Drucat-Plessiel bei Abbeville geboren. Er erhielt als Chorknabe in Abbeville und in Amiens seine Ausbildung und wurde darauf Kapellmeister an der Kathedrale in Sées. Dann nahm er in Paris bei Nicolas Roze, der ihn an Sts-Innocents als Unterkapellmeister einstellte, weiteren Unterricht. Im Jahr 1779 übernahm er die Leitung der Maîtrise an der Kathedrale von Dijon, 1782 an der Kathedrale von Le Mans und 1783 an St-Martin von Tours; 1786 berief man ihn als Kapellmeister an Notre-Dame in Paris. Er setzte beim Kapitel der Kathedrale durch, daß bei hohen Feiertagen ein großes Orchester zugezogen wurde, was starken Beifall, aber auch heftige Kontroversen hervorrief. Eine baldige Reduktion des Orchesters veranlaßte ihn, seine Stelle aufzugeben, sich zurückzuziehen und durch 4 Jahre nur der Komposition zu leben. Dann kehrte er 1793 nach Paris zurück und brachte am Théâtre Feydeau einige Opern heraus. Als das Conservatoire gegründet war, erhielt er dort eine Inspektorenstelle. Er verlor sie wieder 1802 wegen Auseinandersetzungen, aber Napoleon ernannte ihn 1804 zu seinem Hofkapellmeister. Nach der Restauration wurde er Komponist der Hofkapelle und Opernkapellmeister und 1817 Kompositionslehrer am wiedereröffneten Konservatorium. Er starb am 6. 10. 1837 in Paris.

Werke

Von Jean-François Lesueur sind zahlreiche – zum Teil nicht aufgeführte – Opern erhalten. Sie neigen alle zu pompösen Darbietungen, Massenchören und instrumentalen Effekten und können daher als erste romantische Opern in Paris bezeichnet werden. Neben einigen Divertissements schrieb er 33 Messen, 4 Oratorien, mehrere Te Deum, ein Stabat mater, einen Krönungsmarsch für Napoleon und viele kleinere Stücke. Er verfaßte mehrere theoretische Abhandlungen und Streitschriften. Stil und Klangbild seiner Musik machten ihn zum Vorläufer von Hector Berlioz.

Literatur

F. Lamy, Jean-François Lesueur, Paris 1912.

Robert Leukauf (geboren 1902)

Leben

Robert Leukauf wurde am 5. 4. 1902 in Wien geboren. Er studierte an der Musikakademie in Wien bei Eusebius Mandyczewski, Joseph Marx und Dirk Fock (18. 6. 1886, Batavia, bis 24. 5. 1973, Locarno). Von 1951 bis 1969 wirkte er als Kapellmeister am Volkstheater in Wien.

Werke

In seinen schriftstellerischen Arbeiten wendete sich Robert Leukauf heftig gegen die »provokative Moderne«; damit hatte er auch seinen eigenen Stilbereich abgegrenzt. Obwohl er aber die Dur-Moll-Tonalität nie überschritt, stattete er seine Kompositionen mit sehr interessanten Klängen aus, die irgendwie »modern« anmuten. Er schrieb 2 Opern, »Drei symphonische Fragmente«, 2 Divertissements für Kammerorchester, ein Bläserquintett, ein Streichquartett, Klavierwerke, Violin-, Cello- und Gitarrenstücke, ein Requiem für Bariton und Orchester, einen »Vater-unser-Psalm« für Bariton, Chor und Orchester, der Aufsehen erregte, Zyklen für Sologesang und Klavier, Chöre mit Orchesterbegleitung oder a cappella und zahlreiche Schauspielmusiken.

Serenade für Orchester, Opus 49, 5 Sätze, entstanden 1956

Das Werk ist streng tonal und sehr färbig orchestriert. Der 1. Satz hat Sonatenform. Das markante Thema des 2. Satzes wird von der Soloflöte vorgetragen. Der 3. Satz ist ein burleskes Rondo mit drei Themen. Einen besinnlichen Ruhepunkt bringt der 4. Satz, sein Thema wird von der Soloflöte und der Harfe bestritten. Eine freie Fuge schließt im Finale das Stück turbulent ab.

Pierre François Levasseur
(1752–1816)

ZEIT UND UMWELT

Duos für zwei Celli ohne jede weitere Begleitung waren im Frankreich des 19. Jahrhunderts eine beliebte Kompositionsart. Brüder, die Cellisten waren, präsentierten sich mit Erfolg dem Publikum, wie zum Beispiel Jacques Offenbach (1819–80) und Jules Offenbach (1815–80).

LEBEN

Pierre François Levasseur wurde am 13. 3. 1752 in Abbeville geboren. Er war ab 1782 Celloschüler von Jean-Louis Duport und spielte ab 1785 als Cellist im Orchester der Opéra. Er war 1789 im Concert spirituel und 1795 im Concert Feydeau mit großem Erfolg, mit seinem Bruder duettierend, aufgetreten. Nachdem er sich 1815 von seinen Pflichten zurückgezogen hatte, starb er am 2. 12. 1816 vermutlich in Paris.
Sein Bruder Jean Henri Levasseur (29. 5. 1764, Beaumont-sur-Oise, bis 6. 5. 1826, Paris) war Celloschüler von Jean Louis Duport und von François Cupis und trat 1782 dem Opernorchester bei, an dem er von 1789 bis 1820 als erster Cellist wirkte. Von 1795 bis zu seinem Tod am 6. 5. 1826 war er Cellolehrer am Conservatoire. Er wirkte auch in der Kaiserlichen Kapelle Napoleons und in der Königlichen Kapelle König Ludwigs XVIII.

WERKE

Von Pierre François Levasseur sind 12 Duos für zwei Celli erhalten.
Jean Henri Levasseur schrieb Cellosonaten, Celloetüden und Duos für zwei Celli.
Beide trugen zur Entwicklung der Cellomusik viel bei.

Richard Leveridge (um 1670–1758)

ZEIT UND UMWELT

Zu den bereits bestehenden Theatern Londons, die Sänger und Instrumentalisten benötigten, kam 1732 noch das Covent Garden Theatre, in dem bis in unsere Tage das gesamte verfügbare Opernrepertoire aufgeführt wurde, unterbrochen nur von zwei Brandkatastrophen im 19. Jahrhundert.

LEBEN

Richard Leveridge wurde um 1670 in London geboren. Er war bald als ausgezeichneter Bassist bekannt, sang in Kirchen und besonders bei Opernaufführungen. Ab 1732 gehörte er dem Covent Garden Theatre an, wo er 1751 zum letzten Mal auftrat. Er starb in London am 22. März 1758.

WERKE

Der englische Bassist und Komponist Richard Leveridge verfaßte Bühnenmusiken und Opernzwischenspiele, außerdem sehr populäre Lieder, deren Melodien der Komponist zum Teil dem schottischen Volksliedgut entnahm.

Hermann Levi (1839–1900)

LEBEN

Hermann Levi wurde am 7. 11. 1839 in Gießen geboren. Er war Schüler von Vinzenz Lachner in Mannheim, studierte von 1855 bis 1888 am Konservatorium in Leipzig, wirkte sodann bis 1861 als Musikdirektor in Saarbrücken, darauf bis 1864 als Kapellmeister in Rotterdam, anschließend bis 1872 als Hofkapellmeister in Karlsruhe und dann bis 1896 in München. Im Jahr 1882 dirigierte er in Bayreuth die erste Aufführung des »Parsifal«. Er starb am 13. 5. 1900 in München.

WERKE

Von Hermann Levi sind ein Klavierkonzert und eine Anzahl von Liedern bekannt geworden. Er zählte zu den hervorragendsten Dirigentengestalten des 19. Jahrhunderts.

Dimitri Levidis (1886–1951)

Leben
Dimitri Levidis wurde am 8.4.1886 in Athen geboren. Er besuchte zunächst das Konservatorium in Athen, war dann Schüler von Alexandre Denéréaz in Lausanne und darauf von Friedrich Klose, Felix Mottl und Richard Strauss in München. Von 1910 bis 1939 lebte er in Paris, kehrte sodann nach Athen zurück, wo er am 30.5.1951 starb.

Werke
Die Beschäftigung mit akustischen Phänomenen und den antiken Tonarten wirkte sich auf das kompositorische Schaffen von Dimitri Levidis stark aus. Als einer der ersten schrieb er Werke für die Ondes Martenot, wie ein sinfonisches Gedicht für Ondes Martenot und Orchester, ein De profundis für zwei Ondes Martenot, Tenor und Orchester. Er verfaßte außerdem ein Ballett, ein Oratorium, eine sinfonische Dichtung, ein Divertissement für Englischhorn, Harfen, Streicher, Celesta und Schlagzeug (aeolisches Orchester), einige Kompositionen für »zehn aeolische Instrumente«, ein Gedicht für Violine und Orchester, ein Streichquartett, einige Klavierwerke und Lieder mit Orchesterbegleitung. Obwohl er sich völlig von dem spätromantisch-folkloristischen Stil losgemacht hatte, klingen in seinen sehr modernen Werken griechische Melodien mit.

Alexandre Levy (1864–92)

Leben
Alexandre Levy wurde am 10.11.1864 in São Paulo geboren. Er studierte in Paris bei Émile Durand und wirkte anschließend als Musiklehrer und Komponist in seiner Geburtsstadt, wo er am 17.1.1892 starb.

Werke
Während seiner kurzen Schaffenszeit verfaßte Alexandre Levy eine preisgekrönte Sinfonie, eine »Suite brasileira« für Orchester mit Verwendung brasilianischer Volksmusik, Kammermusik und mehrere Klavierwerke.

Literatur
G. Pimenta, Alexandre Levy, São Paulo 1911.

Ernst Levy (1895–1981)

Leben
Ernst Levy wurde am 18.11.1895 in Basel geboren, wo er Schüler von Egon Petri (23.3.1881, Hannover, bis 27.5.1962, Berkeley, Calif.), Hans Huber und Karl Heinrich David war. In Paris studierte er bei Stéphane Raoul Pugno. Von 1916 bis 1920 wirkte er als Lehrer am Konservatorium in Basel. Im Jahr 1928 gründete er in Paris den Chœur Philharmonique de Paris. Bei Ausbruch des Zweiten Weltkriegs ging er in die USA und unterrichtete bis 1945 am Konservatorium in Boston, anschließend am Bennington College und ab 1949 an der Universität in Chicago, von 1954 bis 1966 in Cambridge, Mass., darauf an der City University in New York. Sodann übersiedelte er nach Morges, Vaud. Er starb am 19.4.1981 in Morges am Genfer See.

Werke
Außer 15 Sinfonien (die 3. für Hörner, Saxophon, Trompeten, Pauken und Streicher, die 4. mit Tanzchor, die 5. als Doppelkonzert für Violine und Trompete, die 13. für Bläser, Schlagzeug und Klavier, die 14. für Chor und Orchester, die 15. für Sopran, Alt, Tenor und 11 Instrumente) schrieb Ernst Levy 4 Suiten, ein Nonett, ein Streichquintett, 3 Streichquartette, ein Klavierquartett, 2 Trios für Klarinette, Cello und Klavier, 3 Streichtrios, ein Klaviertrio, ein Trio für Klarinette, Bratsche und Klavier, ein Trio für Flöte, Bratsche und Kontrabaß, 4 Sonatinen für Violine und Klavier, eine Sonatine für Cello und Klavier, Suiten, Sonaten und Studien mit verschiedener Besetzung, Klavier-, Cembalo- und Orgelstücke, zahlreiche Stücke für Clavichord, Kantaten, Hymnen und andere Chöre mit wechselnder Besetzung, Klavierlieder und Orchesterlieder, ferner eine Anzahl theoretischer Werke.

Louis Lewandowski (1821–94)

ZEIT UND UMWELT
Der Rückzug der aschkenasischen Gemeinden in Osteuropa infolge der kriegerischen Ereignisse nach dem Westen führte zu einer Vermischung mit westaschkenasischen Elementen und zu einer liturgischen Reformbewegung im Anschluß an die zeitgenössische Kunstmusik.

LEBEN
Louis Lewandowski (Lazarus) wurde am 3.4.1821 in Wreschen (Września), Posen, geboren. Er war Schüler der Berliner Akademie und beschäftigte sich hauptsächlich mit der Reform des jüdischen Tempelgesangs. Er starb am 3.2.1894 in Berlin.

WERKE
Von Louis Lewandowski sind zahlreiche Werke für Orchester und Kammermusikensembles sowie Chöre – vorwiegend für den jüdischen Gottesdienst – erschienen. Er bearbeitete vielfach altjüdische Singweisen.

LITERATUR
A. Friedmann, Der synagogale Gesang, Berlin 1908.

Ignace Leybach (1817–91)

ZEIT UND UMWELT
Nach mehreren Vorformen des Tasteninstruments mit durchschlagenden Zungen unter den verschiedensten Namen legte der französische Instrumentenmacher Alexandre François Debain (1809, Paris, bis 3. 12. 1877, Paris) 1840 eine Standardform fest, die unter dem Namen »Harmonium« mit später hinzugekommenen Erweiterungen der Spielmöglichkeiten als Orgelersatz in kleineren Kirchen und als Hausmusikinstrument, besonders aber im Salonorchester als eine Art Continuo, viel verwendet wurde. Im 20. Jahrhundert spielt es vorwiegend die Rolle eines Ersatzes für Orgel, Klavier, Bläser oder andere gerade nicht verfügbare Instrumente. Es wurde und wird aber wegen seines sonoren Klangs von einigen Komponisten kammermusikalisch eingesetzt.

LEBEN
Ignace Xavier Joseph Leybach wurde am 17.7.1817 in Gamsheim, Elsaß, geboren und in Straßburg und später in Paris von Johann Peter Pixis, Friedrich Kalkbrenner und Frédéric Chopin zum Organisten und Pianisten ausgebildet. Er wirkte von 1844 bis zu seinem Tod am 23.5.1891 als Organist an der Kathedrale von Toulouse.

WERKE
Von Ignace Leybach sind zahlreiche Salonkompositionen für Klavier, vor allem Operntranskriptionen, bekannt geworden. Er schrieb neben einer Schule eine Anzahl Stücke für Harmonium, außerdem eine 3bändige Orgelschule mit über 350 Stücken und einige Hefte mit Liedern und Motetten mit Orgelbegleitung. Er machte das Harmonium in Frankreich populär, indem er zeigte, daß es auch als Soloinstrument gut verwendbar ist.

Jean Lhéritier (um 1480 bis nach 1541)

ZEIT UND UMWELT
Die Ludwig dem Heiligen geweihte Kirche San Luigi de'Francesi bildete ein Zentrum des französischen Klerus in Rom, und, da der Kirchenchor nahezu ausschließlich von Franzosen bestritten wurde, eine wichtige Pflegestätte des franko-flämischen Stiles.

LEBEN
Jean Lhéritier (L'Héritier, Leretier, Liritier) wurde um 1480 in Frankreich geboren. Er war vermutlich ein Schüler von Josquin. Von seinem Leben und Wirken ist nur bekannt, daß er einige Jahre bis 1522 Kapellmeister der französischen Kirche (San Luigi de'Francesi) in Rom war und von 1540 bis 1541 im Dienst des Kardinals von Clermont in Avignon (François-Guillaume de Castelnau) stand. Er ist nach 1541 vermutlich in Avignon gestorben.

WERKE

Die Kompositionen von Lhéritier wurden wegen ihres »durch französische Eleganz verfeinerten franko-flämischen Stiles« sehr geschätzt und denen von Fevin und Mouton an die Seite gestellt. Überliefert sind von ihm 2 Messen, vier- bis sechsstimmige Motetten, 4 Marienantiphone, Hymnen, ein sechsstimmiges Miserere und Chansons.

LITERATUR

H. W. Frey, Die Kapellmeister an der französischen Nationalkirche S. Luigi dei Francesi in Rom im 16. Jahrhundert, Teil I, Archiv für Musikwissenschaft XXII, 1965.

Ivo Lhotka

(geboren 1913)

LEBEN

Ivo Lhotka (Lhotka-Kalinski) wurde am 30.7. 1913 in Zagreb geboren und studierte dort bis 1937 an der Musikakademie; bis 1939 setzte er in Rom seine Ausbildung bei Ildebrando Pizzetti fort. Anschließend wirkte er als Musiklehrer in Zagreb, war 1949 Direktor der Musikschule in Split und wurde 1951 Gesanglehrer an der Musikakademie in Zagreb, an der er seit 1967 als Abteilungsvorstand fungiert.

Sein Vater Fran Lhotka (25.12.1883, Mladá Vožice, Böhmen, bis 26.1.1962, Zagreb) war von 1899 bis 1905 am Konservatorium in Prag Schüler von Antonín Dvořák und wirkte ab 1909 in Zagreb zunächst als Korrepetitor und Orchestermitglied des Nationaltheaters, sodann von 1912 bis 1920 als Gesangvereinsdirigent und zugleich als Professor am Konservatorium bis 1961.

WERKE

Neben 7 Opern und einem Ballett schrieb Ivo Lhotka eine Sinfonie, eine Tanzsinfonietta, eine Trauermusik, »Sechs Essays« für Orchester und weitere Orchesterstücke, »Sieben Bagatellen für Oboe, Fagott und Streicher, ein Konzert für Klarinette und Streicher, Klavierstücke, eine Kantate und mehrere Gesänge mit Orchester, viele Chöre, Bühnen- und Filmmusik, Klavierlieder und Volksliedbearbeitungen. Er veröffentlichte Lehrbücher der Gesangskunst. Sein Stil stützt sich auf die Folklore seiner Heimat.

Fran Lhotka schrieb 4 Opern, 5 Ballette, eine Sinfonie, ein Violinkonzert, 2 Kroatische Rhapsodien für Violine und Kammerorchester, 3 Streichquartette, eine Suite für vier Flöten, ein Bläserquintett, ein Bläsertrio, Chöre und Volksliedberarbeitungen. Er publizierte Lehrbücher des Dirigierens und der Harmonielehre. Auch sein Stil war vorwiegend folkloristisch.

Georg Liban

(1464 bis nach 1546)

ZEIT UND UMWELT

Im Jahre 1364 gründete der polnische König Kasimir III. der Große (1310–70) in Krakau die heute zweitälteste Universität in Mitteleuropa. Sie blieb stets mit der geistigen Entwicklung aller anderen geistigen Zentren Europas eng verbunden und betrieb im Sinn des Humanismus die Pflege klassischer Kultur und Sprache mit betonter Intensität.

LEBEN

Georg (Jerzy) Liban wurde 1464 in Liegnitz (Legnica) geboren, studierte ab 1501 an der Universität Krakau und hielt, nach einem Studienaufenthalt in Köln, nach 1511 Vorlesungen über griechische Sprache und über Musik an derselben Lehranstalt. Er war Kleriker. Im Jahre 1515 wurde er zum Kantor an der Marien-Kirche der Stadt bestellt. Er starb in Krakau nach dem Jahr 1546.

WERKE

Neben seinen musiktheoretischen Veröffentlichungen schrieb Liban vierstimmige lateinische Sätze in einem sehr lebhaften Stil. Sein vierstimmiger Hymnus Ortus de Polonia Stanislaus (Stanislaus aus Polen) ist sehr bekannt geworden.

LITERATUR

E. Witkowska, Kilka uwag do biografii J. Libana z Legnicy, in: Muzyka XVI, 1971.

Antimo Liberati (1617–92)

ZEIT UND UMWELT

Die von Palestrina begründete römische Schule lebte in der Praxis der Sistina und bei einzelnen Komponisten neben dem pompösen römischen Barock weiter, erstarrte allerdings immer mehr, weil die Meister fehlten, um sie neu zu beleben.

LEBEN

Antimo Liberati wurde am 3. 4. 1617 in Foligno geboren. Er kam zunächst in den Dienst Kaiser Ferdinands III. und Erzherzog Leopolds in Wien, ging sodann nach Rom und wurde Schüler von Gregorio Allegri und Orazio Benevoli. Nach seiner Ausbildung trat er 1661 als Tenor der päpstlichen Kapelle bei. Gleichzeitig war er an verschiedenen Kirchen Roms als Organist und Kapellmeister tätig. Er starb in Rom am 24. 2. 1692.

WERKE

Der italienische Musikschriftsteller und Komponist Antimo Liberati war ein eifriger Verteidiger des römischen Stils und griff in seinen Publikationen Claudio Monteverdi und die venezianische Oper scharf an. An Kompositionen sind von ihm ein vierstimmiges Laudate Dominum, 4 Arien und eine Messe für sechzehn Stimmen erhalten. Diese Musik ist vom Palestrina-Stil allerdings weit entfernt.

LITERATUR

P. Kast, Antimo Liberati, in: Kirchenmusikalisches Jahrbuch XLII, 1959.

Reginaldus Libert
(nach 1380 bis vor 1450)

ZEIT UND UMWELT

Nordfrankreich und der burgundische Raum zogen die Künstler, vor allem die Musiker, an, seitdem Paris nicht mehr die Rolle eines Mekka der Musik spielte. Dadurch gerieten sie in den Einflußbereich englischer Meister und wurden zu Mitbegründern des neuen franko-flämischen Stils, der der europäischen Musik ein neues Profil verlieh.

LEBEN

Reginaldus Libert (Liebert) ist nach 1380 geboren. Er war vermutlich an der Kathedrale von Cambrai 1424 Nachfolger von Nicolas Grenon als »Maître de musique«. Er ist wahrscheinlich in Cambrai noch in der 1. Hälfte des 15. Jahrhunderts gestorben.

WERKE

Von Libert sind eine elfsätzige dreistimmige Marienmesse und ein vierstimmiges Kyrie als Kirchenmusik erhalten. 2 Fauxbourdonstücke und 2 dreistimmige Chansons haben wir als Probe seiner profanen Kompositionen. Sie kennzeichnen ihn vorbehaltlos als Angehörigen des franko-flämischen Stils.

LITERATUR

H. Besseler, Bourdon und Fauxbourdon, Leipzig 1950.

Henri Liberti (um 1600 bis nach 1661)

ZEIT UND UMWELT

Der Vertrag von Münster aus dem Jahr 1648, mit dem die Unabhängigkeit der Vereinigten Niederländischen Provinzen anerkannt wurde, brachte für Antwerpen einen schweren Rückschlag, denn gleichzeitig wurde die Schelde für die Schiffahrt gesperrt. Der Hafen von Antwerpen war damit wertlos geworden, der Wohlstand der einst reichen Stadt schwand, das gesellschaftliche und künstlerische Leben verarmte. Musik gab es nur mehr in den Kirchen.

LEBEN

Henri Liberti (Hendrik) wurde um 1600 in Groningen geboren. Er war von 1630 bis 1661 Organist an der Kathedrale von Antwerpen und ist in einem der folgenden Jahre gestorben.

WERKE

Der niederländische Komponist Henri Liberti brachte ein Buch mit sakralen Gesängen und eines mit Tänzen heraus. Einzelne Lieder von ihm sind in Sammelwerken aufgenommen. Sein Stil ist konservativ.

Vincenzo Liberti
(um 1570 bis nach 1609)

ZEIT UND UMWELT
Bologna, das sich neben Rom als zweites Musikzentrum innerhalb des Kirchenstaates entwickelt und eine starke eigene Tradition gebildet hatte, war auf dem Gebiet der Musik weniger von Rom abhängig als manche andere Stadt außerhalb des politischen Bereiches der Kurie. Die Stadt war mit ihrem intensiven Musikleben für tüchtige Kräfte sehr aufnahmebereit.

LEBEN
Vincenzo Liberti wurde um 1570 in Spoleto geboren. Über sein Leben ist nichts bekannt, außer, daß er in Bologna als Musiker wirkte und dort nach 1609 gestorben sein dürfte.

WERKE
Vom italienischen Komponisten Vincenzo Liberti sind 2 Bücher mit fünfstimmigen Madrigalen überliefert, die den Stil des 16. Jahrhunderts aufweisen, wenngleich sie erst im 17. erschienen sind.

Felipe Libon (1775–1838)

ZEIT UND UMWELT
Im Jahr 1793 bildeten Spanien, England und Portugal ein Kriegsbündnis gegen Frankreich, das Spanien 1795 verließ. Trotz schwerem Druck von spanischer Seite blieb Portugal mit England verbündet, obwohl es 1801 von Spanien angegriffen wurde und Gebietsverluste hinnehmen mußte. Diese bedrängte Lage wirkte sich auf den ganzen Hof aus, so daß auch für die Hofmusiker das Betätigungsfeld sehr beengt war.

LEBEN
Felipe Libon wurde am 17. 8. 1775 in Cádiz geboren und in London von Giovanni Battista Viotti und Giambattista Cimador (um 1761 bis um 1808) zum Violinisten ausgebildet. Im Jahr 1796 wurde er Königlicher Kammervirtuose in Lissabon, verließ aber bereits 1800 Portugal und ging nach Paris, wo er Kammermusikus der Kaiserinnen Josephine und Marie-Louise von Österreich (1791–1847) wurde. Er behielt seine Hofstellung auch nach der Restauration bis zu seinem Tod am 5. 2. 1838.

WERKE
Von Felipe Libon sind 6 Violinkonzerte, 9 Streichtrios, mehrere Violinduos und verschiedene Variationen bekannt. Er gehörte der neuen französischen Violinistenschule an.

Henry Lichfild (um 1585 bis nach 1614)

ZEIT UND UMWELT
In vielen Fällen wurden Musiker in englischen Adelshäusern als Erzieher oder Sekretäre angestellt. Sie hatten genügend freie Zeit, um sich der Musik zu widmen. Im Gegensatz zu den Verhältnissen auf dem Kontinent war ihre Zugehörigkeit zum Gesinde nur eine Formsache, denn es gehörte zur Elisabethanischen Kultur, Künstlern und Gelehrten gebührende Wertschätzung entgegenzubringen. Aber auch Bedienstete, die Musik als Dilettanten betrieben, genossen die Förderung ihrer Dienstgeber.

LEBEN
Henry Lichfild wurde um 1585 in oder bei Luton, Bedfordshire, geboren. Er dürfte im nahen Toddington House die Stelle eines höheren Bediensteten bekleidet und die Musik als Amateur betrieben haben. Er starb in Toddington nach 1614.

WERKE
Von dem englischen Komponisten Henry Lichfild ist eine Sammlung fünfstimmiger Madrigale erhalten, die gesungen oder mit Violen gespielt werden können. Einige Stücke dieses späten englischen Madrigalisten sind wegen ihrer schönen Melodien sehr beliebt geworden.

Peter Lichtenthal (1780–1853)

LEBEN
Peter Lichtenthal wurde am 10.5.1780 in Preßburg geboren. Er studierte in Wien Medizin und Musik und ließ sich 1810 in Mailand nieder, wo er sowohl als Arzt wie als Musiker und Musikschriftsteller tätig war und am 18.8.1853 starb.

WERKE
Von den Kompositionen von Peter Lichtenthal sind ein Streichquartett, ein Klaviertrio mit Violine und Cello, ein zweites mit Violine und Bratsche und einige Klavierstücke veröffentlicht worden. Sein Stil ist klassizistisch. Die 3 Opern und die 4 Ballette, die er für die Mailänder Scala schrieb, bringen über die Nachahmung der Wiener Klassiker hinaus wenig Neues. Seine musikwissenschaftlichen Abhandlungen sind um vieles bedeutender. Besonders interessant für seine Zeit sind seine Untersuchungen über die »Heilkraft« der Musik. Sein Hauptwerk ist aber ein Musiklexikon.

Johann Georg Lickl
(1769–1843)

ZEIT UND UMWELT
Die Fülle der um 1800 in Wien auftretenden Komponisten für Kirche, Konzertsaal und Theater zog viele Schüler an, die die Anzahl der Musiker noch erhöhte. Voraussetzung dafür war natürlich die große Aufnahmefähigkeit des Publikums, die beinahe jedem die Möglichkeit bot, seine Werke vorzuführen. Dazu trat, daß die Nachbarländer im Osten, wie zum Beispiel Ungarn, einen erhöhten Bedarf an Musikern hatten, den sie aus dem eigenen Gebiet noch nicht decken konnten.

LEBEN
Johann Georg Lickl wurde am 11. 4. 1769 in Klosterneuburg, Niederösterreich, geboren. Nach seiner Ausbildung in Wien und einiger Tätigkeit für verschiedene Theater wurde er 1806 Kirchenmusikdirektor in Pécs, Ungarn, wo er am 12. 5. 1843 starb.

WERKE
Außer einigen Singspielen für Schikaneders Theater schrieb Johann Georg Lickl eine Anzahl Messen, Motetten und auch einige Kammermusik. Sein Stil war an dem der Wiener Klassik geschult.

Cristiano Giuseppe Lidarti
(um 1740 bis um 1800)

LEBEN
Cristiano Giuseppe Lidarti wurde um 1740 in Pisa geboren und ausgebildet. Er dürfte in seinem Geburtsort als Cellist gewirkt haben, bis er als Virtuose in Wien auftrat und um 1770 nach London ging, wo er bis ungefähr 1780 blieb. Darauf kehrte er nach Pisa zurück, wo er um 1800 starb.

WERKE
Der erfolgreiche Cellovirtuose Cristiano Giuseppe Lidarti verfaßte kein einziges Werk für sein Instrument, dafür zahlreiche Sonaten für die Violine und die Flöte, Duos, Trios, Quartette, eine Sonate für Viola pomposa, ein Orchesterlied, einige Catches und Glees sowie ein musikalisches Bühnenstück.

Ingvar Lidholm (geboren 1921)

LEBEN
Ingvar Natanel Lidholm wurde am 24.2.1921 in Jönköping, Schweden, geboren. Er studierte an der Musikhochschule in Stockholm neben Violine und Orchesterleitung Komposition bei Hilding Rosenberg und setzte seine Studien in der Schweiz, in Italien und Frankreich fort. Von 1947 bis 1956 wirkte er als Dirigent des Sinfonieorchesters in Örebro und anschließend bis 1965 als Leiter der Kammermusikabteilung des schwedischen Rundfunks. Dann erhielt er an der Musikhochschule in Stockholm eine Professur für Komposition.

WERKE
Neben einer Fernsehoper und einer dramatischen Szene für Sopran, Chor und Orchester schrieb Ingvar Lidholm ein Ritornell, ein Stück für Streicher, die Orchesterstücke »Mutanza« (Veränderung), »Motus-Colores« (Bewegung-Farben), »Poesis« (Poesie), »Toccata e Canto« (Spiel und Gesang) für Kammerorchester, ein Concertino für Flöte, Oboe, Englischhorn und Cello, 4 Stücke für Cello und Klavier, eine Solosonate für Flöte, Kantaten, Chöre und Lieder. Sein Stil ist neuklassizistisch.

Ingvar Lidholm

Andreas Lidl (um 1740 bis vor 1789)

ZEIT UND UMWELT
Leopold Mozart beschreibt in seiner Violinschule das Baryton wie folgt: »Der Hals ist sehr breit und dessen hinterer Teil hohl und offen, wo 9 oder 10 messingene oder auch stählerne Seyten hinuntergehen, die mit dem Daumen berührt und geknippet werden; also zwar, daß zu gleicher Zeit, als man mit dem Geigebogen auf den oben gespannten Darmseyten die Hauptstimme abgeiget, der Daumen durch das Anschlagen der unter dem Hals hinabgezogenen Seyten den Baß dazu spiele und eben deswegen müssen die Stücke besonders dazu gesetzet seyn. Es ist übrigens eines der anmuthigsten Instrumente.«

LEBEN
Andreas Lidl (Liedel) wurde um 1740 in Wien geboren. Er war einer der größten Barytonvirtuosen, der bei seinem Instrument die hinteren Leersaiten auf 27 vermehrte, um in den meisten Tonarten spielen zu können. Er bereiste mit seinem Instrument die großen kontinentalen Städte, trat sodann 1778 mit großem Erfolg in London auf, wo er bis zu seinem Tod vor 1789 verblieb.

WERKE
Von Andreas Lidl ist eine beträchtliche Anzahl Quintette, Quartette, Trios, Duos und ein Lied erhalten. Sein Stil gehört der Wiener Vorklassik an. Seine Barytonkompositionen sind nur handschriftlich überliefert. Sie sind um einiges schwieriger zu spielen als die von Joseph Haydn.

José Lidón (1748–1827)

ZEIT UND UMWELT
Die im Jahr 1808 in Madrid einmarschierenden französischen Truppen ließen die Kulturträger intakt in ihren Stellungen. Sie wurden wie überall, wohin die Napoleonischen Soldaten kamen, unter besonderen Schutz gestellt und gefördert.

LEBEN
José Lidón wurde am 2. 6. 1748 in Béjar geboren. Er trat 1758 als Chorknabe in die Königliche Kapelle in Madrid ein und war Schüler von José de Nebra und des bedeutenden Organisten Antonio Literes Montalvo (um 1700, Madrid, bis 2. 12. 1768, Madrid), Sohn des Antonio Literes Carrión (um 1675–1747). Im Jahr 1768 wurde er Organist an der Kathedrale in Orense, Galicien, dann 1768 an der Königlichen Kapelle in Madrid,

1805 Kapellmeister an der Königlichen Kapelle. Er betreute diese Stelle über alle politischen Veränderungen hinweg bis zu seinem Tod am 11. 2. 1827.

WERKE
Neben einigen Bühnenstücken verfaßte José Lidón interessante Orgelfugen und Orgelsonaten, die über das Spätbarock bereits hinausragten; auch seine Kirchenmusik - Messen, Oratorien, Psalmen, Lamentationen, Lieder - muß als fortschrittlich bezeichnet werden. Sein »Ave maris stella« (Sei gegrüßt, Stern des Meeres) wurde in vielen spanischen Kirchen gesungen.

Christian Liebe (1654–1708)

LEBEN
Christian Liebe (Lieben, Lieber) wurde am 5. 11. 1654 in Freiberg, Sachsen, geboren und dort am Dom ausgebildet. Er studierte in Leipzig und war ab 1679 Musiklehrer in Dresden. 1684 wurde er Rektor und Organist in Frauenstein. Ab 1690 war er in Zschopau Rektor bis zu seinem Tod am 3. 9. 1708.

WERKE
Vom deutschen Komponisten Christian Liebe sind zahlreiche Vokalwerke – Kantaten, Motetten, Lieder – und eine neunstimmige Messe erhalten.

Rolf Liebermann (geboren 1910)

LEBEN
Rolf Liebermann wurde am 14.9.1910 in Zürich geboren. Er studierte bei Hermann Scherchen in Wien und Wladimir Vogel in Ascona. Von 1937 bis 1957 leitete er die Orchesterabteilung des Schweizerischen Senders Beromünster, ab 1957 die Musikabteilung des Norddeutschen Rundfunks und ab 1959 die Oper in Hamburg. Von 1973 bis 1980 war er Generalintendant der Vereinigten Pariser Opernhäuser. 1985–1988 war er noch einmal Intendant der Hamburgischen Staatsoper.

Rolf Liebermann

WERKE
Außer 3 sehr erfolgreichen Opern schrieb Rolf Liebermann eine Sinfonie, ein »Furioso« für Orchester, eine »Schweizerische Volksliedersuite«, eine Suite aus seiner Oper »Leonore«, »Polyphone Studien« für Kammerorchester, eine »Musik« für Sprecher und Orchester, »Geigy Festival Concerto für Basler Trommel und Orchester«, ein »Concerto for Jazzband and Symphonie Orchestra«, eine auf Lochkarten gestanzte Sinfonie für 156 Büromaschinen, ein Capriccio für Sopran, Violine und Orchester, mehrere Kantaten und Lieder. Über eine völlig unkonventionelle Handhabung der Dodekaphonik gelangte er zu einer sehr ausdrucksreichen Musiksprache.

Concerto for Jazzband and Symphony Orchestra,
8 Teile, entstanden 1954
Der Komponist bemerkte dazu: »Es soll ein Versuch sein, einen Teil der heute effektiv gebräuchlichen Tänze in die Kunstmusik einzubeziehen. Dabei ergab sich folgendes Problem: Die beiden musikalischen Ebenen sind im Lauf der historischen Entwicklung so weit auseinandergestrebt, daß ihre Realisation nur noch Spezialisten möglich ist.« Er gibt der Big Band die Fiktion eines frühklassischen Concertino. Das Sinfonieorchester begleitet und hat nur in den Zwischenspielen die Führung. Nach der Introduktion des Orchesters kommt als erster Tanz ein Jump, dann übernimmt das Or-

chester das Scherzo I. Anschließend spielt die Band einen Blues, dem Scherzo II folgt ein Boogie-Woogie. Das Orchester bringt darauf ein Interludium und – mit der Band eng verschmolzen – einen Mambo.

Sinfonie, 4 Sätze, entstanden 1949
Im 1. Satz werden die ersten sechs Töne der Zwölftonreihe kombiniert, wodurch eine harte bitonale Wirkung entsteht. Darauf werden zwei weitere Reihen eingeführt, die die Funktion des ersten und des zweiten Themas übernehmen. Im 2. Satz beginnt ein fröhliches Musizieren. Die Durakkordgruppen der Reihe werden bevorzugt. Die melodische Substanz ist dem Krebs der Reihe entnommen. Im 3. Satz lösen drängende Rhythmen und lyrische Melodik einander ab. In den Schlußakten verschmelzen Horizontale und Vertikale, wodurch eine harmonische Fläche entsteht. Das Finale konzentriert sich auf die Kombination der aus der zweiten Reihenhälfte entstandenen Mollakkorde. Das melodische Material ist kontrapunktisch verarbeitet.

LITERATUR

C. Riess, Rolf Liebermann – Nennen Sie mich einfach Musiker, Hamburg 1977.

Joseph Liebeskind (1866–1916)

LEBEN

Joseph Liebeskind wurde am 22.4.1866 in Leipzig geboren. Er war zunächst Schüler von Eduard Bernsdorf (25.3.1825, Dessau, bis 27.6.1901, Leipzig) und Wilhelm Rust (1822 bis 1892), sodann am Konservatorium von Friedrich Hermann (1828–1907), Hans Sitt (1850–1922), Carl Reinecke und Salomon Jadassohn und wirkte in seiner Geburtsstadt bis zu seinem Tod am 10.8.1916 als Komponist und Herausgeber älterer Kompositionen.

WERKE

Von Joseph Liebeskind sind eine Sinfonie, 2 Streichquartette, ein Klaviertrio, Chöre und Klavierlieder bekannt geworden. Sein Stil war sehr konservativ.

Liebhold (um 1700 bis um 1750)

ZEIT UND UMWELT

Friedberg in der Wetterau mit seiner 1170 von Kaiser Friedrich I. (um 1122–90) erbauten Burg war seit 1252 Reichsstadt. Sie war im 17. und 18. Jahrhundert durch eine beachtliche Musikpflege bekannt. Ihre Kantoreien wurden stets mit ausgezeichneten Kräften besetzt.

LEBEN

Liebhold – der Vorname ist unbekannt – wurde um 1700 vermutlich in Friedberg in der Wetterau geboren und dürfte dort als Kantor gewirkt haben. Nähere Lebensumstände des Komponisten sind nicht überliefert. Es ist auch nicht bekannt, wo er um das Jahr 1750 gestorben ist.

WERKE

Von Liebhold sind eine Reihe Motetten und ungefähr 130 Kantaten erhalten. Ihre Fassungen sind sehr konservativ. Einige seiner Motetten fallen durch einen satten Chorklang auf.

LITERATUR

K. Schmidt, Beiträge zur Kenntnis des Kantatenkomponisten Liebhold, in: Archiv für Musikwissenschaft III, 1921.

György Ligeti (geboren 1923)

LEBEN

György Ligeti wurde am 28.5.1923 in Dicsöszentmárton (heute Tîenăveni, Rumänien) geboren. Er war Schüler von Ferenc Farkas am Konservatorium in Cluj und darauf von Pál Kadosa, Sándor Veress und Pál Járdányi in Budapest an der Musikhochschule, an der er von 1950 bis 1956 als Lehrer für Kontrapunktik und Harmonie wirkte. Darauf ging er nach Köln, wo er als freier Mitarbeiter des von Herbert Eimert (8.4.1897, Bad Kreuznach, bis 15.12.1972, Düsseldorf) geleiteten elektronischen Studio beim Westdeutschen Rundfunk tätig war. Von 1959 bis 1969 unterrichtete er an der Akademie für Musik und darstellende

Kunst in Wien und gleichzeitig alljährlich bei den Ferienkursen für Neue Musik in Darmstadt, an der Musikhochschule in Stockholm, in Madrid, in Bilthoven, Essen und Jyväskylä. Ab 1969 lebte und unterrichtete er vorwiegend in Berlin, 1973 wurde er Professor an der Hochschule für Musik in Hamburg.

György Ligeti

WERKE

Zur Neuen Musik stieß György Ligeti, der bereits in Cluj zu komponieren begann - ein Lied mit Klavierbegleitung aus 1941 wurde in Budapest gedruckt - und in Budapest tonale Musik schrieb, erst in Köln. Er legte jedoch die Elektronik nur durch wenige Jahre seinen Kompositionen zugrunde und ging dann dazu über, sich ausschließlich traditioneller Tonquellen zu bedienen und damit die sogenannten »Klangflächen« zu bilden, Klangräume, die durch kleinste Unterteilungen aus vielen Stimmen bestehen, zusammengefaßt ein Ganzes darstellen und, ständig in sich verschoben und verändert, wie irisierende Flächen aus einem stetigen Wechsel unterworfenen Farben erscheinen. Diese »Mikropolyphonie« hat Vorbilder bei Arnold Schönberg und den französischen Impressionisten, ist aber viel feiner und dichter gearbeitet und vor allem als Ganzes statischer. Der Aleatorik ist dabei wenig Spielraum belassen, weil beinahe in allen Fällen auch die winzigsten Phrasen der Instrumente oder Stimmen in den Partituren genau festgelegt sind. Solche Klanggewebe sind auch viel zu empfindlich, um etwas daran dem Zufall oder der Willkür der Ausführenden zu überlassen. Der Aufbau der Klangflächen ist in jedem seiner Werke grundsätzlich verschieden und bringt jedesmal ein neues faszinierendes Experiment. »Wenn etwas Neues experimentiert wird und man ein Ergebnis erarbeitet hat, dann lohnt es sich nicht, dasselbe Experiment wieder zu machen«, erklärt der Komponist. Er ergänzte die Klangflächenkomposition mit raschen Tonfolgen in extremen Lagen, die, als Melodie nicht faßbar, zu einem dichten Netz verwoben erscheinen. Bei der Vokalmusik sind die Texte vielfach entsemantisiert, wenn nicht überhaupt asemantische Lautfolgen verwendet werden. Noch in Ungarn schrieb er in Nachfolge von Béla Bartók und Igor Strawinsky ein »Rumänisches Konzert« und »Visionen« für Orchester, ein Streichquartett, mehrere Klavierstücke, ein Ricercar für Orgel, gemischte Chöre a cappella und Klavierlieder, in Köln zunächst die elektronischen Werke »Glissandi«, »Elektronisches Stück Nr. 3« und »Artikulation«, »Apparitions« für Orchester und »Atmosphères« für großes Orchester ohne Schlagzeug sind bereits mikropolyphonisch; »Drei Bagatellen« für Klavier, »Fragment« für Kammerorchester« und »Volumina« übertragen das System auf einen weiteren Kreis von Instrumenten, »Aventures«, »Nouvelles aventures« ziehen bereits Singstimmen heran, die sodann im »Requiem« und im »Lux aeterna« zum zentralen Element werden. Die weiteren Werke: Streichquartett Nr. 2, Kammerkonzert für 13 Instrumentalisten, Doppelkonzert für Flöte, Oboe und Orchester, »Clocks and Clouds« für Frauenchor und Orchester, »San Francisco Polyphony« für Orchester, »Sinfonisches Gedicht für 100 Metronome als Musikalisches

Zeremoniell«, »Continuum« für Cembalo, »Lontano« für Orchester, »Ramifications« für zwölfstimmiges Streichorchester, ein Cellokonzert, ein Klavierkonzert und 2 Orgeletüden bieten stets neue Erlebnisse und Aspekte. Für die Bühne verfaßte er ein Monodrama und 2 Opern. Der Komponist zählt zu den bedeutendsten Gestalten der Musik unserer Zeit und seine Werke zu den wichtigsten der jüngsten Musikgeschichte.

Requiem für Sopran- und Mezzosopransolo, zwei gemischte Chöre und großes Orchester, entstanden 1965

Im Introitus wird eine gleichsam stehende Klangfläche allmählich verwandelt, dann gleitet ein chromatisch geschichteter Klang von tiefen Registern in die Höhe. In fünf Stimmgruppen entstehen polyphonische Gewebe mit ständigen rhythmischen und klanglichen Verschiebungen, aus denen die Solistinnen zuweilen bis zu den höchsten Tonlagen exaltieren, enggelagerte Holzbläserpassagen sich ablösen und harte Cluster Unruhe, Grauen, Panik und Entsetzen ausdrücken. In tiefer Wehmut sinken die Klangballungen wieder zurück, ein kurzes Orchesternachspiel schließt diese moderne Totenmesse ab.

Lontano für sehr großes Orchester, ein Satz, entstanden 1967

Bei diesem Werk spielen die Klangfarben in den Tonflächen eine untergeordnete Rolle. Wesentlich sind darin mehr die innere Struktur des Stimmengewebes, die Formgliederung und die Dynamik.

Atmosphères für sehr großes Orchester, ein Satz, entstanden 1961

Das in Donaueschingen uraufgeführte Werk besteht aus einem kompakten Block benachbarter Halbtöne, die allmählich in Bewegung kommen und sich nach oben und unten ausbreiten. Die Klangfläche verändert ständig die Farbe, die Intensität und auch die völlig unregelmäßige Begrenzung; grelle hohe Töne kontrastieren tiefe Kontrabaßregister, dann verdämmert und zerfließt das gesamte Klangbild.

Aventures & Nouvelles aventures für drei Sänger und sieben Instrumentalisten, ein Satz, Zusammenfassung zweier Werke zu einer »Musikalisch-dramatischen Handlung«, entstanden 1966

Untertitel: »Abenteuer der Form und des Ausdrucks, imaginäre Handlungen, labyrinthische Verquickungen von verfremdeten Gefühlen und Trieben, von Spott, Verhöhnung, Idyll, Nostalgie, Trauer, Angst, Liebe, Humor, Exaltation, Leidenschaft, von Traum und Wachsein, Logik und Absurdität«. Die Musik gibt nicht dieses etwas konfuse Programm, das aber nicht wörtlich zu nehmen ist, wieder, sondern kennzeichnet nur die Vielzahl der simultanen imaginären Handlungsabläufe, die dem Komponisten vorschwebten.

Konzert für Cello und Orchester, 2 Sätze, entstanden 1966

»Einsatz unhörbar wie aus dem Nichts kommend«, heißt es am Beginn der Cellostimme. Auch im Verlauf des Stücks tritt der Solist nur fallweise aus den Klangflächen hervor. Im 2. Satz kommt es zu heftigen Kontrastausbrüchen, dann schließt das Instrument das Werk mit einer »Flüsterkadenz« ab.

Continuum für Cembalo, ein Satz, entstanden 1968

Das Werk folgt demselben musikalischen Grundgedanken wie »Atmosphères«. Vor dem Hörer wird ein ständig changierender Klangvorhang durch einen kontinuierenden Klangfluß aufgezogen, der auch diesem an sich für solche Klangvorstellungen wenig geeigneten Instrument abgefordert wird.

Streichquartett Nr. 2, 5 Sätze, entstanden 1968

Dieses Quartett ist ganz konkret auf die Tradition der Musikgattung bezogen, obschon es weite Sphären des kompositionstechnisch und instrumentaltechnisch Möglichen eröffnet. Der 1. und der 5. Satz gemahnen mit ihrer feinen Mikropolyphonie an die alten Kategorien Thema und Durchführung, nur daß, was früher Thema geheißen hatte, von Bewegungscharakteren und Klanggebärden getragen wird. Der 2. Satz spiegelt in irisierenden Klangfarben- und Tonhöhenfluktuationen eine Adagio-Lyrik wider. Im 3. Satz wird der Scherzo-Charakter zur maschinell tickenden abschmurrenden Mechanik. Und das brutale Presto des 4. Satzes beschwört eine Fülle von Ausdrucksgesten subjektiver Eruptionen als Formen ohne Inhalt, auf reine Ornamentik reduziert.

LITERATUR

O. Nordwall, György Ligeti, Mainz 1971.

Douglas Lilburn (geboren 1915)

LEBEN

Douglas Lilburn wurde am 2.11.1915 in Waitaki, Neuseeland, geboren. Von 1934 bis 1936 studierte er an der Universität in Christchurch, anschließend bis 1939 am Royal College of Music in London. Er wurde Professor an der Universität in Wellington.

Werke
Von Douglas Lilburn sind 3 Sinfonien, eine »Festliche Ouvertüre« für Orchester, ein Streichtrio, Lieder und Klavierstücke bekannt geworden. Sein Stil lehnt sich an den zeitgenössischen englischen an.

Wincenty Lilius (um 1570–1636)

Zeit und Umwelt
Die Lage Polens war unter den Königen Sigismund III. und dessen Sohn Władyslaw IV. (1595–1648) außerordentlich unruhig und unsicher. Die Kriege mit Moskau, mit den Ukrainern, Kosaken, Tataren und Türken, die vergeblichen Anstrengungen, die schwedische Krone zurückzugewinnen, stellten die Existenz des Landes mehrmals in Frage, die politischen Unruhen im Inneren grenzten zuweilen an Bürgerkrieg. Die Residenz in Krakau und ab 1609 in Warschau blieb davon in ihrem kulturellen Leben im großen und ganzen unberührt. Die Kapellen an den Höfen und Kathedralen konnten sich ungestört der Musikpflege widmen, die allerdings zum größten Teil in Händen von Ausländern, vor allem von Italienern, lag.

Leben
Wincenty Lilius (Lilio, Gigli) wurde um 1570 in Rom geboren. Ungefähr ab 1600 wirkte er als polnischer Hofmusiker in Krakau und ab 1609 in Warschau, wo er 1636 starb.
Sein Sohn Franciscek Lilius (um 1600, Krakau, bis 1657, Krakau) war Mitglied der Hofkapelle, sodann ab 1630 Kapellmeister an der Kathedrale zu Krakau.
Sein zweiter Sohn Jan Lilius (nach 1600, Krakau, bis nach 1648, Włocławek) war Kapellmeister der bischöflichen Kapelle zu Włocławek.
Sein dritter Sohn Szymon (nach 1600, Krakau, bis nach 1652, Warschau) war polnischer Hoforganist in Warschau.

Werke
Der polonisierte italienische Komponist Wincenty Lilius verfaßte Messen und Motetten mit und ohne Instrumentalbegleitung und lateinische Kirchenlieder. Seine 1603 in Krakau erschienenen »Melodiae sacrae« (Sakrale Gesänge) enthalten neben eigenen Werken fünf- bis zwölfstimmige Motetten italienischer und polnischer Meister. Der Stil seiner Werke ist stark an den der römischen Schule angelehnt.
Auch von seinem Sohn Franciscek Lilius sind mehrere Messen und Motetten a cappella und von Instrumenten begleitet sowie polnische und lateinische Kirchenlieder überliefert. Er hält die römisch-venezianische Richtung ein; monodische Stellen sind aber nicht selten.

Literatur
Z. Jachimecki, Wpływy włoskie w muzyce polskiej, Krakau 1911.

Ruben Liljefors (1871–1936)

Leben
Ruben Mattias Liljefors wurde am 30.9.1871 in Uppsala geboren. Er war dort Schüler von Ivar Eggert Hedenblad (27.7.1851, Torsång, Dalarne, bis 16.6.1909, Ronneby), in Leipzig von Salomon Jadassohn, in Dresden von Felix Draeseke und Hermann Ludwig Kutzschbach (30.8.1875, Meißen, bis 9.2.1938, Dresden). Von 1902 bis 1911 wirkte er als Chordirigent in Göteborg und von 1912 bis 1931 als Musiklehrer und Dirigent des Landesorchesters in Gävle. Er starb am 4.3.1936 in Uppsala.
Sein Sohn Ingemar Kristian Liljefors (geboren 13.12.1906, Göteborg) ist Kompositionslehrer der Musikhochschule in Stockholm.

Werke
Die Kompositionen von Ruben Liljefors haben starken volkstümlichen Einschlag, bewegen sich jedoch im Rahmen der nordischen Spätromantik. Er schrieb eine Sinfonie, eine Konzertouvertüre, eine Festouvertüre, eine Orchestersuite, ein Klavierkonzert und eine Violinsonate.

Ingemar Liljefors verfaßte eine Sinfonie, 2 Intermezzi und 3 Divertimenti für Streichorchester, ein Klavierkonzert, ein Concertino für Klavier und Orchester, eine Rhapsodie für Klavier und Orchester, ein Violinkonzert, ein Streichquartett, 3 Klaviertrios und andere Kammermusik, Klavierstücke, Lieder und eine Oper; ferner eine Sonatine für Violine und eine für Cello mit Klavier, eine Kantate und Chöre.

Jeronymo Francisco de Lima
(1743–1822)

ZEIT UND UMWELT
Maria I. (1734 – 1816) bestieg 1777 den portugiesischen Thron. Bis 1792 förderte sie nach Kräften die Begründung des eigenständigen portugiesischen Musiklebens, das sich über Opern heimischer Komponisten, wenn diese auch noch den italienischen völlig nachgebildet waren, über Kantaten und Oratorien anzubahnen begann. Unter ihrem Sohn João VI. (1776–1826), der für sie die Regentschaft führte, kam wegen der Kriege, die der Französischen Revolution folgten, und der schließlichen Flucht des Königshauses nach Brasilien (1807) das gesamte kulturelle Leben Lissabons zum Stillstand.

LEBEN
Jeronymo Francisco de Lima wurde am 30. 9. 1743 in Lissabon geboren. Er hielt sich einige Zeit zum Studium in Italien auf. Zurückgekehrt, brachte er Opern für die Königliche Oper in Lissabon heraus und dirigierte ihr Orchester. Während der folgenden politischen Wirren betätigte er sich als Kirchenmusiker. Er starb am 19. 2. 1822 in Lissabon.
Sein Bruder Bras Francisco de Lima (um 1750, Lissabon, bis 1813, Lissabon) war Kirchenmusiker in der portugiesischen Hauptstadt.

WERKE
Von Jeronymo Francisco de Lima sind 6 Opern auf italienische Libretti aufgeführt worden. Er schrieb außerdem Kirchenmusik und mehrere Kantaten, die durch die Aufnahme volkstümlicher Melodien eine gewisse Eigenständigkeit aufwiesen.
Von Bras Francisco de Lima sind einige klangvolle Oratorien bekannt geworden, die interessante Eigentümlichkeiten zeigen.

Frank Limbert (1866–1938)

LEBEN
Frank L. Limbert wurde am 17. 11. 1866 in New York geboren. Er studierte am Hochschen Konservatorium in Frankfurt am Main und darauf bei Joseph Rheinberger in München. Von 1895 bis 1898 dirigierte er den Oratorienverein in Hanau, wirkte sodann als Musiklehrer in Frankfurt am Main und wurde 1901 als Leiter eines Gesangvereins nach Düsseldorf berufen. 1906 übernahm er die Leitung des Frankfurter Liederkranzes, wirkte als Kompositionslehrer am Raff-Konservatorium. Schließlich übernahm er 1913 erneut die Leitung des Oratorienvereins und eine Lehrstelle am Konservatorium in Hanau, wo er am 19. 11. 1938 starb.

WERKE
Von Frank Limbert sind ein Klavierkonzert, eine Violinsonate, eine Bratschensonate, Variationen für Orchester, ein Streichquartett, Klavierstücke, Gesänge, Lieder, Duette und Chöre erschienen. Sein Stil war konservativ.

Armand Limnander de Nieuwenhove
(1814–92)

ZEIT UND UMWELT
Das starke Interesse, das in ganz Europa dem Chorgesang entgegengebracht wurde, regte Komponisten zu Ausweitungen des Anwendungsbereiches der menschlichen Stimme an. Nachahmungen von Geräuschen und Naturlauten traten schon früher nicht selten auf, nasal gequetschte und abgeschrägte Stimmen kannte bereits die Gotik. Aber ganze Summ- und Brummchöre mit orchestraler Wirkung wurden erst in der Romantik eingesetzt.

LEBEN

Armand Marie Ghislain Limnander Baron de Nieuwenhove wurde am 22.5.1814 in Gent geboren. Er war Schüler von Louis Lambillotte (1796–1855) und François Joseph Fétis. Er gründete und leitete in Mecheln einen Gesangverein und ließ sich 1847 in Paris nieder, wo er einige Bühnenwerke herausbrachte. Er starb am 15.8.1892 auf Schloß Moignanville, Seine-et-Oise.

WERKE

Von Armand Limnander de Nieuwenhove wurden 4 Opern in Paris mit Erfolg aufgeführt. Er verfaßte außerdem ein Te Deum, ein Requiem, ein Stabat mater, eine Cellosonate, ein Streichquartett und 7 Streichtrios, außerdem 2 Werke für Chor und Orchester, »Scènes druidiques« (Druidenszenen) und »Ballade fantastique«, bei denen der Chor stellenweise mit geschlossenen Lippen zu singen hatte.

LITERATUR

P. Bergmann, Notice sur le baron Limnander de Nieuwenhove, Brüssel 1920.

Richard Limpus (1824–75)

ZEIT UND UMWELT

Das »Royal College of Organists« wurde 1864 in London gegründet, um eine Zentralorganisation der Organisten Englands zu schaffen, die durch Prüfungen, Diplome und Förderung ihr Niveau zu heben, ihre Zusammenarbeit zu festigen und das Studium der Kirchenmusik und die Orgelkomposition stärker anzuregen bestrebt war. Das College wurde unter die Patronanz der Erzbischöfe von Canterbury und New York und des Bischofs von London gestellt.

LEBEN

Richard Limpus wurde am 10.9.1824 in London geboren und an der Royal Academie of Music ausgebildet. Er hatte eine Reihe von Organistenstellen inne und war einer der Begründer des »Royal College of Organists« in London, als dessen Sekretär er bis zu seinem Tod am 15.3.1875 wirkte.

WERKE

Von Richard Limpus ist eine Reihe von sakralen Gesängen und vorzüglichen Orgelstücken bekannt geworden. Sein Hauptverdienst besteht aus seinen Bemühungen für die Gründung des »Royal College of Organists«, die die gesamte Kirchenmusik Englands günstig beeinflußte.

Joseph Lincke (1783–1837)

ZEIT UND UMWELT

Das Schuppanzigh-Quartett, das sich vorwiegend der Pflege der klassischen Kammermusik widmete, wurde zum Muster vieler Quartettvereinigungen, die sich bemühten, die einzelnen Stimmen so eng aneinander zu binden, daß das gespielte Stück wie aus einem einzigen Instrument klang.

LEBEN

Joseph Lincke (Linke) wurde am 8.6.1783 in Trachenberg (Żmygród), Schlesien, geboren. Er war Cellist des Schuppanzigh-Quartetts und erfreute sich der besonderen Wertschätzung und Freundschaft Ludwig van Beethovens. Ab 1818 wirkte er im Orchester des Theaters an der Wien und ab 1831 bis zu seinem Tod am 26.3.1837 im Orchester der Wiener Hofoper.

WERKE

Von Joseph Lincke sind Konzerte, Capricen und Variationen für Cello bekannt geworden, die sowohl für die Virtuosität wie für die kompositorische Fähigkeit des Komponisten Zeugnis ablegen.

Oskar Lindberg (1887–1955)

LEBEN

Oskar Fredrik Lindberg wurde am 23.2.1887 in Gagnef, Dalarne, Schweden, geboren. Er war am Konservatorium in Stockholm Schüler von Ernst Henrik Ellberg (11.12.1868, Söderhamn, Schweden, bis 14.6.1948, Stockholm) und Johan Andreas Hallén (1846–1925). Anschließend studierte er noch in Sondershausen. Im Jahr 1914 wurde er Organist in Stockholm und 1919 Lehrer und 1936 Professor am Konservatorium in Stockholm, wo er am 10.4.1955 starb.

WERKE
Neben einer Oper schrieb Oskar Lindberg eine Sinfonie, 3 Tondichtungen, 3 Ouvertüren, 2 Suiten, ein Orchesterstück, ein Klavierquartett, eine Orgelsonate, eine Kantate, ein Requiem und 14 Sätze im schwedischen Choralbuch. Sein Stil war folkloristisch-spätromantisch.

Adolf Fredrik Lindblad (1801–78)

ZEIT UND UMWELT
Im zweiten Drittel des 19. Jahrhunderts hatte sich Schweden bereits zur dann eingehaltenen Neutralitätspolitik entschlossen. Hand in Hand damit gingen ein stetiger wirtschaftlicher Aufschwung und eine ständige Erweiterung des Freiheitsraumes der Bevölkerung. Daher konnte ein schwedischer Komponist seinem künstlerischen Beruf nachgehen, ohne Störungen politischer Natur befürchten zu müssen.

Adolf Fredrik Lindblad

LEBEN
Adolf Fredrik Lindblad wurde am 1.2.1801 in Skenninge (Skänning) bei Stockholm geboren, studierte bei Johann Christian Friedrich Haeffner (1759–1833) in Uppsala und bei Carl Friedrich Zelter in Berlin, von wo er 1827 nach Stockholm zurückkehrte. Dort leitete er bis 1861 eine Musikschule. Er starb am 23.8. 1878 auf Löfvingsborg bei Linköping.

WERKE
Von Adolf Fredrik Lindblad sind 215 Lieder von nachhaltiger Wirkung erschienen. Ihre volkstümlichen Weisen und Texte mit der Ausnützung des Klangs der schwedischen Sprache, ihre weiche lyrische Stimmung und ihre besinnliche Heiterkeit waren das Geheimnis ihres Erfolges. Dazu kam, daß die meisten von seiner Schülerin Jenny Lind (6.10.1820, Stockholm, bis 2.11.1887, Malvern Hills, Herfordshire, England), der »schwedischen Nachtigall«, verbreitet wurden. Außerdem schrieb Lindblad eine Oper, 2 Sinfonien, 3 Violinsonaten, 2 Streichquartette und einige Klavierstücke.

LITERATUR
F. H. Törnblom, Adolf Fredrik Lindblad och Jenny Lind, Svensk Tidskrift för Musikforskning XXIII, 1941.

Otto Lindblad (1809–64)

ZEIT UND UMWELT
Da es in der ersten Hälfte des 19. Jahrhunderts noch kein Frauenstudium gab, waren die Universitätschöre stets nur Männerchöre. Sie wurden in Schweden um geraume Zeit später gegründet als an den deutschen Hochschulen, entfalteten aber sehr rasch eine intensive Konzerttätigkeit.

LEBEN
Otto Jonas Lindblad wurde am 31.3.1809 in Karlstorp, Småland, geboren. Er studierte in

Lund und bildete sich im Singen und Violinspiel aus; als Komponist war er autodidakt. Einige Jahre wirkte er in der Kapelle einer Theatergruppe als Violinist, dann ließ er sich in Lund nieder und gründete den Universitätschor, der bald mit dem von Uppsala in Wettstreit treten konnte. Er starb am 26.1.1864 in Mellby, Skåne.

WERKE
Von Otto Lindblad sind 124 Gesänge, darunter 66 Quartette, 5 Chöre mit Solisten, 14 Gesangtrios, 3 Duette, 36 Sololieder, ferner zahlreiche Klavierstücke bekannt geworden. Alles gehörte der Hochromantik an.

Ludvig Mathias Lindeman (1812–87)

ZEIT UND UMWELT
Die norwegische Musikentwicklung, die in der ersten Hälfte des 19. Jahrhunderts ihren Anfang nahm, löste sich nur allmählich von der dänischen ab, nachdem die politische Bindung Norwegens an Dänemark ihr Ende genommen hatte. Auf dem Gebiet der Kirchenmusik war vorläufig überhaupt keine Trennung sichtbar.

LEBEN
Ludvig Mathias Lindeman wurde am 28.11. 1812 in Trondhejm (Drontheim) als Sohn des Organisten Ole Andreas Lindeman (17.1. 1769, Surnadal, bis 26.2.1857, Trondhejm) geboren. Er war ab 1846 Organist in Kristiania (Oslo) und ab 1849 Kirchengesanglehrer am Theologischen Seminar. Mit seinem Sohn Peter Brynie Lindeman gründete er 1883 eine Musikschule, aus der sich 1894 das Konservatorium von Kristiania entwickelte. Er starb am 23.5.1887 in Kristiania.
Sein Sohn Peter Brynie Lindeman (1.2.1858, Kristiania, bis 1.1.1930, Oslo) studierte am Konservatorium in Stockholm und anschließend in Dresden, wurde 1880 Organist in Kristiania und übernahm 1887 die Leitung der vom Vater gegründeten Musikschule.

WERKE
Von Ludvig Mathias Lindeman sind Präludien und Fugen für Orgel und Lieder erhalten. Er gab eine Sammlung »Aeldre og nyere norske Fjeldmelodier« (Ältere und neuere norwegische Lieder aus den Bergen) in 3 Bänden heraus, aus denen Edvard Grieg und Johan Svendsen Melodien schöpften.
Peter Brynie Lindeman schrieb Orgelstücke, Klavierstücke und Violinstücke, außerdem eine Modulationslehre und eine Orgelschule.

Johann Lindemann
(um 1550 bis nach 1631)

ZEIT UND UMWELT
Mit der Bezeichnung Kantor wurde ursprünglich jeder Sänger, dann ein ausgebildeter, eventuell leitender Sänger benannt. Ein neuer Typ des Kantors entstand in protestantischen Ländern bald nach der Reformation. Wie an den alten Stiftsschulen wurden an den Lateinschulen Sänger herangezogen. Die Musiklehrer, Kantoren, selbst akademisch gebildete Lehrer, nahmen zumeist eine Doppelstellung ein. Sie unterrichteten in irgendwelchen Fächern und leiteten die Musikerziehung, sie fungierten zugleich als Leiter des gottesdienstlichen Gemeindegesangs und auch der Kantorei für den Kunstgesang. Dazu wirkte der Kantor als Komponist für die Kirche und in manchen Fällen auch für die Stadt.

LEBEN
Magister Johann Lindemann wurde in Gotha um 1550 geboren. Er wirkte als Kantor seines Geburtsortes in Schule und Kirche von 1571 bis 1631. Dann ging er in den Ruhestand und starb einige Jahre darauf.

WERKE
Der Kantor Johann Lindemann dichtete und komponierte eine Anzahl geistlicher Gesänge und veröffentlichte eine Sammlung Weihnachts- und Neujahrslieder verschiedener Meister.

Robert Lindley (1776–1855)

ZEIT UND UMWELT
Die Royal Academy of Music wurde 1822 in London gegründet und dem König von Großbritannien unterstellt. Sie war für Schüler und Schülerinnen im Alter von 10 bis 15 Jahren bestimmt und nahm anfänglich nicht mehr als 80 davon auf. Die Mittel wurden durch Spenden, Stiftungen, Zuwendungen des Königshauses und Schulgelder aufgebracht. Der Lehrkörper bestand aus den besten Musikern der Zeit, die zum größeren Teil unentgeltlich arbeiteten. Die Institution wurde zum Rückgrad der englischen Musikentwicklung.

LEBEN
Robert Lindley wurde am 4.3.1776 in Rotherham, Yorkshire, geboren. Sein Lehrer war der Cellist James Cervetto (1747, London, bis 5.2. 1837, London), Verfasser von 3 Büchern mit Celloduos, 2 Büchern mit Cellosoli und einem Buch mit Sonatinen für Cello und Baß, Sohn des Giacobo Basevi Cervetto (um 1682, Italien, bis 14.6.1783). Er wirkte als Cellist im Theaterorchester in Brigthon und ab 1794 an der Londoner Oper, außerdem als Cellolehrer an der Royal Academy von deren Gründung bis zu seinem Tod am 13.6.1855 in London.

WERKE
Von Robert Lindley sind 4 Cellokonzerte, mehrere Duos für Violine und Cello und für zwei Celli, Variationen und mehrere Streichtrios bekannt geworden, die die Qualität der Kompositionen seines Lehrers nicht erreichten, aber im Rahmen der vorläufig noch bescheidenen Ansätze zu einer englischen Musikentwicklung doch bemerkenswert waren.

Friedrich Lindner (um 1540–97)

ZEIT UND UMWELT
Die Städte Ansbach und Bayreuth der Markgrafschaft Brandenburg entwickelten sich im 16. Jahrhundert zu Zentren der evangelischen Kirchenmusik. Dabei kam die profane Musik ebenfalls zu ihrem Recht, weil sich auch bei diesem Fürstengeschlecht die Tradition der Kulturpflege, besonders der Musik, gebildet hatte.

LEBEN
Friedrich Lindner (Lindener, Lindtner, Linttner, Tilianus) wurde um 1540 in Liegnitz geboren und in Dresden, Schulpforta (Fürstenschule) und Leipzig ausgebildet. Im Jahre 1565 wurde er Markgräflich Ansbachischer Tenorist und 1573 Vizekapellmeister in Ansbach; 1574 kam er als Kantor an die Ägydienkirche in Nürnberg, wo er am 15.9. 1597 starb.

WERKE
Die Hauptleistung des deutschen Kantors und Komponisten Friedrich Lindner bestand in der Herausgabe von 17 Chorbüchern mit Werken insgesamt 427 deutscher und italienischer Meister: Messen, sakrale Gesänge, Madrigale, Magnificat, Motetten. Einiges davon ist von Lindner selbst komponiert wie die prächtige fünfstimmige Motette »Veni sancte spiritus« (Komm', heiliger Geist). Sein Stil ist stark von Lasso beeinflußt.

LITERATUR
G. Schmidt, Die Musik am Hofe der Markgrafen von Brandenburg-Ansbach, Kassel 1936.

Peter Joseph Lindpaintner (1791–1856)

ZEIT UND UMWELT
Württemberg wurde unter Herzog Friedrich I. im Jahr 1803 Kurfürstentum und 1805 Königreich. Es erfuhr gleichzeitig und im Wiener Kongreß erhebliche Gebietserweiterungen. Unter König Wilhelm I. (1781–1864) erhielt es eine Verfassung. Die bereits im Land traditionelle intensive Pflege der Musik wurde im 19. Jahrhundert fortgesetzt. Oper und Hofkapelle wurden stets mit den ersten Kräften besetzt und großzügig gefördert.

LEBEN
Peter Joseph Lindpaintner wurde am 9.12.

1791 in Koblenz geboren. Er wirkte von 1812 bis 1819 als Musikdirektor am Isartor-Theater in München und darauf bis zu seinem Tod am 21.8.1856 als Hofkapellmeister in Stuttgart. Unter seiner Leitung entwickelte sich die Kapelle zu einer der ersten Deutschlands.

WERKE

Von Peter Joseph Lindpaintner sind 21 Opern und mehrere Ballette und Melodramen aufgeführt worden. Er schrieb außerdem 6 Messen, ein Stabat mater, 2 Oratorien, eine Anzahl Kantaten, Sinfonien, Ouvertüren, Konzerte, Kammermusikwerke und viele Lieder, insgesamt 483 Werke, die alle ausgezeichnet gekonnt, aber wenig originell waren und bald vergessen wurden. Seine Bedeutung als Orchesterdirigent und Orchestererzieher blieb jedoch unbestritten.

Peter Joseph Lindpaintner, nach einem Stahlstich von C. Mayer

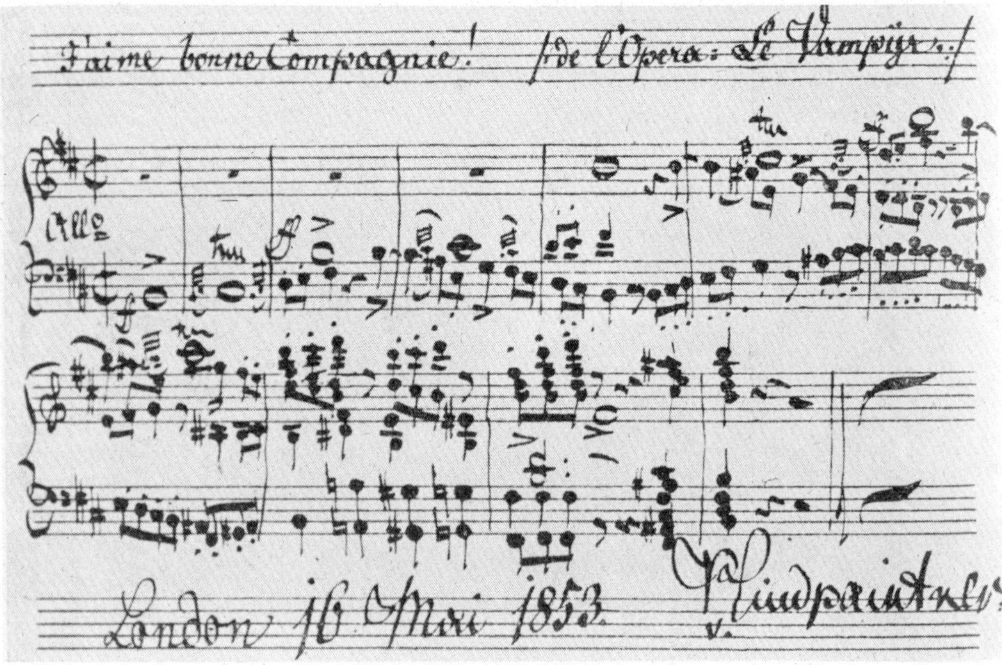

Autograph aus der Oper »Der Vampyr« von Peter Joseph Lindpaintner

Norbert Linke (geboren 1933)

Leben
Norbert Linke wurde am 5.3.1933 in Steinau an der Oder (Ścinawa) geboren. Er studierte in Hamburg an der Hochschule für Musik Schulmusik und Komposition und an der Universität Musikwissenschaft. Bei den Ferienkursen für Neue Musik in Darmstadt von 1962 bis 1964 nahm er bei Karlheinz Stockhausen, György Ligeti, Pierre Boulez und Henri Pousseur Unterricht. Anschließend wirkte er in Hamburg als Komponist, Musikschriftsteller, Kritiker und Schulmusiker; seit 1971 lehrte er dort an der Universität Musikdidaktik und seit 1972 an der Fachschule für Musik in Lübeck Musikdidaktik und Geschichte der Musikpädagogik. 1975 wurde er Professor für Musikpädagogik in Darmstadt, 1976 in Duisburg.

Werke
Neben einer Reihe von musiktheatralisch-szenischen Werken wie »Varim I« für ein Klavier und zwei Spieler, »II« für Sopran, Klavier und Kammerensemble, »Musen« für Singstimme und Klavier, eine Szene für Frauenstimmen und »Zeitplan« für Live-Electronic-Group und zweikanaliges Tonband schrieb Norbert Linke unter anderem eine Sinfonie, eine »Lyrische Sinfonie« für Sopran und Orchester, ein Klavierkonzert, 5 Stücke für Klarinette und Klavier, ein Bläserquintett, ein Streichquartett, ein Stück für drei Flöten und eines für drei Blechbläser, ein Nonett, ein Stück für Harfe und Klavier, verschiedene Klavier- und Orgelwerke, eine Markus-Passion für Sprecher, Soli und Chor, eine Kantate, 2 Cantica, eine Kammermusik für Sopran, Klarinette und Klavier und für Alt und fünf Instrumente. Er veröffentlichte mehrere Essays zu musiktheoretischen Problemen.

Thomas Linley (1733–95)

Zeit und Umwelt
Richard Brindley Butler Sheridan (1751 bis 1816) hatte 1775 im Londoner Covent Garden Theatre mit seinem Schauspiel »Die Duenna« einen durchschlagenden Erfolg, so daß er zu einem der berühmtesten Dramatiker seiner Zeit wurde und der bekannte Schauspieler David Garrick (1717–79), Inhaber des Drury Lane Theatre, ihm eine Teilhaberschaft an seinem Theater anbot.

Leben
Thomas Linley wurde am 17. 1. 1733 in Badminton geboren. Er war Schüler des Organisten von Bath, Thomas Chilcot, und von Pietro Domenico Paradies in London. Er betätigte sich als Gesanglehrer und Konzertunternehmer in Bath. Im Jahr 1776 wurde er musikalischer Leiter und Mitinhaber des Drury Lane Theatre neben seinem Schwiegersohn Richard Brindley Butler Sheridan, für dessen erfolgreiches Schauspiel »Die Duenna« er die Musik verfaßte. Ein Jahr darauf wurde er Mitglied der Royal Society of Musicians (Königliche Musikergesellschaft). Er starb am 19. 11. 1795 in London.
Sein Sohn Thomas Linley (5. 5. 1756, Bath, bis 7. 8. 1778, Grimsthorpe, Lincolnshire), Schüler seines Vaters, von William Boyce und von Pietro Nardini in Florenz, wirkte als Violinsolist in Bath und später in London am Drury Lane Theatre.

Werke
Außer seiner erfolgreichen Musik für das Schauspiel »Die Duenna« verfaßte Thomas Linley der Ältere für das Drury Lane Theatre eine große Anzahl Bühnenmusiken, außerdem 6 Elegien für drei Singstimmen, 12 Balladen und eine Reihe von Liedern, Kantaten, Madrigalen und Elegien, die gemeinsam mit Werken seines Sohnes veröffentlicht wurden.
Abgesehen von den Werken, die Thomas Linley der Jüngere gemeinsam mit denen des Vaters veröffentlichte, schrieb er eine Musik zu Shakespeares »Sturm« und vertonte weitere Shakespeare-Texte, außerdem verfaßte er ein Orchester-Anthem, das eines der ersten seiner Art war, ein Oratorium, verschiedene Werke für eine und zwei Violinen sowie eine Oper.

Literatur
C. Black, The Linleys of Bath, London 1926.

Dinu Lipatti (1917–50)

Leben

Dinu Lipatti wurde am 19.3.1917 in Bukarest geboren. Er studierte am Konservatorium in Bukarest und an der École Normale in Paris bei Alfred Denis Cortot, Nadia Boulanger und Charles Munch. Im Jahr 1943 ließ er sich in Genf nieder, wo er ein Jahr darauf eine Professur am Konservatorium übernahm. Trotz seiner kurzen Laufbahn stieg er zum Rang eines der bedeutendsten Pianisten, insbesonders als Chopin- und Bach-Spieler, auf. Er starb am 2.12.1950 in Chêne-Bourg, Genf.

Werke

Von Dinu Lipatti sind eine Orchestersuite, ein Concertino für Klavier und Orchester, eine konzertante Sinfonie für zwei Klavier und Streicher, eine Sonatine für die linke Hand allein, »Drei rumänische Tänze« für zwei Klaviere, eine Aubade für vier Bläser, Klavierstücke, Lieder, Kadenzen zu Klavierkonzerten bekannt geworden. Sein Stil hat nicht wenige spätromantische Elemente an sich.

Dinu Lipatti

Josef Lipavský (1772–1810)

Leben

Josef Lipavský (Giuseppe) wurde am 22.2.1772 in Hohenmaut (Vysoké Mýto), Böhmen, geboren. Seine erste Ausbildung im Klavier- und Orgelspiel erhielt er in Königgrätz (Hradec Králové). In Wien vollendete er sein Musikstudium bei Wolfgang Amadeus Mozart (1756 bis 1791) und Jan Křitel Vaňhal (1739–1813). Dann lebte er in Wien als Klaviervirtuose, Musiklehrer, gelegentlicher Dirigent und Komponist bis zu seinem Tod am 7.1.1810.

Werke

Von Josef Lipavský sind mehrere Opern, ein Menuett für Orchester, eine Sinfonie für zwei Violinen, Bratsche und Kontrabaß, 2 Sonaten für Violine und Klavier, 2 Sonaten für Violine, Cello und Klavier, eine Vielzahl von Klaviervariationen und Klaviersonaten, Tänze und Fugen und eine Anzahl Klavierlieder erschienen, außerdem Orgelstücke. Der Stil dieser Musik lehnt sich stark an die Klassik an, stellt jedoch bei allen Gelegenheiten virtuoses Klavierspiel in den Vordergrund.

Karol Lipiński (1790–1861)

Zeit und Umwelt

Lwiw (Lemberg), das 1772 als Hauptstadt des österreichischen Galizien in engen Kontakt mit Wien und den anderen österreichischen Städten kam und zahlreiche österreichische Beamte und Militärs sowie Geschäftsleute in sich aufnahm, entwickelte für diese Neubürger ein intensives Konzert- und Theaterleben, das Musiker aus allen Teilen des Reiches und der Nachbarländer und damit auch aus Polen beschäftigte.

Leben

Karol Jozéf Lipiński wurde am 30.10.1790 in

Radzýn bei Lublin geboren. Er war als Violinist und Komponist Autodidakt in der Form, daß er primitiven Unterricht nur von Dilettanten erhielt und sich alles übrige selbst erarbeiten mußte. Im Jahr 1810 war er bereits Konzertmeister und von 1812 bis 1814 Kapellmeister am Theater in Lwiw. Dann ging er als Virtuose auf Konzertreisen durch ganz Europa, bis er 1839 in Dresden die Konzertmeisterstelle annahm, die er bis 1861 innehatte. Er starb am 16.12.1861 auf seinem Gut bei Lwiw.

WERKE

Von Karol Lipiński sind eine »Polonaise guerrière« (Kriegspolonaise) für Orchester, 4 Violinkonzerte, Capricen für Solovioline, Rondos, Polonaisen, Variationen, Fantasien und ein Streichtrio erhalten. Er brachte eine Sammlung galizischer Volksmelodien mit Klavierbegleitung und eine polnische Liedersammlung heraus. Seine Musik gehörte der Hochromantik an.

Marijan Lipovšek (geboren 1910)

LEBEN

Marijan Lipovšek wurde am 26.1.1910 in Ljubljana geboren. Nach seiner Ausbildung in seiner Geburtsstadt absolvierte er die Meisterklasse von Josef Suk am Konservatorium in Prag. Im Jahr 1933 wurde er Hilfslehrer, 1940 Dozent und 1947 Professor an der Musikakademie in Ljubljana. Von 1956 bis 1965 leitete er die Philharmonie der Stadt. Dann wurde er Rektor der Akademie und Professor an der Universität.

WERKE

Von Marijan Lipovšek sind eine Sinfonie, eine sinfonische Dichtung, 2 Orchestersuiten, eine Ballettsuite, eine Ouvertüre, Orchestervariationen, 3 Streichersuiten, ein Trompetenkonzert, 2 Rhapsodien für Violine und Orchester, 2 Streichquartette, Duos für Violine und Klavier sowie für Cello und Klavier, 3 Duos für Violine und Bratsche, eine Sonate und 10 Miniaturen für Klavier, mehrere Kantaten, Chöre, Liederzyklen und Lieder bekannt geworden.

Felix Joseph Lipowsky (1764–1842)

LEBEN

Felix Joseph Lipowsky wurde am 25. 1. 1764 in Wiesensteig, Württemberg, geboren. Er war Rechts- und Geschichtswissenschafter, Politiker, Kunst- und Musikforscher, Geschichtsschreiber und Enzyklopädist, Organist und Chorleiter. Er starb am 21. 3. 1842 in München.

WERKE

Die Ballette von Felix Joseph Lipowsky sind nicht erhalten, dafür seine Messe in g-Moll, der ein künstlerischer Wert nicht abgesprochen werden kann.

Guglielmo Lipparini
(um 1580 bis nach 1649)

ZEIT UND UMWELT

Der im 15. Jahrhundert umgebaute Dom Santa Maria Maggiore in Como ist ein schönes Beispiel für den Übergang von der Gotik zur Renaissance. Dort wird noch heute der Ambrosianische Gesang anstelle des Gregorianischen gepflegt wie in mehreren Pfarreien des Tessin. Auch sonst blieb die Musikpflege der Stadt in voller Abhängigkeit von Mailand.

LEBEN

Guglielmo Lipparini wurde um 1580 in Bologna geboren. Er trat in das Kloster San Giacomo seiner Geburtsstadt ein. Angeblich war er Schüler von Tiburtio Massaini (um 1550 bis nach 1609); dieser Unterricht hat vermutlich in Lodi stattgefunden. Von 1609 bis 1629 wirkte er als Kapellmeister am Dom zu Como, ging sodann nach Bologna zurück, wo er nach 1649 starb.

WERKE

Aus der Fülle der kirchlichen Werke des italienischen Komponisten Guglielmo Lipparini, der neben dem alten Stil sehr oft Generalbaß und Orgelbegleitung anwandte und eine Vorliebe für barocke Klangbreite erkennen läßt, sollen nur seine vielstimmigen Messen, Laudi, Psalmen, Litaneien, Motetten und Kirchenkonzerte angeführt werden. 1649 brachte er ein fünfstimmiges Requiem heraus. Auch seine dreistimmigen Kanzonen und die Madrigale (3 Bücher) unterscheiden sich nur wenig von seiner sakralen Musik, die die Forderung der Gegenreformation nach einer strahlenden Fassade erfüllt.

LITERATUR

S. L. Astengo, Musici agostiniani anteriori al secolo XIX, Florenz 1929.

Vatroslav Lisinski (1819–54)

ZEIT UND UMWELT

Die Musikentwicklung im kroatischen Raum setzte im 19. Jahrhundert vorerst nur zögernd ein. Die einzelnen Meister waren noch immer entweder vom nahen Venedig oder von Graz oder Wien abhängig. Im Zeichen der Festigung des eigenen Volksbewußtseins bildete sich aber bald eine über Wien hinausreichende Bindung zu stammverwandten tschechischen Musikern.

LEBEN

Vatroslav Lisinski wurde am 8.7.1819 in Zagreb geboren. Er wurde zunächst in seinem Geburtsort, sodann von 1847 bis 1850 in Prag bei Jan Bedřich Kittl ausgebildet. Sodann lebte er in Zagreb als Komponist bis zu seinem Tod am 31.5.1854.

WERKE

Von Vatroslav Lisinski sind außer 2 Opern auf kroatische Texte 99 Gesänge mit Klavier – Solo, zwei- bis vierstimmig, zum Teil auch auf deutsche Texte - bekannt geworden. Er schrieb ferner 7 Ouvertüren, die Idylle »Večer« (Abend) für kleines Orchester, eine Ouvertüre für Violine und Klavier und zahlreiche Tänze mit Verwendung kroatischer Volksmelodien.

LITERATUR

V. Klaić, Vatroslav Lisinski, Zagreb 1919.

John Lisley
(um 1575 bis nach 1603)

ZEIT UND UMWELT

Es ist auffällig, daß in der Madrigalsammlung »The Triumphes of Oriana«, die Thomas Morley (1557–1603) zu Ehren der Königin Elisabeth herausbrachte, eine Reihe sonst nahezu unbekannter Londoner Komponisten zu Wort kamen, sehr berühmte Zeitgenossen jedoch übergangen wurden. Man erklärt dies mit der Eile, in der die Sammlung zusammengestellt wurde. Die Beiträge dieser »unbekannten« Madrigalisten zeichnen sich aber als wertvolle künstlerische Leistungen aus und können in der Nachbarschaft der Madrigale »bekannter« Komponisten ohne Schwierigkeit bestehen.

LEBEN

John Lisley wurde um 1575 vermutlich in London geboren. Er dürfte zu den Musikern gezählt haben, die für die Festlichkeiten der Adelspaläste der Stadt komponierten und musizierten und in London im frühen 17. Jahrhundert gestorben sein.

WERKE

Von dem englischen Komponisten John Lisley sind keinerlei Werke erhalten außer seinem Beitrag zu »The Triumphes of Oriana«, einem vorzüglichen sechsstimmigen Madrigal »Fair Cytherea presents her doves« (Die schöne Cytherea zeigt ihre Tauben), das sich mit seiner expressiven Wortausdeutung den anderen Stücken der Sammlung ebenbürtig anfügt.

Franz Liszt (1811–86)

LEBEN

Franz Liszt (Ferenc) wurde am 22.10.1811 in Doborján, Ungarn (heute Raiding, Burgenland), geboren. Sein Vater, Adam List (16.12. 1776, Edelstal, bis 28.8.1827, Boulogne-sur-

Merl), war Gutsverwalter und mit Maria Anna Lager (9.5.1788, Krems, Niederösterreich, bis 6.2.1866, Paris) verheiratet und magyarisierte die Orthographie seines Namens in Liszt. Der Unterricht des Vaters ermöglichte es ihm, 1819 in Baden bei Wien, in Sopron und 1820 in Preßburg als Pianist aufzutreten, worauf ihm mehrere ungarische Magnaten zur weiteren Ausbildung ein Stipendium aussetzten. In Wien wurde er Schüler von Carl Czerny und Antonio Salieri, spielte Ludwig van Beethoven vor, der ihn lobte, und lernte Franz Schubert kennen. In Paris, wohin er sich mit seinen Eltern begeben hatte, hoffte er, in das Conservatoire aufgenommen zu werden, obwohl er Ausländer war, doch Luigi Cherubini, der Wunderkinder nicht mochte, wies ihn ab, so daß er gezwungen war, bei Ferdinando Paer und Antonín Rejcha Privatunterricht zu nehmen. Die Konzerte, die er zu jener Zeit in Paris gab, festigten sofort seinen Ruf als Pianisten erster Ordnung. Seine Konzertreisen kreuz und quer durch Europa wurden zu Triumphzügen und glichen denen des Violinvirtuosen Niccolò Paganini; er wurde einmütig als bedeutendster Klaviervirtuose seiner Zeit anerkannt, der eine bisher nicht gekannte Höhe der Pianistik erreicht hatte. Im Jahr 1842 wurde er als Hofkapellmeister nach Weimar berufen. Die Konzertreisen, die ihn bis nach Konstantinopel und in das Innere Rußlands führten, setzte er fort. In Kiew ging er mit der ukrainischen Fürstin Carolyne von Sayn-Wittgenstein, geborene Iwanowska (8.2.1819, Monastersiska, Gouvernement Kiew, bis 8.3.1887, Rom), eine Lebensgemeinschaft ein. Um die Scheidung der Fürstin zu betreiben und sie zu heiraten, ging er mit ihr 1858 nach Rom. Als dies scheiterte, nahm er die niedrigen Weihen und lebte als »Abbé« Liszt in Rom, Budapest, Weimar und Bayreuth, wo er am 31.7.1886 starb. Die Fürstin und seine Tochter Francesca Gaetana Cosima (24.12.1837, Como, bis 1.4.1930, Bayreuth) aus seiner Lebensgemeinschaft mit Comtesse Marie Cathérine Sophie d'Agoult, geborene Vicomtesse de Flavigny (30.12.1805, Frankfurt am Main, bis 5.3.1876, Paris), Gattin von Hans von Bülow und später von Richard Wagner, waren Testamentsvollstrecker.

Franz Liszt

WERKE

Die pianistische Technik von Franz Liszt wurde für die gesamte kommende Generation und darüber hinaus maßgebend. Unter seinen Schülern befand sich eine große Zahl der bedeutendsten Pianisten der zweiten Hälfte des 19. und der ersten des 20. Jahrhunderts, die das künstlerische Erbe weiterführten und an Enkelschüler weiterreichten, »alle des Abstandes, der sie von jenem Großen trennte, respektvoll bewußt« (Busoni). Manche seiner Kompositionen mögen heute etwas verblaßt sein, besonders die für das eigene Konzertpodium verfaßten. Aber sein Wirken als Komponist ist aus der Musikgeschichte nicht wegzudenken. Er übernahm die Programmmusiktechnik von Hector Berlioz und entwickelte sie in noch farbigerem Klanggewand und noch freierer Konzeption zur Vollendung. Die »Idée fixe« des französischen Meisters wurde bei ihm zum Kernmotiv, aus dem die sinfonischen Dichtungen den poetischen Gedanken gemäß emporsteigen, den literarischen Vorwurf ausdeuten, neu formen und darüber hinauswachsen. Jedenfalls war die gelegentlich aufgeworfene Frage nach der »Stellung der Lisztschen Werke im imaginären Museum der Musik« eher provokativ. Voran stehen die 13 Sinfonien, die zwischen 1853 und 1857, also in Weimar, entstanden sind. Aus der gleichen Zeit stammen die 2 Klavierkonzerte. An weiterer Musik für Klavier und Orchester schrieb er: »Totentanz«, »Fantasie über ungarische Volksmelodien« und die Bearbeitung der »Wandererfantasie« von Franz Schubert für Klavier und Orchester. Von der Klaviermusik ist die Sonate in h-Moll am bedeutendsten. Die 19 ungarischen Rhapsodien sind schwungvolle, virtuose Unterhaltungsstücke zum Teil programmatischen Inhaltes, die aber keine ungarische, sondern zigeunerische Melodien verarbeiteten. Die 2 Franziskus-Legenden erscheinen noch heute in Virtuosenprogrammen, zuweilen auch die »Pilgerschaftsjahre«, die programmatische Stimmungsbilder bringen, und die verschiedenen Etüden. Seine Opernparaphrasen sind zur Hausmusik geworden. Die Rhapsodien, Balladen, Polonaisen und die einst berühmten »Liebesträume« erlitten das gleiche Schicksal. Die Orgelwerke nehmen einen beachtlichen Raum im Schaffen des Komponisten ein. Das »Präludium und Fuge über b-a-c-h« muß als bedeutendstes Orgelstück gewertet werden. Viele davon sind Bearbeitungen und Arrangements eigener Kompositionen. Seine 3 Oratorien »Die Legende von der heiligen Elisabeth«, »Christus« und »Via crucis« werden noch fallweise aufgeführt. Obgleich er bei seinen Messen auf die Gregorianik zurückgriff, wurden sie von der Kirche als zu »profan« abgelehnt. Die Graner Messe zur Einweihung des Domes in Esztergom (Gran) 1856 ist die bekannteste. Die »Ungarische Krönungsmesse« wurde zur Krönung Kaiser Franz Josephs I. (1867), die Missa choralis für die Sixtina in Rom ganz im Geist der Gregorianik verfaßt, aber trotzdem zurückgewiesen. Ebensowenig Gnade fanden das Requiem im Palestrina-Stil und die Psalmenvertonungen bei den Maßgebenden der Kirchenmusik. Viele kleinere Chorwerke, 82 Klavierlieder auf französische, englische, italienische, ungarische und deutsche Texte werden zuweilen noch heute gesungen. Seine musikhistorischen und musikkritischen Schriften weisen ihn als romantischen Komponisten aus, für die doch schriftstellerische Betätigung geradezu charakteristisch war.

Die Legende von der heiligen Elisabeth, Oratorium nach Worten von Otto Roquette (1824–96) für Soli, Chor, Orgel und Orchester, 2 Teile

Das Werk stellt das Leben der Heiligen von der Kindheit bis zum Tod und der Bestattung in einer Folge von Bildern dar. Dem Vorspiel liegt eine alte geistliche Melodie zugrunde, die im 16. Jahrhundert bei kirchlichen Festen zu Ehren der Heiligen gesungen wurde. Die erste Szene des 1. Teils schildert die Ankunft Elisabeths auf der Wartburg im zarten Kindesalter. Die Ansprache des Magnaten, der sie überbringt, ist von ungarischen Rhythmen begleitet. In der zweiten Szene ist sie bereits mit dem regierenden Landgrafen von Thüringen vermählt. Dieser bemerkt, von der Jagd heimkehrend, daß Elisabeth aus der Burg schleicht; sie gibt vor, Rosen gepflückt zu haben, und als sie den Korb öffnet, finden sich tatsächlich Rosen darin anstatt der Gaben, die sie den Armen bringen hat wollen. Ein ekstatischer Orchestersatz schildert das »Rosenwunder«, Chor und Orchester jubeln: »Ein Wunder hat der Herr getan!« In der dritten Szene nimmt der Landgraf, der mit den Kreuzrittern in das Heilige Land zieht, Abschied. Glanzvoll ertönt der Marsch der Kreuzritter, die mit dem Ruf: »Gott will es« abziehen. Im 2. Teil jagt die Mutter des inzwischen gefallenen Landgrafen Elisabeth aus der Burg, weil sie sich das Erbe selbst aneignen will. Elisabeth geht, als ihre Bitten um Schonung vergeblich sind, in die sturmdurchtoste Nacht. In der folgenden Szene stirbt sie vor Not und Erschöpfung. Die Armen verabschieden sich von ihrer Wohltäterin mit einem Gesang, der ein altes ungarisches Kirchenlied verarbeitet; ein Hymnus geleitet die Märtyrerin in die Ewigkeit. In der Schlußszene »Feierliche Bestattung der Elisabeth« vereinigt sich in den Gesängen des Volks, der Krieger, der Bischöfe und des Kaisers das motivische Material des gesamten Werks zu einer hymnischen Lobpreisung der Heiligen.

Christus, Oratorium nach Texten aus der Heiligen Schrift und der katholischen Liturgie für Soli, Chor, Orgel und großes Orchester, 3 Teile, entstanden 1867

Im 1. Teil – Weihnachtsoratorium – erklingt als Einleitung eine Sinfonie über das gregorianische Thema »Rorate caeli«. Die Verkündigung des Engels, von einem Sopran gesungen, schließt sich an. Darauf folgt die Hymne »Stabat mater speciosa«, mit der ein vielstimmiger Chor die Freude der Mutter an der Krippe besingt. Nach 2 Instrumentalstücken schließt der Teil mit dem Marsch der Heiligen Drei Könige ab. Der 2. Teil – Nach Epiphanie – beginnt mit den Seligpreisungen, die vom Bariton vorgetragen und vom Chor nachgesungen werden. Das Paternoster, gesungen vom Chor mit Orgelbegleitung, schließt sich an. Die Gründung der Kirche, das Wunder auf dem See Genezareth sind die nächsten Themen. Mit Hosanna-Rufen, dem Benedictus und dem Einzug in Jerusalem endet dieser Teil. Der 3. Teil – Passion und Auferstehung – hebt mit der Klage an: »Ich bin betrübt bis in den Tod« und der folgenden Sequenz: »Stabat mater«. Darauf mündet das Werk in das »Resurrexit«, das mit allen Klangmitteln das Osterwunder feiert.

Via crucis (Der Kreuzweg) für Soli, Chor und Orgel, Text zusammengestellt von Fürstin Sayn-Wittgenstein, 15 Teile, entstanden 1879

Das Werk beginnt mit der Kreuzeshymne und setzt sodann mit der Verurteilung ein. Es folgen nach jeweiligen Orgelsoli: »Jesus trägt sein Kreuz« und »Jesus fällt zum ersten Mal«. Drei Frauenstimmen intonieren die ersten Verse des Stabat mater. Die 4. und 5. Station, »Jesus begegnet seiner Mutter« und »Simon von Cyrene hilft Jesus sein Kreuz tragen«, werden wiederum mit Orgelsoli abgeschlossen. Nach der 6. Station, »Veronika reicht Jesus das Schweißtuch«, erklingt der Chor »O Haupt voll Blut und Wunden«. Nach »Jesus fällt zum zweiten Mal«, wiederholen die drei Frauen die Verse des Stabat mater. Die 8. Station, »Die Frauen von Jerusalem weinen um Jesus«, endet mit einem Orgelsolo. Nach der 9. Station, »Jesus fällt zum dritten Mal«, bringen die Frauenstimmen erneut das Stabat mater. Ein Orgelsolo schließt auch die 10. Station ab: »Jesus wird seiner Kleider beraubt«. Die 11. Station, »Jesus wird ans Kreuz geschlagen«, ist von »Kreuziget ihn«-Rufen der Männerstimmen begleitet. In der 12. Station, »Jesus stirbt am Kreuz«, werden seine letzten Worte zitiert. Nach der 13. Station, »Kreuzabnahme«, folgt ein Orgelsolo, und die Grablegung – 14. Station – wird vom Mezzosopran und dem Chor mit einem Hymnus beendet.

Ungarische Krönungsmesse für Soli, Chor, Orchester und Orgel, 8 Teile, entstanden 1867

Das Werk besteht aus dem Ordinarium, einem Graduale und einem Offertorium. Die Vokalstimmen sind trotz glänzender Orchestrierung führend. Der Satz ist rein akkordisch, polyphone oder fugierte Abschnitte fehlen. Das Offertorium ist ein Violinsolo mit Orchesterbegleitung. Im Benedictus sind sowohl Gregorianik wie klassische A-cappella-Kunst verarbeitet. Nicht seltene Anklänge an ungarische Rhythmik und Melodik lassen nicht vergessen, daß es sich um eine »ungarische« Messe handelt.

Eine Faust-Sinfonie für Tenor, Männerchor, Orchester und Orgel, 3 Teile, entstanden 1854

Im 1. Satz der Sinfonie, die auch als sinfonisches Gedicht mit Singstimmen aufgefaßt werden kann, gibt der Komponist ein Bildnis seiner selbst und zugleich der Titelgestalt. Das erste Thema mit seiner zu jener Zeit unerhört neuen Auflösung der Tonalität schildert die mystische und magische Seite der faustischen Natur. Das zweite Faustthema entspricht einem gefühlvollen Seitenthema und schließt mit einer triumphierenden Trompetenmelodie ab. Dem folgt die Disposition der Themen, die den ersten Abschnitt des Teiles im wesentlichen wiederholt. Der 2. Teil ist Gretchen gewidmet und wird zart und innig von Oboe und Bratsche vorgetragen. Anschließend werden Gretchens Fragen, ihr Schaudern bei der ersten Erscheinung Fausts und das Liebesduett dargestellt. Im 3. Teil tritt Mephistopheles auf, und zwar mit den bisher verwendeten Themen, die in das Dämonische verzerrt sind. Das einzige neue Motiv dieses Teils spricht den Fluch über die Höllengestalt aus. Diesem Teil ist 1857 ein Tenorsolo mit Männerchor über den »Chorus mysticus« mit dem mehrfach wiederholten Schlußvers: »Das ewig Weibliche zieht uns hinan« beigegeben worden.

Sinfonie zu Dantes »Divina Commedia«, 3 Sätze, entstanden 1856

Mit dem 1. Satz tritt man durch das Höllenportal ein und erlebt die mit orgiastischer Wildheit geschilderten Greuel des Infernos. Harmonik, Dynamik und Instrumentation werden bis an ihre Grenzen ausgeschöpft. Das Liebespaar Paolo und Francesca da Rimini ist zwar verdammt, aber die Liebe bleibt ungebrochen, Harfenklänge und zarte Weisen der Violinen und Holzbläser malen das Liebesglück inmitten des Grauens, das gegen Ende des Satzes erneut hereinbricht. Im 2. Satz, dem Purgatorio (Berg der Läuterung), wird die Reinigung der Seelen für den Aufstieg in den Himmel mit schönen Kantilenen dargestellt. Das abschließende Lamentoso, eine Fuge mit heftigen Schmerzensausbrüchen, schildert diese Leidenszeit. Der 3. Satz, der das Paradies schildern sollte, wurde nicht geschrieben. An seine Stelle fügte der Komponist ein Magnificat an, in dem ein Frauenchor den Schöpfer preist. Chor und Orchester schließen das Werk mit einem strahlenden Halleluja ab.

Ce qu'on entend sur la montagne (Was man auf dem Gebirge vernimmt), Sinfonische Dichtung, 2 Teile, entstanden 1850, mehrmals umgearbeitet, endgültige Fassung vollendet 1856

Diese auch »Bergsinfonie« genannte Programmsinfonie steht im engen Zusammenhang mit dem gleichbetitelten Gedicht von Victor Hugo. Der Komponist gab selbst darüber folgende Erklärung: »Der Dichter vernimmt zwei Stimmen; die eine unermeßlich, prächtig und ordnungsvoll, dem Herrn ihren jubelnden Lobgesang entgegenbrausend – die andere dumpf, voll Schmerzenslaut, von Weinen, Lästern und Fluchen angeschwellt. Die eine sprach Natur, die andere Menschheit! Die beiden Stimmen ringen sich einander näher, durchkreuzen und verschmelzen sich, bis sie endlich in geweihter Betrachtung aufgehen und verhallen.« Ein choralartiger Epilog führt diesen 1. Teil zu Ende. Der 2. Teil wiederholt dieselben Themen in der Art einer Reprise und mündet in eine kurze Coda, die mit Pizzicatobässen verklingt.

Tasso, Lamento e Trionfo, Sinfonische Dichtung, 3 Teile, ursprünglich als Ouvertüre zu »Torquato Tasso« von Johann Wolfgang von Goethe geschrieben und zu dessen hundertstem Geburtstag in Weimar 1849 aufgeführt, in endgültiger Fassung 1854 vollendet

Im 1. Teil wird mit einem dem venezianischen Gondolieri-Gesang nachempfundenen Thema das Leiden des italienischen Dichters am Hof von Ferrara in traurigen Klangbildern dargestellt. Der menuettartige Mittelteil leitet zum 3. Teil mit dem Triumph über, der Tasso am Ende seines Lebens in Rom entschädigte – die Dichterkrone wurde allerdings erst seiner Leiche aufs Haupt gesetzt. Damit wurde das Werk für den Komponisten zum Bild eines »im Leben verkannten, im Tode aber von der Glorie umgebenen Genius«, wie der 1866 hinzugefügte Epilog »Trauerfeier für Tasso« deutlich ausdrückte.

Les Préludes, Sinfonische Dichtung, auf die »Einleitung« aus den »Poetischen Meditationen« von Alphonse de Lamartine bezogen, 4 Teile

Das C-Dur-Thema des 1. Teiles und ein dazukommendes lyrisches bilden das Material des gesamten Werks, das den Weg eines Helden bis zu seinem triumphalen Sieg darstellt. »Was andres ist unser Leben als eine Reihenfolge von Präludien zu jenem unbekannten Gesang, dessen erste und feierliche Note der Tod anstimmt?« besagt das zugrundegelegte Gedicht. Der 2. Teil bringt ein Pastorale mit vielen Abwandlungen, der 3. Teil ein energisches Allegro marciale; das Andante maestoso des 4. Teiles ist pathetisch und glanzvoll orchestriert.

Orpheus, Sinfonische Dichtung, ursprünglich als Prolog zur Oper »Orpheus und Eurydike« von Christoph Willibald Gluck geschrieben und zum Tongemälde erweitert, 3 Teile, entstanden 1854

In allen 3 Teilen singt der »Erste Dichtermusiker« Orpheus zu Harfenbegleitung sein Lied, das sich zu hymnischen Lobgesängen erhebt.

Prometheus, Sinfonische Dichtung, aus der Einleitungsmusik zu »Der entfesselte Prometheus« von Johann Gottfried von Herder gebildet, ein Teil, entstanden 1855

In diesem Werk sind die Gegensätze des Prometheus-Mythos mittels zwei einander entgegengeführter Hauptthemen in Form eines freien Sonatensatzes dargestellt, um »in der Musik die Stimmungen aufgehen zu lassen, welche unter den verschiedenen wechselnden Formen des Mythos seine Wesenheit, gleichsam seine Seele, bilden«.

Mazeppa, Sinfonische Dichtung auf Grundlage des gleichnamigen Gedichts von Victor Hugo, aus der gleichnamigen Konzertetüde – Études d'exécution transcendente Nr. 4 in d-Moll – gestaltet, 2 Teile, entstanden 1854

Das Werk folgt getreu dem Wortlaut des Gedichts und stellt dar, wie der Kosakenhetman Mazeppa von seinen Feinden auf ein wildes Roß gebunden und in die Steppe gejagt wurde; Bläser mit Becken schildern den Peitschenhieb. Der fürchterliche Ritt wird mit grell plastischer Instrumentierung gezeichnet. Mazeppa ist dem Tod preisgegeben, wird aber von Freunden gefunden. Nach diesem 1. Teil kommt die Wendung. Der 2. Teil bringt seine Befreiung und Ernennung zum Hetman, der schließlich über seine Feinde triumphiert. Der abschließende Siegesmarsch wird von ukrainischen und ungarischen Rhythmen getragen.

Festklänge, Sinfonische Dichtung ohne literarisches Programm, das nur vom Titel festgelegt wird, 2 Teile, entstanden 1854

Dieses vom Komponisten zu seiner Vermählung, zu der es nicht kam, verfaßte Werk will nur eine festliche Stimmung ausdrücken. Es besteht aus einer Themengruppe in Marschform und einer Art Polonaise. Eine Durchführung der Themen findet nicht statt.

Héroïde funèbre (Heldenklage), 4 Teile, entstanden 1857

Gewaltige Totenklage klingt hier aus dunklen Akkorden, voll Schmerz, »dessen finstere Gegenwart uns immer denselben Schauer einflößt, und zu ehrerbietigem Beugen zwingt, uns sympathisch anzieht, während es uns mit Schrecken erfüllt, uns immer gleiches Beben empfinden läßt, suche er nun Gute oder Böse, Sieger oder Besiegte, Weise oder Sinnlose, Mächtige oder Schwache heim«. Der 1. Teil ist ein Trauermarsch, dem ein sanftes, wehmütiges Trio als 2. Teil folgt. Im 3. Teil kehrt der 1. verkürzt wieder, im 4. Teil, der Coda, werden alle Themen in Engführung reproduziert.

Hungaria, Sinfonische Dichtung, deren Programm durch den Titel umrissen ist, ein Teil, entstanden 1854

Melodien aus den »Ungarischen Rhapsodien« – elegische Mollthemen auf der Zigeunerskala, rasante Tanzrhythmen, sentimentale Kadenzen der Violinen, Celli und Klarinetten und eine sprühende Stretta am Ende – bieten ein vielfärbiges Panorama der Landschaft und der Menschen in Ungarn.

Hamlet, Sinfonische Dichtung, Bearbeitung des 1858 verfaßten Vorspiels zum gleichnamigen Drama von William Shakespeare, 3 Teile, entstanden 1876

Der 1. Teil malt die melancholische Grundstimmung und den grüblerischen Charakter des Helden. Der 2. Teil »soll äußerst ruhig gehalten sein und wie ein Schattenbild erklingen, auf Ophelia hindeutend.« Die Coda verbindet die Themen beider Teile, aber jäh verzerrt mit grellen Farben; ihre Schlußtakte drücken die Trauer um einen edlen Geist, der hier zerstört wurde, aus.

Hunnenschlacht, Sinfonische Dichtung, angeregt durch ein Wandgemälde von Wilhelm von Kaulbach (1805–74), 2 Teile, entstanden 1857

Das Werk soll gemäß den Programmnotizen des Komponisten ausdrücken, »wie das Licht des Christentums die Finsternis des Heidentums zerstört«. Im 1. Teil wirbeln die Figuren der gedämpften Violinen wie Nebelwolken auf; sie verdichten sich mehr und mehr, je höher sie steigen; die Hörner der Hunnen erklingen, denen die Trompeten der Römer antworten. Der Vernichtungskampf wird immer fanatischer, bis sich der Sieg auf die Seite der Christen neigt. Mächtige Fanfaren verkünden den Erfolg der Römer. Nun schweigt das Orchester. Der Kampf ist beendet. Orgelklänge leiten den 2. Teil mit einem alten Choral ein. Ruhe und Frieden kehren in Rom ein. An die Stelle des Schlachtgesangs tritt ein Dankgebet.

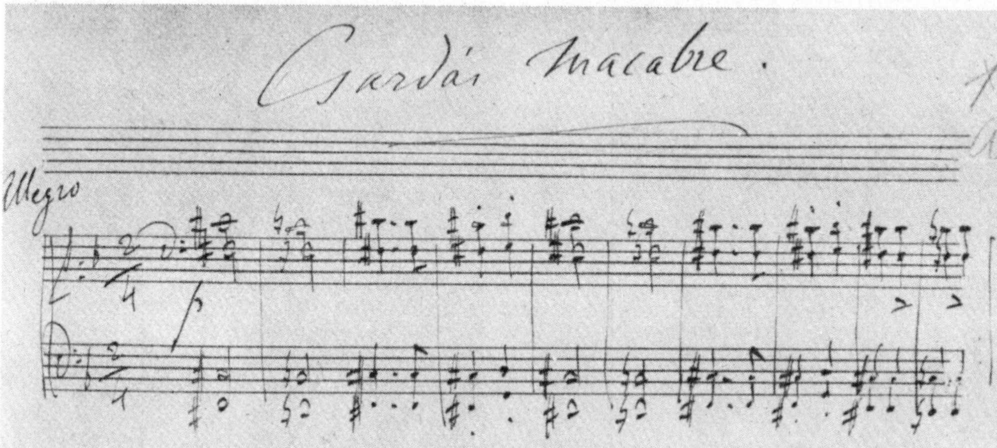

Beginn des »Csardás macabre« von Franz Liszt, Autograph

Die Ideale, Sinfonische Dichtung auf Grundlage des gleichnamigen Gedichts von Friedrich von Schiller, 4 Teile, entstanden 1857

Im 1. Teil (»Die Ideale«), beklagt das Solohorn das Schwinden der Ideale der Jugend. Klarinetten, Bratschen und Celli geben diesem pessimistischen Gedanken plastischen Ausdruck. Im rondoartigen 2. Teil (»Aufschwung«) ermahnt sich der Dichter zu neuen Idealen und neuen Taten. Der 3. Teil (»Enttäuschung«) malt melancholisch das mangelnde Gelingen der Vorsätze und weist am Ende tröstend darauf hin, daß die Freundschaft hilft, die Ideale hochzuhalten. Der 4. Teil (»Beschäftigung«) bringt ein graziös bewegtes Thema, das zu einer Apotheose mit der Erkenntnis übergeht, daß »das Festhalten und die dabei unaufhaltsame Betätigung des Ideals unseres Lebens höchster Zweck ist«.

Von der Wiege bis zum Grabe, Sinfonische Dichtung, inspiriert von Gemälden des ungarischen Malers Milhály Zichy (1827–1906), 3 Teile, entstanden 1882, Klavierfassung 1881

Die 3 Teile, »Die Wiege«, »Der Kampf ums Dasein«, »Zum Grabe«, bringen zu diesen Titeln malerische Stimmungsmusik, die den einzelnen Lebensabschnitten entspricht. Zur echten Programmusik wird erst das Ende, das Tod und Grab verdeutlicht.

Erster Mephistowalzer, ein Teil, entstanden 1860

Das Programm dieses Werks bildet ein Fragment der Faustdichtung von Nikolaus Lenau. Seine erste Veröffentlichung erfolgte unter dem Titel »Der Tanz in der Dorfschenke« und bildete mit »Der nächtliche Zug« das Stück »Zwei Episoden aus Faust«. Die Dichtung schildert das Auftreten von Faust und Mephisto in einer Dorfschenke. Faust verliebt sich in die Tochter des Wirts. Mephisto läßt sich eine Geige geben und spielt zum Tanz auf. Seine dämonische Musik reizt die Tanzenden zu höchstem Paroxysmus. Die Paare verlassen die Schenke und folgen dem Ruf einer Nachtigall in den nahen Wald, die Wirtstochter und Faust schließen sich an.

Orchesterrhapsodie Nr. 1 in F-Dur, entstanden um 1860

Dem Werk liegt die Klavierrhapsodie Nr. 14 zugrunde; es handelt sich jedoch wie bei den folgenden Orchesterrhapsodien um keine bloße Orchestrierung, sondern um eine Neuschöpfung.

Die Einleitung ist trauermarschähnlich. Nach einem Poco allegretto folgt ein Allegretto alla zingarese. Das anschließende Vivace assai beendet das Stück mit Csárdásrhythmen.

Orchesterrhapsodie Nr. 2 in d-Moll, entstanden um 1860

Dieses Werk gibt die Klavierrhapsodie Nr. 12 wieder.

Pathetisch fantasiert die Einleitung über eine ungarische Liedmelodie. Das anschließende Allegro zingarese bringt Verbunkosmusik. Darauf wird ein ungarisches Lied zitiert und variiert, bis eine prächtige Stretta mit einem Csárdásmotiv das Stück beendet.

Orchesterrhapsodie Nr. 3 in D-Dur, entstanden um 1860

Verwendet wurde die Klavierrhapsodie Nr. 6.

Das Material besteht aus vier Themen, von denen zwei im straffen Tempo ungarische Weisen bringen und variieren. Das folgende Andante ist eine elegische Liedmelodie. Ein lebhafter Tanz bildet den Schluß.

Orchesterrhapsodie Nr. 4 in d-Moll, entstanden um 1860

Die Klavierrhapsodie Nr. 2 bildete die Grundlage des Werks.

Es beginnt mit einem Lassan – langsamer ungarischer Tanz –, dann setzt die Friska – rascher frischer Tanz – ein. Gegen das Ende zu wird die Musik immer ausgelassener. Eine Coda bringt im Prestissimo das Ende.

Orchesterrhapsodie Nr. 5 in e-Moll, entstanden um 1860

Dieses Werk mit dem Untertitel »Héroïde-Élégiaque« fußt auf der Klavierrhapsodie Nr. 5.

Als Thema diente eine empfindsame ungarische Weise, die orchestral stark verschnörkelt und variiert wurde. Der Untertitel weist auf den teils heroischen, teils elegischen Charakter des Stücks hin.

Orchesterrhapsodie Nr. 6 in D-Dur, entstanden um 1860

Hier wurde die Klavierrhapsodie Nr. 9 verarbeitet.

Das gravitätische Anfangsthema und das folgende Allegretto sind nicht ungarisch; zu seiner Zeit wurden ungarische Bälle stets mit ausländischen Tänzen eingeleitet. Sodann schließen sich ungarische Tänze an, von denen zwei auf echte Volksmelodien zurückgehen. Eine hinreißende Stretta beendet die Tanzfolge, die den Untertitel »Pester Karneval« trägt.

Klavierkonzert Nr. 1 in Es-Dur, 4 Sätze, entstanden 1849

Das Konzert steht mit seiner Viersätzigkeit der sinfonischen Form nahe, aber nur der 1. Satz ist in sich abgeschlossen, während die weiteren ineinander übergehen. Er setzt unisono kraftvoll wie ein revolutionäres Fanal ein, das Klavier folgt mit einer großen Kadenz, Seitenthemen werden herangebracht, aber nur andeutungsweise durchgeführt, und die Reprise verklingt pianissimo. Das folgende Adagio leitet weit ausholende Klavierrezitative zu einem dramatischen Ausbruch und dann mit sanften Doppeltrillern zum Scherzo. Im letzten Abschnitt dieses Satzes erscheint das heroische Kopfthema erneut und wird kontrastreich von einer gefühlsseligen Oboenmelodie begleitet und abgelöst. Das Finale wird zum monumentalen Triumphmarsch.

Klavierkonzert Nr. 2 in As-Dur, 6 Sätze, entstanden 1857

Die 6 Sätze gehen ineinander über und sind sehr schwach differenziert. In jedem dominieren Farbigkeit und Lyrik, die bereits im 1. Satz das Kernthema auszeichnen. Ein tragischer Marsch steht dazu in starkem Kontrast. Die folgenden Sätze bilden gemeinsam den Hauptteil des Konzerts, dessen lyrischer Höhepunkt ein vom Klavier begleitetes Cellosolo bildet. Die Marschrhythmen des 5. Satzes führen zur Stretta des 6., die das Werk glanzvoll abschließt.

Totentanz für Klavier und Orchester, entstanden 1849

Inspiriert von der berühmten mittelalterlichen Freske auf dem Campo Santo von Pisa, »Triumph des Todes«, schuf der Komponist eines seiner gewaltigsten Werke mit einem Klaviersatz, der an die Grenzen der Virtuosität heranreicht. Die Ausdruckskraft des Rasselns der trockenen Knochen, der eiskalten Glissandi auf dem Soloinstrument, des schweren Rhythmus der unerbittlich mähenden Sense, der Klänge ferner Engelschöre und der drohenden Jagdrufe ist überwältigend. Aber nicht immer ist die Aufforderung zum Tanz des Todes erschreckend, sie kann auch locken und verheißen, so daß man die Gefahr kaum ahnen würde, klänge nicht ständig das Thema des »Dies irae« warnend durch.

Klaviersonate in h-Moll, 3 Sätze, entstanden 1853

Dieses größte und umfangreichste Klavierwerk des Komponisten ist sinfonisch konzipiert und bringt (nach Karl Tausig) eine auf Goethes »Faust« basierende Programmusik. Das hymnische »Grandioso« als erster Themenkomplex, und das lyrische Seitenthema leiten zu einer 200 Takte langen Durchführung über, in der alle Klangfarben des Klaviers zur Geltung gebracht werden. Ein Fugato führt kontrapunktisch zur Reprise, die mit dem Hauptthema einsetzt. Eine Oktavenstretta geht in ein akkordisches Motiv über, das Andante bildet die Coda. Das Tongemälde schildert Sturm, Qual, Glaube und Hoffnung, also ein Menschenschicksal, vermutlich das Schicksal Fausts.

Ungarische Rhapsodie Nr. 1 in E-Dur, entstanden 1839–55

Das Stück beginnt mit einer rezitativischen Phrase der linken Hand, darauf setzen zwei kantable Themen ein. Nach mehreren Kadenzen kommt es zum Schlußallegro mit phantastischen Oktaven- und Terzenskalen.

Ungarische Rhapsodie Nr. 2 in cis-Moll, entstanden 1839–55

Schon das Eingangsthema dieses weltberühmten Werks mit seiner tiefen ergreifenden Melancholie erweckt ein faszinierendes Bild der ungarischen Landschaft, über die sodann wie ein Sturm hinreißende Tanzrhythmen rasen.

Ungarische Rhapsodie Nr. 3 in B-Dur, entstanden 1839–55

Diese Rhapsodie ist eine der kürzesten, aber auch eine der eindrucksvollsten. Das zarte Staccato am Beginn und das folgende kapriziöse Allegretto in der Zigeunerskala verleihen dem Stück einen nahezu exotischen Charakter.

Ungarische Rhapsodie Nr. 4 in Es-Dur, entstanden 1839–55

Dieses Werk besteht aus 2 Teilen. Der 1. bringt zwei langsame Themen, die mit üppigem Passagenwerk überhäuft sind, der 2. eine fröhliche Staccatomelodie in Oktaven.

Ungarische Rhapsodie Nr. 5 in e-Moll, entstanden 1839–55

Der Untertitel »Heroïde-Élégiaque« kennzeichnet das Zwiespältige dieses schönen Stücks, in dem eine heroische Durmelodie mit einer traurigen in Moll im Wettstreit liegt und am Ende mit einer kräftigen Klimax siegt.

Ungarische Rhapsodie Nr. 6 in Des-Dur, entstanden 1839–55

Der 1. Teil des Werks bringt eine typisch ungarische Melodie. Csárdásrhythmen erfüllen den 2. Teil, während der Schluß nach pathetischer Zigeunermusik eine virtuose Stretta vorstellt.

Ungarische Rhapsodie Nr. 7 in d-Moll, entstanden 1839–55

»Im trotzigen, tiefsinnigen Zigeunerstil vorzutragen« lautet die Anweisung des Komponisten. Das einleitende Lento gibt dazu Gelegenheit. Darauf folgt ein markanter Marsch mit packender Rhythmik und Melodik.

Ungarische Rhapsodie Nr. 8 in fis-Moll, entstanden 1839–55

Das einleitende Lento à capriccio bringt echten

träumerischen Zigeunerstil, dem sich ein reizendes Allegretto anschließt. Das Stück endet mit einem feurigen Csárdás.

Ungarische Rhapsodie Nr. 9 in Es-Dur, entstanden 1839–55

Das Werk trägt den Untertitel »Pester Karneval«. Seine Themen werden brillant abgewandelt, durch Terzenpassagen, Repetitionen und kapriziöse Effekte kommen stets neue Farben heran. Mit viel Pomp und tumultuösen Oktavenpassagen kommt es zu einem übermütigen Abschluß.

Ungarische Rhapsodie Nr. 10 in E-Dur, entstanden 1839–55

Das Stück ist improvisatorisch angelegt. Im Allegretto capriccioso blühen einige Kadenzen »quasi zimbalo« auf, dann kommt es zu einer glänzenden Stretta.

Ungarische Rhapsodie Nr. 11 in a-Moll, entstanden 1839–55

Zimbalimitationen, verträumte Violinpassagen und energische rhythmische Akzente erzeugen den Eindruck einer Zigeunerkapelle; nach einem Passagenmotiv erklingt ein Csárdás, der die Illusion noch verstärkt.

Ungarische Rhapsodie Nr. 12 in cis-Moll, entstanden 1839–55

Das kühne Pathos der Motive dieses Werks, die überraschenden virtuosen Effekte und vor allem die aufgepeitscht rasende Stretta üben eine unwiderstehliche Wirkung aus. Es ist vermutlich das interessanteste Stück dieser Reihe.

Ungarische Rhapsodie Nr. 13 in a-Moll, entstanden 1839–55

Die Zigeunerskala dominiert auch in diesem Stück. Das Thema des Vivace trifft das Kolorit derartig genau, daß es von Pablo de Sarasate in seine »Zigeunerweisen« übernommen wurde. Der abschließende Csárdás mündet in eine turbulente Stretta.

Ungarische Rhapsodie Nr. 14 in f-Moll, entstanden 1839–55

Als Hauptthema des Werks erklingt eine ungarische Volksmelodie als Trauermarsch und sodann in originaler Fassung. Das folgende Allegretto alla Zingarese mündet erneut in die patriotischen Klänge. Dann schließt sich ein brillanter Csárdás an.

Ungarische Rhapsodie Nr. 15 in a-Moll, entstanden 1839–55

Dieses Stück bringt die glänzendste Fassung des Rákóczi-Marsches, der durch naturalistische Harmonisierung faszinierend wirkt. Das Trio gibt sich mit seinen Zymbal- und Triangeleffekten sehr graziös. Dann führt eine großartige Kadenz zur Reprise, in der Terzenglissandi aufleuchten. Eine sieghafte Coda schließt das Werk strahlend ab.

Rumänische Rhapsodie, entstanden um 1848

Dieses Werk wurde von Ferruccio Busoni (1866 bis 1924) im Jahr 1900 als »20. Ungarische Rhapsodie« veröffentlicht. Erst 1936 wurde der Irrtum richtiggestellt. Es basiert nahezu ausschließlich auf rumänischer Volksmusik. Als Beginn erklingt eine »Bătută«, deren Thema mit dem Anfang der rumänischen Königshymne übereinstimmt. Weiters sind eine »Horă Batraneascā«, eine »Ţiiturā« und eine »Corabeascā« verarbeitet. Auch das Hauptthema, um das sich alles gruppiert, ist eine »Bătută«.

Spanische Rhapsodie, entstanden 1863

Das mit einer brillanten Kadenz eröffnete Werk bringt zuerst eine Serie Variationen einer Folia und sodann einer Jota Aragonesa, die einander gegenübergestellt werden. Das Passagenwerk wirkt wie ein Kommentar und eine Werbung zu den herrlichen spanischen Melodien.

Präludium und Fuge über b-a-c-h für Orgel, entstanden 1870

Das Präludium ist ein romantisches Werk voll Pathos und Virtuosität. Sein Satz ist mit dem Klaviersatz des Komponisten ident und daher für Organisten nicht leicht zu bewältigen. Die anschließende Fuge ähnelt sehr einer freien Fantasie. Das Thema kehrt nach seiner Disposition nicht mehr wieder. Die Faktur ist durch Passagen, Läufe und Triller stark aufgelockert und klingt hymnisch aus.

LITERATUR

P. Rehberg, Franz Liszt, Zürich 1961. E. Helm, Franz Liszt, Reinbek 1972. B. W. Wessling, F. Liszt, Ein virtuoses Leben, München 1973. E. K. Horvath, F. Liszt, Kindheit, Eisenstadt 1978.

Gaston Litaize (geboren 1909)

LEBEN

Gaston Gilbert Litaize wurde am 11. 8. 1909 in Ménil-sur-Belvitte, Vosges, geboren. Er war am Conservatoire in Paris Schüler von Marcel Dupré, Georges Caussade, Henri Busser und Maurice Emmanuel. Zunächst wirkte er nach seiner Ausbildung als Organist an Saint-Léon in Nancy, darauf an Saint-Cloud in Paris; schließlich wurde er Organist an Saint-François-Xavier in Paris, leitet daneben die kirchenmusikalischen Sendungen des Französischen Rundfunks und unterrichtet am staatlichen Blindeninstitut, in dem er, selbst blind, erzogen wurde. Er unternahm zahlreiche Konzertreisen in Westeuropa, den USA und Kanada.

WERKE

Neben einem Concertino für Klavier und kleines Orchester, Stücken für Oboe und Klavier sowie für Klarinette und Klavier, einer Klaviersonate, 2 Klaviersuiten und mehreren Liedern verfaßte Gaston Litaize nur Orgelkompositionen. Er schrieb eine Sinfonie für Orgel und Orchester, zahlreiche Orgelstücke – darunter mehrere Messen und weitere liturgische Werke –, mehrere große Messen für Soli, Chor und Orgel und viele liturgische Gesänge mit Orgelbegleitung.

Messe basse (Stille Messe) für Orgel, 5 Teile, entstanden 1959

Der 1. Teil – Einleitung – beginnt ruhig mit Quintschritten, aus denen sich eine großartige Steigerung zum Fortissimo entwickelt; der Schluß ist wieder ruhig und leise. Der 2. Teil – Offertorium – besteht aus dem »Thema des Brotes« und dem »Thema des Weines«, die wiederholt auftreten. Auch der 3. Teil – Wandlung – bringt zwei Themen, die das sakrale Geschehen verdeutlichen. Der 4. Teil – Kommunion – besteht aus einem »Heiligen Tanz«, der die Freude der Gläubigen ausdrückt. Das Finale ist ein Dankgebet; alle Themen des Werks, teilweise kanonisch, erscheinen nun, eine Akkordsteigerung schließt das Werk ab, dessen Tonsprache vom gregorianischen Choral nur wenig inspiriert ist.

Henry Charles Litolff (1818–91)

ZEIT UND UMWELT

Für von Konzertsaal zu Konzertsaal reisende Virtuosen bot die zweite Hälfte des 19. Jahrhunderts noch bessere Verdienstmöglichkeiten als die erste. Das Großbürgertum wurde zur Zeit des einsetzenden Frühkapitalismus rasch reich, weil Arbeitskräfte billig und die Steuern sehr niedrig waren; Sozialleistungen in unserem Sinn gab es überhaupt nicht. Und diese Klasse füllte die Konzertsäle, weil Konzertbesuch zu den Repräsentationspflichten gehörte wie die Anwesenheit in Opern und Schauspielhäusern, bei Ausstellungen und Vorträgen.

LEBEN

Henry Charles Litolff wurde am 6.2.1818 in London geboren. Er war bereits mit 12 Jahren Klavierschüler von Ignaz Moscheles. Im Jahr 1835 ließ er sich in Melun bei Paris als Klavierlehrer nieder, 1840 gab er in Paris ein aufsehenerregendes Konzert und unternahm mit größtem Erfolg Konzertreisen nach Brüssel, Leipzig, Dresden, Prag, Berlin und Amsterdam. Von 1841 bis 1844 wirkte er als Theaterkapellmeister in Warschau, lebte von 1847 bis 1860 in Braunschweig und ließ sich sodann in Paris als Pianist und Komponist nieder. Er starb am 6.8.1891 in Colombes, Hauts-de-Seine.

WERKE

Von den 5 Konzertsinfonien für Klavier und Orchester von Henry Charles Litolff wird Nr. 4 noch heute fallweise gespielt. Auch sein brillantes Violinkonzert findet sich auf manchen Programmen. Er verfaßte ferner ein Oratorium, 2 Ouvertüren, mehrere Klaviertrios, einen Trauermarsch, vorzügliche Klavierstücke und Klavierlieder, außerdem 3 Opern und eine Anzahl Operetten.

LITERATUR

P. Magnette, Henry Litolff, Paris 1914.

Giulio Litta (1822–91)

LEBEN

Giulio Visconte Arese Litta wurde 1822 in Mailand geboren und am Konservatorium der Stadt ausgebildet. Er betrieb die Komposition als reine Liebhaberei und konnte sich die jeweiligen Aufführungen verschaffen. Er starb am 29.5.1891 in Vedano bei Monza.

WERKE

Von Giulio Litta sind in Mailand 10 Opern

aufgeführt worden, die bald wieder vom Spielplan verschwanden. Sein Oratorium »La Passione« ist im Opernstil geschrieben, weist aber einige originelle Teile auf, die außerordentlich bildhaft wirken.

Giovanni Liverati (1772–1846)

ZEIT UND UMWELT

Geist und Lehre des Padre Giambattista Martini (1706–84) lebten in Bologna weit über dessen Tod hinaus fort, weitergetragen von seinen Schülern, die zu Lehrern geworden waren und Ruhm und Ruf der Stadt als eine der bedeutendsten Ausbildungsstätten für Musiker noch weit in das 19. Jahrhundert hinein rechtfertigten.

LEBEN

Giovanni Liverati wurde am 27.3.1772 in Bologna geboren. Er war dort Schüler von Stanislao Mattei (1750–1825) und Lorenzo Gibelli (1719–1812), die beide von Padre Martini ausgebildet worden waren. Im Jahr 1789 brachte er seine ersten Kompositionen zur Aufführung und schrieb ein Jahr darauf seine erste Oper. Sein schöner Tenor verschaffte ihm ein Engagement an den Opern von Barcelona und Madrid, sodann dirigierte er bis 1800 die Italienische Oper in Potsdam, wirkte darauf als Kapellmeister in Wien und in Triest, ließ sich 1805 in Wien als Gesanglehrer nieder und ging 1814 als Opernkomponist nach London. Seine letzten Lebensjahre bis zum 18.2.1846 verbrachte er in Florenz.

WERKE

Neben seinen 17 erfolgreichen Opern verfaßte Giovanni Liverati zahlreiche Arien und Kantaten, 2 Oratorien und mehrere Streichquartette, die klassischen Vorbildern folgten.

Anatoli Ljadow (1855–1914)

LEBEN

Anatoli Konstantinowitsch Ljadow wurde am 29.4.1855 in St. Petersburg geboren. Er studierte am Konservatorium seines Geburtsorts bei Nikolai Rimski-Korsakow und wurde 1878 an dieser Schule Lehrer für Theorie und Komposition. Ab 1884 unterrichtete er auch bei der Hofsängerkapelle. Gemeinsam mit Sergei Ljapunow und Mili Balakirew sammelte er im Auftrag der Russischen Geographischen Gesellschaft Volkslieder. Er starb am 15.8.1914 in Polinowka bei Nowgorod.

WERKE

Die virtuose Instrumentierung der Orchesterstücke von Anatoli Ljadow zeichnete ihn von allen Schülern von Rimski-Korsakow aus. Sonst blieb er dem Stil seines Lehrers treu. Seine Tondichtungen »Baba-Jaga«, »Der verzauberte See« und »Kikimora«, »Aus der Offenbarung« sind mehr »malend« als berichtend. Seine »Nenie«, die »8 russischen Volkslieder für Orchester« und das »Scherzo für Orchester« gehören der Romantik an. Seine Klaviermusik folgt dem Geist von Robert Schumann und Frédéric Chopin. Ein Streichquartett blieb unvollendet wie sein Ballett »Leila und Adelai«.

Baba-Jaga, ein russisches Volksmärchen für Orchester, Opus 56, ein Satz, entstanden 1904

Die Hexe Baba-Jaga kam in den Hof und pfiff. Sofort entstanden vor ihr Mörtel und eine Kelle. Sie setzte sich auf den Mörtel und flog auf einem Besen in die Luft. Aus dem Wald kam starker Lärm, die Bäume knackten und das dürre Laub raschelte. Mit satten plastischen Klangfarben macht das Stück den Märchenstoff deutlich.

LITERATUR

N. Wasina-Grossman, Anatoli Konstantinowitsch Ljadow, Moskau 1945.

Sergei Ljapunow (1859–1924)

ZEIT UND UMWELT

Während der Revolution und den folgenden Bürgerkriegen verloren viele Musiker ihre Betätigungsmöglichkeiten, und zwar in der Regel nicht aus politischen Gründen, sondern weil ihre Auftraggeber fehlten oder die Orchester und Institute, für die sie gearbeitet hatten, nicht mehr vorhanden waren. Manche warteten in anderen Stellungen auf ruhigere

Zeiten, nicht wenige verließen das Land mit der Hoffnung, früher oder später zurückkehren zu können, die aber nur bei einzelnen in Erfüllung ging.

LEBEN
Sergei Michailowitsch Ljapunow wurde am 18. 11. 1859 in Jaroslawl geboren. Er studierte von 1878 bis 1883 am Konservatorium in Moskau und lebte anschließend von 1885 bis zum Ausbruch der Revolution (1917) in St. Petersburg (Petrograd). Im Jahr 1893 wurde er von der Russischen Geographischen Gesellschaft in die nördlichen Gouvernements zur Aufzeichnung von Volksliedern gesandt, ab 1905 war er Mitarbeiter und von 1908 bis 1911 Leiter der Musikalischen Freischule, von 1894 bis 1902 Vizedirektor der Hofsängerkapelle, von 1910 bis 1918 Klavierlehrer am Konservatorium in St. Petersburg und erhielt dort 1919 noch eine Stelle am Institut für Kunstgeschichte, weil es seine musikalischen Stellen

Sergei Ljapunow

vorläufig nicht mehr gab. Er verließ aber das Land und ging nach Paris, wo er am 8. 11. 1924 starb.

WERKE
Von Sergei Ljapunow sind 2 Sinfonien in H-Dur und b-Moll, 2 Tondichtungen, »Zelazowa Wola« (Chopins Geburtsort) und »Haschisch«, 2 Klavierkonzerte, eine Ukrainische Rhapsodie für Klavier und Orchester, ein Violinkonzert, eine Festouvertüre mit russischen Themen, ein Klaviersextett, ein Psalm für Singstimme, Orgel und Harfe, 12 Klavieretüden, die heute noch viel gespielt werden, weitere Klavierstücke, ein Orgelstück und viele Lieder erhalten.

Boris Ljatoschinski (1894–1968)

LEBEN
Boris Mikolajewitsch Ljatoschinski wurde am 22. 12. 1894 in Schitomir geboren. Er war in Kiew Schüler von Reinhold Glier und wirkte ab 1920 als Kompositions- und Instrumentationslehrer an den Konservatorien von Kiew und Moskau. Er starb am 15. 4. 1968 in Kiew.

WERKE
Die Kompositionen von Boris Ljatoschinski fußten anfänglich auf der russischen Schule der Jahrhundertwende; sie wiesen jedoch im Verlauf der Schaffenszeit des ukrainischen Meisters westeuropäische Anregungen, insbesondere seitens der französischen Impressionisten, auf. Er schrieb 2 Opern, 5 Sinfonien, eine Ouvertüre über ukrainische Themen, 4 sinfonische Dichtungen, 2 Suiten, ein Klavierkonzert, 4 Streichquartette, 2 Klaviertrios, eine Violinsonate, mehrere Kantaten, zahlreiche Chöre, Lieder und Klavierstücke.

Stanislaw Ljudkewitsch (1879–1979)

LEBEN
Stanislaw Filippowitsch Ljudkewitsch wurde am 24. 12. 1879 in Jarosław, Galizien, geboren. Er war Schüler des Konservatoriums in Lemberg (Lwiw) und studierte dann in Wien bei

Hermann Graedener (1844–1929) und Alexander Zemlinsky. Im Jahr 1910 wurde er Leiter des Musikvereins »Bojan« in Lemberg und des von ihm gegründeten Lysenko-Konservatoriums, 1939 Professor am Konservatorium und Mitarbeiter am Ethnologischen Institut in Lemberg, wo er am 10.9.1979 starb.

WERKE
Sein größtes Verdienst erwarb Stanislaw Ljudkewitsch durch die Herausgabe von 1500 ukrainischen Volksliedern. Er schrieb 2 Opern, 7 Tondichtungen, 3 Klavierkonzerte, ein Violinkonzert, einen sinfonischen Tanz, Variationen für Klavier und Orchester, 2 Klaviertrios, mehrere Kantaten, Chöre und Lieder. Er verfaßte einige didaktische Werke und zahlreiche Essays.

Charles Harford Lloyd (1849–1919)

ZEIT UND UMWELT
In der Viktorianischen Ära Englands geriet auch die Musik in den Kirchen parallel zur profanen in Bewegung. Die Neuerungen dabei waren nicht sehr weitreichend, erst das nächste Jahrhundert brachte da einen echten Wandel. Die Affinität der Kirchenmusik zur Musik in den Konzertsälen blieb allerdings bestehen, weil es das Publikum so wünschte.

LEBEN
Charles Harford Lloyd wurde am 16.10.1849 in Thornbury, Gloucestershire, geboren. Er war ab 1876 Organist an der Kathedrale in Gloucester, nachdem er in Oxford ausgebildet worden war, wo er sodann ab 1882 in gleicher Eigenschaft an der Christ Church Cathedral wirkte und auch die Sinfoniekonzerte dirigierte. Von 1887 bis 1902 war er Orgellehrer am Royal College of Music in London, ab 1892 zugleich Musiklehrer am Eton College und ab 1914 Organist der Chapel Royal. Er starb am 16.10.1919 in Slough.

WERKE
Die Services, das Magnificat und das Nunc dimittis für Soli, Chor und Orchester, die begleiteten und unbegleiteten Anthems von Charles Harford Lloyd waren für die Weiterentwicklung der englischen Kirchenmusik richtungweisend. Seine profanen Kantaten und Motetten, die sich von seinen sakralen Kompositionen wenig entfernten, wirkten stark konservativ. Dafür schlug er bei seinen Bühnenmusiken, bei den Madrigalen und anderen Liedern und den 2 Konzerten für Klarinette und Klavier, ja sogar bei den Orgelstücken, moderne Töne an. Er stand an der Grenze der alten und neuen Stilepochen. Besonders interessant ist seine Musik zu »Alkestis« von Euripides.

Johann Christian Lobe (1797–1881)

ZEIT UND UMWELT
Die vielen im 19. Jahrhundert gegründeten staatlichen und privaten Musiklehranstalten und die überall entstandenen Konzert- und Chorvereinigungen erweckten ein eminentes Interesse an Musikwissenschaft. Lehrwerke, Abhandlungen, Kritiken erschienen in Fülle und wurden gekauft und gelesen.

LEBEN
Johann Christian Lobe wurde am 30.5.1797 in Weimar geboren. Er war Schüler von August Eberhard Müller. Im Jahr 1811 trat er im Gewandhausorchester in Leipzig als Soloflötist auf, bis 1842 wirkte er an der Weimarer Hofkapelle als Flötist und Bratschist. Nachdem er in Weimar bis 1846 ein eigenes Musikinstitut errichtet und geleitet hatte, übersiedelte er nach Leipzig, wo er bis zu seinem Tod am 27.7.1881 als Musiklehrer und Musikschriftsteller tätig war.

WERKE
Neben einer Fülle von musikwissenschaftlichen Abhandlungen und Lehrwerken brachte Johann Christian Lobe 5 Opern in Weimar auf die Bühne und schrieb 2 Sinfonien, mehrere Ouvertüren, Klavierquartette, Konzerte und Solostücke für Flöte. Er war theoretisch und praktisch der Romantik verschrieben.

Alonso Lobo (um 1555–1617)

ZEIT UND UMWELT

Das »Goldene Jahrhundert« Spaniens, an dem vor allem Sevilla durch seine Monopolstellung im Überseehandel, im Transport von Silber von Südamerika und von Menschen nach den in der Neuen Welt gegründeten Kolonien in der Form von Vizekönigreichen besonderen Anteil hatte, brachte für die Einwohner der Stadt weder Reichtum noch Wohlstand, sondern nur Teuerung und Minderung der Lebenshaltung. Auch auf die Musikkultur hatten die wirtschaftlichen und politischen Erfolge keinen fördernden Einfluß, denn der Traditionalismus versteifte sich, bis alles in eine gewisse Sterilität mündete.

LEBEN

Alonso Lobo wurde um 1555 in Borja geboren und dürfte in Zaragoza ausgebildet worden sein. Welche Stellungen er eingenommen hatte, ehe er Vizekapellmeister an der Kathedrale in Sevilla wurde, ist nicht bekannt. Er wirkte vermutlich in Madrid, wo einige seiner Kompositionen herauskamen. Im Jahre 1593 verließ er Sevilla, um die Kapellmeisterstelle an der Kathedrale in Toledo anzutreten; zehn Jahre darauf kam er in gleicher Eigenschaft an die Kathedrale von Sevilla zurück, wo er am 5. 4. 1617 starb.

WERKE

Von Alonso Lobo sind 6 vier- bis sechsstimmige Messen und 7 vierstimmige Motetten überliefert. Sie sind zwar erst 1602 in Madrid erschienen, gehören aber strukturell und stilistisch dem 16. Jahrhundert an. Von Bewegung zu neuen Formen ist nichts zu bemerken. Sie sind sorgfältig gearbeitet, können aber ihren epigonalen Charakter nicht verleugnen. Sein achtstimmiges Magnificat bleibt eine Ausnahme. Es zeigt im Duktus des Diskant Ansätze zur Befreiung vom überkommenen Stil.

LITERATUR

R. Stevenson, Spanish Cathedral Music in the Golden Age, Berkeley 1961.

Elias Alvares Lôbo (1834–1901)

ZEIT UND UMWELT

Der brasilianische Kaiser Pedro II. förderte großzügig die Einwanderung aus Europa, um die Einwohnerzahl seines Reiches zu erhöhen. Die Städte wuchsen rasch; damit ging ein großer Aufschwung des kulturellen Lebens Hand in Hand. Überraschend bald erwachte bei den Eingewanderten ein starkes Staatsbewußtsein, was zur Bildung einer eigenständigen Kunstentwicklung führte. Im Jahr 1860 wurde in Rio de Janeiro die erste brasilianische Oper, »A noite de São João« (Die Nacht des heiligen Johannes), aufgeführt.

LEBEN

Elias Alvares Lôbo wurde 1834 in Itú, São Paulo, geboren. Über seine Ausbildung und seine Tätigkeit ist nichts bekannt, außer daß er in São Paulo als Komponist lebte und am 15. 12. 1901 starb.

WERKE

Der Großteil der zahlreichen Kompositionen von Elias Alvares Lôbo ist leichte Unterhaltungsmusik, die auf spanischer, portugiesischer oder kreolischer Volksmusik fußt. Bemerkenswert sind seine Oper, als erstes Werk ihrer Art von der Hand eines bodenständigen Komponisten, und die dem Kaiser gewidmete »Missa de São Pedro de Alcántara«.

Giovanni Battista Locatelli (1713–85)

LEBEN

Giovanni Battista Locatelli wurde am 7. 1. 1713 in Venedig geboren. Er reiste mit der Operntruppe Mingotti als Librettist durch Europa und kam 1756 nach St. Petersburg, wo er die Leitung eines Theaters übernahm, mit dem er Schiffbruch erlitt. Ab 1761 leitete er ein Theater in Moskau, das er nach 2 Jahren wegen Schwierigkeiten mit seinen Kompagnons aufgeben mußte. Er ging nach St. Petersburg zurück und brachte sich dort als Ballettmeister durch. Er starb in St. Petersburg am 14. 3. 1785.

WERKE

Von dem wenig erfolgreichen Theaterunternehmer Giovanni Battista Locatelli sind in St. Petersburg einige von ihm selbst komponierte Ballette aufgeführt worden. Sein Hauptverdienst bestand aber aus der Einführung von Opern von Baldassare Galuppi und Christoph Willibald Gluck in Rußland.

Pietro Antonio Locatelli (1695–1764)

Pietro Antonio Locatelli

ZEIT UND UMWELT

Die Instrumentenbauerfamilien in Cremona schufen jene in ihrem Klang bis heute nicht erreichten kostbaren Violinen. Gleichzeitig entwickelten sich Spieltechnik und Komposition von Höhepunkt zu Höhepunkt. Die italienischen Violinvirtuosen, die zumeist selbst für sich komponierten, bereisten Europa, so daß Spiel und Komposition zum Ausfuhrartikel wurden, wie die Oper aus Italien, deren Übergewicht auch erst im 19. Jahrhundert durch die Leistungen anderer Länder ausgeglichen wurde.

LEBEN

Pietro Antonio Locatelli wurde am 3. 9. 1695 in Bergamo geboren. Er war in Rom Schüler von Arcangelo Corelli und ließ sich darauf in Amsterdam nieder, von wo aus er seine zahlreichen Konzertreisen durch Deutschland, Frankreich, England, Italien und Spanien unternahm. Zwischen 1732 und 1735 hielt er sich vermutlich in Venedig auf. Er wirkte als gesuchter Violinlehrer und betrieb einen Handel mit italienischen Saiten in Amsterdam, wo er am 30. 3. 1764 starb.

WERKE

Mit Ausnahme seiner 12 Sonaten für Soloflöte und Baß sind alle Kompositionen des Virtuosen Pietro Antonio Locatelli der Violine gewidmet. Seine 12 Concerti grossi für vier und fünf Stimmen mit zwölf Fugen, die er als erste Komposition veröffentlichte, lassen noch stark die Schule seines Lehrers Arcangelo Corelli erkennen; dann allerdings entfernte er sich davon, erweiterte die Spieltechnik, verstärkte den Affektausdruck, vor allem in seinen 12 Violinkonzerten mit 24 Capricci, den 6 Ouvertüren und 6 Konzerten, den 6 Triosonaten und den 12 Kammersonaten. Er formte das Concertino in den Concerti grossi durch Hinzuziehen einer Bratsche zum Quartett um, wie seine »Concerti a quattro«; die 10 Sonaten – 6 für Solovioline, 4 für Violinenterzett – steigern die Virtuosität zu neuen Höhepunkten. Eine Sinfonia für zwei Violinen, Bratsche und Baß – eine Trauersinfonie – und ein Concertino in A-Dur liegen handschriftlich vor; ihre Echtheit wird aber angezweifelt.

Sonate in g-Moll für Violine und Cembalo, 4 Sätze
Stark betonter Affektausdruck und glanzvolle Virtuosität beherrschen diese Sonate, der nichts mehr vom Stil des Römers Corelli anhaftet. Trotzdem kommt die Musik deutlich zu Wort. Gerade das einleitende Largo scheint den Hang zu technischer Brillanz überwunden zu haben und wie der 3. Satz – Adagio – in die Klassik hinüberzureichen. Die schnellen Sätze – Giga und Gavotta – lassen der virtuosen Auszierung freien Raum.

LITERATUR

A. Koole, Pietro Antonio Locatelli, Bergamo 1970.

Giovanni Battista Locatello
(um 1560 bis nach 1628)

Zeit und Umwelt
Die römische Schule löste sich im ausgehenden 16. Jahrhundert nur zögernd von den bewährten Formen strenger Diktion. Doch das Unterhaltungsbedürfnis des Publikums verlangte leichtere Musik. Die Canzonetta, die in ganz Italien in Mode gekommen war, mußte auch in Rom kultiviert werden, sollte der Römer sich nicht nur mit »Importen« zufriedenstellen müssen.

Leben
Giovanni Battista Locatello wurde vermutlich in Rom um 1560 geboren. Wo er ausgebildet wurde und gewirkt hat, ist nicht bekannt. Er dürfte aber sein Leben in Rom als Musiker verbracht haben und dort nach 1628 gestorben sein.

Werke
Von dem römischen Komponisten Giovanni Battista Locatello ist ein Buch mit zwei- bis siebenstimmigen Madrigalen im Jahre 1628 erschienen. Zahlreiche Lieder und Canzonetten des Komponisten finden sich in Sammelwerken. Sie zeigen mehr als die Madrigale, daß sich auch in Rom die strengen Richtlinien der Komposition auflockerten.

Charles Lochon (um 1760 bis nach 1817)

Zeit und Umwelt
Trotz des Überhandnehmens der Vertreter des bodenständigen Kompositionsstils und der heimischen Technik des Violinspiels gab es genügend Anhänger der italienischen Faktur, die sich, von einem italienischen Meister abgeleitet, von Lehrer auf Schüler vererbt erhielt.

Leben
Charles Lochon wurde um 1760 in Lyon geboren. Er wirkte ab 1777 als erster Violinist an der Comédie de Bordeaux, ging 1780 nach Paris und spielte neben Julien Bertheaume, dessen von Felice de Giardini geerbten Stil er übernahm, als Violinist im Concert spirituel; 1783 wurde er Violinlehrer. Er starb nach 1817 in Paris.

Werke
Von Charles Lochon sind 6 Duos für zwei Violinen, eine Sinfonie für zwei Oboen, zwei Hörner und Streicher, zwei konzertante Sinfonien für zwei Soloviolinen, zwei Oboen, zwei Hörner und Streicher und ein Divertimento für zwei Violinen, zwei Oboen, zwei Hörner, Bratsche, Fagott und Kontrabaß erhalten. Der Stil entspricht dem zeitgenössischen italienischen, weist aber viele romantische Elemente auf.

Jacques François Lochon
(um 1665 bis nach 1700)

Zeit und Umwelt
Während sich auf dem Feld der Oper der französische Stil immer mehr vom italienischen abhob, bildete sich bei anderen Musikgattungen eine Art italienisch-französischer Mischstil heraus, der alle Vorteile beider Stilvarianten in sich vereinigte und dominierend wurde.

Leben
Jacques François Lochon wurde um 1665 in Paris geboren und an der Maîtrise der Sainte-Chapelle ausgebildet. Er dürfte sich einige Zeit in Lüttich aufgehalten haben. Es ist nicht feststellbar, welche Stellung er dort und später in Paris, wo er nach 1700 gestorben ist, innehatte.

Werke
Der französische Komponist Jacques François Lochon hat eine Sammlung ein- bis neunstimmiger Motetten mit Generalbaß und ein Oratorium über die Geburt Christi für vier Stimmen und zwei Violinen mit Generalbaß verfaßt. Sein Stil ist eine glückliche Mischung italienischer und französischer Tendenzen.

Matthew Locke (um 1630–77)

ZEIT UND UMWELT
Es dauerte in England um einiges länger als auf dem Kontinent, bis sich die Form der Oper durchsetzte. Man zog ihr lange das Schauspiel mit Musik vor, weil man dem Wort und der Gestik deutlichen Vorrang vor der Musik einräumte. Dafür gab es kaum Schauspiele ohne Musik. Auch die von Thomas Shadwell (1641–92) und William Davenant (1602–60) für den damaligen Publikumsgeschmack bearbeiteten Shakespeare-Stücke wurden nur mit viel Musik auf die Bühne gebracht.

LEBEN
Matthew Locke (Lock) wurde um 1630 in Exeter geboren. Er war unter Edward Gibbons Chorknabe an der Kathedrale von Exeter und wurde sodann vermutlich von William Wake ausgebildet. Im Jahr 1648, als das Schicksal des englischen Königtums vorläufig entschieden war, übersiedelte er in die Niederlande; 1661 wurde er von Karl II. zum Hofkomponisten und einige Jahre darauf zum Organisten der Königin ernannt. Er starb in London im August des Jahres 1677.

WERKE
Der englische Komponist Matthew Locke verfaßte die Musik zu einer Anzahl von Bühnenstücken, mehrere Orchestersuiten und Orchesterfantasien, Kammermusik, Suiten für Tasteninstrumente, Lieder, Anthems und Services. Er wandte überall die Technik des Generalbasses an, für den er auch als Musikschriftsteller eintrat.

Edward James Loder (1813–65)

ZEIT UND UMWELT
John David Loder (1788, Bath, bis 13.2.1846, London) war Violinist, Violinlehrer, Dirigent, Musikverleger und Autor didaktischer Werke über das Violinspiel. Sein Sohn John Fawcett Loder (1812, Bath, bis 16.4.1853, London) war gleichfalls ein berühmter Violinist, Dirigent und Konzertveranstalter.

LEBEN
Edward James Loder wurde 1813 in Bath als Sohn des John David Loder und als Bruder des John Fawcett Loder geboren. Damit war als Umwelt das Konzertleben des vornehmen Badeorts Bath und die Konzerte in London für ihn gegeben. Er wurde 1826 nach Frankfurt am Main geschickt, um bei Ferdinand Ries Unterricht zu nehmen, und als er nach England zurückkam, lag bereits ein Opernauftrag für ihn vor, dem andere folgten. Er betätigte sich fallweise als Dirigent verschiedener Konzerte und von Theaterorchestern in London und anderen englischen Städten bis zu seinem Tod am 5.4.1865 in London.
Seine Nichte Kate Fanny Loder, verehelichte Thomson (August 1825, Bath, bis 30.8.1904, Headley, Surrey), war eine bedeutende Pianistin, die vorwiegend in London auftrat.

WERKE
Von Edward James Loder sind eine Anzahl englische Opern, zahlreiche zum Teil sehr beliebte Lieder, mehrere Kantaten, sakrale Gesänge und einige Streichquartette überliefert; man rühmte seine melodiöse Stimmführung und geschickte, klangreiche Instrumentation.
Kate Fanny Loder verfaßte eine Oper und zahlreiche Klavierstücke für ihre eigenen Konzerte.

Charles Martin Loeffler (1861–1935)

LEBEN
Charles Martin Loeffler wurde am 30.1.1861 in Mulhouse (Mülhausen) geboren. Er war Schüler von Hubert Léonard und Joseph Massart in Paris und von Joseph Joachim (1831–1907); Komposition studierte er bei Ernest Guiraud (1837–92) und Friedrich Kiel. Nachdem er in Paris, Nizza und Lugano als Orchesterviolinist gewirkt hatte, ging er 1881 in die USA und spielte von 1882 bis 1903 im Boston Symphony Orchestra. Sodann widmete er sich bis zu seinem Tod am 19.5.1935 in Medfield, Mass., dem Unterricht und der Komposition.

WERKE

Mit Recht wird Charles Martin Loeffler als einer der wichtigsten Vertreter des impressionistischen Stils in den USA bezeichnet. Allerdings zeigen seine Tondichtungen »Der Tod des Tintagiles« für zwei Viole d'amore und Orchester, »Tanz des Teufels« für Orchester und Orgel, »Erinnerung an meine Kindheit«, »Das gute Lied« und »Ein heidnisches Gedicht« mit ihrer Programmatik deutliche romantische Züge, obwohl auch sie trotz des literarischen Gehalts sich stark der »malerischen« Darstellung nähern. Völlig impressionistisch sind seine Sinfonie »Hora mystica« (Mystische Stunde), seine »Musik für 4 Streicher«, sein »Canticum Fratris Solis« (Gesang des Sonnenbruders) für Singstimme und Kammerorchester, die Partita für Violine und Klavier, die Vertonung des 137. Psalms für vierstimmigen Frauenchor, Orgel, Harfe, zwei Flöten und Cello und sein interessantes Streichquartett. Er brachte auch 2 Opern heraus. Mit seinen Werken verlieh er der Musikentwicklung Nordamerikas starke Impulse, so daß sie neben den noch lang gepflegten romantischen Fakturen rasch zum Expressionismus vorrückte.

A Pagan Poem (Ein heidnisches Gedicht), Tondichtung für Klavier, Oboe, 3 Trompeten und Orchester, Opus 14, ein Satz, entstanden 1901

Das Stück fußt auf der 8. Ekloge von Publius Vergilius Maro (70–19 v. Chr.) und schildert, wie es einem Mädchen aus Thessalien gelang, den untreuen Liebhaber durch Zauberei zurückzugewinnen. Die Soloinstrumente bilden zeitweilig ein Concertino wie bei einem Concerto grosso, das mit dem Orchester als Tutti konzertiert. Die Trompeten sind anfangs außerhalb des Konzertpodiums postiert und nähern sich im Verlauf des Stücks dem Orchester, bis sie dort am Ende ihren Platz einnehmen, um in den Triumph der Liebe und der Zauberkünste einzustimmen.

LITERATUR

C. Engel, Charles Martin Loeffler, in: Musical Quaterly XI, 1925, und XXII, 1936.

Georg Simon Löhlein (1725–81)

LEBEN

Georg Simon Löhlein wurde am 16. 7. 1725 in Neustadt an der Heide, Coburg, getauft. Im Jahr 1743 wurde er auf einer Reise von preußischen Werbern in die Garde Friedrichs des Großen gepreßt und mußte bis zu seiner Verwundung bei Collin 1757 dienen. Darauf ging er nach Jena, um sich zum Musiker auszubilden, und brachte es bald zum Leiter des »Academischen Concerts«; 1763 konnte er bereits in Leipzig als Violinist und Klaviersolist in das »Große Konzert« eintreten und eine große Lehrtätigkeit entfalten, bis er 1780 als Ratskapellmeister nach Danzig (Gdańsk) berufen wurde. Er starb in Danzig am 16. 12. 1781.

WERKE

Als Lehrer und Verfasser didaktischer Werke – Clavierschule, Violinschule – war Georg Simon Löhlein sehr bedeutend. Diese Werke wurden bis in das 19. Jahrhundert vielmals aufgelegt. Seine Kompositionen, Klaviersonaten, Klavierpartiten, Violinduette, Trios, Quartette, Konzerte, eine Kantate und ein Singspiel, erhoben sich nicht über einen guten Durchschnitt. Das Didaktische überwog dabei die Musikalität. Sein Klavierkonzert in F-Dur und die Sonate in G-Dur für Flöte und Cembalo verdienen dennoch hervorgehoben zu werden.

LITERATUR

Fr. v. Glasenapp, Georg Simon Löhlein, Halle 1937.

Johann Löhner (1645–1705)

LEBEN

Johann Löhner wurde am 21. 11. 1645 in Nürnberg geboren und von seinem Schwager Georg Kaspar Wecker zum Organisten ausgebildet. Er unternahm eine Studienreise nach Wien, Salzburg und Leipzig, war eine Zeitlang am Hof in Bayreuth als Sänger tätig und wurde 1672 an verschiedenen Kirchen in

Nürnberg Organist, ab 1694 an St. Lorenz. Er starb in Nürnberg am 2. 4. 1705.

WERKE

Der deutsche Organist und Komponist Johann Löhner wurde besonders durch seine Erbauungslieder bekannt. Er brachte eine Sammlung mit 30 geistlichen Liedern heraus und außerdem mehrere hundert in verschiedenen Gesangbüchern seiner Zeit. An profaner Musik schrieb er 22 drei- bis achtstimmige Schulkanons mit 2 Motetten und Kirchen- und Tafelmusik für eine Stimme, zwei Violinen und Generalbaß. Neben verschiedenen Gelegenheitsmusiken komponierte er mehrere Bühnenstücke und veröffentlichte aus dem Singspiel »Theseus« 44 Arien. Die Opern enthalten anstelle der Arien strophische Lieder, wie es für die ältere deutsche Oper charakteristisch war.

LITERATUR

H. Kretzschmar, Geschichte des Neuen deutschen Liedes, Leipzig 1911.

Jacques Loeillet (1685–1746)

LEBEN

Jacques Loeillet, Bruder des Jean Loeillet (1680–1730), wurde am 7. 7. 1685 in Gent getauft. Die Anwesenheit des bayrischen Kurfürsten Max II. Emanuel (1662–1726) in Brüssel, der im Zuge des Spanischen Erbfolgekrieges sein Land verlassen hatte müssen, bot dem Genter Musiker die Gelegenheit, in dessen Hofkapelle als Oboist einzutreten. Als der musikliebende Kurfürst nach dem Frieden von Rastatt (1714) von seinem Exil in Frankreich nach München zurückgekehrt war, erhielt Loeillet dort die Stelle eines Kammermusikers und Konzertmeisters. Im Jahr 1727 ging er für mehrere Jahre an den Hof Ludwigs XV. in Versailles, wirkte darauf erneut in München bis 1746, in welchem Jahr er nach Gent heimkehrte und dort am 28. 11. starb. Seine Witwe bezog eine Pension aus Versailles.

Sein Vetter Jean-Baptiste Loeillet (getauft 26. 7. 1688, Gent, nach 1729, Frankreich) lebte und wirkte als Komponist, Flötist und Konzertmeister in Frankreich und vermutlich zumindest einige Zeit am Hof des Erzbischofs von Lyon. Im Jahr 1729 ist seine letzte Komposition erschienen. Wann und wo er gestorben ist, kann nicht festgestellt werden.

WERKE

Von Jacques Loeillet sind 6 Sonaten für Querflöte mit Continuo, 6 Sonaten für zwei Querflöten ohne Continuo und 2 Konzerte für Oboe und Streicher in Es-Dur und D-Dur erhalten.

Jean-Baptiste Loeillet hinterließ eine beträchtliche Anzahl Sonaten für eine und zwei Querflöten, die großen Anklang fanden.

LITERATUR

P. Bergmans, Une famille des musiciens belges: Les Loeillet, Brüssel 1928.

Jean-Baptiste Loeillet (1680–1730)

ZEIT UND UMWELT

Die Zeugen des Kunstsinnes Flanderns, die Gildenhäuser verschiedener Bauepochen, die Kirchen, vor allem Sint Baafs mit dem Flügelaltar von van Eyck in Gent, rufen die Zeit franko-flämischer Musikblüte des 15. und 16. Jahrhunderts in Erinnerung. Die Werke jener Jahrhunderte erklangen auch am Ende des Barock von den Orgelemporen.

LEBEN

Jean-Baptiste (John) Loeillet (L'Oeillet, Leuiliet, Lully) wurde am 18. 11. 1680 in Gent getauft. Er war von 1705 bis 1711 Flötist am Queen's Theatre, Haymarket, in London. Ab da lebte er als Musiklehrer in London, wo er auch wöchentlich Dilettantenkonzerte in seiner Wohnung leitete. Er führte die Querflöte, die er virtuos beherrschte, in London ein, wo er am 19. 7. 1730 starb.

WERKE

Der flämische Flötist und Komponist Jean-Baptiste Loeillet verfaßte 18 Triosonaten, 6 Sonaten für Querflöte und 6 für Längsflöte,

6 Cembalosuiten, Lehrstücke für Cembalo und 4 Tänze. Sein Stil gehört bereits dem 18. Jahrhundert an.

Albert Löschhorn (1819–1905)

LEBEN
Carl Albert Löschhorn wurde am 27.6.1819 in Berlin geboren. Er war Schüler von Ludwig Berger am Institut für Kirchenmusik, von Eduard Grell und August Wilhelm Bach. Von 1851 bis zu seinem Tod am 4.6.1905 wirkte er an diesem Institut als Klavierlehrer.

WERKE
Von Albert Löschhorn sind zahlreiche Salonstücke, Etüden und Sonaten für Klavier erschienen, deren musikalischer Wert nicht sehr hoch angeschlagen werden kann. Seine Kammermusik – Klavier mit Streichern – war anspruchsvoller.

Johann Georg Lösel (1699–1750)

ZEIT UND UMWELT
Das 1711 gefürstete süddeutsche Geschlecht Löwenstein-Wertheim übernahm wie zahlreiche Adelshäuser in Österreich und Deutschland die Rolle der Höfe als Förderer des Kulturstrebens und damit der Musik, bis diese Funktion allmählich an das Bürgertum weitergegeben wurde.

LEBEN
Johann Georg Ernst Cajetan Lösel wurde 1699 in Böhmen geboren. Er war Mitglied der Hofkapelle in Dresden und sodann, bis ungefähr 1745, Kapellmeister des Fürstenhauses Löwenstein in Prag, Wertheim und Klein-Heubach. Darauf lebte er bis zu seinem Tod am 7. 12. 1750 in Miltenberg, Bayern.

WERKE
Von Johann Georg Lösel sind eine Sinfonie, 2 Flötenkonzerte und ein Capriccio für Flöte und Orchester erhalten. Seine 3 Passionsoratorien, die in Prag aufgeführt wurden, sind nicht überliefert.

Carl Loewe (1796–1869)

ZEIT UND UMWELT
In der Balladenkomposition des 19. Jahrhunderts ist die von der Romantik geforderte Annäherung der Musik an die Dichtung weitestgehend vollzogen. Der Komponist wurde zum Erzähler, der kongenial mit dem Dichter, mit der Fülle und Sinnfälligkeit der Musik, Bilder und Gestalten, Schauplätze und Vorgänge verdeutlichte und das Wort selbst zum Klang gestaltete und vertiefte, so daß zu den zwei Dimensionen des Gedichtes – Dargestelltes und Darstellung – als dritte der raumerfüllende Ton trat. In keiner anderen Musikgattung, die von der Romantik erst ausgeprägt wurde, tritt deren Geist klarer profiliert zutage. Die Musik selbst wurde mit bildhaften Vorstellungen und symbolischen Aussagen ausgestattet, sie fügte sich eng in das Versgebäude ein und wurde somit selbst zu formvollendeter Dichtung. Die Gestalten der Herrscher und Helden in Geschichte und Sage, die Götter der Mythen und ihre Komparsen, die

Carl Loewe

Riesen, Zwerge, Feen und Trolle, Wunderbares und Grauenvolles, intim Idyllisches neben gespenstiger Grausamkeit, alles, was die Dichter der Romantik aus der Traumwelt ihrer Zeitgenossen holten, um es in bildhafte, geschmeidig rhythmisierte Sprache zu kleiden, wurde von den Tonschöpfern mitgedichtet.

Leben

Johann Carl Gottfried Loewe wurde am 30.11.1796 in Löbejün bei Halle geboren. Er war Schüler der Lateinschule in Halle und erhielt dort von Daniel Gottlob Türk Musikunterricht. Während er ab 1817 in Halle Theologie studierte, wirkte er als Organist an der Marktkirche. Im Jahr 1820 wurde er Kantor und Organist und 1821 Städtischer Musikdirektor und Gymnasialmusiklehrer in Stettin (Szczecin), wo er, unterbrochen von Konzertreisen, die ihn auch nach Wien, London, Frankreich und Norwegen führten, bis 1868 wirkte. Dann zog er sich nach Kiel zurück, wo er am 20.4.1869 starb.

Werke

Von den 6 Opern von Carl Loewe ist nur eine (»Die drei Wünsche«) aufgeführt worden, von seinen 17 Oratorien sind bemerkenswert: »Die Festzeiten« (Anreihung von Kirchenkantaten), »Die Zerstörung Jerusalems« (mit 10 Solisten und 6 Chören), »Die eherne Schlange« (für Männerchor), »Die Siebenschläfer« (nach einer Legende von Wilhelm von Giesebrecht), »Die Apostel von Philippi«, »Gutenberg«, »Palestrina«, »Johann Hus«, »Hiob«, »Die Heilung des Blindgeborenen«, »Die Auferweckung des Lazarus«. Er schrieb weiters 2 Sinfonien, 2 Konzerte, eine große Sonate, Charakterstücke und Fantasien für Klavier und einige Kammermusik. Seine Hauptbedeutung liegt jedoch in der Balladenvertonung für eine Singstimme und Klavier. Man darf ohne Übertreibung behaupten, daß er als erster und einziger die musikalische Balladenform geschaffen, zur Vollendung geführt und zur gesonderten musikalischen Gattung geformt hat. Jede einzelne seiner rund 200 Balladen weist eine vollendete epische Geschlossenheit auf, ob nun strophische Gliederung, Themen- oder Tonartenkontraste, Variation oder zyklischer Aufbau verwendet wurde, um den vielfältigen Stoffen gerecht zu werden. Die Dichtungen wurden den Werken von Johann Gottfried von Herder, Johann Wolfgang von Goethe, Friedrich von Schiller, Ludwig Uhland, Friedrich Rückert (1788–1866), August von Platen-Hallermünde (1796 – 1835), Ferdinand Freiligrath (1810 – 76), Theodor Fontane (1819 – 98) und anderen zeitgenössischen Dichtern entnommen. Manches davon wird noch heute im Konzertsaal und als Hausmusik gesungen. An weiterer Vokalmusik liegen noch vor: »Die Walpurgisnacht« für Soli, Chor und Orchester, »Horaz-Oden« für vier Männerstimmen, »Drei Gesänge«, darunter die vielgesungene »Uhr«, zahlreiche Kantaten und Motetten.

Edward, für Singstimme und Klavier, Opus 1,1, entstanden 1818

Schon dieses Erstlingswerk weist die Prägnanz und Vollendung auf, die alle Werke des Komponisten auszeichnen. Das von Johann Gottfried von Herder übersetzte alte schottische Gedicht (»Dein Schwert, wie ist's von Blut so rot«), ein Dialog zwischen dem Sohn, der den Vater erschlagen, und der Mutter, die ihn dazu getrieben hat, ist in seinem düsteren Stimmungsgehalt voll ausgeschöpft.

Elvershöh, für Singstimme und Klavier, Opus 3,2, entstanden 1820

Dieser Elfenballade (»Ich legte mein Haupt auf Elvershöh«) liegt das von Johann Gottfried Herder übertragene dänische Gedicht von Johan Ludvig Heiberg (1791–1860) zugrunde, das das Abenteuer eines Ritters schildert, der sich auf dem Elfenhügel zum Schlaf niederläßt, von den Elfen umgarnt und durch das Krähen des Hahnes, der den Morgen ankündigt, geweckt und gerettet wird.

Harald, für Singstimme und Klavier, Opus 45,1, entstanden 1835

Das Gedicht von Ludwig Uhland (»Vor seinem Heergefolge ritt der kühne Held Harald«) erzählt von dem Ritter, der im Wald den Elfen widersteht und dafür durch vergiftetes Wasser in vielhundertjährigen Schlaf versetzt wird.

Archibald Douglas, für Singstimme und Klavier, Opus 128, entstanden 1857

Diese vielleicht bedeutendste Ballade des Komponisten legt das gleichnamige Gedicht von Theodor Fontane (»Ich hab' es getragen sieben Jahr«) zugrunde, in dem der verbannte Douglas, von

Heimweh getrieben, den König um Gnade anfleht. Als ihn dieser abweist, bittet er: »Zieh dein Schwert und triff mich gut, und laß mich sterben hier.« Der König zieht das Schwert und überreicht es dem ehemaligen Feind: »Nimm's hin und trag's aufs neu.« Die musikalische Ausdeutung der Szenen ist unübertreffbar gelungen.

Der Nöck, für Singstimme und Klavier, Opus 129,2, entstanden 1859

Das Gedicht von August Kopisch (1799–1853) nach einer nordischen Sage (»Es tönt des Nöcken Harfenschall«) berichtet vom Wassermann, der mit seinem Harfenspiel den Wasserfall bezähmt. Von Kindern verspottet, hört er auf, und der Wasserfall entfesselt seine Gewalt. Nun bitten die Kinder: »Komm wieder, Nöck, du singst so schön!« Nöck nimmt sein Singen und Spielen wieder auf, der Wasserfall beruhigt sich und die ganze Natur ist von friedlicher Harmonie erfüllt.

Tom der Reimer, für Singstimme und Klavier, Opus 135, entstanden 1867

In diesem Gedicht von Theodor Fontane (»Der Reimer Thomas lag am Bach«) begegnet dem Dichter Tom die Elfenkönigin. Er verfällt ihr, nachdem er sie geküßt hat, für sieben Jahre; der Elfenzauber ist zum schönen Traum geworden: »Sie ritten durch den grünen Wald bei Vogelsang und Sonnenschein.« Die Stimmungsmalerei dieses späten Werkes steht hinter denen früherer Werke in nichts zurück.

Literatur

R. Sietz, Carl Loewe, Köln 1948.

Johann Jacob Löwe (1629–1703)

Zeit und Umwelt

Die deutsche Suite, die nach 1600 aus Sammlungen von Tänzen, Tanzpaaren oder anderen Stücken bestand, nahm sehr bald Variationen auf und unterschied sich dadurch grundlegend von der italienischen oder französischen. Die »Variationen-Suite« wurde jedoch wieder aufgegeben, dafür stellte man den Tanzfolgen eine Einleitung voran, die sich als »Sinfonia« zu einer oft mehrteiligen Ouvertüre weitete.

Leben

Johann Jacob Löwe von Eisenach wurde am 31. 7. 1629 in Wien als Sohn eines kurfürstlichen Residenten getauft. Er war ab 1652 Schüler von Heinrich Schütz in Dresden, auf dessen Empfehlung er 1655 in Wolfenbüttel Kapellmeister wurde. Von 1663 bis 1665 wirkte er in gleicher Eigenschaft in Zeitz und wurde 1682 Organist in Lüneburg, wo er im September 1703 starb.

Werke

Der deutsche Komponist Johann Jacob Löwe hat als einer der ersten die deutsche Suite mit einer einleitenden Sinfonia versehen, die Ouvertürencharakter aufwies. Er schrieb »Synfonien, Intraden, Gagliarden, Arien, Balletten, Couranten, Sarabanden« für drei bis fünf Instrumente; das Werk besteht aus 11 vier- bis sechssätzigen mit einer Sinfonia beginnenden Suite und schließt mit einer Sinfonia ab, weiters »Sonaten, Canzonen und Capriccen« für zwei Stimmen, die Sammlung »Tugend- und Schertz-Lieder«, »Neue Geistliche Concerten« für eine bis drei Stimmen und »Neue Arien« für eine Stimme mit zweistimmigen Ritornellen, außerdem 2 Opern.

Literatur

H. Riemann, Zur Geschichte der deutschen Suite, in: Sammelbände der Internationalen Musikgesellschaft VI, 1904/05.

Anestis Logothetis (geboren 1921)

Leben

Anestis Logothetis wurde am 27.10.1921 in Burgas, Bulgarien, geboren. Er studierte in Wien an der Technischen Hochschule und von 1945 bis 1951 an der Akademie für Musik und darstellende Kunst. Er lebt dort als Klavierlehrer und freischaffender Komponist.

Werke

Aufgrund der Satztechniken seines Lehrers Alfred Uhl entwickelte Anestis Logothetis eine Strukturierung mittels einer Notation von »Assoziations-Zeichen« für die improvisatorische Ausführung von Musik mit variabler Besetzung. Selbst erzielt er darin Klangschattierungen von zartester bis zu bruitistischer

Bandbreite. Für beliebige Besetzung schrieb er unter anderem: »Koordination« für fünf Orchestergruppen, »Meditation«, »Vibration«, »Mäandros«, »Odyssée«, »Diffusion«, »Styx«, »Kollisionen«, »Styxische Flüsse«, »Klangraum I und II« für Orchester, »Emanationen« für Klarinette und Tonband, »Katalysator«, »Agglomeration« für Violine und Saiteninstrumente, »Kulmination I und II«, »Dynapolis«, »Seismographie I und II« für Klavier. Für die Bühne verfaßte er 2 musikalische Schauspiele, 4 Ballette, zum Teil mit Tonband, dazu mehrere Hörspiele, für die Bühnenfassungen vorliegen. Für Tonband allein erzeugte er 5 Stücke. Mit herkömmlicher Notation schrieb er »Polynom für Orchester in 5 Gruppen«, »Kompression« für beliebige Instrumente, »Integration« für Violine, Cello und Klavier, eine Sonate und eine Suite für Klavier, »Texturen« für zwei Klaviergruppen. Er erhielt für seine Kompositionen mehrere Preise von Wien und von Athen.

Anestis Logothetis

Nicola Logroscino (1698 bis um 1766)

ZEIT UND UMWELT

Während noch im 17. Jahrhundert die nächsten Ausbildungsstätten für Musiker aus Sizilien in Neapel waren, wurden doch im Verlauf der folgenden Zeit nach neapolitanischem Muster Musikschulen in Palermo gegründet. Eine der bekanntesten war das Conservatorio dei Figliuoli dispersi, wo namhafte Fachkräfte unterrichteten und Musiker von Rang hervorgingen.

LEBEN

Nicola Logroscino wurde am 22. 10. 1698 in Bitonto, Bari, getauft. Von 1714 bis 1727 genoß er eine Musikausbildung am Conservatorio Santa Maria di Loreto in Neapel und war anschließend bis 1731 Organist in Conza, Avellino. Dann hielt er sich als Komponist in Neapel auf. Ab 1758 bis zu seinem Tod um 1766 lehrte er am Conservatorio dei Figliuoli dispersi in Palermo.

WERKE

Die kompositorische Tätigkeit von Nicola Logroscino erstreckte sich, der damaligen musikalischen Situation Neapels entsprechend, auf die Oper, und zwar vor allem auf die Opera buffa, in der er als erster die Akte mit einem konzertanten Ensemblefinale abschloß. Er verfaßte aber auch eine Reihe von Opere serie, die dem damaligen neapolitanischen Opernstil folgten. Von seinen übrigen Kompositionen sind 2 Stabat mater, eine Kantate, Arien und Duette erhalten, die stilistisch der Oper sehr nahestehen. Er verfaßte außerdem theoretische Schriften und Lehrwerke.

LITERATUR

U. Prota-Giurleo, Nicola Logroscino, Neapel 1927.

Simon Lohet (um 1545–1611)

ZEIT UND UMWELT

Der deutsche Orgelmeister Johann Woltz (um 1550, Heilbronn, bis 10. 9. 1618, Heilbronn) veröffentlichte 1617 seine Nova Musices Organicae Tabulatura, die 215 Orgelsätze vorwiegend deutscher und italienischer Komponisten enthält und einen wertvollen Einblick in das Orgelmusikwesen seiner Zeit gewährt. Seine qualitative Auswahl weist ein sehr hohes Niveau auf.

LEBEN
Simon Lohet wurde um 1545 in Lüttich geboren und dort auch zum Organisten ausgebildet. Im Jahre 1571 erhielt er die Stelle eines Hofkapellorganisten in Stuttgart. Für die Hofkapelle unternahm er mehrere Reisen in die Niederlande und nach Venedig, um Instrumente und Noten einzukaufen. Er wurde in Stuttgart am 5. 7. 1611 begraben.

WERKE
Von den Werken des flämischen Komponisten sind 20 Fugen, eine Kanzone, 2 Choralarrangements und 2 deutsche Motetten in die Nova Musices Organicae Tabulatura des Organisten Johann Woltz aufgenommen worden, was für ihre Qualität spricht. Die Fugen entsprechen allerdings nicht unserem modernen Begriff, weil die Themen sehr kurz und nicht ganz ausgespielt sind, sobald die Begleitstimme (Comes) einsetzt. Sie wirken aber sehr bewegt und klangreich.

LITERATUR
G. Frotscher, Geschichte des Orgelspiels und der Orgelkomposition I, Berlin 1935.

Michael Lohr (1591–1654)

ZEIT UND UMWELT
Wenngleich die Protestanten für Gottesdienst und Kirchengesang nahezu ausschließlich die deutsche Sprache verwendeten, komponierten nicht wenige Kantoren lateinische Motetten. Sprachliche Schwierigkeiten gab es für sie nicht, weil sie aus den Lateinschulen kamen und sehr oft selbst Lateinlehrer waren.

LEBEN
Michael Lohr wurde am 23. 9. 1591 in Marienberg geboren. Er war zunächst Kantor in Rochlitz und dann an der Kreuzkirche in Dresden, wo er am 17. 2. 1654 starb.

WERKE
Der deutsche Komponist Michael Lohr veröffentlichte »Newe teutzsche Kirchen Gesänge« für fünf bis acht Stimmen mit Generalbaß in 2 Teilen und etliche lateinische Motetten. Die Gesänge sind als frühe Generalbaßlieder sehr interessant.

LITERATUR
K. Held, Das Kreuzkantorat in Dresden, in: Vierteljahresschrift für Musikwissenschaft X, 1894.

Antonio Lolli (um 1730–1802)

ZEIT UND UMWELT
Die Virtuosität der Violinisten des 18. Jahrhunderts steigerte sich von Jahrzehnt zu Jahrzehnt, die Technik vervollkommnete sich bis zur Akrobatik, auf der Strecke blieb dabei aber die Musik, die weder die Virtuosen noch ihre Bewunderer interessierte. Das eminente Interesse an allem Technischen, an jeder Methode, die Materie zu beherrschen, lag auf der Linie der Aufklärung.

LEBEN
Antonio Lolli wurde um 1730 in Bergamo geboren. Es wurde behauptet, daß er als Violinist wenig Unterricht genossen und sich autodidaktisch ausgebildet habe. Niccolò Jommelli verschaffte ihm 1758 die Stelle eines Violinsolisten an der Hofkapelle in Stuttgart. Während eines Urlaubs unternahm er Konzertreisen nach Wien, Paris, Deutschland, Holland und Italien. Als sein Vertrag in Stuttgart 1774 erfüllt war, wurde er von der russischen Zarin Katharina II. als Violinvirtuose nach St. Petersburg engagiert. Von dort setzte er seine Reisetätigkeit fort und spielte in Warschau, Skandinavien und Deutschland. Nach Beendigung des Rußlandaufenthaltes reiste er weiterhin durch alle europäischen Länder, bis er 1794 Erster Konzertmeister in Neapel wurde und sich bald darauf

nach Palermo zurückzog, wo er am 10. 8. 1802 starb. Seine eminente Technik reihte ihn zu den ersten Violinvirtuosen seiner Zeit ein, der überall mit Begeisterung empfangen wurde; es fehlte aber auch nicht an kritischen Stimmen, die seinem Spiel jede Musikalität absprachen.

WERKE
Für seine Kompositionen soll Antonio Lolli wegen der eigenen mangelhaften musikalischen Ausbildung Helfer herangezogen haben. Er veröffentlichte 8 Violinkonzerte, 3 Hefte Violinsonaten mit Generalbaß und 6 Duette für zwei Violinen.

Gawrjil Lomakin (1812–85)

ZEIT UND UMWELT
Auch in der russischen Kirchenmusik fand im 19. Jahrhundert der volle Chorklang, wenn auch zögernd, Eingang. Die bisher einstimmigen Gesänge wurden harmonisiert. Von dem Kirchengesang im übrigen Europa unterschied sich diese Harmonisierung in der Regel durch weite Spannen zwischen den Tönen der Akkorde, wodurch der russische sakrale Gesang seinen ihm eigentümlichen Klang gewann.

LEBEN
Gawrjil Jakinowitsch Lomakin wurde am 25.3.1812 in Borisowka, Gouvernement Kursk, geboren. Er war Chorknabe in St. Petersburg und wurde nach seiner Ausbildung Chorgesanglehrer an der Theaterschule der Hofsängerkapelle sowie an anderen Lehranstalten. Im Jahr 1862 gründete er mit Mili Balakirew eine Musikschule in St. Petersburg, an der er den Gesangunterricht leitete. Er starb am 9.5.1885 in Gattschina.

WERKE
Das Hauptverdienst von Gawrjil Lomakin lag in seiner Übertragung altrussischer Kirchengesänge für vierstimmigen Chor, wodurch er zu einem der Begründer der modernen russischen Kirchenmusik wurde. Er komponierte selbst zahlreiche kirchliche Gesänge, die noch heute in Gebrauch stehen, und veröffentlichte auch ein Lehrwerk über Chorgesang.

Carlo Ambrogio Lonati
(um 1645 bis nach 1701)

LEBEN
Carlo Ambrogio Lonati (Lunati) wurde um 1645 in Mailand geboren. Er wurde »Il gobbo« (Der Buckelige) genannt, und als er nach seiner Tätigkeit als Violinist am Hof des Vizekönigs von Neapel bei der Königin von Schweden in gleicher Eigenschaft und später als Hofkapellmeister wirkte, hieß er »Il gobbo della Regina di Svezia«. Er war gleichzeitig Mitglied der Congregazione di Santa Cecilia. In den Jahren 1674 und 1675 war er Violinist des Oratorio del Santissimo Crocifisso, ab 1678 spielte er in Genua, 1685 wurde ihm der Titel »Virtuoso dei duchi di Mantova« verliehen. Er war mit Alessandro Stradella befreundet und arbeitete mit ihm zusammen. Er dürfte nach 1701 in Mailand gestorben sein.

WERKE
Der italienische Violinvirtuose und Komponist Carlo Ambrogio Lonati genoß als Violinist und als Violinlehrer hohes Ansehen. Er verfaßte Kantaten, Arien, Canzonetten und ein Oratorium »L'innocenza di Davide« (Die Unschuld Davids). Sein bleibendes Hauptwerk sind seine 12 Solosonaten für Violine und Generalbaß, die noch heute gespielt werden.

Antoine de Longaval
(um 1480 bis um 1530)

ZEIT UND UMWELT
Obgleich die französische Hofkapelle unter König Franz I. sich mit Meistern der frankoflämischen Schule füllte, nahm diese dennoch eine Sonderstellung ein. Denn einerseits wirkte die Tradition der Pariser Schule des Hochmittelalters noch immer mit einzelnen Archaismen und einer Vorliebe für latei-

nische Texte nach, andererseits sind eine gewisse Verfeinerung und der Hang zur Auszierung nicht zu übersehen.

LEBEN
Antoine de Longaval wurde vermutlich in Longueval (Somme) um 1480 geboren. Er genoß seine Ausbildung wahrscheinlich in Paris, wo er ab 1509 als Sänger und ab 1517 als Kapellmeister tätig war. Er dürfte in Paris um 1530 gestorben sein.

WERKE
Die Zuschreibung der ältesten Motettenpassion hat sich als falsch erwiesen, da nun feststeht, daß sie von Obrecht stammt. Von Antoine de Longaval sind nur 3 vierstimmige Sätze und ein vierstimmiges Chanson erhalten. Sein übriges, angeblich umfangreiches Werk ist verlorengegangen. Die Qualität seines Schaffens ist schon dadurch gekennzeichnet, daß er mit dem Meister der Renaissancemusik Obrecht verwechselt wurde.

LITERATUR
A. Schmitz, Zur Motettenpassion des 16. Jahrhunderts, Archiv für Musikwissenschaft XVI, 1959.

William Henry Longhurst (1819–1904)

ZEIT UND UMWELT
Die Kapelle von Canterbury hatte aufgrund ihrer alten Tradition im kirchenmusikalischen Leben Englands eine Sonderstellung. Der Erzbischof war sogar berechtigt, seinen Musikern den Doktorgrad der Musik zu verleihen.

LEBEN
William Henry Longhurst wurde am 6.10. 1819 in London geboren. Im Jahr 1828 wurde er als Chorknabe der Kathedrale von Canterbury aufgenommen; 1865 war er dort Organist und wirkte in dieser Eigenschaft bis 1898. Der Erzbischof verlieh ihm den Doktorgrad der Musik. Er starb am 17.6.1904 in Canterbury.

WERKE
Von William Henry Longhurst sind Anthems, Services und Gesänge überliefert, die die für Canterbury typischen konservativen Fakturen aufweisen. Sein Oratorium »David und Absolom« ist Manuskript geblieben.

Heinz Martin Lonquich (geboren 1937)

LEBEN
Heinz Martin Lonquich wurde am 23.3.1937 in Trier geboren. Er war an der Hochschule für Musik in Saarbrücken Schüler von Heinrich Konietzny (geboren 7.5.1910, Gleiwitz [Gliwice]) und Philipp Wüst (geboren 3.5. 1894, Ludwigshafen). Von 1957 bis 1961 wirkte er als Kapellmeister an den Bühnen in Münster und anschließend bis 1964 am Theater in Braunschweig. Seit 1964 ist er als musikalischer Assistent an den Bühnen in Köln und als freischaffender Komponist tätig. Von 1966 bis 1969 ergänzte er seine Ausbildung an der Musikhochschule in Köln bei Bernd Alois Zimmermann und Herbert Eimert. Er ist Mitglied der »Gruppe 8 Köln«.

WERKE
Von Heinz Martin Lonquich sind die elektronischen Kompositionen »Torso I und II«, ein Psalmenbuch, 2 deutsche Ordinarien, »Improvisationsanweisungen« für fünf Spieler und »Emanationen« für elektrische Gitarre, Klavier und elektronische Klänge in memoriam Bernd Alois Zimmermann und ein »Resurrexit« für Oboe, Klarinette, Fagott und elektronische Klänge bekannt geworden. Er schrieb ferner »Corrispondenza« (Entsprechung) für Orchester, »Pentameron« für Gitarre, Harfe und Klavier, ein Kammerkonzert für Harfe, Flöte, Klarinette und 15 Soloviolinen, »Vokalisation« für Sopran, Mezzosopran, Cello, Schlagzeug und Tonband, »Mondblüten« – 17 Haikai für Sopran und und Klavier, »Der Weg nach Tsin« – 11 chinesische Gedichte für Bariton und Klavier, »Reflexionen« für zwei Violinen und Klavier – Neufassung für zwei Violinen, Flöte, Vibraphon und Klavier und ein Bläserquintett.

Harvey Worthington Loomis
(1865–1930)

LEBEN

Harvey Worthington Loomis wurde am 5.2. 1865 in New York geboren. Er studierte am National Conservatory bei Antonín Dvořák (1841–1904). Neben seiner zeitweisen Lehrtätigkeit widmete er sich hauptsächlich der Komposition. Er starb am 25.12.1930 in Boston.

WERKE

Neben 5 Opern, mehreren Pantomimen und Schauspielmusiken schrieb Harvey Worthington Loomis 2 Melodramen, eine Violinsonate und Klavierstücke. Besonders geschätzt sind seine Kompositionen für Kinderchöre, Duette und Lieder. Er veröffentlichte außerdem 2 Hefte mit Indianerliedern, die er bei seinem intensiven Studium der Musik der nordamerikanischen Indianer gesammelt hatte. Er gehörte der Spätromantik an.

Henry Loosemore (um 1600–70)

ZEIT UND UMWELT

Bis zum Beginn des Bürgerkrieges liefen Forschung, Unterricht und Musikleben an den verschiedenen Colleges von Cambridge mit steigender Intensität weiter. Dann kam der Bruch, der wissenschaftliche Betrieb wurde scharf eingeengt, die Musik verstummte. Im Jahr 1660, als die Cromwell-Zeit vorüber war, lebte alles wieder auf.

LEBEN

Henry Loosemore wurde um 1600 in England geboren. Er war Sänger an einem der Colleges von Cambridge und von 1627 bis zu seinem Tod im Jahr 1670 Organist am King's College.
Sein Sohn George Loosemore (um 1630, Cambridge, bis 1682, Cambridge) war von 1660 bis zu seinem Tod im Jahr 1682 Organist am Trinity College von Cambridge.

WERKE

Vom englischen Organisten und Komponisten Henry Loosemore sind ein Service in d-Moll, 2 lateinische Litaneien in d-Moll und g-Moll und eine Anzahl Anthems überliefert. Von George Loosemore sind mehrere Anthems erhalten, von denen »Glory be to God on High« (Ehre sei Gott in der Höhe) Berühmtheit erlangte.

Lope de Baena (um 1460 bis um 1520)

ZEIT UND UMWELT

Das grausame Wüten der Königin Isabella I. von Kastilien war eine konsequente Folge ihres Fanatismus für die restlose Glaubenseinheit ihres Volkes und die unbedingte Beachtung der Verhaltensvorschriften ihrer Religion.

LEBEN

Lope de Baena wurde um 1460 in Baena geboren. Über Leben und Wirken dieses spanischen Komponisten ist bis zu seiner Anstellung an der Kapelle der Königin Isabella I. als Organist nichts bekannt (1498). Er nahm an der Überführung der am 26. 11. 1504 verstorbenen Regentin von Medina del Campo nach Granada teil. Er dürfte seine Stelle als Organist und Sänger der Königlichen Kapelle bis zu seinem Tod um 1520 behalten haben.

WERKE

Es sind nur profane Kompositionen von Lope de Baena überliefert, und zwar etwa ein Dutzend mehrstimmige Gesänge zum Hofgebrauch, die zwar dem damaligen spanischen Stil folgen, aber doch durch einzelne Eigenwilligkeiten überraschen. Er wurde von seinen Zeitgenossen sehr geschätzt und als »ein sehr feiner Komponist« bezeichnet, »dessen Musik alle Sorgen verscheucht«.

Fernando Lopes-Graça (geboren 1906)

LEBEN

Fernando Lopes-Graça wurde am 17.12.1906 in Tomar, Santarém, Portugal, geboren. Er war am Konservatorium in Lissabon Schüler von José Viana da Mota (22.4.1868, São Tomé, bis 31.5.1948, Lissabon), Tomás Vaz Borba (23.11.1867, Angra do Heroísmo, Azoren, bis 12.2.1950, Lissabon) und Frederico de Freitas Branco. In Paris studierte er bei Charles Koechlin und Paul-Marie Masson (19.9. 1882, Sète, Herault, bis 27.1.1954, Paris). Anschließend lebte er in Lissabon als Musikkritiker, Lehrer an der Musikakademie, Leiter von Konzertreihen und als Komponist. Er gehört zu den repräsentativsten Gestalten des portugiesischen Musiklebens unseres Jahrhunderts.

WERKE

Neben einer großen Anzahl musikgeschichtlicher, theoretischer und ästhetischer Werke schrieb Fernando Lopes-Graça eine Sinfonie, ein Tongedicht, eine Ouvertüre, ein Divertimento, Stücke für Streicher, 2 Klavierkonzerte, ein Concertino für Klavier und eines für Bratsche mit Orchester, Orchestertänze, ein Klavierquintett, ein Bläserquintett, ein Klavierquartett, 2 Streichquartette, zahlreiche Klavierwerke, Stücke für Gitarre und für Spinett, Kantaten mit verschiedener Besetzung und Begleitung, viele Lieder mit verschiedener Begleitung und Volksliedbearbeitungen. Er verfocht die zeitgenössischen Stilrichtungen in Portugal, nahm aber persönlich eine betont nationale Haltung ein, ohne der Romantik zu verfallen.

Félix Máximo López (1742–1821)

ZEIT UND UMWELT

Zu den innenpolitischen Schwierigkeiten, mit denen sich der spanische König Karl IV. (1748–1819) auseinanderzusetzen hatte, traten 1789 die Französische Revolution und in der Folge die Kriege der französischen Republik, in die er hineingezogen wurde. Die anschließenden Kriege Napoleons verschärften die Lage noch mehr, bis er 1808 zugunsten Napoleon Bonapartes abdankte, der seinen Bruder Joseph Bonaparte auf den spanischen Thron setzte. Die darauf einsetzenden Befreiungskämpfe der Spanier dauerten, bis Ferdinand III. (1769–1824) den Thron einnahm.

LEBEN

Félix Máximo López wurde am 23. 11. 1742 in Madrid getauft. Er war Erster Organist der Real Capilla in Madrid bis zu seinem Tod am 9. 4. 1821. Inwieweit er seinen Dienst während des unruhigen Verlaufes der Ereignisse zwischen 1789 und 1814 auszuüben in der Lage war, ist nicht feststellbar. Größere Unterbrechungen hat es sicherlich gegeben.

WERKE

Von Félix Máximo López ist eine große Anzahl von Orgelwerken und sakralen Kompositionen erhalten. Er schrieb auch etliche Villancicos, Stücke für Cembalo und Gitarre, Lieder und Tonadillas. Die Kirchen- und Orgelmusik ist sehr konservativ, während die profanen Werke dem Geschmack der Zeit folgen.

Eduardo López-Chavarri y Marco
(1871–1970)

LEBEN

Eduardo López-Chavarri y Marco wurde am 29.1.1871 in Valencia geboren. Er war Schüler von Felipe Pedrell und studierte gleichzeitig Rechtswissenschaft. Darauf erhielt er die Stelle eines Lehrers für Musikästhetik und Musikgeschichte am Konservatorium in Valencia, wo er am 28.10.1970 starb. Im Jahr 1903 hatte er dort ein Kammerorchester gegründet.

WERKE

Von Eduardo López-Chavarri y Marco sind eine Orchestersuite, 2 Stücke für Streichorchester, ein Konzert für Klavier und Streichorchester, 2 Streichquartette, Klavierstücke, eine »Legende« für Chor und Orchester, Chöre und Lieder bekannt geworden. Sein Stil war traditionell.

Sebastián Lopez de Velasco
(um 1590 bis nach 1628)

ZEIT UND UMWELT

Das Kloster der Descalzas Reales (Königliche Barfüßerinnen) in Madrid war ein Stift für verwitwete oder unverheiratet gebliebene Infantinnen des Königshauses. Es war wegen seiner intensiven Musikpflege berühmt. Seine Kapelle wurde stets von bedeutenden Musikern geleitet wie zum Beispiel von Tomás Luis de Victoria (um 1549–1611).

Leben
Sebastián Lopez de Velasco wurde um 1590 in Segovia geboren. Über seine Ausbildung und sein Wirken ist bis zum Jahr 1628 nichts bekannt, in dem er die Kapellmeisterstelle am Kloster der Descalzas Reales in Madrid erhielt. Ort und Zeit seines Todes sind nicht feststellbar.

Werke
Von dem spanischen Kirchenmusiker Sebastián Lopez de Velasco ist ein Buch mit Messen, Motetten, Psalmen, Magnificat und anderen kirchlichen Gesängen überliefert, die im polyphonen Stil des 16. Jahrhunderts gehalten sind und den dunklen Klang, jene typisch spanische Note, stark ausprägen.

David Lord (geboren 1944)

Leben
David Lord wurde am 3.10.1944 in Oxford geboren. Er war an der Royal Academy of Music in London Schüler von Richard Rodney Bennett (geboren 29.3.1936, Broodstairs, Kent). Seitdem ist er als freischaffender Komponist für Filme, Festivals, Theater, Fernsehen und Rundfunk tätig, gestaltet und leitet Schulmusikprogramme der BBC. Im Jahr 1971 übernahm er die Stelle eines Lecturer in Music beim Studio für künstlerische Bestrebungen in Addlestone, Surrey.

Werke
Neben zahlreichen Kantaten für Kinderstimmen, Anthems, Hymnen für Chor und Orgel und einem Liederzyklus für Mezzosopran und Klavier schrieb David Lord ein Septett für Flöte, Klarinette, Harfe und Streichquartett sowie ein Concertino für Cembalo und Streichorchester.

Johan Lorentz (um 1610–89)

Zeit und Umwelt
Die Entwicklung der Musik in den Ländern, in denen anfänglich Kräfte aus Gebieten mit einem bereits fortgeschrittenen Kunstleben, dann Meister aus dem Ausland naturalisiert wurden, läßt sich auch beim Orgelbau feststellen. Die ersten Orgelbauer in den nordischen Staaten kamen aus Deutschland oder den Niederlanden, nach ihnen ließen sich bereits ausländische Orgelbauer nieder, von denen heimische Kräfte lernen konnten. Johan Lorentz (um 1580, Grimma, begraben 18. 6. 1650, Helsingör) ließ sich 1608 in Flensburg nieder, wurde 1616 nach Kopenhagen gerufen und baute die Orgel in der Trefaldighets-Kerk in Kristianstad.

Leben
Johan Lorentz, Sohn des Orgelbauers Johan Lorentz (um 1580, Grimma, begraben 18. 6. 1650 Helsingør), wurde um 1610 in Flensburg geboren. Er erhielt 1629 den Organistenposten an Vor-Frue-Kerk in Kopenhagen, ging dann zur weiteren Ausbildung nach Italien und wurde nach seiner Rückkehr 1634 königlicher Hoforganist und Organist an St. Nicolas in Kopenhagen, wo er am 19. 4. 1689 starb.

Werke
Von den Orgelwerken des dänischen Organisten und Komponisten Johan Lorentz ist nichts erhalten. Es sind nur einige Bücher mit Tänzen verschiedener Art, Airs und Präludien überliefert.

Paolo Lorenzani (1640–1713)

Leben
Paolo Lorenzani wurde 1640 in Rom geboren. Er erhielt seinen Musikunterricht von Orazio Benevoli und wurde 1672 Kapellmeister an der Kirche Il Gesù in Rom und 1675 am Dom in Messina. Im Jahr 1678 kam er nach Paris und wurde bei Hof eingeführt, wo er mit einer Motette dem König derart gut gefiel, daß ihm die Leitung der Musik der

Königin überantwortet wurde. Einige Erfolge festigten seine Stellung, aber als die Königin 1683 starb, begann sein Stern zu sinken. Er trat dem Theatinerorden bei und wirkte dort als Kapellmeister, konnte sich jedoch als Komponist nur mehr schwer halten. So kehrte er nach Rom zurück und übernahm 1694 die Kapellmeisterstelle an der Cappella Giulia, die er bis zu seinem Tod am 28. 10. 1713 innehatte.

WERKE

Der italienische Komponist Paolo Lorenzani verfaßte Kirchenmusik, von der 24 ein- bis fünfstimmige Motetten gedruckt wurden, außerdem italienische Arien und eine französische Oper.

LITERATUR

H. Prunières, Paolo Lorenzani, in: La Revue Musicale III, 1922.

Albert Lortzing, nach einer Lithographie von Schlick (1845)

Albert Lortzing (1801–51)

ZEIT UND UMWELT

Die deutsche Opernromantik, die mit Richard Wagner ihren Höhepunkt erreichte, bewegte sich ihrem Postulat entsprechend auf das Gesamtkunstwerk zu, das zumindest so weit erfüllbar war, daß Dichtung und Komposition von einer Künstlerpersönlichkeit geschaffen wurden, wie das auch bei vielen Liedern der Zeit geschah.

LEBEN

Gustav Albert Lortzing wurde am 23. 10. 1801 in Berlin geboren, wo er von Carl Friedrich Rungenhagen eine musikalische Grundausbildung erhielt. Den Rest mußte er sich selbst erarbeiten, weil er mit seinem Vater, der Schauspieler war, von Ort zu Ort zog und bald selbst als Sänger und Schauspieler auf die Bühne gebracht wurde. Er setzte das Wanderleben seiner Eltern fort, zunächst nur als Schauspieler und Sänger, später als Dirigent eigener und fremder Opern. Er wirkte unter anderem als Theaterkapellmeister in Leipzig und Wien. Seine letzte Station war Berlin, wo er am 21. 1. 1851 starb.

WERKE

Von den ungefähr 15 Bühnenwerken von Albert Lortzing sind einige bis in unser Jahrhundert lebendig geblieben und werden heute noch auf kleineren Bühnen gegeben. Die Libretti verfaßte er selbst. Einzelne Arien daraus sind echte Strophenlieder und haben das deutsche Liedgut des 19. Jahrhunderts bereichert. Außerdem verfaßte er einige Bühnenmusiken, kleinere Gesangswerke – Maurerlieder – und Orchesterwerke, denen nur wenig Bedeutung zukommt.

Johann Anton Losy von Losinthal (um 1650–1721)

ZEIT UND UMWELT

Man gewinnt den Eindruck, als habe sich die musikalische Welt um die Wende zum 18. Jahrhundert nur sehr schwer von den Mitgliedern der Violenfamilie und den Lautentypen trennen können, obwohl Violine und Gitarre ihre Herrschaft bereits angetreten hatten. Oberflächlich gesehen, scheinen diese unaufdringlichen, fein klingenden Instrumente um jene Zeit bereits ihre Bedeutung verloren zu haben, weil, wie behauptet wurde, die Menschen, die bereits dem Zeitalter der Aufklärung entgegengingen, helle, klare, scharf konturierte Klänge benötigten. Tatsächlich wurden aber Violen und Lauten immer wieder herangeholt. Die Zeiten, in denen sie tatsächlich vergessen wurden, brachen erst später an, und es dauerte nicht einmal zwei Jahrhunderte, bis man sich erneut ihrer erinnerte und erkannte, welchen Verlust es bedeutet, darauf zu verzichten.

LEBEN
Johann Anton Graf Losy von Losinthal (Logi, Logy, Lossi, Losy) wurde um 1650 auf Steken bei Strakovice geboren. Er studierte in Prag, begab sich einige Jahre auf Reisen nach Italien und anderen Ländern und wurde Staatsbeamter. Die Musik betrieb er als Dilettant. Er starb in Prag am 21. 8. 1721.

WERKE
Der österreichische Komponist Johann Anton Losy von Losinthal war Lauten- und Gitarrenvirtuose und gilt als Begründer der Prager Lautenschule. Es sind von ihm zahlreiche Werke für beide Instrumente, vorwiegend aber für die Laute, überliefert: Menuette, Chaconnen, Sarabanden, Gigues, Suiten, Rondeaux usw., die bis in unsere Gegenwart immer wieder einzeln oder in Sammelwerken nachgedruckt werden.

Mark Lothar (1902 – 85)

LEBEN
Mark Lothar wurde am 23.5.1902 in Berlin geboren. Er war in Berlin Schüler von Ermanno Wolf-Ferrari und wirkte sodann von 1921 bis 1932 als Konzertbegleiter, von 1934 bis 1944 als Leiter des Musikwesens am Berliner und von 1945 bis 1955 am Bayerischen Staatsschauspiel in München, wo er bis zu seinem Tode am 6.4.1985 als freischaffender Komponist lebte.

Mark Lothar

WERKE
Von Mark Lothar sind 6 Opern aufgeführt worden. Außerdem schrieb er 6 Orchestersuiten und einige weitere Orchesterstücke, ein Concertino für zwei Klaviere, Streicher und Schlagzeug, ein Concertino für vier Klarinetten, Streichorchester, Harfe und Schlagzeug, ein Holzbläserquartett, eine Violinsonate, eine Flötensonate, zahlreiche Klavierstücke, A-cappella-Chöre, Kantaten, Lieder, Musiken für Bühne, Film, Rundfunk und Fernsehen. Sein Stil war wenig fortschrittlich.

Antonio Lotti (1666 – 1740)

ZEIT UND UMWELT
Es ist ein interessantes Phänomen, daß sich italienische Komponisten ab 1700 der alten Polyphonie zuwendeten, die in Italien viel mehr vernachlässigt worden war als etwa in Deutschland oder Frankreich. Dabei handelte es sich zumeist um namhafte Opernkomponisten, deren Werke mit großem Erfolg aufgeführt worden waren. Es scheint, daß gerade bei diesen der geringe künstleri-

sche Gehalt aller dieser in Massen erzeugten Opern das Bedürfnis weckte, Musik zu schreiben, die für Komponisten und Publikum zum echten künstlerischen Erlebnis wurde.

LEBEN
Antonio Lotti wurde im Februar 1666 in Venedig geboren und dort von Giovanni Legrenzi ausgebildet. Er begann seine Laufbahn 1687 als Sänger an San Marco, wurde dort 1692 zweiter, 1704 erster Organist und 1736 Kapellmeister. Von 1717 bis 1720 unterbrach er seine Tätigkeit in Venedig und folgte einem Ruf des Kurfürsten von Sachsen, Friedrich August I., nach Dresden, um dort Opern zu verfassen und aufzuführen. Er wandte sich, nach Venedig zurückgekehrt, ausschließlich der Kirchenmusik zu und wirkte neben seinem Dienst an San Marco als Musiklehrer am Conservatorio degl'Incurabili. Er starb in Venedig am 5. 1. 1740.

WERKE
Der italienische Komponist Antonio Lotti verfaßte über 20 Opern, 5 Oratorien und eine Reihe von Intermedien, außerdem eine Anzahl Duette, Terzette und Madrigale für fünf Stimmen und Generalbaß, bei 50 einstimmige Kantaten mit Generalbaß und dreistimmige Sonaten. Im alten polyphonen Stil schrieb er zahlreiche Messen, Motetten und Psalmen. Er beherrschte den strengen polyphonen Stil ebenso souverän wie den leichten der spätbarocken Oper.

Ivana Loudová (geboren 1941)

LEBEN
Ivana Loudová wurde am 8. 3. 1941 in Clumec nad Ciflinou, Mähren, geboren. Sie studierte am Konservatorium in Prag von 1958 bis 1961 und anschließend bei Emil Hlobil an der Musikakademie. Sie trat vorwiegend mit Vokalwerken hervor, die international bekannt geworden sind.

WERKE
Neben einer »Dramatischen Freske« und einem Ballett schrieb Ivana Loudová unter anderem 2 Sinfonien – eine für Alt, Chor und Orchester –, ein Orchesterstück, eine Fantasie für Orchester, ein Konzert für Kammerorchester, eine Air für Baßklarinette und Klavier, ein Chorwerk, ein Stabat mater und eine Kinderkantate.

Louis de Mollier (um 1613–88)

LEBEN
Louis de Mollier (Molier, Molière) wurde um 1613 in Paris geboren. Er war Kammerlautenist des Königs und Lautenmeister der Pagen, der Kapelle und der Hofmusik. Als Tänzer und Komponist wirkte er maßgebend an den höfischen Opernaufführungen mit. Er starb in Paris am 18. 4. 1688.

WERKE
Der französische Lautenist, Tänzer und Komponist Louis de Mollier verfaßte eine Reihe von Bühnenmusiken, die sich bereits stark der späteren Oper annäherten, und entwickelte durch Vertonung der entsprechenden Texte das melodramatische Ballett. Überdies schrieb er mehrere Chansons à danser und Airs de cour.

Louis de Rigaud
(um 1590 bis nach 1623)

LEBEN
Louis de Rigaud wurde um 1590 vermutlich in Paris geboren. Er gehörte dem geistigen Kreis des Barockdichters Marc Antoine de Gérard, sieur de Saint-Amant, an. Einige Zeit stand er im Dienst des Marschalls de Thémines, der auf seinem Schloß Konzerte und Ballette veran-

LEBEN
Louis de Rigaud wurde um 1590 vermutlich in Paris geboren. Er gehörte dem geistigen Kreis des Barockdichters Marc Antoine de Gérard, sieur de Saint-Amant, an. Einige Zeit stand er im Dienst des Marschalls de Thémines, der auf seinem Schloß Konzerte und Ballette veran-

staltete. Er starb in den Jahren nach 1623. Ort und Zeit seines Todes sind unbekannt.

WERKE
Vom kompositorischen Werk des französischen Barockkomponisten Louis de Rigaud sind nur seine »Airs faits et mis en tablature de luth« (Airs in Lautentabulatur gesetzt) erhalten, deren Texte von den Barockdichtern Philippe Desportes (1546–1606), Honoré d'Urfé (1567–1635) und François Maynard (1582–1646) stammen.

Louis Ferdinand von Preußen
(1772–1806)

ZEIT UND UMWELT
Die von Friedrich dem Großen (1712–86) begründete musische Ausrichtung des preußischen Königshauses, die verschiedenen in Berlin tätigen Kapellen und Musiklehranstalten, die vielen Komponisten, Interpreten und Musikwissenschafter und das volle Aufblühen des Musiklebens der Stadt hatten zur Folge, daß mehrere Mitglieder der königlichen Familie wie König Friedrich selbst sich in die Schar der reproduzierenden und produzierenden Musiker einreihten.

LEBEN
Louis Ferdinand, Prinz von Preußen (eigentlich Friedrich Louis Christian), wurde am 18.11.1772 in Friedrichsfelde bei Berlin als Sohn des Prinzen Ferdinand (1730–1813) und Neffe Friedrichs des Großen geboren. Er war als Musiker Schüler von Jan Ladislav Dusík. 1792 wurde er Generalmajor, kämpfte in den Koalitionskriegen gegen Frankreich und fiel als Kommandant der preußischen Vorhut am 10.10.1806 bei Saalfeld.

WERKE
Von Prinz Louis Ferdinand sind erschienen: mehrere Klavierquintette, ein Oktett für Klavier, Klarinette, zwei Hörner, zwei Violinen, zwei Celli, ein Notturno für Klavier, Flöte und Streichtrio, ein Larghetto mit Variationen für Klavier und Streichquartett, 4 Klaviertrios, eine Klavierfuge, Variationen für Klavier, ein Rondo für Orchester und Lieder. Seine Musik gehörte noch dem empfindsamen Stil an, weist aber deutliche romantische Elemente auf.

LITERATUR
E. Klessmann, Prinz Louis Ferdinand von Preußen, Gestalt einer Zeitwende, München 1972.

Arthur Lourié (1892–1966)

LEBEN
Arthur Vincent Lourié wurde am 14.5.1892 in St. Petersburg geboren, wo er von 1909 bis 1916 am Konservatorium studierte; zusätzlich nahm er Kompositionsunterricht bei Aleksandr Glasunow. Von 1918 bis 1922 wirkte er als Leiter der Musikabteilung des russischen Ministeriums für Volksaufklärung. Dann verließ er Rußland, lebte in Berlin und ließ sich in Paris nieder. Ab 1941 lebte er in den USA als freischaffender Komponist bis zu seinem Tod am 13.10.1966 in Princeton, N. J.

WERKE
Die frühen Werke von Arthur Lourié standen unter dem Einfluß von Aleksandr Skrjabin und Claude Debussy, später änderte sich sein Stil, weil er mit Igor Strawinsky bekannt wurde. Er verwendete häufig Vierteltöne und entwickelte ein Tonsatzsystem, das zwölftönige und nichtzwölftönige Komplexe konfrontierte. Er schrieb eine Oper, ein Opernballett, 2 Sinfonien, ein Konzert für Klavier, gemischten Doppelchor, Soli, Blechinstrumente, Bässe und Schlagzeug, eine »Liturgische Sonate« für Klavier, Chor und Orchester, einen »Trauergesang« für gemischten Chor und zwölf Bläser, eine Hymne für Chor, Soli und Orchester, ein Kammerkonzert für Violine und Streicher, eine Kammermusik für Streicher, Kantaten, Motetten, ein Quintett, 2 Streichquartette, kleinere Orchesterwerke, Klavierstücke und Klavierlieder.

Alain Louvier (geboren 1945)

Leben

Alain Louvier wurde am 13.9.1945 in Paris geboren. Er war von 1957 bis 1970 am Conservatoire in Paris Schüler von Henriette Puig-Roget (geboren 9.1.1910, Bastia, Korsika), Olivier Messiaen, Tony Aubin, Manuel Rosenthal und Robert Veyron-Lacroix (geboren 13.12.1922, Paris); im Jahr 1968 erhielt er den Rompreis. Er wirkt als Leiter der École Normale de Musique in Boulogne-sur-Seine.

Werke

Von Alain Louvier sind unter anderem »Etudes pour agresseurs (Übungen für Angreifer) I und II« für Klavier, »III« für Cembalo, »IV« für zwei Klaviere, »V« für Cembalo, vier Lautsprecher und elf Streicher, ein Bläserquintett, eine Sonate für zwei Klaviere, ein Violinkonzert, ein Orchesterstück, ein Stück für Ondes Martenot, Klavier und Schlagzeug, »Vier Praeludien« für Klaviersaiten, ein Stück für sechs und eines für zwei bis fünf Schlaginstrumente, eines für drei Blockflöten, eines für Sopran, Sprecher und Orchester und ein Klavierwerk für die linke Hand bekannt geworden.

Jan Louys (um 1520 bis nach 1576)

Zeit und Umwelt

Mit dem Vertrag von Brüssel (1522) überantwortete Kaiser Karl V. seine alten habsburgisch-österreichischen Besitzungen seinem Bruder Ferdinand, Kaiser ab 1558, während sein Sohn Philipp das Königreich Spanien und damit auch die Niederlande erhielt. Die Residenzen der zwei Kaiser und des Königs waren der Tradition des Hauses entsprechend mit vorzüglichen Kapellen ausgestattet.

Leben

Jan Louys (Maître Jan Louys) wurde vermutlich um 1520 im niederländischen Raum geboren und ausgebildet. Er war Sänger in den Kapellen der Kaiser Karl V. und Ferdinand I. Im Jahre 1576 wurde er für die Kapelle Königs Philipps II. als Organist engagiert. Wann und wo er gestorben ist, läßt sich nicht feststellen.

Werke

Von dem flämischen Komponisten Jan Louys sind 3 Bücher mit Psalmen 1555 in Antwerpen erschienen. Weitere Werke, Motetten und andere Gesänge finden sich in Sammeldrucken. Der Stil dieses Hofmusikers ist rein flämisch.

Herman Severin Løvenskiold (1815–70)

Zeit und Umwelt

Die Abtrennung Norwegens von Dänemark und seine Vereinigung mit Schweden fand nicht den Beifall aller Landesbewohner. Sie versuchten, ihre vollständige Selbständigkeit mit einer liberalen Verfassung zu erreichen und wählten den dänischen Prinzen Christian Frederik (1786–1848) als Statthalter, mußten dann doch die Union mit Schweden anerkennen. Nicht wenige Norweger, die bisher in dänischen Diensten gestanden waren, wählten Dänemark als ihre neue Heimat.

Leben

Herman Severin Løvenskiold wurde am 30.7. 1815 in Holdenjernvärk, Norwegen, geboren, kam aber in jungen Jahren mit seinen Eltern nach Kopenhagen, wo er seine Ausbildung als Musiker erhielt und zwei Ballette auf die Bühne brachte. Er unternahm eine Studienreise nach Deutschland und Österreich, von der er 1841 zurückkehrte. Von 1851 bis zu seinem Tod am 5.12.1870 in Kopenhagen wirkte er als Schloßorganist auf Christiansborg.

Werke

Von Herman Severin Løvenskiold sind außer seinen beiden Balletten mehrere Bühnenmusiken, eine Oper, ein Klavierquartett in f-Moll, 2 Konzertouvertüren, Märsche, Tänze, Lieder und verschiedene Klavierstücke erhalten. Seine Musik bewegt sich im Rahmen der Romantik und enthält viel Volksmusikgut.

Samuel Lover (1797–1868)

ZEIT UND UMWELT
Wie sich eine Anzahl Opernkomponisten als Literaten betätigten, indem sie ihre Libretti selbst anfertigten, so versuchten sich einige Bühnendichter mit mehr oder weniger Erfolg als Komponisten von Schauspielmusiken und sogar Opern. Im Zeitalter der Romantik war diese starke Annäherung von Musik und Dichtung nicht selten.

LEBEN
Samuel Lover wurde am 24.2.1797 in Dublin geboren. Er machte sich anfänglich als Miniaturenmaler bekannt, dann mit viel Erfolg als Schauspieldichter. Seine Stücke gingen in seiner Geburtsstadt und später in London über verschiedene Bühnen. Einzelne Bühnenmusiken komponierte er selbst. Er starb am 6.7.1868 in St-Hélier auf Jersey.

WERKE
Von Samuel Lover sind einige vorzügliche Musiken zu eigenen Bühnenstücken bekannt geworden. Er verfaßte auch eine Oper, deren Libretto von ihm stammte. Seine Songs wurden von den Zeitgenossen sehr gelobt. Sie waren der gleichzeitigen französischen Liedvertonung sehr angenähert.

Edward Lowe (um 1610–82)

ZEIT UND UMWELT
Im englischen Bürgerkrieg zog sich Karl I. nach Oxford zurück, nachdem er bei Edgehill, Newbury und Naseby Niederlagen erlitten hatte. Im Jahr 1646 waren auch alle anderen Stützpunkte verloren und der König aus Oxford geflohen. Thomas Fairfax (1612–71) belagerte die Stadt und nahm sie ein. Es gab zwar Maßnahmen der Puritaner gegen den anglikanischen Gottesdienst, doch der Universitätsbetrieb blieb ungestört. Für einen Organisten gab es allerdings bis zur Restauration nichts zu tun, weil Orgelmusik in den Kirchen verboten war.

LEBEN
Edward Lowe wurde um 1610 in Salisbury geboren. Er war als Knabe Mitglied des Chores an der Kathedrale von Salisbury und wurde 1630 Organist an der Christchurch in Oxford. Seine Tätigkeit wurde 1646 durch den Bürgerkrieg und die Cromwell-Zeit unterbrochen. Als er sie 1660 wieder aufnehmen konnte, wurde er gleichzeitig auch als Organist der Chapel Royal beschäftigt. Er starb am 11. 7. 1682 in Oxford.

WERKE
Vom englischen Organisten und Komponisten Edward Lowe sind zahlreiche Anthems erhalten. Seine sonstigen Kompositionen sind verschollen. Die Anthems wurden an den Kathedralen Englands viel gesungen. Sie zeichnen sich durch eine sehr einfache, aber ansprechende Harmonik aus. Er verfaßte auch eine Cembaloschule.

Charles Lucas (1808–69)

ZEIT UND UMWELT
Adelaide von Sachsen-Meiningen (1762–1849), Gemahlin des britischen Königs Wilhelm IV., hielt sich eine außerordentlich gut besetzte Privatkapelle, deren Leitung sie stets in bewährte Hände legte. Sie nahm sich des Londoner Musiklebens sehr an und förderte großzügig die verschiedenen musikalischen Vereinigungen der Stadt.

LEBEN
Charles Lucas wurde am 28.7.1808 in Salisbury geboren. Er war ab 1815 Chorknabe der Kathedrale seines Geburtsorts unter Arthur Thomas Corfe und von 1823 bis 1830 an der Royal Academy of Music Celloschüler von Robert Lindley und Kompositionsschüler von William Crotch. Im Jahr 1830 wurde er Mitglied der Privatkapelle der Königin Adelaide und Musiklehrer ihres Neffen Georg, Herzog von Cambridge (1819–1904), 1832 Dirigent der Royal Academy of Music und zugleich Cellist an der Königlichen Oper, 1839 Organist an Hanover Chapel; er wirkte zeitweilig

als Dirigent der Choral Harmonist's Society und der Ancient Concerts (1840–43). Von 1859 bis 1866 fungierte er als Direktor der Royal Academy of Music. Er starb am 30.3. 1869 in London.

WERKE
Von Charles Lucas sind 3 Sinfonien, mehrere Streichquartette, Anthems, Lieder und eine Oper überliefert. Sein Stil weist deutliche romantische Tendenzen auf.

Clarence Lucas (1866–1947)

LEBEN
Clarence Lucas wurde am 19.10.1866 in Niagara, Kanada, geboren. Seinen ersten Musikunterricht erhielt er in Montreal, wo er bei einer Militärkapelle als Posaunist und als Zweiter Violinist beim städtischen Orchester wirkte. Dann studierte er in Paris bei Georges Marty (16.5.1860, Paris, bis 11.10.1908, Paris) und Théodore Dubois. Ab 1889 war er Lehrer am College of Music in Toronto und ab 1891 am Konservatorium in Utica, N. Y. Im Jahr 1893 übersiedelte er nach London, wo er als Musikkritiker und einige Zeit als Dirigent der Westminster Orchestral Society tätig war. Er starb am 1.7.1947 in Paris.

WERKE
Neben 7 Opern, 4 Oratorien und Kantaten schrieb Clarence Lucas Ouvertüren zu drei Stücken von William Shakespeare (1564–1616), ungefähr 40 Klavierstücke und zahlreiche Lieder verschiedener Art. Er war Spätromantiker.

Andrea Lucchesi (1741–1801)

ZEIT UND UMWELT
Johann van Beethoven, Ludwig van Beethovens Vater, war Tenorist an der Hofkapelle in Bonn. Dessen Vater Ludwig van Beethoven war ab 1733 Bassist an derselben Kapelle und ab 1761 ihr Hofkapellmeister bis zu seinem Tod im Jahr 1773. Der Sohn Ludwig van Beethoven wirkte 1782 als stellvertretender Organist und wurde ein Jahr darauf als Akkompagnist in die Hofkapelle aufgenommen.

LEBEN
Andrea Lucchesi wurde am 23. 5. 1741 in Motta di Livenza bei Treviso geboren und am Conservatorio degl'Incurabili in Venedig ausgebildet. Im Jahr 1771 kam er an der Spitze einer italienischen Operntruppe nach Bonn und erhielt 1774 die durch den Tod des Hofkapellmeisters Ludwig van Beethoven vakant gewordene Stelle, die er bis 1794 betreute. Er war als Organist, Cembalist und Dirigent sehr geschätzt und wirkte bis zu seinem Tod am 21. 3. 1801 in Bonn als Cembalolehrer.

WERKE
Außer seinen in Venedig und Bonn aufgeführten Opern verfaßte Andrea Lucchesi ein Oratorium, Sinfonien, Konzerte, viele Messen, Kantaten und andere sakrale Gesänge sowie Quartette, Trios und Sonaten. Sein Stil war der vorklassische Venedigs.

LITERATUR
A. Handeler, Andrea Lucchesi, in: Bonner Geschichtsblätter I, 1937.

Francesco Lucio
(um 1620 bis nach 1658)

ZEIT UND UMWELT
Samstags und sonntags war die Kirche des Conservatorio degl'Incurabili jeweils überfüllt, weil der Chor der Schülerinnen eine Vesper oder Motetten sang. Für hohe Beamte der Republik und für Gesandte waren eigene Sitze reserviert. Der Chor sang verdeckt und für das Publikum unsichtbar. Außer dem Chormeister durfte sich kein Mann hinter der Abschirmung aufhalten. Applaus war untersagt.

LEBEN
Francesco Lucio wurde um 1620 in Venedig geboren. Ab 1650 wirkte er als Chormeister des Conservatorio degl'Incurabili. Ob er

außerdem eine musikalische Funktion ausgeübt hat, ist nicht bekannt. Er starb nach 1658 in Venedig.

WERKE
Der italienische Komponist Francesco Lucio brachte 2 Bücher Motetten, ein Buch Arien und eine Anzahl sakraler Gesänge, die in Sammelwerke aufgenommen wurden, heraus, außerdem eine Reihe sehr geschätzter Opern.

Nicholas Ludford
(um 1485 bis um 1557)

ZEIT UND UMWELT
Der Konfessionswechsel in England wirkte sich auf manche Musiker so entscheidend aus wie in Deutschland, weil er das ganze Land erfaßte und eine Möglichkeit zum Ausweichen oft nur im Auswandern bestand. Von der Komponistengeneration knapp vor der Gründung der anglikanischen Kirche wurden einige vom Umschwung hart getroffen. In der Regel blieb ihnen nur die Wahl, den Wandel mitzumachen oder sich zurückzuziehen.

LEBEN
Nicholas Ludford ist um 1458 vermutlich in London geboren. Der englische Komponist wurde kurz nach 1510 Musiker an St. Stephen's College Chapel in Westminster. Er diente vermutlich auch als Organist. Er behielt die Stelle bis zur Auflösung der Kapelle (1547) und dürfte bis zu seinem Tod um 1557 in London von einer kleinen Pension gelebt haben.

WERKE
Von Ludford sind 7 Festmessen für Marienfesttage und 8 weitere erhalten. Die Marienmessen sind für Solo und dreistimmigen Chor, die anderen für drei bis sechs Stimmen geschrieben. Alle anderen Werke sind verlorengegangen. Der Stil des Komponisten weist trotz etlicher Archaismen eine der Zeit vorauseilende Entwicklungsstufe auf.

LITERATUR
J. D. Bersagel, An introduction to Ludford, Musica Disciplina XIV, 1960.

Franz Ludwig (1889–1955)

LEBEN
Franz Ludwig wurde am 7.7.1889 in Graslitz (Kraslice), Böhmen, geboren. Er studierte zunächst in Prag und war dann in Leipzig Schüler von Hugo Riemann, Joseph Pembaur, Max Reger und Stephan Krehl. Von 1912 bis 1919 wirkte er als Lehrer am Konservatorium in Sondershausen und sodann bis zu seinem Tod am 15.6.1955 als Kritiker und Lehrer in Münster.

WERKE
Neben einer Oper, einem szenischen Oratorium und Bühnenmusiken schrieb er für Orchester Variationen über ein Thema von Robert Schumann, ein Klavierkonzert, ein Hornkonzert, weiters eine Serenade für acht Blasinstrumente, zahlreiche Männerchöre, Klavierstücke und Lieder. Er brachte mehrere musikhistorische Werke heraus.

Otto Ludwig (1813–65)

LEBEN
Otto Ludwig wurde am 12.2.1813 in Eisfeld, Thüringen, geboren. In seinen jungen Jahren bis 1841, in denen auch seine Dichtung der Romantik angehörte, wirkte er auch als Komponist. Dann wandte er sich dem »Poetischen Realismus« zu und widmete sich nur mehr der Literatur. Er starb am 25.2.1865 in Dresden.

WERKE
Von Otto Ludwig sind eine Reihe Opern, Singspiele, Kantaten und Lieder, zum Großteil ungedruckt, erhalten. Sie weisen den Dichter-Komponisten als befähigten Musiker aus.

Ludwig XIII. (1601–43)

ZEIT UND UMWELT
Der französische Hof entwickelte sich bereits im 16. Jahrhundert über innenpolitische Auseinandersetzungen hinweg zum Zentralpunkt der französischen Musik. Die Kapelle der Ste-Chapelle, die Kapellen an den anderen der Krone unterstellten Kirchen, die Privatkapellen des Königs, der Königin und der Prinzen zogen die besten Kräfte an; im 17. Jahrhundert kam noch die Kapelle des Kardinals Richelieu dazu. Der Hof bildete die Form des Air de cour und des Ballet de cour aus; die ersten Opernaufführungen wurden von Kardinal Mazarin angesetzt. Dieser Zentralismus wurde vielfach bemängelt, seine Ergebnisse auf dem Feld der Musik rechtfertigen aber die Einwände nicht.

LEBEN
Ludwig XIII., der ab 1610 König von Frankreich war, wurde am 27. 9. 1601 in Fontainebleau geboren und starb in Paris am 14. 5. 1643.

WERKE
Als verbürgt echte Kompositionen von König Ludwig XIII. werden ein Air, 4 Psalmenparaphrasen und die Musik eines Balletts überliefert. Alles andere besteht aus angezweifelten Zuschreibungen. Der König erwies sich aber auch durch das wenige, das unzweifelhaft von ihm selbst stammt, als gut ausgebildeter, einfallsreicher Komponist.

Vincent Lübeck (1656–1740)

ZEIT UND UMWELT
Der berühmte norddeutsche Orgelbauer Arp Schnitger hat zusammen mit seinen vier Söhnen ganz Norddeutschland und zum Teil auch Holland versorgt. Seine Werkstätte brachte ungefähr 160 Instrumente heraus, von denen einzelne nach England, Rußland, Spanien und Portugal gingen. Sie wiesen oft bis zu vier Manuale auf.

Vincent Lübeck

LEBEN
Vincent Lübeck wurde am 29. 9. 1656 in Padingbüttel, Bremen, geboren und von seinem Vater in Flensburg zum Organisten ausgebildet. Er war ab 1675 Organist an St. Cosmae et Damiani in Stade. Im Jahr 1702 erhielt er die Organistenstelle an St. Nicolai in Hamburg, wo eine viermanualige Orgel von Arp Schnitger stand. Er setzte seine umfangreiche Lehrtätigkeit, die er bereits in Stade entfaltet hatte, in Hamburg fort, wo er am 9. 2. 1740 starb.

WERKE
Von dem deutschen Organisten und Komponisten Vincent Lübeck, dessen Werke eine deutliche Abhängigkeit von Dietrich Buxtehude zeigen, sind 6 Präludien und Fugen, 2 Choralvorspiele für Orgel, eine Suite und eine Choralchaconne für Tasteninstrumente und 3 Kantaten überliefert. Seine Passion ist verschollen.

Präludium und Fuge in E-Dur

Das Präludium setzt mit einem Thema ein, das alle Aufmerksamkeit auf sich zieht; es verläuft von der Rechten zur Linken und endet im Pedal. Darauf folgt die erste Fuge aus vier Stimmen. Ein kurzes Manualspiel bildet den Übergang zur zweiten, ebenso vierstimmigen Fuge, die mit wenigen Takten glänzend ausklingt.

Präludium und Fuge in C-Dur

Im Präludium gibt es mehrere Pedalsoli zwischen einfachen Akkordfolgen. Das Thema der ersten Fuge bildet eine kühne Linie und ist interessant durchgeführt. Nach einem kurzen Manualspiel setzt die zweite Fuge mit großer Geste ein und klingt breit aus.

Nun laßt uns Gott dem Herren... Partita, 3 Teile

Die 6 Variationen sind in drei Abschnitte geteilt. Die ersten 3 gehen ohne Pause in der Form einer Fantasie ineinander über, dann folgt Vers 4 mit frei gestalteter Oberstimme, die einem Cantus firmus gleicht. Variationen 5 und 6 bilden wiederum einen Block und steigern sich einem klangreichen Ende zu. Die Partita ist ein großartiges Beispiel norddeutscher Orgelkunst.

»Clavier-Uebung bestehend im Praeludio, Fuga, Allemande, Courante, Sarabande und Gigue als auch einer Zugabe von dem Gesang Lobt Gott ihr Christen allzugleich in einer Chaconne«

Dieses einzige erhaltene Werk des Komponisten für Cembalo beginnt im Präludium mit drängenden Sechzehntelsextolen, die abwärts zu einem Orgelpunkt führen. Weitere Themen werden zugeführt und verarbeitet bis zu einer Kadenz aus Zweiunddreißigstelläufen und einem Dreiklangabschluß. Nun setzt die Fuge mit hämmerndem Rhythmus ein und wird vielfältig kontrapunktisch mit kühnen Modulationen entwickelt. An ihrem Ende erklingen wiederum die Sextolen des Präludiums und münden auf einem erneuten Orgelpunkt in feierliche Akkorde. Die im Titel zitierte Suite schließt an. Die Allemande weist virtuose Läufe auf. Die Themen der einzelnen Tänze sind voneinander unabhängig. Die angefügte kleine Chaconne bringt den Choral-Cantus-firmus innerhalb acht Takten viermal schön mit Melismen und Trillern ausgeziert.

Literatur

P. Ruberdt, Vincent Lübeck, in: Archiv für Musikwissenschaft VI, 1924.

Mihkel Lüdig (1880–1958)

Leben

Mihkel (Michael) Lüdig wurde am 27.4.1880 in Reiu, Pärnu, Estland, geboren. Er studierte bis 1904 am Konservatorium in St. Petersburg. Im Jahr 1918 gründete er in Tallinn (Reval) die estnische Musikschule, aus der das Konservatorium hervorging, und leitete sie bis 1922. Von 1925 bis 1928 wirkte er in Buenos Aires als Chorleiter und Musiklehrer und von 1934 bis zu seinem Tod am 7.5.1958 in gleicher Eigenschaft in Vändra, Pärnu.

Werke

Von Mihkel Lüdig sind ein sinfonisches Bild »Johannisnacht«, 3 Orchestersuiten, 2 Ouvertüren, Chöre und Sololieder bekannt geworden. Seine Musik ist stark national ausgerichtet.

Karl Lührß (1824–82)

Zeit und Umwelt

Felix Mendelssohn-Bartholdy nahm zwar die Einladung, einen Lehrstuhl in Berlin zu besetzen, nicht an, wirkte dennoch gelegentlich an der Berliner Akademie, die dadurch eine erhebliche Aufwertung erhielt. Gerade in jener Zeit gingen daraus einige namhafte Komponisten hervor.

Leben

Karl Lührß wurde am 7.4.1824 in Schwerin geboren. Er war Schüler der Kompositionsschule der Berliner Akademie und von Felix Mendelssohn-Bartholdy. Er wirkte an verschiedene Kirchen als Organist und als Dirigent und starb am 11.11.1882 in Berlin.

Werke

Von Karl Lührß sind eine Anzahl ausgezeichneter Orchester- und Kammermusikwerke bekannt geworden. Besonders gerühmt wurde sein Streichquartett.

Otto Luening (geboren 1900)

Leben

Otto Luening wurde am 15.6.1900 in Milwaukee, Wisc., geboren. Er studierte von 1915 bis 1917 in München, darauf bis 1920 in Zürich bei Philipp Jarnach und Volkmar Andreae. Außerdem nahm er Privatunterricht bei Ferruccio Busoni. Im Jahr 1920 beteiligte er sich an der Gründung der Oper in Chicago, von 1925 bis 1928 war er Dirigent der Opernabteilung der Eastman School of Music in Rochester, N. Y., von 1934 bis 1944 leitete er die Musikabteilung des Bennington College in Vermont. Nach dreijähriger Tätigkeit als Kompositionslehrer am Barnard College war er von 1949 bis 1968 Professor an der Columbia University in New York; seit 1959 ist er beigeordneter Direktor des Columbia-Princeton Electronic Center.

Werke

Außer einer Oper und Bühnenmusik schrieb Otto Luening 2 sinfonische Fantasien, 3 sinfonische Interludien, ein Konzert, eine Suite, ein Concertino für Flöte und Kammerorchester, eine Serenade, eine »Lyrische Szene« für Flöte und Streicher, ein Sextett, 3 Streichquartette – eines davon mit obligater Klarinette, 2 Fugen für Streichquartett, ein Streichtrio, ein Klaviertrio, ein Trio für Flöte, Violine und Klavier, 2 Violinsonaten, 2 Flötensonaten, eine Cellosonate, Vokalisen für Sopran und sieben Instrumente, eine Suite für Sopran und Flöte, viele Klavierstücke, Chöre und Lieder. Nach diesen avantgardistischen Stücken mit polytonaler, atonaler oder serieller Faktur beschäftigte er sich mit konkreten und elektronischen Klängen und verfaßte eine Reihe von Stücken, bei denen konventionelle mit elektronischen Klangerzeugern oder Tonbändern gemischt sind, daneben aber immer wieder Kammermusik für verschieden besetzte Ensembles.

John Lugg (1587 bis um 1647)

Zeit und Umwelt

Das »Voluntary« des englischen Gottesdienstes war ein Orgelsolo, das zum Beginn und zum Ende des Services und einmal in dessen Verlauf gespielt wurde. Es tritt daher in der Orgelliteratur des 17. Jahrhunderts stets dreifach auf. Später wurde das mittlere fallengelassen, so daß zwei Voluntaries genügten. Da es in den englischen Kirchen in der ersten Hälfte des 17. Jahrhunderts noch keine Orgeln mit Pedal gab, konnten die Voluntaries auch auf dem Cembalo oder Virginal gespielt werden. Sie unterschieden sich zuweilen sehr wenig von Solostücken für Orgel oder andere Tasteninstrumente.

Leben

John Lugg (Lugge) wurde 1587 in Exeter geboren und war dort ab 1605 Choralvikar und Organist bis 1645. Er starb in Exeter um 1647.

Robert Lugg (um 1587 bis nach 1640), ein Verwandter unbestimmten Grades, wurde 1638 Organist in Oxford. Er konvertierte zum Katholizismus und verließ um 1640 England mit unbekanntem Ziel. Zeit und Ort seines Todes sind nicht feststellbar.

Werke

Der englische Komponist John Lugg hinterließ mehrere Services für vier Stimmen, etwa 8 Anthems und mehrere Voluntaries.

Von Robert Lugg sind ein Service und 3 Anthems erhalten. Bei 2 weiteren Services ist die Zuschreibung zweifelhaft. Sie dürften von John Lugg komponiert worden sein.

Die Musik beider Komponisten ist konservativ.

Luiz de Christo (1625–93)

Leben

Luiz de Christo wurde 1625 in Lissabon geboren. Er war Karmeliter und wirkte als Organist an seiner Ordenskirche in Lissabon, wo er am 7. 9. 1693 starb.

Werke

Der portugiesische Komponist Luiz de Christo verfaßte vierstimmige Motettenpassionen nach allen vier Evangelisten, Totengebete,

Motetten und Vilhancicos. Sein Stil war polyphon.

Ivan Lukačić (1587–1648)

ZEIT UND UMWELT

Dalmatien, das bereits im Mittelalter der Republik Venedig zugefallen war, geriet bald unter den zunehmenden Druck der Türken, die nur von einzelnen Küstenstädten abgewehrt werden konnten. Daran änderte auch der Sieg der christlichen Mächte bei Lepanto (1571) nichts. Die venezianische Souveränität über das Land wurde erst um die Wende des 17. zum 18. Jahrhundert wiederhergestellt.

LEBEN

Ivan Lukačić (Giovanni Lucacih, Markus) wurde am 17. 4. 1587 in Šibenik getauft. Er trat 1597 dem Franziskanerorden bei, wurde in Rom zum Musiker ausgebildet und 1615 zum Domkapellmeister von Split ernannt, wo er am 20. 9. 1648 starb.

WERKE

Der kroatische Komponist Ivan Lukačić hinterließ 27 ein- bis fünfstimmige Sacrae Cantiones (Kirchliche Gesänge) mit Generalbaß. Sie sind zum Teil konzertant, zum Teil zeitgemäß homophon mit Instrumentalbegleitung.

Jean-Baptiste Lully (1632–87)

ZEIT UND UMWELT

Das 17. Jahrhundert wird als Zeitalter der literarischen Hochblüte Frankreichs angesehen. Die Dichter, die dieser Epoche ihren Stempel aufdrückten, sind Pierre Corneille (1606–84), Jean Racine (1639–99) und Molière (Jean Baptiste Poquelin, 1622–73). Dazu kamen noch weitere, die in ihrer Gesamtheit die französische literarische Klassik bildeten und mit ihren Werken die Literatur der Welt befruchteten. Es war das Jahrhundert des französischen Barock, in dem auch das Schloß von Versailles entstand. Aber wenn man schon die Musik jener Zeit mit

Jean-Baptiste Lully (Bildnis)

vielen Vorbehalten als Barockmusik anspricht und dafür die Bezeichnung »französisches Barock« wählte, um zu kennzeichnen, daß es sich um ein völlig anders gestaltetes Barock handelte, auf die Dichtung ist der Ausdruck überhaupt unanwendbar. In ihr ist das, was man sonst unter Barock versteht, nicht sichtbar, ob man darunter eine depravierte Renaissance oder eine Weiterentwicklung verstehen will, in ihr sind die Errungenschaften der wahren Humanisten zweier Jahrhunderte, der großen französischen Philosophen auf denkbar höchstem Niveau verarbeitet. Diese französische Klassik bringt keine Reproduktion der Antike, sondern die Ergebnisse geistiger Arbeit der Gegenwart in klassischer Form, in der jede Menschheitsepoche heimisch gemacht werden kann. Diese höchstentwickelte Formgebung drückte sich vor allem in der Sprache aus, die, wie seinerzeit das Griechische der alexandrinischen Grammatiker und Rhetoriker »gereinigt« jeden Gedanken und jedes Gefühl klar wiedergibt. Ein Satz, der unklar klingt, ist kein Französisch, heißt es, eine Rede, die unrein ist, kann kein Französisch sein; Prosa soll sein wie die Dichtung. Mit einer solchen

Beziehung zur Sprache näherte sich die literarische Klassik der Musik jener Zeit. Denn wenn sie auch »barock« ist, so folgt sie doch der Forderung nach klarem Ausdruck als einem ihrer Grundprinzipien. Die französische Musik jenes Jahrhunderts hat durch ihre Verständlichkeit, durch ihre Formschönheit, durch ihren erhabenen Klang die musikalische Welt erobert.

LEBEN

Jean-Baptiste de Lully wurde am 28. 11. 1632 als Giovanni Battista Lulli in oder bei Florenz geboren. Nach seiner Behauptung war er Sohn eines Lorenzo Lulli und einer Catarina del Sexto und Schüler von Giacomo Carissimi und in seiner Kindheit Gitarrist und Kompositionsschüler von Giovanni Legrenzi. Dafür gibt es jedoch keinen Beleg. Gesichert ist, daß er Sohn eines Müllers war und von einem Franziskaner in den Grundbegriffen der Musik und im Gitarrenspiel unterwiesen wurde. Durch irgendeinen Zufall wurde er in das Gefolge des Herzogs von Lothringen, Roger, der von Malta nach Paris zurückreiste, aufgenommen. Der Herzog übergab den Jungen der Nichte des Königs, Anne Marie Louise, duchesse de Montpensier (1627–93), die sich einen »hübschen Italiener« gewünscht hatte, um seine Sprache zu lernen. Sie gab dem Italiener eine Stelle in ihrem Hofstaat. Lully trieb eine Violine auf und brachte es binnen kurzem zu einer beachtlichen Meisterschaft auf diesem Instrument, so daß die Herzogin ihn in ihre Kapelle einstellte. Damit kam er mit den Musikern des königlichen Hofes und dem jungen Ludwig, dem nachmaligen Ludwig XIV., in Berührung und nahm bei Michel Lambert, der ebenfalls im Dienst der Familie Montpensier stand, Musikunterricht. Als seine Dienstgeberin im Zug der Bestrafung der Fronde 1652 aus Paris verbannt wurde, gab er seinen Dienst bei ihr auf, fand Zugang zum Hof des Königs und wurde einer der 24 Violons du roy. Er gewann die Freundschaft und Gunst des Königs, veranstaltete und komponierte Ballette, bei denen er selbst als Tänzer mitwirkte. Im Jahr 1656 gründete er das Ensemble der 16 »petits violons«, das bald die Leistungen der »Vierundzwanzig« übertraf. Als Pier Francesco Cavalli 1660 über Einladung des Kardinals Mazarin seine Oper »Serse« im Louvre aufführte, verfaßte Jean-Baptiste Lully, wie er sich schon seit einiger Zeit französisiert nannte, dazu die Balletteinlagen. Nach dem Tod von Jean de Cambefort (1661) wurde er zum Intendanten der Kammermusik und 1662 zum »Maître de la Musique de la Famille Royale« ernannt. Er kam zu jener Zeit davon ab, die Texte für seine Kompositionen vom Dichter Isaac de Benserade (1613–93) zu beziehen. Es begann die Zusammenarbeit mit Molière, die bis zu dessen Tod währte. Sie brachten gemeinsam als neue Form theatralischer Musik Ballettkomödien heraus, die dann zur echten Oper führten. Lully brachte das Patent zur Gründung der »Académie d'opéras«, das inzwischen Pierre Perrin verliehen worden war, durch einen Trick an sich. Perrin geriet in Schuldhaft und wurde über Intervention und nach Herausgabe des Patentes, das er bereits weitergegeben hatte, freigelassen; der Prozeß der Geschädigten wurde auf Befehl des Königs eingestellt. Lully gründete schließlich

Jean-Baptiste Lully (Büste)

die Académie Royale de Musique, Musiktheater durfte ab nun nur mit seiner Zustimmung aufgeführt werden. Er fand in dem Dichter Philippe Quinault einen tüchtigen Librettisten, mit dem er 1673 die lyrische Oper »Cadmus et Hermione« herausbrachte und damit der französischen Oper den Anfang setzte. Er wußte sich die Gunst des Königs und seine beherrschende Stellung bis zu seinem Ende trotz vieler Intrigen gegen ihn, denen er listenreich begegnete, zu bewahren. Sein Tod am 22. 3. 1687 in Paris wurde durch einen tragischen Unfall verursacht. Er verletzte sich mit seinem Taktstock, den er im Rhythmus auf den Boden zu stampfen pflegte, den Fuß, zog sich eine Sepsis zu und starb daran. Er war von Ludwig XIV. geadelt worden.
Sein Sohn Louis de Lully (4. 8. 1664, Paris, bis 1734, Paris) war ebenfalls Opernkomponist.
Sein zweiter Sohn Jean-Baptiste de Lully (6. 8. 1665, Paris, bis 1743, Paris) war von 1696 bis 1719 Oberintendant der Hofmusik.
Sein dritter Sohn Jean-Louis de Lully (23. 9. 1667, Paris, bis 28. 12. 1688, Paris) war Nachfolger seines Vaters in alle Hofämter.

WERKE

Das Werk des französischen Komponisten italienischer Abstammung Jean-Baptiste Lully besteht zum größten Teil aus Balletten und Opern. Diese Opern, besonders die Ouvertüren, beeinflußten die gesamte Musik Europas bis weit in das 18. Jahrhundert. Auch die instrumentalen Partien der Bühnenwerke wurden viel nachgeahmt. Andere Musik verfaßte er nur zu besonderen Anlässen, wie seine 11 »großen« Motetten für zwei Chöre und Orchester und 12 zwei- bis dreistimmige »kleine« mit Generalbaß, ein Miserere für fünf Stimmen und Violinen und Tanzmusik, Trompetenstücke und eine Suite. Für die Entwicklung der Orchesterkomposition war sein dichter, fünfstimmiger Orchestersatz bei den Ouvertüren und Ballettmusiken von universaler Bedeutung.
Von Louis de Lully sind nur Opern erhalten.
Von Jean-Baptiste de Lully ist außer einer Pastorale eine gregorianische Missa imperialis überliefert.
Jean-Louis de Lully schrieb einige Divertissements.

LITERATUR

J. Chailley, Notes sur la famille de Lully, in: Revue de musicologie XXXIV, 1952. J. Ecorcheville, De Lully à Rameau, 1690 – 1730, L'esthétique musicale, Genf 1970. H. Schneider, Lully-Werkverzeichnis, Tutzing 1981.

Hans Christian Lumbye (1810–74)

ZEIT UND UMWELT

Als im 19. Jahrhundert der Tanz zum bürgerlichen Vergnügen geworden war, wurden in den meisten größeren Städten in Parks Etablissements errichtet, in denen eine Kapelle leichte Musik und Tänze spielte und getanzt werden konnte. In Kopenhagen bot sich das Tivoli dafür an, das noch heute eine Ansammlung von Vergnügungslokalen und Gaststätten aufweist.

Hans Christian Lumbye, nach einer Lithographie von A. Toller

Leben

Hans Christian Lumbye wurde am 2.5.1810 in Kopenhagen geboren. Er dirigierte bis 1872 als »nordischer Strauß« ein eigenes Orchester, mit dem er auf Reisen ging. Er starb am 20.3. 1874 in Kopenhagen.
Sein Sohn Karl Lumbye (9.7.1841, Kopenhagen, bis 10.8.1910, Kopenhagen) übernahm die Kapelle seines Vaters.
Sein jüngerer Sohn Georg Lumbye (26.8. 1843, Kopenhagen, bis 1922, Kopenhagen) übernahm die Kapelle von seinem Bruder im Jahr 1891.

Werke

Von Hans Christian Lumbye sind mehrere Schauspielmusiken, Balletteinlagen und Tänze – Walzer, Polkas, Galopps, Mazurkas – bekannt geworden. Einige dieser Märsche und Tänze, die er vor allem für die eigene Kapelle schrieb, sind sehr beliebt geworden.
Karl Lumbye verfaßte ebenfalls sehr geschätzte Tanzmusik.
Georg Lumbye schrieb eine Operette und andere Bühnenstücke, außerdem eine Reihe Vaudevilles.

Literatur

G. Skjerne, Hans Christian Lumbye og hans samtid, Kopenhagen 1946.

David Lumsdaine (geboren 1931)

Leben

David Lumsdaine wurde am 31.10.1931 in Sydney geboren. Er studierte in seiner Vaterstadt am Konservatorium und an der Universität, dann bei Mátyás Seiber und an der Royal Academy of Music in London bei Lennox Berkeley. Im Jahr 1970 wurde er Lektor für Musik an der Universität in Durham.

Werke

Von David Lumsdaine sind unter anderem »Episoden« für Orchester, »Mandala 1« für Bläserquintett, »Mandala 2« für Flöte, Klarinette, Bratsche, Cello und Schlagzeug, »Looking Glass Music« für Blechbläserquintett und Tonband, »Kangaroo Hunt« (Känguruhjagd) für Klavier und Schlagzeug, »Caliban Impromptu« für Klaviertrio und elektronische Klänge, ein Stück für Klavier, eines für zwei Klaviere, »Auschwitz-Kantate« für Sopran und Kammerensemble, Missa brevis für gemischten Chor und Orgel, eine Osterkantate für Sopran und Kammerensemble und eine »Aria« für Sopran, zwei Sprecher, Kammerensemble und Tonband bekannt geworden.

Margarita Luna de Espaillat
(geboren 1921)

Leben

Margarita Luna de Espaillat wurde am 31.7. 1921 in Santo Domingo, Dominikanische Republik, geboren. Sie studierte am Konservatorium in Santiago bei Manuel Simó (geboren 30.6.1916, San Francisco de Macorís, Dominikanische Republik), sodann in New York bei Hall Overton (23.2.1920, Bangor, Mich., bis 24.11. 1972, New York). Von 1953 bis 1963 leitete sie das Liceo Musical in Santiago und unterrichtete von 1966 bis 1971 am Liceo Musical in Conceptíon de La Vega. Seitdem wirkt sie als Professorin für Musikgeschichte und Formenlehre am Konservatorium in Santo Domingo.

Werke

Von Margarita Luna de Espaillat sind 3 Praeludien für Streichorchester, ein Divertimento für fünf Bläser, Variationen für Cello, Klarinette, Klavier und Schlagzeug, 2 Bagatellen, Strukturen I und II und Variationen für Klavier, ein Oratorium sowie eine Elegie für gemischten Chor, Sprecher und Orchester bekannt geworden.

Johan Lunde (1874–1958)

Leben

Johan Backer Lunde wurde am 6.7.1874 in Le Havre geboren. Er war Schüler der norwegischen Liederkomponistin Agathe Ursula Backer-Gröndahl (1.12.1847, Holmestrand, bis 16.6.1907, Ormoen bei Kristiania) und Iver Holter in Kristiania. In Berlin studierte er noch bei Ferruccio Busoni. Er wirkte als Pianist und Begleiter in seiner norwegischen Heimat, in England und in Deutschland. Er starb am 4.11.1958 in Oslo.

WERKE
Mit mehr als 200 Klavierliedern und weiteren zahlreichen Orchesterliedern ist Johan Lunde den bedeutendsten norwegischen Liedkomponisten zuzureihen. Er bemühte sich, den nationalen Stil durch allgemein europäische Fakturen zu ersetzen. Seine Orchesterwerke sind von geringerer Bedeutung. Er schrieb außerdem eine Reihe sehr ansprechender Klavierstücke.

Torbjörn Lundquist (geboren 1920)

LEBEN
Torbjörn Iwan Lundquist wurde am 30.9. 1920 in Stockholm geboren. Er war Schüler von Dag Wirén und Isai Dobrowen (27.2. 1891, Nischni-Nowgorod [heute Gorki], bis 9.12.1953, Oslo). Von 1949 bis 1956 wirkte er als Dirigent am Königlichen Schloßtheater Drottningsholm, ab 1971 betätigte er sich vorwiegend als Gastdirigent. Er beschäftigte sich viel mit der Komposition künstlerisch hochwertiger Musik für Akkordeon.

WERKE
Außer einer Oper für acht agierende Sänger, Kammerorchester, Sinfonieorchester und Lichtspiel schrieb Torbjörn Lundquist 2 Sinfonien, ein Klavierkonzert, ein Konzert für Oboe und Streicher, ein Bläsersextett, ein Holzbläserquintett, 2 Streichquartette, Chöre und Lieder mit Orchester sowie Stücke für Akkordeon: Kammerkonzert für Akkordeon und Orchester, »Duell« für Akkordeon und Schlagzeug, »Bewegungen« für Akkordeon und Streichquartett, Metamorphosen für Soloakkordeon, 6 zweistimmige Inventionen für Soloakkordeon; er verfaßte auch Bühnen- und Filmmusik.

»Duell« für Akkordeon und Schlagzeug, ein Satz, entstanden 1965

Es handelt sich um ein Akkordeonkonzert, dessen Tutti aus Vibraphon, Xylophon, Crotales, Trommeln, Bongos und Cimbals besteht. Gegeneinander- und Miteinanderspiel entwickeln interessante Klangkombinationen. Die Dynamik und Flexibilität des Akkordeons und seine Transparenz eröffnen neue musikalische Räume.

John Robert Lunn (1831–99)

ZEIT UND UMWELT
Saint Paulinus (gestorben 644) kam nach England als Missionär, taufte den König von Northumbria, Edwin (gestorben 632), und erhielt York als Bischofsitz. Nach dem Tod des Königs wurde er Bischof von Rochester. Die Gestalt des Bischofs war mehrmals literarisch behandelt worden und erscheint auch in Liedern. Zum Thema eines Oratoriums wurde sie erst am Ende des 19. Jahrhunderts.

LEBEN
John Robert Lunn wurde am 8.3.1831 in Cleeve Prior, Worcester, geboren. Er war ab 1863 Vikar in Marton-cum-Crafton, Yorkshire, wo er am 23.2.1899 starb.

WERKE
Neben einer Reihe sehr konventioneller Kirchenmusik verfaßte John Robert Lunn das Oratorium »Saint Paulinus of York« im Jahr 1892 als erstes englisches Oratorium, das sein Thema der älteren englischen Kirchengeschichte entnahm.

Martin Lunssens (1871–1944)

LEBEN
Martin Lunssens wurde am 16.4.1871 in Molenbeck-Saint-Jean, Belgien, geboren. Er war am Konservatorium in Brüssel Schüler von Joseph Dupont (3.1.1838, Ensival, bis 21.12.1899, Brüssel), Gustave Huberti (1843 bis 1910), Hubert Ferdinand Kufferath (1818 bis 1896) und François Auguste Gevaert (1828 bis 1908) und erhielt den Rompreis. Ab 1911 wirkte er als Harmonielehrer am Konservatorium in Brüssel, 1921 wurde er Direktor der Musikschule in Löwen und 1924 Direktor des

Konservatoriums in Gent. Er starb am 1.2. 1944 in Etterbeck.

WERKE
Neben mehreren Bühnenmusiken schrieb Martin Lunssens im spätromantischen Stil 4 Sinfonien, 4 sinfonische Dichtungen, 3 Violinkonzerte, ein Bratschenkonzert, ein Cellokonzert, mehrere Sextette, Streichquartette, Violinsonaten und Lieder.

Bernardino Lupacchino dal Vasto (um 1500 bis nach 1555)

ZEIT UND UMWELT
Die Kapelle der Basilica di San Giovanni in Laterano galt in Rom als die bedeutendste nach der päpstlichen. Es fand öfters zwischen beiden Kapellen ein Kräfteaustausch statt, der eine gewisse Gleichrangigkeit beider Klangkörper zur Folge hatte. Jedenfalls war die Mitgliedschaft an der Laterankapelle, die zuweilen weniger persönliche Beschränkungen auferlegte, nicht weniger ehrenvoll und begehrt als eine Stelle bei der päpstlichen Kapelle.

LEBEN
Bernardino Lupacchino dal Vasto (Luppachino, Luppagino, eigentlich Bernardino Carnefresca) wurde um 1500 in Vasto geboren. Er war Musiker und Priester und wirkte ab 1543 an der Kirche Santa Maria in Vasto. Im Jahre 1552 löste er Paolo Animuccia als Kapellmeister an der Basilica di San Giovanni in Laterano ab, erhielt aber bereits 1555 Palestrina als Nachfolger in diesem Amt. Er dürfte in Rom bald nach 1555 gestorben sein.

WERKE
Der italienische Komponist Bernardino Lupacchino dal Vasto hat 2 Bücher mit vierstimmigen und eines mit fünfstimmigen Madrigalen herausgebracht. Berühmt wurde er jedoch durch das Buch mit textlosen Bicinien, die bis in das 18. Jahrhundert immer wieder nachgedruckt und wegen ihres reizenden Klanges gerne gespielt wurden.

LITERATUR
A. Einstein, The Italian Madrigal I, Princeton, N. J. 1970.

Johannes Lupi (um 1506–39)

ZEIT UND UMWELT
Die Kathedrale von Cambrai war stets eine Hochburg franko-flämischer Musik, aus der eine Reihe von Komponisten hervorgegangen ist. In Frankreich, in Italien, in Österreich, in Deutschland und auch im Bereich der eigenen Schule besetzten sodann diese Meister maßgebende Stellen, wo sie das Erlernte und selbst Geformte zu Gehör brachten und weitergaben.

LEBEN
Johannes Lupi (Leleu, Lupus) ist um 1506 vermutlich in Flandern geboren. Er sang in der Kapelle der Kathedrale von Cambrai bis 1521 als Chorknabe, wurde dort 1526 Vikar und 1527 Kapellmeister. Er starb in Cambrai am 20. 12. 1539.
Es lebten ungefähr zur gleichen Zeit zwei weitere Musiker namens Lupi, einer als Organist in Nivelles (bis 1502), ein zweiter als Cappellanus an der Kathedrale in Antwerpen (1548). Eine Identität dieser zwei mit Johannes Lupi kann nicht angenommen werden.

WERKE
Von Johannes Lupi sind mit Sicherheit 15 vier- bis achtstimmige Motetten überliefert, außerdem weitere 23 für vier, fünf und sechs Stimmen, sodann 3 vierstimmige Messen und 26 vier- bis sechsstimmige Chansons. Die Zuschreibung weiterer, in Sammeldrucken oder Handschriften unter dem Namen Lupi laufender Stücke ist zweifelhaft, weil es zu jener Zeit mehrere Musiker dieses Namens gegeben hat, die schon damals nicht auseinandergehalten wurden. Die Kompositionen sich technisch perfekt.

LITERATUR
J. Delporte, Johannes Leleu, in: Revue liturgique et musicale XXII, 1938/39.

Thomas Lupo (1605–60)

Zeit und Umwelt

Die Einwanderung italienischer Musiker – Sänger und Instrumentalisten – in London hatte bereits zu Beginn des 16. Jahrhunderts eingesetzt. Es waren ganze Familien, die sich Generationen hindurch in den Dienst der englischen Musik stellten. Die politischen und religiösen Auseinandersetzungen in England berührten sie als uninteressierte Ausländer kaum. Wenn sie auch nicht selten bereits in der zweiten Generation englische Vornamen trugen, blieben sie dennoch Italiener.

Leben

Thomas Lupo wurde 1605 vermutlich in London geboren. Von der aus Mailand in der ersten Hälfte des 16. Jahrhunderts in England eingewanderten Familie Lupo scheinen sieben Mitglieder als Sänger oder Instrumentalisten in den Listen der englischen Hofmusik auf. Thomas Lupo war Violist und stand wie seine Brüder und Vorfahren ebenfalls im Hofdienst, und zwar, mit der durch den Bürgerkrieg bedingten Unterbrechung, bis zu seinem Tod in London im Jahr 1660.

Werke

Von dem in England ansässigen italienischen Violisten und Komponisten Thomas Lupo stammen 80 drei- bis sechsstimmige Fantasien für Violen, eine Reihe von zumeist dreistimmigen Tänzen sowie einige Motetten und Anthems.

Literatur

H. C. de Lafontaine, The King's Musick, London 1909.

Lupus (um 1490 bis um 1550)

Zeit und Umwelt

Von den Sängern an den drei bedeutendsten Chören Roms, dem päpstlichen und den der Kapellen an San Giovanni in Laterano und an Santa Maria Maggiore, waren viele selbst Komponisten. Von einem großen Teil kennt man nur die Namen oder lediglich die Vornamen, Informationen über ihre Lebensumstände wurden nicht aufgezeichnet. Wenn es keine Zahlungsbestätigungen, Erwähnungen in Briefen oder Urkunden gibt, wenn Musikschriftsteller darüber keine Bemerkung hinterlassen haben und alle anderen Quellen verlorengegangen sind, kann nur mehr das überlieferte Werk für die Meister sprechen.

Leben

Über den Komponisten Lupus ist nahezu nichts bekannt. Man vermutet, daß er um 1490 in Rom geboren wurde und dort um 1550 starb. Er war wahrscheinlich an einer Kapelle Roms als Sänger tätig. Die Zeitgenossen kannten ihn als tüchtigen Musiker. Sie nannten ihn einfach Lupus, obwohl das vermutlich nur ein Rufname war.

Werke

Lupus werden einige Motetten zugeschrieben, vor allem die sechsstimmige »O spem non similem« (Oh Hoffnung ohnegleichen) und andere für zwei, drei und sechs Stimmen, die mit feiner Kontrapunktik gearbeitet sind, außerdem mehrere Messen für vier Stimmen, von denen eine 1528 Herzog Ercole II. von Ferrara gewidmet wurde.

Othmar Luscinius (um 1478–1537)

Leben

Othmar Luscinius (Nachtigall, Nachtgall, Philomela) wurde um 1478 in Straßburg geboren. Er studierte in Heidelberg Theologie, Jurisprudenz und Griechisch, sodann in Wien Musik bei Grefinger und vermutlich auch bei Hofhaymer; weitere Studien in Löwen, Paris und Padua folgten. Nach einer langen Studienreise bis nach Griechenland und dem Vorderen Orient lehrte er in Straßburg Griechisch, wo er auch als Organist (1515–20) tätig war. Im Jahre 1523 ging er nach Augsburg, das er drei Jahre später wegen der Reformation verließ, um eine Stelle als Prediger im Münster von Freiburg im Breisgau anzunehmen. Dort starb er 1537 und wurde im Kartäuserkloster beigesetzt.

WERKE
Luscinius war bereits von seinen Zeitgenossen als Musiker, Musikwissenschaftler, Literat, Graecist, Jurist und Theologe hochgeschätzt. Von seinem kompositorischen Werk sind allerdings nur 3 Orgelstücke erhalten, die jedoch deutlich anzeigen, auf welch hohen Stand Hofhaymer die Orgelmusik in Deutschland gebracht hatte.

LITERATUR
Kl. W. Niemöller, Othmar Luscinius, Archiv für Musikforschung XV, 1958.

Vicente Lusitano
(um 1510 bis nach 1553)

ZEIT UND UMWELT
Die weitreichende Gemeinsamkeit der Entwicklungsgeschichte der Pyrenäenhalbinsel hat eine gewisse Gleichartigkeit der Kultur erzeugt. Die Musik beider Länder kann zumindest bis weit in die Neuzeit hinein kaum unterschieden werden, weil spanische Musiker in Portugal und portugiesische an den spanischen Kapellen wirkten.

LEBEN
Vicente Lusitano hieß in seiner portugiesischen Heimat Vicente de Olivença nach der spanischen, nahe der portugiesischen Grenze gelegenen Stadt Olivenza, in der er um 1510 geboren wurde. Den Namen Lusitano (Portugiese) legte er sich erst in Rom zu, wohin er um 1550 gekommen war. Über sein Leben und Wirken vor diesem Zeitpunkt gibt es keine Nachrichten. Er dürfte in Lissabon studiert und eine Stelle als Musiker innegehabt haben. Publikationen und Kompositionen aus jener Zeit sind nicht überliefert. In Rom wurde er Sänger an der päpstlichen Kapelle und trat als Theoretiker hervor. Seine letzte Publikation erschien 1553. Er dürfte bald darauf in Rom gestorben sein.

WERKE
Von dem portugiesischen Musiktheoretiker und Komponisten Vicente Lusitano ist ein Buch Motetten (die er selbst »Epigrammata« nannte) für fünf, sechs und acht Stimmen überliefert. Sie sind im spanischen Stil gehalten, dicht harmonisiert und stark ausgeschmückt.

LITERATUR
E. T. Ferand, Improvised Vocal Counterpoint, Annales Musicologiques IV, 1956.

Jacob Wilhelm Lustig (1706–96)

LEBEN
Jacob Wilhelm Lustig wurde am 21. 9. 1706 in Hamburg als Sohn des gleichnamigen Organisten an St. Michael (um 1670, Hamburg, bis 1722, Hamburg) geboren und vom Vater, sodann von Johann Mattheson, Georg Philipp Telemann und Johann Paul Kunzen ausgebildet. Nachdem er schon seit 1717 seinen Vater an St. Michael vertreten hatte, erhielt er 1728 den Organistenposten an Martini-Kerk in Groningen, den er, von mehreren Reisen unterbrochen, bis zu seinem Tod am 17. 5. 1796 betreute.

WERKE
Von den Kompositionen von Jacob Wilhelm Lustig sind 6 Suiten für Cembalo und 6 Cembalosonaten sehr bekannt geworden, außerdem auch seine Villanelles hollandaises, 6 Konzerte und 6 »Villanelles angloises«. Überdies verfaßte er eine Reihe sehr wertvoller musiktheoretischer Werke und übersetzte zahlreiche deutsche Lehrwerke in das Niederländische. Er war in Holland und Westdeutschland als Sachverständiger für Orgelfragen sehr gesucht.

LITERATUR
J. du Saar, Het Leven en de Werken van Jacob Wilhelm Lustig, Amsterdam 1948.

Martin Luther (1483–1546)

LEBEN

Martin Luther ist am 10. 11. 1483 in Eisleben geboren, besuchte nach den Lateinschulen in Mansfeld, Eisenach und Magdeburg 1501 die Universität Erfurt, trat 1505 in das Kloster der Augustiner-Eremiten ein, wurde 1507 zum Priester geweiht und promovierte 1512 zum Doktor der Theologie an der Universität in Wittenberg. Am 31. 10. 1517 schlug er an der Kirche zu Wittenberg seine 95 Thesen gegen das Ablaßwesen an, worauf Rom den kanonischen Prozeß gegen ihn einleitete. Kurfürst Friedrich der Weise von Sachsen lehnte es aber ab, Luther Rom auszuliefern. Im Jahre 1520 veröffentlichte Luther seine ersten Reformschriften. Papst Leo X. erließ gegen den Reformator eine Bannbulle, die wirkungslos blieb, weil Kurfürst Friedrich Luther Schutzaufenthalt auf der Wartburg (Eisenach) gewährte, wo die Bibelübersetzung und weitere grundsätzliche Schriften entstanden. Er starb am 18. 2. 1546 in Eisleben und wurde am 22. 2. 1546 in der Schloßkirche zu Wittenberg beigesetzt.

WERKE

Als Martin Luther erfuhr, daß zwei junge Dominikaner als die ersten Märtyrer der Reformation in Brüssel verbrannt wurden, verfaßte er seine ersten Verse: »Ein neues Lied wir heben an, das walt Gott unser Herre« (1523), weitere 35 folgten (darunter: »Ein feste Burg…«), von denen er mindestens 20 mit selbst komponierten Melodien versah. Dazu kamen noch Weisen für fremde Texte. Mit den Texten und Kompositionen Martin Luthers ist der deutsche Kirchengesang in ein neues Stadium getreten. Er greift auf Ambrosius zurück, der das Volk in der Kirche gemeinsam singen ließ, damit seine Glaubenskraft gefestigt und das Bewußtsein, Teil einer gleichgerichteten Gemeinschaft zu sein, gestärkt wurde. Eine ähnliche magische Funktion trug der neue Kirchengesang, bei dem es nicht um Musik an sich ging und auch nicht um einen musikalischen Ausdruck des religiösen Gefühles, sondern um die religiöse Hinwendung selbst. Orgelklang und Chorgesang waren keine Bestandteile des Gottesdienstes mehr, sondern sein Kern.

Luther nahm ein- und mehrstimmige, gesungene und gespielte Musik, neue Kompositionen und Kontrafakta in den Gottesdienst auf. Er hat damit den Glauben von dogmatischen Zwängen, das religiöse Denken von reglementierten Äußerlichkeiten losgelöst und konnte somit jede Art von Musik adoptieren, sofern sie zum Ziel der Glaubenserneuerung, Glaubensfestigung und Stärkung der Gemeinschaftlichkeit führte.

Diese offensichtlich außermusikalische Zielrichtung hat nicht verhindert, daß die Kirchenmusik bald wieder sich selbst fand, alle Stile und Ausdrucksmittel in sich aufnahm und sich frei entwickelte und entfaltete, und zwar innerhalb aller Konfessionen und parallel mit der profanen Musik.

LITERATUR

W. Stapel, Luthers Lieder und Gedichte, Stuttgart 1950.

Witold Lutosławski (geboren 1913)

LEBEN

Witold Lutosławski wurde am 25.1.1913 in Warschau geboren. Er studierte in seiner Geburtsstadt Musik bei Witold Maliszewski und gleichzeitig an der Universität Mathematik. Nach Beendigung seines Studiums blieb er in Polen als freischaffender Komponist. Nach dem Ende des Zweiten Weltkriegs schrieb er in der Musikabteilung des polnischen Rundfunks auf folkloristischer Basis Musik für Hörspiele, Film und Bühne. Erst gegen das Ende der fünfziger Jahre wandte er sich der Dodekaphonik zu und bald darauf der Aleatorik, die er allerdings streng kontrolliert hielt. Er sagte: »Ich interessiere mich nicht für eine Musik, die völlig durch den Zufall determiniert ist. Ich will, daß mein Werk ein Gegenstand ist, den ich selbst geschaffen habe, und daß es die Realisation dessen wird, was ich anderen zu sagen habe.« Er wurde vielfach zu Kompositionskursen – in den USA, in Schweden und Deutschland – gebeten und trat auch häufig als Dirigent, besonders eigener Werke, im Ausland auf. Die Musikakademie in Stockholm, die Akademie der Künste in Hamburg, die von West-Berlin und die von Ost-Berlin sowie die von München verliehen ihm die Mitgliedschaft, er wurde Ehrenmitglied des polnischen Komponistenverbands und der IGNM. Die Warschauer und mehrere nordamerikanische Universitäten verliehen ihm das Ehrendoktorat. Er gilt als einer der hervorragendsten Persönlichkeiten der polnischen Musik unserer Zeit.

WERKE

Für Orchester schrieb Witold Lutosławski 3 Sinfonien, sinfonische Variationen, eine Ouvertüre für Streicher, ein Konzert, eine Trauermusik für Streichorchester, 3 Postludien, »Venezianische Spiele«, »Buch für Orchester«, ein Cellokonzert, Praeludien und Fuge für 13 Solostreicher, ein Doppelkonzert für Oboe und Harfe, ein Streichquartett, »Schlesische Melodien« für vier Violinen, »Tanzpraeludien« für Klarinette und Klavier, »Recitativo ed arioso« für Violine und Klavier, »Kleine Suite« für Orchester, Trio für Oboe, Klarinette und Fagott, 30 kleine Stücke für Blasinstrumente, zahlreiche Klavierstücke, darunter Variationen über ein Thema von Paganini für zwei Klaviere. Von den Vokalwerken sind bemerkenswert: »Paroles tissées« (Verwobene Wörter), »Drei Gedichte von Henri Michaux« für Chor und Orchester, 5 Lieder für Frauenstimme und 30 Soloinstrumente, »Schlesisches Triptychon« für Sopran und Orchester, »Lacrimosa« für Sopran und Orgel und Kinderlieder.

Sinfonie Nr. 1, 4 Sätze, entstanden 1947

Dieses Werk weist noch klassische Formen auf und verwendet heimische Folklore in neuartigem harmonischem und orchestralem Gewand. Der 1. Satz besteht aus zwei Themen, der 2. Satz ist ein Adagio, im 3. Satz »Allegretto misterioso« erklingt ein interessant orchestriertes Scherzo, und das Finale schließt das Stück mit frohen Rhythmen klangreich ab. Die Sinfonie wurde 1949 aufgeführt, mußte aber wegen des Vorwurfs des »Formalismus« von den Programmen abgesetzt werden. Die nächste Wiederaufführung fand erst zehn Jahre später statt.

Witold Lutosławski

Sinfonie Nr. 2, 2 Teile, entstanden 1966

»Zwischen den beiden Teilen – Hésitant (abwartend) und Direct –, die in mancher Hinsicht kontrastieren, besteht eine strenge Abhängigkeit. Der erste Teil ist als Vorbereitung zum zweiten komponiert, dieser wiederum als natürliche Folge des ersten. Allgemein gesagt, soll der erste Teil nur eine den Hörer für die musikalische Handlung engagierende Musik sein, eine Musik, die zur Erwartung auf das musikalische Ereignis, das der zweite Teil sein soll, bewegt. In dem Werk wird dieses Verhältnis der beiden Großabschnitte dadurch artikuliert, daß den verschleierten Klangflächen des ersten klarere Konturen und aktivierende Rhythmik im zweiten gegenübergestellt sind«, erklärte der Komponist. Seinem Titel entsprechend ist der 1. Teil durch häufiges Abbrechen und eine gewisse Ziellosigkeit der kleinintervalligen Tonreihen gekennzeichnet. Der 2. Teil zieht auch die Streicher heran, während im 1. Teil Bläser, Schlagzeug mit Tasteninstrumenten viele aleatorisch auszuspielende aneinandergereihte Klangfelder bilden. Ein plötzlicher Ausbruch großer Klangentfaltung währt nur zehn Minuten, dann verkünden schwere Schläge des Orchesters den Umbruch, und die Klänge zerfallen diffus.

Kleine Suite für Orchester, 4 Sätze, entstanden 1950

Das Werk ist unter dem Eindruck von Tänzen und Volksweisen aus dem Bezirk Rzeszów entstanden. Die vier Sätze tragen die Aufschriften: »Fujarka«, »Hurra-Polka«, »Lied«, »Tanz«. Die Volksmelodien sind nur wenig verändert; die Verfremdung wird durch eine sehr transparente Orchestrierung und durch polyrhythmische und polytonale Effekte erreicht. Die einzelnen Sätze stellen in sich geschlossene musikalische Bilder dar, die sich scharf voneinander abheben.

Konzert für Orchester, 3 Sätze, entstanden 1954
Die Satzstrukturen sind der Vorklassik entnommen. Der 1. Satz »Intrada« zerfällt in mehrere kontrastierende Abschnitte, in denen jeweils andere Volksmusik intoniert wird. Der 2. Satz »Capriccio notturno e Arioso« wirkt phantastisch, er rauscht geheimnisvoll und eigenwillig vorüber. Sein Mittelteil ist ein von den Trompeten gespieltes Arioso, das einem kontrastierenden Trio gleichkommt. Das Finale »Passacaglia, Toccata und Corale« wird von Kontrabässen pizzicato und Harfen pianissimo eröffnet. Das Passacagliathema ist folkloristisch. Die Toccata und die damit verschmolzenen Choralstellen schließen sich unmittelbar an und gestalten aus dem Ende den Höhepunkt des Werks.

Trauermusik für Streichorchester »Zum Gedenken an Béla Bartók«, 4 Teile, entstanden 1958
Das Orchester ist vielfach aufgeteilt: bis je acht Erste bis Vierte Violinen, bis je sechs Erste und Zweite Bratschen, bis je sechs Erste und Zweite Celli, bis je fünf Erste und Zweite Kontrabässe. Im 1. Teil »Prolog« entwickelt sich eine Fächerfuge aus einem Zwölftonthema. Dem passacagliaartigen 2. Teil »Metamorphosen« liegt erneut eine Zwölftonreihe zugrunde. Der 3. Teil »Apogäum« bringt den Höhepunkt des Werks in Form eines zwölftönigen Akkords, der rhythmisch stark gegliedert, aber sehr spröde ist. Der 4. Teil greift zum 1. Teil zurück und drückt durch klangliche und dynamische Reduzierung Trauer, Einsamkeit und Verzweiflung aus.

Jeux vénetiens (Venezianische Spiele) für kleines Orchester, 4 Sätze, entstanden 1960
»Aleatorik ist eine Bereicherung, keinesfalls eine Minderung schöpferischer Verantwortlichkeit«, sagte der Komponist zu diesem Werk. Im 1. Satz sind die einzelnen Instrumentengruppen angewiesen, innerhalb gewisser Räume zu spielen. Der 2. Satz ist traditionell angelegt und bringt ein funkelndes Ablösespiel der einzelnen Instrumente. Im 3. Satz wird ein freies Flötensolo einem kontrollierten Begleitsystem zugeordnet. Der 4. Satz ist wiederum wie der 2. Satz strukturiert.

Livre pour orchestre (Buch für Orchester), 4 Teile, entstanden 1968
Das Werk bezieht sich auf keinerlei Literatur, hat aber auch keine Berührungspunkte mit der traditionellen Sinfonie. Es laufen darin zwei Strukturen nebeneinander, eine gebundene, vom Komponisten genau vorgeschriebene, und eine völlig freie, den Musikern überlassene, denen die graphische Partitur lediglich die Spieldauer mitteilt. Die Strukturen werden von zwei verschiedenen Orchestern gleichzeitig vorgetragen und haben keine Beziehung zueinander, außer dem zeitlichen Ablauf. Die »freie« Musik kommt vorwiegend in den Pausen der vier gebundenen Teile zur Geltung und erfüllt eine Funktion, die Textillustrationen zwischen den einzelnen Kapiteln eines Buchs zukommt.

Streichquartett, entstanden 1964
»Ich möchte in das Repertoire der kompositorischen Mittel die Reichtümer einbeziehen, die die individuelle Psyche der mein Werk ausführenden Menschen enthält. Ich glaube, daß dies ein bisher nur wenig verwertetes Element des musikalischen Stoffes ist, das vor kurzem noch völlig außer acht gelasssen wurde. Ich glaube auch, daß es neue, völlig unbekannte Möglichkeiten besitzt«, erklärte der Komponist seine letzte Anschauung über die Aleatorik, der er in diesem Stück weiten Raum läßt. Da die vier Quartettspieler völlig frei und unabhängig voneinander hinsichtlich der Töne, ihrer Dynamik und ihres Tempos agieren und nur Anfang und Ende bestimmt sind, »kann es keine Partitur geben, weil diese erst durch die Aufführung entsteht«.

Drei Gedichte von Henri Michaux für Chor und Orchester, 3 Teile, entstanden 1963
Die drei Gedichte »Gedanken«, »Der große Kampf« und »Ruhe im Unglück« von Henri Michaux (geboren 1899) werden in den 3 Teilen von zwei getrennt agierenden und dirigierten Ensembles, einem orchestralen aus Bläsern, Schlagzeugern, zwei Klavieren und Harfe und einem vokalen aus einem zwanzigstimmigen Chor vorgetragen, der aber nicht singt, sondern spricht, flüstert, einzelne Sätze laut schreit und von Rufen, Schreien und Kreischen unterbrochen wird. Auch die Instrumente folgen dem Bestreben des Komponisten, »die gegenseitige Beziehung der Klänge« aufzuheben.

Paroles tissées, (Verwobene Wörter) für Tenor und 20 Instrumente, 4 Teile, entstanden 1965
Der Komponist legt dem Werk vier Gedichte von Jean-François Chabrun »Verwobene Wörter«, Vier Tapisserien für die Chatelaine de Vergi, zugrunde und überträgt die Verschmelzung von Wort und Gewebe, dessen Ausdruck, Atmosphäre und Faszination auf die musikalische Ebene. Der Vorgang der Vereinigung von Bild und Wort wird nicht wiederholt, es sind die Verse oder, genauer gesagt, der Eindruck jener künstleri-

schen Verschmelzung, der dem Komponisten die Musik abfordert, so daß der künstlerische Vorgang in eine höhere Potenz geschoben wird.

LITERATUR

O. Nordwall, Lutosławski, Stockholm 1968. L. G. Rappoport, Witold Lutosławski, Moskau 1972. T. Kaczynski, Gespräche mit Witold Lutosławski, London 1976.

Elisabeth Lutyens (1906–83)

LEBEN

Agnes Elisabeth Lutyens wurde am 9.7.1906 in London geboren, wo sie am Royal College of Music bei Harold Darke (29.10.1888, Highbury, London, bis 28.11.1976) studierte. Anschließend ergänzte sie ihre Ausbildung in Paris bei Georges Caussade. Sodann etablierte sie sich in London als freischaffende Komponistin und widmete sich vorwiegend der Film- und Rundfunkmusik bis zu ihrem Tod im April 1983.

WERKE

Ende der dreißiger Jahre verwarf Elisabeth Lutyens ihre bislang im spätromantischen Stil geschriebenen Werke und wandte sich der Zwölftontechnik zu. Sie schrieb 4 Stücke für die Musikbühne und ein Ballett, »Musik für Orchester« I., II., III., »Choral« zu Ehren Strawinskys, »Sinfonien« für Klavier, Bläser, Harfen und Schlagzeug, ein Klavierkonzert, 5 Orchesterstücke, 3 sinfonische Praeludien, 6 Kammerkonzerte mit verschiedener Besetzung, 2 Suiten, ein Bratschenkonzert, Musik für doppeltes Bläserquintett, ein Bläserquintett, ein Streichquintett, ein Streichquartett, ein Quartett für Oboe, Violine, Bratsche und Cello, 6 Streichquartette, ein Streichtrio, 2 Bläsertrios, Duos mit verschiedener Besetzung, viele Kantaten, Chöre, Lieder mit verschiedener Begleitung, einige melodramatische Werke mit Instrumentalbegleitung, zahlreiche Film-, Funk- und Bühnenmusik.

Wilhelm Meyer Lutz (1822–1903)

ZEIT UND UMWELT

Es gab noch im 19. Jahrhundert in England zu wenig ausgebildete katholische Musiker, so daß für die Kirchen dieser Konfession Kräfte vom Kontinent herangezogen werden mußten, die aus den Ausbildungsstätten für katholische Kirchenmusik in bester Qualität und in ausreichender Menge hervorgingen.

LEBEN

Wilhelm Meyer Lutz wurde 1822 in Männerstadt bei Kissingen geboren. Seine Ausbildung erhielt er, nachdem er bereits als Zwölfjähriger als Pianist aufgetreten war, in Würzburg. Im Jahr 1848 übersiedelte er nach England und wirkte dort anfänglich als Organist an St. Chad's in Birmingham und St. Ann's in Leeds. Anschließend wurde er Organist und Chorregent an St. Georg's Cathedral in London. Von 1851 bis 1855 dirigierte er das Orchester am Surrey Theatre und ab 1869 das am Gaiety Theatre. Er starb am 31.1.1903 in London.

WERKE

Neben einer Anzahl Bühnenwerke – Opern, Operetten – verfaßte Wilhelm Meyer Lutz mehrere Kantaten, einige Messen und andere sakrale Gesänge, ferner ein ausgezeichnetes Streichquartett. Eine große Anzahl Kompositionen verschiedenster Art blieb ungedruckt und ist zum Teil verschollen.

Friedrich Lux (1820–95)

ZEIT UND UMWELT

Mit der Gründung von fest engagierten Orchestern in den Städten wuchsen auch die Aufführungskosten. Die Zeiten, in denen man für eine Sinfonie eben verfügbare Musiker aus der Stadt zusammenholte, waren vorbei. Damit war es für Komponisten schwieriger geworden, Werke herauszubringen, die einen großen Personalaufwand erforderten. Die Konzertunternehmen scheuten das Risiko. Kammermusikwerke waren leichter unterzubringen;

kleinere Ensembles zusammenzustellen, war weniger riskant.

LEBEN
Friedrich Lux wurde am 24.11.1820 in Ruhla, Thüringen, geboren. Er war Schüler von Friedrich Schneider in Dessau, wo er ab 1841 als Musikdirektor am Hoftheater wirkte. Von 1851 bis 1877 war er Kapellmeister am Stadttheater in Mainz und dann als Vereinsdirigent tätig. Er starb am 9.7.1895 in Mainz.

WERKE
Von Friedrich Lux sind 4 Opern aufgeführt worden. Er schrieb ferner die dramatische Szene »Coriolan« und die Choralsinfonie »Durch Nacht zum Licht«, außerdem 3 vorzügliche Streichquartette (d-Moll, C-Dur, g-Moll), ein Klaviertrio, Klavier- und Orgelstücke sowie Lieder.

Luys de Narváez
(um 1500 bis nach 1551)

ZEIT UND UMWELT
Einem Musiker jener Zeiten blieb im großen und ganzen, von einigen Ausnahmen abgesehen, nur die Wahl zwischen dem Kirchendienst oder dem Fürstendienst, wobei der Dienst an einer Kathedrale der Stellung an einem Hof offenbar vorzuziehen war. Der Hofdienst bot zweifellos große Vorteile, aber im Grund war der Musiker ein Mitglied der Dienerschaft wie der Koch oder der Friseur. Eine private Inanspruchnahme über den Dienst hinaus wurde den Mitgliedern einer kirchlichen Kapelle in der Regel nicht abverlangt. Wenn die Obliegenheiten wie Gottesdienste und Ausbildung erledigt waren, blieb noch viel Freiraum übrig.
Ein Lautenist hatte diese Wahl nicht, weil die Kirchen sein Instrument nicht verwendeten. Er mußte bei einem Hof unterkommen und ein Leben in großer Abhängigkeit führen. Wenn der Dienstgeber nachts Musik zu hören wünschte, konnte sich der Musiker nicht weigern zu spielen. Er war grundsätzlich unfrei.

LEBEN
Luys de Narváez (Narbaez, Narbais) wurde um 1500 in Granada geboren. Über seine Ausbildung zum Vihuela-Virtuosen und sein Leben bis zum Jahr 1538, in dem er in den Dienst des Komturs Don Francisco de los Cobos in Valladolid trat, ist nichts bekannt. Offenbar über Vermittlung des Komturs, der mit Kaiser Karl V. sehr befreundet war, kam Narváez in den Dienst des Infanten Philipp, des nachmaligen Königs Philipp II., als Leiter der Kapellknaben. Er mußte den König bis 1551 auf seinen Reisen durch Flandern, Italien und Deutschland begleiten und starb nach 1551 in Valladolid.

WERKE
Narváez soll als Vihuelist eine solche Geläufigkeit entwickelt haben, daß er den Eindruck erwecken konnte, er spiele alle Stimmen eines vierstimmigen Stückes zugleich. Die Brillanz seines Spieles geht aus seinen komponierten Stücken hervor, mit denen er als erster in Spanien Variationen zu Gehör brachte und damit einen weiteren Schritt zur reinen Instrumentalmusik tat. Seine Kompositionen bestehen zum Großteil aus Transkriptionen. In seinem Tabulaturwerk sind neben 14 Originalfantasien 5 Bearbeitungen von Messefragmenten Josquins, 6 Variationen über ein gregorianisches Thema und weitere Variationen über 3 Romanzen enthalten. Außerdem sind eine vierstimmige und eine fünfstimmige Motette in Sammelwerken überliefert.
Obgleich es darüber keinen Bericht gibt, besteht kein Zweifel, daß Narváez Don Luys Milan persönlich oder zumindest Werke von ihm gekannt hat, weil einzelne Modulationen nicht zufällig bei beiden Meistern auftreten konnten. Aber er hat den gleichaltrigen Virtuosen aus Valencia um einiges hinter sich gelassen.

LITERATUR
E. Pujol, La musique instrumentale de la Renaissance, Paris 1954.

Charles Luyton (um 1556–1620)

Zeit und Umwelt

Die habsburgischen Hofkapellen in den Niederlanden, in Wien, Prag, Graz, Innsbruck und in Madrid und Lissabon hatten eine große Aufnahmefähigkeit für junge Talente und bildeten eine stattliche Reihe bedeutender Musiker aus. Sie spielten durch Jahrhunderte für die Entwicklung der abendländischen Musik eine entscheidende Rolle.

Leben

Charles Luyton (Luython, Karel) wurde um 1556 in Antwerpen geboren. Er kam bereits 1566 als Chorknabe an die Hofkapelle in Wien, wurde 1576 Kammermusiker und 1577 Mitglied der Hofkapelle. Nach dem Tod Maximilians II. trat er in die Dienste Kaiser Rudolfs II. in Prag, wurde 1582 Dritter Organist und 1596 Erster Hoforganist. Im Jahre 1603 folgte er Philippe de Monte als Hofkomponist nach. 1611 zog er sich von seinen Ämtern zurück und starb in Prag im August 1620.

Werke

Von dem niederländischen Komponisten Charles Luyton sind mehrere drei- bis siebenstimmige Messen, sakrale Lieder, sechsstimmige Lamentationen und an profanen Werken ein Buch fünfstimmige Madrigale, die sich deutlich vom italienischen Typus unterscheiden, überliefert. Die Instrumentalmusik ist mit Fantasien, Ricercari und Kanzonen vertreten. Besonders interessant ist seine »Fuga suavissima«, eine Vorläuferin der klassischen Fugenform.

Luzzasco Luzzaschi (um 1545–1607)

Zeit und Umwelt

Durch den Vertrag von Faenza, den Papst Clemens VIII. mit Lucrezia d'Este, der Schwester des ohne direkte männliche Nachkommen 1597 verstorbenen Herzogs Alfonso II. d'Este, geschlossen hatte, kam Ferrara unter den Machtbereich der römischen Kurie. Alfonso II. hatte seinen Cousin Cesare (1562–1628) zum Nachfolger bestimmt, den der Papst wegen dessen illegitimer Geburt nicht anerkannte. Es wurden ihm jedoch Modena und Reggio belassen. Damit war der politischen und kulturellen Rolle der Familie d'Este in Italien ein Ende gesetzt. Die Pflege der Musik in Ferrara jedoch wurde auf dem Niveau fortgesetzt, auf das sie die Herzöge d'Este gehoben hatten.

Leben

Luzzasco Luzzaschi wurde um 1545 in Ferrara geboren und ausgebildet. Einer seiner Lehrer war Cyprian de Rore. Im Jahre 1567 wurde er bereits Mitglied der Hofkapelle, 1576 Hofkapellmeister und Hoforganist und wirkte in dieser Eigenschaft bis zu seinem Tod am 11. 9. 1607.

Werke

Von Luzzasco Luzzaschi sind fünfstimmige geistliche Lieder und eine große Zahl vier-, fünf- und sechsstimmiger Madrigale, weiters Madrigale für einen, zwei und drei Soprane mit Cembalo- oder Orgelbegleitung erhalten und verschiedene Vokalkompositionen in Sammelwerken. Von seinen Orgelwerken sind nur wenige überliefert. Die Struktur der Lied- und Instrumentalmusikformen von Luzzaschi weist deutlich auf die Musikentwicklung des kommenden Jahrhunderts hin.

Literatur

J. Raček, Les madrigaux à voix seule de Luzzasco Luzzaschi, in: La revue musicale XIII, 1932.

Arturo Luzzati (1875–1959)

Leben

Arturo Luzzati wurde am 24.5.1875 in Turin geboren. Er war am Konservatorium in Mailand Schüler von Alfredo Catalani (1854–93). Nach mehrjähriger Tätigkeit in den USA, wo er unter anderem von 1912 bis 1913 das Boston Opera House leitete, wurde er Leiter des Orchesters des Teatro Colón und mehrerer anderer Orchester in Buenos Aires. Er wirkte auch als Lehrer des Konservatoriums der argentinischen Hauptstadt, wo er am 26.6.1959 starb.

WERKE
Neben 2 Opern und einem Ballett schrieb Arturo Luzzati 2 Sinfonien, 3 sinfonische Dichtungen, ein Klavierkonzert, ein Violinkonzert, mehrere Werke für Soli, Chor und Orchester, 6 Streichquartette, ein Klavierquintett, viele Klavierstücke und Klavierlieder. Der Romantizismus seines Lehrers in Mailand prägte sich in seinen Kompositionen stark aus.

Aleksei Lwow (1798–1870)

ZEIT UND UMWELT
Der russische Zar Nikolaus I. (1796–1855) wurde ausschließlich militärisch erzogen; er versuchte auch, alle politischen Probleme militärisch zu lösen; kulturelle Interessen waren ihm fremd. Der Direktor seiner Hofsängergesellschaft war zugleich sein Adjutant und Generalmajor.

LEBEN
Aleksei Fjodorowitsch Lwow wurde am 25.5. 1798 in Reval (Tallinn) als Sohn des Chordirigenten und Direktors der Hofsängerkapelle in St. Petersburg, Fjodor Petrowitsch Lwow (1766, St. Petersburg, bis 1836, St. Petersburg), geboren. Er war von 1837 bis 1861 Direktor der Hofsängerkapelle und wirkte zugleich als Violinist. Er starb am 16.12.1870 in Romanowo bei Kaunas.

WERKE
Neben einer Violinschule, die 24 vorzügliche Etüden enthält, verfaßte Aleksei Lwow 3 Opern, eine Operette, eine Anzahl Orchesterwerke und Violinkonzerte sowie ein Duett für Violine und Cello. Er bearbeitete außerdem russische Kirchengesänge. Im Jahr 1833 komponierte er die russische Nationalhymne (Zarenhymne).

Marcin Łwówczyk (um 1530–89)

ZEIT UND UMWELT
König Zygmunt II. August von Polen hatte die Kulturpolitik seines Vorgängers und Vaters fortgesetzt und besonders die Königliche Kapelle gefördert. Dies nahm ein jähes Ende, als der König im Jahre 1572 ohne direkte Erben plötzlich verstarb. Von den Thronanwärtern wurde Henry de Valois (1551 bis 1589) 1573 gewählt, der jedoch ein Jahr darauf nach Frankreich zurückkehrte, weil er zum Erben der französischen Krone geworden war. Im Jahre 1575 fiel die Wahl auf den Fürsten von Siebenbürgen, István Báthory (1533–86).

LEBEN
Marcin Łwówczyk (Martinus Leopolita, Leopolitanus) wurde um 1530 in Lemberg (Lwiw) geboren, vermutlich in Krakau zum Musiker ausgebildet und in die Königliche Kapelle aufgenommen. Jedenfalls wurde er 1560 als Hofkomponist genannt. Nach dem Tod König Zygmunts II. August dürfte er in seine Heimatstadt zurückgekehrt sein, wo er 1589 starb.

WERKE
Von dem polnischen Komponisten Marcin Łwówczyk sind nur wenige Kompositionen erhalten: eine fünfstimmige Ostermesse auf polnische Kirchenlieder und 4 fünfstimmige Motetten, die ihn als echten Renaissancemusiker ausweisen, der es verstand, flämisch-italienische Satzkunst mit bodenständiger Melodik zu paaren.

LITERATUR
A. Chybiński, Über die polnische mehrstimmige Musik, Leipzig 1909.

James Lyon (1735–94)

ZEIT UND UMWELT
Schon in der vorrevolutionären Ära des 18. Jahrhunderts entwickelte sich in den nordamerikanischen Städten ein reges

Musikleben. Es wurde aber zum größten Teil von Musikern bestritten, die als Gäste aus Europa kamen und zumeist wieder zurückreisten. Eingewanderte Künstler, die sich entschließen konnten, seßhaft zu werden, gab es verhältnismäßig wenige.

LEBEN
James Lyon wurde 1735 in Newark geboren. Er lebte einige Zeit in Princeton, Michigan. Es ist nicht feststellbar, ob er einen musikalischen Beruf ausgeübt hat. Er starb 1794 in Machias, Maine.

WERKE
Die Bezeichnung »erster Komponist Nordamerikas« wird in der Regel Francis Hopkinson zuerkannt. James Lyon jedoch, der 1759 eine Ode komponierte und dem von ihm 1761 herausgebrachten Liederbuch einige eigene Kompositionen beigab, war um zwei Jahre älter.

Justus Wilhelm Lyra (1822–82)

LEBEN
Justus Wilhelm Lyra wurde am 23.3.1822 in Osnabrück geboren. Er studierte von 1841 bis 1846 an den Universitäten Berlin, Bonn und Göttingen und hatte danach geistliche Stellungen in Lingen, Langensalza, Wittingen und Bevensen inne. Zeit seines Lebens beschäftigte er sich intensiv mit Problemen des Farbenhörens und der Farbenmusik. Er starb am 30.12.1882 in Gehrden, Hannover.

WERKE
Von Justus Wilhelm Lyra ist eine Anzahl Lieder überliefert, die große Volkstümlichkeit erlangten. Er vertonte auch die Weihnachtskantate von Matthias Claudius (1740 – 1815). Außerdem nahm er sich sehr der Studentenmusik an. Seine theoretischen Werke über Farbenmusik und über das Farbenklavier sind recht interessant.

Charles Samuel Lysberg (1821–73)

ZEIT UND UMWELT
Die kulturelle Anlehnung von Genf an Frankreich war stärker als die jeder anderen Stadt der Schweiz. Das Konservatorium in Genf stellte in Paris ausgebildete Lehrer ein, wodurch Pariser Geschmack im positiven und im negativen Sinn importiert wurde.

LEBEN
Charles Samuel Lysberg wurde am 1.3.1821 in Lysberg, Bern, geboren. Er vertauschte seinen ursprünglichen Namen Bovy mit dem seines Geburtsorts. Im Alter von 15 Jahren kam er nach Paris und wurde dort Schüler von Frédéric Chopin und studierte am dortigen Conservatoire. Anschließend wurde er Klavierlehrer am 1835 gegründeten Conservatoire de musique in Genf, wo er am 25.2.1873 starb.

WERKE
Neben einer Oper für Genf verfaßte Charles Samuel Lysberg ungefähr 130 Klavierstücke – Barcarolen, Nokturnen, Capricen, Walzer, Konzertetüden und Opernparaphrasen, die zwar die Schule Chopins erkennen lassen, aber dennoch der Salonmusik zuzureihen sind. Seine einzige romantische Sonate bildete eine Ausnahme.

M

Si-tson Ma (geboren 1912)

LEBEN
Si-tson Ma wurde am 7.5.1912 in Haifeng, Provinz Kwantung, China, geboren. Er studierte am Konservatorium in Nancy und nahm in Paris Violinunterricht. Im Jahr 1931 begann er in seiner Heimat eine Konzertlaufbahn, wandte sich zugleich der Komposition zu und gründete in Kanton eine Musikschule; 1937 wurde er dort Professor an der Universität. Nach dem Zweiten Weltkrieg wirkte er als Lehrer und Dirigent in Shanghai, Taipeh, Tientsin und Peking. Wegen der Verfolgungen, die er bei der Kulturrevolution auszustehen hatte, verließ er 1967 China und lebt seitdem in den USA.

WERKE
Von Si-tson Ma sind 2 Sinfonien, ein sinfonisches Gedicht, ein Violinkonzert, ein Klavierquintett, ein Streichquartett, Stücke für Klavier und Violine, darunter eine mongolische und eine tibetische Suite, 4 Sonatinen und andere Klavierstücke, 3 Kantaten, 20 Volkslieder für Chor a cappella und 3 Liederzyklen für Gesang und Klavier bekannt geworden.

Teodulo Mabellini (1817-97)

ZEIT UND UMWELT
Die Società filarmonica in Florenz war eine der ältesten Konzertvereinigungen Italiens. Ihre Konzerte brachten vorwiegend wie die des Liceo Musicale hauptsächlich Kammermusik, allerdings von höchster Qualität. Große Konzerte gab die 1839 gegründete Hofmusikkapelle. Um das Jahr 1870 wurden diese Institutionen von der Società del Quartetto und der Società Orchestrale abgelöst.

LEBEN
Teodulo Mabellini wurde am 2.4.1817 in Pistoia geboren. Er war Schüler des Liceo Musicale in Florenz und ab 1836 mit einem Stipendium des Großherzogs Leopold I. von Saverio Mercadante in Novara. Er wurde darauf in Florenz Dirigent der Società filarmonica und 1848 Konzertmeister des Teatro La Pergola. Von 1860 bis zu seinem Tod am 10.3.1897 wirkte er als Kompositionslehrer am Istituto Musicale.

WERKE
Von Teodulo Mabellini wurden 9 Opern aufgeführt. Er verfaßte außerdem mehrere Oratorien, Kantaten und Hymnen mit Orchester, ferner eine Anzahl kirchlicher Gesänge.

LITERATUR
A. Simonatti, Teodulo Mabellini, Pistoia 1923.

Mabriano de Orto (um 1460–1529)

ZEIT UND UMWELT
Die Kombination des Berufes eines Klerikers und eines Musikers erwies sich durch lange Perioden der Musikgeschichte als sehr günstig für den Musiker selbst, dessen Lebensunterhalt gesichert war, und auch für die Musik, weil sie sich, wenn auch im jeweils gegebenen Rahmen, als nicht unmittelbar honorarabhängig freier entwickeln konnte.

LEBEN
Mabriano de Orto wurde zu Ortho bei Laro-

che um 1460 geboren. Der franko-flämische Komponist war von 1484 bis 1494 päpstlicher Kapellsänger in Rom, also zugleich mit Josquin. Im Jahre 1505 trat er in den Dienst Philipps des Schönen von Burgund, den er im folgenden Jahr nach Spanien begleitete. 1515 wurde er Erster Kaplan in der Kapelle von Erzherzog Karl, dem nachmaligen Kaiser Karl V. Er ist 1529 vermutlich in Spanien gestorben.

WERKE
Von Mabriano de Orto sind 5 Messen, etliche Messesätze, ein Ave Maria, eine Lamentatio, mehrere Motetten, Chansons und andere Gesänge überliefert. Von diesen Kompositionen stechen die Messe »L'homme armé« für fünf Stimmen und das Agnus der Messe »Mi-Mi« besonders hervor. Auch das Ave Maria erreichte einen hohen Beliebtheitsgrad.

LITERATUR
G. Reese, Music in the Renaissance, New York 1954.

Egisto Macchi (geboren 1928)

LEBEN
Egisto Macchi wurde am 4.8.1928 in Grosseto, Toskana, geboren. Neben Medizin, Psychologie und Literatur studierte er in Rom bei Roman Vlad (geboren 29.12.1919, Cernănţi, Rumänien [heute Tschernowci, Ukraine]) Komposition und Klavier, Violine und Gesang; er befaßte sich auch mit Mikrointervallen und Vierteltonmusik und beteiligte sich an der Gründung des Ensembles Nuova Consonanza und des Studios »R7« für Elektronische Musik in Rom.

WERKE
Außer 3 Bühnenwerken schrieb er mehrere Stücke für Orchester, Stücke für verschiedene Besetzungen: 2 Variationen, 4 Expressionen, weiters für Kammerorchester: »Komposition 1«, »Komposition 2« für vier Instrumentengruppen, »Komposition 3« für zwölf Instrumente, »Komposition 4« für neun Instrumente, »Komposition 5« für vier Bläser, »Komposition 6« für Kinderchor (Kleines Dachau-Requiem), »Komposition 7« für Kammerorchester, ein Stück für Kammerorchester, Cembalo und Tonband und eines für vier Blasinstrumente, Kombinationsmuster für verschiedene Instrumente, Cadenza für Sopran solo sowie mehr als 1000 Filmdokumentationen und Musik zu Fernsehstücken und 20 Filmen.

Edward MacDowell (1861–1908)

LEBEN
Edward Alexander MacDowell wurde am 18.12.1861 in New York geboren. Dort erhielt er seine erste Ausbildung bei der venezolanischen Pianistin Teresa Carreño (22.12.1853, Caracas, bis 12.6.1917, New York). Ab 1876 studierte er mehrere Jahre in Paris bei Antoine François Marmontel (1816–98) und Marie Gabriel Augustin Savard (21.8.1814, Paris, bis 7.6.1881, Paris), bei Louis Ehlert (1825–84) in Wiesbaden, bei Joachim Raff (1822–82) und Karl Heymann (6.10.1854, Filehne [Wieleń], Posen, bis 12.11.1922, Haarlem). Nachdem er ein Jahr am Darmstädter Konservatorium als Klavierlehrer gewirkt hatte, kehrte er 1888 in die USA zurück, lebte in Boston und trat 1896 eine Professur an der Columbia Universität in New York an. Er starb am 23.1.1908 in New York.

WERKE
Der folkloristischen Tendenz seiner Zeit folgend, verwendete Edward MacDowell, der zu den prominentesten Vertretern der amerikanischen Romantik zu zählen ist, in seinen Kompositionen Melodien der Indianer und Schwarzen. Er schrieb 2 Klavierkonzerte in a-Moll und d-Moll, die Tondichtungen »Elaine und Lancelot«, »Lamia« und »Hamlet und Ophelia«, 2 Orchestersuiten, 4 programmatische Klaviersonaten: »Tragica«, »Eroica«, »Norse«, »Keltic«, viele Klavierstücke, Chöre, Lieder.

Klavierkonzert Nr. 2 in d-Moll, Opus 23, 3 Sätze, entstanden 1885

Dieses im Traditionsschatten der deutschen Romantik entstandene Stück scheint sich an das erste Konzert von Sergei Rachmaninow anzulehnen, wurde aber sieben Jahre früher geschrieben. Der volle rhapsodische Klaviersatz, der akkordische Melodik mit virtuoser Umspielung variiert, die farbige Orchestrierung, die das Klavier profiliert und untermauert, sind ein Erbe von Franz Liszt. Dazu treten jedoch viele harmonische Freiheiten, die den Amerikaner verraten, so daß trotz aller Abhängigkeit ein originelles und interessantes Werk vorliegt.

Suite Nr. 2, »Die indianische«, Opus 48, 5 Sätze, entstanden 1895

In dieser Suite verarbeitete der Komponist melodisches Material, das er der Publikation des Musikforschers Theodore Baker (3.6.1851, New York, bis 13.10.1934, Dresden), »Über die Musik der nordamerikanischen Wilden«, entnommen hatte. Das Thema des 1. Satzes, das die einstmalige Größe der sterbenden Rasse ausdrückt, zieht sich durch das gesamte Stück; Melodien der Irokesen und Chippewa sind darin verwoben. Der 2. Satz »Liebeslied« zieht eine weiche Kantilene der Iowa heran. Der 3. Satz »Kriegszeiten« verwertet Themen von am Atlantik wohnenden Stämmen und ähnelt dem irokeischen Skalp-Tanz. Im 4. Satz »Totenklage« ist ein Trauergesang der Frauen der Kiowa zu einem ergreifenden Grablied geformt. Der 5. Satz »Dorffest« ist fröhlich und ausgelassen; er endet mit einer Wiederholung des Themas des 1. Satzes gleichsam als abschließende Huldigung für das gesamte indianische Volk.

LITERATUR

J. F. Porte, A Great American Tone Poet, Edward MacDowell, London 1922.

Denis Macé (um 1590 bis nach 1648)

ZEIT UND UMWELT

Der Sonnengesang, den Franz von Assisi (Giovanni Bernardone, 1181–1226) im Jahr 1224 schuf, hat durch seine vornehme, gehobene Sprache besonders in Frankreich eine Reihe von Dichtern zur Nachahmung angeregt, die dann wieder von kongenialen Komponisten zur Basis ihrer Werke genommen wurden.

LEBEN

Denis Macé wurde um 1590 vermutlich in Paris geboren. Er lebte als Sänger, Lautenist und Musiklehrer in Paris und starb in den Jahren nach 1648.

WERKE

Der französische Sänger, Lautenist und Komponist Denis Macé verfaßte vierstimmige Airs, die unter dem Einfluß der zeitgenössischen Chansons à danser (Tanzlieder) leichter und lebendiger sind als die Airs sérieux, weiters eine Sammlung von Chansons à boire et à danser (Trink- und Tanzlieder) für eine und zwei Stimmen und »Cantiques spirituels« (Geistliche Gesänge), deren Stil vom Sonnenhymnus des heiligen Franziskus inspiriert ist. Macé gehört zu den Begründern der klassischen Eleganz des französischen Barock.

Thomas Mace (um 1613–1709)

ZEIT UND UMWELT

Karl II. war unter frenetischem Jubel der Bevölkerung in London eingezogen, die Gebeine Cromwells wurden aus seinem Grab geholt und an den Galgen gehängt und sein Kopf in Westminster Hall aufgespießt. Die Hofkapelle und die Chöre in den Kathedralen sammelten ihre versprengten Mitglieder, soweit diese noch lebten, und nahmen ihre Tätigkeit neu auf. Doch die Lähmung des musikalischen Lebens konnte nicht so rasch überwunden werden.

LEBEN

Thomas Mace wurde um 1613 in Cambridge geboren. Er war Sänger am Trinity College in Cambridge, hielt sich ab 1644 in York auf, kehrte 1647 nach Cambridge zurück und übersiedelte nach dem Jahr 1660 nach London, wo er 1709 starb.

Sein Vater John Mace (um 1560, Cambridge, bis um 1630, Cambridge) war vermutlich Organist in Cambridge.

WERKE

Der englische Musiktheoretiker und Kompo-

nist Thomas Mace verfaßte »Musick's Monument or a Remembrance of the best Practical Musick both Divine and Civil that has ever been known to have been in the world« (Musik-Monument oder eine Übersicht über die beste sakrale wie profane Musik, die es in der Welt gegeben hat). Das Werk berichtete in 3 Bänden über die Praxis der englischen Kirchen, über Lauten- und Violenmusik und bringt eine Reihe von Instrumentalstücken des Verfassers. Außer diesen Stücken sind nur noch etliche Lautenkompositionen und ein Anthem erhalten.
Von den Kirchenkompositionen von John Mace ist nur ein Anthem überliefert, das aber ursprünglicher wirkt als die Kompositionen des Sohnes.

LITERATUR

E. D. Mackerness, Thomas Mace, Additions to a Biography, in: The Monthly Musical Record, 1953.

George Alexander Macfarren
(1813–87)

ZEIT UND UMWELT

»The Musical Antiquarian Society« wurde in London 1840 zur Veröffentlichung seltener und wertvoller Werke früherer englischer Komponisten gegründet. Während ihres Bestehens bis zum Jahr 1847 publizierte sie 19 verschiedene Standardwerke von Thomas East (um 1540 bis um 1608), William Byrd (1543 bis 1623), Thomas Morley (1557–1603), John Dowland (1562–1626), John Wilbye (1574 bis 1638), Thomas Weelkes (1575–1623), Orlando Gibbons (1583–1625), John Hilton (1599 bis 1657), Henry Purcell (1659–95) und anderen. Die Herausgabe dieser Werke war zu ihrer Zeit sehr verdienstvoll. Heute ist sie durch jüngere Bearbeitungen überholt.

LEBEN

George Alexander Macfarren wurde am 2.3. 1813 in London geboren. Er war Schüler von Charles Lucas und ab 1829 an der Royal Academy of Music, wo er bereits ab 1834 als Lehrer wirkte und 1876 trotz seiner Erblindung die Leitung übertragen erhielt. Er starb am 31.10.1887 in London.
Sein Bruder Walter Cecil Macfarren (28.8. 1826, London, bis 2.9.1905, London) war Schüler seines Bruders sowie von Cipriani Potter und wurde hernach Klavierlehrer an der Royal Academy of Music; zwischen 1873 und 1880 dirigierte er ihre Konzerte.

WERKE

Von George Macfarren sind 6 englische Opern aufgeführt worden. Er schrieb ferner 7 Ouvertüren, 4 Oratorien (»Johannes der Täufer«, »Auferstehung«, »Joseph«, »König David«), 4 Kantaten, 9 Sinfonien, ein Violinkonzert, viele Kammermusikwerke, zahlreiche Klaviersonaten, verschiedene Kirchenwerke – Services, Anthems, Chants –, Lieder und Quartette für Singstimmen.
Er veröffentlichte eine Anzahl musiktheoretischer Werke und brachte für »The Musical Antiquarian Society« die Oper »Dido und Aeneas« von Henry Purcell heraus und für die Handel Society 4 Oratorien von Georg Friedrich Händel.
Walter Cecil Macfarren schrieb eine Sinfonie in B-Dur, 7 Ouvertüren, ein Klavierkonzert, zahlreiche Kammermusik und Klavierwerke, außerdem Kirchenmusik, Kantaten, Chöre.

Otmar Mácha (geboren 1922)

LEBEN

Otmar Mácha wurde am 2.10.1922 in Ostrava, Mähren, geboren. Er war Schüler des Konservatorium in Prag und bei Jaroslav Řídký. Von 1945 bis 1962 wirkte er am Rundfunk in Prag.

WERKE

Außer 3 Opern schrieb Otmar Mácha ein sinfonisches Intermezzo, eine sinfonische Dichtung, Orchestervariationen, ein Duo für Saxophon und Klavier, Sonaten für Klavier mit Violine, mit Cello, mit Fagott, Klavierstücke, eine Orgeltoccata, ein Oratorium, 3 Kantaten, eine Suite für Sopran und Orchester, Chöre, Lieder und Filmmusik. Seine Werke fußen auf der mährischen Volksmusik.

Manuel Machado
(um 1575 bis nach 1639)

ZEIT UND UMWELT
Als der spanische König Philipp II. 1580 Portugal annektierte, beließ er dem Land eine gewisse Selbständigkeit, die seine Nachfolger später beseitigten. Erhalten blieb in der ganzen Zeit der Fremdherrschaft die Hofkapelle in Lissabon, aus der die spanische Kapelle in Madrid einzelne Mitglieder übernahm. Obschon die beiden Kapellen vor 1580 in engem Kontakt zueinander standen, hielten sich portugiesische Musiker bis zur Befreiung des Landes im Jahr 1640 sehr reserviert, und nur wenige folgten dem Ruf nach Spanien.

LEBEN
Manuel Machado wurde um 1575 in Lissabon geboren und von Duarte Lobo (1565 bis 1646) ausgebildet. Ab 1610 war er Mitglied der spanischen Hofkapelle in Madrid, wo er nach 1639 starb.

WERKE
Vom portugiesischen Komponisten Manuel Machado sind 10 vierstimmige Tonos humanos und 4 Stücke in der spanischen Sammlung Canzionero Sablonara erhalten. Alles weitere ist verloren. Die Kompositionen lassen den Stil des Lehrers erkennen.

Machy (um 1660 bis um 1700)

ZEIT UND UMWELT
Die Viola da gamba als Soloinstrument wurde von den Franzosen erst im letzten Drittel des 17. Jahrhunderts entdeckt. Es fanden sich einige Virtuosen auf diesem Instrument, die zugleich befähigte Komponisten waren, so daß genügend gute Literatur dafür zur Verfügung stand.

LEBEN
Le sieur de Machy (der Vorname ist nicht überliefert) wurde um 1660 vermutlich in Paris geboren und zum Gambisten ausgebildet. Er lebte in Paris als Gambist und Gambenlehrer. Ob er eine feste Stelle als Musiker hatte, ist nicht bekannt. Er dürfte in seiner Geburtsstadt um 1700 gestorben sein.

WERKE
Der französische Gambist und Komponist Machy war der erste, der Stücke für die Sologambe herausbrachte, also noch vor Marin Marais, der ihn mit seinen Werken dann weit überflügelte. Keine seiner Kompositionen sind für Gambenensembles geschrieben, weil er die Meinung vertrat, dieses Instrument klinge nur im solistischen Spiel harmonisch. Es handelte sich dabei um eine Reihe von Suiten, die sehr ansprechend klingen.

Robert Macintosh (1745–1807)

ZEIT UND UMWELT
Die zum Teil einer pentatonischen Skala folgende schottische Volksmusik mit ihrer eigentümlich ansprechenden Melodik hat viele britische und kontinentale Musiker zur Nachahmung bewogen, doch in ihrer ursprünglichen unverfälschten Form kann sie nur in Schottland selbst gefunden werden. Daher waren und sind heute noch Sammlungen schottischen Musikgutes allgemein geschätzt.

LEBEN
Robert Macintosh (genannt Red Bob) wurde 1745 in Tullymet, Perthshire, geboren. Er wirkte als Violinist und Dirigent ab 1773 in Edinburgh und ab 1785 in Aberdeen, bis er 1803 nach London übersiedelte, wo er im Februar 1807 starb.

WERKE
Von Robert Macintosh sind volkstümliche schottische »Airs, Minuets, Gavottes and Reels« für zwei Violinen und Generalbaß, 3 Bücher »New Reels« für Violine und Cembalo, »New Strathspey Reels« und 5 einzelne Stücke, alles unverfälschte schottische Musik, erschienen. Nicht wenig davon hat seinen Niederschlag in der Komposition der Romantik gefunden.

Alexander Mackenzie (1847–1935)

Leben
Alexander Campell Mackenzie wurde am 22.8.1847 in Edinburgh geboren. Er war von 1857 bis 1862 Schüler von Eduard Stein (1818, Kleinschirma bei Freiburg, bis 16.3.1864, Sondershausen) in Sondershausen und sodann an der Royal Academy in London des Dirigenten Charles Lucas und des Violinvirtuosen Prosper Philippe Catherine Sainton. Ab 1865 war er Musiklehrer in Edinburgh, von 1888 bis 1924 leitete er die Royal Academy of Music und dirigierte von 1892 bis 1899 die Philharmonic Society in London, wo er am 28.4.1935 starb.

Werke
Die zahlreichen kompositorischen Werke von Alexander Mackenzie gehörten eindeutig der Spätromantik an. Er schrieb 7 Opern, die Oratorien »Die Rose von Sharon« und »Bethlehem«, 3 »Schottische Rhapsodien« für Orchester, eine »Kanadische Rhapsodie« für Orchester, eine »Orchesterballade«, eine Orchestersuite (»Londoner Alltag«), 6 Ouvertüren, 6 Schauspielmusiken, ein »Schottisches Klavierkonzert« in G-Dur, ein Violinkonzert in cis-Moll, 2 Suiten für Violine und Orchester, ein Streichquartett in Es-Dur, 10 Chorkantaten und viele kleinere Stücke mit verschiedener Besetzung.

Literatur
J. P. Baker, Alexander Mackenzie, in: Musical Quarterly XIII, 1927.

Charles Maclean
(um 1700 bis um 1772)

Zeit und Umwelt
Aberdeen und noch mehr die schottische Hauptstadt Edinburgh hatten schon seit langem ein eigenständiges Kulturleben. In beiden Städten wurden bereits im 16. und 17. Jahrhundert Musik- und Singschulen eröffnet. Die öffentliche Konzerttätigkeit nahm im 18. Jahrhundert einen beachtlichen Aufschwung. Wenn auch die meiste Musik von London oder aus dem Ausland bezogen wurde und viele Interpreten keine Einheimischen waren, so nahm die Anzahl der schottischen Musiker doch allmählich zu.

Leben
Charles Maclean wurde um 1700 in Schottland geboren. Er war zwischen 1736 und 1740 Violinlehrer und sodann Leiter der Musikschule in Aberdeen. Dann wirkte er als Lehrer und Interpret in Edinburgh, wo er um 1772 starb.

Werke
Melodische Eigenheiten, die Charles Maclean als schottischen Komponisten kennzeichnen, sind nur in seiner Sammlung »Beliebter schottischer Weisen« für Violine und Generalbaß, die nur teilweise von ihm stammen, feststellbar. Seine 12 Sonaten für Violine, Cello und Generalbaß (4 davon schreiben anstelle der Violine eine Querflöte vor) sind sehr ansprechend.

Literatur
H. G. Farmer, History of Music in Scotland, London 1947.

Elizabeth Maconchy (geboren 1907)

Leben
Elizabeth Maconchy wurde am 19.3.1907 in Broxbourne, Hertfordshire, geboren. Sie war von 1923 bis 1929 am Royal College of Music in London Schülerin von Ralph Vaughan Williams und ergänzte ihre Studien in Prag, Wien und Paris. Sie lebt in Shottesbrook, Boreham, Essex, und ist Vizepräsidentin der Society of Women Musicians.

Werke
Vom umfangreichen kompositorischen Werk von Elizabeth Maconchy sind bemerkenswert: 4 Opern, eine Sinfonie für Orchester, eine Sinfonie für doppeltes Streichorchester, eine Suite für Kammerorchester, ein Klavierkonzert, ein Bratschenkonzert, ein Doppelkonzert für Oboe, Fagott und Streichorchester, Dialog für Klavier und Orchester, ein Concertino für

Klarinette und Streichorchester, ein Concertino für Fagott und Streichorchester, ein Oboenquintett, Variationen für Streichorchester, 10 Streichquartette, ein Gesang für Sopran mit Streichquartett, eine Ouvertüre, ein Stück für Orchester, Holz- und Blechbläser, eine Serenade für Violine und Orchester, Variationen für Oboe, Fagott, Klarinette, Horn und Streicher, ein Quintett für Klarinette und Streicher, eine Sonatine für Streichquartett, Reflexionen für Oboe, Klarinette, Bratsche und Harfe, ein Duo für Kontrabaß und Klavier, 3 Bagatellen für Oboe und Harfe, Klavierstücke, Cembalostücke und eine Anzahl Kantaten, Chöre und Sologesänge mit Instrumentalbegleitung.

Stewart Macpherson (1865–1941)

LEBEN
Stewart Macpherson wurde am 29.3.1865 in Liverpool geboren. Er war an der Royal Academy of Music in London Schüler von George Alexander Macfarren und Walter Cecil Macfarren (1826–1905) und sodann von 1887 bis 1931 Lehrer für Harmonie und Komposition. Gleichzeitig wirkte er als Musikprofessor von 1903 bis 1920 am Blindeninstitut, als Professor an der Universität London, wo er am 27.3. 1941 starb.

WERKE
Neben zahlreichen sehr wertvollen didaktischen und theoretischen Publikationen brachte Stewart Macpherson eine Sinfonie in C-Dur, Ouvertüren, eine Ballade und ein Notturno für Orchester, ein Violinkonzert, eine Messe in D-Dur für Soli, Chor und Orchester, eine Romanze für Oboe und Klavier, mehrere Services, Klavierstücke und Lieder heraus.

Georgius Macropedius
(um 1475–1558)

ZEIT UND UMWELT
Der Humanist Johannes Reuchlin (1455 bis 1522) begründete das wissenschaftliche Studium des Griechischen und des Hebräischen in Deutschland. Er verfaßte einige Komödien in lateinischer Sprache und schuf damit das neulateinische Schuldrama, das erst in späterer Zeit seine Hochblüte erlebte. Die Chöre und gelegentlich auch die Dialoge dieser Bühnenstücke mit Musik zu versehen, war ein naheliegender Schritt in Richtung auf das Musikdrama der kommenden Jahrhunderte.

LEBEN
Georgius Macropedius (Van Langhveldt, Langveld) wurde um 1475 in Gemert (Brabant) geboren. Er ergriff den Lehrberuf und unterrichtete an den Lateinschulen in s'Hertogenbosch und Utrecht. Im Juli 1558 starb er in s'Hertogenbosch.

WERKE
Der Humanist und Komponist Georgius Macropedius schrieb nach dem Muster des Gelehrten und Dichters Johannes Reuchlin 10 lateinische Schuldramen, deren Chöre er mit Melodien versah. Diese waren stets einstimmig, abgesehen von einem Drama, zu dem der Meister vierstimmige Sätze komponierte.

LITERATUR
R. v. Liliencron, Die Chorgesänge des lateinisch-deutschen Schuldramas, Vierteljahresschrift für Musikwissenschaft VI, 1890.

Szymon Bar Jona Madelka
(um 1530 bis um 1598)

LEBEN
Szymon Bar Jona Madelka (Simon Bar Jona) wurde um 1530 in Opole (Polen) geboren. Über sein Leben in der Heimat ist nichts bekannt. Um 1575 kam er nach Plzeň und ließ sich in die Fleischerzunft eintragen. Er wurde Zunftmeister, Ratsherr der Stadt und Kantor und starb in seiner neuen Wahlheimat um 1598 als angesehener Bürger und weit bekannter Kirchenkomponist.

WERKE
Von dem polnischen Komponisten Szymon

Bar Jona Madelka sind seine 8 Magnificat und die fünfstimmigen Sieben Bußpsalmen mit einer Bußmotette überliefert.

LITERATUR

L. Handzel, Szymon Bar Jona Madelka, in: Muzyka II, 1957.

Bruno Maderna (1920–73)

LEBEN

Bruno Maderna wurde am 21.4.1920 in Venedig geboren. Bis 1940 studierte er am Konservatorium in Rom unter Alessandro Bustini, dann bei Gian Francesco Malipiero, Eduardo de Guarnieri (18.4.1899, Venedig, bis 25.5. 1968, São Paulo) und Hermann Scherchen. Anschließend wirkte er durch vier Jahre als Lehrer am Konservatorium in Venedig, 1954 übernahm er die Kompositionskurse bei den Internationalen Ferienkursen für Neue Musik auf Schloß Kranichstein bei Darmstadt, ab 1956 war er Mitarbeiter des Elektronischen Studios di Fonologia Musicale in Mailand. Von 1958 bis 1967 wirkte er als Leiter des Internationalen Kammerensembles Darmstadt, anschließend als Dozent am Konservatorium in Rotterdam, von 1971 bis 1972 auch bei den Sommerkursen des Berkshire Music Center in Tanglewood, Mass., und ab 1972 als Chefdirigent des Sinfonieorchesters des Rundfunks in Mailand. Er starb am 13.11.1973 in Darmstadt.

Bruno Maderna

WERKE

Neben 3 Opern schrieb Bruno Maderna unter anderem Introduktion und Passacaglia, Improvisation I und II, ein Divertimento, Komposition I und II, Serenata I und II für je elf Instrumente, Konzert für zwei Klaviere und Kammerorchester, ein Klavierkonzert, ein Flötenkonzert, Serenata III elektronisch, Serenata IV für 20 Instrumente und Tonband, 3 Oboenkonzerte, ein Violinkonzert, ein Konzert für vier Schlagzeuger und vier Orchestergruppen, zahlreiche elektronische Werke und Kompositionen mit Tonband, ein Streichquartett, Dimensionen I, II, III, IV, eine Anzahl Vokalwerke mit Instrumenten, zum Teil mit Tonband und auch mit elektronischen Klängen. Er gehörte zur Gruppe italienischer Musiker, die mit der Dodekaphonik und elektronischen Klangmitteln neue musikalische Strukturen erarbeiten.

Konzert für Oboe und Kammerorchester, entstanden 1962

Dieses dem Oboisten Lothar Faber (geboren 7.2. 1922, Köln) gewidmete Werk bringt in der Introduktion isolierte Noten der Oboe, denen ebenfalls isolierte Töne der Streicher, dann des Klaviers, der Harfe und der Celesta gegenübergestellt sind. Nach einem raschen orchestralen Interludium erklingt die erste der sechs Kadenzen, aus denen das Stück besteht. Diese Kadenzen führen die melancholischen und poetischen Klänge des Soloinstruments in einer nahezu romantischen Art vor, während den übrigen Instrumenten eine reine Begleiterfunktion zukommt, mit Ausnahme der zweiten, bei der das Schlagwerk im Vordergrund steht, und der fünften, bei der die Streicher dominieren. Die Aleatorik betrifft vorwiegend die Dauer der einzelnen Passagen. Die letzte Kadenz wird nicht von der Oboe vorgetragen, sondern vom Englischhorn.

Leevi Madetoja (1887–1947)

Leben
Leevi Antti Madetoja wurde am 17. 2. 1887 in Oulu geboren. Während seines Universitätsstudiums in Helsinki war er Musikschüler von Jean Sibelius und Armas Järnefelt und ergänzte seine Ausbildung in Paris bei Vincent d'Indy und in Wien bei Robert Fuchs. Von 1912 bis 1914 war er Zweiter Kapellmeister der Philharmonischen Gesellschaft in Helsinki, sodann bis 1916 Orchesterdirigent in Viipuri (Wiborg), dann Lehrer für Musikgeschichte und Musiktheorie am Musikinstitut und von 1926 bis zu seinem Tod am 6. 10. 1947 Musiklehrer der Universität in Helsinki.

Werke
Außer 2 Opern und einem Ballett schrieb Leevi Madetoja 3 Sinfonien, 2 Tongedichte, 3 Ouvertüren, eine Suite für Cello und Klavier, eine Klaviersuite und weitere Klavierwerke, 2 Chorwerke, mehrere Kantaten, Chöre und Lieder. Er verwendete viel finnische Volksmusik in seinen Werken, die der Spätromantik zuzuzählen sind.

Henri Madin (1698–1748)

Zeit und Umwelt
Der Sohn des entthronten englischen Königs Jakob II. (1633–1701) wurde nach dessen Tod vom französischen König Ludwig XIV. als König Jakob III. anerkannt. Seine Versuche, die Krone tatsächlich an sich zu bringen, waren vergebens. Er blieb zeitlebens »The Old Pretender« (Der alte Kronprätendent, 1688–1766). Eine größere Anzahl katholischer Familien, vor allem Iren, folgten Jakob II. auf den Kontinent – in der Hoffnung, mit ihm oder mit dessen Sohn zurückkehren zu können.

Leben
Henri Madin (eigentlich Madden) wurde 1698 in Verdun in irischer Familie, die nach dem Thronverlust Jakobs II. im Jahr 1688 Großbritannien verlassen hatte, geboren. Er wurde Mönch und um 1720 Kapellmeister an der Kathedrale von Tours, 1737 an der Kathedrale von Rouen, 1738 an der Königlichen Kapelle in Versailles, wo ihm 1744 die Führung der Musikpagen übertragen wurde. Er starb am 4. 2. 1748 in Versailles.

Werke
Außer seinen didaktischen Publikationen sind von Henri Madin 3 Messen für vierstimmigen gemischten Chor und 25 Motetten für großen Chor, von denen einige mit Erfolg im Concert spirituel gesungen wurden, überliefert. Alle anderen Kompositionen sind unauffindbar.

Nonnosus Madlseder (1730–97)

Zeit und Umwelt
In der katholischen Kirchenmusik Italiens und des mitteleuropäischen Raumes lassen sich zwei Tendenzen feststellen. Mit den der profanen Musik und der Oper immer stärker angenäherten Fakturen und mit der Aufnahme von Virtuosen in die Kirchenkapellen wurden die Kompositionen für Kirchen zum Konzert, das sich vom sakralen Zweck mehr oder minder entfernte. Auf der anderen Seite suchte man diese »Überfremdung« durch Rückgriffe auf vorbarocke Formen – Polyphonie und Gregorianik – abzuwehren. Besonders an den Kirchenkapellen der Klöster gab es nicht wenige begabte Musiker, die hier Beachtliches leisteten.

Leben
Nonnosus Madlseder (Taufname: Johannes Baptist) wurde am 20. 6. 1730 in Meran geboren. Er war Singknabe am Damenstift in Hall in Tirol, studierte in Polling, Oberbayern, und Freising und wurde Benediktiner im Kloster Andechs am Ammersee, Bayern. Er wirkte im Kloster als Musikdirektor und Organist bis zu seinem Tod am 3. 4. 1797.

Werke
Im Druck sind von Nonnosus Madlseder 14 Offertorien, 5 Miserere, ein Stabat mater

und 5 Vespern erschienen. Handschriftlich sind mehrere Messen, Karwochenoratorien, Kantaten und Sinfonien erhalten. Seine Musik ist konservativ, aber einfallsreich gestaltet.

Luigi Madonis (um 1700 bis nach 1767)

Zeit und Umwelt
Peter I. (1672–1725), russischer Zar ab 1682, ersetzte die religiös-traditionalistischen Wertvorstellungen des Moskauer Staates durch die rationalistischen Westeuropas. Als Symbol für den Anschluß an Europa verlegte er seine Hauptstadt von Moskau nach dem neugegründeten St. Petersburg (1703). Damit öffneten sich die Tore Rußlands für die westeuropäische Musik schon unter seiner Regierung und sich stets verstärkend unter seinen Nachfolgern, besonders unter den Kaiserinnen Elisabeth Petrowna (1709–62) und Katharina II. (1729–96).

Leben
Luigi Madonis (Lodovico Madoni, Madonnis) wurde um 1700 in Venedig geboren. Er war vermutlich Schüler von Antonio Vivaldi. In den Jahren 1725 und 1726 wirkte er als Konzertmeister einer Operntruppe in Breslau (Wrocław), zwischen 1729 und 1731 trat er als Violinist im Concert spirituel in Paris mit großem Erfolg auf. Darauf betreute er bis zu seinem Tod nach 1767 die Konzertmeisterstelle am Hof von St. Petersburg.

Werke
Die 12 Sinfonien für Violine und Generalbaß von Luigi Madonis erschienen als erster russischer Musikdruck in St. Petersburg. Ebenfalls zum ersten Male wurden Elemente russischer Volksmusik in Kompositionen aufgenommen. In Paris brachte der Komponist Sonaten für Solovioline und Generalbaß heraus.

Literatur
R. A. Mooser, Annales de la musique et des musiciens en Russie au XVIIIe siècle, Genf 1948.

Pieter Maessins (um 1500–63)

Zeit und Umwelt
Die Kaiserliche Kapelle in Wien setzte bis weit in das 16. Jahrhundert hinein den burgundischen Stil fort, wie ihn Isaac begründet hatte; sie war stark mit Musikern aus dem franko-flämischen Raum besetzt, und auch ihre Leiter stammten zu jener Zeit zumeist von dort.

Leben
Pieter Maessins (Massenus) wurde um 1500 in Gent geboren, trat als Student der Kapelle der Erzherzogin Margarete von Österreich bei und zog sodann mit der kaiserlichen und piemontesischen Armee durch ganz Europa. In den Jahren 1540 bis 1543 war er Kapellmeister in Kortrijk und löste 1546 Arnold von Bruck als Kapellmeister am Kaiserhof in Wien ab. Am 1. 11. 1563 erlag er einem Verkehrsunfall bei Benfeld an der Ill. Im Jahre 1562 war er mit dem Prädikat »Maessins von Massenberg« geadelt worden.

Werke
Von Maessins sind 3 sechsstimmige, 4 fünfstimmige, 2 vierstimmige Motetten, 2 vierstimmige Hymnen, 4 Tricinia und etliche Kanons überliefert, außerdem eine zwölfstimmige Bearbeitung der Chanson von Mouton »En venant de Lyon« (Kommend von Lyon).

Literatur
A. Dunning, Die Staatsmotette, Utrecht 1970.

Quinto Maganini (1897–1974)

Leben
Quinto Maganini wurde am 30.11.1897 in Fairfield, Calif., geboren. Er wirkte ab 1917 als Flötist im Sinfonieorchester in San Francisco und von 1919 bis 1927 im Sinfonieorchester von New York, sodann studierte er zwei Jahre bei Nadia Boulanger in Fontainebleau. Später trat er in New York als Dirigent hervor und gründete 1932 ein eigenes Kammer-

orchester; von 1939 bis 1970 war er Dirigent des Sinfonieorchesters in Norwalk, Conn. Er starb am 10.3.1974 in Greenwich, Conn.

WERKE

Außer 2 Opern und einem Ballett schrieb Quinto Maganini eine Sinfonie, eine Rhapsodie, ein Konzert für Streicher, mehrere andere Orchesterstücke, Chorwerke und Lieder. Sein Stil neigte zum Klassizismus.

Albéric Magnard (1865–1914)

LEBEN

Lucien Denis Gabriel Albéric Magnard wurde am 9.6.1865 in Paris geboren. Er war am Conservatoire in Paris Schüler von Théodore Dubois und Jules Massenet und nahm noch bei Vincent d'Indy (1851–1931) Kompositionsunterricht. Einen musikalischen Beruf übte er neben seiner kompositorischen Tätigkeit nicht aus. Er starb am 3.9.1914 bei Baron, Oise.

WERKE

Obwohl Albéric Magnard seine stilistische Abhängigkeit von Vincent d'Indy in seinen Werken deutlich zeigte, versuchte er doch, der dramatischen Ausdruckskraft von Ludwig van Beethoven nachzueifern. Er schrieb 3 Opern, 4 Sinfonien, eine Ouvertüre, eine Orchestersuite »im alten Stil«, 2 Hymnen und eine Trauerklage für Orchester, ein Quintett für Holzbläser und Klavier, ein Streichquartett, ein Klaviertrio, eine Violinsonate, eine Cellosonate, Lieder und Klavierstücke.

Perotinus Magnus (1165 bis um 1220)

ZEIT UND UMWELT

In Frankreich tobte der Kampf um das Erbe Eleanores von Aquitanien, das sie nach ihrer Scheidung von König Ludwig VII. in ihre zweite Ehe mit Heinrich von Anjou, dem späteren König Heinrich II. von England, einbrachte. Die Auseinandersetzung wurde erst unter Philipp II. Augustus zugunsten der ständig erstarkenden französischen Königsmacht entschieden; Johann von England verlor alle Lehen, die Normandie wurde erobert, im Frieden von Chinon (27. 7. 1214) verblieben Philipp alle englischen Besitzungen nördlich der Loire. Im Süden brachen die Albigenserkriege aus. Doch in Notre-Dame zu Paris, wenig berührt von Waffenlärm und theologischen Auseinandersetzungen, entstand die erste große Epoche der europäischen Musikentwicklung mit Werken, die in der ganzen damaligen Welt starke Bewunderung erregten und einen nachhaltigen Einfluß auf die Musik der kommenden Zeiten ausübten. Paris wurde zum Zentrum der Kunst des Organums, des Conductus und, in weiterer Folge, der Motette. Die neue Musik stand im engen Zusammenhang mit den zu jener Zeit erbauten Kathedralen (Chartres, Amiens, Reims, Paris), die nicht mehr ein Werk der Mönche und Klöster, sondern der Städte waren. Diese Entwicklung hatte enge Beziehung zu Dichtung und Gesang der Troubadours und Trouvères und trug zum Aufschwung der exakten Wissenschaften an der neu gegründeten Pariser Universität unendlich viel bei.

LEBEN

Perotinus (Perrotinus), mit dem Beinamen Magnus ausgezeichnet, wurde vermutlich 1165 geboren. Über sein Leben ist nur bekannt, daß er wie der ältere Leoninus an der Notre-Dame-Schule wirkte und dessen Magnus Liber Organi weitgehend umarbeitete. Er dürfte um 1220 in Paris gestorben sein.

WERKE

Der englische Anonymus, dem wir unsere kärglichen Kenntnisse über Leoninus verdanken, berichtete über Perotinus, daß er den Magnus Liber Organi verkürzt und verbessert habe und der beste »Discantor«, besser als Leoninus, gewesen sei. Derselbe Anonymus nennt als Werke des Perotinus die vierstimmigen Organa Viderunt und Sederunt, sehr viele dreistimmige Organa (darunter Alleluia posui und Nativitas) und ein-, zwei- und dreistimmige Conductus.

LITERATUR

H. Besseler, Die Musik des Mittelalters, Darmstadt 1964.

Antoine Mahault
(um 1710 bis nach 1760)

Zeit und Umwelt

Blechblasinstrumente, die bis dahin vorwiegend von Stadtpfeifereien und Militärkapellen verwendet wurden, fanden im 18. Jahrhundert, wenn auch vorläufig zögernd, in die Komposition Eingang. Vor allem war es die Oper, die nach dem stärkeren Ausdrucksmittel griff, dann verfaßten Virtuosen auf den Instrumenten Stücke, mit denen sie ihr Können zeigen konnten, oder bestellten sie bei Komponisten.

Leben

Antoine (Antonio) Mahault wurde um 1710 im französisch-niederländischen Raum geboren. Er lebte von 1737 bis 1760 in Amsterdam und in anderen niederländischen Städten. Dann zog er sich in ein französisches Kloster zurück, wo er in einem der folgenden Jahre starb. Welche musikalischen Tätigkeiten er neben der Komposition ausübte, läßt sich nicht feststellen.

Werke

Von Antoine Mahault sind zahlreiche Kompositionen für Flöte überliefert, darunter 6 Sonaten für Querflöte und Generalbaß, 6 Duette für Querflöten oder Violinen, 6 Kammersonaten für zwei Violinen oder Querflöten und Cello, 6 Sonaten für Flöte, Oboe oder Violine. Überdies verfaßte er Stücke für verschiedene Instrumente, wie 6 Sinfonien für Violine, Bratsche, Horn und Generalbaß und 6 weitere mit verschiedener Besetzung. Seine Schule zum »Erlernen des Flötenspiels in kurzer Zeit« wurde viel benützt.

Gustav Mahler (1860–1911)

Leben

Gustav Mahler wurde am 7. 7. 1860 in Kališt, Böhmen, geboren. Er studierte in Wien an der Universität Geschichte, Philosophie und Musikgeschichte, am Konservatorium unter

Gustav Mahler

Robert Fuchs, Richard Epstein (1869–1919) und Franz Krenn und außerdem privat bei Anton Bruckner. Im Jahr 1880 erhielt er seinen ersten Kapellmeisterposten in Bad Hall, Oberösterreich, 1881 war er Dirigent in Laibach, 1882 in Olmütz, 1883 in Wien und Kassel und kam 1885 als Zweiter Kapellmeister an das deutsche Landestheater in Prag unter Anton Seidl (1850–98). Er vertrat 1886 sechs Monate lang Arthur Nikisch (12. 10. 1855, Léberyi Szent Miklos, Ungarn, bis 23. 1. 1922, Leipzig) an der Leipziger Oper, wurde 1888 Direktor der Oper in Budapest und 1891 Erster Kapellmeister am Stadttheater in Hamburg. 1897 ging er als Kapellmeister nach Wien, wo er bald darauf Hofoperndirektor wurde. 1907 setzte eine antisemitische Intrige diesem für die Wiener Oper reorganisatorischem und richtungweisendem Wirken ein Ende. Im Jahr 1902 heiratete er Alma Maria Schindler (31. 8. 1879, Wien, bis 13. 12. 1964, New York). Nach dem Abbruch seiner Wiener Tätigkeit folgte er einem Ruf an die Metropolitan Opera in New York als Dirigent, übernahm 1909 die Leitung der neugegründeten New Yorker

Philharmonic Society, erkrankte aber nach zwei Jahren und kehrte nach Wien zurück, wo er am 18. Mai 1911 starb.

Werke

Gustav Mahler, dessen Bedeutung als Komponist heute bereits außer jeder Diskussion steht, ist auch als Dirigent einer der Großen seiner Zeit. Wegen seiner intransigenten Forderung nach Werktreue, die in unseren Zeiten zur Selbstverständlichkeit geworden ist, seiner Strenge gegen Sängereitelkeiten war er ebenso geachtet wie gefürchtet. Er kann gleichzeitig zu den großen Reformatoren der Opernbühne gezählt werden, zu den Vollstreckern der Forderung nach dem Gesamtkunstwerk aus Musik, Schauspielkunst, Regie, Bühnenbild und Licht. Seine Inszenierungen in Wien sind zu historischen Ereignissen der Operngeschichte geworden. Zu seiner Musik sagt Arnold Schönberg (1874–1951) in seiner Harmonielehre: »Die Widmung wollte . . . seinen unsterblichen Kompositionen die Verehrung ausdrücken und bezeugen, daß dieses Werk, woran die gebildeten Musiker mit überlegenem Achselzucken, ja mit Verachtung vorübergehen, von einem, der vielleicht auch etwas versteht, angebetet wird. Gustav Mahler, dieser Märtyrer, dieser Heilige, mußte gehen, ehe er sein Werk auch nur so weit gefördert hatte, daß er es ruhig seinen Freunden überlassen konnte. Ich wünsche, daß mein Buch mir Achtung einbringe, damit niemand mehr daran vorübergehen könne, wenn ich sage: ›Das ist ein Großer gewesen‹«. Gustav Mahler ist der erste Expressionist, der, ohne Seitenstück und ohne Vergleich, mit der Kraft des autochthonen Künstlers die Grenzen des bisher Gültigen ungeheuer weitet. Er läßt seine Zeitgenossen, auch wenn sie um eine beträchtliche Anzahl Jahre jünger sind, weit hinter sich und schafft einen neuen sinfonischen Typus. Aber mit seinem Tod verschwindet seine Musik aus den Konzertsälen, so sehr sich Dirigenten von der Bedeutung eines Bruno Walter (1876–1962) und Willem Mengelberg (1871–1951) dafür eingesetzt haben. Die politische Entwicklung in Mitteleuropa hat sodann auch seinen Namen und sein Andenken verfemt und alle, die dafür eingetreten sind. Erst unsere Gegenwart läßt Mahlers Werk eine späte Gerechtigkeit widerfahren.

Mahlers frühe Kompositionen, zum Teil Entwürfe, Skizzen, Fragmente, sind zum Großteil vernichtet oder zumindest verschollen. Sein Werk setzt mit der Balladenkantate »Das klagende Lied« ein. Bald darauf (1888) eröffnet er mit der 1. Sinfonie in D-Dur die Reihe seiner Sinfonien, die seinen Namen den bedeutendsten Meistern der Musikgeschichte zuordnen. 1894 folgt die 2. Sinfonie in c-Moll, 1896 die 3. Sinfonie in d-Moll, 1900 die 4. Sinfonie in G-Dur, 1903 die 5. Sinfonie in cis-Moll, 1904 die 6. Sinfonie in a-Moll, 1905 die 7. Sinfonie in e-Moll, 1907 die 8. Sinfonie in Es-Dur, 1909 die 9. Sinfonie in D-Dur, 1910 das Adagio der unvollendet gebliebenen 10. Sinfonie »Das Lied von der Erde« (1908) ist den Sinfonien zuzurechnen, wurde aber vom Komponisten außerhalb der Reihe gestellt. Außer den Sinfonien liegt ein bemerkenswertes Liedschaffen vor (als Orchester- und als Klavierlieder), deren Stimmungsgehalt zum Teil den naiven Volksdichtungen entnommen ist (»Des Knaben Wunderhorn«, 12 Lieder, »Lieder eines fahrenden Gesellen«, 4 Lieder), zum Teil der romantischen Dichtung entstammen (»Kindertotenlieder« von Friedrich Rückert), aber in jedem Fall die eigene, von Leid und Tod durchzogene Traumwelt in stark den Sinfonien angenäherter Konzeption zum Ausdruck bringt.

Das klagende Lied, Ballade für sechs Solostimmen, Chor und Ochester, 3 Teile, entstanden 1888

Die Balladenkantate schildert im Teil I, »Waldmärchen«, wie eine Königin ihre Hand dem geben will, der ihr eine bestimmte Blume aus dem Forst bringt. Zwei Brüder machen sich auf die Suche, der jüngere findet die Blume, der ältere tötet ihn und nimmt die Blume an sich. Teil II, »Der Spielmann«, berichtet vom fahrenden Sänger, der ein Totenbein des Ermordeten findet und daraus eine Flöte macht; sie erzhählt die Geschichte der Mordtat, wenn darauf gespielt wird. Im Teil III, »Hochzeitsstück«, sitzt der ältere Bruder mit der Königin beim Hochzeitsmahl. Der Sänger erscheint und bläst die Flöte, die von dem Mord berichtet. Der ältere Bruder nimmt die Flöte, um selbst zu spielen, aber sie wiederholt die Geschichte. Darauf stürzt das Schloß zusammen und begräbt alle Hochzeitsgäste unter sich.

Sinfonie Nr. 1 in D-Dur »Der Titan«, 4 Sätze, entstanden 1884–88

Die Sinfonie ist ursprünglich fünfsätzig, der 2. (Bluminensatz), vom Komponisten noch vor der Veröffentlichung (1889) gestrichen, erst 1959 in London wiederentdeckt, kam am 3. Juni 1889 in Budapest unter dem Komponisten zur Uraufführung. »Nach der Aufführung wurde ich von meinen Freunden gemieden«, sagte Mahler. »Zumindest sprach niemand mit mir darüber. Ich ging herum wie ein Ausgestoßener oder ansteckender Mensch.« Mahler bezeichnete die Sinfonie als »Sinfonische Dichtung in zwei Teilen« und gab eine umfangreiche programmatische Erläuterung, die er später zurückzog. Den Titel übernahm er von der gleichnamigen Dichtung von Jean Paul Richter. Der 1. Satz schildert das Erwachen der Natur, er ist von Volksliedintonationen gekennzeichnet. Der 2. (ursprünglich 3.) Satz setzt in einem Scherzo die Natur- und Wanderstimmung fort, Tanzmelodien klingen auf. Im 3. Satz werden melancholische, düstere Töne angeschlagen. Das Volkslied »Bruder Martin, Bruder Jakob« wird bis in das Unheimlich-Groteske abgewandelt. Im 4. Satz wird die Morgenstimmung des 1. Satzes zum Hymnus geweitet, aber Vorbehalte und düstere Nebengedanken klingen immer mit und werden nicht aufgelöst, sondern nur unterdrückt. Der gestrichene Bluminensatz, der derzeit zuweilen aufgeführt wird, bezieht sich auf eine Essaysammlung von Richter (»Herbst-Blumine« betitelt) und verwendet eine Trompetenmelodie aus Mahlers Bühnenmusik zu »Der Trompeter von Säckingen« (1884), eine »Serenade, die über den mondbeschienenen Rhein an das von Margareta bewohnte Schloß gerichtet ist«.

Sinfonie Nr. 2 in c-Moll, »Auferstehungssinfonie«, 5 Sätze, entstanden 1894, uraufgeführt am 4. März 1895 in Berlin unter dem Komponisten

Ihren Titel erhielt die Sinfonie von der im 5. Satz verwendeten Klopstock-Ode. »Ich habe den ersten Satz ›Totenfeier‹ genannt, und wenn Sie es wissen wollen, so ist der Held meiner D-Dur-Sinfonie (der Ersten), den ich da zu Grabe trage, und dessen Leben ich, von einer höheren Warte aus, in einem reinen Spiegel auffange. Zugleich ist es die große Frage: Warum hast du gelebt? Warum hast du gelitten? Ist das alles nur ein großer, furchtbarer Spaß? Wir müssen diese Fragen auf irgendeine Weise lösen, wenn wir weiterleben sollen – ja, sogar, wenn wir nur weitersterben sollen! In wessen Leben dieser Ruf einmal ertönt ist – der muß eine Antwort geben, und diese Antwort gebe ich im letzten Satz«, schreibt Mahler als Bekenntnis zu dieser Sinfonie. Der 1. Satz »Die Totenfeier« ist ein gewaltiges Ringen der Themen, ein Choralthema führt zum Finale und bricht nach einem chromatischen Abwärtslauf plötzlich zusammen. Der 2. Satz bringt eine wehmütige Tanzmelodie. Zart erlischt ein inniges farbiges Bild. Der 3. Satz ist ein Scherzo, derb, lustig und zuweilen grotesk. Im 4. Satz ist das Gedicht »Urlicht« aus »Des Knaben Wunderhorn« (»O Röschen rot! Der Mensch liegt in größter Not!«) für Altsolo vertont. Das Finale schließt ohne Pause mit einem gewaltigen Klangausbruch an, dann klingt von Ferne ein Ruf der Hörner (»Der Rufer in der Wüste«), ein Choral setzt ein und wird zum vorwärtsdrängenden Marsch der Toten zum »großen Appell«, begleitet von fernen Signalen. Dann erfolgt der mächtige Ausbruch des gesamten Orchesters ein zweites Mal: Hierauf wird der »Tag des Zornes« von einer Naturszene abgelöst und der Chor mit dem Sopransolo verkündet: »Aufersteh'n, ja aufersteh'n. Sterben werd' ich, um zu leben.« Der »Auferstehungschoral« mit Chor und Orchester, Orgel und Glocken schließt den Satz dröhnend ab.

Sinfonie Nr. 3 in d-Moll, »Natursinfonie«, 6 Sätze, entstanden 1895/96, uraufgeführt am 9. Juni 1902 in Krefeld unter dem Komponisten

Der 1. (40 Minuten dauernde) Satz wird von Mahler kommentiert: »Pan erwacht, der Sommer marschiert ein, da klingt es, da singt es, von allen Seiten sprießt es auf. Und dazwischen wieder so unendlich geheimnisvoll und schmerzvoll wie die leblose Natur, die in dumpfer Regungslosigkeit kommendem Leben entgegenharrt.« Das Kopfthema (Melodie: »Ich hab mich ergeben mit Herz und mit Hand«, an das Hauptthema im Finale der 1. Sinfonie von Brahms erinnernd) wird von acht Hörnern vorgetragen. Dann entfalten sich melodische Gedanken »von allen Seiten«. Der Sieg des Sommers wandelt sich stets in das Chaotische. »Was mir die Blumen auf der Wiese erzählen«, schildert der 2. Satz mit für Mahler typischen Naturbildern. Der 3. Saz mit Scherzocharakter hat das Motto: »Was mir die Tiere im Walde erzählen«. Im Trio erklingt eine lyrische Posthornweise. »Was mir der Mensch erzählt«, drückt der 4. Satz aus. Geheimnisvoll klingen die Worte Nietzsches: »O Mensch! Gib acht! ...« im Altsolo. »Die Welt ist tief, und tiefer, als der Tag gedacht! ... Tief ist ihr Weh!« Und im 5. Satz (»Was mir die Engel erzählen«) singt der Knabenchor zu Glockengeläute das »Lied von der himmlischen Freud'«. Lyrisch innig folgt das Finale (»Was mir die Liebe erzählt«), das in einem hymnischen Adagio ausschwingt. »Meine Sinfonie wird etwas sein, was die Welt noch nicht gehört hat! Die ganze

Natur bekommt darin eine Stimme und erzählt so tief Geheimes, das man vielleicht im Traume ahnt! . . . Mir ist manchesmal selbst unheimlich zumute bei manchen Stellen, und es kommt mir vor, als ob ich das gar nicht gemacht hätte«, schreibt der Komponist zu diesem gewaltigen Werk.

Sinfonie Nr. 4 in G-Dur, 4 Sätze, entstanden 1901, uraufgeführt am 25. November 1901 in München unter dem Komponisten

Der 1. Satz ist heiter gelöst mit einem graziösen kantablen Thema. Der 2. Satz erinnert, daß über allem Menschenglück das Leid liegt (»Freund Hein spielt auf«). Im 3. Satz herrscht eine abgeklärte, ruhige Stimmung. Sein Klang erhält »paradiesischen Glanz«, der dann wie eine Vision verlischt. Der 4. bereits 1892 entstandene und ursprünglich als siebenter Satz der Sinfonie Nr. 3 vorgesehene Satz bringt eine neuerliche Vision von »himmlischen Freuden« nach dem bayrischen Volkslied »Der Himmel hängt voll Geigen«, in dem Sankt Lukas, Johannes und Martha hungrige Kinder zur Tafel laden.

Karikatur Gustav Mahlers als Dirigent

Sinfonie Nr. 5 in cis-Moll, 5 Sätze, entstanden 1903, uraufgeführt am 18. Oktober 1904 in Köln unter dem Komponisten

Der 1. Satz bringt einen schweren Trauermarsch; ein Zwischenspiel verstärkt die tragische Spannung des musikalischen Geschehens und endet in einem klagenden Aufschrei. Ein einsames Trompetensignal, von der Flöte wiederholt, schließt den hochdramatischen Satz ab. Der 2. Satz stellt eine tumultuarische Durchführung der Themen des ersten Satzes dar. Das Chaotische, das Böse dominiert, nur ein Bläserchoral weist über die zerklüfteten Motive hinaus, wird aber unter neuen chaotischen Ausbrüchen begraben. Der Tragik dieser 2 Sätze stellt sich im 3. Satz als Alternative das Bekenntnis zur Natur und zum einfachen Landleben entgegen: Ländler- und Walzerweisen herrschen vor. Der kantable, nur für Streicher und Harfe geschriebene 4. Satz ist eine Überleitung zum 5. Satz, der als Rondofinale mit einem Weckruf des Hornes beginnt, in einem fugierten kecken Thema Trauer und Resignation überwindet und sich zu einer grandiosen Schlußapotheose steigert.

Sinfonie Nr. 6 in a-Moll, »Tragische«, 4 Sätze, entstanden 1906, uraufgeführt am 27. Mai 1906 in Essen unter dem Komponisten

»Die Sechste ist ein Werk von ausgesprochen pessimistischer Grundrichtung, ihre Grundstimmung stammt vom bitteren Geschmack im Trank des Lebens, sie sagt ein emphatisches Nein und sagt es vor allem in ihrem letzten Satz, in dem die Unerbittlichkeit des Kampfes aller gegen alle Musik geworden zu sein scheint« (Bruno Walter). Der für die ganze Sinfonie bestimmende Marschrhythmus setzt bereits am Beginn des 1. Satzes ein. In der Durchführung erscheinen noch Naturbilder (Celesta, Herdenglocken). Aber der 2. Satz beginnt mit harten Paukenschlägen, das Scherzo gewinnt groteske Züge. Der langsame Satz hat wiederum die Funktion der Überleitung zum 4. Satz und der Vorbereitung auf den Sturm des Sinfonieschlusses. Über mehr als 100 Takte leiten das Finale mit einem lyrischen Thema ein, dann bricht unerbittlich die Gestaltung des tragischen, unausweichlichen Menschenschicksals herein, dem alle wehrlos ausgeliefert sind.

Sinfonie Nr. 7 in e-Moll, 5 Sätze, entstanden 1905, uraufgeführt am 19. September 1908 in Prag unter dem Komponisten

Diese Sinfonie wird als optimistische Fortsetzung der tragischen Sechsten bezeichnet, sie wirkt aber eher wie eine Flucht in die Unwirklichkeit des Traumes. Der 1. Satz greift die tragische Haltung der Sechsten auf, führt ihr aber ein lyrisches

Thema zu; die Entwicklung bringt manchesmal schmerzerfüllte Dissonanzen, endet jedoch in einem versöhnlichen Ausklang. Der 2. Satz ist mit »Nachtmusik I« betitelt. Naturstimmung herrscht, jedoch »nur ein ganz aus der Ferne verhallendes Herdengeräusch, das der auf einsamer Höhe Stehende erlauscht, als Symbol weltfernster Einsamkeit«. Schattenhaft fließt das Scherzo mit entfremdeten Walzerelementen vorüber. Die zarte Weise des Trio wird durch harte Klänge jäh gestört; das erträumte Glück kann die Wirklichkeit nicht völlig außer Kraft setzen. Die anschließende »Nachtmusik II« ist eine Serenade von Gitarre, Mandoline und Harfen mit solistisch eingesetzten Streichern. Der letzte Satz ist ein Rondofinale von energischer Heiterkeit, als solle die fröhliche Stimmung erzwungen werden. Der Satz klingt froh aus.

Sinfonie Nr. 8 in Es-Dur, »Sinfonie der Tausend«, 2 Teile, entstanden 1907, uraufgeführt am 12. September 1910 in München unter dem Komponisten

»Es ist das Größte, was ich bis jetzt gemacht habe, und so eigenartig in Inhalt und Form, daß sich gar nichts darüber schreiben läßt. Denken Sie sich, daß das Universum zu tönen und klingen beginnt. Es sind nicht mehr menschliche Stimmen, sondern Planeten und Sonnen, welche kreisen«, schreibt der Komponist über sein Werk. Und Thomas Mann sagt unter dem Eindruck der Uraufführung, in Gustav Mahler verkörpere sich »der ernsteste und heiligste künstlerische Wille unserer Zeit«. Mit mächtigen, von der Orgel gestützten Klängen setzen die Chöre mit der lateinischen Pfingsthymne Veni creator spiritus ein. Die Töne sprengen bereits bei den ersten Takten den herkömmlichen Begriff der Sinfonie, die hier zur gigantischen Kantate geweitet wird. Der gesamte Teil steigert sich nahezu ununterbrochen bis zum ekstatischen Abschluß. Dem 2. Teil liegt die Schlußszene aus »Faust, II. Teil« zugrunde. Anstelle der Monumentalität des 1. Teiles tritt eine oratorienhafte Ausdeutung des Textes mit allen seinen Gefühls- und Gedankeninhalten bis »Chorus Mysticus« (»Alles Vergängliche ist nur ein Gleichnis ...«). Hier wird in Wort und Ton die Ebene gekennzeichnet, auf die sich Mahler aus Lebens- und Todesangst geflüchtet hat.

Sinfonie Nr. 9 in D-Dur, 4 Sätze, entstanden 1909, uraufgeführt im Juni 1912 in Wien unter Bruno Walter

Arnold Schönberg schreibt über dieses Werk: »In ihr spricht der Autor kaum mehr als Subjekt. Sie ist nicht mehr im Ich-Ton gehalten, sie bringt sozusagen objektive, fast leidenschaftslose Konstatierungen von einer Schönheit, die nur der bemerken wird, der auf animalische Wärme verzichten kann und sich in geistiger Kühle wohlfühlt.« Die Sinfonie ist ein Abschiedswerk; das thematische Material des 1. Satzes erinnert an die Sonate »Les Adieux« von Beethoven. Die Spannungen des Satzes führen zu keiner Befreiung, die Gegensätze bleiben bestehen und werden durch einen Trauermarsch bestätigt. Im 2. Satz intoniert der Komponist Ländler- und Walzerweisen, die jedoch ein recht zwielichtiges Bild bieten. Über dem 3. Satz, einem Rondo, steht: »An meine Brüder in Apoll«, was nur ironisch verstanden werden kann, denn die von manchen Zeitgenossen peinlich genau angewendete Fugatotechnik ohne musikalischen Gehalt und die operettenhaft süßlichen Weisen anderer »Brüder« werden grausam verhöhnt. Das Finale ist ein Adagio, ein weicher Abgesang, der nach der Anweisung des Komponisten »ersterbend« ausklingt.

Adagio in Fis-Dur aus der 10. Sinfonie, entstanden 1910, uraufgeführt 1924 in Wien unter Franz Schalk

Diese fünfsätzig geplante »Dante- oder Inferno-Sinfonie« ist bis auf das Adagio und Skizzen zu einem Scherzo (»Purgatorio«) unvollendet geblieben. Die genannten Sätze sind von Ernst Krenek fertiggestellt worden. Deryck Cooke rekonstruiert 1961 alle 5 Sätze, denen die Internationale Mahler-Gesellschaft die Anerkennung versagt hat. Das Adagio schließt mit seiner Grundstimmung an die Sinfonie Nr. 9 an. Die Chromatik läßt keine tonale Einordnung des Satzes zu, dessen Klangbild von harten Dissonanzen gestört wird. Ein resigniertes Sichabwenden von Mühen dieser Welt, ein müdes Entsagen verdichtet sich in schmerzlichen, in sich zusammensinkenden Ausbrüchen.

Das Lied von der Erde, 6 Teile, entstanden 1908, uraufgeführt am 19. November 1911 in München

Das Werk wird von Mahler als Sinfonie benannt, aber aus abergläubischer Scheu, seine Sinfonien über die Zahl Neun anwachsen zu lassen, numeriert er den Liederzyklus nicht. Er benützt Texte aus der von Hans Bethge unter dem Titel »Die chinesische Flöte« übersetzten und zusammengestellten chinesischen Lyrik, die mit zarten poetischen Farben schmerzliche Abschiedsstimmung, Liebe zur Schönheit des Lebens, zu den Menschen und den wehmütigen Verzicht darauf schildern. Durch ein pentatonisches Dreiklangmotiv, das sich durch den gesamten Zyklus zieht, wird ein feines exotisches Kolorit erreicht. Der Zyklus beginnt mit dem »Trinklied vom Jammer der Erde«, in dem Fröhlichkeit und Schwermut wechseln, bis am Ende die Frage gestellt wird: »Du aber, Mensch, wie lange lebst du?« Die Antwort lautet: »Dunkel ist das Leben, dunkel der Tod.« Darauf folgt »Der Einsame im Herbst« mit der Klage: »Sonne der Liebe, willst du nie mehr scheinen?« Die folgenden drei Gesänge: »Von der Jugend«, »Von der Schönheit« und »Der Trunkene im Frühling« sind freundlicher und lebensfroher, doch am Ende wendet sich der Sänger ab: »Was geht denn mich der Frühling an?«, und man erkennt, daß das »Lachen aus geborstenem Herzen« kommt. Der »Abschied« singt von »O Schönheit! O ewigen Liebens, Lebens trunkene Welt«, dann beschwören schwere Gongschläge und ein Trauermarsch die Todesvision herauf. Aber Trauer und Melancholie werden von der Gewißheit abgelöst, daß die Schönheit der Welt, welcher der Abschied gilt, ewig erhalten bleibt.

LITERATUR

K. Blaukopf, G. Mahler, Wien 1969. D. Mitchell, G. Mahler, 3 Bde., London 1958 – 85. C. Floros, G. Mahler, Wien 1972. Gustav Mahler, herausgegeben von Hellmut Kühn und Georg Quander, Zürich 1982. N. Lebrecht, G. Mahler, St. Gallen 1989.

Stephan Mahu (um 1485 bis nach 1541)

ZEIT UND UMWELT

Erzherzog Ferdinand I., Regent der österreichischen Erblande, nachmaliger Kaiser, erhielt nach dem Tode seines Schwagers Ludwig II. die Königskronen Böhmens und Ungarns. Während er Böhmen in Besitz nehmen konnte, wurde Ungarn von den Türken und von János Zápolya (1487 – 1540) beherrscht. Es bedurfte langer Verhandlungen und parallellaufender Kämpfe, um gegen eine Tributzahlung an den Sultan einen schmalen Streifen Westungarns zu erlangen. Im ständigen Abwehrkampf gegen die Türken benötigte der katholische Habsburger die Unterstützung der protestantischen Fürsten und der Protestanten im eigenen Herrschaftsbereich, denen gegenüber er sich zu einer konzilianten Haltung bequemen und sogar dulden mußte, daß einzelne Hofbedienstete Verbindungen zu evangelischen Kreisen pflegten.

LEBEN

Stephan Mahu wurde um 1485 vermutlich im franko-flämischen Raum geboren, wo er auch seine Ausbildung genossen haben dürfte. Nach Österreich gelangte er wahrscheinlich im Gefolge eines habsburgischen Herrschers. In der Kapelle Ferdinands I. war er ab 1528 als Posaunist und ab 1532 auch als Vizekapellmeister bis 1541 tätig. Über seine weitere Tätigkeit und über Ort und Zeit seines Todes können nur Vermutungen angestellt werden. Aus Einzelheiten seines kompositorischen Wirkens, wie zum Beispiel aus der Harmonisierung für fünf Stimmen von »Ein feste Burg«, wird geschlossen, daß er Beziehungen zum Protestantismus hatte. Und da sein Schüler Johann Zanger (1517 – 87), Theologe und Lehrer, 1542 nach Wittenberg ging, um evangelische Theologie zu studieren, könnte die ungefähr gleichzeitige Aufgabe der Stelle am österreichischen Hof mit ähnlichen Bestrebungen zusammengehangen haben.

WERKE

Stephan Mahu hinterließ eine Reihe sakraler und profaner deutscher Lieder, für vier oder fünf Stimmen kontrapunktisch gesetzt, die sehr geschätzt wurden. Darunter befinden sich einige, die auf eine gewisse Zuneigung zur Reformation hinweisen. Hervorzuheben sind seine vier- bis sechsstimmigen Lamentationen und 2 vierstimmige Magnificat, die im spätniederländischen Stil Isaacs gehalten sind.

LITERATUR

H. Federhofer, Biographische Beiträge zu Erasmus Lapicida und Stephan Mahu, Musikforschung V, 1952.

José Velasco Maidana (geboren 1900)

LEBEN

José María Velasco Maidana wurde am 4.7. 1900 in Sucre geboren. Er erhielt seine Ausbildung in seiner Geburtsstadt und in Buenos Aires und wirkte darauf als Lehrer für Musikgeschichte am Konservatorium in La Paz, wo er 1939 das erste bolivianische Sinfonieorchester und die erste Ballettgruppe Boliviens gründete. Er trat in Berlin, in den USA und in lateinamerikanischen Ländern als Gastdirigent auf und ließ sich 1950 in Houston, Tex., als freischaffender Komponist nieder.

WERKE
Neben einer Ballettoper und einem Ballett schrieb José Velasco Maidana 3 sinfonische Dichtungen und mehrere andere Orchesterwerke, 2 Bläserquintette, ein Duo für Klarinette und Klavier, »Indianische Gesänge« und weitere Lieder mit Orchester- oder Klavierbegleitung. Sein Stil muß als spätromantisch klassifiziert werden.

Jean Maillard (um 1520 bis nach 1600)

LEBEN
Jean Maillard wurde um 1520 vermutlich in Paris geboren. Die Behauptung, er sei ein Schüler Josquins gewesen, kann nur so verstanden werden, daß er die Werke des Altmeisters studiert und zum Vorbild genommen hat. Es ist unbekannt, in welcher Stellung Maillard als Musiker gewirkt hat. Er dürfte Kapellmeister an einer Kirche in der französischen Hauptstadt gewesen und dort nach 1600 gestorben sein.

WERKE
Von dem französischen Kirchenmusiker Jean Maillard sind eine Anzahl mehrstimmiger Messen (Cantus-firmus-Messen und Parodie-Messen), über 100 vier- bis siebenstimmige Motetten, sein berühmtes vierstimmiges Te Deum und, neben kleineren Werken, bei 50 Chansons – zum Teil auf geistlichen Texten – erhalten. Sein Stil erinnert an Josquin, übernimmt aber die frankoflämische Durchimitation und Polyphonie.

LITERATUR
E. E. Stein, The Polyphonic Mass in France, Rochester 1941.

Louis Maillart (1817–71)

ZEIT UND UMWELT
Traute Kleinbürgerlichkeit und liebliche volksnahe Idylle auf der Opernbühne bildeten ebenso eine Seite der Romantik wie die Klanggewalt eines Hector Berlioz. Melodienseligkeit und bunte Orchesterfarben täuschten eine nahezu heile Welt vor und ließen das Publikum den rauhen Alltag vergessen.

LEBEN
Louis Aimé Maillart wurde am 24.3.1817 in Montpellier geboren. Er wurde 1833 am Pariser Conservatoire Schüler von Aimé Ambroise Simon Leborne, Fromental Halévy und Antoine Aimable Élie Elwart. Er erhielt den Rompreis und ließ sich nach seiner Rückkehr als Komponist in Paris nieder, wo er am 26.5. 1871 starb.

WERKE
Von den 6 Opern von Louis Maillart ist »Les Dragons de Villars« sehr populär geworden; sie wurde noch in der ersten Hälfte des 20. Jahrhunderts aufgeführt. Er verfaßte eine Anzahl patriotischer Kantaten und verschiedene Kirchenmusik – Messen, Offertorien und weitere Gesänge.

Pierre Maillart (1550–1622)

ZEIT UND UMWELT
Der französische Dichter und Bischof von Chalon-sur-Saône, Pontus de Tyard, Mitglied der Pléiade, eifriger Verfechter humanistischer Studien und Verehrer von Petrarca, übte mit seiner neuplatonischen Philosophie auf Denken und Dichten seiner Zeitgenossen einen starken Einfluß aus, der sich auch auf die Musikwissenschaft seiner Zeit erstreckte. Dieser Einfluß wirkte sich günstig aus, denn Tyard hatte trotz seiner Versenkung in die Welt der Antike den Blick für die Umwelt nicht verloren und keine Reproduktion längst vergangener Zeiten befürwortet, sondern wie sein Idol Petrarca eine Renaissance der Ideologien verfolgt, die mit den Mitteln der Gegenwart zum Ausdruck zu bringen war.

LEBEN
Pierre Maillart (Maillard) wurde 1550 in

Valenciennes geboren. Er gehörte ab 1562 der flämischen Hofkapelle Philipps II. und von 1565 bis 1570 seiner Hofkapelle in Madrid als Sänger an. Im Jahre 1572 hielt er sich studienhalber in Löwen auf, begab sich zwei Jahre darauf nach Antwerpen und folgte 1581 Georges de la Hèle (der nach Madrid ging) in das Amt des Kapellmeisters und Kanonikus an der Kathedrale von Tournai nach, wo er am 16. 7. 1622 starb.

WERKE
Pierre Maillart war vor allem Musiktheoretiker, der mit seinen stark an Pontus de Tyard angelehnten Grundsätzen die Musikwissenschaft seiner Zeit und des nächsten Jahrhunderts stark beeinflußte. Als Komponist hat er einige Messen, Motetten und andere kirchliche Gesänge hinterlassen, die an die franko-flämische Schule erinnern.

LITERATUR
H. Schneider, Die französische Kompositionslehre in der ersten Hälfte des 17. Jahrhunderts, Tutzing 1972.

Giorgio Mainerio (um 1545–82)

ZEIT UND UMWELT
Territorium, Macht, Einfluß und Glanz des Patriarchats Aquileia endeten bereits im 15. Jahrhundert. Venedig beließ dem Patriarchen lediglich die Stadt Aquileia, San Vito und San Daniele. Als Patriarchen wurden nur Venezianer bestellt. In der Basilika wurde die Kapelle auf der Höhe gehalten, die ihrer ehrwürdigen Tradition entsprach.

LEBEN
Don Giorgio Mainerio (Maynerio) wurde um 1545 in Parma geboren und vermutlich auch ausgebildet. Im Jahre 1578 erhielt er die Bestellung zum Kapellmeister an der Basilika von Aquileia, wo er 1582 starb.

WERKE
Von Giorgio Mainerio sind ein vierstimmiges Magnificat, das die allgemeine Bewunderung der Zeitgenossen erregt hat, und die sechsstimmigen Sacra Cantica Beatissimae Mariae Virginis, die heute noch gesungen werden, erhalten. Seine »Chöre verschiedener Völker« aus 1576 sind verschollen. Dafür ist sein Primo libro de balli (Erstes Buch der Tänze), 21 Tanzstücke mit Variationen, überliefert, die bereits zur Form der Suite überleiten. Der Stil der Kompositionen nimmt die Formen des nächsten Jahrhunderts teilweise voraus.

LITERATUR
Fr. Blume, Studien zur Vorgeschichte der Orchestersuite, Berliner Beiträge zur Musikwissenschaft I., Leipzig 1925.

Joseph Mainzer (1801–51)

ZEIT UND UMWELT
Guillaume Louis Wilhelm machte mit seinem Chorgesangunterricht weltweit Schule. Überall in Westeuropa und in Großbritannien wurden Gesangschulen und Gesangvereine nach seinem Muster gegründet und damit das allgemeine Musikverständnis breiter Massen geweckt.

LEBEN
Joseph Mainzer wurde am 21. 10. 1801 in Trier geboren. Er wirkte zunächst dort als Gesanglehrer am Seminar, ging hierauf über Brüssel nach Paris, wo er als musikalischer Feuilletonist tätig war und volkstümliche Musikklassen leitete. Im Jahr 1841 begab er sich nach Edinburgh und 1847 nach Manchester, um in beiden Städten Arbeitergesangvereine nach dem Muster Guillaume Louis Wilhelms zu gründen und sie zu leiten. Er starb am 10. 11. 1851 in Salford, Lancashire.

WERKE
Neben seiner umfangreichen Tätigkeit als Vereinsdirigent und Gesanglehrer, der Publikation mehrerer Lehrbücher für Gesang und Gesangunterricht, der Sammlung schottischer Volkslieder und der Mitarbeit an Musikzeitschriften verfaßte Joseph Mainzer 2 Opern sowie zahlreiche Lieder und Chöre für seine Vereine. Er spielte im Gesangvereinwesen Englands eine maßgebende Rolle.

Jan Maklakiewicz (1899–1954)

Leben

Jan Adam Maklakiewicz wurde am 24.11. 1899 in Chojnaty bei Warschau geboren. Er war Schüler des Konservatoriums in Warschau und darauf von Paul Dukas in Paris. Ab 1927 unterrichtete er Theorie am Konservatorium in Łódż und 1929 in Warschau. Ab 1947 wirkte er als Kompositionslehrer an der Musikhochschule in Warschau, wo er am 7.2.1954 starb.

Werke

Von Jan Maklakiewicz sind 2 Ouvertüren, mehrere Tondichtungen und andere Orchesterstücke, 2 Violinkonzerte, ein Cellokonzert, verschiedene Kammermusik, Kantaten, Messen, zahlreiche Bühnen- und Filmmusik und Lieder, Klavierstücke, außerdem 3 Ballette bekannt geworden. Für seine »Vier japanischen Lieder« verwendete er die Vierteltontechnik auf eine äußerst ansprechende Art.

Artur Malawski (1904–57)

Leben

Artur Malawski wurde am 4.7.1904 in Przemyśl, Galizien, heute Polen, geboren. Seine Ausbildung erhielt er in Krakau und am Konservatorium in Warschau bei Walerian Bierdiajew (7.3.1885, Grodno, bis 28.9.1956, Warschau) und Kazimierz Sikorski. Seine eigene Lehrtätigkeit übte er während des Zweiten Weltkriegs an der Musikschule in Tarnopol, Galizien (heute Ternopol, Ukraine), und ab 1945 an der Musikhochschule in Krakau aus. Von 1948 bis 1951 leitete er die polnische Sektion der IGNM. Er starb am 26.12.1957 in Krakau.

Werke

Der Stil von Artur Malawski ist neuklassizistisch; gelegentlich verwendet er auch polnische Volksweisen. Er schrieb für Orchester ein Allegro capriccioso, eine Sinfonietta, »Sinfonische Variationen«, 2 Sinfonien, eine Ouvertüre, »6 sinfonische Etüden und Toccata und Fuge« für Klavier und Orchester, 2 Streichquartette, ein Klaviertrio, ein Klavierstück und eine Ballettpantomime für Sopran, Tenor, Bariton und Orchester.

Guillermus Malbecque (um 1400–65)

Zeit und Umwelt

Papst Eugenius IV. (1431–47) löste das nach Basel einberufene Konzil auf, weil es an der Autorität des Papsttumes zu rütteln versuchte, und stellte mit starker Hand die päpstliche Souveränität in der Kirche wieder her. Es lag auf der gleichen Linie, daß er seine Kapelle erweiterte und ausgestaltete, um sie zum ersten und maßgebenden Klangkörper der Christenheit zu machen.

Leben

Guillermus Malbecque (Guillermus Modatoris, de Malbecque, Malbecq, Malbeke) wurde um 1400 in oder bei Cambrai geboren und vermutlich dort zum Sänger ausgebildet. Von 1431 bis 1438 war er Mitglied der päpstlichen Kapelle in Rom unter Papst Eugenius IV. Dann kehrte er in seine Heimat zurück und nahm eine Stelle in Soignies an, über die nichts Näheres bekannt ist. Er starb in Soignies am 29. 8. 1465.

Werke

Der flämische Komponist Malbecque gehört der Epoche vor Guillaume Dufay an. Er verwendete äußerst komplizierte Rhythmen, die Melodien sind stark verziert. Erhalten sind von seinen Werken ein Rondeau mit Instrumentalbegleitung und so sehr ausgezierter Melodie, daß ihre Linie kaum erkennbar ist, und 3 weitere, die einfacher gehalten sind wie seine einzige überlieferte wirklich schöne Ballade.

Pierre van Maldere (1729–68)

Zeit und Umwelt

Die Hofkapelle in Brüssel erreichte unter dem Gouverneur der Niederlande, Herzog Karl von Lothringen, ein beachtlich hohes

Niveau, wie auch die Oper ein großes Ansehen unter den bedeutendsten Häusern Europas genoß.

LEBEN
Pierre van Maldere wurde am 16. 10. 1729 in Brüssel geboren. Er wurde als Violinist 1746 Mitglied der Hofkapelle in Brüssel, wirkte 1752 und 1753 als Violinist und Kapellmeister in Dublin, dirigierte ein Jahr darauf am Concert spirituel in Paris, reiste sodann im Gefolge des Gouverneurs der Niederlande 1757 für ein Jahr nach Wien. Von 1763 bis 1766 wirkte er als Dirigent und Mitdirektor der Oper in Brüssel. Er starb am 1. 11. 1768 in Brüssel.

WERKE
Die Kompositionen von Pierre van Maldere werden zu den bedeutendsten der Epoche vor Joseph Haydn gerechnet. Mit seinen 12 Sinfonien, den 6 Triosonaten und 3 Klaviertrios nahm er den Stil von Jan Stamic auf und führte ihn an die Klassik heran. Zahlreiche weitere Sonaten, Ouvertüren, Sinfonien, Instrumentalkonzerte und Quartette sind nur als Manuskript erhalten. Seine 7 komischen Opern waren große Erfolge. Wie seine in unserem Jahrhundert neuaufgelegte Sinfonie in h-Moll deutlich zeigt, führte er als einer der ersten im 1. Satz die Doppelthematik ein.

LITERATUR
S. Clercx, Pierre van Maldere, Brüssel 1948.

Paul de Maleingreau (1887–1956)

LEBEN
Paul Eugène Constant Charles Joseph Marie de Maleingreau (Malengreau) wurde am 23.11. 1887 in Trélon-en-Thiérache, Nord, geboren. Er war am Konservatorium in Brüssel Schüler von Gustave Huberti, Edgar Tinel und Paul Gilson. Im Jahr 1913 wurde er an derselben Anstalt selbst Lehrer für Harmonie und dazu 1919 für Orgelspiel; 1927 erhielt er die Organistenstelle an der Konzertgesellschaft des Instituts. Er starb am 9.1.1956 in Brüssel.

WERKE
Von Paul de Maleingreau sind 2 Sinfonien, eine Suite, eine Tondichtung, einige Kammermusik und Klavierstücke bekannt geworden. Er schrieb weiters für Orgel 3 Sinfonien, 5 Triptycha, 3 Suiten, 6 Hefte mit Praeludien und zahlreiche andere Stücke sowie 2 Messen.

Wilhelm Maler (1902–76)

LEBEN
Wilhelm Maler wurde am 21.6.1902 in Heidelberg geboren, wo er bei Hermann Grabner studierte. Seine weitere Ausbildung erhielt er in München bei Joseph Haas und in Berlin bei Philipp Jarnach. Im Jahr 1925 wurde er Dozent für Musiktheorie an der Musikschule in Köln und lehrte ab 1931 zugleich an der Universität in Bonn; 1946 erhielt er die Leitung der Musikakademie in Detmold, von 1959 bis 1969 wirkte er als Direktor der Musikhochschule in Hamburg, wo er am 29.4.1976 starb.

WERKE
Die Kompositionen von Wilhelm Maler sind polyphon und basieren auf einer erweiterten Tonalität. Machtvolle Klangwirkungen sind ein besonderes Kennzeichen seiner Stücke. Er schrieb ein »Orchesterspiel«, ein Concerto grosso, ein Violinkonzert, eine Musik für Streichorchester, ein Orchesterrondo, eine Orchesterserenade, ein Tripelkonzert, ein Konzert für Cembalo und Kammerorchester, 2 Streichquartette, ein Streichterzett, 4 Klaviersonaten, eine Klaviersuite, ein Oratorium und 2 Kantaten.

Edmond Malherbe (1870–1963)

LEBEN
Edmond Henry Paul Malherbe wurde am 21.8.1870 in Paris geboren. Er war am Conservatoire in Paris Schüler von Jules Massenet und Gabriel Fauré und erhielt den Rompreis. Nach seiner Heimkehr aus Rom war er als Musiklehrer, Dirigent und Komponist tätig und starb am 7.3.1963 in Corbeil-Essonnes, Seine-et-Oise.

Werke

Neben 3 Opern schrieb der Spätromantiker Edmond Malherbe die Oratorien »Auferstehung« und »Himmelfahrt«, 10 Tondichtungen nach berühmten Gemälden, mit denen er sich von der »literarischen« zur »bildhaften« Darstellung des Impressionismus entwickelte, und einige Kammermusik.

Gian Francesco Malipiero (1882–1973)

Leben

Gian Francesco Malipiero wurde am 18.3. 1882 in Venedig geboren. Er studierte in Bologna bei Marco Enrico Bossi und in Berlin bei Max Bruch. Im Jahr 1921 wurde er Kompositionslehrer am Konservatorium in Parma und 1932 am Liceo Musicale in Venedig, das er von 1939 bis 1953 leitete. 1946 übernahm er die Leitung des Institutes »Antonio Vivaldi«, das das Gesamtwerk dieses Komponisten herausgibt; er veröffentlichte auch die Instrumentalwerke von Giovanni Battista Bassani (um 1647–1716), Girolamo Frescobaldi (1583–1643) und Alessandro Stradella (1644–82). Als einer der bedeutendsten Altmeister der zeitgenössischen Musik Italiens starb er am 1.8.1973 in Treviso.

Gian Francesco Malipiero

Werke

In seinen Kompositionen streifte Gian Francesco Malipiero den Einfluß der Impressionisten bald ab und bewegte sich auf ein klassizistisches Schönheitsideal zu, das die Meister, deren Werke er herausgab, zum Vorbild nahm, aber sich davon dadurch unterschied, daß jene eine ihrer Zeit adäquate Musik schrieben, während im 20. Jahrhundert ein etwas verarmter Ästhetizismus daraus werden mußte, auch wenn alle Stilmittel der Gegenwart reichlich herangezogen wurden. Daher wandelten sich trotz der oft archaisch anmutenden Grundthematik die Werke in moderne Musik, die zur Entwicklung der Musik in Italien erheblich beitrugen, zumal die Diktatur in Italien Künstler, besonders Musiker, in der Regel unbehelligt arbeiten ließ.

Von Malipiero sind über 20 Bühnenwerke aufgeführt worden. Er schrieb außerdem 7 Oratorien: »Der heilige Franziskus«, »Das Abendmahl«, »Die Passion«, »Die Erde«, »Virgils Äneis«, »Heroische Sinfonie«, »Prinzessin Ulalia«; ferner 10 Sinfonien, von denen die meisten Aufschriften tragen, aber von jeder Programmusik weit entfernt sind: »Jahreszeitensinfonie«, »Elegische Sinfonie«, »Glockensinfonie«, »In Memoriam«, »Echosinfonie« mit zwei Klavieren, »Streichersinfonie«, »Liedersinfonie«, »Tierkreissinfonie«, eine große Zahl verschiedener Orchesterwerke – Rhapsodien, Suiten, Inventionen, Ricercari, Variationen, Passacaglien, Fantasien –, 6 Klavierkonzerte, 4 Konzerte für zwei Klaviere, ein Violinkonzert, 8 Streichquartette, Trios und viele weitere Stücke für Kammerorchester, zahlreiche Chorwerke und Gesänge mit verschiedener Begleitung. Er brachte auch eine Anzahl musiktheoretischer Werke heraus.

Witold Maliszewski (1873–1939)

Leben

Witold Maliszewski wurde am 8.7.1873 in Mogilew, Ukraine, geboren. Er war am Konservatorium in St. Petersburg Schüler von Nikolai Rimski-Korsakow, leitete von 1908 bis 1921 das Konservatorium in Odessa, ging sodann in seine polnische Heimat und wirkte in

Warschau als Leiter der Chopin-Musikschule und ab 1931 als Kompositionslehrer am Konservatorium. Im Jahr 1933 gründete er das Chopin-Institut in Warschau. Er starb am 18.7.1939 in Zalesie bei Warschau.

WERKE
Von Witold Maliszewski sind 5 Sinfonien, eine Fantasie für Orchester, ein Klavierkonzert, eine Suite für Cello und Orchester,ein Streichquintett, 3 Streichquartette und weitere Kammermusik, eine »Missa Pontificalis« und ein Requiem bekannt geworden. Sein Stil war an seinem Lehrer orientiert; er entwikkelte ihn aber durch Aufnahme polnischer Volksmusik weiter.

LITERATUR
E. Wrocki, Witold Maliszewski, Warschau 1932.

Mallorie (um 1545 bis um 1600)

ZEIT UND UMWELT
Neben der Laute und dem sich allmählich immer stärker durchsetzenden Virginal waren die Violen-Ensembles die beliebteste Form der Instrumentalmusik. Die Möglichkeit der Violenfamilie, den gesamten Stimmumfang vom Baß bis zum Diskant wiederzugeben, erlaubte, vielstimmige Chöre getreu nachzuspielen. Doch die Loslösung von der Vokalmusik erfolgte ziemlich rasch, weil die Komponisten immer mehr auf die Klangeigentümlichkeiten der Streichinstrumente eingingen, die über den Bereich der menschlichen Stimme weit hinausreichten. Vorläufig allerdings repräsentierten vier bis sechs Violen die entsprechenden Stimmlagen der Sänger.

LEBEN
Mallorie (Malorie, Mallery, Malory) wurde um 1545 in England geboren. Sein Vorname ist nicht überliefert, ebensowenig der Geburtsort und andere Daten seines Lebens und Wirkens. Es ist unbekannt, an welcher Kirche dieser Kirchenkomponist tätig war. Auch Ort und Zeit seines Todes können nicht festgestellt werden.

WERKE
Der englische Komponist Mallorie nimmt in der englischen Musikgeschichte durch seine Übertragung von Chormusik auf ein Violenquintett eine wichtige Stellung ein. Die meisten seiner Kirchenkompositionen sind verlorengegangen. Es sind nur ein fünfstimmiges Miserere und etliche Anthems erhalten. Am interessantesten sind seine Arrangements von zeitgenössischen Anthems und Motetten für Violenquintett, unter denen sich auch eigene Kompositionen befinden.

Cristoforo Malvezzi (1547–97)

ZEIT UND UMWELT
Im Jahre 1579 vermählten sich in Florenz der Großherzog von Toskana Francesco de'Medici mit Bianca Capello (1548–87), Virginia de'Medici (1568–1615) wurde 1585 mit Cesare d'Este verheiratet, und 1589 heiratete Großherzog Ferdinando I. de'Medici (1549–1609) die Tochter Karls III. von Lothringen (1543–1608) Christine. Bemerkenswert an diesen drei Hochzeiten der Medici war, daß bei den Feierlichkeiten zum ersten Mal Intermedien namhafter Komponisten gespielt wurden, die allerdings noch nicht die spätere theatralische Form aufwiesen, sondern lediglich Folgen von mehrstimmigen, von Instrumenten begleiteten Madrigalen und Dialogen waren, aber dennoch den Ausgangspunkt zu den späteren »echten« Intermedien bildeten.

LEBEN
Cristoforo Malvezzi (Cristofano) wurde am 27. 7. 1547 in Lucca geboren und vermutlich auch dort zum Musiker ausgebildet. Im Jahre 1571 folgte er Francesco Corteccia als Kanonikus und Kapellmeister an San Lorenzo in Florenz nach, 1577 wurde er zusätzlich großherzoglicher Kapellmeister. Er starb in Florenz am 25. 12. 1597.

WERKE
An der Komposition der 3 Intermedien zu den Mediceerhochzeiten in den Jahren 1579, 1585 und 1589 war Cristoforo Malvezzi

maßgebend beteiligt. Außerdem sind von ihm ein Buch Ricercari, 2 Bücher mit fünfstimmigen und eines mit sechsstimmigen Madrigalen erhalten.
Bei der Komposition der 3 Intermedien wirkten Luca Marenzio, Jacopo Peri, Emilio de'Cavalieri, Giovanni Bardi und Alessandro Striggio mit. Als Instrumente wurden Lauten und Violen verschiedener Größe, Posaunen und eine Orgel eingesetzt, die auch kleine solistische Partien übernahmen. Das Zeitalter der Oper kündigte sich mit diesen Intermedien bereits an.

LITERATUR

H. Goldschmidt, Studien zur Geschichte der italienischen Oper im 17. Jahrhundert, Wiesbaden 1967.

Johann Michael Malzat
(1749–87)

ZEIT UND UMWELT

Die Kirchenkapellen der süddeutschen und österreichischen Stifte nahmen zwar an der Musikentwicklung lebhaften Anteil, so daß sie darin einen wichtigen Faktor bildeten, versuchten jedoch – besonders durch die eigenen Komponisten – eine allzu starke Profanierung der Kirchenmusik zu verhindern, ohne übertrieben streng zu sein. Das gelang ihnen zumindest im eigenen Bereich so weit, daß auch die profanen Kompositionen ihrer Musiker sakralen Charakter annahmen.

LEBEN

Johann Michael Malzat wurde am 21. 4. 1749 in Wien geboren. Er studierte im Stift Kremsmünster, wirkte in den Stiften Lambach und Stams als Sänger und Musiklehrer, wurde Mitglied des Pfarrchores in Bozen und schließlich Chordirektor der Universitätskirche in Innsbruck, wo er am 13. 5. 1787 starb.
Sein Bruder Ignaz Malzat (4. 3. 1757, Wien, bis 20. 3. 1804, Passau) war ab 1774 als Oboist Hofmusiker in Salzburg, wo er bei Michael Haydn Unterricht nahm. Sodann bereiste er als Virtuose Frankreich, Italien und die Schweiz, wirkte von 1778 bis 1788 am Pfarrchor in Bozen und darauf als Kammerdiener und Kammermusikus des Fürstbischofs in Passau.

WERKE

Außer zahlreichen Messen, Requiem, Proprien und Motetten verfaßte Johann Michael Malzat das Oratorium »Bußseufzer bei dem Grabe des Herrn«, die Kantate »Der Maezenat der freyen Künste« und ein Singspiel, ferner Sinfonien und Kammermusik, deren Faktur seinen Kirchenkompositionen sehr nahekommt.
Ignaz Malzat schrieb Partiten für Blasinstrumente, Konzerte und Kammermusik.

Francisco Manalt (um 1700–59)

ZEIT UND UMWELT

Ferdinand VI. folgte 1746 seinem Vater Philipp V. auf den spanischen Thron; eine durchaus ambitionslose, aber äußerst friedfertige Gestalt, unter deren Regierung Spanien den berühmten »Siebenjährigen Frieden« genoß. Die Wirtschaft des Landes hob sich, kulturelle Einrichtungen entstanden, und die Inquisition, die unter Philipp V. noch 728 Verbrennungen angeordnet und bei 14.000 andere Urteile gefällt hatte, wurde nahezu entmachtet. Die Friedensjahre gewährten auch dem Musikleben etwas Auftrieb.

LEBEN

Francisco Manalt wurde um 1700 in Barcelona geboren. Er war ab 1733 Violinist der Real Capilla de Madrid (Königliche Kapelle) und versah diesen Dienst bis zu seinem Tod am 16. 1. 1759.

WERKE

1757 veröffentlichte Francisco Manalt 6 Kammersonaten für Violine und Baß, die beweisen, daß um die Mitte des 18. Jahrhunderts die Violine auch die spanische Musiklandschaft erobert und die Sonatenform der Zeit sich bereits eingebürgert hatte. Über weitere Werke des Violinisten ist nichts bekannt.

Francesco Manara
(um 1525 bis nach 1591)

Zeit und Umwelt
Die Tochter des französischen Königs Ludwig XII., Herzogin von Ferrara, stand stark unter dem Einfluß des Reformers Calvin, der sie in Ferrara aufgesucht hatte. Ab 1540 geriet sie mit den Pflichten einer Katholikin in Konflikt. Papst Paul III. konnte sie vor jeder Art kirchlicher Gerichtsbarkeit schützen, ausgenommen der Inquisition, von der sie auch mit Zustimmung ihres Mannes (Herzog Ercole II. von Ferrara) zu einer Gefängnisstrafe verurteilt wurde. Sie kam jedoch binnen weniger Tage durch einen Widerruf ihrer ketzerischen Ansicht wieder frei. Diese Zwistigkeiten störten aber das kulturelle Leben der Residenz Ferrara durchaus nicht. Manche Musiker allerdings, die sich dem Katholizismus sehr verpflichtet fühlten, verließen die Hofkapelle.

Leben
Francesco Manara wurde um 1525 vermutlich in Ferrara geboren und nach seiner Ausbildung in die Hofkapelle aufgenommen. Im Jahre 1548 gab er die Stellung auf und trat in die Kapelle an San Antonio in Padua als Sänger ein, wo er bis 1591 verblieb. Er dürfte bald darauf in Padua gestorben sein.

Werke
Von Francesco Manara sind 4 Bücher mit vierstimmigen Madrigalen und eines mit sechsstimmigen überliefert, außerdem Psalmen, Vespern und andere sakrale Gesänge. Sein Stil geht auf de Rore und auf Willaert zurück, birgt jedoch viele italienische Elemente in sich.

Luigi Mancinelli (1848–1921)

Zeit und Umwelt
Das 1906 gegründete Teatro Colón in der argentinischen Hauptstadt Buenos Aires entwickelte sich sehr rasch zu einem der hervorragendsten Opernhäuser Südamerikas, an dem nahezu alle bedeutenden zeitgenössischen Dirigenten aus aller Welt als Interpreten des internationalen Opernrepertoires wirkten. Das Haus ist neben mustergültigen Mozart-, Wagner- und Verdi-Aufführungen durch besondere Pflege zeitgenössischer Opern berühmt.

Leben
Luigi Mancinelli wurde am 5.2.1848 in Orvieto geboren. Nach einer Tätigkeit als Cellist in Florenz trat er 1874 in Rom als Operndirigent hervor. Er wirkte in dieser Eigenschaft sodann in Bologna, wo er gleichzeitig als Kapellmeister an San Petronio und Direktor des Liceo Musicale tätig war. Anschließend dirigierte er ab 1886 am Drury Lane Theatre in London, ab 1888 am Teatro Real in Madrid und von 1894 bis 1902 am Metropolitan Opera House in New York. Er war Hauptdirigent des Teatro Colón in Buenos Aires von dessen Gründung bis 1912. Mancinelli starb am 2.2.1921 in Rom.

Werke
Von Luigi Mancinelli sind 4 Opern, 2 Oratorien, »Isaias« und »Frate Sole« (Bruder Sonne), die Kantaten »Ero e Leandre« und »Prière des Oiseaux« (Gebet der Vögel), die Filmkantate »Giuliano l'Apostata« und eine große Anzahl von kleineren Chorwerken und Liedern überliefert.

Literatur
G. Orefice, Luigi Mancinelli, Rom 1921.

Francesco Mancini (1672–1737)

Zeit und Umwelt
Seit dem Wirken von Alessandro Scarlatti trat die neapolitanische Oper immer mehr in den Vordergrund. Mit ihrer Folge geschlossener Musiknummern und Rezitativen traf sie den Geschmack des Publikums des späten Barock und stellte sich dem Nummernoratorium und der Nummernkantate auf gleicher Entwicklungsstufe an die Seite.

Leben
Francesco Mancini wurde am 16. 1. 1672 in

Neapel geboren. Er war am Conservatorio della Pietà de'Turchini Schüler von Francesco Provenzale. Im Jahr 1704 wurde er erster Organist der Hofkapelle und 1720 erster Kapellmeister des Conservatorio Santa Maria di Loreto in Neapel. Er starb in Neapel am 22. 9. 1737.

WERKE
Neben einer Reihe erfolgreicher Intermedien und mehr als 25 Opern verfaßte der italienische Komponist Francesco Mancini 12 Soli für Violine oder Flöte mit Cembalobegleitung, 12 Konzerte für Flöte und Streicher, Toccaten für Tasteninstrumente, Kammerkantaten, kleinere Kirchenwerke und 6 Oratorien.

Thomas Mancinus (1550–1612)

ZEIT UND UMWELT
Die Stilwende am Ende des 16. Jahrhunderts wirkte sich auch in Deutschland aus, obwohl sie in Italien vor sich ging. Aber da italienische Musik von einem großen Teil der deutschen Komponisten zum Vorbild genommen wurde, und eben diese Vorbilder sich veränderten, folgte die deutsche Komposition nach. Dazu muß gehalten werden, daß der Stilwechsel nicht die Musik allein betraf, sondern, wenn auch selbstverständlich nicht gleichzeitig, alle Kunstgattungen und weite Gebiete des gesellschaftlichen Lebens überhaupt erfaßte.

LEBEN
Thomas Mancinus (Menchinus, eigentlich Menckin) wurde 1550 in Schwerin geboren und dort an der Lateinschule ausgebildet. Er studierte ab 1567 an der Universität Rostock und wirkte von 1572 bis 1579 an der Schule seiner Vaterstadt als Kantor. Darauf kam er an die Berliner Hofkapelle als Sänger, dann (1583) als Kapellmeister nach Gröningen und 1587 nach Wolfenbüttel, wo er neben seinem Amt als Kapellmeister auch die Hofbibliothek und die Universitätsbibliothek von Helmstedt zu betreuen hatte. Er starb am 20. 5. 1612 in Wolfenbüttel.

WERKE
Von den zahlreichen Werken des deutschen Komponisten Thomas Mancinus sind 2 Choralpassionen (Matthäus und Johannes) mit vierstimmigen Turbae, 12 Benedicamus, weltliche deutsche und lateinische Lieder, lateinische Madrigale, Bicinien und eine Anzahl Gelegenheitskompositionen erhalten. Sie wirken stark schulmäßig. Der italienische Einfluß ist merkbar sowie der Stilwechsel, der sich gleichzeitig in Italien vollzog. Typisch ist, daß die Passionen Rezitative aufweisen.

LITERATUR
K. Knoke, Die Passion Christi von Thomas Mancinus, Göttingen 1898.

Josip Mandić (1883–1959)

LEBEN
Josip (Josef) Mandić wurde am 4.4.1883 in Triest geboren. Er studierte in Fiume (Rijeka), Zagreb und Wien und wurde Rechtsanwalt in Triest. Später nahm er Musikunterricht bei Franje Vilhar (5.1.1852, Senožeče, bis 4.3. 1928, Zagreb) in Zagreb und bei Hermann Graedener in Wien. Er übersiedelte nach Prag, wo er am 5.10.1959 starb.

WERKE
Von Josip Mandić sind 4 Sinfonien, eine Orchestersuite, sinfonische Variationen, ein Nonett, ein Bläserquintett, ein Streichquartett, eine kroatische Messe, eine Motette und 3 Opern bekannt geworden. Sein Stil gehörte noch der Romantik an.

Francesco Manelli (um 1595–1667)

ZEIT UND UMWELT
Im Jahr 1637 wurde in Venedig das erste Opernhaus der Welt eröffnet, so daß die Oper, die bislang eine Festveranstaltung in Adelspalästen und Akademien war, zum geschäftlichen Unternehmen wurde. Damit

war auch eine Änderung der Opernsujets verbunden, die sich nach dem Geschmack des neuen Publikums richten mußten. Die Mythologie wich der Darstellung von Heldentaten und der antiken Geschichte.

LEBEN
Francesco Manelli (Mannelli) wurde um 1595 in Tivoli geboren. Er war 1605 Chorknabe am Dom von Tivoli und von 1609 bis 1624 ordentlicher Kapellsänger. Dann begab er sich nach Rom und heiratete dort eine Sängerin. Im Jahr 1627 wirkte er neuerlich als Domkapellmeister in Tivoli, brachte seine ersten Opern heraus und übersiedelte nach Venedig, wo er gemeinsam mit Benedetto Ferrari 1637 das Theater San Cassiano als Opernhaus eröffnete. Er wirkte zugleich als Bassist am Markusdom, bis er 1645 als Hofkapellmeister nach Parma berufen wurde. Dort starb er im September 1667.

WERKE
Der italienische Komponist Francesco Manelli hat eine beträchtliche Anzahl sehr erfolgreicher Opern herausgebracht und damit den Aufstieg der venezianischen Oper sehr gefördert. Erhalten sind davon nur die Libretti. Von seinen sonstigen kompositorischen Werken sind 2 Bücher mit ein- bis dreistimmigen Arien und verschiedene Musikstücke – Kantaten, Canzonetten – erhalten, mit denen er den Gebrauch des Parlandorezitativs populär machte.

LITERATUR
S. T. Worsthorne, Venetian Opera, Oxford 1954.

Juan Manén (1883 – 1971)

LEBEN
Juan de Manén wurde am 14. 3. 1883 in Barcelona geboren. Er reiste als klavier- und violinspielendes Wunderkind und wurde ein bedeutender Violinvirtuose, der in der ganzen Welt auftrat. Später ließ er sich als Komponist in Barcelona nieder, wo er am 26. 6. 1971 starb.

WERKE
Außer 5 Opern und einer Reihe von Kompositionen für den eigenen Konzertgebrauch schrieb Juan Manén 2 Ballette, 2 Sinfonien, ein Concerto grosso mit zwei Soloviolinen, 3 Konzerte und 3 Capricen für Violine, Cello, Oboe, Flöte und Klavier mit Orchester, einige Kammermusik, Lieder und Chöre. Seine Kompositionen lehnten sich an Richard Strauss an.

Giovanni Piero Manenti
(um 1525 bis nach 1586)

ZEIT UND UMWELT
Herzog Cosimo de'Medici wurde von Papst Pius V. der Titel eines Großherzogs der Toskana verliehen. Die Habsburger und die anderen italienischen Herzöge verweigerten die Anerkennung dieses Titels. Sein Sohn Francesco bekam nach seinem Regierungsantritt im Jahre 1574 den Titel von Kaiser Maximilian II. bestätigt. Er setzte die glänzende Kulturpolitik seines Vaters fort und umgab sich mit Gelehrten und Künstlern, von denen er, abgesehen von den Musikern, besonders den flämischen Bildhauer Giovanni da Bologna (Jean de Boulogne, 1529 bis 1608) bevorzugte.

LEBEN
Giovanni Piero Manenti wurde um 1525 in Bologna geboren und dort zum Musiker ausgebildet. Im Jahre 1574 berief ihn Großherzog Francesco de'Medici an seinen Hof. Er dürfte ungefähr zur gleichen Zeit wie sein Dienstgeber (1587) gestorben sein.

WERKE
Von dem Hofmusiker Giovanni Piero Manenti sind 3 Bücher mit vier- bis sechsstimmigen Madrigalen, ein Buch mit fünfstimmigen Liedern und einzelne Stücke in Sammelwerken erhalten. Die Wertschätzung, die die Zeitgenossen diesem Madrigalisten entgegenbrachten, war groß. Man rühmte die starke Ausdrucksfähigkeit seiner Musik.

Filippo Manfredi (1729–77)

Zeit und Umwelt

»Man hört vier vernünftige Leute sich untereinander unterhalten, glaubt ihren Diskursen etwas abzugewinnen und die Eigentümlichkeiten der Instrumente kennenzulernen«, schrieb Goethe an Carl Friedrich Zelter und charakterisierte damit treffend das Streichquartett, das ab der zweiten Hälfte des 18. Jahrhunderts zu einer der wichtigsten Kompositionsgattungen des Musikgeschehens wurde, so daß sich bald spezielle Ensembles bildeten, die sich ausschließlich seiner Pflege widmeten.

Leben

Filippo (Filippino) Manfredi wurde 1729 in Lucca geboren und erhielt dort seine Grundausbildung als Violinist. Ab 1746 war er in Livorno Schüler von Pietro Nardini und Giuseppe Tartini. 1767 begannen seine Konzertreisen mit dem Cellisten Luigi Boccherini durch Italien, nach Wien, durch Frankreich und Spanien, wo er als erster Violinist in das Orchester des Infanten Don Luis Antonio (1727–85) eintrat, aber 1772 nach Lucca zurückkehrte. Er wurde dort 1758 erster Violinist der Cappella Palatina. Im Jahr 1765 bildete er mit Luigi Boccherini, Pietro Nardini und Giuseppe Maria Cambini eines der ersten Streichquartett-Ensembles, wirkte noch im selben Jahr als Violinist am Teatro San Benedetto in Venedig und im folgenden als Violinlehrer in Genua. Er starb am 12. 7. 1777 in Lucca.

Werke

Von Filippo Manfredi sind im Druck nur einige Sonaten für Soloviolinе und Generalbaß erschienen. Sie sind stark von Pietro Nardini beeinflußt. Seine handschriftlichen Kompositionen scheinen verloren zu sein.

Literatur

A. Bonaccorsi, Filippo Manfredi, il compagno di Boccherini, Atti dell'Accademia Nazionale dei Lincei IX, 1954.

Francesco Maria Manfredini (um 1680–1748)

Zeit und Umwelt

Die von Giuseppe Torelli gegen Ende des 17. Jahrhunderts festgelegte Form des Instrumentalkonzerts wurde in Bologna noch in den ersten zwei Jahrzehnten des 18. Jahrhunderts beibehalten. Erst dann erhielt auch dort der Stil des 18. Jahrhunderts Raum.

Leben

Francesco Maria Manfredini wurde um 1680 in Pistoia geboren und in Bologna von Giuseppe Torelli im Violinspiel und von Giacomo Antonio Perti in der Komposition ausgebildet. Um 1700 trat er als Violinist in die Kapelle an San Petronio ein und wurde bald darauf erster Violinist an Santo Spirito in Ferrara, kehrte aber 1704 an San Petronio zurück. Ab 1715 wirkte er am Hof in München und ab 1727 als Kapellmeister am Dom von Pistoia, wo er im Jahr 1748 starb.

Werke

Der italienische Komponist Francesco Maria Manfredini verfaßte Kammerkonzerte für Violine und Cello, 12 Triosonaten unter dem Titel »Kirchensinfonien« für zwei Violinen und Generalbaß mit einer Weihnachtspastorale, Konzerte für zwei Violinen und Generalbaß und zwei zusätzlichen Violinen ad libitum sowie eine weitere Weihnachtspastorale, 6 Sonaten für zwei Violinen, Cello und Cembalo als Generalbaß, ein Konzert in D-Dur für zwei Trompeten, Streicher und Orgel, außerdem 6 Oratorien.

Vincenzo Manfredini (1737–99)

Leben

Vincenzo Manfredini wurde am 20. 10. 1737 in Pistoia geboren. Er war Schüler seines Vaters Francesco Manfredini (um 1680 bis 1748) und setzte seine Ausbildung bei Giacomo Antonio Perti in Bologna und Gian Andrea Fioroni in Mailand fort. Im Jahr 1758 ging er mit seinem Bruder Giuseppe Manfredini nach Moskau und trat in die

Dienste des Großfürsten Peter, der ihn nach seiner Thronbesteigung 1762 zum Hofkapellmeister in St. Petersburg ernannte. Er behielt diese Stelle unter der Nachfolgerin auf den russischen Thron Katharina II. bis 1769, kehrte dann nach Italien zurück, wo er sich in Bologna niederließ. Im Jahr 1798 wurde er von seinem ehemaligen Schüler, Zar Pawel I., nach St. Petersburg zurückberufen, wo er am 5. 8. 1799 starb.
Sein Bruder Giuseppe Manfredini (um 1725, vermutlich München, bis nach 1766, Pistoia) war Kastratensänger in verschiedenen italienischen Städten und wirkte von 1758 bis 1766 als Sänger und Gesanglehrer in Moskau. Darauf zog er sich nach Pistoia zurück.

WERKE

Neben seinen Bühnenwerken verfaßte Vincenzo Manfredini 6 Sonaten für Cembalo, 6 Quartette und ein Cembalokonzert. Von seinen Vokalwerken sind eine Totenmesse für vier Stimmen und Instrumente, Kantaten, Arien und eine Sammlung Opernarien erhalten. Er folgte mit allen seinen Werken deutlich dem galanten Stil. Seine theoretischen Werke überragen seine Kompositionen an Bedeutung.
Von Giuseppe Manfredini sind 6 Arien mit Instrumentalbegleitung erschienen.

Cembalokonzert in B-Dur, 3 Sätze, entstanden um 1770

Der 1. Satz ist klangvoll und liebenswürdig und bringt einige technische Probleme, die aber auch ein Dilettant bewältigen kann. Der 2. Satz schwelgt in opernhaften Melodien, die reich ausgeschmückt sind. Das Finale ist ein Rondo mit Passagen, die romantische Vorstellung vorausnehmen, aber zu oft wiederholt werden, um noch überraschend zu wirken. Alles in allem, eine gehobene Unterhaltungsmusik im galanten Stil.

Nicola Antonio Manfroce (1791–1813)

LEBEN

Nicola Antonio Manfroce wurde am 20.2. 1791 in Palmi, Kalabrien, geboren und in Neapel von Giovanni Furno (1748–1837) und Giacomo Tritto ausgebildet. Anschließend studierte er bei Nicola Antonio Zingarelli in Rom. Nach intensiver, aber kurzer kompositorischer Tätigkeit starb er am 9.7.1813 in Neapel.

WERKE

Neben einer Reihe von erfolgreichen Opern schrieb Nicola Antonio Manfroce 6 Sinfonien, eine Kantate, 3 Messen, Arien und Duette.

Étienne Mangean
(um 1710 bis um 1756)

LEBEN

Étienne Mangean wurde um 1710 in Lyon geboren. Er war in seiner Vaterstadt ab 1734 Musiklehrer und ab 1735 Mitglied der Académie de Musique von Dijon. Darauf übersiedelte er nach Paris, wo er im Concert spirituel von 1742 bis 1755 auftrat und gleichzeitig an der Opéra Comique als Violinist tätig war. Er starb um 1756 in Paris.

WERKE

Von Étienne Mangean sind 2 Bücher mit sinfonischen Konzerten, eines mit Sonaten für Violinen ohne Baß, ein weiteres mit Sonaten für Solovioline mit Generalbaß und eine Sinfonie erhalten. Die sinfonischen Konzerte sind Orchestersuiten mit französischer Ouvertüre und einer Reihe von Hoftänzen mit Reprisen. Der Stil gehört dem Rokoko an.

Wilhelm Mangold (1796–1875)

ZEIT UND UMWELT

Ludwig X., Landgraf von Hessen-Darmstadt, wurde 1806, nachdem er dem Rheinbund beigetreten war, als Ludwig I. Großherzog. Sein Land erhielt bereits 1820 eine Verfassung. Es kämpfte im Deutschen Krieg 1866 auf österreichischer Seite, schloß aber 1867 ein Bündnis mit Preußen, trat 1870 dem Norddeutschen Bund und 1871 dem Deutschen Reich bei. Die Großherzogliche Hofkapelle wurde während des gesamten 19. Jahrhunderts auf hohem Niveau gehalten.

LEBEN

Johann Wilhelm Mangold wurde am 19.11. 1796 in Darmstadt als Sohn des Hofmusikdirektors Georg Mangold (7.2.1767, Darmstadt, bis 18.2.1835, Darmstadt) geboren. Er war Schüler seines Vaters, von Georg Joseph Vogler, Christian Heinrich Rinck (1770–1846) und von 1815 bis 1818 am Pariser Conservatoire von Luigi Cherubini und Étienne Nicolas Méhul. Im Jahr 1819 wurde er in Darmstadt als Violinist Kammermusiker und wirkte von 1825 bis 1853 als Hofkapellmeister. Er starb am 23.5.1875 in Darmstadt.
Sein Bruder Carl Ludwig Amand Mangold (8.10.1813, Darmstadt, bis 5.8.1889, Oberstdorf, Allgäu) trat 1831 als Violinist der Hofkapelle in Darmstadt bei und übernahm, nach dreijährigem Studium am Pariser Conservatoire, 1839 die Leitung des Musikvereins; von 1848 bis 1869 wirkte er auch als Hofmusikdirektor.
Sein Onkel Johann August Daniel Mangold (25.7.1775, Darmstadt, bis 1842, Darmstadt) war Cellist und Konzertmeister in seiner Vaterstadt.

WERKE

Von Wilhelm Mangold sind 3 Opern, mehrere Schauspielmusiken, Ouvertüren, Stücke für Horn oder Klarinette und Klavier, die sehr beliebt waren, Lieder und Chöre bekannt geworden.
Carl Mangold schrieb über 5 Opern für Darmstadt, etliche Orchesterwerke, zahlreiche Lieder, Männerquartette und Chöre.
Johann August Daniel Mangold hinterließ einige sehr schöne Stücke für Cello.

Bürk Mangolt (um 1350 bis um 1420)

ZEIT UND UMWELT

Der deutsche Minnesang war im 14. Jahrhundert bereits im Abklingen. Soweit noch Minnelieder gedichtet wurden, übernahmen die Spielleute zuerst den Vortrag, dann auch die Komposition. Damit vollzog sich eine Trennung zwischen Dichtung und Musik, die allerdings vom Meistergesang wiederum in einer Hand vereinigt wurden.

LEBEN

Bürk Mangolt ist um 1350 im heutigen Vorarlberg geboren. Er war Spielmann des Dichters Graf von Montfort-Bregenz und Tannenberg Hugo VIII. (1357–1423) und dürfte um 1420 in Bregenz gestorben sein.

WERKE

Graf Hugo von Montfort-Bregenz und Tannenberg ließ für 40 von ihm verfaßte Minnelieder einen Codex anfertigen, der als Codex Heidelberg erhalten ist. 10 davon sind mit Weisen versehen, die der Spielmann Bürk Mangolt komponiert hat. Weitere Kompositionen für den Grafen sind verschollen. Die Melodien sind sehr volkstümlich gestaltet.

LITERATUR

P. Runge, Die Lieder des Hugo von Montfort mit den Weisen des Bürk Mangolt, Leipzig 1906.

Carl Abraham Mankell (1802–68)

ZEIT UND UMWELT

Die Verselbständigung der Musikentwicklung in den skandinavischen Staaten wird auch dadurch deutlich, daß sie untereinander einen Kräfteaustausch begannen, der durch die starke Ähnlichkeit der Sprachen und Kulturen trotz aller politischen Differenzen sehr begünstigt wurde. Daß dadurch auch die ohnehin vorliegende Ähnlichkeit der musikalischen Strukturen noch gefördert wurde, ist selbstverständlich.

LEBEN

Carl Abraham Mankell wurde am 16.4.1802 in Christiansfeld, Dänemark, geboren. Er kam 1823 nach Schweden und war zuerst Organist an St. Klara in Stockholm, dann Gesanglehrer an verschiedenen Schulen der Stadt. Von 1834 bis 1841 gab er auch am Konservatorium Gesangunterricht. Er starb am 27.10.1868 in Stockholm.

Sein Bruder Gustaf Adolf Mankell (20.5.1812, Christiansfeld, bis 23.10.1880, Stockholm) war ab 1853 Orgellehrer am Konservatorium in Stockholm.

WERKE

Von Carl Abraham Mankell sind eine Anzahl Romanzen und Klavierlieder erhalten. Er veröffentlichte außerdem mehrere Bände zwei- und vierstimmiger Lieder.
Gustaf Adolf Mankell schrieb eine Anzahl Orgelstücke.

Henning Mankell (1868–1930)

LEBEN

Ivar Henning Mankell wurde am 3.6.1868 in Härnösand, Schweden, geboren. Er war in Stockholm Klavierschüler bei Lennart Arvid Lundberg (29.9.1863, Norrköping, bis 27.7. 1931, Karlshamn) und lebte sodann als Musiklehrer in der schwedischen Hauptstadt, in der er am 8.5.1930 starb.

WERKE

Von seinem dem Impressionismus zugeneigten Lehrer Lundberg und den Zeitgenossen Claude Debussy und Aleksandr Skrjabin nahm Henning Mankell deutlich erkennbare Elemente in seine spätromantischen Kompositionen auf. Er schrieb eine Kantate für Bariton und Orchester, ein Klavierkonzert, 6 Fantasien, 3 Sonaten und 8 Balladen für Klavier, ein Klavierquintett, 3 Streichquartette, ein Klaviertrio und Lieder.

LITERATUR

M. Söderberg, Henning Mankell, en bortglömd kompositör, in: Musikkultur, XXX, 1966.

Johann Mann (1726–82)

ZEIT UND UMWELT

In Wien prägten sich die Stilformen der galanten und der empfindsamen Musikepoche nicht so dezidiert aus wie anderswo. Unter

Aus der Klaviersonate in A-Dur, Autograph von Johann Christian Mann

dem Einfluß der vielen italienischen Musiker, die in der Stadt seit je das Musikleben beherrschten, ragte das Spätbarock weit in das 18. Jahrhundert, also bis in eine Zeit hinein, in der bereits Lebens- und Weltanschauung der Weimarer Klassik zur Richtschnur der Kunst wurde, sich die Wiener Vorklassik, gleichzeitig mit der Mannheimer, ausformte und den Boden für die Epoche bereitete, die als »Wiener Klassik« einen Höhepunkt der Musikgeschichte erreichte.

LEBEN

Johann Christian Mann (Monn) wurde 1726 in Niederösterreich geboren. Er war Bruder von Matthias Monn (Mann), wirkte ab 1750 als Musiklehrer in Prag und von 1766 bis zu seinem Tod am 24. 6. 1782 in Wien.

WERKE

Von Johann Mann sind 11 Divertimenti für Streicher, 8 Sonaten und 21 Menuette für Cembalo erhalten. Wenn auch nicht so deutlich wie beim Werk seines Bruders zeichnen sich auch bei ihm die Formen der kommenden klassischen Epoche ab. Sein Divertimento für 3 Streicher in D-Dur wird heute noch gespielt.

Gennaro Manna (1715–79)

ZEIT UND UMWELT

Der Kirchenmusikstil, den die 4 Konservatorien in Neapel pflegten und von Lehrern an Schüler, die zumeist wieder als Lehrer wirkten, weitergaben, erlitt im 18. Jahrhundert dadurch, daß viele darin Ausgebildete sich der Opernkomposition widmeten, starke Modifikationen. Der Opernstil drang immer breiter in die Musik der Kirchen ein, und die Kirchenbesucher, die die Opernmusik im Ohr hatten und die Opernarien auf der Straße sangen, nahmen diese Wandlung bereitwillig auf.

LEBEN

Gennaro Manna wurde am 12. 12. 1715 in Neapel geboren. Er war ab 1744 Kapellmeister der kurz davor gegründeten Stadtkapelle seines Geburtsortes. Im Jahr 1755 wurde er Kapellmeister des Conservatorio Santa Maria di Loreto und übte daneben die gleiche Funktion an verschiedenen neapolitanischen Kirchen aus. Er starb in Neapel am 28. 12. 1779.

Sein Cousin Cristoforo Manna (1704, Neapel, bis um 1760, Neapel) wurde am Conservatorio Santa Maria di Loreto ausgebildet, wirkte darauf als Komponist und Kapellmeister.

Gaetano Manna (12. 5. 1751, Neapel, bis 1804, Neapel), Sohn des Giacinto Manna (13. 9. 1706, Neapel, bis 11. 3. 1768, Neapel), Cousin des Cristoforo Manna, Cembalist in verschiedenen neapolitanischen Theatern, folgte dem Onkel in dessen Kapellmeisterstellen, darunter am Dom, als einer der letzten Vertreter der kirchenmusikalischen Schule Neapels nach.

WERKE

Außer ungefähr 15 Opern verfaßte Gennaro Manna eine Anzahl Oratorien, Psalmen, Motetten und Messen im damals noch geübten neapolitanischen Kirchenstil.

Von den Werken von Cristoforo Manna ist nur eine Oper bekannt.

Das kompositorische Werk von Gaetano Manna ist verlorengegangen.

Carlo Mannelli (1640–97)

ZEIT UND UMWELT

Für den Aufschwung der Violinmusik stellt auch das immer häufiger werdende Auftreten von Violinlehrern ein deutliches Anzeichen dar. Wie vordem die Lautenlehrer bildeten sie nicht nur Berufsmusiker aus, sondern auch begabte Dilettanten und komponierten für diese Übungsstücke mit verschiedenen Schwierigkeitsgraden. Besonders schwierig war die Violinliteratur des 17. Jahrhunderts noch nicht. Lagenspiel und Doppelgriffe waren noch selten. Außerdem war der Bogen noch nicht in die Form gebracht, wie ihn die Virtuosen des kommenden Jahrhunderts verwendeten.

LEBEN
Carlo Mannelli (genannt Carlo del Violino) wurde am 4. 11. 1640 in Rom geboren. Er sang als Sopran an San Luigi de'Francesi in Rom und dann an der Confraternità del Santissimo Crocifisso di San Marcello. Im Jahr 1663 wurde er Violinlehrer an der Congregazione di Santa Cecilia und folgte Carlo Caprioli 1671 als erster Violinist an San Marcello nach. Er spielte auch an mehreren anderen Kirchen der Stadt, in der er am 6. 1. 1697 starb.

WERKE
Carlo Mannelli zählte zu den bedeutendsten Violinisten und Violinlehrern seiner Zeit. Von dem italienischen Komponisten sind mehrere Triosonaten und zahlreiche Vokalwerke in Sammelwerken erhalten. Seine Sinfonien für Violine und Generalbaß sind verlorengegangen.

LITERATUR
H. Wessely-Kropik, Beiträge zur Lebensgeschichte von Carlo Mannelli, in: Studien zur Musikwissenschaft XXV, 1960.

Franco Mannino (geboren 1924)

LEBEN
Franco Mannino wurde am 25.4.1924 in Palermo geboren. Er studierte an der Accademia di Santa Cecilia in Rom bei Virgilio Mortari. Ab 1941 entfaltete er eine rege Konzerttätigkeit als Pianist in Europa, den USA und Afrika. Von 1969 bis 1970 leitete er das Teatro San Carlo in Neapel. Seitdem wirkt er als Gastdirigent in Italien und im Ausland und als vielseitiger Komponist.

WERKE
Neben 8 Opern und 2 Balletten schrieb Franco Mannino unter anderem eine Sinfonie, ein Capriccio, »3 Suiten«, »Instrumentale Motetten«, ein Klavierkonzert, ein Violinkonzert, ein Konzert für drei Violinen und Orchester, ein Concertino für Cello, Klavier und Streicher, eine Suite für Flöte, Posaune und kleines Orchester, 2 Klavierquartette, ein Trio für Flöte, Violine und Bratsche, ein Trio für drei Violinen, ein Trio für Violine, Horn und Klavier, eine Anzahl Klavierwerke und Orgelstücke, eine Serenata für Mezzosopran und neun Instrumente, eine Kantate für Chor und Orgel, einen Gesang für Sopran und kleines Orchester, Bühnen- und Filmmusik.

Konzert für drei Violinen und Orchester, Opus 40, 4 Sätze, entstanden 1965
Das Stück ist für die russische Violinistenfamilie Kogan verfaßt. Das Werk wird von den drei Solisten getragen, die mit virtuoser Melodik und überraschender Harmonik bis zu den Grenzen der Tonalität vordringen, sie aber nie überschreiten; das Orchester erfüllt zumeist begleitende Funktionen oder kontrapunktiert die Solisten unaufdringlich.

Violinkonzert, Opus 62, 3 Sätze, entstanden 1970
Das Werk ist zwölftönig. Die Reihetechnik wurde jedoch sehr freizügig angewendet. Die außerordentlich expressiven Themen entwickeln sich vor einem logisch aufgebauten Orchesterhintergrund, Orgelpunkte bewegen sich in von den strengen Dodekaphonikern verpönten Terzen-, Sexten- und Oktavenparallelen. Ein vorzüglich gearbeitetes Stück.

Kosta Manojlović (1890–1949)

LEBEN
Kosta Petar Manojlović wurde am 22.11.1890 in Krajevo, Serbien, geboren. Er wurde in München, Belgrad und Oxford zum Musiker ausgebildet und wirkte darauf als Chorleiter und Lehrer an der Musikschule und an der Musikakademie in Belgrad, wo er am 2.10. 1949 starb.

WERKE
Von Kosta Manojlović sind ein Streichquintett, Klavierstücke, eine Kantate für Bariton, Doppelchor und Orchester, 2 Requiem, Chöre und Lieder bekannt geworden. Aus seinem Nachlaß wurde eine interessante Sammlung serbischer Volkslieder herausgebracht. Er hat zur Bildung eines eigenen serbischen Stils viel beigetragen.

Alessandro Mantovano
(um 1470 bis um 1530)

Zeit und Umwelt
Bei der Intabulierung der Frottola ist stets nur die Oberstimme mit Text versehen. Man hat die Textierung der anderen Stimmen vielleicht bei der zumeist homophonen Struktur dieser Lieder für überflüssig gehalten. Da aber doch zuweilen in Anlehnung an niederländische Satzweise wenigstens eine Scheinpolyphonie gewählt wurde, liegt die Annahme nahe, daß das Fehlen des Textes bei den Begleitstimmen auf eine fakultative Ausführung durch Instrumentalisten hindeutet.

Leben
Alessandro Mantovano wurde um 1470 vermutlich in Mantua geboren. Über sein Leben und Wirken ist nichts bekannt, außer daß er an verschiedenen Höfen Italiens als Sänger und Komponist tätig war. Auch über Ort und Zeit seines Todes gibt es keine Aufzeichnungen.

Werke
Von Alessandro Mantovano sind 8 vierstimmige Frottole erhalten. Sie entsprechen textlich und musikalisch der am Hofe in Mantua um die Wende vom 15. zum 16. Jahrhundert gepflegten Liedgattung, Frottola genannt, die rasch in ganz Oberitalien beliebt wurde.

Nikolaos Mantzaros (1795–1872)

Zeit und Umwelt
Mit Unterstützung Frankreichs, Großbritanniens und Rußlands und mit Hilfe weltweiter Sympathien gewann Griechenland 1832 seine Souveränität. Der 1821 ausgebrochene Unabhängigkeitskampf fand im griechischen Schriftsteller und Dichter Dionysos Solomos (1798–1857) auf Korfu einen anfeuernden Verkünder der Freiheit seines Volkes.

Leben
Nikolaos Mantzaros wurde am 13.10.1795 in Korfu geboren und ab 1824 bei Nicola Antonio Zingarelli in Neapel ausgebildet. Seit 1826 war er auf Korfu als Musiklehrer und Komponist tätig und starb dort am 18.3.1872.

Werke
Von Nikolaos Mantzaros sind 24 Ouvertüren, zahlreiche Tänze, Märsche, Klavierstücke, ferner 3 Messen und andere sakrale Stücke und Lieder erhalten. Er vertonte viele Gedichte seines Freundes Dionysos Solomos, unter anderem dessen »Hymne an die Freiheit«, die zur griechischen Nationalhymne wurde. Er wird als Begründer einer eigenen modernen Ionischen Schule angesehen.

Josef Mar-Chaim (geboren 1940)

Leben
Josef Mar-Chaim wurde am 20.10.1940 in Jerusalem geboren. Er war an der Rubin Academy of Music in seiner Geburtsstadt Schüler von Jizhak Sadai (geboren 13.5.1935, Sofia). Nach einem Studienaufenthalt in den USA lebt er in Tel Aviv als freischaffender Komponist.

Werke
Von Josef Mar-Chaim sind unter anderem ein Stück für Stimme und Kammerorchester, »Ein Kind des Regens« für Gesang und Orchester, ein Trio für Flöte, Bratsche und Gitarre, eine Fantasie für Cembalo, 3 Zen-Gesänge und »Rückwirkung« für Klavier und Sprecher, Bühnen- und Filmmusik bekannt geworden.

Marin Marais (1656–1728)

Leben
Marin Marais wurde am 31. 5. 1656 in Paris geboren und war zur gleichen Zeit Schüler von Sainte-Colombe und Jean-Baptiste Lully. Ab 1676 war er Hofmusiker und ab 1679 Kammerviolist des Königs. Von 1695 bis 1710 spielte er im Opernorchester als Gambist und übernahm auch zuweilen den Taktstock. Er hatte einen großen Ruf als Gambenlehrer. Als er sich 1725 von seinen Pflichten zurückzog, wurde er mit Ehren überhäuft. Er starb in Paris am 15. 8. 1728.

Sein Sohn Roland Pierre Marais (um 1680, Paris, bis 1750, Paris) wurde 1725 Sologambist und 1727 in Nachfolge seines Vaters Sologambist der königlichen Kammermusik.

WERKE

Der französische Komponist Marin Marais verfaßte ungefähr 650 in Suiten gruppierte Stücke, unter denen sich Tanzsätze und deskriptive Stücke befinden, 5 Bücher mit Stücken für eine und zwei Gamben und Generalbaß, Trios für Flöte, Violine und Gambe und sinfonische Stücke für Violine, Gambe und Cembalo, außerdem ein Te Deum und Konzerte für Violine und Gambe für den Kurfürsten von Bayern. Er schrieb überdies 4 Opern.
Von Roland Pierre Marais sind 2 Bücher mit Stücken für Gambe und Generalbaß erhalten.

Folies d'Espagne, 32 Variationen über eine altspanische Sarabande für Gambe und Generalbaß

Die Variationenfolge bildet ein geschlossenes Ganzes, das durch eine weiten Entwicklungsbogen zusammengehalten wird. Es werden auf gedrängtem Raum alle Möglichkeiten des Instruments, seine verschiedenen Klänge, seine Technik und der Reichtum seines Ausdruckes ausgeschöpft. Man könnte dieses Stück als Präsentation des Gambenspieles auf seiner höchsten Entwicklungsstufe bezeichnen, weil es die Überzeugung hinterläßt, daß es nichts mehr gibt, das vorenthalten worden wäre.

Suite h-Moll für Gambe und Generalbaß

Diese Suite wird als Höhepunkt des Schaffens von Marin Marais angesehen. Sie beginnt mit einem langsamen Prélude, dem eine Petite Fantaisie, eine Allemande und eine Courante folgen. Es schließen sich 2 elegante Sarabanden an, darauf eine erste und eine zweite Gigue, deutlich voneinander verschieden, doch im Rahmen des Ganzen harmonisch eingepaßt. Ein Menuett und eine ebenso zierliche Gavotte werden von einem zweiten, schwereren Menuett abgelöst, das ernst zum »Tombeau pour Monsieur de Lully« leitet. Das harmonische Gefälle, die überraschenden Modulationen und Chromatismen verleihen dem Werk eine seltene Eindringlichkeit.

La sonnerie de Sainte-Geneviève du Mont à Paris (Geläute von Sainte-Geneviève du Mont in Paris) für Violine, Gambe und Generalbaß

Dieses frühe Beispiel einer Programmusik ist auf einem ostinaten Baß aufgebaut und nahezu mathematisch genau konstruiert, so daß die jeweiligen Einsätze der »Glocken« mit erstaunlicher Steigerung so deutlich werden, bis man sie am Ende tatsächlich anstelle der gespielten Instrumente vernimmt.

LITERATUR

Fr. Lesure, Marin Marais, sa carrière, sa famille, in: Revue Belge de Musicologie VII, 1953.

José Ramón Maranzano (geboren 1940)

LEBEN

José Ramón Maranzano wurde am 27. 11. 1940 in Santiago del Estero, Argentinien, geboren. Nach Studium in seiner Geburtsstadt war er an der katholischen Universität in Buenos Aires Schüler von Alberto Ginastera, Gerardo Gandini, Roberto Caamaño und Francisco Kröpfl. Er wirkt als Kritiker an verschiedenen Blättern von Buenos Aires und der Zeitschrift »Tribuna musical« und lebt als freischaffender Komponist in der argentinischen Hauptstadt.

WERKE

Von José Ramón Maranzano sind die Orchesterwerke »Musik für Orchester«, »Erste sinfonische Studien«, »Sinfonische Studien Nr. 1 bis 3« und »Kantatensinfonie« bekannt geworden. Er schrieb unter anderem ein Streichquartett, ein kleines Triptychon für zwei Klaviere und Schlagzeug, verschiedene Klavierstücke, Chorwerke mit Orchester, Chöre a cappella und Elektronische Musik, darunter »Frequenzen I« mit Instrumentalensemble, »Mnemon I« und »Mnemon II«.

Marco Marazoli (um 1602–62)

ZEIT UND UMWELT

Es konnte nicht ausbleiben, daß das römische Opernpublikum neben den Darstellungen tragischer Schicksale der Helden aus der Geschichte und der geschichtlichen Legende nach Stücken verlangte, in denen leichtere Kost geboten wurde. Komik und optimistische Aktschlüsse fanden bald auch in die Opernhäuser Eingang; die Entwicklung der komischen Oper war naheliegend.

LEBEN
Marco Marazoli wurde um 1602 in Parma geboren. Er war von 1637 bis 1640 päpstlicher Kapellsänger, wurde anschließend Kammermusiker (Harfenist) der Königin Christiana von Schweden in Rom, hielt sich in Ferrara und Venedig auf und wurde 1643 von Kardinal Mazarin nach Paris berufen, um dort an Aufführungen italienischer Opern mitzuwirken. Er kehrte 1645 nach Rom zurück, wo er in die Dienste des Papstes Urban VIII. trat und am 26. 1. 1662 starb.

WERKE
Der italienische Komponist Marco Marazoli hat mit Virgilio Mazzocchi eine der ersten komischen Opern in Rom komponiert und herausgebracht: »Chi soffre, speri« (Wer leidet, soll hoffen). Er verfaßte noch mehrere Opern, weiters 2 Oratorien: »Resurrezione« (Auferstehung) und »San Tommaso«, sowie eine Anzahl Kantaten im zeitgenössischen Stil.

LITERATUR
H. Goldschmidt, Studien zur Geschichte der italienischen Oper, Wiesbaden 1967.

Marcabru (um 1125 bis nach 1150)

ZEIT UND UMWELT
Guillaume X. von Aquitanien setzte die Gewohnheit seines Vaters, Künstler an seinen Hof zu laden, fort. Und Alfonso VII. von Kastilien, dessen Vater Alfonso VI. König des Gesamtreiches geworden war, sah in der Aufnahme von Troubadours eine weitere Methode der Prachtentfaltung seines Hofes. Die Könige von Navarra und Portugal, die Grafen von Barcelona und Toulouse huldigten ihm, so daß Anlaß genug für eine glänzende Hofhaltung vorlag, wenn auch die Erfolge des Vaters im Kampf gegen die Almohaden verlorengingen.

LEBEN
Marcabru dürfte aus der Gascogne stammen und um 1125 geboren sein. Im Gegensatz zu den meisten Troubadours kam er aus unteren Volksschichten und hatte sich irgendwie (als Kleriker?) hochgedient. Seine hinterlassenen Gedichte datieren aus den vierziger Jahren des 12. Jahrhunderts. Ort und genaues Jahr seines Todes sind unbekannt.

WERKE
Die ungefähr 43 Gedichte und 4 Melodien, die von Marcabru, einem der ältesten provenzalischen Troubadours, bekannt sind, charakterisieren ihn als Begründer des sogenannten »Dunklen Stiles« (Trobar clus), der mit seiner misogynen, zynischen Einstellung im starken Gegensatz zur Liebeslyrik der meisten Troubadours steht. Eines seiner Lieder zeigt mit seiner herben Melodie vielleicht den Grund hierfür auf: »... Marcabru, Sohn der Marcabrua, ist unter einem liebelosen Mond geboren; keine hat er je geliebt, keine hat ihn geliebt.« Sein berühmtes Kreuzzuglied: »Pax, in nomine domini!« (Friede, im Namen des Herrn) hat einen ironischen Klang.

Einst unter einer Hecke, Pastorale (Schäfergedicht)
Einst unter einer Hecke traf ich eine Schäferin, voll Freude und Fröhlichkeit war sie, trug Umhang und Kapuze wie eine Bauerntochter, Weste und Hemd aus Leinen, Strümpfe und Schuhe aus Wolle.
Durch die Wiese ging ich zu ihr. »Mädchen«, sagte ich, »liebes Wesen. Es schmerzt mich, daß du so frierst.« »Herr«, sagte das Bauernmädchen zu mir, »Dank Gott und meiner Mutter darf mich der Wind zausen. Ich bin fröhlich und wohlauf.« »Mädchen«, sagte ich, »hübsches Wesen. Ich bin des Weges gekommen, um dir Gesellschaft zu leisten. Ein so hübsches Mädchen darf nicht ganz allein eine so große Schafherde an einem solchen Ort weiden.« »Mein Herr, wer immer ich auch bin, ich kenne nur Fröhlichkeit und Gesundheit. Ihre Gesellschaft«, sagte das Mädchen, »sie soll bleiben, wo man sie braucht. Denn wer danach verlangt, wird doch enttäuscht.«
»Du bist ein Mädchen von guter Herkunft. Dein Vater war ein Ritter, der dich mit einer Mutter zeugte, die eine liebenswürdige Bäuerin war. Je mehr ich dich ansehe, umso schöner

wirst du. Deine Fröhlichkeit begeistert mich, wenn du nur etwas liebenswürdiger wärest.«
»Mein Herr, meine ganze Familie mit Umgebung ist zur Erde gerichtet und arbeitet mit dem Pflug«, sagte das Mädchen. »Aber das erfordert einen Mann, der das gleiche täte während sechs Tage in der Woche.«
»Mädchen«, sagte ich, »eine gute Fee machte dir ein Geschenk als du geboren wurdest in strahlender Schönheit und erhoben über die anderen Bauern. Du wärest zweimal so schön jedoch, wenn ich uns einmal sehen könnte, mich über dir und dich unter mir.«
»Herr, Ihr habt mich so sehr gelobt, daß ich davon ganz überrascht bin. Und da Ihr mich so hinaufgehoben habt, mein Herr«, sagte mir das Mädchen, »erhaltet zum Abschied als Dank ein: ›Laßt den Schwindel, Ihr Dummkopf!‹ Das ist alles.«
»Mädchen, auch ein stolzes und wildes Herz wird am Ende gezähmt. Im Vorbeigehen habe ich erkannt, daß mit einem so hübschen Landmädchen ein schönes Pärchen entsteht, in herzlicher Liebe, wenn einer den anderen nicht betrügt.«
»Herr, von seiner Narrheit getrieben schwört, verspricht und verpflichtet sich der Mann. Ihr macht mir den Hof, mein Herr«, sagte das Landmädchen. »Aber für einen Augenblick der Leidenschaft will ich meine Jungfrauschaft nicht gegen den Namen einer Dirne eintauschen.«
»Mädchen, jedes Geschöpf entsinnt sich seiner Natur. Was zusammengehört, muß zusammenkommen, wie du und ich, Mädchen, im Verborgenen weit von der Weide, wo du dich sicher fühlst, alle die lieben Dinge zu machen.«
»Herr, ja, aber gemäß der Natur sucht der Narr die Närrin, der Höfling die Dame, der Bauer die Bäuerin. Die Vernunft ist rasch entschwunden, wenn man seine Grenzen nicht wahrt, sagen die alten Leute.«
»Mädchen, ich habe nie ein Geschöpf gesehen, das so boshaft ist, und nie ein schlimmeres Herz als deines.«

Literatur

E. Lommatzsch, Leben und Lieder der provenzalischen Troubadours II., Berlin 1959.

Marc-Antoine de Muret (1526–85)

Zeit und Umwelt

In den Religionskämpfen des 16. Jahrhunderts stand Toulouse auf katholischer Seite und vertrieb die Hugenotten. Der Sieg bei Muret, den die Kreuzfahrer gegen die Albigenser am 12.9.1213 erfochten, und die anschließenden Massaker, Plünderungen und Brandschatzungen waren noch im Gedächtnis.

Leben

Marc-Antoine de Muret wurde am 12. 4. 1526 in Muret, Toulouse, geboren. Er war humanistischer Schriftsteller, Dichter und Musiker und hielt sich den größten Teil seines Lebens in Rom auf, wo er am 4. 6. 1585 starb.

Werke

Von dem kompositorischen Werk des französischen Musikers Marc-Antoine de Muret ist wenig überliefert. Aber die Sonetten Pierre de Ronsards, die er vertonte, und die Chansons zeigen, daß der Humanist seine klassischen Ideale auch bei der Musik nicht vergessen hatte.

Alessandro Marcello (1669–1747)

Zeit und Umwelt

In Venedig wie auch in den anderen italienischen Musikzentren hielt sich der barocke Stil um einiges länger als in den Nachbarländern. Zu einer deutlichen Profilierung der Stilformen des Rokoko kam es beinahe nur in den Fällen, bei denen der Stimmungsgehalt der Opernbühne zum Vorbild genommen wurde.

Leben

Alessandro Marcello (Pseudonym Eterio Stinfalico) wurde am 24. 8. 1669 in Venedig geboren. Er lebte in Rom und in seiner Geburtsstadt. Es ist nicht bekannt, ob er eine feste Stellung als Musiker bekleidet hat. Er starb am 19. 6. 1747 in Padua.

Werke

Der italienische Philosoph, Mathematiker, Maler, Dichter und Komponist Alessandro Marcello verfaßte 12 Kantaten für Sopran und Generalbaß, 12 Sonaten für Solovioline und Generalbaß, fünfstimmige Konzerte und unter dem Titel »La Cetra« 6 Konzerte für Oboe (oder Flöte) mit obligater Violine und Generalbaß, von denen eines (d-Moll-Konzert) von Johann Sebastian Bach für Cembalo umgeschrieben wurde. Seine Musik ist sehr eklektisch.

Benedetto Marcello (1686–1739)

Zeit und Umwelt

Die Verflachung und der Niedergang der venezianischen Oper wurden vor allem vom Publikum verschuldet, das sie nur als eine Ausschmückung seiner abendlichen Unterhaltungen empfand, bei denen es aß, trank, würfelte, lärmte und sich höchstens für die Arien eines Kastraten oder einer Sängerin interessierte. Wenn nun einer aus den vornehmen Kreisen, aus denen das Opernpublikum kam, später, nachdem er zu Amt und Würden gelangt war, etwas zur Hebung des Opernbetriebes unternehmen wollte, mußte er scheitern, denn er hätte gegen die eigene Gesellschaftsschicht Stellung beziehen müssen.

Leben

Benedetto Marcello, Bruder des Alessandro Marcello (1669–1747), wurde am 9. 8. 1686 in Venedig in einer alten Patrizierfamilie geboren. Er studierte Rechtswissenschaft, wurde Advokat und 1716 in den Rat der Vierzig der Republik Venedig aufgenommen. Im Jahr 1730 sandte ihn der Rat als Proveditore nach Pola, das er 1738 verließ, und wurde Ratsherr in Brescia, wo er am 24. 7. 1739 starb.
Die Musik betrieb er neben Studium und Laufbahn als Liebhaberei. Seine Ausbildung erhielt er von Francesco Gasparini und Antonio Lotti (um 1666 – 1740). Er bemühte sich um eine Veränderung des Opernbetriebes, aber ohne spürbaren Erfolg.

Werke

Als kompositorisches Hauptwerk von Benedetto Marcello gilt die Vertonung der italienischen Paraphrasen der ersten 50 Psalmen von Girolamo Ascanio Giustiniani für eine bis vier Stimmen unter dem Titel »Estropoetico-armonico« in 8 Bänden, wobei er bei 12 Psalmen synagogale Weisen verwendete. Außerdem schrieb er neben mehreren Opern und szenischen Darstellungen die Oratorien »Giuditta«, »Joaz«, »Il pianto e il riso delle quattro stagioni« (Weinen und Lachen der vier Jahreszeiten) und »Il Trionfo della Poesia« (Der Triumph der Poesie), eine Anzahl vier- bis achtstimmiger Messen, eine davon kanonisch a cappella, etwa 170 Kantaten, Sinfonien für Streicher und Generalbaß, Konzerte, Cello-, Flöten-, Cembalo- und Orgelsonaten, Menuette, Madrigale, Arien, Duette, Terzette und fünfstimmige Konzerte mit Violinsolo und obligatem Cello.

Konzert in d-Moll für Oboe und Streicher, 3 Sätze
Das Stück wird zu den schönsten Werken der venezianischen Schule gezählt. Johann Sebastian Bach hat es für das Cembalo übertragen und dabei nur die nötigsten Änderungen vorgenommen. Der erste Satz – Andante – bringt kühne orchestrale Linien und Intervalle und verwendet häufig Vorhalte. Im Mittelsatz trägt die Oboe eine weite ergreifende Kantilene zu einer pulsierenden Begleitung vor, und das Finale besteht aus einem figurenreichen Presto.

Literatur

A. D'Angeli, Benedetto Marcello, Mailand 1940. E. Werner, Die hebräischen Intonationen Benedetto Marcellos, in: Monatsschrift für Geschichte und Wissen des Judentums, 1937.

Joseph Marchand (1673 – 1747)

Zeit und Umwelt

Die Musikerstellen am französischen Hof hatten den Charakter von Beamtenstellen. Sie konnten vererbt oder verkauft werden. Allerdings mußten die Bewerber für diese Stellen die nötige Befähigung mitbringen.

Leben

Joseph Marchand (genannt »Le Père«) wurde 1673 in Paris geboren. Er war ab 1695 Violinist in der Königlichen Kapelle und ab 1706 in der Kammermusik des Königs. Er trat diese Stelle um 1740 an seinen Sohn Charles Philippe (genannt »Le Fils«, 28. 12. 1703, Versailles, bis nach 1760, Paris) ab und starb in Paris am 9. 1. 1747.

WERKE
Der französische Violinist und Komponist Joseph Marchand verfaßte Suiten verschiedener Sonaten für Violine und Generalbaß und 3 Airs für eine und zwei Stimmen. Sein Stil neigte sich schon sehr der Empfindsamkeit des 18. Jahrhunderts zu.
Charles Philippe Marchand schrieb eine Kantate für die französische Königin Maria Leszyńska (1703–68).

Louis Marchand (1669–1732)

ZEIT UND UMWELT
Die Aufnahme italienischer Stilelemente in die französische Musik, die François Couperin befürwortet hatte, wurde auch von anderen zeitgenössischen Komponisten Frankreichs einem Weiterbilden des Barockstils über seinen Höhepunkt hinaus vorgezogen. Daß es besonders Organisten waren, die diese Richtung einschlugen, lag wohl in einer beginnenden Abwendung der sakralen Musik von der Flüchtigkeit und Leichtigkeit, die das Spätbarock in die Kirchen gebracht hatte.

LEBEN
Louis Marchand wurde am 2. 2. 1669 in Lyon geboren. Er war bereits als Vierzehnjähriger Organist an der Kathedrale von Nevers, wirkte ab 1693 in gleicher Eigenschaft in Auxerre und ab 1698 in Paris an St-Bemoît und an St-Honoré. Im Jahr 1706 löste er Guillaume Gabriel Nivers als Organist der Königlichen Kapelle ab, verließ seine Stellungen jedoch 1714 und begab sich als Orgel- und Cembalovirtuose auf Reisen, die ihn auch nach Deutschland führten. Nach einigem Aufenthalt in Straßburg kehrte er nach Paris zurück und war dort vor allem als Musiklehrer tätig. Er starb in Paris am 17. 2. 1732.

WERKE
Vom französischen Organisten, Cembalisten und Komponisten Louis Marchand sind 2 Bücher mit Cembalostücken, ein Buch mit Orgelstücken, 3 geistliche Gesänge, eine Kantate und eine Reihe französischer und italienischer Arien erhalten. Seine Anlehnung an italienische Vorbilder ist sehr deutlich.

Louis Marchand

Louis Joseph Marchand (1692–1774)

ZEIT UND UMWELT
In einzelnen Kathedralen Frankreichs wurde noch im 18. Jahrhundert und sogar später die alte Polyphonie gepflegt und studiert. Das beweisen nicht nur einzelne überlieferte sakrale Kompositionen, sondern auch Lehrwerke des Kontrapunktes aus jener Zeit. Auch die mehrstimmige Improvisation war noch nicht ausgestorben.

LEBEN
Louis Joseph Marchand wurde am 1. 1. 1692 in Troyes geboren. Er war Chorknabe an der Kathedrale von Bourges, von 1735 bis 1767 Kirchenkapellmeister in Chalon-sur-Saône, Besançon und Bar-le-Duc und lebte später als

Kanonikus in Troyes, wo er am 29. 11. 1774 starb.

WERKE
Von dem Kirchenkapellmeister Louis Joseph Marchand ist nur eine vierstimmige Messe, »Quis ut Deus« (Wer ist wie Gott), erhalten, die als Zeugnis später Polyphonie sehr interessant ist. Er hat auch ein Lehrbuch des Kontrapunktes geschrieben.

Luc Marchand (um 1720 bis nach 1750)

ZEIT UND UMWELT
Jean Marchand (1636, Versailles, bis 1691, Versailles) war Sänger in der Königlichen Kapelle von Versailles. Dessen Sohn Jean Noël Marchand (1666, Versailles, bis 1710, Versailles) war Organist an Notre-Dame in Versailles. Dessen ältester Sohn Jean Noël Guillaume Marchand (um 1690, Versailles, bis nach 1733, Versailles) war ebenfalls Organist an Notre-Dame, der zweite, Claude Marchand (um 1692, Versailles, bis nach 1730, Versailles), war Mitglied der Parademusik des Königs und Oboist in der Kapelle der Königin, der jüngste, Jean Noël Marchand (um 1695, Versailles, bis um 1740, Paris), war Mitglied des Pariser Opernorchesters. Der jüngste Bruder von Jean Noël Marchand (1666–1710), Pierre Nicolas Marchand (um 1670, Versailles, bis um 1720, Versailles), war ebenfalls Organist; der mittlere, Jean-Baptiste Marchand (um 1668, Versailles, bis um 1730, Versailles), war Musiker des Königs.

LEBEN
Luc Marchand wurde um 1720 in Versailles geboren und von seinem Vater und den Verwandten zum Musiker des Königshauses ausgebildet. Er war Kammerlautenist des Königs und Organist der Königlichen Kapelle bis zu seinem Tod in den Jahren nach 1750.

WERKE
Von Luc Marchand sind ein Buch mit Orgelmusik und eine Anzahl Stücke für Cembalo mit Violine, Oboe, Cello oder Gambe überliefert. Es sind außerdem mehrere Kompositionen erhalten, bei denen es ungewiß ist, welchem Marchand sie zugeschrieben werden können. Der Stil der Musik gehört dem Rokoko an.

LITERATUR
M. Bemoit, Une Dynastie de musiciens versaillais: les Marchand, in: Recherches I–II, 1960–62.

Enrique de Marchena y Dujarric (geboren 1908)

LEBEN
Enrique de Marchena y Dujarric wurde am 13.10.1908 in Santo Domingo, Dominikanische Republik, geboren. Neben seinem Universitätsstudium war er Schüler des Liceo Musical in Santo Domingo. Von 1927 bis 1941 war er als Musikkritiker tätig, und ihm oblag gleichzeitig intensive folkloristische Forschung. Von 1947 bis 1954 wirkte er als Gesandter der Dominikanischen Republik in Washington und wurde anschließend Delegierter bei der UNO. Von 1966 bis 1969 war er Botschafter in Bonn und in der Schweiz.

WERKE
Das kompositorische Werk von Enrique de Marchena y Dujarric ist stark von den französischen Impressionisten beeinflußt. Es umfaßt eine sinfonische Dichtung, eine Suite, ein Violinkonzert, ein Flötenkonzert, eine Serenade für Violine und Orchester, ein Divertimento für Oboe und Streicher, eine Violinsonate, 12 Praeludien und 12 Nokturnen für Klavier, 2 Praeludien für Orgel, Gesänge für Singstimme mit Orchester und mit Klavier.

Luigi Marchesi (1754–1829)

ZEIT UND UMWELT
Reichtum und Ruhm verlockten bis in das 19. Jahrhundert hinein einzelne zur Laufbahn eines Eviraten, wenn sie auch immer weniger auf Bühnen und bei Kirchenchören auftraten. Wie viele es allerdings versucht

haben und dabei gescheitert sind, läßt sich nicht einmal annähernd schätzen. Da sich jedoch die Operationsmethoden verbessert hatten, muß man annehmen, daß die Fehlschläge nicht mehr so häufig vorkamen wie in vergangenen Zeiten, und da überdies die rückläufige Nachfrage die wirtschaftlichen Aussichten verringerte, dürften auch die unglücklich verlaufenden oder erfolglosen Versuche seltener geworden sein, bis die grausame Unsitte ganz aufhörte.

Leben

Luigi (Lodovico) Marchesi (Marchesini) wurde 1754 in Mailand geboren und dort zum Kastratensopran ausgebildet. Er debütierte 1774 mit großem Erfolg in Rom, sang sodann bis 1777 in München, in verschiedenen italienischen und deutschen Städten sowie in Wien. Im Jahr 1785 wurde er nach St. Petersburg engagiert und darauf nach London. Von 1794 bis 1806 trat er schließlich noch mehrmals in Mailand auf. Er starb am 16. 12. 1829 in Inzago.

Werke

Von Luigi Marchesi sind mehrere Lieder und Arien im Druck erschienen, die er offensichtlich für sich selbst geschrieben hat. Sie erfordern virtuose Höchstleistungen, zeigen aber auch, daß der Sänger ein ausgebildeter, echter Musiker war.

Salvatore Marchesi (1822–1908)

Zeit und Umwelt

Im Verlauf des 19. Jahrhunderts entstanden in allen Erdteilen Opernhäuser, die Sängern ein breites Betätigungsfeld boten; gleichzeitig stieg überall die Anzahl der Vokalkonzerte stark an. Die Folge war, daß die Musikunterrichtsanstalten dem Gesangunterricht erhöhte Aufmerksamkeit zuwenden mußten, so daß von Bühne und Podium abtretende Sänger von Rang leicht als Gesanglehrer unterkamen.

Leben

Salvatore Marchesi (Cavaliere de Castrone) wurde am 15. 1. 1822 in Palermo geboren. Er wurde in Neapel als Sänger ausgebildet, 1848 aus politischen Gründen ausgewiesen und machte sich als Konzert- und Opernsänger in den USA und in London einen Namen, wirkte ab 1854 als Gesanglehrer in Wien, ab 1861 in Paris, ab 1865 in Köln und ab 1869 neuerlich am Konservatorium in Wien. Im Jahr 1881 ließ er sich in Paris als privater Gesanglehrer nieder. Er starb am 20. 2. 1908 in Paris.

Seine Frau Mathilde Marchesi, geborene Graumann (24. 3. 1821, Frankfurt am Main, bis 17. 11. 1913, London), war als Konzertsängerin, aber besonders als Lehrerin der dramatischen Gesangkunst berühmt.

Werke

Von Salvatore Marchesi sind deutsche Lieder, französische Romanzen und italienische Canzonetten bekannt geworden, die bis in das 20. Jahrhundert gesungen wurden. Er veröffentlichte auch eine Gesangschule und Vocalisen.

Mathilde Marchesi veröffentlichte außer einer Gesangschule 24 Hefte mit im Unterricht viel verwendeten Vocalisen.

Filippo Marchetti (1831–1902)

Zeit und Umwelt

Von den wenigen Sinfonien, die die Komponisten Italiens in der zweiten Hälfte des 19. Jahrhunderts herausbrachten, hatte keine einzige einen längeren Bestand in den Konzertsälen des Landes, weil das ohnehin nicht zahlreiche Publikum, das Sinfonien hören wollte, österreichische und deutsche Kompositionen vorzog. Diese Musikgattung konnte in ihrer klassischen oder romantischen Form nicht heimisch werden.

Leben

Filippo Marchetti wurde am 26. 2. 1831 in Bolognola bei Camerino, Marken, geboren. Er war ab 1850 am Conservatorio San Pietro a Maiella in Neapel Schüler von Giuseppe Lillo und Carlo Conti. Dann wandte er sich vorwiegend der Opernkomposition zu. Von 1881 bis 1886 war er in Rom Präsident der Accademia di Santa Cecilia und anschließend bis zu seinem Tod am 18. 1. 1902 Direktor des Liceo Musicale, dem heutigen Konservatorium.

WERKE

Von Filippo Marchetti sind 6 Opern mit durchschnittlichem Erfolg in Italien aufgeführt worden; die Grenzen des Landes hat nur eine überschritten, die auch in Triest auf die Bühne kam (»Romeo und Julia«, 1865). Er verfaßte außerdem Chorwerke und Kirchenmusik, darunter ein sehr schönes Ave Maria für Sopran, Mezzosopran, Alt und Klavier und eine ausgezeichnete Messe, ferner Klavierstücke und eine Sinfonie, die nur selten aufgeführt wurde.

Giovanni Maria Marchi
(um 1690–1740)

ZEIT UND UMWELT

Die Brüder Giovanni Battista und Giuseppe Sammartini, die auf die Musikentwicklung in Mailand und weit darüber hinaus durch die Ausbildung beweglicherer Themen und ihrer Sanglichkeit nachhaltigen Einfluß ausübten, galten in ihrer Geburtsstadt als Autoritäten in allen Fragen der Musik. Wenn nun einer von ihnen einen auch nur kleinen Anteil an einer Komposition nahm, war ihr Erfolg bereits gesichert.

LEBEN

Giovanni Maria Marchi wurde um 1690 vermutlich im Raum von Mailand geboren. Er war Organist am Dom von Mailand und zugleich von 1720 bis 1728 Kapellmeister an Santa Maria della Pace und ab 1731 an Santa Maria della Passione in Mailand, wo er am 10. 12. 1740 starb.

WERKE

Das Oratorium »La calunnia delusa« (Die vereitelte Verleumdung) verfaßte Giovanni Maria Marchi gemeinsam mit Giovanni Sammartini und einigen anderen Mailänder Musikern. Er schrieb für Mailand eine Reihe Oratorien mit wechselndem Erfolg und mehrere Opern, außerdem Kantaten und Motetten. Sein Stil ist deutlich von den Brüdern Sammartini beeinflußt.

LITERATUR

Cl. Sartori, Giovanni Battista Sammartini e la sua corte, in: Musica d'oggi III, 1960.

Marco da Gagliano (1582–1642)

ZEIT UND UMWELT

Die Initiatoren, Protektoren und Mitglieder der Camerata Florentina hatten mit ihrem Bestreben, das antike Drama wiederzuerwecken, die Monodie und damit den musikalischen Dialog geschaffen, woraus schließlich die ersten europäischen Opern entstanden. Das Ideengut der Florentiner Humanisten blieb über deren Wirken hinaus lebendig und wurde in der »Accademia degli Elevati« (Akademie der Erhabenen) weitergepflegt.

LEBEN

Marco da Gagliano wurde am 1. 5. 1582 in Florenz geboren. Er war Schüler von Luca Bati (um 1550–1608), dem er als Kapellmeister an San Lorenzo in Florenz nachfolgte. Im Jahr 1611 wurde er Hofkapellmeister und blieb in dieser Stellung bis zu seinem Tod am 25. 2. 1642.
Sein Bruder Giovanni Battista da Gagliano (um 1585, Florenz, bis um 1650, Florenz) war Musiklehrer an San Lorenzo und ab 1634 Hofmusiker in Florenz.

WERKE

Der italienische Komponist Marco da Gagliano gehörte der zweiten Generation der Camerata Florentina an, die sich in der von ihm gegründeten Accademia degli Elevati zusammenfand.
Seine Kirchenmusik folgt dem alten Stil. Das Totenoffizium für vier gleiche Stimmen, die Messen, Motetten und Responsorien sind größtenteils polyphon. Auch die 6 Bücher mit fünfstimmigen Madrigalen weisen traditionelle Struktur auf. Die Monodie wandte er bei seinen nur zum Teil erhaltenen Opern an, die er für die Feste der Medici und Gonzaga verfaßte.

Von Giovanni Battista da Gagliano sind vielstimmige Motetten, zum Teil mit Orgelbegleitung, Vesperpsalmen, Litaneien und ein Salve Regina überliefert. Auch diese Kompositionen sind konservativ gehalten.

LITERATUR

E. Settesoldi, Aggiunte e rettifiche alle biografie di Marco e Giovanni Battista da Gagliano, in: Chigiana 21, N. S. 1, 1964.

Marco da L'Aquila
(um 1470 bis nach 1552)

ZEIT UND UMWELT

Lautenisten ohne festes Dienstverhältnis gab es in Venedig bereits um die Wende vom 15. zum 16. Jahrhundert. Die Stadt mit ihrem kommerziellen Reichtum bot ständige Engagements, denn Feste – öffentliche und private – wurden ständig gefeiert, bei denen man zumindest einen Lautenisten hinzuzog, wenn man auf größere Kapellen verzichtete. Auch intimere Einladungen und Gastmähler wurden oft durch einen Lautenspieler verschönert.

LEBEN

Marco da L'Aquila wurde um 1470 vermutlich in L'Aquila, Abruzzen, geboren. Er kam früh nach Venedig und erhielt wahrscheinlich dort seine Ausbildung. Auch eine Druckerlaubnis wurde ihm erteilt, die er aber anscheinend nie ausgenützt hat. Er lebte in Venedig als Lautenlehrer, Lautenkomponist und Lautenspieler ohne festes Engagement und starb dort nach 1552.

WERKE

In verschiedenen Lautenbüchern scheinen Tänze und andere Stücke für Laute von Marco da L'Aquila auf. Außerdem erschien ein Buch mit 25 Lautenstücken, die offenbar für den häuslichen Gebrauch bestimmt waren, weil sie keine übertriebenen Griffschwierigkeiten erfordern.

Tomás Marco (geboren 1942)

LEBEN

Tomás Marco wurde am 12.9.1942 in Madrid geboren. Neben seinem Jurastudium bildete er sich in Madrid zum Violinisten und Komponisten aus. Anschließend war er als Kritiker tätig. Im Jahr 1967 war er Mitarbeiter von Karlheinz Stockhausen, gründete ein Studio für Neue Musik, seit 1969 leitet er die Abteilung für Ernste Musik am spanischen Rundfunk.

WERKE

Mit einem Trio für Klavier, Tuba und Schlagzeug und einem Stück für Trompete, Klavier, Cello, elektrische und spanische Gitarren, Vibraphon und Schlagzeug eröffnete Tomás Marco die Reihe seiner Kompositionen, die ausschließlich der Neuen Musik angehören. Er schrieb ferner unter anderem ein Sextett für drei Klarinetten und drei Saxophone, ein Gitarrenstück, ein Klavierstück, ein Stück für Schlagzeug, eines für Trompete, Posaune, Bratsche, Cello und zwei Schlagzeuger, eines für Schauspielerin, vier Schlagzeuger, Klavier,

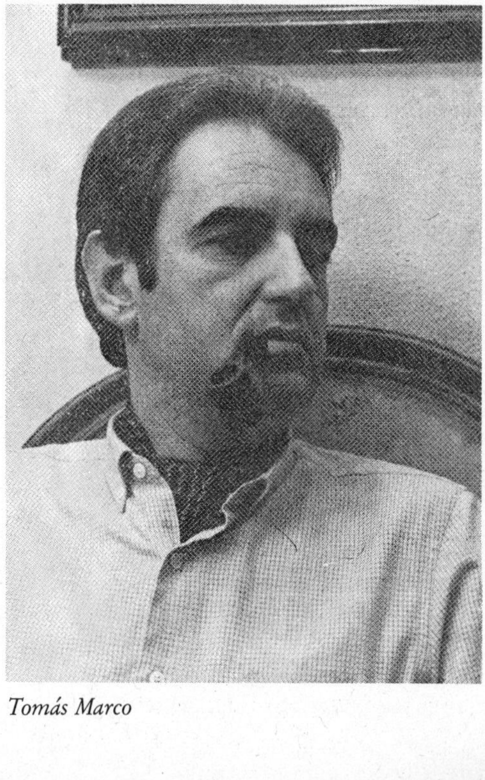

Tomás Marco

Tenorsaxophon, Tonband und Lichtbilder, eines für zwei Sprecher, Oboe, Flöte, Saxophon, Trompete, Klarinette und zwei Schlagzeuger, »Gesänge eines artesischen Brunnens« für Schauspielerin, Flöte, Horn, Trompete, Posaune, Violine, Cello, Kontrabaß, zwei Schlagzeuger und Baßtuba, »Los Caprichos« für Orchester, ein Stück für Streichquartett, eines für Orgel und Streichorchester, ein Duo für Cello und Klavier, ein Stück für sechs Schlagzeuger, ein Konzert für Violine und Orchester, »Tea-Party« für zwei Soprane, Tenor, Bariton und vier Instrumente, weitere Stücke für Kammerensemble und einzelne Instrumente. Seine Kompositionen überschreiten die konventionellen Grenzen der Musik in die Richtung des Mimischen, Theatralischen und Literarischen um vieles.

Czesław Marek (geboren 1891)

Leben

Czesław Józef Marek wurde am 16.9.1891 in Przemyśl (damals Galizien, heute Polen) geboren. Er studierte in Wien bei Hermann Graedener, Teodor Leszetycki, Karl Weigl und in Straßburg bei Hans Pfitzner. Von 1916 bis 1919 unterrichtete er am Berrs-Konservatorium in Zürich, von 1929 bis 1930 leitete er das Konservatorium in Poznan (Posen) und kehrte darauf in die Schweiz zurück, wo er vorwiegend als Musiklehrer tätig war.

Werke

Von Czesław Marek sind ein Capriccio und »Meditationen« für Orchester, außerdem eine Sinfonie und eine Suite, eine Sinfonietta, eine Serenade für Violine und Orchester, eine »Kleine Suite« für drei Bläser, verschiedene Klavierstücke, Orchestergesänge, Chöre, Männerchöre und Lieder bekannt geworden. Sein Stil war ziemlich konservativ.

Luca Marenzio (1553–99)

Zeit und Umwelt

Der italienische Dichter Giovanni Battista Guarini gewann 1590 mit seinem sentimentalen Schäferspiel »Il Pastor fido« (Der getreue Hirte) einen durchschlagenden Erfolg. Das Stück wurde in ganz Europa populär; es beeinflußte die Sitten der damaligen Gesellschaft und spiegelte sie wider; jedenfalls ist es für die Geisteshaltung jener Gesellschaft bezeichnend, daß ein so primitives Stück allgemeine Beachtung finden konnte. Daß der große literarische Erfolg Komponisten bewog, das Spiel zu vertonen, war eine verständliche Folge.

Leben

Luca Marenzio wurde 1553 in Coccaglio bei Brescia geboren. Er fand am Dom von Brescia Aufnahme als Chorknabe und dürfte von Giovanni Contino, der dort bis 1569 Kapellmeister war, unterrichtet worden sein. Gegen das Ende der siebziger Jahre ging er nach Rom und wurde 1578 Kapellmeister im Dienst des Kardinals Luigi d'Este (Bruder Alfonsos II.). Da er in dieser Stellung schlecht bezahlt war, suchte er nach einer anderen und erhielt über Piero Strozzi Verbindung mit Florenz, wo er in den Jahren 1588 und 1589 anläßlich der Hochzeitsfeierlichkeiten im Haus Medici beschäftigt wurde. Wieder in Rom, kam er mit dem Kreis in Berührung, in dessen Mittelpunkt die Dichter Torquato Tasso und dessen Freund Giovanni Battista Guarini standen. Über diesen Gesellschaftskreis erhielt er (1595) eine Anstellung beim König von Polen, Sigismund III., der ihn gut honorierte und zum Ritter schlug. Eine Erkrankung zwang ihn zur Rückkehr in die Heimat (1598). Am 22. 8. 1599 starb er in Rom und wurde in San Lorenzo in Lucina beigesetzt.

Werke

Schon zu seinen Lebzeiten war Luca Marenzio als Madrigalist weit über die Grenzen Italiens hinaus berühmt. In Deutschland erschienen einige seiner Madrigale in Übersetzung, in England war er einer der meistgeschätzten Komponisten Italiens. Man hat ihn, auf seine Zeit eingeschränkt, wohl nicht mit Unrecht den hervorragendsten Vertreter der Madrigalkomposition genannt. Er ging über die Wortmalerei seiner Zeitgenossen

weit hinaus und bemühte sich um geistvolle Affektschilderungen. Alle Mittel der kompositorischen Technik wurden herangezogen, vor allem eine für jene Zeit mehr als kühne Chromatik, die zu einer völlig neuen Tonalität führte, und eine leichte, elegante Kontrapunktik. Die Texte stammen zumeist von zeitgenössischen Lyrikern, wie Torquato Tasso, Jacopo Sannazzaro (1456 bis 1530) und Giovanni Battista Guarini, zu dessen »Pastor fido« Marenzio Pastoralszenen vertonte.
Im einzelnen sind von Luca Marenzio 15 Bücher fünf- und sechsstimmige Madrigale, eines mit fünf- bis zehnstimmigen geistlichen Madrigalen, 5 Bücher mit dreistimmigen Villanellen, eines mit vierstimmigen Motetten, eines mit fünf- bis siebenstimmigen Kirchenliedern erhalten. Weitere Kompositionen finden sich in Sammelwerken. Alle Kompositionen wurden mehrmals aufgelegt. Von seinen Instrumentalstücken ist nur eine kurze Sinfonia erhalten.

Literatur

H. Engel, Luca Marenzio, Rassegna musicale III, 1930.

Luigi Marescalchi
(um 1750 bis nach 1806)

Zeit und Umwelt

Man kann die Lehrtätigkeit, die Padre Martini in Bologna ausübte, ohne Übertreibung epochemachend nennen. Komponisten, Interpreten jeder Art, Kapellmeister, Musikwissenschaftler und auch Musikverleger sowie Musikdrucker tauchen unter seinen Schülern auf. Wenn auch die Entwicklung seine Zeit überholte, auf seine Grundsätze des Kontrapunkts mußten doch alle in irgendeiner Form zurückgreifen.

Leben

Luigi Marescalchi wurde um 1750 in Bologna geboren. Er war Schüler von Padre Martini. Im Jahr 1770 eröffnete er in Venedig einen Musikverlag, den er bis 1775 führte. Dann ging er nach Neapel, wo er einen neuen Verlag gründete. Im Jahr 1789 mußte er die Stadt aus politischen Gründen verlassen und ließ sich in Marseille nieder, wo er nach 1806 starb.

Werke

Neben 5 Opern und einer Anzahl Ballette verfaßte Luigi Marescalchi Sinfonien und Tänze. Über weitere Werke ist nichts bekannt, aber es besteht die Möglichkeit, daß er einiges unter fremdem Namen veröffentlichte. Die Vermutung allerdings, daß die »Sei Conversazioni« für Streichtrio, die er als ein Werk von Luigi Boccherini herausbrachte, von ihm selbst seien, hat sich als falsch erwiesen.

Samuel Mareschall (1554–1640)

Zeit und Umwelt

Basel trat 1501 dem Schweizer Bund bei. Die Reformation machte in der Stadt unter der Führung von Johannes Oecolampadius (1482–1531) so rasche Fortschritte, daß sie 1529 als abgeschlossen angesehen werden konnte. Obwohl der allseits verehrte Humanist Desiderius Erasmus von Rotterdam Basel verließ, weil er manchen Grundsätzen Luthers nicht zustimmen konnte, wurde die Stadt zu einem der wichtigsten Zentren der schweizerischen Reformation. Der Konfessionswechsel verhinderte aber nicht, daß an die Orgel des Münsters ein »bäpstischer« Musiker (Gregor Meyer) gesetzt wurde.

Leben

Samuel Mareschall (Mareschal, Marschal, Marschall) wurde am 22. 5. 1554 in Tournai geboren. Nach seiner Ausbildung kam er nach Basel, wurde 1576 als Nachfolger von Gregor Meyer Organist am Münster und gab an der Universität und der Lateinschule (ab 1589 Gymnasium) Lateinunterricht. Er blieb in diesen Stellungen bis in sein hohes Alter. Er starb in Basel am 17. 12. 1640.

Werke

Von Samuel Mareschall sind 2 Kanons, 2

Gesangbücher, vierstimmige Psalmen und Hymnen und etliche Orgelstücke erhalten. Am interessantesten sind die Orgelwerke, die im völlig freien Satz keine Beziehung zur Vokalmusik aufweisen.

LITERATUR

K. Nef, Die Musik an der Universität Basel, Basel 1910.

Maximilian Maretzek (1821–97)

ZEIT UND UMWELT

Es ist nicht zu übersehen, daß die meisten aus Europa in die USA eingewanderten Musiker, die es zu auffälligen Erfolgen brachten, nicht nur eine vorzügliche Ausbildung, sondern auch viel Organisationstalent mitbrachten. Das war auch erforderlich, weil der Großteil des Musik- und Theaterbetriebes aus privater Initiative auf kommerzieller Basis aufgebaut wurde.

LEBEN

Maximilian Maretzek (Mareček, Mraček) wurde am 28.6.1821 in Brünn geboren. 1848 kam er nach New York und organisierte dort, sodann in La Havana und in Mexico eine beträchtliche Anzahl Opernaufführungen. Er starb am 14.5.1897 in New York.

WERKE

Von Maximilian Maretzek sind 2 Opern und zahlreiche Orchesterstücke überliefert, die die Herkunft des Komponisten aus dem böhmischen Raum deutlich bescheinigen.

Franco Margola (geboren 1908)

LEBEN

Franco Margola wurde am 30.10.1908 in Orzinuovi, Brescia, geboren. Er studierte am Konservatorium in Parma bei Guido Guerrini (12.9.1890, Faenza, bis 13.6.1965, Rom) und Carlo Jachino (3.2.1887, San Remo, bis 23.12. 1971, Rom) und schließlich bei Alfredo Casella. Darauf wurde er Kompositionslehrer an der Accademia di Santa Cecilia in Rom. Von 1960 bis 1962 leitete er das Konservatorium in Cagliari und wirkt seitdem als Kompositionslehrer in Parma.

WERKE

Außer einer Oper schrieb Franco Margola 2 Sinfonien und eine weitere für Streicher, eine Partita und ein Konzert für Streicher, ein Cellokonzert, ein Hornkonzert, ein Doppelkonzert für Violine, Klavier und Streicher, eine Fantasie für Cello und Streicher, eine Passacaglia für Orchester und eine für Streicher, Schlagzeug und Klavier, ein kleines Konzert für Oboe und Streicher, 9 Streichquartette, 4 Violinsonaten, 5 Cellosonaten, 4 Stücke für Flöte und Gitarre und weitere Kammermusik.

Maria Antonia Walpurgis von Sachsen (1724–80)

ZEIT UND UMWELT

Die Höfe in München und in Dresden dürfen ohne Einschränkung als Hochburgen der Musik seit langem und bis in das 20. Jahrhundert bezeichnet werden, in dem ihre Funktionen von den modernen Formen der Musikpflege abgelöst wurden.

LEBEN

Maria Antonia Walpurgis, Kurfürstin von Sachsen, wurde am 18. 7. 1724 in München als Tochter des nachmaligen Kaisers Karl VII. geboren. Sie war Dichterin und Malerin und wurde in München von Giovanni Ferrandini und Giovanni Porta zur Musikerin ausgebildet. Im Jahr 1747 heiratete sie Friedrich Christian von Sachsen. An ihrem neuen Aufenthaltsort Dresden setzte sie ihre musikalischen Studien bei Nicola Porpora und Johann Adolf Hasse fort und nahm auf das Musikleben des Hofes starken Einfluß. Sie starb am 23. 4. 1780 in Dresden.

WERKE

Neben 2 Opern, zu denen Maria Antonia Walpurgis Libretti und Musik verfaßte, schrieb sie einige schöne Kantaten. Sie verfaßte das Libretto zu einem Oratorium und Texte für italienische Kantaten.

LITERATUR

H. Drewes, Maria Antonia Walpurgis als Komponistin, Leipzig 1934.

Angelo Mariani (1821–73)

LEBEN

Angelo Maurizio Gaspare Mariani wurde am 11.10.1821 in Ravenna geboren. Er war Schüler des Liceo Filarmonico in Bologna und anschließend Opernkapellmeister in Messina, Mailand und Vicenza. Im Jahr 1847 wurde er Hofkapellmeister in Kopenhagen, ging jedoch im folgenden Jahr nach Italien zurück, um sich an den Freiheitskämpfen zu beteiligen, und mußte sich durch eine Flucht nach Konstantinopel vor einer Gefangennahme retten. Nach seiner Rückkehr wirkte er ab 1852 vorwiegend am Teatro Carlo Fenice in Genua, aber zeitweise auch an anderen italienischen Opern als Dirigent. Er starb am 13.6.1873 in Genua.

WERKE

Von Angelo Mariani sind ein Requiem zum Tod des dänischen Königs Christian VIII., 2 politische Kantaten, die er im Exil schrieb, und 5 Hefte mit Romanzen überliefert. Sein Schaffen gehörte bruchlos der italienischen Romantik an.

Ljubica Marić (geboren 1909)

LEBEN

Ljubica Marić wurde am 18.3.1909 in Kragujevac, Serbien, geboren. Sie studierte in Belgrad und am Konservatorium in Prag bei Josef Suk und Alois Hába. 1945 wurde sie Dozentin und 1957 Professor an der Musikakademie in Belgrad.

WERKE

Für Orchester schrieb Ljubica Marić eine Passacaglia, ein »Byzantinisches Konzert« für Klavier und Orchester, außerdem ein Bläserquintett, ein Streichquartett mit Harfe und Klavier, ein Streichquartett, Klavierstück und einige sehr klangvolle Kantaten. Sie entfernt sich deutlich von der serbischen Folklore und gewinnt damit den Anschluß an die europäische Musik unserer Zeit.

Jean-Étienne Marie (geboren 1917)

LEBEN

Jean-Étienne Marie wurde am 22.11.1917 in Pont-l'Évêque, Calvados, geboren. Er war am Conservatoire in Paris Schüler von Olivier Messiaen, Simone Plé-Caussade und Daniel-Lesur. Im Jahr 1949 wurde er Tontechniker beim ORTF und daneben 1958 Professor für Tontechnik und Komposition experimenteller Musik an der Schola Cantorum in Paris.

WERKE

Von den zahlreichen Werken von Jean-Étienne Marie, die alle in den modernsten Fakturen ihrer Entstehungszeit gearbeitet wurden, sind bemerkenswert: 2 Ballette, eine elektronische Sinfonie, »Polygraphie polyphonique« Nr. 1 für Viertelton-Violine, Tonband und 16-mm-Film, Nr. 2 für Instrumentalensemble und Projektionen, ein Stück für Instrumentalensemble und Tonband, ein Stück für zwei Klaviere, eines dritteltönig, und Tonband mit Klavieraufzeichnungen fünftel- und sechsteltönig, ein Stück für zehn Solisten und Tonband, ein Konzert für zwei Orchester, zwei Dirigenten mit Tonband und eine weitere Anzahl Kombinationen von Instrumenten und Tonbändern, A-cappella-Chöre, zum Teil mit Mikrointervallen, Chöre mit Solisten, Sprechern, elektronischer Begleitung und Tonband, Kantaten mit Orgel, Instrumenten und Tonbändern. Er schrieb auch Musik für Kurzfilme.

José Marín (1619–99)

LEBEN

José Marín wurde 1619 in Madrid geboren. Ab 1644 war er Tenor an der Königlichen Kapelle des Klosters de la Incarnación. Er genoß in Madrid als Musiker einen großen Ruf, führte aber ein Leben als Abenteurer, Wegelagerer und Bravo. Um sich der Justiz zu entziehen, floh er nach Rom, wurde dort Kleriker und bequemte sich zu einem weniger anstößigen Lebenswandel. Er durfte im Alter sogar nach Madrid zurückkehren, wurde dort mit Ehren überhäuft und starb am 16. 3. 1699.

WERKE
Der spanische Sänger, Gitarrist und Komponist José Marín hat eine stattliche Reihe Gesänge und Stücke für die Gitarre verfaßt, die ein typisch spanisches Kolorit aufweisen. Seine Lieder zur Gitarre waren sehr verbreitet und geschätzt. Einige davon wurden im 19. Jahrhundert neu herausgebracht.

Gaetano Marinelli (1754 bis nach 1820)

ZEIT UND UMWELT
Der Wiener Kongreß, der die alte Ordnung der vornapoleonischen Zeit wiederherzustellen versuchte, brachte manchen Staaten nicht das Ende der innenpolitischen Wirren. In Portugal, dessen König nach Brasilien geflohen war, regierte praktisch der britische General William Carr Beresford (1768–1854), der portugiesischer Marschall geworden war und 1817 einen Aufstand gegen seine diktatorischen Regierungspraktiken niederschlug. Während Beresford nach Brasilien reiste, um den König zur Rückkehr zu bewegen, kam es 1820 zu einer neuen Revolte in Porto, die sich über das ganze Land ausbreitete und eine demokratische Konstitution ausarbeitete. Beresford wurde nicht mehr in das Land gelassen, die Kämpfe um die Konstitution dauerten aber dennoch an.

LEBEN
Gaetano Marinelli wurde am 3. 6. 1754 in Neapel geboren. Er war Schüler von Gennaro Manna am Conservatorio Santa Maria di Loreto und darauf von Lorenzo Fago und Pasquale Cafaro am Conservatorio della Pietà de'Turchini in seinem Geburtsort. Von 1786 bis 1789 wirkte er als Gesangpädagoge in Madrid und von 1790 bis 1817 als Hofkomponist in München. Sodann ging er nach Lissabon und ließ sich 1820 als Gesanglehrer in Porto nieder, wo er in einem der folgenden Jahre vermutlich gestorben ist.

WERKE
Vor seiner Übersiedlung nach Portugal verfaßte Gaetano Marinelli eine Reihe Opere serie und Opere buffe sowie einige Intermezzi. Er soll zahlreiche Lieder mit Instrumentalbegleitung geschrieben haben; erhalten ist davon nichts.

Biagio Marini (um 1597–1665)

ZEIT UND UMWELT
Die Kirchenmusik mußte zum Konzert werden, damit es zur Kammermusik kommen konnte. Profane Musikausübung hat es zwar immer schon gegeben, doch war die gehobene Musik stets an die sakrale angelehnt. Auch die Lautenisten arrangierten und verarbeiteten gern sakrales Melodiengut und erst in zweiter Linie Volksmelodien. Im 17. Jahrhundert entwickelte sich jedoch eine Profanmusik ohne Zusammenhang mit der Kirchenmusik zu einer gleichwertigen Gattung.

LEBEN
Biagio Marini wurde um 1597 in Brescia geboren. Er war bereits 1615 Violinist an San Marco in Venedig und gleichzeitig bis 1618 im Dienst der Signoria der Stadt. Im Jahr 1620 wirkte er an Sant'Eufemia in Brescia, 1621 am Hof in Parma und ging 1623 an den pfalzgräflichen Hof in Neuburg und Düsseldorf, wo er geadelt und zum Kammerrat ernannt wurde. 1645 kehrte er nach Italien zurück und war in Mailand als Violinist tätig. 1652 wurde er Kapellmeister der Cavalieri dell'Accademia della Morte in Ferrara. Seine letzten Lebensjahre verbrachte er in Venedig, wo er am 20. 3. 1665 starb.

WERKE
Der italienische Komponist und Violinvirtuose Biagio Marini wendete die Improvisa-

tionstechnik seiner Heimat ebenso an wie die in Deutschland häufige Doppelgriffigkeit und die Scordatura. Er vereinigte so das italienische Spiel mit dem deutschen. Außerdem war er einer der frühesten Violinvirtuosen unter den Komponisten und gilt als einer der ersten bedeutenden Kammermusikkomponisten.
Von seinem umfangreichen kompositorischen Werk sind bekannt geworden: »Affetti musicali« für eine bis drei Stimmen mit einer der ältesten Soloviolinsonaten; »Madrigali et Symfonie«, ein- bis dreistimmig; vier- bis sechsstimmige Gesänge mit Instrumenten als Kammermusik; Sonaten für zwei bis fünf Sänger, zwei Violinen und Generalbaß; Kammermusikkonzerte; Psalmen a cappella oder mit Orgel; vierstimmige Vespern a cappella oder mit Orgel; Kirchen- und Kammersonaten für zwei bis vier Stimmen, Generalbaß und Gitarrentabulatur; »Corona melodica« für zwei bis sechs Stimmen und Instrumente; Arien, Madrigale und eine Anzahl verschiedener Kompositionen für Singstimmen, Instrumente und Orgel, außerdem eine Oper.
Die Auswirkung des Schaffens von Biagio Marini auf die Entwicklung der italienischen Musik des 17. Jahrhunderts war gewaltig und könnte mit dem Einfluß von Heinrich Schütz auf die deutsche Musik verglichen werden.

LITERATUR

D. J. Iselin, Biagio Marini, Sein Leben und seine Instrumentalwerke, Basel 1930.

Carlo Antonio Marini
(1671 bis nach 1705)

ZEIT UND UMWELT

Die Triosonate mit Generalbaß oder ohne Begleitung wurde etwa gegen Ende des 17. Jahrhunderts zu einer der beliebtesten musikalischen Formen. Die beiden Oberstimmen waren zumeist mit Violinen besetzt, an deren Stellen zuweilen Flöten treten konnten. Der Baß war oft einem einstimmigen Instrument – zum Beispiel Cello, Gambe – zugeteilt, so daß die sonst üblichen Füllstimmen wegfielen und ein echtes Trio zustande kam.

LEBEN

Carlo Antonio Marini (Marino) wurde 1671 in Albino, Bergamo, geboren. Er war Violinist an Santa Maria Maggiore in Bergamo und dürfte Begründer der Violinschule in Bergamo gewesen sein, wo er nach 1705 starb.

WERKE

Der italienische Violinist und Komponist Carlo Antonio Marini schrieb zahlreiche Sonaten für drei, vier und fünf Stimmen und dreistimmige Tänze (Balletti, Correnti, Gighe, Menuetti), Sonaten für Solovioline und Generalbaß und Kantaten für eine Singstimme.

LITERATUR

A. Geddo, Bergamo e la musica, Bergamo 1958.

Alessandro Marino
(um 1535 bis nach 1596)

ZEIT UND UMWELT

Die 1584 gegründete Confraternità dei Musicisti de Urbe (Brüderschaft der Musiker Roms) wandelte sich bald in die Accademia di Santa Cecilia, die von ihrem Beginn an bis in unsere Gegenwart eine bedeutende Rolle im Musikleben der Stadt Rom und ganz Italiens spielte.

LEBEN

Alessandro Marino wurde um 1535 in Venedig geboren und dort ausgebildet. Von 1570 bis 1596 war er Kanonikus an San Giovanni in Laterano. In welcher Form er als Musiker gewirkt hat, ist nicht bekannt. Er muß aber ein beträchtliches Ansehen genossen haben, weil auf seine Anregung hin die Confraternità dei Musicisti de Urbe begründet wurde, aus der die »Congregazione dei Musici di Roma sotto l'invocazione di Santa Cecilia« (Vereinigung der Musiker Roms zu Ehren der heiligen Cecilia) hervorging. Er ist in Rom in den Jahren nach 1596 gestorben.

WERKE
Von dem italienischen Komponisten Alessandro Marino ist ein Buch mit fünfstimmigen Madrigalen erschienen. Seine weiteren Werke waren Kirchenmusik: vierstimmige Vespern, sechsstimmige Psalmen, sechsstimmige Kirchengesänge, zwölfstimmige Kompletorien, sechsstimmige sakrale Madrigale mit einem zwölfstimmigen Kirchenlied. Der Stil dieser Kompositionen folgt den römischen Vorschriften, nur die profanen Madrigale verleugnen die venezianische Heimat des Komponisten nicht.

Gino Marinuzzi (1882–1945)

LEBEN
Gino (Giuseppe) Marinuzzi wurde am 24.3. 1882 in Palermo geboren. Er wirkte als Dirigent in Catania, Mantua, Palermo, Mailand, Madrid, Paris, Buenos Aires und Monte Carlo, von 1915 bis 1918 als Direktor des Liceo musicale in Bologna, dirigierte sodann in Rom, Chicago, Turin und zuletzt an der Scala in Mailand, wo er am 17.8.1945 starb.

WERKE
Neben 3 erfolgreichen Opern schrieb Gino Marinuzzi eine »Suite Siciliana« und ein Requiem von beachtlicher Qualität. Farbensatte Instrumentation, polytonale Passagen und polyrhythmischer Aufbau erzeugten faszinierende Klangbilder.

Gino Marinuzzi (geboren 1920)

LEBEN
Gino (junior) Marinuzzi wurde am 7.4.1920 in New York als Sohn des Dirigenten Gino Marinuzzi (24.3.1882, Palermo, bis 17.8.1945, Mailand) in New York geboren. Er studierte am Konservatorium in Mailand unter Rinaldo Renzo Bossi Klavier und Komposition. Ab 1946 wirkte er als Zweiter Dirigent an der römischen Oper und ging 1952 nach New York zurück, wo er mit Musikern und Technikern das Experimentalstudio »R 7« gründete.

WERKE
In Italien schrieb Gino Marinuzzi ein Konzert, ein Concertino für Klavier, Oboe, Saxophon und Streicher, ein Violinkonzert, ein Klavierkonzert, eine Chorballade, Klavierstücke und Filmmusik. In New York verfaßte er eine Fantasie, ein zweites Konzert und 2 Improvisationen, ein Stück für Tonband und Musik für das Fernsehen.

Friedrich Wilhelm Markull (1816–87)

ZEIT UND UMWELT
Die deutsche Oper hatte um die Mitte des 19. Jahrhunderts die Bühnen der kleineren Städte Deutschlands völlig erobert. Herumreisende italienische Truppen gewannen nur wenig Publikum. Nur in den großen Städten gab es noch Ensembles, die italienische Opern aufführten. Man ging dazu über, die Libretti fremder Opern ins Deutsche zu übersetzen, weil das Publikum sich daran gewöhnt hatte zu verstehen, was gesungen wurde. Die Folge war ein großer Bedarf an deutschen Musikbühnenwerken, die auch von Organisten und Kantoren geliefert wurden, allerdings nicht immer in bester Qualität.

LEBEN
Friedrich Wilhelm Markull wurde am 17.2. 1816 in Reichenbach bei Elbing (Rychliki) geboren. Er war von 1833 bis 1835 Schüler von Friedrich Schneider in Dessau und wirkte ab 1836 als Erster Organist der Marienkirche in Danzig (Gdańsk), wo er am 30.4.1887 starb.

WERKE
Von Friedrich Wilhelm Markull sind 2 Oratorien (»Johannes der Täufer«, »Das Gedächtnis der Entschlafenen«), mehrere Sinfonien, ferner viele Klavier- und Orgelwerke überliefert. Er schrieb außerdem 3 Opern, die wenig erfolgreich waren, und verfaßte ein Choralbuch.

Antoine François Marmontel
(1816–98)

ZEIT UND UMWELT
Neben der intensiven Pflege der Violinistik wandte das Conservatoire in Paris der Pianistik ständig höchste Aufmerksamkeit zu. Das Fach wurde von den besten Lehrkräften verwaltet, so daß ohne Unterbrechung eine Fülle erstklassiger Klaviervirtuosen bis in unsere Gegenwart daraus hervorgingen, von denen die Mehrzahl auch didaktisch ausgebildet wurden und somit die Unterrichtstätigkeit ihrer Lehrer auf gleichem Niveau fortzusetzen imstande waren.

LEBEN
Antoine François Marmontel wurde am 16. 7. 1816 in Clermont-Ferrand, Puy-de-Dôme, geboren. Er war am Pariser Conservatoire Schüler von Pierre Zimmermann, Fromental Halévy und Jean-François Lesueur. Von 1848 bis 1887 wirkte er selbst dort als Klavierlehrer. Er starb am 15. 1. 1898 in Paris.
Sein Sohn Antonin Emile Louis Corbaz Marmontel (24. 4. 1850, Paris, bis 23. 7. 1907, Paris) war Klavierschüler des Conservatoire, ab 1878 Chorleiter der Opéra und ab 1901 Klavierlehrer am Conservatoire.

WERKE
Der Großteil der zahlreichen Etüden von Antoine François Marmontel sind instruktives Übungsmaterial. Nur seine 50 Salonetüden sind für den Konzertgebrauch bestimmt. Er schrieb außerdem einige Sonaten, Nokturnen und weitere kleinere Stücke. Seine Schriften beschäftigen sich mit pianistischen Problemen.
Antonin Marmontel schrieb sehr elegante Klavierstücke.

Miklós Máros (geboren 1943)

LEBEN
Miklós Máros wurde am 14. 11. 1943 in Pécs, Ungarn, als Sohn von Rudolf Maros geboren. Er war in Budapest am Konservatorium Schüler von Rezsö Sugár und an der Musikhochschule von Ferenc Szabó. Im Jahr 1967 zog er nach Stockholm, wo er seine Ausbildung bei Ingvar Lidholm und György Ligeti vervollständigte. Seitdem arbeitet er dort am Studio für Elektronische Musik.

WERKE
Neben einer Oper schrieb Miklós Máros ein Stück für Baritonsaxophon, drei Klaviere, Cembalo, Hammondorgel, zwei Violinen, Bratsche und zwei Celli, »Spiel« für Klarinette, Posaune, Schlagzeug und Cello, ein Stück für Flöte, Harfe, Klavier, Violine und Cello, ein Concertino für Kontrabaß oder Tuba und Blasorchester, »Aspectus« für Flöte, Oboe, Klarinette, Fagott, Horn, Tuba, Violine, Bratsche, Cello und Kontrabaß, ein Duo für Flöte und Klavier, eine Kantate für gemischten Chor, Blockflöte, Oboe, Harfe, Cembalo und Orgel, »Inversionen« für Sopran, Flöte, Klarinette, Trompete, Harfe, Schlagzeug, Violine und Kontrabaß, Gesänge für Sopran und Orchester und für Sopran, Flöte und Kontrabaß, »Diversion« für Sopran, Alt, Altflöte, Gitarre, Bratsche und Schlagzeug, »Anenaika« für Sopran, Klarinette, Posaune, Violine, Bratsche, Cello und Kontrabaß.

Rudolf Maros (1917–82)

LEBEN
Rudolf Maros wurde am 19. 1. 1917 in Stachy, Böhmen, geboren. Er studierte von 1938 bis 1942 an der Musikhochschule in Budapest bei Albert Siklós und Zoltán Kodály und wirkte gleichzeitig ab 1939 als Bratschist im Budapester Konzertorchester. Anschließend war er Professor und Direktor am Konservatorium in Pécs. Nach Studien bei Alois Hába in Prag wurde er Professor für Kammermusik, Partiturspiel und Instrumentation an der Musikhochschule in Budapest, wo er 1982 starb.

WERKE
Neben 3 Balletten schrieb Rudolf Maros 2 Sinfonietten, eine »Puppenspielouvertüre«, ein Concertino für Fagott und Orchester, ein Ricercar, eine Streichersinfonie, ein Stück für

Streicher, zwei Harfen und Schlagzeug, eines für Blechbläser, zwei Harfen und Schlagzeug und eines für Orchester und weitere Orchesterwerke, ein Bläserquintett, ein Streichquartett, ein Streichtrio, ein Trio für Harfe, Violine und Bratsche, eine Kammermusik für elf Spieler, Orgelstücke, 2 Nänien für Sopran und Kammerensemble, Chöre, Lieder sowie Bühnen- und Filmmusik.

Kammermusik für 11, 3 Sätze, entstanden 1966
Dieses in Dartmouth erstaufgeführte Stück entspricht den Titeln »Serenata – Notturno« der Sätze 1 und 3 mit seiner charakteristisch nächtlichen Stimmung vollauf. Im 3. Satz erklingt das lyrische Thema des 1. Satzes in Spiegelumkehrung. Zwischen beiden Sätzen ist ein »Rondo«, mit einem chromatischen Thema als 2. Satz, eingefügt.

György Maróthi (1715–44)

ZEIT UND UMWELT
Trotz aller gegenreformatorischen Maßnahmen seitens der Wiener Regierung gelang es doch, in Debrecen eine reformierte Schule zu halten. Im Jahr 1739 konnte sogar ein Collegium musicum zur Pflege des calvinistischen Kirchengesangs gegründet werden.

LEBEN
György Maróthi wurde 1715 in Ungarn geboren. Er studierte in der Schweiz und in den Niederlanden Mathematik und Philosophie und wurde Lehrer. In Debrecen organisierte und leitete er einen Schulchor. Er dürfte 1744 in Debrecen gestorben sein.

WERKE
Der ungarische Lehrer György Maróthi veröffentlichte einen Psalter, für vier Stimmen gesetzt, außerdem mehrere theoretische Werke über das Psalmensingen als älteste musikalische Traktate in ungarischer Sprache.

Cesare Marotta (um 1580–1630)

ZEIT UND UMWELT
Im 17. Jahrhundert wurde für den Konzertgebrauch die Laute immer mehr vom Cembalo abgelöst. Es bot mehr Ausdrucksmöglichkeiten und einen stärkeren Klang als das Zupfinstrument, das allerdings im Bereich der intimen Musik durch seinen warmen Ton seinen Platz weiterhin behaupten konnte.

LEBEN
Cavaliere Cesare Marotta wurde um 1580 in Sant'Agata, Apulien, geboren. Er wirkte in Rom an verschiedenen Kardinalshöfen als Cembalist. Im Jahr 1611 heiratete er die zu ihrer Zeit berühmte Sängerin Hippolita Ricupito (um 1577, Rom, bis 10. 6. 1650, Rom). Er starb am 27. 7. 1630 in Rom.

WERKE
Der italienische Cembalist und Komponist Cesare Marotta trat besonders mit monodischen Werken hervor. Er schrieb Sololieder mit Cembalobegleitung, die von seiner Frau gesungen wurden.

Erasmo Marotta (um 1568–1641)

LEBEN
Erasmo Marotta wurde um 1568 in Randazzo, Catania, geboren. Er wurde Jesuit, hielt sich einige Zeit am päpstlichen Hof in Rom auf, ohne eine musikalische Tätigkeit auszuüben, und wurde Leiter des Jesuitenkollegs in Mineo, Catania. Er starb am 6. 10. 1641 in Palermo.

WERKE
Der italienische Komponist Erasmo Marotta vertonte Teile des Pastoraldramas »Aminta« von Torquato Tasso unter dem Titel »L'Aminta musicale« im Madrigalstil der Intermedien jener Zeit für fünf Stimmen. In Sammelwerken wurden weitere Madrigale des Komponisten aufgenommen. Seine Motetten sind verlorengegangen. Der Stil seiner Kompositionen ist recht konservativ.

Friedrich Wilhelm Marpurg
(1718–95)

Zeit und Umwelt
Charles Batteux (7. 5. 1713, Allend'huy, Reims, bis 14. 7. 1780, Paris) verfocht in seinen Abhandlungen über Rhetorik und Ästhetik der Literatur den Grundsatz des engen Zusammenhanges von Natur und Kunst und forderte von der Musik im Sinn der Aufklärung Wahrhaftigkeit und Klarheit sowie getreue Nachahmung des Tatsächlichen.

Leben
Friedrich Wilhelm Marpurg wurde am 21. 11. 1718 in Seehausen, Brandenburg, geboren. Nach seinem Studium, ausgedehnten Reisen und einem Aufenthalt in Paris ließ er sich in Berlin nieder und wurde 1763 Direktor der königlichen Lotterie. Er nahm am Berliner Musikleben eifrigen Anteil und leistete durch seine Publikationen wertvolle Beiträge. Er starb am 22. 5. 1795 in Berlin.

Werke
Von dem Musiktheoretiker Friedrich Wilhelm Marpurg erschien eine große Anzahl kritischer Untersuchungen und Lehrwerke auf vielen Gebieten der Musik, die alle, dem Geist der Aufklärung entsprechend, einen ästhetischen Rationalismus vertraten. Mit seinen vielen Ausgaben von Werken verschiedener Meister der Lied- und der Pianofortekomposition bot er einen Querschnitt der kompositorischen Tätigkeit seiner Epoche. In seinen Schriften und Ausgaben sind auch zahlreiche eigene Kompositionen eingestreut. Friedrich Wilhelm Marpurg drängte nachdrücklich auf die Pflege der Werke von Johann Sebastian Bach und setzte sich damit auch theoretisch auseinander.
An eigenen Kompositionen liegen vor: Sonaten für Cembalo, verschiedene Stücke für Cembalo, Fugen und Capricci für Cembalo oder Orgel, zahlreiche Choralvorspiele für Orgel und einzelne Lieder mit Pianofortebegleitung.

Heinrich Marschner
(1795–1861)

Leben
Heinrich August Marschner wurde am 16. 8. 1795 in Zittau geboren. Er studierte ab 1813 in Leipzig Rechtswissenschaft und bei Johann Gottfried Schicht (1753–1823) Musik, nachdem er bereits in seinem Geburtsort von dem ausgezeichneten Musikpädagogen Carl Gottlieb Hering (25. 10. 1766, Bad Schandau, bis 4. 1. 1853, Zittau) unterrichtet worden war. Über den Rat von Johann Friedrich Rochlitz (1769–1842) wählte er die Musik zu seinem Beruf, ging als Musiklehrer nach Preßburg, wo er als Kapellmeister wirkte und seine ersten Opern schrieb, und folgte 1820 einem Ruf von Carl Maria von Weber nach Dresden. Er wurde 1824 Musikdirektor der Oper, verließ sie aber nach 2 Jahren und ging auf Reisen, bis er 1827 die Leitung des Orchesters am Leipziger Stadttheater übernehmen konnte. Dort machten ihn seine beiden Opern »Der Vampyr« und »Der Templer und die Jüdin«, die auf allen größeren deutschen Bühnen aufgeführt wurden, berühmt. Im Jahr 1831 erhielt er die Hofkapellmeisterstelle in Hannover. 1859 wurde er mit dem Titel eines Generalmusikdirektors pensioniert und verbrachte noch 2 Jahre in Paris, wo es ihm aber nicht gelang, seine letzte Oper herauszubringen. Er starb am 14. 12. 1861 in Hannover.

Werke
Von den 14 Opern von Heinrich Marschner hatte neben den 2 bereits genannten »Hans Heilig« den größten Erfolg. Sie erfüllten den Publikumswunsch nach »Romantik« wie die Opern von Carl Maria von Weber ohne Einschränkung. Er verfaßte mehrere Bühnenmusiken, 3 Festspiele und ein Ballett, weiters 2 Ouvertüren, 2 unvollendete Sinfonien und ein Klavierkonzert, 2 Klavierquartette, 7 Klaviertrios, 3 Duos und 3 Improvisationen für Klavier und Violine, 10 Klaviersonaten, Märsche, Charakterstücke, Impromptus, eine Messe, eine Vertonung des 11. Psalms, eine oratorienartige Kantate »Klänge aus Osten«, ein Terzett und 10 Duette, mehr als 420 Klavierlieder und bei 120 Männerchöre.

Seine Klaviertrios und Quartette werden zuweilen noch gespielt. Seine Lieder leben nur noch als Hausmusik.

Literatur

G. Hausswald, Heinrich Marschner, Dresden 1938.

Alphonso Marsh (1627–81)

Zeit und Umwelt

Der englische König Karl II. ahmte die französischen Könige Ludwig XIII. und XIV. nach und stellte wie diese »Vierundzwanzig Geiger« auf, die seine Tafelmusik spielten, an den »Maskenspielen« mitwirkten und auch die Königliche Kapelle verstärkten.

Leben

Alphonso Marsh wurde am 28. 1. 1627 in Westminster getauft. Er war ab 1660 Mitglied der Chapel Royal und Musiker des Königs in London, wo er am 9. 4. 1681 starb.
Sein Sohn Alphonso Marsh (um 1650, London, bis 5. 4. 1692, London) war ab 1676 Mitglied der Chapel Royal.

Werke

Vom englischen Komponisten Alphonso Marsh dem Älteren sind mehrere Gesänge in verschiedene Sammelwerke aufgenommen worden.
Von Alphonso Marsh dem Jüngeren scheinen ebenfalls Vokalkompositionen in zeitgenössischen Liedsammlungen auf.
Bei beiden ist der italienische Einfluß deutlich merkbar.

John Marsh (1752–1828)

Leben

John Marsh wurde 1752 in Dorking geboren. Er war Autodidakt und arbeitete als Jurist, wirkte aber trotzdem als Organist in Salisbury, Canterbury und Chichester, an welchen Orten er auch gleichzeitig Konzerte organisierte und sich vielseitig für eine Hebung des Musiklebens einsetzte. Er starb im Jahr 1828 in Chichester.

Werke

Der außerordentlich fruchtbare Amateurmusiker John Marsh schrieb 28 Ouvertüren und Sinfonien, ein Konzert für Violine und Orgel, zahlreiche Kammermusikwerke, Services, Anthems, Hymnen, Chants, Psalmen, Glees und Lieder. Er veröffentlichte auch mehrere theoretische Werke.

Pietro Maria Marsolo
(um 1580 bis nach 1616)

Zeit und Umwelt

In der Musik schuf das Nebeneinander des alten und des neuen Stils in jener Übergangszeit eine Reihe von interessanten Abstufungen. Weit in das 17. Jahrhundert hinein gab es alle Schattierungen von der strengen Dogmatik der Verfechter des »reinen« Palestrina-Stils bis zur Monodie des Rezitativo secco, das sich einer dürren Deklamation näherte und auf musikalischen Klang nahezu verzichtete. Diese Auffächerung entsprach auch der großen Verschiedenheit der Ideologien, denen die damalige musikalische Welt huldigte.

Leben

Pietro Maria Marsolo (Marzolo, Marzoli) wurde um 1580 in Messina geboren. Er studierte Jurisprudenz, war am Dom von Rieti als Sänger tätig und ließ sich als Musiklehrer in Ferrara nieder. Von 1608 bis 1610 wirkte er als Kapellmeister in Fano, kam aber nach Ferrara zurück, wo er von 1612 bis 1616 Domkapellmeister war. Hierauf bemühte er sich vergeblich um die Stellung in Mantua, die Monteverdi aufgegeben hatte. Über seine weitere Tätigkeit sowie Ort und Zeit seines Todes gibt es keine Informationen.

Werke

Von dem italienischen Komponisten Pietro Maria Marsolo sind ein Buch mit achtstimmigen Messen und Motetten, 2 mit fünfstimmigen Motetten und 5 mit fünfstimmigen sowie 2 mit vierstimmigen Madrigalen überliefert; außerdem sind 7 Stücke des Meisters in Sammelwerken zu finden. Ein Teil der vierstimmigen Madrigale ist auf Vorlagen monodischer Werke zeitgenössischer Komponisten gearbeitet und dadurch sehr interessant. Marsolo war reiner Polyphonist, machte aber der neuen Richtung gegenüber manche Konzession.

LITERATUR

O. Tiby, I polifonisti siciliani del XVI e XVII secolo, Palermo 1969.

George Marson (um 1570–1632)

ZEIT UND UMWELT

Wie die Kapellen in Oxford, Cambridge oder Eton stand auch die an der Kathedrale von Canterbury in enger Fühlung mit jenen, die dem Hof in London unmittelbar unterstellt waren. Daraus ergab sich ein für alle Teile vorteilhafter Austausch von Kräften und Kompositionen, so daß das künstlerische Niveau überall auf gleicher Höhe gehalten werden konnte.

LEBEN

George Marson wurde um 1570 vermutlich in London geboren. Er war mit dem Gentleman der Chapel Royal Nathaniel Giles (1558 bis 1633) verwandt und wurde selbst sehr früh Organist und Chormeister an der Kathedrale von Canterbury, wo er am 5. 2. 1632 starb.

WERKE

Von dem englischen Organisten und Komponisten George Marson sind einige Services, Preces, Psalmen und Anthems erhalten, die ihn als fähigen Komponisten ausweisen. Sein Stil ist der des 16. Jahrhunderts. Er steuerte zur Sammlung »The Triumphes of Oriana« ein ausgezeichnetes fünfstimmiges Madrigal bei: »The nymphs and shepherds danced lavoltas« (Nymphen und Schäfer tanzten Lavoltas).

Henri Marteau (1874–1934)

LEBEN

Henri Marteau wurde am 31.3.1874 in Reims geboren. Er war in Paris Schüler des Violinpädagogen Hubert Léonard und studierte nach dessen Tod noch am Conservatoire bis 1893. Nach einer Reisetätigkeit als Virtuose wirkte er von 1900 bis 1907 als Lehrer am Konservatorium in Genf und anschließend bis 1915 an der Musikhochschule von Berlin. Sodann war er bis 1920 Zweiter Kapellmeister in Göteborg und darauf bis 1924 Lehrer an der deutschen Akademie in Prag. Ab 1926 unterrichtete er ein Jahr am Konservatorium in Leipzig und nachher am Dresdener Konservatorium. Er starb am 4.10.1934 in Lichtenberg, Oberfranken.

WERKE

Neben einer Oper schrieb Henri Marteau eine »Sinfonische Gloria naturae« (Zum Ruhm der Natur), 2 Violinkonzerte, eine Szene für Sopran, Chor und Orchester, ein Streichquintett, ein Klarinettenquintett, 3 Streichquartette, 8 Lieder mit Streichquartett, eine Chaconne für Bratsche und Klavier, eine »Sonata fantastica« für Solovioline, ein »Vater unser« für gemischten Chor und zahlreiche Stücke, Etüden und Bearbeitungen für Violine. Er stand trotz mancher Modernismen in seinen Werken noch im Bann der Spätromantik.

Henri Martelli (1895–1980)

LEBEN

Henri Martelli wurde am 25.2.1895 in Bastia, Korsika, geboren. Er studierte am Conservatoire in Paris unter Charles-Marie Widor. Von 1932 bis 1940 arbeitete er an der Revue musicale mit, dann anschließend bis 1942 am französischen Rundfunk. Ab 1953 war er Präsident der französischen Sektion der IGNM. Er starb am 15.7.1980 in Paris.

WERKE

Durch ihre kontrapunktische Struktur nahmen die Kompositionen von Henri Martelli innerhalb der zeitgenössischen französischen Musik eine Sonderstellung ein. Man könnte ihn Albert Roussel an die Seite stellen. Er schrieb neben 2 Werken für die Bühne 3 Sinfonien, eine Sinfonietta, sinfonische Bilder,

3 Suiten, Variationen für Streichorchester, eine Anzahl weiterer Orchesterwerke, ein Klavierkonzert, ein Violinkonzert, mehrere Konzerte und Concertini mit verschiedenen Solisten, 2 Streichquartette, 2 Quintette für Flöte, Harfe und Streichtrio, ein Klaviertrio, verschiedene Stücke für Blockflöten, Gitarrenwerke, Chorwerke und Lieder sowie Schauspielmusiken.

Claude Martin (um 1500 bis nach 1555)

ZEIT UND UMWELT

Die Kathedrale Saint-Lazare in Autun war einstmals Kapelle der Herzöge von Burgund. Dieses schöne Beispiel burgundischer Romanik aus dem 12. Jahrhundert stand zwar nie in der ersten Reihe der französischen Musikzentren, versorgte aber ihre Chorknaben ähnlich zahlreichen anderen Kirchen des Landes mit gediegener musikalischer Ausbildung.

LEBEN

Claude Martin wurde in Couches bei Autun um 1500 geboren. Seine Ausbildung erhielt er an der Kathedrale von Autun, wo er hernach als Sänger wirkte, bis er um 1540 nach Paris ging. Welche Position er dort eingenommen hat, ist unbekannt. Vermutlich wirkte er an einer der Kirchen der französischen Hauptstadt als Sänger. Er dürfte in Paris nach 1555 gestorben sein.

WERKE

Von dem französischen Komponisten Claude Martin sind ein vierstimmiges Magnificat und bei 10 vierstimmige Chansons erhalten. Alles andere ist verschollen. Sein Stil hob sich bereits stark von dem der franko-flämischen Schule ab und wies die Anzeichen der Bildung eines typischen Stils von Paris auf.

François Martin (1727–57)

ZEIT UND UMWELT

In der Mitte des 18. Jahrhunderts erschienen auch in Paris sinfonische Sätze mit zwei Themen, Entwicklung und Reprise und kündigten den Einzug des klassischen Stils an. Gleichzeitig wurden Trios häufiger, bei denen auf das Cembalo verzichtet und dafür den drei Streichern gleichwertige Funktionen zugebilligt wurden.

LEBEN

François Martin wurde 1727 vermutlich in Paris geboren. Er dürfte zu den Schülern von Berteau gezählt haben. Ab 1747 war er Mitglied des Opernorchesters von Paris, wo er 1757 als berühmter Cellist und Cellolehrer starb.

WERKE

Die Vokalmusik von François Martin, 7 im Concert spirituel aufgeführte Motetten und 3 Kantaten, war konservativ gehalten. Dafür brachte seine Instrumentalmusik Fakturen der Vorklassik nach Mannheimer und Wiener Vorbild nach Frankreich. Er schrieb eine Kammersonate für Cello und Generalbaß, 6 Sonaten für Cello, 6 Trios, 6 Sinfonien, davon eine mit Jagdhörnern.

Frank Martin (1890–1974)

LEBEN

Frank Martin wurde am 15.9.1890 in Genf geboren. Er studierte zunächst bei Joseph Lauber und lebte anschließend von 1818 bis 1826 in Zürich, Rom und Paris. Von 1928 bis 1938 wirkte er als Lehrer am Institut Jaques-Dalcroze in Genf, von 1943 bis 1946 war er Präsident des Schweizerischen Tonkünstlervereins, lebte sodann in den Niederlanden und war von 1950 bis 1957 als Kompositionslehrer an der Musikhochschule in Köln tätig. Er starb am 21.11.1974 in Naarden, Niederlande.

WERKE

Die ersten kompositorischen Werke von Frank Martin standen unter dem Einfluß von César Franck, Gabriel Fauré und Maurice Ravel. Mit seiner Begegnung mit der Zwölftonmusik setzte seine Bemühung ein, diese Technik mit ihren tonalen Relationen zu verschmelzen; er gelangte so zu einem persön-

Frank Martin

lichen Stil, der sich von modaler Diatonik bis zur Atonalität erstreckte. Er verfaßte »Rhythmes«, »Drei sinfonische Sätze«, Passacaglia für Streichorchester, »Ouvertüre« zu Ehren Mozarts, eine Rondoouvertüre, »Die 4 Elemente« für Orchester, »Erasmi Monumentum« für Orchester mit Orgel, 2 Klavierkonzerte, 4 Balladen für kleines Orchester mit Saxophon, mit Klavier, mit Flöte, mit Trompete, eine Ballade für Cembalo, Harfe und Blasorchester, eine »Kleine Sinfonie« für Harfe, Cembalo, Klavier und zwei Streichorchester, ein Cellokonzert, »Drei Tänze« für Oboe, Harfe und Streichorchester, »Polyptique« für Violine und zwei Streichorchester, ein Streichquartett, ein Trio, Duos mit verschiedener Besetzung, Klavierstücke, eine Anzahl Kantaten, darunter »Kornett« für Mezzosopran, Flöte, Bratsche und Cello, Maria-Triptychon für Sopran, Violine und Orchester, »Zaubertrank« für zwölf Stimmen und acht Instrumente, außerdem 4 Oratorien, Psalmen und ein Requiem.

Petite Symphonie concertante für Harfe, Cembalo, Klavier, zwei Streichorchester, 2 Teile, entstanden 1945

Harfe und Tasteninstrumente sind solistisch eingesetzt. Die Einleitung des 1. Teils bringt zunächst ein zwölftöniges Thema, das aber nicht nach den Regeln der Reihentechnik behandelt wird, sondern nach den Prinzipien der Klassik. Die drei Soloinstrumente begleiten einander und spielen den Streichern gegenüber die Rolle eines Concertino in einem Concerto grosso. Der 2. Teil des Werks besteht aus einem von den Solisten vorgetragenen Thema, das sich gegen das Ende zu einer fröhlichen Marschmelodie entwickelt und das Werk virtuos abschließt.

Konzert für sieben Blasinstrumente, Pauken, Schlagzeug und Streichorchester, 3 Sätze, entstanden 1949

In den drei Sätzen gehen die einzelnen Blasinstrumente ihren eigenen melodischen Themen nach. Der Komponist sagte darüber: »Dem Chromatismus ist eine bedeutende Rolle zugewiesen; das melodische Element beruht auf einer Zwölftonreihe, ohne deswegen das dodekaphonische System von Schönberg in seiner ganzen Strenge zu übernehmen oder gar seinen Grundsatz der Atonalität anzuerkennen. Ich habe immer den Sinn der Tonalität gesucht sowie die Beziehungen der Töne untereinander anerkannt. Immerhin, die Wirkung meiner Musik war stets chromatisch geprägt.«

Konzert für Cembalo und Kleines Orchester, 2 Sätze, entstanden 1952

Dieses zweite große Werk für Cembalo geht auf keine Muster vergangener Jahrhunderte zurück, sondern spricht wie das erste eine neue, der Eigenart des Instruments angemessene Sprache. Der 1. Satz ist vom Wellenschlag der Nordseeküste inspiriert und folgt mehr oder weniger klassischen Strukturen. Der 2. Satz beginnt mit einem sehr langsamen, von den Flöten und den Klarinetten vorgetragenen Thema, das die Blechbläser pianissimo übernehmen und entwickeln; ein Allegro folgt mit Walzerrhythmen. Vor dem Ende erklingt eine ausgedehnte Kadenz des Soloinstruments.

Polyptique für Violine und zwei Streichorchester, 6 Bilder, entstanden 1973

Angeregt zu diesem Werk wurde der Komponist von einer Folge kleiner Bilder auf Holztäfelchen mit verschiedenen Stationen des Kreuzwegs, die er in Siena sah. Das 1. Bild »Die Palmenzweige« stellt eine lärmende Menge dar, die den Einzug Jesu in Jerusalem miterleben will. Die Gegenwart Christi, der sich über diesen Tumult erhaben fühlt, wird von der Violine verkörpert. Das 2. Bild »Der große Saal« schildert den Abschied Jesu von seinen Jüngern, deren bange Fragen und seine Trostworte. Das 3. Bild »Judas« bezeichnet einen angsterfüllten, gequälten Menschen, der in der Hand des Bösen gefangen ist und der Verzweiflung anheimfällt. Das 4. Bild »Im Garten Gethsemane« malt die Angst vor der Einsamkeit, skizziert das Gebet Christi und seine Hingabe an den Willen des Vaters. Das 5. Bild »Die Verurteilung« profiliert die Grausamkeit der Menge, die das Leiden Jesu als Schauspiel genießt, und den Weg zum Kreuz. Das 6. Bild »Glorifizierung« ist eine triumphierende Lobpreisung des Erlösers.

Violinkonzert, 3 Sätze, entstanden 1951

Nach einer orchestralen Einleitung setzt der Solist mit einer weit ausgreifenden lyrischen Melodie, die nicht nur die Gestalt dieses 1. Satzes, sondern des Gesamtwerks festlegt. Leidenschaftlicher Ausdruck und energische Diktion beherrschen die Durchführung mit zahlreichen virtuosen Wendungen und interessanten Klangfacetten, bis der Satz nach einer grandiosen bravourösen Kadenz ruhig ausklingt. Der 2. Satz bringt eine herrliche Kantilene der Violine. Ihr Klang ist sehr dunkel gehalten, wie ein Trauergesang. Das Finale ist voll Energie, Virtuosität und überraschenden Orchesterklängen.

Klavierkonzert, 3 Sätze, entstanden 1969

Dieses Werk ist für den Pianisten Paul Badura-Skoda (geboren 6.10.1927, Wien) komponiert. Es wurde wegen der Schwierigkeit der Wiedergabe als nahezu unspielbar bezeichnet. Der 1. Satz beginnt mit einem drohenden Paukenmotiv, dann setzt der Solist mit erschreckender Energie ein und behält die Führung des musikalischen Geschehens bis zum Satzende. Der 2. Satz gleicht einer Passacaglia; sein Thema ist stark elegisch, auch die Orchestereinwürfe sind tief traurig. Erst das Ende bringt Trost. Die Anforderungen an Geläufigkeit und Anschlagtechnik, die der 3. Satz stellt, werden nur von wenigen Virtuosen befriedigend bewältigt und kommen erst unter einer Meisterhand zu ihrer Entfaltung.

Literatur

B. Billeter, Frank Martin, Frauenfeld 1970.

George William Martin (1828–81)

Zeit und Umwelt

Die »National Choral Society« in Battersea, Großlondon, wurde 1860 für Konzerte von Laiensängern und Schülern gegründet. Die Darbietungen waren bescheiden, sie dienten aber wie alle derartigen Vereine der Verbreitung des Interesses an der Musik.

Leben

George William Martin wurde am 8.3.1828 in London geboren. Er war unter William Hawes Chorknabe an St. Paul's. Dann wurde er Musiklehrer an verschiedenen Schulen und zugleich Organist an Christ Church in Battersea, wo er auch mehrere Jahre lang die Konzerte der National Society leitete. Er starb am 16.4.1881 in London.

Werke

Von George William Martin sind viele Glees, Madrigale und mehrstimmige Lieder erschienen, von denen einige preisgekrönt wurden. Er verfaßte für Laien- und Schulchöre erleichterte Arrangements berühmter Oratorien. Seine Leistung für die englische Musikentwicklung war die gründliche Ausbildung von Schulchören.

Jonathan Martin (1715–37)

Zeit und Umwelt

Nachdem die Seuchen früherer Jahrhunderte, die ganze Landstriche ausrotteten, teilweise überwunden waren, trat die Tuberkulose als Volkskrankheit immer mehr in den Vordergrund. Besonders die Wohnverhältnisse in den größeren Städten, mangelnde Hygiene und oft auch dürftige Ernährung, dazu das Unvermögen der Medizin, förderten diese tückische Krankheit, die gerade unter jungen Menschen zahlreiche Opfer forderte.

Leben

Jonathan Martin wurde 1715 in London geboren. Er war Chorknabe an der Chapel Royal unter William Croft. Hernach wurde er von Thomas Roseingrave im Orgelspiel ausgebildet und konnte bald seinem Lehrer und dem Organisten der Chapel Royal, John Weldon (1676–1736), als Hilfskraft beigeordnet werden. Er löste Weldon nach dessen

Tod an der Orgel der Chapel Royal ab, starb aber bereits am 4. 4. 1737 an Tuberkulose.

WERKE

Sein kurzes Leben ließ Jonathan Martin nur wenig Zeit, sein Talent zu entfalten. Sein Versprechen, Anthems und Services für die Königliche Kapelle zu schreiben, konnte er nicht halten.

Vicente Martín y Soler (1754–1806)

ZEIT UND UMWELT

Lorenzo Da Ponte (10. 3. 1749, Céneda, Venezien, bis 17. 8. 1838, New York), der eigentlich Emanuele Conegliano hieß und seinen späteren Namen erst bei seiner Taufe im Jahr 1763 erhielt, war Kleriker, Lehrer für Rhetorik und Musik, schließlich Schriftsteller und Librettist zeitgenössischer Opernkomponisten. Er mußte aus politischen Gründen 1779 Venedig verlassen, kam 1781 über Dresden nach Wien, wo ihn Kaiser Joseph II. zum Theaterdichter ernannte. Im Jahr 1790 mußte er auch Wien verlassen, ging 1792 nach London und 1804 nach New York, wo er sich als Opernunternehmer versuchte; 1824 wurde er Professor für italienische Literatur am Columbia College.

Vicente Martín y Soler, Stich von J. Adam

Lorenzo Da Ponte, Librettist der Mozart-Opern »Die Hochzeit des Figaro«, »Don Giovanni« und »Così fan tutte«, schrieb auch die meisten Libretti für Martín y Soler.

LEBEN

Atanasio Martín Ignacio Vicente Tadeo Francisco Pelegrín Martín y Soler (Martino lo Spagnuolo, Martini) wurde am 2. 5. 1754 in Valencia geboren. Er war Chorknabe an der Iglesia mayor in Valencia, sodann Organist in Alicante, brachte 1776 in Madrid eine Zarzuela heraus und ging im selben Jahr über den Rat von Lorenzo Da Ponte nach Italien, wo er 1778 an der Mailänder Scala mit einem Ballett einen durchschlagenden Erfolg errang. Er ließ eine Reihe Opern für verschiedene italienische Städte folgen, deren Libretti zumeist von Da Ponte stammten; 1785 kam er über Vermittlung des Librettisten nach Wien und errang auch dort Opernerfolge; 1788 ging er nach St. Petersburg und wirkte dort, von einem zweijährigen Aufenthalt in London unterbrochen, bis 1796. Dann kamen Probleme, weil man in Rußland mit einmal den französischen Opernstil vorzog, den nachzuahmen er nicht imstand war. Er blieb in St. Petersburg in sehr bedrängten Verhältnissen und starb dort am 30. 1. 1806.

WERKE
Von den ungefähr 20 Opern von Vicente Martín y Soler hat ihn keine überdauert. Ihnen mangelte jede Originalität. Sein großer Wiener Erfolg, »Una cosa rara ossia Bellezza ed onestà« (Eine Seltenheit oder Schönheit und Sittsamkeit), ist heute nur noch in Erinnerung, weil Wolfgang Amadeus Mozart ein Stückchen daraus in der Tafelmusik seines »Don Giovanni« zitierte. Er schrieb außerdem Ballette, Arien und Canzonetten mit Cembalo-, Harfen- oder Gitarrenbegleitung, Kantaten, Kanons, ein Salve regina und weitere sakrale Gesänge.

LITERATUR
R. A. Mooser, Un musicien espagnol, in: Rivista musicale italiana XL, 1936.

Gabriele Martinengo (um 1515–84)

ZEIT UND UMWELT
Udine lag im 16. Jahrhundert im Machtbereich der Republik Venedig, so daß die kulturellen Kontakte mit der Hauptstadt sehr intensiv waren. Venezianische Künstler haben viel dazu beigetragen, Udine zu gestalten und auszuschmücken.

LEBEN
Gabriele Martinengo wurde um 1515 in Verona geboren. Er war Sänger am Dom in Udine mit einigen Unterbrechungen, während der er sich in Venedig aufhielt. Vom Jahr 1561 bis 1567 war er Domkapellmeister in Udine. Über seinen Wirkungskreis ab diesem Zeitpunkt bis zu seinem Tod in Verona am 17. 12. 1584 ist nichts bekannt.

WERKE
Von Gabriele Martinengo sind 2 Bücher mit vierstimmigen und eines mit fünfstimmigen Madrigalen erschienen. Weitere Werke befinden sich in Sammelausgaben. Seine Kompositionen sind im venezianischen Stil.

Giulio Cesare Martinengo
(um 1565–1613)

ZEIT UND UMWELT
Wenn man von venezianischer Musik spricht, ist damit zumeist die Musik der Stadt Venedig gemeint. Das ist jedoch eine ungerechtfertigte Einengung. In der Musik wie auf anderen Gebieten hatte zwar die Hauptstadt der Republik Venedig eine überragend führende Rolle, dennoch konnten sich weitere kulturelle Zentren frei entfalten. Padua, Vicenza, Verona oder Udine zum Beispiel empfingen zwar ständig Impulse von der Lagunenstadt, schufen aber auch selbst ausgebildete und bewährte Kräfte. Es bestand eine glückliche Wechselwirkung zwischen einzelnen Städten. Trotzdem war und blieb der Kapellmeisterposten an San Marco die höchste Stufe der Ehrung eines Musikers.

LEBEN
Giulio Cesare Martinengo wurde in Udine um 1565 geboren und wirkte nach seiner Ausbildung am Dom seiner Geburtsstadt als Kapellmeister. Im Jahre 1609 wurde er auf den Posten des Kapellmeisters an San Marco in Venedig berufen, den bisher Giovanni Croce innegehabt hatte. Er starb in Venedig am 19. 7. 1613.
Mit Gabriele Martinengo, der in Udine als Domkapellmeister gewirkt hatte, dürfte er verwandt gewesen sein.

WERKE
Von Giulio Cesare Martinengo sind ein Buch vier- bis sechsstimmige Madrigale und mehrere Motetten erhalten.

LITERATUR
S. Dalla Libera, Cronologia musicale della Basilica di S. Marco in Venezia, in: Musica sacra LXXXV, Mailand 1961.

Marianne de Martines (1744–1812)

ZEIT UND UMWELT
Das Schicksal der Kompositionen von

Frauen, die es in jeder Stilepoche gab, war immer das gleiche. Sie wurden gelobt und zuweilen sogar gerühmt, aber nur dann aufgeführt, wenn die Komponistin in einem Adelshaus mit eigener Kapelle lebte oder als Sängerin, Organistin oder Violinistin ihr Werk selbst vortrug. Sobald diese Voraussetzungen durch das Ableben der Komponistin wegfielen, wurde ihr Schaffen sofort für immer vergessen.

LEBEN
Marianne de Martines (Martinez, eigentlich Anna Catharina) wurde am 4. 5. 1744 in Wien geboren. Unter Aufsicht von Pietro Metastasio erzogen, erhielt sie von Nicola Porpora Gesangunterricht, von Johann Adolf Hasse und Giuseppe Bonno Kompositionsunterricht und von Joseph Haydn Cembalostunden. Über ihre musikalische Tätigkeit außer der Komposition ist nichts bekannt. Sie starb am 13. 12. 1812 in Wien.

WERKE
Von Marianne de Martines wurde bereits 1761 eine Messe aufgeführt. Sie schrieb 1782 das Oratorium »Isacco« (Isaak) nach einem Text von Pietro Metastasio. Weiters verfaßte sie Psalmen, Motetten, Kantaten, Sinfonien und einige Cembalokonzerte. Ihr Stil steht der Wiener Klassik sehr nahe.

Giambattista Martini (1706–84)

ZEIT UND UMWELT
Bologna war bereits durch Jahrhunderte eine der ersten Musikstädte Italiens. Seine Hochblüte erlebte es aber im 18. Jahrhundert, in dem es in allen Sparten der Musik – Kirchenkomposition, Oper, profanes Konzert, Violine, Cello, Gesang und schließlich auch Musikwissenschaft – zu Höchstleistungen kam. Aus aller Herren Länder strömten Musiker und Dilettanten in die Stadt, um Musik zu hören und zu lernen.

LEBEN
Giambattista Martini wurde am 24. 4. 1706 in Bologna geboren. Er trat dem Franziskanerorden bei und war bald als »Padre Martini« in aller Mund. Er wurde von seinem Vater, dem Violinisten Antonio Maria Martini (Daten nicht eruierbar) im Violinspiel, von Angelo Predieri (1655–1731) im Cembalospiel, von Francesco Antonio Pistocchi (1659 bis 1726) im Gesang, von Giovanni Antonio Riccieri (1679–1746) im Kontrapunkt und von Giacomo Antonio Perti (1661–1756) in der Kirchenkomposition ausgebildet. Im Jahr 1725 übertrug man ihm die Kapellmeisterstelle an San Francesco in Bologna. Durch seine musiktheoretischen Publikationen wurde er zur höchsten Instanz Italiens in Fragen der Musik und genoß in allen Musikländern den Ruf eines hervorragenden Musikwissenschafters. Er starb in Bologna am 3. 8. 1784.

Padre Martini

WERKE
»Padre Martini« trat in allen seinen Werken für eine rein mathematische Begründung der Musik ein. Das brachte ihm viele bewun-

dernde Anhänger, aber auch Gegner ein, unter denen sich der bedeutende spanische Musikforscher Antonio Eximeno y Pujades (26. 9. 1729, Valencia, bis 9. 6. 1808, Rom) befand. Martinis wichtigste Werke sind »Storia della musica« (Geschichte der Musik), von der er allerdings nur 3 Bände über Musik des Altertums und einen 4. über mittelalterliche Musik vollendete, und die »Praxis des Kontrapunkts beim cantus-firmus-gebundenen Stil«. Von seinen zahlreichen Kompositionen wurden gedruckt: 18 Orgelsonaten, 12 Kammerduette, 2 Hefte Kanons für drei bis vier Stimmen, sodann 3 Oratorien, eine Karfreitagskomposition, »Salve signor eterno« (Sei gegrüßt, Herr der Ewigkeit). Handschriftlich sind Messen, Motetten, Psalmen, Intermezzi, Sinfonien und Konzerte erhalten. Trotz der Gelehrsamkeit des Komponisten bot er lebendige, sehr ansprechende, wenn auch etwas konservative Musik.

LITERATUR

F. Parisini, Della vita e delle opere del padre Martini, Bologna 1887.

Jean Paul Martini (1741–1816)

LEBEN

Jean Paul Egide Martini (Martini il Tedesco, eigentlich Johann Paul Aegidius Martin mit dem Decknamen Schwarzendorf) wurde am 31. 8. 1741 in Freystadt, Oberpfalz, getauft. Er ließ sich 1760 in Nancy als Musiklehrer nieder, wo er ein Jahr darauf in die Dienste des entthronten polnischen Königs Stanisław Leszczyński trat. Im Jahr 1764 ging er nach Paris, machte sich mit einem Militärmarsch und einer Oper bekannt und wurde Kapellmeister des Prince de Condé Louis Henri Joseph de Bourbon und des Grafen von Artois Charles, des späteren Königs von Frankreich Karl X. Seine Bemühungen, Intendant der königlichen Musik zu werden, scheiterten durch den Ausbruch der Revolution. Er hielt sich von 1792 bis 1794 in Lyon auf und wirkte von 1795 bis 1802 als einer der Inspektoren des Konservatoriums. Die Intendantenstelle erhielt er sodann nach der Restauration im Jahr 1814. Er starb am 10. 2. 1816 in Paris.

WERKE

Außer 11 Opern schrieb Jean Paul Martini 2 Festmessen, ein Requiem, 6 zweistimmige Psalmen mit Orgel und andere sakrale Werke, 12 Streichtrios, 6 Streichquartette für Flöte und Streichtrio, Divertissements, Militärmusik (Märsche) und viele Romanzen, darunter »Plaisir d'amour«, die von Hector Louis Berlioz (1803–69) instrumentiert und in mehreren Fassungen bis in unsere Zeit immer wieder aufgelegt wurde.

LITERATUR

A. Pougin, Martini, Paris 1864.

Johannes Martini
(um 1430 bis nach 1492)

ZEIT UND UMWELT

Galeazzo Maria Sforza (1444–76) setzte wohl die großzügige Kulturpolitik seines Vaters Francesco (1401–66) fort, errichtete aber eine grausame Diktatur, so daß drei Mailänder Bürger ihn ermordeten. Sie hofften, daß ihre Tat zum Signal für eine allgemeine Aufstandsbewegung würde, wurden aber enttäuscht. Das bisher unzufriedene Volk trauerte und bedauerte den Despoten. Sein Sohn Gian Galeazzo (1469–94) war für die Regierungsgeschäfte ungeeignet, so daß sie sein Onkel Ludovico il Moro schon 1479 übernahm. Ludovico heiratete 1491 Beatrice d'Este (1475–97), die Tochter des Herzogs von Ferrara Ercole I. d'Este.

LEBEN

Johannes Martini (Johannes Martinus d'Armentières) wurde um 1430 in Armentières geboren. Über sein Leben, ehe er 1474 in Mailand in die Dienste des Herzogs Galeazzo Maria Sforza trat, ist nichts bekannt. Er blieb nur ein Jahr in Mailand. Anschließend wirkte er an der Kapelle des Herzogs von Ferrara Ercole I. d'Este bis 1492. Er ist in einem der folgenden Jahre in Ferrara gestorben.

WERKE
Von Johannes Martini sind 12 vierstimmige Messen, 6 Motetten, 5 Magnificat, 23 französische und 7 italienische Chansons sowie 6 Stücke ohne Text überliefert. Stilistisch stand Johannes Martini zwischen Ockeghem und Josquin.

Donald Martino (geboren 1931)

LEBEN
Donald J. Martino wurde am 16.5.1931 in Plainfield, N.J., geboren. Nach Studien in seiner Geburtsstadt war er an der Universität in Syracuse, N.Y., Schüler von Ernst Bacon (geboren 26.5.1898, Chikago) und an der Universität in Princeton, N.Y., von Milton Babbitt und Roger Sessions; er studierte schließlich in Florenz bei Luigi Dallapiccola. Von 1957 bis 1959 unterrichtete er an der Universität in Princeton, darauf an der Yale University in New Haven, Conn., bis 1969, dann wurde er Leiter der Abteilung Komposition am Konservatorium in Boston.

WERKE
Von Donald Martino sind unter anderem »Betrachtungen« für Orchester, ein »Mosaik« für Orchester mit elektronischer Orgel, ein Klavierkonzert, ein Bläserquintett, »Sieben Rätselkanons« für Streichquartett oder Klarinettenquartett oder zwei Violinen und zwei Celli oder irgendeine Kombination der angeführten Instrumente, »Portraits« für Soli, Chor und Orchester, ein Notturno für Piccolo, Flöte, Altflöte, Klarinette, Baßklarinette, Violine, Bratsche, Cello, Klavier, Vibraphon, Marimba, Xylophon, Glockenspiel, sechs Tempelblöcke, drei Gongs, ein Trio für Violine, Klarinette und Klavier, 5 Fragmente für Oboe und Kontrabaß, Soli für Violine, für Klavier, für Cello, für Klarinette, für Baßklarinette, für Flöte, ein Chor mit Klavier vierhändig bekannt geworden.

Jean Martinon (1910–76)

LEBEN
Jean Martinon wurde am 10.1.1910 in Lyon geboren. Er war Schüler von Vincent d'Indy, Albert Roussel, Charles Munch und Roger Désormière. Ab 1950 dirigierte er in Paris verschiedene Orchester, von 1950 bis 1957 wirkte er als Chefdirigent der Association des Concerts Lamoureux. Als Gastdirigent bereiste er Europa, Südamerika, Japan und Israel, von 1960 bis 1966 war er Leiter der Sinfoniekonzerte in Düsseldorf, 1963 bis 1968 des Chicago Symphony Orchestra, 1968 wurde er Leiter des Orchesters des französischen Rundfunks und Fernsehens. Er starb am 1.3.1976 in Paris.

WERKE
Neben einer Oper und einem Opernballett schrieb Jean Martinon 4 Sinfonien, ein Divertissement, eine »Hymne mit Variationen und Rondo«, eine Sinfonietta für Streicher, eine Kammersinfonie, »Introduktion, Adagio und Passacaglia« für 13 Streicher, ein Vigintuor, 2 Violinkonzerte, eine Rhapsodie für Violine und Orchester, ein Cellokonzert, ein Flötenkonzert, ein Konzert für Streichquartett und kleines Orchester, ein Oktett, ein Bläserquintett, ein Streichquintett, 2 Streichquartette, ein Klaviertrio, 2 Streichtrios, ein Bläsertrio, mehrere Duos mit verschiedener Besetzung, Stücke für Solovioline, ein Oratorium, mehrere Kantaten, Lieder mit Klaviertriobegleitung und Klavierlieder.

Francisco Martins (1620–80)

ZEIT UND UMWELT
In Évora, der Hochburg der iberischen Renaissancemusik, wurde der polyphone Stil bis weit in das 17. Jahrhundert hinein gepflegt, bis es zu Konzessionen gegenüber der neuen Geschmacksrichtung kam, deren Entwicklung allerdings von anderen Zentren – Madrid, Barcelona, Lissabon – weitergeführt wurde.

LEBEN
Francisco Martins wurde 1620 in Évora geboren, wo er in das Priesterseminar eintrat und 1650 Mestre de Capela wurde. Am 20. 3. 1680 starb er in Elvas, Portalegre, wohin er

einige Jahre zuvor seine Tätigkeit als Kleriker und Musiker verlegt hatte.

WERKE
Der portugiesische Komponist Francisco Martins verfaßte eine Reihe Messen, Passionen, Karwochenresponsorien und Motetten. Seine Musik folgte noch dem traditionellen Stil von Évora.

LITERATUR
M. de Sampayo Ribeiro, Do Padre Francisco e do seu precioso espólio musical, Évora 1959.

Bohuslav Martinů (1890–1959)

LEBEN
Bohuslav Martinů wurde am 8.12.1890 in Polička, Böhmen, geboren. Am Konservatorium in Prag bildete er sich zum Violinisten aus und trat 1913 in die Prager Philharmonie ein. Er war dann Schüler von Josef Suk und von Albert Roussel in Paris, von wo er 1940 vor den einmarschierenden Deutschen flüchten mußte. Er ließ sich in den USA nieder und erhielt mehrere Lehraufträge. Im Jahr 1945 bot ihm das Konservatorium in Prag einen Lehrstuhl an, den er aus gesundheitlichen Gründen nicht annehmen konnte. Er kehrte 1953 nach Europa zurück und verbrachte seine letzten Lebensjahre in Frankreich und ab 1956 in Pratteln bei Basel. Er starb am 29.8.1959 in Liestal, Basel-Land.

WERKE
Nach seiner eigenen Äußerung fußten die Kompositionen von Bohuslav Martinů auf der tschechischen Volksmusik, auf der frühenglischen Madrigalkunst und auf dem Werk von Claude Debussy; der frühe Igor Strawinsky und Antonín Dvořák müßten hinzugezählt werden. Es spiegelten sich daneben auch viele zeitgenössische Diktionen wie der Jazz, der Expressionismus und der Neuklassizismus. Seine Musik verließ die Prinzipien der Tonalität nie; »Ich lehne jedes Stilelement, das Klang und Rhythmus zerstört, ab«, bekannte er. Er verfaßte 5 Opern für die Bühne, 2 für den Funk und 3 Ballette, ferner ein Oratorium »Gilgamesch«, außerdem 6 Sinfonien, 5 Klavierkonzerte, 2 Violinkonzerte, 2 Cellokonzerte, ein Cembalokonzert, ein Oboenkonzert, ein Doppelkonzert für zwei Streichorchester, Klavier und Pauken, eine Konzertrhapsodie für Bratsche und Orchester, 3 sinfonische Dichtungen, die Orchesterstücke »Halbzeit«, »Bagarra« und »Gedenken an Lidice«, ein Concertino für Klavier – für die linke Hand allein – und Kammerorchester, ein Konzert für Streichquartett und Orchester, Inventionen für Orchester, ein Concerto grosso, »Drei ricercari« für Kammerorchester, eine Sinfonietta für Klavier und Kammerorchester, ein Orchesterscherzo, eine konzertante Orchestersuite und zahlreiche weitere Orchesterwerke, zwei Nonette, ein Streichsextett, ein Streichquintett, 7 Streichquartette, ein Bläserquintett, ein Streichtrio, ein Bläsertrio, ein Klaviertrio, 3 Violinsonaten, eine Sonate für zwei Violinen, 3 Cellosonaten, Duos mit verschiedener Besetzung, Kantaten, eine Vertonung von »Das Hohe Lied«, begleitete und unbegleitete Chöre und Lieder.

Bohuslav Martinů

Sinfonie Nr. 1, 4 Sätze, entstanden 1943
Es handelt sich nicht nur um die längste Sinfonie, sondern dazu um das ausgedehnteste Orchesterwerk des Komponisten. Dem 1. Satz geht eine kurze harmonisch-klangliche Einleitung voran, dann setzen die großen lyrischen Bogen des Satzes ein. Es liegen keine thematischen Gegensätze, keine Durchführung, keine dynamischen Höhepunkte vor, die »ewige« Melodie wogt auf und ab wie der Spiegel eines Meeres. Der 2. Satz bringt ein breit angelegtes Scherzo mit einem pastoralen, volkstümlichen Trio. Die ergreifende Klage des Largo im 3. Satz galt der Zerstörung des tschechischen Dorfes Lidice. Freudige Stimmung bringt der rondoartige 4. Satz, in seinem Trio sind Anklänge an die Musik der fernen Heimat erkennbar.

Sinfonie Nr. 2, 4 Sätze, entstanden 1943
Der 1. Satz dieser kammermusikalisch gehaltenen Sinfonie betont traditionelle Sonatenform. Dem ersten Thema wird aber das zweite nicht entgegengeführt, sondern als Fortsetzung angefügt. Die Durchführung ist kontrastlos, und die Coda schließt dieses pastorale Bild poetisch ab. Der 2. Satz bringt ein schlichtes Andante voll Ruhe und zarter Sehnsucht nach einer Umwelt, die ebensoviel Frieden und stilles Glück bietet. Die Melodie ist dem mährischen Volksliedgut entnommen. Das Scherzo des 3. Satzes schreitet im burschikosen Marschtempo voran, ein Trio fehlt. Die fröhliche Stimmung gipfelt in einem der Marsellaise entnommenen Trompetenruf. Ebenso fröhlich ist das Finale. In freier Rondoform werden zwei beschwingte Themen verarbeitet, bis ein Blechbläserchoral das Werk sieghaft in der Ausgangstonika abschließt.

Sinfonie Nr. 3, 3 Sätze, entstanden 1944
Der 1. Satz beginnt spröde und düster; nacheinander eintretende Melodieschichten werden polytonal überlagert. Nach mehreren Steigerungen erklingt ein trauriges Fagottsolo, dann kommt es zu einem ungewöhnlichen Kraftausbruch des gesamten Orchesters. Eine heftige Coda bestätigt mit einem abrupten Abbruch des Satzes dessen schmerzliche Stimmung. Der 2. Satz bezieht das Concerto-grosso-Prinzip genial ein. Neben erregenden Höhepunkten finden sich darin Passagen erlesener Innigkeit, Verzweiflung und Hoffnung lösen einander während des gesamten Satzes ab, bis die Hoffnung die Oberhand gewinnt. Das Finale bringt ein rebellierendes Allegro in Sonatenform, dann setzt nach einem Fagottsolo eine große Hymne der Streicher an die gewonnene Freiheit jenseits jeder Angst ein, ihr folgt eine zweite als Triumphlied auf den kommenden Frieden.

Sinfonie Nr. 4, 4 Sätze, entstanden 1945
Die Freude über die Beendigung des Kriegs und seine baldige Rückkehr nach Prag wird im gesamten Werk deutlich. Der 1. Satz beginnt mit einem Terzenmotiv, das zu einer vollentwickelten Melodie ausgebaut und sodann im Allegro vorgeführt wird. Eine interessante Wiederholung und eine kurze Coda betonen die Fröhlichkeit des Satzes. Im 2. Satz erklingt ein lustiges Scherzo, dessen Trio eine Dorfidylle schildert. Im 3. Satz tragen polytonale Harmonien weit gespannte Melodiebogen. Der 4. Satz ist kräftig und voll sehnsüchtiger slawischer Leidenschaft. Eine strahlende Siegeshymne beendet das Werk.

Sinfonie Nr. 5, 3 Sätze, entstanden 1946
Mit einer Adagioeinleitung beginnt der 1. Satz; die Elemente der beiden Themen des Satzes sind darin bereits enthalten. Er ist durch ständigen Tempowechsel geprägt und außerordentlich ausdrucksreich. Der 2. Satz ist in Rondoform angelegt und trägt den Charakter einer Serenade. Nach der Einleitung erklingt eine anmutige Flötenmelodie, die von den als Zupfinstrumente verwendeten Streichern begleitet ist. Der 3. Satz beginnt mit einem sanglichen Thema. Dann setzt ein stürmisches Allegro ein. Auch dieser Satz ist von dynamischen Kontrasten und polyrhythmischen Bildungen erfüllt.

Sinfonie Nr. 6 »Sinfonische Fantasien«, 3 Sätze, entstanden 1953
Mit dumpfen Klängen beginnt der 1. Satz, aus denen ein Trompetenmotiv emporsteigt; ein spannungsreicher Allegrosatz schließt sich an, dem eine lyrische Gesangspassage folgt. Eine ruhige Reprise beendet den Satz. Im 2. Satz ertönt ein unheimliches Scherzo mit dämonischen Ausbrüchen, die von weiten lyrischen Stellen abgelöst werden. Eine ergreifende Klage des gesamten Orchesters leitet das Finale ein. Die melancholische Stimmung klärt sich durch ein schönes Klarinettensolo vorübergehend auf, dann bricht ein Allegro mit brutaler Wucht herein und endet abrupt. Breit und ruhig beendet ein Choral das Werk.

Klavierkonzert Nr. 2, 3 Sätze, entstanden 1934, umgearbeitet 1944
Eigentümlichkeit und Reiz dieses Werks liegen darin, daß der Orchesterteil durchwegs lyrisch gehalten ist, besonders die Streicher bringen Passagen mit innigen, nahezu unwirklichen Klängen, während dem Klavier harte dissonante Intervalle und wilde Cluster zugeteilt sind. Dieser Kontrast zeichnet alle drei Sätze aus und rückt das Konzert

in die Reihe der bedeutendsten Werke des Komponisten, das jedoch wegen der technischen Schwierigkeit des Soloparts nur selten aufgeführt wird. Es ist für ein durchschnittliches Publikum wenig eingängig und erschließt sich erst nach mehrmaligem Anhören in seiner vollen Kraft und Pracht.

Die Fresken von Piero della Francesca, Tongemälde, 3 Sätze, entstanden 1955

Es handelt sich um kein deskriptives Werk im Sinn der Romantik, das durch die Fresken des Malers des Quattrocento Piero della Francesca (um 1420–92) in San Francesca in Arezzo angeregt wurde. Der Komponist gab lyrisch-meditativ den Eindruck wieder, den die Meisterwerke auf ihn ausübten. Daher nimmt die Musik keinen Bezug auf den italienischen Standort der Bilder, sondern ist tschechisch, weil der Komponist Tscheche war. Der 1. Satz verdeutlicht die Gedanken des Komponisten beim Anblick der Freske, die die Königin von Saba mit König Salomon zeigt. Der 2. Satz gibt »Konstantins Traum« mit rauschenden, lebensfreudigen Klängen wieder. Der 3. Satz vermittelt den Eindruck, den alle acht Fresken »Legende vom heiligen Kreuz« machten: dithyrambische Lust und beseligte Freude.

Sextett für Klavier und Blasinstrumente, 5 Sätze, entstanden 1929

Der 1. Satz, »Praeludium«, legt die Diktion des Werks fest: poetischer Kammermusikstil mit deutlichen Jazzelementen. Im 2. Satz, »Adagio«, kommen die einzelnen Instrumente solistisch zu Wort. Der 3. Satz, »Scherzo«, bringt ein blendendes Flötensolo mit Klavierbegleitung. Der 4. Satz, »Blues«, ist dem Titel entsprechend ein Jazzstück. Im 5. Satz, »Finale«, erklingen tschechische Tanzrhythmen.

Literatur

M. Šafránek, Bohuslav Martinů, Sein Leben und Werk, Kassel 1964. H. Halbreich, Bohuslav Martinů, Zürich 1968. C.H. Martinů, Mein Leben mit Bohuslav Martinů, Prag 1978.

Jacob Friedrich Martius (1760–1842)

Leben

Jacob Friedrich Martius (Marcius) wurde am 27. 3. 1760 als Sohn des Kantors Friedrich Martius (1726–98) in Erlangen geboren. Er studierte Theologie und wurde 1781 Organist an der Altstädter und 1786 an der Neustädter Kirche. Ab 1798 war er auch Stadt- und Universitätskantor und Leiter der »Musicalischen Gesellschaft« der Stadt. Er starb am 2. 7. 1842 in Erlangen.

Werke

Im Gesangunterricht wendete Jacob Friedrich Martius eine Ziffernnotation an, seine Kompositionen schrieb er jedoch mit der zu seiner Zeit üblichen Notiermethode. Er brachte eine »Sammlung vermischter Clavier Stücke« in mehreren Heften, »Taschenbuch für Freunde und Freundinnen der Musik« in 4 Heften, Lieder, Gesänge und Festlieder für Schulen heraus. Er verfaßte außerdem Stücke für Pianoforte und einige Chöre. Er war auch als Musikschriftsteller tätig.

Giuseppe Martucci (1856–1909)

Zeit und Umwelt

Gegen Ende des 19. Jahrhunderts wurden in Italien zahlreiche Stimmen laut, die eine radikale Änderung des gesamten Musikwesens forderten, das noch immer nahezu ausschließlich von der Oper beherrscht wurde. Die Komponisten wurden aufgefordert, sinfonische Musik und Kammermusik zu verfassen, es wurden immer mehr Konzerte veranstaltet, und die Presse bemühte sich, sie einem breiten Publikum schmackhaft zu machen. Erfolge dieser Bemühungen stellten sich allerdings nur langsam ein.

Leben

Giuseppe Martucci wurde am 6.1.1856 in Capua geboren. Er war von 1867 bis 1872 Schüler des Konservatoriums von Neapel, reiste sodann als Klaviervirtuose und wurde 1880 Klavierlehrer am neapolitanischen Konservatorium, dessen Direktion ihm 1902, nachdem er ab 1886 das Liceo Musicale in Bologna geleitet hatte, übertragen wurde. Im Jahr 1888 dirigierte er in Bologna die erste italienische Aufführung von »Tristan und Isolde« von Richard Wagner. Er starb am 1.6. 1909 in Neapel.

WERKE

Von Giuseppe Martucci sind 2 Sinfonien, in d-Moll und F-Dur, 2 Klavierkonzerte in b-Moll und d-Moll, ein Klavierquintett, 2 Klaviertrios, eine Fantasie für zwei Klaviere, eine Celloromanze und Klavierstücke überliefert.

Adolphe Marty (1865–1942)

LEBEN

Adolphe Marty wurde am 29.8.1865 in Albi, Tarn, geboren. Er war von Geburt an blind, wurde in Paris im Institut für junge Blinde erzogen, studierte am Conservatoire bei César Franck und Ernest Guiraud und erhielt den Ersten Orgelpreis. Im Jahr 1888 wurde er Orgellehrer am Blindeninstitut, sodann Organist an St-Paul in Orléans und sodann an St-François-Xavier in Paris. Er starb am 28.10. 1942 in Valence d'Albigeois, Tarn.

WERKE

Neben einem lyrischen Drama, einem Oratorium, Kammermusik, Motetten und Liedern sind von Adolphe Marty zahlreiche Orgelwerke bekannt geworden, die zur Prägung des französischen Orgelstils des 20. Jahrhunderts viel beigetragen haben. Seine Kompositionen werden noch heute viel gespielt.

Adolf Bernhard Marx (1795–1866)

Adolf Bernhard Marx, Zeichnung von W. Hensel

ZEIT UND UMWELT

Neben den nahezu in allen Musikländern im 19. Jahrhundert entstehenden staatlichen oder städtischen Konservatorien kam es auch zur Gründung privater Musikschulen von hohem Rang, weil sie erstklassige Fachleute als Lehrer beschäftigten und eine dementsprechende Ausbildung den Schülern zu bieten in der Lage waren. Einzelne davon wurden sodann im Verlauf der Zeit von der öffentlichen Hand übernommen.

LEBEN

Adolf Bernhard Marx wurde am 15.5.1795 in Halle geboren. Er studierte anfangs Rechtswissenschaft und übte eine Zeitlang einen juristischen Beruf aus, ging sodann nach Berlin, um sich ganz der Musik zu widmen, nachdem er bereits in Halle bei Daniel Gottlob Türk (1750–1813) Unterricht genommen und 2 Opern geschrieben hatte. Seine Ausbildung vervollständigte er bei Carl Friedrich Zelter. Im Jahr 1830 wurde er Professor der Musik an der Berliner Universität und 1832 Universitätsmusikdirektor; 1850 gründete er mit Theodor Kullak und dem Dirigenten und Musikpädagogen Julius Stern (8.8.1820, Breslau, bis 27.2. 1883, Berlin) das Berliner »Sternsche Konservatorium«, das einen vorzüglichen Ruf errang, 1936 zum »Konservatorium der Reichshauptstadt« gemacht und 1945 zum »Städtischen Konservatorium« umbenannt wurde. Adolf Bernhard Marx, der an dieser Schule Kompositionsunterricht erteilte, zog sich 1856 davon zurück und führte nur seine Universitätsämter weiter. Er starb als bekannte Autorität auf vielen Gebieten der Musikwissenschaft am 17.5.1866 in Berlin.

WERKE

Das Oratorium »Mose«, die Klavierwerke, Chöre und Lieder von Adolf Bernhard Marx fanden nur wenig Beachtung. Auch sein zweites Oratorium »Am Tage Johannes des Täufers«, eine Festkantate für die Berliner Universität, ein Singspiel und das »Evangelische Choral- und Orgelbuch« erlitten ein ähnliches Schicksal. Dafür ist sein umfangreiches Schrifttum auf verschiedenen Gebieten der Musikwissenschaft voll grundlegender Erkenntnisse. Auch seine Ausgaben von Werken von Georg Friedrich Händel und Johann Sebastian Bach waren verdienstvoll.

Joseph Marx (1882–1964)

Leben

Joseph Rupert Rudolf Marx wurde am 11.5. 1882 in Graz geboren. Er war Schüler von Erich Wolf Degner und studierte Musikwissenschaft an der Universität seiner Geburtsstadt. Ab 1914 wirkte er in Wien als Professor für Komposition und Musiktheorie an der Akademie für Musik und darstellende Kunst, ab 1947 als Professor für Musikwissenschaft an der Universität Graz, wo er am 3.9.1964 starb.

Werke

Das kompositorische Werk von Joseph Marx ist durch eine impressionistisch-farbenreiche Harmonik gekennzeichnet; erst in späteren Jahren neigte er zur Nachbildung klassischer Formen. Seine kompositorischen Werke sind durch eine »Herbstsinfonie«, eine »Sinfonische Nachtmusik«, ein »Concertino«, eine »Nordlands-Rhapsodie«, eine »Frühlingsmusik«, eine »Festliche Fanfarenmusik«, »Feste im Herbst«, ein Klavierkonzert »Castelli romani« (Römische Kastelle), mehrere Suiten, Klavierquartette, 3 Streichquartette, Trios, Sonaten für Violine und Klavier und für Cello und Klavier, zahlreiche Chöre und Chöre mit Orchesterbegleitung sowie über 100 Lieder mit Klavier oder Orchester repräsentiert. Seine Lieder, auf denen das Schwergewicht seines Schaffens lag, waren zumindest anfänglich stark von Hugo Wolf beeinflußt.

Literatur

E. Werba, Joseph Marx, Wien 1964.

Karl Marx (1897 – 1985)

Leben

Karl Marx wurde am 12.11.1897 in München geboren. Er studierte ab 1919 bei Carl Orff und von 1921 bis 1924 an der Akademie der Tonkunst in München. Anschließend wirkte er an der Akademie als Solorepetitor und ab 1929 als Theorielehrer. Von 1939 bis 1945 war er Kompositionslehrer an der Musikhochschule in Graz und von 1964 bis 1966 an der Musikhochschule in Stuttgart. Er nahm sich sehr stark der Jugenmusikbewegung an. Er starb am 8.5.1985 in Stuttgart.

Werke

Von Karl Marx sind ein Klavierkonzert, ein Bratschenkonzert, ein Violinkonzert, ein Flötenkonzert, ein Konzert für zwei Violinen und Orchester, 2 Divertimenti, eine Kammermusik für sieben Instrumente, eine Passacaglia, 2 Fantasien sowie zahlreiche Chorwerke und Lieder bekannt geworden. Sein Stil ist sehr einfach und greift nicht selten auf alte Vorbilder zurück.

Eduard Marxsen (1806–87)

Zeit und Umwelt

Der Einfluß der Wiener Klassik erstreckte sich nicht nur auf den österreichisch-süddeutschen Raum, sondern auf die gesamte musikalische Welt. Jedenfalls war auch im nördlichen Hamburg ein »Klassizist« nichts seltenes; seine Kompositionen wurden gerade in Norddeutschland, wo auch die Romantik klassische Strukturen einhielt, gerne gespielt und gehört.

Leben

Eduard Marxsen wurde am 23.7.1806 in Nienstädten bei Altona geboren. Er war Sohn eines Organisten und sollte Kleriker werden, bildete sich jedoch zum Musiker aus und wirkte bis 1830 als Assistent seines Vaters. Dann begab er sich nach Wien, um bei dem Freund Ludwig van Beethovens und Franz Schuberts, Carl Maria von Bocklet (1801, Prag, bis 15.7.1881, Wien), bedeutender Klavierlehrer, und bei Ignaz Xaver von Seyfried Unterricht zu nehmen. Hernach ließ er sich in Hamburg als Musiklehrer nieder. Johannes Brahms war einer seiner Schüler. Er starb am 18.11.1887 in Altona.

WERKE
Von Eduard Marxsen sind zahlreiche Orgel- und Klavierstücke bekannt geworden, die sich im Schatten der Klassik bewegten und vom Publikum sehr freundlich aufgenommen wurden. Als Frucht seines Wiener Aufenthaltes komponierte er eine Sinfonie, die er »Beethovens Schatten« nannte. Sie wurde bei Konzerten in Hamburg mehrmals gespielt und erntete viel Applaus.

Pietro Mascagni (1863–1945)

LEBEN
Pietro Mascagni wurde am 7.12.1863 in Livorno geboren. Er war am Konservatorium in Mailand Schüler von Amilcare Ponchielli. Dann führte er als Dirigent einer Operettentruppe ein Wanderleben, bis er sich in Cerignola als Klavierlehrer und Kapellmeister der städtischen Musikkapelle niederließ. Dort schrieb er seinen Welterfolg, die Oper »Cavalleria rusticana«, die 1890 preisgekrönt wurde. Von 1895 bis 1902 wirkte er als Direktor des Liceo musicale von Pesaro und darauf als Direktor der Scuola Nazionale di Musica in Rom bis zu seinem Tod am 2.8.1945. Er trat öfters als Opern- und Konzertdirigent auf.

WERKE
Den Erfolg seiner preisgekrönten Oper konnte Pietro Mascagni mit keiner seiner 15 Opern wiederholen; er schrieb außerdem auch eine Operette, ferner eine Kantate für Sopran und Orchester, eine Trauermesse, das Zwischenspiel zu einem Schauspiel, eine Filmmusik, eine sinfonische Dichtung, ein Klavierstück und Kammermusik.

LITERATUR
D. Cellmare, Pietro Mascagni, Rom 1965.

Florentino Maschera
(um 1540–80)

ZEIT UND UMWELT
Nahezu bis zum Ende des 16. Jahrhunderts dominierte die Vokalmusik. Instrumente wurden zwar immer häufiger herangezogen und von ihrer Rolle als Stimmverstärker befreit, indem man ihnen selbständige Melodien zuwies; sie spielten Einleitungen und Überleitungen, bis es zu kürzeren selbständigen Instrumentalkompositionen kam. Die Lautenisten schrieben schon seit einiger Zeit reine Instrumentalmusik, auch die Orgelkomponisten hielten ihre Improvisationen in Tabulaturen fest. Aber erst allmählich wurden »Canzoni da sonar« (Lieder zum Spielen) verfaßt, wobei die Bezeichnung »Lieder« noch immer auf eine enge Verbindung mit dem Satz der Vokalmusik hinweist. Instrumentengerechte Sätze, die sich vom Vokalsatz völlig freigemacht hatten, folgten erst später.

LEBEN
Florentino Maschera (Fiorenzo Mascara) wurde um 1540 in Brescia geboren. Er war während des Jahres, in dem Claudio Merulo in Brescia als Organist wirkte, sein Schüler, folgte ihm in seine Stelle am Dom der Stadt nach (1557) und versah sie bis zu seinem Tod im Jahre 1580.

WERKE
Der italienische Komponist Florentino Maschera war einer der ersten, die größere selbständige Instrumentalstücke verfaßten. Seine »Canzoni da sonar« waren Vorläufer der Sonate und der Sinfonie. Eine Vorschreibung bestimmter Instrumente gab es noch nicht. Die Canzoni können von Flöten oder Violen gespielt werden. Das Klangfarbenbewußtsein war noch nicht erwacht.

LITERATUR
W. E. McKlee, The Music of Florentino Maschera, North Texas State University, 1958.

Michele Mascitti
(um 1664–1760)

Zeit und Umwelt
Die Violinsonate, die in Italien entstanden war, wurde in Paris sehr bald übernommen, da gerade dort, durch das Beispiel des Hofes angeregt, das Violinspiel besonders gepflegt wurde.

Leben
Michele Mascitti (Michel, Michelly, Miquel) wurde um 1664 in Santa Maria, Neapel, geboren. Seine Ausbildung dürfte er in Neapel erhalten haben. Über seine Tätigkeit in Italien ist nichts bekannt. Um die Jahrhundertwende ging er nach Paris und trat in die Dienste des Herzogs von Orléans. Er starb in Paris im Jahr 1760 und wurde am 10. 4. begraben.

Werke
Der italienische Violinist und Komponist Michele Mascitti veröffentlichte 12 Sonaten für eine oder zwei Violinen mit Generalbaß (Violon und Cembalo), 2 Bücher mit Kammersonaten für Solovioline und Cembalo, weiters Triosonaten und Concerti grossi. Er gilt als Vermittler zwischen italienischem und französischem Violinmusikstil und war zu seiner Zeit sehr hoch geschätzt.

Literatur
L. de La Laurencie, L'école française de violon. Genf 1971.

Gašpar Mašek (1794–1873)

Zeit und Umwelt
Ljubljana (Laibach) entwickelte bereits im 18. Jahrhundert ein beachtliches Musikleben. Die Musikalität der Bevölkerung und der ständige Kontakt mit den Kapellen in Graz und Triest führten zur Gründung einer Philharmonischen Gesellschaft mit einer vorzüglichen Musikschule. Nachdem die Stadt, die von 1809 bis 1813 Regierungssitz der illyrischen Provinzen gewesen war, wiederum zur Hauptstadt des österreichischen Kronlandes Herzogtum Krain geworden war, intensivierte sich ihr kulturelles Leben um ein Vielfaches.

Leben
Gašpar Mašek wurde am 6. 1. 1794 in Prag als Sohn des Vincenc Mašek (1755–1831) geboren. Von 1812 bis 1815 wirkte er als russischer Militärkapellmeister. Sodann assistierte er seinem Vater in Prag, bis er 1819 Theaterkapellmeister in Graz wurde. Von 1820 bis zu seinem Tod am 13. 6. 1873 war er Theaterkapellmeister in Ljubljana und bis 1854 zugleich auch Lehrer an der Musikschule der Philharmonischen Gesellschaft der Stadt.
Sein Bruder Albin Mašek (10. 10. 1804, Prag, bis 24. 3. 1878, Prag) studierte am Konservatorium in Prag und wirkte sodann in der Nachfolge seines Vaters als Kirchenkapellmeister.
Sein Sohn Kamilo Mašek (11. 7. 1831, Ljubljana, bis 29. 6. 1859, Stainz, Steiermark) unterrichtete als Nachfolger seines Vaters an der Musikschule in Ljubljana.

Werke
Von Gašpar Mašek sind 2 Opern, eine Operette, einige Kirchenmusik, Kantaten und vor allem sehr beliebte slowenische Chöre, die heute noch gesungen werden, bekannt geworden.
Albin Mašek hat zahlreiche Kirchenmusik – Messen, Proprien, Orgelstücke – verfaßt.
Kamilo Mašek schrieb Oratorien, Kirchenwerke und Orchesterstücke, außerdem slowenische Lieder und Chöre, die viel gesungen wurden.

Vincenc Mašek (1755–1831)

Zeit und Umwelt
Die »böhmische Musikemigration« war im 18. und auch im 19. Jahrhundert zum musikgeschichtlichen Begriff geworden, weil wohl der Beitrag tschechischer Musiker zur europäischen Musik bedeutend war, aber nur wenige davon in ihrer Heimat bleiben konnten, sofern sie nicht als Kirchenmusiker wirkten. Ansätze zum Aufbau eines bodenständigen Musiklebens brachte zwar die Wende zum 19. Jahrhundert, aber es waren

noch zu wenige Meister, die im Land bleiben wollten und konnten.

LEBEN
Vincenc Václav Mašek (Maschek, Machek) wurde am 5. 4. 1755 in Zwikowetz (Cvikov), Böhmen, geboren. Er war Schüler von Josef Seger und František Xaver Dušek. Er unternahm mehrere Konzertreisen als Pianist, wirkte eine Zeitlang als Opernkapellmeister und ab 1794 als Kirchenorganist in Prag. Ab 1802 betrieb er auch eine Musikalienhandlung. Er starb am 15. 11. 1831 in Prag.
Sein Bruder Pavel Lambert Mašek (15. 9. 1761, Zwikowetz, bis 22. 11. 1826, Wien) war ab 1794 Pianist und dann Musiklehrer in Wien.

WERKE
Die beiden tschechischen Opern von Vincenc Mašek waren ein wichtiger Beitrag zur Entwicklung eines tschechischen Musiklebens. Er schrieb außerdem Messen, Proprien, Kantaten, Lieder, Sinfonien, Klavierkonzerte, Kammermusik, Klaviersonaten und Stücke für Glasharmonika. Seine Musik war der Wiener Klassik sehr angenähert.
Pavel Mašek verfaßte zahlreiche Klavier- und Kammermusik.

Daniel Gregory Mason (1873–1953)

LEBEN
Daniel Gregory Mason wurde als Enkel von Lowell Mason (1792–1872) am 20.11.1873 in Brookline, Mass., geboren. Er studierte an der Harvard University bei John Knowles Paine, in Boston bei Percy Goetschius (30.8.1853, Paterson, N. J., bis 29.10.1943, Manchester, N. H.) und George Whitefield Chadwick und ab 1913 bei Vincent d'Indy in Paris. Er war bis 1942 Professor für Musik an der Columbia University in New York. Er starb am 4.12. 1953 in Greenwich, Conn.

WERKE
Die 3 Sinfonien und die kleineren Orchesterwerke von Daniel Gregory Mason bieten einen spätromantisch-eklektischen Stil wie seine Kammermusik: ein Klavierquartett, 2 Streichquartette – eines im afroamerikanischen Stil –, eine Violinsonate, eine Klarinettensonate, Klavier- und Orgelstücke, Gesänge und Lieder. Er verfaßte mehrere musikhistorische und musiktheoretische Werke.

George Mason (um 1590 bis nach 1618)

ZEIT UND UMWELT
Die Gesellschaftslieder in den ersten Jahrzehnten des 17. Jahrhunderts waren zumeist monodisch und von Laute, Gittern, Violen oder Virginal begleitet. Sie stellten in der Regel nicht nur eine kompositorische, sondern auch eine literarische Leistung dar. Die Texte, die zum Beispiel Thomas Campian für sich selbst oder für andere Komponisten verfaßte, waren echte Dichtkunst.

LEBEN
George Mason wurde um 1590 wahrscheinlich in London geboren. Ob er als Musiker im Dienst des englischen Hofes gestanden ist, kann nicht festgestellt werden. Man vermutet, daß er als Musiklehrer tätig war. Über Ort und Zeit seines Todes ist nichts bekannt.

WERKE
Der englische Komponist George Mason komponierte gemeinsam mit John Earsden »The Ayres that were sung in the King's Entertainment« (Bei der Unterhaltung des Königs gesungene und gespielte Lieder), deren Texte von Thomas Campian verfaßt waren. Sie gehören der gehobenen Unterhaltungsmusik an und waren sehr beliebt.

John Mason (um 1485–1543)

ZEIT UND UMWELT
Das 1458 gegründete Magdalen College in Oxford genoß den Ruf, vorzügliche Chorsänger auszubilden. Die Chorlehrer wurden stets sehr kritisch ausgewählt und mußten sich als Sänger, Chorleiter und Kirchenmusiker bereits bewährt haben.

Leben
John Mason wurde um 1485 in England geboren und 1508 in das Magdalen College in Oxford als Sänger aufgenommen, 1509 war er dort bereits Chorleiter und Kaplan. Im Jahre 1525 verließ er das College, um an anderen Kirchen zu wirken, bis er Schatzmeister der Kathedrale von Hereford wurde. Er starb in Hereford 1543.

Werke
Von John Mason, der bei seinen Zeitgenossen als Kirchenkomponist großes Ansehen genoß, ist eine Anzahl Motetten (ohne Tenor) überliefert. Sie bieten einen wertvollen Einblick in die vorreformatorische Kirchenmusik Englands.

William Mason (1829–1908)

Leben
William Mason wurde am 24. 1. 1829 in Boston geboren und ausgebildet. Nach erfolgreichen Auftritten als Pianist in seiner Geburtsstadt ging er 1849 nach Leipzig, um bei Ignaz Moscheles, Moritz Hauptmann und Ernst Friedrich Richter, und nach Weimar, um bei Franz Liszt Unterricht zu nehmen; er hielt sich auch einige Zeit in Prag bei Alexander Dreyschock auf. Auf der Rückreise trat er in London auf, absolvierte sodann einige Konzertreisen durch die USA und ließ sich schließlich 1855 als Pianist und Klavierlehrer in New York nieder, wo er am 14.7.1908 starb.
Sein Vater Lowell Mason (24.1.1792, Medfield, Mass., bis 11.8.1872, Orange, N. J.) war ein begabter Autodidakt, der vorerst sakrale Gesänge mit von fremden Werken entlehnten Melodien herausbrachte und sich dann der Schulmusik widmete.

Werke
Von William Mason sind ungefähr 40 Klavierstücke verschiedenster Art – Balladen, Tänze, Scherzi, Capricen – erschienen, die der Salonmusik nahestehen, aber dennoch sehr ansprechend sind.
Lowell Mason veröffentlichte zahlreiche Sammlungen von Gesängen für den Schul- und Kirchengesang, worunter sich auch eigene Kompositionen befanden, außerdem Sammlungen von mehrstimmigen Liedern und Glees. Seine Leistung für die Musikentwicklung lag vor allem im Unterricht und der Leitung des Gesangwesens.

Juan Bautista Massa
(1885–1938)

Leben
Juan Bautista Massa wurde am 29.10.1885 in Buenos Aires geboren. Er wurde in seiner Vaterstadt ausgebildet und gründete ein privates Konservatorium in Rosario, Santa Fé, wo er am 7.3.1938 starb.

Werke
Außer 3 Opern, einem biblischen Drama, einer Zarzuela und einem Ballett schrieb Juan Bautista Massa eine sinfonische Dichtung »Tod des Inka«, eine kleine Suite, ein Stück für Orchester und Sprecher, 2 Streichquartette, ein Duett für Violine und Klavier, Klavierstücke, »Drei Eingeborenengesänge« für Gesang, Harfe, Flöte, Englischhorn, Cello und Indianertrommel, Lieder und Chöre a cappella.

Tiburtio Massaini
(um 1550 bis nach 1609)

Zeit und Umwelt
Musiker, die einem weitverzweigten Orden angehörten, wechselten sehr häufig ihren Wirkungskreis. Sie wurden von einem Kloster zum anderen gesandt, wo man sie eben gerade brauchte.

Leben
Tiburtio Massaini (Massaino) wurde um 1550 in Cremona geboren und ausgebildet. Er trat dem Augustinerorden bei und wirkte zuerst in der eigenen Klosterkirche seiner

Vaterstadt. Im Jahre 1585 wurde er Domkapellmeister in Salò, ging darauf nach Innsbruck (1589), Salzburg (1591) und Prag (1592), Cremona (1594) und Piacenza (1598). Von 1600 bis 1608 wirkte er in Lodi, wo er nach 1609 starb.

WERKE
Der Kirchenmusiker Tiburtio Massaini brachte 8 Bücher Madrigale für bis zu acht Stimmen, weitere 8 mit Motetten für bis zu sechzehn Stimmen, 3 Bücher Messen, Psalmen, Hymnen, Lamentationen und Vespern heraus. Musikgeschichtlich interessanter sind aber seine Instrumentalkompositionen: 3 Kanzonen zum Spielen, davon eine für acht Posaunen, eine für vier Violen und vier Lauten und eine für sechzehn Posaunen.

LITERATUR
Cl. Sartori, O. Vecchi e T. Massaino a Salò, Löwen 1969.

Antonio Massana
(1890–1966)

LEBEN
Antonio Massana wurde am 24.2.1890 in Barcelona geboren. Er studierte zunächst in seiner Vaterstadt, sodann in Rom. In seine Heimat zurückgekehrt, versah er verschiedene Organistenstellen, unter anderen auch in Barcelona. Er starb am 9.9.1966 in Raymat, Lérida.

WERKE
Von Antonio Massana sind 2 Opern aufgeführt worden. In Nachfolge von Richard Strauss und Claude Debussy schrieb er eine Sinfonie, eine »Elegía a Debussy«, ein Klavierkonzert, ein Klavierquintett, zahlreiche Klavier- und Orgelwerke, 5 Oratorien, ungefähr 100 Motetten für Singstimme und Orgel sowie 50 Lieder.

Jules Massenet (1842–1912)

ZEIT UND UMWELT
Ähnlich wie in Italien spielte sich in Paris das Musikleben der zweiten Hälfte des 19. Jahrhunderts in der Oper ab, wo das Publikum, nach einem Ausspruch von Vincent d'Indy, einem »heimlichen halb religiösen Erotizismus« huldigte.

LEBEN
Jules Émile Frédéric Massenet wurde am 12.5. 1842 in Montaud bei St-Étienne, Loire, geboren. Seine Ausbildung genoß er am Conservatoire in Paris unter Ambroise Thomas und erhielt den Rompreis. Nach seiner Rückkehr aus Italien waren ihm sein Lehrer sowie der Dirigent, Konzertunternehmer und Theater-

Improvisation für Klavier, Autograph von Jules Massenet

direktor Jules-Étienne Pasdeloup (15.9.1819, Paris, bis 13.8.1887, Paris) behilflich, seine ersten Kompositionen unterzubringen. Nachdem er 1878 als Kompositionslehrer an das Conservatoire berufen worden war, wurde er mit einigen Orchesterstücken und mehreren Opern immer mehr bekannt, bis er 1884 mit der Oper »Manon« einen durchschlagenden Erfolg errang. Durch nahezu 40 Jahre genoß er eine Popularität, die nur Charles Gounod erreicht hatte. Vielfach ausgezeichnet und mit Ehren überhäuft, starb er am 13.8.1912 in Paris.

WERKE

Man hat Jules Massenet den letzten großen Opernkomponisten Frankreichs genannt und vergaß dabei, daß zur selben Zeit auch in Italien und Deutschland die wirklichen Erfolgsopern zu Ende gegangen waren, so daß die Opernprogramme des 20. Jahrhunderts einem Antiquariatskatalog ähneln, weil nach Gounod, Bizet und Massenet, nach Verdi und Puccini und nach Richard Wagner nur mehr regionale und kurzfristige Erfolge erreicht werden konnten. Außer seinen 23 Opern, von denen »Manon«, »Werther«, »Thaïs« und »Don Quijote« heute noch gespielt werden, hat er mehrere Schauspielmusiken, 3 Ballette, 3 Oratorien: »Marie Magdeleine«, »Eve« und »La terre promise« (Das gelobte Land), 2 Kantaten, 3 Ouvertüren, eine Tondichtung, »Visions«, 7 Suiten für Orchester, eine Fantasie für Cello und Orchester, ein Klavierkonzert, ein Duett von zwei Violinen mit Orchester, ein Streichquartett, eine Anzahl A-cappella-Chöre und Romanzen verfaßt. Gespielt werden heute von dieser Musik nur mehr einzelne der 7 Suiten.

Scènes Hongroises – Nr. 2 der sieben Suiten für Orchester, 4 Teile, entstanden 1871

Die ersten 3 Teile: »Einleitung in Form eines Tanzes«, »Zwischenspiel« und »Abschied von der Verlobten« sind kurz und bilden das Vorspiel zum Tongedicht des 4. Teils: »Einzug«, »Trauungszeremonie« und »Auszug aus der Kirche«, dessen Mittelstück – »Trauung« – durch ein herrliches Klarinettensolo geschildert wird. Die ungarisierenden Klänge brachte der Komponist von einem Besuch in Budapest mit.

LITERATUR

A. Bruneau, Massenet, Paris 1935.

Domenico Massenzio

(um 1590 bis um 1650)

ZEIT UND UMWELT

Schon die ersten Enkelschüler der Verfechter des alten Stils mußten dem Zeitgeschmack entgegenkommen. Orgelbegleitung zum Kirchengesang war nahezu in allen römischen Kirchen zur Selbstverständlichkeit geworden. Der Generalbaß war kaum mehr fernzuhalten, und auch die Monodie setzte sich überall durch. Der alte Stil mit seiner Kontrapunktik wurde vom Publikum zwar sehr bewundert, zu hören wünschte man aber zumindest einen Stile misto.

LEBEN

Domenico Massenzio wurde um 1590 in Ronciglione geboren und als Sängerknabe an San Luigi de'Francesi aufgenommen. Im Jahr 1606 trat er in das Seminario Romano ein und studierte dort bei Agostini Agazzari, Hannibal Orgas und Giovanni Francesco Anerio. 1610 wurde er Tenorist an der Cappella Giulia und 1612 nach Anerio Kapellmeister der Congregazione dei Nobili della Casa dei Gesuiti. Von 1616 bis 1627 war ihm die Leitung des zweiten Chores der Cappella Giulia anvertraut. Er starb in Rom um das Jahr 1650.

WERKE

Der italienische Kirchenkomponist Domenico Massenzio hat eine beträchtliche Anzahl Kompositionen geschaffen, mehrere Bücher mit sakralen Liedern, Litaneien, Psalmen, Kompletorien, Vespern, geistlichen Motetten und Kirchenkonzerten. Das meiste davon ist mit Orgelbegleitung, einiges ist auf Generalbaß aufgebaut.

LITERATUR

R. Casimiri, I maestri di cappella dopo il concilio di Trento nei maggiori istituti ecclesiastici di Roma, in: Note s'archivio XV, 1938, und XVIII, 1943.

Leone Massimo (geboren 1896)

Leben

Leone Massimo wurde am 25.1.1896 in Rom geboren. Er studierte in Rom bei Ottorino Respighi, in München bei Walter Courvoisier und in Paris bei Charles Koechlin. Er wirkte von 1956 bis 1968 als Lehrer für Musikgeschichte am Centro Sperimentale di Cinematografia in Rom.

Werke

Von Leone Massimo sind ein Concerto grosso, Versetti, 2 Divertimenti, »Vier Stücke«, »Sechs Studien«, 3 »Fantasien«, ein »Konzert«, »Signale und Skizzen« für Orchester, ein Violinkonzert, eine Kammersinfonie für zehn Instrumente, »Inventionen« für zwölf Instrumente, ein Konzert für Streicher, eine »Musik« für Bläser, ein Bläserquintett, 3 Streichquartette, ein Konzert für Cembalo und Streicher, Werke für Singstimmen und Instrumente, eine Messe und andere Chorwerke, Gesänge mit Klavier, Klavier- und Orgelstücke, außerdem ein Ballett bekannt geworden.

Esteban Massini (1788–1838)

Zeit und Umwelt

Saiteninstrumente – Gitarre, Harfe, Ukulele, Banjo – sind heute Hauptinstrumente der südamerikanischen Volksmusik. Sie wurden aber erst von den Einwanderern eingeführt; die Ureinwohner des Kontinents kannten bis zu seiner Entdeckung kein einziges Zupf- oder Streichinstrument. Die Gitarre fand sehr rasch weite Verbreitung unter den Siedlern; die Indianer übernahmen sie nur zögernd.

Leben

Esteban Massini (Stefano) wurde 1788 in Genua geboren. Er lebte zunächst als Gitarrist am kaiserlichen Hof in Rio de Janeiro, sodann ab 1823 als Gitarrenlehrer in Buenos Aires, wo er 1838 starb.

Werke

Von Esteban Massini sind zahlreiche Werke für Gitarre zu Konzert- und Übungszwecken erschienen; berühmt davon wurde das »Gran Rondó« für Gitarre und Orchester, der »Himno de los Restauradores« und die »Canción fúnebre«. Er wurde durch seine Lehrwerke und seine Unterrichtstätigkeit zu einem der Begründer der südamerikanischen Gitarristik.

Santiago Massoni (1798–1878)

Zeit und Umwelt

In den Jahren 1810 bis 1813 wurden die Spanier aus dem 1776 errichteten Vizekönigreich Río de la Plata vertrieben; 1816 wurde die Unabhängigkeit des Landes verkündet und die Republik Argentinien gegründet. Randgebiete wie Paraguay, Uruguay und Bolivien gingen verloren. Das Land selbst wurde durch politische Kämpfe erschüttert. Der erste Präsident, Bernardino Rivadavia (1780–1845), Führer der Unitaristen, strebte einen zentral von der Hauptstadt Buenos Aires regierten Einheitsstaat an. Sein Gegner Juan Manuel de Rosas (1793–1877), Führer der Föderalisten, erkämpfte sich 1829 die Stelle des Gouverneurs von Buenos Aires. Die politischen Wirren dauerten noch Jahrzehnte an und waren für eine kulturelle Entwicklung sehr ungünstig. Auch war es für jeden schwierig, sich selbst aus den Zwistigkeiten herauszuhalten.

Leben

Santiago Massoni (Giacomo) wurde 1798 in Bologna geboren. Er studierte an den Konservatorien von Bologna und Mailand, dann auch bei Niccolò Paganini. Im Jahr 1820 wurde er Violinvirtuose am Hof in Rio de Janeiro. Als Brasilien 1822 seine Unabhängigkeit erklärte, übersiedelte er nach Buenos Aires und übernahm dort die Leitung des Orchesters der Sociedad Filarmónica. Die sich immer mehr zuspitzende politische Lage in Argentinien vertrieb ihn 1829 nach Lima, von wo er 1833 mit einem Opernorchester nach Europa zurückreiste. Er starb 1878 in Turin.

Werke

Von Santiago Massoni sind mehrere umfangreiche Variationenwerke und verschiedene

Hymnen erhalten. Alles ist im italienischen Stil der Zeit gehalten. Zu einer eigenständigen Musikentwicklung in Argentinien war es noch nicht gekommen.

Louis Massonneau (1766–1848)

ZEIT UND UMWELT

Eine weitere Stufe der Entwicklung des Konzertwesens stellte in den ersten Jahrzehnten des 19. Jahrhunderts die Einbeziehung bürgerlicher Laienchöre in Konzerte von Berufsmusikern dar. Da diese Chöre um vieles umfangreicher waren als die an Höfen oder Kirchen fest engagierten, erhielten die Oratorienaufführungen den Festklang, den das romantische Zeitalter verlangte.

LEBEN

Louis Massonneau wurde am 10. 1. 1766 in Kassel geboren. Er kam 1783 als Violinist und Viola-d'amore-Spieler an den landgräflichen Hof seines Geburtsorts; dann wirkte er als Konzertmeister in Göttingen, Frankfurt am Main, Altona, Dessau und schließlich in Ludwigslust, wo er Hofkapellmeister wurde. Er dirigierte die ersten drei Mecklenburgischen Musikfeste in den Jahren 1816, 1819 und 1820, bei denen die Ludwigsluster Hofkapelle mit den bürgerlichen Oratorienchören gemeinsam konzertierte. Er starb am 4. 10. 1848 in Ludwigslust.

WERKE

Von Louis Massonneau sind 3 Duos für drei Violinen, 3 Duos für Violine und Cello, 3 Trios für Violinen und Cello, 12 Streichquartette, 3 Quartette für Oboe, Violine, Bratsche und Cello, eine konzertante Sinfonie für zwei Flöten und Orchester, 4 Sinfonien, darunter »La Tempête et le calme« (Sturm und Beruhigung), eine Vorläuferin der »Pastorale« von Ludwig van Beethoven, erhalten. Handschriftlich sind Kantaten, Messen und eine Oper überliefert. Sein Stil bewegt sich in den Bahnen der deutschen Klassik mit starkem Ausdruck und vielen Lyrismen.

Eduardo Mata (geboren 1942)

LEBEN

Eduardo Mata wurde am 15. 9. 1942 in Mexiko-Stadt geboren. Er studierte am Konservatorium seiner Vaterstadt bei Rodolfo Halffter bis 1960 und anschließend bei Carlos Chávez, weiters bei Erich Leinsdorf (geboren 4. 2. 1912, Wien), Max Rudolf (geboren 15. 6. 1902, Frankfurt am Main), Gunther Schuller und Igor Kipnis (geboren 27. 9. 1930, Berlin) in Tanglewood, Mass. Im Jahr 1964 übernahm er die Leitung des Ballet Clásico von Mexiko, dirigierte Opern und Konzerte im gesamten Land und wurde schließlich Leiter des Universitätsorchesters in Guadalajara und in Mexiko-Stadt. Als Dirigent bereist er die USA und Europa und setzt sich tatkräftig für die Neue Musik ein.

WERKE

Außer einem Ballett für Tonband schrieb Eduardo Mata 3 Sinfonien, Improvisationen für Streichorchester und zwei Klaviere, für Streichquartett und Klavier vierhändig und für Violine und Klavier, »Arien« für Mezzosopran, zwei Flöten, Oboe, Fagott, zwei Bratschen, Cello und Kontrabaß, eine Sonate für Cello und Klavier, eine Sonate und weitere Stücke für Klavier.

Johannes Matelart
(um 1510 bis nach 1559)

ZEIT UND UMWELT

Der Chor an der römischen Kirche San Lorenzo in Damaso wurde zuweilen als zweitrangig bezeichnet. In der Liste der Sänger und Kapellmeister der Kirche erscheinen jedoch bekannte Namen, so daß diesem abwertenden Urteil nicht geglaubt werden kann. Es dürfte so gewesen sein, daß diese Kapelle nicht schlechter gewesen ist als die an anderen römischen Kirchen, die alle die Vorbilder der Sistina, des Petersdomes und der Laterankirche vor Augen hatten.

LEBEN

Johannes Matelart wurde um 1510 im

franko-flämischen Raum geboren. Es ist nicht bekannt, wann er nach Rom kam. Jedenfalls scheint er 1559 als Kapellmeister an San Lorenzo in Damaso auf. Auch Ort und Zeit seines Todes lassen sich nicht feststellen.

WERKE

Der franko-flämische Komponist Johannes Matelart hinterließ 15 Ricercari, Madrigale und Hymnen, außerdem 1559 eine Lautentabulatur mit eigenen Werken. Die Messen, die er angeblich verfaßt hat, sind verschollen.

Émile Mathieu (1844–1932)

ZEIT UND UMWELT

Ein großer Teil der französischsprechenden Komponisten Belgiens lehnten sich derartig eng an die Musikentwicklung Frankreichs an, daß sie sich von ihren französischen Kollegen durch nichts unterschieden; die nicht sehr nachhaltigen Versuche, eine eigenständige Musik zu entwickeln, wurden hauptsächlich von den Flamen getragen.

LEBEN

Émile Louis Victor Mathieu wurde am 18. 10. 1844 in Lille geboren. Er studierte am Konservatorium in Brüssel und wirkte ab 1867 als Lehrer an der Musikschule in Löwen. Von 1871 bis 1875 war er Kapellmeister am Théâtre du Châtelet in Paris und darauf am Théâtre de la Monnaie in Brüssel. Im Jahr 1881 übertrug man ihm die Leitung der Musikschule in Löwen, und von 1898 bis 1924 war ihm die Direktion des Konservatoriums in Gent anvertraut, wo er am 20. 8. 1932 starb.

WERKE

Von Émile Mathieu sind 7 Opern, ein Ballett, 3 sinfonische Dichtungen, ein Klavierkonzert, ein Violinkonzert, ein Te Deum und weitere Chorwerke, Männerchöre, Balladen und Lieder überliefert. Seine Musik gehörte der französischen Hochromantik an.

Julien Amable Mathieu (1734–1811)

LEBEN

Julien Amable Mathieu wurde am 31. 1. 1734 als Sohn des Violinisten der Königlichen Kapelle und der Oper sowie Kapellmeisters an St-Louis Michel Mathieu (28. 10. 1689, Paris, bis 7. 4. 1768, Versailles) in Versailles geboren. Er wurde mit 14 Jahren Mitglied der 24 Violons du roy und 1759 Violinist der Kapelle der Königin. Im Jahr 1765 fiel ihm die Leitung der Königlichen Kapelle (als letztem neben François Giroust) zu. Nach 1789 wirkte er als Organist an St-Louis bis zu seinem Tod am 6. 9. 1811 in Paris.

WERKE

Die 12 Violinsonaten mit Generalbaß von Julien Amable Mathieu stellen vor allem reine virtuose Übungen dar. Mehr Musikalität brachten seine 6 Trios für zwei Violinen und Baß und seine 6 Sonaten für zwei Violinen. Er verfaßte auch eine Reihe schöner Motetten und anderer Gesänge.

Jean-Baptiste Matho (um 1660 – 1746)

ZEIT UND UMWELT

Mit »Divertissement« bezeichneten die Franzosen Gesang- und Tanzeinlagen in Bühnenstücken entweder zwischen den Akten oder am Ende des Spiels. Sie wurden nach Lully zu Opéra-Ballets ausgeweitet und bildeten bei vielen Opern selbständige Balletteinlagen, die mit der Handlung in Zusammenhang standen. Ihre Musik wurde auch zu selbständigen Konzertnummern.

LEBEN

Jean-Baptiste Matho (Mataut, Matheau, Matos, Mattau) wurde um 1660 in der Bretagne geboren. Er war anfänglich einfacher Kapellsänger, dann Gesang- und Musiklehrer der Kronprinzessin und schließlich 1717 Musiklehrer des Königs (ab 1722) und der Prinzen (ab 1734). Er nahm an verschiedenen Hofveranstaltungen in Versailles teil, wo er am 16. 3. 1746 starb.

WERKE

Der französische Komponist Jean-Baptiste Matho verfaßte eine Reihe von Divertissements, eine Anzahl Motetten und Airs de cour, außerdem eine Oper. Sein Stil stand unter dem Einfluß Lullys.

Václav Matiegka (1773–1830)

LEBEN

Václav Matiegka (Wenzeslaus Thomas) wurde am 6.7.1773 in Chotzen (Choceň), Böhmen, getauft. Er war ab 1788 Sopranist am Seminar in Kremsier (Kroměříž), studierte in Prag Jurisprudenz und bei Josef Jelínek (1758–1825) Musik. Im Jahr 1800 begab er sich nach Wien, wo er bald als Klavier- und Gitarrenlehrer bekannt wurde. Ab 1817 wirkte er dort als Chorregent an St. Leopold und ab 1821 in gleicher Eigenschaft an St. Joseph. Er starb am 19.1.1830 in Wien.

WERKE

Von Václav Matiegka sind einige Messen und andere sakrale Stücke bekannt geworden. Berühmt wurde er durch seine 30 Werke für Gitarre, von denen eines (Notturno) von Franz Schubert für Flöte, Bratsche und Gitarre zu einem Quartett erweitert wurde (D 96). Einen hohen Bekanntheitsgrad erreichte auch seine Serenade für Flöte, Bratsche und Gitarre.

LITERATUR

F. Buck, Die Gitarre und ihre Meister, Berlin 1926.

Giovanni Antonio Matielli
(um 1733–1805)

LEBEN

Giovanni Antonio Matielli wurde um 1733 in Italien oder in Wien geboren. Er war Schüler von Georg Christian Wagenseil in Wien, wo er als Cembalist, Pianist und Klavierlehrer lebte. Welche andere Tätigkeit er ausübte, ist nicht bekannt. Er starb am 18. 7. 1805 in Wien.

WERKE

Das wichtigste Werk von Giovanni Antonio Matielli sind seine »Sei Sonate par il Cembalo« (6 Sonaten für Cembalo), die einen bedeutenden Beitrag zur Geschichte der Wiener Pianistik darstellen. Außerdem brachte er mehrere Konzerte und Divertimenti für Pianoforte heraus.

Aleksei Matschawariani
(geboren 1913)

LEBEN

Aleksei Dawidowitsch Matschawariani wurde am 10.9.1913 in Gori, Grusinien, geboren. Während seiner Tätigkeit als musikalischer Leiter des Operettentheaters in Tbilisi studierte er am Konservatorium bei Pjotr Borisowitsch Rjasanow (9.10.1899, Narva, Estland, bis 11.10.1942, Tbilisi) Komposition, wurde 1942 Assistent für Kompositionslehre bei Andrei Balantschiwadse und 1952 selbst Dozent und 1960 Professor in diesem Fach.

WERKE

Neben 2 Opern auf grusinische Texte und 2 Balletten schrieb Aleksei Matschawariani eine Sinfonie, eine Festouvertüre, ein Klavierkonzert, ein Violinkonzert, weitere Instrumental- und Klavierwerke, ein Oratorium, Lieder, Bühnen- und Filmmusik. Sein Stil ist folkloristisch-spätromantisch.

Yoritsuné Matsudaïra
(geboren 1907)

LEBEN

Yoritsuné Matsudaïra wurde am 5.5.1907 in Tokio geboren. Er studierte in Paris bei Aleksandr Tscherepnin. Von 1953 bis 1955 wirkte er in Tokio als Sekretär und anschließend bis 1960 als Präsident der Gesellschaft für Neue Musik.

Sein Sohn Yoraki Matsudaïra (geboren 27.3. 1931, Tokio) lebt nach naturwissenschaftlichen Studien und Musikausbildung in seiner Geburtsstadt ausschließlich für sein kompositorisches Schaffen.

Werke

Von Yoritsuné Matsudaïra sind zahlreiche Kompositionen für verschieden besetzte Ensembles – teils mit europäischen, teils mit japanischen Instrumenten –, fallweise mit Singstimmen, bekannt geworden: Konzerte, Serenaden, Tänze, Chöre, Lieder. Die verwendeten modernen Fakturen kommen einer Integration abendländischer und japanischer Musik sehr entgegen. Er verarbeitet in seine Musik Gagaku-, Kabuki- und No-Musik.

Yoraki Matsudaïra wirft zwar die Musikformen seiner Heimat nicht über Bord, läßt sie aber nur zuweilen als Reminiszenz anklingen, während er sich im übrigen voll der Avantgarde verschworen hat. Elektronik in jeder Form, Tonbänder, verschiedene Geräuschemacher beherrschen seine sehr interessanten Werke. Tonverfremdungseffekte werden häufig, aber nie ohne künstlerische Notwendigkeit herangezogen.

Shinichi Matsushita (geboren 1922)

Leben

Shinichi Matsushita wurde am 1.10.1922 in Osaka geboren. Er studierte an der Universität in Fukuoka Mathematik und zugleich privat Musik. Im Jahr 1958 wurde er Mitarbeiter des elektronischen Studios in Osaka. Derzeit wirkt er als Mathematikprofessor und als Mitglied der Musikfakultät der Universität in Osaka.

Werke

Einige der Kompositionen von Shinichi Matsushita wurden bei verschiedenen Wettbewerben und Festivals mit Preisen ausgezeichnet. Er schrieb unter anderem »Kammermusik für 8 Spieler«, eine »Canzona« für Klavier und Schlagzeug, ein Orchesterstück, eines für drei Orchestergruppen, »Musik« für Sopran und Kammerensemble, »Fresken« für sieben Instrumente, »Kolonnen für Schlagzeuge«, eine »Musik« für elektrische Orgel, Elektrogitarre und acht Instrumente, »Musik der Steinzeit« für elektronische Klänge, Vibraphon, Ondes Martenot und Geräusche, verschiedene Tonbandmusik und ein »Tonband-Requiem« für vier Solisten und gemischten Chor.

Stanislao Mattei (1750–1825)

Zeit und Umwelt

Verursacht durch die politische Lage in ganz Italien, begann das Musikleben auch in Bologna an Niveau zu verlieren. Aber durch die Gründung des neuen Liceo Filarmonico, das bald in Liceo Musicale umbenannt wurde und später den Namen Conservatorio »Giovanni Battista Martini« erhielt, kamen neue Anregungen, so daß der Musikbetrieb der Stadt binnen kurzem zu seiner alten Höhe zurückkehrte.

Leben

Stanislao Mattei wurde am 10. 2. 1750 in Bologna geboren. Er war Schüler von Padre Martini, dem er 1770 als Kapellmeister des Franziskanerklosters nachfolgte. Im Jahr 1789 übernahm er die gleiche Stellung an San Petronio und wurde 1799 Mitglied der Accademia Filarmonica, deren Leitung ihm mehrmals zufiel. Er war einer der Gründer des Liceo Filarmonico, an dem er als Kompositionslehrer bis zu seinem Tod am 12. 5. 1825 wirkte.

Werke

Außer seiner dreibändigen Generalbaßschule mit vielen Beispielen schrieb Stanislao Mattei eine Passion, 8 Messen, zahlreiche kleinere sakrale Werke und ein Intermezzo. Sein Stil orientiert sich an seinem Lehrer.

Nicola Matteis (um 1650 bis nach 1700)

Zeit und Umwelt

England verfügte über eine ausreichende Anzahl Organisten, Cembalisten und Violisten. Violinisten bezog es im 17. und in der ersten Hälfte des 18. Jahrhunderts zumeist aus Frankreich oder Italien. Zu einer eigenen Violinistenschule war es noch nicht gekommen.

Leben
Nicola Matteis wurde um 1650 vermutlich in Neapel geboren. Er kam 1672 nach London und ließ sich dort als Violinist und Violinlehrer nieder. Er starb in London nach 1700. Sein Sohn Nicholas Matteis (um 1670, England, bis 23. 10. 1737, Wien) war Schüler seines Vaters, wirkte zunächst als Violinist in England, sodann ab 1700 an der Wiener Hofkapelle.

Werke
Der italienische Violinist und Komponist Nicola Matteis verfaßte 4 Bücher mit Suiten für Violine und Generalbaß, eine Liedersammlung und eine Cäcilienode.
Von Nicholas Matteis sind ein Violinkonzert – eines der ersten seiner Art –, eine Solosonate und eine Triosonate, weiters eine Fantasie in c-Moll für Violine erhalten.

Matteo da Perugia (um 1370–1418)

Zeit und Umwelt
An der Stelle der Basilika Santa Maria Maggiore aus dem 9. Jahrhundert wurde im Jahre 1386 unter Gian Galeazzo Visconti (1351 bis 1402), Herzog von Mailand und Graf von Pavia, dem mächtigsten seines Geschlechtes, der Bau des Domes zu Mailand begonnen. Sobald es der Fortschritt des Baues erlaubte, kam es zur Gründung der Domschule, die bald in einem so hohen Ruf stand, daß ihre Mitgliedschaft allein schon zur begehrten Auszeichnung für jeden Musiker wurde.

Leben
Matteo da Perugia (Matheus de Perusio) wurde um 1370 in Perugia geboren. Der italienische Komponist ist zwischen 1402 und 1407 und zwischen 1414 und 1416 am Mailänder Dom als Sänger nachweisbar. Er gab an der Domschule auch Musikunterricht. In den Jahren 1405 bis 1407 hielt er sich am Hof des Erzbischofs von Mailand in Pavia auf. Er starb 1418 in Mailand.

Werke
Matteo da Perugia gehörte in der Zeit des Überganges von der französisch beeinflußten Ars nova bis zum Auftreten Dufays zu den Hauptmeistern Italiens. Von ihm sind 4 dreistimmige und ein vierstimmiges Et in terra, eine dreistimmige Motette, 2 dreistimmige italienische Ballate, ein dreistimmiger Kanon erhalten; dazu die französischen Stücke: 4 dreistimmige Balladen, 5 dreistimmige und 2 zweistimmige Virelais, 7 dreistimmige und 3 zweistimmige Rondeaux. Er fügte einer Reihe von Stücken anderer Komponisten (Ciconia, Fontaines usw.) eine dritte Stimme hinzu.

Literatur
Cl. Sartori, M. da Perugia e B. Feragut i due primi Maestri di Cappella del Duomo di Milano, Acta Musicologica XXVIII, 1956.

Conrad Matthaei (1619 bis nach 1667)

Zeit und Umwelt
Die Musiktheoretiker Sethus Calvisius (1556 bis 1615) und Johann Lippius (24. 6. 1585, Straßburg, bis 24. 9. 1612, Speyer) überführten die praktische Satzlehre aus der Form des Kontrapunkts in die der Harmonielehre. Damit war ein Teil der Musiktheorie des 16. Jahrhunderts beendet. Es blieb noch die Aufgabe einer letzten ausführlichen Darstellung der Kirchentöne in Deutschland, um diese zu verabschieden und der Dur-Moll-Tonalität alle Tore zu öffnen.

Leben
Conrad Matthaei wurde 1619 in Braunschweig geboren und von Kantor Heinrich Grimm ausgebildet. Er studierte um 1650 in Königsberg Jurisprudenz. Ab 1654 war er Kantor an der Altstädter Kirche in Königsberg, wo er nach 1667 starb.

Werke
Der deutsche Musiktheoretiker und Komponist Conrad Matthaei veröffentlichte einen »Kurtzen Bericht von den Modis Musicis« über den Gebrauch der Kirchentöne in Deutschland und stützte sich dabei auf die theoretischen Publikationen von Sethus Cal-

visius und Johann Lippius. Außer dieser grundlegenden Arbeit vertonte er eine Reihe von Psalmentexten und verfaßte Gelegenheitswerke, die tonal gehalten sind.

LITERATUR

G. Küsel, Beitrag zur Musikgeschichte der Stadt Königsberg in Preußen, Königsberg 1923.

Johann Mattheson (1681–1764)

ZEIT UND UMWELT

Die in Hamburg intensiv gepflegte italienische Oper führte zu einer gewissen Profanierung der Musik der Stadt überhaupt. Die Lehren der französischen Aufklärung fanden in der weitgehend liberal regierten Stadt willkommene Aufnahme, und der englische Sensualismus hielt durch die engen Beziehungen zwischen den beiden Städten London und Hamburg leicht Eingang. Daraus entstand ein musikästhetisches Syndrom, das sich rasch über ganz Deutschland ausbreitete und an seinen Musikzentren, vor allem in Dresden, auf eine verwandte Stufe der Musikentwicklung stieß.

LEBEN

Johann Mattheson wurde am 28. 9. 1681 in Hamburg geboren. Nach einer vielseitigen wissenschaftlichen und musikalischen Ausbildung wurde er 1696 Sänger und 1699 Komponist und Dirigent der Oper von Hamburg. Ab 1704 war er Hauslehrer, 1706 Sekretär und 1755 Subdelegatus beim englischen Gesandten; 1718 wurde er Musikdirektor und Kanonikus am Hamburger Dom, 1719 dazu Kapellmeister am Schleswig-Holsteinischen Hof, 1742 Legationssekretär und 1744 Legationsrat des Herzogs von Holstein. Seine musikalische Tätigkeit mußte Mattheson 1728 wegen Gehörlosigkeit aufgeben. Er starb in Hamburg am 17. 4. 1764.

WERKE

Der deutsche Musikschriftsteller und Komponist Johann Mattheson verfaßte 6 Opern, zahlreiche Oratorien, 12 Solokantaten, 3 »Deutsche Arien«, einige Lieder, 12 Kammersonaten, 12 Sonaten für zwei bis drei Flöten, 12 Cembalosuiten und 12 Cembalofugen. Seine große Bedeutung für die Musikentwicklung fußt jedoch auf seinem schriftstellerischen Werk, das 118 Titel umfaßt. Er schrieb eine Enzyklopädie der gesamten Musikpraxis seiner Zeit und sammelte zahlreiche Musikerbiographien für eine »Ehren-Pforte«. Er war für alle musikalischen Fragen seiner Zeit maßgebend und trug zur Verbreitung des neuen Stils des 18. Jahrhunderts viel bei.

LITERATUR

R. Schäfke, Geschichte der Musikästhetik, Tutzing 1964.

Mattheus Le Maistre (um 1505–77)

ZEIT UND UMWELT

Moritz von Sachsen erhob den Protestantismus zur Staatsreligion und zog alle Kirchengüter ein (1543). Der Erlös wurde für Unterrichtszwecke verwendet, zur Reorganisation der Universität Leipzig und zur Gründung der Fürstenschulen in Meißen, Pforta und Magdeburg. Auch die Hofkapelle in Dresden wurde reichlich dotiert.

LEBEN

Mattheus Le Maistre wurde um 1505 in Roclenge-sur-Geer geboren. Der franko-flämische Komponist folgte 1554 Johannes Walter als Hofkapellmeister in Dresden nach, blieb dort auch, nachdem er die Stelle 1568 aufgegeben hatte, bis zu seinem Tod im April 1577 wohnhaft. Es ist wahrscheinlich, daß er vor dieser Tätigkeit in München gewirkt hat und mit dem 1552 als Mitglied der Münchner Hofkantorei genannten Matheß Nidlender ident war.

WERKE

Die Kompositionen von Le Maistre, die durch Münchner Handschriften überliefert und höchstwahrscheinlich dort entstanden sind, unterscheiden sich grundlegend von

denen der Dresdner Zeit. Die 5 Messen und die kleineren Kirchenwerke folgen dem franko-flämischen Spätstil und sind auf katholische Gottesdienstordnung eingestellt. Nach der Übernahme der Stelle in Dresden schloß sich Le Maistre der gotisierenden Tradition der frühen deutschen Reformationsmusik an. »Catechesis numeris musicis inclusa« besteht nur aus wenigen einfachen, Note für Note dem lateinischen Text der Hauptteile des Lutherischen Katechismus folgenden Weisen, das Paternoster bringt eine gregorianische Melodie vierstimmig, das Credo ist dreistimmig.
Sein Magnificat ist entwickelter und erinnert an die Münchner Zeit. »Geistlich und Weltlich Teutsche Geseng« beinhaltet 69 sakrale und 22 profane Lieder für vier und fünf Stimmen, »Liber primus Sacrarum Cantionum« 15 fünfstimmige Motetten, »Officia de nativitate et ascensione« (Weihnachts- und Himmelfahrtsoffizien) sind für fünf Stimmen gesetzt, »Schöne und auserlesene Geistliche Gesenge« besteht aus 24 Tricinia. Die fünfstimmige Messe »Ich weiss mir ein fest gebawets Haus« gehört in die Zeit, in der der protestantische Ritus die Messe noch beibehalten wollte.

LITERATUR

O. Kade, Mattheus Le Maistre, Mainz 1862.

Hans Matthison-Hansen (1807–90)

LEBEN

Hans Matthison-Hansen (eigentlich Hans Matthias Hansen) wurde am 6.2.1807 in Flensburg geboren. Er wollte sich zunächst in Kopenhagen der Graphik widmen und Musik nur nebenher betreiben. Christopher Ernst Friedrich Weyse überredete ihn jedoch, ernsthaft Musik zu studieren. Der Erfolg war, daß er bereits 1832 zum Organisten des Domes in Roskilde gewählt wurde, welche Stellung er bis zu seinem Tod am 7.1.1890 betreute.

WERKE

Die Kompositionen von Hans Matthison-Hansen waren vor allem der Kirche und der Orgel gewidmet. Er verfaßte das Oratorium »Johannes«, Psalmen mit Orchesterbegleitung, Kirchenkantaten, Präludien und Postludien für Orgel, Orgelsonaten, Choralbearbeitungen und Fantasien für Orgel und weitere Orgelstücke und Klavierstücke, die auf der Orgel spielbar sind.

Johan Gotfred Matthison-Hansen
(1832–1909)

ZEIT UND UMWELT

Das dänische Konservatorium (Det Kongelige Danske Musikkonservatorium) wurde von 1867 bis 1902 als Musikkonservatorium geführt und ging sodann in die Hände des Staates über. Obwohl der Ausbildungsstand dieses Instituts sehr hoch war, suchten seine Schüler auch in der zweiten Hälfte des 19. Jahrhunderts eine Ergänzung in Deutschland, vor allem in Leipzig.

LEBEN

Johan Gotfred Matthison-Hansen wurde am 1.11.1832 in Riskilde als Sohn von Hans Matthison-Hansen geboren. Er war ab 1859 an der deutschen Kirche in Kopenhagen als Organist tätig und wurde nach einem Aufenthalt in Leipzig 1868 zum Orgellehrer, 1884 zum Klavierlehrer und 1900 zum Direktionsmitglied des Konservatoriums in Kopenhagen ernannt. Gleichzeitig versah er an verschiedenen Kirchen der Stadt den Organistendienst bis zu seinem Tod am 14.10.1909.

WERKE

Von Johan Gotfred Matthison-Hansen sind ein Klaviertrio, eine Violinsonate, eine Klavierballade, eine Orgelfantasie, eine Cellosonate und ein Konzertstück für Orgel als Hauptwerke überliefert. Sein Stil folgt deutschen Vorbildern mit wenig Originalität.

Andrea Mattioli (um 1615–79)

ZEIT UND UMWELT

Es war im Italien des 17. Jahrhunderts keine

seltene Erscheinung, daß Ordensmänner als Opernkomponisten hervortraten. Man fand nichts daran, weil die Operntexte zumeist mythologische oder historische Themen sehr seriös verarbeiteten und in erster Linie die künstlerische Leistung gewürdigt wurde. Außerdem war die Komposition von Opern sehr lukrativ.

LEBEN
Andrea Mattioli wurde in Faenza um 1615 geboren. Er trat dem Franziskanerorden bei und wurde 1646 Kaplan und Kapellmeister am Dom von Imola. Um 1650 erhielt er die musikalische Leitung der Accademia dello Spirito Santo in Ferrara und wurde 1656 Kapellmeister am Hof des Herzogs von Mantua, wo er im Sommer 1679 starb.

WERKE
Der italienische Komponist Andrea Mattioli brachte eine konzertante Messe mit Psalmen für drei bis fünf Stimmen heraus, ein konzertantes Kompletorium für vier Stimmen, konzertante Hymnen für eine bis sechs Stimmen und achtstimmige Psalmen, außerdem eine »Harmonia sacra« mit Instrumenten. Neben dieser Vokalmusik schrieb er eine Reihe von Opern, die in Ferrara, Bologna und Venedig aufgeführt wurden und sehr beliebt waren.

Eduardo Maturana (geboren 1920)

LEBEN
Eduardo Maturana wurde am 14.4.1920 in Valparaíso geboren. Er studierte am Konservatorium in Santiago de Chile bei Pedro Umberto Allende Sarón und Armando Carvajal Quirós (geboren 7.6.1893, Santiago de Chile). Er gründete gemeinsam mit Pablo Garrido die Gruppe »Euphonia« und später mit Estebán Eitler die Gruppe »Tonus«, die sich für die Pflege der zeitgenössischen Musik einsetzte. Im Jahr 1958 wurde er Bratschist im Philharmonischen Orchester in Santiago.

WERKE
In Chile war Eduardo Maturana der erste Zwölftonkomponist. Er schrieb 5 Mobiles für Streicher, »Totengebet für Che Guevara« mit Tonband, Elegien für Cello und Orchester, ein Hornkonzert, 10 kleine Stücke für Streichquartett, ein Blechbläserquintett, Klavierstücke, 4 Arien für Singstimme, Oboe, Cello und Schlagzeug, eine Kantate und Lieder.

Georg Matzka (1825 bis nach 1876)

ZEIT UND UMWELT
Um 1850 intensivierte sich die Einwanderung aus Österreich und Deutschland in die USA, wodurch auch der Zustrom von Musikern aus diesen europäischen Staaten anschwoll. Sofern sie eine entsprechende Ausbildung mitbrachten, gab es für sie genügend Stellen, zumal auch das Publikum zu einem Großteil aus ihren ehemaligen Landsleuten bestand.

LEBEN
Georg Matzka wurde 1825 in Coburg geboren. Er kam 1852 nach New York, trat der Philharmonic Society als Violinist bei und wirkte ab 1876 als deren Dirigent. Er dürfte in New York gestorben sein. Sein Todestag ist nicht feststellbar.

WERKE
Von Georg Matzka sind einige Ouvertüren, 2 Streichquartette, eine Violinsonate, eine Anzahl Chöre und verschiedene Lieder überliefert. Sein Stil ist von Felix Mendelssohn-Bartholdy und von Robert Schumann stark beeinflußt.

Jacques Mauduit (1557–1627)

ZEIT UND UMWELT
Marin Mersenne, der französische Mathematiker, Philosoph und Theologe, »in dem mehr vorhanden war als in allen Universitäten zusammen«, beschäftigte sich auch mit Musikinstrumenten und Musiktheorie. In seinem Werk »Harmonie universelle« setzte er sich mit dem Bestreben des Dichters Jean Antoine Baïf auseinander, Wort und Musik gleichwertig zu einem Ganzen zu verschmel-

Jacques Mauduit

zen, wie es nach der damaligen Meinung in der Antike geschehen war, und bringt hierfür Beispiele zeitgenössischer Komponisten.

Leben

Jacques Mauduit wurde am 16. 9. 1557 in Paris geboren. Er folgte seinem Vater, der Justizangestellter war, in dessen Beruf nach, wandte sich aber bald der Musik zu und erhielt 1581 beim Puy d'Evreux für eine Motette einen Preis. Ab 1584 gehörte er der Académie du Palais an, war mit deren Gründer befreundet und nahm ständig an den Konzerten der Académie teil, in denen die Forderung nach ausgewogenem Gleichgewicht der Texte und der Musik, was nur durch ein homorhythmisches und homophones Musizieren möglich war, streng befolgt wurde. Bei den von Mauduit geleiteten Ballets du cour und den jährlichen Concerts in Notre-Dame wurde der Musik mehr Freiheit belassen. Jacques Mauduit gewann durch seine Konzerttätigkeit und besonders als ausgezeichneter Lautenist allseitige Beliebtheit. Er starb in Paris am 21. 8. 1627.

Werke

Das Requiem, das Jacques Mauduit zum Tod des Dichters Pierre de Ronsard, der dem Freundeskreis Baïfs angehörte, geschrieben hat, gehört zu seinen Hauptwerken. Marin Mersenne nahm es in sein Werk »Harmonie universelle« als Beispiel auf. Es wurde zwar von einigen Seiten als »bedeutungslos« abgetan, stellt aber ein Musterbeispiel der Musik, wie die Dichter der Pléiade sie verlangten, dar. Eine ähnliche Struktur weisen die 23 vierstimmigen Chansonettes mesurés (Rhythmische Liedchen) auf Texten von Baïf auf. 2 überlieferte Lautenlieder sind in gleicher Weise gefaßt. Alles übrige, das Mauduit komponierte, vor allem seine sakralen Werke, sind verlorengegangen. Diese Musik war zweifelsfrei klangvoller, denn mit dem, was von ihm erhalten geblieben ist, konnte sein großer Ruhm nicht begründet werden.

Literatur

M. Brenet, Jacques Mauduit, in: Musique et musiciens de la vieille France, Paris 1911.

Wilhelm Mauke (1867–1930)

Leben

Wilhelm Mauke wurde am 25. 2. 1867 in Hamburg geboren. Er war Schüler von Hans Huber (1852–1921) in Basel und studierte anschließend an der Akademie der Tonkunst in München, wo er als Musikreferent einer Zeitung und als Musiklehrer tätig war. Er starb am 24. 8. 1930 in Wiesbaden.

Werke

Außer 6 musikalischen Bühnenwerken schrieb Wilhelm Mauke mehrere sinfonische Dichtungen im spätromantischen Stil, eine dramatische Szene »Ora pro nobis« (Bitte für uns) für Sopran und Orchester, eine »Romantische Sinfonie«, ein Oratorium »Die Vertreibung aus dem Paradies«, ein Klavierkonzert, ein Klaviertrio und zahlreiche Lieder, die die deutsche Liedform des 19. Jahrhunderts aufweisen.

Louis Wilhelm Maurer (1789–1878)

ZEIT UND UMWELT
Nach der preußischen Niederlage bei Jena und Auerstedt (1806) verließ König Friedrich Wilhelm III. mit seinem Hof Berlin. Die Hofkapelle löste sich auf, ihre Mitglieder waren gezwungen, ihr Fortkommen anderswo zu suchen.

LEBEN
Louis Wilhelm Maurer wurde am 8.2.1789 in Potsdam geboren. Er durfte bereits mit 13 Jahren in das Berliner Hoforchester als Violinist eintreten. Nach der Auflösung des Orchesters ging er auf Konzertreise nach Rußland und erhielt eine Kapellmeisterstelle in Moskau. Im Jahr 1817 reiste er nach Paris und Berlin, von 1824 bis 1833 wirkte er als Konzertmeister in Hannover und ging hierauf neuerlich nach Rußland. Ab 1835 dirigierte er die Französische Oper in St. Petersburg und fungierte von 1841 bis 1862 als Generalinspektor der Kaiserlich Russischen Orchester. Er starb am 13. 10. 1878 in St. Petersburg.

WERKE
Neben einigen Opern komponierte Louis Wilhelm Maurer eine Reihe sehr beliebter Instrumentalwerke. Am längsten bekannt und wohl auch am wertvollsten war die Symphonie concertante für vier Violinen und Orchester.

José Mauricio (1752–1815)

LEBEN
José Mauricio wurde am 19. 3. 1752 in Coimbra geboren. Er war Kathedralenkapellmeister und Universitätsprofessor in seinem Geburtsort und wurde um 1810 Kapellmeister an Santa Cecília in Lissabon. Er starb am 12. 9. 1815 in Figueira.

WERKE
Vom Kirchenmusiker und Musikwissenschafter José Mauricio sind Kirchenwerke – Messen, Offertorien und andere Proprien – und einige Instrumentalkompositionen bekannt geworden. Seine Musik hob sich von der zeitgenössischen profanen deutlich ab.

Wincenty Maxylewicz (um 1687–1745)

ZEIT UND UMWELT
Als 1609 der polnische König Sigismund III. seine Residenz von Krakau nach Warschau verlegte, nahm er seine Hofkapelle selbstverständlich mit, und der Wawel, auf dem bisher ein reges Musikleben herrschte, verstummte. Jedoch bereits 10 Jahre später wurde in Krakau als Ersatz ein neues Vokal-Instrumental-Ensemble gegründet, dessen Leitung dem Italiener Hannibal Orgas (um 1575–1629) und nach dessen Tod Franciscek Lilius (um 1600 bis 1657) anvertraut war. Diese neue Kapelle pflegte die zweihundertjährige Musiktradition der alten Residenzstadt Polens weiter.

LEBEN
Wincenty Maxylewicz wurde um 1687 in Polen geboren und im Jesuiteninternat von Krakau zum Musiker ausgebildet. Er war Sänger und sodann ab 1739 bis zu seinem Tod am 24. 1. 1745 Kapellmeister am Dom in Krakau.

WERKE
Von Wincenty Maxylewicz ist nur die vierstimmige Motette im A-cappella-Stil »Gloria tibi trinitas« (Ehre sei dir, Dreieinigkeit) erhalten. Zwei weitere in Krakau aufbewahrte unsignierte Motetten werden ihm zugeschrieben. Sein Stil ist dem von Grzegorz Gerwasy Gorczycki (um 1666–1734) sehr ähnlich.

LITERATUR
A. Chybiński, Wincenty Maxylewicz, in: Kwartalnik Muzyczny II, 1929.

Charles Mayer (1799–1862)

Zeit und Umwelt
»John Field hat den Russen gezeigt, wie man Klavier spielt«, schrieb ein zeitgenössischer Enthusiast. »Und wer es so oder ähnlich kann, erhält Publikum und Schüler, soviel er wünscht. Frédéric Chopin hat Warschau verlassen. Dafür ist Charles Mayer zu uns gekommen.«

Leben
Charles Mayer wurde am 21.3.1799 in Königsberg (Kaliningrad) geboren und kam bald nach seiner Geburt mit seiner Familie nach St. Petersburg und sodann nach Moskau. Im Jahr 1812, in dem Moskau niederbrannte, begab sich die Familie erneut nach St. Petersburg. Mayer wurde Schüler von John Field und erreichte sehr rasch dessen Meisterschaft. In Paris, wo er sich von 1814 bis 1819 aufhielt, erregte er mit seinem Spiel großes Aufsehen. Sodann lebte er bis 1850 als Virtuose, Lehrer und Komponist in St. Petersburg. Nach einer Konzertreise nach Skandinavien, Österreich und Deutschland wirkte er in Dresden bis zu seinem Tod am 2.7.1862 als Konzertpianist und Klavierlehrer.

Werke
Von Charles Mayer sind ungefähr 200 Klavierkompositionen – Konzerte, Konzertstücke, Fantasien, Variationen, Etüden, Tänze – bekannt geworden. Sein feiner Klaviersatz erforderte allerdings ein hohes pianistisches Können. Eine Mazurka in Fis-Dur wurde lange für ein Werk von Frédéric Chopin angesehen.

Wilhelm Mayer (1831–98)

Zeit und Umwelt
Nicht wenige Musiker des 19. Jahrhunderts stießen erst, nachdem sie einen Beruf erlernt hatten, endgültig zur Musik, die sie während ihres Studiums und der folgenden Berufsjahre nur nebenbei betrieben hatten.

Leben
Benjamin Wilhelm Mayer (Pseudonym: W. A. Rémy) wurde am 10.6.1831 in Prag geboren. Er war Schüler von Karel Frant Pič. An der Universität studierte er jedoch Rechtswissenschaft und wurde Staatsbeamter. Erst 1861 widmete er sich ganz der Musik und übernahm die Leitung des Steiermärkischen Musikvereins in Graz. Im Jahr 1870 gab er diese Position auf und lebte ganz für seine kompositorische Tätigkeit und als privater Musiklehrer in Graz bis zu seinem Tod am 22.1. 1898.

Werke
Von Wilhelm Mayer sind eine Oper, 3 Sinfonien, eine sinfonische Dichtung »Helene«, eine Ouvertüre »Sardanapal«, eine Fantasie für Orchester, die Liederspiele »Östliche Rosen« und »Slavisches Liederspiel« mit zwei Klavieren, Chöre, Lieder und Kinderlieder erhalten.

Mayhuet de Joan
(um 1330 bis vor 1400)

Zeit und Umwelt
Robert von Genf erklärte mit einigen Kardinälen die Wahl Urbans VI. (1378–89) für ungültig, und als Gegenpapst schlug Clemens VII. (1378–94) seinen Sitz in Avignon auf. Neben allen Merkmalen einer päpstlichen Hofhaltung wurde eine Kapelle gegründet, der im Verlauf ihrer Existenz mehrere namhafte Musiker angehörten.

Leben
Mayhuet de Joan (Matheus de Sancto Johanne) wurde um 1330 in der Diözese Morinum geboren und zum Musiker und Kleriker ausgebildet. Im Jahre 1378 gehörte er der Kapelle Ludwigs I. von Anjou-Valois (1339 bis 1384) an und diente von 1382 bis 1386 der päpstlichen Kapelle zu Avignon. Er war vielleicht mit dem Mathieu du monastère Saint-Jean ident, der 1363 am Hof der Königin Johanna von Neapel (1326–82) als Kaplan genannt wurde. Weitere Lebensdaten des Komponisten sind unbekannt.

Werke
Von Mayhuet de Joan sind eine vier- und 2

dreistimmige Balladen, ein drei- und ein vierstimmiges Rondeau und eine fünfstimmige Motette überliefert; man kann ihm vermutlich auch eine anonyme Ballade auf Ludwig I. zuschreiben. Sein Stil kennzeichnet ihn als Nachfolger Machauts.

LITERATUR

U. Günther, Zur Biographie einiger Komponisten der Ars subtilior, Archiv für Musikwissenschaft XXI, 1964.

John Maynard
(um 1580 bis nach 1611)

ZEIT UND UMWELT

Je mehr sich die Musik von ihrem sakralen und höfischen Verwendungszweck befreite und zum Selbstzweck wurde, um so häufiger traten die Versuche auf, damit bestimmte Vorstellungs- oder Gefühlsinhalte zum Ausdruck zu bringen. Die Affektmusik einerseits, die die Bedeutung des gesungenen Wortes vertiefen und illustrieren sollte, und auf der anderen Seite die Verwendung der Musik zur Untermalung theatralischer Vorgänge führten zum Versuch, ohne Wort und ohne Gestik, nur durch Klang und Rhythmus allein eine Musiksprache zu bilden, die dem Publikum Vorgänge, Tatbestände, Stimmungen und Erinnerungen vermittelte. Damit waren die ersten Ansätze zur späteren Programmusik geschaffen.

LEBEN

John Maynard wurde um 1580 in England geboren. Über sein Leben ist nichts bekannt. Auch Ort und Zeit seines Ablebens sind nicht feststellbar.

WERKE

Der englische Komponist und Lautenist John Maynard brachte 1611 »Die zwölf Wunder der Welt« für Gambe, Laute und Singstimme heraus. Es sind 12 Lieder, die die Charaktere eines Höflings, Geistlichen, Soldaten, Advokaten, Arztes, Kaufmannes, Landedelmannes, Junggesellen, Ehemannes, einer Ehefrau, einer Witwe und eines Mädchens darstellen sollten und instrumentale Spielanweisungen enthalten. Weiters komponierte er 12 Pavanen und Gaillarden für Laute und einen eigentümlichen, zwölfstimmigen Kanon über ein vokalsolistisches Thema. Dieses interessante Werk war das früheste seiner Art und leitete eine große Serie reiner Ausdrucksmusik ein. Außerdem sind etliche Orgelstücke des Meisters überliefert.

Ascanio Mayone (um 1566–1627)

ZEIT UND UMWELT

Das Waisenasyl San Onofrio a Capuana wurde 1576 als zweitälteste Musik- und Religionsschule Neapels von privater Hand gegründet. Mit Zustimmung des Vizekönigs wurde nach wenigen Jahren das Konservatorium San Onofrio gebildet, das auch zahlende Schüler aufnahm. Es ist eine beträchtliche Anzahl von bedeutenden Musikern daraus hervorgegangen.

LEBEN

Ascanio Mayone wurde um 1566 in oder bei Neapel geboren. Er war angeblich Schüler von San Onofrio, wurde aber daneben von dem franko-flämischen Komponisten Jean de Macque unterrichtet. Im Jahre 1595 erhielt Mayone die Stelle des Kapellmeisters an Santissima Annunziata. Ab 1602 war er auch Organist der Königlichen Kapelle. Er starb in Neapel am 9. 3. 1627.

WERKE

Von Ascanio Mayone sind ein Buch fünfstimmige Madrigale und weitere profane und sakrale Vokalmusik in Sammelwerken überliefert. Am interessantesten sind jedoch seine »Diversi capricci per sonare« (Verschiedene Capriccios zum Spielen), die den frühbarocken Instrumentalstil aufweisen.

LITERATUR

W. Apel, Neapolitan Links between Cabezón and Frescobaldi, The Musical Quarterly XXIV, 1938.

Rupert Ignaz Mayr (1646–1712)

ZEIT UND UMWELT

Während Wien und Dresden trotz aller Eigenständigkeit sehr dem italienischen Einfluß ausgesetzt waren, tendierte München in der zweiten Hälfte des 17. Jahrhunderts mehr nach Paris, besonders auf dem Gebiet der Oper. Der bayrische Kurfürst Maximilian II. Emanuel (1662–1726) war von der Hofhaltung Ludwigs XIV. in Versailles und vom kulturellen Aufschwung Frankreichs stark beeindruckt, so daß er einige Musiker in Paris ausbilden ließ.

LEBEN

Rupert Ignaz Mayr wurde 1646 in Schärding am Inn, Oberösterreich, geboren. Er war 1670 Violinist am bischöflichen Hof in Freising, 1678 in Eichstätt und zeitweise auch in Regensburg, 1683 in Passau und 1685 in München. Zu weiterer Ausbildung sandte ihn der Kurfürst nach Paris zu Jean-Baptiste Lully, damit er dessen »Opernkunst« erlerne. Ab 1685 war er Hofmusiker und erster Violinist in München, ab 1706 Hofkapellmeister in Freising, wo er am 7. 2. 1712 starb.

WERKE

Der österreichische Violinist und Komponist Rupert Ignaz Mayr verfaßte 7 französisch beeinflußte Suiten, eine Sammlung verschiedener sakraler Gesänge – Psalmen, Antiphonen usw. – für eine Stimme und mehrere Instrumente, 25 Offertorien, eine Vesper für vier bis fünf Stimmen mit zwei obligaten Violinen und anderen Instrumenten ad libitum, 24 Gesänge aus Schulopern, einen Trauergesang für Singstimmen und Generalbaß sowie eine Triosonate.

LITERATUR

K. G. Fellerer, R. I. Mayr und seine Kirchenmusik, in: Archiv für Musikforschung I, 1936.

Simon Mayr (1763–1845)

ZEIT UND UMWELT

Die Kriege vor der Zeit Napoleons und während seiner Regierung, der mehrmalige Machtwechsel in mehreren europäischen Staaten, die gesellschaftliche Umschichtung griffen fast in jedes Privatleben ein, und zwar um so stärker, je höher der einzelne im Mittelpunkt allgemeinen Interesses stand. Doch für manche von ihnen war es dennoch nur ein Kulissenwechsel ihrer künstlerischen oder wissenschaftlichen Tätigkeit, denn – und das ist für uns das Erstaunliche an jener Zeit – eine ernstliche Behinderung wurde, wenige Fälle ausgenommen, keinem geistig Schaffenden durch einen Wechsel der politischen Macht auferlegt.

LEBEN

Johann Simon Mayr (Giovanni Simone) wurde am 14. 6. 1763 in Mendorf, Bayern, geboren. Er erhielt seine erste Ausbildung am Jesuitenseminar in Ingolstadt. Dann begab er sich zu Ferdinando Giuseppe Bertoni nach Venedig, wo er 1774 mit seiner ersten Oper hervortrat und einen großen Erfolg erntete. Im Jahr 1802 wurde er Kapellmeister an Santa Maria Maggiore in Bergamo und 1805 Kompositionslehrer am Musikinstitut der Stadt, in der er am 2. 12. 1845 starb.

WERKE

Neben mehr als 70 Opern, von denen einige noch heute Interesse erwecken, schrieb Simon Mayr ein Ballett, 8 Oratorien, bei 50 Kantaten, zahlreiche Messen, Requiem, Vespern, Psalmen, Motetten und eine Passion. Sein Stil gehörte der Frühromantik an, weist aber zahlreiche klassische Elemente auf. Er war auch als Musikschriftsteller tätig.

LITERATUR

C. G. Scotti, Simone Mayr, Bergamo 1903.

Joseph Mayseder (1789–1863)

LEBEN

Joseph Mayseder wurde am 26. 10. 1789 in Wien geboren. Er nahm bei Antonín Vranický (1761–1820) 1798 Violinunterricht und darauf bei Ignaz Schuppanzigh, der ihn als Zweiten Violinisten in sein Quartett aufnahm. Klavier-

und Kompositionsunterricht erhielt er 1802 bei Emanuel Aloys Förster. Im Jahr 1810 wurde er Ensemblespieler und Solist am Wiener Hoftheater, 1816 Violinist der Hofmusikkapelle, 1835 Kammervirtuose und 1836 Leiter der Violinen der Hofkapelle. Seine Leistungen als Violinlehrer und als Virtuose seines Instruments wurden allseitig anerkannt; selbst Niccolò Paganini zollte ihm uneingeschränktes Lob. Er starb am 21.11.1863 in Wien.

WERKE
Von Joseph Mayseder sind rund 60 Kompositionen im Druck erschienen. Er schrieb 3 Violinkonzerte, 5 Streichquintette, 8 Streichquartette, 4 Klaviertrios, ein Trio für Violine, Harfe und Horn, das heute noch gespielt wird, 3 Duos für zwei Violinen, zahlreiche Polonaisen, Sonaten, Etüden und Variationen sowie eine Messe in E-Dur, die zuweilen wegen ihrer Klangschönheit aufgeführt wird.

LITERATUR
E. Hellsberg, Joseph Mayseder, Wien 1955.

Albericus Mazak (1609–61)

ZEIT UND UMWELT
Die 1135 gegründete Zisterzienserabtei in Heiligenkreuz, Niederösterreich, ist die älteste Österreichs. Sie widmete sich sehr früh kunsthistorischen Problemen, der Sammlung von Meisterwerken der bildenden Kunst sowie der Musikpflege.

LEBEN
Albericus Mazak (Maczak) wurde 1609 in Ratibor (Racibósz) geboren. Er trat 1631 dem Zisterzienserkloster in Heiligenkreuz bei und wurde Chorleiter und Kapellmeister in Wien, wo er am 9. 5. 1661 starb.

WERKE
Der österreichische Komponist Albericus Mazak brachte sein Hauptwerk »Cultus harmonicus« in 3 Teilen heraus, von denen der erste Motetten, der zweite Messen und der dritte Offertorien enthielt. Weitere Kompositionen sind in beträchtlicher Anzahl handschriftlich erhalten. Der Stil dieses Kirchenmusikers ist recht konservativ.

Jacques Féréol Mazas (1782–1849)

ZEIT UND UMWELT
Man hat das 19. Jahrhundert die Epoche der Virtuosen genannt, und das offensichtlich mit Recht. Wenn auch bereits früher Meister ihres Instruments geehrt, bestaunt und hoch bezahlt wurden, so war das im Jahrhundert der Romantik im verstärkten Ausmaß der Fall, und die hohe Wertschätzung, die den Virtuosen entgegengebracht wurde, provozierte ihre Vielzahl und ihre Höchstleistungen.

LEBEN
Jacques Féréol Mazas wurde am 23.9.1782 in Lavaur, Tarn, geboren. Von 1802 bis 1805 studierte er bei François de Sales Baillot am Conservatoire von Paris. François Auber schrieb für ihn 1808 ein Violinkonzert, das für beide großen Erfolg brachte. Von 1811 bis 1829 bereiste er als Violinvirtuose ganz Europa und ließ sich darauf als Musiklehrer in Orléans nieder. Von 1837 bis 1841 leitete er eine Musikschule in Cambrai. Seine letzten Lebensjahre verbrachte er in Bordeaux, wo er am 25.8.1849 starb.

WERKE
Außer 2 Opern verfaßte Jacques Féréol Mazas zahlreiche Kompositionen für Violine, von denen mehrere in unserer Zeit neu aufgelegt wurden, wie 3 Trios für zwei Violinen und Bratsche oder Cello, 6 konzertante Duos, ein Violinkonzert, über 100 Etüden, 12 kleine Duos. Er schrieb außerdem ein weiteres Violinkonzert und eine Anzahl Streichquartette und Trios, dazu einige vorzügliche Lehrwerke.

Michel Mazuel (um 1610–76)

ZEIT UND UMWELT
Wie aus Bildberichten und Aufführungsbeschreibungen hervorgeht, wurde die Vio-

line bereits in der Mitte des 16. Jahrhunderts bei höfischen Festen – Theater, Balletten, Tänzen – verwendet. Die Violinenensembles, die von Ludwig XIII. und Ludwig XIV. begründet wurden, bewirkten, daß das Interesse an Violinmusik enorm stieg.

LEBEN
Michel Mazuel wurde um 1610 in einer Pariser Violinistenfamilie geboren. Er war von 1643 bis 1674 Violinist in der Kapelle des Königs. Dann zog er sich zurück und starb in Paris im Jahr 1676.
Seine Cousins Jean Mazuel (1594 bis um 1633) und Pierre Mazuel (um 1605 bis um 1650), deren Vater Jean Mazuel (1568–1616) und Großvater Guillaume Mazuel (um 1549 bis um 1612) waren alle Violinisten des Königs.

WERKE
Der französische Violinist und Komponist Michel Mazuel nahm als Tänzer und Komponist an zahlreichen Ballets de cour teil. Seine Tänze sind polyphon, einfach gesetzt und gut rhythmisiert.

Giovanni Battista Mazzaferrata
(um 1630–91)

ZEIT UND UMWELT
Die heutige Reishandelsmetropole Vercelli war Mittelpunkt der piemontesischen Malerschule. Giovanni Antonio de'Bazzi (1477 bis 1549) ist dort geboren, von Gaudenzio Ferrari (um 1475–1546) befinden sich Bilder in verschiedenen Kirchen der Stadt. Der Dom mit seinen drei Kuppeln (vollendet 1572), die romanisch-gotische Basilika Sant'Andrea (1224) und mehrere Paläste sind Zeugen für das hohe kulturelle Niveau von Vercelli, das auch in einer stark industrialisierten Umgebung erhalten geblieben ist.

LEBEN
Giovanni Battista Mazzaferrata wurde um 1630 in Pavia geboren. Er war Schüler von Tarquinio Merula und wirkte ab 1661 als Kapellmeister am Dom von Vercelli und als Lehrer am Seminar der Stadt, schließlich von 1670 bis 1680 als Kapellmeister an der Accademia della Morte und am Dom in Ferrara, wo er am 26. 2. 1691 starb.

WERKE
Der elegante Stil des italienischen Komponisten Giovanni Battista Mazzaferrata weist weit in die Vorklassik des 18. Jahrhunderts hinein, besonders bei seinen Kantaten und den viersätzigen Sonaten, die jeweils nur ein Thema bringen und variieren. Er verfaßte einstimmige Kirchenkonzerte, zwei- bis dreistimmige Madrigale mit Generalbaß, einstimmige Kammerkantaten, Triosonaten für zwei Violinen mit Bassetto, konzertante Psalmen mit Violinen, Kirchenkantaten, außerdem mehrere Oratorien, von denen »L'Efficacia della fede« (Die Wirkung des Glaubens) großen Erfolg hatte.

Joseph Mazzinghi (1765–1844)

ZEIT UND UMWELT
England mangelte es um die Wende zum 19. Jahrhundert nicht an kompositorischen Begabungen. Es wurde jedoch äußerst wenig Instrumentalmusik geschrieben, wenn man von Stücken für Tasteninstrumente absieht, und nahezu keine Sinfonik. Die Konzerte versorgten sich damit aus dem Ausland, mit dem anscheinend kein englischer Komponist in Wettbewerb treten wollte.

LEBEN
Joseph Mazzinghi wurde am 25. 12. 1765 in London geboren. Er war als Kind Schüler von Johann Christian Bach und als Zehnjähriger bereits imstand, den Organistendienst an der portugiesischen Kirche zu versehen. Anschließend erhielt er von Antonio Maria Gasparo Sacchini und Pasquale Anfossi Unterricht. Im Jahr 1784 wurde er Musikalischer Leiter des King's Theatre. Zugleich war er Musiklehrer der späteren Königin Karoline. Er starb am 15. 1. 1844 in Downside bei Bath.

Sein Vater Thomas Mazzinghi (um 1730, Korsika, bis 20. 5. 1775, London) war Violinist in Marylebone Gardens.

WERKE
Von Joseph Mazzinghi sind 2 italienische und 10 englische Opern aufgeführt worden, außerdem mehrere Ballette und Melodramen. Er schrieb ferner nahezu 70 Klaviersonaten und viele Arrangements für dieses Instrument, zahlreiche Glees und Terzette, harmonisierte Arien, Lieder und andere Vokalstücke, darunter das lang beliebte Weihnachtslied »Sagt mir, Hirten«, eine dreistimmige Messe und 6 Hymnen.
Von Thomas Mazzinghi sind 6 Solostücke für Violine herausgekommen.

Domenico Mazzocchi (1592–1665)

ZEIT UND UMWELT
Ab dem zweiten Jahrzehnt des 17. Jahrhunderts gehörten Oper und Oratorium bereits zu den üblichen Werkgattungen eines römischen Komponisten, ob Kleriker oder Laie. Wie immer man die Oper ansah, als illustrierte Musik oder als musikalisch aufgelockertes Schauspiel, jedenfalls trug sie zum allgemeinen Musikinteresse ungeheuer viel bei.

LEBEN
Domenico Mazzocchi wurde am 8. 11. 1592 in Cività Castellana getauft. Er studierte in Rom und wurde von Giovanni Bernardino Nanino zum Musiker ausgebildet. Viele Jahre hindurch stand er im Dienst der berühmten römischen Adelsfamilien Aldobrandini, Farnese und Borghese und starb in Rom am 21. 1. 1665.

WERKE
Am bekanntesten wurde der italienische Komponist Domenico Mazzocchi durch seine Oper »La catena di Adone« (Die Kette des Adonis), in der er die trockenen Rezitative durch ariose Partien und Instrumentalstücke belebte. Neben einer weiteren Oper verfaßte er 2 italienische volkstümliche Oratorien, Dialoge und Sonette sowie Lieder auf Gedichte des Papstes Urban VIII. und eine vierstimmige Scherzfuge »Declinazione del pronome hic–haec–hoc« (Abwandlung des Fürwortes dieser–diese–dieses). Weiters brachte er Madrigale und Kirchenkonzerte heraus und komponierte Teile der »Aeneide« von Virgil und des »Gerusalemme liberata« von Tasso »mit verteilten Rollen«, womit er sich bereits stark der Kantate näherte.

Virgilio Mazzocchi (1597–1646)

ZEIT UND UMWELT
Die neuen Stilmittel wie Monodie in jeder Form, Generalbaß, Vielstimmigkeit, Akkordbegleitung und die gleichzeitig entstandenen Musikgattungen Kantate, Oratorium und Oper mit allen Vor- und Zwischenstufen verliehen der Musik eindrucksvolle Breite und beschleunigten ihre Entwicklung. Sie brachten aber besonders in Italien viel Oberflächengestaltung und wenig Tiefenstruktur.

LEBEN
Virgilio Mazzocchi wurde am 22. 7. 1597 in Cività Castellana geboren. Er war ein Bruder des Komponisten Domenico Mazzocchi, der ihn unterrichtete. Nach der Ausbildung wurde er an Il Gesù in Rom zum Kapellmeister bestellt und wirkte sodann in den Jahren 1628 und 1629 in gleicher Eigenschaft an San Giovanni in Laterano und schließlich bis zu seinem Tod am 3. 10. 1646 an der Cappella Giulia. Daneben war er Kapellmeister am Collegium Romanum und 1632 bis 1634 auch am Collegio degl'Inglesi.

WERKE
Der italienische Komponist Virgilio Mazzocchi wird als einer der ersten Meister der Vielchörigkeit angesehen. Tatsächlich erzielte er große Effekte, indem er mehrere Chöre über das Schiff des Petersdoms verteilte. Die Vielchörigkeit unterschied sich grundsätzlich von der des Markusdomes, wo die Gesänge stets eine antiphonale Struktur aufwiesen und einander polyphon ergänzten. Der neue Stil war nur eine Verbreiterung der Klang-

wirkung im dreidimensionalen Raum. Es sind aber von Virgilio Mazzocchi nur zwei- bis vierstimmige Werke überliefert, die jedoch nur zwei Chöre verlangten, wie »Sacri flores« (Geistliche Blüten) für zwei bis vier Stimmen oder Vesperpsalmen für zwei Chöre. Auch seine zahlreichen Oratorien und Kantaten sind für vier Stimmen mit Instrumenten geschrieben. Er beteiligte sich an mehreren Opernkompositionen und brachte eine der frühesten komischen Opern heraus.

LITERATUR

A. Solerti, Le Origini del Melodramma, Turin 1903.

Antonio Maria Mazzoni
(1717–85)

ZEIT UND UMWELT

Die Reisetätigkeit der Musiker nahm im 18. Jahrhundert stark zu. Es waren vor allem Italiener, die als Virtuosen, Kapellmeister allein oder im Rahmen eines Ensembles von Land zu Land und Stadt zu Stadt zogen. Die Entfernungen wurden immer größer, Portugal, England, Schweden und Rußland bildeten die äußersten Zielpunkte. In erster Linie war es die Oper, mit der die lukrativsten Erfolge erreicht wurden – wenn auch manche Unternehmungen scheiterten.

LEBEN

Antonio Maria Mazzoni wurde am 4. 1. 1717 in Bologna geboren. Er war Schüler von Luca Antonio Predieri. Im Jahr 1736 wurde er Mitglied der Accademia Filarmonica von Bologna, in der er später mehrmals zum »Principe« gewählt wurde. Um 1750 unternahm er eine Reise nach Spanien und Portugal, 1751 kehrte er zurück und erhielt die Kapellmeisterstelle an San Giovanni in Monte und ab 1759 am Dom. Weitere Gastspielreisen zur Aufführung seiner Werke führten ihn nach Dänemark, Schweden und Rußland; er nahm aber 1761 die Kapellmeisterstelle am Dom seiner Heimatstadt wieder auf und betreute sie bis zu seinem Tod am 8. 12. 1785.

WERKE

Wie bei den meisten italienischen Komponisten des 18. Jahrhunderts stand auch bei Antonio Maria Mazzoni die Oper im Mittelpunkt seines Schaffens und des Publikumsinteresses. Erst in zweiter Linie fanden seine Oratorien und Kirchenkantaten Beachtung. Viel gesungen wurden seine Karfreitagslesungen für Singstimmen und Orchester. Er verfaßte außerdem eine vierstimmige Messe mit Instrumenten, 2 Requiem, ein Te Deum und 2 Bände Solfeggien für mittlere Stimme.

Alberto Mazzucato (1813–77)

LEBEN

Alberto Mazzucato wurde am 28.7.1813 in Udine geboren. Er wurde in Padua zum Opernkomponisten ausgebildet, erlitt aber schon mit seiner ersten Oper einen Mißerfolg. Dafür war er als Lehrer für Gesang, Komposition, Musikästhetik und Musikgeschichte am Konservatorium in Mailand, das er ab 1872 auch leitete, sehr berühmt. Von 1859 bis 1869 wirkte er daneben als Konzertmeister an der Scala und zeitweilig als deren Direktor. Er starb am 31.12.1877 in Mailand.

WERKE

Die 8 Opern von Alberto Mazzucato blieben ohne Erfolg. Auch seine Kirchenmusik und seine Lieder fanden wenig Beachtung. Hoch geschätzt wurde er wegen seiner Lehrtätigkeit, wegen seiner musikwissenschaftlichen Werke und seiner kritischen Mitarbeit an der »Gazetta musicale di Milano« (Musikzeitschrift von Mailand).

Robert McBride (geboren 1911)

LEBEN

Robert Guyn McBride wurde am 20.2.1911 in Tucson, Ariz., geboren. Er studierte an der Universität seiner Vaterstadt und unterrichtete anschließend bis 1946 in Bennington, Vt. Ab 1957 wirkte er als Professor an der Universität in Tucson.

Werke

Von den ungefähr 1000 Kompositionen von Robert McBride ist ein Großteil sehr stark vom Jazz beeinflußt. Er schrieb 5 Ballette, eine Sinfonie, eine sinfonische Melodie, eine »Mexikanische Rhapsodie«, verschiedene weitere Orchesterstücke, sinfonische Gemälde und Fantasien, mehrere Ouvertüren, eine Suite für Blasorchester, ein Fugato für 25 Instrumente, ein Klarinettenkonzert, ein Oboenquintett, zahlreiche Chorwerke und Songs. Ein größerer Teil seiner Werke gehört der gehobenen Unterhaltungsmusik an, die hier genannten jedoch stellen ernste sinfonische Arbeit im modernen amerikanischen Stil dar.

Harl McDonald (1899–1955)

Leben

Harl McDonald wurde am 27.7.1899 in Boulder, Colo., geboren. Er studierte an der University of California, an der University of Redlands, Calif., sowie am Konservatorium in Leipzig. Ab 1922 wirkte er als Musiklehrer in Paris und ab 1926 in Philadelphia. Dann ließ er sich in St. Davids, Penn., nieder. Er starb am 30.3.1955 in Princeton, N. J.

Werke

Von Harl McDonald sind 4 Sinfonien, ein Konzert für zwei Klaviere und Orchester, ein Violinkonzert, kleinere Orchesterwerke und verschiedene Kammermusik, Orchestergesänge und eine Messe für Doppelchor a cappella bekannt geworden. Er gehörte zur amerikanischen Avantgarde.

John Blackwood McEwen (1868–1948)

Leben

John Blackwood McEwen wurde am 13.4. 1868 in Hawick, Roxburghshire, geboren. Nach seinem Studium an der Universität in Glasgow war er am Royal College of Music in London Schüler von Frederick Corder (26.1. 1852, London, bis 21.8.1932, Hampstead), Tobias Augustus Matthay (19.2.1858, London, bis 15.12.1945, High Marley bei Haslemere, Surrey) und Ebenezer Prout (1835 bis 1909). Nach einer dreijährigen Tätigkeit als Kirchenmusiker und Klavierlehrer in Glasgow wirkte er von 1898 bis 1924 als Harmonie- und Kompositionslehrer an der Royal Academy of Music in London und anschließend bis 1936 als deren Direktor. Er starb am 14.6.1948 in London.

Werke

Von John Blackwood McEwen, dem Spätromantiker schottischer Prägung, sind 5 Sinfonien, 4 Suiten, 3 Balladen und ein Bratschenkonzert aufgeführt worden. Das Hauptgewicht seines kompositorischen Schaffens lag bei der Kammermusik: ein Streichquintett, 17 Streichquartette, 6 Streichtrios, ein Klaviertrio, ein Bläserquintett, 7 Violinsonaten und Stücke für Violine und für Cello. Er schrieb außerdem eine Sonate und eine Sonatine für Klavier, eine Anzahl Gesänge, »Vierzehn Gedichte für Sprechgesang und Klavier« und 2 Opern. Er publizierte mehrere didaktische Werke.

Carl McKinley (1895–1966)

Leben

Carl McKinley wurde am 9.10.1895 in Yarmouth, Me., geboren. Er studierte am Konservatorium in Yalesburg, Ill., und an der Harvard University. In New York war er Schüler von Rubin Goldmark. Er wirkte als Organist in Hartford, Conn., und New York und wurde nach kurzer Assistententätigkeit an der Münchner Staatsoper Lehrer für Musikgeschichte, Orgelspiel und Komposition am Konservatorium in Boston, wo er am 24.7. 1966 starb.

Werke

Als eifriger Verfechter einer original amerikanischen Musik wurde Carl McKinley zu einer wichtigen Persönlichkeit der Musikentwicklung des 20. Jahrhunderts in den USA. Er schrieb für Orchester ein »Indianisches Sommeridyll«, 3 sinfonische Dichtungen, eine Suite für fünf Bläser, ein Streichquartett, eine Violinsonate, eine Cellosonate, ein Oratorium und eine Kantate. Er integrierte in seine Werke viel Volksmusik.

Colin McPhee (1901–64)

LEBEN
Colin McPhee wurde am 15.3.1901 in Montreal geboren. Er studierte in Baltimore bei Gustav Strube, Arthur Friedheim (20.10.1859, St. Petersburg, bis 19.10.1932, New York) in Toronto und bei Isidore Philipp in Paris. Von 1931 bis 1939 lebte er auf Bali, wo er intensive folkloristische Studien betrieb. Er starb am 7.1.1964 in Los Angeles, Cal.

WERKE
Von Colin McPhee sind 2 Sinfonien, ein Konzert für zwei Klaviere und Orchester, ein Konzert für Klavier und acht Bläser, »Irokesische Tänze« für Orchester, »Balinesische sakrale Musik« für zwei Klaviere und eine Sonatine für zwei Flöten, Klarinette, Trompete und Klavier bekannt geworden. Seine Melodik ist stark von der balinesischen Folklore beeinflußt. Er verfaßte zahlreiche Abhandlungen über Kultur, Volkskunst und Musik auf Bali.

Malcolm M'Donald
(um 1750 bis nach 1797)

ZEIT UND UMWELT
Der Strathspey genannte schottische Tanz (nach dem Spey-Tal in Nordschottland) unterscheidet sich vom Reel durch kapriziöse Rhythmen – punktierte Noten, Vorschläge – und rasche Bewegungen. Hauptpropagator dieses Tanzes war die von Niel Gow begründete Musikerfamilie.

LEBEN
Malcolm M'Donald wurde um 1750 in Schottland geboren. Über das Leben des schottischen Komponisten von Tänzen ist nur bekannt, daß er in Inver, dem Geburtsort von Niel Gow, lebte und dort vermutlich nach 1797 starb.

WERKE
Von Malcolm M'Donald sind vier Sammlungen von Strathspeys erschienen, der letzte Band 1797. Melodien aus diesen Tänzen wurden von englischen und kontinentalen Komponisten mehrfach übernommen.

Tilo Medek (geboren 1940)

LEBEN
Tilo Medek wurde am 22.1.1940 in Jena geboren. Er war an der Humboldt-Universität in Berlin (DDR) Schüler von Georg Knepler (geboren 21.12.1906, Wien), Ernst Hermann Meyer und Walther Vetter (10.5.1891, Berlin, bis 1.4.1967, Berlin), an der Hochschule für Musik von Hanns Eisler und an der Akademie der Künste von Rudolf Wagner-Régeny. Er lebt seit 1977 als freischaffender Komponist in Köln.

WERKE
Außer 2 Opern, 2 Singspielen und einem Ballett schrieb Tilo Medek unter anderem die Orchesterwerke »Triade«, »Porträt eines Tangos«, »Streit zwischen David und Goliath«, »Das zögernde Lied«, »Großer Marsch«, »Rezitativ und Arie«, an Kammermusik »Tagtraum« für Flöte, Oboe, Trompete, Violine, Cello, Kontrabaß und Klavier, Divertissement für Bläserquintett und Cembalo, 3 Bläserquintette, »Stadtpfeifer« für Klarinette, Posaune, Cello und Klavier, 2 Orgelkonzerte, ein Flötenkonzert, ein Piccolokonzert, ein Marimbaphonkonzert, ein Cellokonzert, ein Violinkonzert, ein Konzert für Pauken und Orchester, ein Nonett, ein Konzert für Flöte und Flötenensemble, Blockflöte und Blockflötenensemble, ein Trio für Klavier, Tenor und Horn und eines für Flöte, Violine und Cello, Solostücke für Cello, für Violine, für Gitarre und für Marimbaphon, zahlreiche Werke für Klavier zu zwei und vier Händen, für zwei Klaviere und für Orgel, Kantaten und Gesänge mit Orchester- oder Kammerorchesterbegleitung, verschiedene Chöre mit Soli, mit Sprecher, darunter die »Kindermesse« zum »Gedenken der im Dritten Reich ermordeten Kinder« für Kinderchor, Liederzyklen und mehr als 150 einzelne Lieder.

Johann Valentin Meder (1649–1719)

Zeit und Umwelt

Reval (Tallin), das von 1561 bis zum Beginn des 18. Jahrhunderts schwedisch war, und das ab 1621 bis 1710 ebenfalls schwedische Riga waren einstmals den Hansestädten eng verbunden. Es kam daher zu einer Besiedelung mit Deutschen, so daß in beiden Städten deutsche Opernaufführungen genügend Publikum fanden.

Leben

Johann Valentin Meder wurde am 3. 5. 1649 in Wasungen an der Werra geboren. Er studierte ab 1669 Theologie in Leipzig, wandte sich aber bald der Musik zu und war 1671 Diskantist an der Hofkapelle in Gotha, 1672 in Kassel, 1673 in Bremen und Hamburg, 1674 in Kopenhagen und Lübeck und dann in Reval (Tallin), wo er 1680 ein Singspiel aufführte. In den Jahren 1685 und 1686 war er in Riga und wurde 1687 Kapellmeister an der Marienkirche in Danzig (Gdańsk). Im Jahr 1698 verließ er die Stadt, wirkte in Königsberg (Kaliningrad) bis 1699 als Domkantor und darauf in Riga als Domorganist bis zu seinem Tod im Juli 1719.

Werke

Der deutsche Komponist Johann Valentin Meder machte durch seine Opern den rezitativischen Gesangstil im Norden heimisch. An Vokalmusik sind mehrere vielstimmige Motetten, Kantaten und eine Matthäus-Passion, an Instrumentalmusik eine fünfstimmige Suite, 2 weitere Stücke und Capricci für zwei Violinen und Generalbaß erhalten. Ein Großteil seiner Werke scheint verloren zu sein. Seine Melodik tendiert zu Volksweisen des baltischen Raumes.

Johann Gallus Mederitsch (1752–1835)

Zeit und Umwelt

Ab dem Jahr 1772, in dem durch die Teilung Polens Lemberg mit Galizien, dessen Hauptstadt es wurde, zu Österreich kam, erfuhr die Stadt einen starken Aufschwung. Die eingesetzten Beamten der Verwaltung und die Offiziere der Garnison bildeten eine gehobene Gesellschaftsschicht, die in engem Kontakt mit Wien stand und Musiker von dort zu sich einlud.

Leben

Johann Georg Anton Gallus Mederitsch (genannt Johann Gallus) wurde am 27. 12. 1752 in Wien getauft. Er war Schüler von Georg Christoph Wagenseil und wirkte als Theaterkapellmeister in den Jahren 1781 und 1782 in Olmütz (Olomouc), sodann in Wien und Ofen (Budapest). Im Jahr 1817 ging er nach Lemberg (Lwiw, Ukraine), wo er am 18. 12. 1835 starb.

Werke

Außer einer Bühnenmusik zu »Macbeth« und dem 1. Akt einer Oper schrieb Johann Gallus Mederitsch 7 Singspiele, ein Melodram, Klaviersonaten, Variationen und Rondos für Klavier, 9 Sonaten und 3 Capricci für Violine und Klavier, 3 Streichtrios, eine Anzahl Streichquartette, 2 Klavierquintette, 2 Sinfonien, 4 Klavierkonzerte, ein Flötenkonzert und 4 Messen. Sein Stil war stark dem von Wolfgang Amadeus Mozart angenähert, mit dessen Sohn er in Lemberg befreundet war.

Lorenzo Medici (um 1565 bis nach 1619)

Zeit und Umwelt

Antonio Campi (1536 bis um 1591), Maler, Bildhauer und Geschichtsschreiber, setzte mit seinen Brüdern Giulio Campi (1502–72) und Vincenzo Campi (1535–91) die von ihrem Vater Galeazzo Campi und von Bernardo Gatti begründete Cremoneser Malerschule fort. Bilder dieser Schule befinden sich in der schönen Kirche San Pietro al Po in Cremona aus dem 16. Jahrhundert.

Leben

Lorenzo Medici (eigentlich Rolando) wurde um 1565 in Soresina bei Cremona geboren und vermutlich in Mailand ausgebildet. Er erhielt 1619 die Stelle eines Kapellmeisters an San Pietro al Po in Cremona, wo er zugleich Kanonikus war und nach 1619 starb.

WERKE
Von Lorenzo Medici sind dreistimmige Kanzonen teilweise und ein Buch mit achtstimmigen Messen mit Generalbaß erhalten. Ein Buch Kanzonen ist nur in einer deutschen Ausgabe überliefert. Von der Kirchenmusik, die er angeblich geschrieben hat, ist nichts auffindbar.

Jānis Mediņš (1890–1966)

LEBEN
Jānis Mediņš wurde am 27.9.1890 in Riga geboren. Er studierte am Musikinstitut in Riga bis 1908. Von 1904 bis 1913 wirkte er als Orchestermusiker, von 1916 bis 1920 als Militärkapellmeister und anschließend bis 1944 als Dirigent an der Oper in Riga. Sodann verließ er Lettland und ließ sich in Stockholm nieder, wo er am 4.3.1966 starb.
Sein Bruder Jāzeps Mediņš (1.2.1877, Kaunas, bis 12.6.1947, Riga) war von 1889 bis 1896 Schüler des Musikinstituts in Riga und von 1901 bis 1911 dessen Direktor. Von 1906 bis 1911 wirkte er auch als Dirigent des lettischen Theaters, von 1916 bis 1921 als Operndirigent in Baku und anschließend in gleicher Eigenschaft an der Oper in Riga, wo er ab 1945 am Konservatorium Professor für Klavierspiel war.
Sein zweiter Bruder Jēkabs Mediņš (10.3.1885, Riga, bis 27.11.1971, Riga) studierte bis 1905 am Musikinstitut in Riga, leitete von 1921 bis 1940 das Konservatorium in Jelgava und wirkte ab 1944 als Lehrer am Konservatorium in Riga, das er von 1948 bis 1950 leitete.

WERKE
Von Jānis Mediņš, der als Begründer der lettischen Oper und des lettischen Balletts gilt, sind 4 Opern und ein Ballett aufgeführt worden. Er schrieb ferner 3 Sinfonien, 2 Orchestersuiten, 2 sinfonische Dichtungen, 2 Cellokonzerte, ein Klavierkonzert, Kammermusik und Klavierstücke sowie eine Chorkantate.
Jāzeps Mediņš schrieb 2 Opern, 3 Sinfonien, 2 Orchestersuiten, ein Violinkonzert, ein Streichquartett, Violin- und Cellostücke, einige Chorwerke, über 100 Lieder und 70 Chöre.
Jēkabs Mediņš verfaßte 4 Miniaturen und 2 Suiten für Orchester, eine Legende, ein Intermezzo, ein Notturno und ein Andante für Streichorchester, 11 Konzerte für Soloinstrumente und Orchester – Klarinette, Horn, Violine, Bratsche, Posaune und Kokle –, 3 Streichquartette, 6 Sonatinen und andere Stücke für Klavier, 3 Praeludien und eine Sonate für Orgel, zahlreiche Kantaten, Chor- und Sololieder und über 200 Volksliedbearbeitungen.

Nikolai Medtner (1879–1951)

LEBEN
Nikolai Karlowitsch Medtner wurde am 24.12.1879 in Moskau geboren. Er war Klavierschüler von Wasili Iljitsch Safonow und Kompositionsschüler von Antoni Arenski und Sergei Tanejew und wurde bald in Rußland und Deutschland als Pianist und Komponist bekannt. Im Jahr 1909 erhielt er die Ernennung zum Professor des Konservatoriums in Moskau, zog sich von der Stelle ein Jahr später zurück, nahm sie aber für die Jahre 1915 bis 1921 erneut auf. Darauf ging er nach Berlin, konzertierte in den USA, in England und in Frankreich und ließ sich sodann in Enghien-les-Bains, Seine-et-Oise, nieder. Ab 1935 lebte er in London, wo er am 13.11.1951 starb.

WERKE
Das kompositorische Schaffen von Nikolai Medtner war in erster Linie dem Klavier gewidmet. Er schrieb dafür zahlreiche Stücke: 10 »Märchen«, »Stimmungsbilder«, 3 Hefte »Vergessene Weisen«, 3 »Hymnen an die Arbeit«, 4 Hefte »Romantische Skizzen«, 15 Sonaten, 3 Nokturnen, 3 Klavierkonzerte, ein Klavierquintett, 3 Sonaten und 2 Kanzonen für Violine und Klavier, 2 Vokalisen mit Klavier, außerdem 102 Lieder. Er war Spätromantiker und verteidigte seinen Stil auch durch eine Schrift, »Die Muse und die Mode«.

Nikolai Medtner, nach einer Zeichnung von J. Milkinen

Klavierkonzert Nr. 3 in e-Moll, »Ballade«, Opus 60, 3 Sätze, entstanden 1943

Der 1. Satz beginnt wie feierliches Glockengeläute das von breiten, heroischen Rhythmen abgelöst wird. Das sangliche Nebenthema führt zu einem rhapsodischen Abschnitt, der mit einem Hornmotiv, das bereits in der Einleitung aufgeklungen war, kulminiert. Eine kurze Kadenz leitet zum 2. Satz »Zwischenspiel« über, dem ein großartiges Finale folgt, das nahezu tänzerisch abschließt.

Epische Sonate in e-Moll für Violine und Klavier, Opus 57, 4 Sätze, entstanden 1936

Mit gedämpften Akkorden beginnt der 1. Satz. Diese düstere Stimmung wird aber bald von einem scharf rhythmisierten Thema abgelöst, zu dem ein marschähnliches Seitenthema tritt. Die Durchführung ist durch die parallelen Rhythmen beider Themen sehr interessant gestaltet. Der 2. Satz schäumt von Heiterkeit über, die nur vorübergehend getrübt wird. Die Violine führt, das Klavier begleitet polkaähnlich. Der 3. Satz bringt weit ausgreifende sangliche Melodien von seltener Schönheit und geht sodann ohne Pause in das Finale über, in dem der vollgriffige Klaviersatz mit der Violine zu einem grandiosen Klangbild verdichtet ist.

LITERATUR

J. Dolinskaja, Nikolai Karlowitsch Medtner, Moskau 1966.

Louis Meester (geboren 1904)

LEBEN

Louis Auguste Edmond Hendrik Meester wurde am 28.10.1904 in Rouselare, Belgien, geboren. Er ist Autodidakt und war von 1927 bis 1933 als Unterhaltungsmusiker tätig, anschließend wirkte er bis 1937 als Gesanglehrer am Konservatorium in Meknès, Marokko. Von 1945 bis 1961 war er Tonmeister beim Belgischen Rundfunk, dann künstlerischer Leiter des Instituts für Psychoakustik und Elektronische Musik an der Universität Gent.

WERKE

Neben 2 Opern schrieb Louis Meester eine Sinfonietta, 2 Klavierkonzerte, ein Concertino für zwei Streichorchester, 3 Streichquartette, eine Sonate für Violine und Klavier, Klavierstücke, eine Kantate, zahlreiche Stücke für Musique concrète und für Elektronische Musik, außerdem Film-, Bühnen-, Rundfunk- und Fernsehmusik.

Paul Méfano (geboren 1937)

LEBEN

Paul Méfano wurde am 6.3.1937 in Al-Başra, Irak, geboren. Er war von 1959 bis 1964 am Conservatoire in Paris Schüler von Georges Dandelot, Olivier Messiaen, Yvonne Desportes und Darius Milhaud, an der Musikakademie in Basel von Pierre Boulez, außerdem von Karlheinz Stockhausen und Henri Pousseur. Er ergänzte seine Studien in Los Angeles und in Berlin. Für seine Kompositionen wurde er mit einer Reihe von Preisen ausgezeichnet.

WERKE

Von Paul Méfano sind »Oedip« für Erzähler, einen Instrumentalisten und Tonband, »Intersection« für drei Tonbänder, »Bifunction« für zwei Musiker, elektroakustische Anlage und Tonband bekannt geworden. Er schrieb ferner »Die Zeremonie« für Kontratenor, Falsettbariton, Sopran und drei Orchestergruppen, »Lignes« für Bariton, Blechbläser, Schlagzeug und Kontrabaß, »Paraboles« für dramatischen Sopran, Klavier und Kammerorchester, »Melodien« für Sopran und ein bis zehn Instrumente, ein Madrigal für drei Frauenstimmen und kleines Ensemble, »Lignes« für Bariton, Blechbläser, Schlagzeug und Kontrabaß sowie ein Klavierkonzert.

Abraham Megerle (1607–80)

Zeit und Umwelt

Auch die süddeutschen katholischen Kirchenmusiker huldigten der römischen Vielstimmigkeit, die die Pracht und Mächtigkeit ihrer Kirche zum Ausdruck bringen sollte. Da die Aufführungspraxis jener Zeit Dynamik und Klangfarbe noch wenig berücksichtigte, war die Differenzierung der einzelnen Stimmen nur gering und erreichte daher nur in seltenen Fällen den beabsichtigten Zweck.

Leben

Abraham Megerle (Mägerle, Magerl) wurde am 9. 2. 1607 in Wasserburg am Inn geboren. Er kam 1617 als Sängerknabe zur Kapelle der Witwe Erzherzog Ferdinands von Tirol, Anna Catarina von Mantua, in Innsbruck und trat 1621 in die Hofkapelle Erzherzog Leopolds von Tirol (1586–1632) als Tenor ein; bald darauf wurde er Organist der Kapelle. Im Jahr 1633 ging er nach Konstanz und übernahm dort die Stelle des Domkapellmeisters, wirkte 1640 bis 1651 als Hofkapellmeister in Salzburg und ließ sich sodann als Kanonikus im Kollegiatstift Altötting nieder. 1652 wurde er geadelt und im selben Jahr zum päpstlichen Pronotar ernannt. Er starb am 29. 5. 1680.

Werke

Der deutsche Komponist Abraham Megerle behauptet in seiner Autobiographie, ungefähr 1500 Werke komponiert zu haben. Gedruckt wurden »Ara Musica« (Musikaltar), 3 Bände mit ein- bis vierundzwanzigstimmigen Gradualen, »Tractus, Alleluia und Versus« mit Instrumenten und »Psalmodia Jesu et Mariae sacra« für zwei bis vier Stimmen mit Instrumenten. Alles übrige dürfte verlorengegangen sein.

Literatur

W. Senn, Musik und Theater am Hof zu Innsbruck, Innsbruck 1954.

Étienne Nicolas Méhul (1763–1817)

Leben

Étienne Nicolas Méhul (Étienne Henri) wurde am 22. 6. 1763 in Givet, Ardennes, geboren. Er leistete bereits mit 10 Jahren Organistenhilfsdienste an der Franziskanerkirche seiner Geburtsstadt, wirkte später am Benediktinerkloster Lavaldieu in gleicher Eigenschaft, bis er 1778 stellvertretender Organist wurde. Er verließ aber das Kloster im selben Jahr, ließ sich in Paris als Musiklehrer nieder und nahm gleichzeitig bei Jean Frédéric Edelmann Kompositionsunterricht. Nachdem ihm eine Ode, eine lyrische Szene und 6 Klaviersonaten einigen Erfolg gebracht hatten, wandte er sich der Oper zu und blieb dabei. Im Jahr 1795 wurde er Inspektor des Konservatoriums und Mitglied der Académie des Beaux-Arts. Er starb am 18. 10. 1817 in Paris.

Werke

Von den über 40 Opern von Étienne Nicolas Méhul, mit denen er das Werk von Christoph Willibald Gluck weiterführte, wird »Joseph in Ägypten« noch heute von einigen Opernhäusern aufgeführt. Seine revolutionären Kantaten und patriotischen Gesänge, insbesondere der »Chant du départ« (Abschiedsgesang), brachten ihm den Ehrentitel eines »französischen Komponisten ersten Ranges« ein. Sonst sind nur noch seine 6 großangelegten Klaviersonaten, seine 5 Ballette und seine 6 Sinfonien, von denen nur 2 erhalten sind, von Bedeutung. Sehr beliebt waren auch seine Opernouvertüren, die oft als Konzertstücke gespielt wurden. Er schrieb außerdem einige Bühnenmusiken, mehrere Messen – darunter eine Messe solenelle – und mehrere Romanzen. Sein Stil stellte keine Überleitungsform zur Romantik dar, wie oft behauptet wird, sondern gehörte mit seinen meisten Werken der neuen Epoche voll an.

Sinfonie in g-Moll, 4 Sätze, entstanden 1808
Der 1. Satz läßt die Vorbilder Haydn und Mozart erkennen, rückt aber mit seiner geballten Energie in Beethovens Nähe. Der 2. Satz fällt dagegen etwas ab, er bietet nicht sehr einfallsreiche Variationen und einen Moll-Teil, der etwas Abwechslung bringt. Den 3. Satz nennt er traditionell Menuett, schreibt aber ein ausgezeichnetes Scherzo, dessen Hauptthema aus einem Pizzicato besteht; im Trio tragen Bläser und Streicher lange Unisonokantilenen vor. Im Finale herrscht starke Bewegung; sein thematisches Material ist den vorangehenden Sätzen entnommen und geschickt mit gekonnter Kontrapunktik entfaltet.

LITERATUR
Méhul, sa vie, son génie, son caractère, Genf 1973.

Franz Anton Meichelbeck
(1702–50)

ZEIT UND UMWELT
Das Münster Unserer Lieben Frau in Freiburg im Breisgau geht auf eine spätromanische Gründung des 12. Jahrhunderts zurück. Es erhielt durch mehrere Um- und Zubauten in der Mitte des 14. Jahrhunderts seine heutige Gestalt. Für den Hochaltar schuf Hans Baldung (1484–1545) in den Jahren 1512 bis 1516 sein Hauptwerk. Die Orgel des Münsters war immer nur mit vorzüglichen Meistern besetzt.

LEBEN
Franz Anton Meichelbeck (Meichelpeck, Maichelbeck) wurde am 6. 7. 1702 in Mitterzell, Reichenau, getauft. Er studierte ab 1721 in Freiburg im Breisgau Theologie und Musik, ging 1725 für 2 Jahre nach Rom und wirkte ab 1728 als Organist am Münster zu Freiburg, wo er am 14. 6. 1750 starb.

WERKE
Während sein »Die auf dem Clavier lehrende Caecilia« ein Lehrbuch mit Übungsstücken war, brachte sein »Die auf dem Clavier spielende Caecilia« 8 Cembalosonaten im vorklassischen Stil. Seine Messen und Chöre sind nicht erhalten.

LITERATUR
C. Schweitzer, Franz Anton Meichelbeck, in: Freiburger Diözesan-Archiv LXIV, 1936.

Peter Meier
(um 1620 bis nach 1677)

LEBEN
Peter Meier (Meyer) wurde um 1620 vermutlich in oder bei Hamburg geboren. Er war um 1650 Ratsmusiker in Hamburg und ist dort nach 1677 gestorben.

WERKE
Der deutsche Komponist Peter Meier machte sich durch seine fröhlichen und gut rhythmisierten Liedkompositionen bekannt. Seine tänzerischen Rhythmen deuten auf französische Vorlagen hin. Besonders beliebt waren seine Kompositionen von Texten aus »Florabella« von Johann Rist und aus dessen drittem Band der »Himmlischen Lieder«. Er verfaßte außerdem etliche mehrstimmige Gesänge, die sich in Sammelwerken finden.

LITERATUR
W. Vetter, Das frühdeutsche Lied, Münster 1928.

Jakob Meiland (1542–77)

ZEIT UND UMWELT
Die älteste bekannte Quelle mehrstimmiger Passions-Vertonungen ist das »Maihinger Fragment« aus Füssen (um 1450), bei dem die Turba-Sätze (Gesang der Volksmenge) in einfacher Form für drei Stimmen harmonisiert sind. England und Italien folgten mit weiteren (anonymen) Passionen, die durchweg responsorialen Charakter trugen. Die nächste Stufe war die sogenannte durchkomponierte Passion, bei der auch der Evangelienbericht mehrstimmig gebracht wird. Daneben entstanden Motetten-Passionen mit rein epischer Struktur. Im Bereich der protestantischen Kirchenmusik wurden

übersetzte Texte verwendet, die Komposition freier gestaltet und Instrumente beigezogen. Die deutsche Passion wurde zum Oratorium.

Leben
Jakob Meiland (Mayland, Meyland) wurde 1542 in Senftenberg, Niederlausitz, geboren. Er war Chorknabe an der sächsischen Hofkapelle unter Johannes Walter und Mattheus Le Maistre. Nach seinem Studium in Leipzig besuchte er Flandern, um dort seine musikalische Ausbildung zu vervollkommnen. Im Jahre 1565 wurde er Kapellmeister am Hof zu Ansbach, wirkte ab 1573 als Organist in Frankfurt am Main, von 1576 bis 1577 in gleicher Eigenschaft in Celle und schließlich als württembergischer Hofkapellmeister in Hechingen, wo er am 31. 12. 1577 starb.

Werke
Die Passionen nach Markus, Johannes und Matthäus von Jakob Meiland waren die ältesten Choralpassionen mit frei geformter Turba und für nachfolgende Passionskompositionen richtungweisend. Außerdem sind von ihm 4 Bücher mit vier- bis fünfstimmigen Cantiones sacrae (Geistliche Lieder) überliefert; dazu Selectae Cantiones (Ausgewählte Lieder), Sacrae aliquot Cantiones latinae et germanicae (Allerlei lateinische und deutsche geistliche Gesänge), Cantiones aliquot novae (Allerlei neue Lieder), Harmoniae sacrae (Geistliche Klänge), Cygneae Cantiones latinae et germanicae (Letzte lateinische und deutsche Gesänge) für vier bis sechs Stimmen. Mit dieser Vokalmusik knüpfte der Meister an Clemens non Papa an, näherte sich dem Stil Lassos und erweist sich als einer der ältesten und besten deutschen Vertreter des Villanellen-Stiles. Das zeigt sich auch in »Newe ausserlesene Teutsche Liedlin«. Weitere Werke, darunter eine Messe, finden sich in verschiedenen Sammelwerken.

Literatur
G. Schmidt, Zur Quellenlage der Passionen Jakob Meilands, in: Jahrbuch für Liturgik und Hymnologie III, 1957.

Ludwig Meinardus (1827–96)

Zeit und Umwelt
An den Lehranstalten in Dresden, Leipzig und Berlin wurde das Erbe Robert Schumanns und Felix Mendelssohn-Bartholdys mehr oder weniger getreu verwaltet und an die Schüler weitergegeben.

Leben
Ludwig Siegfried Meinardus wurde am 17.9. 1827 in Hooksiel, Oldenburg, geboren. Er studierte ab 1846 in Leipzig, sodann in Berlin unter Adolf Bernhard Marx. Von 1853 bis 1855 dirigierte er die Singakademie in Glogau (Głogów), Schlesien, 1865 wurde er Lehrer am Konservatorium in Dresden. Im Jahr 1874 übersiedelte er als Musikreferent nach Hamburg und 1887 als Chorleiter nach Bielefeld, wo er am 10.7.1896 starb.

Werke
Neben einer Reihe musikgeschichtlicher Werke verfaßte Ludwig Meinardus 3 nicht aufgeführte Opern, die Oratorien »Simon Petrus«, »Gideon«, »König Salomo«, »Luther in Worms«, »Emmaus«, »Odrun«, die Chorballaden »Rolands Schwanenlied«, »Frau Hitt«, »Die Nonne«, »Jung Baldurs Sieg«, zahlreiche Lieder – 2 Hefte »Biblische Gesänge«, 3 Hefte »In der Stille« –, 3 Sinfonien und 3 Streichquartette, außerdem viele Gelegenheitskompositionen.

Meister Alexander
(um 1250 bis um 1300)

Zeit und Umwelt
Die Markgrafen von Burgau im schwäbischen Teil Bayerns luden gerne Minnesänger und Spruchdichter zu sich und gewährten ihnen Obdach und Nahrung. Und je mehr diese von den konventionellen Linien abwichen, je bizarrer ihre Dichtungen und Weisen waren, um so lieber wurden sie am Gästetisch der Burg gesehen.

Leben
Meister Alexander (Der wilde Alexander),

Der wilde Alexander – Miniatur aus der Manessischen Liederhandschrift

fahrender Sänger und Dichter, ist um 1250 in Süddeutschland geboren. Einen Teil seines Lebens hat er bei den Markgrafen von Burgau verbracht. Der Ort und das genaue Datum seines Todes sind unbekannt.

WERKE

Von Meister Alexander sind 4 Melodien und eine fragmentarische Melodie erhalten. Besonders beliebt war sein stimmungsstarkes Lied: »Hie bevor do wir kint waren«. Seinen Beinamen erhielt der Meister wegen der völligen Regelwidrigkeit seiner Lieder.

LITERATUR

R. Haller, Der wilde Alexander, Würzburg 1935.

Juli Meitus (geboren 1903)

LEBEN

Juli Sergejewitsch Meitus wurde am 15. 1. 1903 in Jelisabetgrad (heute Kirowograd, Ukraine) geboren. Er studierte bis 1931 am Musikalisch-dramatischen Institut in Charkow. Während des Zweiten Weltkriegs lebte und wirkte er in Turkmenien und ließ sich hernach in Kiew nieder.

WERKE

Neben 12 Opern schrieb Juli Meitus eine Sinfonie, 5 Suiten und weitere Orchesterwerke, einen Chorzyklus, mehrere Kantaten, Lieder, Schauspiel- und Filmmusiken. Er zählte zu den bedeutendsten ukrainischen Komponisten der Gegenwart.

LITERATUR

L. Bass, Juli Meitus, Kiew 1973.

Alessandro Melani (1639 – 1703)

ZEIT UND UMWELT

Neben der Opera seria entwickelte sich die Opera buffa sehr rasch, weil das Publikum daran größeren Gefallen fand. Das Schicksal mythologischer, historischer, biblischer Gestalten mit ihrer wirklichkeitsfremden Tragik konnte den Unterhaltungswert einer Burleske nie erreichen, auch wenn diese ebenso irreal war.

LEBEN

Alessandro Melani, Bruder von Jacopo Melani, wurde am 4. 2. 1639 in Pistoia getauft. Er war ab 1660 Kapellmeister an San Petronio in Bologna und folgte 1667 seinem Bruder Jacopo in das Amt des Domkapellmeisters in Pistoia nach. 1669 kam er in gleicher Eigenschaft an Santa Maria Maggiore und 1673 an San Luigi de'Francesi in Rom, wo er bis 1702 wirkte und im Oktober 1703 starb.
Sein Bruder Bartolommeo Melani (getauft 6. 3. 1634, Pistoia, bis nach 1677, Pistoia) war Sänger, ging 1657 zur Hofkapelle in München, wurde 1658 aus politischen Gründen verhaftet und ausgewiesen.

Sein Bruder Antonio Melani (um 1635, Pistoia, bis nach 1689, vielleicht Innsbruck) war ab 1659 Sänger in Innsbruck und brachte im Jahr 1689 dort Kompositionen heraus.
Sein Bruder Domenico Melani (um 1630, Pistoia, bis 12. 7. 1693, Florenz) war bis 1680 Sopranist (Kastrat) am Hof in Dresden.
Sein Bruder Nicola Melani (um 1633, Pistoia, bis nach 1654, vielleicht Dresden) war ab 1654 Sopranist (Kastrat) am Hof in Dresden.

WERKE
Vom italienischen Komponisten Alessandro Melani sind sakrale Motetten für zwei bis fünf Stimmen, sakrale Gesänge und Konzerte mit gleicher Besetzung, ungefähr 6 Oratorien und 2 komische Opern erhalten.
Antonio Melani veröffentlichte »Scherzi musicali ossia capricci e balletti« (Musikalische Scherze oder Capricci und Tänze) für eine bis zwei Violinen und Viola.

LITERATUR
A. Ließ, Materialien zur römischen Musikgeschichte des Seicento, in: Acta Musicologica XXIX, 1957.

Jacopo Melani (1623–76)

ZEIT UND UMWELT
Das kirchliche Verbot der Kastration wurde in Italien nie ernstgenommen, weil die päpstliche Kapelle selbst Kastratensänger einstellte. Da einzelne Kastratensänger zu Reichtum und Ansehen gelangten, versteht man, daß viele Eltern ihren Söhnen die gleiche Zukunft sichern wollten. Die Zahl derer jedoch, die diese damals sehr riskante Operation nicht überlebten oder die erhoffte Karriere nicht machten, weil die Stimme doch nicht den Vorschriften entsprach, kann nicht annähernd geschätzt werden.

LEBEN
Jacopo Melani wurde am 6. 7. 1623 in Pistoia getauft. Er stand anfänglich im Dienst des Großherzogs von Toskana, ging 1644, von Mazarin gerufen, nach Paris, war ab 1647 Organist und ab ungefähr 1667 Kapellmeister am Dom von Pistoia, wo er 1676 starb.
Sein Bruder Atto Melani (getauft 31. 3. 1626, Pistoia, bis 1714, Paris) wirkte als Sopranist (Kastrat) in seiner Heimatstadt und ab ungefähr 1647 als Opernsänger in Paris.
Sein zweiter Bruder Filippo Melani (eigentlich Francesco Maria, getauft 3. 11. 1628, Pistoia, bis nach 1663, vermutlich Innsbruck), war Opernsänger (Kastrat) in Paris (1660) und Innsbruck (1663).

WERKE
Der italienische Komponist Jacopo Melani war einer der Schöpfer der italienischen Opera buffa. Seine auf Bassi ostinati gestellten Arien, die auch außerhalb der Oper gesungen wurden, waren berühmt.

Erkki Melartin (1875–1937)

LEBEN
Erkki Gustav Melartin wurde am 7.2.1875 in Käkisalmi, Finnland (heute Priozjorsk, Sowjetunion), geboren. Er studierte am Musikinstitut in Helsinki unter Martin Wegelius von 1895 bis 1898, anschließend bis 1901 in Wien bei Robert Fuchs und einige Zeit auch in Berlin und Rom. Dann wurde er Theorielehrer am Musikinstitut in der finnischen Hauptstadt, das er, nach zweijähriger Kapellmeistertätigkeit in Viipuri (heute Wiborg, Sowjetunion), von 1911 bis 1920 leitete. Er starb am 14.2.1937 in Pukinmäki.

WERKE
Von den 8 Sinfonien von Erkki Melartin sind die letzten zwei unvollendet geblieben. Er schrieb weiters 3 Orchestersuiten, mehrere sinfonische Dichtungen, ein Violinkonzert, einige Kammermusik, ungefähr 350 Klavierstücke, darunter eine Sonate, und mehr als 300 Lieder, außerdem eine Anzahl Orchestergesänge, Chorlieder und Kantaten, ein Ballett, mehrere Schauspielmusiken und eine Oper. Sein Stil lehnte sich an Sibelius an.

Melcher Melchers (1882–1961)

Leben
Henrik Melcher Melchers wurde am 30.5.1882 in Stockholm geboren. Er war Kompositionsschüler von Johan Lindegren und studierte außerdem von 1908 bis 1912 am Conservatoire in Paris. Ab 1920 wirkte er als Musikreferent einer Tageszeitung in Stockholm, ab 1926 als Lehrer am Konservatorium und ab 1932 als Mitglied der Musikakademie. Er starb am 9.4. 1961 in Stockholm.

Werke
Von Melcher Melchers sind eine Sinfonie, 3 sinfonische Dichtungen, 2 Klavierkonzerte, ein Violinkonzert und »Acht Zigeunerlieder« für Männerstimmen und Orchester bekannt geworden.

Melchiorre de Barberiis
(um 1510 bis nach 1550)

Zeit und Umwelt
In Italien trat die Gitarre früher als anderswo als Konkurrentin der Laute auf. Sie war im 16. Jahrhundert noch doppelchörig und hatte höchstens fünf ungegriffene Töne, aber einen stärkeren Klang und größeren Tonumfang wegen ihres längeren Halses. Spezielle Gitarrentabulaturen erschienen zwar erst mit dem Ende des 16. Jahrhunderts, doch viele Lautentabulaturen waren so eingerichtet, daß sie auch mit der Gitarre gespielt werden konnten. Als Hausinstrument blieb aber die Laute dominierend.

Leben
Melchiorre de Barberiis (Barbaris, Barberio, Barberis) wurde um 1510 in Padua geboren und verbrachte dort sein Leben als Lauten- und Gitarrenvirtuose und Lehrer für beide Instrumente. Er dürfte im Dienst des Hofes der Familie Este gestanden und nach 1550 in Padua gestorben sein.

Werke
Der Lautenkomponist Melchiorre de Barberiis wurde wegen seines virtuosen Spieles »Il divino Padovano« (Der göttliche Paduaner) genannt. Von ihm sind mehrere Bücher mit Tanzsätzen, Fantasien, Kanzonen für ein und zwei Instrumente, die auch auf der Gitarre spielbar waren, veröffentlicht, außerdem Bearbeitungen von Kompositionen anderer Meister. Er war einer der ersten, der bei seinen Tabulaturen die Gitarre berücksichtigte. Seine Lauten- und Gitarrenmusik gehört zum Besten, das im 16. Jahrhundert für diese Instrumente geschrieben worden ist.

Jiři Melcl (1624–93)

Zeit und Umwelt
Kremsier (Kroměříž) war seit dem 12. Jahrhundert Bischofsresidenz und birgt eine äußerst wertvolle Handschriftensammlung älterer Musik aus Mähren und Böhmen. Es steht fest, daß diese Länder mit der Entwicklung der Musik in Italien und Deutschland stets Schritt gehalten haben. Die Auswirkung der Prager Hofkapelle ist in der Musik dieser Länder überall erkennbar.

Leben
Jiři Melcl (Georg Melcelius, Melzel, Meltzl, Meltzelius, Moltzel) wurde 1624 in Bischofteinitz (Hořovský Týn) geboren. Er war Mitglied des Prämonstratenserordens und von 1663 bis 1669 Chorregent an der Benediktkirche in Prag; dann wirkte er in Saaz (Žatec) und Milevsko. Seine letzten Lebensjahre verbrachte er im Kloster Strahov in Prag, wo er am 31. 3. 1693 starb.

Werke
Der tschechische Komponist Jiří Melcl hat mit seinen Werken – Messen, Vespern, Requiem und Te Deum – die handschriftlich in der Sammlung von Kremsier überliefert sind, den in Österreich gepflegten konzertanten Stil in die Kirchen seines Ordens eingeführt.

Literatur
E. Trolda, Jiří Melcl, in: Cyril LIX, 1933, und LXI, 1935.

Giovanni Battista Mele
(1701 bis nach 1752)

Zeit und Umwelt
Das Musiktheater in Spanien wurde im 18. Jahrhundert nahezu ausschließlich von der Zarzuela und den italienischen Opern bestritten, die zum Teil mit spanischen Texten aufgeführt wurden. Madrid verfügte über eine ständige italienische Oper unter italienischer Leitung, deren Personal aus Italien engagiert wurde. Es wurden auch italienische Opernkomponisten eingeladen, sich für längere Zeit in Madrid niederzulassen.

Leben
Giovanni Battista Mele wurde 1701 in Neapel geboren und von Gaetano Greco (um 1657–1728) am Conservatorio dei Poveri di Gesù Cristo ausgebildet. 1720 kam er als Instrumentalist an die italienische Oper in Madrid, wo er 1736 selbst seine erste Oper herausbrachte. Durch sein weiteres Schaffen erwarb er sich die Gunst des Königspaares und wurde Hofkapellmeister. 1752 kehrte er nach Neapel zurück, wo er in einem der folgenden Jahre starb.

Werke
Außer seinen für das italienische Theater in Madrid teils mit spanischen, teils mit italienischen Texten komponierten Opern schrieb Giovanni Battista Mele 2 fünfstimmige Serenaden, eine Kantate und ein Konzert für Flöte und Streicher.

Literatur
A. Mondolfi, Giovanni Battista Mele, musicista felice, in: Gazzetta musicale di Napoli, 1956/6.

Diego Dias Melgaço (1638–1700)

Zeit und Umwelt
Mit dem Tod des Königs João IV. und seines Nachfolgers Affonso VI. klingt die altklassische portugiesische Polyphonie aus. Zugleich versiegte auch die künstlerische Kraftquelle der Schule zu Évora, die eine Reihe vorzüglicher portugiesischer und spanischer Kirchenmusiker ausgebildet hatte, aber sich mit der neuen, aus Italien eindringenden Musik nicht befaßte.

Leben
Der portugiesische Komponist Diego Dias Melgaço wurde in Cuba, Alentejo, am 11. 4. 1638 geboren. Er war Schüler in Évora und später Kapellmeister und Rektor der dortigen Musikschule und gilt als ihr letzter Repräsentant. Trotz seiner Aufgeschlossenheit für neue musikalische Formen konnte er dennoch das Verblassen der ehemaligen Bedeutung der Schule nicht verhindern. Er starb in Évora am 13. 3. 1700.

Werke
Vom portugiesischen Komponisten Diego Dias Melgaço sind einige Graduale und Offertorien für vier Stimmen, Fastenmotetten und einige andere Motetten und ein Salve Regina erhalten. Diese Musik ist polyphon, weist aber sehr gewagte Harmonien auf. In einigen anderen, verlorengegangenen Kompositionen sollen sehr moderne Formen angewandt worden sein.

Dmitri Melkich (1885–1943)

Leben
Dmitri Michejewitsch Melkich wurde am 31. 1. 1885 in Moskau geboren. Er studierte in Moskau und unterrichtete anschließend am Konservatorium Musiktheorie bis 1925, dann lebte er als Komponist, Musikschriftsteller und Musiklehrer in Moskau, wo er am 22. 2. 1943 starb.

Werke
Der späte Impressionismus und der zu seiner Zeit aufkommende russische Modernismus waren für den Stil von Dmitri Melkich bestimmend. Er schrieb »Sinfonische Skizzen«, eine sinfonische Dichtung, ein Epitaph, 3 Sinfonien, 4 Streichquartette, Klaviersonaten und einen Liederzyklus für Gesang und Orchester.

Davis Mell (1604 bis nach 1661)

Zeit und Umwelt

Kaum hatte sich die Violine auf dem Kontinent etwas mehr durchgesetzt, eroberte sie auch England, wo sich sogleich einheimische Instrumentalisten fanden, die mit großem Ehrgeiz den damals höchstmöglichen Stand der Spieltechnik zu erreichen versuchten.

Leben

Davis Mell (Davie Mell) wurde am 15. 11. 1604 in Wilton bei Salisbury geboren. Er hielt sich in London als Violinvirtuose auf, wurde 1660 Leiter der Königlichen Kapelle und versah diese Stelle bis 1661. Er starb in London in einem der folgenden Jahre.

Werke

Der englische Violinvirtuose Davis Mell verfaßte eine Reihe von Stücken für sein Instrument, die für die rasche Entwicklung der Technik des Violinspiels im England des 17. Jahrhunderts Zeugnis ablegen. Sie sind in die Gambenschule »The Division Violist« von Christopher Simpson aufgenommen.

Wilfrid Mellers (geboren 1914)

Leben

Wilfrid Howard Mellers wurde am 26. 4. 1914 in Leamington Spa, Warwick, geboren. Von 1933 bis 1938 war er an der Universität in Cambridge Schüler von Egon Wellesz. Von 1940 bis 1946 unterrichtete er an den Universitäten in Birmingham und Cambridge, sodann wirkte er als Dozent in Birmingham bis 1959. Von 1960 bis 1963 war er Professor an der Universität in Pittsburgh, Pa., seit 1964 lehrt er an der Universität in York.

Werke

Die früheren Kompositionen von Wilfrid Mellers sind durch eine chromatisch erweiterte Modalität gekennzeichnet, später wandte er sich zeitgenössischen Strukturen zu. Er schrieb 3 Opern, eine Tanzfolge für Bläser und Schlagzeug, ein Flötenkonzert, zahlreiche Vokalwerke für einzelne Stimmen, für Chöre, mit Sprechern, zu orchestraler oder kammermusikalischer Begleitung, Stücke für »dancing-singers« und »scat-singers« mit Verwendung von viel Schlagzeug und Tonbändern.

Domenico Maria Melli
(um 1550 bis nach 1609)

Zeit und Umwelt

Der Basso ostinato und überhaupt jede Ostinato-Bildung begleitete die Musikgeschichte seit frühen Zeiten, wenngleich die Bezeichnung erst gegen Ende des 17. Jahrhunderts fixiert worden ist. Der liegende in gleicher Tonhöhe bleibende oder eine kurze Formel wiederholende Baß läßt den darüberlaufenden Stimmen freie Entwicklungsmöglichkeiten und gibt dem Stück eine eindringliche Wirkung, die besonders im Barock sehr bevorzugt wurde.

Leben

Domenico Maria Melli wurde um 1550 in Reggio Emilia geboren. Er lebte als Jurist und Komponist in Padua und Venedig und starb dort nach 1609.
Pietro Paolo Melli (um 1550, Reggio Emilia, bis nach 1619), ein Verwandter von Domenico Maria Melli, war Lautenist, Sänger und Komponist. Er wirkte an den Höfen von Wien und Ferrara.

Werke

Der italienische Komponist Domenico Maria Melli nahm als einer der ersten den monodischen Stil von Giulio Caccini auf und verwendete ihn bei seinen Kompositionen für Singstimme und Begleitung durch Chitarrone, Cembalo oder andere Instrumente. Bei einem Sonetto scheint die im 17. Jahrhundert stark kultivierte Basso-ostinato-Technik in ihrer barocken Form auf. Die Beliebtheit seiner Werke erhellen die vielen rasch aufeinander folgenden Auflagen ihrer Drucke.
Von Pietro Paolo Melli sind 4 Bücher Lautentabulaturen erhalten, die bis 1616 erschienen sind und viel gespielt wurden.

Emīlis Melngailis (1874–1954)

Leben
Emīlis Melngailis wurde am 3. 2. 1874 in Igate, Lettland, geboren. Er war von 1896 bis 1897 in Dresden Schüler von Felix Draeseke und von 1898 bis 1901 in St. Petersburg von Andrei Rimski-Korsakow (5. 10. 1878, St. Petersburg, bis 23. 5. 1940, Leningrad). Von 1902 bis 1904 wirkte er als Musikkritiker in St. Petersburg, sodann von 1906 bis 1920 als Sprachlehrer in Taschkent. Anschließend ließ er sich in Riga nieder, wo er einen Chor gründete, mit dem er viel konzertierte. Er starb am 20. 12. 1954 in Riga.

Werke
Neben einem Ballett schrieb Emīlis Melngailis 2 sinfonische Dichtungen, ein Streichquartett, ein »Lettisches Requiem« für Chor a cappella, 10 Sammelbände mit Chorliedern, ferner Kammermusik, Klavierstücke und Sololieder. Er bearbeitete zahlreiche lettische Volkslieder für Instrumental- und Vokalensembles. Außerdem sammelte und veröffentlichte er nahezu 5000 lettische Volksmelodien wie auch litauische, kirgisische und jüdische. Er veröffentlichte auch Werke über lettische Volksmusik.

Edmond Membrée (1820–82)

Zeit und Umwelt
Manche Opern verdanken ihren Erfolg der Popularität der Hauptfigur des Werks. Der hauptsächlich aus Polizeiprotokollen bekannte Vagabund François de Villon (um 1431, Paris, bis nach 1483, Paris), der zugleich einer der bedeutendsten französischen Lyriker des späten Mittelalters war, bildete gerade für das Pariser Publikum der Hochromantik eine Bühnenpersönlichkeit, der alle Sympathien zuflogen, auch wenn die Musik der Oper eine gewisse Mittelmäßigkeit nicht überstieg.

Leben
Edmond Membrée wurde am 14. 11. 1820 in Valenciennes geboren. Er war am Pariser Conservatoire Schüler von Charles Alkan und Pierre Zimmermann und lebte darauf als freier Komponist und Musiklehrer in Paris. Er starb am 10. 9. 1882 auf Schloß Damont bei Paris.

Werke
Mit seiner Oper »François Villon« hatte Edmond Membrée einen durchschlagenden Erfolg, den er hauptsächlich der Beliebtheit der Titelfigur zu verdanken hatte. Seine weiteren 5 Opern, von denen 2 Manuskript geblieben waren, fielen dagegen sehr ab. Er schrieb ferner eine Kantate, mehrere Balladen, die sehr bekannt wurden, und Lieder.

Literatur
L. Mention, Un compositeur valenciennois: Edmond Membrée, Paris 1908.

Gabriel Menalt (um 1665–1687)

Zeit und Umwelt
Während sich in anderen Ländern das Barock bereits seinem Ende zuneigte und neue Stilformen sich ankündigten, wurde in Spanien neben der römischen barocken Prachtentfaltung, neben der italienischen Oper und der Zarzuela in den Theatern nicht selten die Polyphonie des 16. Jahrhunderts gepflegt.

Leben
Gabriel Menalt wurde um 1665 in Mataró, Barcelona, geboren. Er wurde 1679 Organist an Santa María del Mar in Barcelona, wo er 1687 starb.

Werke
Von dem katalonischen Komponisten und Organisten Gabriel Menalt sind Orgelwerke – Tientos, Gaytillas und 3 Pange lingua – überliefert. Sie sind im Stil der spanischen Polyphonie des 16. Jahrhunderts gehalten.